成語熟語辭海

唐　樞／主編

賴明德教授／審訂

國立臺灣師範大學副校長

五南圖書出版公司　印行

編輯工作委員會

審訂者序

語言是一個民族生命力的展現和一個國家文化的表徵。中華民族具悠久的歷史、遼濶的疆域和衆多的族羣，故用以表情達意的語言內涵豐富而多元，優美而生動，靈活而傳神。數千年來由各族群各地域所產生、演化、累積而形成的漢語，不但成為融合民族的力量；也蔚為中華文化的菁華；更是古今中外衆多語言學者取之不盡，用之不竭的研究素材。由於「古今言語，時俗不同；著述之人，楚夏各異。」（《顏氏家訓・音辭篇》）因而漢語中的成語和熟語不但源源不絕的產生、流傳；而且類別繁富，意義深刻。

成語原是指出自經傳，或源諸歌謠，為社會間口習耳聞，衆所周知的習用古語；其後則是指長期沿用，結構定型，意思完整，大多由四個字結合而成的固定辭組。熟語則是指一般人耳熟能詳的語言，包括俗語、諺語、慣用語、歇後語以及格言等。成語和熟語是漢語中極珍貴和精彩的語料，它在人們的生活裡，隨時隨地的被運用，不斷的在流通，既產生了團結民族的龐大凝聚力，也型塑了文化的重要指標之一——語言發展和演變的現象。因此，從對成語和熟語的理解、運用，進一步去探討文化的內涵、特質，無論就學理或應用的觀點而言，都具有重大的意義和價值。

臺灣五南圖書出版公司的主事者有鑑於此，秉承其一貫弘揚歷史文化的使命，服務社會人群的熱忱，欣然和北京的學苑出版社合作，出版《成語熟語辭海》這一部辭典發行於海內外，提供使用漢語的人們查考和研究之便，其宏觀的視野和雄偉的魄力，著實令人十分欽佩。

本辭典的特色是運用全方位的角度和遵循規律的科學方法進行編纂。所收錄的成語和熟語，雅正的和通俗的兼顧；古代的和近、現代的並收；典籍所載的和口頭流傳的齊備。每一辭條的詮釋，意涵簡潔精確，對典故、出處及其流變，考證、敘述，正明白，具有言簡意賅，信實曉暢的優點。全書共收錄辭目五萬多 其中成語三萬多則，熟語二萬多則，辭目之多，遠超過坊間一般辭典，內容鉅細靡遺，有如海納百川，浩瀚無比，命名為《成語熟語辭海》允為切當。

本辭典由唐樞教授主編，參與編纂的學者多達數十人均為語言學界中對成語和熟語的研究卓具成就的專家，他們本着專業的素養、認真的態度，廣搜博取，拾遺鉤沈，除了儘量讓每一成語和熟語呈現出最真實的面貌之外，並且努力使整部辭典朝著大[illegible]和求完備的方向去進行。基於此，本辭典在審訂的過程中，我們工作的要求也格外的嚴謹，全然以實事求是的精神，重新仔細對每一辭條核對原典，詳析流變，補苴遺漏，潤飾文辭，縝密深入的對書作字斟句酌的檢驗，希望達到學術性和文化性同時展現，可讀和應用性相對提高。

深信由於這一部《成語熟語辭海》的出版，對於中華文化的傳揚、漢語的運用和研究、當今人文素養的提升，都具有一定的影響和貢獻。

賴明德

二〇〇〇年一月一日

臺灣師大副校長室

《成語熟語辭海》序

年來，坊間出版成語、俗語、諺語、歇後語、慣用語、格言等辭書數以百計，它們不同程度或從不同側面提供給讀者有用的工具和必要的知識，也弘揚了中華文化，但每種都難得齊備，不免有遺珠之憾，加以良莠不齊，讀者很難選擇。為方便讀者，在華夏文化協會支持、策劃下，邀集數十位專家、學者、辭書編輯，查閱大量書籍和資料，汲取各辭書之長，編著了一部《成語熟語辭海》。此書規模與內容方面，均超出同類辭書，堪稱獨步。它具有大、全精、新幾個特點。

大：該辭海收成語、熟語五萬餘條，其中成語約三萬條，大大過其他各種成語辭典。

全：該辭海集歷代成語之大成，甚少遺漏。典雅、通俗兼收古代、近現代與當代並存，典籍記載和口頭流傳具備，從而能為同層次的讀者服務，是一部雅俗共賞的讀物。

精：該辭海所選詞目都合乎規範，內容完備，釋義準確，言簡賅。每一詞條除釋義外，字字有注音，條條有例證，成語還有流演變的簡明介紹。

新：該辭海總體設計新穎，選詞、釋義、源流演變介紹均儘能吸收學術界最新的研究成果，從優秀的文學作品中挖掘了許多的成語，新的釋義，為語言的運用或成語、熟語的研究提供了新的材料。本書內容編排按國語注音的順序，書後並附「總筆畫索引」和「注音索引」，供讀者查閱。

有此四端，願為推薦，相信它必成為多方面對讀者有益的助手和良友。

當然，由於參與編寫的人數多，水準格調不一，創始之作，不能求全責備，可商之處，在所難免，相信他們會在出版後吸取各方面的意見逐步加以完善的。謹贅數語，藉表祝賀。

張志公

編 輯 說 明

1. 本書共收詞目約五萬條，其中成語近三萬條，歇後語、諺語、慣用語、格言約二萬條左右。
2. 本書詞條分主條、副條。主條有注音、釋義，並有書證或例句作證；副條有兩類，一類只有注音，不另作解釋或另舉例證，而提示相對應的主條名稱，另一類（主要是部分歇後語）除有注音外還有難字詞釋義，不列舉例證，另提示相同意義的變體形式和相對應的主條名稱。
3. 本書為反映成語源流變化，儘量採用書證作例，其他歇後語，慣用語等則由編寫者自選例句。書證引文中補注的字用〔　〕表示，夾注用（　）表示。
4. 本書詞目按注音順序排列，正文後有總筆畫索引、注音索引。
5. 本書篇幅大，先後參與工作的人很多，除主要編寫人員外，唐煜、鄒東海、蘇令芬等參與了部分詞目注音和部分編輯工作。參加定稿的人除編委外有史建橋，黃銓、楊德華也參與部分定稿工作，李三茹、黃永紅擔任了全部詞目審音工作。
6. 本書在編輯過程中得到了許多語言學家、辭典編輯人員的指導與幫助。著名語言學家張志公、張壽康兩位教授擔任學術顧問，志公先生並欣然作序。編寫中遇廣泛參考並吸收了語言學界有關成語熟語的研究成果，從而使編寫人員能在短期內順利完成任務。在此特向他們一併表示感謝。

本書編寫時間短，編寫人員水準有限，錯誤缺點在所難免，懇請專家學者和廣大讀者批評指正。

編　者

目　　錄

ㄅ

ㄅㄚ

【八九不離十】
形容估量、預料事情切近實際情況。例容我想想，準能猜個八九不離十。
【八十年不下雨，記他的好情（晴）】
情：「晴」的諧音。記他的好情：用反意，實指沒有什麼情好說。例這小子太不上道，我有錢情願給過路的，也不給他，八十年不下雨，記他的好情（晴）。
【八十年的碓嘴巴——老對（碓）頭】
碓：ㄉㄨㄟˋ，舂米用具，用柱子架起一根木杠，杠的一端裝一塊圓形石頭（碓嘴巴），用腳連續踏另一端，石頭就連續起落，去掉下面石臼中的糙米的皮；對：「碓」的諧音。比喻仇恨很深，由來已久。例兩個山寨打了幾十年的冤家，可算是八十年的碓嘴巴——老對（碓）頭。
【八十個人抬轎子——好大的威風】
比喻故意顯示聲勢或氣派，使人敬畏。例王大嬸指著楊二的鼻尖道：「你現在裝出一副可憐相，誰都沒有忘記，你當里長的時候，八十個人抬轎子——好大的威風啊！」也作「衣角掃死人——好大的威風」。
【八十歲比高低——老當益壯】
見「黃忠上陣——老當益壯」。
【八十歲奶奶的嘴——老掉牙】
比喻陳舊過時。例展覽會上陳列著各式各樣的鐘錶，有的還是十九世紀製造的，眞是八十歲奶奶的嘴——老掉牙，可是收藏家卻認爲，它們越老價值越大。
【八十歲跳舞——老天眞】
①形容單純、直爽。例張二嬸昨晚在電視劇中看到小姑娘受欺侮就哭起來了，還嚷嚷要爲她報仇哩！眞是八十歲跳舞——老天眞。②形容活潑超出了年齡限度。例誰都說大琴是八十歲跳舞——老天眞，你看他快三十歲的人了，還成天和孩子們一起跳皮筋。③比喻頭腦幼稚，把事情或問題看得過於簡單。含貶義。例大家責備你是八十歲跳舞——老天眞，世界上並沒有不存在矛盾的客觀事物，你怎能閉著眼睛不承認呢？也作「盤古王耍撥浪鼓——老天眞」。
【八十歲學手藝——老來發憤】
比喻人老心不老。例張大爺，您整天關在家裏，不是讀書，就是練字，難怪人們誇您八十歲學手藝——老來發奮。
【八十歲學吹打——上氣不接下氣】
學吹打：指學習用管樂器和打擊樂器演奏。形容氣喘噓噓，疲憊不堪。例當旅遊團登上泰山玉皇頂時，個個都活像八十歲學吹打——上氣不接下氣。
【八十歲學吹打——遲了】
學吹打本是年輕人的事。比喻時機已過，或事到臨頭才倉促準備，來不及了。例他們已過「而立」之年，才開始從頭學習數理化，眞感到是八十歲學吹打——遲了。也作「八十歲學吹打——晚了」、「船到江心才補漏——遲了」、「水淹田園再築壩——晚啦」、「賊走關門——遲了」。
【八十歲學吹鼓手】
比喻學習的時機已過。張恨水《啼笑姻緣》二二回：「秀姑卻望著她父親微笑道：『我還念書當學生去，這倒好，八十歲學吹鼓手啦。』」
【八十歲學氣功——老練】
雙關語，比喻經驗豐富，辦事穩重熟練。例小斌年紀輕輕，做起事來卻像八十歲學氣功——老練極了。
【八寸三分帽子話】
八寸三分：指帽子的直徑。形容講大話、空話。例他這個人沒正經，盡說八寸三分帽子話，你可別太信他。
【八斗才】
見「八斗之才」。
【八斗之才】
八斗：形容多；才：才華。比喻人極有才華。宋・無名氏《釋常談》中：「文章多，謂之『八斗之才』。謝靈運嘗云：『天下才共一石，曹子建獨占八斗，我得一斗，天下共分一斗。』」也作「八斗才」。唐・徐寅《釣磯文集・九・獻內翰楊侍郎》詩：「欲言溫署三緘口，閒賦宮詞八斗才。」也作「才高八斗」、「才富八斗」、「才傾八斗」。
【八方支援】
形容各個方面都給予支持援助。例一方有難，八方支援。
【八方呼應】
八方：東、南、西、北、東南、西南、東北、西北。泛指各方、各地；呼應：互通聲氣，互相響應。形容各方面互相通氣，互相配合。例陳勝、吳廣揭竿而起，八方呼應，匯成了反秦農民大起義。
【八月十五的月亮——光明正大】
比喻心地光明，行爲正派。例人人敬佩周老師的爲人，她的一生就是八月十五的月亮——光明正大，沒有什麼可挑剔的。也作「八月十五的月亮——正大光明」、「中秋節的月亮——光明正大」。
【八月十五面朝火——漸漸冷了】
過了中秋節，天氣慢慢轉冷。①指氣候逐漸變冷。例八月十五面朝火——漸漸冷了，出門在外，要注意隨時增添衣服。②比喻關係逐漸冷淡。含有隔閡的意思。例從那次發生意見分歧之後，他們的關係就像八月十五面朝火——漸漸冷了。
【八月十五捉個兔子——有你過節，無你也過節】

比喻影響微小，無關大局。例八月十五捉個兔子——有你過節，無你也過節，你擺什麼臭架子，參加這次會議的專家、學者不勝計數，不來拉倒。也作「大年初一逮兔子——有它過年，無它也過年」、「年三十晚上打兔子——有你過年，無你也過年」。

【八月十五雲遮月——掃興】

比喻正當高興時遇到不愉快的事情而興致低落。例國慶晚會剛開始，就下起雨來，眞是八月十五雲遮月——掃興。也作「酒杯裏落蒼蠅——掃興」、「娶親碰上送殯的——掃興」。

【八月十五團圓節——一年一回】

指每年輪一次。例我們老同學的聚會，就像八月十五團圓節——一年一回。

【八月的天氣——一會兒晴，一會兒雨】

比喻人或事物多變，讓人捉摸不住。例她爲啥又大發雷霆？難道我做了對不起她的事？咳，這位小姐的脾氣就像八月的天氣——一會兒晴，一會兒雨，實在讓人捉摸不住。

【八月的石榴——合不上】

農曆八月石榴（ㄌㄧㄡˊ）成熟後，果皮常裂開。①關閉不上或合不攏。例小晶晶打開媽媽寄來的信一看，樂得小嘴像八月的石榴——合不上了。②結合或湊合不到一起。例他脾氣暴躁，遇事好發急，不能控制感情，同姑娘的性格恰似八月的石榴——合不上。

【八月的石榴——滿腦袋的紅點子】

農曆八月石榴成熟，可食部分白嫩，籽紅。比喻一個人善於出主意，想辦法。例楚大江聽完馮鐵民的計畫後，興奮地說：「好啊，馮科長，你眞是八月的石榴——滿腦袋的紅點子。」也作「八月的石榴——點子多」、「石榴腦袋——點子多」、「山裏的石榴剝了皮——點子多」、「王二麻子照鏡子——點子多」、「芝麻做餅——點子多」、「癩蛤蟆吃骰子——一肚子點子」、「立秋石榴——點子多」、「屬珍珠魚的——渾身淨點子」

【八月的南瓜——皮老心不老】

比喻年紀雖老，但精神振奮。例人家都說劉老爹是八月的南瓜——皮老心不老，可不是？你看他，白天跑健身房，晚上進娛樂場，那像七八十歲的人呢！

【八月裏的黃瓜棚——空架子】

農曆八月，黃瓜拉秧，黃瓜棚只剩下空架子。比喻徒有其表。例他家早就衰敗了。雖然還住著別墅，可是要吃沒吃，要穿沒穿，只不過是八月裏的黃瓜棚——空架子。

【八仙吹喇叭——神氣十足】

八仙：道教傳說中的神仙漢鍾離（鍾離權）、張果老、呂洞賓、鐵拐李（李鐵拐）、韓湘子、曹國舅、藍采和、何仙姑。形容十分得意和傲慢的樣子。例小龍從幼稚園領回一張獎狀，進門就連聲叫喊媽媽，一副八仙吹喇叭——神氣十足的樣子，顯得非常可愛。

【八仙桌上擺夜壺——不是個傢伙】

夜壺：便壺。斥責人不是好東西。例他這個人是八仙桌上擺夜壺——不是個傢伙，不要同他交往。也作「馬蹄刀劈柴——不是個傢伙」。

【八仙桌當井蓋——隨得方就得圓】

八仙桌：大的方桌，每邊可以坐兩人；得：·ㄌㄜ；就：遷就。比喻隨波逐流，順風轉舵。有時指人處事隨和，適應性强。例他是八仙桌當井蓋——隨得方就得圓，跟什麼人都談得來。也作「八仙桌面兒蓋井口——隨方就圓」。

【八仙過海，各顯其能】

見「八仙過海，各顯神通。」

【八仙過海，各顯神通】

神話傳說中的八位仙人過海時，各自施展神通。比喻羣體幹活時，各人都有自己的一套本事。《三寶太監西洋記》三八回：「天師大怒，舉起七星寶劍，指著王神姑大罵道：『我教你殺不盡的賊婢吃我一劍。你焉敢陣前戲弄於我！』王神姑道：『八仙過海，各顯神通，你何不也戲弄於我，還我一個席兒？』」也作「八仙過海，各顯其能」。例在我們公司，大家都各司其職，可說是八仙過海，各顯神通。

【八仙聚會——又說又笑】

形容高興愉快的樣子。例大家坐在草地上，男男女女，老老少少，好像是八仙聚會——又說又笑。也作「小兩口觀燈——又說又笑」。

【八仙聚會——神聊】

比喻漫無邊際地閒談。例在太平洋航行途中，我們幾個同伴，無事可做，成天就是八仙聚會——神聊。也作「姜太公說書——神聊」、「二郎神縫皮襖——神聊（繚）」。

【八字打開】

像「八」字一樣，撇、捺向兩邊分開。比喻開門見山，直截了當，毫無隱藏。宋·朱熹《與劉子澄書》：「聖賢已是八字打開了，但人自不領會，卻向外狂走耳。」

【八字沒一撇】

見「八字沒見一撇」。

【八字沒見一撇】

「八」字有兩筆：一撇一捺。一撇都沒寫，怎能算個八字。比喻事情還沒有著落。例我連女朋友都沒著落，八字沒見一撇呢，怎麼可能結婚？也作「八字沒有一撇」。例公司準備去美國旅行的事八字還沒有一撇呢，別太高興了。也作「八字沒一撇」。例我和他才剛認識，至於結婚這件事，八字沒一撇呢！

【八字沒有一撇——早著哩】
比喻事情離定局或成功還很遠。例八字沒見一撇——早著哩！辦公樓還沒有破土動工，你就想搬遷了。

【八字衙門朝南開，有理無錢莫進來】
舊社會要打贏官司，要花很多錢。例八字衙門朝南開，有理無錢莫進來。舊社會衙門是為有錢有勢的人開的，哪有窮人的份。

【八字寫了一撇——差一半】
多指事情沒有完結，差得很遠。例書稿總算送到印刷廠了，可以說八字寫了一撇——差一半，排、印、裝還得一、二年，你想讀就耐心地等著吧！

【八角丟進尿缸裏——再香也不出名】
八角：也叫大料或茴香，調味香料，比喻被埋沒。有時含有牢騷或不平的意味。例寫了幾篇文章就值得誇獎嗎？還得打著別人的旗號才能發表，八角丟進尿缸裏——再香也不出名，我對此沒有任何興趣。

【八下里】
比喻許多方面，時時處處。例他一年到頭八下里忙，從不知疲倦。

【八兩半斤】
見「半斤八兩」。

【八兩稱——明講】
舊制一斤為十六兩，這桿稱一斤只有八兩，分量少了一半。意思是把話說明白，以免引起誤會或糾紛。例易廠長向汪經理說：「好，八兩稱——明講。我們這批貨物品質較為粗糙，所以出廠價格也低，你們可不能退貨。」

【八門五花】
八門：八門陣；五花：五花陣。皆古代戰術變化很多的陣式。多用來比喻花樣繁多，變化多端。清・張潮《虞初新志・孫嘉淦〈南遊記〉》：「伏龍以西，羣峯亂峙，四布羅列，如平沙萬幕，八門五花。」也作「**五花八門**」。

【八拜之交】
八拜：古代世交子弟謁見長輩的禮節；交：交誼。舊指結為異姓兄弟的關係。《歧路燈》一六回：「今日在聖賢爐前成了八拜之交，有福同享，有馬同騎。」也作「**八拜至交**」。《初刻拍案驚奇》卷二〇：「〔先君〕臨終時憐我母子無依，說有洛陽劉伯父，是幼年八拜至交。」也作「**八拜定交**」。定：確定，確認。清・黃宗羲《子劉子行狀上》：「御史吳阿衡則監世龍軍者也，受命之日，與世龍八拜定交，通國之人駭之。」

【八拜至交】
見「八拜之交」。

【八拜定交】
見「八拜之交」。

【八竿子打不著】
形容毫無關係或關係很疏遠。例他是他，我是我，我和他是八竿子打不著的親戚，對他的情況我不了解。

【八面九口，長舌為斧】
八面九口、長舌：指多言，愛搬弄是非。多言、愛搬弄是非的舌頭，像斧子一樣厲害。漢・焦延壽《易林・臨之坎》：「八面九口，長舌為斧。」例如今幹點事情也眞難，你剛一動，就有人評頭品足，說長道短，眞是「八面九口，長舌為斧」，讓人望而生畏。

【八面光】
見「八面見光」。

【八面找九面——沒見過世（十）面】
世：「十」的諧音。比喻經歷淺，沒見過大世面。例我來自偏僻的鄉村，八面找九面——沒見過世（十）面，請不要見笑。

【八面見光】
八面：指各個方面；光：光滑。形容為人處世圓滑，長於應付各種關係。《兒女英雄傳》一〇回：「張姑娘這幾句話，說得軟中帶硬，八面兒見光，包羅萬象。」也作「**八面光**」。例此人外號玻璃球，為人處世八面光。

【八面見線】
線：線條。形容辦事周密妥貼。例大家稱讚她辦事八面見線，使人放心。

【八面威風】
形容氣派聲勢十足。元・尚仲賢《單鞭奪槊》四折：「胡敬德顯耀英雄，單雄信有志無功。聖天子百靈相助，大將軍八面威風。」也作「**威風八面**」。

【八面玲瓏】
玲瓏：敞亮通明的樣子，也指人心思靈巧機敏。原指四面八方通明透亮。元・馬熙《開窗看雨》詩：「洞房編槳屋編荷，八面玲瓏得月多。」後用以形容人處事圓滑，善於應付，面面俱到。《官場現形記》五一回：「不過想做得八面玲瓏，一時破不了案，等他擺脫身子，到了外洋，張太太從哪裏去找他呢。」也作「**玲瓏八面**」。

【八面圓】
見「八面圓通」。

【八面圓通】
形容處世圓滑，各方面都能周到應付。《官場現形記》三八回：「見人說人話，見鬼說鬼話，見了官場說官場上的話，見了生意人說生意場中的話，眞正要八面圓通，十二分周到，方能當得此任。」也作「**八面圓**」。例身為一個主管，對人對事不能搞八面圓，應該有原則性。

【八面鋒】
比喻面面俱到，鋒利無比。例這是個難得的人才，腦子靈，動作快，說話做事八面鋒，什麼問題到了他那裏都不成問題了。

【八個人抬轎——步調一致】
比喻行動一致。例這是一場團體戰，我們只有八個人抬轎——步調一致，才能取得勝利。

**【八個油瓶七個蓋——拉扯不過

來】
比喻缺這少那。多指器物不夠，或經濟上有困難。例他家人口多，收入少，開銷大，常常是八個油瓶七個蓋——拉扯不過來。

【八個油瓶七個蓋——缺一不可】
比喻缺哪一種或哪一人都不行。例工廠需要五個專業技術人員，八個油瓶七個蓋——缺一不可。否則，生產無法進行。也作「兩個人做買賣——缺一不可」。

【八個金剛也抬不動】
金剛：佛教護法神，手持金剛杵站立守護。形容非常堅固，意志非常堅定。例我這回算服了你，這麼多人勸說你，你仍無動於衷，眞正是八個金剛也抬不動。

【八個麻雀抬轎——擔當不起】
本指麻雀雖多，也抬不起轎子來。比喻不敢當。用作謙詞。有時指責任重大，難以勝任或承擔不了。例您千萬別這麼稱讚我，我是八個麻雀抬轎——擔當不起。也作「麻稈做扁擔——擔當不起」、「高粱稈挑水——擔當不起」、「麻雀抬轎——擔當不起」、「螞蟻抬大炮——擔當不起」、「牛馱子擱在羊背上——擔當不起」、「癱子挑水——擔當不起」、「秫稭挑水——擔不起」。

【八哥的嘴巴——隨人說話】
八哥：鳥名，羽毛黑色，頭部有羽冠，能模仿人說話的某些聲音。形容隨聲附和。例你應當有自己的見解，不能八哥的嘴巴——隨人說話。

【八哥啄柿子——揀軟的欺】
比喻只會欺負軟弱的人。例告訴你，你不要八哥啄柿子——揀軟的欺，待我兒子回來，他可不饒你。

【八根繩曳不轉】
曳：ㄧㄝˋ，轉：ㄓㄨㄢˇ，形容主意已定，不可動搖。例他意志堅強，一旦下了決心，就是八根繩也曳不轉。

【八畝地裏一棵穀——單根獨苗】
穀：穀子，也叫粟，是我國北方的一種糧食作物，脫殼後叫小米。比喻獨生子女。例小華是八畝地裏一棵穀——單根獨苗，平時嬌生慣養，一遇挫折，就禁不住了。也作「十畝園裏一棵草」。

【八級工學技術——精益求精】
八級工：指大陸地區技術等級最高的工人。比喻已經好了，還想做得更好，使精湛的技藝更上一層樓。例他爲人謙虛，上進心强，對工作是八級工學技術——精益求精，爲我們樹立了榜樣。也作「八級工拜師傅」。

【八荒之外】
八荒：八方荒遠的地方。極言地方之曠遠。例漢代的絲綢之路，遠通八荒之外，溝通了中西文化交流。

【八陣圖】
八陣圖：迷宮似的圖形。比喻使人迷離不解。例你有話直說吧！別跟我繞圈子擺什麼八陣圖了！我聽不懂。

【八張紙糊個腦袋——有那麼大的臉面嗎】
比喻沒有那麼大的情面。例萬老頭長嘆一聲，說：「我八張紙糊個腦袋——有那麼大的臉面嗎？你還是找別人去求情吧！」

【八街九陌】
八、九：泛指多；陌：街道。指街道很多。例城內八街九陌，車水馬龍，絡繹不絕。

【八磅大錘釘釘子——穩紮穩打】
比喻辦事穩當，有步驟有把握地進行。例你們要出色地完成這項工作，不能著急，必須八磅大錘釘釘子——穩紮穩打。

【八輩子】
指長久、永遠。例唉！公司碰上這個大騙子，眞是倒了八輩子楣！

【八寶箱】
八寶：指金首飾上鑲嵌的各種珍珠寶石。又指精緻微小的各類吉祥金子玩物，如蝙蝠、印盒、升、斗、如意、筆、硯等。比喻盛有多種奇珍異寶的容器。例我的筆記本哪兒去了？那可是我的八寶箱啊！也作「百寶箱」。例那個紙盒子可不能扔掉，那是孩子的百寶箱，裏面裝著他的童書、玩具……。

【八里莊的蘿蔔——心裏美】
八里莊的蘿蔔：八里莊在北京郊區，所產的蘿蔔青皮紅心，生吃清甜可口，俗稱「心裏美」。①比喻內心感到美滿幸福。例他倆的婚姻，口頭上不說，實際上是八里莊的蘿蔔——心裏美。②外表樸素，裏面精彩。例這個人其貌不揚，可是八里莊的蘿蔔——心裏美，道德、文才眞好。也作「綠皮蘿蔔——心裏美」、「做夢吃肉包——心裏美」。

【巴人下里】
巴人：指巴蜀之人；下里：鄉里。戰國楚・宋玉《對楚王問》：「客有歌於郢中者，其始曰：『巴人下里。』國中屬而和者數千人。」本指春秋時楚國的通俗歌曲，後泛指通俗的文學藝術。《梁書・庾肩吾傳》：「故玉徽金銑，反爲拙目所嗤；巴人下里，更和郢中之聽。」也作「下里巴人」。

【巴三覽四】
東拉西扯，毫無中心。元・蕭德祥《殺狗勸夫》四折：「我說的丁一確二，你說的巴三覽四。」

【巴山夜雨】
唐・李商隱《夜雨寄北》詩：「君問歸期未有期，巴山夜雨漲秋池。何當共剪西窗燭，卻話巴山夜雨時？」後以「巴山夜雨」指夜雨連綿之夜，客居他鄉時孤獨寂寞的情景。唐・劉滄《宿蒼溪館》詩：「巴山夜雨別離夢，秦塞舊山迢遞心。」

【巴不的】
見「巴不得」。

【巴不得】
得：ㄉㄜˊ。迫切希望。《京本通俗小說・錯斬崔寧》：「府尹也巴不得了結這段公案。」也作「巴不的」。元・馬致遠《黃粱夢》一折：「我巴不的選場中去哩。」

【巴巴劫劫】
形容心情緊迫的樣子。元・狄君厚《介子推》四折：「道他巴巴劫劫背著主公，破破碌碌踐紅塵。」

【巴巴結結】
結：ㄐㄧㄝ。①形容勤勞刻苦。清・秋瑾《敬告姊妹們》：「〔二萬萬女同胞〕淚珠是常常的滴著，生活是巴巴結結的做著。一世的囚徒，半生的牛馬。」②形容生活貧困，勉强維持。《京本通俗小說・錯斬崔寧》：「光明迅速，大娘子在家，巴巴結結，將近一年。」

【巴高枝】
比喻巴結地位高、有權有勢的人或某一派系、組織。含貶義。例「巴高枝有什麼不好？人往高處走嘛！」他恬不知恥地說。也作「攀高枝」。

【巴高望上】
攀附社會地位高於自己的人。《紅樓夢》四六回：「別說是鴛鴦，憑他是誰，哪一個不想巴高望上、不想出頭的？」

【巴蛇吞象】
巴蛇：大蛇。大蛇吞吃大象。比喻貪得無厭。《山海經・海內南經》：「巴蛇食象，三歲而出其骨。」

【巴掌心裏長鬍鬚——老手】
見「巴掌先生——老手」。

【巴掌先生——老手】
巴掌：手掌；先生：象徵長者。巴掌老了，即老手。雙關語。比喻對於某種事情經驗豐富，非常內行。例大家都稱鄭師傅爲巴掌先生——老手，他的鉗工藝術已達到爐火純青的地步。也作「巴掌心裏長鬍鬚——老手」、「手背上長白毛——老手」。

【巴頭探腦】
伸頭張望、窺探。形容躲躲藏藏、鬼鬼祟祟的樣子。例快走到家門時，突見一人正往門內巴頭探腦。

【疤上生瘡——根底壞】
比喻本質或基礎不好。例王二喜疤上生瘡——根底壞，才釋放沒幾天，又犯罪了。也作「瞎子害爛眼病——根底壞」。

【疤瘌流星的】
疤瘌（・ㄌㄚ）：傷口癒合後留下的痕跡，即瘢痕。形容瘢痕累累。《紅樓夢》六七回：「這果子樹上都有蟲子，把果子吃的疤瘌流星的，掉了好些了。」

【芭蕉稈做的椿——禁不起三錘打】
芭蕉稈做成的椿子，質地脆軟，禁不住錘子的敲打。比喻不堪一擊。例我軍向入侵的敵人大舉反攻，這些傢伙是芭蕉稈做的椿——禁不起三錘打，不到半小時，就潰不成軍，狼狽逃回了自己國界線那邊。

【芭蕉結果——一條心】
雙關語。比喻團結一致。例我們好似芭蕉結果——一條心，勇猛向敵人陣地衝去。也作「油澆蠟燭——一條心」、「獨根燈草——一條心」、「花燭——一條心」。

ㄅㄚˊ

【拔一毛而利天下，不爲也】
《孟子・盡心上》：「楊子取爲我，拔一毛而利天下，不爲也。」原爲孟軻對楊朱的極端爲我主義的抨擊。後用以形容極端吝嗇自私。例你們別指望能獲得他的幫助，他是有名的鐵公雞，拔一毛而利天下，不爲也。

【拔丁抽楔】
丁：同「釘」；楔（ㄒㄧㄝˋ）：楔子，上粗下銳的小木片、木橛，插入榫縫中使接榫固定。拔出釘子，抽掉楔子。比喻解除困難。元・無名氏《度柳翠》四折：「大衆恐有不能了達，心生疑惑者，請垂下問，我與他拔丁抽楔。」

【拔了刀就忘了痛】
比喻境遇剛好一點，就忘記了過去的痛苦。例剛過了幾天好日子，就開始揮霍浪費，這不是拔了刀就忘了痛嗎？

【拔了塞子不淌水——死心眼】
比喻固執，遇事想不開。例沒有豬肉買牛肉，辦事要靈活，不能拔了塞子不淌水——死心眼。

【拔了蘿蔔地皮寬】
比喻只有排除了厭惡的人，心裏才感到舒坦。明・無名氏《東籬賞菊》二折：「縣令方才八十日，只因性急就辭官，今番管事輪著我，豈不聞拔了蘿蔔地皮寬。」

【拔了蘿蔔栽上蔥】
蘿蔔味辛辣，蔥更辣。比喻惡人一個比一個兇狠。劉江《太行風雲》一四：「要糧要款，苛捐雜稅，就沒個完。眞是攆走狐狸住上狼，拔了蘿蔔栽上蔥，一伙比一伙兇，一茬比一茬辣，可把老百姓折磨了個苦啊！」

【拔了蘿蔔——有眼在】
眼：洞孔。蘿蔔拔了，蘿蔔眼還存在。比喻某種事實總是存在的，逃避不了，抹煞不了。例拔了蘿蔔——有眼在，你想否認罪行是不行的。

【拔刀相助】
拔刀幫助受欺侮的人。形容見義勇爲。元・無名氏《連環計》四折：「連李肅也不忿其事，因此拔刀相助。」也作「拔刀相濟」。明・湯顯祖《紫釵記・劍合釵圓》：「想起黃衫豪客也，女伴們袖手旁觀，英雄拔刀相濟。」

【拔刀相濟】
見「拔刀相助」。

【拔十失五】
拔：選拔，薦舉。謂選拔人才，即或一半不合格，尚可得到一半眞才。《三國志・蜀書・龐統傳》：「每所稱述，多過其才，時人怪而問之，統答曰：『……今拔十失五，猶得其半，而可以崇邁世教，使有志者自勵，不亦可乎？』」意指從寬薦舉人才。也作「**拔十得五**」。《新唐書·張九齡傳》：「夫吏部尚書、侍郎，以賢而授者也，豈能不知人？如知之難，拔十得五，斯可矣。」

【拔十得五】
見「拔十失五」。

【拔刃張弩】
刃：指有鋒刃的兵器，刀劍之屬；弩（ㄋㄨˇ）：一種用機械力量射箭的弓。拔出劍，張開弩。形容即將進行戰鬥。《漢書·王莽傳下》：「省中相驚傳，勒兵至郎署，皆拔刃張弩。」

【拔山扛鼎】
拔起大山，舉起巨鼎。形容力大無比。《儒林外史》五一回：「拔山扛鼎之義士，再顯神通；深謀詭計之奸徒，急償夙債。」也作「**拔山舉鼎**」。元·無名氏《黃鶴樓》三折：「拔山舉鼎千斤力，自古英雄說霸王。」

【拔山超海】
拔起高山，超越大海。形容威力極大。北齊·魏收《為侯景叛移梁朝文》：「持秋霜夏震之威，以拔山超海之力，顧指則風雲總至，回眸而山岳削平。」

【拔山蓋世】
蓋世：壓倒當世。力能拔掉大山，形容力大勇猛，當世無雙。《史記·項羽本紀》：「……於是項王乃悲歌慷慨，自為詩曰：『力拔山兮氣蓋世，時不利兮騅不逝。』」

【拔山舉鼎】
見「拔山扛鼎」。

【拔火又長，拄門又短】
拄：ㄓㄨˇ。用來拔火嫌它長，用來撐門嫌它短，派不上用場。比喻沒有專長的人，不好安排。《初刻拍案驚奇》卷二二：「你這樣的人，拔火又長，拄門又短，郎不郎，秀不秀的，若要覓衣食，須把個官字兒擱起，照著常人傭工做活，方可度日。」

【拔出腿來】
比喻從麻煩的事情中解脫出來。例這件事太複雜了，上上下下牽扯的人很多，弄不好要得罪一大批人，說不定還會砸掉飯碗。我勸你別再猶豫了，還是趕快當機立斷，早日拔出腿來為好，否則後果不堪設想。

【拔去一釘】
除掉眼中釘。比喻去掉有害之物。《新五代史·趙在禮傳》：「在禮在宋州，人尤苦之。已而罷去，宋人喜而相謂曰：『眼中拔釘，豈不樂哉。』」

【拔本塞原】
本：樹木的根；塞：ㄙㄜˋ；原：水的源頭。拔掉樹根，堵死水的源頭。比喻從根本上毀滅、消除。《晉書·郗鑒傳》：「賊臣祖約、蘇峻不恭天命，不畏王誅……拔本塞原，殘害忠良，禍虐蒸黎。」

【拔白旗】
白旗：戰爭時用來表示投降的標誌，後來比喻落後的典型。拔白旗即為拔掉落後典型。例在求學時，他雖曾被當作拔白旗的對象，但從沒放棄自己的信念。

【拔地倚天】
拔地：聳出地面；倚天：貼近天空。形容氣勢雄偉和高大。唐·孫樵《與王霖秀才書》：「譬玉川子《月蝕詩》、楊司城《華山賦》……莫不拔地倚天，句句欲活。」也作「**拔地參天**」。例若干年前，南山上一棵雲杉的幼苗，現已長得拔地參天。

【拔地參天】
見「拔地倚天」。

【拔地搖山】
翻動大地，搖動山岳。形容聲勢極大。例大軍出行，千騎萬乘，煙塵滾滾，拔地搖山。

【拔宅上升】
道家指因修道而全家升天成仙。南朝宋·王韶之《太清記》：「許眞君拔宅上升，惟車轂、錦帳墮故宅。」後以指一人身居高位，全家隨之得勢。例舊時讀書人皆期望一旦金榜題名，即可飛黃騰達，拔宅上升。也作「**拔宅飛升**」。明·無名氏《拔宅飛升》四折：「加你為九州都仙太史高名大史，賜紫彩羽袍，金冠霞帔，一家兒拔宅飛升。」

【拔宅飛升】
見「拔宅上升」。

【拔角脫距】
角：獸角；距：雞爪。拔掉獸角，脫下雞爪，比喻奪下敵人的利器。唐·韓愈《元和聖德》詩：「拔其角，脫其距，馬驅洋洋，無有齟齬。」

【拔來報往】
報：通「赴」；拔、報：急速。《禮記·少儀》：「毋拔來，毋報往。」形容匆匆地跑來跑去。後也形容往來頻繁。《聊齋志異·阿纖》：「少頃，以足床來，置地上，促客坐；又入，攜足幾至，拔來報往，蹀躞甚勞。」也作「**跋來報往**」。《情變》一回：「一眾鄉人，跋來報往的來領吃。」

【拔虎鬚】
指招惹、挑逗強有力的人或以身試法。例這羣亡命之徒見了通緝令還不自首，反倒來拔虎鬚，結果是落得個自取滅亡的下場。

【拔鬍槎】
鬍槎（ㄔㄚˊ）：即鬍茬，短而硬的鬍子。比喻根除惡勢力，鬥倒壞人。例原先此地的流氓地痞活動猖獗，自從警方進行掃蕩拔鬍槎後，收效甚大。

【拔茅連茹】
茅：白茅，一種多年生的草；茹：植物根部互相牽連的樣子。《周易·泰》：「拔茅茹，以其匯。」注：《茅之為物，拔其根而相牽引者也；茹，相牽引之貌也。」疏：「以其匯者，匯，類也，以類相從。」比喻互相引薦，提拔、任用一人就連帶地引進許多人。宋．黃庭堅《祭司馬溫公文》：「公定國是，決興喪於一言，所進忠賢，拔茅連茹；去其奸佞，迹無遺恨。」

【拔苗助長】

將苗拔起，助其生長。《孟子．公孫丑上》：「宋人有閔其苗之不長而揠之者，芒芒然歸，謂其人曰：『今日病矣，予助苗長矣！』其子趨而往視之，苗則槁矣。」比喻不顧事物發展規律，强求速成，無益反而有害。例為教之道，必須循循善誘，不可拔苗助長。也作「**揠苗助長**」。

【拔草引蛇——自討麻煩】

比喻自尋苦惱或自討沒趣。例你碰的釘子夠多了，不要再拔草引蛇——自討麻煩。

【拔草去尋蛇】

比喻存心找碴。《二刻拍案驚奇》卷一〇：「思量拔草去尋蛇，這回卻沒有蛇兒弄。平常家裏沒風波，總有良手也無用。」

【拔草連根拔，逢春也不發】

比喻處理問題要徹底，否則逢機又復生。例想解決問題卻不調查研究，不認眞分析，又聽不進不同意見，這樣沒有不留下後患的。古人不是說：「拔草連根拔，逢春也不發」嗎？

【拔釘子】

釘子：泛指障礙或敵對勢力。比喻清除障礙或敵對勢力。例董事們要是不清除障礙，不先拔釘子，業務就無法拓展。

【拔犀擢象】

拔、擢（ㄓㄨㄛˊ）：選拔，提拔；犀、象：犀牛和象，皆巨形獸，借指超凡的人物。比喻提拔傑出的人才。宋．王洋《與丞相論鄭武子狀》：「敕局數人，其間固有拔犀擢象見稱一時者，然而析理精微，旁通注意，鮮如克。」

【拔短梯】

南朝宋．劉義慶《世說新語．黜免》：「殷中軍廢後，恨簡文曰：『上人著百尺樓上，儋梯將去。』」後比喻與人共事，半途後悔，將人甩掉。《何典》一回：「既然許出了口，也是縮弗轉的，難道好拔短梯不成？」

【拔短籌】

籌：計數的用具，其上刻有數碼。賭博時，以個人所抽到數碼的大、小定輸贏。拔短籌指抽到數碼小的。比喻運氣不好。元．關漢卿《竇娥冤》一折：「嫁的個同住人，他可又拔著短籌，撇的俺婆婦每日都把空房守，端的個有誰問有誰偢！」

【拔萃出羣】

見「拔萃出類」。

【拔萃出類】

拔：高出；萃：草叢生的樣子，引申為聚集；拔萃：指成羣的人或物；出類：超出同類。高出一般，在衆人之上。形容人的品德才能出衆。《北史．儒林傳序》：「惟信都劉士元、河間劉光伯拔萃出類，學通南北，博極古今，後生鑽仰。」也作「**拔萃出羣**」。唐．李絳《請崇國學疏》：「拔萃出羣者，縻之以祿；廢業待教者，羣之以刑。」也作「**出類拔萃**」。

【拔趙幟，樹漢幟】

見「拔幟易幟」。

【拔新領異】

新：指新意；異：與衆不同的，指獨特之處。創立新意，提出獨特的見解。宋．楊萬里《石湖先生大資參政范公文集序》：「公風神英邁，意氣傾倒，拔新領異之談，登峯造極之理，蕭然如晋、宋間人物。」

【拔節的高粱——步步高】

拔節：高粱、玉米等農作物發育到一定階段時，主莖的各節長得很快，叫做拔節。比喻事情或境況發展越來越好。例他們小倆口的小日子越過越好，就像拔節的高粱——步步高。

【拔羣出萃】

見「拔類超羣」。

【拔羣出類】

見「拔類超羣」。

【拔葵去織】

葵：冬葵，也叫蕲菜，可食；去：放棄；織：紡織。《漢書．董仲舒傳》：「故受祿之家，食祿而已，不與民爭業……故公儀子相魯，之其家見織帛，怒而出其妻，食於舍而茹葵，慍而拔其葵，曰『吾已食祿，又奪園夫紅女利乎！』」後用以指居官廉潔自奉，不與民爭利。《梁書．徐勉傳》：「若此衆事，皆距而不納，非謂拔葵去織，且欲省息紛紜。」也作「**拔葵飲水**」。飲水：飲清水，表示清苦廉潔。明．李開先《寄鄢陵尹張鳳台四首》詩之二：「舊政煩苛從實減，新來戶口不虛增；拔葵飲水眞廉吏，會有天書早見徵。」

【拔葵啖棗】

葵：冬葵，嫩時可做蔬菜；啖：吃。拔掉別人的蔬菜，偷吃別人的棗子。比喻小偷小摸。例昇平之世，家給人足，不聞有拔葵啖棗之事。

【拔葵飲水】

見「拔葵去織」。

【拔幟易幟】

幟：旗子；易：換。拔掉對方的旗子，換上自己的旗子。《史記．淮陰侯傳》：「選輕騎二千人，人持一赤幟，從間道萆山而望趙軍，誡曰：『趙見我走，必空壁逐我，若疾入趙壁，拔趙幟，立漢赤幟。』」比喻取而代之。例趙匡胤陳橋兵變，拔幟易幟，取代後周，建立宋朝。也作「**拔趙幟，易漢幟**」。《聊齋志異．人妖》：「妻與生用拔趙幟，易漢幟計，笑而行之。」也作「**拔趙幟，樹漢幟**」。樹：立。柳亞子《二十世紀大舞台發刊詞》：「崛起異軍，拔趙幟而樹漢幟。」

【拔蔥種海椒——一茬比一茬辣】

海椒：辣椒；茬（ㄔㄚˊ）：在同一

塊地上作物種植的次數，一次為一茬。比喻一代比一代厲害或手段越來越毒辣。例老子當賊兒當匪，眞是拔蔥種海椒——一茬比一茬辣。

【拔諸水火，登於衽席】

拔：拉出；諸：相當於「之於」；水火：比喻災難、艱險；登：上；衽（ㄖㄣˋ）席：臥席。從災難中拉出來，置於臥席之上。比喻解放水深火熱中的人民。明・宋濂《閱江樓記》：「見兩岸之間，四郊之上，耕人有炙膚皸足之煩，農女有捋桑行饁之勤，必曰：「此朕拔諸水火而登於衽席者也。」

【拔樹尋根】

比喻追問根由底細。《金瓶梅詞話》一八回：「倘有小人指搠、拔樹尋根，你我身家不保。」也作「**拔樹搜根**」。《三俠五義》一三回：「非是他務必要拔樹搜根，只因見了不平之事，他便放不下，彷彿與自己的事一般。」也作「**刨樹搜根**」。

【拔樹搜根】

見「拔樹尋根」。

【拔樹撼山】

拔起大樹，撼動高山。形容聲勢極大。例霎時間，狂風怒吼，飛砂走石，拔樹撼山，天昏地暗。

【拔類超羣】

拔、超：高出，超出。形容超出同類之上。指人的品德出衆。元・湯式《一枝花・勸妓女從良》套曲：「任待要片時間拔類超羣，則除是三般兒結果收因。」也作「**拔羣出類**」。北齊・顏之推《顏氏家訓・勉學》：「必有天才，拔羣出類。為將，則暗與孫武、吳起同術；執政，則懸得管仲、子產之教。」也作「**拔羣出萃**」。《晉書・夏侯湛傳》：「弱年而入公朝，蒙蔽而當顯舉，進不能拔羣出萃，卻不能抗排當世。」

【跋山涉川】

跋山：翻山越嶺；涉川：趟水過河。形容旅途的艱辛勞苦。宋・吳曾《能改齋漫錄・龍尾道》：「跋山涉川之任敢辭於艱險。」也作「**跋涉山川**」。清・黃宗羲《萬里尋兄記》：「犯霜雪，跋涉山川，餓體凍膚而不顧，箝口槁腸而不恤，窮天地之所覆載。」也作「**跋山涉水**」。宋・王回《霍丘縣驛記》卷八〇：「雖跋山涉水、荒陋遐僻之城具宗廟社稷者一不敢缺焉。」

【跋山涉水】

見「跋山涉川」。

【跋來報往】

見「拔來報往」。

【跋前躓後】

見「跋前疐後」。

【跋前疐後】

跋：踐，踏；疐（ㄓˋ）：被絆倒。《詩經・豳風・狼跋》：「狼跋其胡，載疐其尾。」比喻處於進退兩難的困難境地。宋・朱熹《壬午應詔封事》：「謀國者惟恐失虜人之歡，而不為久遠之計。進則失中原事機之會，退則沮忠臣義士之心。蓋我以汲汲欲和，而志慮常陷乎和之中，是以跋前疐後，而進退皆失。」也作「**跋前躓後**」。唐・韓愈《進學解》：「先生之於為人，可謂成矣。然而公不見信於人，私不見助於友，跋前躓後，動輒得咎。」也作「**跋胡疐尾**」。明・朱之瑜《答完翁書》：「一時倉卒，事事不備，又一身作僕，兄翁行後，更覺周折，弟又才短，所以跋胡疐尾。」

【跋胡疐尾】

見「跋前疐後」。

【跋涉山川】

見「跋山涉川」。

【跋涉長途】

長途：長距離的，路途遠的。形容走遠路的艱辛勞苦。《文明小史》一二回：「救我等於虎口之中，又不憚跋涉長途，送我們至萬國通商文明之地。」也作「**長途跋涉**」。

【跋扈自恣】

跋扈：專橫暴戾；自恣：放任，為所欲為。形容肆意妄為，無所忌憚。「明史・朵顏傳」：「於是長昂益跋扈自恣，東勾土蠻，西結婚白洪大，以擾諸邊。」

【跋扈飛揚】

跋扈：專橫暴戾；飛揚：放縱，任性。原指狂放，不受拘束。後多形容放縱驕橫，不遵法度。宋・王安石《辭拜相表》：「百姓以安平無事之時，而未免流離餓莩；四夷以衰弱僅存之勢，而猶能跋扈飛揚。」也作「**飛揚跋扈**」。

ㄅㄚˇ

【把天放在頭上説話】

指説話在理，不背天理人情。張恨水《丹鳳街》二一章：「諸事拜託，我是不會負虧人的。我現時已吃齋念佛了，對什麼人都把天放在頭上説話。」

【把牛角安在驢頭上——盡做這四不像的事】

四不像：即麋鹿，體大如鹿，毛淡褐色，角像鹿，尾像驢，蹄像牛，頸像駱駝，但從整體來看哪一種動物都不像。比喻不倫不類或不像話。例陳根寶為人不正派，做起事來就像把牛角安在驢頭上——盡做這四不像的事。

【把吃奶的力氣都使盡了】

形容已經盡了最大的努力。《西遊記》二二回：「八戒道：『難、難、難，戰不勝他，就是把吃奶的力氣都使盡了，只綳得個平手。』」也作「**把吃奶的勁都使出來了**」。例我把吃奶的勁都使出來了，仍然不是他的對手。

【把妖魔當做菩薩拜——害己又害人】

妖魔：指邪惡的人；菩薩：指仁慈的人。比喻把壞人當成好人，不但危及自身，而且貽誤他人。例社會上什麼樣的人都有，要提高識別能力，如果把妖魔當做菩薩拜——害己又害人。

【把尾巴夾起來】

比喻老老實實、服服貼貼。例王大明很快就折服於新主管的領導和辦事能力，把尾巴夾起來了。

【把官路當人情】

比喻拿公家或別人的財物當禮品作人情。《水滸全傳》五回：「這兩個人好生慳吝，見放著有許多金銀，卻不送與俺，直等要去打劫得別人的，送與洒家。這個不是把官路當人情，只苦別人！」

【把玩不厭】

玩：賞玩，玩味。拿著賞玩，不知厭倦。形容對某物的酷愛。例這件玉杯，色如凝脂，雕琢精緻，他每天把玩不厭。也作「**把玩無厭**」。例新得一古硯，石質堅實，色若紫雲，令人把玩無厭。

【把玩無厭】

見「把玩不厭」。

【把持不定】

把持：掌握，控制。謂意志不堅強，控制不住。《野叟曝言》二回：「但恐日後把持不定，爲異端所惑，一時失足。」

【把家成人】

把：掌管。指善於持家。例她是個把家成人的人。經濟收入雖不多，但能吃苦耐勞，勤儉節約，全家衣食不缺，上下和睦，其樂融融。

【把素持齋】

素：素食；齋：齋戒。吃素食，堅守佛教的各種戒律法規。元・無名氏《女姑姑》三折：「念佛心把素持齋，不食葷餐松啖柏。」也作「**持齋把素**」。

【把送殯的埋在墳裏】

送殯的：陪送靈柩出殯的人。比喻連累好人。例關於這件事情，我們務必要調查清楚，千萬不能把送殯的埋在墳裏。

【把釘釘死】

比喻把話說定。意同一言爲定。例此事事關至要，需當面談妥，把釘釘死，以免日後麻煩。

【把羞臉兒揣在懷裏】

揣：ㄔㄨㄞˇ。比喻忍恥含羞。元・武漢臣《老生兒》二折：「天哪，你看我那命波，肯分的我那姐夫正在門首，可怎麼好？我只得把這羞臉兒揣在懷裏，沒奈何且叫他一聲姐夫。」

【把飯叫饑】

形容做多餘的、不必要的事。意同多此一舉。宋・蘇軾《答程彝仲推官二首》：「所示自是一篇高文，大似把飯叫饑，聊發千里一笑。」

【把黃牛當馬騎】

比喻爲了應急湊合著使用。例這個科研所人才缺乏，找不到專家當指導，只好把黃牛當馬騎，找個技術員擔任。

【把錢花在刀刃上】

把錢用在最需要的地方。老舍《正紅旗下》二：「大家都誇她會把錢花在刀刃上，可也正是這個刀刃兒使母親關到銀錢發愁，關不下來更愁。」

【把臂入林】

把臂（ㄅㄧˋ）：互挽手臂；林：竹林，山林。南朝宋・劉義慶《世說新語・賞譽》：「謝公道：『豫章若遇七賢，必自把臂入林。』」後因稱與好友相偕歸隱。《北齊書・祖鴻勛傳》：「若能翻然清尚，解佩捐簪，則吾於茲，山莊可辦，一得把臂入林，掛巾垂枝，攜酒登巘，舒席平山，道素志，論舊款，訪丹法，語玄書，斯亦樂矣，何必富貴乎？」

【把薪助火】

薪：柴草；助火：助長火勢。比喻助長事態的發展或增强對方的力量。《三國演義》六二回：「劉備自從入川……其意甚是不善。今求軍馬錢糧，切不可與。如若相助，是把薪助火也。」

ㄅㄚˋ

【罷黜百家】

罷黜（ㄔㄨˋ）：廢除，廢棄；百家：指先秦諸子各派學說。本指排除諸子雜說，專門推行儒家學說。《漢書・武帝紀贊》：「孝武初立，卓然罷黜百家，表章『六經』。」後也比喻只要一種形式，排斥其他形式。朱自清《論朗誦詩》：「有些人似乎還要進一步給它爭取獨占的地位……只認朗誦詩是詩。筆者卻不能夠贊成這種罷黜百家的作風。」

【霸王別姬——無可奈何】

霸王別姬：楚霸王項羽在和劉邦爭奪封建統治權的鬥爭中，屢遭失敗，最後困於垓下，陷入四面楚歌的境地，不得不和虞姬訣別。指束手無策。例面對這樣錯綜複雜的事情，我眞是霸王別姬——無可奈何。也作「**天要下雨，娘要嫁人——奈何不得**」、「**老天爺不下雨，當家的不說理——無法可治**」、「**狗熊見刺蝟——無可奈何**」。

【霸王風月】

霸王：借指粗暴；風月：清風明月，借指對美好景色的玩賞。比喻以粗暴的態度對待高雅之事。《鏡花緣》五回：「向來俗傳有『擊鼓催花』之說。今主上催花，與衆不同，純用火攻，可謂『霸王風月』了。」

ㄅㄛ

【撥草尋蛇】

撥開草叢找蛇。比喻招惹惡人，自尋麻煩。清・黃小配《大馬扁》一二回：「現今慳太后梗阻新政，你反撥草尋蛇，撩起太后那邊，好不誤事！」

【撥煩理劇】

見「撥煩理亂」。

【撥煩理亂】

撥：治理；煩、亂：煩雜、混亂。治理煩雜混亂之事，以使局面安定。三國魏・麋元《譏許由》：「若夫世濁時昏……即當撥煩理亂，跨騰風雲，光顯時主，撥濟民生。」也作「**撥煩理劇**」。劇：繁難。宋・洪适《祖谷太傅制》：「有撥煩理劇之材，而不得其位。」

【撥火棒】
比喻好挑唆、搬弄是非的人。例請相信我一定會好好勸導他們，絕不讓他們再鬧矛盾，我是最討厭撥火棒的。也作「**撥火棍**」。例有些人不顧全大局，不講團結，專門充當撥火棍。

【撥亂反正】
撥：治理；亂：混亂，亂世；反：回歸，回復；正：正道，正常。治理亂世，回復正常秩序。《漢書・武帝紀贊》：「漢承百王之弊，高祖撥亂反正，文景務在養民。」也作「**撥亂反治**」。治：安定，太平。元・馬致遠《陳摶高臥》一折：「區區見五代之亂，天下涂炭極矣，常有撥亂反治之志，奈無寸土爲階。」也作「**撥亂返正**」。返：返回，回復。《魏書・李彪傳》：「聖魏之初，撥亂返正，未遑終喪之制。」

【撥亂返正】
見「撥亂反正」。

【撥亂反治】
見「撥亂反正」。

【撥亂濟時】
見「撥亂濟危」。

【撥亂濟危】
撥：平定；亂：亂世；濟：救助。平治亂世，救助危難。晉・龔壯《上李壽封事》：「管、蔡既興，讒諛滋蔓，大義滅親，撥亂濟危。」也作「**撥亂濟時**」。時：時世，時代。《晉書・武帝紀》：「太祖武皇帝撥亂濟時，扶翼劉氏，又用受命於漢。」

【撥亂世而反之正】
反：通「返」。治理動亂之世，恢復正常秩序。《史記・高帝本紀》：「羣臣皆曰：『高帝起微細，撥亂世而反之正，平定天下，爲漢太祖，功最高。』上尊號爲高皇帝。」後多減作「撥亂反正」。見該條。

【撥亂興治】
撥：平定，安定；亂：亂世；興：辦；治：治理。平定亂世，著手治理。晉・常璩《華陽國志・先賢士女總贊》：「〔張霸〕爲會稽太守，撥亂興治，立文學，學徒以千數。」

【撥亂之才】
撥：平定，治理；亂：亂世。治平亂世，使天下恢復正常秩序的人才。《隋唐演義》五三回：「事到騎虎之勢，家國所關，非眞撥亂之才，一代傳人，總難立腳。」

【撥亂誅暴】
撥：平定；亂：亂世；誅：殺；暴：強暴。平治亂世，誅殺強暴，使天下安定太平。《史記・秦楚之際月表》：「撥亂誅暴，平定海內，卒踐帝祚，成於漢家。」

【撥萬輪千】
見「撥萬論千」。

【撥萬論千】
撥：撥出；萬、千：言其多。指花費掉大批錢財。元・鄭廷玉《忍字記》二折：「我將那撥萬論千這回罷，深山中將一個養家心來按捺。」也作「**撥萬輪千**」。元・無名氏《勘金環》一折：「不自由呼么喝六，撥萬論千，追朋趁友，恁般風塵他直等的踢騰了使盡俺這家私罷。」

【撥雨撩雲】
見「撥雲撩雨」。

【撥雲睹日】
見「撥雲見日」。

【撥雲見日】
撥開雲霧見到太陽。比喻衝破黑暗，見到光明。元・無名氏《神奴兒》四折：「今日投至見大人，似那撥雲見日，昏鏡重明。」也比喻受到啓發或誤會消除，思想豁然明朗。《古今小說》卷三二：「承神君指教，開示愚蒙，如撥雲見日不勝快幸。」也作「**撥雲睹日**」。元・王實甫《西廂記》二本楔子：「自別兄長台顏，一向有失聽教，今得一見，如撥雲睹日。」

【撥雲撩雨】
撥、撩：撩撥，挑弄，引逗。挑逗情意。指調情。元・劉時中《一枝花・羅帕傳情》套曲：「用一張助才情研粉泥金紙，寫就那訴離情撥雲撩雨詞。」也作「**撥雨撩雲**」。元・無名氏《女貞觀》四折：「他將那簡帖兒傳情寄信，詞章兒撥雨撩雲。」

【撥雲霧而睹青天】
比喻解除了迷惑，明白了道理。《三國演義》三八回：「先生之言，頓開茅塞，使〔劉〕備如撥雲霧而睹青天。」

【撥雲霧而見青天】
比喻衝破障礙，看見光明。例經過了兩年的訴訟纏身，最後法律終於還你清白，可說是撥雲霧而見青天。

【撥弄是非】
撥弄：挑撥；是非：口舌，糾紛。背後說人壞話，進行挑撥，製造矛盾。例他爲人正派，從不會播弄是非，調三窩四。也作「**播弄是非**」、「**簸弄是非**」。簸：撥弄，搬弄。例此人慣會簸弄是非，當人一面，背人一面，人皆不屑與其交往。

【撥嘴撩牙】
撥：撥弄；撩：挑弄。形容耍嘴弄舌，挑撥是非。明・湯顯祖《牡丹亭・圍釋》：「一天之下，南北分開兩事家。中間放著蓼兒洼，明助著番家打漢家。通事中間，撥嘴撩牙。」

【波駭雲屬】
見「波屬雲委」。

【波譎雲詭】
譎、詭：怪異，奇異多變。像雲彩和波浪那樣千變萬化。原用於形容房屋建築的奇異巧妙或文筆的詭異多變。

後多用於形容世事的變化莫測。例在這波譎雲詭的情勢下，人人自危。

【波瀾老成】

波瀾：波濤，形容文章多起伏；老成：形容文章成熟，老練。形容詩文氣勢雄壯，功力深厚。宋孝宗《文忠蘇軾文集贊》：「歲晚歸來，其文益偉；波瀾老成，無所附麗。」

【波瀾壯闊】

見「波路壯闊」。

【波路壯闊】

波路：波濤；壯闊：雄壯寬廣。形容水勢遼闊，聲勢浩大。南朝宋·鮑照《登大雷岸與妹書》：「旅客貧辛，波路壯闊。」也作「波瀾壯闊」。例烈日當空，波瀾壯闊的海面上，閃動著耀眼的金光。

【波平風靜】

無風無浪。元·揭傒斯《白楊河看月》詩：「波平風靜棹歌來，萬頃沖融鏡面開。」也作「波平浪靜」。例一霎時，雲收霧散，波平浪靜。

【波平浪靜】

見「波平風靜」。

【波濤洶湧】

波濤：大的波浪；洶湧：水勢猛烈騰湧的樣子。形容波浪大而急。《三國誌·吳書·孫權傳》注引《吳錄》：「是冬魏文帝至廣陵，臨江觀兵……帝見波濤洶湧，嘆曰：『嗟呼！固天所以隔南北也。』」

【波屬雲委】

屬：接連；委：聚積，堆疊。如波之相接，如雲之相疊。比喻重見疊出，連續不斷。《宋書·謝靈運傳》：「自建武暨乎義熙，歷載將百，雖綴響聯辭，波屬雲委，莫不寄言上德，托意玄珠。」也作「波駭雲屬」。波駭：指一波動，衆波隨之震動。《北齊書·文苑傳序》：「於是辭人才子，波駭雲屬，振鵷鷺之羽儀，縱雕龍之符采。」

【玻璃板上塗蠟——又光又滑】

形容物質表面很光滑。例這些家具油漆漆得好似玻璃板上塗蠟——又光又滑。

【玻璃棒槌——中看不中用】

棒槌：捶打用的木棒，多用來洗衣服。①形容人徒有其表，沒有眞實本領。例此人一表人才，但不學無術，眞是一個玻璃棒槌——中看不中用。例②比喻某種東西好看不好用。許多舶來品，裝潢富麗堂皇，質量卻糟糕透頂，就像玻璃棒槌——中看不中用。也作「空心蘿蔔——中看不中用」、「銀樣鑞槍頭——中看不中用」、「紙折的船——下不得水」、「豬血李子——好看不好吃」。

【玻璃碴子掉在油缸裏——又奸（尖）又滑】

奸：「尖」的諧音。雙關語。比喻又奸詐又狡滑。例他這個人是玻璃碴子掉在油缸裏——又奸（尖）又滑，不可信賴。也作「牛角上抹油——又奸（尖）又滑」、「鱔魚的腦袋——又奸（尖）又滑」、「錐子上抹油——又奸（尖）又滑」、「黃蘿蔔掉油簍——又奸（尖）又滑」、「琉璃瓶上安蠟扦兒——又奸（尖）又滑」。

【玻璃肚皮——看透心肝】

心肝：借指思想、品性。比喻對某種人的思想、品性看得極清楚，了解得極透徹。例我們共處多年，相互非常了解。俗話說，玻璃肚皮——看透心肝，一點也不誇大。

【玻璃耗子琉璃貓——一毛不拔】

耗子：〈方〉老鼠；琉璃：用鋁和鈉的硅酸化合物燒製成的釉料，多加在粘土的外層，燒製成缸、盆、磚瓦等。雙關語。形容極其吝嗇自私，個人利益絲毫不能侵犯。例周扒皮是個玻璃耗子琉璃貓——一毛不拔的人，要他濟困扶危，根本辦不到。也作「缺口的鑷子——一毛不拔」、「上等牙刷——一毛不拔」、「鐵公雞——一毛不拔」、「瓷公鷄——一毛不拔」。

【玻璃鏡照著清泉水——嘴裏不說心裏都明白】

玻璃鏡是明亮的，清泉水也是透明的，比喻雙方心裏清楚，不言而喻。例兩人相互望了一眼，會心地微笑著。他們是玻璃鏡照著清泉水——嘴裏不說心裏都明白。

【玻璃鋪的家當——不堪一擊】

家當：家產。比喻很脆弱，經不起一點打擊。例還是把消滅敵人的任務交給我們吧！敵人是玻璃鋪的家當，不堪一擊。也作「豆腐店裏的貨——不堪一擊」、「水豆腐——不經打」、「紙糊的大鼓——不堪一擊。」

【玻璃娃娃——明白人】

比喻聰明而又懂道理的人。例吳仁是個玻璃娃娃——明白人，你去和他商量商量，問題就會迎刃而解。

【玻璃眼鏡——各對各眼】

比喻各人有各人的眼光，或各人有各人的喜好。例在穿衣戴帽問題上，不要強求千篇一律，玻璃眼鏡——各對各眼嘛！

【玻璃罩裏的蒼蠅——看到光明無出路】

蒼蠅在玻璃罩裏，看見外邊明亮，但飛不出去。比喻雖然看見一線希望，但沒有發展前途。例只要這次實驗成功了，我就再不會是玻璃罩裏的蒼蠅——看到光明無出路了。

【菠菜煮豆腐——清清（青青）白白】

清：「青」的諧音。比喻純潔，沒有污點，或沒有見不得人的事情。常用來指政治歷史清白，或做事光明正大，行爲端正。例你要調查我的經歷？告訴你吧，我是菠菜煮豆腐——清清（青青）白白。也作「菠菜煮豆腐——一清（青）二白」、「小蔥拌豆腐——一清（青）二白」、「蔥花拌豆腐——一清（青）二白」、「青菜煮蘿蔔——一清（青）二白」、「清水煮白菜——一清(青)二白」。

【剝床及膚】

剝:《周易》卦名。《周易・剝》:「剝床以膚,凶。」唐・孔穎達疏:「剝床已盡,乃至人之膚。」意指損害及於肌膚。後以「剝床及膚」指危及人身的災害或痛苦。宋・陳亮《義烏縣減酒額記》:「今郡縣之利括之殆盡,能者無所用其力,惟酒爲可措手;而一縣之計實在焉,又從而括之,則縣不可爲矣。剝床及膚,其憂豈不在民乎!」也作「剝床之災」。明・邵璨《香囊記・賞雪》:「我和你雖隱居無預,恐有剝床之災,未免憂葵之嘆。」

【剝床之災】

見「剝床及膚」。

【剝膚椎髓】

剝膚:剝皮;椎:敲擊;髓:骨髓。剝皮擊骨以求骨髓。比喻極其殘酷的剝削、壓榨。明・焦竑《玉堂叢話・政事》:「世方以阿意順旨爲賢,剝膚椎髓爲能。吁,亦可以鑑矣。」

【剝畫皮】

畫皮:《聊齋志異》中的故事。一個惡鬼披上一張他畫的美女皮,即搖身變成一個美婦人去迷惑男人,然後吸這男子的血液。比喻剝去僞裝,還以本來面目。例你別想裝好人了!等我給你剝了畫皮,揭出老底,讓大家看看你的眞面目。

【剝開皮肉種紅豆——入骨相思】

紅豆:也叫相思子,文學作品中常用它作爲互相思念的象徵;入骨:達到極點。比喻思念到了極點。例他們夫妻在戰亂中離散,天各一方,彼此就像俗話所說,剝開皮肉種紅豆啊!也作「挑開手梗種紅豆——入骨相思」。

【剝了皮的蛤蟆,爛了根的葱——眼不閉,心不死】

比喻不甘心覆滅的下場。例敵人是失敗了,但仍然是剝了皮的蛤蟆,爛了根的葱——眼不閉,心不死,我們不能鬆懈鬥志。

【剝面皮】

比喻出醜,丟面子。例他一貫自高自大,盛氣凌人。這回到底叫人剝了面皮,不敢抬頭了。

【播惡遺臭】

播:傳播;惡、臭:指惡事、壞名聲。傳播壞事,遺留下壞名聲。指壞事、壞名聲四處傳開或遺留後世。宋・陸九淵《與黃循中書》:「其在高位者,適足以播惡遺臭,貽君子監(鑑)戒而已。」

【播糠眯目】

播:通「簸」,揚除;播糠:簸動以揚除糧秕;眯:ㄇㄧˇ,物入目中。簸糠時糠屑迷住眼睛。比喻小的蒙蔽能夠造成大的危害。《莊子・天運》:「夫播糠眯目,則天地四方易位矣。」

ㄅㄛˊ

【伯道無兒】

據《晉書・鄧攸傳》載:伯道,鄧攸字,晉襄陵人。先後任河東吳郡和會稽太守,官至尚書右僕射。因避石勒兵亂,攜己子及侄逃難,在危難關頭,毅然捨子保侄,直至老年無子。時人感嘆曰:「天道無知,使鄧伯道無兒。」後稱人無嗣無後爲「伯道無兒」。唐・杜牧《重到襄陽哭亡友韋壽朋》詩:「故人墳樹立秋風,伯道無兒跡更空。」

【伯道之嗟】

見「伯道之戚」。

【伯道之戚】

稱無後嗣之哀戚。戚:哀愁。《野叟曝言》二回:「[朱公]觸起伯道之戚,陡覺傷感起來。」也作「伯道之憂」。憂:擔憂。清・李漁《閒情偶寄・結構第一》:「向憂伯道之憂,今且五其男,二其女……。」也作「伯道之嗟」。嗟:嘆息。王朝聞《論鳳姐》一章:「有的譏笑作者『槁死牖下,徒抱伯道之嗟;身後蕭條,更無人稍爲矜恤。』」參見「伯道無兒」。

【伯道之憂】

見「伯道之戚」。

【伯歌季舞】

古代以伯、仲、叔、季表示兄弟之間的順序。伯:長兄;季:幼弟。兄歌弟舞。形容兄弟間融洽和睦。漢・焦延壽《易林・否之損》:「伯歌季舞,宴樂以喜。」

【伯勞飛燕】

伯勞:鳥名。伯勞與燕各自飛向東西。比喻別離。元・王實甫《西廂記》二本四折:「爭奈伯勞飛燕各西東,盡在不言中。」也作「勞燕分飛」。

【伯樂相馬】

伯樂:相傳爲秦穆公時人,本姓孫名陽,善於相馬,人皆以神話傳說中掌管天馬的星名「伯樂」稱呼他;相:觀察,鑑別;相馬:根據馬的外形,鑑別馬的好壞。伯樂善於鑑別馬的優劣。比喻學識淵博有眞知灼見的人,善於發現、識別人才。唐・韓愈《雜說》四:「世有伯樂,然後有千里馬。」

【伯樂一顧】

一顧:一看。凡經伯樂看過一眼的馬,頓時增價數倍。唐・韓愈《爲人求薦書》:「昔人有鬻馬不售於市者,知伯樂之善相也,從而求之,伯樂一顧,價增三倍。」後因以「伯樂一顧」比喻受到權威、名家所稱許、重視而聲價頓增。宋・王觀國《學林・銅斗》:「凡物不以美惡,稍爲名士所稱,遂以可貴……所謂伯樂一顧,其價十倍。」也作「伯樂之顧」。明・臧懋循《寄黃貞父書》:「亦先以一部呈覽,幸爲不佞吹噓交遊間,便不減伯樂之顧。」

【伯樂一顧,馬價十倍】

伯樂看一眼，馬價漲十倍。比喻重要人物一出面顧及到某人或某事，此人或此事就會提高身價。《歧路燈》七四回：「我心裏想著，你畢竟是此道中有體面的，我雖說不通，也該還記得有個『伯樂一顧，馬價十倍』的話。萬望賢弟念老憊無路之人，不惜屈尊。」

【伯樂之顧】

見「伯樂一顧」。

【伯慮愁眠】

伯慮：國名。伯慮國的人憂慮睡眠。比喻不必要的或毫無根據的擔憂。《鏡花緣》二七回：「海外都說：『杞人憂天，伯慮愁眠。』……這伯慮國雖不憂天，一生最怕睡覺，他恐睡不醒，送了性命，因此日夜愁眠。」

【伯牛之疾】

伯牛：爲孔子弟子冉耕之字。春秋魯國人，孔門十哲之一。《論語・雍也》載：「伯牛病重時，孔子去看他，說：『斯人也，而有斯疾也！斯人也，而有斯疾也！』」後以「伯牛之疾」指不治之症。

【伯塤仲篪】

伯、仲：古代以伯、仲、叔、季表示兄弟排行順序。伯，長兄；仲，二弟；塤（ㄒㄩㄢ）、篪（ㄔˊ）：古代兩種管樂器。塤、篪和吹，聲音和諧。兄吹塤、弟吹篪。比喻兄弟和睦融洽。《詩經・小雅・何人斯》：「伯氏吹塤，仲氏吹篪。」

【伯牙絶弦】

伯牙：相傳春秋時人，善鼓琴；絶弦：斷絶琴弦。《呂氏春秋・本味》：「伯牙鼓琴，鍾子期聽之，方鼓琴而志在太山，鍾子期曰：『善哉乎鼓琴，巍巍乎若太山。』少選之間而志在流水，鍾子期又曰：『善哉乎鼓琴，湯湯乎若流水。』鍾子期死，伯牙破琴絶弦，終身不復鼓琴，以爲世無足復爲鼓琴者。」後以「伯牙絶弦」作知音已無的典故。

【伯俞泣杖】

泣：小聲哭；杖：以杖笞打。漢・劉向《說苑・建本》：「伯俞有過，其母笞之，泣，其母曰：『他日笞子，未嘗見泣，今泣何也？』對曰：『他日俞得罪，笞嘗痛，今母之力不能使痛，是以泣。』」後用爲孝順之典。元・關漢卿《陳母教子》三折：「你孝順似那王祥臥冰，你恰似伯俞泣杖。」

【伯玉知非】

伯玉：蘧瑗字，春秋時衛國大夫；非：過錯。《淮南子・原道訓》：「故蘧伯玉年五十，而有四十九年非。」高誘注：「今年所行是也，則還顧知去年之所行非也。」泛指人善於認識過去的錯誤。

【伯仲之間】

伯仲：古代兄弟排行的順序。伯爲長兄，仲爲老二。兄弟之間。比喻不相上下，難分軒輊。唐・杜甫《咏懷古蹟》詩：「伯仲之間見伊呂（伊尹、呂尚），指揮若定失蕭曹（蕭何、曹參）。」

【柏油路上賽摩托——道平車快】

比喻具備了有利條件，做事順利，暢通無阻。例屈大成的技術高超，試驗室的設備又好，三年研究工作就像柏油路上賽摩托——道平車快，做出了很大成績。

【柏舟之節】

見「柏舟之誓」。

【柏舟之誓】

《詩經・鄘風・柏舟》記載：衛世子共伯早死，父母欲迫其妻共姜改嫁，共姜不願，作詩以自誓。後以「柏舟之誓」稱婦喪夫後守節不嫁。唐・陳子昂《唐故袁州參軍李府軍妻張氏墓志銘》：「青松摧折，哀斷女蘿之心；丹節孤高，終守柏舟之誓。」也作「**柏舟之痛**」。痛：指喪夫之痛。唐・權德輿《鄜坊節度推官大理評事唐軍墓志銘》：「……結褵周月，遭罹柏舟之痛。」也作「**柏舟之節**」。節：貞節，節操。宋・朱熹《與陳師中書》：「朋友傳說，令女弟甚賢，必能養老撫孤，以全柏舟之節。」

【柏舟之痛】

見「柏舟之誓」。

【勃然變色】

勃然：突然；色：臉色。因惱怒或緊張、恐懼而突然臉色大變。《東周列國志》三四回：「重耳勃然變色，擱杯不飲。」也作「**勃然作色**」。作色：變臉色。明・李贄《讀劉諧》：「其人勃然作色曰：『天不生仲尼，萬古如長夜。子何人者，敢呼仲尼而兄之！』」

【勃然不悅】

勃然：突然；悅：高興。形容突然間不高興的樣子。《孟子・告子下》：「慎子勃然不悅曰：『此則滑厘（慎子的名字）所不識也。』」

【勃然大怒】

勃然：盛怒的樣子。心中大怒而變臉，大發脾氣。形容憤怒之極。《三國演義》七三回：「[關]雲長勃然大怒曰：『吾虎女安肯嫁犬子乎！』」

【勃然奮勵】

勃然：形容奮發；勵：激勵，磨練。奮發激勵自己。北齊・顏之推《顏氏家訓・勉學》：「勃然奮勵，不可恐懾也。」

【勃然作色】

見「勃然變色」。

【勃谿相向】

勃谿：舊指家庭之間的爭吵；相向：相對立。家庭中相對立而引起爭吵。例姑婦之間，一向和睦相處，從未聞勃谿相向之事。

【脖子裏割癭袋】

癭袋：頸部的囊狀瘤子。比喻情勢危險。《醒世姻緣傳》七八回：「不好，我要轉轉兒，他溜的沒了影子，這才是『脖子裏割癭袋』，殺人的勾當哩！」

【脖子上掛雷管——懸乎】

雷管：彈藥或炸藥包上的發火裝置，易燃易爆；懸乎：〈方〉危險，不牢靠。比喻靠不住，很危險。例一個人摸黑走山路，眞是脖子上掛雷管——懸乎。也作「沙灘上蓋樓——懸乎」、「茶壺吊在屋梁上——懸乎」、「小孩爬在井台上——懸乎」、「殺豬刀子刮鬍子——懸乎」、「鐵絲上跑馬——活閙懸」、「岩上搭梯子——懸得很」、「揪着馬尾巴賽跑——懸乎」。

【脖頸上磨刀——危險到頂】

脖頸：脖子的後部。形容非常危險。例你要隻身深入敵方，是脖頸上磨刀——危險到頂的事，務必多加小心。

【脖子上圍包脚布——臭一圈】

包脚布：也叫裹脚布，舊時婦女裹脚用的長布條。比喻壞名聲傳遍四面八方。例咱們商店的衛生老不合格，這次再不做好，環保局看到了可就要脖子上圍包脚布——臭一圈。

【鈸子翻轉敲——唱反調】

鈸子：打擊樂器。比喻故意提出相反的意見或採取相反的行動。例父子倆代表著兩個時代，思想性格格格不入，兒子對父親總是鈸子翻轉敲——唱反調。

【博採旁搜】

博、旁：廣泛；採、搜：搜集，採擇。廣泛地搜集採擇材料。例文章內容豐富，博採旁搜，翔實可靠。

【博採羣議】

見「博採衆議」。

【博採衆長】

博：廣泛；長：長處，優點。廣泛採取各方面的長處。例張大千繪畫功力深厚，博採衆長，而自成一家。

【博採衆議】

議：意見，主張。廣泛採納大家的意見。《三國志・吳書，孫登傳》：「誠宜與將相大臣詳擇時宜，博採衆議。」也作「博採羣議」。羣：衆。《魏書・劉芳傳》：「考括墳籍，博採羣議。」

【博大閎深】

見「博大精深」。

【博大精深】

博大：廣博；精深：專深。形容思想學識淵博高深。清・王棨《答王子裳書》：「國朝學派，遠勝前代，故其詩文博大精深，無體不備。」也作「博大閎深」。閎：宏大。宋・王安石《答陳梖書》：「聖人之說，博大而閎深，要當不遺餘力以求之。」

【博而不精】

精：專。學識廣博但不精專。《後漢書・馬融傳》：「［融］嘗欲訓《左氏春秋》，及見賈逵、鄭重注，乃曰：『賈君精而不博，鄭君博而不精，既精既博，吾何加焉！』」

【博而寡要】

寡：少；要：要領。指所學很多，但很少得到要領。《史記・太史公自序》：「儒者博而寡要，勞而少功。」

【博古通今】

見「博古知今」。

【博古知今】

知：知曉，了解。通曉古今之事。形容知識淵博。《孔子家語・觀周》：「吾聞老聃博古知今，通禮樂之原，明道德之歸，則吾師也。」也作「博古通今」。通：通曉，透徹了解。宋・劉克莊《方隱君墓志銘》：「君博古通今，父子皆能詩，有《眞窖》《聽蛙》二集。」也作「通今博古」。

【博關經典】

博關：廣泛涉及；經典：舊指作爲典範的經書。指讀書廣泛涉及經典。形容知識廣博。《魏書・高允傳》：「博士取博關經典，世履忠清，堪以爲師者，年限四十以上。」

【博觀泛覽】

指廣泛而無選擇地瀏覽。例讀書精專，較博觀泛覽受益良多。

【博觀强記】

見「博聞强識」。

【博觀愼取】

見「博觀約取」。

【博觀約取】

觀：瀏覽；約：簡明扼要。廣泛地瀏覽，扼要地擇取。宋・蘇軾《送張琥》：「博觀而約取，厚積而薄發。」也作「博觀愼取」。愼：愼重。明・胡應麟《詩藪・雜編五》：「矧諸人製作，亦往往有可參六代三唐者，博觀而愼取之，合者足以法，而悖者足以懲。」

【博極羣書】

見「博覽羣書」。

【博見多聞】

見「博聞多見」。

【博見强志】

見「博聞强識」。

【博見爲饋貧之糧，貫一爲拯亂之藥】

饋：贈送；貫一：主旨一貫。博覽事物是救濟學識貧乏的食糧，主旨一貫是治療內容雜亂的良藥。指博覽萬物而又能把中心思想貫串始終，才能提升創作的品質。南朝齊・劉勰《文心雕龍・神思》：「是以臨篇綴慮，必有二患；理鬱者苦貧，辭溺者傷亂。然則博見爲饋貧之糧，貫一爲拯亂之藥。博而能一，亦有助乎心力矣。」

【博覽羣書】

廣泛地閱讀各種書籍。形容讀書極多。元・無名氏《延安府》二折：「博覽羣書貫九經，鳳凰池上敢崢嶸。」也作「博極羣書」。極：盡。唐・劉知幾《史通・雜說上》：「劉向、楊雄，博極羣書。」

【博洽多聞】

指知識豐富，見聞廣博。《後漢書・杜林傳》：「［杜］林從［張］竦受學，博洽多聞，時稱通儒。」

【博施濟衆】

施：給予；濟：救濟。廣施恩澤，救助衆人，使其免於難。《元史・世祖紀一》：「雖在征伐之間，每存仁愛之念，博施濟衆實可爲天下主。」

【博識多通】

博：廣博；通：精通，通曉。學識廣博，通曉事理。例其人雖博識多通，但虛懷若谷，不以此自負。

【博識多聞】

學識豐富，見聞廣博。《藝文類聚》卷四九引《晋諸公讚》：「張華博識多聞，無物不知。」也作「**博識洽聞**」。洽：廣博，普遍。例篤志好學，孜孜不倦，博識洽聞，爲人所稱道。也作「**博聞多識**」。《東周列國志》三五回：「公子生長中原，博聞多識，必知此獸之名。」

【博識洽聞】

見「博識多聞」。

【博士買驢】

博士：古代學官名。北齊・顏之推《顏氏家訓・勉學》：「鄴下諺云：『博士買驢，書卷三紙，未有驢字。』」譏諷人寫作、講話言辭煩瑣，通篇廢話，不得要領。也作「**博士書驢卷**」。卷：契約。宋・陸游《讀書》詩：「束髮論交一世豪，暮年憔悴困蓬蒿；文辭博士書驢卷，職世參軍判馬曹。」

【博士書驢卷】

見「博士買驢」。

【博碩肥腯】

博：多；碩：大；腯：肥壯。指六畜多而肥壯。形容物產富饒。《左傳・桓公六年》：「博碩肥腯，謂民力之普存也。」

【博通經籍】

經籍：指經書，經典。博識精通各種經書。形容學識淵博。《後漢書・馬融傳》：「［馬］融從其（摯洵）游學，博通經籍。洵奇其才，以女妻之。」

【博文約禮】

文：文化，包括禮樂典章制度；約：約束；禮：禮法。廣泛尋求學問，恪守禮法。宋・朱熹《答劉季章》：「博文約禮，不可偏廢，雖孔子之教，顏氏之學，不過是此二事。」

【博聞辯言】

聞：傳聞，消息；辯：巧言。指道聽塗說，巧僞不實的言辭。《呂氏春秋・疑似》：「患人之博聞辯言而似通者。」

【博聞多見】

指聽得多見得廣。《管子・宙合》：「故聖人博聞多見，畜道以待物。」也作「**博見多聞**」。漢・桓譚《新論・言體》：「非有大材深智，則不能見其大體……如無大材，雖威權如王翁，察慧如公孫龍，敏給如東方朔，言災異如京君明，及博見多聞，書至萬篇，爲儒教授數百千人，只益不知大體焉。」

【博聞多識】

見「博識多聞」。

【博聞强記】

見「博聞强識」。

【博聞强識】

博：多；聞：見聞；識：記住。形容見聞廣博，記憶力强。《三國志・魏書・文帝記》：「文帝天資文藻，下筆成章，博聞强識，才藝兼該。」也作「**博聞强志**」。志：記住。《史記・屈原賈生列傳》：「博聞强志，明於治亂，嫺於辭令。」也作「**博聞强記**」。《史記・孟子荀卿列傳》：「淳于髡，齊人也，博聞强記，學無所主。」也作「**博見强志**」。見：見識。《漢書・劉歆傳》：「父子俱好古，博見强志，過絕於人。」也作「**博觀强記**」。觀：觀察。《清朝野史大觀》卷十：「李君博觀强記，探賾鈎深，卓然有本之學。」也作「**博學多記**」。《宋史・劉禹錫傳》：「御史劾禹錫老病不任事，帝憐其博學多記，令召中書，亦以彈文。」

【博聞强志】

見「博聞强識」。

【博物多識】

見「博物洽聞」。

【博物多聞】

見「博物洽聞」。

【博物君子】

博物：博識多知；君子：有學問和修養的人。指見識廣博的學者。《史記・吳太伯世家贊》：「嗚呼！又何其閎覽博物君子也。」

【博物洽聞】

博物：博識多知。形容見識廣博豐富。《晋書・張華傳》：「天下奇秘，世所稀有者，悉在華所，由是博物洽聞，世無與比。」也作「**博物多聞**」。《後漢書・周榮傳》：「蘊櫝古今，博物多聞，《三墳》之篇，《五典》之策，無所不覽。」也作「**博物多識**」。《太平廣記》卷一九七引《綜別傳》：「胡綜博物多識……衆人咸嘆其洽聞。」

【博物通達】

通達：通曉事理。形容學問淵博，通曉事理。《漢書・公孫劉田王楊蔡陳鄭傳贊》：「桑［弘羊］大夫據當時，合時變，上權利之略，雖非正法，巨儒宿學，不能自解，博物通達之士也。」

【博學篤志】

博：廣，多；篤志：志向篤誠專一。廣泛學習，意志專一。《論語・子張》：「博學而篤志，切問而近思，仁在其中矣。」

【博學多才】

指淵博的學識，多方面的才能。《水滸傳》九一回：「貫忠博學多才，也好武藝，有肝膽。」也作「**博學宏才**」。宏：廣博。《隋唐演義》三六回：「翰林院平昔自然有應制篇章，著述文集，上呈御覽，陛下在內檢一個博學多才的，召他進來，面試一篇，不好再作區處。」也作「**博學多能**」。多能：多方面的才能。《太平廣記》卷八三引《會昌解頤》：「然某聞府帥博學多能，蓋異人也。」

【博學多能】

見「博學多才」。

【博學多記】

見「博聞強識」。

【博學多識】

博學：學問淵博。學問淵博，見識豐富。《列子・仲尼》：「[孔子曰]聖則丘何敢，然則丘博學多識者也。」也作「博學多聞」。明・瞿佑《剪燈新話・修文舍人傳》：「博學多識，性氣英邁，幅巾布裘，遊於東西兩浙間。」也作「博學洽聞」。洽：廣博，普遍。《晉書・荀顗傳》：「性至孝，總角知名，博學洽聞，理思周密。」也作「博學通識」。通：通曉。例博學通識，潛心著述，數十年不輟。

【博學多聞】

見「博學多識」。

【博學宏才】

見「博學多才」。

【博學洽聞】

見「博學多識」。

【博學通識】

見「博學多識」。

【博學之，審問之，慎思之，明辨之，篤行之】

廣泛地學習，詳細地探求，謹愼地思考，淸楚地分辨，然後堅決地實行。這是古人一整套學習方法，今天仍有一定的借鑑意義。《禮記・中庸》：「博學之，審問之，愼思之，明辨之，篤行之。有弗學，學之弗能措也；有弗問，問之弗知弗措也；有弗思，思之弗得弗措也；有弗辨，辨之弗明弗措也；有弗行，行之弗篤弗措也。」

【博引旁搜】

見「博引旁徵」。

【博引旁徵】

博、旁：廣泛；引：引用；徵：搜集。指講話、寫文章廣泛地徵引資料作爲依據和例證。淸・王韜《淞隱漫錄・紅芸別墅》：「生數典已窮，而女博引旁徵，滔滔不竭，計女多於生凡十四則。」也作「博引旁搜」。例該書博引旁搜，辨析精詳，非他書所能及。

【博者不知】

知：指專深。了解事物太廣泛的人，對事物往往所知不專深。《老子》八一章：「知者不博，博者不知。」

【搏砂弄汞】

搏：撥動；弄：設法得到；汞：水銀。撥動砂子，收取水銀。比喩難以收拾。《西遊記》二五回：「這潑猴枉自也拿他不住，就拿住他，也似搏砂弄汞，捉影捕風。」

【搏手無策】

搏手：兩手相拍擊；策：計謀，主意。形容毫無辦法的樣子。宋・洪邁《夷堅丁志・謝生靈柑》：「[謝生母]老病不肯服藥，以夏月思生柑，不啻饑渴，謝生搏手無策。」

【鵓鴿子旺邊飛】

鵓鴿：指家鴿；旺邊：人煙興旺的地方。家鴿喜歡往人多的地方飛。比喩人趨炎附勢。《初刻拍案驚奇》卷二〇：「比如一邊有權有勢，那趨財慕勢的多只向一邊去。這便是俗語叫做『一帆風』，又叫做『鵓鴿子旺邊飛』。」也作「鵓鴿子旺處飛」。《水滸後傳》三八回：「柴進道，『我看得不仔細，原來就是他。爲何在這裏？』燕靑道：『豈不聞『鵓鴿子旺處飛』！』」

【鵓鳩樹上鳴，意在麻子地】

鵓鳩：鳥名，又名鵓鴣、鵓姑、水鵓鴣。鵓鳩在樹上鳴叫，目的在於吃麻子。比喩人嘴上說的和心裏想的不是一回事。《太平廣記》卷四三四：「寧茵特吟曹植詩曰：『萁在釜下燃，豆在釜中泣。此一聯甚不惡。』寅曰：『鄙諺云：鵓鳩樹上鳴，意在麻子地。』俱大笑。」

【薄唇輕言】

薄：刻薄；輕：輕率，輕易。形容話多而刻薄。例爲人巧詐，薄唇輕言，人皆厭之。

【薄此厚彼】

薄：輕視，慢待；厚：重視，厚待。輕視此一方，偏重另一方。指對兩方面不能平等對待。明・姚夔《陵廟事第三疏》：「同尊並列，無分毫低昂高下於其間，而謂薄於此而厚於彼，可乎？」也作「厚此薄彼」。

【薄海歡騰】

薄：迫近；海：四海。古代中國四境有海環繞，四海指全國各處。薄海，猶四海。例喜逢國慶，薄海歡騰。

【薄技在身】

薄：微小；技：技能，本領。指掌握了微小的技能。北齊・顏之推《顏氏家訓・勉學》：「積財千萬，不如薄技在身。」

【薄命佳人】

薄命：命運不佳；佳人：美女。命運悲苦的美女。元・洪希文《書美人圖》詩：「可憐前代汗靑史，薄命佳人類如此。」

【薄暮冥冥】

薄暮：傍晚，天將黑；冥冥：晦暗。形容黑夜將臨、天色昏暗的傍晚時分。宋・范仲淹《岳陽樓記》：「薄暮冥冥，虎嘯猿啼。」

【薄情無義】

薄：淡薄；義：情義。感情淡薄，毫無情義。《紅樓夢》一九回：「寶玉聽了自思道：『誰知這樣一個人，這樣薄情無義呢？』」

【薄物細故】

薄：輕微；細：瑣細；物、故：指事物、事情。指無關大局的輕微瑣細之事。宋・唐庚《憫俗類》：「今之建言者，類皆薄物細故，非天下所以治亂安危。」

【薄志弱行】

薄：薄弱；弱：軟弱，怯懦。指人意

志薄弱，行爲怯懦。例薄志弱行，無所作爲。

【薄祚寒門】

薄：少；祚：福；寒：微賤；門：門第。指貧賤卑微的門第。《紅樓夢》二回：「縱然生於薄祚寒門，甚至爲奇優，爲名娼，亦斷不至爲走卒健僕，甘遭庸夫驅制。」

ㄅㄛˇ

【跛鱉千里】

跛：一足偏廢；鱉：甲魚。跛腳鱉只要不停地爬，也能走千里之路。比喻條件雖差，只要努力不懈，也能取得成就。《荀子・修身》：「故步蹞而不休，跛鱉千里；累土而不輟，丘山崇成。」

【跛腳畫眉——唱得跳不得】

畫眉：一種鳥名，身體棕褐色，腹部灰白色，頭、後頸和背部有黑色斑紋，有白色的眼圈，叫的聲音很好聽，可供玩賞。只能唱不能跳。形容能說不能做。含譏諷的意思。例他呀，只會說說而已，什麼本領也沒有，就像跛腳畫眉——唱得跳不得，對我們的事業沒有多大幫助。

【跛腳馬碰到瞎眼騾——難兄難弟】

比喻彼此都處於同樣或類似的困境。例我們都是被迫到異國謀生的，眞是跛腳馬碰到瞎眼騾——難兄難弟，今後要互相關照，相依爲命。也作「青蛙遇田雞——難兄難弟」。

【跛驢之伍】

跛：一足偏廢，伍：同列，同伙。瘸驢之輩。比喻無能無用的人。《晉書・葛洪傳》：「猶欲戢勁翮於鷦鷯之羣，藏逸跡於跛驢之伍。」

【跛者不忘履，眇者不忘視】

跛：足瘸；履：鞋子；眇：眼睛瞎。跛子不會忘記曾經穿過鞋子，瞎子不會忘記曾經看見過的世界。比喻對失去的事物的懷念和重新獲得的憧憬。清・譚嗣同《致徐乃昌》：「日來殊有深念，端居無事，頗以小詩寫之，錄上斧削，非敢云報。『跛者不忘履，眇者不忘視』，布鼓雷門，所不遑恤。」也作「躄者不忘走，盲者不忘視」。《吳越春秋・勾踐歸國外傳》：「今寡人念吳，猶躄者不忘走，盲者不忘視。」

【跛子唱戲文——下不了台】

跛子：腿或腳有毛病的人。①比喻處於某種難堪的境地。例昨天，他在會上作報告，忘記帶講稿，講了幾句就不知說什麼了，眞有點跛子唱戲文——下不了台。②比喻某種後果擔當不起。例你們應當保證全市民春節期間的生活用水、用電，不能讓我這個新上任的局長，跛子唱戲文——下不了台。也作「瘸子演戲——下不了台」。

【跛子打圍——坐著喊】

打圍：打獵。跛子跟著獵人去打圍時，因行動不便，只能坐在一旁吶喊助威。比喻光說不幹。例要踏踏實實地工作，不能跛子打圍——坐著喊。也作「瘸子打圍——坐著喊」、「癱子遇賊打劫——坐著喊」、「癱子截路——坐著喊」。

【跛子爬山——一步三分險】

比喻每前進一步都要擔風險。例到南極考察，就像跛子爬山——一步三分險，隊員必須具備勇敢和不怕犧牲的精神。

【簸弄是非】

見「撥弄是非」。

【簸箕大的天，見過幾個】

比喻人見聞不多，沒多大能耐。例小四年紀那麼小，說話口氣卻好大，眞不知道他簸箕大的天，見過幾個？

ㄅㄛˋ

【擘肌分理】

擘：剖開，分開；理：肌膚的紋理。剖開肌膚，分析其紋理。比喻剖析事理極其細密。漢・張衡《西京賦》：「剖析毫釐，擘肌分理。」李周翰注：「雖毫釐肌理之間，亦能分擘。」

ㄅㄞ

【掰尖子】

原指某些植物長到一定程度，需要掰去尖子，以防瘋長結實瘦小。現用來比喻打掉某些出衆人物或高踞羣衆頭上的壞頭頭。例劉大叔這個有錢有勢的大地主，專門喜歡對一些鎮上的風雲人物掰尖子，是個愛好打擊强權之人。

【掰開揉碎】

比喻詳細、透徹地分析講解。例你別急，聽我掰開揉碎跟你講清楚，你就會懂了。

【掰開竹葉看梅花】

比喻實地察看。例無奈這件事，我那朋友硬不相信，一定要掰開竹葉看梅花。

ㄅㄞˊ

【白白朱朱】

白的白，紅的紅。指各種顏色的花木。宋・楊萬里〈又和風雨二首〉：「風風雨雨又春窮，白白朱朱已眼空。」也作「朱朱白白」。

【白板天子】

白板：自漢以來，官皆有印。授官以板書而無印章，稱白板。「白板天子」指沒有國璽的皇帝。《南齊書・輿服志》：「乘輿傳國璽，秦璽也。晉中原亂沒胡，江左初無之，北方人呼晉家爲『白板天子』。」

【白鼻頭】

原爲戲曲臉譜之一，畫白鼻頭的，多爲奸險狡詐之人。現比喻叛徒、內奸等壞人。例咱們行動計畫要機密，千萬要謹防白鼻頭。也作「白鼻子」。唐弢《丑》：「幫忙，實際上也和幫閒一樣，無論動手動口，都是抹白鼻子的勾當，暗地裏受著主子的眼色的指揮。」

【白壁青蠅】

白壁：白玉，借指清白純潔的人，青蠅：蒼蠅的一種，借指進讒言的佞人。比喻忠佞善惡。《羣音類選〈龍泉記・賞菊聞報〉》：「爲臣子莫貴忠和孝，繼美於今有鳳毛，白壁青蠅何足較。」

【白壁微瑕】

微：少；瑕：玉表面上的雜色斑點。潔白的美玉上有小斑點。比喻完美的人或事物尚有小缺點，即美中不足。茅盾《一九六〇年短篇小說漫評》：「然而這一切小毛病只是白壁微瑕而已。」也作「白玉微瑕」。唐・吳兢《貞觀政要》五：「白玉微瑕，善賈之所不棄，小疵不足以防大美也。」

【白壁微瑕——無傷大雅】

璧：古代的一種玉器，扁平，圓形，中間有孔；瑕：玉上面的斑點。比喻對事物主要方面沒有什麼妨害。例這點毛病，對這件精美的藝術品，只不過是白壁微瑕——無傷大雅。

【白壁無瑕】

潔白的美玉上沒有一絲斑點，比喻人或事物完美無缺。《好逑傳》七回：「雖以小姐白壁無瑕，何畏乎青蠅，然青蠅日集亦可憎恨耳。」也作「白玉無瑕」。《羣音類選〈犀珮記・勢逼改嫁〉》：「我是個白玉無瑕，怎肯使青蠅相累。」

【白布掉進靛缸裏，千擔河水洗不清】

靛：藍色和紫色混合的顏色，即靛藍。白布放入靛缸，立即染上靛色，永遠洗不掉。比喻一個好人一旦加入幫派，哪天想要洗手不幹，洗刷乾淨，十分困難。例俗話說：「白布掉進靛缸裏，千擔河水洗不清。」趁現在陷得還不深，趕快與他們一刀兩斷，做個正派的人吧。

【白布進染缸——洗不清】

①比喻蒙受某種誣陷、恥辱、非議，很難洗刷清楚。例不要以爲那是白布進染缸——洗不清，事情的眞相，羣衆的心裏是有數的。②比喻身上的汚點或所犯的錯誤，洗刷不淨，擺脫不開。例他想：我阿六目標這樣大，外面的壓力這樣重，如果找不到其他理由爲自己開脫責任，恐怕是白布進染缸——洗不清了。也作「白布掉靛缸——洗不清」。

【白菜燴豆腐——誰也不沾誰的光】

比喻彼此界限分明，誰也占不了誰的便宜。例爲了完成這項任務，大家花費了同等的精力和時間，就像白菜燴豆腐——誰也不沾誰的光。

【白菜葉子炒大蔥——親（青）上加親（青）心伴（拌）心】

親：「青」的諧音；伴：「拌」的諧音。比喻關係親密無間，心心相連。例他倆青梅竹馬，兩小無猜，長大成人，自然是白菜葉子炒大蔥——親上加親心伴心。也作「萵筍炒蒜苗——親（青）上加親（青）」。

【白草黃沙】

見「白草黃雲」。

【白草黃雲】

形容蕭索荒涼的景象。清・紀昀《閱微草堂筆記・灤陽續錄五》：「急覓是人，不知何往，唯獨立砂磧中，白草黃雲，四邊無際。」也作「白草黃沙」。沙：沙磧。元・施惠《幽閨記・虎狼擾亂》：「白草黃沙，毡房爲住家。」

【白吃飽】

白：沒有效果，毫無用處。指只會吃喝不會做事的人。例你不要把他當白吃飽，他外表雖然顯得不聰明，實際是個精明的人，總是做一些不起眼但便利羣衆的事。

【白吃飯】

只吃飯不幹活。老舍：《四世同堂》：「你們也別老坐在家裏白吃飯！出去給你爸爸活動活動！」

【白瓷壺好看——有口無心】

比喻有啥說啥，心裏並不介意；或指口頭上說說，並無決心去實現諾言。例陳大明這個人是白瓷壺好看——有口無心，請多多原諒他的粗魯。也作「小和尚念經——有口無心」。

【白刀子進去，紅刀子出來】

指殺人或你死我活地拚殺。《紅樓夢》七十回：「不和我說別的還可；再說別的，咱們白刀子進去，紅刀子出來。」也作「白刀進了，紅刀出」。《何典》十回：「羅剎女雖有三刀斫弗入的老面皮，也不免白刀進了，紅刀出矣。」也作「白刀子進，紅刀子出」。

【白瞪眼】

瞪著眼睛無法可想的樣子。比喻無可奈何，毫無辦法。例看著路邊乞討的流浪漢，身無分文的我即使想救助他，也只有白瞪眼的份。

【白點子】

比喻落後份子。例即將邁入二十一世紀的青少年，如果還墨守成規，不汲汲求取新知，很容易就成爲白點子。

【白丁俗客】

白丁：平民，沒有功名的人，泛指平庸凡俗之輩。明・無名氏《龐掠四郡》一折：「往來無白丁俗客，談笑有上士高賓。」

【白髮蒼蒼】

蒼蒼：灰白色。形容頭髮花白的老年人。例他雖年逾古稀，白髮蒼蒼，但仍精神矍鑠，步履穩健。

【白髮蒼顏】

頭髮斑白，面色灰暗。形容老年人的容貌。例人生如白駒過隙，他轉眼已白髮蒼顏，兒孫繞膝了。

【白髮丹心】
丹心：猶赤心，忠心。形容雖然年已老，但仍是一片赤誠忠貞之心。唐·杜牧《河湟》詩：「牧羊驅馬雖戎强，白髮丹心盡漢臣。」

【白髮紅顏】
頭髮斑白而面色紅潤。形容老年人容光煥發，神采奕奕。例此公白髮紅顏，談笑風生，眞可謂老當益壯。也作「白髮朱顏」。明·無名氏《漁樵閒話》二折：「綠衣黃裏顚倒用，白髮朱顏喜怒看。」

【白髮婆娑】
婆娑：繁茂紛披的樣子。形容人年老滿頭白髮的狀態。鄭雅聲《養拙園詩文合抄·刻成喜吟四章》：「焚香夜對燈如豆，白髮婆娑苦校讎。」

【白髮千丈】
千丈：極言其長。頭髮全白且長。形容人因過度愁慮而面容衰老。宋·劉克莊《祭林寒齋文》：「凡此諸人，今皆安往？我雖獨存，白髮千丈。」

【白髮青衫】
青衫：古代無功名者的服飾。指年老而事業無成就。宋·趙令畤《侯鯖錄》卷七：「白髮青衫晚得官，瓊林頓覺酒腸寬。平康夜過無人問，留得宮花醒後看。」

【白髮相守】
見「白頭相守」。

【白髮偕老】
見「白頭偕老」。

【白髮朱顏】
見「白髮紅顏」。

【白費蠟】
比喻徒耗心力而無效果。例爲了早日拿到執照，我費盡了心思卻毫無效果，眞是白費蠟。

【白乾兌涼水——乏味】
白乾：白酒。比喻引不起興趣。多指說話或寫文章內容空洞，語言貧乏。例這本小說讀起來就像白乾兌涼水——乏味得很。也作「炒菜不放鹽——乏味」。

【白骨精】
白骨精：《西遊記》中的一個妖怪，由一堆白骨修煉成精，專門作惡害人。後來用於比喻喬裝打扮，使用陰謀詭計危害人民的人或惡勢力。例她就像一個邪惡的白骨精，對我們老板極盡挑撥分化之能事。

【白骨精打呵欠——妖氣】
白骨精：《西遊記》中描寫的由白骨變成的女妖精。指人作風不正派，妖裏妖氣。例她的穿著打扮，舉止動作，就像白骨精打呵欠——妖氣，令人厭惡。也作「狐狸精放屁——妖氣」。

【白骨精給唐僧送飯——假心假意】
《西遊記》中描寫白骨精曾假扮成送飯人，想謀害唐僧的生命；唐僧：唐朝聖僧，名玄奘，實有其人。在《西遊記》中，他是一個一心往西方取經的和尚。爲人虔誠，篤厚，經常被妖精愚弄。比喻人表面謙恭，實際上懷著險惡的用心，叫人難以窺測。例人窮志不窮嘛！誰希罕他的幫助，我看他是白骨精給唐僧送飯——假心假意。

【白骨精騙唐僧——一計不成又生一計】
《西遊記》中描寫白骨精爲了取得唐僧的信任，先後扮成美女、老太婆、老頭兒進行活動。比喻爲達到某種目的，多次使用計謀。例這個貪污竊盜犯爲了掩蓋自己的罪行，逃避法律的制裁，使出了種種花招，像白骨精騙唐僧——一計不成又生一計。

【白骨精演說——妖言惑衆】
比喻用荒誕離奇的鬼話欺騙迷惑羣衆。例別聽他的胡說八道，那完全是白骨精演說——妖言惑衆。

【白骨精遇上孫悟空——原形畢露】
《西遊記》描述白骨精想吃唐僧肉，先後扮作美女、老太婆、老頭兒，妄圖騙唐僧就範，均被孫悟空識破，終未得逞。比喻僞裝被徹底剝掉。例在衆人的揭發檢舉之下，這個敵特份子就像白骨精遇上孫悟空——原形畢露。

【白圭可磨】
圭：古代帝王、諸侯在舉行典禮時所執的一種玉制禮器。《詩經·大雅·抑》：「白圭之玷，尙可磨也，斯言之玷，不可爲也。」意爲玉圭上的斑點尙可磨去，人如說了錯話，則無法收回。多用於告誡人說話務必要愼重。

【白圭之玷】
圭：古代帝王、諸侯在舉行典禮時所執的一種玉制禮器；玷：玉上的斑點。比喻完美的人或事物有小缺點。指美中不足。唐·劉知幾《史通·書事》：「至於方術篇……言唯迂誕，事多詭越。可謂白圭之瑕，白圭之玷，惜哉！」

【白圭之玷，尙可磨也，斯言之玷，不可爲也】
圭：一種玉器；玷：玉上的斑點。白圭上的斑點，還可以磨掉，話要是講錯了，就無法收回來了，謂說話要謹愼，不可信口開河。《詩經·大雅·抑》：「用戒不虞，愼爾出話。敬爾威儀，無不柔嘉。白圭之玷，尙可磨也，斯言之玷，不可爲也。」

【白毫之賜】
白毫：佛教謂佛有三十二相，傳說如來眉間有白色毫毛，放有光明，稱白毫相。《佛藏經·了戒品》：「如來滅後，白毫相中百千億份分，其中一份供養舍利及諸弟子。」因稱供養僧徒之物爲「白毫之賜」。

【白鶴望大江——想迂（魚）了】
白鶴：即仙鶴，也叫丹頂鶴；迂：「魚」的諧音。雙關語。不切實際。比喻想歪了。例這個老不正經的東西，白鶴望大江——想迂（魚）了，在婦女身上打主意，是找死。

【白鶴站在雞羣裏——突出】
同「鶴立雞羣」。比喻才能和成績顯

著，超過一般。例王曉龍的表現和班裏同學比起來，就像白鶴站在雞羣裏——突出得很。也作「**馬羣裏的駱駝——很突出**」、「**羊羣裏的駱駝——突出**」、「**蛤蟆的眼睛——突出**」。

【白黑不分】

不辨是非，不分善惡。《漢書・楚元王傳》：「今賢不肖混淆，白黑不分，邪正雜糅，忠讒並進。」也作「**黑白不分**」。

【白黑分明】

比喻是非善惡的界限區分得清清楚楚。《漢書・薛宣傳》：「宣數言政事便宜，舉奏部刺史郡國二千石，所貶退稱進，白黑分明，由是知名。」

【白黑混淆】

混淆：混雜，使界限模糊。有意顚倒是非，把白的說成黑的，把黑的說成白的，造成混亂。例此人慣用白黑混淆手法，製造混亂，使人難辨是非眞僞。也作「**黑白混淆**」。

【白虹貫日】

白虹：白色光暈。像虹一樣的白氣穿日而過。古人以此天象附會爲君王遇害或變亂將發生的徵兆。《戰國策・魏策四》：「夫專諸之刺王僚也，彗星襲月，聶政之刺韓傀也，白虹貫日。」又附會精誠感天之兆。《史記・鄒陽傳》：「昔日荊軻慕燕丹之義，白虹貫日，太子畏之。」又特指人的白眼珠特別大。《南史・褚裕之傳》：「及袁粲懷貳，曰：『褚公眼睛多白，所謂白虹貫日，亡宋者終此人也。』」

【白虎進門——大難臨頭】

白虎：舊時迷信傳說中的凶神；難：災難。比喻大的災難就要來臨。例潘狗兒見兩個游擊隊員進門，心中一怔，頓時閃出一個念頭：「白虎進門——大難臨頭，我的性命難保了。」也作「**白虎進門——災禍臨頭**」、「**腦門上長角——大難臨頭**」。

【白虎星】

白虎星：二十八星宿中西方七宿之合稱。迷信認爲是一種凶神，舊時把家業破敗歸咎於命相不好的女子，蔑稱爲白虎星。茅盾《春蠶》：「『那母狗是白虎星，惹上了她就得敗家』，——老通寶時常警戒他的兒子。」

【白華之怨】

怨：哀怨。《詩經・小雅・白華序》：「白華，周人刺幽后也。幽王娶申女以爲后，又得褒姒而黜申后，故下國化之，以妾爲妻，以孽代宗，而王弗能治。」因以「白華之怨」指女子因失寵而哀傷幽怨。《漢書・谷永傳》：「賤者咸得秩進，各得厥職，以廣繼嗣之統，息白華之怨。」

【白嚼咀】

指說無用的、無意義的話。例倒不是白嚼咀，我倒是一片眞心的爲你好，替你愁了這幾年了。」

【白頸烏鴉——開口是禍】

迷信傳說中烏鴉是不祥之物，開口有禍，白頸烏鴉更甚。比喻說話惹禍，開口不得。例孫大炮在自己的陋室裏，貼上一張「愼言」的座右銘，原來幾年前，他是一個十足的白頸烏鴉——開口是禍。

【白酒紅人面，黃金黑世心】

酒醉使人臉紅，貪財使人心地變壞，也作「**清酒紅人面，黃金黑世心**」。例自古道：「清酒紅人面，黃金黑世心。」李二看見同房的老鄉包裹一綑綑鈔票，就瞪著眼不開口，心裏在不停地打如何得手的主意。

【白駒過隙】

駒：少壯的馬；隙：縫隙。《莊子・知北遊》：「人生天地之間，若白駒之過郤，忽然而已。」郤：同「隙」。像少壯的駿馬在縫隙間飛快地一閃而過。形容時光過得極快，轉瞬即逝。《金瓶梅詞話》二回：「白駒過隙，日月如梭，才見梅開臘底，又早天氣回陽。」

【白駒空谷】

白駒：白色少壯之馬。比喻賢能之人。《詩經・小雅・白駒》：「皎皎白駒，在彼空谷。」比喻賢能之人不在朝爲官。後也以「白駒空谷」比喻賢者居官而谷空。《文選・任昉・爲蕭揚州薦士表》：「白駒空谷，振鷺在庭。」李周翰注：「白駒，賢者所乘；空谷，言賢人出仕而谷空也。」

【白絹斜封】

白絹：素絹。古人寫信寫在白絹上，斜封郵寄，後稱書信。唐・盧仝《謝孟諫議惠茶歌》：「日高丈五睡正濃，軍將扣門驚周公，口稱諫議送書信，白絹斜封三道印。」

【白開水】

比喻沒有內容，平淡乏味的文章或事物。例這電視劇眞沒勁，跟白開水一樣，什麼意思也沒有。

【白蠟明經】

白蠟：形容光禿空白，滑不著物；明經：科舉制度中科目之一。唐・張鷟《朝野僉載》：「張鷟號青錢學士，以其萬選萬中。時有明經董萬九上不第，號白蠟明經，與鷟爲對。」因以「白蠟明經」稱屢考不中。

【白浪如山】

見「白浪滔天」。

【白浪滔天】

滔：形容大水瀰漫；滔天：漫天。形容風浪極大。《三國演義》七四回：「卻說樊城周圍，白浪滔天，水勢益甚，城垣漸漸浸塌，男女擔土搬磚，塡塞不住。」也作「**白浪掀天**」。掀：翻騰。例今天海面風浪很大，從船艙看出去，一片白浪滔天的景象。也作「**白浪如山**」。《老殘遊記》一回：「朝東觀看，只見海中白浪如山，一望無際。」

【白浪掀天】

見「白浪滔天」。

【白臉蛋打粉——可有可無】

形容無關緊要。例有了《辭海》，那本小詞典對我來說，就像白臉蛋打粉

——可有可無了。

【白臉奸臣出場——一副惡相】

奸臣：封建時代指殘害忠良或陰謀篡奪帝位的大臣，舞台上常扮成白花臉。比喻一副兇惡的面孔。例你事後說，心是善意的。可是當時大家都看到，你是白臉奸臣出場——一副惡相，恨不得把我吃掉。

【白臉狼】

喻指忘恩負義的人。例孩子，你可不能做白臉狼，你媽拉拔你長這麼大多不容易呀！

【白臉狼戴草帽——假充善人】

比喻心腸歹毒的壞人僞裝成好人，進行欺騙。例這個黑心肝的傢伙是白臉狼戴草帽——假充善人，昨天暗設陷阱，害人致殘，今天又假惺惺前來慰問。

【白龍微服】

見「白龍魚服」。

【白龍魚服】

漢・劉向《說苑・正諫》：「昔白龍下清冷之淵，化爲魚，漁者豫且射中其目。」白龍化爲魚在淵中游，比喻貴人微服出行。《晉書・劉聰載記》：「聰遊獵無度，常晨出暮歸。中軍王彰諫曰：『陛下不懼白龍魚服之禍，而昏夜忘歸。』」也作「白龍微服」。微服：爲隱藏身分而改換平民服裝。清・黃遵憲《和鍾西耘庶常津門感懷》詩：「秋草木蘭馳道靜，白龍微服記爲魚。」

【白露過後的莊稼——一天不如一天】

白露：農曆二十四節氣之一，在九月上旬。這時秋莊稼大多已成熟，逐漸枯黃萎縮。比喻情況越來越壞。例同事吳老的健康猶如白露過後的莊稼——一天不如一天。也作「莊稼過了白露——一天不如一天」。

【白露、寒露——兩路（露）子的事】

白露、寒露：農曆二十四節氣中兩個不同的節氣，白露在九月上旬，寒露在十月上旬；路：「露」的諧音。比喻不能相提並論或不是一回事。例朋友歸朋友，公事歸公事，這是白露、寒露——兩路（露）子的事，不能混爲一談。

【白露凝霜】

露：露水。白露凝結爲霜。形容已至深秋時節，日漸寒冷。《詩經・秦風・蒹葭》：「蒹葭蒼蒼，白露凝霜。所謂伊人，在水一方。」

【白露天下連陰雨——落到哪裏，壞到哪裏】

白露前後，我國大部分地區的農作物進入收穫季節，連續下雨，易引起農作物的霉爛。比喻壞人走到哪裏都會帶來災難。例馬全福是白露天下連陰雨——落到哪裏，壞到哪裏，可要當心點哪。也作「白露裏的雨——落到哪裏壞到哪裏」。

【白馬非馬】

戰國時公孫龍學派的名辯命題。揭示事物的特殊性與一般性之間的關係。《公孫龍子・白馬論》：「『白馬非馬可乎？』曰：『可。』曰：『何哉？』曰：『馬者所以命形也；白者，所以命色也。命色者，非命形也，故曰白馬非馬。』」

【白馬素車】

素車：古代用白土塗飾不刷漆的車子。指用於凶喪之事的白馬白車，用來表示喪葬。《史記・秦始皇本紀》：「〔秦王〕子嬰即繫頸以組，白馬素車，奉天子璽符，降軹道旁。」此處用來表示亡國而投降，故子嬰身著喪服。宋・劉克莊《別高九萬》詩：「衆客食魚彈鋏去，幾人白馬素車來。」

【白螞蟻的嘴——好厲害】

白螞蟻：一種害蟲，比螞蟻大，口器發達。比喻嘴尖舌利，說話刺人，或能說會道。有時含貶義。例演講會結束，李英取得第一名，鄭曉霞前來祝賀說：「白螞蟻的嘴——好厲害，我要爲你掛匾。」

【白毛狐狸戴禮帽——有了道行】

禮帽：在莊重的場合或舉行儀式戴的帽子；道行：本指僧道修行的功夫，這裏指技能本領。比喻經過學習掌握了技能本領。例我在工廠已有七八年了，經過艱苦的鍛鍊，可以說是白毛狐狸戴禮帽——有了道行。

【白旄黃鉞】

旄：ㄇㄠˊ，古代旗桿頭上用旄牛尾作的裝飾，也指桿頭有此種裝飾的旗。軍中持以指揮；鉞：古代兵器，形狀似斧而略大。用於誅伐。比喻出師征伐。唐・白居易《七德舞》詩：「太宗十八舉義兵，白旄黃鉞定兩京。」

【白眉赤眼】

明・沈德符《敝帚軒剩語・神明訛稱》：「近來狹邪家，多供關壯繆像……是名白眉神……與關像略肖，但眉白而眼赤。京師相詈，指其人曰白眉赤眼兒者，必大恨，其猥賊可知。」狹邪家，舊指妓院。後以「白眉赤眼」指罵人狹邪不正。《金瓶梅詞話》：二五回：「此是我姨娘家借來的釵梳，是誰與我的？白眉赤眼，見鬼到，死囚根子！」也指平白無故。《金瓶梅詞話》七五回：「我那等樣教你休叫他，你又叫他，白眉赤眼兒的，叫人家漢子來做什麼？」

【白麪裏加石灰——亂攙和】

攙和：攙雜混合在一起。比喻胡攪一氣，越搞越亂。例今天是開防治污染的研討會，你又別出心裁地加進計畫生育的報告，簡直是白麪裏加石灰——亂攙和，把學者們都弄得不知所措。

【白面書郎】

見「白面書生」。

【白面書生】

指年紀輕、見識淺、閱歷少的文弱書生。《二十年目睹之怪現狀》二一回：「他年少科第出身，在京裏不過上了幾個條陳，就鬧紅了，放了這個缺；

其實是一個白面書生，幹得了甚麼事？」也泛指顏面白淨的少年文士。明・湯顯祖《牡丹亭》二二齣：「雪兒呵，偏則把白面書生奚落。」也作「**白面書郎**」。唐・白居易《重過秘書舊房》詩：「昔爲白面書郎去，今作蒼頭贊善來。」

【白拈賊】

指偷竊他人財物又不留下任何痕跡的小偷、扒手。例我連錢包是什麼時候丟的都不知道，怕是碰上了白拈賊。

【白娘子喝雄黃酒——頭昏腦脹】

《白蛇傳》中的故事。峨嵋山上修鍊千年的白蛇精，化作少女白娘子，與許仙相識並結爲夫婦，許仙中了惡僧法海的離間計，於端午佳節，强勸白娘子喝下雄黃酒，白娘子頓時頭昏腦脹，化爲蛇身，現了原形。雄黃酒：攙有雄黃的燒酒。迷信傳說妖精喝了雄黃酒會現出原形。比喻頭腦膨脹，神志不清。例爲了寫這篇文章，我連續三天三夜沒闔眼，就像白娘子喝雄黃酒——頭昏腦脹。

【白娘子喝雄黃酒——現了原形】

比喻剝去僞裝，顯出本相。例「他原來是一個竊盜犯！」曾以廉潔奉公獲得模範稱號的錢多旺，在羣衆的揭發下，猶如白娘子喝雄黃酒——現了原形。也作「**姜子牙火燒琵琶精——現了原形**」。

【白娘子哭斷橋——想起舊情】

白娘子：《白蛇傳》中的女主人公白素貞；斷橋：在今杭州西湖邊。《白蛇傳》中說，白素貞與男主人公許仙在斷橋相識，並從此相愛爲夫婦。惡僧法海施離間計，使許仙和白素貞離散，白素貞鬥不過法海，敗退來到斷橋，正遇許仙。白素貞邊哭邊罵許仙忘恩負義，後念及舊情，同許仙重歸於好。比喻觸景傷情，回憶起昔日情誼。例她飯也不吃，水也不喝，想必是白娘子哭斷橋——想起舊情來了。

【白熱化】

白熱：物理學名詞。物體受高溫後發出白色强光。現指事態或情感發展到最高潮。例公司領導的矛盾日趨尖銳，已到了白熱化的程度。

【白日便見簸箕星】

簸箕星：又叫掃帚星，即彗星。舊時迷信，認爲看到簸箕星會招災惹禍。比喻打鬥不可避免。元・高文秀《黑旋風》一折：「今日裏奉著哥哥令，若有人將哥哥廝欺負，我和他倆白日便見簸箕星。」

【白日鬼】

指大白天公然偷竊或行騙的人，劉跂《暇日記》：「宋浙江號賊曰白日鬼，多在舟船中作禍。彼中人見誕謾者，指爲白日鬼。」也作「**白日撞**」。《古今小說》卷四：「你莫非是白日撞麼？强裝麼公差名色，掏摸東西的。」

【白日見鬼】

宋・陸游《老學庵筆記》卷六：「自元豐官制，尚書省復二十四曹，繁簡絕異，在京師時有語曰：『吏、勛、封、考，筆頭不倒……工、屯、虞、水，白日見鬼。』」比喻官衙無事可做，冷落、淸閒之極。後也比喻離奇古怪或出乎意料之事。《西遊記》二一回：「哥啊，我們連日造化低了。這兩日白日裏見鬼！那個化風去的老兒是誰？」也作「**白晝見鬼**」。

【白日見鬼——玄乎】

比喻玄虛不可捉摸，或非常危險。例這個問題不是白日見鬼——玄乎，而是普普通通的，連孩子都能理解。也作「**眉毛上盪秋千——玄乎**」、「**砍柴刀刮臉——玄乎**」

【白日夢】

白日夢：大白天做夢。比喻絕不可能實現的想法。例你不下苦功，卻想能有成就，那是白日夢。

【白日青天】

明朗的日光，藍色的天空。比喻世道清明，太平盛世。宋・黃干《謝兩浙詹漕薦啓》：「泰宇清明，白日青天之在望；德容溫粹，春風和氣之襲人。」

【白日升天】

道家語。指白晝升入天界成爲神仙。《魏書・釋老志》：「積行樹功，累德增善，乃可白日升天，長生世上。」後也比喻突然顯貴。唐・劉得仁《省試日上崔侍郎四首》：「方寸終朝似火燃，爲求白日上青天。」

【白日衣繡】

衣：穿；繡：刺繡品。此處指華麗的官服。舊指取得功名富貴後，身穿錦繡官服，誇耀鄉里。漢・應劭《風俗通義・怪神》：「〔張遼〕以二千石之尊過鄉里，薦祝祖考，白日繡衣，榮羨如此。」

【白日作夢】

大白天做夢。比喻妄想實現根本不可能實現的事。例你不下苦功讀書，想要考上名校簡直是白日作夢，不可能的事。也作「**白晝做夢**」。例美美是個喜歡白晝做夢的人，常常幻想一些根本無法實現的事。

【白山黑水】

指長白山和黑龍江，泛指我國東北地區。柳亞子《疊韵再和星曹一律》：「掃淨倭氛吾輩責，白山黑水莽無邊。」

【白商素節】

白商：按古代五行的說法，秋季色尚白，樂音配商，故秋天稱白商；素節：秋令時節。指秋天。晋・張協《七命》：「若乃白商素節，月既授衣，天凝地閉，風厲霜飛。」

【白身人】

指沒有官職靠山的人。例兄長不過是白身人，要辦大學，談何容易。

【白石似玉，奸佞似賢】

奸佞：邪惡，善用巧言諂媚的人。白色的石頭與玉石相像難辨，邪惡、善用巧言諂媚的人裝得像賢良的人。指要善於識別奸佞之徒，不爲其假象所迷惑。晉・葛洪《抱朴子・祛惑》：「白石似玉，奸佞似賢。賢者愈自隱蔽，有而如無；奸人愈自衒沽，虛而類實。非至明者，何以分之？」

【白手成家】
空手創家立業。指在條件極差或一無所有的困境中，靠自身力量艱苦創業。《古今小說》卷一〇：「多少白手成家的，如今有屋住，有田種，不算沒根基了，只要自去掙持。」也作「白手起家」。

【白手起家】
見「白手成家」。

【白首不渝】
白首：白了頭髮，指年老；渝：改變。到老不變。形容終生堅定不移。《梁書・何點傳》：「新除侍中何點，棲遲衡泌，白首不渝。」

【白首空歸】
比喻年老而學無所成。《後漢書・獻帝紀》：「今耆儒年逾六十，去離本土，營求糧資，不得專業，結童入學，白首空歸。」也作「白首無成」。成：成就。宋・陸游《謝錢參政啓》：「名場蹭蹬，幾白首以無成，宦海漂流，顧青衫而自笑。」

【白首窮經】
窮經：窮究經籍。直到年老髮白，仍在深入鑽研經籍。形容老而好學。唐・韓偓《贈易卜崔江處士》詩：「白首窮經通秘義，青山養老度危時。」

【白首如新】
見「白頭如新」。

【白首同歸】
歸：歸向。直到年老髮白，志趣依然相同。形容友誼堅貞，白首不渝。晉・潘岳《金谷集作詩》：「春榮誰不慕，歲寒良獨希；投分寄石友，白首同所歸。」後也指俱到老年，同時命終。南朝宋・劉義慶《世說新語・仇隙》：「孫秀既恨石崇不與綠珠，又憾潘岳昔遇之不與禮……後收石崇、歐陽堅石，同日收岳。石謂潘曰：『安仁，卿亦復爾耶？』潘曰：『可謂白首同所歸。』」

【白首無成】
見「白首空歸」。

【白首相知】
白首：白髮，形容年老；相知：彼此知心，交誼深厚。指直至年老仍爲知心摯友。明・孫仁儒《東郭記・頑夫廉》：「君家朋友何須道，翻騰雲雨都常套；抵多少白首相知，按劍同袍。」

【白首一節】
一：如一不變；節：志節，節操。年老而仍保持節操。《後漢書・吳良傳》：「躬儉安貧，白首一節。」

【白首之心】
心：指雄心。年老時的雄心壯志。唐・王勃《滕王閣序》：「老當益壯，寧知白首之心；窮且益堅，不墜青雲之志。」

【白叟黃童】
白叟：老人；黃童：黃口小兒，幼兒。泛指老老少少。明・無名氏《衣錦還鄉》四折：「仰賴聖德仁慈，白叟黃童，焚香頂禮，俺永享快樂也。」

【白糖拌蜂蜜——甜透了】
見「冰糖蘸蜜——甜上加甜」。

【白糖拌苦瓜——苦中有甜】
比喻艱苦的工作或生活中也有樂趣。例張大嬸，你們雖是貧寒之家，但和睦相處，享盡天倫之樂。眞是白糖拌苦瓜——苦中有甜。

【白糖拌苦瓜——又苦又甜】
比喻矛盾的心理狀況或複雜的感情。例她的工作就像白糖拌苦瓜——又苦又甜，既有失敗的悲痛，又有成功的喜悅。

【白糖包砒霜——心裏毒】
砒霜：一種劇毒藥。比喻心腸狠毒。例馮老大，上海灘的著名殺手，外表斯斯文文，是名副其實的白糖包砒霜——心裏毒。

【白糖嘴巴刀子心——口蜜腹劍】
嘴上說得很甜，滿肚子卻懷著害人的壞主意。比喻人陰險。例在世界上，像他這種白糖嘴巴刀子心——口蜜腹劍的人不少，要隨時提高警惕，以防上當。也作「李林甫當宰相——口蜜腹劍」。

【白糖嘴巴砒霜心】
嘴上甜蜜，心裏狠毒。猶口蜜腹劍。例眞沒想到他平時那麼和善待人，卻原來別有用心，眞是白糖嘴巴砒霜心。

【白天打燈籠——白搭】
比喻白費力氣，沒有用處。例在路不拾遺，夜不閉戶的社會裏，安裝防盜設施就等於白天打燈籠——白搭。也作「賣布塞棉花——白搭」、「騎驢扛布袋——白搭」、「餡餅抹油——白搭」、「豆腐墊床腳——白搭」、「燈草架橋——白搭工」、「大白天打燈籠——白搭」、「嘴上抹石灰——白搭」、「聾子聽戲——白搭工夫」。

【白天點燈——多此一舉】
比喻某種舉動是多餘的、不必要的。例小陳已買好到天津的火車票，你又去派專車，難道不是白天點燈——多此一舉？也作「騎驢拿拐杖——多此一舉」、「晴天帶雨傘——多此一舉」、「撑著陽傘戴涼帽——多此一舉」、「吃鹹魚蘸醬油——多此一舉」、「江邊賣水——多此一舉」、「畫蛇添足——多此一舉」、「喝涼水拿筷子——多此一舉」、「脫褲子放屁——多此一舉」、「雨天澆地——多此一舉」、「陰天戴草帽——多此一舉」、「戴著斗笠打傘——多此一舉」。

【白天捉鬼——沒影的事】
比喻根本不存在的或十分遙遠的事物。例從前，認爲人要登上月球，是白天捉鬼——沒影的事。現在，卻變成事實了。也作「瞎子捉鬼——沒影的事」。

【白頭到老】

見「白頭偕老」。

【白頭如新】

白頭：白髮，引申爲時間久長。雖然相交很久，已到年老髮白，仍如同新結識的一樣。形容相知不深。《史記・鄒陽傳》：「諺曰：『有白頭如新，傾蓋如故。何則？知與不知也。』」也作「**白首如新**」。宋・蘇軾《擬孫權答曹操書》：「白首如新，傾蓋如故。言以身托人，必擇所安。」

【白頭相守】

指夫妻和睦相守到老。《好逑傳》一回：「夫婦乃五倫之一，一諧伉儷，便是白頭相守，倘造次成婚，苟非淑女，勉強周旋，則傷性；去之，擲之，又傷倫；安可輕議？」也作「**白髮相守**」。《楊家將》四八回：「但小女無瑕之玉被汝點破，端期白髮相守，愼勿見棄可也。」

【白頭偕老】

偕：共同，一起。指夫妻恩恩愛愛共同生活到老。清・沈復《浮生六記》卷一：「妾能與君白頭偕老，月輪當出。」也作「**白頭到老**」。《醒世恆言》卷三六：「今夜與我成親，卻圖一個白頭到老。」也作「**白髮偕老**」。馮德英《迎春花》二〇章：「淑嫻抱著與孫若西白髮偕老的貞操節烈的決心，等待著孫若西的花轎。」

【白頭之嘆】

年老失寵時的哀怨嘆息。清・洪昇《長生殿・密誓》：「妾蒙陛下寵眷，六宮無比。只怕日久恩疏，不免白頭之嘆！」

【白兔赤烏】

白兔：傳說月中有兔，故多以白兔比喻月亮；赤烏：傳說太陽裏有三足烏，故以赤烏比喻太陽。比喻時間流逝極快。唐・白居易《勸酒》詩：「天地迢遙自長久，白兔赤烏趨相走。」

【白屋寒門】

白屋：用白茅草蓋的屋，舊指貧寒讀書人的住屋；寒門：寒微之家。形容出身貧寒。元・無名氏《誶范叔》三折：「未亨通，遭窮困，身居在白屋寒門。」

【白屋之士】

白屋：用白茅草蓋的屋，指貧士的住屋。舊指貧寒的讀書人。漢・王充《論衡・語增》：「夫三公，鼎足之臣，王者之貞干也；白屋之士，閭巷之微賤者也。」

【白莧紫茄】

白色的莧菜，紫色的茄子，指一般蔬菜。比喻吃尋常蔬菜，生活儉省樸素。《南史・蔡樽傳》：「樽，字景節，爲吳興太守，不飲郡井，齋前自種白莧紫菜以爲常餌，詔褒其清。」

【白相人】

指不務正業的流氓阿飛。例她什麼人不好愛，竟然愛上了一個白相人。

【白雪皚皚】

皚皚：形容潔白。多用於霜雪。形容雪潔白如銀。例登上了合歡山，看到一片白雪皚皚的銀色大地，好不令人興奮。

【白雪難和】

《白雪》：戰國時期楚國的高深歌曲；和：應和，跟著唱。唱《白雪》曲，難以應和。猶曲高和寡。《剪燈餘話・賈雲華還魂記》：「第恐白雪陽春，難爲屬和耳。」

【白雪陽春】

《白雪》、《陽春》是戰國時代楚國的高深歌曲。後泛指高深的、不通俗的文學藝術。明・崔時佩《西廂記・琴心寫恨》：「高山流水千年調，白雪陽春萬古情。」也作「**陽春白雪**」。

【白眼狼】

白眼：輕蔑或凶狠的目光。比喻那些無情無義凶惡殘忍的人。例我們省吃儉用支援他們，他們倒反過來進攻我們，這不是養了一羣白眼狼嗎？

【白眼無珠，不識好歹】

指沒有眼光，分不清好壞。《三寶太監西洋記》：「國師又叫過那一干人來，吩咐道：『怪不得你們負固不服。本等你們是個白眼無珠，不識好歹。也罷，自今以後，也不許在這裏立國，也不許你們在這裏爲王，也不許你們衆人在這裏做甚麼番官番吏。』」

【白眼相看】

看人時眼旁視或向上看，露出眼白，表示鄙薄。南朝宋・劉義慶《世說新語・簡傲》：[阮]籍能爲青白眼，見凡俗之士，以白眼對之。」後以「白眼相看」形容輕視，對人不禮貌。宋・楊萬里《都下和同舍客李元老承信贈詩之韻》：「盡令俗客不妨來，白眼相看勿分剖。」也作「**冷眼相加**」。

【白衣蒼狗】

見「白雲蒼狗」。

【白衣公卿】

白衣：古代未仕者穿白衣，指未取得功名的人。唐代極重進士，稱之爲白衣公卿，言其雖身爲白衣之士，而實有卿相之資。後遂以之泛稱進士。五代・王定保《唐摭言・散序進士》：「進士科始於隋大業中，盛於貞觀、永徽之際，縉紳雖位極人臣，不由進士者，終不爲美，以至歲貢常不減八九百人，其推重謂之『白衣公卿』，又曰『一品白衫』。」也作「**白衣卿相**」。元・吳昌齡《張天師》二折：「小生不才殺者波也是國家白衣卿相，你則道我不認得你哩。」

【白衣卿相】

見「白衣公卿」。

【白衣秀士】

指沒有功名的讀書人。元・馬致遠《岳陽樓》二折：「至如呂岩,當初是個白衣秀士、未遇書生，上朝求官。」

【白衣秀士當寨主——容不得人】

白衣秀士：《水滸傳》中水泊梁山寨主王倫的綽號。其人心胸狹窄，忌賢妒能，容不得別人。比喻肚量小，容不得比自己高强的人。例他是白衣秀士當寨主——容不得人，我勸你還是別去投奔他。

【白衣宰相】

宰相：古代輔助皇帝、總攬政務的最高行政長官。泛稱掌握政權的大官。指沒有官職而有宰相權勢的人。《新唐書・令狐滈傳》：「［滈］怙勢驕偃，通賓客，招權以射取四方貨財，皆側目無敢言……且滈居當時，謂之白衣宰相，滈未嘗舉進士而妄言已解，使天下謂無解及第，不已罔乎！」

【白蟻蛀觀音——自身難保】

觀音：觀世音的簡稱，佛教的菩薩之一。佛教徒認爲觀音是慈悲的化身，救苦救難之神。白蟻蛀蝕觀音的塑像，觀音無法保護。比喻自己難以解救自己，更談不上援助別人。例在那場大的災禍中，我是白蟻蛀觀音——自身難保，無法對你們進行援救。

【白魚入舟】

《史記・周本紀》：「武王渡河，中流，白魚躍入王舟中，，武王俯取以祭。」裴駰集解引馬融：「魚者，鱗介之物，兵象也；白者，殷家之正色，言殷之兵衆與周之象也。」時附會爲殷滅周興的吉兆。後比喻用兵必獲勝利的徵兆。《三國志・魏書・楊阜傳》：「武王白魚入舟，君臣變色。」

【白玉不雕，美珠不文】

文：文飾。白玉用不著雕琢，美珠用不著文飾。比喻人貴在自然美，詩文貴在自然清新。《淮南子・說林訓》：「白玉不雕，美珠不文，質有餘也。」

【白玉微瑕】

見「白璧微瑕」。

【白玉無瑕】

見「白璧無瑕」。

【白玉映沙】

白玉的光澤映照沙塵。比喻才能超羣，品格高潔。南朝梁・鍾嶸《詩品》：「謝靈運譬猶青松之拔灌木，白玉之映塵沙，未足貶其高潔也。」

【白雲蒼狗】

唐・杜甫《可嘆》詩：「天上浮雲如白衣，斯須改變如蒼狗。」後以「白雲蒼狗」比喻世事變化迅速，反覆無常。茅盾《蝕・動搖》：「自從先嚴棄養，接著便是戊戌政變。到現在，不知換了多少花樣，眞所謂世事白雲蒼狗了。」也作「白衣蒼狗」。宋・秦觀《寄孫莘老少監》詩：「白衣蒼狗無常態，璞玉渾金有定姿。」

【白雲孤飛】

由遠在天際的白雲，想到居住在雲下的雙親。比喻客居他鄉，思念父母。唐・劉肅《大唐新語・舉賢》：「薦爲并州法曹，其親在河陽別業，仁傑赴任於并州，登太行，南望白雲孤飛，謂左右曰：『吾親所居，近此雲下！』悲泣，佇立久之，候雲移乃行。」也作「白雲親舍」。親舍：親人的住處。清・袁枚《小倉山房尺牘・與胡書巢妹丈》：「枚前因赴選，故不獲視先君含殮，時時抱恨終天。今母老矣，白雲親舍，言之黯然。故出具文書・告請終養。」

【白雲親舍】

見「白雲孤飛」。

【白雲在青天，可望不可即】

白雲飄浮在藍天上，可以望見卻摸不到。指對渴望追求的東西，只能嚮往，卻無法得到。明・劉基《登臥龍山寫懷二十八韻》：「白雲在青天，可望不可即，浩歌《梁甫吟》，憂來憑胸臆。」

【白紙黑字】

白紙上寫下黑字。指有文字爲憑，不容反悔抵賴。元・無名氏《冤家債主》二折：「不要閒說，白紙上寫著黑字兒哩。若有反悔之人，罰寶鈔一千貫與不反悔之人使用。」

【白紙上寫著黑字】

比喻證據確鑿，不容抵賴。例我們已經知道你利用職權受賄數千，你不承認也不行，白紙上寫著黑字，想賴是賴不掉的。

【白紙寫黑字——改不了】

比喻本性難移。例魏二毛爲非作歹，流氓成性，大家認爲他是白紙寫黑字——改不了。也作「娘胎裏帶來的——改不了」、「生米做成了熟飯——改不了」、「白紙寫黑字——更改不掉」。

【白紙寫黑字——黑白分明】

比喻是非、好歹界限清楚。有時指兩種截然不同的事物不會混淆。例王強頭腦清醒，目光銳敏，在非常複雜的情況下，他都能做到白紙寫黑字——黑白分明。也作「煤球放在石灰裏——黑白分明」、「木耳燒豆腐——黑白分明」、「豬血煮豆腐——黑白分明」。

【白紙寫黑字——明擺着】

見「禿子頭上的虱子——明擺著」。

【白晝見鬼】

見「白日見鬼」。

【白晝做夢】

見「白日做夢」。

ㄅㄞˇ

【百敗不折】

見「百折不撓」。

【百般刁難】

百般：形容用各種各樣手法；刁難：故意爲難對方。用各種各樣手段與對方作對。例本來是順理成章的事，可是有人百般刁難，結果使事情未能順利完成。

【百般責難】

百般：各種方法；責難：指責非難。用各種方法指摘責備人。例展開批評要與人爲善，不能只是百般責難。

【百弊叢生】

弊：弊病；叢生：同時發生。各種弊病同時發生、滋長。清・趙翼《廿二史札記・青苗錢不始於王安石》：「古來未嘗無良法，一經不肖官吏，輒百弊叢生，所謂有治人無治法也。」

【百病可治，相思難醫】

什麼病都能治，就是相思病沒法醫。《檮杌閒評》二二回：「宮人啟奏娘娘，遣醫官診視，寫下方用藥，莫想有效。古語云：『百病可治，相思難醫。』過了幾日，一發昏沉，不省人事。」

【百不存一】

百：言其多；一：言其少。一百個之中沒有留下一個。形容喪失淨盡。明・張岱《西湖夢尋・序》：「凡昔日之歌樓舞榭，弱柳夭桃，如洪水淹沒，百不存一也。」也作「**百不一存**」。北周・宇文逌《庾信集序》：「昔在陽都，有集十四卷，値太清罹亂，百不一存。」

【百不當一】

當：相抵。一百個抵不上一個。形容物或人優異出衆。漢・荀悅《漢紀・文帝紀》：「短兵百不當一，兩陣相近，平地淺草，可前可後，此長戟之地也。」

【百不得一】

百：言其多；一：言其少。一百個之中得不到一個。形容極爲難得。清・李漁《笠翁文集・和鳴集序》：「求其白首和鳴者，百不得一，何造物不均若是哉！」

【百不失一】

百：言其多；一：言其少。一百個當中沒有失掉一個。形容極其有把握。《東周列國志》二〇回：「仲父之謀，百不失一！」

【百不爲多，一不爲少】

一百個不算多，一個也不算少。指難得的事物或人才固然多多益善，但若僅有一個也就知足了。《南史・任昉傳》：「聞君有令子，相爲喜之。所謂百不爲多，一不爲少。」

【百不一存】

見「百不存一」。

【百不一見】

形容極爲罕見。例從前認爲鐵樹開花，百不一見，現在已是極平常的事。

【百不一失】

見「百無一失」。

【百不一爽】

見「百無一失」。

【百不一遇】

一百次遇不上一次。形容稀有之極。漢・荀悅《漢紀・哀帝紀》：「若此之事，百不一遇。」

【百步穿楊】

步：古稱舉足兩次爲一步；楊：此處指楊樹葉。《戰國策・西周策》：「楚有養由基者，善射，去柳葉者百步而射之，百發百中。」後以「百步穿楊」形容射箭技術高超。清・陳忱《水滸後傳》：「那小將軍姓花……十八般武藝，盡皆精煉，更擅百步穿楊之箭。」

【百步無輕擔】

百步：指長途，遠距離的。走遠路，擔子再輕也不會感到輕鬆。比喻路途長負擔重。明・張景《飛丸記・交投設械》：「早起跑到日頭晏，方知百步無輕擔。」

【百城之富】

百城：百座城，很多城市。形容藏書極爲豐富，如同擁有許多城市那樣富有。清・黃宗羲《天一閣藏書記》：「強解事者，以數百金捆載坊書，便稱百城之富。」

【百尺竿頭，更進一步】

比喻不滿足已有的成就，還要繼續努力。蔡鍔《致唐繼堯劉顯世等電》：「吾儕現宜各就職守所在，力量所及，爲最後之奮進。『百尺竿頭，更進一步』，則最初之目的，不難貫徹。」也作「**百尺竿頭進一步**」。例祝福你在未來的日子裏，百尺竿頭進一步。

【百尺竿頭進一步】

見「百尺竿頭，更進一步」。

【百尺高樓從地起】

比喻任何事業上的成就都是從小打好基礎，逐步積累而成的。鄒韜奮《能與爲》：「換句話說，即勿因事小而不屑爲，當知『百尺高樓從地起』，天下絕無一蹴即成之事，亦未有一學即能之業，無不從一點一滴的知識經驗積聚而成，若小事尙不能爲，安見其能爲大事？」

【百尺無枝】

枝：樹幹旁出的枝條。百尺之間沒有枝椏。比喻無人能比得上。《梁書・王規傳》：「其風韻遵正，神鋒標映，千里無跡，百尺無枝，文辯縱橫，才學優瞻。」

【百川歸海】

川：江河。所有江河最終都流入大海。《淮南子・氾論訓》：「百川異源而皆歸於海。」因以「百川歸海」比喻衆多事物由分散而匯聚到一處，也比喻衆望所歸或大勢所趨。漢・蔡邕《郭有道林宗碑》：「望形表而影附，聆嘉聲而響和者，猶百川之歸巨海，鱗介之宗龜龍也。」

【百川學海而至於海，丘陵學山而不至於山】

許許多多河流要學大海，終於流入大海；丘陵要學大山，最終不能到達高山。比喻持之以恆地勤奮學習，必然有所成就；停頓不前，必然一事無成。漢・揚雄《法言・學行》：「百川學海而至於海，丘陵學山而不至於山，是故惡夫畫也。」

【百川之主】

百川：江河。所有江河最終都流歸大海，故以「百川之主」稱大海。漢・

劉向《說苑．君道》：「若夫江海無不受，故長爲百川之主。」

【百辭莫辯】

見「百口莫辯」。

【百挫不折】

見「百折不撓」。

【百代過客】

百代：指極其久遠的年代；過客：指過往的旅客。如同在漫長的時代裏，匆匆過往的旅客一樣。喻指轉瞬即逝的光陰。唐．李白《春夜宴從弟桃花園序》：「夫天地者，萬物之逆旅也；光陰者，百代之過客也。」

【百代文宗】

宗：指受人尊崇堪爲師表的人。在久遠的年代裏爲衆人所敬仰的文章大家。《晉書．陸機傳》：「其詞深而雅，其義博而顯，故足遠超枚馬，高躡王劉。百代文宗，一人而已。」

【百代興亡朝復暮】

百代盛衰，變化迅速，如早晨到晚上一樣。慨嘆朝代更迭迅速。《儒林外史》一回：「人生南北多歧路，將相神仙，也要凡人做。百代興亡朝復暮，江風吹倒前朝樹。」

【百動不如一靜】

謂多動不如靜待有效。《醒世姻緣傳》三四回：「你去了，我又尋思，百動不如一靜的。」

【百讀不厭】

百：言其多；厭：厭倦。反覆閱讀多少遍，也不感覺厭倦。形容詩、文極佳，引人入勝，耐人尋味。朱自清《論百讀不厭》：「爲什麼一些作品有人『百讀不厭』，另一些卻有人不想讀第二遍呢……這些都值得我們思索一番。」也作「**百誦不厭**」。誦：誦讀。清．段甡《聊齋志異序》：「留仙《志異》一書，膾炙人口久矣……寓賞罰於嬉笑，百誦不厭。」

【百堵皆興】

見「百堵皆作」。

【百堵皆作】

堵：牆；皆：俱，同時；作：興辦，興建。許多工程同時興建。比喻各種工作都同時進行。《詩經．小雅．鴻雁》：「之子於垣，百堵皆作，雖則劬勞，其究安宅。」也作「**百堵皆興**」。興：興建。《詩經．大雅．綿》：「築之登登，削屢馮馮。百堵皆興，鼛鼓弗勝。」也作「**百堵朋興**」。朋：齊，同。元．戴表元《楡林瓦嶺廟上梁文》：「巧匠獻般、垂之技，百堵朋興。」也作「**百堵咸作**」。咸：都，全。南朝陳．江總《大莊嚴寺碑》：「於是俯察地勢，懸之以水，仰惟星極，揆之以日，百堵咸作，千坊洞啟。」

【百堵朋興】

見「百堵皆作」。

【百堵咸作】

見「百堵皆作」。

【百端待舉】

百：言其多；端：頭緒，方面；舉：興辦。形容許許多多的事情等著要興辦。例經濟建設是百端待舉，但須有緩急輕重之分。

【百端交集】

見「百感交集」。

【百鍛千鍊】

百、千：言其多。形容對詩文反覆推敲，悉心修改，精益求精。唐．皮日休《劉棗强碑》：「百鍛爲字，千鍊成句，雖不在躡太白，亦後來之佳作也。」後也用來比喻經歷過多次艱苦的磨練。例他經歷了多次艱苦的百鍛千鍊，終於成爲一個堅强的革命者。也作「**千錘百鍊**」。

【百二關山】

見「百二山河」。

【百二河山】

見「百二山河」。

【百二山河】

百二：以二敵一百。《史記．高祖本紀》：「秦，形勝之國，帶河山之險，縣隔千里，持戟百萬，秦得百二焉。」集解引蘇林：「秦地險固，二萬人足當諸侯百萬人也。」後以「百二山河」形容邊防牢固，國力强盛。元．鄭廷玉《看錢奴》四折：「護百二山河，掌七十四司。」也作「**百二河山**」。明．黃洪憲《山海關》詩：「長城古堞府滄瀛，百二河山擁上京。」也作「**百二關山**」。唐．溫庭筠《老君廟》詩：「百二關山扶玉座，五千文字閟瑤緘。」

【百發百中】

射一百次，一百次都命中目標。形容射擊技術高超，每發必中。例李四是個神槍手，每次射擊總是百發百中。也作「**百中百發**」。《封神演義》三一回：「此標乃異人秘授，出手煙生，百中百發。」也比喻料事、做事有充分把握。《醒世姻緣傳》八五回：「童奶奶的錦囊，素日是百中百發，休得這一遭使不著了。」

【百廢備舉】

見「百廢俱興」。

【百廢待舉】

廢：廢置、擱置；舉：舉辦，興辦。許許多多被擱置的事情，都有待於興辦起來。吳晗《海瑞罷官．斷案》：「百廢待舉，他不出頭作主，實在令人著急。」

【百廢俱舉】

見「百廢俱興」。

【百廢俱興】

俱：全，都；廢：廢置；興：興辦。許多被廢置的事情都興辦起來。《民國通俗演義》四八回：「百廢俱興，家給人足。」也作「**百廢俱舉**」。舉：舉辦，興辦。《文明小史》四一回：「這兩年朝廷銳意求新，百廢俱舉。」也作「**百廢俱修**」。修：興修，興辦。宋．魏了翁《大邑縣學振文堂記》：「厥明年，時和歲豐，百廢俱修。」也作「**百廢備舉**」。備：全，皆。明．劉基《杭州富陽縣重修文廟學宮記》：「明年六月，百廢備舉，廟有新室，學有新舍，教官有廳，文昌有祠。」

【百廢俱修】

見「百廢俱興」。

【百沸滾湯】

沸：水燒開時翻滾的狀態；滾：水沸。形容非常燙的開水。《水滸傳》八回：「薛霸去燒一鍋百沸滾湯，提將來傾在腳盆內。」

【百分之百】

形容全部。例今年的生產指標已百分之百地完成。

【百福具臻】

福：古稱富貴壽考等為福，指福運；臻：到，到達，指各種福運同時來到。《舊唐書·李藩傳》：「伏望陛下以漢文孔子之意為準，則百福具臻。」

【百感交乘】

見「百感交集」。

【百感交集】

百感：多種感觸、感想；交集：同時交錯在一起。種種感想交織在一起。形容感慨萬千。例看著大學畢業時的全班合照，再想想今日每個人的不同際遇，心中眞是百感交集。也作「**百端交集**」。端：端緒，頭緒。南朝宋·劉義慶《世說新語·言語》：「見此茫茫，不覺百端交集，苟未免有情，亦復誰能遣此。」也作「**百感交乘**」。《民國通俗演義》六二回：「黃昏岑寂，坐對孤燈，正在百感交乘的時候。」

【百花凋零】

凋零：草木凋謝零落。形容深秋蕭瑟的景象。例只見園內草木蕭疏，百花凋零，一派深秋景色。

【百花齊放】

指多種花卉，競相盛開。例春天，百花齊放，萬木崢嶸。現常比喻不同形式和風格的藝術作品自由發展。多形容藝術界的繁榮景象。秦牧《鮮花百態與藝術風格》：「『百花齊放』一語，使人想起了鮮花的百態，想起了藝術的各種各樣的風格。」

【百花盛開】

泛指各種花卉一齊茂盛地開放。形容春天的景色。例園內百花盛開，春意盎然。

【百花爭妍】

妍：美豔。各種鮮花爭妍鬥豔。形容百花盛開，萬紫千紅的景色。例風和日麗，百花爭妍，春光明媚，景色迷人。

【百卉含英】

形容各種花卉吐露芬芳，爭奇鬥豔。《後漢書·馮衍傳》：「開歲發春兮，百卉含英。」

【百卉千葩】

葩：花。猶「百花齊放」。常用來比喻事物豐富多彩，繁榮興旺的景象。例春天，百卉千葩，各逞嬌姿，美不勝收。

【百喙莫辯】

見「百口莫辯」。

【百喙莫辭】

見「百口莫辯」。

【百喙莫明】

見「百口莫辯」。

【百計千方】

計：計謀；方：辦法。形容想盡或用盡各種辦法。宋·趙常卿《探春令》詞：「凡花且莫相嘲謔，盡強伊寂寞。便饒他，百計千方做就，醞藉如何學？」也作「**百計千謀**」。元·尚仲賢《單鞭奪槊》二折：「據著他全忠盡孝眞良將，怎肯做背義忘恩那死囚，乾費了百計千謀。」也作「**百計千心**」。心：心思。明·陸采《明珠記·援計》：「到如今，用盡了百計千心，只落得淚珠兒羅衫溼浸。」也作「**千方百計**」、「**百計千謀**」。

【百計千謀】

見「百計千方」。

【百計千心】

見「百計千方」。

【《百家姓》少了第二姓——沒錢】

《百家姓》是集姓氏而編成的韻語識字讀本，四字一句，開頭一句是「趙錢孫李」，「錢」列為第二姓。雙關語，比喻缺錢花。例褚二旺歪著脖子眯著眼說：「諸位，幫幫我，我今兒個是《百家姓》少了第二姓——沒錢啦。」

【百家衣】

百家衣：僧衣。因用各色各樣碎布塊拼綴製成而得名。比喻拼湊而成的衣服或文章。例寫文章一定要用心思，要有自己的見解，可不能搞百家衣。也作「**百衲衣**」。例這件衣服補來補去都成百衲衣了。

【百家爭鳴】

百家：泛指學術上各種流派；鳴：抒發或表達。原指先秦至漢初儒、道、陰、陽、法、名、墨、縱橫、雜、農等思想流派的爭論。《漢書·藝文志》：「凡諸子百八十九家……蜂出並作，各引一端，崇其所善，以此馳說，取合諸侯。」後以「百家爭鳴」喻指學術上、藝術上各種派別競相爭論鳴放。

【百家諸子】

百家：泛指先秦時期出現的各種思想流派；諸子：指先秦時期各學派的代表人物。後用為先秦至漢初各種學派的總稱。晉·常璩《華陽國志·梓橦人士》：「自五經四部、百家諸子、伎藝算計、卜數醫術、弓弩機械之巧，皆致思焉。」也作「**諸子百家**」。

【百結鶉衣】

百結：指縫補連綴之處極多；鶉衣：鵪鶉鳥尾巴禿，如同補綴連結一般。形容衣服破爛不堪。《綴白裘·初集〈永團圓·逼離〉》：「今日我烏金折角，百結鶉衣，昂然赴席，看他怎生發付？」也作「**鶉衣百結**」。

【百金買駿馬，千金買美人，萬金買爵祿，何處買青春】

爵祿：爵位和俸祿。駿馬、美人、爵

祿，在舊時都是可以用金錢買來的，人的青春哪裏去買呢？指青春的可貴。李大釗《青春》：「諺云：『百金買駿馬，千金買美人，萬金買爵祿，何處買青春？』豈惟無處購買，鄧氏銅山，郭家金穴，愈有以障緊青春之路，俾無由達於其境也。」

【百金買鄰】

見「百萬買宅，千萬買鄰」。

【百金之士】

指有才幹有作爲的人。《史記·馮唐列傳》：「百金之士十萬。」集解引服虔：「良士直百金也。」

【百舉百捷】

百：言其多；舉：舉辦；捷：勝利，成功。做一百件事，成功一百件。形容做事得心應手，有必獲成功的充分把握。《三國志·吳書·周魴傳》：「百舉百捷，時不再來。」也作「百舉百全」。《晋書·慕容德載記》：「聖人相時而動，百舉百全。」

【百舉百全】

見「百舉百捷」。

【百孔千創】

見「百孔千瘡」。

【百孔千瘡】

百、千：形容多；孔、瘡：孔洞和瘡口。比喻殘破缺漏極爲嚴重。唐·韓愈《與孟尚書書》：「漢氏以來，羣儒區區修補，百孔千瘡，隨亂隨失。」也形容被損壞程度嚴重或弊病極多。宋·李昴英《寶祐甲寅宗正卿上殿奏札》：「外侮內攻之多虞，百孔千瘡之畢露。」也作「**百孔千創**」。創：通「瘡」。宋·周必大《跋宋運判晒奏藁》：「黎庶凋瘵，百孔千創。」

【百口莫辯】

百：言其多；莫：不能；辯：辯解，辯白。縱有一百張嘴也辯解不清。郭沫若《虎符》三幕：「如姬：你總要猜疑，我也百口莫辯。」也作「**百辭莫辯**」。辭：言辭。例他陷於百辭莫辯的境地。也作「**百喙莫辯**」。喙：嘴。《野叟曝言》七一回：「素臣一段議論，如老吏斷獄，使劉邦百喙莫辯。」也作「**百喙莫辭**」。莫辭：無法推辭掉。《民國通俗演義》三四回：「設我國民起而責以放棄職權之咎，因屬百喙莫辭。」也作「**百喙莫明**」。明：清楚。宋·陳亮《謝何正言啟》：「謗出事情之外，百喙莫明；變生意料之餘，三肱併折。」也作「**百口難分**」。分：分辯；難：難於，不易。《花月痕》三回：「這薄幸兩字，我也百口難分了。」也作「**百口難辯**」。《隋唐演義》四五回：「打退官兵，把家眷已投李密、王伯當，則逆黨事情越覺眞了，便是張通守，百口也難爲秦爺分辯。」也作「**百口難訴**」。訴：訴說。《古今小說》卷三九：「倘一有拒捕之名，弄假成眞，百口難訴，悔之無及矣。」也作「**百口奚解**」。奚：何。疑問詞；解：解釋。清·陳確《大學辯三·答張考夫》：「弟之辯《大學》，望而知爲狂悖。此無異桀犬吠舜，百口奚解！」

【百口難辯】

見「百口莫辯」。

【百口難分】

見「百口莫辯」。

【百口難訴】

見「百口莫辯」。

【百口奚解】

見「百口莫辯」。

【百里不販樵，千里不販糴】

不去百里之外賣柴，不去千里之外買糧。謂不做無利可圖的買賣。《史記·貨殖列傳》：「諺曰：『百里不販樵，千里不販糴。』居之一歲，種之以穀；十歲，樹之以木。」

【百里不同風，千里不同俗】

各地風俗習慣不一樣。《兒女英雄傳》一七回：「雖說：『百里不同風，千里不同俗』，冠婚喪祭各省不得一樣，這兒女爲父母成服，自天子以至庶人，無貴賤，一也。」

【百里才】

見「百里之才」。

【百里挑一】

許許多多之中挑選出一個。形容極其出衆，難得。《紅樓夢》八四回：「都像寶丫頭那樣心胸兒，脾氣兒，眞是百里挑一的！」

【百里異習】

異：不相同；習：習俗。相隔百里之遠，風俗習慣即不相同。《晏子春秋·問上》：「百里而異習，千里而殊俗。」

【百里之才】

百里：古時一縣約轄百里，故爲縣的代稱。比喻能夠治理一縣的才能。梁啟超《新羅馬·弔古》：「苦無百里之才，願學萬人之敵。」也作「**百里才**」。《南史·褚裕之傳》：「[褚]玠除山陰令。或以玠非百里才。」

【百里之任】

任：職責。舊指一縣的長官。晋·干寶《搜神記》：「百里之任，以是叨居。」

【百煉成鋼】

比喻久經鍛鍊考驗，變得非常堅强。例戰士們在戰鬥中百煉成鋼，英勇異常。

【百煉鋼化爲繞指柔】

唐·李白《留別賈舍人至》詩：「誰念劉越石，化爲繞指柔。」比喻剛强之人幾經挫折後，變爲隨波逐流之人。後也借以比喻性格由火爆倔强轉爲柔順。《孽海花》三五回：「自從花翠琴嫁來後，竟把他這百煉鋼化爲繞指柔了。」

【百煉之鋼】

經過多次淬煉的鋼。比喻久經鍛鍊考驗、堅强不屈的人。五代·王定保《唐摭言·知己》：「蕭若百煉之鋼，不可屈抑。」

【百兩一布】

古時布以兩丈爲一端，二端爲一兩，百兩爲一布。指布匹很多。《左傳·

昭公二六年》：「魯人買之，百兩一布。」

【百兩爛盈】

兩：通「輛」；百兩：一百輛車；爛：燦爛鮮明；盈：充滿。古代親迎之禮甚盛，車百輛，光彩耀眼，極為豐盛。《詩經·大雅·韓奕》：「韓侯取妻……百兩彭彭，八鸞鏘鏘，不顯其光。諸娣從之，祁祁如雲，韓侯顧之，爛其盈門」。

【百了千當】

當：妥當，停當。形容一切都十分妥貼，都有著落。《續傳燈錄·普鑑佛慈禪師》：「不如屏淨塵緣……百了千當，向水邊林下，長養聖胎。」

【百伶百俐】

伶俐：聰明，機靈。百般伶俐。形容心靈手巧。《金瓶梅詞話》三回：「是吳千戶家小姐，生得百伶百俐。」也作「**百能百俐**」。《古今小說》卷一九：「且說這李氏，非但生得妖嬈美貌，又兼秉性溫柔，百能百俐。」

【百靈百驗】

形容極其靈驗，立時見效。例李老師給我們的考前秘笈還眞是百靈百驗，讓我們每次考試都能幸運過關。

【百靈鳥唱歌——自得其樂】

百靈鳥：鳥名，比麻雀大，羽毛茶褐色，有白色斑點，能發出多種叫聲。比喻自己能體會到其中的快樂。例微雕是極其艱苦的事，但小王樂此不疲，大概是百靈鳥唱歌——自得其樂吧！

【百齡眉壽】

眉壽：古代以年高者眉長是壽徵，因稱長壽為眉壽。祝人高壽的祝頌之辭。唐·虞世南《琵琶賦》：「願百齡兮眉壽，重千金之巧笑。」

【百六陽九】

百六：古代術數家的說法，四千六百一十七歲為一元，初入元一百零六歲為「百六」；陽九：初入元一百零六歲之中有災歲九，稱「陽九」。指災荒年景或厄運。章炳麟《變法箴言》：「若夫後王之政，未遭百六陽九，而於今日望之，一則晞民主；一則張議院，此無異於行未三十里而責其百里也。」也作「**百六之會**」。《漢書·食貨志上》：「[王莽下詔]予遭陽九之厄，百六之會，枯旱霜蝗，飢饉薦臻。」

【百六之會】

見「百六陽九」。

【百龍之智】

龍：指公孫龍，戰國時名家的代表人物；智：才智，智慧。如同一百個公孫龍的才智。形容非常聰慧，極有智謀。《孔叢子·公孫龍》：「雖百龍之智，固不能當前也。」

【百慮攢心】

百慮：種種思慮；攢：聚集。種種思慮一齊聚集在心頭。唐·趙元一《奉天錄》二卷：「情懷恍惚，百慮攢心。」

【百慮一致】

百慮：種種思考、打算；一致：相合，相同。形容很多想法不謀而同。唐·王勃《平台秘略論·貞修》：「同歸而殊途，百慮而一致，此之謂也。」也作「**一致百慮**」。

【百媚千嬌】

媚、嬌：嫵媚可愛。形容女子容貌、儀態的優美。元·孔文昇《折桂令·贈千金奴》曲：「傾國傾城，百媚千嬌。」也作「**百態千嬌**」。宋·柳永《小鎮西》詞：「是笑時，媚靨深深，百態千嬌。」

【百密也要一疏】

防範再嚴密，也難免有一時的疏忽。《前漢通俗演義》四一回：「惠帝雖愛護少弟，格外注意，究竟百密也要一疏，保不定被他暗算。」也作「**百密未免一疏**」、「**百密總有一疏**」。

【百謀千計】

謀：謀劃，計謀。意同「千方百計」。元·關漢卿《魔合羅》四折：「這其間詳細，索用心機，要搜尋百謀千計。」也作「**百計千謀**」。

【百能百俐】

見「百伶百俐」。

【百年不遇】

見「百年難遇」。

【百年大計】

計：計畫，謀略。指關係到長遠利益的重要計畫或措施。例培養文藝新人是文藝事業的百年大計。

【百年大樹——根深蒂固】

蒂：花或瓜果跟枝莖相連的部分。比喻基礎牢固，不易動搖。例王英雖然是文弱女子，但要成為一名地質勘探學家的決心卻由來已久，並為此辛勤的付出，可以說是百年大樹——根深蒂固，誰也改變不了她的志趣。

【百年大樹——根深葉茂】

比喻基礎雄厚，事業興旺。例你們工廠歷史悠久，資金雄厚，就像百年大樹——根深葉茂，前途無限。也作「**山上的青松——根深葉茂**」。

【百年到老】

見「百年偕老」。

【百年的歪脖樹——定了型】

比喻事情已發展到一定程度，難以改變。也指人的性格一經形成，不易改變。例百年的歪脖樹——定了型，想改變她自幼養成的孤傲性格，談何容易。也作「**百年的歪脖樹——定型了**」、「**出窯的磚——定型了**」、「**歪脖子榆樹——定型了**」。

【百年好合】

好合：和好。形容夫妻相親相愛，白頭到老。舊時多用以祝人婚禮。《詩經·小雅·常棣》：「妻子好合，如鼓琴瑟。」例結婚禮堂裏，掛滿了「百年好合」、「永結同心」、「琴瑟和鳴」……等喜幛。

【百年難遇】

難：不易。一百年也不易碰到。形容機會難得。《兒女英雄傳》九回：「把這等終身要緊的大事，百年難遇的良緣，倒扔開自己，雙手送給我這樣一個初次見面旁不相干的張金鳳，尤其不是情理。」也作「百年不遇」。例這確實是百年不遇的好機會，不能輕易錯過。

【百年樹人】

樹：種植，培育；人：指人才。比喻培育人才是長遠之計。清．陳確《與許芝田書》：「仁兄優游山中，正可時時課督，以觀其成，百年之計樹人，殆謂此也。」

【百年松樹，五月芭蕉——粗枝大葉】

百年的老松樹，枝很粗；五月的芭蕉生長旺盛，葉子很大。比喻做事不細致，粗心大意。例做工作，考慮問題，要細致周密，可不能像百年松樹，五月芭蕉——粗枝大葉。

【百年隨手過，萬事轉頭空】

形容時間過得極快，人事變化極大。元．史九敬先《莊周夢》一折：「[金盞兒]恰春到百日紅，早夏至綠蔭濃，秋來不落園林空，呀，早霜寒十月過，春夏與秋冬。今日是一個青春年少子，明日做了白髮老仙翁。豈不聞：百年隨手過，萬事轉頭空。」

【百年偕老】

百年：極言歲月久長；偕：共同。指夫妻白頭到老。《警世通言》卷三〇：「後吳小員外與褚愛愛百年偕老，盧公夫婦亦賴小員外送終。」也作「百年諧老」。元．無名氏《集賢賓》：「美滿恩深情厚，願百年諧老，共守白頭。」也作「百年到老」。《紅樓夢》一〇六回：「只願他過了門，兩口兒和和順順的百年到老，我就心安了。」

【百年諧老】

見「百年偕老」。

【百年之柄】

柄：權柄。形容掌權時間長。《後漢書．班彪傳》：「主有專己之威，臣無百年之柄。」

【百年之好】

指男女結爲夫妻。《鏡花緣》九四回：「忙了幾時，到了重陽吉期，小蜂同紅蕖成了百年之好。」也作「百歲之好」。明．屠隆《曇花記．女士私奔》：「非止動於麗情，亦雅慕其才藻，故將圖百歲之好，非僅邀一夕之歡。」也作「百年之歡」。歡：喜樂。宋．樓鑰《攻媿集．六八．不愚弟請婚馮氏書》：「茲謂好逑，蓋將締百年之歡。」也作「百年之約」。約：指締結婚約。《綴白裘．〈風箏誤．驚丑〉》：「小生蒙詹家二小姐多情眷戀，著乳娘約我一更之後，潛入相閨，面訂百年之約。」

【百年之後】

見「百歲之後」。

【百年之歡】

見「百年之好」。

【百年之業】

形容事業歷久不衰。漢．班固《西都賦》：「國藉十世之基，家承百年之業。」

【百年之約】

見「百年之好」。

【百念灰冷】

見「百念皆灰」。

【百念皆灰】

念：念頭。一切念頭都化爲灰燼。比喻極端灰心失意。《花月痕》三八回：「我如今百念皆灰，只求歸見老母。」也作「百念俱冷」。宋．陳亮《送陳給事去國啟》：「百念俱冷，事忽動其隱憂。」也作「百念灰冷」。宋．釋惠洪《石門文字禪．二四．寂音自序》：「涉世多艱，百念灰冷。」

【百念俱冷】

見「百念皆灰」。

【百鳥朝鳳】

朝：朝見；鳳：鳳凰。古代傳說中鳳爲百鳥之王。舊時比喻君主聖明，世界清平，天下依附。常用作頌禱之辭。唐．李商隱《越燕》詩：「記取丹山鳳，今爲百鳥尊。」

【百巧成窮】

見「百巧千窮」。

【百巧千窮】

巧：指才能、才幹；窮：困厄。有才能的人處境反而艱難窘迫。宋．陳師道《早起》詩：「有家無食違高枕，百巧千窮只短檠。」也作「百巧成窮」。宋．陳師道《寄單州張朝清》詩：「一言悟主心猶壯，百巧成窮發自新。」

【百犬吠聲】

吠：狗叫。漢．王符《潛夫論．賢難》：「一犬吠形，百犬吠聲。」比喻盲從的人很多。唐．劉兼《誡是非》：「三人告母雖投杼，百犬聞風只吠聲。」

【百人百條心】

各人有各人的心思，很難一致。秦兆陽《在田野上前進》二章：「去年冬天俺們建社時，他到處說怪話：『……百人百條心，還能有好下場？』『等著看笑話吧？』」

【百人百性】

一百人有一百種性格。泛指人的性格各有不同。例世上的人是百人百性，我們永遠也摸索不透。

【百舌之聲】

百舌：鳥名，即反舌，也稱鶻鷉，善鳴，鳴聲反覆如百鳥之音，故稱百舌。後比喻人多嘴饒舌。《淮南子．說山訓》：「人有多言者，猶百舌之聲；人有少言者，猶不脂之戶。」

【百舍重繭】

見「百舍重趼」。

【百舍重趼】

舍：止宿，住宿；百舍：投宿百次，形容路遠；重趼：腳掌因久行而磨出的層層硬皮。投宿上百次，腳底生重趼。形容長途跋涉，非常辛苦。《莊子．天道》：「吾聞夫子聖人也，吾固不辭遠道而來願見，百舍重趼而不敢息。」也作「**百舍重繭**」。繭：通「趼」。《戰國策・宋策》：「公輸般爲楚設機，將以攻宋。墨子聞之，百舍重繭，往見公輸般。」

【百身何贖】
百身：指己身死百次；何：怎麼，表示反問；贖：抵。指縱然自己死一百次，也不能抵償所失之人。表示對死者極其沉痛的悼念。南朝梁・劉令嫻《祭夫徐敬業文》：「一見無期，百身何贖！嗚呼哀哉！生死雖殊，情親猶一。」也作「**百身莫贖**」。唐・白居易《祭崔相公文》：「丘園未歸，館舍先捐；百身莫贖，一夢不還。」

【百身可贖】
百身：指己身死一百次；可：能夠；贖：抵償。謂不惜百死己身，只要能夠抵換回失去的人。表示對死者極其沉痛的悼念。宋・曾鞏《元豐類稿・哭尹師魯》：「百身可贖世豈惜，訃告四至人猶疑。」

【百身莫贖】
見「百身何贖」。

【百勝難慮敵，三折乃良醫】
慮：思考；折：折斷。即使百戰百勝，也難於識別敵人的詭計；多次折斷過胳膊的人，憑他的經驗，可以成爲一個高明的大夫。指勝利了容易自滿輕敵，失敗了可以吸取教訓，經驗可貴。唐・劉禹錫《學阮公體三首》之一：「少年負志氣，信道不從時。只信繩自直，安知室可欺。百勝難慮敵，三折乃良醫。」

【百乘之家】
乘：古代一車四馬爲一乘；百乘，兵車百輛。指古代卿大夫之家。《論語・公冶長》：「千室之邑，百乘之家，可使爲之宰。」

【百世不磨】
百世：百代，永久；磨：磨滅。永遠不會消失磨滅。唐・韓愈《送窮文》：「人生一世，其文幾何？吾立子名，百世不磨。」

【百世不易】
百世：久遠，永久；易：改易，更改。千年萬代永不改變。漢・枚乘《上書諫吳王》：「臣願王孰計而身行之，此百世不易之道也。」

【百世流芳】
百世：古稱三十年爲一世；百世：比喻時間極其久遠；流：流傳；芳：芳香。比喻美名流傳千秋萬代。《說岳全傳》二六回：「不圖百世流芳久，那愁遺臭萬千年。」也作「**流芳百世**」。

【百世師】
道德高尙，有學問的人，可以世世代代爲人師表。宋・蘇軾《潮州韓文公廟碑》：「匹夫而爲百世師，一言而爲天下法。」

【百世之利】
世世代代長遠的利益。《史記・張儀傳》：「然而爲大王計者，皆爲一時之說，不顧百世之利。」

【百世之師】
師：師表。後世百代人的楷模。宋・蘇軾《潮州韓文公廟碑》：「匹夫而爲百世之師，一言而爲天下法。」

【百事大吉】
吉：吉祥，吉利。指一切事情都非常順利，沒有任何問題。《靈棋經・上・天佑卦》顏幼明注：「此貴者之卦，陰陽得位，無相克傷，百事大吉。」也作「**萬事大吉**」。

【百事通】
指知識廣博、無事不曉的人。例在出版業務上，他是個百事通。

【百事無成】
作任何事情都沒有成就。唐・劉禹錫《陪崔大尙書及諸閣老宴杏園》詩：「更將何面上春台，百事無成老又催。」也作「**一事無成**」。

【百獸率舞】
率：相率。唐・楊巨源《聖壽無疆》詩：「無因隨百獸，率舞奏丹墀。」羣獸相率起舞。舊時比喻帝王修德，時代清平。

【百順百依】
見「百依百順」。

【百順千隨】
見「百依百順」。

【百思不得】
見「百思不得其解」。

【百思不得其故】
見「百思不得其解」。

【百思不得其解】
百思：多次思考；解：理解。經過反覆思考仍然不能理解。例此事確屬反常，實令人百思不得其解。也作「**百思不得**」。清・李慈銘《越縵堂讀書記・易》：「《易》理幽深，往往百思不得。」也作「**百思不得其故**」。故：緣故，原因。清・紀昀《閱微草堂筆記・槐西雜志三》：「上古之民……雞不代伏，又何以傳種至今也，此眞百思不得其故矣。」也作「**百思不解**」。清・無名氏《葛仙翁全傳》五：「百思不解，午夜躊躕，故乘隙邀君一面，以決中疑」。也作「**百思莫得其解**」、「**百思莫解**」。清・秋瑾《致秋譽章書》之十一：「近來信音稀少，反不如朋友，故此百思莫解。」

【百思不解】
見「百思不得其解」。

【百思莫得其解】
見「百思不得其解」。

【百思莫解】
見「百思不得其解」。

【百死一生】
死的可能極大，活的可能極小。形容處在生死關頭；也形容經歷多次危險而倖存。唐・元稹《敘詩寄樂天書》：「夏多陰霪，秋爲痢瘧，地無醫巫，病者有百死一生之慮。」也作「**九死一生**」。

【百誦不厭】
見「百讀不厭」。

【百歲光陰如過客】

光陰似箭，一百年就像過客一樣匆匆逝去。比喻人生短促。例古人說：「百歲光陰如過客。」少壯不努力，到了老年，後悔也來不及了。

【百歲千秋】

秋：年。百年千載。形容時間久遠。明・康海《王蘭卿》三折：「便活到百歲千秋索一死，則不如另尋個身計。」也作「千秋百歲」。

【百歲之好】

見「百年之好」。

【百歲之後】

古以百歲爲人的最高壽數，因以「百歲之後」婉言死後。《史記・呂不韋傳》：「夫在則重尊，夫百歲之後，所子者爲王，終不失勢，此所謂一言而萬世之利也。」也作「百年之後」。元・武漢臣《老生兒》三折：「俺女兒百年之後，可往俺劉家墳裏埋也，去他張家墳裏埋？」

【百態橫生】

百態：各種姿態；橫生：充分表露。各種各樣的姿態自如地表露出來。宋・歐陽修《跋王獻之法帖》：「淋漓揮灑，或妍或醜，百態橫生。」

【百態千嬌】

見「百媚千嬌」。

【百萬豪富一焰窮】

家財百萬，付之一炬。謂火災凶險。《平妖傳》一八回：「胡員外不想被這場大火燒得寸草皆無，前廳、後樓、通路、當房、側屋都燒盡了……眞個是百萬豪富一焰窮。」

【百萬買宅，千萬買鄰】

《南史・呂僧珍傳》：「宋季雅罷南昌郡，市宅居僧珍宅側。僧珍問宅價，曰：『一千一百萬。』怪其貴。季雅曰：『一百萬買宅，千萬買鄰。』」因以之比喻好鄰居難得。宋・辛棄疾《新居上梁文》：「百萬買宅，千萬買鄰，人生孰若安居之樂？」也作「百金買鄰」。清・錢謙益《次韻答東鄰李夢芳》詩：「七尺艱難歸故里，百金容易買芳鄰。」

【百萬雄兵】

見「百萬雄師」。

【百萬雄師】

雄：雄壯，勇武；師：軍隊。上百萬威武雄壯的軍隊。形容軍力極其強大。《三國演義》四八回：「今吾有百萬雄師，更賴諸公用命，何患不成功耶！」也作「百萬雄兵」。元・無名氏《黃鶴樓》二折：「俺師父將曹操百萬雄兵在赤壁之間一火燒之。」

【百痏千瘡】

百、千：形容多；痏：瘢痕；瘡：瘡疤。百塊瘢痕，千塊瘡疤。形容被破壞的地方極多。清・黃六鴻《福惠全書・莅任部・稟帖贅說》：「復濟東丹道台，百痏千瘡之下吏，受生成於不淺矣。」

【百聞不如一見】

聽人說一百次，不如親眼看到一次。指耳聞不如親見可靠。也指所見到的人或物比傳聞的更好。《漢書・趙充國傳》：「百聞不如一見，兵難遙度。臣願馳至金城，圖上方略。」

【百無禁忌】

百：指所有的，一切；禁忌：忌諱。無論什麼都不忌諱。聞一多《紅燭・紅豆篇》：「我也不妨就便寫張『百無禁忌』。從此我若失錯觸了忌諱，我們都不必介意吧！」也作「百無所忌」。《雲笈七籤》卷七五：「藥成之後，百無所忌。」

【百無聊賴】

聊賴：依靠，憑藉。指思想感情沒有依托，精神空虛無聊。魯迅《祝福》：「我獨坐在發出黃光的菜油燈下，想，這百無聊賴的祥林嫂，被人們棄在塵芥堆中的。」

【百無是處】

形容一切事情都不稱心如意。元・無名氏《合同文字》三折：「因歉年趁熟去，別家鄉臨外府，怎知道命兒裏百般無是處。」

【百無所成】

任何事情都沒有做成。形容毫無成就。明・王守仁《教條示龍場諸生》：「今學者曠廢隳惰，玩歲愒時而百無所成，皆由於志之未立耳。」也作「百無一成」。清・曾國藩《聖哲畫像記》：「國藩志學不早……駑緩多病，百無一成。」

【百無所忌】

見「百無禁忌」。

【百無一成】

見「百無所成」。

【百無一二】

一百人中沒有一、二個。形容爲數極少。多含褒義。唐・韓愈《昌黎集・送權秀才序》：「愈常觀於皇都，每年貢士至千餘人，或與之游，或得其文，若權生者，百無一二焉。」

【百無一漏】

漏：疏漏，疏失。做一百件事無一次疏失。形容極其有把握。《太平廣記》卷四：「麞鹿狐兔，走馬遮截，放索羂之，百無一漏。」

【百無一能】

能：能耐，技能。百件事中無一件擅長。形容什麼事也不會做。元・魏初《留別張周卿韻》：「自揣平生，百無一能，此心拙誠。」

【百無一失】

失：失誤，差錯。一百次中沒有一次失誤，形容極有把握，絕不會出差錯。宋・楊萬里《罷逐零陵，忽病傷寒……謝以長句》詩：「料病如料敵，用藥如中的。淮陰百戰有百勝，由基百發無一失。」也作「百不一失」。清・紀昀《閱微草堂筆記・姑妄聽之一》：「紫桃亦婉孌善奉事，呼之必在側，百不一失。」也作「百不一爽」。爽：差錯。《清史稿・戴敦元傳》：「至老，或問僻事，指革書案卷，百不一爽。」

【百無一是】

是：對，正確；做一百件事中，沒有

一件是做對的。形容錯誤極多。宋．袁采《袁世氏范．同居相處貴寬》：「至於百無一是，且朝夕以此相臨，極爲難處。」

【百無一用】
用：用處。形容沒有一點用處。清．黃景仁《雜感》詩：「十有九人堪白眼，百無一用是書生。」

【百星不如一月】
百顆星光比不上一輪明月的光輝。比喻數量多不如質量高。《淮南子．說林訓》：「百星之明，不如一月之光；十牖之開，不如一戶之明。」

【百樣玲瓏】
百樣：形容多方面；玲瓏：靈巧，靈活。指無論哪一方面都表現得靈巧敏捷。清．洪昇《長生殿．倖恩》：「他情性多嬌縱，恃天生百樣玲瓏。」

【百樣依順】
見「百依百順」。

【百業凋敝】
百業：泛指各行各業；凋敝：衰敗。指一切行業都不景氣。例戰亂之後，田園荒蕪，百業凋敝。

【百業蕭條】
百業：一切行業；蕭條：冷落，凋敝。指一切行業都很冷落，沒有生氣。例經濟危機來襲，生產停滯，百業蕭條。

【百依百順】
依：依從，順從。百樣事都順從對方。形容不問是非，一味順從遷就。《紅樓夢》七九回：「寡母獨守此女，嬌養溺愛，不啻珍寶，凡女兒一舉一動，他母親皆百依百順。」也作「**百順百依**」。《醒世恆言》卷二七：「果然哄得李雄千歡萬喜，百順百依。」也作「**百依百隨**」。《水滸傳》二四回：「娘子自從嫁得這個大郎，但是有事，百依百隨。」也作「**百順千隨**」。《二刻拍案驚奇》卷六：「李將軍見他聰明伶俐，知書曉事，愛得他如珠似玉一般，十分抬舉，百順千隨。」又作「**百縱千隨**」。縱：縱任，聽任。元．關漢卿《玉鏡台》三折：「我老則老，爭多的幾歲？不知我心中常印著個不相宜，索將你百縱千隨。」也作「**百樣依順**」。百樣：指各樣事情。清．洪昇《長生殿．南發》：「我含嬌帶嗔，往常間他百樣相依順。」

【百依百隨】
見「百依百順」。

【百藝百窮，九十九藝空】
藝：技藝；窮：追究，窮盡。什麼技藝都想學透，結果什麼也學不好。謂學習應該專一。例研究學問就怕寬泛無邊，淺嘗即止；只有專精一二門，才能有所成就，免得百藝百窮，九十九藝空。

【百藝防身】
各種技藝都能防身。明．無名氏《龍門隱秀》二折：「[薛仁貴云]大嫂，憑著我胸中韜略武藝皆全，這一去必然爲官也，[唱]常言道：『百藝防身，你便可三思自忖。』」

【百戰百勝】
戰一百次，勝一百次。即每戰必勝。形容善於作戰，所向無敵。《史記．魏世家》：「過外黃，外黃徐子謂太子曰：『臣有百戰百勝之術。』」

【百戰不殆】
殆：危險，失敗。每次戰鬥都立於不敗之地。《金史．劉炳傳》：「自古名將料敵制勝，訓練士兵，故可使赴湯蹈火，百戰不殆。」

【百戰而勝，非善之善者也；不戰而勝，善之善者也】
經過百戰取得勝利，不是最好的策略；不戰而勝，才是最好的策略。宋．陸佃解《鶡冠子》：「武靈王問龐煥曰：『寡人聞飛語流傳，曰百戰而勝，非善之善者也；不戰而勝，善之善者也。願聞其解。』龐煥曰：『工者貴無與爭，故大上用計謀，其次因事，其下戰克。用計謀者，熒惑敵國之主。』」

【百戰之後，豪傑挺生】
挺：很。經過多次戰爭，英雄豪傑湧現出來。明．蘇祐《逌旃璅言》：「語曰：『百戰之後，豪傑挺生。』……古稱山西出將，豈盡其人之能哉！」

【百丈竿頭】
百丈高竿的頂端。佛教比喻道行修養達到的極高境界。《景德傳燈錄．招賢大師》：「百丈竿頭不動人，雖然得入未爲眞；百丈竿頭須進步，十方世界是全身。」

【百折不回】
見「百折不撓」。

【百折不磨】
見「百折不撓」。

【百折不撓】
折：挫折；撓：彎曲，引申指屈服。不論經受多少挫折，也絕不動搖，不屈服。形容意志堅強、剛毅。《黃繡球》一三回：「若把這迷信移到做正經事，講正經學問，便成了個百折不撓、自強獨立的大丈夫、奇女子。也作「**百折不回**」。不回：不回頭。清．紀昀《閱微草堂筆記．灤陽續錄五》：「此生倔強，可謂至極，然鬼竟避之。蓋執拗之氣，百折不回，亦足以勝之也。」也作「**百折不磨**」。磨：磨滅，消失。明．朱之瑜《批新序二十條》：「屈原忠而被放……至誠爲國，百折不磨。」也作「**百挫不折**」。挫：失利，失敗；折：彎曲。宋．魏了翁《興元府新作張魏公虞雍公祠堂記》：「軋軋忠憤，百挫不折。」也作「**百敗不折**」。宋．陳亮《上孝宗皇帝第二書》：「彼其誓不與虜俱生，百敗而不折者，誠有以合於天人之心也。」

【百折千迴】
折、迴：迂迴曲折。形容山、水、道路等蜿蜒曲折。明．楊基《長江萬里圖》詩：「三巴春霽雪初消，百折千迴向東去。」

【百治百效】
形容醫術高明，療效很高。《老殘遊記》一回：「來了一個搖串鈴的道士，說是曾受異人傳授，能治百病，街上人找他治病，百治百效。」

【百中百發】
見「百發百中」。

【百轉千迴】
原形容歌聲低迴婉轉，後也形容情思縈回，反覆不斷。清・黃景仁《感舊》詩：「他時脫便微之過，百轉千迴只自憐。」

【百紫千紅】
形容百花盛開，豔麗多姿，色彩繽紛。宋・李元膺《洞仙歌》：「到清明時候，百紫千紅花正亂。已失春風一半。」也作「萬紫千紅」。

【百縱千隨】
見「百依百順」。

【百足不僵】
見「百足之蟲，至死不僵」。

【百足之蟲】
比喻有衆多的支持者。明・徐學謨《歸有園麈談》：「俠者或致破家，然一有事則爲百足之蟲。」

【百足之蟲，死而不僵】
見「百足之蟲，至死不僵」。

【百足之蟲，至死不僵】
百足：即馬陸，節肢動物。比喻某些有權勢的人或集團，即使沒落了，也仍然殘留著相當的勢力和影響。三國魏・曹冏《六代論》：「夫泉竭而流涸，根朽則葉枯，枝繁者蔭根，條落者本孤。故語曰『百足之蟲，至死不僵』，扶之者衆也。此語雖小，可以譬大。」也作「百足之蟲，死而不僵」。《紅樓夢》二回：「古人有言：『百足之蟲，死而不僵。』如今雖說不似先前那樣興盛，較之平常仕宦人家，到底氣象不同。」也作「百足不僵」。唐・司馬貞《史記・建元已來王子諸侯年表，索引述贊》：「杆城禦侮，曄曄輝映，百足不僵，一人有慶。」

【捭闔縱橫】
捭闔：開合；縱橫：即合縱連橫，戰國時縱橫家游說的一種方法。時七雄爭霸，有人主張南北六國聯合抗秦，叫合縱；有人主張六國分別與秦國結盟，叫連橫。後用「捭闔縱橫」指政治上、外交上運用各種手段進行聯合拉攏或瓦解分化。元・許謙《上李照磨書》：「强者則進捭闔縱橫之說，弱者則爲卑疵孅趨之容。」也作「縱橫捭闔」。

【擺八卦陣】
八卦陣：指古代作戰用《周易》八卦乾、震、兌、離、巽、坎、艮、坤相生相克之理佈置的陣容。比喻佈置疑陣，故弄玄虛。例他在衆人中大擺八卦陣，使大家將信將疑。

【擺臭架子】
見「擺架子」。

【擺到桌面上】
比喻公開自己的觀點或問題，不迴避，不躲閃。例他一生正直，襟懷坦白，對人對事有意見，從不在背後嘀咕，都擺到桌面上談。

【擺渡不成翻了船——兩頭誤】
擺渡：划船過河。比喻遭到雙重損失，或兩方面的事都耽誤了。例李希財拋棄妻兒搞投機，買賣失敗蹲監獄，眞是擺渡不成翻了船——兩頭誤。

【擺花架子】
比喻只注重表面形式，不注意實質內容。例有的人就只會擺花架子，從不考慮實際效果。

【擺架式】
指爲做某事，擺出某種姿態。例人家已經擺出一副逐客的架式，我們也得識趣點，早點離開爲妙。

【擺架子】
架子：器物的支架。比喻驕傲自大，裝腔作勢。巴金《談〈寒夜〉》：「還是靠著媳婦當『花瓶』，一家人才能夠勉强地過日子，可是她仍然不自覺地常常向媳婦擺架子發脾氣。」也作「擺臭架子」。《文明小史》一八回：「我最犯惡這班說洋話、吃洋飯的人。不曉得是些什麼出身，也和在大人先生裏頭擺臭架子。」

【擺闊氣】
有意顯示財富，誇耀富貴。例咱們幹事情要量力而行，千萬別擺闊氣。

【擺老資格】
老資格：指資歷深。指因自己資歷深、輩份或歲數大而自高自大。例羅老是名教授，卻從來不擺老資格，待人隨和得很。

【擺擂台】
擂台：古時比武搭的台子。搭了台子吸引人來比武。比喻在勞動競賽或其他比賽中向對手挑戰。例對方已經擺擂台了，咱們敢不敢應戰打擂台？

【擺龍門陣】
聊天、講故事、講閒話。例我們一家人常常在吃過晚飯後大擺龍門陣。

【擺龍門陣抱娃娃——兩得其便】
擺龍門陣：〈方〉談天或講故事。比喻讓雙方都方便。例廠長李鐵民說：「好辦法，利用煤渣修築道路，這是擺龍門陣抱娃娃——兩得其便。」也作「挑水帶洗菜——兩便」、「一家打牆——兩得其便」。

【擺門面】
門面：臨街的商店櫥窗、櫃台等。指講究排場，粉飾外表。例他呀，就是會擺門面，其實他那裏不過是個皮包公司。

【擺排場】
講究鋪張浪費的形式或場面。例現在有些年輕人結婚喜歡擺排場，結果債台高築，有苦難言。

【擺三國】
三國：指《三國演義》故事。泛指講故事、閒聊天。例你一天到晚就擺三國！什麼事情都叫你耽誤了！

【擺上羊角「士」，不怕馬來「將」】

士、馬：中國象棋中的棋子；將：下象棋時攻擊對方的「將」或「帥」。比喻做事要有充分準備。例做事就像下象棋一樣，做到有計畫、有步驟，就可以擺上羊角『士』，不怕馬來『將』了。

【擺攤子】
擺出貨物，準備買賣。比喻準備著手開展工作。例我這兒已經擺開攤子，準備大幹一場，請大伙兒多多幫助支持。

【擺頭搣腦】
搣：搖動。猶「搖頭晃腦」。形容洋洋自得或自以為是的樣子。例他擺頭搣腦地走來對大家說：「你們瞧，這幾本書是我猜謎得的獎品。」

【擺威風】
裝出嚇人的架式。例那可惡的小太保竟敢在我們面前擺威風，耍流氓。

【擺尾搖頭】
形容悠然自得的樣子。元·無名氏《魚籃記》一折：「這魚擺尾搖頭在水內顯，全不知深共淺。」也作「搖頭擺尾」。

【擺袖卻金】
擺：甩，搶；卻：推卻，拒絕。唐·韓愈《順宗實錄》卷五：「[韋]執誼為翰林學士，受財為人求科第，夏卿不應，乃探囊中金以內夏卿袖，夏卿……擺袖引身而去。」甩袖拒絕受金。指為人清廉，拒絕受賄。

【擺樣子】
裝出一種姿態或聲勢欺人。例我的指控是有根有據，絕不是擺樣子的！

【擺座頭】
擺供桌設祭台。例客廳的這個角落是特別空出來擺座頭的。

ㄅㄞˋ

【敗兵折將】
折：損失。士兵、將領都有損傷。指作戰失利。例街亭一戰，馬謖敗兵折將，逃回西城。

【敗不旋踵】
踵：腳跟；旋踵：轉足之間，形容時間極短。指很快就失敗。《北史·楊敷傳》：「未議致身，先圖問鼎，假稱伊、霍之事，將肆莽、卓之心，人神同疾，敗不旋踵。」

【敗德辱行】
敗壞道德、丟臉出醜的行為。例漢奸賣國賊，臭名昭著，敗德辱行，人皆齒與為伍。

【敗法亂紀】
敗：敗壞；亂：擾亂。敗壞法令，擾亂紀律。漢·陳琳《為袁紹檄豫州》：「[曹操]……卑污王室，敗法亂紀，坐領三台，專制朝政。」

【敗梗飛絮】
敗：枯敗；梗：植物的枝或莖；飛：飄飛。枯敗的枝莖，隨風旋轉的柳絮。比喻到處飄泊，行蹤無定。例離別之後，猶如敗梗飛絮，各自東西，不通音信已數十年。

【敗鼓之皮】
敗：破舊。殘壞破損的鼓皮，雖屬廢物，仍可入藥。比喻微賤而有用的事物。唐·韓愈《進學解》：「牛溲馬勃，敗鼓之皮，俱收並蓄，待用無遺者，醫師之良也。」

【敗國喪家】
敗、喪：淪沒喪亡。使國家喪亡，家庭敗落。明·徐禎卿《翦勝野聞·乾鱉》：「後國事既去，太祖取其臣黃蔡葉三人者，刳其腸而懸之，至成枯臘。蓋三人皆元戚機臣，其殘膏積侈，敗國喪家，帝特惡焉，故極於此典。」也作「敗國亡家」。《羣音類選〈牧羊記·北海牧羝〉》：「這是敗國亡家，怎與你諧姻眷。」

【敗國亡家】
見「敗國喪家」。

【敗過筒子的蛐蛐兒——聽叫】
蛐蛐：蟋蟀；筒子：鬥蟋蟀用的罐子。雙關語。鬥敗了的蛐蛐兒，不能再鬥，只好供人聽叫了。比喻人一旦失去權勢，只好聽從別人的呼喚驅使。例老大，現在的上海灘再也不是你的天下了，你是敗過筒子的蛐蛐兒——聽叫，從今以後，只有聽從我的指揮了。

【敗化傷風】
見「敗俗傷化」。

【敗壞門楣】
敗壞：損害，破壞；門楣：門框上邊的橫木，借指家庭。指敗壞家庭的名聲。例此人嗜賭好色，敗壞門楣，有辱家風，為鄰里所不齒。

【敗家精】
指不務正業，隨意浪費，揮霍無度的人。例好好的一個工廠，被這一幫敗家精搞成了這副慘相。

【敗家破業】
敗、破：毀壞，破敗。使家庭毀壞，事業破產。《紅樓夢》六八回：「幹出這些沒臉面、沒王法、敗家破業的營生。」

【敗家子】
敗：毀壞，敗壞。舊指不務正業、恣意揮霍家產的不肖子孫。後也指任意浪費國家資財的人。例這種人只知揮霍浪費，損公肥私，眞是敗家子。

【敗將殘兵】
戰敗後殘存的將官士兵。明·無名氏《開詔救忠》楔子：「你雖然殺了我一陣，你的軍兵可也盡皆折損了，則剩下這一支敗將殘兵。」也作「殘兵敗將」。

【敗將收殘兵——重整旗鼓】
比喻失敗後重新組織力量。例沒想到這次比賽，我隊連連敗北，不過正像俗話說的：「勝敗乃兵家之常事。」我們來個敗將收殘兵——重整旗鼓，奮發圖強，力爭下次奪魁。

【敗軍之將】
戰敗的將領。《史記·淮陰侯傳》：「臣聞敗軍之將不可以言勇；亡國之大夫，不可以圖存。」後也指從事某

種事業遭到失敗的人。例這次籃球聯賽，曾爲我隊的敗軍之將的青年隊，竟然奪得冠軍。

【敗鱗殘甲】

敗、殘：殘破，殘餘；鱗甲：指鱗片和甲殼。殘破零碎的鱗甲。比喻漫天紛飛的雪片。宋・張元《咏雪》詩：「戰退玉龍三百萬，敗鱗殘甲滿空飛。」

【敗柳殘花】

枯槁的楊柳，凋謝的花朵。比喻生活放蕩不羈或被蹂躪遺棄的女子。《羣音類選〈清腔類・李子花〉》：「可惜了月貌花容，顚倒做敗柳殘花。」也作「殘花敗柳」。

【敗俗傷風】

見「敗俗傷化」。

【敗俗傷化】

敗：敗壞；傷：傷害；俗、化：風氣，習俗。指敗壞社會風氣。《漢書・敍傳》：「侯服玉食，敗俗傷化。」也作「敗俗傷風」。風：風俗教化。《西遊記》七一回：「行者道：『菩薩，雖是這般故事，奈何他玷污了皇后，敗俗傷風，壞倫亂法，卻是該他死罪。』」也作「敗化傷風」。明・孫仁儒《東郭記・鑽穴隙》：「笑你個齊人太妄，可正是敗化傷風輕薄郎。」

【敗瓦頹垣】

敗：毀壞；頹：坍塌的；垣：短牆。破碎的瓦片，倒塌的短牆。形容庭院破敗荒涼的景象。例戰亂之後，但見磚苔砌草，敗瓦頹垣，一片荒涼。

【敗於垂成】

垂成：將近成功。在事情將要成功時又遭失敗。五代・王定保《唐摭言・表薦及第》：「時主文與奪未分，又會相庭有所阻，因之敗於垂成。」

【敗子回頭】

敗子：敗家子；回頭：悔悟，改過從善。敗家子痛改前非，重新作人。例你別嫌棄他，敗子回頭，我們應該歡迎才是。

【敗子回頭便作家】

作家：治家，管家。敗家子改好了，也能管家。《警世通言》卷三一：「忽一日，太公病篤，喚可成夫婦到床頭叮囑道：『我兒，你今三十餘歲，也不爲年少了。敗子回頭便作家，你如今莫去花柳遊蕩，收心守分。』

【敗子回頭金不換】

敗家子改好了，拿金子都不換。意思是敗家子改好了就十分可貴。清・宣鼎《夜雨秋燈錄・續集》卷二：「苦海無邊，回頭是岸。登徒之流，大家來看。咦！火中燒出青蓮花，敗子回頭金不換。」也作「浪子回頭金不換」。

【敗子若收心，猶如鬼變人】

要敗家子變好，就像要把鬼變成人一樣難。《初刻拍案驚奇》卷一五：「又道是：『敗子若收心，猶如鬼變人。』這時節手頭不足，只好縮了頭，坐在家裏怨恨。有了一百二百銀子，又好去風流撒漫起來。」

【敗子三變】

敗子越變越危險。《三刻拍案驚奇》卷八：「嘗言道：『敗子三變』——始出蛀蟲，壞衣飾；次之蝗蟲，吃手；後邊大蟲，吃人。」

【拜把子】

指異姓朋友結拜爲兄弟。例我們是拜把子兄弟，比親兄弟還親。

【拜罷天地去討飯——沒過一天好日子】

拜罷天地：舉行結婚儀式以後。指生活一直貧困。例在以前，住在這窮山溝的人個個都是拜罷天地去討飯——沒過一天好日子，如今也過起現代化的幸福生活了。

【拜此人須學此人】

拜人爲師就認眞跟師父學習。意爲既要學就要認認眞眞學習。例現在你已到了武術館，就得好好學，拜此人須學此人，不可三天兩頭往外跑。

【拜倒轅門】

轅門：指高級將領行轅或軍營的大門。形容對人極端佩服，甘拜下風。《鏡花緣》八八回：「如風頭不佳，不能取勝，那時再拜倒轅門也不爲遲。」

【拜德不拜壽】

尊重一個人是尊重他的德行，而不是尊重年歲。元・李壽卿《伍員吹簫》三折：「[正末唱]你問我姓甚名誰？[專諸云]未知君子多大年紀？[正末云]你兄弟拜德不拜壽。」

【拜恩私室】

拜：拜謝；私室：猶私門，權貴之家。指拜謝權貴的推薦提拔。《北史・王晞傳》：「新除宦者必詣王謝職，去必辭。晞言於王曰：『受爵天朝，拜恩私室，自古以爲干紀。』」

【拜佛進了呂祖廟——找錯了門】

呂祖：即呂洞賓，道教信奉的八仙之一。佛教和道教是兩種不同的宗教，佛教徒跑進道教廟，門徑不對。比喻做事走錯了路子，達不到預期的目的。例你是拜佛進了呂祖廟——找錯了門，我在學校是學化工的，要解決電腦問題，找我沒用。也作「拜佛進了呂祖殿，找錯了神」、「提著豬頭進廟——走錯了門」、「火神廟求雨——走錯了門」、「和尚廟裏借梳篦——走錯了門」、「豬八戒投胎——走錯了門」。

【拜鬼求神】

拜：叩拜；求：乞求。叩拜鬼神，乞求保佑。唐・王建《三台》詩：「揚州橋邊小婦，長干市里商人，三年不得消息，各自拜鬼求神。」也作「求神拜佛」。

【拜將封侯】

拜：授予官職；封：賜予封號。拜爲大將，封爲列侯。形容功勛卓著，官位極高。明・吾邱瑞《運甓記・牛眠指穴》：「我也弗圖個爲官作相，我也弗圖個拜將封侯。」也作「拜相封侯」。相、侯：泛指高官。元・無名氏《東籬賞菊》一折：「我則待休休游游，他道是御酒金甌，淺酌低謳，錦帶吳鈎，拜相封侯。」

【拜年的話——好聽】
拜年時多說恭喜、發財之類的話。比喻盡說使人愛聽的話。例拜年的話——好聽，但不能解決實際問題，要想把事情辦好，必須認眞傾聽各方面的意見。

【拜堂抽腳筋——自跪】
拜堂：舊式結婚儀式；抽腳筋：指腿肌肉痙攣。斥責喪失氣節的行爲。也指敵人虛弱。含諷刺義。例在敵人威迫利誘下，這個無脊梁骨的癩皮狗，立刻拜堂抽腳筋——自跪求饒。

【拜天地】
舊時結婚的禮儀之一。現泛指結婚、辦喜事。例過去結婚需拜天地後，才算正式夫妻。

【拜相封侯】
見「拜將封侯」。

【稗官小說】
《漢書・藝文志》：「小說家者流，蓋出於稗官、街談巷語，道聽塗說之所造也。」稗官：古代專爲帝王述說街談巷議、風俗故事的小官。後稱小說或小說家爲稗官，稱野史小說爲「稗官小說」。清・江藩《漢學師承記》卷六：「[紀昀]好爲稗官小說，而懶於著書。」

【稗官野乘】
見「稗官野史」。

【稗官野史】
稗官：古代專爲帝王講述街談巷語、風俗故事的小官；野史：別於史官所記的正史而言，是私家編撰的史書。泛指記載軼聞瑣事而不見經傳的著述，即小說野史之類。《鏡花緣》七〇回：「如今我要將這碑記付給文人墨士，做爲稗官野史，流傳海內。」也作「稗官野乘」。乘：春秋時晉史書名，後泛指史書；野乘，猶野史。清・葉夢珠《閱世編・文章》：「逮其后，子史佛經，盡入聖賢口吻；稗官野乘，悉爲制義新編。」

【稗子再好也長不出稻米】
稗子：稻田害草，葉子像稻。比喻壞人裝好人，終歸是要露出眞面目。例俗話說：「稗子再好也長不出稻來」無論她說得多好聽，做得多像樣，馬腳遲早要露出來的。

ㄅㄟ

【杯殘炙冷】
杯：指酒；殘：剩餘；炙：ㄓˋ，烤肉。酒殘肉冷。指吃剩的酒食。宋・陸游《題少陵畫像》詩：「杯殘炙冷正悲辛，仗內鬥雞催賜錦。」也作「殘杯冷炙」。

【杯弓蛇影】
漢・應劭《風俗通義・怪神》載：杜宣飲酒，見杯中似有蛇，酒後胸腹痛切，疑中蛇毒，多方醫治無效。後始知爲壁上所懸赤弩照於杯，弩形如蛇。病遂愈。後比喻因疑慮恐懼而妄自驚擾。清・黃遵憲《感事》詩：「金玦龐涼含隱痛，杯弓蛇影負奇冤。」也作「杯蛇弓影」。宋・章甫《問祖顯疾》詩：「陋巷鄰南北，春風酒淺深；杯蛇弓落影，應已斷疑心。」也作「弓影杯蛇」。

【杯觥交錯】
觥：ㄍㄨㄥ，古代酒器；交錯：錯雜。相互舉杯暢飲。形容酒宴上的熱烈氣氛。《歧路燈》六回：「五位客各跟家人到了，序齒而坐，潛齋、孝移相陪，杯觥交錯。」

【杯酒戈矛】
戈、矛：皆古代兵器。借指相互衝突。指在酒宴上引起的相互仇視或衝突。《負曝閒談》二五回：「華尚書看罷，把他酒都嚇醒了……周楷這人名字好熟，想了半天，恍然大悟道：『就是有天在吳侍郎席上他請敎我我沒有理他那個人，這眞是杯酒戈矛！』」

【杯酒解怨】
解怨：消除舊怨。宴飲酬酢，消釋舊怨。指捨棄前嫌，重歸於好。《新唐書・張延賞傳》：「吾武夫，雖有舊惡，杯酒間可解。」

【杯酒言歡】
飲酒談笑。形容友好歡洽。例闊別多年，他鄉相逢，杯酒言歡，暢敍情懷。

【杯盤狼藉】
藉：草墊；狼藉：狼窩裏的墊草，形容縱橫散亂的樣子。杯盤碗筷等縱橫散亂地放著。形容飲宴之時或飲宴之後，桌面雜亂的情景。《歧路燈》八八回：「這桌子微醺，那桌子半酣，杯盤狼藉，言語喧嘩。」也作「杯盤狼籍」。《醒世恆言》卷四：「草堂中杯盤狼籍，殘羹淋漓。」

【杯盤狼籍】
見「杯盤狼藉」。

【杯蛇弓影】
見「杯弓蛇影」。

【杯蛇鬼車】
杯蛇：「杯弓蛇影」的簡稱；鬼車：鬼車鳥，即傳說中的九頭鳥。指實際上並不存在，只因心懷疑慮而引起驚懼的怪物。《水滸傳》九五回：「況我兵驚恐，凡杯蛇鬼車，風兵甲草，無往非撼志之物。」

【杯水車薪】
薪：柴草。用一杯水去救一車著火的柴草。比喻力量微弱，無濟於事。《鏡花緣》一〇回：「其惡過重，就是平日有些小小靈光，陡然大惡包身，就如杯水車薪一般，那裏抵得住。」也作「杯水輿薪」。輿：車。宋・陸游《謝晁運使啟》：「方炎官熱屬之鼎來，實杯水輿薪之弗救。」也作「杯水救薪」。宋・李曾白《淮西總領謝平章》：「杯水救薪，豈能蘇涸。」

【杯水救薪】

見「杯水車薪」。

【杯水粒粟】

粟：穀子，去皮後稱小米。泛稱糧食。一杯水，一粒粟。指極少量的飲食。宋・洪邁《夷堅丙志・張拱遇仙》：「雖逾旬涉月，杯水粒粟無所須。喜飲酒，好作詩，行年六十，而顏色如壯者。」

【杯水輿薪】

見「杯水車薪」。

【杯水之敬】

敬：致敬意。以微薄的水酒招待，略表敬意。多用作謙詞。《歧路燈》三八回：「今上學已經兩月，弟尚無杯水之敬，所以並請三位陪光。」

【杯中物】

見「杯中之物」。

【杯中之物】

指酒。《古今小說》卷五：「日常飯食，有一頓沒一頓，都不計較，單少不得杯中之物。」也作「杯中物」。唐・戴叔倫《暮春感懷》詩：「悠悠往事杯中物，赫赫時名扇外塵。」

【卑卑無甚高調】

見「卑之無甚高論」。

【卑鄙齷齪】

卑鄙：品行惡劣下流；齷齪：骯髒。指品質、行爲極其惡劣。張春帆《宦海》一一回：「拿著別人的功名性命來博自己的一時富貴，這位術師老爺的卑鄙齷齪也就可想而知了。」也作「卑鄙無恥」。無恥：不知羞恥。《民國通俗演義》一二〇回：「卑鄙無恥，不惜謂他人父，人格如此，操守可知。」也作「卑陋齷齪」。陋：鄙陋。《開國奇冤・追悼》：「他們的那種卑陋齷齪的性質，終久是改不了的。」

【卑鄙無恥】

見「卑鄙齷齪」。

【卑諂足恭】

卑：低下；諂：奉承；足：過分；恭：恭順。低聲下氣，逢迎討好，過分恭順。形容極其卑賤、曲意奉承的醜態。《史記・五宗世家》：「彭祖爲人巧佞卑諂，足恭而心刻深。」

【卑辭厚禮】

見「卑辭重幣」。

【卑辭重幣】

卑辭：謙遜的言詞；重：厚；幣：幣帛，禮物的通稱。謙遜的言詞，豐厚的禮物。表示聘請賢士之鄭重殷切。漢・桓寬《鹽鐵論・褒賢》：「萬乘之主，莫不屈禮，卑辭重幣請交，此所謂天下名士也。」也作「卑辭厚禮」。《古今小說》卷二一：「句踐當年欲豢吳，卑辭厚禮破姑蘇。」也作「卑禮厚幣」。卑禮：謙恭的禮節。《史記・魏世家》：「惠王數敗於軍旅，卑禮厚幣以招賢者。」

【卑宮菲食】

卑：低；菲：微薄。宮室低小，飲食儉約。《論語・泰伯》：「菲飲食而致孝乎鬼神，卑宮室而盡力乎溝洫。」後以指帝王節用裕民，勵精求治。晉・陸機《辯亡論下》：「卑宮菲食，以豐宮臣之賞。」

【卑躬屈己】

見「卑躬屈膝」。

【卑躬屈節】

見「卑躬屈膝」。

【卑躬屈膝】

卑躬：彎腰低頭；屈膝：下跪。形容諂媚奉承，奴氣十足。清・陳烺《海虬記・覆舟》：「怪道人家說你卑躬屈膝，肚子裏是不通的。」也作「卑躬屈節」。屈節：喪失氣節。《官場現形記》四二回：「小兔子卑躬屈節，拿了愚表弟蕭愼的名片。」也作「卑躬屈己」。屈：委屈。《魏書・李彪傳》：「臣與任城卑躬屈己，若順弟之奉暴兄。」也作「卑體屈己」。《後漢書・張衡傳》：「人生在勤，不索何獲？曷若卑體屈己，美言以相剋？」

【卑恭自牧】

見「卑以自牧」。

【卑己自牧】

見「卑以自牧」。

【卑禮厚幣】

見「卑辭重幣」。

【卑陋齷齪】

見「卑鄙齷齪」。

【卑論儕俗】

卑：低；儕：ㄔㄞˊ，輩，類；儕俗：世俗之流。指降低對自己的要求，遷就世俗，隨波逐流。《史記・遊俠列傳》：「今拘學或抱咫尺之義，久孤於世，豈若卑論儕俗、與世沉浮而取榮名哉！」

【卑體屈己】

見「卑躬屈膝」。

【卑以自牧】

卑：謙恭；牧：養。保持謙遜的態度，修養自己的品德。苗培時《慈禧太后演義》一一回：「各親王等又勸恭親王卑以自牧，不應倚老賣老。」也作「卑己自牧」。例王老師在文學上極有造詣，但他卑己自牧的態度讓人尊敬。也作「卑恭自牧」。恭：謙恭。北周・王褒《太保吳武公尉遲綱碑銘》：「不以寵貴驕人，每以卑恭自牧。」

【卑之無甚高論】

卑：低淺；高論：不凡的議論。《漢書・張釋之傳》：「釋之既朝畢，因前言便宜事。文帝曰：『卑之，毋甚高論，令今可行也。』」原意是令其談當前實際問題，不要空發高論。後轉指見解平庸，沒有什麼高明之處。明・朱之瑜《批古文奇賞四十九條》：「吳武陵《上韓舍人行軍書》……卑之無甚高論，只是周至切當，然亦參以權謀術數，卻便露其本色。」也作「卑卑無甚高調」。清・朱彝尊《竹垞詩話・普泰》：「魯山……詩名籍甚，然卑卑無甚高調。」

【背包袱】

包袱：負擔。指思想上有負擔。例犯

了錯誤要敢於承認，努力改正，不要背包袱，而應輕裝上陣。

【背笓裏頭搖鑼鼓——亂想(響)】

背笓：用竹、藤、柳條等做成的盛東西的器具；想：「響」的諧音。比喻胡思亂想。例她並沒有向你表示愛意，你不要背笓裏頭搖鑼鼓——亂想（響）。

【背鼓上門——找槌打】

比喻自討苦吃，自找罪受。例他想，自己如果去外地工作，要她搬出住了一輩子的老屋，保險是背鼓上門——找槌打，挨一頓臭罵。

【背黑鍋】

比喻代人受過，遭受無根據的指責。例自己做錯事要勇於認錯，不可以讓別人背黑鍋。

【背空子】

欠債。《官場現形記》三九回：「不瞞乾娘說，你女婿自從弄這個官到省，就背了一身的空子。」

【背起碓臼跳鍾馗——費了力氣不好看】

碓（ㄉㄨㄟˋ）臼：搗米的器具，用石頭製成，中部凹下；鍾馗：唐·吳道子所畫，捉鬼之鬼。據迷信說法，除夕掛鍾馗像，能避鬼邪。從事迷信活動的巫人裝扮成鍾馗的樣子趕鬼，謂之「跳鍾馗」。比喻吃力不討好。例「我把你的辦公室打掃乾淨了。」小錢高興地說。「誰叫你移動我的用具的，眞討厭！」小萬冷冷地回了一句。小錢眞是背起碓臼跳鍾馗——費了力氣不好看。

【背起棺材跳水——安心尋死】

安心：存心。比喻存心去幹冒險的事。含有斥責的意思。例在這兵荒馬亂的時候，你偏要出遠門，豈不是背起棺材跳水——安心尋死！

【背起靈牌上火線——要拚命】

靈牌：舊時人死後暫時設的供奉牌位，即靈位。比喻要盡最大的力量或不惜性命的去幹。例這次廠裏的績效競賽，看樣子汪師傅是準備背起靈牌上火線——要拚命了。也作「背起靈牌上火線——拚啦」、「抬著棺材赴疆場——要拚命」。

【背石頭上山——勞而無功】

比喻費了力氣卻沒有功效。例這是件背石頭上山——勞而無功的事，不要再繼續下去了。也作「背石頭上山——吃力不討好」、「老鼠搬生薑——勞而無功」。

【背蓑衣救火——惹火燒身】

蓑衣：用草或棕毛製成的雨衣，是易燃物；惹：招引。比喻由於無知或策略上的錯誤，自己招來災禍或麻煩。例你眞傻，去挑逗這種瘋狗，無異於背蓑衣救火——惹火燒身。

【背仔找仔——昏了頭】

仔：ㄗㄞˇ〈方〉兒子；昏：迷糊。比喻好忘事，糊里糊塗。例您常說我背仔找仔——昏了頭，可不是！今天又犯了這個毛病，買了兩本同樣的書。也作「騎馬找馬——昏了頭」、「見了岳母叫大嫂——昏了頭」、「睜眼打呼嚕——昏了頭」。

【背著抱著一般重】

比喻形式不一樣，實質相同。李英儒《野火春風鬥古城》一六章：「『咱們說痛快的，兩個辦法任你挑，要麼就是發四百五十人的，要麼就是發半個餉。』趙團長眼珠一轉說：『背著抱著還不是一般重。』」

【背著醋罐子討飯——窮酸】

比喻窮而迂腐，不合適宜。舊時常用以譏諷文人。例孔生是個窮書生，除會整天唸之乎者也外，別無營生之道。人們都說他是背著醋罐子討飯——窮酸。也作「提著醋瓶討飯——窮酸」、「叫花子掉醋壇——窮酸」。

【背著米討飯——裝窮】

比喻本來有錢財，卻假裝沒有。例魏老頭家境很富裕。在外人面前，卻背著米討飯——裝窮。

【悲不自勝】

勝：能承受，禁受得住。悲慟得自己禁受不住。形容極度傷心。《剪燈餘話·秋夕訪琵琶亭記》：「是年冬初，麗人無故，忽潸然淚下，悲不自勝。」

【悲愁垂涕】

垂：垂下；涕：眼淚。因悲傷、愁苦而落淚。《列子·湯問》：「一里老幼，悲愁垂涕相對，三日不食。」

【悲憤兼集】

見「悲慨交集」。

【悲憤塡膺】

塡：充滿，塡塞；膺：胸。悲痛憤恨充滿胸中。宋·朱熹《與向伯元書》：「然舊京原廟隔在異城，每視新街，不勝悲憤之塡膺也。」

【悲歌忼慨】

悲：悲壯；忼（ㄎㄤ）慨：情緒激昂。歌聲悲壯，情緒激越。形容氣氛壯烈。《史記·項羽本紀》：「於是項王乃悲歌忼慨，自爲詩曰：『力拔山兮氣蓋世，時不利兮騅不逝。騅不逝兮可奈何，虞兮虞兮奈若何！』」也作「悲歌慷慨」。清·黃宗羲《桐城方烈婦墓志銘》：「及至變亂之間，盡喪其平生，豈其無悲歌慷慨之性歟！」

【悲歌慷慨】

見「悲歌忼慨」。

【悲觀厭世】

悲觀：消極頹喪；厭世：厭棄人世。指對生活失掉信心。消極頹喪，厭棄人世。例不管遭到任何打擊，都要勇敢堅強地生活下去，絕不能悲觀厭世。

【悲歡合散】

見「悲歡離合」。

【悲歡聚散】

見「悲歡離合」。

【悲歡離合】

悲傷，歡樂，離別，聚合。泛指人生中的種種遭遇和心情。清·袁于令

《西樓記・標目》：「試看悲歡離合處，從教打動人腸。」也作「**悲歡合散**」。唐・元稹《敍詩寄樂天書》：「當花對酒，樂罷哀餘，通滯屈伸，悲歡合散，至於疾恙躬身，悼懷惜逝，凡所遇異於常者，則欲賦詩。」也作「**悲歡聚散**」。《羣音類選・四德記・友錢馮商》：「且痛飲瓊漿百盞，何苦惜分離，這悲歡聚散，元無定期。」

【悲慨交集】

慨：憤慨。交集：交織。悲傷與憤慨的心情交織在一起。《宋書・文帝紀》：「感尋國故，永慕厥躬，悲慨交集」。也作「**悲憤兼集**」。憤：憤慨；兼：同時具有。《宋書・謝晦傳》：「雖以不武，忝荷蕃任，國家艱難，悲憤兼集。」

【悲愧交集】

愧：羞慚；交集：交織。悲傷慚愧的心情交織在一起。南朝宋・鮑照《重與世子啟》：「披讀未終，悲愧交集。」

【悲莫悲兮生別離，樂莫樂兮新相知】

最令人悲傷的莫過於離別，最令人高興的是新近得到知己。戰國楚・屈原《九歌・少司命》：「悲莫悲兮生別離，樂莫樂兮新相知。」

【悲天憫人】

天：天命，指時世；憫：憐憫，同情。哀嘆艱辛的時世，同情痛苦的人民。形容對腐敗社會的憤慨和對人民疾苦的憂傷。柳亞子《燕子龕遺詩序》：「君生平絕口弗談政治，獨其悲天憫人之懷，流露於不自覺，有如此者。」

【悲痛欲絕】

見「哀痛欲絕」。

【悲喜兼集】

見「悲喜交集」。

【悲喜交並】

見「悲喜交集」。

【悲喜交集】

交集：交織，交融。悲傷和喜悅的心情匯集交融在一起。《三國演義》一九回：「玄德悲喜交集，引二人見曹操，便隨操入徐州。」也作「**悲喜交並**」。《晉書・張軌傳》：「奉詔之日，悲喜交並，天恩光被，褒崇輝渥。」也作「**悲喜交至**」。《聊齋志異・蓮香》：「共話前生，悲喜交至。」也作「**悲喜兼集**」。兼：同時具有。唐・唐晅《手記》：「千里一遇，悲喜兼集。」也作「**悲欣交集**」。欣：喜悅。《宋書・蕭思話傳》：「憑威策懦，勢同振朽，開泰有期，悲欣交集。」

【悲喜交至】

見「悲喜交集」。

【悲欣交集】

見「悲喜交集」。

ㄅㄟˇ

【北道主人】

北道上接待過客的主人。猶東道主。《後漢書・邳晨傳》：「更始北都洛陽，以晨爲常山太守。會王郎反，光武自薊走信都，〔邳〕晨亦間行會於巨鹿下，自請從擊邯鄲。光武曰：『偉卿（邳晨）以一身從我，不如以一郡爲北道主人。』」

【北宮嬰兒】

北宮：古時王宮坐北向南，王的寢宮在前，稱南宮；后妃寢宮在後，稱北宮；嬰兒：指嬰兒子，戰國齊女名。相傳其侍奉父母，至老不嫁。《戰國策・齊策四》：「趙威后問齊使曰：『北宮之女嬰兒子無恙耶？』」後以「北宮嬰兒」指孝女。

【北京鴨吃食——全靠塡】

塡：飼養鴨子的一種方法。鴨子長到一定時期，按時把飼料從鴨子的嘴裏塡進去，並減少鴨子的活動量，使牠很快長肥。北京鴨多用這種方法飼養。比喻講授知識，只管灌輸，不管是否能消化。例教育學生不能像北京鴨吃食——全靠塡的辦法，而是要啟發他們獨立思考，多實踐。

【北門管鑰】

見「北門鎖鑰」。

【北門南牙】

牙：通「衙」。舊時官署之稱。北門：北衙門，唐代禁軍在皇宮內北面，故稱北門。指羽林諸將；南牙：南衙門，宰相官署在皇宮內南面，故稱南牙。指宰相。借指保衛皇家的文武重臣。《資治通鑑・唐中宗神龍元年》：「今天誘其衷，北門南牙，同心協力，以誅凶豎，復李氏社稷。」

【北門鎖鑰】

北門：北城門；鎖鑰：鎖和鑰匙，引申指軍事防守的重鎮。借指北部的邊防要地和重鎮。宋・朱熹《五朝名臣言行錄》卷四：「公（寇準）鎮大名府，北使道由之，謂公曰：『相公望重，何以不在中書？』公曰：『皇上以朝廷無事，北門鎖鑰，非準不可。』」也作「**北門管鑰**」。管：鑰匙。宋・阮閱《投獻門》引《青箱雜記》：「北使至，問那個是無宅起樓台相公？萊公（寇準）時方居散地，因召還，授北門管鑰。」

【北門之嘆】

北門：《詩經・邶風》篇名。《詩序》：「《北門》，刺仕不得志也。言衛之忠臣，不得其志爾。」後以之比喻懷才不遇。嘆：慨嘆。指懷才不遇而發出的慨嘆。南朝宋・劉義慶《世說新語・言語》：「李弘度常嘆不被遇，殷揚州知其家貧，問：『君能屈志百里否？』李答曰：『北門之嘆，久已上聞，窮猿奔林，豈暇擇木乎？』」

【北面稱臣】

北面：古代君主南面而坐，臣子朝見君主則面北，故稱臣於人爲「北面」。指臣服於人。晉・孫楚《爲石仲容與孫皓書》：「追慕南越，嬰齊入侍，北面稱臣，伏聽告策。」

【北叟失馬】

叟：老翁。《舊唐書・蕭瑀傳》：「應遭剖心之禍，翻見太平之日。北叟失馬，事亦難常。」比喻禍福無定，壞事有時反而會變爲好事。

【北轅南轍】

轅：車前駕以引車的兩根直木；北轅：車子向北行駛；轍：車輪壓過的痕跡。本要向南行走卻駕車往北。清・李顒《兩岸匯語》：「若啟程就途，不詳講路程，而曰：『貴行不貴講』，未有不北轅南轍，入海而上太行者也。」也作「**北轍南轅**」。清・洪昇《長生殿・覓魂》：「多謝娘娘指引。枉上下俄延，都做了北轍南轅。」也作「**南轅北轍**」。

【北轅適楚】

轅：車轅，駕以引車的兩根直木；北轅：車子向北行駛，適：往；楚：古國名，在南方。要去南方的楚國，但卻駛車向北。比喻行動與目標完全相反。唐・白居易《立部伎》詩：「慾望風來百獸舞，何異北轅將適楚。」也作「**北轅適越**」。越：古國名，在南方。宋・程頤《爲家君應詔上英宗皇帝書》：「以今選舉之科，用今進任之法，而欲得天下之賢，興天下之治，其猶北轅適越，不亦遠乎？」

【北轅適越】

見「北轅適楚」。

【北轍南轅】

見「北轅南轍」。

ㄅㄟˋ

【貝錦萋菲】

貝錦：編成貝形花紋的錦緞；萋菲：文采交錯的樣子。《詩經・小雅・巷伯》：「萋兮菲兮，成是貝錦；彼譖人者，亦已大甚。」傳：「萋菲，文章相錯也。貝錦：錦文也。」箋：「喻讒人集作己過以成於罪，猶女工之集彩色以成錦文。」後以「貝錦萋菲」比喻故意編造入人於罪的讒言。《晉書・桓玄傳》：「若陛下忘先臣大造之功，信貝錦萋菲之說，臣等自當奉還三封，受戮市朝，然後下從先臣，歸先帝於玄宮耳。」

【貝闕珠宮】

闕：皇宮門前兩邊的樓；宮：宮殿，宮闕。用貝殼和珍珠裝飾的宮殿。形容金碧輝煌、光彩奪目的神仙宮殿。明・無名氏《慶長生》四折：「你看那香焚寶鼎，紫霧漾漾，玉樓金殿，貝闕珠宮，便如天宮之景也。」也作「**珠宮貝闕**」。

【備不預具，難以應卒】

卒：通「猝」，突然，指突發事件。凡事不預先作好準備，就難以對付突發事件。《後漢書・馮衍傳》：「德不素積，人不爲用；備不預具，難以應卒。」

【備嘗艱苦】

備：盡；嘗：經歷。受盡了艱難困苦。例經過多年奮鬥，這個備嘗艱苦的窮孩子，終於成了一個擁有幾百萬資金的企業家。也作「**備嘗辛苦**」。唐・韓愈《順宗實錄》卷一：「上常親執弓矢，率軍後先導衛，備嘗辛苦。」

【備嘗辛苦】

見「備嘗艱苦」。

【備而不用】

準備好而暫時不用，以待急需。《糊塗世界》九回：「雖說備而不用，到得那時候，聽憑兵丁造一句謠言，開上幾排槍，那人可就死了不少。」

【備位充數】

備位：指聊以充數，徒占其位。充數：勉強湊數。爲徒占其位，勉強湊數的謙詞。《漢書・蕭望之傳》：「吾嘗備位將相，年逾六十矣。」《晏子春秋・諫下》：「負郭之民賤妾，請有道於相國，不勝其欲，願得充數乎下陳。」

【背暗投明】

背：背棄；投：投奔。比喻認淸是非善惡，背棄黑暗，投奔光明。元・尚仲賢《尉遲公三奪槊》一折：「想當日背暗投明歸大唐，卻須是眞棟梁。」也作「**棄暗投明**」。

【背暗投明，古之大理】

背：離開、躲避。背棄黑暗，投向光明，這是自古以來的眞理。元・無名氏《捉彭寵》三折：「彭寵，你不依我之言，久後必落在漢蕭王之手。常言道：『背暗投明，古之大理。』彭寵，你依著了我，歸降了漢蕭王可好也。」

【背本趨末】

背：背離；趨：趨向；本：根本，古代指農業；末：末節，古代指工商業。原指棄農桑而事工商，後也泛指做事不從根本上著手，只一味追求末節。《漢書・食貨志上》：「古之治天下，至纖至悉也，故其畜積足恃。今背本而趨末，食者甚衆，是天下之大殘也。」也作「**背本逐末**」。逐：追求。《三國志・魏書・王昶傳》：「人若不篤於至行，而背本逐末，以陷浮華焉，以成朋黨焉。」

【背本逐末】

見「背本趨末」。

【背槽拋糞】

槽：食槽，盛飼料的器具。指牲畜方吃完槽裏的食物，就背轉身把臀部對著食槽排糞便。比喻過橋拆橋，以怨報德。元・關漢卿《調風月》一折：「一個個背槽拋糞，一個個負義忘恩。」

【背城而戰】

見「背城借一」。

【背城借一】

背城：背靠近自己的城池；借一：憑藉它以作最後一戰。泛指與敵人作最後的一次決戰。《聊齋志異・絳妃》：「合家細弱，依棲於此，屢被封家女子，橫見摧殘，今欲背城借一，煩君屬繳草耳。」也作「**背城一戰**」。茅盾《子夜》一八：「他覺得此時我們一補進，就是前功盡棄，他主張背城一戰。」也作「**背城而戰**」。《左傳·哀公一一年》：「背城而戰，不屬者非魯人也。」

【背城一戰】
見「背城借一」。

【背馳於道】
見「背道而馳」。

【背道而馳】
背：背向；馳：奔跑。朝著相反的道路奔跑。比喻彼此目的相反，距離越來越遠。魯迅《從鬍鬚說到牙齒》：「道學先生於是乎從而禁之，雖然很像背道而馳，其實倒是心心相印。」也作「**背馳於道**」。唐·柳宗元《楊評事文集後序》：「其餘各探一隅。相與背馳於道者，其去彌遠。」

【背道而行】
背：背離；道：道義，正道；行：行事。背離道義，朝相反的方向走。指行爲違反正道。明·歸有光《應制論·史稱安隗素行何如》：「蹈道而行之，謂之君子；背道而行之，謂之小人……背道而行者，則淫佚放縱，無所不爲矣。」

【背恩棄義】
見「背義忘恩」。

【背恩忘義】
見「背義忘恩」。

【背河一戰】
見「背水一戰」。

【背後拉弓——暗箭傷人】
比喻乘人不備，進行暗害。例林老財爲人陰險毒辣，常背後拉弓——暗箭傷人。

【背後作揖——反禮】
作揖：在胸前拱手行禮。在別人背後作揖。比喻違反禮儀常情。例譚晋這個年輕人，經常做些背後作揖——反禮的事情，因此理所當然地遭到老人的反對。

【背集擺攤子——外行】
背集：不舉行集市的日子。見「和尚拜堂——外行」。

【背井離鄉】
背：離開；井：古制八家爲井，引申指鄉里，家宅。指被迫遠離家鄉，流落他方。元·馬致遠《漢宮秋》三折：「背井離鄉，臥雪眠霜。」也作「**背室棄家**」。室：家；棄：捨棄，扔掉。漢·焦延壽《易林·井》：「桀亂無道，民散不聚，背室棄家，君孤出走。」也作「**離鄉背井**」。

【背靠背】
比喻彼此不當面提意見或揭發問題。例文化大革命時期，大陸人民動不動就搞背靠背揭發問題，弄得人人自危。

【背盟敗約】
背：違背；敗：毀壞；盟、約：誓約。指背叛盟約。宋·蘇轍《六國論》：「不知出此，而乃貪疆埸尺寸之利，背盟敗約，以自相屠滅。」

【背前面後】
背著人時在前，當著面時在後。指在背後，不當面。《紅樓夢》一一〇回：「如今只有他幾個自己的人瞎張羅，背前面後的也抱怨。」

【背屈含冤】
見「抱屈含冤」。

【背人沒好事，好事不背人】
背著人幹的事不會是好事。劉江《太行風雲》四二：「不要跟這傢伙細講了，反正背人沒好事，好事不背人，拉出去給狗日的吃個洋點心，就地槍崩算啦！」也作「**好事不瞞人，瞞人沒好事**」。例你在這裏鬼鬼祟祟的幹什麼？我想你背人沒好事，好事不背人，一定又出什麼差錯了！

【背若芒刺】
芒刺：草木莖葉、果殼上的小刺；若：好像。背上好像扎有芒刺一樣。形容極度惶恐不安。《三國演義》二〇回：「後得曹操，以爲社稷之臣；不意專國弄權，擅作威福。朕每見之，背若芒刺。」也作「**背生芒刺**」。生：生長。《三俠五義》一一二回：「適才聽智兄之言，覺得背生芒刺。」也作「**芒刺在背**」。

【背山起樓】
山的後面建造樓閣，有損美好的景致。比喻殺風景，使人敗興。唐·李商隱《雜纂》：「其一曰殺風景，謂清泉濯足，花上晒褌，背山起樓，燒琴煮鶴，對花啜茶，松下喝道。」

【背上背鏡子——只照別人，不照自己】
見「鍋底笑話缸底黑——只見人家黑，不見自己黑」。

【背生芒刺】
見「背若芒刺」。

【背施幸災】
施：給予。背負了人家的恩德，又對人幸災樂禍。《左傳·僖公十四年》：「背施幸災，慶鄭曰：『民所棄也，近猶仇之，況怨敵乎？』弗聽。退曰：『君其悔是哉！』」

【背室棄家】
見「背井離鄉」。

【背水而戰】
見「背水一戰」。

【背水結陣】
見「背水爲陣」。

【背水爲陣】
背水：背向水，表示後退無路。指與敵人決一死戰。《三國演義》七一回：「昔韓信背水爲陣，所謂『致之死地而後生』也。」也作「**背水結陣**」。梁啟超《新民說》一七節：「項羽沉舟破釜以擊秦，韓侯背水結陣以敗楚。」

【背水一戰】
背水：背向水，表示後退無路。《史記·淮陽侯傳》載：「漢將韓信率軍攻趙，出井陘口，命將士背靠大河列陣，以前臨大敵、後退無路的處境來堅定將士拚死求勝的決心。」後以

「背水一戰」指處在絕境中，爲求出路而決一死戰。《尉繚子・天官》：「背水陳（陣）者爲絕地，向坂陳（陣）者爲廢軍。」也作「背河一戰」。唐・陶翰《古塞下曲》：「進軍飛狐北，窮寇勢將變；日落沙塵昏，背河更一戰。」也作「背水而戰」。《後漢書・銚期傳》：「乃更背水而戰，所殺傷甚多。」

【背鄉出好酒】

背鄉：偏僻的地方。比喻小地方也能出人才。例別看咱們村不起眼，背鄉出好酒！咱們硬是出了幾個大名人。

【背信棄義】

背：違背；信：信用；棄：丟棄；義：道義。不守信用，不講道義。曹禺《王昭君》五幕：「背信棄義是插在我背上的一把尖刀！」

【背義忘恩】

背：背棄；義：道義；恩：恩德。背棄道義，忘掉恩情。指辜負別人對自己的恩德，而做出背信棄義之事。《三國演義》三一回：「吾待汝爲上賓，汝何背義忘恩？」也作「背恩忘義」。《警世通言》卷三〇：「小女蒙活命之恩，怎敢背恩忘義。」也作「背恩棄義」。恩：恩惠。漢・桓寬《鹽鐵論・未通》：「爲斯君者亦病矣，反以身勞民，民猶背恩棄義而遠流亡，避匿上公之事。」

【背著人作揖——各盡其心】

不當著人或躲著人行拱手禮，不是爲了討人好，而是盡心意。指每個人都盡到自己的心意。例金老師客死他鄉，我們在校的學生舉行這個追悼會，只不過是背著人作揖——各盡其心罷了。

【背著手奔雞窩——不簡單（揀蛋）】

見「老母雞搶窩——不簡單（揀蛋）」。

【倍稱之息】

倍稱（ㄔㄥˋ）：借一還二；息：利息。借一還二的利息。指付出加倍利息的高利貸。《聊齋志異・王大》：「昔日富豪以倍稱之息，折奪良家子女，人無敢言者。」

【倍道並行】

見「倍道兼行」。

【倍道而進】

見「倍道兼行」。

【倍道兼進】

見「倍道兼行」。

【倍道兼行】

倍、兼：加倍；道：指行程。以一天走兩天的速度行進。指以加倍的速度趕路。《管子・禁藏》：「其商人通賈，倍道兼行，夜以續日，千里而不遠者，利在前也。」也作「倍道兼進」。《說岳全傳》二二回：「迎二帝於沙漠，救生民於塗炭，爾其倍道兼進，以慰朕懷。」也作「倍道而進」。《三國演義》一一回：「曹兵聞失兗州，必然倍道而進，待其過半，一擊可擒也。」也作「倍道並行」。《史記・孫子列傳》：「乃棄其步軍，與其輕銳倍日並行逐之。」

【悖逆不軌】

悖逆：違反正道；不軌：出乎常軌之外。指違反正道，不守法規。漢・桓寬《鹽鐵論・本史》：「甚悖逆不軌，宜誅討之日久矣。」

【悖入悖出】

悖：不正當。以不正當手段得來的財物，也會被人以不正當的手法拿走。也指胡亂弄來的錢財又胡亂浪費掉。《禮記・大學》：「貨悖而入者，亦悖而出。」後也指以狂妄背理對人，也必遭到相應之報。清・紀昀《閱微草堂筆記・槐西雜志四》：「神以爲悖入悖出，自作之愆；殺人人殺，相酬之道。」

【被寵若驚】

被：蒙受；寵：寵愛；驚：震驚。驟然受到過分寵愛而感到驚喜不安。宋・蘇軾《謝中書舍人啟》：「未及期年，擢置周行，遽參法從，省躬無有，被寵若驚。」也作「受寵若驚」。

【被盜經官重被盜】

舊謂官府貪贓枉法，被盜賊搶了告官，等於又一次被盜。清・姚元之《竹葉亭雜記》卷二：「迨到案時，不即審結，鋪堂、散班之費，莫可限量。蓋各有所挾，積漸之勢使然也。是以盜賊蜂起不敢申報。報則枉費銀兩，不爲緝獲，獲即受賄放去，毫無裨益。諺云：『被盜經官重被盜。』凡此，皆由署事官員貽害之所致也。」

【被底鴛鴦】

鴛鴦：鳥名，雌雄偶居不分離，比喻夫婦。舊喻夫婦恩愛。五代後周・王仁裕《開元天寶遺事》載：「唐玄宗與楊貴妃避暑遊興慶池，宮嬪憑欄爭看二紫鴛鴦戲水，玄宗曰：『爾輩愛水中鸂鶒，爭如我被底鴛鴦！』」鸂鶒（ㄔˋ）：即紫鴛鴦。

【被山帶河】

被、帶：被圍繞。爲高山河流所圍繞。形容地勢險要。《東周列國志》八七回：「秦地最勝，無如咸陽，被山帶河，金城千里。」

【被勝利沖昏頭腦】

謂在勝利面前忘乎所以。例我們確實取得了偉大的成績，但絕不可被勝利沖昏頭腦，要知道這只是我們萬里長征中的第一步。

【被頭裏做事終曉得】

即使在被窩裏商量的事，遲早也會被人知道。比喻事情再隱秘終究會暴露。例你放聰明點，做了什麼就說什麼吧，常言道：「被頭裏做事終曉得。」瞞是瞞不住的。

【被窩裏丟針——不是婆婆就是孫】

比喻事情是少數幾個人幹的，不是這個就是那個。例大夥別爭了，事故的責任明擺著，俗話說：「被窩裏丟針——不是婆婆就是孫。」反正在現場的就這麼幾個人，一說就明白了。

【被窩裏抹眼淚——獨自悲傷】
比喻暗暗傷心難過。例二嬸自丈夫死後，獨力承擔起養活公婆和三個孩子的責任，生活非常艱難。爲了安慰老人，她常裝笑臉，可是誰知道她是被窩裏抹眼淚——獨自悲傷哩！

【被災蒙禍】
被、蒙：遭受。指遭到災禍。漢・王充《論衡・命義》：「人命有長短，時有盛衰，衰則疾病，被災蒙禍之驗也。」

【被澤蒙庥】
被：受；澤：恩澤；庥（ㄒㄧㄡ）：庇蔭。指受到恩澤和庇護。清・錢泳《履園叢話・吳留村》：「錫之父老士庶，被澤蒙庥者……八九十里，號泣攀留，行趾相接，不下數萬人。」

ㄅㄠ

【包辦代替】
包辦：一手把持，獨攬。指一手把持操辦，代替別人行事。例包辦代替是缺乏大衆觀點的不良作風。

【包藏禍胎】
見「包藏禍心」。

【包藏禍心】
禍心：害人之心。暗藏害人之心。《聊齋志異・柳氏子》：「初與我爲客侶，不意包藏禍心，隱我血貲，悍不還，今願得而甘心，何父之有？」也作「苞藏禍心」。苞：通「包」。《舊唐書・桓彥范傳》：「昌宗無德無才，謬承恩寵，自宜粉骨碎肌，以答殊造，豈得苞藏禍心，有此占相？」也作「包藏奸心」。奸心：奸詐之心。《三國志・武帝紀》注引《魏武故事》：「又劉表自以爲宗室，包藏奸心，乍前乍卻，以觀世事。」也作「包藏禍胎」。禍胎：禍根。《南史・蕭正德傳》：「豈謂汝狼心不改，包藏禍胎，志欲覆敗國計，以快汝心。」也作「苞藏逆心」。逆心：叛逆的心意。《宋書・范曄傳》：「豈苞藏逆心，以招灰滅。」

【包藏奸心】
見「包藏禍心」。

【包打天下】
比喻包辦代替。例你這樣當老師也太辛苦了，包教包學還包管生活，將來你還能替他們包打天下嗎？

【包打聽】
原指暗探。後轉指愛打聽和傳播消息的人。例此人一無所長，卻是包打聽的好材料。

【包袱皮當手巾——大方】
包袱皮：包衣物用的布。雙關語。①比喻對財物不吝嗇，不計較。例劉兄眞夠朋友，見誰有困難，他總是包袱皮當手巾——大方得很，接濟幫助。②比喻言談舉止很自然，不拘束，或顏色、式樣不俗氣。例張珍出身名門，頗有教養，在任何場合，總是包袱皮當手巾——大方極了。也作「包單布洗臉——眞大方」、「床單布洗臉——大方」。

【包公辦案——鐵面無私】
包公：指包拯，北宋進士，官至樞密副使。他就任開封知府期間，以廉潔著稱，執法嚴峻，不畏權貴。民間傳說中稱他爲包公、包青天。比喻毫不講私情。例梁師傅爲人正直，不徇私情。他曾親自把犯法的兒子送交警察局。人們都稱讚他是包公辦案——鐵面無私的好公民。

【包餃子】
比喻包圍起來一舉殲滅。例四面都是敵人，咱們得分散行動，衝出一個是一個，可不能被敵人包餃子！

【包腳布當頭巾——高升到頂了】
包腳布：舊時婦女裹腳用的長布條，也叫裹腳布。比喻官運亨通，迅速爬上高位。例他一聽到自己要當主任的消息，立刻閃出一個念頭：「我是包腳布當頭巾——高升到頂了。」也作「鞋幫子做帽沿——高升到頂了」。

【包腳布當孝帽——一步登天】
孝帽：舊俗死了長輩而戴的白色布帽。比喻一下子達到最高的境界或地位。例眞沒想到他調咱廠才三個月，就當上了副廠長，眞是包腳布當孝帽——一步登天。

【包腳布裹金條——外賤內貴】
比喻內裏有可貴之處。例別看這個人不起眼，可滿肚子墨水眞像包腳布裹金條——外賤內貴。也作「稻草蓋珍珠——外賤內貴」。

【包腳布做衣領——臭名在外】
見「大門口吊馬桶——臭名在外」。

【包括萬象】
見「包羅萬象」。

【包攬詞訟】
包攬：兜攬包辦；詞訟：訴訟。指代人包打官司，以從中謀利。《二十年目睹之怪現狀》六五回：「他本是一個包攬詞訟、無惡不作的人啊！」

【包羅萬匯】
見「包羅萬象」。

【包羅萬象】
包羅：包容，網羅；萬象：宇宙間的一切景象，指各種事物。形容應有盡有，無所不包。宋・王洋《寄丁求安》詩：「郁密林巒十丈餘，包羅萬象遍方隅。」也作「包括萬象」。宋・劉克莊《跋趙孟侒詩》：「然有天資欠學力，一聯半句偶合則有之，至於貫穿千古，包括萬象，則非學有所不能。」也作「苞含萬象」。唐・劉允濟《天賦》：「覆燾千容，苞含萬象。」也作「萬羅萬匯」。匯：類。明・胡應麟《詩藪・內編四》：「杜〔甫〕若地負海涵，包羅萬匯。」

【包羞忍恥】
包、忍：包容，忍受。包容忍受羞愧與恥辱。唐・杜牧《題烏江亭》詩：「勝敗兵家事不期，包羞忍恥是男兒。」也作「包羞忍辱」。明・汪廷訥《獅吼記》一〇回：「在家做小伏低，好似啞子吃了黃連在心裏苦，到人前包羞忍辱。」

【包羞忍辱】

見「包羞忍恥」。

【包元宵的做烙餅——多面手】

雙關語。比喻擅長多種技能的人。例黃秀妹心靈手巧，樣樣活都能幹，是有名的包元宵的做烙餅——多面手。

【包子吃到豆沙邊——嘗到甜頭】

比喻開始得到某種好處。例我參加電腦班才兩個星期，就能上網寫信了，眞正是包子吃到豆沙邊——嘗到甜頭。也作「瞎子摸著蜜罐子——嘗到甜頭」。

【包子沒動口——不知啥餡兒的】

比喻不知其眞實內容，很難作出判斷。例這是他昨天送來的稿子，我還沒來得及看哩，包子沒動口——不知啥餡兒的。等看完再研究出不出版吧。

【包子有肉，不在褶上】

褶：褶子，指包子上部的皺皮。比喻一個人的錢財或本事不露在面上。例你別瞧他穿的破，包子有肉，不在褶上，你就放心和他做生意吧！準吃不了虧。

【苞藏禍心】

見「包藏禍心」。

【苞藏逆心】

見「包藏禍心」。

【苞穀棒子生蟲——專（鑽）心】

苞穀：玉米；專：「鑽」的諧音。玉米長蟲時，蟲子總在玉米心裏。比喻工作和學習注意力集中。例秦奮愛說愛笑，但做起事來，整天不見吭一聲。他的確是一個苞穀棒子生蟲——專（鑽）心的人。也作「玉米稭裏的蟲——專（鑽）心」。

【苞穀稭餵牲口——天生的粗料】

苞穀稭：玉米稈，切碎可以餵牲口，但不是精料。雙關語。比喻人沒文化，談吐、舉止粗俗。例班長，別叫我去護理病人了，我是苞穀稭餵牲口——天生的粗料，幹不了這細心活。

【苞含萬象】

見「包羅萬象」。

【苞苴竿牘】

苞苴（ㄐㄩ）：包裹著禮物的蒲包，指行賄物品；竿牘（ㄉㄨˊ）：書札，書信，指請托信。攜帶禮物、書信去探訪人。指行賄請托。《莊子・列禦寇》：「小夫之知，不離苞苴竿牘。」

【苞苴公行】

苞苴：包裹著禮物的蒲包，指以物行賄；公行：公開施行。指公開賄賂。《荀子・大略》：「苞苴行與？讒夫興與？」

【苞苴賄賂】

苞苴：裝有禮物的蒲包；賄賂（ㄌㄨˋ）：以財物買通對方。指以物行賄。清・嚴復《原强》：「美國華盛頓立法至精，而苞苴賄賂之風，至今無由盡絕。」

【褒貶是買主，喝采是閒人】

對貨物能作出實事求是評價的是眞正的買主，僅僅說好的往往並不想買。比喻要正確對待批評，不要爲捧場所迷惑。例聽取別人的意見要有點雅量，不要耳朵軟，專愛聽好話。俗語說得好：「褒貶是買主，喝采是閒人。」

【褒貶揚抑】

褒獎、指斥、讚揚、壓抑。例對歷史人物、歷史事件，應當進行實事求是的分析，給予恰當的評價，絕不可隨意褒貶揚抑。

【褒貶與奪】

褒貶：讚美和貶斥；與奪：給與和奪取。指對人、對事給了讚揚或批評。《晋書・祖逖傳》：「若使修著一代之典，褒貶與奪，誠一時之俊也。」

【褒採一介】

褒：嘉獎；採：採取；一介：介，通「芥」，芥子小而值賤，常用以比喻輕微。指有細微的長處也可以嘉獎、採取。南朝齊・謝朓《辭隨王子隆箋》：褒採一介，抽揚小善。」

【褒善貶惡】

褒：讚美；貶：斥責。讚揚好的，斥責壞的。指分清善惡作出公正評價。明・桑紹良《獨樂園》一折：「我修成這部通鑑……其中褒善貶惡，尊君抑經，內夏外夷，正名謹分，也不是等閒的分字也。」

【褒賢遏惡】

褒：讚揚；遏（ㄜˋ）：遏止。讚揚好的；遏止壞的。即揚善抑惡。唐・崔佑甫《唐故常州刺史獨孤公神道碑銘序》：「公之文章，大抵以立憲誡世、褒賢遏惡爲用，故議論最長。」

【褒衣博帶】

褒、博：寬大。著寬袍，繫闊帶。古代儒生的服式。《漢書・雋不疑傳》：「〔不疑〕冠進賢冠……褒衣博帶，盛服至門上謁。」

【褒衣危冠】

褒：寬大；危：高；冠：帽子。寬袍高帽。古代儒生的裝束。唐・韓愈《上巳日燕太學聽彈琴詩序》：「獻酬有容，歌風雅之古辭，斥夷狄之新聲。褒衣危冠，輿輿如此。」

ㄅㄠˊ

【薄餅從上揭】

吃薄餅應該從上往下，一張一張揭取。比喻做事要有順序，要循序進行。宋・吳處厚《青箱雜記》卷四：「劉曄未及第，娶趙氏女，早亡，及登第，猶有七九二妹，劉意擇九姨。趙夫人曰：『薄餅從上揭，劉郎才及第，便揀點人家女耶？』」

ㄅㄠˇ

【飽諳經史】

飽：充分；諳：ㄢˋ，熟悉。熟知經書史籍。形容學問淵博。元・無名氏

《竹葉舟》楔子：「此人飽諳經史，貫串百家。」

【飽諳世故】
見「飽經世故」。

【飽病難醫】
飽食成病最難醫治。也諷喻富人的貪欲最難遏止。元・馬致遠《還牢末》一折：「你當初憑著良媒取到我家裏，換套兒穿衣，揀口兒吃食。這婆娘飽病難醫，把贓物收執。」

【飽帶乾糧晴帶傘——有備無患】
比喻事前有準備，就可以避免禍患。例我們雖然接連打了幾個勝仗，最後勝利在望，但還要預備充足的糧食、彈藥，加緊操練，防止敵人狗急跳牆，發動反撲。這就叫做飽帶乾糧晴帶傘——有備無患。也作「晴天帶傘——有備無患」、「失羊修圈——有備無患」。

【飽而知人之饑，溫而知人之寒，逸而知人之勞】
自己吃飽了，要常想到有飢餓之人；自己穿的暖，要考慮別人正在受凍；自己閒逸，應想到別人正在辛苦勞作。謂自己生活好，要想到別人的困苦。《晏子春秋・內篇諫上》：「景公之時，雨雪三日而不霽。公被狐白之裘，坐堂側陛。晏子入見，立有間，公曰：『怪哉！雨雪三日而天不寒。』晏子對曰：『天不寒乎？』公笑。晏子曰：『嬰聞古之賢者，飽而知人之饑，溫而知人之寒，逸而知人之勞。今君不知也。』公曰：『善！寡人聞命矣。』乃令出裘發粟，與饑寒。」

【飽肥甘，衣輕暖，不知節者損福】
飽食肥美的食品，穿著舒適暖和的衣服，卻不知道節制的人，一定會減損自己的福氣。指一味追求物質享樂，放縱自己的欲望是有害的。宋・林逋《省心錄》：「廣積聚，驕富貴，不知止者殺身。『飽肥甘、衣輕暖，不知節者損福』。」

【飽漢不知餓漢饑】
生活優裕的人不理解生活困難的人的苦處。老舍《殘霧》三幕：「劉媽：『老是這一套？敢情你們好，一天到晚吃喝玩樂！人家把家都丟了，你們還這麼高興呢？眞是飽漢不知餓漢饑！』」也作「飽人不知餓人飢」。《官場現形記》四五回：「誤了差使，釘子是我碰！你飽人不知餓人饑，我勸你快走吧！」

【飽經滄桑】
飽：充分；經：經歷；滄桑：滄海桑田。比喻世事變化極大。經歷過多次的世事變化。例他飽經滄桑，終於回到了祖國的懷抱。

【飽經風霜】
飽：充分；經：經歷；風霜：風吹霜打，比喻艱難困苦。形容經歷過很多的艱難困苦。馮德英《苦菜花》一章：「人們那被晒黑的飽經風霜的臉上，顯出嚴肅而緊張的神情。」也作「飽經霜雪」。清・孔尚任《桃花扇・孤吟》：「雞皮瘦損，看飽經霜雪，絲鬢如銀。」也作「飽歷風霜」。歷：經歷。明・袁宏道《監司周公實政錄敍》：「公之學如良金在野，久而彌精；又如深山松柏，飽歷風霜，逾見遒古。」

【飽經世故】
飽：充分地；經：經歷；世故：世間的一切變故、變化。經歷過很多變故患難。多指有豐富的處世經驗。宋・陸游《書輿》詩：「占得溪山卜數椽，飽經世故氣猶全。」也作「飽諳世故」。諳：熟悉。宋・樓鑰《送姜子謙丞於潛》詩：「吳侯晚到東海濱，飽諳世故無戚欣。」

【飽經霜雪】
見「飽經風霜」。

【飽經憂患】
飽：充分，足；經：經歷。形容經歷過很多的困苦患難。巴金《房東太太》：「不過她的深陷的眼睛和額上的皺紋卻說明她是個飽經憂患的人了。」

【飽歷風霜】
見「飽經風霜」。

【飽暖生閒事】
吃飽穿暖了就容易惹出是非。《金瓶梅詞話》三回：「古來飽暖生閒事，禍到頭來總不知。」

【飽暖生淫欲】
見「飽暖思淫欲」。

【飽暖思淫欲】
吃飽穿暖之餘，就想著男女關係方面的不正當的事情。古華《雲煙街夜話》：「從前，在南太平洋上，有一個古老的島國，號稱禮儀之邦，詩書之族，富貴之鄉。可是，『飽暖思淫欲』，舉國上下，男女關係十分混亂。」也作「飽食思淫欲」。《平妖傳》三五回：「錦衣玉食，合著了俗語『飽食思淫欲』這句了。」

【飽人不知餓人饑】
見「飽漢不知餓漢饑」。

【飽食豐衣】
豐：豐富，富足。形容生活富足。宋・邵雍《學佛吟》：「飽食豐衣不易過，日長時節奈愁何！」

【飽食暖衣】
形容生活富裕，衣豐食足。清・王丹麓《今世說・政事》：「今爲若計，欲舞文亂法，快意一時，而身陷刑戮乎？欲守公奉法，飽食暖衣，與妻子處乎？」

【飽食三餐非足貴，饑時一口果然難】
平時吃三餐美味不在乎，餓時得吃一口也不易。《平妖傳》一八回：「留義便引著胡員外、陳學究，到左近處一個僻靜酒店裏來，胡員外這番眞個是絕處逢生，死中得救。正是飽食三餐非足貴，饑時一口果然難。」

【飽食傷心，忠言逆耳】
貪吃酒食傷害身心，誠懇勸告的話往往不愛聽。元・孫仲章《勘頭巾》二折：「常言道：『飽食傷心，忠言逆耳。』且休說受苞苴是窮民血，便那請俸祿也是瘦民脂。咱則合分解民冤枉，怎下的將平人去刀下死。」

【飽食思淫欲】

見「飽暖思淫欲」。

【飽食終日】

見「飽食終日，無所用心」。

【飽食終日，無所用心】

終日：整日。整天只知吃飽喝足，卻對任何事情都不動腦筋，不關心。《論語・陽貨》：「子曰：『飽食終日，無所用心，難矣哉！不有博弈者乎？為之，猶賢乎也。』」章太炎《致袁世凱書》：「飽食終日，無所用心，以與朋輩優游譴浪，炳麟亦不為也。」也作「**飽食終日**」。南朝梁・蕭統《答湘東王求文集及詩苑英華書》：「陟龍樓而靜拱，掩鶴關而高臥，與其飽食終日，寧游思於文林。」

【飽饗老拳】

見「飽以老拳」。

【飽學之士】

飽學：學識廣博。指學識廣博的人。《三國演義》五六回：「公等皆飽學之士，登此高台，能不進佳章以紀一時勝事乎？」

【飽以老拳】

飽：足足地；以：用，拿。用拳頭痛打他一頓。例對那種仗勢欺人的小人，非飽以老拳，不足以解心頭之恨。也作「**飽饗老拳**」。饗：享受。指足足地挨一頓打。《歧路燈》六七回：「〔杜氏〕怒將起來，幾乎要打，這張類村只得學劉寄奴飽饗老拳的本領。」

【飽飫烹宰，飢饜糟糠】

飫（ㄩˋ）：飽，飽食；烹宰：烹飪屠宰，借指魚肉等美食；饜：ㄧㄢˋ，滿足。吃飽了，魚肉吃不下；饑餓時，粗食也滿足。例往常那樣好飯好菜，他尚有不如意之處；今日只有粗飯鹹菜，他卻吃得津津有味，正像古人說的飽飫烹宰，飢饜糟糠。

【寶釵分股】

釵：ㄔㄞ，即兩股笄。古代婦女別在髮髻上的一種首飾，由兩股合成。寶釵兩股斷開。比喻夫妻分離。唐・段成式《劍俠傳・虬髯叟》：「寶釵分股合無緣。」

【寶窗自選】

宋・胡繼宗《書言故事・婚姻類》：「唐李林甫有六女，廳事壁開一橫窗，飾以雜寶，蒙以絳紗，使六女戲於窗下，每子弟入謁，使女於窗下自選。」後以之比喻女子婚姻自主。

【寶刀不老】

《三國演義》七〇回：「張郃出馬，見了黃忠，笑曰：『你許大年紀，猶不識羞，尚欲出陣耶？』忠怒曰：『豎子欺吾年老！吾手中寶刀卻不老！』」後以「寶刀不老」指人雖老，而精力不減，技藝猶在。也作「**寶刀未老**」。

【寶貨難售】

寶貨：珍貴的物品。珍貴的物品難於出售。比喻大才之人不易被重用。漢・王充《論衡・狀留》：「大器晚成，寶貨難售也。不崇一朝輒成賈者，菜果之物也。」

【寶劍必付烈士，奇方必須良醫】

烈士：壯士；奇方：難得的藥方。寶劍一定要交給有志的壯士，有特效的藥方一定要聽良醫的指點。明・焦竑《則克錄》卷中：「太阿利器而付嬰孩之手，未有不反以資敵而自取死耳。諺云：『寶劍必付烈士，奇方必須良醫』，則庶幾運用有法，斯可得器之濟，得方之效矣。」

【寶劍插在鞘裏——鋒芒不露】

鞘：ㄑㄧㄠˋ，裝刀劍的套子；鋒芒：刀劍等的刃口或尖端。比喻人的才華、銳氣藏而不露。含有謙虛、不愛自我表現的意思。例此人頗有才幹，但謙虛謹慎，就像寶劍插在鞘裏——鋒芒不露。

【寶劍脫與烈士，紅粉贈與佳人】

烈士：壯士、有志於建功立業的人；脫：取下；佳人：美女。寶劍要送給壯士，脂粉要送給美人。指禮物要送給身分相等的人。例俗話說，寶劍脫與烈士，紅粉贈與佳人，這本書你拿了有用，就送給你吧。也作「**寶劍贈與烈士，紅粉寄與佳人**」。《隋唐演義》九五回：「從來說：『寶劍贈與烈士，紅粉寄與佳人。』老丈既以敝友為知音，何不併將那一支惠賜之？」也作「**紅粉贈佳人，寶劍贈壯士**」。《魯迅書信集・致孟十還》：「嘗聞紅粉贈佳人，寶劍贈壯士，那麼，好書當然該贈書呆子。」

【寶馬香車】

寶馬：名馬，駿馬；香車：華美的車。形容馬和車的名貴華美。唐・沈佺期《上巳日祓禊渭濱應制》詩：「寶馬香車清渭濱，紅桃綠柳禊堂春。」也作「**香車寶馬**」。

【寶器玩物，不可示於權豪】

好東西不可讓有權有勢的人看見。意思是權豪人物強索硬要珍貴物品。明・李開先《林沖寶劍記》一一齣：「朝廷欲造寶劍十口，高太尉要我這劍做個比樣。我若不去，又恐他在駕前過舌，要將劍去。人言：『寶器玩物，不可示於權豪；古劍名琴，常要藏之櫃櫝。』」

【寶山空回】

寶山：指蘊藏寶物的山。進入寶山卻空手而歸。比喻置身於優越的環境、條件下，卻兩手空空一無所得。明・高攀龍《答袁寧鄉》：「率爾放過，眞是寶山空回」。

【保殘守缺】

殘、缺：不完整。固守殘缺陳舊的東西。①形容思想保守，泥古守舊，不肯接受新事物。清・顧炎武《華陽縣朱子祠堂上梁文》：「兩漢而下，維多保殘守缺之人；六經所傳，未有繼往開來之哲。」也作「**保殘守闕**」。

闕：通「缺」。宋・魏了翁《哭吳侍文》：「間亦有志，則溺文眩博，自為曖昧，保殘守闕，私恐見破。」也作「補殘守缺」。漢・荀悅《漢紀・哀帝紀》：「至於國家大事，則幽冥莫知其原，然猶補殘守缺，挾恐見破之私意，而忘從善服義之公心。」也作「抱殘守缺」。清・江藩《漢學師承記・顧炎武》：「豈若抱殘守缺之俗儒，尋章摘句之士也哉！」②指好古，雖有殘缺亦不忍遺棄。黃侃《送駱生》詩：「時論漸欲燒詩書，吾心何敢輕丘耳。嗟餘專固守前說，抱殘守缺聊自喜。」也作「抱殘守闕」。朱自清《經典常談・周易第二》：「這些似乎都是抱殘守闕，匯集衆說而成。」也作「抱獨守殘」。明・歸有光《草庭詩序》：「今數年來，海內學者絕響，而江右一二君子，猶能抱獨守殘，振音於空谷之中」。

【保殘守闕】
見「保殘守缺」。

【保國安民】
保衛國家領土，使人民安居樂業。《水滸傳》五四回：「依此而行，可救宋江，保國安民，替天行道。」

【保護層】
比喻能起庇護作用的人或事物。例咱們可不能麻痺大意，變成壞人的保護層啊！

【保護傘】
比喻可以起到保護作用的一種力量。例她為了給自己找一頂保護傘，好向上爬，竟不惜賣身投靠敵人。

【保護色】
某些動物身體的顏色能與周圍環境的顏色保持一致，而不易被發現被傷害，這就是「保護色」。比喻人為了保護自己而裝出的某種姿態。例在風雲變幻、動輒得咎的年月，他這個出身不好的人，不得不給自己塗點保護色。

【保境息民】
息：安定，安寧。保衛國境，使百姓得以安寧。《明史・外國五》：「王能保境息民，則福可長享。」

【保生者寡欲，保身者避名】
養生的人要少貪嗜好，保護自己的人要避免揚名。指不貪欲、不爭名利以養生護體。宋・林逋《省心錄》：「保生者寡欲，保身者避名。無欲易，無名難。」

【保守保守，寸步難走】
思想上總認為舊的一套好，在新潮流面前就會寸步難行。例保守保守，寸步難走。對新鮮事物老是看不慣，橫挑鼻子豎挑眼，怎麼能跟上形勢呢！

【保泰持盈】
泰：平安；盈：滿，盛；持盈：守住已成的事業。保守成業，使之平安無事。指處於順境中為保守成業而謹慎從事。《廿載繁華夢》二回：「今官人藉姻親關照，手頭上有了錢，自應保泰持盈，廉儉持家，慈祥種福。」

【保險櫃裏安家——圖的是安全】
比喻使安全得到保證。例俗話說：「保險櫃裏安家——圖的是安全」。這是我們當司機的最大願望。

【保險櫃裏安雷管——暗藏殺機】
雷管：彈藥、炸藥包等的發火裝置，易爆。比喻暗懷害人之心。例張麻子近來態度反常，鬼鬼祟祟，是不是保險櫃裏安雷管——暗藏殺機？也作「袖裏揣刀子——暗藏殺機」。

【保險箱】
保險箱：用來裝金錢和貴重物品的堅固的箱櫃。比喻安全可靠、萬無一失的地方或範圍。例做父母的可不能為了溺愛孩子，而把他們裝進保險箱啊！這樣一來他們怎麼能投入社會？也作「保險庫」。例這個家不只是我的保險庫，也是你的保險庫啊！

【葆力之士】
葆力：勤勞任力。指肯出力而勤於辦事的人。《莊子・讓王》：「捲捲乎，後之為人，葆力之士也。」

【堡壘戶】
堡壘：戰爭中在要害處建築的堅固的防禦工事。比喻在敵占區為我方忠誠服務的可靠家庭。例抗戰時，武工隊在鬼子眼皮底下鑽來鑽去，全靠堡壘戶掩護。

ㄅㄠˋ

【報本反始】
報：報答；本：根源；反：回到，指追思；始：開始。指受恩思報，不忘根本。《禮記・郊特牲》：「唯社丘乘共粢盛，所以報本反始也。」

【報仇雪恥】
報：報復；雪：洗除，洗刷。報冤仇，洗除恥辱。《醒世恆言》卷三六：「官人果然真心肯替奴家報仇雪恥，情願相從。」也作「報怨雪恥」。怨：仇，仇恨。《淮南子・氾論訓》：「大夫〔文〕種輔翼越王勾踐，而為之報怨雪恥。」也作「報仇雪恨」。雪：解除；恨：仇恨。《說岳全傳》四七回：「若果有中興之主，用賢去奸，奮志恢復，何難報仇雪恨，奠安百姓？」

【報仇雪恨】
見「報仇雪恥」。

【報李投桃】
報：回報，回贈；投：投送，贈送。回贈李子給贈送我桃子的人。比喻禮尚往來，相互贈答。明・高濂《玉簪記・結告婚姻》：「村家行徑，强尼姑向空門結姻。只指望報李投桃，那顧他佛禮看經。」也作「投桃報李」。

【報屁股】
舊時報紙的副刊通常排在報紙的末版，戲稱為「報屁股」。例我算什麼作家啊！不過寫點小豆腐塊登在報屁股上而已。

【報喜不報憂】
報：報告，告知。指只報告好的而不

報告壞的消息。例他為了怕父母擔心，每次打電話回家總是報喜不報憂。

【報效萬一】

報效：為報人之恩而盡力；萬一：萬分之一，表示極微小。指受恩深而報答少。《紅樓夢》一八回：「且今上體天地生生之大德，垂古今未有之曠恩，雖肝腦塗地，豈能報效萬一。」

【報應不爽】

報應：佛教用語，指由某種原因得某種結果，即善有善報，惡有惡報。爽：差失，差錯。指做惡事必得惡報，絕不會有差錯。《說岳全傳》七四回：「取出監中各犯，到大理寺堂上綁起，判了『斬』字……哪一個不說是天理昭彰，報應不爽！」

【報怨雪恥】

見「報仇雪恥」。

【報怨以德】

怨：怨恨，仇恨；以：用，拿。用恩惠去回報仇恨。指不記前仇，反施以恩惠。《老子》六三章：「大小多少，報怨以德。」也作「報怨以直」。直：正直，公道。用公道對待自己所怨恨的人。《漢書・卜式傳》：「朕聞報德以德，報怨以直。今天下不幸有事，郡縣諸侯未有奮繇直道者也。」

【報怨以直】

見「報怨以德」。

【報竹平安】

唐・段成式《酉陽雜俎》續集卷一○：「衛公（李德裕）言北都惟童子寺有竹一窠，才長數尺。相傳其寺綱維，每日報竹平安。」後改「報竹」為「竹報」。舊時用指平安家書。也作「竹報平安」。

【刨嘴吃刨花——填不飽肚子】

刨嘴：刨子上安裝刮削木料用的刀具的部分；刨花：刨木料時刨下來的薄片，多呈捲狀。刨嘴吃刨花是填不滿刨子的肚子的。比喻人貪得無厭，胃口很大。例刨嘴吃刨花——填不飽肚子。這個罪犯一而再，再而三的貪污，直到案發為止，三年來貪污盜竊達數十萬元之多。也作「屬鴨子的——填不飽肚子」。

【抱寶懷珍】

懷：懷藏，藏有；寶、珍：借喻美德、才能。比喻人具有高潔的品德，超羣的才能。漢・蔡邕《陳寔碑》：「于皇先塵，抱寶懷珍，如何昊窮，既喪斯文。」

【抱冰公事】

抱冰：相傳春秋時，越國為吳所敗，越王勾踐立志復仇，苦身勞心，夜以繼日，冬常抱冰，夏還握火，愁心苦志，臥薪嘗膽；公事：公家的事務。指舊時官場無私利可圖的清苦差事。宋・陶谷《清異錄・抱冰公事》：「蒙州立山縣城晁覺民，自中原避兵南來，因仕霸朝，食料衣服，皆市於鄰邑，一吏專主之；既回，物多豪末，皆置諸獄。當其役者曰：『又管抱冰公事也。』」

【抱不哭孩兒】

比喻揀不費力的事情做。明・馮惟敏《海浮山堂詞稿・雁兒落》：「再不把拾來的擔子挑，再不把不哭的孩兒抱。」

【抱不平】

抱：懷抱。見到不公平之事則義憤填膺，挺身而出，主持公道。明・姚子翼《遍地錦・智剿》：「我每在地方上，慣要無風起浪，小事成大，抱不平，硬出頭。」

【抱布貿絲】

布：古代錢幣；貿：交易，買物。《詩經・衛風・氓》：「氓之蚩蚩，抱布貿絲。」原指男子借買絲而向女子求婚。後泛指：①男子為婚姻之事而和女子接近。《清平山堂話本・風月瑞仙亭》：「含羞無語自沉吟，咫尺相思萬里心。抱布貿絲君亦誤，知音盡付七弦琴。」②指進行商品交易。清・王韜《瀛壖雜志》：「鄉人之抱布貿絲者，絡繹而來，貨畢則市酒肉而返。」

【抱殘守缺】

見「保殘守缺」。

【抱殘守闕】

見「保殘守缺」。

【抱誠守眞】

抱：存在內心；守：信守，恪守。志在眞誠，恪守不違。魯迅《摩羅詩力說》：「上述諸人，其為品性言行思惟，雖以種族有殊，外緣多別，因現種種狀，而實統於一宗；無不剛健不撓，抱誠守眞。」

【抱粗腿】

比喻巴結、依附有權勢的人。例林文章這個人最愛抱粗腿，公司裏凡是高階主管，每個人都被他拍過馬屁。也作「抱大腿」。

【抱德煬和】

抱：懷，守；煬和：道家指和諧萬物的思想境界。形容施行仁德之政，和諧萬物。《莊子・徐无鬼》：「抱德煬和，以順天下。」

【抱獨守殘】

見「保殘守缺」。

【抱法處勢】

法：法令，法律；勢：權勢地位。掌握律令和善用權勢。《韓非子・難勢》：「抱法處勢則治，背法去勢則亂。」。

【抱憤入地】

見「抱恨黃泉」。

【抱佛腳】

諺語「閒時不燒香，急來抱佛腳」的省略語，比喻平時不做準備，事到臨頭才慌忙應付。例客人就要來了，快去準備吧！千萬別像上次一樣，臨時抱佛腳。

【抱關擊柝】

抱關：守關門；柝：ㄊㄨㄛˋ，巡夜人敲擊的木梆；擊柝：打更巡夜。守關、巡夜之人。借指職位低下的小官吏。元・王惲《贈田生監河之召》詩：

「古人有志患不立，抱關擊柝非所羞。」

【抱關之怨】

抱關：守關門；怨：抱怨，不滿。守門打更小吏的抱怨。泛指位卑祿薄者的不滿。《後漢書・二十八將傳論》：「朝有世及之私，下有抱關之怨。」

【抱憾終身】

見「抱恨終天」。

【抱恨黃泉】

抱恨：懷恨；黃泉：墓穴。指陰間。懷著遺恨離開人間。指死有遺恨。漢・蔡邕《上漢書十志疏》：「臣所在孤危，縣命鋒鏑，湮滅土灰，呼吸無期。誠恐所懷隨軀腐朽，抱恨黃泉。」也作「抱恨泉壤」。泉壤：泉下，地下。《北史・來護兒傳》：「吾備位大臣，荷國重任，不能肅清凶逆，遂令王室至此，抱恨泉壤，知復何言！」也作「抱憤入地」。憤：恨；地：地下，黃泉之下。宋・陸游《跋傅給事帖》：「志士仁人，抱憤入地者，可勝數哉！」

【抱恨泉壤】

見「抱恨黃泉」。

【抱恨終身】

見「抱恨終天」。

【抱恨終天】

抱恨：懷恨；終天：終身，一輩子。指含恨一生。《初刻拍案驚奇》卷一八：「本待與主翁完成美事，少盡報效之心，誰知遭此大變，抱恨終天！」也作「抱恨終身」。終身：一輩子。《鏡花緣》一二回：「雖有極美良姻，亦必當面錯過，以致日後兒女抱恨終身，追悔無及。」也作「抱痛終身」。痛：恨。清・黃百家《唐烈婦傳》：「當其屢死不死，設便苟延殘喘，永稱未亡，抱痛終身，亦不失其爲堅貞之苦節。」也作「抱撼終身」。憾：恨；抱憾：懷著遺憾；終身：終生。終身心懷遺憾。例接家信，知母病危，星夜趕回，但未及見一面，抱憾終身！也作「抱終身恨」。宋・劉克莊《春日六言十二首》：嗟余抱終身恨，與子結來生緣。」也作「抱終天恨」。終天：終其天年。指終身。明・張岱《黃琢山》：「謝康樂素有山水之癖……而咫尺雁山，足跡不得一至。康樂有知，應抱終天之恨。」

【抱虎枕蛟】

蛟：古代傳說中的獨角龍。手抱虎，頭枕蛟。比喻處境極其險惡。《宋史・洪咨夔傳》：「況與大敵爲鄰，抱虎枕蛟，事變叵測，顧可侈因人之獲，使邊臣論功，朝廷頌德？」

【抱火厝薪】

厝：ㄘㄨㄛˋ，置放；薪：柴草。把火放在柴草下面。比喻即將發生危險。漢・賈誼《新書・數寧》：「夫抱火厝之積薪之下，而寢其上，火未及燃，因謂之安，偷安者也。」

【抱雞婆抓糠殼——空歡喜】

抱雞婆：〈方〉孵蛋的母雞；糠(ㄎㄤ)殼：稻穀去米後的外殼。見「狗咬尿脬——一場空」。

【抱令守律】

抱：守；令、律：法令，律令。死守法令，不知靈活變通。北齊・顏之推《顏氏家訓・勉學》：「但知抱令守律，早刑時舍，便云我能平獄。不知同轅觀罪，分劍追財，假言而奸露，不問而情得之察也。」

【抱琵琶過別船】

見「別抱琵琶」。

【抱琵琶進磨坊——對牛彈琴】

琵琶：弦樂器；磨坊：磨麵粉等的作坊，其磨多由牛拉。比喻對不懂道理的人講道理，對外行人說內行話。有時也用來譏笑人說話不看對象。例愛華對弟弟所提問題一連講解了幾遍，看他仍然不懂，便生氣地說：「你眞笨，我算是抱琵琶進磨坊——對牛彈琴了。」

【抱菩薩洗澡——淘神】

菩薩：佛教用語，泛指佛和某些神。雙關語。比喻做某件事不是輕而易舉的，需要花費精神和力氣；或問題棘手，使人耗費精神。例這件事看起來容易，做起來眞是抱菩薩洗澡——淘神。也作「抱菩薩洗澡——淘神費力」、「抱菩薩洗澡——勞神費力」、「筲箕裝土地——淘神」。

【抱槧懷鉛】

槧：ㄑㄧㄢˋ，古代備書寫用的木板；鉛：鉛粉筆。二者皆古代記錄文字的用具。帶著木簡、鉛粉筆。指隨身攜帶書寫用具，以備隨時記述。多用以表示勤於著述。宋・劉跂《趙氏〈金石錄〉序》：「此讎校之士抱槧懷鉛，所以汲汲也。」

【抱屈含冤】

指蒙受冤屈。明・李開先《寶劍記》一六齣：「抱屈含冤氣怎舒，一聲擊鼓動鑾輿。」也作「背屈含冤」。背：背負。例背屈含冤十載，終得昭雪。

【抱首鼠竄】

見「抱頭鼠竄」。

【抱首四竄】

見「抱頭鼠竄」。

【抱素懷樸】

素、樸：樸素、質樸。指民風淳樸，百姓安居樂業。《樂府詩集〈郊廟歌辭・漢郊祀歌〉》：「易亂除邪，革正異俗，兆民反本，抱素懷樸。」

【抱素懷眞】

素：質樸；眞：純眞。指品德高尚，質樸無華。例其人志行高潔，抱素懷眞，恬退自守，視富貴如浮雲。

【抱痛西河】

抱痛：懷著悲痛；西河：古地區名。春秋時子夏居西河。此指子夏在西河喪子而哭瞎雙目之事。《史記・仲尼弟子列傳》：「孔子既沒，子夏居西河教授，爲魏文侯師，其子死，哭之失明。」後泛指喪子而極其哀痛。例戚繼光嚴肅軍紀，斬子轅門，雖抱痛西河而大義凜然。

【抱痛終身】
見「抱恨終天」。

【抱頭鼠竄】
竄：奔逃。抱著頭像老鼠一樣奔逃。形容倉皇竄逃的狼狽相。《孽海花》二一回：「余大人正急得沒洞可鑽，得這一聲，就爬著謝了恩，抱頭鼠竄的逃了下來。」也作「**抱首鼠竄**」。首：頭。清．汪琬《前明都察院右副都御史蔡忠襄公墓志銘》：「大小文武官吏，相率抱首鼠竄。」也作「**抱首四竄**」。四竄：四處竄逃。趙振《說敗》：「首之所謂憤不顧身忠義敵愾者，或抱首四竄，或重賄求援，或擁兵自護。」

【抱頭縮項】
項：頸。抱著頭，縮著脖子。形容畏懼退縮，不敢向前的樣子。元．武漢臣《玉堂春》二折：「若是我老把勢，展旗旛，立馬停驂，著那俊才郎倒戈甲，抱頭縮項。」

【抱團體】
抱成團體。指團結起來、組織起來。例要完成這個艱鉅的任務，光靠一個人的勇敢是無濟於事的，只有大夥抱團體，我們才能勝利。

【抱糰子】
糰子：用米、麵粉做成的球狀食品。比喻緊密團結。例我們全國軍民應該上下一條心，抱糰子打敵人。也作「**抱糰兒**」。例要挑撥這羣人的感情不容易，他們不只講哥們兒義氣，又特別抱糰兒。

【抱蔓摘瓜】
蔓：瓜蔓，能纏繞或攀附在別的物體上。順著瓜蔓摸瓜。比喻案情牽連擴大，株連無辜之人。清．錢謙益《臨城驛壁見方侍御孩未題詩》：「抱蔓摘瓜餘我在，破巢完卵似君稀。」

【抱委屈】
因受到不公平待遇或屈辱而心裏難過。例你一個人在這兒抱委屈有啥用？有什麼問題就該解決。

【抱甕出灌】
甕：口小腹大的陶製盛器，指水甕；灌：澆灌。抱著水甕去澆灌。比喻費力多而收效微。《莊子．天地》：「鑿隧而入井，抱甕而出灌，搰搰然用力多而見功寡。」

【抱薪救火】
薪：柴草。抱著柴草去救火。比喻用錯誤的方法去消滅災害，結果反而使災害擴大。《漢書．董仲舒傳》：「如以湯止沸，抱薪救火，愈甚亡益也。」也作「**抱薪趨火**」。趨：奔向。《鬼谷子．摩篇》：「抱薪趨火，燥者先燃；平地注水，溼者先濡。」

【抱薪趨火】
見「抱薪救火」。

【抱雪向火】
向火：烤火。比喻做法與目的不一，不解決問題。例如此處理問題，猶如抱雪向火，事與願違。

【抱一頭兒】
即抱住一頭，守住一端。比喻兩方擇其一，占在一方不動搖。例腳踏兩船是危險的！快打定主意放棄一邊吧！

【抱愚守迷】
抱、守：堅守，堅持；愚：愚昧；迷：沉迷。指固執己見，不肯改變。唐．韓愈《上考功崔虞部書》：「愈不肖，行能誠無可取，行己頗僻，與世俗異態，抱愚守迷。」

【抱瑜握瑾】
瑜、瑾：美玉。懷藏瑜，手握瑾。比喻具有高潔的品德和傑出的才能。明．徐獻忠《唐詩品》：「左散騎常侍高適……抱瑜握瑾，沉浮閭巷巷間，殆俠徒也。」也作「**懷瑾握瑜**」。

【抱玉握珠】
玉：荊山之玉，相傳卞和得璞玉於楚荊山；珠：靈蛇之珠，即靈蛇報於隋侯之珠。玉、珠，以其珍奇，故比喻俊才、才華。懷抱荊山之玉，手握靈蛇之珠。比喻人具有美德和才華或擁有優美的詩文作品。三國魏．曹植《與楊德祖書》：「當此之時，人人自謂握靈蛇之珠，家家自謂抱荊山之玉。」

【抱元寶跳井——捨命不捨財】
元寶：舊時較大的金銀錠，兩頭翹起中間凹下，銀元寶一般重五十兩，金元寶重五兩或十兩，這裏泛指錢財；跳井：自殺。比喻把錢財看得高於一切，寧肯捨棄性命，也不願破費錢財。例他是抱元寶跳井——捨命不捨財的老財迷，病得這麼重，卻捨不得花錢上醫院。也作「**抱元寶跳井——要錢不要命**」、「**抱著金磚咽氣——捨命不捨財**」、「**米滿糧倉人餓倒——捨命不捨財**」、「**剖腹藏珍珠——捨命不捨財**」。

【抱在懷裏的西瓜——十拿九穩】
見「箅子上取窩窩頭——十拿九穩」。

【抱贓叫屈】
贓：通過不正當途徑獲得的財物。手拿贓物卻喊冤叫屈。比喻在確鑿的罪證面前抵賴狡辯。《五燈會元》卷三三：「古人恁麼說話，大似抱贓叫屈。」

【抱著地雷進飯館——詐（炸）吃詐（炸）喝】
詐：「炸」的諧音。比喻用詐騙的手段白吃白喝。例金三是本地有名的地頭蛇，經常抱著地雷進飯館——詐（炸）吃詐（炸）喝，老百姓都恨他。

【抱著孩子進當舖——自己當人，人家卻不當人】
當舖：專門收取抵押品放債的店舖。借款多少，按抵押品的估價而定。到期不還，抵押品就歸當舖所有。以前當舖專放高利貸。①比喻自己看重自己，人家卻不看重。例章揚頗能自尊自重，可悲的是，周圍的人卻把他踩在腳下，成了抱著孩子進當舖——自己當人，人家卻不當人。②比喻自以為了不起，卻被別人瞧不起。例他總是愛吹噓、誇耀自己，旁人卻嗤之以鼻。眞是抱著孩子進當舖——自己當人，人家卻不當人。

【抱著火爐吃西瓜——不知冷熱】
雙關語。比喻頭腦不清醒，不識時務。例母親叮嚀憨直的兒子說：「俗話說，識時務者爲俊傑，你到外面去謀生，不能抱著火爐吃西瓜——不知冷熱。」也作「穿棉衣搖扇子——不知冷熱」。

【抱著金磚咽氣——捨命不捨財】
也作「抱著金磚咽氣——愛財捨命」。見「抱元寶跳井——捨命不捨財」。

【抱著木炭親嘴——蹭了一鼻子灰】
見「老鼠跌香爐——碰一鼻子灰」。

【抱著賊禿叫菩薩】
賊禿：對和尚的侮辱性稱呼，這裏指壞人。比喻把壞人當成了好人。例你這人糊塗透頂，分不清誰是好人誰是壞人，常常是抱著賊禿叫菩薩，認敵爲友。

【抱終身恨】
見「抱恨終天」。

【抱終天恨】
見「抱恨終天」。

【抱柱之信】
《莊子．盜跖》載：「戰國時魯人尾生與女子約會於橋下，女未來，河水上漲，仍不去，抱橋柱淹死。」後以「抱柱之信」比喻堅守信約。《古詩》：「安得抱柱信，皎日以爲期？」

【抱子弄孫】
弄：逗弄，哄逗。逗弄子孫。形容老年人悠閒恬適的生活樂趣。《晉書．石季龍載記下》：「自非天崩地陷，當復何愁，但抱子弄孫，日爲樂耳。」

【鮑魚之肆】
鮑魚：鹽漬魚；肆：店鋪。出售鮑魚的店。比喻藏污納垢的場所。漢．劉向《說苑．雜言》：「與惡人居，如入鮑魚之肆，久而不聞其臭，亦與之化矣。」

【豹死留皮，人死留名】
豹子死後留下珍貴的毛皮，人死後應該留下美名。意思是人應該活得有意義。例現在遇到這種關係到鄉親們死活的大事，我們不能含糊，俗話說：「豹死留皮，人死留名。」我絕不給大夥丟臉。

【暴不肖人】
暴：凶暴，殘暴；肖：賢，善。指凶暴殘忍的人。《墨子．非命下》：「今夫有命者，不識，昔也三代之聖善人與？抑三代之暴不肖人與？以此說觀之，則必非昔三代聖善人也，必暴不肖人人也。」

【暴發戶】
指突然發橫財得權勢的人和家庭。例王家是新暴發戶。去年買了輛進口轎車，出出進進可神氣啦！

【暴風不終日】
暴風不會整日刮。比喻危險也有過去的時候。例現在是內外交困的時候，我們不要氣餒，俗話說：「暴風不終日。」日子總會好起來的。

【暴風驟雨】
暴：狂暴；驟：急速，猛烈。狂暴急速的風雨。《西遊記》六九回：「有雌雄二鳥，原在一處同飛，忽被暴風驟雨驚散。」也比喻聲勢浩大而猛烈的羣衆運動。例這次運動猶如暴風驟雨，它將衝擊一切污泥濁水，蕩滌各種歪風邪氣。

【暴風驟雨——猛一陣】
形容勁頭很大，但不能持久。例劉強是個二愣子，缺乏耐心，幹起活來就像暴風驟雨——猛一陣，不適合做這種精雕細琢的工作。

【暴虎馮河】
暴：空手搏擊；馮：ㄆㄧㄥˊ；通「憑」。空手打虎，徒步過河。比喻魯莽蠻幹，有勇無謀。《後漢書．郅惲傳》：「暴虎馮河，未至之戒，誠小臣所竊憂也。」

【暴厲恣睢】
見「暴戾恣睢」。

【暴戾恣睢】
暴戾：凶狠殘暴；恣睢（ㄙㄨㄟ）：放縱，任意胡爲。指凶殘暴虐，肆意橫行。梁啟超《王荊公傳》二章：「上下相維，內外相制，等級相軋，雖有暴戾恣睢，無所厝於其間。」也作「暴厲恣睢」。厲：凶惡。《文明小史》一二回：「這位新官，或是慈祥愷惻，叫人感恩；或是暴厲恣睢，叫人畏懼。」也作「暴慢恣睢」。慢：傲慢。《荀子．禮論》：「其理誠高矣，暴慢恣睢，輕俗以爲高之屬，入焉而隊。」

【暴斂橫賦】
見「暴徵橫斂」。

【暴露無遺】
暴露：顯露；遺：遺漏。全部顯露出來，沒有一點遺漏。馮德英《迎春花》四章：「地主階級的奢侈糜爛的腐化生活，貪婪無厭地榨取勞動人民的血膏……在光天化日之下暴露無遺了。」

【暴慢恣睢】
見「暴戾恣睢」。

【暴內陵外】
暴：殘害；陵：通「凌」，欺凌。對內殘害百姓，對外欺凌弱小。《周禮．夏官．大司馬》：「賊賢害民則伐之，暴內陵外則壇之。」

【暴虐無道】
暴虐：凶暴殘酷；道：道義。凶暴殘酷，喪盡道義。《東周列國志》一回：「到九傳厲王，暴虐無道，爲國人所殺。」

【暴取豪奪】
取：奪取；豪：強橫。用暴力劫奪。宋．蘇軾《策斷》上：「國用不足，則加賦於民，加賦而不已，則凡暴取豪奪之法，不得不施於今之世矣。」

【暴殄天物】

暴：損害，糟蹋；殄（ㄊㄧㄢˇ）：滅絕；天物：指鳥獸草木等大自然生存的萬物。殘殺滅絕自然界的生物。唐·杜甫《又觀打魚》詩：「吾徒胡為縱此樂，暴殄天物聖所哀。」後泛指對物品不知愛惜，任意糟蹋。《紅樓夢》五六回：「既有許多值錢的東西，任人作踐了，也似乎暴殄天物。」

【暴跳如雷】

蹦跳喊叫如打雷一樣猛烈。形容盛怒或情急時吼叫怒罵的樣子。《蕩寇志》八二回：「氣得暴跳如雷，拍著桌子大罵賤婢。」也作「暴躁如雷」。《醒世恆言》卷八：「劉媽媽……見老公倒前倒後，數說埋怨，急得暴躁如雷。」也作「爆燥如雷」。《西遊記》一八回：「行者愈加不放，急得爆燥如雷。」

【暴殞輕生】

暴：突然；殞：死亡；輕生：看輕自己的生命，多指自殺。指突然自殺身亡。《紅樓夢》三三回：「大約我近年於家務疏懶，自然執事人操克奪之權，致使弄出這暴殞輕生的禍來。」

【暴躁如雷】

見「暴跳如雷」。

【暴徵橫斂】

暴、橫：殘暴，強橫；徵，斂：聚斂，徵收。濫徵苛捐雜稅，殘酷搜刮民財。宋·范祖禹《唐鑑》卷一三：「不務養民，而先用武，軍食不足，則暴徵橫斂以繼之。」也作「暴斂橫賦」。賦：徵收，斂取。宋·汪應辰《應詔陳言兵食事宜》：「唐至德宗，用楊炎之說，盡取軍興以來暴斂橫賦，合而為兩稅。」

【爆冷門】

冷門：原指賭博時極少有人下注的一門，比喻不時興，不受人注意的事物。後指一向被冷落無人重視的事或事物忽然發生意想不到的變化。例連日來，兩個賽區不時爆出冷門，世界冠軍被台灣選手直落三局拉下馬，未進入前八名。

【爆米花沏茶——泡湯了】

泡湯：〈方〉落空。比喻事情落空了。例因第一次世界大戰爆發，使他到歐洲留學的事成為爆米花沏茶——泡湯了。

【爆燥如雷】

見「暴跳如雷」。

【爆竹的脾氣——一點就炸】

比喻一觸即發。例張老師為人正派，學識淵博，深受師生熱愛，唯一的缺點是遇事不冷靜，爆竹的脾氣——一點就炸。

【爆竹店著火——一響全響】

比喻由一件事情而引起的連鎖反應。例如果你們工廠生產的貨品暢銷，就會像爆竹店著火—— 一響全響，別的工廠也會跟上來。

【爆竹筒子】

比喻性情暴燥，愛發火生氣，卻又發完就完的人。例別理他！他是個爆竹筒子，點火就跳。等他火氣一消，又好得不得了。

ㄅㄢ

【扳不倒掉進酸菜缸——窮酸臭美亂逛蕩】

扳（ㄅㄢ）不倒：也叫不倒翁，一種玩具。上輕下重，扳倒後自己又能立起來。比喻遊手好閒，招搖過市。例朱虎打扮得怪模怪樣，像扳不倒掉進酸菜缸——窮酸臭美亂逛蕩。

【扳不倒掉進血盆裏——紅人】

雙關語。比喻受寵愛、受讚賞的人。例小鄭逗她說：「你是扳不倒掉進血盆裏——紅人，誰敢惹你生氣。」也作「花生去了殼——紅人（仁）」。

【扳不倒蓋毯子——人小輩（被）大】

輩：「被」的諧音。比喻年齡小而輩分大。例你別看他年齡小，可他是扳不倒蓋毯子——人小輩（被）大，我們都得稱他叔哩。

【扳不倒坐燒餅——面上人】

雙關語。比喻愛做表面文章，浮在面上的人。例這件事交給小王做，恐怕做不好。他是扳不倒坐燒餅——面上人。還是交給小張做吧，他作風紮實，人也靠得住。

【扳倒大瓮掃小米——摸到底了】

把大瓮扳倒，掃出小米，就摸到瓮底了。比喻摸到事情的底細，或心中有數。例這一下，說不定可真是扳倒大瓮掃小米——摸到底了。

【扳倒碓窩，嚇跑婆婆——潑婦】

碓（ㄉㄨㄟˋ）窩：石臼，舂米工具。指蠻橫不講道理的婦女。例李二嫂並不是那種扳倒碓窩，嚇跑婆婆——潑婦，只要講明原因，她一定會諒解的。

【扳倒是鼓，反轉是鑼——兩面派】

比喻當面一套，背後一套，耍兩面手法的人。例這種扳倒是鼓，反轉是鑼——兩面派，對於一些缺乏社會經驗的人來說，是很難識破的。也作「台上握手，台下踢腳——兩面派」、「翻手為雲，覆手為雨——兩面派」。

【扳旗桿】

比喻把有影響的首惡分子鬥倒除掉。例要打擊那個流氓團伙，首先得扳旗桿，把壞頭頭抓起來。

【扳死槓】

比喻愛爭論，又固執己見。例老張人不錯，就是愛扳死槓。

【扳轅臥轍】

扳：挽住，拉住；轅：車轅；轍：車轍。拉住車轅，橫躺在車道上，攔阻車行。形容百姓衷心挽留愛民的官吏。《警世通言》卷四〇：「遂解官東歸，百姓聞知，扳轅臥轍而留，泣聲震地。」

【班班可稽】

見「班班可考」。

【班班可紀】
見「班班可考」。
【班班可考】
班班：明顯，分明；考：查考。指有文字記載，原委分明，可以稽考。《說岳全傳》七三回：「昔日韓擒云：『生爲上柱國，死爲閻羅王。』又寇萊公〔准〕亦嘗有此言，明載簡冊，班班可考。」也作「**班班可稽**」。稽：查考。清・平步青《霞外捃屑・祖不得稱皇考》：「隋志所載，班班可稽。」也作「**班班可紀**」。紀：記載，記錄。宋・李之儀《姑溪居士文集・跋遺敎經》：「書學盛於魏晉，至唐漸衰，然當時猶以爲事，故卓然名家者，班班可紀。」
【班功行賞】
班：排列，引申爲次第，依次；賞：賞賜。依照功績的大小，分別給予賞賜。《後漢書・李雲傳》：「不可令此人居太尉、太傅典兵之官，舉厝至重，不可不愼。班功行賞，宜應其實。」
【班姬題扇】
班姬：後漢班況之女，成帝時選入宮爲倢伃，後爲趙飛燕所譖，退處東宮，題扇自傷。比喻女子被遺棄。元・白樸《梧桐雨》一折：「妾蒙主上恩寵無比，但恐春老花殘，主上恩移寵衰，使妾有龍陽泣魚之悲，班姬題扇之怨。」
【班荊道故】
班荊：鋪開荊條；道故：談論往事。《左傳・襄公二六年》：「伍舉奔鄭，將遂奔晉。聲子將如晉，遇子於鄭郊，班荊相與食，而言復故。」原謂用荊條鋪地，坐在上面談說回楚國之事。後以之指老友相逢，敍情話舊。清・袁枚《小倉山房尺牘》第四十六首：「丁丑春，高軒來白下，小具壺觴，班荊道故。」也作「**班荊道舊**」。舊：過去的，指往事。宋・陳傑《自堂存稿・武甯道間遇故舊於負販中》：「班荊道舊身俱晚，折柳臨分意重違。」
【班荊道舊】
見「班荊道故」。
【班馬文章】
班馬：漢代史學家班固與司馬遷的並稱，也稱馬班。泛指可與班、馬二人相媲美的文章。明・王世貞《鳴鳳記・鄒林遊學》：「夔龍禮樂承先范，班馬文章勘墨鉛。」
【班門弄斧】
班：魯班，即公輸般，春秋時魯國的巧匠；弄：耍弄，擺弄。在魯班門前耍弄斧頭。比喻在行家面前賣弄本領，不自量力。多用作謙詞。《鏡花緣》五二回：「聞得亭亭姐姐學問淵博，妹子何敢班門弄斧，同他亂談。」也作「**班門取罪**」。取罪：自取其咎。清・無名氏《人中畫・風流配》一折：「況西蜀小子，陋學疏才，焉敢班門取罪？」
【班門取罪】
見「班門弄斧」。
【班師得勝】
班：歸，還；師：指軍隊。軍隊出征，獲勝而歸。明・無名氏《破天陣》三折：「將顏洞賓活捉拿，把韓延壽首級剽，班師得勝人歡樂，三軍踴躍。」
【班師回朝】
班：回，還；朝：朝廷。指出征的軍隊勝利返回。《三國演義》一〇〇回：「後主下詔，宣孔明班師回朝。」
【班師振旅】
師、旅：軍隊；振：整頓，整飭。調回軍隊，進行整頓。《尚書・大禹謨》：「禹拜昌言，曰：『俞。』班師振旅。」
【班香宋艷】
班：指漢班固；宋：指戰國楚宋玉；香、艷：形容文辭美艷。原爲對班固、宋玉詩文的讚辭，後比喻詩文華美艷麗。清・孔尚任《桃花扇・聽稗》：「蚤歲清詞，吐出班香宋艷；中年浩氣，流成蘇海韓潮。」
【班衣戲彩】
班：通「斑」，雜色。相傳春秋時楚有孝子老萊子，行年七十，父母猶存，常身著五彩衣爲嬰兒戲，以娛雙親。後以「班衣戲彩」指孝養雙親。《二十年目睹之怪現狀》二三回：「不過老人家歡喜，我們也應該湊個趣，哄得老人家快活快活，古人『班衣戲彩』尚且要做，何況這個呢？」
【斑剝陸離】
見「斑駁陸離」。
【斑駁陸離】
斑駁：色彩雜錯；陸離：參差不一。形容色彩雜亂，參差紛繁。清・朱彝尊《竹垞詩話・吳爲霖》：「景傅詩，如集場墟市，骨董斑駁陸離，即而視之，一錢不值。」也作「**斑剝陸離**」。斑剝：同「斑駁」。清・馮鎮巒《讀〈聊齋〉雜說》：「《聊齋》於粗頭亂服中，略入一二古句，略裝一二古字……斑剝陸離，蒼翠欲滴，彌見大方。」
【般鬥是非】
見「搬弄是非」。
【搬唇遞舌】
遞：傳遞；舌：指言語，話語。把別人的話傳來遞去，指說長道短，挑撥是非。明・無名氏《漁樵閒話》三折：「獻殷勤搬唇遞舌，貪賄賂似爭餳競血。」也作「**搬唇弄舌**」。明・徐畛《殺狗記・看書苦諫》：「搬唇弄舌，口是心非，到底有失，不可輕信。」也作「**搬口弄舌**」。《水滸傳》四三回：「必然嫂嫂見我做了這些衣裳，一定背後有說話；又見我兩日不回，必有人搬口弄舌，想是疑心，不做買賣。」
【搬唇弄舌】
見「搬唇遞舌」。
【搬軲轆】
軲轆：ㄍㄨ ㄌㄨ，車輪。搬動車輪

子。比喻互相賽氣力。例這哥兒倆碰到一起就搬軲轆，但始終分不出高低。

【搬斤播兩】

搬、播：搬弄，播弄，用手估量輕量。比喻對極瑣細的事情斤斤計較。《初刻拍案驚奇》卷一八：「如今這些貪人，擁著嬌妻美妾，求田問舍，損人肥己，搬斤播兩，何等肚腸！」

【搬救兵】

比喻請來援助救護自己的力量。例爲了渡過難關，我們打算搬救兵，高薪聘請幾位高級工程師開發新產品。

【搬口弄舌】

見「搬脣遞舌」。

【搬弄是非】

搬弄：挑撥；是非：口舌，爭端。背後說長道短，挑撥生事。《鏡花緣》一二回：「況三姑六婆，裏外搬弄是非，何能不生事端？」也作「搬是挑非」。挑：挑撥。明・無名氏《鼓掌絕塵》三四回：「鄰老嫗搬是挑非，瞎婆子撚酸剪髮。」也作「搬是造非」。造：製造。《初刻拍案驚奇》卷三八：「怎當得張郎憊賴，專一使心用腹，搬是造非，挑撥得丈母與引孫舅子，日逐爭吵。」也作「般鬥是非」。般：通「搬」；般鬥：搬弄，挑撥。明・楊儀《明良記》八八節：「小人狡詐之資，奸邪譎詭之行，往來構禍，般鬥是非。」

【搬起碌碡打月亮——不知天高地厚】

碌碡（ㄌㄨˊ）：石磙。比喻對自己的能力估計過高。例譚三想憑藉自己的實力，一口吞掉環球實業公司，結果反而被對手搞垮。眞是搬起碌碡打月亮——不知天高地厚。也作「搬起碾盤打月亮——自不量力」、「拿著碾盤打月亮——不知天高地厚」、「伸嘴舔月亮——不知天高地厚」、「舉起碾盤打月亮——不知天高地厚」。

【搬起石磙砸碾盤——實（石）打實（石）】

磙：ㄍㄨㄣˇ；碾盤：碾糧食用的石製工具；實：「石」的諧音。比喻做事紮紮實實，或實實在在。例從那次高考失敗之後，小弟明白了，學習不能投機取巧，必須搬起石磙砸碾盤——實(石)打實(石)才行。也作「碌碡砸磨盤——實（石）打實（石）」、「碌碡碰碌碡——實（石）打實（石）」、「碾砣砸碾盤——實(石)打實(石)」、「石斧開山——實（石）打實（石）」、「石磙砸碾盤——實（石）打實（石）」、「石頭落在碓窩裏——實（石）打實（石）」、「山上滾石頭——實（石）打實（石）」、「碓頭砸磨扇——實（石）打實（石）」、「沙石打青石——實（石）打實（石）」、「石榔頭打石磙——實（石）打實（石）」。

【搬起石頭砸自己的腳】

比喻本想害人，結果反而害己。例心懷叵測，誣陷他人的人，往往搬起石頭砸自己的腳，以害己而告終。也作「搬起石頭打自己的腳」。

【搬起梯子上天——沒有門】

①比喻無隙可乘。例敵軍想偷越我邊防線，是搬起梯子上天——沒有門。②比喻不得要領，沒有辦法。例你講了半天，我還是搬起梯子上天——沒有門。③表示不同意。例你想參加我們的活動，搬起梯子上天——沒有門。也作「牆上掛門簾——沒門」、「瞎子摸牆——沒門兒」、「石獅子的屁股——沒門」、「狗嘴巴上貼對聯——沒門」、「瞎子穿針——沒門」。

【搬起梯子上天——難上難】

見「趕鴨子上架——難上難」。

【搬起梯子上天——瞎折騰】

比喻盲目從事，胡做亂搞。例這幫淘氣的孩子，在這裏搬起梯子上天——瞎折騰。

【搬山山倒，挖海海乾】

比喻任何困難都能克服。例劉老人生閱歷豐富，任何困難對他來說，都是搬山山倒，挖海海乾，難不倒他的。

【搬石頭】

比喻清除障礙。例這任務交給你了，你儘管放手去做，有什麼困難，組織出面幫你搬石頭。

【搬石頭打腳——自討苦吃】

也作「搬石頭打腦袋——自己整自己」。見「笨豬拱刺蓬——自找苦吃」。

【搬石頭打天】

比喻根本不可能做到的事。例此事純屬荒唐無稽，不要去搬石頭打天，妄費精力。

【搬石頭砸天——夠不著】

比喻攀不上或達不到。例門不當，戶不對。這門子親戚我們是搬石頭砸天——夠不著的。也作「鋤頭鉤月亮——夠不着」、「嘴咬肚臍——夠不着」。

【搬是挑非】

見「搬弄是非」。

【搬是造非】

見「搬弄是非」。

【搬楦頭】

楦（ㄒㄩㄢˋ）頭：鞋楦，帽楦。做鞋時把各種尺寸的楦頭搬出來。比喻把醜事一件件抖出來。《儒林外史》四五回：「凌家這兩個婆娘，彼此疑惑……爭風吃醋，打吵起來，又大家搬楦頭，說偷著店裏的店官，店官也跟在裏頭打吵。」

ㄅㄢˇ

【阪上走丸】

阪：斜坡，山坡；走：跑；丸：彈丸。在斜坡上快速滾動彈丸。比喻勢態發展迅速順利。《漢書・蒯通傳》：「爲君計者，莫若以黃屋朱輪迎范陽令，使馳騖於燕趙之郊，則邊城皆將相告曰：『范陽令先下而身富貴。』必相率而降，猶如阪上走丸也。」

【板板六十四】

板：通「版」，古時製銅錢的模型，每板六十四文，不得私自增減。形容人照章辦事，不知變通。朱新楣《無風浪》：「當家人叫虞祥林，曾經做過典當朝奉，醬園管帳，是一個板板六十四的人。」

【板盪識誠臣】

板盪：《詩經・大雅》有《板》、《盪》二篇，皆譏諷周厲王的無道。後用以指政局混亂，社會動盪不安；識：識別；誠：忠誠。只有在政局混亂、社會動盪的局面下，才能識別出忠臣的忠貞。比喻只有在艱難危急的惡劣環境中，才能考驗出人的立場。《舊唐書・蕭瑀傳》：「疾風知勁草，板盪識誠臣。」

【板凳倒立——四腳朝天】

形容跌倒的狼狽相，也比喻辦事失誤，栽了跟頭。例雪後路滑，他不小心跌了一個板凳倒立——四腳朝天。

【板凳上撒蒺藜——坐不住】

蒺藜：一種野草，草子上有尖刺。雙關語。比喻心緒不定，坐立不安。有時比喻工作飄浮，不紮實。例潘連才一聽老王頭把他過去的事情都抖摟出來，便有些像板凳上撒蒺藜——坐不住。也作「三只腳的凳子——坐不穩」、「火燒屁股——坐不住」、「陀螺屁股——坐不住」、「孫大聖坐金鑾殿——坐不穩」、「紙糊的椅子——坐不住」、「猴子屁股——坐不住」、「火上房子——坐不住」。

【板門上貼門神——一個向東，一個向西】

板門：簡易的木板門；門神：舊俗門上貼的神像，一般爲秦叔寶和尉遲恭的畫像，貼在大門左右兩邊。比喻意見不合，各行其是。例他兩人就像板門上貼門神——一個向東，一個向西，意見和行動從來沒有一致過。

【板面孔】

表情嚴肅。《掃迷帚》四回：「這廝聽了我言，並不轉風，卻反板著面孔道：『我的推算極準，從來不曾賭說。』」

【板上釘釘】

比喻已成定局不容更改，或說話算數不反悔。例案件終審完畢，已經作了板上釘釘的最後判決。

【板上釘釘——牢靠】

比喻很有把握。例他這個人辦事，就是板上釘釘——牢靠得很。也作「板上釘釘——跑不了」。

【板上敲釘子——穩紮穩打】

比喻穩穩當當有步驟有把握的做事。例搞建設，腦子過熱不行，應當板上敲釘子——穩紮穩打。

【版築飯牛】

版築：築土牆；飯：餵食。相傳殷相傳說曾版築於傅岩之野，後被舉爲相；春秋時賢者甯戚挽車餵牛，被桓公召見，拜爲上卿。後以「版築飯牛」指出身低微。《史記・平津侯主父列傳》：「卜式試於芻牧，弘羊擢於賈豎，衛青奮於奴僕，日磾出於降虜，斯亦曩時版築飯牛之朋矣。」

ㄅㄢˋ

【辦後事】

後事：喪事。指人死後辦喪事，也比喻處理敗亡之後的事情。例這個買空賣空的騙財公司已被查封，正忙著辦後事。

【辦酒容易請客難，請客容易款客難】

請客比辦酒宴難，招待客人比請客難。明・顧起元《客座贅語》卷一：「南都閭巷中常諺……如曰：辦酒容易請客難，請客容易款客難。」也作「備席容易請客難」。《歧路燈》七三回：「自古云：『備席容易請客難』。這還不說它，我是請人做席，這便使不哩叫我請客難了。」

【半壁河山】

見「半壁江山」。

【半壁江山】

半壁：指國土的一部份；江山：山川江河，引申指疆土，國土。指遭到敵人入侵後所殘存的或喪失掉的部分國土。清・潘來《韓蘄王墓碑歌》：「揮日之戈射潮弩，半壁江山留宋土。」也作「半壁河山」。陳毅《三十五歲生日寄懷》：「半壁河山沉血海，幾多知友化沙蟲。」

【半臂之勞】

見「半臂之力」。

【半臂之力】

半臂：半只臂膀。指很小的一點力量。清・陳朗《雪月梅傳》四六回：「小人明日五鼓即趕往軍前，也好出半臂之力。」也作「半臂之勞」。《鏡花緣》三回：「我兒前去，得能替我出得半臂之勞，我亦含笑九泉。」

【半邊鈴鐺——想（響）不起來】

想：「響」的諧音。比喻回憶不起來。例你問的這件事，發生在幾十年以前，現在是半邊鈴鐺——想（響）不起來了。

【半邊鈴鐺——咋想（響）的】

咋：怎，怎麼；想：「響」的諧音。雙關語。①比喻想法不切實際。例就憑他那學習成績，還想得獎學金。嘿，半邊鈴鐺——咋想（響）的！②比喻痴心妄想。例那幫海盜，竟想掠奪我國的貨船。哼，半邊鈴鐺——咋想（響）的。

【半邊人】

指寡婦。例可憐她早年喪夫，是個半邊人，就不要爲難她了。

【半邊天】

比喻婦女。意爲婦女的作用和男人一樣重要。例你看咱工廠的半邊天還眞行，比賽得了冠軍。

【半邊豬頭——獨眼】

比喻人瞎了一隻眼，看不清東西。罵

人的話。例你不會是半邊豬頭——獨眼吧，怎麼對著我的腳踩。

【半彪子】

比喻不通事理，粗魯莽撞的人。例你別跟他生氣了，誰都知道他是個半彪子。

【半部魯論佐天下】

見「半部論語治天下」。

【半部論語】

見「半部論語治天下」。

【半部論語治天下】

宋・羅大經《鶴林玉露》卷七：「趙普再相，人言普山東人，所讀者止《論語》……太宗嘗以此論問普。普略不隱，對曰：『臣平生所知，誠不出此，昔以其半輔太祖定天下，今欲以其半輔陛下致太平。』」《論語》：孔子弟子關於孔子言行思想的紀錄。掌握半部《論語》，就能治理國家。意指儒家之道為治國之本，强調學習儒家經典的重要。《官場現形記》六〇回：「況且從前古人以半部論語治天下，就是半部亦何妨。」也作「半部論語」。嚴復《救亡決論》：「從此天下事來，吾以半部《論語》治之足矣，又何疑哉！又何難哉！」也作「半部魯論佐天下」。《魯論》：漢時《論語》有《齊論》、《魯論》、《古論》三種。《魯論》為今文，二十篇，魯人所傳，流傳至今，即今本《論語》；佐：輔佐，佐理。清・趙翼《甌北詩鈔・大柳驛相傳為趙韓王授徒處》：「權重咸知鼎鐺耳，半部魯論佐天下。」

【半嗔半喜】

嗔：ㄔㄣ，怒，生氣。一半生氣，一半喜悅。形容又怒又喜的樣子。《孽海花》一六回：「一雙半嗔半喜的眼兒。」

【半籌不納】

籌：計謀，辦法；納：交付。半點計謀都拿不出來。指無計可施。元・李文蔚《燕青搏魚》一折：「往常時習武藝學兵法，到如今半籌也不納。」也作「半籌不展」。展：施展。《三國演義》五四回：「周瑜雖能用計，豈能出諸葛亮之料乎？略用小謀，使周瑜半籌不展。」也作「半籌莫展」。莫：不。孫中山《建國方略自序》：「惟自民國成立之日，則予三主張建設反致半籌莫展，一敗塗地。」

【半籌不展】

見「半籌不納」。

【半籌莫展】

見「半籌不納」。

【半村半郭】

郭：城郭。半鄉村半城市。指城市兼有山林景色。例新居地處城郊，遠望麥壟行行，垂柳依依，半村半郭，別有情趣。

【半道上撿個喇叭——有吹的了】

諷稱有吹噓誇耀的資本。例他出國走了幾個地方，剛回來，這下他可真是半道上撿個喇叭——有吹的了。

【半道上撿個麒麟——樂不可支】

麒麟：古代傳說中的一種動物，形狀像鹿，頭上有角，全身有鱗甲，有尾。古人用它象徵祥瑞。形容快樂到了極點。例青年足球隊戰勝了强勁的對手，球迷們也像半道上撿個麒麟——樂不可支。

【半吊子】

沒有多大本事；做事無始無終；不通事理，舉止隨便。例小李天性懶散，做什麼事都是半吊子，有頭無尾的。

【半吊子的一半——二百五】

舊時錢幣一般是一千個銅錢為一吊，半吊子的一半為二百五。二百五：譏稱有些傻里傻氣、粗魯莽撞的人。雙關語。比喻有些傻氣，做事莽撞的人。含譏諷意。例他說話從來沒大沒小，是個十足的半吊子的一半——二百五。也作「五百文錢兩下分——二百五」。

【半間半界】

見「半間不界」。

【半間不界】

比喻膚淺，不徹底。也形容不成體統。《朱子語類》卷四七：「便是世間有這一般半間不界底人，無見識，不顧理之是非，一味謾人。」也作「半間半界」。宋・吳咏《答家本仲書》：「又思向來講學，只是半間半界，無詣平實處。」

【半含不吐】

見「半吞半吐」。

【半截入泥】

見「半截入土」。

【半截入土】

半截身子埋入土中。比喻人已至晚年，壽命將要終結。宋・蘇軾《東坡志林》卷一二：「汝已半截入土，猶爭高下乎？」也作「半截入泥」。明・楊爾增《韓湘子全傳》二三回：「況再過幾年，奴家身子也半截入泥了，怎麼去改嫁？」也作「半身入土」。宋・李燾《續資治通鑑長編・宋・太宗端拱二年》：「伏念臣全族叨榮，半身入土，未諧報答，常恐參差。」

【半截身子躺在棺材裏——等死】

比喻無可挽救，只能坐以待斃。例我看，敵人四面被圍，只能半截身子躺在棺材裏——等死。

【半斤八兩】

八兩：即半斤（舊制十六兩合一斤）。半斤與八兩輕重相等，比喻彼此不相上下。《水滸傳》一〇七回：「眾將看他兩個本事，都是半斤八兩的，打扮也差不多。」也作「八兩半斤」。老舍《二馬》三：「你知道，英國人的辦法是八兩半斤，誰也不要吃虧的！」

【半斤對八兩——彼此彼此】

比喻你我或大家都一樣。例老和尚指著小和尚的禿頭說：「你背地裏罵我偷葷吃腥，手電筒拿在手，照別人不照自己，難道我們不是半斤對八兩——彼此彼此嗎？」也作「烏鴉笑豬黑——彼此彼此」。

【半斤對八兩——不相上下】
比喻分不出高低，或沒有差別。例提起他倆打球的技術可眞是半斤對八兩——不相上下。也作「半斤對八兩——一樣」。

【半斤麵包個餃子——好大的麵皮】
麵皮：這裏指臉面，情面。雙關語。比喻臉面大，吃得開。含譏諷意。例總經理一開口，一百萬元的貸款就送上門來了。眞是半斤麵包個餃子——好大的麵皮。也作「三張紙畫了個驢頭——好大的臉面」、「一張紙畫個鼻子——好大的臉」、「澡盆洗臉——臉面不小」。

【半就半推】
見「半推半就」。

【半空中撐船——虛度（渡）】
度：「渡」的諧音。比喻白白度過時日。例我已年過半百，尙一無所成，實在是半空中撐船——虛度（渡）年華了。

【半空中的氣球——懸著呢】
雙關語。①比喻能否成功，心中無底。例要治好她的病不是一件容易的事，成功的把握還是半空中的氣球——懸著呢。②比喻事情或問題還沒落實，無人過問。例今年的預算還是半空中的氣球——懸著呢，應趕快召開會議，想想辦法。

【半空中翻跟頭——不著實地】
①比喻工作或學習不踏實。例你的學習就像半空中翻跟頭——不著實地，所以成績上不去。②比喻事情或問題沒有落實。例今年的預防工作還是半空中翻跟頭——不著實地。也作「空中樓閣——不著實地」。

【半空中翻跟頭——終究要落地】
比喻事情遲早要落實。例我看，這個懸案是半空中翻跟頭——終究要落地的，請不必擔心。

【半空中放炮仗——想（響）得高】
見「飛機上吹喇叭——想（響）得高」。

【半拉子】
拉：ㄌㄚˇ。①指未成年的只拿一半工錢的長工。例他可是苦出身。他爺爺是老長工，他爹也做過半拉子。②指只做了一半的事情。例實在太忙，這書架剛做了半拉子，又拉去幹別的去了。

【半籃子喜鵲——叫喚起來沒有個完】
喜鵲：一種鳥名，嘴尖尾長，叫聲嘈雜。形容唧唧喳喳，說個沒完。例這幾個姑娘，個個能說會道，聚在一起，更是熱鬧，像半籃子喜鵲——叫喚起來沒有個完。

【半路出家】
出家：離家去廟觀當和尙、尼姑或道士。比喻中途改行。《京本通俗小說·錯斬崔寧》：「先前讀書，後來看看不濟，卻去改業做生意，便是半路上出家的一般，買賣行中一發不是本等伎倆，又把本錢消折去了。」也作「半路修行」。修行：佛教指出家。明·朱國禎《涌幢小品·俚詩有本》：「晚喜做詩，自稱半路修行。」

【半路出家——從頭來】
比喻從最簡單最基本的做起。例我一直是語文教師，現在改教數學，是半路出家——從頭來。也作「半路出家——從頭學起」、「老太太念佛——從頭來」、「理髮師教徒弟——從頭學起」。

【半路開小差——有始無終】
開小差：軍人私自脫離軍隊逃跑。比喻做事有頭無尾。例小張歡喜做社會工作，但多半是半路開小差——有始無終。

【半路上撿個孝帽進靈棚——哭了半天不知死的是誰】
孝帽：舊時爲尊長服喪時戴的白色帽子；靈棚：停放靈柩、骨灰或設置遺像供人吊唁的棚子。比喻辦事昏庸，糊里糊塗。例他辦事，就像半路上撿個孝帽進靈棚——哭了半天不知死的是誰，我不放心。

【半路上留客——嘴上熱情】
比喻耍嘴皮子，待人虛情假意。例他答應的事，你可別太認眞，他是有名的半路上留客——嘴上熱情。

【半路上殺出個程咬金——出了岔】
程咬金：《說唐》中的人物。他出身貧苦，憨直粗野，闖蕩江湖，剛烈好鬥。曾大反山東，並以三板斧取下瓦崗寨。民間傳說他身經百戰，未受寸傷，是員福將。比喻發生了差錯，出了問題。例由於承辦者的粗枝大葉，這次的驗收工作，似乎是半路上殺出個程咬金——出了岔。

【半路上殺出個程咬金——措手不及】
形容事情發生突然，來不及應付。例我們要發動奇襲，使敵人感到半路上殺出個程咬金——措手不及。

【半路修行】
見「半路出家」。

【半夢半醒】
半在夢中，半是清醒。形容似夢似醒的矇矓狀態。《紅樓夢》三四回：「寶玉半夢半醒，剛要訴說前情，忽又覺有人推他，恍恍惚惚，聽得悲切之聲。」

【半面不忘】
半面：指僅僅瞥了一眼。僅見過一次就不忘記，形容記憶力極强。《北齊書·楊愔傳》：「其聰明强識，半面不忘。」

【半面之交】
見「半面之識」。

【半面之舊】
見「半面之識」。

【半面之識】
半面：指瞥過一眼；識：相識。《後漢書·應奉傳》注引謝承《後漢書》：

「……造車匠於內開扇出半面視奉，奉即委去。後數十年於路見車匠，識而呼之。」。後以「半面之識」指僅見過一面的人。《京本通俗小說・錯斬崔寧》：「小人姓崔名寧，與那小娘子無半面之識。」也作「**半面之交**」。交：交往。《封神演義》六二回：「我與道友未有半面之交，此語從何而來？」也作「**半面之舊**」。舊：故舊，舊相識。唐・張讀《宣室志》：「然當是時，必有擁簪子門，幸無忘半面之舊。」也作「**半面之雅**」。雅：交誼，交情。宋・劉過《與許從道書》：「由今觀之，冬老致身雲霄之上，某亦豈無半面之雅，而辱在泥塗，邈之如路人。」

【半面之雅】
見「半面之識」。

【半明半暗】
見「半明不滅」。

【半明不滅】
形容燈光不明亮。例深夜，萬籟俱寂，街燈半明不滅，路無行人，只有他一人踽踽獨行。也作「**半明半暗**」。例夜深人靜，他就著半明半暗的燈光，專心一志伏案苦讀。

【半瓶醋】
形容知識不多，本事不大。《醒世姻緣傳》八五回：「胡主事問題：『是那裏人？肚子裏可不知來的來不的？你這也不用那十分大好的，得個半瓶醋兒就罷了。』」也作「**半瓶子醋**」。

【半青半黃】
莊稼未完全成熟時，青黃兩色間雜。比喻思想或事物尚未達到成熟階段。《朱子全書・學》：「今既要理會，也須理會取透；莫要半青半黃，下梢都不濟事。」

【半晴半陰】
形容天氣時陰時晴，陰晴相間。唐・劉禹錫《洛陽早春》詩：「漠漠復靄靄，半晴將半陰。」

【半山坡上彎腰樹——值（直）不得】
值：「直」的諧音。雙關語。比喻不合算，沒有意義。例這不是什麼貴重的東西，忘了就算啦，還為此專程送一趟，眞是半山坡上彎腰樹——值（直）不得。也作「**長就的牛角——值（直）不得**」。

【半身不遂】
原為中醫病症名，指半邊身體癱瘓，不能自由活動。後用來比喻整體中的一部分失去控制，指揮失靈。《宋史・林栗傳》：「自淮以北皆吾故壤，而號令不能及，正朔不能加，有異於半身不隨（遂）者乎？」

【半身入土】
見「半截入土」。

【半生半死】
見「半死不活」。

【半生嘗膽】
半生：半輩子；膽：苦膽。半輩子嘗苦膽。指受了半輩子苦。《書言故事・志氣類・嘗膽》：「自嘆勞苦曰半生嘗膽。」

【半生潦倒】
半生：半輩子；潦倒：頹喪，失意。半輩子失意。形容不得志。《紅樓夢》一回：「欲將以往……以致今日一技無成、半生潦倒之罪，編述一集，以告天下。」

【半絲半縷】
縷：線。半根絲，半根線。比喻極其細小輕賤的物品。例他以勤儉著稱，家中半絲半縷，皆倍加愛惜。

【半絲半縷，恆念物力維艱】
即便是半根絲、半根線這樣細微不值錢的東西，也要常常想到物力、財力是艱難的。意指要尊重勞動，愛惜物資。清・朱柏廬《治家格言》：「一粥一飯，當思來處不易；半絲半縷，恒念物力維艱。」袁鷹《湖州八記》：「不到絲廠，是體會不到半絲半縷，恒念物力維艱的。」

【半死半活】
見「半死不活」。

【半死不活】
死氣沉沉，毫無生氣。形容人萎靡不振，近於垂死狀態；也形容事物沒有生氣。老舍《駱駝祥子》：「想跑，水裹住他的腳。他就那麼半死不活的，低著頭一步一步的往前曳。」也作「**半死半活**」。例一夜狂風暴雨過後，才成長起來的小樹，枝斷葉落，一副半死半活的樣子。也作「**半生半死**」。例看到他一掃往日半生半死的頹廢狀態，變得精神振奮，生氣勃勃，甚感欣慰。

【半天雲裏吹喇叭——哪裏（喇哩）哪裏（喇哩）】
喇哩喇哩：像聲詞，吹喇叭的聲音，「哪裏哪裏」的諧音。表示謙虛，意思是還差得很遠。例「你一人完成兩人的工作，應該得到獎勵。」「半天雲裏吹喇叭——哪裏（喇哩）哪裏（喇哩）！不值得一提。」也作「**半天雲中吹嗩吶——喇哩（哪裏）喇哩（哪裏）**」。

【半天雲裏打燈籠——高明】
雙關語。比喻見識或技能高超。例他向跳上擂台的人仔細打量一陣，知道對手是個半天雲裏打燈籠——高明的角色，便道：「還請大哥手下留情，小弟將感激不盡。」也作「**旗杆上的燈籠——高明**」、「**山頂上點燈——高明**」、「**空中掌燈——高明**」、「**頭上頂燈籠——高明**」、「**南天門掛燈籠——高明**」、「**塔尖上的汽燈——高明**」。

【半天雲裏掛口袋——裝瘋(風)】
瘋：「風」的諧音。形容裝瘋賣傻。例他這是半天雲裏掛口袋——裝瘋（風），別理他。也作「**半空裏吊口袋——裝瘋（風）**」、「**桅杆頂上吊布袋——裝瘋（風）**」、「**蒼蠅飛進花園裏——裝瘋（蜂）**」、「**飛機上拉口袋——裝瘋**」。

【半天雲裏扭秧歌——空歡喜】

見「狗咬尿脬——一場空」。

【半天雲裏跑馬——露了馬腳】

比喻將隱蔽的事實眞相洩漏出來，或露出破綻。例你可得要見機行事，絕不能半天雲裏跑馬——露了馬腳。也作「空中跑馬——露馬腳」、「綳包兜豬娃——露出了蹄爪」、「瓦罐煨雞——露出腳了」、「雲裏跑馬——露出馬腳」、「竹籠抬豬——露蹄」。

【半天雲中吹嗩吶——想（響）得高】

嗩吶：管樂器，形狀像喇叭。見「飛機上吹喇叭——想（響）得高」。

【半天朱霞】

半天：半空；朱：紅色。半空中的紅霞。比喻人超塵絕俗，品格高潔。《南史·劉訏傳》：「訏超超越俗，如半天朱霞；歊矯矯出塵，如雲中白鶴。皆儉歲之粱稷，寒年之纖纊。」

【半天抓雲，一句空話】

比喻空對空。例現在的你沒有資金，沒有後台，想要開一家大規模的書店簡直是半天抓雲，一句空話。

【半途而廢】

途：道路；廢：停止。走到半路就停止不前。比喻做事有始無終，不能堅持到底。《官場現形記》五六回：「如果就此請假回國，這裏的事半途而廢，將來保舉弄不到，白吃一趟辛苦。」也作「半塗而廢」。塗：通「途」。《禮記·中庸》：「君子遵道而行，半塗而廢，吾弗能已矣。」也作「半塗而罷」。唐·韓愈《論淮西事宜狀》：「陛下持之不堅，半塗而罷，傷威損費，為弊必深。」

【半塗而罷】

見「半途而廢」。

【半塗而廢】

見「半途而廢」。

【半吐半吞】

見「半吞半吐」。

【半推半就】

推：推辭，拒絕；就：湊近，靠近。一邊推辭，一邊靠近。形容故意作態，假意推辭的樣子。《紅樓夢》四〇回：「鴛鴦也半推半就，謝了坐，便坐下。」也作「半就半推」。清·王夫之《龍吞虎髓》：「半就半推佯不受，傾情倒意輸儸傪。」

【半吞半吐】

形容說話有顧慮，想說又不說的樣子。《鏡花緣》二八回：「你這大漢畢竟為甚殺他？從實說來！你莫半吞半吐，俺不明白。」也作「半吐半吞」。《紅樓夢》八九回：「寶玉近來說話，半吐半吞，忽冷忽熱，也不知他是什麼意思。」也作「半吞不吐」。清·王夫之《薑齋詩話·夕堂永日緒論外編一五》：「以此為文，而更以浮屠半吞不吐之語參之，求文之不蕪穢也得乎？」也作「半含不吐」。清·王夫之《薑齋詩話·夕堂永日緒論內編三七》：「詩教雖云敦厚，然光昭之志，無畏於天，無恤於人，揭日月而行，豈女子小人半含不吐之態乎？」

【半吞不吐】

見「半吞半吐」。

【半僞半眞】

僞：假。半假半眞。指眞假混雜，難以識別。宋·嚴羽《滄浪詩話》：「但其間半僞半眞，尤為淆亂惑人，此深可嘆。然具眼者，自默識耳。」

【半文不白】

文：文言；白：白話。指文言和白話夾雜在一起。魯迅《關於翻譯的通信·來信》：「半文不白，半死不活的語言，對於大衆仍舊是不順的。」

【半文不值】

半文錢也不值。形容毫無價值，也形容地位卑賤，被人輕視。《官場現形記》一二回：「倘或事事讓他，他一定拿你看得半文不值。」

【半心半意】

心：心思；意：意向。半個心思，半個意向。指意念不專一。對人對事只是敷衍應付，缺乏誠心。例要以全付精力投入工作，絕不可半心半意，敷衍塞責。

【半新不舊】

指物品約有六、七成新。《紅樓夢》三四回：「晴雯道：『這又奇了，他要這半新不舊的兩條絹子？他又要惱了，說你打趣他。』」

【半信半疑】

半相信，半懷疑。指無法斷定是非眞假。《兒女英雄傳》八回：「我在店裏聽了姑娘你那番話，始終半信半疑。」也作「半疑半信」。唐·元稹《古築城曲五解》：「因茲請休和，虜往騎來過。半疑兼半信，築城猶嵯峨。」

【半羞半喜】

半是害羞，半是喜悅。形容又羞又喜的樣子。《初刻拍案驚奇》卷六：「心裏先自軟了，帶著半羞半喜說出一句道：『有甚事，但請直說。』」

【半掩門兒】

晚上門半開半閉。指婦女作風不正或指暗娼。例有些不幸的婦女遭壞人挾持，被迫幹半掩門兒營生。也作「半開門」。例老王攜了家小到東京，又做了好幾年半開門的買賣。

【半夜吃黃瓜——不分老嫩】

比喻昏頭昏腦，對事物缺乏分辨能力。例做人的思想工作，一定要細，不能半夜吃黃瓜——不分老嫩。

【半夜吃黃瓜——不知頭尾】

比喻不了解事情的來龍去脈。例母親對弟弟質問道：「你為什麼接近那個不三不四的人？」弟弟回答說：「您是半夜吃黃瓜——不知頭尾，聽我慢慢地跟你講。」也作「半夜裏摸通火棍——不知頭尾」。

【半夜出門做生意——賺黑錢】

雙關語。比喻撈取不義之財。例王二成了百萬富翁，靠的是半夜出門做生意——賺黑錢。也作「煤舖的掌櫃——賺黑錢」。

【半夜雞叫——不曉】
晨雞報曉，半夜裏雞叫，還沒到拂曉的時候。雙關語。指不明白。例你講了半天的大道理，可惜我們是半夜雞叫——不曉。

【半夜雞叫——亂了時辰】
時辰：舊時計時單位。一晝夜平分爲十二段，每段爲一個時辰。比喻忙得暈頭轉向，不分晝夜。例這些日子，幾本稿子弄得我半夜雞叫——亂了時辰，經常忘了吃飯。

【半夜叫城門——自找釘子碰】
古時實行宵禁，晚上要關閉城門。城門上一般有許多大鉚釘，半夜天黑，容易碰在釘子上。比喻自討沒趣。例你向那個著名的吝嗇鬼募款，眞是半夜叫城門——自找釘子碰。

【半夜裏的被窩——正在熱乎勁上】
比喻正處在親熱的狀態中。例這兩個年輕人的戀愛猶如半夜裏的被窩——正在熱乎勁上。

【半夜裏做活——瞎幹】
瞎：盲目地。比喻無目的地亂幹一通。例他是半夜裏做活——瞎幹，根本不把操作規程放在眼裏。

【半夜摸燒火棍——亂耍叉】
燒火棍：農村做飯燒柴草時用的通火棍；叉：即杈，一種農具，多爲木製，用來挑柴草等。半夜裏誤把燒火棍當做叉。比喻遇事手忙腳亂。例居家安全要時時注意，免得颱風來時大家半夜摸燒火棍——亂耍叉。

【半夜起來摘桃子——揀軟的捏】
比喻欺善怕惡，欺軟怕硬。例狗腿子有一個共同的特點，就是半夜起來摘桃子——揀軟的捏。也作「半夜吃柿子——揀軟的捏」。

【半夜敲門不吃驚】
比喻心中坦然，沒做虧心事。元・無名氏《盆兒鬼》二折：「平生不作虧心事，半夜敲門不吃驚。」也作「半夜敲門心不驚」。例爲人不做虧心事，半夜敲門心不驚確係至理。光明正大，從不損人利己之人，無所畏懼。

【半夜敲門心不驚】
見「半夜敲門不吃驚」。

【半夜敲門心不驚——問心無愧】
指沒有什麼可慚愧的。例小胖的出走，是由於社會和家庭的影響，作爲老師，我是半夜敲門心不驚——問心無愧。

【半夜三更】
更：舊時一夜分爲五更，三更爲夜間十二時左右。指深夜。《紅樓夢》六一回：「你要忘了，日後半夜三更打酒買油的，我不給你老人家開門。」也作「三更半夜」。

【半夜生的娃娃——害死（亥時）人】
亥時：此指前半夜，即九至十一時，舊時計時法爲「亥時」；害死：「亥時」的諧音。比喻使人受到極大的傷害。例那些地頭蛇應該受到嚴厲的懲罰，他們的所作所爲無一不是半夜生的娃娃——害死（亥時）人的事。也作「三更半夜出世——害死（亥時）人。」。

【半夜睡磨盤——想（響）轉來了】
想：「響」的諧音。比喻回心轉意。例秀貞期中考試沒及格，不吃不喝，一連鬧了三天情緒。今晨她高高興興地上學了。看來，她是半夜睡磨盤——想（響）轉來了。

【半夜收玉米——瞎掰】
掰：ㄅㄞ，用手把東西分開或折斷。比喻白費力氣，不起作用。例人已奄奄一氣，快見上帝了，還要爲他開什麼生日宴會！這不是半夜收玉米——瞎掰？

【半夜捉虱子——摸不著】
比喻尋找不到。例這伙匪徒早已溜得無影無蹤了，你們是半夜捉虱子——摸不著了。也作「瞎子尋針——摸不著」。

【半疑半信】
見「半信半疑」。

【半眞半假】
半是眞，半是假。又眞又假，令人難以分辨。例所述之事，半眞半假，令人將信將疑。

【半子之靠】
半子：指女婿；靠：依靠。指以女婿爲自身生活的依靠。《醒世恒言》卷五：「爹媽單生你一人，並無兄弟。你嫁得著人時，爹媽也得半子之靠。」

【半子之勞】
半子：指女婿；勞：力。指爲子婿者所應盡之力。例將岳母從家鄉接來同住，可朝夕稍盡半子之勞。

【伴君如伴虎】
陪伴君主就像陪伴老虎一樣危險。意思是君主喜怒無常，在其身邊作事難免遭殺身之禍。《小五義》四回：「朝臣待漏，伴君如伴虎。一點不到，自家性命難保。」

【伴食宰相】
伴食：陪伴吃飯；宰相：輔佐皇帝、總攬政務的最高官吏。《舊唐書・盧懷愼傳》：「懷愼與紫微令姚崇對掌樞密。懷愼自以爲吏道不及崇，每事皆推讓之，時人謂之『伴食宰相』」。後用以諷刺在朝中居高位而不稱職、不辦事的高官。也作「伴食中書」。《宋史・胡銓傳》：「孫近傅會〔秦〕檜議，遂得參知政事。天下望沉，有如飢渴，而近伴食中書，漫不敢可否事。」

【伴食中書】
見「伴食宰相」。

【拌舌頭】
比喻拌嘴、吵嘴。例讓他胡說去吧！我沒工夫跟他拌舌頭。也作「拌嘴舌」。例跟他拌嘴舌是白費工夫，他軟硬不吃。

【拌蒜加蔥】
比喻故意誇大渲染，添加原來沒有的

內容。例這件事的過程被他拌蒜加蔥的失了眞，你可別相信呀！

【拌嘴舌】
見「拌舌頭」。

【絆腳石】
比喻阻礙事業前進的人或事物。魯迅《新的世故》：「只要唾棄了那些舊時代的好招牌，不要忽而不敢說話，則即使眞有絆腳石，也就成爲踏腳石的。」

【絆人的椿子不在高】
比喻隱患可能釀成大害。例絆人的椿子不在高。有些事沒有弄成，往往是因爲忽略了個別似乎沒多大影響的小事。

ㄅㄣ

【奔車朽索】
奔：奔跑；朽索：腐爛的繩索。言其易斷。《尚書・五子之歌》：「懍乎若朽索之馭六馬。」用腐爛的繩索駕馭奔跑的車馬。比喻極其危險。多含戒懼意。唐・魏徵《諫太宗十思疏》：「怨不在大，可畏惟人。載舟覆舟，所宜深慎，奔車朽索，其可忽乎？」

【奔騰澎湃】
奔騰：奔跑跳躍；澎湃：大浪猛烈衝擊的聲響。形容水勢浩大凶猛。例黃河奔騰澎湃，一瀉千里。

【奔逸絕塵】
奔逸：疾馳；絕塵：腳不沾塵土。形容奔跑極快，無法追趕。《莊子・田子方》：「夫子奔逸絕塵，而〔顏〕回瞠若乎後矣。」原爲顏淵稱頌孔子之語，自認不能企及。後以之稱頌才能超羣之人。

【奔走呼號】
奔走：東奔西走。一面奔跑，一面呼喚。形容爲擺脫困境而四處奔跑；呼籲求援。《民國通俗演義》四二回：「勇敢的國民，一經覽到二十一條件，羣以爲亡國慘兆，就在目前，於是奔走呼號，力圖挽救。」

【奔走來告】
見「奔走相告」。

【奔走如市】
奔走：奔跑；市：集市。形容爲某種目的而四處奔跑活動的人非常多。《古今小說》卷四〇：「由是不肖之人，奔走如市，科道衙門，皆其心腹爪牙。」

【奔走相告】
奔走：疾走，跑。奔跑著互相轉告。指把重要消息迅速轉告。《黃繡球》三回：「街談巷議，這麼三長兩短的，起先當作奇聞，後來都當作一件大事，奔走相告。」也作「奔走來告」。唐・韓愈《考功員外盧君墓銘》：「『愈能爲古文，業其家，是必能道吾父事業，汝其往請銘焉。』立於是奉其父命奔走來告。」

【奔走之友】
奔走：役使，驅使。指能供驅使、爲己盡力的朋友。《後漢書・何顒傳》：「袁紹慕之，私與往來，結爲奔走之友。」

【奔走鑽營】
奔走：疾走，跑；鑽營：尋找門路謀私利。四處找門路，托人情，以謀取個人名利。例這個奔走鑽營的慣家，在對方義正詞嚴的指斥下，惶愧溜走。

【賁育弗奪】
賁：孟賁；育：夏育。孟賁生拔牛角，夏育力能舉千斤。二人皆古代勇士。像孟賁、夏育那樣勇力過人，也不能奪去他的志向。形容堅定不移，忠貞不二。《漢書・汲黯傳》：「使黯任職居官，無以逾人，然至其輔少主守成，雖自謂賁育不能奪之矣。」

【賁育之勇】
賁：孟賁；育：夏育。二人皆古時勇士。形容極其勇猛。《三國演義》五三回：「願抑賁育之勇，懷王霸之計。」參見「賁育弗奪」。

ㄅㄣˇ

【本本分分】
分：安分守己。安於本分不越軌。《兒女英雄傳》一二回：「那親家老爺倒也本本分分的說了幾句謙虛話，又囑咐了女兒一番。」

【本本元元】
本：根本；元：元始。尋求根本，探究原始。指從根源上弄淸事物。宋・衛涇《門生林孝聞祭文》：「玉質金相，雋發妙齡；本本元元，聖學是承。」

【本本源源】
本：根本；源：水的源頭，引申爲事物的起源、開始。指事情的始末根由。《兒女英雄傳》一二回：「〔安公子〕從頭至尾，抹角轉彎，本本源源，滔滔汩汩的，告訴母親一遍。」也作「源源本本」。

【本本正正】
形容作風正派，本分。例爲人忠厚老實，本本正正。

【本地薑不辣】
比喻本地人往往看不起本地的出產物或人才。例我們的廠長在縣裏不起眼，本地薑不辣嘛，可是在省外還眞有點名氣呢。

【本來面目】
原佛家語。指人本來具有的心性、本分。《景德傳燈錄・袁州蒙山道明禪師》：「不思善，不思惡，正憑麼時，阿那個是〔惠〕明上座本來面目。」後借指人或事物的本來模樣。《鏡花緣》二二回：「你既不懂文墨，爲何假充我們儒家樣子，卻把自己本來面目失了？」

【本立而道生】
本：樹根，比喻根本；道：正道。謂人欲求正道，必先致力於根本。《論語・學而》：「君子務本，本立而道生。」

【本末倒置】
本：樹根，比喻根本；末：樹梢，比喻枝節；倒（ㄉㄠˋ）：把樹根、樹梢顚倒放置，比喻把主要和次要、輕和重的位置弄顚倒了。宋・朱熹《答呂伯恭書》：「昨所獻疑，本末倒置之病，明者已先悟其失。」
【本末相順】
本：根；末：梢；順：順應，指順應自然。自根至梢，先後次第順序不亂。比喻事物發展合於自然規律。《史記・禮書》：「本末相順，終始相應。」
【本末源流】
源：源頭；流：從源頭流向下游的水。比喻事物的主次、始末、先後。宋・陳亮《與韓無咎尚書》：「本朝二百年之間，學問文章，政事術業，各有家法。其本末源流，班班可考。」
【本末終始】
本末：事物的始終、原委；終始：事物的結局和開始。指事物的發展都有一定規律。《禮記・大學》：「物有本末，事有終始，知所先後，則近道矣。」
【本錢易尋，伙計難討】
伙計：舊時對店員的稱呼；討：尋找。做生意籌集資金容易，要找一個可靠的伙計就難了。意思是要做事找一個合適的伙伴不容易。例小王幹得不錯，你不能因一點小事就辭了他，要知道本錢易尋，伙計難討。
【本深末茂】
本：樹根；末：樹梢。根深而枝葉繁茂。比喻事物根柢深厚，生機勃勃。唐・韓愈《答尉遲生書》：「故君子愼其實，實之美惡，其發也不掩，本深而末茂。」
【本盛末榮】
本：樹根，比喻根本；末：樹梢，比喻枝節。樹根壯碩，枝葉才能繁茂。比喻對待事物要著重根本。漢・班固《泗水亭碑銘》：「源淸流潔，本盛末榮。」
【本同末異】
本：本來，原來；末：最後。指開頭相同而結果各異。晋・劉諶《贈劉琨一首並書》：「蓋本同末異，楊朱興哀；始素終玄，墨翟垂涕。」
【本鄉本土】
鄉、土：鄉土。指家鄉本地。《紅樓夢》一〇〇回：「就是本鄉本土的人，除非不做官還使得；要是做官的，誰保得住總在一處。」
【本相畢露】
本相：本來面目，原形；畢：全部。指原形全部暴露了出來。例在各方面的嚴密追查下，他的僞裝被揭掉，終於本相畢露。
【本小利微】
本：本錢；利：利潤。本錢小，獲利少。例一家三口，靠販菜維持生計，但本小利微，吃著不夠。
【本性難移】
本性：指人的稟性習慣；移：改變。指人的個性不容易改變。元・無名氏《小張屠》三折：「貪財的本性難移，作惡的山河易改。」
【本源穢者，文不能淨】
穢：汚穢。作家的思想道德水準低下，所作文章也不會多麼高尚。指文如其人。《大雲山房文稿・言事》：「本源穢者，文不能淨；本源粗者，文不能細；本源小者，文不能大。」
【本支百世】
本支：樹木的根幹和枝葉。借喻本宗的子孫；百世：猶百代，形容歷時久遠。本宗子子孫孫久傳不絕。漢・王符《潛夫論・忠貴》：「是以福祚流衍，本支百世。」也作「本枝百世」。枝：通「支」。漢・張衡《南都賦》：「據彼河洛，統四海焉；本枝百世，位天子焉。」
【本枝百世】
見「本支百世」。
【畚箕洗土地——淘神】
畚箕：用竹、木等做的撮土器具，可以淘洗東西；土地：也叫土地老或土地爺，迷信傳說中指管一個小地區的神，是最低一級的神；淘神：〈方〉頑皮或使人耗費精神。比喻小孩頑皮。例這個孩子就像畚箕洗土地——淘神得很，要好好照管。

ㄅㄣˋ

【夯雀先飛】
見「夯鳥先飛」。
【夯鳥先飛】
夯：通「笨」。比喻資質差、能力低下的人，做事要比別人提前行動，以免落後。多用作自謙之辭。元・關漢卿《陳母教子》一折：「我似那靈禽在後，你這等夯鳥先飛。」也作「夯雀先飛」。《紅樓夢》六七回：「俗語說的，『夯雀兒先飛』省的臨時丟三落四的不齊全，令人笑話。」也作「笨鳥先飛」。《濟公全傳》一三九回：「我走的慢，笨鳥先飛，我頭裏走。」
【笨鳥先飛】
見「夯鳥先飛」。
【笨鳥先飛晚入林】
比喻能力差的人，雖然提前行動，也難免落在別人的後面。例我對自己的能力不夠自信，爲了怕笨鳥先飛晚入林，我還是早早開始準備明年的考試好了。
【笨人有笨福】
比喻才智差的人往往走運。例你別爲他的事擔心，常言道：「笨人有笨福。」說不定有人會愛他呢。
【笨手笨腳】
形容人行動笨拙，不靈活。例如此精密細緻的工作，需要心靈手巧的人來作。他笨手笨腳，怕不能勝任。
【笨鴨子——上不了架】
比喻人無能，辦不成事。例請大家別推選我上台講話，誰不知道我是笨鴨子——上不了架。也作「瘸腿鴨子

——上不了架」。

【笨豬拱刺蓬——自找苦吃】

刺蓬：長刺的小樹叢或草叢。比喻某種不良後果是由自己造成的。罵人的話，含有活該的意思。例誰叫你惹是生非，招來一頓毒打，這才是笨豬拱刺蓬——自找苦吃哩！也作「黃連豆用嘴嚼——自找苦吃」、「扛著棍子去挨打——自討苦吃」、「沒病抓藥——自討苦吃」、「石頭做枕頭——自討苦吃」、「搬石頭打腳——自討苦吃」、「頂著磨盤唱戲——自討苦吃」、「滿腦殼長瘡鑽刺窩——自討苦吃」、「老虎頭上拍蒼蠅——惹麻煩」、「老母雞跳進藥材店——自找苦吃」、「土地爺挖黃連根——自找苦吃」、「殺雞割破膽——自討苦吃」、「蛀蟲咬黃連——自討苦吃」、「蚤子放在頭頂上——自討苦吃」、「找個虱子放在頭頂上——自討苦吃」。

【笨嘴拙舌】

拙：笨拙。形容不善於說話，沒有口才。例他一向笨嘴拙舌，在這種人多的場合講話，更使他窘態畢露。

ㄅㄤ

【邦家之光】

邦：國家；光：光榮，榮耀。國與家的榮耀。宋・歐陽修《晝錦堂記》：「乃邦家之光，非閭里之榮也。」

【幫倒忙】

不起作用或起相反作用的幫助。例這是急活兒，你別瞎插手幫倒忙了。

【幫虎吃食】

比喻幫助壞人做壞事。《三俠五義》六七回：「他卻腳下使勁，一個健步，以為幫虎吃食，可以成功。」

【幫閒偷懶】

見「幫閒鑽懶」。

【幫閒鑽懶】

幫閒：侍候官僚豪富消閒作樂。形容逢迎湊趣，阿諛奉承。《二刻拍案驚奇》卷八：「大凡世情如此，才是有個撒漫使錢的勤兒，便有那幫閒鑽懶的陪客來了。」也作「幫閒偷懶」。元・秦簡夫《剪髮待賓》三折：「幫閒偷懶為活計，脫空說謊作營生。」

ㄅㄤˇ

【榜上無名】

榜：公布的錄取名單。張貼的名單上沒有名字，指考試未被錄取。《鏡花緣》四二回：「這話令兄也說過，若榜上無名，大家莫想他回來。」

【膀子折斷往袖子裏塞——吃啞巴虧】

比喻受了損害不敢聲張。例我們得找他這個打人行凶的傢伙到村委會去評理，不能膀子折斷往袖子裏塞——吃啞巴虧。

ㄅㄤˋ

【蚌殼裏取珍珠——圖財害命】

蚌：軟體動物，有兩個橢圓形介殼，殼裏面有珍珠層，可產珍珠。比喻為貪圖錢財而謀害別人的性命。例張二利欲薰心，用酒精摻水當名酒賣，這無異於蚌殼裏取珍珠——圖財害命。也作「蚌殼裏取珍珠——謀財害命」、「孫二娘開店——圖財害命」。

【蚌裏藏珍珠——好的在裏面】

比喻外表不好裏面卻很寶貴。例俗話說蚌裏藏珍珠——好的在裏面。別看劉四貌不驚人，肚裏可有大學問哩！

【棒槌打鑼——響噹噹】

見「飯勺敲鐵鍋——響噹噹」。

【棒槌當針——粗細不分】

比喻愚昧無知，不掌握事物的規律。例劉二虎憨直魯莽，人家說他是棒槌當針——粗細不分的人。其實，他粗中有細，還會寫一手好字哩！

【棒槌翻筋斗——先一頭落地】

筋斗：跟頭。比喻先接受下來，其他以後再說，或幾個需要解決的問題，先解決其中的一個。例既然任務這麼重要，有多大困難也得幹，那咱們只好棒槌翻筋斗——先一頭落地。

【棒搥進城——成精成怪】

精、怪：迷信傳說中的妖精、鬼怪。棒槌本無生命，不能行動，居然進城，豈不成了精怪？比喻出現反常現象。例傳說特異功能可以千里取人首級，這不是棒搥進城——成精成怪的事嗎？

【棒槌拉胡琴——粗中有細】

胡琴：弦樂器，在竹弓上繫馬尾毛，放在兩弦之間拉動。棒槌桿粗，胡琴弦細。①比喻某些人表面上看很魯莽，做事情卻非常細緻。例別看譚三平時大大咧咧的，可是幹起活來，卻是棒槌拉胡琴——粗中有細。②比喻事情看起來簡單，做起來卻需要細心。例你可別小看抹牆的活，那可是棒槌拉胡琴——粗中有細，真正的技術活哩！也作「書桌上的筆筒——粗中有細」、「張飛放嚴顏——粗中有細」、「張飛繡花——粗中有細」、「麻袋繡花——粗中有細」、「老玉米裏摻白麵——粗中有細」。

【棒打不回頭】

比喻主意已定，面對任何壓力也絕不改變。宋・釋惠洪《贈為上人游方昭默之子也》詩：「奪得我機方肯住，從教棒打不回頭。」

【棒打鴛鴦】

鴛鴦：水鳥，雌雄偶居不離，常用以比喻夫妻。用棒子打散鴛鴦，比喻硬拆散恩愛夫妻或情侶。明・李開先《寶劍記》一九齣：「啼痕界破殘妝面，德言分鏡幾時圓？遠水高山，眼睜睜棒打鴛鴦散。」

【棒頭出孝子，箸頭出忤逆】

箸：筷子；忤逆：不孝順父母。舊時認為嚴厲管教子女，不惜體罰，子女長大才會孝順父母；溺愛子女，只關心飯食，子女就不會孝順父母。《初刻拍案驚奇》卷一三：「棒頭出孝子，箸頭出忤逆！爲是嚴家夫婦養嬌了這孩兒，到得大來，就便目中無人，天王也似的大了。」也作「**棒頭出孝子**」。元・秦簡夫《剪髮待賓》二折：「大古裏子孝父慈，不爭著秀才每無忠信，便使美玉生瑕疵，你待要閨中養艷姝，姐姐也我則理會的棒頭出孝子。」

【棒子麫煮葫蘆——糊糊塗塗】

棒子麫：即玉米麫；葫蘆：一種植物，嫩時可吃。雙關語。比喻不明事理或對事的認識模糊不清。例他年紀不大，樣子也很機靈，可說話、做事卻像棒子麫煮葫蘆——糊糊塗塗。也作「**棒子麫煮葫蘆——糊里糊塗**」、「**蒼蠅掉在醬盆裏——糊里糊塗**」、「**米湯盆裏洗澡——糊里糊塗**」、「**米湯煮芋頭——糊糊塗塗**」、「**三斤麫粉調了七斤漿糊——糊里糊塗**」、「**小米熬紅薯——糊糊塗塗**」、「**稀飯拌漿糊——糊里糊塗**」、「**大麥糊煮玉米糊——糊糊塗塗**」。

【棒子麫做蛋糕——不是那料】

比喻某人不適合幹某事。例萬泉生自不量力，大字不識幾個，竟想當專業作家，來個名利雙收，可他是棒子麫做蛋糕——不是那料。

【傍花隨柳】

見「傍柳隨花」。

【傍柳隨花】

傍：靠近；隨：沿著，順著。靠近花叢，沿著柳林。①形容春遊觀賞的情景。例傍柳隨花，遊目騁懷，樂而忘返。也作「**傍花隨柳**」。宋・程顥《春日偶成》詩：「雲淡風清近午天，傍花隨柳過前川。」②舊時也比喻狎妓。元・徐琰《青樓十咏・初見》曲：「一笑情通，傍花隨柳，偎香倚玉，弄月搏風。」

【傍門依戶】

見「傍人門戶」。

【傍人籬壁】

傍：依靠，依附；籬壁：籬笆牆。依附於別人家的籬笆下生活。比喻依賴他人，不能自主。宋・嚴羽《滄浪詩話・答出繼叔臨安吳景仙書》：「僕之《詩辨》……是自家實證實悟者，是自家閉門鑿破此片田地，即非傍人籬壁、拾人涕唾得來者。」

【傍人門戶】

傍：依附。依附於別人的門戶。宋・蘇軾《東坡志林》卷一二：「桃符仰見艾人而罵曰：「汝何等草芥，輒居我上！」艾人俯而應曰：『汝已半截入土，猶爭高下乎？』桃符怒，往復紛然不已。門人解之曰：『吾輩不肖，方傍人門戶，何暇爭閒氣耶！』」後以「傍人門戶」比喻依附他人，不能自立。《紅樓夢》一〇九回：「邢姑娘是媽媽知道的，如今在這裏也很苦，娶了去，雖說咱們窮，究竟比他傍人門戶好多著呢。」也作「**傍門依戶**」。依：依靠。明・孫仁孺《東郭記・人之所以求富貴利達者》：「盡宇內秦楚燕韓，傍門依戶者，共是俺一家友生。」

【傍著城隍打小鬼——得了神力】

傍：靠；城隍：迷信傳說中指主管某個城的神。①指獲得超人的力量。例我們能完成這樣艱鉅的任務，似乎是傍著城隍打小鬼——得了神力。②比喻仗著別人的勢力欺侮人。例他一見大哥讚許的樣子，就像傍著城隍打小鬼——得了神力，氣焰更加囂張了。

【謗之無實者，付之勿辨可矣】

人家誹謗你而不符合事實，放在一邊不用辨白就可以了。說明對不實之詞，無須辯解。清・錢大昕《十駕齋養新錄・止謗》：「謗之無實者，付之勿辯可矣；謗亡有因者，非自修弗能止。」

ㄅㄥ

【崩鼻子戴眼鏡——沒著落】

崩鼻子：塌鼻子。①比喻沒有下落。例小弟走失了，全家人四處尋找了一下午，如今還是崩鼻子戴眼鏡——沒著落。②比喻無依無靠或沒有指望的境況。例小三毛到處飄流，就像崩鼻子戴眼鏡——沒著落。③比喻某件事沒有落實，或沒有著手。例那件事本應該抓緊做好，可到現在還是崩鼻子戴眼鏡——沒著落。

【崩牙吹簫——漏了氣】

崩牙：缺牙；簫：一種竹製管樂器。①比喻洩氣，打不起精神來。例中國排球隊在這次國際大賽中受到嚴重的挫折，但不是有的人說的那樣，隊員們個個都像崩牙吹簫——漏了氣啦。②比喻走漏了風聲，洩漏了消息。例這個作惡多端的竊賊在我們到達之前溜掉了，我們是不是崩牙吹簫——漏了氣，讓他們事先知道了行動計畫。

【繃場面】

繃：硬撐著，勉強支持。指勉強維持面子，支撐場面。例這個有急事，那個上醫院，誰都請不來！讓我一個人在這裏繃場面，繃得住嗎？

ㄅㄧ

【逼公雞下蛋——有意爲難】

比喻故意作對或刁難。例王二喜雖然腰纏萬貫，卻是個無人不曉的睜眼瞎，你偏叫他吟詩寫文章，這不是逼公雞下蛋——有意爲難嗎？也作「**逼牯牛（公牛）生仔——故意刁難**」。

【逼上梁山】

梁山：今山東梁山、鄆城等縣間。《水滸傳》故事：林沖、宋江等人爲官府所逼而走上梁山聚義造反。後比喻爲勢所迫進行反抗或被迫採取某種行動。姚雪垠《李自成》一卷二八章：

「可以說差不多的人都是逼上梁山的。」

ㄅㄧˊ

【鼻堊揮斤】
堊：ㄜˋ，白堊，白土子，大白；揮：揮動；斤：斧頭。揮動斧頭砍掉鼻子上的白堊。《莊子・徐无鬼》：「郢人堊漫其鼻端，若蠅翼，使匠石斫之。匠石運斤成風，聽而斫之，盡堊而鼻不傷。」比喻手法熟練，技藝超羣。宋・陸游《嘆老》詩：「平生師友凋零盡，鼻堊揮斤未有人。」

【鼻尖上抹黃連——苦在眼前】
黃連：多年生草本植物，根莖味苦，可以入藥用。比喻艱苦的日子即將到來。例小兄妹的父母不幸車禍身亡，無人照料他們，眞是鼻尖上抹黃連——苦在眼前了。

【鼻尖上著火——迫在眉睫】
眉睫：眉毛和眼睫毛。比喻十分急迫。例眼看就要霜凍了，做好冬儲菜的防寒工作，是鼻尖上著火——迫在眉睫的事了。

【鼻疽馬——沒法治】
馬的一種慢性傳染病，由鼻疽桿菌引起，在內臟、鼻腔黏膜和皮下形成小結節，壞死後，變成潰瘍，症狀是流帶膿的鼻涕。也叫馬鼻疽，有的地區叫吊鼻子。馬得此病，很難醫治。比喻沒有辦法了。例他的病算是鼻疽馬——沒法治了，準備後事吧！

【鼻孔喝水——夠嗆】
見「雞吃蠶豆——夠嗆」。

【鼻孔裏長瘤子——氣不順】
比喻憋氣，心情不舒暢。例來順，這幾天，你總像鼻孔裏長瘤子——氣不順，有什麼不順心的事，就告訴我吧！

【鼻梁骨上推小車——走投（頭）無路】
投：「頭」的諧音。比喻陷入絕境，無路可走。例正當小李鼻梁骨上推小車——走投（頭）無路的時候，朋友們伸出了救援之手。

【鼻涕流進喉嚨裏——吃虧沾光沒外人】
比喻吃虧占便宜全在自家人。例俗語說，鼻涕流進喉嚨裏——吃虧沾光沒外人。都是自己親兄弟，何必斤斤計較呢？

【鼻頭上掛炊帚——耍嘴】
比喻能說會道，光說不幹。例李四綽號叫做李貧嘴，是村上有名的鼻頭上掛炊帚——耍嘴的人物。

【鼻息雷鳴】
見「鼻息如雷」。

【鼻息如雷】
鼻息：鼻腔呼吸時的氣息，指睡時的鼾聲。雷：指雷鳴。鼾聲響如雷鳴。形容熟睡，酣睡。宋・沈括《夢溪筆談・人事》：「上（宋眞宗趙桓）使人微覘〔覘〕準所爲，而準方酣寢於中書，鼻息如雷。」也作「**鼻息雷鳴**」。唐・韓愈《石鼎聯句詩序》：「道士倚牆睡，鼻息如雷鳴。」

【鼻子不是鼻子，臉不是臉】
形容表情難看。例你看我工作有多難，剛到福利社工作，我那口子就鼻子不是鼻子，臉不是臉，不是嫌茶涼了，就是說飯開晚了？也作「**鼻子不是鼻子，眼睛不是眼睛**」。老舍《離婚》一〇：「李太太急於要知道的是馬少奶奶有什麼表示，設若她們在院中遇見，而馬少奶奶的鼻子不是鼻子，眼睛不眼睛，那便有點麻煩。」

【鼻子擦白粉——奸相】
戲曲舞台上，奸臣鼻子上多擦白粉。形容奸詐貪婪的樣子。例你看，那傢伙鼻子擦白粉——奸相一副，實在叫人噁心。也作「**鼻頭擦白粉——一副奸相**」、「**汪精衛照鏡子——一副奸相**」。

【鼻子底下就是路】
鼻子底下：指嘴。不認路可以開口打聽。比喻不懂可以求教。例俗話說：「鼻子底下就是路。」讀書學習也應該多問，多問出智慧。

【鼻子裏灌醋——酸溜溜的】
①形容言談迂腐。例張老頭讀過幾年私塾，說起話來，總像鼻子裏灌醋——酸溜溜的。②形容輕微嫉妒或心裏難過的感覺。例聽說看門的老大爺死了，死得那麼悲慘，連我這個只見過他一面的人，也是鼻子裏灌醋——酸溜溜的。

【鼻子上安雷管——禍在眼前】
雷管：彈藥、炸藥包等的發火裝置，易燃易爆。比喻很快會遭到不幸。例紡織工廠裏嚴禁煙火，在這裏吸煙，無疑是鼻子上安雷管——禍在眼前。

【鼻子上掛磨盤——抬不起頭】
磨盤：托著石磨的圓形底盤，形容羞愧難以見人。有時指人受壓制而精神不振。例誰能無過呢？犯錯誤，改正就好了，不要老是鼻子上掛磨盤——抬不起頭。也作「**霜打的高粱苗——抬不起頭來**」。

【鼻頭上抹蜂蜜——乾饞撈不著】
比喻慾望得不到滿足。例三毛看到櫥窗中陳列的美味食品，眞是鼻頭上抹蜂蜜——乾饞撈不著。

【鼻子上生瘡——眼前明擺著】
比喻某件事親眼看到或大家都看到的，表示確鑿無誤。例看，這不是你親筆僞造的文件嗎？鼻子上生瘡——眼前明擺著，有啥可說？

【鼻子生瘡——眼下就見】
比喻某件事或某種結果可以預期，很容易、很快就會出現。多用於預期某種不妙的情況。例對這場世界性的經濟危機，如果不早採取積極措施，其災難性後果猶如鼻子生瘡——眼下就見。

ㄅㄧˇ

【匕鬯不驚】

匕：羹匙；鬯：ㄔㄤˋ，古代以鬱金香和黍釀造的香酒。二者皆宗廟祭禮用物，因用以指宗廟祭祀；驚：驚擾。《周易・震》：「震驚百里，不喪匕鬯。」意謂軍威震百里，但軍隊所到之處，百姓安居，宗廟祭祀照常進行。後用以形容軍紀嚴明，無所驚擾。唐・楊炯《益州溫江縣令任君神道卑》：「出身事主，元良永固於萬邦；束髮登朝，匕鬯不驚於百里。」

【比比皆然】

見「比比皆是」。

【比比皆是】

比比：處處。到處都是。形容同類事物、現象爲數很多。元・陶宗儀《輟耕錄・喪師衰絰》：「朝爲師生而暮若途人者，比比皆是。」也作「**比比皆然**」。然：如此。《隋唐演義》五三回：「將無固守之志，兵無敢死之心，人情趨利，比比皆然。」也作「**比肩皆是**」。比肩：肩挨肩，形容多。《舊唐書・元行沖傳》：「然雅達通博，不代而生；浮學守株，比肩皆是。」

【比而不黨】

比：親近；黨：阿附，偏私。親近而不偏私。《國語・晉語》：「吾聞事君者，比而不黨。」

【比而不周】

比：勾結；周：忠信，指相互忠誠信義。《論語・爲政》：「君子周而不比，小人比而不周。」指小人只是相互勾結，而不是赤誠相見。

【比户可封】

見「比屋而封」。

【比肩並起】

比肩：並肩；並：同，齊。並肩紛紛而起。形容同時相隨而動。《荀子・非相》：「今世俗之亂君，鄉曲之儇子……婦人莫不願得以爲夫，處女莫不願得以爲士，棄其親家而欲奔之者，比肩並起。」

【比肩而立】

比肩：並肩，緊靠，肩並肩地站立。比喻距離非常近。《戰國策・齊策三》：「寡人聞之，千里而一世，是比肩而立；百世而一聖，若隨踵而至。」

【比肩而事】

比肩：並肩。並肩做事。指共事、同事。宋・蘇軾《范增論》：「方羽殺卿子冠軍，增與羽比肩而事義帝，君臣之分未定也。」

【比肩繼踵】

比肩：並肩；踵：腳跟。肩挨肩，腳尖碰腳跟。形容人多擁擠。《晏子春秋・雜下》：「臨淄三百閭，張袂成蔭，揮汗成雨，比肩繼踵而在，何爲無人？」也作「**比肩接踵**」。接：接連，連續。梁啟超《新民說》七節：「若此者，不過聊舉數賢以爲例耳，其他豪傑之類此者，比肩接踵於歷史。」

【比肩皆是】

見「比比皆是」。

【比肩接踵】

見「比肩繼踵」。

【比肩隨踵】

比肩：並肩，緊靠；踵：腳跟；隨踵：指接連，前後相繼。形容事物接連不斷，前後相繼。《韓非子・難勢》：「且夫堯舜桀紂，千世而一出，是非比肩隨踵而生也。」

【比目連枝】

比目：比目魚。傳說此魚只有一目，必須兩魚並游；連枝：連理枝。兩棵樹之枝連生在一起。比喻相愛的夫妻形影不離。元・賈固《小令・寄金鶯兒》：「樂心兒比目連枝，肯意兒新婚燕爾。」

【比目魚】

相傳此魚僅一目，必須兩魚並游。比喻夫婦形影不離。三國魏・徐幹《室思》詩：「故如比目魚，今隔如參辰。」

【比年不登】

比年：連年；登：莊稼成熟。指莊稼連年歉收。《晉書・傅玄傳》：「時比年不登，羌胡擾邊，詔公卿會議，玄應對所問，陳事切直。」也作「**比歲不登**」。《漢書・成帝紀》：「關東比歲不登，吏民以義收食貧民、入穀物助縣官賑贍者，已賜直。」

【比權量力】

權：權勢；力：力量；量：衡量。比較衡量雙方的權勢和力量。《史記・游俠列傳序》：「誠使鄉曲之俠，予季次、原憲比權量力，效功於當世，不同日而論矣。」也指衡量雙方的輕重。清・劉熙載《藝概・詩概》：「詩無論五七言及句法倒順，總須將上半句與下半句比權量力，使足相當。」

【比上不足，比下有餘】

同高的相比，有不足之處；同低的相比，有超出之處。比喻對所處的中游狀態感到滿足。清・沈復《浮生六記・養生記道》：「古人云：比上不足，比下有餘。此最是尋樂妙法也。」

【比舌頭】

指與人爭吵。例這個女人愛跟人比舌頭，可心眼兒並不壞。

【比手劃腳】

說話時手腳做出各種動作。形容沒有顧忌或洋洋得意的神情。例不管對方愛聽不愛聽，他只管在那裏比手劃腳，說長道短。也形容輕率地亂加指點和批評。《孽海花》二一回：「只聽他走過處，背後就有多少人比手劃腳低低講道……」也作「**比手畫腳**」。例他擺出內行的姿態，對牆上掛的條幅比手畫腳，信口批評。其實，他對書法一竅不通。

【比手畫腳】

見「比手劃腳」。

【比歲不登】

見「比年不登」。

【比屋而封】

比：並列，緊靠；屋：指人家；比

屋：屋連屋，比喻連續不斷的人家；封：受封，封官。家家都可接受封爵。形容社會安定，民風淳樸，盡人皆賢。漢・王充《論衡・率性》：「堯舜之民，可比屋而封；桀紂之民，可比屋而斬。」也作「**比屋可封**」。漢・王符《潛夫論・德化》：「上聖和德氣以化民心，正表儀以率羣下，故能使民比屋可封，堯、舜是也。」也作「**比戶可封**」。嚴復《原强》：「夫古之所謂至治極盛者，曰家給人足，曰比戶可封。」

【比屋可封】

見「比屋而封」。

【比物此志】

比物：比類，比喻；志：心意，意向。指用事物類比來寄託、表達心意。《漢書・賈誼傳》：「聖人有金人者，比物此志也。」王先謙補注：「物，類也；志，意也。言臣如效死取義，則爲國家不拔不基，聖人有『金城』之語，正比類此意也。」

【比物連類】

比：比較。連綴相類的事物進行比較。《宣和畫譜・山水三》：「〔僧巨然〕每下筆，乃如文人才士就題，賦咏詞源袞袞出於毫端，比物連類，激昂頓挫，無所不有。」

【比翼分飛】

比翼：比翼鳥。傳說此鳥一翼一目，須兩兩齊飛，故用以比喻夫婦。比翼鳥東西飛散，比喻夫婦分離。元・無名氏《百花亭》三折：「俺怎肯做男兒有身空七尺，任他人奪去嬌妻，將比翼兩分飛。」

【比翼連枝】

比翼：比翼鳥。傳說此鳥一翼一目，須兩鳥齊飛；連枝：連理枝，兩棵樹的枝連生在一起。比喻夫妻恩愛，形影不離。明・謝讜《四喜記・大宋畢姻》：「但願你百歲夫妻常好，比翼共連枝，無異般。」

【比翼鳥】

傳說此鳥只一翼一目，不比翼不飛。詩文中常以之比喻夫婦形影不離。唐・白居易《長恨歌》：「在天願作比翼鳥，在地願爲連理枝。」

【比翼齊飛】

比：並列，緊靠；比翼：翅膀靠著翅膀飛，指比翼鳥。形容夫婦恩愛，相守不離。漢・韓嬰《韓詩外傳》卷五：「南方有鳥名曰鶼，比翼而飛，不相得不能舉。」也作「**比翼雙飛**」。明・朱權《卓文君》四折：「不是妾身多薄幸，只因司馬太風騷，效神風，下丹霄，比翼雙飛上泬寥。」

【比翼雙飛】

見「比翼齊飛」。

【比著被子伸腿——量力而行】

比喻按照力量或能力的大小去做。例工作貪多，就將誤事，還是比著被子伸腿——量力而行。也作「**有尺水行尺船——量力而行**」。

【比著箍箍買鴨蛋——哪有這樣合適的】

箍箍：用竹篾或金屬做的圈。比喻事情很難達到恰到好處，或不能各方面都令人完全滿意。含有不要求全責備的意思。例我看可以派朱小玲去參加這項工作，雖然她經驗尚淺，但是比著箍箍買鴨蛋——哪有這樣合適的，鍛鍊鍛鍊就好了。

【秕糠哪裏榨得出油來】

秕：不飽滿的子粒。秕糠：秕和糠，指沒有價值的東西。秕糠根本榨不出油來。比喻從窮人身上逼出錢來。例你向他要錢，唉，他是個窮光蛋，秕糠哪裏榨得出油來！

【彼倡此和】

彼：指對方；倡：倡導，提倡；和：應和，附和。一方提倡，一方附和。比喻相互配和、呼應。《東周列國志》五六回：「二人先通了郤克，然後謁見晋景公。內外同心，彼倡此和，不由晋景公不從。」也作「**彼唱此和**」。唱：通「倡」。倡導。《史・劉世龍傳》：「仕者日壞於上，學者壞於下，彼唱此和，靡然成風。」

【彼唱此和】

見「彼倡此和」。

【彼此一時】

見「彼一時，此一時」。

【彼汲汲於名者，猶汲汲於利也】

汲汲：心情急切的樣子。那些急於求得虛名的人，與急於攫取私利的動機是相同的。宋・司馬光《諫院題名記》：「居是官者，當志其大，舍其細；先其急，後其緩；專利國家，而不爲身謀。彼汲汲於名者，猶汲汲於利也，其間相去何遠哉！」

【彼竭我盈】

彼：對方；竭：盡；盈：滿，盛。對方的勇氣已喪盡，我們的勇氣正旺盛。《左傳・莊公十年》：「夫戰，勇氣也。一鼓作氣，再而衰，三而竭。彼竭我盈，故克之。」

【彼可取而代也】

他的位置我是可以奪下來並取代他的。用以表示自己希望擁有別人所擁有的東西，仰慕某人並幻想自己也成爲那樣的人的心情。《史記・項羽本紀》：「秦始皇帝遊會稽，渡浙江，梁與籍俱觀。籍曰：『彼可取而代也。』」

【彼棄我取】

彼：對方；棄：捨棄。旁人捨棄不要的我拾取。形容志趣、見地與衆不同。晋・皇甫謐《高士傳・任安》：「性以潔白爲沉，情以得志爲樂，性治情得，體道而不憂；彼棄我取，與時而無爭。」

【彼一時，此一時】

彼：那；此：這。那是一個時候，這又是一個時候。指過去和現在情況有所不同，不能一樣看待。《警世通言》卷三一：「若不是十五年折挫到如今，這些須之物把與他做一封賞錢也還不彀，那個看在眼裏。正是彼一時，此一時。」也作「**彼此一時**」。

宋・洪邁《容齋隨筆・諫說之難》：「范睢親困穰侯而奪其位，何遽不如〔蔡〕澤哉？彼此一時也。」

【彼亦一是非，此亦一是非】

從不同的觀點看問題，同一事物有不同的是非。否認是非有客觀標準。魯迅《中國文壇的悲觀》：「增加混亂的倒是有些悲觀論者，不施考察，不加批評，但用『彼亦一是非，此亦一是非』的論調，將一切作者詆爲『一丘之貉』。」

【彼哉彼哉】

彼：他；哉：語助詞。表示感嘆。相當於「呀」、「啊」。他呀！他呀！表示對人鄙視之詞。漢・桓寬《鹽鐵論・雜論》：「車丞相即周魯之列，當軸處中，括囊不言，容身而去，彼哉彼哉！」

【彼知顰美，而不知顰之所以美】

顰：ㄆㄧㄣˊ，眉蹙。東施只知道西施皺起眉頭美而效美，卻不知她爲什麼皺眉也美。比喻生搬硬套應引以爲戒。《莊子・天運》：「西施病心而臏其里，其里之醜人見而美之。歸亦捧心而臏其里；其里之富人見之，堅閉門而不出，貧人見之，挈妻子而去之走；彼知顰美，而不知顰之所以美。」

【彼衆我寡】

彼：指對方；我：指我方。對方人多勢衆，我方力量薄弱。《楊家將演義》四回：「汝固勇矣，爭耐彼衆我寡，何可輕動！」

【筆飽墨酣】

筆：筆力；飽：飽滿，充足；酣：濃，盛。筆力飽滿，用墨濃厚充足。形容詩文書畫等筆力風格樸實渾厚。清・陳廷焯《白雨齋詞話》卷六：「張孝祥《六州歌頭》一闋，淋漓痛快，筆飽墨酣，讀之令人起舞。」

【筆補造化】

見「筆參造化」。

【筆參造化】

造化：指自然的創造化育。一支筆參與了大自然萬物的化生長育。形容文筆精妙高超，有造化天地之功。唐・李白《與韓荊州書》：「君侯制作侔神明，德行動天地，筆參造化，學究天人。」也作「**筆補造化**」。補：彌補（不足）。宋・楊萬里《寄題周元吉湖北漕司志功堂》：「不讚元戎讚丞相，筆補造化裨鹽梅。」也作「**筆回造化**」。回：扭轉。宋・韓駒《陽羨葛亞卿爲海陵尉，作茸春軒，餘爲賦之》：「筆回造化天工怒，胸包今古時人愕。」也作「**筆驅造化**」。驅：驅使。宋・無名氏《滿庭芳・壽幕官》：「廣寒，仙籍在，筆驅造化，文照虹霓。」

【筆大如椽】

椽：ㄔㄨㄢˊ，椽子，放在檁上支承屋瓦的木條。筆大得如同房椽一樣。形容大手筆。《晉書・王珣傳》：「珣夢人以大筆如椽與之，既覺，語人曰：『此當有大手筆事。』」宋・蘇軾《光祿庵》詩：「何事庵中著光祿，枉敎閒處筆如椽。」

【筆底春風】

①見「筆下春風」。②比喻能令人受惠的文字。清・錢謙益《致倪制台》：「君筆底春風，知不難噓枯吹生也。」

【筆桿子】

筆桿：筆的握拿部分。比喻擅長寫作的人。例他是我們文化中心的一支好筆桿子哩！

【筆耕硯田】

筆耕：以筆代耕；硯田：以硯爲田。指舊時文人靠文墨以爲生計。例半生筆耕硯田，維持一家溫飽。

【筆管裏睡覺——細人】

比喻心細、慮事周到的人。例老王是筆管裏睡覺——細人，事情交給他辦，放心。

【筆翰如流】

翰：筆，引申指文詞。比喻文筆流暢快捷，如水順流直下。《晉書・陶侃傳》：「遠近書疏，莫不手答，筆翰如流，未嘗壅滯。」

【筆回造化】

見「筆參造化」。

【筆驚風雨，詩泣鬼神】

筆落下，風雨爲之驚起；詩寫成，鬼神爲之感動而哭泣。原讚頌詩仙李白，後用以稱頌作品動人心魄。唐・杜甫《寄李白二十韻》詩：「昔年有狂客，號稱謫仙人。筆落驚風雨，詩成泣鬼神。聲名從此大，汩設一朝伸。」

【筆精墨妙】

精：精妙；精到。形容詩文畫等的筆法精微巧妙，出神入化。《宣和畫譜・孫位》：「至於鷹犬馳突，雲龍出沒，千狀萬態，勢若飛動。非筆精墨妙，情高格逸，其能與於此耶？」

【筆力扛鼎】

扛：舉起。筆下所表現出的力量能舉起千斤之鼎。心喻行文氣勢雄健有力，氣魄宏大。宋・戴復古《高九萬見示落星長句，賦此答之》：「且好收拾藏胸中，養成筆力可扛鼎。」

【筆力回春】

見「筆下春風」。

【筆墨官司】

筆墨：筆和墨，借指文字或文章；官司；訴訟，此處泛指爭辯。比喻用文字進行的辯論和爭執。清・許葉芬《紅樓夢辯》：「借他人酒杯，澆自己塊壘，非僅爲懵懂輩饒舌，打無謂筆墨官司也。」

【筆驅造化】

見「筆參造化」。

【筆掃千軍】

運腕用筆有如橫掃千軍萬馬。形容文章氣勢磅礴，無可匹敵。元・李庭《吊郭器之二首》：「筆掃千軍空自負，學傳三篋竟何施？」

【筆生春意】

見〔筆下春風〕。

【筆筒吹火——小氣】
筆筒：保護毛筆筆頭的小竹筒。雙關語。①比喻吝嗇。例小吳連買書的錢也捨不得花，眞是筆筒吹火——小氣鬼。②比喻氣量小。例她的脾氣就像筆筒吹火——小氣得很，半句玩笑話也不能說。③形容人的舉止、行爲不大方。例她一向大大落落，不是一個筆筒吹火——小氣的人。也作「麥稈吹火——小氣」、「蚊子放屁——小氣」、「酒杯量米——小氣(器)」。

【筆頭生花】
五代·王仁裕《開元天寶遺事·夢筆頭生花》：「李太白少時，夢所用之筆頭上生花，後天才贍逸，名聞天下。」比喻才思俊逸，詩文寫作絢麗多彩。例她才華橫溢，筆頭生花。所作詩文，令人百讀不厭。也作「夢筆生花」。

【筆下超生】
超生：佛家語。死後靈魂投生爲人。比喻寬容或開脫。指筆下寬恩，書寫判詞措詞從輕，給予開脫。《三俠五義》一五回：「惟求大人筆下超生，犯官感恩不盡！」

【筆下春風】
形容繪畫、詩文描繪生動逼眞，有如春風來至筆下。宋·王庭珪《題宣和御畫》詩：「當時妙手貌不成。君王筆下春風生。」也作「筆底春風」。底：下。元·黃溍《瑤池春宴圖》詩：「筆底春風殊未老，蟠桃積核已如山。」也作「筆下生春」。宋·釋惠洪《石門文字禪·次韻胥學士》詩：「筆下慣生春，年高句法新。」也作「筆生春意」。意：意味。宋·李新《贈翟提刑》詩：「賦擲玉聲那問價，筆生春意自無痕。」也作「筆力回春」。筆力：詩文的氣勢工力。宋·解惠洪《石門文字禪·次敦素韻》詩：「識君筆力回春工，妙語天成絕雕劚。」

【筆下生春】
見「筆下春風」。

【筆下雖有千言，胸中實無一策】
寫起文章來，下筆千言，實際上胸中毫無謀略。用來批評徒有其表的人。《三國演義》四三回：「儒有君子小人之別。君子之儒，忠君愛國，守正惡邪，務使澤及當時，名留後世。若夫小人之儒，惟務雕蟲，專工翰墨；青春作賦，皓首窮經；筆下雖有千言，胸中實無一策。」

【筆削褒貶】
筆削：古時無紙，文字寫在竹簡或木紮上，遇有訛誤需刪改時，要用刀刮掉上面的字，再用筆改正。後指刪改文章；褒：讚揚；貶：貶抑。刪改記載，加以讚揚或貶抑的話。清·皮錫瑞《經學歷史·經學開闢時代》：「《春秋》自孔子加筆削褒貶，爲後世立法，而後《春秋》不僅爲記事之書。」

【筆冢墨池】
筆冢（ㄓㄨㄥˇ）：埋筆的墳。唐·李肇《國史補》載：「長沙僧懷素好草書，自言得草聖三昧。棄筆堆積，埋於山下，號筆冢。」墨池：古代著名書法家洗筆硯的池。相傳漢·張芝、晉·王羲之臨池勤奮學書寫字，池水盡墨。指書法所下的工力極其深厚。《平生壯觀·賀知章》：「《孝經序》筆意秀勁，草法圓熟，非筆成冢墨成池之功力，未必爾爾。」

【筆誅口伐】
筆：指文字；誅：譴責；口：指言語，言論；伐：聲討，討伐。用文字、言論揭露罪狀，進行譴責和聲討。宋·陳亮《畏羞於君子》：「此丈夫所當履其道，免筆誅口伐於蓽門圭竇之間；實其行，免心喪膽落於目瞻耳聆之餘。」也作「口誅筆伐」。

【筆走龍蛇】
運筆猶如龍蛇舞動。形容草書筆勢矯健灑脫，變化多端。宋·錢處仁《醉蓬萊》詞：「筆走龍蛇，句雕風月，好客敦高誼。」

【俾夜作晝】
俾：使；晝：白天。把黑夜當作白天。形容夜以繼日，日夜不息，勤奮刻苦。《太平廣記》卷一七五：「時年十四……然（燃）糠照薪，俾夜作晝，覽書數千卷。」

【俾晝作夜】
俾：使；晝：白天。把白天當作黑夜。形容晝夜顛倒，生活極不正常。《文明小史》四四回：「又說他每天總要睡到下午才起來，有俾晝作夜，公事廢弛各等語。」也指從事某項工作，不分白天黑夜，孜孜不倦。唐·白行簡《李娃傳》：「因令生斥棄百慮以志學，俾晝作夜，孜孜矻矻。」

【鄙吝冰消】
鄙吝：庸俗淺薄；冰消：像冰一樣消融。庸俗之念如冰雪消融。宋·樓鑰《秘丞提舉浙西五首》：「論詩才了便談禪，鄙吝冰消更豁然。」也作「鄙吝意消」。意：意念，想法；消：消失。宋·樓鑰《跋陳君楚薌圖》：「雖未及見陳君，已覺鄙吝意消。」

【鄙吝復萌】
鄙吝：庸俗淺薄；萌：發生，開始。庸俗之念又開始滋生。宋·胡繼宗《書言故事·瞻仰類》：「已覺鄙吝復萌矣。」

【鄙吝意消】
見「鄙吝冰消」。

【鄙於不屑】
鄙：卑鄙粗俗；不屑（ㄒㄧㄝˋ），不值得，表示輕視。卑劣到不值一顧的程度。例其爲人正直，對左右阿諛逢迎的人，一向鄙於不屑。

ㄅㄧˋ

【幣重言甘】
幣：指禮物；甘：甜美，指動聽。禮物豐厚，言語甜美動聽。指用財物和說好聽的話拉攏別人。《東周列國志》

二九回：「秦使此來，不是好意，其幣重而言甘，殆誘我也。」

【必不得已】

必：一定，必然；已：止。必不能止。指為形勢所迫不能不如此。表示無可奈何，必須如此。《論語·顏淵》：「子貢問政。子曰：『足食、足兵、民信之矣。』子貢曰：『必不得已而去，於斯三者何先？』曰：『去兵』。」

【必不撓北】

必：必定；撓北：敗北，作戰失敗。必定不會失敗。《呂氏春秋·忠廉》：「若此人也，有勢則必不自私矣，處官則必不為污矣，將衆則必不撓北矣。」

【必操勝券】

必：必定，一定；操：持，掌握；勝：勝利；券：憑證，契約；勝券：指勝利的把握。必然掌握勝利的把握。指有充分把握取得勝利。例她讀書一向刻苦、勤奮，因此，此次高考必操勝券。也作「穩操勝券」。

【必傳之作】

必：必定；傳：流傳；作：著作。必定能流傳後世的著作。指影響深遠的著作。《漢書·揚雄傳》：「時大司空王邑、納言嚴猶聞雄死，謂桓譚曰：『子嘗稱揚雄書，豈能傳於後世乎？』譚曰：『必傳，顧君與譚不及見也。』」例他所著甚豐，其中不乏必傳之作。

【必恭必敬】

恭：謙遜有禮貌；敬：尊敬，尊重。形容態度十分恭敬有禮。清·錢泳《履園叢話·朱文正公逸事》：「朱文正公相業巍巍，莫不稱為正人君子。待人接物必恭必敬。晚年益自刻厲，宏獎人才。」也作「必敬必恭」。清·錢泳《履園叢話·種德》：「延師課子，必敬必恭。」也作「必欽必敬」。欽：敬重。明·朱權《荊釵記·辭靈》：「你到王門做媳婦，勿慢勿驕，必欽必敬。」也作「畢恭畢敬」。茹志鵑《如願》：「她畢恭畢敬地把封套抹平整，又細看了一會。」

【必經之路】

見「必由之路」。

【必敬必恭】

見「必恭必敬」。

【必欽必敬】

見「必恭必敬」。

【必也正名】

必：必須；正名：正其名義，辨正名分，指君君、臣臣、父父、子子的名分。謂必須按照封建倫理觀念和禮儀關係來端正名分。宋·王讜《唐語林·方正》：「公怒，明白召澥，讓之曰：『久聞公名，故超禮分相召，何忽而不至？』澥曰：『必也正名，各司其局，古人所守，某敢忘之？中丞自有賓僚，某走吏也。安得同宴？』」

【必由之路】

由：經由。必定要經過的道路或地方。《西遊記》五九回：「那山離此有六十里遠，正是西方必由之路，卻有八百里火焰，四周圍寸草不生。」也作「必經之路」。經：經過。清·珠泉居士《續板橋雜記·軼事》：「橋北有八角碑亭，乃去來必經之路。」

【必有事實，乃有其文】

一定要有這種事實，才有這種文章。說明作品以現實生活為根據而又反映現實，不能閉門造車。宋·陸游《上辛給事書》：「君子之有文也，如日月之明，金石之聲，江海之濤瀾，虎豹之炳蔚，必有事實，乃有其文。」

【必爭之地】

指敵對雙方必須爭奪的戰略要地。宋·楊億《論靈州事宜》：「若靈武於賊有大利，則是必爭之地。」

【庇護所】

喻指掩護自己、躲避危險的場所。例他把自己的家變成了賭場，變成了流氓阿飛的庇護所。

【畢恭畢敬】

見「必恭必敬」。

【畢力同心】

畢力：竭力，全力；同心：齊心。指齊心合力。唐·陸贄《初收城論詔渾瑊取裹頭內人等狀》：「畢力同心，共平多難。」

【畢其功於一役】

畢：完成。一次行動便完成應分幾步做的全部事情。形容一舉而全功告成。也形容急於求成。例這項工作需要長期的努力，企求畢其功於一役而一勞永逸，是很不現實的。

【蓽路藍縷】

見「篳路藍縷」。

【蓽露藍蔞】。

見「篳路藍縷」。

【蓽門圭竇】

見「篳門圭竇」。

【蓽門委巷】

見「篳門圭竇」。

【篳路藍縷】

篳路：用荊竹編的車，也稱柴車；藍縷：衣裳破爛。《左傳·宣公一二年》：「篳路藍縷，以啟山林。」駕柴車，穿破爛衣裳，以開闢土地。後以「篳路藍縷」形容艱苦創業。宋·劉克莊《饒州新城記》：「昔之人有篳路藍縷而造邦者，有布衣帛冠而強國者。」也作「篳露藍蔞」。藍蔞：同「藍縷」。《史記·楚世家》：「昔我先王熊繹闢在荊山，篳露藍蔞，以處草莽，跋涉山林，以事天子。」也作「蓽路藍縷」。孫中山《建國方略之一》：「其地為蠻荒大陸，內有紅蕃之抵拒，外有強敵以侵凌，篳路藍縷，開始經營。」

【篳門圭竇】

篳門：柴門；圭：玉制禮器，上尖下方或上圓下方，形長；竇：ㄉㄡˋ，孔穴；圭竇：牆上鑿門，上銳下方，其狀似圭。貧者所居之簡陋房舍，也泛指貧苦之家。清·昭槤《嘯亭雜錄·

吉制府之死》：「余嘗往投刺其家，蓽門圭竇，初不知爲曾任封疆者，則公之清介可知也。」也作「蓽門閨竇」。閨竇：同「圭竇」。《左傳・襄公十年》：「蓽門閨竇之人，而皆陵其上，其難爲上矣。」也作「蓽門圭窬」。窬：通「竇」。《禮記・儒行》：「儒有一畝之宮，環堵之室，蓽門圭窬，蓬戶甕牖。」也作「蓽門陋巷」。陋巷：窄狹的街巷，指貧者所居之地。《晉書・劉惔傳》：「家貧，織芒屩以爲養，雖蓽門陋巷，晏如也。」也作「篳門委巷」。篳門：同「蓽門」；委巷：僻陋曲折的小巷。宋・葉適《廷對》：「嗟夫！篳門委巷之士，其勢與力不足以自存矣，可謂微也，而猶不忘於求仁。」也作「篳門圭竇」。《二十年目睹之怪現狀》三四回：「不料這篳門圭竇中，有這等明理女子。」

【蓽門圭窬】
見「蓽門圭竇」。

【蓽門閨竇】
見「蓽門圭竇」。

【蓽門陋巷】
見「蓽門圭竇」。

【閉閤思過】
閤：小門；過：過失。關門反省自己的過錯。《漢書・韓延壽傳》：「是日移病不聽事，因入臥傳舍，閉閤思過。」也作「閉閤自責」。責：責備。《後漢書・吳祐傳》：「民有爭訟者，輒閉閤自責，然後斷其訟，以道譬之。」也作「閉門思過」。《鏡花緣》六回：「小仙自知身獲重罪，追悔莫及，惟有閉門思過，敬聽天命。」也作「閉門思愆」。愆：過失。《三國志・蜀書・來敏傳》注引《諸葛亮集》：「自謂能以敦厲薄俗，帥之以義。今既不能，表退職使閉門思愆。」也作「閉門潛思」。潛：暗中。唐・韓愈《後漢三賢讚三首》：「遂通衆流，閉門潛思。」

【閉閤自責】
見「閉閤思過」。

【閉關卻掃】
見「閉門卻掃」。

【閉關鎖國】
關：關口；國：國門，國境。封閉關口，封鎖國門。指不同他國交往。例一八四〇年的鴉片戰爭，帝國主義用槍炮打破了中國閉關鎖國的狀態。

【閉關投轄】
見「閉門投轄」。

【閉關自守】
緊閉關口，不與別國交往。也泛指與外界隔絕。隋・盧思道《北齊興亡論》：「三秦勍敵，閉關自守。」

【閉口藏舌】
閉：封。閉上嘴巴，藏起舌頭。指輕易不開口講話，很少講話。宋・樓鑰《跋徐神翁眞蹟》：「道成之後，閉口藏舌，何用管人間如許閒事？」

【閉口深藏舌，安身處處牢】
指少說話或閉口不言，就少麻煩而能平安無事。例從那次失言吃虧以後，他就再不多說了，少了許多麻煩，正合著古人兩句言語，道是：「閉口深藏舌，安身處處牢」。

【閉口無言】
閉住嘴不言語。形容自覺理虧而無話可講。例在義正詞嚴的質問下，他理屈詞窮，閉口無言。

【閉門羹】
羹：用肉、菜做成的帶湯汁的濃液食品。唐・馮贄《雲仙雜記》卷一：「史鳳，宣城妓也。待客以等差……下列（等）不相見，以閉門羹待之。」指做羹待客而不與相見。後以「閉門羹」泛指拒絕會面。《孽海花》一三回：「尙書禮賢下士，個個接見，只有會元公來了十多次，總以閉門羹相待。」

【閉門酣歌】
酣：飲酒飲得暢快，引申指盡情。指閉門不出，終日飲宴歡歌。形容沉湎於酒色歌舞，恣意享樂。《南史・徐緄傳》：「緄爲梁湘東王……侍妾數十……飲酒數升，便醉而閉門，盡日酣歌。」

【閉門家裏坐，禍從天上來】
災禍突然降臨。《活地獄》一四回：「我家上不欠皇糧，下不欠私債。閉門家裏坐，禍從天上來。我們男人到底犯了什麼事，你須告訴告訴我。」也作「閉門屋裏坐，禍從天上來」、「閉門家中坐，禍從天上來」、「無事家中坐，禍從天上來」。

【閉門潛思】
見「閉閤思過」。

【閉門卻掃】
卻：停止；卻掃，不再清掃庭院路徑。表示謝絕來客，不與外人往來。晉・司馬彪《續漢書・趙典傳》：「典爲大司農，閉門卻掃，非德不交。」也作「閉關卻掃」。閉關：閉門。宋・秦觀《與鮮于學士書》：「觀以聲聞過情深爲同進所忌，閉關卻掃，罪惡日聞。」

【閉門塞竇】
竇：孔，洞。形容防衛極其嚴密。《宋史・蔡元定傳》：「若有禍患，亦非閉門塞竇所能閉也。」

【閉門塞戶】
關門閉戶。此指關門躲在屋內。唐・李復言《續玄怪錄・張庚》：「吾輩同歡，人不敢望。既入其家門，不召亦合來謁。閉門塞戶，羞見吾徒，呼既不應，何須更召？」

【閉門思過】
見「閉閤思過」。

【閉門思愆】
見「閉閤思過」。

【閉門投轄】
投：扔；轄：安裝在車軸末端的擋鐵，用以擋住車輪，不使脫落。去轄則車不能行。《漢書・陳遵傳》：「遵耆（嗜）酒，每大飲，賓客滿堂，輒關門，取客車轄投井中，雖有急，終不得去。」表示主人殷勤留客。宋．劉克莊《送王實之》：「擬閉門投轄，劇談三日。」也作「閉關投轄」。關：門。清．查愼行《後二日蔣螻廣席上聽歌》：「喜主人，閉關投轄，肯教賓走？」

【閉門謝客】
謝：謝絕。指謝絕客人來訪。例因任務繁重，時間緊迫，他只好閉門謝客，埋頭工作。

【閉門造車】
關起門來造車。宋．朱熹《中庸或問》卷三：「古語所謂閉門造車，出門合轍，蓋言其法之同也。」意指只要按照同一規格關門造的車，出門也能適用。後以「閉門造車」比喻單憑主觀想像辦事，而不管是否符合客觀實際。宋．鄭興裔《合肥志序》：「夫事不師古宜今，而欲有為，譬之閉門造車，未見其合，志曷可廢乎？」也作「閉門斫輪」。斫：砍，削；斫輪：斫雕車輪。明．邵亨貞《南村輟耕錄疏》：「鉤玄提要，匪按圖索驥之空言；考古驗今，得閉戶斫輪之大意。」也作「閉造出合」。出：出門；合：合轍。清．魏源《皇朝經世文編敍》：「法必本於人。轉五寸之轂，引重致千里；莫御之，跬步不前。然恃目巧，師意匠，般、爾不能閉造而出合。」

【閉門斫輪】
見「閉門造車」。

【閉門自守】
關門謹守本業。指不與外界往來。漢．王符《潛夫論．班祿》：「是故官政專公，不慮私家，子弟事學，不幹財利，閉門自守，不與民爭。」

【閉明塞聰】
明、聰：指視覺、聽覺；塞：ㄙㄜˋ，堵。閉上眼睛不看，堵住耳朵不聽。指對外界視若無睹，充耳不聞。漢．王充《論衡．自紀》：「閉明塞聰，愛精自保。」也作「閉目塞聽」。例對現狀不了解，對外界事物不聞不問，閉目塞聽，是無所謂認識的。

【閉目塞聽】
見「閉明塞聰」。

【閉心自愼，終不失過兮；秉德無私，參天地兮】
閉心：靜心斂思；失過：過失；參：合。為人能注意修養、無私，就會有所作為。戰國楚．屈原《九章．桔頌》：「蘇世獨立，橫而不流兮。閉心自愼，終不失過兮；秉德無私，參天地兮。」

【閉眼吃虱子——眼不見為淨】
比喻對厭煩的事物採取迴避態度，自己落得乾淨就行。例由他們去吧！對這件事我是採取閉眼吃虱子——眼不見為淨的態度。

【閉眼睛捉麻雀——瞎碰】
比喻盲目行動，亂碰亂撞。例做事不但目的要明確，而且要有計畫，有方法，只憑一股熱情，就像閉眼睛捉麻雀——瞎碰，是不會成功的。也作「閉眼睛捉麻雀——瞎撞」。

【閉眼聽見烏鴉叫，睜眼看見掃帚星——倒霉透了】
烏鴉叫：迷信的人認為烏鴉叫是不祥之兆；掃帚星：慧星，迷信的人認為出現掃帚星就會發生災難。比喻運氣壞極了。例今年，我沒遇見一件順心的事，眞是閉眼聽見烏鴉叫，睜眼看見掃帚星——倒霉透了。

【閉月羞花】
閉：掩蔽，掩藏；羞：羞澀，含羞。使月亮躲藏，使花兒羞澀。形容女子容貌之美。《雍熙樂府．普天樂．初見曲》：「俏冤家，天生下，沉魚落雁，閉月羞花。」也作「蔽月羞花」。蔽：遮掩。例夫死，所遺一女，姿容絕世，蔽月羞花。也作「月閉羞花」、「羞花閉月」。

【閉造出合】
見「閉門造車」。

【閉著眼睛放炮——瞎崩】
比喻沒有根據地亂說。例說話要實事求是，有根有據，不能閉著眼睛放炮——瞎崩。

【閉著眼睛跳崖——盲目冒險】
比喻不顧危險，胡搞瞎幹。例你要孤身深入敵陣，眞是有點閉著眼睛跳崖——盲目冒險。也作「瞎子跺高蹺——盲目冒險」。

【詖辭知其所蔽，淫辭知其所陷】
詖：偏頗；蔽：掩蓋；淫辭：淫美不信之辭；陷：害，故意使人犯罪也叫陷。對於片面的言辭，要知道它所掩蓋的東西；對於花言巧語，要知道它將怎樣陷害人。《孟子．公孫丑上》：「『何謂知言？』曰：『詖辭知其所蔽，淫辭知其所陷，邪辭知其所離，遁辭知其所窮。』」

【斃而後已】
斃：死；已：止。到死才停息。指努力奮鬥，至死方休。明．田汝成《阿寄傳》：「乃肯畢心憚力，昌振鎡基，公爾忘私，斃而後已，是豈尋常所可及哉！」

【敝竇百出】
竇：孔，洞；敝竇：弊端；百：言其多。發生弊害的漏洞非常多。明．何士晋纂《工部廠庫須知．議册庫》：「署中向無册庫，案卷漫失，且諸胥有所不便，輒恣意竊毀之，稽核無從，敝竇百出。」

【敝鼓喪豚】
敝：壞；豚：小豬。指因病求神而擊壞了鼓，烹死小豬。比喻徒費而無益。《荀子．解蔽》：「故傷於溼而擊鼓痺，則必有敝鼓喪豚之費矣。」

【敝裘羸馬】
敝裘：破舊的皮衣；羸（ㄌㄟˊ）馬：瘦弱的馬。穿著破皮衣，騎著瘦弱的馬。比喻行路艱難。唐．張籍〈行路難〉詩：「湘東行人長嘆息，十年離家歸未得。敝裘羸馬苦難行，僮僕盡飢少筋力。」

【敝帷不棄】

敝：破舊；帷：帷幔，帷帳；棄：捨去。破舊的帷帳也不輕易丟棄。指物雖舊亦自有其用。《禮記・檀弓下》：「敝帷不棄，為埋馬也；敝蓋不棄，為埋狗也。」

【敝屣尊榮】

敝屣：破舊的鞋，喻指微賤之物；尊榮：尊貴榮耀。把尊貴榮耀視如廢物。比喻鄙視榮華富貴。

【敝帚千金】

敝：破舊；帚：笤帚。把破舊的笤帚視如千金一樣貴重。比喻對自家的東西看得很重，當作寶貝。《東觀漢記・光武帝紀》：「家有敝帚，享之千金。」也作「弊帚千金」。三國魏・曹丕《典論・論文》：「夫人善於自見，而文非一體，鮮能備善，是以各以所長，相輕所短。里語曰：『家有弊帚，享之千金。』斯不自見之患也。」

【敝帚自珍】

敝帚：破舊的笤帚；珍：珍惜。自己家裏的舊苕帚，也被視為寶貝，異常珍愛。比喻自家東西雖然不好，但自己卻特別珍視愛惜。朱自清《論雅俗共賞》序：「一位朋友卻說魯迅先生好比大海，大海是不拒絕細流的，他勸我留著，我就敝帚自珍的留著了。」

【蔽聰塞明】

蔽：掩；聰：聽覺；塞：睹；明：視覺。掩住耳朵，擋住眼睛。形容對外界事物不聞不問。魯迅《病後雜談》：「二，是對於現實要『蔽聰塞明』，麻木冷靜，不受感觸。」

【蔽日幹雲】

蔽：遮擋；幹：幹犯。擋住太陽，衝入雲層。形容樹木或建築物高高地聳立著。例山巔奇松怪柏，蔽日幹雲。

【蔽月羞花】

見「閉月羞花」。

【蔽車羸馬】

蔽：破舊；羸：瘦弱。破車瘦馬。比喻家境貧困。《三國志・吳書・劉繇傳》「繇伯父寵為漢太尉」注引司馬彪《續後漢書》：「家不藏賄，無重寶器，恆菲飲食，薄衣服，蔽車羸馬，號為窶陋。」也作「弊車駑馬」。漢・劉向《說苑・臣術》：「臣得煖以飽食，弊車駑馬，以奉其身，於臣足矣。」

【弊絕風清】

弊：弊端，弊病；風：風氣；清：潔淨。各種壞現象絕蹟，社會風氣良好。明・湯顯祖《還魂記・勸農》：「恭喜本府杜太爺，管制三年，慈祥端正，弊絕風清，」也作「風清弊絕」。

【弊衣簞食】

見「弊衣疏食」。

【弊衣疏食】

弊：破舊；疏：粗。破舊的衣服及粗糙的飯食。指生活儉約。《周書・柳虯傳》：「虯脫略人間，不事小節，弊衣疏食，未嘗改操。」也作「弊衣簞食」。簞：ㄉㄧㄢˋ，古代用以盛食物的圓形竹製盛器。《周書・儒林傳論》：「達則不過侍講訓胄，窮則終於弊衣簞食。」

【弊帚千金】

見「敝帚千金」。

【婢學夫人】

見「婢作夫人」。

【婢作夫人】

婢：婢女，舊時被役使的女子。婢女充當夫人。南朝梁・袁昂《古今書評》：「羊欣書如大家婢為夫人，雖處其位，而舉止羞澀，終不似眞。」後因以「婢作夫人」比喻刻意模仿，僅形似而不能神似。清・袁枚《小倉山房尺牘・答雲坡大司寇》：「命枚和作，則斷不敢……勉强為之……有不笑其牙牙學語，婢作夫人者乎！」也作「婢學夫人」。《兒女英雄傳》三六回：「他這日見兩奶奶都帶著雙翠雁兒，也把那只戴在頭上。婢學夫人，十分得意。」

【睥睨窺覦】

睥睨（ㄋㄧˋ）：側目偷視；窺：窺伺，暗中觀望，以待時機；覦：ㄩˊ，覬覦，非分的希望和企圖。暗中察看，企圖乘機達到目的。《宣和書譜・秋月帖》：「〔桓溫〕總戎馬之權，居形勢之地，有睥睨窺覦之意。」

【睥睨物表】

睥睨：斜視，含傲慢意；物表：物外，世俗之外。高傲自大，目空一切，超然物外。《宣和書譜・神仙鍾離權》：「文身跣足，頎然而立，睥睨物表，眞是眼高四海而遊方之外者。」

【睥睨一切】

睥睨：斜視，含傲慢之意。傲視一切人或事物。形容傲慢自負，目空一切。《民國通俗演義》九二回：「小徐驕橫……凌轢政府，睥睨一切。」也作「睥睨一世」。一世：指當代的一切。例虛驕自負，睥睨一世，終一無所成。

【睥睨一世】

見「睥睨一切」。

【髀肉復生】

髀：大腿；復：再，又。大腿上的肉又長起來了。《三國志・蜀書・先主傳》「荊州豪傑歸先主者日益多」注引《九州春秋》：「〔劉〕備曰：『吾常身不離鞍，髀肉皆消。今不復騎，髀裏肉生。日月若馳，老將至矣，而功業不建，是以悲耳。』」後以「髀肉復生」比喻長久過安逸生活，歲月虛度，無所作為。《三國演義》三四回：「玄德自知語失，遂起身如廁。因見已髀肉復生，亦不覺潸然流涕。」

【碧海青天】

碧綠的海，蔚藍的天。形容水天相接，遼闊無際。清・張明弼《冒姬董小宛傳・附冒闢疆影梅庵憶語》：「夜之時逸，月之氣靜，碧海青天，霜縞冰淨。」

【碧落黃泉】
碧落：指高空，天界；黃泉：地下，舊指陰間。從天上到地上，泛指天地間各個角落。唐・白居易《長恨歌》：「上窮碧落下黃泉，兩處茫茫皆不見。」

【碧水青山】
碧綠的水，青翠的山。形容山水景色秀麗。例碧水青山，風景如畫，令人心曠神怡。

【碧水縈迴】
縈（ㄧㄥˊ）迴：旋繞轉折。碧綠的水，迂迴曲折地圍繞著。形容景色的秀美。例一帶竹籬，碧水縈迴，浮萍點點，使人如置身圖畫中。

【碧瓦朱甍】
甍：ㄇㄥˊ，屋脊。綠色的屋瓦，紅色的屋脊。形容建築物的華麗美觀。元・王子一《誤入桃源》二折：「光閃閃貝闕珠宮，齊臻臻碧瓦朱甍。」

【碧血丹心】
《莊子・外物》，萇弘死於蜀，藏其血三年，化而爲碧。」碧：碧玉，碧血，鮮血化爲碧玉。後用以稱爲正義而灑的鮮血；丹心：赤心，忠心。形容滿腔熱血，無限忠心。用以稱頌爲國死難的志士。清・丘逢甲《和平里行》詩：「南來未盡支天策，碧血丹心留片石。」

【箅子上取窩窩頭——十拿九穩】
箅子：有空隙而能起間隔作用的蒸鍑炊具。比喻輕而易舉，極容易得到或做到，很有把握。例決賽的各項工作都做好了，拿到冠軍，對咱們來說是箅子上取窩窩頭——十拿九穩。也作「箅子上抓窩窩——十拿九穩」、「抱在懷裏的西瓜——十拿九穩」、「關門抓雞——十拿九穩」、「籠裏捉鳥——十拿九穩」、「籠屜上抓窩窩——穩拿」、「三個手指拾田螺——穩拿」、「水缸裏摸魚——穩拿」、「順藤摸瓜——十拿九穩」、「神槍手打靶——十拿九穩」、「甕中捉鱉——十拿九穩」、「竹簍裏捉螃蟹——穩拿」、「諸葛亮草船借箭——有把握」。

【壁間猶有耳，窗外豈無人】
猶「隔牆有耳」，即私下裏說的話也難免洩漏。例你別以爲你們做得神不知鬼不覺，殊不知壁間猶有耳，窗外豈無人，你們那事有人知道了。

【壁壘分明】
壁壘：古代軍營四周防禦用的圍牆，喻指對立的事物和界限；分明：淸楚。比喻對立的界限十分淸楚。例雙方各執己見，壁壘分明，論戰激烈。

【壁壘森嚴】
壁壘：古代軍營四周防禦用的圍牆；森嚴：整肅，整飭。形容防守嚴密整飭。例只見城堡聳立，雉堞齒列，壁壘森嚴，敵人望而怯陣。也作「森嚴壁壘」。

【壁裏安柱】
在牆壁裏安上支柱。比喻加强磨練，增强體質。《西遊記》三回：「祖師道：『若要長生，壁裏安柱。』」

【壁立千仞】
壁立：聳立；仞：ㄖㄣˋ，長度單位。古代以七尺或八尺爲一仞。千萬丈高的山岩如同牆壁一樣聳立。形容山岩突兀。《水經注・河水》：「其山惟石，壁立千仞，臨之目眩，欲進則投足無所。」也形容巍然挺立的高大形象。南朝宋・劉義慶《世說新語・賞譽上》：「王公（導）目太尉（虞琮）：岩岩淸峙，壁立千仞。」

【壁上掛魁星——鬼話（畫）】
魁星：我國神話中所說的主宰文章興衰的神；話：「畫」的諧音。①表示對某事件的否定。例別相信，這種所謂的罪行完全是壁上掛魁星——鬼話（畫）。②指沒有人相信的明顯的謊話。例他所說的一切，純係壁上掛魁星——鬼話（畫）。

【壁上觀】
壁：營壘。指在自己的營壘中觀戰，不介入交戰雙方。後比喻袖手旁觀。例讓他們去鬥智鬥勇吧！我們且作壁上觀，看他個熱鬧。也作「作壁上觀」。

【壁頭上掛簾子——不像話（畫）】
見「驢皮貼牆上——不像話（畫）」。

【壁頭上掛團魚——四腳無靠】
團魚：鱉，也叫甲魚，俗稱王八。①比喻一點辦法也沒有。例十年動亂中，他是要溜不能溜，要火不能火，想硬著頭皮假檢討，又找不到詞兒。一時間，竟弄得像壁頭上掛團魚——四腳無靠。②比喻懸空，落不到實處或沒有依靠。例今年的年終獎金還是壁頭上掛團魚——四腳無靠，得趕快想法解決。也作「壁笆上掛團魚——四腳無撈」、「籬壁上掛團魚——四腳無撈」、「牆上掛甲魚——四腳無靠」。

【壁頭上畫春牛——離（犁）不得】
壁頭：牆壁；離：「犁」的諧音。比喻親密無間，不能分開。例小倆口感情很好，形影相依，好像壁頭上畫春牛——離（犁）不得。也作「年畫上的春牛——離（犁）不得」。

【避而不談】
避開不去談論。指有意迴避事實。徐遲《一九六五年〈特寫選〉序言》：「尖銳的矛盾，避而不談，或加水沖淡了。」

【避繁就簡】
避：躲避；就：靠近；繁、簡：繁雜，簡易。指避開繁難的，從事簡易的。例從事一項工作，能否避繁就簡，要視具體情況而定。

【避風港】
避風港：船隻躲避大風浪的港灣。現比喻可以掩護壞人或躲避危險的地方或人事。例他們知法犯法，收受賄賂，成了走私分子的避風港。

【避風頭】

風頭：形勢發展的方向或與個人有利害關係的情況。躲避對自己不利的形勢。《官場現形記》二六回：「我看你還是避避風頭，過一陣子再出來的爲是。」茅盾《蝕・動搖》一：「他和太太商量怎麼躲避外面的風頭，太太以爲應該先請張鐵嘴起一卦，再作道理。」

【避禍就福】

禍：災禍；就：赴，趨。避開災禍，趨向幸福。《雲笈七籤》卷五五：「吉凶善惡，了然知之，避禍就福，所向諧也。」

【避阱入坑】

阱：陷阱。躲開陷阱，又掉進坑裏。比喻過一害，又遭另一害。漢・焦延壽《易林・益》：「避阱入坑，憂患日生」也作「避坑落井」。《晋書・褚翜傳》：「今宜共戮力以備賊，幸無外難，而內自相擊，是避坑落井也。」

【避坑落井】

見「避阱入坑」。

【避勞就逸】

就：靠近；逸：安逸。躲避繁重的勞動，追求安逸享樂的生活。漢・陸賈《新語・道基》：「於是民知輕重，好利惡難，避勞就逸。」

【避難就易】

就：靠近，湊近。指避開困難，挑容易的做。巴金《生之懺悔・我的自剖》：「有些地方你的確說出了我的弱點，比如你說我避難就易地在手法上取巧。」

【避其銳氣，擊其惰歸】

惰：鬆懈；歸：思歸而無心作戰。要善於避開銳氣正盛之敵，而打擊鬆懈思歸之敵。指作戰中要從敵人薄弱環節入手。《孫子・軍爭》：「是故朝氣銳，晝氣惰，暮氣歸。故善用兵者，避其銳氣，擊其惰歸。此治氣者也。」

【避讓賢路】

避，避開；讓：退讓；避讓：辭職的謙詞；賢路：舊指進用有才德之人的路徑。辭職引退，讓位給有才德的人。《史記・萬石張叔列傳》：「願歸丞相侯印，乞骸骨歸，避賢者路。」

【避實擊虛】

實：堅實；虛：虛弱。避開堅實之處，攻擊虛弱之處。指避開敵人主力，攻擊其薄弱環節。宋・辛棄疾《美芹十論・詳戰第十》：「臣以爲天下之勢，避實擊虛，不過如是。」也作「避實就虛」。就：靠近。《清史稿・洪承疇傳》：「若聞我師西進，並且避實就虛，合力內犯。」後也指談論或辦事迴避實質性問題。明・朱之瑜《批古文奇賞四十九條》：「陶淵明（孟嘉傳）……先生於外祖，固難極口讚揚，只稱讚揚之人，而其美自見。此是避實擊虛法。」《魯迅書信集・致臺靜農》：「但執筆之際，避實就虛，顧此忌彼，實在氣悶。」也作「就虛避實」。

【避實就虛】

見「避實擊虛」。

【避世離俗】

逃避塵世，遠離凡俗。指隱居不出仕，不與世人交往。漢・王充《論衡・定賢》：「以清節自守，不降志辱身爲賢乎？是則避世離俗，長沮、桀溺之類也。」

【避嫌守義】

嫌：嫌疑；義：道義。避開嫌疑，保守道德和正義。《三國演義》七三回：「今主公避嫌守義，恐失衆人失望。」

【避凶趨吉】

凶：凶險，不幸；趨：歸；吉：吉祥，吉利。避開凶險，歸向吉利。明・沈鯨《雙珠記・眞武靈隱》：「想伊必是大仙，休咎事曾經明辨，論避凶趨吉，惟人當自仙。」

【避重就輕】

就：靠近，湊近。避開繁難的重大事情，只挑輕鬆的來承擔。也指回避重要問題，只涉及無關緊要的方面。《紅樓夢》一〇二回：「恐將來弄出大禍，所以借了一件失察的事情參的，倒是避重就輕的意思，也未可知。」

【璧合珠聯】

璧：美玉；珠：珍珠。美玉聚在一起，珍珠連成一串。比喻傑出的人才或美好的事物匯集在一處。《兒女英雄傳》二八回：「便是你兩個，當日無心相遇，也想不到今日璧合珠聯，作了同床姐妹。」也作「珠聯璧合」。

【璧聯珠燦】

璧：美玉；珠：珍珠；燦：燦爛。美玉連在一起，珍珠鮮明耀眼。比喻人才或美好的事物匯聚在一處。南朝梁・王僧孺《謝歷表》：「璧聯珠燦，輪映階平。」

【臂長衫袖短】

手臂長，袖子短，捉襟見肘。比喻生活清貧。例這些年他的生活很艱難，眞是臂長衫袖短，吃盡苦頭。

【躄者不忘走，盲者不忘視】

見「跛者不忘履，眇者不忘視」。

ㄅㄧㄝ

【憋上勁】

指對人不滿不能發洩而較勁鬧彆扭。例只爲上次我批評了他幾句，他就一直跟我鬧彆扭，跟我憋上勁了。

【鱉縮頭】

鱉：甲魚。鱉縮頭不出。比喻躲避，怕惹是非。例這人膽小怕事，有點風吹草動，他就來個鱉縮頭，閉門不出。

【鱉咬鱉——一嘴血】

鱉：也叫甲魚或團魚，俗稱王八。鱉咬鱉，各咬住不放，嘴裏都流出血。比喻雙方都是壞傢伙。例兩個人又是吵，又是打，鬧得不可開交。眞是鱉咬鱉——一嘴血。

ㄅㄧㄝˊ

【別抱琵琶】
唐・白居易《琵琶行》：「千呼萬喚始出來，猶抱琵琶半遮面……門前冷落車馬稀，老大嫁作商人婦。」舊時以「別抱琵琶」喻指女子改嫁。清・陳朗《雪月梅傳》二回：「黃氏亦早懷別抱琵琶的念頭，聽了母親的說話，恨不得即時改嫁。」也作「**抱琵琶過別船**」。《剪燈餘話・鸞鸞傳》：「世之抱琵琶過別船者，聞鸞之風，其眞可愧哉！」

【別出機杼】
別：另外；機杼（ㄓㄨˋ）：織布機，比喻詩文的構思和布局。形容詩文的立意構思能另闢途徑，所有創新，不落俗套。宋・樓鑰《跋李伯和所藏書畫〈薄薄酒〉二篇》：「詞人務以相勝，似不若別出機杼。」也作「**自出機杼**」。

【別出心裁】
別：另外；心裁：內心的籌劃、裁斷。另有新的構思、安排。指獨創一格，不同於衆。清・顧觀光《武陵山人雜著》：「敖繼公釋《儀禮》，屏棄古注，別出心裁，於經文有難通處，不以爲衍文，即以爲脫簡。」也作「**別出新意**」。新意：新奇的意境。金・蕭貢《米元章大字卷》：「追摹古人得高趣，別出心意成一家。」

【別出新意】
見「別出心裁」。

【別風淮雨】
「列風淫雨」的誤寫。今本《尚書大傳・周傳》：「別風淮雨」。南朝梁・劉勰《文心雕龍・練字》以爲字當作「列風淫雨」。列與別、淫與淮，字形相近而誤。後因以「別風淮雨」指書籍中錯別字連篇，以訛傳訛。清・趙起杲《聊齋志異例言》：「是書傳鈔既屢，別風淮雨，觸處都有，今悉加校正。」

【別鶴孤鸞】
別：別離；孤：孤獨；鸞：鳳凰一類的鳥。失偶的鶴，孤單的鸞。比喻離散的夫妻。晉・陶潛《擬古》詩：「知我故來意，取琴爲我彈：上弦驚別鶴，下弦操孤鸞。」古琴曲《別鶴》、《孤鸞》內容、情調皆反映夫妻離散的哀怨。也作「別鶴離鸞」。清・紀昀《閱微草堂筆記・槐西雜志四》：「君百計營求，歸吾妻子，恆耿耿不忘。今君別鶴離鸞，自合爲君料理。」

【別鶴離鸞】
見「別鶴孤鸞」。

【別具肺腸】
別：另；具：具有；肺腸：喻指心意，心腸。另有一副心腸。指另有居心，別有企圖。明・陳繼儒《讀書鏡》卷五：「後世嫉賢如仇，諱文若祟，豈別具一肺腸耶！」也作「**別有肺腸**」。《二十年目睹之怪現狀》七七回：「那老太太卻別有肺腸，非但不驚不嚇，還要趕到房裏把席面掃個一空，罵了個無了無休。」也作「**別有他腸**」。《舊五代史・武皇紀下》：「觀主上意，疑僕別有他腸，復何言哉！」也作「**別具心腸**」。例對上阿諛逢迎，表面看是低級趣味，其實是別具心腸。

【別具匠心】
具：具有；匠心：巧妙的心思。多指文學藝術等方面創造性的構思。具有獨到的巧妙的構思。例明亮的大廳裏展出了各種各樣別具匠心的工藝美術品。

【別具爐錘】
爐錘：冶煉和鍛造。指詩文等經過反覆錘煉，具有獨特的高深的造詣。清・龔煒《巢林筆談・陸孫評湖山記遊》：「陸羅源評予《湖山記遊》云：筆墨間無非香氣，町畦外別具爐錘。」

【別具心腸】
見「別具肺腸」。

【別具一格】
格：格調，風格。另有一種獨特的風格。多指詩文、繪畫等的格調與衆不同。貢一梅《絢麗奪目的歷史畫廊》：「李時珍是工藝美術作品中表現較多的題材，但作者匠心獨運，別具一格。」

【別具隻眼】
眼：眼力，觀察事物的能力。比喻具有獨到的眼力和見解。茅盾《清明前後》三幕：「在我們這故事中，他還可以說是『唯一』。然而陳克明教授之所以能別具隻眼，最主要原因還在黃夢英有一位『表親』喬張。」也作「**獨具隻眼**」。

【別開生路】
另開出一條謀生之路。《官場現形記》三五回：「單說何孝先自辦此事以來，居然別開生路，與申大善士一幫旗鼓相當，彼此各不相下。」也指另外開創新的局面、風格或形式。清・吳喬《圍爐詩話》三：「於李、杜、韓後，能別開生路，自成一家者，惟李義山一人。」

【別開生面】
生面：新的面目。唐・杜甫《丹青引贈曹將軍霸》詩：「凌煙功臣少顏色，將軍下筆開生面。」原指畫像經重新繪製，面目一新。後比喻另外開創新的風格風貌或形式。《紅樓夢》六四回：「今日林妹妹這五首詩，亦可謂命意新奇，別開生面了。」也作「**別啟生面**」。啟：開。清・徐乾學《平生壯觀》序：「蓋能擴前人所未發，而別啟生面，豈非快事！」

【別開世界】
世界：指天地間。另外開闢新天地。清・馮鎮巒《讀聊齋雜說》：「排山倒海，一筆數行；福地洞天，別開世界。」

【別開町畦】
見「別開蹊徑」。

【別開蹊徑】
開：開創；蹊徑：小路、途徑。指另外開闢一條小路。比喻另外創立一種不同的風格或新的方法。清・黃子云《野鴻詩的》七七：「〔謝〕康樂於漢、魏外，別開蹊徑，舒情綴景，暢達理旨。」也作「別尋蹊徑」。尋：尋求也。清・王夫之《薑齋詩話・夕堂永日緒論內編二七》：「近則王謔庵承其下游，不恤才情，別尋蹊徑，良可惜也。」也作「別開町畦」。町畦：田塍，田界。比喻規格，界限。清・查慎行《題王石谷瀟灑雨意圖卷》：「今觀所畫殊不爾，灑落別自開町畦。」

【別來無恙】
別：分別；恙：ㄧㄤˋ，病。分手以來，一直很好吧？舊時用作久別重逢時的問候語。《東周列國志》一五回：「公子別來無恙，今將何往？」

【別啟生面】
見「別開生面」。

【別饒風趣】
饒：富於；風趣：風味情趣。另有一番吸引人的風趣。形容語言或文章幽默非常生動。例這本書中的每篇故事都很引人入勝，別饒風趣，深受讀者歡迎。

【別人家裏的肉，哪裏煨得熱】
煨：ㄨㄟ，放在炭火裏燒熟。比喻非親生的子女親熱不起來。《二刻拍案驚奇》卷三二：「〔胡鴻〕便問家人道：『可惜大爺青年短壽，今不曾生得有長子，還與他立個繼嗣麼？』家人道：『立是少不得立他一個，總是別人家裏的肉，哪裏煨得熱？所以老爺還不曾提起。』」

【別人嚼過的饃不香】
吃別人嚼過的饅頭沒什麼味道。比喻事情不經過自己的實踐，體會不出其中的眞諦。例當主管不能光靠彙報材料，只有到實際工作中去考察，才能摸清情況。別人嚼過的饃不香啊。

【別人求我三春雨，我去求人六月霜】
別人求我時，我像春天的雨水一樣熱情；我求別人時，卻像六月下霜那樣冷酷。比喻求人辦事的困難。《警世通言》卷二五：「桂遷恐怕又說，慌忙道：『足下來意，我已悉知，不必多說，恐他人聞之，爲吾之羞也。』說罷，先立起身來，施還只得告辭道：『暫別台顏，來日再來奉候。』桂遷送至門外，舉手而退。正是：別人求我三春雨，我去求人六月霜。」

【別生枝節】
枝節：小枝杈，引申爲次要或橫生旁出的事情。比喻在意料不到之處又生出新問題。《鏡花緣》一二回：「設或命運坎坷，從中別生枝節，拖延日久，雖要將就了事，欲罷不能。」也作「節外生枝」。

【別時容易見時難】
見「別易會難」。

【別樹一幟】
樹：豎立；幟：旗幟。另外豎起一面旗幟。比喻另創新路或自成一家。清・王之春《椒生隨筆・鏡花緣》：「小說之《鏡花緣》，是欲於《石頭記》外，別樹一幟者。」

【別無長物】
長物：多餘的東西。除此之外，再也沒有別的東西了。形容家裡空無所有，沒有值錢的物品，極其貧困。《二刻拍案驚奇》卷三九：「其家乃是個貧人，房內只有一張大几，四下一看，別無長物。」

【別尋蹊徑】
見「別開蹊徑」。

【別易會難】
別：離別；會：見面。離別容易，見面卻難。多用以表示不忍離別而流露的傷感情緒，宋・吳曾《能改齋漫錄・別易會難》：「別易會難，古人所重；江南餞送，下泣言離。」也作「別時容易見時難」。五代・李煜《浪淘沙》：「無限江山，別時容易見時難。」

【別有洞天】
見「別有天地」。

【別有肺腸】。
見「別具肺腸」。

【別有風味】
風味：美好的口味，引申指事物的特色。另有一種情調、特色。《鏡花緣》六八回：「若到桂花盛開之時，襯著四圍青翠，那種幽香都從松陰中飛來，尤其別有風味。」也作「別有風緻」。風緻：風格，情趣。清・陶元藻《越畫見聞・徐渭》；「工畫，殘菊敗荷，爐瓶彝鼎之屬，皆古質淡雅，別有風緻。」

【別有風緻】
見「別有風味」。

【別有會心】
會心：領會，領悟。另有深切獨到領會。清・梁章鉅《歸田瑣記・曼雲先兄家傳》：「自言窮經非力所能，雜考據亦性所不近，惟論史及論詩，似別有會心之處。」

【別有乾坤】
見「別有天地」。

【別有他腸】
見「別具肺腸」。

【別有天地】
天地：指境界。另有一種境界。形容風景淸幽雅致，引人入勝。《鏡花緣》六回：「二人出洞朝外一望，果然羣花齊放，四處青紅滿目，艷麗非常，迴然別有天地。」也作「別有洞天」。洞天：道教指神仙居住的地方。宋・王炎《水調歌頭》詞：「傍江亭，窮杳靄，踞巉岩。水深石冷，聞道別有洞中天。」也作「別有乾坤」。乾坤：泛指天地。《金瓶梅詞話》一回：「洞府無窮歲月，壺中別有乾坤。」也作「別有天地非人間」。明・張岱《快園記》：「如入瑯嬛福地，痴龍護門，人跡罕到，大父稱之謂別有天地非人間也。」

【別有天地非人間】

見「別有天地」。

【別有用心】

指另有不可告人的動機、企圖。魯迅《十四年的「讀經」》：「他們的主張，其實並非那些笨牛一般的眞主張，是所謂別有用心。」

【蹩腳貨】

指質地差的東西或品德差的人。例這東西倒是便宜，不過都是些蹩腳貨。

【蹩腳郎中——頭痛醫頭，腳痛醫腳】

蹩腳：〈方〉本領不強；郎中：中醫醫生。比喻忙於應付，缺乏通盤考慮，未能解決問題。例蹩腳郎中——頭痛醫頭，腳痛醫腳，不能解決問題，應從長遠利益著眼，通盤考慮。

ㄅㄧㄝˇ

【癟肚臭蟲——要叮人】

癟：不飽滿；癟肚臭蟲：餓著肚子的臭蟲。比喻壞人要傷害人。例楊大爺說得對，癟肚臭蟲——要叮人，李二楞每次案發之後，總是亂咬人。也作「**蚊子唱小曲兒——要叮人**」。

【癟瓜子——不誠（成）實】

誠：「成」的諧音。比喻爲人虛假，言行不一。例他說的話，你可千萬不能相信，他經常像個癟瓜子——不誠（成）實。

ㄅㄧㄠ

【標槍比賽——寸土必爭】

標槍：田徑賽項目之一。比賽時，將槍從肩上方擲出，槍尖須先著地，落入規定區域內遠者爲勝。比喻在對敵鬥爭中，哪怕是一寸土地或陣地都要進行爭奪。例放棄這個陣地？不行，標槍比賽——寸土必爭嘛！我們下定決心了。

【標同伐異】

標：助；同：指意見相同而結爲一伙；伐：排斥，打擊；異：與己意見不同者。維護、偏袒同派，攻擊、排斥異己。南朝宋・劉義慶《世說新語・輕詆》：「謝鎭西書與殷楊州，爲眞長求會稽。殷答曰：『眞長標同伐異，俠之大者。常謂使君降階爲甚，乃復爲之驅馳邪？』」

【標新創異】

見「標新立異」。

【標新競異】

見「標新立異」。

【標新立異】

標：表明，顯示；異：獨特，與衆不同；立異：持不同的見解。南朝宋・劉義慶《世說新語・文學》：「支道林在白馬寺中，將馮太常共語，因及《逍遙》，支卓然標新理於二家（指郭象、向秀）之表，立異義於衆賢之外。」原指獨創新意，立論與他人不同，後多指提出新奇的見解和主張。巴金《春》五：「人家都這樣講，這樣做，要是你一個人偏偏標新立異，人家就要派你不是了。」也作「**標新領異**」。清・鄭燮《濰縣署中與舍弟第五書》：「侯朝宗古文，標新領異，指畫目前，絕不受古人羈紲。」也作「**標新競異**」。清・平步青《霞外攈屑・文人害國》：「得一二標新競異之文，安得不極賞之而亟拔之。」也作「**標新創異**」。清・李漁《閒情偶寄・房舍第一》：「以構造園亭之勝事，上之不能自出手眼，如標新創異之文人，下之至不能換尾移頭，學套腐爲新之庸筆，尚囂囂以鳴得意，何其自處之卑哉！」也作「**標新取異**」。《隋唐演義》二八回：「秦妃子既能標新取異，剪彩爲花，與湖山增聖，衆美人還只管歌這些舊曲，甚不相宜。」

【標新領異】

見「標新立異」。

【標新取異】

見「標新立異」。

【彪炳千古】

彪炳：形容文采煥發；千古：千年萬代，指年代悠久，形容偉大的功德流傳千秋萬代。例民族英雄岳飛的事蹟彪炳千古，永放光芒。

【彪形大漢】

彪：小老虎；彪形：比喻身體魁偉，體如虎樣的大漢。指身材高大、健壯的男子。《痛史》一一回：「金奎也選了二十名彪形大漢，教他們十八般武藝。」

【飆發電舉】

見「飆舉電至」。

【飆舉電至】

飆：暴風。形容來勢洶洶，迅速猛烈。漢・桓寬《鹽鐵論・世務》：「匈奴貪狠，因時而動，乘可而發，飆舉電至。」也作「**飆風電舉**」。《明史・戚繼光傳》：「大猷老將務持重，繼光則飆發電舉，屢摧大寇，名更出大猷上。」

ㄅㄧㄠˇ

【表裏河山】

見「表裏山河」。

【表裏精粗】

表裏：表裏和內裏；精粗：精密和粗疏。形容事物的各個方面。宋・朱熹《大學補傳》：「至於用力之久，而一旦豁然貫通焉，則衆物之表裏精粗無不到。」

【表裏如一】

表：外表；裏：內裏，指內心。外表與內心一樣。形容思想和言行完全一致。《朱子語類》卷一三二：「王龜齡學也粗疏，只是他天資高，意思誠愨，表裏如一。」也作「**表裏一致**」。明・王守仁《教條示龍場諸生》：「稱人之善而咎己之失，從人

之長而明己之短，忠信樂易，表裏一致者，使其人資稟雖甚魯鈍，儕輩之中，有弗稱慕之者乎？」

【表裏山河】

表：外；裏：內。外有河，內有山。《左傳·僖公二八年》：「戰而捷，必得諸侯；若其不捷，表裏山河，必無害也。」杜預注：「晉國外河而內山。」河：指黃河；山：指太行山。後泛指外有大河，內有高山，以爲屛障，難攻易守，地勢十分險要。晉·潘尼《東武館賦》：「表裏山河，出入襟帶。」也作「**表裏河山**」。《後漢書·隗囂傳》：「[王]元說囂曰：『案秦舊迹，表裏河山，元請以一丸泥爲大王東封函谷關，此萬世一時也。』」

【表裏受敵】

表裏：內外。指內外受到敵人攻擊。《周書·楊忠傳》：「攻守勢殊，未可卒拔，若引日勞師，表裏受敵，非計也。」

【表裏爲奸】

表裏：內外；奸：狡詐，邪惡。內外勾結做壞事。《廿載繁華夢》二八回：「那姓周的在庫書內，不知虧空了多少銀子，他表裏爲奸，憑這個假冊子，要來侵吞款項。」也作「**表裏作奸**」。清·葉夢珠《閱世編·士風》：「當事者往往縱情任意，甚而惟賄是求，訟師衙蠹，表裏作奸，賦役繁興，獄訟滋擾。」

【表裏相合】

表裏：內外；合：應合。內外互相應合。春秋，呂尚《陰符》：「左右有水，前有大阜，後有高山，戰於雨水之間，乘敵過邑，是謂表裏相合。」也作「**長里相應**」。漢·劉弗陵《賜燕王旦璽書》：「劉氏不絕若發，賴絳侯等誅討賊亂，尊立孝文，以安宗廟；非以中外有人，表裏相應故邪。」

【表裏相濟】

表裏：內外；濟：增益，補益。內外互相補益。宋·王安石《上邵學士書》：「文貫乎首，仁思義色，表裏相濟者，其孰能至於此哉？」

【表裏相依】

表：表面；里，內在；依：依存。指內外相互依存。《資治通鑑，秦紀》：「形勢相資，表裏相依。」

【表裏相應】

見「表裏相合」。

【表裏一致】

見「表裏如一」。

【表裏作奸】

見「畏裏爲奸」。

【表壯不如裏壯】

表：指丈夫；里：指妻子。丈夫再有本事，也不如妻子善管家。《水滸傳》二四回：「武松再篩第二杯酒，對那婦人說道：嫂嫂是個精細的人，不必用武松多說。我哥哥爲人質樸，全靠嫂嫂做主看覷他。常言道：『表壯不如裏壯』。嫂嫂把得定家，我哥哥煩惱做甚麼？」

【婊子立牌坊——假正經】

婊子：妓女；牌坊：形狀像牌樓的建築物，舊時用來紀念封建禮教所謂的忠孝節義的人物。比喻假裝正派。例劊子手也大談人道主義，這純粹是婊子立牌坊——假正經。也作「**老虎念經——假正經**」、「**狐狸戴禮帽——假裝正經**」、「**王八敬神——假正經**」、「**婊子掛起貞節牌——假裝正經**」。

【婊子罵娼——一路貨】

婊子、娼：妓女。比喻全屬同一類人。含輕蔑的意思。例新、老殖民主義者之間的相互指責，就像婊子罵娼——一路貨。也作「**南瓜花炒雞蛋——對色的貨**」、「**青秫稭打落——一路貨**」、「**同窰燒的缸瓦——一路貨色**」、「**烏龜找甲魚——一路貨**」、「**黃鼠狼生鼬子——一路貨**」。

【裱糊匠上天——胡（糊）云】

裱糊匠：以裱糊字畫或牆壁、頂棚等爲業的工匠；胡：「糊」的諧音；云：說。比喻胡言亂語。例敵人可以變朋友，朋友可以變敵人，這眞是裱糊匠上天——胡（糊）云。也作「**滿天刷漿糊——胡（糊）云**」、「**半空中抹漿子——胡（糊）云**」。

ㄅㄧㄢ

【邊幅不修】

見「不修邊幅」。

【砭人肌骨】

砭：舊稱石針，古以針刺治病，引申爲刺；肌：肌膚。形容冰雪寒風等如針扎一樣刺入肌膚骨髓內。比喻冷極或痛極。宋·歐陽修《秋聲賦》：「其容清明，天高日晶；其氣凜冽，砭人肌骨。」

【鞭不及腹】

及：達到。《左傳·宣公十五年》：「雖鞭之長，不及馬腹。」意謂鞭子雖長，但不該打到馬肚子上。即馬腹非鞭擊之處。後以「鞭不及腹」比喻力量達不到。《宋史·李宗勉傳》：「荊襄殘破，淮西正當南北之交，嵩之當置司淮西，則脈絡相達，可以應援，邈在鄂渚，豈無鞭不及腹之慮。」也作「**鞭長莫及**」。清·昭槤《嘯亭染錄，魏柏鄉相公》：「滇、黔、蜀、粵地方邊遠，今將滿兵遽撤，恐一旦有變，有鞭長莫及之虞。」也作「**鞭長難及**」。梁啟超《新民說》——一節：「若夫專制之國，雖有一二聖君賢相徇公廢私，爲國民全體謀利益，而一國之大，鞭長難及，其澤之眞能遍逮者，固已希矣。」也作「**鞭長不及**」。清·侯方域《代司徒公屯田奏議》：「鞭長不及，漁侵莫問。」也作「**鞭長不及馬腹**」。魯迅《兩地書》五：「相距又遠，鞭長不及馬腹，也還是姑且記在帳上吧。」

【鞭長不及】

見「鞭不及腹」。

【鞭長莫及】

見「鞭不及腹」。

【鞭長難及】

見「鞭不及腹」。

【鞭笞天下】

笞：ㄔ，用竹板或荊條打；鞭笞；鞭撻。指驅使天下之人。漢・賈誼《過秦論》：「履至尊而制六合，執敲捕以鞭笞天下。」

【鞭打快牛——忍辱負重】

比喻忍受屈辱，承擔重任。例我認爲鞭打快牛——忍辱負重，是一件光榮的事。何況我工作的準則是只求問心無愧，別無所圖。

【鞭鸞笞鳳】

鞭笞：鞭打，指驅使。指仙人騎鸞鳳行走。唐・韓愈《奉酬盧給事云夫四兄曲江荷花……詩》：「上界眞人足官府，豈如散仙鞭鸞笞鳳終日相追陪。」

【鞭墓戮尸】

戮：ㄌㄨˋ，殺戮。鞭其墳，戮其尸。比喻極加凌辱以泄憤。《後漢書・蘇不韋傳》：「鞭墓戮尸，以舒其憤。」

【鞭炮兩頭點——想（響）到一塊了】

見「同吹兩把號——想（響）到一塊了」。

【鞭擗向裏】

見「鞭辟近裏」。

【鞭辟近裏】

鞭：鞭策；辟：ㄅㄧˋ，透徹；近裏：裏層，深處。鞭策剖析到最裏層，指做學問切實，深入精微。後多以之形容言辭或文章說理深刻、透徹。清・李顒《答顧寧人書》：「鞭辟近裏一言實吾人頂門針，對症藥。」也作「鞭辟入裏」。入：進入。朱自清《山野掇拾》：「他們的思力不足，不足剖析入微，鞭辟入裏。」也作「鞭辟著裏」。清・李顒《兩庠匯語》：「一則文字知見義襲於外，原不曾鞭辟著裏，眞參實悟。」也作「鞭辟向裏」。明・王守仁《寄鄒謙書》：「隨處體認天理之說，大約未嘗不是，只要根究下落，即未免捕風捉影，縱鞭辟向裏，亦與聖門致良知之功，沿隔一塵。」也作「鞭擗向裏」。擗：ㄆㄧˇ，剖析。宋・張栻《答胡季隨書》：「近來士子肯向學者，亦時有之，但實作工夫耐久者極難得也。且是要鞭擗向裏，如此下工，方自覺病痛也。」也作「鞭約近裏」。約：約束。宋・朱熹《答范伯崇書》：「凡事自立章程，鞭約近裏，勿令心志流漫。」

【鞭辟入裏】

見「鞭辟近裏」。

【鞭辟向裏】

見「鞭辟近裏」。

【鞭辟著裏】

見「鞭辟近裏」。

【鞭約近裏】

見「鞭辟近裏」。

【鞭子抽螞蟻——揀小的欺】

比喻專門欺負弱小的人。例王二金在村里橫行霸道，特別是喜歡鞭子抽螞蟻——揀小的欺。

【鞭子雖長，不及馬腹】

見「鞭不及腹」。

ㄅㄧㄢˇ

【貶惡誅邪】

貶：貶斥；惡：惡人；邪：邪佞。貶斥誅除邪佞小人。《紅樓夢》一回：「因見上面，雖有指奸責佞，貶惡誅邪之語，亦非罵世之旨。」

【扁擔插進橋洞裏——擔不起】

雙關語。①比喻負不起責任。例這麼大的事情，需要大家一塊兒商量解決，讓我一個人處理，可眞是扁擔插進橋洞裏——擔不起。②比喻不敢當。例孩子還小，您這樣誇獎他，他可是扁擔插進橋洞裏——擔不起。也作「橋孔裏插扁擔——擔不起」。

【扁擔開花——沒有的事】

不可能發生的事。表示對某些說法的否定。例有消息說，希特勒還活著，這簡直是扁擔開花——沒有的事。也作「牛長麟，馬長角——沒有的事」、「螞蟻長毛——沒有的事」、「陰溝裏翻船——沒有的事」。

【扁擔沒扎，兩頭失塌】

扎：扁擔兩端絆繩索口的栓；失塌：滑落下來。比喻兩頭落空。例你別想一天兼兩份工作，一個人的體力是有限的，可別扁擔沒扎，兩頭失塌。也作「扁擔沒扎，兩頭打塌」、「扁擔無扎，兩頭失塌」。

【扁擔上睡覺——想得寬】

扁擔很窄，要在扁擔上睡覺，是把扁擔想得過於寬闊了。雙關語。比喻白費心思，空想。有時比喻心胸開闊，不計較或不牽掛什麼。例「只要有幾個球星參加到我們隊裏來，勝利就有希望了。」「你別扁擔上睡覺——想得寬吧！」也作「檁條上翻身——想得倒寬」、「牆頭上睡覺——想得寬」、「枕著扁擔睡覺——想得寬」。

【扁擔上睡覺——玄啊】

玄：危險。扁擔很窄，在上面睡覺，容易掉下來。比喻做事情有風險，不安全。例海上正刮八級大風，他們還堅持出海，眞是扁擔上睡覺——玄啊！

【扁擔挑彩燈——兩頭美】

比喻兩全其美。例你這次旣出色地完成了上司交辦的任務，又學到了許多基本的知識，眞是扁擔挑彩燈——兩頭美。

【扁擔挑柴火——心（薪）掛兩頭】

薪：柴火，「心」的諧音。比喻一心

二用，既想這個，又掛念那個。例小琳工作一向積極，只是由於最近小孩病了，免不了常常往家裏跑，到家後又想著公司的工作，眞是扁擔挑柴火——心（薪）掛兩頭。也作「**扁擔挑水——心掛兩頭**」。

【扁擔挑燈籠——兩頭明】

比喻對某件事雙方心裏明白。例究竟是誰幹的這件蠢事，你兩人不要再裝糊塗了，扁擔挑燈籠——兩頭明，別等著人來點破了。

【扁擔無扎——兩頭耍滑】

扎：扁擔兩端絆繩索的栓。雙關語。比喻圓滑而狡詐。例故人佯裝採取聲東擊西，實際上採取東進西撤的戰術，眞是扁擔無扎——兩頭耍滑。也作「**一手抓泥鰍，一手逗鱔魚——兩頭耍滑**」。

【扁擔砸槓子——直打直】

雙關語。比喻爲人直爽，直來直去。例老栓子的性格是扁擔砸槓子——直打直，村里人人都喜歡他，敬重他。

【扁豆繞在竹竿上——有靠】

雙關語。比喻有可以依靠的對象。例馮大媽參加了養老保險，後半輩子的生活是扁豆繞在竹竿上——有靠了。

ㄅㄧㄢˋ

【抃風儛潤】

抃：鼓掌；儛（ㄨˇ）：通「舞」；潤：雨水。爲和風歡欣鼓掌，爲甘雨翩翩起舞。比喻相互契合、融洽。《宋・孔覬傳》：「直山淵藏引，用不遐棄，故得抃風儛潤，憑附彌年。」

【變白以爲黑兮，倒上以爲下】

把白的說成是黑的，把上顚倒爲下。指混淆黑白，顚倒是非。戰國楚・屈原《九章・懷沙》：「變白以爲黑兮，倒上以爲下；鳳凰在笯兮，鷄鶩翔舞。」

【變本加厲】

本：原來的；厲：猛烈。南朝梁・蕭統《文選・序》：「蓋踵其事而增華，變其本而加厲。」原意指事物變化得比原來的有所發展，後指變得比原來更加嚴重。含貶意。魯迅《看圖識字》：「然而我們這些蠢才，卻還在變本加厲的愚弄孩子。」

【變風改俗】

見「變風易俗」。

【變風易俗】

風，俗：風氣，習俗；易：改。改變舊的社會風氣和習慣。《史記・平津侯主父列傳》：「貴仁義，賤權利，上篤厚，下智巧，變風易俗，化於海內，則世世必安矣。」也作「**變俗移風**」。北周・庾信《象戲賦》：「可以變俗移風，可以莅官行政。」也作「**變風改俗**」。漢・王符《潛夫論・三式》：「故凡欲變風改俗者，其行賞罰者也，必使足驚心破膽，民乃易視。」

【變服詭行】

變：更換；詭：詭秘，隱密。改換服裝，秘密趕路。唐・韓愈《淸邊郡王楊燕奇碑文》：「變服詭行，日倍百里。」

【變古亂常】

古：過去的，舊有的；亂：打亂。改變和打亂舊有的正常的準則。宋・王楙《野客叢書・張輔妄論班史》：「語曰：『變古亂常，不死則亡。』」

【變故易常】

故：過去的；易：改變。改變過去的傳統的法則、習慣和規則。《周書・顏之儀傳》：「變故易常，乃爲政之大忌；嚴刑酷罰，非致治之弘規。」

【變化不測】

測：測度，預測。變化異常複雜，難以預測。《鏡花緣》一回：「且神道變化不測，亦難詳其底細。」也作「**變化莫測**」。莫：不。《楊家將演義》二五回：「七十二座天門陣變化莫測，晝則淒風冷雨，夜則鬼哭神號。」

【變化多端】

見「變化萬端」。

【變化莫測】

見「變化不測」。

【變化萬端】

萬：言其多；端：頭緒，方面。指變化極多。《魯迅書信集・致程琪英》：「這七八年來，眞是變化萬端，單就北新而論，就已被封過兩回門。」也作「**變化多端**」。《魯迅書信集・致曹請華》：「舊朋友是變化多端，幾乎不剩一個了。」

【變化無常】

常：準則，規律。形容變化不定，不可捉摸。晋・釋僧肇《涅槃無名論・位體》「動而逾寂，際而彌彰，出幽入冥，變化無常。」

【變化無方】

方：方向，也指規則。變化多種多樣，無一定規則。形容變化靈活，使人難以捉摸。明・謝讜《四喜記・禍禳左道》：「帳下張鸞卜吉，他二人變化無方，瘸師左黜，神通不測。」

【變化無窮】

窮：窮盡。變化不斷，無窮無盡。形容變化極多。《楊家將演義》五七回：「如今三公子神通廣大，變化無窮。」

【變化有時】

有時：有一定的時期。指隨時間的發展而發生變化。《史記・秦始皇本紀》：「去就有序，變化有時。」

【變幻不測】

見「變幻莫測」。

【變幻莫測】

變幻：沒有規律的變化：測：測度，推測。變化多端，難以預測。形容事物極其複雜多變。《封神演義》四四回：「吾『紅水陣』內奪壬癸之精，藏天乙之妙，變幻莫測。」也作「**變幻不測**」。《野叟曝言》一一〇回：「日輪之上，射出數百道光芒，俱如赤線，每道長百千萬丈，閃爍如電，變幻不測。」

【變幻無常】

變幻：沒有規律的變化；常：常規，一定的規則。指事物經常變化，無常規可循。明・蔡羽《遼陽海神傳》：「琪花寶樹，仙音法曲，變幻無常，耳目應接不暇。」

【變跡埋名】

跡：蹤跡，行蹤；埋：隱蔽。改變行蹤，隱姓埋名，不令人知。明・梅鼎祚《玉合記・詗約》：「雖已變跡埋名，還要棄家訪道。」

【變名易姓】

變、易：改。改名換姓。多指爲了隱瞞原來的身分。《史記・貨殖列傳》：「[范蠡]乃乘扁舟浮於江湖，變名易姓，適齊爲鴟夷子皮，之陶爲朱公。」也作「**改名換姓**」。

【變起蕭牆】

變：變亂，事變；蕭牆：古代宮室內當門的小牆，照壁，比喻爲內部。指禍亂發生於內部。明・湯顯祖《南柯記・疑懼》：「衅生他族，變起蕭牆。」參見「禍起蕭牆」。

【變色龍】

變色龍：蜥蜴類動物，能變換皮膚的顏色，以適應周圍的環境，保護自己，避開天敵。比喻看風使舵巧言令色的投機分子。例王力明這種見風轉舵的個性，再配上背後中傷他人的行止，根本就是個不折不扣的變色龍。

【變色易容】

變、易：改變；色、容：臉色。改變臉色。形容驚慌失措的樣子。《戰國策・秦策三》：「是日見范睢，見者無不變色易容。」

【變色之言】

變色：改變臉色，指發怒。形容變臉發怒時說的話。《漢書・匡衡傳》：「朝有變色之言，則下有爭斗之患。」

【變生不測】

變：變故；不測：意外，無法預測。變故發生於意料之外。指變故突然發生，令人難以預料。《兒女英雄傳》三五回：「只看世上那班分明造極登峯的，也會變生不測；任是爭強好勝的，偏逢用違所長。」也作「**變生意外**」。意外：意料之外。元・蘇天爵《元朝名臣事略・樞密赴文正公》：「時甫罹大變，衆心未一，事機少忽，變生意外。」

【變生意外】

見「變生不測」。

【變生肘腋】

變：變故；肘：ㄓㄡˇ，人的上臂與前臂交接部分，即胳膊肘兒；腋（ㄧˋ）：即胳肢窩；肘腋：比喻切近的地方。比喻禍患發生在身邊。宋・辛棄疾《美芹十論》：「不幸變生肘腋，事乃大謬。」

【變俗移風】

見「變風易俗」。

【變態百出】

態：形態，姿態；百：言其多。指各種各樣的變化。《舊唐書・藝文志》：「歷代盛衰，文章與時高下，然其變態百出，不可窮極，何其多也。」

【變危爲安】

變危難爲平安。宋・司馬光《論周琰事乞不坐馮浩狀》：「陛下當此之時變危爲安，變亂爲治，易於返掌。」

【變戲法】

變戲法：表演魔術。比喻玩弄騙人手腕。老舍《四世同堂，饑荒》八二：「[瑞全]討厭這種鬼鬼祟祟的變戲法的人。他不是堂堂正正的作戰，而是兒戲。」

【變戲法的本領——全憑手快】

比喻辦事手腳要伶俐，行動要迅速。例她一下子就把文件印出來了，秘訣就是變戲法的本領——全憑手快。

【變心易慮】

心：意念，念頭；易：更改；慮，考慮，打算。改變念頭，另作考慮。《史記・張儀傳》：「乃且愿變心易慮，割地謝前過以事秦。」

【變形的鋼板——難校正】

比喻不易改正。例一旦染上惡習，就像變形的鋼板——難校正。

【變徵之聲】

徵：ㄓˇ，我國古代五聲音階的第四音級，徵調變化，常作悲壯之聲。泛稱悲壯的曲調。《史記・刺客列傳》：「高漸離擊筑，荊軻和而歌，爲變徵之聲，士皆垂淚涕泣。」

【變嘴臉】

改變臉色，即翻臉，改變態度。例他說話沒有信用，雙方商量好的事也會變嘴臉。

【便宜從事】

見「便宜行事」。

【便宜施行】

見「便宜行事」。

【便宜行事】

便宜：方便適宜。根據實際情況，自行斟酌處理，不需請示。《官場現形記》一二回：「既然大權交代與你，你就得便宜行事。」也作「**便宜從事**」。《三國演義》四五回：「汝既爲水軍都督，可以便宜從事，何必稟我。」也作「**便宜施行**」。《史記・蕭相國世家》：「即不及奏上，輒便宜施行。」

【遍地開花】

遍：到處。比喻好的事物全面開展，到處呈現。例大賽前，教練鼓舞球員道：「拿出幹勁來，沉著應戰，這次的比賽我們保證能夠遍地開花。」

【遍身羅綺者，不是養蠶人】

羅綺：泛指絲織品。原指勞而不獲，獲而不勞的社會不公正現象。後也指身著綾羅者，不知絲從何來。宋・張瑜《蠶婦》詩：「昨日入城市，歸來淚滿巾；遍身羅綺者，不是養蠶人！」

【遍體鱗傷】

遍：全；鱗傷：傷痕遍布如魚鱗。渾身傷痕如同魚鱗一樣密。形容傷勢極重。《痛史》一一回：「這人卻也生得身材高大……只可憐已是打的遍體鱗傷了。」

【辯才無礙】

辯才：善於辯說的口才；礙：滯礙。本爲佛教用語，指菩薩爲人說法，義理圓通，言語流暢，毫無滯礙。唐・玄奘《大唐西域記・鉢羅耶迦國》：「提婆菩薩自南印度至此伽藍，城中有外道婆羅門，高論有聞，辯才無礙，循名責實，反質窮辭。」後泛指能言善辯。《孽海花》一三回：「這可見韻高的辯才無礙，說得頑石點頭了。」也作「**辯才無閡**」。閡：阻滯，阻礙。南朝梁・王筠《國師草堂寺智者約法師碑》：「顯證一乘，宣揚三慧，辯才無閡，遊戲神通。」也作「**辯才無滯**」。滯：阻滯，不流暢。《維摩詰所說經・文殊師利問疾》：「辯才無滯，智慧無礙」。

【辯才無閡】

見「辯才無礙」。

【辯才無滯】

見「辯才無礙」。

【辯口利辭】

利：尖銳，鋒利。能言善辯，言辭鋒利。《後漢書・曹世叔妻傳》：「夫云婦德，不必才明絕異也；婦言不必辯口利辭也。」

【辯口利舌】

利：尖銳，鋒利。形容人能言善辯。漢・王充《論衡・物勢》：「亦或辯口利舌，辭喻橫出爲勝；或詘弱綴跲，蹥蹇下比爲負。」

【辯說屬辭】

屬辭：撰文。以詭辯不實的言論撰文。《韓非子・存韓》：「辯說屬辭，飾非詐謀，以釣利於秦，而以韓利闚（窺）陛下。」

ㄅㄧㄣ

【賓客滿門】

見「賓客盈門」。

【賓客如雲】

如雲：如雲之聚積，形容多。形容來客非常多。《古今小說》卷二九：「又制下佈衣一襲，每逢月朔月望，卸下鉛華，穿著布素，閉門念佛；雖賓客如云，此日斷不接見，以此爲常。」

【賓客盈門】

盈：充滿。客人充滿門庭。形容來客非常多。《舊唐書・竇威傳》：「時諸兄并以軍功致仕通顯，交結豪貴，賓客盈門，而威職掌閒散。」也作「**賓客滿門**」。《漢書・朱博傳》：「博爲人廉儉，不好酒色游宴……然好樂士大夫，爲郡守九卿，賓客滿門，欲仕宦者薦舉之，欲報仇怨者解劍以帶之。」

【賓朋城市】

市：街市，市場。客人和友人像市上的人一樣多。形容主人熱情好客。唐・李白《上裴長史書》：「所在之處，賓朋城市。」

【賓至如歸】

歸：返回，指回到家中。客人來到這裏，如同回到自己家中一樣。形容主人待客眞誠，親切而周到。清・汪琬《鄉飲賓席翁墓志銘》：「一切管弘歌舞之娛，牲牢酒醴供張之盛，所費不殆將貲，絕無分毫顧惜，雖古諸侯所謂賓至如歸者弗是過也。」

【彬彬文質】

彬彬：形容文雅；文質：文采、質地。形容溫文儒雅，舉止從容。唐・蘇頲《授崔諤之少府監制》：「崔諤之承名相之軌，有忠臣之節……籍甚才名，彬彬文質。」也作「**文質彬彬**」。

【彬彬有禮】

彬彬：形容文雅。形容舉止文雅，對人有禮貌。《鏡花緣》八三回：「喚出他兩個兒子，兄先弟後，彬彬有禮。」

ㄅㄧㄣˋ

【鬢邊霜雪不饒人】

指年老是不可抗拒的。明・無名氏《雙林坐法》一折：「[正末唱]看了這天上兔烏如去箭，鬢邊霜雪不饒人。[阿難云]吾人有生必有死也。[正末唱]生死休論，但能夠三乘早悟，那裏望四大常存。」

【鬢亂釵橫】

鬢：面頰兩邊靠近耳前的頭髮；釵：舊時婦女別在髮髻上的一種首飾，由兩股合成。鬢髮散亂，首飾橫斜。形容婦女睡眠初醒或心情憂傷無意梳妝的樣子。元・喬夢符《兩世姻緣》二折：「爭奈一段畫不能，肥斗上淚痕粉漬定，沒顏色鬢亂釵橫。」也作「**鬢亂釵斜**」。宋・王安石《題畫扇》詩：「青冥風露非人世，鬢亂釵斜特地寒。」

【鬢亂釵斜】

見「鬢亂釵橫」。

【鬢絲禪榻】

鬢絲：鬢邊白髮如絲；禪榻（ㄊㄚˋ）：僧床。本指老僧生活，舊時也指老年人所過的近似僧徒的清靜生活。唐・杜牧《題禪院》詩：「今日鬢絲禪榻畔，茶煙輕颺落花風。」

【鬢影衣香】

鬢影：鬢邊髮絲的影子；衣香：衣服上的香氣。形容婦女的儀態姿容美好。清・玉魫生《海陬冶游錄》護落花人《序》：「紅情綠意，傳心事以深語；鬢影衣香，躍肌容而活現。」

ㄅㄧㄥ

【冰不掿不寒，木不鑽不著，馬不打不奔，人不激不發】

掿（ㄋㄨㄛˋ）：握持，捏；著：燃燒。冰不捏在手裏不覺寒冷，木頭不鑽不會著火，馬不打不會奔跑，人不受激勵不會奮發。元・無名氏《漁樵記》二折：「冰不搭不寒，木不鑽不著，馬不打不奔，人不激不發。我劉二公爲何道這言語，只因朱買臣苦戀著我家女孩兒玉天仙，不肯去進取功名，昨日著女孩兒强索他寫了一紙休書也。」

【冰凍三尺，非一日之寒】

原作「河冰結合，非一日之寒」。漢・王充《論衡・狀留》：「陽溫陰寒，歷月乃至；災變之氣，一朝成怪。故夫冰凍三尺，非一日之寒；積土成山，非斯須之作。」冰凍三尺，不是一天的寒冷所凝成的。比喻事物的形成，是長時期醞釀、累積的結果，而不是一朝一夕所形成的。《金瓶梅詞話》九二回：「月娘聽見大姐吊死了，經濟娶娼的在家，正是冰厚三尺，不是一日之寒。」

【冰寒雪冷】

如同冰雪一樣寒冷。比喻冷酷無情。《紅樓夢》九七回：「今日竟公然做出這件事來！可知天下男子之心眞眞是冰寒雪冷，令人切齒的！」

【冰寒於水】

見「冰水爲之，而寒於水」。

【冰壑玉壺】

壑：山溝；玉壺：盛冰的白玉壺。深山溝清澈的冰水，裝在白玉壺裏。比喻人心地純淨，品格高潔。唐・杜甫《入奏行贈西山檢查竇侍御》詩：「竇侍御……炯如一段清冰出萬壑，置在迎風露寒之玉壺。」

【冰壺秋月】

冰壺：盛冰的白玉壺，比喻潔白；秋月：中秋的明月，比喻皎潔。潔白晶瑩。形容人心地純潔，品格高尙。《宋史・李侗傳》：[鄧迪曾謂朱松曰]願中（李侗字）如冰壺秋月，瑩徹無瑕，非吾曹所及。」

【冰壺玉尺】

冰壺：盛冰的白玉壺；玉尺：玉制的尺。比喻人品清白高尙。《元史・黃溍傳》：「溍天資介特，在州縣，唯以淸白爲治……足不登巨公勢人之門，君子稱其淸風高潔，如冰壺玉尺，纖塵弗污。」

【冰壺玉衡】

冰壺：盛冰的白玉壺；玉衡：以玉石裝的天文儀器。比喻心地淸白純淨。唐・杜甫〈寄裴施州〉詩：「金鍾大鏞在東序，冰壺玉衡懸淸秋。」

【冰魂雪魄】

冰、雪：比喻透明、潔白；魂、魄：舊指人的精神、靈氣。比喻高潔的人品。五代・王定保《唐摭言》卷一〇：「劉得仁……旣終，詩人爭爲詩以吊之，唯供奉僧栖白擅名。詩曰：『忍苦爲詩身到此，冰魂雪魄已難招。』」

【冰肌雪腸】

肌膚如冰一樣淸澈，心腸如雪一樣潔白。形容身心純淨無瑕。淸・孔尙任《桃花扇・罵筵》：「冰肌雪腸原自同，鐵心石腹何愁凍。」

【冰肌雪艷】

見「冰肌玉骨」。

【冰肌玉骨】

肌膚如冰，骨骼似玉。形容女子肌膚瑩潔光潤。元・白仁甫《牆頭馬上》一折：「你看他霧鬢雲鬟，冰肌玉骨，花開媚臉。」也作「冰姿玉骨」。金・元好問《江城子》詞：「疑是蕊宮仙子降……冰姿玉骨自新奇。」也形容水仙、梅花等傲寒爭妍的花。《醒世恆言》卷四：「水仙冰姿玉骨，牡丹國色天香。」也作「冰肌雪艷」。艷：色澤鮮明。宋・張舜民《酴醾》詩：「冰肌雪艷映殘春，燠日薰民入四鄰。」

【冰窖裏打哈哈——冷笑】

比喻含有諷刺、不滿意、無可奈何、不屑、不以爲然等意味或怒意的笑。例他犯了錯誤，我們應當熱情幫助，不能站在冰窖裏打哈哈——冷笑。

【冰潔玉淸】

見「冰淸玉潔」。

【冰潔淵淸】

見「冰淸玉潔」。

【冰解凍釋】

解：融解；釋：消釋。冰凍融化消釋了，比喻困惑、疑慮完全消除。《莊子・桑楚》：「是乃所謂冰解凍釋者，能乎？」也作「冰解雪釋」。宋・李覯《太平興國禪院什方住持記》：「師據床安坐，有問斯答，如鍾之鳴，如谷之響，重昏宿蒙，冰解雪釋。」也作「冰消凍釋」。消：消融。宋・朱熹《論差役利害狀》：「而此數十年深錮牢結之弊，一旦豁然，冰消凍釋。」也作「冰消凍解」。消：消融。明・李贄《焚書・與曾中野書》：「昨見公，令我兩個月心事頓然冰消凍解。」

【冰解雪釋】

見「冰解凍釋」。

【冰塊掉進醋缸裏——寒酸】

形容窮苦讀書人的不大方的姿態。例同那些闊人比起來，我實在像冰塊掉進醋缸裏——寒酸得很。參見「三九天吃醋——寒酸」。

【冰淩掛胸口——冷透了心】

見「褡褳背水——涼透心」。

【冰面上站人——長不了】

見「荷葉上的露珠——長不了」。

【冰甌雪椀】

甌：小盂；椀：ㄨㄢˇ，小碗；冰、雪：形容晶瑩、潔白。晶瑩潔白的小盂和碗。指質地純淨無瑕的筆洗。《有宋嘉話》：「必以天池浩露，滌筆於冰甌雪椀中，方與此詩相副。」

【冰淸水冷】

比喻冷落蕭條，毫無生氣。《何典》四回：「及至斷了七，出過棺材，諸事停當，弄得家裏冰淸水冷。」

【冰淸玉粹】

見「冰淸玉潔」。

【冰淸玉潔】

淸澈如水，潔白似玉。比喻人品格高尙。漢・司馬遷《與摯伯陵書》：「伏唯伯陵，材能絕人，高上其志，以善厥身，冰清玉潔，不以細行，荷累其名。」也作「**冰清玉粹**」。粹：純粹。晋・孫綽《原憲讚》：「原憲玄默，冰清玉粹，志逸九霄，身安陋衖。」也作「**冰潔玉清**」。三國吳・陸抗《吳先賢傳讚・故揚州別駕從事戴矯讚》：「志勵秋霜，冰潔玉清。」也作「**冰潔淵清**」。淵：深潭。漢・孔融《衛尉張儉碑》：「君稟乾綱之正性，蹈高世人之殊軌，冰清淵潔，介然特立。」

【冰清玉潤】

清：晶瑩清澈；潤：溫潤，潤澤。南朝宋・劉義慶《世說新語・言語》注引《衛玠別傳》：「[衛]玠……娶樂廣女。裴叔道曰：『妻父有冰清之姿，婿有璧潤之望。』」意指岳父品德如冰樣潔白，女婿資質如玉般溫潤。後用來稱譽岳父和女婿爲冰清玉潤。《宣和畫譜》卷一二：「[蘇舜欽]貌奇偉，工文章……杜衍以女妻之。人謂冰清玉潤。」也泛喻人品德高尚純正。唐・姚元崇《冰壺誡序》：「故內懷冰清，外涵玉潤，此君子冰壺之德也。」

【冰散瓦解】

見「冰消瓦解」。

【冰山難恃】

恃：依靠，仗恃。冰山見陽光則消融，不能當作靠山。比喻不牢固的權勢，不能依靠。《資治通鑑・唐玄宗天寶十一》載：「或勸陝郡進士張彖謁[楊]國忠，曰：『見之，富貴立可圖。』彖曰：『君輩依楊右相如泰山，吾以爲冰山耳！若皎日既出，君輩得無失所恃乎？』」

【冰山失勢】

勢：權勢。冰山見陽光則消融。比喻所依賴的靠山失去權勢。宋・羅大經《鶴林玉露・村莊雞犬》：「堪笑明庭鴛鷺，甘作村莊雞犬；一日冰山失勢，湯燖鍋煮刀刲。」

【冰釋理順】

釋：消融，融解。冰已消融，理也通順。比喻疑難消除，道理明確。晋・杜預《春秋左氏傳序》：「若江海之浸，膏澤之潤，渙然冰釋，怡然理順，然後爲得也。」

【冰水爲之，而寒於水】

冰由水凝結而成，而比水更冷。比喻學生的成就勝過老師。《荀子・勸學》：「學不可以已，青出於藍，而青於藍；冰水爲之，而寒於水。」也作「**冰寒於水**」。唐・張彥遠《歷代名畫記・南齊》：「蘧[道愍]始師章[繼伯]，冰寒於水。」

【冰炭不同爐】

見「冰炭不同器」。

【冰炭不同器】

器：容器。冰冷炭熱，不能裝在同一個容器裏。比喻性質相反的事物，不能並存。《韓非子・顯學》：「夫冰炭不同器而久，寒暑不兼時而至。」也作「**冰炭不相容**」。容：容納。《朱子全書・用人》：「蓋君子小人，如冰炭之不相容，薰蕕之不相如。」也作「**冰炭不同爐**」。元・關漢卿《魯齋郎》三折：「休把我衣服扯住，情知咱冰炭不同爐。」也作「**冰炭不相並**」。漢・東方朔《七諫》：「身被而不聞兮，心沸熱而其若湯，冰炭不可以相竝（並）兮，吾故知乎命之不長。」也作「**冰炭不相入**」。明・袁宏道《識張幼於箴銘後》：「余觀古今士君子……兩種若冰炭不相入，吾輩宜何居？」也作「**冰炭不投**」。投：投合。《紅樓夢》一一五回：「今兒見面，原想得一知己，豈知談了半天，竟有些冰炭不投。」

【冰炭不投】

見「冰炭不同器」。

【冰炭不相並】

見「冰炭不同器」。

【冰炭不相容】

見「冰炭不同器」。

【冰炭不相入】

見「冰炭不同器」。

【冰炭不言，冷熱自知】

知：知曉。冰炭無需說明，冷熱自然分曉。比喻內心所想，必然有所表現，不說而自明。《晋書・王沈傳》：「堯舜周公所以能致忠諫者，以其款誠之心著也。冰炭不言，而冷熱之質自明者，以其有實也。」

【冰炭相愛】

冰和炭相結合。比喻互相救助如水火相濟。《淮南子・說山訓》：「天下莫相憎於膠漆，而莫相愛於冰炭，膠漆相賊，冰炭相息也。」注：「冰得炭，則解歸水，復其性；炭得冰，則保其炭，故曰相愛。」

【冰糖葫蘆——一串一串的】

冰糖葫蘆：北方的一種食品，用竹籤把山楂果或海棠果等穿成一串兒，蘸上熔化的冰糖、白糖或麥芽糖製成，也叫糖葫蘆。雙關語。比喻接連不斷，非常多。例假日到木柵動物園遊玩的人，就像冰糖葫蘆——一串一串的。也作「**秋後的芭蕉——一串一串的**」、「**山崖上的野葡萄——一提就是一大串**」。

【冰糖蘸蜜——甜上加甜】

形容生活美好，非常幸福，或心情非常愉快。例她在敬老院的生活，就像冰糖蘸蜜——甜上加甜。也作「**白糖拌蜂蜜——甜透了**」、「**甘蔗水加蜜糖——甜上加甜**」、「**紅糖拌蜜——甜上加甜**」、「**哈密瓜裏加了糖——甜透了**」、「**霜打的柿子——甜透了**」、「**糖裏攙蜜——甜透了**」、「**白糖拌蜂蜜——甜透了**」、「**砂糖熬蜜——甜透了**」。

【冰糖煮黃連——同甘共苦】

黃連：多年生草本植物，根莖味苦，可入藥。比喻同歡樂，共患難。例冰糖煮黃連——同甘共苦，這就是他對待朋友的原則。也作「**有福同享，有禍同當——同甘共苦**」。

【冰糖作藥引——苦中有甜】
藥引：中藥藥劑中另加的一些藥物，能加强藥劑的效力。雙關語。比喻工作或生活雖艱苦，但其中有樂趣。例他這幾年的生活，酸甜苦辣樣樣俱全，可以說是冰糖作藥引——苦中有甜。

【冰天雪地】
冰雪漫天蓋地。形容一片冰雪，天氣異常寒冷。清・蔣士銓《雞毛房》詩：「冰天雪地風如虎，裸而泣者無栖所。黃昏萬語乞三錢，雞毛房中買一眠。」

【冰天雪窖】
到處是冰雪。形容氣候酷寒。也指嚴寒地區。《孽海花》一三回：「次日一入俄界，則遍地沙漠，雪厚尺餘，如在冰天雪窖中矣。」

【冰消凍解】
見「冰解凍釋」。

【冰消凍釋】
見「冰解凍釋」。

【冰消瓦解】
消：消融；解：分解。像冰一樣消融，像瓦一樣碎裂。比喻分裂、崩潰或完全消釋。《隋書・楊素傳》：「公以深謀，出其不意，霧廓雲除，冰消瓦解，長驅北邁，直趣巢窟。」也作「**冰散瓦解**」。《三國志・魏書・傅嘏傳》：「比及三年，左提右挈，虜必冰散瓦解，安受其弊，可坐算而得也。」也作「**冰消瓦離**」。晋・成公綏《雲賦》：「於是玄氣仰散，歸雲四聚；冰消瓦離，奕奕翩翩。」

【冰消瓦離】
見「冰消瓦解」。

【冰雪聰明】
冰雪：象徵晶瑩純淨。形容人聰明非凡。清・李斗《揚州畫舫錄・新城北錄下》：「李文益豐姿綽約，冰雪聰明，演《西樓記》於叔夜，宛似大家子弟。」

【冰柱雪車】
《冰柱》、《雪車》爲唐朝名士劉叉所作的兩首好詩。《新唐書・韓愈傳》：「劉叉者一節士，聞愈接天下事，步歸之，作《冰柱》、《雪車》二詩，出盧同、孟郊右。」後用爲好詩的讚美之詞。宋・胡繼宗《書言故事・天文類》：「稱人詩好曰：『冰柱雪車』之句。」

【冰姿玉骨】
見「冰肌玉骨」。

【兵敗如山倒】
軍隊潰敗如山倒塌。形容敗軍四處潰逃不可收拾。例敵軍遇到我方精銳部隊，實力不敵，馬上兵敗如山倒，士兵四處竄逃。

【兵不逼好】
逼：威逼，威脅；好：友好。不用兵於友好的國家。《孔子家語・相魯》：「俘不干盟，兵不逼好。」

【兵不血刃】
兵：兵器；刃：刀鋒。兵器上沒有沾上血。指尚未經激烈交戰就取得勝利。《宦海》七回：「兵不血刃，就平了廣西省多年的亂黨。」也作「**兵無血刃**」。《南齊書・曹虎傳》：「使不戰屈敵，兵無血刃。」

【兵不厭權】
見「兵不厭詐」。

【兵不厭詐】
厭：厭棄，排斥；不厭：不以爲非；詐：欺詐。作戰不排斥使用欺詐的戰術迷惑對方。《三國演義》三四回：「[許]攸笑曰：『人皆言孟德奸雄，今果然也。』[曹]操亦笑曰：『豈不聞兵不厭詐！』」也作「**兵不厭權**」。權：權詐，權術。《後漢書・虞詡傳》：「今其衆新盛，難與爭鋒。兵不厭權，願寬假轡策，勿令有所拘閡而已。」

【兵車之會】
兵車：戰車。古時以戰車爲戰鬥主力，故也藉指兵力、武力；會：會盟。諸侯帶著軍隊會盟，指以武力相脅迫的會盟。與「衣裳之會」相對而言。《公羊傳・僖公二一年》：「楚，夷國也，强而無義，請君以兵車之會往。」

【兵出無名】
名：名義，指正當理由。出兵打仗沒有正當的理由。《漢書・高帝紀》：「兵出無名，事故不成。」也泛指做事沒有正當的理由。例兵出無名，此舉斷不可爲！也作「**師出無名**」。

【兵挫地削】
挫：挫敗；削：削減，分割。軍隊挫敗失利，土地被分割。《史記・屈原賈生列傳》：「[懷王]疏屈平而信上官大夫、令尹子蘭，兵挫地削，亡其六郡。」

【兵對兵，將對將】
比喻較量的雙方力量對等，才算公平。茅盾《鍛煉》九：「那鐵甲車，上海到本鎮，半點鐘就到了，兵對兵，將對將，鐵甲車也得用鐵甲來擋！」

【兵多將廣】
兵將衆多。形容兵力强大。《水滸傳》五四回：「小人覷探梁山泊，兵多將廣，武藝高强，不可輕敵小覷。」也作「**兵多將勇**」。《說唐》三九回：「李淵德高望重，手下兵多將勇。」

【兵多將勇】
見「兵多將廣」。

【兵分勢弱】
分：分散；勢：勢力；弱：削弱。兵力分散，勢力則必削弱。《淵鑑類函・料敵》：「彼救敗之師，策非素立，勢不能久，不若且泊南岸，緩之一日，彼必分兵歸守，兵分勢弱，乘其懈擊之，蔑不勝矣。」

【兵戈搶攘】
見「兵戈擾攘」。

【兵戈擾攘】
兵戈：武器，指戰亂；擾攘：侵擾，紛亂。形容戰時的混亂局面。裴文中《戎馬聲中》：「我的家中還有三間破亂草房，和幾十畝的薄田，在這樣兵戈擾攘的時代，我早已不承認我的主權了。」也作「**兵戈搶攘**」。搶攘：搶劫掠奪。《金史・粘葛奴甲傳》：「時兵戈搶攘，道路不通，奴甲受命，毅然策孤騎，由間道以往陳（陣）。」

【兵革互興】

兵革：兵器甲冑的總稱，指戰爭；興：興起；互興；交替發生。戰亂相繼發生。形容戰亂頻繁。南朝梁・江淹《銅劍讚序》：「春秋迄於戰國，攻爭紛亂，兵革互興。」

【兵革滿道】

兵革：兵器甲冑的總稱，指戰爭。戰爭中武器裝備到處丟棄，塞滿道路。形容戰爭的激烈。漢・王充《論衡・寒溫》：「六國亡時，秦漢之際，諸侯相伐，兵革滿道。」

【兵貴神速】

神：異乎尋常。用兵貴在行動異常迅速。意指出其不意，攻其無備以戰勝敵人。《三國演義》六一回：「丞相既知兵法，豈不知『兵貴神速』乎？丞相起兵，遷延日久，故孫權得以準備。」

【兵荒馬亂】

形容戰時動蕩不安的混亂景象。《鏡花緣》一〇〇回：「此時四處兵荒馬亂，朝秦暮楚，我勉强做了一部《舊唐書》，那裏還有閒情逸志弄這筆墨。」也作「**兵慌馬亂**」。明・陸華甫《雙鳳齊鳴記上》：「亂紛紛東逃西竄，鬧烘烘兵慌馬亂，一路奔回氣尚喘。」

【兵慌馬亂】

見「兵荒馬亂」。

【兵家勝敗全難料，捲土重來未可知】

指較量的雙方勝敗難以預料，失敗了的一方很可能會重新得勢。《醒世姻緣傳》一〇回：「若是那兩個差人不要去十分難爲他，他或乘輿而來，興盡而返，捏著鼻子挨一鐘，也是肯的。只算計要趕盡殺絕，以致兵家勝敗全難料，捲土重來未可知。」

【兵驕必敗】

見「兵驕者滅」。

【兵驕者敗，欺敵者亡】

見「兵驕者滅」。

【兵驕者滅】

驕：傲；兵驕猶驕兵，指恃强輕敵的軍隊；滅：滅亡，失敗。認爲自己强大而輕敵的軍隊，必定要打敗仗。《漢書・魏相傳》：「視國家之大，矜民人之衆，欲見威於敵者，謂之驕兵。兵驕者滅。」也作「**兵驕必敗**」。《隋唐演義》五六回：「兵法云：兵驕必敗。蓋驕則持己輕人，驕敗逞己失衆。失衆無以御人，那得不敗。」也作「**兵驕者敗，欺敵者亡**」。《三寶太監西洋記》六二回：「南兵這來，得勝驕縱，眼底無人，自謂我國唾手可得。其實兵驕者敗，欺敵者亡。」

【兵精糧足】

精：精銳。士兵精銳，軍糧充足。形容軍力强盛。《說唐》二〇回：「他久鎮河北，兵精糧足，自立旗號，不服隋朝所管。」

【兵精馬强】

見「兵强馬壯」。

【兵來將擋，水來土掩】

擋：抵擋；掩：堵塞。有兵進攻，將來抵擋；大水沖擊，土壩堵住。比喻對方不管使用何種手段，都有相應辦法來對付。即根據對方具體情況，針鋒相對地采取對策。《說唐》二七回：「徐茂公道：『主公不必心焦，自古道：兵來將擋，水來土掩。』」也作「**兵來將敵，水來土堰**」。堰：攔水的堤壩。明・無名氏《大戰邳彤》頭折：「主公，便好道兵來將敵，水來土堰，任著俺衆將英雄，量邳彤有何難哉。」也作「**兵來將迎，水來土堰**」。迎：指迎敵，迎戰。元・高文秀《澠池會》楔子：「自古道兵來將迎，水來土堰，他若領兵前來，俺這裏領兵與他交鋒。」

【兵來將敵，水來土堰】

見「兵來將擋，水來土掩」。

【兵來將迎，水來土堰】

見「兵來將擋，水來土掩」。

【兵老將驕】

老：衰，疲怠；驕：驕矜。士兵疲怠，將領驕矜輕敵。形容戰鬥力不强。元・鄭廷玉《楚昭王》四折：「我想[伍]子胥深入敵境，兵老將驕，可不戰而破。」

【兵離將敗】

士兵逃離散亂，將領就必失敗。《古今小說》卷二一：「自古道：『兵離將敗。』薛明看見軍伍散亂，心中著忙，措手不迭，被鍾明斬於馬下。」

【兵連禍結】

兵：指戰爭；連：連續；結：相聯。戰爭接連不斷，災禍接踵而至。《東周列國志》二四回：「苟有服罪之名，亦足以誇耀諸侯，還報天子，不愈於兵連禍結，無已時乎？」也作「**兵連衆結**」。衆：指烏合之衆；結：集結。《三國志・魏書・陶謙傳》注引《吳書》：「雖悔往者之迷謬，思奉教於今日，然兵連衆結，鋒鏑佈野，恐一朝解散，夕見系虜，是以阻兵屯據，欲止而不敢散也。」也作「**兵連禍深**」。唐・陸贄《冬至大禮大赦判》：「兵連禍深，變起都邑，六師播蕩，九服震驚。」

【兵連禍深】

見「兵連禍結」。

【兵連衆結】

見「兵連禍結」。

【兵臨城下】

臨：到達。軍隊已開到城下。指敵軍壓境，城被圍困，形勢危急。《三國演義》一一回：「若候兵臨城下，將至壕邊，然後拒敵，事已遲矣。」

【兵亂年荒】

年荒：荒年，年景歉收。指因戰爭而

引起的社會動蕩和年景歉收。例兵亂年荒，人心不定。

【兵馬精強】

見「兵強馬壯」。

【兵馬未動，糧草先行】

出兵作戰之前，先準備好糧食草料。比喻在從事某項工作之前，要先做好一切準備工作。例兵馬未動，糧草先行，大壩動工之前，作好一切準備，是保證工程順利完成的先決條件。

【兵疲意阻】

疲：勞累；阻：通「沮」，沮喪。指官兵疲勞懈怠，情緒低沉。《三國演義》八四回：「諸公不知兵法，備乃世之梟雄，更多智謀，其名始集，法度精專，今守之久矣，不得我便，兵疲意阻，取之正在今日。」

【兵強馬壯】

強：強悍。形容軍隊實力雄厚，戰鬥力強。晉・干寶《搜神記》卷三：「昔高辛氏時，有房王作亂，憂國危亡，帝乃召募天下，有得房氏首者，賜金千金，分賞美女，羣臣見房氏兵強馬壯，難以獲之。」也作「兵精馬強」。精：精銳。宋・蔡襄《論減費用》：「夫兵精馬強，以戰則力倍。」也作「兵馬精強」。《後漢書・竇融傳》：「兵馬精強，倉庫有蓄，民庶殷富。」

【兵強士勇】

士兵強壯而勇敢。《戰國策・齊策一》：地廣人衆，兵強士勇，雖有百秦，將無奈我何！」

【兵刃相接】

兵刃：兵器，武器；接：接觸。兵器相接觸。指用武器面對面拼殺的白刃戰。《三國志・魏書・高貴鄉公傳》：「臣所止，俱兵刃相接。」

【兵戎相見】

戎：兵器的總稱。藉指武器、軍隊。以軍事手段見面。指用戰爭解決問題。《民國通俗演義》一一六回：「他若不服，盡可與我兵戎相見，我也何嘗怕他呢。」

【兵上神密】

上：通「尚」，崇尚，貴；神密：即神秘，深奧隱秘，不可測知。指用兵之事貴在隱秘不可測。《漢書・周勃傳》：「兵事上神密，將軍何不從此右去，走藍田，出武關，抵雒陽。」

【兵微將乏】

見「兵微將寡」。

【兵微將寡】

微、寡：少。指兵力薄弱，將才缺少。《水滸傳》五四回：「城中兵微將寡，所以他去求救。」也作「兵微將乏」。乏：缺乏。宋・蘇籀《憶雍都》詩：「兵微將乏初無奈，賊破功成近可嘉。」

【兵無常勢，水無常形】

用兵作戰沒有一成不變的戰術，就像水沒有固定的形態一樣。指用兵要根據敵情變化而採取靈活機動的戰略戰術。後也說明做事要因時、因地制宜。《孫子・虛實篇》：「夫兵形象水，水之行避高而趨下，兵之形避實而擊虛；水因地而制流，兵因敵而制勝。故兵無常勢，水無常形，能因敵變化而取勝者，謂之神。」

【兵無將而不動，蛇無頭而不行】

軍隊沒有將領指揮就不能作戰，就像蛇沒有頭就不能行走。比喻凡事都要有人領導，有人指揮。明・孟稱舜《英雄成敗》三折：「各鎮諸侯合兵在此，正是兵無將而不動，蛇無頭而不行。鄭公既移檄剿賊，就請做個盟主。」

【兵無強弱，將有巧拙】

士兵沒有強弱的區別，而將領有著用兵巧妙和笨拙的不同。清・吳乘權《綱鑑易知錄》卷四五：「古語有之：『兵無強弱，將有巧拙。』故選將當以智略爲本，勇力爲末。」

【兵無血刃】

見「兵不血刃」。

【兵相駘藉】

駘（ㄊㄞˊ）藉：踐踏。指戰時士兵在混亂中互相踐踏。《史記・天官書》：「三十年之間，兵相駘藉，不可勝數。」

【兵行詭道】

行：使用；詭：詭詐；道：方法。用兵常使用詭詐的戰術。例兵行詭道，利用各種假象去迷惑敵人，是克敵制勝的重要戰術。

【兵凶戰危】

兵：兵器；戰：戰爭。動用武器進行戰爭，是危險的事。《孽海花》二五回：「兵凶戰危，未可經以身試。」

【兵已在頸】

見「兵在其頸」。

【兵猶火也，不戢自焚】

見「兵猶火也，弗戢將自焚也。」

【兵猶火也，弗戢將自焚也】

戢：ㄐㄧˊ，收斂。戰爭像火一樣，不加制止，將會焚燒自己。指窮兵黷武者終無好下場。《左傳・隱公四年》：「夫兵猶火也，弗戢將自焚也。夫州吁弒其君，而虐用其民，於是乎不務令德，而欲以亂成，必不免矣。」也作「兵猶火也，不戢自焚」。唐・朱敬則《諫除濫刑疏》：「刻薄可施手進趨，變詐可陳於攻戰，兵猶火也，不戢將自焚。」

【兵油子】

油子：世故油滑。指染上壞習氣，變得油頭滑腦的兵士。例這傢伙誰也不敢惹他，他是個老兵油子。

【兵有利鈍，戰無百勝】

軍隊作戰有勝利，失敗之時，誰也不可能百戰百勝。指勝敗乃兵家常事。《三國志・吳書・呂蒙傳》注引《吳錄》：「權欲作塢，諸將皆曰：『上岸擊賊，洗足入船，何用塢爲？』呂蒙曰：『兵有利鈍，戰無百勝。如有邂逅，敵步騎蹙人，不暇及水，其得入船乎？』權曰：『善』。遂作之。」

【兵之勝敗，本在於政】

軍事上的勝敗，決定於政治的好壞。

《淮南子・兵略訓》：「兵之勝敗，本在於政。政勝其民，下附其上，則兵強矣；民勝其政，下畔其上，則兵弱矣。」

【兵在精而不在多，將在謀而不在勇】

士兵貴在精悍而不在數量多，將領貴在謀略而不只求勇敢。《英烈傳》七一回：「兵在精而不在多，將在謀而不在勇。左有陳亨，右有張旭，後有曹良臣，三千兵拼死攻擊，殺得元兵四散奔潰。」也作「**兵貴精而不貴多，將在謀而不在勇**」。

【兵在其頸】

兵：兵器；頸：脖子。武器已架在脖子上。比喻情況十分危急。《國語・周語中》：「兵在其頸，其卻至之謂乎？」也作「**兵已在頸**」。《東周列國志》一五回：「此輩兵已在頸，尚欲累人耶？」

ㄅㄧㄥˇ

【秉筆直書】

秉：握，持；直：正直，公正；書：寫。公正地寫下歷史事實，不加隱諱。《孽海花》三五回：「我是秉筆直書，懸之國門，不能增損一字。」

【秉公無私】

秉公：主持公道。行事公正，不夾雜任何私念。《說岳全傳》七三回：「故持請諸公到此三曹對案，以明天地鬼神，秉公無私，但有報應輕重遠近之別耳。」

【秉笏披袍】

秉：持，執；笏：ㄏㄨˋ，古朝會時所執的手板；披袍：身著朝服。喻做官。明・無名氏《破風詩》二折：「聖朝輔佐必良才，野有賢人久困埋，今朝察訪當推舉，秉笏披袍拜御階。」

【秉性難移】

秉性：同「稟性」，本性。舊指天賦予人的品性資質。本性難以改變。明・馮惟敏《海浮山堂詞稿・紀笑》：「秉性難移，休嗔我笑伊。我笑伊一文錢纏到底，算什麼名和利！」

【秉要執本】

秉：進，執；要：要害；本：根本。抓住要害和根本。《漢書・藝文志》：「道家者流，蓋出於史官，歷記成敗存亡禍福古今之道，然後知秉要執本，清虛以自守，卑弱以自持，此君人南面之術也。」

【秉政勞民】

秉：執，掌握；政：政權；勞：撫慰。掌握政權，撫慰百姓。舊指執政者愛民。章太炎《秦政記》：「天子以秉政勞民貴。」

【秉燭夜遊】

秉燭：手持蠟燭；遊：遊樂。舊指及時行樂。唐・李白《春夜宴桃李園序》：「而浮生若夢，為歡幾何？古人秉燭夜遊，良有以也。」也作「**炳燭夜遊**」。炳：持，執。通「秉」。三國魏・曹丕《又與吳質書》：「少壯真當努力，年一過往，何可攀援？古人思炳燭夜遊，良有以也。」

【炳炳烺烺】

炳、烺（ㄌㄤˇ）：明亮，鮮明。形容文章的辭采聲韻明朗鏗鏘。清・姚瑩《復楊君論詩文書》：「千載而下，仰其風者猶將奮起；況其發之為炳炳烺烺之辭，誦之有鏗鏗鏘鏘之聲者哉。」

【炳炳麟麟】

炳、麟：光明。形容顯赫的樣子。漢・揚雄《劇秦美新》：「帝典闕者已補，王綱弛者已張，炳炳麟麟，豈不懿哉。」

【炳炳鑿鑿】

鑿鑿：確實、真實。形容明確真實，有根據。《明史・海瑞等傳贊》：「丘橓、呂坤雖非瑞匹，而指陳時政，炳炳鑿鑿，鯁亮有足稱者。」

【炳若日星】

炳：光明；若：如，像；日星：指日月星辰。如日月星辰一樣光明。宋・周煇《清波雜志》卷上：「仁皇一朝人才之盛，如文正公、文忠公、師魯，皆第一流人，名書國史，炳若日星，初不假於稱讚。」也作「**炳如日星**」。宋・陸九淵《貴溪重修縣學記》：「二帝三皇之書，先聖先師之訓，炳如日星。」

【炳燭夜遊】

見「秉燭夜遊」。

【炳燭之明】

炳：點，燃；炳燭：點燃蠟燭用以照明。指炳燭的亮度。漢・劉向《說苑・建本》：「少而好學，如日出之陽；壯而好學，如日中之光；老而好學，如炳燭之明，孰與昧行乎？」後「炳燭之明」成為好學不倦的典故。特指年老繼續刻苦學習。

【屏氣累息】

屏氣：抑制住呼吸不敢出聲；累息：即屏息，因恐懼或情緒緊張而不敢出聲。形容恭謹畏懼的神態。漢・蔡邕《表賀錄換誤上章謝罪》：「臣邕怔營慚怖，屏氣累息，不知所自投處。」也作「**屏氣斂息**」。斂：收住。《官場現形記》三八回：「瞿耐庵道：『太太說得是，說得是！』連連屏氣斂息，不敢作聲。」也作「**屏氣懾息**」。懾息：因恐懼而屏息。唐・盧肇《上王僕射書》：「今乃不意遇聖君賢相，以僕射為日月照臨，多士莫不屏氣懾息。」也作「**屏聲息氣**」。《兒女英雄傳》三六回：「院子的家人，一個個屏聲息氣，連咳嗽也不敢輕易咳嗽。」

【屏氣斂息】

見「屏氣累息」。

【屏氣凝神】

屏氣：抑制住呼吸不出聲；凝神：聚精會神。形容注意力集中、專注。《老殘遊記》二回：「愈唱愈低，愈低愈細，那聲音漸漸的聽不見了，滿園子的人都屏氣凝神，不敢少動。」

【屏氣懾息】
見「屏氣累息」。
【屏聲息氣】
見「屏氣累息」。

ㄅㄧㄥˋ

【並膽同心】
見「並心同力」。
【並蒂芙蓉】
蒂：瓜、果或花葉與枝莖相連的部分；並蒂：並排長在同一莖上。芙蓉：荷花別名。兩朵荷花並生一蒂。比喻恩愛夫妻。唐·杜甫《進艇》詩：「俱飛蛺蝶原相逐，並蒂芙蓉本自雙。」也比喻競相媲美。《東周列國志》八一回：「鄭旦亦在西村，與西施毗鄰……紅顏花貌，交相映發，不啻如並蒂之芙蓉也。」
【並蒂蓮】
一根花莖上並排長著的兩朵蓮花，比喻恩愛夫妻。例這小倆口可眞成了並蒂蓮了，走哪兒都在一起。
【並駕齊驅】
並駕：並排駕車；驅：行進，奔跑。並排駕車，一齊奔跑。比喻齊頭並進，不相上下。《鏡花緣》二八回：「原來國王因近日本處文風不及鄰國，其能與鄰邦並駕齊驅者，全仗音韻之學。」也作「**並驅齊駕**」。元·貢師泰《知學齋記》：「苦心刻意作爲文章，雖能並驅齊駕於揚、馬、韓、歐之間，果爲知學哉！」也作「**並轡齊驅**」。轡：馬韁繩；並轡：二馬同進。郭沫若《稷下黃老學派的批判》：「墨家差不多完全揚棄了神鬼的尊崇，而和名家並轡齊驅地突入於辯論的明察與客觀世界的解剖。」
【並立不悖】
見「並行不悖」。
【並轡齊驅】
見「並駕齊驅」。
【並驅齊駕】
見「並駕齊驅」。
【並驅爭先】
並驅：兩馬並進，常以之喻雙方才力相等。比喻並肩行進，爭先恐後。明·李贄《焚書·復鄧石陽》：「吾謂眞正能按趙老之脈者，意者或有待於兄耳。區區異端之徒，自救不暇，安能並驅爭先也？」
【並日而食】
並日：兩天合併成一天。兩天吃一天的糧。形容生活窮困，食不能飽。《後漢書·陳敬王羨傳》：「是時諸國無復租祿，而數見虜奪，並日而食，轉死溝壑者甚衆。」也形容公務繁重，無暇飲食。三國蜀·諸葛亮《後出師表》：「思惟北征，宜先入南，故五月渡瀘，深入不毛，並日而食，臣非不自惜也，顧王業不可偏安於蜀都。」
【並容不悖】
見「並行不悖」。
【並世無雙】
並世：同時；無雙：獨一無二。比喻人的才能技藝突出，非常罕見。例明代李時珍一生從事中草藥採集和研究工作，所著《本草綱目》一書，可謂並世無雙。
【並爲一談】
並：合並；談：說法。合並爲一種說法。指把不同的事物相提並論。唐·韓愈《平淮西碑》：「萬口和附，並爲一談。」也作「**混爲一談**」。
【並心同力】
思想一致，共同努力。猶同心協力。《後漢書·趙略傳》：「並心同力，共獎王室，此安上救人之策也。」也作「**並膽同心**」。並：合，齊；膽：肝膽，比喻眞心，赤誠之心。清·艾納居士《豆棚閒話·空青石蔚子開盲》：「今旣與兄同病，自合與兄同調；不若就在此地盟心設誓，並膽同心，互相幫扶。」
【並行不悖】
悖：違背，牴觸。同時進行，不相衝突。明·海瑞《啟劉帶川兩廣軍門》：「用兵安民，並行不悖。」也作「**並行不厲**」。厲：通「戾」，違背。明·袁宏道《傳艮鄉入計序》：「夫何以使兩者並行而不厲也。」也作「**並容不悖**」。容：容納。梁啟超《墨學微》四章：「墨子之民約建國說與君權神聖說所以並容不悖者，亦明此而已，未可與霍布士之輩，同類而並笑之也。」也作「**並立不悖**」。立：存在。宋·鄧牧《伯牙琴·寶說》：「道德仁義、文章學問，亦未嘗一日不與日月星辰、山河草木並立不悖，特顯晦不同耳。」
【並行不厲】
見「並行不悖」。
【病病歪歪】
形容病中衰弱無力的樣子。老舍《龍鬚溝》一幕：「你教大爺歇歇吧，他病病歪歪的！」
【病從口入，禍從口出】
強調說話應小心謹愼，不能信口開河。例有道是「病從口入，禍從口出」，我們平日就得注重自己的一言一行，免得惹來不必要的麻煩。
【病篤亂投醫】
見「病急亂投醫」。
【病風喪心】
見「病狂喪心」。
【病骨支離】
支離：形體殘損不正，引申爲衰殘瘦弱的樣子。形容體瘦骨露，衰弱不能自持。宋·陸游《病起書懷》詩：「病骨支離紗帽寬。」
【病鬼碰著閻羅王】
舊指命運極壞，生還無望。《宋史通俗演義》五一回：「偏北院樞密使耶律乙辛，專權怙勢，忌后明敏，陰與宮婢單登等定謀，誣后與伶官趙惟一私通。洪基不辨眞僞，即將趙惟一系獄，囑耶律乙辛審問。病鬼碰著閻羅王，還有甚麼希望？」

【病國病民】

病：害。損害國家、人民。例政策不符合國情，往往病國病民。

【病國殃民】

病：害；殃：災難。使國家受害，使人民遭受災難。明・桑紹良《獨樂園》楔子：「只因誤用了王安石，創立新法，招呼黨類，病國殃民，天下騷然。」

【病好不謝醫，下次無人醫】

比喻不知感謝別人的恩情，就很難再得到幫助。例他不是不懂得「病好不謝醫，下次無人醫」的道理，可就是不願意表示，因爲他奉行「一切爲我」的哲學。

【病好打醫生——恩將仇報】

也作「病好打郎中——以怨報德」。見「狗咬呂洞賓——恩將仇報」。

【病急亂投醫】

病重時胡亂求醫治病而不問醫術如何。比喻事情危急時，盲目求人想辦法。《紅樓夢》五七回：「紫鵑笑道：『你也念起佛來，眞是新聞。』寶玉笑道：『所謂病急亂投醫了。』也作「病篤亂投醫」。例此事雖然棘手，但也不可病篤亂投醫，仍須從長計議才是。

【病狂喪心】

狂：瘋狂；喪心：失去理智。如同瘋狂一樣喪失理智。形容言行極端荒謬昏亂或殘忍惡毒。宋・張來《本治論下》：「譬如病狂喪心之人，越行妄作而不顧，是果何益哉！」也作「病風喪心」。風：中醫指某些疾病的名稱。宋・蘇洵《諫論下》：「人之情非病風喪心，未有避賞而就刑者。」也作「喪心病狂」。

【病來如山倒，病去如抽絲】

疾病發作來勢凶猛，像山崩一樣，病情好轉則比較緩慢，像春蠶吐絲一樣。《紅樓夢》五二回：「麝月笑勸他道：『你太性急了，俗話說：「病來如山倒，病去如抽絲。」又不是老君的仙丹，哪有這樣靈藥。』」

【病染膏肓】

見「病入膏肓」。

【病入膏肓】

膏肓：我國古代醫學家指心尖脂肪爲膏；心臟和隔膜之間爲肓，認爲膏肓之間爲藥力所不能達到之處。《左傳・成公十年》：「公疾病，求醫於秦……醫至，曰：『疾不可爲也。在肓之上，膏之下，攻之不可，達之不及，藥不至焉，不可爲也。』」後以「病入膏肓」指病重到了無法醫治的地步。《聊齋志異・蓮香》：「蓮曰：『病入膏肓，實無救法。』」也作「病染膏肓」。元・范居中《金殿喜重重・秋思》：「眞個崔張不讓，命該雕喪，險些病染膏肓，此言非妄。」也作「病在膏肓」。明・邵璨《香囊記・問卜》：「便遇秦和送國手，只恐他病在膏肓怎救？」也比喻事態嚴重到無法挽救的程度。金・王若虛《王內翰子端詩……漫賦三詩，爲白傳解嘲》：「功夫費盡漫窮年，病入膏肓豈易鐫？」

【病勢尫羸】

尫羸（ㄨㄤ ㄌㄟˊ）：瘦弱。病情危重，身體瘦弱。《三國演義》四三回：「此正如病勢尫羸已極之時也。」

【病萬變藥亦萬變】

病情有所變化，用藥也隨之而變化。比喻做法應隨著情況的變化而變化。《呂氏春秋・察今》：「世易時移，變法宜矣，譬之若良醫，病萬變藥亦萬變。」

【病無良藥，自解自樂】

解：解脫。治病沒有好藥，要靠病人想得開，保持樂觀情緒。明・徐野君《春波影》三齣：「既恁般呵，也隨你，只是自古道：病無良藥，自解自樂。你詩又絕精，畫又絕妙，何不消遣些兒。」

【病由口入】

見「病從口入」。

【病在膏肓】

見「病入膏肓」

【病在骨髓】

《韓非子・喻老》：「疾在腠理，湯熨之所及也；在肌膚，針石之所及也；在腸胃，火齊之所及也；在骨髓，司命之所屬，無奈何也。今在骨髓，臣是以無請也。」後以「病在骨髓」指病勢嚴重，不可救藥。

ㄅㄨ

【逋播之臣】

見「逋逃之臣」。

【逋慢之罪】

逋慢：不遵守命令；罪：罪過。不遵守法令的罪過。宋・王安石《再辭同修起居注第五狀》：「臣之區區，辭說已窮，然不敢避逋慢之罪而苟止者，非特欲守前言之信，亦不敢上累朝廷。」

【逋逃幽藪】

見「逋逃之藪」。

【逋逃淵藪】

見「逋逃之藪」。

【逋逃之臣】

逋逃：帶罪逃亡。逃亡的有罪之臣。漢・荀悅《漢紀・成帝紀》：「以單于屈體稱臣奉使朝賀，無有二心，而今反受其逋逃之臣，是貪一夫之得，而失一國之心。」也作「逋播之臣」。播：流亡，流散。《尚書・大誥》：「予惟以爾庶邦，於伐殷逋播臣。」

【逋逃之藪】

逋逃：逃亡的罪人；藪：ㄙㄡˇ，人、物聚集的地方。逃亡者匯集藏身的地方。北齊・杜弼《爲東魏檄梁文》：「〔侯景豎子〕以金陵逋逃之藪，江南統御之地，甘辭卑禮，進熟圖身，讒言浮說，抑可知矣！」也作「逋逃淵藪」。淵藪：喻人、物聚集的處所。《民國通俗演義》三二回：「所有革命人士……統被下令通緝，其實都已遠颺海外，借著扶桑三島，作爲逋逃淵藪去了。」也作「逋逃幽藪」。《太平御覽》卷四五引《土地十三州志》：「黑山險爲逋逃幽藪。」

ㄅㄨˇ

【卜數只偶】
卜：以火灼龜甲，從裂紋預測吉凶。後以其他方法預測未來，也叫卜；數：命運；只：僅；偶：偶然。占卜吉凶禍福只是偶然的巧合。意指前途絕不依占卜而定。《後漢書・桓譚傳》：「譬猶卜數只偶之類。」注：「言偶中也。」

【卜宅卜鄰】
卜：以火灼龜甲，從裂紋預測吉凶。後以其他方法預測未來，也叫卜；宅：居住的房屋。《左傳・昭公三年》記載：齊景公爲晏子換新宅一所，但晏子卻仍住舊宅，認爲「非宅是卜，唯鄰是卜。」意謂遷居時不是先在住宅方面占卜禍福，而是要占卜鄰居是否可以爲鄰。指遷居應當選擇好鄰居。晉・陶淵明《移居》詩：「昔欲居南村，非爲卜其宅，聞多素心人，樂爲數晨夕。」

【卜晝卜夜】
卜：以火灼龜甲，從裂紋預測吉凶禍福。《左傳・莊公二二年》載：齊桓公使敬仲爲工正，並至其家，敬仲設宴招待。至晚，桓公欲張燈繼續飲酒，敬仲說：「臣卜其晝，未卜其夜，不敢。」敬仲以未卜夜爲托詞，婉辭夜間飲酒作樂。後以「卜晝卜夜」形容宴樂無度，晝夜相繼。清・紀昀《閱微草堂筆記》卷一七：「又冶蕩殊常，蠱惑萬狀，卜晝卜夜，靡在已時。」

【補敝起廢】
敝：破舊；廢：廢棄。修補破舊的，起用棄置不用的。比喻恢復舊制。《史記・太史公自序》：「存亡國，繼絕世，補敝起廢，王道之大者也。」

【補弊救偏】
見「補偏救弊」。

【補殘守缺】
見「保殘守缺」。

【補瘡剜肉】
剜：ㄨㄢ，用刀挖。比喻用有害的辦法救急，而不考慮後果。《醉醒石》一四回：「爲他做青色邊道袍、毛邊褲、毡衫，換人參，南京往返盤費，都是掘地討天，補瘡剜肉。」

【補鍋匠攬瓷器活——冒充內行】
比喻不懂裝懂。例黃師父氣憤地說：「不懂就虛心學習嘛，這種補鍋匠攬瓷器活——冒充內行的行爲，給工作造成多麼大的損失啊！」

【補苴調胹】
補苴（ㄐㄩ）：補綴，彌縫；調：烹調；胹（ㄦˊ）：煮熟。比喻對事物進行加工提高，使之更趨於完美。多用於文章或理論方面。宋・王安石《漣水軍淳化院經藏記》：「博聞該見有志之士，補苴調胹，冀以就完而力不足，又無可爲之地，故終不得。」

【補苴罅漏】
苴：鞋底的草墊；補苴：補綴、彌縫；罅（ㄒㄧㄚˋ）：縫隙。彌補裂縫和漏洞。比喻彌補事物的缺陷和漏洞。《民國通俗演義》七七回：「補苴罅漏，經緯萬端。來日之難，倍於往昔。」也作「補罅葺漏」。葺：ㄑㄧˋ，修補。宋・劉克莊《饒州新城記》：「先事預備，前人之忠也，補罅葺漏，後人之責也。」

【補漏洞】
比喻彌補缺陷與不足，使之趨於周密與完善。例當初訂計畫的時候，就應該把各種情況考慮周全些，也省得現在要到處補漏洞。

【補偏救弊】
偏：偏差；弊：弊病。補救偏差，糾正弊病。《清史稿・朱嶟傳》：「子母相權，贏縮有制；補偏救弊，無逾於此。」也作「補弊救偏」。《中國現在記》一回：「我一定要上折子爭他回來，補弊救偏，這才是我們言官的職分。」

【補闕燈檠】
闕：ㄑㄩㄝ，通「缺」，缺失。燈檠（ㄑㄧㄥˊ）：燈台，燈架。宋・陶谷《清異錄・女行》：「吳儒李大壯，畏服小君，萬一不遵號令，則叱令正坐，爲綰匾髻，中安燈碗，然（燃）燈火。大壯屏氣定體，如枯木土偶。人諢目之曰補闕燈檠。」意指妻子以丈夫爲遞補燈架的空缺。用作男子懼內的譏諷之語。

【補闕拾遺】
拾：撿取；遺：遺漏。補充缺失的，拾取遺漏的。指補充缺失遺漏的內容，包括：書籍校正、合約修訂等等。《明史・孫磐傳》：「其次揚清激濁，能補闕拾遺。」

【補天浴日】
補天：《淮南子・覽冥訓》載：「女媧煉五色石以補蒼天。」；浴日：《山海經・大荒南經》載：「羲和浴日於甘淵。」比喻駕馭自然的威力，或形容功勳巨大。明・朱鼎《玉鏡台記・新亭流涕》：「將我補天浴日之功，棄而不錄，思之不能無怨也。」

【補天柱地】
柱：通「拄」，支撐。修補天，支撐地。比喻偉大的功勳。南朝梁・陸倕《新陋刻銘》：「業類補天，功均柱地。」

【補罅葺漏】
見「補苴罅漏」。

【捕風繫影】
見「捕風捉影」。

【捕風捉影】
風、影皆屬虛妄不可捕捉。捉住風，抓住影子，比喻說話、做事只從虛妄不實的跡象出發，而毫無確鑿的根據。《紅樓夢》九五回：「襲人心裏著忙，便捕風捉影的混找，沒一塊石頭底下不找到，只是沒有。」也作「**捕風繫影**」。繫：拴。宋・鈞磯閒客《鈞磯立談》：「於是連兵十許年，國削民乞，渺然視太平之象，更若捕風繫影。」也作「**捕影繫風**」。《梁書・劉孝綽傳》：「但雕朽杇糞，徒成延奬；捕影繫風，終無效答。」也作「**捕影撈風**」。撈：撈取。清・方程塔《雷峯塔・虎阜》：「官司緝匪，火急趕逗留？捕影撈風何處有？」也作「**捕影拿風**」。元・吳昌齡《東坡夢》三折：「怎知道被禪師神挑鬼弄，做一場捕影拿風？」

【捕影撈風】

見「捕風捉影」。

【捕影拿風】

見「捕風捉影」。

【捕影繫風】

見「捕風捉影」。

ㄅㄨˋ

【不挨皮鞭挨磚頭——吃硬不吃軟】

比喻溫和不行，强硬倒能解決問題。例王二這個人一向是不挨皮鞭挨磚頭——吃硬不吃軟，你苦苦向他哀求是沒有用的。

【不安本分】

本分：本身說話辦事應有的分際，指老實規矩。不安於所處的環境，不守規矩。《慈禧太后演義》一二回：「如有不安本分，出外滋事者，除將本犯照例治罪外，定將該管太監一併懲辦。也作「**不守本分**」。《金瓶梅詞話》一回：「結識的朋友，也都是幫閒抹嘴，不守本分的人。」

【不安其室】

室：家。不安於家室。《詩經・邶風・凱風序》：「衞之淫風流行，雖有七子之母，猶不能安其室。」後用來指已婚婦女有外遇。《儒林外史》三四回：「……那母親也該有五十多歲，哪有想嫁之理！所謂不安其室，不過因爲衣服飲食不稱心，在家吵鬧。」也作「**不安於室**」。清・王韜《淞隱漫錄・玉簫再世》：「妹之夫夙習航海術，時像賈於東瀛，妹頗不安於室。」

【不安其位】

位：職位，職守。不安心於所在的職位。《官場現形記》四六回：「那九省大小官員，聽得他來，個個不安其位。」也作「**不安於位**」。《魯迅書信集・致鄭振鐸》：「此公在廈門趨奉校長，顏膝可憐，適異己去後，而校長又薄其爲人，終於不安於位，殊可笑也。」

【不安於室】

見「不安其室」。

【不安於位】

見「不安其位」。

【不拔之策】

不拔：拔不出來，指不動搖；策：策略。堅定的策略。漢・揚雄《解嘲》：「掉三寸舌，建不拔之策。」

【不拔之志】

指不可動搖之志。用來比喻意志堅定，絕不會輕易改變決定。《南史・沈約傳》：「執不拔之志，高臥東南。」

【不白之謗】

見「不白之冤」。

【不白之冤】

白：弄清楚。無法申訴、辯白而被迫蒙受的冤情。《東周列國志》四二回：「晅之逃，非貪生怕死，實欲爲太叔伸不白之冤耳。」也作「**不白之謗**」。謗：誹謗、毀謗。明・何良俊《四友齋叢說・考文》：「乃知記載是一大難事，一有差誤，遂使人受千載不白之謗也。」

【不敗之地】

不會遭到失敗的境地，即居於必勝之地。《孫子・軍形》：「善戰者，立於不敗之地，而不失敵之敗也。」

【不卑不亢】

卑：低下；亢：高傲。不自卑不高傲。形容態度適中，也形容言辭有分寸。姚雪垠《李自成》二卷二四章：「馬元利不卑不亢地陪笑地說：『未將來到平利，好比是闖一闖龍潭虎穴，本來就將生死置之度外。』」，也作「**不卑不抗**」。抗：通「亢」。清・查愼行《得談未庵沙河書卻寄》：「剛者好木强，弱者隨波靡，不卑亦不抗，斟酌具至理。」也作「**不亢不卑**」。《兒女英雄傳》一八回：「顧先生不亢不卑，受了半禮。」也作「**不抗不卑**」。《紅樓夢》五六回：「他這遠愁近慮，不抗不卑，他們奶奶便不是和咱們好，聽他這一番話，也必要自愧的變好了。」

【不卑不抗】

見「不卑不亢」。

【不背秤砣挑燈草——避重就輕】

比喻迴避要害問題，只談無關緊要的事。例他的檢討是不背秤砣挑燈草——避重就輕，大家很不滿意。

【不辟子卯】

辟：通「避」，迴避。相傳夏桀於乙卯日死，商紂於甲子日死，古時迷信，以子日和卯日爲惡日，省却稱子卯。不迴避子、卯不吉之日。指沒有忌諱。《儀禮・士喪禮》：「朝夕哭，不辟子卯。」

【不避斧鉞】

鉞（ㄩㄝˋ）：古代軍法用以殺人的兵器。不躲避殺人的兵器，即不怕殺頭。比喻英勇無畏。姚雪垠《李自成》卷二：「臣向來不以面從爲忠，故今日不避斧鉞，直言苦諫。」

【不避艱險】

見「不畏艱險」。

【不避勞苦】

見「不辭勞苦」。

【不避强禦】

見「不畏强禦」。

【不避湯火】

湯火：沸水與烈火，比喻刀兵之屬能致人死傷者。不躲避沸水或烈火。形容奮勇直前，毫無畏懼。《史記·貨殖列傳》：「轉將搴旗，前蒙矢石不避湯火之難者，爲重賞使也。」

【不變之法】

法：法則。不可改變的法則。《尹文子·大道上》：「不變之法，君臣上下是也。」

【不便水土】

見「不服水土」。

【不辨清渾】

見「不分皂白」。

【不辨清濁】

見「不分皂白」。

【不辨菽麥】

菽（ㄕㄨˊ）：豆類的總稱。分辨不清豆子和麥子。形容愚昧無知。章炳麟《論讀經有利而無弊》：「苟有是非之心，不至如不辨菽麥之童昏，讀之無有不知抉擇者，孟子言之甚明，何謂讀經必致頑固哉？」也作「不別菽麥」。別：辨別。晉·葛洪《抱朴子·塞難》：「吾每見俗儒碌碌……而了不別菽麥者也。」

【不辨眞僞】

分不清眞假。《東周列國志》三九回：「晉文公先年過曹，曹人多有認得的，其夜倉卒不辨眞僞。」

【不別菽麥】

見「不辨菽麥」。

【不賓之士】

賓：客人。不以客人自居的人。指以主人翁態度敢於提出建議的人。《後漢書·周黨傳》：「天子以示公卿，詔曰：『自古明王聖主，必有不賓之士。』」

【不薄今人愛古人】

不輕視今人但也愛慕古人，指古今兼學，博采衆家，不能偏執。唐·杜甫《戲爲六絕句》：「不薄今人愛古人，淸詞麗句必爲鄰。」王林書《扣門、登堂、入室》：「杜甫說：『不薄今人愛古人』，『轉益多師』，任何名家都是博采衆長，自成一體的。」

【不卜可知】

卜：占卜，古人從火灼龜甲的裂紋，預測吉凶禍福。不必占卜就能知道。指不需推測就能知吉凶。漢·劉向《說苑·指武》：「武王將伐紂，召太公望而問之曰：『吾欲不戰而知勝，不卜而知吉，使非其人，爲之有道乎？』」

【不才之事】

不才：不成材。指不光彩、不正經之事。《紅樓夢》三二回：「如此看來，倒怕將來難免不才之事，令人可驚可畏。」

【不睬不瞅】

見「不瞅不睬」。

【不慚屋漏】

見「不愧屋漏」。

【不測風雲】

測：測度、預料。本指天時氣候多變，難以預料。後多以喻人有難以預料的災禍。例天有不測風雲，人有旦夕禍福。

【不測之禍】

測：預料。料想不到的災禍，多指死亡。淸·汪琬《送魏光祿歸蔚州序》：「先生幾蹈不測之禍。」

【不測之淵】

不測：無法測量；淵：深淵。無法測量的深淵。比喻極其危險的地方。《史記·袁盎晁錯列傳》：「夫諸呂用事，大臣專制，然陛下從代，乘六乘傳馳不測之淵，雖賁育之勇，不及陛下。」

【不測之智】

測：估量；智：才智。不可估量的才智。形容才高智多。《鬼谷子·本經陰符》：「以不測之智而通心術。」

【不測之誅】

誅：懲罰。不可估計的懲處。形容懲處極嚴。北齊·顏之推《顏氏家訓·省事》：「初獲不貲之事，終陷不測之誅。」

【不測之罪】

測：預料。料想不到的罪過。《好逑傳》一三回：「莫非朝議以我前罪尚輕，又加不測之罪嗎？」

【不差毫髮】

毫：毫毛；髮：頭髮。形容一點兒不差。宋·洪邁《夷堅甲志·東坡書金剛經》：「其字畫大小高下，黑色深淺，不差毫髮。」

【不差毫釐】

見「不失毫釐」。

【不差累黍】

見「不失黍累」。

【不茶不飯】

不吃不喝。形容心事重重。元·關漢卿《救風塵》三折：「害的我不茶不飯，只是思想著你。」

【不成器】

不成材。比喻不求上進。《禮記·學記》：「玉不琢，不成器。」淸·李光庭《鄉言解頤·物部》：「張爐：比方一個人，身材不拘高矮，只要腳底下站得穩……便是好材料……不如是，只圖外面好看，終究是個不成器的東西。」

【不成氣候】

氣候：喻指結果或成就。比喻沒有成就，或沒有發展前途。淸·陳廷焯《白雨齋詞話》卷五：「洪稚存經術湛深，而詩多魔道，詞稍勝於詩，然亦不成氣候。」

【不成人之惡】

惡：指惡行，做壞事。不助長別人的惡行。《論語·顏淵》：「子曰：『君子成人之美，不成人之惡。小人反是。』」

【不成三瓦】

成：齊全。因缺三片瓦而屋頂不完整。比喻對人或事物不能要求齊全。《史記·龜策列傳》：「物安可全乎？天尙不全，故世爲屋，不成三瓦而陳之，以應之天。天下有階，物不全乃生（性）也。」

【不成體統】

體統：格局，規矩。不合乎格局、規矩。《紅樓夢》一六回：「正經是這個主意，才省事，蓋造也容易；若採置別的地方去，那更費事，且不成體統。」也指言行超越常軌，沒有規矩，不成樣子。《紅樓夢》七九回：「今日老爺沒空問這件不成體統的事，叫我來回太太，該怎麼樣便怎麼樣。」

【不成文法】

文法：指法則、格局。不合乎文章的法則、格局。清·李慈銘《越縵堂讀書記·南宋書》：「閱錢上升《南宋書》，詮綜雜糅，求簡而無義理，所附傳諸人，往往不成文法。」

【不逞之輩】

見「不逞之徒」。

【不逞之徒】

不逞：不得志，不稱意；徒：同夥，同一類人（含貶義）。指心懷不滿而爲非作歹、搗亂滋事的壞人。清·汪琬《〈見山樓詩集〉序》：「市井不逞之徒，洶洶企足揎臂以待，而全吳訖能晏然安枕者，又先生力也。」也作「不逞之輩」。輩：類。宋·包拯《孝肅包公奏議·請差京東安撫》：「不逞之輩，因而嘯聚。」

【不吃回頭草】

比喻不反悔。《金雲翹傳》一一回：「翠翹道：『你莫看我此身輕易了，我既嫁了你，出了馬家門，雖刀斬斧砍，鼎烹鋸解，死也死在你家裏，是絕不吃回頭草的。』」

【不吃涼粉騰板凳】

比喻不做工作就別占著位子。例不想當幹部，就早吭聲，不吃涼粉騰板凳，讓能幹的人早日代替你，以便及時開展工作。

【不吃煙火食】

煙火食：指熟食。道教以爲仙人或修道之人不吃人間熟食，意謂超脫塵俗，後借讚詩、畫立意高超，不同凡俗。宋·阮閱《詩話總龜》卷九引《王直方詩話》：「〔東〕坡讀其（指張文潛）詩，嘆息云：『此不是吃煙火食人道底言語。』」也作「不食人間煙火」。宋·徐鹿卿《減字木蘭花》詞：「狂吟江浦，不食人間煙火語；韋曲名家，也試河陽一縣花。」

【不吃羊肉沾羊臊——自背臭名】

臊：ㄙㄠ，比喻難聞的氣味，比喻自討壞名聲。例你同那些流氓團夥的人稱兄道弟，是不吃羊肉沾羊臊——自背臭名。

【不痴不聾】

痴：呆，傻。人不呆，耳不聾。常與「不成姑公」、「不作家翁」等連用。指故意裝傻充聾，不聞不問，意謂對某些小事不必過分明察。《隋書·長孫平傳》：「鄙諺曰：『不痴不聾，未堪作大家翁。』此言雖小，可以喻大。」也作「不瘖不聾」。瘖：ㄧㄣ，啞。《釋名·釋首飾》引俚語：「不瘖不聾，不成姑公。」也作「不瞽不聾。」瞽：ㄍㄨˇ，瞎。唐·馬總《意林》卷二二：「不聰不明，不能爲王；不瞽不聾，不能爲公。」也作「不痴不聾，不作阿家翁」。《鏡花緣》九三回：「過於明白，原非好事，倒是帶些糊塗最好。北方有句俗語，叫做『憨頭郎兒增福延壽』；又道『不痴不聾，不作阿家翁』。這個笑話，細細想去，卻很有意味。也作「不痴不聾，不爲家翁」。《資治通鑑·唐代宗大歷二年》：「鄙諺有云：『不痴不聾，不爲家翁。』兒女子閨房之言，何足聽也。」

【不痴不聾，不爲家翁】

見「不痴不聾」。

【不痴不聾，不做阿家翁】

見「不痴不聾」。

【不齒於人】

齒：齒列；不齒：不與同列。指爲人所鄙視。清·錢泳《履園叢話·立品》：「昔江陰有某進士者，少無賴，不齒於人。」也作「不屑與齒」。不屑：認爲不值得，表示輕視。明·沈德符《萬曆野獲編·宦寺宣淫》：「此來宦寺，多蓄姬妾……以故同類俱賤之，不屑與齒。」

【不恥下問】

恥：不以爲可恥。不以向學問或地位低於自己的人請教爲可恥。形容虛心好學。《三國志·魏書·袁渙傳》注引《袁氏世紀》：「准字孝尼，忠信公正，不恥下問。」也作「不惡下問」。惡：恥。漢·韓嬰《韓詩外傳》卷一〇：「使吾君好學而不惡下問，賢者在側，諫者得入。」也作「不媿下學」。媿：羞愧，同「愧」。《戰國策·齊策四》：「是以君王無羞亟問，不媿下學。」

【不恥最後】

不以跑在最後而感到可恥。比喻凡事只要堅持不懈，必定會達到目的。魯迅《華蓋集·補白》：「記得韓非子曾經教人以競馬的奧妙，其一是『不恥最後』。即使慢，馳而不息，縱令落後，縱令失敗，但一定可以達到他所向的目標。」

【不啻天地】

見「不啻天淵」。

【不啻天淵】

不啻（ㄔˋ）：無異於；淵：深潭。無異於高空至深潭之距離。比喻差別之大，無可比擬。《民國通俗演義》二八回：「比那辛亥革命，眞不啻天淵遠隔呢。」也作「不啻天地」。例翁有二子，一勤奮好學，孜孜不倦；一遊手好閒，無所事事，二人相比，不啻天地。

【不偢不倸】

見「不瞅不睬」。

【不偢不採】

見「不瞅不睬」。

【不瞅不睬】

瞅：ㄔㄡˇ，看、瞧。不看，不理

睬。形容待理不理，態度冷淡。《儒林外史》五四回：「陳木南看見他不瞅不睬，只得自己又踱了出來。」也作「不偢不睬」。明·蘇復之《金印記·周氏回家》：「女婿功名不遂回來，一家人不偢不睬。」也作「不偢不採」。《金瓶梅詞話》五六回：「那婦人只顧饒舌，又見常二不偢不採，自家也有幾分慚愧了。」也作「不睬不瞅」。明·李開先《詞謔·鞋打卦》：「他如何把人不睬不瞅，丟了我又去別人家閒走？」

【不出聲的狗才咬人】
比喻背地裏活動的壞人最狠毒。例不出聲的狗才咬人，他就是這種專門在背後做手腳，坑人害人的傢伙。

【不出所料】
出：超出；料：預料，測度。沒有超出預料，即在預料之中。《孽海花》一〇回：「剛剛走到你那邊，見你不在，我就猜著到這裏來了，所以一直趕來，果然不出所料。」

【不出芽的穀子——孬種】
穀子：粟，我國北方的一種糧食作物，脫殼後叫小米；孬：〈方〉壞，不好。比喻人的根底或本質壞。例這傢伙本來是一個不出芽的穀子——孬種，他接二連三幹出許多壞事，有什麼值得大驚小怪的？

【不揣冒昧】
揣：ㄔㄨㄞˇ，揣度，估量；冒昧：莽撞、言行輕率。不考慮自己的莽撞、輕率。用於沒有慎重考慮是否適宜，就向人提出或請求時的謙詞。《紅樓夢》八四回：「晚生還有一句話，不揣冒昧，合老世翁商議。」也作「不揆檮昧」。揆：ㄎㄨㄟˊ，估量；檮（ㄊㄠˊ）昧：愚昧無知。晉·郭璞《〈爾雅〉序》：「璞不揆檮昧，少而習焉。」

【不揣其本而齊其末，方寸之木可使高於岑樓】
岑（ㄘㄣˊ）樓：指高樓。如果不去衡量它們下端的長短是否一致，卻只顧比它們的上端的高低，那麼一塊寸把厚的木板放在高處，可以使它比高樓還要高。比喻比較事物哪個重要或議論某事物是否重要，不能只顧一點而不顧整體。《孟子·告子下》：「不揣其本而齊其末，方寸之木可使高於岑樓。金重於羽者，豈謂一鉤金與一輿羽之謂哉？」

【不傳之秘】
傳：傳出，外傳；秘：奧秘。指不傳於外的奧秘。《鏡花緣》二八回：「音韻一道，乃本國不傳之秘。」

【不傳之妙】
傳：傳達、表達。指無論以言語、筆墨皆難以表達其中的奧妙處。宋·黃庭堅《題范氏模〈蘭亭敘〉》：「故知偈促轅下者，不知輪扁斫輪有不傳之妙。」

【不辭而別】
辭：告辭。沒有告辭就離開了。例她不辭而別，令人深感意外，猜不出究竟是什麼原因。也作「不辭而行」。沈從文《蕭蕭》：「過了半個月，花狗不辭而行，把自己所有的衣褲都拿去了。」

【不辭而行】
見「不辭而別」。

【不辭勞苦】
辭：推辭，推託。不推辭勞累辛苦。對勞苦之事敢於承受，不怕吃苦。《紅樓夢》九一回：「我給他送東西，為大爺的事，不辭勞苦，我所以敬他，又怕人說瞎話，所以問你。」也作「不憚勞苦」。憚：怕。《管子·乘焉·士農工商》：「是故夜寢蚤起，父子兄弟，不忘其功，為而不倦，民不憚勞苦。」也作「不避勞苦」。避：躲避。《太平經》：「平旦日作，日入而息，不避勞苦。」也作「不辭辛苦」。《醒世恆言》卷一七：「那過遷雖管了解庫，一照灌園時早起晏眠，不辭辛苦。」也作「不辭辛勞」。例別人有事求他幫助，每次他都不辭辛勞，全力去辦。

【不辭辛苦】
見「不辭勞苦」。

【不辭辛勞】
見「不辭勞苦」。

【不此之圖】
此：這樣；圖：打算，考慮。意指不準備做此事，或指不考慮這個問題。《三國演義》三二回：「今明公提兵攻鄴……以明公之威，擊疲憊之衆，如迅風之掃秋葉也。不此之圖，而伐荊州；荊州豐樂之地，國和民順，未可動搖。」

【不次之遷】
次：順序；不次：不按照等第次序；遷：移動，指官位升遷。不按照等級順序。指超出常規的提升官級。《老殘遊記》七回：「果能使地方安靜，雖無不次之遷，要亦不至於凍餒。」

【不次之位】
不次：不按照等第次序；位：職位。不按照等次授與的職位。舊指超出常規的提升官職。《漢書·東方朔傳》：「武帝初即位，徵天下舉方正賢良文學材力之士，待以不次之位。」

【不聰不明】
聰：聽力；明：視力。不聾不瞎。耳能聽而裝作不知；目能視而裝作不見。指故意裝聾充瞎，不聞不問。意謂對某些小事不必過於認真。《慎子·君人》：「不聰不明，不能王；不痴不聾，不能公。」

【不從流俗】
見「不同流俗」。

【不存不濟】
存、濟：措置，安頓。指無從安頓，沒著沒落。董解元《西廂記·滿江紅》：「巾袖與枕頭兒都是淚痕，一夜家無眠白日盹。不存不濟，香肌瘦損，教俺縈方寸。」

【不存芥蒂】
芥蒂：細小的梗塞物。比喻積在內心

的隔閡和怨恨。內心不存在不快和仇怨。形容人度量大，與人關係融洽，無隔閡。例她心地寬厚，器量大，對一些個人恩怨，從不存芥蒂，坦然處之。

【不措一辭】

見「不能贊一辭」。

【不措一語】

見「不能贊一辭」。

【不達大體】

見「不識大體」。

【不達時務】

見「不識時務」。

【不達時宜】

見「不識時務」。

【不達世故】

見「不通世故」。

【不打不成相識】

不經過較量不會成知交。《水滸傳》三八回：「李逵道：『你也淹得我夠了。』張順道：『你也打得我夠了。』戴宗道：『你兩個今番卻做個至交的兄弟。常言道：不打不成相識。』」也作「不打不成相與」。相與：相處、彼此往來。《三俠五義》六八回：「趙虎道：『不知者不作罪，不打不成相與。』以後誰要嫉妒誰，他就不是好漢，就是個小人了。」

【不打不成相與】

見「不打不成相識」。

【不打落水狗，提防咬一口】

落水狗：落在水裏的狗，指失勢的壞人。打落水狗不能手軟，一旦狗上岸還是要咬人的。比喻對一切醜惡的東西不能姑息。例不打落水狗，提防咬一口。對那些不肯放下武器的敵人就應狠狠打擊，不給予喘息的機會。

【不打自招】

不必拷打，自己招認。《警世通言》卷一三：「押司和押司娘不打自招，雙雙的問成死罪，償了大孫押司之命。」

【不待思索】

見「不假思索」。

【不擔斤兩】

擔：承擔；斤兩：皆重量單位。不承擔分量。比喻不負責任。清·無名氏《錦香亭》五折：「你平日間也是最怪別人說長道短的，今日見他本人只說我不說你，所以講出這等不擔斤兩的話兒。」

【不憚勞苦】

見「不辭勞苦」。

【不憚其煩】

見「不厭其煩」。

【不憚強禦】

見「不畏強禦」。

【不黨父兄，不偏貴富，不嬖顏色】

嬖：ㄅㄧˋ，寵愛，沉溺。不袒護父兄親族，不偏袒有財有勢的人，也不沉溺於女色。《墨子·尚賢中》：「故古者聖王，甚尊尚賢而任使能，不黨父兄，不偏貴富，不嬖顏色。」

【不倒翁】

不倒翁：一種兒童玩具，形狀如一個老翁坐在半個球上，因上輕下重，扳倒又能立起。形容地位穩固，在任何情況下都打不倒的人。例這人肯定有大靠山，要不怎麼羣衆意見這麼大，還是不倒翁。

【不到長城非好漢】

比喻不達目的絕不停止。例不到長城非好漢，這件事非辦成不可。

【不到黃河心不死】

比喻不達目的絕不罷休，也比喻不到絕路不肯死心。《官場現形記》一七回：「這種人不到黃河心不死。現在橫豎我們總不落好，索性給他一個一不做二不休。」也作「不到烏江心不死」。烏江：在安徽和縣東北，是楚霸王項羽自刎之地。《初刻拍案驚奇》卷一五：「你不到烏江心不死，今已到了烏江，這心原也該死了。」

【不到黃河心不死——倔強】

形容剛強不屈。例他具有不到黃河心不死——倔強的性格，沒在任何困難面前低過頭。也作「不到黃河心不死——堅持到底」。

【不到黃河心不死——頑固到底】

形容堅持錯誤，至死不變。例犯有嚴重錯誤的人，不能抱著不到黃河心不死——頑固到底的態度。否則只能毀滅自己。

【不到家】

比喻學問、本事沒有達到一定的標準。例你剛學一點就自以爲什麼都會了，其實你的技術還遠遠不到家哩！

【不到烏江不盡頭】

烏江：在安徽和縣東北，是楚霸王項羽自刎之地。比喻不達目的絕不罷休，也比喻不到絕路不死心。《醒世恆言》卷九：「世局千騰萬變，轉盼皆空……又如劉項爭天下，不到烏江不盡頭。」也作「不到烏江不肯休」。《醒世恆言》卷二六：「世上生死皆爲利，不到烏江不肯休。」

【不到烏江不肯休】

見「不到烏江不盡頭」。

【不到烏江心不死】

見「不到黃河心不死」。

【不得不爾】

爾：如此。不得不如此。《民國通俗演義》五一回：「那時[蔡]鍔僻處南方……投鼠忌器，不得不爾。」

【不得而聞】

見「不得而知」。

【不得而知】

不得：不能夠。無法知道。明·袁宏道《敍姜陸二公同適稿》：「大抵[隆]慶、[萬]曆以前，吳中詩作者，人各爲詩；慶、歷以後，吳中詩作者，共爲一詩。共爲一詩，此詩家奴僕也。其可傳與否，吾不得而知也。」也作「不得而聞」。聞：聽到。《後漢書·桓譚傳》：「蓋天道性命，聖人所難言也。自子貢以下，不得而聞。」

【不得其法】

得：得到。沒掌握方法。指沒有摸到

規律或竅門。例他工作努力認眞，只因不得其法，效率不高，事倍而功半。

【不得其門而入】

門：大門，借指門徑。找不到門進去。比喻找不到入門的途徑。《論語・子張》：「夫子之牆數仞，不得其門而入，不見宗廟之美，百官之富。」

【不得其死】

得不到好死。指人不得善終。《老子》四二章：「强梁者不得其死。」

【不得其所】

所：處所。沒有得到合適的地方。指人或事未得到恰當的安置。《詩經・曹風・下泉序》：「曹人疾共公侵刻下民，不得其所，憂而思明王賢伯也。」

【不得其詳】

詳：詳盡。引申爲詳知。指對人或事的內情無法弄清楚。《醒世恒言》卷七：「衆人見知縣相公拿人，都則散了。只有顏俊兀自扭住錢靑，錢靑尤自扭住尤辰；紛紛告訴，一時不得其詳。」也作「不知其詳」。《儒林外史》四四回：「施御史家的事，我也略聞，不知其詳。」也作「不可得詳」。《三國誌・魏書・烏丸鮮卑東夷傳》：「自女王國以北，其戶數道里可得略載，其餘旁國遠絕，不可得詳。」

【不得人心】

得不到衆人的信任和擁護。指所作所爲違背人們的意願。例隨意砍伐樹木，破壞水土流失，非常不得人心。

【不得善終】

終：死；善終：終其天年而非死於意外災禍。不得好死。例人們詛咒那些仗勢欺人、作惡多端的壞人必不得善終。

【不得要領】

要：古「腰」字；領：衣領。古代的長衣提起腰和領，襟袖就平貼。故以要領比喻事物的要害、關鍵。比喻沒有掌握事物的要點或關鍵。《魯迅書信集・致臺靜農》：「瞿氏之文，其弊在欲誇博，濫引古書，使其文浩浩洋洋，而無裁擇，結果爲不得要領。」

【不得已而求其次】

不得已：無可奈何，不得不如此；次：較差的。在無可奈何的情況下，只好將就要差一點的。例你不要以爲這個職位落到你身上有什麼了不起的，事實上，我們只是找不到更好的人才，不得已而求其次。

【不得已而爲之】

不得已：無可奈何，不得不如此；爲：做。在無可奈何的情況下，不得不去做。例陳文文下海當舞女，實在是因爲她的家境淸貧，上有老父老母，下有幼子要料養，不得已而爲之。也作「不得已而用之」。用：使用。《老子》三一章：「兵者不祥之器，非君子之器，不得已而用之。」也作「不得已而行之」。行：辦，執行。宋・歐陽修《歸田錄》卷一：「凡內降恩澤，皆執不行。然以其所執既多，故有三執而又降出者，則不得已而行之。」

【不得已而行之】

見「不得已而爲之」。

【不得已而用之】

「不得已而爲之」。

【不得越雷池一步】

不得跨過雷池一步路。比喻一步也不能越警戒線。高陽《大將曹彬》：「李進卿破了三會寨以後，只須沿大寧河東岸布防，任何人不得越雷池一步。」參見「不敢越雷池一步」。

【不登大雅之堂】

登：入；雅：高雅。不能進入高雅的廳堂。指事物粗俗或指作品庸劣。有時用來謙稱自己的作品。《兒女英雄傳》緣起首回：「這部評話，原是不登大雅之堂的一種小說，初名《金玉緣》。」

【不登高山，不知天之高也；不臨深溪，不知地之厚也】

深溪：深谷。不登上高山，不知道天是多麼高遠；不走近深谷，不知道地是多麼深厚。比喻知識無涯，學無止境。也比喻不身臨其境，無法了解事情的具體情況。《荀子・勸學》：「故不登高山，不知天之高也；不臨深溪，不知地之厚也；不聞先王之遺言，不知學問之大也。」

【不懂裝懂，永世飯桶】

不虛心，不老實，什麼也學不到手。例不懂裝懂，永世飯桶。世上最可笑的就是這類以百科全書自命的半吊子了。

【不動乎衆人之非譽】

非：通「誹」，誹謗；譽：稱譽。不因爲別人的誹謗或讚美而動搖自己的意志。《荀子・正名》：「不動乎衆人之非譽，不治觀者之耳目，不賂貴者之權勢，不利便辟者之辭。」

【不動聲色】

聲色：說話的聲音和臉色。內心活動不從語氣和臉色上流露出來。形容鎭靜、沉著。宋・程頤《明道先生行狀》：「衆憂以爲甚難，而先生爲之沛然。雖當倉卒，不動聲色。」也作「不發聲色」。發：表現，顯露。唐・韓愈《司徒兼侍中書令贈太尉許國公神道碑》：「公之爲治，嚴不爲煩……其罪殺人，不發聲色，問法何如，不自爲輕重，故無敢犯者。」也作「不動形色」。形色：容色。例盡管對方盛氣淩人，出言不遜，他還是不動形色地耐心聽下去。

【不動窩】

指不動身、不離開原地。例調動工作有什麼不好？還値得鬧情緒？一輩子不動窩未必就好。也作「不挪窩」。例你挪挪窩好嗎？你不挪窩，孩子沒地方坐。

【不動形色】

見「不動聲色」。

【不斷線】
比喻連續、連綿不斷。例這個口子可開不得！要是人們不斷線地來，你招架得起嗎？也作「不斷縴」。例自從這裏發現了風景點，來旅遊的人便一年到頭不斷縴了。

【不對眼】
比喻相互看不慣、合不來。例你們兄弟既是不對眼，就分家過吧！

【不奪農時】
見「不違農時」。

【不度德，不量力】
度：ㄉㄨㄛˊ，衡量；量：估量。不正確估計自己的德行和能力。指對自己估計過高。《左傳・隱公一一年》：「不度德，不量力，不親親，不征辭，不察有罪。」

【不惡而嚴】
惡：凶；嚴：威嚴。不凶惡，但顯得莊重威嚴。指對人不惡聲厲色，而正氣凜然，令人敬畏。《周易・遁》：「君子以遠小人，不惡而嚴。」

【不二法門】
不二：指不是兩極端；法門：佛教指修行入道的門徑。佛教用語。指直接入道，不可言傳的門徑。唐・陳子昂《夏日暉上人房別李參軍序》：「開不二之法門，觀大千之世界。」後亦比喻獨一無二的門徑或方法。清・吳趼人《糊塗世界・序》：「守株待兔之舉，視若不二法門；覆蕉尋鹿之徒，尊爲無上妙品。」

【不發聲色】
見「不動聲色」。

【不乏其人】
乏：缺少；其：代詞，那，那些。不缺少那樣的人。表示那樣的人爲數不少。例在公司裏，尚未成家立業的員工不乏其人，如果你們有適合的人選，不妨多多介紹。也作「不乏斯人」。斯：指示代詞，此，這個。宋・曾協《上張同知書》：「某不敢先，且意閣下之不乏斯人也。」

【不乏斯人】
見「不乏其人」。

【不乏先例】
乏：缺少；先：先前，從前。有不少從前的事可以爲例。例此事不乏先例，皆有據可查。

【不法常可】
法：效法；常可：長久可行的法度，常規。指不拘泥於成規慣例。《韓非子・五蠹》：「是以聖人不期修古，不法常可。」

【不法古不修今】
法：效法；修：遵循，學習。謂不應效法古代，也不宜拘泥於現狀。《商君書・開塞》：「聖人不法古不修今，法古則後於時，修今則塞於勢。」

【不煩繩削】
煩：勞煩；繩：糾正；削：斧削，斧正。不必要糾正和斧削。指詩文等不需要潤色。唐・韓愈《南陽樊紹述墓志銘》：「不襲蹈前人一言一句……然而不煩於繩削而自合也。」也作「不假繩削」。假：借藉，憑藉。金・趙秉文《答李天英書》：「足下天才英逸，不假繩削，豈復老夫所可擬議？」

【不蜚則已，一蜚沖天；不鳴則已，一鳴驚人】
蜚：ㄈㄟ，同「飛」。比喻有才能的人，平時不爲人所知，一旦做出顯著成績就震驚天下。《史記・滑稽列傳》：「齊威王之時喜隱，好爲淫樂長夜之飲，沉湎不治，委政卿大夫。百官荒亂，諸侯並侵，國且危亡，在於旦暮。左右莫敢諫。淳于髡說之以隱曰：『國中有大鳥，止王之庭三年不蜚又不鳴。王知此鳥何也？』王曰：『此鳥不蜚則已，一蜚沖天；不鳴則已，一鳴驚人。』」

【不悱不發】
悱：ㄈㄟˇ，想說而不能恰當說出；發：啟發，引導。不到想說而不能恰當說出之時，不必去啟發引導。這是孔子認爲使教學效果顯著的最佳方法。《論語・述而》：「不憤不啟，不悱不發。」

【不廢江河】
廢：廢止，停息。江河永遠奔流向前，不可廢止。比喻極有價值的詩文佳作必然流傳萬代。清・徐夔《大雲庵訪子美舊址》詩：「賓客縱能齊擯斥，文章終不廢江河。」

【不費吹灰之力】
形容辦事十分順利。《何典》一〇回：「那日走到山腳下，看見一個俊俏書生，坐在樹蔭底下打瞌睡，喜之不勝，走上前來，不費吹灰之力，搶了就走。」

【不費之惠】
費：花費，耗費；惠：利益，好處。花費不多而給人以好處。《鏡花緣》六三回：「如此現成美舉，眞是不費之惠，若非姐姐提起，妹子哪裏記得？」

【不分彼此】
彼此：雙方，即對方，我方。不分你和我。指不分厚薄、親疏、遠近。《兒女英雄傳》二八回：「我想叫他們今後不分彼此，都是一樣。」也形容交情深厚，關係密切。例同窗數載，情同手足，不分彼此。也作「不分彼我」。元・尹志平《西江月》：「終朝豁暢高歌，日用不分彼我。」

【不分彼我】
見「不分彼此」。

【不分好歹】
歹：壞。不分好壞。元・關漢卿《竇娥冤》三折：「地也，你不分好歹何爲地？天也，你錯勘賢愚枉做天！」

【不分青紅皂白】
見「不分皂白」。

【不分軒輊】
軒：ㄒㄩㄢ，車子前高後低；輊：ㄓˋ，車子前低後高。軒輊比喻高低、輕重、優劣。指分不出高低優劣。例二人才情相若，不分軒輊。也作「**不可軒輕**」。清・薛雪《一瓢詩話》卷一〇：「杜少陵（甫）、李青蓮（白）雙峯並峙，不可軒輊。」也作「**不甚軒輕**」。明・沈德符《萬曆野獲編・兩殿兩房中書》：「以今日兩中書相視，幾有雲泥涇渭之別；然成化以前，惟英武稍爲猥雜，而文華之與兩房，似不甚軒輊也。」

【不分皂白】

皂：黑色；皂白：黑白，比喻是非。①指不分是非曲直，不問情由。《古今小說》卷三九：「今即欲入郡參謁，又恐郡守不分皂白，阿附上官，強入人罪。」也作「**不分青紅皂白**」。例切不可不分青紅皂白，鹵莽從事。也作「**不問青紅皂白**」。《老殘遊記續集遺稿》四回：「不問青紅皂白，舉起鞭子就打。」也作「**不辨清渾**」。清渾：清澈與渾濁，喻是非。元・關漢卿《哭存孝》二折：「俺割股的倒做了生忿，殺爹娘的無徒說他孝順，不辨清渾。」也作「**不辨清濁**」。元・鄭廷玉《金鳳釵》二折：「做兒的不知好歹，做娘的不辨清濁。」也作「**不問青黃**」。青黃：猶黑白。清・孔尚任《桃花扇・卻奩》：「平康巷，他能將名節講；偏是咱學校朝堂，混賢奸不問青黃。」②比喻不問好壞。《古今小說》卷一：「若干官宦大戶人家，單揀門戶相當，或是貪他嫁資豐厚，不分皂白，定了親事。」

【不分畛域】

畛（ㄓㄣˇ）域：界限，範圍。不分界限、範圍。也比喻不分彼此。例本慈善機構救助的對象是不分畛域的，如果需要我們，請儘管開口。也作「**不爲畛畦**」。畛畦：界限。宋・葉夢得《避暑錄話》上：「子瞻（蘇軾）在黃州及嶺表，每旦起，不招客相與語，則必出而訪客，所與遊者亦不盡擇，各隨其人高下，詼諧放蕩，不復爲畛畦。」

【不憤不啟，不悱不發】

憤：求通而未得之意。悱：想說而未能說出來。不到學生苦苦思索而又想不通的時候，不去啟發他們；不到他想說又說不出來時，也不要去啟發他。指教師要善於抓住適當時機啟發學生的思維。也指學生不怕得不到啟發，只怕自己求知的心情不迫切。《論語・述而》：「子曰：『不憤不啟，不悱不發。舉一隅不以三隅反，則不復也。』」

【不豐不殺】

豐：厚，滿；殺：舊讀ㄕㄞˋ，降，減少。不增多，不減少。《禮記・禮器》：「禮不同，不豐不殺。」，原指不奢侈，也不儉省，多少適中。後多表示數量不增不減。

【不伏燒埋】

伏：屈服；燒埋：燒埋銀，舊時刑律規定官府向殺人犯追繳賠給死者家屬的埋葬費。比喻不認罪或不聽勸解。元・無名氏《爭報恩》二折：「我又不敢當堂抵賴，恰待分說，又道咱家不伏燒埋。」

【不扶水土】

見「不服水土」。

【不扶自直】

《大戴禮記・勸學》：「故蓬生麻中，不扶自直。」後以之比喻在良好環境的薰陶下，自會完美成長。唐・李華《與外孫崔氏二孩書》：「汝承十五姊仁慈，十七伯訓誘，又質性柔順，當不扶自直。」

【不孚服望】

孚：ㄈㄨˊ，使人信服。不爲大家所信服。例他因不孚服望，故幾次未能當選，亦自在意料之中。

【不服水土】

水土：指地區的自然環境和氣候；服：適應。不能適應移居地區的氣候和飲食習慣等生活條件。《三國演義》一二〇回：「吾兵久勞於外，不服水土，必生疾病。宜召軍還，再作後圖。」也作「**不習水土**」。《三國志・蜀書・先主傳》注引《蜀本紀》：「蜀王娶以爲妻，不習水土，疾病欲歸國，蜀王留之，無幾物故。」也作「**不伏水土**」。伏：通「服」。《元典章・戶部》：「官員離家萬里，不伏水土，乃染病身死者，不可勝數。」也作「**不便水土**」。便：適宜。《魏書・崔浩傳》：「參居郡縣，處榛林之間，不便水土，疫疾死傷，情景事露，則百姓意沮。」

【不負衆望】

負：辜負；望：期望。不辜負大家的期望。例他不負衆望，出色地完成了考察任務，並寫出了有理有據的考察報告。

【不復知人間有羞恥事】

不再知道人間還有什麼更羞恥的事情了。指人之無恥，什麼罪惡勾當都幹得出來。宋・歐陽修《與高司諫書》：「昨日安道貶官，師魯待罪，足下猶能以面目見士大夫，出入朝中，稱諫官，是足下不復知人間有羞恥事爾！」

【不富無以養民情，不教無以理民性】

百姓不富裕，就無以陶冶他們的性情；對百姓不進行敎化，就無從使他們深明理性。《荀子・大略》：「不富無以養民情，不教無以理民性。故家五畝宅，百畝田，務其業而勿奪其時，所以富之也。立大學，設庠序，修六禮，明七教，所以道之也。」

【不改初衷】

初衷：本來的意願；最初的心願。不改變本來的心願。形容心地誠篤，意志堅定。例唐玄奘立志去印度求佛法，雖歷經千難萬險，不改初衷，終於有成。

【不改其樂】

不改變自己愉快的心情。指身居困境，仍泰然處之，怡樂自如。《論語·雍也》:「一簞食,一瓢飲,在陋巷,人不堪其憂,回也不改其樂。」

【不乾不淨】

①指骯髒,不潔淨。或因有所忌諱而認為不潔淨。魯迅《祝福》:「祭祀的時候,可用不著她沾手,一切飯菜,只好自己做,否則,不乾不淨,祖宗是不吃的。」②形容不體面,不光采。清·楊潮觀《窮阮籍醉罵財神》:「我若得了你這橫財呵,你好把水火盜賊、口舌官符、災殃疾病,暗暗提來與我,那時節,弄得頃刻煙消,我依然一個窮鬼,還落得不乾不淨。」③形容粗野不文明。《紅樓夢》一〇回:「不知是哪裏附學的學生,倒欺負他,裏頭還有些不乾不淨的話,都告訴了他姐姐。」④指關係曖昧,行為不光明。《三俠五義》一一九回:「認了一個乾兄弟……和他女人不乾不淨的。」

【不乾不淨,吃了沒病】

吃了不乾淨的東西也不會生病,是不講衛生的一種藉口。老舍《龍鬚溝》一幕:「俗話說得好:『不乾不淨,吃了沒病』。我在這兒住了幾十年,還沒敢抱怨一回!」

【不干己事不張口,一問搖頭三不知】

與自己無關的事不談論,即使有人詢問,也推說不知。謂明哲保身,不過問與己無關的事。《紅樓夢》五五回:「再者林丫頭和寶姑娘他兩個倒好,偏又都是親戚,又不好管咱家務事。況且一個是美人燈兒,風吹吹就壞了;一個是拿定了主意,『不干己事不張口,一問搖頭三不知』,也難十分去問他。」

【不甘雌伏】

雌伏:如同雌鳥趴在窩裏不動。比喻退縮,不求進取。不情願如雌鳥趴在窩裏一樣退縮躲藏。比喻不甘於屈居人下,無所作為。《後漢書·趙典傳》:「大丈夫當雄飛,安能雌伏。」

【不甘後人】

後:落在他人之後。不情願落在別人的後面。指好強心盛。例她那種不甘後人的進取精神,深為眾人所稱道。

【不甘寂寥】

見「不甘寂寞」。

【不甘寂寞】

寂寞:冷清,孤獨,置身事外。不甘心受冷落或無聲無息地置身於事外。表示要從事某一活動,有所表現。老舍《不成問題的問題》:「但是,他不甘寂寞……他要獨樹一幟,自己創辦一個什麼團體,去過一過領導的癮。」也作「不甘寂寥」。明·陳弘緒《與楊維節書》:「弟性不甘寂寥,阿堵在手,便思擾擾。」

【不甘示弱】

示:顯示;弱:軟弱。不甘心顯示自己軟弱怯懦。魯迅《我的第一個師父》:「台下有人罵起來。師父不甘示弱,也給他們一個回罵。」

【不間不界】

間:ㄍㄢ;界:ㄍㄚˋ。形容不三不四。《朱子語類》卷三四:「聖人全體極至,沒那不間不界底事。」

【不尷不尬】

形容處於窘境,左右為難,不好下台。宋·吳泳《賦半齋送張清卿分教嘉定》詩:「道如大路皆可遵,不尷不尬難為人。」也形容不三不四,舉止不正當。《紅樓夢》九〇回:「及見了寶蟾這種鬼鬼祟祟,不尷不尬的光景,也覺了幾分。」也形容態度不自然。茅盾《子夜》八:「她恍惚看見約好了的那人兒擺出一種又失望又懷疑的不尷不尬的臉色。」

【不敢當】

不敢接受,不配接受。《莊子·讓王》:「大王反國,非臣之功,故不敢當其賞。」《史記·孝文記》:「寡人不佞,不足以稱宗廟,願請楚王計宜者,寡人不敢當。」

【不敢告勞】

告:訴說,表白。不敢表白自己的辛苦勞累。比喻埋頭苦幹,不辭勞苦。多用作謙詞,意指理應效勞。《詩經·小雅·十月之交》:「黽勉從事,不敢告勞,無罪無辜,讒口囂囂。」清·劉坤一《書牘·稟張中丞》:「本司不敢言病,不敢告勞,唯有得一日活,辦一日事。」

【不敢苟同】

苟:草率,隨便;同:贊同。不敢隨便贊同。指對人、對事持審慎態度。清·陳確《寄劉伯繩書》:「承駁示《大學辨》義,至為詳悉。極知眷切無已,而確愚蒙之心,未有醒悟,尚須面相參訂。萬萬不敢自是,亦不敢苟同,仁兄必素所鑑也。」也作「不肯苟同」。清·陳確《與惲仲升書》:「學求其是而已,兄必不為苟異,亦必不肯苟同,望有以教之也。」也作「不為苟同」。明·歸有光《吳純甫行狀》:「雖先儒已有成說,必反覆其所以,不為苟同。」

【不敢後人】

不甘心落在別人後面。鄒韜奮《抗戰以來·「生活」在抗戰期間貢獻了什麼?》:「凡遇黨政當局對抗戰建國積極方面有所號召,亦無不竭誠響應,不敢後人。」

【不敢掠美】

掠:掠奪。不敢把他人的功勞、成績據為己有。例這項成果的取得,是我們三人共同努力的結果,非我個人之功,我不敢掠美,特作鄭重說明。

【不敢捏石頭,只去捏豆腐】

比喻欺軟怕硬。《西湖二集》卷二四:「那臨安帥韓仲通明知這火是從王家燒起,因王舅爺有御史之尊,誰敢惹他?俗語道:『欺軟怕硬,不敢捏石頭,只去捏豆腐。』便拿住周必大並鄰比五十餘人,單單除去王家諸人。」

【不敢旁騖】

旁：別的；騖：ㄨˋ，追求；旁騖：對正業不專心而去追求其他的事。指使精力專注於一個方面。例除悉心研究所學專業外，不敢旁騖。

【不敢啟齒】

啟齒：開口說話。不好開口對別人有所求。例他考慮再三，始終不敢啟齒。

【不敢問津】

問津：詢問渡口。泛指問路、訪求。後多用於否定句，指對某些事物不敢過問或嘗試。今也用以探問價格或情況。例此物價格高昂，實不敢問津。

【不敢越雷池一步】

越：跨過；雷池：古雷水自今湖北黃梅縣東流至安徽望江縣東南，積而為池，稱雷池。晉・庾亮《報溫嶠書》：「吾憂西陲過於歷陽，足下無過雷池一步也。」原意是庾亮要溫嶠不要率兵越過雷池到京城（今南京）去。後用以比喻做事不敢超越一定的範圍、界限。形容思想言行拘謹保守，墨守成規。

【不敢自專】

自專：擅自獨斷專行。指不敢自作主張，獨斷專行。唐・韓愈《禘祫議》：「凡在擬議，不敢自專。」

【不根持論】

不根：沒有根據；持論：提出論點。如樹木無根一樣，無根據地提出自己的主張或論點。《漢書・嚴助傳》：「[東方]朔、[枚]皋不根持論，上頗俳優畜之。」

【不根之論】

見「不根之言」。

【不根之談】

見「不根之言」。

【不根之言】

無根無據的言談議論。明・袁宏道《閱曹以新、王百谷除夕詩》：「百谷絕不以私干謁，余甚重之。而好事者倡為不根之言，流播遠近……竟不知為何人所造。」也作「**不根之談**」。《二刻拍案驚奇》卷三〇：「那裏來這野漢！造此不根之談，來誘哄人家子弟！」也作「**不根之論**」。例不根之論，不可輕信。

【不耕而獲】

見「不勞而獲」。

【不公不法】

公：公正，公道；法：法紀。不公正，不守法。形容仗勢欺人，為非作歹。《醒世恆言》卷三四：「倘在外人面前，也如此說，必疑我家做甚不公不法勾當，可不壞了名聲？」

【不攻自拔】

見「不攻自破」。

【不攻自潰】

見「不攻自破」。

【不攻自破】

不待攻擊就自行破滅。①形容防禦薄弱，不堪一擊。《大宋宣和遺事》貞集：「以火箭射蓬蒻，可不攻而自破。」也作「**不攻自潰**」。潰：潰敗。元・蘇天爵《元朝名臣事略・平章宋公》：「食盡援絕，不攻而自潰矣。」也作「**不攻自拔**」。拔：拔除據點。《梁書・武帝紀上》：「糧食既足，士眾稍多，圍守兩城，不攻自拔，天下之事，臥取之耳。」②形容謬論、流言站不住腳，不堪一駁。宋・蘇軾《論黃河必非東決札子》：「而羣小妄說，不攻而自破矣。」

【不恭之詞】

恭：恭敬。不恭敬的言詞。例雖係不恭之詞，但苦口良藥，逆耳忠言，望能深思。

【不共戴天】

戴：頂著。不能與仇人同在一個天底下並存。比喻仇恨極深，誓不兩立。《三國演義》八二回：「殺吾弟之仇不共戴天！欲朕罷兵，除死方休！」也作「**不同天地**」。《三國志・魏書・龐淯傳》注引皇甫謐《列女傳》：「父母之仇，不同天地共日月者也。」也作「**不同日月**」。《三國演義》七八回：「[玄德曰]孤與東吳，誓不同日月也。」也作「**不同戴天**」。《公羊傳・莊公四年》：「諱與仇狩也。」注：「禮，父母之仇，不同戴天。」

【不苟笑語】

見「不苟言笑」。

【不苟言笑】

苟：隨便，輕率。不隨便說笑。形容態度嚴肅穩重。清・汪琬《齋記》：「為人恬靜少欲，不苟言笑。」也作「**不苟笑語**」。清・汪琬《宋既庭五十壽序》：「余多言好辯，而先生不苟笑語。」也作「**不苟訾笑**」。訾：ㄗˇ，說人壞話。清・朱彝尊《姚氏族譜序》：「其為人，願而謹，不苟訾笑。」也作「**不妄言笑**」。妄：隨便地，過分地。《宋書・謝弘微傳》：「婢僕之前，不妄言笑，由是尊卑大小，敬之若神。」

【不苟訾笑】

見「不苟言笑」。

【不古不今】

見「不今不古」。

【不瞽不聾】

見「不痴不聾」。

【不顧前後】

顧：顧忌。指無所顧忌。《紅樓夢》一二〇回：「不是說句不顧前後的話；當初東府裏太爺，倒是修煉了十幾年，也沒有成仙。」

【不顧死活】

顧不上死活。指以死相拚。《西遊記》六三回：「這呆子不顧死活，闖上宮殿，一路鈀……把些吃酒的傢伙之類，盡皆打碎。」

【不顧一切】

指什麼都丟開不管不顧。巴金《長生塔・塔的秘密》：「我閉上眼睛，不顧一切地向著他手裏的刀迎上去。」

【不關宏旨】

宏：大；旨：主旨，意義。和主要的精神沒什麼關係。指意義或關係不大。例文章中有個別枝節問題，不關宏旨，可擱置不論。

【不關緊要】

緊要：重要的，急切的。表示不很重要，不會影響大局。《儒林外史》五一回：「那撫軍聽了備細，知道鳳鳴岐是有名的壯士，其中必有緣故。況且苗總兵已死於獄中……此事也不關緊要。因而吩咐祁知府從寬辦結。」

【不關痛癢】

不關：不相關，無關聯；痛癢：比喻疾苦。與痛癢疾苦無關聯。比喻與本身沒有利害關係。《紅樓夢》八回：「這裏雖還有兩三個老婆子，都是不關痛癢的，見李嬷走了，也都悄悄的自尋方便去了。」也比喻無關緊要，不觸及要害。魯迅《上海文藝之一瞥》：「以營業爲目的的書店所出的東西，因爲怕遭殃，就竭力選些不關痛癢的文章。」

【不管大哥二哥麻子哥，都是兄弟】

指不論什麼人，都是自己人。姚雪垠《李自成》一卷二九章：「咱們今天掛的紅鬍子，戴的雉雞翎，不管大哥二哥痲子哥，都是兄弟，等咱們打下江山，立了朝綱，再研究禮節不遲。」

【不管三七二十一】

不顧一切，不計後果。《平妖傳》一〇回：「當時無可奈何，不管三七二十一，拖泥帶水走過那岸去。」也作「不問三七二十一」。馬烽等《呂梁英雄傳》五六回：「張有義……忙跑回窰裏找水喝，見爐台上放著半盆水，不問三七二十一，端起來就喝。」也作「哪管三七二十一」。

【不軌不物】

軌、物：法度與準則。指越出常規，不合法度。《左傳・隱公五年》：「不軌不物，謂之亂政。亂政亟行，所以敗也。」後也指事物荒誕，不正當。元・陶宗儀《南村輟耕錄・宣文閣》：「而聲色狗馬，不軌不物者，無因而至前矣。」

【不貴尺之璧，而重寸之陰】

寸之陰：指短暫的時間。不珍惜直徑一尺的大璧，卻看重短暫的時間。指要珍惜時光。《淮南子・原道訓》：「故聖人不貴尺之璧，而重寸之陰，時難得而易失也。」

【不貴於無過，而貴於能改也】

不以沒有過錯爲可貴，知錯能改最可貴。明・王守仁《敎條示龍場諸生》：「夫過者自大賢所不免，然不害其卒爲大賢者，爲其能改也。故不貴於無過，而貴於能改也。」

【不過爾爾】

爾（指前一個「爾」）：這樣，如此；爾（指後一個爾）：通「耳」。語氣詞，相當於「而已」、「罷了」。不過如此而已。意指沒什麼了不起。清・錢泳《履園叢話・無學》：「功名富貴，未到手時，望之如在天上；一得手後，不過爾爾。」

【不寒而栗】

栗：ㄌㄧˋ，通「慄」。打顫，發抖。不冷而發抖。形容恐懼已極。朱自清《執政府大屠殺記》：「現在想著從死屍上越過的事，眞是不寒而栗呵！」

【不好名者，斯不好利】

斯：就。不貪名的人，就不會貪利。說明爲人應不追求虛名，就會潔身自好。《薛方山紀述・上篇》：「不好名者，斯不好利；好名者，好利之尤者也。」

【不好問詢之道，則是伐智本而塞智原也】

原：通「源」，源流。不喜歡請教別人，那就是砍斷了智慧的根本而又堵塞了智慧的源流。意指多虛心求教。就會增長智慧。漢・劉向《說苑・建本》：「不好問詢之道，則是伐智本而塞智原也，何以立軀也？」

【不喝涼水不打顫】

比喻不做壞事心裏踏實。聶海《靠山堡》：「這不是十八桿子夠不著的事嗎，礙著你哪兒了？人說不喝涼水不打顫嘛，你心虛啥？」

【不合時宜】

時宜：當時的形勢需要或好尙。不符合當時的形勢或潮流。指與當時的世俗習尙不相投合。《紅樓夢》六三回：「他爲人孤僻，不合時宜，萬人不入他的目。」也作「不入時宜」。宋・費袞《梁谿漫志・侍兒對東坡語》：「學士（指東坡）一肚皮不入時宜。」也作「不適時宜」。適：合。例此公高談闊論，但衆人皆言其所見不適時宜。

【不涸澤而漁，不焚林而獵】

涸：枯竭；澤：池、湖。不汲乾池水捉魚，不焚燒樹林打獵。指做事不能只圖眼前利益，要有長遠的打算。《文子・上仁》：「先王之法……不涸澤而漁，不焚林而獵。」

【不恨繩短，只怨井深——錯怪】

比喻因誤會而錯誤地責備或抱怨別人。例總經理在查明事故原因之後，汗顏的向郝師傅道歉說：「我不恨繩短，只怨井深——錯怪您了，請原諒我工作不深入的官僚作風。」也作「睡不著，怪床腳——錯怪」、「肚痛怨灶神——錯怪」、「老貓偷嘴狗挨打——錯怪」、「袖短怪罪胳膊長——錯怪」。

【不哼不哈】

不吭聲，不表態。多指當說而不說。例他始終不哼不哈，不置可否，衆人都猜不透他的想法。

【不厚其棟，不能任重】

棟：正梁。不用粗大的棟梁，不能承受房屋的重量。指要重視高官的德行。《國語・魯語上》：「吾聞之：不厚其棟，不能任重。重莫如國，棟莫如德。」

【不歡而別】

見「不歡而散」。

【不歡而散】

歡：愉快；散：分開，分手。很不愉快地分開。康濯《代理支書》：「雙方都堅持不讓，最後竟至鬧了個不歡而散。」也作「**不歡而別**」。例君子絕交不出惡聲，何必鬧得不歡而別！

【不患寡而患不均，不患貧而患不安】

寡：人少；不均：財富不均。不怕歸順的人不多，就怕財富不均；不怕老百姓暫時還貧困，就怕他們不能安居樂業。指貧富不均，是導致社會不安定的原因之一。《論語・季氏》：「丘也聞有國有家者，不患寡而患不均，不患貧而患不安。蓋均無貧，和無寡，安無傾。」

【不患人之不己知，患不知人也】

不憂慮別人不了解自己，只憂慮自己不了解別人。《論語・學而》：「子曰：『不患人之不己知，患不知人也』。」

【不患位之不尊，而患德之不崇】

不憂慮自己的品德不尊貴，而憂慮自己的品德不崇高。《後漢書・張衡傳》：「是何觀同而見異也？君子不患位之不尊，而患德之不崇；不恥祿之不夥，而恥知之不博。是故藝可學，而行可力也。」

【不患無位，患所以立】

不愁沒有職位，只愁沒有任職的本領。《論語・里仁》：「子曰：『不患無位，患所以立。不患莫己知，求爲可知也。』」

【不慌不忙】

慌：慌張；忙：忙亂。不慌張，不忙亂。形容態度沉著鎮定，從容不迫。例他面對反對他的那些人，不慌不忙地講出了自己的看法。

【不遑寧處】

遑：閒暇；不遑：無暇，來不及。沒有空閒安逸的時候。指終日忙於應付各種事情，顧不得休息。唐・張鷟《游仙窟》：「頻繁上命，徒想報恩，馳驟下寮，不遑寧處。」也作「**不遑啟處**」。啟：跪。古代以跪坐爲休息；處：居；啟處：安居閒暇。《詩經・小雅・四牡》：「王事靡鹽，不遑啟處。」也作「**不遑啟居**」。居：安居。《詩經・小雅・出車》：「王事多難，不遑啟居。」

【不遑啟處】

見「不遑寧處」。

【不遑啟居】

見「不遑寧處」。

【不毀之制】

毀：毀壞，破壞。不被破壞的制度。指長久不變的制度。《三國志・吳書・武宣卞皇后紀》：「而未著不毀之制，懼論功報德之義，萬世或闕焉。」

【不會打仗不吃糧，不會唱歌不賣糖】

糧：公糧。比喻幹一行要熟一行。例俗話說：「不會打仗不吃糧，不會唱歌不賣糖。」我們既然管上了這門子事，就要掌握技術，闖出個名堂來。

【不會念經，莫做和尚；不會上鞋，休做皮匠】

比喻要熟悉業務，幹一行專一行。清・李漁《意中緣》一七齣：「自古道：『裝龍龍像，裝虎虎像。』『不會念經，莫做和尚；不會上鞋，休做皮匠。』我只說你在風月場中走過，這些應付的口才件件是來得的，所以把酒飯供給你，把衣服打扮你，誰想一竅也不通。」

【不會做官看前樣】

不會當官，可以學前任的樣子。清・翟灝《通俗編・識余》：「古籍之語，今多有祖其意而變其文者，雖極雅俗之殊，而淵源猶可溯也……《韓詩外傳》引語曰：『不知爲吏，視已成事』，今變之曰：『不會做官看前樣』」也作「**不習爲吏，視已成事**」。習：熟習。《漢書・賈誼傳》：「誼數上書陳政事，多所欲匡建，其大略曰……鄙諺曰：『不習爲吏，視已成事。』又曰：『前車覆，後車誡。』」也作「**不習爲吏，而視已事**」。已事：過去的事例。漢・賈誼《新書・保傅》：「豈胡亥之性惡哉。彼其所以習道之者非其理故也。鄙諺曰：『不習爲吏，而視已事。』」

【不諱不變】

不諱（ㄏㄨㄟˋ）：死的婉辭；變：變故。指死亡。意指人死在所難免，無可忌諱。《後漢書・申屠剛傳》：「不諱不變，誠難其慮。」

【不諱之朝】

諱：避忌，忌諱；朝：朝代。無所避忌，暢所欲言的朝代。指國治民安、政治清明的時代。漢・揚雄《解嘲》：「今吾子幸得遭明聖之世，處不諱之朝，與羣賢同行，歷金門、上玉堂有日矣。」

【不諱之路】

路：途徑。使人們說話無所顧忌的途徑。意指廣開言路。《後漢書・安帝紀》：「間令公卿郡國，舉賢良方正，遠求博選，開不諱之路。」

【不諱之門】

說話無所顧忌之處。指盡所欲言、正言不諱的地方。漢・劉向《說苑・君道》：「規諫必看不諱之門。」

【不惠不夷】

見「不夷不惠」。

【不葷不素】

形容不成體統，不像話。《金瓶梅詞話》二六回：「依你如今把那奴才放出來，你也不好要他這老婆的了。教他奴才好藉口，你放在家裏，不葷不素，當做甚麼人兒看成？」

【不惑之年】

惑：迷惑；年：年齡。不受迷惑的年齡。《論語・爲政》：「四十而不惑。」後以四十歲稱不惑之年。意指人至中年，各方面漸臻成熟，能明析事理而不致迷惑。例光陰易逝，轉瞬間，她已屆不惑之年。

【不積跬步，不以至千里】

跬（ㄎㄨㄟˇ）步：半步。不把半步半步積累起來，就沒有法子到達千里遠的地方。比喻學習是由少到多的積累過程。《荀子・勸學》：「不積跬步，不以至千里；不積小流，無以成江海。騏驥一躍，不能十步；駑馬十駕，功在不舍。」

【不羈之才】

羈：ㄐㄧ，束縛，約束；才：才能，才華。不受拘束的才能。指豪邁奔放的非凡之才。唐・陸贄《馬燧渾瑊副元帥招討河中制》：「北平郡王馬燧，操業端亮，器宇宏達，秉難奪之節，負不羈之才。」

【不羈之民】

羈：ㄐㄧ，束縛，拘束。不受拘束的百姓。指不甘聽從控制和支配的百姓。漢・桓寬《鹽鐵論・論功》：「不牧之地，不羈之民。」

【不羈之士】

羈：ㄐㄧ，束縛，拘束；士：士人，舊指讀書人。富有才學而不受約束的人。漢・鄒陽《於獄上書自明》「使不羈之士，與牛驥同皂。」

【不汲汲於富貴，不戚戚於貧賤】

汲汲：ㄐㄧˊ ㄐㄧˊ，形容心情急切；戚戚：悲傷，憂愁。不追求富貴，不憂慮貧賤。指品格高尚，安於清貧。《漢書・揚雄傳》：「不汲汲於富貴，不戚戚於貧賤，不修廉隅以徼名當世。」

【不即不離】

即：接近；離：疏遠。佛教用語。指既不同一，又不相異。後用來指對人的關係、態度不太親密，也不疏遠；在事情的處理上，分寸恰當。《兒女英雄傳》二九回：「到了夫妻之間，便和她論房幃資格，自己居右，處得來天然合拍，不即不離。」

【不疾不徐】

疾：快；徐：慢。不快不慢。形容自然、從容。明・張岱《海志》：「是沙布（地名）爲東大洋之衝，不問潮之上下，水輒一噴一噏。余細候之，似與人之呼吸相應，無晝無夜，不疾不徐。」也作「**不徐不疾**」。《莊子・天道》：「不徐不疾，得之於手，而應於心。」

【不急之費】

見「不急之務」。

【不急之務】

急：急迫，緊要；務：事情。指無關緊要或非目前急需要做的事。宋・孫光憲《北夢瑣言》卷二〇：「無名之役，不急之務，且宜罷之。」也作「**不急之費**」。費：費用。唐・狄仁傑《諫造大像疏》：「宜寬征鎮之徭，省不急之費。」

【不計其數】

計：計算。無法計算數目。形容爲數極多。《三國演義》一回：「玄德揮軍追趕，投降者不計其數，大勝而回。」也作「**不知其數**」。不知：無法知道。《史記・甘羅傳》：「武安君南挫強楚，北威燕、趙，戰勝攻取，破城墮邑，不知其數，臣之功不如也。」

【不加可否】

見「不置可否」。

【不加思索】

見「不假思索」。

【不假雕鏤】

見「不假雕琢」。

【不假雕飾】

見「不假雕琢」。

【不假雕琢】

假：借助，憑藉；雕琢：修飾加工。不需要借助修飾加工。指器物本身具有自然存在的美質。後以之比喻詩文等的自然、完美。明・胡應麟《詩藪・內編二》：「古詩短體如《十九首》，長篇如《孔雀東南飛》，皆不假雕琢，工極自然，百代而下，當無繼者。」也作「**不假雕鏤**」。鏤：雕刻。清・閻爾梅《朱玄洲詩選序》：「古詩淡穆自然，不假雕鏤，情至響生。」也作「**不假雕飾**」。飾：修飾。例古代詩文名篇，如出水芙蓉，清新雋永，不假雕飾。

【不假繩削】

見「不煩繩削」。

【不假思量】

見「不假思索」。

【不假思慮】

見「不假思索」。

【不假思索】

假：借助，依靠；思索：思考探索。用不著想。指無需思考即能立刻做出反映。形容思想反映靈敏，做事、答應迅速。《鏡花緣》一三回：「誰知他不假思索，舉筆成文。」也作「**不加思索**」。鄒韜奮《經歷・〈難兄難弟〉的一個》：「不加思索地高聲答道：『是！』」也作「**不假思量**」。思量：考慮。宋・袁甫《石松子》：「初無奧旨，亦無秘訣；不假思量，何勞論說。」也作「**不假思慮**」。思慮：考慮。宋・朱熹《朱文公文集》卷七〇：「至於天下何思何慮，正謂雖萬變之紛紜，而所以應之各有定理，不假思慮而知也。」也作「**不待思索**」。不待：無需，用不著。明・李開先《文林郎河南道監察御史北泉藍公墓志銘》：「[玉甫]七歲善記誦，能詩對……不待思索，句奇絕而字的確。」

【不稼不穡】

稼：ㄐㄧㄚˋ，種植五穀；穡：ㄙㄜˋ，收割莊稼。指不從事農業生產勞動。《詩經・魏風・伐檀》：「不稼不穡，胡取禾三百廛兮？」

【不見大體】

見「不識大體」。

【不見棺材不掉淚】

比喻不到窮途末路，絕不悔改。周而復《上海的早晨》二部四八：「楊健料到徐義德不見棺材不掉淚的，還存在著矇混過關的幻想。」也作「**不見死人不掉淚**」。劉江《太行風雲》三八：「就在這工夫，一疙瘩人抬著老全的屍首，插人縫兒就抬到了戲台上。不見死人不掉淚。這一下全場人們的火氣，沖天直上，可再也壓不住了。」

【不見棺材不落淚——頑固到底】

形容堅持錯誤，至死不變。例我看敵人不會交槍投降，他們是不見棺材不落淚——頑固到底的，我們一定要把他們消滅掉！也作「**不撞南牆不回頭——頑固到底**」。

【不見圭角】

圭（ㄍㄨㄟ）角：圭的稜角，喻鋒芒。不見鋒芒。指銳氣、才幹不外露。宋・歐陽修《張子野墓志銘》：「遇人渾渾，不見圭角。」也作「**不露圭角**」。《朱子語類》卷二九：「如寧武子，雖冒昧向前，不露圭角。」

【不見經傳】

經：經典；傳：解釋經義的文字。經傳上沒有記載。後指人或事物名氣不大，或指某種說法缺乏文獻上的根據。《醒世恆言》四回：「那九洲四海之中，目所未見，耳所未聞，不載史冊，不見經傳，奇奇怪怪，蹊蹊蹺蹺的事，不知有多多少少。」

【不見天日】

天：青天；日：太陽。看不見天和太陽。比喻生活於黑暗之中，見不到光明。《初刻拍案驚奇》卷二〇：「那般時節，拘於那不見天日之處，休說冷水，便是泥汁也不能勾。」也形容行爲不正。清・遁廬《童子軍・越牆》：「俺生平只是性情不好，不肯做那不見天日的勾當，才走到這水盡山窮的地步。」

【不見兔子不撒鷹】

比喻看準時機才採取行動。老舍《春華秋實》一幕三場：「等見著報，有了信，再送去錢也不晚。咱們是不見兔子不撒鷹。」

【不見魚出水，不下釣魚竿】

比喻沒有把握的事不幹。例不見魚出水，不下釣魚竿。沒有把握的事，他是絕對不會做的。

【不鑑於鏡，而鑑於人】

見「不鏡於水，而鏡於人」。

【不驕不躁】

不驕傲，不急躁。指謙虛冷靜。例他能夠遇事不驕不躁，深思遠慮，深受全體員工的愛戴。

【不教而殺】

見「不教而誅」。

【不教而誅】

教：施教，教育；誅：懲處，誅殺。不講明道理加以教育，就進行懲處或殺戮。《官場現形記》二〇回：「大人限他們三個月叫他們戒煙，寬之以期限，動之以利害，不忍不教而誅。」也作「**不教而殺**」。《論語・堯曰》：「不教而殺謂之虐；不戒視成謂之暴。」

【不教而誅，則刑繁而邪不勝】

不加教育就去懲罰，那麼刑法繁多而違法犯罪的現象就仍多的不得了。指教育和執法要相輔而行。《荀子・富國》：「故不教而誅，則刑繁而邪不勝；教而不誅，則姦民不懲。」

【不教之教】

教：教育。不採取直接教育的方式而進行的教育。指以自身言語行動進行的薰陶、影響。《呂氏春秋・君守》：「不教之教，無言之詔。」

【不解之緣】

緣：緣分。不可分解的緣分。形容關係密不可分。例我們早在二年前的一個社團活動裏，就結下了日後的不解之緣。

【不今不古】

漢・揚雄《太玄經・更》：「童牛角馬，不今不古。」沒有角的牛，長著角的馬，這種違背常理之事，古今皆無。後用以譏諷既無學識，又好標奇立異的人。明・沈德符《萬曆野獲編・考官爭席》：「又刻一詔，更寥寥數語，不今不古。」也作「**不古不今**」。《慈禧太后演義》一回：「那拉氏雖母以子貴，究竟不好抹煞嫡母，於是特創出一個不古不今的法制，抬出兩位母后，垂簾聽政。」

【不矜不伐】

矜：ㄐㄧㄣ，驕傲自大；伐：自我誇耀。不妄自尊大，不誇耀自己。形容態度謙遜，不以功大名高自居。《楊家將演義》三三回：「今卿不矜不伐，眞社稷臣也。」也作「**不自矜伐**」。《隋書・李諤傳》：「雖勤比大禹，功如師望，亦不得厚自矜伐。」

【不矜不盈】

矜：拘謹，過分謹愼；盈：滿足，自滿。形容態度謙遜適度，有分寸。唐・韓愈《河南府法曹參軍盧府君夫人苗氏墓志銘》：「既壽而康，既備而成，不欺於約，不矜不盈。」

【不矜而莊】

矜：驕傲；莊：莊重。不高傲自大而顯得莊重嚴肅。例他爲人謙遜，舉止文雅，不矜而莊，深爲衆人所尊重。

【不矜細行】

矜：注重，重視；細：細小，瑣細；細行：指生活小節。不重視生活小節。明・徐復祚《曲論・附錄》：「山東解元王化，發解時年甚少，不矜細行，綢繆二娼，遂不娶。」也作「**不拘細行**」。拘：拘泥。《太平廣記》卷一二五引：《宣室志・李生》：「唐貞元中，有李生者，家河朔間，少有膂力，恃氣好俠，不拘細行，常與輕薄少年遊。」

【不矜小節】

見「不拘小節」。

【不禁不由】

不禁：不能自制，不由得。形容不由自主。例老人想起孤身一人，內心一陣淒惶，不禁老淚縱橫。

【不盡長江滾滾流】

好像沒有盡頭的長江江水滾滾地奔流。比喻新生事物層出不窮，蓬勃發展。宋・辛棄疾《南鄉子・登京口北固亭有懷》詞：「千古興亡多少事，悠悠不盡長江滾滾流。」

【不近情理】

見「不近人情」。

【不近人情】

不合乎人之常情。指性情或言行乖戾，於情理不合。《續孽海花》四五回：「不用說別的，就是戶部的飯食銀子，哪一個衙門能像他的收入，這種的不近人情，不免爲衆矢之的了。」也作「**不近情理**」。例根據他平日爲人處世來推斷，都認爲他不可能做出這種不近情理之事。

【不進則退】

不努力向前就會後退。指人必須力求上進。《鄧析子・無厚篇》：「不進則退，不喜則憂，不得則亡，此世人之常。」

【不經不覺】

見「不知不覺」。

【不經世故】

世故：世事變故。對世態人情缺乏深刻的感受或缺乏處世經驗。魯迅《花邊文學・序言》：「然而他們不經世故，偶爾『忘其所以』也就大碰其釘子。」

【不經一事，不長一智】

經：經歷；智：見識，知識。不經歷過一件事，就不能增長和這件事有關的知識。常指從挫折、失敗的教訓中取得經驗。例經歷了這場大難不死的車禍，他才「不經一事，不長一智」的明白酒後絕不能開車。也作「**不因一事，不長一智**」。《聯燈會要・道顏禪師》：「雖然如是，不因一事，不長一智。」

【不經之談】

不經：不正常，不合道理。指荒唐無稽之言。《紅樓夢》三回：「這和尚瘋瘋癲癲說了些不經之談，也沒人理他。」

【不驚雞犬】

驚：驚擾，驚動。雞狗都沒有受驚擾。形容軍紀嚴明，秋毫無犯。也指相安無事。清・黃宗羲《王仲撝墓表》：「舟楫蔽江，皆帖帖俯首，不驚雞犬。」

【不景氣】

指經濟或事業不繁榮、不興旺，蕭條、疲軟的現象。例自從父親去世以後，家裏的日子是越來越不景氣了。

【不脛而馳】

見「不脛而走」。

【不脛而走】

脛：ㄐㄧㄥˋ，小腿。沒有腿卻能跑。比喻事物不待推行，就迅速傳播、流行開來。清・余懷《〈笠翁偶集〉序》：「吾知此書出，將不脛而走，百濟之使維舟而求，雞林之賈輦金而購矣。」也作「**不脛而馳**」。馳：奔跑。明・胡應麟《少室山房筆叢》卷二：「間以餘力游刃，發之乎詩若文，又以紙貴乎通邑大都，不脛而馳乎四裔之內。」

【不鏡於水，而鏡於人】

鏡：指照鏡子。不要在水裏照自己，要從別人對自己的看法中認識自己。《墨子・非攻中》：「古者有語曰：『君子不鏡於水，而鏡於人。鏡於水見面之容，鏡於人則知吉與凶。』」也作「**不鑑於鏡，而鑑於人**」。鑑：照。南朝・梁元帝《金樓子・立言篇》：「古語云：『不鑑於鏡，而鑑於人。鑑鏡則辨形，鑑人則懸知善惡。』是知鑑於人，勝鑑於鏡也。」

【不窘邊幅】

窘：困迫，借指拘束、束縛；邊幅：指詩文字畫的篇幅、規格。不受篇幅、規格的束縛。形容詩文等氣勢奔放，不拘謹。宋・樓鑰《跋李伯和所藏書畫》：「老坡文如河漢，而寂寥短章，措意曲折，不窘邊幅。」

【不究既往】

見「不咎既往」。

【不酒而醉】

醉：酒醉。借指心醉，陶醉。無需飲酒就醉了。形容美好的景色令人心醉。例鮮花滿園，爭妍鬥艷，微風徐來，清香沁人心脾，令人飄然不酒而醉。

【不咎既往】

咎：責怪，責備；既：已經；往：過去的。不再責備已經過去的錯誤。《清史稿・藩部四》：「爾等遵旨服罪，朕不咎既往。」也作「**不究既往**」。究：追究。例只要對方能深刻認識錯誤，吸取教訓，就應寬大爲懷，不究既往。

【不拘常格】

見「不拘一格」。

【不拘繩墨】

繩墨：木工取直用的工具。比喻規矩、法度。不受規矩、法度所拘束。形容爲人或指詩文等的風格自然灑脫，奔放不羈。清・歸莊《自訂詩文序》：「《破浪者》，戊寅以後，一變其格，大抵議論激昂，氣勢磅礴，縱橫馳驟，不拘繩墨之作也。」

【不拘文法】

拘：拘泥，束縛；文法：法制，法令條文。不爲法令條文所束縛。指處理事物不受法令條文的限制，善於掌握要領、原則。《宋書・謝方明傳》：「方明深達治體，不拘文法，闊略苛細，務存綱領。」

【不拘細行】

見「不矜細行」。

【不拘小節】

小節：指無關大體的生活細節。不拘泥於與原則無關的瑣事。明・歸有光《吳純甫行狀》：「然先生意氣自負，豪爽不拘小節。」也作「**不矜小節**」。矜：注重。例爲人剛正不阿，敢直言，不矜小節。也作「**不飾小節**」。飾：通『飭』，謹愼。《晉書・阮籍傳》：「子渾，字長成，有父風。少慕通達，不飾小節。」也作「**不守小節**」。《後漢書・馮衍傳》：「論於大體，不守小節。」也作「**不修小節**」。唐・李白《漢東紫陽先生碑銘》：「先生含弘光大，不修小節。」也作「**不羞小節**」。《列子・力命》：「鮑叔不以我爲無恥，知我不羞小節而恥名不顯於天下也。」

【不拘形跡】

形跡：儀容與禮貌。指不為禮節形式所束縛，舉止隨便。茅盾《子夜》四：「在某一點上，他和這李四原是不拘形跡的密友。」

【不拘一格】

格：格局，形式。不局限於一種格局、方式。《鏡花緣》六八回：「妹子要畫個長安送別圖，大家或贈詩或贈賦，不拘一格，姐姐可肯留點筆墨傳到數里外。」也作「不拘一體」。體：體裁，體式。宋．何薳《春渚紀聞．詭魚》：「古人作字不拘一體，移易從便也。」也作「不拘一涂」。涂：通「塗」，途徑。唐．盧照鄰《南陽公集序》：「變風變雅，立體不拘於一涂；既博既精，為學遍遊於百氏。」也作「不拘常格」。常：通常的，固定的。《明史．孫振基傳》：「兵部兩侍郎皆缺，尚書楊嗣昌不拘常格，博推才望者遷補」。

【不拘一體】

見「不拘一格」。

【不拘一涂】

見「不拘一格」。

【不覺不知】

見「不知不覺」。

【不覺技癢】

技：技能，技藝。技藝如不表現出來，就像身上發癢一樣難以忍受。指人擅長某種技藝，急欲有所表現。形容躍躍欲試的急切心情。《鏡花緣》五三回：「今聽此言，不覺技癢，如何不喜？」也作「不勝技癢」。不勝：十分，非常。明．袁宏道《錦帆集》卷四：「連日伏枕，見佳作，不勝技癢。」

【不絕如帶】

見「不絕如縷」。

【不絕如髮】

見「不絕如縷」。

【不絕如縷】

絕：斷；縷：ㄌㄩˇ，細線。像一根細線一樣連著，幾乎要斷了。①比喻局面、情勢極其危急、緊張。宋．陳亮《與應仲實書》：「苟無儒先生篤說以辟之，則中崩外潰之勢遂成，吾道之不絕如縷耳。」也作「不絕若線」。若：如。《公羊傳．僖公四年》：「夷狄也，而亟病中國；南夷與北狄交，中國不絕若線。」也作「不絕如線」。《隋書．高祖紀上》：「周德將盡，妖孽遞生，骨肉多虞，藩維構釁，影響同惡，過半區宇，或小或大，圖帝圖王，則我祖宗之業，不絕如線。」也作「不絕如綖」。綖：ㄒㄧㄢˋ，古同「線」。《後漢書．魯恭傳》：「白山之難，不絕如綖，都護陷沒，士卒死者如積，迄今被其辜毒。」也作「不絕若繩」。《荀子．強國》：「今巨楚縣（懸）吾前，大燕鰌吾後，勁魏鉤吾右，西壤之不絕若繩。」也作「不絕如髮」。髮：頭髮。《漢書．匈奴傳》：「匈奴亂十餘年，不絕如髮，賴蒙漢力，故得復安。」也作「不絕如帶」。《漢書．爰盎傳》：「方呂后時，諸呂用事，擅相王，劉氏不絕如帶。」②形容聲音幽微細弱，若斷非斷。宋．蘇軾《前赤壁賦》：「餘音裊裊，不絕如縷。」

【不絕如線】

見「不絕如縷」。

【不絕如綖】

見「不絕如縷」。

【不絕若繩】

見「不絕如縷」。

【不絕若線】

見「不絕如縷」。

【不絕於耳】

指聲音在耳邊不停地響。例夜半，淅瀝淅瀝的雨聲不絕於耳，使人難以成眠。

【不開眼】

比喻見識寡陋。《負曝閒談》七回：「周勁齋外國雖是到過，北京卻沒有到過，一舉一動，都存一點小心，怕人說他怯，笑他不開眼。」

【不刊之筆】

見「不刊之典」。

【不刊之典】

刊：削除。古代把字刻在竹簡上，有錯誤則用刀削掉；不刊：不能更改或修訂；典：典範性著作。指不能改動或不可磨滅的典範性著作。《梁書．蕭子雲傳》：「伏以聖旨所定樂論鍾律緯緒，文思深微，命世一出，方懸日月，不刊之典，禮樂之教，致治所成。」也作「不刊之書」。宋．歐陽修《食貨志論》：「《禮記》不刊之書也。」也作「不刊之作」。作：著作。清．梁章鉅《楹聯叢話．挽詞》：「字字如生鐵鑄成，可謂不刊之作。」也作「不刊之筆」。筆：筆墨，指著作。南朝梁．王曼穎《與沙門慧皎書》：「法師此制，始所謂不刊之筆，綿亘古今，包括內外，屬辭比事，不文不質。」

【不刊之法】

見「不刊之論」。

【不刊之範】

見「不刊之論」。

【不刊之論】

刊：削除。古代把字刻在竹簡上，有錯誤則用刀削掉；不刊：不能更改或修訂。論：言論，論點。指不可改變的言論。嚴復《原強》：「民智者，富強之原。此懸諸日月不刊之論也。」也作「不刊之語」。語：指成語、格言等。宋．蘇軾《奏浙西災傷第一狀》：「臣聞事預則立，不預則廢，此古今不刊之語也。」也作「不刊之訓」。訓：訓誡之言。《三國志．魏書．王昶傳》：「[馬]援之此誡，可謂切至之言，不刊之訓也。」也作「不刊之範」。範：典範。《魏書．韓顯宗傳》：「端廣衢路，通利溝洫，使寺署有別，士庶異居，永垂百世不刊之範。」也作「**不刊之則**」。則：規則。《梁書・徐勉傳》：「凡諸奏決，皆載篇首，具列聖旨，為不刊之則。」也作「**不刊之法**」。法：法令，法規。《晉書・禮志》：「垂百官之範，置不刊之法。」

【不刊之書】
見「不刊之典」。

【不刊之訓】
見「不刊之論」。

【不刊之語】
見「不刊之論」。

【不刊之則】
見「不刊之論」。

【不刊之作】
見「不刊之典」。

【不堪回首】
堪：可以忍受；回首：回頭。引申為回顧、回憶。指憶起往事，痛苦難以忍受。唐・戴叔倫《哭朱放》詩：「最是不堪回首處，九泉煙冷樹蒼蒼。」

【不堪其憂】
憂：憂傷愁苦。忍受不了那樣的憂傷愁苦。《論語・雍也》：「一簞食，一瓢飲，在陋巷，人不堪其憂，回也不改其樂。」

【不堪入耳】
形容言語污穢粗鄙，使人聽不進去。例李四說話常帶有不堪入耳的字眼，讓人聽起來很不舒服。

【不堪入目】
入目：入眼。形容事情形象低劣或文字鄙俗，使人看不下去。清・沈復《浮生六記・浪遊記快》：「余自績溪之遊，見熱鬧場中卑鄙之狀，不堪入目。」

【不堪設想】
設想：推測，想像。不能想像。預料事態的發展可能很壞或很危險。清・宣鼎《夜雨秋燈錄・刑房吏》：「此訟徒也，必與其子孫有深隙，意購此卷去，族滅一門，不堪設想。」

【不堪視聽】
不堪：不能；視：看。指形象或文字粗俗，言辭污穢鄙俚，使人看不上眼，聽不進去。嚴復《論中國之阻力與離心力》：「其菲薄揶揄，不堪視聽。」

【不堪言狀】
不堪：不能；言狀：用言語形容，無法用言語形容描繪。多指不好的事、醜事。《二十年目睹之怪現狀》二二回：「然而我在南京住了幾時，官場上面的舉動，也見了許多，竟有不堪言狀的。」

【不堪一擊】
不堪：承受不了；擊：攻，打。指力量薄弱，不經一打。例敵人雖然在數量上大大超過我們，但由於長時間在異國作戰，情緒低落。

【不堪造就】
不堪：不能；造就：培養使有成就。指沒有培養前途，不可能有所成就。老舍《四世同堂》五：「他不能相信她的本質就是不堪造就的，假若她眞愛他的話，他以為必定能夠用言語、行為和愛情，把她感化過來。」

【不看僧面看佛面】
比喻求人照顧，給某人一點面子。《西遊記》三一回：「沙僧近前跪下道：『哥啊，古人云：不看僧面看佛面。兄長既是到此，萬望救他一救。』」也作「**不念僧面念佛面**」。

【不亢不卑】
見「不卑不亢」。

【不抗不卑】
見「不卑不亢」。

【不可逼視】
逼：切近，靠近；逼視：集中視力盯著看。指光度過強。例光彩奪目，不可逼視。

【不可比狀】
見「不可名狀」。

【不可殫擧】
見「不勝枚舉」。

【不可得詳】
見「不得其詳」。

【不可動搖】
形容極其穩固、堅定。例岳飛遭奸臣誣陷，但報國之志不可動搖。

【不可端倪】
端倪（ㄋㄧˊ）：頭緒，眉目。弄不清事情的眉目、頭緒。形容變化莫測。明・胡應麟《詩藪・近體上》：「唯工部諸作，錯綜變化，不可端倪，千古以還，一人而已。」也作「**不知端倪**」。清・葉廷琯《鷗陂漁話・張炳垣傳》：「倉促不知起事端倪，無從究詰。」

【不可多得】
指非凡的人或事物極其稀少、難得。《中國現在記》九回：「職道素來曉得鄭令是辦事認眞，而且視國事如家事，如此做官，實為東省牧令中不可多得。」

【不可遏止】
遏：阻止。不能阻止。例苻堅大兵南下，野心勃勃，不可遏止。及八公山一戰，風聲鶴唳，倉惶北遁。

【不可方物】
方：比擬，相比。指無可比擬。清・趙翼《甌北詩話・蘇東坡詩》：「[韓]昌黎之後，[陸]放翁之前，東坡自成一家，不可方物。」

【不可分割】
不容許割裂。例林小妹從小被祖母帶大，祖孫之間有一種不可分割的感情。

【不可告人】
不能告訴別人。多指不光明、不正當的計謀或行為，不敢讓人知道。例他們懷著不可告人的目的，暗中進行著一樁卑鄙的交易。也指不便於讓別人知道。巴金《奴隸的心》：「你還有什麼不可告人的隱衷嗎？」

【不可究詰】
究：追查；詰：ㄐㄧㄝˊ，追問，盤問。無法追問到底。指具體情由無法弄清。魯迅《大小騙》：「……不過不可究詰的事情還有，只因為我們看慣了，不再留心它。」也作「**不可討究**」。討：探求。清・朱彝尊《宋本輿地廣記跋》：「漢之六十餘郡，分而為今之三百餘州，雖其間或離或合，不可討究，而吾胸中蓋已了然矣。」

【不可救療】

見「不可救藥」。

【不可救藥】

藥：治療。病情嚴重到不能用藥救治。比喻人或事物壞到無可挽救的地步。明・嚴羽《滄浪詩話・詩辨》：「儻猶於此而無見焉，則是野狐外道，蒙蔽其真識，不可救藥，終不悟也。」也作「**不可救療**」。療：醫治。《左傳・襄公二六年》：「今楚多淫刑，其大夫逃死於四方，而為之謀主，以害楚國，不可救療。」

【不可開交】

開：打開，解開；交：相錯，糾纏；開交：解決，結束。形容無法解決或擺脫。清・姬文《市聲》二四回：「兩口子正在吵得不可開交。」

【不可揆度】

揆（ㄎㄨㄟˇ）度：估量，揣測。指無法推測。《淮南子・兵略訓》：「能治五官之事者，不可揆度者也。」

【不可理喻】

理：道理；喻：使明白。不能用道理使之明白。形容愚頑蠻橫，不通情理。明・沈德符《萬曆野獲編・褐蓋》：「要之，此輩不可理喻，亦不足深詰也。」

【不可貌古人而襲之，畏古人而拘束之】

貌：模仿。指創作不能因襲古人，亦步亦趨；也不能敬畏古人而受其拘束。明・王驥《曲律》：「性情遭遇，人人有我在焉，不可貌古人而襲之，畏古人而拘束之。」

【不可枚舉】

見「不勝枚舉」。

【不可名貌】

見「不可名狀」。

【不可名目】

見「不可名狀」。

【不可名狀】

名：說出；狀：形容，描繪。無法用言語來形容。《紅樓夢》七五回：「眞是明月燈彩，人氣香煙，晶艷氤氳，不可名狀。」也作「**不可言狀**」。《聊齋志異・續黃粱》：「刄交于胸，痛苦不可言狀。」也作「**不可比狀**」。比：模仿。《太平廣記》卷五《纂異記》：「小童折花至，于竹葉中凡飛數巡，其味甘香，不可比狀。」也作「**不可名貌**」。貌：描繪。宋・周密《武林舊事》卷五：「諸岩洞皆嵌空玲瓏，瑩滑清潤，如虬龍瑞鳳，如層華吐萼，如皺谷疊浪，穿幽透深，不可名貌。」也作「**不可名目**」。目：事物的名稱。晉・葛洪《神仙傳・太眞夫人》：「客到……或立致精細廚食，肴果香酒奇漿，不可名目。」

【不可磨灰】

磨灰：逐漸消失，湮滅。永遠不會消失。指事業、功績、道理、印象等長久留存在人世間，不會因歷時久遠而逐漸消失。宋・王柏《大學沿革後論》：「而況聖人之書，正大而平實，精確而詳明，亘古萬世而不可磨滅。」

【不可偏廢】

偏：偏重，側重；廢：廢奔、忽略。指不能偏重一方面而忽視、廢棄另一方面。應對雙方同時並重。清・淮陰百一居士《壺天錄》：「能讀書，才必博；能養氣，量必宏，二者不可偏廢。」也作「**不可偏棄**」。北齊・顏之推《顏氏家訓・文章》：「宜以古之制裁為本・今之辭調為末，並須兩存，不可偏棄也。」

【不可偏棄】

見「不可偏廢」。

【不可企及】

企：希望；及：跟上，趕上。遠遠趕不上。宋・張元幹《跋蘇詔君楚語後》：「觀吾養直所作，攄發己意，肆而不拘，凡所形容，不蘄合於屈、宋，政自超詣，不可企及。」

【不可窮之辯】

窮：完結，窮盡；辯：辯論。不可完結的辯論。指能言善辯。《宋史・蔡元定傳》：「不可屈之志，不可窮之辯。」

【不可饒恕】

饒恕；寬恕。無法寬恕。形容過失或罪行極其嚴重。例敵人犯下的不可饒恕的滔天罪行，令人髮指。

【不可勝道】

見「不可勝言」。

【不可勝計】

見「不可勝數」。

【不可勝記】

見「不可勝書」。

【不可勝紀】

見「不可勝書」。

【不可勝論】

見「不可勝言」。

【不可勝書】

勝：ㄕㄥ，盡；書：書寫。不是文字所能寫完的。形容要寫的非常多。《元史・食貨志四》：「諸署、諸局、諸庫等官及掾吏之屬，其目甚多，不可勝書。然其俸數之多寡，亦皆以品級之高下為則。」也作「**不可勝記**」。記：記載。《漢書・司馬遷傳》：「古者富貴而名摩（磨）滅不可勝記，惟倜儻非常之人稱焉。」也作「**不可勝紀**」。紀：通「記」，記載。《明史・張獻忠傳》：「諸受職者，後尋亦皆見殺，其慘虐無理，不可勝紀。」也作「**不可勝載**」。載：記載。《漢書・嚴安傳》：「豪士並起，不可勝載。」

【不可勝數】

勝：盡；數：計算。不能數盡。形容數量非常多，數不過來。《三國演義》

六回：「每百姓一隊，間軍一隊，互相拖押，死于溝壑者不可勝數。」也作「**不可勝計**」。計：計算，核算。《隋書・賀若弼傳》：「弼家珍玩不可勝計，婢妾曳綺夢者數百，時人榮之。」也作「**不可悉數**」。悉：盡，全。清・黃子雲〈野鶴詩的〉卷二二：「若此者不可悉數，在學者審擇所處而已。」也作「**不可指數**」。指數：用指頭數。宋・周密《武林舊事》卷三：「至於吹彈、舞拍、雜劇……風箏・不可指數。」

【不可勝言】

勝：盡，完；言：言語。不是言語所能說完的。形容要說的非常多，說不完。明・楊柔勝《玉環記・途遇豐臯》：「這廝惡極罪重，不可勝言。」也作「**不可勝道**」。道：說。《史記・梁孝王世家》：「孝王，竇太后少子也，愛之，賞賜不可勝道。也作「**不可勝論**」。論：說，敍述。漢・張衡《西京賦》：「衆形殊聲，不可勝論。」

【不可勝用】

勝：盡，完。不能用盡。形容多得用不完。《孟子・梁惠王上》：「斧斤以時入山林，材木不可勝用。」

【不可勝載】

見「不可勝書」。

【不可收拾】

收拾：整理，整頓。指事物殘損敗壞到無法整理、整頓或不可挽救的地步。明・沈德符《萬曆野獲編・滇南寶井》：「國體至此，已糜爛不可收拾。」也形容情緒的發展達到了極點。《官場現形記》一八回：「趙不了頂沒用，也分到一百五十兩銀子，比起統領頂得意的門上曹二爺雖覺不如，在他已經樂得不可收拾了。」

【不可思議】

原爲佛教用語，指道理玄妙，言語思維所不能達到的境界。《維摩詰所說經義記》：「不思據心，不議就口，解脫眞德，妙出情妄，心言不及，是故名不可思議。」後用以形容事物之不可想像或言論之難以理解。徐志摩《猛虎集序》：「但生命的把戲是不可思議的。」

【不可討究】

見「不可究詰」。

【不可同年】

見「不可同日而語」。

【不可同年而語】

見「不可同日而語」。

【不可同日而語】

不能放在同一時間內談論。指事物差異極大，不能相提並論。魯迅《上海的少女》：「應該以饑民的掘食草根樹皮爲比例，和富戶豪家的縱恣的變態是不可同日而語的。」也作「**不可同年而語**」。唐・呂溫《地志圖序》：「乾象坤勢，炳焉可觀，與夫聚米擬其端倪，畫地陳乎梗概，因不可同年而語。」也作「**不可同世而論**」。《晉書・張華傳》：「其忠良之謀，款誠之言，信於幽冥，沒而後彰，與苟且隨時著不可同世而論也。」也作「**安得同日而語**」。安：怎麼。疑問代詞，表示反問。宋・秦觀《代賀呂司空啓》：「論其事，則袁、楊安得同日而語？」也作「**不可同年**」。唐・劉知幾《史通・鑑識》：「加以二傳理有乖僻，言多鄙野，方諸〈左氏〉，不可同年。」

【不可同世而論】

見「不可同日而語。」

【不可無一，不可有二】

不可以沒有一個，也不可以有第二個。指唯一的，獨一無二的。《南齊書・張融傳》：「[太祖]見[張]融常笑曰：『此人不可無一，不可有二。』」也作「**不可無一，不能有二**」。明・張岱《周宛委墓志銘》：「如此異才，求之天下，眞不可無一，不能有二也。」

【不可無一，不能有二】

見「不可無一，不可有二。」

【不可悉數】

見「不可勝數」。

【不可限量】

限量：限定數量、止境。無法限定止境。指事物發展前途沒有止境。形容前程遠大，極有希望。明・朱之瑜《答奧村德輝書》：「夫能受盡言，則將來成就不可限量。」

【不可向邇】

邇：ㄦˇ，近，接近。不可接近。宋・樓鑰《寶謨閣待制贈通議大夫陳公神道碑》：「黨與凶焰，不可向邇，而公獨當之。」

【不可須臾離】

須臾：片刻，一會兒。一會兒也不能離開。形容極爲重要。《禮記・中庸》：「道也者，不可須臾離者也，可離非道也。」

【不可軒輊】

見「不分軒輊」。

【不可言傳】

見「不可言宣」。

【不可言宣】

宣：表達。不可用言語表達。指只能體會揣摩，而不能用話表達出來。《五燈會元・韶州華嚴和尚》：「法身無相，不可言宣。」也作「**不可言傳**」。清・劉大櫆《論文偶記》：「凡行文多寡短長，抑揚高下，無一定之律，而有一定之妙，可以意會，而不可以言傳。」也作「**不可言喻**」。喻：說明。《警世通言》卷一〇：「希白見女子容顏秀麗，詞氣清揚，喜悅之心，不可言喻。」

【不可言喻】

見「不可言宣」。

【不可言狀】

見「不可名狀」。

【不可一日近小人】

小人：指品行不好的人。意指交朋友要愼重。《歧路燈》一〇〇回：「古人云：不可一日近小人，眞金石之言。

回家好對簣初說，他日做官立朝之道，視此矣。」

【不可一時】

見「不可一世」。

【不可一世】

可：許可，讚許；一世：當世，同時代。不隨便稱許當世的任何人。指當世沒有自己能看得上的。明．焦竑《玉堂叢語》卷八：「為翰林庶吉士，詩已有名，其不可一世，僅推何景明，而好薛蕙、鄭善夫。」也作「**不肯一世**」。宋．黃庭堅《跋范文正公帖》：「蘇才翁筆法妙天下，不肯一世人，惟稱文正公書與《樂毅論》同法。」也作「**不屑一世**」。不屑：不值得，表示輕視。明．焦竑《玉堂叢語》卷七：「丘文莊不屑一世，每稱蔡介夫學醇行潔，可方古人。」後也以「不可一世」形容極端狂妄自大，目中無人。《續孽海花》五四回：「又經奏明叫他辦理，更氣焰薰炙，不可一世。」也作「**不可一時**」。一時：當時，當世。清．李慈銘《越縵堂詩話》卷上：「意興凌厲，不可一時。」

【不可移易】

移、易：改變。不可改變。例分兵游擊集中指導是不可移易的原則。

【不可以道里計】

里：里程；計：計算。不能用里程計算。指差距極大。例老舍《四世同堂》中兩兄弟，一個投身抗日；一個甘當走狗，其人品志趣之差異，不可以道里計。

【不可逾越】

逾（ㄩˊ）越：超越，越過。指某種障礙或界限，不能越過。漢．馬融《長笛賦》：「故聆曲引者，觀法於節奏，察變於句投，以知禮制之不可逾越焉。」

【不可造次】

造次：魯莽，輕率。不能魯莽行事。指要謹慎，不能輕率。《三國演義》一〇五回：「此事當深慮遠議，不可造次。」

【不可指數】

見「不可勝數」。

【不可終日】

終日：從早到晚，一天。連一天也過不下去。形容內心惶恐不安或局勢危急而日子不好過。《民國通俗演義》四八回：「民國肇建，於今四年，風雨飄搖，不可終日。」

【不可捉摸】

捉摸：預料，揣測。無法猜測和估量。指猜不透對方的用意何在。例陳立的個性古怪，常給人不可捉摸的感覺。

【不克自拔】

見「不能自拔」。

【不克自振】

見「不能自拔」。

【不肯苟同】

見「不敢苟同」。

【不肯一世】

見「不可一世」。

【不揆檮昧】

見「不揣冒昧」。

【不愧不怍】

愧、怍：慚愧。形容胸懷坦白，正大光明，無愧於心。《孟子．盡心上》：「仰不愧於天，俯不怍於人，二樂也。」

【不愧屋漏】

屋漏：古代室內西北角安放小帳、極其隱蔽之處。後以之比喻雖處於暗中，也不起壞念頭，不做壞事，無愧於心。《宋史．張載傳》：「不愧屋漏為無忝，存心養性為匪懈。」也作「**不欺屋漏**」。欺：欺負，欺騙。《好逑傳》八回：「台兄乃不欺屋漏之君子，不勝愧悔，故敢特請到縣，以謝前愆，並申後感。」也作「**不欺室漏**」。《好逑傳》一三回：「自是大臣守正，不欺室漏。」也作「**不慚屋漏**」。慚：慚愧。隋．江總《讓尚書僕射表》：「門鶩如市，不慚屋漏；心抱如水，無欺暗室。」

【不媿下學】

見「不恥下問」。

【不郎不秀】

郎：元明時代對平民子弟的稱呼；秀：元明時代對官僚貴族子弟的稱呼。不像郎，也不像秀。本意是指不高不下，後以之比喻不成材，也指沒有出息。明．畢魏《竹葉舟．收秀》：「一身無室無家，半世不郎不秀。」

【不稂不莠】

稂：ㄌㄤˊ，狼尾草；莠：ㄧㄡˇ，狗尾草。《詩經．小雅．大田》：「既堅既好，不稂不莠。」本指禾苗中沒有野草，後以之比喻不成材，沒出息。《紅樓夢》八四回：「第一要他自己學好才好，不然，不稂不莠的，反倒耽誤了人家的女孩兒，豈不可惜？」

【不勞而得】

見「不勞而獲」。

【不勞而獲】

獲：獲得，取得。自己不勞動卻獲取別人勞動的成果。巴金《談憩園》：「我蔑視那些不勞而獲的人。」也作「**不耕而獲**」。不耕：不耕作，不勞動。漢．焦延壽《易林．訟》：「不耕而獲，家食不給。」也作「**不勞而得**」。得：取得，獲得。《孔子家語．入官》：「所求于邇，故不勞而得也。」也作「**不勞而食**」。

【不勞而食】

見「不勞而獲」。

【不了不當】

了當：停當，了結。指沒結果，不爽快，不俐落。《醒世恆言》卷一五：「都奔進來觀看，正見弄得不了不當，一齊上前相幫。」

【不了了之】

了：了結，完畢。用不了結的辦法去了結。指把未辦完的事擱置不管，把事情拖過去就算完結。例他上次考試舞弊的事情，因為找到了高層官員替他說情，才讓這件事不了了之。也作

「不了自了」。《官場現形記》五一回：「你大嫂之事，不了自了，包你那個外國人是不來的了。」

【不了自了】

見「不了了之」。

【不劣方頭】

不劣：不馴順，倔强；方頭：固執，不圓通。俗指不合時宜。形容人執拗，倔强，不隨和。元．無名氏《陳州糶米》二折：「我從來不劣方頭，恰便似火上澆油，我偏和那有勢力的官人每卯酉。」

【不吝賜教】

吝：吝惜；賜：賞予；教：教誨。不吝惜給予指導和教誨。請人指教時常用的客套話。魯迅《兩地書》五：「但我相信倘有請益的時候，先生是一定不吝賜教的。」也作「**不吝指教**」。例拙論是否有當，尚乞不吝指教。也作「**不吝珠玉**」。明．無名氏《人中畫．風流配》：「又幸會司馬兄，少年美才。倘不吝珠玉，賜教一律，以志不朽。」

【不吝指教】

見「不吝賜教」。

【不吝珠玉】

見「不吝賜教」。

【不伶不俐】

不伶俐：元曲中稱婦人勾搭男人爲不伶俐勾當。猶言不乾不淨。元．李文蔚《燕青搏魚》一折：「我雖然嫁了這燕大，私下裏和這楊衙內有些不伶俐的勾當。」後以「不伶不俐」形容不上不下。《二刻拍案驚奇》卷一〇：「吃官司全得財米使費。我們怎麼敵得他過？弄到後邊不伶不俐，反爲不美。」

【不留餘地】

餘：空餘；餘地：指可以回旋的地步。多指言行不留下可以回旋的地步。即說絕做絕，不留退步。例事勿做絕，話勿說絕，不可不留餘地。

【不露辭色】

見「不露聲色」。

【不露鋒芒】

鋒芒：刃端。比喻銳氣、才幹。不露出銳氣、才幹。指深沉含蓄，不顯示、不誇耀自己的才能、抱負。宋．呂祖謙《雜說》：「語有力而不露鋒芒者，善言也。」

【不露斧斤】

斧斤：斧子。不露斧鑿刻削木石所留的痕跡。指詩文等完美自然，渾然天成，毫無雕琢痕跡。例作品構思嚴謹，結構完整，文辭自然而流暢，不露斧斤。

【不露圭角】

見「不見圭角」。

【不露神色】

見「不露聲色」。

【不露聲色】

聲：聲音，語氣；色：臉色，神情。不讓內心活動表露出來。形容態度如常，鎮靜自若。清．江畬經《蟲鳴漫錄》：「王爺且不露聲色，爾何得爾？設王爺知，爾死無所。」也作「**不露辭色**」。辭色：言辭和容色。《資治通鑑．唐玄宗開元二十四年》：「好似甘言啗人，而陰中傷之，不露辭色。」也作「**不露神色**」。神色：神情。老舍《老張的哲學》：「南飛生不露神色，只是兩手微顫。」

【不倫不類】

倫：類。不像這一類，也不像那一類。形容不規範，不三不四，不像樣子。《兒女英雄傳》一五回：「只見屋裏也有幾件硬木的木器，也有幾件簇新的陳設，只是擺得不倫不類。」

【不論秧子】

不管是誰，不信邪，什麼都不怕。老舍《駱駝祥子》：「說翻了的話，我會堵著你的宅門罵三天三夜！你上哪兒我也找得著！我還是不論秧子！」

【不落邊際】

見「不著邊際」。

【不落窠臼】

窠臼：舊格式，老框框。不落入老框子。比喻文章作品等不落俗套，獨創一格。《紅樓夢》七六回：「這『凸』、『凹』二字，歷來用的人最少，如今直用作軒館之名，更覺新鮮，不落窠臼。」也作「**不落俗套**」。俗套：陳舊的格調。「**不落蹊徑**」。蹊徑：小路。比喻門徑，格式。明．李贄《焚書．李生十交文》：「苟能心游於翰墨，蜚聲於文苑，能自馳騁，不落蹊徑．亦可玩適以共老也。」也作「**不落畛畦**」。畛畦：喻格式。宋．文瑩《玉壺清話》卷六：「翰林鄭毅夫公晚年詩筆飄灑清放，幾不落筆墨畛畦，間入李、杜深格。」也作「**不襲窠臼**」。襲，因襲。清．盛大士《溪山臥遊錄．郭桐》：「余曾於頻翁齋中見其設色山水，宗法文衡山、王石谷，而不襲前人窠臼。」

【不落人後】

不落在別人的後面。形容人好强，有進取心。例王敏從幼時就性格剛强，每事爭先，不落人後。

【不落俗套】

見「不落窠臼」。

【不落蹊徑】

見「不落窠臼」。

【不落畛畦】

見「不落窠臼」。

【不買帳】

對別人的長處或力量不佩服、不服從。例他就是這麼個脾氣，對那些作威作福、盛氣凌人的人從來不買帳。

【不蔓不枝】

蔓：蔓生植物的枝莖，引申爲蔓延；枝：枝杈。宋．周敦頤《愛蓮說》：「中通外直，不蔓不枝。」指蓮莖不蔓延不生枝杈。後用以比喻言語或文章簡潔流暢，不拖泥帶水。老舍《我怎樣寫〈駱駝祥子〉》：「故事在我心中醞釀得相當的長久，收集的材料也相當的多，所以一落筆便準確，不蔓不枝，沒有什麼敷衍的地方。」也作

「不枝不蔓」。《儒林外史》（臥閒草堂本）二七回評：「王太太進門斷無安然無事之理，然畢竟從何處寫起，眞是難以措筆，卻於新婦禮節上生波，乃覺近情著理，不枝不蔓。」

【不毛之地】

不毛：不生長五穀。不長莊稼和草木的地方。形容土地貧瘠、荒涼。《三國演義》八七回：「南方不毛之地，瘴疫之鄉，丞相秉鈞衡之重任，而自遠征，非所宜也。」

【不冒煙兒】

比喻不通事理。例他盡幹些不冒煙兒的事情，誰願意跟他合夥？

【不眠之夜】

不曾睡眠的夜晚。例為了攻克這一技術難關，他們熬過若干個不眠之夜，終於獲得成功。

【不免虎口】

難於逃出老虎之口。比喻難逃厄運或難於逃脫危險境地。宋・呂祖謙《左氏博議・楚宋戰于泓》：「盂之會，宋襄身見執於楚，幾不免虎口。」

【不名一錢】

名：占有。沒有一個錢。形容貧窮得一無所有。清・黃小配《大馬扁》一回：「他自己是不名一錢的，如何去得，惟有向親朋借貸。」也作「不名一文」。一文：一文錢。例此人原係富家子弟，因揮霍無度，終於資財蕩盡，不名一文。

【不名一文】

見「不名一錢」。

【不明不暗】

明：明顯，喻公開；暗：不明顯，不公開。喻指秘密。指不大公開，也不大秘密；也指事情眞相被歪曲，因而弄不清楚。元・關漢卿《竇娥冤》三折：「不明不暗，負屈銜冤。」

【不明不白】

形容不清不楚，曖昧，不淸白。《初刻拍案驚奇》卷三〇：「黑夜時往來太行山道上，不知做些什麼不明不白的事。」

【不明事理】

明：明白，清楚；事理：道理。指人不懂道理。例其人不明事理，固執己見，難與共事。

【不明眞相】

眞相：事物的眞實情況。不明白事情的眞實情況。例他不明眞相，故而做出錯誤的結論。

【不摸門】

不了解、不熟悉情況。例我初來乍到，好多事都不摸門，請各位多多關照。也作「不摸頭」。例這水哪裏深哪裏淺，誰也不摸頭。

【不謀而合】

謀：商議；合：相符合，一致。事先沒有商量而彼此的見解、行動一致。《孽海花》一一回：「你們聽這番議論，不是與劍云的議論，倒不謀而合的。」也作「不謀而同」。同：相同。宋・蘇軾《六一居士集序》：「士無賢不肖，不謀而同曰：『歐陽子，今之韓愈也。』」也作「不謀而信」。信：投契。《戰國策・中山》：「不約而親，不謀而信，一心同功，死不旋踵。」也作「不謀同辭」。同辭：指意思相同的言辭。《越絕書・外傳計倪》：「士民一心，不謀同辭，不呼自來。」

【不謀而同】

見「不謀而合」。

【不謀而信】

見「不謀而合」。

【不謀同辭】

見「不謀而合」。

【不牧之地】

牧：放養牲畜。不能放養牲畜之地，指荒地。漢・桓寬《鹽鐵論・論功》：「不牧之地，不羈之民。」

【不能流芳百世，也要遺臭萬年】

不能給後世留下美名，就讓人咒罵千萬年。比喻一味追求成名，當不了好人，當壞人也可以。《晉書・桓溫傳》：「既而扶枕起曰：『男子既不能流芳後世也，不足復遺臭萬載耶。』」

【不能容人】

見「不能容物」。

【不能容物】

物：事物；容物：容納事物，引申指容人。不能容人。形容為人氣量小，心胸窄。《三國演義》四三回：「[魯]肅曰：『臣亦以此責孔明，孔明反笑主公不能容物。』」也作「不能容人」。例此人眞是一副鼠肚雞腸，絲毫不能容人。

【不能使船嫌溪曲】

見「不善操舟者惡河曲」。

【不能忘懷】

忘懷：忘記，不放在心上。時時刻刻放在心頭，難以忘掉。《三俠五義》一回：「因此每日憂煩，悶悶不樂，竟是時刻不能忘懷」。

【不能忘情】

情：感情。指在感情上難以忘記。明・歸有光《與趙子舉書》：「平生倔强，亦無有望世人相憐之意，而不能忘情于兄者，思龍老不得見也。」

【不能為五斗米折腰】

五斗米：晉代縣令的俸祿，借指微薄的官俸；折腰：彎腰行禮，指屈身事人。不能為了五斗米的微薄官俸而屈身事人。指為人剛直不阿，有骨氣。《晉書・陶潛傳》：「郡遣督郵至縣，吏白應束帶見之。潛嘆曰：『吾，拳拳事鄉里小人邪！』義熙二年，解印去縣，乃賦《歸去來》。」

【不能已已】

見「不能自已」。

【不能贊一辭】

贊一辭：增添一句話。指文章異常完美，別人不能再為之增添一句話。《史記・孔子世家》：「至於為《春秋》，筆則筆，削則削，子夏之徒不能贊一辭。」也指對完美無缺或不了解的事物不能提出看法、意見。《野叟曝言》一六回：「這事全仗賢妹，我不能贊一辭。」也作「**不贊一辭**」。魯迅《頭髮的故事》：「我大抵任他自言自語，不贊一辭，他獨自發完議論，也就算了。」也作「**不置一詞**」。置：安放，指不表示意見。清·趙翼《廿二史札記·漢書武帝紀贊不言武功》：「是專贊武帝之文事，而武功則不置一詞。」也作「**不措一辭**」。措：放置。指一句話也不說。《宋史·李綱傳》：「〔李〕梲受事目，不措一辭，還報。」也作「**不措一語**」。明·王驥德《曲律·雜律三九上》：「勝國諸賢，蓋氣數一時之盛。王《實甫》、關《漢卿》、馬《致遠》、白《樸》，皆大都人也，今求其鄉，不能措一語矣。」也作「**安敢措一辭**」。安：怎麼。表示反問。宋·魏了翁《常熟縣重修記》：「郡人葉輔之敍其役，以求記於了翁，竊惟朱子嘗記子游之祠矣……藐茲孤陋安敢復措一辭！」

【不能則學，不知則問】
自己不能做的就要學習，自己不懂的就向別人討教。漢·韓嬰《韓詩外傳》卷六：「不能則學，不知則問。雖知必讓，然後為知。」

【不能正己，焉能化人】
正：正直，端正；正己：使自己言行端正；化：感化、教化。自己言行不正，怎能教化他人。《小五義》八〇回：「不行，常言說得好，不能正己，焉能化人。你看這口刀好，你就留下。設若是伙計們以後出去作買賣，看見好的東西就往回拿，就壞了你的事情了。我這個說話永遠不為我自己，以公為公。」

【不能正其身，如正人何】
如果不能端正自己，那又怎麼能端正別人呢？指自己以身作則，才能嚴格要求別人。《論語·子路》：「子曰：『苟正其身矣，于從政乎何有？不能正其身，如正人何？』」例以人為鏡重要，為人作鏡也同樣值得提倡。做到以人為鏡，為人作鏡又非易事。為人作鏡，首先要身站得正，不能正其身，如正人何？

【不能自拔】
拔：拔出來。指擺脫，解脫。自己不能拔出來。指深陷於某種不利的境地，自己無法從中解脫出來。《宋書·武三王傳》：「世祖前鋒至新亭，劭挾義恭出戰，恒祿在左右，故不能自拔。」也作「**不克自拔**」。克：能。清·周亮工《書影》卷六：「廣陵詩人，前輩有盛名，推陸無從，沿染七子流風，不克自拔。」也作「**不克自振**」。振：振拔。指擺脫困難，振奮自立。宋·江修復《澶州頓丘縣重修縣治記》：「溺於其職，不克自振。」

【不能自已】
已：停止，中止。指無法克制自己的感情。唐·盧照鄰《寄裴舍人書》：「慨然而咏『富貴他人合，貧賤親戚離』，因泣下交頤，不能自已。」也作「**不知自已**」。宋·歐陽修《與晏元獻公書》：「捧讀感涕，不知自已。」也作「**不能已已**」。後一個「已」字為語氣詞。南朝宋·劉義慶《世說新語·儉嗇》：「郗公（愔）大聚斂，有錢數千萬……乃開庫一日，令任意用。例公始正謂損數百萬許；嘉賓（郗超）遂一日乞與親友，周旋略盡。公聞之，驚怪不能已已！」也作「**不自已**」《聊齋志異·封三娘》：「封[三娘]乃以釵示生，生喜不自已。」也作「**安能已**」。

【不念舊惡】
念：記在心上；舊：以往的；惡：過錯，仇怨。不記或不計較過去的仇怨。《兒女英雄傳》三九回：「不料你不念舊惡也罷了，又慨然贈我五百兩銀子。」

【不寧唯是】
寧：文言助詞，無義；唯：只；是：這樣。不只是這樣，即不僅如此。《左傳·昭公元年》：「不寧唯是，又使[公子]圍蒙（欺騙）其先君。」

【不怕不識貨，只怕貨比貨】
任何東西只有經過比較，才能分出好壞。例我們店裏賣的衣服，質料都是上等貨，對顧客而言，不怕不識貨，只怕貨比貨。也作「**不怕不識貨，就怕貨比貨**」。

【不怕該債的精窮，就怕討債的英雄】
該：欠；精：十分，非常；英雄：反語，指厲害。欠債不論如何窮，只要討債的厲害，也得還債。《儒林外史》五二回：「你以為沒有中人借券，打不起官司告不起狀，就可以白騙他的，可知道不怕該債的精窮，就怕討債的英雄！而今你遇著鳳四哥，還怕賴到哪裏去！」

【不怕官，只怕管】
不怕上層的大官，只怕直接管轄自己的官。指直接管自己的人比大官更有權威，一切均聽命於他。《水滸傳》二八回：「古人道：『不怕官，只怕管。』『在人矮檐下，怎敢不低頭。』只是小心便好。」

【不怕慢，全怕站，不走彎路就好辦】
比喻做事堅持到底，不可鬆懈。例人常說：「不怕慢，全怕站，不走彎路就好辦。」只要我們做事有恆心，堅持到底，就一定有所成就。

【不怕人老，只怕心老】
年紀大了不要緊，只怕意志衰退。例過了花甲怕什麼？俗話說：「不怕人老，只怕心老。」只要思想不老化，還是可以做不少事情的。

【不怕人窮，就怕志短】
窮一點沒什麼要緊，重要的是不要喪失信心。例不怕人窮，就怕志短。窮固然不好受，但也不可怕。只要有決心有勇氣，窮是完全可以改變的。

【不怕一萬，就怕萬一】

一萬：喻絕對的多；萬一：喻極端的少。做事要小心，謹防意外。例你去參加登山，媽媽總是很擔心，因爲她覺得這種活動，不怕一萬，只怕萬一，若是出事，一切就完了。也作「**不怕一萬，只怕萬一**」。姚雪垠《李自成》一卷八章：「俗話說，不怕一萬，只怕萬一。你難道不怕萬一我張自忠翻臉不認人，對你下毒手？」

【不怕有千條妙計，就怕沒有一定之規】

要有根本的立場和立意，才能對付各種挑戰。例對於這次工程競標，營造部經理表示：「『不怕有千條妙計，就怕沒有一定之規！』大家要有信心，別杞人憂天。」

【不碰南牆不回頭——倔強】

形容剛強不屈。例廖勝不怕任何困難，確實是一個不碰南牆不回頭的人。也作「**不碰南牆不回頭——堅持到底**」。

【不偏不黨】

見「不偏不倚」。

【不偏不徇】

見「不偏不倚」。

【不偏不倚】

偏、倚：不正。宋・朱熹《中庸集注》：「中者，不偏不倚，無過不及之名。」原指儒家折中調和的中庸之道。後多指不偏袒任何一方。表示公正。魯迅《高老夫子》：「只要辦理得人，不偏不倚，合乎中庸，一以國粹爲歸宿，那是絕無流弊的。」也作「**不偏不黨**」。黨：偏私，偏袒。《後漢書・霍諝傳》：「不偏不黨，其若是乎？」也作「**不偏不徇**」。徇：順從，曲從。明・朱之瑜《與釋獨立書》：「鴻論深入顯出，切中事機，據理辯駁，雖有利口，無所復置其喙，不偏不徇，當爲儒、釋立一標準，固不朽之作也。」

【不平而鳴】

見「不平則鳴」。

【不平鳴】

見「不平則鳴」。

【不平則鳴】

平：平正，公平；鳴：叫，發出聲響。指有所表示或抒發。指對不公平的事表示不滿或憤慨、反抗。宋・黃幹《升銘》：「凡物之理，不平則鳴，不足則慊。」也作「**不平而鳴**」。《剪燈新話・令狐生冥夢錄》：「偶以不平而鳴，遽獲多言之咎。」也作「**不平之鳴**」。《儒林外史》（臥閑草堂本）二三回評：「茶社中一席之談，固是多嘴，亦是不平之鳴。」也作「**不平鳴**」。宋・范成大《咏河市歌者》詩：「豈是從容唱《渭城》，個中當有不平鳴。」

【不平之鳴】

見「不平則鳴」。

【不戚戚於貧賤，不汲汲於富貴】

戚戚：憂愁；汲汲：一心追求。不爲貧賤發愁，也不一心追求富貴。晉・陶淵明《五柳先生傳》：「黔婁之妻有言：『不戚戚於貧賤，不汲汲於富貴。』」

【不欺暗室】

欺：昧心；暗室：比喻暗中。指別人看不見的地方。即或在沒有人看得見的地方，也不做見不得人的虧心事。形容心地、行爲光明磊落。宋・孫光憲《北夢瑣言》卷一三：「女仙謂建章曰：『子不欺暗室，所謂君子人也。』」也作「**不侮暗室**」。侮：欺。《宋書・阮長之傳》：「在中書省直，夜往鄰省，誤著屐出閤，依事自列門下，門下以暗夜人不知，不受列，長之固遣送之，曰：『一生不侮暗室。』」也作「**暗室不欺**」、「**暗室無欺**」。

【不欺室漏】

見「不愧屋漏」。

【不欺屋漏】

見「不愧屋漏」。

【不期而會】

見「不期而遇」。

【不期而集】

期：約定時日；集：聚集。事先未約定而聚集到一起。《宋史・李綱傳》：「大學生陳東等詣闕上書，明[李]綱無罪。軍民不期而集者數十萬人，呼聲動地。」

【不期而然】

期：期望；然：如此。沒有期望如此而竟然如此。指出於自然。《官場現形記》五九回：「甄學忠此時念到他平日相待情形，不期而然的從天性中流出幾點眼淚。」也作「**不期然而然**」。清・李漁《喬復生王再來二姬傳》：「事之不期然而然者，往往不一而足。」

【不期而遇】

期：約定時日。未事先約定而意外相遇。《文明小史》四八回：「正想明天穿著這個過來請安，今日倒先不期而遇。」也作「**不期而會**」。會：遇。《西遊記》五〇回：「久聞那廝神通廣大，如今不期而會。」

【不期然而然】

見「不期而然」。

【不期修古，不法常可】

期：期求；修古：遠古；法：效法；常可：常規、陳規。不必期求古代的那一套，不必效法陳規舊習。指不要一成一變，泥古不化。《韓非子・五蠹》：「是以聖人不期修古，不法常可。論世之事，因爲之備。」也作「**不期修古**」。

【不起眼】

不引人注目，很平常。例別看這小東西不起眼，用處大著啦！也作「**不顯眼**」。例這姑娘站在人堆裏毫不顯眼，可只要亮開嗓子一唱，就把人鎮懾住了。

【不器之器】

不器：不像器具那樣只限於有某一方面的作用。指具有各方面才能的人。唐・白居易《君子不器賦》：「抱不器之器，成乎有用之用。」

【不輕然諾】

輕：輕易；然諾：允諾，答應。不輕易許諾別人。例季布不輕然諾，故人稱一諾千金。

【不傾之地】

傾：傾覆。不處於傾覆的境地。即據有優勢的必勝之地。《管子・度地》：「聖人之處國者，必於不傾之地。」

【不清白】

見「不清不白」。

【不清不白】

清白：不污濁，沒有污點。指被人誣陷而有了污點。《紅樓夢》九〇回：「要把我拉在渾水裏，弄一個不清不白的名兒，也未可知。」也作「不清白」。例有人說她同王所長的關係不清白，這純粹是造謠中傷。

【不情不緒】

情緒：心情，心境。無情無緒。指感情上無所依託，情緒不佳。清・張潮《虞初新志・小青傳》：「垂帘只愁好景少，卷帘又怕風繚繞。帘卷帘垂底事難，不情不緒誰能曉？」

【不情之請】

情：情理，人情；請：請求。不合乎情理的請求。多用作向人提出請求時的客氣話。清・紀昀《閱微草堂筆記・灤陽消夏錄二》：「能邀格外之惠，還妾屍於彼墓，當生生世世，結草銜環。不情之請，唯君圖之。」

【不情之譽】

情：情理；譽；讚譽，稱讚。不合情理的讚美。明・沈德符《萬曆野獲編・立碑》：「今世之立碑濫極矣……其詞不過鄉紳不情之譽。」

【不求備於一人】

不要求一個人完美無缺。用以說明對人不能求全責備。《三國志・吳書・呂蒙傳》：「周公不求備於一人，故孤忘其短而貴其長，常以比方鄧禹也。」

【不求甚解】

甚：極，非常。晉・陶潛《五柳先生傳》：「好讀書，不求甚解。」指讀書只求領會精神，而不刻意於咬文嚼字。後也指不去深刻理解。《兒女英雄傳》二四回：「姑娘聽了，也不求甚解，但點點頭。」

【不求同日生，只願同日死】

形容生死之交。元・關漢卿《單刀會》三折：「俺兄弟三人在桃園中結義，宰白馬祭天，宰牛馬祭地。不求同日生，只願同日死。」也作「**不願同日生，只願同日死**。」《說唐》二四回：「不願同日生，只願同日死。吉凶相共，患難相扶，如有異心，天神共鑑。」

【不求聞達】

聞達：有名聲，顯達。不追求名聲顯赫、官職顯要。唐・陸贄《奉天改元大赦制》：「天下有隱居行義，才德高遠，晦跡丘園，不求聞達者，委所在長吏具姓名聞奏，當備禮邀致。」

【不求無害之言，而務無易之事】

無易之事：不可改變的事情。不去追求那些挑不出毛病的空話，而致力於那些一定要那樣去做的事情。《韓非子・八說》：「是以說有必立而曠於實者，言有辭拙而急於用者。故聖人不求無害之言，而務無易之事。」

【不求有功，但求無過】

比喻湊合過日子，得過且過，不求上進。老舍《一封家信》：「他非常的忠誠，消極的他不求有功，但求無過，積極的他要事事對得起良心與那二百元的報酬——他老願賣出三百元的力氣，而並不覺得冤枉。」

【不屈不撓】

屈、撓：屈服。指在困難或巨大壓力面前不屈服，不低頭。巴金《旅途通訊——從廣州到樂昌》：「他們只知沉默地、不屈不撓地埋頭工作。」

【不取亦取，雖師勿師】

對別人的學識有所不取，有所取；雖然跟著老師學習，但不要一味仿效。指學習要善於取長補短，努力創新，不要機械模仿。清・袁枚《續詩品・尚詩》：「我有禪燈，獨照獨知，不取亦取，雖師勿師。」

【不去慶父，魯難未已】

慶父：春秋魯公子，曾主謀殺死兩個國君，一再製造魯國內亂。不去掉慶父這個人，魯國的危難就難以消除。現則指若不鏟除陰謀家、野心家這些禍根，國家就會動亂不安。《左傳・閔公元年》：「仲孫歸曰：『不去慶父，魯難未已。』公曰：『若之何去之？』對曰：『難不已，將自斃。君其待之。』」

【不去小利，則大利不得】

不失去小利益，就得不到大利益。指舍小求大。《呂氏春秋・權勛》：「利不可兩，忠不可兼。不去小利，則大利不得；不去小忠，則不忠不至。故小利，大利之殘也；小忠，大忠之賊也。聖人去小取大。」

【不讓之責】

讓：推讓，辭讓；責：責任。不可推辭的責任。唐・韓愈《賀徐州張僕射白兔書》：「睹茲盛美，焉敢避不讓之責而默默邪？」

【不仁不義】

仁：仁德，仁愛；義：道義，正義。不講仁德道義。《民國通俗演義》四五回：「竊若輩之倒行逆施，是直欲陷吾元首於不仁不義之中。」

【不仁之至忽其親】

最不仁的人才忽視其父母親。意指不孝敬父母親的人最不道德。漢・韓嬰《韓詩外傳》卷一：「不仁之至忽其親，不忠之至倍其君，不信之至欺其友。此三者，聖人之所殺而不赦也。」

【不忍釋卷】

不忍：捨不得；釋：放下；卷：古代指抄寫的卷帙，即書籍。捨不得放下書籍。形容勤奮好學。例小王刻苦好學，雖臥病在家休息，也不忍釋卷。

【不忍釋手】

不忍：不忍心，捨不得；釋：放下。捨不得放手。形容喜愛已極。《醒世恆言》卷三：「九媽見了這錠大銀，已自不忍釋手。」

【不忍卒讀】

卒：完，盡。不忍心讀完。多以之形容詩文等內容極其悲慘動人。清・淮陰百一居士《壺天錄》卷上：「閩督河公小宋，挽其夫人一聯，一字一淚，如泣如訴，令人不忍卒讀。」

【不認帳】

比喻否認做過的事或說過的話。例如今這年月，什麼都講究簽字定合同，要是翻臉不認帳，告都沒地方告去！

【不任其煩】

見「不勝其煩」。

【不日不月】

不計日月。形容時日漫長，沒有期限。《詩經・王風・君子于役》：「君子于役，不日不月。」箋：「行役反（返）無日月，何時而有來回期。」也比喻不選擇時日。《管子・白心》：「不日不月，而事以從；不卜不筮，而謹知吉凶。」

【不容分說】

容：容許；分說：分辯，辯解。不容許辯解。《紅樓夢》六二回：「寶釵不容分說，笑灌了湘雲一杯。」也作「**不由分說**」。《水滸傳》四九回：「才把解珍、解寶押到廳前，不由分說，捆翻便打。」也作「**不容分訴**」。元・王仲文《不認屍》四折：「官人行不容分訴，便將我吊拷繃扒。」

【不容分訴】

見「不容分說」。

【不容置辯】

容：容許；置：安放；辯：辯白。不允許辯白。指不讓人有申辯的餘地。《聊齋志異・三生》：「吾合休矣。既而俘者盡釋，惟某後至，不容置辯，立斬之。」

【不容置喙】

喙：鳥獸的嘴，借指人的嘴。不允許插嘴。指不讓人有講話的機會。例開會時，業務部經理每每喜高談闊論，旁若無人，不容置喙。

【不容置疑】

置疑：有懷疑（多用於否定）。不允許有什麼懷疑。例要使文化藝術繁榮起來，堅持「百花齊放，百家爭鳴」的方針，是不容置疑的。

【不如歸】

見「不如歸去」。

【不如歸去】

杜鵑鳥亦名「杜宇」，其鳴聲像人言「不如歸去」。舊詩詞中常作為思歸或催人返回家鄉的用語。元・王實甫《西廂記》五本四折：「不信呵，你去綠楊蔭裏聽杜宇，一聲聲道，不如歸去。」也作「**不如歸**」。宋・范仲淹《越上聞子規》詩：「春山無限好，猶道不如歸。」

【不如意事十八九】

十八九：指十之八九。比喻很多。指不合心意或難以如願的事情太多。宋・陸游《新津小宴之明日欲游修覺寺，以雨不果，呈范舍人》詩：「新津渡頭船欲開，山亭準擬把離杯。不如意事十八九，正用此時風雨來。」也作「**不如意事常八九**」。明・吾邱瑞《運甓記》二八齣：「花正芳時遭雨打，日當晝處被雲侵。不如意事常八九，病龍應自淚飛騰。」

【不茹不吐】

見「不吐不茹」。

【不入耳】

比喻說的話使人難聽，不愛聽，聽不進去。例千萬別跟他開玩笑，他總愛說些不入耳的話。

【不入虎穴，不得虎子】

見「不入虎穴，焉得虎子」。

【不入虎穴，焉得虎子】

虎穴：虎洞；焉：怎麼；虎子：小虎。不進入老虎洞，怎能捉到小老虎。比喻不親歷艱險，就不能獲得成功。現亦比喻不經過艱苦的實踐，就不能取得真知。《孽海花》三五回：「『不入虎穴，焉得虎子。』佛不入地獄，誰入地獄，本師只求救國，絕不計較這些，只是沒有門徑也難。」也作「**不入虎穴，不得虎子**。」《後漢書・班超傳》：「官屬皆曰：『今在危亡之地，死生從司馬。』超曰：『不入虎穴，不得虎子。』」也作「**不探虎穴，不得虎子**」。《東觀漢記・班超傳》：「不探虎穴，不得虎子。當今之計，獨有因夜以火攻虜，使彼不知我多少，必大震怖，可殄盡也。」也作「**不探虎穴，安得虎子**」。安：怎麼。《三國志・吳書・呂蒙傳》：「蒙曰：『貧賤難可居，脫誤有功，富貴可致。且不探虎穴，安得虎子？』」也作「**不入獸穴，安得獸子**。」《周書・李遠傳》：「古人有言：『不入獸穴，安得獸子。』若以奇兵出其不意，事或可濟。」

【不入時宜】

見「不合時宜」。

【不入獸穴，安得獸子】

見「不入虎穴，焉得虎子。」

【不三不四】

形容不正經，不正派。《醒世恆言》卷三四：「也曉得楊氏平日有些不三不四的毛病，只為從無口面，不好發揮出來。」也形容不像樣，不倫不類。聞一多《戲劇的歧途》：「結果，到於今，不三不四的劇本，還數得上幾個，至於表演同布景的成績，便幾等於零了。」

【不塞不流，不止不行】

塞：堵塞，禁止；行：流通，傳布。原意是講佛、老之說不堵塞、禁止，那麼聖人之教就不能流傳、推行。後多指舊的事物不破除，新的事物就得不到發展。唐・韓愈《原道》：「不塞不流，不止不行。人其人，火其書，廬其居，明先王之道以導之。」

【不衫不履】
衫：上衣，單衵；履：ㄌㄩˇ，鞋。不穿好衣裳、鞋子。形容衣著不整。清·沈復《浮生六記·浪游記快》：「寺藏深樹，山門寂靜，地僻僧閒，見余二人不衫不履，不甚接待。」也比喻人舉止灑脫，不拘小節。《老殘遊記》九回：「這個人也是個不衫不履的人，與家父最爲相契。」

【不善操舟者惡河曲】
操舟：駕船；惡：討厭、不喜歡。不熟悉駕船的人嫌河道彎曲。比喻自己沒有本事，總賴客觀條件不好。宋·周密《癸辛雜識·前集》：「余所書似學柳不成，學歐又不成，不自知拙，往往歸過筆墨，諺所謂：『不善操舟者而惡河之曲』也。」也作「**不能使船嫌溪曲**」。清·錢大昭《邇言》卷六：「《朱子語錄》云：人多言爲事所奪，有妨講學，此爲不能使船嫌溪曲者也。」

【不善自謀】
善：善於，擅長；謀：打算。不善於爲自己的生活作打算。唐·韓愈《答胡生書》：「愈不善自謀，口多而食寡，然猶月有所入，以愈之不足，知生之窮也。」

【不上不下】
上不去，下不來。形容進退無著落，事情難辦。《醒世恆言》卷六：「如今住在這裏，不上不下，還是怎麼計較？」也指居於正中。唐·歐陽詹《福州南澗寺上方石像記》：「不上不下，不西不東，亭亭厥心，隱出眞象。」

【不尚空談】
尚：崇尚；空談：只說不做或內容空洞不切實際之論。指不好說空話。例爲人篤厚，講究實幹，不尚空談。

【不舍晝夜】
舍：停；晝：白天。日夜不停息。比喻不分日夜，夜以繼日。宋·魏泰《東軒筆錄·孫秀才》：「……而孫生篤學，不舍晝夜，行復修謹，文正甚愛之。」

【不甚了了】
甚：很；了了：明白，清楚。不很明白，不很清楚。《二十年目睹之怪現狀》六七回：「我回家去了三年，外面的事情，不甚了了。」也指不很分明。清·周生《揚州夢·夢中事》：「正面山重水復，不甚了了；背面青天一月，叢樹小山。」

【不甚軒輊】
見「不分軒輊」。

【不生不滅】
見「不生不死」。

【不生不死】
①佛家語。指超脫生死的境界。《入楞伽經》卷八：「如來藏世間，不生不死，不來不去，常恆清涼不變。」也作「**不死不生**」。《莊子·大宗師》：「無古今而後能入於不死不生。」也作「**不生不滅**」。滅：消亡，死。《西遊記》一九回：「舍利子，是諸佛空相，不生不滅，不垢不淨，不增不減。」②形容不死不活，死氣沉沉，沒有生氣。明·賈仲名《金童玉女》一折：「你只能出家去，不生不死，受用快活。」也作「**不死不活**」。《警世通言》卷二二：「當初只指望半子靠老，如今看這貨色，不死不活，分明一條爛死蛇纏在身上，擺脫不下。」

【不生孩子不知道腰疼肚子疼】
比喻沒有親身實踐，就體會不到事情的困難。俗話說：「不生孩子不知腰疼肚子疼。」這話可一點也不假。曾先生自從老婆出國後，才知道又上班又做家事，有多辛苦了。

【不勝杯杓】
不勝：禁不起；杓：舀東西的器具；杯杓：酒杯和杓子，借指飲酒。指酒醉。《史記·項羽本紀》：「張良入謝曰：『沛公不勝杯杓，不能辭。』」也作「**不勝杯酌**」。酌：飲酒。宋·朱彧《萍洲可談》卷三：「[蘇]東坡倅杭，不勝杯酌。」

【不勝杯酌】
見「不勝杯杓」。

【不勝枚舉】
勝：盡；枚舉：一一列舉。無法一個一個都列舉出來。形容同一類的人或事物爲數極多。清·錢大昕《十駕齋養新錄·藝文志脫漏》：「而宋人撰述不見於志者，又復不勝枚舉。」也作「**不可枚舉**」。元·陶宗儀《南村輟耕錄·敍畫》：「古人作畫，有得意者，多再作之。如李成《寒林》、范寬《雪山》、王詵《煙江疊障》，不可枚舉。」也作「**不可殫舉**」。殫：全，盡。梁啟超《墨學微》二章：「《墨子全書》中，如此論者，連篇累牘，不可殫舉。」

【不勝其敝】
見「不勝其弊」。

【不勝其弊】
勝：能承受；弊：弊端，害處。承受不了那樣的弊端。形容弊端很多，難以承受。《元典章·朝綱·政紀·減繁新例》：「以致案牘愈繁，事多壅滯，日就月將，不勝其弊。」也作「**不勝其敝**」。敝：通「弊」。《禮記·表記》：「虞夏之道，寡怨於民；殷周之道，不勝其敝。」

【不勝其煩】
不勝：禁不起；煩：煩瑣。煩雜瑣碎得令人難以忍受。魯迅《兩地書》五二：「女師畢業生演劇爲母校籌款，因爲是主任，派購入場券一張五元，諸如此類，不勝其煩。」也作「**不勝其繁**」。繁：多，雜。宋·彭龜年《論續降指揮之弊疏》：「後世徒欲以法籠絡天下，左牽右制，一瘡百補，不勝其繁。」也作「**不任其煩**」。任：承受。宋·宋祁《蔣待制書》：「一日邊鄙小警，匪卓立傑出者不任其煩。」

【不勝其繁】

見「不勝其煩」。

【不勝其忿】

見「不勝其怒」。

【不勝其苦】

不勝：不能忍受。忍受不了那樣的苦。例連日來，採訪、拍照、座談……諸事，接連不斷，無一日閒暇，實不勝其苦。

【不勝其怒】

不勝：無法忍受。形容憤怒已極。《左傳・昭公二一年》：「張匄不勝其怒，遂與子皮、臼任、鄭翩殺多僚。」也作「**不勝其忿**」。忿：同「憤」，憤怒，憤慨。《晉書・劉元海載記》：「晉為無道，奴隸御我，是以右賢王猛不勝其忿。」

【不勝其任】

勝：能承擔；任：任務。承擔不了那樣的重擔。《左傳・成公三年》：「臣不才，不勝其任。」

【不勝之任】

勝：能承擔；任：責任，職責。無法承擔的重任。《淮南子・人間訓》：「無損墮之勢，而無不勝之任矣。」

【不失圭撮】

失：差；圭撮（ㄘㄨㄛ）：古代重量單位，六粟為一圭，十圭為一撮（一說四圭為撮）。指極微小的數量。一圭一撮都不錯。形容計量非常準確。《漢書・律曆志上》：「量多少者，不失圭撮。」

【不失毫釐】

失：差；毫釐：指一毫一釐。一毫一釐都不差，形容絲毫不差。完全相合。《荀子・儒效》：「聖人也者，本仁義，當是非，齊言行，不失毫釐」。也作「**不差毫釐**」。《太平廣記》卷一五八引《玉堂閒話・許生》：「顯晦之事，不差豪（毫）釐矣。」

【不失舊物】

失：喪失，失掉；舊物：指原有的國土、河山。恢復原有的國土。宋・楊萬里《誠齋詩話》引洪景伯《賀表》：「[周]宣王復文、武之土，可謂中興；齊人歸鄆、讙之田，不失舊物。」

【不失時機】

失：錯過，耽誤；時機：有利的時間、機會。不錯過適當時間和有利的機會。指做事要抓住機會。例用兵貴在不失時機。

【不失黍累】

失：差失；黍累：古代兩種極輕的重量單位，十黍為累。形容絲毫不差。《漢書・律曆志》：「量多少者不失圭撮；權輕重者不失黍累。」也作「**不差累黍**」。清・淮陰百一居士《壺天錄》卷上：「併行而上，不差累黍。」也作「**不爽錙銖**」。爽：差失；錙（ㄗ）銖：古代重量單位，一兩的四分之一為錙；一兩的二十四分之一為銖。唐・朱敬則《宋武帝論》：「至乃潛算樽俎之同，明見千里之外，揣機料日，不爽錙銖。」也作「**不失銖黍**」。唐・杜牧《上門下崔相公書》：「被權衡稱量者，不失銖黍；受威烈懾懾者，蚓縮魚藏。」

【不失一字】

失：亡，錯。不忘記或錯記一個字。形容記憶力強。《魏書・王杰傳》：「背而誦之，不失一字。」

【不失銖黍】

見「不失黍累」。

【不失足於人，不失色於人，不失言於人】

對別人不要有不莊重的舉止，不要有不沉穩的神情，不要說出不該說的話語。指與人交往要注意自己的舉止、態度和言談。馬南邨《交友待客之道》：「《禮記》中說：『不失足於人，不失色於人，不失言於人。』……一切錯誤也總不外乎行動、態度、言論這三個方面的。」

【不時之須】

見「不時之需」。

【不時之需】

不時：隨時，不一定什麼時候，隨時的需要。《文明小史》五一回：「趕著寫信到家裏匯出二萬銀子，以備路上不時之需。」也作「**不時之須**」。宋・蘇軾《後赤壁賦》：「我有斗酒，藏之久矣，以待子不時之須。」

【不識不知】

無知無識，沒什麼知識。舊指民風淳樸，與人無患，與世無爭。《東周列國志》一八回：「然嘗聞堯舜之世，十日一風，五日一雨，百姓耕田而食，鑿井而飲，所謂：『不識不知，順帝之則』是也。」

【不識大體】

識：懂得，知道；大體：關係全局的道理。不懂得有關全局的重要道理。指處理問題不懂得從整體的、長遠的利益出發。《舊唐書・刑法志》：「臣以至愚，不識大體。」也作「**不知大體**」。五代・王定保《唐摭言・四凶》：「劉子振，蒲人也。頗富學業，而不知大體。」也作「**不達大體**」。達：通曉，明白。《後漢書・李固傳》：「固狂夫下愚，不達大體，竊感古人一飯之報，況受顧遇而容不盡乎！」也作「**不通大體**」。通：通曉，了解。三國魏・阮籍《為鄭沖勸晉王箋》：「沖等不通大體，敢以陳聞。」也作「**不見大體**」。《後漢書・公孫述傳》：「述性苛細，察於小事。敢誅殺而不見大體，好改易郡縣官名。」

【不識丁】

見「不識一丁」。

【不識高低】

高低：用來比喻輕重、深淺或上下。指做事、說話不懂得輕重深淺，徒惹笑話。《東周列國志》六六回：「豈不曉得我孫氏是八代世臣，敢來觸犯，全然不識高低，禽獸不如。」也作「**不知高低**」。《警世通言》卷二三：「那安媽媽是婦道家，不知高低，便向樂公攛掇其事。」

【不識好歹】

歹：壞。不知道好歹。指分不出好壞，不辨是非，不明事理。《警世通言》卷二一：「老匹夫，俺爲義氣而來，反把此言來污辱我……你這般不識好歹的，枉費俺一片熱心。」也作「**不知好歹**」。《紅樓夢》一〇回：「誰知小孩子家不知好歹，看見他姐姐身上不好，這些事也不當告訴他。」也作「**不識好惡**」。好惡：好壞。《五燈會元・宣鑑禪師》：「洞山老人不識好惡，這漢死來多少時，救得有什麼用處？」

【不識好惡】

見「不識好歹」。

【不識進退】

進退：原指前進或退後，用來比喻輕重高低。形容言行輕率莽撞，沒有分寸。《古今小說》卷二二：「下官有句不識進退的言語，未知可否？」也作「**不知進退**」。《新五代史・李琪傳》：「〔琪〕爲人少持重，不知進退，故數爲當時所沮。」

【不識盧山眞面目】

宋・蘇軾《題西林壁》詩：「不識盧山眞面目，只緣身在此山中。」后以盧山眞面目比喻事物的本來面目或事情的眞相。不認識盧山的眞實面貌。比喻不認識事情的眞相。例老舍在《西望長安》中描述，由於人們不識盧山眞面目，竟把一個善於僞裝的騙子，當成了革命英雄。

【不識起倒】

不知道見機而行。指不懂得根據情況靈活處理，以致事情愈來愈麻煩。《西遊記》七七回：「這魔頭不識起倒，眞個舉刀上前亂砍。」也作「**不知起倒**」。《二十年目睹之怪現狀》九〇回：「你……要是不知起倒，當作在中國候差委一般候著，我可不理的。」

【不識竅】

比喻不識趣，不知進退，惹人討厭。例這人素來不識竅，別跟他一般見識。

【不識去就】

去就：指去留或進退。不懂得見機行事，靈活處理。《後漢書・王昌傳》：「或不識去就，強者負力，弱者惶惑，朕甚悼焉。」

【不識人間有羞恥事】

不知道世界上還有羞恥的事。指斥人寡廉鮮恥，盡做些丟臉的事。宋・李之儀《閒居賦》：「蒙不潔反以衒鬻，蹈荆棘而不知所避，務淺陋之爲誇，而不識人間有羞恥事。」也作「**不知人間有羞恥事**」。宋・歐陽修《與高司諫書》：「足下猶能以面目見士大夫，出入朝中，稱諫官，是足下不復知人間有羞恥事爾。」也作「**不識人間羞恥**」。清・黃宗羲《子劉子行狀下》：「今乾坤何等時，猶堪我輩從容臯比而講學論道乎？此所謂不識人間羞恥也。」

【不識時務】

識：認識；時務：當前形勢和潮流。①認不清當前形勢和時代潮流。唐・白居易《爲人上宰相書》：「魏徵書生，不識時務。信其虛說，必亂國家。」也作「**不達時務**」。達：通曉・懂得。《醒世恆言》卷三四：「……設或不達時務，便報與田牛兒，同去告官，教他性命也自難保。」也作「**不知時務**」。樓適夷《鹽場》：「袁龍頭自然不會這樣不知時務，但他的計畫終於失敗了。」也作「**不知時變**」。時變，形勢的發展變化。《史記・叔孫通列傳》：「若眞鄙儒，不知時變。」也作「**不達時宜**」。達：通曉；時宜：當前形勢的需要。《漢書・元帝紀》：「且俗儒不達時宜，好是古非今。」②指不識趣，即不知進退，惹人厭。魯迅《揩油》：「這時候，不但買賣人要報你憎惡的眼光，連同車的客人也往往不免顯出以爲你不識時務的臉色。」

【不識抬舉】

識：理解；抬舉：提拔，器重。指不懂得或不重視別人的好意。元・高則誠《琵琶記・激怒當朝》：「這蔡狀元不識抬舉，恁般一頭好親事作成他，他倒千推萬阻。」也作「**不中抬舉**」。《說唐》六三回：「叔寶也怒道：『不中抬舉的小畜生！』」也作「**不受抬舉**」。《九命奇冤》五回，：「天殺的！不受抬舉！我看銀子面上巴結他，他倒在老娘面前鬧起脾氣來了！」

【不識痛癢】

識：懂得；痛癢：比喻緊要或要害。不懂得問題的要害、關鍵。宋・呂祖謙《與朱侍講》：「此非不識痛癢，蓋吾徒講學、政須於日用間就事上商量，似爲親切。」

【不識賢愚】

識：知道，認識；賢：賢者；愚：愚人。不知道賢人、愚人。指分不清好人、惡人。《西遊記》三八回：「大聖道：『小的們不知道，那唐三藏不識賢愚，我爲他一路上捉怪擒魔，使盡了平生的手段，幾番家打殺妖精，他說我行凶作惡，把我逐趕回來。』」

【不識一丁】

《舊唐書・張宏靖傳》：「今天下無事，爾輩挽得兩石力弓，不如識一丁字。」按，丁字指最簡單易識的字。比喻人一字不識。一說「丁」、「个」字形相近，「丁」即「个」之誤。明・邵景瞻《覓燈因話・桂遷夢感錄》：「公不見吳之張萬戶，李都赤，不識一丁而食祿千古，是何人也。」也作「**不識丁**」。宋・王十朋《孟甲孟乙好蓄古錢，因示以詩》：「闤闠富家子，繞床堆阿堵，一字不識丁，碌碌何足數！」

【不識之無】

之、無：筆畫簡單易認的兩個字。唐・白居易《與元九書》：「僕始生六七月時，乳母抱弄於書屏下，有指

「無」字、「之」字示僕者，僕雖口未能言，心已默識；后有問此二字者，雖百十其試，而指之不差。」后以「不識之無」形容人一字不識或識字極少。明・黃景仁《除夕述懷》詩：「有兒名一生，廢學增痴憨；曾不識之無，但索梨與柑。」

【不食嗟來之食】

嗟：ㄐㄧㄝ，不禮貌的招呼聲，相當於「喂」。不吃別人吆喝著叫自己去吃的食物。後常表示不接受帶有侮辱性的幫助。《禮記・檀弓下》：「齊大饑，黔敖爲食於路以待餓者而食之。有餓者蒙袂輯屨，貿貿然來。黔敖左奉食，右執飲，曰：『嗟！來食！』揚其目而視之曰：『予唯不食嗟來之食，以至於斯也！』」

【不食人間煙火】

見「不吃煙火食」。

【不食之地】

不食：指不能開墾耕種。不能開墾耕種的土地。《戰國策・秦策三》：「此皆廣川大水，山林溪谷，不食之地。」

【不食周粟】

周：周朝；粟：ㄙㄨˋ，小米，泛指糧食。不吃周朝的糧食。比喻忠誠堅貞的氣節和操守。《史記・伯夷列傳》：「武王已平殷亂，天下宗周，而伯夷、叔齊恥之，義不食周粟，隱于首陽山，采薇而食之。」後也比喻過於固執，保守。

【不世之才】

不世：世間少有的，非常的；才：才能。當世少有的才能。指超凡絕倫的才能。宋・司馬光《五哀詩序》：「聊觀戰國以來，楚之屈原，趙之李牧，漢之晁錯、馬援，齊之斛律光，皆負不世之才。」

【不世之材】

材：人材也。當世少有、出色的人才。是極推崇讚譽之語。唐・韓愈《送許郢州序》：「于公身居方伯之尊，蓄不世之材，而能與卑鄙庸陋相應答如影響。」

【不世之臣】

世間不常有的臣子。舊時形容有才能的賢臣。《三國志・魏書・陳思王植傳》：「有不世之君，必能用不世之臣。」

【不世之功】

不世：世間罕有的；功：功績。指非凡的功業、功績。清・洪昇《長生殿・改葬》：「宗廟重修，乾坤再造，眞不世之功也。」也作「**不世之勛**」。勛：功勛。《晋書・謝鯤傳》：「公大存社稷，建不世之勛，然天下之心實有未達。」

【不世之略】

不世：非凡的；略：謀略。非凡的謀略。《三國演義》一四句：「今天子蒙塵，將軍誠因此時首倡義兵，奉天子以從衆望，不世之略也。」

【不世之勛】

見「不世之功」。

【不世之姿】

不世：不平凡，非凡；姿：英姿。形容蓋世無雙的英雄姿態。三國魏・曹冏《六代論》：「賴光武帝挺不世之姿，擒王莽于已成。」

【不事邊幅】

見「不修邊幅」。

【不事生計】

見「不治生產」。

【不是撐船手，休來弄竹竿】

比喻不懂得某種技術、行道，就不要賣弄聰明。例俗話說得好：「不是撐船手，休來弄竹竿。」他既然是個門外漢，有什麼資格來這裏指手劃脚！

【不是東風壓了西風，就是西風壓了東風】

東風、西風：比喻兩種互相對立的力量。不是這一方壓倒那一方，就是那一方壓倒這一方。《紅樓夢》八二回：「黛玉從不聞襲人背地裏說人，今聽此話有因，便說道：『這也難說。但凡家庭之事，不是東風壓了西風，就是西風壓了東風。』」也作「**不是東風壓倒西風，就是西風壓倒東風**」。魯迅《娘兒們也不行》：「林黛玉說：『不是東風壓倒西風，就是西風壓倒東風。』這就是女界的『內戰』，也是永遠不息的意思。雖說娘兒們打起仗來不用機關槍，然而動不動就抓破臉皮也就不得了。」

【不是精肉不巴骨，不是肥肉不巴皮】

巴：緊貼，粘住。比喻志同道合的人經常在一起。例俗諺說得好：「不是精肉不巴骨，不是肥肉不巴皮。」你家族世世代代以「仁」爲庭訓，身爲後代子孫的你，更應該多多和講仁道的人在一起，不應該和那種「見人冷面一聲笑，心中暗藏一把刀」的人廝混。你說對不對？

【不是你，便是我】

不是你死，就是我活。指兩者拚殺激烈，不能並存。《水滸全傳》六一回：「盧俊義大驚，喝一聲，說道：『不是你，便是我！』拿著樸刀，望李俊心窩裏搠將來。」也作「**不是我，便是你**」。《醒世恆言》卷三三：「卻好一把劈柴斧頭在我脚邊，這叫做人急計生，綽起斧頭，喝一聲道：『不是我，便是你！』兩斧劈倒。」也作「**不是他，就是我**」。《警世通言》卷二五：「又見龍滑稽乘馬張蓋，前呼後擁，眼紅心熱，忍耐不過，狠一聲：『不是他，就是我！』往鐵匠店裏打一把三尖利刀，藏於懷中。等龍生明日五鼓入朝，刺殺了他，便償命也出了這口悶氣。」

【不是虛心豈得賢】

若不是虛心待人，怎麼能羅致那麼多有才能的人？用以强調只有虛心待人，才能羅致到人才。宋・王安石《諸葛武侯》：「區區庸蜀支吳魏，不是虛心豈得賢？」

【不是一番寒徹骨，爭得梅花撲

鼻香】
爭：怎麼。不是經過一番徹骨寒冷的考驗，怎麼會有梅花那撲鼻的芳香呢！比喻只有經過一番艱苦的磨練，才能有所成就。唐・黃蘗禪師《上堂開示頌》：「塵勞迥脫事非常，緊把繩頭做一場。不是一番寒徹骨，爭得梅花撲鼻香。」

【不是一家人，不進一家門】
比喻意氣不投不相聚合。例你和我的家人十分投緣，眞可說是「不是一家人，不進一家門。」

【不是姻緣莫強求】
舊時認爲姻緣是命中注定的，不可強求。清・李漁《凰求鳳》十六出：「小姐，這樣狠心男子，就嫁了他也不是椿好事。古語說得好：『不是姻緣莫強求。』我勸你丢了他罷。」

【不是魚死，就是網破】
比喻雙方對立，不是你死，就是我活。例戰士們以「不是魚死，就是網破」的精神，端著刺刀衝向敵人。

【不是冤家不聚頭】
冤家：仇敵，也作情人的暱稱。指冤家往往會碰在一起。元・鄭廷玉《楚昭公》二折：「[伍子胥云]兀那來將，莫非是費無忌么？[費無忌云]然也，來將何人？[伍子胥云]某乃伍子胥是也。父兄之仇，今日須報，你可早早下馬來請死者……[正末唱]你每做的來不周，結下了父兄仇・抵多少不是冤家不聚頭。今日在殺場上面爭馳驟。」《何典》五回：「誤認好姻緣，甘把終身托。自古紅顏薄命多，淚子心情惡。家當弄精光，打罵正頻數。不是冤家不聚頭，悔殺從前錯。」也作「不是冤家不對頭」、「不是冤家不碰頭」。

【不是知音話不投】
知音：深知自己的人；投：投合、迎合。不是知心朋友・不能說心裏話。元・范子安《竹葉舟》二折：「你道我不是知音話不投，只去把九域志閒窮究。翻惹動你一點鄉心淚暗流，滴滿了征衫袖。」

【不適時宜】
見「不合時宜」。

【不飾邊幅】
見「不修邊幅」。

【不飾小節】
見「不拘小節」。

【不守本分】
見「不安本分」。

【不守小節】
見「不拘小節」。

【不受塵埃半點侵，竹籬茅舍自甘心】
不願意受半點灰塵的污染，心甘情願地生長在竹籬茅舍的旁邊。原爲作者借梅自喻。後比喻潔身自愛，不染塵俗，安於清貧的高尚情操。宋・王淇《題梅》詩，「不受塵埃半點侵，竹籬茅舍自甘心。只因誤識林和靖，惹得詩人說到今。」

【不受苦中苦，難爲人上人】
不經過艱苦的磨練・就不能出人頭地。元・秦簡夫《東堂老》三折：「[唱]婆婆呵，這廝便早識的些前路，想著他那破窰中受苦。[帶云]正是不受苦中苦，難爲人上人。」

【不受人抬舉】
抬舉：看重、提拔。不配受到別人的敬重。例這個人眞正是不受人抬舉，你尊重他一分，他就洋洋自得十分，以爲沒有他，地球就不轉了。也作「不中抬舉」。元・王德信《北西廂》一九：「我道這秀才不中抬舉，今日果然負了俺家。」

【不受抬舉】
見「不識抬舉」。

【不熟的葡萄——酸味十足】
見「打翻了的醋瓶子——酸氣十足」。

【不爽分毫】
爽：差失；分毫：古代長度單位名。十毫爲髮，十髮爲厘，十厘爲分。引申爲形容細微。不差一分一毫。指一點不差。《警世通言》卷二五，「卻說施還自發了藏鏹，贖產安居，照帳簿以次發掘，不爽分毫，得財巨萬。」也作「不爽毫髮」。髮：古代長度單位名，十毫爲髮；毫髮：也比喻毫毛、頭髮。例養由基人稱神箭，百步穿揚，不爽毫髮。

【不爽毫髮】
見「不爽分毫」。

【不爽錙銖】
見「不失黍累」。

【不死不活】
見「不生不死」。

【不死不生】
見「不生不死」。

【不速之客】
速：邀請，未經邀請而突然自至的客人。指意想不到的客人。例小陳常常不請自來，成爲大家眼中的不速之客。

【不貪爲寶】
貪：貪吝，貪財；寶：寶物，指很珍貴。以不貪爲可貴。指廉能清正的品格。《左傳・襄公十五年》：「宋人或得玉，以獻子罕，子罕弗受……曰：『我以不貪爲寶，爾以玉爲寶，若以與我，皆喪寶也。不若人有其寶。』」

【不探虎穴，安得虎子】
見「不入虎穴，焉得虎子」。

【不探虎穴，不得虎子】
見「不入虎穴，焉得虎子」。

【不疼不熱】
見「不痛不癢」。

【不腆之敬】
不腆：不豐厚。微小的敬意。自謙之詞。表示禮物微薄，不成敬意。例不腆之敬，尚希鑒諒！

【不腆之儀】
腆：豐厚；儀：禮物。不豐厚的禮物。謙稱自己的禮物微薄。《東周列國誌》六九回：「不腆之儀，預以犒從者。」

【不祧之宗】

見「不祧之祖」。

【不祧之祖】

祧：ㄊㄧㄠ，祭祀遠祖、始祖的祠廟；不祧：家廟中祖先的神主，除始祖或影響大的遠祖以外，輩分遠的都要依次遷入祧廟合祭。不遷入祧廟的，稱不祧。後以「不祧之祖」比喻永遠受尊崇的創立事業的人，或指對後世有深遠影響的永久不可廢除的事物。《宋史・禮志九》：「今太祖受命開基，太宗纘成大寶，則百世不祧之廟矣。」清・梁章鉅《退庵論文》：「《史記》、《漢書》兩家，乃文章不祧之祖，不可不熟讀。」也作「**不祧之宗**」。清・章學誠《文史通義・書教下》：「[司馬]遷《史》不可為定法，[班]固《書》因遷之體，而為一成之義例，遂為後世不祧之宗焉。」

【不信好人言，必有恓惶事】

見「不聽老人言，必有恓惶淚」。

【不聽老人言，必有恓惶淚】

恓惶：ㄒㄧ ㄏㄨㄤˊ，悲傷，煩惱。不虛心聽取老人的話，必然會弄得煩惱哀傷。明・張鳳翼《灌園妃》一〇齣：「不聽老人言，必有恓惶淚。我當初怪王蠋多言，誰知燕國果來報仇，一一扣他的言語。」也作「**不聽老人言，禍患在眼前**」。老舍《四世同堂・偷生》五四：「當初我就不喜歡你們的婚姻，既沒有看看八字兒，批一批婚，又沒請老人們相看相看，鬧出毛病來沒有？不聽老人言，禍患在眼前。」也作「**不聽好人言，必有恓惶事**」。明・無名氏《四馬投唐》三折：「[李密云]不聽好人言，必有恓惶事，一晝夜破某十萬大軍，片甲不回。」也作「**不信好人言，必有恓惶事**」。元・關漢卿《救風塵》二折：「不信好人言，必有恓惶事。當初趙家姐姐勸我不聽，果然進的門來，打了我五十殺威棒。」

【不聽老人言，禍患在眼前】

見「不聽老人言，必有恓惶淚」。

【不聽曲子聽評書——說的比唱的好聽】

比喻只會說漂亮話，例董事長是白手起家的企業家，做事重苦幹，那種不聽曲子聽評書——說的比唱的好聽的人，在本公司是不受歡迎的。

【不通大體】

見「不識大體」。

【不通氣】

比喻不交流，不交換情況。例他有困難誰知道？他從來跟人不通氣，生怕別人沾他的光。

【不通人情】

通，通曉，了解；人情：舊指人心、世情。不懂得人情世故。指不懂得為人處世的道理。宋・歐陽修《論楊察請終喪制，乞不奪情札子》：「陛下宜曲賜褒嘉，遂成其志，使遷善化俗，自察而始，豈可不通人情，膠執舊弊，推利祿之小惠，廢人臣之大節。」

【不通世故】

世故：處世的道理、方法、經驗。不懂得處世的道理。例此人泥古不化，不通世故。也作「**不達世故**」。達：通達，了解。清・金埴《不下帶編》一：「不達世故，則類迂儒學究而無朴于時事。」

【不通水火】

不通：不交往。一水一火都不相交往。指街坊鄰里之間不相往來。《漢書・孫寶傳》：「杜門不通水火，穿舍後牆為小戶，但持鉏自治園。」

【不同戴天】

見「不共戴天」。

【不同凡調】

見「不同凡響」。

【不同凡流】

見「不同凡響」。

【不同凡響】

凡：平凡，一般；響：音響，指音樂。不同於一般的音樂。①形容事物不同凡俗，很出色。多指文學藝術作品。魯迅《摩羅詩力說》：「自覺之聲發，每響必中于人心，清晰昭明，不同凡響。」也作「**不為凡響**」。為：作。清・昭槤《嘯亭雜錄・果恭王之儉》：「善詩詞，幼受業於沈確士尚書，故詞宗歸于正音・不為凡響。」也作「**不同凡調**」。調：格調，音調。清・周生《揚州夢・夢中情》：「寫意不同凡調艷，彈愁終異楚生悲。」也作「不同凡流」。流：品類。宋・陸九淵《與沈宰書》：「若乃後世之詩，則亦有當代之英，氣稟識趣，不同凡流。」②指人才能出衆，本領高強。例她的確是個機智果敢、精明強幹、不同凡響的人。也作「**不同凡庸**」。例元人王冕，為人牧牛，然不同凡庸，掛書牛角，苦讀不倦。更喜丹青，研習不輟，終於成為元代的名畫家。

【不同凡庸】

見「不同凡響」。

【不同流俗】

流俗：社會上流行的風俗、習慣。含貶義。不同於一般的世俗習氣。指品格高潔。《儒林外史》三四回：「莊紹光見蕭昊軒氣宇軒昂，不同流俗，也就著實親近。」也作「**不從流俗**」。從：隨，同。《禮記・射義》：「幼壯孝弟，耄耋好禮，不從流俗。」

【不同日月】

見「不共戴天」。

【不同天地】

見「不共戴天」。

【不痛不癢】

沒有感覺痛和癢。比喻不中肯，未切中要害，不解決問題。《魯迅書信集・致蕭軍、蕭紅》：「做幾句不痛不癢的文章，還是不做的好。」也作「**不疼不熱**」。《醒世姻緣傳》四三回：「那知珍哥棄舊迎新，絕無往日之意，不疼不熱的話，說了幾句。」

【不吐不茹】
茹：吃。指不吐剛茹柔。即硬的不吐，軟的不吃。比喻不怕硬也不欺軟，不畏强也不凌弱。明・張居正《答宣大王巡撫言薊邊要務》：「其人達於事理，不吐不茹，蕭規曹隨，必獲同心之濟。」也作「不茹不吐」。清・湯斌《與李襄水書》：「異日當國家大任，不茹不吐，正在此時。」

【不妄言笑】
見「不苟言笑」。

【不忘溝壑】
溝壑：谿谷，山溝。不忘爲正義而死，雖死於谿谷山溝亦無怨言。指時時不忘爲正義而獻身。《孟子・滕文公下》：「志士不忘在溝壑，勇士不忘喪其元。」也指貴顯後，不忘過去微賤患難之時。

【不爲凡響】
見「不同凡響」。

【不爲苟同】
見「不敢苟同」。

【不爲禍始】
禍始：災禍的起因。指做事謹慎，不招引災禍。《莊子・刻意》：「不爲福先，不爲禍始，感而後應，迫而後動。」

【不爲良相，當爲良醫】
不能做一個好宰相，也應當做一個好醫生。指一個人只要活著，就應當做有益於人的事。清・阮葵生《茶餘客話》卷一五：「范文正公微時嘗云：讀書學道，要爲宰輔，得時行道，可以活天下之命。不然，時不我與，則當讀黃帝書，深究醫家奧旨，是亦可以治人也。俗云：『不爲良相，當爲良醫』殆有所本也。』」

【不爲小補】
見「不無小補」。

【不爲已甚】
爲：做；已甚：過分，過頭。不做太過分的事。指做事要掌握分寸，適可而止。多指對人的責罰。《官場現形記》二七回：「凡事但求過得去，決計不爲已甚。」

【不爲畛畦】
見「不分畛域」。

【不違農時】
違：違背，不遵照；農時：耕種或收穫農作物最有利的時。不耽誤適合農作物耕種、管理、收穫的季節。《孟子・梁惠王上》：「不違農時，穀不可勝食也。」也作「不奪農時」。奪：耽誤，喪失。《舊唐書・李密傳》：「是以輕徭薄賦，不奪農時，寧積於人，無藏於府。」也作「不誤農時」。誤：耽誤。例抓緊春播，不誤農時。

【不違天時】
違：違背；天時：氣候、條件。不違背大自然的氣候條件。漢・陸賈《新語・道基》：「不違天時，不奪物性。」

【不畏艱險】
艱險：艱難險阻。不怕艱難險阻。例鄭和不畏艱險，乘風破浪，航行於印度洋上，成爲世界航海史上的偉大壯舉。也作「不避艱險」。避：躲避。例只有意志堅强、不避艱險的人，才能攀登高峯。

【不畏强弓挾刀，惟畏白墮春醪】
春醪（ㄌㄠˊ）：美酒。不怕弓箭手，帶刀人，就怕白墮的美酒。比喻酒的威力勝過刀箭。清・郎廷極《勝飲篇》卷九：「河東人劉白墮善釀，六月以罌貯酒，暴于日中，經一旬，其酒不動，飲之香美，餉送可逾千里，名曰『鶴觴』。有攜以行者，遇盜飲之不醒，皆被擒。時遊俠語曰：『不畏强弓挾刀，惟畏白墮春醪。』」

【不畏强圉】
見「不畏强禦」。

【不畏强禦】
强禦：强暴，威勢；畏：懼。不怕强暴有勢力的人。指爲人剛正，不向强橫勢力低頭。宋・孔平仲《續世說・方正》：「後唐李愚，行高學贍，有史魚、蘧瑗之風，侃然正色，不畏强禦。」也作「不畏强圉」。圉，ㄩˇ通「禦」。《漢書・公孫賀等傳贊》：「九江祝生奮史魚之節，發憤懣，譏公卿，介然直而不撓，可謂不畏强圉矣。」也作「不避强禦」。唐・權德輿《唐西山節度副大使韋公先廟碑銘序》：「操持貴幸，不避强禦，繕理宮室，得其時制。」也作「不憚强禦」。憚：畏懼。《梁書・孔休源傳》：「當官理務，不憚强禦，常以天下爲己任，高祖深委信之。」

【不畏義死，不榮幸生】
不因死於正義而感到害怕，不因僥倖得生而感到高興。指寧願爲正義事業犧牲自己的生命，也不願苟且偷生。唐・韓愈《清邊郡王楊燕奇碑文》：「不畏義死，不榮幸生。故其事君無疑行，其事上無閒言。」

【不畏張弓拔刀，唯畏白墮春醪】
白墮：劉白墮，北魏河東人，善釀酒，酒名春醪，味醇美，後因稱美酒爲春醪。不怕人拉弓拔刀，只怕劉白墮的美酒。强調好酒醉人的力量。北魏・楊衒之《洛陽伽藍記・城西》：「刺史毛鴻賓賚酒之番，逢路賊，盜飲之即醉，皆被擒獲，因復命，『擒奸酒』。遊俠語曰：『不畏張弓拔刀，唯畏白墮春醪。』」也指英雄好漢難以抵禦美酒的誘惑。

【不文不武】
既不能文，又不能武。唐・韓愈《瀧吏》詩：「不知官在朝，有益國家不？得無虱其間，不武亦不文。」後以之譏諷人無能。

【不聞不問】
聞：聽。既不打聽也不過問。形容對事情漠不關心。《兒女英雄傳》緣起首回：「[唐明皇]除了選色徵歌之外，一概付之不聞不問。」也作「不問不聞」。《紅樓夢》四回：「所以這李紈雖青春喪偶，且居處於膏粱錦繡之中，竟如槁木死灰一般，一概不問不聞，惟知侍親養子，閒時陪侍小姑等針黹誦讀而已。」

【不問不聞】

見「不聞不問」。

【不問青紅皂白】

見「不分皂白」。

【不問青黃】

見「不分皂白」。

【不無小補】

補：補益，益處。不是沒有小的補益。指多少有一點益處或多少有些幫助。《官場現形記》二八回：「窮得當賣全無，雖只區區四金，倒也不無小補。」也作「不爲小補」。不爲：不只是。宋・葉夢得《避暑錄話》上：「士大夫固不可輕言醫，然人疾苟無大故，貧不可得藥，能各隨其證而施之，亦不爲小補。」

【不侮暗室】

見「不欺暗室」。

【不舞之鶴】

不會起舞的仙鶴。南朝宋・劉義慶《世說新語・排調》：「昔羊叔子有鶴善舞，嘗向客稱之。客試使驅來，氃氋而不肯舞。」後用以譏諷人無能，也用作謙詞，表示自己無才能。《聊齋志異・折獄》：「[費禕祉]方宰淄時，松[齡]裁弱冠，過蒙器許，而駑鈍不才，竟以不舞之鶴，爲羊公辱。」

【不務空名】

務：追求；空：不切合實際。不追求不切實際的虛名。指踏實認眞、實事求是地做工作。例他知識廣博，有能力，踏實肯幹，不務空名，深得衆人讚許。

【不務正業】

務：致力，從事；正業：正當的職業，也指本職工作。不幹正當的工作。也指幹本職以外不必要的事情。《水滸傳》二回：「老漢的兒子從小不務正業，只愛刺槍使棒。」

【不誤農時】

見「不違農時」。

【不惡下問】

見「不恥下問」。

【不襲窠臼】

見「不落窠臼」。

【不惜歌者苦，但傷知音稀】

知音稀：指知音難遇。《古詩十九首・西北有高樓》：「一彈再三嘆，慷慨有餘哀。不惜歌者苦，但傷知音稀。」

【不惜工本】

惜：吝惜，顧惜；本：成本。不吝惜成本。指捨得下本錢，花費多亦在所不惜。《官場現形記》一回：「姓方的瞧著眼熱，有幾家該錢的，也就不惜工本，公開一個學堂。」

【不習水土】

見「不服水土」。

【不習爲吏，而視已事】

見「不會做官看前樣」。

【不習爲吏，視已成事】

見「不會做官看前樣」。

【不繫之舟】

繫：拴。沒有用繩纜拴住的船。比喻無拘無束、無思無慮的人。也指飄泊無定的人。《史記・屈原賈生列傳》：「其生若浮兮，其死若休；澹乎若深淵之靜，泛乎若不繫之舟。」

【不相菲薄不相師】

菲薄：小看，輕視。不要互相輕視，也不要互相模仿。清・袁枚《論詩絕句》：「不相菲薄不相師，公道持論我最知。」

【不相上下】

上下：指高低、好壞、勝負。相互間分不出高低好壞。形容程度相等，無甚差別。《野叟曝言》五三回：「賽觀音……父親米崇，富而慳吝，與吳江田有謀，性情心術，不相上下。」

【不相爲謀】

謀：計議，商量。相互間無法商量。指雙方立場、觀點、見解不同。《論語・衛靈公》：「道不同，不相爲謀。」

【不相聞問】

聞問：通消息，通音問。相互間不通音問。指不相往來，互不關心。清・紀昀《閱微草堂筆記・灤陽消夏錄二》：「嘗讀書神廟中，廟故宏闊，僦居者多，林生性孤峭，率不相聞問。」

【不祥之言】

祥：吉利。不吉利的話。《後漢書・和熹鄧皇后記》：「但使謝過祈福，不得妄生不祥之言。」

【不祥之兆】

兆：古人灼龜甲以卜吉凶，其裂紋叫兆。引申指徵兆、預兆。不吉利或預示災禍的徵兆。《水滸傳》六〇回：「吳學究諫道：『此乃不祥之兆，兄長改日出軍。』」

【不像話】

比喻糟得不成樣子、無法形容。例你們這兒的衛生太不像話了，趕快動手，來個大改觀吧！

【不曉世務】

見「不知世務」。

【不肖子孫】

肖：相像，類似；不肖：指兒子不像先輩。不能繼承祖、父事業或品性不好的子孫。宋・邵雍《伊川擊壤集・盛衰吟》「克肖子孫，振起家門；不肖子孫，破敗家門。」

【不孝有三，無後爲大】

不孝順有三條，沒有子孫後代是其中最大的不孝順。舊時的倫理準則。《孟子・離婁上》：「孟子曰：『不孝有三，無後爲大。』舜不告而娶，爲無後也，君子以爲猶告也。』」

【不挾不矜】

挾：恃以自重；矜：驕傲。不倚勢自重，不驕傲自大。唐・韓愈《唐故銀青光祿大夫檢校左散騎常侍兼右金吾衛大將軍贈工部尚書太原郡公神道碑》：「持以禮法，不挾不矜。」

【不屑齒及】

不屑：不值得；齒及：提到。不值得一提。形容極其輕視。例衆人對他那種諂媚逢迎、搖尾乞憐的醜態，皆不屑齒及。

【不屑毀譽】

毀譽：毀謗，稱譽。不介意於世俗的毀謗、稱譽。表示不值得理睬、重視。《後漢書・馬廖傳》：「盡心納忠不屑毀譽。」

【不屑教誨】

不屑：不值得；教誨：教育，教導。不值得教導。表示極其輕視，認爲不足以教育。《孟子・告子下》：「教亦多術點，予不屑之教誨也者，是亦教誨之而已矣。」

【不屑一顧】

顧：看。不值得一看。表示輕視，看不起。《孽海花》二八回：「我的眼光是一直線，只看前面的，兩旁和後方，都悍然不屑一顧了。」也作「**不值一顧**」。例他用一種不值一顧的神色，隨便打開紙夾，把她的幾幅畫草草看了幾眼。

【不屑一世】

見「不可一世」。

【不屑與齒】

見「不齒於人」。

【不信邪】

指不服氣、不懼怕。例他這個人就是不信邪，越是難啃的骨頭，他越是要去啃。

【不省人事】

省：明白，知道。失去知覺，昏迷。《三國演義》八三回：「言訖，不省人事，是夜殞於御營。」也比喻不懂人情世故，不明事理。《水滸傳》五〇回：「小妹一時粗魯，年幼不省人事，誤犯威顏；今者被擒，望乞將軍寬恕。」

【不幸而言中】

不幸：表示不希望發生而竟然發生；言中：說中了。不希望發生而竟然發生之事恰恰被說中。元・盛如梓《庶齋老學叢談》：「〔李〕平豈眞有先見，不幸而言中。」

【不幸之幸】

幸：幸運。不幸之中的幸運。《水滸後傳》二回：「不幸遇著颶風，打翻了船，貨物飄沉。還虧得漁船救了性命，打撈得一擔貨物，卻是犀角、香珀等件，還算不幸中之幸。」

【不修邊幅】

修：修飾；邊幅：布帛的邊緣，喻指人的儀表、衣著。形容不注意儀容、衣著的美觀、整潔。也形容不拘小節，懶散隨便。例小王不修邊幅的形象，令人生厭。也作「**不飾邊幅**」。飾：修飾。唐・權德輿《送張校書歸湖南序》：「其容溫然，而不飾邊幅。」也作「**不事邊幅**」。事：從事。《梁書・任昉傳》：「在郡不事邊幅，率然曳杖，徒行邑郭，民通辭訟者，就路決焉。」也作「邊幅不修」。《洪秀全演義》三回：「但見那人邊幅不修，偏是相貌魁梧，舉止大方。」

【不修小節】

見「不拘小節」。

【不羞當面】

指對別人的當面批評，不認爲難爲情。元・無名氏《劉弘嫁婢》一折：「君子不羞當面，我有什麼弊病處……你就說。」

【不羞小節】

見「不拘小節」。

【不朽之芳】

不朽：不腐朽；芳：芳香。比喻美好的名聲永不磨滅。北齊・劉晝《新論・薦賢》：「身受進賢之賞，名有不朽之芳。」

【不朽之功】

見「不朽之勛」。

【不朽之勛】

不朽：永不磨滅；勛：功勛，功跡。傳於後世永不磨滅的功勛。唐・鄭亞《李德裕集序》：「成諸侯不朽之勛，尊元后無私之化。」也作「**不朽之功**」。功：功業。例爲人民立下不朽之功的革命先烈，永遠活在人民的心中。

【不虛此行】

虛：空，白白地。沒有白跑這一趟。指此行有所收穫。《鏡花緣》三二回：「今日又識一字，卻是女兒國長的學問，也不虛此一行了。」也作「**不虛是行**」。是：此。宋・魏了翁《答林知錄書》：「又得舊友偕行，相與切磋究圖，自謂庶幾不虛是行矣。」

【不虛是行】

見「不虛此行」。

【不徐不疾】

見「不疾不徐」。

【不旋踵】

踵：腳後跟。旋踵：轉動腳後跟向後退。指不退卻。《商君書・畫策》：「拙無所處，罷無所生。是以三軍之衆，從令如流，死而不旋踵。」引申爲來不及轉身，形容時間極短。宋・王安石《和吳沖卿雪》詩：「紛華始滿眼，消釋不旋踵。」

【不學操縵，不能安弦；不學博依，不能安詩】

操縵：調好弦音。安弦：學好彈奏弦樂器。博依：廣泛地打比喻。不先學習調弦雜弄，學不好琴瑟；不先學習廣泛地打比喻，就學不好詩。說明學習要注重打好基礎。《禮記・學記》：「不學操縵，不能安弦；不學博依，不能安詩。不學雜服，不能安禮。不興其藝，不能樂學。」

【不學而好思，雖知不廣矣】

不學習而僅僅喜歡思考，即使得到知識，也不會廣博。漢・韓嬰《韓詩外傳》卷六：「子曰：『不學而好思，雖知不廣矣。學而慢其身，雖學不尊矣。不以誠立，雖立不久矣。誠未著而好言，雖言不倍矣。』」

【不學無識】

見「不學無術」。

【不學無術】

不、無：沒有；學：學問，學識；術：技能，才能。沒有學問，沒有才能。《官場現形記》五六回：「此時制台正想振作有爲，都說他的人是好的，只可惜了一件，是犯了『不學無術』四個字的毛病。」也作「**不學無識**」。識：學識。宋・歐陽修《論台諫官言事未蒙聽允書》：「[陳]執中爲相，使天下水旱流亡，公私困竭，而又不學無識，憎愛挾情。」也作「**不學無知**」。知：知識。《新五代史・李鏻傳》：「鏻不學無知，不足以備九卿。」也作「**不學無文**」。宋・邵伯溫《邵氏聞見錄》卷一二：「盧杞之奸固足以敗國，然不學無文，容貌不足以動人，言語不足以眩世，非德宗之鄙暗，亦何從而用之？」

【不學無文】

見「不學無術」。

【不學無知】

見「不學無術」。

【不學自知，不問自曉，古今行事，未之有也】

不經過學習，天生的有知識，不請教別人自然懂得事物，自古至今，這樣做事，是從來沒有的。指勤學、好問才能認識社會，了解事物。漢・王充《論衡・實知》：「以今論之，故夫可知之事，思慮所能見也；不可知之事，不學不問不能知也。不學自知，不問自曉，古今行事，未之有也。」

【不徇私情】

徇：順從，曲從。不曲從私人的情面。指行事公正不阿。例王局長爲人剛正，一向不徇私情，執法如山，爲衆人所稱道。

【不言不語】

不作聲，不說話。《醒世恆言》卷二八：「秀娥一心憶著吳衙內，坐在旁邊，不言不語，如醉如痴。」

【不言而明】

見「不言而喻」。

【不言而信】

信：信任，相信。不用說明就能得到信任。形容有爲人所敬服的崇高聲譽和名望。《東周列國志》一八回：「堯舜之世，正百官而諸侯服，去四凶而天下安，不言而信，不怒而威。」

【不言而喻】

喻：明白，知道。不需說明就可以明白。表示顯而易見。茅盾《回憶之類》：「而且三十多年以後的今天，也還不是那麼一回事，大家早已不言而喻。」也作「**不言而明**」。明：明瞭。《太平經》：「用之而無成功，吾道即僞矣，亦不言而明矣。」

【不言之化】

見「不言之教」。

【不言之教】

教：教育。不以語言爲主而進行的教育。指在上以身作則起到的教育作用。清・王夫之《譚太孺人行政》：「先君子以宏慈行德威，抑且至性簡靖，尚不言之教。」也作「**不言之化**」。化：教化，感化。《晉書・劉寔傳》：「人無所用其心，任衆人之議，而天下自化矣。不言之化行，巍巍之美，于此著矣。」

【不厭其煩】

厭：嫌。不嫌麻煩。清・陳確《與吳仲木書》：「連日念尊體，復寄此字，求便郵寄慰，想不厭其煩瀆也。」也作「**不憚其煩**」。憚：怕。宋・袁燮《陸宣公論》：「[陸]贄之告君，不憚其煩，而帝每不能聽。」

【不厭其詳】

厭：嫌。不嫌詳細。表示越詳細越好。宋・朱熹《答劉公度》：「講學不厭其詳，凡天下事物之理，方册聖賢之言，皆須仔細反覆研究。」也作「**不厭求詳**」。《慈禧太后演義》二五回：「詳加核議，據實奏明，分別辦理，以副朝廷勵精圖治不厭求詳之至意。」也作「**不厭於詳**」。宋・樓鑰《著作郎黃由軍器少監》：「然朝廷序進人物，不厭於詳。」

【不厭求詳】

見「不厭其祥」。

【不厭於詳】

見「不厭其詳」。

【不饜人望】

饜；滿足；望；期望。不能滿足衆人所抱的希望。《民國通俗演義》七五回：「三年約法，所以不饜人望者，謂其起法之本，根於命令耳。」

【不藥而癒】

癒：痊癒。無須吃藥病就自然好了。例父親的病在母親悉心照料下不藥而癒。

【不一而止】

見「不一而足」。

【不一而足】

《公羊傳・文公九年》：「許夷狄者，不一而足也。」原意是不能因允諾一事一物而使之滿足。後指相類似的事物或情況很多，不只一種或一次。《紅樓夢》一一七回：「賈環、賈薔等愈鬧的不像事了，甚至偸典偸賣，不一而足。」也作「**不一而止**」。宋・葉適《廷對》：「或以愛人爲仁，或以剛毅近仁，或以克己復禮，天下歸仁；其他論仁不一而止。」

【不一其人】

其：代詞，相當於「那」。像那樣的人不止是一個。清・錢泳《履園叢話・紀存》：「古英雄不得志，輒以醇酒婦人爲結局者，不一其人。」

【不依不饒】

不依：不輕易放過，爭執不休；饒：寬恕。形容糾纏不已，沒完沒了。例衆人雖百般勸解，她依然不依不饒。

【不依古法但橫行，自有雲雷繞膝生】

橫行：意謂按心意靈活地做。清・袁枚《咏岳飛》：「不依古法但橫行，自有云雷繞膝生。我論文章公論戰，千秋一樣斗心兵。」不要爲古法所拘泥，只要匠心獨具，該怎麼做就怎麼做，自然會有風雲雷電繞膝而生。指要有所發現，有所創造，就要銳意追求，而不要墨守陳規。王通訊《人才成長的幾個規律》：「『不依古法但橫行，自有雲雷繞膝生。』他們把打破舊說、創立新意，看做生平的最大樂趣。」

【不依規矩，不能成方圓】
見「不以規矩，不能成方圓」。

【不夷不惠】
夷：指殷末周初時的伯夷，殷亡後，他誓死不作周朝的臣民，隱居首陽山，不食周粟而死；惠：指春秋時魯國的柳下惠，曾三次被罷官都不離去。不學伯夷，也不學柳下惠。指處世折中而不偏激。清・魏源《廖含虛先生墓志銘》：「不夷不惠行中倫。」也作「不惠不夷」。明・朱之瑜《伯養說》：「涵泳舒徐，不隨不激，含章藏垢，不惠不夷，自好之士所能也。」

【不遺尺寸】
比喻一點也不遺漏。《石點頭・貪婪漢六院賣風流》：「但職司國課，其所以不遺尺寸者，亦將以盡瘁濟其成法。」

【不遺寸草】
遺：留。連一根小草也不留下。形容斬盡殺絕或燒殺搶掠一空。例這幫滅絕人性的禽獸，把村莊燒得不遺寸草，慘遭殺害的百姓無計其數。

【不遺寸長】
寸長：微小的長處。不遺漏一點兒長處。指善於發現並肯定別人的長處。《宋史・婁機傳》：「稱獎人才，不遺寸長。」

【不遺葑菲】
葑菲：ㄈㄥ ㄈㄟˇ，蔓菁一類的菜。《詩經・邶風・谷風》：「采葑采菲，無以下體。」原意爲采集蔓菁不要因其根部不良而連葉也丟棄。後比喻對有一德可取的人才也要廣爲收羅，不使遺漏。清・趙翼《檐曝雜記・觀總憲愛才》：「前輩留意人材，不遺葑菲如此。」

【不遺餘力】
餘：剩餘。不留下一點剩餘的力量。指毫無保留地使出所有力量，即竭盡全力。明・歸有光《沈引仁妻周氏墓志銘》：「二子能養矣，孺人猶自勞苦，不遺餘力。」也作「不遺餘慮」。慮：思考，謀劃。指用盡全部智慧。宋・陳亮《子房賈生孔明魏徵何以學異端》：「賈生於漢道初成之際，經營講畫，不遺餘慮，推而達之於仁義禮樂，無所不可。」

【不遺餘慮】
見「不遺餘力」。

【不以成敗論英雄】
指評價英雄人物的得失，不能只看其成功或失敗。例中國歷史上的人物，沒有「不以成敗論英雄」的。也作「莫以成敗論英雄」。

【不以詞害意】
詞：詞句；意：立意。指不要因詞句的修飾而影響立意。强調文章以立意爲主。《紅樓夢》四八回：「詞句究竟還是末事，第一是立意要緊，若意趣眞了，連詞句不用修飾，自是好的；這叫做不以詞害意。」

【不以辭害志】
辭：指詞、句；志：文章的立意，內容。不要根據詞句的表面作解釋而歪曲了文章的內容。《孟子・萬章上》：「故說《詩》者不以文害辭，不以辭害志。」

【不以規矩，不能成方圓】
規矩：圓規和曲尺。不用圓規和曲尺，就畫不好圓形和方形。比喻不按一定的準則就辦不成事。《孟子・離婁上》：「離婁之明，公輸子之巧，不以規矩，不能成方圓。」也作「不依規矩，不能成方圓」。馬烽《劉胡蘭傳・奶奶的「女兒經」》：「古話說：『國有國法，家有家規，不依規矩，不能成方圓。』」

【不以介懷】
見「不足介意」。

【不以介意】
見「不足介意」。

【不以流之濁，而誣其源之清】
誣：捏造事實冤枉別人，誤信。不要用支流的渾濁，來誤傳誤信主流也不清澈。比喻事物的支流末節出現了一些不良現象，不能由此便否定其本質。清・顏元《存學編》卷三：「今世爲學，須不見一奇異之書，但讀孔門所有經傳，即從之學其所學，習其所習，庶幾不遠於道；雖程、朱、陸、王諸先生語錄，亦不可輕看，否則鮮不以流之濁，而誣其源之清也。」

【不以人廢言】
廢：廢棄。不因爲人有不足的地方而不聽他說的正確的話。《論語・衛靈公》：「君子不以言舉人，不以人廢言。」

【不以爲恥】
不認爲是可恥。指不知恥。《鄧析子・轉辭》：「今墨劓不以爲恥，斯民所以亂多治少也。」

【不以爲奇】
不認爲是奇怪的事。指對事情看得很平常。《官場維新記》一一回：「那看門的因爲自家小姐與外間男人往來慣的，不以爲奇，便指引袁伯珍花廳上坐了。」

【不以爲然】
然：是，對。不認爲是對的。表示不同意，不贊成。《東周列國志》二四回：「鮑叔口雖唯唯，心中不以爲然。」

【不以爲意】
不把它放在心上。表示毫不介意，含輕視意。《古今小說》卷一八：「那倭寇平素輕視官軍，不以爲意。」

【不以物喜，不以己悲】
物：指周圍的環境。不因爲環境順心

就高興，也不因爲自己失意就悲傷。宋·范仲淹《岳陽樓記》：「予嘗求古仁人之心，或異二者之爲。何哉？不以物喜，不以己悲。」

【不以小疵忘大德】

見「不以一眚掩大德」。

【不以小疵掩大德】

見「不以一眚掩大德」。

【不以虛爲虛，而以實爲虛】

不要用虛構來寫虛，而應該以實際爲基礎來描述。說明文藝創作應來源於生活實際，又高於生活。宋·范晞文《對床夜語》：「不以虛爲虛，而以實爲虛，此景物爲情思，從首至尾，自然如行雲流水，此其難也。」

【不以一己之利爲利，而使天下受其利】

不把個人利益看作「利」，而要爲普天下的人民謀利益。清·黃宗羲《原君》：「有人者出，不以一己之利爲利，而使天下受其利；不以一己之害爲害，而使天下釋其害。此其人之勤勞，必千萬於天下之人。」

【不以一眚掩大醇】

見「不以一眚掩大德」。

【不以一眚掩大德】

眚：ㄕㄥˇ，過錯。不因一個人有別的錯誤而抹煞他的大功德。例能夠成爲一位名作家，必定有其優秀之處，所以他們的文章有小瑕疵之處，不必太計較，這是所謂的「不以一眚掩大德」。也作「**不以一眚掩大醇**」。清·朱彝尊《書林氏〈周易經傳集解〉后》：「觀公之過，而公之近仁者抑可見矣，論者固不可以一眚而掩其大醇也」。也作「**不以小疵掩大德**」。宋·包拯《請錄用楊竑等》：「然觀前代求賢，不求其備，不以小疵掩其大德。」也作「**不以小疵忘大德**」。晋·傅玄《傅子·舉賢》：「四君不以小疵忘大德，三臣不以疏賤而自疑。」

【不義而富且貴，於我如浮雲】

用不正當的手段得到的富貴，在我看來就像浮雲一樣。《論語·述而》：「子曰：『飯疏食，飲水，曲肱而枕之，樂亦在其中矣。不義而富且貴，於我如浮雲』」

【不義富貴】

不義：不正當，非正道。不是由正道而得來的富貴。《論語·述而》：「不義而富且貴，於我如浮雲。」

【不義之財】

不義：不正當。指不該得到的或來路不正的財物。元·無名氏《小張屠》三折：「王婆婆說與王員外，再休貪不義之財。」

【不義之餌，鰲將吐之】

鰲：ㄠˊ傳說中海裏的大魚或大鱉。比喻心術壞的人爲衆人看不起。清·黃鈞宰《金壺七墨·浪墨》卷七《食人》：「李白海上釣鰲說，以天下無義丈夫爲餌，後人有言，謂：『不義之餌，鰲將吐之。』」

【不亦樂乎】

亦：也；乎：語氣助詞，相當於「嗎」，表示疑問、反問。《論語·學而》：「有朋自遠方來，不亦樂乎？」原意指不也是很快樂的嗎？後多表示極端、非常或過甚之意。《醒世恆言》卷一六：「況且是自己舅子開張的酒店，越要賣弄，好酒好食，只顧教搬來，吃得個不亦樂乎。」

【不易一字】

易：改換，更動。不更動一個字。形容文章寫得既好且快。《新唐書·王勃傳》：「勃屬文，初不精思，先磨墨數升則酣飲，引被覆面臥，及寤援筆成篇，不易一字，時人謂勃爲腹稿。」

【不易之道】

見「不易之論」。

【不易之典】

易：改變；典：法則。永久不變的法則。南朝宋·顏延之《赭白馬賦》：「教敬不易之典，訓人必書之舉。」

【不易之論】

易：更改，改變。不可改變的論斷。指論點完全正確。《鏡花緣》六一回：「此千古不易之論，指破迷團不小。」也作「**不易之道**」。道：道理。《漢書·匡衡傳》：「故審六藝之指，則人天之理可得而和，草木昆蟲可得而育，此永不易之道也。」

【不翼而飛】

翼：翅膀。沒有翅膀卻能飛。形容詩文、言論、消息等傳播迅速。例他的幾首抒情詩人們爭相傳誦，最後竟不翼而飛。也指物品突然丢失。《民國通俗演義》七一回：「一擁而上……金珠首飾，統已不翼而飛。」

【不因不由】

不禁不由；不知不覺地。《鏡花緣》四三回：「若花把立儲被害各話說了，那眼淚不因不由就落將下來。」

【不因熱】

見「不因人熱」。

【不因人熱】

因：依靠。《東觀漢記·梁鴻傳》：「[鴻]常獨坐止，不與人同食。比舍先炊已，呼鴻及熱釜炊。鴻曰：『童子鴻不因人熱也！』滅灶更燃火。」後因以「不因人熱」比喻性格孤傲，不仰賴他人。清·淮陰百一居士《壺天錄》卷上：「大丈夫不因人熱。」也作「**不因熱**」。唐·駱賓王《夏日遊德州贈高四》詩：「贈言雖欲盡，機心庶應絕；潘岳本自閒，梁鴻不因熱。」

【不因一事，不長一智】

見「不經一事，不長一智。」

【不因漁父引，怎能見波濤】

比喻如果沒有某人的推薦、引導，就不會有某種經歷或見識。《三寶太監西洋記》五七回：「張守成道：『弟子自去見萬歲爺就是，佛爺怎麼又說道用著禮部尚書老爺？』佛爺道：『張太仙差矣，你豈不聞古人說得好：不因漁父引，怎能見波濤。』」

【不陰不陽】
陰、陽：猶明、暗。不明不暗。形容態度不明朗，使人捉摸不透。《沙家濱·智鬥》：「阿慶嫂，他神情不陰又不陽。」

【不瘖不聾】
見「不痴不聾」。

【不飲盜泉水】
盜泉：古泉名，在山東泗水縣。相傳縣境內共八十七泉眼，惟盜泉不流，其餘匯爲泗河。孔子因討厭盜泉的名字，渴了也不飲。後比喻絕不接受不義之物，或不與舊勢力同流合污。晉·陸機《猛虎行》：「渴不飲盜泉水，熱不息惡木陰。」也作「不飲盜泉」。

【不尤人則德益弘，能克己則學益進】
尤：怨恨。不埋怨別人，你的德行就會日益光大；能夠克制約束自己，你的學問就會日益長進。《聊齋志異·習文郎》：「凡吾輩讀書人，不當尤人，但當克己。不尤人則德益弘，能克己則學益進。」

【不由分說】
見「不容分說」。

【不由自主】
由不得自己，控制不住自己。茅盾《第一個半天的工作》：「她不由自主地站住了，離總辦公室的進口不滿二尺。」

【不虞之備】
虞：意料；備：防備。意料以外的防備。《韓非子·外儲說》：「今亂晉國之政，乏不虞之備。」

【不虞之變】
虞：意料；變：變故，事變。意料不到的變故。唐·魏徵《十漸不克終疏》：「以馳騁爲歡，莫慮不虞之變。」

【不虞之隙】
虞：意料；隙：牆交界處的裂縫，比喻感情上的裂痕。出乎意料的不滿或猜疑。《紅樓夢》五回：「既熟貫，便覺更親密；既親密，便不免有些不虞之隙，求全之毀。」

【不虞之譽】
虞：意料；譽：稱讚，讚揚。意料不到的讚揚。宋·沈括《夢溪筆談·官政》：「世稱陳恕爲三司使，改茶法，歲計幾增十倍……雖云十倍之多，考之尚未盈舊額，至今稱道。蓋不虞之譽也。」

【不預則廢】
預：事前有準備；廢：衰敗。做事若不在事前做好準備，就會失敗。《禮記·中庸》：「凡事豫（預）則立，不豫則廢。」

【不遇盤根錯節，何以別利器乎】
盤根錯節：根木枝幹交錯糾纏。不遇到根幹枝節交錯、難於砍伐的樹，又能用什麼去識別器具的鋒利呢？比喻只有遇到非常棘手的事情，才能辨別一個人的眞才實學。《後漢書·虞詡傳》：「志不求易，事不避難，臣之職也；不遇盤根錯節，何以別利器乎？」

【不遠千里】
不遠：不以爲遠。不以千里路爲遠。形容不辭辛勞，跋涉長途。宋·朱熹《寄陳同甫書》：「茲承不遠千里，專人枉書，尤荷厚意。」也作「不遠萬里」。《後漢書·蘇章傳》：「蘇章字士成，北海人，負笈追師，不遠萬里。」

【不遠萬里】
見「不遠千里」。

【不怨天，不尤人】
尤：怨恨。不怨恨天，也不抱怨人。指在遇到不順心的事情時，並不埋怨別人或歸咎於客觀原因。《論語·憲問》：「子曰：『不怨天，不尤人」，下學而上達，知我者其天乎！」

【不願金玉富，但願子孫賢】
不希望家裏金玉多，只希望子孫有才有德。清·馬燁《簡通錄》：「愚謂人家子弟之壞，皆由少年時縱容浮閒所致……語云：『不願金玉富，但願子孫賢。』意在斯乎！」

【不願文章高天下，只願文章中試官】
中：中意、合意。科舉考試能否考取，不在文章有多高的水平，而在於考官是否中意。《醒世恆言》卷三二：「試期已到，黃生只得隨例入場，舉筆一揮，毫不思索。他也只當應個故事，那有心情去推敲磨練。誰知那偏是應故事的文字容易入眼。正是不願文章高天下，只願文章中試官。」也作「不願文章中天下，只願文章中試官」。《今古奇觀》卷六：「李白才思有餘，一筆揮就，第一個交卷。楊國忠見卷子上有李白的名，也不看文字，亂筆塗抹道：『這樣的書生，只好與我磨墨。』高力士道：『磨墨也不中，只好與我著襪脫靴。』喝令將李白推搶出去。正是：「不願文章中天下，只願文章中試官。」

【不願文章中天下，只願文章中試官】
見「不願文章高天下，只願文章中試官」。

【不約而合】
見「不約而同」。

【不約而同】
約：約定。事先沒有商量而彼此的行動、見解卻完全一致。《醒世恆言》卷一：「忽一年元旦，潘華和蕭雅不約而同到王奉家來拜年。」也作「不約而合」。合：符合。宋·朱熹《朱文公文集》卷一五：「熹竊詳頤之議論，素與王安石不同，至論此事，則深服之，以爲高於世俗之儒，足以見理義人心之所同，固有不約而合者。」

【不栽果樹吃桃子——坐享其成】
指自己不出力而享受別人的勞動成果。例現在愈來愈多的年輕人只想不栽果樹吃桃子——坐享其成，一點也不肯下苦功。

【不栽桃李栽薔薇】

薔薇：花木名，有刺。比喻自找麻煩。清・王有光《吳下諺聯》卷四：「昔人所謂不栽桃李栽薔薇，但見荊棘滿林而已。」

【不在話下】

原爲舊小說套語，表示將某事暫擱一邊，轉入另外的情節。《三國演義》一五回：「自此兩家和好，不在話下。」後多指事物無關輕重，不值一提。明・阮大鋮《燕子箋・寫像》：「各色花都不在話下，只是一朵能語花兒，饒他踏遍曲江，也沒處尋得。」也指事屬當然，不需要說。徐遲《深入就要介入》：「反對者當然是無能爲力，不在話下的。」

【不在其位，不謀其政】

位：職位；謀：考慮，謀劃。不擔任那個職務，就不去考慮那方面有關的事情。指不關心與己無關之事。《金瓶梅詞話》七二回：「他既出了衙門，不在其位，不謀其政，他管他那鑾駕庫的事，管不的咱提刑所的事了。」

【不贊一辭】

見「不能贊一辭」。

【不擇手段】

擇：選擇；手段：爲達到某種目的而使用的方法。只要能達到目的，任何手段都使得出來。魯迅《三閒集・通信》：「要謀生，謀生之道，則不擇手段。」

【不招災不惹禍】

規規矩矩，老老實實。老舍《四世同堂・偷生》：「祁老人是他多年的好朋友，天佑又是那麼規矩老實，不招災不惹禍的人；當初他認識祁老人的時候，天佑還是個小孩子呢。」

【不著調】

比喻不明事理，不懂規矩。例這個不著調的媳婦，像瘋了似的，總跟她婆婆鬧彆扭。

【不折不扣】

折、扣：指商品按原價減除若干成數出售。一點不打折扣。表示完全、十足之意。歐陽山《苦鬥》四七：「那就是一場不折不扣的戰爭。」

【不正之風】

風：作風，風氣。泛指各種歪風邪氣。例必須大力糾正不正之風，絕不能任其氾濫。

【不知不覺】

①覺：察覺。沒有察覺到，沒有注意到。《野叟曝言》三回：「兩人不及細說，將身上衣裳略攪掉些水氣，不知不覺，天已昏黑。」也作「**不覺不知**」。《五燈會元・寶覺禪師》：「其中衆生騎驢入諸人眼裏，諸人亦不覺不知，會麼？」也作「**不經不覺**」。例暑假裏，她仍然埋頭苦讀，不經不覺，一個暑假已過去了大半。②也指自然而然。《老殘遊記》一回：「大家因他爲人頗不討厭，器重他的意思，都叫他『老殘』，不知不覺，這『老殘」二字，便成了個別號了。」

【不知不識】

無知無識，什麼也不懂。例劉君自幼嬌慣放任，不喜讀書，成年後，依然遊手好閒，故至今仍不知不識，虛度光陰。

【不知大體】

見「不識大體」。

【不知道天有多高，地有多厚】

比喻狂妄自大、不自量力。例林大同出身自富裕家庭，從未吃過苦，故在社會上待人處事不知天有多高，地有多厚。也作「**不知道天有好高，地有好厚**」、「**不知天高地厚**」。例大明看到許多青年創業成功，毫無積蓄的他竟不知天高地厚地躍躍欲試。

【不知蒴蕫】

蒴蕫：ㄉㄧㄥˇ ㄉㄨㄥˇ，草名，似蒲草而細小。不知蒴蕫是什麼東西。譏諷人愚昧無知。明・董斯張《吹景集・俗語有所祖》：「吾里（烏程）謂愚者曰：『不知蒴蕫』。《爾雅・釋草》云：『薡，蒴蕫。』郭璞注：『似蒲而細。不知蒴蕫者，豈不辨菽麥意乎？」

【不知端倪】

見「不可端倪」。

【不知而言，不智；知而不言，不忠】

並不知曉而隨便亂說，這是缺乏智慧的表現；知曉但隱而不說，這是對人不忠誠的表現。《韓非子・初見秦》：「臣聞：『不知而言，不智；知而不言，不忠。』爲人臣不忠，當死；言而不當，亦當死。雖然，臣願悉言所聞，唯大王裁其罪。」

【不知凡幾】

凡：總共。不知道總共有多少。指同類的人或事物極多。《聊齋志異・老龍船戶》：「公蒞任，歷稽舊案，狀中稱死者不下百餘，其千里無主，更不知凡幾。」

【不知腐鼠成滋味，猜意鵷雛竟未休】

鵷（ㄩㄢ）雛：鳳凰一類的鳥。我根本不屑於把腐臭的鼠當作美味的食物，而他們卻無休止地猜疑我這鳳凰會去爭奪它。原喻自己不屑於追求功名利祿，而有人卻妄加猜測。今喻有些人以小人之心度君子之腹，對別人妄加猜疑、排斥。唐・李商隱《安定城樓》詩：「永憶江湖歸白髮，欲回天地入扁舟。不知腐鼠成滋味，猜意鵷雛竟未休。」

【不知甘苦】

甘：甜。不知道甜和苦。比喻不懂得事情其中的艱辛。《墨子・非攻》上：「少嘗苦曰苦，多嘗苦曰甘，則必以此人爲不知甘苦之辨矣。」

【不知高低】

見「不識高低」。

【不知好歹】

見「不識好歹」。

【不知何許人】

何許：何處，什麼樣的。不知道是什麼樣的人。《後漢書．逸民傳》：「漢陰父老者，不知何許人也。」

【不知葫蘆裏裝著甚藥】

葫蘆：植物名，可做器皿。比喻不知道搞什麼名堂。例姊姊近來對我若有隱瞞，不知葫蘆裏裝著甚藥。

【不知紀極】

紀極：終極，限度。形容無止境。也形容數量極多。唐．柳珵《上清傳》：「前後非時賞賜，當亦不知紀極。」

【不知戒，後必有】

有：通「又」。指犯過錯誤卻不知道警惕、改正，以後必定再犯。《荀子．成相》：「不知戒，後必有，恨復遂過不肯悔。讒夫多進，反覆言語生詐態。」

【不知進退】

見「不識進退」。

【不知就裏】

就裏：內情。不知內情。《夜雨秋燈錄．痲瘋女邱麗玉》：「生不知就裏，趨近軟語，代為卸妝。」

【不知老之將至】

形容人心開闊，精神愉快，忘記自己即將衰老。《論語．述而》：「其為人也，發憤忘食，樂以忘憂，不知老之將至云爾。」

【不知利害】

不知：不知道，不懂得。不懂事情對自己有利還是有害。形容粗魯莽撞，輕舉妄動。例只怪他年輕幼稚，不知利害，做出此等蠢事。

【不知其人，觀其友】

對一個人缺乏了解，可以看看他的朋友是什麼樣的人。明．焦竑《玉堂叢話》卷六：「非數公不能知司直，非司直不能以友數公……語曰：『不知其人，觀其友。』執此可以為論公左劵。」

【不知其數】

見「不計其數」。

【不知其詳】

見「不得其詳」。

【不知起倒】

見「不識起倒」。

【不知寢食】

寢：睡。不知道睡覺、吃飯。形容專心一志，全神貫注而忘掉一切。《新唐書．韋述傳》：「觀書不知寢食。」

【不知輕重】

輕重：指事之大小、主次。分不清事情重大與否。比喻冒失，不能掌握分寸。《紅樓夢》一〇九回：「婆子們不知輕重，說是這兩日有些病，恐不能就好，到這裏問大夫。」

【不知去向】

向：方向；去向：下落。不知到哪裏去了。《紅樓夢》一一三回：「寶釵想不出道理，再三打聽，方知妙玉被劫，不知去向，也是傷感。」

【不知人間有羞恥事】

見「不識人間有羞恥事」。

【不知深淺】

深淺：比喻分寸。指說話、做事不能掌握分寸。《兒女英雄傳》二六回：「這裏頭萬一有一半句不知深淺的話，還得求姐姐原諒妹子個糊塗。」也指不了解事情的複雜性，不知其中的利害。《西遊記》七四回：「這和尚不知深淺！那三個魔頭，神通廣大得緊哩！」

【不知時變】

見「不識時務」。

【不知時務】

見「不識時務」。

【不知世務】

世務：時務，世事，不懂得當前社會上的情況。漢．桓寬《鹽鐵論．論儒》：「孟子守舊術，不知世務。」也作「**不曉世務**」。《宋史．王安石》傳：「人皆謂卿但知經術，不曉世務。」

【不知死活】

形容行事莽撞，不知利害。《紅樓夢》九六回：「你這個不知死活的東西！這府裏稀罕你的那扔不了的浪東西！」

【不知所厝】

見「不知所措」。

【不知所措】

措：安排，處理。不知道該怎麼辦才好。多形容受窘或驚慌失度。《宋史．范質傳》：「太祖叱彥瓌不退，質不知所措，乃與[王]溥等降階受命。」也作「**不知所厝**」。厝：措辦。《文選．庾亮〈讓中書令表〉》：「憂惶屏營，不知所厝。」

【不知所適】

見「不知所之」。

【不知所為】

為：做。不知道怎麼辦才好。宋．魏泰《東軒筆錄．陸經》：「薄暮飲罷，上馬，而追牒已俟於門，陸惶懼不知所為。」

【不知所以】

以：因。不知道究竟是怎麼回事。指不知道為什麼會這樣。《歧路燈》六回：「孝移見話頭蹺奇，茫然不知所以。因問道，端的是什麼事？」

【不知所云】

云：說。不知道說些什麼。原為自謙之辭，表示自己語無倫次，說得不恰當。三國蜀．諸葛亮《前出師表》：「臨表涕泣，不知所云。」後泛指語言紊亂，無中心，令人難懂。魯迅《花邊文學．序言》：「但那時可真利害……而且刪掉的地方，還不許留下空隙，要接起來，使作者自己負吞吞吐吐不知所云的責任。」

【不知所之】

之：往，到。不知道到什麼地方去了。《太平廣記》卷四四五引唐．裴鉶《傳奇．孫恪》：「及安史之亂，即不知所之。」也作「**不知所適**」。適：去。《太平廣記》卷三四引唐．裴鉶《傳奇．崔煒》：「乃挈室往羅浮訪鮑姑，後竟不知所適。」

【不知所終】
終：終了，結局。不知道結局或下落。宋・計有功《唐詩紀事・劉叉》：「歸齊魯，不知所終。」

【不知天高地厚】
天高地厚：形容天地廣大遼闊，引申指事物的複雜艱鉅。形容狂妄、無知。《兒女英雄傳》三四回：「如今年過知非，想起幼年這些不知天高地厚的話來，眞覺慚愧。」

【不知下落】
下落：去處。不知道去處。《警世通言》卷二二：「鴇兒……哄三嬸同去燒香，私與沈洪約定，雇下轎子抬去，不知下落。」

【不知有漢，無論魏晉】
不知道有個漢朝，更不用說魏國和晉朝了。比喻與外界隔絕，對外界一無所知。晉・陶潛《桃花源記》：「問今是何世，乃不知有漢，無論魏晉。」徐興業《金甌缺》：「好像他們眞的還處在『不知有漢，無論魏晉』的桃源仙境中，其樂融融，其樂陶陶。」

【不知則問，不能則學】
不明白的就向懂得的人請教，不會的就要向會的人學習。漢・劉向《說苑・敬愼》：「不知則問，不能則學。雖智必質，然後辨之；雖能必讓，然後爲之。」

【不知者不罪】
對不知內情的人不應怪罪。清・李漁《愼鸞交》三三齣：「原來是侯老爺。古語說得好：『不知者不罪。』請問侯老爺，前日來過，昨日來過，爲什麼今日又來？」也作「**不知者不怪罪**」。

【不知自愛】
愛：愛惜，重視。不自重，不愛惜自己的聲譽。例寡廉鮮恥，不知自愛。

【不知自已】
見「不能自已」。

【不枝不蔓】
見「不蔓不枝」。

【不直一錢】
見「不值一錢」。

【不值一駁】
駁：反駁，駁斥。不值得反駁。指極端荒謬，毫無反駁的價值。例強詞奪理，不值一駁。

【不值一顧】
見「不屑一顧」。

【不值一錢】
一文錢也不值。形容毫無價值。明・沈德符《萬曆野獲編・御史大夫被論》：「此兩公俱以直臣起家致大位，晚途遭詬，不值一錢，憲體至是掃地矣。」也作「**不直一錢**」。宋・王偁《東都事略・李昉傳》：「太宗嘗問[盧]多遜所爲，昉頗爲辯釋。太宗曰：『多遜嘗毀卿不直一錢。』」也作「**不值一文**」。明・沈德符《萬曆野獲編・南北散曲》：「今無論其雜用庚清眞文侵尋諸韻，即語意亦俚鄙可笑，眞不值一文。」

【不值一哂】
見「不值一笑」。

【不值一談】
談：說。不值得一說。指事物意義不大。例此事無關緊要，不值一談。

【不值一文】
見「不值一錢」。

【不值一笑】
連笑一下也不值得。認爲毫無意義。表示鄙視、輕蔑。《民國通俗演義》二一回：「又接得匿名信件，約有數通，多半措辭荒謬，不值一笑。」也作「**不值一噱**」。噱：笑。清・張集馨《道咸宦海見聞錄》：「到藎臣處看戲，不值一噱。」也作「**不值一哂**」。哂：譏笑，微笑。魯迅《非革命的急進革命論者》：「凡大隊的革命軍，必須一切戰士的意識，都十分正確，分明，這才是眞的革命軍，否則，不值一哂。」

【不值一噱】
見「不值一笑」。

【不忮不求】
忮：妒嫉；求：貪求。不妒嫉，不貪婪。形容淡泊無所求，安守本分。晉・葛洪《抱朴子・接疏》：「明者舉大略細，不忮不求，故能取威定功。」

【不治生產】
治：料理；生產：生計，謀生之業。不料理謀生之業。指無暇顧及自己的生計。例先生盡瘁國事，不治生產。也作「**不事生計**」。事：做，從事。明・張岱《家傳》：「先子家故貧薄，又不事生計。」

【不治之症】
無法醫治好的病。《野叟曝言》九六回：「據客官如此說來，係不治之症。」也比喻無法除掉的弊端或無可挽救的禍患。清・呂留良《寄柯寓匏書》：「亦自知其不祥，然不能自制此不治之症。」

【不櫛進士】
櫛：ㄐㄧㄝˊ，梳頭髮。古代男子將髮梳成髻，以簪簪住；進士：隋唐以來科舉考試的一種名目，應試者皆男子。不束髮插簪的進士。指極有文才的女子。清・王韜《淞隱漫錄・華璘姑》：「父母尤鍾愛之，每謂人曰：『此吾家不櫛進士也。』」

【不置褒貶】
置：安放；褒：讚揚，嘉獎；貶：給予低的評價。不予評論好壞。指不加可否。《三國演義》七二回：「操嘗造花園一所；造成，操往觀之，不置褒貶，只取筆於門上書一『活』字而去。」

【不置可否】
既不說可以，也不說不可以。指不表明態度。《官場現形記》五六回：「溫欽差聽了一笑，也不置可否。」也作「**不加可否**」。例她不加可否的點點頭，沒有說話。

【不置一詞】
見「不能讚一辭」。

【不躓於山，而躓於垤】

躓：ㄓˋ，跌倒；垤：ㄉㄧㄝˊ，蟻冢，小山丘。沒有在山上摔跤，卻被蟻冢絆倒。比喻大處順利，小處失誤。《韓非子．六反》：「故先聖有諺曰：『不躓於山，而躓於垤。』山者大，故人順之；垤微小，故人易之也。」易：輕視。

【不中抬舉】
見「不識抬舉」。

【不中用】
①不頂用，沒有能力。《史記．秦始皇本紀》：「吾前收天下書，不中用者盡去之。」②快要死了。《紅樓夢》一六：「茗煙道：『秦大爺不中用了！』」

【不主故常】
故常：舊的常規習慣。指不墨守成規或不拘泥於一種格式。宋．葉夢得《石林詩話》上：「禪宗論雲門有三種語，其一爲隨波逐浪句，謂隨物應機，不主故常。」

【不著一字，盡得風流】
著：「着」的本字；風流：超逸美妙。不用一個直接的字眼，卻把意思表達得超逸美妙。唐．司空圖《二十四詩品．含蓄》：「不著一字，盡得風流。語不涉難已不堪優。是有眞宰，與之沉淨。」

【不撞南牆不回頭——頑固到底】
見「不見棺材不落淚——頑固到底」。

【不贅一辭】
贅：多餘，指不再多餘地說一句話。《兒女英雄傳》三九回：「及至聽他三個各人說了各人的志向，正與自己平日聽見略同，所以更不再贅一辭。」

【不著邊際】
著：接觸，挨上；邊際：邊緣。挨不上邊兒。形容言論空泛，不切實際。或指寫文章或談話等離題太遠。巴金《春》一五：「周氏和張氏又談了一些不著邊際的閒話。」也作「**不落邊際**」。例這篇文章生搬硬扯地不落邊際，缺乏中心。

【不著家神，弄不得家鬼】
著：ㄓㄨㄛˊ，串通；弄：作弄。比喻沒有內部的人接應，就不能成事。《金瓶梅詞話》九〇回：「雪娥道：『如此這般，你來先到來昭屋裏，等到晚夕，踩著樓梯，越過牆，順著遮隔，我這邊接你下來。咱二人會合一面，還有底細話與你說。』這來旺得了此話，正是歡從額起，喜向腮生，作辭雪娥，挑擔兒出門。正是：不著家神，弄不得家鬼。」

【不著筋節】
筋節：關鍵部位。指不得要領，不得當，未接觸到關鍵處。例老孫頭發起言來，總是不著筋節。

【不貲之費】
貲：ㄗˋ，計算，估量。無法計算的費用。指所花費極多。《後漢書．西域傳》：「河西旣危，不得不救，則百倍之役興，不貲之費發矣。」

【不貲之祿】
祿：俸祿，古代官吏的俸給。無法計算的薪俸。指極其優厚的待遇。漢．陳琳《檄吳江校部曲文》：「故乃建邱山之功，享不貲之祿。」

【不貲之器】
器：人才，才能。無可估量的才能。指有大才之人。《孔叢子．居衛》：「卒成不貲之器。」

【不貲之賞】
貲：計算；賞：賞賜。無法計算的賞賜。指極大的賞賜。北齊．顏之推《顏氏家訓．省事》：「初獲不貲之賞，終陷不測之誅。」

【不貲之損】
損：損失。無法計算的損失。指極大的損失。《三國志．魏書．司馬芝傳》：「然於一統之計，已有不貲之損。」

【不自矜伐】
見「不矜不伐」。

【不自量力】
不能正確估計自己的力量。指過高地估計自己。唐．玄奘《大唐西域記．德慧伽藍》：「今諸外道不自量力，結黨連羣，敢聲論鼓，惟願大師摧諸異道。」

【不自已】
見「不能自已」。

【不自由，勿寧死】
爲了爭取自由，寧可犧牲生命。例不自由，勿寧死。古往今來，多少能人志士正是抱著這個信條，爲爭取民族的獨立自由，灑熱血，拋頭顱的。

【不足比數】
足：值得；比：並列。不值得並列一起。表示不能相提並論。清．陳確《與陸冰修書》：「吾兄才高天下，意氣如雲，區區四公子不足比數。」

【不足齒數】
齒數：提及。數不上，不值一提。表示極端輕視。魯迅《阿Q正傳》：「從先前的阿Q看來，小D本來是不足齒數的。」

【不足掛齒】
掛齒：放在口頭上，談及。不值得一提。表示事情微不足道，毋須提起。《水滸傳》四五回：「些少薄禮微物，不足掛齒。」也作「**不足置齒牙**」。唐．白居易《和〈新樓北園偶集……周劉二從事皆先歸〉》詩：「天地爲幕席，富貴如泥沙；稽劉陶阮徒，不足置齒牙。」也作「**不足置齒頰**」。明．沈德符《萬曆野獲編．小楷墨刻》：「此外刻貼紛紛，俱不足置齒頰矣。」

【不足介意】
介意：放在心上。不值得放在心上。表示無須重視。《魯迅書信集．致章延謙》：「如此敵人，不足介意，所以我仍要從事譯作，再做一年。」也作「**不以介懷**」。介懷：介意，在意。不把它放在心上。《南史．張盾傳》：「爲無錫令，遇劫……於是生資皆盡，不以介懷。」也作「**不以介**

意」。《三國志・吳書・魯肅傳》：「張昭非肅謙下不足，頗訾毀之，云肅年少粗疏，未可用。[孫]權不以介意，益貴重之。」

【不足輕重】

輕重：指份量。不足以影響事物的輕重，指事情微不足道。不關緊要，不值得重視。宋・歐陽修《答吳充秀才書》：「修材不足用於時，仕不足榮於世，其毀譽不足輕重，氣力不足動人。」也作「**不足重輕**」。朱自清《論吃飯》：「然而他們論到士人，卻都將吃飯看做一個不足重輕的項目。」

【不足爲法】

不足：不能。不能當作仿效的標準。指不值得效法。宋・魏慶之《詩人玉屑・詩體》：「字謎、人名……州名之詩，只成戲說，不足爲法也。」

【不足爲怪】

見「不足爲奇」。

【不足爲據】

見「不足爲憑」。

【不足爲慮】

慮：擔憂。不值得擔憂。《三國志・魏書・衛臻傳》：「且合肥城固，不足爲慮。」

【不足爲憑】

憑：憑據、憑藉。不能當作憑據。指不可靠。《官場現形記》五回：「他的話不足爲憑。」也作「**不足爲據**」。據，依據。魯迅《中國人失掉自信力了嗎？》：「自信力的有無，狀元宰相的文章是不足爲據的，要自己去看地底下。」

【不足爲奇】

不值得奇怪。形容極爲平常、一般。《魯迅書信集・致李霽野》：「這些都是小事情，不足爲奇，不過偶然想到，舉例而已。」也作「**不足爲怪**」。清・紀昀《閱微草堂筆記・灤陽消夏錄四》：「衆哄然一笑曰：『是固有之，不足爲怪。』」也作「**不足爲異**」。異：奇怪、奇異。《醒世恆言》卷四：「此等事甚是平常，不足爲異。」

【不足爲外人道】

不值得跟不知情的人講。也表示內容一般，不值得要外人知道。晉・陶潛《桃花源記》：「此中人語云：不足爲外人道。」也作「**不足與外人道**」。例孫老伯對於祖先流傳下來的青花瓷能賣出高價，甚感驚訝。他表示，原本以爲是不足與外人道，想不到竟然是寶物。

【不足爲訓】

訓：準則，典範。不能當作準則、典範。指不值得效法。《魯迅書信集・致蕭軍、蕭紅》：「不過『太不留情面』的批評是絕對的不足爲訓的。如果已經開始筆戰了，爲什麼要留情面。」

【不足爲異】

見「不足爲奇」。

【不足與謀】

與：同，和。不值得與之共同商議事情。《三國演義》六回：「衆諸侯皆言不可輕動。操大怒曰：『豎子不足與謀！』」

【不足置齒頰】

見「不足掛齒」。

【不足置齒牙】

見「不足掛齒」。

【不足重輕】

見「不足輕重」。

【不左右袒】

袒：袒露。原意是袒左臂或右臂。漢初呂氏專政，太尉周勃謀誅諸呂，在軍中對衆說，擁護呂氏的右袒，擁護劉氏的左袒。見《史記・呂太后本紀》。後因稱偏護一方爲左袒，不偏護任何一方面爲不爲左右袒。不偏向任何一方。《聊齋志異・珊瑚》：「[安]二成又懦，不敢左右袒。」

【不做虧心事，不怕鬼叫門】

自己沒做壞事，心裏坦蕩，不擔驚受怕。老舍《國家至上》四幕：「胡大勇：你怕什麼？馮鐵柱：那自然，不做虧心事，不怕鬼叫門！」

【布襖荊釵】

以粗布做襖，以荊枝爲釵。指婦女樸素的服飾。多指貧家婦女的裝束。例那女子家境寒素，雖布襖荊釵，卻不掩天生麗質。

【布被瓦器】

蓋布被，用瓦製器皿。形容生活儉樸。明・張鼎思《琅邪代醉編・布被瓦器》：「王艮爲大司徒司直，在位恭儉，妻子不食官舍，布被瓦器。」

【布帛菽粟】

帛：絲織品的總稱；菽：ㄕㄨˊ，豆類的總稱；粟：黍、稷等的總稱。指日常生活必需品。比喻雖屬平常卻不可缺少的事物。例學校教育對我們而言，猶如布帛菽粟，不可偏廢。

【布袋裏的菱角——鋒芒畢露】

見「口袋裏裝錐子——鋒芒畢露」。

【布袋裏的菱角——亂出頭】

雙關語。比喻不該自己管的事偏要出面去管。例他可眞像布袋裏的菱角——亂出頭，廠裏的任何事情都要去插一手。

【布袋裏兜菱角——奸（尖）的出頭】

奸：「尖」的諧音。比喻詭詐狡猾的人或壞人反而吃香。例我們公司裏數小陳最壞，布袋裏兜菱角——奸（尖）的出頭，他反而被上司看中，當上了科長。

【布袋裏買貓——抓迷糊】

隔著布袋買貓，搞不清是好是壞，是雌是雄。比喻蒙騙人。例王媒婆來家向她父母提親，說對方是外地的一戶有錢人。這全是布袋裏買貓——抓迷糊，她才不願意呢！也作「**隔口袋賣貓兒——蒙著交易**」。

【布德施恩】

布、施：給與；德：仁德；恩：恩惠。給人以仁德、恩惠。元・無名氏

《劉弘嫁婢》四折：「則爲你積功累行陰功厚，布德施恩神天祐。」也作「**布德施惠**」。惠：恩惠。明·張居正《請蠲積逋以安民生疏》：「臣等竊謂布德施惠，當出自朝廷，若令地方官請而得之，則恩歸於下，怨歸於上矣。」也作「**布恩施德**」。《三國演義》一一九回：「布恩施德，天下歸心久矣。」

【布德施惠】

見「布德施恩」。

【布恩施德】

見「布德施恩」。

【布帆無恙】

布帆：指帆船；恙：病。借指損壞。《晋書·顧愷之傳》：「愷之曾因假還，[殷]仲堪特以布帆借之。至破塚，遭風大敗。愷之與仲堪箋曰：『地名破塚，眞破塚而出。行人安穩，布帆無恙。』」後因以「布帆無恙」形容旅途平安。明·梅鼎祚《玉合記·航海》：「可喜主帥參軍，布帆無恙。」

【布鼓雷門】

布鼓：布蒙的鼓，無聲；雷門：古代會稽（今浙江紹興）城門名。傳說雷門有大鼓，擊之可聲聞洛陽。見《漢書·王尊傳》。在雷門前擊布鼓。比喻在能手面前賣弄本領。元·吳昌齡《東坡夢》一折：「小官在吾兄跟前，念《滿庭芳》一闋，卻似持布鼓而過雷門，豈不慚愧？」

【布裙荊釵】

以粗布爲裙，以荊枝爲釵。形容婦女簡單樸素的服飾。多指貧家婦女的裝束。《七俠五義》九八回：「李氏將茶烹好，見牡丹雖是布裙荊釵，卻勝過珠圍翠繞。」

【布素之交】

見「布衣之交」。

【布襪青鞋】

指平民的衣著。比喻歸隱的生活。宋·陸游《跋李莊簡公家書》：「謫命下，布襪青鞋行矣，豈能作兒女態耶？」

【布衣糲食】

見「布衣蔬食」。

【布衣芒履】

芒履：草鞋。穿布衣，著草鞋。古代平民的衣著。指平民百姓。元·無名氏《范張雞黍》四折：「多謝你荊州太守漢循良，舉薦我布衣芒履到朝堂。」

【布衣黔首】

布衣：平民的服裝，借指平民；黔（ㄑㄧㄢˊ）首：戰國及秦對平民的稱謂。古代指一般平民百姓。《隋書·皇甫誕傳》「守臣子之節，必有松、喬之壽，累代之榮。如更遷延，陷身叛逆，一挂刑書，爲布衣黔首不可得也。」

【布衣疏食】

見「布衣蔬食」。

【布衣蔬食】

蔬食：以草菜爲食，指粗食。穿布衣，吃粗糙食物。形容生活儉樸。《儒林外史》八回：「家君在此數年，布衣蔬食，不過仍舊是儒生行徑。」也作「**布衣疏食**」。疏：通「蔬」；疏食：粗食。《漢書·王吉傳》：「去位家居，亦布衣疏食。」也作「**布衣糲食**」。糲食：粗米飯。明·歸有光《陸孺人墓志銘》：「吉安爲諸生，布衣糲食，僅以自給。」

【布衣書帶】

書：熟牛皮。穿粗布衣服，繫牛皮帶子。古代平民服裝。亦借指未做官的讀書人或貧賤之士。《儒林外史》八回：「公子好客，結多少碩彥名儒；相府開宴，常聚些布衣書帶。」

【布衣之交】

布衣：平民的服裝，借指平民百姓。平民之間的交誼，也指未顯貴時的結交。《隋唐演義》八二回：「臣有一布衣之交，西蜀人士，姓李名白，博學多才。」也指權貴與平民的交誼。《東周列國志》九八回：「寡人聞君高義，願與君爲布衣之交。」也作「**布素之交**」。布素：布質素衣，借指寒素的讀書人。《太平廣記》卷二五五引《盧氏雜說》：「唐許孟容與宋濟爲布素之交。」也作「**布衣之舊**」。舊：指舊交。《北齊書·崔暹傳》：「咸陽王、司馬令并是吾對門布衣之舊，尊貴親昵，無過二人。」

【布衣之舊】

見「布衣之交」。

【步步蓮花】

《南史·齊本紀》：「[東昏侯]又鑿爲蓮華（花）以貼地，令潘妃行其上，曰：『此步步生蓮華（花）也。』」後比喻女子步態輕盈。《初刻拍案驚奇》卷一八：「富翁在後面看去，眞是步步生蓮花。」

【步步爲營】

軍隊每前進一程，就設下一道營壘，以鞏固陣地。比喻行動謹愼，穩紮穩打。《三國演義》七一回：「可激勵士卒，拔寨前進，步步爲營，誘淵來戰而擒之。」

【步斗踏罡】

見「步罡踏斗」。

【步罡踏斗】

罡：天罡，即北斗七星的斗柄；斗：星名，即北斗。古代道士舉行宗教活動時，設壇建醮，書符杖劍，按北斗七星的星象位置轉折前行。《三國演義》一〇三回：「日則計議軍機，夜則步罡踏斗。」也作「**步斗踏罡**」。明·無名士《素雲卿》四折：「書符沉水，全無作用，步斗踏罡，書一胡蹿。」

【步後塵】

見「步人後塵」。

【步履安詳】

步履（ㄌㄩˇ）：步行，行走；安詳：從容穩重。形容腳步穩重從容。《小學·嘉言》：「步履安詳，居處必正靜。」

【步履艱辛】
見「步履維艱」。
【步履蹣跚】
步履：行走；蹣（ㄆㄢˊ，又讀ㄇㄢˊ）跚：腿腳不方便，跛行。形容走路緩慢、搖擺的樣子。明・沈德符《萬曆野獲編・士大夫偉狀》：「時同舍有王居于者……腰背傴僂，步履蹣跚。」
【步履如飛】
步履：步行，行走。走路如同飛一樣。形容腳步輕捷，走路極快。清・昭槤《嘯亭雜錄・康方伯》：「老年體力輕捷，步履如飛。」
【步履維艱】
步履：行走，行動；維：文言句中助詞，無實義；艱：艱難。形容行動困難。魯迅《這個與那個》：「譬如祖母的腳是三角形，步履維艱的，小姑娘的卻是天足，能飛跑。」也作「**步履艱辛**」。宋・彭龜年《辭免贛州乞宮觀申省表》：「一日之間，僅能一食，體瘦如削，步履艱辛。」
【步人後塵】
步：踏，踩；後塵：走路時後面揚起的塵土。跟在別人的後面走。比喻追隨、模仿別人。《二十年目睹之怪現狀》九四回：「其實這件事，首先是廣東辦開的頭，其次是湖北，此刻江南也辦了，職道不過步趨他人後塵罷了。」也作「**步後塵**」。明・屠隆《曇花記・討賊立功》：「副帥好當前隊，老夫願步後塵。」
【步線行針】
比喻周密地安排設計。元・康進之《李逵負荊》二折：「那怕你指天畫地能瞞鬼，步線行針待哄誰？」
【步月登雲】
步上明月，登上雲霄。形容志向宏偉、意氣豪邁。明・謝讜《四喜記・赴試秋闈》：「我勸你休帶憐香惜玉心，頓忘步月登雲志。」

ㄆ

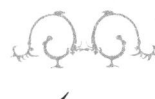

ㄆㄚˊ

【扒手遇見賊打劫——見財分一半】
打劫：搶奪財物。比喻坐收漁利，獲意外之財。例別裝蒜了，你是扒手遇見賊打劫——見財分一半，索賄受賄，發國難財，路人皆知。
【爬得高，跌得重】
比喻熱衷於功名利祿的人得到的權勢越大、地位越高，失敗得也越慘。例你別看他現在這麼得意，俗話說：「爬得高，跌得重。」總有他倒楣的那一天。也作「**爬得高，摔得狠**」、「**攀得高，跌得重**」。
【爬地壟溝找豆包吃——沒出息（粗細）】
出息：「粗細」的諧音。雙關語。見「泔水缸裏撈食吃——沒出息」。
【爬耳搔腮】
抓抓耳朵，搔搔腮幫子。形容人在焦急或喜悅時的神態。魯迅《徐懋庸作〈打雜集〉序》：「這一段話，我是和不是東西之流開開玩笑的，要使他爬耳搔腮，熱剌剌的覺得他的世界有些灰色。」
【爬高梯摘月亮——空想】
見「枕頭底下放罐子——空想」。
【爬高枝】
見「爬上高枝兒」。
【爬格子】
比喻寫作。例掙點稿費不容易，都是爬格子爬出來的心血錢！
【爬羅剔抉】
爬羅：搜集；剔抉：挑剔，選擇。廣泛地發掘整理。唐・韓愈《進學解》：「方今聖賢相逢，治具畢張，拔去凶邪，登崇俊良，占小善者率以錄，名一藝者無不庸。爬羅剔抉，刮垢磨光。蓋有幸而獲選，孰云多而不揚。」也作「**爬梳剔抉**」。朱自清《詩言志辨・序》：「詩文評的專書裏包含著作品和作家的批評，文體的史的發展，以及一般的理論，也包含著一些軼事異聞。這固然得費一番爬梳剔抉的工夫。」
【爬牆頭】
指考試時偷看別人的答案。例他雖淘氣，自尊心卻很強。寧願考不及格，也不肯爬牆頭。
【爬上高枝兒】
比喻依附於有權有勢的人。《紅樓夢》二七回：「怪道呢！原來爬上高枝兒去了，把我們不放在眼裏。」也作「**爬高枝**」。例他成天往這個往那個主任家跑，就是想爬高枝。也作「**攀上高枝**」、「**攀高枝**」。
【爬上馬背想飛天——好高騖遠】
見「登上泰山想升天——好高騖遠」。
【爬上山頂打銅鑼——站得高，想（響）得遠】
想：「響」的諧音。比喻高瞻遠望，理想遠大。例閣下是爬上山頂打銅鑼——站得高，想（響）得遠，我們非常敬佩。也作「**電線桿上敲瓷瓶——站得高，想（響）得遠**」。
【爬上塔頂吹口琴——唱高調兒】
見「公雞飛到屋頂上——唱高調」。
【爬梳剔抉】
見「爬羅剔抉」。
【爬樹子摘月亮——空淘神】
淘神：使人耗費精神。比喻耗費了精神，毫無效果。例這種機器即將被淘汰了，你花費很大的精力去鑽研，不是爬樹子摘月亮——空淘神嗎？

ㄆㄚˋ

【怕風怯雨】
怯：害怕。既怕風，又怕雨。比喻人不能吃苦，不能過艱苦的生活。元・秦簡夫《東堂老》二折：「有一等人肯向前……湯風暴雪，忍受寒冷；有一等人怕風怯雨，門也不出。」

【怕鬼有鬼】
比喻怕什麼，卻偏偏碰見什麼。《鏡花緣》九一回：「我最惡的是蟲名，他偏要鑽出來，眞是『怕鬼有鬼』。」（指酒令名目）

【怕三怕四】
形容顧慮多，辦事猶豫。例做什麼事只要下定決心了就放手去做，不要怕三怕四的。

【怕死貪生】
害怕死亡，貪戀生存，把自己的生命看得很重。《兒女英雄傳》七回：「我不像你這等怕死貪生，甘心卑污苟賤，給那惡僧支使，虧你還有臉說來勸我。」也作「貪生怕死」。

【怕硬欺軟】
害怕强硬的，欺負軟弱的。元・關漢卿《竇娥冤》三折：「天地也，做得個怕硬欺軟，卻原來也這般順水推船。」也作「欺軟怕硬」。

ㄆㄛ

【潑出的水，說出的話】
指想收回所說的話是辦不到的。例你說如果考上大學，就請我吃飯。如今你考上了，卻想賴帳，俗話說：「潑出的水，說出的話。」你不守信用可不成。也作「潑出去的水收不回」。

【潑出去的水，嫁出去的女】
女兒一嫁出去，就不歸自家所管，就如水一潑出去，無法收回一樣。例過去，女兒出嫁後，在婆家挨打受氣，娘家人也只能按「潑出去的水，嫁出去的女」的老話，不去過問。現在時代變了，這種現象也很少見到了。

【潑婦罵街】
潑婦：凶悍蠻不講理的女人；罵街：在公共場合進行謾罵。形容不顧體面的肆意謾罵。魯迅《「題未定」草六》：「看見《時事新報》的《青光》上，引過林語堂先生的話……大意是說：老莊是上流，潑婦罵街之類是下流，他都要看。」

【潑婦罵街——不像話】
比喻說話不中聽，不講道理。有時指糟得很，不像樣子。例向初次見面的客人，伸手要這要那，眞是潑婦罵街——不像話。也作「老和尚罵街——不像話」。

【潑婦罵街——耍無賴】
無賴：刁鑽潑辣，不講道理。比喻施展刁鑽潑辣的手段。例別胡鬧了，這裏不是潑婦罵街——耍無賴的地方。

【潑泔水拿著籮——會過日子】
泔（ㄍㄢ）水：淘米、洗刷鍋碗等用過的水。用籮接泔水中的剩飯菜。意爲善於精打細算。也作「潑泔水拿著籮——會過著呢」。見「捏著一分錢能擭出汗來——會過日子」。

【潑冷水】
比喻打擊別人的熱情和積極性。例孩子們要上街宣傳交通法規，家長們可不要對他們潑冷水啊。也作「潑涼水」。例你也不必硬著頭皮去做，你不對我們的計畫潑涼水就行了。也作「澆冷水」。

【潑水難收】
潑出去的水再收不回來。比喻事情做出已不可挽回。舊常用作離異的妻子再不能恢復關係。元・關漢卿《緋衣夢》二折：「昏天地黑誰敢向這花園裏走，我從來有些怯侯，爲那吃劏的梅香無去就，到如今潑水難收。」《西遊記》一一回：「魏丞相言之甚謬。自古云：『潑水難收，人逝不返。』你怎麼還說這等虛言，惑亂人心，是何道理！」

【潑水難收，人逝不返】
人死了無法復生，就像水潑出去就無法收回一樣。例王大娘，俗話說：「潑水難收，人逝不返。」王大爺已經過世一個多月了，你要想開點，老這樣悲悲切切是要傷自己身體的。

【潑油救火——幫倒忙】
比喻本想幫忙反而添了麻煩。例他積極爲你們公司做宣傳，擴大影響，卻事與願違，反而在羣衆中引起不少誤會，眞是潑油救火——幫倒忙。

【潑髒水】
比喻造謠中傷。例你們隨便往別人身上潑髒水，這是要負法律責任的！

ㄆㄛˊ

【婆婆媽媽】
指辦事瑣碎，不爽快；或感情優柔無決斷，說話囉嗦不乾脆。《紅樓夢》七七回：「我要不說，又掌不住，你也太婆婆媽媽的了。這樣的話，怎麼是你讀書的人說的。」例他這個人幹什麼都婆婆媽媽，沒有一點男子氣概。

【婆婆一個說了算——沒公理】
沒公理：本指婆婆有理，公公無理，此指缺乏社會上公認的正確道理。雙關語。比喻做事缺乏準則，或有理沒處說。例在舊社會，暗無天日，婆婆一個說了算——沒公理的事多如牛毛，無錢無勢的人日子實在難過啊！

【婆婆嘴吃西瓜——滴水不漏】
婆婆嘴：〈方〉指上嘴唇內陷，下嘴唇突出，下巴外兜、無牙的嘴，也叫癟嘴。見「葫蘆裏盛水——點滴不漏」。

ㄆㄛˇ

【笸籮裏睡覺——卑躬（背弓）屈膝】
笸（ㄆㄛˇ）籮：用篾條或柳條編成的圓形或長方形器具，幫較淺；卑躬：「背弓」的諧音。雙關語。比喻沒有骨氣，諂媚奉承。例這個沒有脊梁骨的癩皮狗，在權勢人物面前，就像在笸籮裏睡覺——卑躬（背弓）屈膝，人們無不嗤之以鼻。也作「出鍋的大蝦——卑躬（背弓）屈膝」、「瘸子駝背——卑躬（背弓）屈膝」。

ㄆㄛˋ

【迫不得已】
指不由自主，而是被逼迫得只能這樣去做。《漢書・王莽傳上》：「爲皇帝定立妃後，有司上名，公女爲首，公深辭讓，迫不得已，然後受詔。」

【迫不及待】
緊急得不能再等待。《文明小史》一〇回：「知府之意，本想典史、老師向紳士們要出幾個爲首的人，以便重辦。無奈紳士們置之不理，所以他迫不及待，就把地保按名鎖拿回衙。」《鏡花緣》六回：「且係酒後遊戲，該仙子何以迫不及待？」

【迫於眉睫】
見「迫在眉睫」。

【迫在眉睫】
眉睫：人的眉毛和睫毛。比喻事情已臨近，情況緊迫。《列子・仲尼》：「遠在八荒之外，近在眉睫之內。」例爲了順利地進行社會主義建設，掃除數以萬計的文盲已迫在眉睫。也作「**迫於眉睫**」。梁啟超《論中國成文法編制之沿革得失》五章：「於新法典編之必要迫於眉睫。」

【破包子——露了餡】
見「餃子破皮——露了餡」。

【破壁飛去】
唐・張彥遠《歷代名畫記》卷七：「梁張僧繇，吳人也……武帝崇飾佛寺，多命僧繇畫之……金陵安樂寺四白龍不點眼睛，每云：『點睛即飛去。』人以爲妄誕，固請點之。須臾，雷電破壁，兩龍乘雲騰去上天，二龍未點睛者見在。」比喻人由平凡卑微突然顯貴，飛黃騰達。清・樵玉山人《斬鬼傳》四回：「房官見了他的卷子，喜得說道：『羽翼已成，自當破壁飛去。』」

【破璧毀珪】
璧、珪（ㄍㄨㄟ）：貴重的玉石。泛指美好的東西遭到毀壞。也比喻人才受摧殘。北魏・溫鵬舉《寒陵山寺碑》：「銅馬競馳，金虎亂噬，九嬰暴起，十日並出，破璧毀珪，人物既盡。」

【破財是擋災】
指失去錢財可以避免災害。例別把丟錢的事看得太重，俗話說：「破財是擋災。」說不定本來要有的禍事，現在已經沒有了呢！

【破草帽——無邊無沿】
比喻說話不著邊際。有時也比喻事物龐大。例你請他講演，聽衆就該倒楣了，他向來說話是破草帽——無邊無沿，東拉西扯，浪費時間。

【破除迷信】
原爲拆穿鬼怪、神仙、命運等虛幻騙人的把戲，引申爲解放思想，破除對某些人和事及某種思想的盲目崇拜。例青年人要敢於破除迷信，敢於向舊的傳統觀念挑戰。

【破船還有三千釘】
比喻富貴人家儘管衰敗了，也還有幾分家底和勢力。例別看他家失了火，遭了災，可仍有許多財產，俗話說：「破船還有三千釘。」他家畢竟是個大戶人家呀。

【破船經不起頂頭浪】
比喻處境困難、屢遭不幸的人很難再經得住打擊。例老王身體本來就不好，又加上旅途勞累，天氣悶熱，他就像是「破船經不起頂頭浪」，剛進家門就病倒了。

【破船裝太陽——度（渡）日】
見「大船頭載太陽——度（渡）日」。

【破膽寒心】
形容害怕、擔心到極點。《漢書・谷永傳》：「臣永所以破膽寒心，豫言之累年。」

【破膽喪魂】
形容害怕得失魂落魄的樣子。《太平廣記》卷一二六引《張和思》：「北齊張和思，斷獄囚，無問善惡貴賤，必被枷鎖杻械，困苦備極。囚徒見者，破膽喪魂，號生羅刹。」

【破釜沉船】
見「破釜沉舟」。

【破釜沉舟】
釜：鍋。將鍋打破，把船沉沒。比喻絕去指望，下定決心，幹到底。《史記・項羽本紀》：「項羽乃悉引兵渡河，皆沉船，破釜甑，燒廬舍，持三日糧，以示士卒必死，無一還心。」明・史可法《請出師討賊疏》：「我即卑宮菲食，嘗膽臥薪，聚才智之精神，枕戈待旦，合方州之物力，破釜沉舟，尚恐無濟於事。」也作「**破釜沉船**」。梁啟超《南學會敍》：「震撼精神，致心皈命，破釜沉船，以圖自保於萬一。」也作「**沉舟破釜**」。

【破釜沉舟——只進不退】
比喻一往直前，永不退縮。例對工作同打仗一樣，應當有破釜沉舟——只進不退的精神和氣魄。也作「**卒子過河——只進不退**」。

【破格錄用】
格：標準。打破陳規任用優秀人才。《孽海花》二七回：「此外新進之士，有奇才異能的，亦應時破格錄用。」也作「**破格用人**」。清・趙翼《陔餘叢考》：「古來破格用人，或一言契合，立擢卿相，如漢武之於公孫弘，唐太宗之於馬周。」

【破格用人】
見「破格錄用」。

【破觚爲圓】
見「破觚爲圜」。

【破觚爲圜】
觚：ㄍㄨ，棱角；圜：ㄩㄢˊ，同「圓」。《史記・酷史傳》：「漢興，破觚而爲圜，斫雕而爲樸。」比喻去掉嚴刑酷法而改從簡易。也指變生硬爲圓通。也作「**破觚爲圓**」。宋・魏慶之《詩人玉屑・縛虎手》：「殊不知詩家要當有情致，抑揚高下，使氣宏拔，快字凌紙；又用事皆破觚爲圓，挫剛成柔，如爲有功者，昔人所謂傳虎也。」

【破罐子破摔】

比喻自暴自棄，任憑不好的事態發展，而不採取任何措施去阻擋、挽救。例儘管你第一門考得不好，可是如果後幾門考得好，還是有希望錄取的，誰知你卻「破罐子破摔」，把希望全丟掉了。也作「**破盆破摔**」。

【破罐子甩了——不拘（鋦）】

鋦（ㄐㄩ）：用鋦子連合破裂的陶瓷器等；拘：「鋦」的諧音。比喻不拘泥或不計較。例根據你們的情況辦吧，我是破罐子甩了——不拘（鋦）的。

【破國亡宗】

宗：宗族。國家危亡，宗族破滅。宋・蘇軾《東坡志林》卷五：「用商鞅、桑弘羊之術，破國亡宗者皆是也。」

【破家蕩產】

全部家產被敗壞得一乾二淨。《醒世恆言》卷十一：「觸著他的，風波立至，必要弄得那人破家蕩產，方才罷手。」也作「**傾家蕩產**」。

【破家散業】

家庭破敗，財產蕩盡。宋・陸九淵《與蘇宰書》：「一旦失職，凜凜有破家散業、流離死亡之憂也。」

【破家危國】

家遭毀壞，國受危害。三國魏・鍾會《母夫人張氏傳》：「嫡庶相害，破家危國，古今以爲鑑誡。」

【破家爲國】

指爲了國家而不惜自己的家庭遭受毀損。《後漢書・李通傳》：「破家爲國，忘身奉主。」《三國志・魏書・衛覬傳》：「非破家爲國，殺身成君者，誰能犯顏色，觸忌諱，建一言，開一說哉！」

【破家縣令】

稱貪贓昏庸、常將百姓害得家破人亡的縣官。《醒世恆言》卷二九：「夫人道：『何消氣得，自古道：破家縣令。』只這四個字，把汪知縣從睡夢中喚醒，放下了憐才敬士之心，頓提起生事害人之念。」

【破家鬻子】

鬻：賣。家產蕩盡，子女賣掉。形容家境極其困苦。宋・楊萬里《民政上》：「上賦其民以十，則吏因以賦其百。朝廷喜其辦而不知有破家鬻子之民。」

【破繭出俊蛾】

比喻醜女或窮婦生出漂亮的兒女。《歧路燈》六七回：「老樊道：『破繭出俊蛾。』眞正是黃毛丫頭，抱了個玉碾的孩兒。」

【破餃子——溜邊】

餃子破皮後，餡流失，重量變輕，在沸騰滾動的水中漂向鍋邊。見「黃花魚——溜邊兒」。

【破鏡重歸】

見「破鏡重圓」。

【破鏡重合】

見「破鏡重圓」。

【破鏡重圓】

唐・孟棨《本事詩・情感》：「陳太子舍人徐德言，尚後主妹樂昌公主，陳衰，德言謂公主曰：『以君之才容，國破必入權豪家，斯永絕矣！倘情緣未斷，尚冀相見，宜有以信之。』乃破鏡各執其半，約他年正月望日賣於都市。陳亡，公主爲楊素所得。寵愛殊厚。德言依期至京，見有蒼頭賣半鏡，出半鏡合之，題破鏡詩一絕曰：『鏡與人俱去，鏡歸人不歸；無復嫦娥影，空留明月輝。』公主得詩，悲泣不食。素知之，召德言以公主還之。」後以「破鏡重圓」比喻失散或離婚後的夫妻重新團聚。《二刻拍案驚奇》卷九：「若果如此，眞是姻緣不斷。古來破鏡重圓，釵分再合，信有其事了。」也作「**破鏡重歸**」。《聊齋志異・細侯》：「破鏡重歸，盟心不改，義實可嘉。」也作「**破鏡重合**」。清・紀昀《閱微草堂筆記・灤陽續錄五》：「破鏡重合，古有其事。若夫再娶而仍元配，婦再嫁而未失節，載笈以來，未之聞也。」

【破鏡分釵】

指夫妻分離。《羣音類選〈清腔類・好事近〉》：「豈料如今，翻成做破鏡分釵，剩雨殘雲。」參見「破鏡重圓」。

【破舊立新】

破除舊的同時，建立新的。例在社會主義精神文明建設中，要重視殯葬改革，破舊立新，移風易俗。

【破矩爲圓】

矩：方形。將方的改成圓的。意同「破觚爲圜」。《後漢書・杜林傳》：「大漢初興，詳覽失得，故破矩爲圓，斫雕爲樸，蠲除苛政，更立疏網。」

【破軍殺將】

軍隊潰敗，將領被殺。《戰國策・秦策三》：「范雎曰：『昔者齊人伐楚，戰勝，破軍殺將，再闢千里。』」

【破口大罵】

凶狠地大肆謾罵。《官場現形記》一〇回：「茶房未及開口，那女人已經破口大罵起來。」也作「**破口怒罵**」。例哥哥的脾氣暴躁，遇著不合理的事就會破口怒罵。

【破口怒罵】

見「破口大罵」。

【破爛貨】

①指破舊無用的東西。例咱們把這一堆破爛貨扔了吧！②指生活作風不正派的女人。例她是個破爛貨，誰沾上她誰倒霉。

【破浪乘風】

船乘著風勢，衝破浪花，迅速前進。比喻不畏艱難，奮勇前進。清・林則徐《英人非不可制應嚴諭將英船新到煙土查明全繳片》：「不知該夷兵船笨重，吃水深至數丈，只能取勝外洋，破浪乘風，是其長技。」也作

「乘風破浪」。

【破了鞋幫——漏了底兒】

雙關語。比喻洩漏了底細。例這個消息關係公司的存亡，你千萬別破了鞋幫——漏了底兒。

【破龍屜——洩氣】

籠屜：用竹、木、鐵等製成的蒸食物的器具。見「皮球穿眼——洩氣」。

【破麻袋裝元寶——內才（財）】

元寶：舊時較大的金銀錠，兩頭翹起中間凹下，銀元寶一般重五十兩，金元寶重五兩或十兩；才：「財」的諧音。比喻胸中富有才智。例不要以貌取人，他像三國時的龐統一樣，是破麻袋裝元寶——內才（財）。也作「土裏埋金——內才（財）」。

【破帽子——露頭】

雙關語。比喻出頭露面。有時也比喻事物出現了某種苗頭。例在這次比賽中，你一舉奪取了網球冠軍，你可眞是破帽子——露頭啦。也作「出土的筍子——露頭」。

【破門而出】

打破門衝出。形容壞人赤膊上陣幹壞事。例內戰開始後，一小撮野心家陰謀家破門而出，挑動羣衆鬥羣衆。

【破門而入】

打破門衝入，形容十分凶猛。章太炎《駁革命駁議》：「迨至羣盜破門而入，即更不復能抵禦。」

【破廟裏的菩薩——東倒西歪】

形容力不能支，站立不住。例在工地上連續幹了一天一夜，收工後，大家都像破廟裏的菩薩——東倒西歪。也作「酒鬼走路——東倒西歪」。

【破琵琶——談（彈）不得】

談：「彈」的諧音。比喻有難言之隱，不好說或不願說。有時指由於某種原因，無法交談下去。例他很忌諱這件事，破琵琶——談（彈）不得，不然，他會生氣的。也作「破琵琶——無法談（彈）」、「馬尾作琴弦——談（彈）不得」、「溼水棉花——談（彈）不得」。

【破牆亂人推，破鼓亂人擂】

比喻人一朝失勢或遭厄運，衆人便趁機攻擊。例對犯過錯誤的人，應該以幫助、教育爲主，使他改正錯誤，切不可「破牆亂人推，破鼓亂人擂」，這樣對他是沒有好處的。

【破琴絕弦】

比喻知音斷絕，不再有知音的人。《呂氏春秋·本味》：「鍾子期死，伯牙破琴絕弦，終身不復鼓琴，以爲世無足復爲鼓琴者。」也作「伯牙絕弦」。

【破人買賣衣飯，如殺人父母妻子】

指壞人生意就如同殺其親人一般。《水滸傳》二一回：「這婆子跳起身來，便把那唐牛兒劈脖子只一叉，踉踉蹌蹌，直從房裏叉下樓來。唐牛兒道：『你做什麼便叉我？』婆子喝道：『你不曉得破人買賣衣飯，如殺人父母妻子，你高做聲，便打你這賊乞丐！』」也作「破人生意如殺人父母」。

【破碎支離】

形容零零碎碎，不成整體。例他在我腦海中只剩破碎支離的記憶。

【破涕爲笑】

涕：淚水。停止哭泣，轉悲爲喜，露出笑容。晉·劉琨《答盧諶書》：「時復相與舉觴對膝，破涕爲笑。」《儒林外史》一〇回：「適才會見令表叔，才知尊大人已謝賓客，使我不勝傷感。今幸見世兄如此英英玉立，可稱嗣續有人，又要破涕爲笑。」

【破天荒】

比喻前所未有、第一次出現。例咱這窮鄉僻壤的地方竟然也有孩子出國留學，可眞是破天荒的大喜事。也作「破天荒第一回」。

【破銅爛鐵】

泛指殘次破舊的金屬物。柳亞子《重題〈揖朱拜廖圖·借朱蘊山韻〉》：「破銅爛鐵叢殘甚，合共朱家仔細看。」

【破銅爛鐵當武器——打爛仗】

比喻人因不得已而採取各種方式謀生糊口。例老張失業了，流落江湖，破銅爛鐵當武器——打爛仗，朋友們也無法幫助他。

【破土的春筍——拔尖】

破土：從地裏鑽出來。比喻人才出衆或成績突出。例他是先進工作者，過去在大學學習時，也是破土的春筍——拔尖的。也作「上山採竹筍——拔尖」。

【破瓦頹垣】

形容屋宇傾圮，破殘頹敗的景象。宋·蘇軾《凌虛台記》：「計其一時之盛，宏傑詭麗堅固而不可動者，豈特百倍於台而已哉！然而數世之後，欲求其彷彿而破瓦頹垣無復存者。」也作「碎瓦頹垣」。

【破甕救兒】

甕：ㄨㄥˋ，盛水的陶器。北宋·惠洪《冷齋夜話》：「司馬溫公童時與羣兒戲，一兒墮大甕水中，羣兒驚走，公以石擊甕，水迸出，兒得不死。」打破水缸，使缸中的兒童得救。形容機敏勇敢。

【破屋怕遭連陰雨，爛船偏遇頂浪風】

比喻原本已很不幸，現在又遇禍事，更加不幸。例去年，李嬸的老伴患了病，到現在還下不了床，今天她的兒子又被汽車撞了，這眞是「破屋怕遭連陰雨，爛船偏遇頂浪風。」李嬸可眞不幸啊！

【破鞋——沒法提】

也作「破鞋——提不得」。見「馬尾穿豆腐——提不得」。

【破窰裏出好碗】

比喻在條件不好的環境裏成長出好的人才。例別看本村窮，可卻是「破窰裏出好碗」，就這幾年，已經出了十幾個博士了。

【破業失產】
業：家業；產：財產。指家業破壞，財產蕩失。漢·荀悅《漢紀·元帝紀中》：「今百姓遠棄先祖墳墓，破業失產，親戚分離，人懷思慕之心。」

【破魚網，爛篩子——千瘡百孔】
比喻破壞嚴重或毛病很多。例敵人肆意破壞，所到之處就像破魚網，爛篩子——千瘡百孔。也作「**破魚網，爛篩子——百孔千瘡**」。

【破甑生塵】
甑：ㄗㄥˋ，舊時蒸食炊器。形容生活貧困，斷炊已久。明·王世貞《鳴鳳記·林公避兵》：「若有此變，未免漂流別境。那時呵，餐風宿水鄉，恐破甑生塵愁范丹。」也作「**甑中生塵**」。

【破綻百出】
綻：裂開。形容漏洞多，不能自圓其說。《朱子語類·自論爲學工夫》：「且將聖人書來讀，讀來讀去，一日復一日，覺得聖賢言語漸漸有味，卻回頭看釋氏之說，漸漸破綻罅漏百出。」

【破著一命剮，敢把皇帝打】
見「豁出一身剮，敢把皇帝拉下馬。」

【破蒸籠不盛氣】
比喻人不努力，沒出息，沒有志氣。例我苦口婆心地勸過他多少回，可他還是那副樣子，一點沒改，眞是「破蒸籠不盛氣」。

【破竹建瓴】
破竹：破竹子時，劈開個口，刀刃順勢而下；瓴：ㄌㄧㄥˊ，盛水容器；建瓴。將水從高處往下倒。比喻來勢猛烈所向無阻。《清史稿·傅恆傳》：「我兵且戰且前，自昔嶺中峯直抵噶拉依，破竹建瓴，功在垂成。」

【破竹之勢】
刀劈竹子，口開後，迎刃而下。比喻勢不可擋。《北史·周高祖紀》：「嚴軍以待，擊之必克，然後乘破竹之勢，鼓行而東，足以窮其窟穴。也作「**勢如破竹**」。

【魄散魂飛】
形容驚慌失措。元·無名氏《百花亭》三折：「可正是船到江心補漏遲，只著我魄散魂飛。」《野叟曝言》一一四回：「虜帥疑神疑鬼，魄散魂飛。」也作「**魂飛魄散**」。

【魄散魂消】
形容驚恐萬狀，不知該如何是好。元·無名氏《替殺妻》三折：「好叫我戰戰兢兢，滴修都速，魄散魂消。」也作「**魄散九霄**」。

【迫擊炮打蚊子——小題大作】
迫：又讀ㄆㄞˇ。見「炮打跳蚤——小題大作」。

ㄆㄞ

【拍案稱奇】
見「拍案驚奇」。

【拍案而起】
案：書案。一拍桌子，躍身站起。形容極其憤怒。例先生拍案而起，橫眉怒對敵人的手槍，寧可倒下去，不願屈服。

【拍案叫絕】
特別讚賞，情不自禁地拍桌叫好。《三刻拍案驚奇·序》：「余嘗讀未見書，遂拍案叫絕，方悟古今事跡非奇則怪。」《紅樓夢》七〇回：「衆人拍案叫絕，都說：『果然翻得好！自然這首爲尊。』」

【拍案驚奇】
奇：精妙，絕倫。讀書讀到精采處，不禁拍桌叫好，一讚三嘆。例唐朝朱慶餘怕自己的作品不中主考意，寫了首《閨意獻張水部》詩，徵求張籍意見。詩中的那種比擬，俏聲嬌語，簡直令人拍案驚奇。也作「**拍案稱奇**」。《野叟曝言》二七回評語：「妙在機關線索，俱於前文佈置已定，若讀至此處，始爲拍案稱奇，便非明眼。」

【拍板成交】
買賣雙方經過討價還價最後達成交易。引申爲雙方出於各自的利益和目的，在經過磋商後，最終達成協議。例王老闆的店鋪近來買賣不景氣，想把店盤掉。而隔壁張老闆正打算擴充門面。雙方經過討價還價，最後拍板成交。

【拍老腔】
比喻說過時的陳舊的話。例你甭跟我拍老腔，有話直說吧！

【拍馬溜鬚】
見「拍馬屁」。

【拍馬屁】
愛馬的人見到良馬，總是拍拍馬的屁股，表示稱讚。後來爲了討好馬的主人，也總是拍拍馬屁股表示讚美。比喻阿諛奉承。例無緣無故他何必拍馬屁呢？必是有求於你。也作「**拍馬溜鬚**」。例這傢伙慣會拍馬溜鬚，大伙都討厭他。

【拍馬屁拍到馬嘴上——倒咬一口】
比喻奉承人，因不合對方心意，反而受到非難和指責。例新主管一上任，楊大德就諂媚討好去了。沒想到這次是拍馬屁拍到馬嘴上——倒咬一口，受到了嚴厲的批評。也作「**拍馬屁拍對馬嘴——挨咬一口**」。

【拍馬屁拍到蹄子上——倒挨一腳】
見「馬屁精拍了馬腿——倒挨一腳」。

【拍手稱快】
快：快意，痛快。拍著手喊痛快。多形容正義得到伸張，仇恨得到消除時的激動之情。《二刻拍案驚奇》卷三五：「又見惡姑奸夫俱死，又無不拍手稱快。」

【拍手拍腳】
指人特別高興或傷心時，近乎失態的舉動。《文明小史》一四回：「兄弟三個點了看書，覺得與白晝無異，直把他三個喜得了不得，賈子猷更拍手拍腳的說道：『……幾時才能夠到上海去逛一趟，見見世面，才不負此一生呢？』」

【拍胸脯】

比喻負責、擔保、保證。例這事你既然拍胸脯擔保了，就一定要辦成才行。

ㄆㄞˊ

【俳優畜之】

俳優：古代表演樂舞諧戲的藝人。也稱「倡優」；畜：畜養。漢・司馬遷《報任少卿書》：「僕之先人，非有剖符丹書之功；文史星曆，近乎卜祝之間，固主上所戲弄，倡優所畜，流俗之所輕也。假令僕伏法受誅，若九牛亡一毛，與螻蟻何以異！」當作藝人來畜養他。指統治階級對文人的輕蔑態度。魯迅《從幫忙到扯淡》：「後來卻不過叫他獻詩作賦，『俳優畜之』，只在弄臣之列。」

【排奡縱橫】

奡：ㄠˋ，矯健貌；縱橫：自由奔放，沒有任何拘束。多指詩文繪畫奔放自如。《清史稿・髡殘傳》：「畫山水奧境奇辟，緬邈幽深，引人入勝。道濟排奡縱橫，以奔放勝；髡殘沉著痛快，以謹嚴勝，皆獨絕。」

【排兵佈陣】

調兵遣將，安排好陣勢。引申為運計鋪謀，佈置機關。《兒女英雄傳》二四回：「安老爺、安太太便在這邊暗暗的排兵佈陣，舅太太便在那邊密密的引線穿針。」

【排斥異己】

排擠、打擊與自己意見不同或不屬於自己一派的人。例老榮被提升當廠長後，任用私人，排斥異己，衆人議論紛紛，生產一降再降。也作「排除異己」。

【排愁破涕】

將憂愁消除，不再哭泣流淚。指由憂變喜。《周書・王褒傳》：「各在天涯，永念生平，難為胸臆。且當視陰數箭，排愁破涕。人生樂耳，憂戚何為！」

【排除萬難】

除去各種障礙，克服重重困難。例確實，要在短期內完成此項任務是困難重重，但我們必須下定決心，排除萬難，力爭提前完成任務。

【排除異己】

見「排斥異己」。

【排骨擲餓狗——有去無回】

見「老虎借豬——有去無回」。

【排患解紛】

見「排難解紛」。

【排糠障風】

糠：稻、麥等穀物脫下的皮、殼。用糠皮來擋風。比喻根本不可能成功的事。漢・王符《潛夫論・救邊》：「若排糠障風，掬沙壅河。」

【排難解紛】

為人排除危難，調解糾紛。《戰國策・趙策三》：「魯連笑曰：『所貴於天下之士者，為人排患釋難解紛亂而無所取也。』」《舊唐書・張濬傳》：「若能只際排難解紛，陳師鞠旅……則富貴功名，指掌可取。」也作「排患解紛」。清・吳偉業《柳敬亭傳》：「其善用權譎，為人排患解紛率類此。」

【排球比賽——推來推去】

比喻工作或辦事扯皮，不負責任。例這件事你們總是排球比賽——推來推去，究竟該誰管？也作「排球比賽——互相推託」。

【排沙簡金】

簡：揀擇。從沙粒中篩去沙子揀取金子。比喻精確細緻地選取精華，去其糟粕。南朝宋・劉義慶《世說新語・文學》：「潘文爛若披金，無處不善；陳文若排沙簡金，往往見寶。」

【排山倒海】

推開山，翻倒海。比喻來勢異常凶猛，力量特別大。宋・楊萬里《六月二十四日病起聞鶯》詩：「病勢初來敵頗強，排山倒海也難當。」《東周列國志》五六回：「晉軍只道本陣已得勝，爭先驅逐，勢如排山倒海，齊軍不能當，大敗而奔。」

【排山倒峽】

峽：兩山夾水的地方。形容水勢洶湧澎湃。《東周列國志》八四回：「但見城外水聲淙淙，一望江湖，有排山倒峽之勢。」

【排山壓卵】

卵：雞蛋。推倒山石來壓雞蛋。比喻禍患之來，勢不可當。《晉書・杜有道妻嚴氏傳》：「何、鄧執權，必為玄害，亦由排山壓卵，以湯沃雪耳，奈何與之為親？」

【排闥直入】

闥：ㄊㄚˋ，門。推門而入。指不經通報，直接闖入。《漢書・樊噲傳》：「高帝嘗病，惡見人，臥禁中，詔戶者無得入羣臣。羣臣絳、灌等莫敢入。十餘日，噲乃排闥直入，大臣隨之。」

【徘徊歧路】

在岔路口走來走去。謂猶豫不決。唐・駱賓王《代敬業討武曌檄》：「若其眷戀窮城，徘徊歧路，坐昧先機之兆，必貽後至之誅。」

ㄆㄟˊ

【陪公子趕考——白陪】

公子：古代稱諸侯的兒子，後稱官僚地主的兒子，也用以尊稱他人的兒子；趕考：參加科舉考試。比喻徒勞無益。例帶他去參觀美術展覽，就像陪公子趕考——白陪，他對藝術一竅不通，毫無興趣。

【陪小心】

指以謹慎小心的態度，用委婉遷就的語言使人息怒，求得諒解。例我以為這事早已平息了，怎麼還要我去陪小心呢？也作「賠小心」。

【陪笑臉】

指以笑臉迎人使息怒或高興。例老讓我對他陪笑臉，他是什麼人？我才不幹呢！

【賠本賺吆喝】

比喻做事吃虧又受苦。例如今這小買賣眞不好做，就說昨天吧，不僅一分沒賺，還丟了幾件衣服，眞是賠本賺吆喝，太不合算了。

【賠老本】

原指做買賣損失了本錢。比喻喪失了賴以生存的資本。例這樣經營下去，咱們就賠老本了。

【賠了夫人又折兵】

《三國演義》載：「東吳周瑜設計，以孫權之妹許嫁給劉備爲名，將劉備騙到東吳，然後逼迫他歸還荊州。但在諸葛亮的巧妙安排下，劉備同孫權之妹結爲婚姻並返回荊州，還痛擊了周瑜派出的追兵。」後以「賠了夫人又折兵」比喻本想獲利，卻反而付出了雙重代價。例老王通過私人關係，弄來一些便宜貨，本想發筆小財，不料卻因無照經營被罰了款，貨也沒收了，眞可謂是「賠了夫人又折兵」。

【賠錢貨】

對女孩的鄙稱。例女孩兒現在可不是賠錢貨，她們跟男人一樣能幹，一樣掙錢，哪有賠錢之理！

ㄆㄟˋ

【沛雨甘霖】

沛：充盛。充足並甘美的雨水。比喻大恩大德。明・無名氏《四賢記・具慶》：「淸濃意長，情濃意長，沛雨甘霖，憔悴生香。」

【佩韋佩弦】

韋：皮帶，性韌；弦：指繃緊的弓弦，比喻緊張。《韓非子・觀行》：「西門豹之性急，故佩韋以自緩，董安於心之緩，故佩弦以自急。」後以「佩韋佩弦」比喻使自己時時警戒、改正容易犯的毛病。宋・程顥、程頤《二程全書・遺書十五》：「又且急則佩韋，緩則佩弦。」

【配套成龍】

經過調整和安排，使之成爲完整統一的系統。例宿舍大樓完工的同時，水、電、天然瓦斯和中央空調等也配套成龍，住戶感到十分方便。也作「成龍配套」。

ㄆㄠ

【抛到九霄雲外】

比喻忘得一乾二淨。例他一直在爲買不到飛機票而發愁，現在一見票買到了，憂愁、煩惱立刻都「抛到九霄雲外」去了。

【抛戈棄甲】

見「抛戈卸甲」。

【抛戈卸甲】

丟掉兵器，脫去軍服。形容戰鬥失敗，狼狽逃跑的樣子。元・無名氏《開詔救忠》一折：「則要你輸，不要你贏，可抛戈卸甲，佯輸詐敗。」也作「抛戈棄甲」。《隋唐演義》五三回：「部下聽得，一齊抛戈棄甲跪倒。」

【抛金棄鼓】

金：鑼。丟下助戰用的鑼鼓。形容作戰失敗狼狽逃走的樣子。元・無名氏《杏林莊》二折：「俺如今不須用力死追復，他每都抛金棄鼓，領著殘卒，離營撇寨那廂撲。」

【抛鸞拆鳳】

鸞、鳳：神話中的鳥。比喻夫妻或情侶被分開拆散。元・邦哲《壽陽曲・思舊》：「誰知道，天不容，兩三年間抛鸞拆鳳。」

【抛聲衒俏】

衒：ㄒㄩㄢˋ，出賣。故作高聲，賣弄風騷。《淸平山堂話本・刎頸鴛鴦會》：「其夜，秉中老早的更衣著靴，只在街上往來。本婦也在門首抛聲衒俏。」

【抛頭露面】

舊指婦女有悖封建禮教，在公開場合出現。後泛指人在大庭廣衆公開露面。《金瓶梅詞話》六九回：「幾次欲待要往公門訴狀……誠恐抛頭露面，有失先夫名節。」《鏡花緣》二四回：「如此幼女，教他天天抛頭露面。」也作「露面抛頭」。

【抛磚引玉】

抛出磚頭，引來美玉。《景德傳燈錄・趙州東院從稔禪師》：「大衆晚參，師云：『今夜答話去也，有解問者出來。』時有一僧便出，禮拜，稔曰：『比來抛磚引玉，卻引得個墼子。』」後常用作自謙語，比喻自己拙劣的文章或膚淺的看法，可引出別人的佳作或高見。《鏡花緣》一八回：「剛才婢子費了唇舌，說了許多書名，原是抛磚引玉，以爲借此長長見識，不意竟是如此！」

ㄆㄠˊ

【刨樹要搜根兒】

比喻遇到事情一定要弄個明白。例你能不能改改這「刨樹要搜根兒」的習慣？有些事，最好還是不全知道爲好。也作「刨樹要尋根」。

【刨樹要尋根】

見「刨樹要搜根兒」。

【庖丁解牛】

庖丁：廚師；解：分解，解剖。《莊子・養生主》：「庖丁爲文惠君解牛。手之所觸，肩之所倚，足之所履，膝之所踦，砉然嚮然，奏刀騞然，莫不中音。」後以「庖丁解牛」比喻技藝熟練，得心應手已到令人驚奇的地步。宋・文天祥《金匱歌序》：「辨證察脈，造神入妙，如庖丁解牛。」

【炰龍烹鳳】
見「烹龍炮鳳」。
【炮鳳烹龍】
見「烹龍炮鳳」。
【炮龍烹鳳】
見「炮鳳烹龍」。
【袍笏登場】
袍：古代官服；笏：ㄏㄨˋ，古代官員上朝時用的手板。原指做戲時打扮成官員登台表演。後譏人當了官登上政治舞台。清・趙翼《數月內頻送南雷述庵洳齋諸人赴京補官戲作》詩：「袍笏登場也等閒，惹他動色到柴關。」《北洋軍閥統治時期史話》二七章：「關於組織臨時政府的問題，段已通電北方各省徵求意見，只等回電一到，就要袍笏登場。」
【袍澤之誼】
袍：襯絮長衣；澤：貼身衣服，後指軍中同事。《詩經・秦風・無衣》：「豈曰無衣？與子同袍。王于興師，脩我戈矛。與子同仇。豈曰無衣？與子同澤。王于興師，脩我矛戟。與子偕作。」後以「袍澤之誼」形容關係非同一般的生死之交。
【袍子改汗衫——綽綽有餘】
綽綽：寬綽。形容很寬裕，很富足。例放心吧，供給游擊隊的生活費用，還是袍子改汗衫——綽綽有餘的。
【匏瓜空懸】
匏瓜：形似葫蘆但較大，不能食用。成熟後可作水瓢。比喻空有才能而不為世所用。《論語・陽貨》：「不曰堅乎，磨而不磷；不曰白乎，涅而不緇。吾豈匏瓜也哉，焉能繫而不食？」也作「匏瓜徒懸」。三國魏・王粲《登樓賦》：「冀王道之一平兮，假高衢而騁力；懼匏瓜之徒懸兮，畏井渫之莫食。」
【匏瓜徒懸】
見「匏瓜空懸」。

ㄆㄠˇ

【跑出去的馬——步步有印】
比喻說話、做事算數，牢靠。例我說了的話，就像跑出去的馬——步步有印，你放心好了。
【跑單幫】
指不以經商為職業的個人，來往各地販賣貨物賺錢。例現在經商成風，連學生都利用假期跑單幫，應該教育他們珍惜學生時代，不要被金錢污染了。
【跑江湖】
指舊時來往各地以賣藝、行醫、算卦、兜售藥物等謀生。例他自小跟父母跑江湖，練就了一身好功夫。
【跑了和尚，跑不了廟】
比喻即使一時逃脫，也終究跑不掉。例俗話說：「跑了和尚，跑不了廟。」雖然他躲起來了，但遲早會被抓住的。也作「跑得了和尚，跑不了廟」、「跑了和尚，跑不了寺院」、「躲得和尚躲不得寺」。
【跑龍套】
原指在戲曲扮演兵卒或隨從等次要角色。比喻做幫手、打雜等無足輕重的工作。例先讓那些年輕人跑龍套吧！但是希望他們最後一定要當主角。
【跑馬燈籠——空得見】
跑馬燈籠：一種皮影戲，即把跑馬的剪影放在燈籠內幕上表演。形容對某種東西只能看見，卻得不到。例她對你來說，是跑馬燈籠——空得見，不必多費心思了。
【跑馬使絆子——存心害人】
見「酒裏頭放蒙汗藥——存心害人」。
【跑碼頭】
指來往於江河湖海沿岸城鎮做生意。例過去跑碼頭的酸甜苦辣一言難盡。
【跑腿子】
指打單身，過單身生活。例他老婆死了五六年了，他一直沒再娶，至今還是個跑腿子。
【跑野馬】
比喻自由自在的玩或狂想。例考試完了，該讓孩子出去跑跑野馬，輕鬆輕鬆了。

ㄆㄠˋ

【泡病號】
指小病大養或藉口生病不上班。例他經常泡病號，以致哪個單位都不想要他。
【泡頸生包包——多事】
泡頸：大頸脖，一種疾病；包包：〈方〉身體上鼓起來的疙瘩。見「賣了餛飩買麵吃——多事」。
【泡蘑菇】
①指磨洋工、故意拖延、消磨時間。例他是下班打衝鋒，上班泡蘑菇。②指多方糾纏，使對方滿足自己的要求。例他天天找我泡蘑菇，要求分新房。
【泡泡糖粘住糯米飯——扯也扯不開】
比喻關係融洽，密不可分。例告訴你，我們是泡泡糖粘住糯米飯——扯也扯不開，別想破壞我們的關係，那沒有用。
【泡軟了的豆子——不乾脆】
比喻說話、做事不爽快。例你應當明確表示自己的態度，別像泡軟了的豆子——不乾脆。
【泡透的土牆——難長久】
也作「泡透的土牆——不長久」。見「風裏點燈——不長久」。
【炮打林中鳥——一哄（轟）而散】
哄：「轟」的諧音。雙關語。比喻吵吵嚷嚷一下子就散了。例完全是一幫烏合之衆，聽說敵人要來，就炮打林中鳥——一哄（轟）而散，這樣的隊伍不能收編。

【炮彈進膛——直入直出】
也作「炮彈進膛——直來直去」。見「胡同裏扛竹竿——直來直去。」
【炮彈脫靶——放空炮】
脫靶：打靶時沒有打中。比喻光說不做，或只許諾不兌現。例應當多幹實事，炮彈脫靶——放空炮，會失信於人。也作「飛機上打仗——放空炮」。
【炮彈炸糞坑——激起公憤(糞)】
見「茅坑裏扔石頭——激起公憤（糞）」。
【炮火連天】
形容戰場上炮火猛烈，戰鬥緊張激烈。《二十年目睹之怪現狀》一六回：「這不過演放兩三響已經這樣了，何況炮火連天，親臨大敵呢，自然也要逃走了。」
【炮筒子】
比喻心直口快、愛發表意見、脫口而出的人。例這人是個炮筒子，說話容易走火。
【炮筒子脾氣——點火就著】
見「硫磺腦袋——一點就著」。
【炮筒子脾氣——一觸即發】
見「箭在弦上——一觸即發」。
【炮仗頸——點才響】
炮仗：爆竹；炮仗頸：像炮仗一樣的頸子。比喻極不愛說話，要受逼迫才吭一下聲。例她性格內向，炮仗頸——點才響，你要多多啟發、督促。

ㄆㄡˇ

【剖腹藏珍珠——捨命不捨財】
也作「剖腹藏珍珠——愛財捨命」。見「搶元寶跳井——捨命不捨財」。
【剖腹藏珠】
《資治通鑑・唐太宗貞觀元年》：「上謂侍臣曰：『吾聞西域賈胡得美珠，剖身以藏之。侍臣曰：『有之。』上曰：『人皆知彼之愛珠而不愛其身也。』」剖開肚皮收藏珍珠。物雖貴，而軀體更貴。比喻為物傷身，輕重倒置。《紅樓夢》四五回：「寶玉道：『我也有這麼一個，怕他們失腳滑倒打破了，所以沒點來。』黛玉道：『跌了燈值錢呢，是跌了人值錢……怎麼忽然又變出這『剖腹藏珠』的脾氣來！』」
【剖腹獻肝膽——死盡忠心】
比喻竭盡愚忠。多含貶義。例這批遺老遺少，對王室是剖腹獻肝膽——死盡忠心，要他們轉變思想態度頗不容易。
【剖肝瀝膽】
指待人處事真誠無私。《三國演義》二一回：「公乃漢朝皇叔，故剖肝瀝膽以相告，公何詐也？」也作「披肝瀝膽」。
【剖決如流】
比喻分析問題解決問題一個接一個，十分迅速。《隋書・裴政傳》：「簿案盈几，剖決如流，用法寬平，無有冤濫。」
【剖開墨魚肚——一副黑心腸】
墨魚：也叫墨斗魚，烏賊的通稱，遇到危險時放出黑色液體，以掩護自己逃跑。比喻思想品德很壞，沒有良心。例他要做什麼慈善事業，他純粹是剖開墨魚肚——一副黑心腸，少坑害點人就行了。
【剖心析肝】
比喻待人中肯熱誠。《史記・魯仲連鄒陽傳》：「兩主二臣，剖心析肝相信，豈移於浮辭哉！」宋・曾鞏《再乞登對狀》：「燔軀沉族，豈足論極，其於剖心析肝，以效其區區之忠，固臣之所不敢不盡也。」
【剖魚得珠——格外珍貴】
見「戈壁灘上的泉水——格外珍貴」。
【剖魚得珠——喜從天降】
也作「剖魚得珠——喜出望外」。見「空中掉餡餅——喜從天降」。

ㄆㄡˊ

【抔土未乾】
抔：用手捧；抔土：即一抔土，指墳墓。人剛剛死去，墳墓上的土還沒乾。唐・駱賓王《為徐敬業討武曌檄》：「一抔之土未乾，六尺之孤何托。」
【裒多益寡】
裒：減少；益：增補。損有餘而補不足。引申為多接受別人的意見以彌補自己的缺陷。《周易・謙》：「君子以裒多益寡，稱物平施。」《三國演義》一〇六回：「今青蠅臭惡而集焉，位峻者顛，可不懼乎？願君侯裒多益寡，非禮勿履，然後三公可至，青蠅可驅也。」

ㄆㄢ

【扳轅臥轍】
見「攀車臥轍」。
【潘鬢成霜】
潘：潘岳，西晉文學家。其鬢髮未老先白。晉・潘岳《秋興賦並序》：「餘春秋三十有二，始見二毛……斑鬢以承弁兮，素髮颯以垂領。」後用以指人雖中年而鬢髮已白。元・無名氏《醉寫赤壁賦》一折：「我則待養浩然袁門積雪，久以後空嗟嘆得潘鬢成霜。」
【潘鬢沈腰】
潘：潘岳，西晉文學家；沈：沈約，南朝梁文學家。潘岳的鬢髮未老先白，沈約的腰日見瘦弱，比喻男子早衰。《羣音類選〈清腔類・步步嬌〉》：「拚得個潘鬢沈腰，搖落悠悠千里。」
【潘江陸海】
見「潘陸江海」。
【潘金蓮熬藥——暗地裏放毒】
《水滸傳》載：「武大郎之妻潘金蓮與

財主西門慶勾搭成奸，武大郎捉奸不成，反被奸夫倒踢一腳，臥病在床。西門慶、潘金蓮和王婆合謀，由潘金蓮在藥中下砒霜，毒死了武大郎。」比喻暗中搗鬼，毒害別人。例要提高警惕，防止壞人採取潘金蓮熬藥——暗地裏放毒的辦法來對付我們。

【潘金蓮的裹腳布——臭貨】

裹腳布：舊時婦女裹腳用的長布條。比喻卑鄙或醜惡的東西。例誰希罕你的「寶貝」，不過是個潘金蓮的裹腳布——臭貨罷了。也作「潘金蓮的裹腳布——骯髒貨」。

【潘金蓮給武松敬酒——別有用心】

《水滸傳》載：「一天，潘金蓮打發武大郎出去賣燒餅，借敬酒之機，勾引、挑逗武松。」見「貓挨著鍋邊轉——別有用心」。

【潘陸江海】

潘：潘岳，西晉文學家；陸：陸機，西晉文學家，與潘岳齊名。南朝梁・鍾嶸《詩品・晉黃門郎潘岳》：「晉平原相陸機詩，其源出陳思；晉黃門郎潘岳詩，其源出於仲宣。余常言：『陸才如海，潘才如江。』」後以「潘陸江海」比喻知識淵博，才思過人。唐・陳子昂《辨正論序》：「鬱鬱閒縟錦之文，飄飄竦陵雲之氣，班賈金玉，未可同年，潘陸江海，寧堪方駕。」也作「潘江陸海」。唐・王勃《秋日登洪府滕王閣餞別序》：「敢竭鄙誠，恭疏短引；一言均賦，四韻俱成。請灑潘江，各傾陸海雲爾。」

【潘楊之睦】

西晉文學家潘岳妻楊氏，為楊綏之姑，屬於世親聯姻，故用以稱親上做親。唐・皇甫枚《王知古》：「潘楊之睦可遵，鳳凰之兆斯在。」

【攀蟾折桂】

蟾：蟾宮，指月宮。傳說月宮裏有桂樹。上月中折桂樹。舊時比喻科舉及第。元・荊幹臣《醉花陰・閨情》套曲：「攀蟾折桂為卿相，成就了風流情況。」元・秦簡夫《東堂老》一折：「你傲的是攀蟾折桂手，你敬的是閉月羞花貌。」

【攀車臥轍】

攀住車子，橫臥在車道上，使車不能通過。指官吏賢能，離任時老百姓極力挽留的情形。南朝梁・沈約《齊故安陸昭王碑文》：「麾旆每反，行悲道泣，攀車臥轍之戀，爭塗忘遠；去思一借之情，愈久彌結。」也作「攀轅臥轍」。唐・白居易《白氏六帖・事類集》卷二一：「侯霸字君房，臨淮太守，被徵，百姓攀轅臥轍，不許去。」也作「扳轅臥轍」。《警世通言》卷四〇：「遂解官東歸，百姓聞知，扳轅臥轍而留。」

【攀高峯】

比喻努力達到最高成就。例體壇健兒正在刻苦鍛鍊，準備在亞運會上為國攀高峯。

【攀高接貴】

攀附接近有地位有權勢的人。元・李行道《灰闌記》一折：「不是我攀高接貴，由他每說短論長。」也作「攀高結貴」。《儒林外史》一七回：「我死之後，你一滿了服，就急急的要尋一頭親事，總要窮人家的兒女，萬不可貪圖富貴，攀高結貴。」也作「接貴攀高」。

【攀高結貴】

見「攀高接貴」。

【攀花折柳】

花、柳：喻妓女。指男子嫖妓。元・無名氏《百花亭》二折：「則為我攀花折柳，致令的有國難投。」

【攀今比昔】

原指今人與古人相比。後泛指今昔對比。明・湯顯祖《南柯記・系帥》：「你攀今比昔！那樊將軍他殢酒把鴻門碎，關大王面赤非乾醉，比周瑜飲醇醪量難及。」

【攀今弔古】

攀今：談論現在的事情；弔古：憑弔歷史上的事情。指談今說古。明・湯顯祖《牡丹亭・悵眺》：「那攀今弔古也徒然，荒台古樹寒煙。」也作「攀今覽古」。覽：說。元・周文質《鬥鵪鶉・咏小卿》套曲：「釋卷挑燈，攀今覽古。」也作「攀今攬古」。攬：同「覽」。元・關漢卿《單刀會》四折：「你這般攀今攬古，分甚枝葉？我根前使不著你之乎者也，詩云子曰。」

【攀今覽古】

見「攀今弔古」。

【攀今攬古】

見「攀今弔古」。

【攀龍附鳳】

龍、鳳：傳說中象徵祥瑞的動物，借指高貴有權勢的人。比喻依附帝王建功立業。後也泛指投靠顯貴。漢・揚雄《法言・淵騫》：「攀龍鱗，附鳳翼，巽以揚之，勃勃乎其不可及也。」《三國演義》七三回：「方今天才分崩，英雄並起，各霸一方，四海才德之士，捨生亡死而事其上者，皆欲攀龍附鳳，建立功名也。」也作「攀龍托鳳」。南朝梁・鍾嶸《詩品・總論》：「曹氏父子，篤好斯文；平原兄弟，鬱為文棟、劉楨、王粲，為其羽翼。次有攀龍托鳳，自致於屬車者，蓋將百計。」也作「攀龍附驥」。《南齊書・丘巨源傳》：「攀龍附驥，翻焉雲翔。」也作「攀龍附驥」。驥：良馬。《三國志・吳書・孫權傳》：「此言之誠，有如大江。」裴松之注引《魏略》載：「孫權與諸周書：『當垂宿念，為之先後，使獲攀龍附驥，永自固定，其為分惠，豈有量哉！』」也作「攀鱗附翼」。鱗：借指龍；翼：指鳳翼。唐・李商隱《獻侍郎鉅鹿公啟》：「枕石漱流，則尚於枯槁寂寥之句，攀鱗附翼，則先於驕奢艷佚之篇。」

【攀鱗附翼】

見「攀龍附鳳」。

【攀龍附驥】

見「攀龍附鳳」。

【攀龍附驤】

見「攀龍附鳳」。

【攀龍托鳳】

見「攀龍附鳳」。

【攀木緣崖】

見「攀藤附葛」。

【攀親托熟】

與人認親戚，作朋友。也指套交情。《西遊記》四二回：「他與那豬八戒當時尋到我的門前，講甚麼攀親托熟之言，被我怒髮衝天，與他交戰幾合。」

【攀藤附葛】

抓住藤和葛往上攀登。形容攀登險峻的山路和懸崖的艱難情況。《儒林外史》三九回：「老和尚聽了，戰戰兢兢，將葫蘆裏打滿了酒，謝了老婦人，在屋後攀藤附葛上去。」也作「攀藤攬葛」。明・無名氏《齊天大聖》二折：「這潑毛團，仗攀藤攬葛之張狂，倚跳澗踏山之勢樣，豈知天兵威嚴。」也作「攀木緣崖」。《三國志・魏書・鄧艾傳》：「將士皆攀木緣崖，魚貫而進。」

【攀藤攬葛】

見「攀藤附葛」。

【攀轅扣馬】

轅：車前駕馬直木。把住轅杆，攏住馬韁，不讓車走。形容舊時百姓對愛民的官吏離任的挽留。《東觀漢記》一八：「（第五倫）為事徵，百姓攀轅扣馬呼曰：『捨我何之？』」參見「攀車臥轍」。

【攀轅臥轍】

見「攀車臥轍」。

ㄆㄢˊ

【盤根錯節】

盤：ㄆㄢˊ，盤旋；錯：交錯。指樹木的根幹盤繞交織。比喻事情錯綜複雜，不易處理。《魏書・甄琛傳》：「今河南郡是陛下天山之堅木，盤根錯節，亂植其中。」宋・陸九淵《與劉深父書》：「向以為盤根錯節未可遽解者將渙然冰釋，怡然理順。」也作「槃根錯節」。《後漢書・虞詡傳》：「志不求易，事不避難，臣之職也；不遇槃根錯節，何以別利器乎？」也作「錯節盤根」。

【盤根究底】

見「盤根問底」。

【盤根問底】

盤：盤問；問：追究。詳細盤問事情的根由。《鏡花緣》四四回：「無如林之洋雖在海外走過幾次，諸事並不留心，究竟見聞不廣，被小山盤根問底，今日也談，明日也談，腹中所有若干故典，久已告竣。」也作「盤根究底」。例他出差剛進家門，妻子便盤根究底的詢問錢是怎麼花的，使他心裏很不愉快。

【盤古王耍撥浪鼓——老天真】

盤古王：我國神話中的開天闢地的人物，他百餘歲還給自己父親搖撥浪鼓開心。撥浪鼓：玩具，帶把兒的小鼓，來回轉動時，兩旁繫在短繩上的鼓槌擊鼓作聲。也作「盤古王跳舞——老天真」。見「八十歲跳舞——老天真」。

【盤馬彎弓】

跨馬盤旋，緊拉著弓。比喻嚴陣以待，做好戰鬥準備。也比喻故作架式，並不立即行動。唐・韓愈《雉帶箭》詩：「原頭火燒靜兀兀，野雉畏鷹出復沒。將軍欲以巧伏人，盤馬彎弓惜不發。」梁啟超《論各國干涉中國財政之動機》：「各相猜而莫敢執其咎，此所以盤馬彎弓而久不發也。」也作「彎弓盤馬」。

【盤山公路——繞來繞去】

見「老藤纏樹——繞來繞去」。

【盤石犬牙】

封建社會，君主欲使其統治固如盤石，因分封宗室，使犬牙相制，稱為「盤石犬牙」。《晉書・武十三王等傳》：「文昭武穆，方駕於魯、衛、應、韓；盤石犬牙，連衡於吳、楚、齊、代。」也作「犬牙盤石」。

【盤石桑苞】

盤石：巨石；桑苞：根深的大桑樹。比喻事物穩固，不易動搖。清・方苞《周公論》：「蓋懲於鬼方之叛殷，萊夷之爭齊，而早為盤石桑苞之固也。」

【盤石之安】

像巨石那樣穩固、安定。《荀子・富國》：「為名者否，為利者否，為忿者否，則國安於盤石，壽於旗翼。人皆亂，我獨治；人皆危，我獨安。」清・陸隴其《謙守齋記》：「有方盛而忽衰者，必其自尊大，視其家，若泰山之固，盤石之安，人無如我何者也。」也作「盤石之固」。《文選〈古詩十九首〉之七》：「南箕北有斗，牽牛不負軛；良無盤石固，虛名復何益。」《晉書・陸機傳》：「於是乎立其封疆之典，裁其親疏之宜，使萬國相維，以成盤石之固。」也作「磐石之安」。《三國演義》七七回：「昭曰：『主公勿憂：某有一計，令西蜀之兵不犯東吳，荊州如磐石之安。』」

【盤石之固】

見「盤石之安」。

【盤水加劍】

盤水：表示公正嚴明的法律；加劍：表示自甘伏罪。指願接受公正的法律治自己之罪。《漢書・賈誼傳》：「故其在大譴大何之域者，聞譴何則白冠牦纓，盤水加劍，造請室而請罪耳。」顏師古注：「如淳曰：『水性平，若己有正罪，君以平法治之也；加劍，當以自刎也。』」

【盤子裏生豆芽兒——扎不下根】

見「牆上栽蔥——扎不下根」。

【盤子裏生豆芽——根底淺】
比喻底子薄，基礎差。例他是從外文系轉入會計系，連基本的初會也沒學過，就像盤子裏生豆芽——根底淺，學習自然很吃力。也作「盤子吃飯——底子淺」、「牆上蘆葦——根底淺」、「嫩苗苗——根底淺」。

【盤子裏扎猛子——不知深淺】
見「黑夜過河——不知深淺」。

【槃根錯節】
見「盤根錯節」。

【磐石之安】
見「盤石之安」。

ㄆㄢˋ

【判官吃黑豆——鬼嚼】
判官：迷信傳說中指閻王手下管生死簿的官。比喻瞎說、胡說。例你們背後嘀嘀咕咕，道人長短，眞是判官吃黑豆——鬼嚼。

【判官錯點生死簿——糊塗鬼】
比喻不明事理不辨是非的人。罵人的話。例你怎麼不分青紅皂白就把因家中有事而遲到的小英臭罵一頓，眞是判官錯點生死簿——糊塗鬼。也作「死的不明不白——糊塗鬼」、「玉米粥裏煮土豆——糊塗蛋」。

【判官的肚腹——鬼心腸】
比喻心裏有陰謀詭計。例別耍花招了，你那判官的肚腹——鬼心腸，我是一清二楚的，才不會上當哩！也作「判官的肚子——鬼心腸」。

【判妻人子】
判妻：舊時指被離棄或夫亡再嫁的婦女；人子：女子再嫁時帶入後夫家的子女。《周禮・地官・媒氏》：「媒氏，掌萬民之判，凡娶判妻人子者，皆書之。」

【判然不同】
見「判若水火」。

【判若黑白】
比喻兩者界限極其明顯，不得混淆。清・方望溪《書祭裴太常文后》：「夫文之高下雅俗，判若黑白，學者猶安於習見，而莫知別擇。」也作「判若江湖」。清・錢泳《履園叢話・書學・書法分南北宗》：「不知南北兩派，判若江湖，不相通習。」

【判若鴻溝】
判：區別，判明，分辨；鴻溝：原係古運河，今指明顯的分界線。《史記・項羽本紀》：「項羽恐，乃與漢王約，中分天下，割鴻溝而西者為漢，鴻溝而東者為楚。」形容界限分明，區別非常清楚。魯迅「僞自由書・後記》：「從此之後，中國文壇新舊的界限，判若鴻溝。」

【判若江湖】
見「判若黑白」。

【判若兩人】
形容一個人的變化非常大，前後像是兩個人。《文明小史》五回：「須曉得柳知府於這交涉上頭，本是何等通融、何等遷就，何以如今判若兩人？」

【判若水火】
比喻兩者如水火一樣，互不相容。清・錢泳《履園叢話・譚詩・總論》：「沈歸愚宗伯與袁簡齋太史論詩，判若水火。」《清朝野史大觀・胡獄之結束》：「大臣立朝，當以公忠體國為心。若各存意見，則依附之小人，遂至妄為揣摩，羣相附和，漸至判若水火，古來朋黨之弊，悉由於此。」也作「判然不同」。

【判若天淵】
見「判若雲泥」。

【判若雲泥】
雲在天，泥在地，比喻兩者如天地之差，無法比擬。唐・杜甫《送韋書記赴安西》詩：「夫子欻通貴，雲泥相望懸。」也作「判若天淵」。《清史稿・王恩綬傳》：「旣而御史汪朝棨疏言：『恩綬無守土責，而視死如歸，不特與草間偷活判若天淵，即較之城亡與亡亦分難易。』」朱庭珍《筱園詩話》三：「不過用心於一兩字間，斟酌而出，即判若天淵。」

【盼辰勾】
辰：北極星；勾：彎勾月，新月。因為北極星與彎勾月很難同時出現在天空，故用以比喻極難盼到的事物。例難道盼你從海外歸來，竟像盼辰勾一樣難嗎？

【盼星星盼月亮】
形容不分晝夜地期待著。例我們「盼星星盼月亮」，總算把你給盼回來了，你卻給我們帶來這麼個壞消息，眞讓人大失所望。

ㄆㄣˊ

【盆傾瓮倒】
將盆瓮等倒翻過來，所盛的液體全部流出。用以形容酒或雨水傾瀉無遺。《歧路燈》五八回：「衆人盆傾瓮倒向口中亂灌，都有了半酣光景，定要珍珠串唱曲子。」也作「盆傾瓮瀽」。明・無名氏《東籬賞菊》一折：「如今下盆傾瓮瀽的大雨，可也不怕，看有什麼人來。」

【盆傾瓮瀽】
見「盆傾瓮倒」。

【盆子裏擺山水——清秀】
擺山水：用假山水製作盆景。比喻美麗而不俗氣。例這位姑娘就像盆子裏擺山水——清秀得很，具有中國古代美人的氣質。

ㄆㄤˊ

【龐眉白髮】
見「龐眉皓髮」。

【龐眉皓髮】
龐：雜色；皓：白。指老人眉髮花白。漢・張衡《思玄賦》：「尉尨眉而郎潛兮。」《文選》李善注引《漢武故事》：「顏駟，不知何許人，漢文帝時爲郎。至武帝嘗輦過郎署，見駟龐眉皓髮。」也作「**龐眉皓首**」。清·紀昀《閱微草堂筆記·灤陽續錄六》：「狐曰：『君等意中，覺吾形何似？』一人曰：『當龐眉皓首。』應聲即現一老人形。」也作「**龐眉白髮**」。《醒世恆言》卷十八：「忽見一個老頭兒龐眉白髮，年約六十開外。」

【龐眉皓首】

見「龐眉皓髮」。

【龐然大物】

龐然：高大的樣子。形容又高又大或貌似強大的東西。唐·柳宗元《三戒·黔之驢》：「黔無驢，有好事者船載以入。至則無可用，放之山下。虎見之，龐然大物也，以爲神。」曹禺《日出》：「潘月亭——一塊龐然大物，裹著一身綢緞。」

【龐統當知縣——大材小用】

龐統：三國襄陽人，才智過人，但形象古怪，其貌不揚。劉備初以貌取人，派他到耒陽做縣令。後劉備發現自己錯了，即拜龐統爲副軍師中郎將。見「大炮打麻雀——大材小用」。

【旁觀袖手】

將手伸在袖裏在一旁觀看。比喻置身事外，不與問其事。宋·陸游《福州清仁王堅老疏》：「勇退激流，雖具衲子參尋之眼；旁觀袖手，要非邦人向慕之誠。」也作「**袖手旁觀**」。

【旁觀者清】

對同一件事，旁觀的人往往比當事人冷靜、客觀，所以看得更清楚。常與「當局者迷」同用。《新唐書·元行冲傳》：「當局者迷，旁觀必審。」《紅樓夢》五五回：「俗語說：『旁觀者清。』這幾年姑娘冷眼看著，或者該添該減的去處，二奶奶沒行到，姑娘竟一添減。」也作「**傍觀者清**」、「**傍觀者清，當局者迷。**」《醒世恆言》卷九：「說起來，下棋的最怕傍人觀看。常言道：『傍觀者淸，當局者迷。』」

【旁見側出】

從側面描繪或表現。宋·蘇軾《書幅題跋·書吳道子畫後》：「道子畫人物，如以燈取影，逆來順往，旁見側出，橫斜平直，各相乘除。」

【旁門外道】

不正經的學派或異端邪說。今也泛指一切不正經的事物。清·鄭燮《花間堂詩草跋》：「蓋譚詩論文，有粗鄙熟爛者，有旁門外道者，有泥古至死不悟者，最足損人神智。」也作「**旁門左道**」。《禮記·王制》：「執左道以亂政，殺。」也作「**左道旁門**」。

【旁門左道】

見「旁門外道」。

【旁敲側擊】

從旁側敲敲打打。比喻說話、寫文章不直接闡述本意，而採用迂迴曲折、語意雙關的手段來進行攻擊、詆毀。《二十年目睹之怪現狀》二〇回：「雲岫這東西，不給他兩句，他當人家一輩子都是糊塗蟲呢。只不過不應該這樣旁敲側擊，應該要明亮亮的叫破了他。」

【旁求俊彥】

俊彥：有才能的俊逸之士。多方尋求賢才。《尚書·太甲上》：「伊尹乃言曰：『先王昧爽丕顯，坐以待旦；旁求俊彥，啟迪後人。』」

【旁若無人】

形容態度自然，落落大方。亦形容態度傲慢，目中無人。《史記·刺客列傳》：「酒酣以往，高漸離擊筑，荊軻和而歌於市中，相樂也。已而相泣，旁若無人者。」《晋書·王猛傳》：「捫虱而談，旁若無人。」也作「**傍若無人**」。晋·陶潛《晋故征西大將軍長史孟府君傳》：「至於任懷得意，融然遠寄，傍若無人。」

【旁搜博採】

廣泛地搜求採集。明·李贄《續焚書·序匯·史閣敍述》：「君知其難，則自能旁搜博採，若我太祖高皇帝然，唯務得人而後已。」

【旁搜遠紹】

紹：繼承。廣泛地挖掘資料，追溯並闡釋其來源，加以論證。鄭逸梅《常用典故詞典·序言》：「在這編寫過程中，遇到許多疑難項目，旁搜遠紹，才能得其端倪，花的力氣是很大的。」

【旁行斜上】

本指《史記》中《三代世表》、《十二諸侯年表》等的格式。後泛指按此格式排列的系表及橫書的文字。清·李斗《揚州畫舫錄·草河錄上》：「卷帙不廣，條目悉具，編年紀月以經之，旁行斜上以緯之。」

【旁徵博引】

寫文章或說話時，廣泛地引用許多材料作爲依據或例證。朱自清《陶淵明年譜中之問題》：「《陶考》旁徵博引，辨析精詳；其所發明，尤在出處一事。」

【傍觀者清】

見「旁觀者清」。

【傍若無人】

見「旁若無人」。

【滂沱大雨】

滂沱：大雨傾注的樣子。形容雨下得特別大。例接連幾天的滂沱大雨，使水庫下游的防汛工作更加緊張。

【螃蟹吃高粱——順著杆子往上爬】

見「老母豬吃秫黍——順杆子上來了」。

【螃蟹的腳——彎彎多】

比喻歪道多，鬼點子多。例別以爲他是螃蟹的腳——彎彎多，可以逃過法律的懲罰，一旦檢察官下拘捕令，他就無處藏身了。

【螃蟹的眼睛——死不瞑目】

見「鯉魚下油鍋——死不瞑目」。

【螃蟹斷爪——橫行不了】

見「籠屜裏的螃蟹——橫行不了幾

天」。

【螃蟹過河——七手八腳】
形容人多手雜或動作緊張忙亂。例還是讓老師傅自己動手吧，你們好似螃蟹過河——七手八腳，越幫越忙。

【螃蟹過街——橫行霸道】
形容胡作非為，蠻不講理。例張家小子在街道上就像螃蟹過街——橫行霸道，誰也管不了，民憤極大。也作「托著扁擔過馬路——橫行霸道」、「屬螃蟹的——橫著走」。

【螃蟹夾豌豆——滾了】
螃蟹用鉗子夾豌豆，夾不住，豌豆滾動了。雙關語。比喻走開，離開。含有斥責的意思。例兩個土匪見房裏空空，無可劫之物，便螃蟹夾豌豆——滾了。也作「螃蟹夾豌豆——滾滾滾」、「冬瓜下山——滾了」。

【螃蟹夾豌豆——連爬帶滾】
形容狼狽逃竄的樣子。例我邊防部隊一出動，越境的敵人就像螃蟹夾豌豆——連爬帶滾地溜了。也作「螃蟹夾雞蛋——連爬帶滾」。

【螃蟹進了魚簍子——進得來出不去】
魚簍（ㄌㄡˇ）子：裝魚用的器具，用竹子、荊條、葦篾等編成，口小腹大。比喻自投羅網，有來無回。例來吧，小鬼子，準叫你螃蟹進了魚簍子——進得來出不去。

【螃蟹拉車——不走正道】
拉車要順著馬路走正道，而螃蟹是橫行的，走不了正道。比喻行為不端，盡搞邪門歪道。例李家小兒子自從輟學後，就加入幫派，盡做些螃蟹拉車——不走正道的勾當。

【螃蟹上樹——巴不得】
見「螞蟻上牆——巴不得」。

【螃蟹吐唾沫——沒完沒了】
比喻事情老是沒有結果；或說話囉嗦，沒有個完。含有厭倦的意思。例究竟有多少任務，一次交給我們吧，今天一點，明天一點，螃蟹吐唾沫——沒完沒了，連計畫都無法安排。也作「吳剛砍桂樹——沒完沒了」、「滴水崖上滴水——沒完沒了」。

【螃蟹脫殼——溜之大吉】
見「腳底下抹油——溜啦」。

ㄆㄤˋ

【胖大海掉進黃連水——苦水裏泡大的】
胖大海：一種中藥，浸在水中即膨大呈海綿狀；黃連：多年生草本植物，根莖味苦，可以入藥。雙關語。比喻從小就過苦日子。例工作、生活艱苦並不害怕，我是胖大海掉進黃連水——苦水裏泡大的，經得起考驗。

【胖老婆騎瘦驢——肥瘦相搭】
比喻取長補短，互相搭配。例咱們這次是老、中、青，男、女混合編隊，俗話說：「胖老婆騎瘦驢——肥瘦相搭」，有利於開展工作。也作「胖奶奶騎驢子——牽肥搭瘦」、「胖媽媽騎瘦騾子——牽肥搭瘦」。

【胖子穿小褂——不合身】
比喻衣服穿著不合適。例什麼新潮流？我們老頭子穿這種服裝，就像胖子穿小褂——不合身。

【胖子過窄門——門當(擋)戶對】
當：「擋」的諧音。雙關語。比喻地位相當。例他們倆是胖子過窄門——門當（擋）戶對，正合適。也作「胖婆娘過窄門——門當（擋）戶對」。

【胖子上山——落後】
見「老牛追汽車——落在後邊」。

【胖子也不是一口兒吃的】
比喻做事不可太性急，得一步步來。例你學會騎車才一個月，就想騎得和他一樣好，這怎麼可能？俗話說：「胖子也不是一口兒吃的。」你還得慢慢來。

ㄆㄥ

【烹龍炮鳳】
煮龍肉燒鳳肉。比喻菜肴珍奇豐盛及奢侈。唐·李賀《將進酒》詩：「琉璃鍾，琥珀濃，小槽酒滴眞珠紅。烹龍炮鳳玉脂泣，羅幃翠幕圍春風。」元·戴善夫《風光好》一折：「座上若無油木梳，烹龍炮鳳總成虛。」也作「炮鳳烹龍」。元·王實甫《麗春堂》一折：「今日個宴賞羣公，光祿寺醞江釀海，尙食局炮鳳烹龍。」也作「炮龍烹鳳」。《水滸傳》八二回：「大設筵宴·輪番把盞，廳前大吹大擂。雖無炮龍烹鳳，端的是肉山酒海。」也作「炰龍烹鳳」。明·無名氏《漁樵閒話》一折：「我聽的朱門裏奏笙歌，相府內夜排筵宴，炰龍烹鳳，敲金擊玉。」也作「烹龍炰鳳」。《糊塗世界》卷一〇：「……擺起酒席來，果然烹龍炰鳳，樣樣精工。」也作「炙鳳烹龍」。

【烹龍炰鳳】
見「烹龍炮鳳」。

【烹牛而不鹽】
煮牛肉捨不得放鹽，結果食之難以下嚥。比喻因小失大。《淮南子·說山訓》：「遺人馬而解其羈，遺人車而稅其轙，所愛者少而所亡者多。故里人諺曰：『烹牛而不鹽。』敗其所為也。」

【烹犬藏弓】
殺死良犬，收藏良弓。比喻大事告成後功臣被廢棄或陷害。《史記·越王句踐世家》：「自齊遺大夫種書曰：『飛鳥盡，良弓藏；狡兔死，走狗烹。越王為人，長頸鳥喙，可與共患難，不可與共樂，子何不去？』」《南齊書·垣崇祖張敬兒傳贊》：「敬兒莅雍，深心防楚。豈不劬勞，實興師旅。烹犬藏弓，同歸異緒。」

【嘭嘭響的西瓜——熟透了】

見「落地的桃子——熟透了」。

ㄆㄥˊ

【弸中彪外】
弸：充滿；彪：文采。指才德充滿於內，則文采炫揚於外。漢·揚雄《法言·君子》：「或問：君子言則成文，動則成德，何以也？曰：『以其弸中而彪外也。』」
【朋比為奸】
見「朋比作奸」。
【朋比作奸】
朋比：相互勾結。勾結在一起幹壞事。《明史·溫純傳》：「已，南京給事中陳嘉訓等級論二人陰有所恃，朋比作奸，當極斥之，而聽純歸，以全大臣之體。」也作「朋比為奸」。《三國演義》一回：「後張讓、趙忠、封諝……夏惲、郭勝十人朋比為奸，號為『十常侍』。」
【朋黨比周】
比周：相互勾結幹壞事。結黨營私，一起幹壞事。《舊唐書·韋安石傳》：「青州刺史韋安石、太子賓客韋嗣立、刑部尚書趙彥昭等，往在先朝，曲蒙厚賞，因緣幸會，久在廟堂，朋黨比周，聞于行路。」
【朋友不怕多，冤家怕一個】
指有一個仇人就會對自己大為不利。例俗話說：「朋友不怕多，冤家怕一個。」你在外面千萬不要與人結下冤仇，不然今後會有麻煩的。也作「朋友千個少，冤家一個多」。
【棚車鼓笛】
指古代在車上裝載酒食，吹奏著樂器在大路上行進。宋·邵伯溫《邵氏聞見前錄》：「真宗……兵革不用，家給人足……民以車載酒食聲樂，遊於通衢，謂棚車鼓笛。」
【蓬蓽生光】
見「蓬蓽生輝」。
【蓬蓽生輝】
蓬蓽（ㄅㄧˋ）：指用蓬草和荊竹編的門。形容窮苦人家。常用作自謙詞，表示因貴客來訪或別人為己題贈字畫而使自己的家裏增加光彩。《醒世恆言》卷五一：「小尼僻居荒野，無德無能，謬承枉顧，蓬蓽生輝。」也作「蓬蓽生光」。元·秦簡夫《剪髮待賓》三折：「學士大人腳踏於賤地，蓬蓽生光。」也作「蓬屋生輝」。《西遊記》九六回：「家父齋僧二十餘年，更不曾遇著好人，今幸圓滿，四位下降，誠然是蓬屋生輝。」也作「蓬蓽有輝」。《西遊記》一七回：「那妖早已迎出門來道：『凌虛，有勞仙駕珍顧，蓬蓽有輝。』」也作「蓬蓽增輝」。明·朱權《卓文君私奔相如》四折：「今日得遇相公夫人到此，莫非蓬蓽增輝。」也作「蓬閭生輝」。《歧路燈》四回：「孝移道：『多蒙兩位先生台愛，蓬閭生輝。』」
【蓬蓽有輝】
見「蓬蓽生輝」。
【蓬蓽增輝】
見「蓬蓽生輝」。
【蓬髮垢衣】
見「蓬頭垢面」。
【蓬蒿滿宅】
見「蓬蒿沒人」。
【蓬蒿沒人】
蓬蒿（ㄏㄠ）生得高而茂密，人可隱沒其間。比喻過著長期的隱居生活。晉·皇甫謐《高士傳·張仲蔚》：「張仲蔚明天官，博物善屬文，好詩賦，常居窮素，所處蓬蒿沒人，閉門養性，不治榮名。」也作「蓬蒿滿宅」。南朝宋·劉義慶《世說新語·棲逸》：「張仲蔚隱居平陵，蓬蒿滿宅，唯開一行徑。」
【蓬戶空室】
見「蓬門蓽戶」。
【蓬戶桑樞】
見「蓬戶甕牖」。
【蓬戶甕牖】
蓬戶：蓬草編的門；牖：ㄧㄡˇ，窗。以蓬草編門，以破甕做窗洞。形容住房簡陋，家境貧苦。《淮南子·原道訓》：「環堵之室，茨之以生茅，蓬戶甕牖，揉桑為樞。」也作「蓬戶桑樞」。南朝梁·江淹《詣建平王上書》：「下官本蓬戶桑樞之人，布衣韋帶之士。」也作「蓬牖茅椽」。《紅樓夢》一回：「所以蓬牖茅椽，繩床瓦灶，並不足妨我襟懷；況那晨風夕月，階柳庭花，更覺得潤人筆墨。」
【蓬閭生輝】
見「蓬蓽生輝」。
【蓬門蓽戶】
蓬：蓬草；蓽：ㄅㄧˋ，荊竹。指窮人居住的簡陋房屋。也用作自謙語。明·于謙《村舍桃花》詩：「野水縈紆石徑斜，蓬門蓽戶兩三家。」晉·傅咸《贈何劭王濟》詩：「歸身蓬蓽戶，樂道以忘飢。」也作「蓬戶空室」。《史記·遊俠列傳》：「故季次、原憲終身空室蓬戶，褐衣疏食不厭，死而已四百餘年，而弟子志之不倦。」
【蓬蓬勃勃】
盛大，充滿生氣。漢·賈誼《旱雲賦》：「遙望白雲之蓬勃兮滃滃澹澹而妄止。」《漢書·天文志》注：「文穎曰：『孛星，其光四去，蓬蓬勃勃也。』」
【蓬生麻中】
見「蓬生麻中，不扶自直」。
【蓬生麻中，不扶自直】
蓬：又名飛蓬。多年生草本植物。蓬草生長在麻田裏，不用扶持，自然會挺直。比喻人生長在良好的社會環境中，可以健康地成長。《史記·三王世家》：「蓬生麻中，不扶自直；白沙在泥中，與之皆黑者，土地教化使之然也。」例他服兵役剛滿一年，不但改掉了好逸惡勞的壞毛病，身體也更健碩了。真是「蓬生麻中，不扶自直」啊！也作「蓬生麻中」。北齊·

顏之推《顏氏家訓·風操》：「昔在江南，目能視而見之，蓬生麻中，耳能聽而聞之，不勞翰墨。」

【蓬首垢面】
見「蓬頭垢面」。

【蓬首散帶】
頭髮蓬亂，衣帶鬆散。《詩經·衛風·伯兮》：「伯也執殳，爲王前驅。自伯之東，首如飛蓬。」比喻不修邊幅，衣著隨便。《晉書·王徽之傳》：「徽之字子猷，性卓犖不羈，爲大司馬桓溫參軍，蓬首散帶，不綜府事。」

【蓬頭垢面】
頭髮蓬亂，滿臉塵垢。形容憔悴骯髒。《魏書·封軌傳》：「君子整其衣冠，尊其瞻視，何必蓬頭垢面，然後爲賢。」也作「**蓬首垢面**」。《東周列國志》七回：「只見一人蓬首垢面，徑造鄭伯面前，跪哭而言之。」也作「**蓬髮垢衣**」。唐·薛漁思《河東記·申屠澄》：「其女年方十四五，雖蓬髮垢衣，而雪膚花臉，舉止妍媚。」

【蓬頭歷齒】
歷：稀疏，頭髮蓬亂，牙齒缺落。形容人衰老。戰國楚·宋玉《登徒子好色賦》：「登徒子則不然，其妻蓬頭攣耳，齞唇歷齒，旁行踽僂，又疥且痔。」北周·庾信《竹杖賦》：「噫！子老矣，鶴髮雞皮，蓬頭歷齒。」

【蓬頭跣足】
跣（ㄒㄧㄢˇ）足：赤腳。頭髮散亂，赤裸雙腳。形容衣冠不整，不事儀表。《古今小說》卷二七：「買臣妻的後夫亦在獄中，其妻蓬頭跣足，隨伴送飯。」

【蓬屋生輝】
見「蓬蓽生輝」。

【蓬心回蕩】
蓬心：煩亂的心腸。形容心裏反來覆去不平靜。唐·李嶠《爲崔神基讓司賓卿表》：「伏承恩制，以臣爲司賓卿，芝渙曲臨，獎飾逾分，蓬心回蕩，冰炭交集。」

【蓬牖茅椽】
見「蓬戶甕牖」。

【蓬轉萍飄】
蓬隨風吹轉，萍隨水浮蕩。比喻像飛蓬和浮萍那樣飄泊不定，沒有固定的歸宿。晉·潘岳《西征賦》：「陋吾人之拘攣，飄萍浮而蓬轉。」

【彭祖遇壽星——各有千秋】
彭祖：我國傳說的長壽老人，生於夏代，至殷代末年已七百六十七歲（一說八百餘歲）；壽星：老人星，長壽的象徵；千秋：千年，比喻可流傳久遠。雙關語，比喻各有各的特色、長處。例這兩個畫家的作品，可以說是彭祖遇壽星——各有千秋，難分上下。

【鵬程萬里】
鵬：古代傳說中的大鳥。《莊子·逍遙遊》：「鵬之徙於南溟也，水擊三千里，摶扶搖而上者九萬里。」後以「鵬程萬里」比喻前途遠大。元·朱庭玉《襖神急·貧樂》套曲：「鳩巢一枝，鵬程萬里，堪嘆人生同物類，以軀白甚苦驅馳。」

ㄆㄥˇ

【捧場面】
原指特意去劇場觀賞自己喜歡的演員演出，並爲之喝采。比喻有意爲別人的作品、活動等等吹噓。例今天的義賣會，還要請老哥你去捧場面。也作「**捧場**」。

【捧的高，跌的重】
比喻被吹捧得越厲害，遭受的挫折就越大。例他現在這種萎靡不振的狀態與你有很大關係，「捧的高，跌的重」，當初你做得太過分了。

【捧飯稱饑，臨河叫渴】
指人過於貪心。例俗話說：「捧飯稱饑，臨河叫渴。」有些人，就是這樣貪得無厭，什麼東西都想撈，從來沒有滿足的時候。

【捧腹大笑】
捧腹：用手捂著肚子。形容遇到極其可笑的事而笑得非常厲害。《史記·日者列傳》：「司馬季主捧腹大笑曰：『觀大夫類有道術者，今何言之陋也，何辭之野也！』」也作「**捧腹絕倒**」。《新五代史·晉家人傳》：「左右皆失笑，帝亦自絕倒。顧謂左右曰：『我今日作新女婿何似。』皇后與左右皆大笑，聲聞於外。」

【捧腹絕倒】
見「捧腹大笑」。

【捧腹軒渠】
軒：高；渠：ㄑㄩˊ，同「舉」。軒渠原指幼兒高舉雙手欲讓父母抱時高興之情，後轉形容笑貌。《後漢書·薊子訓傳》：「兒識父母，軒渠笑悅，欲往就之。」宋·胡仔《苕溪漁隱叢話後集·山谷下》：「曇秀來海上，見東坡，出黔安居士草書一幅，問此書如何。東坡云：『張融有言，不恨臣無二王法，恨二王無臣法。吾於黔安亦云然。他日，黔安見之，當捧腹軒渠也。』」

【捧轂推輪】
捧：拾；轂：ㄍㄨˇ，車輪中心的圓木，上有裝車軸的孔。抬起車轂，推動輪子。比喻薦舉賢才。《史記·魏其武安侯列傳》：「魏其、武安俱好儒術，推轂趙綰爲御史大夫，王臧爲郎中令；迎魯申公，欲設明堂。」元·無名氏《十樣錦》三折：「蕭何三薦，印掛元戎，築壇拜將，捧轂推輪。」也作「**推輪捧轂**」。

【捧上不成龍】
即使捧上天，也成不了龍。比喻沒有出息的人，別人再怎麼扶持也無用。例自古道：「捧上不成龍。」如果他沒有那份兒能耐，你最好不要強求他，免得大家都不愉快。

【捧上天】

比喻吹捧、誇獎到極點。例孩子做這麼點小事，你們就把他捧上天，這不是害他嗎？

【捧頭鼠竄】
捧著頭像老鼠一樣逃走。形容逃跑時的狼狽樣。宋・陸游《聞虜酋遁歸漠北》詩：「天威在上賊膽破，捧頭鼠竄顚可哀！」《聊齋志異・農人》：「農人叱曰：『速去，釋汝。』女見狐捧頭鼠竄而去，自是遂安。」

【捧土濡浰】
濡：ㄖㄨˊ，沾溼。眼淚沾溼雙手捧著的土。形容對死者的悲悼。唐・柳宗元《安置考闕銘》：「捧土濡浰，頓首成墳，陷膺腐背，寒暑在廬。」

【捧心西子】
西子：春秋時越國美女西施。《莊子・天運》：「西子病心，而顰其里，其里之醜人見而美之……其里之富人見之，堅閉門而不出……彼知顰美，而不知顰之所以美。」西施因心痛，皺著眉頭，仍然很漂亮。形容美女病中嬌弱狀，泛指所謂病態美。明・汪廷訥《獅吼記・奇妒》：「娘子，我看你雲鬢雖亂，意志更妍，恍如宿醒太眞，絕勝捧心西子。」

【捧著喇叭花送殯——想充吹鼓手】
喇叭花：牽牛花，有長柄，花冠形似喇叭；送殯：出殯時陪送靈柩，舊俗送殯時常請吹鼓手奏樂；吹鼓手：原指舊俗婚禮或喪禮中吹奏樂器的人，此指吹捧的人。比喻企圖扮演吹捧者的角色。例我看你今天對經理的介紹，似乎是捧著喇叭花送殯——想充吹鼓手，一點不實事求是。

【捧著泥鰍玩——耍滑頭】
滑頭：油滑，不老實。雙關語。比喻施展手段，以使自己不費力氣或逃脫責任。例誰都看出你今天在幫忙割稻時，是捧著泥鰍玩——耍滑頭，蒙騙別人，不賣力氣，盡想偷懶。也作「禿子腦袋當玩具——耍滑頭」。

ㄆㄥˋ

【碰釘子】
比喻遭拒絕、遇挫折。例這種事去找他，準會碰釘子，他從不肯讓人家占公家的便宜。也作「碰了個釘子」。

【碰個軟釘子】
比喻遇到了婉轉的拒絕。例他想討好她，在她生病時送了不少東西，不料全被退了回來。儘管她未有什麼嚴厲的話語，可他已察覺出是「碰個軟釘子」。

【碰個硬釘子】
比喻遭到了强硬拒絕。例他將錢送到主任家，本想聽到幾句誇獎的話，不料卻碰個硬釘子，被主任嚴詞拒絕。

【碰破頭】
比喻遭到失敗或嚴重挫折。例這種險事他非要去幹，讓他碰破頭就明白了。

【碰一鼻子灰】
比喻遭到拒絕，落個沒趣。例他極力向經理討好，又送煙，又送酒，沒想到，碰一鼻子灰，經理不光原數退還，還數落了他一頓。也作「撞一鼻子灰」、「抹一鼻子灰」。

ㄆㄧ

【匹馬單槍】
一匹馬，一支槍。指單身出戰。比喻獨自行動，不要別人幫助。《景德傳燈錄・汝州南院和尚》：「問：『匹馬單槍來時如何？』師曰：『待我斫棒。』」《古今小說》卷三一：「韓信九里山排下絕機陣，十面埋伏；殺盡楚兵百萬，戰將千員，逼得項王匹馬單槍，逃至烏江口，自刎而亡。」也作「單槍匹馬」。

【匹馬觭輪】
見「匹馬隻輪」。

【匹馬隻輪】
一匹馬，一隻車輪。形容全軍覆沒。《公羊傳・僖公三十三年》：「晋人敗秦師於殽，匹馬隻輪無返者。」也作「匹馬觭輪」。《漢書・五行志中之下》：「遂要崤厄以敗秦師，匹馬觭輪無反者。」

【批風抹月】
批、抹：撰寫或修改詩文；風、月：泛指自然景色。吟咏清風明月等自然景色。元・喬吉《綠么遍・自述》曲：「煙霞狀元，江湖醉仙，笑談便是編修院。留連，批風抹月四十年。」

【批亢搗虛】
批、搗：用手擊；亢：ㄏㄤˊ，同「吭」，咽喉；虛：虛弱處。指針對對手要害處乘虛而入。《史記・孫子吳起列傳》：「田忌欲引兵之趙。孫子曰：『夫解雜亂紛糾者不控捲，救鬥者不搏撠，批亢搗虛，形格勢禁，則自爲解耳。』」

【批紅判白】
紅、白：泛指色彩鮮艷的花木。指嫁接花木。宋・李格非《洛陽名園記・李氏仁豐園》：「今洛陽良工巧匠，批紅判白，接以他木，與造化爭妙。」

【批郤導窾】
郤（ㄒㄧˋ）、窾（ㄎㄨㄢˇ）：空隙，空處。《莊子・養生主》：「依乎天理，批大郤，導大窾，因其固然。」從骨頭接合處劈開，沒有骨頭處因勢分解。比喻處理事情應善於抓住關鍵，順勢解決問題。清・魏源《治篇七》：「何謂『大猷』？批郤導窾，迎刃而解，棋局一著勝人千百者是也。」

【披髮纓冠】
纓：ㄧㄥ，帽帶。此處爲結帽帶的意思，披著頭髮，結緊帽帶。形容急往馳救。《歧路燈》六七回：「只因一個人生妒，眞正夫婦、伯侄、妻妾一家人，吵成了『今有同室之人鬥者』，竟是『披髮纓冠』，而不能救了。」

【披肝掛膽】
見「披露肝膽」。
【披肝瀝膽】
比喻開誠相與，以赤心待人。宋・司馬光《上體要疏》：「雖訪問所不及，猶將披肝瀝膽，以效其區區之忠。」也作「披瀝肝膽」。唐・劉蕡《應賢良方正直言極諫科策》：「或有以繫安危之機，兆存亡之變者，臣請披瀝肝膽，爲陛下別白而重言之。」也作「剖肝瀝膽」。
【披肝瀝血】
瀝：滴。將心剖開，讓血下滴。比喻極其忠貞悃誠，毫無隱瞞。唐・柳宗元《爲南承嗣請從軍狀》：「臣雖無似，有慕昔人，雖身塗草野，死而不朽，披肝瀝血，昧死上陳。」也作「披心瀝血」。《梁書・袁昂傳》：「推恩及罪，在臣極大，披心瀝血，敢乞言之。」
【披肝露膽】
見「披露肝膽」。
【披古通今】
披：披覽，研讀；通：通曉。閱讀、通曉自古至今的書籍。比喻學識淵博精深。《藝文類聚》卷六九引南朝梁・簡文帝《書案銘》：「敬客禮賢，恭思儼束。披古通今，察奸理俗。」
【披褐懷金】
披：穿著；褐：ㄏㄜˊ，粗布衣服；金：指才德。比喻才能大而不露於外。漢・趙壹《疾邪賦》：「勢家多所宜，咳唾自成珠。披褐懷金玉，蘭蕙化爲芻。」也作「被褐懷玉」。
【披紅插花】
身披紅綢，帽插紅花。舊時逢喜慶事時的打扮。《醒世恆言》卷一一：「儐相披紅插花，忙到轎前作揖，念了詩賦，請出轎來。」
【披紅掛彩】
身上披掛著紅綢和彩帛，表示榮寵、高興和慰問。《三國演義》五四回：「玄德牽羊擔酒，先往拜見，說呂范爲媒，娶夫人之事。隨行五百軍士，俱披紅掛彩，入南郡買辦物件。」
【披枷帶鎖】
指罪犯身上所上的刑具。元・張國賓《合汗衫》一折：「我問你哪裏人氏，姓甚名誰，因甚這般披枷帶鎖的。」
【披堅執銳】
堅：指鎧甲；銳：指兵器。身披鐵甲，手執武器。指投入戰鬥。《史記・項羽本紀》：「披堅執銳，義不如公。」唐・劉禹錫《請赴行營表》：「披堅執銳，雖未經於戎行；制勝伐謀，亦常習於事業。」
【披荊斬棘】
披：劈開；荊、棘：多刺的灌木。清除叢雜，開出道路。比喻在創業和前進道路上的艱苦奮鬥精神。明・王世貞《鳴鳳記・二相爭朝》：「況此河套一方，沃野千里，我祖宗披荊斬棘，開創何難！」
【披瀝肝膽】
見「披肝瀝膽」。
【披露肝膽】
披：打開；露：暴露。比喻不加掩飾，吐露眞情，表誠懇，感情眞摯。《後漢書・郎顗傳》：「披露肝膽，書不擇言。」《晋書・杜弢傳》：「使吾得披露肝膽，沒身何恨哉？」也作「披肝掛膽」。明・沈采《千金記・登拜》：「衆將官，當職蒙皇上之恩寵，領兵家之大權，在我者披肝掛膽，在爾者並力同心。」也作「披肝露膽」。明・瞿佑《剪燈新話・丁縣丞傳》：「晝則聯席，夜則連榻，各罄所懷，披肝露膽，每恨相見之晚也。」
【披麻帶索】
見「披麻帶孝」。
【披麻帶孝】
麻：麻製的喪服。舊時父母和祖父祖母故去後，孝子孝孫在居喪期間要穿麻製的喪服，以示深深哀悼。元・無名氏《冤家債主》二折：「你也想著一家兒披麻帶孝爲何由，故來這靈堂裏尋鬥毆。」也作「披麻帶索」。索：繩。明・高則誠《琵琶記・蔡公逼試》：「你年七八十歲，也不識做孝，披麻帶索便是孝。」
【披麻救火】
麻性易燃，披之救火。比喻引火燒身，自招災禍。《水滸傳》二一回：「古人云：『禍福無門，惟人自招。披麻救火，惹焰燒身。』」《三國演義》一二〇回：「陛下宜修德以安吳民，乃爲上計。若強動兵甲，正猶披麻救火，必致自焚也。」也作「被蓑救火」、「抱薪救火」。
【披蟒腰玉】
蟒：指繡有蟒的長袍；腰：懸於腰間。指古時顯官的服裝。《紅樓夢》五三回：「上面正居中，懸著榮、寧二祖遺像，皆是披蟒腰玉。」
【披毛帶角】
見「披毛戴角」。
【披毛戴角】
長著毛和角。指飛禽走獸。《景德傳燈錄・隂珏和尚》：「問：『學人不負師機，還免披毛戴角也無。』」也作「披毛帶角」。《景德傳燈錄・惟儼和尚》：「見今不識仁義，不辨親疏者，是豈須披毛帶角，斬割倒懸？」
【披毛求疵】
披：撥開；疵：毛病、缺點。意同「吹毛求疵」，比喻故意挑剔他人的毛病，找人錯處。《舊唐書・崔元綜傳》：「雖外示謹厚，而情深刻薄，每受制鞫獄，必披毛求疵，陷於重辟。」
【披毛索黶】
索：搜求，尋找；黶：ㄧㄢˇ，黑痣。比喻故意挑毛病。晋・葛洪《抱朴子・接疏》：「明著舉大略細，不忮不求……豈肯稱薪而爨，數粒乃炊，並瑕棄璧，披毛索黶哉！」
【披袍擐甲】
披袍：披上戰袍；擐（ㄏㄨㄢˋ）甲：

套上鎧甲。形容做好戰鬥準備。元・無名氏《鞭打單雄信》三折：「俺之帥遇難逢危，迭不的披袍擐甲。」也作「擐甲披袍」。

【披裘負薪】

裘：ㄑㄧㄡˊ，皮衣；薪：木柴。穿著裘衣而背柴薪。指人孤高自賞，清廉隱逸。漢・王充《論衡・書虛》：「延陵季子出遊，見路有遺金。當夏五月，有披裘而薪者。季子呼薪者曰：『取彼地金來！』薪者投鐮於地，瞋目拂手而言曰：『……吾當夏五月披裘負薪，豈取金者哉！』」也作「五月披裘」。

【披沙揀金】

形容選擇非常精細認眞。唐・高仲武《中興間氣集》：「崔峒詩文采炳發，意思雅淡；披沙揀金，時時見寶。」也作「披沙簡金」。南朝梁・鍾嶸《詩品・晋黃門郎潘岳》：「陸文如披沙簡金，往往見寶。」

【披沙簡金】

見「披沙揀金」。

【披沙剖璞】

璞：蘊藏玉的石頭。從沙粒中找出黃金，從石頭裏剖出玉來。比喻從衆多的人中發現並挑選出眞正的人才。唐・劉禹錫《唐尚書吏部侍郎奚公神道碑銘序》：「一入中禁考策詞，三在天官第章句，披沙剖璞，由我而顯者落落然居多。」

【披蓑衣穿籬笆——東拉西扯】

蓑衣：以棕或草編成披在身上的防雨用具；籬笆：用竹、葦或樹枝等編成的遮攔物。比喻說話沒中心，亂扯；或有意擴大牽連的範圍。例你今天的發言不著邊際，與會議主題無關，這種披蓑衣穿籬笆——東拉西扯的毛病應該改一改了。也作「挑著棉花過刺林——東拉西扯」。

【披蓑衣救火——惹禍(火)上身】

蓑衣：用棕或草製成的防雨用具，棕和草都是易燃物，見火就著；禍：「火」的諧音。也作「披麻救火——惹禍（火）上身」。見「老虎屁股上抓癢癢——惹禍上身」。

【披蓑衣鑽籬笆——勾勾搭搭】

比喻互相串通做不正當的事。例幾個流里流氣的人，經常在公園的角落裏，披蓑衣鑽籬笆——勾勾搭搭，不知搞些啥名堂。也作「藕絲炒豆芽——勾勾搭搭」。

【披頭散髮】

披散著頭髮。形容不加整飾。《水滸傳》二二回：「那張三又挑唆閻婆去廳上披頭散髮來告道：『宋江實是宋清隱藏在家，不令出官。相公如何不與老身做主去拿宋江？』」也作「蓬頭亂髮」、「蓬頭散髮」。

【披頭跣足】

跣（ㄒㄧㄢˇ）足：赤腳。頭髮散亂，雙腳光著。形容衣冠不整，窘困狼狽的樣子。《三國演義》四一回：「軍士曰：『恰才見甘夫人披頭跣足，相隨一夥百姓婦女，投南而走。』」也作「蓬頭跣足」。

【披西裝穿草鞋——不土不洋】

形容不倫不類，很不協調的樣子。例今晚的音樂取名民族音樂會，實際上是披西裝穿草鞋——不土不洋。也作「披西裝穿草鞋——半土半洋」。

【披心瀝血】

見「披肝瀝血」。

【披心輸膽】

見「披心相付」。

【披心相付】

形容推誠相托，眞心待人。《晉書・慕容垂載記》：「歃血斷金，披心相付。」也作「披心輸膽」。《史記・淮陰侯傳》：「蒯通曰：『臣願披腹心，輸肝膽，效愚計。』」

【披星帶月】

見「披星戴月」。

【披星戴月】

形容早出晚歸，勤勞辛苦。也指在連夜趕路。元・呂侍中《六麼令》套曲：「春夏秋冬，披星戴月守寒溪。」也作「披星帶月」。唐・呂岩《七言詩》：「綿綿有路誰留我，默默忘言自合神。擊劍夜深歸甚處，披星帶月折麒麟。」也作「戴月披星」。

【披雲見日】

披：撥開。比喻掃除障礙，重見光明。漢・徐幹《中論・審大臣》：「文王之識也，灼然若披雲而見日，霍然若開霧而觀天。」也作「披雲霧睹青天」。南朝宋・劉義慶《世說新語・賞譽》：「衛伯玉爲尚書令，見樂廣與中朝名士談議，奇之曰：『自昔諸人沒已來，嘗恐微言將絕，今乃復聞斯言於君矣！』命子弟造之，曰：『此人，人之水鏡也，見之若披雲霧睹青天。』」

【披雲霧睹青天】

見「披雲見日」。

【披榛採蘭】

披：分開；榛：ㄓㄣ，叢生原野的灌木；蘭：蘭花。比喻求訪賢者，選拔人才。《晋書・皇甫謐傳》：「陛下披榛採蘭，並收蒿艾，是以皐陶振褐，不仁者遠。」

【披緇削髮】

緇：ㄗ，黑色僧衣；削：剃掉。披上僧衣，剃去頭髮。指出家爲僧、尼。《初刻拍案驚奇》卷二七：「何不捨離愛欲，披緇削髮，就此出家？」

【砒霜水裏浸辣椒——又毒又辣】

砒霜：一種毒藥。也作「砒霜水裏浸辣椒——毒辣透了」、「砒霜拌大蔥——毒辣」、「砒霜拌辣椒——又毒又辣」、「砒霜拌大蒜——毒辣」。見「敵敵畏拌大蒜——毒辣」。

【被髮拊膺】

拊膺（ㄧㄥ）：拍胸。披著頭髮，捶拍胸膛。形容悲憤交加，心中極其難過。唐・楊炎《靈武受官宮頌序》：「臣等若不克所請，與億兆之衆將被髮拊膺號於天而訴於帝矣！」

【被髮徒跣】

徒跣（ㄒㄧㄢˇ）：光腳走路。披散著頭髮，赤足行路。形容極度悲痛失態的樣子。《魏書・徒何慕容廆傳》：「及葬，熙被髮徒跣步從。」《清史稿・王均妻湯傳》：「湯使僮午求均屍，三日始得之，被髮徒跣赴屍所，哭幾絕。」

【被髮文身】

被髮：頭髮披散；文身：文同「紋」，身上刺花紋。原爲古代吳越地區舊俗，後引申爲未開化地區的風俗。《禮記・王制》：「東方曰夷，被髮文身，有不火食者矣。」章太炎《駁康有爲論革命書》：「禹入裸國，被髮文身；墨子入楚，錦衣吹笙，非樂爲此也。」

【被髮詳狂】

見「被髮佯狂」。

【被髮陽狂】

見「被髮佯狂」。

【被髮佯狂】

被：通「披」；佯：ㄧㄤˋ，假裝。披頭散髮，假裝發瘋。《東周列國志》七三回：「自己被髮佯狂，跣足塗面，手執斑竹簫一管，在市中吹之，往來乞食。」也作「被髮詳狂」。《史記・宋微子世家》：「箕子曰：『爲人臣諫不聽而去，是彰君之惡而自說於民，吾不忍爲也。』乃被髮詳狂而爲奴。」也作「被髮陽狂」。《隋書・楊伯丑傳》：「于是被髮陽狂，遊行市里，形體垢穢，未嘗櫛沐。」

【被髮纓冠】

纓：ㄧㄥ，帽帶子。披著頭髮，結緊帽帶。形容急於馳救危難中人的狀態。《孟子・離婁下》：「今有同室之人鬥者，救之。雖被髮纓冠而救之可也。」嚴復《救亡決論》：「此種舉動，豈英之前人曾受黑番何項德澤，不然，何被髮纓冠如此耶？」

【被髮左衽】

被髮：披散著頭髮；左衽（ㄖㄣˋ）：衣襟向左掩，藉指落後民族。古代某些民族的服飾。謂作未開化的人。《論語・憲問》：「子曰：管仲相恆公，霸諸侯，一匡天下；民到於今受其賜，微管仲，吾其被髮左衽矣！」唐・楊炯《唐昭武校尉曹君神道碑》：「賀拔盛操符誓衆，斬木稱兵，以被髮左衽之餘，負檮杌窮奇之號，遂欲驅馳我塞北，撓亂我河西。」

【被褐懷玉】

被褐（ㄏㄜˊ）：穿著粗布衣；玉：指才學。比喻懷具才能而不顯於外。三國魏・曹操《求賢令》：「今天下得無有被褐懷玉而釣於渭濱者乎？」也作「被褐懷珠」。明・朱權《沖漠子》四折：「他則是假軀勞幻世愚眸，被褐懷珠，含素藏脩。」

【被褐懷珠】

見「被褐懷玉」。

【被甲枕戈】

甲：鎧甲；戈：古代兵器，泛指兵器。身著鎧甲，頭枕兵器。比喻處於高度戒備狀態，隨時投入戰鬥。《新五代史・劉詞傳》：「詞居暇日，常被甲枕戈而臥。」

【被甲執兵】

兵：武器。身穿鎧甲，手拿武器。指全副武裝。漢・荀悅《漢紀・高祖紀》：「羣臣皆曰：『臣等被甲執兵，多者百餘戰。』」《雲笈七籤》卷一一三：「至曉，洞中微明，乃入十餘里，望見岩壑間有金城絳闕，而被甲執兵者守衛之。」

【被堅執銳】

被：身著堅固的鎧甲，手執銳利的武器。指全副武裝。《戰國策・楚策一》：「吾被堅執銳，赴强敵而死，此猶一卒也，不若奔諸侯。」《北史・裴寬傳》：「帝顧謂諸公曰：『被堅執銳，或有其人，疾風勁草，歲寒方驗。』」

【被麗披離】

被麗：分散。形容風力不集中，四面分散。戰國楚・宋玉《風賦》：「夫風生於地，起於青蘋之末……至其將衰也，被麗披離，沖孔動楗，眴煥燦爛，離散轉移。」

【被山帶河】

被：背後高山，河流環繞。形容地勢險要。引申爲要塞堅固。《戰國策・楚策一》：「秦地半天下，兵敵四周，被山帶河，四塞以爲固。」《東周列國志》三回：「夫鎬京左有殽函，右有隴蜀，被山帶河，沃野千里，天下形勝，莫過於此。」

【被蓑救火】

意同「披麻救火」。《淮南子・說林訓》：「以詐應詐，以譎應譎，若被蓑而救火，毀瀆而止水，乃愈益多。」

ㄆㄧˊ

【皮包商做生意——沾手三分肥】

皮包商：沒有資本，靠買空賣空賺錢的投機商。見「雞蛋過手輕三分——沾手三分肥」。

【皮槌打鼓——不響】

見「棉條打鼓——不響」。

【皮槌打鼓——不想（響）】

見「燈草打鼓——不想（響）」。

【皮燈籠】

比喻糊塗不明事理的人。例這人是個皮燈籠，辨不出什麼漂亮的事。

【皮膚之見】

指見識膚淺。宋・阮逸《〈文中子〉序》：「或有執文昧理以模範論語爲病，此皮膚之見，非心解也。」也作「皮相之談」、「皮相之見」。

【皮開肉破】

見「皮開肉綻」。

【皮開肉綻】

綻：裂開。皮肉裂開。形容被打後傷勢慘重的樣子。元・關漢卿《蝴蝶夢》二折：「渾身是口怎支吾，恰似個沒嘴的葫蘆。打的來皮開肉綻損肌膚，鮮血模糊。」也作「皮開肉破」。

《鏡花緣》五一回：「四個嘍囉聽了，哪敢怠慢，登時上來兩個，把大盜緊緊按住；那兩個舉起大板，打得皮開肉破，滅叫連聲。」也作「皮開肉破」。

【皮褲套棉褲——必定有緣故】
穿皮褲，外面一般就不必再穿棉褲了，皮褲套棉褲不是正常現象。比喻一定有特殊原因。例你不必尋根究底了，皮褲套棉褲——必定有緣故，將來自然會明白的。

【皮裏春秋】
皮裏：心中；春秋：孔子編的記載魯國歷史的書，對歷史人物及事件有褒貶但不直言。形容表面不說，而內中自有褒貶的尺寸。《晋書·褚裒傳》：「裒少有簡貴之風……譙國桓彝見而目之曰：『季野（褚裒字）有皮裏春秋。』言其外無臧否，而內有所褒貶也。」後因晋簡文帝后名春，爲諱「春」字，改作「皮裏陽秋」。元·段成已《鷓鴣天》詞：「那得工夫上酒樓，誰能皮裏更陽秋。」清·龔自珍《調笑令》詞：「烹茗，烹茗，閒數東南流品。美人俊辯風生，皮裏陽秋太明。」

【皮裏陽秋】
見「皮裏春秋」。

【皮裏走了肉】
比喻暗中消耗掉許多錢財。《二刻拍案驚奇》卷二二：「公子只見逐日費得幾張紙，一毫不在心上，豈知『皮裏走了肉』，田產俱已蕩盡，公子還不知覺。」

【皮球穿眼——洩氣】
比喻失去信心或幹勁。例事情終究能想出辦法求得解決的，別盡說些皮球穿眼——洩氣的話。也作「皮球穿眼——漏氣」、「汽車放炮——洩氣」、「破籠屜——洩氣」、「吹圓的豬尿泡被戳了一刀——洩氣了」、「豬尿脬上扎一刀——洩氣了」。

【皮球掉在米湯裏——混（渾）蛋】
混：「渾」的諧音。見「雞蛋炒鴨蛋——混蛋」。

【皮球抹油——又圓又滑】
雙關語。比喻爲人世故，滑頭。例這個人方方面面都不得罪，就像皮球抹油——又圓又滑。也作「皮球打蠟——圓滑」、「河灘裏的鵝卵石——又圓又滑」。

【皮球上扎一刀——軟了下來】
雙關語。比喻强硬的態度緩和了下來。例他一見對方不是好欺侮的，頓時像皮球上扎一刀——軟了下來。也作「下了鍋的麵條——軟了下來」、「脫了水的海蜇皮——軟了下來」、「油條泡在開水裏——一下子軟了」。

【皮球上扎一刀——硬不起來】
雙關語。比喻軟弱無力，或因某種原因不能採取强硬態度。例你是否有把柄抓在別人手裏，爲什麼像皮球上扎一刀——硬不起來？也作「下了鍋的麵條——硬不起來」。

【皮鬆肉緊】
指漫不經意，無關緊要。《兒女英雄傳》二五回：「怎的又合他皮鬆肉緊的談了會子道學，又指東說西的打了會子悶葫蘆呢？」

【皮相之見】
見「皮相之談」。

【皮相之士】
皮相：表面。指學識淺薄的人，只看事物的表象，不了解其內情。漢·韓嬰《韓詩外傳》卷一〇：「延陵子知其爲賢者，請問姓字。牧者曰：『子乃皮相之士也，何足語姓字哉！』」

【皮相之談】
膚淺、表面的見解。朱自清《經典常談·詩》：「他的詩充滿了這種悲憫的情感，『憂思獨傷心』一句可以表見。這裏《楚辭》的影響很大；鍾嶸說他「源出於《小雅》，似乎是皮相之談。」也作「皮相之見」。例學生們這種皮相之見，應該早日糾正，以免影響其人格發展。

【皮笑肉不笑】
比喻內心懷著惡意的假笑。例我一看見他臉上皮笑肉不笑的神情，心裏就覺得特別不舒服。

【皮笊籬】
笊（ㄓㄠˋ）籬：用竹篾、柳條或金屬等製成的網狀、能漏水的用具，有長柄，用來從水裏撈東西，用皮做的笊籬遇水膨脹，沒有孔眼，湯水漏不下去。形容人十分吝嗇，捨不得給人一點好處。例誰都知道他是皮笊籬，你想他肯在經濟上給你幫助，妄想！

【皮笊籬——一撈一個罄盡】
罄（ㄑㄧㄥˋ）盡：淨光。比喻全部拿走，一點不剩。例他是一個貪財鬼，叫他擔任接收大員，準是皮笊籬——一撈一個罄盡。

【皮之不存，毛將安傅】
傅：附著。皮都沒有了，毛附在哪兒呢？比喻事物若失去其存在的基礎，它本身也無法存在。《左傳·僖公十四年》：「冬，秦饑，使乞糴於晋，晋人弗與。慶鄭曰：『背施無親，幸災不仁，貪愛不祥，怒鄰不義，四德皆失，何以守國？』虢射曰：『皮之不存，毛將安傅？』」宋·羅大經《鶴林玉露》卷五：「今雲欲預九錫之慶，乃甘心促壽愈疾以從之，所謂皮之不存，毛將安傅，豈不愚惑之甚矣！」也作「皮之不存，毛將焉附」。清·徐錫麟《熙朝新語》卷五：「獨不聞反裘而負薪者乎？傳曰：『皮之不存，毛將焉附。』」也作「皮之不存，毛將安附」。

【皮之不存，毛將焉附】
見「皮之不存，毛將安傅」。

【枇杷門巷】
唐·王建《寄蜀中薛濤校書》詩：「萬里橋邊女校書，枇杷花裏閉門居。」薛濤係唐代名妓之一。因以「枇杷門巷」指妓女居處，後泛指妓院。

【疲於奔命】
爲事往來奔走而精疲力盡，也指雜事繁多，忙不過來。《後漢書·袁紹傳》：「乘虛迭出，以援河南，救右則擊其左，救左則擊其右，使敵疲於奔命，人不得安業，我未勞而彼已困。」《周書·異域傳論》：「夫然則敵有餘力，我無寧歲，將士疲於奔命，疆場苦其交侵。」也作「罷於奔命」。《左傳·襄公二十六年》：「吳於是伐巢，取駕，克棘，入州來，楚罷於奔命，至今爲患，則子靈之爲也。」

【蚍蜉戴盆】
比喻根本不可能辦到的事。漢·焦延壽《易林》卷一三：「蚍蜉戴盆，不能上山。」

【蚍蜉撼大樹】
蚍蜉（ㄈㄨˊ） 螞蟻中體形較大的一種。比喻不自量力，盲目的高估自己的力量。唐·韓愈《調張籍》詩：「李杜文章在，光焰萬丈長。不知羣兒愚，那用故謗傷。蚍蜉撼大樹，可笑不自量。」也作「蚍蜉撼樹」。《新編五代史平話·周史上》：「蚍蜉撼樹不知量」。

【蚍蜉撼樹】
見「蚍蜉撼大樹」。

【蚍蟻之援】
蚍蟻：大螞蟻和小螞蟻。唐·韓愈《張中丞傳後敍》：「當其圍守時，外無蚍蜉蟻子之援，所欲忠者，國與主耳，而賊語以國亡主滅。」後以「蚍蟻之援」比喻所給予的援助極其微小。

【罷軟無爲】
罷：ㄆㄧˊ，同「疲」。軟弱，沒有作爲。《清會典·吏部》：「六法：一曰不謹，二日罷軟無爲。」

【罷於奔命】
見「疲於奔命」。

【琵琶別抱】
另向別人抱琵琶。舊時稱婦女改嫁。唐·白居易《琵琶行》詩：「忽聞水上琵琶聲，主人忘歸客不發……千呼萬喚始出來，猶抱琵琶半遮面……老大嫁作商人婦。」清·紀昀《閱微草堂筆記·灤陽消夏錄二》：「無何病革，語妾曰：『吾無家，汝無歸；吾無親屬，汝無依。吾以筆墨爲活，吾死，汝琵琶別抱，勢也，亦理也。』」

【琵琶斷了弦——談（彈）崩了】
琵琶：傳統木製弦樂器，有四根弦，下部有盤，上部爲長柄；談：「彈」的諧音；崩：破裂。比喻意見分歧，談判破裂了。例看來，他們缺乏共同的語言和感情，昨天的約會，又是琵琶斷了弦——談（彈）崩了。也作「琵琶斷了弦——談(彈)不下去」。

【琵琶掛房梁——談（彈）不上】
談：「彈」的諧音。雙關語。比喻說不上好，沒有什麼值得稱讚的。多用作謙詞。例這個發明也是在別人研究的基礎上搞成功的，至於我個人的功績，的確是琵琶掛房梁——談（彈）不上。也作「二兩棉花三張弓——談（彈）不上」、「驢踢房檐——談（彈）不上」。

【琵琶精進了算命館——一眼看穿】
《封神演義》載：「軒轅墳中的玉石琵琶精，扮作身穿重孝的女子，進了姜子牙開的算命館，被姜子牙一眼識破。」比喻一下子就看透了事物的本質或眞相。例別自認爲詭計多端，你耍的花招，還是會有人琵琶精進了算命館——一眼看穿。也作「水晶肚皮——一眼看穿」。

【脾肉之嘆】
脾：同「髀」，大腿。《三國志·蜀書·先主傳》：「荊州豪傑歸先主者日益多。」裴松之注引《九州春秋》：「備住荊州數年，嘗於表坐起至廁，見髀裏肉生，慨然流涕。還坐，表怪問備。備曰：『吾常身不離鞍，髀肉皆消。今不復騎，髀里肉生。日月若馳，老將至矣，而功業不建，是以悲耳。』」後以「脾肉之嘆」指因虛度光陰無所作爲而發出的感嘆。例十多年不見了，各人都不免發出脾肉之嘆。

ㄆㄧˇ

【匹夫不可奪志】
即使一個普通的人，也不能強迫改變他的志向。《論語·子罕》：「三軍可奪帥也，匹夫不可奪志也。」

【匹夫匹婦】
原指古代沒有爵位的男女平民，後泛指一般男女。《尚書·咸有一德》：「無自廣以狹人，匹夫匹婦不獲自盡，民主罔與成厥功。」清·紀昀《閱微草堂筆記·如是我聞一》：「其載此二事，正以見匹夫匹婦足感神明，用以激發善心，砥礪薄俗。」也作「愚夫愚婦」。

【匹夫無故獲千金，必有非常之禍】
平常之人無故得到大筆錢財，必有大災禍到來。《元史·賀仁傑傳》：「[賀仁傑]嘗治室於毀垣中，得白金七千五百兩，謂其妻鄭曰：『語云：匹夫無故獲千金，必有非常之禍。』時世祖以皇太弟受詔征雲南，駐軍六盤山，乃持五千兩往獻之。」

【匹夫無罪，懷璧其罪】
璧：古玉器，扁圓，中間有孔，可以佩帶。普通百姓無罪，但擁有璧就有了罪。指普通人擁有財寶常常惹來災禍。《左傳·桓公十年》：「初，虞叔有玉，虞公求旃。弗獻。既而悔之，曰：『周諺有之：『匹夫無罪，懷璧其罪。』吾焉用此，其以賈害也？』」

【匹夫有責】
匹夫：普通的人。明·顧炎武《日知錄》：「保天下者，匹夫之賤，與有責焉耳矣。」由此歸納爲「天下興亡，匹夫有責。」意思是每個人對國家的興亡都負有責任。章太炎《革命之道德》：「案顧所謂保國者，今當言保一姓；其云保天下者，今當言保國。余深有味其言，匹夫有責之說，今人以爲常談，不悟其所重者，乃在保持道德，而非政治經濟之云云。」

【匹夫之勇】

個人的勇敢。指不用智謀，僅憑個人的勇氣。《孟子・梁惠王下》：「夫撫劍疾視曰：『彼惡敢擋我哉！』此匹夫之勇，敵一人者也。」《三國演義》二二回：「顏良、文醜，匹夫之勇，一戰可擒。其餘碌碌等輩，縱有百萬，何足道哉！」

【匹練飛空】

匹：綢或布等紡織品的計量單位；練：白色的熟絹。長長的白絹在長空飄舞。形容瀑布傾瀉的壯麗景象。《警世通言》卷一七：「遙觀似匹練飛空，遠聽如千軍馳噪。」

【否極生泰】

見「否終則泰」。

【否極泰來】

見「否終則泰」。

【否極泰至】

見「否終則泰」。

【否去泰來】

見「否終則泰」。

【否終而泰】

見「否終則泰」。

【否終則泰】

否泰：六十四卦中的兩個卦名。否爲不吉，泰指順當。困難到頭則轉爲平安。《周易・雜卦》：「否泰，反其類也。」《吳越春秋・句踐入臣外傳》：「時過於期，否終則泰。」也作「否極泰來」。唐・白居易《遣懷》詩：「樂往必悲生，泰來猶否極。」也作「否去泰來」。五代前蜀・韋莊《湘中作》詩：「否去泰來終可待。」也作「否極生泰」。元・關漢卿《裴度還帶》一折：「幾時得否極生泰，看別人青雲獨步立瑤階。」也作「否極泰至」。宋・蘇軾《量移廉州表》：「否極泰至，雖物理之常然；昔棄今收，豈罪餘之敢望！」也作「否終而泰」。《晉書・庾亮傳》：「實冀否終而泰，屬運在今。」

【擗踊拊心】

擗：用手捶胸；踊：ㄩㄥˇ，用腳頓地。捶胸頓足。指極其悲哀。漢・揚雄《元后誄》：「四海傷懷，擗踊拊心，若喪考妣。」也作「擗踊哭泣」。宋・張平仲《續世說・邪諂》：「今吾大將軍程百獻與力士約爲兄弟，力士母麥氏卒，百獻被髮受吊，擗踊哭泣，過於己親。」

【擗踊哭泣】

見「擗踊拊心」。

ㄆㄧˋ

【屁股底下安彈簧——一蹦老高】

彈簧：利用材料的彈性作用製成的裝置，一般用合金鋼製成，有彈力。形容心情特別激動（高興或生氣）的樣子。例老闆昨日大發脾氣，就像屁股底下安彈簧——一蹦老高，嚇得小伙計們個個坐立不安。也作「屁股底下上彈簧——蹦起來了」、「屁股底下坐火箭——躥兒啦」。

【屁股底下坐火灶——根子硬】

火灶：廚房裏通火用的鐵棍。見「燈心草生在石板上——根子硬」。

【屁股吊沙罐——等死（屎）】

死：「屎」的諧音。雙關語。比喻等著送命或倒霉。例我們應當奮起抵抗敵人，不能屁股吊沙罐——等死（屎）。

【屁股抹了膠——粘上就不動】

比喻坐下聊天，聊起來沒有個完。有時也比喻在某處或某崗位上時間很長。例別等了，她是屁股抹了膠——粘上就不動，閒扯起來，飯也不想吃。

【屁股上的瘡——陰毒】

雙關語。比喻人陰險毒辣。例此人是屁股上的瘡——陰毒得很，常常背後施放暗箭，置人於死地。

【屁股上吊掃帚——好偉（尾）大】

偉：「尾」的諧音。比喻瞎逞能，實際上沒有什麼了不起。例你一個人要承包這項工程，眞是屁股上吊掃帚——好偉（尾）大啊！可你的資金、技術力量、管理人才都從哪裏來？

【屁股上掛鏡子——照見別人，照不見自己】

見「鍋底笑話缸底黑——只見人家黑，不見自己黑。」

【屁股上抹香水——不值一文（聞）】

文：「聞」的諧音。雙關語。比喻一錢不值，毫無價值。例你把人貶得太過分了，說人家的書法是屁股上抹香水——不值一文（聞）。很多書法愛好者並不這樣看。也作「屎殼螂放屁——不值一文（聞）」。

【屁股上捅一刀——背後整人】

比喻暗中用不正當的手段使人吃苦頭。例爲人要光明正大，屁股上捅一刀——背後整人是卑劣的行徑，非正人君子所爲。

【屁股上長瘡——離心遠】

見「腳後跟扎刀子——離心遠著哩」。

【屁股太沉】

比喻一旦坐下就起不來，待的時間太長。例這人屁股太沉，一坐就是大半天，弄得你什麼也幹不成。

【屁股長瘡背流膿——坐臥不安】

坐著躺著都不安寧。形容煩躁慌亂，心緒不寧。例小古究竟出了什麼事，爲啥屁股長瘡背流膿——坐臥不安？你是他的朋友，應當關心關心。

【屁滾尿流】

①形容驚恐狼狽之狀。《水滸傳》二六回：「那西門慶正和這婆娘在樓上取樂，聽得武松叫一聲，嚇得屁滾尿

流，一直奔後門，從王婆家走了。」②形容驚喜得無可名狀。《儒林外史》四回：「說罷，又如此這般把請僧人做齋的話說了。和尚聽了，屁滾尿流，慌忙燒茶、下麵。」

【闢地開天】
猶開天闢地，即前所未有的意思。《封神演義》八二回：「杏黃幡下千千條古怪的金霞，內藏著天上無，世上少，闢地開天無價寶。」

【闢惡除患】
闢：除掉。鏟除邪惡消滅禍患。《雲笈七籤》卷四一：「太帝散華玄歸大神，今日元吉，理髮沐塵，闢惡除患，長生神仙。」

ㄆㄧㄝˇ

【撇涼腔】
比喻說諷刺嘲笑的話。例叫他提意見？我看他準會撇涼腔，你們要有心理準備。

【撇在腦背後】
見「撇在腦後」。

【撇在腦後】
指漫不經意，滿不在乎。清・金埴《不下帶編》卷七：「諺以人之作事玩忽不經意，謂之『撇在腦後』者，語本於守時伶倫之口。」也形容忘得一乾二淨。例儘管媽媽囑咐他，放學了趕快回家做功課，但他一見到新開張的電動玩具店，就把媽媽的話撇在腦後，跑進去玩起電動玩具來了。

ㄆㄧㄠ

【漂零蓬斷】
四處飄泊，如蓬草一樣隨風飛轉，沒有固定的歸宿。明・楊珽《龍膏記・旅況》：「只是漢庭無狗監之遊揚，北海乏孔融之賞鑑，以故漂零蓬斷，世業漸雕，燕喜桃夭，室家未遂。」

【飄風暴雨】
飄風：暴風。猛烈的暴風雨。《呂氏春秋・愼大》：「襄子曰：『江河之大也不過三日，飄風暴雨日中不須臾。』」也作「飄風驟雨」。唐・楊炯《唐上騎都尉高君神道碑》：「飄風驟雨，不入灌壇之鄉；暴虎蒼鷹，潛出瑕丘之境。」也作「飄風急雨」。宋・王安石《祭歐陽文忠公文》：「其清音幽韻，淒如飄風急雨之驟至。」也作「暴風驟雨」。

【飄風急雨】
見「飄風暴雨」。

【飄風驟雨】
見「飄風暴雨」。

【飄蓬斷梗】
蓬：飛蓬，一種隨風旋轉的草；梗：草木的殘枝。比喻人行蹤不定，四處飄泊。清・孔尚任《桃花扇・哭主》：「高皇帝在九京，不管亡家破鼎，哪知他聖子神孫，反不如飄蓬斷梗。」

【飄飄欲仙】
飄然上升起，像是脫離塵世成為仙人。宋・蘇軾《前赤壁賦》：「飄飄乎遺世獨立，羽化而登仙。」《老殘遊記》六回：「到了次日，老殘起來，見那天色陰的很重，西北風雖不甚大，覺得棉袍子在身上有飄飄欲仙之致。」也作「飄然欲仙」。宋・鄧牧《伯牙琴・續補・自陶山遊雲門》：「循若耶溪行，一水澄瑩……奇詭萬狀，使人飄然欲仙，不知在人間世。」

【飄然遠翥】
翥：ㄓㄨˋ，向高處飛。輕快地飛向遠天。比喻棄官就閒。蔡鍔《致唐繼堯皓電》：「儕輩中果有三數人身先引退，飄然遠翥，實足以對於今日號稱偉人志士、英雄豪傑一流直接下一針砭，為後來留一榜樣。」

【飄茵墮溷】
見「飄茵落溷」。

【飄茵落溷】
茵：茵席，坐墊；溷：ㄏㄨㄣˋ，糞坑。《南史・范縝傳》：「竟陵王子良盛招賓客，縝亦預焉。子良問曰：『君不信果，何得富貴貧賤？縝曰：『人生如樹花同發，隨風而墮，自有拂帘幌墜於茵席之上，自有關籬牆落於糞溷之中。墜茵席者，殿下是也；落糞溷者，下官是也。』」花瓣隨風飄落，或落在茵席上，或落到糞坑裏。比喻人遇與不遇，多是偶然機緣造成，不是生來如此。也作「飄茵隨溷」。清・吳梅《風洞山・殉烈》：「雖然是苦結局傷心斷魂，煞強如沒收煞飄茵隨溷。」也作「飄茵墮溷」。清・淮陰百一居士《壺天錄》下卷：「飄茵墮溷各前因，地下憐香有幾人？」

【飄茵隨溷】
見「飄茵落溷」。

ㄆㄧㄠˇ

【漂母進飯】
《史記・淮陰侯傳》：「信釣於城下，諸母漂，有一母見信饑，飯信，竟漂數十日。信喜，謂漂母曰：『吾必有以重報母。』母怒曰：『大丈夫不能自食，吾哀王孫而進食，豈望報乎？』」漂母：原指漂洗棉絮的老婦，後比喻為解人困苦的人。後以「漂母進飯」指幫助他人，不圖報答。唐・李白《漂陽瀨水貞義女碑銘序》：「漂母進飯，沒受千金之恩。」也作「漂母之惠」。晉・陶潛《乞食》詩：「感子漂母惠，愧我非詩才。銜戢知何謝，冥報以相貽。」

【漂母之惠】
見「漂母進飯」。

【摽梅之年】
摽梅：梅子成熟後墜落地上。《詩經・召南・摽有梅》：「摽有梅，其實七兮。求我庶士，迨其吉兮。」後借稱女子到了出嫁的年齡。

ㄆㄧㄢ

【偏安一隅】
隅：角落。指帝王失去京都和大部分領土，偏據在殘存的一小塊領土上。《說岳全傳》四七回：「無奈當今皇帝，只圖偏安一隅，全無大志，不聽忠言，信任奸邪，將一座錦繡江山弄得粉碎，豈是有為之君？」

【偏方治大病】
指流傳於民間的一些藥方可以治好大病、難症。例眞是「偏方治大病」，老三的腰疼病多虧了你的藥方，不然，他還不知道要跑多少個醫院呢。

【偏憐之子不保業，難得之婦不主家】
指寵愛得太過分，對被寵人的成長沒有好處。例俗話說得好：「偏憐之子不保業，難得之婦不主家。」你現在這樣溺愛你的小兒子，其實對他來說並不是好事。

【偏聽偏信】
只聽信一面之詞。《漢書・鄒陽傳》：「偏聽生奸，獨任成亂。」漢・王符《潛夫論・明暗》：「君之所以明者，兼聽也；其所以暗者，偏信也。」例你若對玩股票有興趣，應該抱持長期投資的心態，萬萬不可偏聽偏信，學人炒作。

【偏信則暗】
只聽信一方面的話，就不能明辨是非。《資治通鑑・唐太宗貞觀二年》：「〈唐太宗〉問魏徵曰：『人主何為而明，何為而暗？』對曰：『兼聽則明，偏信則暗。』」也作「**偏聽則蔽**」、「**兼聽則明，偏信則暗。**」

【偏心眼】
比喻偏袒，不公正。例他媽太偏心眼，把兒子當寶貝，把女兒當小佣人，其實這是重男輕女的傳統觀念在作祟。

【翩翩起舞】
形容舞姿輕柔優美。例聖誕狂歡舞會，男女同學們翩翩起舞。

【翩若驚鴻】
翩：飛翔輕快；驚鴻：受驚的鴻雁。形容姿態矯健優美。三國魏・曹植《洛神賦》：「余告之曰：『其形也：翩若驚鴻，婉若遊龍；榮曜秋菊，華茂春松。』」

ㄆㄧㄢˊ

【便宜不過當家】
指有好處還是先照顧自家人。《紅樓夢》六五回：「俗語說：『便宜不過當家。』他們是弟兄，咱們是姊妹，又不是外人，只管上來。」也作「**便宜不失當家**」。

【便宜無好貨】
指售價低的東西不一定質量好。例買東西要挑好的，別只圖價錢低，俗話說：「便宜無好貨。」這也是經驗之談。

【駢肩累跡】
駢：並列；累：重疊；跡：腳印。人肩膀挨著肩膀，腳印壓著腳印。形容人多擁擠。宋・歐陽修《相州晝錦堂記》：「一旦高車駟馬，旗旄導前，而騎卒擁後，夾道之人，相與駢肩累跡，瞻望咨嗟。」也作「**駢肩累踵**」。清・王韜《瀛壖雜志》：「二十八日為城隍夫人誕辰，城中熱鬧，無異於城外，幾於傾邑若狂，士女往觀者，駢肩累踵。」也作「**駢肩累足**」。宋・周密《齊東野語》卷一九：「四方士子，駢肩累足而至，學舍至無所容。」

【駢肩累踵】
見「駢肩累跡」。

【駢肩累足】
見「駢肩累跡」。

【駢拇枝指】
駢：合併；枝：岔出，多餘的東西。指腳上大趾和二趾長在一起，手的大拇指旁長出一小指。比喻無用多餘的東西。《莊子・駢拇》：「駢拇枝指，出乎性哉！而侈於德。附贅懸疣，出乎形哉！」清・紀昀《閱微草堂筆記・槐西雜志一》：「此偶感異氣耳，非妖也。駢拇枝指，亦異於衆，可曰妖乎哉！」

【胼手胝足】
胼、胝（ㄓ）：手掌、腳底長的繭子。形容人竭盡勞苦、奔波。明・區大相《贈憲府王公治水歌》：「胼手胝足不言瘁，烈風淫雨有時休。」梁啟超《論直隶湖北安徽之地方公債》：「則惟當殫精竭慮胼手胝足，別求可恃之常款以抵之耳。」

ㄆㄧㄢˋ

【片長薄技】
見「片長末技」。

【片長末技】
無大擅長，技藝低劣。清・沈葆禎《復奏洋務事宜疏》：「抑知片長末技，以備顧問，以供驅策，未嘗不可。」也作「**片長薄技**」。清・鄭觀應《盛世危言・技藝》：「乃後世概以工匠輕之，以輿隶概之，以片長薄技鄙數之。」

【片辭折獄】
見「片言折獄」。

【片甲不存】
意同「片甲不回」。指戰鬥潰敗，全軍覆滅。明・屠隆《採毫記・官兵大捷》：「分付衆軍，一齊努力追殺，須叫他片甲不存，全軍盡沒。」也作「**片甲不留**」。《說岳全傳》六〇回：「別的功勞休說，只如今朱仙鎮上二百萬金兵，我們捨命爭先，殺得他片甲不留，怎麼反要拿俺帥爺？」也作「**片甲無存**」。明・梁辰魚《浣紗記・交戰》：「殺得他只輪不返，片甲無存」。

【片甲不歸】

見「片甲不回」。

【片甲不回】

甲：古代軍隊作戰時的護身衣服，藉指兵士。比喻徹底潰敗，全軍覆沒。《三國演義》九五回：「兵法云：『憑高視下，勢如劈竹。』若魏兵到來，吾教他片甲不回。」也作「片甲不歸」。《平鬼傳》六四回：「不如俺先殺向前去，給他一個措手不及，殺他一個片甲不歸，方知俺的厲害。」

【片甲不留】

見「片甲不存」。

【片甲無存】

見「片甲不存」。

【片箋片玉】

形容文章極美，每頁如同一片美玉。宋・計有功《唐詩紀事》：「李嶠善文，作《少室記》，富贍華美，人謂片箋片玉。」

【片接寸附】

指將零散而不相連續的事物硬拼在一起。南朝梁・劉勰《文心雕龍・附會》：「且才分不同，思緒各異，或制首以通尾，或片接以寸附，然通制者蓋寡，接附著甚衆。」

【片刻之歡】

短暫的歡樂。晉・劉琨《答盧諶書》：「時復相與，舉觴對膝，破涕爲笑；排終身之積慘，求片刻之暫歡。」

【片鱗半爪】

比喻零碎的事物或文字的片斷。陳田《明詩紀事・戊簽・孫宜》：「余觀其詩剽擬字句，了無意味，求杜之片鱗半爪不可得。」也作「片鱗碎甲」。梁啟超《近世第一大哲康德之學說》：「雖然，其前此名著述，片鱗碎甲，發明此主義者，固已不少。」

【片鱗碎甲】

見「片鱗半爪」。

【片善小才】

指優點不多，才能有限。常用作謙詞。《陳書・陸瑜傳》：「晚生後學，匪無牆面，卓爾出羣，斯人而已。吾識覽雖局，未曾以言議假人，至於片善小才，特用嗟賞。」

【片石韓陵】

片石：指北魏溫子升所作《韓陵山寺碑》；韓陵：山名，在今河南省安陽市東北。比喻不可多得的好文章。柳亞子《題南明昭宗三王壙志銘本後》：「更憐點畫渾難據，片石韓陵字跡訛。」

【片瓦不存】

比喻房屋被徹底毀壞，一片好瓦也沒留下。《宋史・蘇易簡傳》：「況城邑焚毀，片瓦不存，所過山林，材木匱乏，城之甚勞，未見其利。」也作「片瓦不留」。《古今小說》卷一八：「那婆子被蔣家打得片瓦不留，婆子安身不牢，也搬往隔縣去了。」也作「片瓦無存」。

【片瓦不留】

見「片瓦不存」。

【片文隻字】

見「片言隻字」。

【片席之地】

非常狹小的一塊地方。清・洪昇《長生殿・復召》：「何惜宮中片席之地，乃使淪落外邊。」

【片言居要】

用幾句話便將文章的主旨概括出來。晉・陸機《文賦》：「立片言而居要，乃一篇之警策。」清・王夫之《讀四書大全說》卷七：「橫渠學問思辨之功，古今無兩，其言物理也，曰：『想孔子也大段辛苦來。』可謂片言居要。」

【片言一字】

見「片言隻字」。

【片言折獄】

片言：極少的話；折獄：判決案件。《論語・顏淵》：「片言可以折獄者，其由也與。」幾句話就可判決訴訟案件。後指幾句話即可判明是非曲直。唐・李華《唐贈太子太師崔公神道碑》：「波汾之西，片言折獄。」也作「片辭折獄」。《南齊書・謝超宗傳》：「超宗議以爲片辭折獄，寸言挫衆。魯史褒貶，孔論興替，皆無俟繁而後秉裁。」

【片言隻句】

見「片言隻字」。

【片言隻語】

見「片言隻字」。

【片言隻字】

指零碎的文字材料，形容簡短的語言或文字。晉・陸機《謝平原內史表》：「片言隻字，不關其間；事蹤筆跡，皆可推校。」也作「片言隻語」。明・袁宗道《李卓吾》：「讀君片言隻語，輒精神百倍。」也作「片言隻句」。清・汪琬《拾瑤錄序》：「至今讀其片言隻句，猶莫不想見其風采而企慕其人。」也作「片文隻字」。五代・王定保《唐摭言》卷二：「雖州裏白丁，片文隻字求貢於有司者，莫不盡禮接之。」也作「片紙隻字」。魯迅《我和〈語絲〉的始終》：「自從我萬不得已，選登了一篇極平和的糾正劉半農先生的『林則徐被俘』之誤的來信以後，他就不再有片紙隻字。」也作「片言一字」。唐・季邕《兗州曲阜縣宣聖廟碑銘》：「片言一字，勸善懲惡，誘進後人，啟明先覺。」也作「片語隻辭」。易宗夔《新世說・序》：「酷嗜臨川王之書，以彼片語隻辭，別具爐錘，自甘吻類，非凡響所能及耳。」也作「隻字片言」。

【片羽吉光】

吉光：古代傳說中的神獸名；片羽：指獸身毛片。傳說用吉光的皮毛做成的衣服入火不焦，入水不溼。後用以比喻殘存的珍貴藝術。清・李慈銘《越縵堂詩話》卷上：「片羽吉光，彌可珍貴。」

【片語隻辭】

見「片言隻字」。

【片雲遮頂】

比喻得到他人的恩惠和庇護。元・張

國賓《合汗衫》一折：「那生那世，做驢做馬，填還這債；若不死呵，但得片雲遮頂，必恩必當重報也。」

【片紙隻字】

見「片言隻字」。

ㄆㄧㄣ

【拼得功夫深，鐵杵磨成針】

比喻只要不懈地努力，再難的事情也能完成。清・俞樾《茶香室叢鈔》卷一〇：「宋鄭思肖有百二十圖詩，有一題云：『驪山老母磨鐵杵欲作繡針圖。』今俗語云：『拼得功夫深，鐵杵磨成針。』亦有所本。」

【拼死吃河豚——一命搏一命】

河豚：魚的一種，肉味鮮美，卵巢和肝臟有劇毒，如誤食能致命。見「老鼠拖鮎魚——一命搏一命」。

【拼著一身剮，敢把皇帝拉下馬】

剮：ㄍㄨㄚˇ，指凌遲處死的刑罰。比喻豁出性命去做某事。《紅樓夢》六八回：「俗話說：『拼著一身剮，敢把皇帝拉下馬。』他窮瘋了的人，什麼事作不出來，況且他又拿著這滿理，不告等請不成。」也作「**拼得一身剮，皇帝拖下馬**」、「**捨得一身剮，敢把皇帝拉下馬**」。

ㄆㄧㄣˊ

【貧病交攻】

貧窮和疾病一齊壓在身上，形容處境極其困難。宋・陳亮《與王季海丞相書》：「入春以來，貧病交攻，更無一日好況。」也作「**貧病交迫**」。例貧病交迫的李先生，正面臨生死關頭。

【貧病交迫】

見「貧病交攻」。

【貧不學儉，卑不學恭】

家境貧寒，不學節儉，也會節儉度日；地位低賤，不學謙恭，也會謙恭待人。指社會地位、經濟條件對人們的習性有很大影響。《資治通鑑・魏文帝黃初元年論》：「諺言：『貧不學儉，卑不學恭。』非人性分殊也，勢使然耳。」

【貧不學儉，富不學奢】

家境貧寒，不學節儉，也會節儉度日；家境富裕，不學奢侈，也會奢侈揮霍。指經濟狀況對人的生活方式有很大影響。例對門的錢先生開了幾年餐廳，立刻就闊綽多了，往年盡揀哥哥舊衣服穿的他，也西裝筆挺，花起錢來如流水。俗話說：「貧不學儉，富不學奢。」可眞是這樣的啊！

【貧而樂道】

貧窮卻知足自樂。《論語・學而》：「子貢問曰：『貧而無諂，富而無驕，何如？』子曰：『可也，未若貧而樂道，富而好禮者也。』」

【貧而無諂】

諂：ㄔㄢˇ，諂媚，巴結奉承。儘管窮困，但不去奉承他人。《論語・學而》：「子貢曰：『貧而無諂，富而無驕，何如？』子曰：『可也。』」明・柯丹邱《荊釵記・分別》：「自古道貧而無諂，肯貪榮忘恩失義、附熱趨炎！」

【貧富懸殊】

貧窮和富裕相差特別大。朱自清《論且顧眼前》：「現在的貧富懸殊是史無前例的；現在的享用娛樂也是史無前例的。」

【貧骨頭】

比喻喜貪小便宜的人。例這個貧骨頭，什麼都撿，連別人還需要的東西都拿走了。

【貧家過節——空度（肚）】

度：「肚」的諧音。比喻白白地度過時光。例「文革」那些年，大陸人民都是貧家過節——空度（肚）。

【貧賤不移】

《孟子・滕文公下》：「富貴不能淫，貧賤不能移，威武不能屈，此之謂大丈夫。」後以「貧賤不移」指雖然貧窮，社會地位低下，但不改變堅定的志向。

【貧賤驕人】

《史記・魏世家》：「子擊逢文侯之師田子方於朝歌，引車避，下謁。田子方不爲禮。子擊因問曰：『富貴者驕人乎？且貧賤者驕人乎？』子方曰：『亦貧賤者驕人耳。』」指人雖貧窮，地位低下，卻有高傲骨氣，鄙視權貴。清・紀昀《閱微草堂筆記・姑妄聽之一》：「寒不貧賤驕人，則崖岸不立，益爲人所賤矣。」

【貧賤親戚離，富貴他人合】

貧賤人家，親戚都不願與之來往；富貴人家，不相干的人也會找上門來攀親。形容世態炎涼，嫌貧愛富。《醒世恆言》卷二二：「『貧賤親戚離，富貴他人合。』賈似道做了國戚，朝庭恩寵日隆，哪一個不趨奉他？只要一人進身，轉相薦引，自然其門如市了。」

【貧賤憂戚，庸玉汝於成也】

庸：或許，大概；玉：名詞用作動詞，使成爲玉器。貧賤憂戚的境遇，大概可以促使你成就美好的事業。宋・張載《西銘》：「富貴福澤，將厚吾之生也；貧賤憂戚，庸玉汝於成也。」

【貧賤糟糠】

糟糠：酒糟、糠皮。窮人有時用以解饑。後因藉指共同患難的妻子。明・王玉峯《焚香記・辭婚》：「呀，下官已有早年結髮，乃貧賤糟糠。」

【貧賤之交】

見「貧賤之知」。

【貧賤之知】

貧困時結交下的知心朋友。《後漢書・宋弘傳》：「[光武帝]因謂弘曰：『諺言貴易交，富易妻，人情乎？』弘曰：『臣聞貧賤之知不可忘，糟糠之妻不下堂。』」也作「**貧賤之交**」。唐・陳子昂《薛大夫山亭宴序》：「夫貧賤之交不可忘。珠玉滿堂而不足貴。」

【貧賤之知不可忘，糟糠之妻不下堂】

糟糠：酒糟、糠等粗劣食物；下堂：指休棄。不忘記窮困微賤時結交的朋友，不休棄共過患難的妻子。意爲人在顯達富貴後，不能忘記舊日對自己有過好處和幫助的人。《後漢書・宋弘傳》載：「光武帝劉秀欲以姊湖陽公主嫁宋弘，「帝令主坐屏風後，因謂弘曰：『諺言貴易交，富易妻，人情乎？』弘曰：『臣聞貧賤之知不可忘，糟糠之妻不下堂。』帝顧謂主曰：『事不諧矣。』」

【貧居鬧市無人問，富在深山有遠親】

指嫌貧愛富、趨炎附勢的社會現象。《平妖傳》一八回：「自古道：『貧居鬧市無人問，富在深山有遠親。』又道是：『行得春風，便有夏雨。』胡員外平日間得一盤十，得十盤百，原是刻苦做家的人。說起窮似他的，一輩子不曾受過他一分恩惠。」

【貧女分光】

分：分享。《史記・甘茂傳》：「甘茂曰：『……臣聞貧人女與富人女會績。』貧人女曰：『我無以買燭，而子之燭光幸有餘，子可分我餘光，無損子明而得一斯便焉。』」貧家女子分享了富女的燭光。比喻無損於人而自己得到照顧。

【貧，氣不改；達，志不改】

氣：氣節；達：顯達。窮困時，氣節不改；顯達時，志向不改。指人不管處境如何，正直的氣節和高尚的志向都不改變。元・宋方壺《山坡羊・道情》曲：「陋巷簞瓢亦樂哉！貧，氣不改；達，志不改。」

【貧無立錐】

形容困窮得連插錐子的地方都沒有。漢・荀悅《漢紀・武帝紀》：「至秦則不然，用商鞅之法，改帝王之道，除井田之制，富者田連阡陌，貧者無立錐之地。」《聊齋志異・薛慰娘》：「媼夫姓殷，一子名富，好博，貧無立錐。」

【貧嫌富不愛】

比喻誰都不喜歡。《歧路燈》八一回：「先人之蟒袍繡衣，俗話說：『貧嫌富不愛』者，不過如老杜所云，『顚倒吳鳳』之需而已。」

【貧嘴薄舌】

說話嘮叨，語言刻薄。魯迅《花邊文學・奇怪》：「遠處，或是將來的人，恐怕大抵要以爲這是作者貧嘴薄舌，隨意捏造，以挖苦他所不滿的人們的罷。」也作「**貧嘴賤舌**」。《紅樓夢》二五回：「黛玉道：『什麼詼諧！不過是貧嘴賤舌的討人厭罷了！』說著又啐了一口。」

【貧嘴賤舌】

見「貧嘴薄舌」。

ㄆㄧㄣˇ

【品頭題足】

見「評頭品足」。

【品學兼優】

思想品德與學習成績均爲優等。馮玉祥《我的生活》一一章：「當王協統在位時，治軍極爲認眞，任用多量品學兼優的人才。」

【品竹彈絲】

見「品竹調弦」。

【品竹調絲】

見「品竹調弦」。

【品竹調弦】

竹：指管樂器；弦：指弦樂器。指精於音樂，吹彈樂器。元・武漢臣《玉壺春》一折：「一叢叢香車翠輦……一行行品竹調弦。」也作「**品竹調絲**」。《水滸傳》二回：「品竹調絲，吹彈歌舞，自不必說。」也作「**品竹彈絲**」。明・朱權《荊釵記》四折：「歡宴樂人，只應品竹彈絲敲象板。」

ㄆㄧㄣˋ

【牝雞晨鳴】

見「牝雞司晨」。

【牝雞牡鳴】

雌雞作雄雞打鳴報曉。比喻婦女擅權。《後漢書・楊震傳》：「《書》誡牝雞牡鳴，《詩》刺哲婦喪國。」參見「**牝雞司晨**」。

【牝雞司晨】

牝雞：雌雞；司：掌管。《尚書・牧誓》：「王曰：『古人有言曰：牝雞無晨。牝雞之晨，惟家之索。』」以母雞報曉比喻婦人篡權。《封神演義》七回：「如陛下荒淫酒色，徵歌逐技，窮奢極欲，聽讒信佞，殘殺忠良，驅逐正士，播棄黎志，昵比匪人，惟以婦言是用，此牝雞司晨，惟家是索。」也作「**牝雞晨鳴**」。北齊・顏之推《顏氏家訓・治家》：「如有聰明才智，識達古今，正當輔佐君子，助其不足，必無牝雞晨鳴以致禍也。」

【牝雞無晨】

雌雞不報曉。比喻婦女不可掌握政權。唐・皮日休《憂賦》：「后妃之際，陰教規矩，夏德塗山，周贊文母，牝雞無晨，中饋有主。」

【牝牡驪黃】

牝牡：雌雄；驪：ㄌㄧˊ，黑色。《列子・說符》：「伯樂對曰：『……有九方皐，此其於馬非臣之下也，請見之。』穆公見之，使行求馬，三月而反報曰：『已得之矣，在沙丘。』穆公曰：『何馬也？』對曰：『牝而黃。』使人往取之，牡而驪。穆公不悅。」原指選馬只注意雌雄的顏色。後以此比喻只看事物的表面現象。《二十年目睹之怪現狀》五八回：「那女子擇人而事，居然能賞識在牝牡驪黃之外，也可算得一個奇女子了。」

ㄆㄧㄥˊ

【平白無故】

平白：憑空。無緣無故。《三俠五義》五〇回：「平白無故的出生這等毒計。」

【平步青雲】

青雲：指高空，舊指高位。比喻突然升作高官。也指科舉得中。宋・袁文《甕牖閒評》卷三：「廉宣仲才高，幼年及第，宰目張邦昌納爲婿。當徽宗時，自謂平步青雲。」也作「**平地青雲**」。唐・曹鄴《杏園宴呈同年》詩：「一旦公道開，青雲在平地。」梁啟超《論中國與歐洲國體異同》二：「自唐以降，設科取士，平地青雲，更無論矣。」

【平旦之氣】

平旦：天亮時。指清晨的新鮮空氣。《孟子・告子上》：「其日夜之所息，平旦之氣，其好惡與人相近也者，幾希！」

【平淡無奇】

平平常常，沒有特點。《兒女英雄傳》一九回：「聽起安老爺這幾句話，說來也平淡無奇，瑣碎得緊，又不見得有什麼驚動人的去處。」

【平地波瀾】

見「平地風波」。

【平地跌跟頭】

比喻在平穩、安定的境況中喪失警惕，惹出禍端。例原以爲順心的日子能長久過下去，誰知今日竟有這樣的禍事！俗話說得好：「平地跌跟頭。」這正是說我們呀！也作「**平地摔跟頭**」。

【平地風波】

風波：喻事故。比喻平白無故發生意外的事故或糾紛。《封神演義》三〇回：「紂王見賈氏墜樓而死，好懊惱，平地風波，悔之不及。」也作「**平地波瀾**」。唐・劉禹錫《竹枝詞》：「常恨人心不如水，等閒平地起波瀾。」也作「**平地裏起風波**」。《金瓶梅詞話》一二回：「爹，你怎的恁沒羞！娘幹壞了你的甚麼事兒？你信淫婦言語，來『平地裏起風波』，要便搜尋娘，還教人和你一心一計哩！」也作「**平地起風波**」。

【平地裏起風波】

見「平地風波」。

【平地裏起墳堆——無中生有】

比喻憑空捏造。例他唯一的本領是平地裏起墳堆——無中生有，坑害人不覺有愧，人們無不畏之如虎。也作「**紅蘿蔔開花長了個蔥——無中生有**」、「**魔術師變戲法——無中生有**」。

【平地青雲】

見「平步青雲」。

【平分秋色】

原指共賞秋景，後比喻平均各得一半。例兩市排球對抗賽的結果是平分秋色，各得兩塊金牌。

【平光鏡——八面光】

平光鏡：屈光度等於零的眼鏡，光滑平整。因一隻鏡片的上下左右四面都有光，一副平光鏡就是八面光。比喻爲人處事手腕圓滑，面面俱到。例執法人員必須大公無私，敢於同歪風邪氣作鬥爭，平光鏡——八面光的人絕對不行。也作「**珠寶商店——八面玲瓏**」。

【平流緩進】

唐・白居易《泛小艪》詩：「船緩進，水平流。一莖竹篙剔船尾，兩幅青幕幅船頭。」後以「平流緩進」指小舟在平靜的水面上緩緩划行。比喻做事要穩步前進，不急不躁。

【平鋪直序】

形容文章平淡，就事論事沒有重點，沒有分析。清・錢謙益《初學集》卷八三：「吾讀子瞻《司馬溫公行狀》之類，平鋪直序，以爲古今未有此體。」也作「**平鋪直敍**」。魯迅《〈中國新文學大系〉小說二集序》：「自然技術是幼稚的，往往留存著舊小說上的寫法和語調；而且平鋪直敍，一瀉未餘。」

【平鋪直敍】

見「平鋪直序」。

【平起平坐】

比喻地位和權力相等。《官場現形記》四七回：「其中很有幾個體面人，平時也到過府裏，同萬太尊平起平坐的，如今卻被差役們拉住了辮子。」

【平日不燒香，臨時抱佛腳】

比喻事先不做任何準備，事到臨頭才想辦法應付。例平日裏你就知道玩，什麼書也不看，現在要考試了，你才拚命地翻書，眞是「平日不燒香，臨時抱佛腳」，未必來得及啊！也作「**平時不燒香，急來抱佛腳**」、「**平時不燒香，急時抱佛腳**」。

【平生不作虧心事，半夜敲門心不驚】

指平時不做對不起良心的事，即使遇到意想不到的情況也不會心驚肉跳。元・楊景賢《西遊記》三齣：「念佛修行去誦經，誰知處處有神明。『平生不作虧心事，半夜敲門心不驚。』」也作「**平生莫做虧心事，半夜敲門不吃驚**」。

【平頭正臉】

指相貌端正。《紅樓夢》四六回：「襲人聽了，說道：『這話，論理不該我們說，這個大老爺，眞眞太下作了！略平頭正臉的，他就不能放手了。』」

【平心定氣】

心情安定，態度冷靜。宋・陸九淵《與劉深父書》：「開卷讀書時，整冠肅容，平心定氣。」也作「**平心靜氣**」。清・紀昀《閱微草堂筆記・如是我聞四》：「遇意外之橫逆，平心靜氣，或有解時。」

【平心而論】

指心平氣和，不帶成見的評論。《孽

海花》三三回：「平心而論，劉永福固然不是什麼天神天將，也絕不會謀反叛逆。」

【平心靜氣】

見「平心定氣」。

【平易近民】

指政策簡易不酷，使百姓能接受。《史記・魯周公世家》：「夫政不簡不易，民不有近；平易近民，民必歸之。」宋・陳亮《與韓子師侍郎書》：「老奸少猾鋤其甚者，而肆為不法者亦移易一二以動其餘，然後一切以平易近民之政行之。」

【平易近人】

①態度謙遜可親，使人容易接近。姚雪垠《李自成》二卷二八章：「他留心觀察，開始對闖王的平易近人，關心百姓疾若，與部下同甘共苦——這三樣長處感到驚奇。」②形容文字深入淺出，使人容易理解。清・龔自珍《已亥雜詩》：「欲為平易近人詩，下筆情深不自持。」

【平原督郵】

平原：古郡名；督郵：官名。南朝宋・劉義慶《世說新語・術解》：「桓公有主簿，善別酒，有酒則令先嘗，好者謂：『青州從事。』惡者謂：『平原督郵。』青州有齊郡，平原有鬲縣。從事，言到臍；督郵，言在鬲上住。」鬲：通「膈」。後以「平原督郵」指劣酒。《鏡花緣》九六回：「盡是青州從事，那有平原督郵。」「青州從事」指優質美酒。

【平原十日飲】

指朋友之間暫住歡宴。《史記・范雎傳》：「[秦昭王]詳為好書遺平原君曰：『寡人聞君之高義，願與君為布衣之友，君幸過寡人，寡人願與君為十日飲。』」南朝齊・陸厥《奉答內兄希叔》詩：「平原十日飲，中散千里遊。」

【平治天下】

將國家治理得太太平平。《孟子・公孫丑下》：「如欲平治天下，當今之世，捨我其誰也？吾何為不豫哉！」清・無名氏《杜詩言志》卷一：「夫人君之所以能平治天下者，以能居高而聽卑耳。」

【評頭品足】

評、品：評論優劣。原指對婦女容貌體態的評論。後泛指不負責的議論、挑剔，說長道短。清・壯者《掃迷帚》十五回：「輕薄少年，多於廟前廟後，評頭品足。」也作「品頭題足」。《聊齋志異・阿寶》：「女起遽去，眾情顛倒，品頭題足，紛紛若狂。」也作「評頭論足」。

【蘋果掉在籮筐裏——樂（落）在其中】

樂：「落」的諧音。比喻樂趣就在這中間。例你別看整天釣魚好像很單調，實際是蘋果掉在籮筐裏——樂（落）在其中。也作「雨水滴在壜子裏——樂（落）在其中」。

【萍飄蓬轉】

萍飄：浮萍隨水飄蕩；蓬轉：蓬草隨風飛轉。比喻生活飄泊，行跡不定。清・紀昀《閱微草堂筆記・灤陽續錄五》：「甚或金盡裘敝，恥還鄉裏，萍飄蓬轉，不通音問者，亦往往有之。」

【萍水偶逢】

見「萍水相逢」。

【萍水相逢】

萍：飄泊在水面的浮萍。比喻素不相識的人偶然相遇。唐・王勃《秋日登洪府滕王閣餞別序》：「關山難越，誰悲失路之人；萍水相逢，盡是他鄉之客。」《警世通言》卷七：「俺與你萍水相逢，出身相救，實出惻隱之心，非貪美麗之貌。」也作「萍水偶逢」。清・紀昀《閱微草堂筆記・灤陽消夏錄四》：「然數百年來，相遇如君者，不知凡幾，大都萍水偶逢，煙雲倏散。」也作「萍水相交」。清・孔尚任《桃花扇・卻奩》：「香君問得有理，小弟與楊兄萍水相交，昨日承情太厚，也覺不安。」也作「萍水相遇」。《二十年目睹之怪現狀》三九回：「我與足下未遇之先，已受先施之惠，及至萍水相遇，怎好為我破格？」也作「萍水相遭」。明・陸采《明珠記・煎茶》：「天啊，果然是萍水相遭。」

【萍水相交】

見「萍水相逢」。

【萍水相遇】

見「萍水相逢」。

【萍水相遭】

見「萍水相逢」。

【萍蹤梗跡】

見「萍蹤浪跡」。

【萍蹤浪跡】

浮萍在水中飄泊不定，比喻人四處漫遊，行蹤不定。明・楊柔勝《玉環記・韋皋延賓》：「遭兵火數年狼狽，萍蹤浪跡，此生無所依。」也作「萍蹤梗跡」。梗：草木殘枝殘莖。明・鄭若庸《玉玦記・報信》：「空揮淚，萍蹤梗跡將安寄，此生何濟？」也作「萍蹤浪影」。明・湯顯祖《牡丹亭・悼殤》：「恨匆匆，萍蹤浪影，風剪了玉芙蓉。」

【萍蹤浪影】

見「萍蹤浪跡」。

【憑河暴虎】

憑河：徒步涉水渡河；暴虎：赤手空拳與虎搏鬥。《詩經・小雅・小旻》：「不敢暴虎，不敢憑河；人知其一，莫知其他。」後以「憑河暴虎」指勇猛果敢或恃勇冒險。《羣音類選〈蟠桃記・洞賓問答〉》：「謾誇他陸地行舟，也何用淩空舉鼎，憑河暴虎皆亡命，蠅頭蝸角紛爭。」也作「暴虎憑河」。

【憑空捏造】

見「憑空臆造」。

【憑空臆造】

臆造：沒有任何根據而主觀編造。指

揑造事實隨意虛構。清・江藩《經解入門》：「不然，憑空臆造，蔑古又孰甚哉？」也作「憑空揑造」。明・沈德符《萬曆野獲編補遺・土官承襲》：「近世作僞者多憑空揑造，苟得金錢。」

【憑山負海】
憑、負意同，依靠。指依憑大山，靠近海洋。《警世通言》卷一一：「福州憑山負海，東南都會，富庶之邦。」

【憑軾結轍】
憑軾：依靠在馬車前的橫木上；結轍：車輪轍跡相疊。形容駕車奔走，絡繹不絕。《子華子・晏子問黨》：「遊士無所植其足，則憑軾結轍而違之。」

【憑書請客，奉帖勾人】
指按規定、奉指令辦事，與辦事人意願無關。《水滸傳》二二回：「我們『憑書請客，奉帖勾人。』難憑你說不在莊上。你等我們搜一搜看，好去回話。」

【憑虛公子】
憑虛：假托。漢・張衡《西京賦》：「有憑虛公子者。」張衡在此文中虛構了憑虛公子和安處先生分別描述西京和東京的繁盛景象。後以「憑虛公子」指虛構的人。

【瓶沉簪折】
見「瓶墜簪折」。

【瓶口封蠟——滴水不漏】
也作「瓶口封蠟——點滴不漏」。見「葫蘆裏盛水——點滴不漏」。

【瓶罄杯空】
形容將酒喝得精光。《兒女英雄傳》二〇回：「雖然如此，卻也瓶罄杯空，不曾少喝了酒。」

【瓶罄罍恥】
瓶：盛酒器；罍：較瓶為大的酒器。《詩經・小雅・蓼莪》：「瓶之罄矣，維罍之恥。」小瓶裏的酒沒有了，罍（大瓶）感到羞恥。比喻兩者利害一致，物傷其類。宋・秦觀《邊防上》：「天下之形勢，固有不相關而實相待者，飛者以翼而縶其足，則不能飛；走者以足而縛其手，則不能走。瓶罄則罍恥，唇亡則齒寒矣。」北周・庾信《思歸銘》：「鱗止星落，月死珠傷，瓶罄罍恥，芝焚蕙嘆。」

【瓶墜簪折】
瓶子摔碎，簪子折斷再不能復原。比喻夫妻訣別，重會無期。元・王實甫《西廂記》四本四折：「雖然是一時間花殘月缺，休猜做瓶墜簪折。不戀豪傑，不羨驕奢；自願的生則同衾，死則同穴。」也作「瓶沉簪折」。唐・白居易《井底引銀瓶》詩：「井底引銀瓶，銀瓶欲上絲繩絕；石上磨玉簪，玉簪欲成中央折。瓶沉簪折知奈何，似妾今朝與君別。」

【瓶子裏的蒼蠅——沒有出路】
比喻前景不妙或沒有辦法。例你不學習，不工作，成天遊遊蕩蕩，好比瓶子裏的蒼蠅——沒有出路。也作「塘裏行船——沒有出路」、「窮人面前四堵牆——沒有出路」、「鑽塔頂上邁步——沒路走」。

ㄆㄨ

【撲殺此獠】
獠：古代罵人話。形容對某人憎惡至極，猶言打死這傢伙。《新唐書・褚遂良傳》：「遂良因致笏殿階叩頭流血曰：『還陛下此笏丐歸田裏。』。帝大怒，命引出。武后從幄後呼曰：『何不撲殺此獠！』易宗夔《新世說・尤悔》：「袁世凱潛謀帝制，蔡松坡時在京師，袁頗防閒之……蔡卒以計脫離虎口。袁聞蔡已至日本，乃拊膝而嘆曰：『悔不早撲殺此獠也！』」

【撲朔迷離】
撲朔：雄兔被抓起時，四腳亂扒的樣子；迷離：雌兔被抓起時，兩眼迷濛的樣子。古樂府《木蘭辭》：「雄兔腳撲朔，雌兔眼迷離。雙兔傍地走，安能辨我是雄雌」。指難分清兔的雌雄。引申為分不清男女。後來形容事情錯綜複雜，不易弄清事實眞相。劉伯承《回顧長征》：「待敵部署就緒，我們卻又打到別的地方去了。弄得敵人撲朔迷離，處處挨打，疲於奔命。」也作「迷離撲朔」。

【撲作教刑】
撲：戒尺；教刑：上古刑法中的一種。原指體罰學習中違背教令的學生。後泛用以戲稱責打。《老殘遊記》九回：「比你少年在書房裏，貴業師握住你手『撲作教刑』的時候何如？」《孽海花》一四回：「因此就有輕視丈夫之意，起先不過口角嘲笑，後來慢慢的竟要撲作教刑起來。」

【鋪錦列繡】
形容詞彩華麗，如錦繡一般。《南史・顏延之傳》：「延之嘗問鮑照己與靈運優劣，照曰：『謝五言如初發芙蓉，自然可愛。君詩若鋪錦列繡，亦雕繪滿眼。』」

【鋪眉苫眼】
鋪眉：豎起雙眉；苫（ㄕㄢ）眼：瞪著眼睛。形容裝腔作勢故意擺架子。元・關漢卿《裴度還帶》一折：「一個個鋪眉苫眼，妝些些像態。」

【鋪謀定計】
制定計謀，佈置圈套。《金瓶梅詞話》二〇回：「我猜老虔婆和淫婦鋪謀定計，叫了去不知怎的撮弄，陪著不是，還要回爐復帳，不知誕纏到多咱時候。」

【鋪攤子】
比喻擺開架式，籌建新的單位和準備開展工作。例你先去鋪攤子，弄出個頭緒來，我們隨後就到。

【鋪天蓋地】
形容來勢迅猛，聲勢浩大。例大草原上，鋪天蓋地的牛羊羣與蔚藍的天空，交織成一幅扣人心弦的景觀。

【鋪張浪費】
講究排場而不惜浪費人力物力。例辦

喪事本來是很簡單的一樁事。有的人發了點財，要面子，竟鋪張浪費，大擺排場。

【鋪張揚厲】
原指鋪敍誇張，大加宣揚，現形容大講排場。唐・韓愈《潮州刺史謝上表》：「鋪張對天之閎休，揚厲無前之偉績。」宋・王明清《揮塵前錄・自跋》：「先人於是輯《國朝史述》焉，直欲追仿遷、固，鋪張揚厲，爲無窮之觀。」

ㄆㄨˊ

【僕僕風塵】
僕僕：辛苦；風塵：指奔走於旅途。形容旅途奔波勞苦。《東歐女豪傑》三回：「又想菲亞僕僕風塵，席不暇暖，現在又被囚繫，少不免擔驚受苦。」也作「**風塵僕僕**」。

【匍倒是鼓，仰轉是鑼——能說會道】
見「媒婆的嘴——能說會道」。

【匍匐之救】
《詩經・邶風・谷風》：「何有何亡，黽勉求之。凡民有喪，匍匐救之。」後以「匍匐之救」指遇到危急的事情，不顧一切地前往。指全力援救。《後漢書・章帝紀》：「有忠和之教，匍匐之救。」

【菩薩背後一個窟窿——妙(廟)透了】
妙：「廟」的諧音。雙關語。比喻好極了。例你們這件事辦得妙，菩薩背後一個窟窿——妙（廟）透了，應該受到嘉獎。

【菩薩的鬍子——人安的】
菩薩：指泥塑或木雕的佛和某些神。比喻某事是人爲的。例爲什麼我們的計畫有這麼多困難，我看是菩薩的鬍子——人安的，有人在搞鬼。

【菩薩的腦袋——七竅不通】
菩薩：泛指佛和某些神；七竅：指兩耳、兩眼、兩鼻孔和口。菩薩的腦袋是泥塑或木雕的，故說七竅不通。比喻一點兒也不懂。例對電腦，我是菩薩的腦袋——七竅不通，叫我如何擔任程式設計師的工作。

【菩薩的胸膛——沒有心肝】
菩薩是泥塑或木雕的，胸膛裏沒心肝。見「空肚羅漢——沒有心肝」。

【菩薩低眉】
菩薩塑像眉眼都爲下垂。形容慈眉善目。也指低首下心。《太平御覽》卷一七四引《談藪》：「薛道衡遊鍾山開善寺，謂小僧曰：『金剛何爲努目？菩薩爲何低眉？』小僧答曰：『金剛努目，所以降伏四魔；菩薩低眉，所以慈悲六道。』道衡憮然不能對。」梁啟超《新中國未來記》五回：「若是再高等的呢，結識得幾位有體面的洋大人，那就任憑老佛爺見著你，也只好菩薩低眉了。」

【菩薩跌進蒸籠裏——眞(蒸)神】
蒸籠：用竹篾、木片等製成的蒸食物的器具；眞：「蒸」的諧音。比喻非常神奇或靈驗。例他說要把球踢入對方大門就踢入對方大門，可眞是菩薩跌進蒸籠裏——眞（蒸）神。

【菩薩跌下河——勞（撈）神】
見「扛撈絞進廟——勞（撈）神」。

【菩薩眉毛上掛霜——愣（冷）神】
見「泥菩薩掉冰窟——愣(冷)神」。

【菩薩腦殼——八面不通風】
菩薩的腦袋是泥塑或木雕的，哪一面都不通氣。比喻耳目閉塞，消息不靈通。例我是菩薩腦殼——八面不通風，你所說的事，還是第一次聽見哩！

【菩薩吞長蟲——佛口蛇心】
長蟲：蛇。比喻外表慈善，心如毒蛇。例這個人是當面握手，背後踢腳，眞是菩薩吞長蟲——佛口蛇心。

【菩薩心腸】
指心地善良。例她生就一副菩薩心腸，誰有難處，她都同情、幫助，因此誰都尊敬她。

【蒲鞭之政】
蒲：香蒲，葉細長似鞭。以蒲爲鞭，略示懲戒。比喻實行仁政。南朝梁・江淹《爲始安王拜南兗州刺史章》：「臣職右南陽，謝蒲鞭之政。」

【蒲柳之姿】
蒲柳：水楊樹，葉早落。比喻衰弱或未老先衰的體質。南朝宋・劉義慶《世說新語・言語》：「顧悅與簡文同年而髮早白。簡文曰：『卿何以先白？』對曰：『蒲柳之姿，望秋而落；松柏之質，經霜彌茂。』」明・湯顯祖《牡丹亭・延師》：「學生自愧蒲柳之姿，敢煩桃李之教。」

【蒲葦紉如絲，磐石無轉移】
蒲葦：一種水生植物，葉有紉性，可供編織。像蒲葦那樣柔紉如絲，像磐石那樣不可動搖。比喻愛情堅貞不移。《古詩・焦仲卿妻》：「新婦謂府吏：『感君區區懷；君旣若見錄，不久望君來。君當作磐石，妾當作蒲葦。蒲葦紉如絲，磐石無轉移。』」

【璞玉渾金】
璞玉：沒經過雕琢的玉；渾金：未經過冶煉的金子。指天然雋美，比喻人品純樸，沒有受到壞的影響。《晋書・王戎傳》：「戎有人倫鑑識，常目山濤，如璞玉渾金，人皆欽其寶，莫知名其器。」也作「**渾金璞玉**」。

【濮上桑間】
濮上、桑間：春秋衛國的地名，常爲青年男女遊戲聚會之地。因用以指男女幽會之所。《野叟曝言》九回：「豈不聞瓜田李下，君子不居；濮上桑間，詩人所刺。」

【濮上之音】
濮上：春秋時衛國地名，爲青年男女幽會並於此高歌曼舞。因以指濮上爲靡靡之音的發源地，也被作爲靡靡之音的代稱。《禮記・樂記》：「桑間濮上之音，亡國之音也。」《三國志・

魏書・高堂隆傳》：「台觀是崇，淫樂是好，倡優是說，作靡靡之樂，安濮上之音。」參見「桑間濮上」。

【葡萄架上結冬瓜——沒見過】

見「雞屙屎——沒見過」。

【樸訥誠篤】

訥：不善言談。指爲人忠誠敦厚，不事誇飾。《聊齋志異・蕙芳》：「馬生其名混，其業褻，蕙芳奚取哉？於此見仙人貴樸訥誠篤也。」

【樸素無華】

儉樸而不浮華。《元史・烏古孫澤傳》：「常曰：『士非儉無以養廉，非廉無以養德。』身一布袍數年，妻子樸素無華，人皆言之，澤不以爲意也。」

ㄆㄨˇ

【普度衆生】

衆生：佛教指一切生物。《佛說無量壽經》：「普欲度脫一切衆生。」後以「普度衆生」指超度一切生靈脫離苦海，到達理想的彼岸。《警世通言》卷四〇：「一是釋家，是西方釋迦牟尼佛……普度衆生，號作天人師。」

【普濟羣生】

見「普濟衆生」。

【普濟衆生】

濟：渡。佛家謂援救芸芸衆生脫離苦海。後泛指幫助、救濟受苦受難的羣衆。《太平廣記》卷一六一引《辯正論》：「應即往精舍中，見竺曇鏡。鏡曰：『普濟衆生，但君當一心受持耳。』」也作「普濟羣生」。明・無名氏《慶長生》一折：「九幽拔苦消災障，普濟羣生佑下方。」

【普寧寺的菩薩——至高無上】

普寧寺位於河北承德避暑山莊附近，寺內有千手千眼觀世音菩薩，像高二二米多，腰圍一五米，重約一一〇噸，爲世界上最大木質佛像。比喻沒有更高的了。例人民的利益就是普寧寺的菩薩——至高無上，誰也不能侵犯。

【普天率土】

普天：同「溥天」，整個天下；率土：四海之內。指全國或全球。《詩經・小雅・北山》：「溥天之下，莫非王土；率土之濱，莫非王臣。」漢・班固《東都賦・明堂詩》：「普天率土，各以其職。」

【普天同慶】

普天：全國或全世界，遍天下。天下的人都在慶祝。南朝宋・劉義慶《世說新語・排調》：「元帝皇子生，普賜羣臣。殷洪喬謝曰：『皇子誕育，普天同慶，臣無勛焉，而猥頒厚賚。』中宗笑曰：『此事豈可使卿有勛邪？』」《孽海花》二回：「大敵敉平，普天同慶。」也作「溥天同慶」。宋・蘇軾《徐州賀河平表》：「蓋天助有德而非人功，振古所無，溥天同慶。」

【普天之下】

整個天下。《左傳・昭公七年》：「故《詩》曰：『普天之下，莫非王土；率土之濱，莫非王臣。』」秦・李斯《琅玡台刻石》：「皇帝之功，勤勞本事。上農除末，黔首是富。普天之下，摶手揖志。」

【溥天同慶】

見「普天同慶」。

ㄆㄨˋ

【鋪子裏的棺材——目（木）中無人】

目：「木」的諧音。雙關語。比喻非常驕傲自大，誰也瞧不起。例這傢伙是鋪子裏的棺材——目（木）中無人，非碰釘子不可。也作「空棺材出殯——目（木）中無人」。

【暴腮龍門】

見「曝鰓龍門」。

【曝鰓龍門】

曝：曬；龍門：地名。舊時稱考試得中爲登龍門。魚望著龍門而不得上。比喻考試不中，受挫折而處於困頓。《藝文類聚》卷九六引《三秦記》：「河津一名龍門，大魚集龍門下數千，不得上。上者爲龍，不上者魚，故云曝鰓龍門。」也作「暴腮龍門」。明・李贄《初譚集・師友六》：「去長安九百里，懸水下注，龜魚之屬莫能上。江海大魚集門下，不得上，上即爲龍。故云『暴腮龍門，垂而轅下。』」

ㄇ

ㄇㄚˊ

【麻痺不仁】

見「痲木不仁」。

【麻痺大意】

比喻疏忽大意，缺乏警惕性。巴金《堅強戰士》：「我要當心，不能痲痺大意，我應當找個隱蔽的地方。」

【麻布袋，草布袋——一代（袋）不如一代（袋）】

代：「袋」的諧音。比喻每況愈下，景況越來越不好；或一代人比一代差。例他祖父是個進士，父親也是個秀才，而他卻是一個紈袴子弟，只會吃喝玩樂，人們常指著他的脊梁骨說：「痲布袋，草布袋——一代（袋）不如一代（袋）！」也作「麻袋換草袋——一代（袋）不如一代（袋）」。

【麻布袋裏的菱角——硬要鑽出來】

菱角：菱的果實，硬殼，兩端有角。比喻敢於衝破阻力，挺身而出。例初生之犢不怕虎，在困難面前，青年們就像痲布袋裏的菱角——硬要鑽出來。

【麻布袋繡花——底子太差】

比喻基礎不好。例他上學不多，痲布袋繡花——底子太差，擔任技術工作有困難。也作「麻袋繡花——底子不行」、「麻布袋繡花——底子不好」、「沙灘上蓋房子——底子差」。

【麻布洗臉——初（粗）會面】

初：「粗」的諧音。比喻第一次見面或碰到。例我們過去並不相識，這次是麻布洗臉——初（粗）會面。

【麻袋裏裝菱角——個個想出頭】

比喻都願出頭露面，顯示自己。例幾個大姑娘不愛紅裝愛武裝，這在村裏還沒見過，有人說她們是麻袋裏裝菱角——個個想出頭。也作「荷葉包釘子——個個想出頭」。

【麻袋裏裝菱角——冒尖】

比喻表現很突出。有時指人初露頭角。例經過半年的努力，她的學習成績在班裏，好比麻袋裏裝菱角——冒尖啦。也作「麻包裏裝釘子——露頭」、「嫩筍拱土——冒尖」。

【麻袋裏裝茄子——嘰嘰咕咕】

嘰嘰咕咕：象聲詞。比喻私下裏小聲說話，或自言自語。有時指心裏打不定主意。例她倆就像麻袋裏裝茄子——嘰嘰咕咕，不知在說些什麼。也作「麻布口袋裝茄子——嘰嘰咕咕的」。

【麻袋裏裝豬——不知黑白】

見「隔山買羊——不知黑白」。

【麻袋繡花——粗中有細】

見「棒槌拉胡琴——粗中有細」。

【麻袋做龍袍——不是這塊料】

龍袍：帝王穿的衣服，用錦緞製成。比喻能力差，不能勝任某項工作。例你們要我學英語，半個月了，連字母也沒掌握，我覺得，自己好比麻袋做龍袍——不是這塊料。也作「爛木頭刻戳兒——不是這塊料」、「西瓜皮打鞋掌——不是這塊料」、「肥皂刻手戳——不是這塊料」、「蘿蔔掏寶盒——不是合適材料」。

【麻稈打狼——兩頭害怕】

麻稈：麻的莖，細長，中空，很脆，易斷。用麻稈打狼，狼不知底細而害怕，人也提心吊膽。比喻對立的雙方都很恐懼，害怕對方。有時指怕這怕那，憂心忡忡。例這次登山社的人在深山遇見眼鏡蛇，彼此可說是說麻稈打狼——兩頭害怕。也作「麻稭打狼——雙方害怕」、「麻稭桿兒打狼——兩家着怕」。

【麻稈抵門——禁不住推敲】

見「高粱稈當頂門杠——禁不起推敲」。

【麻稈兒搭橋——把人閃得好苦】

麻稈兒搭的橋，禁不住人踩，走上去就會摔下。比喻使人倒霉難堪。例這一偶發事件的確是麻稈兒搭橋——把人閃得好苦，難怪李主委發怒了，告誡委員們今後應吸取教訓。

【麻稈兒搭橋——難過】

見「獨木橋——難過」。

【麻稈兒點蠟——兩根光棍兒】

雙關語。比喻兩個都是單身漢。例由於家裏窮得叮噹響，兄弟倆都過而立之年，還是麻稈兒點蠟——兩根光棍兒。

【麻稈做扁擔——不是正經材料】

見「豆芽菜頂門——不是正經材料」。

【麻稈做扁擔——擔當不起】

也作「麻稈抬轎子——擔當不起」、「麻稈兒搭橋——擔當不起」。見「八個麻雀抬轎——擔當不起」。

【麻稈做扁擔——挑不起重擔】

也作「麻稈做扁擔——難挑擔」。見「嫩竹子做扁擔——挑不了重擔」。

【麻稈做床腿——支撐不住】

見「燈草拐杖——支撐不住」。

【麻姑擲米】

據晉・葛洪《神仙傳》記載：「麻姑（傳說中的女仙）將米撒在地上，可變米爲珠。」後喻文章筆法高妙。清・王士禛《帶經堂詩話》卷一〇：「公爲詩如麻姑擲米，粒粒皆成丹砂。」

【麻黃湯發汗——頓開茅（毛）塞】

麻黃湯：中藥湯劑，用於治療感冒、傷寒等疾病，藥中以具有發汗功能的麻黃爲主；茅：「毛」的諧音。雙關語。比喻一下子解開心中的疙瘩，領悟到了某種道理。例經過你的指點，我好似麻黃湯發汗——頓開茅（毛）塞，今後工作就有數了。

【麻木不仁】

指肢體失去知覺。明・薛己《薛氏醫案・總論》：「一曰皮死麻木不仁，二曰肉死針刺不痛。」後比喻反應遲鈍，對周圍事物冷漠、不關心。《兒女英雄傳》二七回：「天下作女孩兒的，除了那班天日不懂、麻木不仁的姑娘外，是個女兒便有個女兒情態。」也作「麻痺不仁」。明・陳實功《外科正宗・臁瘡論》：「或渾身疼癢，或麻痺不仁。」明・李贄《寄答留都》：「今但以仁體稱兄，恐合邑士大夫皆以我爲麻痺不仁之人矣。」

【麻婆打粉——好看有限】

麻婆：麻臉女人；打粉：搽粉。比喻漂亮不到哪兒去。含有嘲諷的意思。例你認爲自己的打扮很時髦，我看是麻婆打粉——好看有限。

【麻婆照鏡子——自尋難看】

比喻自討沒趣，使自己陷於不體面、不光彩的境地。例你這次伸手要名要利，碰了一鼻子灰，眞是麻婆照鏡子——自尋難看。也作「麻臉照鏡子——自找難看」、「招親招來豬八戒——自尋難看」、「石灰點眼——自找難看」。

【麻雀吃不下二兩穀——肚量小】

雙關語。比喻心胸狹窄，不能容人。有時指易生閒氣。例你們說話得留心點。這個人是麻雀吃不下二兩穀——肚量小，稍有得罪，他會發脾氣的。

【麻雀打鼓——調（跳）皮】

調：「跳」的諧音。比喻人頑皮或不馴服，不易對付。有時指耍小聰明，做事不老實。例他喜歡用老實、規矩的職工，對那種麻雀打鼓——調（跳）皮的人一點不信任。

【麻雀肚子雞子眼——吃不多，看不遠】

見「貓兒食，耗子眼——吃不多，看不遠」。

【麻雀屙屎大過蘿——講大話】

比喻說話虛誇，不切實際。例麻雀屙屎大過蘿——講大話，這是常見的一種不正之風，使我們不能正確估計成績和缺點，必須堅決克服、改正。也作「麻雀想和鷹打架——講大話」。

【麻雀飛大海——沒著落】

雙關語。比喻事情沒落實或沒有指望。例鎮上籌辦企業已半年了，不過資金和技術還是麻雀飛大海——沒著落，困難很多，有關部門還得大力支持。

【麻雀飛到糠堆上——空歡喜】

也作「麻雀落在穀殼裏——空歡喜一場」。見「狗咬尿脬——一場空」。

【麻雀飛過也有影子】

比喻無論做什麼都不會一點兒痕跡也不留下。例這件事一定是你幹的，因為有人親眼見到過，俗話說：「麻雀飛過也有影子。」更何況你這麼個大活人！也作「蠓蟲飛過都有影」。

【麻雀飛進貓口——不死也要脫層毛】

見「開水潑老鼠——不死也要脫層皮」。

【麻雀飛進煙囪裏——有命也沒毛】

見「開水潑老鼠——不死也要脫層皮」。

【麻雀跟著蝙蝠飛——白熬夜】

蝙蝠：哺乳動物，頭部和軀幹像老鼠，四肢和尾部之間有皮質的膜，夜間在空中飛翔，吃蚊、蛾等昆蟲。比喻枉費心力。例我看你這項工作是麻雀跟著蝙蝠飛——白熬夜，毫無意義和價值，趁早停止吧！

【麻雀和鷹鬥嘴——活得不耐煩】

也作「麻雀和鷹鬥嘴——活夠了」。見「老壽星上吊——活夠了」。

【麻雀嫁女——唧唧喳喳】

唧唧喳喳：也作嘰嘰喳喳，象聲詞，形容雜亂細碎的聲音。比喻話語雜亂，聲音細碎。有時指議論紛紛，閒言碎語。例幾個小姑娘整天麻雀嫁女——唧唧喳喳，不知說些什麼，沒完沒了。也作「麻雀子嫁女——嘰嘰喳喳」。

【麻雀嫁女——細吹細打】

比喻從容不迫，不著急。有時指仔細認真，不馬虎。例我們等待這批貨，真急死人啦，你們還在麻雀嫁女——細吹細打。

【麻雀嫁女——小打小鬧】

見「黃鼠狼娶媳婦——小打小鬧」。

【麻雀開會——細商量】

比喻仔細而充分地交換意見。例這個問題得麻雀開會——細商量，不能匆促做出決定。

【麻雀落在牌坊上——好大的架子】

見「扛牌坊賣肉——好大的架子」。

【麻雀入籠——飛不了】

例他在年輕的時候，犯案進了監獄，就像麻雀入籠——飛不了，最光輝的年華虛度了。也作「麻雀入籠——飛不起來」、「煮熟的鴨子——飛不了」。

【麻雀生鵝蛋——瞎逞能】

比喻毫無成效地炫耀和顯示自己的能幹。例我們要踏踏實實地為人民做點有益的事，不能麻雀生鵝蛋——瞎逞能，辦不到或辦不好的事不要勉強去辦。也作「盲人學繡花——瞎逞能」。

【麻雀雖小，五臟俱全】

比喻事物即使很小，也具備應有的一切。例你別看我們公司小，可是什麼部門都有，真可以稱得上是「麻雀雖小，五臟俱全」。

【麻雀抬轎——擔當不起】

見「八個麻雀抬轎——擔當不起」。

【麻雀誤入泥水溝——無路可走】

見「豆腐板上下象棋——無路可走」。

【麻雀想和鷹打架——講大話】

見「麻雀屙屎大過蘿——講大話」。

【麻雀子屙屎——東一堆，西一堆】

比喻雜亂無章。例看，你們把辦公室弄成什麼樣子了，書刊、文件就像麻雀子屙屎——東一堆，西一堆，別的東西也是亂七八糟。

【麻雀嘴裏的糧——靠不住】

麻雀小，有可能被別的禽獸吃掉，它嘴裏的糧食當然更不可靠。見「低欄杆——靠不住」。

【麻繩穿針眼兒——過得去就行】

比喻說得過去或能維持生活就可以了。例他有一種甘居中游的觀念，認為自己的工作比上不足，比下有餘，麻繩穿針眼兒——過得去就行。

【麻繩穿針眼兒——鑽不進】

比喻學習或工作不深入，沒入門。有時也比喻施展不正當的手段去鑽營，但又達不到個人目的。例在這次研習中，你好像是麻繩穿針眼兒——鑽不進，基礎不紮實和提不起興趣，恐怕是主要原因。也作「泥鰍鑽石板——鑽不進」、「石板上的泥鰍——鑽不進」、「石頭上安楔子——鑽不進」。

【麻繩吊雞蛋——兩頭脫空】

見「河心裏擱跳板——兩頭脫空」。

【麻繩拴豆腐——甭提了】

見「馬尾穿豆腐——甭提啦」。

【麻繩拴豆腐——提不起】

也作「麻繩穿豆腐——提不得」。見「馬尾穿豆腐——提不得」。

【麻繩沾水——較（絞）上勁了】

較：「絞」的諧音。比喻全力以赴地埋頭苦幹。例這兩個小伙子好似麻繩沾水——較（絞）上勁了，誰也不服誰，都想爭第一。

【麻繩著水——越來越緊】

也作「**麻繩沾水——緊上加緊**」。見「耗子鑽牛角——越來越緊」。

【麻繩子雖粗，也是扶不起來的東西】

比喻無能之人，想扶持也難。例你啊，外表看上去還可以，怎麼會學了一年連填稅單也搞不清楚？眞是「麻繩子雖粗，也是扶不起來的東西」，讓我如何向老闆交差？

【麻屣鶉衣】

屣：ㄒㄧˇ，鞋；鶉（ㄔㄨㄣˊ）衣：破爛衣服，如鵪鶉的禿尾巴。形容衣著破爛。《紅樓夢》一回：「忽見那邊來了一個跛足道士，瘋癲落脫，麻屣鶉衣。」

【麻油拌小菜——人人喜愛】

麻油：芝麻油，也叫香油。比喻大家都很喜歡，都感興趣。例電影是一種綜合性的藝術，就像麻油拌小菜——人人喜愛。

【麻油炒豆渣——不惜代價】

見「大炮打麻雀——不惜代價」。

【麻中之蓬】

《荀子・勸學》：「蓬生麻中，不扶自直。」比喻好的環境可以對人產生積極的影響。例麻中之蓬，不扶自直。他自小生活在書香氣息濃厚的家庭裏，長大了也積極上進，品學兼優。

【麻子跳傘——天花亂墜】

麻子：人出天花後留下的疤痕，這裏指臉上有麻子的人。比喻說話有聲有色。有時指誇大其詞，不切實際。例他具有演說家的天賦，講話總是麻子跳傘——天花亂墜，非常動聽。也作「**媒婆說親——天花亂墜**」、「**仙女散花——天花亂墜**」。

ㄇㄚˇ

【馬鞍套在驢背上——對不上號】

見「大腳穿小鞋——對不上號」。

【馬背上接電話——奇（騎）聞】

奇：「騎」的諧音。比喻讓人驚異的消息。有時指不可靠的消息。例新聞報導說地球將與某行星相撞，完全是馬背上接電話——奇（騎）聞，所以很快闢謠了。

【馬鞭子當帳桿——相差大半截】

比喻差距很大或相差很多。例他是圍棋高手，我還沒入門，馬鞭子當帳桿——相差大半截，怎能相提並論呢！

【馬勃牛溲】

馬勃、牛溲（ㄙㄡ）：都是極常見的中草藥。原代指普通、價廉的中草藥。唐・韓愈《進學解》：「玉札丹砂，赤箭青芝，牛溲馬勃，敗鼓之皮，俱收並蓄，待用無遺者，醫師之良也。」後比喻雖價值不高卻有用處的事物。宋・黃幹《謝兩浙陳運使許薦啟》：「竹頭木屑，馬勃牛溲，咸豫兼收，未嘗輕棄。」也作「**馬浡牛溲**」。浡：同「勃」。明・張岱《越山五佚記・峨眉山》：「奇巒怪石，翠蘚蒼苔，徒馬浡牛溲，兩相污穢，惜哉已矣！」也作「**牛溲馬勃**」。

【馬浡牛溲】

見「馬勃牛溲」。

【馬脖上的銅鈴——響當當】

見「飯勺敲鐵鍋——響噹噹」。

【馬不停蹄】

原指騎馬者不停地趕路或作戰等。《水滸傳》一〇九回：「王慶同衆人馬不停蹄，人不歇足，走到天明。」後形容連續從事某項活動。《金瓶梅詞話》二五回：「休放他在家裏，使的他馬不停蹄才好。」

【馬槽裏伸個驢頭——多嘴】

槽：餵養牲畜、盛放飼料的長條形器具。由於馬驢一般分槽餵養，所以有此語。雙關語。比喻不該說而說。例人家小兩口鬧點小矛盾，你不應馬槽裏伸個驢頭——多嘴，增加他們的隔閡。

【馬遲枚速】

見「馬工枚速」。

【馬齒加長】

馬的牙齒隨著年齡的增長而增加。喻指人年紀雖增長而事業上沒有成就。《穀梁傳・僖公二年》：「荀息牽馬操璧而前曰：『璧則猶是也，而馬齒加長矣。』」《花月痕》一六回：「我比你馬齒加長……而今兩鬢星星，把昔日意興，瓦解冰銷。」也作「**馬齒徒增**」。淸・王韜《淞隱漫錄・阿憐阿愛》：「自妾識君，已四五年矣。蛾眉易老，馬齒徒增，尚未能擇人而事，自拔於火坑。」也作「**馬齒日增**」淸・毛祥麟《墨餘錄・田臾傳》：「雨蒼氏曰：『是余十五年前舊稿也……馬齒日增，豹霧未散，附志數言，彌深慨想云。』」

【馬齒日增】

見「馬齒加長」。

【馬齒徒增】

見「馬齒加長」。

【馬打架用嘴碰——顧不了臉面】

比喻不顧面子。含有豁出去了的意思。例你欺人太甚，我今天馬打架用嘴碰——顧不了臉面，和你拚到底了。也作「**腮幫子上拔火罐——顧不得臉面**」。

【馬大哈】

即馬馬虎虎、大大咧咧、嘻嘻哈哈的略語。①比喻粗心大意。例平時看他挺能幹，誰知他做事這麼馬大哈！②比喻粗心大意的人。例你讓他帶口信哪行？他是個馬大哈，早忘了這事兒了。

【馬到成功】

馬：指戰馬。形容獲勝的輕易、迅速。元・張國賓《薛仁貴榮歸故里》楔子：「憑著您孩兒學成武藝，智勇雙全，若在兩陣之間，怕不馬到成功？」後形容從事某項工作，很快即取得成績。例祝你在新的工作崗位上，旗開得勝，馬到成功！

【馬耳春風】

見「馬耳東風」。

【馬耳東風】

唐・李白《答王十二寒夜獨酌有懷》詩之二：「吟詩作賦北窗裏，萬言不直一杯水。世人聞之皆掉頭，有如東風射馬耳。」後以「馬耳東風」比喻對別人的話漠然置之；也比喻兩不相干。宋・蘇軾《和何長官六言次韻》詩之五：「青山自是絕色，無人誰與為容？說向市朝公子，何殊馬耳東風！」也作「**馬耳射東風**」。宋・蘇軾《書晁說之〈考牧圖〉後》詩：「世間馬耳射東風，悔不長作多牛翁。」也作「**馬耳春風**」。金・元好問《𢇁穀聖鐙》詩：「紛紛世議何足道？盡付馬耳春風前。」也作「**馬耳秋風**」。元・曹伯啟《糖多令》詞：「萍水偶相逢，晴天接遠鴻。似人間、馬耳秋風。」也作「**馬耳風**」。宋・陸游《衰病》詩之一：「仕宦蟻窠夢，功名馬耳風。」也作「**東風射馬耳**」、「**東風吹馬耳**」、「**春風過馬耳**」、「**秋風過耳**」、「**飄風吹馬耳**」、「**風吹過耳**」、「**飄風過耳**」、「**耳邊風**」、「**耳旁風**」。

【馬耳風】

見「馬耳東風」。

【馬耳秋風】

見「馬耳東風」。

【馬耳射東風】

見「馬耳東風」。

【馬翻人仰】

見「馬仰人翻」。

【馬煩人急】

見「馬困人乏」。

【馬放南山】

南山：指華山南坡。《尚書・武成》：「乃偃武修文，歸馬於華山之陽，放牛於桃林之野，示天下弗服。」後以「馬放南山」比喻天下安定，不再用兵。《說岳全傳》一回：「其時天下太平已久，眞個是馬放南山，刀槍入庫。」也作「**放牛歸馬**」、「**休牛歸馬**」、「**歸馬放牛**」、「**華山歸馬**」。

【馬放南山，刀槍入庫——天下太平】

比喻國勢穩定，社會安定。例近十年來，國際形勢相對緩和，多數國家是馬放南山，刀槍入庫——天下太平。

【馬肥人壯】

見「馬壯人強」。

【馬蜂的屁股——碰不得】

馬蜂：即胡蜂，也叫黃蜂，尾有毒刺。比喻人很厲害，觸動不得。例這個人是馬蜂的屁股——碰不得，人們對他都避而遠之。也作「**蠍子的尾巴——碰不得**」、「**三腳板凳——碰不得**」、「**豆腐架子——碰不得**」、「**屬雷管的——碰不得**」。

【馬蜂過河——歹（帶）毒】

歹：「帶」的諧音。比喻陰險狠毒。例搶匪搶走了牛羊等財物，還放火燒掉房屋，眞是馬蜂過河——歹（帶）毒。

【馬蜂窩——捅不得】

比喻觸動不得。例別理他，馬蜂窩——捅不得，別惹閒氣。

【馬蜂蜇光頭——沒遮沒蓋】

比喻做事光明磊落。有時指說話直截了當。例他不搞陰謀詭計，做事從來是馬蜂蜇光頭——沒遮沒蓋。

【馬蜂針，蠍子尾——惹不起】

馬蜂針：胡蜂尾部的毒刺；蠍子：節肢動物，身體多為黃褐色，胸部有四對腳，前腹部較粗，後腹部細長，末端有毒鉤，用來禦敵或捕食。比喻觸動招惹會引起麻煩。例這個人難道眞是馬蜂針，蠍子尾——惹不起嗎？偏要試一試。也作「**母老虎，地頭蛇——惹不起**」、「**母夜叉撒潑——惹不起**」。

【馬高鐙短——上下兩難】

鐙：ㄉㄥˋ，拴在鞍子兩旁供腳蹬的東西。見「矮子騎大馬——上下兩難」。

【馬革裹屍】

革：皮革。用馬的皮革將犧牲在戰場的將士的屍體包裹起來。《東觀漢記・馬援傳》：「方今匈奴、烏桓尚擾北邊，欲自請擊之。男兒要當死於邊野，以馬革裹屍還葬耳，何能臥床上在兒女子手中耶？」後形容在戰場上英勇作戰、壯烈犧牲。宋・蘇軾《贈李兕彥威秀才》詩：「誓將馬革裹屍還，肯學班超苦兒女。」也作「**裹屍馬革**」。

【馬工枚速】

馬：司馬相如；工：精巧；枚：枚皋。謂司馬相如的賦作得慢而精巧；枚皋的賦作得快而略嫌粗糙。《漢書・枚乘傳》：「[枚皋]為文疾，受詔輒成，故所賦者多；司馬相如善為文而遲，故所作少而善於皋。」後以「馬工枚速」形容各有所長。《梁書・張率傳》：「相如工而不敏，枚皋速而不工。」也形容文筆的快與慢。也作「**馬遲枚速**」。清・李伯元《南亭筆記》一二：「提覆日，李[殿林]高坐堂皇，俟繳卷已如額，乃疾趨而入。明日發案，其馬遲而不能枚速者，俱落孫山。」也指各有所長。也作「**枚速馬工**」。例他們倆實在是枚速馬工，難分上下。

【馬後車前】

原指在別人的車馬前後服侍、聽差。明・李開先《寶劍記》二七齣：「九年三考成名，除任牢城館驛。終朝馬後車前，每日迎官接遞。」也指聽人使換的人。也作「**鞍前馬後**」。

【馬後炮——無用】

馬後炮：象棋術語。藉以比喻不起作用或沒有用處。也作「**馬後炮——沒用處**」。見「冬天的扇子——沒用處」。

【馬虎看孩子——不放心】

馬虎：民間傳說中形象醜陋，吞食小孩的怪物。比喻心有牽掛和憂慮。例小張初次而且是獨自出門，母親嘮叨說，我是馬虎看孩子——不放心。也作「馬虎看孩子——放心不下」、「牽著腸子掛著肚——不放心」。

【馬跡蛛絲】

比喻隱隱約約的線索和跡象。《花月痕》五回總評：「草蛇灰線，馬跡蛛絲，隱於不言。」也作「蛛絲馬跡」、「蛛絲蟲跡」、「蛛絲鼠跡」。

【馬鮫魚——嘴硬骨頭酥】

比喻嘴上強硬，但內心很怯懦。例不要被他的囂張氣焰所嚇倒，馬鮫魚——嘴硬骨頭酥，兇他兩下，他就縮回去了。

【馬嚼子套在牛嘴上——胡勒】

嚼（ㄐㄧㄠˊ）子：橫放在牲口嘴裏的小鐵鏈，兩端連在韁繩上，以便於駕馭。比喻胡說八道或胡鬧。例我是見事不平，說幾句公道話，你就說我這是起鬨，你這可是馬嚼子套在牛嘴上——胡勒。也作「馬嚼子戴在牛嘴上——胡勒」、「馬籠頭套在牛嘴上——胡勒」。

【馬角烏白】

見「馬角烏頭」。

【馬角烏頭】

漢·無名氏《燕丹子》上：「燕太子丹質於秦，秦王遇之無禮。不得意，欲求歸。秦王不聽，謬言曰：『令烏頭白，馬生角，乃可許耳。』丹仰天嘆，烏即白頭，馬生角。秦王不得已而遣之。」後以「馬角烏頭」比喻發生奇蹟，也比喻不可能發生的事。清·曹貞吉《百字令》詞：「田光老矣，笑燕丹賓客，都無人物。馬角烏頭千載恨，匕首匣中如雪。」也作「馬角烏白」。例即便是馬角烏白，他們也贏不了。也作「馬頭覓角」。唐·白居易《自題》詩：「馬頭覓角生何日，石火敲光住幾時。」也作「馬生角」、「烏白馬角」、「烏頭馬角」、「烏頭白，馬生角」。

【馬空冀北】

馬：良馬；冀北：冀州北部。唐·韓愈《送石處士序》：「伯樂一過冀北之野，而馬羣遂空。」比喻善於識才，使有才之士皆得重用。清·趙翼《有以明人詩文集二百餘種來售……感成四律》詩之二：「馬空冀北誰朱汗，豕過遼東盡白頭。」也作「羣空冀北」、「冀北空羣」、「驥空馬羣」、「伯樂空羣」。

【馬困人乏】

形容極爲疲勞。元·鄭德輝《虎牢關三英戰呂布》二折：「直殺的他馬困人乏，瑨的鑼響軍收。」也作「馬煩人怠」。宋·梅堯臣《寄永興招討夏太尉》詩：「馬煩人怠當勁虜，雖持利器安得強？」也作「人困馬乏」。

【馬拉車牛駕轅——不合套】

駕轅：駕著車轅拉車。比喻各行其是；或指工作安排不當，幹起來不順手。例人不多，可是馬拉車牛駕轅——不合套，仍然不能合作。也作「兔子駕轅——不合套」、「老水牛拉馬車——不合套」。

【馬拉獨輪車——翻了】

獨輪車：只有一個車輪的手推車。雙關語。比喻辦事失敗，或闖了禍。有時指翻臉，不高興。例聽說小立這次到南部做生意，搞了個馬拉獨輪車——翻了，全部資本都賠進去了。也作「一個轂轤的車子——翻兒啦」。

【馬拉九鼎——拽不動】

九鼎：傳說夏禹鑄九鼎象徵九州，後喻分量重；拽：ㄓㄨㄞˋ，拉。比喻對已認定的事情毫不動搖，含有固執、不回頭的意思。例新任的總經理決定要辦一件事情，就堅定不移，好像馬拉九鼎——拽不動。你不要企圖改變他的主意。也作「螞蟻拉車——拽不動」。

【馬拉松】

原指一種超長距離的賽跑。比喻事物過程長或費時間的會議、談話等。例我提議，誰在辦公時間打馬拉松電話要罰款，或者計時收費。

【馬龍車水】

車馬如流水、遊龍一樣來往不絕。形容熱鬧非凡。宋·陳允平《春遊曲》詩：「都人歡呼去踏青，馬如遊龍車如水。」也作「車水馬龍」。

【馬籠頭給牛戴——生搬硬套】

馬籠頭：套在馬頭上用來繫韁繩的東西。比喻脫離實際，生硬地搬用別人的經驗、套用別人的辦法。例肅貪，要因地制宜，從具體的條件出發，不能馬籠頭給牛戴——生搬硬套。也作「鄭人買履——生搬硬套」。

【馬鹿易形】

漢·陸賈《新語·辨惑》：「至如秦二世之時，趙高駕鹿而從行。王曰：『丞相何爲駕鹿？』高曰：「馳。」王曰：『丞相誤也，以鹿爲馬。』高曰：『陛下以臣言不然，願問羣臣。』臣半言鹿，半言馬。當此之時，秦王不能自信其目，而從邪臣之說。」後以「馬鹿易形」比喻是非混淆。《後漢書·崔琦傳》：「不能結納貞良，以救禍敗，後復欲鉗塞士口，杜蔽主聽，將使玄黃改色，馬鹿易形乎？」

【馬路上安電燈——光明大道】

比喻正義的或有希望的道路。例你們致力於高科技研究，把科學技術運用在農產品改良上，的確是馬路上安電燈——光明大道。也作「滿街掛燈籠——光明大道」。

【馬路上的電線桿——靠邊兒站】

比喻放在一邊，不被任用；或指退居一邊。例如果不願意做這工作，那就像馬路上的電線桿——靠邊兒站嘛，不要擋住別人的道。也作「馬路旁的電桿——靠邊站」、「汽車按喇叭——靠邊站」。

【馬路上跑火車——不合轍】

轍：車輪壓出的痕跡，引申爲車的軌道。比喻不合規章法式，或行動不一致。例你們的做法與總公司的規定就像馬路上跑火車——不合轍，發展下去，可能變成一個獨立王國，這是不允許的。

【馬路新聞——道聽塗說】

指毫無根據的傳聞。例這純屬馬路新聞——道聽塗說，不可相信，更不可傳播。

【馬馬虎虎】

比喻行事草率、隨便。老舍《離婚》一：「終身大事豈可馬馬虎虎！」

【馬面牛頭】

傳說閻王手下有兩個鬼卒，一個頭像牛，一個頭像馬。後喻指各種凶惡醜陋的人。清・陳璧《陳璧詩文殘稿箋證・下平一》之一三：「神通變化一瞿曇，馬面牛頭怪牛語。」也作「牛頭馬面」。

【馬牛風】

見「馬牛其風」。

【馬牛襟裾】

襟裾：指人的衣服。馬牛著人衣。形容人只有斯文的外表，而實際上卻粗鄙、無知。唐・韓愈《符讀書城南》詩：「人不通古今，馬牛而襟裾。」也比喻衣冠禽獸。元・高文秀《好酒趙元遇上皇》二折：「他倚官強拆散俺妻夫，眞乃是馬牛襟裾。」也作「牛馬襟裾」、「襟裾牛馬」。

【馬牛其風】

風：動物兩性相誘。《尚書・費誓》：「馬牛其風，臣妾逋逃，勿敢越逐，只復之。」馬與牛不同類，雌雄不相引誘。比喻事物彼此毫不相干。《花月痕》一五回：「我卻不信你們兩個通是馬牛其風，不言而喻呢！」也作「馬牛風」。清・梁紹壬《兩般秋雨庵隨筆》卷四：「仁和繆蓬仙下第詩有句云：『妻子望他龍虎日，科名於我馬牛風。』」也作「風馬牛不相及」、「風馬無關」、「風馬牛」、「風馬不接」、「牛馬風」。

【馬疲人倦】

人馬都很疲乏。形容極度疲勞。《吳子・治兵》：「馬疲人倦而不解舍，所以不任其上令。」也作「人困馬乏」。

【馬屁精】

比喻長於奉承討好別人的人。例別看他跟咱們在一起時沒有一絲笑容，在董事長跟前卻是個大馬屁精，所以誰都不愛理他。

【馬屁精拍了馬腿——倒挨一腳】

馬屁精：善於諂媚奉承的人。比喻拍馬屁不成，反而吃了虧，受到傷害。例這次他可碰到一個剛直的人，討好不成，倒挨了一頓批。眞是馬屁精拍了馬腿——倒挨一腳。也作「拍馬屁拍到蹄子上——倒挨一腳」。

【馬屁拍在馬腿上】

比喻阿諛奉承卻討了個沒趣兒。《二十年目睹之怪現狀》六七回：「『誰料你爲了這點小事，把他這般凌辱起來，所以我來請你趕緊把他放了。』那官兒聽了，方才知道這一下『馬屁拍到馬腿上』去了。」

【馬前健，假殷勤】

馬前健：指牽馬執鞭的僕人。指假裝殷勤，以求得別人的歡心。《醒世恆言》卷二〇：「趙昂見了丈人，『馬前健，假殷勤』，隨風倒舵，掇臂捧屁，取他的歡心。」

【馬前潑水】

見「買臣覆水」。

【馬前卒】

唐・韓愈《符讀書城南》詩：「一爲馬前卒，鞭背生蟲蛆；一爲公與相，潭潭府中居。」原指在車馬前頭奔走，爲人使喚的差役。後比喻自願爲他人奉獻出一切的人。例人們稱鄒容是革命軍中馬前卒。

【馬羣裏的駱駝——很突出】

見「白鶴站在雞羣裏——突出」。

【馬善被人騎，人善被人欺】

人老實會受到欺負，就像馬馴良會被人騎一樣。例你不能太老實了，俗話說：「馬善被人騎，人善被人欺。」只要你硬氣一些，他們也就不敢再欺負你了。也作「馬善有人騎，人善有人欺。」

【馬上不知馬下苦，飽漢不知餓漢飢】

比喻處境好的人難以理解處境艱難的人的苦衷。例我已經連續幹了三天三夜了，實在太累了，可是你卻說這不算什麼，眞是「馬上不知馬下苦，飽漢不知餓漢飢。」最好你也來嘗嘗三天三夜不能睡覺的滋味。

【馬上牆頭】

指青年男女初次相見。多形容相互一見傾心。宋・晁端禮《水龍吟》詞：「馬上牆頭，縱教瞥見，也難相認。」也作「牆頭馬上」。

【馬上摔死英雄漢，河中淹死會水人】

指擅長某種技藝的人常因大意而出意外。例你去爬山千萬要當心啊，俗話說：「馬上摔死英雄漢，河中淹死會水人。」千萬大意不得！

【馬勺當鑼打——窮得叮噹響】

馬勺：盛粥或盛飯用的大勺，多用木頭製成。比喻非常窮困。例在抗戰時期，幾乎每家都一樣，馬勺當鑼打——窮得叮噹響。」也作「馬勺子吊起來當鑼打——窮得叮零噹郎響」。

【馬勺裏淘米——滴水不漏】

馬勺：盛粥、飯用的大勺，多用木頭製成。見「馬蹄刀瓢裏切菜——滴水不漏」。

【馬勺上的蒼蠅——混飯吃】

比喻得過且過，苟且地生活。有時也指謀生。例在白色恐怖下，我們沒法兒，隨便找點事幹，馬勺上的蒼蠅——混飯吃。也作「馬勺裏的蒼蠅——混飯吃」、「馬槽的蒼蠅——混飯吃的」。

【馬勺掏耳屎——不深入】

雙關語。比喻工作不深入，不細緻。例唉！你的工作作風就像馬勺掏耳屎——不深入，不了解羣衆疾苦，還說自己沒有官僚主義，眞無自知之明。

也作「馬勺掏耳屎——深不下去」、「走馬觀花——不深入」。

【馬蛇子吃了煙袋油——哆嗦爪子】

馬蛇子：即蜥蜴，爬行動物，通稱四腳蛇。煙袋油中含有煙鹼，馬蛇子吃了中毒，爪子哆嗦。比喻因恐懼而發抖。例他膽小如鼠，黑夜獨自走路，就像馬蛇子吃了煙袋油——哆嗦爪子。

【馬生角】

見「馬角烏頭」。

【馬食槽不許驢插嘴——獨吞】

馬食槽：餵馬的槽子。比喻獨自一人占有錢財或利益。例這筆錢是大家勞動所得，你怎麼能馬食槽不許驢插嘴——獨吞呢？也作「狗搶到肉丸子——獨吞」。

【馬首靡托】

指在行動上沒有依靠，不知該怎樣做。晉・趙至《與嵇茂齊書》：「經迴路，涉沙漠，鳴雞戒旦，則飄爾晨征；日薄西山。則馬首靡托。」參見「馬首是瞻」。

【馬首前瞻】

見「馬首是瞻」。

【馬首是瞻】

馬：指主將的戰馬。比喻作戰時一切服從主帥的指揮。《左傳・襄公十四年》：「荀偃令曰：『雞鳴而駕，塞井夷灶，唯余馬首是瞻。』」後比喻在某些方面完全聽從某人的命令。清・龔自珍《與吳虹生書》：「此遊作何期會，作何章程，願惟命是聽，惟馬首是瞻，勝於在家窮愁也。」也作「馬首前瞻」。唐・胡宿《淮南發運趙邢州被詔歸闕》詩：「天台封詔紫泥馨，馬首前瞻北斗城。」

【馬嘶人語】

形容喧鬧嘈雜，也指塵世。唐・唐求《題李少府別業》詩：「尋得仙家不姓梅，馬嘶人語出塵埃。」也作「人語馬嘶」、「人喊馬嘶」。

【馬死落地行】

比喻沒了依靠，只能靠自己。例王太太自王先生死後，好比馬死落地行。原來什麼也不用管，一切都是現成的。可是現在，一切都得靠自己動手了。

【馬謖用兵——言過其實】

馬謖（ㄙㄨˋ）：三國時期襄陽人，在蜀漢軍中任參軍，論兵常大誇其詞。劉備臨死時，囑咐丞相孔明說：「馬謖言過其實，不可重用。」後馬謖在鎮守街亭時，由於大意，高估自己力量，打了敗仗，丟失街亭，被孔明揮淚問斬。比喻說話誇張，同實際不符。例應該實事求是地估計工作成績，馬謖用兵——言過其實，是一種欺騙行為，不可取。也作「蚊子說成大象——言過其實」。

【馬蹄刀劈柴——不是個傢伙】

馬蹄刀：一種小彎刀，形似馬蹄。見「八仙桌上擺夜壺——不是個傢伙」。

【馬蹄刀瓢裏切菜——滴水不漏】

用馬蹄形刀在瓢裏切菜，刀與瓢形吻合，故說滴水不漏。①比喻非常吝嗇，一毛不拔；或非常節儉，一分錢也不亂花。例這個財主與人交往時，自己是馬蹄刀瓢裏切菜——滴水不漏，總要別人花錢。②比喻考慮問題或說話很周密，沒有漏洞或破綻。有時也指守口如瓶。例他說起話來條條是理，頭頭是道，馬蹄刀瓢裏切菜——滴水不漏。也作「馬勺裏淘米——滴水不漏」、「馬蹄刀木杓裏切菜——水泄不漏」、「桐油畚門——滴水不漏」。

【馬聽鑼聲轉】

比喻看別人臉色行事。《醒世姻緣傳》九五回：「家人媳婦，丫頭養娘，原無甚麼正經，『馬聽鑼聲轉』的，見寄姐合他相好，也都沒人敢欺侮了他，倒茶端水，一般優待。」

【馬桶改水桶——臭味還在】

比喻使人厭惡的東西仍然存在；或指思想改造不徹底。例不痛下決心，洗心革面，脫胎換骨，必然是馬桶改水桶——臭味還在，怎能怨恨別人抱有成見呢！

【馬桶改水桶——底子臭】

也作「馬桶改水桶——根子不淨」。見「糞堆上的靈芝——根子不淨」。

【馬桶拼棺材——臭了半輩子還裝人】

雙關語。比喻壞人假裝好人。例這小子又在那裏唱高調了，馬桶拼棺材——臭了半輩子還裝人。真是改惡從善，就應當見諸行動。也作「茅坑板子做棺材——臭了半輩子還裝人」。

【馬頭覓角】

見「馬角烏頭」。

【馬尾巴搓繩——合不了股兒】

比喻人心難合。例這些人，別看他們平日裏好像很合得來，心氣兒很齊，實際上，他們是「馬尾巴搓繩——合不了股兒」，一到關鍵時刻就顯出來了。

【馬尾穿豆腐——甭提啦】

甭：〈方〉不用，別。雙關語。①比喻不用說，難於形容。例她一出台表演，觀衆那股高興勁啊，眞是馬尾穿豆腐——甭提啦。②見「馬尾穿豆腐——提不得」。也作「馬尾穿豆腐——別提了」、「麻繩拴豆腐——甭提了」、「買個罐子打斷把——別提了」。

【馬尾穿豆腐——串不起來】

串：連貫，貫串。比喻不能把零星的體會或經驗連貫起來，進行概括的論述或整理。例我雖然寫過一些東西，但要講出一套道理，左想右想，實在是馬尾穿豆腐——串不起來。也作「馬尾巴提豆腐——串不起來」。

【馬尾穿豆腐——提不得】

雙關語。①比喻所做的事微不足道，或水平太低，不值一提。例不要太恭維我了，我只做了那一點點事，馬尾穿豆腐——提不得。②比喻某件事已經過去，不用再說或不願再說。例她和丈夫從不談到離婚的那些事，馬尾穿豆腐——提不得了。③比喻有某種難言之隱，不好說或不願說。例這是人家的家庭私事，馬尾穿豆腐——提不得。④由於某種原因，不能提拔重用。例上司說過，馬尾穿豆腐——提不得，他只能當科長，不能當處長。也作「馬尾穿豆腐——沒法提」、「馬尾串豆腐——提不起來」、「馬尾穿酥油——提不得」、「馬尾拴菜團子——不能提」、「馬鬃繫豆腐——莫提」、「豬鬃拴豆腐——沒法提」、「沒梁的水桶——沒法提」、「麻繩拴豆腐——提不起」、「破鞋——沒法提」、「麻繩穿豆腐——提不得」、「缺了耳的瓦罐——沒法提」、「買個罐子打斷把——別提了」、「送飯罐打了耳朵——不能提」等。

【馬尾搓繩——不合股】

馬尾的毛很光滑，搓繩合不了股。比喻性情不合或意見分歧。有時指五零四散，聯合不到一起。例她說自己與小楊的脾氣不合，對許多問題的看法也不一樣，就像馬尾搓繩——不合股。也作「馬尾搓繩——合不上股」、「馬尾巴搓繩——合不了股兒」、「頭髮紡繩——不合股」。

【馬尾拴雞蛋——難纏】

見「李逵裹腳——難纏」。

【馬尾作琴弦——不值一談（彈）】

見「狗尾巴草做琴弦——不值一談（彈）」。

【馬尾作琴弦——談（彈）不得】

見「破琵琶——談（彈）不得」。

【馬尾作琴弦——談（彈）不上】

談：「彈」的諧音。①比喻夠不上，不夠標準。例「你說我是專家？我才疏學淺，研究成果甚微，馬尾作琴弦——談（彈）不上。」②見「馬尾作琴弦——不值一談（彈）」。

【馬無夜草不肥】

比喻人若無意外之財或不以不正當手段聚斂錢財就不能富起來。例他家怎麼添置了那麼多東西？單靠他的工資肯定買不起。馬無夜草不肥，準是有什麼外快！也作「馬不吃夜草不上膘」、「馬不得夜草不肥」。

【馬舞之災】

據《晉書・藝術傳・索紞》記載：黃平夜夢馬舞舍中。別人告訴他，馬代表火，馬舞表示火起。後比喻火災。

【馬行千里，無人不能自往】

比喻能人若無人推薦，也不能發揮其才能。《西遊記》八〇回：「行者大笑道：『呆子倒有買賣。師父照顧你牽馬哩。』三藏道：『這猴頭又胡說了！古人云：『馬行千里，無人不能自往。』假如我在路上慢走，你好丟了我去？』」也作「馬雖有千里之能，無人則不能自往」。

【馬行十步九回頭】

比喻戀戀不捨，不願離開。明・高則誠《琵琶記》五齣：「他那裏，漫凝眸，正是『馬行十步九回頭』。歸家只恐傷親意，閣淚汪汪不敢流。」也作「馬行十步九回看」。

【馬仰人翻】

原指騎馬作戰，一方人馬被打翻在地。形容慘敗。例鎮關西與魯達才一交手，就被打得馬仰人翻。也用來形容混亂至極。《紅樓夢》一六回：「[寧國府]到底叫我鬧了個馬仰人翻，更不成個體統。」也作「人仰馬翻」。

【馬長犄角騾下駒——怪事】

見「六月飛霜——怪事」。

【馬長鹿角——四不像】

見「姜子牙的坐騎——四不像」。

【馬掌釘在屁股上——離題（蹄）太遠】

題：「蹄」的諧音。雙關語。比喻說話、寫文章不得要領，抓不住中心。例你們的討論簡直是馬掌釘在屁股上——離題（蹄）太遠。也作「馬掌釘在屁股上——不貼題（蹄）」、「馬屁股釘掌——離題（蹄）太遠」、「鐵掌釘在馬腿上——太離題（蹄）了」、「膝蓋上釘馬掌——不對題（蹄）」。

【馬壯兵强】

見「馬壯人强」。

【馬壯人强】

形容軍隊實力强盛，富有戰鬥力。元・高文秀《澠池會》楔子：「秦乃虎狼之國，兵多將廣，馬壯人强，有併吞六國之心。」後也比喻某一團體實力很强。例別看這是一所民辦大學，可他們那兒有不少知名學者，真可謂人才濟濟，馬壯人强。也作「馬壯兵强」。例這支球隊訓練有方，馬壯兵强，比賽經驗也很豐富，很有希望奪冠。也作「馬肥人壯」。元・無名氏《射柳捶丸》一折：「某麾下番兵浩大，猛將英雄，馬肥人壯，不時在邊搶虜。」也作「人强馬壯」、「兵强馬壯」。

【碼頭工人扛麻包——回頭難】

麻包：裝滿東西的麻袋。比喻退回去很困難。有時指難於悔悟。例敵軍已切斷後路，碼頭工人扛麻包——回頭難，我們只好直搗敵軍指揮部，活捉敵酋，出奇制勝。也作「碼頭工人扛麻包——難回頭」、「騎馬過獨木橋——難回頭」、「長蟲吞筷子——回頭難」、「燒火棍撥火——掉不轉頭」。

【螞蜗剝皮——眼不閉】

螞蜗（ㄍㄨㄞˇ）：〈方〉青蛙。見「蛤蟆剝皮——心不死」。

【螞蜗吃黃蜂——倒挨一錐】

螞蜗（ㄍㄨㄞˇ）：〈方〉青蛙。比喻沒有獲得預期的結果，反而遭到責備或損失；或沒占到便宜，反而吃了虧。例我好心地勸他改正錯誤，誰知反被他痛罵一頓，真是螞蜗吃黃蜂——倒挨一錐。也作「孫悟空打豬八戒

——倒挨一耙」。

【螞蚂鬧塘——分不出點子來】

螞蚂鬧塘：青蛙在池塘邊鳴叫。比喻聲音嘈雜，響成一片。例下課之後，孩子們亂哄哄的，就像螞蚂鬧塘——分不出點子來。

【螞蚂上牆——巴不得】

青蛙上牆貼不緊，容易掉下來。雙關語。比喻迫切盼望，或求之不得。例你問願不願意到國外出差，我說，這眞是螞蚂上牆——巴不得呢！也作「螞蚂上樹——巴不得」、「螃蟹上樹——巴不得」。

【螞蚂套腰——鼓氣】

套：用繩子捆住。形容窩了一肚子氣。例這個驕傲自滿的傢伙，今天誰都不買他的帳，他眞有點螞蚂套腰——鼓氣了。

【螞蟥跳塘——不知深淺】

見「黑夜過河——不知深淺」。

【螞蟥吃螢火蟲——心裏明白】

螞蟥（ㄏㄨㄤˊ）：水蛭，環節動物，生活在水田、湖沼中，尾端有吸盤，吸食人畜的血液。見「雞吃放光蟲——肚裏明」。

【螞蟥的身子——軟骨頭】

見「黃鼠狼的脊梁——軟骨頭」。

【螞蟥叮住鷺鷥腳——生死同飛】

比喻生死與共，互相依存。例毛毛流落街頭，自從被金老漢收養後，十多年來就像螞蟥叮住鷺鷥腳——生死同飛，他們再也沒有分離過。

【螞蟥叮住鷺鷥腳——要脫也不得脫】

比喻想擺脫也擺脫不了。例他是一個癩皮狗，誰沾上他，就像螞蟥叮住鷺鷥腳——要脫也不得脫。

【螞蟥叮住螺螄腳——揪住不放】

螺螄：淡水螺的通稱，一般較小。比喻糾纏不休。例此人是個潑皮，誰惹上了他，他就像螞蟥叮住螺螄腳——揪住不放，非要得點便宜不可。也作「螞蟥叮住螺螄腳——抓住不放」、「瞎子打架——揪住不放」、「淹死鬼拽住崖邊草——揪住不放」。

【螞蟥過水——沒痕跡】

螞蟥在水中透過肌肉伸縮，以波浪式游泳前進，故言不露痕跡。比喻不留下一點跡象，或不露痕跡。例你別相信螞蟥過水——沒痕跡，若要人不知，除非己莫爲，還是快交代爲好。也作「水面砍一刀——沒痕跡」、「水上打一棒——沒有痕跡」。

【螞蟥見血】

見了喜愛的東西就不肯放開，比喻迫切而貪婪。多含貶義。《醒世姻緣傳》六六回：「誰知狄希陳的流和心性，一見個油頭木梳、紅裙粉面的東西，就如螞蟥見血相似，甚麼是肯開交？」

【螞蚍叮腿】

螞蚍（ㄆㄧˊ）：馬蚍蜉，一種大螞蟻。比喻緊緊抓住不放。《醒世姻緣傳》六八回：「我怎麼就這們不氣長？有漢子，漢子管著；等這漢子死了，那大老婆又像螞蚍叮腿似的。」

【螞蟻搬家——不是風，便是雨】

螞蟻搬家預示著風雨即將來臨。比喻形勢發展不利。有時也比喻愛搬弄是非。例鬼子和僞軍在大規模集結，調動，螞蟻搬家——不是風，便是雨，要做好應急準備。

【螞蟻搬家——大家動口】

比喻個個行動或講話。例這次請願遊行，我們來了個螞蟻搬家——大家動口，正義的口號聲像山呼海嘯，嚇得敵人驚慌失措。

【螞蟻搬家——密密麻麻】

形容又多又密。例在水庫工地上，參加義務勞動的人就像螞蟻搬家——密密麻麻，數也數不清。

【螞蟻搬家——拖拖拉拉】

雙關語。比喻辦事遲緩，拖延。例做工作應當雷厲風行，不能螞蟻搬家——拖拖拉拉，忽視效率。也作「矬子穿長袍——拖拖拉拉」。

【螞蟻搬泰山】

見「螞蟻啃骨頭」。

【螞蟻背螳螂——肩負重任】

比喻承擔著重大的責任。例做爲一廠之長，就像螞蟻背螳螂——肩負重任，處理問題不可粗心大意。也作「千斤擔子一人挑——肩負重任」。

【螞蟻打呵欠——好大的口氣】

見「癩蛤蟆打哈欠——好大的口氣」。

【螞蟻戴穀殼——好大的臉面】

臉面：情面，面子。比喻沒有那麼大的情面。有時也比喻情面很大。例別異想天開了，螞蟻戴穀殼——好大的臉面！人家不會買你的帳。也作「螞蟻戴眼鏡——好大的臉面」、「蛤蟆戴籠頭——好大的臉面」、「虼蚤臉兒——好大的臉面」。

【螞蟻戴荔枝殼——假充大頭鬼】

見「戴著雨帽進廟門——冒充大頭鬼」。

【螞蟻戴眼鏡——臉面不小】

比喻情面很大。有時比喻沒有那麼大的情面。例那家公司竟答應給你十萬無息貸款，眞是螞蟻戴眼鏡——臉面不小。也作「螞蟻戴眼鏡——好大的臉皮」、「蛤蟆戴籠頭——臉面不小」、「虼蚤臉兒——好大的臉面」。

【螞蟻擋道兒——顛不翻車】

比喻無關大局或成不了大事。例即使有幾個搗亂分子，也是螞蟻擋道兒——顛不翻車，不必大驚小怪。也作「螞蟻擋路——墊不翻車」。

【螞蟻的腿——閒不住】

比喻勤奮，愛勞動。例鄭大爺勞動一生，就像螞蟻的腿——閒不住，連住院期間也不休息，總得找點事幹。也作「春天的蜜蜂——閒不住」。

【螞蟻掉進擂鉢裏——盡是路】

擂鉢：把東西研磨碎的器具，裏面刻有一道道淺溝。見「螞蟻進磨扇——條條是道」。

【螞蟻過壟溝——覺著是一江】
壟溝：壟和壟之間的溝，用來灌溉、排水或施肥。比喻沒見過大世面。例我這山區的人，到了縣城就像螞蟻過壟溝——覺著是一江，省城、首都是啥模樣，連想也沒敢想。

【螞蟻講話——碰頭】
螞蟻用碰頭的方式傳遞信息。比喻會面、會見或相遇。例會後各自寫出書面意見，明天我們再螞蟻講話——碰頭，做出決定。

【螞蟻進磨扇——條條是道】
磨（ㄇㄛˋ）扇：鑿有很密的小槽的上下兩扇石磨。比喻辦法多，門路廣。鄉鎮企業既可生產、加工土特產，也可為大企業製造零星部件，眞是螞蟻進磨扇——條條是道。也作「螞蟻進磨扇——路子多」、「螞蟻進磨盤——條條是路」、「螞蟻掉進擂鉢裏——盡是路」、「螞蟻跌進擂鉢——條條是路」、「螞蟻爬筲箕——路子多」、「螞蟻爬掃帚——條條是路」、「磨眼裏的螞蟻——條條是路」。

【螞蟻啃骨頭】
比喻力量雖然微小，但只要堅持不懈，就能夠完成艱鉅的任務。例在設備落後、技術力量不足的情況下，工人們發揚螞蟻啃骨頭的精神，終於完成了造橋任務。也作「螞蟻搬泰山」。例「世上無難事，只怕有心人」，只要我們團結一致，拿出螞蟻搬泰山的精神來，這點困難又算得了什麼？

【螞蟻啃骨頭——力小志氣大】
比喻人的力量雖單薄，但有遠大的抱負。例張小亮敢於向大自然挑戰，不懼困難，一點一點地向前邁進，眞是螞蟻啃骨頭——力小志氣大。

【螞蟻啃骨頭——慢慢來】
比喻做事不急不慌，一步步去做。例思想轉變有一個過程，做工作要像螞蟻啃骨頭——慢慢來，不能急風驟雨。也作「文火炖蹄膀——慢慢來」、「烏龜爬沙——慢慢來」、「蝸牛賽跑——慢慢來」。

【螞蟻拉車——拽不動】
見「馬拉九鼎——拽不動」。

【螞蟻尿到書本上——識（溼）字不多】
識：「溼」的諧音。比喻文化水準不高，認不了多少字。例我沒上過幾天學，螞蟻尿到書本上——識（溼）字不多，只好在工作之餘，盡力向別人請教、學習。

【螞蟻爬掃帚——條條是路】
見「螞蟻進磨扇——條條是道」。

【螞蟻爬上竹竿尖——到頂了】
見「高粱開花——到頂了」。

【螞蟻爬筲箕——路子多】
筲箕：淘米用的竹器，形狀像簸箕。見「螞蟻進磨扇——條條是道」。

【螞蟻上枯樹——順稈爬】
見「老母豬吃秫黍——順稈子上來了」。

【螞蟻抬大炮——擔當不起】
見「八個麻雀抬轎——擔當不起」。

【螞蟻抬土——一窩蜂】
形容亂糟糟的局面或景象。有時指很多人亂哄哄地同時行動。例這次萬人大會組織不好，現場指揮不力，進場時就像螞蟻抬土——一窩蜂。

【螞蟻頭上砍一刀——沒血肉】
形容缺乏感情。有時指說話、寫文章乾巴巴，缺乏內容。例不要希望他對這些可憐的難民表示同情和支持，他是一個螞蟻頭上砍一刀——沒血肉的人。

【螞蟻拖螞蚱——個個出力】
比喻人人都很賣力氣。例值得高興的是，在完成這次任務中，無論老、中、青，都像螞蟻拖螞蚱——個個出力。也作「螞蟻拖螞蚱——個個使勁」、「九牛爬坡——個個出力」。

【螞蟻搖大樹——自不量力】
也作「螞蟻搖大樹——搖不動」、「螞蟻扛大樹——自不量力」、「螞蟻撼泰山——自不量力」。見「雞蛋碰石頭——自不量力」。

【螞蟻緣槐】
緣：攀緣。唐・李公佐《南柯太守傳》載：「淳于棼夢入大槐安國，任南柯郡太守，歷盡榮辱。醒後才知是一場夢，發現所謂槐安國都與南柯郡不過是槐樹下的兩個蟻穴。」後比喻自不量力。例剛做出一點成績就到處吹噓，好像世界上只有他最有本事，眞是螞蟻緣槐，自不量力。

【螞蟻緣槐誇大國——小見識】
比喻知識貧乏，見識淺。例這件事不值得大驚小怪，你別螞蟻緣槐誇大國——小見識。也作「坐井觀天——小見識」。參見「螞蟻緣槐」。

【螞蟻長毛——沒有的事】
見「扁擔開花——沒有的事」。

ㄇㄚˋ

【螞蚱扯了一條腿——照樣蹦跳】
螞蚱（ㄓㄚˋ）：蚱蜢。雙關語。比喻雖然受到損傷，還能掙扎著生活、工作。例這點傷算什麼，螞蚱扯了一條腿——照樣蹦跳，我不願休養。

【螞蚱吃秫秫——順著稈子向上攀】
秫秫：ㄕㄨˊ ㄕㄨˊ，〈方〉高粱。見「老母豬吃秫黍——順稈子上來了」。

【螞蚱打噴嚏——滿嘴莊稼氣】
比喻人說話土里土氣。例他的人品是無可挑剔的，只是有點螞蚱打噴嚏——滿嘴莊稼氣。

【螞蚱打食——緊顧嘴】
比喻生活緊張，僅僅夠吃，沒有剩餘。例多少年來都是螞蚱打食——緊顧嘴，現在生活寬裕了，還是不能鋪張浪費，忘掉過去艱苦的日子。

【螞蚱爬在鞭梢上——禁不起摔打】

見「豆腐身子——禁不起摔打」。

【螞蚱上豆架——小東西借大架嚇人】

比喻小人物依仗別人的權勢逞威風。例主任的命令？別螞蚱上豆架——小東西借大架嚇人，誰會相信你的話呢？自作聰明。

【螞蚱跳塘——不知深淺】

見「黑夜過河——不知深淺」。

【螞蚱頭炒碟菜——多嘴多舌】

雙關語。比喻話多，說了不該說的話。例你的確是犯了螞蚱頭炒碟菜——多嘴多舌的毛病，這場糾紛的發生，你是有責任的。也作「炒了一盤麻雀腦袋——多嘴多舌」、「三斤半鴨子二斤半嘴——多嘴多舌」。

【螞蚱頭炒碟菜——光嘴了】

比喻只會誇誇其談，說空話。例他能說會道，就是不幹活。這叫做螞蚱頭炒碟菜——光嘴了。」也作「雀頭擺碟子——盡是嘴」、「百隻麻雀炒盤菜——光是嘴」、「三分錢買個鴨頭——得個嘴」、「三百斤重的野豬——得個大嘴」。

【螞蚱馱磚頭——吃不住勁】

比喻受不起壓力或支持不住。例螞蚱馱磚頭——吃不住勁，這樣小小年紀，怎麼經得起接二連三的重大打擊？也作「嫩竹扁擔挑擔子——吃不住勁」、「雞毛支炕席——頂不住勁」。

【罵不絕口】

怒罵不止。宋・無名氏《新編五代史平話・唐史》：「乃令以板夾而鋸之，至死罵不絕口。」

【罵大街】

比喻當衆謾罵。例你聽，那潑婦又開始罵大街了。也作「罵街」。例我既然決心管你們這些虐待老人的不孝兒孫，我就不怕你們堵著我的門罵街。

【罵了皇帝罵祖先——不忠不孝】

斥責人既不忠誠又不孝順。例背叛國家，就像俗話所說，罵了皇帝罵祖先——不忠不孝，應受歷史的懲罰。

【罵名千古】

死後永遠受人唾罵。《說岳全傳》二九回：「你何不棄暗投明……强如在此幫那强盜摸雞偷狗的，一旦有失，落得個罵名千古。」

【罵娘挖祖墳——太過分了】

比喻說話、做事超過一定的程度或限度。例爲人處事不能罵娘挖祖墳——太過分了，不然會嚴重脫離羣衆，貽誤工作。

【罵山門】

山門：佛教寺院的大門。比喻毫無顧忌地詈罵。例小祖宗，你怎麼招惹那個小癟三？現在等著他來罵山門吧！

ㄇㄛ

【摸不到把柄，抓不著辮子——沒根沒據】

比喻說話、做事缺乏依據。例你說他侵犯了你的人權，摸不到把柄，抓不著辮子——沒根沒據，執法機關如何能接受你的投訴。也作「摸不到把柄，抓不著辮子——何憑何據」。

【摸不著頭腦】

比喻迷惑不解。例小伙子辦事從來直來直往，剛才姑娘那一番轉彎抹角的話，眞讓他有點摸不著頭腦。

【摸底細】

指了解事情的原委、內情。例究竟怎麼辦，你先去摸摸底細再說。搞淸了事情的來龍去脈，就可以想法解決了。也作「摸底兒」。

【摸風向】

指觀察與試探形勢發展的動向。例要採取下一步行動，就必須先摸風向，只有摸淸發展趨勢，才好採取有效措施。

【摸雞偷狗】

指做不正經的、見不得人的勾當。《說岳全傳》二九回：「你何不棄暗投明……一同建功立業，强如在此幫那强盜摸雞偷狗的，一旦有失，落得個罵名千古。」也作「偷雞盜狗」、「偷貓盜狗」、「偷雞摸狗」、「偷雞吊狗」。

【摸老虎的屁股——尋著挨傢伙】

挨傢伙：挨打。比喻自找苦吃，自找倒霉。例你說什麼攻打敵人的碉堡是摸老虎的屁股——尋著挨傢伙？我說這次是摸定了，非把它炸個粉身碎骨，一塊磚頭也不剩。

【摸老虎屁股】

比喻觸動難以對付的人。例對付老刁非小强不可，他敢摸老虎屁股，而且有勇有謀，善於對付刁頑的人。

【摸稜兩可】

見「模稜兩可」。

【摸門不著】

形容弄不淸是怎麼回事。《金瓶梅詞話》八〇回：「這吳月娘，心中還氣忿不過……一頓罵的來安兒摸門不著。」也形容暈頭轉向。《儒林外史》三回：「范進因沒有盤費，走去同丈人商議，被胡屠戶一口啐在臉上，罵了一個狗血噴頭……一頓夾七夾八，罵的范進摸門不著。」

【摸氣候】

指了解事情發展的動向和形勢。例做這樣的大買賣，一定要先摸氣候再決定，要不然貨物不能脫手就糟了。

【摸頭不著】

形容不知是怎麼回事。《儒林外史》六回：「趙氏聽了這話，摸頭不著，只得依著言語，寫了一封信，遣家人來富連夜赴省接大老爹。」

【摸象衆盲】

形容衆人各持片面見解，而爭論不休，互不相讓。宋・法應集《魏府興化存獎禪師》詩：「摸象衆盲徒亂說，當台古鏡見差殊。」參見「盲人摸象」。

【摸著石頭過河】

比喻對辦某事沒有經驗，因而小心謹愼地進行。例辦這麼大規模的晚會，我們還是頭一回，所以我們是「摸著石頭過河」，走穩一步再走下一步，不敢有半點兒馬虎大意。

【摸著石頭過河——摸索著幹】

比喻試著做，在過程中尋找方法，累積經驗。例我們做的是前人沒有做過的事業，無經驗可資借鑑，只有摸著石頭過河——摸索著幹。

【摸著石頭過河——穩穩當當】

也作「摸著石頭過河——穩上加穩」。見「老牛拉車——穩上加穩」。

ㄇㄛˊ

【嫫母傅粉，不知其醜】

嫫母：古代傳說中的醜婦；傅粉：塗脂抹粉。指嫫母不知自己的醜陋，無論怎樣打扮也枉然。比喻人缺少自知之明，不知自己的短處或弱點。例俗話說：「嫫母傅粉，不知其醜。」你有那麼嚴重的缺點，不思改過不說，卻還想著爭優秀、當模範，眞沒有自知之明！

【模範山水】

見「模山範水」。

【模稜兩可】

《舊唐書·蘇味道傳》：「前後居相數載，竟不能有所發明，但脂韋其間，苟度取容而已。嘗謂人曰：『處事不欲決斷明白，若有錯誤，必貽咎譴，但模稜以持兩端可矣。」模稜：含糊，不清。指態度、意見等不明確。明·張居正《陳六事疏》：「上下務爲姑息，百事悉從委徇，以模稜兩可謂之調停，以委曲遷就謂之善處。」也作「摸稜兩可」。例當主管的就要敢於創見，別什麼都摸稜兩可的。

【模山範水】

指描繪、描寫山水。南朝梁·劉勰《文心雕龍·物色》：「模山範水，字必魚貫。」也作「模山寫水」。宋·葉適《台州教授高君墓志銘》：「模山寫水，宜產文士。」也作「模範山水」。清·朱庭珍《筱園詩話》卷一：「歸愚翁所論，只能模範山水，未能爲作表章，以附山水知己也。」

【模山寫水】

見「模山範水」。

【摹形繪色】

形容描寫、敍述極爲生動。清·梁紹壬《兩般秋雨庵隨筆》卷二：「方談及此，摹形繪色，數腳論拳。」也作「繪聲繪色」。

【摩頂放踵】

摩：磨擦；放：到；踵：腳跟。從頭到腳都摩傷了，形容爲完成某項工作而不辭艱辛、不惜損害健康。《孟子·盡心上》：「墨子兼愛，摩頂放踵，利天下爲之。」也作「摩頂至踵」。《景德傳燈錄》卷七：「摩頂至踵如栩子大，萬卷書向何處著。」也作「摩頂至足」。唐·薛登《請選舉擇賢才疏》：「上啟陳詩，唯希咳唾之澤；摩頂至足，冀荷提攜之恩。」也作「磨頂至踵」。唐·陳子昂《諫靈駕入京書》：「伏自思之，生聖日，沐皇風，磨頂至踵，莫非亭育。」

【摩頂至踵】

見「摩頂放踵」。

【摩頂至足】

見「摩頂放踵」。

【摩肩挨背】

肩碰肩，背挨背，形容人很多，極爲擁擠。也形容事物接連不斷地出現。魯迅《隨感錄五十四》：「自不許『妄談法理』以至護法……自迎屍拜蛇以至美育代宗教，都摩肩挨背的存在。」

【摩肩擊轂】

肩碰肩，車碰車。形容行人車馬來往衆多，極爲擁擠。清·王位坤《燕京竹枝詞》之一：「帝城才過元宵節，摩肩擊轂何更迭？」也作「轂擊肩摩」、「肩摩轂擊」、「比肩擊轂」、「擊轂摩肩」。

【摩肩繼踵】

見「摩肩接踵」。

【摩肩接踵】

肩碰肩，腳碰腳。形容人很多，極爲擁擠。也形容事物接連不斷地出現。明·沈德符《萬曆野獲編·雪浪被逐》：「雪浪自此汗漫江湖，曾至吳越間，士女如狂，受戒禮拜者，摩肩接踵。」也作「摩肩繼踵」。唐·皇甫湜《編年紀傳論》：「自漢至今，代以更八，年幾歷千，其間賢人摩肩，史臣繼踵，権今古之得失，論述作之利病。」也作「踵接肩摩」、「肩摩踵接」、「接踵摩肩」、「比肩繼踵」、「比肩隨踵」、「比肩接踵」、「接踵比肩」、「駢肩累踵」。

【摩肩如雲】

形容人很多，極爲擁擠。《孽海花》一〇回：「許多碧眼紫髯的俊男，蜷髮蜂腰的仕女，正是摩肩如雲，揮汗成雨的時候，煩渴的了不得。」

【摩拳擦掌】

形容在從事某項活動前精神振奮的樣子。《紅樓夢》一〇九回：「喜得番役家人摩拳擦掌，就要往各處動手。」也作「磨拳擦掌」。元·康進之《李逵負荊》二折：「俺可也磨拳擦掌，行行里，按不住莽撞心頭氣。」也作「擦掌磨拳」、「擦拳磨掌」、「擦拳抹掌」。

【摩天礙日】

摩天：與天接觸；礙日：遮住太陽。形容極爲高大。《西遊記》四〇回：「忽又見一座高山，眞是摩天礙日。」

【磨杵成針】

宋·祝穆《方輿勝覽》卷五三：「彭山象耳山下，相傳李白讀書山中。學未成，棄去。過是溪，逢老媼方磨鐵杵。白問：『何爲？』媼曰：『欲作針耳。』白感其言，還，卒業。」杵：棒槌。比喻只要持之以恆，再難的事情也能成功。也比喻某種需付出艱苦勞動的工作。也作「磨杵作針」。明・黃淳耀《陶庵集》卷九：「耐心持久，如磨杵作針，不計歲月，此用功樣子也。」也作「鐵杵磨成針」、「鐵棒成針」。

【磨杵作針】

見「磨杵成針」。

【磨穿枯硯】

見「磨穿鐵硯」。

【磨穿鐵硯】

《新五代史・桑維翰傳》：「初舉進士，主司惡其姓，以『桑』、『喪』同音。人有勸其不必舉進士，可以從佗求仕者。維翰慨然，乃著《日出扶桑賦》以見志。又鑄鐵硯以示人曰：『硯弊則改而佗仕。』卒以進士及第。」後以「磨穿鐵硯」比喻立志不變，發憤苦讀。也形容飽讀詩書，文筆高妙。元・范子安《竹葉舟》一折：「坐破寒氈，磨穿鐵硯，自誇經史如流。」也作「磨穿硯鐵」。明・葉憲祖《鸞鎞記・勵志》：「我待磨穿硯鐵，喜從今喚醒莊生蝶，看他年晝錦還家，免教人獨歸昏夜。」也作「磨穿枯硯」。宋・趙長卿《賀新郎》詞：「吾廬自笑常虛廓。對殘編、磨穿枯硯，生涯微薄。」也作「鐵硯磨穿」。

【磨穿硯鐵】

見「磨穿鐵硯」。

【磨刀不誤砍柴工】

比喻準備工作做得好，會使工作進行得更快、更順利。例小王，你別著急，俗話說：「磨刀不誤砍柴工。」我們先做好準備工作，不僅不會影響進度，而且還一定會趕在別人的前面完成任務。

【磨刀霍霍】

霍霍：磨刀聲。原指用力磨刀。《木蘭詩》：「小弟聞姊來，磨刀霍霍向豬羊。」後形容壞人加緊活動，準備逞凶。明・朱國禎《湧幢小品・篤行》：「鄰人密告曰：『公知夜來危乎？所共飯礦夫，磨刀霍霍者，意在公也。』」

【磨刀師傅打鐵——看不出火候來】

比喻不會察言觀色、見機行事。例陳玉這個姑娘內向寡言，磨刀師傅打鐵——看不出火候來，叫她負責公關事務，恐怕困難很大，效果不佳。也作「磨刀師傅打鐵——不識火色」、「木匠打鐵——看不出火候來」、「炒栗子崩瞎眼睛——看不出火候來」、「石匠打鐵——真不會看火色」、「鑿磨匠打鐵——不會看火色」。

【磨刀水洗頭——腦筋生鏽】

比喻思想陳舊，不開竅。例你年紀輕輕，竟像八十歲的老古董，脫離時代潮流，說你磨刀水洗頭——腦筋生鏽，一點不錯。

【磨頂至踵】

見「摩頂放踵」。

【磨盾之暇】

暇：空閒。指行軍打仗之餘。清・江藩《漢學師承記・王昶》：「先生從征九年，雖羽書旁午，然磨盾之暇，馬上吟咏，穹廬誦讀，無一日廢也。」

【磨而不磷】

《論語・陽貨》：「不曰堅乎，磨而不磷。」磷：薄，損傷。指堅硬的東西是磨不薄的。後比喻剛正的人不會因環境影響而改變其品格。唐・李德裕《袁盎以周勃爲功臣論》：「磨而不磷，未嘗不心存社稷。」

【磨了半截舌頭】

比喻說了許許多多的話。《二刻拍案驚奇》卷二：「老身『磨了半截舌頭』，依倒也依得，只要娘子也依他一件事。」

【磨利以須】

見「磨礪以須」。

【磨礪以須】

磨礪：也作「摩厲」，指把刀刃磨鋒利；須：等待。比喻做好準備工作，等待時機的到來。《左傳・昭公十二年》：「摩厲以須，王出，吾刃將斬矣。」杜預注：「以己喻鋒刃，欲自摩厲，以斬王之淫慝。」唐・白居易《因繼集重序》：「更揀好者寄來，蓋示餘勇，磨礪以須我耳。」也作「磨利以須」。《東周列國志》一○三回：「檄文到日，磨利以須。」

【磨礱砥礪】

礱：ㄌㄨㄥˊ；磨。指磨練。《明史・范濟傳》：「擇民間子弟，性行端謹者爲生徒，訓以經史，勉以節行，俟其有成，貢於國家，磨礱砥礪，使其氣充志定，卓然成材。」

【磨墨濡毫】

濡：ㄖㄨˊ，沾溼。指準備寫作。《鏡花緣》五三回：「亭亭正在磨墨濡毫，忽見紅紅、婉如從外面走來。」也作「磨墨吮毫」。《歧路燈》九○回：「各生童磨墨吮毫，發筆快的，早已有了破題、承題、小講。」

【磨墨吮毫】

見「磨墨濡毫」。

【磨拳擦掌】

見「摩拳擦掌」。

【磨揉遷革】

磨揉：磨礪；遷革：指改過從善。指反覆教導，使人改過從善。宋・歐陽修《吉州學記》：「予聞教學之法本於人性，磨揉遷革使趨於善。」

【磨舌頭】

比喻多費口舌。例我真不想對他磨舌頭，不論我說什麼，他都聽不進去。

【磨牙吮血】

吮：ㄕㄨㄣˇ，吸。形容極爲凶惡，唐・李白《蜀道難》：「磨牙吮血，殺人如麻。」也作「吮血磨牙」。

【磨洋工】

指工作懶散拖沓。例你能不能快一點？老是這樣磨洋工，什麼時候能完成任務呢？

【磨踵滅頂】

磨踵：磨破腳跟；滅頂：磨禿頭髮。

形容不辭辛勞。《南齊書・高逸傳》：「墨家之教，遵上儉薄，磨踵滅頂，且猶非吝。」

【磨嘴皮】
比喻多費口舌，或說廢話和無意義的爭辯。例你別跟他磨嘴皮，瞎耽誤人家工夫。他還有急事哩！也作「磨嘴皮子」。例有事就快走吧，別在這兒磨嘴皮子了。

【魔高一尺，道高一丈】
比喻邪惡勢力雖然猖狂，但必然會被正義勢力所制服。例有道是：「魔高一尺，道高一丈。」敵人雖然猖狂一時，但勝利一定是屬於我們的。

【魔術師變戲法——無中生有】
見「平地裏起墳堆——無中生有」。

【魔術師的本領——弄虛作假】
雙關語。比喻耍花招，欺騙人。例你別聽對方胡說，那是魔術師的本領——弄虛作假，是他們的拿手好戲。

【魔術師演戲——變化多端】
比喻變化式樣多，各不相同。例冰上芭蕾舞，就像魔術師演戲——變化多端，好看極了。

ㄇㄛˇ

【抹脖子】
用刀割自己的頸項。指自殺。例他太想不開，遇到這麼點困難，就去抹脖子，太不值得了。

【抹粉施脂】
指婦女修飾化妝。《紅樓夢》一〇〇回：「若是薛蝌在家，他便抹粉施脂，描眉畫鬢，奇情異致的打扮收拾起來。」也作「抹脂塗粉」。清・淮陰百一居士《壺天錄》卷下：「惟以抹脂塗粉爲上，而非天姿之自端妙也。」也作「搽脂抹粉」、「擦脂抹粉」、「塗脂抹粉」、「塗脂傅粉」。

【抹角轉彎】
比喻說話繞彎子，不直接說明。《兒女英雄傳》一二回：「［公子］從頭至尾，抹角轉彎，本本源源，滔滔汩汩的告訴母親一遍。」也作「轉彎抹角」、「拐彎抹角」。

【抹倹檕】
比喻吹捧、美化人。例他對你說的那一大堆好話，你可要提高警惕，誰都知道他這人平時就愛給人抹倹檕。

【抹了一鼻子灰】
比喻想討好人家，結果討個沒趣。《紅樓夢》六七回：「趙姨娘來時興興頭頭，誰知『抹了一鼻子灰』，滿心生氣，又不敢露出來，只得訕訕的出來了。」也作「碰了一鼻子灰」。

【抹淚揉眵】
眵：ㄔ，指眼睛。指傷心流淚。明・湯式《新水淚・秋懷》：「抹淚揉眵，看別人花底停驂，可不道多病身愁懷易感。」也作「揉眵抹淚」、「挹淚揉眵」。

【抹泥巴】
比喻醜化、玷污。例你眞蠢，怎麼能往自己身上抹泥巴呢？

【抹土搽灰】
指演員化妝演戲，也指强盜搶劫。《宋元戲文輯佚・耿文遠》：「鼓鑼聲催，施呈百戲，抹土搽灰做硬鬼。」元・李直夫《錯立身》一二齣：「趍搶嘴臉天生會，偏宜抹土搽灰。」

【抹稀泥】
比喻無原則地調和。例這兩家的公案，只有請你出面抹稀泥了，鄰裏之間也沒有什麼不可調和的矛盾，還是和睦相處好。

【抹下臉】
即拉下臉。比喻翻臉、變臉。例他既不聽勸解，抹下了臉，咱們就只好把是是非非弄個一清二白，再酌情處理。

【抹月批風】
抹：細切；批：薄切。以風月招待客人，形容家貧。宋・蘇軾《和何長官六言次韻》詩之四：「貧家何以娛客，但知抹月批風。」也指詩人吟咏清風明月。明・陳汝元《金蓮記・控代》：「敢把朝廷來譏諷？抹月批風聊自徜，手足義偏長。」也作「批風抹月」、「批風切月」。

【抹脂塗粉】
見「抹粉施脂」。

ㄇㄛˋ

【末大必折】
末：樹梢。比喻下屬勢力過大，則會危及上級。《左傳・昭公十一年》：「末大必折，尾大不掉，君所知也。」

【末大不掉】
末：指尾巴；掉：搖動。比喻下屬勢力過大，則難以駕御。唐・柳宗元《封建論》：「得非諸侯之盛强，末大不掉之咎歟？」也作「尾大不掉」。

【末節不終】
末節：晚節。指未能保持晚節。《宋書・袁粲傳》：「雖末節不終，而始誠可錄。」也作「晚節不終」。

【末節繁文】
指細微繁雜，不必要的禮節。金・元好問《劉君用可庵二首》詩之一：「末節繁文費討論，經生規矩是專門。」也作「繁文縟節」。

【末節細故】
細：小。指很小的事情。宋・胡夢昱《寶慶乙酉八月二十二日應詔上封事》：「天理之或缺或全……陛下未可以爲末節細故而忽之。」也作「細故末節」。

【末節細行】
指無關緊要的細節。宋・陸九淵《與曾宅之書》：「古之所謂小人儒者，亦不過依據末節細行以自律，未至如今人有如許浮論虛說謬悠無根之甚。」

【末路窮途】
窮途：絕路。形容無路可走。孫中山

《心理建設（孫文學說）》四章：「末路窮途，情殊可憐。」也作「**末路途窮**」、「**窮途末路**」。

【末路途窮】

見「末路窮途」。

【末路之難】

末路：指臨近完成前的最後一段路。越臨近結尾，困難越多。《戰國策・秦策五》：「《詩》云：『行百里者半於九十』，此言末路之難。」也指保持晚節之難。宋・王子俊《謝加龍圖制因任》：「但臣駑材素下，鼠技已窮，深慮末路之難，並使前功之廢。」

【末如之何】

指對某事沒有辦法。宋・周密《齊東野語・端平襄州本末》：「九月十日，聞王旻帶所納叛軍來襄，人疑其反覆不常，而末如之何。」

【末學膚受】

末學：指學無根底；膚受：指理解膚淺。謂學識淺薄。漢・張衡《東京賦》：「若客所謂末學膚受，貴耳而賤目者也。」也作「**末學陋識**」。陋：淺陋。元・馬端臨《文獻通考序》：「況上下數千年，貫串二十五代，而欲以末學陋識，操觚竄定其間。」

【末學陋識】

見「末學膚受」。

【沒齒不忘】

沒齒：終身。指終身不忘。形容極為感激。《西遊記》七〇回：「你果是救得我回朝，沒齒不忘大恩。」也作「**沒齒難忘**」。《鏡花緣》四五回：「惟求法外施仁，沒齒難忘。」也作「**沒身不忘**」。宋・陳亮《衆祭孫沖季文》：「何以慰子？沒身不忘。」

【沒齒難泯】

泯：消滅。指對某人的感激之情終身不忘。明・陸采《懷香記・夕陽亭議》：「你果成得此事，下官感你的恩德，眞是鏤骨銘心，沒齒難泯。」

【沒齒難忘】

見「沒齒不忘」。

【沒齒無怨】

指永不抱怨。魯迅《致許壽裳》：「敎部付之淘汰之列，固非不當，受命之日，沒齒無怨。」

【沒齒之恨】

指終身仇恨。《後漢書・劉慶傳》：「常泣向左右，以為沒齒之恨。」

【沒而不朽】

見「歿而不朽」。

【沒沒無聞】

見「默默無聞」。

【沒身不忘】

見「沒齒不忘」。

【沒世不忘】

沒世：死。《禮記・大學》：「君子賢其賢而親其親，小人樂其樂而利其利，此以沒世不忘也。」原指身雖死而業績永存。後指至死不忘。《三國志・魏書・荀彧傳》注：「太祖曰：『二荀令之論人，久而益信，吾沒世不忘。』」也作「**沒世難忘**」。清・李棒閶《守一齋筆記・白副戎傳》：「惟在深入其心，斯沒世難忘，而穆然足千古也。」

【沒世難忘】

見「沒世不忘」。

【沒世窮年】

指永遠。《荀子・解蔽》：「凡知人之性也，可以知物之理也；以可以知人之性，求可以知物之理，而無所疑止，則沒世窮年，不能遍也。」

【沒世無稱】

見「沒世無聞」。

【沒世無聞】

指終生都沒有名聲。漢・司馬遷《悲士不遇賦》：「沒世無聞，古人惟恥。」也作「**沒世無稱**」。清・袁枚《小倉山房尺牘》五八首：「白駒過隙，沒世無稱，可為寒心刻骨也。」也作「**泯沒無稱**」。泯沒：死。晉・葛洪《抱朴子・勖學》：「賢人悲寓世之倏忽，疾泯沒之無稱。」

【沒死以聞】

見「昧死以聞」。

【歿而不朽】

歿：死。指人雖死而業績永存。唐・白居易《與劉總詔》：「卿之先父，為朕元臣，大節殊功，歿而不朽。」也作「**歿而無朽**」。唐・楊炯《遂州長江縣先聖孔子廟堂碑》：「憑風雲於異代，照日月於殊塗，死者有知，歿而無朽。」也作「**沒而不朽**」。沒：同「歿」。唐・楊炯《瀘州都督王湛神道碑》：「莊周著論，生也若浮；史佚立言，沒而不朽。」

【歿而無朽】

見「歿而不朽」。

【陌路相逢】

陌路：路人，不相識者。指不相識者遇在一起。《好逑傳》八回：「我與你家小姐陌路相逢，欲言恩，恩深難言。」

【陌路相逢——非親非故】

陌路：路上碰到的不相識的人，也說陌路人。比喻彼此沒有關係。例只要理想、志趣相同，即使是陌路相逢——非親非故，也會一見如故的。

【莫辨楮葉】

楮：ㄔㄨˇ，樹名。《韓非子・喻老》：「宋人有為其君以象為楮葉者，三年而成；豐殺莖柯，毫芒繁澤，亂之楮葉之中而不可別也。」後以「莫辨楮葉」指模仿得很像；也指以假亂眞。

【莫測高深】

指無法揣測深奧到什麼程度。也用以譏刺故弄玄虛的人。《文明小史》二四回：「姬公看了，莫測高深，只籠統地贊了聲『好』。」也作「**莫測深淺**」。例李居士為人算命的功力令人莫測深淺。也作「**高深莫測**」。

【莫測機關】

機關：周密而巧妙的計謀。指對高深的計謀揣摸不透。《官場現形記》五一回：「覆雨翻雲自相矛盾，依草附木莫測機關。」

【莫測深淺】

見「莫測高深」。

【莫此爲甚】

沒有能超過它的。宋・洪邁《容齋三筆・樞密稱呼》：「名不雅古，莫此爲甚。」也作「**莫斯爲甚**」。《梁書・武帝紀》：「弊國傷和，莫斯爲甚。」也作「**莫玆爲甚**」。《宋史・謝絳傳》：「虧體傷風，莫玆爲甚。」也作「**莫此之甚**」。《魏書・高允傳》：「損敗風化，瀆亂情理，莫此之甚。」

【莫此之甚】

見「莫此爲甚」。

【莫措手足】

措：放。形容不知怎麼辦才好。《明史・楊守隨傳》：「天下嗷嗷，莫措手足。」也作「**手足無措**」、「**手腳無措**」。

【莫大之恩】

指極大的恩德。《儒林外史》二五回：「太老爺莫大之恩，小的知感不盡！」

【莫道君行早，還有早行人】

比喻人不可驕傲自滿，因爲會有比自己强的人存在。例你不要以爲你比誰都强，俗語說：「莫道君行早，還有早行人。」驕傲自滿對你沒什麼好處。

【莫道桑榆晚，微霞尚滿天】

桑榆（ㄩˊ）：指日落處；微霞：晚霞。不要說太陽西下，天色已晚，晚霞猶能映紅天空。比喻老當益壯，力求進取的精神。唐・劉禹錫《酬樂天咏老見示》詩：「經事還諳事，閱人如閱川。細思皆幸矣，下此便翛然。莫道桑榆晚，微霞尚滿天。」

【莫道韶華鎮長在，髮白面皺專相待】

韶（ㄕㄠˊ）華：美好時光；鎮長：長久。不要以爲美好的青年時代能夠永遠長在，白髮皺面的老年專門等著你們呢！謂年輕人要珍惜青春，奮發有爲。唐・李賀《嘲少年》：「榮枯傳遞急如箭，天公豈肯於公偏。莫道韶華鎮長在，髮白面皺專相待。」

【莫得而詳】

指無法了解清楚實際情況。明・歸有光《乞致仕疏》：「共死生大節，世亦莫得而詳焉。」也作「**不得其詳**」。

【莫等閒，白了少年頭，空悲切】

等閒：隨隨便便；空：徒然。千萬不要隨便虛度青春年華，老來滿頭白髮時再悲傷就晚了。謂不要虛度光陰，碌碌無爲。宋・岳飛《滿江紅》詞：「三十功名塵與土，八千里路雲和月。莫等閒，白了少年頭，空悲切。」

【莫敢誰何】

何：過問。指沒有人敢於干涉。元・無名氏《連環計》一折：「爭奈董卓弄權，將危漢室，羣臣畏懼，莫敢誰何。」也作「**莫之誰何**」。明・歸有光《備倭事略》：「今倭賊馮陵，所在莫之誰何。」

【莫敢仰視】

形容因聲勢浩大或極其威嚴而令別人不敢抬頭看。《史記・項羽本紀》：「入轅門，無不膝行而前，莫敢仰視。」

【莫或餘毒】

見「莫予毒也」。

【莫可端倪】

端倪：事情的頭緒。指弄不清楚事情的頭緒、眞相。明・祁彪佳《遠山堂曲品・能品・孿甌》：「於錯處見境，爲沈爲彭，幾令人莫可端倪。」也作「**不可端倪**」。

【莫可究詰】

究詰：追究盤問。指無法清楚地了解。清・汪琬《洮浦詩序》：「其詞雄偉辨麗，倘悅莫可究詰。」也作「**不可究詰**」。

【莫可救藥】

指無法拯救。明・海瑞《驛傳議・上策》：「故凡百孔千瘡，莫可救藥，皆不能節省爲之也。」也作「**不可救藥**」。

【莫可理喻】

理喻：用道理說服人。形容不講理、無知。清・林則徐《覆奏查辦災賑情形折》：「主使村莊婦女，百般凌辱，尤爲莫可理喻。」也作「**不可理喻**」。

【莫可名狀】

名狀：描述狀態。指無法描述出事物的狀態。清・方苞《再至浮山記》：「及月初出，坐華嚴寺門廡，望最高峯之出木末者，心融神釋，莫可名狀。」也作「**名狀不可**」。唐・白居易《太湖石記》：「昏曉之交，名狀不可。」也作「**不可名狀**」。

【莫可奈何】

奈何：怎麼辦。指沒有辦法。《西遊記》一三回：「苦得個法師分身無地，眞個有萬分淒楚，已自忖必死，莫可奈何。」也作「**無可奈何**」。

【莫可企及】

企及：希望趕上。指不可能達到。元・蘇天爵《元朝名臣事略》卷一三：「湯武之順天應人，後世莫可企及。」也作「**不可企及**」。

【莫可收拾】

指事物發展到不可整治的地步。明・歸有光《與周澱山四首》之三：「紀綱決裂，風俗頹靡，人心紛亂而莫可收拾。」也作「**不可收拾**」。

【莫可指數】

指數：用手指計數。《清朝野史大觀》卷二：「古今希世之珍，充物其中，莫可指數。」也作「**不勝枚舉**」。

【莫名其故】

指不知是什麼緣故。《官場現形記》二〇回：「［署院］見他二人穿的衣裳與前大不相同，但是外褂一概反穿，卻是莫名其故。」

【莫名其妙】

名：說出。指無法說出其中的道理或奧妙。老舍《正紅旗下》一：「她大概是想用二目圓睜表達某種感情，在別人看來卻空空洞洞，莫名其妙。」也作「莫明其妙」。《兒女英雄傳》九回：「這一句話，要問一村姑蠢婦，那自然一世也莫明其妙。」

【莫明其妙】

見「莫名其妙」。

【莫名其器】

指不知是什麼東西。宋·秦觀《賀呂相公啟》：「璞玉渾金，鑑識莫名其器。」

【莫能爲力】

指沒有辦法，沒有能力。清·王韜《淞隱漫錄》卷八：「於時舟師舵工欲施救援，莫能爲力。」也作「無能爲力」。

【莫能軒輊】

軒輊：比喻優劣。指分不出高低上下。明·焦竑《玉常叢語》卷一：「爲人所重，莫能軒輊。」也作「不分軒輊」。

【莫能自拔】

指無法擺脫某種困境。清·陳確《道俗論上》：「近我者日引之而去，出此入彼，曾莫能以自拔也。」也作「不能自拔」。

【莫逆交】

見「莫逆之交」。

【莫逆友】

見「莫逆之交」。

【莫逆於心】

形容朋友關係十分密切。清·王夫之《讀通鑑論·晉惠帝》：「此王與導之得意忘言而莫逆於心者也。」

【莫逆之交】

莫逆：沒有牴觸。指彼此情投意合，非常要好。也指有這種友情的朋友。《北史·司馬膺之傳》：「膺之所與遊集，盡一時名流，與邢子才王景等爲莫逆之交。」也作「莫逆之友」。《北齊書·崔㥄傳》：「與趙郡李概爲莫逆之友。」也作「莫逆交」。《北史·黎景熙傳》：「雖窮居獨處，不以饑寒易操，與范陽盧道源爲莫逆交。」也作「莫逆友」。《梁書·何點傳》：「與陳郡謝瀹、吳國張融、會稽孔稚珪爲莫逆友。」

【莫逆之契】

莫逆：彼此非常相好；契：ㄑㄧˋ，投合。指彼此之間關係融洽，極爲友好。晉·范弘之《與王珣書》：「與先帝隆布衣之友，著莫逆之契。」

【莫逆之友】

見「莫逆之交」。

【莫忍釋手】

釋手：放下。指極爲喜愛。清·李漁《春及堂詩跋》：「讀至終篇而莫忍釋手。」也作「不忍釋手」。

【莫生懶惰意，休起怠荒心】

指人不要懶惰、不要貪圖安逸。例我要提醒你，年輕人：「莫生懶惰意，休起怠荒心。」你還年輕，往後的日子還長著呢！

【莫識一丁】

形容人不識字。宋·陸游《雜感十首》詩之二：「勸君莫識一丁字，此事從來誤幾人。」也作「不識一丁」。

【莫贖百身】

指即使死一百次，也換不回死者的生命，形容對死者極爲痛惜。宋·劉克莊《祭林晉武博文》：「又弱一個，莫贖百身！」也作「百身莫贖」。

【莫斯爲甚】

見「莫此爲甚」。

【莫掀早了蒸籠蓋——免得夾生】

夾生：沒有熟透。雙關語。比喻不要對問題了解不透徹，或不要使事物弄得將成未成。有時也比喻不要把事情弄僵了。例學習要堅持到底，融會貫通，領會精神實質，千萬莫掀早了蒸籠蓋——免得夾生。

【莫見乎隱，莫顯乎微】

見：同「現」。指沒有比這更明顯的了。《禮記·中庸》：「莫見乎隱，莫顯乎微，故君子慎其獨也。」

【莫信直中直，須防仁不仁】

不要相信那些表面正直的人，因爲他們很可能沒安好心。《水滸傳》四五回：「『莫信直中直，須防仁不仁』。我幾番見那婆娘常常的只顧對我說些風話，我只以親嫂嫂一般相待，原來這婆娘倒不是個良人。」也作「莫信直中術，須防人不仁」、「莫信直中直，須防人不仁」。

【莫須有】

《宋史·岳飛傳》：「獄之將上也，韓世忠不平，詣檜詰其實。檜曰：『飛子雲與張憲書雖不明，其事體莫須有。』世忠曰：『莫須有三字何以服天下？』」莫須：恐怕。指或許有。後指憑空捏造。明·李清《三垣筆記·崇禎》：「陳啟新以無賴濫竽省垣，但諸公所劾贓款實莫須有，謂不如是不足以聳聖聽耳。」也作「三字獄」。

【莫言春度芳菲盡，別有中流採芰荷】

芰（ㄐㄧˋ）荷：出水的荷，指荷花或荷葉。不要說春天過去，花草都已凋零，在水流中央卻還有荷花可採摘呢！比喻青春雖逝，但前面還有機會，仍能有所作爲。唐·賀知章《採蓮曲》：「稽山雲霧鬱嵯峨，鏡水無風也自波。莫言春度芳菲盡，別有中流採芰荷。」

【莫言下嶺便無難，賺得行人錯喜歡】

賺：騙。不要說下了山嶺，路就沒有什麼難走的，害得行人們空喜歡一場。比喻前進的途中會不斷出現困難。宋·楊萬里《過松源晨炊漆公店》：「莫言下嶺便無難，賺得行人錯喜歡；正入萬山圈子裏，一山放出一山攔。」

【莫以成敗論英雄】

不能以成功或失敗作標準來評定是否爲英雄。例你不要這樣垂頭喪氣的，俗話說：「莫以成敗論英雄。」這次你雖然失敗了，但在比賽中的表現說明你是個可造之材。

【莫予毒也】
予：我。《左傳・僖公二十八年》：「晉侯聞之，而後喜可知也，曰：『莫予毒也已！』」指再沒有人能夠危害我了。後指目空一切，企圖爲所欲爲。也作「莫餘毒也」。明・葉盛《水東日記》卷一三：「疾而遇夫誠莊，莫餘毒也矣。」也作「莫或餘毒」。宋・劉克莊《西山眞文忠公行狀》：「萬一此虜遂亡，莫或餘毒，上恬下嬉，則憂不在敵而在我。」
【莫餘毒也】
見「莫予毒也」。
【莫展一籌】
指一點辦法也沒有。明・張居正《與王鑑川計四事四要》：「本兵錯愕惶惑，莫展一籌。」也作「一籌莫展」、「一籌不畫」、「一籌不吐」、「半籌不展」。
【莫知適從】
指不知該聽從誰的。宋・劉恕《書〈資治通鑑〉外紀後》：「取捨乖異，莫知適從。」也作「無所適從」。
【莫之誰何】
見「莫敢誰何」。
【莫知所措】
見「莫知所爲」。
【莫知所爲】
謂不知該如何是好。《元史・哈剌哈孫傳》：「及仁宗至近郊，衆猶未知也。三月朔，列牘請署，後決以三月三日御殿聽政，乃立署之，衆大喜，莫知所爲。」也作「莫知所謂」。《太平廣記》卷一二五：「士眞愈不悅，瞪顧攘腕，無向時之歡矣。太守懼，莫知所謂。」也作「莫知所措」。明・袁宏道《錦帆集》之四：「昨聞榜人夜發，走狠狽奔馳，莫知所措。」
【莫知所謂】
見「莫知所爲」。
【莫知所之】
之：去。指不知去哪裏了。漢・無名氏《列仙傳》卷下：「斯年復去，莫知所之。」也作「不知所之」。
【莫知所終】
所終：結局。指不知結局如何。唐・皇甫枚《三水小牘・王玄沖》：「復負笈而去，莫知所終。」也作「不知所終」。
【莫之與京】
京：大。指在某方面沒有比某人或某物更大的了。《左傳・莊公二十二年》：「有嬀之後，將育於姜。五世其昌，並於正卿。八世之後，莫之與京。」孔穎達疏：「莫之與京，謂無與之比大。」也指在某方面超羣絕倫。南朝梁・蕭統《陶淵明集序》：「其文章不羣，詞采精拔，跌宕昭彰，獨超衆類，抑揚爽朗，莫之與京。」也作「大莫與京」。
【莫蹪於山而蹪於垤】
蹪：ㄓˋ，跌倒；垤：小土堆。登山不跌倒，遇到小土堆反而跌倒。比喻大的方面引起注意而未出現失誤，小的方面因容易忽視而跌了跟頭。《淮南子・人間訓》：「人莫蹪於山而蹪於垤，是故人者輕小害，易微事，以多悔。」
【莫衷一是】
衷：折衷；是：正確。指得不出一致的結論。《痛史》三回：「諸將或言固守待援，或言決一死戰，或言到臨安求救。議論紛紛，莫衷一是。」也指不知孰對孰錯。魯迅《怎麼寫》：「第六期沒有，或者說被禁止，或者說未刊，莫衷一是，我便買了一本七八合册和第五期。」也作「莫衷壹是」。孫中山《社會主義之演講》：「主張個人主義者，莫不反對社會主義；主張社會主義者，又莫不反對個人主義。聚訟紛紛，莫衷壹是。」
【莫衷壹是】
見「莫衷一是」。
【莫茲爲甚】
見「莫此爲甚」。
【莫足數】
指不值一提。《後漢書・禰衡傳》：「大兒孔文舉，小兒楊德祖。余子碌碌，莫足數也。」也作「不足齒數」。
【漠不關情】
見「漠不關心」。
【漠不關心】
漠：冷淡。指態度冷淡而不關心。《歧路燈》九五回：「人家競相傳鈔，什襲以藏，而子孫漠不關心。這祖宗之所留，一切都保不住了。」也作「漠不關情」。清・林則徐《請定鄉試同考官校閱章程並預防士子剿襲諸弊折》：「回思未第之先，與多士何異，乃於落卷漠不關情，設身處地，於心何忍。」
【漠不相關】
指冷淡而不關心。明・張履祥《訓子語》：「他人遇此，猶將惻然矜恤。況在族人，而可漠不相關？」也指毫無關係。《兒女英雄傳》一六回：「從來說『父仇不共戴天』，又道是『君子成人之美』。便他是個漠不相關的朋友，咱們還要勸他作成這件事，何況我和他呢？」
【漠漠無聞】
見「默默無聞」。
【漠然視之】
漠然：冷淡的樣子。指不重視。宋・高斯得《直前奏事》：「今被災之地既廣，舊比固當悉援，然亦安可漠然視之，而徒責之諸司州郡乎？」
【漠然置之】
漠然：冷淡的樣子；置：擱置。形容毫不關心。梁啟超《少年中國說》：「彼而漠然置之，猶可言也；我而漠然置之，不可言也。」
【秣馬厲兵】
秣：餵；厲：磨；兵：兵器。形容作好戰鬥準備。《宋史・李宗諤傳》：「而外敵犯塞，車駕親征，曾不聞出丁人一騎爲之救助，不知深溝高壘，秣馬厲兵，欲安用哉？」也泛指在做某事前預先積極準備。也作「秣馬利兵」。《左傳・成公十六年》：「搜乘補卒，秣馬利兵，修陳固列，蓐食申禱，明日復戰。」也作「秣馬礪兵」、「厲兵秣馬」、「兵厲馬秣」、「礪戈秣馬」、「穀馬礪兵」、「厲兵粟馬」、「礪兵秣馬」。

【秣馬礪兵】
見「秣馬厲兵」。

【秣馬利兵】
見「秣馬厲兵」。

【秣馬蓐食】
蓐食：ㄖㄨˋ ㄙˋ，讓士兵吃飽。指作好戰前的準備。《宋史・潘美傳》：「美嘗撫至代州，既秣馬蓐食，俄而遼兵萬騎來寇，近塞，美誓衆銜枚奮擊，大破之。」也泛指在做某事前預先積極準備。梁啟超《意大利建國三傑傳》六節：「[意大利人]皆懷抱本族獨立統一之決心，愈固愈劇，其秣馬蓐食，爲政治上秘密之運動者，比比皆是。」

【脈脈含情】
指用眼神表達情意。宋・孫覿《梅二首》詩之一：「脈脈含情無一語，水邊籬落立多時。」也作「含情脈脈」。

【墨池筆丘】
墨池：晉人王羲之練習書法時，因洗筆硯曾將一池水染黑；筆丘：唐人懷素爲練習書法而用壞筆頭無數，筆頭埋之山下，稱筆冢。指在書法方面所下功夫極深。《平生壯觀》卷二：「觀《老來帖》，非墨池筆丘工力，烏睹其神妙若此？」也作「筆冢墨池」。

【墨跡未乾】
謂字剛寫好，字跡還未乾。《說岳全傳》七○回：「但見壁上有詩一首，墨跡未乾。」後用以譴責不講信用，指剛達成協議就又變卦了。清・張集馨《道咸宦海見聞錄》：「吳坤修手書在案，墨跡未乾，何以九百金甫經入手，旋即更改，斷不能辨。」也作「墨瀋未乾」、「墨汁未乾」。

【墨客騷人】
墨客：文人；騷人：詩人。指讀書人。清・雲亭山人《桃花扇本末》：「名公巨卿，墨客騷人，駢集者座不容膝。」也作「騷人墨客」。

【墨妙筆精】
形容用筆、構思高超。宋・高斯得《次韻張䨇見寄》詩：「張君忽贈白雲句，墨妙筆精眞可喜。」也作「筆精墨妙」。

【墨瀋未乾】
見「墨跡未乾」。

【墨守陳規】
見「墨守成規」。

【墨守成規】
墨守：戰國時人墨翟善於守城，因而藉指善守；成：現成。形容思想固執守舊。鄧拓《錢松喦的山水畫》：「如《竹海人家》、《姑蘇花農》等幾幅畫也完全不是墨守成規者所可比擬。」也作「墨守舊法」。《發財秘訣》二回：「外人至今猶多購之者，然尚墨守舊法，不圖進步。」也作「墨守陳規」。例都什麼年代了，還抱著老一套不放。別墨守陳規了！

【墨守舊法】
見「墨守成規」。

【墨綬銅章】
綬：綬帶，一種用來繫官印或勛章的絲帶；章：官印。指縣官。宋・王安石《送直講吳殿丞宰鞏縣》詩：「青嵩碧洛曾遊地，墨綬銅章忽在身。」也作「銅章墨綬」。

【墨水吃到肚子裏——一身透黑】
比喻人壞極了。例這個人是墨水吃到肚子裏——一身透黑，不可與之爲伍。

【墨水瓶倒著放——沒墨水】
比喻沒有學識或眞本領。例這個人缺乏自知之明，明明是墨水瓶倒著放——沒墨水，卻驕傲自滿，瞧不起別人。

【墨突不黔】
墨：指墨子；突：煙囪；黔：ㄑㄧㄢˊ，黑。指到了一個地方之後，煙囪還未燒黑，就又趕到其他地方去了。形容工作特別繁忙。漢・班固《答賓戲》：「孔席不暖，墨突不黔。」

【墨魚肚腸河豚肝——又黑又毒】
河豚：魚，頭圓形，口小，肉味鮮美，卵巢、血液和肝臟有毒。比喻又陰險又毒辣。例這樣的事怎麼會是他幹的？只有墨魚肚腸河豚肝——又黑又毒的人才幹得出來。

【墨丈尋常】
墨：五尺；尋：八尺；常：十六尺。比喻有限的範圍。《國語・周語下》：「其察色也，不過墨丈尋常之間。」

【墨汁未乾】
見「墨跡未乾」。

【墨汁煮元宵——漆黑一團】
形容一片黑暗。例獨裁統治的國家，表面雖也有迷人的風光，實際上是墨汁煮元宵——漆黑一團，人民莫不渴望光明。也作「肉丸子掉進煤堆裏——漆黑一團」、「碳黑做湯圓——漆黑一團」。

【嘿嘿無言】
見「默默無言」。

【嘿然不語】
見「默默無言」。

【默不作聲】
沉默，不說話。例他知道自己捅了樓子，羞愧得低下頭默不作聲。也作「默不做聲」。姚雪垠《李自成》一卷一章：「有片刻工夫，崇禎默不做聲。」

【默不做聲】
見「默不作聲」。

【默化潛移】
指人的思想、性格因受外界影響而不知不覺發生變化。清・尹會一《呂語集粹》卷四：「默化潛移，而服從乎聖人。」也作「潛移默化」。

【默默不語】
見「默默無言」。
【默默無聲】
見「默默無聞」。
【默默無聞】
默默：無聲無息。指不爲人所知。魯迅《致章廷謙》：「鼻公近來頗默默無聞，然而無聞，則教授做穩矣。」也作「漠漠無聞」。《歧路燈》五五回：「漠漠無聞至於百姓忘其姓名，還是好的。」也作「沒沒無聞」。明・沈德符《萬曆野獲編・補遺》：「朱先爲將軍，有古人風，似不在諸弁下，竟沒沒無聞。」也作「默默無聲」。蒲韌《二千年間》六：「雖然常常無名無姓，默默無聲，但沒有他們就沒有一切在歷史上的輝煌的事物。」
【默默無言】
指沉默，不作聲。清・吳趼人《發財秘訣》六回：「雪畦聽了默默無言。」也作「默然無言」。漢・司馬相如《非有先生論》：「進不能稱往古以廣主意，退不能揚君美以顯其功，默然無言者三年矣。」也作「默然無聲」。《史記・梁孝王世家》：「於是景帝默然無聲。」也作「默然無語」。《三國演義》五二回：「魯肅吃了一驚，默然無語。」也作「默默不語」。《三俠五義》四〇回：「他見郭安默默不語，如有所思，便知必有心事。」也作「嘿嘿無言」。嘿嘿：同「默默」。《醒世姻緣傳》八五回：「[連氏和巧姐]端端正正，嘿嘿無言，靜聽這一班邪人的胡說。」也作「嘿然不語」。《說岳全傳》四二回：「兀朮嘿然不語，在營納悶。」
【默契神會】
見「冥會神契」。
【默然無聲】
見「默默無言」。
【默然無言】
見「默默無言」。
【默然無語】
見「默默無言」。
【默同寒蟬】
寒蟬：深秋時節的蟬，因天冷而不鳴叫。形容因畏懼等原因而沉默不語的樣子。宋・文天祥《高沙道中》詩：「逡巡不得避，默默同寒蟬。」
【磨不開】
磨：比喻爲難，顧面子。例這種事誰沒經歷過？你有什麼磨不開的？
【磨道的驢——聽喝】
喝：ㄏㄜˋ，吆喝。比喻不能自主，聽憑別人的支配和命令。例這有什麼辦法，咱小小的芝麻官，只能是磨道的驢——聽喝。也作「磨坊的驢——聽喝」、「磨道裏的驢——聽人家的吆喝」、「磨房裏的驢——聽喝的貨」、「碾道的驢——聽喝」、「上了套的牲口——聽喝的」。
【磨道等驢——穩拿】
驢拉磨要走磨道，在磨道上等驢一定等得著。也作「磨道等驢——沒跑」、「磨道等驢——跑不了」。見「堵窩捉鳥——拿個穩」。
【磨道裏的驢——轉圈子】
比喻說話不直爽，繞彎子。例有話可以直說，不必像磨道裏的驢——轉圈子。
【磨道裏的驢——走不出圈套】
比喻上當受騙，擺脫不了別人設下的計謀。例看吧，敵人這次又是磨道裏的驢——走不出圈套，已鑽進我們的口袋陣，一個也跑不掉。
【磨道驢子斷了套——空轉一遭】
磨道驢子斷了套，就不能帶動磨盤，只能空身轉圈。見「狗舔磨台——空轉一遭」。
【磨道上的驢，左右全由不得自己】
比喻身不由己，只得聽人擺佈。例自從接受了這項工作，就成了「磨道上的驢，左右全由不得自己」，眞受罪。
【磨道走路——沒頭沒尾】
比喻做事缺頭少尾或說話不把前因後果交代清楚。例做事要善始善終，負責到底，別磨道走路——沒頭沒尾。也作「繩子纏雞蛋——沒頭沒尾」、「瞎子摸城牆——沒頭沒尾」。
【磨豆腐】
①比喻說話做事慢而拖拉。例有什麼事你就快說吧！我可不能陪著你磨豆腐。②比喻耽誤時間，磨時間。例人家都刨了好幾個樹坑了，你還在這兒磨豆腐。
【磨米不放水——乾挨】
乾：空，徒然；挨：遭受。比喻遭受不應有的責備或處罰。也比喻受到不應有的損失。例他是無辜的，這次受到懲處，是磨米不放水——乾挨。
【磨上卸驢——下道】
下道：驢子拉完磨，把它卸了套，牽出磨道休息。雙關語。比喻說庸俗下流的話。例在女性面前，別磨上卸驢——下道。
【磨眼裏的螞蟻——條條是路】
見「螞蟻進磨扇——條條是道」。
【磨眼裏放碗片——推辭（瓷）】
辭：「瓷」的諧音。雙關語。比喻委婉地拒絕。例既然大家一致選舉你作代表，你就別磨眼裏放碗片——推辭（瓷）了。
【磨子上睡覺——想轉了】
轉：偏差，錯誤，也作轉動。雙關語。①比喻想得不對，把原來的意思弄反了。例他並沒有瞧不起你的意思，你是磨子上睡覺——想轉了。②比喻原來想不通的事情或問題開竅了，想通了。例大姚對這個問題沒有想通，經過解釋，他現在是磨子上睡覺——想轉了。也作「睡在磨盤上——想轉了」。
【磨子上睡覺——轉了向】
比喻改變立場。有時指迷失了方向。例在選戰最艱苦的時候，他磨子上睡覺——轉了向，跑到在野黨那邊去了。

ㄇㄞˊ

【埋釘子】
釘子：指刺探情報的人。比喻在敵對的一方暗中安插自己的人。例你奇怪我們怎麼會掌握那麼多情況，因爲我們早就在他們那邊埋了釘子。

【埋而搰之】
《國語・吳語》：「諺曰：『狐埋之而狐搰之，是以無成功。』」後以「埋而搰之」比喻多疑，猶豫不定。《三國志・吳書・吳主傳》：「埋而搰之，古人之所恥。」也作「**狐埋狐搰**」、「**狐搰狐埋**」。

【埋鍋造飯】
指在野外生火做飯。元・無名氏《千里獨行》四折：「三軍休要埋鍋造飯，與我披衣擐甲者。」

【埋名更姓】
見「埋名隱姓」。

【埋名隱姓】
指隱瞞自己的眞實姓名，不讓別人知道。《老殘遊記》七回：「京城裏鏢局上請過他幾次，他都不肯去，情願埋名隱姓，做個農夫。」也作「**埋名更姓**」。清・汪琬《計甫草〈中州集〉序》：「所遇賢士大夫，與夫王孫貴冑，下暨酒人俠客、賣漿屠沽之徒，埋名而更姓者，猶不失中原文物之遺焉。」也作「**隱姓埋名**」、「**隱名埋姓**」。

【埋沒人才】
指有才能的人未被發現或重用。《鏡花緣》六五回：「若非問明，幾乎埋沒人才。」

【埋頭苦幹】
指專心從事某一工作。形容工作專心刻苦。例要想做一番事業，埋頭苦幹的精神是不可少的。

ㄇㄞˇ

【買不來有錢在，賣不出有貨在】
比喻事情能否成功都無所謂。《鍾馗傳——平鬼傳》一一回：「人生在世，何必憂愁：『買不來有錢在，賣不出有貨在。』」

【買菜求益】
晉・皇甫謐《高士傳》：「[明]霸使西曹屬侯子道奉書[嚴光]……子道求報。光曰：『我手不能書。』乃口授之。使者嫌少，可更足。光曰：『買菜乎？求益也。』」後以「買菜求益」比喻斤斤計較。宋・程珌《洺水集・代上楊誠齋》：「要是人貪常熟書，非關買菜復求益。」也作「**賣菜求益**」。（「賣」即「買」義）。宋・蘇軾《次韻王郎子立風雨有感》詩：「揠苗不待長，賣菜苦求益。」也作「**市菜求增**」。

【買臣覆水】
相傳漢代朱買臣窮困時，其妻與他分手。後朱買臣富貴，其妻請求與他重歸於好。朱買臣潑水於地，以示絕情。後以「買臣覆水」比喻事情已成定局，無法再挽回。《歧路燈》七〇回：「今日無意忽逢，雖不能有相如解渴之情，卻悵然有買臣覆水之悲。」又專指夫妻關係斷絕後，無法再重歸於好。

【買得起馬備不起鞍】
比喻大事肯花錢，卻不肯在相關的小事上花錢。例你可眞是「買得起馬備不起鞍」，花這麼多錢買了個好音響，卻不捨得買些質量好的 CD，淨買些價廉質劣，我都爲你心疼這音響。

【買櫝還珠】
《韓非子・外儲說左上》：「楚人有賣其珠于鄭者，爲木蘭之櫃，熏以桂椒，綴以珠玉，飾以玫瑰，輯以翡翠，鄭人買其櫝而還其珠。」櫝：木匣。後以「買櫝還珠」比喻不識貨、捨本逐末。清・陳廷焯《白雨齊詞話》卷三：「師玉田[張炎]而不師其沉鬱，是買櫝還珠也。」也作「**還珠買櫝**」。

【買櫝之見】
買櫝：即「買櫝還珠」。買了盛珍珠的木匣，而退還了珍珠。比喻沒有眼光，取捨不當。明・湯顯祖《四夢傳奇總跋》：「世之持買櫝之見者，徒賞其節目之奇，詞藻之麗。」

【買乾魚放生——不知死活】
放生：迷信的人認爲將捉住的小動物放掉是行善事，未來或來世可以得到善報；死活：引申爲厲害，嚴重後果。形容不知道厲害，冒昧從事。有時指不知是凶是吉，是好是歹。例你怎麼幹這種蠢事，眞是買乾魚放生——不知死活。也作「**買鹹魚放生——不知死活**」、「**火盆裏栽牡丹——不知死活**」、「**招頭蒼蠅——不知死活**」、「**釜中游魚——不知死活**」、「**脫了鱗的黃花魚——不知死活**」、「**狐狸入虎穴——不知死活**」、「**火盆栽牡丹——不知死活**」。

【買個罐子打斷把——別提了】
也作「**買了個罐子打掉了鼻——別提了**」。見「馬尾穿豆腐——甭提啦」、「馬尾穿豆腐——提不得」。

【買關節】
比喻行賄，用金錢買通關鍵之人。例這幾年他什麼都做過，施美人計啦，買關節啦，他全運用得法，無往不利。

【買歡追笑】
見「買笑追歡」。

【買靜求安】
指用錢財平息事態，以求得平安。《何典》二回：「只消說他造言生事，頂名告他一狀，不怕不拿大錠大帛出來買靜求安。」

【買空賣空】

一種利用黃金、股票及其他某些商品的價格不穩定因素，通過不經手貨款與實物的買賣方式，以牟取暴利的商業投機活動。梁啟超《實業與虛業》：「純粹買空賣空者，如各大通商口岸買賣金鎊銀條及他種貨物之人。」後也泛指一切投機活動。魯迅《由聾而啞》：「因為多年買空賣空的結果，文界就荒涼了，文章的形式雖然比較的整齊起來，但戰鬥的精神卻較前有退無進。」也作「**賣空買空**」。清・平步青《霞外捃屑》卷二：「豈知誆集五十萬金，但為彼等賣空買空，隨意花銷。」

【買鄰千萬】

指好的鄰居極為難得。清・王詒壽《小螺庵病榻憶語原序》：「僕也買鄰千萬，幸接清風，通經十年，與共夜月。」也作「**千萬買鄰**」、「**百金買鄰**」。

【買路錢】

比喻打發攔路搶劫者所付的錢物。例舊社會，做買賣的行商走販，時常遇到強人攔劫，不留下買路錢休想通過。

【買麻花不吃——為的看這勁】

比喻故意顯示某種勁頭。例我請他來介紹他們工廠的苦幹經驗，買麻花不吃——為的看這勁，讓你們也跟著效仿。

【買馬招兵】

見「買馬招軍」。

【買馬招軍】

招：招募，徵集。喻指組織或擴充武裝力量。明・湯顯祖《還魂記・牝賊》：「有這等事，恭喜了，借此號令，買馬招軍。」也作「**買馬招兵**」清・趙翼《述庵侍郎遣人送示新刻〈湖海詩傳〉……》詩之四：「由來買馬招兵戰，萬骨枯成一將功。」也比喻組織或擴充人力。例為了辦好這所大學，林校長四處買馬招兵，網羅各方面的人才。也作「**招軍買馬**」、「**招兵買馬**」。

【買賣不成仁義在】

指雙方交易不成，也該留下情誼。例張經理，雖然咱們的生意沒談成，可是「買賣不成仁義在」，以後還請您多關照。

【買帽子當鞋穿——不對頭】

見「龍珠跟著龍尾轉——不對頭」。

【買米下鍋】

家中已沒有存糧。形容生活極為窘迫。《官場現形記》二回：「退還給他，我不等他這二兩銀子買米下鍋！」

【買牛得羊——大失所望】

比喻極為失望。例今年收成比預計的相差很遠，眞是買牛得羊——大失所望。

【買牛賣劍】

見「賣劍買牛」。

【買上告下】

指用錢財上下疏通關係。《初刻拍案驚奇》卷二〇：「蘭孫只得將了些錢鈔，買上告下，去獄中傳言寄語，擔茶送飯。」

【買石頭砸鍋——自尋倒灶】

倒灶：把鍋灶弄壞、弄塌。比喻自找倒霉、晦氣。例你無故去招惹這個地頭蛇，不是買石頭砸鍋——自尋倒灶嗎？

【買死魚放生——荒唐】

放生：迷信的人認為將捉住的小動物放掉是行善事，未來或來世可以得到善報。見「公雞下蛋——荒唐」。

【買鹹魚放生——徒勞無益】

比喻白費力氣，毫無用處。例這個人不勞而食慣了，你對他的接濟是買鹹魚放生——徒勞無益，應當灌輸他自食其力的觀念。也作「**口渴喝鹽湯——徒勞無益**」、「**枯井裏打水——徒勞無益**」、「**山頂上打井——徒勞無益**」、「**為人作嫁——徒勞無益**」。

【買鹹魚放生——修來世】

修：使完美。①比喻言行或感情虛偽。例這家公司的所謂義賣，是買鹹魚放生——修來世，這種坑人的花招，不過是為了推銷陳舊次貨罷了。②比喻應該做好事、公正的事。例這種公買公賣，童叟不欺的行為，就是買鹹魚放生——修來世的善事，要大力提倡。

【買笑追歡】

指尋歡作樂。宋・吳自牧《夢粱錄・酒肆》：「壩頭西市坊雙鳳樓施廚開沽，下瓦子前日新樓鄭廚開沽，俱有妓女，以待風流才子買笑追歡耳。」也作「**買歡追笑**」。明・李開先《詞謔・二四・仙呂》：「月夕花朝，買歡追笑。」也作「**追歡買笑**」。

【買主買主，衣食父母】

指顧客是做生意人的財源。例小王，你怎麼能和顧客吵架呢？俗話說：「買主買主，衣食父母。」沒有買主，你還做什麼生意呢？

ㄇㄞˋ

【邁越常流】

形容出類拔萃。唐・柳宗元《為裴中丞上裴相賀破東平狀》：「閣下挺拔英氣，邁越常流，獨契聖謨，以昌鴻業。」

【麥飯豆羹】

指粗茶淡飯。漢・史游《急就篇》二：「餅餌麥飯甘豆羹。」唐・顏師古注：「麥飯豆羹皆野人農夫之食耳。」

【麥稈吹火——小氣】

也作「**麥稈做吹火筒——小氣**」。見「筆筒吹火——小氣」。

【麥稭堆裏裝炸藥——亂放炮】

麥稭（ㄐㄧㄝ）：脫了麥粒後的麥稈。比喻亂講話，亂提意見。例昨天你在會上又是麥稭堆裏裝炸藥——亂放炮，大家議論紛紛，影響很不好。

【麥糠搓繩——搭不上手】

麥糠不是搓繩的材料，用它搓繩，搓不到一塊兒。比喻使不上勁，或幫不上忙。例這麼多病人，我很想幫助他們，可麥糠搓繩——搭不上手啊，你可指點指點，應該做些什麼。

【麥糠上灑水——不顯聲】

麥糠鬆軟，把水灑在上面，聽不到聲音。比喻表面上不動聲色。例他平時是麥糠上灑水——不顯聲，在關鍵時刻，卻挺身而出，肩負起最艱難的任務，顯出了英雄本色。

【麥克風前吹喇叭——裏外響開了】

麥克風：傳聲器。比喻名聲遠揚，到處都知道。例他的新產品，一炮打響，顧客爭相購買，眞是麥克風前吹喇叭——裏外響開了。

【麥芒掉進針鼻裏——碰得巧】

麥芒：麥穗上的針狀物；針鼻：針上穿線的小孔，即針眼。也作「**麥芒鑽進針眼——湊巧得很**」。見「過河碰上擺渡人——巧極了」。

【麥苗韭菜分不清——不像個莊稼人】

比喻不老實，不本分。例你說他是一個挑不出毛病的大好人，我看他是麥苗韭菜分不清——不像個莊稼人。

【麥篩子——盡是缺點】

雙關語。比喻欠缺或不完善的地方。例有意見，我才不在乎呢！反正我在你們眼裏是一張麥篩子——盡是缺點。

【麥穗兩岐（歧）】

岐、歧：岔枝。一株麥子長出兩個麥穗。指農業豐收。《後漢書・張堪傳》：「百姓歌曰：『桑無附枝，麥穗兩岐（歧），張君為政，樂不可支。』」也作「**麥秀兩岐（歧）**」。《宋史・五行志》：「乾興元年五月，南劍州麥一本五穗，綿州麥秀兩岐。」也作「**兩岐麥秀**」。

【麥秀兩岐（歧）】

見「麥穗兩岐（歧）」。

【麥秀黍離】

麥秀：箕子所作哀嘆商朝滅亡的詩。黍離：《詩經》中哀嘆周朝滅亡的一首詩。泛指哀傷亡國之辭。清・汪琬《春草軒小稿序》：「余讀其詩，氣平而語和，不失古詩人之敎，非若麥秀黍離、感憤怨懟者比，信乎可傳者也。」也作「**黍離麥秀**」。

【麥舟之惠】

據宋・惠洪《冷齋夜話》卷十載：「范仲淹之子范純仁去蘇州運麥，船返至丹陽時，得知石延年無資改葬親人，遂以麥船贈之。」後以「麥舟之惠」指捐資助人喪葬。明・唐玉《翰府紫泥全書》卷六：「門下輕財好施，素稱長者，用布腹心，辱惟麥舟之惠，存沒均感。」也作「**麥舟之贈**」。明・張岱《家傳》：「見趙令妻子羈廣柳車中，淒其可憫，乃出已橐為代償，而復以百金為麥舟之贈。」

【麥舟之贈】

見「麥舟之惠」。

【賣卜賣卦，轉回說話】

指算卦占卜者說的話不可輕信。《水滸傳》六一回：「李固道：『主人誤矣。』常言道：『賣卜賣卦，轉回說話。』休聽那算命的胡言亂語，只在家中，怕做什麼？』」

【賣布不帶尺——瞎扯】

雙關語。比喻沒有根據地亂說，或沒有中心的閒談。例這個人並沒有什麼眞才實學，一點小事也辦不了，就會賣布不帶尺——瞎扯。也作「**拉著耳朵擤鼻涕——胡扯**」、「**聾子拉二胡——胡扯**」。

【賣布塞棉花——白搭】

見「白天打燈籠——白搭」。

【賣不了秫稭——戳起來了】

比喻受到冷遇，無人理睬。例對顧客要熱情接待，讓他們像賣不了的秫稭——戳起來了可不好。

【賣菜的不用稱——估堆】

指按照物體體積大小進行估算。例究竟有多少煤，我們沒有精確的計算，而是賣菜的不用稱——估堆，大約三千噸左右。也作「**瞎子上蚊——估堆**」。

【賣菜求益】

見「買菜求益」。

【賣茶湯的回家——沒麵了】

茶湯：糜子麵或高粱麵用開水沖成糊狀的食品。雙關語。比喻不留情面。例你做事太絕了，傷了人家的心，賣茶湯的回家——沒麵了，人家怎麼會再來找你呢？還是自己主動點吧。

【賣大號】

比喻不按規定將零售商品成批賣出。例必須制止賣大號現象，以保證市民的正常供應，堵塞投機買賣的漏洞。

【賣大碗茶的看河水——有的是錢】

比喻生活富有，經濟很寬裕。例這小子是賣大碗茶的看河水——有的是錢，胡花一氣，可精神上卻貧乏、空虛得很。也作「**財神爺發慈悲——有的是錢**」。

【賣刀買犢】

見「賣劍買牛」。

【賣刀買牛】

見「賣劍買牛」。

【賣豆腐的搭個大舞台——好大的架子】

見「扛牌坊賣肉——好大的架子」。

【賣豆腐的典了二畝河灘地——漿（江）裏來，水裏去】

見「大海裏翻了豆腐船——湯裏來，水裏去」。

【賣豆腐的扛馬腳——生意不大架子大】

馬腳：農村唱大戲搭台子用的東西。見「搭起戲台賣豆腐——買賣不大架子大」。

【賣豆芽的沒帶秤——亂抓】

見「賣花生的不帶稱——亂抓」。

【賣兒鬻女】

鬻：ㄩˋ，賣。賣兒賣女。形容生活

貧困到極點。例李四郎迫於生活貧困，不得不賣兒鬻女來求生存。也作「鬻兒賣女」。

【賣法市恩】
賣：出賣；市：買。指出賣法律權益而換取別人對自己的感激。元・白仁甫《梧桐雨》楔子：「某也惜你驍勇，但國有定法，某不敢賣法市恩。」

【賣飯人不怕大肚漢】
指開飯館的希望顧客多吃多買。《飛龍全傳》一三回：「常言道：『賣飯人不怕大肚漢。』店小二巴不得這一聲……登時收拾打了兩盤大餅，擀了一鍋麵湯，遂即送進客房，擺在桌上。」也作「賣飯的不怕大肚子漢，賣酒的不怕海量」。

【賣房賣地置嫁妝——下盡本錢】
比喻辦事竭盡全力，不惜代價。例老倆口兒望子成龍，不惜賣房賣地置嫁妝——下盡本錢，讓兒子出國留學。

【賣膏藥不用動嘴——天生就有幌子】
幌（ㄏㄨㄤˇ）子：懸掛在商店門外表明所賣商品的標誌。舊時膏藥店門口常掛著畫有膏藥的招牌。比喻某人身上有特殊標誌，一眼就能看出他的身分或來歷。例賣膏藥不用動嘴——天生就有幌子，那傢伙歪戴帽子斜穿衣，一看就是個壞人。

【賣公營私】
營：謀求。指出賣公眾利益以謀取私利。例在羣眾的大力協助下，該縣的幾名貪污受賄、賣公營私者紛紛落入了法網。

【賣狗皮膏藥】
比喻吹牛說大話或以假貨騙人。例聽他說了半天，原以為他是個行家，可是後來跟懂行道的人一打聽，卻不是那麼回事，原來他也不過是個「賣狗皮膏藥」的。

【賣狗懸羊】
《晏子春秋・內篇雜下》：「晏子對曰：『君使服之於內，而禁之於外，猶懸牛首於門，而賣馬肉於內也。』」後以「賣狗懸羊」比喻名實不副，故意騙人。明・夏暘《折桂令》詞之三：「閒看世態澆漓，賣狗懸羊，面是心非。」也作「懸羊賣狗」、「羊頭狗肉」。

【賣瓜的誰說瓜苦】
比喻無人說自家的東西不好。例有些買賣人的話不可輕信，俗話說：「賣瓜的誰說瓜苦。」所以，如要眞實，一定得仔細挑選，以防上當受騙。也作「賣瓜的說瓜甜，賣醋的說醋酸」。

【賣瓜的說瓜甜——自賣自誇】
見「老王賣瓜——自賣自誇」。

【賣卦口，沒量斗】
比喻算卦占卜者說話沒準兒，不可信。《警世通言》卷一三：「衆人道：『若信卜，賣了屋；賣卦口，沒量斗。』衆人和烘孫押司去了。」

【賣官鬻爵】
爵：爵位。指貪圖財物而出賣官職和爵位。《宋書・鄧琬傳》：「琬性鄙暗，貪吝過甚，財貨酒食，皆自身量校。至是父子關賣官鬻爵，使婢僕出市道販賣。」也作「鬻官賣爵」、「販官鬻爵」。

【賣官鬻獄】
鬻獄：在斷案時因受賄而袒護行賄的一方。指因貪圖財物而出賣官爵、徇私枉法。宋・朱熹《己酉擬上封事》之七：「而左右近習，皆得以竊弄權威，賣官鬻獄，使政禮日亂，國勢日卑。」也作「賣獄鬻官」。《北齊書・後主傳論》：「虐人害物，搏噬無厭，賣獄鬻官，溪壑難滿。」

【賣關子】
原指說書人在情節緊張的關口停住，以吸引聽衆。①比喻在關鍵時刻故弄玄虛使對方著急而央告自己。例我才不怕他賣關子哩！我找別人幫忙去。②指人說話在緊要關頭故作神祕，吊人胃口而不肯明講。例那位說故事的人，喜歡賣關子，以引起大家的好奇心。

【賣關節】
比喻受賄而暗通消息，暗中幫忙。例你不用著急，有錢能使鬼推磨，陳大人旣肯賣關節，我們弄個一官半職的也不難。

【賣慣了私鹽走慣了硝】
比喻人經常做違法的事，並習以為常。例我勸你離他遠一點兒，他是「賣慣了私鹽走慣了硝」的人，萬一惹了事，把你也捎進去，豈不冤枉？

【賣國求利】
指為謀求私利而出賣國家的權益。宋・洪邁《容齋續筆・朱溫三事》：「蘇循及其子楷，自謂有功於梁，當不次擢用。全忠薄其為人，以其為唐鴟梟，賣國求利，勒循致士，斥楷歸田裏。」

【賣國求榮】
指為貪圖個人的榮華富貴而出賣國家的利益。《說岳全傳》三三回：「你們父子賣國求榮，詐害良民，正要殺你。」也作「求榮賣國」。

【賣國賊臣】
指為貪求個人利益而出賣國家權益的人。清・姚之駰《元明事類鈔・官門品》：「李景隆懷異志，屢敗，召還。子寧執之於朝，請誅之，不聽。叩首言：『此賣國賊臣。備員執法，不能除奸，請先伏誅。』」

【賣紅薯丢了乾糧——硬啃】
紅薯：甘薯的通稱。意為賣紅薯的人丢了乾糧，只好硬啃生紅薯充饑。比喻說話、做事硬來。例幹活應當動腦筋，要巧幹，不能賣紅薯丢了乾糧——硬啃。

【賣胡琴的碰上賣布的——拉拉扯扯】
見「木匠拉大鋸——拉拉扯扯」。

【賣花生的不帶秤——亂抓】
雙關語。比喻工作無計畫，抓到什麼幹什麼；或心中無數，做事情缺乏條理。有時也指任意捉人或隨便拿東西。例我們機關工作混亂，究其原因，主要是賣花生的不帶秤——亂抓。不是今天不知明天做什麼，就是今天又漏掉昨天的工作。也作「賣豆芽的沒帶秤——亂抓」。

【賣雞的同賣鴨的——同行】

比喻所從事的行業相同，或都是從事相同行業的人。例你是記者，我是編輯，咱們是賣雞的同賣鴨的——同行，有共同語言。也作「你賣門神我賣鬼——同行」。

【賣雞子兒的換筐——搗(倒)蛋】

雞子兒：雞蛋；搗：「倒」的諧音。雙關語。比喻借端生事，無理取鬧。例我們正在開會，你別賣雞子兒的換筐——搗（倒）蛋好不好，有事散會後再談。也作「賣雞子兒的借筐——搗（倒）蛋」、「賣雞子兒的跌跤——搗（倒）蛋。

【賣劍買牛】

賣掉刀劍，買進耕牛。《漢書．龔遂傳》：「[龔遂]躬率以儉約，勸民務農桑……民有帶持刀劍者，使賣劍買牛，賣刀買犢。」後以「賣劍買牛」比喻橫行不法者改惡從善。例這羣昔日為生活所迫而淪為盜匪者，紛紛改邪歸正，賣劍買牛，開始了新生活。也專指改業務農。宋．陸游《貧甚作短歌排悶》詩：「惟有躬耕差可為，賣劍買牛悔不早。」也作「賣刀買犢」。《清史稿．邁柱傳》：「上諭曰：『所奏深得賣刀買犢之意。環刀、標槍自當收繳，可順其願，不宜强迫。』」也作「賣刀買牛」、「買牛賣劍」。元．朱庭玉《歸隱》：「歸來好問林泉下，買牛賣劍，求田問舍，學圃耘瓜。」

【賣漿屠狗】

賣漿：賣酒的人；屠狗：以殺狗為職業的人。泛指社會地位低微者。也作「賣漿屠沽」。清．汪琬《計甫草〈中州集〉序》：「所遇賢士大夫，與夫王孫貴胄，下暨酒人俠客、賣漿屠沽之徒，埋名而更姓者，猶不失中原文物之遺焉。」也作「屠狗賣漿」。

【賣漿屠沽】

見「賣漿屠狗」。

【賣金須向識金家】

比喻賣寶應賣給識寶人。《說唐》五回：「『賣金須向識金家。』要賣此馬，有一去處，包管成交。」

【賣爵鬻子】

指為生活所迫而出賣官爵和子女。漢．賈誼《新書．無蓄》：「歲惡不入，賣爵鬻子，既或聞耳矣。」也作「賣爵贅子」贅：抵押。例在舊時代，人們對賣爵贅子的現象實在是見怪不怪。

【賣爵贅子】

見「賣爵鬻子」。

【賣空買空】

見「買空賣空」。

【賣了餛飩買麪吃——多事】

比喻沒事找事，自添麻煩。例老邱卻大為不滿，一臉不高興的神色，自言自語地埋怨說：「你這不是賣了餛飩買麪吃——多事？」也作「月亮下點油燈——多事」。

【賣了褲子買鐲子——窮講究】

見「叫花子拜年——窮講究」。

【賣了麥子買籠屜——不蒸饅頭爭（蒸）口氣】

見「空籠屜上鍋——不蒸饅頭爭（蒸）口氣」。

【賣了鞋了買帽子——顧頭不顧腳】

見「戴棉帽穿涼鞋——顧頭不顧腳」。

【賣李鑽核】

南朝宋．劉義慶《世說新語．儉嗇》：「王戎有好李，賣之恐人得其種，恆鑽其核。」為不讓買主得到李子的良種，在賣李前先鑽取其核。後以「賣李鑽核」形容極為慳吝、自私。

【賣履分香】

三國魏．曹操《遺令》：「余香可分與諸夫人，不命祭。諸舍中無所為，可學作組履賣也。」後以「賣履分香」指在臨終前對家人的顧念。《聊齋志異．祝翁》：「苟廣其求，則賣履分香，可以不事矣。」也作「分香賣履」。

【賣麪人的被偷——大丟臉面】

麪人：用染色的糯米粉捏成的人物形象。雙關語。比喻極失體面或面子。例他在大庭廣衆面前發表荒謬的演說，被聽衆轟下了台，眞是賣麪人的被偷——大丟臉面。也作「賣面具的被人搶——丟臉」。

【賣面子】

比喻願意幫忙、答應要求等。例你這兒一廂情願不行，還不知道人家肯不肯賣面子哩！

【賣弄風騷】

指女子舉止輕浮。例她為了達到目的，居然賣弄風騷，實在是可憐又可悲。

【賣弄玄虛】

玄虛：令人無法捉摸的東西。指耍弄花招，使人不可捉摸。例什麼「且聽下回分解」！快接著講啊，別賣弄玄虛了！

【賣妻鬻子】

指為生活所迫而出賣妻子兒女。例要是在舊社會，這樣的大旱又不知該有多少人家賣妻鬻子了。

【賣俏行奸】

賣俏：故意裝出嬌媚的姿態迷惑人。指藉作媚態來幹壞事。元．無名氏《錦雲堂暗定連環計》二折：「俺好意的張筵置酒，你走將來賣俏行奸。」也作「賣俏迎奸」。《水滸傳》二一回：「這閻婆惜被那張三小意兒百依百隨，輕憐重惜，賣俏迎奸，引亂這婆娘的心，如何肯戀宋江？」也作「賣俏營奸」。《羣音類選．〈海神記．花鴇訓女〉》：「止不過席上尊前，賣俏營奸，退後趨前。」也作「行奸賣俏」。

【賣俏倚門】
賣俏：故意裝出嬌媚的姿態誘惑人。指妓女生涯。元・王實甫《西廂記》三本一折：「你看人似桃李春風牆外枝，賣俏倚門兒。」也作「倚門賣笑」、「倚門賣俏」、「倚門獻笑」。

【賣俏迎奸】
見「賣俏行奸」。

【賣俏營奸】
見「賣俏行奸」。

【賣人情】
指有意給人好處，使人感激自己。例你看他慷慨大方，其實他都是用公家的東西賣人情。

【賣肉的切豆腐——不在話下】
比喻輕而易舉，容易對付，或很有把握。有時指事屬當然，不值一提。例汪師傅是有幾十年經驗的大廚師，這次辦桌對他來說，好比賣肉的切豆腐——不在話下，你就放心好了！也作「屠夫宰雞鴨——不在話下」、「大師傅熬粥——不在話下」。

【賣肉的殺羊——內行】
見「劉備編草鞋——內行」。

【賣砂鍋的翻跟頭——滿砸】
比喻全給破壞了。例你這樣一攪和，我們的計畫就像賣砂鍋的翻跟頭——滿砸，敵人可能趁機逃跑了。

【賣身求榮】
指為貪求榮華富貴而出賣自己的人格。例無論什麼時候，賣身求榮者都不可能有好下場。

【賣身投靠】
比喻喪失人格，充當他人走狗。魯迅《准風月談・後記》：「我見這富家兒的鷹犬，更深知明季的向權門賣身投靠之輩是怎樣的陰險了」。

【賣水的看大河——全是錢】
比喻財迷心竅，一切從錢出發。例你呀，算盤子兒都讓你打飛了，你是賣水的看大河——全是錢，沒有錢什麼事也不願做。也作「賣水的看大河——盡是錢」。

【賣糖稀的蓋樓——熬出來啦】
糖稀：含水分較多的麥芽糖。見「鍋蓋上的米花子——熬出來的」。

【賣頭賣腳】
比喻出頭露面。《紅樓夢》六回：「我們姑娘年輕媳婦，也難賣頭賣腳去，倒還是捨了我這副老臉去碰一碰。」

【賣瓦罐的跌跤——傾家蕩產】
比喻全部家產喪失淨盡。例做買賣是要冒風險的，搞不好就會像賣瓦罐的跌跤——傾家蕩產，你要三思而後行。

【賣瓦盆的——一套一套的】
鎮上那家店裏的瓦盆常常是大小配套，堆在一起。比喻說起話來滔滔不絕，頭頭是道。例這個大學生口齒伶俐，說起話來就像賣瓦盆的——一套一套的，是個很好的演說人才。也作「賣瓦盆的出身——一套一套的」、「賣瓦盆的取貨——都是一套一套的」、「瓷窯上的瓦盆兒——一套一套的」。

【賣文為生】
唐・杜甫《聞斛斯六官未歸》：「故人南郡去，去索作碑錢。本賣文為活，翻令室倒懸。」後以「賣文為生」指讀書人依靠出賣文章度日。

【賣蝦米不拿秤——抓瞎（蝦）】
蝦米：曬乾的去頭去殼的蝦。也作「賣魚的不帶秤——抓瞎（蝦）」。見「河裏撈不到魚——抓瞎(蝦)」。

【賣笑生涯】
指妓女的生活。《官場現形記》一三回：「可憐蘭仙雖然落在船上，做了這賣笑生涯，一樣玉食錦衣，哪裏受過這樣的苦楚。」

【賣笑追歡】
指娼妓以聲色求取別人的歡心。例這些昔日被迫淪為娼妓的婦女，終於告別了賣笑追歡的生活，重新恢復了人的尊嚴。

【賣鹽逢雨，賣麵遇風——背時】
比喻倒霉，運氣不好，或不合時宜。例這兩年，他的遭遇似乎是賣鹽逢雨，賣麵遇風——背時，沒有一件事辦成功。也作「秦瓊賣馬——背時」。

【賣油的不打鹽——不管閒（鹹）事】
閒：「鹹」的諧音。比喻不過問與己無關或無關緊要的事。例另外找人吧，他一向是賣油的不打鹽——不管閒（鹹）事，找也沒用。

【賣油的娘子水梳頭】
指出售某種物品的人卻不捨得自己使用。例你可真是「賣油的娘子水梳頭」，家裏進了這麼多好衣服，捨得賣，卻不捨得自己穿。也作「賣扇的手扇涼」、「賣席的睡土炕」。

【賣油的敲鍋蓋——好大的牌子】
舊時賣油的叫賣時一般是敲小銅鑼，如果敲鍋蓋，面積增大好幾倍。見「店鋪前吊門板——好大的牌子」。

【賣油條的拉胡琴——遊（油）手好閒（弦）】
遊：「油」的諧音；閒：「弦」的諧音。雙關語。比喻遊蕩成性，不好勞動。例你想改變小方的惰性可不容易，他是賣油條的拉胡琴——遊（油）手好閒（弦）慣了，什麼都不想做，做也是磨洋工。

【賣友求榮】
指為貪求個人的榮華富貴而出賣朋友。例你別瞧他一臉忠厚老實相，其實他是存心詐騙，賣友求榮的人。

【賣獄鬻官】
見「賣官鬻獄」。

【賣杖搖鈴】
指當江湖醫生。《金瓶梅詞話》六一回：「此人東門外有名的趙搗鬼，專一在街上賣杖搖鈴，哄過往之人。」

【賣主求榮】
指為貪圖個人的榮華富貴，不惜出賣主人。例老闆平素不曾虧待於你，你如何能做出這等賣主求榮的事來？

【賣嘴料舌】
指搬弄是非。元・無名氏《貨郎旦》二

折：「你也曾懸著名姓，靠著房門，你也曾賣嘴料舌，推天搶地。」

【賣嘴皮】

比喻能說會道。例讓他賣嘴皮去吧！咱們做點實實在在的事。

【脈絡分明】

脈絡：人體的經絡。比喻事物或文章的條理清楚。例這篇文章立意新穎，脈絡分明，受到大家的好評。

【脈絡貫通】

比喻事物或文章的線索清楚，條理貫通。宋・朱熹《〈中庸〉序》：「然後此書之旨，支分節解，脈絡貫通。」

ㄇㄟˊ

【沒巴鼻】

即器物上沒有可供手提的東西。比喻沒有根據、來由。例你說這些沒巴鼻的話有什麼用？問題是要有證據。

【沒巴沒鼻】

指毫無原因。宋・陳郁《念奴嬌》詞：「沒巴沒鼻，霎時間，做出漫天漫地。」

【沒擺佈處】

比喻不知怎麼辦，無法處置。例你喜歡狗，我可以送你一條，聽說大樓裏不准養狗，就怕你沒擺佈處。

【沒本錢買賣——賺得起賠不起】

比喻事情只能辦好不能辦壞，打仗只能打勝不能打敗。例我們的事業剛剛開始，大家都注視著，沒本錢買賣——賺得起賠不起，搞得好，才能得到社會的承認和支持。

【沒本營生】

沒有本錢的生意。指搶劫。《說唐》五回：「做的是沒本營生，各處劫來貨物，盡要坐分一半。」

【沒奔頭】

指沒有希望，沒有前途。例自從兒子死後，她越來越覺得日子沒奔頭了，有心尋死，又被人救活。

【沒病攬傷寒】

比喻沒事找事，結果自討苦吃。例我說你是「沒病攬傷寒」，那東西放在那兒好好的，你卻偏去亂動它。現在弄壞了，你還得賠。

【沒病抓藥——自討苦吃】

見「笨豬拱刺蓬——自找苦吃」。

【沒秤砣的秤桿——壓不準斤兩】

比喻說話、做事沒有準頭，靠不住。例他說話就像沒秤砣的秤桿——壓不準斤兩，不要抱著多大希望，還得多方面想辦法。

【沒吃過豬肉，也看見過豬跑】

比喻儘管沒有親身體驗過，但也多少了解一些。《紅樓夢》一六回：「誰都是在行的？孩子們已經長得這麼大了，『沒吃過豬肉，也看見過豬跑。』」

【沒吃三兩煎豆腐——稱什麼老齋公】

齋公：舊時稱迷信吃素食的人，或信仰佛教、道教等宗教吃素食的人。比喻人閱歷淺卻自以為是內行，或擺老資格。含有譏諷意思。例這裏多是有幾十年工作經驗的老行家，你沒吃三兩煎豆腐——稱什麼老齋公。

【沒出嫁的閨女做鞋子——不管女婿腳大小】

舊時婚姻由父母包辦，男女雙方只在訂婚時見一面，或結婚前根本不見面，因此女方不知未婚夫腳大小。比喻做事無的放矢，脫離實際。例你還沒上任，工作計畫就制定好了，這就像沒出嫁的閨女做鞋子——不管女婿腳大小，你知道哪裏需要作什麼，不需要作什麼？

【沒搭煞】

比喻沒意思、無聊。例那傢伙沒搭煞，說了些少鹽沒味兒的話就走了。也作「沒搭撒」。例你怎麼這樣沒搭撒，竟對自己兄弟來這一手？也作「沒撻煞」。例你好沒撻煞，又不讓你去滾地雷，炸碉堡，竟嚇成這熊樣兒！

【沒大沒小】

指對長輩沒禮貌。《金瓶梅詞話》七五回：「恁不合理的行貨子，生生把個丫頭慣的恁沒大沒小，上頭上臉的，還嗔怪人哩。」

【沒等開口三巴掌——不由分說】

不容許別人把話講清楚。比喻蠻橫霸道，不講道理。例兼聽則明，應當允許人家辯解，沒等開口三巴掌——不由分說，是極不民主的作風。

【沒底的棺材——成(盛)不了人】

成：「盛」的諧音。雙關語。比喻人不成器或不成材。例他還未成年，就曾三次進少年感化院，看來是沒底的棺材——成（盛）不了人啦。

【沒顛沒倒】

形容雜亂熱鬧的情景。元・王實甫《西廂記》一本四折：「沒顛沒倒，勝似鬧元宵。」

【沒雕當】

比喻做事無根據，事情無著落。例此事暫時還沒雕當，是不是再想想辦法？

【沒肚皮攬瀉藥】

空腹吃瀉藥。比喻沒有必要。元・康進之《李逵負荊》三折：「打這老子『沒肚皮攬瀉藥。』」

【沒肚子】

比喻沒氣量，少見識。例我可不想和那種沒肚子的人打交道，辦不成事不說，還會生一肚子氣。

【沒耳性】

即沒記性，隨聽隨忘。例你跟他說一遍不行，要多說幾遍，他是有名的沒耳性。

【沒法沒天】

天：天理。指肆無忌憚地做壞事。《紅樓夢》一一〇回：「你是哪裏的這麼個橫強盜，這樣沒法沒天的！我偏要打這裏走。」也作「無法無天」。

【沒分寸】

比喻說話做事不知輕重緩急，違反常理。例你不必和他生氣，這人素來沒分寸，不光是對你這樣，連對自己的父母都沒分寸。

【沒分曉】

比喻不懂事，不明白。例你這人太沒分曉，我何曾占過你一點便宜？我處處維護你，你不領情不說，還對我起疑心。

【沒乾的生漆——近不得】

生漆：即大漆，未乾時有毒，皮膚過敏的人接觸了會引起反應。比喻人脾氣古怪，不可接近或親近。例人要有涵養，如果像沒乾的生漆——近不得，就會嚴重脫離羣衆。

【沒骨氣】

見「沒骨頭」。

【沒骨頭】

比喻缺乏剛直的氣概，不敢硬碰硬。例你怎麼這麼沒骨頭？人家昨天還罵過你，今天你又同他嘻嘻哈哈。也作「沒骨氣」。例這人欺軟怕硬，一點也沒骨氣。

【沒骨子的傘——支撐不開】

骨子：支撐傘的架子。雙關語。比喻工作有阻力，進行不下去；或辦事能力差，打不開局面。例聽說那個公司的員工愛搞小組織，新人去做主管工作，我耽心會成為沒骨子的傘——支撐不開。也作「刮大風打傘——支撐不開」。

【沒骨子的傘——支撐不住】

骨子：支撐傘的架子。見「燈草拐杖——支撐不住」。

【沒瓜葛】

比喻無牽連，沒任何關係。例他這個人闖的禍不少，牽扯的事也多，幸運的是我與他沒瓜葛。

【沒規矩】

比喻舉止放肆輕浮，不合情理常規。例現在有些獨生子女，被嬌慣得太沒規矩了，回家連父母都不叫一聲，在外面更是蠻不講理。

【沒魂少智】

形容極為驚慌的神情。《醒世姻緣傳》四回：「晁大舍因一連做了兩個夢，又兼病了兩場，也就沒魂少智的。」

【沒家親引不出外鬼來】

指如果沒有內部的從中搗鬼，就不會引來外面的壞人。《紅樓夢》七二回：「如今裏裏外外上上下下背著我嚼說我的不少，就差你來說了，可知『沒家親引不出外鬼來。』」也作「沒有家賊引不來外鬼」。

【沒架子】

比喻平易近人，不裝模作樣。例別看他官大，可是沒架子，能跟羣衆打成一片。

【沒見過世面】

指見識不廣，孤陋寡聞。《老殘遊記》一三回：「俺們是鄉下『沒見過世面』的孩子，胡說亂道，你老爺可別怪著我。」

【沒見食麵】

指沒有見過世面。《金瓶梅詞話》四六回：「都是那沒見食麵的行貨子，從沒見酒席，也聞些氣兒來。」

【沒腳蟹】

比喻沒有幫手、沒有依靠的人。例老張，你不能走。你是我的左膀右臂，你一走，我就成沒腳蟹了。

【沒經緯】

經：南北向的線，即織物上的直線；緯：東西向的線，即織物上的橫線。比喻無條理、混亂。例自打他病了一場，說話越發沒經緯了，你們千萬別笑話。

【沒精打采】

形容精神不振作。《紅樓夢》八七回：「賈寶玉滿肚疑團，沒精打采的歸至怡紅院中。」也作「無精打采」。

【沒酒沒漿，做什麼道場】

道場：和尚或道士所做的法事或做法事的場所。比喻沒有美酒佳餚，不能招待客人。《水滸傳》二一回：「『沒酒沒漿，做什麼道場？』老身有一瓶兒好酒在這裏，買些果品來，與押司陪話。」也作「沒酒及漿，不成道場」。

【沒框的算盤珠——全散啦】

見「豆腐渣下水——全散了」。

【沒狠撵狠】

比喻無事生事，無事找事。例你可真是「沒狠撵狠」，沒事找事。讓你在家好好呆著，你卻跑到這裏來，橫挑鼻子豎挑眼的。你到底想幹什麼？

【沒了王屠，連毛吃豬】

王屠：姓王的殺豬者。比喻缺少行家，事情就不容易辦好。《金瓶梅詞話》七三回：「可是你對人說的，自從他死了，好應心的菜也沒一碟子兒。『沒了王屠，連毛吃豬。』」

【沒臉面】

比喻失了體面。例自從做了那件沒臉面的事以後，老王就總躲著不敢見人。

【沒梁的水桶——沒法提】

也作「沒梁的水桶——提不得」、「沒梁的水桶——別提了」。見「馬尾穿豆腐——提不得」。

【沒撩沒亂】

見「迷留沒亂」。

【沒留沒亂】

見「迷留沒亂」。

【沒籠頭的牲口——野慣了】

籠頭：套在牲口頭上用以掛韁繩的用具。比喻放縱成性，自由散漫慣了。例這孩子是沒籠頭的牲口——野慣了，希望老師今後嚴加管教。也作「沒籠頭的馬——野慣了」、「沒籠頭的馬——揪扯不住」。

【沒籠頭的野馬——無拘無束】

比喻自由自在，沒有約束。例他是沒籠頭的野馬——無拘無束，可能是一個人去看戲去了。

【沒買馬先置鞍——顛倒著做】

比喻工作亂了次序，本末倒置。例你們這裏的工作，沒有計畫，不分輕重緩急，沒買馬先置鞍——顛倒著做，怎麼能做好呢？

【沒腦袋的蒼蠅——亂撞】

比喻盲目行動，或亂跑亂闖。例眼看就是年終了，計畫無法完成，業務主任急得像沒腦袋的蒼蠅——亂撞，到處求人加班，增加生產。也作「沒頭的蒼蠅——亂撞」、「綠豆蒼蠅——亂闖」。

【沒腦子】

比喻不動腦筋，沒有主見，記不住。例跟你說過多少遍了，那是個壞傢伙，會把你帶壞的。你就是不聽，你是不是沒腦子？

【沒皮沒臉】

比喻什麼都不在乎，不知羞恥。例你不想想，這樣沒皮沒臉地混，要混到哪時候哇？

【沒剖開的秋西瓜——不知紅白】

比喻不了解情況，難以判斷好歹、是非。例沒剖開的秋西瓜——不知紅白，不能盲目相信，待了解後再說吧。

【沒巧不成話】

話：指故事。指事情湊巧、巧合。《水滸傳》二四回：「自古道：『沒巧不成話。』這婦人正手裏拿叉竿不牢，失手滑將倒去，不端不正，卻好打在那人頭巾上。」也作「沒巧不成語」。

【沒輕沒重】

指說話、辦事不講分寸，不考慮後果。例教育孩子要講究方式。你這樣沒輕沒重的打他一頓，能起什麼作用？

【沒清頭】

比喻糊塗，頭腦不清醒。例你哪能這麼沒清頭，竟敢跟人下賭場！看你欠一身賭債誰來還。

【沒情沒緒】

形容精神倦怠，做事沒有興致。《碾玉觀音》：「崔寧到家中，沒情沒緒，走進房中，只見渾家坐在床上。」

【沒請來財神，倒貼了些香表紙銀】

指沒能發財，反而損失了一些錢財。例原以為出去一趟，回來能賺點兒錢。沒想到貨沒弄來，反倒賠進許多路費和送禮錢，眞是「沒請來財神，倒貼了些香表紙銀。」

【沒仁沒義】

毫無情義。《警世通言》卷二：「似你這般沒仁沒義的，死了一個，又討一個。」

【沒人味兒】

比喻道德品質不好。例他對他母親都這樣狠心，也太沒人味兒了！

【沒人形】

不像人的行為，比喻喪失理智。例自從失戀以後，他終日酗酒抽煙，已經沒人形了。

【沒人腳處】

指不知該怎麼辦才好。《金瓶梅詞話》六回：「西門慶聽了，喜歡的沒人腳處。」

【沒三沒四】

不正經。《初刻拍案驚奇》卷三一：「還有幾個沒三沒四幫閒的，專一在街上尋些空頭事過日子。」也作「不三不四」。

【沒時沒運】

指運氣不好。元．關漢卿《竇娥冤》三折：「這都是我做竇娥的沒時沒運，不明不暗，負屈銜冤。」

【沒事不登三寶殿】

三寶殿：泛指佛殿。指沒事不來，來即有事。《金瓶梅詞話》九三回：「杏庵道：『沒事不登三寶殿。老拙敬來，有一事乾瀆，未知尊意肯容納否？』」也作「無事不登三寶殿」。

【沒事常思有事】

指安定時要常想著會有意外之事，以防變故發生時驚慌失措。《紅樓夢》三四回：「一家子的事，俗語說的『沒事常思有事』，世上多少無頭腦的事，多半因為無心中做出，有心人看見，當作有心事，反說壞了，只是預先不防著，斷然不好。」

【沒事人一大堆】

謂毫不在乎，如同沒事一般。例這本是他自己的事，我們很為他著急，可他卻是「沒事人一大堆」。乾脆，我們也不管了。

【沒水吃渴死人——與我（餓）無關】

我：「餓」的諧音。雙關語。比喻某種糾紛或某件事同自己沒有關係。例他們作案時，我不在現場，沒水吃渴死人——與我（餓）無關，你們找別人調查吧。

【沒睡打呼嚕——裝迷糊】

比喻假裝糊塗或不明白。例你就是幕後操縱者，別沒睡打呼嚕——裝迷糊了。

【沒頭鵝】

比喻慌張無主的樣子。例自從她丈夫死於車禍，她就成了沒頭鵝，終日徬徨哀嘆，茶飯不思。

【沒頭髮卻要辮子稅——無辜受累】

見「貓兒偷食狗挨打——無辜受累」。

【沒頭公案】

見「沒頭官司」。

【沒頭官司】

形容官司沒有頭緒或無休止地進行。《初刻拍案驚奇》卷一四：「今好漢若是在這船中索命，殺了丁戌，順害我同船之人不得乾淨，要吃沒頭官司了。」明．無名氏《大戰邳彤》三折：「今年造物不可言：『爭頭鼓腦要當先。銚期若還殺了我，我和他沒頭官司打幾年。』」也作「沒頭公案」。清．朱素臣《十五貫》一二：「哪裏是因仇對犯仇隙？眼見得沒頭公案任磨滅。」

【沒頭沒臉】

見「沒頭沒腦」。

【沒頭沒腦】

①沒有頭緒、線索。魯迅《肥皂》：「這是什麼悶葫蘆，沒頭沒腦的？你

也得說說淸，敎他好用心的查去。」②形容慌張得不知如何是好。《初刻拍案驚奇》卷三〇：「連滿堂服侍的人，都慌得來沒頭沒腦，不敢說一句話。」③指正對著頭和臉。《西遊記補》一六回：「耳朵中取出棒來，沒頭沒臉，打將下去。」也作「沒頭沒臉」。《西遊記》五六回：「那賊那容分說，舉著棒沒頭沒臉的打來。」

【沒頭腦】

比喻無思想，認識模糊。例這人太沒頭腦，直往人家設的圈套裏鑽，有人提醒他，他還不信。

【沒頭神】

比喻東遊西蕩，沒有根基、歸宿的人。例他是個沒頭神，每日東走走，西看看，四海爲家，上哪兒找？也作「沒頭鬼」。例這個沒頭鬼，無家無業的，也不作個長遠打算。

【沒頭脫柄】

指毫無依據。淸・艾衲居士《豆棚閒話》卷八：「若今日說出些沒頭脫柄的故事，被側邊尖酸朋友嗅嗅鼻頭，眨眨眼睛，做鬼臉，捉別字，笑個不了。」

【沒土打不成牆】

比喻缺乏必要的條件就不能將事辦成。例俗話說：「沒土打不成牆。」你讓我努力學習電腦美術設計，說將來一定會用得上，可是我連電腦都沒有，拿什麼練呢？

【沒腿的螃蟹——橫行不了啦】

見「籠屜裏的螃蟹——橫行不了幾天」。

【沒王的蜜蜂——各散四方】

蜜蜂羣居，每羣都有一個母蜂爲王，沒王的蜜蜂要散羣。比喻各奔前程。例王爺一死，三親六戚，狐羣狗黨，就像沒王的蜜蜂——各散四方。也作「魚苗放大海——各散四方」。

【沒味道】

①比喻沒有意思，無意義、沒水平。例這話劇沒味道，你不必浪費時間去看。②指沒有情趣，沒有興味。例跟他在一起眞沒味道。也作「沒味兒」。例別說他了，這人太沒味兒了，還是說點有意思的事吧！

【沒戲唱】

比喻沒什麼可做，無法可想。例你要是走了，我們就沒戲唱了，只好各奔東西。

【沒戲看】

比喻無熱鬧、笑話可看。例這兩個死對頭怎麼給分到一個小組？你們是怕沒戲看吧？

【沒下梢】

指沒好下場或沒好結果。例這是哪個沒下梢的東西幹的缺德事？一定要查淸楚，好好處理。

【沒弦的琵琶——從哪兒談(彈)起】

談：「彈」的諧音。比喻話不知從何說起。例你們給我出的題目太大了，沒弦的琵琶——從哪兒（彈）起呢？只談談這次訪問的見聞吧。也作「沒弦的琵琶——無從談（彈）起」。

【沒心肺】

①指沒有良心，心眼壞。例他哪能這麼沒心肺，竟丟下你們母子不管。②指頭腦簡單，大大咧咧。例你不要生他的氣，他是個沒心肺的人，不是有意氣你。

【沒心沒想】

指精神不集中。《二刻拍案驚奇》卷一一：「比及大郎疑心了，便覺滿生飲酒之間，沒心沒想，言語參差，好些破綻出來。」

【沒心眼】

比喻生性單純，沒有心計。例他哥哥沒心眼，幾句好話就能讓他爲人賣命，你們別欺負他。

【沒星秤】

比喻沒有主見，沒有定準。例我們那口兒是桿沒星秤，什麼事都不敢做主。

【沒牙婆吃湯圓——囫圇吞】

多比喻讀書、學習不求甚解，不加分析地籠統接受。例對外國的東西，要分析、批判，或吸收或揚棄，不能沒牙婆吃湯圓——囫圇吞。也作「豬八戒吃棗子——囫圇吞」。

【沒顏落色】

指精神不振作。《醒世姻緣傳》三回：「我不要起去，一個家沒顏落色的。」

【沒眼的笛子——吹不響】

比喻事情吹噓不起來，宣揚不出去。例你們成立的開發公司，輿論造了不少，仍然是沒眼的笛子——吹不響，羣衆漠不關心，不問不聞。也作「實心竹竿做笛子——吹不響」、「破喇叭——吹不響」。

【沒眼的石匠——瞎鑿】

比喻盲目做事，或胡來、胡鬧。例這個人性格蠻橫，又無教養，爲人處事就像沒眼的石匠——瞎鑿一氣，許多事都壞在他手裏。

【沒眼力】

比喻不會觀察，看不準，看不透人和事。例你把這麼個不學無術的人推上主管階級，實在是太沒眼力了。

【沒眼兒悶葫蘆】

比喻人缺少心計。例人家都說他是「沒眼兒悶葫蘆」，可我總覺得不像，有些事情倒能說明他似乎是有些心眼。

【沒眼兒豬叫——瞎哼哼】

比喻背後嘀咕，起不了作用。例有意見就公開提出，不要學沒眼兒豬叫——瞎哼哼。

【沒眼判官進賭場——瞎鬼混】

判官：迷信的人稱閻王手下管生死簿的官。比喻糊裏糊塗地生活。例生活得有長遠的奮鬥目標，有近期的規劃，不能沒眼判官進賭場——瞎鬼混。

【沒眼色】

比喻不會察顏觀色。例這人太沒眼色，這麼嚴重的氣氛他居然沒發現，還只管嘻嘻哈哈地鬧。

【沒影子】

指無一點徵兆或跡象。例這樣沒影子的事，他居然說得天花亂墜。也作「沒影兒」。例連這樣沒影兒的事，他也要插一手。

【沒有邊的草帽——頂好】

見「爛邊的禮帽——頂好」。

【沒有不透風的牆】

比喻事情只要存在，早晚會被人知道。例你以爲我不知你幹的壞事？告訴你，要想人不知，除非己莫爲，這世上「沒有不透風的牆」。

【沒有打虎將，過不得景陽岡】

比喻過難關要靠有能耐的人。例俗話說：「沒有打虎將，過不得景陽岡。」看來不請老王師傅出面，這台機器是不會再運轉了。

【沒有打虎藝，也不敢上山岡；沒有擒龍手，也不敢下海洋】

比喻沒有眞本事，就不敢去做冒風險的事。例我既然說能做好，就一定能做好，俗話說：「沒有打虎藝，也不敢上山岡；沒有擒龍手，也不敢下海洋。」請大家相信我。

【沒有碟子不碰碗的】

比喻經常在一起的人難免發生矛盾。例他們倆雖是夫妻，可是「沒有碟子不碰碗的」，有時免不了吵幾句，不過很快就和好了。

【沒有耳朵聽著，也有鼻子聞著】

比喻無論多少總該知道一些。《三寶太監西洋記》一九回：「你這些狗娘養的，『沒有耳朵聽著，也有鼻子聞著』。咱這裏要害病的軍人相驗，你怎麼領著一干沒病的軍人到這裏來搪抵咱們？」

【沒有高山，顯不出平地】

比喻沒有比較，就不能分出優劣。例俗話說：「沒有高山，顯不出平地。」跟他一比，你的外語能力可就差遠了。也作「沒有高山，不顯平地。」

【沒有根的浮萍——無依無靠】

多指生活上沒有保障和依靠。例這個老人無兒無女，喪失了勞動力，就像沒有根的浮萍——無依無靠，街道居民只好把他供養起來。也作「無根的浮萍——無依無靠」、「瞎子丟拐杖——無依無靠」。

【沒有規矩——不成方圓】

規矩：規是畫圓的工具，矩是畫直角或方形用的曲尺。雙關語。比喻成不了什麼氣候。例沒有規矩——不成方圓，讓他去吧，沒有羣衆的支持，看他能搞出什麼名堂。也作「半個銅錢——不成方圓」。

【沒有過不去的火焰山】

比喻沒有克服不了的困難。例失敗幾次怕什麼！這世上「沒有過不去的火焰山」，只要不洩氣，就一定能圓滿地完成任務。

【沒有金剛鑽——不敢攬你這細瓷器】

金剛鑽：已知的最硬的物質，常用作高級的切削和研磨材料，可鑽透瓷器。比喻本領過硬。例他沒有金剛鑽——不敢攬你這細瓷器，你就放心吧，準能很好完成任務。也作「沒有金剛鑽——不敢攬你這瓷器活」。

【沒有四斤鐵——敢打大刀】

比喻沒本錢或本領，怎敢做大事或承擔大的任務。例沒有四斤鐵——敢打大刀？實話告訴你吧，我有充分的條件完成這個別人不敢接受的任務。

【沒有砣的秤——不知輕重】

比喻說話、辦事缺乏縝密考慮，沒掌握適當的限度或分寸。有時指不知道事情的輕重緩急。例我缺乏經驗，遇事往往是沒有砣的秤——不知輕重，如有不妥之處，請及時指正。也作「頭頂磨盤——不知輕重」、「毛猴子說話——不知輕重」。

【沒有彎彎肚子，別吃鐮刀頭】

比喻沒有某種能力或本領，就別去做某種事情。例我早就說過你不行，你偏不信，現在著急了吧？記住，「沒有彎彎肚子，別吃鐮刀頭。」

【沒有梧桐樹，引不到鳳凰來】

比喻沒有適當的環境和條件，就不會吸引來出色的人才。例俗話說：「沒有梧桐樹，引不到鳳凰來。」如果沒有他這樣好的領導，沒有這麼優越的條件，哪會有這麼多有才幹的人到這裏來呢！也作「沒有梧桐樹，引不得鳳凰來」。

【沒有咒念】

比喻毫無辦法，一點兒主意也沒有。例只要我們咬緊牙關，挺住這一關，敵人就拿我們「沒有咒念」。

【沒張沒致】

指裝模作樣，故作姿態。《初刻拍案驚奇》卷一三：「卻值文宗考童生，六老也叫趙聰沒張沒致的前去赴考。」

【沒遮攔】

①形容心直口快。例這人心直口快，說話沒遮攔。②指不分場合信口開河。例你這嘴太沒遮攔，到底惹出亂子來了吧？

【沒準星的瞎炮——亂轟轟】

準星：槍炮瞄準射擊目標的器具。比喻沒有目標的隨意攻擊，或沒有經過深思熟慮而亂發議論。例他的綽號就叫「大炮」，在許多場合，他就像沒準星的瞎炮——亂轟轟。

【沒嘴的葫蘆——不好開口】

也作「沒嘴的葫蘆——難開口」、「沒嘴的葫蘆——口難張」。見「落雨天的芝麻——難開口」。

【沒嘴的葫蘆——掏不出瓤兒】

瓤：ㄖㄤˊ，瓜果內部的肉。葫蘆沒有開口，裏面的瓤掏不出來。比喻掏不出心裏話。有時也指說話謹愼或嚴守秘密。例同他談了半天，還是沒嘴的葫蘆——掏不出瓤兒，不知道他思想上的疙瘩究竟是什麼？不能對症下藥。也作「沒嘴的葫蘆——不言不語」。

【沒嘴葫蘆】
形容人不愛說話或一時張口結舌說不出話。明・金鑾《永漁樵耕牧四首》之一：「得糊塗處且糊塗，恰便似沒嘴葫蘆。」也作「**沒嘴的葫蘆**」。《西遊記》三二回：「他就是個沒嘴的葫蘆，也與你滾上幾滾。」

【沒罪找枷杠——放著省心不省心】
枷：舊時套在罪犯脖子上的刑具，用木板製成；枷杠：指刑具。比喻自找麻煩，自討苦吃。例唉，我這是沒罪找枷杠——放著省心不省心，不主動找他來，怎麼會闖下這場大禍。

【沒做擺佈】
見「沒做道理」。

【沒做道理】
指沒有辦法。《水滸傳》三九回：「戴宗看了，只叫得苦，又沒做道理救他處。」也作「**沒做擺佈**」。元・鄭廷玉《冤家債主》二折：「求醫無效，服藥無靈，看看至死，教我沒做擺佈。」

【眉蹙春山】
蹙：皺眉。形容女子皺眉時的嬌媚神態。《紅樓夢》三〇回：「只見這女孩子眉蹙春山，眼顰秋水，面薄腰纖，裊裊婷婷，大有林黛玉之態。」

【眉飛目舞】
見「眉飛色舞」。

【眉飛色舞】
形容極為得意或喜悅的神情。《兒女英雄傳》二八回：「老夫妻只樂得眉飛色舞，笑逐顏開的，連連點頭。」也作「**眉舞色飛**」。清・袁枚《與盧雅雨轉運》：「每談及斯文，便眉舞色飛，而不能自已。」也作「**眉飛目舞**」。清・陳朗《雪月梅傳》三二回：「岑公子聽了，不禁眉飛目舞。」也作「**色舞眉飛**」、「**色飛眉舞**」。

【眉高眼低】
①指怠慢、冷落，給別人臉色看。明・張四維《雙烈記・計遣》：「大丈夫四海為家，哪裏去不了，怎肯受你家眉高眼低，乾言溼語。」②指看人臉色行事。《隋唐演義》七回：「早晨麵湯也是冷的。叔寶吃了些眉高眼低的茶飯，又沒處去，終日出城到官路，望樊建威到來。」③指待人接物的方法。《三俠五義》三二回：「慢說走路，什麼處兒的風俗，遇事眉高眼低，那算瞞不過小人的了。」也作「**眉眼高低**」。《紅樓夢》二七回：「只是跟著奶奶，我們學些眉眼高低，出入上下，大小的事兒也見識見識。」

【眉花眼笑】
形容極為高興的神情。《古今小說》卷四：「那尼姑貪財，見了這兩錠細紋白銀，眉花眼笑道：『大官人，你相識是誰？委我幹甚事來？』」也作「**眉開眼笑**」。《紅樓夢》一一九回：「劉老老聽說，喜的眉開眼笑，去給巧姐兒道喜。」也作「**眉歡眼笑**」。《金瓶梅詞話》三四回：「把婆子喜的眉歡眼笑，過這邊來，拿與金蓮瞧。」也作「**眼笑眉飛**」。

【眉歡眼笑】
見「眉花眼笑」。

【眉尖眼角】
見「眉梢眼角」。

【眉睫之禍】
比喻近在眼前的災禍。《韓非子・用人》：「不去眉睫之禍，而慕賁、育之死。」

【眉睫之間】
形容相距很近。《莊子・庚桑楚》：「向吾見若眉睫之間，吾因以得汝矣。」也作「**眉睫之內**」。《列子・仲尼》：「遠在八荒之外，近在眉睫之內。」

【眉捷之利】
比喻極小的利益。清・龔自珍《乙丙之際塾議第二十》：「圖眉捷之利，不顧衝要。」

【眉睫之內】
見「眉睫之間」。

【眉開眼笑】
見「眉花眼笑」。

【眉來眼去】
原指目光所及。宋・辛棄疾《滿江紅》詞：「還記得眉來眼去，水光山色。」後指以眉目傳遞感情。《三國演義》八回：「貂蟬送酒與（呂）布，兩下眉來眼去。」也作「**眼去眉來**」。

【眉來語去】
指用眉眼傳遞感情。明・湯顯祖《南柯記・決婿》：「天竺見他來，順稍兒到講台，眉來語去情兒在。」

【眉毛鬍子一把抓】
比喻辦事不分主次、輕重。例哪有你這樣辦事的？無論做什麼，得分清主次、先後、不能眉毛鬍子一把抓。

【眉毛鬍子一把抓——主次不分】
比喻工作分不清主次。例工作上眉毛鬍子一把抓——主次不分，容易造成辛辛苦苦的官僚主義，同樣有害於我們的事業。也作「**眉毛鬍子一把抓——不分主次**」。

【眉毛上安燈泡——明眼人】
比喻善於觀察事物或有見識的人。例你別企圖蒙騙楚先生，他是一個眉毛上安燈泡——明眼人，準能識破你的詭計。

【眉毛上搭梯子——放不下臉】
臉：情面，面子。比喻擔心對不起人或得罪人，放不下情面。例我不是無法治他，而是同他父母多年交情，眉毛上搭梯子——放不下臉。如果涉及原則問題，那當然是另一回事了。

【眉毛上搭梯子——上臉】
比喻不禮貌的言行或發怒。例在老師面前，說話也是眉毛上搭梯子——上臉，的確不像話。

【眉毛上吊笤帚——臊（掃）臉】
臊（ㄙㄠˋ）：「掃」的諧音。雙關語。比喻丟人或掃興。例你竟幹出這種羞事，也不怕眉毛上吊笤帚——臊

（掃）臉。也作「**大門上掛掃把——臊（掃）臉**」。

【眉毛上吊針——刺眼】
雙關語。比喻惹人注目而且使人感覺不順眼。例他的表演出盡了風頭，使人明顯地感覺是在突出自己，未免有點眉毛上吊針——刺眼。

【眉毛上放爆竹——禍（火）在眼前】
禍：「火」的諧音。比喻馬上就要遭到災難或不幸。例刮強烈颱風時，千萬別在街上逛，否則就會是眉毛上放爆竹——禍（火）在眼前啊！

【眉毛上失火——紅了眼】
雙關語。比喻人發怒或貪婪的樣子。例嫉惡如仇的李警官一見到犯下好幾條人命的逃犯在鬧市出現，就像眉毛上失火——紅了眼，恨不得立刻把他捉拿歸案。也作「**眉毛上失火——眼紅**」、「**眼皮子上搽胭脂——眼紅**」。

【眉目不清】
指事物沒有頭緒或條理不清。例議論文最忌眉目不清。

【眉目傳情】
見「眉眼傳情」。

【眉目如畫】
形容容貌俊秀。《南史·宋順帝記》：「帝姿貌端華，眉目如畫，見者以為神人。」也作「**眉眼如畫**」。唐·韓愈《殿中少監馬君墓志銘》：「姆抱幼子立側，眉眼如畫，髮漆黑，肌肉玉雪可念，殿中君也。」

【眉南面北】
指由於不合，雖相處而不願互相來往。元·無名氏《延安府》二折：「你見了這李廉使都眉南面北，多管是那相公每饑嗔的這飽喜，則為我無過犯難投宰相機。」也作「**面北眉南**」。元·無名氏《馬陵道》三折：「且做個面北眉南，你東咱西。」

【眉清目秀】
指相貌清秀、俊美。《初刻拍案驚奇》卷二六：「一個後生的徒弟，叫做智圓，生得眉清目秀，風情可喜。」也作「**目秀眉清**」。《醒世姻緣傳》一回：「漸漸到了十六七歲，出落得唇紅齒白，目秀眉清。」也作「**清眉秀目**」。

【眉梢眼底】
見「眉梢眼角」。

【眉梢眼角】
以眉眼傳遞愛戀等感情。《二刻拍案驚奇》卷一四：「若說是有情，如何眉梢眼角不見些些光景。」也指目光所及。也作「**眉梢眼底**」。《西湖二集》卷一四：「邢君瑞在蘇堤上捱來擠去，眉梢眼底，不知看了多少好婦人女子。」也作「**眉梢眼尾**」。清·徐釚《詞苑叢談》卷一〇：「一自仙郎，眉梢眼尾，屢訂西廂約。」也作「**眉尖眼角**」。明·李開先《詞謔·詞套》：「眉尖傳恨，眼角留情。」

【眉梢眼尾】
見「眉梢眼角」。

【眉頭不伸】
見「眉頭不展」。

【眉頭不展】
形容極為憂愁的樣子。《水滸傳》五五回：「宋江眉頭不展，面帶憂容。」也作「**眉頭不伸**」。《新五代史·郭崇韜傳》：「宦官曰：『郭崇韜眉頭不伸，常為租庸惜財用，陛下雖欲有作，其可得乎？』」也作「**愁眉不展**」。

【眉頭一皺，計上心來】
形容經過思索、考慮，突然有了主意或計策。《紅樓夢》六七回：「鳳姐越想越氣，歪在枕上只是出神，忽然眉頭一皺，計上心來，便叫：『平兒來。』」也作「**眉頭方一皺，妙計心上來**」、「**眉頭一蹙，計上心來**」、「**眉頭一蹙，計上心來**」、「**眉尖一縱，計上心來**」。

【眉彎目秀】
形容女子相貌秀麗。清·沈復《浮生六記·閨房記樂》：「其形削肩長項，瘦不露骨，眉彎目秀，顧盼神飛。」

【眉尾相結，性命相撲】
指性命相關，生死與共。也指以命相拚。《水滸傳》六二回：「李逵在內大叫道：『我捨著一條性命，直往北京請得你來，卻不吃我弟兄每筵席！我和你眉尾相結，性命相撲！』」

【眉舞色飛】
見「眉飛色舞」。

【眉笑顏開】
形容喜悅的樣子。《紅樓夢》一〇回：「一聽之下，她真是喜得眉笑顏開。」

【眉眼傳情】
以眉目傳遞感情（多指愛情）。元·王實甫《西廂記》三本一折：「只你那眉眼傳情未了時。」也作「**眉目傳情**」。《紅樓夢》六四回：「因而乘機百般撩撥，眉目傳情。」

【眉眼高低】
見「眉高眼低」。

【眉眼如畫】
見「眉目如畫」。

【眉揚氣吐】
形容擺脫窘境或抑鬱心情後的舒暢神態。清·天花藏天人《玉支磯》一四：「我長孫肖一貧士，寸眉未伸，一氣未吐，即蒙管岳父概系紅絲，管小姐不嫌寒素，真垂青之至者也。」也作「**揚眉吐氣**」。

【玫瑰花好——刺多】
比喻看著可愛，難以接近；或可望而不可及。例這個人技術高超，性情暴躁，就像人們常說的玫瑰花好——刺多，你敢聘用嗎？

【枚速馬工】
見「馬工枚速」。

【梅花優於香，桃花優於色】
梅花的優點在味香，桃花的優點是色美。比喻人各有所長，亦各有所短，不可求全責備。宋·陸佃《埤雅·釋木》：「[梅]花在果子花中尤香。俗云：『梅花優於香，桃花優於色。』故天下之美，有不得而兼者多矣。」

【梅蘭芳唱霸王別姬——拿手好戲】

梅蘭芳：著名的京劇表演藝術家，《霸王別姬》是其最著名的拿手戲之一。見「猴子爬樹——拿手好戲」。

【梅香拜把子——都是奴才】

梅香：舊戲曲、小說中婢女常用的名字，泛指婢女；拜把子：舊時指朋友結爲異姓兄弟或姊妹，也叫拜盟。比喻彼此都是地位低下的人，誰也不用看不起誰。例梅香拜把子——都是奴才，你用不著罵我，咱們都是一條船上的受苦人。

【梅香手上的孩子——人家的】

見「老媽兒抱孩子——人家的」。

【梅香照鏡子——一副奴才相】

形容諂媚的人的樣子。例那個狗漢奸在敵人面前，好比梅香照鏡子——一副奴才相，一點中國人的骨氣都沒有。

【媒婆的嘴——能說會道】

比喻嘴巴厲害，講得頭頭是道。例這位公關小姐，有一張媒婆的嘴——能說會道，有人說她能把別人口袋裏的錢，吹到自己公司的金庫裏去。也作「**俯倒是鼓，仰轉是鑼——能說會道**」、「**三片子嘴——能說會道**」。

【媒婆口，沒量斗】

量：計量尺度。形容媒婆信口胡說，他人不可輕信。《石點頭》卷一二：「不可造次，常言：『媒婆口，沒量斗。』他只要說合親事，隨口胡言，何足爲據。」也作「**媒婆口，無梁斗**」、「**媒人之口無量斗**」。

【媒婆誇姑娘——說得像仙女】

比喻言過其實，光說好聽的。例他向上級彙報自己主管的工作，就像媒婆誇姑娘——說得像仙女，成績總是大大的，缺點總是小小的。

【媒婆說親——天花亂墜】

見「麻子跳傘——天花亂墜」。

【媒人不挑擔，保人不還錢】

指媒人、保人起的是牽線、擔保作用，不承擔直接責任。《三寶太監西洋記》一二回：「只見文武官中間，也有說道：『那個敢保和尚？』也有說道：『媒人不挑擔，保人不還錢。保了僧人，終不然就要兌命。』」

【媒妁之言】

指經過媒人結爲婚姻。《孟子·滕文公下》：「父母之命，媒妁之言。」

【煤灰搽臉——給自己抹黑】

雙關語。比喻自我醜化。例你去結交那些江湖騙子，是煤灰搽臉——給自己抹黑，應趕快與他們斷絕一切關係。

【煤灰刷牆壁——一抹黑】

雙關語。比喻什麼情況都不了解。例上面派我到歐洲分公司工作，但我對這裏的情況就像煤灰刷牆壁——一抹黑，一切都得從頭學起。

【煤爐上蒸糕——悶(燜)起來了】

悶：「燜」的諧音。比喻因心情不快而沉默不語。例小英這個活潑愉快的姑娘，今天像煤爐上蒸糕——悶（燜）起來了，有什麼心事？

【煤鋪的掌櫃——賺黑錢】

掌櫃：舊時稱商店老闆或負責管理商店的人。見「半夜出門做生意——賺黑錢」。

【煤球搬家——倒霉（煤）】

霉：「煤」的諧音。雙關語。比喻遇事不利或遭遇不好。例他出門被車撞倒，回家又被開水燙傷，眞是煤球搬家——倒霉（煤）透了。也作「**駱駝打前失——倒霉（煤）**」、「**拄拐棍上煤堆——倒霉（搗煤）**」、「**木棒插進炭簍子——倒霉（搗煤）**」。

【煤球放在石灰裏——黑白分明】

見「白紙寫黑字——黑白分明」。

【煤炭下水——永輩子洗不清】

永輩子：永遠。比喻永遠洗刷不清或辨白不清。例他坐過敵人的監獄，但不是叛徒。可是現在把事情弄得十分複雜，似乎是煤炭下水——永輩子洗不清了。

【煤窰裏放瓦斯——害人不淺】

瓦斯：易引起爆炸的可燃氣體。見「井裏投砒霜——害人不淺」。

【煤油爐生火——心眼兒不少】

比喻人機敏，鬼主意多。例這個人是煤油爐生火——心眼兒不少，他來參加我們的工作，熱鬧還在後頭哩！

【霉爛的冬瓜——一肚子壞水】

見「發了霉的葡萄——一肚子壞水」。

ㄇㄟˇ

【每變愈下】

見「每下愈況」。

【每飯不忘】

《史記·馮唐傳》：「文帝曰：『吾居代時，吾尚食監高袪數爲我言趙將李齊之賢，戰於鉅鹿下。今吾每飯食，意未嘗不在鉅鹿也。』」後指時刻牢記。清·仇非鰲《杜詩詳注·自序》：「讀其詩者，一一以此求之，則知悲歡愉戚，縱筆所至，無在非至情激發，可興可觀，可羣可怨。豈必輾轉附會，而後謂之每飯不忘君哉。」

【每逢佳節倍思親】

佳節：指重陽節。每逢歡樂愉快的節日，就加倍地思念親人。唐·王維《九月九日憶山東兄弟》詩：「獨在異鄉爲異客，每逢佳節倍思親。」

【每家都有一本難念的經】

指每家都有不好辦的事情。例俗話說：「每家都有一本難念的經。」你家有你家的難處，我家也有我家的難處，大家應該相互體諒才是啊！

【每況愈下】

見「每下愈況」。

【每日逐朝】

見「每朝逐日」。

【每事問】

《論語・八佾》：「子入太廟，每事問。」謂每件事都要問清、弄懂，也指要多做調查研究。

【每下愈篤】
見「每下愈況」。

【每下愈況】
《莊子・知北遊》：「東郭子問於莊子曰：『所謂道，惡乎在？』莊子曰：『無所不在。』東郭子曰：『期而後可。』莊子曰：『在螻蟻。』曰：『何其下邪？』曰：『在稊稗。』曰：『何其愈下邪？』曰：在『在瓦甓。』曰：『何其愈甚邪？』曰：『在屎溺。』東郭子不應。莊子曰：『夫子之問也，固不及質。正獲之問於監市履狶也，每下愈況。』」後以「每下愈況」形容事情越來越嚴重。梁啟超《飲冰室全集，新民說》：「進也以寸，而退也以尺；進也以一，而退也以十，所以歷千百年而每下愈況也。」也作「每下愈篤」。篤：深。南朝宋・顏延之《又釋何衡陽達性論》：「好生惡死，每下愈篤。」後作「每況愈下」，表示事情越來越壞。清・洪亮吉《北江詩話》卷三：「南宋儒者似又竊釋氏緒余，此即莊子所謂每況愈下。」也作「每變愈下」。清・黃宗羲《李杲堂文鈔序》：「自余爲此言已歷一世矣，風氣每變而愈下，舉世眯目於塵羹土飯之中。」

【每行拮据】
拮据：缺錢。指經濟緊張。《紅樓夢》一〇八回：「但近來因被抄以後，諸事運用不來，也是每行拮据。」

【每日逐朝】
見「每朝逐日」。

【每朝逐日】
每天每日。元・楊文奎《兒女團圓》楔子：「見你每朝逐日伴著伙狂朋怪友，飲酒作樂。」也作「每日逐朝」。元，無名氏《寄生草》曲：「困騰騰每日逐朝害，悶懨懨使我愁無奈。」也作「每朝每日」。《水滸傳》二九回：「那許多去處每朝每日都有閒錢，月終也有三二百兩銀子尋覓。」

【美不勝錄】
見「美不勝書」。

【美不勝收】
收：接受。指美好的事物太多，一時欣賞不過來。清・袁枚《隨園詩話》卷三：「其昆季延余小飲，捧侍郎全集，高尺許，乞作序。盡半日之暇，爲之翻擷，見其鴻富，美不勝收。」

【美不勝書】
書：記戴。指美好的事物太多，不能記全。宋・鄭興裔《請起居重華宮疏》：「自古聖帝賢王，史策所載，美不勝書。」也作「美不勝錄」。清・珠泉居士《續板橋雜記・下・軼事》：「秦淮雜詩，自漁洋山人後，作者如林，美不勝錄。」

【美疢不如惡石】
疢：ㄔㄣˋ，疾病；石：藥物。指藥物總比即使是無痛苦的疾病要好。比喻忠言逆耳卻利於行。《左傳・襄公二十三年》：「臧孫曰：『季孫之愛我，疾疢也；孟孫之惡我，藥石也。『美疢不如惡石』。夫石猶生我；疢之美，其毒滋多。』」

【美成在久，惡成不及改】
美的形成需要很長時間，惡卻形成很快，而且來不及改。例年輕人，我不是總挑你的毛病，我是爲你好。俗話說：「美成在久，惡成不及改。」好習慣養成不容易，學壞可是很容易，而且很難改過來呀！

【美服人指，美珠人估】
估：估價。指無論是人是物，越是出衆，挑剔的人也越多。例自從她在服裝設計比賽中得了第一之後，她的日子就開始不好過起來，俗話說：「美服人指，美珠人估。」她有些後悔自己參加那次比賽了。

【美奐美輪】
見「美輪美奐」。

【美景不長，良辰難再】
好景不會長存，好時光一去不返。《兒女英雄傳》三〇回：「要知『天道忌全，人情忌滿』，『美景不長，良辰難再』，『人無千日好，花無百日紅』。保不住『杯中酒不空』，又怎保得住『座上客常滿』？」

【美景良辰】
美好的景物和時光。宋・辛棄疾《滿江紅》詞：「美景良辰，算只是可人風月。」也作「良辰美景」。

【美酒佳餚】
指精美的酒食。《九命奇冤》七回：「置辦肥肉大魚，美酒佳餚，敍飲慶功。」

【美輪美奐】
輪：高大；奐：衆多。《禮記・檀弓下》：「晉獻文子成室，晉大夫發焉。張老曰：『美哉輪焉，美哉煥焉。』」後以「美輪美奐」形容房屋衆多而美麗壯觀。也作「美奐美輪」。

【美男破老】
美男：男寵；破：詆毀；老：指老成之人。《逸周書・武稱》：「美男破老，美女破舌。」指以美男詆毀老成人。《戰國策・秦策一》：「[晉獻公]又欲伐虞，而憚宮之奇存。荀息曰：『《周書》有言，美男破老。』乃遺之美男，敎之惡宮之奇。宮之奇以諫而不聽，遂亡。」

【美女破舌】
美女：指姬妾；舌：指諫臣。指有美女在君側，可使君主不聽諫臣之言。《戰國策・秦策一》：「晉獻公欲伐郭，而憚舟之僑存。荀息曰：『《周書》有言，美女破舌。』乃遺之女樂，以亂其政。舟之僑諫而不聽，遂去。」

【美女簪花】
簪：插在頭髮上。形容書法或詩文秀麗多姿。清・王昶《楊震碑跋》：「昔人謂褚登善書如美女簪花，或謂其出於漢隸。」

【美髯公哈氣——自我吹噓(鬚)】
美髯(ㄖㄢˊ)公：關羽的鬍鬚又多又長，人稱「美髯公」；噓：「鬚」的諧音。雙關語。比喻炫耀自己。例企劃部經理在業務會報上的說詞，引起同事的不滿，大家不以為然的說：「簡直是美髯公哈氣——自我吹噓（鬚）。」也作「鯰魚打噴嚏——自我吹噓（鬚）」。

【美人遲暮】
遲暮：晚暮，指年老。屈原《離騷》：「惟草木之零落兮，恐美人之遲暮。」原指擔心楚王不能及時建立功業，以至老大無成。後比喻青春逝去不再來。清・丘逢甲《秋懷八首》詩之三：「消盡美人遲暮感，素書一卷獨編年。」

【美人燈兒】
原指畫有美女圖的燈籠。比喻嬌弱漂亮的女子。例那姑娘活是一個美人燈兒，就怕不能操持家務。

【美人計】
指利用美色籠絡腐蝕人以達某種目的的計謀。例你仔細想想，那個摩登女郎為什麼會對你這個無權無勢的人這麼熱情？小心中了美人計。

【美人香草】
漢・王逸《離騷序》：「《離騷》之文，依《詩》取興，引類譬諭。故善鳥香草，以配忠貞……靈修美人，以媲於君。」屈原作《離騷》，以美人喻君王，以香草喻賢臣。後多指忠君愛國的思想或忠賢之士。清・陳康祺《郎潛紀聞》二筆：「善詩歌樂府塡詞，所作大率託之美人香草，以寫其騷激之意。」也作「香草美人」。

【美如冠玉】
冠玉：古人帽上的飾玉。《史記・陳丞相世家》：「絳侯、灌嬰等咸讒陳平曰：『平雖美丈夫，如冠玉耳，其中未必有也。』」指男子美如帽上的飾玉。原指徒有其表，華而不實。後形容男子之美貌。《聊齋志異・索秋》：「時見對戶一少年，美如冠玉。」也作「面如冠玉」。《三國演義》三八回：「孔明身長八尺，面如冠玉。」

【美如珠玉】
形容女子之美貌。《平山冷燕》二：「但這個女兒山黛，卻與父親大不相同，生得美如珠玉，秀若芝蘭。」

【美食不如美器】
美味佳餚不如華貴美觀的器物好。例俗話說：「美食不如美器。」可是像我們這樣的小戶人家，能吃飯就得了，哪裏還管什麼「美食」和「美器」。

【美食方丈】
方丈：一丈見方的面積。吃飯時，在一丈見方的地方擺滿了珍美食物。形容生活極為奢華。《墨子・辭過》：「美食方丈，目不能遍視。」也作「食前方丈」。

【美食甘寢】
甘寢：睡得安穩。形容生活安逸。唐・陳翰《廬江馮媼》：「媼不之異，又久困寒餓，得美食甘寢，不復言。」

【美事多磨】
指一件稱心的事情在成功前要經歷許多磨難。宋・劉斧《王幼玉記》：「自古美事多磨隔，無時兩意空懸懸。」也作「好事多磨」。

【美言不信】
《老子》八一章：「信言不美，美言不信。」指言辭華麗者，內容往往不眞實。清・劉熙載《藝概・賦概》：「若美言不信，玩物喪志，其賦亦不可已乎！」

【美衣玉食】
玉食：珍美的食品。形容豪華的生活。《東周列國志》六五回：「所謂君者，受尊號，享榮名，美衣玉食，崇階華宮。」

【美意延年】
美意：樂觀。指心情舒暢可以長壽。《荀子・致仕》：「得衆動天，美意延年。」也作「如意延年」。

【美雨歐風】
指來自歐洲、北美國家的影響。清・秋瑾《精衛石》五回：「美雨歐風，頓起沉奇宿疾。」也作「歐風美雨」。

【美語甜言】
指向人討好的動聽言辭。明・馮惟敏《海浮山堂詞稿》卷二上：「不平言懶待聽，耳不聽心不憂……一個家美語甜言話不投。」也作「甜言蜜語」。

【美玉投蛙】
投：投擲。用珍貴的玉石投擲青蛙，比喻得不償失。唐・羅隱《兩同書・厚薄》：「夫美玉投蛙，明珠彈雀，捨所貴而求所賤，人即以為惑矣。」

【美玉無瑕】
瑕：玉上的斑點。比喻完美的事物。《紅樓夢》五回：「一個是閬苑仙葩，一個是美玉無瑕。」

【美玉之玷】
玷：ㄉㄧㄢˋ，玉上的斑點。指美中不足。清・梁廷枏《曲話》卷三：「《雙珠記》通部細針密線……惟每人開口……中有未盡合口吻者，乃為美玉之玷。」也作「白璧微瑕」、「白圭之玷」。

【美曰美，不一毫虛美】
美好的就說美好的，一毫不虛稱美好。明・海瑞《治安疏》：「臣受國厚恩矣，請執有犯無隱之義。美曰美，不一毫虛美；過曰過，不一毫諱過。不為悅諛，不暇過計，謹披瀝肝膽為陛下言之。」

【美中不足】
指雖然美好，但略有欠缺。《紅樓夢》五回：「嘆人間，美中不足今方信，縱然是齊眉舉案，到底意難平。」

ㄇㄟˋ

【昧旦晨興】
昧旦：黎明；興：起。指因勤於政務

或心存憂思，天不亮就醒來。《晉書・簡文帝紀》：「何嘗不昧旦晨興，夜分忘寢。」

【昧旦丕顯】

昧旦：黎明；丕顯：指發揚光大。指天還未大亮就開始考慮政務。形容爲政勤苦。《左傳・昭公三年》：「昧旦丕顯，後世猶怠。」

【昧地謾天】

見「謾天昧地」。

【昧地瞞天】

見「謾天昧地」。

【昧己瞞心】

見「瞞心昧己」。

【昧利忘義】

昧：昧心。指因貪圖私利而忘了道義。《太平廣記》卷三二五引《搜神記》：「如何昧利忘義，結婚微族？」也作「見利忘義」。

【昧死以聞】

昧死：冒死；聞：使聽到。古時臣子向君王進言時的常用語，表示誠惶誠恐。《史記・趙世家》：「老臣賤息舒祺最少，不肖，而臣衰，竊憐愛之，願得補黑衣之缺以衛王宮，昧死以聞。」

【昧心蒙面】

見「蒙面昧心」。

【昧著惺惺使糊塗】

昧：隱藏；惺惺：清醒，明白。指心裏清醒，表面故作糊塗。《西遊記》二七回：「今日『昧著惺惺使糊塗』，只我回去，這才是『鳥盡弓藏，兔死狗烹！』」

【媚外求榮】

媚：奉承、巴結。指爲貪求榮耀而奉承巴結外國。《痛史》一九回：「這是媚外求榮的結局，表過不提。」

ㄇㄠ

【貓挨著鍋邊——別有用心】

比喻言論或行動中另有不可告人的企圖。也作「潘金蓮給武松敬酒——別有用心」。

【貓扒琵琶——亂彈琴】

比喻胡鬧或胡扯。例「爲什麼觀衆不喜歡這台節目？」「很明顯，沒有半點藝術性，簡直是貓扒琵琶——亂彈琴。」也作「六指兒撥琵琶——亂彈琴」、「小雞踩鍵盤——亂彈琴」、「野貓子跳到鋼琴上——亂彈琴」。

【貓不吃老鼠——假慈悲】

見「貓哭老鼠——假慈悲」。

【貓不吃魚——假斯文】

比喻故意做作，假裝文雅。例你這小伙子，怎麼吃得如此少，別貓不吃魚——假斯文。也作「貓不吃死耗子——假斯文」、「豬八戒看唱本——假斯文」。

【貓不急不上樹，兔不急不咬人】

比喻人被逼急了會鋌而走險。例你不要逼他太緊，俗話說：「貓不急不上樹，兔不急不咬人。」萬一他豁出去了，什麼都做得出來，反而對我們不利。也作「貓急上樹，狗急跳牆」。

【貓吃刺蝟——沒法下口】

見「狗咬刺蝟——無法下口」。

【貓吃螃蟹——惡相】

比喻樣子可惡，討人嫌。例凡涉及到個人利益時，他總是顯出一副貓吃螃蟹——惡相，從不服從集體的利益。也作「貓吃螃蟹——惡模樣」、「豬八戒下凡——惡相」。

【貓逮老鼠鼠打洞——各有各的本領】

比喻各自都有自己的長處和辦法，含有戲謔的意思。例想不到你玩橋牌還有兩下子，眞是貓逮老鼠鼠打洞——各有各的本領。也作「貓逮老鼠鼠打洞——各靠各的本事」。

【貓兒蓋屎——胡應付】

貓屙屎後，一般都要用爪扒土灰稍加遮蓋。比喻敷衍了事。例工作一定要認眞，對人民負責，貓兒蓋屎——胡應付，是一種犯罪行爲。

【貓狗打架——世代冤家】

比喻世世代代都是仇人。例這兩個大家族，鬥了幾代，可以說是貓狗打架——世代冤家。

【貓狗也不得空閒】

比喻大家都十分忙碌，沒有空閒。例自從新經理上任後，大家便開始緊張地工作起來，每日從早到晚，實在是忙得「貓狗也不得空閒」，與從前大不相同。

【貓兒見了魚鮮飯】

比喻看見了自己所愛的人或物。《金瓶梅詞話》五七回：「猛然抬起頭來，見了〔陳〕經濟，就是個『貓兒見了魚鮮飯』，一心要啖他下去了，不覺的把一天愁悶，多改做春風和氣。」

【貓見魚——求婚（葷）】

貓喜歡吃魚，魚屬葷腥。婚：「葷」的諧音。雙關語。比喻男女的一方請求對方跟自己結婚。例聽說你與那位姑娘交往好幾年了，貓見魚——求婚（葷）了嗎？

【貓教老虎——留一手】

民間故事：老虎向貓學本領，老虎學會後要吃貓，貓上了樹，老虎奈何不得，因爲貓教老虎時留了一手，沒有教上樹的本領。比喻有所保留。例我們希望青出於藍，而勝於藍，徒弟強過師傅，絕不會貓教老虎——留一手。也作「貓教徒弟——留一手」、「王佐斷臂——留一手」、「打拳師傅教徒弟——留一手」。

【貓口裏挖鰍】

鰍：泥鰍。比喻事情不容易辦到。例老王這個人吝嗇極了，從他那裏想得到點兒東西簡直是從「貓口裏挖鰍」，很難做到。

【貓哭老鼠——假慈悲】

比喻內心殘忍的人，僞裝仁慈善良。例聽說那個殺人不眨眼的劊子手，又貓哭老鼠——假慈悲起來了，要在鎮上發放什麼「救濟糧」，遭到了窮哥兒們的嚴正拒絕。也作「貓哭耗子——假慈悲」、「貓兒不吃死老鼠——假慈悲」、「雨淋菩薩兩行淚——假慈悲」。

【貓哭老鼠——假傷心】

比喻假裝悲痛。例你看這個不孝的孽子，父母死了竟然抹點唾沫當眼淚，眞是貓哭老鼠——假傷心。也作「請人哭爹媽——假傷心」。

【貓撩狗子——不是對手】

撩：ㄌㄧㄠˊ，挑逗。比喻不自量力。例看他骨瘦如柴的樣子，竟向那膀大腰粗的小伙子挑戰，比武，大家都認爲是貓撩狗子——不是對手。

【貓披虎皮——抖威風】

形容依仗權勢，盛氣凌人。例那新進人員仗著是總經理的親戚，就貓披虎皮——抖威風，連自己部門的主管都不看在眼裏。也作「扯著老虎尾巴——抖威風」。

【貓披虎皮——好了不起】

比喻自以爲神氣，實際上沒有什麼了不起。例啊！你別以爲拍了一支洗髮精廣告，成了明星，就自以爲貓披虎皮——好了不起！其實也不過是個小角色而已。也作「掃把成精，螞蟻咬人——好了不起」。

【貓兒食，耗子眼——吃不多，看不遠】

比喻目光短淺，缺乏遠見。例青年人應當心懷祖國，放眼世界，絕不做那種貓兒食，耗子眼——吃不多，看不遠的庸人。也作「麻雀肚子雞子眼——吃不多，看不遠」。

【貓鼠不可同穴】

比喻你死我活，不能共處。《資治通鑑・魏明帝景初三年》：「爽以懿年位素高，常父事之，每事諮訪，不敢專行。」元・胡三省注：「或問使爽能守此而不變，可以免魏室之禍乎？曰：『貓鼠不可同穴。』使爽能率此而行之，亦終爲懿所啖食耳。」

【貓鼠同處】

《新唐書・五行志》：「龍朔元年十一月，洛州貓鼠同處。鼠隱伏，象盜竊；貓職捕嚙，而反與鼠同，象司盜者廢職容奸。」後以「貓鼠同處」比喻上級失職，包庇縱容下級做壞事。」例如果執法者玩忽職守，對犯罪行爲視而不見，那簡直就是貓鼠同處。也比喻不同身分、等級的人串通一氣。也作「貓鼠同眠」。明・李開先《林沖寶劍記》六齣：「都是讒言佞言，一個個貓鼠同眠。」《醨世姻緣傳》三三回：「你要結識官府，先要與那衙役貓鼠同眠。」也作「眠同貓鼠」。清・蒲松齡《擬判詐欺官私取材》：「威假虎狐，肆其上下之手；眠同貓鼠，釀爲表裏之奸。」

【貓鼠同眠】

見「貓鼠同處」。

【貓鼠同乳】

比喻同流合污。《舊唐書・五行志》：「隴右源縣軍士越貴家，貓鼠同乳，不相害……中書舍人崔佑甫曰……今此貓對鼠，何異法吏不勤觸邪，疆吏不勤捍敵？」

【貓舔虎鼻——自己找死】

也作「貓舔虎鼻梁——找死」。見「耗子舔貓鼻子——找死」。

【貓兒偷骨頭——替狗幫忙】

比喻白白地爲他人辛苦忙碌。例什麼爲人作嫁，按我們的粗活說，就是貓兒偷骨頭——替狗幫忙。

【貓兒偷食狗挨打——無辜受累】

累：ㄌㄟˋ，牽連。比喻沒有罪過而枉受牽連。例本來是小李順手牽羊拿走了皮夾子，大伙兒卻冤枉小王偷了，眞是貓兒偷食狗挨打——無辜受累。也作「沒頭髮卻要辮子稅——無辜受累」。

【貓頭鷹報喜——醜名(鳴)在外】

貓頭鷹常在深夜發出淒厲的叫聲，迷信的人認爲是一種不吉祥的鳥；名：「鳴」的諧音。比喻名聲不好，衆人皆知。例你可是貓頭鷹報喜——醜名（鳴）在外了，還是少拋頭露面，多多做事吧。

【貓尾巴，狗尾巴——越摸越翹】

比喻貓、狗在得意時，尾巴常常翹得很高。比喻越誇獎越驕傲。例他像貓尾巴，狗尾巴——越摸越翹，必須經常敲打著點，千萬不能隨意表揚。

【貓窩裏出了老虎——充啥厲害】

貓窩裏出了老虎，那是冒充的。反問語氣，意思是並不眞厲害。例你罵誰？貓窩裏出了老虎——充啥厲害，我才不怕你哩！

【貓兒眼——時時變】

貓的瞳孔能隨著光線的強弱而變大或變小。比喻情況或主意經常改變。例老陳的主意就像貓兒眼——時時變，叫人無所適從。

【貓枕大魚頭——不吃還掏兩爪子】

比喻手腳不乾淨的人總是惡習難改。例此人極端自私自利，愛占小便宜，凡他經手的財物，就像貓枕大魚頭——不吃還掏兩爪子。

【貓抓糍粑——脫不了爪爪】

糍粑：ㄘˊ ㄅㄚ，把糯米蒸熟搗碎後做成的食品，粘性大；爪爪：爪子。也作「貓兒抓年糕——脫不了爪爪」。見「老鷹抓蓑衣——脫不了爪」。

【貓爪伸到魚池裏——撈一把】

比喻用不正當的手段撈取好處或利益。例宋進財像個綠頭蒼蠅，有縫就鑽，這次又來了個貓爪伸到魚池裏——撈一把，把集體的財產據爲己有，引起了羣衆的憤怒。也作「水溝裏抓蝦——撈一把」。

【貓捉老鼠狗看門——本分事】

比喻應盡的職責。例這有什麼價錢好講，貓捉老鼠狗看門——本分事，你是推脫不了的。

【貓捉老鼠狗看門——各盡其責】

也作「貓捉老鼠狗看門——各盡其職」。見「公雞打鳴，母雞下蛋——各盡其責」。

【貓子屙屎——自己蓋】
比喻自己捅的樓子自己去收場。例看，你引起了這樣大的一場誤會，貓子屙屎——自己蓋，還是你去解釋吧！

【貓鑽耗子洞——難進】
見「大腳穿小鞋——難進」。

【貓嘴裏掏泥鰍——奪人所好】
比喻做事霸道，強取他人的心愛之物。例君子不奪人所好，你可相反，貓嘴裏掏泥鰍——奪人所好，實在是非君子行為。

【貓嘴裏挖泥鰍——挖不出】
比喻得到以後，不肯再拿出來。例你怎麼讓他把集體的東西拿走，你想再要回來，那可是貓嘴裏挖泥鰍——挖不出。也作「**貓嘴裏掏泥鰍——挖不出**」。

ㄇㄠˊ

【毛筆掉了頭——光棍一條】
雙關語。比喻孤身一人或單身漢。例這老人一生坎坷，至今仍是毛筆掉了頭——光棍一條，靠社會救濟生活。也作「**南天門的旗桿——光棍一條**」、「**冬天的泡桐樹——光棍一條**」、「**校場上的旗桿——光棍一條**」、「**楊樹剝皮——光棍一條**」、「**一根南天門的玉柱——光桿桿**」。

【毛玻璃眼鏡——看不清】
毛玻璃：磨砂玻璃，表面粗糙，半透明。比喻是非混淆，眞相不明。有時指不能正確觀察、了解事物的本來面目。例毛玻璃眼鏡——看不清，是你不能堅持正確的立場、堅持眞理的主要原因。也作「**毛玻璃眼鏡——模糊不清**」、「**霧中鮮花——看不清**」、「**煙霧裏賞花——模糊不清**」。

【毛玻璃做燈罩——半明半不明】
比喻情況不明朗。例事情還在發展中，目前是毛玻璃做燈罩——半明半不明，待觀察一段時間再說吧。

【毛蟲鑽灶自該煨】
煨：ㄨㄟ，在帶火的灰裏慢慢燒。比喻自投羅網，自取滅亡。例看著敵人慢慢地走進了地雷區，戰士小李高興地想道：「『毛蟲鑽灶自該煨。』這可是你們自尋死路，可別怪我不客氣。」

【毛撣子沾水——時髦（溼毛）】
見「雞毛撣沾水——時髦(溼毛)」。

【毛地自容】
毛地：無地。沒有存身之地。形容極為羞愧。唐·無名氏《唐太宗入冥記》：「皇帝聞此語，毛地自容。」

【毛豆燒豆腐——碰上自家人】
毛豆：大豆的嫩莢，外皮多毛，種子青色，可做蔬菜。比喻彼此不是外人。例有緣千里來相會，無緣對面不相識。在這天涯海角，毛豆燒豆腐——碰上自家人，確是千載難逢的事啊！也作「**竹子扁擔挑竹筐——碰上自家人**」。

【毛髮倒豎】
形容極為憤怒或恐懼。《水滸傳》四二回：「宋江到大殿上，不覺肌膚戰慄，毛髮倒豎。」《三國演義》二〇回：「騰讀畢，毛髮倒豎，咬齒嚼唇，滿口流血。」也作「**毛髮為豎**」。明·張岱《海志》：「余肅然而恐，毛髮為豎。」也作「**毛髮盡豎**」。唐·韓愈《送窮文》：「毛髮盡豎，竦肩縮頸，疑有而無。」也作「**毛髮皆豎**」。《三俠五義》六回：「楊忠覺的毛髮皆豎，連忙起身，手掣寶劍。」也作「**毛髮森豎**」。宋·王讜《唐語林》：「每顧我，使我毛髮森豎。」也作「**毛髮直立**」。《水滸傳》一九回：「若說高俅這賊陷害一節，但提起，毛髮直立。」

【毛髮皆豎】
見「毛髮倒豎」。

【毛髮盡豎】
見「毛髮倒豎」。

【毛髮森豎】
見「毛髮倒豎」。

【毛髮絲粟】
指極小的事物。宋·蘇洵《上歐陽內翰書》：「毛髮絲粟之才，紛紛然而起。」

【毛髮悚立】
見「毛髮悚然」。

【毛髮悚然】
悚然：驚懼的樣子。形容十分恐懼。《紅樓夢》一〇一回：「雖然毛髮悚然，心中卻也明白。」也作「**毛髮悚立**」。清·紀昀《閱微草堂筆記·灤陽消夏錄三》：「迄今思之，尚毛髮悚立也。」也作「**毛髮聳然**」。《三國演義》八九回：「朵思見之，毛髮聳然。」

【毛髮聳然】
見「毛髮悚然」。

【毛髮為豎】
見「毛髮倒豎」。

【毛髮之功】
極言功勞之小。三國魏·曹植《求自試表》：「竊不自量，志在授命，庶立毛髮之功，以報所受之恩。」

【毛髮直立】
見「毛髮倒豎」。

【毛風血雨】
指被捕殺的禽獸，毛、血如風、雨一般。宋·岳珂《病虎行》詩：「目視眈眈蹲樸樕，毛風血雨天地肅。」也作「**風毛雨血**」。

【毛骨俱竦】
見「毛骨悚然」。

【毛骨森豎】
見「毛骨悚然」。

【毛骨森竦】
見「毛骨悚然」。

【毛骨聳然】
見「毛骨悚然」。

【毛骨悚然】
悚然：驚懼的樣子。形容極為恐懼。《三國演義》二二回：「操見之，毛骨悚然，出了一身冷汗。」也作「**毛骨**

聳然」。《二刻拍案驚奇》卷二三：「行修聽罷，毛骨聳然，驚出一身冷汗。」也作「**毛骨竦然**」。竦：同「悚」。《說岳全傳》六五回：「衆軍士毛骨竦然。」也作「**毛骨俱竦**」。宋・洪邁《夷堅志・大渾王》：「因出謁，過婁氏之門，毛骨凜然俱竦，即得疾。」也作「**毛骨森豎**」。元・麻革《游龍山記》：「下瞰無底之壑……試一臨之，毛骨森豎。」也作「**毛骨森竦**」。《老殘遊記》九回：「想起方才路上光景，不覺毛骨森竦。」也作「**毛森骨立**」。元・無名氏《桃花女》二折：「覺一陣風過，吹得我毛森骨立。」

【毛骨竦然】

見「毛骨悚然」。

【毛猴子撈月亮——白忙一場】

毛猴子：猴子。比喻白費力氣，沒有用處。例眞倒霉，做了一天，毛猴子撈月亮——白忙一場，全部產品報廢。

【毛猴子捅馬蜂窩——找的挨螫】

比喻自討苦吃或自找倒霉。例你無緣無故地去招惹那個母老虎，不是「毛猴子捅馬蜂窩——找的挨螫」嗎？活該。

【毛腳雞】

比喻做事毛躁、冒冒失失的人。例這個毛腳雞，什麼好事都叫他給辦砸了！

【毛腳雞——上不得台盤】

見「狗肉——上不了案板」。

【毛舉瘢求】

比喻故意挑剔。清・王夫之《讀通鑑論・唐玄宗》：「欲謝其過，抑豈毛舉瘢求，察人於隱曲。」也作「**吹毛求疵**」、「**吹毛求瘢**」。

【毛舉縷析】

謂分析、列舉詳盡細緻。宋・張孝祥《乞改正遷謫士大夫罪名札子》：「士大夫稍自振厲，不肯阿附，或小有違忤，則羅致之獄；毛舉縷析，旁逮知舊。」

【毛舉庶務】

庶務：國家的各種事務。指詳細地列舉各種政務。清・王夫之《讀通鑑論・晋惠帝》：「其以世事爲心者，則毛舉庶務以博忠貞幹理之譽，張華、傅咸、劉毅之類是已。」

【毛舉細故】

指煩瑣地列舉細小的事情。宋・朱熹《庚子應昭封事》：「臣嘗病獻言者不惟天下國家之大體，而毛舉細故以爲忠。」也作「**毛舉細務**」。《宋史・陳桷傳》：「時言事者率毛舉細務，略大利害。」也作「**毛舉細事**」。宋・陳亮《論勵臣之道》：「而羣臣邈焉不知所急，毛舉細事，以亂大謀。」

【毛舉細事】

見「毛舉細故」。

【毛舉細務】

見「毛舉細故」。

【毛了手腳】

指心中慌亂，手足無措。《老殘遊記》一回：「若遇風平浪靜的時候，他駕駛的情狀亦有操縱自如之妙，不意今日遇見這大風浪，所以都『毛了手腳』。」

【毛裏拖氈】

形容動作緩慢。元・關漢卿《金線池》四折：「好教我足未移，心先戰，一步步似毛裏拖氈。」

【毛驢背上銀鞍韂——不配】

鞍韂（ㄔㄢˋ）：馬鞍子和墊在馬鞍子下面的東西。比喻不相當，不夠格。有時指男女雙方條件懸殊，婚配不相稱。例她覺得用這麼上好的檜木盒子裝假的鑽飾，簡直是毛驢背上銀鞍韂——不配。也作「**毛驢備上銀鞍韂——配不上**」、「**毛驢備上銀鞍韂——有點不配**」、「**鮮花插在牛屎上——不配**」。

【毛驢啃石磨——嘴硬】

也作「**毛驢啃石磨——好硬的嘴**」。見「狗咬秤砣——嘴硬」。

【毛驢拉磨——兜圈子】

雙關語。比喻說話辦事轉彎抹角，不直截了當。例他的性格特點是，談什麼問題都愛毛驢拉磨——兜圈子，不能開門見山。也作「**毛驢子拉磨——繞圈子**」、「**毛驢拉磨——原地打轉**」、「**城頭上跑馬——兜圈子**」。

【毛驢拉磨——跑不出這圈兒】

比喻很有把握。例罪犯逃跑了？搜，毛驢拉磨——跑不出這圈兒，一定能抓到。

【毛驢下騾子——變種】

騾子：哺乳動物，是驢和馬交配所生的雜種，比驢大，毛多爲黑褐色，壽命長，體力大，一般不能生殖。比喻事物蛻變。例他現在已成爲鬼子的走狗，鄉親們罵他是毛驢下騾子——變種。

【毛熱火辣】

形容內心焦躁不安。例李剛害怕洩漏公司機密的事被別人發現，所以聽到有人要檢舉商業間諜時，心中不免毛熱火辣的擔心害怕。

【毛森骨立】

見「毛骨悚然」

【毛施淑姿】

毛：指毛嬙；施：指西施。兩人都是古代美女。形容女子貌美。明・湯顯祖《牡丹亭・道覡》：「母親說你內才兒雖然『守眞志滿』，外像兒『毛施淑姿』。」

【毛手毛腳】

形容辦事不穩重。《三俠五義》七六回：「跟隨小人們當差之人，俱是小人們訓練出來的。但凡有點毛手毛腳的，小人絕不用他。」

【毛司里磚兒，又臭又硬】

毛司：廁所。比喻人不僅很壞，而且十分頑固。《金瓶梅詞話》八五回：「那淫婦耍了我漢子，還在我跟前拿話兒拴縛人。『毛司里磚兒，又臭又硬。』恰似强伏著那個一般。」也作

「茅厕裏的石頭，又臭又硬」、「茅坑裏石頭，又臭又硬」。

【毛遂墮井】

《西京雜記》卷六載：「野人毛遂墮井而死，客以告平原君，平原君曰：『嗟乎！天喪予也。』既而知野人毛遂，非平原君客（毛遂）也。」後以「毛遂墮井」指不確實的消息。

【毛遂自薦】

據《史記・平原君列傳》記載：「戰國時，秦國包圍趙國都邯鄲，平原君求援於楚，門客毛遂自薦隨行。後在說服楚國發兵救趙的過程中，毛遂果然起了關鍵作用。」後比喩自我推薦。《文明小史》一一回：「否則這個差使，兄弟一定毛遂自薦。」

【毛羽不成，不能多飛】

比喩時機不成熟，力量沒壯大時不可過多行動。《東周列國志》九〇回：「孤聞『毛羽不成，不能多飛』。先生所言，孤有志未逮，更俟數年，兵力稍足，然後議之。」

【毛羽零落】

比喩失掉了輔助者。晉・孫楚《爲石仲容與孫皓書》：「外失輔車脣齒之援，內有毛羽零落之漸。」

【毛竹筷子——莫認眞（針）】

毛竹：竹的一種，莖圓柱形，通常高達二、三丈，節間的距離較短，也叫南竹。眞：「針」的諧音。比喩不要信以爲眞。有時比喩不須認眞對待。例我昨天告訴你的只是些馬路消息，也許是謠言，希望你把它們當成毛竹筷子——莫認眞（針）。

【牦牛掉進冰窟窿——有勁也使不上】

牦牛：牛的一種，全身有長毛，黑褐色、棕色或白色，腿短，是我國青藏高原地區主要的畜力。見「大象逮老鼠——有勁使不上」。

【牦牛皮口袋裝牛角——七翹八拱】

牦牛皮口袋裏裝上牛角，牛角把口袋頂得高低不平。比喩彼此鬧意見，離心離德，不能團結一致。例這班級爲什麼會成爲牦牛皮口袋裝牛角——七翹八拱，要找找原因。

【酕醄大醉】

見「酩酊大醉」。

【矛盾（楯）相向】

指觀點或利害關係尖銳對立。宋・錢易《南部新書》乙：「貞元十二年，天子降誕日，詔儒官與緇黃講論。初若矛楯相向，後類江海同歸。」

【茅拔茹連】

比喩互相推薦，啟用一人，則其志同道合者也得到任用。元・蘇天爵《元朝名臣事略》卷七：「奇才異能之士，茅拔茹連，至無虛月。」也作「拔茅連茹」。

【茅草棍打狗——軟弱無力】

見「燈草打人——軟弱無力」。

【茅草裏殺出個李逵——冒里冒失】

李逵：《水滸傳》中人物，梁山英雄，性憨直，忠勇，嫉惡如仇，但很魯莽冒失，常辦錯事。比喩說話做事魯莽，並突然從中插入使人感到意外而可笑。例大家正看得興高采烈的時候，一個人突然走上舞台，手舞足蹈地跟著歌星唱了起來，逗得觀衆哄堂大笑。眞是茅草裏殺出個李逵——冒里冒失。

【茅厠裏桂花開——香香臭臭】

比喩反覆無常，使人討厭。例此人的表現就像茅厠裏桂花開——香香臭臭，一時好，一時壞，難以捉摸。

【茅椽蓬牖】

牖（ㄧㄡˇ）：窗戶。形容生活艱苦。《紅樓夢》一回：「雖今日之茅椽蓬牖，瓦灶繩床，其晨夕風露，階柳庭花，亦未有妨我之襟懷筆墨者。」

【茅茨不翦，採椽不刮】

見「茅茨不翦，採椽不斫」。

【茅茨不翦，採椽不斫】

茅茨（ㄘˊ）：茅屋；翦：修飾；採椽（ㄔㄨㄢˊ）：以柞木製成的椽子；斫（ㄓㄨㄛˊ）：砍。指茅屋不修飾，以柞木爲椽而不加砍削。形容居住條件差，生活極爲儉樸。《韓非子・五蠹》：「堯之王天下也，茅茨不翦，採椽不斫。」也作「茅茨不翦，採椽不刮」。漢・司馬遷《太史公自序》：「堂高三尺，土階三等，茅茨不翦，採椽不刮。」也作「茅屋採椽」。《漢書・藝文志》：「茅屋採椽，是以貴儉。」也作「茅茨不翦」。唐・王勃《益州夫子廟碑》：「茅茨不翦，易層巢於故事。」

【茅茨土階】

茅茨：用茅草蓋的屋頂；土階：用泥土砌台階，形容居住條件十分簡陋。《東周列國志》三回：「昔堯舜在位，茅茨土階，禹居卑宮，不以爲陋。」也作「茅室土階」。《後漢書・班固傳》：「客居杜陵，茅室土階。」也作「土階茅茨」、「土階茅屋」。

【茅封草長】

指某處因長期無人來而爲茅草所遮蔽。形容荒涼。例這座昔日的帝王行宮，如今已是茅封草長，顯得十分荒涼。

【茅坑裏的木棒——文（聞）也文（聞）不得，武（舞）也武（舞）不得】

茅坑：厠所裏的糞坑。見「狗屎做的鋼鞭——文（聞）也不能文(聞)，武(舞)也不能武（舞）」。

【茅坑裏的石頭——又臭又硬】

比喩名聲不好，態度頑固。例這個人是茅坑裏的石頭——又臭又硬，很難對付，有的人像避瘟神一樣避開他。也作「石頭落糞坑——又臭又硬」、「厠所裏的鵝卵石——又臭又硬」、「茅坑裏的磚頭——又臭又硬」、「秤砣掉糞坑——又臭又硬」、「屎坑石——又臭又硬」。

【茅坑裏扔石頭——激起公憤（糞）】

憤：「糞」的諧音。比喻因蠻橫而引起大家的憤怒。例你的做法將損害羣衆利益，如果茅坑裏扔石頭——激起公憤（糞），今後你的日子不會好過的。也作「**茅坑裏丟炸彈——激起公憤（糞）**」、「**炮彈炸糞坑——激起公憤（糞）**」。

【茅廬三顧】
指東漢末年，劉備爲打天下而三請諸葛亮一事。後比喻一再誠心邀請或訪問，也比喻禮賢下士。元・無名氏《蘇子瞻醉寫赤壁賦》一折：「不肯去蘭省一朝登北闕，便想這茅廬三顧到南陽。」也作「**三顧茅廬**」、「**三謁茅廬**」、「**草廬三顧**」。

【茅塞頓開】
比喻思路因受某種啟發忽然清晰。《好逑傳》一五回：「夫人至論，茅塞頓開，使鐵中玉自今以後，但修人事，以俟天命。」也作「**茅塞頓啟**」。明・崔元吉《田間四時行樂詩跋》：「甲寅秋，始執經講下，不旬日，茅塞頓啟。」也作「**頓開茅塞**」。

【茅塞頓啟】
見「茅塞頓開」。

【茅室蓬户】
見「茅檐蓬戶」。

【茅室土階】
見「茅茨土階」。

【茅廁裏啃香瓜——不對味】
比喻話說得不對頭、不合適或不合要求。有時指心裏不好受或事物不正常。例你這話可是茅廁裏啃香瓜——不對味，換成別人，是不會原諒你的。也作「**茅廁裏啃香瓜——不是味兒**」、「**餿飯霉饅頭——不對味**」、「**甜酒攙豆油——不是味兒**」。

【茅屋採椽】
見「茅茨不翦，採椽不斫」。

【茅屋草舍】
形容居住條件很差。《三俠五義》二四回：「茅屋草舍，掌櫃的不要見笑。」也作「**茅檐草舍**」。《歧路燈》五〇回：「只是茅檐草舍，不成光景。」

【茅檐草舍】
見「茅屋草舍」。

【茅檐蓬户】
指居室簡陋，也指貧困人家。宋・劉克莊《田舍即事十首》詩之七：「生長茅檐蓬戶裏，安知世有二南詩？」也作「**茅室蓬户**」。《宋書・孔淳之傳》：「茅室蓬戶，庭草蕪徑。」也作「**蓬户甕牖**」。

ㄇㄠˇ

【卯酉子午】
古代認爲卯酉、子午相沖。指冤家對頭。宋・無名氏《劉知遠諸宮調》第二：「曾想他劣缺名目，向這濃眉尖眼角上存住。神不知，天生是卯酉子午。」

【鉚釘加電焊——雙保險】
比喻非常穩妥可靠。例你放心吧，他的嘴就像鉚釘加電焊——雙保險，絕對不會洩漏機密。也作「**鐵人戴鋼帽——雙保險**」。

ㄇㄠˋ

【茂林深篁】
見「茂林修竹」。

【茂林修竹】
指優美的環境。唐・楊炯《爲薛令祭劉少監文》：「良辰美景，必躬於樂事；茂林修竹，每協於高情。」也作「**茂林深篁**」。篁：竹林。清・顧祿《桐橋倚棹錄》卷一：「虎丘山絕岩聳壑，茂林深篁，爲江左丘壑之表。」

【茂實英聲】
實：事跡。指美好的事跡與名聲。《梁書・徐勉傳》：「洪規盛范，冠絕百王；茂實英聲，方垂千載。」也作「**英聲茂實**」。

【冒出來的清泉——幾把土堵不死】
比喻新事物生命力旺盛，是輕易壓制不了的。例技術革新在廠裏雖然剛剛開始，但它是冒出來的清泉——幾把土堵不死，希望大家都做促進派，不要再出現壓制的現象。

【冒功邀賞】
指假報功勞，以騙取上級的獎賞。《說岳全傳》五七回：「王俊，你冒功邀賞，克減軍糧，本應斬首。」

【冒尖的杈子——先折】
杈（ㄔㄚˋ）子：一種用來挑柴草的農具，有兩個以上的略彎的長齒；冒尖的杈子：指杈子中最長的齒。比喻出頭露面或出衆的人物，容易受到損害或攻擊。例別到處出風頭，顯露自己。你可要牢記：冒尖的杈子——先折。

【冒尖户】
比喻超出一般水平的富裕家庭。例他們一家起早貪黑地幹，也沒成了冒尖戶，看來光苦幹還不行，還要靠運氣。

【冒涼腔】
比喻冷言冷語地嘲諷。例我今天敢來找你，就不怕你冒涼腔。你說吧，你到底對我有什麼意見？

【冒冒失失】
指行動莽撞，不考慮後果。老舍《鼓書藝人》二二：「我們在這兒，好不容易才有了點好名聲，可你呢，不聽話，冒冒失失，給我們丟人現眼。」也作「**冒冒勢勢**」。《金瓶梅詞話》四九回：「他冒冒勢勢走到跟前，與大娘磕頭。」

【冒冒勢勢】
見「冒冒失失」。

【冒名頂替】
假冒他人的姓名，侵占其權益。《西遊記》二五回：「你走了便也罷，卻怎麼綁些柳樹在此冒名頂替？」

【冒牌貨】
本指冒充名牌的貨物。比喻徒有虛名

的人或事。例他號稱是這方面的專家，嘴巴上講得頭頭是道，可是一到具體問題就沒轍了，純粹是冒牌貨。

【冒天下之大不韙】

不韙（ㄨㄟˇ）：錯誤。指犯了天下最大的過錯。孫中山《致國民黨員書》：「充此一念，遂冒天下之大不韙而不恤，其心雖鷙，其膽則怯。」也作「**犯天下之不韙**」。

【冒雨湯風】

湯：迎著。指頂著風冒著雨。元．楊顯之《瀟湘雨》四折：「從今後鳴琴鼓瑟開歡宴，再休題冒雨湯風苦萬千。」

【貿遷有無】

貿遷：販運。指貿易往來。《晉書．食貨志》：「貿遷有無，各得其所。」也作「**懋遷有無**」。懋：同「貿」。《尚書．益稷》：「懋遷有無化居。」

【貿首之仇】

指仇恨極深，雙方都想取對方的首級。《戰國策．楚策二》：「甘茂與樗里疾，貿首之仇也。」

【帽沿兒做鞋墊——一貶到底】

比喻把人說得一錢不值。有時指官職從高位降到最基層。例要實事求是，對一個人的評價不能帽沿兒做鞋墊——一貶到底。

【帽子裏藏鳥——光捂著】

雙關語。比喻遮遮掩掩，怕人知道。例工廠裏矛盾重重，問題成堆，廠長卻帽子裏藏鳥——光捂著，使生產處於癱瘓狀態。

【帽子裏藏知了——頭名（鳴）】

知了：蟬；名：「鳴」的諧音。也作「**帽子裏藏蟬——頭名（鳴）**」。見「礦工下井——頭名（明）」。

【帽子坐在屁股底——壓根兒不待（戴）】

待：「戴」的諧音，對待，招待。比喻態度冷淡，不理會。例你再去拜訪她一次，如果她帽子坐在屁股底——壓根兒不待（戴），也就算了，難道除了她就找不到別的姑娘。

【貌比潘安】

潘安：古代美男子。形容男子相貌英俊。《紅樓夢》六五回：「若憑你們揀擇，雖是富比石崇，才過子建，貌比潘安的，我心裏進不去，也白過了一世。」

【貌古心古】

形容作風古樸，有古人風度。宋．鄧椿《畫繼》卷四：「成子貌古心亦古，造化為工筆端取。」也作「**古貌古心**」、「**古心古貌**」、「**古貌素心**」。

【貌合情離】

貌似親密而情感相違。《野叟曝言》一一五回：「若好不合，則不和，不和則離，雖克竭敬愛，而貌合情離，與從夫之義悖矣。」

【貌合情遠】

外表相似，而實際相差很遠。漢．徐干《中論．考偽》：「生邪端造異術，假先王之遺訓以緣飾之，文同而實違，貌合而情遠。」

【貌合神離】

指貌似親密而各懷異心。《野叟曝言》一三回：「所以說兩賊參商，貌合神離，將來舉起事來，禍正不測。」也指外表相似而實際相差很遠。魯迅《「題未定」草》：「其實世界上也不會有完全歸化的譯文，倘有，就是貌合神離，從嚴辨別起來，它算不得翻譯。」

【貌合心離】

貌似親密而各懷異心。《素書．遵義》：「貌合心離者孤，親讒遠忠者亡。」也作「**貌同心異**」。唐．吳兢《貞觀政要．誠信》：「且君子小人，貌同心異。」

【貌合行離】

指表面一致而實際行動不一致。晉．葛洪《抱朴子．內篇．勤求》：「遂以唇吻為刃鋒，以毀譽為朋黨，口親心辣，貌合行離，陽敦同志之言，陰挾蜂蠆之毒。」

【貌離神合】

指形式相異，而實質相同。清．包世臣《再與楊季子書》：「夫六朝雖尚文采，然其健者則……同符《史》、《漢》，貌離神合，精彩奪人。」

【貌是情非】

見「貌似心非」。

【貌似心非】

指外表做的與內心想得不一致。清．紀昀《閱微草堂筆記．如是我聞四》：「汝近乃作負心事，知從前規言矩步，皆貌似心非。」也作「**貌是情非**」。南朝．簡文帝《與僧正教》：「信可謂心與事背，貌是情非。」也作「**面是心非**」、「**口是心非**」。

【貌同心異】

見「貌合心離」。

【懋遷有無】

見「貿遷有無」。

ㄇㄡˊ

【侔色揣稱】

侔：相等；稱：好。指描摹事物恰到好處。南朝宋．謝惠連《雪賦》：「抽子秘思，騁子妍辭，侔色揣稱，為寡人賦之。」

【謀財害命】

指為貪圖錢財而害人性命。《醒世恆言》卷三三：「這樁事須不是你一個婦人家做的，一定有奸夫幫你謀財害命，你卻從實說來。」也作「**圖財害命**」。

【謀臣猛將】

見「謀臣武將」。

【謀臣如雨】

形容謀士極多。《隋唐演義》五一回：「此人東征西蕩，爭入長安，與其父坐承大統，兵精糧足，手下猛將如雲，謀臣如雨。」

【謀臣武將】

指善謀之臣和善戰之將。漢．張衡

《南都賦》：「爾其則有謀臣武將，皆能攫戾執猛，破堅摧剛。」也作「**謀臣猛將**」。唐·吳兢《貞觀政要·求賢》：「玄齡獨先收人物，致之幕府，及有謀臣猛將，與之潛相申結，各致死力。」

【謀而不得，則以往知來，以見知隱】

見：現，顯現。如想不出主意，可以借鑑往事以知將來，可以憑藉觀察已顯現出的事情來推知隱秘的事情。《墨子·非攻中》：「子墨子曰：『古者有語：謀而不得，則以往知來，以見知隱。謀若此，可得而知矣。』」

【謀而後動】

謂謀劃好後再做。南朝梁·劉峻《廣絕交論》：「苞苴所入，實行張霍之家，謀而後動，毫芒寡忒，是曰量交，其流五也。」

【謀夫孔多】

孔：極。指謀士極多。《詩經·小雅·小旻》：「謀夫孔多，是用不集。」

【謀及婦人】

指與婦女商量大事。舊時認爲這會帶來災害。《左傳·桓公十五年》：「謀及婦人，宜其死也。」

【謀及庶人】

指與普通百姓商量國事。《尚書·洪範》：「謀及卿士，謀及庶人。」

【謀慮深遠】

指謀劃極爲周密。《漢書·辛慶忌傳》：「光祿勛慶忌行義所正，柔毅敦厚，謀慮深遠。」

【謀謨帷幄】

謀謨（ㄇㄛˊ）：謀劃計策；帷幄：帳幕。指在軍營中制訂計策。《後漢書·鄧禹傳》：「謀謨帷幄，決勝千里。」

【謀逆不軌】

見「謀爲不軌」。

【謀如泉湧】

形容人機敏多謀。《後漢書·馬援傳》：「乃招集豪傑，曉誘羌戎，謀如泉湧，勢如轉規。」

【謀深慮遠】

形容計畫深入、周密。唐·李靖《衛公兵法·將務兵謀》：「夫將之上務，在於明察而衆和，謀深而慮遠。」也作「**深謀遠慮**」。

【謀事在人，成事在天】

指人只能爭取把事情辦成功，但結果如何，卻要看天意。這是一宿命論觀點。《三國演義》一○三回：「不期天降大雨，火不能著，哨馬報說司馬懿父子俱逃走了。孔明嘆曰：『謀事在人，成事在天，不可強也！』」也作「**謀事從人成在天**」、「**謀事雖在人，成事還在天**」。

【謀圖不軌】

見「謀爲不軌」。

【謀爲不軌】

不軌：指越出法度，多指反叛。指暗中計畫做叛逆等犯法之事。《鏡花緣》三六回：「此地向來銅鐵甚少，兼且禁用利器，以杜謀爲不軌。」也作「**謀圖不軌**」。《隋書·元景山傳》：「鄖州總管宇文亮謀圖不軌，以輕兵襲孝寬。」也作「**謀逆不軌**」。《楊家將演義》二回：「汝竊據太原，稱孤道寡，偷生一隅，亦已足矣，奈何謀逆不軌！」也作「**圖謀不軌**」。

【謀無遺策】

形容計畫周密，沒有任何疏漏。《晋書·王廙傳》：「君謀無遺策，張、陳復何以過之。」也作「**謀無遺諝**」。諝：才智。晋·陸機《辨亡論》：「謀無遺諝，舉不失策。」

【謀無遺諝】

見「謀無遺策」。

【謀無主則困，事無備則廢】

謀事無主見便將陷入困境，舉事無準備便會遭到失敗。《管子·霸言》：「夫謀無主則困，事無備則廢。是以聖王務其備而愼守其時，以備待時，以時興事，時至而舉兵。」

【謀虛逐妄】

指追求虛幻的、不合事理的事物。《紅樓夢》一回：「不但是洗舊翻新，卻也省了些壽命筋力，不更去謀虛逐妄了。」

ㄇㄢˊ

【埋天怨地】

形容怨氣很大。《初刻拍案驚奇》卷三五：「一日禱告畢，睡倒在廊檐下，一靈兒被殿前靈派侯攝去，問他終日埋天怨地的緣故。」

【蠻不講理】

指態度粗暴，不講道理。例陳美美每次和人吵架那種蠻不講理的態度，實在令人退避三舍。

【蠻觸紛拏】

見「蠻爭觸鬥」。

【蠻觸干戈】

見「蠻爭觸鬥」。

【蠻觸相爭】

見「蠻爭觸鬥」。

【蠻觸之爭】

見「蠻爭觸鬥」。

【蠻橫無理】

指態度粗暴，不講道理。《武松演義》六回：「松在旁邊說話不得，惱恨縣主得了賄銀，這樣蠻橫無理。」也作「**橫蠻無理**」。

【蠻箋象管】

蠻箋：唐代指四川出產的彩色花紙；象管：用象牙製成筆桿的毛筆。指紙筆極爲精緻珍貴。唐·羅隱《淸溪江令公宅》詩：「蠻箋象管夜深時，曾賦陳宮第一詩。」

【蠻聲哈剌】

蠻聲：指南方話。形容南方話難懂的語調。《金瓶梅詞話》六四回：「薛內相道：「那蠻聲哈剌，誰曉得他唱的甚麼？」

【蠻珍海錯】

海錯：各種海產品的通稱。指各種稀

有珍貴的食物。宋・蘇軾《丁公默送蝤蛑》詩：「蠻珍海錯聞名久，怪雨腥風入坐寒。」也作「**山珍海錯**」、「**山珍海味**」、「**海錯山珍**」。

【蠻爭觸鬥】

《莊子・則陽》：「有國於蝸之左角者曰觸氏，有國於蝸之右角者曰蠻氏，時相與爭地而戰，伏屍數萬，逐北，旬有五日而後反。」後以「蠻爭觸鬥」指起因極小而毫無意義的爭端。《說岳全傳》七三回：「石火電光俱是夢，蠻爭觸鬥總無常。」也作「**蠻觸之爭**」。清・王夫之《薑齋詩話》卷下：「蠻觸之爭，要於興觀羣怨，絲毫未有當也。」也作「**蠻觸相爭**」。清・淮陰百一居士《壺天錄》卷下：「蠻觸相爭，原無關於輕重。」也作「**蠻觸紛挐**」。紛挐：混戰。宋・范成大《蠻觸》詩：「蠻觸紛挐室未虛，心知懲忿欠工夫。」也作「**蠻觸干戈**」。宋・辛棄疾《鷓鴣天》詞：「名利處，戰爭多。門前蠻觸日干戈。」

【饅頭落地狗造化】

比喻得到意外的好運。《說唐》五二回：「黑炭團，眞正『饅頭落地狗造化』。主公著我與你做媒，將黑夫人賞你做老婆，你好受用麼？」

【謾（漫）上不謾（漫）下】

指做了壞事對上級欺瞞，對下則毫無顧忌。宋・江萬里《宣政雜錄・通同部》：「靖康初，民間以竹徑二寸，長五尺許，冒皮於首，鼓成節奏，取其聲似曰通同部。又謂製作之法曰：『漫上不漫下』，通衢用以爲戲云。」漫：本作「鞔」，指把皮革固定在鼓框周圍，製成鼓面。這裏因「漫」、「鞔」同音，借以諷刺蔡京、童貫等奸臣欺蒙宋欽宗。也作「**瞞上不瞞下**」。《紅樓夢》七七回：「現在他的東西是瞞上不瞞下，悄悄的送還他去。」

【謾天口】

比喻說大話、謊話。例他生就一張謾天口，你可不要上了他的當，聽信他說的話。

【謾天謾地】

見「謾天昧地」。

【謾天昧地】

謾：欺騙；昧：隱藏。指昧著良心欺騙人。金・馬鈺《嘆世》：「鎮日謾天昧地，不顧神明。」也作「**瞞天昧地**」。明・無名氏《鬧銅台》一折：「見倉官壞法胡行徑，專瞞天昧地不公平。」也作「**瞞天瞞地**」。元・關漢卿《哭存孝》一折：「咱可便委其實，你便休得要瞞天瞞地。」也作「**瞞天席地**」。清・洪楝園《警黃鐘》三齣：「你瞞天席地，不令主知。」也作「**昧地瞞天**」。明・無名氏《活拿蕭天佑》一折：「你這般昧地瞞天，諂佞奸僻。」也作「**昧地謾天**」。金・侯善淵《酹江月》詞：「昧地謾天，多能已會，以巧翻爲拙。」也作「**謾天謾地**」。元・劉一淸《錢塘遺事》：「賈似道當國，陳藏一作《雪詞》譏之云：『沒靶沒鼻，霎時間做出謾天謾地。』」

【謾心昧己】

見「瞞心昧己」。

【瞞上不瞞下】

見「謾（漫）上不謾（漫）下」。

【瞞上欺下】

指欺騙上級，欺壓下級。例王廠長不僅有能力，而且爲人正派，不肯做半點瞞上欺下的事情，因而得到了同事的一致好評。

【瞞神弄鬼】

見「瞞神唬鬼」。

【瞞神唬鬼】

形容虛張聲勢、耍花招。元・楊顯之《鄭孔目風雪酷寒亭》一折：「怕不待傾心吐膽商量嫁，都是些瞞神唬鬼求食話。」也作「**瞞神嚇鬼**」。清・華偉生《開國奇冤》四齣：「盡熱中瞞神嚇鬼，扮花面走肉行屍。」也作「**瞞神弄鬼**」。《紅樓夢》二〇回：「晴雯也笑道：『你又護著他了！你們瞞神弄鬼的，打量我都不知道呢！』」也作「**唬鬼瞞神**」。

【瞞神嚇鬼】

見「瞞神唬鬼」。

【瞞天大謊】

見「彌天大謊」。

【瞞天過海】

比喻用欺騙的手段在暗中進行活動。明・阮大鋮《燕子箋・購幸》：「我做提控最有名，瞞天過海無人問，今年大比期又臨，㖭，只要賺幾貫銅錢養阿正。」

【瞞天瞞地】

見「謾天昧地」。

【瞞天昧地】

見「謾天昧地」。

【瞞天席地】

見「謾天昧地」。

【瞞天要價】

原指做交易時無邊際地討價。後指提出過分苛刻的條件。例一些不法商販爲了賺錢。瞞天要價，使廣大消費者蒙受了經濟損失。也作「**漫天要價**」。老舍《鼓書藝人》一一：「寶慶咳了一聲。副官以爲他這就要漫天要價了。『他有的是錢，手頭又大方。他會好好待承您，還有她。』」

【瞞天要價，就地還錢】

指在進行交易時，賣方無限制地要價，買方則把價格壓得很低。《儒林外史》一四回：「這個正合著古語，『瞞天要價，就地還錢！』」。也作「**漫天要價，就地還錢**」。《鏡花緣》一一回：「唐敖道：『漫天要價，就地還錢。』原是買物之人向來俗談。」

【瞞心昧己】

指昧著良心幹壞事。元・石君寶《曲江池》三折：「欺天負人，瞞心昧己，神明也不保佑。」也作「**昧己瞞心**」。元・石君寶《曲江池》三折：「你最是昧己瞞心潑小兒。」也作

「謾心昧己」。元・楊梓《承明殿霍光鬼諫》三折：「天呵，謾心昧已的增與陽壽，論到我為國於家拔著短籌。」

【瞞在鼓裏】

見「蒙在鼓裏」。

ㄇㄢˇ

【滿不在乎】

指一點也不放在心上。老舍《正紅旗下》一：「不管怎麼說吧，她經常拉下空虧，而且是債多了不愁，滿不在乎。」

【滿車而歸】

見「滿載而歸」。

【滿城風雨】

原描繪深秋時節風雨交作的景象。宋・惠洪《冷齋夜話》卷四：「昨日清臥，聞攪林風聲，遂起題壁曰：滿城風雨近重陽。」後形容事情傳遍各處，人們議論紛紛。魯迅《零食》：「分量少了，為什麼倒弄得鬧鬧嚷嚷，滿城風雨的呢？」也作「**風雨滿城**」。

【滿城桃李】

桃李：比喻所教的學生。形容學生極多。唐・劉禹錫《宣上人遠寄賀禮部王侍郎放榜後詩因而繼和》詩：「一日聲名遍天下，滿城桃李屬春官。」

【滿船豆腐下江——湯裏來，水裏去】

見「大海裏翻了豆腐船——湯裏來，水裏去」。

【滿打滿算】

指全部計算在內。《兒女英雄傳》三九回：「孔夫子給子華他們老太太的米，那是行人情，自然給的是串過的細米，那得滿打滿算？」

【滿地種薑，老者才辣】

薑越老越辣。比喻老手更有能耐。《三寶太監西洋記》九二回：「柳翁道：『老頭兒可動得麼？』紅蓮道：『滿地種薑，老者才辣，豈有不動的。』」

【滿肚疑團】

見「滿腹狐疑」。

【滿而不溢】

雖然充盈但不溢出。形容雖在某方面綽綽有餘，但卻善於節制。《呂氏春秋・察微》：「《孝經》曰：『高而不危，所以長守貴也；滿而不溢，所以長守富也。』」漢・桓寬《鹽鐵論・褒賢》：「故君子時然後言，義然後取，不以道得之，不居也。滿而不溢，泰而不驕。」也作「**盈而不溢**」。

【滿腹長才】

長才：大才。形容人很有才能。阿英《(西湖二集)所反映的明代社會》：「想像中，周清源這個人，不僅是滿腹長才……，抑且是狂放不羈。」

【滿腹狐疑】

狐疑：懷疑。心裏充滿懷疑。《紅樓夢》一一六回：「寶玉滿腹狐疑，只得問道：『姐姐說是妃子叫我，那妃子究是何人？』」也作「**滿腹疑團**」。例別再疑神疑鬼的了！瞧你滿腹疑團的，多滑稽！也作「**滿肚疑團**」。《紅樓夢》八七回：「妙玉道：『日後自知，你也不必多說。』竟自走了。弄得寶玉滿肚疑團，沒精打采的，歸至怡紅院中。」也作「**羣疑滿腹**」、「**疑團滿腹**」。

【滿腹經籍】

比喻很有學問。宋・梅堯臣《還吳長文舍人詩卷》詩：「君子亦豹變，其文蔚可觀。今者逢吳侯，滿腹貯經籍。」也作「**滿腹文章**」。《西湖二集》卷三：「渾身是藝難遮冷，滿腹文章不療饑。」也作「**滿腹詩書**」。宋・陸游《夢與劉韶美夜飲樂》詩：「岸巾談笑今誰記，滿腹詩書只自愚。」

【滿腹經綸】

形容人很有有才幹。《三俠五義》三回：「包公已長成十四歲，學得滿腹經綸，詩文之佳自不必說。」也作「**經綸滿腹**」。

【滿腹牢騷】

滿肚子的不滿情緒。《官場現形記》一四回：「那裏曉得他一腔心事，滿腹牢騷，他正在那裏難過。」也作「**牢騷滿腹**」。

【滿腹明璣】

見「滿腹珠璣」。

【滿腹詩書】

見「滿腹經籍」。

【滿腹文章】

見「滿腹經籍」。

【滿腹疑團】

見「滿腹狐疑」。

【滿腹珠璣】

珠璣：珠子，比喻優美的文章或語句。形容極有才華。例蘇軾詩詞文皆佳。如果用滿腹珠璣來形容他的才華，是一點也不過分的。也作「**滿腹明璣**」。宋・魏了翁《送陳大著晦知蘄州分韵得輝字》詩：「陳侯海內秀，滿腹貯明璣。」也作「**珠璣滿腹**」。

【滿姑娘坐花轎——頭一回】

滿：〈方〉小。見「大姑娘坐轎——頭一回」。

【滿谷滿坑】

《莊子・天運》：「在谷滿谷，在坑滿坑。」唐・成玄英疏：「至樂之道，無所不遍。乃谷乃坑，悉皆盈滿，所謂道無不在。」原形容道無所不在，後形容到處都是，數量很多。也形容聲勢浩大。例今秋，村裏喜獲豐收，哪兒都見到糧囤，滿谷滿坑的。也作「**滿坑滿谷**」。《二十年目睹之怪現狀》五五回：「勞佛督率各小伙計開箱，開了出來，都是各種的藥水，一瓶一瓶的都上了架，登時滿坑滿谷起來。」也作「**彌山滿谷**」。唐・駱賓王《兵部奏姚州破逆賊諾沒弄楊虔柳露布》：「振螳螂之力，拒轍當輪；

肆蛟蚋之羣，彌山滿谷。」也作「彌山盈谷」。《三國志・孫桓傳》：「備軍衆甚盛，彌山盈谷，桓投刀奮命，與遜戮力，備遂敗走。」

【滿架的葡萄——一嘟嚕一嘟嚕的】

形容數量很多，連串成簇。例她身上戴的珠寶，就像滿架的葡萄——一嘟嚕一嘟嚕的，別人說她是個珠寶商的模特兒。

【滿街掛燈籠——光明大道】

見「馬路上安電燈——光明大道」。

【滿坑滿谷】

見「滿谷滿坑」。

【滿口仁義道德，一肚子男盜女娼】

比喻表面上道貌岸然，內心裏全是壞水。例我覺得他還不錯，像是個好人。別人卻說他是「滿口仁義道德，一肚子男盜女娼」，到底是什麼原因，我怎麼也弄不明白。

【滿口鑲金牙——嘴裏漂亮】

雙關語，比喻嘴上說得好聽。例光滿口鑲金牙——嘴裏漂亮還不行，更重要的是看實際行動。也作「牙縫裏插花——嘴裏漂亮」。

【滿臉堆笑】

臉上掛滿笑容，多指諂媚的神情。《儒林外史》三〇回：「道士滿臉堆下笑來，連忙足恭道：『小人不知老爺到省，就該先來拜謁。』」

【滿臉花】

比喻被打得鼻青臉腫，口鼻流血。例你還敢去招惹那羣流氓呀？你忘了被他們打成滿臉花啦？

【滿門抄斬】

抄：搜查並沒收。指財物等被沒收一空，全家被斬。《五代史演義》一六回：「越岩逃至許州，爲匡國節度使溫韜所殺……岩家滿門抄斬，自不必說。」也形容徹底淸除，一個不留。豐子愷《口中剿匪記》：「攻了十一天，連根拔起，滿門抄斬，全部肅淸，從此肅淸。」

【滿面春風】

①形容氣候宜人。宋・陳與義《寓居劉倉廨中，晚步過鄭倉台上》詩：「紗巾竹杖過荒陂，滿面春風二月時。」②形容神情愉悅、和藹。老舍《正紅旗下》三：「及至一開口，他的眼光四射，滿面春風，話的確俏皮，而不傷人。」也作「滿面含春」。《兒女英雄傳》四回：「那女子才回過頭來滿面含春的向安公子道：『尊客，這石頭放在哪裏？』」也作「滿面生春」。《初刻拍案驚奇》卷二：「一個道是妹子來，雙眸注望；一個道是客官到，滿面生春。」也作「春風滿面」。

【滿面含春】

見「滿面春風」。

【滿面紅光】

形容身體健康、精神煥發。老舍《趙子曰》四：「正在爲難，門兒開了，莫大年滿面紅光的走進來。」也作「紅光滿面」。

【滿面生春】

見「滿面春風」。

【滿面生花】

形容極爲高興的樣子。《石點頭》卷五：「莫誰何喜得滿面生花，向前深深作揖。」

【滿面羞慚】

指臉上顯出極羞愧的神情。《東周列國志》六九回：「成然滿面羞慚，縮頸而退。」也作「滿面羞愧」、「羞慚滿面」。

【滿面羞愧】

見「滿面羞慚」。

【滿面征塵】

臉上沾滿塵土，形容旅途勞頓。金・董解元《西廂記》卷七：「骨子氣喘不迭，滿面征塵。」

【滿目創痍】

見「滿目瘡痍」。

【滿目瘡痍】

瘡痍（ㄧˊ）：創傷。眼睛所看到的都是淒涼、悲慘的情景。形容戰爭或自然災害所造成的嚴重損失。例這個村落經過戰火的摧殘，到處是斷垣殘壁，滿目瘡痍。也作「滿目創痍」、「瘡痍滿目」、「瘡痍彌目」。

【滿目荊榛】

荊榛（ㄓㄣ）：泛指叢生灌木。指所見之處一片荒涼景象。《舊五代史・張全義傳》：「初，蔡賊孫儒、諸葛爽爭據洛陽，迭相攻伐，七八年間，都城灰燼，滿目荊榛。」

【滿目琳琅】

琳琅：美玉，比喻優美、珍貴的物品。指美好珍貴的東西隨處可見。茅盾《爲徐平羽之新出土秦漢瓦當拓本作》詩：「秦漢瓦當新出土，滿目琳琅充內府。」也作「琳琅滿目」。

【滿目淒愴】

見「滿目淒涼」。

【滿目淒涼】

眼睛所看到的是一片淒慘的景象。宋・劉辰翁《瑣窗寒》詞：「又何堪滿目淒涼，故園夢裏能歸否？」也作「滿眼淒涼」。宋・歐陽修《玉樓春》詞：「夜來風雨轉離披，滿眼淒涼愁不盡。」也作「滿目淒愴」。夏丏尊《鋼鐵假山》：「日軍才退出，我到江灣立達學園去視察被害的實況，在滿目淒愴的環境中徘徊了幾小時，歸途拾得這片鋼鐵塊回來。」也作「觸目淒涼」、「淒涼滿目」。

【滿目青山】

到處是青翠的山，形容景色極爲壯美。《景德傳燈錄》卷十：「禪師願達南泉去，滿目青山萬萬秋。」

【滿目秋色】

指一派秋天景象。例在這個滿目秋色的季節裏，是賞楓的好時機。

【滿盤托出】

指把有關情況全部擺出來。《二刻拍案驚奇》卷二一：「無塵見滿盤托出，曉得枉熬刑法，不濟事了。」也作「和盤托出」、「全盤托出」。

【滿腔熱忱】

熱忱：熱情。心中充滿熱情。例如果缺少滿腔熱忱的工作精神，任何事情都是不可能做好的。也作「滿腔熱情」。例詩人以滿腔熱情謳歌了當代的新人新事新風尚。

【滿腔熱情】

見「滿腔熱忱」。

【滿腔熱血】

指爲正義或友誼而甘願犧牲一切的一片眞情。明・劉振元《題官舍柱》詩：「一片冰心堪贈友，滿腔熱血欲輸君。」也作「一腔熱血」。

【滿舌生花】

比喻能說會道。例他說起話來，那可眞是滿舌生花，滔滔不絕。

【滿身是膽】

形容膽量極大。《宋史・楊琰傳》：「王景宋滿身是膽，惜欠沈細者。」也作「渾身是膽」、「通身是膽」、「舉身是膽」。

【滿身是口】

指有理說不清。明・王世貞《鳴鳳記》一六：「你到今日呵，正是滿身是口不能言，遍骸排牙說不得了。」也作「渾身是口」、「通身是口」。

【滿堂紅】

比喻全面勝利或處處興旺。例嗬！眞不賴，咱們班考了個滿堂紅，人人都是優秀。

【滿堂金玉】

形容極有財富、學問、福氣。清・丘逢甲《水仙花詩奉家君命作二首》詩之二：「滿堂金玉饒仙福，近水樓台總化工。」也作「金玉滿堂」。

【滿天飛】

①比喻到處遊逛。例這是個滿天飛的人物，叫我上哪兒找他？②比喻到處傳揚。例咱們這兒是上級機關，可不能任謠言滿天飛。

【滿天飛烏鴉——一片漆黑】

雙關語。比喻十分黑暗。例舊中國對窮人來說，是滿天飛烏鴉——一片漆黑，個個都沒有出頭的日子。也作「初一晚上走路——一片漆黑」。

【滿天刷漿糊——胡（糊）云】

也作「滿天抹漿子——胡（糊）云」。見「裱糊匠上天——胡（糊）云」。

【滿袖春風】

指精神愉快，步履輕捷。元・張可久《水仙子》曲：「翰林風月進多才，滿袖春風下玉階。」

【滿眼淒涼】

見「滿目淒涼」。

【滿園春色】

園內充滿春天的景色。比喻到處是欣欣向榮的景象。例近年來，科技領域的研究工作進展迅速，堪稱滿園春色，生機盎然。也作「春色滿園」。

【滿載而歸】

形容收穫很大。《二刻拍案驚奇》卷二六：「其餘土產貨物尺頭禮儀之類甚多，眞叫做滿載而歸。」也作「滿車而歸」。《晉書・潘岳傳》：「[潘岳]少時常挾彈出洛陽道，婦人遇之者，皆連手縈繞，投之以果，遂滿車而歸。」

【滿則慮嗛，平則慮險，安則慮危】

慮：思考，考慮；嗛：ㄑㄧㄢˋ，通「歉」，不足。盈滿之時要考慮不足，平坦之時要考慮險峻，安全之時要考慮危險。《荀子・仲尼》：「故知者之舉事也，滿則慮嗛，平則慮險，安則慮危，曲重其豫，猶恐及其禍，是以百舉而不陷也。」

【滿招損，謙受益】

自滿會招致損害，謙虛會得到益處。《尚書・大禹謨》：「滿招損，謙受益，時乃天道。」也作「謙受益，滿招損」、「虛受益，滿招損」。

【滿紙空言】

形容文章內容空泛，毫無意義。也比喻只有言論而無行動。張庸《章太炎先生答問》：「若二三文人，假一題目，互相研究，滿紙空言，何以謂之擾亂治安。」

【滿志躊躇】

躊躇：ㄔㄡˊ ㄔㄨˊ，得意的樣子。指對自己的成就非常滿意。梁啟超《飲冰室文集》卷一三：「不肯急功近名以取譽於世，殆欲積二三十年之力，成一滿志躊躇之大著述，或至身後乃始布之。」也作「躊躇滿志」。

【滿嘴金牙齒——開黃腔】

開黃腔：說外行話。比喻說出來的是外行話，或不切實際地亂說。例不懂就不懂，不要裝懂，滿嘴金牙齒——開黃腔，別人會笑話的。也作「滿口金牙齒——開口就是黃的」。

【滿嘴塞黃連——說不出的苦】

黃連：多年生草本植物，根莖味苦，可以入藥。比喻有某種苦衷、難處或委屈，不便說出。例我們很理解，你的處境就像滿嘴塞黃連——說不出的苦。也作「滿口的黃連——說不出的苦」、「眼淚往肚裏流——說不出的苦」、「啞巴夢見媽——說不出的苦」。

【滿座風生】

指座席間氣氛活躍。明・張鳳翼《紅拂記・俊傑知時》：「他不襲不履，自是非常品，滿座風生，那更神清朗，果然是異人。」

ㄇㄢˋ

【曼頰皓齒】

頰：面頰細膩。皓齒：牙齒潔白。形容女子面龐美麗。《淮南子・修務訓》：「曼頰皓齒，形誇骨佳，不待脂粉芳澤而性可悅者，西施、陽文也。」

【曼理皓齒】

曼理：肌膚細膩。形容女子美麗動人。《韓非子・揚權》：「香美脆味，厚酒肥肉，甘口而疾形；曼理皓齒，悅情而損精。」

【曼舞妖歌】

見「妙舞淸歌」。

【曼衍魚龍】

見「漫衍魚龍」。

【蔓草寒煙】

見「蔓草荒煙」。

【蔓草荒煙】

形容荒蕪淒涼。清・淮陰百一居士《壺天錄》卷上：「忽至一處，叢山曠野，蔓草荒煙，一望無際。」也作「**蔓草寒煙**」。南朝梁・吳均《秋色》詩：「曾從建業城邊過，蔓草寒煙鎖六朝。」也作「**荒煙蔓草**」。

【蔓引株求】

蔓：藤蔓；引：牽引；株：樹木在土上枝葉以下的部分；求：追尋。順著藤蔓去找根。比喻順著線索，尋根向底。清・孔尚任《桃花扇・逮社》：「奉命今將逆黨搜，須得你蔓引株求。」

【蔓草難除】

《左傳・隱公元年》：「姜氏何厭之有？不如早爲之所，無使滋蔓。蔓難圖也。蔓草猶不可除，況君之寵弟乎？」後以「蔓草難除」比喻對手勢力一旦增大，就難以對付。也作「**蔓難圖**」。金・蔡松年《初卜潭西新居》：「故國興亡樹如此，他年聲利蔓難圖。」也作「**滋蔓難圖**」。

【蔓蔓日茂】

蔓蔓：長久。指逐漸興盛。《漢書・禮樂志》：「蔓蔓日茂，芝成靈華。」

【蔓難圖】

見「蔓草難除」。

【慢藏誨盜】

慢：不謹愼；誨：誘導。指財物收藏不妥，則等於誘人偷竊。《周易・繫辭上》：「慢藏誨盜，冶容誨淫。」

【慢藏冶容】

《周易・繫辭上》：「慢藏誨盜，冶容誨淫。」慢藏：財物收藏不好；冶容：女子打扮得很妖艷。原指財物收藏不好，則等於誘人偷盜；女子打扮得妖艷，則等於誘人戲弄。後指麻煩由自己招致。宋・劉克莊《後村詩話》前集卷一：「鐸當國家板蕩之際，居將相袞鉞之任，乃攜妓妾輜重，慢藏冶容，行於虎狼之都，三百口遂并命於高雞泊。」

【慢工出細活】

比喻精心製作的活計，須花較長時間。例王師傅做活兒雖然不如你快，可是「慢工出細活」，質量就是沒得挑。也作「**慢工出細貨**」。

【慢櫓搖船捉醉魚】

比喻胸中有數，不慌不忙地做某件事情。《初刻拍案驚奇》卷六：「從古道：『慢櫓搖船捉醉魚』。除非弄醉了他，憑你施爲，你道好麼？」

【慢人者，人亦慢之】

慢：怠慢，不尊重。指你不尊重別人，別人也會不尊重你。《東周列國志》五二回：「吾聞『慢人者，人亦慢之。』君先慢我，乃不自責而責我耶？」

【慢聲細語】

形容說話態度和緩、耐心。例林老師個性溫和，富有愛心，當她用慢聲細語的口吻教導學生時，每個人都聚精會神地受教聆聽。

【慢騰斯禮】

見「慢條斯理」。

【慢條絲禮】

見「慢條斯理」。

【慢條斯禮】

見「慢條斯理」。

【慢條斯理】

形容說話做事不慌不忙、慢慢騰騰。《儒林外史》一回：「老爺親自在這裏傳你家兒子說話，怎的慢條斯理？」也作「**慢條斯禮**」。老舍《二馬》第二段・三：「馬老先生兩手撇著，大氅後襟往起撅著一點，慢條斯禮的搖晃著。」也作「**慢條廝禮**」。《金瓶梅詞話》一二回：「那春梅只顧不進房來，叫了半日，才慢條廝禮推開房門進來。」也作「**慢條絲禮**」。《金瓶梅詞話》一一回：「你問他，我去時還在厨房裏雌著，等他慢條絲禮兒才和面兒。」也作「**漫條斯理**」。《兒女英雄傳》一回：「[公子]聽見老爺的話，便過來規規矩矩、漫條斯理說道：『這話還得請父親斟酌。』」也作「**慢騰斯禮**」。《老殘遊記》一三回：「既是明天一黑早要復命的，怎麼還這麼慢騰斯禮的呢？」也作「**慢條細理**」。李劼人《死水微瀾》五：「三老爺是只會慢條細理談論，只會教訓人，不會吵架。」

【慢條廝禮】

見「慢條斯理」。

【慢條細理】

見「慢條斯理」。

【慢性病】

原指病情變化緩慢或不能很快治癒的病症。比喻動作遲緩、做事拖拉。例現在民衆都走到前頭去了，我們身爲行政官員的可不要犯慢性病，要領導民衆前進。

【慢易生憂】

慢易：輕侮、懈怠。謂做事輕侮懈怠必然會來憂患。《管子・內業》：「思索生知，慢易生憂。」

【慢不經心】

隨隨便便，不放在心上。明・任三宅《覆耆民汪源論設塘長書》：「連年修西北二塘，責重塘長而空名應役，慢不經心，以致漸成大患，愈難捍禦。」也作「**漫不經意**」。歐陽山《七年忌》：「她底嘴角緩緩地向下彎了一彎，漫不經意地淺笑著，於是也開始忙碌起來。」也作「**漫不加意**」。宋・黃幹《南康軍新修白鹿書院記》：「苟徒資口腹，媒利祿，而冶心修身，漫不加意。」

【漫不加意】

見「漫不經心」。

【漫不經意】
見「漫不經心」。
【漫誕不稽】
稽：考查。謂荒唐而不可信。宋・洪邁《容齋隨筆・史記世次》：「其爲漫誕不稽，無足疑者。」
【漫地漫天】
見「漫天徹地」。
【漫漫長夜】
黑夜極長，多形容漫長的黑暗社會。例和你分別的漫漫長夜終於過去了。
【漫山遍嶺】
見「漫山遍野」。
【漫山遍野】
形容數量衆多或聲勢浩大。《三國演義》五八回：「西涼州前部先鋒馬岱，引軍一萬五千，浩浩蕩蕩，漫山遍野而來。」也作「漫山塞野」。《三國演義》二四回：「欲投徐州、下邳，又見曹軍漫山塞野截住去路」。也作「彌山遍野」。《古今小說》卷八：「忽見山谷之中，金鼓之聲四起，蠻兵彌山遍野而來。」也作「彌山布野」。《西湖二集》卷六：「那賊兵四散而來，彌山布野，好生利害。」也作「漫山遍嶺」。羅燁《醉翁談錄・潘桂（映山紅）》；「不種深深庭院中，漫山遍嶺炫殷紅。」也作「漫天遍野」。
【漫山塞野】
見「漫山遍野」。
【漫天蔽日】
漫：滿；蔽：遮住。形容數量衆多或聲勢浩大。淸・趙萬里《捕蝗行》詩：「遺孽詎知羽翼成，漫天蔽日聲轟轟。」也作「漫天蔽野」。元・戴表元《義蜂行》詩：「東園春晴草木媚，漫天蔽野飛橫斜。」
【漫天蔽野】
見「漫天蔽日」。
【漫天遍野】
見「漫山遍野」。
【漫天徹地】
漫：滿；徹：透。形容數量多或聲勢大。《三國演義》四九回：「但見三江面上，火逐風飛，一派通紅，漫天徹地。」也作「漫天蓋地」。《說岳全傳》二三回：「半山裏樹頂上，胡先看見岳統制敗回，後邊漫天蓋地的番兵趕來。」也作「漫天塞地」。魯迅《葉紫作（豐收）序》：「《儒林外史》作者的手段何嘗在羅貫中下，然而留學生漫天塞地以來，這部書就好像不永久，也不偉大了。」也作「漫天匝地」。宋・范成大《雪復大作六言四首》詩之一：「遙想漫天匝地，近聽穿幔鳴窗。」也作「漫天漫地」。明・朱國禎《涌幢小品・大劫運》：「南宋末造，蒙古兵勢，漫天漫地蓋來。」也作「彌天匝地」。宋・姬翼《西江月》詞之七：「浩浩彌天匝地，冥冥貫石穿金。」也作「漫地漫天」。元・谷子敬《城南柳》七折：「可早漫地漫天，更撲頭撲面，雪擁就浪千堆。」
【漫天大謊】
見「彌天大謊」。
【漫天烽火】
烽火：古時邊防報警用的煙火。形容戰火燃遍各地。例他雖在漫天烽火的歲月裏屢立戰功，卻從不居功自傲。
【漫天蓋地】
見「漫天徹地」。
【漫天漫地】
見「漫天徹地」。
【漫天塞地】
見「漫天徹地」。
【漫天要價】
見「瞞天要價」。
【漫天要價，就地還錢】
見「瞞天要價，就地還錢」。
【漫天匝地】
見「漫天徹地」。
【漫條斯理】
見「慢條斯理」。
【漫無邊際】
漫：廣泛；邊際：邊界。形容非常廣闊，一眼望不到邊。也指談話、行文等沒有中心，不受主題約束。老舍《離婚》二：「他不敢再去捉弄那漫無邊際的理想，理想使他難受得渺茫。」也作「茫無邊際」。魯迅《不應該那麼寫》：「這恐怕也很不能滿文學青年的意，因爲太寬泛，茫無邊際。」也作「渺無邊際」。例在這片渺無邊際的沙漠裏，蘊藏著無數的寶藏。
【漫無頭緒】
見「茫無頭緒」。
【漫衍魚龍】
漫衍、魚龍：古代的兩種雜技。後指各種雜戲，也比喻各種離奇的事情。《漢書・西域傳贊》：「設酒池肉林以殯四夷之客，作巴兪都盧、海中碭極、漫衍魚龍、角抵之戲，以觀視之。」也作「曼衍魚龍」。宋・陸游《小舟過御園》詩：「盡除曼衍魚龍戲，不禁芻蕘雉兔來」。也作「魚龍漫衍」、「魚龍曼衍」。
【漫野地裏烤火——一面熱】
比喻與雙方有關的事情，只有單方面的熱情。例對方是否有合作的願望，漫野地裏烤火——一面熱是行不通的，了解他們的意向後再研究決定吧。也作「野地裏烤火——一面熱」、「火爐子靠水缸——一面熱」。

ㄇㄣˊ

【門不停賓】
指來客即見，不讓客人在門外等候。形容待客殷勤。北齊・顏之推《顏氏家訓・風操》：「門不停賓，古所貴也。」也作「門無停客」。《晉書・陶侃傳》：「引接疏遠，門無停客。」
【門不夜關】
比喻社會安寧。《史記・循吏列傳》：「子產爲相三年，門不夜關，道不拾遺。」也作「門不夜扃」。扃：ㄐㄩㄥ，關門。《後漢書・東夷列傳》：「及施八條之約，使人知禁，遂乃邑無淫盜，門不夜扃。」也作「夜不閉戶」。

【門不夜扃】
見「門不夜關」。

【門當戶對】
指結親雙方的家庭地位相當。元・王實甫《西廂記》一本二折：「雖然不是門當戶對，也強如陷於賊中。」也作「門戶匹敵」。《三國志・魏書・后妃傳》：「諸親戚嫁娶，自當與鄉里門戶匹敵者，不得因勢，強與他方人婚也。」也作「當門對戶」、「對門當戶」、「戶對門當」。

【門到戶說】
指逐家解說。《晉書・庾亮傳》：「雖陛下二相明其愚款，朝士百僚頗識其情，天下之人安可門到戶說使皆坦然邪！」也形容每家每戶都知道。南朝梁・任昉《齊竟陵文宣王行狀》：「不言之仕，若門到戶說。」

【門洞裏敲鑼鼓——裏外名（鳴）聲響】
名：「鳴」的諧音。比喻名聲很高，遠近都知道。例你不認識他？著名科學家，門洞裏敲鑼鼓——裏外名（鳴）聲響。也作「門洞洞裏敲鑼鼓——裏裏外外名（鳴）聲響」。

【門縫裏夾雛子兒——完蛋】
雛子兒：雞蛋。見「雞蛋碰石頭——完蛋」。

【門縫裏看大街——眼光狹窄】
比喻眼光短淺，見識不廣。例一個有抱負的實業家，必須立足本地，放眼世界，不要門縫裏看大街——眼光狹窄。

【門縫裏看人——把人看扁了】
也作「門縫裏看人——把人瞧扁了」、「門縫裏看人——看扁了人」。見「隔著門縫瞧人——把人看扁啦」。

【門戶洞開】
形容毫無警戒。《北洋軍閥統治時期史話》一三章：「派到中國來的間諜可以化裝爲旅行家，或者利用其他名義在這個門戶洞開的國度裏以『貴賓』的身分出現。」

【門戶匹敵】
見「門當戶對」。

【門戶人家】
舊指妓院、妓女。元・石君寶《曲江池》三折：「我這門戶人家，吃的穿的，那件不要錢使？」元・戴善夫《風光好》一折：「我想俺這門戶人家，則管理迎賓接客，幾時是了也呵！」

【門戶之見】
指因派別不同而產生的偏見。清・惲敬《明儒學案條辨序》：「是以先生於河東三原均有微辭，而姚江之說，則必遷就之，以成其是……此則先生門戶之見也。」

【門戶之爭】
指不同派別之間的爭執。《清史稿・翁同龢傳》：「以政見異同，門戶之爭，牽及朝局，至數十年而未已。」

【門角裏打拳——有勁使不出】
見「大象逮老鼠——有勁使不上。」

【門角裏耍拳——擺不開架式】
比喻工作施展不開。例這裏的工作條件差，許多人不安心，認爲是門角裏耍拳——擺不開架式，才能得不到發揮。

【門角裏裝燈——請關照】
請人關心照顧的客氣話。例這次到貴地來開展工作，人生地不熟，求助之事不少，門角裏裝燈——請關照。

【門禁森嚴】
門禁：門前的戒備防範。指門前戒備很嚴。例這座昔日門禁森嚴的皇家園林，如今已成了普通百姓的遊覽勝地。

【門堪羅雀】
見「門可羅雀」。

【門檻角軋核桃——崩了】
雙關語。比喻發生分歧，關係破裂。有時指談不攏，不歡而散。例兩人在一次會議上發生了爭吵，事後又調和不了，看來，他們的關係是門檻角軋核桃——崩了。也作「沙鍋炒豆子——崩了」。

【門檻上砍蘿蔔——一刀兩斷】
見「快刀斬亂麻——一刀兩斷」。

【門可羅雀】
羅：張網捕捉。《史記・汲鄭列傳》：「如翟公爲廷尉，賓客闐門。及廢，門外可設雀羅。」形容門庭冷落。《梁書・到溉傳》：「及臥疾家園，門可羅雀。」也作「門可張羅」。《太平廣記》卷一八七引《兩京記》：「唐初，秘書省唯主寫書貯掌勘校而已，自是門可張羅。」也作「門堪羅雀」。金・元好問《寄西溪相禪師》詩：「門堪羅雀仍未害，釜欲生魚當奈何。」也作「羅雀門庭」。

【門可張羅】
見「門可羅雀」。

【門框脫坯子——大模大樣】
坯子：磚坯。形容態度傲慢，滿不在乎。例你看他那門框脫坯子——大模大樣的神氣，不像一個學生，倒像一個白馬王子。

【門裏出身——強人三分】
門裏出身：出身於具有某種專業技術傳統的家庭或行業。比喻本領、技藝高人一籌。例這件藝術品是工藝學校師生集體創作的，的確是門裏出身——強人三分。

【門裏大】
比喻只能在家裏稱王稱霸。例什麼英雄好漢？頂多是個門裏大！一般在家裏耍脾氣的人，在外面都窩囊。

【門門有路，路路有門】
比喻出路總會有的。《三寶太監西洋記》六八回：「人人都說道：『門門有路，路路有門。』原來這等一個深山裏面，果眞的有路、有門。」

【門面話】
指應酬、客套話或不切實際的漂亮話。例這人慣會說門面話，你可別當眞，或者你再叮囑他一下，讓他眞正幫你一次忙。

【門內有君子，門外君子至】
指物以類聚，人以羣分。是君子，與其交往的人亦必君子。《警世通言》卷一：「[鍾子期]道：『大人出言謬矣！豈不聞十室之邑，必有忠信。』『門內有君子，門外君子至。』大人若欺負山野中沒有聽琴之人，這夜靜更深，荒崖下也不該有撫琴之客了。』」也作「門內有君子，門外有君子。」

【門千户萬】
指住戶衆多。漢・張衡《西京賦》：「閈庭詭異，門千戶萬，重閨幽闥，轉相逾延。」也作「千門萬户」。

【門前結起高頭馬，不是親來也是親】
指一旦人有權有勢，攀親敍故的人便多起來。例老王本不同意自己的女兒同小劉談戀愛，可現在一見小劉的父親當了局長，態度就與從前不一樣了，俗話說：「門前結起高頭馬，不是親來也是親。」更何況這是送上門的「親」呢！

【門前冷落車馬稀】
喻指貧窮失意後，賓客日漸稀少。也指原來非常熱鬧的地方冷落了。例學校附近的餐飲店一到暑假期間，就門前冷落車馬稀，不見學生上門。

【門前如市】
見「門庭若市」。

【門前有小河，擔水容易多】
比喻因有便利條件，好處也容易得到。例老張，聽說你當上了圖書館館長，大家都很高興。俗話說：「門前有小河，擔水容易多。」以後借書還請多照應啊！

【門牆桃李】
門牆：指師門；桃李：指學生。指他人培養出來的學生。《儒林外史》七回：「像你做出這樣文章，豈不有玷門牆桃李？」也作「桃李門牆」。

【門上的封條——扯不得】
比喻不能撕毀。有時指不值得爭執，或沒有必要閒扯。例我們雖沒有簽訂協議書，但在口頭上也達成了「君子協定」，爲了保證雙方的信譽，確實是門上的封條——扯不得。

【門上貼春聯——一對紅】
比喻都是受人尊重的人。例他倆在不同的部門作不同的研究，都做出了顯著的成績，眞是門上貼春聯——一對紅。

【門神店裏失火——人財兩空】
門神，舊時貼在門上的神像，大多是秦叔寶和尉遲敬德的畫像。賣門神的店鋪失火，既燒掉了人像，又賠上了本錢，造成人財兩空。見「杜十娘怒沉百寶箱——人財兩空」。

【門神卷灶爺——話（畫）裏有話（畫）】
門神：舊時貼在門上用以驅邪避鬼的神像；灶爺：也叫灶王爺、灶神，舊時貼在鍋灶附近的認爲掌管一家禍福財氣的神像；話：「畫」的諧音。雙關語。比喻話中含有其他意思，不明著說出來，而讓別人去領會。例他知道我是門神卷灶爺——話（畫）裏有話（畫），只好環顧左右而言他，把話題引開。也作「灶神上貼門神——話（畫）裏有話（畫）」、「四扇屏裏卷灶王——話（畫）裏有話（畫）」、「中堂夾條幅——話（畫）裏有話（畫）」。

【門神老了不捉鬼】
比喻上了年紀做不了什麼事。例別看他一把年紀，耳不聾眼不花，前幾天還抓住個小偷呢。可你們淨說他是「門神老了不捉鬼」，這眞不公平。

【門神揍灶神——自己人打自己人】
門神：舊俗貼在兩扇大門上的神像；灶神：舊時迷信的人在鍋灶附近供的神。比喻由於誤會而發生的內部鬥爭。例你們到敵後游擊區作戰，那裏有多支兄弟部隊，要加强通訊聯絡，避免門神揍灶神——自己人打自己人。也作「門神揍灶神——自打自」、「周瑜打黃蓋——自己人打自己人」。

【門生故舊】
門生：舊指跟老師或前輩學習的人；故舊：舊友。指學生和老朋友。《兒女英雄傳》四〇回：「此外並說有三五起門生故舊，從清早就來了，卻在外書房等著求見。」

【門生故吏】
門生：舊指跟從老師或前輩學習的人。指學生和老部下。《後漢書・袁紹傳》：「袁氏樹恩四世，門生故吏遍於天下。」也作「故吏門生」。

【門衰祚薄】
祚：ㄗㄨㄛˋ，福分。指門庭衰落，福分淺薄。晉・李密《陳情表》：「門衰祚薄，晚有兒息。」

【門庭赫奕】
指家門地位顯赫。《二刻拍案驚奇》卷二四：「繆千戶正在陳友定幕下，當道用事，威權隆重，門庭赫奕。」

【門庭如市】
見「門庭若市」。

【門庭若市】
市：集市。指門前庭院人來人往，像集市一樣熱鬧。《戰國策・齊策一》：「羣臣進諫，門庭若市。」也作「門庭如市」。《中國現在記》七回：「眞正是門庭如市，有求必應。」也作「門前如市」。唐・元稹《連昌宮詞》：「祿山宮裏養作兒，虢國門前鬧如市。」

【門頭上掛席子——不像話(畫)】
見「驢皮貼牆上——不像話(畫)」。

【門外漢】
指對某事還未入門的外行人。清・趙翼《隨園題壁》：「惟恐長爲門外漢，特來親賦畫中詩。」

【門無停客】

見「門不停賓」。

【門無雜賓】

雜：閒雜。形容交友慎重。晉・陶潛《晉故征西大將軍長史孟府君傳》：「門無雜賓，嘗會神情獨得，便超然命駕，經之龍山，顧景酣宴，造夕乃歸。」

【門下之士】

指跟從某人學習的人。唐・韓愈《送權秀才序》：「門下之士權生實從之來。」

【門有縫，窗有耳】

見「隔牆須有耳，窗外豈無人」。

【捫躬自劾】

捫躬：摸著自己；劾：ㄏㄜˊ，揭發罪狀。指自我反省，否定自己的錯誤。唐・劉禹錫《上中書李相公啟》：「捫躬自劾，愧入肌骨。」

【捫參歷井】

捫：摸到；歷：擦過；參（ㄕㄣ）、井：星宿名。參爲蜀之分野，井爲秦之分野。形容入蜀道路的險峻。宋・陸游《答方寺丞啟》：「捫參歷井，久困客遊，道阻且長，忽恭承於榮問。」

【捫虱而談】

見「捫虱而言」。

【捫虱而言】

《晉書・王猛傳》：「桓溫入關，猛被褐而詣之，一面談當世之事，捫虱而言，旁若無人。」一邊捉虱子，一邊與人談話。後以「捫虱而言」形容放達任性，毫無顧忌。也作「**捫虱而談**」。淸・侯方域《王猛論》：「被褐而謁，捫虱而談，詎偶然哉！」

【捫隙發罅】

捫：摸；罅：縫隙。形容善於鑽營。宋・王令《答劉公著微之書》：「今夫人爵，人之求者，猶研精苦思，捫隙發罅，以窺擊求門戶，雖所學固不中節，然張巧射中之心不爲不勤矣。」

【捫心淸夜】

指靜下來認眞自我反省。淸・吳錫麒《移居以來同人多以詩酒相招，醉後成篇》：「捫心淸夜無愧怍。」

【捫心無愧】

摸著胸口而問，自覺無愧，心中坦然。唐・白居易《和夢遊春詩一百韻》：「捫心無愧畏，騰口有謗讟。」

【捫心自問】

指自我反省。梁啟超《與上海某某等報館主筆書》：「此則請公等捫心自問：上流社會人而應作此語耶？」也作「**捫心自省**」。唐・錢珝《爲王相公讓加司空表》：「捫心自省，沾背不遑」。也作「**撫心自問**」。

【捫心自省】

見「捫心自問」。

【捫籥扣槃】

籥：ㄩㄝˋ，古代一種樂器。比喻片面的認識。淸・吳衡照《蓮子居詞話》卷四：「此捫籥扣槃之見，非眞知詞者。」也作「**扣盤捫燭**」。

ㄇㄣˋ

【悶海愁山】

形容愁苦特別多。元・施惠《幽閨記》二〇：「悶海愁山將我心上撇，不由人不淚珠流血。」也作「**愁山悶海**」。

【悶胡盧】

見「悶葫蘆」。

【悶葫蘆】

比喻讓人難以琢磨的事情。《水滸傳》二八回：「這個悶葫蘆教我如何猜得破？」也作「**悶胡盧**」。魯迅《肥皂》：「這是什麼悶胡盧，沒頭沒腦的？」

【悶葫蘆捅窟窿——漏亮子】

漏：洩漏；亮子：亮光。①形容有了信息或希望。例有關部門通知，我廠缺少原材料的難題，近期可望解決。眞是悶葫蘆捅窟窿——漏亮子，我們有盼頭了。②比喻對某件事露了底。有時也指顯露了才能或賣弄機關。例悶葫蘆捅窟窿——漏亮子，這件事的眞相終於大白於天下，原來是有陰謀家野心家從中搗鬼。

【悶悶不樂】

悶悶：煩悶。形容心情不舒暢，極少言語。《三國演義》一八回：「意欲棄布他往，卻又不忍，又恐被人嗤笑，乃終日悶悶不樂。」

【悶在鼓裏】

見「蒙在鼓裏」。

【悶在葫蘆裏】

①比喻被蒙蔽，對情況一無所知。例他把媽悶在葫蘆裏兩個月了，還沒有把他要出國的事告訴她。②比喻有事悶在心裏不說出來。例他把什麼事都悶在葫蘆裏，讓人對他一無所知。

ㄇㄤ

【牤牛耳——離家（角）近】

牤（ㄇㄤ）牛：公牛；家：「角」的諧音。比喻距離住地很近。例他是牤牛耳——離家（角）近，上班五分鐘就到，方便極了。

【牤牛追兔子——有勁使不上】

見「大象逮老鼠——有勁使不上」。

ㄇㄤˊ

【芒刺在背】

芒：穀類種子殼上的細刺。如同芒和刺扎在背上。形容人惶恐不安。《北齊書・王昕傳》：「殿下倉卒所行，非復人臣之事，芒刺在背，交戟入頸，上下相疑，何由可久。」也作「**芒刺在身**」。例公司裏有小王和他作對，讓他每次提企劃案時，都有如芒刺在身，構想無法完全表達。也作「**如芒在背**」、「**背若芒刺**」、「**背生芒刺**」。

【芒刺在身】

見「芒刺在背」。

【芒寒色正】

芒、色：原指星光。形容人品高尚正直。宋・張孝祥《代季父上陳樞密書》：「此數公者，聲稱德望，炳然較著，眞與芒寒色正者比。」

【芒屩布衣】

芒屩（ㄐㄩㄝˊ）：草鞋。形容生活貧困。《梁書・范縝傳》：「在瓛門下積年，去來歸家，恒芒屩布衣，徒行於路。」

【芒芒苦海】

見「茫茫苦海」。

【芒然自失】

形容心神不定的樣子。《莊子・說劍》：「文王芒然自失，曰：『諸侯之劍何如？』」也作「茫然自失」。《列子・仲尼》：「出告子貢，子貢茫然自失。」

【芒鞋草履】

鞋：草鞋。指平民百姓。《痛史》八回：「我雖是芒鞋草履，須知並不是忘了中國。」

【芒鞋竹笠】

見「芒鞋竹杖」。

【芒鞋竹杖】

芒鞋：草鞋。指外出漫遊。唐・貫休《寒月送玄道士入天台》：「芒鞋竹杖寒凍時，玉霄忽去非有期。」也作「芒鞵竹杖」。鞵：ㄒㄧㄝˊ，鞋。宋・蘇軾《次韻答寶覺》：「芒鞵竹杖布行纏，遮莫千山與萬山。」也作「芒鞋竹笠」。《兒女英雄傳》一三回：「那管芒鞋竹笠，海角天涯，我一定要尋著這個女孩兒家才罷！」也作「竹杖芒鞋」。

【芒鞵竹杖】

見「芒鞋竹杖」。

【忙不擇價】

指由於匆忙，買東西時顧不上價錢的高低。後形容因匆忙而來不及講條件。《警世通言》卷一五：「如今忙不擇價，豈不可惜。」

【忙不擇路】

趕路時因慌張而來不及分辨方向。《三俠五義》七回：「不料忙不擇路，原是往北，他卻往東南岔下去了。」也作「慌不擇路」、「急不擇途」。

【忙裏偷閒】

在繁忙中擠出一點時間從事其他工作。《鏡花緣》四九回：「原來阿妹去看瀑布，可謂忙裏偷閒了。」也作「忙中拾閒」。宋・楊萬里《盱眙軍東山飛步亭和太守霍和卿韻》詩：「走馬看山眞嬾攞，忙中拾得片時閒。」

【忙忙叨叨】

形容忙亂的樣子。《兒女英雄傳》四〇回：「這會子可叫我忙忙叨叨的，那兒給他現抓人去？」

【忙忙碌碌】

十分繁忙。明・王元壽《景園記》傳奇一五折：「看渠忙忙碌碌，到羅裏去。」

【忙忙似喪家之狗，急急如漏網之魚】

指驚慌失措，拚命逃竄。《水滸全傳》：一一六回：「卻說方天定上得馬，四下裏尋不著一員將校，止有幾個步軍跟著，出南門奔走，『忙忙似喪家之狗，急急如漏網之魚』。」也作「忙忙如喪家之狗，急急如漏網之魚」。

【忙時用著閒時講】

緊急時用上了閒暇時所講的道理。例俗話說：「忙時用著閒時講。」現在沒事兒，你覺得無所謂，一旦遇上急事，你就會覺得我平時講的是很有用的。

【忙投急趁】

指匆匆趕路。《金瓶梅詞話》五五回：「這兩個忙投急趁，止思量早完公事。」

【忙者不會，會者不忙】

比喻有能力的人遇事從容不迫，無能力的人則不知所措。《飛龍全傳》五五回：「正是『忙者不會，會者不忙』，懷德只一把，早將李豹暖肚一手擒撈。」也作「忙家不會，會家不忙。」

【忙中出錯】

見「忙中有失」。

【忙中拾閒】

見「忙裏偷閒」。

【忙中有錯】

見「忙中有失」。

【忙中有失】

指由於忙亂而出錯。《鏡花緣》六二回：「這是他忙中有失，也是命中造定，歸咎何人？」也作「忙中有錯」。《兒女英雄傳》四〇回：「他這一樂，樂得忙中有錯，爬起來慌慌張張的也向舅太太磕了個頭。」也作「忙中出錯」。例你進了考場一定要沉著，千萬不能忙中出錯。

【忙中遇著腳纏筋】

比喻匆忙之中又遇上麻煩事，越發忙得不可開交。例他去參加考試，從家出來時已有些晚了，沒想到匆忙之中又騎車碰了人，眞是「忙中遇著腳纏筋」。

【盲公打燈籠——照人不照己】

雙關語。比喻只看到別人的缺點錯誤，卻看不到自己的。例這個人是盲公打燈籠——照人不照己，對別人吹毛求疵，對自己馬馬虎虎。

【盲公戴眼鏡——裝樣子的】

見「聾子的耳朵——擺設」。

【盲瞽之言】

盲瞽：眼睛瞎，比喻無知。指所發表的意見不正確，多作謙詞。《儒林外史》二九回：「如不見怪，小弟也有一句盲瞽之言。」

【盲佬點燈——白費油】

盲佬：瞎眼的男子。比喻沒有用處或白費力氣。例「你冬天裝電扇，不是盲佬點燈——白費油嗎？」「閒時備來忙時用嘛！」也作「盲人打燈籠——白費蠟」、「瞎子點燈——白費蠟」。

【盲人把燭】

把：持。形容沒有任何意義。《野叟曝言》七五回：「古人每以陳壽帝魏不帝蜀，議者蠭起，皆盲人把燭之談也。」

【盲人剝蒜——瞎扯皮】

雙關語。比喻無原則地爭論或爭吵。例你們遇事總是互相推諉，盲人剝蒜——瞎扯皮，怎麼能提高工作效率。

【盲人不問路——瞎碰】

也作「盲人不問路——瞎撞」。見「狗戴砂鍋——亂撞一氣」。

【盲人帶路——瞎指揮】

雙關語。比喻脫離實際地發號施令。例「你們的生產上不去，是由於羣衆幹勁不足？」「不，主要是盲人帶路——瞎指揮！缺少科學的計畫和管理，想幹什麼就幹什麼。」

【盲人戴眼鏡——假聰（充）明】

聰：「充」的諧音。雙關語。比喻假裝聰明，實際上很愚蠢。例在這個問題上，他自以爲得計，欺騙了羣衆，達到了目的，實際上是盲人戴眼鏡——假聰（充）明，大家早就把他的陰謀看穿了。

【盲人得鏡】

見「盲者得鏡」。

【盲人的拐棍——寸步不離】

也作「盲人的拐棍——形影相隨」。見「母雞帶小雞——寸步不離」。

【盲人的拐棍——瞎指點】

比喻毫無根據地說三道四。例盲人的拐棍——瞎指點，不僅對工作沒有幫助，反而使人無所適從。

【盲人斗拳——瞎打一陣】

比喻貿然從事，蠻搞亂幹。例你們的工程，既無圖紙，又無工程技術人員，就破土動工，好比盲人斗拳——瞎打一陣，其後果不堪設想。

【盲人趕廟會——瞎湊熱鬧】

廟會：設在寺廟裏邊或附近的集市，在節日或規定的日子舉行。比喻亂攙和，增添麻煩。例我到這個晚會上來不是獻藝，也無藝可獻，只是盲人趕廟會——瞎湊熱鬧罷了。

【盲人幹活——不分日夜】

雙關語。比喻夜以繼日地連續工作。例爲了按時完成全年生產計畫，突擊隊的職工就像盲人幹活——不分日夜，在全廠掀起了生產熱潮。

【忙人繪圖——瞎話（畫）】

話：「畫」的諧音。比喻騙人的謊話。例你匯報的工作成績，多半屬於忙人繪圖——瞎話（畫），是關起門來編造的。也作「盲人聊天——瞎話」。

【盲人拉風箱——瞎鼓搗】

比喻亂折騰，胡擺弄。例這個電視機好好的，別盲人拉風箱——瞎鼓搗了。弄壞了，今天這場精彩的足球賽就會看不成。

【盲人摸象】

《大般涅槃經》三二卷：「[大王]喚衆盲各各問言：『汝見象耶？』衆盲各言：『我已得見。』王言：『象爲何類？』其觸牙者即言象形如蘆菔根，其觸耳者言象如箕，其觸頭者言象如石，其觸鼻者言象如杵，其觸腳者言象如木臼，其觸脊者言象如床，其觸腹者言象如瓮，其觸尾者言象如繩。』後以「盲人摸象」比喻對事物僅憑一些片面了解就以偏代全，妄下結論。魯迅《「這也是生活」》：「於是所見的人或事，就如盲人摸象，摸著了腳，即以爲象的樣子像柱子。」也作「盲人說象」。元·黃溍《書袁通甫詩後》：「正如盲人說象，知其鼻者謂象如杵，知其牙者謂象如蘆菔根。」也作「瞎子摸象」、「衆盲摸象」、「三盲摸象」。

【盲人摸象——不識大體】

佛經寓言說，幾個瞎子摸一頭大象，摸到腿的說大象像根柱子，摸到身軀的說大象像堵牆，摸到尾巴的則說大象像條蛇，大家各執一端，爭論不休。見「黃鼠狼拉駱駝——不識大體」。

【盲人摸象——各執一端】

比喻對事物了解不全面，抓住一點，妄加揣測。例你們兩人就像盲人摸象——各執一端，都認爲自己有理，誰也不讓誰，問題怎麼能解決呢？

【盲人騎瞎馬】

形容極端危險。南朝宋·劉義慶《世說新語·排調》：「[桓溫與殷仲堪]作危語……殷有一參軍在坐，云：『盲人騎瞎馬，夜半臨深池。』」也比喻危險的盲目行動。例我們在沒有弄清敵情之前，萬不可貿然進攻。否則，那將是盲人騎瞎馬，後果極爲危險。也作「盲人瞎馬」。魯迅《北京通訊》：「然而向青年說話可就難了，如果盲人瞎馬，引入危途，我就該得謀殺許多人命的罪孽。」

【盲人騎瞎馬——亂闖】

比喻做事無計畫、無目的，盲目行動。有時比喻對沒有把握的事試試看。例敵人沒有羣衆的支持，就變成聾子、瞎子，他們是盲人騎瞎馬——亂闖，這會兒要他們領教領教咱們人軍隊的厲害。也作「盲人騎瞎馬——亂闖亂碰」、「掐了頭的蒼蠅——亂撞」、「無頭的蒼蠅——亂闖亂碰」、「狗戴砂鍋——亂撞一氣」、「掉了腦袋的蒼蠅——瞎撞」。

【盲人騎瞎馬，夜半臨深池】

比喻處境十分危險。張恨水《金粉世家》八〇回：「憑著這些哥兒們的能耐，大家各自撐立門戶起來，我以爲那是『盲人騎瞎馬，夜半臨深池』的情形。也作「盲人瞎馬，夜半臨池」。

【盲人說象】

見「盲人摸象」。

【盲人撕布——瞎扯】

雙關語。比喻沒有中心或沒有根據地亂說。例事關別人的聲譽，你們不能盲人撕布——瞎扯，說話要負法律責任的。也作「瞎子拉二胡——瞎扯」。

【盲人推磨——瞎轉圈】
比喻毫無意義地兜圈子。例有話就直說，不要盲人推磨——瞎轉圈了。
【盲人捂耳朵——閉目塞聽】
見「聾子瞎了眼——閉目塞聽」。
【盲人熄燈——瞎吹】
比喻吹牛皮，說大話，或毫無根據地胡說。例我們做研究工作的，講的是求實精神和科學態度，盲人熄燈——瞎吹，給決策機關提供錯誤的數據，就要誤大事。也作「**盲人的喇叭——瞎吹**」。
【盲人瞎馬】
見「盲人騎瞎馬」。
【盲眼無珠】
指沒有眼力。《羣音類選（東廂記·傳情惹恨）》：「多因我盲眼無珠，怎識他筆端藏意？」
【盲者得鏡】
形容沒有任何意義。《淮南子·人間訓》：「鏡者所以照形也……盲者得鏡，則以蓋卮。」也作「**盲人得鏡**」。
【茫茫蕩蕩】
形容極爲遼闊。《古今小說》卷四〇：「那臨清去處又大，茫茫蕩蕩，來千去萬，那裏去尋沈公子？」
【茫茫苦海】
指苦難無邊。《聊齋志異·馬介甫》：「兒女情深，英雄氣短，茫茫苦海，同此病源」。也作「**芒芒苦海**」。《雲笈七籤》卷六六：「芒芒苦海中，生死成波瀾。」也作「**苦海茫茫**」。
【茫茫宇宙】
指廣大無邊的世界。唐·白居易《東山寺》詩：「茫茫宇宙人無數，幾個男兒是丈夫。」
【茫然不解】
完全不知道是怎麼回事。例「到底是怎麼回事，快說呀！別再打啞謎了！」他急切地望著我，一副茫然不解的樣子。
【茫然不知】
見「茫無所知」。
【茫然費解】
費解：不好理解。對某事感到迷惑、難以理解。《鏡花緣》八二回：「只圖講究古音，總是轉彎磨祿，令人茫然費解。」
【茫然若迷】
指迷惑、不清楚。《野叟曝言》六二回：「弟前日聞先生正論，因久溺其說，錮蔽已深，竟茫然若迷，莫措一語。」
【茫然若失】
形容精神恍惚、心神不定的樣子。例徒弟們早已走遠了，可宋師傅仍茫然若失地站在那裏，很久沒有說一句話。
【茫然失措】
指不知該怎麼辦才好。《宋史·夏國傳》：「聞夏人至，茫然失措，欲作書召燕達，戰怖不能下筆。」
【茫然無知】
見「茫無所知」。
【茫然自失】
見「芒然自失」。
【茫如隔世】
形容自然界或社會變化很大。明·唐順之《答蔡可泉》：「是以語及文字，輒茫如隔世事，或不得已應酬一二篇，亦信筆打抹，眞所謂老頭巾矣。」也作「**恍如隔世**」、「**恍然隔歲**」。
【茫無邊際】
見「漫無邊際」。
【茫無定見】
形容沒有確定的主見、主意。清·吳雷發《說詩菅蒯》卷七：「於是隨聲附和，茫無定見矣。」也作「**茫無定向**」。明·李清《三垣筆記·崇禎》：「大約繼春功名念重，忽浙黨，忽東林，芒無定向。」
【茫無定向】
見「茫無定見」。
【茫無所知】
指對某事一點也不知道。宋·王安石《祭丁元珍學士文》：「我初閉門，屈首書詩。一出涉世，茫無所知。」也作「**茫然不知**」。清·錢泳《履園叢話·臆論》：「而究問其所謂仁義、虛無、清靜者，皆茫然不知也。」也作「**茫然無知**」。明·海瑞《處補練兵銀疏》：「自臣到任之後，查得水利官皆分管別事、別差委，問之水利，茫然無知。」也作「**懵然無知**」。懵：糊塗。唐·白居易《與元九書》：「除讀書屬文外，其他懵然無知。」
【茫無頭緒】
一點頭緒也沒有。指對事情摸不著邊。《官場現形記》一八回：「這幾天撫台正爲這事茫無頭緒，得了這個信，便傳兩司來商議。」也作「**漫無頭緒**」。例他向來以辦事俐落著稱。可是像今天這種漫無頭緒的事情，他也感到難辦了。
【尨眉皓髮】
尨眉：意謂眉毛一半已白；皓：白。指老年人。漢·張衡《思玄賦》：「尉尨眉而郎潛兮，逮三葉而遘武。」李善引《漢武故事》：「至武帝，嘗輦過郎署，見駟尨眉皓髮。」也作「**龐眉白髮**」。

ㄇㄤˇ

【莽鹵滅裂】
莽鹵：粗魯；滅裂：草率。指草率從事。宋·朱熹《答姜叔叔》之一：「吾恐其莽鹵滅裂，而終不能有所發明也。」也作「**鹵莽滅裂**」。
【蟒袍玉帶】
明、清時大臣的官服。《三俠五義》一七回：「正面一張太師椅上，坐著一位束髮金冠，蟒袍玉帶的王爺。」也作「**蟒衣玉帶**」。《西湖二集》卷四：「孝宗大喜……遂賜蟒衣玉帶。」
【蟒蛇纏犁頭——狡猾（絞鏵）】

見「黃鱔爬犁頭——狡猾(絞鏵)」。

【蟒衣玉帶】

見「蟒袍玉帶」。

ㄇㄥˊ

【蒙頭轉向】

蒙：昏沈。頭腦發昏，以致辨不清方向。例他出差到高雄，待了一個星期，還分不清東南西北。一出門就蒙頭轉向。也形容頭腦發昏，不知所措。例他讓兩個小孩弄得整天蒙頭轉向的，哪兒還有功夫進修？也作「暈頭轉向」。

【蒙恩被德】

指受到別人的恩惠。金・董解元《西廂記》卷二：「崔相姻親交朋，蒙恩被德。」

【蒙混過關】

指用欺騙的手段躲過查究。例有他當產品檢查員，任何次品都別想蒙混過關。

【蒙袂輯屨】

蒙袂：用袖子遮住臉；輯屨：腳上拖著麻、葛等製成的鞋。形容因困頓潦倒而不願讓人看見。《禮記・檀弓下》：「有餓者，蒙袂輯屨，貿貿然來。」也作「蒙袂輯履」。唐・段成式《酉陽雜俎・支諾皋上》：「方之蒙袂輯履，有憒於黔婁。」

【蒙袂輯履】

見「蒙袂輯屨」。

【蒙昧無知】

蒙昧：愚昧。缺乏知識，不懂事理。例王莊堅持掃盲十年，終於使村民擺脫了蒙昧無知的狀況。

【蒙悶葫蘆——抖起來了】

蒙悶葫蘆：〈方〉空竹，一種用竹子和木頭製成的玩具，在圓柱的一端或兩端安上周圍有幾個小孔的圓盒，用繩子抖動圓柱，圓盒就迅速旋轉，發出嗡嗡的聲音。見「老太太坐飛機——抖起來了」。

【蒙面昧心】

形容不顧臉面，違背良心做傷天害理的事情。明・孫過庭《省罪錄・崇禎十二年五月》：「臣豈容蒙面昧心，恬然任事？」也作「昧心蒙面」。清・素政堂主人《定情人》一五回：「賤妾何人，豈不自揣，焉敢昧心蒙面，而橫據鵲巢？」也作「蒙面喪心」。明・瞿式耜《嚴誅附黨台臣疏》：「臣惟魏、崔之世，舉朝混濁不清，附膻逐臭之夫，保富貴全性命爲急，其蒙面喪心有由然也。」

【蒙面喪心】

見「蒙面昧心」。

【蒙上欺下】

指對上蒙蔽，對下欺騙。例李明文在公司裏常常以部門主管的身分做一些蒙上欺下的舉動，讓旁人看了都很想檢舉他。

【蒙上眼睛拉磨——瞎轉悠】

驢子拉磨一般要蒙上眼睛，以避免驢子因長時間轉圈而頭暈，同時避免嘴饞吞食磨上的糧食。見「狗舔磨台——瞎轉悠」。

【蒙頭衲被】

指用被蓋著頭大睡。元・王愛山《上小樓・自適》曲：「日三竿，睡正美，蒙頭衲被。」

【蒙以養正】

蒙：啟蒙。指在兒童啓蒙時就給予正確的教導。《周易・蒙》：「蒙以養正，聖功也。」

【蒙冤受屈】

蒙受冤枉和屈辱。例雖然蒙冤受屈幾十年，他卻從不以此爲理由，要求特殊照顧。

【蒙在鼓裏】

比喻蒙受欺騙，卻還不知。例「你呀，也太老實了。人家把你騙了，你還蒙在鼓裏呢！」也作「悶在鼓裏」、「瞞在鼓裏」。《孽海花》三二回：「所以自始至終，把陳大人瞞在鼓裏。」也作「裝在鼓裏」、「坐在鼓裏」。

【蒙在鼓裏聽打雷——弄不清東南西北】

比喻不知道怎麼回事，或莫名其妙。例這突如其來的消息，使他好像蒙在鼓裏聽打雷——弄不清東南西北，不知如何向大家說明眞相。

【盟山誓海】

指男女愛戀時立下的誓言，表示愛情要像山海那樣永遠不變。元・王德信《採茶歌》：「他若是背義忘恩尋罪責，我將這盟山誓海說得明白。」也作「海誓山盟」、「山盟海誓」、「海約山盟」、「山海之盟」、「誓海盟山」。

ㄇㄥˇ

【猛虎不吃傍窩食】

比喻惡人不在自己居住地周圍做壞事。元・無名氏《替殺妻》四折：「從來『猛虎不吃傍窩食』。送的我死無葬身之地，則爲知心友番做殺人賊。」

【猛虎不吃回頭食】

比喻事既做成，不必後悔。例你怎麼這麼婆婆媽媽的！事已做了，有什麼可反悔的？俗語說得好：『猛虎不吃回頭食。』你也就別去尋什麼後悔藥了。

【猛虎不如羣狐】

比喻寡不敵衆。《南北史演義》六回：「『猛虎不如羣狐』，這是古人明論。今留卿等文武十餘人，統兵逾萬，難道還怕一王鎮惡麼？」也作「猛獸不如羣狐」。

【猛虎出山】

見「猛虎下山」。

【猛虎闖羊羣——一團混亂】

比喻亂七八糟，沒有條理。例由於領導不力，缺乏規章制度，這裏的工作就像猛虎闖羊羣——一團混亂。

【猛虎化爲人，好著紫葛衣】

紫葛（ㄍㄜˊ）衣：紫色絲織品，與

虎皮有些相似。比喻人稟性難變。例你不要以爲他蹲了幾個月的牢，出來就會成爲好人，俗話說：「猛虎化爲人，好著紫葛衣。」你可得提防著點兒。

【猛虎離山】

見「猛虎下山」。

【猛虎撲食】

形容動作迅猛。例就在足球即將飛進球門的一瞬間，守門員一個猛虎撲食，將球牢牢地撲住了。

【猛虎下山】

形容威武迅猛。例在一陣猛烈的炮火之後，戰士們猛虎下山般地撲向敵人的陣地。也作「**猛虎出山**」。例這一支訓練精良的部隊，在軍力檢閱時展現出猛虎出山的氣勢。也作「**猛虎離山**」。《說岳全傳》七五回：「那人使動手中雙戟，猶如猛虎離山。」

【猛虎之猶豫，不若蜂蠆之致螫】

蠆：ㄔㄞˋ，即「蝎」，毒蟲；致螫（ㄕˋ）：用毒刺刺人或物。猛虎如果猶豫不定，還不如小毒蜂用毒刺厲害。比喻處理事物必須及時果斷。《史記・淮陰侯傳》：「故曰：猛虎之猶豫，不若蜂(蠆)之致螫；騏驥之跼躅，不如駑馬之安步。」

【猛將如雲】

形容勇猛的武將很多。例曹操手下雄兵百萬，猛將如雲。也作「**猛士如雲**」。

【猛將如雲，謀臣如雨】

比喻文臣武將極多，現泛指人材濟濟。周而復《南京的陷落》：「南京人材濟濟，像舊戲裏常說的，猛將如雲，謀臣如雨」。也作「**猛將如雲，謀臣似雨**」。《兒女英雄傳》一八回：「況他那裏雄兵十萬，甲士千員，猛將如雲，謀臣似雨。」

【猛將如雲，謀臣似雨】

見「猛將如雲，謀臣如雨」。

【猛犬不吠，吠犬不猛】

比喻有謀略的人不願公開表現自己。例小王是個很有心計的人，凡事從不喜歡吵吵嚷嚷的，而是暗中盤算，就像俗語所說的：「猛犬不吠，吠犬不猛。」一旦他說要做某事，肯定能做成功，不然他絕不先說出來。

【猛張飛舞刀——殺氣騰騰】

張飛：《三國演義》中人物，蜀漢大將。形容充滿了要廝殺的凶狠氣勢。例形勢一天比一天緊張，雙方都像猛張飛舞刀——殺氣騰騰，有一觸即發之勢。

【猛志常在】

指永遠保持著雄心壯志。晉・陶潛《讀山海經》詩：「刑天舞干戚，猛志固常在。」

【懵懂痴呆】

指呆傻糊塗，什麼也不懂。宋・無名氏《錯斬崔寧》：「聰明伶俐自天生，懵懂痴呆未必眞。」

【懵懵懂懂】

糊里糊塗，不明事理。元・紀君祥《趙氏孤兒》四折：「連我這孩兒心下也還是懵懵懂懂的。」也作「**夢夢統統**」。《儒林外史》一六回：「他哥睡的夢夢統統，扒了起來，只顧得他一副上集的擔子。」

【懵然無知】

見「茫無所知」。

ㄇㄥˋ

【孟姜女拉著劉海兒——有哭有笑】

也作「**孟姜女拉著劉海兒——哭的哭，笑的笑**」。見「劉海兒拉著孟姜女——哭的哭，笑的笑」。

【孟良的葫蘆——不管是誰都要燒】

孟艮：《楊家將》中楊府的武將之一，作紅臉，他的武器是一個能放火的葫蘆。比喻發脾氣時，看見誰就攻擊誰；或不分是非、不分對象，胡亂攻擊。例這個綽號叫瘋狗的大少爺，火氣上來，就像孟艮的葫蘆——不管是誰都要燒。

【孟良殺焦贊——自家人害自家人】

見「哥倆打冤家——自家人整自家人」。

【孟良摔葫蘆——散伙（火）】

伙：「火」的諧音。比喻社團等組織的解散。例大家都不願吃公司提供的午餐，員工餐廳辦不下去，孟艮摔葫蘆——散伙（火）吧！也作「**鐵匠折爐子——散伙（火）**」。

【孟母三遷】

相傳孟子的母親爲使兒子從小受到艮好的環境的影響，曾幾次搬家。後也用以比喻家長對子女的諄諄教誨。漢・趙岐《孟子題詞》：「孟子生有淑質，幼被慈母三遷之教。」也作「**孟母三徙**」。《晉書・皇甫謐傳》：「昔孟母三徙以成仁，曾父烹豕以存教。」也作「**孟母三移**」。元・關漢卿《蝴蝶夢》一折：「爲甚我教你看詩書，習經史，俺待學孟母三移教子。」也作「**孟母擇鄰**」。例常言道：「近朱者赤，近墨者黑。」孟母擇鄰就是出於這種考慮。

【孟母三遷——望子成龍】

據傳說，孟子的母親爲了選擇對教育兒子有利的環境，先後三次搬家，最後終於使孟子成爲戰國時期著名的思想家、教育家和政治家。比喻希望子孫成爲出人頭地的人。例有的人確有孟母三遷——望子成龍的思想，可是他們並不懂得「龍」的含義，眞正的「龍」就是正直的、無私的、有益於社會的人。

【孟母三徙】

見「孟母三遷」。

【孟母三移】

見「孟母三遷」。

【孟母擇鄰】

見「孟母三遷」。

【孟詩韓筆】

孟：指孟郊，唐代詩人；韓：指韓愈，唐代文學家。指孟郊以詩見長，韓愈以文章出衆。唐・趙璘《因話錄》卷三：「韓文公與孟東野友善。韓公文至高，孟長於五言，時號孟詩韓筆。」

【夢筆花生】

見「夢筆生花」。

【夢筆生花】

五代・王仁裕《開元天寶遺事》卷下：「李太白少時，夢所用之筆頭上生花，後天才贍逸，名聞天下。」後比喻文思敏捷，很有寫作才能。清・得碩亭《草珠一串》：「帝京景物大無邊，夢筆生花寫不全。」也作「**夢筆花生**」。宋・惠洪《胥敵道次韻見寄復和之》：「寄我三詩爭妙麗，疑君曾夢筆花生。」

【夢到神仙夢也甜】

比喻好事即使成不了現實，但想像一番也很美。《兒女英雄傳》三七回：「那個長姐兒看著兩位奶奶合大爺這番觥籌交錯，心裏明知『神仙不是凡人作』，卻又不能沒個『夢到神仙夢也甜』的非非想。」

【夢斷魂勞】

在睡覺時還時刻思念著。形容思念之深。《警世通言》卷三四：「白日淒涼，黃昏寂寞；燈前有影相親，帳底無人共語。每遇春花秋月，不覺夢斷魂勞。」也作「**夢斷魂消**」。明・高濂《玉簪記・擢第》：「滿目新紅驚樹杪，鶯啼處夢斷魂消。」也作「**夢勞魂想**」。明・高濂《玉簪記.依親》：「我媳婦孤身在那方？痛殺我夢勞魂想。」也作「**魂勞夢斷**」。

【夢斷魂消】

見「夢斷魂勞」。

【夢幻泡電】

見「夢幻泡影」。

【夢幻泡影】

指夢境、幻覺、水泡和影子這四種虛幻的事物。佛教認爲，世上萬事萬物都是虛空的。《金剛般若波羅蜜經・應化非眞分》：「一切有爲法，如夢、幻、泡、影，如露，亦如電，應作如是觀。」後比喻空虛而容易破滅的幻想。宋・劉過《登升元閣故基》：「[劉子]視鸞台鳳閣爲蘧廬，百萬買宅亦夢幻泡影漚。」也作「**夢幻泡電**」。唐・楊炯《益州溫江縣令任君神道碑》：「夢幻泡電，知一切之皆空；園林貨財，見三陽之已淨。」

【夢魂顛倒】

形容精神恍惚，失去常態。金・董解元《西廂記》卷四：「強合眼，睡一覺，怎禁夢魂顛倒，夜難熬。」也作「**夢寐顛倒**」。宋・黃干《答鄭子羽書》：「所慮夢寐顛倒，意況不佳」。也作「**神魂顛倒**」、「**顛倒夢魂**」。

【夢見周公】

《論語・述而》：「甚矣吾衰也，久矣吾不復夢見周公。」周公：西周初政治家。孔子用以說明他的衰老。後借指睡覺。《醒世姻緣傳》三三回：「在門底鋪了自己一條夏布裙子，頭墊了門枕，在那裏『夢見周公』。」

【夢覺黃粱】

唐・沈旣濟《枕中記》：盧生窮困潦倒，住在邯鄲旅店。一日他睡著後，在夢中享受榮華富貴，醒後方知是夢。其時店主人煮的小米飯還未熟。後比喻虛幻不實的事情。元・沈蓮池《駐雲飛・出家》：「童顏白首，夢覺黃粱，一笑無何有。」也作「**夢熟黃粱**」。明・王世貞《鳴鳳記・林公避兵》：「只見他一似宰予晝寢，孟軻隱几，夢熟黃粱。」

【夢勞魂想】

見「夢斷魂勞」。

【夢裏吊頸——想死】

比喻對生活失去信心，厭世輕生。有時咒罵人找死。例楊老頭失去唯一的兒子，悲慟不已，不吃不喝，擔心他夢裏吊頸——想死。

【夢裏蝴蝶】

《莊子・齊物論》：「昔者莊周夢爲蝴蝶，栩栩然蝴蝶也。自喻適志與，不知周也。俄然覺，則蘧蘧然周也。」後比喻空虛渺茫、不可捉摸。《羣音類選（紅拂記・虬髯退步）》：「坐談間早辨龍蛇，把袖裏乾坤都做夢裏蝴蝶。」

【夢裏啃甘蔗——想得倒甜】

比喻想得美妙，難以實現。例你想讓我替強盜賣力，眞是夢裏啃甘蔗——想得倒甜。也作「**夢裏吃蜜——想得甜**」、「**夢裏吃仙桃——想得甜**」、「**夢裏吃糖瓜——想得甜**」、「**夢裏討媳婦——想得倒美**」、「**天上掉餡餅——想得倒美**」、「**上天繡花——想得挺美**」、「**做夢啃豬頭——想得倒美**」、「**猴子下井取月亮——想得美**」。

【夢裏南柯】

唐・李公佐《南柯太守傳》：淳于棼夢中到了大槐安國，在南柯郡當太守。先顯赫一時，享盡種種富貴榮華，後又歷盡挫折。醒後才發現是一場夢，槐安國都與南柯郡原來不過是他家庭院的槐樹下的兩個蟻穴。後用來指幻夢或一場空歡喜。元・王實甫《西廂記》二本四折：「誰承望月底西廂，變做了夢裏南柯。」

【夢裏拾錢——瞎高興】

比喻白白地或沒根據地快活或歡喜。例老家淹大水，房子都倒了，你們卻有心逗樂，眞是夢裏拾錢——瞎高興。

【夢裏討媳婦——想得倒美】

見「夢裏啃甘蔗——想得倒甜」。

【夢裏坐飛機——想頭不低】

比喻心高妄想，難以實現。例這種鹽鹼地，還想豐收高產，你是夢裏坐飛機——想頭不低呢，也作「**夢裏坐飛機——想得高**」。

【夢裏做皇帝——快活不了多久】

比喻享樂、痛快或高興的時間長不

了。例俗話說：「三十年河東，三十年河西。」斷定你夢裏做皇帝——快活不了多久。

【夢裏做皇帝——快活一時算一時】

比喻只顧眼前痛快，不考慮長遠利害。例被困敵軍面臨滅頂之災，還在狂喝猛賭，眞是夢裏做皇帝——快活一時算一時。

【夢寐不忘】

在睡夢中都不忘記。形容印象深刻，難以忘記。也形容願望之迫切。梁啟超《義大利建國三傑傳》一七節：「吾知我必有復與諸君握手戮力以成就我輩所夢寐不忘一大事之日，吾以是自信，吾以是自慰。」

【夢寐顚倒】

見「夢魂顚倒」。

【夢寐魂求】

在睡夢中都在追求。形容願望的迫切。南朝梁·沈炯《歸魂賦》：「思我親戚之顏貌，寄夢寐而魂求。」

【夢寐爲勞】

見「夢想爲勞」。

【夢寐以求】

在睡夢中都在追求。形容希望的迫切。《詩經·周南·關雎》：「窈窕淑女，寤寐求之，求之不得，寤寐思服。」例到北京大學去讀書，這是他夢寐以求的事情。

【夢夢統統】

見「懵懵懂懂」。

【夢夢乍乍】

見「夢夢查查」。

【夢夢查查】

迷迷糊糊。《西遊記》五二回：「慌得那些妖精夢夢查查的，抱著被，朦著頭，喊的喊，哭的哭。」也作「夢夢乍乍」。《西遊記》九二回：「那呆子吃了自在酒飯，睡得夢夢乍乍道：『這早備馬怎的？』」

【夢屍得官】

南朝宋·劉義慶《世說新語·文學》：「人有問殷中軍：『何以將得位而夢棺器』，……殷曰：『官本是臭腐，所以將得而夢棺屍。』」古代認爲夜夢屍體可得官。宋·蘇軾《秦少游夢發殯而葬之……》詩：「居官死職戰死綏，夢屍得官眞古語。」

【夢是心頭想】

指心裏所想的事情常常會在夢裏反映出來。《金瓶梅詞話》七九回：「你從睡夢中只顧氣罵不止。自古『夢是心頭想』。」也作「夢隨心生」、「夢從想中來」。

【夢熟黃粱】

見「夢覺黃粱」。

【夢隨心生】

見「夢是心裏想」。

【夢往神遊】

見「夢想神交」。

【夢喜三刀】

《晋書·王濬傳》：王濬夜裏夢見在他臥室的房梁上掛著三把刀，不久又多了一把刀。別人解夢說：「『三刀，是『州』字，再添（益）一把，說明你要任益州刺史。」後來果然如其所言。後以「夢喜三刀」指官員晋升。唐·柳宗元《奉和周二十二丈……》詩：「夢喜三刀近，書嫌五載違。」也作「夢應三刀」。宋·柳永《一寸金》詞：「夢應三刀，橋名萬里，中和政多暇。」也作「人夢三刀」。

【夢想不到】

比喻出乎意料。例鉅款失而復得，對這位外國友人來說，實在是件夢想不到的事情。

【夢想還勞】

見「夢想爲勞」。

【夢想神交】

形容時刻都在顧念。《醒世姻緣傳》九四回：「恨得別人不中用，都積在狄希陳一人身上，夢想神交，只要算計報仇雪恥。」也作「夢往神遊」。例經過一番努力，他終於回到了夢往神遊已久的祖國。

【夢想爲勞】

在睡覺時還時刻思念著。形容思念之深。明·孟稱舜《花前一笑》四折：「小生自見姐姐，夢想爲勞，誰料得有今日。」也作「夢想還勞」。南朝陳·伏知道《爲王寬與婦義安主書》：「行雲可托，夢想還勞。」也作「夢寐爲勞」。清·陳確《寄陸麗京書》：「張尹來兄過，每道兄雅愛，使人夢寐爲勞。」

【夢熊之喜】

夢熊：古代迷信以夢中見熊爲生男孩的徵兆。《詩經·小雅·斯干》：「吉夢維何？維熊維羆……大人占之，維熊維羆，男子之祥。」後以此語祝賀人生男孩。

【夢應三刀】

見「夢喜三刀」。

【夢兆熊羆】

《詩經·小雅·斯干》：「大人占之，維熊維羆，男子之祥。」古以夢見熊爲生男孩之徵兆。

【夢中結親——好事不成】

比喻事情雖好，卻不能實現。例我們的豐收計畫又流產了，眞是夢中結親——好事不成啊！

【夢中說夢】

佛教用語，比喻虛無。《大般若波羅蜜多經》卷五九六：「復次善勇猛，如人夢中說夢所見種種自性。如是所說夢境自性都無所有。何以故？善勇猛，夢尚非有，況有夢境自性可說。」後比喻言論虛幻、不足信。唐·白居易《讀禪經》詩：「言下忘言一時了，夢中說夢兩重虛。」

【夢中遊西湖——好景不長】

西湖：杭州著名遊覽勝地。比喻好光景、好境況的時間不長久。例胡二這個暴發戶三年後破產了，他嘆息說：「夢中遊西湖——好景不長啊！」也作「做夢當皇帝——好景不長」。

ㄇㄧˊ

【彌縫其闕】
彌：補；闕：過失。彌補過失。《左傳・僖公二十六年》：「彌縫其闕而匡救其災，昭舊職也。」

【彌勒佛的臉蛋——笑眯眯】
彌勒：印度佛經傳說中的人物，寺廟中的塑像常常是袒胸露腹，笑容滿面。形容笑逐顏開的高興精神。例你知道嗎？什麼事情使這個一向嚴肅的人，今天變得像彌勒佛的臉蛋——笑眯眯的。

【彌留之際】
彌留：病重將死去。指臨終前。清・譚嗣同《先仲兄行述》：「兄孝友英篤，至性過人，彌留之際，首以老親為念。」

【彌山遍野】
見「漫山遍野」。

【彌山布野】
見「漫山遍野」。

【彌山滿谷】
見「滿谷滿坑」。

【彌山盈谷】
見「滿谷滿坑」。

【彌天大謊】
彌：滿。指極大的謊言。例他是叛徒？簡直是彌天大謊！也作「迷天大謊」。茅盾《子夜》一一：「她決定把這迷天大謊再推進一些。」也作「瞞天大謊」。例為了逃脫罪責，他扯了個瞞天大謊。也作「漫天大謊」。例雖然明知這是個漫天大謊，但她還是頗有興致地聽著。也作「謾天謊」。元・王伯成《李太白貶夜郎》一折：「那廝主置定亂宮心，醞釀著謾天謊」。

【彌天大禍】
形容災難極大。例常言道：「勿以惡小而為之。」如果在小問題上隨隨便便，以後就可能闖下彌天大禍。

【彌天大罪】
形容罪過極大。《孽海花》二九回：「你自己犯了彌天大罪，私買軍火，謀為不軌，還想賴麼？」也作「迷天大罪」。《水滸傳》二回：「汝等人放火，打家劫舍，犯著迷天大罪，都是該死的人。」也作「彌天之罪」。宋・王稱《東都事略・丁謂》：「臣有彌天之罪，亦有彌天之功」。也作「罪大彌天」。

【彌天蓋地】
形容來勢很猛。例對長期戰鬥在林海雪原的小分隊來說，彌天蓋地的大雪根本算不了什麼。

【彌天亘地】
亘：ㄍㄣˋ，延續不斷。形容很多。《三國演義》九回：「董賊之罪，彌天亘地，不可勝言。」

【彌天匝地】
見「漫天徹地」。

【彌天之功】
形容極大的功勞。宋・王稱《東都事略・丁謂》：「臣有彌天之罪，亦有彌天之功。」

【彌天之罪】
見「彌天大罪」。

【獼猴騎土牛】
《三國志・魏書・鄧艾傳》注：「宣王為泰會，使尚書鍾繇調泰：『君釋褐登宰府，三十六日擁麾蓋，守兵馬郡；乞兒乘小車，一何駛乎？』泰曰：『誠有此。君，名公之子，少有文彩，故守吏職；獼猴騎土牛，又何遲也。』」後以「獼猴騎土牛」比喻晋升極慢。唐・李白《贈宣城趙太守悅》詩：「獼猴騎土牛，羸馬夾雙轅。」

【獼猴偷桃——毛手毛腳】
見「孫猴子坐天下——毛手毛腳」。

【迷不知歸】
見「迷而不返（反）」。

【迷而不返（反）】
迷：迷失道路。比喻明知犯了錯誤而不改正。漢・王粲《為劉表與袁尚書》：「若使迷而不返（反），遂而不改，則戎狄蠻夷將有誚讓之言。」也作「迷不知歸」。

【迷而不悟】
指沈迷於不好的事情而不覺悟。漢・左雄《上封事復諫封山陽君及襄邑侯》：「人主數聞其美，稀知其過，迷而不悟，至於危亡。」也作「執迷不悟」。

【迷而知反，得道不遠】
反，即返。迷途知返，不久便可得道。指知錯便改，就會有好結果。《魏書・高謙之傳》：「且琴瑟不韻，知音改弦更張；騑驂未調，善御執轡成組。諺云：『迷而知反，得道不遠。』此言雖小，可以喻大。」

【迷花戀柳】
見「眠花宿柳」。

【迷花眼笑】
形容極為高興的樣子。《野叟曝言》二五回：「那太監喜得迷花眼笑，也不更數，把袋裏的錢都倒出來，給與翠蓮。」

【迷魂奪魄】
魂、魄：迷信說法，指附在人體內的精神靈氣。形容精神恍惚。《東周列國志》六回：「飄飄然如入神仙洞府，迷魂奪魄，不自知其在人間矣。」

【迷魂湯】
比喻迷惑人的言語或行動。例他嘴巴很甜，你可別喝了他灌的幾口迷魂湯，就飄飄欲仙什麼都答應他。

【迷魂陣】
比喻使人迷惑難解的圈套、計謀。例你這次下去調查情況，只怕有人會給你罷迷魂陣。

【迷惑不解】
指感到奇怪，糊塗，不理解。老舍《鼓書藝人》二七：「掌聲很熱烈。聽眾瞧著她，迷惑不解。」

【迷空步障】

指霧。宋・陶谷《清異錄・博學記》：「謂霧曰迷空步障」。

【迷離恍惚（忽）】

迷離：模糊而難以分清；恍惚：不清楚。指模糊不清。茅盾《夜讀偶記》三：「是怎樣的『唯美』呢？便是追求無意義的『美』……迷離恍惚的『美』。」

【迷離撲朔】

北朝樂府《木蘭詩》：「雄兔腳撲朔，雌兔眼迷離；雙兔傍地走，安能辨我是雄雌。」迷離：模糊的樣子；撲朔：跳躍的樣子。比喻事物錯綜複雜，難以分辨。明・無名氏《女狀元》四折：「雙兔傍地，難迷離撲朔之分。」也作「撲朔迷離」。

【迷離惝恍】

迷離：模糊而難以分清；惝恍：不清楚。謂模糊不清。《孽海花》四回：「庭中一半似銀海一般的白，一半卻迷離惝恍，搖曳著桐葉的黑影。」

【迷戀骸骨】

骸骨：人的屍骨。比喻對腐朽事物依戀不捨。例時至今日，居然還有人宣揚「三從四德」，這簡直是迷戀骸骨。

【迷留悶亂】

見「迷留沒亂」。

【迷留摸亂】

見「迷留沒亂」。

【迷留沒亂】

謂心情煩亂。明・馮惟敏《僧尼共犯》頭折：「俺心中正迷留沒亂的，恰才天氣已晚，是誰在門外叫門。」也作「迷留摸亂」。《金瓶梅詞話》六九回：「當日林氏被文嫂這篇話說的心中迷留摸亂。」也作「迷留悶亂」。金・董解元《西廂記》卷七：「鶯鶯盡勸，全不領略，迷留悶亂沒處著。」也作「迷溜沒亂」。元・關漢卿《裴度還帶》三折：「我見他迷留沒亂癢難揉。」也作「沒留沒亂」。金・董解元《西廂記》卷三：「沒留沒亂，不言不語。」也作「沒撩沒亂」。《水滸傳》七回：「衆多閒漢都來伺候，見衙內自焦，沒撩沒亂，衆人散了。」

【迷溜沒亂】

見「迷留沒亂」。

【迷迷惑惑】

指神智模糊不清。《紅樓夢》六回：「彼時寶玉迷迷惑惑，若有所失。」

【迷人眼目】

指用詭計欺騙別人。例他這樣做，不過是想迷人眼目罷了。

【迷失方向】

走錯道路。例在森林中行走，千萬不能迷失方向。也比喻在思想上沒有正確的方向。例一人如果沒有正確的思想指導，就會迷失方向。

【迷天大謊】

見「彌天大謊」。

【迷天大罪】

見「彌天大罪」。

【迷頭認影】

形容非常糊塗。《楞嚴經》：「如演若多，迷頭認影。」也作「認影迷頭」。

【迷途失偶】

偶：伙伴。在迷路時又丟失了伙伴。形容十分困窘。南朝宋・顏延之《庭誥文》：「慌若迷途失偶，黶如深夜撤燭。」

【迷途望見北斗星——絕處逢生】

北斗星：大熊星座的七顆明亮的星，分布成勺形，人們常用它來辨別方向。見「林沖到了野豬林——絕處逢生」。

【迷途知返（反）】

比喻犯了錯誤能夠改正。戰國楚・屈原《離騷》：「悔相道之不察兮，延佇乎吾將反；回朕車以復路兮，及行迷之未遠。」南朝梁・丘遲《與陳伯之書》：「夫迷途知反，往哲是與！」

【迷在當局】

當局：原指下棋者，後比喻當事人。指當事人往往不易看清事情眞相。北齊・魏收《枕中篇》：「詎非足力不强，迷在當局。」也作「當局者迷」。

【迷蹤失路】

蹤：蹤跡。指迷路。明・無名氏《鬧鍾馗》頭折：「來到這半路途中，尋不著宿處，可怎生迷蹤失路，天晚了也。」

【謎言謎語】

形容話語意思難懂。元・無名氏《度柳翠》一折：「謎言謎語，知他說甚的？」

【麋（糜）沸蟻動】

麋：通「糜」，粥；糜沸：粥在鍋中沸騰。比喻動亂紛擾。《淮南子・兵略訓》「攻城略地，莫不降下，天下爲之麋沸蟻動。」也作「麋（糜）沸蟻聚」。《三國志・魏書・董卓傳》注：「無故移都，恐百姓驚動，糜沸蟻聚爲亂。」也作「麋（糜）沸之亂」。《後漢書・楊彪傳》：「無故捐宗廟，棄園陵，恐百姓驚動，必有糜沸之亂」。

【麋（糜）沸蟻聚】

見「麋（糜）沸蟻動」。

【麋（糜）沸之亂】

見「麋（糜）沸蟻動」。

【麋鹿之性】

形容性格疏放，不拘禮節。《儒林外史》三三回：「大人垂愛，小侄豈不知？但小侄麋鹿之性，草野慣了，近又多病，還求大人另訪。」

【糜爛不堪】

形容破敗得不成樣子。例小李原本出身於一個富裕家庭，沒想到他交友不愼，揮金如土，短短兩三年把家產敗光，徒留一個糜爛不堪的家庭。也比喻生活腐敗。

【糜軀碎首】

糜：碎。指獻出生命。戰國・麴武《報燕太子書》：「今太子欲滅悁悁之恥，除久久之恨，此實臣所當糜軀碎首而不避也。」

【糜餉勞師】
糜：費；勞：使……勞苦；師：軍隊。指無益的軍事行動。《清史稿．林則徐傳》：「詔曰……糜餉勞師，皆林則徐等辦理不善之所致。」

ㄇㄧˇ

【米大麥做捻轉兒——粗的魯兒】
米大麥：麥子的一種，子實形似大米，短粗；捻轉兒：也叫捻捻轉兒，兒童玩具，用木料或塑料做成，扁圓形，中間有軸，一頭尖，玩時用手捻軸使之轉動。比喻做事粗枝大葉，不細緻。例你問他的工作作風嗎？一句話，米大麥做捻轉兒——粗的魯兒。

【米貴如珠】
見「米珠薪桂」。

【米爛成倉】
糧食由於吃不過來而整倉腐爛。形容極爲富裕。《儒林外史》六回：「眞是個錢過北斗，米爛成倉，童僕成羣，牛馬成行。」

【米粒之珠】
形容極小的事物。《封神演義》五三回：「料爾等米粒之珠，吐光不大；蠅翅飛騰，去而不遠。」

【米滿糧倉人餓倒——捨命不捨財】
也作「米滿糧倉人餓倒——愛財捨命」。見「抱元寶跳井——捨命不捨財」。

【米篩篩芝麻——空勞神】
米篩眼大，芝麻顆粒小，用米篩篩芝麻，篩子裏什麼也沒有。比喻白費工夫，不會有任何收穫。例你說想去三峽聽聽兩岸的猿聲，根據我的經驗，這是米篩篩芝麻——空勞神。

【米篩眼裏的米——上不上，下不下】
見「電梯拋錨——上不來，下不去」。

【米少飯焦——難上加難】
也作「米少飯焦——難上難」。見「趕鴨子上架——難上難」。

【米數顆粒麻數根——小氣鬼】
數：查點數目；麻：麻線，很細，一般以重量計數，不以根計數。比喻吝嗇或氣量小的人。例不要指望劉有財捐資辦學了，他是一個米數顆粒麻數根的小氣鬼，拔一毛而利天下也不爲。也作「米有顆粒，麻有條數——小氣鬼」。

【米湯炒蓮藕——糊了眼】
雙關語。比喻人糊塗，看不淸問題；或利欲薰心，做出錯事。例在大是大非面前，頭腦要淸楚，不能米湯炒蓮藕——糊了眼。

【米湯裏煮壽桃——混蛋出尖了】
比喻極不明事理的人。例他是一個米湯裏煮壽桃——混蛋出尖了的人，有理也說不清，最好的辦法是不理睬他。也作「稀飯鍋裏下鐵球——混蛋到底」。

【米湯泡飯——原打原】
比喻同原來一樣，毫無變化。例他在牢房裏蹲了三年，現在仍舊爲非作歹，米湯泡飯——原打原，毫無悔改之意。

【米湯盆裏洗澡——糊糊塗塗過日子】
比喻無所事事，無所作爲，混日子。例我看你這幾年似乎是米湯盆裏洗澡——糊糊塗塗過日子，工作沒做出一點成績來。

【米湯盆裏洗澡——糊裏糊塗】
也作「米湯盆裏洗澡——糊塗得很」、「米湯盆裏洗澡——糊裏糊塗」。見「棒子麵煮葫蘆——糊糊塗塗」。

【米湯盆裏洗澡——盡辦糊塗事】
見「魯肅上了孔明船——盡辦糊塗事」。

【米湯洗頭——糊塗到頂】
比喻不明事理，昏庸極了。例李老漢平時很精明，今天不知爲什麼，辦了件米湯洗頭——糊塗到頂的事，弄得大家哭笑不得。也作「米湯淋頭——糊塗到頂」、「腦門子抹漿糊——糊塗到頂」。

【米湯煮芋頭——糊糊塗塗】
也作「米湯煮芋頭——糊里糊塗」。見「棒子麵煮葫蘆——糊糊塗塗」。

【米鹽博辯】
米鹽：指細微的事物。比喻議論深廣、細緻。《韓非子．說難》：「徑省其說，則以爲不智而拙之，米鹽博辯，則以爲多而交之。」

【米鹽凌雜】
米鹽：形容細碎；凌雜：雜亂。形容雜亂細碎，沒有條理的事情。淸．魏源〈宗子發文集〉序》：「雖市儈、優倡、大猾、逆賊之情狀，灶婢、丐夫米鹽凌雜鄙褻之故，必皆深思而謹識之。」也作「凌雜米鹽」。

【米已成飯】
比喻事情已定，不能更改。《二十年目睹之怪現狀》七〇回：「米已成飯，無可如何。」也作「生米成炊」。

【米珠薪桂】
薪：柴；桂：桂樹。形容日常生活必需品極貴。《古今小說》卷五：「但長安乃米珠薪桂之地，先生資釜旣空，將何存立？」也作「米貴如珠」。漢劇《鬧宮》：「不料天干在三楚，米貴如珠秧無穀。」也作「薪桂米珠」、「珠米桂薪」、「桂薪珠米」。

【弭盜安民】
弭：止。平定盜賊，使百姓過安定的生活。《儒林外史》三四回：「像這盜賊橫行，全不肯講究一個弭盜安民的良法。」

【弭耳俯伏】
弭耳：帖耳。形容溫順馴服。《六韜．發啟》：「猛獸將搏，弭耳俯伏；聖人將動，必有愚色。」

【弭耳受教】
弭耳：帖耳。形容馴服。老老實實受教誨。《兒女英雄傳》一六回：「且等我收伏了這個貫索奴，作個引線，不怕那條孽龍不弭耳受教。」

【弭患無形】

弭：消除；患：憂患；無形：未形成。謂防患未然。《文明小史》六回：「現在外國人已無話說，足見他能夠弭患無形。」

【弭口無言】

弭口：住口。謂閉口不談。《戰國策・秦策二》：「楚王不聽，曰：『吾事善矣，子其弭口無言，以待吾事。』」

【靡不有初】

見「靡不有初，鮮克有終」。

【靡不有初，鮮克有終】

靡：無；初：開始；克：能；終：結尾。做事總有開始，但眞正有結果的卻很少。《詩經・大雅・蕩》：「靡不有初，鮮克有終。」說明做事應該有始有終。元・王實甫《西廂記》五本四折：「你如今那裏想俺家，道不得個靡不有初，鮮克有終。」也作「靡不有初」。清・梁章鉅《浪跡叢談・續談》卷五：「靡不有初，閱世而圮。」

【靡靡不振】

形容意志消沈，精神不振作。宋・晁補之《上杭州教官呂穆仲書》：「而晉天下之事亦靡靡不振，無與治者，甚可嘆也。」也作「委靡不振」、「萎靡不振」。

【靡靡之聲】

見「靡靡之樂」。

【靡靡之響】

見「靡靡之樂」。

【靡靡之音】

見「靡靡之樂」。

【靡靡之樂】

靡靡：頹廢、萎靡。指頹廢淫蕩、趣味低下的音樂。《韓非子・十過》：「此師延之所作，與紂為靡靡之樂也。」也作「靡靡之音」。《聊齋志異・羅刹海市》：「馬即起舞，亦效白錦纏頭，作靡靡之音。」也作「靡靡之聲」。晉・皇甫謐《帝王世紀》：「[桀]為爛漫之樂，設奇偉之戲，縱靡靡之聲。」也作「靡靡之響」。明・沈寵綏《度曲須知・弦索題評》：「古曲聲情雄勁悲激，今則盡是靡靡之響。」

【靡旗亂轍】

靡：倒下；轍：ㄓㄜˊ，車輪印。形容軍隊敗退的樣子。《宋書・沈攸之傳》：「未有憑陵我郊圻，侵軼我河縣，而不焚師殪甲、靡旗亂轍者也。」也作「轍亂旗靡」。

【靡然從風】

見「靡然向風」。

【靡然順風】

見「靡然向風」。

【靡然鄉風】

見「靡然向風」。

【靡然向風】

靡：順風倒下。形容紛紛仿效、人心歸向。《史記・儒林列傳》：「天下之學士，靡然向風矣。」也作「靡然鄉風」。鄉：通『向』。上文《漢書》作「天下學士，靡然鄉風。」也作「靡然從風」。清・沈德潛《古詩源・序》：「有明之初，承宋之遺習。自李獻吉以唐詩振，天下靡然從風。」也作「靡然順風」。唐・張說《廣州都督嶺南按察王府經略使宋公遺愛碑頌》：「詔書下日，靡然順風。」也作「向風靡然」。

【靡日不思】

靡日：沒有一日。形容極為思念。例當她見到靡日不思的老師時，一時竟不知該說什麼好了。

【靡識大體】

靡識：不識；大體：重要的道理。指不懂得大道理，沒有全局觀念。南朝梁・江淹《為齊高帝讓相國齊公九錫表》：「臣實鄙才，靡識大體。」也作「不識大體」。

【靡室靡家】

沒有家。《詩經・小雅・采薇》：「曰歸曰歸，歲暮亦止。靡室靡家，玁狁之故。」

【靡所不為】

靡：無。指什麼事情（多指壞事）都做得出來。宋・蘇軾《轉對條上三事狀》之二：「中材小官，闕遠食貧。到官之後，侵漁求取，靡所不為。」也作「無所不為」。

【靡所不有】

靡：無。指要什麼有什麼。形容極為豐富。宋・趙鼎臣《雜著三十三條》：「使後學之士，如窺江海江洋泛濫，叢雜分播，靡所不有。」也作「無所不有」。

【靡微不周】

靡：沒有。沒有任何細小的地方沒照料到。形容極為細心和關心。宋・魏了翁《辭免督視軍馬乞以參贊軍從丞相行奏札》：「退而差辟官吏、條列事目、調遣將士，凡所以為速發之計者，靡微不周。」

【靡顏膩理】

靡顏：美麗的容貌；膩理：柔滑的肌膚。形容女子之美麗。戰國楚・屈原《招魂》：「靡顏膩理，遺視矊些。」也作「膩理靡顏」。

【靡衣偷食】

靡：奢華；偷：苟且。謂只圖享樂，得過且過，不做長久打算。《漢書・韓信傳》：「今足下……名聞海內，威震諸侯，衆庶莫不輟作怠惰，靡衣偷食，傾耳以待命者。」

【靡衣玉食】

靡衣：奢華的衣；玉食：美食。形容生活奢侈。《梁書・王亮傳》：「亮協固凶黨，作威作福，靡衣玉食，女樂盈房。」

【靡有孑遺】

靡有：沒有；孑遺：剩餘。指經過重大變故後沒有留下什麼人或物。《詩經・大雅・雲漢》：「周餘黎民，靡有孑遺。」也作「罔有孑遺」。

【靡哲不愚】
靡：沒有；哲：哲人，智慧卓越的人。沒有不犯錯誤的哲人，意謂任何人都可能犯錯誤。《詩經．大雅．抑》：「人亦有言，靡哲不愚。」
【靡知所措】
靡：不。不知該怎麼辦才好。晉．司馬睿《改元赦令》：「孤悼心失圖，靡知所措。」

ㄇㄧˋ

【覓愛追歡】
指尋求愛情的歡樂。明．王錂《春蕪記．邂逅》：「你兩人好大膽，竟忘卻隔牆有耳，要覓愛追歡還須待後期。」
【覓縫鑽頭】
指為獲私利而盡力巴結別人。明．張鍊《閱世》之三：「殢煙花疏親慢友，愛錢財覓縫鑽頭。」也作「鑽頭覓縫」。
【覓跡尋蹤】
指盡力尋找他人行蹤。元．吳昌齡《張天師斷風花雪夜》一折：「卻待要拄眼睜睛，覓跡尋蹤。」也作「尋蹤覓跡」。
【覓柳尋花】
觀賞春日風光。《野叟曝言》二六回：「[連城]惟好煉丹採伐，覓柳尋花。」也指狎妓。例他洗面革心，重新做人，徹底結束了覓柳尋花的放蕩生活。
【覓生覓死】
指要死要活地吵鬧。金．董解元《西廂記》卷七：「你休覓生覓死，自推自攧。」
【覓衣求食】
指尋求衣食來源；謀生。《兒女英雄傳》五回：「看你既不是官員赴任，又不是買賣經商，更不是覓衣求食，究竟有什麼要緊的勾當？」
【秘不示人】
指保密，不讓別人知道，不拿給別人看。例他將這幾件珍藏多年，秘不示人的文物獻給了國家。
【秘而不露】
見「秘而不宣」。
【秘而不洩】
見「秘而不宣」。
【秘而不宣】
宣：公開。保守秘密，不肯公開。《鏡花緣》七三回：「泛音既有如此妙論，為何譜上都無此說，他卻秘而不宣，是個什麼意思？」也作「密而不宣」。《兒女英雄傳》二五回：「他此來打算說成了姑娘這樁好事，還有一份賠禮幫箱，此時憋在心裏，密而不宣。」也作「秘而不露」。露：披露。《三國志．魏書．董昭傳》：「秘而不露，使權得志，非計之上。」也作「秘而不洩」。《雲笈七籤》卷六九：「上仙眞經秘而不洩者，為此子母之法，恐凡愚之心見知也。」
【密不通風】
原指空氣不通。例傷員們在密不通風的青紗帳裏住了三天三夜，終於躲過了敵人的搜捕。也形容保守秘密，不透露任何消息。《初刻拍案驚奇》卷二：「朝奉在家推個別事出外，時時到此來往，密不通風，有何不好？」也形容緊密的包圍。元．紀君祥《趙氏孤兒》二折：「這兩家做下敵頭重，但要訪的孤兒有影蹤。必然把太平莊上兵圍擁，鐵桶般密而不露。」也作「密不透風」。例人們將縮在炮樓裏的敵人裏三層、外三層圍了個密不透風。
【密不透風】
見「密不通風」。
【密而不宣】
見「秘而不宣」。
【密鑼緊鼓】
戲曲開台前的急促鑼鼓聲。比喻事先製造的輿論準備。例劉隊長沉吟片刻，說：「從這密鑼緊鼓的宣傳來看，估計敵人又要有新的行動了。」也作「緊鑼密鼓」。
【密縷細針】
見「密針細縷」。
【密勿之地】
密勿：機要。指處理國家大事的地方。《花月痕》四六回：「身居密勿之地，苟懷緘默之風，則宰相亦何常之有！一切凡人，皆可為之。」
【密意深情】
形容彼此間情意深摯。多用於戀人之間。宋．晏殊《漁家傲》詞：「密意深情誰與訴，空怨慕，西池夜夜風兼露。」也作「深情密意」。
【密意幽悰】
悰：ㄘㄨㄥˊ，歡樂。指埋藏在內心的情意和歡樂。元．賈仲名《金安壽》一折：「助人笑口歡容，幾多密意幽悰。」
【密雲不雨】
濃雲密布，但尚未下雨。《周易．小畜》：「密雲不雨，自我西郊。」後比喻因恩惠尚未施行。唐．陳子昂《諫用刑書》：「頃來亢陽愆候，密雲而不雨，農夫釋耒，瞻望嗷嗷，豈不由陛下之有聖德而不降澤於下人也。」也比喻事情已醞釀成熟，但尚未爆發。例目前那個地區的形勢可謂密雲不雨，各路大兵雲集，戰爭有一觸即發之勢。也作「密雲無雨」。唐．杜甫《雷》詩：「大旱山岳焦，密雲復無雨。」
【密雲無雨】
見「密雲不雨」。
【密針細縷】
縫製細密。比喻思考或辦事周到細緻。茅盾《夜讀偶記》五：「很可惜，曹雪芹的這種密針細縷，曲曲折折表達出來的向前看的態度，在後四十回中被高鶚發揮為相反的一面。」也作「密縷細針」。清．許葉芬《紅樓夢辨》：「惟其以玄旨寫俗情，密縷細針，自是小說中另有一副空前絕後筆墨。」也作「細針密縷」。

【蜜蜂釀蜜——不為自己】

比喻不考慮自己。例他做了一輩子老黃牛，就像蜜蜂釀蜜，從來不為自己。

【蜜餞石頭子——好吃難消化】

比喻東西雖好吃，但不易消化。例敵人企圖占領我陣地制高點，以控制運輸線，但他們心裏明白，蜜餞石頭子——好吃難消化，要達到目的，非付出高昂的代價不可。

【蜜口劍腹】

形容為人陰險、狠毒。明·何良俊《四友齋叢說》卷九：「且謂李林甫之蜜口劍腹，賈似道之牢籠言路，合而為一，其患可勝道哉！」也作「口蜜腹劍」。

【蜜裏調油】

形容感情極為融洽。《兒女英雄傳》三九回：「不是前番我乾娘在我們那莊兒上住那幾天嗎？他就合人家好了個蜜裏調油。」

【蜜裏調油——又甜又香】

比喻日子很美滿，或心情非常舒暢。例你們這一代人真幸福，日子過得就像蜜裏調油——又甜又香。

【蜜糖熬冰糖——好甜】

①比喻生活幸福、美滿。例這小倆口的日子過得就像蜜糖熬冰糖——好甜，大家可羨慕呢！②形容嘴甜，說話順心。例這小姑娘的嘴，真是蜜糖熬冰糖——好甜，誰聽誰高興啊！

【蜜糖罐子打醋——不知酸甜】

比喻人不懂事或不知辛苦。例無錢無勢的人辦事真難呀，你們青年人是蜜糖罐子打醋——不知酸甜，多碰幾次釘子就知道了。

ㄇㄧㄝ

【乜乜屑屑】

乜乜：眼睛斜視。指裝出一副癡呆相。《醒世姻緣傳》四三回：「他乜乜屑屑的不動彈。」也作「乜乜趄趄」。

趄趄：ㄒㄩㄝ ㄒㄩㄝˊ，來回盤旋。《醒世姻緣傳》四三回：「那晁住乜乜趄趄的不肯動身。」

【乜乜趄趄】

見「乜乜屑屑」。

ㄇㄧㄝˋ

【滅此朝食】

《左傳·成公二年》：「齊侯曰：『余姑翦滅此而朝食。』」原謂在消滅敵人後再吃早飯。後形容急於做某事的心情和必定成功的信念。魯迅《沈滓的泛起》：「在愛國文藝家的指導之下，真是大可樂觀，要『滅此朝食』了。」也作「翦此朝食」。

【滅頂之災】

滅頂：水淹沒頭頂。指被水淹沒的災難。馮玉祥《我的生活》二六章：「那美艦從上海起碇，以最大速力馳向岳州，顯其威風，致在沿途江中沖翻了許多民船，許多無辜人民受滅頂之災。」也比喻毀滅性的災難。例連年的軍閥混戰使無數無辜百姓遭到了滅頂之災。

【滅火踢倒油罐子——火上澆油】

雙關語。比喻使人更加憤怒，或使事態更加嚴重。例他正為落選而生氣，你又去胡說什麼這不公，那不公，這不是滅火踢倒油罐子——火上澆油嗎？也作「滅火踢倒煤油罐」。

【滅禍不自其基，必復亂】

禍：禍事，災難；基：基礎，根本。消除禍患不從根本上鏟除，一定會再次爆發。《國語·晋語一》：「伐木不自其本，必復生；塞水不自其源，必復流；滅禍不自其基，必復亂。」

【滅絕人性】

形容極其兇暴殘忍。例在有關部門的努力下，這兩個滅絕人性的歹徒終於落入了人民的法網。

【滅門絕戶】

指一家人皆死，無一倖免。元·關漢卿《魯齋郎》三折：「縱是你舊媳婦、舊丈夫依舊歡聚，可送的俺一家兒滅門絕戶。」

【滅門之禍】

指一家人都被害。《文明小史》二六回：「你越讀書越沒出息，索性弄到滅門之禍了！」

【滅私奉公】

滅私：消除私念，不謀個人利益；奉公：奉行公事。指克己守法，一心為公。唐·元稹《崔倰授尚書戶部侍郎制》：「其職嚴而不殘，辟名用物者逃無所入，滅私奉公者得以自明。」

【滅影銷聲】

指隱居。南朝梁·劉孝綽《與東宮啟》：「方願滅影銷聲，遂移林谷。」也作「銷聲滅跡」、「遁跡銷聲」。

【滅自己志氣，長他人威風】

指不相信自己的力量，過高地估計了對方的力量。例誰說咱們球隊比他們差？他們雖然有個高中鋒，可咱們這幾個後衛又是幹什麼的？你不能滅自己志氣，長他人威風！

【蔑條捆竹子——自纏身】

比喻作繭自縛，自作自受。例你感情用事，拉來這幫小癟三，把你所領導的部門鬧得烏煙瘴氣，真是蔑條捆竹子——自纏身。也作「春蠶吐絲——自纏身」、「蠶姑姑作繭——自己捆自己」。

ㄇㄧㄠˊ

【苗而不實】

見「苗而不秀」。

【苗而不穗】

見「苗而不秀」。

【苗而不秀】

《論語·子罕》：「子曰：『苗而不秀者有矣夫，秀而不實者有矣夫。』」秀：吐穗。禾苗只生長而不吐穗。原爲孔子哀嘆顏回早逝之語。後比喻人早逝。南朝宋・劉義慶《世說新語・賞譽》：「戎子萬子，有大成之風，苗而不秀。」也比喻徒有其表，華而不實。元・王實甫《西廂記》四本二折：「你原來『苗而不秀』，呸，你是個銀樣鑞槍頭。」也作「**苗而不實**」。唐・辛替否《諫造金仙玉眞二觀疏》：「入秋已來，亢旱成災，苗而不實。」也作「**苗而未秀**」。三國魏・丁儀《周成漢昭論》：「昭帝苗而未秀，其得在始。」也作「**苗而不穗**」。漢・蔡邕《袁滿來墓碑》：「四月壬寅，遭疾而卒，既苗而不穗，凋殞華英。」

【苗而未秀】
見「苗而不秀」。

【描龍刺鳳】
見「描鸞刺鳳」。

【描龍繡鳳】
見「描鸞刺鳳」。

【描鸞刺鳳】
指刺繡。《紅樓夢》二三回：「每日只與姐妹丫鬟們一處，或讀書，或寫字，或彈琴下棋，作畫吟詩，以至描鸞刺鳳。」也作「**描龍刺鳳**」。《清平山堂話本・風月瑞仙亭》：「詩詞歌賦，琴棋書畫，描龍刺鳳，女工針指，飲饌酒漿，無所不通。」也作「**描龍繡鳳**」。清・張南莊《何典》七回：「不拘描龍繡鳳，件件皆精。」

【描眉畫鬢】
指婦女的化妝打扮。《紅樓夢》一〇〇回：「若是薛蝌在家，他便抹粉施脂，描眉畫鬢，奇情異致的打扮收拾起來。」

【描眉畫角】
見「描頭畫角」。

【描眉畫眼】
指女子打扮。《金瓶梅詞話》一回：「從九歲賣在王招宣府裏，習學彈唱，就會描眉畫眼，傅粉施朱。」也作「**畫眼描眉**」。

【描頭畫角】
指過分的雕飾。清・潘德輿《養一齋詩話》卷二：「命意高渾，一唱三嘆，言外有神，既非詞人描頭畫角者所能窺其奧秘，亦非胸無實蘊者抑鬱感慨之粗詞也。」也作「**描眉畫角**」。清・方南堂《輟鍛錄》：「元和以後，下逮晚唐，咏物詩極多，縱極巧妙，總不免描眉畫角，小家舉止。」

ㄇㄧㄠˇ

【眇乎其小】
眇：渺小，微小。指極小。清・譚嗣同《以太說》：「如一葉，如一塵，如一毛端，如一水滴，其爲物眇乎其小矣。」也作「**渺乎其小**」。鄒韜奮《患難餘生記》一章：「這個數量在外國出版事業發達的地方，可謂渺乎其小。」

【眇眇之身】
眇眇：微小。極言個人力量之微小。《漢書・文帝紀》：「朕獲保宗廟，以眇眇之身托於天下君王之上，二十有餘年矣。」也作「**渺然一身**」。宋・陳亮《與石應之》：「古之君子以渺然一身而能與天地並立者，豈周旋上下委曲彌縫之所能辦哉！」也作「**藐茲一身**」。茲：這個。孫中山《倫敦蒙難記》四：「藐茲一身，眞墮落於窮谷中不克自拔矣。」

【渺不足道】
指微小得不值一提。《北洋軍閥統治時期史話》五三章：「張作霖雖係北京政府的『頂頭上司』，但在帝國主義眼中卻是一個渺不足道的角色。」也作「**微不足道**」。

【渺乎其小】
見「眇乎其小」。

【渺然一身】
見「眇眇之身」。

【渺無邊際】
見「漫無邊際」。

【渺無蹤影】
渺：遠。指遠遠地消失了。元・石子章《竹塢聽琴》三折：「恁琴書四海遊，關山千里行，恁去處渺無蹤影。」

【藐茲一身】
見「眇眇之身」。

【邈若山河】
形容相距甚遠，如隔千山萬水。唐・陳子昂《祭韋府君文》：「昔君夢奠之時，値余置在叢棘。獄戶咫尺，邈若山河，話言空存。」

ㄇㄧㄠˋ

【妙筆丹青】
見「妙手丹青」。

【妙筆生花】
形容寫作能力强。例寫散文並不太難，可要想把它寫得精彩動人，那非得有點妙筆生花的本事不可。

【妙不可言】
美妙至極，以致無法用語言形容。《東周列國志》五九回：「公子側會其意，一吸而盡，覺甘香快嗓，妙不可言。」

【妙策如神】
形容所設計十分高明，如有神助。《三國演義》五一回：「陳矯在敵樓上，望見周瑜親自入城來，暗暗喝彩道：『丞相妙策如神！』」

【妙策神機】
見「妙算神機」。

【妙處不傳】
指深奧神妙之處，無法用言語來表達。南朝宋・劉義慶《世說新語・文學》：「司馬太傅問謝車騎：『惠子其書五車，何以無一言入玄？』謝曰：『故當是妙處不傳。』」

【妙奪化工】
化：造化，大自然；工：精巧。人工的精巧勝過天然，形容技藝高妙。明・胡應麟《詩藪・外編》卷五：「凡用事用語，雖千熔百煉，若黃金在冶，至鑄形成體之後，妙奪化工，無復絲毫痕跡，乃爲佳。」也作「**巧奪天工**」。

【妙冠一時】

見「妙絕時人」。

【妙絕人寰】

見「妙絕時人」。

【妙絕時人】

絕：獨一無二；時人：同時代的人。謂技藝、成就遠遠超過同時代的人。三國魏·曹丕《與吳質書》：「公幹有逸氣，但未遒耳。其五言詩之善者，妙絕時人。」也作「**妙絕於時**」。《晉書·顧愷之傳》：「每寫起人形，妙絕於時。」也作「**妙絕人寰**」。清·盛大士《溪山臥遊錄》：「雨後雲成縹緲山，虎兒筆妙絕人寰。」也作「**妙絕一時**」。宋·周鍊《清波雜志》卷一二：「筆墨簡遠，妙絕一時。」也作「**妙冠一時**」。唐·張彥遠《歷代名畫記·敘畫之興廢》：「其陸探微《蕭史圖》，妙冠一時，名居上品。」

【妙絕一時】

見「妙絕時人」。

【妙絕於時】

見「妙絕時人」。

【妙論粲花】

粲（ㄘㄢˋ）花：指言談之美，如同百花燦爛。形容議論、言談之高妙。宋·歐陽澈《傅岩居士挽詞》：「妙論粲花今已矣，遺編戛玉尚依然。」也作「**粲花妙論**」。

【妙能曲盡】

指妙處能夠充分、生動地表達出來。唐·白居易《宣州試射中正鵠賦》：「妙能曲盡，勇可賈餘。」也作「**曲盡其妙**」。

【妙趣橫生】

趣：情趣；橫生：盡出不窮地表露。指充滿了美妙的情趣。例老舍小說機智幽默、妙趣橫生。

【妙手丹青】

妙手：技藝高超的人；丹青：指繪畫。指繪畫技藝超羣者。《儒林外史》四六回：「莊濯江尋妙手丹青畫了一幅『登高送別圖』，在會諸人，都做了詩。」也作「**妙筆丹青**」。

【妙手回春】

回春：冬去春來，比喻治癒危重病人。多用以稱頌醫生醫術高明。《官場現形記》二〇回：「什麼『妙手回春』，什麼『是乃仁術』，匾上的字句，一時也記不清楚。」

【妙手空空】

唐代傳奇小說中的劍俠名，本作「妙手空空兒」。唐·裴鉶《聶隱娘》：「後夜當使妙手空空兒繼至。空空兒之神術，人莫能窺其用，鬼莫得躡其蹤，能從空虛之入冥，善無形而滅影。」後指竊賊。也形容手中一無所有。也作「**空空妙手**」。

【妙手偶得】

妙手：指技藝高超之人；偶得：指受靈感啟發而忽然想到的。形容某些詩文的完美自然。梁啟超《世界外之世界》：「不見有詩，惟見有我，妙手偶得，佳句斯構。」

【妙算神機】

算：謀劃；機：機智。形容謀略十分高明。宋·趙佶《念奴嬌》詞：「妙算神機，須信道，國手都無勍敵。」也作「**妙策神機**」。元·關漢卿《單刀會》一折：「小官自有妙策神機。」也作「**神機妙算**」。

【妙舞清歌】

清歌：歌聲清越。指美妙的歌舞。盧照鄰《登封大酺歌四首》詩之二：「繁弦綺席方終夜，妙舞清歌歡未歸。」也作「**曼舞妖歌**」。曼舞：柔美的舞蹈；妖歌：美好的歌聲。宋·陸游《觀張提刑周鼎》詩：「曼舞妖歌誇坐客。」也作「**清歌妙舞**」、「**清歌雅舞**」、「**緩歌慢舞**」、「**妍歌妙舞**」。

【妙想天開】

形容想法極爲奇妙。例想像力豐富的珍珍，常常會妙想天開的提出一些發明構想。

【妙言要道】

妙：深微；要：切要，重要。指深微、切要的言論道理。魯迅《漢文學史綱要·藩國之文術》：「宜聽妙言要道，以疏神導體。」也作「**要言妙道**」。

【妙語解頤】

解頤：大笑；頤：面頰。指話語機智風趣。《花月痕》一二回：「『有鶯其羽』四字，妙語解頤，太太眞個聰明，大家各賀一杯。」

【妙喻取譬】

譬：比喻。指通過巧妙的比喻，使所述道理生動易懂。例李老師上課方式生動活潑，講解艱澀的課程總是運用妙喻取譬的方式，讓學生容易理解吸收。

【廟後叩頭——心到神知】

比喻只要盡到心意，對方自然知道。例何必硬要人家知道你現在所做的事情呢！廟後叩頭——心到神知，求個心安而已。

【廟裏的佛像——穩而不動】

比喻言行穩妥，不因外界的影響而動搖。例經過大風大浪的考驗，他這個人是廟裏的佛像——穩而不動。

【廟裏的佛爺——有眼無珠】

佛爺：佛教徒對釋迦牟尼的尊稱，泛稱佛教的神，此指佛爺的塑像。比喻沒有識別的事物的能力。例這位青年人有熱情，有幹勁，但是廟裏的佛爺——有眼無珠，往往被別人利用。也作「**泥球換眼睛——有眼無珠**」、「**石雕的眼睛——有眼無珠**」。

【廟裏的和尚——無牽無掛】

也作「**廟裏的和尚——無牽掛**」。見「魯智深出家——無牽掛」。

【廟裏的和尚撞鐘——名（鳴）聲在外】

見「隔門縫吹喇叭——名（鳴）聲在外」。

【廟裏的金剛——大顯神威】

比喻表現出神奇的威力。例在這次勞動比賽中，小勇就像廟裏的金剛——大顯神威，勇奪冠軍。也作「**趙子龍大戰長坂坡——大顯神威**」。

【廟裏的苦羅漢——難得一笑】

羅漢：佛教稱斷絕了一切嗜欲，解脫了煩惱的僧人。形容表情嚴肅，很少有笑容。例平時他彷彿廟裏的苦羅漢——難得一笑，但在今天的相聲晚會上，卻一反常態，大笑不已。

【廟裏的木魚——合不攏嘴】

見「和尚的木魚——合不攏嘴」。

【廟裏的泥馬——驚不了】

比喻不受驚擾。例我們這裏非常安全，流氓盜匪絕跡，保證你廟裏的泥馬——驚不了。

【廟裏的鐘——聲大肚空】

比喻徒有虛名，沒有真才實學。例「您是遠近聞名的獸醫專家，特來向您請教。」「廟裏的鐘——聲大肚空，實感慚愧。」也作「**牛皮蒙鼓——聲大肚空**」。

【廟裏的豬頭——各有主】

舊時春節用豬頭祀神。比喻各有歸屬。例廟裏的豬頭——各有主，請不要隨便動這些東西。也作「**城隍廟的豬頭——有受主的**」。

【廟裏丟菩薩——失神】

菩薩：泛指佛和某些神。雙關語。比喻精神恍惚，注意力不集中。例他最近發生了什麼事，就像廟裏丟菩薩——失神了。

【廟裏趕菩薩——神出鬼沒】

菩薩：泛指佛和某些神。比喻行動無常，變化多端，不可捉摸。例用兵無常道，廟裏趕菩薩——神出鬼沒，是重要的指揮藝術之一。也作「**諸葛亮用兵——神出鬼沒**」。

【廟裏頭的供品——鬼吃】

供品：供奉神佛、祖宗用的瓜果酒食等。表示不滿的話，指沒有人吃。例勤儉、廉潔在這裏已蔚然成風，你搞這樣豐盛的宴席，好比廟裏頭的供品，讓鬼吃吧！

【廟裏頭失豬頭——找鬼】

表示不滿的話，指找不到人，或東西無法找到。例早就下班了，這樣多貨物才運到，值班員如何想辦法卸貨，廟裏頭失豬頭——找鬼去？

【廟裏著火——慌神了】

雙關語。比喻心慌意亂，六神無主。例在法庭上，犯罪分子見證人出場，就像廟裏著火——慌神了。也作「**廟台子上長草——慌（荒）了神**」、「**泥菩薩身上長草——慌（荒）了神**」、「**龍宮裏造反——慌了神**」、「**小廟著火——慌了神**」、「**孫悟空大鬧天宮——慌了神**」、「**土地爺逃難——慌了神**」、「**土地爺打螞蚱——慌（蝗）神**」、「**土地爺撲螞蟻——慌了神**」。

【廟門口的旗桿——光棍一條】

見「毛筆掉了頭——光棍一條」。

【廟門前的石頭獅子——一對兒】

比喻兩個人感情融洽，關係親密；也指夫妻雙方。例這兩人互相幫助，形影不離，就像廟門前的石頭獅子——一對兒。也作「**繡花枕頭——一對兒**」、「**棗木梆子——一對兒**」、「**河裏的鴛鴦——一對兒**」、「**衙門口的獅子——一對兒**」、「**西湖的鴨子——一對兒**」、「**楊宗保和穆桂英——一對**」。

【廟門上篩灰——糟蹋神像】

比喻任意肆虐或藐視一切。例你膽敢不聽從將軍的指揮，還大放厥詞，眞是廟門上篩灰——糟蹋神像，今天非嚴懲你不可。也作「**神龕上掛糞桶——糟蹋神像**」。

【廟算如神】

廟算：由朝廷制訂的克敵謀略。指朝廷所訂謀略極爲高妙，如有神助。《清朝野史大觀》卷九：「皇上廟算如神，兵威丕顯。」

【廟台子上長草——慌（荒）了神】

慌：「荒」的諧音。見「廟裏著火——慌神了」。

【廟堂裏的桅桿——獨一根】

桅桿：本指船上掛帆的桿子，此指旗桿。見「十畝園裏一棵草——獨苗兒」。

【廟堂裏的鐘——想（響）得多】

想：「響」的諧音。廟堂的鐘，每天要敲幾次，不時發出響聲。比喻思考或想念得很多。例他這個人就像廟堂裏的鐘——想（響）得多，做得少，死氣沉沉，毫無進展。

【廟堂偉器】

廟堂：宗廟明堂，也指朝廷；器：祭祀用的器物，喻指人才。比喻國家的棟梁之才。元・無名氏《黃鶴樓》三折：「眞乃天下英雄，誠爲廟堂偉器。」也作「**廟堂之器**」。明・劉基《賣柑者言》：「峨大冠，拖長紳者，昂昂乎廟堂之器也。」

【廟堂之器】

見「廟堂偉器」。

【廟頭鼓】

本指擺在廟宇門前可以任人敲打的鼓。比喻任人批評指責的對象。例他已一落千丈，從不可一世變成廟頭鼓嘍！

【廟小盛不下大和尚】

比喻單位或地方小，容納或接收不了大人物。例我們很歡迎你來，只恐怕「廟小盛不下大和尚」，委屈了你。

【廟小菩薩大——盛不下】

菩薩：泛指佛和某些神。比喻容納不了。例你是鼎鼎大名的專家，俗話說：「廟小菩薩大——盛不下。」我們小工廠怎敢聘請。也作「**沙鍋煮牛頭——盛不下**」。

【廟小神通大，水淺王八多】

比喻有些地方或單位不大，可是壞人卻不少。例你別小看那個單位，地方雖然不大，卻是「廟小神通大，水淺王八多」。以後，你得小心著點兒。

【廟中的五百羅漢——各有各的地位】

羅漢：佛教中稱斷絕了一切嗜欲，解脫了煩惱的僧人。比喻各有各的身份、作用和命運，無法改變。例他認爲剝削有理，說什麼廟中的五百羅漢——各有各的地位，是命中註定的。

【廟祝公養狗——費（吠）神】

廟祝公：廟宇中管香火的人；費：「吠」的諧音。雙關語。比喻白費力氣。例跑了幾十次，皮球踢來踢去，問題得不到解決，實在是廟祝公養狗——費（吠）神啊！

ㄇㄧㄡˋ

【謬采虛聲】

謬：錯誤；采：指聽信。指誤信虛假的名聲。《官場現形記》五六回：「制台又謬采虛聲，拿他當作了一員能員，先委了他幾個好差使。」

【謬托知己】

托：依托。指誤引以爲知心人。《官場現形記》五二回：「有班謬托知己的朋友，天天在一塊兒打牌吃酒。」

【謬以千里】

指荒謬至極。清·梁紹壬《兩般秋雨庵隨筆》卷六：「賈秋壑之幅巾鶴氅，似諸葛公之羽扇綸巾，頗有瀟灑氣……然而非其人，則謬以千里矣。」

【謬悠之說】

謬悠：虛空悠遠。指虛浮不實的言論。《莊子·天下》：「以謬悠之說，荒唐之言，無端崖之辭，時恣縱而不儻，不以觭見之也。」

【謬種流傳】

見「繆種流傳」。

【繆種流傳】

指荒謬錯誤的東西流行傳播開來。《宋史·選舉志》：「至理宗朝，奸弊愈滋……才者或反見遺。所取之士既不精，數年之後，復俾之主文，是非顛倒愈甚，時謂之繆種流傳。」也作「謬種流傳」。清·惲敬《與饒藺南》：「然有可解者，謬種流傳已數十年。」也作「繆種相承」。元·劉壎《隱居通議》卷一：「亦由所師不過如此，繆種相承卒誤後學。」也作「流傳謬種」。

【繆種相承】

見「繆種流傳」。

ㄇㄧㄢˊ

【眠花宿柳】

花、柳：指娼妓。指狎妓。《金瓶梅詞話》一回：「在外眠花宿柳，惹草招風。」也作「眠花臥柳」。元·無名氏《玩江亭》三折：「你則待要玩水遊山、怎如俺眠花臥柳。」也作「迷花戀柳」。《警世通言》卷三二：「然尊大人所以怒兄者，不過爲迷花戀柳，揮金如土。」也作「宿柳眠花」。

【眠花臥柳】

見「眠花宿柳」。

【眠霜臥雪】

露宿於霜雪中。形容極爲艱苦。元·關漢卿《哭存孝》二折：「我也曾苦征惡戰，眠霜臥雪，多有功勛。」

【眠思夢想】

在睡夢中也想念。形容極爲思念。《紅樓夢》八〇回：「乍乍的離了姐妹們，只是眠思夢想。」

【眠同貓鼠】

見「貓鼠同處」。

【綿裹秤錘】

指不顯露。《五燈會元·大溈果禪師法嗣》：「興氏道：『我逢人則不出，出則便爲人，又作麼生？』師曰：『綿裹秤錘』。」

【綿裹藏針】

見「綿裏針」、「綿裏裹針」。

【綿裹鋼針】

見「綿裏針」。

【綿裹裹鐵】

見「綿裏裹針」。

【綿裏裹針】

比喻柔中有剛。清·楊倫《前出塞》詩之九注：「隱見得不償失，借軍士口中逗出，總是「綿裏裹針之法」。也作「綿裹裹鐵」。清·藍瑛等《圖繪寶鑑續纂·僧石溪》：「畫奇創，字有綿裏裹鐵意，律詩清古。」也作「純綿裹針」。

【綿裏針】

比喻外表溫柔而內心狠毒。元·石君寶《曲江池》二折：「笑裏刀剮皮割肉，綿裏針剔骨挑筋。」也作「綿裏之針」。《金瓶梅詞話》二〇回：「誰知這小伙兒綿裏之針，肉裏之刺，常向繡簾窺賈玉，每從綺閣竊韓香。」也作「綿裏藏針」。《醒世姻緣傳》一五回：「當日說知心，綿裏藏針。險過遠水與遙岑。何事腹中方寸地，把刀戟，擺森森。」也作「綿裏鋼針」。宋·無名氏《劉知遠諸宮調》二：「便是綿裏鋼針蜜裏砒。」也作「綿中刺」。元·秦簡夫《東堂老勸破家子弟》一折：「那裏面藏圈套，都是些綿中刺、笑裏刀。」也作「針藏綿裏」。比喻極爲珍惜。元·王實甫《西廂記》三本四折：「得了個紙條兒恁般針藏綿裏，若見玉天仙怎生軟廝禁？」

【綿裏針，肉裏刺】

比喻外表和善，內心裏卻十分狠毒。《金瓶梅詞話》五一回：「我還把他當好人看成。原來知人知面不知心，那裏看人去。乾淨是個『綿裏針，肉裏刺』的貨，還不知背地在漢子根前架的甚麼舌兒哩。」也作「綿裏之針，肉裏之刺」。

【綿裏之針】

見「綿裏針」。

【綿力薄材】

指乏力少才。宋·王安石《乞免使相充觀察使第二表》：「在昔之懋勛明德，尚莫敢居，如臣之綿力薄材，豈宜非據？」也作「**薄才綿力**」。

【**綿綿不絕**】

指連續不斷。梁啟超《飲冰室詩話》七七：「中國樂學，發達尚早。自明以前，雖進步稍緩，而其統猶綿綿不絕。」也作「**綿綿不息**」。巴金《無題・做一個戰士》：「我激蕩在這綿綿不息滂沱四方的生命洪流中。」也作「**綿延不絕**」。巴金《懷念・悼范兄》：「我知道生命無處不在，我知道生命綿延不絕。」

【**綿綿不息**】

見「綿綿不絕」。

【**綿綿瓜瓞**】

《詩經・大雅・綿》：「綿綿瓜瓞，民之初生，自土沮漆。」瓞：ㄉㄧㄝˊ，小瓜。在一根藤上連續不斷地長出許多大大小小的瓜。形容事物的逐步發展壯大。唐・劉知幾《史通・世家》：「夫古者諸侯，皆即位建元，專制一國，綿綿瓜瓞，卜世長久。」後用來祝賀子孫昌盛。《兒女英雄傳》二八回：「聯成並蒂良緣，定是百年佳偶。綿綿瓜瓞，代代簪纓。」也作「**瓜瓞綿綿**」。

【**綿延不絕**】

見「綿綿不絕」。

【**綿延起伏**】

綿延：連續不斷；起伏：一起一落。形容山勢等高低起落、連續不斷。例綿延起伏的長城，是中華民族的象徵。

【**綿羊的口，黃牛的嘴——眞能嚼**】

雙關語。比喻能說善辯。例你是綿羊的口，黃牛的嘴——眞能嚼，我說不過，只好認輸。

【**綿羊的尾巴——油水多**】

雙關語。比喻好處或收入多。例有的人棄農經商，認爲商業是綿羊的尾巴——油水多。也作「**廚師的肚子——油水多**」。

【**綿羊走到狼羣裏——膽戰心驚**】

形容因害怕而發抖的樣子。例昨晚，她碰上一羣正在鬥毆的小流氓，就像綿羊走到狼羣裏——膽戰心驚，趕快逃離了現場。也作「**綿羊走到狼羣裏——戰戰兢兢**」、「**穿木屐上高牆——戰戰兢兢**」。

【**綿中刺**】

見「綿裏針」。

【**棉襖改被子——兩頭夠不著**】

比喻雙方都顧及不到。例人力物力有限，你想兩項工程同時上馬，其結果將是棉襖改被子——兩頭夠不著。

【**棉襖搥打鐵——空的**】

見「竹枕頭——空的」。

【**棉花店關門——不談（彈）**】

談：「彈」的諧音。雙關語。比喻不再對話，或不再繼續說下去。有時指不再發生聯繫。例既然你是這種看法，分歧太大，咱們只好棉花店關門——不談（彈）了。也作「**棉花店關門——甭談（彈）**」、「**棉花店裏掛弓——不談（彈）**」、「**棉花店失火——不談（彈）**」、「**棉花店打烊——不談（彈）了**」、「**彈花匠掛弓——不談（彈）了**」、「**俞伯牙摔琴——不談（彈）了**」。

【**棉花店失火——燒包**】

見「口袋裏冒煙——燒包」。

【**棉花掉進水——談（彈）不成**】

談：「彈」的諧音。雙關語。比喻談判或對話失敗。例因賣方要價太高，這筆生意看來是棉花掉進水——談（彈）不成了。

【**棉花堆上抽煙——尋的招禍（著火）**】

招禍：「著火」的諧音。雙關語。比喻自招禍害。例你竟敢批評那個坐山虎、地頭蛇，豈不是棉花堆上抽煙——尋的招禍（著火）嗎？

【**棉花堆失火——沒救**】

也作「**棉花堆失火——沒得救**」。見「火燒草山——沒救」。

【**棉花耳朵——耳朵軟**】

比喻易受別人擺弄。例這個人是棉花耳朵——耳朵軟，沒有自己的主見，容易上別人的當。也作「**母豬耳朵——耳朵軟**」。

【**棉花耳朵——根子軟**】

比喻基礎不紮實，不牢靠。例他沒上高中就直接進入了大學，棉花耳朵——根子軟，缺乏基礎知識，專業知識也難於掌握。

【**棉花卷打鑼——沒回音**】

雙關語。比喻沒有反響或沒有回答。例他熱情地敍述了自己的經歷和志願，可是棉花卷打鑼——沒回音，對方依然是未動聲色，沒表明態度。

【**棉花卷打鑼——沒有音**】

雙關語。比喻無聲無息。例此人離開家鄉三年了，現在還是棉花卷打鑼——沒有音，不知是否仍在人世。也作「**棉花槌打鼓——沒音**」、「**拳頭搗鑼——沒音**」、「**草帽當鈸——沒有音**」。

【**棉花裏頭爬蚤子——找都找不到**】

蚤子：跳蚤。①比喻難得或可貴。例剛停了電，你就送來蠟燭，眞是棉花裏頭爬蚤子——找都找不到。②比喻白費力氣。例你把我新買的書藏到哪裏去了，花了半天功夫，還是棉花裏頭爬蚤子——找都找不到。

【**棉花條打鼓——不想（響）**】

見「燈草打鼓——不想（響）」。

【**棉花種餵牲口——不是好料**】

見「大麻籽餵牲口——不是好料」。

【**棉花嘴**】

比喻說軟話、柔和的話。例人人都說她長個棉花嘴，不會說硬話。

【**棉褲沒有腿——涼了半截**】

見「冷水澆頭——涼了半截」。

【**棉裏藏針——軟中有硬**】

見「骨頭燒豆腐——軟中有硬」。

【**棉條打鼓——不響**】

棉條：棉花搓成的長條。雙關語。比

喻說話、做事不靈，沒人重視。例他的威信已大幅下降，現在說話是棉條打鼓——不響了。也作「**皮槌打鼓——不響**」。

ㄇㄧㄢˇ

【免開尊口】
尊：敬詞，指對方。原為請對方不要發表意見的禮貌用語，後多含諷刺意味。劉復《復王敬軒書》：「先生對於此等問題，似乎可以免開尊口，庶不致貽譏通人。」

【免俗未能】
指沒能擺脫平庸的習俗。宋・范成大《胡宗偉罷官改秩……作詩送之》：「君言薄官淡無味，免俗未能聊復爾。」也作「**未能免俗**」。

【勉求多福】
勉：努力。努力追求更多的福祿。多用於對別人的規勸。《梁書・武帝紀上》：「若執迷不悟，距逆王師，大衆一臨，刑茲罔赦。所謂火烈高原，芝蘭同泯，勉求多福，無貽後悔。」也作「**自求多福**」。

【勉為其難】
為：做。勉強做自己感到困難的事情。例雖然這件事情很棘手，但看在我們是至交好友的份上，我還是勉為其難的答應了。

【眄視指使】
眄視：斜著眼睛看；指使：支使人。用眼神支使人，形容態度傲慢。《戰國策・燕策一》：「馮幾據杖，眄視指使，則廝役之人至。」

【偭規越矩】
偭：違背。違背正常的法則。戰國楚・屈原《離騷》：「固時俗之工巧兮，偭規矩而改錯。」

ㄇㄧㄢˋ

【面北眉南】
見「眉南面北」。

【面壁功深】
見「面壁九年」。

【面壁九年】
據《五燈會元》卷一記載：達摩曾在嵩山少林寺面壁而坐，修煉九年。指刻苦修煉。宋・黃庭堅《漁家傲》詞：「面壁九年看二祖，一花五葉親分付。」後比喻長期刻苦鑽研。王梓坤《科學發現縱橫談》七：「如果只關在屋子裏冥思苦想，搜索枯腸，面壁九年，也絕寫不出好作品來的。」也作「**面壁功深**」、「**九年面壁**」。

【面不改容】
見「面不改色」。

【面不改色】
形容遇到危險而從容不迫、神態自若。《三國演義》六三回：「張飛見嚴顏聲音雄壯，面不改色，乃回嗔作喜。」也作「**面不改容**」。《三國演義》二三回：「操坐於亭上，將平縛倒於地；吉平面不改容，略無懼怯。」

【面長面短】
指人的相貌。《古今小說》卷一：「連這小娘子面長面短，老身還不認得，如何應承得此事？」

【面赤不如語直】
指表面誠實，不如言語率直。例小王這個人，一向心直口快，想什麼說什麼，從不隱瞞；小張則不一樣，表面很誠懇，說話卻總是吞吞吐吐的。俗話說：『面赤不如語直。』比較而言，我還是喜歡小王這樣的人。

【面赤耳熱】
見「面紅耳赤」。

【面從背違】
當面遵從，背後違背。晉・仲長敖《核性賦》：「面從背違，意與口戾。」也作「**面是背非**」。《二刻拍案驚奇》卷三九：「反比那面是背非，臨財苟得，見利忘義，一般峨冠博帶的不同。」

【面從背言】
見「面從後言」。

【面從腹誹】
腹誹（ㄈㄟˇ）：腹非，心裏認為不對。指表面順從，而心裏則反對。《歧路燈》六三回：「世兄果不嫌家伯語重，何難回頭是岸，萬不可面從腹誹。」

【面從後言】
指當面服從，背後又持異議，表裏不一。《三國志・蜀書・蔣琬傳》：「人心不同，各如其面。面從後言，古人之所誡也。」也作「**面從背言**」。唐・吳兢《貞觀政要・政體》：「面從背言，不以為患。」

【面從心違】
指表面服從而內心裏卻不服。清・朱壽朋《光緒朝東華錄・廿四年六月甲辰》：「倘或面從心違，希冀敷衍塞責……甚非朕所望於諸臣也。」

【面方如田】
指臉龐像田字形。古人認為是富貴之相。《南齊書・李安民傳》：「安民五擲皆盧，帝大驚，目安民曰：『聊面方如田，封侯狀也。』」

【面縛歸命】
面縛（ㄈㄨˊ）：雙手反綁而面向前；歸命：歸順。指投降。三國魏・曹奐《以鍾會為司徒詔》：「蜀之豪帥，面縛歸命，謀無遺策，舉無廢功。」

【面縛銜璧】
面縛：雙手反綁而面向前；銜（ㄒㄧㄢˊ）璧：嘴裏含著璧。銜璧本為古人入斂習俗，此表示投降並且甘受任何懲處。古代的一種投降儀式。《左傳・僖公六年》：「許男面縛銜璧，大夫衰絰，士輿櫬。」

【面縛輿櫬】
面縛：雙手反綁而面向前；輿櫬：ㄩˊ ㄔㄣˋ，用車運棺材。古代的一種投降儀式，表示自認有罪並甘受極刑。《三國志・魏書・鄧艾傳》：「艾至成都，禪率太子諸王及羣臣六十餘人面縛輿櫬詣軍中。」

【面垢頭蓬】

垢：污穢。頭發蓬亂，臉面骯髒。形容不注重儀表，也形容貧困、窘迫的樣子。唐・唐彥謙《和陶淵明貧士詩》之六：「村郊多父老，面垢頭如蓬。」也作「**蓬頭垢面**」。

【面和心不和】

見「面和意不和」。

【面和意不和】

指彼此內心有矛盾，但表面上仍保持一團和氣。《醒世恆言》卷八：「因他做主管時，得了些不義之財，手中有錢，所居與劉家基址相連，意欲强賣劉公房子，劉公不肯，爲此兩下『面和意不和』，巴不能劉家有些事故，幸災樂禍。」也作「**面和心不和**」。例別看老李和老張兩人一見面就打哈哈，很是親熱，其實從那年他倆爲升遷的事鬧了一場後，就一直是面和心不和了。

【面紅耳赤】

臉和耳朵都紅起來。形容羞愧、急躁或用力時的樣子。《西遊記》五四回：「三藏聞言，面紅耳赤，羞答答不敢抬頭。」《官場現形記》七回：「後來衆人見他急的面紅耳赤，也就罷了。」《初刻拍案驚奇》卷三：「東山用盡平生之力，面紅耳赤，不要說扯滿，只求如初八夜頭的月，再不能勾」。也作「**面紅耳熱**」。《紅樓夢》一○九回：「想到這裏，不免面紅耳熱起來，也就趔趔的進房梳洗去了。」也作「**面紅過耳**」。《兒女英雄傳》四回：「那安公子羞得面紅過耳，眼觀鼻、鼻觀心的答應了一聲。」也作「**面紅頸赤**」。《醒世恒言》卷四：「倘有不達時務的，捉空摘了一花一蕊，那老兒便要面紅頸赤，大發喉急。」也作「**面赤耳熱**」。清・王士禛《池北偶談・桃源詩》：「二公便如努力挽强，不免面赤耳熱，此盛唐所以高不可及。」也作「**臉紅耳赤**」、「**耳紅面赤**」。

【面紅耳熱】

見「面紅耳赤」。

【面紅過耳】

見「面紅耳赤」。

【面紅頸赤】

見「面紅耳赤」。

【面紅面赤】

見「面紅面綠」。

【面紅面綠】

指出現爭執等不愉快的事情。清・黃小配《廿載繁華夢》九回：「自從進他門以來，未有半點面紅面綠。他不負我，我怎好負他？」也作「**面紅面赤**」。《水滸傳》八回：「自蒙泰山錯愛，將令愛嫁事小人，已經三載……未曾面紅面赤，半點相爭。」

【面鵠形鳩】

鵠：天鵝；鳩：一種鳥。形容人極爲瘦弱。明・葉承宗《臨川散粥》曲：「階前人影稠，堪憐他面鵠形鳩，都充名口。」也作「**鳩形鵠面**」。

【面黃肌瘦】

形容人營養不良或身體不健康的樣子。元・無名氏《獨角牛》一折：「你這般面黃肌瘦，怎生贏的人也。」

【面皆菜色】

見「民有菜色」。

【面孔上抹漿糊——板了臉】

雙關語。比喻表情嚴肅。例他一向是個隨和的人，今天卻面孔上抹漿糊——板了臉，因爲你說話太沒有分寸了。

【面貌猙獰】

見「面目猙獰」。

【面面光】

比喻圓滑，各方面都能應付好。例一個人想做到面面光，必會流於油滑。

【面面皆到】

見「面面俱到」。

【面面俱到】

各方面都照顧到，沒有遺漏。《官場現形記》五七回：「他八股做得精通，自然辦起事來亦就面面俱到了。」也指雖然涉及全面，但重點不突出。例文章只要抓住一個方面談就行了，不要什麼都涉及。面面俱到，中心反而不突出了。也作「**面面俱圓**」。《官場現形記》五七回：「只有單道台卻做了一個面面俱圓，撫台見面誇獎他……領事心上也感激他……至於紳衿一面……更不消說了。」也作「**面面皆到**」。清・梁章鉅《楹聯續話》卷三：「復令（余小霞）改制一聯……則面面皆到矣。」也作「**面面俱全**」。茅盾《多角關係》七：「廠裏也派著二萬塊的用途，存貨也鬆動鬆動，這倒是面面俱全的法子。」

【面面俱全】

見「面面俱到」。

【面面俱圓】

見「面面俱到」。

【面面廝覷】

見「面面相覷」。

【面面相窺】

見「面面相覷」。

【面面相覷】

覷：ㄑㄩˋ，看。大家相互默默對視。形容驚懼或無可奈何等神態。《五燈會元》卷三七：「畢鉢岩中，面面相覷。」也作「**面面相窺**」。《老殘遊記》四回：「[玉大人]向于家父子道：『你說這衣服那裏來的？』于家父子面面相窺，都回不出。」也作「**面面廝覷**」。《水滸傳》一六回：「只見這十五個人，頭重腳輕，一個個面面廝覷，都軟倒了。」

【面命耳提】

耳提：揪著耳朵；面命：當面指教。形容教導極懇切。《詩經・大雅・抑》：「匪面命之，言提其耳。」宋・劉克莊《擬撰科詔回奏》：「幸以翰墨小技，待罪視草，詞意有未穩處，仰荷明主親灑奎晝，不啻面命耳提。」也作「**面命提耳**」。宋・朱熹

《與黃商伯書》：「愚頓見事極遲，非面命提耳，反覆諄悉，不能諭切。」也作「**命面提耳**」。明．朱舜水《聖像贊五首》詩之五：「惜乎我將西歸，匆匆行李，未得見此兩人，命其面而提其耳。」也作「**耳提面命**」、「**提耳面命**」、「**耳提面訓**」。

【面命提耳】

見「面命耳提」。

【面目可憎】

指面貌卑瑣不堪，令人厭惡。《兒女英雄傳》：七回：「那穿紅的女子見他這等的語言無味，面目可憎，這怒氣已按納不住。」

【面目黧黑】

黧（ㄌㄧˊ）黑：（面色）黑。面色灰暗。形容人疲勞、窮困、身體虛弱等。《列子．黃帝》：「年老力弱，面目黧黑。」也作「**面目黎黑**」。《史記．李斯傳》：「手足胼胝，面目黎黑。」

【面目黎黑】

見「面目黧黑」。

【面目全非】

面目：面貌。樣子完全改變了。形容事物變化很大。清．李慈銘《越縵堂讀書記．三朝要典》：「經此二借而三案之，面目全非矣。」

【面目一新】

樣子完全變新。形容事物向好的方面發生了根本變化。茅盾《談迷信之類》：「這種面目一新的派頭，在辛亥革命時代是沒有的。」

【面目猙獰】

形容相貌兇惡。《九命奇冤》一三回：「身材矯健，面目猙獰。」也作「**面貌猙獰**」。《醒世恒言》卷三〇：「一個個身長臂大，面貌猙獰。」

【面南稱尊】

指登基為帝。元．尚仲賢《三奪槊》三折：「如今面南稱尊，便撇在三限裏不睬問。」也作「**南面稱尊**」、「**南面稱孤**」。

【面能乾唾】

形容極能忍耐，也指甘受屈辱。宋．陸游《世事》詩：「世事如今盡伏輸，面能乾唾況其餘。」也作「**唾面自乾**」。

【面牆而立】

《尚書．周官》：「不學牆面。」孔安國傳：「人而不學，其猶正牆面而立。」指不學習，則如同面對著牆，什麼也看不見。」《晉書．李玄盛傳》：「古今成敗，不可不知。退朝之暇，念觀典籍。面牆而立，不成人也。」也作「**牆面而立**」。

【面如敷粉】

見「面如傅粉」。

【面如傅粉】

傅：ㄈㄨˋ，塗。形容臉面白淨。《儒林外史》二九回：「三人近前一看，面如傅粉，眼若點漆，溫恭爾雅，飄然有神仙之概。」也作「**面如敷粉**」。敷：擦。《興唐傳．鬧花燈》一回：「面如敷粉，眉清目秀，五官端正，氣宇軒昂。」

【面如槁木】

槁：乾枯。形容極為恐懼。《初刻拍案驚奇》：卷一一：「周四啞口無言，面如槁木。」

【面如冠玉】

見「美如冠玉」。

【面如灰土】

見「面如土色」。

【面如滿月】

形容臉龐豐滿、白淨。《敦煌變文集》卷五：「其相貌也，面如滿月，目若青蓮。」

【面如凝脂】

形容臉面極為潔淨柔潤。南朝宋．劉義慶《世說新語．容止》：「面如凝脂，眼如點漆。」

【面如死灰】

見「面如土色」。

【面如土色】

形容極為恐懼或沮喪。《三國演義》四五回：「［周瑜］言罷大笑，蔣幹面如土色。」也作「**面如灰土**」。《聊齋志異．蓮花公主》：「生驚問何說。王以案上一章，授生啟讀……生覽畢，面如灰土。」也作「**面若死灰**」。《淮南子．修務訓》：「晝吟宵哭，面若死灰。」也作「**面如死灰**」。《聊齋志異．畫壁》：「使者反身愕顧，似將搜匿。女大懼，面如死灰。」也作「**面色如土**」。《西湖二集》卷一：「董昌面色如土，衆兵都面面廝覷，不敢則聲。」

【面軟的受窮】

面軟：指臉皮薄，講情面。指好面子的人不好意思在錢上太計較，因此容易吃虧受窮。例我聽說王五這傢伙欠了你許多錢，卻賴著不還，你還不好意思去要，俗語說：「面軟的受窮。」你現在不抓緊去要，將來會後悔的。

【面若死灰】

見「面如土色」。

【面色如生】

指人雖死而臉色與活著時一樣。《痛史》二二回：「天祐忙著來時，只見他面色如生。」

【面色如土】

見「面如土色」。

【面是背非】

見「面從背違」。

【面是心非】

見「貌似心非」。

【面授方略】

見「面授機宜」。

【面授機宜】

機宜：依據時機所採取的適宜決策。指當面傳授處理問題的辦法。《官場現形記》一六回：「經臣遴委得候補道胡統領，統帶水陸各軍，面授機宜，督師往剿。」也作「**面授方略**」。宋．李燾《續資治通鑑長編》卷一六：「上命韶州刺史王明為黃州刺史，面授方略。」

【面似靴皮】
形容面部皺紋很多。宋・歐陽修《歸田錄》卷二：「田元均為人寬厚，其在三司，深厭於請者，不欲峻拒，每溫顏强笑以遣之。常謂人曰：『作三司使數年，强笑多矣，直笑得面似靴皮。』」

【面似靴皮厚】
形容人臉皮厚，不知羞恥。例你這人眞是「面似靴皮厚」，偷了人家的東西，卻還裝作若無其事的樣子，在人面前大講什麼要愛護公家的一草一木，要保護個人的私有財產。

【面無人色】
形容極度驚懼。《老殘遊記》四回：「不過一鍾茶的時候，那馬兵押著車子已到，吳舉人拖到面前，見他三人面無人色。」也形容人極度虛弱。宋・朱熹《奏救荒事宜狀》：「百萬生齒，饑困支離，朝不謀夕，其尤甚者，衣不蓋形，面無人色。」

【面引廷爭】
見「面折廷爭」。

【面有菜色】
菜色：指身體營養不良顯出不健康的面色。指人因營養不良而身體虛弱。馮玉祥《我的生活》三五章：「飽一餐，餓兩頓，人人面有菜色。」也作「**面有饑色**」。《韓非子・外儲說左下》：「面有饑色，則良大夫也。」

【面有饑色】
見「面有菜色」。

【面有愧色】
臉上顯出慚愧的神情。漢・趙曄《吳越春秋》卷九：「越王默然不說，面有愧色。」

【面有難色】
臉上現出為難的神情。《官場現形記》二五回：「賈大少爺因為奎官之事，面有難色。」

【面諛背毀】
見「面譽背毀」。

【面譽背毀】
當面稱讚，背後詆毀。隋・王通《中說》卷一〇：「面譽背毀，吾不忍也。羣君縱言，未嘗及人之短，常有不可犯之色，故小人遠焉。」也作「**面諛背毀**」。諛：阿諛。宋・陳文蔚《雙溪書院揭示》：「面諛背毀，善不相告，失不相正。」也作「**面譽背非**」。《宋史・范杲傳》：「杲性虛誕，與人交，好面譽背非。」

【面折人過】
當面指出別人的過錯。形容耿直。《史記・汲鄭列傳》：「汲為人，性倨少禮，面折，不能容人之過。」

【面折廷爭】
折：指斥；廷：朝廷。謂犯顏直諫。《史記・呂后本紀》：「陳平、絳侯曰：『於今面折廷爭，臣不如君。』」也作「**面折庭爭**」。《史記・公孫弘傳》：「每朝會議，開陳其端，令人主自擇，不肯面折庭爭。」也作「**面折廷諍**」。章炳麟《變法箴言》：「爭變法者，吾未見其有面折廷諍、千人皆靡者也。」也作「**面引廷爭**」。《漢書・梅福傳》：「故京兆尹王章資質忠直，敢面引廷爭。」也作「**廷爭面折**」。

【面折庭爭】
見「面折廷爭」。

【面折庭諍】
見「面折廷爭」。

【面子當鞋底——厚臉皮】
面子：比喻臉皮。也作「**面子當鞋底——臉皮厚**」。見「臉皮蒙手鼓——厚臉皮」。

【麪粉攙石灰——密不可分】
比喻關係十分密切。例休想離間我和大陳的關係，我們是麪粉攙石灰——密不可分的。也作「**秤桿與秤砣——密不可分**」。

【麪疙瘩補鍋——抵擋一陣】
比喻臨時湊合一下。例既然無人承擔這項工作，我只好接受下來，麪疙瘩補鍋——抵擋一陣，將來另物色合適的人才。

【麪糊盆裏磨鏡】
形容稀裏糊塗。例你可眞是『麪糊盆裏磨鏡』，他明明在指桑罵槐地攻擊你，你卻跟著隨聲附和。

【麪口袋改套袖——寬打窄用】
比喻留有餘地。例你說，你的預算是麪口袋改套袖——寬打窄用，實質上是虛報冒領，違犯財經紀律。

【麪湯裏煮燈泡——說他混蛋，他還一肚子邪火】
見「漿糊鍋裏煮電燈泡——說他混蛋，他還一肚子邪火」。

【麪湯裏煮皮球——說他混蛋，他還一肚子氣】
見「漿糊鍋裏煮電燈泡——說他混蛋，他還一肚子邪火」。

【麪條點燈——犯（飯）不著】
犯：「飯」的諧音。麪條形似燈草，但不能用來點燈，故轉意說「飯不著」。比喻不值得。例為芝麻大的小事，動這樣大的肝火，麪條點燈——犯（飯）不著。

【麪條裏拌疙瘩——混著幹】
疙瘩：面粉做成的小球形或塊狀麪食。比喻攙合在一起從事某種活動。例彼此取長補短，就像麪條裏拌疙瘩——混著幹吧，這可彌補我們技術力量的不足。

【麪團兒炸成果子賣——全是虛貨】
比喻都是內部空虛的東面。例這幫傢伙貌似强大，實際上是麪團兒炸成果子賣——全是虛貨，沒有什麼了不起。

ㄇㄧㄣˊ

【民安國泰】
泰：平安。人民安樂、國家太平。《醒世恆言》卷三：「共是七個朝代，都是偃武修文，民安國泰。」也作「**國泰民安**」。

【民安物阜】
阜：盛多。百姓安樂，物產富足。《清史稿・聖祖紀三》：「雖未敢謂家給人足，俗易風移，而欲使民安物阜之心，始終如一。」也作「**民康物阜**」。魯迅《再論雷峯塔的倒掉》：「倘在民康物阜時候，因爲十景病的發作，新的雷峯塔也會再造的吧？」也作「**物阜民安**」、「**物阜民康**」。

【民胞物與】
宋・張載《西銘》：「民吾同胞，物吾與也。」民胞：把天下百姓當作自己的同胞；與：在其中。視百姓爲同胞，視萬物爲同類。指泛愛一切人與物。明・張岱《募造無主祠堂疏》：「則此一舉，不惟上體古帝王民胞物與之盛心，抑且協士君子肉骨生死之美意。」也作「**物與民胞**」。

【民保於信】
指百姓擁護有信義的執政者。《左傳・定公十四年》：「諺曰：『民保於信。』吾以信義也。」

【民不安枕】
形容人心不安。《文明小史》四三回：「被他這一鬧，卻鬧得人心惶惶，民不安枕了。」

【民不堪命】
命：統治者的政令。指百姓所受各種負擔沉重，已到了無法忍受的地步。《國語・周語上》：「厲王虐，國人謗王。邵公告曰：『民不堪命矣。』」

【民不聊生】
聊：依賴。指人民無以爲生，無法生活下去。《史記・張耳陳余列傳》：「財匱力盡，民不聊生。」也作「**人不聊生**」。

【民不畏死，奈何以死懼之】
老百姓不怕死，爲什麼要用死來威脅他們？表示無所畏懼的氣概。《老子》七四章：「民不畏死，奈何以死懼之。若使民常畏死，而爲奇者吾得執而殺之，孰敢？」

【民淳俗厚】
淳：淳樸；厚：敦厚。指社會風氣淳樸。明・宋濂《敦睦堂記》：「海東之邑，聞有民淳俗厚如鄒、魯者，必張氏之化也歟？」

【民繁財阜】
見「民殷財阜」。

【民富國强】
指百姓生活富足，國家勢力强大。漢・趙曄《吳越春秋・句踐歸國外傳》：「越王內實府庫，墾其田疇，民富國强，衆安道泰。」也作「**國富民强**」。

【民膏民脂】
見「民脂民膏」。

【民國十三年的毫子——用不得】
比喻東西過時，不能用。有時也比喻對某人不能信任或委以重任。例這藥早已過了有效期，民國十三年的毫子——用不得，你快扔了吧！

【民和年稔】
稔：莊稼成熟。指百姓和樂，農業豐收。《後漢書・桓帝記》：「幸賴股肱禦侮之助，殘醜消蕩，民和年稔，普天率土，遐邇洽同。」

【民和時豐】
指社會安定，五谷豐登。《左傳・桓公六年》：「絜粢豐盛，謂其三時不害，而民和時豐。」也作「**時和歲豐**」、「**民和年豐**」。

【民給家足】
形容百姓生活富足。漢・韓嬰《韓詩外傳》卷一：「於是歲大稔，民給家足。」也作「**家給人足**」。

【民康物阜】
見「民安物阜」。

【民可使由之，不可使知之】
由：按照，順從。舊時統治者認爲老百姓只可以使他們按照居上位者的意願去做，而不可以讓他們知道爲什麼要這樣做。《論語・泰伯》：「子曰：『民可使由之，不可使知之。』高陽《瀛台落日》：「[袁世凱說]中國的百姓，民智未開，程度幼稚，是故聖經賢傳上說：『民可使由之，不可使知之』。以專制統治，反而容易就範。」

【民困國貧】
形容國家和百姓都很貧窮。《宋史・河渠志一》：「當此天災歲旱，民困國貧之際，不量人力，不順天時，知其有大不可者王。」

【民力凋(雕)敝(弊)】
見「民生凋(雕)敝(弊)」。

【民力凋盡】
見「民生凋(雕)敝(弊)」。

【民疲財殫】
殫：盡。指百姓疲敝困頓，國家財富耗盡。宋・鄭興裔《請罷建康行宮疏》：「漢武帝好神仙，興土木之功，民疲財殫。」

【民情土俗】
指某一個地方所特有的風尚、習俗等。清・惲敬《與福子申》：「順德近接省會，民情土俗，仁弟必一一措置得宜。」

【民情物理】
指百姓意願和事物的常理。清・錢泳《履園叢話・廿一經》：「於訓詁名物制度之昭顯，民情物理之隱微，無不了如指掌。」

【民窮財盡】
指人民生活貧困，國家財富用盡。《二刻拍案驚奇》卷一：「又兼民窮財盡，餓莩盈途，盜賊充斥，募化無路。」

【民窮財匱】
匱：缺乏。指人民生活貧困，國家財力不足。明・李開先《荊州唐都御史傳》：「歲久日多，人情滋玩，兼以民窮財匱，供億維艱。」

【民生凋(雕)敝(弊)】
民生：百姓的生計；凋敝：困苦。指社會經濟受到破壞，百姓生活困苦。《清史稿・洪承疇傳》：「臣受任經略，目擊民生雕敝。」也作「**民力凋(雕)敝(弊)**」。宋・汪應辰《辭免戶部侍郎奏狀》：「伏以國用匱乏，民力凋敝，至於今日極矣。」也作「**民用凋敝**」。《漢書・循吏傳》：「民用凋敝，奸軌不禁。」也作「**民物凋敝**」。例戰爭連年，民物凋敝。也作「**民力凋盡**」。《左傳・昭公八年》：「今宮室崇侈，民力凋盡。」

【民生國計】

國計：國家的財政經濟。指人民生活與國家經濟。《兒女英雄傳》二四回：「盡著我同我的嬌妻美妾，呼兒呼女笑燈前，不談民生國計，不談人情物理。」也作「**國計民生**」。

【民生塗炭】

塗炭：泥沼和炭火。比喻百姓處在極端困苦的境地。元・鄭德輝《伊尹耕莘》楔子：「不修德政，暴戾頑狠，諸侯多叛，至於禽鳥走獸不安，民生塗炭。」

【民生在勤，勤則不匱】

民生：人民的生計；匱：缺乏。指百姓只有勤勞，生活才能富足。《左傳・宣公十二年》：「民生在勤，勤則不匱」。

【民望所歸】

望：希望。形容深受大家的信賴。宋・司馬休之《上表自陳》：「以法興聰敏明慧，必為民望所歸。」也作「**衆望所歸**」。

【民爲邦本】

見「民惟邦本」。

【民惟邦本】

惟：是；邦：國家。人民是國家的根本。《尚書・五子之歌》：「皇祖有訓，民可近不可下。民惟邦本，本固邦寧。」也作「**民爲邦本**」。宋・陸九淵《與陳倅書》：「民爲邦本，誠有憂國之心，肯日蹙其本而不之恤哉？」

【民惟邦本，本固邦寧】

邦：國家。老百姓是國家的根本，根本穩固了，國家就會安寧。《尚書・五子之歌》：「民惟邦本，本固邦寧，予視天下，愚夫愚婦，一能勝予。」

【民爲貴，社稷次之，君爲輕】

社稷：指國家。謂民貴於國，國又貴於君。《孟子・盡心下》：「民爲貴，社稷次之，君爲輕。是故得乎丘民而爲天子，得乎天子爲諸侯，得乎諸侯爲大夫。」

【民無常心】

指隨著社會治與亂的變化，百姓的心意會隨之改變。多指百姓在政治腐敗到無法忍受的程度時，必然起來反抗。宋・陳亮《上孝宗皇帝第一書》：「民無常心，惟惠之懷。」

【民無噍類】

噍（ㄐㄧㄠˋ）類：能吃東西的動物，又專指活著的人。指百姓因兵荒、災亂等而沒有倖存者。京劇《海瑞上疏》四場：「再若等待，民無噍類矣。」也作「**噍類無遺**」。

【民無信不立】

如果得不到百姓的信任，國家就沒有穩固的基礎。謂當政者要取信於民。《論語・顏淵》：「子貢問政。子曰：『足食，足兵，民信之矣。』子貢曰：『必不得已而去，於斯三者何先？』曰：『去兵。』子貢曰：『必不得已而去，於斯二者何先？』曰：『去食。自古皆有死，民無信不立。』」

【民物凋敝】

見「民生凋（雕）敝（弊）」。

【民熙物阜】

熙：興盛；阜：富足。指百姓生活興旺，物產豐足。明・楊柔勝《玉環記・延賞慶壽》：「民熙物阜歲時豐，三邊烽火息，四海受恩隆。」

【民以食爲本】

見「民以食爲天」。

【民以食爲天】

天：指仰賴以為生存的事物。指百姓依賴糧食而生存。《漢書・酈食其傳》：「王者以民爲天，而民以食爲天。」也作「**民以食爲本**」。明・無名氏《拔宅飛升》頭折：「常言道：『大富由天，小富由勤，民以食爲本。』」

【民殷財阜】

殷、阜：多。指百姓生活富足。《後漢書・劉陶傳》：「夫欲民殷財阜，要在止役禁奪，則百姓不勞而足。」也作「**民繁財阜**」。晉・棗據《登樓賦》：「禮儀既度，民繁財阜。」也作「**殷民阜財**」。

【民殷國富】

指百姓富足、國家富裕。《三國演義》三八回：「今劉璋暗弱，民殷國富，而不知存恤，智能之士思得明君。」

【民用凋敝】

見「民生凋（雕）敝（弊）」。

【民有菜色】

指百姓普遍挨餓，營養不良。《漢書・元帝紀》：「歲比災害，民有菜色。」也作「**面皆菜色**」。宋・王十朋《夔州論馬綱狀》：「臣自入境以來，竊見夔峽之間，土狹民貧，面皆菜色，衣不蔽體。」

【民怨沸騰】

沸騰：指像開水那樣翻騰。形容百姓怨憤到了極點。《官場現形記》五回：「上半年在那裏辦過幾個月釐局，不應該要錢的心太狠了，直弄得民怨沸騰，有無數商人來省上控。」也作「**衆怨沸騰**」。

【民怨盈涂】

涂：途，道路。形容百姓強烈不滿。《宋書・臧質傳》：「敗道傷俗，悖亂人神，民怨盈涂，國謗彌歲。」

【民賊獨夫】

民賊：殘害人民的人；獨夫：衆叛親離的暴君。指殘害人民、爲人民所共棄的反動統治者。范文瀾《中國通史簡編》二編一章：「這種險慘刻毒的民賊獨夫思想，與孔孟正統派的仁義學說恰恰處於對立的地位。」也作「**獨夫民賊**」。

【民之父母】

舊稱地方官。多指縣令。宋・王禹偁

《謫居感事》詩：「長洲巨海涓，萬家呼父母。」《官場現形記》五三回：「你老哥眞不愧爲民之父母！」

【民之情，貴所不足，賤所有餘】

人之常情是看重不足的東西，輕視有餘的東西。謂物以稀爲貴。《呂氏春秋．離俗》：「世之所不足者，理義也；有所餘者，妄苟也。民之情，貴所不足，賤所有餘。故布衣、人臣之行，潔白清廉中繩，愈窮愈榮，雖死，天下愈高之，所不足也。」

【民之所好，好之，民之所惡，惡之】

惡：厭惡。百姓喜歡的措施就堅持，百姓厭惡的措施就去掉它。謂凡事要以百姓的意願爲轉移。《禮記．大學》：「民之所好，好之，民之所惡，惡之：此之謂民之父母。」

【民之治亂在於上，國之安危在於政】

社會的安定與動亂取決於居上位者的賢良與否；國家的安危取決於國家政治的清明與否。《愼子》附佚文：「……湯、武非得伯夷之民以治，桀、紂非得跖、蹻之民以亂也。民之治亂在於上，國之安危在於政。」

【民脂民膏】

脂、膏：油脂。比喻百姓流血流汗所獲得的勞動果實。《水滸傳》九四回：「庫藏糧餉，都是民脂民膏。你只顧侵來肥己，買笑追歡，敗壞了國家許多大事。」也作「民膏民脂」。五代後蜀．孟昶《頒令箴》：「爾祿爾俸，民膏民脂。」

ㄇㄧㄣˇ

【泯滅無聞】

泯滅：消滅。指失傳，不爲世人所知。元．陶宗儀《南村輟耕錄》卷二四：「道婆之名，日漸泯滅無聞矣。」也作「湮沒無聞」。

【泯沒無稱】

見「沒世無聞」。

【黽勉從事】

黽勉：努力。指努力去做某項事情。《詩經．小雅．十月之交》：「黽勉從事，不敢告勞。」清．顧炎武《與葉訒庵書》：「無論昏耄之資，不能黽勉從事。」也作「僶勉從事」。晉．殷仲文《解尙書表》：「僶勉從事，自同全人。」

【僶勉從事】

見「黽勉從事」。

【澠池之功】

澠池：水名。據《史記．廉頗藺相如列傳》載：藺相如隨趙王與秦王在澠池相會。秦國欲仗勢欺侮趙王，但由於藺相如的機智勇敢，終於爲趙國挽回了榮譽。後以「澠池之功」指爲國建立的卓著功勛。唐．許堯佐《柳氏傳》：「向使……許俊以才舉，則曹柯澠池之功可建。」

【敏於事，愼於言】

敏：奮勉。指做工作要勤懇努力，言談要謹愼小心。《論語．學而》：「敏於事而愼於言，就有道而正焉。」

ㄇㄧㄥˊ

【名敗身誅】

指名譽喪失、身被殺害。《史記．主父偃傳》：「名敗身誅，士爭言其惡。」也作「身名並滅」。

【名邦勝會】

形容聚會十分高雅、盛大。《儒林外史》一一回：「相府延賓，又聚幾多英傑；名邦勝會，能消無限壯心。」

【名標青史】

見「名垂青史」。

【名標彤史】

見「名垂青史」。

【名播海內】

見「名滿天下」。

【名播天聽】

見「名滿天下」。

【名播天下】

見「名滿天下」。

【名不符實】

見「名不副實」。

【名不副實】

副：符合。謂名聲與實際不符。三國魏．劉劭《人物志．效難》：「中情之人，名不副實，用之有效。故名由衆退，而實從事章。」也作「名實不副」。《漢書．王莽傳》：「宰衡官以正百僚、平海內爲職，而無印信，名實不副。」也作「名不符實」。

【名不徒顯】

見「名不虛傳」。

【名不虛傳】

謂傳出的名聲符合實際情況。《水滸傳》一五回：「阮氏三雄名不虛傳，且請到莊裏說話。」也作「名不虛立」。《史記．遊俠傳序》：「名不虛立，士不虛附。」也作「名不虛行」。《晉書．唐彬傳》：「帝顧四坐曰：『名不虛行。』」也作「名不虛得」。宋．黃庭堅《書土星畫》：「此畫多蜀人筆法，亦傳是小高所作，落筆高妙，名不虛得也。」也作「名不虛謂」。《新唐書．魏元忠傳》：「是子未習朝廷儀，然名不虛謂，眞宰相也。」也作「名不徒顯」。《呂氏春秋．期賢》：「凡國不徒安，名不徒顯，必得賢士。」也作「名不虛言」。《史記．遊俠列傳》：「然其私意廉潔退讓，有足稱者，名不虛言，士不虛附。」

【名不虛得】

見「名不虛傳」。

【名不虛立】

見「名不虛傳」。

【名不虛謂】

見「名不虛傳」。

【名不虛行】

見「名不虛傳」。

【名不虛言】

見「名不虛傳」。

【名不正而言不順】
見「名不正則言不順」。
【名不正則言不順】
名：名分；言：言語。指名分不正，道理也就講不清楚。《論語．子路》：「名不正則言不順」。也作「**名不正而言不順**」。元．陶宗儀《南村輟耕錄》卷三：「以玫尊昭烈，續江左兩魏之名不正而言不順者，大正於宋朱氏之綱目焉。」
【名不正，則言不順；言不順，則事不成】
名：名分；作事名義不當，說話便不會理直氣壯，事情也就辦不好。《論語．子路》：「名不正，則言不順；言不順，則事不成；事不成，則禮樂不興；禮樂不興，則刑罰不中；刑罰不中，則民無所措手足。」
【名臣碩老】
指有品德、有聲望的大臣。明．焦竑《玉堂叢語．序》：「夫國家二百年來，名臣碩老，強半出自玉堂精選。」
【名成身退】
指在完成一番事業後急流勇退。明．焦竑《玉堂叢語．寵遇》：「及乎名成身退，而猶有天倫之樂。」也作「**功名成身退**」。
【名傳海內】
見「名滿天下」。
【名垂百世】
見「名垂千古」。
【名垂後世】
見「名垂千古」。
【名垂千古】
垂：流傳；千古：久遠的年代。指功績、英名永遠流傳。多用於哀悼死者。老舍《鼓書藝人》五：「最後，寶慶以奔放的熱情，歌頌了忠義勇敢的趙子龍名垂千古。」也作「**名垂萬古**」。唐．杜甫《醉時歌》：「德尊一代常坎坷，名垂萬古知何用！」也作「**名垂百世**」。《三國演義》五七回：「命終三紀，名垂百世。」也作「**名垂後世**」。《三國志．魏書．臧洪傳》：「身著國家，名垂後世。」也作「**名垂千秋**」。古辭《滿歌行》詩之二：「往者二賢，名垂千秋。」也作「**名垂罔極**」。罔極：指沒有極限，永遠。漢．王逸《楚辭章句．序》：「名垂罔極，永不刊滅。」也作「**名垂宇宙**」。唐．杜甫《咏懷古跡》詩：「葛大名垂宇宙。」
【名垂千秋】
見「名垂千古」。
【名垂青史】
垂：流傳；青史：史書。指業績永載史冊。《說岳全傳》二二回：「得你盡忠報國，名垂青史，吾願足矣。」也作「**名標青史**」。標：寫明。元．紀君祥《趙氏孤兒》二折：「你若存的趙氏孤兒，當名標青史，萬古流傳。」也作「**名標彤史**」。彤史：官史，用於婦女。清．王錫《長平莊歌》詩：「名標彤史垂終古，身入黃泉覲至尊。」也作「**名垂竹帛**」。竹帛：史冊、典籍。《三國演義》三六回：「名垂竹帛，功標青史。」也作「**名書竹帛**」。唐．吳兢《貞觀政要．任賢》：「昔李陵提步卒五千，不免身降匈奴，尙得名書竹帛。」也作「**青史標名**」、「**青史垂名**」、「**竹帛名垂**」。
【名垂萬古】
見「名垂千古」。
【名垂罔極】
見「名垂千古」。
【名垂宇宙】
見「名垂千古」。
【名垂竹帛】
見「名垂青史」。
【名從主人】
從：順從。指事物的命名應以其所屬原主的名稱爲準。《穀梁傳．桓公二年》：「孔子曰：『名從主人，物從中國。』」
【名存實除】
見「名存實亡」。
【名存實廢】
見「名存實亡」。
【名存實爽】
見「名存實亡」。
【名存實亡】
指名義上存在，而實際已不存在。唐．韓愈《處州孔子廟碑》：「雖設博士弟子，或役於有司，名存實亡，失其所業。」也作「**名存實爽**」。爽：違背。也作「**名存實廢**」。明．李東陽《冀州城重修記》：「堤以『永濟』名者，自唐已有之，今名存實廢，不可復考。」也作「**名存實除**」。唐．詹敦仁《入局吟》詩之二：「可恨名存實已除，蘭台藝閣復誰居？」
【名得實亡】
表面上得到了，而實際卻沒有得到。《韓非子．南面》：「惑主不然，計其入不計其出。出雖倍其入，不知其害，則是名得而實亡，如是者功小而害大矣。」
【名定不虛】
見「名下無虛」。
【名動金甌】
見「名覆金甌」。
【名動天下】
見「名滿天下」。
【名符其實】
見「名副其實」。
【名覆金甌】
《新唐書．崔琳傳》：「初，玄宗每命相，皆先書其名。一日書琳等名，覆以金甌。會太子入，帝謂曰：『此宰相名，若自意之，誰乎？即中，且賜酒。』太子曰：『非崔琳、盧從願乎？』帝曰：『然。』」甌：一種器皿。後形容國家棟梁之材。宋．石孝友《望海潮》：「更德標銀管，名覆金甌。共看朝天路穩，歸拜富民侯。」也作「**名動金甌**」。宋．辛棄疾《水調歌頭》詞：「快上星辰去，名姓動金甌。」

【名副其實】

副：符合。謂名聲與實際相一致。《歧路燈》五五回：「名副其實。像你這樣好，誰敢輕薄了你。」也作「名符其實」。例他工作勤勤懇懇，從不計較名利，是一位名符其實的勞動模範。也作「名實相副」。《後漢書·孔融傳》：「文舉盛嘆鴻豫名實相副，綜達經學，出於鄭玄。」也作「名實相符」。例陳總裁具有過人的智慧、高深的學問及睿智的領導才能，說他是個名實相符的優秀主管，一點兒也不爲過。也作「名實相稱」。《鏡花緣》七二回：「妹子這個名字，叫做有名無實，那裏及得堯蓂姐姐彈得幽雅，他才名實相稱哩。」也作「名實不違」。《南史·梁武帝紀》：「冠履無爽，名實不違。」

【名高毀所集，言巧智難防】

聲望高，往往成爲毀謗的目標；花言巧語讓聰明人也難以防範。唐·劉禹錫《萋兮吟》：「名高毀所集，言巧智難防。勿謂行大道，斯須成太行。莫吟萋兮什，徒使君子傷。」

【名高難副】

名聲雖高，但與實際才能不相符合。指名聲超過了實際。《北史·邢卲傳》：「當時文人，皆卲之下，但以不持威儀，名高難副，朝廷不令出境。」

【名高天下】

見「名滿天下」。

【名公巨卿】

舊時指權重、位顯的大臣。後也指有權有勢之人。魯迅《論人言可畏》：「這些案件，是不會有名公巨卿在內的。」

【名過其實】

指名聲超過實際情況。漢·韓嬰《韓詩外傳》卷一：「祿過其功者削，名過其實者損。」也作「名聲過實」。《史記·韓信盧綰列傳》：「及將軍守邊，招致賓客而下士，名聲過實。」也作「名與實違」。劉師培《文說》：「名與實違，此又文士之通失也。」

【名花解語】

五代·王仁裕《開元天寶遺事·解語花》：「明皇秋八月，太液池有千葉白蓮數枝盛開，帝與貴戚宴賞焉……帝指貴妃示於左右曰：『爭如我解語花？』」後指美女。元·劉庭信《粉蝶兒·美色》詞：「步錦襪蹙金蓮，拭羅衫舒玉筍，常言道：『名花解語亦傾城。』」

【名繮（韁）利索】

見「名繮（韁）利鎖」。

【名繮（韁）利鎖】

繮：繮繩；鎖：鎖鏈。指名利束縛人。宋·秦觀《水龍吟》詞：「名韁利鎖，天還知道，和天也瘦。」也作「名繮（韁）利索」。《鏡花緣》四〇回：「豈非看破紅塵，頓開名繮利索麼？」也作「利鎖名繮」、「利索名繮」、「利鎖名枷」、「利鞅名繮」、「利名繮鎖」、「利名枷鎖」。

【名教罪人】

名教（ㄐㄧㄠˋ）：指儒家的道德觀念。指違背、破壞封建道德觀念的人。清·錢大昕《十駕齋養新錄》卷一三：「後人大聲疾呼，目爲名教罪人。」

【名節重泰山，利欲輕鴻毛】

聲譽和節操比泰山還重，利祿和私欲比鴻毛要輕。明·于謙《無題》詩之三：「名節重泰山，利欲輕鴻毛。所以古志士，終身甘縕袍。胡椒八百斛，千載遺腥臊。一錢付江水，死後有餘褒。」

【名利場】

指追名逐利的地方。例名和利將像毒蛇一樣糾纏你，並且越纏越緊。一旦身陷名利場，想脫身就難了。

【名利兼收】

見「名利雙收」。

【名利雙收】

指既得名又得利。《官場現形記》七回：「因爲他此番奉委，一定名利雙收，因此大家借了趵突泉地方，湊了公分備了一席酒替他送行。」也作「名利兼收」。《官場現形記》一七回：「單太爺幫著敲了竹槓，統領還要保舉他，眞是名利兼收。」

【名利薰心】

指一心追逐個人名利。明·海瑞《四書講義·有安社稷臣者》：「雖然身家在念，名利薰心，則世俗論富貴利達窠穴焉。」也作「利欲薰心」。

【名列前茅】

前茅：春秋時代楚國以茅爲旌旗，行軍時在隊伍的最前列。後指名次排在前面。茅盾《延邊——塞外江南》：「新探得的一個大銅礦，據已知的蘊藏量，在國內是名列前茅。」

【名落孫山】

宋·范公偁《過庭錄》：「吳人孫山，滑稽才子也。赴舉他郡，鄉人托以子偕往。鄉人子失意，山綴榜末，先歸。鄉人問其子得失，山曰：『解名盡處是孫山，賢郎更在孫山外。』」後指考試或選拔未被錄取。也作「孫山名落」、「孫山之外」。

【名滿天下】

名聲傳遍天下，形容人很有聲望。宋·蘇軾《上梅直講書》：「執事名滿天下，而位不過五品，其容色溫然而不怒，其文章寬厚敦樸而無怨言。」也作「名高天下」。《史記·魯仲連傳》：「故兼三行之過而爲五霸首，名高天下而光燭鄰國。」也作「名聞天下」。《北齊書·魏收傳》：「功業顯著，名聞天下。」也作「名重天下」。《後漢書·孔融傳》：「以融名重天下，外相容忍，而潛忌正議，慮鯁大業。」也作「名顯天下」。《史記·孫子傳》：「孫子以此名顯天下，世傳其兵法。」也作「名動天下」。明·焦竑《玉堂叢語·文學》：

「比登進士，遂名動天下。」也作「**名揚天下**」。河北梆子《喜榮歸》：「中狀元名揚天下，瓊林宴帽插宮花。」也作「**名聞四海**」。《三國演義》五四回：「皇叔名聞四海。」也作「**名揚四海**」。元・關漢卿《五侯宴》四折：「雄糾糾名揚四海，喜孜孜笑滿腮。」也作「**名聞海內**」。海內：指全國。《漢書・韓信傳》：「名聞海內，威震諸侯。」也作「**名噪天下**」。明・張岱《〈雁字詩〉小序》：「余友趙我法詩名噪天下。」也作「**名播天下**」。五代・王定保《唐摭言》卷四：「韓文公名播天下。」也作「**名播海內**」。南朝宋・劉義慶《世說新語・方正》：「我父祖名播海內，寧有不知？」也作「**名傳海內**」。《警世通言》卷四〇：「德著人間，名傳海內。」也作「**名播天聽**」。天聽：指上天的視聽。南朝宋・劉義慶《世說新語・言語》：「雖名播天聽，然胤絕聖世。」

【名滿一時】

見「名重一時」。

【名貿實易】

指名義相同而本質不同。《商君書・開塞》：「二者名貿實易，不可不察也。」

【名門大族】

見「名門右族」。

【名門舊族】

見「名門右族」。

【名門世族】

見「名門右族」。

【名門望族】

見「名門右族」。

【名門右族】

右：古代以右為尊。指有名望的家族。宋・朱熹《小學・外篇》：「余見名門右族……莫不由子孫頑率奢傲以覆墜之。」也作「**名門世族**」。《歧路燈》一〇三回：「家嫂是名門世族。他本族本家進士一大堆。」也作「**名門大族**」。《醒世姻緣傳》九四回：「你將近三十年紀，名門大族之家……切切不可幹這樣營生。」也作「**名門舊族**」。元・無名氏《鴛鴦被》一折：「他是名門舊族，現有百萬家財。」也作「**名門望族**」。

【名目繁多】

名目：事物的名稱。形容法律規章、制度等等繁雜而不必要。例公司對於員工升遷的相關規定名目繁多，為了爭取大家的福利，應該想辦法改革。

【名葩異卉】

葩：ㄆㄚ，花；卉：草。指珍奇的花卉。金・董解元《西廂記》卷一：「有長松矮柏，名葩異卉。」

【名傾一時】

見「名重一時」。

【名山大川】

川：河流。著名的山岳河流。《禮記・王制》：「天子祭天下名山大川，五岳視三公，四瀆視諸侯。諸侯祭名山大川之在其地也。」也作「**名山勝川**」。《晉書・孫統傳》：「居職不留心碎務，縱意遊肆，名山勝川，靡不窮究。」也作「**名山勝水**」。《醒世姻緣傳》二三回：「[繡江]是山東有數的大地方，四境多有名山勝水。」也作「**名山大澤**」。《禮記・王制》：「名山大澤不以封。」

【名山大澤】

見「名山大川」。

【名山勝川】

見「名山大川」。

【名山勝水】

見「名山大川」。

【名山事業】

名山：指古代帝王藏書的地方。《史記・太史公自序》：「藏之名山，副在京師，俟後世聖人君子。」後以「名山事業」指著書立說。

【名山之藏】

《史記・太史公自序》：「藏之名山，副在京師，俟後世聖人君子。」後以「名山之藏」指很有意義而又不為時人所理解的事業、著作等。清・趙翼《甌北詩鈔・序》：「千秋業就，自有名山之藏。」也作「**藏之名山**」。

【名聲過實】

見「名過其實」。

【名聲赫赫】

赫赫：非常顯著、盛大的樣子。形容人很有名望。宋・歐陽修《哭聖俞》：「命也難知理莫求，名聲赫赫掩諸幽。」也作「**赫赫有名**」。

【名聲籍（藉）甚】

籍甚：盛大，盛多。指名望很高。《漢書・陸賈傳》：「賈以此遊漢廷公卿間，名聲籍（藉）甚。」也作「**名聲藉甚**」。上文《史記》「籍」作「藉」。

【名師出高徒】

有名的師傅帶出的徒弟也是好樣的。也比喻老師名氣大，其弟子也一定不差。例所謂「名師出高徒」，他是王教授的高材生，當然錯不了。也作「名師手下出高徒」。

【名師手下出高徒】

見「名師出高徒」。

【名師益友】

指有學問，並能給自己以教益的老師和朋友。清・王士禎《帶經堂詩話》卷四：「加名師益友，近在家庭，忽忽不自知其樂也。」也作「**明師良友**」。宋・朱熹《書近思錄後》：「窮鄉晚進有志於學而無明師良友。」也作「**良師益友**」。

【名實不副】

見「名不副實」。

【名實不違】

見「名副其實」。

【名實相稱】

見「名副其實」。

【名實相符】

見「名副其實」。

【名實相副】

見「名副其實」。

【名士風流】
風流：風度。名士的風度。《後漢書・方士傳論》：「漢世之所謂名士者，其風流可知矣。」後以「名士風流」指有才學而不拘禮法者。清・鄭燮《與杭世駿書》：「雖閭巷瑣事，大雅所不屑道，在名士風流，未嘗不深考也。」

【名書竹帛】
見「名垂青史」。

【名雖觀海，實則望湖】
指打著做某事的旗號去做與之無關的事情。例小張他們說是去農村作社會調查，其實是跑到廬山遊山逛水去了，這可眞是『名雖觀海，實則望湖』，說的與做的不是一碼事啊。

【名遂功成】
指事業上有成就，並獲得了一定的聲譽。元・雪庵《范蠡歸湖圖》：「名遂功成泛五湖，知幾千古檀良圖。」也作「功成名就」。

【名題金榜】
金榜：科舉時代稱殿試錄取的榜。原指中進士；後也泛指一般考試被錄取。《西湖二集》卷四：「願扶助相公名題金榜。」也作「金榜題名」。

【名題雁塔】
指考中進士。元・薩都剌《寄文濟王敎授郭尚之》：「不愛時名題雁塔，願將古學授龍孫。」也作「題名雁塔」。

【名聞海內】
見「名滿天下」。

【名聞四海】
見「名滿天下」。

【名聞天下】
見「名滿天下」。

【名下不虛】
見「名下無虛」。

【名下無虛】
指名不虛傳。《陳書・姚察傳》：「沛國劉臻，竊於公館訪《漢書》疑事十餘條，並爲剖析，皆有經據。臻謂所親曰：『名下定無虛士。』」《官場現形記》一回：「早決他們是一定要發達的，果然不出所料。足見文章有作，名下無虛。」也作「名下無虛士」。清・黃小配《洪秀全演義》一四回：「名下無虛士，秀成智勇足備，吾不如之。」也作「名下不虛」。《鏡花緣》五二回：「妹子素日久仰姐姐大名……今幸得遇，眞是名下不虛」。《新唐書・屈突通傳》：「公淸正奉國，著自終始，名定不虛。」

【名下無虛士】
見「名下無虛」。

【名賢敵事】
《晉書・山濤傳》：「[山]濤再居選職十有餘年，每一官缺，輒啟擬數人，詔旨有所向，然後顯奏。隨帝意所欲爲先……濤所奏甄拔人物，各爲題目，時稱『山公啟事』。」清・吳偉業《寄房師周芮公先生》詩之四：「巨源當日稱知己，誤玷名賢啟事中。」後比喻熱心推薦人才。

【名顯天下】
見「名滿天下」。

【名揚四海】
見「名滿天下」。

【名揚天下】
見「名滿天下」。

【名與實違】
見「名過其實」。

【名噪天下】
見「名滿天下」。

【名噪一時】
見「名重一時」。

【名震一時】
見「名重一時」。

【名正言順】
《論語・子路》：「名不正則言不順；言不順，則事不成。」原指名分正當，合情合理。《三國演義》二二回：「必須數操之惡，馳檄各郡，聲罪致討，然後名正言順。」後指做事理由正當充分。《紅樓夢》四八回：「他既說的名正言順……竟交與他試一試。」

【名重當時】
見「名重一時」。

【名重識暗】
指雖享盛名，而實際上卻才識淺薄。《晉書・周顗母李氏傳》：「伯仁志大而才短，名重而識暗。」

【名重天下】
見「名滿天下」。

【名重一時】
指當時名望很高。《官場現形記》三三回：「這位朱大人，學問經濟，名重一時。」也作「名重當時」。《後漢書・卓茂傳》：「茂與同縣孔休……六人同志，不仕王莽，並名重當時。」也作「名重一世」。《晉書・張華傳》：「華名重一世，衆所推服。」也作「名傾一時」。《淸史稿・王時敏傳》：「王翬名傾一時，原祁高曠之致突過之。」也作「名噪一時」。明・沈德符《萬曆野獲編》卷一六：「婁上王辰玉、松江董元宰入都，名噪一時。」也作「名震一時」。《新唐書・劉晏傳》：「公卿邀請旁午，號神童，名震一時。」也作「名滿一時」。《儒林外史》三四回：「[莊紹光]此時已將及四十歲，名滿一時，他卻閉戶著書，不肯妄交一人。」

【名重一世】
見「名重一時」。

【名狀不可】
見「莫可名狀」。

【銘感不忘】
形容對別人給予的恩惠十分感激。《痛史》七回：「得蒙仗義釋放，已是銘感不忘，厚貺斷不敢受。」

【銘功頌德】
指銘記功業，歌頌恩德。北周・庾信《周兗州刺史廣饒公宇文公神道碑》：「勒鼎刊碑，銘功頌德。」也作「歌功頌德」。

【銘肌刻骨】
見「銘肌鏤骨」。

【銘肌鏤骨】
銘、鏤（ㄌㄡˋ）：刻。比喻感受（多指對於別人的恩情）很深，永不能忘。唐・馮審《謝追赴闕庭表》：「親受聖慈，百身何答：三復在心，銘肌鏤骨。」也作「銘心刻骨」。《水滸傳》九七回：「反蒙先鋒厚禮，眞是銘肌鏤骨，誓死圖報。」也作「銘心鏤骨」。唐・柳宗元《謝除柳州刺史表》：「漸輕不宥之辜，特奉分憂之寄。銘心鏤骨，無報上天。」也作「銘心在骨」。五代・王定保《唐摭言》卷二：「叨承恩顧，銘心在骨。」也作「銘肌刻骨」。唐，崔致遠《謝借舫子狀》：「每當定志安神，則乃銘肌刻骨。」也作「銘諸心腑」。《舊唐書・李德裕傳》：「置之座隅，用比韋弦之益；銘諸心腑，何啻藥石之功！」也作「銘之肺腑」。清・陳確《答惲仲升書》：「固已銘之肺腑，死且不朽。」也作「刻骨鏤心」、「刻骨銘心」、「鏤心刻骨」、「鏤骨銘心」、「鏤骨銘肌」、「刻骨銘肌」、「切骨銘心」。

【銘心刻骨】
見「銘肌鏤骨」。

【銘心鏤骨】
見「銘肌鏤骨」。

【銘心在骨】
見「銘肌鏤骨」。

【銘心肺腑】
見「銘肌鏤骨」。

【銘諸肺腑】
見「銘諸五內」。

【銘諸五內】
五內：五臟。比喻對別人的恩惠十分感激，永不能忘。例父親對王大伯當時慷慨解囊，資助他生意失敗的舉動銘諸五內。也作「銘諸肺腑」。例你們對我的關懷，我將銘諸肺腑而不敢稍忘。

【銘諸心腑】
見「銘肌鏤骨」。

【明白人不吃眼前虧】
指聰明人能暫時迴避不利形勢，以免吃苦頭。老舍《駱駝祥子》一一：「咱們不招誰不惹誰的，臨完上天橋吃黑棗，冤不冤？你是明白人，『明白人不吃眼前虧』。」

【明白如話】
形容通俗流暢。清・劉熙載《藝概・詩概》：「放翁詩明白如話，然淺中有深，平中有奇。」也作「明白易曉」。宋・葉夢得《石林詩話》卷中：「余每愛此言簡切，明白易曉，但觀者未嘗留意耳。」也作「明白曉暢」。曉暢：明白流暢。鄭振鐸《插圖本中國文學史・最古的記載》：「（《甘誓》）就其明白曉暢的一點看來，至少有後人改寫的痕跡。」

【明白曉暢】
見「明白如話」。

【明白易曉】
見「明白如話」。

【明辨是非】
明辨：辨別清楚；是非：事理的正確和錯誤。《禮記・中庸》：「博學之，審問之，愼思之，明辨之，篤行之。」後以「明辨是非」指把是非分清楚。例他雖然還是個孩子，卻能夠明辨是非。

【明並日月】
像日月那樣明亮。晋・劉琨《勸進表》：「陛下明並日月，無幽不燭。」也作「明齊日月」。晋・孫楚《尼父頌》：「德比天地，明齊日月。」也作「明參日月」。漢・張超《尼父頌》：「量合乾坤，明參日月。」

【明參日月】
見「明並日月」。

【明查暗訪】
見「明察暗訪」。

【明察暗訪】
察：察看；訪：詢問。公開觀察，暗中詢問。形容調查了解得深入、全面。《兒女英雄傳》二七回：「他還在那裏賊去關門，明察暗訪。」也作「明查暗訪」。《老殘遊記》一八回：「差你往齊東村明查暗訪。這十三條命案是否服毒，有什麼別樣案情，限一個月報命。」也作「明廉暗察」。廉：考察。金・董解元《西廂記諸宮調》卷八：「地方千里，威教有法，吏也不愛侵官弄法……正不怕明廉暗察。」也作「明廉暗訪」。

【明察秋毫】
明：眼力；察：察看；秋毫：鳥獸秋天新生的細毛。原指眼力好，能看清秋毫這樣細微的東西。《孟子・梁惠王上》：「明足以察秋毫之末。」後用來形容目光銳利，任何細小的問題都看得很透徹。《三俠五義》四二回：「不想相爺神目如電，早已明察秋毫，小人再不敢隱瞞。」

【明恥教戰】
指申明軍紀，讓士卒知道什麼是恥辱，從而使之勇猛作戰。《左傳・僖公二十二年》：「明恥教戰，求殺敵也。」

【明窗淨几】
几：小桌。形容居室整潔、明亮。宋・歐陽修《試筆》：「明窗淨几，筆硯紙墨，皆極精良，亦自是人生一樂。」也作「窗明几淨」、「窗明几潔」。

【明德君子】
指品德高尙的人。南朝宋・劉義慶《世說新語・言語》：「主人曰：『尊侯明德君子，何以病瘧？』」

【明德愼罰】
明：顯示。指多施恩德，愼用刑罰。《尙書・康誥》：「惟乃丕顯考文王，克明德愼罰。」

【明德惟馨】
明德：完美的道德；馨：芳香。謂唯

完美的品德才是美好的。《尚書・君陳》：「黍稷非馨，明德惟馨。」

【明發不寐】

明發：黎明。形容徹夜不眠。《詩經・小雅・小宛》：「明發不寐，有懷二人。」

【明罰敕法】

敕：整頓。指嚴明法紀。《晉書・郭璞傳》：「然後明罰敕法，以肅理官。」

【明法審令】

明：申明；審：謹愼。指申明法紀，愼用命令。《尉繚子・戰威》：「明法審令，不卜筮而事吉。」

【明公正道】

見「明公正氣」。

【明公正氣】

謂堂堂正正，毫不掩飾。《孽海花》一五回：「這會兒……爽性明公正氣的把簪兒拿出手來。」也作「**明公正道**」。《紅樓夢》三一回：「那明公正道連個姑娘還沒掙上去呢，也不過和我似的，那裏就上我們了。」也作「**明堂正道**」。《紅樓夢》一六回：「故此擺酒請客的費事，明堂正道與他做了妾。」

【明鼓對明鑼——亮出去了】

比喻將事情或心裏話公開地擺出來。例我沒把你當外人，明鼓對明鑼——亮出去了，一句話也沒保留。

【明婚正配】

見「明媒正娶」。

【明婚正娶】

見「明媒正娶」。

【明火持刀】

見「明火執仗」。

【明火持杖】

見「明火執仗」。

【明火執仗】

明火：點燃火把，指公開行動；仗：武器。指公然搶劫。《醒世恒言》卷二九：「如何白日裏不來，黑夜間率領多人，明火執仗，打入房帷，乘機搶劫？」後多指肆無忌憚地做壞事。《水滸傳》一〇四回：「鄰舍及近村人家，平日畏段家人物如虎，今日見他們明火執仗，又不知他們備細，都閉著門，那裏有一個敢來攔當。」也作「**明火執杖**」。《紅樓夢》一一一回：「營官著急道：『並非明火執杖，怎麼便算是强盜呢？』」也作「**明火持杖**」。明・無名氏《臨潼鬥寶》楔子：「明火持杖打劫人，隨著展雄做强盜。」也作「**明火持刀**」。清・秦鐶《歸紀事詩》：「昏夜招呼集羣醜，明火持刀叩門戶。」

【明火執杖】

見「明火執仗」。

【明鑑高懸】

見「明鏡高懸」。

【明鑑萬里】

見「明見萬里」。

【明見萬里】

形容對遠方的情況十分了解。《後漢書・竇融傳》：「璽書既至，河西咸驚，以爲天子明見萬里之外。」也形容有先見之明。《好逑傳》一三回：「老先生台諭，可謂明見萬里。」也作「**明鑑萬里**」。《歧路燈》八九回：「譚道台昨夜籌畫，果然明鑑萬里。」也作「**明知千里**」。《管子・九守》：「明知千里之外，隱微之中。」

【明教不變】

指只要政令明確，就不會出現變亂。《商君書・賞刑》：「明賞不費，明刑不戮，明教不變……明教之猶至於無教也。」

【明鏡不疲】

指鏡子不會因爲多次使用而疲乏。形容有才智的人不會因事情過多而才力匱乏。南朝宋・劉義慶《世說新語・言語》：「車武子難苦問謝，謂袁羊曰：『不問則德音有遺，多問則重勞二謝。』袁曰：『必無此嫌。』車曰：『何以知爾？』袁曰：『何嘗見明鏡疲於屢照，清流憚於惠風？』」

【明鏡高懸】

晉・葛洪《西京雜記》卷三：「有方鏡廣四尺，高五尺九寸，表裏有明。人直來照之，影則倒見。以手捫心而來，則見腸胃五臟，歷然無礙。人有疾病在內，則掩心而照之，則知病之所在。」後以「明鏡高懸」比喻可以洞察一切。多形容執法者公正嚴明。元・關漢卿《望江亭》四折：「今日個幸對淸官，明鏡高懸。」也作「**明鑑高懸**」。《景德傳燈錄》卷九：「欲知是佛非身處，明鑑高懸未照時。」也作「**秦鏡高懸**」、「**神鏡高懸**」、「**高懸明鏡**」。

【明鏡所以照形，古事所以知今】

明鏡可以照出人形，過去的事可供借鑑以知當今。指做事情不能不借鑑以往的經驗教訓。《三國志・吳書・孫奮傳》：「俚語曰：『明鏡所以照形，古事所以知今。』大王宜深以魯王爲戒，改易其行，戰戰兢兢，盡敬朝廷，如此則無求不得。」也作「**明鑑可以照形，古事可以知今**」、「**明鑑所以照形，古事可以知今**」。

【明來暗往】

公開或背地頻繁接觸。形容關係密切（多含貶義）。例爲訂立攻守同盟，他和其他同案犯明來暗往，頻頻接觸。

【明理見道】

理：事物的客觀規律。指認淸事物的實質。《紅樓夢》八二回：「『無聞』二字不是不能發達做官的話。『聞』是實在自己能夠明理見道，就不做官也是有『聞』了。」

【明廉暗察】

見「明察暗訪」。

【明廉暗訪】

見「明察暗訪」。

【明媒正配】

見「明媒正娶」。

【明媒正娶】

媒：指媒人說合。舊指合乎禮儀的正式婚姻。《紅樓夢》六八回：「我勸你能著些兒罷，咱們又不是明媒正娶來的。」也作「**明婚正娶**」。元・關漢卿《救風塵》四折：「那裏是明婚正娶？公然的傷風敗俗。」也作「**明媒正配**」。《二刻拍案驚奇》卷一一：「雖然做了親，元不是明媒正配。」也作「**明婚正配**」。元・楊顯之《瀟湘雨》四折：「老相公，你小姐元是我崔文遠明婚正配，許與侄兒崔道的。」

【明明白白】
①光明磊落。例你要勤勤懇懇地工作，明明白白地做人。②清楚。例這事兒他說得明明白白的，你怎麼還弄錯了？③確實。《醒世姻緣傳》四二回：「卻說那侯小槐，明明白白的牆基被他賴了去，經官斷回。」

【明眸皓齒】
眸：眼睛；皓：潔白。形容女子美麗。也指美女。元・陶宗儀《南村輟耕錄》卷一七：「只知敬明眸皓齒，不想共肥馬輕裘。」也作「**皓齒明眸**」。

【明眸善睞】
眸：眼珠；睞：ㄌㄞˋ，顧盼。形容女子顧盼生姿。三國魏・曹植《洛神賦》：「丹唇外朗，皓齒內鮮，明眸善睞，靨輔承權。」

【明目達聰】
《尚書・舜典》：「明四目，達四聰。」使眼睛明亮，使聽覺敏銳。指全面了解情況，體察民情。清・無名氏《杜詩言志》卷四：「當此際者，正宜明目達聰，勵精圖治。」《清史稿・朱一新傳》：「我皇太后、皇上明目達聰，豈有跬步之地而或敢售其欺？」

【明目張膽】
《晉書・王敦傳》：「今日之事，明目張膽，為六軍之首，寧忠臣而死，不無賴而生矣。」原形容有膽有識，敢做敢為，後形容肆無忌憚地做壞事。《醒世姻緣傳》三一回：「以強凌弱，以眾暴寡，明目張膽的把那活人殺吃。」也作「**瞋目張膽**」。

【明齊日月】
見「明並日月」。

【明槍暗箭】
比喻各種公開的和隱蔽的攻擊。王朝聞《論鳳姐》一六章：「襲人有時是明槍暗箭一起來的。」也作「**暗箭明槍**」。

【明槍易躲，暗箭難防】
比喻公開的攻擊容易躲避，暗地裏的襲擊卻不容易防範。例俗話說：「明槍易躲，暗箭難防。」那個人一向心術不正，你對他要提防著點！也作「**明槍容易躲，暗箭最難防**」。

【明人不必細說】
指對明白人不必把事情全說透，點上幾句，便會理解。例他是個明白人，凡事你不用講很多，他自然就會懂得。俗話說：「明人不必細說。」也作「**明人不待細講**」。

【明人不說暗話】
為人光明磊落，有話明說。例明人不說暗話，這件事就是做得不對，不管走到哪裏，我也是這個看法。

【明人不做暗事】
為人光明磊落，做事不偷偷摸摸。《古今小說》卷二八：「自古『明人不做暗事』，何不戴頂髻兒？還好看相？恁般喬打扮回來，不雌不雄，好不羞恥人！」。

【明人點頭即知，痴人拳打不曉】
指對明白人一點便透，不必多費口舌；而對笨人，即使揍他，他也明白不了。例俗話說：「明人點頭即知，痴人拳打不曉。」就這麼點兒事，我已經向你說過二十遍了，你還是不明白，你可眞算是笨人之最了。」

【明日復明日，明日何其多！我生待明日，萬事成蹉跎】
蹉跎：時光白白地消逝。一個明天接著一個明天，明天是何等的多啊！如果一輩子都等待明天，那麼光陰就會白白過去，一件事都做不成。謂人們當珍惜時光，及時努力。清・錢鶴灘《明日歌》：「明日復明日，明日何其多！我生待明日，萬事成蹉跎。世人苦被明日累，春去秋來老將至。」

【明日黃花】
宋・蘇軾《九日次韻王鞏》詩：「相逢不用忙歸去，明日黃花蝶也愁。」明日：指重陽節後的一天；黃花：菊花。古代風俗於重陽節賞菊。比喻過去的事物。魯迅《兩地書》七：「擬先呈先生批閱，則恐久稽時日，將成明日黃花。」也比喻遲暮不遇。元・許有壬《南鄉子》詞：「我似淵明多一字，陶陶，明日黃花笑二毛。」也作「**黃花明日**」。

【明若觀火】
如同看火一樣明亮。比喻對事物了解得非常清楚。唐・陸贄《奉天論延訪朝臣表》：「善惡從類，端如貫珠；成敗象行，明若觀火。」也作「**洞若觀火**」、「**洞如觀火**」。

【明若指掌】
指了解得十分細緻、準確。唐・陸贄《論裴延齡奸蠹書》：「明若指掌，端如貫珠。」也作「**了如指掌**」。

【明賞不費】
只要賞賜得當，就不算耗費錢財。《商君書・賞刑》：「夫明賞不費……明賞之猶至於無賞也。」

【明賞愼罰】
謂不濫賞，不濫罰。漢・荀悅《漢紀・文帝紀》：「興利除害，明賞愼罰，直言極諫，補主之過。」

【明升暗降】
指表面上提升，而實際上卻是降職。《官場現形記》三六回：「就是再添一千個都老爺，也抵不上兩個監督、一個織造的好。這叫做明升暗降。」

【明師良友】
見「明師益友」。

【明是一把火，暗是一把刀】

比喻表面上對人很好，心裏卻十分歹毒。《紅樓夢》六五回：「我告訴奶奶，一輩子別見他才好。嘴甜心苦，兩面三刀；上頭一臉笑，腳下使絆子；『明是一把火，暗是一把刀』；都占全了。」

【明堂正道】
見「明公正氣」。

【明效大驗】
效、驗：預期效果。指效果非常顯著。漢・賈誼《上疏陳政事》：「此天下之所共見也，是非其明效大驗邪！」

【明心見性】
佛教用語，指恢復因受世俗影響而迷亂的本性。《西遊記》九四回：「長老是個對景忘情，明心見性之意。」後泛指大徹大悟。《紅樓夢》一一五回：「他說了半天，並沒個明心見性之談，不過說些什麼『文章經濟』。」也作「**識心見性**」、「**見性明心**」。

【明刑弼教】
明刑：以刑法曉諭民衆；弼：ㄅㄧˋ，輔助；教：教育。指通過宣明刑律以輔助教化的施行。唐・張說《起義堂頌》：「明刑弼教，道尊老氏。」

【明刑不戮】
只要刑法嚴明，百姓就不會犯法、殺人。《商君書・賞刑》：「明賞不費，明刑不戮，明教不教……明刑之猶至於無刑也。」

【明修暗度】
見「明修棧道，暗度陳倉」。

【明修棧道，暗度陳倉】
棧道：在絕壁上鑿孔架木而成的窄路；陳倉：古地名。據《史記・高祖本紀》載：劉邦在準備從漢中出發攻打項羽時，爲迷惑項羽，故意派人修整被燒毀的棧道，而實際卻率軍偷渡陳倉，最後獲取勝利。後以「明修棧道，暗度陳倉」比喻以某事爲掩護，暗中進行其他活動。《兒女英雄傳》九回：「莫非她心裏有這段姻緣，自己不好開口，卻明修棧道，暗度陳倉，先說了我的事，然好借重我爹媽，給她作個月下老人。」也作「**明修暗度**」。清・趙翼《行圍即景・相撲》詩：「明修暗度詭道攻，聲東擊西多方誤。」也作「**暗度陳倉**」、「**陳倉暗度**」。

【明眼人】
指有見地、善於觀察的人。例不必多說了，明眼人一下就會識破你的鬼把戲。

【明揚仄陋】
仄（ㄗㄜˋ）陋：出身卑微。泛指雖貧寒但有才能的人。舉荐雖出身卑微卻有才能之人。漢・曹操《求賢令》：「二三子其佐我明揚仄陋，唯才是舉。」

【明有王法，暗有神靈】
指對做壞事的人，國法、神靈都不會放過他們。《水滸傳》一五回：「好呀！『明有王法，暗有神靈』，你如何商量這等的勾當！我聽得多時也！」

【明月暗投】
見「明珠暗投」。

【明月不常圓，好花容易落】
比喻良辰、美景很快消失。例年輕人，要好好珍惜現在的好時光，不能虛度人生。所謂「明月不常圓，好花容易落」啊！

【明月清風】
指超脫世俗的生活。明・沈采《千金記・遇仙》：「戀功名水上鷗，俏芒鞋塵內走，怎如明月清風隨地有。」

【明月入抱】
見「明月入懷」。

【明月入懷】
比喻心胸開朗。南朝宋・劉義慶《世說新語・容止》：「時人目夏侯太初，朗朗如日月之入懷。」唐・溫庭筠《醉歌》：「朔風繞指我先笑，明月入懷君自知。」也作「**明月入抱**」。清・繆荃孫《〈宋元詞四十家〉序》：「吾友王子佑遐，明月入抱，惠風在襟。」

【明月之珠，和氏之璧】
明月珠、和氏璧：都是世上罕見的珠寶。後比喻極珍貴的東西。《戰國策・趙策一》：「李兌送蘇秦明月之珠，和氏之璧。」也作「**明月之珠，夜光之璧**」。漢・鄒陽《獄中上書自明》：「臣聞明月之珠，夜光之璧，以暗投人於道，衆莫不按劍相眄者，何則？」

【明月之珠，夜光之璧】
見「明月之珠，和氏之璧」。

【明昭昏蒙】
指有的人聰穎明達，有的人愚昧無知，兩者差距很大。唐・韓愈《獨孤申叔哀辭》：「明昭昏蒙，誰使然邪？」

【明哲保身】
《詩經・大雅，烝民》：「既明且哲，以保其身。」明哲：明智。指明智的於保全自己。唐・白居易《杜佑致仕制》：「盡悴事君，明哲保身。」現指爲保全自己而不敢堅持原則。朱自清《論氣節》：「高節更只能造就一些明哲保身的自了漢，甚至於一些虛無主義者。」也作「**明哲防身**」。唐・李紳《卻過淮陰弔韓信廟》詩：「徒用千金酬一飯，不知明哲重防身。」

【明哲防身】
見「明哲保身」。

【明者睹未然】
睹：看見；未然：尚未發生之事。聰明人能預料到尚未發生的事。例俗話說：「明者睹未然。」今天發生的事，是在王經理意料之中的，所以他才能這樣胸有成竹，沉著鎮定地應付局面，不像我們這樣手忙腳亂的。

【明者防禍於未萌，智者圖患於將來】
圖：考慮。明智的人，能在禍患未發生時加以防止，並能作長遠考慮，消除未來的隱患。《三國志・吳書・周瑜魯肅呂蒙傳》注引《吳書》：「明者

防禍於未萌，智者圖患於將來。知得知失，可與爲人，知存知亡，足別吉兇。」

【明爭暗鬥】
明裏暗裏都在進行爭鬥。魯迅《〈守常全集〉題記》：「《新青年》的同人中，雖然也很有喜歡明爭暗鬥，扶植自己勢力的人，但他一直到後來，絕對的不是。」也作「**暗爭明鬥**」。

【明正典刑】
正：正法；典刑：法律。指依照法律公開處置（多指處決）。元・關漢卿《魯齋郎》四折：「聖人大怒，即便判了斬字，將此人押赴市朝，明正典刑。」

【明知不是伴，無奈且相隨】
謂明明知道不是適當的同伴，但情勢所迫，不得不湊合在一塊。《小五義》一一一回：「我走在黑水湖，叫他們截上山來。吳源愛惜我，要與我結義爲友。『明知不是伴，無奈且相隨』。占住此山，得便之時再想個脫身之計。」也作「**明曉不是伴，事急且相隨**」、「**明知不是伴，事急且隨行**」。

【明知故犯】
明明知道不對還故意違犯。《鏡花緣》六一回：「此物既與人無益，如何令尊伯伯卻又栽這許多？豈非明知故犯麼？」也作「**明知明犯**」。宋・倪思《經鉏堂雜志・林希》：「名節一壞，遺臭後世，明知而明犯之，甚矣，官職之能壞人也。」也作「**知而故犯**」。

【明知故問】
自己明明知道，還故意問別人。清・無名氏《繡鞋記》：「明人何必細說。你也知道是誰，卻就是明知故問呢！」

【明知明犯】
見「明知故犯」。

【明知千里】
見「明見萬里」。

【明知山有虎，故作採樵人】
比喻明知有危險，仍冒著風險從事某種活動。《說岳全傳》一六回：「『明知山有虎，故作採樵人。』因你城中固守難攻，故用此計。」也作「**明知山有虎，偏向虎山行**」。

【明知山有虎，偏向虎山行】
見「明知山有虎，故作採樵人」。

【明知灼見】
指正確、透徹的見解。明・徐光啟《兵事百不相應疏》：「明知灼見，無幸可僥。」也作「**眞知灼見**」。

【明珠暗投】
《史記・魯仲連鄒陽列傳》：「臣聞明月之珠，夜光之璧，以暗投人於道路，人無不按劍相眄者，何則？無因而至前也。」後以「明珠暗投」比喻懷才不遇。宋・胡繼宗《書言故事》卷一二：「不遇識者，明珠暗投。」也比喻誤入歧途。《三國演義》五七回：「統曰：『吾欲投曹操去也。』肅曰：『此明珠暗投矣，可往荊州投劉皇叔，必然重用。』」也比喻有價值的東西落入不識貨者手中。清・蒲松齡《五月十日答工部吳》：「老大人倘不惜明珠暗投，幸惠教一冊。」也作「**明珠投暗**」。魯迅《爲了忘卻的記念》：「[書]落到捕房的手裏，眞是明珠投暗。」也作「**明月暗投**」。明月：指閃閃發光的珍珠。南朝・梁簡文帝《與魏東荊州刺史李志書》：「時事易差，相思勉勵；但明月暗投，昔人爲誡。」也作「**隋珠暗投**」、「**夜光暗投**」、「**暗投明珠**」、「**暗投明月**」。

【明珠生蚌】
《北齊書・陸卬傳》：「吾以卿老蚌遂出明珠，意欲爲羣拜紀可乎？」明珠出自老蚌。比喻父親出衆，兒子亦有才能。《羣音類選『百順記・王曾得子』》：「荷皇天寵賜，一子承宗，縱休誇佳兆爲熊，尤幸以明珠生蚌。」

【明珠彈雀】
明珠：夜明珠。《莊子・讓王》：「今且有人於此，以隨侯之珠，投千仞之雀，世必笑之。是何也？以其所用者重，而所要者輕也。」比喻得不償失。《封神演義》一三回：「若道兄隱護，只恐明珠彈雀，反爲不美。」也作「**明珠彈肉**」。肉：指鳥。漢・揚雄《太玄經・唐》：「明珠彈於飛肉，其得不復。測曰：『明珠彈肉，費不當也。』」也作「**隋珠彈雀**」、「**驪珠彈雀**」。

【明珠彈肉】
見「明珠彈雀」。

【明珠投暗】
見「明珠暗投」。

【明珠薏苡】
《後漢書・馬援傳》：「初，援在交阯，常餌薏苡實，用能輕身省欲，以勝瘴氣。南方薏苡實大，援欲以爲種，軍還，載之一車。時人以爲南土珍怪，權貴皆望之。援時方有寵，故莫以聞。及卒後，有上書譖之者，以爲前所載還，皆明珠文犀。馬武……等，皆以章言其狀，帝益怒。」後指蒙受冤屈。金・密璹《馬伏波》：「明珠薏苡猶難辨，萬里爭敎論杜龍。」也作「**薏苡明珠**」。

【明珠掌上】
指父母極疼愛的女兒。清・施閏章《新嘉驛女子詩》：「美人零落泣風塵，不惜明珠掌上身。」也作「**掌上明珠**」。

【鳴不平】
表示不服氣，感到不公平。例像這樣欺侮人的事，就沒人出來鳴不平嗎？

【鳴鳳朝陽】
比喻賢才受到任用。宋・范成大《劉德修少卿避暑惠山，因便寄贈》詩：「鳴鳳朝陽五尺天，匆匆忽過白鷗邊。」也作「**鳳鳴朝陽**」。

【鳴鼓而攻】
見「鳴鼓而攻之」。

【鳴鼓而攻之】

比喻公開宣布罪狀，加以聲討。《論語・先進》：「季氏富於周公，而求也爲之聚斂而附益之。子曰：『非吾徒也。小子明鼓而攻之可也。』」也作「鳴鼓以攻之」。宋・劉克莊《自和二首》詩之一：「陋矣射鉤而中者，壯哉鳴鼓以攻之。」也作「鳴鼓而攻」。《兒女英雄傳》三九回：「如今見我這等回來，他們竟自閉門不納，還道我不是安分之徒，竟大家鳴鼓而攻起來。」也作「鳴鼓之攻」。明・李開先《送陳仁齋長教湯溪序》：「待問如洪鐘之扣，不才有鳴鼓之攻。」也作「鳴鼓攻之」。宋・朱熹《朱子全書》卷一七：「聖人已見得他錯了，但不如鳴鼓攻之，責得求之深。」

【鳴鼓攻之】

見「鳴鼓而攻之」。

【鳴鼓以攻之】

見「鳴鼓而攻之」。

【鳴鼓之攻】

見「鳴鼓而攻之」。

【鳴鑼喝道】

見「鳴鑼開道」。

【鳴鑼開道】

舊時官吏出行，讓人在前面敲鑼，意在警告行人迴避。《二十年目睹之怪現狀》九九回：「大凡官府出街，一定是鳴鑼開道的。」後比喻爲某種事物的出現製造輿論。也作「鳴鑼喝道」。清・陳偕燦《官查鹽》詩：「買鹽銷票馳如飛，鳴鑼喝道長官歸。」也作「開鑼喝道」。

【鳴琴而治】

《呂氏春秋・察賢》：「宓子賤治單父，彈鳴琴，身不下堂，而單父治。」舊時形容地方官治理有方，通過禮樂教化百姓而使社會安定。

【鳴鐘列鼎】

鳴鐘：奏樂；列鼎：把鼎排列在一起；鼎：古代炊器。形容富貴奢華的生活。唐・王績《與陳叔達重借隋紀書》：「豐屋華榱，顧蓬蒿而徙眷；鳴鐘列鼎，想藜藿而移交。」也作「鳴鐘食鼎」。唐・張文成《遊仙窟》：「鳴鐘食鼎，積代衣纓；長戟高門，因循禮樂。」也作「擊鐘鼎食」、「擊鐘陳鼎」、「鐘鳴鼎食」、「列鼎鳴鐘」、「撞鐘鼎食」、「鼎食鐘鳴」。

【鳴鐘食鼎】

見「鳴鐘列鼎」。

【冥會神契】

指靜下心來反覆深入地領會。明・何良俊《四友齋叢說》卷二七：「松雪朝夕臨摹，蓋已冥會神契，故不但書跡之同，雖行款亦皆酷似。」也作「默契神會」。

【冥思精索】

冥思：深沉的思索。指深沉、仔細的思索。《宋史・徐元杰傳》：「幼穎悟，誦書日數千言，每冥思精索。」

【冥思苦索】

見「冥思苦想」。

【冥思苦想】

冥思：深沉的思索。指苦苦思索。例關於這個問題，與其你自己在這邊冥思苦想，還不如直接去詢問老師解答比較快。也作「冥思苦索」。例一個人冥思苦索，到底主意不多，不如發動大家一齊來想辦法，也許能找到出路。也作「冥搜苦思」。宋・劉克莊《滿領衛詩》：「君卷中時有三數句似四靈古體，如九日蛩菊……諸篇，皆冥搜苦思，變現光怪，脫換《騷》、《雅》。」也作「深惟苦思」、「苦思冥搜」、「苦思幽索」、「深思苦索」。

【冥搜苦思】

見「冥思苦想」。

【冥頑不靈】

冥頑：愚蠢頑固；靈：聰穎。形容愚昧無知。唐・韓愈《祭鱷魚文》：「不然，則是鱷魚冥頑不靈，刺史雖有言，不聞不知也。」也作「頑冥不靈」。

【冥心危坐】

冥心：靜心；危：端正。指靜下心端坐思考。《紅樓夢》一一八回：「寶玉自在靜室冥心危坐，忽見鶯兒端了一盤瓜果進來。」

【冥行盲索】

見「冥行擿埴」。

【冥行擿埴】

冥行：黑夜行走；擿埴：ㄊㄧˋ ㄓˊ，指盲人以杖點地；擿：點；埴：地。比喻不識門徑，在黑暗中摸索。清・王夫之《續春秋左氏傳博議》卷下：「起乎異端，冥行擿埴之浮言，五尺童子皆得鉗其喙矣。」也作「冥行盲索」、「擿埴冥行」、「擿埴索途」、「索途擿埴」。

【螟蛉之子】

指收養的子女。《儒林外史》二五回：「他娘說他是螟蛉之子，不疼他，只疼的是女兒、女婿。」

ㄇㄧㄥˇ

【酩酊大醉】

酩酊：大醉的樣子。指醉得神志不清。北魏・酈道元《水經注・沔水》：「山季倫之鎮襄陽，每臨此池，未嘗不大醉而還，恒言『此是我高陽池』。故時人爲之歌曰：『山公出何去，往至高陽池。日暮倒載歸，酩酊無所知。』」《水滸傳》四三回：「不兩個時辰，把李逵灌得酩酊大醉，立腳不住。」也作「酩酊爛醉」。《警世通言》卷六：「俞良又去趕趁，吃了幾碗餓酒，直到天晚，酩酊爛醉，踉踉蹌蹌，到孫婆店中，昏迷不醒，睡倒了。」也作「酕醄大醉」。清・酌元亭主人《照世杯・百和坊將無作有》：「繆家的大叔們請他在酒館中一樂，吃得酕醄大醉。」

【酩酊爛醉】

見「酩酊大醉」。

ㄇㄧㄥˋ

【命儔嘯侶】
儔：ㄔㄡˊ，同類；呼。嘯：指呼引同類。三國魏・曹植《洛神賦》：「爾乃衆靈雜遝，命儔嘯侶，或戲清流，或翔神渚。」後也指招引知心朋友。南朝・梁元帝《懷舊志・序》：「臨水登山，命儔嘯侶。」也作「命嘯儔侶」。唐・陸龜蒙《白鷗詩序》：「儔侶不得命嘯，塵埃不得澡刷。」也作「儔侶命嘯」。

【命大福大】
指交好運，有福氣。例聽說昨天你坐的那輛汽車出了車禍，車上的人都受了傷，就你一人一點兒事也沒有，你可眞是「命大福大」呀！

【命根子】
比喻最重要、最受重視的人或事物。例莊稼是農民的命根子，孩子是媽媽的命根子。

【命工庀材】
工：工匠；庀：ㄆㄧˇ，準備。指著手準備進行修建工作。元・陸文圭《天與淸香台記》：「呼卒輩土，命工庀材，甃以文石，結構其上。」也作「鳩工庀材」。

【命蹇時乖】
蹇（ㄐㄧㄢˇ）、乖：不順利；時：時運。指時機、命運不好，也指凡事不順利。《水滸傳》一一回：「不想我今日被高俅那賊陷害，流落到此，天地也不容我，直如此命蹇時乖。」也作「時乖運蹇」、「時乖命蹇」、「時乖運舛」、「運蹇時乖」、「時乖運滯」。

【命面提耳】
見「面命耳提」。

【命如絲髮】
見「命若懸絲」。

【命若懸絲】
形容生命危在旦夕，十分危險。《敦煌變文集・大目乾連冥間救母變文》：「娘娘見今饑困，命若懸絲。」也作「命似懸絲」。《景德傳燈錄》卷二四：「曰：『欲出不出時如何？』師曰：『命似懸絲。』」也作「命如絲髮」。《後漢書・劉茂傳》：「臣爲賊所圍，命如絲髮。」

【命世之才】
命世：著名於當世。指著稱一代的傑出人才。《三國志・魏書・魏武帝紀》：「天下將亂，非命世之才，不能濟也。」

【命世之英】
命世：著名於當世。指當代英雄。《三國志・蜀書・鄧芝傳》：「[鄧]芝對曰：『吳蜀二國四州之地，大王命世之英，諸葛亮亦一時之傑也。』」

【命似懸絲】
見「命若懸絲」。

【命嘯儔侶】
見「命儔嘯侶」。

【命懸絲髮】
形容生命極爲危險。《後漢書・鄧訓傳》：「涼州吏人，命懸絲髮。」

ㄇㄨˇ

【母慈子孝】
指母親慈善，子女孝順。唐・蘇安恒《請則天皇后復位於皇子疏》：「陛下蔽太子之元良，枉太子之神器，何以教天下母慈子孝焉？」

【母雞打更——不提（啼）】
打更：舊時把一夜分爲五更，每到一更，巡夜的人打梆子或敲鑼報時，叫打更；提：「啼」的諧音。雙關語。比喻不用說了，算了。例這些不愉快的事已經過去，母雞打更——不提（啼）了吧。

【母雞帶小雞——寸步不離】
形容關係密切。例這兩人同學數載，現在又在一起工作，親密無間，就像母雞帶小雞——寸步不離。也作「母雞帶小雞——形影相隨」、「盲人的拐棍——寸步不離」、「身後的影子——寸步不離」。

【母雞帶崽——各顧各（咯咕咯）】
各顧各：「咯咕咯」的諧音。母雞帶小雞時常發出「咯咕咯」的叫聲。雙關語。比喻自己顧自己。例在危難時候，要互相支持，互相援救，不能母雞帶崽——各顧各（咯咕咯）。也作「石雞下蛋——各顧各（咯咕咯）」、「趕鴨子上坡——各顧各（咯咕咯）」、「石雞上南山——各顧各（咯咕咯）」、「鴨子過河——各顧各（咯咕咯）」。

【母雞上樹——不是正經鳥兒】
見「墳地裏的夜貓子——不是好鳥」。

【母雞生蛋——白拉】
比喻自己做事，別人得益。例今天的勞動，算是母雞生蛋——白拉，全爲你們幹啦。

【母雞跳進灶——不死也要脫層毛】
見「開水潑老鼠——不死也要脫層毛」。

【母雞鑽籬笆——進退兩難】
見「光腳丫走進蒺藜窩——進退兩難」。

【母老虎】
比喻蠻橫兇悍的女人。例她哪像個女人，簡直是個母老虎！也作「母大蟲」。例這個母大蟲，一早起來又嚷什麼呢？

【母老虎，地頭蛇——惹不起】
母老虎：指蠻橫兇惡的婦女；地頭蛇：地方上橫行霸道，爲非作歹的人。見「馬蜂針，蠍子尾——惹不起」。

【母老虎罵街——沒人敢惹】
母老虎：指蠻橫兇狠的婦女。比喻沒有人敢觸犯。例他是街道一霸，又有保護傘，眞是母老虎罵街——沒人敢惹。也作「**崖縫裏的馬蜂——沒人敢惹**」。

【母也天只，不諒人只】

也、只：表示感嘆的語氣；諒：體諒。《詩經・鄘風・柏舟》：「泛彼柏舟，在彼中河。髧彼兩髦，實維我儀。之死矢靡它。母也天只，不諒人只。」意思是：母親啊，天啊，為什麼不體諒人啊！後比喻長輩、上級缺少必要的同情與體諒。清・袁枚《小倉山房尺牘》五首：「夫子身為相國，而急其所緩，緩其所急，覺母也天只，不諒人只，得毋有反唇而相稽者乎？」

【母夜叉】

夜叉：傳說中的惡鬼。比喻兇惡的婦女。例你罵她母夜叉，她還罵你公夜叉哩！

【母夜叉撒潑——惹不起】

母夜叉：相貌醜陋而兇惡的女人；撒潑：大哭大鬧，不講道理。見「馬蜂針，蠍子尾——惹不起」。

【母以子貴】

指母親因兒子位顯而尊貴。《公羊傳・隱公元年》：「立嫡以長不以賢，立子以貴不以長。桓何以貴？母貴也。母貴則子何以貴？子以母貴，母以子貴。」《漢書・王莽傳》：「《春秋》之義，母以子貴，丁姬宜上尊號。」

【母豬嘲笑馬臉長——不自量】

比喻看不到自己的缺點、毛病。例要看到別人的長處和自己的短處，要取人之長，補己之短，母豬嘲笑馬臉長——不自量，是愚蠢的表現。

【母豬掉進泔水缸——飽餐一頓】

泔（ㄍㄢ）水：淘米、洗菜、涮鍋碗等用過的水。見「餓狗下茅坑——飽餐一頓」。

【母豬耳朵——耳朵軟】

見「棉花耳朵——耳朵軟」。

【母豬撬瓜藤——亂拱】

撬：拱，撥。比喻瞎說，撥弄是非。例你別在背後母豬撬瓜藤——亂拱了，破壞團結最不得人心了。

【母豬上桿——不怕（爬）】

雙關語。比喻不害怕，無所畏懼。例常發貴說：「老子如今是母豬上桿——不怕（爬），隨他們說啥去吧。」

【牡丹雖好，全仗綠葉扶持】

比喻再有能力的人也少不了他人的協助。《紅樓夢》一一〇回：「俗語說的，『牡丹雖好，全仗綠葉扶持』，太太們虧不了鳳丫頭，那些人還幫著嗎！」也作「**牡丹雖好，綠葉扶持**」、「**牡丹雖好，全憑綠葉扶持**」。

ㄇㄨˋ

【木板板釘釘——說一句是一句】

木板上釘釘子，釘上去就不容易移動。比喻說話算數。例他是講信用的，木板板釘釘——說一句是一句，不會變卦。

【木板上的釘——定（釘）在這裏了】

定：「釘」的諧音。比喻紮根某地，毫不動搖。例誰說我們是帶翅膀的鳥，遲早要飛，我們是木板上的釘——定（釘）在這裏了。

【木板上釘釘子——跑不了】

見「斷了腿的青蛙——跑不了」。

【木板上敲鐵釘——定了】

比喻已經確定，不再改變。例坐公車要付錢，這是木板上敲鐵釘——定了的，提意見也沒用。也作「**死魚的眼睛——定了**」。

【木棒插進炭簍子——倒霉（搗煤）】

炭簍子：（方言）盛放煤炭的竹簍；倒霉：「搗煤」的諧音。見「煤球搬家——倒霉（煤）」。

【木本水源】

木本：樹木的根。指事物的根源。《鏡花緣》一六回：「以木本水源而論，究竟我們天朝要算萬邦根本了。」也作「**水源木本**」、「**水木本源**」。

【木不離根，水不脫源】

見「木有根，水有源」。

【木不鑽不透，人不激不發】

木頭不鑽，就不會穿透；人不受到激勵，就不會奮發圖强。例對他這樣的人，想要他進步，就得常激勵他、鼓勵他，就像俗話所說的：「木不鑽不透，人不激不發。」

【木從繩則直，人從諫則聖】

按墨線鋸木，可以得到筆直的木材；聽從別人的好言相勸，就會成為很有修養的人。例人家批評你是為你好，俗話說：「木從繩則直，人從諫則聖。」你應該虛心聽取人家的意見，這樣對你是有好處的。

【木雕泥捏】

見「木雕泥塑」。

【木雕泥塑】

比喻人如偶像一樣死板（呆滯）。《東周列國志》三四回：「襄公頓口無言，似木雕泥塑一般，只多著兩行珠淚。」也作「**木雕泥捏**」。金・馬鈺《滿庭芳》詞：「諸公學道，莫學奇怪……身心木雕泥捏，遇千魔、萬難不採。」也作「**泥塑木雕**」。

【木槁灰寒】

比喻毫無生氣。宋・劉克莊《壬戌生日回啟陳正言》：「木槁灰寒之叟，得此日光玉潔之文，巨擘品題，衰蹤焜耀。」也作「**槁木死灰**」。

【木公金母】

木公、金母：指傳說中的東王公、西王母。喻指忠厚長者。例林家爺爺奶奶待人親切和善，是我們心目中的木公金母。

【木棍兒釘在牆上——大小算個爵（橛）兒】

爵：ㄐㄩㄝˊ，「橛」的諧音，爵位，官職；橛（ㄐㄩㄝˊ）兒：短木樁。雙關語。比喻不管職位大小，總是一個官兒。例他常常得意地說：「你別瞧不起我，木棍兒釘在牆上——大小算個爵（橛）兒，還管好幾口子人呢！」

【木猴而冠】

見「沐猴而冠」。

【木壞山頹】

木：梁木；山：指泰山；頹：塌。《禮記·檀弓》：「孔子蚤作，負手曳杖，逍遙於門，歌曰：『泰山其頹乎？梁木其壞乎？哲人其萎乎？』」喻指堪當重任者之死。清·孫雨林《皖江血·拒敵》：「木壞山頹，江城付劫灰。」

【木雞養到】

《莊子·達生》：「紀消子為王養鬥雞，十日而問：『雞已乎？』曰：『未也，方虛憍而恃氣。』十日又問，曰：『未也，猶應向景。』十日又問，曰：『未也，猶疾視而盛氣。』十日又問，曰：『幾矣。雞雖有鳴者，已無變矣；望之似木雞矣，其德全矣。異雞無敢應者，反走矣。』」唐·成玄英疏：「神識安閒，形容審定……其猶木雞不動不驚，其德全具，他人之雞，見之反走。」後比喻修養深淳、技藝超羣。

【木夾裏的豆餅——兩頭受擠】

土法榨油，先將豆子、菜籽等放在木夾裏，然後用力擠壓，才能榨出油來。所餘渣滓即為豆餅。見「骨縫裏的肉——兩頭受擠」。

【木匠打鐵——改行了】

比喻放棄原來的行業。例楊老師，你什麼時候木匠打鐵——改行了，做起新聞記者來了？也作「耍大刀的唱小生——改行了」。

【木匠戴枷——自作自受】

枷：舊時套在犯人脖子上的木製刑具。比喻自己做下的事，自己承受不好的後果；或咎由自取。例這次他受到了懲罰，全是因為他近來胡攪蠻纏，瞎折騰造成的，真是木匠戴枷——自作自受。也作「木匠戴枷板——自作自受」、「坐轎子翻跟頭——自作自受」、「鐵匠戴手銬——自作自受」、「癩蛤蟆吞吃魚鉤——自作自受」、「搬石頭砸自己的腳——自作自受」、「老母豬尿窩——自作自受」。

【木匠的斧子——一面砍】

木匠的斧子，斧刃一面是凸的，一面是平的，使用時利用平的一面，木屑砍到另一邊。比喻偏心，不公正。有時指看問題片面。例我認為自己有錯誤，該受批評，但他也不是都正確，你不能木匠的斧子——一面砍啊！也作「木匠的斧子——一邊砍」、「木匠的斧子——只劈一面」。

【木匠的鋸子——不具實（鋸石）】

具實：「鋸石」的諧音，確實，真有其事。比喻不確實，不是真有其事。例你得到的消息是木匠的鋸子——不具實（鋸石），報上已經闢謠了。

【木匠的折尺——能屈能伸】

折尺：木工量長度的木尺，可以折疊。雙關語。比喻人在不得志時能忍耐，在得志時能施展抱負。舊時沒有志氣的人在惡勢力面前屈服，常用此話解嘲。例你說我向那狗老財低頭？大丈夫就像木匠的折尺——能屈能伸，看我將來怎樣懲治他。也作「屬彈簧的——能屈能伸」。

【木匠吊線——睜隻眼，閉隻眼】

木匠吊線：木匠用墨斗吊線時，往往閉上一隻眼，用一隻眼看。雙關語。比喻視而不見，姑息遷就。例對這種違法亂紀行為，你不能採取木匠吊線——睜隻眼，閉隻眼的態度。也作「夜貓子睡覺——睜隻眼，閉隻眼」。

【木匠吊線——正直】

雙關語。比喻公正坦率。例不管你怎樣嘲笑，我認為他有一個你不能及的優點，那就是木匠吊線——正直。

【木匠丟了折尺——沒有分寸】

折尺：木工量長度的木尺，可以折疊。雙關語。比喻不知輕重，不能恰如其分。例你對長者講話，似乎是木匠丟了折尺——沒有分寸，尊老攜幼是中國人的傳統美德，不能忽視。

【木匠拉大鋸——拉拉扯扯】

雙關語。比喻互相勾結，拉攏。例他們之間的關係，就像木匠拉大鋸——拉拉扯扯，很不光明正大。也作「賣胡琴的碰上賣布的——拉拉扯扯」。

【木匠拉大鋸——有來有去】

雙關語。比喻彼此間互有來往。例我們是老朋友了，木匠拉大鋸——拉拉扯扯，多年來一直沒有中斷關係。也作「鴨背上的水——有來有去」。

【木匠跑四方——走到哪，幹到哪】

比喻工作不計條件，有什麼就幹什麼。例這個青年不但有埋頭苦幹的精神，而且是木匠跑四方——走到哪，幹到哪，從不討價還價。也作「腰裏別鐮刀——走到哪，幹到哪」。

【木匠推刨子——抱（刨）打不平】

抱：「刨」的諧音。比喻主持公道，為受侮辱的人伸張正義。例韋大剛講義氣，扶弱濟困，人們說他有三俠五義那種木匠推刨子——抱（刨）打不平的作風。

【木匠推刨子——直來直去】

刨子：刮平木料用的手工工具。見「胡同裏扛竹竿——直來直去」。

【木匠忘了墨斗子——沒線了】

墨斗子：即墨斗，木匠用來打直線的工具。從墨斗中拉出墨線，放到木材上，繃緊，提起墨線趁著彈力就打上了黑線。比喻不受限制、不受拘束地盲目行動。例你們昨天的行動，的確是木匠忘了墨斗子——沒線了，應受到法律的制裁。

【木匠搖墨斗——連軸轉】

墨斗：木工用來打直線的工具。見

「火車輪子——連軸轉」。

【木强敦厚】

木强（ㄐㄧㄤˋ）：質樸倔强。指人倔强而樸實忠厚。《史記．周勃世家》：「勃爲人木强敦厚，高帝以爲可屬大事。」

【木强少文】

木强（ㄐㄧㄤˋ）：質樸倔强；少文：指不講禮節。指人質樸、正直卻魯莽。章太炎《革命之道德》：「漢祖所任用者，上自蕭何、曹參，其下至於王陵、周勃、樊噲、夏侯嬰之徒，大抵木强少文，不識利害。」

【木落歸本】

本：樹根。比喻回歸本源。漢．翼奉《風角》：「木落歸本，水流歸末。」後比喻事物有一定的歸宿。例葉落歸根，木落歸本，他在海外浪跡二十餘年，終於回到了家鄉。

【木魅山鬼】

魅：鬼怪。指山中的鬼怪。南朝宋．鮑照《蕪城賦》：「木魅山鬼，野鼠城狐，風嘷雨嘯，昏見晨趨。」

【木木樗樗】

形容痴呆的樣子。樗：ㄕㄨ，落葉喬木，粗皮，葉有臭氣，又叫臭椿。《西遊記》六回：「水蛇跳一跳，又變做一隻花鴇，木木樗樗的立在蓼汀之上。」

【木訥寡言】

木訥：樸實遲鈍，不善言談。謂人質樸，不靈敏，不善言談。例常人道：「人不可貌相。」別看他平時木訥寡言的，可一工作起來，誰也沒他勤奮努力。

【木偶表演——由人擺佈】

木偶：木頭做的人像。雙關語。比喻任憑別人操縱、支配自己的行動。例他是一個沒主見、沒骨頭的人，經常是木偶表演——由人擺佈。也作「木偶表演——任人擺佈」、「新媳婦坐花轎——任人擺佈」、「井裏的吊桶——由人擺佈」。

【木偶的服裝——另搞一套】

木偶不能穿人的衣服，需要另做一套。雙關語。比喻不合作或不服從，自己單獨幹。例這個人有軍閥割據的思想，獨霸一方，許多事情都是木偶的服裝——另搞一套。

【木偶流眼淚——虛情假意】

比喻情意不眞實。例你不要被他的熱情所迷惑，他是木偶流眼淚——虛情假意，許多人都上過當。也作「木偶流眼淚——假仁假義」、「氣死周瑜去吊孝——虛情假意」、「問客殺雞——虛情假意」、「雨過送傘——虛情假意」、「諸葛亮吊孝——虛情假意」。

【木偶能跳動，自有提線人】

比喻有人在背後操縱、指使。例你別看他叫得這麼兇，其實他並不是主要人物，俗話說：「木偶能跳動，自有提線人。」我們應該找的是這個「提線人」！

【木偶跳得歡——靠的牽線人】

比喻做事依靠穿針引線的人。例木偶跳得歡——靠的牽線人，我們這次共同做出了點成績，沒有你們從中聯絡、撮合是不行的。

【木偶跳舞——不由自主】

木偶表演全靠人的操縱。也作「木偶跳舞——身不由己」。見「斷了線的風箏——不由自主」。

【木偶戲——幕後操縱】

木偶戲：用木偶來表演的戲劇，表演時，演員在幕後操縱木偶，並配以演唱和音樂。雙關語。比喻在背後支配、控制。例這個人很狡猾，自己不出面，總是木偶戲——幕後操縱，叫別人衝鋒陷陣，當靶子。也作「木偶跳舞——幕後操縱」、「唱驢皮影——耍人的」。

【木偶下海——不著底】

不著底：沉不到底。雙關語。比喻工作不深入，不接觸實際；或心中無數，把握不大。例羣衆批評你自從當了鄉長後，官僚主義，高高在上，就像木偶下海——不著底，應當反省、警惕啊！也作「木頭骷髏過海——不著底」。

【木偶衣繡】

衣：穿衣。給木偶穿上華美的絲織服裝。比喻徒有其表。《史記．田叔列傳》：「今徒取富人子上之，又無智略，如木偶人衣之綺繡耳。」

【木偶做戲——受人牽連】

木偶表演時，由演員在幕後用線牽連操縱。比喻別人給自己帶來連累和麻煩。例他坐了牢房，完全是木偶做戲——受人牽連，眞冤枉啊！

【木偶做戲——裝模作樣】

形容故意做樣子給人看。例眞的就是眞的，假的就是假的，木偶做戲——裝模作樣，你是騙不了人的。也作「木偶做戲——裝樣子」、「忤逆子講孝經——假做作」、「周瑜打黃蓋——裝樣子」。

【木排上跑馬——蹩腳】

雙關語。比喻質量不好或本領不强。例這雙皮鞋穿兩天就裂口了，實在是木排上跑馬——蹩腳。

【木强則折】

强：堅硬。比喻處世應有剛有柔，一味强硬只能招致毀滅。《老子》七六章：「兵强則滅，木强則折，堅强處下，柔弱處上。」

【木人石心】

比喻意志堅定，不受外界干擾。《晉書．夏統傳》：「[賈充]又使妓女之徒服袿襹，炫金翠，繞其船三匝。統危坐如故，若無所聞。充等各散，曰：『此吳兒是木人石心也。』」也形容人沒有感情。宋．秦醇《譚意歌傳》：「客撫掌大罵曰：『張生乃木人石心也！使有情者見之，罪不容誅。』」

【木勺炒豆子——同歸於盡】

見「稻草人救火——同歸於盡」。

【木虱鑽進花生殼——硬充好人

（仁）兒】

木虱：果樹、桑樹等的害蟲，體形小，種類多；人：「仁」的諧音。比喻壞人冒充好人。例昨天還在背後造謠破壞，今天又來假裝積極，眞是木虱鑽進花生殼——硬充好人（仁）兒。

【木石鹿豕】

木：樹木；豕：ㄕˇ，豬。《孟子・盡心上》：「舜之居深山之中，與木石居，與鹿豕遊。」形容愚笨麻木。《聊齋志異・珊瑚》：「冤哉，謂我木石鹿豕耶？具有口鼻，豈有觸香臭而不知者？」

【木石爲徒】

徒：同一類的人。與樹木山石爲伴。比喻與外界斷絕往來。《新唐書・柳宗元傳》：「用是更樂暗默，與木石爲徒不復致意。」

【木石心腸】

形容人毫無感情。例人家這樣懇求你，還不答應？你眞是木石心腸！

【木食山棲】

木：指山上的野生物品。指隱居世外。《晉書・庾袞傳》：「庾賢絕塵避地，超然遠跡，固窮安陋，木食山棲。」也作「山棲谷隱」、「山居谷飲」。

【木炭修磨子——走一方黑一方】

磨子：磨，把糧食弄碎的工具，通常用兩個圓石盤做成，石盤上鑿有齒槽。用木炭修齒槽，磨子運轉時就會走一方黑一方。雙關語。比喻壞人走到哪裏，哪裏就倒霉，就遭殃。例這個木炭修磨子——走一方黑一方的大惡霸，惡貫滿盈，今天終於受到了政府的懲辦，眞大快人心。

【木桶淘米——水泄不通】

形容十分擁擠或被包圍得很嚴密。例今天百貨公司大減價，顧客多得像木桶淘米——水泄不通。

【木頭耳朵——說不通】

見「電話斷了線——說不通」。

【木頭疙瘩】

見「木頭人」。

【木頭雞兒——呆頭呆腦】

形容動作和表情遲鈍。例別看他表面像個木頭雞兒——呆頭呆腦，實際上聰明極了，搞了好多的小發明哩！

【木頭骷髏過海——不著底】

骷髏：乾枯無肉的死人骨骼。見「木偶下海——不著底」。

【木頭木腦】

形容愚笨、呆滯。老舍《鼓書藝人》二三：「她有的時候很同情李淵，他木頭木腦，什麼也不懂。」

【木頭腦瓜——四六不懂】

比喻人不開竅，連最簡單的道理也不明白。例這個人是木頭腦瓜——四六不懂，不能擔此重任。

【木頭人】

①比喻呆滯無表情的人。例他平時極爲嚴肅，人家都說他像木頭人。②指沒有頭腦、缺乏思想的人。例你說的那些雙關語他能不懂？你可別把他當木頭人。也作「木頭疙瘩」。例這人是個木頭疙瘩，打他罵他都不在乎。

【木頭人鋸樹——忘本】

比喻境遇變好後忘掉自己原來的情況和所以能夠得到幸福的根源。例幸福生活來之不易，我們不能像木頭人鋸樹——忘本。也作「上朝不帶奏折——忘本」、「小鴿子餵飽——忘了本啦」、「豬八戒吃大肉——忘本」。

【木頭人生瘡——不痛不癢】

比喻不觸及實質，不切中要害。例你們心慈手軟，對敵人的打擊就像木頭人生瘡——不痛不癢。也作「牛蠅叮牛蹄——不痛不癢」、「絨球打臉——不痛不癢」、「爛蒲扇打臉——不痛不癢」。

【木頭人投河——不成（沉）】

成：「沉」的諧音。比喻不同意，不行或不成功。例把《紅樓夢》借我看好嗎？」「木頭人投河——不成(沉)，我還沒看完呢！」也作「木頭骷髏過海——不成（沉）」、「燈草掉在水裏——不成（沉）」、「水上葫蘆——不成（沉）」、「葫蘆掉下井——不成（沉）」。

【木頭楔子——專鑽空子】

木頭楔子：固定物體的木橛、木片等，比喻專門利用漏洞進行投機活動。例不法商人就像木頭楔子——專鑽空子，發不義之財。

【木頭心眼，鑽也鑽不透】

形容心眼不活、反應遲鈍，不能善解人意。例我給你講了這半天，你怎麼還不懂？眞是「木頭心眼，鑽也鑽不透」。

【木頭眼鏡——看不透】

比喻不能透徹地了解和認識事物的本質。例這個人很深沉，大家對他是木頭眼鏡——看不透。

【木頭眼鏡——瞧不透】

①見「木頭眼鏡——看不透」。②比喻不相信對方有那麼大的能耐或不相信某事能辦成。例小子們，撲騰去吧，就憑你們這幾塊料，能制伏大鹼灘？木頭眼鏡——瞧不透！

【木無本必枯，水無源必竭】

比喻人或物失去根本就會衰敗、滅亡。《東周列國志》三八回：「衛侯將死矣！諸侯之有王，猶木之有本，水之有源也。『木無本必枯，水無源必竭。』」

【木屑竹頭】

比喻隨處可見，價值不大，卻是有用的東西。清・劉坤一《特保武職各員折》：「木屑竹頭，有時亦足以應緩急。」也作「竹頭木屑」、「竹釘木屑」。

【木心石腹】

形容人毫無感情。宋・張邦基《墨莊漫錄・縉云武尉司夫人》：「君介然不蒙顧盼，亦木心石腹之人也。」

【木形灰心】

《莊子・齊物論》：「形固可使如槁

木，而心固可使如死灰乎？」指意志消沉，對一切都十分淡漠。唐．白居易《答戶部崔侍郎書》：「又或杜門隱几，塊然自居，木形灰心，動逾旬月。」

【木朽不雕】

比喻人不堪造就或局面不可收拾。《資治通鑑．元帝承聖二年》：「木朽不雕，世衰難佐。」也作「**朽木不雕**」、「**朽棘不雕**」。

【木朽蟲生，牆空蟻入】

見「木朽蟲生，牆罅蟻入」。

【木朽蟲生，牆罅蟻入】

罅：ㄒㄧㄚˋ，縫隙。樹木一旦腐朽了，就容易生長蛀蟲；牆有縫隙，螞蟻就會鑽進去。比喻事物內部出了問題，就會引來外部的侵入。《兩晉演義》一回：「『木朽蟲生，牆罅蟻入。』這都是千古不易的名言。歷朝外患，往往從亂引入，內亂越多，外患亦越深。」

【木朽蛀生】

比喻出現疏漏，問題就會隨之而來。明．唐順之《信陵君救趙論》：「信陵君不忌魏王，而徑請之如姬，其素窺魏王之疏也；如姬不忌魏王，而敢於竊符，其素恃魏王之寵也。木朽而蛀生之矣。」

【木秀於林，風必摧之】

林中特別高大的樹木，總是首先被風吹倒。比喻忠直之士，抱負不凡的人，往往因行為出衆，受到世俗人的誹謗。三國魏．李康《運命論》：「夫忠直之迕於主，獨立之負於俗，理勢然也。故木秀於林，風必摧之；堆出於岸，流必湍之；行高於人，衆必非之。」

【木已成舟】

比喻既成事實無法改變。《野叟曝言》九回：「據你說來，則木已成舟，實難挽回了？」

【木有根，水有源】

謂任何事物都有其根源。例常言道：「木有根，水有源。」你才出師幾天，就背叛了咱們的師傅！也作「**木不離根，水不脫源**。」

【木魚改梆子——還是挨敲的貨】

木魚：打擊樂器，原為僧尼念經、化緣時敲打的響器，木製，形狀像魚，中空；梆（ㄅㄤ）子：打更用的器具，空心，用木頭或竹子製成。雙關語。比喻終究逃不脫被打擊的命運。例他調換了幾次工作和地方，都是被批判的對象，眞是木魚改梆子——還是挨敲的貨。

【木魚命——一輩子挨打】

木魚：打擊樂器，原為僧尼念經、化緣時敲打的響器。比喻受不完的打擊和懲罰。例唉，這老李眞是木魚命——一輩子挨打，老闆遇到不順心的事，就把他作為出氣筒。

【木魚張嘴——等著挨敲】

比喻坐著等挨批評或受敲詐。例你昨天幹的好事，上司正在追查呢！你就木魚張嘴——等著挨敲吧。

【木直自寇】

寇：指砍伐。樹木長得挺直將招致砍伐。唐．張九齡《雜詩五首》詩之五：「木直幾自寇，石堅亦他攻。」也作「**山木自寇**」。

【目不別視】

指注意力集中。《紅樓夢》四八回：「見他姐妹們說笑，便自己走至階下竹前，挖心搜膽的，耳不旁聽，目不別視。」

【目不定睫】

見「目不交睫」。

【目不給賞】

見「目不暇賞」。

【目不給視】

指要看的東西太多，眼睛看不過來。宋．周邦彥《汴都賦》：「沉沙棲陸，異域所至，殊形妙狀，目不給視，無所不有，不可殫紀。」

【目不見睫】

睫：睫毛。自己的眼睛看不見自己的睫毛。《韓非子．喻老》：「智如目也，能見百步之外而不能自見其睫。」比喻見遠而不能見近。宋．王安石《再用前韻寄蔡天啟》：「遠求而近遺，如目不見睫。」也比喻沒有自知之明。也作「**眼不見睫**」。

【目不交睫】

交睫：指閉眼。形容不睡覺休息。《聊齋志異．促織》：「自昏達曙，目不交睫。」也作「**目不定睫**」。定睫：指閉眼。清．王夫之《牧石先生暨吳太恭人合祔墓志》：「目不定睫五晝夜」。也作「**眼不交睫**」、「**睫不得交**」。

【目不窺園】

《史記．儒林列傳》：「下帷講誦，弟子傳以久次相受業，或莫見其面。蓋三年董仲舒不觀於舍園，其精如此。」後形容專心學習。《歧路燈》一〇八回：「白日在碧草軒目不窺園，黃昏到自己樓上課晝談帖。」也作「**三年不窺園**」。

【目不能二視，耳不能二聽，手不能二事】

眼睛不能同時看二樣東西，耳朵不能同時聽兩種聲音，手裏不能同時做兩件事。謂凡事要集中精力，全神貫注。漢．董仲舒《春秋繁露．天道無二》：「是以目不能二視，耳不能二聽，手不能二事，一手畫方，一手畫圓，莫能成。」

【目不旁視】

見「目不邪視」。

【目不忍睹】

眼睛不忍看。形容境況極慘。清．薛福成《觀巴黎油畫記》：「軍士之折臂斷足，血流殷地，偃仰僵仆者，令人目不忍睹。」也作「**目不忍視**」。魯迅《紀念劉和珍君》：「慘象，已使我目不忍視了；流言，尤使我耳不忍聞。」也作「**目不忍見**」。清．葉燮《原詩．內篇》：「想其時，陳言為之禍，必有出於目不忍見，耳不忍聞者。」

【目不忍見】

見「目不忍睹」。

【目不忍視】

見「目不忍睹」。

【目不勝接】

見「目不暇給」。

【目不識丁】

《舊唐書·張弘靖傳》:「今天下無事,汝輩挽得兩石力弓,不如識一丁字。」宋·洪邁《容齋俗考》:「今人多用不識一丁字,謂祖《唐書》。以出處考之,乃『個』字,非『丁』字。蓋『個』與『丁』相類,傳寫誤焉。」一個字也不認識,也指連「丁」字也不認識,形容沒有一點文化。《警世通言》卷一七:「他兩個祖上也曾出仕,都是富厚之家,目不識丁,也頂個讀書的虛名。」也作「**目不識字**」。明·顧炎武《與友人論門人書》:「矧納貲之例行,而目不識字者可爲郡邑博士。」也作「**目不知書**」。書:文字。《二刻拍案驚奇》卷二四:「某乃山東鄙人,布衣賤士,生世四十,目不知書。」也作「**眼不識丁**」、「**不識一丁**」。

【目不識字】

見「目不識丁」。

【目不妄視】

妄:非分的。眼睛不隨便看。形容神情莊重。《仙傳拾遺·楊通幽》:「護氣希言,目不妄視,絕聲利,遠囂塵,則可以凌三界,登太清矣。」

【目不暇給】

暇:空閒;給;供應。眼睛來不及看。形容東西很多或移動很快。清·鄭燮《濰縣署中與舍弟墨第二書·書後又一紙》:「見其揚翬振彩,倏往倏來,目不暇給,固非一籠一羽之樂而已。」也作「**目不暇接**」、「**目不勝接**」。《慈禧太后演義》二回:「蘭兒心爽神怡,也不管他是什麼名地,只是隨行隨賞,目不勝接。」

【目不暇接】

見「目不暇給」。

【目不暇賞】

暇:空閒。指東西太多,來不及欣賞。清·黃協塤《鋤經書舍零墨》卷一:「題咏之多,幾於目不暇賞。」也作「**目不給賞**」。給:供應。清高宗《唐宋詩醇》卷二一:「洋洋灑灑,一氣讀去,幾於千岩竟秀,萬壑爭流,目不給賞矣。」

【目不斜視】

見「目不邪視」。

【目不邪視】

邪:斜。眼睛不往旁邊看。形容神情莊重。《三國演義》一一回:「竺上車端坐,目不邪視。」也作「**目不旁視**」。老舍《駱駝祥子》二十:「他目不旁視,彷彿街上沒有人,也沒有東西。」也作「**目不斜視**」。老舍《鼓書藝人》二二:「她焦躁起來,頭一動也不動,乜斜著眼看他。他直挺挺坐著,目不斜視。」

【目不暫瞬】

見「目不轉睛」。

【目不知書】

見「目不識丁」。

【目不轉睛】

睛:眼珠。不轉眼珠地盯著看。形容看得認眞、出神。《醒世恒言》卷三二:「兩只眼覷定窗櫺,眞個是目不轉睛。」也作「**目不轉視**」。清·黃宗羲《張南垣傳》:「漣與客方談笑,漫應之曰:『某樹下某石可置某所,目不轉視,手不再指,若金在冶,不假斧鑿。』」也作「**目不暫瞬**」。瞬:眨眼。北魏·楊衒之《洛陽伽藍記》卷二:「士庶瞻仰,目不暫瞬。」也作「**眼不轉睛**」。

【目不轉視】

見「目不轉睛」。

【目瞠口哆】

見「目瞪口呆」。

【目成心授】

見「目成心許」。

【目成心許】

目成:以目光表達愛戀之情。許:允許。指男女愛戀,以目傳情,內心相許。清·王韜《淞隱漫錄》卷七:「生與女兩相愛悅,目成心許,誓爲伉儷。」也作「**目成心授**」。宋·王之道《點絳唇》詞:「君知否,目成心授,何日同攜手?」

【目大不睹】

睹:看見。指眼睛雖大卻看不見東西。比喻徒有其表。《莊子·山木》:「翼殷不逝,目大不睹。」

【目呆口咂】

咂:ㄗㄚ,驚嘆聲。形容因羨慕或恐懼而發楞的神態。《隋唐演義》五二回:「寨中這些兵卒多是強盜出身,何曾看見如此禮物,見了個個目呆口咂。」

【目瞪口呆】

形容因驚懼而發呆的神態。《水滸傳》二六回:「衆鄰舍俱目瞪口呆,再不敢動。」也作「**目睜口呆**」。《水滸傳》五○回:「扮知府的是蕭讓,扮巡檢的兩個是戴宗、楊林……李應都見了,目睜口呆,言語不得。」也作「**目定口呆**」。《二十年目睹之怪現狀》二○回:「雲岫一面聽我說,一面氣得目定口呆。」也作「**目睜口開**」。明·張岱《陶庵夢憶》卷五:「其他如舞燈,十數人手攜一燈,忽隱忽現,怪幻百出,匪夷所思,令唐明皇見之亦必目睜口開。」也作「**目瞠口哆**」。宋·洪邁《夷堅丁志·荊山客邸》:「亟回韓店,徑趨臥室內,翻揭席薦,無所見而出,面色如墨,目瞠口哆。」也作「**口呿目瞪**」、「**口呆目瞪**」。

【目瞪口噤】

噤:ㄐㄧㄣˋ,閉口不作聲。形容因驚懼而發呆的神態。唐·皇甫枚《三水小牘·夏侯禎》:「夏侯生惝怳不寐,若爲陰物所中。其僕來告,枚走視之，則目瞪口噤，不能言矣。」

【目瞪舌僵】

形容因驚懼而發呆的神態。宋・陳亮《衆祭潘用和文》：「俄而於朋輩之中奪其一人而去，使其徒回皇四望而目瞪舌僵，不知所以爲策。」

【目瞪神呆】

形容因驚懼而發呆的樣子。《鏡花緣》一八回：「登時驚的目瞪神呆，惟恐他們盤問，就要出醜。」

【目定口呆】

見「目瞪口呆」。

【目睹耳聞】

睹：看見。指親眼看見，親耳聽到。宋・耐得翁《都城紀勝・序》：「僕遭遇明時，寓遊京國，目睹耳聞，殆非一日。」也作「**目見耳聞**」。宋・蘇軾《石鍾山記》：「事不目見耳聞而臆斷其有無，可乎？」也作「**目擊耳聞**」。明・無名氏《漁樵閒話》三折：「似此這般，怎生目擊耳聞。」也作「**耳聞目睹**」、「**耳聞目見**」、「**耳聞目擊**」、「**耳聞眼睹**」。

【目短於自見】

指眼睛雖然看得見遠處，卻看不見自己。後常比喻只看見別人的缺點，卻看不到自己的短處。例目短於自見是做人的大忌。

【目斷飛鴻】

指目送大雁至飛得看不見時止。表示難分難捨之情。明・王世貞《鳴鳳記・鄒慰夏孤》：「此情未語淚先溶，自今別去，目斷飛鴻。」

【目斷魂消】

見「目斷魂銷」。

【目斷魂銷】

指極目遠眺而不見，內心爲之十分哀傷。多表示離別後對親友、故鄉等的思念之情。唐・元稹《同州刺史謝上表》：「臣自離京國，目斷魂銷，每至五更朝謁之時，臣實制淚不得。」也作「**目斷魂消**」。明・無名氏《精忠記・辭母》：「只今別去，山長水遙，意匆匆遠離膝下，目斷魂消。」

【目斷鱗鴻】

鱗鴻：相傳魚雁能傳書信，借指書信。形容急切盼望書信。明・張景《飛丸記・誓盟牛女》：「小姐，看你背裏沉吟，想是心中明白，何不口傳信息，免他目斷鱗鴻。」

【目光短淺】

形容考慮或處理問題缺乏遠見。例目光短淺的人是不可能有遠大理想的。

【目光炯炯】

炯炯：明亮的樣子。形容人眼睛明亮而有威嚴。宋・陸游《醉題》詩：「目光炯炯射車牛，何至隨人作淚愁。」

【目光如豆】

形容目光短淺。魯迅《「題未定」草》：「眼光愈銳利，見識愈深廣，選本固然愈準確，但可惜的是大抵目光如豆。」

【目光如鏡】

形容眼睛炯炯有神。宋・鄒應龍《鷓鴣天》詞：「生日到，轉精神。目光如鏡步如雲。」

【目光如炬】

炬：火炬。形容目光銳利有神。《南史・檀道濟傳》：「[檀道濟]憤怒氣盛，目光如炬。」也形容目光遠大。

【目光如鼠】

指目光鬼祟。魯迅《兩地書》一一二：「我說話往往刻薄，而對人則太厚道。我竟從不疑及玄倩之流到我這裏來是在偵探我。雖然他的目光如鼠，各處亂翻，我有時也有些覺得討厭。」

【目光遠大】

指有理想有抱負。例他們是目光遠大，積極進取的一代青年。

【目擊道存】

指一望即知「道」之所在。《莊子・田子方》：「子路曰：『吾子欲見溫伯雪子久矣，見之而不言，何邪？』仲尼曰：『若夫人者，目擊而道存矣，亦不可以容聲矣。』」唐・成玄英疏：「夫體悟之人，忘言得理，目裁（才）運動而玄道存焉，無勞更事辭費，容其聲說也。」也指一望即知本意。宋・趙蕃《僕有詩思，成文輒知之，而絕不肯道一語，戲贈》：「詩情鬱鬱見鬚眉，何意君能輒識之？目擊道存眞有得，旁觀袖手豈非癡？」也作「**道存目擊**」。

【目擊耳聞】

見「目睹耳聞」。

【目即成誦】

看一遍就能夠背誦下來。明・湯顯祖《紫簫記》：「俺相公目即成誦。」也作「**過目成誦**」。

【目見耳聞】

見「目睹耳聞」。

【目空四海】

見「目空天下」。

【目空天下】

指什麼都不放在眼裏，形容驕傲自大。清・王夫之《讀通鑑論・隋煬帝》：「億而中，爲而成，心無顧恤而目空天下。」也作「**目空四海**」。宋・陳亮《題喻季直文編》：「何茂恭目空四海，獨能降意於一世豪傑，而士亦樂親之。」也作「**眼高四海**」、「**眼空宇宙**」。

【目空一切】

什麼都不放在眼裏。形容狂妄自大。《鏡花緣》五二回：「但他恃著自己學問，目空一切，每每把人不放眼裏。」也作「**目空一世**」。明・焦竑《李氏焚書序》：「宏甫快口直腸，目空一世，憤激過甚，不顧人有忤者。」也作「**眼空一世**」。

【目空一世】

見「目空一切」。

【目迷五色】

目迷：看花了眼；五色：各種顏色。比喻事物紛繁複雜，分辨不清。《儒林外史》四六回：「只怕立朝之後，做主考房官，又要目迷五色。」也作「**五色目迷**」。

【目牛無全】
見「目無全牛」。
【目牛游刃】
目牛：即「目無全牛」；游刃：《莊子・養生主》：「彼節者有間，而刀刃者無厚。以無厚入有間，恢恢乎其於游刃必有餘地矣。」形容對事物內在聯繫了解深入，技藝純熟。《太平廣記》卷四九○引《東陽夜怪錄》：「諸公清才綺靡，皆是目牛游刃。」
【目盼心思】
形容極為盼望。《羣音類選餘慶記・深閨幽思》：「你那裏好風光，目盼心思，時刻何曾放。」
【目披手抄】
披：披覽。形容讀書刻苦。宋・胡仔《苕溪漁叢話》後集序：「終日明窗淨几，目披手抄，誠心好之，遂忘其勞。」
【目染耳濡】
見「目濡耳染」。
【目濡耳染】
濡：ㄖㄨˊ，沾溼；染：沾染。眼睛常看到，耳朵常聽到。指無形之中受到影響。也作「**目擩耳染**」。擩：ㄖㄨˇ，通「濡」。唐・韓愈《清河郡公房公墓碣銘》：「公胚胎前光，生長食息，不離典訓之內，目擩耳染，不學以能。」也作「**目染耳濡**」。《清史稿・廖壽恒傳》：「伏願皇太后崇儉黜奢，時以民生為念，俾皇上知稼穡之艱難，目染耳濡，聖功自懋。」也作「**耳目濡染**」、「**耳濡目染**」。
【目擩耳染】
見「目濡耳染」。
【目若懸珠】
形容眼睛炯炯有神。《漢書・東方朔傳》：「臣朔年二十二，長九尺三寸，目若懸珠，齒若編貝。」
【目食耳視】
指對事物沒有客觀、正確的評價標準。宋・司馬光《迂書・官失》：「世之人不以耳視而目食者，鮮矣……衣冠所以容觀也，稱體斯美矣。世人舍其所稱，聞人所尚而慕之，豈非以耳視者乎？飲食之物所以為味也，適口斯善矣。世人取果餌而鏤之、朱綠之，以為盤案之玩，豈非以目食者乎？」
【目使頤令】
使：指使；頤：面頰；令：命令。用目光和表情來指揮人。形容神態傲慢。《新唐書・王翰傳》：「家畜聲伎，目使頤令，自視王侯，人莫不惡之。」
【目送手揮】
三國魏・嵇康《贈秀才入軍》：「目送歸鴻，手揮五弦；俯仰自得，游心太玄。」目送：指目光追隨著南飛的大雁；手揮：指彈奏五琴。原形容手眼並用，得心應手。後形容隨心所欲，揮灑自如。清・戚蓼生《石頭記序》：「第觀其蘊於心而抒於手也，注彼而寫此，目送而手揮，似譎而正，似則而淫，如《春秋》之有微詞，史家之多曲筆。」也作「**手揮目送**」。
【目所不見，非無色也】
眼睛看不見的東西，並不見得沒有顏色。謂有些事物儘管未被人們直接接觸，但並不等於不存在。清・王夫之《思問錄內篇》：「目所不見，非無色也；耳所不聞，非無聲也；言所不通，非無義也。」
【目所未睹】
指從未見到過。宋・洪邁《夷堅乙志・楊戩二怪》：「小童入報有女子往來室中，妻遽出視之，韶顏麗態，目所未睹。」
【目窕（挑）心與】
見「目挑心招」。
【目挑心招】
挑：挑逗；招：招引。多形容女子誘惑人的情態。明・張岱《陶庵夢憶・二十四橋風月》：「美人數百人，目挑心招，視我如潘安。」也作「**目窕（挑）心與**」。漢・枚乘《七發》：「使先施、徵舒、陽文、段幹、吳娃、閭娵、傅予之徒，雜裾垂髾，目窕（挑）心與。」
【目往神受】
指只要看到對方的眼神，即可心領神會。例在談判桌上，這對老搭檔目往神受的默契配合，令人欽佩不已。
【目無法紀】
指無視法紀，胡作非為。清・孫雨林《皖江血》：「且爾搗毀學堂，亦屬目無法紀。」
【目無流視】
眼睛不隨意四望，形容為人正派。《明史・翁正春傳》：「正春風度峻整，終日無狎語，倦不傾倚，暑不裸裎，目無流視，見者肅然。」
【目無全牛】
《莊子・養生主》：「臣之所好者道也，進乎技矣。始臣之解牛之時，所見無非全牛者；三年之後，未嘗見全牛也。」形容對事物了解深入，技藝純熟。唐・楊承和《梁守謙功德銘》：「操利柄而目無全牛。」也作「**目牛無全**」。晉・孫綽《游天台山賦》：「投刃皆虛，目牛無全。」
【目無下塵】
下塵：凡塵，也指地位低下者。形容為人清高、傲慢。《紅樓夢》五回：「黛玉孤高自許，目無下塵。」
【目無餘子】
餘子：其餘的人。形容態度傲慢。《洪秀全演義》二八回：「汝輩多恃舊臣，與大王出身共同患難，往往目無餘子。」
【目無尊長】
指對地位、輩分比自己高的人毫無禮貌。形容狂妄自大。例一個人如果目無尊長，那是很難與之共處的。
【目下十行】
形容閱讀速度很快。《京本通俗小說・拗相公》：「此人目下十行，書窮萬卷。」也作「**一目十行**」、「**十行俱下**」。

【目想心存】
指懷念舊日的人和事。唐・徐光溥《題黃居寀秋山圖》：「目想心存妙尤極，研巧核能狀不得。」也作「**心存目想**」。

【目秀眉清】
見「眉清目秀」。

【目眩魂搖】
見「目眩神搖」。

【目眩神奪】
見「目眩神搖」。

【目眩神迷】
見「目眩神搖」。

【目眩神搖】
眩：ㄒㄩㄢˋ，昏花。形容看得眼花撩亂，心神不定。《儒林外史》三三回：「兩邊看的人目眩神搖，不敢仰視。」也作「**目眩魂搖**」。明・顧大典《青衫記・郊遊訪興》：「顧盼之間，目眩魂搖。」也作「**目眩神迷**」。《孽海花》一〇回：「場上陳列著有錦繡的、有金銀的，五光十色，目眩神迷。」也作「**目眩神奪**」。《聊齋志異・瞳人語》：「見車幔洞開，內坐二八女郎，紅妝艷麗，尤生平所未睹。目眩神奪，瞻戀弗舍。」也作「**目眩心花**」。《初刻拍案驚奇》卷一七：「任道元抬頭起來看見，驚得目眩心花，魄不附體。」

【目眩心花】
見「目眩神搖」。

【目語心計】
指不出聲地謀劃，並同別人用目光交換意見。《三國志・吳書・周魴傳》：「目語心許，不宣唇齒。」

【目睜口呆】
見「目瞪口呆」。

【目睜口開】
見「目瞪口呆」。

【目指氣使】
目：目光；氣：神情。指用眼光、神情來指使人。形容態度極其傲慢。漢・劉向《說苑・君道》：「今王將東面，目指氣使以求臣，則廝役之材至矣。」也作「**頤指氣使**」、「**頤指氣役**」。

【目中無人】
指不把別人放在眼裏。《初刻拍案驚奇》卷一三：「嚴家夫妻養驕了這孩兒，到得大來，就便目中無人，天王也似的大了。」

【目眦盡裂】
目眦（ㄗˋ）：眼眶。形容極爲憤怒。《史記・項羽本紀》：「瞋目視項王，頭髮上指，目眦盡裂。」

【苜蓿堆盤】
見「苜蓿盤」。

【苜蓿盤】
苜蓿：ㄇㄨˋ ㄙㄨˋ，俗名金花菜，莖葉可以吃，作飼料或肥料。據五代・王定保《唐摭言》卷一五載：唐代薛令之「累遷左庶子。時開元東宮官僚清淡，令之以詩自悼……『朝旭上團團，照見先生盤。盤中何所有？苜蓿長闌干。』」後形容生活清寒。宋・陳造《謝兩知縣送鵝酒羊麥》詩：「不因同里兼兩姓，肯念先生苜蓿盤。」也作「**苜蓿盤空**」。清・王韜《淞隱漫錄》卷二：「女父居官清正，苜蓿盤空，初無所蓄。」也作「**苜蓿堆盤**」。元・薩都剌《贈別鷲峯上人》詩：「聖經佛偈通宵讀，苜蓿堆盤勝食肉。」

【苜蓿盤空】
見「苜蓿盤」。

【沐猴而冠】
沐猴：獼猴；冠：戴帽子。《史記・項羽本紀》：「[項羽]心懷思欲東歸，曰：『富貴不歸故鄉，如衣繡夜行，誰知之者！』說者曰：『人言楚人沐猴而冠耳，果然！』」比喻徒其表，華而不實。也比喻雖有人的外表，而無人性。《漢書・伍被傳》：「夫蓼太子知略不世出，非常人也，以爲漢廷公卿列侯皆如沐猴而冠耳。」也作「**木猴而冠**」。明・沈采《千金記・會宴》：「項王乃是木猴而冠，不足謀天下矣。」也作「**沐猴冠冕**」。元・石君寶《秋胡戲妻》三折：「我罵你個沐猴冠冕，牛馬襟裾。」也作「**沐猴衣冠**」。明・無名氏《十探子》二折：「你這等人，乃沐猴衣冠之輩，馬牛襟裾之材。」

【沐猴冠冕】
見「沐猴而冠」。

【沐猴衣冠】
見「沐猴而冠」。

【沐雨梳風】
見「沐雨櫛風」。

【沐雨櫛風】
沐：洗頭；櫛：ㄐㄧㄝˊ，梳頭。以雨洗頭，以風梳頭。形容長期奔波勞碌，風雨無阻。三國魏，曹丕《黎陽作詩三首》詩之一：「載馳載驅，沐雨櫛風。」也作「**沐雨梳風**」。宋・范成大《百丈山》詩：「沐雨梳風有底忙？解鞍來宿贊公房。」也作「**櫛風沐雨**」、「**櫛沐風雨**」、「**風櫛雨沐**」。

【牧豕聽經】
《後漢書・承宮傳》：「少孤，年八歲爲人牧豕。鄉里徐子盛者，以《春秋經》授諸生數百人，宮過息廬下，樂其業，因就聽經，遂請留門下，爲諸生拾薪，執苦數年，勤學不倦。」後以此比喻勤學苦讀。

【牧豬奴戲】
《晉書・陶侃傳》：「諸參佐或以談戲廢事者，乃命取其酒器、蒱博之具，悉投之於江，吏將則加鞭撲，曰：『樗蒱者，牧豬奴戲耳。』」後成爲賭博的代稱。

【墓木已拱】
木：樹；拱：兩手合圍。形容人死已很久了。《梁書・武帝紀上》：「墓木已拱，方被徽榮。」

【幕上之巢】
建在帷幕上的鳥窩。比喻處境很危險。《左傳・襄公二十九年》：「夫子之在此也，猶燕之巢於幕上。」

【暮天席地】

以天為帳幕，以地為席子。形容胸襟曠達。晉・劉伶《酒德頌》：「行無轍跡，居無室廬，幕天席地，縱意所如。」也指在露天活動。《西遊記》六三回：「衆兄弟在星月光前，幕天席地，舉杯敍舊。」也作「席地幕天」、「帷天席地」。

【幕燕鼎魚】

幕燕：在帷幕上築巢的燕子。鼎魚：在炊具中游動的魚。比喻處境很危險。唐・白居易《為宰相（賀殺賊表）》：「幕燕鼎魚，偷活頃克。」

【暮不保朝】

形容處境極為危險。明・盧象昇《與少司成昊葵庵書八首》詩之一：「孤蹤在外，暮不保朝。」也作「朝不保夕」。

【暮楚朝秦】

形容反覆無常，也形容四處遊蕩。明・張岱《石匱書後集》卷五：「不知其身為旦夕之人，亦只圖身享旦夕之樂，東奔西走，暮楚朝秦。」也作「朝秦暮楚」。

【暮鼓晨鐘】

寺廟報時，晨敲鐘，晚擊鼓。指時光流逝。元・汪元亨《朝天子》曲：「暮鼓晨鐘，秋鴻春燕，隨光陰閒過遣。」也指寺院生活。明・周履靖《錦箋記・協計》：「清淨是菩提，愛染難離，蒸沙為飯飯終非，暮鼓晨鐘勤懺悔，怎免阿鼻？」也比喻令人覺醒的話語或聲音。清・吾廬孺《鐘鼓樓》：「暮鼓晨鐘不斷敲，婆心苦口總徒勞；滿城人竟功名熱，猶向迷津亂渡橋。」也作「暮鼓朝鐘」。宋・蘇軾《書雙竹湛師房》詩之二：「暮鼓朝鐘自擊撞，閉門孤枕對殘紅。」也作「晨鐘暮鼓」、「朝鐘暮鼓」、「晨鐘暮磬」、「夕鼓晨鐘」。

【暮鼓朝鐘】

見「暮鼓晨鐘」。

【暮虢朝虞】

虢（ㄍㄨㄛˊ）、虞：春秋時期的兩個小國。據《左傳・僖公五年》記載：春秋時期，晉國借道虞國去滅虢國，回來時又順便滅掉虞國。比喻事物的迅速滅亡，也比喻相互依存的政體、集團接連滅亡。金・元好問《俳體雪香亭雜咏》詩之二：「洛陽城闕變灰煙，暮虢朝虞只眼前。」

【暮景殘光】

比喻人到晚年。宋・邵伯溫《聞見前錄》卷六：「竊以暮景殘光，能餘幾日；酬恩報義，正在今時。」

【暮景桑榆】

暮景：黃昏時的景象；桑榆：指日落時餘暉照在桑樹、榆樹的樹梢上。比喻年老之時。宋・劉攽《酬王濟州》詩：「不羞暮景桑榆上，聊寄高情宇宙間。」也作「桑榆暮影」、「桑榆暮景」、「桑榆晚景」、「桑榆末景」、「晚景桑榆」。

【暮禮晨參】

禮：行禮；參：參拜。早晚行禮參拜。形容極為虔誠。元・戴善甫《玩江亭》三折：「我每日家暮禮晨參。」也作「朝參暮禮」。

【暮暮朝朝】

指天天如此。《羣音類選（清腔類・繡停針）》：「惜花愛月，眠遲起早，暮暮朝朝，不離花表。」也作「朝朝暮暮」。

【暮去朝來】

指時間一天天地過去。唐・白居易《琵琶行》：「今年歡笑復明年，秋月春風等閒度。弟走從軍阿姨死，暮去朝來顏色故。」也作「朝去暮來」。

【暮史朝經】

晚上讀史書，早晨讀經書。形容學習刻苦努力。元・無名氏《劉弘嫁婢》三折：「小聖在生之日，螢窗雪案，暮史朝經。」

【暮四朝三】

比喻反覆無常。明・劉效祖《滿庭芳》詞：「才郎大膽，翻雲覆雨，暮四朝三。平白地空把人拖賺，故意兒裝憨。」也作「朝三暮四」。

【暮想朝思】

形容極為思念或苦苦思索。明・周履靖《錦箋記・遙坊》：「小生與淑娘既不得諧姻好，又不得盡別情，以故暮想朝思，頓忘山遙水遠，今已到彼住紮地方。」也作「朝思暮想」。

【暮夜懷金】

據《後漢書・楊震傳》載：王密拜見楊震，「至夜懷金十斤以遺震……曰：『暮夜無知者。』」後以「暮夜懷金」指背地行賄。也作「暮夜無知」。

【暮夜金】

指賄賂。明・石瑤《暮夜金》詩：「暮夜金，光陸離；故人心，君不知。」也作「暮夜之金」。明・何良俊《四友齋叢說》卷一三：「今澆竟之徒，凡至吏部打關節者，豈相見時納賄耶？盡是懷暮夜之金耳。」參見「暮夜懷金」。

【暮夜無知】

見「暮夜懷金」。

【暮夜之金】

見「暮夜金」。

【暮雨朝雲】

喻指男女情愛與歡會。元・無名氏《雲窗夢》二折：「俺兩個眉尖眼角傳芳信，等盤兒上暮雨朝雲。」也以自然的雲和雨喻此意。唐・楊憑《春情》：「暮雨朝雲幾日歸，如絲如霧溼人衣。三湘二月春光早，莫逐狂風繚亂飛。」另也實指自然界的雲和雨。也作「暮雲朝雨」。宋・潘牥《南鄉子》詞：「惟有舊時山共水，依然。暮雲朝雨去不還。」也作「朝雲暮雨」、「雲朝雨暮」。

【暮雲親舍】

《新唐書・狄仁傑傳》：「薦授并州法曹參軍，親在河陽。仁傑登太行山，反顧，見白雲孤飛，謂左右曰：『吾親舍其下。』瞻悵久之。」後用為思念父母之語。明・康海《王蘭卿》二折：「他那裏眼巴巴盼不見暮雲親舍，想人生最苦離別，他可也宦差不自由。」也作「**白雲親舍**」、「**白雲孤飛**」。

【暮雲朝雨】

見「暮雨朝雲」。

【慕古薄今】

謂思慕古代，輕視當代。清・李漁《閒情偶寄・音律》：「貴遠賤近，慕古薄今，天下之通情也。」也作「**厚古薄今**」、「**頌古非今**」、「**尊古卑今**」、「**貴古賤今**」。

【慕名而來】

慕名：仰慕他人的名氣。指因仰慕他人之名前來拜訪、求學等。《近十年之怪現狀》三回：「兄弟向在漢口，這回是慕名而來，打算多少做點股分。」

【慕虛名，受實禍】

指貪慕虛名會遭受禍害。例這事不是你做的，你要老實說出來，不然會惹禍的，俗話說得好：「慕虛名，受實禍。」這個道理難道你不知道！

【穆桂英出征——威風凜凜】

穆桂英：《楊家將》中的人物，智勇雙全，武藝超羣，自招楊宗保為婿，後大破天門鎮，五十歲後又掛帥出征，是中國古代女英雄的典型；凜凜：可敬畏的樣子。形容威嚴的聲勢氣派，使人敬畏。例鐵姑娘隊就像穆桂英出征——威風凜凜地開赴工地，她們決心與小伙子們比比高低。也作「**元帥升帳——威風凜凜**」。

【穆如清風】

穆：和美。指像清風那樣和美。梁・裴子野《丹陽尹湘東王善政碑》：「德政寬明，化先仁惠，不嚴之治，穆如清風。」

ㄈ

ㄈㄚ

【發策決科】

策：策問（試題）；科：科第。發出考試題目，決定錄取科第。漢・揚雄《法言・學行》：「或曰：『書與經同，而世不尚，治之可乎？』曰：『可。』或人啞爾笑曰：『須以發策決科。』」李軌注：「射以決科，經以策試，今徒治同經之書，而不見策問，故笑之。」

【發大水放竹排——隨波逐流】

竹排：成排結起放在江河漂流的竹子。比喻沒有主見，隨大流。例他在政治上缺乏研究和見解，不過是發大水放竹排——隨波逐流而已。也作「**失舵的小舟——隨波逐流**」、「**樹葉落到河水裏——隨波逐流**」。

【發大頭昏】

糊塗到極點。例陳文標是個大流氓，你真是發大頭昏了才會相信他的話。

【發凡舉例】

見「發凡起例」。

【發凡起例】

發：說明，揭示。揭示一部書的要旨和通例。清・王士禎《池北偶談・史筆》：「孫可之作《西齋錄》，發凡起例，大義凜然。惜其書不傳於後世，是古今一大缺陷事。」也作「**發凡舉例**」。明・焦竑《玉堂叢話・纂修》：「高帝以宋濂為翰林學士，令總修《元史》。時編摩之士，皆山林布衣，發凡舉例，一仰於濂。」也作「**舉例發凡**」。

【發奮圖强】

決心振作起來，努力謀求强盛。孫中山《民權主義》：「無如丕士麥才智過人，發奮圖强，於一千八百六十六年，用很迅速手段，和奧國打仗，一戰便打敗奧國。」也作「**發憤圖强**」。例上下一心，日夜兢兢業業，勤勤懇懇，發憤圖强，又常想著如何為百姓興利除弊，縱然力量小，顛沛流離，也不能夠輕視。也作「**奮發圖强**」。

【發奮為雄】

見「發憤為雄」。

【發憤圖强】

見「發奮圖强」。

【發憤忘食】

全神用於學習或工作，連吃飯都忘記了。形容非常勤奮。《晉書・孫綽傳》：「今發憤忘食，忠慨亮到，凡在有心，孰不致盛！」

【發憤忘食，樂以忘憂，不知老之將至】

發憤攻讀，廢寢忘餐；以學為樂，忘卻憂愁；全不在意年紀將要老了。讚揚人讀書鑽研的執著精神。《論語・述而》：「葉公問孔子於子路，子路不對。子曰：『女奚不曰，其為人也，發憤忘食，樂以忘憂，不知老之將至云爾。』」

【發憤為雄】

決心振奮精神，為國家强盛而奮鬥。也指立志成為傑出人才。清・譚嗣同《報貝元征》：「於是遷都中原，與天下更始，發憤為雄，決去壅蔽。」也作「**發奮為雄**」。孫中山《上李鴻章書》：「雖處布衣而以天下為己任，此其人必能發奮為雄，卓異自立。」也作「**發憤自雄**」。清・陳天華《論中國宜改創民主政體》：「醒悟之後，發憤自雄，五年小成，七年大成，孰能限制之！」

【發憤自雄】

見「發憤為雄」。

【發伏擿奸】

見「發奸擿伏」。

【發覆振蒙】

見「發蒙振落」。

【發高燒不出汗——胡說】

比喻毫無根據地亂說。例我看你是發

高燒不出汗——胡說，小剛是個正派的人，怎麼會幹出那種丟臉的蠢事。也作「發高燒打擺子——亂講話」。

【發瞽披聾】
見「發蒙振聵」。

【發喊連天】
發出的叫喊聲直通到天上。形容喊聲極爲響亮。明・無名氏《四馬投唐》一折：「憑著俺猛將千員，士卒勇健，相征戰，則聽的發喊連天，將武藝可便從施展。」

【發號布令】
見「發號施令」。

【發號出令】
見「發號施令」。

【發號施令】
發布命令，下達指示。《東周列國志》七〇回：「但子干在位，若發號施令，收拾民心，不可圖矣。」也作「發號出令」。《禮記・經解》：「發號出令而民說（悅），謂之和；上下相親，謂之仁。」也作「發號布令」。《吳子・勵士》：「夫發號布令而人樂聞，興師動衆而人樂戰，交兵接刃而人樂死。三者，人主之所恃也。」

【發橫財】
即發意外之財或不義之財。例咱們莊稼人家，就指著地裏刨食，從來不想發橫財。

【發洪水下大河——渾水摸魚】
比喻趁混亂或製造混亂攫取不正當的利益。例他在戰亂的時期發洪水下大河——渾水摸魚，發了國難財。

【發揮光大】
見「發揚光大」。

【發昏章第十一】
章第十一：如《孝經》等古書分「某某章第幾」的形式，作某些動詞的補語，形成一種風趣戲謔的效果。《初刻拍案驚奇》卷二〇：「蘭孫跌腳捶胸，哭得個發昏章第十一。」

【發跡變泰】
泰：通暢，得意。舊指升官發財而意得志滿。《警世通言》卷二一：「自他未曾『發跡變泰』的時節，也就是個鐵錚錚的好漢。」

【發奸擿伏】
擿：ㄊㄧˋ，揭發。清查揭發隱秘的壞人壞事。形容吏治清明。《漢書・趙廣漢傳》：「亭長叩頭服實有之……其發奸擿伏如神，皆此類也。」也作「發伏擿奸」。宋・汪藻《朝請郎龍圖閣待制知亳州贈少師傅公墓志銘》：「公發伏擿奸如神，猾吏惡少年皆屏跡褫氣。」也作「發擿奸伏」。《宋史・李參傳》：「參無學術，然剛果嚴深，喜發擿奸伏，不假貸。」也作「發紅擿隱」。《醒世恒言》卷二九：「再說陶公在任，分文不要，愛民如子，況又發奸擿隱，剔清利弊，奸宄懾伏，盜賊屏跡，合縣遂有神明之稱，聲名振於都下。」也作「發隱擿伏」。宋・秦觀《越州請立程給事祠堂狀》：「發隱擿伏，敏捷如神。」也作「擿發奸伏」、「擿奸發伏」、「擿奸扶蠹」。

【發奸擿隱】
見「發奸擿伏」。

【發酵粉子——能吹噓（催虛）】
發酵粉子：用來發麵、釀酒等。如發麵，麵粉在微生物作用下，體積膨脹，麵團鬆軟、發虛；吹噓：「催虛」的諧音。雙關語。比喻誇大或大肆地宣揚優點或長處。例他並不像自己所說的那樣博學多才，僅僅是發酵粉子——能吹噓（催虛）罷了。

【發科打諢】
科：古時戲曲中的表情、動作；諢：ㄏㄨㄣˋ，詼諧逗趣的話。指演戲中插入一些滑稽可笑的動作和道白以引起觀衆發笑。也泛指耍滑稽惹人開心。元・陶宗儀《南村輟耕錄・連枝秀》：「發科打諢，不離機鋒。」也作「插科打諢」、「打諢插科」、「撒科打諢」。

【發睏給個枕頭——正得勁兒】
發睏：疲乏欲睡。比喻正合心意。例我正在犯愁買不到足球賽的門票，你現在送來了，眞是發睏給個枕頭——正得勁兒。

【發牢騷】
比喻因不滿而說抱怨話、氣話。例王老師就愛發發牢騷，至於向上打小報告的，絕不是他。

【發了酵的麵粉——氣鼓鼓的】
發酵：複雜的有機化合物在微生物的作用下分解成比較簡單的物質。比喻非常生氣。例昨天足球賽，由於隊友傳球不到位，小李失去了一個極好的進球機會。球賽結束後，他還像發了酵的麵粉——氣鼓鼓的。

【發了霉的葡萄——一肚子壞水】
比喻滿腦子的壞主意。例他的綽號叫「二諸葛」，就像發了霉的葡萄——一肚子壞水。也作「霉爛的冬瓜——一肚子壞水」。

【發利市】
做頭一筆生意便賺錢叫做發利市。比喻辦事順利，有利可圖。例老張給你介紹的這筆買賣不錯，保證你大發利市。

【發聾振聵】
聵：ㄎㄨㄟˋ，耳聾。聲音很大，以至於使耳聾者都能聽見。比喻宏論驚人，可以喚醒沉迷痲木的人。《清史稿・黃爵滋傳》：「況我皇上雷霆之威，赫然震怒，雖愚頑沈溺之久，自足以發聾振聵。」也作「振聾發聵」、「開聾啟聵」。

【發霉的花生——不是好人（仁）】
人：「仁」的諧意。指壞人。例你問的是他嗎？可以直率地告訴你：發霉的花生——不是好人（仁）。

【發蒙解惑】
發蒙：啟發蒙昧。啟發蒙昧，解除疑惑。漢・枚乘《七發》：「故曰發蒙解惑，不足以言也。」也作「發蒙振滯」。滯：拘泥不化。清・朱彝尊

《答刑部王尚書論明詩書》：「兩誦來書，論及明詩之流派，發蒙振滯，總時運之盛衰，備風雅之正變，語語解頤。」也作「啟聰發蒙」。

【發蒙振聵】
蒙：眼睛失明；聵：ㄎㄨㄟˋ，耳聾。打開矇障，使眼睛明亮；發出震響，使聾子都能聽到。比喻啟發愚昧，開通心竅，使人大開眼界。《儒林外史》四四回：「先生，你這一番議論，眞可謂之發蒙振聵。」也作「發瞽披聾」。瞽：ㄍㄨˇ，瞎，盲；披：打開。漢・枚乘《七發》：「分決狐疑，發皇耳目，當是之時，雖有淹病滯疾，猶將伸傴起躄，發瞽披聾而觀望之也。」也作「披瞽駭聾」、「啟聵發蒙」。

【發蒙振落】
發蒙：揭去蒙在頭上的覆蓋物；振落：振掉樹上的枯葉。形容開導啟發極其容易。《史記・汲黯傳》：「淮南王謀反，憚黯，曰：『好直諫，守節死義，難惑以非。至如說丞相弘，如發蒙振落耳。』」也作「發覆振蒙」。覆：覆蓋物。明・徐光啟《焦氏澹園續焦序》：「凡文之設，以爲人也，闡道述德，發覆振蒙，文爲人戶牖。」

【發蒙振滯】
見「發蒙解惑」。

【發潛闡幽】
揭示和闡發潛在的、隱晦的精深道理。清・陳敬璋《編次遺書敍》：「吳文博學好古，發潛闡幽，於先輩尤服膺乾初公。」也作「闡幽顯微」、「闡幽表微」。

【發人猛省】
見「發人深省」。

【發人深思】
見「發人深省」。

【發人深省】
能夠啟發人深刻思索和醒悟。多指有深刻啟示作用的書或事。矛盾《爲民營出版業呼籲》：「這一個『故事』頗可發人深省。」也作「發人深思」。例去年發生的那件事發人深思。也作「發人猛省」。清・姚元之《竹葉亭雜記》六：「此四語甚有意味，足發人猛省」。

【發軔之始】
軔：古代停車時支住車輪的木頭；發軔：把軔抽掉，使車輛前進。比喻事情的開端。《民國通俗演義》一二八回：「以李彥青一生事業而論，此時還不過發軔之始。」

【發神經】
原爲精神病。比喻待人行事不合常情，像發神經病。例你別再發神經啦，還是跟大伙兒湊份子送禮吧！

【發思古之幽情】
抒發懷念、感嘆古人的深遠感情。滿懷感情地追念古時的事情和人。孫犁《書林秋草》：「而有關書目的書，也全部丟失，這就使我頗爲奇怪。難道在執事諸公中間，竟有人『發思古之幽情』。對這門冷僻的學科，忽然發生了學習的興趣，想藉此機會加以研究和探討嗎？」

【發擿奸伏】
見「發奸擿伏」。

【發屋求狸】
拆掉屋子，捕捉狸貓。比喻因小失大。《淮南子・說山訓》：「壞塘以取龜，發屋而求狸，掘室而求鼠，割唇而治齲，桀跖之徒，君子不與。」

【發言盈庭】
盈庭：擠滿廳堂。衆人聚議，莫衷一是。泛指發議論的人很多。《詩經・小雅・小旻》：「謀夫孔多，是用不聚。發言盈庭，誰敢執其咎。」

【發揚褒大】
見「發揚光大」。

【發揚踔厲】
見「發揚蹈厲」。

【發揚蹈厲】
《禮記・樂記》：「發揚蹈厲，大（太）公之志也。」《史記・樂書》：「發揚蹈厲之已蚤，何也？」張守節正義：「發，初也。揚，舉袂也。蹈，頓足踏地。厲，顏色勃然如戰色也。」發揚：奮發昂揚。舞蹈時舉手頓足，動作威武猛烈，象徵太公望佐武王伐紂時的勇往直前。後用以比喻奮發昂揚，威武有力。宋・陳克庄《城山三先生祠記》：「設遇名筆，必有以發揚蹈厲之者。」也作「發揚踔厲」。踔：ㄓㄨㄛˊ，踐踏。魯迅《「民族主義文學」的任務和命運》：「現在『民族主義文學』的發揚踔厲，或慷慨悲歌的文章，便是正在盡著同一的任務的。」也作「奮發蹈厲」、「蹈厲發揚」、「蹈厲奮發」。

【發揚光大】
發揚：發揮，顯揚；光大：使輝煌、盛大。使美好的事物，優良的傳統等更加發展盛大。朱自清《詩第十二》：「杜甫的影響直貫到兩宋時代，沒有一個詩人不直接間接學他的，沒有一個詩人不發揚光大他的。」也作「發揚增大」宋・韓琦《英宗皇帝尊號册文》：「赫赫如此，而不能發揚而增大之。」也作「發揮光大」。宋・黃干《劉正之遂初堂記》：「備前人之美，發揮而光大之。」也作「發揚褒大」。宋・孫覿《送鄒次魏序》：「不求當世名公卿有氣力者發揚褒大以光耀於一時。」也作「發揚光顯」。元・袁桷《書鄭魯公全拙齊銘後》：「至於二公，發揚光顯，百餘年間，儒夫庸子猶能仰止自勵。」也作「闡揚光大」。

【發揚增大】
見「發揚光大」。

【發隱擿伏】
見「發奸擿伏」。

【發政施仁】
指施行開明政治。明・無名氏《南牢記》四折：「發政施仁四海揚，太平世尊榮坐享。」

【發踪指示】
見「發縱指示」。
【發縱指示】
《漢書・蕭何傳》：「[高祖曰]夫獵，追殺獸者，狗也，而發縱指示獸處者，人也。今諸君徒能走得獸耳，功狗也；至如蕭何，發縱指示，功人也。」唐・顏師古注：「發縱，謂解紲而放之也。指示者，以手指示之，今俗言放狗。」後用以比喻背後操縱、指揮。宋・劉克莊《乙酉答眞侍郎書》：「夫嬰城固守，守臣之事也；提兵出戰，軍師之事；發縱指示，制帥之事也。」後也誤作「**發踪指示**」。《史記・蕭相國世家》：「夫獵，追獸、兔者，狗也；而發踪指示獸處者，人也。」

ㄈㄚˊ

【伐根以求木茂，塞源而欲流長】
根：樹根，根本；塞：堵塞；源：水流起頭的地方。把樹根砍斷，卻要求樹木枝繁葉茂；將水流源頭堵住，卻想讓河流不息。比喻做出與自己本願恰好相反的愚蠢行爲。唐・魏徵《諫太宗大思疏》：「人君當神器之重，居域中之大，不念居安思危，戒奢以儉，斯亦伐根以求木茂，塞源而欲流長也！」
【伐功矜能】
伐、矜（ㄐㄧㄣ）：自誇。誇耀自己的功勞和才能。形容自高自大。《史記・太史公自序》：「奉法循理之吏，不伐功矜能，百姓不稱，亦無過行。」
【伐柯人】
《詩經・豳風・伐柯》：「伐柯如何？匪斧不克。取妻如何？匪媒不得。」後用以稱媒人。例阿妹如相中侯兄，愚兄乃願爲伐柯人。
【伐毛洗髓】
《太平廣記》卷六引漢・郭憲《洞冥記・東方朔》：「三千歲一返骨洗髓，二千歲一剝皮伐毛，吾生來已三洗髓、五伐毛矣。」指削去舊毛髮，清洗舊骨髓，脫胎換骨，返老還童。後用以比喻滌除舊貌，洗心革面。明・王鏊《與質公》：「大梁張林宗，詩家董狐，伐毛洗髓於此道。」也作「**洗髓伐毛**」、「**洗伐毛髓**」。
【伐樹須用斧，引線必須針】
比喻必不可少的人。明・徐霖《誘襦記》一七齣：「[旦]請他出來何干？[貼]自古道『匪媒弗克』，我央他與你爲媒，[生]正是伐樹須用斧，[貼]引線必須針。」
【伐樹削跡】
《莊子・天運》：「故伐樹於宋，削跡於衛，窮於商、周，是非其夢邪？「唐・成玄英疏：「伐樹於宋者，孔子曾游於宋，與門人講說於大樹之下，司馬桓魋欲殺夫子，夫子去後，桓魋惡其坐處，因伐樹焉。削，剷也。夫子嘗游於衛，衛人疾之，故剷削其跡，不見用也。」後用以比喻正人不見容於世，處於權勢者的威脅之中。明・朱之瑜《與安東守約書》之五：「子思不足爲慮，特慮子思之側皆伐樹削跡之徒，深足爲子思危也。」
【伐性之斧】
伐：砍伐；性：性命，生機。毀壞生命的斧頭。比喻危害身心的事物。漢・韓嬰《韓詩外傳》卷九：「僥倖者，伐性之斧也。」
【伐異黨同】
伐：攻擊，討伐；黨：糾合。攻擊異己，糾合同黨。《明史・趙煥傳》：「給事中李成名復劾煥伐異黨同，煥遂稱疾篤，堅不起。」也作「**黨同伐異**」。
【伐罪吊民】
伐：討伐；吊：慰問。討伐暴君，撫慰百姓。南朝梁・任昉《百辟勸進今上箋》：「伐罪吊民，一匡靖亂。」也作「**伐罪吊人**」。唐・陳子昂《諫用刑書》：「比者刑獄紛紛復起，以督察爲理，威刑爲務，愚臣昧焉，竊恐非三皇五帝伐罪吊人之意也。」也作「**吊民伐罪**」。
【伐罪吊人】
見「伐罪吊民」。
【罰不當罪】
當：適合。處罰與所犯罪行不相當。一般指處罰過重。宋・張孝祥《儆駁成閔按劾部將奏》：「然賞不當功，則不如無賞；罰不當罪，則不如無罰。」
【罰不及嗣】
見「罰弗及嗣」。
【罰不諱強大，賞不私親近】
懲罰不避忌豪強大族，獎賞不私予親近的人。謂賞罰公平，不畏權勢，不徇私情。《戰國策・秦策一》：「商君治秦，法法至行，公平無私，罰不諱強大，賞不私親近，法及太子，黥劓其傅。」
【罰不捧骨肉，賞不避仇讎】
讎：ㄔㄡˊ，同仇。至親骨肉，該罰照罰；冤家仇人，該賞照賞。謂賞罰嚴明，不分親疏。元・李直夫《虎頭牌》三折：「罰不捧骨肉，賞不避仇讎。小官可怎敢唐突。但老完顏倚恃年高，耽酒誤事，透漏賊兵，打破夾山口子，其罪非輕。」
【罰當其罪】
懲罰適當。唐・王方慶《魏鄭公諫錄・對百官應有堪用者》：「賞當其勞，無功者自退・罰當其罪，爲惡者戒懼。」
【罰弗及嗣】
嗣：ㄙˋ，後嗣，子孫。懲處罪人，不株連其後代。《尚書・大禹謨》：「皋陶曰：『帝德罔愆，臨下以簡，御衆以寬，罰弗及嗣，賞延於世。』」也作「**罰不及嗣**」。《新五代史・唐臣傳・任圜》：「以子先人，固難容貸，然罰不及嗣，子可從輕。」

【罰一勸百】

勸：勸戒。處罰一人藉以懲戒多數人。唐・韓愈《誰氏子》詩：「罰一勸百政之經，不從而誅未晚耳。」

ㄈㄚˇ

【法不傳六】

六：指六耳，即第三者。方法、招數或機密事情只限於兩人知道，不能傳給第三者。《金瓶梅詞話》五一回：「婦人道：『告訴我說是那一樁兒？』西門慶道：『法不傳六，再得我晚夕來對你說。』」也作「法不傳六耳」。《兒女英雄傳》四回：「那傻狗接著問白臉兒狠：『你才說告訴我個甚麼巧的兒？』白臉兒狠說：『這話可『法不傳六耳』。』」

【法不傳六耳】

見「法不傳六」。

【法不阿貴】

阿：ㄜ，偏袒。法律不偏袒權貴。指秉公執法，不畏權貴。《韓非子・有度》：「法不阿貴，繩不繞曲。法之所加，智者弗能辭，勇者弗敢爭，刑過不避大臣，賞善不遺匹夫。」

【法不制衆】

法律不制裁多數人。曲波《林海雪原》三〇：「上司如果責罰，大家一齊跪下苦苦哀求。常言道：『法不制衆』。又商量立下誓言，將來立功贖罪。」也作「法不上衆」。

【法出多門】

各部門自立法令，混亂不一，使民衆無可適從。《新唐書・劉蕡傳》：「今又分外官、中官之員，立南司、北司之局，或犯禁於南則亡命於北，或正刑於外則破律於中，法出多門，人無所措，繇兵農勢異，而中外法殊也。」

【法貴必行】

法令貴在切實執行。《資治通鑑・唐德宗貞元十年》：「法貴必行，愼在深刻，裕其制以便俗，嚴其令以懲違，微損有餘，稍優不足。」

【法令善則民安樂】

善：辦好。法令執行得好，民衆生活就安樂。漢・王符《潛夫論・本政》：「故君臣法令善則民安樂，民安樂則天心慰，天心慰則陰陽和，陰陽和則五穀豐，五穀豐而民眉壽，民眉壽則興於義，興於義而無奸行，無奸行則世平而國家寧，社稷安而君尊榮矣。」

【法家拂士】

法家：深明法度的大臣；拂（ㄅㄧˋ）士：輔佐君主矯正過失的賢士。指君主身邊的賢士明臣。《孟子・告子下》：「入則無法家拂士，出則無敵國外患者，國恒亡。」也作「法家弼士」。清・黃宗羲《子劉子行狀上》：「凡可以結人主之歡者，無所不至，使人主日視此法家弼士如仇佳讎而後得以指鹿爲馬。」

【法家弼士】

見「法家拂士」。

【法能爲買賣，官可做人情】

用法律做交易，用官職做人情。形容政治腐敗，貪贓枉法。《粉妝樓》八五回：「撫院道：『既是丈人這等委曲，盡在小弟身上，從今不追此事便了。』沈廷華大喜道：『多蒙周全，以後定當重報。』正是：法能爲買賣，官可做人情。」

【法雖不善，猶愈於無法】

善：完美。愈於：勝過。法制雖然不盡完美，也比無法可循好。《愼子・威德》：「法雖不善，猶愈於無法，所以一人心也。」

【法外施恩】

見「法外施仁」。

【法外施仁】

在執行法紀之外，給以恩惠。指寬大處理，免於刑罰。《九命奇冤》三六回：「好在這小孩子還未成丁，這殺人放火，又不是女流的事，本來可以法外施仁的。」也作「法外施恩」。清・梁章鉅《歸田瑣記・鰲拜》：「仍照皇祖所降諭旨，給予一等男爵，世襲罔替，已足以示國家法外施恩舊勛之意矣。」也作「法外有恩」。《歧路燈》四七回：「卻說程公原是個嚴中寓慈，法外有恩的心腸。」

【法外有恩】

見「法外施仁」。

【法無三日嚴，草是年年長】

執法不嚴明，犯法的事就像草一樣不斷滋長。《兒女英雄傳》四〇回：「那時如湖南便弄成彌天重犯那等大案，浙江便弄成名教罪人那等大案，甘肅便有民變的案，山東便有搶糧的案。朝廷也曾屢次差了廉明公正大臣出去查辦，爭奈法無三日嚴，草是年年長。」

【法正天心順，官清民自安】

執法公正，爲政清廉，社會自然安定，百姓自然安寧。明・無名氏《女貞觀》四折：「古人云：『法正天心順，官清民自安』。到任以來，並無差科擾擾良民。民安物阜，各縣豐稔。安家樂業，人民富庶，並無詞訟。」

【法正則民慤，罪當則民從】

慤：ㄑㄩㄝˋ，誠實，忠厚。法令公正，懲處得當，百姓才會善良、順從。《史記・孝文帝本紀》：「上曰：『朕聞法正則民慤，罪當則民從。且夫牧民而導之善者，吏也，其既不能導，又以不正之法罪之，是反害於民爲暴者也，何以禁之？朕未見其便，其孰計之。』」

【法之不行，自上犯下】

法令之所以不能貫徹執行，是因爲上面的人帶頭犯法。《史記・商君列傳》：「於是太子犯法。衛鞅曰：『法之不行，自上犯下』。將法太子。」

【法之功，莫大於使私不行】

功：作用。法的作用，最主要的在於

使人杜絕私心，秉公辦事。《慎子》附佚文：「法之功，莫大於使私不行；君之功，莫大於使民不爭。」

【髮白齒落】
形容衰老的樣子。南朝宋．劉義慶《世說新語．賢媛》：「王尚書惠嘗看王右軍夫人，問：『眼耳未覺惡不？』答曰：『髮白齒落，屬於形骸，至於眼耳，關於神明，那可便與人隔？』」也作「齒豁頭童」、「頭白齒豁」。

【髮長尋刀削，衣單破衲縫】
衲：ㄋㄚˋ，和尚穿的衣服。頭髮長了用刀剃，衣服單薄了用破僧袍縫補。比喻有困難自己解決。《西遊記》八一回：「髮長尋刀削，衣單破衲縫。早晨起來洗著臉，叉手躬身，皈依大道；夜來收拾燒著香，虔心叩齒，念的彌陀。」

【髮菜炒豆芽——糾纏不清】
髮菜：寄生在喬木上的低等植物，細如髮絲，味道鮮美。比喻繁雜纏繞，很難弄清。例你們之間的問題，是髮菜炒豆芽——糾纏不清，局外人無法插手。也作「藤蘿爬上葡萄架——糾纏不清」。

【髮短心長】
髮短：頭髮稀少。形容年老而智深。《左傳．昭公三年》：「齊侯田於莒，盧蒲嫳見，泣且請曰：『余髮如此種種，余奚能為？』公曰：『諾，吾告二子。』歸而告之。子尾欲復之，子雅不可，曰：『彼其髮短而心甚長，其或寢處我矣。』」唐．李端《贈康洽》：「步出東城風景和，青山滿眼少年多。漢家尚壯今則老，髮短心長知奈何！」也作「心長髮短」。

【髮上衝冠】
頭髮豎起衝到冠上。形容憤怒到極點。宋．陳亮《與呂伯恭正字書》：「每念及此，或推案大呼，或悲淚填臆，或髮上衝冠，或拊掌大笑。」也作「髮踊衝冠」。南朝宋．徐爰《旄頭說》：「臣謂壯士之怒，髮踊衝冠，義取於此。」也作「怒髮衝冠」、「衝冠怒髮」。

【髮指眥裂】
《史記．項羽本紀》：「[樊噲]瞋目視項王，頭髮上指，目眥盡裂。」眥：ㄗˋ，眼眶。頭髮直立起來，眼眶裂開。形容憤怒已極。《文明小史》五九回：「便追溯庚子年的事，說到激烈之處，不覺髮指眥裂。」

ㄈㄛˊ

【佛口蛇心】
佛的口舌，蛇的心腸。指嘴上說得好聽，心裏險惡狠毒。《說岳全傳》七〇：「我面貌雖醜，心地卻是善良，不似你佛口蛇心。」

【佛口聖心】
佛的口舌，聖人的心地。指言語溫和厚道，心地慈悲善良。清．梁紹壬《兩般秋雨盦隨筆》卷二：「送子觀音殿對云：『我費盡一片婆心』佛口聖心，自然入妙。」

【佛口說善言，毒蛇在心田】
比喻嘴上說得好聽，而心裏不懷好意。明．張四維《雙烈記》三八齣：「我只願兩家罷戰通和也，看取兵氣銷為日月光。[生]咄，你佛口人前說善言，毒蛇常養在心田。」

【佛面上去刮金】
比喻搜刮錢財不擇手段。《水滸傳》八三回：「皇帝賜俺一瓶酒，一斤肉，你都克減了。不是我們爭嘴，堪恨你這廝們無道理！佛面上去刮金！」也作「佛天面上取利」。《二刻拍案驚奇》卷一：「把此經過了他罷，省得佛天面上取利，不好看。」也作「佛面刮金」。

【佛面上貼金】
僅僅在佛的面孔上貼金子。比喻表面敷衍。元．李潛夫《灰闌記》一折：「教人請員外來，和他到各寺院燒香，佛面上貼金，走一遭去來！」

【佛天面上取利】
見「佛面上去刮金」。

【佛頭加穢】
見「佛頭著糞」。

【佛頭著糞】
著：ㄓㄨㄛˊ，同「着」，放上。在佛像頭上弄上污糞。《景德傳燈錄》卷七：「崔相公入寺，見鳥雀於佛頭上放糞……。」後用「佛頭著糞」比喻在美好的東西上添加污穢。魯迅《病後雜談之餘》：「今人標點古書而古書亡，因為他們亂點一通，佛頭著糞；這是古書的水火兵蟲以外的三大厄。」也作「佛頭著屎」。清．呂留良《與范道願書》：「待春中心稍空閒，庶足以傾寫欲言，不至佛頭著屎耳。」也作「佛頭加穢」。《歧路燈》七一回：「我每日簿書案牘，荒於筆墨，怎敢佛頭加穢！」

【佛頭著屎】
見「佛頭著糞」。

【佛眼相看】
佛眼：指慈善的眼光。比喻善意相待，不加傷害。《警世通言》卷二八：「你若和我好意，佛眼相看；若不好時，帶累一城百姓受苦，都死於非命。」

【佛要金裝，人要衣裝】
佛像用金粉塗飾，才顯得威風；人用好衣服打扮，才顯得漂亮。《前漢通俗演義》五九回：「俗話說得好，佛要金裝，人要衣裝，自從金女隨入更衣，由宮女替她裝飾，搽脂抹粉，貼鈿橫釵，服霞裳，著舄，居然像個現成帝女，與進宮時大不相同。」

【佛爺的眼珠——動不得】
佛爺：佛教徒對釋迦牟尼的尊稱，泛指佛教的神。由於佛爺的像不是泥塑就是木雕，眼珠不能轉動。雙關語。比喻不能更動或觸犯。有時指行動受到限制，沒有活動餘地。例這條規定是全體村民大會通過和政府批准的，在沒有新的決定之前，它是佛爺的眼珠——動不得，任何人不能隨意改變。也作「佛爺的桌子——碰不得」。

【佛爺臉上刮金子——刻薄】

在塗有金箔的佛爺臉上刮金子，顯得過分的苛求。比喻待人、說話態度冷酷，言辭尖酸。例韓華對人的那種佛爺臉上刮金子——刻薄的態度，實在叫人難以忍受，我們只好不搭理他了。也作「牛皮紙上雕花——刻薄」。

【佛爺臉上刮金子——淺薄】

佛像臉上塗有金箔，從上面只能刮取到極薄的金子。雙關語。比喻缺乏學識或修養。例他不但不學無術，而且非常的小家子氣，有人背後議論他是佛爺臉上刮金子——淺薄。

【佛在心頭坐，酒肉腑腸過】

指只要心中有佛，誠心修善，酒肉可以不忌。《醒世恒言》卷二六：「人人修善，全在自己心上，不在一張口上。故諺語有云：『佛在心頭坐，酒肉腑腸過。』又云：『若依佛法，冷水莫呷。』難道吃了這個魚，便壞了我們為同僚的心？」也作「佛在心頭坐，酒肉穿腸過」。

【佛爭一爐香，人爭一口氣】

人生在世總要爭一口氣。例父親從小就告訴我們：「佛爭一爐香，人爭一口氣。」要我們一生行事秉持這個原則。

【佛旨綸音】

綸（ㄌㄨㄣˊ）音：言出而彌大，指皇帝的詔書、制令。佛的旨意，皇帝的詔令。指必須執行的旨意、命令。《兒女英雄傳》四〇回：「便是佛旨綸音，要把她送到龍宮去，作個龍女，也許是萬兩黃金，買不動她那不字兒。」

ㄈㄟ

【飛必沖天】

《韓非子・喻老》載：楚莊王蒞位三年，不管政事，右司馬與莊王談到一種三年不飛不鳴的鳥，莊王說：「三年不翅，將以長羽翼；不飛不鳴，將以觀民則。雖無飛，飛必沖天；雖無鳴，鳴必驚人。」後來莊王親自聽政，國家大治。後用「飛必沖天」比喻一旦施展才華就能做出驚人的成績。例別看他這個人現在默默無聞，時機一到，飛必沖天。

【飛蒼走黃】

蒼：蒼鷹；黃：黃犬。放出蒼鷹黃犬去追捕野獸。指打獵遊樂。晉・葛洪《抱朴子・金丹》：「但共逍遙以盡年月，其所營也，非榮則利，或飛蒼走黃於中原，或留連杯觴以羹沸。」

【飛芻挽粒】

見「飛芻挽粟」。

【飛芻挽糧】

見「飛芻挽粟」。

【飛芻挽粟】

挽：拉；粟：ㄙㄨˋ，穀子。指迅速運送糧草。唐・陸贄《論兩河及淮西利害狀》：「罷關右賦車籍馬之擾，減山東飛芻挽粟之勞。」也作「飛芻挽粒」。《南齊書・徐孝嗣、沈文季傳論》：「金城布險，峻壘綿疆，飛芻挽粒，事難支繼。」也作「飛芻挽糧」。《明史・伍文定傳》：「而文定決意進兵，一無顧惜。飛芻挽糧，糜數十萬。」

【飛芻轉餉】

轉：改變位置；餉：軍糧，後泛指軍隊的供給。迅速運送糧草、俸給。明・王世貞《與高大夫遊盤山歌》：「建牙吹角浩無際，飛芻轉餉遙相望。」也作「飛米轉芻」。《新唐書・高昌傳》：「今高昌誅滅，威動四夷，然自王師始征，河西供役，飛米轉芻，十室九匱，五年未可復。」

【飛的不高，跌的不重】

比喻本事不大，要求不高，失敗了損失也不大。《兒女英雄傳》一四回：「那避禍的，縱讓千方百計的避開，莫認作自己乖覺，究竟立腳不穩，安身不牢；那求富的，縱讓千辛萬苦的求得，莫認作可以僥倖，須知『飛的不高，跌的不重』。」

【飛得高，跌得重】

比喻罪孽太深，必然受到嚴厲懲罰。清・李漁《凰求鳳》一〇齣：「只因他罪孽深重，尋常的果報不足以盡其辜，特地假之毛羽，使他飛得極高，方才跌得極重。」

【飛短流長】

飛：也寫作「蜚」，散布；流：流傳，傳播；短、長：是非善惡。說長道短，無中生有地說人壞話。《二十年目睹之怪現狀》四九回：「我已是久厭風塵，看著這等事，絕不因之動心；只是外間的飛短流長，未免令人聞而生厭罷了。」也作「飛流短長」。唐・沈亞之《送韓北渚赴江西序》：「故有諛言順容積微之讒，以基所毀，四鄰之地，更效遞笑，飛流短長，天下聞矣。」

【飛遁離俗】

飛遁：同「肥遁」，離世隱退；俗：世俗。遠離世俗而隱退。三國魏・曹植《七啟》：「飛遁離俗，澄神定靈。」

【飛蛾赴火】

比喻不惜一切地奔赴所嚮往的目標。也比喻自尋死路，自取滅亡。唐・李德裕《虛名論》：「趨之者如飛蛾赴火，唯恥不及。」也作「飛蛾赴燭」。宋・黃庭堅《演雅》詩：「蛣蜣轉丸賤蘇合，飛蛾赴燭甘死禍。」也作「飛蛾赴焰」。《舊唐書・僖宗紀》：「既知四隅斷絕，百計奔沖，如窮鳥觸籠，似飛蛾赴焰。」也作「飛蛾投燭」。

【飛蛾赴焰】

見「飛蛾赴火」。

【飛蛾赴燭】

見「飛蛾赴火」。

【飛蛾撲蜘蛛——自投羅網】

攆：ㄋㄧㄢˇ，〈方〉追趕；飛蛾攆蜘蛛：蜘蛛分泌出來的黏液在空氣中能凝成細絲，用來結網捕食昆蟲，飛蛾攆蜘蛛，必然要落網被吞噬。比喻自上圈套或自己送死。例敵方今晚將傾巢出動，妄圖洗劫全鎮，我方早已做好準備，他們無疑將是飛蛾攆蜘蛛——自投羅網。也作「蚊子找蜘蛛——自投羅網」、「雞給黃鼠狼拜年——自投羅網」、「小鬼拜見張天師——自投羅網」。

【飛蛾撲燈——自取滅亡】
比喻自己找死。貶義。例敵人搗亂，那是飛蛾撲燈——自取滅亡。也作「飛蛾投火——自取滅亡」、「飛蛾投火——惹火燒身」、「飛蛾撲燈——自來送死」、「飛蛾撲火——自找死」。

【飛蛾撲火】
見「飛蛾投火」。

【飛蛾投火】
比喻自找死路，自取滅亡。《金瓶梅詞話》一七回：「不然進入他家，如飛蛾撲火一般，坑你上不上，下不下，那時悔之晚矣。」也作「飛蛾撲火」。《水滸全傳》五八回：「正是飛蛾撲火身傾喪，怒鱉吞鉤命必傷。」也作「飛蛾投焰」。明·汪廷訥《獅吼記·住錫》：「只因迷宿本，似飛蛾投焰，自取焚身。」

【飛蛾投焰】
見「飛蛾投火」。

【飛蛾投燭】
見「飛蛾赴火」。

【飛耳長目】
能聽遠方聲音的耳朵，能看遠方事情的眼睛。形容耳聰目明。《梁書·武帝記》：「朕以菲德，君此兆民，而兼明廣，屈於堂戶，飛耳長目，不及四方。」

【飛鴿牌】
原爲中國大陸上一種自行車牌子。比喻不會在某處久留扎根的人。例咱村的年輕人，都是飛鴿牌，在哪兒也不能長久，總是朝高枝兒飛。

【飛觥獻斝】
飛：形容快速；觥：ㄍㄨㄥ，圓足的酒器。獻：恭敬地給；斝：ㄐㄧㄚˇ，三足的酒器。酒杯頻頻舉起，互相敬酒。形容開懷暢飲。《紅樓夢》一回：「二人歸坐，先是款酌慢飲，漸次談至興濃，不覺飛觥獻斝起來。」也作「飛觥走斝」。元·無名氏《五龍朝聖》：「年年賀遐齡永固，歲歲贊萬乘明君，玳瑁筵飛觥走斝，金殿內瑞氣氤氳。」也作「飛觴走斝」。元·馬致遠《青衫淚》四折：「一個待咏月嘲風，一個待觴走斝，談些古是今非，下學上達。」

【飛觥走斝】
見「飛觥獻斝」。

【飛鴻冥冥】
鴻：大雁；冥冥：深遠。鴻雁遠飛高空。比喻遠走高飛，全身避害。宋·辛棄疾《哨遍》詞：「問誰知，幾者動之微，望飛鴻冥冥天際。」

【飛鴻踏雪】
飛鴻：大雁。大雁踏過雪地。比喻往事留下的印記。宋·蘇軾《和子由澠池懷舊》詩：「人生到處知何似？應似飛鴻踏雪泥；泥上偶然留指爪，鴻飛那復計東西！」也作「飛鴻印雪」。明·宋濂《大天界寺住持白庵禪師行業碑銘》：「生死去來兮不礙眞圓，飛鴻印雪兮爪趾宛然。」也作「飛鴻雪爪」。清·陳維崧《風入松·納涼》詞：「浮世飛鴻雪爪，故山亂葉茅菴。」

【飛鴻雪爪】
見「飛鴻踏雪」。

【飛鴻印雪】
見「飛鴻踏雪」。

【飛黃騰達】
飛黃：傳說中的神馬名；騰達：馬奔馳貌。神馬騰空飛馳。比喻驟然發跡、升官。魯迅《華蓋集·補白三》：「甚至還想借此結識一個闊親家，使自己也連類飛黃騰達。」也作「飛黃騰踏」。唐·韓愈《符讀書城南》詩：「人之能爲人，由腹有詩書……飛黃騰踏去，不能顧蟾蜍。……問之何因爾，學與不學歟！」符：韓愈之子；城南：韓愈的別墅。

【飛黃騰踏】
見「飛黃騰達」。

【飛機打飛機——空對空】
比喻空口說白話，不解決實際問題。例他們二人都是投機商人，沒有經濟實力，這次談判是飛機打飛機——空對空，除了相互欺騙外，不會有任何實質性的結果。

【飛機的尾巴——翹到天上去了】
比喻目中無人，驕傲自大。例他常常自以爲是，聽不進意見，大家批評他是飛機的尾巴——翹到天上去了。也作「飛機的尾巴——翹得高」、「飛機的屁股——尾巴翹上天」。

【飛機離跑道——沒轍了】
見「火車紮進高粱地——沒轍了」。

【飛機上撐篙——懸空勁頭】
篙：ㄍㄠ，撐舟船的竹竿。勁頭再大也是懸在空中。比喻不落實。例如果不解決生產資金和原料的來源問題，你們的籌建工作就將成爲飛機上撐篙——懸空勁頭。

【飛機上吹喇叭——高調】
比喻脫離實際的議論或不能兌現的漂亮話。例郭斌經常大放厥詞，說得多，做得少，別人諷刺他是飛機上吹喇叭——高調大師。也作「嶺頂唱山歌——調子太高」、「山頂上唱歌——高調」、「旗桿頂上拉胡琴——起高調」、「吹鼓手仰脖——起高調」、「喇叭匠揚脖子——起高調」。

【飛機上吹喇叭——高明（鳴）】
明：「鳴」的諧音。雙關語。比喻見解或技術高超。例這個主意好，切合實際，眞是飛機上吹喇叭——高明（鳴）。

【飛機上吹喇叭——空想（響）】
見「二踢腳上天——空想（響）」。

【飛機上吹喇叭——想（響）得高】
想：「響」的諧音。雙關語。比喻想得很美妙或計畫很宏大。有時指不切實際、空想。例你的這個構思新穎、有趣，眞是飛機上吹喇叭——想（響）得高。也作「半空中放炮仗—想（響）得高」、「飛機上放炮——想（響）得高」、「飛機上放鞭炮——想（響）得怪高」、「飛機上吹喇叭——想（響）得不低」、「鴿子尾巴帶竹哨——想（響）得高」、「高山打鼓——想（響）得不低」、「空中放爆竹——想（響）得高」、「南天門吹喇叭——想（響）得高」、「旗桿上放爆竹——想（響）得高」、「半天雲中吹嗩吶——想（響）得高」、「坐飛機吹喇叭——想（響）得高」。

【飛機上吊螃蟹——懸空八隻腳】
①比喻處境危險。例你在這裏，上不著天，下不著地，無依無靠，就像飛機上吊螃蟹——懸空八隻腳，還是趕快離開吧！②比喻問題或事情懸著，沒有落實。例明年生產用的原料，還是飛機上吊螃蟹——懸空八隻腳，應趕快想辦法解決。③比喻工作漂浮，不深入。例做領導者要深入基層，深入羣衆，不能飛機上吊螃蟹——懸空八隻腳。也作「四大金剛騰雲——懸空八隻腳」。

【飛機上釣魚——差得遠】
見「狗咬雲雀——差得遠」。

【飛機上掛暖壺——高水平（瓶）】
暖壺：熱水瓶；平：「瓶」的諧音。雙關語。比喻水準很高，超出一般。例張珍是一個音樂天才，她的女高音獨唱眞是飛機上掛暖壺——高水平（瓶）哩。也作「飛機上掛暖壺——水平（瓶）高」、「房梁上掛暖壺——高水平（瓶）」、「暖壺坐飛機——高水平（瓶）」。

【飛機上講演——高談闊論】
雙關語。形容漫無邊際地大發議論。例你又在飛機上講演——高談闊論，我看還是圍繞著問題的癥結所在，討論一下解決的具體辦法為妙。

【飛機上拉口袋——裝瘋（風）】
見「半天雲裏吊口袋——裝瘋(風)」。

【飛機上聊天——空談】
聊天：閒談。雙關語。比喻只說不做或發表不合實際的言論。例我們不需要飛機上聊天——空談，只需要踏踏實實的工作。

【飛機上扔石頭——直線下降】
多指質量和數量大幅度降低。比喻不景氣。例你們工廠產品質量像飛機上扔石頭——直線下降，要認眞檢查原因，總結經驗教訓。也作「溫度計掉冰箱——直線下降」。

【飛機上扔炸彈——抬高自己，打擊別人】
指攻擊誹謗他人，以提高自己的地位。例人人心裏明白，他發言唯一的目的是飛機上扔炸彈——抬高自己，打擊別人，以實現其爬上高位的野心。

【飛機上跳傘——騰雲駕霧】
形容奔馳迅速或暈頭轉向。例他多喝了幾杯，現在全身好像飛機上跳傘——騰雲駕霧。

【飛機上跳傘——一落千丈】
見「石沉大海——一落千丈」。

【飛箭如蝗】
飛：形容極快；蝗：蝗蟲。迅飛的箭像成羣的蝗蟲。例三國時赤壁之戰的草船借箭中，曹軍飛箭如蝗，全都射在諸葛亮的草船之上。

【飛將難封】
《史記・李將軍列傳》載：李廣從弟李蔡及李廣部下的數十人，他們名聲與李廣相差很遠，才能平常，卻得以封侯，而李廣抗擊匈奴，屢立戰功，人稱飛將軍，卻不見封侯。後用「飛將難封」比喻功高不爵，命遠乖舛。《儒林外史》三九回：「甘棠有蔭，空留後人之思；飛將難封，徒博數奇之嘆。」也作「李廣難封」。

【飛來橫禍】
見「飛災橫禍」。

【飛了鴨子打了蛋——兩落空】
比喻全部落空，一無所得。例如今飛了鴨子打了蛋——兩落空，回頭也晚了。也作「飛了鴨子打了蛋——兩頭空」、「雞飛蛋打——兩頭空」、「彎扁擔打蛇——兩頭落空」、「一頭脫擔——兩頭空」、「竹筐挑水——兩頭空」。

【飛糧挽秣】
挽：拉；秣：ㄇㄛˋ，牲口的飼料。指飛快地運送糧草。《隋書・食貨志》：「師兵大舉，飛糧挽秣，水陸交至」。

【飛流短長】
見「飛短流長」。

【飛龍乘雲】
蛟龍駕雲騰飛。比喻傑出人物乘時得勢，大施才幹。《韓非子・難勢》：「飛龍乘雲，騰蛇游霧……夫有雲霧之勢而能乘游之者，龍蛇之材美之也。」

【飛龍在天】
比喻帝王在位。《古今小說》卷二二：「[賈似道奏]陛下飛龍在天，故天意以食龍示警。」

【飛毛腿賽跑——快上加快】
飛毛腿：走得特別快的人。比喻速度非常快。例他一年完成了兩年的生產任務，眞是飛毛腿賽跑——快上加快。也作「飛毛腿賽跑——飛快」、「順坡推碌碡——快上加快」。

【飛米轉芻】
見「飛芻轉餉」。

【飛鳥各投林】
比喻各找出路。張恨水《金粉世家》八一回：「現在我開誠布公地說一句，既是大家要飛鳥各投林，我水大也漫不過鴨子去，就散伙吧。」

【飛鳥盡，良弓藏；狡兔死，走狗烹】

飛鳥打完了，良弓就收藏起來了；狡猾的兔子死了，走狗就該殺死吃了。比喻帝王在大業已成之後，殘暴地殺戮有功之臣。《史記・越王句踐世家》：「范蠡遂去，自齊遺大夫種書曰：『飛鳥盡，良弓藏；狡兔死，走狗烹。越王爲人長頸鳥喙，可與共患難，不可與共樂。子何不去？』」

【飛鳥看出雌雄來——好眼力】

指觀察事物的能力很强。例你挑選的幹部，個個都是好樣的，難怪有人說你飛鳥看出雌雄來——好眼力。

【飛鳥依人】

依人：與人親近不離。①比喻親近。《舊唐書・長孫無忌傳》：「[太宗曰]甚親附於朕，譬如飛鳥依人，自加憐愛。」也比喻依附權貴。宋・無名氏《宋季三朝正要・理宗淳祐四年》：「今嵩之視父死如路人，方經營內引，搖尾乞憐，作飛鳥依人之態。」②比喻小孩、少女嬌小柔順，與人親暱，惹人憐愛。清・馮仙湜《圖繪寶鑑續纂・〈女史・葉文〉》：「豐姿綽約，如飛鳥依人。」也作「**飛燕依人**」。清・王韜《淞隱漫錄》卷七：「女傍生肘下，若飛燕之依人。」

【飛蓬乘風】

見「飛蓬隨風」。

【飛蓬隨風】

飛蓬：飄蕩不定的蓬草。蓬草隨風向的變換而飄蕩不定。比喻人沒有主見，隨情勢不斷轉變。《後漢書・明帝紀》：「飛蓬隨風，微子所嘆。」也作「**飛蓬乘風**」。《商君書・禁使》：「今夫飛蓬，遇飄風而行千里，乘風之勢也。」

【飛蓬之問】

飛蓬：飄蕩不定的蓬草。如飛搖不定的蓬草似的質問。指不合乎禮儀規定的質問。《管子・形勢》：「飛蓬之問，不在所賓，燕雀之集，道行不顧。」

【飛牆走壁】

見「飛檐走壁」。

【飛禽走獸】

禽：鳥類。飛著的鳥和奔跑的獸。泛指禽獸。唐・李公佐《南柯太守傳》：「山阜峻秀，川澤廣遠，林樹豐茂，飛禽走獸，無不蓄之。」

【飛灑詭寄】

飛灑：把自己應納的稅糧，分成小數加到別人的稅糧中；詭寄：把自己應納的稅糧，靠使用詭計加進他人的稅糧中。舊指使用欺詐手段把自己應繳納的稅糧分別加到他人的稅糧中。例他爲了自己發財，什麼偷稅漏稅、飛灑詭寄、違法亂紀的事全幹遍了。

【飛沙揚礫】

礫：ㄌㄧˋ，小石塊。沙礫飛揚，碎石滾動。形容風力極大。《宋書・五行志五》：「暴風迅起，從䣛上來，須臾轉從子上來，飛沙揚礫。」也作「**飛砂揚礫**」。砂：同「沙」。《元史・順帝本紀十》：「庚子，京師大風自西北起，飛砂揚礫，白日昏暗。」也作「**飛沙走礫**」。明・袁宏道《滿井遊記》：「凍風時作，作則飛沙走礫。」

【飛沙走礫】

見「飛沙揚礫」。

【飛沙走石】

見「飛砂走石」。

【飛砂揚礫】

見「飛沙揚礫」。

【飛砂轉石】

見「飛砂走石」。

【飛砂走石】

砂：同「沙」。沙土飛揚，石塊翻滾。形容風勢迅猛兇狂。晋・干寶《搜神記》卷三：「乃有神飛砂走石，雷電霹靂。」也作「**飛沙走石**」。《水滸傳》五九回：「狂風四起，飛沙走石，天昏地暗，日色無光。」也作「**飛砂轉石**」。轉：轉動。《三國志・吳書・陸胤傳》：「蒼語、南海，歲有暴風瘴氣之害，風則折木，飛砂轉石；氣則霧鬱，飛鳥不經。」也作「**飛石揚砂**」。漢・趙曄《吳越春秋・句踐伐吳外傳》：「即日夜半暴風疾雨，雷奔電激，飛石揚砂。」

【飛觴走斝】

見「飛觥走斝」。

【飛聲騰實】

飛、騰：傳揚。名聲遠揚，功績突出。形容名實俱優。《北史・周宗室傳論》：「其茂親則有魯、衛、梁、楚，其疏屬則有凡、蔣、荊、燕，咸能飛聲騰實，不滅於百代之後。」

【飛石揚砂】

見「飛砂走石」。

【飛書草檄】

飛書：飛遞書信；草：起草；檄：檄文，古代用於曉諭、征召、聲討等的文書。迅速起草、傳遞書信、檄文。清・查愼行《銅仁書懷寄德尹潤木兩弟》詩之三：「飛書草檄非吾事，悔著征人短後衣。」

【飛書馳檄】

見「飛書走檄」。

【飛書走檄】

檄：ㄒㄧˊ，檄文，古代用於曉諭、征召、聲討等的文書。需要快速傳送的書信、檄文。也指此類文件的迅速寫作。宋・陸游《賀呂知府啟》：「飛書走檄，名早震於華夷；仗節擁旄，功每書於竹帛。」也作「**飛書馳檄**」。晋・葛洪《西京雜記》卷三：「軍旅之際，戎馬之間，飛書馳檄用枚皋，廊廟之下，朝廷之中，高文典册用相如。」

【飛霜六月】

《文選・江淹〈詣建平王上書〉》李善注引《淮南子》：「鄒衍盡忠於燕惠王，惠王信譖而系之。鄒子仰天而哭，正夏而天爲人降霜。」後用「飛霜六月」形容冤情極大，蒙冤之人的悲憤感動了上天。元・關漢卿《竇娥冤》三折：「你道是暑氣喧，不是那下雪天，豈不聞飛霜六月因鄒衍，若果有一腔怨氣噴如火，定要感的六出冰花滾似綿。」也作「**飛霜冤**」。清・孔尚任《桃花扇》三齣：「飛霜冤，不比黑盆冤，一件件風影敷衍。」也作「**六月飛霜**」。

【飛霜冤】

見「飛霜六月」。

【飛土逐肉】

土：泥土彈丸；肉：指鳥獸。飛起土丸，驅逐禽獸。漢・趙曄《吳越春秋・句踐陰謀外傳》：「古者，人死則裹以白茅，投於中野。孝子不忍見父母為禽獸所食，故作彈以守之，絕鳥獸之害。故歌曰：『斷竹續竹，飛土逐宍（古肉字）』之謂也。」後指用彈弓獵物。清・紀昀《閱微草堂筆記・灤陽續錄五》：「夫飛土逐肉，兒戲之常。」

【飛文染翰】

飛：快速；翰：毛筆；染翰：以筆蘸墨。運筆蘸墨，揮筆疾書。形容有文才，能揮筆成文。南朝梁・蕭統《文選序》：「詞人才子，則名溢於縹囊；飛文染翰，則卷盈乎緗帙。」《舊五代史・唐書・盧程傳》：「公稱文士，即合飛文染翰，以濟霸國。」

【飛熊入夢】

《史記・齊太公世家》：「西伯（周文王）將出獵，卜之，曰：『所獲非龍非彲（螭），非虎非羆；所獲霸王之輔』。於是周西伯獵，果遇太公於渭之陽……載與俱歸，立為師。」「非虎」本為「非熊」，後由「非熊」訛為「飛熊」。遂有周文王夢飛熊而得太公望的傳說。《武王伐紂平話》中：「卻說西伯侯夜作一夢，夢見從外飛熊一隻，飛來至殿下。」周公旦圓夢說：「大王夢見飛熊，必得賢也。」後用「飛熊入夢」比喻將得到賢臣輔佐的徵兆。《封神演義》二三回：「昔商高宗曾有飛熊入夢，得傅說於版築之間。」也作「**非熊有兆**」。兆：徵兆。金・元好問《追用坐主閑閑公韻上致政馮內翰》詩之一：「非熊有兆公無恙，會近君王六尺輿。」

【飛雪千里，不能改松柏之心】

儘管飛雪千里，天寒地凍，松柏仍然蓬勃茂盛，生機盎然。比喻任何危難，也不能迫使志士改變其堅貞的品節。唐・楊炯《遂州長江縣先聖孔子廟堂碑》：「飛雪千里，不能改松柏之心；名都十城，不能動夷齊之行。」

【飛檐走壁】

在房檐屋壁上行走如飛。形容武藝高強的人身輕如燕，行動迅疾。《水滸傳》八四回：「卻說時遷，他是個飛檐走壁的人，跳牆越城，如登平地。」也作「**飛檐走脊**」。脊：屋脊。《綴白裘〈雁翎甲・盜甲〉》：「我做偷兒本事高，雞鳴狗盜其實妙。飛檐走壁捷如神，挖壁扒牆眞個巧。」也作「**飛牆走壁**」。《醒世姻緣傳》六五回：「拿出飛牆走壁的本事，進到庵中。」

【飛檐走脊】

見「飛檐走壁」。

【飛眼傳情】

謂用眼神傳情。《老殘遊記・續集遺稿》三回：「我們也可不得對人家瞧瞧，朝人家笑笑，人家就說我們飛眼傳情了，少不得更親近點。」

【飛眼風】

比喻眉目傳情。例你以為向她飛飛眼風就行了？她才對這個沒興趣呢！要追求她，就得身體力行的去做！

【飛燕依人】

見「飛鳥依人」。

【飛燕游龍】

像空中的飛燕水中的游龍一樣輕柔自如，形容人的體態輕盈柔美。清・洪昇《長生殿・舞盤》：「宛若翾風回雪，恍如飛燕游龍。」

【飛揚跋扈】

飛揚：放縱，任性；跋扈：蠻橫。指意氣昂揚，行為放縱，不受約束。後多含貶意。唐・《贈李白》詩：「痛飲狂歌空度日，飛揚跋扈為誰雄？」《北史・齊高祖紀》：「[侯]景專制河南十四年矣，常有飛揚跋扈志，顧我能養，豈為汝駕御也！」也作「**跋扈飛揚**」。

【飛揚浮躁】

飛揚：向上漂起；浮躁：輕浮急躁。不踏實，不穩重，輕浮急躁。宋・朱熹《朱子全書・論語一》：「飛揚浮躁，所學安能堅固？」

【飛鷹奔犬】

見「飛鷹走狗」。

【飛鷹走狗】

放出鷹和狗追捕禽獸。指打獵遊樂。《後漢書・袁術傳》：「少以俠氣聞，數與諸公子飛鷹走狗，後頗折節。」也作「**飛鷹走犬**」。《三國演義》一〇七回：「卻說曹爽正飛鷹走犬之際，忽報城內有變，太傅有表。」也作「**飛鷹奔犬**」。唐・柳澤《論時政書》：「飛鷹奔犬，盤游藪澤。」

【飛鷹走馬】

放出獵鷹，驅馬奔馳。指打獵。宋・歐陽修《乞獎用孫沔札子》：「沔今年雖七十，聞其心力不衰，飛鷹走馬尚如平日。」

【飛鷹走犬】

見「飛鷹走狗」。

【飛蠅垂珠】

像飛來飛去的蒼蠅和懸掛著的珠子在眼前晃動。形容眼睛昏花，視物模糊不清。唐・白居易《與元九書》：「既壯而膚革不豐盈，未老而齒髮早衰白，瞥瞥然如飛蠅垂珠在眸子中也，動以萬數。蓋以苦學力文所致，又自悲矣！」

【飛鳶墮水】

鳶：老鷹。老鷹掉到水中。《後漢書・馬援傳》載：馬援從弟少游曾勸馬援，只要衣食足，當個小官就行了，想得到更多是自找苦吃。馬援南征時「在浪泊、西里間，虜未滅之時，下潦上霧，毒氣熏蒸，仰視飛鳶跕跕墮水中，臥念少將平生時語，何可得也！」後用「飛鳶墮水」形容處境危險，心中悔悟，或比喻高飛必有重跌。北周·庾信《周大將軍司馬裔神道碑》：「飛鳶墮水，馬援去而無歸；金馬聘光，王褒行而不返。」

【飛冤駕害】

駕害：虛構罪名進行迫害。飛來的罪名，妄加的禍害。指無端受冤遭迫害。例他剛料理完母親喪事返回單位，還沒從悲痛中回過神來，卻又遇上了這飛冤駕害，這叫他如何了結。

【飛雲掣電】

掣電：迅疾如電光一閃。疾飛的雲，閃過的電。形容速度極快。《說岳全傳》七三回：「鬼卒即去牽過一匹馬來，不由分說，把胡迪扶上了馬，加上一鞭，那馬如飛雲掣電一般跑去。」

【飛雲五朵】

《新唐書·韋陟傳》：「[韋陟]常以五彩箋爲書記，使侍妾主之，其裁答受意而已，皆有楷法，陟唯署名，自謂所書『陟』字若五朵雲，時人慕之，號『郇公（陟封郇國公）五雲體』。」後用「飛雲五朵」稱美別人的書信。清·蒲松齡《唐太史作生志》：「公以飛雲五朵，寄韜鈐於鴻書；長札千言，說兵機於虎帳。」

【飛災大禍】

見「飛災橫禍」。

【飛災橫禍】

飛：意外的，憑空而來的；橫：意外，突然。意外的災難，突然的禍患。《紅樓夢》九〇回：「自己年紀可也不小了，家中又碰見這樣飛災橫禍，不知何日了局？」也作「飛災大禍」。《老殘遊記》四回：「吳氏一頭哭著，一頭把飛災大禍告訴了他父親。」也作「飛來橫禍」。《二刻拍案驚奇》卷一五：「誰想遭此一場飛來橫禍，若非提控出力，性命難保。」

【飛針走線】

形容縫紉刺繡技巧高，做活快。《醒世恒言》卷三：「若提起女工一事，飛針走線，出人意表。」

【非常之謀】

非常：不平常。不同一般的計謀。舊指篡奪帝位的陰謀。明·張溥《五人墓碑記》：「大閹亦逡巡畏義，非常之謀，難於猝發。」

【非池中物】

不是長久蟄居池水中的動物。比喻不是平凡之輩而是有遠大抱負的人。《三國演義》七九回：「子建懷才抱智，終非池中物，若不早除，必爲後患。」

【非此即彼】

非：不是；即：就是。不是這個就是那個，或不是這樣就是那樣。例選擇複句中使用「不是……就是……」這一組關聯詞語，表示非此即彼，二者必居其一。

【非方之物】

不是本地所產的東西。指異地的產物。晉·皇甫謐《三都賦序》：「過以非方之物，寄以中域。」

【非非之想】

非非：辨析精微，比喻離奇怪誕。離奇怪誕、不切實際的空想。例少小時不努力學習，長大了也自然會有很大本事，這簡直是非非之想。

【非分之財】

非分：不是分內的。不是分內應得的財物。例這是非分之財，我們可不能拿。

【非分之念】

非：不；分：本分。不本分的念頭。指壞心思。例一位華貴少婦，手上戴有兩副金鐲子，因此觸動了歹徒的非分之念。

【非分之想】

非分（ㄈㄣˋ）：不是分內的。想要得到超出自己分內應得的好處。魯迅《運命》：「不信運命，就不能『安分』，窮人買獎券，便是一種非分之想。」

【非盡百家之美，不能成一人之奇】

謂不把各家的長處學到手，就不能形成自己的特色。元·劉開《與阮芸台宮保論文書》：「非盡百家之美，不能成一人之奇；非取法至高之境，不能開獨造之域。」

【非君莫屬】

非：不是；君：「你」的尊稱；莫：沒有誰；屬：歸屬。除了您不可能歸屬他人。例這次乒乓球賽的冠軍，看來是非君莫屬了。

【非驢非馬】

驢不像驢，馬不像馬。《漢書·西域傳下》：「[龜茲王]後數來朝賀，樂漢衣服制度，歸其國，治宮室，作徼道周衛，出入傳呼，撞鐘鼓，如漢家儀。外國胡人皆曰：『驢非驢，馬非馬，若龜茲王，所謂贏(騾)也。』」後用「非驢非馬」形容不倫不類的東西。魯迅《兩地書》一一：「這封信非驢非馬不文不白的亂扯一通，該值一把火，但反過來說是現在最新的一派文字，也可以的，我無乃畫狗不成耳。」

【非其人而處其位者，其禍必速；在其位而忘其德者，其殃必至】

沒有德才的人處在官位上，必有災禍；在官位上而失去德才的人，災禍早晚要來。《晉書·呂隆載記》：「夫天地之大德曰生，聖人之大寶曰位。非其人而處其位者，其禍必速；在其位而忘其德者，其殃必至。天鑑非遠，庸可濫乎！」

【非錢不行】

沒有錢不行。指沒有錢打通關節就辦

不成事。唐・張鷟《朝野僉載》：「鄭愔爲吏部侍郎，掌選，贓污狼藉。引銓，有選人繫百錢於靴帶上，愔問其故，答曰：『當今之選，非錢不行。』愔默而不言。」《老殘遊記》一回：「你們知道現在是非錢不行的世界了。」

【非親非故】

故：故舊，老朋友，老熟人。既不是親屬，又不是故舊。形容彼此毫無關係。《警世通言》卷三四：「雖承王翁盛意，非親非故，難以打擾。」

【非人不傳】

不是妥當合適、行爲端正的人就不傳授。《宣和書譜・行書・蔡京》：「大抵學者用筆有法，自古秘之，必口口親授，非人不傳。」

【非人磨墨墨磨人】

謂磨墨消耗了人生。魯迅《禁用和自造》：「古人說：『非人磨墨墨磨人。』就在悲憤人生之消磨於紙墨中，而墨水筆之制成，是正可以彌這缺憾的。」

【非日非月】

非：不論；日：白天；月：月下。不論白天還是月夜。形容不分晝夜。南朝陳・徐陵《爲貞陽侯與王僧辨書》：「非日非月，蒼心仰其照臨。」

【非詩之能窮人，殆窮者而後工也】

殆：大概，恐怕。並不是寫詩會使人不得志，恐怕只有不得志的人才能寫出好詩來。謂只有經過艱苦生活的磨練，感觸深刻的人，才能寫出好的詩文。宋・歐陽修《梅聖俞詩集序》：「凡士之蘊其所有，而不能絕於世者……而寫人情之難言，益愈窮則愈工。然則非詩之能窮人，殆窮者而後工也。」

【非所計也】

非：不是；計：計算，考慮；也：句末表判斷的語氣詞。不是所需考慮的了。例我一定要到基層去，至於別人怎麼想，那就「非所計也」。

【非桃非李，可笑人也】

比喻名不正言不順，使人恥笑。《聊齋志異・阿英》：「女忽謂嫂曰：『妾此來，徒以嫂義難忘，聊分離亂之憂。阿伯行至，妾在此，如諺所云：『非桃非李，可笑人也。』我姑去，當乘間一相望耳。」

【非通小可】

見「非同小可」。

【非同等閒】

見「非同小可」。

【非同兒戲】

兒戲：像小孩兒那樣鬧著玩兒。謂事情重大，不可輕率。《紅樓夢》六五回：「但終身大事，一生至一死，非同兒戲。」

【非同小可】

小可：尋常。不同一般。①形容程度深或高。《鏡花緣》四回：「早有上林苑、羣芳圃司花太監來報，各處羣花大放，武后這一喜非同小可！」②形容事關重大，不容忽視。元・喬夢符《金錢記》一折：「[王府尹云]孩兒，此事非同小可，乃是聖人的特旨，並不敢隱一人，你須索走一遭去！」也作「**非通小可**」。通：「同」。《永樂大典戲文〈小孫屠・朱令史誣陷孫必達〉》：「這的是人命事，非通小可。」也作「**非同等閒**」。等閒：平常。茅盾《追求》二：「除非他自承怯弱，拋棄了這憧憬，不然，他不得不做一個非同等閒的人。」

【非同尋常】

不同於平常。形容人或事很突出，不平常。例這件事非同尋常。

【非我而當者，吾師也】

正確地批評我的人，是我的老師。《荀子・修身》：「非我而當者，吾師也；是我而當者，吾友也；諂諛我者，吾賊也。故君子隆師而親友，以致惡其賊。」

【非我莫屬】

莫：沒有誰；屬：歸屬。除了我，不能屬任何人。《民國通俗演義》一五二回：「吳景濂久已懷著總理一席非我莫屬的念頭，而今竟被別人奪去，不覺又氣又恨。」

【非我族類】

見「非我族類，其心必異」。

【非我族類，其心必異】

族類：同族的人；其：代詞，他們；異：不同。不是同族的人，他們的心意必定不同。指不是一條心。《晉書・江統傳》：「非我族類，其心必異，戎狄志態，不與華同。」也作「**非我族類**」。章炳麟《獄中答新聞報》：「逆胡羶虜，非我族類，不能變法當革，能革法亦當革。」

【非昔是今】

非：責難，詆毀；是：認爲正確。非難從前，肯定現在。《宣和書譜・隸書敍論》：「秦併六國一天下，欲愚黔首，自我作古，往往非昔而是今。」

【非刑逼拷】

見「非刑吊拷」。

【非刑吊拷】

非刑：任意私設的刑具，也泛指殘酷的刑罰。用殘酷的刑罰吊打拷問。《警世通言》卷一五：「我實不曾爲盜，你們非刑吊拷，務要我招認。」也作「**非刑逼拷**」。《醉醒石・假虎威古玩流殃》：「他非刑逼拷，打死平民，納賄詐財。」也作「**非刑拷打**」。例敵人的非刑拷打，也不能使革命者屈服。

【非刑拷打】

見「非刑吊拷」。

【非熊非羆】

羆：ㄆㄧˊ，動物名，形狀像熊，能直立。《宋書・符瑞志上》：「[文王]將畋，史遍卜之，曰：『將大獲，非熊非羆，天遺汝師以佐昌。』」後用「非熊非羆」指輔佐帝王、扶持國政的人物。唐・楊炯《唐右將軍魏哲神道碑》：「大微上將，文昌貴相。非熊非羆，令問令望。寵逾軍幕，榮參武帳。」

【非熊賣屠】

《宋書・符瑞志上》載：文王田獵前占卜「將大獲，非熊非羆，天遺汝師以佐昌。」後遇姜子牙，拜爲太師。《尉繚子・武議》載：姜子牙在未遇文王時「屠牛朝歌，賣食盟津」，遇文王後「一戰而天下定」。後用「非熊賣屠」比喻賢能尚未被賞識、任用。唐・元稹《有鳥》詩之十七：「文王長在苑中獵，何日非熊休賣屠。」

【非熊有兆】

見「飛熊入夢」。

【非熊運】

形容受到賞識重用。金・元好問《賈漕東城中隱堂》詩：「明年恰入非熊運，共看青蒲裹畫輪。」

【非學無以廣才，非志無以成學】

不勤奮學習就不能增長才幹，沒有志尚就學不到眞正的本領。三國蜀・諸葛亮《誡子書》：「夫學須靜也，才須學也；非學無以廣才，非志無以成學。淫漫則不能勵精，險躁則不能治性。」

【非異人任】

異人：他人；任：擔承。《左傳・襄公二年》：「[鄭成公曰]楚君以鄭故，親集矢於其目，非異人任，寡人也。」後用來稱某事的責任應由自己承擔，不能推給別人。淸・王韜《淞隱漫錄》卷五：「君氣概磊落，心志發揚，他日建高牙，擁大纛，非異人任也。」也作「匪異人任」。匪：同「非」。孫中山《救國之急務》：「諸君固民國之主人也，喚起天下，驅除此丑類者，匪異人任。」

【非意相干】

非意：不是故意的；干：冒犯。不是故意的冒犯。《晉書・衛玠傳》：「玠嘗以人有不及，可以情恕，非意相干，可以理遣，故終身不見喜慍之容。」

【非愚則誣】

愚：愚昧；誣：ㄨ，誣衊，欺騙。不是愚昧無知就是誣衊或欺騙人。《韓非子・顯學》：「無參驗而必之者，愚也；弗能必而據之者，誣也。故明據先王，必定堯舜者，非愚則誣也。」

【非譽交爭】

非：詆毀，譏諷。誹謗和讚譽交織在一起。《韓非子・南面》：「人主釋法而以臣備臣，則相愛者比周而相譽，相憎者朋黨而相非，非譽交爭，則主惑亂矣。」

【非戰之罪】

非：不是；罪：過失。不是戰爭本身的過失。多用於爲戰爭失敗開脫責任。《史記・項羽本紀》：「然今卒困於此，此天之亡我，非戰之罪也。」

【非正之號】

不正當的名號。指非正統所建的名號。《三國志・魏書・明帝紀》：「時君妄建非正之號，以干正統。」

【非知之難，行之難】

認識並不難，實行起來才確實難。《晉書・庾亮傳》：「非知之難，行之難；非行之難，安之難也。」

【非知之難，行之惟難】

之：代詞，它；惟：句中語氣詞，幫助判斷。不是說知道它難，而是做起來艱難。指知道它並不難，去做它就難了。唐・魏徵《十漸不克終疏》：「語曰：『非知之難，行之惟難；非行之難，終之斯難。』所言信矣。」

【匪匪翼翼】

匪：通「騑」；匪匪：行動不止的樣子；翼翼：行列整齊有秩序的樣子。形容車馬行進時整齊威武。《禮記・少儀》：「車馬之美，匪匪翼翼。」

【蜚英騰茂】

蜚：同「飛」，飛揚；英：美好的名聲；騰：上升；茂：茂實，盛美的業績。美好的名聲和業績飛升傳揚。多用於對人的稱頌。明・孫梅錫《琴心記・賚金買賦》：「吾弟蜚英騰茂，下筆如神，不須謙讓，請就揮毫。」

ㄈㄟˊ

【肥冬瘦年】

冬：冬至；年：新年。南宋風俗，民間冬至互送禮物，比過新春年節爲重。宋・周遵道《豹隱紀談》：「吳門風俗多重冬至節，謂曰肥冬瘦年，互送節物。」事並見宋・金盈之《新編醉翁談錄・京城風俗記・十一月》：「都城以寒食、冬至、元旦爲三大節。自寒食至冬至，久無節序，故民間多相問遺。至歲除，或財力不及，不復講此。俗諺有『肥冬瘦年』之語。蓋謂冬至人多饋遺，除夜則不然也。」

【肥遁鳴高】

肥遁：離世隱退；鳴高：自鳴淸高。遠離塵俗，隱居不做官，以示淸高。《老殘遊記》六回：「至於出來的原故，並不是肥遁鳴高的意思。」也作「肥遁之高」。《三國志・蜀書・許靖等傳評》：「秦宓始慕肥遁之高，而無若愚之實。」

【肥遁之高】

見「肥遁鳴高」。

【肥馬輕裘】

裘：皮衣。乘著肥壯的馬駕的車，穿著輕暖的皮袍。形容生活闊綽奢華。元・石子章《竹塢聽琴》二折：「則我這粗衣淡飯休笑，你那裏肥馬輕裘富莫誇。」也作「輕裘肥馬」。

【肥肉大酒】

見「肥肉厚酒」。

【肥肉厚酒】

厚：味道濃。肥實的肉，濃厚的酒。形容豐盛的飲食。《呂氏春秋・本生》：「肥肉厚酒，務以自強，命之曰爛腸之食。」也作「肥肉大酒」。唐・杜甫《嚴氏溪放歌》：「費心姑息是一役，肥肉大酒徒相要。」也作「厚酒肥肉」。

【肥水不過別人田】

比喻不讓外人占便宜。例老林做事永遠秉持著「肥水不過別人田」的原則，所以當他任職的公司有不錯的職缺時，他總是先問自己的親朋好友意願如何。也作「肥水不外流」、「肥水不落外人田」。

【肥頭大耳】

形容人體態肥胖。也用來形容長得富態。《官場現形記》二二回：「小孩子看上去有七八歲光景，倒生的肥頭大耳。」也作「肥頭大面」。《太平廣記》卷二六〇：「安曰：『汝亦堪爲宰相。』徵曰：『小子何敢！』安曰：『汝肥頭大面，不讓今古，噇食無意智，不作宰相而何？』」也作「肥頭胖耳」。

【肥頭大面】

見「肥頭大耳」。

【肥頭胖耳】

見「肥頭大耳」。

【肥羊肉落在狗嘴裏】

比喻男方配不上女方。例他們這一對情侶，男方的家世背景及學歷外型，在在都無法和女方相匹配，實在是肥羊肉落在狗嘴裏，太可惜了。

【肥魚大肉】

形容菜餚豐盛。例哥哥出國留學，二三年來頭一次回家過春節，媽媽滿心歡喜地準備一桌肥魚大肉，希望能一解哥哥思鄉之苦。

【肥皂刻手戳——不是這塊料】

手戳：圖章。見「麻袋做龍袍——不是這塊料」。

【肥皂沫當鏡子——成了泡影】

比喻事情或希望落空。例我原打算今年出國，但是生了一場大病後，希望就像肥皂沫當鏡子——成了泡影。

【肥皂泡——不攻自破】

多指謠言或謬論站不住腳，不值一駁。例這些漏洞百出的謠言，我看，就是肥皂泡——不攻自破，不值得在報刊上駁斥。

【肥皂泡——吹不得】

①比喻不值得誇口。例在座的都是內行，你那點成績，可是肥皂泡——吹不得，再吹就要出洋相了。②指關係不可破裂或事情不能半途而廢。例小楊是個好姑娘，你同她的戀愛關係，肥皂泡——吹不得。也作「偷來的喇叭——吹不得」。

【肥豬拱門】

比喻自己送上門。老舍《四世同堂·偷生》：「招弟姑娘呢，又是那麼漂亮年輕，多少人費了九牛二虎的力量都弄不到手，而今居然肥豬拱門落在你手裏，還不該請朋友們痛痛快快地吃回喜酒？」

ㄈㄟˇ

【匪躬之操】

見「匪躬之節」。

【匪躬之節】

匪躬：不顧自身；節：節操，氣節。不顧自身而爲國盡忠的節操。《晉書·孫楚傳》：「綽獻直論辭，都不慍元子，有匪躬之節，豈徒文雅而已哉！」也作「匪躬之操」。《晉書·劉隗傳》：「臣亡祖先臣隗，昔荷殊寵，匪躬之操，猶存舊史，有志無時，懷恨黃泉。」

【匪躬之志】

匪躬：不顧自身；志：意向。盡忠而不顧自身的抱負。《三國志·魏書·夏侯玄傳》注引荀綽《冀州記》：「[崔]贊子洪，字良伯，清恪有匪躬之志。」

【匪石匪席】

匪：非，不是。不像石頭那樣，也不像席子那樣。比喻意志堅定不移。《詩經·邶風·柏舟》：「我心匪石，不可轉也；我心匪席，不可捲也。」

【匪石之心】

匪：非，不是。《詩經·邶風·柏舟》：「我心匪石，不可轉也。」孔穎達疏：「言我心非如石然，石雖堅尚可轉，我心堅不可轉也。」後用「匪石之心」比喻意志堅定不移。《晉書·王導傳》：「實賴元宰，固懷匪石之心；潛運忠謨，竟翦吞沙之寇。」

【匪兕匪虎】

匪：同「非」，不是；兕：ㄙˋ，雌犀。不是犀牛也不是老虎。慨嘆人漂泊無定，不得休息。《詩經·小雅·何草不黃》：「匪兕匪虎，率彼曠野；哀我征夫，朝久不暇。」

【匪伊朝夕】

見「匪朝伊夕」。

【匪夷匪惠】

匪：非，不；夷：指伯夷，殷末周初人；惠：指柳下惠，春秋時魯國人。既不像伯夷那樣清高，又不像柳下惠那樣隨和。《舊唐書·司空圖傳》載：「昭宗時宰相柳璨用詔書召棄官隱居、屢徵不出的司空圖，圖怕被害只好到洛陽，入朝時假裝失儀，把笏掉在地上。柳璨很生氣，又下詔說圖『匪夷匪惠，難居公正之朝，可放還山。』」後用「匪夷匪惠」形容才德不高又難以駕馭的人。

【匪夷所思】

匪：非，不是；夷：平常。指超出尋常，不是根據常理所能想像得到的。《周易·渙》：「元吉，渙有丘，匪夷所思。」後用來形容人的思想言行等非常離奇。清·況周頤《蕙風詞話》卷一：「吾蒼茫獨立於寂寞無人之區，忽有匪夷所思之一念，自沈冥杳靄來。」也作「匪夷之思」。清·毛先舒《詩辯坻·詞曲》：「臨川曲至《牡丹亭》，驚奇瓌壯……又如使事造語，不求盡解，托寄諧謔，故作迂癡，皆神化所至，匪夷之思。」

【匪夷之思】

見「匪夷所思」。

【匪異人任】
見「非異人任」。
【匪朝伊夕】
匪：非，不；伊：語助詞。不止一朝一夕。指不止一日。唐・李林甫《嵩陽觀紀聖德感應頌》：「匪朝伊夕，不可勝記。」也作「匪伊朝夕」。《聊齋志異・嬰寧》：「我有志，匪伊朝夕。」
【誹謗之木】
誹謗：說人壞話。傳說堯舜時立在交通要道，讓人寫諫言、提意見的木牌，叫作「誹謗之木」也稱「華表木」。《淮南子・主術訓》：「堯置敢諫之鼓，舜立誹謗之木。」
【誹譽在俗】
誹：誹謗，說壞話；譽：稱讚；俗：風俗。是說壞或是說好，都在於當時的習俗。形容風氣、習俗的作用很大。《淮南子・齊俗訓》：「故趨舍同，誹譽在俗；意行鈞，窮達在時。」
【菲才寡學】
菲：微薄；寡：少。才能微薄，學識膚淺。常用作自謙語。《儒林外史》三三回：「小侄菲才寡學，大人誤採虛名。」
【菲食卑宮】
菲：微薄；卑：卑小，不大。飲食微薄，宮室卑小。指賢明的國君生活節儉以勤國事。《梁書・王僧辯傳》：「高祖（梁武帝蕭衍）菲食卑宮，春秋九十，屈志凝威，憤終賊手。」也作「卑宮菲食」。
【菲食薄衣】
菲：微薄。微薄的飲食，簡單的衣服。形容生活樸素。《周書・武帝紀下》：「朕菲食薄衣，以弘風教，追念生民之費，尚想力役之勞。」也作「菲衣惡食」。惡：不好，粗劣。《宋史・李韶傳》：「九重菲衣惡食，臥薪嘗膽，使上下改慮易聽，然後可圖。」
【菲言厚行】
菲：微少；厚：程度深。指少說多做。晉・左思《魏都賦》：「涓吉日，陟中壇，即帝位，改正朔，易服色……顯仁翌明，藏用玄默，菲言厚行，陶化染學，讎校篆籀，篇章畢覿。」
【菲衣惡食】
見「菲食薄衣」。
【斐然成章】
斐然：有文采的樣子。形容文章富有文采，造詣很高。《舊唐書・禮儀志二》：「巨儒碩學，莫不詳通，斐然成章，不知裁斷。」也用來形容有才華。《野叟曝言》六二回：「生勝年幼，雖有矛盾處，卻算虧他，略加修飾，便可斐然成章矣」。
【斐然可觀】
斐然：顯著；可觀：夠看的，表示極甚。謂成績非常顯著。朱自清《經典常談・尚書第三》：「這方面努力的不少，成績也斐然可觀；不過所能作到的也只是抱殘守缺的工作罷了。」
【斐然向風】
斐然：有文采的樣子；向風：聞風仰慕。聞風仰慕其德政。漢・賈誼《新書・過秦下》：「秦滅周祀，並海內，兼諸侯，南面稱帝，以養四海，天下之士斐然向風，若是何也？曰：近古而無王者久矣。」

ㄈㄟˋ

【吠非其主】
吠：指狗叫。若不是狗的主人，狗就會對他叫。比喻人各為其主。《史記・淮陰侯傳》：「跖之狗吠堯，堯非不仁，狗固吠非其主。」《舊唐書・李嶠傳》：「嶠雖不辨逆順，然亦為當時之謀吠非其主，不可追討其罪。」
【吠日之怪】
唐・柳宗元《答韋中立師道書》：「僕往聞，庸蜀之南，恆雨少日，日出則犬吠。」後用「吠日之怪」比喻少見多怪。宋・胡繼宗《書言故事・天文類》：「罕見而驚，日有吠日之怪。」
【吠形吠聲】
吠：狗叫；形：形影。一隻狗看到形影就叫，許多狗聽到聲音也跟著叫。比喻不辨眞僞，盲目附和。漢・王符《潛夫論・賢難》：「諺曰：一犬吠形，百犬吠聲。世之疾此，固久矣哉！吾傷世之不察眞僞之情也。」也作「吠影吠聲」。《魯迅書信集・致楊霽雲》：「叭兒們何嘗知道什麼是民族主義，又何嘗想到民族，只要一吠有骨頭吃，便吠影吠聲了。」
【吠影吠聲】
見「吠形吠聲」。
【廢耳任目】
廢：廢棄不用；任：信任。廢棄了耳朵，只信任眼睛。指不聽別人反映的意見，只憑自己所見。唐・韓愈《上考功崔虞部書》：「又嘆執事者所守異於人，廢耳任目，華實不兼。」
【廢話連篇】
廢：沒有用的。無用的話可以連接成篇。形容文章或言談中不必要的話太多。例這種廢話連篇的文章是沒有人要看的。
【廢教棄制】
教：政教；制：法制。廢棄政教與法制。《國語・周語中》：「若廢其教而棄其制，蔑其官而犯其令，將何以守國？」
【廢寢忘餐】
見「廢寢忘食」。
【廢寢忘食】
廢：停止；寢：睡覺。顧不上睡覺，忘記了吃飯。形容集中全副精力，專心從事某件事。北齊・顏之推《顏氏家訓，勉學》：「[梁]元帝在江、荊間，復所愛習，召置學生，親為教授，廢寢忘食，以夜繼朝。」也作「廢寢忘餐」。《三俠五義》六三回：

「自從我見了他之後，神魂不定，廢寢忘餐。」也作「**廢食忘寢**」。唐・王勃《送劼赴太學序》：「加之執德弘，信道篤，心則口誦，廢食忘寢。」也作「**忘寢廢食**」、「**忘餐廢寢**」。

【廢然而反】

謂意氣消失，恢復常態。《莊子・德充符》：「我怫然而怒，而適先生之所，則廢然而反。」也作「**廢然而返**」。形容消極失望而中途退縮。唐・韓愈《上考功崔虞部書》：「是以勞思長懷，中夜起坐，度時揣己，廢然而返。雖欲從之，末由也已。」也形容敗興而歸。魯迅《兩地書》八一：「要他包飯，而館中只有麵，問以飯，曰無有，廢然而返。」

【廢然而返】

見「廢然而反」。

【廢然思返】

廢然：消極失望的樣子。指消極失望而想要中途返回，茅盾《追求》二：「只有極懦怯的人才是只看見了一塊尖石頭遂廢然思返，這種人是不配有憧憬的。」

【廢食忘寢】

見「廢寢忘食」。

【廢書長嘆】

見「廢書而嘆」。

【廢書而泣】

丟下書本而哭泣。形容讀書有所感觸而情緒激動。《史記・樂毅傳》：「太史公曰：始齊之蒯通及主父偃讀樂毅之報燕王書，未嘗不廢書而泣也。」

【廢書而嘆】

放下書本而嘆息。指讀書有所感慨觸動。《晉書・潘岳傳》：「岳讀《汲黯傳》至司馬安四至九卿，而良史書之，題以巧宦之目，未曾不慨然廢書而嘆也。」也作「**廢書太息**」。明・胡應麟《少室山房筆叢》卷一四：「[關]羽精忠大節，而世有責之備者，[呂]蒙鼠跡狐蹤，而世有贊其能者，吾所爲廢書太息也。」也作「**廢書長嘆**」。長嘆：深深地嘆息。元・王惲《上張右丞書》：「僕每讀至此，未嘗不廢書長嘆，傷歲月不我與也。」

【廢書太息】

見「廢書而嘆」。

【廢文任武】

廢棄文治，注重武功。指輕文重武。《戰國策・秦策一》：「[蘇秦曰]於是，乃廢文任武，厚養死士，綴甲厲兵，效勝於戰場。」

【沸反連天】

見「沸反盈天」。

【沸反盈天】

沸反：沸騰翻滾；盈：滿。沸騰翻滾的聲浪喧天。形容人聲喧嘩吵鬧，亂成一片。魯迅《祝福》：「你自薦她來，又合伙劫她去，鬧得沸反盈天的，大家看了，成什麼樣子。」也作「**沸反連天**」。《說岳全傳》六七回：「那黑虎帶來的兩員偏將，給散了眾軍羊酒，仍回到殿上；聽到裏面沸反連天，拔出腰刀搶進來。」

【沸沸揚揚】

沸沸：水翻騰的樣子；揚揚：飛起的樣子。像開了鍋的水上下翻滾，熱氣蒸騰。①比喻議論紛紛。明・無名氏《彩樓記》九齣：「小姐巴巴結結亦自甘心，奈旁人沸沸揚揚盡皆談笑。」②形容紛繁熱鬧。例夜市的人潮愈晚愈擁擠，隨時可見人聲嘈雜，沸沸揚揚的情景，好不熱鬧。

【肺腑之談】

見「肺腑之言」。

【肺腑之言】

肺腑：指內心。發自內心的話。《醒世恆言》卷二：「[許武道]下官此席，專屈諸鄉親下降，有句肺腑之言奉告。」也作「**肺腑之談**」。《兒女英雄傳》一七回：「我東人曾說，倘得見面，命我……替他竭誠拜謝，還有許多肺腑之談。」

【肺肝如見】

好像看到了肺和肝一樣。比喻內心隱密的想法和謀算都被別人看出來了。梁啟超《王荊公傳》一〇章：「當時之攻新法者，其肺肝如見矣。」

【肺石風清】

肺石：古代設在朝廷門外的石頭，赤色，形狀像肺。百姓可以站在肺石上控訴地方官吏。用肺石通達民情，以示政風公正清廉。《周禮・秋官・大司寇》：「以肺石達窮民。凡遠近惸獨老幼之欲有復於上而其長弗達者，立於肺石三日，士聽其辭，以告於上而罪其長。」後用「肺石風清」比喻法庭裁判公正。

【費財勞民】

耗費財物，勞苦百姓。《晏子春秋・內篇諫下》：「誠費財勞民以爲無功，又以而怨之，是寡人之罪也。」

【費盡心機】

心機：心思，機謀。挖空心思，用盡計謀。宋・朱熹《與楊子直書》：「而近年一種議論，乃欲周旋於二者之間，回互委曲，費盡心機。」也作「**用盡心機**」。

【費盡心思】

見「費盡心血」。

【費盡心血】

謂用盡心思和精力，想盡辦法。明・盧象昇《寄外舅王帶溪先生》之三：「提孤軍而扼南北之沖，費盡心血。」也作「**費盡心思**」。《孽海花》一一回：「後儒牽強附會，費盡心思，不知都是古今學不分明的緣故。」

【費了九牛二虎之力】

指花了最大的力氣。例他費了九牛二虎之力，考試才及格。也作「**費盡九牛二虎之力**」、「**費了五牛二虎的力氣**」。

【費力不討好】

出了很大的力氣，還得不到別人的歡喜。例想幫忙得先看看別人需要不需要，否則，只會是費力不討好。

【費力勞心】

耗費氣力和心思。《三國演義》六二回：「吾爲汝禦敵，費力勞心。汝今積財吝賞，何以使士卒效命乎？」也作「費心勞力」。《西遊記》七四回：「三個妖魔，也費心勞力的來報遭信！」

【費舌勞唇】

耗費唇舌。形容說話很多。《醒世恆言》卷一七：「那過善本來病勢已有八九分了，卻又勉强料理這事，喉長氣短，費舌勞唇，勞碌這半日，到晚上愈加沉重。」

【費手腳】

指費事，花工夫。例這個事做到現在這樣子就可以了，不要再費手腳了。

【費唾沫】

耗費唾液、浪費口水。指費力解釋，浪費言語。例你別跟他費唾沫了，他這個人倔得很，再勸他一車話也沒用。也作「費唇舌」、「費口舌」。

【費心勞力】

見「費力勞心」。

ㄈㄢ

【番來覆去】

見「翻來覆去」①②。

【番天覆地】

見「翻天覆地」。

【幡然變計】

見「翻然改圖」。

【藩籬之鷃】

鷃：ㄧㄢˋ，鵪鶉。棲息在籬笆間的鵪鶉。比喻志趣低下，目光短淺的人。戰國楚・宋玉《對楚王問》：「鳥有鳳而魚有鯤，鳳上擊九千里，絕雲霓，負青天，翱翔乎杳冥之上，夫藩籬之鷃，豈能與之料天地之高哉！」

【翻白眼】

指斜視時露出眼白較多的樣子。①多比喻發洩不滿和氣憤。例對這樣損公肥私的事，你翻翻白眼就完啦？應該揭發、上告！②指病情危重，瀕臨死亡。例只怕沒救了，他都翻白眼了，搶救還有用嗎？

【翻白眼看青天——一無所有】

黑眼珠斜視，兩眼瞪著空曠的藍天，什麼也看不到。形容什麼都沒有。例從前，他家翻白眼看青天——一無所有，哪有錢上學讀書！也作「叫花子搬家——一無所有」。

【翻陳出新】

推翻舊的，創建新的。多指批判繼承舊文化，創造出新文化。孫中山《上李鴻章書》：「日稽考於古人之所已知，推求乎今人之所不逮，翻陳出新，開世人無限之靈機。」也作「推陳出新」。

【翻穿皮襖——裝樣（羊）】

樣：「羊」的諧音。比喻裝腔作勢，裝模作樣。例別翻穿皮襖——裝樣（羊）啦，誰不知道你一個洋文也不認識，還看什麼洋書！也作「反穿皮襖——裝佯」。

【翻唇弄舌】

比喻挑撥是非。《金瓶梅詞話》五七回：「第一要才學，第二就要人品了，又要好相處，沒些說是說非，翻唇弄舌，這就好了。」

【翻斗在卸貨——倒了個精光】

翻斗：指翻斗車，裝卸貨物的大汽車。比喻損失得一乾二淨。有時指把心中的話都說出來了。例在母親面前，她滿肚子的委屈像翻斗在卸貨——倒了個精光。

【翻覆無常】

見「反覆無常」。

【翻黃倒皂】

皂：黑色。混淆黑白，是非顛倒。明・康海《鮑老兒・秋日閒情》：「眉來眼去，唇三口四，泥爛油滑，翻黃倒皂，呼風喚雨，搦霧摶沙。」

【翻江倒海】

①形容水勢浩大，波濤洶湧。唐・李筌《太白陰經・祭風伯文》：「東溫而層冰澌散，西烈則百卉摧殘；鼓怒而走石飛砂，翻江倒海。」也作「翻江攪海」。《鏡花緣》三九回：「頃刻狂風大作，波浪滔天，那船順風吹去……越刮越大，眞是翻江攪海，十分利害。」也作「倒海翻江」、「倒海傾江」。②比喻聲勢或力量巨大。《紅樓夢》九〇回：「且說薛姨媽家中被金桂攪得翻江倒海，看見婆子回來，說起岫煙的事，寶釵母女二人不免滴下淚來。」也作「翻江攪海」。明・諸聖鄰《大唐秦王詞話》八：「數員捉虎擒龍將，無限翻江攪海兵。」也作「倒海翻江」、「攪海翻江」。

【翻江攪海】

見「翻江倒海」。

【翻筋斗】

原指身體上下翻轉而後恢復原來姿勢。①比喻遭受失敗和挫折。例走路免不了摔跌，要幹成一件事還能不翻筋斗？翻幾個筋斗可以取得經驗呀。②比喻與人周旋。例這事好辦，只要同那個外行經理翻幾個筋斗，把他穩住就成了。也作「翻觔斗」、「翻跟頭」。例你翻跟頭還沒翻夠嗎？你還這麼死腦筋，一條路走到底。

【翻空出奇】

形容詩文、字畫不襲前人，構思奇特。宋・劉克莊《題吳必大檢查山林素封集》：「吳君此集十有七篇皆翻空出奇，幻假成眞，無本之葫蘆也。」

【翻來覆去】

①來回翻動身體。多指難以入睡。宋・楊萬里《不寐》詩之二：「老眼强眠終不夢，空腸暗想訴長饑。翻來覆去體都痛，乍暗忽明燈爲誰？」也作「覆去翻來」。明・全道人《懶畫眉》：「惡暖憎寒，覆去翻來病幾般。」也作「番來覆去」。《警世通言》卷二四：「卻說皮氏這一夜等趙昂不來，小段名回後，老公又睡了。

番來覆去，一夜不曾合眼。」②形容多次重複。《水滸傳》七回：「林沖把這口刀翻來覆去看了一回，喝采道：『端的好把刀！』」也作「番來覆去」。《醒世恒言》卷一三：「即將這皮靴番來覆去，不落手看了一回。」③比喻多變，反覆無常。宋・吳潛《蝶戀花》詞：「世事翻來覆去。造物兒戲，自古無憑據。」

【翻老賬】

比喻重提舊事。例過去的事情就讓他過去吧！你怎麼專翻老賬？也作「翻舊賬」。例喂，咱們說點新鮮事好不好？老翻舊賬有啥意思。

【翻了簍的螃蟹——到處橫行】

比喻行動變橫或倚仗暴力做壞事。例他猶如翻了簍的螃蟹——到處橫行，鄉里人無不痛恨入骨。也作「腰裏別扁擔——到處橫行」。

【翻臉不認人】

指不講交情。例你可得小心他的脾氣，他一向以「翻臉不認人」出名，不論平時和他多有交情，吵起架來他都不念舊情的。也作「反臉不相識」。《魯迅書信集・致鄭振鐸》：此地人士，似尚存友情，故頗歡暢，殊似上海文人之反臉不相識也。」也作「翻臉不相識」。《魯迅書信集・致鄭振鐸》：「許君人甚誠實，而缺機變。我看他現在所付以重任之人物，亦即將來翻臉不相識之敵人。」

【翻臉無情】

臉色突變，毫不講情義。常用來形容世態炎涼。《三俠五義》九四回：「蔣爺聽了，暗道：『好小子，翻臉無情，這等可惡！』」也作「反面無情」、「反臉無情」。

【翻然改悔】

見「翻然悔悟」。

【翻然改圖】

翻：也寫作「幡」；圖：打算。很快轉變過來，另作打算。《三國志・蜀書・呂凱傳》：「將軍若能翻然改圖，易跡更步，古人不難追，鄙土何足宰哉？」也作「幡然變計」。魯迅《「公理」之所在》：「問問你們所自稱為『現代派』者，今年可曾幡然變計。」

【翻然改悟】

見「翻然悔悟」。

【翻然悔過】

見「翻然悔悟」。

【翻然悔悟】

翻：也寫作「幡」。很快醒悟過來，深悔所犯的過失。宋・朱熹《答袁機仲》：「切望虛心平氣，細考而徐思之。若能於此翻然悔悟，先取舊圖分明改正。」也作「翻然改悔」。宋・黃幹《答梁寧翁書》：「便使賢者年少自陷於子弟之過，一旦翻然改悔，而欲為善，顧亦何所不可。」也作「翻然悔過」。唐・陸贄《貞元改元大赦制》：「李懷光若能翻然悔過，束身赴朝，念其嘗有大勛，必當終使全護。」也作「翻然改悟」。《金史・完顏匡傳》：「一旦猶子翻然改悟，斥逐奴隸，引咎謝過，則前日之嫌便可銷釋。」

【翻山過嶺】

見「翻山越嶺」。

【翻山越嶺】

形容長途跋涉，途中非常辛苦。例我們幾個登山愛好者組成的遠征隊，不辭辛勞的翻山越嶺，就是為了要到達最後的目標—聖母峯。也作「翻山越嶺」、「爬山越嶺」。

【翻手為雲，覆手為雨——出爾反爾】

指前後自相矛盾，反覆無常。例你曾親口答應為工人辦一個托兒所，為啥翻手為雲，覆手為雨——出爾反爾，如今又賴帳了？

【翻手為雲，覆手為雨——反覆無常】

變化不定。比喻耍手段，弄權術。例他年紀輕輕，卻翻手為雲，覆手為雨——反覆無常，好像老政客。

【翻手為雲，覆手為雨——兩面派】

見「扳倒是鼓，反轉是鑼——兩面派」。

【翻天覆地】

①比喻巨大的變化。《紅樓夢》一〇五回：「那時一屋子人，拉這個，扯那個，正鬧得翻天覆地。」也作「番天覆地」。明・無名氏《精忠記・勝敵》：「膻羯狗，快送二聖皇帝出來，萬事全休，不然交你番天覆地，社稷蕩為丘墟，生靈涂作魑魅。」也作「覆地翻天」。元・無名氏《合同文字》一折：「哎喲，叫一聲覆地翻天。」也作「天翻地覆」。②形容鬧得很厲害。《孽海花》九回：「那潘勝芝、貝效亭、謝山芝一班熟人，擺擂台，尋唐僧，天翻地覆的鬧起酒來。」

【翻箱倒櫃】

見「翻箱倒篋」。

【翻箱倒籠】

見「翻箱倒篋」。

【翻箱倒篋】

篋：ㄑㄧㄝˋ，收藏東西的小箱子。形容徹底翻檢、查找。《二十年目睹之怪現狀》四回：「船上買辦又仗著洋人勢力，硬來翻箱倒篋的搜了一遍。」也作「翻箱倒籠」。《紅樓夢》九四回：「大家偷偷兒的各處搜尋。鬧了大半天，毫無影響，甚至翻箱倒籠，實在沒處去找。」也作「翻箱倒櫃」、「搜箱倒篋」。

【翻雲覆雨】

比喻反覆無常，玩弄手段。清・紀昀《閱微草堂筆記・灤陽消夏錄四》：「翻雲覆雨，倏忽萬端，本為小人之交，豈能責以君子之道。」也作「覆雨翻雲」。宋・范成大《請息齋書事》詩之一：「覆雨翻雲轉手成，紛紛輕薄可憐生！天無寒暑無時令，人不炎涼不世情。」也作「雨覆雲翻」、

「雲翻雨覆」。

ㄈㄢˊ

【凡百一新】
百：數目，引申爲衆多。所有的事物都有了新氣象。《魯迅書信集·致陳濬》：「瞬屆歲暮，凡百一新，弟之處境，亦同雞肋矣！」

【凡得時者昌，失時者亡】
凡掌握時機的人就能勝利，失去時機的人就失敗。《列子·說符》：「凡得時者昌，失時者亡……且天下理無常是，事無常非。先日所用，今或棄之；今之所棄，後或用之。此用與不用，無定是非也。投隙抵時，應事無方，屬乎智。」

【凡夫肉眼】
凡夫：佛教指有情欲的世俗之人，泛指平凡的普通人；肉眼：佛教指肉身之眼，爲五眼（肉眼、天眼、慧眼、法眼、佛眼）之一。指平庸的人眼光短淺，沒有識別能力。宋·李覯《靈源洞》：「良工畫得猶宜秘，莫與凡夫肉眼窺。」也作「凡夫俗眼」。例我是外行，凡夫俗眼，還請行家多加指點。也作「肉眼凡夫」。

【凡夫俗眼】
見「凡夫肉眼」。

【凡夫俗子】
凡夫：平凡的人；俗：平庸，庸俗。佛教指未出家的世俗之人。也泛指平常人或粗俗淺薄的人。明·張岱《一卷冰雪文序》：「蓋詩文只此數字，出高人之手，遂現空靈，一落凡夫俗子，便成臭腐。」

【凡將立國，制度不可不察也，治法不可不慎也】
凡要治理好國家，建立制度不可不仔細研究，制定法令不可不認眞對待。《商子·一言》：「凡將立國，制度不可不察也，治法不可不愼也，國務不可不謹也，事本不可不摶也。」

【凡舉事必循法以動，變法者因時而化】
辦事必須遵循法律，更改法律必須從實際出發，順應時勢。《呂氏春秋·察今》：「世易時移，變法宜矣。譬之若良醫，病萬變，藥亦萬變。病變而藥不變，向之壽民，今爲殤子矣。故凡舉事必循法以動，變法者因時而化。若此論則無過務矣。」

【凡亂也者，必始乎近而後及遠，必始乎本而後及末】
大概禍亂的出現，一定是先發生於近處，然後擴及遠處；先發生於根本的方面，然後擴及其他的方面。謂事物的變化由近及遠，由一點質變擴充到全面的質變。《呂氏春秋·處方》：「今夫射者儀毫而失牆，畫者儀發而易貌，言審本也。本不審，雖堯、舜不能以治。故凡亂也者，必始乎近而後及遠，必始乎本而後及末。治亦然。」

【凡人不可貌相，海水不可斗量】
謂不能以貌取人。元·無名氏《小尉遲》二折：「[正末云]軍師，量他無名的小將，何足道哉！[房玄齡云]老將軍，古語有云：『凡人不可貌相，海水不可斗量』，休輕覷了也。」也作「凡人不可貌相，塵埃中卻有英雄」。《醒世姻緣傳》二九回：「原來道人是許眞君托化。若那時薛教授把他當個尋常游方的野道，呼喝傲慢了他，那眞君一定也不肯盡力搭救。所以說那君子要無衆寡，無大小，無敢慢。這正是：凡人不可貌相，塵埃中卻有英雄。」

【凡人之患，蔽於一曲，而闇於大理】
一曲（ㄑㄩˇ）：指局部；闇：ㄢˋ，通「暗」，不清楚；大理：全面的道理。人們認識上的通病，是被事物的局部現象所侷限，而對事物整體的根本道理不明瞭。《荀子·解蔽》：「凡人之患，蔽於一曲，而闇於大理，治則復經，兩則疑惑矣。」

【凡事都在人爲】
謂事情只要去做，就能做成。例請不要懷疑自己的能力，只要有心去做，凡事都在人爲，沒有什麼目標達不到的。

【凡事回頭看】
謂辦事要經常反省。清·褚人獲《堅瓠二集》卷二：「蜀中一耆儒，題張果老倒騎驢圖詩云：『世間多少事，誰似這老漢？不是倒騎驢，凡事回頭看！』語雖淺，喻世甚切。」

【凡事留人情，後來好相見】
做什麼事都給人留點情面，免得日後見面爲難。例「凡事留人情，後來好相見。」事做絕了，話說盡了，有什麼好處？

【凡事起頭難】
辦任何事都要有勇氣走第一步。老舍《紅大院》二幕二場：「你甭管我！凡事起頭難，給大伙兒辦事就更難！這可得想好辦法啊！」

【凡事搶個早，一早百早】
謂做事早動手，就能掌握主動。例做任何事不妨都動作快些，反正凡事搶個早，一早百早，對我們絕對有好處的。

【凡事忘形】
每件事都不拘形式。指不拘常禮，不講客套。形容關係密切。《儒林外史》一○回：「你我數十年故交，凡事忘形；今又喜得舍表侄得接大教，竟在此坐到晚去。」

【凡事要三思】
三：泛指多次。做什麼事都要再三考慮，然後動手。《水滸傳》三三回：「宋江道：『賢弟差矣：既然仗你豪勢，救了人來，凡事要三思。自古道：吃飯怕噎，走路防跌。』」也作「凡事三思而行」。

【凡事有經必有權，有法必有化】
經：規則；權：變通。任何事情有規則就一定有可變通的地方，有法則就一定有變化的地方。謂創作要遵循一定的規則，又要講究靈活變化。清・石濤《畫語錄》：「凡事有經必有權，有法必有化。一知其經，即變其權；一知其法，即功於化。」

【凡事豫則立，不豫則廢】

豫：同「預」，事先準備；則：連詞，就；立：成就；廢：失敗。凡做事，預先有準備，就能立於不敗之地，反之，就會失敗。例凡事豫則立，不豫則廢，段考即將來臨，我們得提前做好準備。

【凡胎俗骨】

凡胎：指普通人；俗骨：庸俗的氣質。人世間凡人的軀體、氣質。指凡夫俗子。明・無名氏《蕉帕記》三齣：「向來偏覓多人，皆係凡胎俗骨，無可下手。」也作「**凡胎濁骨**」。明・朱有燉《神仙會》三折：「師傅說了這些煉金丹之道，奴家凡胎濁骨，尚不深曉。」

【凡胎濁骨】

見「凡胎俗骨」。

【凡探明珠，不於合浦之淵，不得驪龍之夜光也】

合浦：今廣東合浦縣，濱南海，古時著名產珠之地；夜光：傳說夜裏放光之珠。探求明珠，不到合浦的深淵去，就得不到黑龍頷下的夜光珠。比喻不履艱險，難有成就。西晉・葛洪《抱朴子・祛惑》：「凡探明珠，不於合浦之淵，不得驪龍之夜光也；採美玉，不於荊山之岫，不得連城之尺璧也。」

【凡桃俗李】

凡、俗：平庸。比喻平凡庸俗的人。元・王冕《題黑梅圖》詩：「凡桃俗李爭芬芳，只有老梅心自常。」

【凡聞言必熟論，其於人必驗之以理】

熟：清楚地知道，常見。聽到人們的言論，一定要清楚地知道說的是什麼；對於人的情況，必須根據情理進行驗證。《呂氏春秋・察傳》：「凡聞言必熟論，其於人必驗之以理。魯哀公問於孔子曰：『樂正夔一足，信乎？』孔子曰：『昔者舜欲以樂傳教於天下，乃令重黎舉夔於草莽之中而進之，舜以爲樂正。夔於是正六律，和五聲，以通八風，而天下大服。』」

【凡弈碁與勝己者對，則日進】

弈：下棋；碁：ㄑㄧˊ，同「棋」。與棋藝勝過自己的人下，棋藝就能天天進步。比喻常和學問大、品行好的人在一起，自己也會取得進步。清・申涵光《荊園進語》：「凡弈碁與勝己者對，則日進；與不如己者對，則日退。取友之道亦然。」

【凡治天下，必因人情】

治理天下，必須依順人情。《韓非子・八徑》：「凡治天下，必因人情。人情者，有好惡，故賞罰可用；賞罰可用，則禁令可立而治道具矣。」

【帆海者不知山，駕陸者不知水】

帆海：航海。航海的人不知道山的樣子，陸行的人不知道水的模樣。謂人的認識能力，受生活環境、實踐的制約。明・何景明《贈楊靜之南歸・序》：「帆海者不知山，駕陸者不知水。」例俗話說：「隔行如隔山。」「帆海者不知山，駕陸者不知水。」你要想變外行爲內行，還需要一段時間的學習、鑽研。

【煩法細文】

煩：煩瑣；法：法令；細：細碎；文：條文。煩瑣的法令條文。宋・歐陽修《頒貢舉條・制敕》：「其煩法細文，一皆罷去，明其賞罰，俾各勸焉。」

【煩惱不尋人，人自尋煩惱】

煩惱都是自找的。清・李玉《清忠譜》五折：「[淨、丑作上船介]開船！開船！[下][外]就將方才的言語，急急去回復老爺便了。正是煩惱不尋人，人自尋煩惱。」

【煩惱皆因强出頭】

逞强好勝常常引起煩惱。元・無名氏《馬陵道》二折：「這都是我自作自受，也不專辦那人怨人仇。哀哉故因難回首，可正是煩惱皆因强出頭，便死何求！」。

【煩惱使人白頭】

心情不舒暢容易衰老。例看李叔叔最近爲了孩子不學好的事情煩惱得日益憔悴，眞是符合「煩惱使人白頭」的說法。

【煩天惱地】

形容煩惱到極點。元・張國賓《薛仁貴》二折：「你動不動煩天惱地，這般啼哭做什麼？」

【煩文瑣事】

煩：繁雜；文：條文，儀式；瑣：瑣碎。繁雜的儀式，細碎的事情。形容事情多而瑣碎繁雜。《醒世姻緣傳》四九回：「晁夫人擇了正月初一日午時，請了他岳父姜副使，與他行冠禮，擇二月初二日行聘禮，四月十五日子時與他畢姻。這些煩文瑣事，都也不必細說。」

【煩心倦目】

憂煩的心情，倦怠的眼睛。形容情緒低落，精神委靡。元・王實甫《麗春堂》三折：「閒對著綠樹青山，消遣我煩心倦目，潛入那水國魚鄉，早跳出龍潭虎穴。」

【煩言飾辭】

煩言：繁瑣的話；飾：裝飾。用繁瑣的話粉飾言詞。《商子・農戰》：「說者成伍，煩言飾辭而無實用。」

【煩言碎辭】

煩：繁雜；碎：細碎。文詞繁雜瑣碎。《漢書・劉歆傳》：「分文析字，煩言碎辭。」也作「**煩言碎語**」。《醒世姻緣傳》六五回：「這些煩言碎語，不必細叨。」

【煩言碎語】

見「煩言碎詞」。

【燔書坑儒】

見「焚書坑儒」。

【繁華損枝】

繁：多；華：ㄏㄨㄚ，花。過於繁多的花朵會使枝條受損。比喻文章的文辭過於華麗，就會損害內容。南朝梁・劉勰《文心雕龍・詮賦》：「然逐末之儔，蔑棄其本，雖讀千賦，愈惑體要，遂使繁華損枝，膏腴害骨，無貴風軌，莫益勸戒。」

【繁花似錦】

繁：多；錦：有彩色花紋的絲織品。鮮花繁盛，色彩絢爛，如同美麗的織錦。例過去這裏荒涼蕭條，如今這裏繁花似錦。

【繁花一縣】

唐・白居易《白帖》：「潘岳為河陽令，滿植桃李花，人號曰河陽一縣花。」後用「繁花一縣」讚譽地方的美好。唐・盧綸《中書舍人李座上送潁陽徐少府》詩：「潁陽春色似河陽，一望繁花一縣香。」

【繁華勝地】

繁華：興旺熱鬧；勝地：有名的風景優美之地。繁盛熱鬧的名勝之地。例唐代的揚州是繁華勝地。

【繁劇紛擾】

繁劇：極為繁雜；紛：紛亂；擾：干擾。非常雜亂的干擾。宋・蘇洵《養才》：「坐之於繁劇紛擾之中而不亂。」

【繁禮多儀】

繁：多。繁多的禮節、儀式。形容過分地講排場。《三國演義》一八回：「今紹有十敗，公有十勝，紹兵雖盛，不足懼也。紹繁禮多儀，公體任自然，此道勝也。」

【繁鳥萃棘】

繁：多；萃：聚集；棘：ㄐㄧˊ，酸棗樹。許多鳥聚集在酸棗樹上。表示樹旁雖無人，卻有鳥在。比喻做了壞事是掩蓋不住的。戰國楚・屈原《天問》：「何繁鳥萃棘，負子肆情？」王逸注：「言解居父聘吳，過陳之墓門，見婦人負其子，欲與之淫泆，肆其情欲。婦人則引《詩》刺之曰：『墓門有棘，有鴞萃止。』……言墓門有棘，雖無人，棘上猶有鴞，汝獨不愧也！」

【繁榮昌盛】

繁榮：蓬勃發展；昌盛：興旺，興盛。蓬勃發展，興旺發達。形容國家、民族或事業生機勃勃，興旺發達。例改變貧窮落後的面貌，建設成一個繁榮昌盛的國家，這是全體國民的一致心願。

【繁榮富强】

繁榮：蓬勃發展。形容國家興旺發達，富庶强大。例我們偉大的國家正在走向繁榮富强。

【繁文末節】

見「繁文縟節」。

【繁文縟節】

繁：繁多，也寫作「煩」；文：儀式，規定；縟：繁瑣；節：禮節。繁瑣而不必要的儀式禮節。也比喻煩瑣多餘的事項。清・魏源《治篇十一》：「以繁文縟節為足黼太平。」也作「繁文末節」。末節：細節，枝節。宋・陳亮《經書發題・禮記》：「故世之謂繁文末節，聖人之所以窮神知化者也。」也作「繁文縟禮」。唐・元稹《王永太常博士制》：「朕明年有事於南郊，謁清宮，朝太廟，繁文縟禮，予心懵然。」

【繁文縟禮】

見「繁文縟節」。

【繁弦急管】

繁：繁密；急：急促。繁密細碎而熱烈急促的樂聲。唐・錢起《瑪瑙杯歌》：「繁弦急管催獻酬，倏若飛空生羽翼。」

【繁刑重賦】

繁：多；賦：田地稅及各種捐稅。繁多的刑罰和苛重的賦稅。宋・蘇軾《東坡志林》卷五：「齊景公不繁刑重賦，雖有田氏，齊不可取。」也作「繁刑重斂」。斂：徵收。明・張鳳翼《紅拂記・張娘心許》：「只為著土木疲民，況邊庭黷武連年，繁刑重斂誰不怨？」

【繁刑重斂】

見「繁刑重賦」。

【繁言蔓詞】

繁：多；言：言語；蔓：滋長，蔓延。繁多而紛雜的言詞。形容說話、寫文章煩瑣。宋・陳亮《謝羅尚書啟》：「路斃沉埋，豈繁言蔓詞之為瀆！」

【繁有徒】

繁：多；徒：徒衆。有很多徒衆。《聊齋志異・金和尚》：「弟子繁有徒，食指日千計，繞里膏田千百畝。」

【繁枝細節】

繁：多。繁多細小的枝節。比喻與事物有關的次要、瑣細部分。例這件事的繁枝細節寫得太多，應當挑重點來寫。

ㄈㄢˇ

【反敗為功】

見「反敗為勝」。

【反敗為勝】

由失敗轉變為勝利。例紅隊很快就反敗為勝了。也作「反敗為功」。《東周列國志》二一回：「臣有一計，可以反敗為功。」也作「轉敗為勝」、「轉敗為功」。

【反本還原】

見「返本還原」。

【反本溯源】

本：事物的根本；溯：往上推求或回想。返回根本，推求源頭。形容追索事情的根源。康有為《大同書》己部：「昔之人孔之乎，淵淵深思，蓋知之矣，故反本溯源，立胎教之義，教之於未成形質以前。」也作「返本求源」。《鏡花緣》三九回：「王兄有養命金丹，今不返本求源，倒去求那服食養生之術，即使有益，何能抵得萬分之一，豈非捨實求虛麼？」

【反側獲安】

見「反側自安」。

【反側未安】

反側：翻來覆去，睡臥不安。心神不寧的人還沒有安下心來。清・王夫之《讀通鑑論・唐德宗・二四》：「當反側未安之際，人懷危疑未定之情。」

【反側自安】

反側：翻來覆去，睡臥不安。令翻來覆去心神不安的人自然而然地安下心來。意指安撫政策效果好。清・汪琬《文林郎岑谿知縣劉公墓表》：「此皆艮百姓受賊耳，若株連者衆，何以令反側子自安乎？」也作「**反側獲安**」唐・李贄《奉天遣使宣慰諸道詔》：「昨者改元施令，悔往布新，將反側獲安，則干戈日弭。」

【反唇腹非】

反唇：翻唇，表示不服氣或鄙視；非：反對。翻翻嘴唇，在心裏反對。形容心中不滿卻不敢說出來。宋・孫奭《論天書》：「上自朝廷，下自閭巷，靡不痛心疾首，反唇腹非而無敢言者。」

【反唇相攻】

見「反唇相稽」。

【反唇相譏】

見「反唇相稽」。

【反唇相稽】

反唇：翻唇，回嘴，表示不服氣或鄙視；稽：計較。受到指責不服氣，反過來質問對方。章炳麟《駁康有為論革命書》：「以此譏長素，則為反唇相稽，校軫無已。」也作「**反唇相譏**」。巴金《秋》一：「『三妹，你怕什麼？我又不會把你嫁給枚表弟。』覺民反唇相譏地說。」也作「**反唇之譏**」。明・何良俊《四友齋叢說》三一：「夫妻且有脫幅之隙，婦姑不免反唇之譏。」也作「**反唇相攻**」。明・沈德符《萬曆野獲編・告訐》：「御史輩不受，反唇相攻。」

【反唇之譏】

見「反唇相稽」。

【反跌文章】

正面話反著說的文章。也比喻從相反途徑做的同樣的事。《官場現形記》五回：「原來三荷包進來的時候，本想做個反跌文章，先說個不成功，好等他哥來還價，他用的是『引船就岸』的計策。」也作「**反面文章**」。

【反反覆覆】

重複，再三。形容一次又一次。《朱子語類》卷一六：「人治一家一國，尚且有照管不到處，況天下之大，所以反反覆覆說，不是大著個心去理會，如何照管得。」

【反覆不常】

見「反覆無常」。

【反覆無常】

無常：沒有常規。忽而這樣，忽而那樣，變來變去，沒有定準。《孽海花》一七回：「叫我怎麼赦你這反覆無常的罪呢。」也作「**反覆不常**」。宋・周密《齊東野語・端平襄州本末》：「九月十日，聞王旻帶所納叛軍來襄，人疑其反覆不常，而未如之何。」也作「**翻覆無常**」。南朝梁・吳均《行路難》詩：「當年翻覆無常定，薄命為女何必粗。」

【反戈相向】

戈：古代一種像矛一類的長柄橫刃的兵器；向：對著。掉轉兵器，正面對立。比喻幫助敵對一方來對付自己一方。例戰鬥最激烈的時候，有些人突然反戈相向，自己內部打了起來。

【反戈一擊】

掉轉矛頭，向自己原來的陣營進擊。魯迅《寫在〈墳〉後面》：「又因為從舊壘中來，情形看得較為分明，反戈一擊，易制強敵的死命。」

【反攻倒算】

反攻：指壞人的反撲；倒算：壞人對好人的報復。指壞人對好人的反撲和報復。例小陳平日對待他們像親兄弟，他們居然對他反攻倒算，誣陷打擊，眞是可惡！

【反躬自問】

見「反躬自省」。

【反躬自省】

躬：自身；省：檢查。反過來檢討自身的言行。宋・朱熹《答王晉輔》之四：「自今以往，更願反躬自省，以擇乎二者之間，察其孰緩孰急以為先後。」也作「**反躬自責**」。《元史・泰定帝紀一》：「陛下以憂天下為心，反躬自責。」也作「**反躬自問**」。例你應當反躬自問，是不是自己做錯了？也作「**返躬內省**」。《清史稿・文宗本紀》：「今年過節春分，寒威未解，朕返躬內省，未能上感天和。」

【反躬自責】

見「反躬自省」。

【反間之計】

反間：利用間諜離間敵方內部；計：計謀，計策。離間敵人內部的計策。《三國演義》八七回：「［闡曰］此乃諸葛亮反間之計，欲令我兩人不和。」

【反經從權】

見「反經行權」。

【反經合道】

見「反經合義」。

【反經合義】

經：常道；義：義理。雖然違背常道，但仍然合於義理。唐・溫大雅《大唐創業起居注》卷二：「不為欺紿，自然反經合義，妙盡機權。」也作「**反經合道**」。道：道義。宋・魏了翁《華亭縣重修學記》：「自今觀之……如寧我負人、反經合道，凡後世喪邦之說，一繩以正。」

【反經行權】

經：常道；權：權宜的辦法。必要時違反常規，採用權宜的變通做法。《二刻拍案驚奇》卷三二：「［公子道］

固無此禮，而今客居數千里之外，只得反經行權，目下圖個件寂寥之計。」也作「反經從權」。《石點頭》卷二：「[方姨娘道]依我所見，不若反經從權，順從改適，以財禮爲公姑養老之資。」

【反客爲主】
客人反過來成爲主人。也比喻變被動爲主動。《兒女英雄傳》四回：「[安公子]心裏正在爲難，只聽得那女子反客爲主，讓著說道：『尊客，請屋裏坐。』」

【反來複去】
反：翻轉，顛倒；複：還原。翻過來又翻過去。形容多次重複。梁斌《紅旗譜》卷三：「江濤反來複去，看了又看。」

【反老成童】
見「反老還童」。

【反老還童】
反：同「返」，回復。從老年回復到童年。原爲道教傳說的一種卻老術，也用作祝頌之詞。後多形容老而不衰，像青少年一樣。《三國演義》一〇五回：「取此水用美玉爲屑，調和服之，可以反老還童。」也作「返老還童」。《兒女英雄傳》一四回：「只是他老人家上了幾歲年紀……外加著這兩年有點子返老還童，一會兒價好鬧個小性兒。」也作「反老成童」。《舊唐書·王守澄傳》：「[鄭]注嘗爲李愬煮黃金，服一刀圭，可愈痿弱重腿之疾，復能反老成童。也作「返老歸童」。《雲笈七籤》卷六九：「第二返砂，服之一刃，即體和神清，返老歸童。」也作「還童返老」。

【反老爲少】
從老年回復到少年。形容由衰老恢復青春，充滿活力。《文苑英華》卷三五二引無名氏《七召》：「既變醜以成姸，亦反老而爲少」。

【反臉無情】
見「反面無情」。

【反面教員】
指具有反面教育作用的人或事。例這些年紀輕輕的犯罪分子是人們的反面教材，他們使人們認識到：對青少年的生活教育必須徹底。

【反面文章】
見「反跌文章」。

【反面無情】
翻臉不講情面。《警世通言》卷三五：「我把你做恩人，每事與你商議，今日何反面無情？」也作「反臉無情」。《民國通俗演義》五二回：「隨了他已一二十年，十分中總有幾分不錯，誰料他竟這般反臉無情！」也作「翻臉無情」。

【反目成仇】
反目：翻轉眼皮以白眼相對。翻眼不和，成了仇人。形容親友或夫妻不和，關係很僵。《紅樓夢》五七回：「……甚至於憐新棄舊，反目成仇的，多著呢！」

【反樸還淳】
見「反樸歸淳」。

【反其道而行】
其：代詞，他，他們；道：策略，辦法。採取與對方相反的辦法行事。《痛史》一四回：「只是宗兄勸你去做教習，你卻去做學生，未免反其道而行了！」也作「反其道而行之」。

【反其意而用之】
按照跟原來相反的意思加以使用。指把成語典故的意義從反面加以使用，也指賦予其新意。宋·嚴有翼《藝苑雌黃》：「文人用故事，有直用其事者，有反其意而用之者。」

【反求諸己】
求：尋求，追究；諸：之於。反過來從本身尋找原因。《孟子·公孫丑上》：「發而不中，不怨勝己者，反求諸己而已矣。」也作「反求諸身」。宋·朱熹《答劉子澄》：「願老兄專以聖賢之言反求諸身，一一體察，須使一一曉然無疑，積日既久，自當有見。」

【反求諸身】
見「反求諸己」。

【反裘負芻】
反裘：毛在裏反穿皮襖；芻：ㄔㄨˊ，柴。反穿皮襖背柴，怕毛被磨掉。①形容因貧窮而從事艱苦的工作。《晏子春秋·內篇雜上》：「晏子之晉，至中牟。睹弊冠反裘負芻，息於涂側者，以爲君子也。」②比喻愚昧或不知輕重本末，好的動機得不到好的效果。漢·劉向《新序·雜事二》：「魏文侯出遊，見路人反裘而負芻。文侯曰：『胡爲反裘而負芻？』對曰：『臣愛其毛。』文侯曰：『若不知其裏盡而無所恃耶。』」也作「反裘負薪」。《宋書·范泰傳》：「故囊漏貯中，識者不吝；反裘負薪，存毛實難。」

【反裘負薪】
見「反裘負芻」。

【反手可得】
反：翻轉。翻轉手掌就可以得到。形容非常容易得到。《三國演義》五一回：「我等費了許多軍馬，用了許多錢糧，目下南郡反手可得。」

【反首拔舍】
反首：亂頭散發；拔舍：拔除雜草，就地宿營。形容敗軍的狼狽狀況。《左傳·僖公十五年》：「秦獲晉侯以歸，晉大夫反首拔舍從之。」

【反水不收，後悔無及】
反水：覆水。潑出去的水再也無法收回來了，說錯話、辦錯事後悔也來不及了。《後漢書·光武帝紀上》：「天下無主，如有聖人承敝而起，雖仲尼爲相，孫子爲將，猶恐無能有益，反水不收，後悔無及。」例你說話誇誇其談，辦事莽莽撞撞，怎麼說也不改，這樣遲早會栽跟頭，你不記得，『反水不收，後悔無及』的故事了嗎？參見「覆水難收」。

【反說反有理，正說正有理】
形容強詞奪理。例林經理在公司以擅

長詭辯出名，不管他是對是錯，他總能反說反有理，正說正有理，讓人無法反駁。

【反貼門神——不對臉】

門神：舊俗門上貼的神像。通常用的是唐朝秦叔寶和尉遲敬德的畫像。相傳唐太宗生病，聞門外有鬼魅呼號。後由秦叔寶、尉遲敬德戎裝守候門外，即安然無事，於是就畫二人像貼在宮門。後世則將二人的畫像沿襲為門神，用以驅鬼袪邪。門神正貼，臉面相向，反貼就不對臉了。比喻意見不相投，或互相沒有交往。例連你與他也是反貼門神——不對臉，看來，誰都同他處不來。也作「反貼門神——一個臉朝東，一個臉朝西」、「兩張貼錯了的門神——反的」。

【反聽內視】

反：反省。自身反省檢查。《晉書・摯虞傳》：「其有日月之眚，水旱之災，則反聽內視，求其所由。」也作「內視反聽」。

【反聽之謂聰，內視之謂明，自勝之謂強】

反聽：聽取別人的意見；內視：自我反省；自勝：克服自己的缺點。廣泛聽取別人的意見就聰明，嚴格檢查自己就明白，不斷克服缺點才是強大有為。《史記・商君列傳》：「趙良曰：『反聽之謂聰，內視之謂明，自勝之謂強。虞舜有言曰：「自卑也尚矣。」君不若道虞舜之道，無為問僕矣。」』」

【反邪歸正】

邪：不正當。改正錯誤，轉變立場，回歸正道。例犯罪累累的人只有及早反邪歸正，棄暗投明，才有光明的前途。

【反行兩登】

登：取。從反面行事，收取正反兩方面的效果。《商君書・徠民》：「今以草茅之地，徠三晉之民，而使之事本。此其損敵也，與戰勝同實；而秦得之以為粟。此反行兩登之計也。」

【反顏相向】

反顏：翻臉。突然變臉相對，無情無義。《聊齋志異・續黃粱》：「即昔之拜門牆、稱假父者，亦反顏相向。」

【反眼不識】

見「反眼若不相識」。

【反眼不相視】

見「反眼若不相識」。

【反眼若不相識】

反：翻轉。一翻動眼皮就好像不認識了。形容不顧交情，突然改變態度。唐・韓愈《柳子厚墓志銘》：「一旦臨小利害，僅如毛髮比，反眼若不相識。」也作「反眼不識」。例不可與反眼不識之人相交過厚。也作「反眼不相視」。視：看，認。宋・陳亮《陳思正墓志銘》：「族人嘗小忿爭，至反眼不相視。」

【反咬一口】

指自己做了壞事，反過來誣諂別人。茅盾《鍛煉》二四：「袁世凱賣國也要一手包辦。替他做掮客的人會被他反咬一口，說是漢奸！」。

【反掖之寇】

掖：同「腋」。雙腋下反叛。比喻從內部叛變的賊寇。《韓非子・存韓》：「夫棄城而敗軍，則反掖之寇必襲城矣。」

【反陰復陰】

見「反吟伏吟」。

【反吟伏吟】

反吟：木星與日相對；伏吟：木星壓日。迷信說法，根據人出生的年月日，推算禍福及婚姻成敗。舊時象徵婚姻難成。元・王實甫《西廂記》三本四折：「功名上早則不遂心，婚姻上更反吟伏吟。」也作「反陰復陰」。元・關漢卿《調風月》四折：「今年見吊客臨，喪門聚，反陰復陰，半載其余。」

【反掌之易】

反掌：翻轉手掌。像翻一下手掌那樣容易。比喻事情容易辦成。例這件事如反掌之易，不用幫忙。也作「易如反掌」。

【反哺報親】

返哺：小烏鴉長成後銜著食餵其母。小烏鴉銜食餵母烏以報答親恩。比喻報答父母的養育之恩。南朝梁・蕭衍《孝思賦》：「靈蛇銜珠以酬德，慈烏反哺以報親。在蟲鳥其猶爾，況三才之令人！」

【反哺之情】

見「反哺之私」。

【反哺之私】

反哺：小烏鴉長成後銜食餵母烏；私：個人的感情。小烏鴉銜食餵母烏的深情，比喻報答雙親哺育之恩的感情。《聊齋志異・青鳳》：「君如念妾，還乞以樓宅相假，使妾得以申反哺之私。」也作「返哺之情」。唐・駱賓王《靈泉頌》：「俯就微班之列，將申返哺之情。」

【返本還原】

返還到原本狀態。《古今小說》卷二九：「後來直使得一尊古佛，來度柳翠，歸依正道，返本還原，成佛作祖。」也作「返本還源」。《五燈會元・寶峯文禪師法嗣》：「大衆總是他鄉之客，還有返本還源者麼。」也作「返本還原」。《西遊記》一一回：「連服一二次，方才返本還原，知得人事。」

【返本還源】

見「返本還原」。

【返本求源】

見「反本溯源」。

【返躬內省】

見「返躬自省」。

【返魂乏術】

見「返魂無術」。

【返魂無術】

返魂：還魂起死回生；術：方法。沒有起死回生的方法。指人死不能復生。例眼看著癌症奪走了一個又一個人的生命，作為一個醫生，他深深地感到了返魂無術的痛苦。也作「返魂乏術」。乏：缺乏。

【返老歸童】

見「反老還童」。

【返老還童】

見「反老還童」。

【返樸歸淳】

淳：ㄔㄨㄣˊ，樸實，厚道。恢復原始的純正樸實。宋・張伯端《西江月》詞之八：「爭似無為實相，還須返樸歸淳。」也作「反樸還淳」。隋・薛道衡《老氏碑》：「用之治身，則神清志靜；用之治國，則反樸還淳。」也作「還淳反樸」。

【返樸歸眞】

「返樸」也寫作「反璞」。去掉外在的裝飾，回歸到本來的純眞。魯迅《玩笑只當它玩笑（下）》：「他討伐的不是白話的『反而難懂』，是白話的『魯里魯蘇』，連劉先生們的想白話『返樸歸眞』的意思也全沒有，要達意，只有『語錄式』(白話的文言)。」

【返我初服】

返：還；初服：做官前的衣服。返還我未做官時的衣服。比喻辭官歸田。三國魏・曹植《七啟》：「願返初服，從子而歸。」南朝梁・江淹《效阮公詩之八》：「常願返初服，閒步潁水阿。」

【返照迴光】

返照：光線反射。日落時，由於反射作用，天空中短時發亮。比喻人臨死前短暫的精神興奮。也比喻事物滅亡前表面的暫時興旺。例在唐末宋初，駢體文曾有過返照迴光。也作「迴光反照」。

【返正撥亂】

恢復正常局面，治理整頓混亂局勢。唐・杜甫《朝享太廟賦》：「向不遇返正撥亂之主，君臣父子之別；奕葉文武之雄，注意生靈之切。」也作「撥亂反正」。

ㄈㄢˋ

【犯嘀咕】

比喻盤算不定，猶疑不決。例既然大家一致贊成新計畫，你就別一個人犯嘀咕了，跟著大伙一起幹吧！

【犯而不校】

犯：觸犯；校：ㄐㄧㄠˋ，計較。他人觸犯了自己不予計較。舊指儒家所倡導的恕道。《晉書・潘尼傳》：「知爭競之遘災也，故犯而不校。」也作「犯之不校」。《宋史・齊廓傳》：「廓寬柔恭謹，人犯之不校。」也作「犯而勿校」。魯迅《女吊》：「只有明明暗暗，吸血吃肉的凶手或其幫閒們，這才贈人以『犯而勿校』或『勿念舊惡』的格言。」

【犯而勿校】

見「犯而不校」。

【犯法怠慢者雖親必罰】

親：親人，親信。違犯法律而又輕視法律的人，即使是親人、親信，也一定要嚴懲不貸。《三國志・蜀書・諸葛亮傳》：「盡忠益時者雖仇必賞，犯法怠慢者雖親必罰，服罪輸情者雖重必釋，游辭巧飾者雖輕必戮。」

【犯了克山病，又得了虎林熱——沒治】

克山病：最初發現在黑龍江省克山縣，病狀是噁心，吐黃水，胸部脹悶，四肢冷，血壓低，嚴重的一兩天就死亡；虎林熱：虎疫，舊指霍亂；沒治：沒法治好。形容某件事或某個問題到了無法處理和解決的地步。有時用其反義，指人或事好得不得了。例這項工程可以說犯了克山病，又得了虎林熱——沒治了，只好下馬。也作「瞎子鬧眼睛——沒治了」、「藥王爺搖頭——沒治了」。

【犯禮傷孝】

觸犯禮儀，有傷孝道。漢・應劭《風俗通義・正央》：「服中子犯禮傷孝，莫肯收舉。」

【犯牛脖子】

見「犯牛勁」。

【犯牛勁】

牛勁：即牛脾氣，牛以倔強執拗見稱。比喻倔强的脾氣發作了。例小孩個個是順毛驢，只要哄著點，不讓他們犯牛勁，都聽話著啦！也作「犯牛脖子」。例孩子，別跟你爹犯牛脖子，有話好好說。

【犯上作亂】

《論語・學而》：「不好犯上，而好作亂者，未之有也。」後用「犯上作亂」指冒犯君上尊長，搞叛逆活動。清・孔尚任《桃花扇・截磯》：「那黃得功一介武夫，還知報效；俺們倒肯犯上作亂不成？」

【犯天下之不韙】

犯：冒犯；韙：ㄨㄟˇ，是，對。冒犯普天下認定的最大的錯誤。指不顧公衆輿論反對，公然幹壞事。清・顧炎武《日知錄・正始》：「自正始以來，而大義之不明，遍於天下。如山濤者，既為邪說之魁，遂使嵇紹之賢，且犯天下之不韙，而不顧夫邪正之說不容兩立。」也作「冒天下之大不韙」。

【犯顏敢諫】

犯顏：冒犯君上或尊長的顏面；諫：直言規勸君主、尊長。敢於冒犯君主或尊長的威嚴，直言規勸，以使改正錯誤。明・李贄《焚書・答耿司寇》：「是以犯顏敢諫之士，恒於君臣之際，而絕不聞之朋友之間。今者何幸而見僕之於公耶？是可貴也。」也作「犯顏極諫」。《韓非子・外儲說左下》：「犯顏極諫，臣不如東郭牙，請立以為諫臣。」也作「犯顏苦諫」。《三國演義》四六回：「我等皆是他的部下，不敢犯顏苦諫。」

【犯顏極諫】

見「犯顏敢諫」。

【犯顏苦諫】

見「犯顏敢諫」。

【犯夜的倒拿巡夜的】

犯夜：違反夜禁；巡夜：夜間巡查。比喻做了錯事不認帳，反而誣諂、打擊揭發人。《醒世姻緣傳》一九回：「唐氏道：『你不怕我對你漢子說，我可對俺漢子說，說是你兩個做牽頭，把我牽上合大官人有的，我破著活不成，俺那漢子渾深也不饒過你，叫你兩個打人命官司。』晁柱媳婦道：『你看，這不是犯夜的倒拿巡夜的了！』」

【犯之不校】

見「犯而不校」。

【飯飽弄箸】

箸：筷子。飯吃飽了，還弄筷子。比喻還不滿足。《醒世姻緣傳》四七回：「宗師著實的駭然，問道：『魏三，你怎麼說？』他只是磕頭，說道：『小的沒的說，飯飽弄箸，是死攉的。』」

【飯店臭蟲——在家吃客】

飯店的臭蟲以吸旅客的血爲生。比喻做主人的反而讓客人破費，或招待。例今晚招待用的食物，多半是你們自己帶來的，飯店臭蟲——在家吃客，我實在過意不去。

【飯店裏賣服裝——有吃有穿】

比喻吃穿不愁。例你們在敬老院裏，就像飯店裏賣服裝——有吃有穿，還愁啥呢？

【飯館裏端菜——和盤托出】

比喻全部拿出來，毫無保留。例談錯誤不能吞吞吐吐，只有飯館裏端菜——和盤托出，大家了解了事實眞相，才能有效地幫助你。

【飯館門前賣瘟豬——不知趣】

瘟豬：患急性傳染病的豬，泛指病豬。比喻不知好歹，惹人討厭。例今天是一個喜慶的日子，你卻飯館門前賣瘟豬——不知趣，盡說些不吉利的話。

【飯館喬遷——另起爐灶】

喬遷：搬到好的地方去。比喻放棄原來的，重新做起。例由於設計上的錯誤，這台機器報廢了，我們只能飯館喬遷——另起爐灶了。也作「茶館搬家——另起爐灶」。

【飯鍋冒煙——迷糊（米糊）】

迷糊：「米糊」的諧音。比喻神志不清。例這樣簡單的問題，居然搞錯了，你是不是飯鍋冒煙——迷糊（米糊）啦。

【飯坑酒囊】

囊：袋子。盛飯的坑道，裝酒的口袋。比喻只會吃喝玩樂，什麼也不幹的人。漢・王充《論衡・別通》：「曾又不知人生稟五常之性，好道樂學，故辨於物。今則不然，飽食快飲，慮深求臥，腹爲飯坑，腸爲酒囊，是則物也。」

【飯來開口】

形容不勞而獲，只想吃現成飯。唐・元稹《放言》詩：「酒熟餔糟學漁父，飯來開口似神鴉。」

【飯來張口，衣來伸手】

謂不從事任何勞動，專吃現成飯。例小劉出生於富裕人家，從小就過著飯來張口，衣來伸手的優渥生活。也作「飯來張口，茶來伸手」、「飯來張口，水來濕手」。

【飯囊酒甕】

囊：袋子；甕：ㄨㄥˋ，一種盛水、酒的陶器。盛飯的袋子，裝酒的甕。比喻平庸無能的人。北齊・顏之推《顏氏家訓・誡兵》：「今世士大夫但不讀書，即今武夫兒，乃飯囊酒甕也。」

【飯囊衣架】

囊：袋子。盛飯的口袋，掛衣的架子。比喻什麼也不會幹的無能之輩。《封神演義》一五回：「不是你無用，反來怨我，眞是飯囊衣架，惟知飲食之徒！」

【飯瓢上的蒼蠅——混飯吃】

①比喻從事某種謀生，藉以生活下去。含有苟且度日的意思。例「你的職業不錯嗎？」「唉，沒辦法，飯瓢上的蒼蠅——混飯吃罷了。」②形容混日子。含有斥責或自嘲的意思。例這是一樁偉大的事業，要幹就得認眞的幹好，飯瓢上的蒼蠅——混飯吃是不行的。也作「蒼蠅爬在馬槽上——混飯吃」。

【飯糗茹草】

糗：ㄑㄧㄡˇ，乾糧；草：野菜。啃乾糧，吃野菜。形容生活簡樸清苦。《孟子・盡心下》：「舜之飯糗茹草也，若將終身焉。」

【飯勺敲鐵鍋——響噹噹】

比喻本領高，工作出色；或名氣大，有影響。例魏小明大學畢業，工作才一年，就在公司飯勺敲鐵鍋——響噹噹。也作「噹頭敲銅板——噹噹響」、「馬脖上的銅鈴——響噹噹」、「錘砸鐵鑽——響噹噹」、「鐵錘敲鐘——響噹噹」、「小鐵錘敲銅鐘——噹噹響」、「鴨腿上扣銅鈴——響噹噹」、「珍珠落玉盤——響噹噹」、「重錘打鑼——響噹噹」、「大錘敲鐵板——噹噹響」、「鋼筋打銅鑼——噹噹響」、「鋼珠落進鐵盤裏——噹噹響」、「棒槌打鑼——響噹噹」。

【飯蔬飲水】

蔬：蔬菜。吃蔬菜，喝清水。形容清心寡欲，安於清貧的生活。宋・辛棄疾《鷓山溪》詞：「飯蔬飲水，客莫嘲吾拙。高處看浮雲，一丘壑，中間甚樂。」

【飯要一口一口吃，事情得一件一件做】

比喻辦事不能急躁，要有計畫有步驟。例我們做任何事情都要按部就班的去做，就好比飯要一口一口吃，事情得一件一件做。

【飯玉炊桂】

吃的珍貴如玉，燒的難得似桂。形容物價昂貴，生活艱難。漢・應璩《與尚書諸郎書》：「飯玉炊桂，猶尚優泰。」

【飯蒸籠裏伸出個頭來——熟人】

蒸籠：用竹、木等材料做成的蒸食品的器具。指熟悉的人。含有清楚了解或彼此了解的意思。例我想是誰呢？原來是飯蒸籠裏伸出個頭來——熟人。

【泛泛而談】

泛泛：膚淺，不深入。一般地膚淺地談談。例這樣泛泛而談是不能解決問題的。

【泛泛其詞】

說話或行文只是表面上一般性地說說而已。形容本不打算眞正解決問題。例看你和他一起談電影，我看他是泛泛其詞的聊聊，未必對話題感興趣。

【泛泛之交】

交：結交，交往。一般性的交往。指交情不深的朋友。例我們只是泛泛之交，說不上有多深的了解。

【泛泛之人】

泛泛：一般。一般的人。指沒有什麼突出作爲、才能的普通人。例別看他年輕，他可不是泛泛之人。

【泛家浮宅】

泛：漂浮。漂著的家，浮著的房子。形容以船爲家，到處漂泊爲生。多指江湖隱居生活。明・袁宏道《錦帆集之三・尺牘・龔惟長先生》：「泛家浮宅，不知老之將至。」也作「浮家泛宅」。宋・陸游《秋夜懷吳中》詩：「更堪臨水登山處，正是浮家泛宅時。」也作「泛宅浮家」。宋・沈與求《喜次律兄見過》詩：「他年會有相從樂，泛宅浮家萬事休。」

【泛濫博文】

泛濫：廣泛，廣博；博：多。內容過於廣泛，文句繁多。《史記・老子韓非列傳》：「泛濫博文，則多而久之。」

【泛濫不止】

泛濫：江河湖泊的水溢出；止：停止。大水橫溢漫流不停止。常比喻壞的事物、災禍蔓延不止。《史記・河渠書》：「爲我謂河伯兮何不仁，泛濫不止兮愁吾人！」

【泛濫成災】

江河湖泊的水溢出堤岸，造成災害。也比喻壞思想、壞事到處流行擴散，造成禍害。例這種會議多、發文件多的狀態，已到了泛濫成災的地步，人們稱之爲「文山會海」。

【泛萍浮梗】

泛：漂浮；萍：萍草；梗：草木的枝或莖。浮動在水面的萍草和樹梗。比喻漂泊不定，自己無法作主。唐・徐夤《別》詩：「酒盡欲終問後期，泛萍浮梗不勝悲。」

【泛應曲當】

泛：廣泛；曲：曲折深隱之處。謂廣泛地應用，處處都恰當。孫中山《社會建設・結論》：「必須習練成熟，而後乃能左右逢源，泛應曲當也。」

【泛宅浮家】

見「泛家浮宅」。

【范蠡乘舟】

范蠡：春秋越國大夫。《史記・越王句踐世家》及《貨殖列傳》載：范蠡在幫助越王句踐滅吳雪恥之後，認爲越王爲人「可與共患難，不可與共安樂」。因而棄官歸隱，「乘扁舟，浮於江湖，變名易姓」。後用「范蠡乘舟」比喻功成身退，避禍遠難或歸隱江湖。唐・胡曾《咏史，五湖》詩：「不知范蠡乘舟後，更有功臣繼踵無。」也作「范蠡扁舟」。宋・柳之《雙聲子》詞：「江山如畫，雲濤煙浪，翻輸范蠡扁舟」。也作「范蠡出江湖」。晉・謝靈運《會吟行》：「范蠡出江湖，梅福入城市。」

【范蠡出江湖】

見「范蠡乘舟」。

【范蠡扁舟】

見「范蠡乘舟」。

【范張雞黍】

范張：范式，張劭；雞黍：殺雞作飯，指招待友人賓客的飯菜。《後漢書・范式傳》載：范式與張劭是好友，「二人並告歸鄉里。式謂元伯曰：『後二年當還，將過拜尊親，見孺子焉。』乃共克期日。後期方至，元伯具以白母，請設饌以候之。母曰：『二年之別，千里結言，爾何相信之審邪？』對曰：『巨卿（范式字）信士，必不乖違。』……至其日，巨卿果到，升堂拜飲，盡歡而別。」後用范張雞黍」比喻友情誠摯，守信不渝。元・白樸《摸魚子》詞：「季鷹千里蒓鱸興，更喜范張雞黍。」也作「范張之志」。南朝梁・蕭統《綿帶書十二月啟、黃鐘十一月》：「既傳蘇李之書，更共范張之志。」

【范張之志】

見「范張雞黍」。

【販夫販婦】

販：販賣。販賣貨物的商人和商婦。《周禮・地官・司市》：「夕市，夕時而市，販夫販婦爲主。」

【販夫俗子】

販夫：做小本經營的商人；俗子：平庸的人。指商販一類的普通百姓。明・顧大典《青衫記・茶客娶興》：「況且劉員外是個爲客的人，販夫俗子，教我怎生伴著他。」

【販夫走卒】

販夫：做小本營生的小販、小商人；走卒：供官府或富人役使奔走的差役、僕人。賣東西的小販，奔走的僕人。指身份卑微、地位低下的人。《孽海花》一八回：「通國無不識字的百姓，即販夫走卒，也都通曉天下大勢，民智日進，國力自然日大了。」

【販古董的——識貨】

古董：古代留傳下來的器物。古董中有後代人的贋製品，因而古董商人在販賣時，需要鑑別。比喻能鑑別東西的眞假、好壞。例鄭老頭做過百貨公司的經理，經驗多，見識廣，就像你們說的販古董的——識貨，絕不能哄騙他。也作「古董販子——識貨」、「賣古董的——識貨」。

【販官鬻爵】

販：販賣；鬻：賣；爵：爵位。販賣官職爵位。指掌權的人爲聚斂錢財，把官職爵位當商品出賣。《魏書・司馬睿傳》：「販官鬻爵，威恣百城。」也作「賣官鬻爵」。

【梵唄圓音】

梵：清靜，寂靜；唄：ㄅㄟˋ，佛教的歌咏之聲；圓：佛教指圓通，這裏泛指佛教教義。形容佛教作法事時誦經、宣教、讚嘆歌咏的聲音。魯迅《法會和歌劇》：「梵唄圓音，竟將爲輕歌曼舞所『加被』，豈不出於意表也哉！」

ㄈㄣ

【分杯羹】

見「分我杯羹」。

【分崩蕩析】

見「分崩離析」。

【分崩離析】

分崩：分裂崩塌；離析：離散，解體。形容國家或集團分裂瓦解，不可收拾。《論語・季氏》：「遠人不服而不能來也，邦分崩離析而不能守也。」也作「分崩蕩析」。蕩析：動蕩散開。元・戴良《跋孫伯睿所藏絳帖》：「而孫氏兄弟乃能保有此帖於分崩蕩析之餘。」

【分別部居】

分門別類，按部排列。漢・史游《急就篇》卷一：「羅列諸物名姓字，分別部居不雜厠。」

【分不出青紅皂白】

比喻不分好壞，不辨曲直。例爸爸一回家看到我們在吵架，一時怒火中燒，分不出青紅皂白的斥責我們。也作「不分青紅皂白」。

【分釵斷帶】

釵：婦女的一種首飾，由兩股合成；帶：衣帶。釵分開了，衣帶斷了。比喻夫妻離異。晋・袁宏《後漢紀・靈帝紀上》載：黃元艾爲攀附權貴，不惜與妻子夏侯氏離婚，「夏侯氏父母曰：『婦人見去，當分釵斷帶，請還之。』遂還。」也比喻夫妻或情侶離別。南朝梁・陸罩《閨怨詩》：「自憐斷帶日，偏恨分釵時。留步惜餘影，含意結愁眉。」

【分釵破鏡】

釵：婦女的一種首飾，由兩股合成。分開了金釵，打破了圓鏡。比喻夫妻離婚或失散。例舊社會他們夫婦分釵破鏡，新社會他們又金釵合股，破鏡重圓。

【分寸之功】

分寸那樣大小的功勞。指微小的功勞。唐・陸贄《論兩河及淮西利害狀》：「幾遣加半之戍，竟無分寸之功，是則師不在衆又明矣。」

【分寸之末】

末：樹梢，泛指物的端、尾。分寸的末尾。比喻極微小、細小。南朝梁・江淹《詣建平王上書》：「寧當爭分寸之末，競錐刀之利哉？」

【分道揚鑣】

見「分路揚鑣」。

【分而治之】

治：管理。分開管理或統治。例對這些人應分而治之，才能收到好的效果。

【分風劈流】

劈：ㄆㄧˇ，分開。分開風，劈開水流。比喻說話乾脆有力。《續孽海花》四二回：「燕公眞爽快，眞是分風劈流的話，我們就算決定了。」

【分甘共苦】

甘：甜。分享甘甜，共擔苦難。《晋書・應詹傳》：「[京兆韋泓]客游洛陽，素聞詹名，遂依托之；詹與分甘共苦，情若弟兄。」

【分甘絕少】

甘：甜，指好處。有好處分給他人，東西少時自己不要。形容刻苦待己，優厚待人。例工會主席爲人厚道，總是想著別人，分甘絕少，很受人愛戴。

【分工合作】

既各自分頭去幹，又互相配合，共同完成任務。例各部門要各盡其職，分工合作，按時完成這項任務。

【分毫不差】

見「分毫不爽」。

【分毫不錯】

見「分毫不爽」。

【分毫不取】

見「分文不取」。

【分毫不爽】

爽：差失。沒有一分一毫的差失。指沒有一點差錯。《警世通言》卷二二：「凡客貨在船，都是他記帳，出入分毫不爽。」也作「分毫不差」。《醒世恒言》卷三四：「大尹將所報傷處，將卷對看，分毫不差。」也作「分毫不錯」。例她才工作一年，就打得一手好算盤，筆筆帳目，分毫不錯。

【分毫析釐】

析：剖析。分析到一毫一釐。形容分析極爲細微。南朝梁・劉勰《文心雕龍・定勢》：「世之作者，或好煩文博采，深沉其旨者；或好離言辨白，分毫析釐者。」

【分化瓦解】

比喻分裂崩潰。例在我軍强大的軍事力量、政治攻勢面前，最後一股敵人分化瓦解了。

【分斤掰兩】

掰：用手分開。一斤一兩也要分淸掰開。形容過分計較小事。例多點兒少點兒沒關係，大家都不是分斤掰兩的人。也作「分金掰兩」。《紅樓夢》四五回：「眞眞泥腿光棍，專會打算盤，分金掰兩的。」也作「分斤較兩」。較：計較。《兒女英雄傳》一五回：「不是我說句分斤較兩的話咧，舅爺有什麼高親貴友，該請到他華府上去。」

【分斤較兩】

見「分斤掰兩」。

【分金掰兩】

見「分斤掰兩」。

【分久必合，合久必分】

分裂了又統一，統一了又分裂。《三國演義》一回：「話說天下大勢，分久必合，合久必分。」

【分居異爨】

異：分開；爨：ㄘㄨㄢˋ，燒火做飯。分開居住，分開做飯，舊時指分家。例老爺子一走，他們兄弟也分居異爨了。

【分路揚鑣】

鑣：ㄅㄧㄠ，馬嚼子；揚鑣：向上提馬嚼子，指驅馬前進。分開道路，驅馬前進。①指各走各的路，各奔前程。《北史·魏宗室河間公齊傳》：「[元志]為洛陽令，不避强御，與御史中尉李彪爭路，俱入見，面陳得失……孝文曰：『洛陽，我之豐，沛，自應分路揚鑣，自今後，可分路而行。』及出，與彪折尺量道，各取其半。」也作「分道揚鑣」。例他們工人由於志趣不同，最終還是分道揚鑣。②比喻雙方文才相當，各有造詣。《隋書·文學傳序》：「簡文、湘東（梁元帝），啟其淫放；徐陵、庾信，分路揚鑣。」

【分茅列土】

茅：茅草；列：同「裂」。古代帝王分封諸侯的儀式。像徵授與土地和權力。《尚書·禹貢》「厥貢惟土五色」唐·孔穎達疏：「王者封五色土以為社，若封建諸侯則各割其方色土與之，使歸國主社……四方各依其方色皆以黃土覆之，其割土與之時，苴以白茅，用白茅裹土與之。」後用「分茅列土」指分封諸侯。元·陶宗儀《聶碧窗詩》：「分茅列土將軍志，問舍求田父老心。」也作「分茅胙土」。胙：賜與。《水滸後傳》二三回：「[姚平仲道]這身驅今日才是我的了；若在富貴場中，不是鼎鑊，便是斧頭。要甚分茅胙土！要甚蔭子封妻！」也作「分茅錫土」。錫：賞賜。宋·楊億《舊將》詩：「分茅錫土傳家牒，鍾鼎還須為勒銘。」也作「裂土分茅」。

【分茅錫土】

見「分茅列土」。

【分茅胙土】

見「分茅列土」。

【分門別户】

分開區別門戶。指學術上依據各自的見解或格調形成不同派別，各立門戶。清·李漁《閒情偶寄·音律第三》：「九宮十三調，南曲之門戶也，小出可以不拘，其成套大曲，則分門別戶，各有依歸，非但彼此不可通融，次第亦難紊亂。」

【分門別類】

根據事物的特點、性質進行整理，區分為各種門類。《文明小史》三四回：「我只要現在的時務書，分門別類的便好。」也作「分門析類」。析：分開。明·胡應麟《少室山房筆叢》卷三六：「余嘗欲取宋太平興國後及遼、金、元以迄於明，凡小說中涉怪者，分門析類，續成《廣記》之書。」

【分門合類】

合：合併。按照事物的特點、性質區分歸類。宋·王柏《好生錄序》：「雖佛書道藏，卑官野史，無所不載，分門合類，善惡粲然。」也作「分門纂類」。纂：編輯。清·周亮工《書影》卷一：「相率取司馬遷、班固之言，摘其字句，分門纂類，因仍附合。」也作「分門類聚」。類聚：同類的聚集在一起。宋·羅從彥《遵堯錄四》：「臣今欲選官置局，將三朝典故，及尋討久來諸司所行可用文字，分門類聚，編成一書。」

【分門類聚】

見「分門合類」。

【分門析類】

見「分門別類」。

【分門纂類】

見「分門合類」。

【分秒必爭】

一分一秒也必須爭取。形容充分利用時間。例青年人應當以分秒必爭的精神，抓緊時間學習。

【分朋樹黨】

朋：同類；黨：集團。分別朋黨，樹立派系。例在封建社會中，皇室內部分朋樹黨，爭奪權位的鬥爭十分激烈。

【分陝之重】

陝：古地名，今河南陝縣。指周初周公、召公分陝而治的事。《史記·燕召公世家》：「自陝以西，召公主之；自陝以東，周公主之。」後用「分陝之重」指朝廷中央官員出任地方長官的重任。晉·陶潛《晉故征西大將軍長史孟府君傳》：「太尉穎川庾亮以帝舅民望，受分陝之重，鎮武昌。」

【分身無術】

沒有分開身體的法術。指人的精力有限，無法同時兼顧幾個方面。例她也正苦於分身無術，哪裏還能幫你什麼忙呢！

【分庭抗禮】

分庭：分立於庭院；抗禮：行平等的禮。賓主分站在庭院兩邊，相對行禮。指彼此關係平等。《莊子·漁父》：「萬乘之主，千乘之君，見夫子未嘗不分庭伉禮，夫子尤有倨傲之容。」伉：同「抗」。也比喻不相上下或互相對立。郭沫若《洪波曲》八章：「一位墨家巨子真真正正地和孔門聖人分庭抗禮起來了。」

【分文不取】

一分錢一文錢也不收取。指不接受絲毫報酬或不拿一點錢財。《醒世恒言》

卷三四：「又且一清如水，分文不取。」也作「**分毫不取**」。清・沈復《浮生六記》卷三：「祖父所遺房產，不下三四千金，既已分毫不取，豈自己行囊亦捨去也。」也作「**分文不受**」。《西遊記》一三回：「［伯欽］供了素齋，又具白銀一兩爲謝。三藏分文不受。」

【分文不受】
見「分文不取」。

【分我杯羹】
羹：肉汁。分給我一杯肉汁。《史記・項羽本紀》載：楚漢相爭，項羽要烹殺劉邦的父親，劉邦說：「吾與項羽俱北面受命懷王，曰：『約爲兄弟』，吾翁即若翁，必欲烹而翁，則幸分我一杯羹。」後用「分我杯羹」比喻從別人那裏分享利益。也作「**分一杯羹**」。梁啟超《中國外交方針私議・七》：「苟四國協商瓜分已決，斯必非一二國所能抗，刀俎既具，惟思分我一杯羹耳。」也作「**分杯羹**」。康有爲《上清帝第五書》：「其始壯夫動其食指，其後老稚亦分杯羹。」

【分香賣履】
香：香料，薰香；履：鞋。漢・曹操《遺令》：「餘香可分與諸夫人，不命祭。諸舍中（衆妾）無所爲，可學作組履賣也。」後用「分香賣履」指人臨終時仍在牽掛妻室。清・李慈銘《越縵堂詩話》卷下之上：「可憐同望西陵哭，不在分香賣履中。」也作「**賣履分香**」。

【分心勞神】
分散心力，勞損精神。《三俠五義》二七回：「展爺在家一天，倒覺得分心勞神。」

【分星劈兩】
星：稱星；劈：ㄆㄧˋ，分開。分清稱星和斤兩。比喻仔細分辨清楚。元・孟漢卿《魔合羅》四折：「則要你依頭縷當，分星劈兩，責狀招實。」

【分一杯羹】
見「分我杯羹」。

【分銀子都會有人罵】
比喻即使給人做好事，也會有人不滿意。例這年頭好人難做，就算是分銀子都會有人罵，你可要自己拿捏了。

【芬葩蔭映】
芬葩：香花，香氣。花枝繁茂，蔭影香花，相互輝映。晉・左思《吳都賦》：「喧嘩喤呷，芬葩蔭映。」

【紛紛不一】
紛紛：多而雜亂；不一：不一致，不統一。指意見、說法多而亂，都不相同。《三國演義》四三回：「時武將或有要戰的，文官都是要降的，議論紛紛不一。」

【紛紛藉藉】
藉藉：ㄐㄧˊ ㄐㄧˊ，同「籍籍」，交錯雜亂的樣子。形容衆多又雜亂。唐・韓愈《讀荀子》：「周之衰，好事者各以其說於時君，紛紛藉藉相亂。」

【紛紛攘攘】
攘攘：亂哄哄。形容衆多而亂哄哄。《三國演義》八七回：「孔明端坐於帳上，只見兵紛紛攘攘，解到無數。」也作「**紛紛擾擾**」。擾擾：紛亂，擾亂。宋・司馬光《與王安石書》：「使上自朝廷，下及田野……無一人得襲故而守常者，紛紛擾擾，莫安其居。」

【紛紛擾擾】
見「紛紛攘攘」。

【紛紛揚揚】
①形容花瓣、雪花等雜亂飄飛。《警世通言》卷三二：「忽一日晚彤雲密布，紛紛揚揚，下一天大雪。」②形容紛亂傳揚、議論。《二刻拍案驚奇》卷四：「去年雲南這五個被害，忒殺乖張了。外人紛紛揚揚，也多曉得。小可每還疑心，不敢輕信。」

【紛紅駭綠】
紛：散亂；紅：紅花；駭：顫動；綠：草，葉。散亂顫動的紅花綠葉。形容花枝樹葉隨風擺動。宋・范成大《嘲風》詩：「紛紅駭綠驟飄零，痴騃封姨沒性靈。」

【紛華靡麗】
紛：多；華：繁盛；靡：奢靡。形容追求奢華，講求排場。《後漢書・安帝紀》：「嫁娶送終，紛華靡麗。」

【紛亂如麻】
雜亂得如同一團亂麻。例他心裏紛亂如麻，總也理不出個頭緒來。

【紛紜雜沓】
紛：衆多；沓：ㄊㄚˋ，重複。形容多而雜亂。《三國演義》四六回：「恍惚奔騰，如驟雨之將至；紛紜雜沓，若寒雲之欲同。」

【紛至沓來】
沓：重複。形容接連不斷地到來或紛紛到來。明・張岱《魯雲谷傳》：「相知者日集試茶，紛至沓來，應接不暇。」

ㄈㄣˊ

【墳地裏的夜貓子——不是好鳥】
夜貓子：貓頭鷹，本來是一種益鳥，但迷信的人認爲碰見夜貓子或聽見它的叫聲是不祥之兆。比喻不是好人或不正派的人。例這小子怎麼半夜撞入別人家裏，我看他是墳地裏的夜貓子——不是好鳥。也作「**墳地裏的夜貓子——不是正經鳥**」、「**母雞上樹——不是正經鳥兒**」、「**油勺子打酒——不是正經東西**」。

【墳裏放炮——嚇鬼】
比喻誰也嚇不倒。例你搞的這一套，只不過墳裏放炮——嚇鬼罷了，我才不怕呢！也作「**墳頭上耍大刀——嚇鬼**」。

【墳前的石碑——記生記死】
比喻生死不忘。例你對他的救命之恩，他常常提起，的確是墳前的石碑——記生記死哩！

【墳頭的地——沒經(耕)過】
經:〈方〉「耕」的諧音。比喻沒有經歷過。例像這類的事,我們還是墳頭的地——沒經(耕)過,提不出解決的辦法,更談不上什麼經驗教訓。

【墳頭上的烏鴉——人人憎】
烏鴉:迷信的人認爲是不祥之鳥,把它的叫聲當做不祥之兆。比喻受大家的厭惡。例要愼言愼行,不要作墳頭上的烏鴉——人人憎。

【墳頭上插桿子——攪死人】
比喻攪擾得人難以忍受。例半夜裏敲鑼打鼓,眞是墳頭上插桿子——攪死人啦。

【枌榆同契】
枌榆:ㄈㄣˊ ㄩˊ,漢高祖是枌榆人,初起兵時曾禱於枌榆里社,後借稱故鄉;同契:同氣相投。指鄰里鄉親,情意深厚。《書言故事・社日》:「同鄉里,曰枌榆同契。」

【焚膏繼晷】
膏:油脂,指燈燭;晷:ㄍㄨㄟˇ,日光。點起燈燭接替日光來照明。形容夜以繼日地工作、學習或娛樂。清・紀昀《閱微草堂筆記・灤陽消夏錄一》:「世儒於此十三部,或焚膏繼晷,鑽仰終身;或鍛煉苛求,百端掊擊,亦各因其性識之所根耳。」

【焚骨揚灰】
焚燒屍骨,揚棄骨灰。形容仇恨到極點。《梁書・侯景傳》:「曝屍於建康市,百姓爭取屠膾啖食,焚骨揚灰。」也作「**焚屍揚灰**」。清・錢泳《履園叢話・燒坯》:「籍沒其家,妻子同誅,法皆斬首,其母恨禮甚,又詣刑部請照陶和氣例,凌遲後焚屍揚灰。」

【焚林而獵】
見「焚林而田」。

【焚林而田】
田:通「畋」,打獵。焚燒樹林來獵取野獸。比喻只貪圖眼前利益,而不考慮長遠利益。《韓非子・難一》:「焚林而田,偷取多獸,後必無獸;以詐遇民,偷取一時,後必無復。」也作「**焚林而獵**」。《淮南子・主術訓》:「故先王之法……不涸澤而漁,不焚林而獵。」

【焚林而畋,明年無獸;竭澤而漁,明年無魚】
畋:ㄊㄧㄢˊ,打獵。焚燒森林打獵,排乾池水捕魚,明年就無獸無魚了。比喻做事只顧眼前不留餘地,就會帶來後患。明・歸有光《斶貸呈子》:「夫上之所以求於下者,度其下之足以求也;下之所以竭蹶以赴上之命者,亦自度其足以供其求也。故上安下順,而兩不相傷。古語曰:『焚林而畋,明年無獸;竭澤而漁,明年無魚。』若今之事,得無類畋於無禽之地,而漁於無魚之澤乎?」

【焚林之求】
焚燒山林,以求躲避入山的賢才。指竭力收羅人才。南朝梁・任昉《齊竟陵文宣王行狀》:「既允焚林之求,實兼儀形之寄。」唐・李善注:「文士傳曰:太祖雅聞阮瑀名,辟之不應,連見逼促,乃逃入山中,太祖使人焚山得瑀。」

【焚琴煮鶴】
把琴當柴燒,把鶴煮來吃。比喻美好的事物被糟蹋破壞。《醒世恒言》卷三:「焚琴煮鶴從來有,惜玉憐香幾個知!」

【焚如之禍】
焚如:火焰熾盛。遭受火燒的災禍。唐・王勃《三國論》:「則東京焚如之禍,關右亂麻之屍,何繇而興哉。」

【焚如之刑】
焚如:火焰熾盛。用火燒殺的酷刑。《漢書・匈奴傳》:「王莽作焚如之刑,燒殺陳良等。」

【焚屍揚灰】
見「焚骨揚灰」

【焚書坑儒】
指秦始皇焚燒典籍,坑殺儒生的事。《史記・秦始皇本紀》載:公元前二一三年,秦始皇採納李斯建議,除秦記、醫、卜、農書等外,焚燒民間所藏《詩》、《書》和百家書;第二年又在咸陽坑殺儒生四百六十餘人。漢・孔安國《尚書序》:「及秦始皇滅先代典籍,焚書坑儒,天下學士逃難解散。」

【焚香頂禮】
頂禮:五體俯伏叩拜,佛教徒對佛最尊敬的拜禮。指極爲虔誠、恭敬。《西湖佳話・六橋才跡》:「今又聽得他來,不勝歡喜,大家都打點焚香頂禮遠接。」

【焚香掛畫,不宜俗家】
舊時在屋裏燒香料、掛書畫,是高官雅士的癖好,對普通人家是不相宜的。明・周嘉胄《香乘》卷二三:「琴台書幾,最宜柏子沉檀,酒宴花亭,不禁龍涎筏乳。故諺語云:『焚香掛畫,不宜俗家。』」

【焚香禮拜】
拜:行禮跪拜。燒起香來行禮跪拜。表示對神靈或對尊敬畏服之人的崇敬服從。《三國演義》六〇回:「[玄德前軍]所到之處,秋毫無犯。百姓扶老攜幼,滿路瞻觀,焚香禮拜。」也作「**焚香膜拜**」。膜拜:合掌加額,伏地跪拜。明・歸有光《唐孺人墓志銘》:「兆多疾,每疾作,孺人輒不食飲,焚香膜拜,以祈福祐。」

【焚香列鼎】
列:排列,擺滿;鼎:古代烹飪用的三足兩耳的器物。燃起香來,列出盛滿餚饌的鼎器。形容極爲排場、闊氣。明・湯顯祖《牡丹亭・勸農》:「焚香列鼎奉君王,饌玉炊金飽即妨。」

【焚香膜拜】
見「焚香禮拜」。

【焚香掃地】
燃起香來,掃淨地面。舊時形容淸靜幽雅的隱居生活。清・盛時彥《〈閱微草堂筆記〉跋》：「[河間先生]焚香掃地，杜門著述而已。」

【焚芝鋤蕙】

芝、蕙：香草名，古人視爲瑞草。焚燒靈芝，鋤掉蕙草。比喻禍害好人。明·袁中道《李溫陵傳》：「斯所由焚芝鋤蕙，銜刀若盧著也。」

【焚舟破釜】

釜：ㄈㄨˇ，鍋。燒毀舟船，打破飯鍋。比喻義無反顧，決心拼一死戰。《孫子·九地》：「焚舟破釜，若驅羣羊而往。」

ㄈㄣˇ

【粉白黛黑】

黛：青黑色染料。搽上白粉，畫上墨眉。指女子妝飾打扮。《楚辭·大招》：「粉白黛黑，施芳澤只。」也作「**粉白墨黑**」。《戰國策·楚策三》：「彼鄭、周之女，粉白墨黑，立於衢閭，非知而見之者，以爲神。」也作「**粉白黛綠**」。綠：青，黑。唐·韓愈《送李愿歸盤谷序》：「飄輕裾，翳長袖，粉白黛綠者，列屋而閒居。」

【粉白黛綠】

見「粉白黛黑」。

【粉白墨黑】

見「粉白黛黑」。

【粉白牆上掛草席——不成話(畫)】

話：「畫」的諧音。雙關語。比喻言語行動不合理，不應該。例明明是自己犯了錯誤，不但不接受批評，反而把責任推到批評者的頭上，簡直是「粉白牆上掛草席——不成話(畫)」。

【粉白珠圓】

像粉那樣白，像珠子那樣圓。形容秋天月夜美景。也比喻女子的美貌。北周·庾信《奉和贈曹美人》詩：「明光如粉白，秋露似珠圓。」

【粉愁香怨】

用粉敷面，遮不住愁容；以香妝身，除不掉怨氣。形容美女的愁怨之態。例粉愁香怨不勝情，強整殘妝對老兵。

【粉淡脂紅】

敷粉淡淡，塗脂紅紅。指女性化妝的深淺濃淡。後用來形容婦女妝飾或生活中的瑣事。《紅樓夢》三六回：「說些春風秋月，粉淡脂紅；然後又說到女兒如何好。」

【粉雕玉琢】

見「粉裝玉琢」。

【粉骨碎身】

見「粉身碎骨」。

【粉骨紅慳】

吝：吝嗇；慳：ㄑㄧㄢ，缺少。缺少粉和紅。比喻少卻聲色。元·鍾嗣成《沉醉東風》曲：「按不住刺史狂，學不得司空慣，常不教粉骨紅慳。」

【粉面含春】

粉面：指美女的面龐；春：春意。臉上飽含春意。形容美女和顏悅色的面容。《紅樓夢》三回：「粉面含春威不露，丹唇未啟笑先聞。」

【粉面油頭】

臉上搽粉，頭上抹油。形容打扮妖冶輕浮。例面前走過去一個粉面油頭的人。

【粉墨登場】

粉墨：搽臉和畫眉用的化妝品。用粉、墨化好妝，上場演戲。譏諷人登上政治舞台。老舍《四世同堂》七：「及至北平攻陷，這些地痞流氓自然沒有粉墨登場的資格與本領，而日本也並未準備下多少官吏來馬上發號施令。」也作「**粉墨登台**」。例他在沉寂了一段時間之後，又緊鑼響鼓，粉墨登台了。

【粉墨登台】

見「粉墨登場」。

【粉膩黃黏】

膩：黏；黃：金黃色面飾。粉汗相混而粘膩。形容女子酣睡正濃。清·洪昇《長生殿·聞樂》：「暢好酣處，粉膩黃黏。」

【粉牆朱户】

粉白的牆，朱紅的門。指富貴人家的門戶院牆。《新編五代史平話·漢史》卷上：「知遠將身奔入那莊門，只見粉牆朱戶，畫閣瓊樓。」

【粉球滾芝麻——多少沾點兒】

①比喻憑藉某種關係或從某件事中，獲得一點利益或好處。例你問他在這次買賣中得了多少好處，我看粉球滾芝麻——多少沾點兒。②比喻與某個人或某件事多多少少有一點關聯。例他與這件事並無特殊的牽連，但是粉球滾芝麻——多少沾點兒。

【粉身灰骨】

身體成粉，骨頭成灰。形容爲了某種目的不惜犧牲生命。唐·張鷟《游仙窟》：「玉饌珍奇，非常厚重，粉身灰骨，不能酬謝。」

【粉身難報】

身體被粉碎了也難以報答。指犧牲生命也難以報答別人的恩德。《初刻拍案驚奇》卷一七：「多承娘子不棄，小道粉身難報。」

【粉身碎骨】

身體粉碎。形容懲罰極重。《紅樓夢》三四回：「設若叫人哼出一聲不是來，我們不用說，粉身碎骨，還是平常，後來二爺一生的聲名品行，豈不完了呢？」也形容爲了某種目的而不惜犧牲生命。《三國演義》八回：「妾蒙大人恩養，訓習歌舞，優禮相待，妾雖粉身碎骨，莫報萬一。」也作「**粉骨碎身**」。唐·蔣防《霍小玉傳》：「平生志願，今日獲從，粉骨碎身，誓不相捨。」也作「**碎骨粉身**」。

【粉身碎骨渾不怕，要留清白在人間】

渾：都。粉身碎骨都不怕，要保住一生的清白在人間。謂即使百般磨難，也要永保清白的人格和操守。明·于謙《咏石灰》詩：「千錘百鑿出深山，烈火焚燒若等閒。粉身碎骨渾不怕，要留淸白在人間。」

【粉飾門面】
粉刷裝飾店鋪的門面兒。比喻只圖外表好看。例這些不過是粉飾門面的騙人擺設罷了。

【粉飾太平】
粉飾：粉刷裝飾表面。把動亂的社會妝點成太平景象。《醒世恒言》卷三八：「無非要粉飾太平，侈人觀聽。」

【粉刷的烏鴉——白不長】
民間故事傳說：烏鴉見白鷗逗人喜愛，也想把羽毛變白，於是就到白灰池裏滾一下，渾身如雪，混進鷗羣，冒充白鷗。不料天落大雨，它立即露出了原形。比喻僞裝是不會長久的。例你不要高興得太早，粉刷的烏鴉——白不長，遲早你會露出眞相的。也作「**粉刷的烏鴉——白不久**」。

【粉妝銀砌】
見「粉裝玉琢」。

【粉裝玉琢】
用白粉裝飾，用玉石雕琢。①形容皮膚白淨潤澤，妝扮標致。《三俠五義》六〇回：「登時將九如打扮起來，眞是人仗衣帽，更顯他粉裝玉琢，齒白唇紅。」也作「**粉雕玉琢**」。《水滸後傳》一〇回：「呂太守看那花公子豐姿俊雅，如粉雕玉琢，禮數優閒。」②形容雪景。例冬季的哈爾濱是一片粉裝玉琢的世界。也作「**粉妝銀砌**」。《紅樓夢》五〇回：「賈母笑著，挽著鳳姐的手，仍上了轎，帶著衆人說笑，出了夾道東門，四面粉妝銀砌。」

【粉漬脂痕】
漬：積在物體上難以除去的痕跡。香粉與胭脂的漬痕。形容與女子關係密切。《紅樓夢》二五回：「粉漬脂痕污寶光，房櫳日夜困鴛鴦。沉酣一夢終須醒，寃債償淸好散場！」

ㄈㄣˋ

【分薄緣慳】
見「分淺緣薄」。

【分淺緣薄】
分：緣分。指彼此沒什麼緣分。元·王子一《誤入桃源》四析：「身未到，心先到，分淺緣薄，有上梢沒下梢。」也作「**分淺緣慳**」。慳：缺少。明·崔時佩《西廂記·回春東藥》：「想是你分淺緣慳，雨打梨花深閉門。」也作「**分薄緣慳**」。《羣音類選〈淸腔類·啄木兒〉》：「豈料分薄緣慳不到頭，悶中悶，愁上愁。」

【分淺緣慳】
見「分淺緣薄」。

【分內之事】
分：本分。本分以內的事情。指自己的職責和權利範圍內的事。例做好環境衛生，是我們分內之事。

【分外之物】
分：本分，名分。名分以外的物品。指不該屬於自己的財物。例分外之物，他是一絲一毫也不會要的。

【奮筆疾書】
奮筆：提筆，搖動筆桿；疾：速度快。精神振奮地提筆快速書寫。例只見他們沉吟了一下，接著奮筆疾書，一氣呵成。

【奮筆直書】
精神昂揚地提起筆，直截爽快地書寫。宋·劉克莊《題方汝一班史贊後》：「或隱匿未彰，而奮筆直書；或一語之乖謬，或一行之諂曲，雖其人之骨已朽，必繩以《春秋》之法，讀之使人汗書。」

【奮臂大呼】
奮臂：振臂而起。用力揮動手臂，高聲呼喊。《史記·秦始皇本紀》：「[太史公曰]然陳涉以戍卒散亂之衆數百，奮臂大呼，不用弓戟之兵，鉏櫌白梃，望屋而食，橫行天下。」也作「**奮臂一呼**」。《魏書·盧玄傳》：「洞庭、彭蠡，竟非殷固，奮臂一呼，或成漢業。」

【奮臂一呼】
見「奮臂大呼」。

【奮不顧命】
見「奮不顧身」。

【奮不顧身】
奮勇向前，不顧惜自身安危。漢·司馬遷《報任安書》：「常思奮不顧身，以殉國家之急，其素所蓄積也，僕以爲國士之風。」也作「**奮不慮身**」。慮：顧慮。《宋史·趙汝愚傳論》：「汝愚獨能奮不慮身，定大計於頃刻。」也作「**奮不顧命**」。《魏書·魏出帝紀》：「[詔曰]或徇節感恩，奮不顧命；或臨戎對敵，赴難如歸。」也作「**奮不顧生**」。《舊唐書·田弘正傳》：「常思奮不顧生，以身殉國，無由上達，私自感傷。」也作「**奮身不顧**」。宋·吳泳《齊敏授武翼郎制》：「爾總戎於韶，奮身不顧。」

【奮不顧生】
見「奮不顧身」。

【奮不慮身】
見「奮不顧身」。

【奮發淬厲】
淬厲：也作「淬礪」，鑄刀劍需淬火和磨礪，使之剛硬、鋒利。比喻精神振奮、堅定有力。《民國通俗演義》八八回：「所願全國人民，奮發淬厲，同履艱貞。」也作「**踔厲風發**」、「**踔厲駿發**」、「**踔厲奮發**」。

【奮發蹈厲】
見「發揚蹈厲」。

【奮發圖强】
見「發奮圖强」。

【奮發有爲】
奮發：昂揚振作。精神振作，有所作爲。《元史·陳祖仁傳》：「孰不欲奮發有爲，成不世之功。」也作「**憤發有爲」。

【奮矜之容】

矜：自尊自大；容：態度。高傲自大、矜持自重的態度。《荀子·正名》：「有兼聽之明，而無奮矜之容；有兼覆之厚，而無伐德之色。」

【奮袂而起】

奮袂（ㄇㄟˋ）：揮動衣袖。袖子一揮站起來。形容情緒激動。《淮南子·主術訓》：「楚莊王傷文無畏之死於宋也，奮袂而起，衣冠相連於道，遂成軍宋城之下，權柄重也。」

【奮袂攘襟】

攘襟：撩起衣襟。揮衣袖，撩衣襟。形容非常激憤。晉·劉伶《酒德頌》：「聞吾風聲，議其所以，乃奮袂攘襟，怒目切齒。」

【奮起直追】

振奮起來，緊緊追趕上去。例我們要奮起直追，超越世界先進水準。

【奮身不顧】

見「奮不顧身」。

【奮身獨步】

奮：振作，鼓勁兒。振作起精神，獨自向前邁進。形容努力奮鬥，出人頭地。元·鄭光祖《伊尹耕莘》四析：「脫白衣平步上云衢，離塵途奮身獨步。」

【奮武揚威】

奮：發揚；武：勇猛，猛烈。發揚勇猛的精神，顯示懾人的力量。明·無名氏《精忠記·勝敵》：「身爲上將，統領大軍，奮武揚威，誅兇討逆。」

【奮勇當先】

奮勇：鼓起勇氣。振奮精神，鼓起勇氣，衝在最前面。例在火災現場，他奮勇當先，搶救出三台重要儀器，保護了國家財產。也作「奮勇爭先」。爭先：爭著在先。《儒林外史》三九回：「那蕭雲仙腰插彈弓，手拿腰刀，奮勇爭先。」

【奮勇前進】

奮勇：鼓起勇氣。鼓起勇氣，努力向前。《東周列國志》九回：「莊公度王卒已怠，教瑕叔盈把大旆麾動，左右二拒，一齊鳴鼓，鼓聲如雷，各各奮勇前進。」也作「奮勇直前」。例工農兵學商聯合起來，在建設國家的大道上奮勇直前！

【奮勇爭先】

見「奮勇當先」。

【奮勇直前】

見「奮勇前進」。

【忿不顧身】

見「憤不顧身」。

【忿忿不平】

見「憤憤不平」。

【忿然作色】

忿然：因不滿意而感情激動的樣子；作色：臉上現出怒色。因氣憤不滿而臉上現出怒色。《三國志·魏書·蔣濟傳》：「帝忿然作色而問其故，濟具以答。」

【賁軍之將】

賁：覆敗。打了敗仗的將領。《禮記·射儀》：「賁軍之將、亡國之大夫與爲人後者不入。」也作「敗軍之將」。

【憤不顧身】

激於義憤而不顧惜自身安危。明·秦淮墨客《〈楊家府演義〉序》：「狠牙一戰，憤不顧身。」也作「忿不顧身」。忿：同「憤」。《鏡花緣》三七回：「林兄因感世子之情，唐兄只知惟義是趨，都是忿不顧身，竟將王宮內院視爲兒戲。」

【憤不欲生】

憤恨得不想再活下去了。形容極度憤恨。明·史可法《祭廬州殉難官紳士民文》：「余聞報淮上，悲憤不欲生。」

【憤發有爲】

見「奮發有爲」。

【憤憤不平】

憤憤：很生氣的樣子。對事情的不公正而心懷不滿，十分氣憤。《東周列國志》一八回：「王子成父諸人，俱憤憤不平，請於桓公，欲劫魯侯，以報曹沬之辱。」也作「忿忿不平」。忿：同「憤」。例大家忿忿不平，要求重新調查。也作「憤恨不平」。張恨水《啼笑姻緣》二〇回：「家樹見她總有些憤恨不平的樣子……又不知怎樣安慰才好」。

【憤恨不平】

見「憤憤不平」。

【憤懣不平】

憤懣（ㄇㄢˋ）：抑鬱煩悶。心中不平，感到抑鬱煩悶。孫中山《倫敦蒙難記》一：「其未解散者亦多憤懣不平，皆謂欲解散則全體解散，欲留則全體留用。」

【憤氣填膺】

填：填充；膺：胸。怒氣填滿了胸膛。形容非常氣憤。清·俞樾《右台仙館筆記·秦娘》：「何物婢子，如此倔强，令人憤氣填膺！」

【憤時嫉俗】

見「憤世嫉俗」。

【憤世疾惡】

見「憤世嫉邪」。

【憤世嫉俗】

憤：憤恨；世：世道；嫉：痛恨；俗：習俗。指不滿、痛恨當時的腐敗世道及習俗。《二十年目睹之怪現狀》一〇一回：「說起憤世嫉俗的話來，自然處處都有梟獍。」也作「憤時疾俗」。清·朱彝尊《王禮部詩序》：「十餘年來，所交之士皆幽憂失志之士，誦其詩歌，往往憤時嫉俗，多離騷變雅之體。」

【憤世嫉邪】

憤：憤恨；世：世道；嫉：痛恨；邪：邪惡。痛恨憎惡奸邪醜惡的世道。明·劉基《賣柑者言》：「退而思其言，類東方生滑稽之流，豈其憤世嫉邪而托於柑以諷耶？」也作「憤世疾惡」。宋·李覯《與章秘校書》：「其辨說駸駸到義理，憤世疾惡，有大丈夫之芒角。」

【糞叉子改畦】

糞叉子：一端有兩個以上的長齒，而另一端有柄的，主要用於叉肥料的農具；畦：ㄑㄧˊ，有土埂圍著的一塊塊排列整齊的田地，一般是長方形的。比喻用的一套土辦法。例中國大陸的農村在「大躍進」時期，也曾用糞叉子改畦的辦法，大煉鋼鐵，結果失敗了。

【糞叉子撓癢癢——充硬手】

比喻冒充能手或裏手。例別出洋相了，開砂石車你是外行，不要糞叉子撓癢癢——充硬手。

【糞車進城——裝死（屎）】

死：「屎」的諧音。比喻假裝死去，以掩人耳目。例趙大剛端著槍，用腳踢了一下躺在地上的敵軍，說：「你別糞車進城——裝死(屎)，快起來。」也作「糞船過江——裝死(屎)」。

【糞堆上插旗子——臭名昭著】

形容壞名聲人盡皆知。例賀兵是糞堆上插旗子——臭名昭著，不能吸收他參加我們的社團組織。

【糞堆上產靈芝】

見「糞堆上長出靈芝草」。

【糞堆上吹喇叭——臭名遠揚】

比喻壞名聲傳得很遠。例你怎麼還不知道這個人，他是一個大壞蛋，糞堆上吹喇叭——臭名遠揚呢！也作「屎殼郎出國——臭名遠揚」、「高山滾馬桶——臭氣遠揚」。

【糞堆上的靈芝——根子不淨】

靈芝：蕈的一種，菌蓋呈腎臟形，多為赤褐或暗紫色，有環紋及光澤。一種名貴的中藥。比喻本質、基礎不好，或有著不光彩的過去。例看人，重要的是看他的現在，不要動不動就說人家是糞堆上的靈芝——根子不淨。也作「糞堆上的靈芝——底子臭」、「糞堆上的靈芝草——臭底子」、「馬桶改水桶——底子臭」、「牛糞上插花——底子臭」、「陰溝裏栽藕——根子不淨」。

【糞堆上長出靈芝草】

靈芝：蕈的一種，中醫入藥，有滋補作用。比喻微賤人家出了人才或美貌女子。元・關漢卿《陳母教子》二折：「第二年二哥也做了官，又罵的娘不好。擺著頭答，街上人道：『這個是誰？』『是陳媽媽第二個孩兒。』嗨！嗨！嗨！糞堆上長出靈芝草。」也作「糞堆上產靈芝」。元・楊文奎《兒女團圓》四折：「我覷了這女艷姿。如此般蠢坌身子，粗壯腰肢，卻生的這般俊秀的孩兒。敢則是鴉窩裏出鳳凰，糞堆上產靈芝。」

【糞堆掏開，也有口氣】

比喻有一技之長，餓不死人。元・無名氏《劉弘嫁婢》一折：「休說我是個人，便是那糞堆掏開，也有口氣。你今日著我去，苦惱也。我離了你家門，憑著我這一對眼，一雙手，驢市裏替人寫契，一日也討七八兩銀子，也過了四月。」

【糞缸蓋上下棋——臭趣相投】

比喻不良的興趣、情調一致。例他倆兒是糞缸蓋上下棋——臭趣相投，所以形影不離。也作「屎殼郎排隊滾糞球——臭趣相投」。

【糞缸裏的蛆蟲】

比喻卑鄙可恥的壞人。《石點頭》卷八：「他人便這般嘲笑，那知吾愛陶得趣其中，全不以為異。分明是糞缸裏的蛆蟲，竟不覺得有臭穢。」

【糞缸越摟越臭，奇寃不雪不明】

比喻弄清問題應該調查研究。清・李漁《風箏誤》二九齣：「料想今晚做不成親了，你且去睡，待明日再做道理。糞缸越摟越臭，[旦]奇寃不雪不明。」

【糞夾子敲腦袋——連挨兩下子】

糞夾子：夾取糞便用的夾子，一般用劈開的竹子彎曲而成。因夾子由兩片竹子組成，所以用其敲東西時，敲一下頂兩下。比喻受到雙重打擊或一次又一次挨整。例這傢伙糞夾子敲腦袋——連挨兩下子，囂張的氣焰有所收斂。也作「豬屎夾敲腦殼——連挨兩下子」。

【糞坑倒馬桶——臭味相投】

馬桶：大小便用的有蓋的桶，多用木頭或搪瓷製成。比喻有壞思想、壞作風的人彼此迎合，互相結合在一起。貶義。例糞坑倒馬桶——臭味相投，他們糾結起來，幹了許多見不得人的勾當。也作「綠頭蒼蠅叮牛屎——臭味相投」、「屎殼郎配臭蟲——臭味相投」、「蒼蠅尋爛肉——臭味相投」、「屎殼郎和蛆交朋友——臭到一塊了」、「紅頭蒼蠅叮牛屎——臭味相投」。

【糞坑裏的皮球——臭還有點氣】

比喻本來就惹人討厭還總有一肚子怨氣的人。例文生是一個突出的利己主義者，他得不到滿足時還抱怨別人對他不公平，同事們批評他是糞坑裏的皮球——臭還有點氣。

【糞坑裏的石頭——又臭又硬】

比喻名聲很壞，態度頑固。例他多次貪污受賄，在人證物證面前死不承認犯罪事實，簡直是糞坑裏的石頭——又臭又硬。也作「糞缸裏泡過的石頭——又硬又臭」。

【糞筐插花——臭美】

見「屎殼郎戴花——臭美」。

【糞勺子攪茅缸——越鬧越臭】

茅缸：〈方〉廁所裏的糞池，多用陶缸埋入土中。比喻事情越弄越糟。例你到此為止吧！糞勺子攪茅缸——越鬧越臭，繼續下去，是沒有好結果的。

【糞桶掉了底——臭架子】

形容妄自尊大，裝模作樣。例他最近混了一個芝麻大的官職，糞桶掉了底——臭架子不小，眞是小人得志。也作「糞桶掉了底——擺臭架子」、「屎棍搭戲台——臭架子」、「三根屎棍支桌子——臭架子」。

【糞桶改水桶——臭氣還在】

擔糞的桶改作挑水的桶，總有臭味。比喻壞人或落後的人，不徹底改過，舊思想、壞習氣將不斷出現。例糞桶改水桶——臭氣還在的說法太絕對化了。衛生條件好、糞桶可以洗乾淨；人的環境好，思想也可以改造好。也作「糞桶改水桶——臭味還在」。

【糞桶裏洗蘿蔔——反惹一身臭】
比喻不但沒撈到便宜，反而惹人厭惡。例他放棄教師職業從事商業活動，受到了人們的非議，眞是糞桶裏洗蘿蔔——反惹一身臭。

【糞桶也有兩個耳朵】
耳朵：指糞桶兩邊的提手。罵人不長耳朵，不懂道理。例俗話說：「糞桶也有兩個耳朵。」你就連這點道理也不懂！

【糞土不如】
連糞便泥土也比不上。形容極爲鄙視。《醒世恒言》卷二七：「偏生要把前妻男女，百般淩虐，糞土不如。」

【糞土之牆】
見「糞土之牆不可圬」。

【糞土之牆不可圬】
糞土：汚穢的泥土；圬：ㄨ，塗飾，粉刷。用汚穢的泥土砌成的牆不可以粉刷好。比喻質地低劣難以收拾，或難於教養，不堪造就。元．王氏《寄情人》曲：「斗筲之器成何用，糞土之牆不可汚。」也作「糞土之牆」。《兒女英雄傳》緣起首回：「……只著了半世昏迷，迷而不覺，也就變成不可圬也的一堵糞土之牆。」

ㄈㄤ

【方便門】
見「方便之門」。

【方便之門】
佛教謂指引凡人進入佛門的門徑，唐．王勃《廣州寶莊嚴寺舍利塔碑》：「維摩見柄，蓋伸方便之門；道安謝歸，思遠朝廷之事。」後指給予便利。明．馮惟敏《僧尼共犯》四折：「誰想巡捕老爺大開方便之門，放俺還俗，便成配偶。」也作「方便門」。《景德傳燈錄．漳州羅漢桂琛和尙》：「所以諸佛慈悲，見汝不奈何，開方便門，示眞實相。」

【方昌未艾】
方：正當；昌：興盛；艾：停止。正當昌盛，還沒有停止。形容事物正處於興旺階段或正在向前發展。宋．張栻《答劉炳先昆仲》：「知公家門戶，方昌未艾耳。」也作「方盛未艾」。盛：繁盛。宋．眞德秀《龍山書院記》：「人物彬彬，方盛未艾。」

【方出殼的雞仔——嫩得很】
方：剛；殼：蛋殼；雞仔：小雞。比喻年輕人沒有經驗，不夠幹練。例孩子剛參加工作，是方出殼的雞仔——嫩得很，希望老前輩們多幫助、指點。

【方寸不亂】
方寸：指心。心裏不慌亂。形容在遇到緊急情況時，沉著鎭定，毫不慌亂。唐．呂溫《凌煙閣勛臣贊．屈突蔣公通》：「亡家徇國，方寸不亂。」

【方寸亂】
見「方寸已亂」。

【方寸已亂】
方寸：指心；已：已經。心煩意亂。《野叟曝言》四一回：「我豈不知，只是方寸已亂，不繇妹子做主哩！」也作「方寸自亂」。宋．陸九淵《與劉深父書》：「縱有滯礙……姑舍之以俟他日可也，不必苦思之。苦思則方寸自亂，自蹶其本。」也作「方寸亂」。宋．李淸照《蝶戀花．晚止昌樂館寄姊妹》詞：「惜別傷離方寸亂，忘了臨行，酒盞深和淺。」

【方寸之地】
《列子．仲尼》：「吾見子之心矣：方寸之地虛矣。」後以「方寸之地」指人的心。唐．劉禹錫《上杜司徒啟》：「收紙長想，欣然感生。尋省遭罹，萬重不幸。方寸之地，自不能言；求人見諒，豈復容易？」

【方寸之木，高於岑樓】
岑（ㄘㄣˊ）樓：尖頂高樓。寸高的方木可以比尖頂高樓還要高。比喻在不同基礎上進行比較，就會得出錯誤的結論。《孟子．告子下》：「不揣其本而齊其末，方寸之木可使高於岑樓。」也作「寸木岑樓」。

【方寸自亂】
見「方寸已亂」。

【方底圓蓋】
方形的底兒，圓形的蓋子。比喻兩不相合，格格不入。北齊．顏之推《顏氏家訓．兄弟》：「娣姒之比兄弟，則疏薄矣。今使疏薄之人而節量親厚之恩，猶方底而圓蓋，必不合矣。」

【方底圓蓋——合不攏】
也作「方底圓蓋——合不到一塊」。見「牛蹄子兩瓣——合不攏」。

【方駕齊驅】
方駕：兩車並排行進；齊驅：一齊快跑。比喻不分前後或不相上下。《北史．周宣帝紀》：「令四後方駕齊驅，或有先後，便加譴責。」

【方巾長袍】
方巾：也稱四方平定巾，明代秀才以上有功名的人所戴的方形軟帽。戴著方形軟帽，穿著長衣服。指古代士紳的裝束。魯迅《病後雜談之餘》：「國畫呢，方巾長袍，或短褐椎結，從沒有見過一條我所記得的辮子。」

【方巾闊服】
方巾：也稱四方平定巾，指士紳戴的方形軟帽；闊服：寬大的衣服。指古代士紳的裝束。《儒林外史》一八回：「正說得熱鬧，街上又遇著兩個方巾闊服的人。」

【方領矩步】
方領：直衣領；矩步：步履規矩合度。穿著直領的衣服，邁著規矩的步子。指古代儒生的服飾儀態。也借指儒生。《隋書．儒林傳序》：「其風漸墜，以至滅亡，方領矩步之徒，亦多轉死溝壑。」

【方領圓冠】

方領：直衣領；圓冠：圓帽子。古代儒者的衣帽服飾。也指儒生。南朝梁・簡文帝《七召》：「方領圓冠，金口木舌，談章句之遠旨，構紛綸之雅說。」

【方面大耳】

方面：方臉膛。方臉，大耳朵。舊時指富貴的面相。《儒林外史》三回：「你不看見城裏張府上那些老爺，都有萬貫家私，一個個方面大耳。」

【方命圮族】

方命：抗命，違命；圮：ㄆㄧˇ，毀滅，斷絕。違抗法紀命令，毀壞危害同族的人。後也指民族敗類。《尚書・堯典》：「（帝堯評價鯀說）吁！咈哉，方命圮族。」也作「**放命圮族**」。《漢書・傅喜傳》：「高武侯喜與故大司空丹，同心背叛，放命圮族。」

【方木頭不滾，圓木頭不穩】

比喻任何人或物都有優點和缺點。例我們要明白，任何人或物都有優缺點，就好比方木頭不滾，圓木頭不穩一樣，絕非十全十美。

【方其知之，而行未及之，則知尚淺】

剛剛求得知識，但還未能付諸實踐，那麼他所求得的知識是浮在表面上的。謂學得的知識還必須用到實踐中去，才能加深其理解。宋・朱熹《性理精義》卷八：「方其知之，而行未及之，則知尚淺。既棄歷其域，則知之益明，非前日之意味。」

【方枘圓鑿】

枘：榫頭；鑿：榫眼。方形的榫頭，圓形的榫眼。比喻兩不相合。《史記・孟軻傳》：「持方枘欲內圜鑿，其能入乎？」唐・司馬貞《索隱》：「謂戰國之時，仲尼、孟軻以仁義干世主，猶方枘圓鑿然。」也作「**方鑿圓枘**」。唐・權德輿《唐贈兵部尚書宣公陸贄翰苑集序》：「噫，一薰一蕕，善齊不能同其器；方鑿圓枘，良工無以措巧心。」也作「**圓鑿方枘**」、「**鑿圓枘方**」。

【方生方死】

方：正當，正值。萬物正在不斷生長也在不斷死亡。

【方盛未艾】

見「方昌未艾」。

【方朔之饑】

《漢書・東方朔傳》載：東方朔戲弄掌管車馬的侏儒，說漢武帝要殺掉他們。漢武帝召問東方朔，何以要恐嚇侏儒。東方朔得以藉機在武帝面前進言：「朱儒長三尺餘，奉一囊粟，錢二百四十。臣朔長九尺餘，亦奉一囊粟，錢二百四十。朱儒飽欲死，臣朔饑欲死。」後用「方朔饑」比喻官小俸微的人貧寒饑餓。宋・陸游《謝周樞使啟》：「朝跡久疏，忽喜長安之近；成期未及，先寬方朔之饑。」也作「**方朔米**」。淸・趙翼《吟薌歿於京邸》詩：「又停方朔米，誰斫蔡邕碑」。

【方朔米】

見「方朔之饑」。

【方斯蔑如】

方：比擬；斯：這；蔑：ㄇㄧㄝˋ，沒有；如：及，比得上。與此相比，沒有能比得上的（多指情操）。《南齊書・高帝紀上》：「昔保衡翼殷，博陸匡漢，方斯蔑如也。」

【方桃譬李】

方：比擬；譬：比方。形容艷麗如桃李的女子。南朝梁・蕭綱《箏賦》：「乃有燕餘麗妾，方桃譬李，本住南城，經居東里。」

【方頭不劣】

方頭：倔強，不圓通；不劣：語助，表示強調。形容人非常倔強執拗，或強橫、兇暴。元・關漢卿《緋衣夢》三折：「俺這裏有個裴炎，好生方頭不劣。」也作「**方頭不律**」。元・鄭廷玉《金鳳釵》二折：「我恰賣了二百文錢，見一個方頭不律的人，欺負一個年老的，要扯他跳河。」

【方頭不律】

見「方頭不劣」。

【方土異同】

方土：指各地特有的風俗、人情、物產等。各地方風俗、人情、物產等的相同和不同處。《晉書・王渾傳》：「可令中書指宣明詔，問方土異同，賢才秀異，風俗好尚，農桑本務。」

【方外司馬】

方外：世外；司馬：官名。超然世外的司馬。指身居官位而言行舉止超出禮教之外。《晉書・謝奕傳》：「謝奕，字無奕，恒溫辟爲安西司馬，在溫坐，岸幘笑咏，無異常日。桓溫曰：『我方外司馬。』」

【方外之國】

方外：中原以外的邊遠地區。舊指我國少數民族地區建立的小國。《史記・孝文紀》：「[上曰]朕既不明，不能遠德，是以使方外之國或不寧息。」

【方外之人】

方外：世外。指言行不拘世俗禮教，超脫塵世之外的人。後用來指僧道等出家人。《鏡花緣》五六回：「[宋良箴道]侄女出家多年，乃方外之人，豈可擅離此庵，尙求伯母原諒。」也作「**方外之士**」。士：人。《晉書・阮籍傳》：「阮籍既方外之士，故不崇禮典。」

【方外之士】

見「方外之人」。

【方聞之士】

方：道；聞：知識；士：人。有道而且知識廣博的人。《漢書・武帝紀》：「詳延天下方聞之士，咸薦諸朝。」

【方興未艾】

方：正當；艾：停止。正在發展，還沒有停止。形容事物正處於興旺階段或正在向前發展。宋・陳亮《祭周賢董文》：「連歲有江上之役，欲為公壽而不果奔也。謂公之壽方興未艾，而此心終未泯也。」也作「**方興未已**」。

【方興未已】
見「方興未艾」。

【方以類聚】
同類事物聚集一處。《禮記・樂記》：「方以類聚」疏：「方以類聚者，方謂走出禽獸之屬，各以類聚，不相雜也。」《三俠五義》一〇七回：「北俠與丁二爺聽畢，不由的俱各落淚嘆息。所謂『方以類聚，物以羣分』，原是聲應氣求的弟兄，焉有不傷心的道理。」

【方圓可施】
施：施展。無論是方是圓，都可施展。比喻人有才能，辦法多。《南齊書・沈憲傳》：「補烏程令，甚著政績。太守褚淵嘆之曰：『此人方圓可施。』」

【方圓殊趣】
殊趣：不同的趣味。方形和圓形各有不同的意趣。比喻不同的人或事各有自己的特點。《宋書・禮志一》：「今者見生，或年在扞格，方圓殊趣，宜聽其去就，各從所安。」

【方丈盈前】
方丈：一丈見方；盈：滿。面前一丈見方的地方都擺滿了（吃食）。形容飲食奢靡。漢・杜篤《祓禊賦》：「於是旨酒嘉肴，方丈盈前，浮棗絳水，酹酒醲川。」

【方正不阿】
方正：端平正直；阿：ㄜ，曲從，迎合。指人的品行端正、直爽，不諂媚曲從。《明史・王徽傳》：「有方正不阿者，即以為不肖，而朝夕讒謗之，日加浸潤，未免改疑」也作「**方正不苟**」。苟：苟且。清・錢泳《履園叢話・許昌》。「嘉定有老儒，名朱綱，為人方正不苟，頗信佛老之說。」

【方正不苟】
見「方正不阿」。

【方正賢良】
方正：端正平直；賢良：有德行的人。言行正直，品德優良。《史記・平準書》：「當是之時，招尊方正賢良文學之士，或至公卿大夫。」也作「**賢良方正**」。

【方正之士】
方正：端正平直。品行正直的人士。《漢書・晁錯傳》：「自行若此，可謂方正之士矣。」

【方趾圓顱】
趾：腳；顱：ㄌㄨˊ，頭。《淮南子・精神訓》：「故頭之圓也像天，足之方也像地。」後用「方趾圓顱」指人。《南史・陳武帝紀》：「日者，昊天不聿，鍾亂於我國家……茫茫宇宙，惵惵黎元，方趾圓顱，萬不遺一。」也作「**圓顱方趾**」。

【方鑿圓枘】
見「方枘圓鑿」。

【芳華虛度】
芳：美好的；華：年華；虛：徒然，白白地；度：度過。美好的年華白白地度過。形容年輕時一無所成。例青年人應當努力學習，千萬不可芳華虛度。

【芳蘭竟體】
芳：香；竟：充滿。蘭草的香氣充滿全身。比喻儀態高雅，豐采絕俗。《儒林外史》三四回：「這兩人，面如傅粉，唇若塗朱；舉止風流，芳蘭竟體。」

【芳蘭生門，不得不鋤】
芳蘭：香草。香草生長在門戶當中，妨礙進出，也只得鋤去。比喻一個人即使才幹出衆，但是行為越軌，於人有礙，也不會被饒恕。《三國志・蜀書・周羣傳》：「張裕亦曉占候，而天才過羣……先主常銜其不遜……將誅之。諸葛亮表請其罪，先主答曰：『芳蘭生門，不得不鋤』。」

【芳氣勝蘭】
芳香的氣息勝過蘭花。形容美人膚體芳香。漢・郭憲《洞冥記》：「帝所幸宮人名麗娟，年十四，膚柔軟，芳氣勝蘭。」

【芳卿可人】
芳卿：對人的敬稱；可人：使人滿意。指心愛的美人。元・王實甫《西廂記》五本一折：「張珙百拜奉啟芳卿可人妝次：自暮秋拜違，倏爾半載。」

ㄈㄤˊ

【防蔽耳目】
遮蔽耳朵和眼睛。指採取措施堵塞遮住他人視聽。《魏書・皇后傳》：「太后自以行不修，懼宗室所嫌，於是內為朋黨，防蔽耳目，肅宗所親幸者，太后多以事害焉。」

【防不及防】
見「防不勝防。」

【防不勝防】
勝：ㄕㄥ，能夠承擔、承受。要防備的太多，防備不過來。形容難以周備防範。《魯迅書信集・致楊霽雲》：「叭兒之類，是不足懼的，最可怕的確是口是心非的所謂『戰友』，因為防不勝防。」也作「**防不及防**」。《野叟曝言》六七回：「可見小人之伺君子，每於所忽，有防不及防者也。」

【防患未然】
未然：沒有成為事實。在禍患沒有發生之前就加以預防。《三俠五義》一二回：「蔣完著急道：『防患未然。』……除非是此時包公死了，萬事皆休。」也作「**防禍未然**」。禍：災難。例天氣乾燥，容易發生火災，各單位要採取必要措施，防禍於未然。

【防禍未然】
見「防患未然」。

【防萌杜漸】

見「防微杜漸」。

【防民之口，甚於防川】

川：大河。禁止百姓說話，難於防止大河決堤。意謂箝制輿論，勢必招致極其嚴重的禍害。《國語・周語上》：「王喜，告召公曰：『吾能弭謗矣，乃不敢言！』召公曰：是障之也。防民之口，甚於防川。川壅而潰，傷人必多。民亦如之。」也作「**防民之口，甚於防水**」。《史記・周本紀》：「防民之口，甚於防水，水壅而潰，傷人必多，民亦如之」也作「**防人之口，甚於防川**」。《晉書・孔嚴傳》：「古人爲政，防人之口，甚於防川。」

【防民之口，甚於防水】

見「防民之口，甚於防川」。

【防人之口，甚於防川】

見「防民之口，甚於防川」。

【防微杜漸】

杜：杜絕，堵塞；漸：事物的開始。在錯誤、壞事或危險等剛露出苗頭或徵兆時，就加以制止，不讓其蔓延發展。宋・蘇軾《論周穜擅議配享自劾札子》：「自高後至文、景、武、宣，皆行此法，以尊宗廟，重朝廷，防微杜漸，蓋有深意。」也作「**防微以漸**」。以：連詞。《三國志・魏書・明帝紀》：「[詔曰]先帝著令，不欲使諸王在京都者，謂幼主在位，母后攝政，防微以漸，關諸盛衰也。」也作「**防萌杜漸**」。萌：萌芽。《舊唐書・太宗本紀上》：「朝臣多有諫者，曰：先王制法，有以兵刃至御所刑之，所以防萌杜漸，備不虞也。」

【防微慮遠】

慮：思考。對錯誤、壞事或危險的徵兆剛一出現，就要加以制止，對長遠的計畫安排要深思熟慮。唐・鄭亞《唐丞相太尉衛國公李德裕會昌一品制集序》：「由是洞啟宸衷，大破羣議，運籌制勝，舉無遺策，防微慮遠，必契神機。」

【防微以漸】

見「防微杜漸」。

【防芽遏萌】

遏：阻止；萌：萌芽。在錯誤或危險剛剛萌芽時，就加以遏制。《三國志・吳書・孫奮傳》：「大行皇帝覽古戒今，防芽遏萌，慮於千載。」

【防意如城】

意：欲念。像守城防敵來遏制自己的私欲。宋・周密《癸辛雜識別集下・守口如瓶》：「富鄭公有『守口如瓶，防意如城』之語。」

【防賊之心不可無】

謂對賊人要隨時提高警惕。例在現今社會上，治安敗壞，人心難測，所以「防賊之心不可無」是最好的自保之道。

【妨功害能】

妨：損害壓抑。壓抑損害有功勞有才能的人。漢・李陵《答蘇武書》：「聞子之歸，賜不過二百萬，位不過典屬國，無尺土之封，加子之勤；而妨功害能之臣，盡爲萬戶侯；親戚貪佞之類，悉爲廊廟宰。」

【房倒壓不殺人，舌頭倒壓殺人】

房子倒塌不一定把人壓死，流言蜚語卻可以把人害死。《金瓶梅詞話》七八回：「小的平白管他這勾當怎的？小的等閒也不往他屋裏去。娘也少聽韓回子老婆說話，他兩個爲孩子好不亂嚷。常言：要好不能勾，要歹登時就一篇。房倒壓不殺人，舌頭倒壓殺人。」

【房頂開門——六親不認】

六親：泛指親屬。究竟指哪些親屬說法不一，較早的一種說法是指父、母、兄、弟、妻、子。所有親戚，一概不識。①比喻不通人情世故。例不要去看他了，這個人是房頂開門——六親不認，不與任何人往來。②比喻鐵面無私，不徇私情。例黎鐵是一個房頂開門——六親不認的人，即使兒子犯法，他也會嚴加懲處的。

【房頂落雪——無聲無息】

比喻沒有反響或默無聲息。例文章發表已三天了，仍然是房頂落雪——無聲無息。看來，它的價值並沒有原來估計的那麼大。也作「**房頂落雪——不聲不響**」、「**鐵錘掉在橡皮上——無聲無息**」、「**雞毛打鼓——無聲無息**」、「**石子投進水裏——沒有回響**」、「**雪花落進大塘裏——不聲不響**」。

【房頂上扒窟窿——不是門】

比喻門路不對，行不通。例你花費的力氣不小，事情還是失敗了，看來你的辦法是房頂上扒窟窿——不是門。

【房頂上的冬瓜——兩邊滾】

見「牆上的冬瓜——兩邊滾」。

【房頂上栽花——難交（澆）】

交：「澆」的諧音。比喻爲人性情孤僻，不善交往，或很難結交。例此人文章內容無可非議，只是其爲人性情房頂上栽花——難交（澆）。

【房間裏鬧鬼——怪物（屋）】

比喻性情古怪的人。例別人說老杜頭是房間裏鬧鬼——怪物（屋），其實不然。就拿他冬天臥冰的事來說，不過是鍛鍊身體而已。

【房梁上掛雞子兒——懸蛋】

雞子兒：雞蛋。比喻情況危險。例剛下井，我就暈頭轉向，看來，幹礦工這一行，算是房梁上掛雞子兒——懸蛋了。

【房梁上掛暖壺——高水平（瓶）】

見「飛機上掛暖壺——高水平（瓶）」。

【房梁上睡覺——翻不了身】

比喻無力擺脫困境。例他夫妻倆未實行計畫生育，孩子太多，在經濟上，幾年內恐怕是房梁上睡覺——翻不了身啦。也作「**房梁上睡覺——難翻身**」、「**駱駝打滾——翻不了身**」、「**老太太打跟頭——翻不了身**」、

「烏龜背著地——翻不了身」、「屋梁上睡覺——難翻身」。

【房梁上貼告示——天知道】

告示：布告，機關或團體張貼在外面通告羣衆的文件。①表示不知道。例你說昨天來找過我，房梁上貼告示——天知道。②指難以理解或無法分解。例你總說自己做的事完全正確，房梁上貼告示——天知道。

【房謀杜斷】

房、杜：唐太宗時的宰相房玄齡和杜如晦。《新唐書・杜如晦傳》：「如晦長於斷，而玄齡善謀，兩人深相知，故能同心濟謀，以佐佑帝。」後用「房謀杜斷」形容才能全面或多謀善斷。宋・劉克莊《謝丞相啟》：「伏遇某官有伊訓說命之學，兼有房謀杜斷之長。」

【房上好走馬，只怕躧破瓦；冬瓜做碓嘴，只怕搗出水】

躧：ㄒㄧˇ，踐踏。房上走馬，踏破房瓦；冬瓜做杵，一搗就爛。比喻計謀拙劣，無法成功。明・楊愼《丹鉛總錄》卷一六：「唐太宗議封建，李百藥以爲不可，魏徵以爲事雖至善，時即未遑，而有五不可之說，其度之審矣。顏師古則欲封建與郡縣並行，王侯與守令偕處。不近於古之中立兩可，今之阿意二說乎！諺云：『房上好走馬，只怕躧破瓦；冬瓜做碓嘴，只怕搗出水。』其師古之類也。」

【房無一間，地無一壠】

形容貧窮到了極點。例小劉這幾年過的日子，已經淒涼到房無一間，地無一壠的地步，和過去揮金如土的他相比，簡直是今非昔比。

【房檐滴水——點點不差】

比喻完全正確或準確無誤。例你對這次報告的傳達是房檐滴水——點點不差，我沒有什麼可補充的。也作「屋檐水滴石板——一點不差」。

【房檐滴水——照道描】

比喻照著辦或跟著學。例這件事好辦，房檐滴水——照道描，我們就按老師的行動而行動。

【房檐上逮雞——不好捉弄】

比喻難辦。例你要辦的這件事，眞是房檐上逮雞——不好捉弄，我無能爲力，還是另請高明吧！也作「水牛吃麻雀——不好捉弄」。

【房檐上的冰凌柱兒——根子在上邊】

冰凌柱兒：雪後檐頭滴水凝成的錐形的冰柱，也叫冰溜子、冰棱、冰錐。比喻事情發生的根本原因或發難者來自上面。例啊，原來試圖取消生產新產品的計畫者來頭不小哇！房檐上的冰凌柱兒——根子在上邊。也作「房檐前掛著的冰棱——根子在上頭」、「房檐上的冰溜子——根兒在上頭」。

【房檐上吊著的魚——乾起來啦】

乾：沒有水分或水分很少。雙關語。比喻慢待，或置之不理。例昨天，幾位客人去訪問章先生，這位古怪的老人竟讓他們像房檐上吊著的魚——乾起來啦。

【房檐上掛的大蔥——葉爛根枯心不死】

見「吊在房檐上的大蔥——葉黃皮乾心不死」。

【房檐上玩把戲——不要命了】

把戲：雜技的俗稱。比喻做危險到了極點的事。例這年頭闖關東，說不好聽的話，就是房檐上玩把戲——不要命了。也作「放著熱酒不喝喝鹵水——不要命了」。

【房檐頭上逮雞——不好捉摸】

雙關語。比喻猜測不出來或難猜測。例他昨天的一席話，恰似房檐頭上逮雞——不好捉摸，我們研究了半天，也沒明白是什麼意思。

【魴魚赬尾】

魴：一種淡水魚；赬：赤色。魴魚的尾變紅了。比喻人過度憂愁勞累。《詩經・周南・汝墳》：「魴魚赬尾，王室如燬。」毛亨傳：「赬，赤也；魚勞則尾赤。」

ㄈㄤˇ

【紡車頭上出黃金】

比喻辛勤勞動可以致富。清・王有光《吳下諺聯》卷三：「紡車頭上出黃金。紡車，古時用以繅絲辟纑，後世更有棉花成紗，皆由車出。一家內助，以濟食力，此猶未足稱出黃金也。此而績之，爲布爲繒等物，足以衣被天下……不啻黃金遍地矣。」

【紡織廠的下腳料——千絲萬縷】

下腳料：原材料加工、利用後剩下的碎料。形容事物之間的複雜聯繫。例雙方間的關係就像紡織廠的下腳料——千絲萬縷，你們想要一刀切斷，不可能，也沒有必要。

ㄈㄤˋ

【放暗箭】

指乘人不備偷偷射人一箭。比喻暗中傷人的行爲或陰謀詭計。例你自以爲很會對付別人，善於保護自己。對那幫慣會放暗箭的，你會應付嗎？也作「放冷箭」。例姓曹的陷害別人是不擇手段的，你一定要提防他放冷箭傷人。

【放包袱】

包袱：用布包裹東西的包兒。比喻各種思想負擔。放包袱即放下、丟掉種種思想或行動的負擔。例要讓大家眞正放包袱，就必須做深入細致的思想工作，解決實際問題。

【放長條】

比喻人直挺挺地躺著，什麼事也不做。例這孩子自從此次遭打擊以後，哪兒都不去了，下了班就在家裏放長條，你說傷不傷腦筋？

【放長線，釣大魚】

比喻經過曲折隱蔽的手段達到目的。例對於這筆生意，我們得放長線，釣大魚，先與對方建立良好的關係，再進一步博取其對我們的信任感，最後目標才有可能成功。

【放出去的風箏——越飛越遠】

風箏：一種玩具，在竹篾做的架子上糊紙或絹，拉著繫在上面的長線，趁著風勢，可以放上天空。比喻無法或難以控制。例他的思緒好像放出去的風箏——越飛越遠。

【放達不羈】

放達：縱放曠達，言行不拘禮法；羈：約束。行為放縱，不受世俗禮法的約束。《醒世恒言》卷二七：「一生好酒任俠，放達不羈，有輕財傲物之志。」

【放誕不羈】

見「放誕不拘」。

【放誕不拘】

放誕：言行放肆；拘：拘束。言行放肆，不受拘束。宋・司馬光《溫公續詩話》：「韓退處士，絳州人，放誕不拘，浪跡秦晉間，以詩自名。」也作「放涎不羈」。羈：約束。《老殘遊記續集》五回：「這赤龍子年紀最小，卻也最放涎不羈的。」也作「放縱不拘」。《漢書・遊俠傳》：「竦博學通達，以廉儉自守，而遵放縱不拘，操行雖導，然相親友。」

【放誕風流】

放誕：縱放不受約束。言行放縱，不受禮法約束。清・尤侗《瑤宮花史小傳》：「其標韻如此，花史年少，放誕風流，既為情死，眉黛間常有恨色。」

【放蕩不羈】

放蕩：放縱，行為不檢點；羈：約束。行為放縱，不受約束。《晉書・王長文傳》：「少以才學知名，而放蕩不羈，州府辟命皆不就。也作「放浪不羈」。放浪：不受拘束。《警世通言》卷二六：「詞賦詩文，一揮而就。為人放浪不羈，有輕世傲物之志。」也作「放縱不羈」。《晉書・外戚傳》：「濛少時放縱不羈，不為鄉曲所齒，晚節始克己勵行，有風流美譽，虛己應物。恕而後行，莫不敬愛焉。」

【放蕩形骸】

見「放浪形骸」。

【放到案板上的肉——提起一條，放下一堆】

比喻無所作為，不論發生什麼情況，反正就是那麼一回事。例批評有什麼用呢？他這個人反正是放到案板上的肉——提起一條，放下一堆，破罐破摔，沒有悔改的打算。

【放刁撒潑】

放刁：耍無賴，欺負人；撒潑：撒賴，不講理。指舉止橫蠻無賴。元・無名氏《陳州糶米》楔子：「俺兩個全仗俺父親的虎威，拿粗挾細，揣歪捏怪，幫閒鑽懶，放刁撒潑，那一個不知我的名兒。」

【放飯流歠】

放飯：大口吃飯而飯粒亂撒；流歠（ㄔㄨㄛˋ）：大口喝湯而湯水從口角流出來。指不顧體面地大吃大喝。《孟子・盡心上》：「放飯流歠，而問無齒決，是之謂不知務。」

【放歌縱酒】

縱：放任。縱情飲酒歌唱，不加節制。形容開懷盡興。唐・杜甫《聞官軍收河南河北》詩：「白日放歌須縱酒，青春作伴好還鄉。」

【放虎歸山】

把猛虎放回山林。比喻放走敵手，後患無窮。《東周列國志》四五回：「武夫千辛萬苦，方獲此囚，乃壞於婦人之片言耶！放虎歸山，異日悔之晚矣！」也作「放虎遺患」。遺患：留下禍患。唐・陳子昂《上西蕃邊州安危事》：「今阻其善意，逆其歡心，古人所謂放虎遺患，不可不察。」也作「放虎於山」。《資治通鑑・唐高祖武德元年》：「李密狡猾好反，今遣之，如投魚於泉，放虎於山。」

【放虎歸山——後患無窮】

患：禍患，災難；窮：窮盡。比喻放走惡人，會帶來無盡的禍患。例不經過懲罰就釋放這幫匪徒，將是放虎歸山——後患無窮。也作「放虎歸山——留下禍根」、「沙子築壩——後患無窮」、「打蛇不死——後患無窮」。

【放虎遺患】

見「放虎歸山」。

【放虎於山】

見「放虎歸山」。

【放虎自衛】

放出老虎來保衛自己。比喻行為悖謬，自招災禍。清・許楣《糧勇歌》：「得緩須臾策亦妙，放虎自衛且勿誚。」

【放火自燒身】

比喻自作自受。茅盾《子夜》七：「而這一切，都是為的他和趙伯韜等四人在幕後作怪，而他們自己也弄成放火自燒身，看來是不得了的！」

【放空炮】

比喻光說不做、許諾不兌現。例大伙請相信我，這回我絕不放空炮了，一定認眞做好工作。

【放空氣】

比喻散布某種消息，製造某種氣氛。例有些人閒極無聊就放空氣，一會兒說誰要升官，一會兒又說某人犯了錯誤，好像天底下的事都歸他掌握似的。

【放浪不羈】

見「放蕩不羈」。

【放浪形骸】

放浪：放蕩，不受拘束；形骸：形體。行為放任，不拘禮儀。《舊唐書・姚崇傳》：「優游園沼，放浪形骸，人生一代，斯亦足矣。」也作「放蕩形骸」。元・無名氏《爭報恩》二折：「盡著他放蕩形骸，我可也……心兒裏忍耐。」

【放了一把邪火】

比喻造謠誣陷。《紅樓夢》七回：「他女兒笑道：『你老人家倒會猜。實對你老人家說，你女婿前兒因多吃了兩杯酒，和人分爭，不知怎的被人放了一把邪火，說他來歷不明，告到衙門裏，要遞解還鄉。』」

【放冷風】

比喻散布流言蜚語和消極論調。例只要咱們有必勝的信心，就不怕有人放冷風。也作「刮冷風」。

【放冷箭】

比喻乘人不備，背後要手腕害人。例你要去的單位，情況複雜，要提高警惕，小心別人放冷箭。

【放龍入海】

把蛟龍放回大海。比喻放走敵手，留下後患。《三國演義》二一回：「昔劉備為豫州牧時，某等請殺之，丞相不聽；今又與之兵：此放龍入海，縱虎歸山也。」

【放馬後炮】

馬後炮，象棋術語，借指事後的舉動。比喻事情已經過去了，才發表議論，採取措施，為時已晚。《野叟曝言》二九回：「人已死了，在這裏放馬後炮，可是遲了。」

【放命圮族】

見「方命圮族」。

【放牛歸馬】

把牛馬放歸山野。《尚書・武成》：「乃偃武修文，歸馬於華山之陽，放牛於桃林之野，示天下弗服。」後用「放牛歸馬」比喻戰爭結束，不再用兵。清・侯方域《贈季弟序》：「吾祖父遭明代盛時，二百年之間，放牛歸馬，天下習之。」

【放屁扭着腰——倒霉透了】

比喻運氣壞極了，做事非常不順利。例最近，他事事不如意，處處碰釘子，簡直是放屁扭著腰——倒霉透了。也作「喝涼水塞牙縫——倒霉透了」、「曹操遇蔣幹——倒霉透了」。

【放屁踢響瓜——趕對點了】

指偶然的機會碰上的。例他是一個業餘氣象愛好者，也曾準確地預測到過幾次災害，不過有人說他是放屁踢響瓜——趕對點了。

【放屁添風】

比喻多少可以起點作用。《西遊記》七五回：「行者道：『兄弟，你雖無甚本事，好道也是個人。俗云：「放屁添風。」你也可以壯我些膽氣。』」

【放辟邪侈】

放：放任，恣縱；辟邪：偏邪不正；侈：放縱。任意放縱胡為。《孟子・梁惠王上》：「苟無恒心，放辟邪侈，無不為己。」

【放槍脫了靶——白跑了一趟】

脫靶：打靶時沒有擊中目標。雙關語。比喻去了一次，沒有效果，或沒有達到目的。例前幾天，我到鋼鐵廠去，請求他們支援一點生產用的鋼材，結果是放槍脫了靶——白跑了一趟，他們計畫外的鋼材早已分配完了。

【放情丘壑】

放：恣縱；壑：山溝。恣縱情懷於山丘溝澗之中。形容沉迷於山水遊樂，不重世情。《晉書・謝安傳》：「安雖放情丘壑，然每遊賞，必以妓女從。」

【放任自流】

放任：任意放縱，聽其自然；自流：自由流動。任其自然發展或自由行事，不加干涉。例對這種不顧他人的行為，絕不能放任自流。

【放上了砧板的肉——想割就割】

砧板：用來剁肉切菜的木板，也叫案板。比喻完全掌握了別人的命運，想怎麼擺佈就怎麼擺佈。例在舊社會，地主對佃農就像放上了砧板的肉——想割就割，佃農怎敢說半個「不」字呢！

【放鬆一步，倒退千里】

謂任何時候都不能放鬆。例當我們踏出校門進入社會，成為職場一份子之後，時時刻刻都要充實自己，否則放鬆一步，倒退千里，很容易就落於人後了。

【放禿尾巴鷹】

比喻有去無回。老舍《駱駝祥子》八：「告訴你祥子，擱在兜裏，一個子永遠是一個子！放出去呢，錢就會下錢！沒錯兒，咱們的眼睛是幹什麼的？瞧準了再放錢，不能放禿尾巴鷹。」

【放衛星】

比喻做出特別巨大的成績。例今年我們廠的產量要極力爭取放衛星。

【放下包袱】

比喻放下思想上的負擔。例如果你想大力整頓公司內部沈痾已久的弊病，就必須放下包袱，和員工們重新建立共識。

【放蚊入帳——自找麻煩】

比喻自討沒趣，或使自己費事，增加負擔。例與那種陰險毒辣、損人利己的人打交道，是放蚊入帳——自找麻煩。也作「頭上撒蟣子——自找麻煩」、「拔草引蛇——自我麻煩」、「騎驢扛麻袋——自找麻煩」。

【放下架子】

比喻不再自高自大，不再裝模作樣。例只有放下架子，才能接近羣眾，了解民情。

【放下屠刀】

見「放下屠刀，立地成佛」。

【放下屠刀，立便成佛】

見「放下屠刀，立地成佛」。

【放下屠刀，立地成佛】

立地：立即，馬上。只要放下手中的屠刀，立即就能修成正果。本是佛教勸人改惡從善的話。後比喻作惡的人，只要決心改過自新，就能很快成為好人。《兒女英雄傳》二一回：「從來說：『孽海茫茫，回頭是岸；放下屠刀，立地成佛。』」也作「放下屠刀，立便成佛」。明・彭大翼《山堂肆考・徵集》卷一：「屠兒在涅槃會上，放下屠刀，立便成佛」。也作「放下屠刀」。《北洋軍閥統治時期史話》七三章：「乞求軍閥們放下屠刀，是無濟於事的。」

【放下屠刀，立地成佛——改惡從善】

指不再作惡犯罪，決心改過自新。例只要你放下屠刀，立地成佛——改惡從善，重新做人，大家還是寬恕和歡迎你的。

【放下一星火，能燒萬仞山】

仞：古時八尺或七尺為一仞。放下一把火就會燒掉一座大山。比喻做點手腳就會造成大禍。《大紅袍全傳》一〇回：「將張老二的借券取了，詳細審理，看到一十兩這個一字，不覺拍掌笑道：『誰想我這頭妻子，卻在這一字上頭呢！』拿起筆來改了一個五字，便是五十兩……主意已定，將借券收好……正所謂：放下一星火，能燒萬仞山。」

【放鹹魚落塘——不知生死】

雙關語。比喻做事糊塗、冒失，不曉得危險。例聶成性格魯莽，缺少心眼，派他一人深入敵後，執行任務，是放鹹魚落塘——不知生死，還是換一個人為好。

【放梟囚鳳】

梟：ㄒㄧㄠ，一種凶猛的鳥。放走梟，拘禁鳳。比喻放縱惡人，虐待好人。《後漢書·劉陶傳》：「陳耽等上言］公卿所舉，率黨其私，所謂放鴟梟而囚鸞鳳。」

【放心托膽】

放心：消除戒心和憂慮；托膽：因有憑藉而膽大。心裏踏實，沒有顧慮或戒心。《何典》九回：「如今且把關前關後各路地面都收服了，使無後顧之憂，方可放心托膽殺上前去。」

【放心剚刃】

剚（ㄗˋ）刃：用刀劍刺入物體，也作「傳刃」。毫無顧忌地用刀刺人。比喻明目張膽地把人置於死地。魯迅《墳·雜憶四》：「可是這轉移是極容易的，雖曰國人要藉以洩憤的時候，只要給予一種特異的名稱，即可放心剚刃。」

【放鴨子】

比喻不加管束，任其像鴨子一樣自由活動。例有的老師責任心不強，樂得自己清閒，對學生放鴨子。

【放煙幕彈】

煙幕彈：一種爆炸後能放煙霧的砲彈。比喻製造輿論或假象以掩蓋事實的行為。例當他們的狐狸尾巴快被人抓住的時候，他們就造輿論，放煙幕彈，企圖矇混過關。

【放言高論】

放言：縱談，不加節制地大談。謂毫無顧忌、不加節制地高談闊論。宋·蘇軾《荀卿論》：「嘗讀《孔子世家》，觀其言語文章，循循莫不有規矩，不敢放言高論」。

【放言遣辭】

放：不加約束；遣辭：用詞造句。指毫無拘束地說話、寫文章。晉·陸機《文賦》：「放言遣辭，良多變矣。」

【放羊的去圈馬——亂套了】

圈馬：選擇馬匹時，用繩索將選定的馬套住。放羊的不會套馬，只好亂套。雙關語。比喻亂了次序或秩序，造成混亂。例這次活動沒有統一的指揮，整個隊伍就像放羊的去圈馬——亂套了。也作「牛犢拉車——亂了套」、「大水灌蟻穴——亂了套」、「兔子當牛使——亂套了」、「先穿靴後穿褲——亂套了」、「串馬尥蹶子——亂了套」、「雞捉耗子狗打鳴——亂套了」、「兔子當牛使——亂了套」、「瞎騾子打裏——亂套」、「竹竿桶馬蜂窩——亂套了」。

【放羊撿牛糞——捎帶活】

比喻順便或附帶做的事情。例不用客氣了，這件事對他來說，是放羊撿牛糞——捎帶活，不需花多大力氣。也作「放羊的拾柴禾——捎帶」、「摟草打兔子——捎帶活」。

【放意肆志】

放：不加約束；肆：任意。放任意志，縱情抒懷。形容隨意吟咏，無拘無束。宋·蘇軾《超然臺記》：「時相與登覽，放意肆志焉。」

【放鷹逐犬】

放：縱放；逐：驅趕。縱放獵鷹，驅趕著獵犬。指打獵。《說岳全傳》三二回：「忽一日帶了二三百家將往鄉村打圍作樂，一路來到一個地方，名為孟家莊，一衆人放鷹逐犬。」

【放在腦後】

比喻完全忘記。例這件事非同小可，你千萬別把它放在腦後了。

【放在眼裏】

比喻受重視、被人看得起。例她知道自己微不足道，主管從來也不把她放在眼裏，但她並不在乎，依然默默地做著自己份內的工作。

【放著的琴——沒有定弦】

指沒有打定主意，或沒有固定的主意。有時指結局尚未確定。例我是否參加在新加坡舉行的國際學術討論會，到現在還是放著的琴——沒有定弦。也作「放著的琴子——還沒定弦」。

【放著鵝毛不知輕，頂著磨盤不知重】

分不清鵝毛和磨盤的輕重。比喻不識好歹。《醒世恆言》卷三：「九阿姐……方才告訴我許多話，說你不識好歹，放著鵝毛不知輕，頂著磨盤不知重，心下好生不悅，教老身來勸你。」

【放著河水不行船】

比喻放棄了有利條件。例醫學院畢業的小陳出身於名門世家，照道理可以一路平步青雲的出國唸書，學成歸國後，再至自家的證券公司擔任總經理職位，但他為了堅持自己服務人羣的理想，寧願獨自一人下鄉行醫，放棄這些得天獨厚的條件，在許多人眼裏看來，實在是「放著河水不行船」，太傻了。也作「放著河水不洗船」。《金瓶梅詞話》七四回：「你凡事但有個不瞞我，我放著河水不洗船，好做惡人？」

【放着熱酒不喝喝鹵水——不要命了】
鹵水：鹽鹵，能使蛋白質凝固，人如果喝過了量，就有生命危險。見「房檐上玩把戲——不要命了」。

【放之四海而皆準】
四海：古人認爲中國四面環海，故以「四海」指全國各地，今亦指全世界；準：正確。謂眞理具有普遍性，在任何地方都是正確的。《禮記·祭義》：「夫孝……推而放諸東海而準，推而放諸西海而準，推而放諸南海而準，推而放諸北海而準。」

【放諸四夷】
見「放諸四裔」。

【放諸四裔】
放：放逐；諸：之於；四裔：四方邊遠的地方。放逐到四方邊遠之地。魯迅《二心集·做古文和做好人的秘訣》：「或者如果都不贊成，那也可以臨末聲明：『雖窮淫虐之威，而究有君臣之分，君子不爲已甚，竊以爲放諸四裔可矣』的。」也作「放諸四夷」。四夷：舊時漢族統治者對華夏以外少數民族的蔑稱，泛指四方邊遠之地。魯迅《對於批評家的希望》：「我所希望的不過願其有一點常識，例如……出洋留學和『放諸四夷』的區別。」

【放縱不羈】
見「放蕩不羈」。

【放縱不拘】
見「放誕不拘」。

【放縱馳蕩】
放縱：放任，不循常軌；馳：快跑；蕩：無事閒逛。指任意亂跑閒逛，無所拘束。《紅樓夢》一九回：「[寶玉]近來仗著祖母溺愛，父母亦不能十分嚴緊拘管，更覺放縱馳蕩，任情恣性，最不喜務正。」

ㄈㄥ

【丰標不凡】
丰姿儀態不同凡響。《二刻拍案驚奇》卷一七：「有個聞舍人，下在本店，丰標不凡，願執箕帚。」

【丰神綽約】
見「丰姿綽越」。

【丰神異彩】
神態豐腴，有著奇異的光彩。形容人精神好，容光煥發。《羣音類選〈金貂記·鄂公慶壽〉》：「尤妙，晚景逍遙，丰神異彩，德類傳伊周召。」

【丰姿綽約】
綽約：姿態柔美的樣子。身姿體態豐腴柔美。例畫中的美女豐姿綽約，艷麗動人。也作「丰神綽約」。《初刻拍案驚奇》卷一七：「那回觀看的，何止挨山塞海，內中有兩個女子，雙鬟高髻，並肩而立。丰神綽約，宛然若並蒂芙蓉。」

【豐城劍】
見「豐城寶劍」。

【豐城劍氣】
《晉書·張華傳》載：吳滅、晉興之際，斗牛間常有紫氣，晉尚書張華請教雷煥，雷煥說是寶劍的精氣，在豐城。於是張華任雷煥爲豐城令，「煥到縣，掘獄屋基，入地四丈餘，得一石函，光氣非常，中有雙劍，並刻題，一曰龍泉，一曰太阿。其夕，斗牛間氣不復見焉。」後用「豐城劍氣」形容物的靈光寶氣或人的才華、聲望。也作「豐城紫氣」。清·蒲松齡《又與鄒平張啟》：「風流蘊藉，想漢殿之垂楊；博物恰聞，識豐城之紫氣。」也作「豐城氣」。唐·楊炯《和劉長史答十九兄》詩：「寶劍豐城氣，明珠魏國珍。」也作「豐獄氣」。五代前蜀·韋莊《同和薛先輩見寄初秋寓杯之作韵》詩：「但埋豐獄氣，未發爨桐音。」

【豐城龍劍】
《晉書·張華傳》載：晉時豐城令雷煥在獄屋基下，掘出一石匣，裏面裝有龍泉、太阿兩柄寶劍，是劍中之寶。後用「豐城龍劍」比喻寶物或才能傑出的人。金·元好問《贈答平陽仇舜臣》詩：「滄海驪珠能幾見，豐城龍劍不終藏。」也作「豐城劍」。唐·元稹《景申秋》詩之八：「鮫綻豐城劍，蟲凋鬼火書。」也作「豐城之劍」。北周·庾信《謝趙王賚絲布等啟》「從雲夢之田，不逾此樂；得豐城之劍，未均斯喜。」

【豐城氣】
見「豐城劍氣」。

【豐城之劍】
見「豐城龍劍」。

【豐城紫氣】
見「豐城劍氣」。

【豐富多彩】
形容內容豐富，精彩出色。例初次了解他豐富多彩的生活，我才明白他爲何天天笑口常開。

【豐干饒舌】
豐干：一作「封干」，唐朝和尚；饒舌：多嘴，嘮叨。《景德傳燈錄》卷二七載：閭丘胤忽患頭痛，醫莫能愈。豐干禪師以淨水治好。閭將去台州作太守，乞示此去之兆。「豐干禪師曰：『若到任，須謁文殊、普賢。在天台國淸寺執爨洗器者，寒山、拾得也。』閭訪之，見二人致拜。寒山、拾得笑曰：『豐干饒舌』。」後用「豐干饒舌」比喻多嘴，管閒事。清·王韜《淞隱漫錄》卷川：「道士踉蹌遁走，見者無不鼓掌大笑，謂處置若輩，宜以此法，孰令其豐干饒舌哉！」

【豐功厚利】
豐：大；厚：大。功績大，得利多。漢·班彪《王命論》：「帝王之祚，必有明聖顯懿之德，豐功厚利積累之業。」

【豐功懋烈】

見「豐功盛烈」。

【豐功盛烈】

豐：大；烈：功業。偉大的功勛和業績。宋・歐陽修《相州晝錦堂記》：「其豐功盛烈所以銘彝鼎而被弦歌者，乃邦家之光，非閭里之榮也。」也作「豐功懋烈」。

【豐功偉績】

豐：大。偉大的功勞業績。宋・包拯《天章閣對策》：「睿謀神斷，豐功偉績，歷選明辟，未之前聞。」也作「豐功偉業」。例先生的豐功偉業，已舉世聞名。也作「豐功偉烈」。烈：功業，功績。宋・王仲旉《南都賦》：「吾之徒聞孝王之遺風舊跡，不睹大宋之豐功偉烈。」

【豐功偉烈】

見「豐功偉績」。

【豐功偉業】

見「豐功偉績」。

【豐亨豫大】

豐：卦名，指財多德高；亨：通達順利；豫：逸豫，閒暇遊樂；大：意義宏大。《周易・豐》：「豐，亨，王假之。」《周易・豫》：「豫之時義大矣哉。」後用「豐亨豫大」形容興盛富足的太平安樂景象。《宋史・蔡京傳》：「時承平既久，帑庾盈溢，京倡爲豐亨豫大之說，視官爵財物如糞土，累朝所儲掃地矣。」

【豐肌膩理】

膩理：細膩的肌理。豐潤細膩的肌理。多指詩文書畫等筆法細膩，而雄健不足。《舊唐書・楊炯傳》：「許景先之文，如豐肌膩理，雖穠華可愛，而微少風骨。」

【豐肌弱骨】

豐潤的肌膚，嫩弱的骨骼。形容女子或花朵豐潤嬌豔。宋・范成大《園丁折花七品各賦一絕・壽安紅》：「豐肌弱骨自喜，醉暈妝光總宜。」也作「豐肌秀骨」。例那園中的牡丹，豐肌秀骨，姿態萬千。

【豐肌秀骨】

見「豐肌弱骨」。

【豐筋多力】

筋腱豐滿，多有力量。比喻字體結構豐滿，筆力強勁。例先生之書法自成一家，議者謂其豐筋多力，有雲游雨驟之勢。

【豐年補敗】

用豐收之年的儲備來補救荒歉之年。漢・桓寬《鹽鐵論・散不足》：「古者兇年不備，豐年補敗，仍舊貫而不改作。」

【豐年稔歲】

稔：莊稼成熟。莊稼成熟，農業豐收的好年頭。元・劉唐卿《降桑椹蔡順奉母》一折：「八方肅靖，東夷西戎仰化，南蠻北狄歸降，貢麟鳳獻瑞呈祥，產禾苗豐年稔歲。」

【豐年要當歉年過，有糧常想無糧時】

謂過日子要節儉，不可大手大腳。例看看現在的年輕人，揮金如土、生活奢侈，實在讓我想大聲疾呼：「豐年要當歉年過，有糧常想無糧時。」

【豐年珠玉，儉年穀粟】

豐年收成好，珠寶玉器受到重視；年成不好，最受重視的莫過於糧食了。謂物的價值，因時而異。元・翟思忠《魏鄭公諫續錄》卷上：「太宗曰：『鐵之爲用無處不須，至於金銀，玩好而已，不知何意人皆愛之？』公曰：『兵仗農器非鐵不可，金銀珠玉，唯有豐年人以爲貨。故諺云：豐年珠玉，儉年穀粟。』」

【豐取刻與】

豐：多；刻：刻薄。搜括的多，給予的少。形容統治者的貪婪與刻薄。《荀子・君道》：「上好貪利，則臣下百吏乘是而後豐取刻與，以無度取於民。」

【豐容靚飾】

靚（ㄐㄧㄥˋ）飾：擦粉畫眉的美麗裝飾。豐潤的容貌，美麗的妝飾。《後漢書・南匈奴傳》：「昭君豐容靚飾，光明漢宮，顧景裴回，竦動左右。」

【豐容盛鬋】

鬋：ㄐㄧㄢˇ，下垂的鬢髮，泛指頭髮。豐腴的容貌，厚盛的長髮。形容女子豐盈而美貌。《孽海花》三一回：「後一個是豐容盛鬋，光彩照人。」

【豐殺隨時】

豐：增加；殺：裁減；時：時代。謂增減隨時代而變。《晉書・禮志中》「禮典軌度，豐殺隨時，虞、夏、商、周咸不相襲，蓋有由也。」

【豐上銳下】

銳：尖。上面豐滿，下面尖銳。形容人額頭寬大，兩頰瘦削。《遼史・太祖本紀》：「[太祖]既長，身長九尺，豐上銳下，目光射人。」也作「豐上殺下」。《淮南子・道應訓》：「盧敖遊乎北海，至於蒙谷之上，見一士焉，深目而元鬢，淚汪而鳶肩，豐上而殺下，軒軒然方迎風而舞。」

【豐上殺下】

見「豐上銳下」。

【豐收年景的糧囤子——冒尖兒】

囤（ㄉㄨㄣˋ）子：盛糧食的器具，用席箔圍成或用竹篾、荊條等編成。雙關語。比喻成績優異或表現突出。例她學習積極、努力，在農業學校畢業時，成績就已經像豐收年景的糧囤子——冒尖兒了，現在又有了很大的進步。

【豐衣美食】

豐盛的衣物，美味的食品。形容生活闊綽。《宋史・世家二・西蜀孟氏》：「[孟昶曰]吾父子以豐衣美食養士四十年，及遇敵，不能爲我東向發一矢。」

【豐衣足食】

豐富的衣物，充足的食物。形容生活

富足。《醒世恒言》卷三三：「也指望豐衣足食，不成只是這等就罷了！」

【豐獄氣】

見「豐城劍氣」。

【風兵草甲】

風吹草動都像是披甲執銳的追兵。形容人戰敗潰逃時極度驚恐的心理狀態。《水滸傳》九五回：「況我兵驚恐。凡杯蛇鬼車，風兵草甲，無往非摅志之物。」

【風波平地】

風波從平地而起。比喻突然發生的變故。明·許三階《節俠記·開宗》：「因輻輳舊日姻盟，潛歸去，風波平地，夫婦各飄零。」也作「平地風波」。

【風不可繫，影不可捕】

繫：拴。風是拴不住的，影子也不能抓住。原意說時光一去不復返。現用此比喻捕風捉影，憑空捏造，不可置信。《太平廣記》卷一七《裴湛》：「夫風不可繫，影不可捕。古人倦夜長，尚秉燭遊。況少年白晝而擲之乎？」

【風不來，樹不動；船不搖，水不渾】

比喻凡事都有個起因。《水滸傳》二〇回：「那張三見這婆惜有意以目送情，等宋江起身淨手，倒把言語來嘲惹張三。常言道：風不來，樹不動；船不搖，水不渾。』也作「風不吹不響，樹不搖不動」、「風不搖，樹不動」。

【風不鳴條】

見「風不鳴條，雨不破塊」。

【風不鳴條，雨不破塊】

鳴條：吹響樹枝；破塊：衝破土塊。和風輕拂，不使樹枝新條發出鳴響；細雨如絲，浸潤農田，不使受到損壞。形容太平盛世風調雨順的祥瑞景象。漢·王充《論衡·是應篇》：「儒者論太平瑞應……風不鳴條，雨不破塊，五日一風，十日一雨。」也作「風不鳴條」。清·淮陰百一居士《壺天錄》卷上：「休嘉之世，風不鳴條，吾不禁拭目望之。」

【風不搖樹不動——事出有因】

比喻事情的發生有一定的原因。例雖然查無實據，但風不搖樹不動——事出有因嘛！也作「無風不起浪——事出有因」。

【風餐露宿】

風裏吃飯，露天歇宿。形容路途或野外生活的艱苦。《老殘遊記》一回：「頃刻之間便上了車，無非風餐露宿，不久便到了登州。」也作「風餐露宿」。餐：晚飯。宋·陸游《壯士吟》詩：「風餐露宿寧非苦，且試平生鐵石心。」也作「風餐雨宿」。雨宿：在露天雨地裏息宿。《醒世姻緣傳》五回：「風餐雨宿，走了二十八個日頭，正月十四日，進了順城門，在河漕邊一個小庵內住了，安頓了行李。」

【風餐水棲】

見「風餐水宿」。

【風餐水宿】

在風雨裏吃飯，走水路時在船上住宿。形容旅途生活的艱苦。元·無名氏《合同文字》三折：「生受了些風餐水宿，巴的到祖貫鄉閭。」也作「風餐水棲」。棲：停留，住宿。明·沈受先《三元記·空歸》：「天寒歲暮，風餐水棲。只爲利繮名鎖，父子各東西。」也作「風飧水宿」。飧：ㄙㄨㄣ，晚飯。《二刻拍案驚奇》卷六：「……路由揚州過了長江，進了潤州，風飧水宿，夜住曉行，來到平江。」也作「風宿水飧」。《羣音類選〈虎符記·孫氏存兒〉》：「如今抱你來風宿水飧，不道你提抱之年也，歷盡人間行路難。」也作「水宿風餐」。

【風餐雨宿】

見「風餐露宿」。

【風僝雨僽】

僝、僽：ㄔㄢˊ、ㄓㄡˋ，折磨，擺佈。遭受風的折磨，雨的擺佈。形容歷經磨難。清·虞名《指南公·舉義》：「八十年兵豩—苦歷半生，蔘緯痛，如一昔風僝雨僽。」

【風車腦袋——隨風轉】

風車：利用風作動力的機械，由帶有風篷的風輪、支架及轉動裝置等構成；風車腦袋：指可隨風轉動的風輪比喻隨機應變，附和潮流；或見風使舵，對自己怎麼有利就怎麼做。例他這個人風車腦袋——隨風轉，講的話你可千萬信不得。也作「風車腦袋——順風轉」、「風車腦袋——哪股風硬，就順著哪股風轉」、「水裏的浮萍——隨風擺」、「池塘裏的荷葉——隨風擺」。

【風車雨馬】

風作車雨作馬。指神車神馬。唐·李商隱《燕台四首》：「風車雨馬不持去，蠟燭啼紅怨天曙。」也作「風車雲馬」。明·陳子龍《與客登任城太白酒樓歌》：「古來歷落吾輩人，風車雲馬知何極」。也作「風馬雲車」。宋·歐陽修《會聖宮頌》：「風馬雲車，其來仙仙，聖會於此。」

【風車雲馬】

見「風車雨馬」。

【風掣雷行】

掣：ㄔㄜˋ，拽、拉。風拉拽，雷奔行。形容像刮風、響雷一樣，速度極快。清·無名氏《遊越南記》：「洋場馬路，縱橫井井，雖不及上海之平坦，而馬車東洋車往來絡繹，風掣雷行。」

【風塵表物】

表：外。塵世之外的人物。比喻超羣脫俗的傑出人物。《晉書·王衍傳》：「王衍神姿高徹，如瑤林瓊樹，自然是風塵表物。」也作「風塵外物」。南朝宋·劉義慶《世說新語·賞譽》：「[王戎云]太尉神姿高徹，如瑤林瓊樹，自然是風塵外物。」也作「風塵物表」。宋·馬永易《實賓錄》：「晉王戎目王衍，自然是風塵物表。」

【風塵碌碌】
風塵：風吹塵沙打，喻世俗的擾攘；碌碌：辛苦的樣子。受風吹沙打，辛苦勞累。形容仕途上事務繁雜，辛苦忙碌。明．金鏞峒《按部涇原韓國主招宴暖泉》詩之一：「風塵碌碌惜年華，選勝陪遊帝子家。」也作「**碌碌風塵**」。

【風塵僕僕】
風塵：風吹塵揚，指行路艱辛；僕僕：疲勞的樣子。在路上受風塵吹打，非常勞累。形容旅途奔走忙碌的艱辛勞累。《痛史》八回：「三人揀了一家客店住下，一路上風塵僕僕，到了此時，不免早些歇息。」也作「**僕僕風塵**」。

【風塵外物】
見「風塵表物」。

【風塵物表】
見「風塵表物」。

【風塵之變】
見「風塵之警」。

【風塵之警】
風塵：飛塵揚沙，喻戰亂。指戰亂的警報。唐．楊炯《原州百泉縣令李君神道碑》：「皇階甫辟，猶勞尉候之虛；天步初夷，尙有風塵之警。」也作「**風塵之變**」。《晉書．陶璜傳》：「風塵之變，出於非常。」

【風成化習】
風：風俗；化：教化。風俗教化已形成習慣。指形成風氣。晉．葛洪《抱朴子．逸民》：「紛擾日久，求竟成俗，或推貨賄以龍躍，或階黨援以風起，風成化習，大道漸蕪。」

【風馳電掣】
馳：奔跑；掣：ㄔㄜˋ，閃過。像風一樣奔馳，電一樣閃過。形容速度極快。明．張四維《雙烈記．開宗》：「袖中三尺劍，嘆空自光芒貫日，倘一時離匣，風馳電掣，掃除妖魅。」也作「**風馳電擊**」。擊：接觸。《六韜．龍韜．王翼》：「奮威四人，主擇材力，論兵革，風馳電擊，不知所由伏。」也作「**風馳電逝**」。逝：奔馳。晉．嵇康《贈涙才入軍》詩：「風馳電逝，躡景追飛。」也作「**風馳電赴**」。赴：奔。《晉書．孫綽傳》：「南北諸軍，風馳電赴。」也作「**風馳電邁**」。邁：逝。南朝梁．蕭衍《北伐詔》：「岳動川移，風馳電邁；鐵馬方原，戈船千里。」也作「**風旋電掣**」。旋：旋轉。清．紀昀《閱微草堂筆記．如是我聞二》：「乃一手揮刀格鬥，一手擲婦於床上，如風旋電掣，已無蹤。」

【風馳電赴】
見「風馳電掣」。

【風馳電擊】
見「風馳電掣」。

【風馳電卷】
馳：奔馳；卷：大的力量將物卷起或裹住。像刮風閃電一樣速度快，力量大。唐．溫大雅《大唐創業起居注》一：「突厥所長，惟恃騎射……風馳電卷，不恒其陳。」也作「**風行電卷**」。唐．楊炯《唐右將軍魏哲神道碑》：「軍營對日，兵器橫天……然後風行電卷，斬將屠城。」

【風馳電邁】
見「風馳電掣」。

【風馳電逝】
見「風馳電掣」。

【風馳電掩】
馳：奔跑；掩：乘人不備。像風一樣快速，閃電一般突然。形容快速突襲。《南齊書．柳世隆傳》：「水步俱馳，破其巢窟……風馳電掩，襲其輜重。」

【風馳雨驟】
馳：奔跑；驟：急速。疾速的風雨。形容行動迅速猛烈。《舊五代史．謝彥章傳》：「每敦陣整旅，左旋右抽，雖風馳雨驟，亦無以喻其迅捷也，故當時騎士咸樂爲用。」

【風舂雨磑】
舂：ㄔㄨㄥ，用杵臼搗物；磑：ㄨㄟˋ，石磨，也指用石磨研磨。清．段玉裁《說文解字注》：「小蟲（一種比蚊子小的蠛蟲）似蚋，風舂雨磑。』謂其飛上下如舂則天風，回旋如礱則無雨。」礱：ㄇㄛˊ，即磨。後以「風舂雨磑」比喻事情發生前會出現某種徵兆。

【風傳一時】
傳：傳播。一時間像風一樣播散開來。形容某種議論一時間傳播很廣。《北洋軍閥統治時期史話》七五章：「一九二七年春天，南北停戰議和之說曾風傳一時。」

【風吹不動，浪打不翻】
比喻不會發生變化。例放心，今年的人事升遷案已決定，你榮升副總的事實是風吹不動，浪打不翻的。

【風吹草動】
風一吹草就晃動。比喻輕微的動靜或變故。《水滸傳》二三回：「倘有些風吹草動，武二眼裏認得是嫂嫂，拳頭卻不認得是嫂嫂。」也作「**風驚草動**」。驚：驚擾。宋．黃庭堅《南柯子》詞之二：「頂門須更下金槌。只恐風驚草，又生疑。」

【風吹燈草——心不定】
燈草：燈心草的莖的中心部分，極輕；心：指燈草。比喻心神不寧。例伍寧這兩天風吹燈草——心不定，有事不要去麻煩他了。

【風吹雞蛋殼，財去人安樂】
指捨棄錢財，求得平安過日子。例雖然家中遭竊是一件令人生氣又懊惱的事，但是你不妨秉持「風吹雞蛋殼，財去人安樂」的想法，這樣會好過一點。

【風吹葵花——不轉向】
比喻不改變方向，例在複雜的環境中，也要做到風吹葵花——不轉向。

【風吹浪打】
受風吹遭浪打。比喻遭遇險惡受磨難。清．洪昇《長生殿．埋玉》：「可憐一對鴛鴦，風吹浪打，直憑的遭強霸。」

【風吹梨樹——疙疙瘩瘩】

形容思想上有隔閡。有時也指辦事遇到麻煩。例他們之間是風吹梨樹——疙疙瘩瘩，應幫助調解調解。

【風吹連檐瓦，雨打出頭椽】

連著房檐的瓦先被風吹，露出瓦外的椽子先遭雨打。比喻出頭冒尖的人容易遭受打擊。張行《武陵山下》二六：「有個中年漢子緊攥著雙手，嘆息著說：『唉，風吹連檐瓦，雨打出頭椽，像高二佬這樣千個裏難選一個的人，死得好苦！』」

【風吹林子——一邊倒】

林子：樹林。比喻意見或辦法都傾向於某一方面。例今天的會議，是風吹林子——一邊倒，大家一致選舉汪君為秘書長。

【風吹落葉——一掃光】

比喻一點也不剩。有時指消滅乾淨。例嗬，你們把全部飯菜，風吹落葉——一掃光，我們後來者只有喝西北風了。也作「老和尚剃頭——一掃光」。

【風吹麥苗——一齊倒】

比喻全部倒下去。例我軍兩挺機槍同時掃射，敵人就像風吹麥苗——一齊倒，屍橫遍野。

【風吹嫩竹竿——穩不住神（身）】

神：〈方〉「身」的諧音。比喻心慌意亂，惶惶不安。例在這最後的決戰中，你面對的是世界冠軍，要冷靜沉著，可別風吹嫩竹竿——穩不住神（身）啊！也作「風吹大松樹——穩不住神（身）」。

【風吹牆頭草，東吹西倒，西吹東倒】

比喻人沒有氣節，誰得勢就依附誰。《五代史通俗演義》二九回：「俚語有云：『風吹牆頭草，東吹西倒，西吹東倒。』觀五代時之將吏，正與俚諺相符。」

【風吹牆頭草——兩邊倒】

比喻動搖不定，看風使舵。例他缺乏堅定的立場和主張，在重大的問題上，常常是風吹牆頭草——兩邊倒。

【風吹楊柳——左右搖擺】

比喻立場不穩，思想動搖。例在大事大非的問題上，不能風吹楊柳——左右搖擺。也作「空中踩綱絲——左右搖擺」、「風吹楊柳——搖擺不定」、「鴨子走路——左右搖擺」。

【風吹雨打】

①指花木建築等遭受風雨吹打。宋・辛棄疾《浣溪沙》詞：「未到山前騎馬回，風吹雨打已無梅，共誰消遣兩三杯。」也作「風吹雨灑」。唐・劉禹錫《故洛城古牆》詩：「粉落椒飛知幾春，風吹雨灑旋成塵。」②比喻受到迫害或經受考驗。魯迅《非有復譯不可》：「但怎麼又來了『翻譯年』呢，在並無什麼了不起的翻譯的時候？不是誇大和開心，它本身就太輕飄飄，禁不起風吹雨打的緣故嗎？」

【風吹雨灑】

見「風吹雨打」。

【風吹雲朵——漂浮不定】

①比喻不踏實，不深入。例要改變風吹雲朵——漂浮不定的工作作風，老老實實到實踐中去，到羣衆中去鍛鍊、改造自己。②比喻職業生活不固定，東奔西走。例這幾年他像風吹雲朵——漂浮不定，四海為家，謀取生活。也作「無根的水草——漂浮不定」。

【風吹雲散】

像風把雲吹散一樣。比喻消失或完結。例希望這件不愉快的事能像風吹雲散般的被大家淡忘。

【風從響應】

風從：順風而從；響應：回聲相應。一有動靜便立即呼應相從。《明史・劉安傳》：「內之君臣，習尚如此，則外而撫按守令之官，風從響應。」

【風刀霜劍】

風似刀，霜如劍。形容風霜的嚴酷。比喻惡勢力的兇暴。《紅樓夢》二七回：「一年三百六十日，風刀霜劍嚴相逼；明媚鮮妍能幾時，一朝飄泊難尋覓。」

【風地裏的一盞燈——說滅就滅】

比喻危在旦夕的病人或風燭殘年的老人隨時有死亡的可能。例白老先生長期臥病，近來突然加劇，看來已是風地裏的一盞燈——說滅就滅，大家正忙著為他準備後事。

【風燈之燭】

見「風中秉燭」。

【風度翩翩】

翩翩：舉止灑脫。儀容氣度文雅灑脫。例舞會上多是風度翩翩的年輕人。

【風發泉涌】

見「風起水涌」。

【風飛電耀】

疾風飛掠，電光閃耀。形容行動迅速，變化極快。南朝梁・沈炯《勸進梁元帝表》：「風飛電耀，志滅兇醜。」

【風飛雲會】

猶「風雲際會」。比喻君臣相遇或有才能的人遇到時機。元・揭徯斯《與尚書右丞相書》：「一旦風飛雲會，加之百官之上，立於廟堂之內，以數尺之身，任天下之責，方寸之心，關天下之慮。」

【風風火火】

形容行動急急忙忙。《後西遊記》三九回：「你一路來，舟楫艱難，鞍馬勞頓，又風風火火，也辛苦了，快進庵去歇息歇息。」

【風風雨雨】

不斷刮風下雨。清・孔尚任《桃花扇・訪翠》：「怕催花信緊，風風雨雨，誤了春光。」也比喻重重障礙。《隋唐演義》五二回：「深鎖幽窗，遍青山，愁腸滿目。甚來由，風風雨雨，亂人心曲。」也比喻社會動蕩，謠言四起，議論紛紛。例這些日子，滿城都風風雨雨的，得不著個確切消息。

【風風韻韻】

①風：風度；韻：韻致。形容風度韻致美好。元・商衢《風入松》曲：「都只為風風韻韻，相見話偏多，孤眠睡不穩。」②風：風格；韻：韻味。形容聲調悠揚，韻味十足。元・張可久《折桂令・酒邊分得卿字韻》曲：「月下金觥，膝上瑤箏，口口聲聲，風風韻韻。」

【風高放火，月黑殺人】

謂抓住時機幹壞事。《說唐》一二回：「五個好漢，看了些時，那李如珪出身富貴，還曉得圓情。這齊國遠自幼落草，只曉得風高放火，月黑殺人，那裏曉得圓情的事？」

【風骨峭峻】

①風骨：品格，骨氣；峭峻：山陡而高。形容人品格剛直，有骨氣。唐・韓愈《感春詩》：「孔丞別我適臨汝，風骨峭峻，遺塵埃。」②風骨：藝術風格。比喻詩文書畫風格雄健。例他的書畫風骨峭峻，自成一家。

【風光旖旎】

風光：風景，景象；旖旎：柔媚。形容景色柔和優美。例風光旖旎的大自然，帶給孩子們無限的歡樂。

【風和日麗】

和：溫和；麗：美麗。和風習習，陽光美麗。形容天氣晴和，陽光明媚。例今天風和日麗，家家戶戶扶老攜幼出外踏青。也作「風和日媚」。媚：明媚。元・貢師泰《學圃吟》詩：「寒暑按節順弗逾，風和日媚雨露濡。」也作「風和日美」。清・黃宗羲《敬槐諸君墓志銘》：「君袖棗栗餈餳，止其啼頰，風和日美，餘掉短艄。」也作「風暖日麗」。茅盾《香市》：「因為從『清明』到『穀雨』這二十天內，風暖日麗，正是『行樂』的時令。」

【風和日美】

見「風和日麗」。

【風和日媚】

見「風和日麗」。

【風和日暖】

和：溫和。微風和煦，陽光溫暖。《水滸傳》一回：「風和日暖，時過野店山村。」也作「風恬日暖」。恬：安靜。唐・岑參《山房春事》詩之一：「風恬日暖蕩春光，戲蝶遊蜂亂入房。」也作「風和日暄」。暄：溫暖。明・汪廷訥《獅吼記・賞春》：「風和日暄，燕飛觸碎胭脂片。」

【風和日暄】

見「風和日暖」。

【風虎雲龍】

風從虎嘯，雲從龍騰。指同類事物相互感應。《周易・乾》：「雲從龍，風從虎，聖人作而萬物睹。」後用「風虎雲龍」比喻明君賢臣意氣相投。宋・王安石《浪淘沙令》詞：「湯、武偶相逢，風虎雲龍，興王只在笑談中。」

【風花雪月】

①泛指四時的自然景色。宋・邵雍《伊川擊壤集序》：「雖死榮辱，轉戰於前，曾未入於胸中，則何異四時風花雪月一過乎眼也。」②也指堆砌華麗的辭藻，內容空泛無聊的詩文。宋・周行己《與佛月大師書》：「昔齊己號詩僧也，不過風花雪月巧句，而於格又頗俗。」③指花天酒地的荒淫生活。《初刻拍案驚奇》卷一五：「陳秀才風花雪月了七八年，將家私弄得乾淨快了。」④指不合禮法的男女間風流事。元・喬吉《金錢記》三折：「卓文君、秦弄玉……本是些風花雪月，都做了笞杖徒流。」

【風華絕代】

風華：風度，才華。風度才華當代獨一無二。《南史・謝晦傳》：「時謝混風華為江左第一，嘗與晦俱在武帝前，帝目之曰：一時頓有兩玉人耳。』」

【風華正茂】

風華：風采，才華；茂：旺盛。風采動人，才華橫溢。形容青年朝氣蓬勃，富有才華。例老教授看著這些風華正茂的大學生，想到自己從事的研究將後繼有人，打心眼裏感到歡喜。

【風化石磨鋼刀——快不了】

風化石：經過長期風吹日曬：雨水衝刷、生物破壞而起了變化，質地不堅硬的岩石；快：原指鋒利。雙關語。比喻事情進行不會順利，速度快不了。例你要他們加快工程的速度，我看，風化石磨鋼刀——快不了，還是採取點別的措施吧！

【風化者，自上而行於下者也，自先而施於後者也】

風化：風俗教化。風俗教化是由上面推行到下面去的，由前人施行後人效法的。北齊・顏之推《顏氏家訓・治家》：「夫風化者，自上而行於下者也，自先而施於後者也。是以父不慈則子不孝，兄不友則弟不恭，夫不義則婦不順矣。」

【風鬟霧鬢】

鬟：ㄏㄨㄢˊ，舊時婦女所梳環形髮髻；鬢：ㄅㄧㄣˋ，面頰兩旁靠近耳朵的頭髮。被風吹霧潤的鬢髮。①形容婦女頭髮蓬鬆美麗。《花月痕》七回：「曼雲姓張氏，字彩波，年十九歲，代北人，風格雖不及梧仙，而風鬟霧鬢，妙麗天姿。」②形容婦女髮髻散亂。宋・李清照《永遇樂》詞：「如今憔悴，風鬟霧鬢，怕見夜間出去。」也作「風鬟雨鬢」。唐・李朝威《柳毅傳》：「昨下第，閒驅涇水右涘，見大王愛女牧羊於野，風鬟雨鬢，所不忍視。」

【風鬟雨鬢】

見「風鬟霧鬢」。

【風激電飛】

激：急劇。風勢急劇，電光疾閃。形容來勢迅速而猛烈。《三國志・蜀書・郤正傳》：「辯者馳說，智者應機，謀夫演略，武士奮威。雲合霧集，風激電飛，量時揆宜，用取世資。」也作「**風激電駭**」。駭：驚擾。《南史・梁武帝紀上》：「憑險作守，兵食兼資，風激電駭，莫不震疊。」

【風激電駭】

見「風激電飛」。

【風急雨至，人急智生】

智：智謀，主意。風刮急了，就要下雨；人到了危急時刻，會猛然想起應付的辦法。《平妖傳》一〇回：「若是三尺四尺，不多步兒也還好處，這三丈多長哩！下面不測深淵，可是取笑得的……卻不道風急雨至，人急智生。」

【風嬌日暖】

和風輕柔陽光溫暖。宋・高觀國《風入松》詞：「紅外風嬌日暖，翠邊水秀山明。」也作「**風輕日暖**」。宋・歐陽修《贈沈遵》：「有如風輕日暖好鳥語，夜靜心響春泉鳴。」

【風驚草動】

見「風吹草動」。

【風靜浪平】

見「風平浪靜」。

【風舉雲搖】

舉：往上托。風托舉，雲搖動。指憑藉風雲之力飛騰上升。漢・班固《西都賦》：「遂乃風舉雲搖，浮游溥覽。」也比喻飛黃騰達，得到高升。唐・宋之問《桂州，三月三日》詩：「賜金分帛奉恩輝，風舉雲搖入紫微。」

【風捲殘雪】

大風捲走了殘存的積雪。比喻一掃而淨。《金瓶梅詞話》：「[衆人]都一陣風捲殘雪，吃了個精光，就忘了教平安兒吃。」

【風捲殘雲】

①大風捲走了殘存的浮雲。唐・戎昱《霽雪》詩：「風捲殘雲暮雪晴，紅煙洗盡柳條輕。」②比喻迅速地把殘餘的人或物一掃而光。元・無名氏《聚獸牌》三折：「試看這威勇昆陽惡戰圖，覷賊兵有如無物，恰便似風卷殘雲，削葦芟蒲。」《儒林外史》二回：「叫一聲：『請呼！』一齊舉箸，卻如風捲殘雲一般，早去了一半。」

【風口浪尖】

比喻尖銳、激烈的社會爭鬥的最前沿。例青年人要在風口浪尖上鍛鍊自己。

【風口上點油燈——吹了】

風口：因爲沒有遮擋而比兩旁風大的地方。①比喻事情沒有成功。例由於資金不夠，修建水電站的事變成風口上點油燈——吹了。②比喻感情破裂。例他們的感情越來越淡薄，就像有人說的那樣：風口上點油燈——吹了。也作「**灶門前拿竹筒——吹了**」。

【風狂雨暴】

狂：猛烈，聲勢大；暴：急驟，猛烈。風勢狂猛，雨勢暴急。比喻鬥爭激烈或惡勢力的暴虐。例我們終於從風狂雨暴的年代走過來了。

【風來樹動】

比喻事出有因。明・徐渭《漁陽弄》：「[曹]狂生，自古道風來樹動。人害虎，虎也要害人。伏后與董承等陰謀害俺，我故有此舉。終不然俺先懷歹意害他？[判]丞相說得是。」

【風雷激蕩】

風吼雷鳴，激烈振蕩。形容氣勢雄壯。例風雷激蕩的農民起義，掀開了歷史上新的一頁。

【風裏點燈——不長久】

比喻某種情況或局面很快就會結束。例他們移山塡海的工程，不發動羣衆，仍然孤軍奮戰，一定是風裏點燈——不長久的。也作「**風裏點燈——難長久**」、「**露水夫妻——不長久**」、「**泡透的土牆——難長久**」、「**秋天的螞蚱——不長久**」、「**草上的露水——不長久**」、「**瓦上結霜——不長久**」、「**芋葉上的水珠——不久長**」。

【風裏絮，任東西】

花絮隨風飄舞，沒有方向。比喻身不由己，任人擺佈。明・許潮《寫風情》：「我只得强玉腕整蛾眉，不能勾煙花脫離，可正是風裏絮，任東西。」

【風裏言，風裏語】

謂暗中散布流言蜚語。《金瓶梅詞話》一八回：「到次日，街前打聽，只聽見過路人風裏言，風裏語，多交頭接耳，街談巷議，都說兵部王尚書，昨日會問明白。」

【風裏楊花】

楊花隨風飄蕩不定。①形容不穩定，抓不住。元・劉唐卿《降桑椹》二折：「恰便似風裏楊花，水上幻泡。」②形容聲調悠揚。《羣音類選〈北粉蝶兒・閨情〉》：「悠揚不定，猶如風裏楊花。」

【風裏燭】

見「風中秉燭」。

【風流博浪】

博浪：放浪。不拘禮法，舉止放浪。《警世通言》卷三〇：「那兒子卻是風流博浪的人，專要結識朋友，覓柳尋花。」

【風流不在談鋒勝，袖手無言味最長】

風流：英俊，傑出。誇誇其談，不切肯綮，並不能顯得傑出；倒不如靜思析理，更有意味。謂不著實際的空談，不如緘口沉思，倒能得一二心得。宋・黃昇《鷓鴣天・張園作》詞：「花側畔，柳旁相。微雲澹月又昏黃。風流不在談鋒勝，袖手無言味最長。」

【風流不在著衣多】

比喻穿衣打扮要適當。明・李開先《林沖寶劍記》四五齣：「[淨白]短壽命，你怎麼曉得的？我愛穿尋常粗布衣，最嫌脂粉污顏色。風流不在著衣多，有情那管人憔悴！」

【風流才子】

風流：有才學而不拘禮法。風度灑脫，富有才華的人。《警世通言》卷二四：「[三官]生得眉目清新，豐姿俊雅，讀書一目十行，舉筆即便成文，原是個風流才子。」

【風流跌宕】

見「風流倜儻」。

【風流篤厚】

篤厚：忠誠，不刻薄。風度瀟灑，忠誠厚道。元・曾先之《十八史略・西漢・文帝》：「當時公卿大夫，風流篤厚，恥言人過，上下成俗。」

【風流爾雅】

見「風流儒雅」。

【風流佳話】

佳話：流傳一時的好事，趣聞。指關於男女愛情的趣事。《二刻拍案驚奇》卷二：「諸王見說，俱各拍手跌足，大笑起來道：『妙，妙，妙！咱們多做個保親，正是風流佳話。』」

【風流警拔】

風流：有才學而灑脫不拘；警拔：非常機智聰明，灑脫有才，機智聰明。《北齊書・裴讓之傳》：「此人風流警拔，裴文季為不亡矣。」

【風流千古】

風雅之事長久流傳。《醒世恆言》卷四〇：「[閻公道]帝子之閣，風流千古，有子之文，使吾等今日雅會，亦得聞於後世。」

【風流人物】

風流：英俊傑出。①指一定時期有重大影響的傑出人物。宋・蘇軾《念奴嬌》詞：「大江東去，浪淘盡，千古風流人物。」②指儀態瀟灑，放蕩不羈的人物。《儒林外史》二八回：「我們風流人物，只要才子佳人會合，一房兩房，何足為奇！」

【風流儒雅】

儒雅：學問深湛，氣度雍容。舉止瀟灑，學識淵博。唐・杜甫《永懷古蹟》詩：「搖落深知宋玉悲，風流儒雅亦吾師。」也作「**風流爾雅**」。爾雅：近於雅正。《野叟曝言》四二回：「鸞吹向日只知道始升博學能文，風流爾雅，不知他心術如何。」

【風流倜儻】

倜儻：灑脫，不拘束。風度灑脫，才華過人，不為禮法所拘。《二十年目睹之怪現狀》七四回：「這邊北院裏同居的，也是個京官……為人甚是風流倜儻。」也作「**風流跌宕**」。跌宕：性格灑脫。清・孔尚任《桃花扇・聽稗》：「這笑罵風流跌宕，一聲拍板溫而厲，三下漁陽慨以慷。」也作「**風流逸宕**」。逸宕（ㄉㄤˋ）：超逸，不受約束。茅盾《幻滅》四：「一切舊事都奔湊到發脹的腦殼裏來了：巴黎的繁華，自己的風流逸宕，幾個朋友的豪情勝概。」

【風流瀟灑】

瀟灑：自然大方，不拘束。風韻氣度大方灑脫。明・徐復祚《紅梨記・投雍》：「似你這般風流瀟灑，如花似玉，向在風塵，知心有已。」

【風流逸宕】

見「風流倜儻」。

【風流雨散】

見「風流雲散」。

【風流雲散】

像風流逝，雲消散。比喻飄零、離散或消失。漢・王粲《贈蔡子篤》詩：「濟岱江行，邈焉異處。風流雲散，一別如雨。」清・沈復《浮生六記・閒情記趣》：「今則天各一方，風流雲散，兼之玉碎香埋，不堪回首矣。」也作「**風流雨散**」。唐・楊炯《送東海孫尉詩序》：「徒以士之相見，人之相知，必欲軒蓋逢迎，朝遊夕處，亦常煙波阻絕，風流雨散。」

【風流醞藉】

見「風流蘊藉」。

【風流蘊藉】

風流：英俊傑出；蘊藉：含蓄而不顯露。①形容人風度瀟灑氣質含蓄。《北齊書・王昕傳》：「昕母清河崔氏，學識有風訓，生九子，並風流蘊藉，世號王氏九龍。」也作「**風流醞藉**」。宋・鄧牧《伯牙琴・王鑑湖修褉序》：「天運無情，忽其千年，晉人風流醞藉，庸可復見。」②指詩文繪畫格調不凡，意趣含蓄。宋・王灼《碧雞漫志》：「晏文獻公長短句風流蘊藉，一時莫及，而溫潤秀潔，亦無其比。」

【風流韻事】

風雅而有情趣的事。指文人墨客的詩賦吟咏、琴棋書畫等活動。也指男女情事。《隋唐演義》七六回：「此旨一下，眾朝臣紛紛竊議。也有不樂的，以為褻瀆朝臣；也有喜歡的，以為風流韻事。」

【風流宰相】

不拘禮法，才華傑出的宰相。《南史・王儉傳》：「儉常謂人曰：『江左風流宰相，惟有謝安。』蓋自況也。」

【風流罪過】

①因風雅之事而獲致過錯。《北齊書・郎基傳》：「在官寫書，亦是風流罪過。」②指輕微的罪過。元・尚仲賢《單鞭奪槊》二折：「你喚尉遲恭來，尋他些風流韻事，則說他有二心，將他下在牢中。」③指因男女關係而犯的過錯。宋・黃庭堅《滿庭芳》：「又須得，尊前席上成雙。些子風流罪過，都說與，明月空床。」

【風馬不接】

見「風馬牛不相及」。

【風馬牛】

見「風馬牛不相及」。

【風馬牛不相及】

風：雌雄相誘。馬和牛不同類，不會相誘。一說，風：放逸，走失。《左傳・僖公四年》：「齊侯以諸侯之師侵蔡，蔡潰，遂伐楚。楚子使與師言曰：一君處北海，寡人處南海，唯是風馬牛不相及也。』」指齊、楚兩地相離很遠，馬牛走失，也不會跑到對方地界。後用「風馬牛不相及」比喻兩方面毫不相干，沒有關係。宋・楊萬里《新喻知縣劉公墓表》：「士大夫僋爵賦祿，任民之安危福禍而漠然，塞耳關口，視著風馬牛不相及。」也作「**風馬不接**」。接：接觸。《宋書・王弘之傳》：「時琅邪殷仲文還姑孰，祖送傾朝，謙要弘之同行，答曰；『凡祖離送別，必在有情；下官與殷風馬不接，無緣扈從。』謙貴其言。」也作「**風馬牛**」。魯迅《反對「含淚」的批評家》：「至於釋迦牟尼，可更與文藝界『風馬牛』了。」

【風馬牛——各不相干】

風：雌雄相引誘、追逐。一說為放逸、走失。比喻彼此無關係。例姚明，不是你打聽的那個人，雖然姓名相同，但風馬牛——各不相干。他是遼寧人，女性；而不是廣東人，男性。也作「**你走你的陽光道，我走我的獨木橋——各不相干**」、「**車走車道，馬走馬道——各不相干**」。

【風馬雲車】

見「風車雲馬」。

【風靡一時】

靡：倒下；風靡：草木隨風一邊倒。一時間草木都隨風而倒。形容事物在一個時期內非常流行。例這首歌在六十年代曾風靡一時。也作「**風靡一世**」。梁啟超《生計學學說沿革小史》：「十八世紀之下半……個人主義，漸得勢力，所謂民約說。人權論等，漸風靡一世。」

【風靡一世】

見「風靡一時」。

【風靡雲湧】

見「風靡雲蒸」。

【風靡雲蒸】

風靡：隨風而從；蒸：蒸騰。風吹草木倒，烏雲在翻騰。比喻事物彼此呼應而普遍湧現。南朝梁・鍾嶸《詩品・總論》：「況八紘既奄，風靡雲蒸，抱玉者聯肩，握珠者踵武。」也作「**風靡雲湧**」。湧：湧現。例「五四」運動後，新文化運動才形成風靡雲湧，山鳴谷應之勢。

【風木含悲】

漢・韓嬰《韓詩外傳》卷九：「[皋魚曰]樹欲靜而風不止，子欲養而親不待也。」後用「風木含悲」比喻父母亡故，不及侍養的悲哀。明・汪廷訥《獅吼記・敍別》：「先父公弼，作宦黃州，因而流寓岐亭，不幸風木含悲，年來獨與妻房柳氏，諧其伉儷。」也作「**風木之悲**」。清・顧炎武《與李湘北書》：「一旦禱北辰而不驗，回西景以無期，則瓶罍之恥奚償，風木之悲何及！」也作「**風木之思**」。明・張鳳翼《紅拂記・楊公完偶》：「只是漂流已久，豈無風木之思；伉儷重諧，方有室家之戀。」也作「**風木嘆**」。宋・陸游《焚黃》詩：「早歲已興風木嘆，餘生永廢蓼莪詩。」也作「**風樹之悲**」。《續傳燈錄・釋寶唱》：「臨朝端默，過隙之思彌軫；垂拱岩廊，風樹之悲逾切。」也作「**風樹之感**」。感：情感。《南齊書・虞玩之傳》：「特以丁運孤貧，養禮多闕，風樹之感，夙自纏心。」也作「**風樹悲**」。唐・白居易《贈友》詩：「庶使孝子心，皆無風樹悲。」也作「**風樹之酷**」。南朝梁・蕭繹《與武陵王書》：「俄而風樹之酷，萬恨始纏，霜露之悲，百憂繼集。」

【風木嘆】

見「風木含悲」。

【風木之悲】

見「風木含悲」。

【風木之思】

見「風木含悲」。

【風暖日麗】

見「風和日麗」。

【風平波息】

風已止息，波浪不興。比喻平靜無事。《西遊記・祖師復下凡間救苦》：「武當山祖師大顯威靈，逢難救難，遇危救危，四海風平波息，民感神恩。」

【風平浪靜】

風已平浪也息。①指水面沒有風浪，一片寧靜。宋・楊萬里《泊光口》詩：「風平浪靜不生紋，水面渾如鏡面新。」也作「**風休浪靜**」。休：止息。宋・宋祁《小池》詩：「風休浪靜如圓鑑，時有飛禽照影飛。」②比喻平靜無事。例這件事情隨著時間的沖淡將會漸漸風平浪靜，你不必太擔心。也作「**風靜浪平**」。《三國演義》九一回：「次日，孔明引大軍俱到瀘水南岸，但見雲收霧散，風靜浪平。」也作「**浪靜風平**」、「**平風靜浪**」。

【風萍浪跡】

萍：浮萍；浪跡：流浪，行蹤無定。像風吹浮萍，到處漂蕩。比喻飄泊無定。例王老師在這三年裏，風萍浪跡，跑遍了世界一大半的國家。

【風起潮湧】

見「風起水湧」。

【風起浪湧】

見「風起水湧」。

【風起泉湧】

見「風起水湧」。

【風起水湧】

①大風吹起，水浪洶湧。宋・蘇軾《後赤壁賦》：「劃然長嘯，草木震動，山鳴谷應，風起水湧。」也作「**風起浪湧**」。南朝宋・劉義慶《世說新語・雅量》：「謝太傅盤桓東山時，與孫興公諸人泛海戲，風起浪湧，孫、王諸人色並遽，便唱使還。」也作「**風騰波湧**」。騰：升起。《後漢書・馮衍傳》：「於是江湖之上，海岱之濱，風騰波湧，更相駘藉。」②比喻事物相繼興起，聲勢浩大，發展迅速。梁啟超《俄羅斯革命之影響：「今茲之風起水湧，謂將以

救死亡也。」也作「**風起潮湧**」、「**風起泉湧**」。鄭振鐸插圖本《中國文學史・先秦的散文》：「在散文一方面，作家卻風起泉湧，極一時之盛。」也作「**風發泉湧**」。《歧路燈》一〇八回：「兩樣功夫互乘，屢題構思，竟成了風發泉湧……到了秋闈，中了第四名《春秋》經魁。」

【風起雲佈】

佈：散佈。大風起來，濃雲密佈。《雲笈七籤》卷一一九：「俄而，風起雲佈，微雨已至。」

【風起雲湧】

大風驟起，烏雲湧現。①形容雄偉壯觀的自然景色。例黃山之巔，風起雲湧，景色十分壯觀。②比喻事物大量而迅速地湧現，聲勢浩大。朱自清《那裏走》：「直到這時候，文學的風起雲湧的形勢，才被蓋了下去。」也作「**風起雲蒸**」。蒸：升騰。《史記・太史公自序》：「秦失其政，而陳涉發跡，諸侯作難，風起雲蒸，卒亡秦族。」也作「**風興雲蒸**」。興：起。《後漢書・馮衍傳》：「風興雲蒸，一龍一蛇，與道翱翔，與時變化，夫豈守一節哉？」

【風起雲蒸】

見「風起雲湧」。

【風前殘燭——不長久】

也作「**風前殘燭——難長久**」。見「風裏點燈——不長久」。

【風前月下】

清風前，明月下。指美景良辰。金・馬鈺《踏雲行》：「風前月下撫心琴，龍吟虎嘯來參侍。」

【風前燭】

見「風中秉燭」。

【風前燭，瓦上霜——危在旦夕】

比喻危險就在眼前。例他的病情一天一天嚴重起來，現在已是風前燭，瓦上霜——危在旦夕了。

【風檣陣馬】

檣：ㄑㄧㄤˊ，桅桿，指風帆；陣馬：列陣的戰馬。乘風疾駛的帆船，列陣出征的戰馬。①比喻氣勢雄壯豪邁，行進迅速。唐・杜牧《李賀詩序》：「風檣陣馬，不足為其勇也。」②比喻文筆遒勁豪邁。清・錢謙益《杜弢武仕集序》：「軍書羽檄，汗簡錯互風檣陣馬，筆墨橫飛。」

【風輕日暖】

見「風嬌日暖」。

【風輕雲淡】

微風輕拂，浮雲淡散。指好天氣。元・楊景賢《西遊記・妖豬幻惑》：「元定下的夫妻怎斷，咱茶濃酒酣，趁著風輕雲淡，省得著我倚門終日盼停驂。」也作「**雲淡風輕**」。

【風輕雲淨】

風兒輕柔地吹拂，沒有一絲浮雲。形容天氣晴好。《羣音類選〈分釵記・春遊遇妓〉》：「風輕雲淨，絕勝蓬萊佳境，蓬萊佳境。」

【風清弊絕】

風：風氣；清：清廉，清明；弊：弊病，弊端；絕：斷絕。風氣清廉，弊端絕跡。形容社會風氣好。宋・周敦頤《拙賦》：「嗚呼，天下拙，刑政徹；上安下順，風清弊絕。」也作「**弊絕風清**」。

【風清月白】

見「風清月朗」。

【風清月皎】

見「風清月朗」。

【風清月朗】

清：清涼，清爽；朗：明亮。①微風清涼，月色明亮，形容夜景美好宜人。《紅樓夢》七五回：「將一更時分，眞是風清月朗，銀河微隱。」也作「**風清月白**」。宋・吳曾《呂洞賓傳神仙之法》：「吾惟是風清月白，神仙會聚之時，常遊兩浙、汴京。譙郡。」也作「**風清月皎**」。皎：白而亮。明・無名氏《紫微宮》二折：「端的是天晴日曉，更堪那風清月皎。」也作「**風清月明**」。明・劉基《橫碧樓記》：「風清月明，登樓一吹，可以來鳳凰，驚蟄龍，眞奇事也。」②比喻品格高潔。元・王實甫《西廂記》一本二折：「俺先人甚的是渾俗和光，眞一味風清月明。」

【風清月明】

見「風清月朗」。

【風情月思】

見「風清月意」。

【風情月意】

風、月：喻男女情愛。指男女互相愛戀的情思意願。《金瓶梅詞話》九回：「臉如三月桃花，暗帶風情月意。」也作「**風情月思**」。明・高濂《玉簪記・合慶》：「慢寫出風情月思，畫堂前侑酒承歡。」

【風情月債】

久有男女愛戀的情債。指有關男女情事。《紅樓夢》五回：「司人間之風情月債，拿塵世之女怨男痴。」也作「**風月債**」。《紅樓夢》五回：「痴男怨女，可憐風月債難酬。」

【風驅電擊】

驅：趕走；擊：碰。像風的驅趕，電的碰擊。形容行動極為迅速。南朝宋・無名氏《下荊州符收謝晦》：「鐵馬二千，風驅電擊，步自竟陵，直至鄢郢。」也作「**風驅電掃**」。掃：指很快地左右移動。《南齊書・裴叔業等傳論》：「征虜將軍投袂以先國急，束馬旅師，橫江競濟，風驅電掃，制勝轉凡。」

【風驅電掃】

見「風驅電擊」。

【風趣橫生】

幽默詼諧的趣味，層出不窮地表露出來。形容言辭或藝術作品的風格幽默而富有情趣。《清史稿・高其佩傳》：「尤善指畫，賞畫黃初平叱石成羊，或已成羊而起立，或將成而未起，或半成而未離石，風趣橫生。」

【風掃斷雲】

斷雲：殘雲。大風把斷雲掃除乾淨。

宋．范浚《歲暮喜晴》詩：「風掃斷雲齊萬弩，日融殘雪上三竿。」也作「風挾斷雲」。挾：裹挾。宋．汪元量《同毛敏仲出湖上由萬松嶺過浙江亭》：「風挾斷雲橫北嶽，煙隨飛雨度南屏。」

【風掃落葉——全吹了】
比喻全部落空。有時指感情破裂。例我們原計畫中的幾樁事情，風掃落葉——全吹了，現在又得另行籌劃。也作「十八隻嗩吶齊奏——全吹啦」。

【風掃停雲】
停雲：靜止不動的雲。大風吹走了靜止的雲彩。宋．向子諲《水龍吟》詞：「晚歸來，風掃停雲，萬里月華如洗。」

【風掃楊花——不知下落】
楊花：柳絮。比喻人或物不知在什麼地方，難以尋找。例小王幾年來渺無音訊，朋友們四處打聽，仍然是風掃楊花——不知下落。也作「風掃楊花——下落不明」、「夜裏的雨雪——下落不明」。

【風扇動嘴武——講得好涼快】
比喻說話很容易，實際做起來並非易事。例風扇動嘴武——講得好涼快，你親自來試試看，光指手劃腳，唱唱高調，算得啥本事。

【風生於地，起於青蘋之末】
青蘋：浮萍。風從大地上生成，從水草的末梢開始刮起。比喻事物是從小發展起來的，多用來說明把隱患消除於開始萌芽狀態中。戰國楚．宋玉《風賦》：「風生於地，起於青蘋之末，侵淫溪谷，盛怒於土囊之口。」

【風聲婦人】
風聲：名聲。指妓女。南唐．劉崇遠《金華子》上：「高燕公在淮南日，任江揚宰，有弟收拾一風聲婦人為歌姬在舍。」

【風聲鶴唳】
唳：鶴鳴叫。風吹的聲音和鶴的鳴叫聲。《晉書．謝玄傳》載：東晉時，苻堅率軍攻晉，被謝玄等擊敗，「餘衆棄甲宵遁，聞風聲鶴唳，皆以為王師已至，草行露宿，重以饑凍，死者十七八。」後用「風聲鶴唳」形容十分驚慌疑懼，自相驚擾。《紅樓夢》一〇二回：「如此接連數月，鬧的兩府俱怕，從此風聲鶴唳，草木皆妖。」

【風聲目色】
指沉迷於娛樂美色。唐．張鷟《朝野僉載》卷二：「殿中侍御史王旭括宅中別宅女婦，風聲目色。」

【風是雨的頭】
刮風是下雨的先兆。也比喻事情的先兆。例看他們夫妻感情不睦已久，今日聽聞其離異的消息，實在是「風是雨的頭」有其徵兆可尋。

【風樹悲】
見「風木含悲」。

【風樹之悲】
見「風木含悲」。

【風樹之感】
見「風木含悲」。

【風樹之酷】
見「風木含悲」。

【風水先生的卜辭——陰陽都沾著】
風水先生：舊時以相宅地、墓地為職業的人；卜辭：殷代把占卜的時間、原因、應驗情況等刻在龜甲或獸骨上的紀錄，這裏指風水先生占卜的紀錄。比喻說話含糊其辭，不好捉摸。例他圓滑、世故，說話像風水先生的卜辭——陰陽都沾著，從來不得罪人。

【風絲不透】
見「風雨不透」。

【風俗人情】
風俗：一地長期形成的風尚、習俗；人情：人們的處世常情。指一地社會發展中相沿而成的風尚、習慣、禮節等。例世界眞奇妙，各地都有不同的風俗人情，眞是不看不知道。

【風俗之變，遷染民志，關之盛衰】
遷染：轉移，轉變。社會風俗的變化，直接影響到民衆的志趣和國家的盛衰，至關重要。宋．王安石《風俗》：「安利之要不在它，在乎正風俗而已。故風俗之變，遷染民志，關之盛衰。」

【風宿水飧】
見「風餐水宿」。

【風飧露宿】
見「風餐露宿」。

【風飧水宿】
見「風餐水宿」。

【風騰波湧】
見「風起水湧」。

【風恬浪靜】
恬：恬靜。猶「風平浪靜」。微風輕拂，波浪不興。《太平廣記》卷一五二引《德璘傳》：「物觸輕舟心自知，風恬浪靜月光微。」也比喻平安無事。《二刻拍案驚奇》卷三〇：「若不虧得一個人有主意，處置得風恬浪靜，不知炒到幾年上才是了結。」

【風恬日暖】
見「風和日暖」。

【風調雨節】
見「風調雨順」。

【風調雨順】
調：調和；順：順利，適宜。風雨調和而適時。形容年景好。《舊唐書．禮儀志一》引《六韜》「武王伐紂，雪深丈餘……既而克殷，風調雨順。」也作「風雨調順」。唐．徐賢妃《諫太宗息兵罷役疏》：「自貞觀以來，二十有二載，風雨調順，年歲豐稔。」也作「風調雨節」。節：適度。宋．朱熹《上宰相書》：「政使風調雨節，時和歲豐，尚不可謂之無事，況其饑饉狼狽至於如此！」

【風土人情】
風土：風俗習慣和地理環境；人情：人們的處世常情。指一地的鄉土環境，風俗習慣。《兒女英雄傳》一四回：「又問了問褚一官走過幾省，說了些那省的風土人情，論了些那省的山川形勝。」

【風微浪穩】

穩：穩定。微風輕拂，波浪平穩。宋・胡仔《苕溪漁隱叢話後集・本朝雜記上》：「還過大江，風微浪穩，舟楫安然。」

【風無常順，兵無常勝】

風不可能一直是順風，軍隊不可能一直打勝仗。比喻做事不可能一直順利，不遇挫折。《醒世恆言》卷三四：「誰知風無常順，兵無常勝。這番彩頭又論到再旺了。」例俗話說：「風無常順，兵無常勝。」在改革的過程中，遇到困難挫折是難免的，任何一個改革者都不可能是常勝將軍。

【風箱板做鍋蓋——受了涼氣受熱氣】

見「擋風板做鍋蓋——受了冷氣受熱氣」。

【風箱換上鼓風機——一個比一個會吹】

雙關語。比喻一個比一個更會吹噓，說大話。例他的三個兒子是風箱換上鼓風機——一個比一個會吹，別人背後議論說：「有其父必有其子，青出於藍而勝於藍。」

【風箱裏的老鼠——兩頭受氣】

比喻受到兩方面的抱怨或責難。例你們之間的事，我再也不管了，風箱裏的老鼠——兩頭受氣，誰忍受得了。也作「**老鼠鑽風箱——兩頭受氣**」、「**老鼠進風箱——兩頭受夾檔**」。

【風向草偃】

見「風行草偃」。

【風消雲散】

如同風消失雲散去一樣。比喻消失得無影無蹤。例她一看見孩子，滿肚子的不愉快立刻風消雲散了。

【風瀟雨晦】

晦：昏暗。風雨瀟瀟，天色昏黑。比喻形勢動蕩，時局不穩。梁啟超《政府大政方針宣言書》：「當時國基甫定，風瀟雨晦之時，正全體國民臥薪嘗膽之日。」

【風挾斷雲】

見「風掃斷雲」。

【風信年華】

風信：風應花期刮來，古稱一年有二十四番花信風；年華：年歲。比喻女子二十四歲的芳齡。例這位姑娘正當風信年華，精力充沛，前程遠大。

【風興雲蒸】

見「風起雲湧」。

【風行草從】

見「風行草偃」。

【風行草靡】

見「風行草偃」。

【風行草偃】

偃：倒伏。風一吹過，草就倒伏。《論語・顏淵》：「君子之德風，小人之德草。草上之風，必偃。」後用「風行草偃」比喻統治者以仁德教化於民，百姓就會服從。也指強大的力量使人順從。宋・陳亮《又癸卯秋書》：「世俗日淺，小小舉措已足以震動一世，使秘書得展其所爲，於今日斷可以風行草偃。」也作「**風行草從**」。《後漢書・郎顗傳》：「故《周南》之德，《關雎》正本。本立道生，風行草從，澄其源者流清，溷其本者末濁。」也作「**風行草靡**」。靡：順風倒下。《南齊書・高帝紀上》：「麾旆所臨，風行草靡；神算所指，龍舉雲屬。」也作「**風向草偃**」。晉・葛洪《抱朴子・審舉》：「引用駑庸，以爲黨援，而望風向草偃，庶事之康，何異懸瓦礫而責夜光，弦不調而索清音哉！」

【風行電擊】

像刮風閃電。形容行動迅猛，聲勢很大。《隋書・庶人諒傳》：「文安請爲先鋒，王以大軍繼後，風行電擊，頓於霸上，咸陽以東可指麾而定。」也作「**風行電照**」。《後漢書・臧宮傳》：「將軍向者經虜城下，震揚威靈，風行電照，然窮寇難量，還營願從他道也。」

【風行電捲】

見「風馳電捲」。

【風行電照】

見「風行電擊」。

【風行雷厲】

厲：猛烈。像風那樣迅速，像雷那樣猛烈。比喻執行政事法令或行事嚴厲、堅決、迅速、果斷。清・洪楝園《警黃鐘・廷諍》：「伏願速下諭旨，風行雷厲，勿遲疑。」也作「**雷厲風行**」。

【風行露宿】

風中行走，露天歇息。形容路途及野外生活的困苦。唐・鮑溶《贈僧戒休》詩：「風行露宿不知貧，明月爲心又是身。」

【風行水上】

《周易・渙》：「象曰：風行水上，渙。」唐・孔穎達疏：「風行水上，激催波濤，散釋之象。」後用「風行水上」比喻詩文等自然流暢，感情真率，毫不矯揉造作。明・李贄《雜說》：「風行水上之文，絕不在於一字一句之奇。」

【風行一時】

風行：流行。在一個時期內流傳盛行。《孽海花》三回：「不是弟妄下雌黃，只怕唐兄印行的《不息離稿》，雖然風行一時，絕不能望《五丁閣稿》的項背哩！」也作「**風行一世**」。

【風行一世】

見「風行一時」。

【風休浪靜】

見「風平浪靜」。

【風旋電掣】

見「風馳電掣」。

【風雪交加】

交加：兩種事物同時出現。大風大雪同時襲來。例交通警察無論是風雪交加的嚴冬，還是烈日當頭的酷暑，都堅守在崗位上。

【風雪是酒家天】

風雪嚴寒，正是閉門飲酒的好時節。元・無名氏《忍字記》楔子：「員外，常言道風雪是酒家天。雖然是這等，堪可飲上幾杯也。」

【風言醋語】

醋：指嫉妒。散布嫉妒性的惡意中傷的言論。《孽海花》一七回：「阿福尚在那裏尋瑕索瘢，風言醋語，所以連通信的人都沒有，只好肚裏叫苦罷了。」

【風言風語】

憑空揑造或中傷毀謗的話。清・華偉生《開國奇冤・剩義》一八齣：「無奈那些官場風言風語，加了我老先生個徐黨徽號，弄得漸漸的有點安處不來了。」也作「**風言霧語**」。霧：形容模糊不清。《孽海花》二九回：「大先生得了此電，很爲著急，在省城裏選派幹員偵察，雖有些風言霧語，到底探不出實在。」也作「**風言影語**」。影語；影影綽綽、不眞切的話。清・梁紹壬《兩般秋雨庵隨筆・三・致越秋舲書》：「猥以春來王粲之不歸，訛傳海外東坡之已死，風言影語，莫識來因。」

【風言俏語】

風流俏皮、沒有拘束的話。《孽海花》八回：「雯青本是花月總持、風流教主，風言俏語，從不讓人，不道這回見了彩雲，卻心上萬馬千猿，又驚又喜。」

【風言霧語】

見「風言風語」。

【風言影語】

見「風言風語」。

【風檐寸晷】

風檐：指不蔽風雨的場屋；寸晷（ㄍㄨㄟˇ）：日影，指極短的時間。在不蔽風雨的場屋中爭取一寸時光。形容科舉時代考生在考場緊張而艱苦地應考的場景。明・焦竑《玉堂叢語》卷六：「應試之士，於風檐寸晷之中，欲其文可爲程式者，蓋已絕無間有。」也用來形容寒士用功苦讀的情景。明・張岱《〈四書通〉序》：「舉子十年攻苦於風檐寸晷之中，構成七藝」。

【風揚石磙——胡吹】

石磙（ㄍㄨㄣˇ）：石製圓柱形農具，用來軋穀物、平場地，也叫碌碡。風根本吹不動石磙。指隨意誇口，亂吹噓。例你這一番話眞能把死人說活，不過風揚石磙——胡吹，在事實面前是不能持久的。

【風一陣，雨一陣】

形容人的情緒變化很快。例一會兒哭，一會兒笑，誰也摸不透他爲什麼這樣風一陣，雨一陣的。

【風移俗變】

見「風移俗易」。

【風移俗改】

見「風移俗易」。

【風移俗易】

風：風氣；移：改變；俗：習俗；易：變換。風氣轉移，習俗改變。指舊的不良社會風習得以改變。北齊・劉晝《劉子・風俗》：「故立禮教以革其弊，制禮樂以和其性，風移俗易，而天下正矣。」也作「**風移俗變**」。《周書・儒林傳序》：「雖遺風盛業，不逮魏、晋之辰，而風移俗變，抑亦近代之美也。」也作「**風移俗改**」。《三國志・魏書・杜襲傳》裴松之注引《先賢行狀》：「遷濟陰太守，以德讓爲政，風移俗改。」也作「**移風易俗**」、「**易俗移風**」。

【風影敷衍】

敷衍：散布，流播。望風捉影，沒有根據的誣人罪名。清・孔尚任《桃花扇・鬨丁》：「飛霜冤，不比黑盆冤，一件件風影敷衍。」

【風雨不改】

大風大雨也不能改變。比喻歷經人世種種磨難而始終如一，不變節操。唐・元稹《授韓皐尚書左僕射制》：「豈所謂徐公之行已有常，而詩人之風雨不改耶？」

【風雨不透】

大風不能刮進，有雨不能透過。形容人羣包圍得十分緊密或防範嚴密。《兒女英雄》一五回：「一條鞭使了個風雨不透，休想破他一絲。」老舍《斷魂槍》：「四外已圍得風雨不透，大家都覺出老頭子確實有威。」也作「**風絲不透**」。《歧路燈》五一回：「把門拴了又拴，扣了又扣，眞正風絲不透，所以外邊竇又桂吊死，董公驗屍，一些全不知曉。」

【風雨對床】

唐・韋應物《示全眞元常》詩：「寧知風雨夜，復此對床眠。」後用「風雨對床」指親朋好友久別重聚，傾心交談。宋・蘇轍《舟次滋湖前篇自賦後篇次韻》詩：「夜深魂夢先飛去，風雨對床聞曉鐘。」也作「**風雨連床**」。清・秋瑾《挽故人陳闋生》：「回憶省垣聚首，風雨連床，曾幾何時，誰憐一別，竟無會面之期。」

【風雨晦明】

晦明：陰晴，明暗。風雨齊襲，陰晴不定。比喻環境的陰惡與順利。清・王士禛《帶經堂詩話》卷一〇：「或亦斯文未喪，吾道猶存，風雨晦明，亮爲先生所不棄絕也。」

【風雨晦暝】

見「風雨如晦」。

【風雨交加】

交加：兩種事物同時出現。刮風下雨一同襲來。也比喻幾種災難同時襲來。例人們終於從風雨交加的黑夜走了過來，迎來了燦爛的陽光。

【風雨連床】

見「風雨對床」。

【風雨飄搖】

在風雨中飄浮搖蕩。《詩經・豳風・鴟鴞》：「予室翹翹，風雨所漂搖。」後用「風雨飄搖」比喻動蕩不安或岌岌可危。魯迅《哀范君三章》：「風雨飄搖日，予懷危愛農。」姚雪垠《李自成》一卷三二章：「那時雖有也先之患，經過土木之變，但國家的根子依然强固，全不似如今這樣風雨飄搖。」

【風雨淒淒】

淒淒：寒冷。又是刮風又是下雨，淒清寒冷。也形容淒涼悲苦的心境。唐・杜牧《阿房宮賦》：「歌台暖響，春光融融；舞殿冷袖，風雨淒淒。」

【風雨如晦】

晦：夜晚。風雨一同襲來，天昏地暗。《詩經・鄭風・風雨》：「風雨如晦，雞鳴不已。」後比喻社會黑暗，環境險惡。清・顧炎武《廣宋遺民錄序》：「古之人學焉而有所得，未嘗不求同志之人，而況當滄海橫流，風雨如晦之日乎？」也作「**風雨晦暝**」。晦暝：昏暗。唐・王度《古鏡記》：「遂起視之，則風雨晦暝，纏繞此樹，電光晃耀，忽上忽下。」

【風雨如晦，雞鳴不已】

如晦：天昏地暗。風雨交加，天昏地暗，羣雞亂叫，久久不息。原寫暴雨時景色。現喻指政治黑暗，人民渴望社會清明的狀況。《詩經・鄭風・風雨》：「風雨如晦，雞鳴不已。既見君子，云胡不喜！」

【風雨如磐】

磐：ㄆㄢˊ，厚而大的石頭。風雨齊襲，好像磐石壓頂。形容風雨極大。宋・孫光憲《北夢瑣言・丁秀才奇術致物》：「詩贈貫休《俠客》詩云：『黃昏風雨黑如磐，別我不知何處去？』」梁啟超《中日交涉彙評》：「愁病之軀，斗室獨坐，林莽深繞，風雨如磐，豪客狂臨而欲呼救，聲嘶力竭，誰則聽聞。」也比喻惡勢力猖獗，社會黑暗。魯迅《自題小像》詩：「靈台無計逃神矢，風雨如磐暗故園。」

【風雨時若】

若：順從。風雨都適時和順。猶「風調雨順」。宋・司馬光《交趾獻奇獸賦》：「於是，三光澄清，萬靈敷佑風雨時若，百稼豐茂。」

【風雨調順】

見「風調雨順」。

【風雨同舟】

《孫子・九地》：「夫吳人與越人相惡也，當其同舟而濟，遇風，其相救也如左右手。」後用「風雨同舟」比喻共歷艱險，同渡難關。姚雪垠《李自成》一卷一七章：「古語云：『兩雄不並立，何能風雨同舟？』」

【風雨無阻】

刮風下雨也不受阻礙。指無論什麼天氣都不影響事情的進行。《紅樓夢》三七回：「一月只要兩次就夠了，擬定日期，風雨無阻。」

【風雨蕭條】

蕭條：寂寞冷落，毫無生氣。刮風下雨，十分冷落寂寞。唐・崔融《嵩山啟母廟碑》：「訪遺蹤於女峽，風雨蕭條；征往事於姑泉，弦歌響亮。」

【風月常新】

風月：指男女情愛。唐・張泌《妝樓記・印臂》：「開元初，宮人被進御者，曰印選。以綢繆記印於臂上，文曰：『風月常新。』印畢，漬以桂紅膏，則水洗色不退。」後用來指男女情愛長久如新。

【風月膏肓】

風月：指男女情愛；膏肓：我國古代醫學指心尖脂肪叫膏，心臟和膈膜之間叫肓，是藥力達不到的地方。指好色惡習已到了無法醫治的地步。《清朝野史大觀・尤侗謝饋藥餌啟》：「臣風月膏肓，煙花痼疾。」

【風月無邊】

風月：清風明月。清風明月沒有邊際。形容風景美好宜人。宋・朱熹《六先生畫像贊・濂溪先生》：「風月無邊，庭草交翠。」也作「**無邊風月**」。

【風月債】

見「風情月債」。

【風月主人】

風月：清風明月，指美好景色。清風明月的主人。比喻閒適的官員。《五代蜀史》：「青山綠水中為二千石，作詩飲酒為風月主人，豈誠不喜乎，忻然就任。」

【風雲變幻】

變幻：不規則地改變。像風雲那樣變化不定。比喻局勢動蕩不安，或事物變化複雜而迅速。《古今小說》卷一八：「榮枯貴賤如轉丸，風雲變幻誠多端。」也作「**風雲萬變**」。老舍《四世同堂》五六：「這是個風雲萬變的夏天，北平的報紙上的論調幾乎是一天一變。」

【風雲變色】

風起雲湧，天空驟然改變顏色。比喻局勢迅速改變。唐・駱賓王《為徐敬業討武曌檄》：「喑嗚則山岳崩頹，叱咤則風雲變色。」

【風雲變態】

像風雲不斷改變形態。形容形勢變化不定。明・張居正《贈國子馬生行》詩：「富貴由來苦不常，風雲變態如瞬息。」也形容詩文變化多姿。清・方宗誠《桐城文錄序》：「先生之文，日麗春敷，風雲變態。」

【風雲不測】

不測：不可揣度的，意外的。風雲變化不定，不可預測。形容事物變化不定。《初刻拍案驚奇》卷九：「誰知好事多磨，風雲不測，台諫官員看見同僉富貴豪宕，上本參論他贓私，奉聖旨發下西台御史勘問，免不得收下監中。」

【風雲叱咤】

叱咤：ㄔˋ ㄓㄚˋ，怒喝。風雲隨一聲怒喝而變色。形容聲勢威力極大或謔指氣勢洶洶。清・王式丹《駱賓王遺墓詩》：「豈但長安古意詩，風雲叱咤亦雄師。」例臺灣有好幾位殷實的企業家，他們對經濟的起飛貢獻良多，堪稱是風雲叱咤的人物。

【風雲會合】

見「風雲際會」。

【風雲際會】

際會：遇合。像風和雲適時遇合。比喻賢臣適逢其時得與明主際遇，也泛指有才能的人遇到好機會得以施展抱負。《古今小說》卷一五：「又不見單父呂公善擇婿，一事樊侯一劉季？風雲際會十年間，樊作諸侯劉作帝。」也作「**風雲會合**」。宋・呂祖謙《詩律武庫・後集・識鑑門》：「子非久留白屋之士，風雲會合，當平步天衢耳！」也作「**風雲際遇**」。姚雪垠《李自成》一卷二六章：「其實自古爲良相的並不是都從舉業出身，一靠自己確實有經濟之才，二靠風雲際遇耳。」

【風雲際遇】

見「風雲際會」。

【風雲開闔】

闔：ㄏㄜˊ，閉合。謂風雲時聚時散，變化不定。宋・蘇轍《黃州快哉亭記》：「蓋之所見，南北百里，東西一舍。濤瀾洶湧，風雲開闔。」也比喻局勢動蕩，變化不定。例歷史上的春秋戰國，是風雲開闔，變化急遽，鬥爭激烈的時代。

【風雲莫測】

莫測：無法揣測。無法揣測風雲的變幻。比喻局勢動蕩不定或事物的發展變化無常，使人無法揣測。例今年十二屆世界杯足球大賽，一開始就大爆冷門，炫人眼目，眞有點使人風雲莫測。

【風雲人物】

指活躍於一時，影響很大的人物。姚雪垠《李自成》一卷二八章：「然而以弟看來，這班人雖能成爲一時風雲人物，卻未必能成就大事。」

【風雲突變】

比喻局勢發生突然的變化。例以色列悍然出兵黎巴嫩，使中東局勢風雲突變，世界各國對此都十分關注。

【風雲萬變】

見「風雲變幻」。

【風雲月露】

《隋書・李諤傳》：「連篇累牘，不出月露之形，積案盈箱，唯是風雲之狀。」後用「風雲月露」比喻詩文辭藻綺麗，內容空虛。宋・劉克莊《題董樸發干文稿》：「[董君之作]必有補於世道，賢於風雲月露之作遠矣。」

【風雲之志】

風雲：喻高處。形容高遠的志向。《晉書・涼武昭王李玄盛傳》：「吾少無風雲之志，因官至此，不圖此郡士人忽爾見推。」

【風箏斷線——扶搖直上】

風箏：一種玩具，在竹蔑做的架子上糊紙或絹，拉著繫在上面的長線，趁著風勢，可以放上天空。形容快速上升。例他這幾年時來運轉，就像風箏斷線——扶搖直上，現已位居高職。

【風箏斷線——搖搖欲墜】

比喻地位極不穩固，即將崩潰和垮台。例在全世界人民爭取獨立、爭取自由的怒潮衝擊下，獨裁政權已處於風箏斷線——搖搖欲墜的困境。

【風櫛雨沐】

櫛：ㄐㄧㄝˊ，梳頭髮；沐：洗頭髮。以風梳髮，以雨洗頭。形容奔波在外，風吹雨淋，歷盡艱辛。《元史・札樂志三》：「相我祖宗，風櫛雨沐。昔同其勞，今共茲福。」

【風中秉燭】

秉：持，拿著。像風中拿著的燈燭。指風中的燈燭易於熄滅。比喻將死亡的人或隨時可能消滅的事物。元・無名氏《海門張仲村樂堂》一折：「我將世事都參透，幻身軀似風中秉燭，可憐見便似兀那水上浮漚。」也作「**風中之燭**」。《醒世恒言》卷一〇：「老拙夫婦年近七旬，如風中之燭，早暮難保。」也作「**風燈之燭**」。《古今小說》卷一〇：「這老人忒沒正經，一把年紀，風燈之燭，做事也須料個前後，知道五年十年在世，卻去幹這樣不了不當的事？」也作「**風裏燭**」。唐・白居易《夭老》詩：「早世身如風裏燭，暮年發似鏡中絲。」也作「**風前燭**」。唐・白居易《歸田》詩之三：「況吾行欲老，瞥若風前燭。」

【風中的羊毛——忽上忽下停不住】

羊毛很輕，在風中飄忽不定。形容心潮起伏，心神不寧。例你知道嗎？她爲什麼人在學校，心卻像風中的羊毛——忽上忽下停不住，是否又想家了？

【風中燈】

佛家語，用來比喻世事無常，人生一世，極爲短促。《坐禪三昧經》卷五：「誰能知死時，所趣從何道，譬如風中燈，不知滅時節。」

【風中之燭】

見「風中秉燭」。

【風燭殘年】

風燭：風中搖晃著的燈燭；殘年：人的晚年。像風中易滅的燈燭一樣的晚年。比喻人已到了不久於人世的垂暮之年。《蕩寇志》七六回：「見著你日後出頭，爲國家出身大汗，老夫風燭殘年，倘不能見，九泉之下，也兀自喜歡。」也作「**風燭之年**」。例已到風燭之年的故事老人，仍在用他那雖顯蒼老而依舊甜美的聲調，給孩子們描畫著五彩的世界、美好的心靈。

【風燭草露】

像風中的燈燭，草上的露水。指易於消亡。比喻人生短促。明・楊愼《洞天玄記》四折：「人生一世，猶如石火電光，壽算百年，恍若風燭草露。」

【風燭之年】

見「風燭殘年」。

【風姿冶麗】
冶：形容女子裝飾豔麗。風度姿態妖冶豔麗。《初刻拍案驚奇》卷五：「因請衆親戚都到房門前，叫兒女出來拜見……衆人抬頭一看，果然風姿冶麗，絕世無雙。」

【楓天棗地】
以楓木爲蓋，棗木爲底盤。指占卜用的星盤。唐・張鷟《龍筋鳳髓判・太卜袁綱善卜》：「楓天棗地，觀倚伏於無形。」

【封官賜爵】
封官：古代帝王把官位授予人；賜爵：賜給爵位。把官職爵位賞賜給人。《三國演義》七八回：「今孫權既稱臣歸附……可封官賜爵，令拒劉備。」

【封官許願】
指許給別人名利地位，以誘使其爲己賣力。《北洋軍閥統治時期史話》七一章：「儘管一再限期攻下懷來，並且用封官許願的辦法來鼓勵將士，但是他的陣地始終沒有進展一步。」

【封侯萬里】
萬里：指邊遠地區。在邊疆立功，以求取功名。形容英雄人物志向遠大。《後漢書・班超傳》：「祭酒，布衣諸生耳，而當封侯萬里之外。」

【封胡遏末】
南朝宋・劉義慶《世說新語・賢媛》載：東晉才女謝道韞輕視她的丈夫王凝之，說「一門叔父，則有阿大、中郎；羣衆兄弟，則有封、胡、遏、末。不意天壤之中，乃有王郎！」後用「封胡遏末」比喻優秀子弟。也作「封胡羯末」。宋・陸游《七侄歲暮同諸孫來過，偶得長句》詩：「封胡羯末皆傳甚，剩喜團欒一笑新。」

【封胡羯末】
見「封胡遏末」。

【封疆大吏】
封疆：築土爲台，以標示疆界。疆境內統治一方的大官。一般把他們與古代分封疆土的諸侯相比擬，因稱「封疆大吏」。《老殘遊記》三回：「兄弟以不學之資，聖恩叫我做這封疆大吏。」

【封疆畫界】
封疆：築土爲台，以表識疆境。在國土邊緣設置標誌以劃分國界。《史記・司馬相如傳》：「封疆畫界者，非爲守御，所以禁淫也。」

【封妻蔭子】
蔭：封建時代子孫因先世有功而得賜官爵。妻室得到封號，子孫得襲官爵、特權。舊指建功立業，顯耀門庭。元・戴善夫《風光好》四折：「枉了我一年獨守冰霜志，指望你封妻蔭子。」

【封豕豺狼】
見「封豕長蛇」。

【封豕長蛇】
封：大；豕：ㄕˇ，豬。大豬和長蛇。比喻貪婪兇暴的壞人或惡勢力。清・王夫之《讀通鑑論・唐昭宗》：「號令不出於國門，以與封豕長蛇爭生死，一敗而殲焉。」也作「封豨修蛇」。豨：ㄒㄧ，豬；修：長。《淮南子・修務訓》：「吳爲封豨修蛇，蠶食上國。」也作「封豕豺狼」。《國語・周語中》：「狄，封豕豺狼也，不可厭也。」

【封豨修蛇】
見「封豕長蛇」。

【葑菲之採】
葑菲：蕪菁和葍菜，葉可食而根莖有苦味。不可因葑菲根莖味苦而連葉也不採了。比喻夫婦相處應以德爲重，不可因妻容顏衰退而遺棄。後用「葑菲之採」作請人有所採取的謙辭。《詩經・邶風・谷風》：「採葑採菲，無以下體。」宋・陳亮《與勾熙載提舉・又書》：「豈郎中欲納一世之才，高高下下，不使絲發遺棄，亦欲忘其下體而採其葑菲乎！」

【瘋瘋顛顛】
形容人舉止不正常，好像有神經病似的。《紅樓夢》三回：「這和尚瘋瘋顛顛說了這些不經之談，也沒人理他。」

【瘋狗的脾氣——見人就咬】
瘋狗：患狂犬病的狗。①比喻人易怒，好鬥，脾氣不好。貶義。例鄧二寅這個人是瘋狗的脾氣——見人就咬，誰也不願親近他。②比喻隨意連累無辜的人。貶義。例他在法庭受審時，態度惡劣，極不老實，瘋狗的脾氣——見人就咬就是他的手法之一。

【瘋狗的尾巴——翹不起來】
瘋狗的尾巴下垂。比喻本領不强，沒有值得驕傲的地方。例別擔心，在這一羣能人中，他像瘋狗的尾巴——翹不起來。

【瘋狗咬人——不看對象】
比喻做事不結合具體情況。例你在工作中堅持原則是好的一面；但有時瘋狗咬人——不看對象，是致命的弱點，必須把理論和實際確實地結合起來。

【瘋姑娘講笑話——嘻嘻哈哈】
形容嬉笑歡樂的樣子。例在播放春節聯歡晚會實況時，千百萬電視觀衆都像瘋姑娘講笑話——嘻嘻哈哈，快樂極了。

【峯迴路轉】
迴：曲折環繞；轉：改變方向。峯巒環繞，山路蜿蜒。形容山水勝地路徑曲折。宋・歐陽修《醉翁亭記》：「峯迴路轉，有亭翼然臨於泉上者，醉翁亭也。」

【烽火連年】
烽火：古時邊防報警點的煙火。戰爭的烽火接連多年不斷。元・戴良《登大牢山》詩：「那堪回首東南地，烽火連年警報聞。」

【烽火連天】
烽火：古時邊防報警點的煙火。形容戰火燃遍各地。《孽海花》三二回：「傾城名士，兩兩相遇，雖然是件詛事，倘使相遇在烽火連天之下，便不歡樂了。」也作「連天烽火」。

【烽火四起】

戰火在四處點起來。形容到處都是戰亂。例軍閥混戰，烽火四起，民不聊生。

【烽火相連】

報警點燃的風火相互連接不斷。形容邊防常備不懈。漢・荀悅《漢紀・宣帝紀上》：「部曲相保，塹壘木樵，便兵飾弩，烽火相連，勢足並力，以逸待勞，兵之大利。」也形容戰火不斷。元・無名氏《風送梧桐葉》一折：「臨歧分別，一旦恩情成斷絕；烽火相連，雁帖魚書誰與傳。」

【鋒不可當】

鋒：刀劍等銳利的部分；當：阻擋。鋒芒銳利，不可抵擋。《三國志・魏書・武帝紀》：「當有眞人，起於梁沛之間，鋒不可當。」

【鋒鏑餘生】

鋒：刀劍等銳利的部分；鏑：ㄉㄧˊ，箭鏃；鋒鏑：泛指兵器，也比喻戰爭。從刀鋒箭鏃下僥倖保全的生命。指經過戰亂而僥倖活下來。例少壯身隨王師去，鋒鏑餘生鬢髮斑。

【鋒鏑之苦】

刀劍砍箭鏃射的痛苦。指戰亂的苦難。《北洋軍閥統治時期史話》七四章：「目的在於造成一種超然於南北以外的特殊地位，使浙江人民不受鋒鏑之苦。」

【鋒發韻流】

鋒：鋒芒；發：放出，迸出；韻：情趣，韻致。鋒芒進發，情韻流暢。形容文章富有氣勢和韻味。南朝梁・劉勰《文心雕龍・體性》：「安仁輕敏，故鋒發而韻流。」

【鋒芒逼人】

鋒芒：刀劍的尖端；逼：給人以威脅。鋒芒顯露，使人受到威脅。形容言詞犀利或氣勢威嚴。例他一跟人爭論，總是言詞尖刻，鋒芒逼人。

【鋒芒畢露】

畢露：完全顯露。銳利的部分完全顯露出來。形容人的銳氣和才幹全都顯露出來。也指人喜好表現自己。端木蕻良《曹雪芹》二三：「他想，在父親面前，不可流露一絲兒誇耀神情，免得父親斥罵他鋒芒畢露。」

【鋒芒不露】

鋒芒：刀劍的刄口和尖端。刀鋒劍刄等鋒利的部分不暴露出來。比喻才幹和心機不顯露在外。例他這人很有才幹，但遇事沈穩，鋒芒不露。

【鋒芒挫縮】

鋒芒：喻人的銳氣。鋒芒受挫而退縮。指銳氣被摧折，不能放肆。《後漢書・袁紹傳》：「[公孫]瓚亦梟夷，故使鋒芒挫縮，厥圖不果。」

【鋒芒毛髮】

比喻極爲細小的事物。漢・王充《論衡・超奇》：「作《洞曆》十篇，上自黃帝，下至漢朝，鋒芒毛髮莫不記載，與太史公『表』『紀』相似類也。」

【鋒芒所向】

鋒芒：刀劍的刄和尖端，喻鬥爭的矛頭；向：指向。鬥爭的矛頭所指向的人或事物。例他的發言尖銳潑辣，鋒芒所向，是人們不敢惹的某個大人物。

【蜂蠆有毒】

蠆：ㄔㄞˋ，蠍子一類的毒蟲，尾部有毒刺。蜂和蠆一類的小蟲都有毒刺。比喻有危害的人或事物，即使很小，也不能輕視。《左傳・僖公二十二年》：「[臧文仲曰]君其無謂邾小，蜂蠆有毒，而況國乎？」

【蜂蠆作於懷袖】

蠆：ㄔㄞˋ，蠍子一類的毒蟲，尾部有毒刺。蜂和蠆一類的毒蟲起於懷裏袖中。比喻出乎意外的驚嚇。《晉書・劉毅傳》：「蜂蠆作於懷袖，勇夫爲之驚駭，出於意外故也。」

【蜂纏蝶戀】

纏：糾纏；戀：依戀。像蜜蜂糾纏不清，像蝴蝶不忍分離。比喻愛的糾纏，情的干擾。《紅樓夢》一一六回：「所以警幻仙子命我看管，不令蜂纏蝶戀。」

【蜂出並作】

並作：一齊興起。蜂羣傾巢而出，多而雜亂。形容紛紛興起。《漢書・藝文志》：「是以九家之術，蜂出並作。」

【蜂房不容鵠卵】

蜜蜂的巢房難容下天鵝蛋。比喻小地方容不下大的物體。現也比喻小的單位或地方，用不到才識大的人，或用以推辭別人。《淮南子・記氾訓》：「牛蹄之涔不能生鱣鮪，蜂房不容鵠卵，小形不足以包大體。」

【蜂房水渦】

水渦：水溜天井中爲渦，即瓦溝。如同蜜蜂的巢房，屋上的瓦溝。形容房舍非常多。唐・杜牧《阿房宮賦》：「蜂房水渦，矗不知其幾千萬落。」

【蜂合蟻聚】

見「蜂屯蟻聚」。

【蜂狂蝶亂】

蜂在狂戲，蝶在亂舞。比喻浪蕩子弟的輕狂、放蕩。《水滸傳》二四回：「檀口輕盈，勾引得蜂狂蝶亂。」

【蜂蜜拌黃連——又苦又甜】

黃連：多年生草本植物，根莖味苦，可以入藥。比喻生活中有煩惱也有歡樂。例人生就像蜂蜜拌黃連——又苦又甜，由於社會經濟地位不同，有的苦多甜少，有的苦少甜多。

【蜂目豺聲】

蜂一樣的目光，豺一樣的聲音。形容惡人的面目、聲音。清・洪昇《長生殿・疑讖》：「見了這野心雜種牧羊的奴，料蜂目豺聲定是狡徒。」

【蜂屯蟻結】

見「蜂屯蟻聚」。

【蜂屯蟻聚】

屯：ㄊㄨㄣˊ，聚集。像蜂與蟻一樣往一起屯聚。形容紛紜雜亂地聚集。

宋・秦觀《進策・盜賊下》：「臣聞盜賊之起，小則蜂屯蟻聚，虜掠閭里；大則擅名號，攻城邑，取庫兵，釋死罪，殺掠吏民。」也作「**蜂合蟻聚**」。合：湊到一起。唐・盧藏用《紀信碑》：「山東紛紛，蜂合蟻聚。」也作「**蜂屯蟻雜**」。雜：混合在一起。唐・韓愈《送鄭尚書序》：「撞搪呼號，以相和應，蜂屯蟻雜，不可爬梳。」也作「**蜂屯蟻結**」。結：結合。宋・范浚《揆策上》：「掩其不備，虜必反走，因而乘之，向之蜂屯蟻結者必亂。」

【蜂屯蟻雜】

見「蜂屯蟻聚」。

【蜂舞並起】

蜂：也作「蠭」；並：一齊。像蜂羣飛舞而來。形容紛亂而來。《漢書・劉向傳》：「水、旱、飢、蝝、螽、螟，蜂舞並起。」

【蜂腰鶴膝】

像蜂的腰，兩頭粗中間細；像鶴的膝，兩頭細中間粗。指舊體詩歌中聲律八病中的兩種。後泛指詩歌中的聲律毛病。宋・蘇軾《和流杯石上草書小詩》：「蜂腰鶴膝嘲希逸，春蚓秋蛇病子雲。」

【蜂蟻也有君臣，虎狼也有父子】

謂人更應該有情有義。明・陳玉陽《義犬》二齣：「[旦]爲師弟難道仇住誰，不是仇住誰，如何下毒手？狄官人，君親師一樣的，豈不聞蜂蟻也有君臣，虎狼也有父子。人間暴戾無如獸，他父子也相救。眞個是：獸心人面人難托，倒不如獸面人心獸可投。」

【蜂擁而來】

像蜂羣一樣，擁擠著過來。形容很多人亂哄哄地向一處聚攏。《官場現形記》一二回：「又等了一會子，方見胡統領打著燈籠火把，一路蜂擁而來。」也作「**蜂擁而至**」。至：到。《鏡花緣》二六回：「個個頭戴浩然巾，手執器械，蜂擁而至。」

【蜂擁而入】

像蜂羣一樣擁擠著進去。形容人多而亂。清・姚元之《竹葉亭雜記》五：「俟其過，尾之而行，望至劉宅門首蜂擁而入。」

【蜂擁而上】

像成羣的蜂一樣亂哄哄擁上來。形容很多人一擁而上。《紅樓夢》九回：「墨雨遂掇起一根門閂，掃紅、鋤藥手中都是馬鞭子，蜂擁而上。」

【蜂擁而至】

見「蜂擁而來」。

【蜂準長目】

準：鼻子。鼻如黃蜂般狹而高，眼睛細長。形容長相兇狠。《史記・秦始皇本紀》：「秦王爲人，蜂準長目，鷙鳥膺，豺聲。」

ㄈㄥˊ

【馮公老】

見「馮唐已老」。

【馮驩彈鋏】

馮驩（ㄏㄨㄢ）：齊人，「驩」也作「諼」；鋏：ㄐㄧㄚˊ，劍。《史記・孟嘗君列傳》載：馮驩爲孟嘗君門下食客，很窮，只有一柄劍，以蒯草纏著，曾幾次彈劍而歌，要魚、要車，要養家。馮驩才華出衆，成爲孟嘗君手下最得力的謀士。後用「馮驩彈鋏」形容有才華的人暫處困境。也借指才能超人。唐・駱賓王《上齊州張司馬啟》：「薛邑聞歌，揖馮驩於彈鋏；夷門命駕，顧侯嬴於抱關。」

【馮唐老】

見「馮唐已老」。

【馮唐頭白】

見「馮唐已老」。

【馮唐已老】

馮唐：西漢人。《史記・馮唐傳》：「武帝時，求賢良，舉馮唐。唐時年九十餘，不能復爲官。」後用「馮唐已老」比喻人已衰老，不能再有所作爲。唐・王維《重酬范郎中》詩：「揚子解嘲徒自遣，馮唐已老復何論。」也作「**馮唐頭白**」。明・汪廣洋《登南海驛樓》詩：「馮唐頭白偏多感，倚遍天南百尺樓。」也作「**馮唐老**」。宋・徐鉉《送陳秘監歸泉州》詩：「三朝恩澤馮唐老，萬里鄉關賀監歸。」也作「**馮公老**」。唐・陳子昂《酬李參軍崇嗣旅館見贈》詩：「未及馮公老，何驚孺子貧。」

【馮唐易老】

《史記・馮唐傳》：「唐以孝著，爲中郎署長，事文帝。文帝輦過，問唐曰：『父老何自爲郎？家安在？』唐具以實對。」「七年，景帝立，以唐爲楚相，免。武帝立，求賢良，舉馮唐。唐時年九十餘，不能復爲官。」後用「馮唐易老」比喻年事已老而仕宦不得志。唐・王勃《滕王閣序》：「時運不濟，命途多舛，馮唐易老，李廣難封。」

【馮諼有魚】

馮諼（ㄒㄩㄢ）：齊人，「諼」也作「驩」。《戰國策・齊策四》載：馮諼初爲孟嘗君食客時，曾彈劍而歌，「長鋏歸來乎，食無魚！」後用「馮諼有魚」比喻受到恩遇、器重。宋・蘇軾《次韻周開祖長官見寄》詩：「犀首正緣無事飲，馮諼應爲有魚留。」參見「馮驩彈鋏」。

【逢場作樂】

逢：碰到，遇到；場：場地，場合；作樂：取樂，碰到合適的場合，就遊玩取樂。明・沈受先《三元記・開宗》：「對酒當歌須慷慨，逢場作樂任優遊。」

【逢場作趣】

作趣：湊趣兒，逗笑取樂。遇到一定的場合，就逗趣兒取樂，讓人高興。沈從文《顧問官》：「他那神氣似眞非眞，因爲是師長的老部屬，平時又會逢場作趣，這時節乘順水船就來那麼一手。」

【逢場作戲】

逢：碰到，遇到；場：表演場地。①賣藝人遇到適合的場地就開場表演。《水滸傳》二七回：「他們是沖州撞府，逢場作戲，陪了多少小心得來的錢物。」②遇到一定的場合，隨便敷衍應付，湊湊熱鬧。《三俠五義》六〇回：「劣兄雖有兩面，也不過逢場作戲，幸喜不失本來面目。」也作「**逢場做戲**」。《興唐傳》六回：「秦二哥您換上吧，連我們哥兒倆的官衣也脫了，換了便服，咱們這一趟就像遊山逛景似地往下走，到了北平，咱們再換回來，這就是逢場做戲的這麼回事。」

【逢場做戲】

見「逢場作戲」。

【逢君之惡】

逢：逢迎；惡：過錯，壞的行爲。逢迎助長君主的過失、惡行。《古今小說》卷二二：「有個佞臣伯嚭，逢君之惡，勸他窮奢極欲，誅戮忠臣。」

【逢橋須下馬，過渡莫爭先】

意謂出門在外，要注意安全。明・朱權《荊釵記》一五齣：「你未晚先投宿，雞鳴起看天。逢橋須下馬，過渡莫爭先。古來冤枉事，皆在路途間。」也作「**逢橋須下馬，有路莫登舟**」。

【逢強智取，逢弱活擒】

謂對付不同的對象，要採取不同的方法。《小五義》一一〇回：「蔣爺走到那裏，他追到那裏。蔣爺一想，不敢和他交手，淨跑也是無益於事。常言一句說得好；逢強智取，逢弱活擒。忽然想起一個主意來了。」

【逢人且說三分話，未可全拋一片心】

說話要有所保留，不可把心裏話都掏出來。《金瓶梅詞話》二〇回：「別人都罷了，只是潘金蓮惱的要不的，背地唆調吳月娘，與李瓶兒合氣；對著李瓶兒，又說月娘許多不是，說月娘容不的人。李瓶兒尚不知墮他中計，每以姐姐呼之，與他親厚尤密。正是逢人且說三分話，未可全拋一片心。」也作「**逢人只說三分話，未可全拋一片心**」。

【逢人說項】

逢：碰到，遇到；項：唐詩人項斯。碰到人就稱道項斯的才學。唐・李綽《尚書故實》載：唐代詩人楊敬之愛才公正，得知項斯有才，做《贈項斯》詩：「平生不解藏人善，到處逢人說項斯。」後用「逢人說項」比喻到處說某人或某事的好處。宋・楊萬里《送姜夔堯章謁石湖先生》詩：「吾友夷陵蕭太守，逢人說項不離口。」

【逢山開道】

逢：碰到，遇到。碰到山就開山闢路。比喻勇當先驅，打通前進途中的重重障礙。元・關漢卿《哭存孝》二折：「三千鴉兵爲先鋒，逢山開道，遇水疊橋。」也作「**逢山開路**」。元・紀君祥《趙氏孤兒》楔子：「傍邊轉過一個壯士，一臂扶輪，一手策馬，逢山開路，救出趙盾去了。」

【逢山開路】

見「逢山開道」。

【逢山開路，遇水搭橋】

謂排除沿途的重重障礙，使行軍暢通無阻。《西遊記》二九回：「貧僧有兩個徒弟，善能逢山開路，遇水迭（搭）橋，保貧僧到此。」也作「**逢山開路，遇水疊橋**」。

【逢時遇節】

逢：遇到；時：季節；節：節氣，節日。遇到四時節令。指逢年過節。《儒林外史》二一回：「他是個誥命夫人，到家請會畫的替他追個像，把鳳冠補服畫起來，逢時遇節，供在家裏。」

【逢使攀梅】

南北朝時著名學者陸凱在江南折一枝梅花，寄給長安的好友范曄，並贈花詩：「折花逢驛使，寄與隴頭人。江南無所有，聊寄一枝春。」後用「逢使攀梅」形容對朋友的問訊及思念之情。宋・辛棄疾《沁園春・送趙景明知縣東歸》詞：「記得我行南浦，送君折柳；君逢驛使，爲我攀梅。」

【逢新感舊】

遇到新人新事，感念舊人舊事。元・喬孟符《兩世姻緣》三折：「我有已亡過的妻室，乃洛陽角妓，與此女小字相同，面貌相類，因此見面生情，逢新感舊。」

【逢凶化吉】

逢：遭遇；化：轉化。遇到凶險不倖能轉化爲吉祥順利。《紅樓夢》一〇六回：「我今叩求皇天保佑，在監的逢凶化吉，有病的早早安身。」

【逢賊得命，更望復子】

復：通「覆」，庇護。碰著強盜僥倖保住性命，還想保護孩子。比喻遇事掌握不住分寸。《新五代史・杜重威傳》：「開運元年，加重威北面行營招討使……契丹還兵擊之，重威等南走，至陽城，爲虜所困，賴符彥卿、張彥澤等因大風奮擊，契丹大敗。諸將欲追之，重威爲俚語曰：『『逢賊得命，更望復子』呼？乃收馬馳歸。」

【逢著好處便安身】

遇到好的地方就居住下來。《何典》七回：「眞是逢著好處便安身，把那尋先生肚腸丟在九霄雲裏去了。」

【縫衣店裏的營業員——左也依（衣），右也依（衣）】

依：「衣」的諧音。比喻人家怎麼說就怎麼做，什麼都順從別人。例你對孩子的要求，不能像縫衣店裏的營業員——左也依(衣)，右也依(衣)，不然會寵壞的。

【縫衣淺帶】

寬袖大帶的衣服。指古代儒者的衣服。也形容假冒學者。《莊子・盜跖》：「縫衣淺帶，矯言僞行，以迷惑天下之主。」

【縫衣針對鑽頭——奸(尖)對奸(尖)】

奸:「尖」的諧音。比喻以奸詐的手段對付奸詐的人,或壞人互相奸詐。例我們將計就計,對敵人來個縫衣針對鑽頭——奸(尖)對奸(尖)。也作「**針尖對麥芒——奸(尖)對奸(尖)**」。

【縫衣針對鑽頭——針鋒相對】

比喻雙方策略、意見、論點、利益等尖銳地對立,互不相讓。例寸土必爭,寸利不讓,我們對帝國主義就是縫衣針對鑽頭——針鋒相對。也作「**針尖對麥芒——針鋒相對**」。

ㄈㄥˇ

【諷一勸百】

諷:委婉地指責;勸:規勸。委婉地責備一人,就能警戒百人。也指校正一事的毛病,可以使類似的百事得到改正。南朝梁・劉勰《文心雕龍・雜文》:「雖始之以淫侈,而終之以居正,然諷一勸百,勢不自反。」

【泛駕之馬】

泛:又唸ㄈㄥˇ。泛駕:不受駕馭。不受駕馭的馬。比喻有才能而不受約束的人。《漢書・武帝紀》:「夫泛駕之馬,跅馳之士,亦在御之而已。」

ㄈㄥˋ

【鳳泊鸞飄】

鸞:傳說中鳳凰一類的神鳥。鳳和鸞飄泊無定。比喻離散或才能不得施展,飄泊沒有定處。清・黃景仁《失題》詩:「神清骨冷何由俗,鳳泊鸞飄信可哀。」

【鳳不離巢,龍不離窩】

比喻帝王不輕易離開皇宮。《萬花樓》三回:「諺云:『鳳不離巢,龍不離窩。』今陛下離廊廟而履疆場險地,豈不危乎?」也作「**鳳不離窩,龍不離海,虎不離山,天子不離金闕**」。闕:帝王的住所。清・蒲松齡《增補幸云曲》:「國母說:『萬歲,你記得那幾句俗語嗎?』皇帝說:『那幾句俗語?』國母說:『鳳不離窩,龍不離海,虎不離山,天子不離金闕。萬歲不信,叫小妃道來。』」

【鳳不離窩,龍不離海,虎不離山,天子不離金闕】

見「鳳不離巢,龍不離窩」。

【鳳雛麟子】

麟:麒麟。鳳凰與麒麟的幼雛。比喻貴族子弟或稱譽別人的子弟。唐・李咸用《輕薄怨》詩:「鳳雛麟子皆至交,春風相逐垂楊橋。」

【鳳歌鸞舞】

鸞:傳說中鳳凰一類的鳥。鳳歌唱,鸞起舞。形容歌舞非常美妙。元・張翥《小游仙詞》:「五色煙中玉女窗,鳳歌鸞舞一雙雙。」也作「**鳳舞鸞歌**」。唐・宋之問《太平公主池山賦》:「鳳舞鸞歌巖欲飛。」

【鳳冠霞帔】

鳳冠:一種用貴金屬和寶石等做成鳳凰形裝飾的帽子;霞帔(ㄆㄟˋ):一種上繡雲霞、類似披肩的服飾。原爲古代后妃的禮服。後作爲貴族和受朝廷封誥的官宦人家的成年婦女的裝束。舊時富家女子出嫁也用。《儒林外史》五四回:「將來從一個貴人,還要帶鳳冠霞帔,有太太之分哩。」

【鳳凰不落無寶之地】

比喻對自己不利的事不幹。例他這個勢利鬼,永遠是鳳凰不落無寶之地,只挑自己有利的事去做。

【鳳凰不入烏鴉巢】

比喻好人不同壞人混在一起。例林大姐是個自視甚高之人,她總是以「鳳凰不入烏鴉巢」自居,不屑與那些販夫走卒的鄰居交往。

【鳳凰來儀】

儀:儀容。鳳凰來舞,儀容優美。舊時指吉祥的徵兆和祥瑞的感應。唐・柳宗元《晋問》:「有百獸率舞,鳳凰來儀,於變時雍之美,故其人至於今和而不怒。」

【鳳凰于飛】

于:語助詞。鳳和凰成雙地飛翔。比喻婚姻美滿,夫婦相親相愛。也用作祝人婚姻美滿之詞。《詩經・大雅・卷阿》:「鳳凰于飛,翽翽其羽。」也作「**鳳凰于蜚**」。蜚:同「飛」。《史記・田敬仲完世家》:「是謂鳳凰于蜚,和鳴鏘鏘。」

【鳳凰于蜚】

見「鳳凰于飛」。

【鳳凰在笯】

笯:ㄋㄨˊ,鳥籠。鳳凰被關在鳥籠中。比喻有才能的人不得其位,不能施展抱負。戰國楚・屈原《九章・懷沙》:「鳳凰在笯,雞鶩翔舞。」

【鳳毛雞膽】

鳳凰的羽毛,雞的膽子。比喻人外表英武,膽量很小。《三國演義》三二回:「羊質虎皮功不就,鳳毛雞膽事難成。」

【鳳毛濟美】

鳳毛:鳳凰的羽毛,比喻稀少而可貴的人或事;濟美:成其美,在原有基礎上發揚光大。比喻有難得的後繼者,繼承並發揚前人的事業。多用來稱譽別人的子弟優秀。《官場現形記》三四回:「你不聽見說他們世兄即日也要保道台?眞正是鳳毛濟美,可欽可敬。」

【鳳毛麟角】

鳳凰的羽毛,麒麟的犄角。《南史・謝超宗傳》:「超宗殊有鳳毛。」《太平御覽》卷六〇七引《蔣子萬機論》:「諺曰:『學如牛毛,成如麟角』言其少也。」後用「鳳毛麟角」比喻極稀少而珍貴難得的人或事物。明・吳廷翰《贈四山童先生七十壽序》:「然而直節不撓,正論不阿者,則固鳳毛麟角。」

【鳳靡鸞吪】
靡：沒有；鸞：傳說中鳳凰一類的神鳥；吪：ㄜˊ，化。《禽經》：「鳳靡鸞吪，百鳥瘞之。」晉・張華注：「鳳死曰靡，鸞死曰吪。」後比喻人死亡。用作對死者的哀悼之辭。明・袁中郎《過華淸宮浴湯泉》：「鳳靡鸞吪易，王圖霸業輕。」

【鳳鳴朝陽】
鳳凰在太陽初升時鳴叫。比喻稀有的吉兆。《詩經・大雅・卷阿》：「鳳凰鳴矣，於彼高崗；梧桐生矣，於彼朝陽。」後用「鳳鳴朝陽」比喻才高之人得到施展的機會。南朝宋・劉義慶《世說新語・賞譽》：「張華見褚陶，語陸平原曰：『君兄弟龍躍云津，顧彥先鳳鳴朝陽。謂東南之寶已盡，不意復見褚生。』」

【鳳去台空】
鳳已離去，台已空。比喻往昔的傑出人物已不復存在，只有陳跡空留。唐・李白《登金陵鳳凰台》詩：「鳳凰台上鳳凰遊，鳳去台空江自流。吳宮花草埋幽徑，晉代衣冠成古丘。」

【鳳髓龍肝】
鳳的脊髓，龍的肝臟。比喻極爲珍貴而難得的稀有食物。明・朱權《荊釵記・慶誕》：「奇珍擺列，渾如洞府仙賓；美食嘉肴，堪並鳳髓龍肝。」

【鳳舞龍飛】
鳳凰起舞，蛟龍騰飛。①形容山勢蜿蜒起伏，氣勢奔放雄偉。《二刻拍案驚奇》卷一二：「看見山明水秀，鳳舞龍飛，果然是一個好去處。」②形容書法筆勢遒勁，生動而秀逸。《兒女英雄傳》一〇回：「這等書法，也寫得這鳳舞龍飛，眞令人拜服。」也作「**龍飛鳳舞**」。

【鳳舞鸞歌】
見「鳳歌鸞舞」。

【鳳吟鸞吹】
鸞：古代傳說中鳳凰一類的神鳥。鳳凰吟唱，鸞鳥吹奏。形容歌聲極爲美妙。《警世通言》卷三二：「忽聽得歌聲嘹亮，鳳吟鸞吹，不足喻其美。」

【鳳友鸞交】
鳳與鸞相交友愛。比喻男女歡愛。元・高文秀《啄木兒》套曲：「覺來慌惚心不定，無端阻我陽台興，鳳友鸞交化作塵。」

【鳳有鳳巢，雞有雞窩】
比喻不同的人有不同的去處。吳有恒《山鄉風雲錄》三章四：「眞是鳳有鳳巢，雞有雞窩，各不相混。窮人懶往富人出入的地方去，因爲去到那裏也沒有個位子讓你坐。」

【鳳隻鸞孤】
隻：單獨；鸞：傳說中鳳凰一類的鳥。單隻的鳳，孤獨的鸞。比喻離散的夫妻。元・武漢臣《生金閣》一折：「你元來好模樣倒有這般心歹處，便待要拆散妻夫，鳳隻鸞孤。」

【鳳翥鸞回】
翥：ㄓㄨˋ，向上飛；回：曲折環繞。鳳與鸞盤旋騰飛。比喻書法筆勢優美，飛動流暢。宋・王溥《唐會要》：「今觀聖跡，兼絕二王，鳳翥鸞回，實古今書聖。」

【鳳子龍孫】
鳳凰蛟龍的子孫。指帝王的後裔。例這個滿淸皇室的後代，昔日飯來張口，衣來伸手的「鳳子龍孫」，已成爲一個自食其力的勞動者。

【奉筆兔園】
兔園：指梁園，漢・梁孝王所建，爲遊賞和延賓的處所。晉・葛洪《西京雜記》載：梁孝王在兔園與文壇名流宴集賞雪，授簡於司馬相如，命其賦雪。後用「奉筆兔園」指奉命吟賦的禮遇。南朝齊・謝脁《拜中軍記室辭隨王箋》：「故舍來場圃，奉筆兔園，東亂三江，西浮七澤。」

【奉辭伐罪】
奉：接受；辭：言辭，旨意。根據正當的理由，討伐有罪的人。《國語・鄭語》：「周亂而弊，是驕而貪，必將背君；君若以成周之衆奉辭伐罪，無不克矣。」韋昭注：「奉正辭，伐有罪，故必勝也。」

【奉道齋僧】
奉：信仰；齋僧：捨飯給僧人。信奉道教，施與僧人飯食。指信教行善事。明・無名氏《鎖白猿》三折：「我也曾奉道齋僧，敬老憐貧，念寡恤孤。」

【奉法者强則國强，奉法者弱則國弱】
執法的官吏堅强，國家就强盛；執法的官吏軟弱，國家就弱。說明貫徹執行法令堅決與否關係到國家的興衰。《韓非子・有度》：「國無常强，無常弱。奉法者强則國强，奉法者弱則國弱。」

【奉公不阿】
阿：迎合。秉行公事，不迎合曲從他人。指爲官正直。《東觀漢記・李恂》：「恂奉公不阿，爲憲所奏免。」

【奉公如法】
見「奉公守法」。

【奉公如法則上下平】
奉公：奉行國家法令。按照法律來奉行公事，就應該對上、對下一律平等。用以說明法令對任何人都是一致的。《史記・廉頗藺相如列傳》：「以君之貴，奉公如法則上下平，上下平則國强，國强則趙固，而君爲貴戚，豈輕於天下邪？」

【奉公守法】
奉行公事，遵守法紀。多指官吏辦事公正不循私。元・關漢卿《裴度還帶》楔子：「韓公平昔奉公守法，廉干公謹。」也作「**奉公行法**」。也作「**奉公如法**」。如：遵照。《史記・趙奢傳》：「以君之貴，奉公如法則上下平，上下平則國强。」也作「**奉公執法**」。《二刻拍案驚奇》卷一二：「我前日認是奉公執法，怎知反被奸徒所騙。」也作「**奉公守節**」。節：節操。宋・張守《論防秋士大夫求去札子》：「士大夫無奉公守節之誠，有全身遠害之計。」

【奉公守節】

見「奉公守法」。

【奉公行法】

見「奉公守法」。

【奉公正己】

正：使端正。奉行公事，嚴以律己。指嚴格約束自己的舉止言行。《魏書·楊機傳》：「機方直之心，久而彌厲，奉公正己，為時所稱。」

【奉公執法】

見「奉公守法」

【奉令承教】

承：接受。奉行命令，接受指教。指遵從他人的旨意辦事。《戰國策·燕策二》：「臣自以為奉令承教，可以幸無罪矣，故受命而辭。」也作「**奉命承教**」。《史記·樂毅列傳》：「臣竊不自知，自以為奉命承教，可幸無罪，是以受命不辭。」

【奉令唯謹】

見「奉命唯謹」。

【奉命承教】

見「奉令承教」。

【奉命唯謹】

唯：語助詞，也作「惟」。奉行命令，小心謹慎。元·陶宗儀《南村輟耕錄》卷一五：「諸官奉命唯謹，鍛鍊備極慘酷。」也作「**奉令唯謹**」。《鏡花緣》一回：「有此種種考察，是以小仙奉令唯謹，不敢參差。」也作「**奉行唯謹**」。明·沈德符《萬曆野獲編·京官肩輿》：「江陵當國數年，復修舊制，以至留都亦奉行惟謹。」

【奉倩神傷】

奉倩：晉人荀粲的字。晉·孫盛《晉陽秋》載：荀粲妻貌美，後病亡，荀粲不哭而神傷，痛悼不已。後用「奉倩神傷」指人喪妻。清·王韜《淞隱漫錄》卷一〇：「是秋，中庭桂樹忽萎，生妻感病旋殞。生奉倩神傷，安仁抱痛，在內閣中觸物生悲，淒然不能成寐。」

【奉饒加一二，自有客人來】

奉饒：額外的奉送。買賣貨物，多給客人一些好處和便宜，生意就多了。元·施惠《幽閨記》二二齣：「[丑]說得是，我在外面發賣，你在裏面會鈔記帳。我一賣還他一賣，兩賣還他成雙。[末]說得是，奉饒加一二，自有客人來。」

【奉如圭臬】

見「奉為圭臬」。

【奉如神明】

見「奉若神明」。

【奉若神明】

神明：神。信奉某人或某事就像崇拜神明一樣。形容極端崇敬。清·錢泳《履園叢話·鬼神·倒划船》：「邑中無賴子弟，以儀仗擁護，奉若神明，旌旗滿船，雜以鼓吹。」也作「**奉如神明**」。《二十年目睹之怪現狀》六八回：「這件事荒唐得很！這麼一條小蛇，怎麼把他奉如神明起來？」也作「**奉為神明**」。《鏡花緣》一二回：「此是僧尼誘人上門之語，而愚夫愚婦無知，莫不奉為神明。」

【奉天承運】

遵奉天命，承受時運。舊指君權神授。後相沿成為封建帝王詔書開頭用的套語。明·王世貞《鳴鳳記·封贈忠臣》：「奉天承運皇帝詔曰：繩愆糾繆，臣道為先。」

【奉為圭璧】

見「奉為圭臬」。

【奉為圭臬】

圭臬：即圭表。古代用來測日影的天文儀器。喻準則或法度。指以某種言論學說作為信奉的準則。清·錢泳《履園叢話·書學·總論》：「三公者，余俱嘗親炙，奉為圭臬，何敢妄生議論。」也作「**奉如圭臬**」。馮玉祥《我的生活》二二章：「我治軍向來注重養廉養恥，『揚善於公廳，歸過於私室』的明教奉如圭臬。」也作「**奉為圭璧**」。圭璧：古代諸侯朝會、祭祀時用作符信的玉器。清·李慈銘《越縵堂詩話》卷中：「余之此言，天下作詩者，當字字奉為圭璧。」

【奉為楷模】

楷模：榜樣，模範。把某些人或事遵奉為榜樣。魯迅《論「費厄潑賴」應該緩行》：「聽說剛勇的拳師，絕不再打那已經倒地的敵手，這實足使我們奉為楷模。」

【奉為神明】

見「奉若神明」。

【奉為至寶】

至寶：最珍貴的寶物。尊奉為最珍貴的寶物。例古書典籍在這裏是奉為至寶的。

【奉行故事】

故事：舊日的行事制度，例行的事。遵照實行舊日的典章制度。《漢書·魏相傳》：「相明《易經》，有師法，好觀漢故事及便宜章奏，以為古今異制，方今務在奉行故事而已。」

【奉行唯謹】

見「奉命唯謹」。

【奉揚仁風】

施行仁政，宣揚仁德。《晉書·袁宏傳》載：袁宏出任東陽郡守，謝安取一扇贈行，袁宏答「輒當奉揚仁風，慰彼黎庶。」後用作頌揚仁德之語。

ㄈㄨ

【夫倡婦隨】

倡：倡導。丈夫說什麼，妻子都隨著辦。舊時妻子必須順從丈夫的封建禮教。《關尹子·三極》：「天下之理，夫者倡，婦者隨。」後也用來形容夫妻和睦。也作「**夫唱婦隨**」。《醒世恆言》卷九：「我與你九歲上定親，指望長大來夫唱婦隨，生男育女，把家當戶。」也作「**婦隨夫唱**」。清·徐釚《詞苑叢談》卷九：「了爾一生花燭事，宛轉婦隨夫唱。」

【夫唱婦隨】

見「夫倡婦隨」。

【夫婦反目】

見「夫妻反目」。

【夫婦是樹，兒女是花】

謂夫妻有了孩子，生活更加美滿。老舍《我這一輩子》三：「對於我的妻，自從有了小孩之後，我更放任了些；我認爲這是當然的合理的。再一說呢，夫婦是樹，兒女是花，有了花的樹，才能顯出根兒深。」

【夫婦之恨不隔宿】

宿：ㄒㄧㄡˇ，一個晚上，夫婦之間的不和過不了一夜。謂夫妻鬧矛盾不會長久。清・伊似村《螢窗異草》卷一：「田一桂：諺曰：『夫婦之恨不隔宿。』非婦之無恨也，實夫之不敢恨也。其險阻艱難，有如此者，其孰敢輕於嘗試也哉。」也作「**夫妻無隔宿之仇**」、「**夫妻沒有隔夜的仇**」。

【夫貴妻榮】

見「夫榮妻貴」。

【夫妻本是同林鳥，大限來時各自飛】

大限：指死期。夫妻恩愛相處，死期來臨時誰也顧不得誰。謂夫妻不過一時爲伴，不可能永遠在一起。明・無名氏《赤松記》二四齣：「[丑]這衣服你官人剛剛穿得一日，被楚霸王拿去殺了。[旦]果有此事？[丑]嫡嫡眞的，怎敢說謊。[旦]呀，原來丈夫死了，天哪！[丑]夫妻本是同林鳥，大限來時各自飛。」也作「**夫妻本是同林鳥，大難臨頭各自飛**」。

【夫妻反目】

反目：翻眼相看。指夫妻吵架不和。《周易・小畜》：「輿說輻，夫妻反目。」也作「**夫婦反目**」。《歧路燈》八二回：「自此譚，巫夫婦反目難以重好。」

【夫妻交市，莫問誰益；兄弟交憎，莫問誰直】

市：買賣貨物；直：正直。夫妻之間做買賣，不必問誰得益；兄弟之間爭吵，不必問誰有理。謂親人之間在利益和是非上不必過於計較。明・徐楨稷《恥言》卷一：「骨肉之倫，無忘親厚而已矣！無忘也者，雖遭檣逆猶是也。弘而忍之之謂讓，曲而聯之之謂仁，潛移而默成之之謂聖。較則怨，怨則離，雖曲不自我，等之乎不祥。語曰：『夫妻交市，莫問誰益；兄弟交憎，莫問誰直。』此之謂也。」

【夫妻倆唱小調——一唱一和】

和：跟著別人唱。比喻互相配合，互相呼應。多含貶義。例你們不要夫妻倆唱小調——一唱一和了，事情的眞相我早已知道，與你們說的完全相反。

【夫妻倆吵架——沒事】

「夫妻無隔夜之仇」，吵架常是很快就和好如初，因此說沒事。比喻沒問題或不會出大問題。例不用擔心，夫妻倆吵架——沒事，這點小痛、小病很快就會痊癒的。也作「**戲台上打架——沒事**」。

【夫妻倆種甘蔗——甜蜜的事業】

比喻給人們帶來愉快和幸福的工作。例你們的工作非常有意義，正如俗語所說，夫妻倆種甘蔗——甜蜜的事業，給人們帶來了歡樂和安慰。

【夫妻且說三分話，未可全拋一片心】

謂夫妻之間也不能把心裏話都說出來。明・無名氏《三桂記》一四齣：「先到莊上叫了金旺來，然後歸家與娘子商議，不知他意如何。待我把言語試他，便見好歹。正是：夫妻且說三分話，未可全拋一片心。」

【夫妻是打罵不開的】

夫妻之間雖然打架吵嘴也是不會分開的。謂夫妻間感情深厚，不會因一點矛盾就破裂。《醒世恆言》卷二七：「常言：夫妻是打罵不開的。過了數日，只得差人去接焦氏。」

【夫妻是福齊】

福齊：「夫妻」的諧音。夫妻總是有福共享。元・王實甫《破窰記》二折：「我穿新的，他穿舊的，我吃好的，他吃歹的。常言道：夫妻是福齊。俺兩口兒過日月，著他獨自落便宜，怎肯教失了俺夫妻情理。」

【夫妻同床，心隔千里】

謂夫妻雖然同床，卻各有各的心事。《濟公全傳》一一四回：「沈國棟聽到這裏，心中一陣難過，自己一想，至親者莫若父子，至近者莫若夫妻，眞是夫妻同床，心隔千里。自己無名火往上一撞，闖進屋中，竟將兩個人結果了性命。」也作「**夫妻同床睡，人心隔肚皮**」。

【夫人裙帶】

指因妻子方面的關係而得到官位或好處。宋・周煇《清波雜志》卷三載：「蔡卞的妻子是王安石的女兒，蔡拜右相，家宴張樂。伶人說：『右丞今日大拜，都是夫人裙帶。』」

【夫榮妻貴】

丈夫當了大官，妻子的身分也就尊貴起來。例日本平民女子小和田雅子因嫁給明仁皇太子，身分隨之水漲船高，眞可說是「夫榮妻貴」。也作「**夫貴妻榮**」。元・無名氏《舉案齊眉》三折：「雖不曾夫貴妻榮，我只知是男尊女卑。」也作「**夫尊妻貴**」。漢・鄭玄《儀禮》：「夫尊於朝，妻貴於室矣。」也作「**夫尊妻榮**」。漢・班固《白虎通》：「婦人無爵，嫁而從夫，故夫尊於朝，妻榮於室。」也作「**夫榮妻顯**」。《羣音類選〈玉簪記・合家重會〉》：「恨當初鸞隻鳳單，喜今日夫榮妻顯。」

【夫榮妻顯】

見「夫榮妻貴」。

【夫隨婦唱】

丈夫隨順著妻子的說法而行事。形容夫妻和睦。明・李開先《寶劍記》五二出：「齊吹鳳管，共品鸞簫永盤桓。

雁行鴻續，夫隨婦唱。」

【夫唯不居，是以不去】

因爲不居功，所以不會失去功績。比喻謙虛可以使人受益。《老子》二章：「萬物作而不辭，生而不有，爲而不恃，成功不居。夫唯不居，是以不去。」

【夫唯不爭，故莫能與之爭】

正因爲他和人不爭，所以誰也爭不過他。謂具有謙讓美德，人們就會擁戴他。《老子》二章：「曲則全，枉則直；少則得，多則惑。是以聖人抱一爲無下式。不自見，故明；不自是，故彰；……夫唯不爭，故莫能與之爭。」

【夫子自道】

夫子：古代對老師或長者的尊稱。夫子自己談論自己。《論語・憲問》：「子曰：『君子道者三，我無能焉：仁者不憂，知者不惑，勇者不懼。』子貢曰：『夫子自道也。』」後指本意是說別人，卻正好說著了自己。有時也指自己誇耀自己。

【夫子勝】

《韓非子・喻老》載：「曾子問子夏爲什麼胖了，子夏說：『吾入見先王之義則榮之，出見富貴之樂又榮之，兩者戰於胸中，未知勝負，故臞。今先王之義勝，故肥。』」後用「夫子勝」指道義制勝，心境安恬。宋・蘇軾《經山道中答周長官》詩：「年來戰紛華，漸覺夫子勝。欲求五畝宅，灑掃樂清淨。」

【夫子之牆】

夫子：對孔子的尊稱。《論語・子張》：「夫子之牆數仞，不得其門而入，不見宗廟之美，百官之富。」指孔子的道德及學問極爲高深。也比喻高不可攀。唐・柳宗元《……謹獻詩五十韻以畢微志》詩：「獨棄傖人國，難窺夫子牆。」

【夫尊妻貴】

見「夫榮妻貴」。

【夫尊妻榮】

見「夫榮妻貴」。

【膚不生毛】

皮膚上不長汗毛。形容工作辛勞，皮膚生繭。漢・司馬相如《難蜀父老文》：「躬腠胝無胈，膚不生毛。」

【膚寸而合】

膚寸：古代長度單位，一指寬爲寸，四指寬爲膚。一膚一寸都合嚴了。形容雲氣密集。《太平御覽》卷七一七引《搜神記》：「俄而雲氣上蒸，膚寸而合，比至日中，大雨總至，溪澗盈溢。」

【膚寸之地】

形容面積狹小。《戰國策・秦策三》：「齊人伐楚……膚寸之地無得者，豈齊不欲地哉？形弗能有也。」

【膚泛不切】

膚：膚淺；泛：一般的；切：符合。指文章或言論浮淺，只是泛泛而談，沒有切合實際的內容。例這篇文章詞藻華美，但膚泛不切。

【膚皮潦草】

潦草：不認眞，不仔細。做事只是表面敷衍，不認眞。例近日來，大廈的清潔人員總是拿著掃帚膚皮潦草地隨便掃一掃，就交差了事。也作「浮皮潦草」。例他只是浮皮潦草地看了一下，就算檢查完了。

【膚淺末學】

末學：無根底之學。指學問淺薄，識見不高。晋・范寧《春秋穀梁傳集解序》：「釋《穀梁傳》者，雖近十家，皆膚淺末學，不經師匠。」

【膚如凝脂】

皮膚如同凝凍的膏脂。形容女子皮膚白嫩細膩。《詩經・衛風・碩人》：「手如柔荑，膚如凝脂。」

【膚受之訴】

膚受：切身遭受；訴：誹謗。切身感受到的誹謗。比喻被人說了有關切身利害的壞話。《二十年目睹之怪現狀》一〇回：「你想外國人又不是包龍圖，況且又不懂中國話，自然中了他的『膚受之訴』了。」也作「膚受之愬」。愬：ㄙㄨˋ，同「訴」。《漢書・谷永傳》：「不聽浸潤之譖，不食膚受之愬。」

【膚受之愬】

見「膚受之訴」。

【膚受之言】

膚：膚淺。感受膚淺的言詞。也指不切實際的言論。《後漢書・揚璇傳論》：「風景之賞未甄，膚受之言互及。」

【鈇鉞之誅】

鈇：鍘刀；鉞：ㄩㄝˋ，古代兵器。用鍘刀和鉞誅殺。泛指刑戮之事。《漢書・敍傳》：「過折足之凶，伏鈇鉞之誅。」也作「鈇質之誅」。質：通「櫍」。古時殺人用的砧板。《史記・廉頗傳》：「[許歷曰]請就鈇質之誅。」

【鈇質之誅】

見「鈇鉞之誅」。

【敷衍了事】

敷衍：表面應付；了：了結，結束。表面應付一下，就算把事辦了。《官場現形記》一回：「禮生見他們參差不齊，也只好由著他們敷衍了事。」

【敷衍門面】

門面：商店房屋沿街的部分，喻外表。指做事不認眞不負責，隨便應付一下，只求表面上過得去。《老殘遊記》七回：「[老和尚]就將這正經拳法收起不傳，只用些外面光、不管事的拳法敷衍門面而已。」

【敷衍塞責】

塞：搪塞。做事不認眞，只是表面應付，對應負的責任搪塞了事。茅盾《霜葉紅似二月花》一二：「廚子忙不過來，向蘇世榮要人，蘇世榮滿頭急汗，硬拉了幾家佃戶的老婆來敷衍塞責。」

【敷衍搪塞】

做事不認眞，只求應付過去了事。

《文明小史》一一回：「抄上數十聯，也可以敷衍搪塞。」

【敷張揚厲】

敷張：同「鋪張」，鋪敍渲染；揚厲：發揚擴大。指文章極力鋪陳渲染。清・章學誠《文史通義・詩教下》：「文之敷張而揚厲者，賦之變體。」

ㄈㄨˊ

【夫復何言】

夫：句首語助詞。意謂還能再說甚麼呢！表示感慨很深。漢・李陵《答蘇武書》：「嗟乎子卿，夫復何言！」

【夫己氏】

夫己氏：用於不想明指其人，如同說某人，那個人。清・趙翼《雜書所見》詩：「何處夫己氏，作吏印懸肘。望門計民貲，掩取魚入笱。」

【弗躬弗親，庶民不信】

弗：不；躬：親自，意爲身體力行。居上位者不身體力行，百姓是不會信從的。《詩經・小雅・節南山》：「弗躬弗親，庶民不信。弗問弗仕，勿罔君子。式夷式已，無小人殆。瑣瑣姻亞，則無膴仕。」

【弗欺暗室】

弗：不；暗室：黑暗的房間，喻暗中。在暗中也不欺心。形容心地光明。《梁書・簡文帝紀》：「弗欺暗室，豈況三光。」也作「**不欺暗室**」。

【伏兵減灶】

埋伏士兵，減少灶數。指故意顯出膽怯，使敵人輕視。兵法的一種。《史記・孫臏傳》載：「魏趙攻韓，韓向齊告急，孫臏對齊將田忌說：『使齊軍入魏地爲十萬灶，明日爲五萬灶，又明日爲三萬灶。』」使魏將龐涓上當，兵敗自刎。

【伏低做小】

伏：屈服。屈服於人，低聲下氣地處於卑微地位。《三國演義》六〇回：「若召到蜀中，以部曲待之，劉備安肯伏低做小？」也作「**服低做小**」。明・沈孚中《綰春園・議姻》：「況養嬌生性，怕他不慣服低做小。」

【伏而咶天】

伏：趴下；咶：ㄕˋ，同「舐」，舔。意指趴在地下想用舌頭舔天。比喻不可能達到目的。《荀子・仲尼》：「辟之是猶伏而咶天，救經而引其足也，說必不行矣，愈務而愈遠。」

【伏閣受讀】

俯身在閣下，從師讀書。《後漢書・曹世叔妻傳》：「時《漢書》始齣：「多未能通者，同郡馬融，伏於閣下從（班）昭受讀。」後用「伏閣受讀」表示恭謹受教。

【伏虎容易縱虎難】

比喻對難以制服的敵手能捉不能放，以免留下後患。明・無名氏《精忠記》二〇齣：「夫人，我爲岳飛一事在心，日夜不安，正是伏虎容易縱虎難，無言終日倚闌干。」又作「**縛虎容易縱虎難**」。

【伏虎降龍】

伏、降：使馴服。降伏猛虎蛟龍。佛教中形容高僧法力高强。也比喻力量大，本領强。《西遊記》八一回：「我也曾花果山伏虎降龍，我也曾上天堂大鬧天宮。」也作「**降龍伏虎**」。

【伏獵侍郎】

侍郎：古代官名。《舊唐書・蕭炅傳》：「戶部侍郎蕭炅，不知書，嘗與嚴挺之言，誤蒸嘗伏臘爲蒸嘗伏獵；挺之見張九齡曰：『省中而有伏獵侍郎乎？』」後因以「伏獵侍郎」諷刺讀別字的官吏。

【伏龍鳳雛】

蟄伏的龍，初生的鳳。指諸葛亮和龐統的雅號。《三國志・蜀書・諸葛亮傳》裴松之注引《襄陽記》：「劉備訪世事於司馬德操。德操曰：『儒生俗士，豈識時務？識時務者在乎俊傑。此間自有伏龍、鳳雛。』備問爲誰，曰：『諸葛孔明、龐士元也。』」後用來泛指由隱居而初被起用的傑出人物。

【伏屍流血】

屍體倒伏，鮮血流淌。《戰國策・魏策四》：「天子之怒，伏人百萬，流血千里。」後用「伏屍流血」形容殺人極多。《魏書・昭成子孫列傳》：「天賜六年，天文多變，占者云當有逆臣伏屍流血。」

【伏首帖耳】

伏：低下去；帖：ㄊㄧㄝ，帖伏。低著頭，耷拉著耳朵。形容卑恭馴服的樣子。《聊齋志異・馬介甫》：「萬石不言，惟伏首帖耳而泣。」也作「**俯首帖耳**」。唐・韓愈《應科目時與人書》：「若俯首帖耳，搖尾而乞憐者，非我之志也。」

【伏天的太陽——毒極了】

伏天：即三伏天，初伏、中伏、末伏的統稱。夏至後第三個庚日是初伏的第一天，第四個庚日是中伏的第一天，立秋後第一個庚日是末伏的第一天。初伏、末伏各十天，中伏十天或二十天。伏天是一年中最熱的時候。雙關語。比喻心腸或手段非常惡毒。例這傢伙爲了搶劫五百塊錢，竟然殺害一個老太婆，眞是伏天的太陽——毒極了。也作「**伏天的太陽——最毒**」、「**長尾巴蠍子——毒極了**」、「**六月的日頭——毒極了**」。

【伏維尚饗】

伏維：俯伏思維；尚饗：享用祭品。恭敬地請你們來享用祭品。舊時祭文中結尾的套語。後也用作死亡的諷刺說法。《二刻拍案驚奇》卷二一：「王祿多說了幾句話，漸漸有聲無氣，挨到黃昏，只有出的氣，沒有入的氣，嗚呼哀哉，伏維尚饗。」

【伏鹽車】

見「服鹽車」。

【伏膺函丈】
伏膺：牢記在心；函丈：舊指講席，後專用爲對老師或長者的敬稱。指受教育。《唐律・鬥訟・疏義》：「如有親承儒教伏膺函丈，而毆師者，加凡人二等。」

【鳧脛雖短，續之則憂，鶴脛雖長，斷之則悲】
鳧：野鴨；脛：小腿。野鴨的腿雖然很短，續接上一截就會使牠憂傷；仙鶴的腿雖然很長，硬砍去一段就會使牠悲痛。比喻違背客觀規律的事情切不可做。也比喻講話寫文章應該有話即長，無話即短，不要有意拉長或將不該省的話刪掉。《莊子・駢拇》：「長者不爲有餘；短者不爲不足。是故鳧脛雖短，續之則憂，鶴脛雖長，斷之則悲。」

【鳧趨雀躍】
鳧：野鴨；趨：快走。像野鴨在快走，小雀在跳躍。形容人歡欣鼓舞的樣子。唐・梁涉《長竿賦》：「聞之者鳧趨雀躍，見之者足蹈於舞，非測日之表可儔，非凌雲梯足數。」

【芙蓉並蒂】
芙蓉：荷花；並蒂：並排長在同一莖上。並排地長在同一個花蒂上的荷花。比喻恩愛夫妻或兩相媲美。唐・皇甫松《竹枝詞》：「芙蓉並蒂一心連，花侵隔子眼應穿。」

【芙蓉出水】
芙蓉：荷花。露出水面開放的荷花。①形容詩文字畫等清新可愛。南朝梁・鍾嶸《詩品・宋光祿大夫顏延之》：「謝詩如芙蓉出水，顏如錯彩鏤金。」②形容女子姿容清秀艷麗。宋・歐陽修《鷓鴣天》詞：「學畫宮眉細細長，芙蓉出水鬥新妝。」也作「**出水芙蓉**」。

【芙蓉好顏色，可惜不禁霜】
芙蓉花雖然顏色鮮艷動人，可惜經不起秋霜的考驗。比喻人中看不中用，經不起嚴峻形勢的考驗。明・于謙《秋意》詩：「池上秋風起，池中秋水涼。芙蓉好顏色，可惜不禁霜。」

【扶不起的阿斗】
阿斗：三國蜀漢後主劉禪的小名，爲人庸碌，雖有諸葛亮的輔佐，也未能守住劉備開創的基業。比喻庸碌無能、尸位素餐的人。例眞是個扶不起的阿斗，大家出了多少主意，想了好多辦法，他卻總是拿不出決策，錯過了大好時機。

【扶不上樹的鴨子——賤骨頭】
比喻不自尊重或不知好歹的人。貶義。例自尊自重是中國人民的美德，但也有極少數人是扶不上樹的鴨子——賤骨頭。也作「**神仙不做做凡人——賤骨頭**」、「**剔了肉的豬蹄兒——賤骨頭**」。

【扶得東來西又倒】
形容手忙腳亂，照顧不過來。例她才從學校畢業就到幼稚園工作，面對一羣活潑好動的小孩，搞得「扶得東來西又倒」的，快累癱了。

【扶顚持危】
顚：跌落，倒下。扶持顚危的局勢，使之轉危爲安。宋・秦觀《賀孫中丞啟》：「力足以扶顚持危，器足以致遠任重。」也作「**扶危持顚**」。唐・杜光庭《虬髯客傳》：「[楊]素驕貴，末年愈甚，無復知所負荷，扶危持顚。」

【扶東倒西】
比喻自己沒有主見，隨他人意志轉移。宋・朱熹《朱子語類》卷一三一：「張魏公才極短，雖大義極分明而全不曉事，扶得東邊，倒了西邊；知得這裏，忘了那裏。」

【扶急持傾】
見「扶危定傾」。

【扶困濟危】
見「扶危濟困」。

【扶老將幼】
見「扶老攜幼」。

【扶老攜弱】
見「扶老攜幼」。

【扶老攜幼】
扶：攙扶；攜：領著。攙扶著老人，領著幼兒。①形容男女老少一齊出動。《儒林外史》一回：「鄉里人聽見鑼響，一個個扶老攜幼，挨擠了看。」也作「**扶老將幼**」。將：扶助。宋・陸游《董逃行》詩：「逾城散走墜空壕，扶老將幼山中號。」也作「**扶老挾稚**」。挾：用臂夾著；稚：幼小。《宋史・可適傳》：「夏人扶老挾稚，中夜入州城，明日俘獲甚伙，而慶兵不至，乃引還。」也作「**扶老攜弱**」。弱：年幼。《史記・周本紀》：「豳人舉國扶老攜弱，盡復歸古公於岐下。」②指愛護和幫助老人、小孩兒。例這位售票員，和藹熱情，扶老攜幼，從不厭煩，眞不愧是優秀售票員。

【扶老挾稚】
見「扶老攜幼」。

【扶牆摸壁】
扶著牆，摸著壁。指以牆壁作依靠。《水滸傳》二九回：「那兩個鳥男女，正在缸裏扶牆摸壁扎掙。」也比喻言論主張平庸軟弱，於事無補。《孽海花》二九回：「不過說到開國會，定憲法，都是些扶牆摸壁的政論，沒一個揮戈回日的奇才。」

【扶傾濟弱】
傾：傾覆，倒塌；濟：接濟，周濟。扶助失去依靠，境遇困難的，救濟年幼弱小的。元・王子一《誤入桃源》四折：「你若肯扶傾濟弱，我可便回嗔作笑，一會價記著想著念著。」也作「**濟弱扶傾**」。

【扶弱抑强】
扶助弱小，抑制强暴。例這是一個扶弱抑强，見義勇爲的好漢。

【扶善懲惡】
扶助善良，懲治邪惡。例這種不畏强暴，敢於扶善懲惡的行爲，應當受到讚揚。

【扶善遏過】
扶：支持；遏：阻止，禁止。支持良善，遏止過錯。唐・韓愈《唐故國子司業竇公墓志銘》：「嚴以有禮，扶善遏過。」
【扶同詿誤】
扶同：運同，牽連；詿誤：失誤，舊指牽連入罪。因受牽連而幹了錯事。《水滸傳》六二回：「[盧俊義]雖是在梁山泊住了許多時，這是個扶同詿誤，難同眞犯。」
【扶同捏合】
見「扶同硬證」。
【扶同硬證】
扶同：連同，串同；硬：生硬，勉强。串通別人，捏造證詞。元・李潛夫《灰闌記》四折：「你把這因奸藥殺馬均卿，混賴家私，並買囑街坊老娘，扶同硬證，一樁樁與我從實招來。」也作「**扶同捏合**」。元・蕭德祥《殺狗勸夫》四折：「那告狀人指陳實事，都是些扶同捏合的虛詞。」
【扶危持顚】
見「扶顚持危」。
【扶危持傾】
見「扶危定傾」。
【扶危定亂】
扶助危難，平定禍亂。指扶持危難中的國家，使之轉危爲安。《隋唐演義》八三回：「能識人，能愛人才，能爲國留得那英雄豪傑，爲朝廷扶危定亂。」
【扶危定傾】
傾：傾覆。扶持處於危險境地。將要傾覆的國勢，使之轉危爲安。《周書・梁禦傳》：「宇文夏州英姿不世，算略無方，方欲扶危定傾，匡復京、洛。」也作「**扶危持傾**」。《三國志・蜀書・許靖傳》：「[與曹公書]今日足下扶危持傾，爲國柱石。」也作「**扶危翼傾**」。翼：幫助，輔佐。《周書・武帝紀下》：「昔魏室將季，海內分崩，太祖扶危翼傾，肇開王業。」也作「**扶急持傾**」。漢・劉向《戰國策序》：「故其謀扶急持傾，爲一切之權。」
【扶危濟急】
見「扶危濟困」。
【扶危濟困】
濟：周濟，接濟。扶助危難，救濟困苦。《水滸傳》三八回：「多聽的江湖上來往的人說兄長清德扶危濟困，仗義疏財。」也作「**扶危救困**」。元・無名氏《魏徵改詔》楔子：「今日個扶危救困休辭憚，疾便的牽戰馬上雕鞍。」也作「**扶危濟急**」。魯迅《鎌田誠一墓記》：「中遭艱巨，篤行靡改，扶危濟急，公私兩全。」也作「**扶困濟危**」。例台灣傳奇人物廖添丁是個扶困濟危，本領高强的義賊。
【扶危救困】
見「扶危濟困」。
【扶危翼傾】
見「扶危定傾」。
【扶危拯溺】
拯：救；溺：淹沒在水裏。扶助處於危難的人，救起掉在水中的人。指救人急難。唐・崔祐甫《唐故常州刺史獨孤公神道碑銘》：「常州之義篤於友，用之有常，行之可久，扶危拯溺，爾身我手。」
【扶搖而上】
見「扶搖直上」。
【扶搖直上】
扶搖：自下盤旋而上的暴風。乘著急劇盤旋的暴風一直上升。形容上升的速度極快。唐・李白《上李邕》詩：「大鵬一日同風起，扶搖直上九萬里。」也作「**扶搖而上**」。張恨水《八十一夢・第七十二夢》：「莊周說過，其翼若垂天之雲，一飛不知幾千萬里，扶搖而上。」後也比喻人仕途得志，升遷很快。《二十年目睹之怪現狀》八八回：「大人步步高升，扶搖而上，還望大人栽培呢。」
【扶餘海外】
唐・杜光庭《虬髯客傳》中寫了海外有扶餘國的故事。後用「扶餘海外」比喻極爲遙遠的外國。也作「**海外扶餘**」。
【扶著醉漢過破橋——上晃下搖】
比喻基礎不牢，地位不穩固。例在香港這種城市工作，新來乍到，人際關係不熟，沒有靠山，就像扶著醉漢過破橋——上晃下搖。也作「**醉漢過鐵索橋——上晃下搖**」。
【扶正黜邪】
黜：ㄔㄨˋ，革除，罷免。匡扶正義，清除邪惡。漢・蔡邕《對詔問災異八事》：「聖意勤勤，欲流清蕩濁，扶正黜邪。」
【扶正祛邪】
祛：除去。我國中醫用語。扶持正氣，祛除邪風。指扶持人體抗病能力，同致病因素作抗爭。也比喻扶持光明正大的風氣或好的事物，祛除不正當的風氣或壞的事物。例中醫治病講究扶正祛邪，在生活中我們也要這樣做。
【拂塵看字】
宋・吳處厚《青箱雜記》卷六：「世傳魏野嘗從萊公（寇準）遊陝府僧舍，各有留題。後復同遊，見萊公之詩，已用碧紗籠護；而野詩獨否，塵昏滿壁。時有從行官伎，頗慧黠，即以袂就拂之。」後用「拂塵看字」形容書生未遇，落拓民間。唐・吳融《叢祠》詩：「何必向來曾識面，拂塵看字也淒然。」
【拂袖而歸】
拂：甩動。一甩衣袖歸隱而去。形容斷然歸隱，毫無留戀。元・汪元亨《折桂令・歸隱》套曲：「厭紅塵拂袖而歸，爲丘壑情濃，名利心灰。」
【拂袖而起】
見「拂衣而起」。
【拂袖而去】
見「拂衣而去」。
【拂衣而起】

拂衣：甩動衣袖。一甩衣袖猛地站起。形容非常惱怒。《醒世恆言》卷四：「十八姨也怒道：『小女弄酒，敢與我爲抗耶？』亦拂衣而起。」也作「**拂袖而起**」。《三國演義》六〇回：「操先見張松人物猥瑣，五分不喜；又聞語言衝撞，遂拂袖而起，轉入後堂。」

【**拂衣而去**】

拂衣：甩動衣袖。一甩衣袖就走了。形容因生氣或不滿而離去。《周書·劉蟠傳》：「蟠曰：『何王之門不可曳長裾也！』遂拂衣而去。」也作「**拂袖而去**」。魯迅《兩地書》一三五：「我是願意人對我反抗，不合則拂袖而去的。」

【**怫然不悅**】

怫然：憂鬱或忿怒的樣子；悅：高興，愉快。形容臉色憂鬱面帶怒容而不高興的樣子。例記者會上，採訪記者咄咄逼人的發問，惹得偶像明星怫然不悅。也作「**艴然不悅**」。艴然：憤怒的樣子。《孟子·公孫丑上》：「曾西艴然不悅。」

【**怫然作色**】

作色：現出怒色。形容不滿意，臉上現出惱怒的顏色。《莊子·天地》：「謂己諛人，則怫然作色。」

【**咈然不悅**】

咈：違背，牴觸。因違背自己的心意而很不高興。《醒世恆言》卷七：「平日奉承他的，見他有咈然不悅之意，即忙回船轉舵道：『大官人莫要性急。』」

【**艴然不悅**】

見「怫然不悅」。

【**服低做小**】

見「伏低做小」。

【**服冕乘軒**】

冕：古時天子、諸侯及高官戴的禮帽；軒：古代貴人乘坐的一種曲轅有帷幕的車。頭戴冕冠，乘坐軒車。形容做了高官，十分顯貴。明·高濂《玉簪記·合慶》：「子母經年分散，喜芸窗脫跡，服冕乘軒。」

【**服牛乘馬**】

服：駕馭。駕著牛，騎著馬。指人役使牛馬等大牲畜。《周易·繫辭下》：「服牛乘馬，引重致遠。」

【**服氣餐霞**】

服氣：服導引之氣，即氣功；餐霞：吞霞光，指不食人間煙火。謂練氣功，修道術。明·無名氏《女眞觀》二折：「服氣餐霞總是空，導引勞形枉費功。」也作「**服氣吞露**」。明·無名氏《洞玄升仙》頭折：「若論道姑修養，服氣吞露，搬離運坎，施仁布義，必有成仙之日也。」

【**服氣吞露**】

見「服氣餐霞」。

【**服田力穡**】

服：從事；穡：ㄙㄜˋ，收割穀物。謂努力一心從事農業生產。《尚書·盤庚上》：「若農服田力穡，乃亦有秋。」

【**服鹽車**】

服：駕馭。《戰國策·楚策四》：「夫驥之齒至矣，服鹽車而上太行，蹄申膝折，尾堪肘潰，漉汁灑地，白汗交流。」後用「服鹽車」比喻處境困厄。唐·元稹《病馬詩寄上李尚書》：「遙看雲路心空在，久服鹽車力漸煩。」也作「**伏鹽車**」。劉上士《古駿賦》：「垂兩耳兮伏鹽車，倚雙輈兮慚蹇驢。」也作「**負鹽車**」。負：負載。元·歐陽玄《天馬賦》：「負鹽車而上太行者，慨未遇夫伯樂；伏皂櫪而志千里者，又何慚乎老驥。」

【**俘虜兵——沒腔（槍）**】

腔：「槍」的諧音。比喻沒話說，沒什麼可說的，或指不吭聲。例比賽結束了，四比一，這回他可是俘虜兵——沒腔（槍），不得不承認對方技高一籌。

【**浮詞曲說**】

浮：空虛，不切實；曲：不直。華而不實的詞句，歪而不正的言談。《清史稿·張煌言傳》：「憑陵風濤，縱橫鋒鏑，今逾一紀矣，豈復以浮詞曲說動其心哉！」

【**浮翠流丹**】

浮現著青翠，流動著丹紅。形容色彩鮮艷生動。宋·陸游《安隱寺修鍾樓疏》：「浮翠流丹，倘復還於巨麗；撞昏擊曉，實大警於沉冥。」

【**浮泛江海**】

泛：漂浮。漂浮在江河湖海上。指乘船遊賞。《晉書·謝安傳論》：「嘯咏山林，浮泛江海。」

【**浮泛無根**】

浮泛：表面的，不切實的。浮在表面，沒有根基。比喻虛浮不實，無所憑依。宋·朱熹《與林擇之書》：「但與其浮泛無根，不如腳踏實地爲有進步處耳。」

【**浮瓜沉李**】

浮在水面的瓜，沉入水中的李。指暑天冷食瓜果。形容夏日的一種生活景象。《初刻拍案驚奇》卷二〇：「這樣時候，多少王孫公子雪藕調冰，浮瓜沉李也不爲過。」

【**浮光幻影**】

浮光：水面上的反光；幻影：變幻不定的影象。像水面的反光，變幻的影像。形容不實、不定，很快就消失。元·明本述《天目中峯和尚廣錄》一三：「豈復爲浮光幻影之所籠絡者哉！」

【**浮光掠影**】

浮光：水面上的反光；掠影：一閃而過的影子。像水面的反光、晃動的影子，一掠而過。比喻觀察粗略，印象不深。清·馮班《滄浪詩話糾謬》：「滄浪論詩，正是浮光掠影，如有所見，其實腳跟未曾點地。」

【**浮光躍金**】

浮動的光影，樓閣的金光，映照在水面，跳躍閃爍。形容月夜美景。宋·范仲淹《岳陽樓記》：「而或長煙一空，皓月千里。浮光躍金，靜影沉璧，漁歌互答，此樂何極。」

【浮花浪蕊】

指平常的普通花草。唐・韓愈《杏花》詩：「浮花浪蕊鎮長有，才開還落瘴霧中。」也比喻輕浮的婦女。宋・周邦彥《鵲橋仙令》詞：「浮花浪蕊，人間無數，開遍朱朱白白。」

【浮寄孤懸】

漂浮似的寄存，單獨地懸掛著。形容沒有基礎，不實在，不牢靠。唐・韓愈《與鄂州楊中丞書》：「急之則怨，緩之則不用命，浮寄孤懸，形勢銷弱。」

【浮家泛宅】

見「泛家浮宅」。

【浮嵐暖翠】

嵐：ㄌㄢˊ，山中像霧一般的水蒸氣；暖翠：春晴的山色。漂浮的山嵐，青翠的山色。形容山中林間的美好景色。宋・歐陽修《廬山高》詩：「欲令浮嵐暖翠千萬狀，坐臥常對乎軒窗。」

【浮浪不經】

浮浪：輕薄放蕩，不務正業；不經：不合於常規。行爲放蕩，不合規矩。《警世通言》卷三二：「若爲妾而觸父……海內必以兄爲浮浪不經之人。」

【浮台絆身】

絆：羈絆，束縛。虛浮的名聲，使自身受到拘束，不得自由。唐・杜甫《曲江對酒一》詩：「細推物理須行樂，何用浮名絆此身。」

【浮名薄利】

薄：少，輕微。虛浮的名聲，微少的利益。指名利虛微不足羡。宋・趙師俠《撲蝴蝶》：「一杯洗滌無餘，萬事消磨去遠，浮名薄利休羨。」也作「浮名虛利」。《東周列國志》八七回：「若肯要灰心學道，可致神仙，何苦要碌碌塵埃，甘爲浮名虛利所驅逐也。」

【浮名虛利】

見「浮名薄利」。

【浮名虛譽】

虛浮的名聲和稱譽。指沒有實際意義的聲譽。明・桑紹良《獨樂園》三折：「白髮垂肩老更癯，空有些浮名虛譽。不能夠補袞朝班，則落的抱甕村居。」

【浮皮潦草】

見「膚皮潦草」。

【浮萍斷梗】

漂浮在水上的萍草和折斷了的草莖木梗。比喻飄泊無依的人。《野叟曝言》一一回：「到家的，養起頭髮，聽憑父母擇一頭親事，結果終身，再不作浮萍斷梗，路柳牆花了。」也作「浮萍浪梗」。元・喬孟符《揚州夢》：「博著個甚功名，教俺做浮萍浪梗，因此上意懶出豫章城。」

【浮萍浪梗】

見「浮萍斷梗」。

【浮萍尚有相逢日，人豈全無見面時】

池塘裏的浮萍還有相逢的時候，人們離別之後難道就沒有再見的機會？謂人分別後終能相見。《紅樓夢》七二回：「再過二三年，咱們都是要離這裏的。俗語又說：『浮萍尚有相逢日，人豈全無見面時。』倘或日後咱們遇見了，那時我又怎麼報你的德行？」

【浮上水】

原指往上游游水。比喻巴結權貴，討好上司。例你不明白主任爲什麼那麼器重他嗎？他專門浮上水，當頭的能不賞識？也作「洑上水」。例這是個洑上水的傢伙，你要提防他一點。

【浮生如寄】

見「浮生若寄」。

【浮生若寄】

浮生：虛浮的人生。人生飄浮無定，好像寄住世間一樣。形容世事無定，人生短促。唐・楊炯《原州百泉縣令李君神道碑》：「浮生若寄，大漸彌留，遺誨子孫，庶幾薄葬。」也作「浮生如寄」。唐・鄭哲《女鬼記・孟氏》：「浮生如寄，年少幾何。」

【浮生若夢】

浮生：虛浮的人生。人生一世彷彿一場夢。形容人生短促，像夢一樣的虛幻。《初刻拍案驚奇》卷二八：「自古皆以浮生若夢，相公只要夢中得覺，回頭即是。何用傷感！」也作「浮生一夢」。唐・李咸用《早秋遊山寺》詩：「至理無言了，浮生一夢勞。」

【浮生一夢】

見「浮生若夢」。

【浮聲切響】

浮聲：平聲；切響：仄聲。指詩文要注意音韻協調，平仄相配。《宋書・謝靈運傳論》：「欲使宮羽相變，低昂互節，若前有浮聲，則後須切響。」元・袁桷《書湯西樓詩後》：「然命意深切，用事精選，非止於浮聲切響而已也。」

【浮石沉木】

石頭浮在水面，木塊沉入水中。指胡謅騙人。《三國志・魏書・孫禮傳》：「竊聞衆口鑠金，浮石沉木，三人成市虎，慈母投其杼。」

【浮頭食】

比喻不正當的收入。例你這樣鬼混，靠打浮頭食過日子，能長久嗎？遲早會出事的。

【浮文巧語】

巧語：虛浮不實的話。虛浮花巧的言辭。例這篇文章只是浮文巧語，沒有什麼實在內容。

【浮下水】

比喻不巴結權貴不討好上級。例人家願意幫助你，提拔你，你怎麼直往後縮？就算你不浮上水，也用不著故意浮下水呀！

【浮想聯翩】

聯翩：鳥兒連續不斷地飛的樣子。飄浮變幻的想像如同鳥兒連續不斷地飛翔。指很多想像不斷地湧現。例觀看運動會上的大型團體操，那奇異變化的隊形，使我浮想聯翩。

【浮言虛論】

見「浮語虛辭」。

【浮一大白】

浮：罰；白：酒杯。舊時行酒令，罰飲一大杯酒。後引申為遇到愉快或情緒激動時滿飲一大杯酒。清·張潮《虞初新志·補張靈崔瑩合傳》：「一日靈獨坐讀《劉伶傳》，命童子進酒，屢讀屢叫絕，輒拍案浮一大白。」也作「**浮一大匏**」。匏：ㄆㄠˊ，同「匏」，匏瓜，指匏做成的水瓢。清·朱彝尊《黃徵君壽序》：「目擊其先公之大節，具書於國史，先生之心，足以自慰，於介壽日，宜浮一大匏者也。」

【浮一大匏】

見「浮一大白」。

【浮以大白】

浮：罰；白：酒杯。罰飲一大杯酒。漢·劉向《說苑·善說》：「魏文侯與大夫飲酒，使公乘不仁為觴政，曰：『飲不釂者，浮以大白。』」

【浮語虛辭】

虛浮不切實際的言語文辭。《東觀漢記·隗囂傳》：「吾年已三十餘，在兵中十歲，所更非一，厭浮語虛辭耳。」也作「**浮言虛論**」。宋·葉適《制科》：「當制舉之盛時，置學立師，以法相授，浮言虛論，披抉不窮。」

【浮雲蔽日】

飄浮的烏雲遮住了太陽。比喻奸佞當道，蒙蔽君主。也比喻小人得勢，社會一片黑暗。唐·李白《登金陵鳳凰台》詩：「總為浮雲能蔽日，長安不見使人愁。」也作「**浮雲翳日**」。翳：遮蔽。漢·孔融《臨終詩》：「讒邪害公正，浮雲翳白日」。

【浮雲富貴】

把富貴看得像浮雲一樣。形容不看重富貴，把金錢地位看得極輕。《老殘遊記》六回：「自己一生契重名士，以為無不可招致之人，今日竟遇著一個鐵君，真是浮雲富貴。」

【浮雲驚龍】

飄浮的雲彩，驚動的游龍。形容書法筆勢卓絕驚人。《晉書·王羲之傳》：「論者稱其筆勢，以為飄若浮雲，矯若驚龍。」

【浮雲世態】

世態：世人的態度。世上人情態度如飄浮的雲一樣變幻多端。元·關漢卿《魯齋郎》三折：「不見浮雲世態紛紛變，秋草人情日日疏。」

【浮雲翳日】

見「浮雲蔽日」。

【浮雲朝露】

飄浮的雲彩，早晨的露水。比喻時光易逝，人生短促。《周書·蕭大圜傳》：「人生若浮雲朝露，寧俟長繩繫景，實不願之。執燭夜遊，驚其迅邁。」

【浮蹤浪跡】

漂浮的蹤影，流浪的足跡。形容人行縱不定，四處飄泊。元·王子一《誤入桃源》三折：「似憑般妄作胡為，敢欺侮咱浮蹤浪跡。」

【桴鼓相應】

桴：鼓槌。鼓槌敲鼓，鼓就應和發聲。比喻相互應和快，配合緊密。《漢書·李尋傳》：「順之以善政，則和氣可立致，猶桴鼓之相應也。」

【鵩上承塵】

見「鵩在承塵」。

【鵩在承塵】

鵩：即「鴞」，貓頭鷹。《西京雜記》卷五：「賈誼在長沙，鵩鳥集其承塵。長少俗，以鵩鳥至人家，主人死。」後用「鵩在承塵」指死亡的兇信或對厄運的悲嘆。宋·黃庭堅《李濠州挽詞》：「魚游濠上方云樂，鵩在承塵忽吉兇。」也作「**鵩上承塵**」。唐·許渾《經故丁補闕郊居》詩：「鵩上承塵才一日，鶴歸華表已千年。」

【福薄災生】

福分薄，易發災禍。《官場現形記》五六回：「門生想在這裏報效老師，無奈門生福薄災生，門生的母親又生起病來，門生不得不回去。」

【福不徒來】

徒：憑空。幸福不會憑空而來。指好事不會無緣無故地到來。《史記·龜策列傳》：「諫者福也，諛者賊也。人主聽諛，是愚惑也。雖然，福不妄至，福不徒來。」

【福不盈眥】

盈：滿；眥：ㄗˋ，同「眦」，眼眶。福氣不滿眼眶。比喻福分小，不長久。漢·班固《答賓戲》：「福不盈眥，禍盈於世。」

【福地寶坊】

佛寺的別稱。元·王實甫《西廂記》一本一折：「名山勝境，福地寶坊皆可。」

【福地洞天】

道家所說神仙的居處。唐·杜光庭《洞天福地岳瀆名山記》載：「有十大洞天，三十六小洞天，七十二福地。後用來比喻風景優美的名山勝地。《孽海花》七回：「一到南邊，果然山明川麗，如登福地洞天。」也作「**洞天福地**」。

【福國利民】

造福於國家，有利於人民。例我國古代有許許多多以身許國，但求福國利民的英雄人物。

【福過禍生】

見「福過災生」。

【福過為災】

福氣過盛就會變成災禍。明·徐光啟《自陳不職，乞賜罷斥疏》：「念即英賢際此，猶虞福過為災。」

【福過災生】

享福過了頭災禍就會發生。《宋書·謝瞻傳》：「榮冠台府，位任顯密，福過災生，其應無遠。特乞降黜，以保袞門」。也作「**福過禍生**」。《宋書・劉敬宣傳》：「今此杖節，常懼福過禍生，實思避盈居損，富貴之旨，非所敢當。」

【福惠雙修】

惠：通「慧」；修：修行。福德智慧都已修行到至善的境地了。唐・慧立《大慈恩寺三藏法師傳》卷五：「菩薩爲行，福惠雙修，智人得果，不忘其本。」後也指既有福氣，又聰慧。元・馬致遠《青杏子・姻緣》曲：「天賦兩風流，須知是福惠雙修。」

【福禍之應皆天】

舊謂福氣與禍患的降臨都是上天的報應。漢・王充《論衡・福虛》：「行善者福至，爲惡者禍至，福禍之應皆天也。」

【福祿雙全】

謂人生享受和豐厚利祿兩齊全。元・賈仲名《對玉梳》四折：「俺如今福祿雙全，穩拍拍的綠窗下做針線。」

【福齊南山】

福分如南山一樣高。多作祝辭。《南齊書・豫章文獻王嶷傳》：「常謂福齊南山，慶鍾仁壽。」也作「**福如山岳**」。《雲笈七籤》卷二五：「福如山岳，爲人重愛，修道之者，白日升天。」

【福輕乎羽，禍重乎地】

乎：介詞，相當「於」。福比羽毛輕，禍比大地重。《莊子・人間世》：「福輕乎羽，莫之知載；禍重乎地，莫之知避。」

【福如東海】

福氣有如浩瀚的東海之水。常與「壽比南山」連用爲對人的祝頌之詞。清・吳趼人《糊塗世界》卷六：「梁裁縫連忙依著尺寸剪了太太的衣裳，又剪老太太的壽衣，一面嘴裏還說了許多『福如東海，壽比南山』的話。」也作「**福如海淵**」。淵：深。明・沈受先《三元記・合歡》：「願馮君福如海淵，願馮君壽比泰山。」

【福如海淵】

見「福如東海」。

【福如山岳】

見「福齊南山」。

【福善禍淫】

幸福從行善得來，禍患由淫樂造成。《尚書・湯誥》：「天道福善禍淫，降災於夏，以彰厥罪。」唐・劉知幾《史通・雜說上》：「如固斯言，則深信夫天怨神怒，福善禍淫者矣。」

【福生於微】

福運產生於微小之處。指從細微處做起，經常行善，可以積累成福。漢・劉向《說苑・談叢》：「福生於微，禍生於忽。日夜恐懼，唯恐不卒。」

【福是自求多的，禍是自己作的】

福靠自求，自求才能多福；禍是自己招的。謂禍福都由自取。《歧路燈》七二回：「求福免禍，原是人情之常，人斷沒有趨禍而遠福者。但禍福之源，古人說得明白：福是自求多的，禍是自己作的。」

【福壽康寧】

幸福，長壽，健康，安寧。指人生有福有壽，生活安定。常用作對尊長的祝福。《紅樓夢》二九回：「老祖宗一向福壽康寧，衆位奶奶、姑娘納福！」

【福壽綿長】

見「福壽綿綿」。

【福壽綿綿】

綿綿：連續不斷。有福有壽，連綿不斷。常作祝頌之辭。元・鄭廷玉《忍字記》一折：「則願的哥哥福壽綿綿，松柏齊肩者。」也作「**福壽綿長**」。《鏡花緣》八四回：「但願時時敬誦，自然消兇聚慶，福壽綿長。」

【福壽年高】

福壽雙全，長命百歲。元・鄭廷玉《忍字記》一折：「他道我福壽年高，著我似松柏齊肩老。」

【福壽齊天】

福壽同天一般高。舊時常用於對帝王的祝頌之辭。明・無名氏《賀元宵》三折：「俺衆神聖降臨下方，慶賀了元宵，祝延聖主福壽齊天也。」也作「**福壽天齊**」。明・無名氏《廣成子》三折：「會衆官同來稱賀，齊祝贊福壽天齊。」

【福壽雙全】

福分壽數兩齊全。指既有福又長壽。《紅樓夢》五二回：「老祖宗只有伶俐聰明過我十倍的，怎麼如今這麼福壽雙全的？」

【福壽天成】

福分和壽數都是上天成就的。舊指福、壽都是命中註定的。明・王世貞《鳴鳳記・嚴嵩慶壽》：「可見老爺福壽天成，故壽燭中顯此祥瑞。」

【福壽天齊】

見「福壽齊天」。

【福壽無疆】

無疆：沒有窮盡，沒有止境。福分與壽數永無止境。常作爲祝頌之辭。《雲笈七籤》卷六九：「至誠君子，得而寶之，即福壽無疆。」

【福爲禍始】

福氣是災禍的起始。指福與禍不是一成不變的，福中常隱伏著禍機。晋・盧諶《贈劉琨一首》：「福爲禍始，禍作福階。」也作「**福爲禍先**」。同上：李善注引《韓詩》曰：「利爲用本，福爲禍先。」

【福爲禍先】

見「福爲禍始」。

【福無十全】

指世間幸福的事也不可能是十全十美、毫無缺陷的。宋・陳亮《祭錢伯同母碩人文》：「子心罔極，福無十全。登進方隆，忍此棄捐。」

【福無雙至，禍不單行】

幸福的事不會接連到來，倒霉的事卻一樁又一樁。明・李梅實《精忠旗》三五折：「俺丞相爺在日，何等威勢，何等興頭！不期丞相死後，皇帝老兒不念前功，聽信諫官言語，將小爺都革職爲民，立即攆出城去，把夫人也嚇成一病。正是：『福無雙至，禍不單行。』」也作「**福無雙降，禍不單行**」。《宋史通俗演義》四七回：「偏偏福無雙降，禍不單行，皇子茂殤逝後，哲宗也生起病來……。」也作「**福不雙逢，禍偏疊至**」。《宋史通俗演義》二五回：「誰知福不雙逢，禍偏疊至，朱能竟擁衆拒捕，經官軍入剿，恬惶懼自殺，準又連帶加罪，再貶爲道州司馬。」

【福兮禍所伏，禍兮福所倚】

倚：靠。福當中隱伏著禍患，禍又和福緊靠在一起。指福與禍互爲因果，在一定條件下，可以相互轉化。《老子》五八章：「禍兮福之所倚，福兮禍之所伏。孰知其極？」

【福星高照】

福星：古稱木星爲歲星，認爲其所在有福，又名福星。福星高高地照耀著。指人非常幸運，有福氣。《兒女英雄傳》三九回：「保管你這一瞧，就抵得了福星高照。」

【福業相牽】

業：惡業。福運和罪孽互相牽連。《雲笈七籤》卷一〇三：「有緣無緣，福業相牽，有緣福至，無緣業纏。」

【福由己發，禍由己生】

無論福或禍，都是由自己造成的。謂爲人處世要注意檢點自己的言行。《淮南子・繆稱訓》：「是故，知己者不怨人，知命者不怨天，福由己發，禍由己生。」例禍福並非自天降，根本原因在於自己用實際行動防禍生福，「福由己發，禍由己生」，即是此理。

【福由心造】

幸福是由心地造成的。指人心好，行善事，就會得到幸福。《歧路燈》九九回：「紹聞忽然想起，此廳當日俱是猥褻之語，與今日相較，天淵相懸，雲泥迴隔，可見地因人靈，福由心造。」

【福與天齊】

福氣如同天一般高。形容福氣極大。明・無名氏《羣仙朝聖》一折：「因當今福與天齊，行仁孝神聖皆知。」

【福至心靈】

福運到來，心思也變靈巧了。指人在適當的時機突然頭腦靈活，思路敏捷，舉措得當，得以抓住幸運的機會。《黃繡球》一四回：「這句話你老人家眞又福至心靈！到底觀音娘娘暗中指點你，所以你才說出這句話來。」也作「**福至性靈**」。《官場現形記》五六回：「亦是他福至性靈，忽又想到一個絕妙計策，仍舊上來見老師。」

【福至性靈】

見「福至心靈」。

ㄈㄨˇ

【撫背扼喉】

撫：ㄈㄨˇ，按；扼：掐住。按住脊背，掐住喉嚨。比喻控制要害。唐・盧照鄰《窮魚賦》：「拖鰭挫鬣，撫背扼喉。動搖不可，騰躍無由。」也作「**拊背扼喉**」。《舊唐書・薛大鼎傳》：「[鼎說高祖]請勿攻河木，以龍門直渡，據永豐倉，傳檄遠近，則足食足兵。既總天府，據百二之所，斯亦拊背扼喉之計。」

【撫髀長嘆】

撫：撫摩；髀：ㄅㄧˋ，大腿。撫摩著大腿發出長長的嘆息。指對自己不能有所作爲發出感嘆。《警世通言》卷四：「不覺撫髀長嘆道：『……安能久於人世乎！』」

【撫躬自問】

見「撫心自問」。

【撫孤恤寡】

恤：救濟。撫育孤兒，救濟寡婦。明・王世貞《鳴鳳記・桑林奇遇》：「守經行權，各有其時；撫孤恤寡，存乎一念。」

【撫今思昔】

撫：輕按著，接觸到。接觸今日景物，回思過去事情。明・袁宏道《書念公碑文後》：「撫今思昔，淚與之俱。」也作「**撫今追昔**」。清・平步青《霞外攟屑》卷五：「吾道洵堪千古，撫今追昔，能無黯然。」

【撫今追昔】

見「撫今思昔」。

【撫景傷情】

面對眼前的景物引起感傷的情緒。元・鄭德輝《王粲登樓》二折：「登高望遠，人人懷故國之悲；撫景傷情，處處灑窮途之泣。」

【撫梁易柱】

撫：執，拿；易：更換。手執屋梁，更換房柱。形容力大無窮。唐・皮日休《鹿門隱書六十篇序》：「夫桀、紂之君，握鈎伸鐵，撫梁易柱，手格熊羆，走及虎兕，力甚也。」

【撫綏萬方】

撫綏：安撫，安定；萬方：萬邦。安撫四方，使天下安定。《尚書・太甲上》：「天監厥德，用集大命，撫綏萬方。」

【撫我則后】

后：古代稱天子或列國諸侯。撫育我輩的是君王。《尚書・泰誓》：「古人有言曰：撫我則后，虐我則仇。」

【撫心自問】

撫：摸。摸著心口問自己。表示自我反省。魯迅《這回是「多數」的把戲》：「倘使我看了《閒話》之後，便撫心自問：『要是二百人中有一百九十九人入了女大便怎樣……』那可眞要連自己也奇怪起來。」也作「**撫躬自問**」。躬：身體。《民國通俗演義》八九回尾批：「段總理試撫躬自問，其胡爲敵南方之齟齬耶？」

【撫胸呼天】

撫：拍。拍著胸口，大呼老天。形容極爲悲痛。宋・陳亮《祭章孟客文》：「撫胸呼天，天不我覆；余亦悲哽，慚不能救。」

【撫膺頓足】

撫：拍；膺：胸；頓足：腳跺地。拍著胸口，用腳跺地。形容非常悲痛或悔恨。《警世通言》卷四：「荊公展轉尋思，撫膺頓足，懊悔不迭。」也作「**拊膺頓足**」。拊：拍打。明・沈鯨《雙珠記・母子分珠》：「離懷種種，行蹤洶洶，嘆骨肉拊膺頓足，曷勝哀痛！」

【撫膺之痛】

撫：輕按；膺：胸。撫按胸口的疼痛。指內心的傷痛。例撫膺之痛不是很快可以平復的。

【撫掌大笑】

撫掌：拍手。拍手大笑。形容非常高興或十分得意。《雲笈七籤》卷六六：「凡夫聞之，撫掌大笑，智者一聞悟解，大契眞元。」也作「**撫掌歡笑**」。《三國志・吳書・魯肅傳》：「[孫]權撫掌歡笑」。

【撫掌歡笑】

見「撫掌大笑」。

【撫掌擊節】

撫掌：拍手；擊節：打拍子。拍著手打拍子。形容對音樂、詩文等的讚賞。《晉書・謝尚傳》：「[尚]便著衣幘而舞。導令坐者撫掌擊節。」也表示讚賞而用手打拍子。《文選・袁宏〈三國名臣序讚〉》「後生擊節」李善注引《魏略》：「承旨之日，撫掌擊節。」

【拊背扼喉】

見「撫背扼喉」。

【拊髀雀躍】

拊：拍；髀：ㄅㄧˋ，大腿。拍著大腿，像雀鳥似的跳躍。形容極爲高興。南朝梁・劉勰《文心雕龍・樂府》：「奇辭切至，則拊髀雀躍。」

【拊翼俱起】

拊：拍，輕擊。擊拍翅膀，一同起飛。比喻將要共同奮起。《漢書・敍傳》：「張陳之交，斿如父子，攜子迺秦，拊翼俱起。」

【拊膺頓足】

見「撫膺頓足」。

【府官進縣衙——大搖大擺】

府官：比縣官高一級的官；縣衙：舊時縣府官員辦公的地方。比喻架子和派頭很大。例你看他那府官進縣衙——大搖大擺的樣子，眞不像一個人民的保母。也作「**鴨子走路——大搖大擺**」、「**丈二寬的長袍——大搖（腰）大擺**」。

【俯而就之】

屈從或遷就某種事物、要求。《禮記・檀弓》：「先王之制，禮也過一者，俯而就之；不至焉者，跂而及之。」

【俯拾地芥】

俯：低下；芥：ㄐㄧㄝˋ，芥草。低下頭就能拾到地上的芥草。比喻同類事物極多，易於得到。《漢書・夏侯勝傳》：「士病不明經術；經術苟明，其取青紫如俯拾地芥耳。」

【俯拾即是】

俯：低下。低下頭就能拾到。形容同一類的事物數量極多，隨處可得。清・陳僅《竹林答問》：「腕底詩料，俯拾即是，雖終歲不作詩，而盈天地間皆吾詩也。」也作「**俯拾皆是**」。皆：都。例這種野花在城市很少見，在草原上卻俯拾皆是。

【俯拾皆是】

見「俯拾即是」。

【俯拾青紫】

紫：卿大夫的服飾。俯下身去就可拾到青紫服飾。形容易於得到官職。宋・胡仔《苕溪漁隱叢話後集・五季雜記》：「（江爲）自謂俯拾青紫，乃詣金陵求華，屢黜於有司。」

【俯拾仰取】

低下頭就能拾到，抬起頭就可取得。形容一舉一動都有收穫。《史記・貨殖列傳》：「家自父兄子孫約，俯有拾，仰有取。」

【俯首低眉】

俯：低下。俯下頭低下眉。形容順從馴服的樣子。明・袁宏道《錦帆集・尺牘・聶化南》：「安能俯首低眉，向人覓顏色哉！」

【俯首帖耳】

見「伏首帖耳」。

【俯首聽命】

俯：低下。低著頭聽從命令。形容恭順馴服。《宋史・太祖紀三》：「及其發號施令，名藩大將，俯首聽命，四方列國，次第削平，此非人力所易致也。」

【俯首繫頸】

繫頸：繩套在脖子上。低著頭，脖上套著繩子。形容伏罪投降。《史記・秦始皇紀論》引漢・賈誼：「百粵之君，俯首繫頸，委命下吏。」

【俯首下心】

俯：低下。低下頭，壓下心氣。指服氣認輸。例他能俯首下心，就饒他一次吧。

【俯仰從人】

見「俯仰由人」。

【俯仰隨人】

俯仰：低頭和抬頭，指一舉一動。一舉一動都順從他人。形容行動受人支配或沒有主見。金・元好問《論詩》之二一：「縱橫正有凌雲筆，俯仰隨人亦可憐。」

【俯仰隨時】

見「俯仰隨俗」。

【俯仰隨俗】

俯仰：低頭和抬頭，指一舉一動。一舉一動都隨順著社會習俗。茅盾《追求》二：「大可俯仰隨俗，不事紛更。」也作「**俯仰隨時**」。時：時尚。梁啟超《王荊公傳》一八章：「且爲之論曰，學不爲己，而俯仰隨時，如桔槔居井上。」

【俯仰無愧】

低頭抬頭都毫無愧疚。指爲人正直公正，品德高尚，無愧於人，也無愧於天。宋・陸游《賀辛給事啟》：「洗鄙夫患失之風，增善類敢言之氣，俯仰無愧，進退兩高。」

【俯仰一世】

俯仰：指周旋、應付。周旋在世上。晉・王羲之《蘭亭集序》：「夫人之相與，俯仰一世，或取諸懷抱，悟言一室之內。」

【俯仰異觀】

異：不同；觀：景象或樣子。低頭抬頭，樣子都不相同。指時間短暫，姿態多樣。戰國楚・宋玉《登徒子好色賦》：「意密體疏，俯仰異觀，含喜微笑，竊視流眄。」

【俯仰由人】

俯仰：低頭和抬頭，指一舉一動；由：順隨，聽從。一舉一動都順從他人。形容行動受人控制支配。例他努力的學做生意，又積極的進修相關課程，爲的是想有朝一日脫離俯仰由人的受僱身分，自己開業。也作「俯仰從人」。從：聽從，順從。宋・陳師道《次韻寇秀才寄下邳家兄》詩：「去留有命眞如此，俯仰從人卻未然。」也作「俯仰於人」。明・焦竑《玉堂叢語・寵遇》：「平生詩文甚多，不能俯仰於人，故終不顯云。」

【俯仰於人】

見「俯仰由人」。

【俯仰之間】

在一低頭一抬頭的時間裏。①形容時間短暫。《漢書・晁錯傳》：「以大爲小，以強爲弱，在俯仰之間耳。」②指處於世上。宋・豐稷《辭免左諫議大夫》：「俯仰之間，無所愧怍，方能稱其責。」

【俯仰之間，已爲陳跡】

在頭一低一抬的時間裏，事情已經成爲過去。形容事物發展、變化十分迅速。郁達夫《惜掌之歌》：「但泥牆傾圮，蛛網繞梁，與壁上掛在那裏的字畫屏條一對比，極自然地令人生出了『俯仰之間，已爲陳跡』的感想。」

【腐腸之藥】

腐蝕胃腸的藥物。指肥肉醇酒有害於健康。晉・張協《七命》：「服腐腸之藥，御亡國之器。」

【腐鼠嚇】

嚇：怒斥聲。怕把腐鼠奪走而發出怒斥聲。《莊子・秋水》載：惠子害怕莊子取代自己梁相的職位，莊子說：「南方有鳥，其名爲鵷鶵。子知之乎；夫鵷鶵發於南海，而飛於北海，非梧桐不止，非練食不食，非醴泉不飲。於是鴟得腐鼠，鵷鶵過之，仰而視之曰：嚇！今子欲以子之梁國而嚇我邪！」後用「腐鼠嚇」比喻庸俗之輩以卑陋、輕賤之物爲珍，還害怕他人爭奪。

【腐索奔馬】

腐朽的繩索駕著狂奔的馬。比喻情勢危急，無法控制。漢・劉向《說苑・政理》：「子貢問治民於孔子，孔子曰：『懔懔焉如以腐索御奔馬。』」

【斧柯爛盡】

柯：斧子的柄。斧頭柄都爛盡了。南朝梁・任昉《述異記》卷上：「信安郡石室山，晉時王質伐木至，見童子數人，棋而歌，質因所之。童子以一物與質，如棗核，質含之，不覺饑。俄頃，童子曰：『何不去？』質起，視斧柯盡爛。既歸，無復時人。」後用「斧柯爛盡」形容光陰流逝或時日漫長。明・張簡《醉樵歌》：「斧柯爛盡不成仙，不如一醉三千日。」

【斧快不怕木柴硬】

比喻只要有決心有辦法就容易解決問題。例事業上面臨了難題，並沒有擊倒他，因爲他相信斧快不怕木柴硬，黑夜終將會過去的。

【斧頭打釘，釘入木】

斧子敲打釘子，釘子又釘入木頭。比喻一級壓一級。《冷眼觀》一五回：「各州縣接著這種詞嚴限迫的檄文，只得斧頭打釘，釘入木，一層層的壓下去。」

【斧頭敲鑿子，鑿子吃木頭——一物降一物】

鑿子：打孔或挖槽用的工具，長條形，前端有刃，使用時用重物砸後端。比喻某種事物專門制服另一種事物。例常言道：「斧頭敲鑿子，鑿子吃木頭——一物降一物。你想打敗敵人的眼鏡蛇隊，只有派出我們的金鷹連。」

【斧鉞之人】

斧鉞：古代的兩種兵器，泛指刑罰，殺戮。應受刑罰的人。《管子・小匡》：「斧鉞之人也，幸以獲生……若知國政，非臣之任也。」

【斧鉞之誅】

誅：殺戮。受到斧鉞誅殺。指死刑。《莊子・至樂》：「將子有亡國之事，斧鉞而爲此乎？」

【斧鑿痕】

斧和鑿留下的痕跡。指詩文等有功力，但無天然的妙處。唐・韓愈《調張籍》詩：「徒觀斧鑿痕，不矚治水航。」後也比喻藝術品沒有達到天然渾成的境地或詞句造作，不自然。例這篇散文清新優美，而且無斧鑿痕，令人讚嘆。

【釜底抽薪】

釜：鍋；薪：柴。從鍋底下抽出柴火。比喻從根本上解決問題。《儒林外史》五回：「如今有個道理，是『釜底抽薪』之法。只消央個人去把告狀的安撫住了，衆人遞個攔詞，便歇了。」

【釜底枯魚】

見「釜中之魚」。

【釜底游魚】

釜：鍋。在鍋底游動的魚。比喻死的危險就在眼前。例面對前面的懸崖，後面追捕而來的警察，他恰似釜底游魚，是進或退，都是絕路。

【釜裏之魚】

見「釜中之魚」。

【釜生魚】

見「釜中生魚」。

【釜魚幕燕】

釜：鍋；幕：帳幕。游在鍋中的魚，巢築在帳幕上的燕子。形容處境極其危險。《清史稿・曹元方傳》：「釜魚幕燕，撫事增憂，則晏安何可懷也？」

【釜魚甑塵】

釜：鍋；甑：ㄗㄥˋ，古代做飯的瓦器。鍋中生了蠹魚，甑裏積了灰塵。形容生活困苦。也比喻爲官清廉。清・黃宗羲《子劉子行狀上》：「夫以巡方而黷貨，又何問下吏之操守，釜魚甑塵之風，空谷於天下矣。」

【釜中生魚】

釜：鍋；魚：蠹魚。鍋中生出了蠹魚。形容貧居斷炊的生活。《後漢書・范冉傳》：「甑中生塵范史云，釜中生魚范萊蕪。」也作「**釜生魚**」。宋・陸游《晨起》詩：「空釜生魚忍貧慣，閒門羅雀與秋宜。」也作「**釜中魚**」。唐・韓翃《寄雍丘竇明府》：「機盡獨親沙上鳥，家貧唯向釜中魚。」

【釜中魚】

見「釜中生魚」。

【釜中之魚】

釜：鍋。鍋中的魚。比喻死在眼前或處於危險境地。《資治通鑑・晋海西公太和五年》：「且臣奉陛下威靈，擊垂亡之虜，譬如釜中之魚，何足慮也！」也作「**釜裏之魚**」。明・朱鼎《玉鏡台記・繫獄》：「你今是釜裏之魚，怎禁得百般熬煉？」也作「**釜底枯魚**」。明・許自昌《水滸記・文仕》：「那人啊，好似籠中窮鳥，釜底枯魚。」

【輔弼之勛】

弼：輔助；勛：功勛。輔佐國家的功勛。《三國志・魏書・何夔傳》：「詔曰：以親則君有輔弼之勛焉，以賢則君有醇固之茂焉。」

【輔車唇齒】

輔：頰骨；車：牙床。「輔車相依，唇亡齒寒」的簡縮語。指相互依存的事物雙方。晋・孫楚《爲石仲容與孫皓書》：「外失輔車唇齒之援，內有毛羽零落之漸。」

【輔車相依】

輔：頰骨，一說用來夾持車軸、承受車箱的方木；車：牙床。頰骨和牙床互相依附。比喻事物間關係緊密，相互依存。章炳麟《致梁啟超書》：「以言政黨，猶非其時：若云輔車相依，以排一黨專制之勢，則薄有消長耳。」

【輔强主弱，終無著落】

輔：輔佐人員；著落：安身的地方。謂手下的人才智高於主子，就不會有好結果。《蕩寇志》七四回：「自古道，輔强主弱，終無著落。還不如用這個法門破他。」

【輔世長民】

輔：輔佐；長：統治。輔佐當世，統治百姓。舊用於形容有德望的賢人。清・侯方域《贈鄭大夫序》：「意者太平之治，將從此見端，則必有輔世長民者出，而鄭公其番番者耶？」

【簠簋不飭】

見「簠簋不飾」。

【簠簋不飾】

簠簋：古代的兩種食器、祭器；飾：整治、修整。簠簋等祭器沒有整治潔淨。舊時喻指官吏不廉潔；也用以指彈劾貪官污吏，貪贓枉法。《好逑傳》二回：「沙老先生就有什麼簠簋不飾處，也須明正其罪，朝廷從無此拳足相加之法。」也作「**簠簋不飭**」。飭：同「飾」。明・趙弼《繁邑古祠對》：「至夫簠簋不飭，下官不職者，吾居是邑則不敢非。」

【黼黻文章】

黼：ㄈㄨˇ，黑色與白色；黻：ㄈㄨˊ，黑色與青色；文：青色與赤色；章：赤色與白色。古代用顏料染出的各種彩色。也指古代禮服上繡的各色各樣的花紋。《禮記・月令》：「季春之月……命婦官染采，黼黻文章。」也比喻華麗的辭藻或文章。《荀子・非相》：「故贈人以言，重於金石珠玉；觀人以言，美於黼黻文章。」

ㄈㄨˋ

【父不憂心因子孝，家無煩惱爲妻賢】

子女孝順，父親不會憂愁；妻子賢慧，丈夫沒有煩惱。《濟公全傳》七二回：「後來楊明回來，問張榮哪去了，滿氏還不肯說，怕丈夫知道生氣。有這兩句話：『父不憂心因子孝，家無煩惱爲妻賢。』這話一點不錯。」

【父仇不共戴天】

不共戴天：不能共存於人世間。謂殺父之仇非報不可。《兒女英雄傳》一七回：「至於爲親報仇，所謂『父仇不共戴天』，豈容片刻隱忍？」也作「**父母之仇，不共戴天**」。清・李漁《凰求鳳》一〇齣：「五刑之設，罪莫大於殺人。只把殺人之事比并一比并就知道了。古語云：『父母之仇，不共戴天。』到了殺人的父母，也是重大不去的罪，切齒不過的仇了。」

【父慈子孝】

指父母對子女慈愛，子女對父母孝順。儒家主張的倫理道德之一。《禮記・禮運》：「何謂人義？父慈，子孝；兄良，弟弟（悌）；夫義，婦聽；長惠，幼順；君仁，臣忠。十者謂之人義。」《東周列國志》一〇一回：「主聖臣賢，國之福也；父慈子孝，家之福也。」

【父慈子孝，夫信妻貞，家之福也】

信：誠實。父親慈愛而兒子孝順，丈夫言而有信而妻子貞潔，家庭就有了幸福。《慎子》附佚文：「君明臣直，國之福也；父慈子孝，夫信妻貞，家之福也。」

【父道尊，母道親】

謂父親要使子女尊重他，母親要使子女親近她。《兒女英雄傳》一七回：「你們女子有同母親共得的事同父親共不得，有合母親說得的話合父親說不得；這叫作『父道尊，母道親』。」

【父母常失，在不能已於媢子】

父母經常犯過錯，在於不能停止對子女的溺愛。謂不能過分溺愛子女。漢・王符《潛夫論・忠貴》：「嬰兒常病，傷飽也；貴臣常禍，傷寵也。父母常失，在不能已於媢子；人君常過，在不能已於驕臣。」

【父母恩勤】

恩：慈愛。父母養育的慈愛與辛勞。明・歸有光《招張貞女辭》：「父母恩勤，養我身兮；修容姱質，徒悲辛兮。」

【父母官】

舊時對州、縣等地方長官的稱呼。宋・王禹偁《贈浚儀朱學士》詩：「西垣久望神仙侶，北部休誇父母官。」

【父母國】

見「父母之邦」。

【父母劬勞】

劬（ㄑㄩˊ）勞：過分的勞累。父母養育子女，非常辛勞。《詩經・小雅・蓼莪》：「哀哀父母，生我劬勞。」

【父母遺體】

遺：ㄨㄟˋ，贈送。父母給的身體。指自己的身體。《水滸》三回：「我是個淸白好漢，如何肯把父母遺體來點污了！」

【父母在，不遠遊】

父母活著時，不遠離家鄉。舊時的倫理準則。《論語・里仁》：「子曰：『父母在，不遠遊，遊必有方。』」

【父母者，人之本也】

意謂人都是父母生育、撫養的。《史記・屈原賈生列傳》：「天者，人之始也；父母者，人之本也。人窮則反本，故勞苦倦極，未嘗不呼天也；疾痛慘怛，未嘗不呼父母也。」

【父母之邦】

邦：國。如同父母般生養自己的國家。指祖國。《論語・微子》：「枉道而事人，何必去父母之邦。」也作「**父母之國**」。《史記・仲尼弟子列傳》：「夫魯，墳墓所處，父母之國，國危如此，二三子何爲莫出？」也作「**父母國**」。唐・閻朝隱《奉和送金城公主適西蕃應制》詩：「回瞻父母國，日出在東方。」

【父母之仇，不共戴天】

見「父仇不共戴天」。

【父母之國】

見「父母之邦」。

【父母之命】

父母親的命令。指舊時兒女婚姻由父母作主包辦。《三俠五義》五二回：「如何趕他遇事，卻又定他女兒……況且又無父母之命，如何敢做！」

【父母之心，人皆有之】

喜愛自己兒女的心情，父母們都是有的。《孟子・滕文公下》：「丈夫生而願爲之有室，女子生而願爲之有家：父母之心，人皆有之。」

【父辱子死】

父親受辱，是子女之恥，子女當不惜一死。《越絕書・越絕外傳・枕中》：「父辱則子死，君辱則臣死。」

【父爲子隱】

父親替兒子隱瞞。舊時視父替子隱瞞過失爲父子之情。例警方對於兇嫌的父親不肯作證，始終抱持著父爲子隱的觀念，感到很棘手。

【父析子荷】

析：劈柴；荷：擔。父親劈柴，兒子荷擔。比喻父親創下的產業，兒子繼承。唐・白居易《贈戶部侍郎博陵崔府君神道碑銘》：「大丈夫貯蓄材術，樹置功利，鎡基富貴，焯耀家邦，不當其身，而得於後，父析子荷，相去幾何？」

【父嚴子孝】

父親管教嚴格，兒子依順孝敬。唐・呂溫《廣陵陳先生墓表》：「始見一鄉之人，父嚴子孝，長惠幼敬，見乎詞色，發乎顏色。」

【父義母慈】

做父親的要有道義，做母親的要慈愛。《史記・五帝紀》：「使布五教於四方，父義母慈，兄友，弟恭，子孝，內平外成。」

【父債子還，夫債妻還】

兒子要還父親的債，妻子要還丈夫的債。例母子倆才在吃飯，門外幾位大漢乒乒乓乓的敲打大門，並惡聲惡氣的大喊：「父債子還，夫債妻還，一定要還。」也作「**父債兒還**」。明・王稚登《全德記》一二齣：「[生]你父欠錢，怎麼累及汝身？[旦]父債兒還，古人常道。」

【父子兵】

指將帥和士兵關係親如父子一般的軍隊。元・無名氏《陳州糶米》一折：「常言道：廝殺無如父子兵。」

【父子不同舟】

父親和兒子不乘同一條船，怕船翻同死，不能傳宗接代。明・朱國楨《涌幢小品》卷二一：「古謂：父子不同舟，蓋思風濤一旦並命絕嗣也。」

【父子無隔宿之仇】

隔宿：隔夜。謂父子之間的不和容易消除。《西遊記》三一回：「你這個潑猴，豈知『一日爲師，終身爲父』，『父子無隔宿之仇』！你傷害我師父，我怎麼不來救他？你害他便也罷，卻又背後罵我，是怎麼說？」

【父子一體】

父親與兒子親密如同一體。《後漢書・王常傳》：「父子一體，天性自然。」

【付東流】

見「付之東流」。

【付與東流】

見「付之東流」。

【付與一炬】

見「付之一炬」。

【付與一笑】

見「付之一笑」。

【付之丙丁】

丙丁：火日，代稱火。指把東西燒掉。宋・李光《與胡邦衡書》：「近又緣虛驚，取平生朋友書問，悉付丙丁。」例為了不使敵人陰謀得逞，他不得不忍心將手稿付之丙丁。

【付之東流】

付：付與，交給。交給向東而去的流水。比喻希望落空或前功盡棄。《古今小說》卷三〇：「慧眼已知五戒禪師差了念頭，犯了色戒，淫了紅蓮，把多年清行，付之東流。」也作「付與東流」。《東周列國志》九回：「王奪我政權，又加兵於我，三世勤王之績，付與東流。」也作「付東流」。唐・薛逢《驚秋》詩：「露竹風蟬昨夜秋，百年心事付東流」。也作「付諸東流」。諸：之於。例才在事業上有了起步的小陳，卻因婚變，意志消沈，之前的雄心壯志全部付諸東流。

【付之度外】

度：忖度，考慮。把它放在考慮之外。指不放在心上。《紅樓夢》二一回：「寶玉將昨日的事已付之度外。」也作「付諸度外」。諸：之於。例革命者為理想而奮鬥，將生死付諸度外。

【付之梨棗】

梨棗：用來刻書的梨木、棗木，代稱書版。指刻版刊印書籍。《聊齋志異・附各本序跋題辭〈段序〉》：「然欲付梨棗而嗇於資，素願莫償，恆深歉悵。」

【付之流水】

見「付之逝水」。

【付之逝波】

見「付之逝水」。

【付之逝水】

付：付與，交給；逝：過去。交給一去不復返的流水。比喻希望落空或前功盡棄。清・湯斌《清旨行取疏》：「親朋為之惋惜，以為半生功名付之逝水。」也作「付之流水」。《三俠五義》三六回：「今晚他們若相會了……我的姻緣豈不付之流水？」也作「付之逝波」。明・沈德符《萬曆野獲編・補遺・考察內官》：「而孝察中官一事，吏部不覆奏，內閣不主張，即言官亦不再請，遂使給事讜言，付之逝波。」

【付之一炬】

付：交給；一炬：一把火。給它一把火燒掉。清・淮陽百一居士《壺天錄》卷上：「除夕，京師富家竟購千竿爆竹，付之一炬。」也作「付與一炬」。宋・范成大《時敍火後，意不釋然，作詩解之》：「清貧往往被鬼笑，付與一炬相揶揄。」也作「付諸一炬」。諸：之於。清・陳康祺《郎潛紀聞》：「遍搜東南坊肆，得三百四十餘部，盡付諸一炬。」

【付之一哂】

見「付之一笑」。

【付之一嘆】

付：付與。只能嘆一口氣罷了。指無能為力，無可奈何。《官場現形記》二四回：「時事如此，無法挽回，也只得付之一嘆的了。」

【付之一笑】

付：付與。給它一笑。指以一笑來對待。形容不計較、不當回事或不值得理會。《儒林外史》三三回：「王胡子在路見不是事，拐了二十兩銀子走了，杜少卿付之一笑。」也作「付與一笑」。宋・范成大《東山渡湖》詩：「九衢車馬恍昨夢，付與一笑隨飛鴻。」也作「付之一哂」。哂：ㄕㄣˇ 微笑。《清史稿・沈文奎傳》：「……烏用此迂儒之常談，而付之一哂也。」

【付諸東流】

見「付之東流」。

【付諸度外】

見「付之度外」。

【付諸洪喬】

付：交給；諸：之於；洪喬：晉時人殷羨的字。南朝宋・劉義慶《世說新語・任誕》：「殷洪喬作豫章郡，臨去，都下人因附百許函書。既至石頭，悉擲水中，因祝曰：『沉者自沉，浮者自浮，殷洪喬不能作致書郵。』」後用「付諸洪喬」比喻書信遺失。

【付諸一炬】

見「付之一炬」。

【負才任氣】

負：依仗；任氣：任性，意氣用事。自恃有才，意氣用事。《梁書・張纘傳》：「簡憲之為人也，不事王侯，負才任氣。」也作「負才使氣」。《周書・薛憕傳》：「憕既羈旅，不被擢用。然負才使氣，未嘗趣世祿之門。」也作「負才尚氣」。尚氣：自負，傲氣。唐・孫元晏咏史詩《宋・袁粲》：「負才尚氣滿朝知，高臥閑吟見客稀。」

【負才尚氣】

見「負才任氣」。

【負才使氣】

見「負才任氣」。

【負芻之禍】

負芻：背柴草，指樵夫，喻作亂者。指作亂者帶來的禍事。《孟子・離婁下》：「昔沈猶有負芻之禍，從先生者七十人，未有與焉！」漢・趙岐注：「時有作亂者曰負芻，來攻沈猶氏。」

【負德辜恩】

辜負了別人對自己的恩德。指忘恩負義。漢・李陵《答蘇武書》：「陵雖孤恩，漢亦負德。」孤：通「辜」。元・戴善夫《風光好》三折：「學士怎肯似那等窮酸餓醋，得一個及第成名，卻又早負德辜恩。」

【負鼎之願】

負：擔負；鼎：古代煮東西用的器物，三足兩耳。負起巨鼎的心願。指擔負起輔佐君王、治國救民的志願。《後漢書・馬援傳論》：「馬援騰聲三輔，遨遊二帝，及定節立謀，以干時主，將懷負鼎之願，蓋爲千載之遇焉。」

【負恩昧良】

負：辜負。辜負天恩，泯沒良心。《鏡花緣》四回：「不意今日羣芳大放，彼獨無花。負恩昧良，莫此爲甚！」後指忘恩負義，昧著良心做壞事。

【負固不服】

負：依仗；固：堅固，指險阻。仗恃險阻，不肯服罪。《周禮・夏官・大司馬》：「負固不服則侵之。」也作「負固不悛」。悛：改悔。《全相秦併六國平話》卷下：「若負固不悛，執迷不返，則命將遣師剿平諸國。」

【負固不悛】

見「負固不服」。

【負貴好權】

負：仗恃。依仗地位的顯貴，喜好玩弄權術。《史記・魏其武安侯傳贊》：「武安負貴而好權，杯酒責望，陷彼兩賢。」

【負壺灌區】

負：背著；區：區田，分塊兒耕種的田地。背負著水壺灌溉區田。漢・劉向《說苑・反質》：「衛有五大夫俱負罋入井，灌韭，終日一區。鄧析過，下車爲教之曰：『爲機重其後，輕其前，命曰橋。終日溉韭，百區不倦。』五大夫曰：『吾師言曰：有機知之巧，必有機知之敗。我非不知，不欲爲也。』」古指反樸歸眞，毫無機巧之心的道家思想。現多用於喻指不肯接受新事物的保守思想。

【負笈從師】

見「負笈遊學」。

【負笈擔簦】

負：背；笈：書箱；簦：ㄉㄥ，古代一種有柄的笠，形似傘。背著書箱，扛著笠。指不辭辛勞地出外求學。南朝梁・任昉《求爲劉瓛立館啟》：「有朋自遠，無用棲憑，皆負笈擔簦，櫛風沐露。」

【負笈遊學】

遊學：外出求學。背著書箱，到處去求學。形容學子爲了求知奔波而不辭勞苦。《晉書・王裒傳》：「北海邴春，少立志操，寒苦自居，負笈遊學。」也作「負笈從師」。《史記・蘇秦列傳》：「負笈從師，不遠千里。」也作「負笈追師」。《後漢書・李固傳》：「少好學，常步行尋師，不遠千里。」唐・李賢注引《顏承書》：「固改易姓名，杖策驅驢，負笈追師三輔，學五經，積十餘年。」

【負笈追師】

見「負笈遊學」。

【負荊請罪】

負：背；荊：荊條，古時鞭打人的刑具。背著荊條，請求對方責罰。《史記・廉頗藺相如列傳》載：「趙國大將廉頗對上卿藺相如不服氣，多次無禮，藺相如處處退讓，廉頗得知他是爲了國家利益才這樣做之後，『肉袒負荊，因賓客至藺相如門謝罪。』」後用「負荊請罪」表示悔悟認錯，主動向人賠罪，請求責罰或原諒。《水滸傳》四六回：「[楊雄道]……我今特來尋賢弟，負荊請罪。」

【負老提幼】

見「負老攜幼」。

【負老攜幼】

負：背著；攜：領著。背著老人，領著孩子。形容男女老少一起出動或百姓流離失所。《吳越春秋・吳太伯傳》：「邠人父子兄弟相帥負老攜幼揭釜甑而歸。」也作「負老提幼」。《雲笈七籤》卷一九：「當期之世，水旱蝗蟲，五谷饑貴，兵革並起，人民疾疫，道路不通，負老提幼，流散他方。」

【負類反倫】

負：違反；倫：同類。違反同類。指違背一般常識。也指各種稀奇怪異的事物。《列子・仲尼》：「負類反倫，不可勝言也。」宋・陸佃《埤雅・釋蟲・螻蛄》：「《山海經》有獸，以其尾飛；有鳥，以其鬚飛。則覆載之間，負類反倫，何所不有，可勝言哉！」

【負米百里】

負：背。漢・劉向《說苑・建本》：「[子路曰]昔者由事二親之時，常食藜藿之實，而爲親負米百里之外，親沒之後，南遊於楚，從車百乘，積粟萬鍾，累茵而坐，列鼎而食，願食藜藿爲親負米之時，不可復得也。」後用「負米百里」指奉養父母。顧炎武《吳興行贈歸高士祚明》詩：「三年干戈暗鄉國，有兄不得歸塋域。高堂有母兒一人，負米百里傷哉貧。」

【負弩前驅】

負：背著；弩：弩弓；前驅：在前面引導。背負著弓箭在前開道。表示尊敬。《史記・司馬相如列傳》：「蜀太守以下郊迎，縣令負弩矢前驅，蜀人以爲寵。」

【負氣鬥狠】

負氣：賭氣；鬥狠：發狠。跟人賭氣發狠。《儒林外史》四一回：「卻怕是負氣鬥狠，逃了出來的。」

【負氣仗義】

負：憑仗；仗：憑藉。憑藉正氣，主持正義。《初刻拍案驚奇》卷一九：「那人負氣仗義，交遊豪俊，卻也在江湖上做大賈。」

【負屈含冤】

見「負屈銜冤」。

【負屈銜冤】

負：背著；銜：含。遭受委屈，懷著冤枉。元・關漢卿《竇娥冤》三折：「不明不白，負屈銜冤。」也作「負屈含冤」。《金瓶梅詞話》一一回：

「委是小的負屈含冤，奈西門慶多財多勢，禁他不得。」

【負山戴岳】

岳：高大的山。背負著高山大岳。比喻擔負重任。《周書・晋蕩公護傳》：「生死肉骨，豈過今恩，負山戴岳，未足勝荷。」

【負山之累】

如同背山般的勞累。比喻力不勝任。北齊・劉晝《劉子・均任》：「是以君子量才而授任，量任而授爵，則君無虛授，臣無虛位，故無負山之累，折足之憂也。」

【負乘致寇】

負乘：指小人竊據君子之位。謂小人居君子之位而導致賊寇到來。北周・庾信《為閻大將軍乞致仕表》：「屍祿素餐，久紊彝典，負乘致寇，徒煩有司。」

【負石赴河】

見「負石投河」。

【負石入海】

見「負石投河」。

【負石投河】

負：背。背著石頭跳入河裏。比喻以死來表明自己的志向。《莊子・盜跖》：「申徒狄諫而不聽，負石自投於河，為魚鱉所食。」也作「**負石赴河**」。《荀子・不苟》：「故懷負石而赴河，是行之難為者也，而申徒狄能之。」也作「**負石入海**」。《史記・鄒陽傳》：「是以申徒狄自沉於河，徐衍負石入海。」

【負俗之累】

負俗：指不能適應世俗，而受人譏諷；累：憂患。受到世俗譏諷的憂患。《漢書・武帝紀》：「蓋有非常之功，必待非常之人，故馬或奔踶而致千里，士或有負俗之累而立功名。」

【負圖之托】

負圖：肩負帝王之願。受輔佐幼君的囑托。《三國志・吳書・諸葛恪傳》：「吾身受顧命，輔相幼主，竊自揆度，才非博陸，受姬公負圖之托。」

【負土成墳】

負：背。背土造成墳墓。指後輩為先人背土築墳的孝行。《隋書・楊慶傳》：「及居母憂，哀毀骨立，負土成墳。」

【負心違願】

負：辜負。辜負心意，違背願望。《警世通言》卷二九：「浩非負心，實被季父所逼，復與孫氏結親，負心違願，痛徹心髓！」

【負薪救火】

負：背著。背著柴禾去救火。比喻想消除災害，但方法不對，反使災害擴大。《三國演義》四三回：「妄動甲兵，此所謂負薪救火也。」

【負薪裘】

負：背；薪：柴；裘：皮襖。漢・王充《論衡・書虛》：「延陵季子出遊，見路有遺金。當夏五月，有披裘而薪者。季子呼薪者曰：『取彼地金來！』薪者投鐮於地，瞋目拂手而言曰：『何子居之高，視之下，儀貌之壯，語言之野也！吾當夏五月，披裘而薪，豈取金者哉！』」後用「負薪裘」比喻孤高清廉、隱逸貧居。唐・王昌齡《放歌行》詩：「幸蒙國士識，因脫負薪裘。」

【負薪之病】

見「負薪之憂」。

【負薪之才】

負薪：背柴草。比喻小人的才能。《後漢書・東平憲王蒼傳》：「舉負薪之才，升君子之器。」

【負薪之疾】

見「負薪之憂」。

【負薪之言】

見「負薪之議」。

【負薪之議】

負：背；薪：柴。背柴之人的議論。指地位低賤之人的議論。《後漢書・班固傳》：「採擇狂夫之言，不逆負薪之議。」也作「**負薪之言**」。《史記・李斯列傳》：「王者不卻眾庶，故能明其德。」唐・司馬貞索隱：「《文子》曰：『聖人不讓負薪之言，以廣其名！』」

【負薪之憂】

負：擔；薪：柴；憂：憂勞。擔柴草的勞累。指體力沒有恢復。自稱有病的婉詞。《禮記・曲禮下》：「君使士射，不能，則辭以疾。言曰：『某有負薪之憂』」。也作「**負薪之病**」。《史記・平津侯主父列傳》：「臣弘行能不足以稱，素有負薪之病，恐先狗馬塡溝壑。」也作「**負薪之疾**」。唐・韓愈《復志賦並序》：「其明年七月，有負薪之疾，退休於居。」

【負薪之資】

負：擔；薪：柴；資：資質。擔柴草之人的資質。指普通人的資質。《後漢書・袁紹傳》：「臣以負薪之資，拔於陪隸之中，奉職憲台，擢授戎校。」

【負暄思獻】

負暄：曬背取暖，想要把曬背取暖的方法貢獻出來。《列子・楊朱》載：「宋國有個田夫，穿著破麻衣過冬，曬太陽取暖，想把這個方法貢獻給天子。」後用「負暄思獻」比喻無知的人把平常事物視為珍奇，並對它抱有幻想。明・王家屏《日方升賦》：「大小臣工，咸負暄而思獻。」也作「**負暄獻御**」。

【負暄獻御】

見「負暄思獻」。

【負暄之獻】

負暄：曬背取暖。進獻曬背取暖的方法。比喻無知的人把平常之物視為珍奇，並抱有幻想。《列子・楊朱》載：「宋國一田夫，常穿著破麻衣過冬，曬太陽取暖，他對妻子說：『負日之暄，人莫知之，以獻吾君，將有重賞。』」後也用來謙稱自己的貢獻微不足道。例負暄之獻，不值一提。

【負鹽車】

見「服鹽車」。

【負義忘恩】

負：背棄，違背。背棄信義，忘記恩德，指忘記別人對自己的恩德，做出對不起別人的事。元・關漢卿《調風月》一折：「一個個背槽拋糞，一個個負義忘恩，自來魚雁無音信。」也作「**忘恩負義**」。

【負隅頑抗】

負：依靠，憑藉；隅：ㄩˊ，同「嵎」，山勢彎曲險要的地方。憑借險阻頑強抵抗。也指壞人依仗某種條件，拒不認罪。例大股匪徒已被消滅，只剩下零星小股土匪還在負隅頑抗。

【負嵎依險】

依：依仗。憑藉山勢，依據險阻。指作戰時占據有利地形。例你們要迅速占領高地，負嵎依險，堅決阻止敵人前進。

【負債累累】

負債：欠人錢財；累累：重疊，形容很多。欠了很多債務。《歧路燈》六七回：「卻說譚紹聞負債累累……少不得典宅賣地，一概徐償。」

【負重涉遠】

負：背；涉：跋涉。背著沉重的東西，長途跋涉。比喻任重道遠。晉・葛洪《抱朴子・勤求》：「不辭負重涉遠，不避經險履危。」

【負重致遠】

負：背；致：達到。背著沉重的東西送到遠方。比喻擔負重任。《南齊書・虞玩之傳》：「臣聞負重致遠，力窮則困。」

【負罪引慝】

慝：ㄊㄜˋ，邪惡。自己引咎認罪。《尚書・大禹謨》：「日號泣於旻天父母，負罪引慝。」

【婦姑勃谿】

婦：兒媳婦；姑：婆婆；勃谿：爭鬥。兒媳與婆婆爭鬥。《莊子・外物》：「室無空虛，則婦姑勃谿。」也泛指爲小事而爭吵。魯迅《答徐懋庸並關於抗日民族統一戰線問題》：「不過是將敗落家族的婦姑勃谿，叔嫂鬥法的手段移到文壇上。」

【婦女能頂半邊天】

形容婦女的作用跟男子一般大。例別小看這些職業婦女，婦女能頂半邊天哪！沒有了她們，工商業就毫無發展啦！

【婦人女子】

婦人：古稱士的妻子，後爲已嫁女子的通稱。泛指婦女。清・孔尚任《桃花扇・卻奩》：「阮大鋮趨附權奸，廉恥喪盡，婦人女子，無不唾駡。」

【婦人孺子】

孺子：小孩子。婦女和兒童。清・紀昀《閱微草堂筆記・愧西雜志四》：「至於婦人孺子，聞見不眞；病嫗衰翁，語言昏瞶，又可據爲信讞乎？」

【婦人水性無常】

舊時比喻女子的愛情不專一。《警世通言》卷三二：「自古道：『婦人水性無常。』況煙花之輩，少眞多假。」

【婦人之見】

婦人：已嫁女子，泛指婦女。女人的見解。舊時輕視婦女，用以比喻平庸的見解。例她一發表意見，丈夫就說：淨是婦人之見。

【婦人之仁】

仁：仁慈。婦女式的仁慈。比喻不識大體的仁慈、恩惠。《三國志・魏書・郭嘉傳》裴松之注引《傅子》：「[袁]紹見人饑寒，恤念之形於顏色；其所不見，慮或不及也，所謂婦人之仁耳。」宋・蘇軾《漢鼎銘》：「不寶此器而拳拳於一物，孺子之智，婦人之仁，嗚呼悲夫！」

【婦孺皆知】

孺：小孩。婦女和兒童都知道。形容衆所週知或一看就明白的簡單事物。例路經紅綠燈的路口時，紅燈停止綠燈通行的交通規則是婦孺皆知的。

【婦死腹悲，唯身知之】

婦：指妻子。妻子死了內心的傷悲，只有自己最明白。漢・應劭《風俗通義・愆禮》：「當內崩傷，外自矜飭，此爲矯情，僞之至也。俚諺『婦死腹悲，唯身知之。』又言『妻非禮所與』，此何禮也？豈不悖哉！」

【婦隨夫唱】

見「夫倡婦隨」。

【婦言是行】

見「婦言是用」。

【婦言是用】

是：助詞。專門聽信婦人的話。《尚書・牧誓》：「今商受[紂]惟婦言是用。」也作「**婦言是行**」。《國語・鄭語》：「周法不昭，而婦言是行，用讒慝也。」

【婦有長舌】

長舌：喻愛扯閒話，搬弄是非。指婦人喜歡說長道短，搬弄是非。《詩經・大雅・瞻卬》：「婦有長舌，維厲之階。」

【附蟬之飾】

以黃金作成蟬形的裝飾。指古代中等官員帽子上的裝飾物。南朝梁・任昉《爲范尚書讓吏部表》：「附蟬之飾，空成寵章。」

【附耳低言】

附：靠近。貼近耳朵低聲說話。形容悄悄告訴對方，不使他人知道。《儒林外史》二六回：「[向知府]出去會見那二府，拿出一張牌票來看了，附耳低言了幾句，二府上轎去了。」也作「**附耳低語**」。例他跟那個人附耳低語了幾句，一同走了。也作「**附耳密談**」。茅盾《動搖》三：「胡國光遠遠地看見王榮昌站在一家小雜貨鋪前和一個人附耳密談。」

【附耳低語】

見「附耳低言」。

【附耳密談】

見「附耳低言」。

【附鳳攀龍】

附著鳳翼，攀著龍鱗。比喻攀附投靠

有權勢的人，以求飛黃騰達。《周書・趙貴獨孤信等傳論》：「並以宏材遠略，附鳳攀龍，績著元勛，位居上哀。」也作「**攀龍附鳳**」。

【附骨之疽】

附：貼附；疽：ㄐㄩ，一種毒瘡。貼著骨頭長的毒瘡。比喻進入自己內部而不易除掉的敵對勢力。例他雖然已脫離幫派組織，但是幫派分子卻像附骨之疽似的，纏著他不放。

【附會穿鑿】

附會：把毫無關係的事硬扯在一起；穿鑿：把講不通的道理硬作牽强的解釋。指爲了某種目的，把沒有關係的事物生拉硬扯在一起，胡亂解釋。例這兩種說法都未免附會穿鑿，不能使人信服。也作「**穿鑿附會**」。

【附驥攀鴻】

驥：ㄐㄧˋ，好馬；鴻：鴻雁。依附好馬，高攀鴻雁。比喻攀附顯達以圖自身成名。漢・王褒《四子講德論》：「夫蚊虻終日經營，不能越階序；附驥尾則涉千里，攀鴻翮則翔四海。僕雖嚚頑，願從足下，雖然，何由而自達哉？」也作「**附驥攀鱗**」。鱗：龍鱗。宋・釋惠洪《代夏均甫宴人致語》：「青天白日心常在，附驥攀鱗志未摧。」

【附驥攀鱗】

見「附驥攀鴻」。

【附驥尾】

驥尾：好馬的尾巴。依附於好馬尾巴上，可以遠行千里。比喻依靠別人的聲望而成名。《史記・伯夷列傳》：「伯夷、叔齊雖賢，得夫子而名益彰；顏淵雖篤學，附驥尾而行益顯。」唐・司馬貞《索隱》：「蒼蠅附驥尾而致千里，以譬顏回因孔子而名彰也。」也作「**附人驥尾**」。例康有爲痛責那倡言合作的學生，說他們太無志氣，不識潮流，要附人驥尾。也作「**附驥彰名**」。

【附驥彰名】

附：依附；驥：好馬；彰：顯著。依附好馬而顯名。比喻依附有才能、有聲望的人而使自己聲名顯揚。參見「附驥尾」。

【附人驥尾】

見「附驥尾」。

【附羶逐臭】

見「附羶逐腥」。

【附羶逐穢】

見「附羶逐腥」。

【附羶逐腥】

附：依附；羶：羊肉的氣味。依附羶氣，追逐腥味。比喻依附權貴，追隨奸佞，以逐私利。《歧路燈》八八回：「我們清白門第，斷不至於設招權倚勢之心，那無知小人，便看得咱家是附羶逐腥之地。」也作「**附羶逐臭**」。清・洪楝園《警黃鍾，宮嘆》：「可憐你，附羶逐臭，也自比・附鳳攀龍。」也作「**附羶逐穢**」。穢：污穢，骯髒。《明史・董傳策傳》：「干進無恥之徒，附羶逐穢，麕集其門。」

【附上罔下】

附：依從；上：指君王；罔：欺罔，蒙蔽。指巴結附和君王，欺蒙臣下。漢・劉向《說苑・臣術》：「附下而罔上者死，附上而罔下者刑。」

【附下罔上】

附：附和；下：指臣子；罔：欺罔，蒙蔽；上：指君王。謂附和拉攏臣下，欺罔君王。《明史・鄒智傳》：「少師安持祿怙寵，少保吉附下罔上，太子少保直挾詐懷奸，世之小人也。」

【附庸風雅】

附庸：依傍，追隨；風雅：風流儒雅。追附風流儒雅。指沒有文化修養的人，追隨名流，裝成文雅風流的樣子。例許多人附庸風雅，追求時尚，不過是騙騙自己而已。」

【附贅縣疣】

附贅：附在皮膚上的肉塊；縣（ㄒㄩㄢˊ）疣：懸垂的瘤子。比喻多餘無用之物。《莊子・大宗師》：「彼以生爲附贅縣疣，以死爲決疣潰癰。」也作「**附贅懸肬**」。懸肬（ㄧㄡˊ）：與「縣疣」同。南朝梁・劉勰《文心雕龍・熔裁》：「駢拇枝指，由侈於性，附贅懸肬，實侈於形。一義兩出，義之駢枝也；同辭重句，文之肬贅也。」

【附贅懸肬】

見「附贅縣疣」。

【赴蹈湯火】

見「赴湯蹈火」。

【赴東海而死】

跳進東海而淹死。比喻決心極大。《戰國策・趙策三》：「彼則肆然而爲帝，則[魯]連有赴東海而死耳，吾不忍爲之民也。」

【赴火蹈刃】

赴：奔赴；蹈：踩。衝入火海，踏上利刃。形容奮不顧身，不畏艱險，勇敢向前。《淮南子・泰族訓》：「墨子服役者百八十人，皆可使赴火蹈刃，死不還踵，化之所敎也。」

【赴死如歸】

把走向死亡看成如同歸家一樣。形容不怕死。多指爲正義事業，不惜捐軀。《梁書・韋粲等傳論》：「至如張嵊二三子之徒，損軀殉節，赴死如歸，英風勁氣，籠罩今古。」

【赴湯蹈火】

赴：奔赴；湯：開水；蹈：踩。衝入沸水，踏上烈焰。形容奮不顧身，不避任何艱險。《水滸傳》一五回：「有三個人，義膽包身，武藝出衆，敢赴湯蹈火，同死同生。」也作「**赴湯跳火**」。《金瓶梅詞話》八八回：「小夫人說哪裏話，若肯在老爺面前抬舉小人一二，便消受不了，雖赴湯跳火，敢說不去。」也作「**赴湯投火**」。《三俠五義》一二回：「別說行刺，就是赴湯投火也是願意的。」也作「**赴蹈湯火**」。三國魏・嵇康《與山巨源絕交書》：「長而見羈，則狂顧頓纓，赴蹈湯火。」

【赴湯跳火】

見「赴湯蹈火」。

【赴湯投火】

見「赴湯蹈火」。

【赴險如夷】

赴：奔赴；夷：平坦。奔赴危險的境地，如同走向平坦的大道。形容不避艱險，鎮定自如。《魏書・于什門等傳論》：「于什門等或臨危不撓，視死如歸；或赴險如夷，惟義所在。」

【復仇雪恥】

復：報復；雪：洗掉。報復冤仇，洗雪恥辱。《周書・席固傳》：「今梁氏失政，揚都覆沒，湘東不能復仇雪恥，而骨肉相殘。」

【復蹈其轍】

見「復蹈前轍」。

【復蹈前轍】

復：再，又；蹈：踩，踏；轍：車輪軋出的痕跡。重又踏上前車輾過的痕跡。比喻不吸取教訓，重又走上錯誤和失敗的老路。《隋唐演義》三九回：「文帝陰靈，白日顯現，故此煬帝也覺寒心，不敢復蹈前轍。」也作「**復蹈其轍**」。《東周列國志》一〇二回：「孟嘗、平原，皆爲秦所羈，幸而得免，公子不可復蹈其轍。」

【復舊如初】

復：恢復。恢復舊時面貌，使它和當初一樣。元・無名氏《合同文字》三折：「巴的到祖貫鄉間，我只道認著了伯娘伯父，便歡然復舊如初。」也作「**復舊如新**」。《西遊記》三〇回：「自是那大聖回家，這幾日，收拾得復舊如新。」

【復舊如新】

見「復舊如初」。

【復禮克己】

復：恢復；克：克制。恢復禮數，克制自己的私欲。舊時儒家的行爲規範，指約束自己，使言行合乎禮的要求。《晋書・李充傳》：「室有善言，應在千里，況乎行止，復禮克己。」也作「**克己復禮**」。

【復燃灰】

《史記・韓長孺列傳》載：韓安國因事坐監，受到看守田甲的侮辱，「安國曰：『死灰獨不復然乎？』田甲曰：『然即溺之。』居無何，梁內史缺，漢使使者拜安國爲梁內史，起徒中爲二千石。田甲亡走。」後用「復燃灰」比喻重新得勢的人或勢力。宋・梅堯臣《咏懷》詩之三：「欲溺復燃灰，敗筆前已陳。」

【復言重諾】

說出來就一定辦到，重視諾言。《資治通鑑・秦紀》：「復言重諾，非信也。」胡三省注：「復言，謂言必信而可復也；重諾，言然諾也。」

【復政厥辟】

復：恢復；厥：其；辟：ㄅㄧˋ，君主。舊指失位的帝王重新掌權。或指恢復已被推翻的君主政體。《尚書・咸有一德》：「伊尹既復政厥辟，將告歸，乃陳戒於德。」

【復子明辟】

恢復帝王之位的意思。指帝王重新登基，掌握權力。《新唐書・裴炎傳》：「[炎曰]天子年長矣，不豫政，故豎子有辭。今若復子明辟，賊不討而解。」

【賦芧戲狙】

賦：交給；芧：ㄒㄩˋ，栗子；狙：ㄐㄩ，獼猴。《莊子・齊物論》：「狙公賦芧曰：『朝三而暮四』，衆狙皆怒；曰：『然則朝四而暮三』，衆狙皆悅。名實未虧，而喜怒爲用，亦因是也。」後用「賦芧戲狙」指欺詐多變，戲弄人。宋・陸游《夢歸》詩：「從渠造物巧，賦芧戲羣狙。」

【傅粉登場】

搽粉化裝，登場演戲。明・張岱《祭義伶文》：「汝身前傅粉登場，努眼張舌，喜笑鬼諢，觀者絕倒，聽者噴飯。」

【傅粉何郎】

傅：ㄈㄨˋ，同「敷」，搽上，塗上；何郎：三國魏人何晏，字平叔。晉・裴啟《語林》載：「何晏姿容美麗，面白，「魏文帝疑其著粉，後正夏月，喚來，與熱湯餅，既啖，大汗出，隨以朱衣自拭，色轉皎潔，帝始信之。」後用「傅粉何郎」指美男子或善修飾的青年男子。元・鄭德輝《傷梅香》三析：「唬的那有情人恨無個地縫兒藏，羞殺我也傅粉何郎。」也作「**傅粉平叔**」。元・陳克明《粉蝶兒・怨別》曲：「那裏也畫眉張敞，擲果潘安，傅粉平叔。」

【傅粉平叔】

見「傅粉何郎」。

【傅粉施朱】

傅：搽；施：加上。搽粉塗胭脂。形容修飾打扮。元・賈仲明《對玉梳》三折：「拜辭了清歌妙舞，打迭起傅粉施朱。」也作「**傅粉塗脂**」。宋・陳人杰《沁園春・予弱冠之年……時嘉熙庚子秋季下浣也》詞：「諸君傅粉塗脂，問南北戰爭都不知。」

【傅粉塗脂】

見「傅粉施朱」。

【富比王侯】

財富可以和王侯相比較。形容極其富有。《羣音類選〈駐雲飛・出家〉》：「富比王侯，你道歡時我道憂。」

【富不過三代】

謂富貴人家只是一時興旺，終究會敗落。梁啟超《新民說》一四：「我國國民之總歲殖，所以不能多斥以爲母財之用者，其大原因未始不由家族制度之不適宜使然也。故俗語曰：『富不過三代。』」也作「**富無三代享**」。《廿載繁華夢》一回：「只俗語說得好，道是：『富無三代享。』這個是怎麼緣故呢？自古道：『世族之家，鮮克由禮。』那紈袴子弟，驕奢淫佚，享得幾時？」

【富不學奢而奢，貧不學儉而儉】
家境富裕，不學奢侈自然會奢侈；家境貧寒，不學節儉也不得不節儉。謂經濟狀況對人的生活方式有重要影響。漢·汪弈《任子》：「諺云：富不學奢而奢，貧不學儉而儉，人情皆然，唯聖人能節之。」

【富而不驕】
驕：驕傲，趾高氣揚。非常富有卻不趾高氣揚。《左傳·定公十三年》：「富而不驕者鮮，吾唯子之見。」也作「**富而無驕**」。《論語·學而》：「[子貢曰]貧而無諂，富而無驕，何如？」

【富而好禮】
禮：封建社會的行爲規範，道德準則。富有錢財而又謙虛好禮。《紅樓夢》二回：「誰知他家那等榮貴，卻是個『富而好禮』之家。」

【富而無驕】
見「富而不驕」。

【富貴本無根，盡從勤裏來】
謂富貴是靠勤勞得來的，不是天生的。《醒世恆言》卷三五：「那獻世寶的田宅，盡歸於徐氏。門庭熱鬧，牛馬成羣，婢僕雇工，也有整百，好不興頭！正是：富貴本無根，盡從勤裏來。」

【富貴逼人】
富：有錢；貴：官位高；逼：靠近，接近。逼人而來的高官厚祿。形容本無意於富貴，因被迫入仕，富貴自然送上門來。《隋書·楊素傳》：「帝命素爲詔書，下筆立成，詞義兼美。帝嘉之，顧謂素曰：『善自勉之，勿憂不富貴。』素應聲答曰：『臣但恐富貴來逼臣，臣無心圖富貴。』」宋·辛棄疾《新居上梁文》：「雖云富貴逼人，自覺林泉邀我。」也指人一旦有了錢財權勢，自然招人來投靠。《廿載繁華夢》二四回：「這時，港中紳商富戶，差不多也到齊了。自古道：『富貴逼人來。』倒也難怪。」

【富貴不歸故鄉，如衣錦夜行】
舊謂富貴如不回故鄉顯耀，就像穿著錦繡衣裳在夜間走路，誰也看不見。《古今小說》卷二一：「錢鏐嘆道：『聞古人有云：『富貴不歸故鄉，如衣錦夜行耳。』乃擇日往臨安，展拜祖父墳塋，用太牢祭享，旌旗鼓吹，振耀山岳。」也作「**富貴不歸故鄉，如著錦衣夜行**」、「**富貴若不歸田畝，如著錦衣黑夜遊**」。

【富貴不能淫，貧賤不能移，威武不能屈】
淫：迷惑；威武：武力，權勢。不爲金錢權貴所迷惑，不因貧窮低賤而變節，不在武力或權勢下屈服。《孟子·滕文公下》：「富貴不能淫，貧賤不能移，威武不能屈，此之謂大丈夫。」也作「**富貴不淫**」。《野叟曝言》一一三回：「富貴不淫這四字，原來如此難的。」清·張潮《虞初新志·武鳳子傳》：「或曰：其有道者歟？不然，何富貴不淫，威武不屈耶？」

【富貴不忘貧賤友，身榮敢棄糟糠妻】
糟糠：酒糟、米糠等粗劣食物；糟糠妻：指貧窮時共患難的妻子。升官發財沒有忘記窮朋友，得了榮華富貴不敢拋棄共過患難的妻子。《大紅袍全傳》一八回：「古人云：富貴不忘貧賤友，身榮敢棄糟糠妻？特遣海雄來家迎接，幸即隨同到任，俾得一酬杵臼之勞，亦少慰夫妻之意。」

【富貴不壓鄉里】
當了官發了財不應該欺壓鄉里。《醒世恆言》卷二〇：「富貴不壓於鄉里。你便做得這個螞蟻官兒，就是這等輕薄。」

【富貴不淫】
見「富貴不能淫，貧賤不能移，威武不能屈」。

【富貴草頭露】
富貴如同草上的露水，太陽一出就消失了。形容富貴不能長久。宋·蘇軾《陌上花》詩：「生前富貴草頭露，身後風流陌上花。」

【富貴長命】
見「富貴壽考」。

【富貴浮雲】
富貴：財富和地位。財富地位就像飄浮的雲彩一樣。①形容把富貴看得極輕，不爲金錢、地位而動心。《論語·述而》：「不義而富且貴，於我如浮雲。」②比喻功名利祿變幻無常。金·元好問《趙元德御史之兄七秩之壽》詩：「富貴浮雲世態新，典型依舊老成人。」

【富貴功名】
富貴：財富和地位；功名：功績和聲名。舊指科舉時代中舉做官，富有顯貴。《民國通俗演義》一二八回：「此時還不過發軔之始，將來的富貴功名，眞是未可預料。」也作「**功名富貴**」。

【富貴驕人】
驕：放縱。謂有財有勢就盛氣凌人。五代·王定保《唐摭言》卷二：「而不可以富貴驕人，亦不可以禮義見隔。」

【富貴利達】
指財富，高官，厚祿，顯達。《兒女英雄傳》三〇回：「至於此後的富貴利達，雖說有命存焉，難以予定，只要先上船，自然先到岸。」

【富貴怕見開花】
謂富貴人家害怕家業會像花一樣衰敗。明·許相卿《許雲村貽謀》：「諺有之曰：『富貴怕見開花。』此語殊有意味。言已開則謝，適可喜，正可懼。」

【富貴榮華】
富貴：財多勢大；榮華：喻興盛顯達。謂有財有勢，家道興盛，門庭顯赫。《醒世恆言》卷一三：「只因夫人凡心未靜，玉帝暫謫下塵寰，又向皇宮內苑，享盡人間富貴榮華。」也作

「榮華富貴」。

【富貴壽考】

壽考：高壽。指厚祿高官又高壽。多用於稱頌人之詞。《紅樓夢》八九回：「我想琴雖是淸高之品，卻不是好東西，從沒有彈琴裏彈出富貴壽考來的。」也作「**富貴長命**」。《舊唐書・姚崇傳》：「……比來緣精進得富貴長命者爲誰？」

【富貴隨口定，美醜趁心生】

形容媒人說親時信口胡說。《初刻拍案驚奇》卷二：「看來世間聽不得的是媒人的口。他要說了窮，石崇也無立錐之地；他要說了富，范丹也有萬頃之財。正是：富貴隨口定，美醜趁心生。再無一句實話的。」

【富貴危機】

《晉書・諸葛長民傳》載：諸葛長民有武功，歷官顯要，後劉裕要殺他，諸葛長民嘆曰：「貧賤常思富貴，富貴必履機危。」後用「富貴危機」指富貴帶來的危害。宋・蘇軾《宿州次韻劉涇》：「晚覺文章眞小技，早知富貴有危機。」

【富貴無常】

無常：時常變化。指天名利祿變幻不定。明・湯顯祖《紫釵記・春言懷》：「富貴無常，才情有種。」

【富國安民】

使國家富强，人民安樂。唐・韓偓《朝退書懷》：「孜孜莫患勞心力，富國安民理道長。」

【富國强兵】

使國家富足，兵力强大。《古今小說》卷七：「王即時召見，問富國强兵之道。」

【富極是招災本，財多是惹禍因】

謂財產太多會招來災禍。元・無名氏《來生債》一折：「富極是招災本，財多是惹禍因。如今人恨不的那銀窟窿裏守定銀堆兒盹，恨不的那錢眼孔裏鑄造下行錢印。」

【富家山野有人瞅，貧居鬧市無人問】

瞅：ㄔㄡˇ，看。謂趨附富貴，疏遠貧賤的世俗態度。元・無名氏《殺狗勸夫》一折：「俺哥哥出門來賓客相隨趁，俺哥哥還家來侍女忙扶進，你兄弟破窰中忍冷耽愁悶。俺哥哥富家山野有人瞅，你兄弟貧居鬧市無人問。」也作「**窮在路邊無人問，富在深山有遠親**」。

【富家一席酒，窮漢半年糧】

形容貧富差異極大。《醒世恆言》卷二九：「不到朝食時，酒席都已完備，排設在燕喜堂中。上下兩席，並無別客相陪。那酒席鋪設得花錦似的。正是：富家一席酒，窮漢半年糧。」也作「**高樓一席酒，窮漢半年糧**」。

【富可敵國】

富：財富；敵：匹敵，相當。指個人擁有的財產可以與國家財富相匹敵。形容極其富有。《鏡花緣》六四回：「蓋卞濱自他祖父遺下家業，到他手裏，單以各處田地而論，已有一萬餘頃，其餘可想而知，眞是富可敵國。」

【富了貧，還穿三年綾】

富貴人家敗落了，還能穿幾年綾羅綢緞。形容富家底子厚。《醒世姻緣傳》八回：「晁家新發戶人家，走動是不必說了。就是計氏娘家，雖然新經跌落，終是故舊人家。俗話說得好：『富了貧，還穿三年綾。』所以他還不曾堵塞得這姑子的漏洞。」

【富麗堂皇】

富麗：繁富華麗；堂皇：宏偉盛大。形容建築物壯觀美麗。巴金《狗》：「我發現了富麗堂皇的建築物，我也發現了簡單的房屋，據說這都是被稱爲學校類的東西。」也形容文章、話語有氣勢，華麗美好。《兒女英雄傳》三四回：「連忙燈下一看，只見當朝聖人出的是三個富麗堂皇的題目。」

【富埒陶白】

埒：ㄌㄜˋ，同等；陶：陶朱公范蠡，春秋時越國大夫，後退隱經商，成爲富豪；白：白圭，周代人，以經商致富聞名。財富與陶朱公、白圭相等。形容極爲富有。南朝梁・劉峻《廣絕交論》：「富埒陶白，貲巨程羅。山擅銅陵，家藏金穴。」

【富埒天子】

埒：ㄌㄜˋ，同等。財富與天子相等。形容極爲富有。《史記・平準書》：「故吳，諸侯也，以即山鑄錢，富埒天子，其後卒以叛逆。」

【富强康樂】

使國家富足强大，人民安康快樂。例咱們要團結一致，把國家建設得更加富强康樂。

【富潤屋，德潤身】

潤：潤澤。謂財富妝點住屋，而好的品德滋潤身心。《禮記・大學》：「曾子曰：『十目所視，十手所指，其嚴乎？富潤屋，德潤身，心廣體胖。故君子必誠其意。』」

【富商大賈】

賈：ㄍㄨˇ，商人，指坐商。極爲富有的大商人。《歧路燈》二一回：「其餘列席，俱本城富商大賈的客坐了。」也作「**富商巨賈**」。《官場現形記》五六回：「多半都是……富商巨賈，此外也是各國的公使、參贊，客官商人。」

【富商巨賈】

見「富商大賈」。

【富無三代享】

見「富不過三代」。

【富有四海】

見「富有天下」。

【富嫌千口少，貧恨一身多】

富人養活千百人還嫌少，窮人卻是自身難保。明・徐畛《殺狗記》一一齣：「富嫌千口少，貧恨一身多。似這般大雪，多少富豪家快樂，單只孫榮這般受苦。我哥哥如今在紅爐暖閣，羊羔美酒，淺酌低唱。」

【富易交，貴易妻】

交：交情、往來，指朋友；易：改換。發了財、升了官、地位顯赫，就會不認老朋友，就要拋棄妻子。明・朱權《荊釵記》一九齣：「[淨]你是讀書之人，何故見疑。自古道：『富易交，貴易妻』，此乃人情也。[生]丞相豈不聞宋弘有云：『糟糠之妻不下堂，貧賤之交不可忘』，小生不敢違例。」

【富有天下】

天下：指全國。占有全國的財富。《史記・秦始皇本紀》：「貴為天子，富有天下，身不免於戮殺者，正傾非也。」也作「**富有四海**」。四海：意同天下。元・馬致遠《漢宮秋》楔子：「況陛下貴為天子，富有四海。」

【富則盛，貧則病】

病：憂慮。發了財就氣盛，窮了就發愁。《宋書・顏延之傳》：「諺曰：富則盛，貧則病矣。貧之病也，不唯形色粗腐，或亦神心沮廢；豈但交友疏棄，必有家人誚讓。非廉深識遠者，何能不移其植。」

【富者田連阡陌，貧者亡立錐之地】

阡陌：田間道路南北為阡，東西為陌，泛指田地。富豪家的田地連成一片，貧苦人家連立錐之地都沒有。謂貧富懸殊。《漢書・食貨志上》：「至秦則不然，用商鞅之法，改帝王之制，除井田，民得賣買，富者田連阡陌，貧者亡立錐之地……邑有人君之尊，里有公侯之富，小民安得不困？」

【富者怨之叢】

謂有錢人家為富不仁，招來普遍的怨恨。《初刻拍案驚奇》卷二〇：「自古道：『富者怨之叢。』使君廣有家私，豈能一一綜理？彼任事者只顧肥家，不存公道，大斗小秤，侵剝百端，以致小民愁怨。使君縱然行善，只好功過相酬耳，恐不能獲福也。」

【鮒處轍】

鮒：鯽魚；處：置身；轍：車轍。鮒魚置身於車轍之中。《莊子・外物》載：「莊周向監河侯借糧，監河侯答應籌收採邑地賦稅後給他三百金，莊周十分生氣，舉例說，身處車轍中的鮒魚需斗升之水就能活命，如果等到取來西江之水，已成枯魚了。」後用「鮒處轍」形容處境困難。元・吳萊《浦陽舊有明月泉……遂作是詩》：「儻非蟹投碕，幾類鮒處轍。」

【腹背夾攻】

腹背：指前面後面；夾攻：從兩方面同時進攻。前後兩面同時攻擊。《民國通俗演義》四一回：「進兵濰縣西境，抄入青島背後，以便腹背夾攻。」

【腹背受敵】

前後都受到敵人的攻擊。《魏書・崔浩傳》：「[劉]裕西入函谷，則進退路窮，腹背受敵。」

【腹背相親】

腹與背最為親近。比喻關係密切。《後漢書・黃瓊傳》：「黃門協邪，羣輩相黨，自翼興盛，腹背相親，朝夕圖謀，共構奸軌。」

【腹背之毛】

《韓詩外傳》卷六：「夫鴻鵠一舉千里，所恃者六翮爾。背上之毛，腹下之毳，益一把，氣不為加高；損一把，氣不為加下。」後用「腹背之毛」比喻無關緊要、無足輕重的人或事物。《後漢書・孟嘗傳》：「實羽翮之美用，非徒腹背之毛也。」

【腹誹心謗】

誹：說別人的壞話；謗：惡意攻擊別人。指心懷不滿，暗中發洩。《三國志・魏書・崔琰傳》「遂賜琰死」裴松之注引《魏略》：「太祖以為琰腹誹心謗，乃收付獄，髡刑輸徒。」

【腹負將軍】

《通鑑長編》：「黨太尉進食飽，捫腹嘆曰：『我不負汝。』左右曰：『將軍不負此腹，此腹負將軍，未嘗少出智慮也。』」後以「腹負將軍」譏諷人缺少謀略。

【腹便便】

便便：ㄆㄧㄢˊ ㄆㄧㄢˊ，肚子肥大的樣子。《後漢書・邊韶傳》載：「邊韶有才而口善辯，白天假臥，學生編歌嘲笑他：『邊孝先，腹便便，懶讀書，但欲眠。』韶聽到後立即編歌回答：『腹便便，《五經》笥。但欲眠，思經事。』」後用「腹便便」指文人晝寢或暗喻學識豐富。明・湯顯祖《牡丹亭・帳眺》：「經史腹便便，晝夢人還倦。」也作「**便便腹**」。

【腹熱腸荒】

荒：通「慌」。腹腸燥熱發慌。形容焦急，心煩意亂。明・劉庭信《新水令・春恨》套曲：「我一會家腹熱腸荒，心忙意急。」也作「**腹熱腸慌**」。元・高文秀《遇上皇》一折：「我有酒後寬洪海量，沒酒時腹熱腸慌。」

【腹熱腸慌】

見「腹熱腸荒」。

【腹坦東床】

坦：裸露。南朝宋・劉義慶《世說新語・雅量》載：郗太傅派門生到王丞相家選女婿，門生歸對郗曰：「王家諸郎亦皆可嘉，聞來覓女婿，咸自矜持，唯有一郎在東床上坦腹臥，如不聞。」郗公選中此郎，即王羲之。後用「腹坦東床」來稱美女婿。明・阮大鋮《燕子箋・授書》：「願年年花下人無恙，祝椿萱眉介南山，又何必結絲蘿，腹坦東床。」也作「**坦腹東床**」。

【腹為飯坑】

肚子成為裝飯的坑。形容只吃飯，不幹事。漢・王充《論衡・別通》：「今則不然，飽食快飲，慮深求臥，腹為飯坑，腸為酒囊，是則物也。」

【腹為笥篋】

笥：ㄙˋ，古時盛書籍、藥品、衣服等物的方形竹器；篋：ㄑㄧㄝˋ，箱子一類的東西。意為腹部成了書箱子。

形容讀書多，有學問。唐・杜甫《送從弟亞》詩：「兵法五十家，爾腹為筍篋。」

【腹心大臣】
見「腹心之臣」。

【腹心股肱】
股：大腿；肱：ㄍㄨㄥ，胳膊由肩到肘的部分，指胳膊。像人的腹心腿臂一樣。比喻輔佐帝王的重臣或親近而得力的人。《晉書・元帝紀》：「王敦、王導、周顗、刁協並為腹心股肱。」

【腹心內爛】
從腹部、內心壞爛了。比喻由內部崩潰。《宋書・五行志二》：「明帝諒闇，又有異謀。是以下逆上，腹心內爛也。」

【腹心相照】
腹心：指內心，喻衷誠；相照：互相映照。彼此衷誠對待，心心相印。《警世通言》卷一：「大丈夫腹心相照，何處不可通情，明日在舍下相會。」

【腹心之病】
見「腹心之疾」。

【腹心之臣】
像人的腹心一樣的臣下。比喻極受信賴的臣下。《漢書・嚴助傳》：「助出入禁門，腹心之臣。」也作「**腹心大臣**」。宋・胡銓《上高宗封事》：「秦檜以腹心大臣，而亦為之，陛下有堯舜之資，檜不能致陛下如唐虞，而欲導陛下如石晉。」

【腹心之患】
見「腹心之疾」。

【腹心之疾】
腹心：喻要害處。腹心要害處的疾病。比喻非常嚴重的禍患。《左傳・哀公六年》：「除腹心之疾，而置諸股肱，何益？」也作「**腹心之患**」《封神演義》一八回：「臣恐陛下不能享此樂，而先有腹心之患矣。」也作「**腹心之病**」。《史記・伍子胥列傳》：「[伍子胥諫曰]夫越，腹心之病，今信其浮辭詐偽而貪齊。破齊，譬猶石田，無所用之。」

【腹心之友】
指同心同德的知心朋友。形容關係極密，友情極深。《漢書・翟方進傳》：「故光祿大夫陳咸，與立交通厚善，相與為腹心。」

【腹有鱗甲】
鱗甲：鱗片和甲殼，比喻人心機峻深狡詐，不易接近。《三國志・蜀書・陳震傳》：「諸葛亮與長史蔣琬、侍中董允書曰：『孝起（陳震字）前臨至吳，為吾說正方（李嚴字）腹中有鱗甲，鄉黨以為不可近。』」

【腹有詩書氣自華】
詩書：泛指書籍，喻學問。肚裏有淵博的學問，氣質自然會充滿光彩。謂學問淵博的人，自然氣度不凡。高陽《王座珠帘》：「崇綺的這個女兒，貌不甚美，但似乎腹有詩書氣自華，在皇帝面前，神態自若，謙恭而不失從容。」

【腹中兵甲】
兵甲：穿著盔甲的兵士，指用兵打仗的謀略。比喻胸中自有雄才大略。《五朝名臣言行錄・參政范文正公仲淹》引《名臣傳》：「今小范老子腹中自有數萬兵甲，不比大范老子可欺也。」

【腹中書】
南朝宋・劉義慶《世說新語・排調》：「郝隆七月七日出日中仰臥，人問其故，答曰：『我曬書。』」晉時有七月七日曝曬衣物的風俗。後用「腹中書」比喻富有學問。宋・黃庭堅《讀方言》詩：「摩莎腹中書，安知非糟粕。」

【縛虎容易縱虎難】
見「伏虎容易縱虎難」。

【縛雞之力】
縛：捆綁。捆綁一隻雞所用的力氣。形容力氣很小。常用來形容書生或女子的文弱。《石點頭》卷一二：「平日只會讀書寫字，刺繡描花，手無縛雞之力。」

【蝮蛇口中草，蠍子尾後針，兩般猶未毒，最毒負心人】
蝮（ㄈㄨˋ）蛇：一種毒蛇；草：指蛇口中的舌信；蠍子：一種節肢動物，尾端有毒鈎；般：種、樣。蝮蛇和蠍子雖有劇毒，還比不上負心人的狠毒。《警世通言》卷二五：「[掛遷]又道：『這二錠銀子也念你先人之面，似你少年狂妄，休想分文賚發。如今有了盤纏，可速回去！施還要再開口，掛遷馬上揚鞭如飛去了。正是蝮蛇口中草，蠍子尾後針，兩般猶未毒，最毒負心人。』」

【覆巢毀卵】
覆：翻倒；巢：鳥窩。鳥窩翻倒，鳥蛋被毀壞。比喻同類慘遭覆滅之災。也比喻滅門大禍，無一倖免；或整體被毀，個體也不復存在。《戰國策・趙策四》：「有覆巢毀卵而鳳凰不翔，刳胎焚夭而騏麟不至。」也作「**覆巢破卵**」。唐・李咸用《寄題從兄坤載村居》詩：「覆巢破卵方堪懼，取次梧桐鳳且棲。」也作「**覆巢之下無完卵**」。南朝宋・劉義慶《世說新語・言語》：「孔融被收，中外遑怖。時融兒大者九歲，小者八歲，二兒故琢釘戲，了無遽容。融謂使者曰：『冀罪止於身，二兒可得全不？』兒徐進曰：『大人，豈見覆巢之下，復有完卵乎？』」也作「**覆巢傾卵**」。

【覆巢破卵】
見「覆巢毀卵」。

【覆巢傾卵】
見「覆巢毀卵」。

【覆巢完卵】
見「覆巢遺卵」。

【覆巢遺卵】
覆：翻倒；遺：留下。翻掉的鳥巢中僥倖留下的鳥蛋。比喻從滅門大禍或整體覆沒中逃脫倖存的人。清・歸莊

《城陷後二十日，訪得兄子益孫所在，抱之以歸，口占四絕句》之四：「覆巢遺卵幸能存，他日毋忘田父恩。」也作「**覆巢完卵**」。例大難不死，猶如「覆巢完卵」。

【覆巢之下無完卵】
見「覆巢毀卵」。

【覆車繼軌】
覆：翻倒；軌：車轍。前面的車子翻了，後車仍按前車車轍跟進。比喻繼續犯錯誤。三國魏．李康《運命論》：「前鑑不遠，覆車繼軌。」

【覆車之軌】
覆：翻倒；軌：車轍。翻倒之車的車轍。比喻前人失敗的教訓。漢．陳忠《清盜源疏》：「前年渤海張伯路，可為至戒，覆車之軌，其跡不遠。」也作「**覆車之轍**」。明．陸贄《翰苑集》卷一五：「願陛下惟事無大小，皆以覆車之轍為戒。」

【覆車之鑑】
覆：翻倒；鑑：鏡子，引申為教訓。翻車的教訓。比喻可以做為警戒或引為教訓的事情。《魏書．陽尼傳》：「覆車之鑑，近可信矣。」也作「**覆車之戒**」。戒：戒心，警惕。《晉書．庾純傳》：「純以凡才，備位卿尹，不惟謙敬之節，不忌覆車之戒。」

【覆車之戒】
見「覆車之鑑」。

【覆車之轍】
見「覆車之軌」。

【覆地翻天】
見「翻天覆地」。

【覆海移山】
翻倒大海，移動高山。形容法術高超。也形容力量巨大。《敦煌變文集．維摩詰經講經文》：「阿修羅衆聖偏殊，覆海移山功力大，上住須彌福德强，平扶日月感神瞻。」

【覆醬瓿】
覆：遮蓋；瓿：ㄆㄡˇ，小甕。《漢書．揚雄傳》：「今學者有祿利，然尚不能明《易》，又如《玄》何？吾恐後人用覆醬瓿也。」意思是後人看不懂，會把它當廢紙，用來覆蓋醬瓿子、罐子。後用「覆醬瓿」比喻著作價值不高。多用於自謙語。清．商盤《瀕行友人索觀入都近咏賦答》：「此卷不足觀，請君覆醬瓿。」也作「**覆酒甕**」。《晉書．左思傳》：「此間有傖父，欲作《三都賦》，須其成，當以覆酒甕耳。」也作「**覆醬覆醅**」。醅：ㄆㄟ，酒。清．錢泳《譚詩．總論》：「花之開謝，實由於時，雖爛漫盈園，無關世事，則人亦何苦作詩，亦何必刻集哉？覆醬覆醅，良有以也。」

【覆醬覆醅】
見「覆醬瓿」。

【覆蕉得鹿】
見「覆蕉尋鹿」。

【覆蕉尋鹿】
覆：遮蓋；蕉：古通「樵」，柴。《列子．周穆王》：「鄭人有薪於野者，遇駭鹿，御而擊之，斃之。恐人見之也，遽而藏諸隍中，覆之以蕉。不勝其喜。俄而遺其所藏之處，遂以為夢焉。順塗而咏其事，傍人有聞者，用其言而取之。既歸，告其室人曰：『向薪者夢得鹿，而不知其處；吾今得之，彼直眞夢矣。』室人曰：『若將是夢見薪者之得鹿邪？詎有薪者邪？今眞得鹿，是若之夢眞邪？』」後用「覆蕉尋鹿」比喻把眞事當成夢幻或處於虛幻迷離，有如作夢的狀況。清．吳趼人《糊塗世界》序：「守株待兔之舉，視若不二法門；覆蕉尋鹿之徒，尊為無上妙品。」也作「**覆鹿尋蕉**」。明．陳汝元《金蓮記》三一齣：「鵾鷄寒莎雞動，烏輪兔駕迅長空，覆鹿尋蕉恍夢中。」也作「**覆蕉得鹿**」。元．袁桷《次韻師孟西曹即事，兼簡子貞儀曹》詩之二：「覆蕉得鹿非眞夢，點筆成繩豈誤書。」也作「**覆鹿蕉**」。清．趙翼《六十自述》詩：「髩絲禪榻影飄蕭，看盡人間覆鹿蕉。」也作「**覆鹿遺蕉**」。清．王闓運《桂陽州志序》：「覆鹿遺蕉，亡猿災木，非敵非寇，自傾自覆。」

【覆酒甕】
見「覆醬瓿」。

【覆軍殺將】
覆：覆滅。全軍覆滅，將領被殺。宋．曾鞏《與孫司封書》：「凡南方之事，卒至於破十餘州，覆軍殺將，喪元元之命，竭山海之財也者，非其變發於隱伏，而起於倉卒也。」

【覆鹿蕉】
見「覆蕉尋鹿」。

【覆鹿尋蕉】
見「覆鹿尋鹿」。

【覆鹿遺蕉】
見「覆蕉尋鹿」。

【覆盆不照太陽暉】
翻過來的盆子照不進陽光。比喻無處伸冤。元．關漢卿《竇娥冤》二折：「打的我肉都飛，血淋漓，腹中冤枉有誰知？則我這小婦人毒藥來從何處也？天哪！怎麼的覆盆不照太陽暉。」

【覆盆難照】
覆盆：翻過來倒扣著的盆子。陽光照不到倒扣著的盆子裏面。晉．葛洪《抱朴子．辨問》：「日月有所不照，聖人有所不知，豈可以聖人所不為，便云天下無仙，是責三光不照覆盆之內也。」後用「覆盆難照」比喻黑暗的境地或無處申訴的冤屈。《好逑傳》五回：「久知覆盆難照，已拚畢命於此，幸遇高賢大俠，倘蒙憐而垂手，則死之日，猶生之年矣。」也作「**覆盆之冤**」。明．張居正《答應天張按院》：「頃蘇、松按院已直將本官論劾，若不得大疏存此說，則覆盆之冤誰與雪之？」

【覆盆之冤】

見「覆盆難照」。

【覆去翻來】

見「翻來覆去」①。

【覆水不收】

見「覆水難收」。

【覆水難收】

倒在地上的水很難再收回來。清・王仁俊輯《類林》:「太公望少婿馬氏,老而見去,及封齊,東就國,道遇婦泣,問之,其前妻也。再拜求合。公取盆水傾地,令收之,惟少泥。太公曰:『若能離更合,覆水定難收。』」比喻夫妻關係已斷絕,難以復合。也比喻事情已成定局,無法挽回。梁啟超《記內地雜居與商務關係》:「覆水難收,往者不復,他日欲補救,已無及矣!」也作「**覆水不收**」。《後漢書・何進傳》:「國家之事亦何容易?覆水不收,宜深思之。」

【覆餗折足】

餗:ㄙㄨˋ,鼎中的食物。《周易・鼎》:「鼎折足,覆公餗。」鼎足折斷了,食物從鼎中翻出。比喻由於力不勝任而致壞事。清・查愼行《荊州護國寺古鼎歌》:「廟廷無人經略拙,覆餗折足遑知他。」也作「**覆餗之患**」。《三國志・魏書・何夔傳》注引孫盛曰:「得其人則論道之任隆,非其才則覆餗之患至。」也作「**覆餗之憂**」。《晉書・韓伯傳》:「天子居綴旒之運,人臣微覆餗之憂。」也作「**覆餗之釁**」。《晉書・蔡謨傳》:「上虧聖朝棟隆之舉,下增微臣覆餗之釁,惶懼戰灼,寄顗無所。」

【覆餗之患】

見「覆餗折足」。

【覆餗之釁】

見「覆餗折足」。

【覆餗之憂】

見「覆餗折足」。

【覆亡無日】

覆滅敗亡已經沒有幾日了。指很快就會滅亡。《清史稿・康有為傳》:「四夷交侵,覆亡無日,非維新變舊,不能自強。」

【覆盂之安】

覆:翻倒;盂:ㄩˊ,古代的一種圓口器皿。像翻倒放置的盂那樣安穩。形容非常安穩、牢固。唐・張說《開元正曆握乾符頌》:「四海有覆盂之安。」也作「**覆盂之固**」。宋・王禹偁《擬留侯與四皓書》:「既而革秦之暴,纂堯之緒,定覆盂之困,成垂拱之風。」

【覆盂之固】

見「覆盂之安」。

【覆雨翻雲】

見「翻雲覆雨」。

【覆舟之戒】

覆:翻;戒:戒心,警惕。翻船的警戒。《荀子・王制》:「君者舟也,庶人者水也,水則載舟,水則覆舟。」後用「覆舟之戒」比喻失民心而敗亡的教訓。明・陳子龍《陳涉論》:「後之人主,亦知邱民之可畏,而覆舟之戒始信。」

【覆宗絕嗣】

宗:宗廟,祖廟;嗣:子孫。毀壞了宗廟,斷絕了子孫後代。《隋書・李安傳》:「不意叔父無狀,為兇黨之所蠱惑,覆宗絕嗣,其甘若薺。」也作「**覆宗滅祀**」。滅祀:滅了祭祀香火,引申為絕了後代。漢・張超《誚青衣賦》:「晋獲驪戎,斃壞恭子;有夏取仍,覆宗滅祀。」

【覆宗滅祀】

見「覆宗絕嗣」。

ㄉ

ㄉㄚ

【搭把手】

比喻伸手援助,順便幫忙。例我不過請你搭把手,你就這麼為難嗎?

【搭班子】

搭班子:指藝人臨時組成演出小團體。①比喻為做某事建立組織。例為把公司經營起來,得先搭班子。班子搭好了,人各有責就好辦了。②比喻合夥做事。例我看你一個人跑單幫很困難,還是跟他們搭班子去吧!

【搭鍋燜紅薯——一起整(蒸)】

整:「蒸」的諧音。做飯時順便燜上紅薯,一起蒸熟。比喻一塊兒給予懲罰、打擊。例對於濫倒有毒廢棄物的環保害蟲,我們要搭鍋燜紅薯——一起整(蒸)。

【搭架子】

搭架子:建築業行話,指建房前,先搭起框架。①比喻事業的開創。例這個公司能有今天的規模,全靠董事會的成員當初搭架子搭得好。②比喻文章、圖畫的佈局、構思。例做文章先搭架子,把大致的格局、人物安排好,然後再充實內容就省事多了。③比喻擺架子、裝模作樣。例趁他現在正在興頭上,有事快求他,要不然他一搭架子就難求了。

【搭鋸見末,水到渠成——立竿見影】

比喻收效極快。例不是任何學習都是搭鋸見末,水到渠成——立竿見影的,一定要克服急躁情緒,從長遠利益看問題。也作「**水到渠成,搭鋸見末——立竿見影**」。

【搭脈息】

原指中醫為人切脈探究病源。比喻用旁敲側擊的方法去摸清別人的底細。例你聽他說話東扯西拉的,其實他這是搭脈息吶!他想套出你的話來。

【搭起牌樓賣酸棗——買賣不大,架子不小】

見「搭起戲台賣豆腐——買賣不大架子大」。

【搭起戲台賣豆腐——買賣不大架子大】

多比喻人地位不高或本領不大,卻裝腔作勢,官氣十足。例丁春這個人原本斗大的字不識一個，肚內空空，自從當了組長之後，卻指手畫腳，盛氣凌人，眞是搭起戲台賣豆腐——買賣不大架子大。也作「搭戲台賣針——買賣不大，架子不小」、「搭起牌樓賣酸棗——買賣不大，架子不小」、「賣豆腐的槓馬腳——生意不大架子大」。

【搭起戲台賣螃蟹——貨色不多，架式不小】

比喻表面上氣勢洶洶，而內裏卻空虛怯弱。例敵人張牙舞爪向我陣地撲來。當我們剛一反擊，他們又抱頭鼠竄逃跑了，眞是搭起戲台賣螃蟹——貨色不多，架式不小。

【搭橋牽線】

搭橋：傳說農曆七月七日夜晚喜鵲在天河上搭橋，讓牛郎、織女會面；牽線：指傳說月下老人以紅線繫男女的腳，爲其做媒婚配。謂撮合男女的婚事。例婚姻介紹所成立以來，熱心地爲高齡未婚青年搭橋牽線，其中有許多已成雙成對。也泛指爲雙方引見介紹。例聽說這個公司的王經理要來，你能不能給我搭橋牽線，我想和他談筆生意。

【搭梯子】

比喻爲己爲人擺脫困境而做的努力。例事情已經到了這步田地，你就只有自己幫自己搭梯子下台了。

【搭在籃裏便是菜】

比喻不挑不揀，到手就行。例不要挑肥揀瘦，搭在籃裏便是菜，湊和著住些日子再說。

【搭褳背水——涼透心】

搭褳：長方形的口袋，中間開口，兩端各成一個袋子，置於肩上。形容灰心失望極了。例你把事情做絕了，叫大家好似搭褳背水——涼透心了，誰還願意和你一起繼續工作呢？也作「冰凌掛胸口——冷透了心」、「十冬臘月吃冰棍——透心涼」。

ㄉㄚˊ

【達變通機】

達：通達；機：變化的徵兆。指不拘於常規，對事物的發展變化採取靈活豁達的態度。唐．楊炯《晦日藥園詩序》：「達變通機，則尊官厚祿非保全之地。」

【達不離道】

達：顯達，顯貴。指身居高官時，也要保持操守，不能背離大道，爲所欲爲。《孟子．盡心上》：「士窮不失義，達不離道。」

【達誠申信】

達：表達；誠：眞摯；申：申明；信：誠實。指獻出深摯純眞的意願。《紅樓夢》七八回：「怡紅院濁玉，謹以羣花之蕊，冰鮫之縠，沁芳之泉，楓露之茗；四者雖微，聊以達誠申信。」

【達旦通宵】

旦：天亮；通宵：整夜。一夜直到天亮。淸．李伯元《南亭筆記》卷五：「每開燕（宴），則駢長幾，燈紅酒綠，達旦通宵。」也作「通宵達旦」。

【達地知根】

指了解底細。元．關漢卿《哭存孝》二折：「俺出身入仕，蔭子封妻，大人家達地知根。」達，一本作「踏」。

【達觀知命】

見「達人知命」。

【達官貴人】

職位高和社會地位顯赫的人。明．劉基《照玄上人詩集序》：「故爲詩者，莫不以哦風月、弄花鳥爲能事，取則於達官貴人，而不師古。」也作「達官聞人」。聞人：有聲望的人。宋．劉克莊《福淸縣重建譙樓記》：「秀異之氣鍾爲英傑，有文辭行中朝事業書國史者，有貴爲鈞樞侍從或達官聞人萃見於一門者，固盛矣！」也作「達官顯宦」。魯迅《且介亭雜文末編．文吊》：「我所知道的是四十年前的紹興，那時沒有達官顯宦，所以未聞有專門爲人（堂會？）的演劇。」也作「達官顯吏」。梁啟超《義大利建國三傑傳》：「而所謂達官顯吏，已紛紛挈其孥以遁於城外。」

【達官聞人】

見「達官貴人」。

【達官顯宦】

見「達官貴人」。

【達官顯吏】

見「達官貴人」。

【達權通變】

通達權變，隨機行事。元．鄭德輝《傷梅香》楔子：「此章大意，說士君子雖則要達權通變，亦須審己量時，不可造次。」也作「達權知變」。《醒世恆言》卷一一：「主四方之事的，頂冠束帶，謂之丈夫；出將入相，無所不爲；須要博古通今，達權知變。」也作「通權達變」。

【達權知變】

見「達權通變」。

【達人大觀】

達人：心胸豁達的人；大觀：全面透徹的觀察。指胸懷寬闊的人看得遠，想得開。漢．賈誼《鵩鳥賦》：「小智自私兮，賤彼貴我；達人大觀兮，物無不可。」

【達人高致】

達人：心胸豁達的人；高致：高雅的情致。指志趣不同流俗。淸．歸莊《王大痴像贊》：「達人高致，何所不爲，而猶拘拘於形跡爲！」

【達人立人】

達：使人時運順達；立：使人有所建樹。指幫助人、成全人建功立業。宋．程顥、程頤《二程全書．遺書六》：「夫仁者達人立人，取譬可謂仁之方而已。」也作「立人達人」。

【達人之節】

節：節操。心胸豁達的人的節操。

宋・歐陽修《送方希則序》：「是以君子輕去就，隨卷舒，富貴不可誘，故其氣浩然，不見於喜慍。能及是者，達人之節而大方之家乎？」

【達人知命】
胸懷曠達的人樂天知命，安於現狀，與世無爭。明・王世貞《鳴鳳記・寫本》：「妾聞君子見幾，達人知命。」也作「達觀知命」。達觀：對命運任其自然，無論何時何地，都能安然自得。茅盾《幻滅》一四：「達觀知命的思想，暫時引渡靜離開了苦悶的荊棘。」

【達士通人】
達士：達觀之士，為人處世豁達大度的人；通人：學貫古今，知識淵博的人。指胸懷開闊，學識超羣的人。宋・陸游《雍熙請機老疏》：「伏望尊官長者，達士通人，共燃續慧命燈，不惜判虛空筆，起難遭想，結最勝緣。」

【達則兼善天下】
達：顯貴。指身居高位時，就治國安邦，使天下受益。《孟子・盡心上》：「窮則獨善其身，達則兼善天下。」

【達者三緘口似瓶】
三：指多次；緘：封閉。謂通達情理的人應該守口如瓶。清・李玉《清忠譜》七折：「漫說是危言危行，[小生，貼]須信道達者三緘口似瓶。」

【達者所見略同】
達者：有識之士。指有眼光、有才識的人對局勢或某個事物的見解大致上是一樣的。明・郎瑛《七修類稿》卷三一：「始知所謂好句人先得，達者所見略同也。」

【怛然失色】
怛然：形容驚恐的樣子。由於驚恐，臉上失去了血色，變得蒼白。清・邵長蘅《黃烈婦傳》：「[黃烈婦]直趨上階，右手引袂障面，左手抽刀自刺，喉茹刃者再，垂欲斷，血沖涌撲地。太守怛然失色，左右皆大驚。」

【答非所問】
回答的話不是提問者所要知道的。《兒女英雄傳》三八回：「老爺正覺得他答非所問，程相公那裏就打聽說：『什麼叫作希希罕兒？』」

ㄉㄚˇ

【打八刀】
八刀即分。比喻離婚、散夥。例咱們合得來就合，合不來就打八刀，好合好散。

【打把式】
本意為練武。此指借各種名義向人索取財物。例離這人遠一點吧！說不定什麼時候他借個名義，就向你打把式。

【打敗的鵪鶉鬥敗的雞——上不了陣勢】
鵪鶉：一種有經濟價值的鳥，雄性好鬥；上不了陣勢：不敢應戰，即使上了戰場也要敗下來。比喻因失敗而喪失鬥志。例這場是決賽，不能派小王上，他是打敗的鵪鶉鬥敗的雞——上不了陣勢，關鍵時刻可能誤大事。

【打板子】
舊時的一種刑法。比喻挨批評、受打擊。例你既然和對方簽訂了工程合約，若不能如期完成，可眞得打板子了。

【打保票】
保票：為人作擔保所出的憑據。比喻作出保證。例這回我敢打保票，咱廠的新產品一定能打響知名度。也作「打包票」。

【打抱不平】
碰見不公平的事，挺身而出，幫助受欺壓的弱者，打擊強暴無理者。《紅樓夢》四五回：「李紈笑道：『……昨日還打平兒，虧你伸的出手來……氣的我只要替平兒打抱不平兒！」也作「打不平」。例要是遇到壞人逞兇，人人都敢打不平，他們就不敢作惡了。

【打背弓】
背弓：即背躬，指演員在台上背著人獨白。比喻借代人辦事之機從中漁利。例我先把話挑明了，我介紹你們做這一筆生意，若做成了，我要打背弓。

【打筆墨官司】
比喻各持己見，寫文章進行爭辯。例我忙得要死，實在沒時間跟他打筆墨官司。

【打邊鼓】
比喻只是在旁幫腔助勢，而不獨當一面。魯迅《集外集・序言》：「我其實是不喜歡做新詩的……只因為那時詩壇寂寞，所以打邊鼓，湊些熱鬧。」也作「打攛鼓兒」。攛：ㄘㄨㄢ，攛掇，在一旁煽動。《水滸傳》二四回：「王婆打著攛鼓兒道：『說的是。』」

【打不斷的親，罵不斷的鄰】
指親戚，鄰里來往密切，即使偶爾鬧糾紛，也不會斷絕往來。《西遊記》九四回：「我們與他親家禮道的，他便不好生怪。常言道：『打不斷的親，罵不斷的鄰』。大家耍子，怕他怎的？」

【打不平】
見「打抱不平」。

【打不著狐狸弄身臊——自背臭名】
臊：ㄙㄠ，像屎或狐狸一樣的臭味。比喻自討壞名聲。例你要參加他們的團夥，儘管你不想幹壞事，也會打不著狐狸弄身臊——自背臭名。

【打草驚蛇】
原指懲處某人，結果引起他人的驚慌。宋・鄭文寶《南唐近事》：「王魯為當塗宰，瀆物為務，會部民連狀訴主簿貪，魯乃判曰：『汝雖打草，吾已蛇驚。』」後比喻行事不愼密，引起有關人的警覺和防備。《水滸傳》二九回：「空自去打草驚蛇，倒吃他做了手腳，卻是不好。」也作「打草蛇驚」。《景德傳燈錄》卷一三：「問：『四衆圍繞，師說何法？』師曰：『打草蛇驚。』」

【打草蛇驚】
見「打草驚蛇」。

【打柴人下山——兩頭擔心(薪)】
心：「薪」的諧音；薪：柴火。雙關語。比喻兩方面都放心不下。例抗日戰爭時期，我在前線作戰，弟弟在敵占區打游擊。母親是打柴人下山——兩頭擔心（薪）。也作「砍柴人下山——兩頭擔心（薪）」。

【打成相識】
指雙方經過一番較量，顯出自己的功夫，以至從漠不相識變爲朋友。《鏡花緣》六〇回：「紫瓊姐姐幾句話，不獨免了許多干戈，並與紫菱姐姐打成相識，倒結了伴侶。」

【打成一片】
指構成一個整體。也形容人與人之間難以割裂的緊密結合。《五燈會元・澄遠禪師》：「師謂衆曰：『老僧四十年方打成一片。』」

【打赤腳上街——腳踏實地】
比喻做事認眞踏實。例打赤腳上街——腳踏實地，這就是我對你今後工作的衷心希望。

【打赤腳下田——靠腳力】
打赤腳：光著腳。①比喻要有過硬的基本功。例想取得這場大賽的勝利，就要打赤腳下田——靠腳力了。如果我們的基本功不紮實，失敗的可能性是非常大的。②比喻光憑步行。例這次旅行，沒有交通工具，只好打赤腳下田——靠腳力了。

【打衝鋒】
衝鋒：進攻部隊迅猛出擊，短兵相接殲滅敵人的戰鬥行動。比喻一往無前，迅猛行動。例讓我們爲今年的業績一起打衝鋒吧！

【打抽豐】
抽豐：即分肥。藉各種名義要求分肥，索取財物。例那年輕人慣會打抽豐，眞拿他沒辦法。也作「打秋風」。例眞不好意思，我又來打秋風了，請再給我兩張戲票。

【打出吊入】
氣勢洶洶地衝出來，又撞進去。形容尋釁鬧事。《警世通言》卷二〇：「周三那廝，打出吊入，公然幹顙。計安忍不得，不住和那周三廝鬧。」

【打出來的口供——不是實話】
比喻欺人的假話。例我們應該耐心教育，要他自覺地講出眞情來。打出來的口供——不是實話，何必再苦苦地追問呢！

【打攏鼓兒】
見「打邊鼓」。

【打當面鼓，不敲背後鑼】
有意見當面說，不在背後亂嚷嚷。例咱們明人不做暗事。有事擺在桌面上，打當面鼓，不敲背後鑼。

【打倒金剛賴倒佛】
金剛：佛教語，護法神將。比喻把責任推給別人。《兒女英雄傳》二三回「安老爺便『打倒金剛賴倒佛』，雙手把姑娘託付在舅太太身上。」

【打倒了長人，矮子露臉】
長人：高個子，指有本事有地位的人。打倒了有才能的人，庸碌之輩就上去了。茅盾《色盲》四：「人人有出風頭的自由，我不反對想出風頭；但是只想先打倒了長人，好讓他們矮子露臉。」

【打得火熱】
形容人際關係非常親密。《兒女英雄傳》二九回：「她本是個活動熱鬧的人，在這裏住了幾日，處得上上下下沒有一個不合適的，內中金、石姐妹尤其打得火熱。」

【打燈籠上門台——一磴更比一磴高，一磴更比一磴明】
門台：通向大門口的台階；磴：台階或樓梯的層級。比喻生活越來越好，前途越來越光明。例自從張先生創業以後，生活好似打燈籠上門台——一磴更比一磴高，一磴更比一磴明。這是有目共睹的。

【打燈籠上門台——越來越高明】
門台：通向大門口的台階。比喻見識或技術越來越高。例經過幾年的鍛煉，石凱的技術就像打燈籠上門台——越來越高明了，我看他能勝任這項工程的設計施工。

【打燈籠拾糞——打死（屎）】
見「餓狗下茅房——尋死（屎）」。

【打燈籠走親戚——明來明去】
①比喻辦事公開，不偷偷摸摸。例連長回到隱蔽地方小聲地對大家說：「口令搞到了，咱們乾脆化裝成送病號的，給他來個打燈籠走親戚——明來明去！」②比喻有話直說，不拐彎抹角。例他從來都是打燈籠走親戚——明來明去，不會含沙射影，指桑罵槐。③比喻光明磊落，心照日月。例他這人雖然愛使性子，不過從來是打燈籠走親戚——明來明去，不搞陰謀詭計。也作「火把換燈籠——明來明去」。

【打燈籠做事——照辦】
雙關語。比喻依照辦理。例對上司的指示，我們是打燈籠做事——照辦，毫不含糊。

【打底稿】
原爲畫草圖起草稿。比喻定基調，指定範圍。例我講的話我負責，用不著別人打底稿！

【打電話】
指暗中傳話、透露消息。例怪不得他們打牌老贏，原來他們在暗中打電話。

【打掉門牙嚥肚裏——吃啞巴虧】
比喻吃了虧不便說出或不敢聲張。例二管家勸沈老財說：「我看還是息事寧人爲好，打掉門牙嚥肚裏——吃啞巴虧雖然不好受，可一旦把事情鬧大，你將弄得身敗名裂。」

【打掉門牙嚥肚裏——忍氣吞聲】
比喻受了委屈强作忍耐，不敢或不願

公開表露。例王長生過於忠厚老實，他受到東家的欺壓時，常常是打掉門牙嚥肚裏——忍氣吞聲，不敢吭一聲。也作「**自己碰釘子——忍氣吞聲**」、「**夾著尾巴做人——忍氣吞聲**」。

【打獨磨】

形容像磨子一樣來回轉，即徘徊轉圈。例你有什麼心事說出來嘛，何必一個人在這兒打獨磨呢？

【打斷脊梁骨的癩皮狗——腰桿子不硬】

①比喻軟弱無力，縮手縮腳。例這場交道很難打，鄒光怎麼能行呢？他是打斷脊梁骨的癩皮狗——腰桿子不硬，要派一個精明强幹的人去。②比喻人沒有靠山。例業務員出身的經理興奮地說：「我是打斷脊梁骨的癩皮狗——腰桿子不硬，今天有了總經理的支持，一定要好好拚業績。」

【打斷了的胳膊——往外拐】

比喻說話、辦事偏向外人。例這種要保密的事不能讓他參加，他一向是打斷了的胳膊——往外拐，肯定會將消息透露給對方的。

【打翻了的醋瓶子——酸溜溜的】

形容言談迂腐。有時形容嫉妒、心裏不舒服。例聽說他已考上托福的消息，心裏總像打翻了的醋瓶子——酸溜溜的。也作「**鼻子裏灌醋——酸溜溜的**」。

【打翻了的醋瓶子——酸氣十足】

雙關語。比喻說話迂腐。有時形容高傲、擺臭架子。例曹鴻年紀輕輕，說起話來卻像打翻了的醋瓶子——酸氣十足，有人背後叫他「老秀才」。也作「**打翻了的醋瓶子——酸得很**」、「**醋瓶子打飛機——酸氣衝天**」、「**不熟的葡萄——酸味十足**」、「**楊梅子加醋——酸得很**」。

【打翻了五味瓶——酸甜苦辣鹹樣樣全】

五味：指酸、甜、苦、辣、鹹，泛指各種味道。比喻心裏不是滋味兒。例回到家裏，心裏像打翻了五味瓶——酸甜苦辣鹹樣樣全，也說不上是什麼滋味，反正是難受極了。

【打翻身仗】

比喻爲了改變落後面貌或不利環境而做的努力。例許多社區的居民都在爭取打翻身仗，咱們當然也不會落在後面。

【打鳳撈龍】

①指設下圈套，引人上鈎。元・朱庭玉《青杏子・思憶》曲：「要指望合歡共籠，月枕雙欹，雲衾並擁，鋪謀下打鳳撈龍。」也作「**打鳳牢龍**」。《水滸傳》六一回：「鋪排打鳳牢龍計，坑陷驚天動地人」②指物色、網羅賢才能人。元・朱凱《昊天塔》一折：「也不須打鳳撈龍，別選元戎。」

【打鳳牢龍】

見「打鳳撈龍」。

【打富濟貧】

打擊地主豪貴，分其財富，救濟窮苦人家。例有候選人爲了獲得更多的選票而打富濟貧，已引起部分人士的不滿。

【打槓子】

比喻中途截留別人的東西。例我早就知道你們進口到了一批便宜貨，你們還瞞著我幹什麼？難道怕我打槓子嗎？

【打隔山炮】

指隔著山打炮，打不中目標。①比喻說話沒有重點，偏離中心。例我聽他講話，就像聽打隔山炮，始終沒聽出重點是什麼。②比喻有意見不直接講，而是繞著彎講。例你說了半天，還在打隔山炮，乾脆，有意見直說吧！

【打個照面】

指雙方沒有意料地迎面相遇。元・王實甫《西廂記》一本一折：「剛剛的打個照面，風魔了張解元。」

【打恭作揖】

見「打躬作揖」。

【打躬作揖】

舊時的一種禮節。彎腰曲背，雙手合抱，一上一下地行禮。亦用來形容有求於人或賠情道歉的懇切情態。《儒林外史》一六回：「好呀！老二回來了。穿得恁厚厚敦敦的棉襖，又在外邊學得恁知禮，會打躬作揖。」也作「**打恭作揖**」。《紅樓夢》二七回：「寶玉見他這樣，還認作是昨日晌午的事，那知晚間的這件公案，還打恭作揖的。」

【打狗不贏咬雞——怯大欺小】

怯：害怕。比喻不敢惹强大的就欺侮弱小的。例孫二痞生性刁滑，經常打狗不贏咬雞——怯大欺小，今天非好好治他一下不可。

【打狗看主】

見「打狗看主面」。

【打狗看主面】

比喻懲治某人要顧及他主人或關係人的顏面。例所謂「打狗看主面」，他是老闆的小舅子，可惹不起，你就少費唇舌吧！也作「**打狗也看主人面**」。《金瓶梅詞話》七九回：「不知原來家中大小姐這等躁暴性子，就是打狗也看主人面。」也作「**打狗看主**」。《蕩寇志》一〇一回：「自古道：打狗看主。他是官家的大臣，不爭殺了他，如何對付得官家？」

【打狗看主人——勢利眼】

見「看人下菜碟——勢利眼」。

【打鼓不打面——旁敲側擊】

比喻說話或寫文章不直抒己見，而是從側面曲折地表達。例有意見你照直說，別老是打鼓不打面——旁敲側擊。也作「**打半邊鼓——旁敲側擊**」。

【打鼓兒的】

指沿街敲打小鼓收買舊貨、廢品的小販。例現在沒有打鼓兒的，你想丟棄的舊貨，必須聯絡環保局，派清潔大隊來收回，可別隨地丟棄。

【打鼓弄琵琶，相逢是一家】

打鼓的和彈琵琶的相逢是一家，過後分開，各不相涉。比喻偶然會合，彼此沒有什麼感情。清・青心才人《金雲翹傳》九回：「翠翹此時死又死不及，悔又悔不得，心中還仗著楚生來救駕，那知他打鼓弄琵琶，相逢是一家，不知那方去了。」

【打關節】

指暗中行賄，疏通關係。例原以爲打關節這樣的事今天不會有了，其實並未絕跡。

【打官腔】

官腔：官場中相互應酬的套話。指利用規章制度，說些冠冕堂皇的話而不解決任何實際問題。例現在問題都擺出來了，不必再打官腔，還是實際研究如何解決問題吧！也作「**打官話**」。

【打光棍】

指單身漢。例那時咱村是有名的光棍村。因爲缺水，因爲窮，挺好的小伙子只好打光棍。

【打滾撒潑】

一邊躺在地上打滾，一邊嘴裏吵罵不休。《紅樓夢》六〇回：「芳官挨了兩下打，哪裏肯依，便打滾撒潑的哭鬧起來。」

【打棍子】

比喻批判、打擊人。例一點小事就打棍子，誰能心服口服？

【打哈哈】

指開玩笑。比喻不認眞，不重視。例這件事你可不能打哈哈，你答應承擔的那一份是一定要算數的。

【打好了江山殺韓信】

韓信：漢初諸侯王，楚漢戰爭中戰功卓著，被劉邦封爲楚王，與蕭何、張良並稱漢初三王。因有人告他謀反，降爲淮陰侯，後爲呂后所殺。比喻事情成功後把爲自己出過大力的人一腳踢開。例這一陣子，他幫她搬家出力，安頓好之後，她對他卻一聲招呼都不打了，正像俗話說的，打好了江山殺韓信。

【打虎不著，反被虎傷】

比喻沒有制服對手，反被對手傷害。《說岳全傳》一三回：「『打虎不著，反被虎傷』，如何是好？」

【打虎還得親兄弟，上陣須教父子兵】

謂打虎、打仗之類危險的事只有父子兄弟才靠得住。《西遊記》八一回：「沙僧笑道……自古道：『打虎還得親兄弟，上陣須教父子兵。』望兄長饒打，待天明和你同心戮力，尋師去也。」也作「**打虎親兄弟，上陣父子兵**」、「**打虎還要親兄弟**」。

【打花胡哨】

指說些花言巧語敷衍一番。例你別信他甜哥哥蜜姐姐叫得好聽，他這是打花胡哨吶！

【打花臉】

花臉：京戲中淨角的通稱，因必須勾畫臉譜得名。打花臉指勾畫臉譜，常比喻進行醜化。例我行得正，坐得直，不怕他們給我打花臉。

【打幌子】

幌（ㄏㄨㄤˇ）子：店鋪門外擺放的賣各類商品的標誌。比喻假借名義做其他的事。例他找我談心是打幌子，眞正的目的是告狀。

【打諢插科】

諢：ㄏㄨㄣˋ，逗樂取笑的話語；科：古代戲曲中表示角色動作表情的術語。指演員在演出中穿插一些滑稽的道白和動作來逗人發笑。也泛指詼諧風趣的言談舉止。清・李斗《揚州畫舫錄・新城北錄下》：「小丑丁秀容打諢插科，令人絕倒。」也作「**打諢發科**」。《水滸傳》八二回：「依院本塡腔度曲，按格範打諢發科。」也作「**插科打諢**」。

【打諢發科】

見「打諢插科」。

【打諢說笑】

說說笑笑，戲謔逗趣，引人開心。《儒林外史》三三回：「鮑廷璽在河房見了衆客，口內打諢說笑，鬧了一會，席面已齊。」

【打火不吸煙——悶(捫)起來了】

打火：用火鐮敲打火石取火；悶：「捫」的諧音。見「塌鍋乾飯——悶（燜）著。」

【打飢荒】

①比喻手頭拮据，經濟困難。例小于月初大手大腳花錢，一到月底就打飢荒。②比喻找麻煩，鬧意見。例你最好別跟他發生金錢關係，要小心他跟你打飢荒。

【打雞罵狗】

心懷不滿，就拿雞狗出氣。或以此指桑罵槐，向自己不滿的人挑釁。魯迅《彷徨・肥皂》：「你今天怎麼盡鬧脾氣，連吃飯時候也是打雞罵狗的。」

【打家劫盜】

見「打家劫舍」。

【打家劫舍】

劫：强行搶劫；舍：住宅。指破門而入，公然到人家裏進行搶劫。《水滸傳》六四回：「近年泊內是宋江一夥强人在那裏打家劫舍，官兵捕盜，近他不得。」也作「**打家劫盜**」。元・無名氏《杏林莊》二折：「但凡打家劫盜，殺人奪財，都是俺兩個當先。」

【打家截道】

或打上家門，或半道攔截，强行劫走人家的財物。《西遊記》五六回：「那廝專生惡念，不務本等，專好打家截道，殺人放火，相交的都是些狐羣狗黨。」

【打夾帳】

指從中謀取私利。例這個人很不老實，這樁買賣中要提防他打夾帳。

【打架揪鬍子——謙虛（牽鬚）】

謙虛：「牽鬚」的諧音。雙關語。比喻虛心，不自滿，尊重別人的意見。例張敏完全能擔當這項重任，他的推辭，只不過是打架揪鬍子——謙虛（牽鬚）而已。也作「**牽著鬍子過馬**

路——謙虛（牽鬚）」、「揪著鬍子過河——謙虛（牽鬚）」、「蝦子過河——謙虛（牽鬚）」、「拽著鬍子過馬路——謙虛（牽鬚）」、「雞吃棉花——謙虛（鴿絮）」。

【打交道】

指交際、交涉、與人或物發生某種聯繫。例他成年累月和騾馬打交道，當然能摸透牲口的脾氣。

【打醮水】

醮：ㄐㄧㄠˋ，道場。指强行勒索財物。例今天他撈了一大筆，正在快活，那班狐朋狗友就相約去打醮水了。

【打街罵巷】

在街頭巷尾打鬥爭罵，四處滋擾。指地痞無賴的惡劣行徑。《野叟曝言》六回：「這劉大平日吃酒賭錢，打街罵巷，原是不安本分的人。」

【打進十八層地獄】

地獄：某些宗教所說人死後靈魂受苦的地方。比喻受到極重的懲罰。例自從他犯下案子被緝捕後，親友間無人聞問，彷彿被打進了十八層地獄。也作「打入十八層地獄」、「打到十八層地獄裏」、「打下十八層地獄」。

【打酒只問提壺人——沒有錯】

提壺人：提酒壺的人。比喻正確無誤。例打酒只問提壺人——沒有錯，我不找你找誰呢？別人是無法回答我的問題的。也作「一加一等於二——沒有錯」。

【打開板壁講亮話】

見「打開窗戶說亮話」。

【打開窗户說亮話】

比喻將眞情直言不諱地說出來。也作「打開板壁講亮話」。《儒林外史》一四回：「老實一句，打開板壁講亮話，這事一些半些，幾十兩銀子的話，橫豎做不來，沒有三百，也要二百銀子，才有商議。」也作「打破鼻子說亮話」。《官場現形記》二七回：「打破鼻子說亮話，還不是等姓賈的過來盡點心，只要晚生出把力，你們老爺還有什麼不明白的。」也作「打開天窗——說亮話」。

【打開棺材喊捉賊——冤枉死人】

死：表示達到極點，說明程度深；冤枉死人：雙關語。比喻使人受到非常大的冤枉，或受到極不公正的待遇。例這事不是春寶幹的，怎麼盡往他身上栽贓，眞是打開棺材喊捉賊——冤枉死人。

【打開棺材治好病——起死回生】

指醫術高明。有時比喻本領高，能挽救看來沒有希望的事情。例眼看這台機器就要報廢，經過吳師傅精心修理之後，又運轉如新了，眞是打開棺材治好病——起死回生哩！

【打開話匣子】

話匣子：指留聲機或收音機。比喻開始說話。例這人平時不愛說話，可要是遇到對脾胃的人，一打開話匣子就滔滔不絕。也作「拉開話匣子」。

【打開天窗——說亮話】

也作「打開窗子——說亮話」、「打開窗户——說亮話」、「打開天窗——說亮話」。見「打開窗戶說亮話」。

【打瞌睡】

比喻暫時中止活動、失去警惕。例那些走私份子就希望我們打瞌睡，他們好趁虛而入，我們不能有一刻放鬆。

【打爛罐子作瓦片——值不得】

比喻不合算。有時指做某件事沒有意義，幹下去沒有好結果。例叫孩子放棄學業去打工，是打爛罐子作瓦片——值不得的事。

【打爛鍋頭——沒得主（煮）】

鍋頭：鍋；主：「煮」的諧音。比喻沒有屬主。例這輛自行車擺在這兒好久了，卻沒人來騎，看來眞是打爛鍋頭——沒得主（煮）。

【打爛油瓶——全倒光】

雙關語。比喻把話統統說出來。例在這次座談會上，老王把幾年來積壓在心頭的話，打爛油瓶——全倒光了。大家都說，他已放下包袱，可以重新開始了。

【打老鼠傷了玉瓶兒】

比喻打擊壞人，連帶傷了好人。《紅樓夢》六一回：「如今就打趙姨娘屋裏起了臟來也容易，我只怕又傷著一個好人的體面。別人都不必管，只這一個人，豈不又生氣？我可憐的是他，不肯爲『打老鼠傷了玉瓶兒』。」

【打了騾子馬受驚】

比喻懲治了甲方，使乙方受到驚嚇。例他只是和我開玩笑，我不會介意，但是你這樣痛罵他，反而讓我打了騾子馬受驚。

【打了霜的煙葉——蔫了】

蔫：ㄋㄧㄢ，植物因缺少水分而不直挺，沒有生氣的樣子。打了霜的煙葉：即被霜打了的煙葉。見「久旱的莊稼——蔫了」。

【打了一冬柴，煮鍋臘八粥】

比喻過分浪費，得不償失。清・李光庭《鄉言解頤》卷五：「鄉言七事中，有關乎世情者，如『打了一冬柴，煮鍋臘八粥』，與『有柴一灶，有米一鍋』，俱誡浪費者也。」

【打雷不下雨——虛張聲勢】

見「乾打雷不下雨——虛張聲勢」。

【打擂台】

指設擂台比武。①比喻存心作對，和人過不去。例你們有什麼手段都使出來吧！打擂台也行，大撒手也行，我都接著。②與人比賽、較量。例誰英雄，誰好漢，咱們打擂台比比看！

【打冷槍】

乘人不備在隱蔽處開槍打人。比喻暗算打擊別人。例那些當面和你對抗的人並不可怕，可怕的是那些專門打冷槍的人。

【打獵的不說魚網，賣驢的不說牛羊——三句話不離本行】

比喻人說話總離不開自己的職業範圍。例打獵的不說魚網，賣驢的不說牛羊——三句話不離本行，我和嚴老師各幹一行，總談不到一塊。也作「屠夫說豬，農夫說穀——三句話不離本行」。

【打落水狗】

落水狗：指已經失敗，陷入困境的敵人。比喻對敵人要除惡務盡，絕不能因爲其失敗，就心慈手軟，而要窮追猛打，直到徹底消滅爲止。魯迅《墳·論「費厄潑賴」應該緩行》：「今之論者，常將『打死老虎』與『打落水狗』相提並論，以爲都近於卑怯。」

【打落牙齒和血吞】

比喻吃了虧還要委屈求全或忍氣吞聲。例爲了不讓大家擔心，他在外工作的辛酸痛苦，只有「打落牙齒和血吞」自己承擔。也作「打落牙齒向肚中咽」。明·汪廷訥《獅吼記》一〇齣：「見了他的面，喪魄銷魂，乾魚也須吊淚。在家中做小伏低，好似啞子吃了黃連在心裏苦，到人前包羞忍恥，眞是好漢打落牙齒向肚中咽。」也作「打了牙往自己肚裏咽」。《醒世姻緣傳》七三回：「每年這會，男人撩鬥婦女，也有被婦女的男人採打吃虧了的，也有或是光棍勢重，把婦人受了辱的，也盡多這『打了牙往自己肚裏咽』的事。」

【打馬虎眼】

指故意裝糊塗，蒙騙別人。例老王責問兒子說：「你在外面都幹了些什麼事，如實告訴我，甭想跟我打馬虎眼！」也作「打馬虎」、「打迷糊眼」。

【打馬騾子驚——懲一儆百】

懲：ㄔㄥˊ，責罰；儆：ㄐㄧㄥˇ，告戒。比喻懲罰一個人，以警戒多數人。例行政院院長表示，要杜絕貪瀆、賄賂、綁樁之歪風，一定要嚴懲違法之人，以便達到打馬騾子驚——懲一儆百的作用。也作「殺雞給猴看——懲一儆百」。

【打埋伏】

打埋伏：軍事術語，指預先隱蔽，待時出擊。比喻隱瞞某事、某物、某個問題。例這是個管財能手，他總是這裏那裏地打埋伏，絕不會用個糧窮財盡。

【打悶棍】

原指劫路的強盜一棍子把行商旅客打昏後進行搶劫。比喻突然攻擊指責，使人不知所措。例你這能叫批評教育嗎？這是打悶棍！誰受得了？

【打悶葫蘆】

葫蘆：一種口小肚大的容器。比喻猜測令人費解的話語或事情。《紅樓夢》九二回：「你們參禪參翻了，又叫我們跟著打悶葫蘆了。」

【打悶雷】

比喻不明底細，在心裏亂猜疑。例你明白告訴我，到底是怎麼回事兒？省得我打悶雷好嗎？

【打明火】

指明火執仗公開搶劫。例說實在的，打明火倒有法兒治，公私不分、順手牽羊倒不好管。

【打屁股】

舊時的一種刑法。比喻懲罰或批評。例大夥別吵了！這件事我負全責，要打屁股打我的。

【打偏手】

代人辦事做手腳，從中漁利。例你讓他大包大攬負責清倉，你就不怕他打偏手？

【打破鼻子說亮話】

見「打開窗戶說亮話」。

【打破飯碗】

比喻被解雇、失業。例整頓公司期間，大家要做出個樣兒來。要是整頓無成效，公司倒閉，大家就打破飯碗了。

【打破悶葫蘆】

比喻猜出了難猜的事。例以他這樣的才氣，這樣的閱歷，一定有辦法打破這個悶葫蘆的。

【打破迷關】

指認清事實，從思想認識的迷魂陣中走出來。《兒女英雄傳》二一回：「既然打破迷關，若不及早回頭，定然皇天不佑。」

【打破腦袋叫扇子搧——豁出去了】

豁出去：表示不惜付出任何代價。比喻丟了性命也在所不惜。例振威對著鬼子兵大叫道：「你們有本領快施展吧，老子是打破腦袋叫扇子搧——豁出去了，咱們就來拚個你死我活。」也作「頭上頂刀子——豁出去」、「雪人烤火——豁出去」、「瞎子害眼——豁出去了」、「砸鍋賣鐵——豁出去」。

【打破沙鍋】

見「打破沙鍋璺到底」。

【打破沙鍋璺到底】

璺：ㄨㄣˋ，陶瓷或玻璃的裂紋。與「問」諧音。比喻對事情的原由窮究不捨。《兒女英雄傳》二六回：「就讓姐姐裝糊塗不言語，我可也『打破沙鍋璺到底』，問明白了，我好去回我公婆的話。」也作「打破沙鍋」。《二刻拍案驚奇》卷四〇：「這個使不得，便親寫下招安何用？打破沙鍋，少不得受那奸邪搬弄。」也作「打破砂鍋璺到底」。元·王實甫《破窟記》二折：「打破砂鍋璺到底，俺娘將著一分充飢飯，俺爺抱著一套禦寒衣，他兩口兒都來到這裏。」

【打破砂鍋璺到底】

見「打破沙鍋璺到底」。

【打旗號】

旗號：標明軍隊名稱或將領的旗子。比喻借某種名義進行活動。例告訴他，不管他打旗號也好，裝幌子也好，羣眾的眼睛是雪亮的，想矇混過關是不行的。

【打起來沒好拳，罵起來沒好言】

打架罵人，都會失去分寸，難免傷人。俗話說：「打起來沒好拳，罵起來沒好言。」我只不過嘮叨了幾句，她就哭得像個淚人兒。

【打前站】

指軍隊或集體行動時，先期出發到預定地點去安排食宿等事務。例大家不要擔心明天的吃住問題，早已派人打前站去了。

【打強心針】

強心針：一種救治休克、心力衰竭，增加心肌收縮力的藥針。比喻給予支持與鼓勵。例遇到這樣一點小事，就垂頭喪氣？給你打強心針吧！老師說只要你認眞學習，一定能進得了好學校。

【打牆腳】

①比喻打基礎。例你這文章功底不夠，讓我教你怎麼打牆腳吧！②比喻預先作準備。例這事不忙做，等我替你先打牆腳，然後你再動手。

【打勤獻趣】

大獻殷勤，逗樂湊趣，以討得他人的歡喜。《醒世姻緣傳》八回：「那晁住媳婦……是吳國伯嚭托生的，慣會打勤獻趣。」

【打情罵俏】

情：風情；俏：俏皮，風趣。指男女間用輕佻的言語和動作假意打罵逗鬧，進行調情。《孽海花》三五回：「高興起來，簡直不分主僕，打情罵俏的攪做一團。」也作「**打情罵趣**」。明．楊珽《龍膏記．砥節》：「駙馬爺，打情罵趣，他肯罵你，是有口風了。」

【打情罵趣】

見「打情罵俏」。

【打秋風】

見「打抽豐」。

【打圈子】

原指轉圈兒。比喻打主意，用心思。例想問題思路要寬，不能總在幾個老題目上打圈子。

【打拳師傅教徒弟——留一手】

舊時拳師往往保留最精彩、最厲害的一手拳術，不傳給徒弟，以防不測。見「貓教老虎——留一手」。

【打人不過先下手】

謂爭鬥打架要先發制人。《封神演義》三回：「鄭倫自思：『主將言此人有異人傳授秘術，即此是他法術。常言道：打人不過先下手。』」也作「**打人先下手**」、「**打人不可不先下手**」、「**打人先下手，後下手遭殃**」。

【打人罵狗】

指心情焦慮，舉止狂躁。舊時主人對手下人百般挑剔，任意打罵的態度。《紅樓夢》六九回：「秋桐見賈璉請醫調治，打人罵狗，爲二姐十分盡心，他心中早浸了一缸醋在內了。」

【打人莫打臉，講話莫揭短】

比喻要給人留點面子，不要揭人家的短處。例俗話說：「打人莫打臉，講話莫揭短。」萬一同人發生爭吵，說話留點分寸總不會有壞處的。

【打人一拳，防人一腳】

比喻打人要防備對方的反擊。《七俠五義》九五回：「你若不考問人家，人家必不考問於你。這就叫打人一拳，防人一腳。」

【打如意算盤】

比喻只從好的、有利的方面設想。例解決這個問題，你光打如意算盤可不行，你得根據實際情況、現實可能性考慮。

【打入冷宮】

冷宮：皇宮中失寵的后妃的住處。比喻將人或物棄置不用。例在這裏，凡是有點稜角的人才，都被打入冷宮，不再起用。也作「**打進冷宮**」。

【打入另册】

另册：清朝在地方造人口册時，分成「正册」、「另册」，將他們認爲的良民登入正册，將他們認爲的壞人登入另册。比喻不公正的評價和待遇。例他比別人表現並不差，不能打入另册。

【打殺人償命，騙殺人弗償命】

弗：不。打死人得償命，用欺騙手段把人弄死則不償命。謂欺騙手段的危害。清．王有光《吳下諺聯》卷二：「打殺人償命，騙殺人弗償命。漢高約法，蕭相名刑，殺人者死，於今爲烈。有心打死人，故殺，罪當斬；無心打死人，誤殺，罪當絞。皆償其命也。唯有一種口中蜜，腹中刀，騙得人天花亂墜。」

【打蛇不死，後患無窮】

見「打蛇不死，自遺其害」。

【打蛇不死惹蛇毒】

見「打蛇不死，自遺其害」。

【打蛇不死終爲害】

見「打蛇不死，自遺其害」。

【打蛇不死，自遺其害】

比喻除害不徹底，後患無窮。《醒世恆言》卷二二：「衆和尚不見楊元禮……跌腳嘆道：『打蛇不死，自遺其害。』事已如此，無可奈何！」也作「**打蛇不死終爲害**」。《再生緣》五回：「常言道：打蛇不死終爲害。只怕我不除他他殺我。」也作「**打蛇不死惹蛇毒**」。《水滸後傳》二回：「那廝雖無準備，也要詳細，不要被他走脫。是『打蛇不死惹蛇毒』了。」也作「**打蛇不死，後患無窮**」。張行《武陵山下》九章四七：「『打蛇不死，後患無窮。』曾作金憂心忡忡，一屁股坐進太師椅裏。」

【打蛇打到七寸上——恰到好處】

比喻達到最合適的地步。例你的發言既不左，也不右，好似打蛇打到七寸上——恰到好處。

【打蛇打到七寸上——抓住了關鍵】

比喻掌握了事物最緊要的部分或起決定作用的因素。例找到生產的薄弱環節，就等於打蛇打到七寸上——抓住了關鍵。也作「**打蛇打到七寸上——抓住了要害**」、「**牽牛牽鼻子——抓住了要害**」。

【打蛇打七寸】

七寸：指蛇身距蛇頭七寸左右的地方，是其心臟所在之處。打蛇打七寸，就能快而準地置其於死地。比喻對敵人要攻其要害，或者辦事要抓住關鍵。《儒林外史》一四回：「我也只願得無事，落得『河水不洗船』，但做事也要『打蛇打七寸』才妙。」

【打蛇隨棍上——因勢乘便】

因：順著；勢：趨勢；乘：憑藉；便：便利。打蛇的時候，別人用棍打，自己也乘勢插一手。比喻順著事物發展的趨勢加以利用，可以收到事半功倍之效。例我們可以利用趕集的機會，派人混進鎮裏，出其不意，襲擊敵人的指揮部，活捉敵酋。這叫做打蛇隨棍上——因勢乘便。

【打蛇先打頭】

比喻打擊敵人要攻其致命之處，消滅其頭目及指揮中心。例「打蛇先打頭」，要消滅一個團體，首先要攻擊他們的主腦人物。

【打是心疼，罵是愛】

長輩教訓晚輩，又打又罵，心裏疼愛，朋友之間打鬧，表示友好。巴金《秋》三○：「她做出心平氣和的樣子對陳姨太說：『……六娃子頑皮，我打他，罵他，也是應該的。』『我曉得，打是心疼，罵是愛。』陳姨太看了王氏一眼，冷冷地譏諷道。」也作「**打是殷勤罵是愛**」、「**打是疼，罵是愛**」。

【打順風鑼】

順風打鑼，聲音傳得遠。比喻順著某種聲勢說話、做事，可以得到好處。魯迅《離婚》：「愛姑覺得自己是完全孤立了；爹不說話，弟兄不敢來，慰老爺是原本幫他們的，七大人又不可靠，連尖下巴少爺也低聲下氣地像一個癟臭蟲，還打順風鑼。」

【打死老虎】

比喻打擊已經失勢的人。例不打活老虎，打死老虎，不是眞正的英雄。

【打算盤】

比喻盤算、考慮、掂量。例要不是替你們家打算盤，我家早就退出資金不幹了。

【打太極拳】

太極拳：一種動作柔緩、推擋圓活的健身拳術。比喻遇事推托敷衍，態度圓活。例對不起，我沒功夫和你們打太極拳，你們不願幹的都說出來，由我承擔。

【打太平拳】

指見別人打架時，假作旁觀，趁人不備打冷拳取樂或解恨。比喻乘亂占便宜、打便宜手。例人家打得鼻青臉腫，你不但不勸架，還在一旁打太平拳，你也太不像話了。

【打談的吊眼淚，替古人耽憂】

打談：說唱、唱戲。唱戲的流眼淚，替古人擔憂。比喻多餘的同情或虛假的憂慮。《金瓶梅詞話》六三回：「金蓮道：『我不信。打談的吊眼淚，替古人耽憂，這個都是虛。他若唱的淚出來，我才算他好戲子。』」也作「**看戲流眼淚，替古人擔憂**」。《冷眼觀》一六回：「我們無論也是人是鬼，或假或眞，都且權時擱起，莫要學看戲流眼淚，替古人擔憂。」也作「**聽評書掉淚，替古人擔憂**」。張恨水《金粉世家》一八回：「潤之笑道：『聽評書掉淚，替古人擔憂，你不是多此一舉？』」

【打桃射柳】

桃：一種形狀似桃子的球；柳：柳枝。謂古代遼、金時期的兩項民間競技。亦指玩耍嬉戲。金・董解元《西廂記》卷八：「也不愛耽花戀酒，也不愛打桃射柳。」

【打梯己】

梯己：體己。指說知心話。例他們倆可眞親熱，又在那兒打梯己了。

【打天下】

①指用武力奪取政權。例要打天下，沒有槍桿子哪行？沒有自己的武裝，是無法奪取政權的。②喻開創事業。例年輕人就應該朝氣蓬勃，不畏艱難。不然怎能替自己打天下？

【打鐵放羊——各幹一行】

比喻分工不同，各幹各的本職工作；或指各幹各的，互不干擾。例我們家四口人，打鐵放羊——各幹一行，父親在報社當編輯，母親在中學教書，姐姐在貿易公司當會計，我在證券公司做營業員。也作「**打鑼賣糖——各幹一行**」、「**驢拉碾子牛耕田——各幹一行**」、「**敲鑼賣糖——各幹一行**」。

【打鐵全靠本身硬】

比喻戰勝困難，全靠自己。例常言說，打鐵全靠本身硬，他爲什麼成功了呢？還不是努力打拚出來的。

【打頭炮】

見「打頭一炮」。

【打頭一炮】

比喻在會上首先發言。例針對這次菸酒漲價事件，李立委打頭一炮，提出質詢。也作「**打頭炮**」。例開會發言，要麼打頭炮，要麼壓軸兒，這樣影響才大。

【打頭陣】

打頭陣：軍事術語，指衝鋒在前。比喻帶頭幹。例只要是對團體有利的事，他都願打頭陣。

【打兔子碰見黃羊——撈外快】

黃羊：生活在草原和半沙漠地帶的一種野羊；外快：正常收入以外的收入。比喻撈取正常收入以外的收入。例打兔子碰見黃羊——撈外快，在經濟起飛之後是難免的，問題在於如何引導。

【打兔子捉到黃羊——更好】

比喻更加美好。例你認爲自己的學習和生活每況愈下，相反的，我覺得你是打兔子捉到黃羊——更好了。

【打退堂鼓】

古時官吏在大堂上辦完公事後，要擊鼓退堂。退：也作「散」。元・關漢卿《竇娥冤》二折：「[孤云]左右，打散堂鼓！將馬來，回私宅去也。」比喻辦事遇到困難或改變主義而向後退縮，半途而廢。《官場現形記》五七回：「如今聽說要拿他們當作出頭的人，早已一大半都打了退堂鼓了。」

【打蚊子餵大象——不頂事】

比喻於事無補。例你對他的幫助，好像打蚊子餵大象——不頂事。也作「打蚊子餵大象——不頂用」。

【打甕墩盆】

摔打東西，大發脾氣。元・無名氏《爭報恩》四折：「好說話將該孩兒放了，只當不的他打甕墩盆喬樣勢。」

【打窩裏炮】

比喻內訌，內部鬧矛盾。例敵人已近在眼前，我們不能再打窩裏炮，要團結一致對外。

【打下馬威】

舊時新官上任，剛剛下馬，就故意刁難懲治下屬，以顯示自己的權勢和威風。清・黃六鴻《福惠全書・郵政・總論》：「執所攜巴棍而毒毆之，名曰『打下馬威。』」後比喻初次接觸就使對方難堪，以示自己高人一頭。例這次貿易談判，甲方的口氣那麼硬，條件那麼苛刻，無非是想對乙方打下馬威，好把主動權掌握在自己手裏。

【打下手】

比喻幫人家做些輔助性的、次要的工作。例要我當主角我可幹不了，我給你們打下手還差不多。

【打先鋒】

先鋒：行軍作戰時的先頭部隊。比喻帶頭幹，衝打在前面。例這事雖然難，只要你們年輕人敢打先鋒，我相信一定能成功。

【打響雷，不下雨——虛驚一場】

比喻不必要的驚慌。例這有什麼奇怪呢？打響雷，不下雨——虛驚一場的事，在戰爭年代是常有的。也作「做夢跳井——虛驚一場」。

【打響雷，不下雨——只說不做】

比喻說空話，不行動。例工廠需要腳踏實地的人，那些打響雷，不下雨——只說不做的人理所當然地應當拒之門外。

【打小報告】

比喻暗地裏向上級告狀、說他人壞話。例你在他面前說話當心點，他喜歡打小報告。

【打小算盤】

比喻在個人、短期或局部的利益得失上精細盤算。《官場現形記》六六回：「有些會打小算盤的人，譬如一向是孝敬一百兩的如今只消一百塊錢。」

【打旋磨兒】

比喻圍著別人周旋奉承。例那人慣會在主管面前打旋磨兒，總想用這種辦法得到升遷，我看是白費勁。也作「打旋磨子」。《紅樓夢》九回：「你那姑媽只會打旋磨子，給我們璉二奶奶跪著借當頭。」

【打旋磨子】

見「打旋磨兒」。

【打鴨驚鴛鴦】

比喻懲治某人，引起他人的驚恐不安。宋・梅堯臣《打鴨》詩：「莫打鴨，打鴨驚鴛鴦。」

【打牙犯嘴】

打牙：聊天；犯嘴：互相嘲罵。指沒有分寸地閒扯、開玩笑。《金瓶梅詞話》二五回：「越發在人前花哨起來，常和眾人打牙犯嘴，全無忌憚。」也作「打牙摺嘴」。《紅樓夢》六五回：「這裏他女人陪著這些丫環小廝吃酒，又和那小廝們打牙摺嘴兒的玩笑。」

【打牙祭】

原指每逢月初、月中吃一頓有葷腥的好飯菜。後多比喻偶爾吃一頓豐盛的飯菜。例你來的眞巧，我們家今天打牙祭，正好可以請請你。

【打牙摺嘴】

見「打牙犯嘴」。

【打牙戰】

即牙齒打戰。形容發抖、哆嗦。例你還說你不冷，看你打牙戰打得牙都咬不住了。

【打啞謎】

啞謎：一種用動作或物件暗喻某事物的謎語。比喻說話不直截了當，使人難以猜透。例究竟是怎麼回事？你快說清楚，誰有工夫跟你打啞謎。

【打鹽店裏鬧出來——閒（鹹）得慌】

閒：「咸」的諧音。比喻無事可做，閒得難受。例自從退休以後，汪老先生逢人便說，自己打鹽店裏鬧出來——閒（鹹）得慌，想找點事情做。

【打掩護】

打掩護：軍事用語，指對敵採取牽制、警戒、壓制等手段，以保障主力部隊或其他人員行動安全。比喻暗中保護、包庇、遮掩人或事。例他做下這樣無法無天的事，你千萬不能給他打掩護，弄不好你就犯了包庇罪。

【打夜作】

指夜裏幹活兒。例你天天打夜作可不行，會把身體搞垮的。

【打硬仗】

比喻承擔艱巨的工作、任務。例我們寧願打硬仗，也不願扯皮磨蹭浪費時間。

【打油的漏斗——沒底兒】

雙關語。比喻心中無數，不知底細。例小光是公司新招聘來的實習生，對他的人品和才幹，我們眞是打油的漏斗——沒底兒，只好在工作中慢慢考察。也作「套袖改襪子——沒底兒」、「鐵筒子當筲使喚——沒底兒」。

【打油飛】

比喻四處遊蕩，尋找出路。例你這樣滿天打油飛，到什麼時候是個頭？不管好賴，還是找個固定工作安穩。也作「打游飛」。

【打游擊】

打游擊：軍事用語。指在運動中打擊敵人。比喻無固定的住地和工作。例同宿舍的哥們兒，同情他倆沒房子度蜜月，都自動出去打游擊，把宿舍讓給他倆住半月。

【打魚得錢抽大煙——水裏來，火裏去】

打魚：捕魚；大煙：鴉片煙。①比喻飽經風霜，歷盡艱險。例在以前，他爲了求生存，跑遍大江南北，眞是打魚得錢抽大煙——水裏來，火裏去，什麼艱難險阻都碰到過。②形容做事不辭勞苦，不避艱險。例程輿一向是打魚得錢抽大煙——水裏來，火裏去，吃苦耐勞慣了，這個任務雖然艱鉅，他一定能很好地完成。也作「**捉蛤蟆買煙抽——水裏來，火裏去**」。

【打魚的回來——不在乎（湖）】

乎：「湖」的諧音。比喻不放在心上。例青年人身强力壯，多幹點活兒，猶如打魚的回來——不在乎（湖）。也作「**打魚人回家——不在乎(湖)**」。

【打預防針】

比喻預先提醒別人警惕、注意某事、某人。例你別說了，我知道你還是給我打預防針。放心吧，我會注意的。

【打冤家】

①指村社、宗族之間因新恨舊仇發生衝突、械鬥。例以前農村常因爭水發生衝突，甚至年年到用水季節就互相打冤家。②指結仇、作仇人。例街里街坊的，你們難道眞要一輩子打冤家？這樣對誰也沒好處。

【打圓場】

比喻調解糾紛、打破僵局。例兄弟倆因分家的事鬧得成了仇人，最後還是老叔出來打圓場，才算把家分了。也作「**打圓盤**」。例三嫂實在沒辦法，只好求大伯子出面打圓盤，答應拿出自己的私房錢讓五弟去做本錢。

【打招呼】

比喻事前通知、關照，使人不感到突然。例王秘書，你把這通知發下去，就開始執行。我事先已經向各方面打招呼，說發通知之日即刻執行。

【打招牌】

指借用某種名義做事。例他們最會打招牌，這次大型活動不知又打出了誰來做宣傳？

【打折扣】

打折扣：商業用語，指批發貨物價格優惠或零售減價處理。①比喻未達預定標準要求。例因爲噪音太大，音響效果已大打折扣，原來悅耳悠揚的音樂，已變得叫人難以忍受了。②比喻不按已答應的條件來做。例吳先生明明答應給我們兩噸化肥，怎麼要交貨了，又打折扣？影響了收成誰負責？③比喻不可全信。例老張愛誇海口，對他作的保證要大打折扣，不然就會上當。

【打著燈籠拉呱——明說明講】

拉呱：〈方〉閒談。指有話說在明處，毫不隱諱。例我就打著燈籠拉呱——明說明講吧！你的毛病不改掉，我們是不會留你在此繼續工作的。

【打著燈籠偷驢子——明人不做暗事】

比喻光明正大的人不做見不得人的事。例打著燈籠偷驢子——明人不做暗事呀！你既然認爲做得正當，又何必偷偷摸摸的呢？

【打著燈籠也找不到】

比喻十分難得，莫錯過機會。例她眞是個好媳婦啊！白天打著燈籠也找不到呢。」也作「**打著燈籠沒地方找**」、「**打著燈籠也難找**」。例他人品好，長得也好，對你又那麼貼心，你再打著燈籠也難找上這樣的女婿啦！

【打著老公雞生蛋——硬逼的】

公雞不會生蛋，卻打著公雞要它生蛋。比喻不願意做某事，硬被强迫去做。例做任何事情，如果是自覺自願，就會做得更好。這件事是打著老公雞生蛋——硬逼的，沒有幹好，並不奇怪。

【打著鴨子上架】

比喻强迫別人做他不會做或不願做的事。例教我這個不擅言詞的人去參加辯論賽簡直是打著鴨子上架，不講道理。

【打枕捶床】

見「倒枕槌床」。

【打腫臉充胖子】

比喻不計後果地硬裝好漢或硬撐門面。例既然身上沒多少錢，你也就不必打腫臉充胖子，請人吃飯了。也作「**打腫臉裝胖子**」。

【打腫臉充胖子——死要面子活受罪】

比喻爲了顧全面子可以忍受一切。例陳三是一個打腫臉充胖子——死要面子活受罪的人，只要能保住自己的地位，千難萬苦他也滿不在乎。

【打腫臉充胖子——外强中乾】

指外表上好像很强大，實際上很空虛。例你別看他塊頭大，實際上是打腫臉充胖子——外强中乾，沒什麼氣力，你完全可以戰勝他。也作「**打腫臉充胖子——外實而內虛**」、「**一棵大樹枯了心——外强中乾**」、「**紙糊的老虎——外强中乾**」、「**老虎皮，兔子膽——外强裏虛**」。

【打腫臉充胖子——自找罪受】

比喻自找苦吃，活該。例褚大爺，你年近古稀，該享享淸福了；而你卻去攬那麼多差事，還不是打腫臉充胖子——自找罪受嗎？也作「**打腫臉充胖子——自找難受**」、「**六月穿皮襖——自找罪受**」、「**吃刺扎嗓子——自找**」。

【打腫臉裝胖子】

見「打腫臉充胖子」。

【打主意】

①指想辦法。例你爹正爲農藥的事打主意哩！你別操心了。②指設法獲取某物。例小貓咪咪盯著放在玻璃櫃裏的鮮魚打主意。

【打字機上的字盤——橫豎不成話】

比喻不管怎麼說都不像話。例你昨天

的發言，眞是打字機上的字盤——橫豎不成話，應當好好檢討。

【打足了氣的皮球——一蹦老高】

比喻由於興奮或受到刺激而情緒激動。例同事們批評了他幾句，他就像打足了氣的皮球——一蹦老高。

【打嘴仗】

比喻爭論、爭吵。例你倆別打嘴仗了好不好？

ㄉㄚˋ

【大伯子背著兄弟媳婦過河——費力不討好】

大伯子：丈夫之兄。見「頂石臼做戲——吃力不討好」。

【大白天打燈籠——白搭工】

見「白天打燈籠——白搭」。

【大白天打燈籠——多事】

①比喻多此一舉，沒有必要。例王英成熟得早，已完全自立，你還去干預她的生活，難免使她覺得大白天打燈籠——多事。②比喻生出或惹出事來。含有惹麻煩的意思。例劉二是村裏有名的地頭蛇，誰叫你去招惹他，弄得四鄰不得安寧，眞是大白天打燈籠——多事。

【大白天打更——亂了時辰】

打更：舊時把一夜分做五更，每到一更，巡夜的人打梆子或敲鑼報時，叫打更；時辰：舊時計時單位，即把一晝夜平分爲十二段，每段爲一個時辰。比喻忙得暈頭轉向，不分晝夜。例高考臨近了，曉梅每天複習功課到深夜，常常到晚上才想起還沒吃午飯，簡直是大白天打更——亂了時辰。

【大白天點燈——浪費】

比喻對人力、財物、時間等用得不當或沒有節制。例這種宴會，往往是羅漢請觀音，客少主人多，與其說是大白天點燈——浪費，不如說是占公家的便宜。

【大白於天下】

指一直被掩蓋或被歪曲的事情眞相，在公衆面前徹底揭開。《西湖二集》卷一八：「自此之後，于謙之冤始大白於天下。」

【大敗虧輸】

打了大敗仗，損失慘重。《水滸傳》九九回：「北軍大敗虧輸，五千軍馬殺死大半，其餘四散逃竄。」

【大敗塗地】

塗地：肝腦塗地，形容戰場上慘不忍睹的景象。指作戰慘敗而無可挽回。宋・陸游《書賈充傳後》：「赤壁之役，以魏武之雄，乘破竹之勢，而大敗塗地，終身不敢南鄉（向）。」

【大幫壓境】

見「大兵壓境」。

【大包大攬】

指包攬全部的工作，或承擔所有的責任。他信心十足，大包大攬地說：「你就放心吧，我帶的活動，包準你玩得過癮。」

【大包單】

包單：包衣服等物用的布。比喻愛包攬、管閒事的人。例張先生是村裏有名的大包單，你去找他辦這事，他準樂意。

【大飽眼福】

眼福：看到某事物的福分。指幸運地盡興觀賞令人喜愛或驚奇的事物。例演員們的精湛表演，使觀衆大飽眼福。

【大被知遇】

知遇：得到賞識或重視。指得到極大的賞識。《北史・宋弁傳》：「聲姿清亮，進止可觀，帝稱善者久之，因是大被知遇。」

【大本大宗】

本：根本；宗：主旨。指最根本、最主要的事物。《莊子・天道》：「夫明白於天地之德者，此之謂大本大宗，與天和者也。」

【大本營】

大本營：軍事用語，作戰部隊的最高司令部。喻指生活、活動基地。例這裏是我們的編輯部，大本營還原址未動。

【大鼻子的爸爸——老鼻子啦】

老鼻子：〈方〉意思是多極了。比喻多得不得了。例這回政府發放的貸款眞是大鼻子的爸爸——老鼻子啦，數目字可不少。也作「大鼻子他爹——老鼻子啦」。

【大筆如椽】

椽：ㄔㄨㄢˊ，擱在檁上支撐屋頂的木條。筆如椽子一樣大。比喻筆力雄健的書法或氣勢不凡的文章。《晉書・王珣傳》：「珣夢人以大筆如椽與之，既覺，語人云：『此當有大手筆事。』俄而帝崩，哀册謚議，皆珣所草。」也作「如椽大筆」。

【大筆一揮】

形容寫詩作文思路敏捷或寫字運筆如風。也作爲求人作書繪畫或批准簽字的恭維語。《三俠五義》四三回：「不多時，已脫草稿。老賊看了，連說：『妥當結實，就勞賢契大筆一揮。』」

【大辯不言】

指能言善辯的人並不賣弄自己的口才。《莊子・齊物論》：「大辯不言，大仁不仁。」也作「大辯無聲」。《淮南子・詮言訓》：「大道無形，大仁無親，大辯無聲，大廉不嗛，大勇不矜。」

【大辯若訥】

大辯：善辯；訥：說話遲鈍。善於辯論的人表面看上去好像笨嘴拙舌，不會講話，而其實暗藏機鋒。漢・韓嬰《韓詩外傳》卷九：「大辯若訥，大巧若拙。」

【大辯無聲】

見「大辯不言」。

【大兵壓境】

《六韜・武韜・發啟》：「大兵發而萬物皆服。」《公羊傳・莊公十三年》：「城壞壓境，君不圖與。」後用「大兵壓境」指强大的軍隊迫近邊界，危在旦夕。例大兵壓境，你是戰還是降，該做出明智的選擇了。也作「大幫壓境」。大幫：成羣結隊的武裝人員。清・昭槤《嘯亭雜錄・朱白泉獄中上朱二公書》：「海氛告警，大幫壓境，屠毒生靈，驚怖城市。」

【大不敬】

不敬皇帝的罪名。《史記・申屠嘉傳》：「[鄧]通小臣，戲殿上，大不敬，當斬。」後也指對人的極不恭敬。例有的官員官氣十足，羣衆給他提點意見，就認爲是對自己大不敬，耿耿於懷。

【大步流星】

步子邁得大，走得快，如流星劃過天空一樣神速。運動員的身手個個都很矯健，走起路來如大步流星，快極了。

【大才榱槃】

見「大才槃槃」。

【大才當大用】

大才：傑出的人才。具有卓越才能的應該給以重任，受到重用。唐・李華《與弟莒書》：「大才當大用，如時人不識，何爲嘆憤哉！」也作「大材須大用」。《舊唐書・韋安石傳》：「[蘇]良嗣時爲文昌左相，謂安石曰：『大材須大用，何爲徒勞於州縣也？』特薦於則天。」

【大才槃槃】

槃槃：盛大的樣子。指才幹超人。南朝宋・劉義慶《世說新語・賞譽下》「諺曰：『揚州獨步王文度，後來出人郗嘉賓大才槃槃。』」劉孝標注引《續晉陽秋》：「[郗]超少有才氣，越世負俗，不循常檢。時人爲一代盛譽者，語曰：『大才槃槃謝家安，江樂獨步王文度，盛德日新郗嘉賓。』」也作「大才榱槃」。榱：ㄘㄨㄟ，屋椽。《民國通俗演義》二回：「諸公皆大才榱槃。」

【大才晚成】

見「大器晚成」。

【大才小用】

見「大材小用」。

【大材小用】

大的材料派了小用場。謂用材不當，造成浪費。比喻用人不當，不能發揮其應有的作用。宋・陸游《送辛幼安殿撰造朝》詩：「大材小用古所嘆，管仲、蕭何實流亞。」也作「大才小用」。例一個大學畢業的人才，去做清潔工，那未免太大才小用了吧！

【大材須大用】

見「大才當大用」。

【大草包】

比喻無德無才無用的人。例他並不是大草包，幹起活來還滿像樣子。

【大長日子】

形容白天的時間很長。《儒林外史》四回：「大長日子，坐著無聊，只拉著我說閒話。」

【大吵大鬧】

大聲地爭執吵嚷。例小劉可是個刺頭，誰要是惹了他，他就和誰大吵大鬧，你還是讓著點他吧。

【大車駟馬】

大車：指高蓋車；駟：ㄙˋ，同駕一車的四匹馬。古代高官顯貴所乘的四馬駕的高蓋車。借指高官顯貴。《史記・范雎蔡澤傳》：「須賈曰：『吾馬病，車軸折，非大車駟馬，吾固不出。』」

【大車無輗】

大車：牛車；輗：ㄋㄧˊ，連接固定車轅和衡的銷子。大車無輗，則無法套牛行進。比喻人若不講信義，則難以立足於社會。《論語・爲政》：「子曰：『人而不信，不知其可也。大車無輗，小車無軏，其何以行之哉？』」

【大車以載】

大車的構件材料牢固結實，能夠裝載重物。比喻人有大才，可予以重任。《周易・大有》：「大車以載，有攸往無咎」。

【大徹大悟】

徹：通徹，透徹；悟：領悟，醒悟。本佛、道兩教用以指看破紅塵，領悟教義。後形容徹底醒悟。元・鄭德輝《伊尹耕莘》楔子：「蓋凡升天之時，先參貧道，授與仙訣，大徹大悟後，方得升九天朝眞而觀元始。」也作「大澈大悟」。《老殘遊記・續集》六回：「你緊記在心，將來自有個大澈大悟的日子，你就知道不是尋常的套話了。」

【大澈大悟】

見「大徹大悟」。

【大成若缺】

大成：十分完美；缺：缺陷，欠缺。十分完美的好像也有些缺陷。《老子》四五章：「大成之若缺，其用不弊。」

【大成之人】

成：成功，成就。本莊子用以稱老子。《莊子・山木》：「昔吾聞之大成之人，曰：『自伐者無功，功成者墮，名成者虧。』」後形容在學問或事業上成就卓著的人。例王教授寒窗數十載，潛心鑽研，現在他在這個學科上可謂大成之人。

【大騁厥辭】

見「大放厥詞」。

【大秤小斗】

見「大斗小秤」。

【大吃一驚】

對突然發生的事情感到非常意外或震驚。《警世通言》卷二八：「不張萬事皆休，則一張那員外大吃一驚，回身便走，來到後邊，望後倒了。」

【大恥奇辱】

極大的恥辱。梁啟超《中國積弱溯源論》：「他人視爲大恥奇辱，不能一刻忍受，而彼怡然安爲本分，是即所謂奴性者也。」也作「奇恥大辱」。

【大蟲吃小蟲】

比喻强凌弱，大欺小。茅盾《子夜》一〇：「你看，世界上的事，總是那麼大蟲吃小蟲！儘管像你說的有些銀行家和美國人打夥兒想要操縱中國的工業……可是工廠老板像吳蓀甫他們，也在併吞一些更小的廠家。」

【大蟲吃小蟲——一物降一物】

見「大魚吃小魚，小魚吃蝦米——一物降一物」。

【大蟲頭，長蟲尾——虎頭蛇尾】

大蟲：〈方〉老虎；長蟲：〈方〉蛇。比喻做事有始無終，不能堅持到底。例這項任務既然接受下來，就要堅決完成，別弄個大蟲頭，長蟲尾——虎頭蛇尾。

【大處落筆】

見「大處落墨」。

【大處落墨】

在繪畫、寫文章的主要的地方下筆。比喻思考問題或處理事情能從全局出發，先抓住關鍵《魯迅書信集．致徐懋庸》：「批評者的眼界是小的，所以他不能在大處落墨。」也作「大處落筆」。老舍《我怎麼寫的〈春華秋實〉劇本》：「我們需廣泛地搜集材料，從大處落筆。」

【大處著眼】

指通觀全局，注意主要方面。例增進社區福利與善良風氣，需從大處著眼，而不是搬弄口舌的指責議論。

【大處著眼，小處著手】

從大的方面去認識，從小的事情上做起。形容既胸懷全局，又腳踏實地。例要改善社會的不良風氣，必須大處著眼，小處著手。

【大船漏水——有進無出】

①比喻吝嗇。例曾健是一個有名的小氣鬼，錢只要到了他的手，就像大船漏水——有進無出。②比喻陷入困境，或走入邪道，脫身不得。常含貶意。例敵人膽敢進犯我們的陣地，準叫他們來個大船漏水——有進無出。也作「茶壺裏下元宵——有進無出」、「耗子鑽油壺——有進無出」、「老鼠滾進了壜子——有進沒出」、「蛇進竹筒——有進無出」、「魚卷裝魚——有進無出」。

【大船頭載太陽——度（渡）日而已】

度：「渡」的諧音；度日：過日子（多指在困境中）。雙關語。比喻處境困難，勉强維持生活。例在以前，我們窮家子弟，受盡折磨，賣盡力氣，只能做到大船頭載太陽——度（渡）日而已，哪有上學念書的奢望！也作「破船裝太陽——度（渡）日」。

【大吹大打】

見「大吹大擂」。

【大吹大擂】

吹：吹奏笙笛喇叭；擂：敲鑼打鼓。衆樂齊奏。形容熱鬧喜慶的場面。《水滸傳》一九回：「單說山寨裏宰了兩頭黃牛，十個羊，五個豬，大吹大擂筵席。」今用以比喻大肆吹噓和張揚。魯迅《熱風．所謂國學》：「商人遺老們的印書是書籍的古董化，其置重不在書籍，而在古董。遺老有錢，或者也不過聊以自娛罷了，而商人便大吹大擂的借此獲利。」也作「大吹大打」。《西遊記》六四回：「文武多官，滿城百姓，伏龍寺僧人，大吹大打，送四衆出城。」也作「大鼓大吹」。清．孔尚任《桃花扇．鬧榭》：「扮出燈船，懸五色角燈，大鼓大吹，繞場數回下。」

【大吹法螺】

法螺：海螺殼，佛家講經說法時當作樂器。《妙法蓮花經．序品》：「今佛世尊欲說大法，雨大法雨，吹大法螺，擊大法鼓，演大法義。」後用「大吹法螺」比喻吹牛說大話。

【大錘敲鐵板——當當響】

見「飯勺敲鐵鍋——響當當」。

【大醇小疵】

醇：純正；疵：ㄘ，缺點，毛病。指大體上完美，只略有些小毛病。宋．姜夔《白石道人詩說》：「不知詩病，何能詩？不觀詩法，何由知病？名家者各有一病，大醇小疵差可耳。」

【大慈悲看觀音經——求人不如求己】

大慈悲：佛教用語，這裏指觀音菩薩，佛敎徒認爲觀音是慈悲的化身，救苦救難之神；觀音經：講述觀音菩薩教義的經書。觀音看自己的教義書，比喻遇事不依賴別人，要靠自己主觀努力。例俗話說：大慈悲看觀音經——求人不如求己。這點困難，我一定要自己解決。

【大慈大悲】

佛家語。《大智度論》二七：「大慈與一切衆生樂，大悲拔一切衆生苦。」大慈謂普愛衆生，大悲謂救苦救難。後形容人心腸好，肯幫助人。《水滸傳》四回：「萬望長老收錄，大慈大悲，看趙某薄面，披剃爲僧。」

【大錯特錯】

極大的錯誤。《孽海花》二五回：「條約只有三款，第二款兩國派兵交互知會這一條，如今想來，眞是大錯特錯！」

【大打出手】

打出手：傳統戲曲中的一種武打技術。劇中的主角同時與幾個對手交手相打，形成種種武打場面。今以「大打出手」形容野蠻地逞凶打人或相互鬥毆。例這個傢伙是我們這一帶的惡霸，常常帶著一幫人尋釁鬧事，誰要是冒犯了他，他就大打出手，滿不講理，現在把他抓起來，眞是大快人心！

【大大咧咧】

形容隨隨便便，對什麼都無所謂，滿不在乎的樣子。

【大膽包身】

見「膽大包身」。

【大膽包天】

見「膽大包天」。

【大膽海口】

大著膽子，不著邊際地誇口吹牛。

《西遊記》八九回：「況孤在此城，今已五代，不是大膽海口，孤也頗有個賢名在外。」

【大膽天下去得，小心寸步難行】

大膽的可以走遍天下，膽小怕事的一事無成。《警世通言》卷二一：「公子笑道：『大膽天下去得，小心寸步難行，俺趙某一生見義必爲，萬夫不懼。那響馬雖狠，敢比得潞州王麼？既然你們出家人怕事，俺留個記號在此，你們好回覆那響馬。』」

【大刀闊斧】

闊斧：寬刃的斧。古代的兩種兵器。①形容軍隊的陣勢森嚴，殺氣騰騰。《水滸傳》四七回：「搖旗吶喊，擂鼓鳴鑼，大刀闊斧，殺奔祝家莊來。」②比喻辦事果斷而有魄力。《兒女英雄傳》二一回：「姑娘向來大刀闊斧，於這些小事不大留心。」

【大道邊的驢——誰愛騎誰騎】

比喻任人欺凌和擺布。例在以前，我們藝人就像大道邊的驢——誰愛騎誰騎，一點尊嚴也沒有。

【大道邊上貼布告——路人皆知】

布告：張貼出來通告羣衆的文件；路人：行路的人，比喻不相干的人，連不相干的人都知道。多指心懷叵測，人所共知。例他企圖嫁禍於你的陰謀，是大道邊上貼布告——路人皆知的，千萬不能痲痺大意。

【大道康莊】

康莊：四通八達的大路。寬闊通暢的道路。明·張居正《與司成胡劍西》：「平生膠漆，或化爲戈矛；大道康莊，皆鞠爲榛莽」。也作「康莊大道」。

【大道以多歧亡羊】

多歧：岔道多；亡羊：羊走失。比喻事情複雜，如辨認不清，容易迷失方向。《列子·說符》：「楊子之鄰人亡羊。既率其黨，又請楊子之豎追之。楊子問：「嘻！亡一羊何追者之衆？」鄰人曰：『多歧路。』既反問：『羊獲乎？』曰：『亡之也！』曰：『奚亡之？』曰：『歧路之中又有歧焉，吾不知所之，所以反也。』……心都子曰：『大道以多歧亡羊，學者以多方喪生。』」

【大盜竊國】

指大奸賊篡奪政權，把整個國家竊爲己有。例西漢末年遭逢大盜竊國建立新朝。

【大盜移國】

移：改變，變動。指大奸賊篡奪政權，更換國號，改朝換代。北周·庾信《哀江南賦·序》：「大盜移國，金陵瓦解。」

【大纛高牙】

纛：ㄉㄠˋ，軍中的大旗；牙：牙旗，將軍的大旗，竿上用象牙裝飾。指顯貴者外出時所帶的儀仗，或形容聲勢顯赫。元·王仲文《救孝子》一折：「今日個茅檐草舍，久以後博的個大纛高牙。」也作「高牙大纛」。

【大得人心】

人心：人民共同的意願。指所作所爲符合民意，得到人民的熱烈擁護。《魏書·昭成子孫傳》：「太祖命督屯田於河北，自五原至棝楊塞外，分農稼，大得人心。」

【大德不酬】

德：恩德，恩惠；酬：酬謝，報答。指大恩大德難以用言語或錢財等實物來表示酬謝。即這種恩德永世難忘。明·吳麟徵《還里人田劵書》：「此念耿耿，未嘗暫忘。區區之心，無陽施陰設之謀，無沽名市德之意，如世之號爲假道學者所爲也。諺云：『大德不酬。』不酬之德，弟固所甘。」也作「大恩不謝」。《兒女英雄傳》九回：「姑娘，我安驥眞無話可說了！自古道：『大恩不謝。』此時我倒不能說那些客套虛文，只是我安驥有數的七尺之軀，你叫我今世如何答報！」也作「大恩不報」。《醒世恆言》卷三〇：「房德聞言，心中煩惱道：『話雖有理，只是恩人又去的急，一時沒處設法，卻怎生處？』坐在旁邊躊躇……貝氏答道：『自古有言，大恩不報。』」

【大敵當前】

強大的敵人正在面前。形容局勢嚴峻，情況緊迫，不可掉以輕心。《老殘遊記·續集》一回：「大敵當前，全無準備，取敗之道，不待智者而決矣。」也作「大敵在前」。宋·劉克莊《杜尚書神道碑》：「雖大敵在前，戈甲耀日，矢石如雨，公意氣愈閒暇，無窘遽容。」

【大敵在前】

見「大敵當前」。

【大地春回】

見「大地回春」。

【大地回春】

大地回歸春天的懷抱。形容初春氣溫返暖，萬象更新的景象。也用以比喻局勢或情況朝好的方向轉化。老舍《老張的哲學》：「大地回春，人壽年豐，福自天來。」也作「大地春回」。

【大動干戈】

干戈：古代的兩種兵器。指發生戰爭或爭鬥。《鏡花緣》三五回：「剛才唐兄說國王必是暫緩吉期，那知全出意料之外，並且大動干戈，用兵征剿。」今用以比喻不必要地勞心費力或興師動衆做某事。例這點小事，還值得這樣大動干戈？我一個人來處理就行了。

【大動肝火】

形容十分憤怒。例當主管的不能一聽到與自己不同的意見，就大動肝火。

【大斗小秤】

指用高於標準的大斗收進，用低於標準的小秤付出，從中克扣盤剝。形容發黑心財。《西遊記》一一回：「自出了森羅殿，見那……大斗小秤、奸盜詐僞、淫邪欺罔之徒，受那些磨燒舂銼之苦。」也作「大秤小斗」。《古今小說》卷三七：「不用大秤小斗，不違例克剝人財，坑人陷人。」

【大肚羅漢寫文章——肚裏有貨】

羅漢：佛教稱斷絕了一切嗜欲，解脫了煩惱的僧人。比喻有學問。例別看羅大明貌不驚人，他可是大肚羅漢寫文章——肚裏有貨哩！也作「茶壺裏煮餃子——肚裏有貨」、「鴨子不吃癟穀——肚裏有貨」。

【大肚子不養孩子——盡背虛名】

比喻有名無實。含有諷頼意思。例李成才這個經理，大權旁落，任人支配，是大肚子不養孩子——盡背虛名。

【大肚子踩鋼絲——鋌（挺）而走險】

鋌：「挺」的諧音，快跑的樣子；走險：奔赴險處。雙關詞。比喻無路可走而採取冒險行動。例到如今，我家房子被他占了，家裏人被逼得不知去向，他還要勾結官府來抓我，簡直沒法活了，我只好大肚子踩鋼絲——鋌（挺）而走險，去與他拚命。

【大度包容】

大度：氣量大。形容氣量寬宏，對各種人都能寬容。《官場現形記》一〇回：「這事情自以不辦為是。倘若嫂夫人是大度包容的呢，自然沒得話說。然而婦人家見識，保不住總有三言兩語。」也作「大度兼容」。兼容：加倍地寬容。宋．朱熹《宋名臣言行錄》卷一：「小人情僞，在君子豈不知之；若以大度兼容，則萬事兼濟。」

【大度豁達】

豁達：性格爽朗。形容胸懷開闊，待人寬厚。明．黃元吉《流星馬》二折：「大度豁達義深，決勝千里辨輸贏。」也作「豁達大度」。

【大度兼容】

見「大度包容」。

【大度君子】

胸襟博大，氣量寬宏的人。明．方孝孺《鄭靈公》之一：「天下之事成於大度之君子，而敗於私智之小人。」

【大度汪洋】

形容心胸寬闊，氣量極大。《鏡花緣》八八回：「從此倘能歡好如初，不惟從前是非一概瓦解，亦足見大度汪洋，有容人之量。」

【大恩不報】

見「大德不酬」。

【大恩不謝】

見「大德不酬」。

【大恩大德】

極大的恩德。《醒世恆言》卷一七：「過遷向張孝基拜謝道：『若非妹丈救我性命，必作異鄉之鬼矣。大恩大德，將何補報！』」

【大而化之】

化：，融化，感化。原指精神境界高的人，將充實完美的道德發揚光大，融化於天下人的思想之中。《孟子．盡心下》：「充實之謂美，充實而有光輝之謂大，大而化之之謂聖。」後形容辦事漫不經心，敷衍塞責。朱自清《文心序》：「這些新的又未免太無邊際，大而化之了。」

【大而無當】

當：底，邊際。指言辭過分誇大，沒有邊際。《莊子．逍遙遊》：「吾聞言於接輿，大而無當，往而不返。吾驚怖其言，猶河漢而無極也。」後常指大而不切合實用。魯迅《答徐懋庸信》：「那《出關》，其實是我對於老子思想的批評，結末的關尹喜的幾句話，是作者的本意，這種大而無當的思想家是不中用的。」

【大耳牛——不聽教】

大耳朵的牛脾性不好，故有此說。比喻不聽從指導，不接受教育。有時含有蠻橫的意思。例這小子是大耳牛——不聽教，你得耐心些。

【大發慈悲】

慈悲：慈善和憐憫。指出於善心，熱心地幫助別人。《二十年目睹之怪現狀》九二回：「他說三天之內，照著祖爺爺的吩咐送過來。請祖爺爺大發慈悲，代他打點打點！」

【大發橫財】

橫（ㄏㄥˋ）財：意外得到的錢財。指通過非法手段獲取大量的錢財。也指出乎意料地發了大財。例金光黨擅用伎倆，使自己大發橫財，別人受到損失。

【大發雷霆】

雷霆：暴雷，響雷。比喻怒氣爆發，高聲呵斥。《二十年目睹之怪現狀》七一回：「不知怎樣，妓家得罪了那位師爺，師爺大發雷霆，把席面掀翻了，把船上東西打個稀爛。」

【大發議論】

滔滔不絕地對各種人或事評頭品足，提出意見。《二十年目睹之怪現狀》七六回：「文琴便扯天扯地的大談起來，一會兒大發議論，一會兒又竭力恭維。」

【大法小廉】

《禮記．禮運》：「大臣法，小臣廉，官職相序，君臣相正，國之肥也。」法：執法；廉：廉潔。指大臣執法盡忠，小臣廉潔盡職。清．錢泳《履園叢話．水鑑》：「雍正初年，田公文鏡撫豫十有二年，威不可犯，大法小廉。」

【大凡物不得其平則鳴】

世間各種事物，遇到不平時就會發出鳴響。後指受壓迫者的抗爭。唐．韓愈《送孟東野序》：「大凡物不得其平則鳴。草木之無聲，風撓之鳴；水之無聲，風蕩之鳴……人之於言也亦然，有不得已者而後言。」

【大方之家】

大方：大道理。指見識廣博，通曉大道理的人。《莊子．秋水》：「今我睹子之難窮也，吾非至於子之門則殆矣，吾長見笑於大方之家。」

【大放悲聲】

號啕大哭，十分悲傷。《二十年目睹

之怪現狀》八九回：「少奶奶掩面大哭道：『只是我的天唷！』說著大放悲聲。」

【大放光明】
光芒四射，明亮奪目。比喻科學上重要的發現、發明和創造對人類思想的巨大感化力量和對社會進步的強大推動作用。孫中山《心理建設（孫文學說）》四章：「自達爾文之書出後，則進化之學，一旦豁然開朗，大放光明，而世界思想爲之一變。」

【大放厥詞】
厥：其，他的；詞：或作「辭」。原指馳騁文思，寫出許多優美的辭章。唐・韓愈《祭柳子厚文》：「玉佩瓊琚，大放厥辭。」今多含貶義，指空發議論或胡說八道。也作「大騁厥辭」。宋・曾鞏《代人祭李白文》：「子之文章，傑立人上……又如長河，浩浩奔放，萬里一瀉，末勢猶壯，大騁厥辭，至於如此。」

【大放異彩】
異彩：奇異的光彩。比喻取得突出的成就，產生重大的影響。例老中醫起死回生的精湛醫術，使我國古老的傳統醫學大放異彩。

【大費周折】
周折：往返曲折，不順利。形容辦事十分棘手，費力費神，困難重重。《三俠五義》三九回：「惟恐他別生枝葉，那時更難拿獲，倒要大費周折呢。」

【大糞池裏練游泳——不怕死（屎）】
死：「屎」的諧音。比喻魯莽和冒險行爲。含諷刺和斥責的意思。例你們怎麼在汽油庫裏抽煙，眞是大糞池裏練游泳——不怕死（屎）。

【大風吹倒帥字旗——出師不利】
帥字旗：舊時軍隊最高指揮官的旗幟；出師：出兵打仗。一出兵就遇到不利的形勢。比喻一開始就不順利。例造林隊計畫在荒山上種樹，沒想到剛到目的地就下大雨，連著幾天都不能出工。這眞是大風吹倒帥字旗——出師不利。

【大風吹倒梧桐樹，自有旁人說短長】
比喻發生不平常的事情，自有別人去評價。《平妖傳》九回：「地方鄰里見是宦家，又是個剝皮公子，誰敢出頭開口，只是背地暗笑。正是大風吹倒梧桐樹，自有旁人說短長。」也作「大風吹倒梧桐樹，定有旁人說短長」、「大風吹倒梧桐樹，也要旁人說短長」、「大風吹倒梧桐樹，也要旁人說短長」、「鳳凰飛在梧桐樹，自有旁人話短長」。

【大風大浪】
狂風巨浪。比喻社會上的急遽動蕩、激烈鬥爭或人生上的艱難險阻。姚雪垠《李自成》一卷八章：「你跟著義軍打了幾年仗，什麼大風大浪都經見過，怎麼會這樣沈不住氣呀？」

【大風地裏吃炒麵——張不開口】
炒麵：炒熟的麵粉。大風裏吃炒麵，嗆喉嚨。也作「大風地裏吃炒麵——有口難開」。見「落雨天的芝麻——難開口」。

【大俸大祿】
優厚的俸祿。《水滸傳》一〇九回：「只恨適才那些跟隨逃散官員，平日受用了寡人大俸大祿，今日有事，都自去了。」

【大佛殿的羅漢——一肚子泥】
羅漢：佛教稱斷絕了一切嗜欲，解脫了煩惱的僧人，此處指羅漢的塑像。比喻徒有外表而無眞才實學的人。例在學校念書，要廣讀博覽，深入鑽研，充實自己。不然，即使混得一張畢業文憑，也可能是大佛殿的羅漢——一肚子泥。

【大孚衆望】
孚：使人信服；衆望：羣衆的願望。指符合羣衆的心願，使羣衆非常信服。宋・洪咨夔《謝賈制置特薦啟》：「此皆已見於施行，務在更加於推廣，大孚衆望，弘濟中興。」

【大福不再】
大福：好運氣，大喜氣。幸運的事不會第二次來臨。《左傳・昭公十三年》：「大福不再，只取辱焉。」

【大婦小妻】
指妻和妾。《劉知遠諸宮調》一二：「交他做姐姐，我做妹妹，俺兩個一個口兒裏出氣，想大婦小妻又爭個甚底。」

【大腹便便】
便便：ㄆㄧㄢˊ ㄆㄧㄢˊ，肥大的樣子。形容肚子肥大。金・王若虛《貧士嘆》：「爭如只使冗且愚，大腹便便飽粱肉。」今含有貶義。例一看到他那副滿臉橫肉，大腹便便的樣子，一股厭惡之情就油然而生。

【大干物議】
干：挑起，引起；物議：羣衆的批評。引起羣衆的極爲不滿或輿論的強烈指責。《官場現形記》一九回：「他面上雖然處處讓正欽差在前頭，然而正欽差遇事還得同他商量，不敢僭越一點，恐怕他擺出老前輩的架子來，那是大干物議的。」

【大綱小紀】
指大大小小的法令。《大宋宣和遺事・元集》：「神宗是個聰明的官家，朝廷上大綱小紀，一一要重新整理一番。」

【大缸裏打翻了油，沿路兒拾芝麻】
比喻丟掉了大的，卻抓了小的。元・無名氏《來生債》三折：「[卜兒云]居士，你將財物都沉在海裏了，俺四口兒如今回去，把什麼做盤纏那……[正末云]我會編笊籬……[卜兒云]這眞是大缸裏打翻了油，沿路兒拾芝麻也。」

【大哥別說二哥，兩個差不多】
比喻彼此情況都差不多，用不著挑剔。例「大哥別說二哥，兩個差不多。」彼此知根和底，犯不上那樣認眞。

【大工告成】

見「大功畢成」。

【大公無私】

一心爲公，毫無私欲。清・龔自珍《論私》：「朝大夫有受朋友之請謁，翌晨，訐其友於朝，獲直聲名。矜其同官曰：『某甲可謂大公無私也已。』」也作「**大公無我**」。清・朱彝尊《尚書魏公刻集序》：「大公無我之心，朝野所共。」

【大公無我】

見「大公無私」。

【大公至正】

至：極，很；正：正直。非常公平，十分正直。宋・陳亮《廷對》：「以大公至正之道而察天下之不協於極、不罹於咎者，悉比而同之。」

【大功畢成】

大功：重大的工程，巨大的功業；畢：完結，結束。指重大的工程或重要的任務宣告完成。《漢書・王莽傳上》：「諸生、庶生大和會，十萬衆並集，平作二旬，大功畢成。」也作「**大功告成**」。《兒女英雄傳》三三回：「兩下裏一擠，那失迷的失迷不了，那隱瞞的也隱瞞不住了，這件事可算大功告成了。」也作「**大工告成**」。明・沈德符《萬曆野獲編・賈魯河故道》：「計其功費，用銀不過二三萬，用夫不過三萬餘名，而大工告成矣。」

【大功垂成】

垂：將近，接近。重大工程或重要任務即將完成。宋・陳亮《酌古論》：「其（韓信）所以區區咨計於廣武君者，蓋大功垂成，不敢不謹也。」

【大姑娘說媒——難張口】

見「落雨天的芝麻——難開口」。

【大姑娘掌鑰匙——當家不作主】

在封建社會，姑娘是不能當家作主的。比喻雖然掌管一部分工作，但並沒握有權力。例雖說我是主席，可我在這組織裏是大姑娘掌鑰匙——當家不作主，一切事務都得聽秘書長的。也作「**大姑娘掌鑰匙——有職無權**」、「**大媳婦拿鑰匙——當家不作主**」、「**丫環帶鑰匙——當家不作主**」。

【大姑娘坐花轎——遲早得有那麼一回】

花轎：舊時結婚新娘坐的轎子。比喻早晚得做某事。例咱們這個聯歡會人人都得出節目，你別再推辭，快表演吧，反正大姑娘坐花轎——遲早得有那麼一回。

【大姑娘坐轎——頭一回】

轎：這裏指舊時結婚新娘所坐的花轎。比喻第一次做某件事。例上飯館，我長這麼大，還是大姑娘上花轎——頭一回哩！也作「**大姑娘坐轎——頭一遭**」、「**滿姑娘坐轎——頭一回**」、「**新兵上陣——頭一回**」。

【大鼓大吹】

見「大吹大擂」。

【大關節目】

指主要方面，主要部分。

【大觀園裏哭賈母——各有各的傷心處】

《紅樓夢》中描寫賈政的母親去世後，大觀園裏一片哀嚎之聲，由於賈府處在沒落衰敗之中，各層人物的處境和遭遇不同，各人都有各人的傷心之處。比喻處境和遭遇不同，心中各有傷心爲難之處。例在抗日戰爭時期，淪陷區的各階層人民，都處在水深火熱之中，就我們來說，有的妻離子散，有的賣兒鬻女，有的家敗人亡，眞是大觀園裏哭賈母——各有各的傷心處。

【大官不要錢，不如早歸田；小官不索錢，兒女無姻緣】

歸田：回家種田；無姻緣：難以婚配。舊時大小官吏貪贓枉法，沒有不貪財的大官，也沒有不勒索的小官。《石點頭》卷八：「所以貪酷之輩，塗面喪心，高張虐焰，使人懼怕，然後恣其攫取，遭之者無不魚爛，觸之者無不韲粉……故俗諺：『大官不要錢，不如早歸田；小官不索錢，兒女無姻緣。』可見貪婪的人，落得富貴；清廉的，枉受貧窮。」

【大冠高履】

大冠：高帽；高履：高底的鞋。南朝士大夫的裝束。後借指士大夫。北齊・顏之推《顏氏家訓・涉務》：「梁世士大夫，皆尚褒衣博帶，大冠高履，出則車輿，入則扶侍。」

【大閨女裁尿布——閒時預備忙時用】

閨女：〈方〉沒有結婚的女子，即姑娘；大閨女：大姑娘。比喻平時有準備，需要時就用上了。例業餘時間沈山學會了木工活，沒想到後來竟然當了木匠。這叫做大閨女裁尿布——閒時預備忙時用。也作「**大姑娘裁褯子——閒置忙用**」、「**坐家女裁尿布——閒時備下忙時用**」。

【大閨女上轎——磨蹭】

轎：指舊時結婚新娘坐的花轎；磨蹭：緩慢地向前行進。比喻動作遲緩。例你眞像大閨女上轎——磨蹭得要命，連我都替你著急。

【大鍋裏熬魚——水裏來，湯裏去】

見「大海裏翻了豆腐船——湯裏來，水裏去」。

【大海不禁漏卮】

漏卮：有洞的盛酒器。大海的水雖多，也經不住滲漏。比喻財產再多，也經不起無休止的揮霍。《醒世姻緣傳》九四回：「如今素姐管家，所入的不足往年之數，要備供許多人家的吃用。常言『大海不禁漏卮』，一個中等之家，怎能供他的揮灑？所以甚是掣襟露肘。」也作「**滄海不能實漏巵**」。明・顧炎武《天下郡國利病書》卷二三：「語云：『滄海不能實漏刴。』刴非滄海乎哉？……上取其一而下廢其十，奈何望其不涸不竭也！」

【大海不讓細流】

讓：排除，排斥，大海深廣在於不排斥小的水流。比喻人要有所作爲，有所成就，必須廣採博取。《圓覺經》：「此經名爲頓大乘，頓機衆生，從此開悟，亦攝漸修一切羣品，譬如大海不讓細流。」

【大海沉石】

石頭沈入大海。比喻無影無蹤或毫無音信。元・無名氏《貨郎旦》四折：「[小末云]：『你可曉得他在那裏？』[副旦唱]：『恰便似大海內沉石。』」也作「大海石沉」。清・感惺《斷頭台・伏刑》：「豈知大海石沉，茫無一應。」

【大海從魚躍，長空任鳥飛】

比喻天地廣闊，可以充分發揮才華，實現抱負。《太平廣記》卷九四引唐・段成式《酉陽雜俎》：「大海從魚躍，長空任鳥飛，欲知吾道廓，不與物情違。」也作「海闊從魚躍，天高任鳥飛」。

【大海浮一粟】

大海上漂浮的一粒穀子。比喻在廣大的空間中顯得十分渺小。宋・蘇軾《送頓起》詩：「回頭望彭城，大海浮一粟。」

【大海撈針】

在大海裏撈針。比喻極難尋求。《二十年目睹之怪現狀》一〇七回：「要打聽前任巡檢老爺家眷的下落，那眞是大海撈針一般，問了半天，沒有人知道。」

【大海撈針——不知從何處下手】

下手：動手。比喻工作頭緒多或困難大，不知從何做起。例故障要在偌大精密的機器裏找出來，眞好比大海撈針——不知從何處下手啊！也作「大海裏撈針——難上難」。

【大海撈針——一場空】

也作「大海尋針，撈不着」。見「狗咬尿脬——一場空」。

【大海裏撐篙子——點不到底】

篙子：撐船的竹竿或木杆。比喻心中無數，做事情沒有把握。例這個系統戰線長，部門多，人又複雜，老王雖然到任三個月了，還是大海裏撐篙子——點不到底，沒有掌握全部情況。也作「大海撈針——摸不着底」。

【大海裏的魚——經過風波】

比喻受的鍛鍊多，見識廣，經驗豐富。例苗長春這個人是大海裏的魚——經過風波，可以晋升到主管職位上來。

【大海裏翻了豆腐船——湯裏來，水裏去】

豆腐本來是豆漿點鹽滷製成的，即「湯裏來」；又落到大海的鹹水裏，即「水裏去」。比喻物歸原主。例昨天，警察局通知羅勝利去領取前幾天被扒竊的錢包，他高興地說：「這眞是大海裏翻了豆腐船——湯裏來，水裏去。」也作「龍王爺招親——水裏來，水裏去」、「賣豆腐的典了二畝河灘地————漿（江）裏來，水裏去」、「滿船豆腐下江————湯裏來，水裏去」、「大鍋裏熬魚——水裏來，湯裏去」。

【大海石沉】

見「大海沉石」。

【大海一針】

大海中的一根針。比喻很難找到。《石點頭》卷三：「這王珣蹤跡無方，分明大海一針，何從撈摸？」

【大含細入】

漢・揚雄《解嘲》：「顧默而作《太玄》五千文……大者含元氣，細者入無間。」原指揚雄所作《太玄》，既包含天地的元氣，又概括了極微小的事物。後用以形容詩文的博大精深。清・兪兆晟《漁洋詩話序》：「夫先生之詩，大含細入，無所不包。」

【大寒索裘】

大寒：嚴寒；索：尋求；裘：毛皮的衣服。臨到十分寒冷才去尋找毛皮衣服。比喻平時不作準備，事到臨頭才去倉卒應付。漢・揚雄《法言・寡見》：「大寒而後索裘，不亦晚乎？」

【大喊大叫】

大嗓門地呼喊叫嚷。也形容大張聲勢地製造輿論。例電視台爲了收視率，投下大筆資金，密集的打廣告，大喊大叫，替節目造勢。

【大旱望霓】

見「大旱望雲霓」。

【大旱望雨】

見「大旱望雲霓」。

【大旱望雲】

見「大旱望雲霓」。

【大旱望雲霓】

大旱：長時間的乾旱；霓：虹的一種；雲霓：雲和虹，下雨的徵兆。大旱之時盼望天空出現降雨的徵象。比喻人處在困境中迫切期望得到解脫，也泛指盼望急切。《孟子・梁惠王下》：「民望之，若大旱之望雲霓也。」也作「大旱望霓」。宋・高登《上淵聖皇帝書》：「人人翹首拭目，以待事息，而睹維新之政，大旱望霓，莫此爲急。」也作「大旱望雨」。《二刻拍案驚奇》卷三二：「這邊朱景先家裏，日日盼望消息，眞同大旱望雨。」也作「大旱望雲」。宋・蘇軾《上執政乞度牒賑濟及修廨宇書》：「日與吏民延頸企踵，雖大旱望雲，執熱思濯，未喩其急也。」也作「大旱雲霓」。《好逑傳》一五回：「卑人之慕夫人，雖大旱雲霓不足喩也。」也作「大旱之望」。清・張集馨《道咸宦海見聞錄・曾國藩來函之一》：「蘇、常驟罹浩劫，火熱水深。謬採虛名，以爲楚軍一至，倒懸立解，大旱之望，不虞之譽，均萃於鄙人之身。」

【大旱雲霓】

見「大旱望雲霓」。

【大旱之望】
見「大旱望雲霓」。
【大行大市】
指商品的一般市場價格。例這商品大行大市的，不算貴。
【大好河山】
形容祖國土地的秀美可愛。劉復《竊國》詩：「長安卿相多權貴，大好河山付博徒。」
【大河裏洗煤炭——閒着沒事幹】
比喻閒人無事可幹，或盡做一些徒勞無益的事。例魏老三成天在街上遊遊逛逛，吃吃喝喝，是一個大河裏洗煤炭——閒著沒事幹的人。也作「傻子洗泥巴——閒着沒事幹」。
【大河漂油花——一星半點】
比喻極少的一點兒。例萬小强捐獻給災區人民十塊錢，雖然是大河漂油花——一星半點，如果人人都這樣，就可以聚沙成塔，幫助災民渡過難關。
【大河有水小河裏滿】
比喻國家、集體做好了，小集體或個人才能做好。例工廠若訂單接得多，大河有水小河裏滿，員工生產績效就能一天天上升。也作「大河漲水小河才滿」、「大河有水小河不乾」。
【大喝一聲】
高聲急促地喊叫，以從氣勢上壓倒對方。《二十年目睹之怪現狀》六回：「那旗人大喝一聲道：『滾你的吧！這裏又沒有誰給我借錢，要你來裝這些窮活做甚麼！』」也形容向對方發出警告。例我們要對搞不正之風的人大喝一聲：趕快懸崖勒馬，迷途知返，否則將自食惡果。
【大轟大嗡】
形容只求形式上轟轟烈烈，虛張聲勢，而不講究實效。例我們做工作，不能圖一時的大轟大嗡，而應該採取持久紮實的態度。也作「大哄大嗡」。
【大哄大嗡】
見「大轟大嗡」。
【大紅大紫】
形容張揚聲勢，引人注意。老舍《四世同堂》五三：「我看出來，現在幹什麼也不能大紅大紫，除了作官和唱戲！」
【大紅人】
比喻特別受到寵信、重視和重用的人。例誰不知道你是總經理的大紅人呀！你不開口，也會有人奉承你的。
【大紅日子】
即得意的日子。例今天是你的大紅日子呀，你上了電視，還不請請我們？
【大呼隆】
大呼隆：大喊大叫，稀里胡塗。比喻口號喊得響，卻缺乏實際可行措施的工作作風。例這些年，咱們吃的虧還少嗎？再不能搞大呼隆了！只有一步一個腳印地幹，才會見成效。
【大呼小喝】
高聲呼喊吆喝。《水滸傳》二八回：「武松應道：『老爺在這裏，又不走了，大呼小喝做甚麼？』」
【大呼小叫】
狂呼亂嚷。《老殘遊記》一八回：「凡官府坐堂，這些衙役就要大呼小叫的，名叫『喊堂威』，把那犯人嚇昏了，就可以胡亂認供了。」
【大鬍子吃糖稀——撕扯不清】
大鬍子：這裏指鬍鬚多而長的人；糖稀：含水分較多的麥牙糖，呈膠狀，黏性大。比喻事情複雜，很難弄清。例他們之間的矛盾，就像大鬍子吃糖稀——撕扯不清。
【大鬍子喝麵湯——越喝越糊塗】
比喻越來越迷糊。例金大爺那一大堆話把二虎搞得好像大鬍子喝麵湯——越喝越糊塗了。也作「蘸著稀飯吃扁食——越吃越糊塗」。
【大鬍子——難題（剃）】
題：「剃」的諧音。比喻問題不容易解決。例這個城市發展太快，住房、交通、水電供應等都成了大鬍子——難題（剃）。也作「學理髮碰上大鬍子——難題（剃）」、「才學理發就碰上個大鬍子——難題（剃）」。
【大花臉的鬍子——假的】
大花臉：戲曲中花臉的一種，配有大鬍子。雙關語。比喻僞裝的，不眞實。例他把自己的成就吹嘘得天花亂墜，知情人都淸楚，全是大花臉的鬍子——假的。也作「唱戲的鬍子——假的」、「孫悟空變山神廟——假的」、「戲台上的夫妻——假的」、「戲子穿龍袍——假的」、「和尚的辮子——假的」。
【大會戰】
大會戰：軍事用語，指大兵團會同作戰。比喻集中人力物力突擊完成任務。例爲了搶在敵軍渡海到來之前加高加固堤壩，做一次大會戰是必要的。
【大獲全勝】
指大敗敵軍，取得完全的勝利。《東周列國志》四八回：「請伏兵於河口，乘其將濟而擊之，必大獲全勝。」
【大禍臨頭】
見「大難臨頭」。
【大惑不解】
《莊子・天地》：「大惑者終身不解，大愚者終身不靈。」指糊塗蟲一輩子也不明事理。後指對某事感到十分迷惑，不可理解。《聊齊志異・土偶》：「女初不言，既而腹大，不能隱，陰告其母，母疑涉妄，然窺女無他，大惑不解。」
【大惑易性】
惑：迷惑，糊塗；易：改變；性：本性，天性。遇事太糊塗就會迷失自己的本性。《莊子・駢拇》：「小惑易方，大惑易性。」
【大雞不吃碎米——看不上眼】
比喻瞧不起。例「這件外套可時興了！」「哼，我還眞有點大雞不吃碎米——看不上眼哩！」
【大吉大利】

非常吉祥如意。《三國演義》五四回：「孔明曰：『來意亮已知道了。適間卜《易》，得一大吉大利之兆。』」

【大計小用】
本打算用於大範圍的計謀或措施，只在小的範圍內得到施用。形容收效小，沒有達到預期的目的。《三國演義》九七回：「孔明連夜驅兵，直出祁山前下寨，收住軍馬，重賞姜維。維曰：『某恨不得殺曹眞也！』孔明亦曰：『可惜大計小用矣。』」

【大家飯，大家吃】
比喻大家的事大家做。例「謝謝你，老王你太辛苦了。」「這有甚麼呢？大家飯，大家吃。」

【大家風範】
大家：世家大族；風範：風度，氣質。出身於顯貴家族的特有氣質。《三俠五義》一八回：「敍起話來，問答如流，氣度從容，眞是大家風範。」

【大家閨範】
閨範：婦女的風範。指出身於高貴人家的女子所特有的氣質。《三俠五義》七回：「包公自畢姻後，見李氏小姐幽嫻貞靜，體態端莊，誠不失大家閨範，滿心歡喜。」

【大家閨秀】
出身於世家大族的才德出衆的年輕女子。後也指富貴人家有學問之家的年輕女子。《兒女英雄傳》八回：「姑娘既是位大家閨秀，怎生來得到此？」

【大家小戶】
大家：名門望族；小戶：寒微人家。指來自各個社會階層，處於不同社會地位的人家。《二刻拍案驚奇》卷二：「多有王侯府中送將男女來學棋，以及大家小戶少年好戲欲學此道的盡來拜他門下。」

【大駕光臨】
大駕：舊時指皇帝出行時所隨的最大規模的儀仗隊。也泛指皇帝的車駕。後以「大駕光臨」敬稱某人的到來。今則多帶有開玩笑或嘲諷的意味。例歡迎歡迎，沒想到你也大駕光臨，這太使我們感到榮幸了。也作「大駕涖臨」。魯迅《「碰壁」之後》：「務懇大駕涖臨，無任盼禱。」

【大駕涖臨】
見「大駕光臨」。

【大奸大慝】
慝：ㄊㄜˋ，邪惡。非常奸詐，極爲邪惡的人。宋・周密《齊東野語・王敦之詐》：「人之不近人情者，鮮不爲大奸大慝。」

【大奸巨滑】
非常奸詐狡滑的人或手段。唐・魏徵《羣書治要序》：「或大奸巨滑，轉日回天；社鼠城狐，反白仰黑。」

【大奸似忠】
十分奸詐邪惡的人，外表看上去好像很忠厚樸實。宋・邵伯溫《聞見後錄》卷二三：「呂誨之言曰：『大奸似忠，外視樸野，中藏巧詐。』」

【大奸似忠，大詐似信】
信：誠實、不欺。十分奸猾狡詐的人看上去好像很忠實、誠懇。《宋史演義》三六回：「臣聞大奸似忠，大詐似信，安石外示樸野，中藏巧詐……賢者盡矣，亂由是生。」

【大漸彌留】
大漸：病情危重；彌留：病重將死。指病危瀕臨死亡。唐・王勃《常州刺史平原郡開國公行狀》：「既而天機忽爽，大漸彌留。」

【大江邊的小雀——見過些風浪】
比喻經歷過風雨，見過世面。例你張牙舞爪、氣勢洶洶地嚇唬誰呢？我們也是大江邊的小雀——見過些風浪的。

【大江大海一泡尿——有你不多，無你不少】
比喻無關緊要，可有可無。例他說，不願參加我們的徒步遠征運動。依我看，這不過是大江大海一泡尿——有你不多，無你不少。

【大江東去】
長江的水向東奔流而去。比喻舊的事物退出歷史的舞台。宋・蘇軾《念奴嬌・赤壁懷古》詞：「大江東去，浪淘盡千古風流人物。」

【大江南北】
長江南北兩岸地區。泛指整個長江中下游流域的廣大地區。清・惲敬《上曹儷笙侍郎書》：「而大江南北，以文名天上者，幾於昌（猖）狂無理，排溺一世之人，其勢至今未已。」

【大江捉魚——人人有份】
比喻財不是某一個人所專有。有時也指工作靠大家共同去做。例今年的年終獎是大江捉魚——人人有份。

【大匠不斫】
大匠：指技藝精湛的工匠；斫：ㄓㄨㄛˊ，砍削。指高超的工匠不著意砍削，過於雕琢。比喻地位高的人不去著眼於小處，不代替下級的職責。《呂氏春秋・貴公》：「處大官者，不欲小察，不欲小智。故曰：大匠不斫，大庖不豆，大勇不鬥，大兵不冠。」

【大匠誨人必以規矩，學者亦必以規矩】
高明的木匠指教人，必定按照一定的規矩；學作木工的人，也必須按照規矩去做。指教與學都必須遵循一定的規矩。《孟子・告子上》：「孟子曰：『羿之敎人射，必志於彀；學者亦必於彀。』大匠誨人必以規矩，學者亦必以規矩。」

【大匠無棄材，船車用不均】
均：一樣。高明的工匠，沒有丟棄的材料；船、車用途不一樣。指東西各有其用，善用者能用之於適當之處。三國魏・曹植《當欲遊南山行》：「東海廣且深，由卑下百川。五岳雖高大，不逆垢與塵。良木不十圍，洪條無所困。長者能博愛，天下寄其身。大匠無棄材，船車用不均。」

【大匠運斤】

運斤：操作斧頭。指工匠高超嫻熟的技巧。《莊子．徐无鬼》：「郢人惡漫其鼻端，若蠅翼，使匠石斫之，匠石運斤成風，聽而斫之，盡堊而鼻不傷。」後用「大師運斤」比喻技藝精湛或之筆嫻熟。宋．惠洪《冷齋夜話》卷一：「東坡嘗曰：『[陶]淵明詩初看若散緩，熟看有奇句……似大匠運斤，不見斧鑿之痕。』」

【大將風度】

指統領千軍萬馬的膽識和氣度。例在槍林彈雨面前，司令員鎮靜若定，從容指揮，眞不愧大將風度。比喻辦事敢作敢爲，有魄力。例王市長到任之後，敢抓敢管，解決了許多老大難問題，人們稱讚他很有大將風度。也比喻胸懷開闊，待人寬容。例這個公司的總經理對電子行業十分熟悉，很快就就打開了局面。而且他知人善任，即使是過去反對過他的人也不計舊隙，量才錄用。同行們說他是專家頭腦，大將風度。

【大腳穿小鞋——對不上號】

比喻情況不符。有時指兩種不同的事物不相吻合。例我們希望你講講鄉鎭企業的經營管理，你卻大談計畫生育，這眞是大腳穿小鞋——對不上號。也作「馬鞋套在驢背上——對不上號」。

【大腳穿小鞋——活受罪】

比喻活著遭受苦難，含有抱怨和憐憫的意思。例奶奶生了病，沒錢醫治，還擠在一間六口人住的平房裏，天天聽吵嘴，眞是大腳穿小鞋——活受罪。

【大腳穿小鞋——難進】

①表示進門不容易。例不能把機關變成衙門，讓羣衆大腳穿小鞋——難進。②比喻某種東西不好掌握，難入門。例學習英語就像大腳穿小鞋——難進得很；一旦掌握它的規律，就可以運用自如了。也作「大胖子過窄門——難進」、「貓鑽耗子洞——難進」。

【大癤子——膿包】

癤（ㄐㄧㄝˊ）子：皮膚病，症狀是局部出現充血硬塊，化膿，紅腫，疼痛。罵人的話，比喻愚蠢、無用的人。例你開口就罵人大癤子——膿包，人家怎麼願意跟你合作共事呢？

【大街得信小街傳——道聽途說】

比喻毫無根據的傳說。例說糧食要漲價，這純粹是大街得信小街傳——道聽途說，沒有的事。也作「大街得訊小街傳——道聽途說」。

【大街上提雜碎——提心吊膽】

雜碎：泛指豬、羊、牛等的內臟，包括心、膽在內。形容擔心、害怕。例地震期間，我們住在防震棚裏，仍然是大街上提雜碎——提心吊膽。也作「瞎子過索道——提心吊膽」。

【大街小巷】

小巷：小胡同。統稱市鎭中的各個地方。《老殘遊記》一九回：「吃了早飯，搖個串鈴上街去了，大街小巷亂走一氣。」

【大節不奪】

大節：臨難不苟的節操；奪：喪失。指面臨生死安危的緊要關頭，仍然堅持安身立命的節操，絕不動搖退縮。《論語．泰伯》：「臨大節而不可奪。」

【大節凜然】

凜然：令人敬畏的樣子。指臨難不懼，一身正氣，令人敬畏。宋．王十朋《答李丞務》：「參政宏才碩學，精忠大節凜然，當代少見其比。」

【大劫難逃】

大劫：舊指命中註定的大災大難。今指某種大的天災人禍不可避免。明．朱國禎《涌幢小品．大劫運》：「雖然，大劫難逃，內備雖飭，又必發之意外」。也作「在劫難逃」。

【大桀小桀】

《公羊傳．宣公十五年》：「什一者，天下之中正也。多乎什一，大桀小桀。」桀：夏代暴君。古時徵稅多於十分之一以上的曰重稅，雖然重稅程度有所不同，但性質相同，都是暴君的行爲。指大小暴君行爲，程度不同，本質上並無差別。章炳麟《致黎元洪電》：「公縱不出，而下江之兵已起，比於政府，其爲大桀小桀尚未知。」

【大經大法】

最根本、最重要的道理和法則。唐．韓愈《與孟尙書書》：「其大經大法，皆亡滅而不救，壞爛而不收。」

【大驚失色】

非常吃驚，臉上失去了血色。形容極爲驚恐。《西遊記》五九回：「行者已到他肚腹之內，現原身厲聲高叫道：『嫂嫂，借扇子我使使！』羅刹大驚失色。」

【大驚小怪】

①指對於不足爲奇的事情表示驚慌或詫異。《紅樓夢》四四回：「鳳姐忙收了怯色，反喝道：『死了罷了，有什麼大驚小怪的！』」②形容故意吵鬧咋咋呼呼。《古今小說》卷一五：「忽一日郭部署出衙門閒幹事，行至市中，只見食店前一個官人，坐在店前大驚小怪，呼左右教打碎這食店。」

【大鏡子當供盤用——明擺著】

供盤：盛供品的盤子。比喻事情十分淸楚明瞭例你還狡辯個啥？你的問題是大鏡子當供盤用——明擺著嘛！

【大坰之慚】

大坰（ㄐㄩㄥ）：地名。據晉．皇甫謐《帝王世紀》載：相傳湯即王位，遷九鼎於亳都，至大坰，終感以臣伐君，而有慚德。後用以比喻因篡取王位、改朝換代而產生的慚愧之心。南朝齊．王融《三月三日曲水詩序》：「革宋受天，保生萬國。《度邑》靜鹿丘之嘆，遷鼎息大坰之慚。」

【大酒大肉】

指酒宴十分豐盛。也形容大吃大喝。《儒林外史》一三回：「從此，差人借銀子，換成大酒大肉，且落得快活。」也作「**大酒肥肉**」。清·張維屏《俠客行》：「高堂華屋，大酒肥肉，粉白黛綠，哀絲豪竹，貴人不足。」

【大酒肥肉】

見「大酒大肉」。

【大局已定】

大局：原指弈棋時圍棋盤上的棋勢，後泛指社會政治方面的整個形勢。整個局勢的發展趨向已經確定不移。例現在大局已定，敵人即使負隅頑抗，也屬枉然。

【大舉進攻】

大規模地發動全面的攻勢。《民國通俗演義》一三三回：「因吳佩孚此時目光，已從軍事移到政治方面，也不大舉進攻。」

【大嚼屠門】

大嚼：大口咬嚼；屠門：肉鋪。指經過肉鋪時，情不自禁地空嘴大嚼以解饞。比喻憑藉幻覺或想像來滿足自己的願望，聊以自慰。唐·羅隱《黃鶴驛偶題》詩：「高歌酒肆非狂者，大嚼屠門亦偶然。」也作「**對屠門而大嚼**」。漢·桓譚《新論·祛蔽》：「關東鄙語曰：『人聞長安樂，則出門西向而笑。知肉味美，則對屠門而大嚼。』也作「**過屠門而大嚼**」、「**屠門大嚼**」。

【大開大合】

放得開，收得攏。形容詩文的氣勢跌蕩有致。清·趙翼《憂旱》詩：「今年天作奇文章，大開大合爲弛張。」

【大開方便之門】

方便門：佛教語。指導引人領悟眞理，擺脫塵俗的門徑。後用「大開方便之門」比喻給人提供極大的便利。明·馮惟敏《僧尼共犯》四折：「誰想巡捕老爺大開方便之門，放俺還俗，便成配偶，是好快樂也啊！」

【大開狗竇】

狗竇（ㄉㄡˋ）：狗洞。南朝宋·劉文慶《世說新語·排調》：「張吳興年八歲齒，先達知其不常，故戲之曰：『君口中何爲開狗竇？』張應聲答曰：『正使君輩從此中出入。』」後以「**大開狗竇**」嘲笑人缺了門牙。

【大開眼界】

眼界：視力所及的範圍，指見識的廣度。極大地拓展了視野，增長了見識。唐·李濬《松窗雜錄·楚兒》：「光業馬上取筆答之，曰：『大開眼界莫言冤。』」今比喻通過學習或參觀，收穫很大。例這次到國外考察，眞是大開眼界，有很多好的管理方法值得我們借鑑。

【大可不必】

完全沒有必要那樣做。茅盾《追求》二：「可是你打算特約人來投稿，我以爲大可不必。」

【大可師法】

師法：師承效法。指值得讓人學習仿效。魯迅《致孫伏園》：「往時布袋和尚帶著一個大口袋，裝些零碎東西，一遇見人，便都倒在地上道：『看看，看看！』這舉動雖然難免有些發瘋嫌疑，然而在現在卻是大可師法的辦法。」

【大快朵頤】

朵頤：大口咬嚼食物，腮幫不停蠕動的樣子。《周易·頤》：「觀我朵頤。」後用「大快朵頤」形容痛痛快快地飽餐了一頓美味佳肴。例他每次回北京探親，總要先去「全聚德」，大快朵頤，美餐一頓。

【大快人心】

指因某事情或舉動，使人感到非常痛快。清·全祖望《移詁寧守魏某帖子》：「若果有激濁揚清之當道，則乘是獄之起，並其監生而黜之，是爲大快人心者矣。」也作「**大快人意**」。明·李贄《續焚書》卷一：「丁公此舉大快人意，大快生平！」

【大快人意】

見「大快人心」。

【大塊文章】

大塊：大地，大自然。唐·李白《春夜宴從弟桃李園序》：「況陽春召我以煙景，大塊假我以文章。指大自然的景物給人提供寫作的材料。後多指篇幅很長的文章。」例一張報紙，不能老登大塊文章，還得要些小「豆腐塊」。

【大魁天下】

大魁：指舊時科舉考試殿試第一名，即狀元。意指中了狀元。清·袁枚《隨園詩話》卷四：「畢[秋帆]中庚辰進士，[李桂官]爲購素册界烏絲，勸習殿試卷子，果大魁天下。」

【大來小往】

指得到的多，失去的少。也形容經商以小本錢獲取暴利。康·張說《梁國公姚崇神道碑》：「夫以革故鼎新，大來小往，得喪而不形於色，進退而不失其正者，鮮矣。」也作「**小往大來**」。

【大懶使小懶】

大懶人支使小懶人做事。指誰都不想幹。例他這個人，懶透了，平日老愛指使小弟，那小弟卻又命令小妹，眞是大懶使小懶。也作「**大懶使小懶，小懶使門檻，門檻使土地，土地坐到喊**」。

【大鄉頭砸豆腐——篤定】

篤定：〈方〉有把握，一定。比喻做事有把握。例我國女排在世界大賽中，已經三連冠，這次奪魁也是大鄉頭砸豆腐——篤定。

【大浪淘沙】

淘沙：用水沖刷掉泥沙等雜質。比喻經過激烈競爭的考驗，淘汰了叛徒和逃兵，而留下了精粹。例艱苦的競爭比賽，就是一個大浪淘沙的過程。能堅持下來的，無疑都是金子，都是最寶貴的中堅力量。

【大老粗】

指沒文化或文化水平不高的人。多作謙詞。例我雖是大老粗，但是我願意向大家學習，做好科研後勤工作。

【大老爺下轎——不（步）行】
見「官老爺下轎——不（步）行」。

【大老爺坐堂——吆五喝六】
坐堂：舊社會官吏升堂辦事或審訊；吆五喝六：大聲喊叫、斥責。形容逞威風，嚇唬人，或虛張聲勢的樣子。含貶義。例刁六兒原是一個十足的市儈，自從當了市長之後，每次出門，總是擺出大老爺坐堂——吆五喝六的架式。

【大理石做門匾——牌子硬】
門匾：門上掛的題有作爲標誌或表示讚揚文字的長方形木牌。比喻東西貨眞價實，或人的身分高。例茅台酒名聞全球，首先靠的是大理石做門匾——牌子硬。

【大力士扔雞毛——有勁使不上】
見「大象逮老鼠——有勁使不上」。

【大梁做牙籤——大材小用】
見「大炮打麻雀——大材小用」。

【大路邊上打草鞋——有的說長，有的說短】
打：編織；草鞋：用稻草、布條等編織的鞋。大路上人來人往，各人對草鞋長短的要求不同。比喻議論紛紛，意見很不一致。例這項科研成果出來後，大家議論紛紛，有的說價值很大，有的說沒有什麼價值，眞是大路邊上打草鞋——有的說長，有的說短。

【大路邊上打草鞋——自有旁人話長短】
比喻總是有人議論和評說。例事情既然發生了，就要正確對待。大路邊上打草鞋——自有旁人話長短，何必過多地考慮別人的議論。

【大路不平旁人鏟】
見「道路不平旁人躪」。

【大路朝天，各走一邊】
比喻各幹各的，互不干涉。例自從他們絕交之後，就不再合作，大路朝天，各走一邊。也作「**大路通天，各走一邊**」、「**大道青天，各走各邊**」。

【大路貨】
①指普通而銷路廣的貨物。例還是大路貨好，可以做到薄利多銷。②比喻一般化文章或講話。例這種題材是大路貨，人們都看得不要再看了。

【大路上的青草——死裏求生】
比喻經過了極端困難或危險的境遇，從死亡中求得生存。含有頑强地活下去的意思。例何林兄妹自幼失掉母親，無依無靠，歷經艱難坎坷，就像大路上的青草——死裏求生，如今長大成人，都成爲國家建設的骨幹。

【大路生在嘴邊】
意指只要肯開口問路，就不會迷路。《蕩寇志》八〇回：「一路都是鄉村小路，眞是大路生在嘴邊，騰蛟陪著小心，見人就回，隨彎轉彎，到了高平山。」也作「**路長在嘴上**」。

【大輅椎輪】
大輅：華麗的大車；椎輪：用圓木製成的無輻條的原始車輪。南朝梁·蕭統《文選·序》：「若夫椎輪爲大輅之始，大輅寧有椎輪之盾。」指大輅大椎輪發展演化而成。比喻事物的進化，逐步由簡到繁，由粗到精。後也用來稱某事物的初創者。淸·許惟賢《萬國演義序》：「國朝徐繼畬、魏源氏，譯述《瀛環志略》、《海國圖志》，乃始羅列東西洋歐美諸國。雖有闕漏，然大輅椎輪之功，不泯也。」

【大蘿蔔搬家——挪窩兒】
挪：移動。一個蘿蔔一個窩，蘿蔔搬家就得挪窩。比喻離開原來所在的地方或遷走。例好久沒見你，是不是大蘿蔔搬家——挪窩兒了？

【大蘿蔔還要屎澆】
澆：「教」的諧音。常用作反語。指用不著別人指教。《紅樓夢》一〇一回：「賈璉道：『是了，知道了。大蘿蔔還要屎澆？』」

【大鑼大鼓】
敲鑼打鼓。指極力鼓動和宣揚。沙汀《淘金記》一六：「大鑼大鼓鬧了這麼一場，怕要多少出一點血，才擱得平呀！」

【大略雄才】
略：謀略。非凡的謀略，傑出的才能。《兒女英雄傳》一回：「講英雄第一個大略雄才的，莫如漢高祖。」也作「**雄才大略**」。

【大麻繩穿繡花針——鑽不進去】
雙關語。粗大的麻繩穿不進細小的繡花針。比喻對某事物的研究入不了門。例什麼原子核，原子量？憑咱這笨腦瓜子，實在是大麻繩穿繡花針——鑽不進去。

【大麻子餵牲口——不是好料】
大麻子：蓖麻子，榨出的蓖麻油是一種輕瀉藥，不可食用；料：這裏指餵牲口用的穀物，即飼料。比喻不是好東西。例這傢伙賊頭賊腦，流裏流氣，一定是大麻子餵牲口——不是好料。也作「**大麻子餵牲口——眞不是料**」、「**棉花種餵牲口——不是好料**」、「**蒺藜拌草——不是好料**」、「**花子餵牲口——不是好料**」。

【大麻子照鏡子——個人觀點】
麻子：人出天花後留下的疤痕，這裏指臉上有麻子的人。比喻對某件事或某個問題的個人看法。有時指個人主義的想法。例這完全是大麻子照鏡子——個人觀點，有不妥之處，還請多多指教。

【大馬金刀】
原形容躍馬揚刀的威猛姿態。後指①大模大樣，滿不在乎的舉動。《兒女英雄傳》二七回：「你怎麼這樣糊塗？你瞧這如何比得方才，也有下不來的，我就大馬金刀的先坐下的？」②比喻說話尖刻犀利，一針見血。《兒女英雄傳》五回：「列公，若論安公子長了這麼大，大約除了受父母的教訓，還沒受過這等大馬金刀兒的排揎呢。」

【大麥糊煮玉米糊——糊糊塗塗】

見「棒子麵煮葫蘆——糊糊塗塗」。

【大麥芽做飴糖——好料子】

飴糖：即麥芽糖；料子：原料。比喻適合做某種事情的好人才。例俗話說大麥芽做飴糖——好料子，我看小江身強力壯，又有一股子拚勁，長大後準是一個出色的足球隊員。

【大蟒吃活豬——生吞活剝】

比喻生硬地接受或機械地搬用。例學習理論，貴在領悟其精神實質，聯繫實際，靈活運用，不能像大蟒吃活豬——生吞活剝。

【大門口吊馬桶——臭名在外】

馬桶：大小便用的有蓋的桶，多用木頭或搪瓷製成。比喻在外面的名聲很壞。例馬老四眞是大門口吊馬桶——臭名在外，在關外幾省，連婦女兒童都知道他是一個窮兇極惡的大漢奸。也作「堂屋裏掛糞桶——臭名在外」、「包腳布做衣領——臭名在外」。

【大門口掛紅燈——美名（明）在外】

名：「明」的諧音。比喻在外面的名聲很好。例青年歌唱家張琳琳在國內外多次舉辦個人演唱會，獲得巨大成功，現在她已是大門口掛紅燈——美名（明）在外了。

【大夢初醒】

剛從睡夢中清醒過來。比喻從受蒙蔽或對事物認識的迷妄狀態中醒悟過來。魯迅《且介亭雜文末編〈凱綏・珂勒惠支版畫選集〉序目》：「從一九年以來，她才彷彿從大夢初醒似的，又從事於版畫了。」

【大名鼎鼎】

鼎鼎：盛大，顯赫。形容名聲極大。《官場現形記》二四回：「你一到京打聽人家，像他這樣大名鼎鼎，還怕有不曉得的？」也作「鼎鼎大名」。朱自清《三家書店》：「展覽會由鼎鼎大名的斯密茲將軍開幕。」

【大名難居】

《史記・越王句踐世家》：「句踐以霸，而范蠡稱上將軍。還返國，范蠡以爲大名之下，難以久居……乃裝其輕寶珠玉，自與其私徒屬乘舟浮海以行。」後用「大名難居」指名聲太大了，就不容易安身處世。唐・李白《澤畔令序》：「所謂大名難居，碩果不食。」

【大命將泛】

大命：國家的命運；泛：覆亡。指國家即將覆滅。漢・賈誼《論積貯疏》：「殘賊公行，莫之或止；大命將泛，莫之振救。」

【大謬不然】

謬：荒謬；然：這樣。大錯特錯，與實際完全不符。漢・司馬遷《報任少卿書》：「日夜思竭其不肖之材力，務一心營職，以求親媚於主上，而事乃有大謬不然者。」

【大模大樣】

①形容滿不在乎，無拘無束的樣子。《古今小說》卷五：「若自己沒錢買時，打聽鄰家有酒，便去噇吃。卻又大模大樣，不謹慎，酒後又狂言亂叫，發瘋罵坐。」②形容態度驕傲，目中無人的樣子。明・王世貞《鳴鳳記》二三齣：「又見他烈烈轟轟，呼呼喝喝，大模大樣，前遮後擁，把那街上閒人盡打開。」也作「大模尸樣」。《廿載繁華夢》一四回：「廣東妓女全不懂些禮數，只知是自高自傲……就是下乘煙花地獄變相的，都裝腔兒，擺著架子，大模尸樣，十問九不應的了。」也作「大模廝樣」。《紅樓夢》二〇回：「我抬舉起你來，這會子我來了，你大模廝樣的躲在炕上，見了我也不理一理兒。」

【大模尸樣】

見「大模大樣」。

【大模廝樣】

見「大模大樣」。

【大莫與京】

莫：沒有，無；京：大。大得無可相比。《左傳・莊公二十二年》：「有嬀之后，將育於姜，五世其昌，並於正卿，八世之後，莫之與京。」孔穎達疏：「莫之與京，謂無與之比大。」後用「大莫與京」形容大得很。

【大拇指搔癢癢——隨上隨下】

比喻聽憑支使，照吩咐辦事。例讓小三子跟你去辦事是最好不過了，他幹什麼都是大拇指搔癢癢——隨上隨下。

【大拇指掏耳朵——難】

大拇指粗，耳朵眼小，掏不進去。比喻不容易辦到。例李祥遊手好閒慣了，要把他拉上正道，哼，大拇指掏耳朵——難呀！也作「大水缸裏撈芝麻——難」。

【大拇指掏耳朵——有勁使不快】

見「大象逮老鼠——有勁使不上」。

【大拇指頭捲煎餅——自個嚼自個】

煎餅：用高粱、小麥或小米等浸水磨成糊狀，在鏊子攤勻烙熟的薄餅。比喻自討苦吃，自找倒霉。含有諷刺或戲謔的意思。例他有工作不好好幹，自動辭職了，現在想正經工作時，又沒有人願意要了，眞是大拇指頭捲煎餅——自個嚼自個。也作「蜻蜓吃尾巴——自咬」、「牙齒咬嘴唇——自咬自」。

【大木爲宗，細木爲桷】

宗：ㄇㄤˊ，指房屋的大梁；桷：ㄐㄩㄝˊ，椽子。大木材可以做房屋的大梁，小木材可以做房屋的椽子。比喻人才有大小，應用得其所。唐・韓愈《進學解》：「子來前，夫大木爲宗，細木爲桷，欂櫨侏儒，椳闑扂楔，各得其宜，施以成室者，匠氏之工也。」

【大木有尺寸之朽而不棄，駿馬有奔踶之患而可馭】

奔踶之患：放肆奔騰與踢人的毛病；踶：ㄉㄧˋ，即「踢」。大樹雖有少許朽爛之處，但不把它拋棄；駿馬雖有放肆奔騰與踢人的毛病，但仍然可以駕馭。比喻不能對有缺點的人棄之不用，而應使其發揮作用的機會。清・朱琦《名實說》：「且吾聞大木有尺寸之朽而不棄，駿馬有奔踶之患而可馭。世之貪者、矯者、肆者，往往其才可用。」

【大男大女】

指高齡的未婚男女。例婚姻介紹所組織的各種活動，爲大男大女們相互了解，尋覓知音，提供了機會。

【大男小女】

①指兒女。明・無名氏《東平府》二折：「謝天謝地好收成，大男小女笑欣欣。」②泛稱男男女女。《西遊記》一二回：「你看那長安城裏，行商坐賈，公子王孫，墨客文人，大男小女，無不爭著誇獎。」也作「**大男幼女**」。《水滸傳》四三回：「且說當村裏得知沂嶺殺了四個大蟲，抬在曹太公家，講動了村坊道店，哄的前村後村，山僻人家，大男幼女，成羣拽隊，都來看虎。」

【大男幼女】

見「大男小女」。

【大難不死】

見「大難不死，必有後祿」。

【大難不死，必有後祿】

祿：古時官吏的薪俸，指福氣。舊時認爲一個人遭了大災大難還能活命，以後必然享福。《古今小說》卷二一：「後來長大的楚國令尹，則今傳說的楚令尹子文就是。所以說：『貴人無死法。』又說『大難不死，必有後祿。』」也作「**大難不死，必有後福**」。清・徐錫麟《熙朝新語》卷一六：「身已離檣，瞑眩欲墜，恍惚中似有人爲之維繫，又從而推挽之者，因得渡。後生八子二十孫，及見曾孫十一人而歿年九十九有九。諺云：『大難不死，必有後福。』不其然乎！」也作「**大難不死，必有後程**」。程：前程。元・關漢卿《裴度還帶》三折：「夫人云：皆是先生陽德太重，救我一家之命。因此遇大難不死，必有後程，準定發跡也。」今多作「**大難不死，必有後福**。」例老王從瓦礫堆裏爬出來後高興地說：「哈，大難不死，必有後福，我不該死，我又要活幾十年啦！」

【大難臨頭】

大難：嚴重的災禍；臨：降臨，來到。大災難降臨到頭上。魯迅《彷徨・弟兄》：「他彷彿已經有什麼大難臨頭似的，說話有些口吃了，聲音也發著抖。」也作「**大禍臨頭**」。例他即將出海捕魚，但心中有大禍臨頭的感覺，很不平靜。

【大能掩小，海納百川】

指做人氣量要大，就像大海容納許多河流一樣。元・李直夫《虎頭牌》三折：「可不道大能掩小，海納百川，看著狗兒面皮休打他，若打了他呵，我就惱也，饒了他罷！」

【大逆不道】

逆：叛逆；道：道德。舊指犯上作亂，違背封建道德。今指不合常理正道。《漢書・楊惲傳》：「不竭忠愛，盡臣子義，而妄怨望，稱引爲訞惡言，大逆不道，請逮捕治。」也作「**大逆無道**」。《舊唐書・竇建德傳》：「隋爲吾君二代矣，今[宇文]化及殺之大逆無道，此吾仇矣。」

【大逆不忠】

指謀反叛逆，犯上不忠。《戰國策・楚策一》：「夫外挾強秦之威，以內劫其主，以求割地，大逆不忠，無過此者。」

【大逆無道】

見「大逆不道」。

【大睨高談】

睨：ㄋㄧˋ，斜眼看；高談：不同流俗的高論。形容氣宇軒昂，談吐不凡。例每次看到林經理大睨高談的風采，就讓我十分仰慕。也作「**高談大睨**」。

【大年初一吃餃子——都一樣】

大年初一：夏曆正月初一。中國北方的習俗在這一天要吃餃子。比喻普遍如此，沒有什麼不同。例王大媽說：「大年初一吃餃子——都一樣，我們家家戶戶每月都得繳交管理費，你也不能例外。」

【大年初一吃餃子——沒外人】

比喻都是自家人。例主任說：「今天咱們開個全體會議，大年初一吃餃子——沒外人，誰要上台來講講都行，咋想的就咋說。」

【大年初一吃餃子——人有我有】

比喻大家都有，誰也不比誰差。例現在，山區住民的生活普遍提高，就拿電視機、洗衣機來說吧，也是大年初一吃餃子——人有我有。

【大年初一吃餃子——想到一塊了】

比喻大家想法一樣。例做這件事，既然咱們是大年初一吃餃子——想到一塊了，現在就具體商量如何做吧！

【大年初一逮兔子——有牠過年，無牠也過年】

見「八月十五捉個兔子——有你過節，無你也過節」。

【大年初一借袍子】

袍子：中式長衣服。舊時大年初一都穿袍子，沒有袍子的借一件穿上。指跟著別人學樣。例這年頭，人人追求時尚，大年初一借袍子，不跟流行，好像就落伍了。

【大年初一看曆書——日子長哩】

大年初一是一年的第一天，所以說日子還長。比喻來日方長。例大年初一看曆書——日子長哩！大家希望你振作起來，在生產上多多發揮你這老把式的作用。

【大年初一送財神——見面說好】

財神：迷信的人指可以使人發財致富的神仙。舊俗大年初一各家各戶相互送財神，並說些吉祥的祝賀之詞。比喻應酬敷衍，以免得罪人。例他們之間面和心不和，只是大年初一送財神

——見面說好，從不談心裏話。

【大年初一遇親友——盡說吉利話】

比喻都講些吉祥吉利的話。例在他生命的最後時刻，朋友們都强裝笑臉，對他就好像大年初一遇親友——盡說吉利話而已。

【大年初一做花圈——沒心思玩】

比喻心情不好，無心玩樂。例大家都旅遊去了，而我任務沒完成，就像大年初一做花圈——沒心思玩。只好一個人呆在家裏做實驗。

【大年三十借案板】

案板：切肉切菜用的木板。中國習俗農曆十二月三十日，各家都要做菜準備過年。比喻借不到手。例靠別人支援，那是大年三十借案板，大家都忙，誰還有閒的借給別人。

【大年三十看皇曆——沒期啦】

皇曆：也叫黃曆或曆書。大年三十即舊曆書的最後一天。到了最後一天來看曆書，沒有日期可看了。①比喻某件事要拖下去，一時不能解決。例你耐心地等著吧，航班何日恢復，就像大年三十看皇曆——沒期啦。②指某件事到了不能再拖的地步，已經沒有再拖的日子，非逼著解決不可。例洪水就要來了，工程一定要搶在洪水到來前完成，再不抓緊，就大年三十看皇曆——沒期啦。也作「大年三十看皇曆——沒日子了」、「臘月月盡看皇曆——沒日子了」、「三十晚上看皇曆——沒有時間了」。

【大年三十盼月亮——妄想】

夏曆月末和月初，月球運行到太陽和地球之間，月球以黑暗半球對著我們，因此看不到月光。也作「大年三十盼月亮——痴心妄想」。見「癩蛤蟆想吃天鵝肉——痴心妄想」。

【大年三十餵年豬——來不及了】

農村習俗舊曆除夕以前殺豬。到了除夕還在餵年豬，就來不及了。見「臨渴挖井——來不及」。

【大年夜賣年畫——不懂買賣經】

大年夜：農曆即夏曆的除夕之夜；年畫：民間過農年時，張貼的表現歡樂吉慶氣象的圖畫，一般在除夕前已貼好，除夕就無人買了。比喻做事不知訣竅，或缺乏常識。例現已秋去冬來，貴公司卻成批購進電風扇，是否大年夜賣年畫——不懂買賣經？

【大盤大碗】

形容酒席十分豐盛。《儒林外史》二五回：「文卿收了銀子，當晚整治酒席，大盤大碗，留邵管家吃了半夜。」

【大胖子過窄門——難進】

見「大腳穿小鞋——難進」。

【大胖子騎瘦驢——不相稱】

見「狗尾續貂——不相稱」。

【大胖子走窄門——自己跟自己過不去】

見「對著鏡子罵人——自己跟自己過不去」。

【大炮打蒼蠅——不夠本錢】

本錢：用來營利的錢財。得到的不如花掉的錢財多。比喻不合算，得不償失。例在工廠裏，我們各組在生產上都投入了大量人力和資金，可收成卻微乎其微，真是大炮打蒼蠅——不夠本錢。也作「高射炮打蚊子——劃不來」。

【大炮打麻雀——不惜代價】

指即使付出的代價再高，也在所不惜。例為了提前完成任務，廠裏把所有的人力和物力都投入了，眞是大炮打麻雀——不惜代價。也作「麻油炒豆渣——不惜代價」。

【大炮打麻雀——大材小用】

大的材料用在小處。多指人事安排上不恰當，屈才。例聽說張平是博士研究生，讓他當倉庫管理員，可是有點大炮打麻雀——大材小用。也作「牛鼎烹雞——大材小用」、「高射炮打蚊子——大材小用」、「龐統當知縣——大材小用」、「千里馬拉犁耙——大材小用」、「松樹料子做柴燒——大材小用」、「大松樹做柴火燒——大材小用」、「用房梁砍鋤把——大材小用」、「大梁做牙籤——大材小用」、「抵門槓做牙籤——大材小用」、「電線桿當筷子——大材小用」、「頂用槓當針使——大材小用」。

【大炮打跳蚤——小題大作】

比喻把小事當作大事來辦。含有不值得的意思。例小金工作上出了點小差錯，就要她公開檢討，未免有大炮打跳蚤——小題大作之嫌。也作「高射炮打蚊子——小題大作」、「拿雞毛當令箭——小題大作」、「殺雞用牛刀——小題大作」、「迫擊炮打蚊子——小題大作」、「提條泥鰍設宴席——小題（是）大作」。

【大炮上刺刀——蠻幹】

刺刀本應安在槍筒上，卻安到了大炮上。比喻不顧客觀規律或實際情況去硬幹。例你要隊員們在沒有安全設備的情況下去做高空作業，這是大炮上刺刀——蠻幹，千萬使不得。

【大炮上刺刀——遠近全能對付】

比喻適應性强，任何情況都可以應付。例這次足球比賽派小尹踢中鋒，這是個好主意。也是大炮上刺刀——遠近全能對付，萬無一失。

【大炮一響，黃金萬兩】

舊謂打起仗來，士兵趁勢搶掠百姓而致富。老舍《王老虎》首幕：「趙禿子：當兵去啦！這年頭兒想發財，不當兵就得當土匪，你沒聽說過嗎？『大炮一響，黃金萬兩』。」

【大烹五鼎】

烹：煮；鼎：一種炊具。古時行祭禮，大夫以五鼎盛牛、羊、豕、魚、麋等五種祭品。後用「大烹五鼎」形容花樣多，味道好的食物。例他近來可發財啦！出入豪華飯店，吃的是大烹五鼎，享受得很哪！

【大篇長什】

什：ㄕˊ，篇什，《詩經》中的《大雅》、《小雅》和《周頌》以十篇爲一什。後泛指詩篇文卷。指篇幅很長的詩文作品。元・朱士凱《錄鬼簿序》：「樂府小曲，大篇長什，傳之於人，每不遺稿，故未能就編焉。」

【大酺三日】

酺：ㄆㄨˊ，聚合宴飲。漢代不許三人以上無故羣飲，否則課以罰金。但在喜慶吉時，皇帝特許民間聚會飲食三天。此風一直沿襲下來。後形容喜慶日子時羣聚宴飲。唐・張祜《大酺樂》詩之一：「車駕東來值太平，大酺三日洛陽城。」

【大璞不完】

璞：ㄆㄨˊ，未經雕琢加工的玉；完：完整，完好。指大塊玉石一經雕琢，就會失去原有的天然形態。比喻士人一旦出任官職，就會失去原來好的本色。《戰國策・齊策四》：「夫生於山，制則破焉，非弗寶貴矣，然大璞不完；士生乎鄙野，推選則祿焉，非不尊遂也，然而形神不全。」

【大其心容天下之物，虛其心受天下之善】

心胸寬大能容得下天下萬物，虛懷若谷能承受得下天下的好意見。明・呂坤《呻吟語・禮遺》：「大其心容天下之物，虛其心受天下之善。」例我們的幹部如果眞能大其心容天下之物，虛其心受天下之善，就不會埋沒任何人才，遺漏任何好的建議和批評，我們的事業就會更加蓬勃發展。

【大起大落】

高高地升起，深深地跌落。形容變化極大。老舍《四世同堂》六：「她的喜怒哀樂都是大起大落，整出整入的」。

【大氣磅礴】

磅礴：盛大、充盈的樣子。形容氣勢浩大。茅盾《夜讀偶記》五：「這些現實中的奇事奇境……都要求我們的作家以革命浪漫主義的神韻和筆調，大氣磅礴地表現出來。」

【大器晚成】

大器：貴重的器物。指貴重的器物需經很長時間才能完成。《老子》四一章：「大器晚成，大音希聲。」後比喻傑出的人才往往成就較晚。《三國志・魏書・崔琰傳》：「琰從弟林，少無名望，雖姻族猶多輕之，而琰常曰：『此所謂大器晚成者也，終必遠至。』」

【大器小用】

大的器物只派了小用場。《後漢書・邊讓傳》：「函牛之鼎以烹雞，多汁則淡不可食，少汁則熬而不可熟。此言大器之於小用，固有所不宜也。後比喻用人不當，把有能力的人安排在不重要的位置上。」例他是學企業管理的，卻分配做些抄抄寫寫的工作，這未免大器小用了。

【大千世界】

佛家語。指以須彌山爲中心，以鐵圍山爲外郭，是一小世界；一千個小世界合起來就是小千世界，一千個小千世界就是中千世界，一千個中千世界就是大千世界。後泛指廣大無邊的世界。《聊齋志異・江城》：「何不將盂中水灑大千世界耶？」

【大錢大物】

很大一筆錢財。《水滸傳》一七回：「他每日起了大錢大物，那裏去了？有的是錢和米，有甚麼過活不得處。」

【大鍬刨黃連——挖苦】

黃連：多年生草本植物，根莖味苦，可以入藥。比喻用尖酸刻薄的話譏笑人。例你對小鄭說的話缺乏誠意，許多話很明顯是大鍬刨黃連——挖苦。

【大巧背小巧——巧上加巧】

比喻思想非常靈敏，技術十分高明。例方家媳婦針黹女工，詩詞書算，無所不能，眞是大巧背小巧——巧上加巧。

【大巧若拙】

大巧：非常靈巧的人；拙：笨拙。指眞正聰明靈巧的人，不自我炫耀，外表上好像很笨拙。《莊子・胠篋》：「毀絕鉤繩而棄規矩，攦工倕之指，而天下始人有其巧矣。故曰大巧若拙。」

【大巧在所不爲，大智在所不慮】

大巧、大智：指最能幹、最聰明的人。最能幹的人不去做那些不能做和不應做的事；最聰明的人不去考慮那些不能考慮和不應考慮的事。《荀子・天論》：「故大巧在所不爲，大智在所不慮。所志於天者，已其見象之可以期者矣，所志於他者，已其見宜之可以息者矣。」

【大衾長枕】

衾：ㄑㄧㄣ，被子。指可供數人同睡的寬幅被子和長條枕頭。《新唐書・讓皇帝憲傳》：「明皇爲太子，嘗制大衾長枕，將與諸王共之。睿宗知，喜甚。」後比喻兄弟之間情深誼厚。例他們弟兄三個，每逢假期歸來，都要大衾長枕，大談各自在學校的見聞，一直聊到深夜。

【大青大綠】

形容色彩濃艷。《水滸傳》四四回：「石秀應承了。叫了副手，便把大青大綠，妝點起肉案子，水盆砧頭，打磨了許多刀仗，整頓了肉案，打並了作坊豬圈，趕上十數個肥豬，選個吉日，開張肉鋪。」

【大請大受】

指得到優厚的待遇。《水滸傳》七回：「他現在帳下聽使喚，大請大受，怎敢惡了太尉？」

【大秋的莊稼——黃了】

大秋：農曆九、十月收割高粱、玉米等作物的季節；莊稼：這裏指高粱、玉米、穀子等大秋作物；黃：本指大秋作物成熟變黃。雙關語。比喻事情失敗或計畫不能實現。例環球貿易公司已倒閉，我們的投資計畫算是大秋的莊稼——黃了。也作「秋後的樹枝

——黃了」、「喇嘛的帽子——黃了」。

【大屈必有大伸】

屈：失意，委屈；伸：舒展，伸直。蒙受重大屈辱的人，必定有心情舒展的一天。清・李漁《鳳求凰》三〇齣：「從前的事，我們都已占過。古語道得好：『大屈必有大伸。』第一個座位，定然要讓喬家姐姐，請過來受封。」

【大權獨攬】

大權：重大的權力；攬：把持。指個人控制、把持處理重要事情的權力，獨斷專行。《孽海花》六回：「船廠大臣又給他面和心不和，將領既不熟悉，兵士又沒感情，他卻忘其所以，大權獨攬，只弄些小聰明，鬧些空意氣。」也作「獨攬大權」。

【大權旁落】

指國家政權或處理重大事務的權力落到別人手中。《官場現形記》五八回：「現在京裏很有人說親家的閒話，說親家請了一位洋人做老夫子，大權旁落，自己一點事不問。」

【大權在握】

指掌握著國家政權或處理重大事務的權力。明・張岱《古匱書後集》卷四七：「大勢既張，大權在握，天下全局，指顧間耳。」

【大熱天穿棉襖——不是時候】

比喻不合時宜或時機不成熟。例在春節聯歡晚會上過多地演出悲涼淒慘的節目，是大熱天穿棉襖——不是時候。也作「三伏天穿皮襖——不是時候」、「臘月賣涼粉——不趕個時候」、「夏天穿皮襖——不是時候」、「陰天曬褥子——不是時候」。

【大人不記小人過】

地位、德行高的人或長輩不計較下面的人或小輩的過失。李劼人《大波》四部一章二：「虧得老爺寬宏大量，大人不記小人過。」也作「大人不見小人之過」。《金瓶梅詞話》七二回：「哥也是看他一場，大人不見小人之過。休說沒他不是，就是他不是處，他既如此，你也將就可恕他罷。」也作「大人不記小人仇」。趙樹理《萬象樓》一幕：「吳大老爺你當眞惱了嗎？大人不記小人仇啦……，你是理呀不理？不理我就走了！」也作「君子不記小人之過」。張恨水《丹鳳街》一八章：「陶先生，你君子不記小人之過，還說那些氣話幹什麼？」也作「貴人不記小人錯」。老舍《方珍珠》三幕一場：「向先生，貴人不記小人錯……我給你磕個頭行不行？」

【大人虎變】

大人：職位高的人；虎變：老虎身上花紋的變化。比喻身居高位的人出處行動變化莫測。《周易・革》：「大人虎變，未占有孚。」後也比喻貧賤者發跡，變爲高官闊人。也作「大賢虎變」。唐・李白《梁甫吟》：「大賢虎變愚不測，當年頗似尋常人。」

【大人君子】

指有德行有學識的人。清・王夫之《讀通鑑論・唐中宗》：「庸人視之，如推車於太行之險；大人君子視之，一葦可杭（航）之淺者也。」

【大人先生】

指年高望重的人。清・魏源《歸安姚先生傳》：「拱坐而歿，年六十有一。大人先生及士夫至負擔聞之皆哭。」也指權勢顯赫的人，含嘲諷意味。《民國通俗演義》一回：「好好一座中國江山，被這班强有力的大人先生鬧到四分五裂，不可究詰，共和在哪裏？」

【大人者，不失其赤子之心者也】

大人：賢德的人；赤子：嬰兒。語出《孟子・離婁下》。有德行的人，始終不失掉嬰兒般純眞的心靈。比喻人始終心地純眞高潔。曹靖華《懷范文瀾同志》：「仲澐興致勃勃親往東安市場，選購了一對極精致的小紅燈籠，送給我五歲的孩子……那對小紅燈籠啊，不禁勾起我一句古諺：『大人者，不失其赤子之心者也。』仲澐一生，就具備著這顆赤子之心的。」

【大仁大義】

仁：仁愛；義：正當、合宜的事。指遇事以仁義爲重，堪爲楷模。《三國演義》四三回：「至於劉琮降操，豫州實出無知，且又不忍乘亂奪同宗之基業，此眞大仁大義也。」

【大阮小阮】

大阮（ㄖㄨㄢˇ）：指三國魏詩人阮籍；小阮：指阮籍之侄阮咸。二人均爲「竹林七賢」之一。後用以代稱同時享譽文壇的叔侄二人。《紅樓夢》七八回：「衆人道：這就罷了。三爺才大不多幾歲，俱在未冠之時。如此用心做去，再過幾年，怕不是大阮小阮了麼？」指賈環和賈蘭。

【大撒手兒】

比喻放任不管。例雖說要發揮每個人的積極性，但也不能大撒手兒，任其各行其事。

【大殺風景】

殺：損傷，減損。極大地損害大自然的美麗景致。比喻極大地敗壞人的興致。唐・李商隱《雜纂》把「花間喝道」、「月下把火」等列爲「殺風景」的事情。《魯迅書信集・致山本初枝》：「龍華的桃花雖已開，但警備司令部占據了那裏，大殺風景，遊人似乎也少了。」也作「大煞風景」。《兒女英雄傳》三〇回：「安公子高高興興的一個酒場，再不想作了這等一個大煞風景。」也作「大煞風趣」、「殺風景」。

【大煞風景】

見「大殺風景」。

【大煞風趣】

見「大殺風景」。

【大廈棟梁】

《晉書・和嶠傳》：「太傅從事中郎庾顗見面嘆曰：『嶠森森如千丈松，雖磥砢多節目，施之大廈，有棟梁之用。』」後用「大廈棟梁」比喻治理國家，安定社稷的重要人物。

【大廈將顚】

顚：顚覆，倒塌。高大的建築很快就要倒塌。比喻局勢危急，接近崩潰。隋・王通《中說・事君》：「[文中子]退而謂董常曰：『大廈將顚，非一木所支也。』」也作「**大廈將傾**」。明・梁辰魚《浣紗記・論俠》：「我一身去國常回顧，若使齊事了便歸鄉土，只怕有大廈將傾，一木怎扶！」

【大廈將傾】

見「大廈將顚」。

【大廈千間，不過身眠七尺】

即使千百間屋子，一個人睡也只占七尺的地方。指人要知足常樂。例大廈千間，不過身眠七尺。與別人比雖則窮苦，但有吃有喝，又溫又暖，也算可以了。

【大山小山】

漢・王逸《楚辭章句・招隱士序》說漢代淮南王劉安招集文人，「著作篇章，分造辭賦，以類相從，故或稱『小山』或稱『大山』，其義猶《詩經》有〈小雅〉、〈大雅〉也。」「大山小山」指作品的分類。後用來稱呼同時享有聲譽的兩兄弟。

【大傷元氣】

元氣：人的精神，生命力。①指人的身體受到嚴重摧殘。例一場重病，使他大傷元氣，身體十分虛弱。②比喻國家或組織遭到沉重打擊或破壞。例兩伊戰爭使參戰雙方的經濟大傷元氣。

【大聲疾呼】

疾：急。指急切地大聲呼喊，以引起別人的注意。宋・文天祥《賀何尉書》：「某始而駭，中而疑，繼而憂憤，又繼而大聲疾呼，以至於流涕出血。」

【大失所望】

原有的希望徹底落空。指非常失望。《舊五代史・漢書・李守貞傳》：「官軍初至，守貞以諸軍多曾隸於麾下，自謂素得軍情，坐俟叩城迎己；及軍士詬譟，大失所望。」

【大師傅熬粥——難不住】

大師傅：指廚師。比喻易如反掌或樣樣在行，不在話下。例我從前也當過鉗工，不吹牛，這點活兒對我來說是大師傅熬粥——難不住的！也作「**老師傅熬粥——這活難不住**」、「**聖人肚，雜貨鋪——難不住**」、「**屎殼郎掏糞——難不住**」、「**屠夫殺雞——難不住**」。

【大師傅進廚房——來了內行】

指來了經驗豐富、能幹的人。例柳工程師做了三十年的機電設備，這次調來，眞是大師傅進廚房——來了內行，我們的生產能很快趕上去。

【大石沉海——一落千丈】

形容下降得很厲害。例他本是跳遠的全國冠軍，一場大病之後，他的成績就像大石沉海——一落千丈。

【大事不糊塗】

指在大是大非的問題上，保持淸醒的頭腦，態度鮮明。《宋史・呂端傳》：「太宗欲相端。或曰：『端爲人糊塗。』太宗曰：『端小事糊塗，大事不糊塗。』決意相之。」

【大事化小，小事化無】

縮小矛盾，息事寧人。老舍《我這一輩子》五：「巡警一天到晚在街面上，不論怎樣抹稀泥，多少得能說會道，見機而作，把大事化小，小事化無。」也作「**大事化小，小事化了**」。例你平常跟他交情好，由你跟他說情，這問題肯定就能大事化小，小事化了。也作「**大事化爲小事，小事化爲無事**」。茅盾《霜葉紅似二月花》一四：「王白申出來相見，客氣的了不得，可是我們一提到這件事，他就連說多謝關心，早已大事化爲小事，小事化爲無事。」也作「**以大化小，以小化無**」。

【大事去矣】

大事：有利的重要事情；去：喪失，離開。指事情變糟，不能夠再挽回。多形容喪權滅國之類情形。北周・庾信《哀江南賦》：「大事去矣，人之云亡。」

【大勢軍馬】

見「大勢雄兵」。

【大勢所迫】

迫：逼迫，迫使。指形勢的發展使得不得不這樣。例因爲大勢所迫，他不得不卑躬屈膝的聽命行事。

【大勢所趨】

大勢：整個局勢；趨：趨向。指整個局勢的趨向。康有爲《大同書》乙部：「大勢所趨已見，合同之運已至，其始仙人甚難，其終必漸至於大同也。」

【大勢所趨，人心所向】

整個局勢發展的趨向，人民羣衆心中的嚮往。指美好的事物順天時，得人心，具有合理性和必然性。康有爲《大同書》乙部：「自爾之後，大勢所趨，人心所向，其必赴於全地大同、天下太平者，如水之赴壑，莫可遏抑者矣。」

【大勢雄兵】

指實力强大，作戰勇猛的軍隊。元・高文秀《澠池會》楔子：「若無玉璧，某統大勢雄兵，將趙國踏爲平地。」也作「**大勢軍馬**」。元・白樸《梧桐雨》二折：「邊關飛報，安祿山造反，大勢軍馬殺將來了。」

【大勢已見】

局勢的發展趨向已可以看得很淸楚。指競爭雙方勝負存亡的態勢已經明朗。《三國志・魏書・劉放傳》：「惟曹公能拔拯危亂，翼戴天子，奉辭伐罪，所向必克。以二袁之强，守則淮南冰消，戰則官渡大敗；乘勝席捲，將淸河朔，威刑既合，大勢已見。」

【大勢已去】

大好的形勢已經喪失。指局勢變糟，

無可挽回。《封神演義》九七回：「紂王看見，不覺大驚，知大勢已去，非人力可挽。」

【大是大非】

指關係到原則性的重大是非問題。例這個議題關乎大是大非的決定，請大家要審慎思考。

【大手筆】

《晉書，王珣傳》：「珣夢人以大筆如椽與之，既覺，語人云：『此當有大手筆事。』」後用「大手筆」指優秀的詩文書畫。清·宣鼎《夜雨秋燈錄·迦陵配》：「閒步殿上，觀西天像，突見墨荷，驚爲八大再來人，問誰之大手筆。」也用來稱呼卓有成就的作家。唐·白居易《馮宿除兵部郎中知制誥制》：「吾聞武德暨開元中，顏師古、陳叔達、蘇頲稱大手筆。」

【大手大腳】

形容沒有節制地花錢、用東西。《紅樓夢》五一回：「成年家大手大腳的，替太太不知背地裏賠墊了多少東西。」

【大受小知】

大受：委以重任，指可以擔負重任的人；小知：指安排辦不重要的事。《論語·衛靈公》：「君子不可小知，而可大受也；小人不可大受，而可小知也。」後用「大受小知」形容大才小用。

【大書特書】

書：書寫。指對重大的事情著重地加以記述。《孽海花》三四回：「我考《公羊》曹世子來朝，《傳》、《春秋》有譏父老子代從政者，不知其在曹歟，在齊歟？這幾句話，非常奇特，《傳》上大書特書。」

【大秫稭——戳著】

秫稭：ㄕㄨˊ ㄐㄧㄝ，高粱桿；大秫稭：成捆的高粱桿；戳：豎立。指站在一旁不講話。例我們大夥拚死拚活的幹活，你卻當大秫稭——戳著，連一句慰勞的話也沒有。

【大樹底下好乘涼】

比喻有權勢人物作靠山，什麼事都好辦。例大樹底下好乘涼。有些人爲找到一個有勢力的後台，削尖了腦袋，到處找路子。

【大樹將軍】

原指輔佐漢光武帝的將領馮異。《後漢書·馮異傳》：「異爲人謙退不伐……每所止舍，諸將並坐論功，異常獨屛樹下，軍中號曰：『大樹將軍。』」後泛指不居功自傲的將領。」《梁書·馮道根傳》：「每所征伐，終不言功……高祖嘗指道根示尚書令沈約曰：『此人口不論勛。』約曰：『此陛下之大樹將軍也。』」

【大樹林裏一片葉——有你不多，無你不少】

比喻無關緊要，可有可無。例要是他實在不願意參加我們的工作，那就算了，大樹林裏一片葉——有你不多，無你不少，我們可以照樣地幹得很好。

【大樹之下，草不沾霜】

比喻在權勢者的保護傘下，不會受人欺負。《永樂大典戲文三種·張協狀元》一八齣：「大樹之下，草不沾霜。奴家求庇於李大公大婆，莊家有甚出豁？」也作「靠大樹草不沾霜」。

【大水沖倒龍王廟——自家人不識自家人】

龍王：傳說中的水神，掌管興雲降雨，統領水族的王；龍王廟：供祀龍王的廟。比喻自己人發生誤會。有時含有翻臉不認人的意思。例王大娘聽說我們是抗日軍隊，仔細地打量一番，說道：「大水沖倒龍王廟——自家人不識自家人了。」也作「大水淹了龍王廟——一家人不識自家人」、「水沖龍王廟——不識自家人」、「水淹龍王廟——自家人不識自家人」、「癩蛤蟆吃青蛙——自家人不識自家人」。

【大水沖了菩薩——絕妙（廟）】

妙：「廟」的諧音。比喻美妙極了。多用於戲謔。例昨夜，游擊隊的槍聲使敵人心驚膽戰，亂成一團，有的竟把尿盆當鋼盔戴到了頭上，眞是大水沖了菩薩——絕妙（廟）的事。也作「土地公死仔——絕妙（廟）」。

【大水缸裏撈芝麻——難】

比喻不容易辦到。例劉成這個人好逸惡勞，你要他參加地質勘測隊，眞是大水缸裏撈芝麻——難啊！也作「大拇指掏耳朵——難」。

【大水灌蟻穴——亂了套】

也作「大水灌蟻穴——亂套了」。見「放羊的去圈馬——亂套了」。

【大肆厥辭】

大肆：毫無顧忌。指鋪陳辭藻，充分施展創作上的才華。明·劉基《〈宋景濂學士文集〉序》：「先生天分至高，極天下之書無不盡讀，以其所蘊，大肆厥辭。其氣韻沉雄如淮陰出師，百戰百勝，志不少懾。」

【大肆咆哮】

大肆：任意妄爲，完全沒有一點顧忌；咆哮：ㄆㄠˊ ㄒㄧㄠˋ，野獸的怒吼。形容人完全失態地暴怒狂叫。例他在知道被冤枉後，當場發威，大肆咆哮，簡直快瘋了。

【大松樹做柴火燒——大材小用】

見「大炮打麻雀——大材小用」。

【大慝巨奸】

慝：ㄊㄜˋ，邪惡。謂極其邪惡奸詐的人。明·文秉《先撥志始》卷下：「大慝巨奸，或燕處於園亭，或潛藏於京邸，奧援有鄰，朝廷無法。」

【大題小作】

將大題目作成小文章。比喻把大問題當作小事情來處理。例教育問題關係到全局，關係到國家的未來，不能大題小作，掉以輕心。

【大天白亮】

指早上天亮。《官場現形記》三七回：

「誰知老太爺動身的頭天晚上，公館裏廚子做菜，掉了個火在柴堆上，就此燒了起來。自上燈時候燒起，一直燒到第二天大天白亮，足足燒了兩條街。」

【大天白日】

指白天。《紅樓夢》一二回：「大天白日人來人往，你就在這裏也不方便。」

【大廷廣衆】

見「大庭廣衆」。

【大庭廣衆】

大庭：寬敞的廳堂，泛指公開場所。指人數很多的公開場合。《二十年目睹之怪現狀》八六回：「這是秘密的事，他敢在大庭廣衆之下喧揚起來？」也作「大廷廣衆」。清・龔自珍《上大學士書》：「大廷廣衆，苟且安之，夢覺獨居，胸弗謂是。」

【大同小異】

《莊子・天下》：「大同而與小同異，此之謂小同異；萬物畢同畢異，此之謂大同異。」後用「大同小異」指事物的大部分相同，小部分略有差異。北魏・楊衒之《洛陽伽藍記・城北・凝圓寺》：「西胡風俗，大同小異，不能具錄。」

【大頭小尾】

比喻辦事前緊後鬆，開始當回事，到後來就不了了之。《官場現形記》三三回：「這是中國官場辦事一向大頭小尾慣的，並不是做書的人先詳後略，有始無終也。」

【大團結】

①指範圍廣的團結。例全世界人民大團結萬歲！②十元面值的人民幣。因票面有「各族人民團結」的圖案，故用以代指。也泛指人民幣。例你一個月才賺幾張大團結，怎麼花錢這麼奢侈啊？

【大腿上把脈——不對路數】

把脈：診脈；路數：路子。比喻辦事的方法、步驟或手段不對。例工作任務確定之後，就要考慮實現的方法和途徑，如果在大腿上把脈——不對路數，是完不成的。也作「扯著耳朵捏鼻涕——不對路數」、「頭痛醫腳——不對路數」、「剃頭師傅用錐子——不是路數」、「圍棋盤內下象棋——不對路數」。

【大腿上把脈——胡來】

比喻胡作非爲，任意亂來。例李科長一看，不禁火冒三丈，說：「你竟敢在儲水池裏游泳，簡直是大腿上把脈——胡來。」也作「大腿上把脈——瞎搞」、「黃狗當馬騎——胡來」、「穿孝衣道喜——胡來」。

【大腿上掛銅鑼——走到哪裏哪裏響】

比喻人不管放在什麼崗位上都表現得很出色。例馬誠人品好，幹勁足，多才多藝，幾次調換工作，都是大腿上掛銅鑼——走到哪裏哪裏響。也作「腳底板上綁大鑼——走到哪裏響到哪裏」、「腿上掛鈴鐺——走到哪裏，響到哪」。

【大腿上畫老虎——嚇不了哪一個】

比喻製造假象，虛聲恫嚇，但不能得逞。例別看他手拿大刀，張牙舞爪，氣勢洶洶，可大腿上畫老虎——嚇不了哪一個。

【大腿貼郵票——走人】

見「腿上貼郵票——走人」。

【大碗蓋小碗——管得攏】

攏：收束使不鬆散。比喻管得住、管得好。例對這樣淘氣的學生，沒有您這樣嚴厲的老師，怎能大碗蓋小碗——管得攏啊！

【大爲折服】

折服：說服，使屈服。指感到非常信服。例老教授的精闢論述，使與會的人大爲折服。

【大桅尖上拉二胡——唱高調】

大桅（ㄨㄟˊ）：船上最高的掛帆的桿子，也叫主桅桿。見「公雞飛到屋頂上——唱高調」。

【大尾巴猴子，變死了也變不出人來】

比喻把人看死了。例他是個大尾巴猴子，變死了也變不出人來，你就甭想他能考上好學校。

【大毋侵小】

大：強大，強者；毋：不要；小：弱小，弱者。指強大的不可欺凌弱小的。《左傳・襄公十九年》：「盟於督揚曰：『大毋侵小。』」

【大霧裏看天——迷迷糊糊】

比喻頭腦不清醒，辦事糊塗。例長鎖這個人就像大霧裏看天——迷迷糊糊，辦不了正經事。

【大喜過望】

過：超過；望：希望。指結果比原先希望得到的更好，因而感到非常高興。《二刻拍案驚奇》卷一四：「官人大喜過望，立時把樓上囊橐搬下來，放在婦人間壁一間房裏。」也作「大喜逾望」。清・汪價《三儂贅人廣自序》：「［沈］雲門進啟曰：『此即夫人，得其實。』夫人大喜逾望。涓日爲育麟之宴，親朋製錦稱慶。」

【大喜逾望】

見「大喜過望」。

【大蝦掉進油鍋裏——鬧了個大紅臉】

大蝦掉進油鍋，全身變得通紅。比喻人由於害羞或著急而滿臉通紅。例正當他在台上洋洋得意地吹噓自己的成績時，突然聽衆中有人站起來揭露說，這一切純粹是欺騙，是剽竊；他張口結舌，無言以辯，像大蝦掉進油鍋裏——鬧了個大紅臉。也作「蝦公掉進燙鍋裏——落個大紅臉」、「胭脂當粉搽——鬧了個大紅臉」。

【大蝦米炒雞爪——捲腿帶弓腰】

大蝦米：指大蝦。形容人卑躬屈膝、阿諛奉承的樣子。含譏諷和鄙視意思。例王老爺吩咐完，劉五便大蝦米炒雞爪——捲腿帶弓腰似地連聲說了三聲「是」，退出門去了。

【大賢虎變】

見「大人虎變」。

【大顯身手】

顯：顯示，顯露；身手：武藝，本領。指充分顯露自己的本領。巴金《關於〈龍・虎・狗〉》：「但這裏還是十分熱鬧、擁擠，也正是旅館裏的人大顯身手時時候。」

【大顯神通】

神通：佛教語，指神奇的無所不能的力量。充分顯露出高超的本領。《西遊記》八九：「他三人辭了師父，在城外大顯神通。」

【大限臨身】

見「大限臨頭」。

【大限臨頭】

大限：壽數，死期。舊時迷信認爲人生命有一定的期限，到時註定死亡。指生命終結的期限已臨到頭上。元・無名氏《劉弘嫁婢》三折：「若是你爲官稱了平生志。有一日大限臨頭，那時若你個小解元得爲官，將你這雙老爺娘放心死。」也作「大限臨身」。元・王仲文《教孝子》二折：「只有那腹中愁，心頭悶，也何如大限臨身。」

【大相徑庭】

見「大有徑庭」。

【大象吃豆芽——不夠塞牙縫】

比喻不過癮、不夠勁或無濟於事。例告訴村長，他們送來的糧秣太少了，大象吃豆芽——不夠塞牙縫，游擊隊的大隊人馬怎能塡飽肚子去打仗呢？也作「大象吃豆芽——不夠嚼」。

【大象逮老鼠——有勁使不上】

逮：捉，捕。形容在困難的環境和條件下，人的能力、才幹無法發揮出來。例如果在工作上也要論資排輩的話，青年人就會像大象逮老鼠——有勁使不上。也作「大象逮老鼠——有力無處使」、「大象逮跳蚤——有勁使不上」、「火車頭拉磨——有勁沒法使」、「火車頭追小兔——有勁使不上」、「老牛追兔子——有勁使不上」、「老牛掉在水井裏——有勁使不上」、「開着拖拉機撵兔子——有勁使不上」、「大拇指挖耳朵——有勁使不上」、「門角裏打拳——有勁使不出」、「老水牛掉在井裏邊——踢騰不開」、「駱駝拉磨——有力鼓不上」、「犍牛追兔子——有勁使不上」、「牦牛掉進冰窟窿——有勁也使不上」、「娘兒們生孩子——爺兒們有力也使不上」、「拳頭打跳蚤——有勁使不上」、「騎老牛撵兔子——有勁使不上」、「水牛落井——有勁使不上」、「水牛吃活蟹——有力無處下」、「床底舉斧頭——有力使不上」、「拖拉機追兔子——有勁使不上」、「張飛穿針——有勁無處使」、「大力士扔雞毛——有勁使不上」、「掉在枯井裏的水牛——有勁沒處使」。

【大象換老鼠——不合算】

比喻算起來吃虧；或因小失大，得不償失。含有不值得的意思。例水泥工雖然掙錢多，但從長遠看，放棄科研工作去從事這一職業，未免有點大象換老鼠——不合算。也作「大象換老鼠——不上算」、「殺牛取腸——不合算」、「燒襖滅虱子——不合算」。

【大象口裏拔生牙】

比喻冒犯了不好惹的人。《二刻拍案驚奇》卷四：「那官員每手裏東西，有進無出，『老虎口中討脆骨』、『大象口裏拔生牙』，都不是好惹的，不要思想到手了。」

【大象屁股——推不動】

比喻非常頑固、保守。例張長生就像大象屁股——推不動，至今在事業上還沒邁進第一步。

【大象嘴裏拔牙——難辦】

比喻事情棘手，不好辦。例老章一向廉潔奉公，不徇私情，你想走他後門安排兒子工作，恐怕是大象嘴裏拔牙——難辦。也作「海底撈針——難辦」、「猴嘴裏掏棗，狗嘴裏奪食——難辦」。

【大卸八塊】

指肢解人的身體。也比喻分割物體。例你和我做朋友，如果我做得不夠朋友了，那你儘可拿我大卸八塊，我不說一句寃枉話。

【大信不約】

信：信用，信義；約：約定。眞正講信用的，不在於訂約盟誓。指守信還是失信關鍵在於是否心誠。《禮記・學記》：「大道不器，大信不約。」

【大興土木】

興：興建；土木：指蓋房、築城、修路等土木工程。大規模地動工興建土木工程。《三國演義》一〇五回：「魏王在許昌，大興土木，建蓋宮殿。」

【大行不顧細謹，大禮不辭小讓】

辦大事的人不可拘泥小節，行大禮的人不必計較瑣細的禮貌。謂不能因小失大。《史記・項羽本紀》：「沛公已出，項王使都尉陳平召沛公。沛公曰：『今者出，未辭也，爲之奈何？』樊噲曰：『大行不顧細謹，大禮不辭小讓；如今人方爲刀俎，我爲魚肉，何辭爲？』於是遂去。」

【大雪紛飛】

紛：多，雜亂。大雪紛紛揚揚，迎空飄舞。形容雪下得極大。魯迅《花邊文學・「大雪紛飛」》：「在江浙，倘要說出『大雪紛飛』的意思來……大抵用『兇』、『猛』或『厲害』，來形容這下雪的樣子。」

【大勛所任者唯一人，然羣謀濟之乃成】

濟：幫助。指一個人有天大的本領，也離不開大家的幫助。宋・石介《上范經略書》：「明堂所賴者唯一柱，然衆材附之乃立；大勛所任者唯一人，然羣謀濟之乃成。」

【大雅扶輪】

大雅：《詩經》的組成部分之一，多爲

西周王室貴族的作品，主要反映西周王朝統治的興廢。雅訓爲正，「大雅」即謂詩歌的正聲。扶輪：扶持在車輪的兩旁。指在文學創作上，大力提倡扶持正統的作品。清·黃景仁《壽州贈知州張蓀圃先生》詩之二：「知公獨有千秋意，造世皆成一代才。大雅扶輪歸老輩，小山承蓋屬輿台。」

【大雅宏達】

大雅：高雅，高尚；宏達：才識博通。指品德高尚，才學出衆的人。漢·班固《西都賦》：「又有承明金馬，著作之庭，大雅宏達，于茲爲羣。」

【大雅君子】

君子：才德雙全的人。指才德兼具，識見高遠的人。《舊唐書·郭子儀傳論》：「不幸危而邀父君，不挾撼以報仇讎，晏然效忠，有死無二，誠大雅君子，社稷純臣。」也作「**大雅之人**」。三國魏·阮瑀《爲曹公作與孫權書》：「大雅之人，不肯爲此也。」

【大雅之人】

見「大雅君子」。

【大煙鬼拉車——少氣無力】

大煙鬼：對吸鴉片煙成癮的人的鄙稱。形容氣力衰竭、精神疲憊的樣子。例成家寶厭惡工作，幹起活來就像大煙鬼拉車——少氣無力，叫人看起來很不順眼。

【大言不慚】

大言：誇張言辭，說大話；慚：羞慚，慚愧。指說大話一點兒也不感到難爲情。《水滸傳》一〇一回：「今日聖駕未臨時，猶儼然上坐談兵，大言不慚，病狂喪心。」也作「**大言弗怍**」。弗：不；怍：慚愧。田北湖《與某生論韓文書》：「陳義甚高，大言弗怍。」

【大言弗怍】

見「大言不慚」。

【大言欺人】

指說大話欺騙別人。清·歸莊《答梁公狄》：「弟向來猖狂自恣，大言欺人，中實無有；近始追悔昨非，略思究竟實學。」

【大言聳聽】

聳聽：使聽的人吃驚。指故意說誇大或驚奇的話，使聽的人感到震驚，把他們的注意力吸引過來。清·黃宗羲《陸文虎先生墓志銘》：「凡懷貪射利、乘間抵隙及故爲大言聳聽、巧售傾險者，預行杜絕。」

【大言無當】

指說大話。誇張言辭不切合實際。宋·謝枋得《與李養吾書》：「儒者常談，所謂：『爲天地立心，爲生民立極，爲往聖繼絕學，爲萬世開太平。』正在我輩人承當，不可使天下後世謂程文之士，皆大言無當也。」也作「**大言無實**」。宋·魏了翁《代南叔兄上費參政書》：「孝皇初政，銳意治功，而恢復之名立，士之求合者又皆大言無實，迎求時好，悠悠歲月，莫有成效。」

【大言無實】

見「大言無當」。

【大言相駭】

指誇大言辭來驚嚇別人。明·孫仁孺《東郭記·吾將瞷良人之所也》：「唉，他覷俺似嬰孩，大言相駭。」

【大言炎炎】

大言：正大的言論；炎炎：猛烈的樣子。形容正大言論的感人力量。《莊子·六物論》：「大言炎炎，小言詹詹。」

【大衍之數】

大衍（ㄧㄢˇ）：指用大數來演卦。《周易·繫辭上》：「大衍之數五十。」韓康伯注引王弼曰：「演天地之數，所賴者五十也。」孔穎達疏引京房曰：「五十者謂十日、十二辰、二十八宿也。」後以「大衍之數」爲五十的代稱。

【大眼看小眼】

指你看我，我看你，面面相覷，沒有辦法。《金瓶梅詞話》七八回：「坐了一日，大眼看小眼，外面抬轎子的催著要去。玉樓見不是事，向袖中拿出一錢銀子來，打發抬轎的去了。」也作「**大眼望小眼**」。《儒林外史》三回：「衆人大眼望小眼，一齊道，原來新貴人歡喜瘋了。」也作「**大眼瞪小眼**」。王少堂《武松》二回：「這些王孫公子望著也不懂，大眼瞪小眼，莫名其妙。」

【大雁吃蓮桿——直脖了】

大雁：鴻雁，脖子很長；蓮桿：荷花或蓮蓬的莖。①比喻因凝神注目而伸長了脖子。例電視劇大鬧天宮，小龍看得像大雁吃蓮桿——直脖了。②比喻因驚嚇而伸長了脖子。例竊賊在銀行附近徘徊，鬼鬼祟祟，警察突然出現在他面前，大喝一聲：「舉起手來！」這傢伙就像大雁吃蓮桿——直脖了，乖乖地被銬了起來。

【大雁過河——沒邊了】

大雁過河時，由於數量多，把河邊也遮蓋了。比喻數量極多。例夏天一到，在海水浴場游泳的人，密密麻麻，眞像大雁過河——沒邊了。

【大吆小喝】

指高一聲、低一聲地喊叫或謾罵。《紅樓夢》六〇回：「何苦自己不尊重，大吆小喝，失了體統。」

【大搖大擺】

走路時身體左右搖擺。形容無所顧忌、大模大樣的姿態。《兒女英雄傳》一〇回：「他們都是一氣，不怕有一萬個强盜，你們只管大搖大擺的走罷。」

【大葉粗枝】

葉片寬大，枝莖粗壯。形容植物長勢好。清·平步青《霞外攟屑》卷八下：「大葉粗枝不畏風，艷分水國立庭中，年來閱遍繁華色，只有秋花耐久紅。」後比喻辦事粗心，不細緻。例他這個人，老是馬馬虎虎，大葉粗枝的，要他做什麼事，總讓人有點不放心。也作「**粗枝大葉**」。

【大夜彌天】

大夜：長夜；彌：彌漫。指深沉的夜色籠罩著天空。也比喻反動勢力的黑暗統治。魯迅《〈唐宋傳奇〉序例》：「時大夜彌天，璧月澄照，饕蚊遙嘆，余在廣州。」

【大義薄雲】

大義：正義的行爲；薄：迫近。形容正義的舉動非常高尚。宋・劉克莊《錄顏魯公事》：「世亂朝危節少全，魯公大義薄雲天。」

【大義凜凜】

見「大義凜然」。

【大義凜然】

大義：正義，正氣；凜然：可敬畏的樣子。正氣浩然，令人敬畏。形容爲了正義而堅强不屈。《痛史》二二回：「因想起方丞相和謝先生，一般的大義凜然，使宋室雖亡，猶有余榮。」也作「**大義凜凜**」。明・祁彪佳《遠山堂曲品・具品・雙麟》：「但其中抗節虜庭，大義凜凜，猶足爲世教之資。」

【大義滅親】

舊指爲了維護君臣大義，對犯上作亂的親屬，不徇私情，按國法處置。今泛指爲維護正義，而不徇犯罪親屬的私情，使受到應得的懲罰。《舊唐書・李建成傳》：「周公聖人，豈忌無情於骨肉？爲存社稷，大義滅親。」

【大義微言】

指深奧的道理，精微的言辭。清・黃宗義《題顧瑞文往還書札》詩：「冷風熱血留亡社，大義微言助九師。」也作「**微言大義**」。

【大意失荊州】

荊州：今湖北江陵，三國時期各方爭奪激烈的政治、軍事要鎮。東吳孫權乘蜀將關羽出兵攻打曹操的時候襲取了荊州。比喻因麻痺大意造成嚴重損失。例我們要各種利弊都估計充分再開始行動，大意失荊州，誰也擔當不起。

【大音希聲】

希聲：指聽不到的聲音。指最美妙的聲音是無聲之音。《老子》四一章：「大音希聲，大象無形。」

【大隱朝市】

朝市：朝廷和市里，指京都市鎮。晉・王康琚《反招隱詩》：「小隱隱陵藪，大隱隱朝市。伯夷竄首陽，老聃伏柱史。」後用「大隱朝市」指眞正棄官隱居人，即使身居繁華都市，也能離世脫俗，求得清靜。唐・楊炯《李舍人山亭詩序》：「大隱朝市，本無車馬之喧，不出戶庭，坐得雲霄之致。」

【大勇不鬥】

指非常勇敢的人不輕易挺身相鬥。《呂氏春秋・孟春紀》：「大匠不斫，大庖不豆，大勇不鬥，大兵不寇。」

【大勇若怯】

指極爲勇敢的人，表面看去好像怯懦。宋・蘇軾《賀歐陽少師致仕啓》：「力辭於未及之年，退托以不能而止，大勇若怯，大智如愚。」

【大有裨益】

裨（ㄅㄧˋ）益：益處，好處。指非常有益處。明・焦竑《玉堂叢語・文學》：「其間卓然自得者，於聖經賢傳，大有裨益。」

【大有大的難處】

指大戶人家也有爲難的地方。《紅樓夢》六回：「況是我近來接著管些事，都不知道些親戚們。二則外頭看著雖是烈烈轟轟，殊不知大有大的艱難去處，說與人也未必信罷。」

【大有逕庭】

逕：門外的路；庭：廳堂前的院子。逕庭：形容距離很大。比喻過分偏激，相差太遠。《莊子・逍遙遊》：「吾驚怖其言，猶河漢而無極也；大有逕庭，不近人情焉。」後比喻彼此截然不同，差別很大。宋・羅大經《鶴林玉露》丙編卷一：「詩意與狄歸冒同。而其惻怛規戒，涵蓄不露，則大有逕庭矣。」也作「**大相逕庭**」。章炳麟《與人論樸學報書》：「然與鄙見復有大相逕庭者，其治小學重形體而輕聲類。」

【大有可觀】

可觀：値得觀看。指很値得看一看。宋・無名氏《李師師傳》：「[周]邦彥以詞行，當時皆稱美成詞。殊不知美成文筆，大有可觀。」也形容數目很大或達到較高的程度。例我們公司今年完成的產値和利潤，是大有可觀的。

【大有可爲】

指事情很有發展前途，很値得去做。《文明小史》五回：「地方一千餘里，化民成俗，大有可爲。」

【大有其人】

指某一類的人數量極多。《北齊書・崔暹傳》：「中尉盡心爲國，不避豪强，遂使遠邇肅淸，羣公奉法。衝鋒陷陣，大有其人；當官正色，今始見之。」

【大有起色】

指不好的事情出現明顯好轉狀態。清・張集馨《道咸宦海見聞錄》：「皖省惟英、霍有零賊，余亦肅淸，南中軍務，大有起色。」

【大有人在】

指某一類人爲數很多。《魯迅書信集・致李秉中》：「出面的雖是章士釗，其實黑幕中大有人在。」

【大有所爲】

見「大有作爲」。

【大有文章】

指言語或事物現象之中還有些隱含不露的東西，需要作出分析和判斷。《三俠五義》一一八回：「艾虎聽了，暗暗思忖道：『這話語之中大有文章。』」

【大有作爲】
指能夠充分施展才能，做出重大貢獻。魯迅《且介亭雜文末編・關於太炎先生二三事》：「民國元年革命後，先生的所志，該可以大有作爲了，然而還是不得志。」也作「**大有所爲**」。宋・陳文蔚《送徐仁伯之官序》：「予視仁伯猶謙謙然，若有所未滿，是其志必將大有所爲也。」

【大魚吃小魚，小魚吃蝦米】
比喻以強凌弱，以大欺小，越小越受氣。老舍《方珍珠》五幕：「那時候，你也跟我們一樣受上頭的剝削、壓迫呀！那叫作大魚吃小魚，小魚吃蝦米。」也作「**大魚吃小魚，小魚吃蝦子**」、「**大魚吃蝦——弱肉強食**」。

【大魚吃小魚，小魚吃蝦米——一物降一物】
比喻某種人或事物專門制服另一種人或事物。例他呀，還得我管，大魚吃小魚，小魚吃蝦米——一物降一物，非我管教不了他！也作「**滷水點豆腐——一物降一物**」、「**老熊奔陷阱，野貓鑽圈圈——一物服一物**」、「**大蟲吃小蟲——一物降一物**」、「**口水治跳蚤——一物降一物**」。

【大魚大肉】
形容豐盛美味的食物。《警世通言》卷二一：「大魚大肉，熱酒熱飯，只顧搬將出來。」

【大愚不靈】
《莊子・天地》：「大惑者終身不解，大愚者終身不靈。」指極端愚蠢的人總是反應遲純笨拙。章炳麟《文學總略》：「大愚不靈，無所憤悱者，睹眇論則以爲恆言也。」

【大宇中傾】
大宇：天下，整個空間；傾：傾覆，倒塌。天坍塌下來。比喻一代王朝崩潰覆滅。清・孔尚任《桃花扇・拜壇》：「皇綱不振，大宇中傾，皇帝殉社稷，皇后太子俱死君父之難。」

【大雨滂沱】
滂沱：大雨貌。形容雨下得極大。《三國演義》二八回：「行了數日，忽値大雨滂沱，行裝盡濕。」

【大雨傾盆】
大雨像一盆盆的水從天上傾倒下來。形容雨下得極大。《英烈傳》一四回：「倏然間四邊黑雲陡合，大雨傾盆。」也作「**傾盆大雨**」。

【大雨如注】
注：灌入。大雨就像一股股水從天上直灌下來。形容雨下得極大。明・朱國禎《涌幢小品・山子道氣》：「又三日，率衆詛龍潭，以激神怒，大雨如注。」

【大雨天上房——找漏洞】
指查找工作上的紕漏，以防患於未然。例對機車平常要勤檢查，要大雨天上房——找漏洞嘛！防止事故發生。

【大圓鏡智】
佛教語。佛的「四智」之一。唐・慧能《壇經・機緣品》：「大圓鏡智性清淨，平等性智性無病。」指洞照一切的清淨眞智。後泛指明察事理，非常聰慧。明・李贄《與馬歷山書》：「蓋人人各具有是大圓鏡智，所謂我之明德是也。」

【大院深宅】
庭院寬闊，房屋衆多。形容權貴豪富人家的住宅。元・石君寶《紫雲庭》二折：「這的是好人家大院深宅內。」也作「**深宅大院**」。

【大樂必易】
指最美妙的音樂一定簡易，雅俗共賞。《禮記・樂記》：「大樂必易，大禮必簡。」

【大樂之成，非取乎一音】
指最美妙的音樂，不是取自一個樂音就可以完成的。比喻成功一件事情，不能只限於一點上，而要廣采博取。漢・徐幹《中論・治學》：「大樂之成，非取乎一音；嘉膳之和，非取乎一味；聖人之德，非取乎一道。」

【大雜燴】
大雜燴：多種菜熬煮在一起的菜肴。比喻雜湊而成的事物。例所有學會、研究會，一定要目標鮮明、研究重點突出，切忌搞成大雜燴。

【大澤礨空】
大澤：大湖；礨（ㄌㄟˇ）空：小穴，蟻穴。大湖之中的一個小洞。《莊子・秋水》：「計四海之在天地之間也，不以礨空之在大澤乎？計中國之在海內，不以稊米之在大倉乎？」後用「**大澤礨空**」比喻在大的事物對比之下，小的事物顯得更加渺小。

【大詐似信】
最狡詐的人，外表上好像守信用。《明史・黃澤傳》：「刑餘之人，其情幽陰，其慮險譎，大奸似忠，大詐似信，大巧似愚。」

【大展宏圖】
宏圖：宏偉的規劃和設想。謂大力實施、努力實現宏偉的規劃和設想。例青少年今天的學習，是爲明天大展宏圖，爲民族和全人類做出貢獻打下堅實的基礎。

【大展經綸】
經綸：整理過的絲縷。比喻政治規劃。謂大力實施政治規劃。《三國演義》三八回：「先取荊州後取川，大展經綸，補天手。」

【大張旗鼓】
張：佈設；旗鼓：軍旗和戰鼓。大規模地舉旗擂鼓，擺開陣勢。比喻聲勢和規模很大。《魯迅書信集・致胡適》：「至於那一部小說，本來當屬於古董之部……若要大張旗鼓，頌爲二十世紀的新作品，則小子不敏，實不敢也。」也作「**大張旗幟**」。宋・王偁《東都事略・張叔夜傳》：「叔夜募死士千人，距十數里大張旗幟，誘之使戰。」

【大張旗幟】
見「大張旗鼓」。

【大張聲勢】
極力宣揚，大造聲勢。《宋史・李師中傳》：「今修築必廣發兵，大張聲勢。」

【大張撻伐】
張：指實施；撻伐：ㄊㄚˋ ㄈㄚˊ，征討。指用武力進行大規模的討伐。《孽海花》一四回：「我國若不大張撻伐，一奮神威，靠著各國的空文勸阻，他那裏肯甘心就範呢！」也形容對人或事物進行攻擊。例有那麼一種心術不正的人，眼睛老盯著別人的不是，只要抓住一點辮子，就大張撻伐，簡直要置人於死地而後快。」

【大丈夫報仇，三年不遲】
指報仇要等條件成熟，不必過於心切。例急什麼！大丈夫報仇，三年不遲，幹麼和他計較眼前的小贏小利。也作「大丈夫報仇，十年不晚」。例不要這麼容易和別人槓上，吃點眼前虧算什麼！大丈夫報仇，十年不晚！

【大丈夫報仇，十年不晚】
見「大丈夫報仇，三年不遲」。

【大丈夫當雄飛，安能雌伏】
雄飛：指奮發向上；雌伏：指退縮不前。有志之士應當像雄鳥那樣展翅高飛，怎麼像雌鳥那樣伏下不動呢？《後漢書・趙典列傳》：「溫字子柔，初爲京兆丞，漢曰：『大丈夫當雄飛，安能雌伏！』遂棄官去。」例這個都市長大的小伙子要去讀軍校，告別了父母、戀人，踏上了西去的列車，臨行前只拋下一句話：「大丈夫當雄飛，安能雌伏！」

【大丈夫頂天立地】
形容英雄好漢敢作敢爲，氣勢壯闊。《三寶太監西洋記》一四回：「長老道：『自古說得好，大丈夫頂天立地，終不然頂地立天。』」

【大丈夫敢作敢當】
有志氣的男子漢既敢於任事，又勇於承當責任。老舍《殘霧》四幕：「徐芳蜜：冼局長，我沒想到你會這麼沒有男兒氣！你自己願意幫助我作事，怎麼今天說我引誘你呢？你不是三歲的小孩吧？大丈夫敢作敢當，何必跟個漂亮的女孩子爲難呢？」

【大丈夫能屈能伸】
指有抱負的人能適應形勢，不得志時能忍受委曲，條件有利時能施展才華。例大丈夫能屈能伸，爲了將來的前途，現在的困境就試著去適應吧！

【大丈夫膝下有黃金】
指男子漢不輕易下跪。《五燈會元》卷一二：「宗曰：『大丈夫膝下有黃金爭肯禮拜無眼長老？』師曰：『我別有語在。』」也作「男兒兩膝有黃金」、「男兒膝下有黃金」。

【大丈夫一人做事一人當】
有志氣的男子漢做事自己負責，不連累別人。例「大丈夫一人做事一人當」，你們有什麼事就找我，不要找別人的麻煩。也作「大丈夫一身做事一身當。」

【大丈夫一言既出，駟馬難追】
駟馬：同拉一輛車的四匹馬。指大丈夫說話算數，不能反悔。巴金《秋》四：「『以後你就是我的先生了，你記住：大丈夫一言既出，駟馬難追，不要反悔啊！』淑華高興地說。」

【大丈夫做事，說幹就幹】
指大丈夫做事果敢、行動迅速。例常言說：「大丈夫做事，說幹就幹。」怎麼船頭怕鬼，船尾怕賊的！

【大杖則走】
大杖：大棍棒；走：逃跑。指兒子遭受父親責罰時，如父親盛怒中舉起大棍棒，就要立即躲開，不要因傷重使父親背上不慈不義的罪名。《後漢書・崔實傳》：「［崔烈］問其子鈞曰：『吾居三公，於議者何如？……』鈞曰：『論者嫌其銅臭。』烈怒，舉杖擊之……［鈞］狼狽而走。烈罵曰：『死卒，父檛而走，孝乎？』鈞曰：『舜之事父，小杖則受，大杖則走，非不孝也。』」

【大者不伏小】
伏：服氣，信服。指地位高或年齡大的人不服地位較低或年齡較小的人。《聊齋志異・邵九娘》：「女曰：『細察渠似稍悔之，但不肯下氣耳。諺云：大者不伏小。以禮論，妻之於夫，猶子之於父，庶之於嫡也。夫人若肯假以詞色，則積怨可以盡捐。』」

【大者爲棟梁】
大的木料可作爲棟梁。比喻傑出的人才可予以重用。《宋史・張宏傳》：「太宗嘗謂樞密副使張宏曰：『朕自御極以來，親擇羣材，大者爲棟梁，小者爲榱桷。』」

【大陣仗兒】
比喻大場面、大世面。例眼看雙方由爭吵到大打出手，可憐她何曾見過這種大陣仗兒？直嚇得篩糠似的哆嗦。

【大直若屈】
指最正直的人，表面上好似曲意隨和。《後漢書・荀爽傳論》：「觀其遜言遷都之議，以救楊黃之禍，及後潛圖董卓，幾振國命，所謂：『大直若屈，道固逶迤』也。」

【大知閑閑】
知：ㄓˋ，通「智」；閑閑：廣博的樣子。指才智極高的人知識淵博，眼界高遠。《莊子・齊物論》：「大知閑閑，小知閒閒。」

【大智不智】
非常聰明的人，外表上似乎不那麼聰明。《六韜・武韜・發啟》：「大智不智，大謀不謀。」

【大智大勇】
指非凡的聰慧和勇敢。例因爲時間的歷練和個人的修爲，造就了他與衆不同的大智大勇的風範，令人仰慕不已。

【大智如愚】
最聰明的人外表上好似愚笨。形容才智極高的人謙和穩重，不賣弄自己。宋・蘇軾《賀歐陽少師致仕啟》：「大勇若怯，大智如愚。」也作「大智若愚」。章炳麟《箴新覺論》：「執雌守黑，不敢自遂，大智若愚，於是乎在。」

【大智若愚】

見「大智如愚」。

【大中見小】

從大的方面可以體現小的方面。比喻整體和局部、一般和個別都有其共同的一面。宋・蘇轍《洞山文長老語錄敍》：「大而天地山河，細而秋毫微塵，此心無所不在，無所不見，是以小中見大，大中見小，一爲千萬，千萬爲一。皆心法爾。」

【大中至正】

指秉公持正，不偏不倚。明・王守仁《傳習錄》上：「不知先生居夷三載，處困養靜，精一之功，固已超入聖域，粹然大中至正之歸矣！」

【大作文章】

比喻在某件事情上故意借題發揮，使事態朝著有利於自己的方向發展。例不要老是在自己的家世背景上大作文章，這對工作並無實質利益啊！

ㄉㄜˊ

【得不補失】

見「得不償失」。

【得不償費】

見「得不償失」。

【得不償喪】

見「得不償失」。

【得不償失】

償：補償。所得到的不能補償所失去的。宋・陸游《方德亨詩集序》：「淫於富貴，移於貧賤，得不償失，榮不蓋愧。」也作「**得不補失**」。《三國志・吳書・陸遜傳》：「權遂征夷州，得不補失。」也作「**得不償費**」。費：耗費。宋・蘇過《論海南黎事書》：「我特清野以避其鋒，使來無所獲，得不償費。」也作「**得不償喪**」。喪：喪失。金・王若虛《進士彭子升墓志》：「晚登一第，則到官未滿而亡，僅予隨奪，得不償喪。」也作「**得不酬失**」。《後漢書・西羌傳論》：「軍書未奏其利害，而離叛之狀已言矣，故得不酬失，功不半勞。」

【得不酬失】

見「得不償失」。

【得不的風兒，就是雨兒】

比喻一聽見風聲就馬上相信並行動。《金瓶梅詞話》四三回：「且說潘金蓮聽見李瓶兒這邊嚷，不見了孩子耍的一錠金鐲子，得不的風兒，就是雨兒，就先走到房裏來告月娘說：『姐姐，你看三寸貨幹的營生！跟你家怎的有錢，也不該拿金子與孩子耍。』」

【得步進步】

已經進了一步，又想再進一步。比喻野心大，貪得無厭。《文明小史》二回：「他們這些人，是得步進步，越扶越醉，不必過於遷就他。」

【得財買放】

指執法者接受賄賂，私下放走被逮捕的人。《古今小說》卷四〇：「你做公差所幹何事？若非用計謀死，必然得財買放，有何理說？」也作「**得錢買放**」。魯迅《朝花夕拾・無常》：「大王道我是得錢買放，就將我捆打四十。」

【得尺得寸】

《戰國策・秦策三》：「王不如遠交而近攻，得寸則王之寸，得尺亦王之尺也。」後用「得尺得寸」指得多少算多少，無論多少，都爲自己所得。宋・朱熹《答朱朋孫書》：「願且致精一書，優柔厭飫以求聖學功夫次第之實。俟其心通意解，書冊之外別有實下功夫處，然後更易而少進焉，則得尺得寸，雖少而皆爲吾有矣。」也作「**得寸得尺**」。梁啟超《新中國未來記》緒言：「既念欲俟全書卒業，始公諸世，恐更閱數年，殺青無日，不如限以報章，用自鞭策，得寸得尺，聊勝於無。」

【得寵若驚】

指意外地得到寵愛而感到驚喜。宋・張擴《代知處州黃侍御再任謝宰執啟》：「復蒙因任，宜退而進，得寵若驚。」也作「**受寵若驚**」。

【得此失彼】

得到這個，失去那個。形容兩方面不可兼得。宋・陳亮《酌古論一・曹公》：「至於得術之一二而遺其三四，則得此失彼，雖能雄強於一時，卒不能混天下於一統，此雖曹公之所爲，而有志之士所深惜也。」也作「**顧此失彼**」。

【得粗忘精】

知道了事理的大概，卻忘掉了其精華所在。宋・孫何《文箴》：「游夏之徒，得粗忘精；空傳其道，無所發明。」

【得寸得尺】

見「得尺得寸」。

【得寸進尺】

得到一寸，又想再進一尺。形容貪得無厭，野心膨脹。清・平步青《霞外攟屑・時事・彭尚書奏折》：「乃洋人不知恩德，得寸進尺，得尺進丈，至於今日，氣焰益張。」也作「**得寸入尺**」。梁啟超《論民族競爭之大勢》：「其奈得寸入尺，獲隴望蜀者，既眈眈相逼乎前；而政府之＊狐威者，今日許以寸，明日予以尺。」也作「**得寸思尺**」。《清史稿・食貨志四》：「小民惟利是圖，往往得寸思尺。」

【得寸入尺】

見「得寸進尺」。

【得寸思尺】

見「得寸進尺」。

【得當以報】

當：適當，適宜；報：報答。指要得到一個適當的機會予以報答。《漢書・李陵傳》：「彼之不死，宜欲得當以報漢也。」

【得道多助】
道：道義，正義。指符合正義的就能得到多數人的支持和幫助。見「得道者多助，失道者寡助」。

【得道者多助，失道者寡助】
寡：少。符合正義的就能得到多方面的支持與幫助，違背正義則必然極端孤立。《孟子・公孫丑下》：「得道者多助，失道者寡助。寡助之至，親戚畔之；多助之至，天下順之。」元・陳草庵《山坡羊》曲：「勸漁家，共樵家，從今莫講賢愚話，得道者多助，失道者寡助，賢，也在他，愚，也在他。」見「得道多助」。

【得而復失】
得到後又失去了。《三國演義》九六回：「孔明變色曰：『是何言也！得而復失，與不得同。公以此賀我，實足使我愧赧耳！』」

【得放手時須放手，得饒人處且饒人】
可以寬恕別人的時候就盡量寬恕，留有餘地。元・關漢卿《竇娥冤》二折：「既然有了藥，且饒你罷。正是：『得放手時須放手，得饒人處且饒人。』」也作「得放手時須放手，可饒人處且饒人」、「得饒人處且饒人」。

【得風便轉】
指得到了風，便根據風向來轉換舵位。比喻順著情勢的變化來改變態度。《兒女英雄傳》一六回：「周三他倒也得風便轉，他道：『既承台愛，我們就在這位姑娘的面前，從這句話敬你老人家起。』」也作「得風就轉」。《官場現形記》五二回：「他到此時，得風就轉。」

【得風就轉】
見「得風便轉」。

【得過且過】
且：暫且。能過一天就算一天。意指不圖長遠，只求眼前混日子。元・陶宗儀《輟耕錄・寒號蟲》：「五台山有鳥，名寒號蟲……比至深冬嚴寒之際，毛羽脫落，索然如鷇雛，遂自鳴曰：『得過且過。』」今指辦事馬虎，敷衍應付。例對於不負責任，得過且過的工作態度，我們應嚴肅批評。

【得好休，便好休】
能罷休，便罷休。元・王實甫《西廂記》四本二折：「他每不識憂，不識愁，一雙心意兩相投。夫人得好休，便好休，這其間何必苦追求。」

【得雞不著得隻鴨——不落空】
比喻事情有著落或達到了目的。例請放心吧，這件事一定讓你得雞不著得隻鴨——不落空，明天來討實信好了。

【得精忘粗】
《列子・說符》載：伯樂向秦穆公薦舉九方皋求天下良馬，「穆公見之，使行求馬。三月反報曰：『已得之矣，在沙丘。』穆公曰：『何馬也？』對曰：『牝而黃。』使人往取之，牡而驪。穆公不說（悅），召伯樂而謂之曰：『敗矣，子所使求馬者！色物牝牡尚弗能知，又何馬之能知也？』伯樂喟然太息曰：『……若皋之所觀天機也，得其精而忘其粗，在其內而忘其外；見其所見，不見其所不見……若皋之相者，乃有貴乎馬者也。』馬至，果天下之馬也。」後以「得精忘粗」比喻抓住事物的本質，而不圖其外在形式。

【得雋之句】
雋：ㄐㄩㄣˋ，雋永，意味深長。指耐人尋味，引人入勝的文句。唐・白居易《與劉蘇州書》：「得雋之句，警策之篇，多因彼唱此和中得之。」

【得君行道】
君：指帝王；道：主張。指才識出眾的人由於得到賢明君主的重用，能夠放手推行自己的政治主張。朱自清《論不滿現狀》：「眞能得君行道，當然要多多少少改變那自己不滿別人也不滿的現狀。」

【得了三分顏色就要開染坊】
比喻被別人抬舉一下就得意忘形起來。《宦海》一八回：「不想這位匡主政，也是個得了三分顏色就要開染坊的朋友，見宣制軍如此，只道宣制軍怕他，一天一天的驕傲起來。」也作「得了些顏色，就開起染房來」。《金瓶梅詞話》五八回：「漢子在屋裏睡了一夜兒，得了些顏色兒，就開起染房來。」

【得了些顏色，就開起染房來】
見「得了三分顏色就要開染坊」。

【得理不讓人】
自己有理就不肯讓步。例你不要得理不讓人，步步進逼，弄得大家都對你有意見。也作「得理不饒人」。

【得理讓三分】
即使有理，也應該寬容別人。例得理讓三分，並不是軟弱，而是眞正有修養的表現。

【得隴望蜀】
隴：ㄌㄨㄥˇ，古地名，今甘肅省東部；蜀：古地名，今四川省中西部。《東觀漢記・隗囂傳》：「西城若下，便可將兵，南擊蜀虜。人苦不知足，既平隴，復望蜀，每一發兵，頭鬢爲白。」後因以「得隴望蜀」比喻貪得無厭。《紅樓夢》七六回：「得隴望蜀，人之常情。可知那些老人家說的不錯。」

【得隴望蜀——貪心不足】
也作「得隴望蜀——貪得無厭」。見「當了皇帝想成仙——貪心不足」。

【得馬生災】
《淮南子・人間訓》：「近塞上之人，有善術者，馬無故亡而入胡……居數月，其馬將胡駿馬而歸，人皆賀之。其父曰：『此何遽不能爲禍乎？』家富良馬，其子好騎，墮而折其髀。」後用「得馬生災」比喻因福得禍。唐・元稹《哭子》詩之一：「維鵜受刺因吾過，得馬生災念爾冤。」也作「得馬折足」。宋・黃庭堅《次韻奉送公定》

詩：「得馬折足禍，亡羊多歧悲。」

【得馬失馬】

《淮南子・人間訓》：「近塞上之人，有善術者，馬無故亡而入胡，人皆弔之。其父曰：『此何遽不為福乎？』居數月，其馬將胡駿馬而歸，人皆賀之。其父曰：『此何遽不能為禍乎？』家富良馬，其子好騎，墮而折其髀，人皆弔之。其父曰：『此何遽不為福乎？』居一年，胡人大入塞，丁壯者引弦而戰，近塞之人死者十九，此獨以跛之故，父子相保。」後因以「得馬失馬」比喻世事多變，禍福無常。宋・黃庭堅《夢中和觴字韻》詩：「作雲作雨手翻覆，得馬失馬心清涼。」

【得馬折足】

見「得馬生災」。

【得命思財，瘡好忘痛】

保住了命想發財，瘡好後忘了疼。指貪財忘本。《金瓶梅詞話》一四回：「你今日了畢官司出來，兩腳踏住平川地，得命思財，瘡好忘痛，來家還問老婆找起後帳兒來了。」

【得便宜處失便宜】

在占了便宜的地方上反倒吃了虧。《醒世恆言》卷一六：「得便宜處笑嘻嘻，不遂心時暗自悲。誰識天公顛倒用，得便宜處失便宜。」也作「**得便宜翻做了失便宜**」、「**得便宜翻做了落便宜**」。

【得便宜事，不可再作；得便宜處，不可再去】

占便宜的事，可一不可再；占便宜的去處，只能去一回。宋・邵伯溫《邵氏聞見錄》：「康節先生曾誦希夷之語曰：『得便宜事，不可再作；得便宜處，不可再去。』」也作「**得意不宜再往**」、「**得意不可再往**」。

【得其皮毛】

比喻認識不得要領，只停留在表面上。**例**你這樣說，只是得其皮毛，問題的眞正原因並不在此。

【得其三昧】

三昧：佛教用語。指排除一切雜念，使心神寧靜。引申為奧妙、訣竅。指得到某方面的精髓，認識深邃。《鏡花緣》二九回：「再三叮囑，千萬不可輕易傳人，俟到貴邦，再為拆看。字雖無多，精華俱在其內，慢慢揣摹，自能得其三昧。」

【得其死力】

見「得人死力」。

【得其所哉】

所：處所。指得到合適的場所或處境。《孟子・萬章上》：「昔者有饋生魚於鄭子產，子產使校人畜之池。校人反命曰：『始舍之，圉圉焉；少則洋洋焉，攸然而逝。』子產曰：『得其所哉！得其所哉！』」

【得錢買放】

見「得則買放」。

【得趣忘形】

見「得意忘形」。

【得全者昌，失全者亡】

德行高尚、完美的人便會昌盛，缺德的人便會滅亡。漢・枚乘《上書諫吳王》：「臣聞『得全者昌，失全者亡。』舜無立錐之地，以有天下；禹無十戶之聚，以王諸侯；湯武之土不過百里。」

【得饒人處且饒人】

是「得放手時須放手，得饒人處且饒人」的簡略語。指做事不可做絕，對人要盡量寬恕，留有餘地。宋・俞文豹《唾玉集・常談出處》：「蔡州褒信縣有道人工棋，常饒人先，其詩曰：『……自出洞來無敵手，得饒人處且饒人。』」

【得人錢財，與人消災】

拿了人家的錢，就要為人家辦事。元・李行道《灰闌記》二折：「常言道：『得人錢財，與人消災。』如今馬員外的大娘子告下來了，喚我們作見證哩。這孩兒本不是大娘子養的，我們得過他銀子，則說是他養的。」也作「**得人錢貫，與人清算**」。錢貫：古代銅錢用繩穿，一千個為一貫；算：計謀。明・湯顯祖《紫釵記》四八齣：「且盧家刺客布滿長安，好不精細哩。[崔]得人錢貫，與人清算，盡你我一點心也。」也作「**接人錢財，與人消災**」、「**掙人錢財，與人消災**」。

【得人錢貫，與人清算】

見「得人錢財，與人消災」。

【得人死力】

死力：以死相拚的力量，最大的力量。指能得到他人不惜獻出生命地盡力報效或幫助。即十分得人心。《元史・星吉傳》：「星吉為人公廉明決，及在軍中，能與將士同甘苦，以忠義感激人心，故能以少擊衆，得人死力云。」也作「**得其死力**」。《宋史・兵志九》：「今平居無事，朝夕虐之以教閱，使無遺力以治生事，衣食殫盡，憔悴無聊，緩急安得其死力。」

【得人為梟】

梟：ㄒㄧㄠ，頂，引申為勝利。以得到傑出的人才為勝利。《後漢書・張衡傳》：「咸以得人為梟，失士為尤。」

【得人者昌，失人者亡】

人：指人心。得人心的必能興盛，失去人心的必致滅亡。指人心向背，關係興亡。唐・李觀《項籍碑銘序》：「至如謀於漢者，昔其臣也，公實棄之；兵於漢者，亦其將也，公不庸之。故曰：『得人者昌，失人者亡。』」

【得人者興，失人者崩】

得人者國家興旺，事興成功；失人者國家衰亡，事業失敗。指要識人善任。《史記・商君傳》引佚詩：「得人者興，失人者崩。」

【得忍且忍，得耐且耐，不忍不耐，小事成大】

應該忍耐的暫時忍耐一下，否則小事就可能成為大事。比喻做事要知道進退。例「得忍且忍，得耐且耐，不忍不耐，小事成大。」社會上好多打人殺人的案子不就是因爲不能忍耐造成的嗎？

【得勝的貓兒——歡似虎】

比喻歡喜若狂。例遊藝晚會開始了，小朋友個個像得勝的貓兒——歡似虎。

【得勝回朝】

朝：朝廷。指打了勝仗返回朝廷向皇帝報捷。後泛指勝利而歸。常含貶義。《官場現形記》四八回：「畢竟土匪是烏合之衆，那裏經得起這大隊人馬，不下二個月，土匪也平了，那一帶的村莊也沒有了。問是怎樣沒有的，說是早被他三位架起大炮轟的沒有了。於是『得勝回朝』。」

【得勝葫蘆】

比喻能說會道的嘴。元・關漢卿《救風塵》四折：「賣弄他能愛女、有權術，怎禁那得勝葫蘆，說到有九千句。」

【得失不能疑其志】

疑：懷疑、動搖。不要因爲得或失而動搖其志向。指不以一時得失而動搖初衷。三國魏・李唐《運命論》：「得失不能疑其志，讒構不能離其交，然後得成功也。」

【得失參半】

見「得失相半」。

【得失成敗】

所得與所失，成功與失敗。晉・陸機《五等諸侯論》：「五等之制，始於黃、唐；郡縣之治，創自秦、漢。得失成敗，備在典謨，是以其詳，可得而言。」

【得失利病】

所得與所失，好處與害處。宋・司馬光《諫院題名記》：「夫以天下之政，四海之衆，得失利病，萃於一官，使言之。」

【得失榮枯】

榮：草木繁盛，比喻興旺；枯：草木枯萎，比喻衰敗。指功名的得與失，聲勢的顯赫與衰微。明・無名氏《度黃龍》楔子：「一夢之中，見了人我是非，得失榮枯，遂有出塵之志。」

【得失相半】

指好處與壞處，收益與弊病各占一半。《三國志・吳書・全琮傳》：「夫乘危徼幸，舉不百全者，非國家大體也。今分兵捕民，得失相半，豈得謂全哉？」也作「得失參半」。例這項工程的設計，應該說是得失參半，可以在此基礎上繼續研究，不應該全盤否定。

【得失在人】

指一個人的成功或失敗取決於自己主觀的努力與否。唐・陳子昂《與韋王虛己書》：「命之不來也，聖人猶無可奈何，況於賢者哉！僕嘗竊不自量，謂以爲得失在人，欲揭聞見，抗衡當代之士。不知事有大謬，異於此望者，乃令人慚愧悔赧。」

【得十利劍，不若得歐冶之巧】

冶：歐冶子，春秋時人，善鑄劍。得到十柄利劍，不如得到歐冶的精巧技藝。指做事重要的是掌握好的方法、技巧。《淮南子・齊俗訓》：「得十利劍，不若得歐冶之巧；得百走馬，不若得伯樂之數。」數：技術。

【得十良馬，不若得一伯樂】

伯樂：善於相馬的人，得到十匹良馬，還不如得到一個善於相馬的人。指善於發現人才的重要性。《呂氏春秋・贊能》：「得十良馬，不若得一伯樂；得十良劍，不若得一歐冶；得地千里，不若得一聖人。」

【得時無怠】

得到有利時機，就要及時抓住，不可解怠。《國語・越語下》：「得時無怠，時不再來。天子不取，反爲之災。」

【得食貓兒强似虎，敗翎鸚鵡不如雞】

翎：鳥的翅膀或尾巴上的長而硬的羽毛。比喻小人得意時趾高氣揚，英雄失意時窘迫不堪。《隋唐演義》八回：「『我是何等的人？爲了幾兩店賬，也弄得垂頭喪氣，何況於你？』常言道得好：『人當貧賤語氣低，馬瘦毛長不顯肥。得食貓兒强似虎，敗翎鸚鵡不如雞。』」也作「得志貓兒雄似虎，敗翎鸚鵡不如雞」、「得勝狸貓强似虎，及時鴉鵲更欺雕」、「得勝的貓兒歡似虎」。

【得手應心】

見「得心應手」。

【得售其奸】

售：販賣，推銷。指某人或集團得以推行自己的奸計。例老百姓應糾舉貪官污吏得售其奸，敗壞社會風俗的作爲。也作「以售其奸」。

【得獸失人】

比喻因小失大，得不償失。《國語・晉語七》：「魏絳曰：『勞師於戎，而失諸華，雖有功，猶得獸而失人也，安用之。』」

【得水蛟龍】

比喻得到施展自己才幹和抱負的機會的人。唐・李山甫《賀友人及第》詩：「得水蛟龍失水魚，此心相對兩何如？」

【得縮頭時且縮頭】

比喻需要躲避退讓就躲避退讓。宋・惟白《續傳燈錄》卷八：「僧問：『如何是祖師西來意？』師曰：『入市烏龜。』曰：『意旨如何？』師曰：『得縮頭時且縮頭。』」

【得天獨厚】

天：天然，自然；厚：優厚，優越。指人的資質或環境獨具特殊優越的天然條件。清・趙翼《甌北詩話・陸放翁詩》：「先生具壽者相，得天獨厚，爲一代傳人，豈偶然哉？」也作「得天之厚」。明・張居正《答宗伯董潯陽》：「翁年逾七袠，鬢髮如漆，精神步履新銳少年弗逮也，何得天之厚如是哉！」

【得天之厚】
見「得天獨厚」。

【得兔忘蹄】
蹄：捕兔的器具。抓到了兔子，就忘掉了蹄。《莊子・外物》：「筌者所以在魚，得魚而忘筌；蹄者所以在兔，得兔而忘蹄；言者所以在意，得意而忘言。」後用「得兔忘蹄」比喻達到目的後，就忘掉了實現目的手段或方法。宋・姜夔《白石道人詩說》：「後之賢者，有如以水投水者乎？有如得兔忘蹄者乎？」

【得未曾有】
從來沒有過，前所未有。明・吳偉業《張南垣傳》：「而言獨規模大勢，使人於數日之內，尋丈之間，落落難合，及其既就，則天墮地出，得未曾有。」也作「**得未嘗有**」。宋・蘇軾《與郭功甫書》之一：「昨辱寵臨，久不聞語，殊出意表，蓋所謂得未嘗有也。」

【得未嘗有】
見「得未曾有」。

【得賢則昌，失賢則亡】
得到賢才就會昌盛；失去賢才就會衰亡。指任賢舉能是關係到國家興亡的大事。漢・韓嬰《韓詩外傳》卷五：「故無常安之國，無恆治之民，得賢則昌，失賢則亡。自古及今，未有不然者也。」也作「**得賢者昌，失賢者亡**」、「**得人者昌，失人者亡**」。

【得心應手】
《莊子・天道》：「斫輪徐則甘而不固，疾則苦而不入。不徐不疾，得之於手而應於心，口不能言，有數存焉於其間。」後用「得心應手」指心裏怎麼想，手上便怎麼做，運用自如。形容技藝嫻熟。宋・沈括《夢溪筆談・書畫》：「余家所藏摩詰畫《袁安臥雪圖》，有雪中芭蕉，此乃得心應手，意到便成。」也作「**得手應心**」。明・李贄《讀史・琴賦》：「故蔡邕聞弦而知殺心，鍾子聽弦而知流水，師曠聽弦而識《南風》之不竟，蓋自然之道，得手應心，其妙固若此也。」

【得新忘舊】
得到新的，忘掉舊的。指感情上喜新厭舊，不能專一。明・胡文煥《前腔八首》之四：「得新忘舊，到前丟後，妄想處一味驕矜，滿意時十分馳驟。」

【得休便休】
休：罷休，停止。指適可而止，見好就收。《民國通俗演義》二回：「不如暫行停戰，與他議和，若他肯就我範圍，何妨得休便休，過了一年是一年，且到將來，再作計較。」

【得婿如龍】
形容得到了有出息的女婿。《藝文類聚》卷四○引晉・張方《楚國先賢傳》：「孫俊字文英，與李元禮（膺）俱聚太尉桓焉女。時人謂桓叔元兩女俱乘龍，言得婿如龍也。」

【得煙兒抽】
比喻得意、受重視。例他是今非昔比嘍！現在他可得煙兒抽了！

【得一望十，得十望百】
形容貪婪到極點。《醒世恆言》卷一七：「房中桌上，更無別物，單單一個算盤，幾本帳簿……日夜思算，得一望十，得十望百，堆積上去，分文不捨得妄費。」

【得一知己，死可無恨】
恨：遺憾。形容知心朋友難求。例「只有他知道我的生活、經歷，一直到心靈深處的思想。所謂：『人之相知，貴相知心。』，『得一知己，死可無恨。』」

【得以氣勝】
得：獲得，成功；氣勝：膽量和氣勢超過別人。指靠超人的膽量和氣勢取得成功。《醒世恆言》卷三四：「自古道：『得以氣勝。初番長兒攧贏了一兩文，膽就壯了，偶然有些彩頭，就連贏數次。』」

【得意客來情不厭，知心人到話相投】
接待情投意合的客人不會厭倦，知心朋友來到無話不談。《金瓶梅詞話》四四回：「說話之間，你一鍾，我一盞，不覺坐到三更天氣，方才歇宿，正是得意客來情不厭，知心人到話相投。」

【得意門生】
得意：稱心如意；門生：弟子，學生。最稱心最喜愛的學生。《孽海花》一一回：「潘尚書接口道：『兩位都是石農的得意門生喲。』」

【得意忘象】
意：精神實質；象：表象，外在形式。指注重精神實質，忽視其外在形式。宋・黃伯思《東觀餘論・跋滕子濟所藏唐人出遊圖》：「昔人深於畫者得意忘象，其形模位置不可以常法觀者，此卷寫唐人出遊狀，據其名題，或有弗同時者，而揚鑣並驅，睇眄相語，豈亦於世得意忘象者乎？」

【得意忘形】
①《晉書・阮籍傳》：「嗜酒能比嘯，善彈琴。當其得意，忽忘形骸。」後用「得意忘形」形容高興得失去常態。元・鮮於必仁《折桂令・畫》曲：「手掛掌坳，得意忘形，眼興迢遙。」也作「**得趣忘形**」。趣：意趣。元・熊禾《曝背龕記》：「及其得趣忘形，則咄咄書空，莞爾而笑。」②指取其精神而捨其形式。元・丘處機《報師恩》詞：「得意忘形還樸去，從教人笑不風流。」

【得意忘言】
意：意旨；言：言辭。《莊子・外物》：「言者所以在意，得意而忘言。吾安得夫忘言之人而與之言哉！」因以「得意忘言」指既已得其意旨，就不必多費言辭。《晉書・傅咸傳》：「得意忘言，言未易盡。苟明公有以察其悾款，言豈在多。」後也指互相默契，心照不宣。《文明小史》二回：「府縣心裏還當他們話到投機，得意忘言。」

【得意揚揚】

見「得意洋洋」。

【得意洋洋】

形容十分得意的樣子。《兒女英雄傳》一八回：「再合那些家丁們比試了一番，一個個都沒有勝得他的，他便對了那先生得意洋洋賣弄他那家本領。」也作「得意揚揚」。《三俠五義》一〇〇回：「見這明公說的得意揚揚，全不管行得行不得，不由的心中暗笑。」

【得意之筆】

見「得意之作」。

【得意之色】

色：神色。十分得意，露出傲慢不遜的神色。《魯迅書信集・答有恆先生》：「血的遊戲已經開頭，而角色又是青年，並且有得意之色。」

【得意之作】

認爲是自己最稱心如意的作品。張恨水《八十一夢・第十五夢》：「陶科長笑道：『胡兄如此高興，必有得意之作。』」也作「得意之筆」。《魯迅書信集・答有恆先生》：「我尤其怕看到是勝利者的得意之筆。」

【得意自鳴】

鳴：表示。對自己很稱心的所作所爲表示非常得意。清・陳烺《回流記・罷宴》：「笑他井底響繁蛙，得意自鳴，甘居人下。」

【得魚忘筌】

筌：ㄑㄩㄢˊ，捕魚用的竹器。捕到魚就忘掉了筌。《莊子・外物》：「筌者所以在魚，得魚而忘筌。」比喻目的達到後，就忘記其所以達到的手段或條件。清・袁枚《隨園詩話》卷二：「後之人未有不學古人而能爲詩者也，然而善學者，得魚忘筌；不善學者，刻舟求劍。」

【得之易，失之易；得之難，失之難】

容易得到的，也容易失去；得來困難的，不會輕易失去。《水滸傳》九六回：「臣聞古人有言：得之易，失之易；得之難，失之難。今陛下東南之境，開基以來，席捲長驅，得了許多州郡。今雖被宋江侵了數處，不久氣運復歸於聖上。」

【得衷合度】

指正好合適。明・胡應麟《詩藪・內編・古體下》：「穠纖修短，得衷合度。」

【得薄才庸】

見「德薄才疏」。

【得本財末】

指治國安邦，要以立德爲本，理財爲末。《禮記・大學》：「德者，本也；財者，末也。」清・昭槤《嘯亭雜錄・李毓昌》：「今歲某赴科場，皇上所命題，即以『得本財末』爲言，某雖不肖，敢欺君納賄焉。」

【德比於上，欲比於下】

德行上應該和比自己高的比，生活上的要求要和不如自己的人比。《傅子・仁論篇》：「德比於上，欲比於下。」例「德比於上，欲比於下」，思想水準不斷提高，物質慾望淡薄，這樣的人不會利用職權去謀私利。

【德薄才疏】

薄：淺；疏：空虛。德行淺薄，才識貧乏。常作謙詞。《水滸傳》六八回：「盧俊義道：『小弟德薄才疏，怎敢承當此位！若得居末，尚自過分。』」也作「德薄才庸」。庸：平庸。清・吳定《答鮑生桂星書》：「鄉者僕方稚昧，不自度德薄才庸，奮然以繼洛、閩、魯、鄒之傳自任，其志豈小哉！」

【德備才全】

德行完備，才能兼具。宋・許月卿《入邑道中三首》之一：「天涵地育王公旦，德備才全范仲淹。」

【德薄能鮮】

鮮：少。德行淺薄，才能不足。常作謙詞。宋・歐陽修《瀧岡阡表》：「俾知夫小子修之德薄能鮮，遭時竊位，而幸全大節，不辱其先者，其來有自。」

【德薄任重】

德行淺薄，而責任重大。三國蜀・諸葛亮《坐上與杜微書》：「德薄任重，慘慘憂慮。」

【德薄望輕】

德行淺薄，名望不足。清・王夫之《讀通鑑論・唐玄宗》：「大義不可易，顯道不可誣，苟且因仍，無能改者，不容終隱於人心，而不幸發自德薄望輕之口，又或以纖曲邪妄之說附會之，遂以不伸於天下，君子之所重嘆也。」

【德薄位尊】

德行淺薄，而地位尊貴。《周易・繫辭下》：「德薄而位尊，知小而謀大，力小而任重，鮮不及矣。」

【德不稱位】

品德同其地位不相稱。指品德不好，而身居高位。《漢書・刑法志》：「德不稱位，能不稱官，賞不當功，刑不當罪，不祥莫大焉。」

【德不孤，必有鄰】

有道德的人不會孤立，必定有人來和他交朋友。指道德高尚的人，一定會有同道。《論語・里仁》：「子曰：『德不孤，必有鄰。』」

【德不廣不能使人來，量不宏不能使人安】

量：度量。品德不高，就不能使人來歸；度量不大，就不能使人安心。指領導者要品德高尚，寬宏大量，才能招攬天下賢士。明・劉基《郁離子・德量》：「君人者唯德與量俱，而後天下莫不歸焉。德以收之，量以容之，德不廣不能使人來，量不宏不能使人安。故量小而思納大者，禍也。」

【德才兼備】

兼備：都具備。指高尚的品德和傑出

的才能都具備。例要建設二十一世紀的未來，必須從青少年中造就出許多德才兼備的優秀人物。

【德稱日盛】
德稱：德行名望。指德行名望一天比一天高。《後漢書・和熹鄧皇后紀》：「陰后見后德稱日盛，不知所為，遂造祝詛，欲以為害。」

【德高毀來】
毀：詆毀，誹謗。指品德高尚，結果招致別人的忌恨和誹謗。唐・韓愈《原毀》：「是故事修而謗興，德高而毀來。」

【德高望重】
品德高尚，名望極大。多用以稱年長而有名望的人。宋・司馬光《辭入對小殿札子》：「臣竊惟富弼三世輔臣，德高望重。」也作「德隆望重」。隆：高。《晋書・會稽文孝王道子傳》：「元顯因諷禮官下議，稱己德隆望重，既錄百揆，內外羣僚皆應盡敬。」也作「德隆望尊」。尊：尊貴，高貴。明・宋濂《送東陽馬生序》：「先達德隆望尊，門人弟子塡其室，未嘗稍降辭色。」也作「德深望重」。南朝・宋明帝《下廬江王禕詔》：「公若德深望重，宜膺大統；朕初平暴亂，豈敢當壁。」也作「德尊望重」。《東周列國志》七五回：「吾主以令尹德尊望重，故令某等獻上良馬，以備驅馳之用。」

【德厚流光】
厚：高；流：流傳；光：通「廣」，遠。指品德高尚，影響深遠。《穀梁傳・僖公十五年》：「德厚者流光，德薄者流卑。」唐・韓愈《禘祫議》：「今國家德厚流光，創立九廟。」

【德涼才薄】
涼：薄。德行淺薄，才能貧乏。明・朱之瑜《與源光國書三四首》之一六：「顧之瑜德涼才薄，不足以稱斯大典。」

【德隆望重】
見「德高望重」。

【德隆望尊】
見「德高望重」。

【德配天地】
配：匹配，相當。指道德可與天地相等。形容道德非常高尚。《莊子・田子方》：「夫子德配天地，而猶假至言以修心。」

【德淺行薄】
淺：淺薄；薄：輕薄。德行不高，行為輕薄。明・朱權《衝漠子》二折：「道竊然難言哉，恐子德淺行薄，何以克當。」

【德讓君子】
德讓：德行和謙讓。指對己修德，對人謙讓的人。《漢書・循吏傳序》：「此𪻐𪻐庶幾德讓君子之遺風矣。」

【德容功貌】
見「德言容功」。

【德容兼備】
指女子品行端莊，容貌姣好。清・沈復《浮生六記・坎坷記愁》：「願君續德容兼備者以奉雙親。」

【德容言功】
見「德言容功」。

【德劭年高】
劭：美好。品行好，年齡大。宋・劉克莊《方聽蛙啟》：「恭惟某人德劭年高，筆精墨妙。」也作「年高德劭」。

【德深望重】
見「德高望重」。

【德望日重】
德望：德行和名望；重：厚重，高。德行和名望一天比一天高。《宋史・楊時傳》：「時安於州縣，未嘗求聞達，而德望日重，四方之士不遠千里從之遊，號曰龜山先生。」

【德威並用】
指恩德和嚴刑同時施用。例一個好的國君，治理國家要採用德威並用，廣被德澤之法，老百姓必定感念在心。

【德為人表】
品德高尚，可作為他人的表率。《隋書・盧昌衡傳》：「出為徐州總管長史，甚有能名。吏部尚書蘇威考之曰：『德為人表，行為士則。』論者以為美說。」

【德高工貌】
見「德言容功」。

【德言工容】
見「德言容功」。

【德言容功】
德：品德；言：言辭；容：儀容；功：指女子所作紡織、縫紉、刺繡等工作。《禮記・昏義》：「是以古者先嫁三月……教以婦德、婦言、婦容、婦功。」封建禮教因以「德言容功」作為要求女子具備的四種德行。《剪燈餘話・瓊奴傳》：「年十四，雅善歌辭，兼通音律，德言容功，四者咸備。」也作「德言工貌」。《兒女英雄傳》一四回：「今番我遇見這褚家娘子，又是這等的通達人情，可見地靈人傑，何地無才，更不必定向錦衣玉食中去講那德言工貌了。」也作「德言工容」。例古代講求女子應有的「德言工容」，在現代仍然是受用的。也作「德容功貌」。《紅樓夢》八四回：「王爾調陪笑道：『也是晚生的相與，做過南韶道的張大老爺家，有一位小姐，說是生的德容功貌俱全，此時尚未受聘。』」也作「德容言功」。《二刻拍案驚奇》卷一一：「那朱氏女生長宦門，模樣又是著名出色的，眞是德容言功無不具足。」

【德洋恩普】
洋：盛大，充盈；普：普遍，普及。賢德充盈，恩惠普施。形容德恩惠無處不在。漢・司馬相如《難蜀父老檄》：「德洋恩普，物靡不得其所。」

【德以報怨】
用恩德來回報怨仇。指放棄舊怨，以德待人。《三國志・吳書・劉繇傳》：「知敦以厲薄，德以報怨，收骨育孤，哀亡愍存，捐既忘之猜，保六尺之托，誠深恩重分，美名厚實也。」

【德音莫違】

德音：善言；莫違：不要違背。別人的善言不要不理睬。《詩經・邶風・谷風》：「德音莫違，及爾同死。」

【德輶如毛】

輶：ㄧㄡˊ，輕。德輕得像羽毛。指只要心有此志，推行仁德是很容易的。《詩經・大雅・烝民》：「人亦有言：『德輶如毛，民鮮克舉之。我儀圖之，維仲山甫舉之，愛莫助之。』」也作「德輶如羽」。晉・張華《勵志詩》之三：「仁道不遐，德輶如羽。求焉斯至，衆鮮克舉。」

【德輶如羽】

見「德輶如毛」。

【德重恩弘】

重：厚重，深厚；弘：通「宏」。仁德深厚，恩惠廣大。唐・韓愈《袁州刺史謝上表》：「顯榮頻煩，稱效寂蔑，又蒙赦其罪累，授以方州，德重恩弘。」

【德州扒雞——窩著脖子彎著腿】

扒雞：一種煨得爛熟的滷雞，德州名產。比喻受到壓抑，不舒暢，很難受。例這幾天在家很不順心，在機關又無端受人非議，整天覺得窩囊，憋氣，就像德州扒雞一樣，窩著脖子彎著腿！

【德尊望重】

見「德高望重」。

ㄉㄞ

【呆裏藏乖】

乖：伶俐，靈巧。貌似呆頭呆腦，實際上卻很機警。指心中內秀的人。《鼓掌絕塵》二回：「不想那方幫是個呆裏藏乖的人，打聽得消息不好……竟拿了那些銀子，先自挈家而走。」

【呆裏撒奸】

撒：耍弄，施展。指外表上好像痴痴呆呆，實際上幹著奸詐的勾當。元・王實甫《西廂記》三本二折：「你休要呆裏撒奸，你待要恩情美滿，卻教我骨肉摧殘。」也作「呆衷撒奸」。明・張居正《答吳環洲》：「今人可與籌邊事者，獨公與金湖公而已。與他人言，頗似說夢，雖識或不逮，亦有呆衷撒奸者。」

【呆腦呆頭】

見「呆頭呆腦」。

【呆人說夢】

傻瓜講述自己做的夢。比喻憑著荒誕的意念說出現實中根本做不到的胡話。清・黃宗羲《南雷文案》卷十：「近見王岳淸流摘鏡謂李實睚眦於逆奄（閹），先公實欲收遼庵之功而不避形跡，則是呆人說夢矣。」也作「痴人說夢」。

【呆如木雞】

見「呆若木雞」。

【呆若木雞】

呆：痴呆，發呆，發楞。呆得像木頭做的雞。《莊子・達生》載：紀渻子爲國君馴養鬥雞，四十日乃成，「望之似木雞矣」。形容訓練好的雞鎮定專注，後用「呆若木雞」形容因驚懼或困惑而發楞失神的樣子。曹禺《日出》二幕：「[黃省三]呆若木雞，低得幾乎聽不見的聲音。」也作「呆似木雞」。《二十年目睹之怪現狀》四五回：「我提到案下問時，那羅榮統呆似木雞，一句話也說不出。」也作「呆如木雞」。《慈禧太后演義》三回：「這時桂祥被輿夫一嚷，好似鉗住了口，呆如木雞一般。」

【呆似木雞】

見「呆若木雞」。

【呆頭呆腦】

形容反應遲鈍，動作笨拙。《紅樓夢》四八回：「何苦自尋煩惱？都是顰兒引的你，我和他算賬去。你本來呆頭呆腦的，再添上這個，越發弄成個呆子了。」也作「呆腦呆頭」。元・馬致遠《岳陽樓》三折：「似這等呆腦呆頭勸不回。呸！可不乾賺了我奔走紅塵九千里。」

【呆衷撒奸】

見「呆裏撒奸」。

ㄉㄞˋ

【代別人寫情書——不是眞心】

比喻假情假意。例他對朋友就像代別人寫情書——不是眞心，你得小心點。

【代拆代行】

拆：拆開，指拆閱公文；行：發出，指簽發公文。長官因故不在時代理公文事務。指暫時行使領導者才具有的權力。《官場現形記》九回：「其時撫台請病假，各事都由藩司代拆代行。」

【代代相傳】

指一代接一代地承繼流傳下來。例中國的古老文化經過代代相傳，形成了悠久的傳統，我們應該批判地繼承，將其精華發揚光大。

【代李僵桃】

僵：僵死，枯死。指李樹代替桃樹去死。比喻甲頂替乙，或代人受過。仲振奎《紅樓夢傳奇・設謀》：「代李僵桃，權欺瘦沈，喜的是病痴難審。」此謂王熙鳳施用掉包計，以薛寶釵頂替林黛玉。也作「李代桃僵」。

【代馬望北】

見「代馬依風」。

【代馬依風】

代：古時有代郡，後泛指北方邊塞地區；代馬：北方所產良馬。身在他處的北方駿馬，仍舊依戀著塞北的大漠朔風。比喻客遊遠方的人思戀故鄉。《後漢書・班超傳》：「超自以久在絕域，年老思土。十二年，上疏曰：『臣聞太公封齊，五世葬周，狐死首丘，代馬依風。夫周齊同在中土千里之間，況於遠處絕域，小臣能無依風首丘之思哉！』」也作「代馬望北」。

漢・王符《潛夫論・實邊》：「且夫士重遷，戀慕墳墓，賢不肖之所同也。民之於徙，甚於伏法……代馬望北，狐死首丘，邊民謹頓，尤惡內留。」

【代庖越俎】

庖：庖丁，廚師；越：超越；俎：ㄗㄨˇ，舊時盛祭品的器具。《莊子・逍遙遊》：「庖人雖不治庖，尸祝不越樽俎而代之矣」指廚師雖不願做飯，負責祭祀的人也不能放下祭器去代替廚師下廚房。後用「代庖越俎」比喻超越自己的職責範圍去做別人分內的事情。宋・黃乾《謝兩浙漕司送錢啟》：「自冬涉春，深愧代庖而越俎，以新易舊。」也作「**代越庖俎**」。例他又不是你部門主管，憑什麼代越庖俎，對你下命令？也作「**越俎代庖**」。

【代人受過】

代：代替；受：承受；過：過失，過錯。指替別人承擔所犯過失的責任。例這禍又不是你惹出來的，你何必代人受過？眞是自找罪受。

【代人捉刀】

捉刀：握刀。南朝宋・劉義慶《世說新語・容止》：「魏武將見匈奴使，自以形陋不足雄遠國，使崔季珪代，帝自捉刀立床頭。既畢，令間諜問曰：『魏王何如？』匈奴使答曰：『魏王雅望非常，然床頭捉刀人，此乃英雄也。』」後用「代人捉刀」比喻代替別人辦事，其中多喻代人寫文章。

【代人說項】

宋・計有功《唐詩紀事・項斯》：「斯字子遷，江東人，始未爲聞，人因以卷謁楊敬之。楊苦愛之，贈詩云：『幾度見詩詩盡好，及觀標格過於詩，平生不解藏人善，到處逢人說項斯。』未幾，詩達長安，明年擢上第。」後用「代人說項」指稱爲人說好話。

【代越庖俎】

見「代庖越俎」。

【帶刺的鮮花扎手】

比喻漂亮女子令人愛慕，卻不容易接近。例娜娜是外文系的系花，但想追求她的男士，在背地裏議論，說她是朵帶刺的鮮花扎手。

【帶大枷】

原指犯人帶著一種木製的套住脖子和雙手的刑具。比喻受罪、爲難。例自從老二生了個弱智兒，我們全家都帶大枷了。

【帶甲百萬】

帶甲：披著鎧甲的士兵。形容士卒衆多，裝備充足，軍事實力强盛。《戰國策・楚策一》：「[蘇秦說楚威王曰]：『楚，天下之强國也……地方五千里，帶甲百萬，車千乘，騎萬匹，粟支十年，此霸王之資也。』」

【帶減腰圍】

帶：腰帶。腰圍變小，腰帶顯得寬大。形容因愁病而消瘦得厲害。宋・辛棄疾《木蘭花慢》詞：「安得車輪四角，不堪帶減腰圍。」

【帶金佩紫】

金：指金印；紫：指紫綬。帶著金印，佩著紫綬。形容身居高位，聲勢顯赫。南朝宋・劉義慶《世說新語・言語》：「南郡龐士元，聞司馬德操在潁川，故二千里候之，至，遇德操採桑。士元從車中謂曰：『吾聞丈夫處世，當帶金佩紫，焉有屈洪流之量，而執絲婦之事？』」

【帶厲河山】

帶：衣帶；厲：礪，磨刀石；河：黃河；山：泰山。《史記・高祖功臣侯者年表》：「封爵之誓曰：『使河如帶，泰山若厲。國以永寧，爰及苗裔。』」此爲古時分封諸侯的誓詞。即使黃河變得像衣帶一樣窄，泰山變得像磨石刀一樣小，封國也要永存，傳至子孫後代。後以「帶厲河山」比喻功臣爵祿，世代永傳。後也作「**帶礪河山**」。元・劉時中《水仙操・爲平章南谷公壽福樓賦》曲：「朱簾畫棟倚穹蒼，帶礪河山接四至。」也作「**帶礪山河**」。唐・張說《唐故涼州長史元君石柱銘序》：「壇場鄗、洛，據天地之圖，帶礪山河，建王侯之國。」

【帶礪河山】

「帶厲河山」。

【帶礪山河】

「帶厲河山」。

【帶牛佩犢】

漢宣帝時渤海郡農民因荒年發生騷亂，其太守龔遂沒有用武力壓服，而是勸說持刀帶劍的農民賣劍買牛，賣刀買犢。《漢書・龔遂傳》：「上以爲渤海太守……民有帶持刀劍者，使賣劍買牛，賣刀買犢，曰：『何爲帶牛佩犢！』」後用以比喻改業歸農。

【帶水帶漿】

形容話中帶刺，言語中含有嘲諷辱罵。《初刻拍案驚奇》卷二〇：「那老子信了婆子的言語，帶水帶漿的羞辱毀罵了兒子幾次。」

【帶水拖泥】

形容在泥濘的道路上行走艱難。後比喻辦事不爽快，不俐落，或者說話寫文章拖沓不簡潔。宋・劉克莊《解連環・甲子生日》詞：「一甲子、帶水拖泥，今歲謝君恩，放還山去。」也作「**帶雨拖泥**」。元・王惲《赴任濟南前次黃岡作》：「今年東赴濟南行，帶雨拖泥二十程。」也作「**拖泥帶水**」。

【帶眼安眉】

指有眉有眼。形容有眼光，有見識。元・李壽卿《伍員吹簫》三折：「枉教你頂天立地，空教你帶眼安眉，剛一味胡支對。」

【帶雨梨花】

如同帶著雨點的梨花一般。形容美女淚流滿面的樣子。也比喻女子嬌美的容貌。元・喬夢符《揚州慢》三折：「淡妝呵，顫顫帶雨梨花。」

【帶雨拖泥】

見「帶水拖泥」。

【帶月披星】

頭頂月亮，身披星星。形容早出晚歸，辛勤勞作，或日夜兼程，風塵僕僕。明・朱權《荊釵記・赴任》：「渡水登山驀嶺，帶月披星，車塵馬足不暫停。」也作「戴月披星」。《聊齋志異・毛狐》：「馬曰：『何遽言別？』曰：『戴月披星，終非了局。使君自有婦，搪塞何爲？』天明而去。」

【帶著馬桶坐大堂——贓(臟)官】

馬桶：大小便用的有蓋的桶；贓：「臟」的諧音。雙關語。比喻貪贓受賄的官吏。例僞縣長柳興在任兩年，刮地皮三尺，置家產百萬，老百姓稱他是帶著馬桶坐大堂的贓官。也作「老爹坐馬桶——贓(臟)官」。

【帶罪立功】

指犯有罪過的人建立功績，以求減免自己的罪責。淸・李漁《蜃中樓・獻壽》：「正要議俺的罪刑，恰好西北地方又報抗旱，上帝就著俺去帶罪立功。」也作「戴罪立功」。洪楝園《警黃鐘・敗盟》：「本應治你之罪，姑著你戴罪立功，以贖前愆。」也作「戴罪圖功」。《明史・馬芳傳》：「帝令察壙堪辦賊，許戴罪圖功，否即以賜劍從事。」

【殆無孑遺】

殆：幾乎；孑遺：殘存，剩餘。指大的戰亂天災之後，幾乎沒有什麼人或物殘留下來。淸・歸莊《黃孝子傳》：「至巳丑爲西兵所敗，故境內遭殘滅，殆無孑遺。」

【殆無虛日】

虛日：空閒的日子。指幾乎沒有一點閒暇時間。《隋唐演義》九三回：「於是株連蔓引，搜捕窮治，殆無虛日。」

【殆庶幾乎】

殆庶：近似。指大概差不多。《周易・繫辭》上：「顏氏之子，其殆庶幾乎！」意謂近乎聖人。

【待哺嗷嗷】

待哺：等候喂食；嗷嗷：哀號的聲音。形容饑餓求食心切的樣子。多指戰亂荒年時饑民的慘狀。淸・金埴《不下帶編》卷五：「邇來農歲偶荒，輒見哀鴻四起，城鄉一望，多有未炊，待哺嗷嗷，而督賑之官，勢難遍及，奈之何哉！」也作「嗷嗷待哺」。

【待機再舉】

見「待時而動」。

【待己者，當於無過中求有過】

對待自己，要在自以爲沒有過錯中找出過錯。指要嚴於律己，就能避免鑄成大錯。《訓俗遺規・史搢臣願體集》：「待己者，當於無過中求有過；待人者，當於有過中求無過。」

【待價藏珠】

藏著寶珠，等待高價售出。比喻身有高才絕藝的人，等待被人賞識，得到重用的機會。《羣音類選〈玉玦記・別妻求試〉》：「待價藏珠未可輕，一朝持獻明庭。」

【待價而沽】

沽：賣。等待高價售出。《論語・子罕》：「子貢曰：『有美玉於斯，韞櫝而藏諸，求善賈而沽諸。』子曰：『沽之哉！沽之哉！我待賈者也。』」後用「待價而沽」比喻有才幹的人要等到受人賞識，予以重任時才出來做官任職。也比喻有些人要求得到優厚的待遇才肯做工作。明・李贄《續焚書・與焦弱侯太史》：「待價而沽，不欲求售者，以天下之無豪傑也。」

【待勞以逸】

勞：疲勞；逸：安逸，安閒。用安閒休息等待對方疲勞。指作戰時先取守勢，養精蓄銳，待敵人疲憊不振，士氣大落時，再乘機痛擊。宋・李燾《續資治通鑑長編・眞宗咸平三年》：「豈獨不啟戎心，況復待勞以逸。如此，則不失備邊之要。」也作「以逸待勞」。

【待理不理】

似要答理，卻又不理。形容對人冷冰冰的態度。《紅樓夢》九五回：「二太爺，你們這會子瞧我窮，回來我得了銀子，就是財主了，別這麼待理不理的！」

【待闕鴛鴦】

闕：宮闕，指新婚洞房；鴛鴦：已訂婚的男女。指正在張羅布置新房，準備結婚的男女。唐・馮贄《雲仙雜記》：「唐朱子春未婚先開洞房室，帷帳甚麗，以待其事，人謂之待闕鴛鴦。」

【待人接物】

物：人物。指與人相處時，對待他人的態度，接觸他人的方式。《水滸傳》八一回：「此人極是仁慈寬厚，待人接物，一團和氣。」

【待人要豐，自奉要約；責己要厚，責人要薄】

豐：寬厚；約：簡約；厚：指嚴格要求；薄：寬容。對待別人要寬厚，對待自己要簡約；對自己要求要嚴，對別人要寬。淸・陳弘謀《養正遺規》卷下：「待人要豐，自奉要約；責己要厚，責人要薄」。例新廠長上任，嚴格遵循『待人要豐，自奉要約；責己要厚，責人要薄』這條古訓，致力改革，工人們的心凝聚在一起了，工廠面貌煥然一新。

【待時而動】

指等待恰當的時機然後採取行動。《東周列國志》九五回：「昭王深自韜晦，養兵恤民，待時而動。」也作「待時而舉」。《東周列國傳》六九回：「寡君知天運之盛衰，達時務之機變，所以養兵續將，待時而舉。」也作「待時而行」。明・劉基《順齋箴爲仲珍作》：「天地順動，百度弗渝，待時而行，處順以守。」也作「待機再舉」。例做事不宜操之過急，應待機再舉，才能事半功倍。

【待時而擧】
見「待時而動」。
【待時而行】
見「待時而動」。
【待時守分】
爲了等待有利時機，眼下姑且安分守己而不輕擧妄動。元・關漢卿《裴度還帶》一折：「想咱人不得志呵，當以待時守分，何日是我那發跡的時節也呵！」
【待勢乘時】
勢：形勢；乘：利用。等待有利的形勢，利用適當的時機。元・無名氏《凍蘇秦》一折：「據先生甘貧守困，待勢乘時，所謂蛟龍得雲雨，終非池中之物。」
【待說不說】
似乎要說什麼，卻又沒說出來。指欲言又止。《紅樓夢》三二回：「我再問他兩句家常過日子的話，他就連眼圈兒都紅了，嘴裏含含糊糊，待說不說的。」
【待兔守株】
守：守候；株：露出地面的樹根。守候在樹根旁等待兔子撞上去。比喻死守狹隘的經驗而不知變通，或妄圖不勞而獲，坐享其成的僥倖心理。宋・張君房《〈雲笈七籤〉序》：「刻舟求劍，體貌何殊：待兔守株，旨意寧遠。」也作「**守株待兔**」。
【待兔之人】
等待兔子自己撞到樹根上去的蠢人。比喻墨守成規不知變通或妄圖坐享其成不思進取的人。宋・范仲淹《臨川羨魚賦》：「亦猶射雉之子，即亡矢以胡爲？待兔之人，非設置而奚可？」
【待用無遺】
遺：遺落，遺漏。指準備充分利用一切可以利用的東西。唐・韓愈《進學解》：「牛溲馬勃，敗鼓之皮，俱收並蓄，待用無遺者，醫師之良也。」
【待月西廂】
唐・元稹《鶯鶯傳》載：「張生寓居普救寺，遇崔鶯鶯，愛其美貌，綴《春詞》二首挑之。鶯鶯遣婢女紅娘送張生題《月明三五夜》詩一首，約與張生相會。其詞曰：『待月西廂下，迎風戶半開，拂牆花影動，疑是玉人來。』後用以比喻情人相約幽會。《玉嬌梨》九回：「分明訪賢東閣，已成待月西廂。」
【待字閨中】
待字：古代女子到成年許嫁時方可命字，故稱女子待嫁爲待字；閨：指女子所居內室。指女子還未定親出嫁。清・梁紹壬《兩般秋雨庵隨筆・方子雲詩》：「宛如待字閨中女，知有團圞在後頭。」也作「**待字深閨**」。《廿載繁華夢》二回：「養成一個如珠似玉的女兒，不特好才貌，纏得一雙小腳兒，現年十七歲，待字深閨。」
【待字深閨】
見「待字閨中」。
【待罪行間】
待罪：古代官吏對帝王陳奏時的自謙之詞，即力不勝職必將獲罪；行（ㄏㄤˊ）間：行伍之間。指在軍中任職。《史記・衛青傳》載：車騎將軍衛青率兵攻匈奴大捷，天子使使者持大將軍印，即軍中拜衛青爲大將軍，封六千戶，其子亦封侯。「青固謝曰：『臣幸得待罪行間，賴陛下神靈，軍大捷，皆諸校尉力戰之功也。』」
【怠惰因循】
怠惰：懶惰；因循：拖延。指幹事懶散拖拉。唐・韓愈《答殷侍御書》：「願盡其學，職事羈纏，未得繼淸，怠惰因循，不能自强。」
【怠忽荒政】
怠忽：懶惰疏忽；荒：荒廢。指懶散怠懈，玩忽職守，就會擾亂政事，使局勢不穩。《尚書・周官》：「蓄疑敗謀，怠忽荒政。」
【怠者不能修，而忌者畏人修】
怠：懶惰；修：學習，求上進。懶惰的人不能好好地學習求進步，而忌妒的人生怕別人學得好，有進步。唐・韓愈《原毀》：「雖然，如是者，有本有原，怠與忌之謂也。怠者不能修，而忌者畏人修。」
【戴大帽子】
比喻批評不切實際，過甚其詞。例一切過分的批評，誇大人家的錯誤，濫給別人戴大帽子，都是不對的。
【戴髮含齒】
頭上長著頭髮，嘴裏生著牙齒。指人。《列子・黃帝》：「戴髮含齒，倚而趣者謂之人，而人未必無獸心，雖有獸心，以狀而見親矣。」意指長著頭髮生有牙齒的，即使品行不良，也還是個人。也作「**戴髮含牙**」。清・洪昇《長生殿・罵賊》：「眼見的去做忠臣沒個敢。雷海青呵，若不把一肩擔，可不枉了戴髮含牙人是俺。」
【戴髮含牙】
見「戴髮含齒」。
【戴鋼盔爬樹——硬著頭皮上】
比喻明知不順利，也要努力去做。有時指不顧阻撓或不顧條件，堅決做某一事情。例我知道自己很難勝任這項工作，但大家一致推選我只好戴鋼盔爬樹——硬著頭皮上。
【戴高履厚】
高：指天；厚：指地。頭頂著高闊的蒼天，腳踏著厚實的大地。指生存在天地之間。清・姚元之《竹葉亭雜記》卷六：「伏念臣一介庸愚，遭逢聖代，荷兩朝之恩遇，浹體淪肌；際累世之昌隆，戴高履厚。」
【戴高帽兒】
見「戴高帽子」。
【戴高帽子】
比喻吹捧或恭維人。《鏡花緣》二七回：「多九公道：『老夫聞說此處最喜奉承，北邊俗語叫做愛戴高帽子。今日也戴，明日也戴，滿頭盡是高帽子。』」也作「**戴高帽兒**」。《兒女英雄傳》一四回：「他老人家雖說是這等脾氣，卻是吃順不吃強，又愛戴高帽兒。」

【戴紅纓帽上樹——紅到頂了】

紅纓帽：清朝官吏所戴的帽子，帽頂上有紅纓子。比喻受賞識、受重用到了極點。有時含有榮耀的意思，有時表示嘲弄。例小楊對小牛說：「你現在是戴紅纓帽上樹——紅到頂了，哪能記得患難時的朋友？」也作「**秋天的高粱——紅到頂了**」、「**頭上插辣椒——紅到頂了**」。

【戴雞佩豚】

雞：指雄雞；豚：指公豬。雄雞、公豬性好鬥，故古時好勇爭勝的人用其圖像作爲衣飾。《史記・仲尼弟子傳》：「子路性鄙，好勇力，志伉直，冠雄雞，佩豭豚，陵暴孔子。」漢・王充《論衡・率性》：「世稱子路無恆之庸人，未入孔門時，戴雞佩豚，勇猛無禮。」因以「戴雞佩豚」指好勇爭勝的人。

【戴角披毛】

頭上頂著角，身上披著毛。指畜牲。清・王夫之《勘破窗紙者爰書》：「條條分明，載其狠心怒目；咄咄怪事，恍若戴角披毛！一時之醜行彰矣，十罪之爰書定焉！」也作「**披毛戴角**」。

【戴笠乘車】

戴笠：指貧賤；乘車：指富貴。《初學記》卷一八引晉・周處《風土記》：「卿雖乘車我戴笠，後日相逢下車揖。」後以「戴笠乘車」指友誼深厚，不因貧賤富貴而發生改變。宋・劉克莊《回秘閣徐提刑啟》其二：「投李報玖，自憐囊褚之貧；戴笠乘車，方羨繡衣之貴。」也作「**乘車戴笠**」。

【戴綠帽子】

見「戴綠頭巾」。

【戴綠頭巾】

綠頭巾：指元、明兩代娼妓、樂人家的男子，頭裹綠巾。後用來譏諷妻子與其他男人有不正當性關係的人。《醒世姻緣傳》六六回：「爭奈這樣混帳戴綠頭巾的漢子，沒等那老婆與他一點好氣，便就在他面前爭妍取憐。」也作「**戴綠帽子**」。張恨水《啼笑姻緣》一七回：「『咱們這樣有面子的人，什麼也不怕，就怕戴綠帽子！』」

【戴帽子】

比喻給人或事安上一個罪名或一個稱。巴金《關於〈第四病室〉》：「在『四害』橫行的時候，它受到了嚴厲的批判，給它戴上『毒草』的帽子，這是無足怪的。」巴金《關於〈海的夢〉》：「我擔心小說遭受查禁，又害怕會給出版它的書店老板帶來麻煩（不能怪他們有顧慮），就給小說戴上一頂『童話』的帽子，算是化了妝。」

【戴棉帽穿涼鞋——顧頭不顧腳】

①比喻顧此失彼。例春夏大忙時節，活茬多，人手少，眞是戴棉帽穿涼鞋——顧頭不顧腳。②比喻重視一頭，輕視另一頭。例有的工作，有的學習，都是事業的需要，作爲上司，應雙方照顧，戴棉帽穿涼鞋——顧頭不顧腳，是偏心的表現。也作「**賣了鞋子買帽子——顧頭不顧腳**」。

【戴盆望天】

頭上頂著盆子去看天。比喻行爲和願望不相符，達不到目的。唐・盧照鄰《五悲・悲人生》：「丘晚聞道，聃今已老，徒知其一，未究其術；何異夫戴盆望天，倚杖逐日；蒼蒼之氣未辨，昭昭之光已失。」

【戴屎盆】

比喻擔壞名聲。例這種缺德的事我可不幹，免得日後戴屎盆。

【戴炭簍子】

炭簍子：裝木炭的竹簍，頗像高帽子。比喻喜歡吹捧別人或受人吹捧。《官場現形記》八回：「他原是最壞不過的，看見陶子堯官派熏天，官腔十足，曉得是喜歡拍馬屁、戴炭簍子的一流人。」

【戴天履地】

頭頂青天，腳踏大地。指生活於天地之間。有爲人一世當行爲端正之意。《後漢書・翟酺傳》：「臣荷殊絕之恩，蒙値不諱之政，豈敢雷同受寵，而以戴天履地。」

【戴頭而來】

頂著腦袋前來。唐・柳宗元《段太尉逸事狀》：「甲者出，太尉笑且入，曰：『殺一老卒，何甲也？吾戴吾頭來矣。』」後用「戴頭而來」形容臨危不懼，義無反顧的氣概。《明通鑑附編・清順治八年》：「山僧本戴頭而來，得葬故王，當歸就戮。」

【戴頭識臉】

指有身分，講體面。《醒世姻緣傳》三六回：「只怕上面沒嫡妻，兒子們又都是戴頭識臉的人物，家中留了這等沒主管的野蜂……兒子們也只好白瞪了眼睛乾看。」

【戴烏紗帽】

古代當官的都戴烏紗帽。比喻做官，當領導人。例自從他戴烏紗帽以後，他的眼睛就長到頭頂上去了。

【戴星而出】

指天還未亮就早早出門。形容事務繁忙，十分辛苦。宋・蘇軾《策別九》：「夫今爲京兆者，戴星而出，見燭而入，早出晚歸。」

【戴有色眼鏡】

比喻有成見、不客觀。例我們的報導一定要眞實，不要加油加醋，不要戴有色眼鏡。也作「**戴著有色眼鏡**」。

【戴圓履方】

圓：指天；方：指地。古人以爲天圓地方。頭頂著天，腳踏著地。指生活在人世間。有人生在世，當行爲端正之意。《淮南子・本經訓》：「戴圓履方，抱表懷繩，內能治身，外能得人，發號施令，天下莫不從風。」

【戴月披星】

見「帶月披星」。

【戴著斗笠打傘——多此一舉】

斗笠：一種竹製可遮陽防雨的寬邊帽子。也作「**戴著斗笠撐傘**」。見「白天點燈——多此一舉」。

【戴著斗笠親嘴——差著一帽子】

斗笠：一種竹製的可遮陽防雨的寬邊帽子。比喻兩方面相差太遠；或有差距，比不上。例差人惱了道：「這個正合著古語，『瞞天討價，就地還錢。』我說二三百銀子，你就說二三十兩，『戴著斗笠親嘴——差著一帽子。』」也作「**戴草帽親嘴——差一截子**」、「**戴著斗笠親嘴——差一截子**」、「**泥鰍比黃鱔——差一截**」、「**舌頭舔鼻子——差一截子**」、「**竹竿頂天——差一截子**」。

【戴著木頭鈴的石獅子——搖不響也撞不動】

木頭鈴，搖不響；石獅子，撞不動。比喻態度頑固，他人奈何不得。例有的人就像戴著木頭鈴的石獅子——搖不響也撞不動，他們拒絕新觀念，厭惡新事物，可誰又能把他們怎樣呢？

【戴著木頭眼鏡——看不透】

比喻不能透徹地了解或認識事物。例我們相處才半年，對他還是戴著木頭眼鏡——看不透，你自己找他當面談談吧！

【戴著烏紗帽不上朝——養尊處優】

上朝：臣子到朝廷上拜見君主奏事議事。指處在尊貴的地位，過著優裕的生活。例有的幹部戴著烏紗帽不上朝——養尊處優，逐漸脫離羣衆。

【戴著烏紗彈棉花——有功（弓）之臣】

烏紗：古時文官上朝議事或升堂審案時戴的帽子叫烏紗帽，常簡稱烏紗；功：「弓」的諧音；弓：彈棉花用的緔弓。雙關語。比喻取得卓越成績的人。例寶鋼的建成全靠你們的力量，你們是戴著烏紗彈棉花——有功（弓）之臣哪！也作「**彈花匠上殿——有功（弓）之臣**」。

【戴著孝帽進靈棚——假充近人】

孝帽：舊俗在死了尊長後的一段時間戴的白色布帽或麻帽；靈棚：爲擺設靈牌或棺材而臨時搭起來的棚子；近人：很親密的人。比喻爲了討好別人裝做很親密的樣子。含有嘲諷意思。例白二毛獲取上司的好感，最慣用的手法就是戴著孝帽進靈棚——假充近人。

【戴著雨帽進廟門——冒充大頭鬼】

比喻本來很平常，卻要裝作了不起。含嘲諷意思。例村裏誰不知道欒三兒的底細，他卻在城裏戴著雨帽進廟門——冒充大頭鬼，眞可笑。也作「**螞蟻戴荔枝殼——假充大頭鬼**」、「**蒜頭疙瘩戴涼帽——裝大頭鬼**」。

【戴罪立功】

見「帶罪立功」。

【戴罪圖功】

見「帶罪立功」。

【戴罪自效】

效：報效。指犯有罪過的人盡力爲國爲君效勞，將功折罪。《孽海花》二五回：「朝旨把言、魯逮問，丁雨汀革職戴罪自效。」

ㄉㄠ

【刀筆賈豎】

賈（ㄍㄨˇ）豎：對商人的蔑稱。指官府中掌管公文或寫訴狀的人貪嗜錢財，弄權枉法。《明史・湯開遠傳》：「吏部惟雜職多弊，臣鄉吳羽文竭力釐剔，致刀筆賈豎哄然而起，羽文略不爲撓。」

【刀筆老手】

見「刀筆之吏」。

【刀筆吏】

見「刀筆之吏」。

【刀筆先生】

見「刀筆之吏」。

【刀筆之吏】

刀筆：指書寫用具。古時在竹簡上書寫，有誤就用刀削去重寫。又指公文案牘。吏：舊時官府中的小官、辦事人員。指官府中掌管案牘的人或專門撰寫訴狀的人。《史記・李廣列傳》：「且[李]廣年六十餘矣，終不能復對刀筆之吏。」也作「**刀筆吏**」。《漢書・張湯傳》：「湯無尺寸之功，起刀筆吏，陛下幸致位三公，無以塞責。」也作「**刀筆老手**」。茅盾《動搖》四：「要我謅一首七言八言的詩，倒還勉强可以敷衍交卷，獨有那長篇大論的宣言，恐怕做來不像。你老兄是刀筆老手，所以非請你幫助不可了。」也作「**刀筆先生**」。《紅樓夢》八五回：「就在那裏訪一個有斟酌的刀筆先生，許他些銀子，先把死罪撕擄開，回來再求賈府去上司衙門說情。」

【刀擱脖子——離死不遠】

比喻快死了。例這個俘虜奄奄一息，看來是刀擱脖子——離死不遠了，把他送進醫院吧！

【刀耕火耨】

耨：除草。一種原始的農耕方法。先伐去林木，又將草木燒成灰做肥料，然後就地挖坑下種。《舊唐・嚴震傳》：「梁漢之間，刀耕火耨，民以采稆爲事。」也作「**刀耕火種**」。宋・張淏《雲谷雜記》卷四：「沅、湘間多山，農家惟植粟，且多在風阜。每欲布種時，則先伐其林木，縱火焚之，俟其成灰，即布種於其間。如此則所收必倍。蓋史所謂刀耕火種也。」也作「**刀耕火耘**」。宋・蘇軾《王公儀夔州路轉運使程高夔州路判公制》：「三峽之民，刀耕火耘，與鹿豕雜居。」

【刀耕火耘】

見「刀耕火耨」。

【刀耕火種】

見「刀耕火耨」。

【刀光劍影】

到處顯現刀的閃光和劍的影子。形容激烈搏鬥的場面或殺氣騰騰的氣勢。例過去曾經是幫派分子的小方，脫離刀步劍影的日子已經很久了。

【刀光血影】

刀光閃動，鮮血四濺。形容殘酷血腥的屠殺。例他家的小弟，年輕氣盛，每次看電影都挑刀光血影的動作影片。

【刀過竹解】

解：分解，分開。刀劈下去，竹子立即從中分成兩半。形容辦事順利。《歧路燈》五回：「後來，果然辦得水到渠成，刀過竹解。」

【刀痕箭瘢】

瘢：ㄅㄢ，傷口痊合後所留下的疤痕。刀砍箭擊的傷口治癒後留下的瘢痕。形容戰爭留下的創傷。明．彭大翼《山堂肆考》：「宋韓世忠嘗中毒矢，以強弩括取之，十指僅全四，不能動，刀痕箭瘢如刻畫然。」

【刀尖上翻跟頭——不怕死】

比喻勇敢無畏，不怕犧牲。例突擊組的幾個戰士，眞是刀尖上翻跟頭——不怕死。明明知道敵人佈滿了地雷，硬是義無反顧地衝了上去，炸了敵指揮部，活捉了敵師長。

【刀尖上翻跟頭——玩命】

拿性命開玩笑。比喻幹冒險的事。例敵人畏縮不前。他們知道，要走過二百多里的戰區，是刀尖上翻跟頭——玩命的事。也作「**刀尖上翻跟頭——不要命**」、「**刀尖上翻跟頭——玩命的事**」、「**老太太蕩鞦千——玩命**」、「**刀刃上踩高蹺——玩玄**」。

【刀鋸不加】

刀鋸：舊時的刑具；不加：不加於身。指免遭刑罰。唐．韓愈《送李愿歸盤谷序》：「車服不維，刀鋸不加。」

【刀鋸鼎鑊】

刀鋸：指刑具；鼎鑊：烹煮東西的大鍋，也用以烹人。指各種殘酷的刑罰。《聊齋志異．續黃粱》：「伏祈斷奸佞之頭，籍貪冒之產，上回天怒，下快輿情。如果臣言虛謬，刀鋸鼎鑊，即加臣身。」也作「**刀鋸斧鉞**」。斧鉞：刑具。《聊齋志異．小翠》：「翁無煩怒！有新婦在，刀鋸斧鉞，婦自受之，必不令貽害雙親。」

【刀鋸斧鉞】

見「刀鋸鼎鑊」。

【刀鋸之餘】

指遭受過刑罰的人。特指受過宮刑的人。漢．司馬遷《報任少卿書》：「如今朝廷雖乏人，奈何令刀鋸之餘薦天下之豪俊哉！」

【刀口舔糖——危險】

比喻有遭到損害和失敗的可能。有時指對將要發生的險情表示驚訝。例這座塔年久失修，快要倒塌了，你們還敢爬上去掏家雀，眞是刀口舔糖——危險呀！也作「**刀口舔糖——冒險**」、「**刀口舔糖——好險**」、「**刀尖上跳舞——危險**」、「**肚皮上磨刀——危險**」、「**老鼠舔著貓屁股——好險**」、「**老虎頭上翻跟頭——險著哩**」、「**切菜刀剃頭——危險**」、「**牆頭跑馬——好險**」、「**手掌當砧板——危險**」、「**手榴彈搗蒜——危險**」、「**穿板鞋上摩天嶺——好險**」、「**舌頭磨剃頭刀——好險**」、「**瞎子過獨木橋——危險**」、「**拽著樹葉打滴溜——危險**」。

【刀林彈雨】

見「彈雨槍林」。

【刀劈毛竹——乾脆利索】

毛竹：南竹，壁厚而堅韌，抗拉和抗壓的能力較強，但直劈易開裂。見「快刀斬亂麻——乾淨利索」。

【刀槍劍戟】

古代的四種兵器。形容陣容嚴整，殺氣騰騰。《三國演義》八七回：「卻教帳中排開七重圍子手，刀槍劍戟，燦若霜雪。」

【刀槍入庫】

刀槍收入倉庫。指戰事平息，軍備解除。《說岳全傳》一回：「其時天下太平已久，眞個是：馬放南山，刀槍入庫；五穀豐登，萬民樂業。」

【刀切豆腐——兩面光】

①比喻爲人處事世故圓滑。例他是刀切豆腐——兩面光，一輩子也沒得罪過人。②比喻兩面討好。例要在原則問題上尋個中間道路，刀切豆腐——兩面光，是行不通的。也作「**快刀切豆腐——兩面光**」、「**刀切酥油——兩面光**」。

【刀切豆腐——迎刃而解】

比喻解決問題極爲順利。例小楊問題儘管嚴重，只要派小張去幫忙，就會刀切豆腐——迎刃而解。也作「**快刀劈毛竹——迎刃而解**」、「**快刀切豆腐——迎刃而解**」。

【刀刃上踩高蹺——玩玄】

刀刃：刀口；踩高蹺：民間舞蹈，表演者踩著有踏腳裝置的木棍，邊走邊表演；玄：危險。見「刀尖上翻跟頭——玩命」。

【刀刃之蜜】

指貪求刀刃上的一點蜜糖，馬上就會有刀割之災。比喻利少害多，得不償失。《佛說四十二章經》：「佛言財色之於人，譬如小兒貪刀刃之蜜，甜不足一食之美，然有截舌之患也。」也作「**刀頭舔蜜**」。淸．楊潮觀《吟風閣雜劇．窮阮籍醉罵財神》：「你是怨府愁城實可哀……只怕你刀頭餂蜜將人害。」餂：通「舔」。

【刀山火海】

比喻十分凶險，極其艱難的境地。例爲了社會的發展，人類的進步，我們青年應該不怕困難，樂於奉獻，哪怕面臨刀山火海，也要勇往直前。

【刀山箭林】

見「刀山劍樹」。

【刀山劍樹】

佛教語。指地獄的酷刑。《敦煌變文

集・目連救母變文》：「目連問曰：『此個名何地獄？』羅察答言：『此是刀山劍樹地獄。』」①後指殘酷的刑罰。《宋史・劉鋹傳》：「作燒煮剝剔，刀山劍樹之刑，或令罪人鬥虎抵象。」②比喻最險惡的境地。京劇《烏龍院》四場：「多承公明哥哥大恩搭救我等，特地前來相謝，縱然刀山劍樹，俺劉唐何懼！」也作「**刀樹劍山**」。《南齊書・高逸傳論》：「法家之教，出自刑理，禁奸止邪，明用賞罰；今則十惡所墜，五及無間，刀樹劍山，焦湯猛火，造受自貽，罔或差貳。」也作「**刀山箭林**」。《三俠五義》五七回：「慢說是開封府，就是刀山箭林，也是要走走的。」也作「**刀山血海**」。《古今小說》卷三七：「有等惡人，受罪如刀山血海，拔舌油鍋……諸般罪孽。」

【刀山血海】
見「刀山劍樹」。

【刀樹劍山】
見「刀山劍樹」。

【刀頭劍首】
刀劍懸在頭上。比喻非常凶險危急的境地。清・錢謙益《苕上吳子德與作丁丑紀聞詩六首蓋悲餘之逮係而喜其獄之漸解也感而和之》：「刀頭劍首度冬春，欲殺何當有百身。」

【刀頭舔蜜】
見「刀刃之蜜」。

【刀頭燕尾】
比喻筆鋒剛勁有力。宋・郭若虛《圖畫見聞志》卷三：「[趙光輔]工畫佛道，兼精蕃馬，筆鋒勁利，曰刀頭燕尾。」

【刀下留人】
指請求饒恕將被斬首的人。後泛指保全將要處死的人的性命。元・李文蔚《燕青搏魚》楔子：「刀下留人！哥哥息怒，想燕青……也多有功來，怎生看俺衆兄弟之面，饒過他這一次咱！」

【刀折矢盡】
戰刀折斷，箭矢用盡。形容戰事激烈，處境險惡。《後漢書・段熲傳》：「熲下馬大戰，至日中，刀折矢盡，虜亦引退。」

【刀錐之利】
刀錐：指刀的尖頭。比喻微不足道的小利。明・謝肇淛《五雜俎・人部三》：「家中廣收書畫而外，逐刀錐之利，牙籤會計，日夜不得休息。」

【刀子對斧頭——逗硬】
逗：鬥。來硬的。比喻動了眞格，經得住考驗。例我們在嚴寒中戰天鬥地，修建水庫，每個人都表現得很勇敢，好比刀子對斧頭——逗硬極了。

【刀子上打滾——身子硬】
比喻人很堅強或身體健壯。例您年已耄耋，還能步行幾十里，眞是刀子上打滾——身子硬呀！

【刀子嘴】
比喻說話尖刻、厲害。例你甭想找他論理，他生成一張刀子嘴，無理也攪三分。

【刀子嘴，豆腐心】
比喻說話尖刻，心地良善。例她說起話來連諷帶刺，有時還尖酸刻薄，其實她說完就完，不往心裏去，是個刀子嘴，豆腐心的好心人。

【刀俎餘生】
刀俎（ㄗㄨˇ）：刀和砧板，指極其險惡的境地。形容大難不死。清・昭槤《嘯亭雜錄・記辛亥敗兵事》：「餘刀俎餘生，受君恩乃不死，今得以馬革裹屍，幸矣！」

ㄉㄠˇ

【導德齊禮】
導：引導；齊：整治；用道德加以引導，用禮教加以整治。《舊唐書・裴矩傳》：「此人受賄，誠合重誅。但陛下以物試之，即行極法，所謂陷人以罪，恐非導德齊禮之義。」

【導火線】
導火線：使爆炸品爆炸的引線。比喻直接引發事變衝突的原因。例他們兩家積怨已久，那天小孩吵架，便成了他們大打出手的導火線。

【導遊帶路——引人入勝】
導遊：帶人參觀遊覽的人；勝：優美的境界。指非常吸引人或引人進入佳境。例《紅樓夢》這本書讀起來，實在是導遊帶路——引人入勝，令人愛不釋手。

【島瘦郊寒】
島、郊：賈島、孟郊，二人均爲唐代詩人；瘦、寒：形容二人淒清冷峭的詩作風格。也泛指與二人風格相似的作家或作品。宋・朱熹《次韻謝劉仲行惠笋》詩之二：「君詩高處古無師，島瘦郊寒詎足差。」也作「**郊寒島瘦**」。

【搗叉子】
叉子：岔子。比喻尋釁惹事。例他是好漢不吃眼前虧，任那幫流氓搗叉子，他也不理睬。

【搗謊駕舌】
搖唇鼓舌，散佈謠言，搬弄是非。《金瓶梅詞話》八六回：「今日姐夫送枕頭與我，我讓他吃茶，他不吃，忙忙就上頭口來了。幾時進屋吃酒來？原來咱們這大官兒，憑快搗謊駕舌。」

【搗麻煩】
①指糾纏、麻煩別人。例小弟，別在這兒跟姐姐搗麻煩，姐姐正忙著吶！②指無事生非，鬧彆扭。例你還去找他幹什麼？難道他給你搗麻煩搗得還不夠嗎？

【搗嗓子】
比喻吃喝。例咱們辛辛苦苦掙下點錢，都被他們搗嗓子搗光了。

【搗蒜槌子——獨根兒】
見「十畝園里一棵草——獨苗兒」。

【搗虛批吭】
批：用手擊；吭：ㄏㄤˊ，咽喉。指

乘虛而入，打擊要害。元・無名氏《五馬破曹》一折：「準備著布網張羅擒猛獸，搗虛批吭建奇功。」也作「**搗虛批亢**」。亢：通「吭」。《明史・倪岳傳》：「搗虛批亢者，兵家之長策也。」

【搗虛撇抗】

猶同「搗虛批吭」。撇：ㄆㄧㄝ，擊；抗：通「吭」。引申爲抓住對方的弱點，進行詐騙。元・范居中《金殿喜重重・秋思》套曲：「終日懸望，恰原來搗虛撇抗，誤我一向，到此方知言是謊。」

【搗枕捶床】

搗、捶：用拳頭敲打。形容煩躁不安的樣子。元・王實甫《西廂記》一本二折：「睡不著如翻掌，少可有一萬聲長吁短嘆，五千遍搗枕捶床。」

【搗虛批亢】

見「搗虛批吭」。

【倒東歪西】

見「東倒西歪」。

【倒舵隨風】

倒：轉換。順著風向的變化來轉舵位。比喻隨機應變，順著情勢的變化而改變態度。多指爲人圓滑。明・黃叔初《水仙子・百日紅前口占》詞：「一會兒三枚兩謊，一會兒倒舵隨風，一會兒挾矢張弓。」也作「**隨風倒舵**」。

【倒鳳顛鸞】

①比喻次序失常。金・元好問《贈答張教授仲文》詩：「東坡胸次丹青國，天孫繰絲天女織。倒鳳顛鸞金粟尺，裁斷瓊綃三萬匹。」②比喻男女交歡。元・王實甫《西廂記》四本二折：「你繡幃裏效綢繆，倒鳳顛鸞百事有。我在窗兒外幾曾輕咳嗽，立蒼苔將繡鞋兒冰透。」也作「**顛鸞倒鳳**」。

【倒海翻江】

形容水勢凶猛。宋・陸游《夜宿陽山磯……遂抵雁翅浦》詩：「五更顛風吹急雨，倒海翻江洗殘暑。」也比喻力量強盛或聲勢浩大。《說岳全傳》七五回：「直殺得天昏地暗鬼神愁，倒海翻江，波浪滾。」也作「**倒海傾江**」。宋・曹勛《過淮值雨偶成呈王樞密》詩：「明日立秋秋色至，向晚雨隨大風至。飄盆如麻不足喻，倒海傾江差可擬。」也作「**翻江倒海**」。

【倒海排山】

翻騰大海，推走高山。形容氣勢盛大或力量巨大。元・方回《送丘正之海鹽州教授》詩之二：「去年七月朔風潮，倒海排山蜃鱷驕。」也作「**排山倒海**」。

【倒海傾江】

見「倒海翻山」。

【倒海移山】

翻騰大海，移動高山。舊指法術神奇高妙。《封神演義》八二回：「飛北上……都是倒海移山雄猛客。」今用以形容力量巨大或氣勢雄偉。例人民具有倒海移山的威力。也作「**移山倒海**」。

【倒街臥巷】

倒：躺倒。指躺在大街小巷邊睡覺。形容行乞流浪的生活。《水滸傳》二一回：「押司沒事採那乞丐做甚麼……這等倒街臥巷的橫死賊，也來上門上戶欺負人！」

【倒了油瓶不扶——懶到家了】

指懶到了極點。例這個牛胡混，整天吃吃喝喝，東遊西逛，是個倒了油瓶不扶——懶到家了的二流子。

【倒旗槍】

軍旗、兵器橫倒地上。比喻失敗、丟臉。例這位常勝將軍，萬沒料到會在小將手中倒旗槍。

【倒三顛四】

見「顛三倒四」。

【倒山傾海】

推倒高山，傾翻大海。形容力量強大或氣勢壯闊。《後漢書・董卓傳》：「及殘寇乘之，倒山傾海，昆岡之火，自茲而焚，《版蕩》之篇，於焉而極。」

【倒四顛三】

見「顛三倒四」。

【倒胃口】

倒胃口：因膩味而沒有食欲。比喻對某事的厭煩。例盡說些陳腔爛調的事做什麼？你也不怕倒胃口！

【倒心伏計】

指心甘情願。《醒世姻緣傳》八八回：「這個庵裏的老尼從天上掉下來這個女人，吃了別人家的飯，安安靜靜倒心伏計的與你做活，卻該十分慶幸才是。」

【倒枕垂床】

見「倒枕槌床」。

【倒枕槌床】

形容煩躁或悲憤的樣子。元・關漢卿《調風月》三折：「短嘆長吁，千聲萬聲，倒枕槌床，到三更四更。」也作「**倒枕垂床**」。元・荊干臣《醉花陰》套曲：「當初啜賺我的言詞都是謊，害的人倒枕垂床。」也作「**倒枕著床**」。元・無名氏《謝金吾》二析：「平白地闖出這場禍，送的我倒枕著床沒奈何！」也作「**打枕捶床**」。《宋元戲文輯佚・浣紗女》：「虧負人，辜負人。空教我打枕捶床。短嘆長吁，千聲萬聲。」

【倒枕著床】

見「倒枕槌床」。

【蹈常習故】

見「蹈常襲故」。

【蹈常襲故】

蹈：踩，引申爲遵循；常：慣例；襲：沿襲；故：成例，舊規。遵照舊例，沿用陳規。指按照老一套辦事。清・黃宗羲《張心友詩序》：「詩不當論時代。宋元各有優長，豈宜溝而出諸於外。即唐詩亦非無蹈常襲故，充其膚廓，而神理蔑如者。」也作「**蹈常習故**」。習：習用，習慣於。明・歸有光《尚書敍錄》：「學者蹈常習故，漫不復有所尋省。」也作「**蹈故習常**」。《民國通俗演義》一〇八回：「生死存亡，近在眉睫，豈可蹈故習常，依違容忍。」

【蹈赴湯火】
見「蹈湯赴火」。

【蹈故習常】
見「蹈常習故」。

【蹈規循矩】
蹈：踩；規：圓規；循：遵循；矩：角尺。遵循規矩。指謹守禮儀和法度。明・徐霖《繡繻記・僞儒樂聘》：「空勞讀數行書，蹈規循矩沒是非。」也作「**蹈矩循規**」。明・沈受先《三元記・格天》：「積善成仁，蹈矩循規太古民。」也作「**循規蹈矩**」。

【蹈海之節】
蹈海：指投海自殺。《史記・魯仲連列傳》：「仲連曰：『彼秦者，棄禮義而上首功之國也，權使其士，虜使其民，彼即肆然而爲帝，過而爲政於天下，則連有蹈東海而死耳，吾不忍爲之民也。』」後用「蹈海之節」指寧肯自殺，也不可屈從強暴邪惡。《後漢書・逸民傳論》：「蹈海之節，千乘莫移其情。」也作「**蹈海之志**」。志：志向。晉・陸機《演連珠》：「是以呑縱之強，不能反蹈海之志。」

【蹈海之志】
見「蹈海之節」。

【蹈虎尾】
踩著老虎尾巴。比喻處於危險的境地。《尚書・君牙》：「心之憂危，若蹈虎尾，涉於春冰。」

【蹈節死義】
蹈：踩，引申爲遵循；義：正義。指謹守氣節，爲正義而獻身。《晉書・元帝紀》：「惟有蹈節死義，以雪天下之恥」。

【蹈矩循規】
見「蹈規循矩」。

【蹈厲發揚】
蹈厲：腳用力踏地；發揚：手向上舉。指舞蹈時頓足舉手，剛勁威武的動作。比喻精神奮發，意氣昂揚。清・沈德潛《說詩晬語》下：「宋初台閣倡和，多宗義山，名『西昆體』。梅聖俞、蘇子美起而矯之，盡翻科臼，蹈厲發揚，才力體制，非不高於前人，而淵涵渟潘之趣，無復存矣。」也作「**發揚蹈厲**」。

【蹈厲奮發】
奮發：蓬勃生發。指精神振奮，情緒高昂。《民國通俗演義》一五九回：「吾父老子弟，尤當蹈厲奮發，爲民前驅。」也作「**奮發蹈厲**」。

【蹈厲之志】
指奮發向上，勇往直前的志向。明・劉基《齊侯襲莒》：「發揚蹈厲之志，以成從簡尚功之俗。」

【蹈其覆轍】
覆轍：指翻過車的道路。比喻不吸取教訓，跟著犯錯誤。《魯迅書信集・致鄭振鐸》：「實因鑑於自己看了翻板之《芥子園》而恨及創始之王氏兄弟，不欲自蹈其覆轍也。」

【蹈人舊轍】
舊轍：老路。宋・朱弁《曲洧舊聞》卷七：「秉筆之士所用故實，有淹貫所不究者，有蹈前人舊轍而不討論所從來者，譬侏儒觀戲，人笑亦笑。」後用「蹈人舊轍」比喻寫詩作文沿用舊說，不圖創新。例這篇文章只不過是蹈人舊轍，沒有什麼新意。也作「**蹈襲前人**」。襲：沿襲，沿用。《金史・李經傳》：「詩極刻苦，喜出奇語，不蹈襲前人。」

【蹈湯赴火】
蹈：踩；湯：開水；赴：奔向。投入沸水，撲向烈火。比喻不避艱險，勇往直前。唐・趙元一《奉天錄》卷三：「犒師旅，使聞鼓而蹈湯赴火，聞金而星布雲合。」也作「**蹈赴湯火**」。《太平廣記》卷四九二引《靈應傳》：「君子殺身以成仁，徇其毅烈，蹈赴湯火，旁雪不平。』也作「**赴湯蹈火**」。

【蹈危如平】
危：指高山。登高山如走平地。形容身體強健或比喻不畏艱難，充滿信心。唐・劉禹錫《鑑藥》：「蹈危如平，嗜糲如精。」

【蹈襲前人】
見「蹈人舊轍」。

ㄉㄠˋ

【到處留心皆學問】
有心學習，什麼地方都可以學到東西。例「到處留心皆學問」，就是電視廣告，也可增加我們的見識。

【到飯館裏買蔥——未必給你】
比喻找錯了門路，不會達到預期的目的。例你打算向李財主借錢做買賣，我看，恐怕是到飯館裏買蔥——未必給你。

【到和尚廟裏借梳子——走錯門】
和尚光頭，不用梳子，到和尚那兒去借，是走錯門了。比喻做事看錯了對象，達不到預期的目的。例你老遠地來找他補習英語，他呀，對英語只會那麼一點，根本談不到教人，我看你這是到和尚廟裏借梳子——走錯門了。

【到火候】
火候：燒火的火力大小及時間長短。①比喻修養程度、功夫到家了。例他的書法練到火候了。②比喻恰到好處。例這肉燉得正到火候。③比喻到了緊要關頭。例戰鬥正到火候，援軍趕來了。

【到了泰山想黃山——這山望著那山高】
泰山：在山東省中部，主峯玉皇頂海拔一五二四公尺；黃山：在安徽南部，最高處蓮花峯海拔一八六〇公尺。形容意志不堅定，喜愛不專一。也指對於自己的環境、地位或工作不滿，總認爲別的地方好。例應當熱愛、安心自己的工作，不能到了泰山想黃山——這山望著那山高，總認爲別人的工作好。也作「**腳登黃山，眼看峨眉——這山望著那山高**」。

【到了懸崖不勒馬——死路一條】

勒馬：用繩子拉緊馬。比喻只有絕路一條。例俗話說：「到了懸崖不勒馬——死路一條。」你當漢奸，犯了不少罪，如不翻然悔悟，放下屠刀，人民將立即處置你。也作「**蛤蟆跳進滾水鍋——死路一條**」、「**老鼠啃菜刀——死路一條**」。

【到什麼山上唱什麼歌】

比喻按實際情況辦事。例你要搞清楚狀況，到什麼山上唱什麼歌，你和他沒特殊交情，他怎麼可能幫忙。

【到廝打時，忘了拿法】

到搏鬥時忘了刀槍的用法。比喻事到臨頭，不知所措。明・戚繼光《紀效新書》卷首：「未有臨陣用盡平生十分本事而能從容活潑者也。諺云：到廝打時，忘了拿法。兵豈易言哉！」

【到爪哇國去】

爪哇國：古國名，舊稱闍婆或訶陵，其地在今印度尼西亞爪哇島一帶。比喻極遠的地方。例他轉臉就把自己應承的事兒丟到爪哇國去了，必須有人從旁時時提醒他。

【倒背如流】

背：背誦。把書或詩文倒過來背誦，也十分流暢。形容讀得滾瓜爛熟。劉樹德《老四友》：「他有個死去的舅舅是說大鼓書的，給他留下一部《三國演義》，日久天長，竟能倒背如流。」

【倒綳孩兒】

綳：包紮。指接生婆將新生兒頭朝下倒著包裹起來。比喻熟練的老手由於一時疏忽而出錯。宋・魏泰《東軒筆錄》卷七：「苗振以第四人及第，既而召試館職。一日謁晏丞相，晏語之曰：『君久從吏事，必疏筆硯，今將就試，宜稍溫習也。』振率然對曰：『豈有三十年爲老娘，而倒綳孩兒者乎？』晏公俯而哂之。既而試擇宮選士……由是不中選。晏公聞而笑曰：『苗君竟倒綳孩兒矣。』」綳：同「繃」。

【倒插門】

指男子到女方家結婚落戶。即「招女婿」、「入贅」。例現在男女平等了，有姑娘可找個倒插門女婿，跟有兒子一樣。也作「**倒踏門**」。例他自從做了倒踏門的女婿，見人總覺自己矮半截，臉上總是訕訕的。

【倒裳索領】

裳：下衣，裙；索：搜尋，尋找。把衣服顛倒過來，從下衣去找領子。比喻辦事抓不到點子上。《鄧析子・無厚篇》：「驅逸足於庭，求猿捷於檻，斯逆理而求之，猶倒裳而索領。」

【倒吃甘蔗——節節甜】

比喻生活越過越幸福。例小倆口的日子，像倒吃甘蔗——節節甜，過得幸福極了。也作「**順梢吃甘蔗——一節更比一節甜**」、「**從梢開始吃甘蔗——越來越甜**」。

【倒持干戈】

見「倒持泰阿」。

【倒持戈矛】

見「倒持泰阿」。

【倒持鏌鋣】

見「倒持泰阿」。

【倒持手板】

見「倒持手版」。

【倒持手版】

手版：古時官吏上朝或謁見上司時所持的狹長板子，用玉、象牙或竹制成，以備記事。指心中慌亂而舉止失措。《晉書・謝安傳》：「［桓溫］呼安及王坦之，欲於座害之，坦之甚懼……既見溫，坦之汗流沾衣，倒持手版。安從容就席。」也作「**倒持手板**」。宋・劉克莊《沁園春・再和林卿韻》詞：「待得新亭，倒持手板，何似抽還政事堂。」

【倒持太阿】

見「倒持泰阿」。

【倒持泰阿】

泰阿（ㄜ）：古代名劍。倒拿著寶劍，把柄交給別人。比喻把權力交給別人，自己反受其害。《漢書・梅福傳》：「孔子曰：『工欲善其事，必先利其器。』至秦則不然，張誹謗之罔，以爲漢驅除，倒持泰阿，授楚其柄。」也作「**倒持太阿**」。宋・樂史《綠珠傳》：「二子以愛姬示人，掇喪身之禍。所謂倒持太阿，授人以柄。」也作「**倒持干戈**」。干戈：指武器。三國魏・陳琳《諫何進召外兵》：「大兵合聚，強者爲雄，所謂倒持干戈，授人以柄；功必不成，只爲亂階。」也作「**倒持戈矛**」。戈矛：指武器。《新唐書・陸贄傳》：「舍此不務而反爲所乘，斯謂倒持戈矛，以鐏授寇者也。」也作「**倒持鏌鋣**」。鏌鋣：古代名劍。宋・李燾《續資治通鑑長編》卷四六：「臣望陛下思兵者凶器，戰者危事，不可倒持鏌鋣，授人以柄。」也作「**泰阿倒持**」。

【倒抽了一口氣】

形容突然受到驚嚇時的緊張神態。《三俠五義》三回：「員外聞聽，倒抽了一口氣，說道：『罷了，罷了。我上了先生的當了。』」也作「**倒抽一口冷氣**」。《玉佛緣》四回：「這酒館裏的堂倌，認得他們這一干人的，見面就倒抽了一口冷氣，哪敢怠慢？」

【倒抽一口冷氣】

見「倒抽了一口氣」。

【倒垂之急】

見「倒懸之急」。

【倒打一耙】

《西遊記》中的豬八戒以釘耙爲兵器，常用倒打一耙的戰術取勝。後用「倒打一耙」指不但不接受對方的批評，反而指責對方。例我說了這麼多，也是爲你好，你居然倒打一耙，嫌我好管閒事。也作「倒打一瓦」。老舍《駱駝祥子》七：「先生並沒說什麼呀，你別先倒打一瓦。」也作「倒打一釘耙」。

【倒打一瓦】

見「倒打一耙」。

【倒吊臘鴨——一嘴油】

臘鴨：冬天醃製後風乾或熏乾的鴨。臘鴨倒吊，流下的油集中在鴨嘴上。雙關語。①形容貪吃貪喝。例他常用公款，大辦宴席，吃得像個倒吊臘鴨——一嘴油。②比喻說話油嘴滑舌，不莊重。例他是倒吊臘鴨——一嘴油，說不出正經話來，別理他，咱們走吧！也作「倒吊臘鴨——一張油嘴」。

【倒戈棄甲】

見「倒戈卸甲」。

【倒戈卸甲】

放下兵器，脫掉鎧甲。指服輸投降。《三國演義》六二回：「卻說玄德立起免死旗，但川兵倒戈卸甲者，並不許殺害，如傷者償命。」也作「倒戈棄甲」。棄：拋棄。《楊家府演義》卷一：「汝若上識天時，下窮人事，倒戈棄甲，束手歸命，猶不廟絕血食；苟如執迷抗師，絕不輕恕。」

【倒冠落佩】

冠：帽子；佩：佩玉。脫掉官帽、摘去佩玉。形容辭官歸隱。唐·杜牧《晚晴賦》：「倒冠落佩兮，與世闊疏。敖敖休休兮，眞徇其愚而隱居者乎。」

【倒果爲因】

指顚倒了因果關係，把事物發展的結果當作起因。魯迅《墳·科學史教篇》：「而社會之耳目，乃獨震驚有此點，日頌當之結果，於學者獨恝然置之，倒果爲因，莫甚於此。」

【倒戢干戈】

見「倒載干戈」。

【倒苦水】

比喻訴說心中的痛苦。例她總算得到一個倒苦水的機會，把這些年所受的委屈、痛苦，都向他說了。

【倒廩傾囷】

廩：ㄌㄧㄣˇ，糧倉；囷：ㄐㄩㄣ，一種圓形的糧倉。把倉裏的所有糧食都拿出來。指盡其所有。唐·韓愈《答竇秀才書》：「雖使古之君子，積道藏德，遁其光而不曜，膠其口而不傳者，遇足下之請懇懇，猶將倒廩傾囷，羅列而進也。」

【倒米拍籮筐——一點不留情】

籮筐：用竹子或柳條等編的器具，或圓或方，或方底圓口，多用來盛糧食、蔬菜等。倒了米還拍打籮筐，使籮筐上不留一粒米。比喻做事毫不講情面。例唐大伯剛正不阿，對壞人壞事就像倒米拍籮筐——一點不留情。

【倒篋傾筐】

篋：ㄑㄧㄝˋ，小箱子。指將所有的錢財都拿出來。清·劉大櫆《贈資政大夫吳府君墓表》：「其他修祠宇、平道路、焚責券，苟有利於人，倒篋傾筐恐後也。」也作「倒篋傾囊」。清·嬴宗季女《六月霜·典釵》：「索將他倒篋傾囊，付質求沽盡易錢。」

【倒篋傾囊】

見「倒篋傾筐」。

【倒踏門】

見「倒插門」。

【倒屣而迎】

見「倒屣相迎」。

【倒屣相迎】

屣：ㄒㄧˇ，鞋。倒穿著鞋出來迎接客人。《三國志·魏書·王粲傳》：「時[蔡]邕才學顯著，貴重朝廷，常車騎塡巷，賓客盈坐。聞粲在門，倒屣迎之。」後以「倒屣相迎」形容熱情歡迎來客。也作「倒屣而迎」。《古今小說》卷二一：「鍾起知是故人廖生到此，倒屣而迎。」也作「倒屣迎賓」。唐·楊炯《唐恆州王公神道碑》：「金友玉昆，良田廣宅，而能吐食下士，倒屣迎賓。」

【倒屣迎賓】

見「倒屣相迎」。

【倒峽瀉河】

山峽崩塌，大河奔通。形容文筆酣暢淋漓，氣勢磅礴。例這次文學新人獎的入選作品，好幾篇都頗具倒峽瀉河之勢，震撼人心。

【倒行逆施】

行：實行；逆：相反；施：施行，實施。指做事違反常理。《史記·伍子胥傳》載：春秋時楚國伍子胥爲父報仇，引吳師伐楚，掘平王墓，鞭屍三百。申包胥責備他，子胥答道：「吾日暮途遠，吾故倒行而逆施之。」後以「倒行逆施」形容違反社會正義、逆歷史潮流而動的行爲。孫中山《建國方略之一》：「向來之積弱退化有如江流日下者，其原因實在政府官吏之腐敗，倒行逆施，積極作惡也。」

【倒懸之厄】

見「倒懸之急」。

【倒懸之患】

見「倒懸之急」。

【倒懸之急】

倒懸：將人頭朝下腳朝上地倒掛著。《孟子·公孫丑上》：「當今之世，萬乘之國行仁政，民之悅之，猶解倒懸也。」比喻處於十分危急的境地。《三國演義》九三回：「社稷有累卵之危，生靈有倒懸之急。」也作「倒懸之厄」。厄：災難。《三國志·蜀書·趙雲傳》「雲遂隨從，爲先主主騎」裴松之注引《雲別傳》：「天下訩訩，未知孰是，民有倒縣（懸）之厄。」也作「倒懸之患」。《古今小說》卷二五：「齊、楚不和，交兵歲久，民有倒懸之患。」也作「倒懸之苦」。《元史·外夷傳》：「羣生愁嘆，四民廢業，貧者棄子以偷生，富者鬻產而應役，倒懸之苦，日甚一日。」也作「倒懸之危」。元·王實甫《西廂記》二本楔子：「有遊客張君瑞，奉書令小僧拜投於麾下，欲求將軍以解倒懸之危。」也作「**倒垂之急**」。垂：懸。宋・魏了翁《秦乞早定峽州襄陽守臣》：「如朝廷已先得實耗，即乞早賜處分，以解一分倒垂之急。」

【倒懸之苦】
見「倒懸之急」。

【倒懸之危】
見「倒懸之急」。

【倒因爲果】
指顛倒了因果關係，把事物的起因當作發展的結果。例本校哲學系的學生都覺得新來的老教授，思考問題的邏輯似乎和別人不太一樣，常常倒因爲果，理不出頭緒來。

【倒栽蔥】
①比喻頭朝下摔倒或掉下。例他覺得眼前一晃，便一個倒栽蔥摔倒在地，半天沒有緩過氣來。②比喻一次慘重的失敗。例像他這樣目中無人，顧前不顧後的人，遲早會來個倒栽蔥。

【倒載干戈】
干戈：指兵器。倒放著兵器。比喻戰事平息，不再打仗。《禮記・樂記》：「倒載干戈，包之以虎皮，將帥之士，使爲諸侯，名之曰建櫜，然後天下知武王之不復用兵也。」也作「**倒戢干戈**」。戢：收藏。漢・荀悅《漢紀・高祖紀二》：「偃革爲軒，倒戢干戈，示不復用武。」也作「**倒置干戈**」。《史記・留侯世家》：「倒置干戈，覆以虎皮，以示天下不復用兵。」

【倒長的山藤——根子在上頭】
比喻事情發生的根本原因在上面。例雖然問題出在下邊，可是倒長的山藤——根子在上頭嘛！

【倒植浮圖】
植：樹立；浮圖：塔。倒立寶塔。比喻本末倒置，邊戍力量大於朝廷，難以控制。《宋史・兵志十》：「帝曰：『邊上老人亦謂今之邊兵過於昔時，其勢如倒植浮圖，朕亦每以此爲念也。』」

【倒置干戈】
見「倒載干戈」。

【倒拽橫拖】
拽：ㄓㄨㄞˋ，拉。形容擒獲人時的粗暴動作。元・無名氏《盆兒鬼》二折：「怎知道被我來揝住衣服，揪住頭稍，倒拽橫拖。這都是你不合自攬著這場彌天災禍。」也作「**橫拖倒拽**」。

【悼心失圖】
悼：悲傷，悲痛；圖：謀算，謀劃。指由於悲傷而無心問事。《左傳・昭公七年》：「嘉惠未至，唯襄公之辱臨我喪，孤與其二三臣悼心失圖，社稷之不皇，況能懷思君德。」

【盜鈴掩耳】
見「盜鐘掩耳」。

【盜名暗世】
暗世：黑暗的世道。《荀子・不苟》：「是奸人將以盜名於晻世者也，險莫大焉。」晻：同「暗」。後用「盜名暗世」指心地不良的人利用世道不公，天下紛亂之時盜取聲譽。例西漢末年，王莽盜名暗世，取代劉氏王朝，登上皇帝的寶座，但最後落得個身敗名裂的下場。

【盜名欺世】
盜取聲譽，蒙騙世人。宋・鄭剛中《論治道人材疏》：「至若倚忠爲奸，盜名欺世，無能爲而可以害吾之有爲，托能言而有以搖吾之國是者茲又人君之所當去也。」也作「**欺世盜名**」。

【盜亦有道】
道：道理，道義。盜賊也有做盜賊的道理。《莊子・胠篋》：「故跖之徒問於跖曰：『盜亦有道乎？』跖曰：『何適而無有道耶？夫妄意室中之藏，聖也；入先，勇也；出後，義也；知可否，知也；分均，仁也。五者不備而能成大盜者，天下未之有也。』」也指盜賊也有打富濟貧，講道義的。清・紀昀《閱微草堂筆記・如是我聞三》：「眞儒餘裏人也，嘗舉以告姚安公，謂盜亦有道。」

【盜怨主人】
見「盜憎主人」。

【盜憎主人】
指盜賊憎恨被盜物品的失主。《左傳・成公十五年》：「伯宗每朝，其妻必戒之曰：『盜憎主人，民惡其上；子好直言，必及於難。』」後以指邪惡的人怨恨正直的人。《後漢書・馬援傳》：「而[隗]囂自挾奸心，盜憎主人，怨毒之情，遂歸於臣。」也作「**盜怨主人**」。漢・劉向《說苑・敬愼》：「盜怨主人，民害其貴，君子知天下之不可蓋也。」

【盜跖之物】
跖：春秋時人民起義領袖，舊被誣爲大盜。盜賊的財物。指搶來的不義之財。《儒林外史》三八回：「這銀子是我們江南這幾個人的，並非盜跖之物，先生如何不受？」

【盜鐘掩耳】
《呂氏春秋・自知》：「百姓有得鐘者，欲負而走，則鐘大不可負。以椎毀之，鐘況然有音。恐人聞之而奪己也，遽掩其耳。」因以「盜鐘掩耳」比喻自欺欺人。北齊・劉晝《劉子・愼獨》：「若人不知，鬼神知之；鬼神不知，則己知之，而云不知，是盜鐘掩耳之智也。」也作「**盜鈴掩耳**」。清・傷時子《蒼鷹擊・戕藩》：「你看他盜鈴掩耳欺天下，賣國甘心作帝皇，有甚商量。」也作「**掩耳盜鐘**」、「**掩耳盜鈴**」。

【道被飛潛】
被：達到，及；飛：指飛禽；潛：指魚。指仁道、德政惠及飛禽游魚，無處不在。《詩經・大雅・旱麓》：「鳶飛戾天，魚躍於淵。」唐・孔穎達疏：「其上則鳶鳥得飛至於天以游翔，其下則魚皆跳躍於淵中而喜樂，是道被飛潛，萬物得所，化之明察故也。」

【道不拾遺】
道：道路；拾：拾取；遺：丟失的東西。路上有別人丟失的物品，沒有人拾取。形容社會風氣好。《戰國策・秦策一》：「道不拾遺，民不妄取，兵革大強，諸侯畏懼。」也作「**路不拾遺**」。

【道不同，不相爲謀】
道：觀點、主張；謀：商量。指觀點、主張不同的人，無法合作、共事。《論語・衛靈公》：「子曰：『道不同，不相爲謀。』」

【道不相謀】
即「道不同，不相爲謀」的略語。謂觀點、主張不同的人，無法合作、共事。明・沈德符《萬曆野獲編・新鄭富平身後》：「新鄭高少師，富平孫太宰，初以重名大用，後皆以太剛去位。未幾俱沒於里第。俱無嗣，孫爲台臣時，與徐華亭莫逆。疏詆新鄭最丑，二公道不相謀，相去亦三十餘年。」

【道不由衷】
道：說話；衷：內心。說的話不是發自內心。指說假話，心口不一。唐・徐彥伯《樞機論》：「利生於口，森然覆邦之說；道不由衷，變彼如簧之刺。可不懼之哉！」也作「**言不由衷**」。

【道長說短】
指隨意評論別人的是非好壞。例閒暇時，找個正當的嗜好做做吧，不要老是湊一堆人道長說短的。也作「**說長道短**」、「**說短論長**」。

【道成於學而藏於書，學進於振而廢於窮】
大道由勤學而完成，深藏於典籍之中；學問因努力而精進，因懈怠而荒疏。指道義深藏於書中，只有苦讀才能精進。漢・王符《潛夫論・贊學》：「夫道成於學而藏於書，學進於振而廢於窮。是故董仲舒終身不問家事，景君明經年不出戶庭，得銳精其學而顯昭其業者，家富也；富佚若彼，而能勤精若此者，材子也。」

【道存目擊】
擊：觸及。「道」的存在，用眼睛一看便可知道。《莊子・田子方》：「子路曰：『吾子欲見溫伯雪子久矣，見之而不言，何邪？』仲尼曰：『若夫人者，目擊而道存矣，亦不可以容聲矣。』」後用「道存目擊」形容對某種事理很快地領悟。唐・王勃《上徐左丞啟》：「雖齒絕位殊，空塵左右，而道存目擊，豈隔形骸。」

【道大莫容】
道：道理；容：容納。指孔子的學說不爲當時各諸侯國所採納。《史記・孔子世家》：「孔子曰：『賜！《詩》云：匪兕匪虎，率彼曠野。吾道非邪？吾何爲於此？』子貢曰：『夫子之道，至大也，故天下莫能容夫子，夫子蓋少貶焉？』」後用「道大莫容」指一個正確的學說往往不爲世人所接受。例道大莫容，達爾文的進化論在開始時遭到許多人的攻擊和謾罵。但隨時間時的推移和科學的發展，進化論終於被人們所接受。

【道德名望】
指良好的品德和名聲。《晉書・吾彥傳》：「帝嘗問彥，陸喜、陸抗二人誰多也？對曰：『道德名望，抗不及喜；立功立事，喜不及抗。』」

【道德文章】
指高尚的品德和淵博的學問。宋・辛棄疾《漁家傲・爲餘伯熙察院壽》詩：「道德文章傳幾世，到君合上三台位。」

【道東說西】
指東扯西拉地聊天說閒話。《劉知遠諸宮調》二：「自入舍做女婿，覷俺咱似兒戲，使著後，道東說西暢懺氣。」

【道而不徑】
徑：小路。指行路只走大道，不走小路，以防不測。《呂氏春秋・孝行覽》：「故舟而不游，道而不徑，能全支體以守宗廟，可謂孝矣。」

【道高龍虎伏，德重鬼神欽】
道行高超，能降龍伏虎；德高望重，連鬼神也要欽佩。《西遊記》二九回：「這和尚『道高龍虎伏，德重鬼神欽』，必有降妖之術。」也作「**道高龍虎伏，德重鬼神尊**」、「**道高龍虎伏，德重鬼神怕**」。

【道高日尊，技精日勞】
道德越高越受尊敬，技藝越精越受累。清・申涵光《荊園小語》：「有一藝便受一藝之累，如書畫圖章，初有人求甚喜，求者益多，漸生厭苦，故曰道高日尊，技精日勞。」

【道高一尺，魔高一丈】
道：道行；魔：魔障。佛家語。告誡修行者要警惕外界的誘惑。《初刻拍案驚奇》卷三六：「而今更有個眼花錯認了，弄出好些冤業因果來，理不清身子的，更爲可駭可笑。正是：道高一尺，魔高一尺。冤業隨身，終須還賬。」後比喻兩種力量相互較量，一方壓倒另一方。茅盾《子夜》一〇：「所謂：『道高一尺，魔高一丈！』他，吳蓀甫，以及他的『同志』孫吉人他們，都是企業界身經百戰的宿將，難道就怕了什麼？」

【道高益安，勢高益危】
指品德高尚，身家性命就更加安全；權勢愈高，因易失算而更加危險。《史記・日者列傳》：「道高益安，勢高益危。居赫赫之勢，失身且有日矣。」

【道骨仙風】
道人的姿質，神仙的風度。形容人灑脫飄逸，不同凡俗。元・岳伯川《鐵拐李》四折：「貧道再降臨凡世，度你個掌刑名主文司吏。因爲有道骨仙風，誤墮入酒色財氣。」

【道寡稱孤】
寡、孤：古代帝王自稱「寡人」或「孤」。比喻自封爲王，妄自尊大。元・楊梓《豫讓吞炭》二折：「道寡稱孤事不成，霸業圖王令不行。」也作「稱孤道寡」。

【道合志同】
道：思想，主張；志：志向，志趣。指彼此的理想志趣相一致。《三國志・魏書・陳思王植傳》：「昔伊尹之爲媵臣，至賤也，呂尚之處屠釣，至陋也，及其見舉於湯武、周文，誠道合志同，玄漠神通，豈復假近習之薦，因左右之介哉！」也作「道同志合」。宋・陸九淵《祭呂伯恭文》：「道同志合，惟公不二，拜書乞銘，公即揮賜。」也作「志同道合」、「志同氣合」。

【道盡塗殫】
殫：盡。到了道路的盡頭。形容面臨絕境，無路可走。《晉書・嵇康傳》：「自卜已審，若道盡塗殫則已耳，足下無事冤之令轉于溝壑也。」也作「道盡途窮」。《新五代史・唐莊宗五子傳》：「惟岌徘徊泣下，謂李環曰：『吾道盡途窮，子當殺我。』」

【道盡塗窮】
見「道盡塗殫」。

【道殣相望】
殣：ㄐㄧㄣˋ，餓死。指道路上到處都可見到餓死的人。《後漢書・馬融傳》：「米穀踊貴，自關以西，道殣相望。」

【道路不平旁人躧】
躧：ㄒㄧˇ，鞋，指用腳踩。比喻不公平的事，自有人出來主持公道。《醒世姻緣傳》二三回：「『道路不平旁人躧。』打哩不是他拾得，可爲什麼就扯破人家的帽子，採人家的鬍子？」也作「大路不平旁人鏟」。張恨水《丹鳳街》一八章：「等你先把楊大個子的事了了，那天我們去看看秀姐娘，和她出個主意。有道是大路不平旁人鏟。」

【道路側目】
見「道路以目」。

【道路傳聞】
傳聞：經多人輾轉傳告聽來的。指社會上輾轉流傳的消息。例你說的，也不過是道路傳聞的事，幹麼污陷他啊！

【道路藉藉】
藉藉：ㄐㄧˊ ㄐㄧˊ，交錯雜亂的樣子。形容社會上輾轉傳告，議論紛紛。《民國通俗演義》一二五回：「執事胸中方略，非局外人所能窺，而道路藉藉，或謂執事者將循政府之意，而從事於武力解決。」

【道路以目】
路上相遇，不敢交談，只能以目示意。《國語・周語上》：「厲王虐，國人謗王，邵公告曰：『民不堪命矣。』王怒，得衛巫，使監謗者，以告，則殺之。國人莫敢言，道路以目。」因以形容在暴虐統治之下，人們不敢發表言論。《明史・余懋學傳》：「自張居正蒙蔽主聰，道路以目，今餘風未殄，欺罔日滋。」也作「道路側目」。《明史・李文祥傳》：「朝野寒心，道路側目。」

【道路之人】
指路上相遇的毫不相識的人。形容彼此之間毫無關係。《國語・晉語四》：「今子於子圉，道路之人也，取其所棄，以濟大事，不亦可乎！」

【道路之言】
指社會上輾轉流傳，不一定可靠的消息。《三國志・吳書・朱治傳》：「治聞之，求往見賁，爲陳安危。」裴松之注：「《江表傳》載治說賁曰：『……前在東聞道路之言，云將軍有異趣，良用憮然。』」

【道路指目】
路上的人都用手指著，眼睛看著。形容衆所周知的事情。例他在外頭養小老婆的事，道路指目，只有他的妻子還佯裝不知情。

【道貌岸然】
道貌：正經嚴肅的外表；岸然：嚴肅的樣子。形容神態莊嚴。今用以形容假充正經，表裏不一的僞君子。《二十年目睹之怪現狀》一〇四回：「因看見端甫道貌岸然，不敢造次。」也作「道貌凜然」。凜然：嚴肅可敬畏的樣子。《敦煌變文集・維摩詰經講經文》：「光嚴整行之次，忽見維摩，道貌凜然，儀形磊落。」

【道貌凜然】
見「道貌岸然」。

【道謀築室】
同過路的人商議自己蓋房子的事。比喻自己毫無主見，對旁人的各種意見難以定奪，不能成事。清・金安清《洋務宜遵祖訓安內攘外自有成效說》：「苟能執其兩端而詳辯之，則朝廷之上，整飭綱紀，發號施令，孰先孰後、孰緩孰急之次第，自有主持，而不眩於道謀築室矣。」也作「道旁之築」。明・李贄《續焚書・西徵奏議後語》：「樞密大臣選鋒遣將，似若無足以當其選者。於時梅侍御客生獨薦李成梁，又不合當事者意，復成道傍之築也。」傍：通「旁」。也作「當道築室」。《資治通鑑・後唐莊宗同光元年》：「若非陛下決志，大功何由可成！諺曰：『當道築室，三年不成。』」也作「築室道謀」。

【道旁苦李】
《晉書・王戎傳》：「樹在道邊而多子，必苦李也。」後用「道旁苦李」比喻不被重視的人。例他來了這麼多年，沒有多少人知道他，眞可謂「道旁苦李。」但他居然不聲不響，弄出了這項發明。

【道旁之築】
見「道謀築室」。

【道三不著兩】
指講話亂扯一氣，沒有條理。《儒林

外史》一六回：「老爹而今有些害發了，說的話道三不著兩的。」

【道山學海】

道：道理；學：學識。道理像山一樣高妙，學識像海一樣廣博。形容學問博大精深。明・王世貞《鳴鳳記・鄒林游學》：「道山學海功非淺，孔思周情文可傳。」

【道士的辮子——挽得緊】

道士：道教徒。比喻團結緊密。例他們來自五湖四海，卻像道士的辮子——挽得緊得很。

【道士念經——照本宣科】

宣科：宣讀科條。比喻不能靈活運用，死板地照書本或現成的文稿宣讀。例他講課就像道士念經——照本宣科，學生們很不歡迎。也作「太監讀聖旨——照本宣科」。

【道士跳法場——裝神弄鬼】

跳法場：道士驅使鬼神的一種儀式。比喻故意把事情搞得玄虛莫測用以騙人。例有人反映，王二在村裏，就像道士跳法場——裝神弄鬼，攪得人心惶惶。也作「巫婆跳神——裝神弄鬼」。

【道士舞大鉗——少見（劍）】

見「鬼師舞鐮刀——少見（劍）」。

【道書禪機】

道書：道教的典籍文意；禪機：指佛教禪宗一派宣揚教義的竅門，即「機鋒」。指佛道兩教的超凡脫俗，大徹大悟的教義。《紅樓夢》二二回：「[寶釵]又笑道：『這個人悟了，都是我的不是，都是我昨兒一支曲子惹出來的。這些道書禪機，最能移性，明兒認眞說起這些瘋話來，存了這個意思，都是從我這一支曲子上來。我成了個罪魁了。』」

【道雖邇，不行不至；事雖小，不爲不成】

邇：ㄦˇ，近。即使很近的路，不走還是走不到；即使很小的事，不做還是做不成。指凡事要踏踏實實地去幹。《荀子・修身》：「彼人之才性之相懸也，豈若跛鱉之與六驥足哉？然而跛鱉致之，六驥不致，是無他故焉，或爲之，或不爲爾。道雖邇，不行不至；事雖小，不爲不成。其爲人也多暇日者，其出入不遠矣。」

【道聽而途說，德之棄也】

語出《論語・陽貨》。在路上聽到傳言，就到處傳播開去，這是對道德的背棄。勸告人們不要傳播無根據的傳聞。例在辦公室不要才聽到一點傳言，就到處傳播，古人說：『道聽而途說，德之棄也。』」

【道聽途傳】

見「道聽途說」。

【道聽途說】

在路上聽來，又在路上傳告給別人。指輾轉流傳，沒有根據的消息。《漢書・藝文志》：「小說家者流，蓋出於稗官，街談巷語，道聽途說者之所造也。」也作「道聽途傳」。明・王守仁《次欒子仁韻送別》詩之四：「道聽塗傳影響前，可憐絕學遂多年。」塗：「途」。

【道同志合】

見「道合志同」。

【道頭會尾】

見「道頭知尾」。

【道頭知尾】

別人說個頭，就知道下面還要說些什麼。形容聽明伶俐，反應很快。《水滸傳》六一回：「亦且此人百伶百俐，道頭知尾。」也作「道頭會尾」。會：領會。《五燈會元・芭蕉清禪師法嗣》：「問師：『唱誰家曲宗，風嗣阿誰？』師曰：『道頭會尾，舉意知心。』」

【道微德薄】

道：道行，指僧道修行的功夫，後比喻技能；微：微小；薄：淺薄。指功夫不深，德行不高。《古今小說》卷二九：「貧僧道微德薄，不堪爲師。」

【道西說東】

漫無中心地隨意閒扯。《敦煌變文集・茶酒論一卷》：「阿你兩個，何用匆匆？阿誰許你，各擬論功！言詞相毀，道西說東。」

【道學先生】

指迂腐古板的書呆子。《老殘遊記》一三回：「其實我也不是道學先生想吃冷豬肉的人，作什麼僞呢！」

【道義之交】

道義：道德和正義。指因道義上的一致結交爲友。《歧路燈》三八回：「道義之交，只此已足，何必更爲介介。」

【道遠任重】

路程遙遠，負擔沉重。比喻既承擔重大的責任，又要經受長期的艱苦奮鬥。《意林・尸子》：「車輕道近，鞭策不用，鞭策所用，道遠任重。」也作「任重道遠」。

【道遠日暮】

路程尚遠，太陽已落。指進也難，停也難的處境。《吳子・料敵》：「六曰：『道遠日暮，士衆勞懼，倦而未食，解甲而息。』」

【道遠知驥】

驥：ㄐㄧˋ，千里馬。行程遙遠才能識別好馬。三國魏・曹植《矯志》詩：「道遠知驥，世僞知賢。」

【道在屎溺】

屎溺（ㄋㄧㄠˋ）：糞尿，指污穢微賤的地方。比喻道無處不在。《莊子・知北游》：「東郭子問於莊子曰：『所謂道，惡乎在？』莊子曰：『無所不在。』東郭子曰：『期而後可？』莊子曰：『在螻蟻。』曰：『何其下邪？』曰：『在稊稗。』曰：『何其愈下邪？』曰：『在瓦甓』曰：『何其愈甚邪』曰：『在屎溺。』東郭子不應。」嚴復《救亡決論》：「莊生知之，故曰道在屎溺，每下愈況。」

【道阻且長】

阻：阻礙。路上受阻，而且路途漫長。《詩經・秦風・蒹葭》：「溯回從之，道阻且長；溯游從之，宛在水中沚。」

【稻草肚子棉花心——虛透了】

比喻空虛極了，或因心裏慚愧或沒有把握而勇氣非常不足。例敵人外表看起來很強大，實際上是稻草肚子棉花心——虛透了。

【稻草蓋珍珠——外賤內貴】

比喻內裏有可貴之處。例我們的商品質量很好，可裝潢太差，眞是稻草蓋珍珠——外賤內貴。也作「禾草蓋珍珠——外賤內貴」。

【稻草人點火——自取滅亡】

見「雞蛋碰石頭——自取滅亡」。

【稻草人放火——害人先害己】

比喻存心傷害別人的人首先自己受害。例他沒想到誣陷別人未成，反而因誹謗罪受到了懲罰，這可眞是稻草人放火——害人先害己。

【稻草人救火——同歸於盡】

比喻一起毀滅。例他處在敵人的火力圈內，我已做好思想準備，救援不成，就稻草人救火——同歸於盡。也作「木勺炒豆子——同歸於盡」。

【稻草人救火——引火燒身】

①比喻主動暴露自己的缺點錯誤，爭取別人的批評幫助。例在這次檢討會中，我決心稻草人救火——引火燒身。②比喻自討苦吃，自惹煩惱。例你多管閒事，自己也陷入了他們的矛盾之中，這叫做稻草人救火——引火燒身。也作「逆風放火——引火燒身」、「穿著蓑衣救火——引火燒身」、「披麻救火——引火燒身」。

【稻草人救火——自身難保】

比喻自己解救不了自己，更談不上援助別人。有時也指由於做某件事，自己也擔保不了不被陷進去。例我倒是想幫助你，無奈自己現在處境也是稻草人救火——自身難保。也作「草人救火——自身難保」、「泥菩薩過江——自身難保」、「白蟻蛀觀音——自身難保」、「丫頭做媒——自身難保」。

【稻多打出米來，人多講出理來】

指人多主意多。例做事若遇到困難，不妨找人商量，俗話說：「稻多打出米來，人多講出理來。」問題總會解決的。

【稻粱謀】

指鳥找食。唐・杜甫《同諸公登慈恩寺塔》詩：「君看隨陽雁，各有稻粱謀。」比喻人謀求衣食。宋・范成大《南塘冬夜倡和》詩：「絕笑兒痴生活淡，略無歲晚稻粱謀。」

【稻田裏捉龜——十拿九穩】

見「箅子上取窩窩頭——十拿九穩」。

ㄉㄡ

【兜肚連腸】

兜：兜底；肚：胃。連腸胃都翻騰了出來。形容將肚子裏的東西全吐了出來。魯迅《吶喊・狂人日記》：「吃了幾筷，滑溜溜的不知道是魚是人，便把他兜肚連腸的吐出。」

【兜老底】

比喻將某人某事的底細公布於衆。例本人行得正，坐得直，不怕人家兜老底。

【兜裏的銅板——一摸就著】

銅板：即銅圓，舊時使用的銅質輔幣。比喻熟悉極了，瞭如指掌。有時比喻方便極了。例小劉的性格外露，易於了解，我對他就像兜裏的銅板——一摸就著。

【兜圈子】

①比喻一種迂迴戰術。例警察在街上捉攤販，攤販就同警察兜圈子，直兜得警察暈頭轉向。②比喻說話辦事拐彎抹角，不直截了當。例你做的那些事兒，我已經了解得八九不離十了，你就別兜圈子了，痛痛快快坦白吧！

【兜頭蓋腦】

正衝著頭腦。形容來勢凶猛。例這個僕人剛一進門。就遭到主人兜頭蓋腦的一頓臭罵。也作「劈頭蓋腦」。

ㄉㄡˇ

【斗大的饅頭——沒處下口】

①比喻對某件事不好說或不便說。含有爲難的意思。例古話說，淸官難斷家務事，我們第三者是斗大的饅頭——沒處下口啊！②比喻無從說起。有時含有不了解情況或爲難的意思。例我剛到這裏，兩眼抹黑，斗大的饅頭——沒處下口。

【斗大的線團子——纏不完】

線團子：由線繞成的線球。比喻糾纏不休，難以應付。例有一句老話：斗大的線團子——纏不完，老刁就是這樣，可不能招惹他。

【斗方名士】

斗方：一、二尺見方的紙，用於寫字繪畫；名士：知名之士。指附庸風雅的無聊文人。《二十年目睹之怪現狀》九回：「那一班斗方名士，結識了兩個報館主筆，天天弄些詩去登報，要借此博個詩翁的名色。」

【斗斛之祿】

斗、斛：容量單位，十升爲一斗，十斗爲一斛。形容微薄的俸祿。唐・韓愈《祭十二郎文》：「故舍汝而旅食京師，以求斗斛之祿。」也作「斗升之祿」。宋・蘇轍《上樞密轉太尉書》：「向之來，非有取於斗升之祿。」

【斗酒百篇】

飲一斗酒，作百篇詩。唐・杜甫《飲中八仙歌》：「李白一斗詩百篇，長安市上酒家眠。」後用「斗酒百篇」形容性格豪放，才思敏捷。淸・紀昀《閱微草堂筆記・槐西雜志一》：「房師孫瑞人先生，文章淹雅而性嗜酒，醉後所作與醒時無異，館閣諸公以爲斗酒百篇之亞也。」

【斗酒學士】

指酒量大的文人學士。《新唐書・王

績傳》：「以前官待詔門下省，故事，官給酒日三千。或問：『待詔何樂邪？』答曰：『良醞可戀耳。』待中陳叔達聞之，日給一斗，時稱『斗酒學士』。」

【斗酒隻雞】

斗：盛酒器。一斗酒，一隻雞。古代祭奠死者的物品。三國魏・曹操《祀故太尉橋玄文》：「又承從容約誓之言：『殂逝之後，路有經由，不以斗酒隻雞過相沃酹，車過三步，腹痛勿怪！』雖臨時戲笑之言，非至親之篤好，胡肯為此辭哉？懷舊惟顧，念之淒愴。」後謂對亡友的悼念之情。宋・文天祥《祭安撫蕭檢詳》：「我思古人兮斗酒隻雞，尚不憚於千里兮何百里之辭？」也作「**隻雞斗酒**」。

【斗絕一隅】

斗：通「陡」；隅：ㄩˇ，角落。懸崖絕壁斷開的一個角落。形容地處偏遠。《魏書・焉耆國傳》：「焉耆為國，斗絕一隅，不亂日久，獲其珍奇異玩殊方譎詭不識之物，橐駝馬牛雜畜巨萬。」也比喻才氣過人，獨具一格。《舊五代史・唐書・李襲吉傳》：「梁祖覽之，至『毒手尊拳』之句，怡然謂敬翔曰：『李公斗絕一隅，安得此文士，如吾之智算，得襲吉之筆才，虎傅翼矣。』」

【斗笠丟了——冒（帽）失】

斗笠：一種竹製的可遮陽防雨的寬邊帽子；冒：「帽」的諧音。比喻做事、說話魯莽，不穩重。例對這樣大的工程，不做調查研究，就盲目上馬，實在是斗笠丟了——冒（帽）失得很。

【斗量車載】

用斗量，用車載。形容數量極多。宋・吳濤《禽言・婆餅焦》：「今年麥熟不敢嘗，斗量車載傾困倉，化作三軍馬上糧。」也作「**車載斗量**」。

【斗量明珠】

《太平廣記》卷三九九引唐・劉恂《嶺表錄異》：「昔梁氏之女（綠珠）有容貌，石季倫為交趾采訪使，以圓珠三斛買之。」後用「斗量明珠」指出重金納妾。唐・劉禹錫《泰娘歌》：「泰娘家本閶門西，門前綠水環金堤……斗量明珠鳥傳意，紺幰迎入專城居。」也作「**十斛量珠**」。

【斗米尺布】

指數量很少的糧食布帛。明・袁宏道《碧輝上人修淨室引》：「淨寺有聖僧二，其一余不知名，亦不識面貌，每日以沉湎為工課，凡所得斗米尺布，盡以沽酒。」也作「**尺布斗粟**」。

【斗南一人】

斗南：北斗以南，指天下。天底下僅此一人。形容超羣絕倫的人才。《新唐書・狄仁傑傳》：「[藺仁基]每曰：『狄公之賢，北斗以南，一人而已。』」

【斗筲穿窬】

斗：量器，容十升；筲：ㄕㄠ，竹器，容十二升；斗筲：比喻人見識短淺，氣量狹小；穿窬（ㄩˊ）：穿壁翻牆，指行竊。《論語・子路》：「子曰：噫！斗筲之人，何止算也。」《論語・陽貨》：「色厲而內荏，譬諸小人，其猶穿窬之盜也與。」後用「斗筲穿窬」比喻人心地狹小，行為不端。宋・蘇軾《張九齡不肯用張守珪牛仙客》：「西漢之末，敢言者惟王章、朱雲二人，章死而雲廢，則公卿持祿保妻子如張禹、孔光之流耳。故王莽以斗筲穿窬之才，盜取神器如反諸掌。」

【斗筲小器】

見「斗筲之材」。

【斗筲小人】

見「斗筲之材」。

【斗筲之輩】

見「斗筲之材」。

【斗筲之才】

見「斗筲之材」。

【斗筲之材】

斗：量器，容十升；筲：竹器，容十二升。斗筲的容量都不大，因以「斗筲之材」比喻人心地促狹，才識淺陋。也作為謙詞。《漢書・谷永傳》：「永斗筲之材，質薄學朽。」也作「**斗筲之才**」。章炳麟《非所宜言》：「亡國所遺，從政之士，斗筲之才，其志固未有善敗利害也。」也作「**斗筲之器**」。宋・曾慥《類說》卷一三引《使遼錄・南朝峭漢》：「因問南朝如卿人材有幾？[富]弼曰：『臣斗筲之器，不足道；本朝人材勝如臣者，車載斗量，安可數計！』」也作「**斗筲小器**」。《宋書・沈攸之傳》：「況乎行陳凡才，斗筲小器，而懷問鼎之志，敢構無君之逆哉？」

【斗筲之器】

見「斗筲之材」。

【斗筲之人】

筲、斗都是容量較小的器具。因以「斗筲之人」指心地促狹，才識淺陋的人。也作為謙詞。《論語・子路》：「子曰：『噫！斗筲之人，何足算也。』」也作「**斗筲之輩**」。《東周列國志》七六回：「囊瓦乃斗筲之輩，貪功僥倖，今史皇小挫，未有虧損，今夜必來掩襲大寨，不可不備。」也作「**斗筲之徒**」。《漢書・公孫劉田等傳贊》：「斗筲之徒，何足選也。」也作「**斗筲之子**」。《漢書・敘傳》：「班彪《王命論》：『梲梲之材，不荷棟梁之任；斗筲之子，不秉帝王之重。』」也作「**斗筲小人**」。《剪燈餘話・秋夕訪琵琶亭記》：「委任臣僚，非才者衆，如陳平章、姚平章，皆斗筲小人，而使之秉鈞軸，握兵符。」

【斗筲之徒】

見「斗筲之人」。

【斗筲之役】

斗筲：容器，用以盛糧。報酬太少的勞役。比喻微薄的俸祿。晉・潘岳《床居賦》：「太夫人在堂，有羸老之疾，尚何能違膝下色養，而屑屑從斗筲之役乎。」

【斗筲之子】

見「斗筲之人」。

【斗升之祿】

見「斗斛之祿」。

【斗升之水】

一斗一升的水。比喻微薄的資助。《莊子・外物》：「周昨來，有中道而呼者。周顧視車轍中，有鮒魚焉，周問之曰：『鮒魚來，子何爲者耶？』對曰：『我東海之波臣也，君豈有斗升之水而活我哉？』」

【斗折蛇行】

像北斗星一樣曲折排列，像蛇一樣蜿蜒爬行。形容道路彎彎曲曲。唐・柳宗元《永州八記・小石潭記》：「潭西南而望，斗折蛇行，明滅可見。」

【斗重山齊】

斗：北斗星；重：敬重；山：指泰山。像北斗星一樣使人敬仰，像泰山一樣巍峨。形容人名望極高。《羣音類選〈鳴鳳記・典刑死節〉》：「痛追思舊日相隨，德業文章，斗重山齊。」

【斗轉參橫】

斗：北斗星；參參星，二十八宿之一。北斗星的杓柄轉了向，參星橫斜一側。指時近天時。《宋史・東志十六》：「斗轉參橫將旦，天開地闢如春。」也作「斗轉參斜」。明・馮惟敏《柳搖金・風情》曲：「急回頭斗轉參斜，酒杯兒到手都休撤。」

【斗轉參斜】

見「斗轉參橫」。

【斗轉星移】

斗：北斗星。星斗在空中移換位置。形容時光流逝，歲月變遷。元・馬致遠《陣搏高臥》三折：「直睡的陵遷谷變，石爛松枯，斗轉星移。」也指歷時一夜，即將天明。明・無名氏《鎖白猿》頭折：「直吃的昏慘慘更闌人靜，直熬的明皎皎斗轉星移。」

【抖擻精神】

抖擻：振作，奮發。振作精神。《三國演義》九二回：「趙雲施逞舊日虎威，抖擻精神迎戰。」

【抖威風】

指顯示權勢和力量。例他就會在羣衆面前抖威風，見了當官的，他就連腰都直不起來。

ㄉㄡˋ

【鬥敗公雞】

形容垂頭喪氣的樣子。《水滸傳》一回：「渾身卻如中風痲木，兩腿一似鬥敗公雞，口裏連聲叫苦。」

【鬥草簪花】

鬥草：舊時青少年的一種遊戲活動；簪（ㄗㄢ）花：戴花，插花。泛指遊樂玩耍。《紅樓夢》二三回：「且說寶玉自進園來，心滿意足，再無別項可生貪求之心，每日只和姊妹丫環們一處，或讀書，或寫字，或彈琴下棋，作畫吟詩，以至描鸞刺鳳，鬥草簪花，低吟悄唱，拆字猜枚，無所不至，倒也十分快意。」

【鬥而鑄錐】

鬥：戰鬥，作戰；鑄：鑄造；錐：指兵器。臨到打仗才鑄造兵器。比喻行動過晚，準備不及時。《黃帝內經・素問・四氣調神大論》：「夫病已成而後藥之，亂已成而後治之，譬猶渴而穿井，鬥而鑄錐，不亦晚乎！」

【鬥雞走狗】

見「鬥雞走犬」。

【鬥雞走馬】

見「鬥雞走犬」。

【鬥雞走犬】

以雞相鬥，以狗競跑。二者都是古代的遊戲。後指無聊之徒不務正業的活動。《戰國策・齊策一》：「臨淄甚富而實，其民無不吹竽鼓瑟，擊筑彈琴，鬥雞走犬。」也作「鬥雞走狗」。《史記・袁盎列傳》：「袁盎病免居家，與閭裏浮沈相隨行，鬥雞走狗。」也作「鬥雞走馬」。《漢書・眭弘傳》：「少時好俠，鬥雞走馬，長乃變節，從嬴公受《春秋》。」

【鬥角鉤心】

鬥角：檐角相互交錯；鉤心：建築物相互勾連。形容宮室建築的內外結構錯綜精密。比喻各用心機，互相排擠。明・楊士雲《和中溪宿觀音岩》詩：「青壁丹崖高矗矗，鬥角鉤心牢置屋。」也作「鉤心鬥角」。

【鬥靡誇多】

靡，ㄇㄧˊ：靡麗，指華麗的辭藻；誇：誇耀。指以辭藻華麗爭勝，以文章篇幅多相炫耀。金・元好問《論詩三十首》之九：「鬥靡誇多費覽觀，陸文猶恨冗於潘。」也作「誇多鬥靡」。

【鬥巧爭奇】

爭相比著奇巧。也形容許多列在一起的精巧奇妙的東西。《歲時廣記》卷二六：「瀘詩云：天上佳期，九衢燈月交輝。靡喉孩兒，鬥巧爭奇。」

【鬥輸的公雞——耷拉著腦袋】

形容因傷心或受挫折而表現出精神不振，垂頭喪氣的樣子。例失敗了再爬起來嘛，不能像鬥輸的公雞——耷拉著腦袋。

【鬥榫合縫】

榫頭和卯眼恰好相配，縫隙密合。形容製作精巧工致。明・張岱《陶庵夢憶・報恩塔》：「一金身，琉璃磚十數塊湊成之，其衣褶不爽分，其面目不爽毫，其須眉不爽忽，鬥筍合縫，信屬鬼工。」筍：通「榫」。也作「接榫合縫」。

【鬥心眼兒】

即鬥智，用心計。例同事之間應該以誠相見，千萬不要互相鬥心眼兒，這樣才能減少內訌。

【鬥艷爭妍】

妍：美麗。指花兒競相以鮮艷美麗取勝。清・歸莊《看寒花記》：「因思春夏秋之花，鬥豔爭妍，逾旬則色衰態倦，甚且有一日半日而謝者。」

【鬥贏的公雞——神氣十足】

形容十分得意和傲慢的樣子。例剛取得上半場的勝利，你就成了鬥贏的公雞——神氣十足的樣子，其實最後鹿死誰手還很難說呢！

【鬥志昂揚】

昂揚：情緒高漲。鬥爭意志十分旺盛。例雖然環境惡劣，條件艱苦，戰士們仍然鬥志昂揚，警惕地守衛在邊防線上。

【鬥智不鬥力】

只用智謀相較量，不以武力爭勝負。《史記・項羽本紀》：「項王謂漢王曰：『天下匈匈數歲者，徒以吾兩人耳！願與漢王挑戰，決雌雄……。』漢王笑謝曰：『吾寧鬥智，不能鬥力。』」

【豆地裏吃西瓜——自找的】

豆地裏種的是豆子，豆地裏的西瓜不是種豆人種的，而是吃瓜人自己找到的。常指自討苦吃，自找倒霉。例你這次得病，是豆地裏吃西瓜——自找的，誰叫你穿著單衣去溜冰呢？

【豆分瓜剖】

像豆莢分裂，瓜被切開一樣。比喻疆土被分割。《宋史・王禹偁傳》：「自五季亂離，各據城堡，豆分瓜剖，七十餘年。」也作「豆剖瓜分」。梁啟超《政策與政治機關》：「則吾儕惟有瞑目束手，坐待豆剖瓜分後受他族之統治。」也作「瓜剖豆分」。

【豆腐板上下象棋——無路可走】

豆腐板上的線路同象棋盤上的迥然不同。形容陷入困境，走投無路。例他喪失父母，又無親友投靠，無衣無食，眞是豆腐板上下象棋——無路可走，只好賣身爲奴。也作「麻雀誤入泥水溝——無路可走」。

【豆腐拌腐乳——越弄越糊塗】

腐乳：豆腐乳，用小塊的豆腐做坯，經過發酵、醃製而成。比喻越來越迷糊。例你對這個問題，鑽研了幾年，簡直是豆腐拌腐乳——越弄越糊塗了。

【豆腐擋刀——招架不住】

見「秀才打擂——招架不住」。

【豆腐店裏的貨——不堪一擊】

見「玻璃鋪的家當——不堪一擊」。

【豆腐墊床腳——白搭】

見「白天打燈籠——白搭」。

【豆腐墊鞋底——一踏就溶】

比喻經不起波折，或很容易被摧毀。例敵人就像豆腐墊鞋底——一踏就溶，派一個連的兵力就夠了。

【豆腐掉進灶坑裏——摘也摘不清，撣也撣不掉】

見「豆腐掉在灰堆裏——洗不淨」。

【豆腐掉在灰堆裏——洗不淨】

比喻蒙受某種誣陷、恥辱，無法洗刷清楚。例「好，一樣不少。錢老大，有帶著賭具走親戚的嗎？」「老天爺，我算是豆腐掉在灰堆裏——洗不淨了。」也作「豆腐落在灰堆裏——吹打不淨」、「豆腐落在灰裏頭——洗不清」。

【豆腐掉在灰堆裏——吹也不行，打也不行】

雙關語。比喻左右爲難，無可奈何。例母親慌了手腳，不知拿兒子怎麼辦，眞像俗話所說，豆腐掉在灰堆裏——吹也不行，打也不行。也作「豆腐掉在灰窩裏——吹不得，打不得」、「豆腐掉在灰堆裏——拍拍不得，打打不得」、「年糕掉在灰坑裏——吹不得，打不得」。

【豆腐頂不住刀】

比喻弱不敵強。例你一個人要去和幫派分子幹架，我看是豆腐頂不住刀，自討苦吃。

【豆腐堆裏一塊鐵——數他硬】

比喻最剛強的人。例在班組裏，譚強是豆腐堆裏一塊鐵——數他硬，在任何困難面前，沒有低過頭。

【豆腐燉骨頭——軟硬不勻】

東西有軟有硬，分布不均。比喻人有堅強、怯弱之分。例對人的要求不要強求一致，打起仗來，總難免是豆腐燉骨頭——軟硬不勻嘛！

【豆腐房的石磨——道道多】

石磨：把糧食磨成麵粉的工具，由上下兩個圓石盤組成，磨盤上鑿有許多的溝槽。雙關語。比喻主意、辦法很多。例咱們的廠長就是豆腐房的石磨——道道多，每年都要推出新產品。也作「豆腐坊裏的石磨——道道兒就是多」。

【豆腐房丟磨子——沒得推啦】

雙關語。比喻事情推托不得，非承擔不可；或無話好推辭了。例事情就像皮球一樣，踢來踢去，最後踢到廠長那裏，他是豆腐房丟磨子——沒得推啦！也作「王婆婆賣了磨——沒推的了」。

【豆腐干】

豆製品的一種。比喻發表在報刊上的小塊文章。例他不過偶爾在報紙上發表幾塊豆腐干，就充起作家來了？眞可笑。

【豆腐架子——不牢靠】

雙關語。比喻靠不住或不可信賴。例你怎麼把事情委託給小王去辦？他可是豆腐架子——不牢靠」也作「沙灘上蓋樓房——不牢靠」、「絲繩繫駱駝——不牢靠」。

【豆腐架子——壓不得】

雙關語。比喻經不住壓。例把這副重擔交給我們吧，我們不是豆腐架子——壓不得的，保證能完成任務。

【豆腐佬摔擔子——傾家蕩產】

豆腐佬：賣豆腐的人。賣豆腐的摔擔子，就把豆腐全摔碎了。比喻全部破產，徹底完蛋。例他由於買賣失敗，來了個豆腐佬摔擔子——傾家蕩產。也作「豆腐佬摔擔子——全報銷」。

【豆腐裏尋骨頭——找碴兒】

比喻故意挑毛病。例他們的工作剛開展起來，缺乏經驗，希望多批評、幫助；但可別存心在豆腐裏尋骨頭——找碴兒，這不是與人爲善的態度。

【豆腐腦兒挑子——兩頭熱】
賣豆腐腦兒的挑子，一頭爲豆腐腦兒，一頭爲鹵子，爲保持一定的溫度，兩頭都用炭火加熱。比喻兩方面都滿懷熱情。例我看你們是豆腐腦兒挑子——兩頭熱，合作一定會成功。

【豆腐盤成肉價錢——划不來】
豆腐反覆搗騰，成本提高，變成了肉的價錢。比喻不合算。例這批貨不要來回折騰了，豆腐盤成肉價錢——划不來。也作「折了房子搭雞窩——找不來」、「金魚餵貓——划不來」、「藥了老鼠毒死貓——划不來」。

【豆腐乳做菜——哪還要言（鹽）】
見「鹹菜拌豆腐——那還用言（鹽）」。

【豆腐身子——經不起摔打】
比喻承受不住折騰或打擊。例你一定要加强鍛煉，增强體質，像現在這樣的豆腐身子——經不起摔打，怎麼行啊！也作「螞蚱爬在鞭梢上——經不起摔打」。

【豆腐心——經不得捏】
雙關語。比喻心腸軟。例她老人家是豆腐心——經不得捏，多說幾句好話，就會諒解你的。

【豆腐渣包包子——捏不到一起】
豆腐渣沒有粘性，所以說捏不到一起。見「穀糠蒸窩頭——難捏合」。

【豆腐渣包餃子——用錯餡了】
豆腐渣：濾豆漿剩下的渣滓，也叫豆渣。比喻用錯了材料或用錯了人。例生產爲什麼會滑坡，看來是豆腐渣包餃子——用錯餡了，應當重新挑選一個廠長。

【豆腐渣炒藕片——迷（瀰）了眼】
迷：「瀰」的諧音；瀰：塡滿，遮掩。比喻受到迷惑，對事物分辨不清。例社會是複雜的，要學會辨別是非，不要豆腐渣炒藕片——迷（瀰）了眼。

【豆腐渣糊牆——兩不沾（粘）】
沾：「粘」的諧音。比喻彼此毫不相干，或誰也不占誰的便宜。例他們沒有血親關係，一個是山東人，一個是雲南人，眞個是豆腐渣糊牆——兩不沾（粘）。也作「豆腐渣貼門對子——兩不沾（粘）」、「豆渣糊窗户——兩不沾（粘）」、「豆腐渣糊紙——兩不沾（粘）」、「蕎麥皮打糨糊——兩不沾（粘）」、「鴨背上潑水——兩不沾（粘）」、「快刀切豆腐——兩不沾（粘）」。

【豆腐渣撒水飯——哄鬼】
豆腐渣：濾豆漿剩下的渣滓，也叫豆渣；水飯：迷信的人祭鬼用的粗淡飯食。用豆腐渣來當水飯撒。指只能騙鬼，誰也騙不了。例有人說，一個小行星近年內可能撞擊地球，這純粹是豆腐渣撒水飯——哄鬼。

【豆腐渣上船——不是貨】
比喻不是像樣的東西；或人的品質極壞，行爲醜惡。例有的工廠，只求數量，不求質量，只要利潤，不管顧客，這樣的廠出的產品擺在商店裏就像豆腐渣上船——不是貨。

【豆腐渣下水——輕鬆】
形容做事輕而易舉。例我們球隊要取得這次比賽的冠軍，簡直是豆腐渣下水——輕鬆得很。

【豆腐渣下水——全散了】
比喻因心不齊而走散。例這個剛組建的旅行團，因對目的地和路線意見不一致，就像豆腐渣下水——全散了。也作「沒框的算盤珠——全散啦」、「珠子串斷了線——全散了」。

【豆腐渣下水——一身鬆】
比喻全身輕鬆、爽快。多形容完成任務或丟掉思想包袱後的心情。例奮戰三十天，我們終於完成了設計任務，眞是豆腐渣下水——一身鬆哩！也作「青染缸洗澡——一身輕（青）」。

【豆腐渣裝皮箱——冒充好貨】
比喻冒牌貨。例在市場上，要仔細挑選貨物，因爲豆腐渣裝皮箱——冒充好貨時有發現。

【豆腐嘴巴刀子心——嘴軟心狠】
指說話柔和，但心腸狠毒。例別被二老財的甜言蜜語所惑，他是一個豆腐嘴巴刀子心——嘴軟心狠的人。也作「豆腐嘴刀子心——口善心惡」。

【豆腐做牆腳——根基不穩】
比喻人的功底不深，基礎不紮實。例他做研究工作的條件不夠，主要是豆腐做牆腳——根基不穩。也作「豆腐做牆腳——基礎不牢」。

【豆兒乾飯——悶（燜）着】
也作「豆兒乾飯——悶起來啦」。見「塌鍋乾飯——悶（燜）著」。

【豆角抽筋——兩頭受制】
豆角：鮮嫩可以做菜的豆莢；受制：受罪。擇豆角時需要把兩頭捏斷，抽掉兩邊的筋。比喻做事兩頭不落好，兩頭受氣。例這項買賣達成協議之後，又生波折。一方嫌價低，一方嫌品質差，作爲中間人，眞是豆角抽筋——兩頭受制。

【豆蔻年華】
豆蔻：多年生常綠草本植物；年華：時光，年歲。唐·杜牧《贈別》詩：「娉娉裊裊十三餘，豆蔻梢頭二月初。」後用「豆蔻年華」指女子十三、四歲時。魯迅《且介亭雜文二集·論人言可畏》：「一遇到女人，可就要發揮才藻了，不是『徐娘半老，風韻猶存』，就是豆蔻年華，玲瓏可愛。」也作「豆蔻之年」。例她就像一個豆蔻之年的少女那樣單純天眞。

【豆蔻之年】
見「豆蔻年華」。

【豆剖瓜分】
見「豆分瓜剖」。

【豆入牛口，勢不能久】
豆子到了牛嘴，頃刻就要被吃掉。比喻自投羅網。《隋唐演義》五八回：「白士讓道：『到是柴郡馬統率娘子軍趕殺他來到牛口谷，柴郡馬殺了前去，他就潛躲在蘆葦中，被我們看見拿住，應了民間豆入牛口，勢不能久之謠。』」

【豆芽菜頂門——不是正經材料】

多比喻人不正派或不能勝任工作。例你怎麼挑選小黎來作公關工作，他就像豆芽菜頂門——不是正經材料。也作「**麻秤做扁擔——不是正經材料**」、「**荊條當柱子——不是正經材料**」、「**西瓜皮打鞋掌——不是正料**」。

【豆芽菜——沒捆】

沒捆：沒法打捆。比喻約束不了，沒正經。例那個小伙子性情耿直，說話向來是豆芽菜——沒捆，有不妥之處，還請原諒。也作「**豆芽菜兒，有甚捆兒**」。

【豆芽菜兒，有甚捆兒】

見「豆芽菜——沒捆」。

【豆芽炒韭菜——亂七八糟】

形容非常混亂，不堪收拾。有時指事情不正當，不合法。例誰的值日？怎麼辦公室就像豆芽炒韭菜——亂七八糟，趕快清理清理。也作「**牛毛炒茴香——亂七八糟**」、「**烏拉草炒韭菜——亂七八糟**」、「**雞毛炒韭菜——亂七八糟**」。

【豆芽韭菜堆一堆——分不明，理不清】

比喻事物雜亂無章，沒有條理。例現在的情況好似豆芽韭菜堆一堆——分不明，理不清，待明朗後再作決定吧！

【豆芽長上天高——還是個小菜】

小菜：盛在小碟兒裏的下酒、飯的菜，多爲鹽或醬醃製成。豆芽長得再長，仍不過是小菜。表示蔑視，看不起，或不頂事。例就他那兩下子，再練上三年也沒用。豆芽長上天高——還是個小菜！不信，咱們等著瞧！

【豆渣撒在灰堆上——沒法收拾】

比喻事情不好處理。例現在事情被你們攪得亂七八糟，實在是豆渣撒在灰堆上——沒法收拾。也作「**豆渣撒在灰堆上——難收拾**」、「**水豆腐進灰堆——沒法收拾啦**」。

【豆渣上船——不值錢的貨】

指東西沒有多大價值。也比喻人格低下。例楊二狗這個人是豆渣上船——不值錢的貨，不允許他玷污傑出青年的光榮稱號。

【豆渣貼對聯——不沾（粘）板】

豆渣沒有粘性。比喻辦事說話不著邊際，或文不對題。例我們今天討論的是黑人的人權問題，而你卻海闊天空地談了些什麼？完全是豆渣貼對聯——不沾（粘）板。

【豆重榆瞑】

瞑：同「眠」。吃大豆使人發胖，吃榆葉使人貪睡。指飲食不當，有害身體。三國魏・嵇康《養生論》：「豆令人重，榆令人瞑。」李善注引《博物志》：「食豆三年則身重，行止難……啖榆則瞑不欲覺也。」

【逗留不進】

停留下來，不再向前行進。形容猶豫觀望。《漢書・匈奴傳上》：「而祁連知虜在前，逗遛不進。」遛：同「留」。

【逗貓惹狗——無事生非】

指本來沒有事，故意挑起事端。例一句話可以概括他的爲人：逗貓惹狗——無事生非。

【逗悶子】

指開玩笑、逗樂兒。例你別逗悶子了！還是說點正經的吧！

【逗啞巴挨唾沫——自討沒趣】

比喻自找難堪。例唉！你這種做法，不是逗啞巴挨唾沫——自討沒趣嗎？

【逗嘴皮子】

比喻爭吵、辯論。例這人沒別的毛病，就愛逗嘴皮子，和人抬槓。

【飣飣堆砌】

飣飣：ㄉㄧㄥ，供陳設的食品。把食品一層一層地堆積起來。比喻羅列辭藻。清・孔尚任《桃花扇》凡例：「詞中所用典故，信手拈來，不露飣飣堆砌之痕。」

ㄉㄢ

【丹鳳朝陽】

丹鳳：神鳥名。《詩經・大雅・卷阿》：「鳳凰鳴矣，於彼高岡；梧桐生矣，於彼朝陽。」宋・朱熹《詩經解頤》注：「鳳凰者，賢才之喩；朝陽者，明時之喩。」後用「丹鳳朝陽」比喻高才賢士身在政治清明之時，能夠發揮才能，實現抱負。

【丹黃甲乙】

丹黃：丹砂和雌黃。舊時點校書籍，以丹砂書寫，以雌黃塗改誤字。指點校書籍，評定次第。清・錢謙益《葛端調編次諸家文集序》：「句讀之不析，文理之不通，而儼然丹黃甲乙，衡加於經傳，不已傎乎？」也作「**丹鉛甲乙**」。鉛：鉛粉，也是書寫材料。清・戴名世《〈陳大士稿〉序》：「千子慨然憫之，取一代之文，丹鉛甲乙，辨其黑白。」

【丹雞白犬】

古時有用丹雞白犬作盟誓和祭祀的祭品的習俗。唐・楊炯《唐恒州刺史建昌公王公神道碑》：「境接東甌，地鄰南越。言其寶利則玳瑁珠璣，敍其風俗則丹雞白犬。」後用以比喻盟誓。清・陶梁《感事》詩：「丹雞白犬辭空費，第一干城仗義民。」

【丹陵若水】

丹陵：地名，堯的出生地；若水：水名，顓頊的出生地。比喻人才薈萃之地。南朝齊・王融《三月三日曲水詩序》：「芳林園者，福地奧區之湊，丹陵若水之舊。」

【丹鉛甲乙】

見「丹黃甲乙」。

【丹鉛弱質】

丹鉛：胭脂和鉛粉，古代女子用作化

妝品；弱質：形容女子的纖弱體態。謂女子。《剪燈餘話・江廟泥神記》：「奴等蒲柳陋姿，丹鉛弱質。」

【丹青妙筆】
丹青：指繪畫顏料；妙筆：美妙的筆觸。形容精湛的繪畫技藝。例祖國江山處處美，丹青妙筆難描繪。

【丹青難寫是精神】
描摹人的面貌容易，而最難的是表現其精神情操。指了解事物的表面現象容易，了解事物的本質則難。宋・王安石《讀史》詩：「糟粕所傳非粹美，丹青難寫是精神。區區豈盡高賢意，獨守千秋紙上塵。」

【丹青之信】
信：信用，信義。丹青著色强，不易消褪，故謂「信」。比喻事理顯著昭彰，不可泯滅。《後漢書・公孫述傳》：「陳言禍福，以明丹青之信。」

【丹書鐵契】
用朱砂書寫在特制鐵板上的憑證。指古代帝王賜給功臣世代享受免罪特權的證件。《漢書・高帝紀下》：「又與功臣剖符作誓，丹書鐵契，金匱石室，藏之宗廟。」也作「丹書鐵券」。《水滸傳》五二回：「我家是金枝玉葉，有先朝丹書鐵劵在門，諸人不許欺侮。」

【丹書鐵劵】
見「丹書鐵契」。

【丹心碧血】
丹心：赤心，忠心；碧血：《莊子・外物》：「萇弘死於蜀，藏其血，三年而化爲碧。」指鮮血化爲碧色的美玉。形容爲正義事業獻出一片忠心和一腔熱血。《封神演義》九五回：「這一個丹心碧血扶周主，那一個赤膽忠肝助紂王。」也作「碧血丹心」。

【丹心赤忱】
赤忱（ㄔㄣˊ）：眞心誠意。形容對正義事業的無限忠誠之心。例由於他的爲人正直又官政清廉，獲得不少丹心赤忱的民衆支持。

【丹心耿耿】
耿耿：誠信的樣子。形容眞心實意，無限忠誠。元・許衡《沁園春・東館路中》詞：「念拙謀難遂，丹心耿耿，韶華易失，兩鬢星星。」

【丹心如故】
形容忠誠之心始終不渝。例雖然他被敵人囚禁多年，但仍然丹心如故，從來沒向敵人屈服過。

【丹陽布衣】
丹陽：地名，指南朝齊梁時丹陽人陶弘景；布衣：古時平民百姓的服裝，借指平民百姓。陶弘景初仕於齊，入梁後隱居句曲山。後以「丹陽布衣」比喻隱居者。唐・溫庭筠《中書令裴公挽歌詞》之一：「丹陽布衣客，蓮渚白頭人。」

【丹楹刻桷】
楹：ㄧㄥˊ，堂前柱子；桷：ㄐㄩㄝˊ，方椽。塗飾紅漆的柱子，雕刻精美的椽子。形容建築物的精巧華美。也比喻事物醒目突出。《東周列國志》五〇回：「園中築起三層高台，中間建起一座絳霄樓，畫棟雕梁，丹楹刻桷，四圍朱欄曲檻，憑欄四望，市井俱在目前。」

【丹之所藏者赤】
《孔子家語・六本》：「丹之所藏者赤，漆之所藏者黑。是以君子必愼其所與處者焉。」比喻結識朋友必須謹愼行事，不可濫交。

【擔柴知柴重】
比喻經過親身體驗，才能了解情況。《五燈會元》卷一二：「文公楊億居士，字大年……首謁廣慧……公置一百問，請廣慧答，慧一一答回。公問李都尉曰：『釋迦六年苦行，成得甚麼事？』尉曰：『擔柴知柴重』。」

【擔遲不擔錯】
見「耽遲不耽錯」。

【擔遲弗擔差】
見「耽遲不耽錯」。

【擔戴不起】
擔戴：承負重物。指承擔不了事情的責任，或接受不了別人的恭維讚揚。《儒林外史》七回：「若有些須怠慢，山人就擔戴不起！」也作「擔當不過」。《朱子語類》卷五二：「公孫丑問孟子『動心否乎』，非謂以卿相富貴動其心，謂王伯事大，恐孟子擔當不過，有所疑懼，而動其心也。」也作「擔當不起」。例大家說了我那麼多好話，我可擔當不起，我還做得很不夠。

【擔擔子】
比喻承擔責任。例只要主任信得過，我是不怕擔擔子的。

【擔當不過】
見「擔戴不起」。

【擔當不起】
見「擔戴不起」。

【擔簦躡屩】
簦：ㄉㄥ，長柄斗笠；躡屩：ㄋㄧㄝˋ ㄑㄧㄠˊ，草鞋。身背斗笠，腳穿草鞋。形容風塵僕僕，遠道而來。宋・王遂《文公續集序》：「遂生世不早，不及擔簦躡屩於先生之門。」也作「躡屩擔簦」。

【擔風險】
承擔可能發生的危險。例這筆買賣若沒有八成把握，我是不願投資的，一句話，我不能擔風險。

【擔風袖月】
擔著清風，袖著明月。比喻無牽無掛，逍遙自在。《紅樓夢》二回：「那雨村雖十分慚恨，面上卻全無一點怨色，仍是嘻笑自若，交代過了公事，將歷年所積的宦囊，並家屬人等，送至原籍安頓妥當了，卻自己擔風袖月，遊覽天下勝蹟。」

【擔隔夜憂】
隔夜：指第二天，明天。爲第二天的事憂愁。形容過早地擔心發愁。《醒世恆言》卷三六：「只爲家中有你掌管，我落得快活。到了任上，你替我不得時，自然著急，不消你擔隔夜憂。」

【擔驚受恐】

見「擔驚受怕」。

【擔驚受怕】

擔：承受。形容心中驚恐不安，害怕遭受不幸。《水滸傳》六一回：「休聽那算命的胡說，撇開海闊一個家業，擔驚受怕，去虎穴龍潭裏做買賣。」也作「擔驚受恐」。元・無名氏《梧桐葉》四折：「爲兵戈擔驚受恐，折夫妻斷梗飄蓬。」也作「耽驚受怕」。元・無名氏《村樂堂》二折：「六斤也，我爲耽驚受怕，你休負了我心也。」

【擔沙塡海——白費勁】

比喻白辛苦，沒有結果。例看，你們忙亂了兩個月，未取得一點社會效益和經濟效益。這不是擔沙塡海——白費勁嗎？也作「擔沙填海——枉費工」、「拉直牛角——白費力氣」、「騎駱駝撵兔子——白費功夫」、「石頭上種蔥——白費功夫」、「守公雞下蛋——白費功夫」、「替死人醫病——白費功夫」、「瞎子看西洋景——白熬功夫」、「鴨背澆水——白費力」、「對牛彈琴——白費功夫」、「雞啄閉口蚌——白費功夫」、「拿水澆鴨背——白費力氣」。

【擔水河頭賣】

比喻在行家面前逞能。元・無名氏《破風詩》三折：「這廝無禮也，向我跟前調喉舌，正是擔水河頭賣。」也作「擔水向河裏賣」。元・無名氏《馬陵道》一折：「他的那兵書戰策在我跟前賣弄，則是擔水向河裏賣。」

【擔雪塞井】

塞：塡塞。把雪挑來塡塞水井。雪遇水即化，比喻徒勞無益。唐・顧況《行路難》詩：「君不見擔雪塞井空用力，炊沙作飯豈堪食。」也作「擔雪填井」。《二刻拍案驚奇》卷八：「朋友們譏評，妻子們怨悵，到此地位，一總不理；只是心心念念，記掛此事，一似擔雪塡井，再沒個滿的日子了。」也作「擔雪填河」。元・無名氏《普天樂・嘲風情》曲：「恨不的把黃金砌就鳴珂。姐姐每鑽冰取火，婆婆每指山賣磨，哥哥每擔雪塡河。」

【擔雪塡河】

見「擔雪塞井」。

【擔雪塡井】

見「擔雪塞井」。

【單打一】

單打一：一種只能上一顆子彈打一槍的土槍。比喻集中力量做某一件事，或只顧某一方面而不兼顧其他方面。例我們要以質量第一來指導全廠生產，但也要考慮到各種問題，單打一的做法必須改變，否則要犯錯誤。

【單刀赴會】

指三國時關羽攜單刀獨自往見魯肅之事。《三國演義》六六回：「吾來日駕小舟，只用親隨十餘人，單刀赴會，看魯肅如何近我！」後比喻不懼危險，獨身入敵方赴約，形容其孤單英雄的氣概。

【單刀直入】

原佛教語。比喻認準目標，勇猛精進。宋・嚴羽《滄浪詩話・詩辨》：「[學詩工夫]須從上做下……謂之向上一路，謂之直截根源，謂之頓門，謂之單刀直入也。」今比喻說話不兜圈子，直接涉及話題。例他這個人就是率直，說話單刀直入，一點都不忌諱。

【單夫隻婦】

指只有夫婦二人。北魏・賈思勰《齊民要術・種紅花藍花梔子》：「每旦當有小兒僮女百十餘羣，自來分摘，正須平量，中半分取；是以單夫隻婦，亦得多種。」

【單復之術】

單復：古代兵家的一種戰術。指軍事上的正規作戰及出奇制勝的策略。《三國志・吳書・周魴傳》：「臣知無古人單復之術，加卒奉大略，忪矇狠狽，懼以輕愚，忝負特施，豫懷憂灼。」

【單幹戶】

原指中國大陸未參加互助組和農業合作社的農戶。①比喻只願意單獨工作，不願與人合作的人。例你們願意一起投資做生意就去做吧！我寧願當單幹戶，一個人獨資。②喻指單身漢。例我還以爲你早就成家了，原來還是個單幹戶！

【單鵠寡鳧】

鵠：ㄏㄨˊ，天鵝；鳧：ㄈㄨˊ，野鴨。古琴曲名。晉・葛洪《西京雜記》卷五：「齊人劉道强善彈琴，能作《單鵠寡鳧》之弄，聽者皆悲，不能自攝。」後用以比喻失去配偶的人。

【單見淺聞】

學識淺薄，見聞不廣。宋・邵博《聞見後錄》卷二四：「其末年所以爲天下後世慮者，未易爲單見淺聞者道也。」

【單孑獨立】

單孑（ㄐㄧㄝˊ）：孤單。形容一人獨處，孤苦伶仃。漢・孔融《論盛孝章書》：「惟會稽盛孝章尚存，其人困於孫氏，妻孥湮沒，單孑獨立，孤危愁苦。」也作「單特孑立」。《後漢書・蘇不韋傳》：「豈如蘇子單特孑立。」也作「單煢隻立」。煢：ㄑㄩㄥˊ，孤獨，沒有依靠。《三國志・蜀書・郤正傳》：「少以父死母嫁，單煢隻立，而安貧好學。」

【單輪不返】

單輪：指古代戰車的一個車輪。一個車輪也沒有歸來。形容作戰慘敗，全軍覆沒。北齊・魏收《爲侯景叛移梁朝文》：「梁之喪師，單輪不返，繫援之期，終當無日。」

【單槍獨馬】

見「單槍匹馬」。

【單槍匹馬】

一人單獨上陣。形容孤身奮戰。也比

喻一人單獨行動。明・梁辰魚《浣沙記・飛報》：「一身轉戰作先鋒，單槍匹馬飛鞚，親遭暗箭身重傷。」也作「**單槍獨馬**」。《負曝閒談》二回：「他橫豎是單槍獨馬，一無牽掛，當下由杭赴蘇，尋著了那個幫帶。」也作「**單人獨馬**」。《三國演義》一一〇回：「只文鴦單人獨馬，衝開魏兵，望南而走。」也作「**單人獨騎**」。《三俠五義》五三回：「莫若……起個路引，單人獨騎前去。」也作「**單人匹馬**」。《二十年目睹之怪現狀》二回：「我初次單人匹馬的出門，就遇了這等事，以後見了萍水相逢的人，倒要留心呢。」也作「**獨馬單槍**」。《綴白裘〈血疏・梆子腔〉》：「二王毒意陷微臣，不發一兵並一卒；獨馬單槍遣出征，一騎一人出關去。」

【單煢隻立】
見「單孑獨立」。

【單人獨馬】
見「單槍匹馬」。

【單人獨騎】
見「單槍匹馬」。

【單人匹馬】
見「單槍匹馬」。

【單身漢碰到和尚——全是光棍】
指全部是單身漢。有時也指都是不三不四的人。例朱大媽笑容滿面地說：「你們青年人好似單身漢碰到和尚——全是光棍，有什麼縫縫補補的事都來找我們吧！」也作「**單身漢碰到和尚——盡光棍**」。

【單身隻手】
指只剩單獨一人。形容勢孤力單。清・孔尚任《桃花扇・草檄》：「剩俺單身隻手，怎去恢復中原。」

【單手舉磨盤——獨立難撐】
磨盤：托著石磨的圓形底盤，極重。比喻個人的力量有限，難以維持和支撐某種局面。例老鄉長常說，單手舉磨盤——獨立難撐，要改變我們鄉的窮困面貌，得靠大家使勁呀！也作「**一個跳蚤頂不起被蓋——獨立難撐**」。

【單絲不線】
一根絲紡不成線。比喻孤身一人，沒有配偶。元・無名氏《連環計》二折：「說什麼單絲不線，我著你缺月再圓。」

【單絲不線，孤掌難鳴】
一根絲不能成線，一隻手掌拍不響。指單個的力量微小。《西遊記》八一回：「行者道：『我打殺你兩個，我自去救他！』沙僧笑道：『兄長說那裏話！無我兩個，眞是單絲不線，孤掌難鳴。』」也作「**單線不線，孤掌難鳴**」。

【單特孑立】
見「單孑獨立」。

【單挑鞭】
比喻單獨做事。例你不必去找他了，他從不肯與人合夥做，就願意單挑鞭。

【單文孤證】
單文：唯一的文字記載；孤證：孤立的證據。指證據太少，不足憑信。《水經注・涑水》：「考服虔之說，又與俗符，賢於杜氏單文孤證矣。」

【單相思】
原爲男女間只有一方愛慕另一方。比喻一廂情願的想法或作法。例這份協議草稿的內容顯得有點單相思，只反映了一方的想法，恐怕要重新寫才行。

【單眼看花——一目了然】
見「獨眼龍看告示——一目了然」。

【單語片言】
單個的言辭，片斷的話語。形容話不多。梁啟超《中國積弱溯源論》：「先聖昔賢之單語片言，固非頑鈍無恥者所可藉以藏身也。」

【單則易折，衆則難摧】
指一支箭容易折斷，一把箭難以毀壞。比喻人少力單，就會受制於人；而人多力壯，就無人敢犯。《北史・吐谷渾傳》：「阿豺命母弟慕利延曰：『汝取一隻箭折之。』延即折之。『汝又取十幾隻折之。』延不能折。阿豺曰：『汝曹知否？單則易折，衆則難摧，戮力一心，然後社稷可固也。』」

【殫財竭力】
見「殫財勞力」。

【殫財勞力】
殫：竭盡；勞力：耗費人力。指耗盡資財和人力。《墨子・辭過》：「單財勞力，畢歸於無用。」單：通「殫」。也作「**殫財竭力**」。竭：盡。唐・李邕《海州大雲寺禪院碑》：「粤若殫財竭力，刻桷雕題，積四三年，模造化意。」

【殫誠畢慮】
見「殫誠竭慮」。

【殫誠竭慮】
慮：謀慮。竭盡忠誠，盡心謀慮。清・左宗棠《二月五日與逸叟書》：「既爲時勢所迫，不得已而就此席，惟有殫誠竭慮，本吾心所謂是者爲之。」也作「**殫誠畢慮**」。《清史稿・太祖高皇后傳》：「[后]不好諂諛，不信讒佞，耳無妄聽，口無妄言。不預外事，殫誠畢慮以事上。」

【殫見洽聞】
洽：周遍。無所不見，無所不聞。形容見多識廣，學問博通。唐・劉知幾《史通・采撰》：「向使專憑魯策，獨詢孔氏，何以能殫見洽聞，若斯之博也。」

【殫竭其力】
用盡全部力量。指盡了最大的努力。例在重重困難面前，全體職工和科研人員團結一心，殫竭其力，終於按期完成了新產品的設計。

【殫精畢力】
耗盡精力，用盡力氣。清・薛福成《應詔陳言疏》：「俾天下知功名之路，相率研求，殫精畢力，以備幹城之用。」也作「**殫精竭力**」。清・李浙《秋星閣詩話·勉讀書》：「竊見人於應酬嬉遊宴會博弈及蓄種種玩好，莫不殫精竭力而爲之，至於讀書則否。」

【殫精畢思】

耗盡精力，用盡心計。《清史稿·寧完我傳》：「臣敢不殫精畢思，用效駑鈍。」也作「**殫精極慮**」。清·王念孫《廣雅疏證·敍》：「殫精極慮，十年於茲。」也作「**殫精極思**」。朱自清《鍾明「嘔心苦唇錄」序》：「其中典禮集會之詞，標新立異固不可，機械陳腐亦不可，每殫精極思，廣事徵引，而學識膚淺，語焉不暢。」也作「**殫精竭慮**」。《清史稿·陳奐傳》：「奐嘗言大毛傳詁訓傳言簡意賅，遂殫精竭慮，專攻《毛傳》。」也作「**殫精竭思**」。清·劉開《與阮藝台宮保論文書》：「有志於文章者，將殫精竭思於此乎？」

【殫精極慮】

見「殫精畢思」。

【殫精極思】

見「殫精畢思」。

【殫精竭誠】

耗盡精力，專心誠意。《官場現形記·序》：「窮年累月，殫精竭誠，成書一帙，名曰《官場現形記》。」

【殫精竭力】

見「殫精畢力」。

【殫精竭慮】

見「殫精畢思」。

【殫精竭能】

耗盡精力，盡其所能。《民國通俗演義》四三回：「現在政府正殫精竭能，以解決此目前所遇之問題。」

【殫精竭思】

見「殫精畢思」。

【殫精覃思】

耗盡精力，深入思考。宋·劉克莊《跋方實孫經史說》：「凡世儒白首燈窗，殫精覃思所不能通解者，往往立談造詣，一覽融會。」

【殫謀戮力】

戮：合。竭盡謀劃，齊心合力。明·劉基《贈諡太師文成誥·附禮部會議》：「誠意伯劉基，本以純粹之學，王佐之才，同徐達、湯和輩殫謀戮力，奉翊我太祖高皇帝，削平海內，奄有中原。」

【殫思極慮】

用盡心機，竭力謀算。唐·白居易《策林一·策頭》：「殫思極慮，以盡微臣獻言之道乎！唯以直辭，昧死上對。」也作「**殫心積慮**」。清·錢泳《履園叢話·臆論》：「蓋做一富人，談何容易。必至殫心積慮者數十年，捐去三綱五常，絕去七情六慾，費其半菽如失金珠，拔其一毛有關痛癢，是以越慳越富，越富越慳，始能積至巨方，稱富翁。」也作「**殫心竭慮**」。《清史稿·耆英傳》：「二十六年，京寮，以殫心竭慮坐鎮海疆。」

【殫心積慮】

見「殫思極慮」。

【殫心竭慮】

見「殫思極慮」。

【殫心竭智】

用盡心機，竭盡智慧。例科學家經過多年的殫心竭智，艱苦奮戰，把一顆顆人造衛星送上了天，大長了國家人民的志氣。

【殫憂極瘁】

瘁：ㄘㄨㄟˋ，勞累。指竭盡憂慮和勞累。清·曾國藩《陳岱雲易安人墓志銘》：「安人單憂極瘁，衣不解帶者四十餘日。」單：通「殫」。

【殫智畢精】

竭盡智慧，耗盡精力。清·梁章鉅《浪跡叢談》卷五：「[明之大家如王鏊、唐順之]以及國初諸名人，皆寢食經書，冥搜幽討，殫智畢精。」

【殫智竭力】

竭盡智慧，耗盡力量。《呂氏春秋·本味》：「相得然後樂，不謀而親，不約而信，相爲殫智竭力，犯危行苦。」

【殫智竭慮】

用盡智慧，竭力謀劃。宋·樓鑰《乞東宮官進嘉言善行》：「思欲殫智竭慮，以稱陛下任使之意。」

【簞醪投川】

簞：瓢；醪：ㄌㄠˊ，醇酒。把一瓢醇酒投進河裏。《呂氏春和·順民》載：越王勾踐敗吳後，「內親羣臣，下養百姓，以來其心。有甘脆，不足分，弗敢食；有酒流之江，與民同之。」後用「簞醪投川」比喻將領同士兵分甘共苦，同心對敵。晉·張協《七命》：「單醪投川，可使三軍告捷。」單：通「簞」。

【簞瓢陋巷】

見「簞食瓢飲」。

【簞瓢屢空】

簞：古代盛飯的圓形竹器；瓢：舀水的器具。簞和瓢裏經常是空的。形容缺吃少喝，非常貧困。晉·陶淵明《五柳先生傳》：「環堵蕭然，不蔽風日，短褐穿結，簞瓢屢空。」

【簞食豆羹】

豆：古代盛食物的高座器具；羹：湯。形容粗劣量少的食物。《孟子·盡心下》：「好名之人，能讓千乘之國，苟非其人，簞食豆羹見於色。」

【簞食壺漿】

簞：盛飯竹器；漿：米湯。指老百姓用簞裝飯，用壺盛湯來犒勞他們所熱愛的軍隊。後形容得到人民擁戴的軍隊所到之處，受到熱烈歡迎的情景。《孟子·梁惠王下》：「今燕虐其民，王往而徵之，民以爲將拯己於水火之中也，簞食壺漿，以迎王師。」

【簞食瓢漿】

見「簞食瓢飲」。

【簞食瓢飲】

飲：飲用的水。《論語·雍也》：「一簞食，一瓢飲，在陋巷，人不堪其憂，回也不改其樂。」後用「簞食瓢飲」形容清苦的生活。《晉書·司馬孚傳》：「漢末喪亂，與兄弟處危亡之中，簞食瓢飲，而披閱不倦。」也作「**簞食陋巷**」。明．朱鼎《玉鏡台記．議婚》：「須學取簞瓢陋巷，暫樂田園。」也作「**簞食瓢漿**」。《淮南子．精神》：「飢而餐之，渴而飲之，其入腹者，不過簞食瓢漿。」

【眈眈虎視】

眈眈：垂目注視的樣子、威視的樣子。像老虎捕食前那樣凶狠而貪婪地死死地盯住獵物。形容不懷好意地有所圖謀。明．袁宏道《錦帆集．孫心易》：「弟性亢藏，不合於世，罪過丘積，耽耽虎視，誰能原我者。」也作「**虎視眈眈**」。

【耽遲不耽錯】

指寧可耽誤時間也不出差錯。清．李漁《奇何天》二三齣：「這銀子不比別樣東西，時時要防盜賊。俗語說得好：『耽遲不耽錯。』寧可早宿晏行多走幾個日子，故此來了幾月，才趲得一半程途。」也作「**擔遲不擔錯**」。《續孽海花》五二回：「幸虧中國的大人先生們辦事老是捧著『擔遲不擔錯』的古訓，所以發現他出京的事實，就去回明了堂官。」也作「**擔遲弗擔差**」。清．王有光《吳下諺聯》卷四：「擔遲弗擔差。差遲二字，皆屬擔咎。人之差之甚於遲，不知遲之甚於差也。」

【耽古篤學】

耽：沈迷，喜愛；篤學：專一學習。酷愛古書，傾心好學。《三國志．蜀書．譙周傳》：「耽古篤學，家貧未嘗問產業。」

【耽花戀酒】

耽：沉迷，沉溺；花：指女色。指迷戀酒色。金．董解元《西廂記》卷八：「也不愛耽花戀酒，也不愛打桃射柳。」

【耽驚受怕】

見「擔驚受怕」。

【耽習不倦】

傾心學習，不知疲倦。《北史．于栗磾傳》：「仲文字次武，少聰敏，髫齔就學，耽習不倦。」

【儋石之儲】

儋：盛糧容器，可容一石，通「甔」；石：古容量單位，合十斗；儲：儲備。形容極少的存糧。《漢書．揚雄傳上》：「家產不過十金，乏無儋石之儲。」

ㄉㄢˇ

【膽顫心寒】

見「膽戰心寒」。

【膽顫心驚】

見「膽戰心驚」。

【膽大包身】

形容膽量極大。元．鄭廷玉《後庭花》一折：「你口快便施恩，則除是膽大自包身，我其實精皮膚捱不過那批頭棍。」也作「**大膽包身**」。元．無名氏《隔江鬥智》四折：「關雲長雄略蓋世，趙子龍大膽包身。」也作「**膽大於身**」。宋．劉克莊《送戴復古謁陳延平》：「城危如卵支羣盜，膽大於身蔽上游。」

【膽大包天】

膽子比天還大。形容膽量非常大。例這小偷竟然敢在深更半夜跑到墳場盜墓，眞是膽大包天！也作「**膽大於天**」。唐．劉叉《自問》詩：「自問彭城子，何人授汝顚？酒腸寬似海，詩膽大於天。」也作「**大膽包天**」。《飛龍全傳》三回：「那裏來的無知小賊？擅坐龍位，假扮天子，戲弄我們，眞是大膽包天，目無國法的了！」

【膽大如斗】

膽子像斗一樣大。形容膽量很大。清．阮葵生《茶餘客話》卷二一：「張擁兵海上，一夕大風雨，張舟覆，翌早獲屍，棺殮焚化，膽大如斗，不能焚，諸軍感慨。」也作「**膽如斗大**」。《三國志．蜀書．姜維傳》：「維妻子皆伏誅」裴松之注引《世語》：「維死時見剖，膽如斗大。」

【膽大如天】

膽子像天一樣大。形容膽量非常大。元．張國賓《合汗衫》四折：「那廝模樣兒慈善，賊漢軟如綿，心腸兒機變，賊膽大如天。」

【膽大妄爲】

妄爲：胡作非爲。指無所顧忌地胡作非爲。《官場現形記》五三回：「說他擅賣礦產，膽大妄爲，請旨拿交刑部治罪。」

【膽大心細】

膽量極大，思慮細密。形容辦事果斷而又愼重，智勇雙全。《魯迅書信集．致羅清楨》：「我是主張青年發表作品要『膽大心細』，因爲心若不細，便容易走入草率的路。」也作「**膽大心小**」。《舊唐書．孫思邈傳》：「膽欲大而心欲小，智欲圓而行欲方。」

【膽大心小】

見「膽大心細」。

【膽大於身】

見「膽大包身」。

【膽大於天】

見「膽大包天」。

【膽驚心顫】

見「膽戰心驚」。

【膽驚心戰】

見「膽戰心驚」。

【膽力過人】

膽量勝過其他人。指膽量很大。《北史．高昂傳》：「昂字敖曹，幼有壯氣，及長俶儻，膽力過人，其父以其昂藏敖曹，故以字名之。」也作「**膽勇過人**」。膽勇：膽量和勇氣。《新五代史．唐莊宗紀下》：「及長，善騎射，膽勇過人。」

【膽裂魂飛】

形容極度恐懼以至神志失常。例森林已籠罩在黑暗中，他深一腳淺一腳地走著，心裏又急又怕，突然一聲怪叫傳來，把他嚇得膽裂魂飛，不禁尖叫一聲。

【膽略兼人】

膽略：膽量和智謀；兼人：一人頂數人。謂勇氣和智謀超羣不凡。《三國志・吳書・呂蒙傳》：「孫權與陸遜論周瑜、魯肅及蒙曰：『公瑾雄烈，膽略兼人。』」

【膽破衆散】

作戰中被敵方所嚇倒，四散逃開。指兵敗潰逃。三國魏・陳琳《爲袁紹與公孫瓚文》：「膽破衆散，不鼓而敗。」

【膽氣橫秋】

膽氣：膽量和勇氣。膽大氣盛，橫貫秋空。形容無所畏懼，勇武不凡。元・袁世元《清平樂・贈張居仁獲賊有功賜三界巡檢》詞：「世家元在兜鍪。少年膽氣橫秋。自此將軍一步，會看談笑封侯。」也作「膽氣淩雲」。淩雲：直衝雲霄。唐・張說《破陣樂詞》之二：「少年膽氣淩雲，共許驍雄出羣；匹馬城西挑戰，單刀薊北從軍。」

【膽氣淩雲】

見「膽氣橫秋」。

【膽怯心虛】

指由於理虧而害怕畏縮。《兒女英雄傳》五回：「無奈人家的詞嚴義正，自己膽怯心虛，只得陪著笑臉兒。」也作「心虛膽怯」。

【膽如斗大】

見「膽大如斗」。

【膽若鼷鼠】

見「膽小如鼠」。

【膽喪心驚】

喪：喪失。由於驚恐，膽都嚇掉了。形容極度驚恐。《醒世恆言》卷二七：「月英見了焦氏，猶如老鼠見貓，膽喪心驚，不敢不跟他走。」

【膽小怕事】

膽量極小，遇事畏縮。指軟弱無能。巴金《談〈寒夜〉》：「他後來竟然變成了一個膽小怕事、見人低頭、懦弱安分、甘受欺侮的小公務員。」

【膽小如鼠】

像老鼠一樣膽小。形容膽量極小。《孽海花》二四回：「就怕海軍提督膽小如鼠，到弄得畫虎不成反類狗耳！」也作「膽若鼷鼠」。鼷鼠：小家鼠。《魏書・元天錫傳》：「［元慶和］爲蕭衍將所攻，舉城降之。衍以爲北道總督、魏王；至項城，朝廷出師討之，望風退走。衍責之曰：『言同百舌，膽若鼷鼠。』」

【膽勇過人】

見「膽力過人」。

【膽欲大而心欲小，智欲圓而行欲方】

圓：周全、圓滿。膽子要大而心思要細，智謀要周全而行爲要端正。《聊齋志異・陸判》：「朱促與行，火馳不顧。去數步，回望，解佩刀遣人持贈，遙語曰：『佩之則貴。』璋欲追從，見與馬人叢，飄忽若風，瞬息不見。痛恨良久。抽刀視之，製極精工，鐫字一行，曰：『膽欲大而心欲小，智欲圓而行欲方。』」

【膽戰魂驚】

見「膽戰心驚」。

【膽戰心寒】

戰：顫抖，發抖；寒：害怕。形容內心非常害怕。《水滸傳》一一二回：「諸將見李逵等殺了一陣，衆人都膽戰心寒，不敢出戰。」也作「膽顫心寒」。《封神演義》九六回：「半空中一聲霹靂，只震得三妖膽顫心寒。」

【膽戰心驚】

形容極爲害怕。元・高文秀《黑旋風》一折：「他可慣聽我這莽壯聲，諕他一個痴掙，諕得荊棘律的膽戰心驚。」。也作「膽驚心戰」。明・陸采《懷香記・索香看牆》：「可憐平地風波變，天那好苦，霎時間膽驚心戰。」也作「膽顫心驚」。元・施惠《幽閨記・士女隨遷》：「生長升平，誰曾慣遭離亂，苦怎言，膽顫心驚，如何可免！」也作「膽驚心顫」。金・王吉昌《永遇樂》詞：「知劍剛鋒，百魔剿退，膽驚心顫。」也作「膽戰魂驚」。《古今小說》卷三一：「［獻帝］一生被曹操欺侮，膽戰魂驚，坐臥不安，度日如年。」

【膽戰心搖】

形容內心極度驚恐。清・洪昇《長生殿・驚變》：「唬得人膽戰心搖，腸慌腹熱，魂飛魄散。」

【膽汁拌黃連——苦上加苦】

見「黃連拌苦瓜——苦上加苦」。

ㄉㄢˋ

【旦不保夕】

旦：早晨。在早上就保證不了晚上的平安。形容形勢或情況十分危急。宋・孔平仲《續世說・方正》：「吾妻危疾，旦不保夕，丈夫豈以妻子之故忘君父之急乎？」

【旦旦而伐】

旦旦：天天；伐：砍伐。《孟子・告子上》：「亦猶斧斤於木也，旦旦而伐之，可以爲美乎？」後比喻沉溺女色，於身心不利，或比喻天天加以損害、摧殘。

【旦旦信誓】

旦旦：誠懇的樣子；信誓：表明眞誠可信的誓言。眞摯誠懇地向人發誓。《南齊書・王融傳》：「而魏主所獻良馬，乃駑駘之不若。求名檢事，殊爲未孚。將旦旦信誓，有時而爽，駉駉之牧，不能復嗣。」也作「信誓旦旦」。

【旦復旦兮】

一天接一天。指時光長久。《尚書大傳・虞夏傳》：「［卿雲歌］：『日月光華，旦復旦兮。』」

【旦暮入地】

旦暮：早晨和晚上，指時間短促；入地：進入墳墓，指死亡。指年老力衰，活不多久。《漢書・龔勝傳》：「吾受漢家厚恩，無以報，今年老矣，旦暮入地，誼豈以一身事二姓，下見故主哉！」

【旦暮朝夕】
指夜以繼日，一天到晚。元・李直夫《虎頭牌》三折：「誰著你旦暮朝夕嘗吃的來醺醺醉，到今日待怨他誰。」

【旦暮之期】
早晨和晚上期間。形容短暫的時間。《莊子・列禦寇》：「孔子曰：『凡人心險於山川，難於知天，天猶有春秋夏冬旦暮之期。』」

【旦暮之人】
形容不久於人世，行將就木的人。《史記・晉世家》：「驪姬泣曰：『太子何忍也！其父而欲弒代之，況他人乎？且君老矣，旦暮之人，曾不能待而欲弒之！』」

【旦夕禍福】
旦夕：早晨、晚上，指時間很短。指人的禍福多變難卜。《儒林外史》二九回：「董書辦道：『荀大人因貪贓拿問了，就是這三四日的事。』金東崖道：『原來如此。可見旦夕禍福。』」

【旦夕之費】
旦夕：早晨、晚上，指平常的日子；費：費用。指日常的生活費用。《南史・陶潛傳》：「汝旦夕之費自給為難，今遣此力，助汝薪水之勞，此亦人子也，可善遇之。」

【旦夕之危】
形容短時間內就要發生的危險。《三國志・蜀書・孟光傳》：「今主上仁賢，百僚稱職，有何旦夕之危，倒懸之急。」

【旦種暮成】
早晨播種，晚上收穫。漢・焦延壽《易林》卷九：「旦樹椒豆，暮成藿羹。心之所願，志快意愜。」後用「旦種暮成」比喻收效極快。

【但存方寸地，留與子孫耕】
方寸：人的心。指存心端正，行為光明磊落，比留給子孫的任何遺產都好。明・無名氏《四賢記》六齣：「然而治跡異常，考得慶童為最，前特具疏保薦，升授廣東廉副。間有一二不臧者，已經明斥其非，使令改過遷善。大都君子成人之美，豈忍注之下考。正是但存方寸地，留與子孫耕。」

【但得方便地，何處不為人】
指只要有可能，就要幫助別人。《三俠五義》一一三回：「蔣平道：『難得老丈大發慈悲。只是小可素不相識，怎好攪擾？』老丈道：『有甚要緊。但得方便地，何處不為人。休要拘泥，請呀！』」

【但見時光流似箭，豈知天道曲如弓】
但：只。只見時光像箭一樣流逝，那裏曉得事物如弓一樣曲折運行。指光陰迅速流逝，事物曲折發展。五代前蜀・韋莊《關河道中》：「槐陌蟬聲柳市風，驛樓高倚夕陽東。往來千里路長在，聚散十年人不同。但見時光流似箭，豈知天道曲如弓。平生志業匡堯舜，又擬滄浪學釣翁。」

【但求歡喜，難得糊塗】
指對世事不必太認真，保持心情愉快。例自從大病一場後，我領悟了很多事，「但求歡喜，難得糊塗」，這就是我的心境，也是我的養生妙訣。

【但求無過】
指做事消極保守，只求不出錯誤。例明知不對，少說為佳；明哲保身，但求無過。

【但添一斗，不添一口】
寧可增加一斗米的飯，也不要增加一個吃飯的人。《兒女英雄傳》三〇回：「俗語說的好，但添一斗，不添一口。日子不可長算，此後只有再添人的，怎生得夠？」

【但願人長久，千里共嬋娟】
嬋娟：美好的樣子，指月中嫦娥，代指月亮。只希望所想念的人永遠健康平安，即使相隔千里，也都能共賞天上的明月。表達對親友的深切懷念和良好的祝願。宋・蘇軾《水調歌頭》詞：「人有悲歡離合，月有陰晴圓缺，此事古難全。但願人長久，千里共嬋娟。」

【但願如此】
晉・陶潛《庚戌歲九月中於西田獲早稻》詩：「但願長如此，躬耕非所嘆。」今用「但願如此」指心中希望像這樣，只是不一定有把握。例「你說我們廠今年的生產計畫能按時完成嗎？」「但願如此！」

【但知其一，不知其二】
不了解全部情況。清・方成培《雷鋒塔》二一齣：「[刮鼓令]你二人呵，為甚的那一日官差搜捕影無蹤？[貼]官人，你但知其一，不知其二。」也作「只知其一，未知其二」。《明史演義》四一回：「諸將只知其一，未知其二，試思賊已蔓延數千里，隨在與戰，適足疲我將士，何若伏著銳氣，直搗大藤峽巢穴？」也作「只知其一，不知其二」。《文明小史》三二回：「老先生，你只知其一，不知其二。如今時勢，是守舊不來的了。外國人在我們中國那樣橫行，要拿些四書五經宋儒的理學合他打交道，如何使得？」

【但知行好事，莫要問前程】
指一心做對人有利的事，不必考慮自己的功名利祿。唐・馮道《天道》詩：「窮達皆由命，何勞發嘆聲。但知行好事，莫要問前程。冬去冰須泮，春來草自生。請君觀此理，天道甚分明。」也作「但行好事，莫問前程」。

【誕罔不經】
見「誕妄不經」。

【誕妄不經】
誕妄：荒誕，虛妄；不經：不合常理。指虛妄荒唐，毫無根據。明・沈德符《萬曆野獲編・夷僧行法》：「按驤上此疏時，思任發已逃去不獲，乃爲誕妄不經之語，以誑主上。」也作「誕罔不經」。《掃迷帚》九回：「辟辟實實，由光明正大一路去，把一切誕罔不經之事，付諸一笑，那就不負我今日一番饒舌了。」

【啖飯之道】

啖：吃；道：方法，方式。指謀生的途徑。魯迅《隱士》：「登仕，是啖飯之道，歸隱也是啖飯之道。」

【啖以甘言】

甘言：甜言蜜語。形容用甜言蜜語來打動人、誘惑人。《宋史・王沔傳》：掌機務日，凡謁見者必啗以甘言，皆喜過望；既而進退非允，人胥怨之。」啗：同「啖」。

【啖以厚利】

見「啖以重利」。

【啖以美利】

見「啖以重利」。

【啖以重利】

啖：或作「啗」。指用大量的錢財來誘惑收買人。《三國志・吳書・吳主傳》裴松之注引《吳書》：「帝不悅，以陳羣與[馮]熙同郡，使羣誘之，啖以重利。」也作「啖以厚利」。宋・孫光憲《北夢瑣言》卷二：「[高駢]及召工者，啖以厚利，竟削其石。」也作「啖以美利」。《舊五代史・李襲吉傳》：「今僕散積財而募勇輩，輦寶貨以誘義戎，徵其密親，啖以美利，控弦跨馬，寧有數乎？」

【淡泊明志】

見「澹泊明志」。

【淡泊之心】

指恬淡處世，自甘清苦，不思名利的意願。晉・葛洪《抱朴子・廣譬》：「短唱不足以致弘麗之和，勢利不足以移淡泊之心。」

【淡而不厭】

淡：冷淡，不熱情。既不熱情，也不厭煩。形容一種既無希望，又不絕望的生活態度。老舍《駱駝祥子》二〇回：「他不像先前那樣火著心拉買賣了，可也不故意的偷懶，就那麼淡而不厭的一天天的混。」

【淡而無味】

指食物沒有味道。比喻詩文或話語平淡乏味，打動不了人。《景德傳燈錄》卷二七：「違眞故迷性而不返，逆俗故言淡而無味。」也作「淡乎寡味」。南朝梁・鍾嶸《詩品・序》：「永嘉時，貴黃老，稍尚虛淡，於時篇什，理過其辭，淡乎寡味。」

【淡乎寡味】

見「淡而無味」。

【淡抹濃妝】

見「淡妝濃抹」。

【淡然處之】

見「淡然置之」。

【淡然虛而一，志慮則不分】

虛：靜；一：專一；志慮：思慮。指學習必須專心致志，探索問題必須精神集中。宋・鄭俠《教子孫讀書》詩：「淡然虛而一，志慮則不分。神焉默省記，如口味甘珍。一遍勝十遍，不令人艱辛。」

【淡然置之】

淡然：冷淡的樣子；置：擱置。冷淡地擱在一旁。形容對人或事不在意，不關心。例當他從朋友口中聽說了以前女友的消息時，只是淡然置之，不作任何表示。也作「淡然處之」。處：對待。《魯迅書信集・致楊霽雲》：「但我不大喜歡嚷病，也頗漠視生命，淡然處之，所以也幾乎沒有人知道。」

【淡掃蛾眉】

掃：抹，指描畫眉毛；蛾眉：形容女子細長而彎的眉毛。用青黛淡淡地描著細長而彎的眉毛。形容女子的妝飾素雅。唐・張祜《集靈台》詩之二：「虢國夫人承主恩，平明騎馬入宮門。卻嫌脂粉污顏色，淡掃蛾眉朝至尊。」

【淡水交情】

《莊子・山水》：「且君子之交淡若水，小人之交甘若醴。」後用「淡水交情」形容輕勢利，重道義的朋友之交。唐・白居易《張十八員外以新詩二十五首見寄，郡樓那下，吟玩通夕，因題卷後，封寄微之》詩：「陽春曲調高難和，淡水交情老始知。」也作「淡水之交」。明・朱之瑜《與奧村庸禮書》之一：「安宅與不佞遊，於今六七年，淡水之交，始終如一。」

【淡水之交】

見「淡水交情」。

【淡妝濃抹】

淡：淡雅；濃：濃豔。指女子淡雅和濃豔兩種不同的妝飾。比喻自然山林和風景畫面所具有的素雅和濃麗兩種不同的特色。宋・蘇軾《飲湖上初晴後雨》詩之二：「欲把西湖比西子，淡妝濃抹總相宜。」也作「淡抹濃妝」。明・李開先《煙樓記》：「已而寒雪驟至矣，內眷尙未移入，先與客登而樂之，爭睹飛煙直出，淡抹濃妝，散彩霞，籠殘月，逗寒雲，飛輕縑，曳素練，曉迎旭日，暮鎖長空。」

【淡妝濃抹總相宜】

宋・蘇軾《飲湖山上初晴後雨》：「欲把西湖比西子，淡妝濃抹總相宜。」形容一個女子不論怎麼化妝，都是美麗的。馮驥才《霧中人》：「他是那種眞正漂亮的姑娘，『淡妝濃抹總相宜』，不會因爲衣著破舊而顯得寒酸，也不會因爲華服盛裝而顯得艷俗。」

【憚赫千里】

憚赫：聲勢威盛的樣子。形容聲威浩大，震懾天下。《莊子・外物》：「白波若山，海吹震蕩，聲搭侔鬼神，憚赫千里。」

【憚勢而交人，勢劣而交道息】

因畏懼權勢而結交朋友，待權力小時友誼便隨之停息了。指勢利小人不可交。唐・皮日休《鹿門隱書六十篇》：

「憚勢而交人，勢劣而交道息；希利而友人，利薄而友道退。」

【彈打雀飛】

彈：彈丸；雀：麻雀，山雀。彈丸射出去了，但小雀沒打著，飛走了。比喻希望落空，一無所得。清·蒲松齡《增補幸雲曲》二〇回：「幾盤棋把他贏了，管叫他彈打雀飛。」

【彈盡糧絕】

彈藥用完了，糧食吃光了。形容戰事告急，難以堅持。例這支部隊在戰壕裏打了三天三夜，直到彈盡糧絕。就在這危急時刻，後援部隊開了上來。

【彈盡援絕】

彈藥用光了，後援也斷絕了。形容陷入困境。例他因爲酷愛畫畫，所以放棄高薪工作，即使生活陷入了彈盡援絕的地步，也不後悔。

【彈鳥，則千金不如丸泥之用】

彈弓打鳥，千金不如泥丸更適用。比喻物各有所用，人各有所長，應取其長用其事。例花匠老王主動挑起了工廠綠化的重任，把個工廠綠美化成了花園一般，正是「彈鳥，則千金不如丸泥之用」，人各有其長啊！

【彈丸黑痣】

形容很小的地方，就像彈丸、黑痣那樣大。宋·朱熹《名臣言行錄·趙普》：「帝曰：『吾欲下太原。』普默然久之曰：『非臣所知也。』帝問其故？普曰：『太原當西北二邊，使一舉而下，則二邊之患，我獨當之，何不姑留以俟削平諸國，則彈丸黑痣之地將無所逃。』帝笑曰：『吾意正如此，特試卿耳。』」

【彈丸之地】

彈丸那樣大的一塊地。形容地方極小。《戰國策·趙策三》：「此彈丸之地，猶不予也，令秦來年復攻，王得無割其內而媾乎？」

【彈無虛發】

彈丸或子彈沒有不擊中目標的。形容打彈弓或打槍極準。《鏡花緣》二六回：「弓弦響處，那彈子如雨點一般打將出去，眞是：『彈無虛發』，每發一彈，岸上即倒一人。」

【彈雨槍林】

彈發如雨，槍支如林。形容戰鬥十分激烈。例他是經過彈雨槍林的場面的人，那裏會害怕幫派的圍剿。也作「刀林彈雨」。《庚子事變文學集·鄰女語》一：「老主人出兵打仗，身在刀林彈雨之中，尚且死而無怨。」也作「槍林彈雨」。

【癉惡彰善】

癉：憎恨；彰：表彰。憎恨醜惡的，表彰善良的。隋·薛道衡《隋唐祖頌》：「赫矣高祖，人靈攸贊。聖德回生，神謀獨斷。癉惡彰善，夷凶靖難。」也作「彰善癉惡」。

【澹泊寡欲】

澹泊：恬靜淡薄；欲：慾望。形容心情恬淡，不圖名利。三國魏·曹植《蟬賦》：「實澹泊而寡欲兮，獨怡樂而長吟。」

【澹泊明志】

澹泊：恬靜寡欲；明志：顯明志趣。三國志·諸葛亮《誡子書》：「夫君子之行，靜以修身，儉以養德，非澹泊無以明志，非寧靜無以致遠。」後用「澹泊明志」謂以生活的恬靜簡樸來顯示志趣的高遠。清·無名氏《杜詩言志》卷三：「至於寬閒之野，寂寞之濱，每自寓其天懷之樂，而澹泊明志，寧靜致遠，未嘗不處處流露。」也作「淡泊明志」。例他是個清廉的賢官，一向是秉持淡泊明志的生活態度，對物質享受不作過分奢求。

ㄉㄤ

【當靶子】

比喻當作批評、打擊的對象。例這種事我絕不幹，我可不願讓人拿我當靶子。

【當伯樂】

相傳伯樂能識千里馬，爲尋好馬不辭辛勞。比喻發掘人才、推薦人才的人。例老同志應爭當伯樂，讓年輕有爲的人來接自己的班。

【當參謀】

參謀：軍隊中參與指揮部隊行動，制定作戰方案的人。比喻爲人出主意。例我們知道你工作忙，所以不要你承擔具體任務，只請你當參謀。

【當場出彩】

指戲劇表演中，用紅水塗抹，裝作受傷流血的樣子。比喻當衆敗露不可告人的隱秘而現出醜態，或出差錯而感到難堪。《官場現形記》二一回回目：「反本透贏當場出彩，弄巧成拙驀地撤差。」也作「當場出醜」。《二刻拍案驚奇》卷三三：「吾夫婦目下當受此杖，不如私下請牌頭來，完了這業績，省得當場出醜。」也作「當場丟醜」。清·孔尚任《桃花扇·入道》：「羞答答當場丟醜，惹的旁人笑。」也作「當場獻醜」。《醒世恆言》卷二〇：「我今年已六十，尚無子嗣，你若肯時，便請個先生教你，也强如當場獻醜。」

【當場出醜】

見「當場出彩」。

【當場丟醜】

見「當場出彩」。

【當場獻醜】

見「當場出彩」。

【當場作戲】

當場：就在那個地方。指跑江湖的賣藝人遇到合適的場地，就在那裏開場表演。清·趙翼《題閩游草後》詩之四：「到處華筵竟餞賓，梨園法曲遞翻新……當場作戲人何限，我是場邊看戲人。」後多指偶爾隨俗應酬，湊個熱鬧。例你別看他說得那麼慷慨激昂，其實他不過是當場作戲，一點也不能當眞。也作「逢場作戲」。

【當車螳臂】

阻擋車輪前進的螳臂。比喻不自量

力，妄圖抵擋不可抗拒的力量。清·張應昌《哭義僕陳四》詩：「豈料一朝忿，獨身戰羣醜。赴火蛾翎焚，當車螳臂掊。」也作「**螳臂當車**」。

【當道築室】

見「道謀築室」。

【當厄之施，甘於時雨；傷心之語，毒於陰冰】

在人家窮困時給予幫助，比及時雨還要甘美；刺痛人心的語言，比陰冷的冰害還更大。《格言聯璧·悖凶》：「當厄之施，甘於時雨；傷心之語，毒於陰冰。」例老教授貧病交加，二柱送飯送藥，還得躲避那些惡語中傷的話，讓老教授終生難忘，正是「當厄之施，甘於時雨；傷心之語，毒於陰冰」，他終於挺過來了。

【當墊腳石】

比喻供人向上爬或向上攀登時所憑藉的人或事物。例沒有前人的成就給我們當墊腳石，我們就不可能取得這樣巨大的成功。

【當斷不斷】

斷：決斷。該做出決斷的時候，仍不能決斷，指遇事猶豫不決，沒有魄力。《晋書·羊祜傳》：「天下不如意，恆十居七八，故有當斷不斷。天與不取，豈非更事者恨於後時哉！」也作「**當斷失斷**」。失：失掉。《舊唐書·昭宗紀》：「今兩河大藩皆願誅討，不因其離貳而除之，是當斷失斷也。」

【當斷不斷，反受其亂】

凡事該作決斷時卻不當機立斷，反使自己受害。《史記·齊悼惠王世家》：「魏勃給召平曰：『王欲發兵，非有漢虎符驗也。而相君圍王，固善。勃請爲君將兵衛衛王。』召平信之，乃使勃將兵圍王宮。勃既將兵，使圍相府。召平曰：『嗟乎！道家之言當斷不斷，反受其亂，乃是也。』遂自殺。」

【當斷失斷】

見「當斷不斷」。

【當風秉燭】

頂著風頭而手持燈燭。比喻面臨危險。明·無名氏《勘金環》三折：「我性命恰便似當風秉燭，恰便似水上浮漚。」

【當官不坐高板凳——平起平坐】

板凳：木凳，多爲狹長形。比喻不分高低貴賤，一視同仁。例我們的主管，平易近人，對下屬都是當官不坐高板凳——平起平坐，深受大家歡迎。

【當官者能潔身修己，然後在公之節乃全】

當官的人能夠潔身自愛，加强修養，清廉剛正，就能夠始終保全一心爲公的品節。《晋書·良吏傳》：「當官者能潔身修己，然後在公之節乃全。身善有章，雖賤必賞，此興化立教之務也。」

【當狗熊】

指做膽小鬼、沒出息的人。例凡有點骨氣的人，在危急關頭都不會當狗熊。

【當行本色】

當行（ㄏㄤˊ）：內行；本色：本來面貌。形容詩作嫻熟精妙，而且不事雕琢，直抒胸臆。清·徐釚《詞苑叢談》卷一：「男中李後主，女中李易安，極是當行本色。」

【當行出色】

出色：格外好。指精通本行，成果顯著。《兒女英雄傳》三七回：「[師老爺]越發談得高興了，道是今年的會墨，那篇逼眞大家，那篇當行出色。」

【當行厭當行】

同行憎惡同行。《金瓶梅詞話》三回：「俺這媒人們，都是狗娘養下來的。他們說親時又沒我，做成的熟飯兒，怎肯搭上老身一分？常言道：當行厭當行。」

【當和尚不撞鐘——白吃飯】

俗話說：「當一天和尚撞一天鐘」，撞鐘是和尚的職責。比喻光吃飯不幹活。例人民納稅給政府，爲政者卻不爲人民做事，眞是當和尚不撞鐘——白吃飯。

【當紅娘】

《西廂記》中故事：丫環紅娘替小姐鶯鶯和張生穿針引線，使二人終成眷屬。後把熱心成人之美的人稱「紅娘」。比喻當媒人或介紹人。例爲使那一對未婚青年早結同心，我願爲他們當紅娘。

【當紅娘還包生崽——負責到底】

包：負責，崽：兒子。作媒人還包生兒子。比喻辦事認眞，徹底。例把這件事交給我辦吧，我一定當紅娘還包生崽——負責到底。

【當幌子】

幌（ㄏㄨㄤˇ）子：商店門外招徠顧客的商品標誌。比喻假借某種名義進行活動。例我們不要把「爲人民服務」這句話掛在嘴邊當幌子，而要實實在在爲人民做點事。

【當伙頭軍】

伙頭軍：古時稱軍隊中的炊事員。後多借以稱炊事員、廚師。例離休以後，老將軍在家裏也學著當伙頭軍了。

【當機貴斷】

指時機來臨，以迅速做出決斷爲可貴。《宋史·宋綬傳》：「臨事當乎守，當機貴乎斷，兆謀先乎密。能守則奸不能移，能斷則邪不能惑，能密則事不能撓。」

【當機立斷】

指抓住時機，迅速做出決斷。清·朱琦《讀王子壽論史詩廣其義》詩之四：「漢高落落英雄姿，當機立斷不復疑。」

【當家才知柴米價，養子方曉父娘恩】

當了家才知道柴米的價格，自己生兒育女才懂得父母對自己的恩情。比喻經過親身實踐，才知道事情的艱難。例「當家才知柴米價，養子方曉父娘恩。」對於那些只讀了幾本書，寫過幾篇文章就到處高談闊論的人，這句俗話倒是一針清醒劑。

【當家就是戴枷】

枷：ㄐㄧㄚ，舊時套在罪犯脖子上的刑具，用木板製成。比喻當家人的日子不好過。例你以爲一家之主好當的啊！當家就是戴枷，搞不清楚狀況！

【當家立業】

主持家務，建樹功業。指擔當一家之主。《紅樓夢》三一回：「明日你當家立業，難道也是這麼顧前不顧後的？」

【當家理紀】

理：調理，管理；紀：家規。指主持家務，調理家規。《醒世姻緣傳》七五回：「要是寄姑娘給了我，我還請了童奶奶都到任上替我當家理紀的。」

【當家人，惡水缸】

惡水缸：泔洗腳缸。當家人什麼都管，挨駡受氣都落在他身上，就像泔腳缸一樣。《紅樓夢》六八回：「至於那起下人小人之言，未免見我素昔持家太嚴，背地裏加減些話，也是常情。妹妹想：「自古說的『當家人，惡水缸。』」

【當家人疾老】

疾：急速，迅速。指當家人日夜操勞，衰老得快。元・鄭廷玉《金鳳釵》二折：「把這小寃家情理難饒。我待打呵教人道管不的惡婦欺親子，教人道近不的瓜兒揉馬包。常言道：『當家人疾老，近火的燒焦。』」也作「當家人先白」。元・楊顯之《酷寒亭》三折：「實賣歸來汗未消，上床猶自想來朝，爲甚當家人先白？曉夜思量計萬條。」

【當家人先白】

見「當家人疾老」。

【當家三年狗也嫌】

比喻當家時間長，得罪人多，因而惹人厭惡。《金瓶梅詞話》七五回：「玉樓道：『……小廝你來我去，秤銀子換錢，把氣也掏乾了。饒費了心，那個道個是也怎的！』西門慶道：『我的兒，常言道：當家三年狗也嫌。』」

【當家神賣土地——貧如洗】

當家神：指灶神，迷信的人供在灶旁認爲可以主宰一家禍福的神，人稱「一家之主」。比喻窮得一無所有。例以前，我家就像當家神賣土地——貧如洗，哪有錢上學讀書？

【當家作主】

主持家業，爲一家之主。比喻人民管理國家和社會事務的權利。例無論一個地區，還是一個單位，都應由人民羣衆來當家作主。

【當今無輩】

當今：如今；輩：同等，同類。指現時無可與之相比。《三國志・吳書・張溫傳》：「溫當今無輩」。

【當今之世，捨我其誰】

現在這個世界上治理國家的人才，除了我還有誰呢？原是孟軻自誇之詞。現也用以諷刺那些自認爲不可一世的人物。《孟子・公孫丑下》：「如欲平治天下，當今之世，捨我其誰也？」

【當局稱迷，傍觀見審】

見「當局者迷，旁觀者淸」。

【當局苦迷】

見「當局者迷」。

【當局者迷】

當局者：指下棋的人。下棋的人常常容易迷惑。比喻當事人考慮問題往往主觀片面，顯得迷糊不淸。《二十年目睹之怪現狀》八六回：「我們打破了這個關子，是知道他是假的；至於那當局者迷一流，他卻偏要信是眞的。」也作「當局苦迷」。《宋書・王微傳》：「每共宴語，前言何嘗不以止足爲貴。且持盈畏滿，自是家門舊風，何爲一旦落漠至此，當局苦迷，將不然邪！」

【當局者迷，旁觀者淸】

當事人看問題往往迷糊不淸，旁觀者往往看得淸楚。原作「當局稱迷，傍觀見審」。《舊唐書・元行沖傳》：「當局者迷，旁觀者淸。累朝銓定，故是周詳。何所爲疑，不爲申列？」後多作「當局者迷，旁觀者淸」。《老殘遊記》一三回：「實在說得不錯，倒是沒有人說過的話！可見『當局者迷，旁觀者淸。』」也作「當局易昧，旁觀乃淸」、「當局者迷，旁觀者淸」、「旁觀者審，當局者迷」、「旁觀者淸，當局者迷」、「當局者迷、旁觀者淸」。

【當了皇帝想成仙——貪心不足】

比喻貪婪的慾望沒有滿足的時候。例你還不滿意現有的職位嗎？眞是當了皇帝想成仙——貪心不足。也作「當了皇帝想成仙——貪得無厭」、「拿著白銀想黃金——貪得無厭」、「吃著碗裏瞧著鍋裏——貪得無厭」、「見了蒼蠅都想扯條腿——貪得無厭」。

【當路豺狼】

擋在道路中間的豺狼。比喻握有大權，橫行不法的人。唐・崔致遠《桂苑筆耕錄・告報諸道征促綱運書》：「先須剗當路之豺狼，後可殄壞堤之螻蟻。」也作「豺狼當道」。

【當門抵戶】

指主持家務，撐起門戶。《初刻拍案驚奇》卷二五：「他兩人沒有嬤嬤，只是盼奴當門抵戶。」

【當門對戶】

結親雙方的門戶般配，即雙方家庭的社會地位和經濟條件相當。《二刻拍案驚奇》卷六：「父母聽罷，想道：『金家兒子雖然聰明俊秀，卻是家道貧窮，豈是我家當門對戶！」也作「門當戶對」。

【當面剝蔥——一層一層地擺擺】

比喻一件事一件事地都要說淸楚。例你在背後說了我那麼多的壞話，現在就請你當面剝蔥——一層一層地擺擺。

【當面錯過】

在眼前卻錯放過去。比喻未能及時抓住時機。《鏡花緣》一二回：「婚姻一事……不管年貌相當，惟以合婚爲準，勢必將就勉强從事，雖有極美良姻，亦必當面錯過，以致日后兒女抱恨終身，追悔無及。」

【當面鑼、對面鼓】

比喻雙方面對面直說。例小劉才說了陳兄認識了個女孩，陳嫂就氣急敗壞的拉了陳兄，當面鑼、對面鼓的質問。也作「當面鼓、對面鑼」、「當面鼓、當面鑼」。

【當面輸心背面笑】

輸：交出。形容人當面說得好聽，背後幹壞事。魯迅《海上通信》：「據我的意料，罪孽一定是日見其深重的，因爲中國向來就是『當面輸心背面笑』，正不必『新的時代』的青年才這樣。對面是『吾師』和『先生』，背後是毒藥和暗箭，領教了已經不止兩三次了。」也作「當面做人，背後是鬼」、「當面一套，背後一套」。例他爲人險詐，在主管面前擅於吹捧，背後又大肆批評，這種當面一套，背後一套的人，交心的朋友沒幾個。

【當面笑呵呵，背後毒蛇窩】

形容外貌和善，內心狠毒。《綴白裘，西樓記・拆書》：「當面笑呵呵，背後毒蛇窩。口善心不善，面和意不和。」

【當面一套，背後一套】

見「當面輸心背面笑」。

【當面做人，背後是鬼】

見「當面輸心背面笑」。

【當年不肯嫁東風，無端卻被秋風誤】

無端：無緣無故；誤：妨害。當初不願意迎著春風開花，而今卻遭秋風無緣無故地吹打而凋零。原慨嘆荷花的遭遇。今比喻辦事不果斷，誤了良機，結果遭受到嚴重損失。宋・賀鑄《踏莎行》詞：「返照迎潮，行雲帶雨，依依似與騷人語。當年不肯嫁東風，無端卻被秋風誤。」

【當炮灰】

比喻被迫當兵上前線送死。例那時候，內戰頻仍，到處抓壯丁，讓青年去當炮灰。

【當配角】

配角：戲劇行業用語。指戲劇表演中的次要角色。比喻做輔助工作，當次要人物。例我生來只會當配角，主角我當不來。還是你挑大樑，我輔佐吧！

【當前快意】

當前：目前，現時；快意：快樂的情緒。對眼前感到心情愉快。漢・韓嬰《韓詩外傳》卷五：「當前快意，一呼再諾者，人隸也。」

【當取不取，過後莫悔】

應該得到的東西不拿走，過後不要後悔。例這份酬金是你應該得到的，不必推讓了。當取不取，過後莫悔。

【當權若不行方便，如入寶山空手回】

行方便：給人方便。掌權的人如果不爲人辦事，就如進入寶山空手返回。《醉醒石》一回：「古語有云：『當權若不行方便，如入寶山空手回。』士大夫事權在握，而不辨雪冤獄，矜恤無辜，不深負上天好生之心乎？」

【當人梯】

比喻以自己的成果或經驗幫助別人獲得更大的成功。例爲了讓年輕人早出成果，老科學家心甘情願當人梯。

【當仁不讓】

指面對合乎仁義的事情，不須謙讓。《論語・衛靈公》：「當仁不讓於師。」後指對於應該做的事情，要積極主動承當，絕不推辭。《官場現形記》一七回：「人家罵小弟魚肉鄉愚，這句話仔細想來，在小弟卻是當仁不讓。」也作「當仁無遜」。遜：退讓。宋・文天祥《回隆興熊倅震龍》：「時來則爲，當仁無遜。」

【當仁不讓於師】

仁：仁義，仁愛，正當的事情。指面臨正義的事，就是老師也不用謙讓。《論語・衛靈公》：「當仁，不讓於師。」

【當仁無遜】

見「當仁不讓」。

【當時談宗】

指善於言談，長於思辨，爲當世所師法的人。《晉書・阮修傳》：「王衍當時談宗，自以論《易》略盡，然有所未了，研之終莫悟。」

【當世才度】

才度：才識和度量。指當代才識高、度量大的人。《三國志・魏書・曹肇傳》：「肇有當世才度，爲散騎常侍、屯騎校尉。」

【當世才具】

才具：才能。指當代很有才幹的人。宋・葉廷珪《海錄碎事・人事・才能》：「崔季杼長於尺牘，有當世才具。」

【當世辭宗】

辭宗：辭賦作家中的宗師，即名望很高的文學家。指當代的文學大師。《梁書・王筠傳》：「尚書令沈約，當世辭宗，每見筠文，咨嗟吟咏，以爲不逮也。」

【當世名人】

指當代名望很高的人。唐・韓愈《柳子厚墓志銘》：「皇考諱鎮，所與遊，皆當世名人。」

【當世無雙】

當代列爲第一，無人能夠相比。宋・歐陽修《賣油翁》：「陳康肅公堯咨善射，當世無雙，公亦以此自矜。」

【當堂不讓父，舉手不留情】

在公堂上，連自己的父親也不能相讓；動起手來，對誰都不留情。《施公案》一七六回：「主子開恩降旨，也別記我是王爵，他是庶民，只管叫天霸有什麼本領，與奴才較量較量。

俗云：『當堂不讓父，舉手不留情。』那天霸有過人武藝，就打死奴才，不致叫他償命。」也作「當堂不讓父」。

【當替罪羊】
比喻代人受過。例這禍是你闖的，我可不能給你當替罪羊。

【當頭棒喝】
棒：棒打；喝：喝斥。佛教禪宗和尚接待初學的人，常用棒對頭一擊或大喝一聲，令其迅速作出反應，以促人領悟佛理。後用「當頭棒喝」比喻促使人省悟的警告。《歧路燈》一四回：「那日程希明當頭棒喝，未免觸動了天良。」也作「當頭一棒」。《鏡花緣》八四回：「這個笑話雖是逗趣，若將愚而好自用的聽了，卻是當頭一棒，眞可猛然喚醒。」

【當頭對面】
①指當著面對質，弄清是非曲直。《水滸傳》九六回：「小弟先在那裏等候。當頭對面，把這是非都對得明白了。」②指面對面地商量。例這事不能再拖了，你們幾方當頭對面議一議，趕快定下來。

【當頭炮】
當頭炮：中國象棋棋語，指放在棋盤中線上正對著「將」或「帥」的「炮」。比喻迎頭痛擊的批評或意見。例你的當頭炮，讓他頭腦清醒了許多。

【當頭炮——將軍】
將軍：下棋時攻擊對方的「將」或「帥」。比喻給人出難題，使人爲難。例小萬剛當上主任，小包就給他來個當頭炮——將軍，要他對每個工人的生產情況做出評價。

【當頭一棒】
見「當頭棒喝」。

【當尾巴】
比喻跟隨著在後面充當次要角色。例我們應該當羣衆的帶頭人，可不能跟在羣衆後面當尾巴。

【當務爲急】
當務：當前最重要的事情。指當前最重要的事情是急需辦理的事。《孟子·盡心上》：「知者無不知也，當務之爲急。」漢·韓嬰《韓詩外傳》卷一：「任重道遠者，不擇地而息；家貧親老者，不擇官而仕。故君子……當務爲急。」

【當務之急】
指當前各項事務中最急需辦理的事《文明小史》三一回：「你要辦商務學堂，這是當務之急，誰說你不是呢？」

【當啞巴】
比喻不批評、議論或申辯。例他做的缺德事兒夠多了，我不再當啞巴了，我要揭發他。

【當腰裏長枝條——出了斜杈】
當腰，中間。杈：ㄔㄚˋ，植物的分枝。比喻事情在中途發生了變化。例本來公司派我去採購家用電器，不料當腰裏長枝條——出了斜杈，只好中途返回。

【當一天和尚撞一天鐘——得過且過】
撞：打；得過且過：過一日算一日。比喻混日子，過一天算一天，敷衍了事。例青年人應當有抱負，有理想，對工作不能抱當一天和尚撞一天鐘——得過且過的態度。也作「懶鳥不搭窩——得過且過」、「老和尚撞鐘——得過且過」。

【當以執兩以兼聽，而不以狐疑爲兼聽】
應該把能夠聽取不同意見加以比較選擇叫做兼聽，而不能把猶豫不決叫做兼聽。清·魏源《默觚·治篇六》：「有以兼聽而得有以兼聽而失；有以獨斷而成，有以獨斷而敗……言當以執兩以兼聽，而不以狐疑爲兼聽。」

【當著矮人，不說短話】
指不要當面揭人家的短。《紅樓夢》四六回：「他嫂子臉子下不來，因說道：『願意不願意，你也好說，不犯著牽三掛四。俗話說：『當著矮人，不說短話。』姑奶奶罵我，我不敢還言；這二位姑娘並沒惹著你，小老婆長，小老婆短，人家臉上怎麼過得去？』」

【當着矬子說人矮——存心叫人難堪】
矬（ㄘㄨㄛˊ）子：〈方〉身材短小的人。比喻故意使人難爲情。例我是無意中觸動了人家的難言之隱，並非當着矬子說人矮——存心叫人難堪。

【當著和尚罵禿驢】
表面上罵別的人，實際上就當面罵這個人。例你有膽對他說就直說，幹麼拐彎抹角，當著和尚罵禿驢。

【當著閻王告判官——沒有好下場】
閻王：佛教稱管地獄的神，也叫閻羅王、閻王爺；判官：佛教稱閻王手下管生死簿的官。比喻結局很糟。例謝小晶喜歡多管閒事，捅馬蜂窩，老人都說他是當著閻王告判官——沒有好下場的。也作「騎老虎背——沒有好下場」。

【當之無愧】
當：承當，承受；無愧：不感到慚愧。指接受某種稱號或榮譽，完全承當得起，不覺慚愧。《官場現形記》三二回：「趙大架子道：『若照蓋翁的大才，這幾句考語著實當之無愧。不過寫到摺子上，語氣似乎總還要軟些，叫上頭看著也受用。』」

【當軸處中】
處在車軸的中心位置上。比喻官居高位，身當要職。《漢書·田千秋傳贊》「車丞相履伊呂之列，當軸處中，括囊不言，容身而去，彼哉！彼哉！」也作「當軸之士」。謂身居要職的人。晉·干寶《晉紀·總論》：「秉鈞當軸之士，身兼官以十數。」

【當軸之士】
見「當軸處中」。

【當著不著】

指辦事無目標，無計畫，該做的不做，不該做的反倒做了。《二刻拍案驚奇》卷一二：「世事莫有存心，成心專會認錯，任是大聖大賢，也要當著不著。」

ㄉㄤˇ

【擋風板做鍋蓋——受了冷氣受熱氣】
比喻受到冷嘲熱諷，受夠了氣。含有受了委屈難於申訴的意思。例她回憶起做童養媳時的生活，常常是擋風板做鍋蓋——受了冷氣受熱氣，心裏又感到難受。也作「**風箱板做鍋蓋——受了冷氣受熱氣**」。

【擋風牆】
比喻能作為遮掩、保護的人或物。例別看他歲數大了，不能做什麼實際工作，他可是我們最可靠的擋風牆。

【擋箭牌】
擋箭牌：抵禦刀箭的牌。①比喻推托責任的藉口。例清查工作開始以後，他以養病作擋箭牌，企圖逃避責任。②比喻起掩飾保護作用的人。例你有問題就老老實實檢查、交代，不要再拿自己的父親作擋箭牌了。

【擋頭陣】
擋頭陣：軍事用語。抵擋敵方的第一次攻擊。比喻站在最前面對抗、應付某事物。例我特別請你來擋頭陣，往後的事都由我來應付好嗎？

【黨豺為虐】
黨：拉幫結夥；豺：一種形似狼的凶獸，指凶惡的壞人；虐：凶殘狠毒。比喻同凶暴惡毒的人勾結起來，幹著殘害人的行徑。明・馬中錫《中山狼傳》：「且鄙人雖愚，獨不知夫狼乎：性貪而狠，黨豺為虐，君能除之，固當窺左足以效微勞，又肯諱之而不言哉？」

【黨惡朋奸】
黨：偏袒；朋：結伙。袒護惡徒，勾結奸賊。《民國通俗演義》五九回：「義師所指，戮在一人，元惡既除，勿有所問。其有黨惡朋奸，甘為逆羽，殺無赦！」

【黨同伐異】
黨同：和自己意見相同的人拉幫結夥；伐異：對和自己意見不同的人加以排斥、攻擊。指糾集同伙，打擊異己。《後漢書・黨錮傳序》：「自武帝以後，崇尚儒學，懷經協術，所在霧會，至有石渠分爭之說，黨同伐異之說，守文之徒，盛於時矣。」

【讜論侃侃】
讜論：正直的言論；侃侃：說話理直氣壯，從容不迫的樣子。指敢於向上直陳諫言，一身正氣。宋・蘇舜欽《祭滕子京文》：「往在諫列，讜論侃侃；屢觸權要，卒就貶竄。」

【讜論危言】
危言：不懼危難的直言。指不顧個人安危，敢於向上諫言。宋・曾鞏《和酬趙宮保致政言懷》詩之一：「讜論危言望素隆，獨於聲利性偏慵。」

【讜言嘉論】
嘉：美，善。正直的議論，動聽的言辭。指既有理，又能打動人的言談。《元史・張孔孫傳》：「孔孫素以文學名，且善琴，工畫山水竹石，而騎射尤精，及其立朝，讜言嘉論，有可觀者，士論服之。」

【讜言則聽，諂言不聽】
讜言：正直的言論。正直的言論就聽，巴結奉承的話就不聽。唐・元結《至正》：「讜言則聽，諂言不聽。」例年終檢討會上，對評功讚美的話，總經理是似聽非聽，有人指出工作中的疏漏，斥責以權謀私的現象，他卻洗耳恭聽，散會後還去繼續了解情況，確是「讜言則聽，諂言不聽！」

【讜言直聲】
正直的議論，直率的言談。指正直而坦率的言論。唐・白居易《唐河南元府君夫人墓志銘序》：「[元稹]由校書郎拜左拾遺，不數月，讜言直聲動於朝廷。」

ㄉㄤˋ

【當耳邊風】
當作耳邊的風吹過。指把別人對自己說的話不放在心上。《醒世姻緣傳》一四回：「那旁邊家人媳婦丫頭小廝聽他念那書上說，爺娘怎麼樣掛心，怎樣睡不著，娘把眼都哭腫了，沒有一個不嘆息的。晁大舍只當耳邊風。」也作「**當耳旁風**」。《紅樓夢》八回：「我平日和你說的，全當耳旁風；怎麼他說了你就依，比聖旨還快呢！」

【當耳旁風】
見「當耳邊風」。

【當光賣絕】
指將所有之物全部變賣淨盡。《官場現形記》二二回：「有些帶的盤纏不足，等的日子又久，當光賣絕，不能回家的，亦所在皆是。」

【當了衣裳打酒喝——顧嘴不顧身】
比喻只顧眼前利益，不顧長遠利益；或貪小失大。例「我主張將結餘的錢，分給各部門當作零用金。」「不，這是當了衣裳打酒喝——顧嘴不顧身，應當把它用來購置機器，改善公司生產的落後現象。」

【蕩產傾家】
蕩：弄光；傾：盡數倒出。把全部家產都喪失精光。明・楊珽《龍膏記・脫難》：「僅他萬千掙攡，亂國家使些奸詐，少不得蕩產傾家，能幾日妝孤做大。」也作「**傾家蕩產**」。

【蕩蕩之勛】
蕩蕩：廣大的樣子。指極大的功勛。《後漢書・鄧皇后紀》：「蕩蕩之勛可誦而不可名。」

【蕩滌放情】
指盡量放縱自己的情感。《古詩十九首》之一〇：「蕩滌放情志，何為自結束？燕趙多佳人，美者顏如玉。」

【蕩滌瑕穢】

見「蕩滌邪穢」。

【蕩滌邪穢】

蕩滌：沖洗，清除。清除邪惡污穢。比喻消除社會上的醜惡事物。《史記・樂書》：「天子躬於明堂臨觀，而萬民咸蕩滌邪穢，斟酌飽滿，以飾厥性。」也作「蕩滌瑕穢」。瑕：玉石上的斑點、污點。《晉書・郭璞傳》：「臣去春啟事，以囹圄充斥，陰陽不和，推之卦理，宜因郊祀作赦，以蕩滌瑕穢。」也作「蕩穢滌瑕」。清・林則徐《會奏銷化煙土一律完竣折》：「業已銷化全完，斯時蕩穢滌瑕，幸免毒流於四海。」

【蕩穢滌瑕】

見「蕩滌邪穢」。

【蕩檢逾閑】

蕩：放縱；檢：約束；逾：越過；閑：限制。衝破約束，超過限制。指不守法度，行為放蕩。《兒女英雄傳》二七回：「再不想丈夫也是個帶腿兒的，把他逼得房幃以內，生趣毫無，荊棘滿眼，就不免在外眠花宿柳，蕩檢逾閑。」也作「逾閑蕩檢」。

【蕩氣迴腸】

蕩：搖蕩；迴：回旋；氣、腸：指情感思緒。形容優美的樂曲或文學作品動人心弦，餘味無窮。三國魏・曹丕《大牆上蒿行》：「女娥長歌，聲協宮商，感心動耳，蕩氣迴腸。」

【蕩然肆志】

蕩然：放縱的樣子；肆：放肆。指無所顧忌地放情快意。《史記・魯仲連鄒陽傳贊》：「太史公曰：『魯連其指意雖不合大義，然余多其在布衣之位，蕩然肆志，不詘於諸侯，談說於當世，折卿相之權。』」

【蕩然無存】

蕩然：完全失去的樣子。指有的東西喪失淨盡。《聊齋志異・王者》：「天明，視所解金，蕩然無存。」也作「蕩然無餘」。南朝梁・任昉《為梁武帝集墳籍令》：「近災起柏梁，遂延渠閣，青編素簡，一同煨燼，湘囊緗帙，蕩然無餘。」也作「蕩然無遺」。《太平廣記》卷二一四引《譚賓錄》：「[薛]稷敗後，悉入岐王，初不奏聞；竊有所慮，因又焚之。於是圖畫奇跡，蕩然無遺矣。」也作「蕩然一空」。《宋史・楊偕傳》：「且州之四面，屬羌遭賊驅脅，蕩然一空，止存孤壘，猶四肢盡廢，首面心腹獨存也。」

【蕩然無遺】

見「蕩然無存」。

【蕩然無餘】

見「蕩然無存」。

【蕩然一空】

見「蕩然無存」。

【蕩為寒煙】

蕩：毀壞。原有的建築等東西全部毀壞，化為寒煙。形容喪失淨盡。清・邵長蘅《夜遊孤山記》：「今皆亡有，既已蕩為寒煙矣。」

【蕩析離居】

蕩析：離散；離居：離開故居。指因天災人禍而家人離散，四處流浪。《尚書・盤庚下》：「今我民用蕩析離居，罔有定極。」

【蕩心悅目】

蕩心：心情縱蕩，歡愉；悅目：看著舒暢。形容美好的事物給人的感受。《宋史・范鎮傳》：「凡可以蕩心悅目者，不宜有加於舊。」也作「賞心悅目」。

【蕩倚衝冒】

蕩：放縱；倚：靠近；衝：衝撞；冒：冒犯。形容隨心所欲地戲弄、挑逗。唐・柳宗元《三戒・黔之驢》：「稍近益狎，蕩倚衝冒。」

ㄉㄥ

【燈草打鼓——不想（響）】

燈草：燈心草的莖的中心部分，白色，質地輕而軟；想：「響」的諧音。雙關語。①比喻不想念。例他們天各一方，儘管電訊不斷，但並非是燈草打鼓——不想（響）了。②比喻沒有打算或不抱希望。例到國外旅遊？說實話，我是燈草打鼓——不想（響）。也作「棉花條打鼓——不想（響）」、「皮槌打鼓——不想（響）」。

【燈草打鼓——響不了】

比喻做不出成績，引不起重視，產生不了影響。有時指工作推不動，難以成功。例這次比賽，成績平平，看來是燈草打鼓——響不了啦！也作「燈草打鼓——不響」。

【燈草打圈圈——莫扯】

打：做。雙關語。比喻不要漫無邊際地閒談。有時指不要爭吵。例時間不多，抓緊工作，燈草打圈圈——莫扯了。

【燈草打人——軟弱無力】

比喻缺乏力氣或不堅强。例在敵人的法庭上，一定要英勇不屈，不能燈草打人——軟弱無力。也作「燈草棍打狗——軟弱無力」。

【燈草吊頸——假做作】

吊頸：上吊尋死。燈草質軟易折，根本吊不了東西。比喻做出虛假的表情或動作。例不要被他的威脅嚇倒，那不過是燈草吊頸——假做作。

【燈草掉在水裏——不成（沉）】

見「木頭人投河——不成（沉）」。

【燈草拐扶不起人】

用燈草做的拐杖是經不住拄的。比喻靠不住。《瞎騙奇聞》五回：「你還到別處去張羅張羅罷。要光靠我，我可是燈草拐扶不起人。」

【燈草拐杖——靠不住】

也作「燈草拐杖——不可靠」、「燈草欄杆——靠不住」。見「低欄杆——靠不住」。

【燈草拐杖——支撐不住】

雙關語。比喻招架不住，支持不了，或維持不住。例這樣重的擔子，說實話，我是燈草拐杖——支撐不住的。也作「麻桿做床腿——支撐不住」、「高粱桿當柱子——支撐不住」、「沒骨子的傘——支撐不住」、「秫稭做床腿——支撐不住」。

【燈草拐杖——做不了主（柱）】

主：「柱」的諧音。雙關語。比喻對某件事不能做出決定，或做不了主，負不了責任。例這件事他是燈草拐杖——做不了主（柱）。也作「燈草拐杖——主（柱）不得」。

【燈草灰過大秤——沒有分量】

燈草灰很輕，沒有分量。比喻文章，講話內容單薄，或由於身分、地位不高，影響不大，說話不被人重視。例文章寫得很長，可是燈草灰過大秤——沒有分量，讀後受益不大。也作「雞毛擱秤盤——沒有分量」。

【燈草架橋——白費力】

比喻做事白白地耗費力氣，沒有成效。例那山上淨是石頭，沒有土，在那裏栽樹，不是燈草架橋——白費力嗎！也作「燈草架屋——枉費工」、「燈草架屋——白費力」。

【燈草剖肚——開心】

將燈心草的莖剖開，即取出其中心部分燈草。雙關語。比喻心情舒暢，高興愉快。有時指戲弄別人，使自己高興。例在科研實驗上，我們連續取得成功，眞是燈草剖肚——開心極了。也作「肚臍眼插鑰匙——開心」、「火爆玉米——開心」、「孫猴子吃抹布——開（揩）心」、「胸口上掛鑰匙——開心」、「鑰匙掛胸口——開心」、「豬八戒吃鑰匙——開心」。

【燈草燒窰——不夠本錢】

指得到的不如花掉的錢財多。比喻得不償失。例這項工程投資大，效益差，眞是燈草燒窰——不夠本錢。

【燈草套牯牛——動不得】

牯牛：公牛。比喻不能更動或觸犯。有時指行動受到限制，沒有活動餘地。例這條規定是大家通過主管批准的，它可是燈草套牯牛——動不得啊！

【燈草織布——枉費心機】

織布要用棉紗，用燈草織布，費力而無結果。比喻白白地耗費心思，沒有效果。例刁二千方百計想搞垮志剛開辦的製鞋廠，在材料上搗鬼，製造困難，可都被志剛識破，自己反而丟了飯碗，這可眞是燈草織布——枉費心機。也作「拿燈草搓繩——白費心機」、「敲鑼捉麻雀——枉費心機」、「水底撈月——白費心機」、「瞎子摸魚——枉費心機」、「海底撈針——枉費心機」。

【燈草作琴弦——一談（彈）就崩】

談：「彈」的諧音。比喻意見分歧很大，或成見很深，無法談攏。例他們之間的矛盾很深，互不理睬，經大家做了許多工作，好容易兩人願意見面交換意見，沒想到見面就像燈草作琴弦——一談（彈）就崩，眞急人。

【燈草做火把——一亮而盡】

比喻人得勢或出名一時，不能持久。例這位青年演員太不謹愼，剛出名沒幾天就犯了錯誤，栽了跟斗，眞是燈草做火把——一亮而盡。

【燈蛾撲火】

燈蛾：飛蛾，也叫蛾子，喜歡撲火。比喻自投死路，自取滅亡。《水滸傳》二七回：「燈蛾撲火，若焰燒身。」也作「飛蛾投火」。

【燈蛾撲火——惹火燒身】

比喻自投羅網，自取滅亡。例他知道，正在母親氣頭上回去，無異於燈蛾撲火——惹火燒身，不如等母親氣消了再回去不遲。也作「燈蛾撲火——自取滅亡」、「燈蛾撲火——自燒身」。

【燈紅酒綠】

燈光泛紅，酒色透綠。形容夜間聚飲的場面。多指奢侈淫靡的生活。淸・蔣士銓《唱檔子》時：「尊前一曲一魂銷，目成眉語師所教。燈紅酒綠聲聲慢，促柱移弦節節高。」也作「酒綠燈紅」。

【燈火輝煌】

輝煌：光輝燦爛。形容燈火明亮耀眼的景象。《紅樓夢》七回：「尤氏等送大廳前，見燈火輝煌，衆小廝都在丹墀侍立。」也形容熱鬧繁華的景象。《古今小說》卷二二：「理宗皇帝遊苑，登鳳凰山，至夜望見西湖內燈火輝煌，一片光明。」也作「燈火熒煌」。《金瓶梅詞話》六二回：「燈火熒煌，一齊點將起來。」也作「燈燭輝煌」。《三國演義》四七回：「軍士引闞澤至，只見帳上燈燭輝煌，曹操憑几危坐。」

【燈火闌珊】

闌珊：零落，稀疏。燈火稀少。比喻冷落寂寞的境地。宋・辛棄疾《靑玉案・元夕》詞：「衆裏尋他千百度，驀然回首，那人卻在燈火闌珊處。」

【燈火萬家】

形容市鎭夜間燈火通明的景象。唐・白居易《江樓夕望招客》詩：「海天東望夕茫茫，山勢川形闊復長。燈火萬家城四畔，星河一道水中央。」也作「萬家燈火」。

【燈火熒煌】

見「燈火輝煌」。

【燈盡油乾】

燈火熄滅，燈油耗盡。①比喻人極度疲乏或生命即將結束。《鏡花緣》二七回：「兼之日夜焦愁，胸中鬱悶，一經睡去，精神渙散，就如燈盡油乾，要想氣聚神全，如何能夠？」②比喻財物被敗光耗盡。《石點頭》卷三：

「催征牌票雪片交加，差人個個如狼似虎。莫說雞犬不留，那怕你賣男鬻女。總（縱）有田產的人，少不得直弄得燈盡油乾。」

【燈籠點蠟——肚裏明】

雙關語。比喻心中清楚明白。例對這場糾紛，她雖然沒有表態，可誰是誰非，她是燈籠點蠟——肚裏明著呢！也作「**荷花燈點蠟——心裏亮**」。

【燈籠照火把——亮對亮】

比喻明白人遇到明白人。有時指看問題更加清楚。例他們倆共同辦理這件事，燈籠照火把——亮對亮，看來，大功即將告成。

【燈台不自照】

燈燭的光照不著底下的燈台。比喻人很難看到自己的缺點和不足。元・康進之《李逵負荊》三折：「方信道人心未易知，燈台不自照。」

【燈心草生在石板上——根子硬】

比喻人的來歷、背景不凡或有靠山。例我們是普通老百姓，誰像你燈心草生在石板上——根子硬。也作「**石頭縫裏長春藤——根子硬**」、「**山頭上的草——根子硬**」、「**屁股底下坐火灶——根子硬**」。

【燈心上煨牛筋——快不了】

煨：ㄨㄟ，用微火慢慢地煮。燈心火極微，牛筋又難煮爛，自然快不了。比喻事情進展不順利，進度緩慢。例既缺材料，又缺能源，這項工程就像燈心上煨牛筋——快不了啦。也作「**蝸牛爬樹——快不了**」、「**老牛拉破車——快不了**」。

【燈心做琴弦——不值一談（彈）】

談：「彈」的諧音。形容不值得說，不足稱道。含有謙虛或客氣的意思。例近幾年我雖然發表過一些文章，但燈心做琴弦——不值一談（彈）。

【燈影子裏相媳婦——一白遮百醜】

燈影子：〈方〉皮影戲；相：親自觀看。白臉蛋可以遮蓋醜面孔。比喻好的品質掩飾了其他方面的缺陷。例如果瑕不掩瑜的說法還有些道理的話，燈影子裏相媳婦——一白遮百醜就未免有誇大其詞之嫌。

【燈影子作揖——下毒（獨）手】

作揖：兩手抱拳高拱，身子略彎，表示向人敬禮；毒：「獨」的諧音。比喻施展殺人或傷害人的狠毒手段。例敵人昨夜偷越我邊境線，向我村民來了個燈影子作揖——下毒（獨）手，殺死殺傷十餘人。

【燈盞無油——白費心】

雙關語。比喻白白耗費精力。例為了這件衣服，我不知跑了多少商店才買到，興匆匆地給她送去，她卻搖頭說：「不喜歡！」唉，這眞是燈盞無油——白費心。也作「**燈盞無油——枉費心**」、「**蠟台上無油——空費心**」、「**鴨背澆水——白費心**」。

【燈盞無油——光費心】

雙關語。比喻只費心思，乾著急。例孩子不懂事，得慢慢地讓他們自己開竅，燈盞無油——光費心也不行。

【燈盞無油——火燒心】

雙關語。比喻焦慮不安。含有擔心、著急的意思。例出了事故以後，張師傅是燈盞無油——火燒心，急得一宵沒有闔眼。也作「**燈盞油乾——火燒心**」。

【燈燭輝煌】

見「燈火輝煌」。

【登峯造極】

造：到達；極：頂點，最高點。登上山峯，到達絕頂。比喻學問或技藝達到極高的造詣。清・顧炎武《與人書》：「君文之病，在於有韓歐，有此蹊徑於胸中，便終身不脫依傍二字，斷不能登峯造極。」也泛指達到很高的程度。茅盾《狼》：「單獨向英美盟軍投降的一齣戲，陰險毒辣可謂登峯造極，而卑劣無恥也不是人們想像得到的。」也作「**造極登峯**」。

【登高必跌重】

比喻為個人利益往上爬，爬得越高，失敗越慘。例登高必跌重，古往今來，那些官高位顯，貪贓枉法的官僚們不少都是這樣了結他們骯髒的一生。

【登高必賦】

賦：指創作。指登上高處，視野開闊，必定觸發吟詩作文的興致。形容很有才華。漢・韓嬰《韓詩外傳》卷七：「孔子遊於景山之上，子路、子貢、顏淵從。孔子曰：『君子登高必賦。小子願者何？言其願，丘將啟汝。』」也作「**登高能賦**」。《漢書・藝文志》：「傳曰：『不歌而誦謂之賦，登高能賦可以為大夫。』言感物造耑，材知深美，可與圖事，故可以為列大夫也。」也作「**登高作賦**」。唐・王勃《滕王閣序》：「登高作賦，是所望於羣公。」

【登高博見】

站得高，看得遠。比喻思想境界高，則視野開闊，眼光遠大。《荀子・勸學》：「吾嘗終日而思矣，不如須臾之所學也。我嘗跂而望矣，不如登高之博見也。」

【登高而招】

登上高處招手呼喚。比喻有地位有影響的人感召力强，應者雲集。《荀子・勸學》：「登高而招，臂非加長也，而見者遠；順風而呼，聲非加疾也，而聞者彰。」

【登高能賦】

見「登高必賦」。

【登高去梯】

登上高處後，把腳下的梯子撤掉。形容奮勇向前，絕不後退的殺敵決心。唐・李翰《蘇州嘉興屯田紀績頌序》：「徇國忘家，恤人猶己……蓋如登高去梯，與之死生；投醪均味，忘其饑渴。」

【登高望遠】

登上高處，遙望遠方。形容思念之情。元・鄭德輝《王粲登樓》三折：

「登高望遠，人人懷故國之悲，撫景傷情，處處灑窮途之泣。」

【登高一呼】

登上高處，一聲呼喚。比喻有地位有影響的人發出倡議或號召。《官場現形記》五回：「一省之內，惟彼獨尊，自然是登高一呼，衆山響應。」

【登高枝】

比喻升遷，得到比以前較高的地位。例他如今登高枝了，眼睛也長到頭頂上去了，還理睬咱們這些窮哥兒們做什麼？

【登高自卑】

卑：低處。登上高山要從低處開始。《禮記・中庸》：「君子之道，僻如引遠必自邇，假如登高必自卑。」因以「登高自卑」比喻做事循序漸進。清・黃子雲《野鴻詩的》六五：「學者當登高自卑，不可躐等。」

【登高作賦】

見「登高必賦」。

【登科之喜】

登科：唐代指舉子放榜後，待選服官，經吏部復試獲中，後泛指應試被錄取。應試得中的喜訊。《開元天寶遺事・泥金帖子》：「新進士才及第，以泥金書帖子，附家書中，用報登科之喜。」

【登龍門】

龍門：地名，在山西河津縣。《藝文類聚・三秦記》：「河津一名龍門，水險不通，魚鱉之屬莫能上，江海大魚龍門下數千，不得上，上則爲龍。」故後以登龍門比喻：①得到有名望或地位的人的提挈，一下子抬高了身價。《後漢書・李膺傳》：「膺獨持風裁，以聲名自高。士有被其容接者，名爲登龍門。」②科舉考試被錄取。唐・封演《封氏見記・貢舉》：「故唐代以進士登科爲登龍門。」

【登山跐嶺】

跐：ㄘˇ，蹈，踏。登上高山，翻過峻嶺。形容旅途艱難。《西遊記》六八回：「我那頑徒，俱是山野庸才，只會挑包背馬，轉澗尋波，帶領貧僧登山跐嶺。」也作「登山驀嶺」。明・無名氏《大劫牢》三折：「今日親將頭領差，登山驀嶺踐塵埃。」也作「登山越嶺」。《西遊記》一〇〇回：「幸虧他登山越嶺，跋涉崎嶇。」

【登山泛水】

登上高山，乘舟水上。形容遊覽山水。《南史・梁宗室蕭恭傳》：「豈如臨清風，對朗月，登山泛水，肆意酣歌也。」

【登山臨水】

登上高山，來到水邊。形容旅途艱難。《北史・李彪傳》：「遂親至琅玡城，登山臨水，命羣臣賦詩以送別。」也形容遊覽山水名勝。宋・楊萬里《西和州陳史君墓志銘》：「往往登山臨水，吟風弄月，窮日之力，至夕忘返。」也作「登山涉水」。唐・楊炯《原州百泉縣令李君神道碑》：「或閉戶讀書，累月不出；或登山涉水，經日忘歸。」

【登山驀嶺】

見「登山跐嶺」。

【登山涉水】

見「登山臨水」。

【登山小魯】

魯：周朝國名，在今山東省。《孟子・盡心上》：「孔子登東山而小魯，登泰山而小天下。」指登上高處，視野開闊，覺得腳下的地方變得很小。後用「登山小魯」比喻思想境界高，而使目光遠大。唐・岑文本《京師至德觀法主孟法師碑銘序》：「三皇內文，九鼎丹法，莫不究其條貫，猶登山而小魯；踐其戶庭，若披雲而見日。」

【登山越嶺】

見「登山跐嶺」。

【登山則情滿於山，觀海則意溢於海】

站在山巔，情感就好像瀰漫了山；在海邊看海，想像就好像海水般地澎湃。指作家在進行作構思時，充滿激情和想像。伍蠡甫《中國古代山水畫對自然美的處理》：「正是這種飛揚浩蕩的神思，推動了他的創作。南朝梁・劉勰《文心雕龍・神思》所謂登山則情滿於山，觀海則意溢於海，雖然論文，卻可給王維的『畫之情』作注腳。」

【登上泰山想升天——好高騖遠】

泰山：在山東境內，爲高山的代表；騖：馬快跑，引申爲追求。比喻不切實地追求過高或過遠的目標。例研究學問要循序漸進，紮紮實實，不能登上泰山想升天——好高騖遠。也作「爬上馬背想飛天——好高騖遠」。

【登台拜將】

見「登壇拜將」。

【登泰山而小天下】

登上泰山就覺得天下也小了。現比喻眼界高，視野寬闊。《孟子・盡心上》：「孔子登東山而小魯，登泰山而小天下。」

【登壇拜將】

拜：授予官職。《史記・淮陽侯傳》：「[蕭]何曰：『王素慢無禮，今拜大將如何小兒耳，此乃信所以去也。王必欲拜之，擇良日，齋戒，設壇場，具禮，乃可耳。』王許之。」因以「登壇拜將」比喻任命將帥或某方面的主管人。元・無名氏《賺蒯通》一摺：「他登壇拜將，五年之間……扶成大業。」也作「登台拜將」。《說岳全傳》四回：「這瀝泉原是神物，令郎定有登台拜將之榮。」

【登堂入室】

堂：廳堂；室：內室。古代宮室堂在前室在後。《論語，先進》：「由也升堂矣，未入室也。」後以「登堂入室」比喻學識或技藝大得師法，達到很高的造詣。宋・吳坰《五總志》：「如徐師川[俯]、余荀龍[爽]、洪玉父[炎]昆弟、歐陽元老，皆黃[庭堅]

門登堂入室者，實自足以名家。」也作「升堂入室」、「入室升堂」。

【登著梯子吃甘蔗——步步高，節節甜】

見「吃著甘蔗上台階——步步高，節節甜」。

【登著梯子想上天——差得太遠】

見「狗咬雲雀——差得遠」。

【蹬心拳】

比喻能觸及、打中要害的手段。例聽牛娃甩出那句她最怕聽的話來，她除了接住這個蹬心拳，就只有暗暗地流淚了。

ㄉㄥˇ

【等而上之】

等：等級。從這一等再往上降一等。宋・袁燮《商鞅論》：「古者五家置一比長，等而上之，爲閭，爲旅，爲黨，皆置官焉。」

【等而下之】

從這一等再往下降一等。宋・劉昌詩《蘆浦筆記》卷六：「是天童（寺）歲收谷三萬五千斛，育王（寺）三萬斛，且分布諸庫，以罔民利。等而下之，要皆有足食之道。」

【等量齊觀】

等：同等；齊：同樣。指不同的事物同樣看待。朱自清《經典常談・戰國策第八》：「後來列國紛紛稱王，國寶更不算回事，他們至多能和宋、魯等小國君主等量齊觀罷了。」

【等米下鍋】

形容生活困難，缺錢少糧。《儒林外史》一六回：「那知他有錢的人只想便宜，豈但不肯多出錢，照時值估價，還要少幾兩，分明知道我等米下鍋，要殺我的巧。」也泛指生產缺乏原材料或資金。例我們廠原料不足，眼看就要停產。但我們不能等米下鍋，應開闢新的渠道，積極解決原料問題。

【等身著述】

見「等身著作」。

【等身著作】

指著作豐富，堆起來可同作者本人的身體一樣高。形容著作極多。柳亞子《呈符老宇澄一首》詩：「等身著作推君健，曠世才名愧我虛。」也作「等身著述」。例王力先生畢生從事於漢語方面的研究和教學，成果卓著，既有等身著述，又有滿天下的桃李，贏得學術界推重和敬仰。也作「著作等身」、「著述等身」。

【等閒人物】

等閒：一般，平常。指無關緊要的普通人。《三國演義》六一回：「［曹］操還營自思：『孫權非等閒人物……』於是心中有退兵之意。」也作「等閒之輩」《三國演義》一一五回：「魏有鄧艾，足智多謀，非等閒之輩。」也作「等閒之人」。例別看他出門開國產車，他是一家電腦公司的董事長，可不是等閒人物啊！

【等閒視之】

指看作是平常小事，不予重視，滿不在乎。《三國演義》九五回：「今令汝接應街亭……此乃大任也，何爲安閒乎？汝勿以等閒視之，失吾大事。」

【等閒之輩】

見「等閒人物」。

【等閒之人】

見「等閒人物」。

【等因奉此】

舊時公文用語。「等因」用來結束所引上級來文，「奉此」用來引出本文所述。比喻官樣文章，諷刺只知照章辦事而脫離實際的官僚主義作風。例在公家機關做久了，就會發現許多單位都採取等因奉此，蕭規曹隨的辦事態度。

【等之自鄶】

等：同等；鄶：ㄎㄨㄞˋ，周朝國名。《左傳・襄公二十九年》載：「吳國的季札在魯國觀賞周代的樂舞，對一些諸侯國的樂曲作了評價，但『自鄶以下無譏焉』，沒有加以評說。」因以「自鄶以下」指所舉的人或事物以下就不值一提。「等之自鄶」則指數人或事物都不值一提的範圍之內。清・沈德潛《說詩晬語》下：「鐵門（楊維楨）諸子中，玉笥生（張憲）亦復可採；過此以往，近乎塡詞，等之自鄶已。」參見「自鄶以下」。

ㄉㄥˋ

【鄧林千里，不能無偏枯之木】

鄧林：中國古代神話傳說中的樹林。鄧林有千里之廣，不可能沒有枯木。比諭沒有十全十美的事物。晉・葛洪《抱朴子・博喩》：「鄧林千里，不能無偏枯之木。論珍則不可以細疵棄巨美。」

ㄉㄧ

【低昂不就】

昂：高；就：成。指擇偶時，低的不合意的不肯遷就，高的理想的又攀不上，因而不能完婚。清・王韜《淞隱漫錄》卷六：「遠近聞名者踵至，女父以來求者率皆黌宮中貧士，不之允，因是低昂不就。」

【低唱淺斟】

斟：往碗或杯子裏倒酒或茶。一邊低聲吟唱，一邊慢慢地倒酒唱。形容文人墨客悠閒自樂的生活。元・盧摯《雙調・壽陽曲》之三：「詩難咏，畫怎描？見漁翁玉蓑獨釣。低唱淺斟金帳曉，勝烹茶黨家風調。」

【低迴不去】

低迴：徘徊，留戀。《史記・孔子世家》：「［太史公曰］：『余讀孔氏書，想見其爲人。適魯，觀仲尼廟堂車服禮器，諸生以時習禮其家，余低迴留之不能去云。』」低迴，一作「只回」。因以「低迴不去」形容流連忘返，不忍離去。例這些製作精美的工藝品，使許多觀衆讚嘆不已，低迴不去。

【低欄杆——靠不住】
欄杆低，身子無法靠。雙關語。①比喻不可靠，沒有把握。例這樣繁重的任務，讓一個剛走上工作崗位的小青年去擔當，恐怕是低欄杆——靠不住吧！②比喻不能相信。例他說話向來是低欄杆——靠不住，小心上當。也作「酒醉靠門帘——靠不住」、「燈草拐杖——靠不住」、「茶杯蓋上放雞蛋——靠不住」、「草甸上的筆子——靠不住」、「生蟲拐杖——拄不得」、「紙糊的欄杆——靠不住」、「麻雀嘴裏的糧——靠不住」。

【低眉垂眼】
低著眉頭，垂下眼瞼。形容羞澀的樣子。《天雨花》四回：「桂香袖手床沿坐，低眉垂眼做新人。」

【低眉順眼】
低著眉頭，眼中露出溫順的神情。形容非常馴服，順從。魯迅《南腔北調集・上海的兒童》：「然而畫中人物，大抵倘不是帶著橫暴冥頑的氣味，甚而至於流氓模樣的，過度的惡作劇的頑童，就是勾頭聳肩，低眉順眼，一副死板板的臉相的所謂『好孩子』。」

【低眉下首】
低著眉，垂著頭。形容謙卑恭順的樣子。例他為人沈默老實，在主管面前總是低眉下首，相當守本份。

【低眉下意】
見「低首下心」。

【低棋也有神仙著】
棋藝不高的人有時也會走出妙著。比喻能力差的人有時也會有獨到的地方。清・王應奎《柳南隨筆》卷一：「人有終身為詩而不能成家，而間有好句，亦盡難泯……此正如諺所云：『低棋也有神仙著』也。」也作「低棋有勝著」。明・張和仲《千百年眼》卷七：「敬業舉義，魏思溫勸其直趨河洛，以匡復為事。此與尹德毅之說蕭察，尤敏之獻策潞王從珂，皆奇謀也。諺曰：『低棋有勝著』，惜乎當局者迷耳。」

【低棋有勝著】
見「低棋也有神仙著」。

【低情曲意】
克制感情，違背本意。指對不住，不得已。元・關漢卿《單刀會》四折：「今日魯肅低情曲意，暫取荊州，以為救民之急；待倉廩豐盈，然後再獻與將軍掌領。」

【低人一等】
比別人低一個等級。指地位微賤。夏衍《力與巧》：「看來，鴻儒們不容易懂的道理，被人認為低人一等的藝人們卻是深知此中三昧的。」

【低三下四】
①指地位微賤，低人一等。《儒林外史》四〇回：「請你家老爺出來！我常州姓沈的，不是什麼低三下四的人家！」②形容對人卑躬屈膝的樣子。清・孔尚任《桃花扇・聽稗》：「您嫌這裏亂鬼當家別處尋主，只怕到那裏低三下四還幹舊營生。」

【低聲悄語】
形容小聲說話。例街邊河畔，花前月下，一對對戀人低聲悄語，情濃意深。

【低聲細語】
形容小聲說話，語氣輕柔。例他看她秀氣的模樣，說話又低聲細語的，心裡越發疼愛她。

【低聲下氣】
說話輕聲，語氣降低。形容恭順小心的樣子。《紅樓夢》一〇〇回：「寶玉背地裏拉著他，低聲下氣，要問黛玉的話，紫鵑從沒好話回答。」也作「低聲啞氣」。《醒世恆言》卷三〇：「陳顏低聲啞氣答道：『本縣知縣相公，在此拜訪義士。』也作「低心下氣」。清・戴璐《藤陽雜記・韓春湖》：「笑當年指望京官好，到如今低心下氣空愁惱。」

【低聲啞氣】
見「低聲下氣」。

【低首俯心】
見「低首下心」。

【低首下心】
低垂著頭，壓抑住自己的意願。形容屈從聽命的樣子。唐・韓愈《祭鱷魚文》：「刺史雖駑弱，亦安肯為鱷魚低首下心，伈伈覗覗，為民吏羞，以偷活於此邪？」也作「低首俯心」。清・袁枚《隨園詩話》卷一：「方望溪刪改八家文，屈悔翁改杜詩，人以為妄。余以為八家、少陵復生，必有低首俯心而遵其改者，必有反覆辯論而不遵其改者。」也作「低頭下心」、「低眉下意」。《太平御覽》卷五〇二引晉・王隱《晉書》：「人或說之使仕，仲御勃然作色，謂之曰：『我安能隨俗低眉下意乎？』」

【低首心折】
形容內心十分敬服。例梁先生的一席話，令小陳聽得動容，低首心折。

【低頭不見抬頭見】
指經常在一起的人要互相諒解。例你們兩人住在同一個屋簷下，低頭不見抬頭見，有啥好斤斤計較的呢？

【低頭吹火——一肚子氣】
比喻非常生氣。例這場球輸得非常窩囊，連觀衆也是低頭吹火——一肚子氣。也作「勒腰螞拐——一肚子氣」、「小孩子玩的皮球——一肚子氣」。

【低頭的雞——頂會啄米】
比喻不聲不響的人，心眼多，會辦事。例低頭的雞——頂會啄米，林星整天說不上三句話，可在辦公室比任何人都腦子靈，會辦事。

【低頭傾首】
傾：斜。形容恭順小心的樣子。《北史・薛燈傳》：「豈能五十年戴幘（ㄗㄜˊ），低頭傾首，俯仰而向人也。」

【低頭喪氣】

形容因失意而沮喪的神情。《三國演義》四三回：「嚴畯低頭喪氣而不能對。」

【低頭下心】

見「低首下心」。

【低心下氣】

見「低聲下氣」。

【低心下意】

指委屈己意，謹愼專一地做別的事情。《朱子語類》卷七六：「『巽』，只是低心下意要制事。須是將心入那事裏面去，順他道理，方能制度，方能行權。」

【低腰斂手】

低腰：彎著腰；斂手：縮著手。形容謹愼小心的樣子。唐·白居易《酬李少府曹長官捨見贈》詩：「低腰復斂手，心體不遑安。」

【低吟淺唱】

低聲吟咏，小聲歌唱。也形容昆蟲的鳴聲。例山村的夜晚，顯得十分寂靜，只有幾隻蟋蟀、蟈蟈在草叢間低吟淺唱，偶爾又傳來幾聲狗吠。

【羝乳乃得歸】

羝：公羊；乳：餵奶。到公羊給羊羔餵奶時方能回去。意指永遠也不能歸返。《漢書·蘇武傳》：「乃徙武北海上無人處，使牧羝，羝乳乃得歸。」

【羝羊觸藩】

羝羊：公羊；觸：撞；藩：ㄈㄢˊ，籬笆。公羊頭撞籬笆，角卻被掛住。比喻進退兩難。《封神演義》七回：「紂王沉吟不語，心下煎熬，似羝羊觸藩，進退兩難。」也作「羝羊絓棘」絓：ㄍㄨㄚˋ，同「掛」。章炳麟《哀陸軍學生》：「進退道窮，羝羊絓棘……未有如陸軍學生之甚者也。」

【羝羊絓棘】

見「羝羊觸藩」。

【堤潰蟻孔】

堤壩因螞蟻洞而決口崩潰。比喻因細微之處有疏漏而招致大禍。《後漢書·陳忠傳》：「臣聞輕者重之端，小者大之源，故堤潰蟻孔，氣泄針芒。是以明者愼微，智者識幾。」也作「堤潰蟻穴」。漢·揚雄《幽州牧箴》：「盛不可不圖，衰不可或忘。堤潰蟻穴，器漏箴芒。」

【堤潰蟻穴】

見「堤潰蟻孔」。

【滴粉搓酥】

形容女子臉容細膩嬌嫩。宋·王明清《玉照新志》卷四：「左與言，天台之名士也。錢唐幕府樂籍有名姝張足女名濃者，色藝妙天下，羣頗顧之。堆雲剪水，滴粉搓酥，皆爲濃而作。當時都人有『曉風殘月柳三變，滴粉搓酥左與言』之對。」

【滴水不漏】

形容說話辦事非常周密，毫無差錯疏漏。《歧路燈》二七回：「這也是王春宇幾年江湖上精細，把這宗事，竟安插的滴水不漏。」也作「點水不漏」。《隋唐演義》四九回：「羅成見線娘這枝方天戟，使得神出鬼沒，點水不漏。」

【滴水成冰】

水一滴下來就凍結成冰。形容天氣十分寒冷。《醒世恆言》卷二七：「更有一節苦處，任你滴水成冰的天氣，少不得向水孔中洗浣污穢衣服，還要憎嫌洗得不潔淨，加一場咒罵。」也作「滴水成凍」。宋·錢易《南部新書》丁：「嚴冬沍寒，滴水成凍。」

【滴水成凍】

見「滴水成冰」。

【滴水穿石】

見「滴水穿石」。

【滴水穿石——非一日之功】

比喻要搞成一番事業需要堅持不懈的努力。例先生著作等身，的確是滴水穿石——非一日之功也！也作「鐵杵磨繡針——非一日之功」。

【滴水難消】

消：消受，享受。一滴水也難以消受。比喻禮輕情義重。元·蕭德祥《殺狗勸夫》楔子：「兄弟！滴水難消。休道是兄弟將酒來，你則這般空來，也是你兄弟的情分。」

【滴水石穿】

水不停往下滴，能將石頭洞穿。比喻只要堅持不懈，微薄之力最終能完成艱巨的事情。元·胡助《純白齋類稿》卷一八：「積實之久，表裏如一；滴水涓涓，可使石穿。」例雖然我們的業餘時間不多，但只要樹立「滴水石穿」的信念，長期堅持下去，就一定能將英語水準大大提高。也作「滴水穿石」。例別看他今天風風光光的辦畫展，背後可是花費了滴水穿石的功夫啊！也作「水滴石穿」。

ㄉㄧˊ

【的一確二】

見「丁一確二」。

【糴穀供老鼠，買靜求安】

糴：買進糧食。買糧食餵老鼠，求得安靜。比喻以妥協退讓的辦法求安定是不可能的。清·黃漢《貓苑》卷上：「有此一懲，積害以除，不可謂非貓之功也。但不知鼠耗寂然之後，其曰給官糧，可以免否？諺云：『糴穀供老鼠，買靜求安。』是亦時世之一變，可嘆也夫！」

【敵不可假】

假：寬容，寬縱。對敵人不能寬容放縱。《史記·春申君傳》：「敵不可假，時不可失。」

【敵不可縱】

縱：放任。對敵人不能放縱。指對敵人要狠狠打擊，不能手軟。《左傳·僖公三三年》：「秦違蹇叔而以貪勤民，天奉我也。奉不可失，敵不可縱，縱敵患生，違天不祥。必伐秦師。」

【敵存滅禍，敵去召過】

過：過錯。大敵當前，警惕性高，可以消滅災禍；敵人退去了，麻痺鬆懈，倒會招致危害。唐·柳宗元《敵戒》：「敵存而懼，敵去而舞，廢備自盈，只益爲瘉。敵存滅禍，敵去召過。有能如此，道大名布。」

【敵敵畏拌大蒜——毒辣】

敵敵畏：一種防治農業害蟲或滅蚊的毒藥。比喻惡毒殘酷。例此人過去是敵敵畏拌大蒜——毒辣得狠，現在還沒改惡從善，對他要特別提高警惕。也作「**敵敵畏拌大蒜——又毒又辣**」、「**砒霜水裏浸辣椒——又毒又辣**」。

【敵國同舟】

敵國：指仇敵。同船的人成爲仇敵。《南齊書·王敬則陳顯遠傳論》：「加以主猜政亂，危亡慮及，舉手扞頭，人思自免。干戈既用，誠論犯上之蹟，敵國起於同舟，況又疏於此者也。」指同伴之間反目爲仇。清·黃遵憲《由輪舟抵天津作》詩：「敵國同舟今日事，太倉稊米自家身。」也作「**同舟敵國**」。

【敵國外患】

敵國：指勢均力敵的鄰國；外患：外來的侵擾。《孟子·告子下》：「入則無法家拂士，出則無敵國外患者，國恆亡。」後指敵對國家從境外所作的侵擾。章炳麟《藩鎮論》：「敵國外患，日馮陵而無已。」

【敵國隱然】

敵：匹敵，相稱；敵國：指才能足以治國安邦；隱然：威嚴莊重的樣子。指儀表威嚴，舉止穩重，可託付以國家安危的人才。宋·無名氏《喜遷鶯·春壽太守》詞：「德望重，敵國隱然，不假長江險。堂上奇兵，胸中妙畫，便是當年韓[琦]、范[仲淹]。」也作「**隱若敵國**」、「**隱然敵國**」。

【敵愾同仇】

愾：憤恨。胸懷同樣的憤恨，對付共同的敵人。《清史稿·李宗羲傳》：「如蒙皇上乾綱立斷，速諭停工，天下臣民，知皇上有臥薪嘗膽之思，心共振敵愾同仇之氣。」也作「**同仇敵愾**」。

【滌蕩邪穢】

滌蕩：洗滌，清除。清除邪惡和污穢。《周禮·春官·大宗伯》：「以和樂防之」漢·鄭注：「樂所以滌蕩邪穢，道人之正性者也。」

【滌地無類】

類：遺類，遺物。洗滌地面，沒有遺下的東西。指一掃而空。《後漢書·隗囂傳》：「既亂諸夏，狂心益悖，北攻强胡，南擾勁越，西侵羌戎，東摘濊貊。使四境之外，並入爲害，緣邊之郡，江海之瀕，滌地無類。」

【滌垢洗瑕】

見「滌瑕蕩穢」。

【滌故更新】

清除舊的，更換新的。《聊齋志異·馬介甫》：「夫人之所以懼者，非朝夕之故，其所由來者漸矣。譬之昨死而今生，須從此滌故更新；更一餒，則不可爲矣。」

【滌穢蕩瑕】

見「滌瑕蕩穢」。

【滌瑕蕩垢】

見「滌瑕蕩穢」。

【滌瑕蕩穢】

瑕：玉上的斑點。洗滌瑕疵，清除污穢。比喻清除社會上的積弊和舊習。漢·班固《東都賦》：「於是百姓滌瑕蕩穢，而鏡至清。」也作「**滌瑕蕩垢**」。唐·韓愈《八月十五夜贈張功曹》詩：「遷者追回流者還，滌瑕蕩垢朝清班。」也作「**滌垢洗瑕**」。《新唐書·吳武陵傳》：「上以覆載之仁，必保納足下，滌垢洗瑕，以倡四海，將校官屬不失寵且貴。何哉？爲國者不以纖惡蓋大善也。」也作「**滌穢蕩瑕**」。《宋書·禮志》王導疏：「禮樂征伐，翼成中興，將滌穢蕩瑕，撥亂反正。」

【笛子吹火——到處洩氣】

比喻缺乏信心，處處洩勁。例幹事業需要有點精神，即使失敗了也要再接再勵，不能笛子吹火——到處洩氣。

【笛子配銅鑼——想（響）不到一塊】

也作「**笛子配銅鑼——想（響）的不一樣**」。見「銅鑼兩叉——想（響）的不一樣」。

ㄉㄧˇ

【詆盡流俗】

詆：詆毀。斥責世上一切庸俗的行爲和見解。《紅樓夢》一一五回：「[寶玉]便說道：『弟聞得世兄也詆盡流俗，性情中另有一番見解。今日弟幸會芝范，想欲領教一番超凡入聖的道理，從此可以洗淨俗腸，重開眼界。』」

【抵背扼喉】

按著脊背，掐住咽喉。比喻攻擊要害，克敵制勝。唐太宗《賜酺詔》：「抵背扼喉，塞其歸路。」

【抵門槓做牙籤——大材小用】

抵門槓（ㄍㄤˋ）：抵在門內使門推不開的木槓。見「大炮打麻雀——大材小用」。

【抵死瞞生】

見「抵死漫生」。

【抵死漫生】

漫：ㄇㄢˋ，欺騙。形容反覆思慮，費盡心機。金·董解元《西廂記諸宮調》卷五：「待閤王道俺無憑准，抵死漫生斷不定，也不共他爭，我專指著伊家做照證。」也作「**抵死瞞生**」。元·無名氏《龐掠四郡》三折：「我安排著脫身利己的機謀，正中這抵死瞞生的手策。」

【抵瑕蹈隙】

抵：觸及；瑕：ㄒㄧㄚˊ，玉上的斑點；蹈：踩，踏；隙：裂縫，空隙。

比喻指摘或攻擊別人的弱點或過失。例有的人什麼事也不做，反倒抵瑕蹈隙，專挑別人的不是。也作「抵瑕陷厄」。陷厄：陷人於災難。唐．柳宗元《答問》：「蹇淺窄僻，跳浮嚄唶，抵瑕陷厄。」

【抵瑕陷厄】
見「抵瑕蹈隙」。

【抵掌而談】
抵掌：拍手，擊掌。形容毫無拘束地暢談。《戰國策．秦策一》：「[蘇秦]見說越王於華屋之下，抵掌而談，趙王大悅。」

【抵掌談兵】
拍著掌，無拘無束地談論用兵之事。形容精熟兵法，勝券在手。《野叟曝言》一回：「揮毫作賦，則頡頏相如；抵掌談兵，則伯仲諸葛。」

【抵足而眠】
指同床共臥。形容彼此關係親密。《三國演義》四五回：「瑜曰：『久不與子翼同榻，今宵抵足而眠。』」也作「抵足而臥」。《三國演義》二九回：「一日，衆官皆散，[孫]權留魯肅共飲，至晚同榻抵足而臥。」

【抵足而臥】
見「抵足而眠」。

【抵足談心】
指同床共臥，傾吐心聲。形容彼此關係親密。《野叟曝言》四八回：「此荒港又不知離城多遠……不如竟在弟船過夜，抵足談心。」

【砥兵礪伍】
砥：細的磨刀石；礪：粗的磨刀石。形容刻苦訓練軍隊。《宋書．沈約自序》：「足下砥兵礪伍，總厲豪彥，師請一奮，俍無貳情。」

【砥節奉公】
砥：指磨礪，磨練。磨練節操，秉公行事。《明史．周延傳》：「延顏面寒峭，砥節奉公。權臣用事，政以賄成，延未嘗有染。」也作「砥節守公」。《明史．梁材傳》：「砥節守公如一日，帝眷亦甚厚。」

【砥節立行】
見「砥節礪行」。

【砥節礪行】
砥、礪：磨刀石，指磨練。磨練節操和品行。漢．蔡邕《郭有道林宗碑》：「若乃砥節礪行，直道正辭，貞固足以幹事，隱括足以矯時。」也作「砥節立行」。立：通「礪」。晉．陸機《與趙王倫牋薦戴淵》：「安窮樂志，無風塵之慕；砥節立行，有井渫之潔。」

【砥節守公】
見「砥節奉公」。

【砥礪風節】
磨練品格和氣節。《元史．魏初傳》：「請自令監察御史按察司官，在任一歲，各舉一人自代。所舉不當，有罰。不惟砥礪風節，亦可爲國得人。」

【砥礪廉隅】
砥礪：磨刀石，指磨練，鍛鍊；廉隅：棱角，指品行端方。意指磨練品行，使之端方周正。礪：也作「厲」。《禮記．儒行》：「近文章砥厲廉隅。」梁啟超《中國古代思潮》三章：「儒學本有名教之目，故砥礪廉隅，崇尚名節，以是爲一切公德私德之本。」

【砥礪名號】
名號：名聲，聲譽。磨練品行以提高聲譽。《史記．鄒陽列傳》：「臣聞盛飾入朝者，不以利污義；砥礪名號者，不以欲傷行。」

【砥礪名節】
見「砥名礪節」。

【砥礪名行】
磨練名譽和行爲。《三國志．魏書杜畿傳》裴松之注引《杜氏新書》曰：「[李]豐砥礪名行以要世譽，而[杜]恕誕節直意，與豐殊趣。」

【砥礪清節】
磨練高潔的節操。漢．陳琳《檄吳將校部曲文》：「虞文繡砥礪清節，耽學好古。」

【砥礪琢磨】
琢磨：雕刻和打磨玉石。指磨練品行，鑽研學問。《民國通俗演義》一〇八回：「政府於諸生期許之重，凡茲再三申諭，固期有所鑑戒，勉爲成材。其各砥礪琢磨，毋負諄諄告誡之意。」

【砥名礪節】
磨練名譽和節操。唐．高邁《濟河焚舟賦》：「砥名礪節，易地改轍，冀桑榆之未晚，得雌雄之一決。」也作「砥礪名節」。宋．智圓《送庶幾序》：「若年齒且壯，苟於斯道加鞭不止，無使俗謂大好，無令心中大慚，然後砥礪名節，不混庸類，則吾將期若於聖賢之域也。」

【砥平繩直】
砥：磨刀石；繩：墨線。形容線條非常平直。漢．蔡邕《隸勢》：「或穹窿恢廓，或櫛比針列，或砥平繩直，或蜿蜒繆戾。」

【砥身礪行】
見「砥行立名」。

【砥行立名】
指磨練品行，樹立功名。《史記．伯夷列傳》：「閭巷之人，欲砥行立名者，非附青雲之士，惡能施於後世哉？」也作「砥身礪行」。《梁書．儒林傳序》：「建國君民，立教爲首，砥身礪行，由乎經術。」

【砥行磨名】
指磨練品行和名譽。南朝宋．周朗《報羊希書》：「夫天下之士，砥行磨名，欲不辱其志氣，運奇蓄異，將進善於所天。」

【砥柱中流】
砥柱：河南三門峽東面黃河之中的一座小山，屹立於激流之中。《晏子春秋．內篇諫下》：「吾嘗從君濟於河，黿銜左驂，以入砥柱之中流。」比喻處險惡環境中仍堅強無畏，起支柱作用的人或組織。明・王世貞《鳴鳳記・忠良會邊》：「砥柱中流，不避延陵劍。」也作「**中流砥柱**」。

ㄉㄧˋ

【地北天南】
形容相隔遙遠。元・薩都剌《相逢行贈別舊友治將軍序》：「人生聚散，信如浮雲。地北天南，會有相見。」也作「**天南地北**」。

【地崩山摧】
土地崩裂，山嶺倒塌。形容重大的變故。唐・李白《蜀道難》詩：「地崩山摧壯士死，然後天梯石棧相勾連。」也作「**地裂山崩**」。《西遊記》四四回：「忽聽得一聲吆喝，好便似千萬人吶喊之聲……八戒道：『好一似地裂山崩。』」

【地薄者大物不產，水淺者大魚不游】
土地貧瘠就不會長出好莊稼來，河塘水淺就不能養育大魚來。比喻沒有相適應的條件，有識之士不會歸附。現也用以說明條件優越，人才才能茁壯成長或聚集到這裏來。《素書・安禮》：「地薄者大物不產，水淺者大魚不游，樹禿者大禽不棲，林疏者大獸不居。」

【地慘天愁】
見「地慘天昏」。

【地慘天昏】
形容十分淒慘。元・無名氏《合同文字》二折：「想著俺人亡家破，留下這個兒生忿，我直啼哭得地慘天昏。」也作「**地慘天愁**」。《劉知遠諸宮調》二：「地慘天愁日無輝，當陽佛見也攢眉。」也作「**天昏地慘**」、「**天愁地慘**」。

【地拆天崩】
見「地坼天崩」。

【地坼天崩】
坼：開裂；崩：倒塌。指地震。也形容巨大的災變。《後漢書・翟酺傳》：「自去年以來，災譴頻數，地坼天崩，高岸為谷。」也作「**地拆天崩**」。明・史可法《復多爾袞書》：「師次淮上，凶問遂來；地拆天崩，山枯海泣。」

【地誠任，不患無財】
誠：果真，的確；任：意指開墾耕種。只要充分利用地力，不愁沒有財富。指充分利用自然資源，就能創造出更多的財富。唐・李筌《太白陰經・國有富强》：「地誠任，不患無財，人誠用，不畏强禦。」

【地丑德齊】
丑：相同，類似。指土地面積相似，德行風教相同。《孟子・公孫丑下》：「今天下地丑德齊，莫能相尚。」比喻彼此不相上下。清・全祖望《愛日堂吟稿・序》：「余與谷林定交且二十年，分題刻燭，良亦多矣。妄不自揣，以為當在地丑德齊之間。」

【地丑力敵】
指雙方土地相等，實力相同。章炳麟《封建考》：「故文、武可以王，而恆、文終於伯，由周世兵革繕完，欲兼並之固難也。地丑力敵，不日尋干戈不已。」

【地悴天荒】
見「地老天荒」。

【地大物博】
博：多，豐富。疆土遼闊，物產豐富。《官場現形記》二九回：「又因江南地大物博，差使很多，大非別省可比。」也作「**地大物阜**」。阜：多，豐富。明・歸有光《送郡別駕王侯考績之京序》：「吳為東南財賦之藪，歲漕之所入，常以一郡當天下之半，地大物阜，號為殷富。」也作「**地大物夥**」。夥：多。宋・樓鑰《平江府瞻儀堂畫像記》：「吳門地大物夥，郡務又十倍於西安。」也作「**地大物衆**」。《元史・牙忽都傳》：「……地大物衆，有可恃者焉，有不可恃者焉。」

【地大物阜】
見「地大物博」。

【地大物夥】
見「地大物博」。

【地大物衆】
見「地大物博」。

【地動山摧】
見「地動山搖」。

【地動山搖】
大地震動，山嶺搖蕩。指地震。宋・歐陽修《論修河第一狀》：「地貴安靜，動而有聲，巨嵎山摧，海水搖蕩……臣恐地動山搖，災禍自此而始。」也形容聲勢浩大。《西遊記》四回：「這場鬥，眞個是地動山搖，好殺也。」也作「**地動山摧**」。《敦煌變文集・伍子胥變文》：「子胥祭了，發聲大哭，感得日月無光，江河混沸。忽即雲昏霧暗，地動山摧。」

【地凍天寒】
形容天氣非常寒冷。金・王處一《謝師恩・答皇帝見召》詞：「三冬凜冽彤雲布，六出飄飛絮。地凍天寒難進步。」也作「**天寒地凍**」。

【地府裏打冤家——鬼打鬼】
地府：迷信的人指人死後靈魂所在的地方；打冤家：因糾紛或舊仇發生械鬥。比喻壞人相互廝打。例這些人互相爭鬥，不過是地府裏打冤家——鬼打鬼。也作「**城隍廟裏內訌——鬼打鬼**」。

【地府陰曹】
指陰間。舊時迷信人死後靈魂所在之處。《濟公全傳》四五回：「趙氏苦守貞潔，你反施這樣虎狠之心，設這等奸詐之計，你就死在地府陰曹，怎麼對得起你兄弟李文元的鬼魂？」也作「**陰曹地府**」。

【地負海涵】
負：擔負，負載；涵：包容，包含。像大地負載萬物，像大海包容百川。形容含蘊豐富，包羅萬象。多指學識淵博。宋・陳亮《祭妻叔文》：「昔公有意聖賢之學，而不爲世俗之文，山立王峙，地負海涵。」也作「**海涵地負**」。

【地覆天翻】

覆：翻。形容變化極大。清・孔尚任《桃花扇・截磯》：「正是地覆天翻日，龍爭虎鬥時。」也作「**天翻地覆**」。

【地閣方圓】

地閣：舊時指人的下頷。命相家認爲地閣方圓是天人福相。《金瓶梅詞話》二九回：「天庭高聳，一生衣祿無虧，地閣方圓，晚歲榮華定取。」也作「**地格方圓**」。《兒女英雄傳》一回：「這公子生得天庭飽滿，地格方圓；伶俐聰明，粉妝玉琢。」也作「**地角方圓**」。《初刻拍案驚奇》卷二八：「看那小廝時，生得天庭高聳，地角方圓，兩耳垂珠，是個不凡之相。」

【地格方圓】

見「地閣方圓」。

【地瓜去皮——白薯】

地瓜：甘薯，去皮後多呈白色；白薯：〈方〉即甘薯。比喻人低能，技能拙劣，或無能的人。例人貴在精而不在多，如果盡是地瓜去皮——白薯，再多也無用處。

【地廣民稀】

見「地廣人稀」。

【地廣民衆】

土地廣闊，人煙稠密。朱自清《新中國在望中》：「地廣民衆的中國要統一意志與集中力量，必得有爲公衆的喉舌，打通層層的壁壘。」

【地廣人稀】

土地廣闊，人煙稀少。《北齊書・魏蘭根傳》：「緣邊諸鎮，控攝長遠。昔時初置，地廣人稀。」也作「**地廣民稀**」。《漢書・地理志下》：「自武威以西……習俗頗殊，地廣民稀，水草宜畜牧，故涼州之畜爲天下饒。」也作「**地曠人稀**」。《警世通言》卷二一：「離此十五里之地。叫做介山，地曠人稀，都是綠林中好漢出沒之處。」

【地厚天高】

比喻恩情深厚。《醒世恆言》卷一〇：「小廝跪下泣告道：『兒受公公如此大恩，地厚天高，未曾報得，豈敢言歸！』」也作「**天高地厚**」。

【地瘠民貧】

土地瘠薄，人民貧困。清・劉大櫆《送黔令孫君改任鳳陽序》：「先時地瘠民貧，催科愈煩，而逋負愈積，逋久不償，視爲固然。」

【地棘天荊】

到處都是荊棘。比喻處境艱難。清・陳春曉《大兵調浙，挾婦女來，長官訊得擄掠罪狀，誅數十人，婦女給貲送還鄉，長歌紀之》詩：「含悲訴長官，泣下淚千行。自言本是良家子，昨年被虜離鄉里。地棘天荊行路難，殘軀豈意今來此。」也作「**荊天棘地**」。

【地角方圓】

見「地閣方圓」。

【地角天涯】

地的盡頭，天的邊緣。形容彼此相隔極遠。南朝陳・徐陵《答族人梁東海太守長孺書》：「燕南趙北，地角天涯，言接未由，但以潸欷！」也作「**天涯地角**」。

【地盡其利】

指充分開發利用自然資源。孫中山《上李鴻章書》：「人能盡其才，地能盡其利，物能盡其用，貨能暢其流。此四事者，富強之大經，治國之大本也。」也作「**地無遺利**」。清・馮桂芬《校邠廬抗議》：「人無棄材，地無遺利，君民不隔，名實必副。」

【地久天長】

形容時間悠久。南朝梁・陸倕《石闕銘》：「暑來寒往，地久天長；神哉華觀，永配無疆。」也比喻愛情永恆不變。清・洪昇《長生殿・定情》：「惟願取恩情美滿，地久天長。」也作「**天長地久**」。

【地曠人稀】

見「地廣人稀」。

【地闊天長】

大地廣袤，天空寬闊。形容空間極大。唐・李華《弔古戰場文》：「地闊天長，不知歸路。」

【地老天荒】

老：衰老；荒：荒穢。①形容歷時極爲久遠。宋・楊萬里《謁永祐陵歸途遊龍瑞宮觀禹穴》詩：「禹穴下窺正深黑，地老天荒知是非。」也作「**地悴天荒**」。悴：憔悴。宋・曾極《金陵百咏・石步道中有石麒麟數十》詩：「地悴天老丘隴平，難從野老問興衰。」②形容非常感人。元・費唐臣《貶黃州》一折：「詩咏的神嚎鬼哭，文驚的地老天荒。」③形容變化巨大。清・丘逢甲《有感贈義軍舊書記》：「鳳凰台上望鄉關，地老天荒故將閒。」也作「**天荒地老**」。

【地老天昏】

形容變化巨大。明・湯顯祖《牡丹亭・憶女》：「地老天昏，沒處把老娘安頓。思量起舉目無親，招魂有盡。」

【地裏選瓜——越看越眼花】

比喻對事物的認識越來越模糊不清。例事情到此爲止吧，地裏選瓜——越看越眼花，再討論下去沒有什麼好處。也作「**夜裏挑花——越看越眼花**」。

【地利人和】

地利：地形有利；人和：指很得人心。《孟子・公孫丑下》：「天時不如地利，地利不如人和。」後用「地利人和」指具有地理條件和羣衆基礎的優勢。《三國志・吳書・董襲傳》：「討虜承基，大小用命，張昭秉衆事，襲等爲爪牙，此地利人和之時也，萬無所憂。」

【地裂山崩】
見「地崩山摧」。

【地靈人傑】
靈：靈秀。山川靈秀的地方孕育出傑出的人才。《東周列國志》六九回：「晏子觀看郢都城郭堅固，市井稠密，眞乃地靈人傑，江南勝地也。」也作「**人傑地靈**」。

【地滅天誅】
指做壞事而天地不容，死於非命。多用於發誓或詛咒。元・石君寶《秋胡戲妻》三折：「似你傷風敗俗，怕不的地滅天誅。」也作「**天誅地滅**」。

【地皮上割草——不去根】
比喻不解決根本問題。例防治地方疾病，光靠巡迴醫療，就像地皮上割草——不去根，還是多培養本地醫護人才爲上策。

【地痞流氓】
地方上行爲不端，流里流氣的人。《二十年目睹之怪現狀》六七回：「你是個淸白良民，他把那辦地痞流氓的刑法來辦你，便是損了你的名譽。」

【地闢天開】
指世界產生。形容前所未有。宋・陸游《初發夷陵》詩：「山平水遠蒼茫外，地闢天開指顧中。」也作「**開天闢地**」。

【地平天成】
平：治平；成：成功。形容萬事安排妥當，一切順利。《左傳・文公十八年》：「舜臣堯，舉八愷，使主后土，以揆百事，莫不時序，地平天成。」

【地窮山盡】
土地和山巒的盡頭。形容地處偏僻。唐・許渾《曉發鄞江北渡寄崔韓二先輩》詩：「南北信多歧，生涯半別離；地窮山盡處，江泛水寒時。」也作「**山窮水盡**」。

【地上天宮】
比喻繁華富庶的地方。宋・陶穀《清異錄・地理》：「輕清秀麗，東南爲甲；富兼華夷，余杭又爲甲，百事繁庶，地上天宮也。」

【地勢便利】
指地理條件優越。《漢書・高帝紀下》：「秦，形勝之國也，帶河阻山，縣（懸）隔千里，持戟百萬，秦得百二焉。地勢便利，其以下兵於諸侯，譬猶居高屋之上建瓴水也。」

【地塌天荒】
形容狂怒時的情景。明・徐復祚《投梭記・魔現》：「喜時節和風甘雨，怒時節地塌天荒。」

【地頭蛇】
比喻在地方上橫行霸道、爲非作歹的人。例我們了解你的底細，知道你是這一方的地頭蛇，但是只要你老實交待，仍可得到寬大處理。也作「**地頭龍**」。例馬老歪這條地頭龍又陰又狠，遠近村子的人都不敢惹他。

【地頭蛇——好惡】
比喻壞人凶惡得很。例過去我們鎭上的地頭蛇——好惡啊！在光天化日之下，打家劫舍，强占民女，無人敢管。

【地頭蛇，母老虎——不好惹的】
母老虎：比喻潑婦。比喻人很厲害，不好招惹。例鄧大媽站起來發言：「不錯，他是地頭蛇，母老虎——不好惹的！但是要羣衆團結起來，大家找他評理去，看他怎樣耍蠻？」也作「**窩裏的馬蜂——不好惹的**」。

【地頭蛇請客——福禍莫測】
比喻是吉是凶難以預料。例這次你去赴鴆山的宴，是地頭蛇請客——福禍莫測啊！

【地網天羅】
網：捕魚的網；羅：捕鳥的網。地上天空，羅網密布。形容嚴密包圍，無處可逃。《水滸傳》四七回：「驚的宋公明目瞪口呆，罔不知所措，你便有文韜武略，怎逃出地網天羅？」也作「**天羅地網**」。

【地無遺利】
見「地盡其利」。

【地狹人稠】
地方狹小，人數衆多。形容擁擠不堪的公共場所。例一到假日，戲院附近，攤販、看戲的人多了起來，地狹人稠，毫無虛席。

【地下修文】
《太平御覽》卷八八三引晋・王隱《晋書》載：蘇韶死後，魂魄與其堂弟蘇節見面。蘇韶曰：「言天上及地下事，亦不能悉知也。顏淵、卜商，今見在爲修文郎。修文郎凡有八人，鬼之聖者。」後用「地下修文」指文人早死。唐・司空圖《狂題》詩之九：「地下修文著作郎，生前飢處倒空牆。」

【地嫌勢逼】
位處嫌疑之地，爲威勢所逼迫。《資治通鑑・唐高祖武德九年》：「然高祖所以有天下，皆太宗之功，隱太子以庸劣居其右，地嫌勢逼，必不相容。」

【地險俗殊】
殊：特殊，獨特。指地處險僻，風俗獨特。《宋書・禮志三》：「地險俗殊，民望絕塞，以爲分外，其日久矣。」

【地有遠行，無有不至】
雖然路途遙遠，但只要肯走，就會到達目的地。比喻做事只要堅持不懈，就一定會成功。宋・文天祥《題戴行可進學齋》：「地有遠行，無有不至，不至焉者，不行也，非遠罪也。」

【地獄變相】
宋・黃休復《益州名畫錄》：「吳道子畫地獄變相，都人咸觀，懼罪修善。」因以比喻世道險惡。例戰爭期間，炮火連天，屍橫遍野，眞如地獄變相。

【地遠山險】
地處偏遠，山勢險阻。《三國演義》八七回：「愚有片言，望丞相察之，南蠻恃其地遠山險，不服久矣，雖今日破之，明日復叛。」

【地主之儀】
見「地主之誼」。

【地主之誼】
地主：當地的主人；誼：情誼。指當地的主人對客人的熱情接待和情誼。《儒林外史》二二回：「晚生得蒙青目，一日地主之誼也不曾盡得，如何便要去？」也作「**地主之儀**」。儀：禮儀，禮節。《聊齋志異・三仙》：「未修地主之儀，忽叨盛饌，於理不當。茅茨不遠，可便下榻。」

【弟子不必不如師，師不必賢於弟子】
賢：高明。學生不一定樣樣都比不上老師，老師不一定處處都比學生强。唐・韓愈《師說》：「孔子曰：『三人行，則必有我師。』是故弟子不必不如師，師不必賢於弟子。」

【遞包袱】
比喻遞送財物，進行賄賂。例什麼時候才能根絕這種凡事要遞包袱的劣習呢？

【遞點子】
比喻給出主意，給辦法。例碰到這種麻煩事，我可眞沒主意了，現在就等著你遞點子。

【遞降表】
降表：請求免戰、投降的文書。比喻罷戰認錯。例大嫂，別生氣啦！我哥叫我代他遞降表來了，你還不消氣嗎？

【帝虎魯魚】
把「帝」寫成「虎」，「魚」寫成「魯」。指傳抄、刊印中造成的文字錯誤。宋・朱翌《題校書圖》：「螢窗孤坐志不分，帝虎魯魚相可否？」也作「**魯魚亥豕**」、「**亥豕帝虎**」。

【帝王將相】
指古代社會上層統治集團。魯迅《且介亭雜文・中國人失掉了自信心嗎？》：「我國從古以來，就有埋頭苦幹的人，有拚命硬幹的人，有爲民請命的人，有捨身求法的人……雖是等於爲帝王將相作家譜的所謂『正史』，也往往掩不住他們的光耀。」

【蒂固根深】
蒂：瓜果和枝莖相連的部分。比喻基礎牢固，不可動搖。清・劉坤一《上海局廠重難遷折》：「上海設局經營數十年……蒂固根深，毀之重勞，更張不易。」也作「**根深蒂固**」、「**深根固柢**」。

ㄉㄧㄝ

【爹死娘嫁人——各人顧各人】
比喻自己管自己的事，或各走各的路，互不相干。例連長說：「現在形勢緊張，我們已經被包圍了，我無法帶領大夥衝出去，只能爹死娘嫁人——各人顧各人。」也作「**爹死娘嫁人——個人管個人**」、「**爹死娘嫁人——各顧各**」、「**自掃門前雪——各顧各**」、「**狗趕秧雞——各顧各**」、「**黃牛過河——各顧各**」、「**黃牛過河各顧各，斑鳩上樹各叫各**」。

【爹走娘嫁人——各人管各人】
各人走各人的路。例自從學校畢業後，同學之早已沒連絡，眞是「爹走娘嫁人——各人管各人」了。

ㄉㄧㄝˊ

【跌宕不羈】
跌宕（ㄉㄤˋ）：行爲放縱；羈：拘束。指性情灑脫，行爲放蕩，不受世俗的約束。宋・周密《齊東野語・王邁潘牥》：「庭堅初名公筠，後以詔歲乞靈南台神，夢有持方牛首與之，遂易名爲牥，殿試第三人，跌宕不羈，傲侮一世」。也作「**跌蕩不羈**」。《宣和書譜・無名氏〈還穎詩〉》：「[石延年]遂入館，跌蕩不羈，劇飲尚氣節，視天下無復難事，不爲小廉曲謹以投苟合。」

【跌宕遒麗】
遒麗：剛勁美麗。形容文章或書法豪放縱蕩，雄健秀美。《清史稿・梅植之傳》：「植之，道光十九年舉人。通經，以詩鳴，世臣尤稱其書。謂其跌宕遒麗，鍛鍊舊拓，血脈精氣，奔赴腕下，熙載未之敢先。」

【跌宕昭彰】
昭彰：明顯、顯著：指文章氣勢、縱蕩，意旨鮮明。南朝梁・蕭統《陶淵明集序》：「其文章不羣，辭采精拔，跌宕昭彰，獨超衆類。」

【跌蕩不羈】
見「跌宕不羈」。

【跌蕩放言】
行爲放肆，言語不拘。《後漢書・孔融傳》：「又前與白衣禰衡跌蕩放言，云：『父之於子，當有何親？論其本意，實爲情欲發耳。子之於母，亦復奚爲？譬召寄物瓶中，出則離矣。』」

【跌而不振】
摔倒了爬不起來。比喻遭到打擊或挫折後再也不能振作起來。《漢書・晁錯傳》：「夫以人之死爭勝，跌而不振，則悔之亡及也。」

【跌跤子】
即摔跟頭。比喻犯錯誤或受挫折。例主觀武斷的人，是很少不跌跤子的。

【跌腳絆手】
形容設置障礙。《孽海花》二八回：「自從第一步踏上了社會的戰線，只覺得面前跌腳絆手的布滿了敵軍，第二步再也跨不出。」

【跌腳搥胸】
跺腳拍胸。形容非常焦急、悲憤或懊恨的樣子。元・關漢卿《劉夫人慶賞五侯宴》二折：「我這裏牽腸割肚把你個孩兒捨，跌腳搥胸自嘆嗟。」

【跌在茅坑邊上——離死（屎）不遠】
茅坑：廁所；死：「屎」的諧音。比

喻快要死了。有時含有自己找死的意思。貶義。例敵酋知道自己已經是跌在茅坑邊上——離死（屎）不遠了，便終日沉醉在酒色之中。

【迭出迭入】
輪換交替地出出進進。《朱子語類・輯略》卷八：「各授兵出西門戰。少頃，又換一隊上，授之，出南門。如此數隊，分諸門迭出迭入，敵遂大敗。」

【迭見雜出】
指重疊交錯地出現。《明史・劉蒞傳》：「今民窮財殫，府藏虛罄，水旱盜賊，星象草木之變迭見雜出，萬一禍生不測，國無老成，誰與共事。」

【喋喋不休】
喋喋：話多。形容說話沒完沒了。《聊齋志異・雊鵒》：「浴已，飛檐間，梳翎抖羽，尚與王喋喋不休。」也作「喋喋不已」。宋・司馬光《辭知制誥狀》：「奏牒繁多，喋喋不已。」

【喋喋不已】
見「喋喋不休」。

【碟大碗小，磕著碰著】
碗碟放在一起，難免磕碰。比喻人與人之間難免發生磨擦。例大家在一起過活，碟大碗小，磕著碰著的事總是難免的。

【碟子裏面扎猛子——不知深淺】
扎猛子：游泳時頭朝下鑽到水裏。見「黑夜過河——不知深淺」。

【碟子裏盛水——一眼看到底】
比喻對人或事了解很透徹，一下子就明白了底細。含有欺騙不了的意思。例碟子裏盛水——一眼看到底，你作的那些事大家都看得清楚，想瞞也瞞不過去。也作「一碗清水——一眼看到底」。

【蝶粉蜂黃】
原指唐代宮女的妝飾。唐・李商隱《酬崔八早梅有贈兼示之作》詩：「何處拂胸資蝶粉，幾時涂額藉蜂黃。」後用「蝶粉蜂黃」指女子的化妝。宋・周邦彥《滿江紅》詞：「蝶粉蜂黃都褪了，枕痕一線紅生肉。」一說比喻女子的貞節。宋・羅大經《鶴林玉露》卷四：「《道藏經》云：『蝶交則粉退，蜂交則黃退。』周美成詞云：『蝶粉蜂黃渾退了。』正用此也。而說者以爲宮妝，且以退爲褪，誤矣。」

【蝶亂蜂狂】
圍繞著花叢狂飛亂舞的蝴蝶和蜜蜂。也比喻輕佻、放蕩的男子。《鏡花緣》九〇回：「昨日我們在百藥圃摘花折草，引的那些蜂蝶滿園飛舞，眞是蝶亂蜂狂。」也作「狂蜂浪蝶」、「蜂狂蝶亂」。

【蝶使蜂媒】
使：使者，出使。比喻出面做媒或在男女之間傳遞消息。明・李開先《寶劍記》三一齣：「趁著弱質芳年，早尋個鸞交鳳配。他是藍田玉種，當朝富貴，那更花嬌柳媚，莫怪他蝶使蜂媒。」也作「蜂媒蝶使」。

【蝶舞鶯歌】
蝴蝶飛舞，黃鶯歌唱。形容生機勃勃的春色。唐・皎然《釋裴循春愁》詩：「蝶舞鶯歌喜歲芳，柳絲裊裊蕙帶長。江南春色共君有，何事君心獨自傷。」也作「鶯歌燕舞」。

【疊床架屋】
床上疊床，屋上架屋。北齊・顏之推《顏氏家訓・序致》：「魏晉已來所著諸子，理重事複，遞相模斆，猶屋下架屋，床上施床耳。」宋・朱熹《答陸子靜》之五：「若於此看得破，方見得此老眞得千聖以來不傳之秘，非但架屋下之屋，疊床上之床而已也。」因以「疊床架屋」比喻重複累贅。清・惲敬《答顧研麓》：「如敬再作，是疊床架屋，深可不必。」

【疊二連三】
疊：重疊。指連續不斷，多次重複。《官場現形記》四回：「黃道台此番進去，卻換了禮節……見面只打一恭，不像那天晚上，疊二連三的請安了。」也作「接二連三」。

【疊閣連樓】
閣：一種四方形、六角形或八角形的建築物，周圍開窗，多建在高處。形容建築物富麗堂皇。唐・劉復《禪門寺暮鐘》詩：「遊人憶到嵩山夜，疊閣連樓滿太空。」

【疊矩重規】
矩：曲尺；規：圓規。矩與矩、規與規相疊重合。比喻上下一致，彼此相符。清・紀昀《閱微草堂筆記・姑妄聽之四》：「因先生之言，以讀先生之書，如疊矩重規，毫厘不失，灼然與才子之筆，分路而揚鑣。」也作「重規疊矩」。

【疊嶺層巒】
見「疊嶂層巒」。

【疊見層出】
見：通「現」。指反覆出現。清・王士禎《帶經堂詩話》卷一二：「其章法之妙，如天衣無縫……至於淸詞麗句，疊見層出。」也作「層見疊出」。

【疊嶂層巒】
嶂：直立像屏障的山峯；巒：連綿的山。形容峯巒重疊，連綿不斷。《醒世恆言》卷二九：「疊嶂層巒，點點蒼苔鋪翡翠。」也作「疊嶺層巒」。《西遊記》一五回：「走的是些懸崖峭壁崎嶇路，疊嶺層巒險峻山。」也作「層巒疊嶂」。

ㄉㄧㄠ

【刁風拐月】
比喻勾引、玩弄女性。元・無名氏《百花亭》二折：「從今後牢收起愛月惜花心，緊抄定偷香竊玉手。刁風拐月，暢好是沒來由。」

【刁滑詭譎】
詭譎：ㄍㄨㄟˇ ㄐㄩㄝˊ，詭詐，奸

詐。指狡猾奸詐。清・龍啟瑞《覆唐子實書》：「否則，獨不畏此刁滑詭譎幸功避事之徒，有以議其後而撓吾法耶！」也作「**刁滑奸詐**」。例此人刁滑奸詐，他的嘴裏很難說出什麼真話。

【刁滑奸詐】
見「刁滑詭譎」。

【刁民惡棍】
狡詐凶惡的壞人。《兒女英雄傳》八回：「還有等刁民惡棍，結交官府，盤剝鄉愚，仗著銀錢霸道橫行，無惡不作。」

【刁聲浪氣】
說話輕佻，故作嬌態。瞿秋白《人才易得》：「其實，能夠簡單地雙手捧著『天下』去『與人』，倒不爲難了。問題就在於不能如此。所以就要一把眼淚一把鼻涕，哭哭啼啼而又刁聲浪氣的訴苦說：『我不入火坑，誰入火坑？』」

【刁天決地】
見「刁天厥地」。

【刁天厥地】
形容非常凶狠，勇悍。元・楊梓《豫讓吞炭》四折：「這火刁天厥地小敲才，只管把我來哄！哄！哄！」也作「**刁天決地**」。元・王子一《誤入桃源》三折：「言不諳典，話不投機，看不得喬所爲，歹見識，刁天決地。」

【刁徒潑皮】
潑皮：無賴。指狡詐無賴，行爲不端的壞人。《金瓶梅詞話》一六回：「我聞得人說，他家房族中花大是個刁徒潑皮，倘一時有些聲口，到沒的惹虱子頭上搔。」

【刁鑽促掐】
見「刁鑽促狹」。

【刁鑽促狹】
狡猾奸詐，愛捉弄人。《天雨花》七回：「夫人聽了一席話，恨殺刁鑽促狹人。」也作「**刁鑽促掐**」。《何典》五回：「若論他攪屍靈本事，眞個刁鑽促掐，千伶百俐。」

【刁鑽古怪】
①形容性格狡詐怪僻。《紅樓夢》二七回：「他素日眼空心大，是個頭等刁鑽古怪的丫頭。」②離奇古怪，使人彆扭。《紅樓夢》三七回：「寶玉道：『到底要起個社名才是。』探春道：『俗了又不好，忒新了刁鑽古怪也不好，可巧是海棠詩開端，就叫個「海棠詩社」罷。』」也作「**古怪刁鑽**」。

【凋年景急】
年歲凋零，光陰易逝。指歲暮時節。清・沈業富《送秋》詩：「凋年景急悉偏遠，落木天高路正寬。」也作「**急景凋年**」。

【貂蟬盈坐】
貂蟬：古代近侍官員帽上的裝飾物，指達官貴人；盈：滿。指封官賜爵過濫。《晉書・趙王倫傳》：「奴卒廝役亦加以爵位。每朝會，貂蟬盈坐，時人爲之諺曰：『貂不足，狗尾續。』」

【貂裘換酒】
《晉書・阮孚傳》：「［孚］遷黃門侍郎、散騎常侍。嘗以金貂換酒，復爲所司彈劾，帝宥之。」因以「貂裘換酒」形容有錢人家放縱不羈。

【雕冰畫脂】
在冰上雕刻，在凝脂上繪畫。比喻徒勞無功。明・胡應麟《甲乙剩言》：「見一燈皆以卵殼爲之……然脆薄無用，不異雕冰畫脂耳？」

【雕蟲小技】
見「雕蟲篆刻」。

【雕蟲小藝】
見「雕蟲篆刻」。

【雕蟲篆刻】
蟲：指蟲書；刻：指刻符。蟲書、刻符都是秦書八體之一，爲古時學童所習。雕琢蟲書，篆寫刻符。比喻微小的技能。多指寫詩作文的技巧。漢・揚雄《法言・吾子》：「或問：『吾子少而好賦？』曰：『然。童子雕蟲篆刻。』俄而曰：『壯夫不爲也。』」也作「**雕蟲小技**」。《北史・李渾傳》：「嘗謂魏收曰：『雕蟲小技，我不如卿；國典朝章，卿不如我。』」也作「**雕蟲小藝**」。《舊唐書・薛登傳》：「魏之三祖，更好文詞，忽君人之大道，好雕蟲小藝，連篇累牘，不出月露之形，積案盈箱，唯是風云之狀。」

【雕肝鏤膂】
見「雕肝琢膂」。

【雕肝琢膂】
見「雕肝琢膂」。

【雕肝琢膂】
唐・韓愈《贈崔立之評事》詩：「勸君韜養待征招，不用雕琢愁肝腎。」後用「雕肝琢腎」比喻寫作時苦心思慮，刻意錘煉。宋・歐陽修《答聖俞莫飲酒》詩：「朝吟搖頭暮蹙眉，〔雕肝琢腎〕聞退之，此翁此語還自違，豈如飲酒無所知。」也作「**雕肝鏤腎**」。清・許印芳《詩法萃編》：「雖極雕肝鏤腎，亦終惝恍而無憑。」也作「**雕肝琢膂**」。膂：ㄌㄩˇ，脊骨。清・黃宗羲《陳葵散獻偶刻詩文序》：「蔡獻排詛鬥險，俄頃成章，牢籠景物，刻畫悲歡，視雕肝琢膂，日鍛月煉者，無以加焉。」

【雕蚶鏤蛤】
形容精緻味美的食物。《內典》：「言飲食之侈曰：炮鳳烹龍，雕蚶鏤蛤。」

【雕花匠的行頭——動手就錯（銼）】
行頭：原指戲曲演員演出時穿戴的服裝、用具，這裏泛指工具；銼：鋼製的手工切削工具；錯：「銼」的諧音。雙關語。比喻一做就錯。例任務不能交給小楊，他漫不經心，做事就像雕花匠的行頭——動手就錯(銼)。

【雕花刻葉】
形容寫作吟誦以花草爲題的詩篇。唐・司空圖《力疾山下吳村看杏花》

詩：「才情百巧鬥風光，卻笑雕花刻葉忙。」

【雕繢滿眼】

繢：ㄏㄨㄟˋ，同「繪」。如精巧的雕刻，華美的繪畫撲入眼簾。形容詩文優美。《南史・顏延之傳》：「延之嘗問鮑照己與[謝]靈運優劣，照曰：『謝五言如初發芙蓉，自然可愛。君詩若鋪錦列繡，亦雕繢滿眼。』」

【雕金篆玉】

比喻寫作時著意鋪陳華麗詞藻。唐・皮日休《劉棗强碑》：「有是業者，雕金篆玉，牢奇籠怪，百鍛爲字，千煉成句，雖不在躡太白，亦後來之佳作也。」

【雕欄畫棟】

見「雕梁畫棟」。

【雕欄玉砌】

雕繪的欄杆，玉砌的牆壁。形容建築物精美華貴。南唐・李煜《虞美人》詞：「雕欄玉砌應猶在，只是朱顏改。問君能有幾多愁，恰似一江春水向東流。」

【雕梁畫棟】

彩繪裝飾的房梁和屋棟。形容建築物精美華貴。《紅樓夢》三回：「正面五間上房，皆是雕梁畫棟，兩邊穿山遊廊廂房，掛著各色鸚鵡畫眉等雀鳥。」也作「雕欄畫棟」。欄：欄杆。清・汪琬《寓廬十咏後序》：「頹垣破瓦，鼯鼪之所穴而鳩雀之所巢，孰非向之雕欄畫棟羣萃而管弦歌舞者與？」也作「雕甍畫棟」。甍：ㄇㄥˊ，屋脊。清・錢泳《履園叢話・閱古・元石礎》：「回廊曲榭何深邃，雕甍畫棟眞巍峨。」也作「畫棟雕梁」。

【雕龍繡虎】

形容文筆雄健奔放。明・王世貞《桑民懌》：「桑民懌才名噪一時，幾有雕龍繡虎之稱，此卷爲盛秋官書者，尤多生平得意語。」

【雕龍炙輠】

雕龍：指雕刻龍文；炙：烤；輠：ㄍㄨㄛˇ，車上的盛膏器，用以潤滑車輪。《史記・荀卿傳》：「騶衍之術迂大而閎辯；奭也文具難施；淳於髡久與處，時有得善言。故齊人頌曰：『談天衍，雕龍奭，炙轂過髡。』」過，南朝宋・裴駰《集解》引劉向《別錄》作「輠」。後用「雕龍炙輠」形容文辭華美，如雕刻的龍文；才思敏捷，如炙後的油膏餘流不盡。宋・楊時《游執中墓志銘》：「學者師其言，尊其道，而侈大之，非徒雕龍炙輠而已。」也作「炙輠雕龍」。

【雕甍畫棟】

見「雕梁畫棟」。

【雕塑匠不給神像叩頭——知道老底】

比喻深知底細，非常了解。例他們互相好似雕塑匠不給神像叩頭——知道老底，所以誰也不把誰放在眼裏。也作「塑泥匠不拜佛——心裏有底」、「塑塑匠不敬泥菩薩——誰不知道誰」、「泥水匠拜佛——自己心裏明白」、「泥塑匠進廟不叩頭——誰不知道誰」。

【雕文刻鏤】

在建築和器物上精心雕繪刻鏤。指花費人力，追求奢華。《漢書・景帝紀》：「詔曰：『雕文刻鏤傷農事也；錦繡纂組，害女紅者也。』」後形容華而不實的文章。例這樣的文章，看上去雕文刻鏤，實際上卻空洞無物，我們不能學這種文風。

【雕心雁爪】

見「雕心鷹爪」。

【雕心鷹爪】

比喻性情殘暴，手段狠毒。元・無名氏《關雲長千里獨行》三折：「他待使些雕心鷹爪，安排下龍韜虎略。」也作「雕心雁爪」。元・馬致遠《漢宮秋》楔子：「爲人雕心雁爪，做事欺大壓小，全憑諂佞奸貪，一生受用不了。」

【雕章繪句】

見「雕章琢句」。

【雕章鏤句】

見「雕章琢句」。

【雕章縟句】

見「雕章琢句」。

【雕章琢句】

形容對詩文的字句著意修飾。清・趙翼《甌北詩話》卷一：「詩之不可及處，在乎神識超邁，飄然而來，忽然而去，不屑屑於雕章琢句。」也作「雕章繪句」。宋・王質《論舉能疏》：「夫雕章繪句而取科第，君子謂之陋儒。」也作「雕章鏤句」。唐・白居易《議文章》：「今褒貶之文無核實，則懲勸之道缺矣；美刺之詩不稽政，則補察之義廢矣；雖雕章鏤句，將焉用之？」也作「雕章縟句」。縟：繁縟。《舊唐書・文苑傳上序》：「靡不發言爲論。下筆成文，足以緯俗經邦，豈止雕章縟句。」

ㄉㄧㄠˋ

【吊膀子】

比喻男女之間調情。例在大都會的街頭，可以看到男女旁若無人的依偎接吻、公開「吊膀子」親密的狀態，不足爲奇。

【吊膽驚心】

見「吊膽提心」。

【吊膽提心】

形容非常擔憂或驚恐。例你昨晚半夜了還沒回來，害得我坐守一夜，爲你吊膽提心。也作「吊膽驚心」。《說唐》八回：「衆將進前射箭，射中的磨旗擂鼓，不中的吊膽驚心。」也作「提心吊膽」。

【吊兒郎當】

形容作風散漫，對一切都滿不在乎。例他平日一副吊兒郎當的樣子，大家對他沒什麼好感。也作「吊二郎當」。例以前他在學校裏就一副吊二郎當的模樣，到了社會上做事，能有多積極熱情？

【吊二郎當】

見「吊兒郎當」。

【吊古傷今】

憑弔古蹟，感懷舊事，對現實感到悲傷。清．黃宗羲《憲副鄭平子先生七十壽序》：「梅子眞嘗避地焉，相傳至今猶在，子眞亦西漢之遺民耳。先生採藥弄水之暇，得無遇之而與之吊古傷今歟？」也作「傷今吊古」。

【吊古尋幽】

憑弔古跡，探尋幽景。指浪遊山水。《古今小說》卷三〇：「遊山玩水，吊古尋幽，賞月吟風，怡情遣興，詩賦文詞，山川殆遍。」

【吊拷繃扒】

用繩子捆綁身體，吊起來拷打。元．關漢卿《竇娥冤》四折：「他將你孩兒拖到官中，受盡三推六問，吊拷繃扒。便打死孩兒也不肯認。」也作「吊拷絣把」。金．董解元《西廂記諸宮調》卷八：「有刑罰徒、流、絞、斬、吊拷絣把，設而不用，束杖理民寬雅。」

【吊拷絣把】

見「吊拷繃扒」。

【吊民伐罪】

吊：安慰。撫慰受難的人民，討伐有罪的統治者。《孟子．梁惠王下》：「誅其君，吊其民，如時雨降，民大悅。」《宋書．索虜傳》：「興雲散雨，慰大旱之思，吊民伐罪，積後己之情。」也作「伐罪吊民」。

【吊喪問疾】

見「吊死問疾」。

【吊死扶傷】

見「吊死撫傷」。

【吊死撫傷】

哀悼死者，安撫傷員。《宋書．張茂度傳》：「茂度創立城寺，吊死撫傷，收集離散，民戶漸復。」也作「吊死扶傷」。扶：扶助。《南史．齊本紀上》：「公奉辭伐罪，戒旦晨征，兵車始交，氛祲時蕩，吊死扶傷，弘宣皇澤，俾我淮、肥，復霑盛化，此又公之功也。」

【吊死鬼搽粉——死要臉】

比喩愛面子到了極點。貶義。例你不要當著別人說他的不是，他是一個吊死鬼搽粉——死要臉的人。

【吊死鬼打眼角——死不要臉】

死鬼：迷信傳說中形象極爲醜陋的鬼，多指女性；打眼角：〈方〉斜眼看，向對方調情；死：極，非常。比喩人作風不正派或無恥到了極點。貶義。例他這個人最缺德，拐騙了朋友的妻子，還敲詐朋友的錢財，眞是吊死鬼打眼角——死不要臉。

【吊死鬼上路——光找熟人】

迷信傳說上吊而死的鬼魂如果想轉生，必須找一個熟人做替身。比喩嫁禍於人。例沈柱子，你吊死鬼上路——光找熟人，讓我吃了兩回虧，還嫌不夠，這次又把自己闖的禍賴到我的頭上來。

【吊死鬼耍大刀——死得屈來鬧得兇】

指鳴冤叫屈，鬧得很厲害。例在南非種族主義的壓迫下，許多爭取民族獨立的黑人鬥士，被關押在監獄裏。他們呼喊獨立、民主、平等的口號，開始絕食鬥爭，眞是吊死鬼耍大刀——死得屈來鬧得兇。

【吊死鬼照鏡子——自己嚇唬自己】

比喩自相驚擾。例晚上，他躺在床上總好像瞧見一個人在窗口晃動，嚇得一動也不敢動，可是後來一想，是自己今天回來掛的一件風雨衣，不由得心裏說：「我眞是吊死鬼照鏡子——自己嚇唬自己哩。」也作「對著鏡子做鬼臉——自己嚇唬自己」。

【吊死問生】

哀悼死者，撫慰死者親屬。《戰國策．燕策一》：「燕王吊死問生，與百姓同甘苦。」

【吊死在一棵樹上】

比喩死心眼，頭腦簡單，只按一種方法辦。例做事嘛！找人商量多想幾個方案，何必吊死在一棵樹上？

【吊桶落在井裏】

比喩落入困境，難以擺脫。《官場現形記》一二回：「這叫做『吊桶落在井裏』，不得不受人要挾。」

【吊胃口】

比喩有意引起別人對某事物的興趣。例那種電影乏味透了，你別聽他胡吹，他這是有意吊你的胃口哪！

【吊形吊影】

吊：慰問。身體和影子互相安慰。形容孤獨無靠的樣子。明．袁宏道《別恨篇爲方子公賦》詩：「獨自吊形吊影，誰人知暖知寒。」

【吊影自憐】

對著影子，自己安慰憐惜自己。形容孤苦伶仃的樣子。隋．楊素《贈薛播州十四首》之十：「唯有孤城月，徘徊獨臨映；吊影余自憐，安知我疲病。」

【吊譽沽名】

見「釣譽沽名」。

【吊在房檐上的大蔥——葉黃皮乾心不死】

多比喩敵人不甘心失敗，妄圖作垂死掙扎。例你別以爲不法分子受懲戒以後就老實了，他們只是外表裝老實，實際上是吊在房檐上的大蔥——葉黃皮乾心不死啊！也作「房檐上的大蔥——根焦皮爛心不死」、「房檐下的大蔥——皮腐葉爛心不死」、「屋檐上掛的大蔥——葉焦根枯心不死」、「吊在梁頭上的乾癟蔥——葉爛根枯心不死」、「冬天的大蔥——葉黃根枯心不死」、「過冬的大蔥——皮焦根枯心不死」、「掛起來的洋蔥頭——皮焦葉爛心不死」、「六月的皮芽子——皮乾肉爛心不死」、「十月間的草地蔥——葉黃根枯心不死」。

【弔死問孤】

哀悼死者，撫慰孤兒。《史記・燕召公世家》：「燕王弔死問孤，與百姓同甘苦。」

【弔死問疾】

哀悼死者，撫慰病人。《淮南子，修務訓》：「布德施惠，以振困窮；弔死問疾，以養孫孀。」也作「弔喪問疾」。《三國演義》二三回：「荀彧可使弔喪問疾，荀攸可使看墳守墓。」

【釣大魚】

比喻預先安排計畫，好使日後獲得較大利益。例你別目光短淺了，你投資這點錢吃不了虧，等著往後釣大魚吧！

【釣名沽譽】

見「釣譽沽名」。

【釣名欺世】

指用不正當的手段謀取名譽，蒙騙世人。清・鄭燮《濰縣寄舍弟墨第四書》：「不過挪移借貸，改竄添補，便爾釣名欺世。」

【釣名之人】

指不擇手段謀取名譽的人。《管子・法法》：「釣名之人，無賢士焉。」

【釣遊之地】

釣魚遊玩的地方。唐・韓愈《送楊少尹序》：「今之歸，指其樹曰：『某樹，吾先人之所種也；某水某丘，吾童子時所釣遊也。』」因以「釣遊之地」比喻童年生活的地方。魯迅《華蓋集・忽然想到》：「兒時的釣遊之地，當然很使人懷念的，何況在和大都會隔絕的城鄉中，更可以暫息大半年來努力向上的疲勞呢。」

【釣譽沽名】

沽：買。指不擇手段地謀取名譽。明・無名氏《四賢記・弄璋》：「常言道濟人之急，並不是釣譽沽名作聲勢。」也作「弔譽沽名」。《羣音類選〈十義記・毀容不辱〉》：「非是奴吊譽沽名也，只圖一死，完全節義名。」也作「釣名沽譽」。宋・李新《上皇帝萬言書》：「獨於借書乞火居下位，不能媚上官以釣名沽譽。」也作「沽名釣譽」。

【調兵遣將】

調動兵力，派遣將領。也比喻調動安排各方面的人力。《水滸傳》六七回：「梁中書的夫人躲得在後花園中逃得性命，便教丈夫寫表申奏朝廷，寫書教太師知道，早早調兵遣將，剿除賊寇報仇。」也作「遣兵調將」。

【調度徵求】

指徵調賦稅。《後漢書・桓帝紀》：「其令大司農絕今歲調度徵求，及前年所調未畢者，勿復收責。」

【調高和寡】

曲調高深，跟著唱的人就少。比喻言論、作品過於深奥，得不到別人的理解。宋・劉敞《和江鄰幾雪軒與持國同賦二首》詩之二：「適有感同好，寄聲贈所思；調高當和寡，無以答君知。」

【調喉舌】

比喻搬弄是非。例他的話不能信，他喜歡調喉舌。

【調虎離山】

設法誘使老虎離開山林。比喻設計引誘對方離開原來的有利位置，以便乘機行事。《西遊記》五三回：「我是個調虎離山計，哄你出來爭戰，卻著我師弟取水去了。」

【掉臂不顧】

掉：轉。掉轉臂膀，頭也不回。指毫不眷念地離去。《史記・孟嘗君列傳》：「日暮之後，過市朝者，掉臂而不顧。」明・袁宏道《與王以明書》：「有稍知自逸者，便掉臂不顧，去之惟恐不遠。」也作「掉頭不顧」。元・方回《次韻鮮于伯幾秋懷長句》詩：「君今病痁臥南方，掉頭不顧尚書郎。」也作「掉頭弗顧」。清．周亮工《書影》卷五：「[崔子忠]一妻二女，皆能點染設色，相與摩挲指示，共相娛悅。間出以貽知己，若庸夫俗子，用金帛相購請，雖窮餓，掉頭弗顧也。」

【掉飯碗】

見「丟飯碗」。

【掉了箍的桶——散板了】

桶掉了箍，木板就散開了。比喻沒有管束，亂了套。例這個小學校是怎麼搞的？就像掉了箍的桶——散板了，學生滿街都是。

【掉了毛的牙刷——有板眼】

板眼：民族音樂和戲曲中的節拍，每一小節中最強的拍子叫板，其餘的拍子叫眼。板眼比喻節奏、條理或辦法。雙關語。比喻說話辦事有條理，有層次；或有辦法、有主意。例他說話做事都像掉了毛的牙刷——有板眼呢！也作「掉了毛的牙刷——有板有眼」、「刷子沒有毛——有板有眼」、「脫了毛的牙刷——有板有眼」。

【掉了腦袋的蒼蠅——瞎撞】

見「盲人騎瞎馬——亂闖」。

【掉槍花】

比喻使手腕，耍花招。例他這人特別忠厚老實，絕不會掉槍花，完全可以信賴。也作「掉花槍」。

【掉三寸舌】

掉：轉動。形容能說會道。指進行遊說。《史記・淮陰侯傳》：「且酈生一士，伏軾掉三寸之舌，下齊七十餘城。」

【掉舌鼓唇】

掉弄唇舌，炫耀口才。《歧路燈》七九回：「妝女的呈嬌獻媚，令人消魂；耍醜的掉舌鼓唇，令人捧腹。」

【掉書袋】

指說話或作文喜歡引用古書上的詞句。多含譏諷。宋・馬令《南唐書・彭利用傳》：「對家人稚子，下逮奴隸，言必據書史，斷章破句，以代常談，俗謂之掉書袋。」

【掉頭不顧】

見「掉臂不顧」。

【掉頭弗顧】

見「掉臂不顧」。

【掉頭鼠竄】

回過頭來，像老鼠一樣逃竄。明·許自昌《水滸記·縱騎》：「他怎肯網開三面漫相度，教我掉頭鼠竄無寧帖。」

【掉下樹葉兒怕打破頭】

形容膽小怕事。元·鄭德輝《三戰呂布》二折：「大哥哥羞慚替他羞，二哥哥受苦甘心受，我則怕掉下一個樹葉兒來呵，我則怕倒打破您那頭。」也作「樹葉掉下來怕砸死」、「掉下個樹葉也怕砸死」。

【掉餡餅】

比喻不費力氣就得到意外的好處。例要想過好日子，就得付出艱苦的勞力，反正天上不會給你掉餡餅。

【掉以粗心】

見「掉以輕心」。

【掉以輕心】

掉：擺弄；輕心：疏忽，不在意。唐·柳宗元《答韋中立論師道書》：「故吾每爲文章，未嘗敢輕心掉之。」後用「掉以輕心」指對事情漫不經心，滿不在乎。《清史稿·德宗紀一》：「臨事而懼，古有明訓。切勿掉以輕心，致他日言行不相顧。」也作「掉以粗心」。清·梁章鉅《縫人》：「夫一技雖細，而既專司其事，即未可掉以粗心。」

【掉在枯井裏的水牛——有勁沒處使】

見「大象逮老鼠——有勁使不上」。

【掉嘴口】

比喻善於花言巧語。例咱們走吧！誰有功夫聽他掉嘴口。

【掉嘴弄舌】

掉弄唇舌，與人吵架。《石點頭》卷六：「況且他是賣席子，你是做豆腐，各人做自家生理，何苦掉嘴弄舌，以至相爭。」

ㄉㄧㄡ

【丟飯碗】

比喻失去工作。例郝會計爲了揭露經理侵吞公司財產，不惜冒丟飯碗的危險，堅持向上反映情況。也作「掉飯碗」。例你老這麼瞎折騰，不好好幹活，小心掉飯碗。

【丟風撒腳】

形容輕佻放肆的樣子。《醒世姻緣傳》二回：「要是丟風撒腳，妄作妄爲，忘八淫婦，我可也都不饒。」

【丟魂喪膽】

見「丟魂失魄」。

【丟魂失魄】

形容非常驚恐。例晚上，他一個人睡在荒郊帳篷裏，腦中突然想起野地紮營的鬼怪傳說，心裏毛毛的，終至嚇得丟魂失魄，拔營就跑。也作「丟魂喪膽」。例才要下手偷竊的盜匪，看見警察拔槍，嚇得丟魂喪膽，轉身就逃。

【丟盔拋甲】

見「丟盔卸甲」。

【丟盔棄甲】

見「丟盔卸甲」。

【丟盔卸甲】

盔：頭盔；甲：鎧甲。形容打敗仗後拚命逃跑的狼狽相。元·孔文卿《東窗事犯》一折：「想十三人舞袖登城臨汴梁，向青城虜了上皇。諕得禁軍八百萬丟盔卸甲。」也作「丟盔拋甲」。姚雪垠《李自成》一卷一二章：「他們認爲今日上午在大戰中已經把左光先的精銳殺得丟盔拋甲，七零八落。」也作「丟盔棄甲」。例台兒莊一戰，把驕橫不可一世的日本軍隊打得丟盔棄甲，大長了中國人民的志氣。

【丟了金碗撿木勺——裏外不上算】

比喻因小失大，不合算。例倪文生辭去公職自行創業，因不善經營，反賠了錢。朋友說他丟了金碗撿木勺——裏外不上算。

【丟了西瓜揀芝麻——不對路】

比喻忽略了重要的，抓了次要的，做法不對。例作爲廠長，首先應注重產品質量，然後再考量廣告宣傳，你却反其道而行之，丟了西瓜揀芝麻——不對路。

【丟了西瓜撿芝麻——得不償失】

比喻得到的利益抵不了所受的損失。例我們太窮了，丟了西瓜揀芝麻——得不償失的事，最好少幹，或者不幹。也作「丟了西瓜揀芝麻——划不來」、「燒屋滅鼠——得不償失」、「挖肉補瘡——得不償失」、「珍珠彈麻雀——得不償失」。

【丟了一隻羊，撿到一頭牛——吃小虧占大便宜】

比喻用小代價撈取大好處。例丟了一隻羊，撿到一頭牛——吃小虧占大便宜，這就是小王的處事原則，小李對此卻不以爲然。也作「用小蝦釣鯉魚——吃小虧占大便宜」。

【丟輪扯炮】

形容慌裏慌張，手腳忙亂的樣子。明·無名氏《洞玄升仙》一折：「想我終日這等燒香掃地，擂椒化緣，看門守戶，打報烹茶，丟輪扯炮，騙口張舌。」

【丟眉丟眼】

指用眉眼挑逗異性，傳遞情意。《初刻拍案驚奇》卷一七：「那太素是個十八九歲的人，曉得吳氏這些行徑，也自丟眉丟眼來挑吳氏。」

【丟眉擠眼】

見「丟眉弄色」。

【丟眉弄色】

擠眉頭，使眼色。指做出某種暗示。元·高文秀《黑旋風》二折：「我才說道恕生面少拜識，他做多少丟眉弄色。」也作「丟眉擠眼」。《雪月梅傳》二九回：「鄭璞幾次丟眉擠眼，催著叫走。」

【丢面子】
喪失名譽，有失體面。例王師傅明知自己的兒子在外胡作非爲，只因爲怕丢面子，總是幫兒子隱瞞，結果犯了包庇罪。

【丢去東洋大海】
比喻沒有著落，無處尋覓。也比喻忘得乾乾淨淨。《二刻拍案驚奇》卷一六：「這三千銀子只當丢去東洋大海竟沒處說。」也作「丢在東洋大海」。《二刻拍案驚奇》卷一一：「那朱氏女生長宦門，模樣又是著名出色的，眞是德、容、言、功無不俱足，滿生快活非常，把那鳳翔的事丢在東洋大海去了。」也作「丢入爪哇國裏去」。《文明小史》五二回：「饒鴻生自經兩次驚嚇，這『乘長風破萬里浪』的思想，早丢入爪哇國裏去了，一心只盼幾時回國。」

【丢人現眼】
指在衆人面前丢臉出醜。例多年前的中學同學辦聚會，他想想自己才從獄中出來，是丢人現眼的事，便意興闌珊的推說有事不去。

【丢入爪哇國裏去】
見「丢去東洋大海」。

【丢三拉四】
見「丢三落四」。

【丢三落四】
形容粗心大意或記憶力差而顧此失彼。《紅樓夢》六七回：「俗話說的，『夯雀兒先飛，省的臨時丢三落四的不齊全，令人笑話。」也作「丢三拉四」。劉白羽《一個溫暖的雪夜》：「老是這樣死活不顧，老是這樣丢三拉四，這毛病什麼時候能改改！」也作「丢三忘四」。《紅樓夢》七二回：「我如今竟糊塗了！丢三忘四，惹人抱怨，竟不大像先了。」

【丢三忘四】
見「丢三落四」。

【丢西瓜，撿芝麻——大處不算小處算】
比喻抓不住主要矛盾，在枝節問題上斤斤計較。例丢西瓜，撿芝麻——大處不算小處算，這樣是搞不成大事業的。

【丢下犁耙拿掃帚——裏裏外外一把手】
比喻非常能幹。例你看她丢下犁耙拿掃帚——裏裏外外一把手，眞是百裏挑一的姑娘。

【丢下灶王拜山神——捨近求遠】
灶王：迷信的人在鍋灶附近供的神，認爲他掌管一家的禍福財氣，也叫灶君、灶神、灶王爺；山神：迷信的人認爲山裏有守護山林的神。比喻丢下近的去尋遠的，做事走了彎路。例咱們這兒能人有的是，何苦丢下灶王拜山神——捨近求遠，要到外地聘請技師呢！

【丢心落意】
形容稱心如意，感到痛快。例他才得到新工作的錄取通知，份外覺得丢心落意，笑逐顏開。

【丢在東洋大海】
見「丢去東洋大海」。

【丢在腦後】
形容把事情不放在心上或完全遺忘。《二刻拍案驚奇》卷三：「白孺人心下之事，地遠時乖，只得丢在腦後。」

【丢卒保車】
象棋戰術用語。比喻丢掉次要的，保住主要的。例當原材料不足的時候，就得採取丢卒保車的辦法，以保證主要產品的生產。

ㄉㄧㄢ

【掂腳舒腰】
掂：彎曲，屈折之意。指彎腰躬身行禮。元・岳伯川《鐵拐李》四折：「有德行的吾師恰到來，我這裏掂腳舒腰拜。」

【掂斤播兩】
掂、播：把東西放在手中估量輕重。形容在小事情上過分計較。元・王實甫《西廂記》一本二折：「盡著你說短道長，一任待掂斤播兩。」也作「掂斤估兩」。《隋唐演義》九六回：「一飯之恩，報以千金，豈是掂斤估兩的事？」也作「掂斤抹兩」。明・朱有燉《小桃紅》一折：「他更有截長補短的釘人釘，掂斤抹兩的稱人秤。」

【掂斤估兩】
見「掂斤播兩」。

【掂斤兩】
掂：估量。比喻在小事情上過分計較。例這個人不好相處，事事都要掂斤兩。

【掂斤抹兩】
見「掂斤播兩」。

【掂著喇叭下鄉——沒事找事】
掂著喇叭下鄉，別人以爲有什麼喜慶事，便來圍觀。見「老鼠逗貓——沒事找事」。

【顛簸不破】
見「顛撲不破」。

【顛唇簸舌】
指說人壞話，播弄是非。《石點頭》卷一〇：「有曉得的，在背後顛唇簸舌。」也作「攧唇簸嘴」。《醒世恆言》卷二七：「自己不肯施仁仗義，及見他人做了好事，反又攧唇簸嘴。」

【顛倒白黑】
見「顛倒黑白」。

【顛倒錯亂】
①指舉止失去常態。宋・袁燮《乞歸田裏狀》：「今則疾病侵陵，精神恍惚，顛倒錯亂，如痴如醉。」②指事物次序混亂。宋・方恬《機論》：「此天下之事所以顛倒錯亂，而無所成就也。」

【顛倒黑白】
把黑的說成白的，白的說成黑的。比喻故意歪曲事實。戰國楚・屈原《九章・懷沙》：「變白以爲黑兮，倒上以爲下；鳳凰在笯兮，雞鶩翔舞。」王國維《人間詞話》一五：「詞至李後主而眼界始大，感慨遂深，遂變伶工之詞而爲士大夫之詞。周介存置諸溫韋之下，可謂顛倒黑白矣。」也作「**顛倒白黑**」。宋・方恬《西漢論》：「黨蔽一成，則顛倒白黑，無所不至矣。」

【顛倒夢魂】
形容思念過度而精神恍惚。宋・蘇軾《次韻答邦直、子由五首》詩之一：「簿書顛倒夢魂間，知我疏慵肯見原。」也作「**夢魂顛倒**」。

【顛倒是非】
把對的說成錯的，錯的說成對的，形容蓄意違背事實，混淆是非。唐・韓愈《施先生墓銘》：「古聖人言，其旨密微，箋注紛羅，顛倒是非。」也作「**是非顛倒**」。

【顛倒衣裳】
衣裳：古時衣服上爲衣，下爲裳。指把上衣當作下衣穿，把下衣當作上衣穿。形容忙中生亂。《詩經・齊風・東方未明》：「東方未明，顛倒衣裳。顛之倒之，自公召之。」也比喻違背倫常次序。《後漢書・皇后紀上》：「爰逮戰國，風憲逾薄，適情任欲，顛倒衣裳，以至破國亡身，不可勝數。」

【顛倒妍媸】
妍：美；媸：ㄔ，醜。把美的當成醜的，醜的當成美的。比喻故意歪曲事實。唐・柳宗元《瓶賦》：「視白爲黑，顛倒妍媸。」

【顛倒陰陽】
指歪曲事實，混淆是非。《鏡花緣》二回：「那人王乃四海九州之主，代天宣化，豈肯顛倒陰陽，强人所難。」

【顛顛痴痴】
形容癲狂的樣子。《北史・齊文宣紀》：「遊行市鄽，問婦人曰：『天子何如？』答曰：『顛顛痴痴，何成天子。』帝乃殺之。」

【顛顛倒倒】
顛來倒去。形容事物多變，把握不定。《隋唐演義》四二回：「人的事體，顛顛倒倒，離離合合，總難逆料；然惟平素在情義兩字上，信得眞，用得力，隨處皆可感化人。」也形容思維混亂，舉止失態。《初刻拍案驚奇》卷二三：「此老奴顛顛倒倒，是個愚懵之人，其夢何足憑準？」

【顛寒作熱】
一會兒喊冷，一會兒叫熱。形容故作嬌態，賣弄風騷。《金瓶梅詞話》一一回：「話說潘金蓮在家，恃寵生驕，顛寒作熱，鎮日夜不得個寧靜。」

【顛來倒去】
顛過來倒過去。形容一再反覆某個話語或動作。元・王實甫《西廂記》三本二折：「將簡帖兒拈，把妝盒兒按，開拆封皮孜孜看，顛來倒去不害心煩。」也形容對事物的認識反覆多變，難下結論。例對這次事故的責任應根據事實確定下來，不能老這樣顛來倒去地拖下去。

【顛連無告】
顛連：困苦。生活困苦而無處投訴。明・歸有光《論三區賦役水利書》：「乞念顛連無告之民，免其南北運庫子馬役解戶之類，此亦可以少紓目前之急也。」

【顛鸞倒鳳】
①比喻順序失常。金・元好問《促拍醜奴兒》詞：「朝鏡惜蹉跎，一年年來日無多，無情六合乾坤裏，顛鸞倒鳳，撐霆裂月，直被消磨。」②比喻男女交歡。元・王實甫《西廂記》二本三摺：「小生得到臥房內，和小姐解帶脫衣，顛鸞倒鳳。」也作「**倒鳳顛鸞**」。

【顛沛流離】
顛沛：窮困；流離：流轉離散。生活貧困，被迫四處流浪。《兒女英雄傳》一三回：「至於你沒出土兒就遭了這場顛沛流離，驚風駭浪，更自可憐。」也作「**流離顛沛**」。

【顛撲不磨】
見「顛撲不破」。

【顛撲不破】
顛：跌；撲：敲。任憑摔打敲擊也不會碎裂。比喻正確的言論或學說永遠無法駁倒、推翻。《文明小史》三〇回：「又著實恭維黃詹事的話是天經地義，顛撲不破的。」也作「**顛撲不磨**」。磨：磨損。《東歐女豪傑》三回：「這樣說來，那個平民主義，正是戰則必勝的公理，你不信，試看將來不遠的，便應有一個窮源反本、顛撲不磨的定論。」也作「**顛撲不碎**」。宋・文天祥《西澗書院釋菜講義》：「天地間只一個『誠』字，更顛撲不碎。」也作「**顛簸不破**」。《兒女英雄傳》三四回：「這科名一路，兩句千古顛簸不破的話，叫做『窗下休言命，場中莫論文。』」也作「**攧撲不破**」。攧：同「顛」。宋・朱熹《答張欽夫》之一：「明道先生曰：『既能體之而樂，則亦不患不能守。』須如此而言，方是攧撲不破，絕滲漏，無病敗耳。」

【顛撲不碎】
見「顛撲不破」。

【顛乾倒坤】
乾、坤：指天地。把天翻到下面，地翻到上面。形容力量驚人，本領高强。《孽海花》一二回：「我平生有個癖見，以爲天地間最可寶貴的是兩種人物，都是有龍跳虎踞的精神，顛乾倒坤的手段。」

【顛三倒四】
形容說話語無倫次或辦事手足失措。《封神演義》四四回：「一日拜三次，連拜了三四日，就把子牙拜的顛三倒四，坐臥不安。」也作「**倒三顛四**」。《金瓶梅詞話》八六回：「你信我奶奶倒三顛四的，小大姐扶持你老人家一場，瞞上不瞞下，你老人家拿出箱子來，揀上色的與他兩套。」也作「**倒四顛三**」。《醒世姻緣傳》二六回：「後生們見了八九十歲的老人家，有得好的，不過躲了開去，笑他彎腰曲背，倒四顛三的；還有那些輕薄的東西，走到跟前，撲頭撞臉，當把戲撮弄的。」

【顛頭播腦】

見「顛頭簸腦」。

【顛頭簸腦】

形容頭部上下晃動。《韓湘子全傳》六回：「那老頭兒拄了拐杖兒，顛頭簸腦走進來。」也作「**顛頭播腦**」。《葛仙翁全傳》五回：「遇了大風大雨，不能出門，方將書史亂翻亂揭，顛頭播腦一番。」也作「**顛頭晃腦**」。《中國現在記》一回：「朱侍郎一面說，胡御史一面顛頭晃腦，不住的嘴裏亂哼。」也作「**顛頭聳腦**」。《初刻拍案驚奇》卷四：「飯店中客人，個個顛頭聳腦，看他說他，胡猜亂語，只有程元玉端坐不瞧。」

【顛頭晃腦】

見「顛頭簸腦」。

【顛頭聳腦】

見「顛頭簸腦」。

【顛越不恭】

顛越：隕墜。指擯棄禮法，不從上命。《尚書・盤庚中》：「乃有不吉不迪，顛越不恭。」

【攧唇簸嘴】

見「顛唇簸舌」。

【攧撲不破】

見「顛撲不破」。

【癲頭癲腦】

形容精神錯亂，舉止失態的樣子。例你在這裏癲頭癲腦的，看你這模樣，就猜得到你做了什麼事回來。

ㄉㄧㄢˇ

【典册高文】

典册：記載典章制度等圖籍。指重要的典籍和文書。清・梁紹壬《兩般秋雨庵隨筆》卷二：「《佩觿集》云：『河朔謂無曰毛。』今粵中及西蜀皆然……《後漢書・馮衍傳》：『饑者毛食。』《五代史》：『黃旛綽賜緋毛魚袋。』則典册高文亦用之矣。」也作「**高文典册**」。

【典誥大語】

典誥（ㄍㄠˋ）：指《尚書》中的《堯典》和《湯誥》等篇，泛指經書典籍；大語：指典雅古奧的辭語。意指經典中典雅古奧的辭語。《梁書・蕭子雲傳》：「郊廟歌辭，應須典誥大語，不得雜用子史文章淺言。」

【典麗堂皇】

指文章風格典雅華麗，氣勢恢宏。魯迅《南北調集・作文秘訣》：「現在還有駢四儷六，典麗堂皇的祭文。」

【典謨訓誥】

原謂《尚書》中的《堯典》和《大禹謨》、《湯誥》、《伊訓》等篇，後泛指古代的重要經典。宋・蘇軾《賜新除寶文閣直學士李之純辭恩命不允詔》：「祖宗之文章，與典謨訓誥，並寶於世。」

【典妻鬻子】

典賣妻子兒女。形容生活極度貧困。清・黃六鴻《福惠全書・刑名・設使民房》：「畎畝窮民何堪此？勢必傾家蕩產，典妻鬻子以償其用矣。」

【典身賣命】

典賣身體和生命。指獻出自己的一切。《西遊記》四〇回：「就典身賣命，也酬謝師恩。」

【典則俊雅】

端莊凝重，俊秀高雅。《紅樓夢》一四回：「[鳳姐]灑爽風流，典則俊雅，眞是『萬綠叢中一點紅』了，——那裏還把衆人放在眼裏，揮霍指示，任其所爲。」

【點兵派將】

點派兵馬，調遣將領。比喻安排衆人做事。《紅樓夢》一二回：「鳳姐在這裏便點兵派將，設下圈套。」也作「**調兵遣將**」。

【點滴歸公】

指不將公物化爲私有，哪怕是一點一滴，全部如數交出。例身爲公務員，除了敬業以外，還要能點滴歸公，不貪污舞弊。

【點點搐搐】

指偷偷地指點暗示。《二刻拍案驚奇》卷一〇：「街坊上人點點搐搐，多曉得是莫翁之種。」也作「**點點搠搠**」。搠：ㄕㄨㄛˋ，刺擊。《古今小說》卷三六：「又是王保點點搠搠，在屋檐瓦櫺內搜出珍珠一包。」

【點點搠搠】

見「點點搐搐」。

【點凡成聖】

將凡夫俗子變爲聖賢。宋・葉廷珪《海錄碎事，道釋》：「還丹一粒，點鐵成金；至理一言，點凡成聖。」

【點火就想開鍋——太性急】

比喻性情急躁，不耐煩；或急不可待。例大剛幹勁足，不怕苦，但做事往往點火就想開鍋——太性急。也作「**上午栽樹，下午乘涼——太性急**」、「**說風便扯篷——太性急**」、「**雞屁股裏掏蛋吃——太性急**」。

【點金成鐵】

把金子變成鐵。比喻將他人好的詩文給改糟了。清・紐樹玉《校刻說文繫傳跋》：「顧[廣圻]本爲後人以解字本塗改，往往有點金成鐵之憾。」也作「**點金作鐵**」。明・朱之瑜《答野傳書》之八：「尊作遵命僭筆改竄奉上，仍恐點金作鐵，貽笑後人耳。」

【點金乏術】

見「點金無術」。

【點金無術】

沒有點鐵成金的法術。比喻無力解決資財匱乏的困難。明・徐光啟《恭承新命謹陳急切事宜疏》：「只今遼左用餉不貲，司農束手，臣又一一求多，實是點金無術。」也作「**點金乏**

術」。乏：缺乏，缺少。清．張集馨《道咸宦海見錄．朋僚函札．王有齡來函》之二：「近則逆氛逾逼，淫潦爲災，民困滋深，餉源已竭，點金乏術，憂心如焚。」

【點金作鐵】

見「點金成鐵」。

【點睛傳神】

唐．張彥遠《歷代名畫記》卷七：「[梁]武帝崇飾佛寺，多命[張]僧繇畫之……又金陵安樂寺四白龍，不點眼睛，每云：『點睛即飛去。』人以爲妄誕，固請點之。須臾，雷電破壁，兩龍乘雲騰去上天，二龍未點眼者現在。」後用「點睛傳神」比喻在詩文或講話中，在關鍵之處添上若干重要的詞句，使意旨更加明確突出，內容更加生動感人。例張教授的演講精彩極了，特別是最後幾句，可謂是點睛傳神，把他的論點簡要地概括出來。也作「點睛之筆」。例《紅樓夢》四四回寫到寶玉「又思：『平兒並無父母兄弟姊妹，獨自一人，供應賈璉夫婦二人，賈璉之俗，鳳姐之威，他竟能周全妥貼，今兒還遭荼毒，也就薄命得很了。』」這一段可謂是對平兒這個人物的點睛之筆。

【點睛之筆】

見「點睛傳神」。

【點了黃豆不出苗——孬種】

點：種。比喻沒有出息的人或本質壞的人。例人是可以改造的，他犯了錯誤，就認爲是點了黃豆不出苗——孬種，未免過分了。

【點卯應名】

點卯：舊時官吏須在卯時（早上五至七時）上班，按名點驗。後比喻辦事不認眞，敷衍應付。《官場現形記》三四回：「就是發帖請他光臨，來雖來，不過同點卯應名一般，一來就走。」

【點燃的蠟燭——心焦】

一點燃蠟燭，燈心就燒焦。雙關語。形容因遲遲不能實現願望而煩悶急躁。例信發出快一個月了，還未得到回音，眞是點燃的蠟燭——心焦極了。

【點石成金】

見「點石化金」。

【點石化金】

古代神話傳說中的一種仙術。形容本領不凡。漢．劉向《列仙傳》用手指一點，石頭就變爲金子：「許遜，南昌人。晋初爲旌陽令，點石化金，足以逋賦。」也作「點石成金」。《西遊記》四四回：「我那師父，呼風喚雨，只在翻掌之間；指水爲油，點石成金，卻如轉身之易。」也比喻將詩文稍作改動，就成爲極好的作品。宋．胡仔《苕溪漁隱叢話．孟浩然》：「詩句以一字爲工，自然穎異不凡，如靈丹一粒，點石成金也。」

【點手畫腳】

一邊說話一邊用手勢動作示意。形容說話放肆、沒有分寸或輕率地指使、批評別人。《初刻拍案驚奇》卷一七：「只見知觀指點扛棺的，正在那裏點手畫腳時節，公人就一把擒住了。」也作「指手畫腳」。

【點水不漏】

見「滴水不漏」。

【點水蜻蜓】

蜻蜓輕點水面，又升起飛去。唐．杜甫《曲江二首》詩之二：「穿花蛺蝶深深見，點水蜻蜓款款飛。」後比喻學習或辦事不深入。例我們做調查研究工作，一定要深入，再深入，不能當一個點水蜻蜓。也作「蜻蜓點水」。

【點鐵成金】

古代神話傳說中的一種仙術，用手指一點，鐵就變成金子。比喻將詩文稍作修改，就成爲極好的作品。《二十年目睹之怪現狀》四三回：「繼之看過了，笑道：『眞是點鐵成金，會者不難，只改得二三十個字，便通篇改觀了。』」

【點頭稱善】

善：好。點著頭，表示贊同。《民國通俗演義》九一回：「他的主張，是欲要主和，必先主戰，能將湘省收復，使南軍稍憚聲威，方可再申和議，馮也點頭稱善。」也作「點頭稱是」。例他對於董事長的指教，聽得津津有味，頻頻點頭稱是。也作「點頭道是」。《警世通言》卷三二：「公子自知手中只有五十金，此時費去大半，說到資斧困竭……不覺點頭道是。」

【點頭稱是】

見「點頭稱善」。

【點頭道是】

見「點頭稱善」。

【點頭哈腰】

哈腰：彎腰。形容十分恭順或客氣的樣子。今用於貶義。老舍《趙子曰》一二：「我雖然不特意找他去，可是見面的時候點頭哈腰的也不錯。」

【點頭會意】

①點著頭，表示理解。《老殘遊記》三回：「老殘道：『你看這線常常左右擺動，這就是兩邊權力不均的道理了。』那士子到也點頭會意。」②別人點個頭，就能知其意。形容聰明伶俐，反應敏捷。《二刻拍案驚奇》卷三五：「四兒年紀雖小，到是點頭會意的人。」

【點頭之交】

交：交情。彼此遇見時，只是點點頭，打個招呼。形容交情不深。例我同他交往很少，充其量是個點頭之交，你還是找別人去跟他說吧。

【點紙畫字】

點紙：在紙上按指印；畫字：畫押，簽字。指在契約合同或審案供詞上按指印和簽押。《事林廣記》前集卷一〇：「請嫁娶兩家，並用點紙畫字，寫立合同文約，明白具載往回聘禮。」也作「點指畫字」。《清平山堂話本．錯認屍》：「按撫見洪三招供明白，點指畫字。二婦見洪三已招，驚得魂不附體。」

【點指畫字】

見「點紙畫字」。

ㄉㄧㄢˋ

【電掣風馳】

掣：ㄔㄜˋ，一閃而過；馳：很快地奔跑。形容像急風閃電那樣快速。《官場現形記》二五回：「仍舊坐了車，電掣風馳的一直出城，到得黃胖姑錢莊門口，下車進去。」也作「電掣星馳」。《兒女英雄傳》一〇回：「十三妹便一手帶過那頭驢兒，認鐙板鞍，飛身上去，加上一鞭，回頭向大家說聲『請了』，霎時電掣星馳，不見蹤影。」也作「電駭風馳」。駭：因驚恐而奔跑。《後漢書・蔡邕傳》：「於是智者騁詐，辯者馳說，武夫奮略，戰士講銳。電駭風馳，霧散雲披，變詐乖詭，以合時宜。」也作「風馳電掣」。

【電掣星馳】

見「電掣風馳」。

【電燈點火——其實不然（燃）】

然：「燃」的諧音。比喻實際上並非如此。例不了解情況的人都說，魏明沒有顯著的工作成績，電燈點火——其實不然（燃），他埋頭苦幹，一人做了幾人的工作，是一個無名英雄。也作「電燈發亮——其實不然（燃）」。

【電燈泡上抹漿糊——說他混蛋，他還一肚子邪火】

比喻自己糊塗，卻不肯接受批評指責。例在現實生活中，確有電燈泡上抹漿糊——說他混蛋，他還一肚子邪火的人，批評與自我批評這個武器似乎對他們是沒用處的。

【電燈照雪——明明白白】

形容非常清楚。有時指聰明或懂道理。例關於這件事的是非，他雖然心裏是電燈照雪——明明白白，可至今態度仍不明朗。也作「電燈照雪——明白」、「天亮下雪——明明白白」。

【電燈照在轉彎處——名（明）角】

名：「明」的諧音。指有名氣的角色。例經過幾年的鍛鍊，在電影界，她現在成了電燈照在轉彎處——名（明）角了。

【電風扇的腦袋——專吹冷風】

比喻專門散布冷言冷語，打擊別人的熱情。例「美玉嬸，你參加電腦班有什麼用處呢？還不如在家抱抱孫子。」「我看你好像電風扇的腦袋——專吹冷風，我的事用不著你管。」

【電光石火】

石火：敲擊石頭所迸發的火花。閃電的光，燧石的火。①比喻事物轉瞬消失。清・紀昀《閱微草堂筆記・槐西雜志四》：「如電光石火，彈指即過。」②形容十分迅速。魯迅《吶喊・阿Q正傳》：「王胡驚得一跳，同時電光石火似的趕快縮了頭，而聽的人又都悚然而且欣然了。」

【電駭風馳】

見「電掣風馳」。

【電話斷了線——說不通】

比喻思想固執，聽不進別人的意見。例志明滿腦子兒孫滿堂便是福的傳統觀念，要他計畫生育，眞是電話斷了線——說不通。也作「木頭耳朵——說不通」。

【電火行空】

閃電的火光劃過天空。形容十分迅速。例他做事一向俐落、敏捷，有如電火行空。

【電捲風馳】

裹著閃電，駕著狂風。形容速度極快。《兒女英雄傳》緣起首回：「飛電馬，追風馬，跨上時電捲風馳。」也作「電捲星飛」。星：指流星。《兒女英雄傳》五回：「說著，叫了店家拉過那驢兒騎上，說了聲：『公子保重，請了！』一陣電捲星飛，霎時不見蹤影。」

【電捲星飛】

見「電捲風馳」。

【電泡易滅】

電泡：電光和泡影。比喻事物轉瞬即逝。唐・白居易《吹笙內人出家》詩：「雨露難忘君念重，電泡易滅妾身輕。」

【電線桿當筷子——大材小用】

也作「電線桿當火柴棍兒——大材小用」。見「大炮打麻雀——大材小用」。

【電線桿上綁雞毛——好大的膽（撢）子】

膽：「撢」的諧音；撢（ㄉㄢˇ）子：除塵的工具，一般用雞毛綁在小竹棍上做成。雙關語。比喻膽量大，無所畏懼。有時比喻狂妄，不自量。例你做了壞事，還想找警政署長評理，眞是電線桿上綁雞毛——好大的膽（撢）子。也作「電線桿上綁雞毛——膽（撢）子不小」、「桅桿上插雞毛——好大的膽（撢）子」。

【電線桿上插土豆——大小是個頭】

土豆：馬鈴薯。比喻雖職位不高，但畢竟有些權力。例不管怎麼說，他也是電線桿上插土豆——大小是個頭，也管著幾個人呢！

【電線桿上掛燈——有名（明）的光棍兒】

名：「明」的諧音。比喻爲大家所熟知的單身漢。例你問卞斌的妻子嗎？哈哈，他是電線桿上掛燈——有名（明）的光棍兒，還沒物色到對象哩！

【電線桿上曬衣服——好大的架子】

也作「電線桿上曬衣服——架子不小」。見「扛牌坊賣肉——好大的架子」。

【電線桿上耍把式——本領高】

把式：武術。指本事强，手藝好。例陳二叔幹了三十年的泥瓦匠，在鎮上就數他電線桿上耍把式——本領高。也作「電線桿上耍把式——手藝高」、「挑水騎單車——本領高」。

【電線桿上耍把式——鬧玄】

把式：武術；玄：危險。比喻幹冒險的事。例你有心臟病，怎麼能和年輕人比賽爬山呢，那可是電線桿上耍把式——鬧玄。

【電梯拋錨——上不上，下不下】

拋錨：車船等在中途發生故障而停止行駛。比喻處境尷尬，進退兩難。例劉傑興匆匆去張羣生家拜票，卻被拒之門外，弄得他像電梯拋錨——上不上，下不下，處境非常尷尬。也作「米篩眼裏的米——上不來，下不去」、「頭上穿套褲——上不上，下不下」。

【阽危之域】

阽：臨近；域：領域，境地。臨近危險的地方。南朝齊·王融《永明十一年策秀才文》：「故能出人於阽危之域，躋俗於仁壽之地。」

【阽於死亡】

指面臨死亡的威脅。《漢書·文帝紀》：「詔曰：『方春和時，草木羣生之物皆有以自樂，而吾百姓鰥寡孤獨窮困之人或阽於死亡，而莫之省憂。爲民父母將何如？其議所以振貸之。』」

【店鋪前吊門板——好大的牌子】

比喻虛張聲勢，空有其名，有時也指依仗別人的權勢、地位來嚇唬人。例研究這麼點小事，到哪兒都行，幹嘛非要去大飯店，眞是店鋪前吊門皮——好大的牌子。也作「賣油的敲鍋蓋——好大的牌子」、「腦殼上頂門板——好大的牌子」。

【墊踹窩】

踹窩：路面上踐踏而成的坑。比喻代人受過、供人洩忿。例他在外面受了委曲，回來就拿我和孩子墊踹窩。也作「墊踹兒」。例他這麼受氣慣了，不怕別人拿他墊踹兒。

【墊刀背】

比喻代人受過。例這壞事又不是你做的，何必給人墊刀背。

【墊底子】

比喻做基礎。例此人特會拿別人墊底子，以抬高自己。也作「墊底兒」。例有你這次試驗成果墊底兒，申請經費就有依據了。

【墊脊背】

比喻代人受過，供人洩忿。例咱們不能老讓壞人上樹，好人墊脊背呀！

【墊腳石】

比喻借以向上爬的人或事物。例讀書儘管辛苦，但卻是邁向理想抱負的墊腳石。

【奠枕而臥】

奠枕：安枕。安安穩穩睡大覺。形容無憂無慮。宋·張守《應詔論事札子》：「擇要害之地以處之……唇齒輔車之勢，則自江而南，可以奠枕而臥也。」也作「安枕而臥」。

ㄉㄧㄥ

【丁丁貓想吃櫻桃——眼兒都望綠了】

丁丁貓：〈方〉蜻蜓；眼兒都望綠了：〈方〉望穿了眼。比喻盼望得非常迫切。例聽說爸爸要從國外回來，小芹就像丁丁貓想吃櫻桃——眼兒都望綠了。

【丁公鑿井】

《呂氏春秋·察傳》載：宋國有一姓丁的人家沒有井，每天得要一個人外出取水。後來打了井，省了一個取水的勞力，便告訴別人：「吾穿井得一人。」這話傳到外面竟傳成了丁家打井挖出來一個人。後用「丁公鑿井」比喻話傳來傳去而失實。

【丁是丁，卯是卯】

丁：天干之一；卯：地支之一。二者不能相混。又「丁卯」爲「釘鉚」的諧音，釘要裝在相應的鉚處，不能有誤，否則就安不上。比喻辦事非常認眞，毫不含糊。《官場現形記》四三回：「銀錢大事，再比小侄年輕的人，他也會丁是丁，卯是卯的。」

【丁是丁，卯是卯——一點不含糊】

比喻辦事認眞，一點也不馬虎。例王棋這個人有高度責任感，做事一向認眞踏實，丁是丁，卯是卯——一點不含糊。

【丁一卯二】

丁：釘，榫頭；卯：接榫的凹入部分。形容確實可靠。《初刻拍案驚奇》卷三三：「本說的丁一卯二，生扭作差三錯四。」

【丁一確二】

形容確實無誤。《二刻拍案驚奇》卷二五：「知縣見他丁一確二說著，有些信將起來道，『果有這等事！不要寃屈了平人。』」也作「的一確二」。元·關漢卿《蝴蝶夢》一折：「下腦箍，使拶子，這其間痛怎支？怕不待的一確二，早招承死罪無辭。」

【丁嘴鐵舌】

形容嘴硬、說話不讓人。《金瓶梅詞話》三〇回：「原來你家沒大了，說著你還丁嘴鐵舌兒。」也作「釘嘴鐵舌」。明·無名氏《女姑姑》四折：「法座下有甚釘嘴鐵舌，銅頭鐵額，與吾問禪，請推下問。」

【叮嚀告戒】

叮嚀：反覆囑咐；告戒：警告勸戒。反覆囑咐，提醒人重視。《三國演義》九六回：「吾累次叮嚀告戒：街亭是吾根本。汝以全家之命，領以重任。」也作「叮嚀戒告」。《宋史·梅摯傳》：「今日食於春，地震於夏，雨水於秋。一歲而變及三時，此天意以陛下省職未至，而叮嚀戒告也。」

【叮嚀戒告】

見「叮嚀告戒」。

【叮嚀周至】

周至：周到。很周到地反覆囑咐。《三國志・蜀書・諸葛亮傳》：「論者或怪亮文彩不艷，而過於叮嚀周至。」

【釘鞋怕沒掌，唱戲怕沒嗓，討老婆怕沒錢，蓋房就怕沒梁】

比喻做好一件事要掌握住關鍵。劉江《太行風雲》一七：「小五兩手『啪』一拍膝蓋，說：『對！釘鞋怕沒掌，唱戲怕沒嗓，討老婆怕沒錢，蓋房就怕沒梁。大材料都湊起來，小東小西還發甚愁。』」

【釘嘴鐵舌】

見「丁嘴鐵舌」。

【疔瘡長在喉頭上——有痛不敢說】

疔瘡：一種惡性小瘡，長在喉頭上本來就痛，說話更痛。指心中有難言的苦衷。例李二叔的兒子入了感化院。他清楚，正是自己教子不嚴，才出了這麼大的問題，但是，在別人面前，就像疔瘡長在喉頭上——有痛不敢說，只好把兒子犯罪原因隱瞞了下來。

ㄉㄧㄥˇ

【頂風頂水行船——硬撑】

比喻勉强支持。例盛師傅帶病工作已經好幾個月了，現在是頂風頂水行船——硬撑著，大家都擔心他會倒下來。

【頂風放屁——把自己搞臭了】

比喻自己使自己名譽掃地。例鄭三勝這個人原本還不錯，當了主任以後放鬆了警惕，處處都要撈一把，拿回扣、受賄什麼都幹，大家都說他是頂風放屁——把自己搞臭了。

【頂風划船——上勁】

雙關語，比喻勁頭越來越高。例他們玩撲克牌就像頂風划船——上勁，通宵未睡。也作「小牛撅尾巴——上勁」。

【頂冠束帶】

頭戴朝冠，腰束玉帶。古代朝廷官員的裝束。借指高官權貴。《孽海花》三五回：「本來歷史是最不可靠的東西，奉敕編纂的史官，不過是頂冠束帶的抄胥。」

【頂禮膜拜】

頂禮：佛教徒最高的禮節，兩手伏地而跪，頭頂著所崇敬的人的腳；膜拜：舉手加額，長跪而拜。比喻極為崇拜。《痛史》二〇回：「這句話傳揚開去，一時鬨動了吉州百姓，扶老攜幼，都來頂禮膜拜。」

【頂梁柱】

支房梁的柱子。比喻起主要作用的做。例同學們，你們要學好本領，爭做建設國家的頂梁柱。

【頂門杠當針使——大材小用】

見「大炮打麻雀——大材小用」。

【頂門棍】

比喻能夠起支持和保護作用的人或勢力。例兄弟，你可不能撇下這個家不管，你可是全家的頂門棍、主心骨。

【頂門一針】

針：指針灸。對著腦門扎一針。比喻擊中人的要害，使其從迷亂中清醒過來。明・祁彪佳《遠山堂劇品・逸品・有情痴》：「點醒處機鋒頗利，絕似《胡蘆先生》。至於玉娘、玉郎當面煞風景，尤為痴情者頂門一針。」

【頂名冒姓】

冒充別人的名字行事，以達到某種目的。元・康進之《李逵負荊》四折：「這也說的是，智深兄弟，你就同他去拿那兩個頂名冒姓的賊漢來。」也作「頂替冒名」。清・林則徐《保山哨匪輸誠獻犯仍飭嚴拏折》：「此外或一人而有兩名，亦所難定，飭詢永昌府縣，有無頂替冒名，據復提犯，互相認識。」也作「冒名頂替」。

【頂磨盤踩高蹺——難上難】

磨盤：托著石磨的圓形底盤，極重；高蹺：民間舞蹈，表演者踩著有踏腳裝置的木棍，邊走邊表演。比喻事情的難度大。例要完成這項艱鉅工程，眞像頂磨盤踩高蹺——難上難。也作「頂磨盤踩高蹺——難上加難」。

【頂石臼做戲——吃力不討好】

石臼：石製的舂米工具。比喻費了力氣，收不到好效果。例她一心想幫助丈夫出外謀生，沒想到招來了他對自己的埋怨，眞是頂石臼做戲——吃力不討好。也作「戴著碓臼唱戲——費力不討好」、「頂著磨盤耍獅子——出力不落好」、「頂起磨子跳舞——吃力不討好」、「和尚賣肉——出力不討好」、「公公背兒媳過河——出力不落好」、「背石頭上山——吃力不討好」、「豬八戒背媳婦——出力不落好」、「大伯子背著兄弟媳婦過河——費力不討好」。

【頂替冒名】

見「頂名冒姓」。

【頂天立地】

頭頂藍天，腳踩大地。形容光明磊落、氣魄雄偉。元・紀君祥《趙氏孤兒》一折：「我若把這孤兒獻將出去，可不是一身富貴。但我韓厥是一個頂天立地的男兒，怎肯做這般勾當！」也作「立地頂天」。

【頂頭上司】

指直接管轄著自己的人或機構。例這個企劃案是我們的頂頭上司核批通過的，即使你不贊同也得照辦。

【頂著笸籮望天——視而不見】

笸籮：用篾條或柳條編成的器物，底較淺，有圓形也有方形。儘管睜著眼睛看，卻什麼也沒有看見，比喻不重視或不注意。例工作中存在這麼多的問題，你卻頂著笸籮望天——視而不見，還算是稱職的公務人員嗎？也作「眼睛上貼膏藥視而不見」。

【頂著磨盤唱戲——自討苦吃】

見「笨豬拱刺蓬——自找苦吃」。

【頂磚頭】

比喻打官司。例只要能澄清此事，他寧願和她頂磚頭，當堂對質。

【鼎鐺有耳】

鼎、鐺：均為三足兩耳的器物。意指鼎和鐺都還有耳朵，那麼人對某個人或事不能不有所耳聞。宋・李燾《續資治通鑑長編・宋太祖開寶元年》：「雷德驤言趙普强市人第宅，聚歛財賄。上怒叱之曰：『鼎鐺猶有耳，汝不聞趙普吾之社稷臣乎？』」

【鼎鐺玉石】

鼎：古代用於烹煮的青銅器物，相傳夏禹鑄九鼎，以鼎作為傳國的重器；鐺：平底鍋。指把鼎看作鐺一般，把美玉看作石頭一般。形容生活奢侈無度。唐・杜牧《阿房宮賦》：「鼎鐺玉石，金塊珠礫。」

【鼎鼎大名】

見「大名鼎鼎」。

【鼎分三足】

鼎由三足支撐。比喻三人或三方同心協力。《水滸傳》二〇回：「只今番克敵制勝，便見得先生妙法。正是鼎分三足，缺一不可。先生不必推卻。」

【鼎鍋煮魚——難得翻身】

鼎鍋：〈方〉飯鍋的一種，圓形，較深，底部較尖。比喻不能從受壓迫的情況或困境下解脫出來。例生活在這窮鄉僻壤之地，我恐怕是鼎鍋煮魚——難得翻身呀！

【鼎鑊刀鋸】

鑊：大鍋。古代四種酷刑的刑具，因以指最殘酷的刑罰。《警世通言》卷四：「若見此奸賊，必手刃其頭，刳其心肝而食之，雖赴鼎鑊刀鋸，亦無恨矣！」

【鼎力相助】

鼎力：大力。多用於請求別人幫助或得到別人幫助後的謝辭。例多虧你們鼎力相助，我才能度過這個難關。

【鼎鼐調和】

鼐：大鼎。在鼎鼐中調味。比喻朝廷重臣處置國事。元・鄭德輝《老君堂》二折：「鼎鼐調和理庶民，安邦定國立功勳。」也作「**調和鼎鼐**」。

【鼎食鐘鳴】

鼎：烹食的器物，鐘：一種樂器，這裏作為樂器的統稱。古時高官權貴進餐時，要伴著音樂，列著鼎器而食。形容享受著榮華富貴。明・張景《飛丸記・埋輪沒產》：「擁侯封鼎食鐘鳴，賴朝廷破格提崇。」也作「**鐘鳴鼎食**」。

【鼎新革故】

鼎：建立；革：革除。建立新的，革除舊的。《周易・雜卦》：「革，去故也；鼎，取新也。」後用「鼎新革故」指社會的重大變革或政權更迭。《舊五代史・盧文進傳》：「近聞皇帝陛下，皇天眷命，淸明在躬，握紀乘乾，鼎新革故，如知大幸，有路朝宗，便貯歸心，只伺良會。」也作「革故鼎新」。

【鼎魚幕燕】

鼎：古代烹食的器物；幕：帳篷。鼎中游動的魚，帳篷上築巢的燕子。南朝梁・丘遲《與陳伯之書》：「而將軍魚游於沸鼎之中，燕巢於飛幕之上，不亦惑乎？」後用「鼎魚幕燕」比喻處境十分危險。《元史・外夷傳一》：「鼎魚幕燕，亡在旦夕。」

【鼎玉龜符】

鼎：古代烹煮用的器物；玉：玉璽，指皇帝的璽印；龜：龜甲；符：符篆，道士用於驅使鬼神的畫符。古代將此四者視為傳國之寶。宋・葉廷珪《海錄碎事・帝王部・帝王》：「干戈揖讓，取之也殊途；鼎玉龜符，成之也一致。」

【鼎折足，覆公餗】

鼎：古代烹煮用的器物，三足兩耳；公：公侯，泛指貴族；餗：ㄙㄨˋ，鼎中的湯菜稀粥等。三隻腳的鼎，折斷了一隻腳，便會傾掉所盛的食物。比喻失去一個支柱，鼎將傾；失去了百姓的支持、擁護，國家就會凶多吉少。《周易・鼎》：「鼎折足，覆公餗，其形渥，凶。」

【鼎峙而立】

見「鼎足而立」。

【鼎峙而三】

見「鼎足三分」。

【鼎峙之業】

業：產業、事業。比喻三種力量各占一方，作為自己的勢力範圍。《三國志・吳書・吳主傳評》：「故能自擅江表，成鼎峙之業。」

【鼎中一臠】

臠：ㄌㄨㄢˊ，切成塊的肉。意指鼎中一塊肉的滋味，也就是鼎中全部食物的滋味。比喻由小見大，由局部得知整體。宋・曹勛《跋山谷書》：「但此早年書，復多誤筆，而不甚遒勁。然鼎中一臠，亦足以快饞嚼也。」也作「**嘗鼎一臠**」。

【鼎足而居】

見「鼎足而立」。

【鼎足而立】

像鼎的三足各立一方。比喻三方面分立對峙。《漢書・蒯通傳》：「方今為足下計，莫若兩利而俱存之，參分天下，鼎足而立，其勢莫敢先動。」也作「**鼎足而居**。」《史記・淮陰侯傳》：「三分天下，鼎足而居。」也作「**鼎峙而立**」。晉・陸機《辯亡論上》：「由是二邦之將，喪氣挫鋒，勢衄財匱，而吳莞然坐乘其弊。故魏人請好，漢氏乞盟，遂躋天號，鼎跱而立。」跱：同「峙」。

【鼎足而三】

見「鼎足三分」。

【鼎足三分】

鼎：古代烹煮用的器物，有三足兩耳。像鼎足一樣三者分立。比喻劃分為三個並立對峙的方面。元・無名氏《隔江鬥志》二折：「漢家王氣已將終，鼎足三分各自雄；周瑜枉用千條計，輸與南陽一臥龍。」也作「**鼎峙**

而三」。清・梁章鉅《小玲瓏山館》：「蔣心餘先生常主其園中之秋聲館……一時觴宴之盛，與汪蛟門之百尺梧桐閣、馬半槎之小玲瓏山館，後先媲美，鼎峙而三。」也作「鼎足而三」。

【鼎足之臣】
鼎由三足支撐。比喻共操國事的朝廷重臣。《後漢書・鄭興傳》：「居則爲專命之使，入必爲鼎足之臣。興，從俗者也，不敢深居屏處。」

【鼎足之勢】
比喻三方面對立並峙的形勢。《晋書・皇甫謐傳》：「故馮以彈劍感主，女有反賜之說，項奮拔山之力，蒯陳鼎足之勢，東郭劫於田榮，顏闔恥於見逼。」

ㄉㄧㄥˋ

【定點子】
比喻決定處理某物、某工作的方法和對策。例老陳雖從不出頭露面，卻是給他們定點子的人。

【定調子】
原指唱歌或演奏音樂定的音調。現多指定下做某事的基本要求與方法。例這事情究竟如何處理，還是請主任定調子吧！我們保證依令行事。

【定功行封】
定：評定；行：施行；封：封賞。評定功勞，給予封賞。《漢書・高帝紀》：「三月，上置酒，封雍齒，因趣丞相急定功行封。」

【定國安邦】
邦：國。平息內憂外患，安定國家局勢。元・無名氏《連環計》三折：「枉了你揚威耀武，盡忠竭節，定國安邦，偏容他鵖鴞弄舌，烏鴉展翅，强配鸞凰。」

【定計鋪謀】
指籌劃、確定計謀。元・李文蔚《圯橋進履》四折：「小官略使小計，遣數將定計鋪謀。」

【定亂扶衰】
衰：衰微。平定社會禍亂，扶持國家衰微。清・劉熙載《藝概・詩概》：「劉越石詩定亂扶衰之志，郭景純詩除殘去穢之情。」

【定盤子】
盤子：舊時指商品行情。定盤子比喻拿主意，作決定。例屬下的意見一定要聽，但是當主管的不能依賴屬下，該定盤子就得定下來。

【定傾扶危】
傾：傾覆，顛覆。指平定禍亂，挽救危局。漢・桓寬《鹽鐵論・備胡》：「古者明王討暴衛弱，定傾扶危。衛弱扶危，則小國之君悅；討暴定傾，則無罪之人附。」

【定時炸彈】
比喻能在一定時間起作用的人或事物。例他打入敵方的軍政核心多年，是我們安放的一顆威力强大的「定時炸彈」。

【定數難逃】
定數：氣數，舊時迷信認爲國家的興亡、人間的禍福都由天命所決定。指上天安排的命運難以逃避。《三國演義》六二回：「劉璝又問曰：『我四人氣數如何？紫虛上人曰：『定數難逃，何必再問！』」

【定省晨昏】
《禮記・曲禮上》：「凡爲人子之禮，冬溫而夏凊，昏定而晨省。」漢・鄭玄注：「定，安其床衽也；省，問其安否何如。」後因以「定省晨昏」指子女早晚向父母問安的禮節。蘇曼殊《斷鴻零雁記》一四章：「余自是以來，焦悚萬狀，定省晨昏，輒不久坐。」也作「晨昏定省」。

【定於一尊】
《史記・秦始皇本紀》：「今皇帝並有天下，別黑白而定一尊。」後用「定於一尊」指在思想、學說、道德等方面由一個具有最高權威的人作唯一的標準。明・徐光啟《刻紫陽朱子全集序》：「今世名爲崇孔氏，黜絕異學，而定於一尊耳。」

ㄉㄨ

【都鄙有章】
都：都城；鄙：邊鄙，邊境；章：規定。指國都中心地帶與邊遠地區的車服各有規定。《左傳・襄公三十年》：子產使都鄙有章，上下有服，田有封洫，廬井有伍。

【都城紙貴】
《晋書・左思傳》：「司空張華見《三都賦》而嘆曰：『班、張之流也・使讀之者盡而有餘，久而更新。』於是豪貴之家競相傳寫，洛陽爲之紙貴。」後用「都城紙貴」形容著作聲譽高，流傳廣。宋・歐陽修《戲劉原甫》詩：平生志業有誰先，落筆文章海內傳。昨日都城應紙貴，開帘卻扇見新篇。也作「洛陽紙貴」。

【都頭異姓】
都頭：唐、宋軍隊中的高級軍官；異姓：不與皇室同姓而封王拜爵的人。指地位極高。《新唐書・劉悟傳》：「兄岌（郭岌），事悟爲牙將，常樂滏山秀峻，曰：『我死必葬此。』望氣者言：『其地當三世爲都頭異姓。』河北謂都頭異姓，至貴稱也。」

【都俞吁咈】
四字均爲感嘆詞。都：表讚美；俞：表同意；吁、咈：表反對。《尚書・益稷》：「禹曰：『都，帝，愼乃在位。』帝曰：『俞。』」又《尚書・堯典》：「帝曰：『吁，咈哉。』」後用「都俞吁咈」形容共同議事融洽。明・王世貞《鳴鳳記・楊公劾奸》：「都俞吁咈，榮名動百僚；進退周旋，治道千載。」也作「吁咈都俞」。

【都蔗雖甘，杖之必折】
都：大。粗大的甘蔗雖然很甜，但用

它作手杖就一定會折斷。喻指凡事應做具體分析，根據具體情況來處理事物。三國魏・曹植《矯志》：「都蔗雖甘，杖之必折；巧言雖美，用之必災。」

ㄉㄨˊ

【毒腸之藥】
指酒。因其對身體損害極大，故以此稱。明・王褘《華川卮辭》：「財者，陷身之阱；色者，戕身之斧；酒者，毒腸之藥。人能於斯者致戒焉，災禍其或寡矣！」

【毒燎虐焰】
毒火燃燒，烈焰肆虐。形容凶惡殘暴的人或勢力。唐・柳宗元《貞符》：「爨以毒燎，煽以虐焰。」

【毒蛇不吃窩邊草】
比喻心腸再狠毒也不應整自家人。茅盾《秋收》二：「突然阿四放開陸福慶，轉身揪住了多多頭，一邊打，一邊哭，一邊嚷：『毒蛇也不吃窩邊草！你引人來吃自家了！你引人來吃自家了！』」

【毒蛇出洞——伺機傷人】
比喻窺伺時機傷害別人。例隱藏的敵人蠢蠢欲動，毒蛇出洞——伺機傷人，我們要嚴加防範。

【毒蛇見硫磺——渾身酥軟】
形容因驚恐而嚇得渾身發軟。例在碼頭上，一個正想偷渡出國的通緝犯碰上了警方人員，就像毒蛇見硫磺——渾身酥軟，一動也不能動了，被生擒送往警察局。

【毒蛇猛獸】
指會傷害人的動物。孫中山《三民主義・民權主義》：「在人同獸爭的時代，因為不知道何時有毒蛇猛獸來犯，所以人類時時刻刻不知生死。」也比喻邪惡的東西。例這些充滿色情、暴力的書刊、錄影帶如不查封銷毀，就會像毒蛇猛獸一樣，給青少年帶來極大的危害。

【毒蛇爬竹竿——又狡（絞）又猾（滑）】
狡、猾：「絞」、「滑」的諧音；「絞」：指毒蛇盤繞；「滑」：指竹竿光滑。比喻非常狡猾。例敵人是毒蛇爬竹竿——又狡(絞)又猾(滑)，你們在國境線上巡邏，要提高警惕，不讓他們有隙可乘。

【毒手尊拳】
《新五代史・李襲吉傳》：「［李克用］使襲吉為書諭梁，辭甚辨麗。梁太祖（朱全忠）使人讀之，至於『毒手尊拳』，交相於暮夜；金戈鐵馬，蹂踐於明時，嘆曰：『李公僻處一隅，有士如此，使得之，傅虎以翼也。』」後泛指無情的打擊。宋・梁棟《哀毘陵》詩：「短兵相接逾四旬，毒手尊拳日攻討。」

【毒藥苦口】
像攻毒的藥物那樣苦澀難服。比喻坦率尖銳的批評雖令人難堪，但能使人警醒，糾正錯誤。《史記・留侯世家》：「且『忠言逆耳利於行，毒藥苦口利於病。』願沛公聽樊噲言。」

【獨霸一方】
獨自在一個地方稱王稱霸。《古今小說》卷二一：「錢王（鏐）生於亂世，獨霸一方，做了十四州之主。」

【獨步當時】
形容超羣絕倫的優秀人才。《晉書・陸喜傳》：「文藻宏麗，獨步當時；言論慷慨，冠乎終古。」也作「獨步一時」。《隋唐演義》九五回：「就是那一長一技之微，若果能專心致志，亦足以軼類超羣，獨步一時。」

【獨步天下】
形容出類超羣，天下無雙。《後漢書・戴良傳》：「我若仲尼長東魯，大禹出西羌，獨步天下，誰與為偶！」也作「天下獨步」。

【獨步一時】
見「獨步當時」。

【獨柴難燒，獨子難教】
一根柴燒不旺，獨生子女難教好。例「獨柴難燒，獨子難教。」現在絕大多數家庭只有一個孩子，如何把孩子帶好，可是個大問題，不可掉以輕心。

【獨吃自屙】
形容獨吞獨占，十分自私。《三刻拍案驚奇》卷一七：「邵承坡道：『不像！葸也不見他買一個錢，都獨吃自屙了。』」

【獨吃自呵（喝）】
呵：當為「喝」，喝水。指獨自享受。《水滸傳》二四回：「乾娘，不要獨吃自呵（喝），也把些汁水與我呷一呷。」

【獨出機杼】
獨：獨特；機杼（ㄓㄨˋ）：織布機和梭子。指織布方法。比喻寫作的構思新穎獨特，不同凡響。例這篇文章立意新穎，獨出機杼，很值得一讀。也作「自出機杼」。

【獨出己見】
提出自己的與衆不同的見解或主張。《續小五義》一回：「且說黑妖孤智化與小諸葛沈仲元二人暗地商議，獨出己見，要去王府盜取盟單。」也作「獨抒己見」。清・劉熙載《藝概・文概》：「王充《論衡》獨抒己見，思力絕人。」

【獨出手眼】
手眼：手段和眼力。指觀察和處理問題的能力高超獨特，與衆不同。清・趙翼《題馮星石鴻臚夢蘇草堂圖》詩：「君也讀書多，一覽見疵纇，遂獨出手眼，訂訛辨同異。」

【獨出心裁】
心裁：心中的設計籌劃。指構思或設計新穎獨特，與衆不同。《鏡花緣》八一回：「不但獨出心裁，脫了舊套；而且斬釘截鐵，字字雪亮。」也作「別出心裁」。

【獨創一格】

指在風格或格式上有獨特的創造。例一個畫家取得成就的標志之一，就是在畫技畫法上獨創一格。也作「**獨具一格**」。例這種拳法動作靈巧，出手迅速，在諸多拳術中可謂獨具一格。

【獨當一面】

《史記・留侯世家》：「而漢王之將獨韓信可屬大事，當一面。」後用「獨當一面」指獨立承當一個方面的重要責任。《孽海花》五回：「莊壽香大刀闊斧，氣象萬千，將來可以獨當一面。」

【獨到之處】

指有著不同尋常，得注意的地方。清・況周頤《蕙風詞話》卷二：「往往獨到之處，能以中鋒達意，以中聲赴節。」

【獨得之見】

指獨立的有所創新的見解。清・李慈銘《越縵堂詩話》卷上：「竟陵鍾退谷（鍾惺）《史懷》，多獨得之見。」

【獨斷不謀】

謀：商議。獨自作出決斷，不同別人商議。唐・韓愈《爲裴相公讓官表》：「陛下知其孤立，賞其微誠，獨斷不謀，獎待逾量。」

【獨斷獨行】

獨自作出決斷，只按自己意願行事。指不聽他人意見，只憑個人專斷。《官場現形記》一二回：「你在他手下辦事，只可以獨斷獨行，倘若都要請教過他再做，那是一百年也不會成功的。」也作「**獨斷專行**」。例官僚主義的特徵之一，就是缺乏民主，獨斷專行。也作「**獨行獨斷**」。巴金《家》二五：「沒有人管教她，任她一個獨行獨斷，將來不曉得會弄成什麼樣子。」

【獨斷專行】

見「獨斷獨行」。

【獨夫民賊】

獨夫：衆叛親離的暴君；民賊：殘害人民的人。《尚書・泰誓下》：「獨夫受（商紂）洪惟作威，乃汝世仇。」《孟子・告子下》：「今之所謂良臣，古之所謂民賊也。」後用「獨夫民賊」指暴虐無道，禍國殃民的統治者。譚嗣同《仁學二》三七：「獨夫民賊，固甚樂三綱之名。」也作「**民賊獨夫**」。

【獨夫之心】

獨夫：爲人民所痛恨的暴君。指暴君的心術。唐・杜牧《阿房宮賦》：「獨夫之心，日益驕固。」

【獨根燈草——一條心】

燈草：燈心草的莖的中心部分，多用作油燈的燈心。見「巴蕉結果——一條心」。

【獨根孤種】

形容獨生子。《紅樓夢》四回：「如今這薛公子幼年喪父，寡母又憐他爲個獨根孤種，未免溺愛縱容些，遂致老大無成。」

【獨根蠟燭——無二心】

比喻一心一意，沒有外心。例她爲了我們的共同事業，的確是獨根蠟燭——無二心。也作「**千斤磨盤——無二心**」。

【獨見獨知】

獨自看見他人所未見到的，獨自知道他人所不知道的。指眼光敏銳，見識卓越。《淮南子・兵略訓》：「夫將者，必獨見獨知。獨見者，見人所不見也；獨知者，知人所不知也。」

【獨見者，見人所不見也】

有獨到見解的人能預見到別人所看不到的事物。參見「獨見獨知」。

【獨見之慮】

見解與衆不同的獨立思考。《後漢書・馮衍傳》：「有獨見之慮，見贄於人。」

【獨見之明】

見解獨到，眼光高遠。《淮南子・泛論訓》：「必有獨聞之耳，獨見之明，然後能擅道而行矣。」

【獨具會心】

會心：領會別人未明白表示的意思。指對事物含蘊的深意有獨到的領悟。清・馮鎮巒《讀聊齋雜說》：「或好友談後，或遠遊初歸，輒隨手又筆數行，皆獨具會心，不作公家言。」也作「**別有會心**」。

【獨具匠心】

見「獨運匠心」。

【獨具冷眼】

見「獨具只眼」。

【獨具一格】

見「獨創一格」。

【獨具只眼】

形容具有獨到的眼力和見解。魯迅《準風月談・後記》：「這篇大文，除用戚施先生的話，贊爲『獨具只眼』之外，是不能有第二句的。」也作「**獨具冷眼**」。冷眼：冷靜客觀的態度。清・馮鎮巒《讀聊齋雜說》：「予批《聊齋》，自信獨具冷眼。」

【獨開生面】

生面：新的局面或形式。指獨到地創立新的局面或形式。清・葉燮《原詩・內篇上》：「六朝諸詩人，間能小變而不能獨開生面。」也作「**別開生面**」。

【獨開蹊徑】

見「獨闢蹊徑」。

【獨柯不成樹，獨樹不成林】

柯：樹枝。一個樹枝不成其爲樹，一棵樹不成其爲森林。比喻勢單力孤難以成就大業。《樂府詩集・鼓角橫吹曲・紫騮馬歌》：「獨柯不成樹，獨樹不成林。念郎錦裲襠，恒長不忘心。」

【獨來獨往】

見「獨往獨來」。

【獨攬大權】

見「大權獨攬」。

【獨力難成】

見「獨力難支」。

【獨力難支】

一個人的力量難以支撐。形容勢單力

薄局勢難以挽回。《慈禧太后演義》一回：「葉赫貝勒金台石，方承兄嗣位，收拾殘燼，登城固守。怎奈大勢已去，獨力難支，等到城虛餉絕，免不得被他攻陷。」也作「**獨力難成**」。《三俠五義》四〇回：「奈弟獨力難成，故此不辭跋涉，仰望盧兄幫助是幸。」也作「**獨立難支**」。《說唐》五五回：「[單]雄信聞言大怒，想衆將都已殺盡，獨立難支，遂叫一聲『罷了！』」

【獨立不慚影，獨寢不愧衾】

衾：ㄑㄧㄣ，被子。只一個人站著，也無慚於自己的影子；獨自睡覺，無愧於自己的被子。比喻爲人做事應當光明正大。北齊・劉晝《劉子・愼獨》：「故身恆居善，則內無憂慮，外無畏懼，獨立不慚影，獨寢不愧衾。」也作「**獨行不愧影，獨寢不愧衾**」。

【獨立不羣】

獨自站立於衆人之外。形容超羣不凡。《舊唐書・韋陟傳》：「陟自幼風標整峻，獨立不羣。」

【獨立難支】

見「獨力難支」。

【獨立王國】

比喻不服從上級命令，自行其事的地區、部門或單位。例在團隊裏，最怕少數人小組活動，儼然獨立王國，不參與合作活動。

【獨立自主】

不靠他人，自己作主。指不受外來的控制。例近些年來，許多第三世界國家紛紛採取措施，擺脫外國資本的控制，建立獨立自主的民族經濟。

【獨馬單槍】

見「單槍匹馬」。

【獨木不成林】

見「獨木不林」。

【獨木不林】

一棵樹成不了森林。比喻勢單力薄難成大事。《後漢書・崔駰傳》：「蓋高樹靡陰，獨木不林，隨時之宜，道貴從凡。」也作「**獨木不成林**」。《說岳全傳》：「王貴、張顯二人悲傷過度，是夜得了一病，又不肯服藥，不多幾日，雙雙病死。牛皐又哭了一場，弄得獨木不成林，無可如何？」也作「**獨樹不成林**」。宋・羅大經《鶴林玉露・湖州生祠》：「當時士子有戲和其詩者，末句云：『可憐戴工部，獨樹不成林。』」

【獨木難支】

一根木頭難以支撐。比喻力量單薄，難以挽回危局。《封神演義》九三回：「屢欲思報此恨，爲獨木難支，不能向前；今此來持假將軍之兵，上爲朝廷立功，下以報天倫私怨。」也作「**一木難支**」。

【獨木橋】

原指一根木頭搭的橋。比喻艱險的道路。例人生的道路是多樣的，有時是一馬平川，有時也要過獨木橋。

【獨木橋——難過】

雙關語。比喻生活艱難困苦。有時比喻心裏不好受。例在以前，我家田無一畝，房無一間，全靠打長工生活，眞是獨木橋——難過啊！也作「**筷子搭橋——難過**」、「**筷子穿針眼——難過**」、「**麻稈兒搭橋——難過**」、「**牽牛上獨木橋——難過**」、「**朽木架橋——難過**」、「**香籤棍搭橋——難過**」、「**一根竹子搭橋——難過**」。

【獨木橋上唱戲——心寬路窄】

比喻出路不大。例抗日戰爭時期，我們流落在大後方，雖然堅信勝利必將到來，但是獨木橋上唱戲——心寬路窄，每天都在爲尋工作、找飯吃發愁，日子實在難熬得很。

【獨木橋上遇仇人——冤家路窄】

冤家：仇人。仇人在狹路上相遇，無法迴避。①比喻不願相見的人偏偏碰見。例在保釋出獄的當天，他就遇見了陷害自己的仇人，眞是獨木橋上遇仇人——冤家路窄。②指仇人相遇，不肯輕易放過。例那就是打死我兄弟的惡棍，獨木橋上遇仇人——冤家路窄，絕對不能讓他們逃跑了。

【獨拍無聲】

一個巴掌拍不出聲音。比喻一個勢單力薄，辦不成大事。《韓非子・功名》：「人主之患，在莫之應，故曰一手獨拍，雖疾無聲。」

【獨闢蹊徑】

蹊徑：小路。獨自開闢一條小路。比喻獨創一種新的風格或方法。清・葉燮《原詩・外篇上》：「抹倒體裁、聲調、氣象、格力諸說，獨闢蹊徑。」也作「**獨闢畦徑**」。清・沈德潛《說詩晬語》一〇一：「杜子美（甫）獨闢畦徑，寓縱橫排奡於整密中，故應包涵一切。」也作「**獨闢町畦**」。町畦：ㄊㄧㄥ ㄑㄧˊ，田界，比喻風格或形式。清・翁方綱《石洲詩話》卷二：「白公（居易）五古上接陶[潛]，下開蘇[軾]、陸[游]；七古樂府，則獨闢町畦。」也作「**獨闢新界**」。梁啟超《飲冰室詩話》：「其詩亦獨闢新界而淵含古聲。」也作「**獨開蹊徑**」。章炳麟《論敎育的根本要從自國自心發出來》：「宋、元之間，幾位算學先生出來，倒算是獨開蹊徑。」

【獨闢畦徑】

見「獨闢蹊徑」。

【獨闢町畦】

見「獨闢蹊徑」。

【獨闢新界】

見「獨闢蹊徑」。

【獨寢不愧衾】

見「獨立不愧影，獨寢不愧衾」。

【獨清獨醒】

獨自清白，獨自清醒。比喻操守高潔，不同流俗。戰國楚・屈原《漁父》：「舉世皆濁我獨清，衆人皆醉我獨醒，是以見放！」

【獨拳難打虎】

比喻一個人的力量小，辦事不成大事。例憑你一個人勢單力薄，獨拳難打虎，多找幾個人商量、合作吧！

【獨善其身】
指做好自身的修養，保持自身的節操。《孟子・盡心上》：「古之人，得志，澤加於民；不得志，修身見於世・窮則獨善其身，達則兼善天下。」後指只顧自己，不顧他人。林覺民「與妻書」：「吾幸而得汝，又何不幸而生今日之中國，卒不忍獨善其身。」也作「**獨善一身**」。唐・白居易《新製布裘》詩：「丈夫貴兼濟，豈獨善一身？」

【獨善一身】
見「獨善其身」。

【獨善自養】
自我完善，自我修養。指潔身自好，不隨流俗。唐・韓愈《後廿九日復上書》：「山林者，士之所獨善自養而不憂天下者，之所以能安也。」

【獨擅其美】
擅：占有。指獨自據有美好的聲譽或其他美好的東西。《北齊書・文苑傳序》：「天保中……李廣、樊遜、李德林、盧詢祖、盧思道始以文章著名。皇建之朝，常侍王晞獨擅其美。」

【獨擅勝場】
擅：獨攬；勝場：競技取勝的場所。比喻技藝高超。《孽海花》二五回：「金石書畫，固是他的生平嗜好，也是他的獨擅勝場。」

【獨身孤立】
身：單身。單獨一人，孤苦伶仃。漢・司馬遷《報任安書》：「今僕不幸，早失父母，無兄弟之親，獨身孤立。」

【獨視者謂明，獨聽者謂聰】
比喻遇事具有獨到的見解和判斷是非能力的才算有才智。《韓非子・外儲說右上》：「獨視者謂明，獨聽者謂聰。能獨斷者，故可以為天下王。」

【獨守空房】
指女子喪偶或丈夫外出不歸。《鏡花緣》八一回：「帶著不得善終之像——那玉英姐姐即使逃得過，也不免一生獨守空房。」

【獨抒己見】
見「獨出己見」。

【獨樹不成林】
見「獨木不林」。

【獨樹一家】
指獨自創建一家一派。南齊・周顒《重答張長史》：「此自足下懷抱，與老、釋而為三耳，或可獨樹一家，非老情之所敢逮也。」

【獨樹一幟】
獨自樹立一面旗幟。比喻自成一家。清・陳廷焯《白雨齋詞話》卷六：「南宋詞家……惟方外之葛長庚，閨中之李易安，別於周、秦、姜、史、蘇、辛外，獨樹一幟，而亦無害其為佳，可謂難矣。」也作「**獨豎一幟**」。清・袁枚《隨園詩話》卷三：「所以能獨豎一幟者，正為其不襲盛唐窠臼也。」

【獨豎一幟】
見「獨樹一幟」。

【獨思，則滯而不通】
獨思：自己思考；滯：停滯、阻礙。獨自一個人思考問題，往往會受到阻礙，怎麼也想不通。指想不通的問題，要善於去請教別人。三國魏・徐幹《中論・自學》：「獨思，則滯而不通；獨為，則困而不就。」

【獨頭繭】
原為某些昆蟲在成蛹前吐絲作成密封的外殼。比喻自我封閉與外界隔絕。例因年齡的增長，她的性情愈來愈孤僻，恨不能自成一個獨頭繭，將自己封閉起來，不與外人往來。

【獨往獨來】
指無牽無掛，獨自一人往來。《莊子・在宥》：「出入六合，遊乎九州，獨往獨來，是謂獨有。」也形容獨闢蹊徑，與眾不同。清・方宗誠《〈桐城文錄〉序》：「又有朱魯岑先生，志識高邁，學行文章，獨往獨來。」也形容孤單寂寞。宋・陳亮《又甲辰秋書》：「亮非假人以自高者也，擎拳撐腳，獨往獨來於人世間，亦自傷其孤另而已。」也作「**獨來獨往**」。明・李贄《焚書・何心隱論》：「公獨來獨往，自我無前者也。」

【獨無聊賴】
聊賴：寄託，牽掛。獨自一人，無所牽掛。《晉書・慕容德載記》：「妖賊王始聚眾於太山，自稱太平皇帝，號其父為太上皇，兄為征東將軍，弟征西將軍。慕容鎮討擒之，斬於都市。臨刑，或問其父及兄弟所在，始答曰：『太上皇帝蒙塵於外，征東、征西亂兵所害。惟朕一身，獨無聊賴。』」

【獨弦哀歌】
獨自彈著琴弦，唱起悲哀的歌曲。指故作清高，沽名釣譽。《莊子・天地》：「子非夫博學以擬聖，於于以蓋眾，獨弦哀歌，以賣名聲於天下者乎？」

【獨行獨斷】
見「獨斷獨行」。

【獨行踽踽】
踽踽：孤獨的樣子。形容一個人獨自而行，寂寞難耐。《詩經・唐風・杕杜》：「獨行踽踽，豈無他人，不如我同父。」

【獨行其道】
道：信念，主張。指獨自按照自己的信念去做。《孟子・滕文公下》：「得志，與民由之；不得志，獨行其道。」

【獨行其是】
獨自按照個人的意願去做。指不聽別人的意見，獨斷專行。《孽海花》二七回：「言和是全國臣民所恥，中堂冒不韙而獨行其是。」

【獨行特立】

特：單獨。單獨行走，只身佇立。形容志節高尚，不隨流俗。《梁書・武帝紀下》：「可班下遠近，博采英異，或德茂州閭，道行鄉邑，或獨行特立，不求聞達，咸使言上，以時招聘。」也作「特立獨行」。

【獨學而無友，則孤陋而寡聞】

陋：淺陋。只是獨自學習而沒有學友相互切磋探討，就會學識淺陋，見聞狹窄。指學習中相互切磋，相互幫助，才能相互提高。《禮記・學記》：「時過然後學，則勤苦而難成；雜施而不孫，則壞亂而不修；獨學而無友，則孤陋而寡聞。」也作「獨學寡聞」。宋・張孝祥《與池州守周尚書》：「某獨學寡聞，涉道甚淺。」

【獨學寡聞】

見「獨學而無友，則孤陋而寡聞」。

【獨眼龍看告示——一目了然】

獨眼龍：瞎了一隻眼的人；告示：布告一類的公文或通知；了然：清楚，明白。比喻一看就完全清楚。例這件事，你不用解釋了，我已經是獨眼龍看告示——一目了然了。咱們研究一下，如何解決吧。也作「獨眼觀燈——一目了然」、「顯微鏡下看細菌——一目了然」。

【獨眼龍相親——一眼看中】

獨眼龍：瞎了一隻眼的人；相：親自觀看。一下子就看上了。例她像獨眼龍相親——一眼看中了那件羔羊皮大衣。

【獨一無二】

僅此一個，不再有第二個。《二十年目睹之怪現狀》二六回：「我的婆婆，我起先當是天下獨一無二的；到這裏來，見了乾娘，恰是一對。」

【獨遊偶影】

偶：同伴，伴侶。獨自遊賞，與身影相伴。形容孤獨寂寞。晉・王胡之《贈庾翼》：「獨遊偶影，回駕蓬廬。」也作「偶影獨遊」。

【獨有千古】

千古：長久的時間。指具有能流傳後世，經久不衰的特色或長處。清・翁方綱《石洲詩話》卷七：「放翁、道園皆未嘗有此等議論。即使不讀遺山詩集，已自可以獨有千古矣。」也作「獨有千秋」。清・張履《學箴六首示諸生》之一：「何窮何通，何得何喪？獨有千秋，斯志必抗。」

【獨有千秋】

見「獨有千古」。

【獨運匠心】

匠心：巧妙的心思。指獨到地運用巧妙的心思。多用於文藝創作或工藝製作。清・黃子雲《野鴻詩的》八五：「子堅（陰鏗）承齊、梁頹靡之習，而能獨運匠心，扶持正始。」也作「獨具匠心」。例這匹腳踏飛燕的青銅馬，造型奇特，想像豐富，是我國古代人民獨具匠心的優秀作品。也作「匠心獨運」、「別具匠心」。

【獨占鰲頭】

鰲：ㄠˊ，傳說中海裏的大龜。科舉時代考中狀元後，要立在宮殿石階前的浮雕巨鰲頭上迎榜。故「獨占鰲頭」即謂考中狀元。元・無名氏《陳州糶米・楔子》：「殿前曾獻昇平策，獨占鰲頭第一名。」後比喻居於第一。例這個工廠在全國同行業產品質量的評比中獨占鰲頭。

【獨隻筷子吃蓮藕——專挑眼】

獨隻：一根。比喻故意挑毛病，找碴兒。例我們只管走自己的路，陳二官這個人心懷不滿，總愛獨隻筷子吃蓮藕——專挑眼，別理他那一套。

【獨知之契】

契：約定，要約。單獨一人知道的約定。《戰國策・西周策》：「今君之使最爲太子，獨知之契也，天下未有信之者也。」

【獨子得惜】

惜：指寵愛。獨生子得到家人的寵愛。《警世通言》卷三一：「獨子得惜，因是個富家愛子，養驕了他。」

【獨自煢煢】

煢煢：ㄑㄩㄥˊ ㄑㄩㄥˊ，孤單的樣子。形容孤獨一人，十分寂寞。魯迅《幸福的家庭》：「但他又立刻覺得對於孩子有些抱歉了，重複回頭，目送著她獨自煢煢的出去了。」

【獨坐愁城】

漢・李陵《答蘇武書》：「自從初降，以至今日，身之窮困，獨坐愁苦。」宋・陸游《山園》詩：「狂吟爛醉君無笑，十丈愁城要解圍。」後用「獨坐愁城」指獨自處在愁困的境地。例他東跑西顛地找工作，仍然沒有著落，自己也就失去了信心，整天獨坐愁城，無精打采。

【獨坐窮山，放虎自衛】

獨自困守荒山，讓老虎當護衛。比喻用人不當，釀成禍害。晉・常璩《華陽國志》卷五：「劉主至巴郡，巴郡太守嚴顏拊心嘆曰：『此所謂獨坐窮山，放虎自衛者也。』」也作「獨坐窮山，引虎自衛」。

【讀不捨手】

書讀得津津有味，捨不得放下。宋・胡仔《苕溪漁隱叢話・參寥》：「愛其詩，讀不捨手；屬其談，挽不聽去。」

【讀《三國》掉眼淚——替古人擔憂】

見「看《三國》掉淚——替古人擔憂」。

【讀十篇不如做一篇】

文章讀十篇，不如親自寫一篇。喻指親自動手，多寫多練，是掌握寫作技巧的重要途徑。清・唐彪《文章多做始能精熟》：「讀十篇不如做一篇。蓋常做則機關熟，題雖甚難，爲之亦易。」

【讀書百遍，而義自見】

見：ㄒㄧㄢˋ，通「現」。書讀過百遍之後內中涵義就自然明白了。指熟讀對於理解文意十分重要。《三國志・魏書・鍾繇華歆王朗傳》裴松之注引

《魏略》：「人有從學者，遇不肯教，而云：『必當先讀百遍。』言：『讀書百遍，而義自見。』」

【讀書不知味，不如東高閣】

讀書不能體會書中的意旨，還不如把它吊在房頂上。比喻讀書要領會其中精神，不要死守章句。清・袁枚《隨園詩話補遺》卷一〇：「讀書不知味，不如東高閣，蠹魚爾何如，終日食糟粕。」

【讀書得間】

間：ㄐㄧㄢˋ，間隙，喻為訣竅。讀書得到了訣竅。形容讀書能領會其要旨精義。《官場現形記》五四回：「颶翁！你眞可謂讀書得間了！你說的一點不錯。」

【讀書患不多，思義患不明；患足已不學，既學患不行】

讀書最怕讀得少，思義怕不透徹，怕滿足現狀而不學，學到了知識又怕不去實行。指多讀、深思、虛心、躬行四個環節是治學的要領。唐・韓愈《贈別元十八協律》詩之一：「讀書患不多，思義患不明；患足已不學，既學患不行。子今四美具，實大華亦榮。」

【讀書破萬卷，下筆如有神】

熟讀上萬卷詩書，寫起文章來就才思敏捷，似有神助。唐・杜甫《奉贈韋左丞丈二十二韻》詩：「甫昔少年日，早充觀國賓。讀書破萬卷，下筆如有神。」

【讀書切戒在慌忙，涵泳工夫興味長】

涵泳：深入體會。讀書要切切避免急於求成，若能深入體會，必有無窮的興味。宋・陸九淵《讀書》詩：「讀書切戒在慌忙，涵泳工夫興味長。未曉不妨權放過，切身須要急思量。」

【讀書人的子弟熟悉筆墨，木匠的孩子會玩斧鑿，兵家兒早識刀槍】

兵家：用兵的人。比喻環境對人的影響是很大的。魯迅《不應該那麼寫》：「讀書人的子弟熟悉筆墨，木匠的孩子會玩斧鑿，兵家兒早識刀槍，沒有這樣的環境和遺產，是中國的文學青年的先天的不幸。」

【讀書如樹木，不可求驟長】

讀書好比種植樹木，不能要求它很快長成大樹。比喻讀書學習應循序漸進，不斷積累。清・法式善《讀書》詩之二：「讀書如樹木，不可求驟長。植諸空山中，日來而月往。露葉既暢茂，煙條漸蒼莽。此理木不知，木乃遂其養。」

【讀書如行路，歷險毋惶惑】

讀書好比走路，經歷險阻不可惶惑志搖，半途而廢。比喻讀書學習是艱難的，貴在不遇難而退。清・法式善《讀書》詩之三：「讀書如行路，歷險毋惶惑，安保萬里程，中間無欹仄。」

【讀書無疑者，須教有疑】

讀書要讀到沒有疑難的地步，必須善於提出疑問來。宋・朱熹《學規類編》：「讀書無疑者，須教有疑；有疑者，卻要無疑；到這裏方是長進。」

【讀書養性】

指通過讀書來修心養性。《漢書・梅福傳》：「是時，福居家，常以讀書養性為事。」

【讀書有三到：心到、眼到、口到】

指讀書要收到好效果，必須專心致志，全神貫注，心、眼、口並用。宋・朱熹《訓學齋規・讀書寫文字》：「余嘗謂讀書有三到：心到、眼到、口到。心不在此，則眼看不仔細。心眼既不專一，卻只漫朗誦讀，絕不能記，記亦不能久矣。」

【讀書造化，不讀書告化】

造化：幸運；告化：乞求，請求。讀書明白事理，不讀書求人指教。清・王有光《吳下諺聯》卷三：「讀書造化，不讀書告化。世間不識字，坐擁倉箱者頗多，責以告化，焉能服輸。曰：『人一日無米則餓，一日無字則瞽。越是不識字人，越要用字，央及他人使字，便是告化，遑問其他。』」

【讀書種子】

指讀書很有前途的人。《明史・方孝孺傳》：「成祖伐北平，姚廣孝以孝孺為托曰：『城下之日，彼必不降，幸勿殺之。殺孝孺，天下讀書種子絕矣。』」

【讀萬卷書，行萬里路】

讀許許多多書，走許許多多路。指多讀書，多實踐，使自己學識淵博，見多識廣。清・梁紹壬《兩般秋雨庵隨筆》卷五：「《眼鏡銘》：讀萬卷書，行萬里路，有耀自他，我得其助。」

【讀之者盡而有餘，久而更新】

盡：讀完。優秀的作品，能使讀者閱讀完後留有無窮餘味，久後再讀，更覺富有新意。指好文章能使人久讀不厭，新意層出。《晉書・文苑傳》：「司空張華見而嘆曰：『班、張之流也！使讀之者盡而有餘，久而更新。』」

【瀆貨無厭】

瀆：通「黷」；黷貨：貪污納賄。貪污納賄，從不滿足。《左傳・昭公十三年》：「晋有羊舌鮒者，瀆貨無厭。」

【黷武窮兵】

黷：輕率；窮：盡。任意發動戰爭，用盡所有兵力。形容好戰成性。唐・陸贄《收中後請罷兵狀》：「陛下懷悔過之深誠，降非常之大號，知黷武窮兵之長亂，知急徵重斂之剿財。」也作「**窮兵黷武**」。

ㄉㄨˇ

【肚束篾】

肚：胃的俗稱。用竹篾束緊肚子。比喻忍餓安貧。例我寧願肚束篾，也不願損人利己，發不義之財！

【篤近舉遠】

篤：篤厚，親密；舉：舉薦。親近關係近的，薦舉關係遠的。指對人不論親疏，同等看待。唐・韓愈《原人》：「故聖人一視而同仁，篤近而舉遠。」

【篤信好古】

見「篤學好古」。

【篤行不倦】

行：實行。專心去做，不知疲倦。例李教授治學數十年，始終篤行不倦，最後取得了令人矚目的成果。

【篤學好古】

篤學：專心勤學；好古：喜好古籍。指勤奮好學，專心研讀古代典籍。《三國志・吳書・孫瑜傳》：「濟陰人馬普篤學好古，瑜厚禮之。」也作「篤信好古」。篤信：崇信。明・劉基《陳司戶墓志銘》：「情貫經史，蜚聲庠序，而弗競弗求，篤信好古。」也作「篤志愛古」。篤志：專心致志。《北史・景穆十二王傳》：「十六通《杜氏春秋》，下帷讀書，篤志愛古。」

【篤志愛古】

見「篤學好古」。

【篤志好學】

專心致志，勤奮好學。《後漢書・侯霸傳》：「霸矜嚴有威容，家累千金，不事產業。篤志好學，師事九江太守房元。」

【堵窟窿】

窟窿：洞，指虧空。比喻塡補虧空。例他結婚大搞排場，東挪西借，欠了一身債，一年多了還無法堵窟窿。

【堵漏洞】

堵塞漏洞。比喻採取措施堵塞工作或言語中的疏漏。例我們一定要注意堵漏洞，不要給貪污分子以可乘之機。

【堵窩捉鳥——拿個穩】

比喻很有把握。例請放心，這件事交給我辦，就像堵窩捉鳥——拿個穩。也作「堵住籠子抓雞——穩拿」、「兩手捏兔子——穩拿」、「臉盆裏抓魚——穩拿了」、「兩手招兔子——穩把穩拿」、「磨道等驢——穩拿」。

【堵著耳朵偷鈴鐺——自己騙自己】

同「掩耳盜鈴」。比喻自我欺騙的愚蠢行爲。例設計部的經理明明知道新推出的產品不受市場青睞，卻向董事長報告說，新產品十分受大衆喜愛，這不是堵著耳朵偷鈴鐺——自己騙自己！

【賭近盜，奸近殺】

見「賭近盜，淫近殺」。

【賭近盜，淫近殺】

指賭徒輸急了就會去偷盜，淫亂常會引起情殺。《警世通言》卷三五：「常言：『賭近盜，淫近殺。』今日只爲了一個淫字，害了兩條性命。」也作「賭近盜，奸近殺」。《初刻拍案驚奇》卷三六：「只一刀，這嬌怯怯的女子，能消得幾時功夫，可憐一朵鮮花，一旦萎於荒草。也是他念不正，以致有此。正是賭近盜兮奸近殺，古人說話不曾差。『奸』『賭』兩般都不染，太平無事做人家。」

【賭口齒】

指爭論，弄口舌。例他是個詭辯派，要說賭口齒，七個八個也不是他的對手。

【賭錢場上無父子】

指賭場上只講輸贏，不講父子之情。《水滸傳》三八回：「說甚麼閒話？自古『賭錢場上無父子』，你明明地輸了，如何倒革爭？」

【賭與盜爲鄰】

指賭博和偷盜是兩種性質相近的行爲。《歧路燈》六〇回：「從來賭與盜爲鄰，奸盜相隨更有因。」

【睹幾而作】

睹：看見；幾：細微的徵兆。看見細微的徵兆就採取行動。晉・葛洪《抱朴子・明本》：「昔之達人，杜漸防微，色斯而逝，夜不待旦，睹幾而作，不俟終日。」

【睹景傷情】

看到景物引起感傷之情。明・湯顯祖《還魂記・驚夢》：「今日杜麗娘有些僥倖也。偶到後花園中，百花開遍，睹景傷情，沒興而回。」

【睹貌獻飧】

飧：ㄙㄨㄣ，晚飯。察顏觀色，獻上晚餐，熱情招待。指看人有眼力。晉・潘岳《西征賦》：「長傲賓於柏谷，妻睹貌而獻飧。」唐・李善注：「《漢武帝故事》曰：帝即位，爲微行，嘗至柏谷，夜投亭長宿，亭長不納。乃宿逆旅，逆旅翁要少年十餘人，皆持弓矢刀劍，令主人嫗出遇客。婦謂其翁曰：『吾觀此丈夫非常人也，且有備，不可圖也。』……嫗出謝客，殺雞作食。平旦，上去還宮，乃召逆旅夫妻見之，賜嫗千金，擢其夫爲羽林郎。」

【睹微知顯】

見「睹微知著」。

【睹微知著】

看到細微的跡象，就可預知其顯著的狀況。指認識到事物的發展趨勢。《三國志・魏書・臧供傳》：「僕雖不敏，又素不能原始見終，睹微知著，竊度主人之心，豈謂三子宜死，罰當刑之哉？」也作「睹微知顯」。南朝梁・陸倕《志法師墓志銘》：「觀往測來，睹微知顯。」

【睹物懷人】

見「睹物思人」。

【睹物傷情】

看到同故人有關的物品，就引起了悲傷之情。《古今小說》卷二六：「嚴氏見了畫眉，大哭一場，睹物傷情。」也作「睹物興悲」。明・朱鼎《玉鏡台記・新亭流涕》：「猛然間睹物興悲，早不覺潸然涕流。」

【睹物思人】

看到離去的人留下的東西或死者的遺物，就產生對他的懷念之情。《紅樓夢》四四回：「俗話說：『睹物思人。』天下的水總歸一源，不拘那裏的水舀一碗，看著哭去，也就盡情了。」也作「**睹物懷人**」。唐・王勃《常州刺史平原郡開國公行狀》：「皇天眷命，聖武膺圖，睹物懷人，思功去罪。」

【睹物興悲】

見「睹物傷情」。

【睹物興情】

看到眼前的景物，激起相應的情感思緒。南朝梁・劉勰《文心雕龍・詮賦》：「原夫登高之旨，蓋睹物興情，情以物興，故義必明雅。」

【睹影知竿】

看到竹竿的影子，便可知道竹竿的狀貌。比喻從側面體現事物的情況。清・劉熙載《藝概・詩概》：「絕句取徑貴深曲……正面不寫寫反面，本面不寫寫對面、旁面，須知睹影知竿乃妙。」

【睹著知微】

看到事物的顯著狀態，就可推知它剛產生時的細微跡象。三國魏・王粲《贈文》：「探情以華，睹著知微，視明聽聰，靡事不惟。」

【睹終原始】

原：推求根原。看到事物發展的結果，推求其產生的起源。《後漢書・馮衍傳》：「夫睹其終必原其始，故存其人而咏其道。」

ㄉㄨˋ

【杜漸除微】

見「杜漸防萌」。

【杜漸防萌】

杜：堵塞；漸、萌：事物發展的開端；防：防備，防範。指錯誤或壞事一有苗頭就加以防範和制止，不讓其發展下去。《後漢書・丁鴻傳》：「若敕政責躬，杜漸防萌，則凶妖銷滅，害除福湊矣。」也作「**杜漸消萌**」。消：消除。漢・陸賈《新語・道基》：「忠進讒退，直立邪亡，道行奸止……杜漸消萌。」也作「**杜漸除微**」。微：事物初萌時的細微跡象。《宋書・武二王傳》：「杜漸除微，古今所務，況禍機驟發，庸可忽乎。」也作「**杜漸防微**」。晋・葛洪《抱朴子・明本》：「昔之達人，杜漸防微，色斯而逝，夜不待旦，睹幾而作，不俟終日。」也作「**防微杜漸**」。

【杜漸防微】

見「杜漸防萌」。

【杜漸消萌】

見「杜漸防萌」。

【杜絕後患】

杜絕：堵塞，斷絕；後患：後來患。指消除將會發生的禍患。《金瓶梅詞話》九二回：「人無遠慮，必有近憂。不如到官處斷開了，庶杜絕後患。」

【杜絕人事】

杜絕：斷絕；人事：即人際交往。指閉門不出，斷絕同別人的來往。《舊五代史・晋書・史圭傳》：「圭出爲貝州刺史，未幾罷免，退歸常山。由是閉門杜絕人事，雖親戚故人造者不見其面。」

【杜絕言路】

言路：向朝廷進言的途徑。切斷了進言之路。三國魏・陳琳《爲袁紹檄豫州》：「[曹]操欲迷奪時明，杜絕言路，擅收立殺，不俟報聞。」

【杜口裹足】

閉口不言，停步不行。形容非常恐懼而不敢有所動作。《史記・范雎蔡澤列傳》：「臣之所恐者，獨恐臣死之後，天下臣之盡忠而身死，因以是杜口裹足，莫肯鄉（向）秦耳。」

【杜口結舌】

杜口：閉口；結舌：舌頭僵硬不動。形容因驚恐而說不出話。《後漢書・蔡邕傳》：「今羣臣皆杜口結舌，以臣爲戒，誰敢復爲陛下盡忠者乎。」也作「**杜口絕舌**」。漢・焦延壽《焦氏易林・否之巽》：「杜口絕舌，言爲禍母。代伯受患，無所禱冤。」也作「**杜口木舌**」。《後漢書・黃瓊傳》：「忠臣懼死而杜口，萬夫怖禍而木舌。」

【杜口絕舌】

見「杜口結舌」。

【杜口絕言】

見「杜口無言」。

【杜口木舌】

見「杜口結舌」。

【杜口吞聲】

吞聲：不敢出聲。形容因恐懼而不敢說話出聲。《後漢書・曹節傳》：「羣公卿士，杜口吞聲，莫敢有言。」

【杜口無言】

閉上嘴不說話。《晋書・吉挹傳》：「挹辭氣慷慨，志在不辱，杖刄推戈，期之以隕。將吏持守，用不即斃。遂乃杜口無言，絕粒而死。」也作「**杜口絕言**」。唐・玄奘《大唐西域記・阿逾陀國》：「昔以舌毀大乘，今以舌贊大乘，補過自新，猶爲善矣。杜口絕言，其利安在。」

【杜門屏跡】

見「杜門晦跡」。

【杜門不出】

關門不外出。指不與別人交往。《史記・商君列傳》：「公子虔杜門不出，已八年矣。」也作「**杜牆不出**」。南朝梁・江淹《報袁叔明書》：「寒徑絕賓，杜牆不出。」

【杜門晦跡】

關閉門戶，隱藏蹤跡。指隱居不出，使人不知道自己的行蹤。《周書・宇文神舉傳》：「顯和具陳宜杜門晦跡，相時而動，孝武深納焉。」也作「**杜門屏跡**」。唐・楊炯《後周宇文公神道碑》：「公杜門屏跡，心不自安，與門生故吏數百人歸於後魏。」

【杜門卻掃】
卻掃：不再打掃。關閉門戶，不再打掃庭院門徑。形容謝絕迎客，不與外界交往。《魏書・李謐傳》：「『丈夫擁書萬卷，何假南面百城。』遂絕跡下幃，杜門卻掃，棄產營書，手自删削，卷無重覆者四千有餘矣。」

【杜門謝客】
關閉門戶，謝絕來客。指不與外界接觸。宋・陸游《老學庵筆記》卷八：「唐大夫如白居易輩，蓋有遇此三齋月，杜門謝客，專延緇流作佛事者。」

【杜門自絕】
關閉門戶，將自己同外界隔絕開來。《新五代史・盧光稠傳》：「全播恚懼，遂稱疾篤，杜門自絕。」

【杜牆不出】
見「杜門不出」。

【杜十娘怒沉百寶箱——人財兩空】
《警世通言》卷三二載：「北京名妓杜十娘棄妓從良，與在京太學生李甲完婚。浮浪子弟孫富從中離間，李甲負義薄情，將十娘轉賣孫富。杜十娘悲憤交加，將價值萬金的百寶箱怒沉江中，投江自盡。」指人和財都受到損失。例這次大火，使他家變成一片灰燼，老父重傷死亡，真是杜十娘怒沉百寶箱——人財兩空。也作「門神店裏失火——人財兩空」。

【杜微慎防】
微：細微的跡象。指小心防備，將災禍消除在萌芽之中。《明史・胡松傳》：「松言邊兵外也而內之，武庫仗內也而外之，非所以重肘腋，杜微慎防也，執弗許。」

【杜郵之戮】
杜郵：地名，在今陝西咸陽市；戮：殺。《史記・白起王翦列傳》：「武安君（白起）既行，出咸陽西門十里，至杜郵……秦王乃使使者賜之劍，自裁。武安君引劍將自剄，曰：『我何罪於天而至此哉。』……遂自殺。」後因以「杜郵之戮」指忠臣無辜被殺。《後漢書・傅燮傳》：「夫孝子疑於屢至，市虎成於三夫，若不詳察真僞，忠臣將復有杜郵之戮矣。」

【肚裏藏鐮刀——割心腸】
比喻心如刀割，難受極了。例我們在場的人，看到他奄奄一息的樣子，無不感到肚裏藏鐮刀——割心腸之痛苦。

【肚裏打稿】
指心裏盤算。《隋唐演義》七回：「王小二口裏雖說秦客人住著好，肚裏打稿：見那幾件行李，值不多銀子；有一匹馬，又是張口貨。」

【肚裏蛔蟲】
比喻清楚地知道別人內心活動的人。《金瓶梅詞話》一一回：「預備下熬的粥兒，又不知，忽剌八新興出來，要烙餅做湯，那個是肚裏蛔蟲？」

【肚裏淚下】
把眼淚流進肚裏。比喻將痛苦壓在心裏，不流露出來。宋・葉紹翁《四朝聞見錄・憲聖不妒忌之行》：「大姐姐遠處北方，臣妾缺於定省，每遇天日清美，侍上宴集，才一思之，肚裏淚下。」

【肚裏有半斤，嘴上倒八兩——有啥說啥】
舊制一斤十六兩，八兩即半斤。比喻毫不隱諱，心裏怎麼想就怎麼說。例今天開的是一個談心會，大家肚裏有半斤，嘴上倒八兩——有啥說啥，絕不抓辮子，打棍子。也作「灶王爺上天——有啥說啥」。

【肚裏長瘤子——心腹之患】
比喻藏在內部的危害極大的禍害。例黃河不根治，對我們來說，總是肚裏長瘤子——心腹之患。

【肚裏長牙——心眞狠】
比喻心腸殘忍、狠毒，或心腸硬，不爲感情所動。例萬大媽罵道：「你這個賊，肚裏長牙——心眞狠呀！」也作「肚子裏長牙齒——眞心狠」。

【肚皮裏點燈——心裏明】
比喻心裏明白。例這場狗咬狗的滑稽劇騙不了人，我們是肚皮裏點燈——心裏明。也作「肚子裏點燈——心眼上明」、「肚皮裏吃了螢火蟲——全明了」、「肚裏吃螢火蟲——自己明白」、「缸中點燈——心裏亮」。

【肚皮裏橫了根門閂——不開竅】
門閂：門關上後，插在門內使門推不開的木棍或鐵棍。見「上銹的鐵鎖——不開竅」。

【肚皮上磨刀——危險】
也作「肚皮上磨刀——冒險」、「肚皮上磨刀——好險」。見「刀口舔糖——危險」。

【肚皮上栽樺樹——種下隱木疙瘩了】
比喻埋下隱患，結下冤仇。例程芳尖銳的意見，使上司拂袖而去，不少人替她捏一把汗，說是肚皮上栽樺樹——種下隱木疙瘩了。

【肚皮貼在脊梁上——餓極了】
指飢餓到了極點。例他在坑道中，三天沒吃飯，肚皮貼在脊梁上——餓極了。

【肚臍眼插鑰匙——開心】
見「燈草剖肚——開心」。

【肚臍眼點燈——心照不宣】
比喻心裏明白而不公開說出。例各隊都在調兵遣將，積極練兵，準備奪取團體冠軍，只是彼此肚臍眼點燈——心照不宣罷了。

【肚臍眼放屁——妖（腰）氣】
妖：「腰」的諧音。比喻人作風不正派，妖里妖氣。例你不能用老眼光看問題：見了奇裝異服，就說肚臍眼放屁——妖（腰）氣。

【肚臍眼流膿——壞透了】
見「冬瓜瓤裏生蛆——壞透了」。

【肚臍眼說話——謠（腰）言】
謠：「腰」的諧音。比喻沒有事實根據的消息。例請不要四處傳播了，這純粹是肚臍眼說話——謠（腰）言。也作「磚窰裏失火——謠言(窰煙)」。

【肚臍眼長筍子——胸有成竹】

筍子：竹的嫩芽，也叫竹筍；胸有成竹：畫竹子時心裏已有竹的形象。比喻事前已有成熟的考慮或主意。例你原來是肚臍眼長筍子——胸有成竹了，何不早說，害得我們煞費苦心，弄了這個不像樣的計畫。也作「牛吃筍子——胸有成竹」。

【肚痛埋怨灶司】

灶司：灶君。比喻自己沒有本事，卻埋怨不相干的人。例明明是自己不懂裝懂捅出的紕漏，還想嫁禍於人，鬧了個肚痛埋怨灶司的笑話。也作「肚痛怨灶神——錯怪」。

【肚痛怨灶神——錯怪】

見「不恨繩短，只怨井深——錯怪」。

【肚子裏撐船——內行（航）】

行：「航」的諧音。①比喻對某項工作或業務、技術很熟練，有比較豐富的知識和經驗。例周滿喜說：「別看王師傅教育程度不高，對於鼓搗機器，可是肚子裏撐船——內行(航)。咱們得好好向他學習。」②指內行的人。例對這種事，他是肚子裏撐船——內行（航），放心吧。

【肚子裏揣著個漏勺——心眼太多】

漏勺：炊事用具，有許多小孔的金屬勺子。比喻善於打算，工於心計。例吳老栓的綽號叫做「小諸葛」，這個人肚子裏揣著個漏勺——心眼太多，你同他打交道，可要小心啊！也作「菜刀切藕——心眼多」、「淘麥篩兒作鍋蓋——眼兒不少」、「熟透的藕——心眼多」。

【肚子裏打架——餓了】

形容肚餓。例趕快開飯吧，我肚子裏打架——餓了。

【肚子裏吞擀麪杖——直腸子】

擀麪杖：擀麪用的木棍兒。如果能吞下擀麪杖，說明腸子是直的或變直了。比喻人的性格直爽，有啥說啥，不會拐彎抹角。例我這個人是肚子裏吞擀麪杖——直腸子，從來有一說一，不會拐彎兒抹角地耍鬼心眼子。也作「肚子裏吞擀麪杖——直腸直肚」、「屬驢的——直腸子」、「一根腸子通到底——只會說直話」。

【肚子沒心病，不怕吃西瓜】

比喻自己沒做錯事，就不怕別人議論。例我是清清白白的，肚子沒心病，不怕吃西瓜，要告就去告吧！

【肚子疼擦紅藥水——不起作用】

比喻不解決問題。例他們缺少的是建築材料，你們派大批工人去，是肚子疼擦紅藥水——不起作用。

【妒富愧貧】

嫉妒別人的富貴，愧恨自己的貧困。《紅樓夢》五三回：「奈他們有年老的懶於熱鬧，有家內沒有人，又有疾病淹留，要來竟不能來，有一等妒富愧貧不肯來。」

【妒功忌能】

妒：嫉妒；忌：忌恨。對有功勞、有才能的人心懷忌妒。《前漢演義》一〇回：「況陳王好信讒言，妒功忌能，將軍功高益危。」

【妒火中燒】

忌妒別人的怒火在胸中燃燒。形容非常忌妒。例他聽到張工程師贏得發明獎的消息，不禁妒火中燒。

【妒能害賢】

忌妒陷害有才能、有德行的人。元・關漢卿《哭存孝》四折：「您聽者，李存信妒能害賢，飛虎將負屈銜冤。」

【妒賢疾能】

見「妒賢嫉能」。

【妒賢嫉能】

忌妒德行和才能比自己強的人。《水滸傳》一九回：「此人只懷妒賢嫉能之心，但恐衆豪傑勢力相壓。」也作「妒賢疾能」。疾：通「嫉」。《資治通鑑・周赧王四十九年》：「其所授者，妒賢疾能，御下蔽上，以成其私。」也作「嫉賢妒能」。

【度不可改】

度：法度。法度不能輕易改變。《左傳・昭公四年》：「且吾聞爲善者不改其度，故能有濟也。民不可逞，度不可改。」

【度人金針】

度：傳授。唐・馮翊《桂苑叢談・史遺》載：「鄭侃之女采娘，七夕夜陳香筵，祈於織女。是夕，夢云輿羽蓋蔽空，駐車命采娘曰：『吾織女，祈何福？』曰：『願丐巧耳。』乃遺一金針，長寸餘，綴於紙上，置裙帶中，令『三日勿語，汝當奇巧。』」後用「度人金針」比喻將某種秘法、訣竅傳授給人。清・梁章鉅《退庵隨筆・學詩二》：「國朝吳景旭撰《歷代詩話》至八十卷，嗜奇愛博，而尚非度人金針。」也作「金針度人」。

【度日如年】

見「度日如歲」。

【度日如歲】

歲：年。過一天感覺就像過一年那樣長。形容處境不好，日子難熬。《舊五代史・張希崇傳》：「我陷身此地，飲酪披毛，生不見其所親，死爲窮荒之鬼，南望山川，度日如歲，爾輩得無思鄉者乎！」也作「度日如年」。《水滸傳》五三回：「哥哥在高唐州界上，度日如年。」

【度外之人】

度外：法度之外，指不照常規。行事不守陳規的人。《三國志・魏書・楊阜傳》：「曹公有雄才遠略，決機無疑，法一而兵精，能用度外之人，所任各盡其力，必能濟大事者也。」

【度外置之】

度外：心意謀慮之外。對事情不加考慮，擱置一邊。指不將事情放在心上。明・盧象昇《寄外舅王帶溪先生九首》之五：「功名身命，已度外置之。」也作「置之度外」。

【渡河香象】
佛教語。比喻悟道精深。《優婆塞戒經》卷一：「如恆河水，三獸俱渡，兔、馬、香象。兔不至底，浮水而過；馬或至底，或不至底；象則盡底。」後用「渡河香象」稱讚詩文寫得精闢透徹。宋·陸游《雍熙請論老疏》：「某人渡河香象，跋浪長鯨。初得法於室中，耳聾三日；晚抽身於林下，壁觀九年。」也作「香象渡河」。

【渡江亡楫】
楫：ㄐㄧˊ，船槳。渡江沒有船槳。比喻辦事缺乏必要的憑藉。《漢書·賈誼傳》：「若夫經制不定，是猶度江河亡維楫，中流而遇風波，船必覆矣！」。

【蠹國病民】
見「蠹國害民」。

【蠹國害民】
蠹：蛀蝕，敗壞。給國家帶來損害，給人民帶來禍患·指禍國殃民。《元史·世祖紀五》：「壬寅，安童以阿合馬擅財賦權，蠹國害民，凡官屬所用非人，請別加選擇，其營作宮殿，夤緣爲奸，亦宜詰問，帝命窮治之。」也作「蠹國病民」。病：使痛苦。《資治通鑑·唐太宗貞觀十年》：「道、釋異端之教，蠹國病民，皆上素所不爲。」也作「蠹國殃民」。《明史，方從哲傳》：「代營榷稅，蠹國殃民。」

【蠹國耗民】
蠹：蛀蝕；耗：消耗。侵吞國庫，耗用民財。清·紀昀《閱微草堂筆記·如是我聞一》：「彼不耕不織而蠹國耗民者，獨僧尼耶？」

【蠹國殃民】
見「蠹國害民」。

【蠹簡殘編】
簡：竹簡，古代用於書寫的竹片；編：將竹簡一根根繫聯起來的皮條和繩子。指殘缺不全的書籍。宋·黃庭堅《世弼惠詩求舜泉輒欲以長安酥共泛一杯，次韻戲答》詩：「寒齏薄飯留佳客，蠹簡殘編作近鄰。」

【蠹居棋處】
蠹居：像蛀蟲一樣藏身；棋處：像棋盤上的棋子一樣分散各處。比喻邪惡的人藏身隱蹟，分散各處。唐·韓愈《潮州刺史謝上表》：「孽臣奸隸，蠹居棋處。」

【蠹書蟲】
蛀書蟲。比喻食古不化，讀死書的人。唐·韓愈《雜詩》：「豈殊蠹書蟲，生死文字間。」

【蠹政害民】
政：朝政。敗壞朝政，殘害人民。《三國演義》一二〇回：「又左右皆非其人，羣黨相挾，害忠隱賢，此皆蠹政害民者也。」也作「蠹政虐民」。虐：虐待。清·王夫之《讀通鑑論·唐太宗》：「其有壞法亂紀，蠹政虐民者，則固有持憲之臣，操准繩以議其後。」

【蠹政虐民】
見「蠹政害民」。

【蠹衆而木折，隙大而牆壞】
蠹：蛀蟲；隙：裂縫。蛀蟲多了，大樹就會折斷；裂縫太大了，牆就會倒塌。意謂防患於未然。《商君書·修權》：「諺曰：『蠹衆而木折，隙大而牆壞。』故大臣爭於私而不顧其民，則下離上。下離上者，國之隙也。秩官之吏隱下以漁百姓，此民之蠹也。故有隙、蠹而不亡者，天下鮮也。」

【蠹衆木折】
蛀蟲多了，就使木頭折斷。比喻爲害的因素多了，就會釀成大禍。漢·焦延壽《焦氏易林·剝之中孚》：「郤大牆壞，蠹衆木折。狼虎爲政，天降罪伐。」

【蠹啄剖梁柱】
蠹：蛀蟲；剖：破開。比喻小患不制止，就會造成大禍。《淮南子·人間訓》：「故蠹啄剖梁柱，蚊虻走牛羊，此之謂也。」

ㄉㄨㄛ

【多臂觀音——總伸手向外】
多臂觀音：即千手觀音，佛教的菩薩之一，奉爲慈悲的化身，救苦救難之神。比喻辦事不親自去做，處處依賴別人。例天大的困難，也要依靠自己的力量去解決，不能當多臂觀音——總伸手向外。

【多病多愁】
形容疾病纏身，愁悶滿懷。宋·梅堯臣《陸子履見過》詩：「論情論舊彈冠少，多病多愁飲酒稀。」也作「多愁多病」。元·王實甫《西廂記》一本四摺：「小子多愁多病身，怎當那傾國傾城貌。」也作「多愁善病」。善：容易。《儒林外史》三〇回：「假使天下有這樣一個人，又與我同生同死，小弟也不得這樣多愁善病！」

【多病能醫】
多年患病，也能漸通醫道，爲人看病。唐·姚合《武功縣作三十首》詩之二四：「久貧還易老，多病懶能醫。」例他自小就多病多災，斷不了打針吃藥，到後來竟多病能醫，有些人還找上門來求治。

【多才多藝】
見「多材多藝」。

【多才豐藝】
見「多材多藝」。

【多材多巧】
見「多材多藝」。

【多材多藝】
具有多方面的才能和技藝。《尚書·金縢》：「予仁若考，能多材多藝，能事鬼神也。」也作「多才多藝」。《詩經·小雅·裳裳者華》漢·鄭玄箋：「君子斥其先人也，多才多藝，有禮於朝，有功於國。」也作「多材多巧」。巧：技巧，技藝。晉·左思《悼離贈妹詩二首》之一：「匪惟見慕，善誘善導。斟酌諸姬，言成典誥。匪惟辭章，多才多巧。」也作「**多才豐藝**」。豐：多。晉・潘岳《楊荊州誄》：「多才豐藝，强記恰聞。」也作「**多能多藝**」。能：才能。宋・梅堯臣《乞巧賦》：「技之巧不過多能藝，使爾多能多藝，則藝成而蹟卑。」也作「**多藝多才**」。三國蜀・諸葛亮《將苑・三賓》：「奇謀不測，博聞廣見，多藝多才，此萬夫之望，可引爲上賓。」

【多財善賈】

見「多錢善賈」。

【多藏厚亡】

《老子》四四章：「是故甚愛必大費，多藏必厚亡。」因以「多藏厚亡」指聚斂的財富多，招來的損失更大。《後漢書・折像傳》：「及[折]國卒，感多藏厚亡之義，乃散金帛資產，周施親疏。」

【多愁多病】

見「多病多愁」。

【多愁善病】

見「多病多愁」。

【多愁善感】

過多憂愁，易於感傷。形容感情脆弱。茅盾《幻滅》二：「靜忽然掉下眼淚來。是同情於這個不相識的少婦呢，還是照例的女性的多愁善感，連她自己也不明白。」

【多此一舉】

舉：舉動，行動。這一舉動是多餘的。指完全不必這樣做。《二十年目睹之怪現狀》八九回：「你給我這一張整票子，明天還是要到你那邊打散，何必多此一舉呢？」也作「**多此一事**」。明・沈德符《萬曆野獲編・改名被疑》：「嘉靖間刑科徐學詩，以劾嚴分宜罷去。時徐宗伯太宰爲禮部郎，姓名與之同，乃改詩爲謨……若徐公即非媚灶，亦多此一事矣。」

【多此一事】

見「多此一舉」。

【多端寡要】

端：頭緒；寡：少；要：要領。頭緒過多而缺少要領。形容遇事繁多，茫然不知所從。《三國志・魏書・郭嘉傳》：「袁公徒欲效周公之下士，而未知用人之機。多端寡要，好謀無決。」

【多多益辦】

見「多多益善」。

【多多益善】

越多越好。《史記・淮陰侯傳》：「上問曰：『如我能將幾何？』[韓]信曰：『陛下不過能將十萬。』上曰：『于君何如？』曰：『臣多多而益善耳。』上笑曰：『多多益善，何爲爲我禽？』」晉・葛洪《抱朴子・微旨》：「大都其要法，御女多多益善，如不知其道而用之，一兩人足以速死爾。」也作「**多多益辦**」。辦：做成，具備。漢・荀悅《漢紀・高祖紀》：「又問韓信：『公能將幾何？』對曰：『臣多多益辦耳。』」也作「**多多益嗜**」。嗜：喜好。唐・劉禹錫《送僧方及南謁柳員外引》：「古詩人曁今號爲能賦詩，有輒求其詞吟呻之，拳拳然多多益嗜。」

【多多益嗜】

見「多多益善」。

【多方百計】

指使出一切所能想到的方法、計謀。例他爲了爭取主管的職位，不惜得罪同事，多方百計的討好上司。也作「**千方百計**」。

【多方句容】

句容：曲折包容。指多方面地容納人才。宋・蘇軾《上神宗皇帝萬言書》：「陛下多方句容，則人材取次可用；必欲廣置耳目，務求瑕疵，則人不自安，各圖苟免，恐非朝廷之福。」

【多費口舌】

形容再說下去毫無用處。例對於這種屢敎不改的人，實在不必多費口舌，還是該處罰的就處罰。

【多福自求】

要獲得更多的幸福，應靠自己去努力追求。清・陳確《遺祝鳳師兄弟書》：「愼之又愼，凜乎若朽索之馭，則多福自求，令名無窮矣。」也作「**自求多福**」。

【多個朋友多條路，少個對手少堵牆】

比喻要多交友，少樹敵。例人多力量大。幹什麼事都要團結多數人。單槍匹馬獨闖天下只是一種幻想。多個朋友多條路，少個對手少堵牆嘛！

【多個人，多個膽】

指人多膽壯。黃谷柳《蝦球傳》三部一章：「一個人孤孤單單，人多就有商有量，俗語說：多個人，多個膽。」

【多蠱多妒】

蠱：ㄍㄨˇ，毒蠱，指用心狠毒。謂居心險惡，妒意極强。《紅樓夢》五六回：「我們這裏搜剔小過，已經不當，皆因你奶奶是個明白人，我才這樣行，若是糊塗多蠱多妒的，我也不肯倒像抓他的乖一般，豈可不商議了行？」

【多故之秋】

見「多事之秋」。

【多懷顧望】

左思右想，四顧觀望。形容猶豫不決。宋・歐陽修《王彥章畫像記》：「諸將多懷顧望，獨公奮然自必，不少屈懈。」

【多計無斷】

見「多謀少決」。

【多見廣識】

見聞多，知識廣。《水滸傳》七四回：「話說這一篇詩，單道著燕青。他雖是三十六星之末，果然機巧心靈，多見廣識，了身達命，都强似那三十五個。」也作「**見多識廣**」。

【多見闕殆】

闕：ㄑㄩㄝ，空，指保留；殆：ㄉㄞˋ，疑惑。多方觀察，將疑惑之處存留下來，而不照著去做。《論語・爲政》：

「多見闕殆，愼行其餘，則無悔。」

【多見者博，多聞者智；拒諫者塞，專己者孤】

專己：個人獨斷專行；孤：孤立。見得多的人知識淵博，聽得多的人見識廣；拒絕規諫，獨斷專行的人閉塞視聽，使自己孤立。漢・桓寬《鹽鐵論・刺議》：「山林不讓椒掛以成其崇；君子不辭負薪之言，以廣其名。故多見者博，多聞者智；拒諫者塞，專己者孤。故謀及下者無失策，舉及衆者無頓功。」

【多賤寡貴】

指東西多則價格低廉，少則價格昂貴。《管子・國蓄》：「夫物多則賤，寡則貴，重則散，輕則聚。」

【多金善賈】

見「多錢善賈」。

【多口阿師】

指愛多說話的人。宋・圓悟《碧岩錄》卷五：「缽裏飯桶裏水，多口阿師難下嘴。」

【多口饒舌】

見「多嘴多舌」。

【多壘之秋】

見「多事之秋」。

【多力豐筋】

豐：豐滿；筋：肌腱或骨上的韌帶。比喻字體堅實飽滿，筆力剛勁雄健。例蘇老師的書法多力豐筋，堪稱上品。也作「豐筋多力」。

【多歷年稔】

見「多歷年所」。

【多歷年所】

歷：經歷；年所：年數。指經歷的時間長久。《南史，齊豫章文獻王嶷傳》：「臣昔不能拔賞，隨時所貴，規摹子敬，多歷年所。」也作「多歷年稔」。稔：ㄖㄣˇ，穀物一年一熟，故稔指年。南朝・梁武帝《責賀琛敕》：「我自除公宴不食國家之食，多歷年稔。」

【多謀善斷】

謀：謀劃；斷：決斷。多方謀劃，善於做出決斷。例《三國演義》中「火燒赤壁」、「空城計」等故事，表現出諸葛亮多謀善斷，勝敵一籌的傑出才能。

【多謀善慮】

智謀多，又善於思考。清・李漁《凰求鳳・畫策》：「你是個多謀善慮之人，何不替我籌度一番，行了這個方便也好。」

【多謀少斷】

見「多謀少決」。

【多謀少決】

指謀劃有餘而決斷不足。《晉書・宣帝紀》：「帝弟孚書問軍事，帝復書曰：『[諸葛]亮志大而不見機，多謀而少決，好兵而無權，雖提卒十萬，已墮吾畫中，破之必矣。」也作「多謀少斷」。清・薛福成《庸庵筆記・駱文忠公遺愛》：「同時張石卿制軍，其初名位與駱公相埒，而才調發越，則十倍駱公，然而有爲不能有守，好用權術，多謀少斷。」也作「多計無斷」。計：計謀。《三國志・魏書・杜畿傳》：「吾單車直往，出其不意，[衛]固爲人多計而無斷，必僞受吾・吾得居郡一月，以計縻之，足矣。」

【多謀足智】

指富於智謀。元・關漢卿《單刀會》一折：「怎比那多謀足智雄曹操，你須知南陽諸葛應難料。」也作「足智多謀」。

【多慢生亂】

慢：傲慢。待人太傲慢，就會生出亂事。《三國志・蜀書・譙周傳》：「多慢則生亂，思善則生治，理之常也。」

【多難興邦】

興：復興，振興；邦：國家。《左傳・昭公四年》：「鄰國之難，不可虞也。或多難以固其國，啟其疆土；或無難以喪其國，失其守宇。」後用「多難興邦」指多災多難的局面，往往可以激發人民勵精圖治，轉危爲安，使國家復興强盛起來。唐・陸贄《論敍遷幸之由狀》：「無難失守者，忽萬機之重而忘憂畏也；多難興邦者，涉庶事之艱而知敕愼也。」

【多難之秋】

見「多事之秋」。

【多面手】

指具有多方面才能與技藝的人。例小于聰明好學，很快就掌握了全套生產工藝，成了多面手。

【多能多藝】

見「多材多藝」。

【多年的媳婦熬成了婆】

比喻長期受人支配，終於改變地位，可以支配別人。例當了半輩子的下手，這回才算可以伸伸腰了。多年的媳婦熬成了婆，不容易啊！

【多歧亡羊】

歧路太多，因而丟失的羊難以找回。比喻情況複雜多變，因而失去方向，達不到目的。《列子・說符》：「楊子之鄰人亡羊，既率其黨，又請楊子之豎追之。楊子曰：『嘻！亡一羊，何追者之衆？』鄰人曰：『多歧路。』既反，問：『獲羊乎？』曰：『亡之矣。』……心都子曰：『大道以多歧亡羊，學者以多方喪生。』」也作「歧路之羊」。

【多錢善賈】

賈：做生意。錢多就好做生意。比喻條件準備得充分，事情就容易辦好。《韓非子・五蠹》：「鄙諺曰：『長袖善舞，多錢善賈。』此言多資之易爲工也。」也作「多財善賈」。《朱子語類》卷三五：「多財善賈，須多蓄得在這裏，看我要買也得，要賣也得；若只有十六錢在這裏，如何處置得去？」也作「多金善賈」。元・戴表元《坐隱辭》：「快馬疾馳不如徒步，多金善賈不如躬耕。」

【多情多感】

見「多情易感」。

【多情多義】

重感情，講義氣。《品花寶鑑》三回：「聘才已知富三是個熱心腸，多情多義的人。」

【多情善感】

見「多情易感」。

【多情易感】

富於感情，容易傷感。宋・黃庭堅《滿庭芳》詞：「鴛鴦，頭早白，多情易感，紅蓼池塘。」也作「多情多感」。宋・蔡伸《柳梢青》詞：「丁香露泣殘枝，算未比、愁腸寸結。自是休文，多情多感，不干風月。」也作「多情善感」。茅盾《子夜》六：「那還不是一定要引起公園中各式各樣的女性，狷介的，憂鬱的多情善感的青年女郎，對於他的美麗僵屍灑一掬同情之淚，至少要使她們的芳心跳動？」

【多如牛毛】

多得像牛毛一樣。《北史・文苑傳序》：「及明皇，文雅大盛，學者如牛毛，成者如麟角。」後用「多如牛毛」形容數量極多。梁啟超《論資政院之天職》：「比年以來，新頒法規，多如牛毛。」

【多識君子】

學識廣博，品格高尚的人。《新唐書・褚遂良傳》：「帝悅，曰：『人之立身，不可以無學。遂良所謂多識君子哉！』」

【多士盈庭】

士：名士，有才能的人；盈：充滿；庭：指朝廷。形容聚集了許多賢才名士。《宋史・蔡幼學傳》：「寧宗即位，詔求直言。幼學又奏：『……故大臣當興治而以生事自疑，近臣當效忠而以忤旨摒棄，其極至於九重深拱而羣臣盡廢，多士盈庭而一籌不吐。』」

【多事多患】

要做的事情越多，心中的憂患也就越多。《孔子家語・觀周》：「無多言，多言多敗；無多事，多事多患。」

【多事之秋】

指事變頻繁的時期。形容局勢不穩。宋・孫光憲《北夢瑣言》卷一二：「所以多事之秋，滅跡匿端，無爲綠林之嚆矢也。」也作「多故之秋」。故：事故，災難。《金史・宣宗紀下》：「今多故之秋，人才難得，朕欲除大罪外，徒刑追配有武藝善掌兵者，量才復用。」也作「多壘之秋」。壘：堡壘，指戰爭爆發。宋・葛勝仲《賀耿左丞啟》：「逮茲多壘之秋，盡出萬全之策。」也作「多難之秋」。難：災難。宋・袁燮《論蜀札子》：「而不知其時之不同，多難之秋，正藉其力，庸可抑乎？」也作「多務之秋」。務：事情。宋・李季可《松窗百說・主盟》：「當天下多務之秋，人主宵旰，有才難之嘆。」

【多收並蓄】

指大量地收集蓄積。明・李東陽《送南京國子祭酒謝公詩序》：「董子稱王者以教化爲大務，蓋天下之人才風俗皆於是關焉，州庠黨序多收並蓄，不能當百一之選。」

【多手多腳】

形容到處插手，給人添亂。例這個人遇事喜歡多手多腳，惹人討厭。

【多梳髮亂】

梳理過多，反而會把頭髮弄亂。比喻想得過多，反而引起思路混亂。明・葉小紈《鴛鴦夢》一一齣：「出老先生自宜主張，休要三思，老先生若是得意，就此金諾，何必更爲轉展，恐怕疑多，反爲亂事。俗話說：『多梳髮亂。』不若老先生自立主意。」

【多算勝少算】

算：計謀、智慧。計謀多的能戰勝計謀少的。《孫子・計篇》：「多算勝，少算不勝。」《漢書・趙充國傳》：「多聞兵以計爲本，故多算勝少算。」

【多所記憶】

指某方面的東西記得很多。《南史・沈攸之傳》：「攸之晚好讀書，手不釋卷，史漢事多所記憶。」

【多文爲富】

多文：學識廣博。指以學識淵博爲富有。《禮記・儒行》：「儒有不寶金玉，而忠信以爲寶；不祈土地，立義以爲土地；不祈多積，多文以爲富。」

【多聞博識】

見聞廣博，知識豐富。宋・陸九淵《語錄》：「君子雖多聞博識，不以此自負。」也作「博識之聞」。

【多聞強記】

指見聞豐富，記憶力強。《五燈會元・天台韶國師法嗣》：「杭州九曲觀音院慶祥禪師，余杭人也，辯才冠衆，多聞強記，時天台門下推爲傑出。」

【多聞闕疑】

多方聽取，遇有疑難則存留不論。《論語・爲政》：「多聞闕疑，慎言其餘，則寡尤。」後指治學謙虛嚴謹。《新唐書・獨孤及傳》：「然則多聞闕疑，不恥下問，聖人之心也。」

【多聞闕疑，慎言其餘，則寡尤】

闕：除去，同「缺」；其餘：指不了解的事情；尤：過錯。多聽多思，除去不明白的地方，慎重地對待不了解的事物，就會少犯錯誤。《論語・爲政》：「子張學干祿。子曰：『多聞闕疑，慎言其餘，則寡尤；多見闕殆，慎行其餘，則寡悔。言寡尤，行寡悔，祿在其中矣。』」

【多聞，擇其善者而從之，多見而識之】

識：通「志」，記住。多聽，選擇其中好的而加以採納；多看，而全記在心裏。比喻多聽聽別人的話，多看看各種事物以取得知識。《論語・述而》：「子曰：『蓋有不知而作之者，我無是也。多聞，擇其善者而從之，多見而識之。知之次也。』」

【多務之秋】
見「多事之秋」。
【多心傷感】
多心：多疑。疑慮重重的人容易引發傷感之情。《紅樓夢》三回：「若為他這種行狀，你多心傷感，只怕你還傷感不了呢，快別多心！」
【多行不義必自斃】
壞事幹多了，必定自取滅亡。指不可積惡，否則自我倒霉。《左傳·隱公元年》：「對曰：『姜氏何厭之有？不如早為之所，無使滋蔓，蔓難圖也。蔓草猶不可除，況君之寵弟乎！』公曰：『多行不義必自斃。子姑待之。』」
【多行無禮必自及】
自及：涉及到自己身上。總是做無禮的事情，最後必定自我倒霉的。《左傳·襄公四年》：「君子曰：『志所謂多行無禮必自及也，其之謂乎！』」
【多凶少吉】
凶險多，吉利少。指前景不妙。元·無名氏《賺蒯通》二折：「你去後多凶少吉，幹這般盡忠竭力。」也作「凶多吉少」。
【多許少與】
許：應允，許願；與：給與。許願的多，給與的少。指盡說好話，卻很少能兌現。先秦·黃石公《素書·遵義》：「行賞吝色者沮，多許少與者怨，既迎而拒者乖。」
【多言多敗】
敗：指捅樓子，惹禍。話說得太多，就會惹出不少的禍。《孔子家語·觀周》：「無多言，多言多敗。無多事，多事多患。」
【多言多語】
指本不該說，卻偏要亂說。《水滸傳》六一回：「盧俊義道：『你婦人家省得甚麼！寧可信其有，不可信其無。自古禍出師人口，必主吉凶。我既主意定了，你都不得多言多語。』」
【多言繁稱】
繁：浮靡；稱：稱引。指說話或寫文章，羅列詞藻，大量稱引，結果空洞無物，華而不實。《韓非子·難言》：「多言繁稱，連類比物，則見以為虛而無用。」
【多言或中】
指從多方面說開去，其中有的可能說到點子上。《雲笈七籤》卷七〇：「凡我同志，庶幾於此者，要在細求眞訣，務以師授，不可以謏聞淺說、多言或中之義，所希企及矣。」
【多言可畏，譬之防川】
流言可怕，應當像防河川決堤一樣加以防備。《三國典略·袁聿修與邵書郎》：「瓜田李下，古人所慎，多言可畏，譬之防川，願表此心，不貽厚責。」
【多言數窮】
數：ㄕㄨㄛˋ，屢次、頻頻。指話說多了就會失言，陷入窘迫的境地。《老子》五章：「多言數窮，不如守中。」
【多言衆所忌】
好說閒話，誇誇其談，容易為人們所忌諱。指人說話要有分寸，不可海闊天空，不著邊際。《清平山堂話·本快嘴李翠蓮記》：「爹娘只因你口快了愁！今番只是少說些。古人云：『多言衆所忌。』到人家只是謹慎言語，千萬記著！」
【多一分享用，少一分志氣】
享受過多，意志就會衰退。清·申涵光《荊園小語》：「經一番挫折，長一番識見；多一分享用，少一分志氣。」
【多一事不如少一事】
不要多管閒事，免得招惹是非。例現代人不如以前的人那麼熱心了，對於眼見的事，總一副「多一事不如少一事」的心態，冷漠得很。也作「多一事不如省一事」。《紅樓夢》四五回：「咱們也算是同病相憐。你也是個明白人，何必作『司馬牛之嘆』？你才說的也是，多一事不如省一事。」
【多一位菩薩多一爐香】
比喻多一個上司就多一分麻煩。例祕書李小姐成天盼望新上任的總經理能少讓她做些雜事，誰知「多一位菩薩多一爐香」，反而瑣碎的事情更多了。趙樹理《李有才板話》六：「小順道：『多一位菩薩多一爐香！』成天盼望主任給咱們抵些事，誰知道主任一上了台，就跟人家混得很熟，除了多派咱幾回差，一點什麼好處都沒有！」
【多疑少決】
多懷疑慮，缺少決斷。晉·潘岳《射雉賦》：「若夫多疑少決，膽劣心狷，內無固守，出不交戰。」也作「多疑無決」。《三國志·魏書·賈詡傳》「詡說[張]繡與劉表連和」裴松之注引《傅子》：「詡曰：[劉]表，平世三公才也；不見事變，多疑無決，無能為也。」
【多疑無決】
見「多疑少決」。
【多藝多才】
見「多材多藝」。
【多魚之漏】
多魚：古地名。《左傳·僖公二年》：「齊寺人貂始漏師於多魚。」晉·杜預注：「《傳》言貂於此始擅貴寵，漏洩桓公軍事。」後用「多魚之漏」指洩漏軍事秘密。清·夏燮《中西紀事·海疆殉難》：「約以晦日同時進襲，而漢奸多多魚之漏，洋人踞城者皆預為準備。」
【多災多難】
形容災難相繼而來。許地山《東野先生》：「因為他們以為人吃了那果子，便能使社會多災多難，所以凡是吃那果子的人，都得受刑罰。」
【多知為雜】
指知識面太寬，就會有龐雜的弊病。漢·揚雄《法言·問神》：「淮南、太史公者其多知歟，曷其雜也。曰：『雜乎雜，人病以多知為雜，惟聖人不爲雜。』」

【多指亂視，多言亂聽】
指：指點，指導；視：看待，考察；聽：治理，判斷。指手畫腳的人多，影響主事人對事物、形勢的考察、了解；議論的人多，影響主事人的判斷。明・余繼登《典故見聞》卷一八：「今始則計慮未詳，既以人言而行，終則執守靡定，又以人言而止，加之愛惡交攻，意見橫出，讒言微中，飛語流傳，尋之莫究其端，聽者不勝其眩……語曰：『多指亂視，多言亂聽。』此最當今之大患也。」

【多姿多采】
多種的姿態和色彩・形容事物非常動人。例畫面雖只是崖石一角，竹樹數竿而已，而給人的藝術享受，卻多姿多采，恍如置身於湖光山色之間。

【多嘴的婆婆——熱心腸】
形容待人熱情、體貼，使人感到溫暖。例余明是一個多嘴的婆婆——熱心腸，對誰都是有求必應，熱情幫助。也作「多嘴的婆婆——一片熱心腸」、「胸口裝馬達——熱心腸」。

【多嘴多舌】
指在不適當的場合亂說一氣，惹事生非。《水滸傳》四一回：「你今日既到這裏，不可使你那在江州性兒，需要聽兩位頭領哥哥的言語號令，亦不許你胡言亂語，多嘴多舌。」也作「多嘴饒舌」。饒：多。《三遂平妖傳》二回：「那個多嘴饒舌的，閒在那裏不去打瞌睡，卻是報新聞，搬起這樣是非。」也作「多口饒舌」。宋・樓鑰《跋惠峯詢老所編類海》：「若不作憑麼看，將謂多口饒舌。」

【多嘴饒舌】
見「多嘴多舌」。

【多嘴討人嫌】
多嘴：說不該說的話。多嘴惹人厭惡。例該說的說，不該說的也說，一說起來就沒完沒了，眞正是多嘴討人嫌。

【多嘴獻淺】
獻淺：暴露自己的鄙陋淺薄。指亂說一氣，令人生厭。《醒世姻緣傳》二回：「這一定有多嘴獻淺的人，對那強人說我在大門前看他起身，與街坊婦人說話。這是來尋釁了。」

ㄉㄨㄛˊ

【掇乖弄俏】
乖：乖巧；俏：風流。指表露乖巧，賣弄風騷。《捉鬼傳》七回：「一個叫做輕薄鬼，生得體態輕狂，言語不實，最好掇乖弄俏。」

【掇青拾紫】
掇：拾取；青、紫：指漢代公卿所佩帶的青綬、紫綬。形容謀求高官厚祿。《歧路燈》五二回：「況你頗有聰明，實指望掇青拾紫，我問你，至今功名何如？」

【掇菁擷華】
掇：拾；擷：摘。指擇取事物的精華。清・黃宗羲《明文案序上》：「前代古文之選，《昭明文選》、《唐文粹》、《宋文鑑》、《元文類》爲最著，《文選》主於修辭，一知半解文章家之有偏霸也；《文粹》掇菁擷華，亦選之鼓吹。《文鑑》主於政事，意不在文。」

【掇臀捧屁】
形容阿諛奉承的樣子。《醒世恆言》卷二〇：「趙昂見了丈人，馬前健假殷勤，隨風倒舵，掇臀捧屁，取他的歡心。」

【奪戴憑席】
《後漢書・戴憑傳》：「正旦朝賀，百僚畢會，帝令羣臣能說經者更相難詰，義有不通，輒奪其席，以益通者，憑遂重坐五十餘席。故京師爲之語曰：『解經不窮戴侍中。』」後用「奪戴憑席」指成就超過別人。清・王韜《淞隱漫錄・二十四花史下》：[花影詞人]於經尤精小學，每談文字禪，必高踞最上乘，或謂奪戴憑席，折朱云角，洵無多讓焉。

【奪眶而出】
指因悲痛或激動，大滴的淚水湧出眼眶。茅盾《子夜》六：「兩粒大淚珠終於奪眶而出，掉在他的手上。」

【奪利爭名】
指爭搶拚奪個人的利益和名位。唐・呂岩《敲爻歌》：「苦苦煎熬喚不回，奪利爭名如鼎沸。」也作「爭名奪利」。

【奪路而走】
指爭搶道路逃跑。《三國演義》一回：「殺到天明，張梁、張寶引敗殘軍士，奪路而走。」

【奪門而出】
指猛然衝出門。《官場現形記》三一回：「輕輕拔去門閂，拏在手中，預備當作兵器，可以奪門而出。」

【奪泥燕口】
奪走燕子嘴上銜的泥。形容極度貪婪。元・無名氏《醇太平・譏食小利者》曲：「奪泥燕口，削鐵針頭，刮金佛面細搜求，無中覓有。」

【奪人所好】
好：喜愛。強要硬奪別人喜愛的東西。元・王實甫《西廂記》一本四折：「憑須不奪人之好。」例這幅畫是老楊的珍愛之物，你可不能奪人所好呀！

【奪他人之酒杯，澆自己的壘塊】
壘塊：積鬱在心胸中的氣憤和愁悶。借別人的酒杯喝酒，來澆熄自己的憤懣之氣。比喻有的文章是假借事物來抒寫作者的氣憤和愁悶的。明・李贄《雜說》：「一旦見景生情，觸目興嘆；奪他人之酒杯，澆自己的壘塊；訴心中之不平，感數奇於千載。」

【奪胎換骨】
道教語。指脫去凡胎，換俗骨成仙骨。後比喻寫詩作文能師法前人而不露痕跡，並有所創新。宋・釋惠洪《冷齋夜話・換骨奪胎法》引黃庭堅云：「不易其意而造其語，謂之換骨法；窺入其意而形容之，謂之奪胎法。」金・王若虛《滹南詩話》卷下：「魯直論詩有奪胎換骨、點鐵成金之喻，世以爲名言。以予觀之，特剽竊之黠者耳。」今借指徹底的變化。也作「**脫胎換骨**」。

【奪朱惡紫】

奪：指混淆，弄亂；惡：憎惡。《論語・陽貨》：「惡紫之奪朱也，惡鄭聲之亂雅樂也，惡利口之覆邦家也。」指憎惡紫色搞亂了朱色。因古時朱色比喻正統，紫色比喻邪惡。後用「奪朱惡紫」指邪惡壓倒了正義，邪說搞亂了正道。元・無名氏《百花亭》四折：「今日個雪消也見死屍，禍臨頭有甚嗟咨。使不的你論黃數黑，遮不的你奪朱惡紫，快招成罪犯無辭。」也作「**惡紫奪朱**」。

【度長絜大】

度：衡量；絜：ㄒㄧㄝˊ，量度物體的周長。指比量長短大小。漢・賈誼《過秦論上》：「試使山東之國與陳涉度長絜大，比權量力，則不可同年而語矣。」也作「**度長絜短**」。唐・劉知幾《史通，稱謂》：「當漢氏云亡，天下鼎峙。論王道則曹逆而劉順，語國祚則魏促而吳長。但以地處函夏，人傳正朔，度長絜短，魏實居多。」

【度長絜短】

見「度長絜大」。

【度德而處之，量力而行之】

德：好的品行。根據自己的德行高低和能力大小，來處理事情。《左傳・隱公十一年》：「君子謂鄭莊公於是乎有禮……許無刑而伐之，服而舍之，度德而處之，量力而行之，相時而動，無累後人，可謂知禮矣。」也作「**度德量力**」。《三國志・蜀書・諸葛亮傳》：「[劉備]因屏人曰：『漢室傾頹，奸臣竊命，主上蒙塵。孤不度德量力，欲信大義於天下。』」

【度德而讓】

衡量自己的德行才幹，把位置讓給才德更高的人。《三國志・魏書・袁紹傳》：「度德而讓，古人所貴。」

【度德而師】

指估量人家的才德比自己高，就以他作爲自己的老師。隋・王通《文中子・立命》：「文中子曰：『度德而師，易子而教。』」

【度德量力】

見「度德而處之，量力而行之」。

【度身而衣】

度：量度。量度自己的身材來穿衣。比喻估量自己的實際能力而行事。《墨子・魯問》：「子觀越王之志何若？意越一將聽吾言，用我道，則翟將往，量腹而食，度身而衣，自比於羣臣，奚能自封爲哉？」也作「**度形而衣**」。形：形體，即身材。《淮南子，假眞訓》：「夫聖人量腹而食，度形而衣，節於己而已，貪污之心，奚由生哉？」也作「**度體裁衣**」。體：身體；裁：剪裁。宋・宗杲《大慧普覺禪師語錄・趙州問南泉》：「度體裁衣，量水打碓，毫髮不差。」也作「**量體裁衣**」。

【度形而衣】

見「度身而衣」。

【度時揆勢】

見「度時審勢」。

【度時審勢】

審：觀察。判定有利時機，觀察局勢發展。清・王韜《淞隱漫錄・十鹿九回頭》：「君籍隸海陬，於航海情形尤熟悉，遂殫精竭慮，度時審勢，上書萬餘言。」也作「**度時揆勢**」。揆：推測。清・章學誠《文史通義・和州志田賦書序例》：「自唐變租庸調爲兩稅，明又變兩稅而爲一條鞭法，勢趨簡便，令無苛擾，亦度時揆勢，可謂得所權宜者矣。」也作「**審時度勢**」。

【度體裁衣】

見「度身而衣」。

ㄉㄨㄛˇ

【朵頤大嚼】

朵頤：指吃東西時，腮幫不停蠕動的樣子。謂大口咬嚼，吃得很香。梁啟超《清代學術概論》二九：「蓋如久處災區之民，草根木皮，凍雀腐鼠，罔不甘之，朵頤大嚼。」

【躲得過初一，躲不過十五】

指無論如何也躲不過去。例自首吧！老是這樣躲躲藏藏總不是辦法，俗話說：「躲得過初一，躲不過十五。」也作「**躲得過今日，也躲不過明日**」。《玉支磯》一一回：「你既有仇家要害你，就是天明在旱路上走動誰不看見，只怕躲得過今日，也躲不過明日。」

【躲得過今日，也躲不過明日】

見「躲得過初一，躲不過十五」。

【躲得過棒槌挨榔頭——禍不單行】

棒：捶打用的木棒，多用來洗衣服；榔頭：即鎯頭，比較大的錘子。指不幸的事接二連三地來臨。例鞏大叔的兒子在前線犧牲了，老伴又患了不治之症，眞是躲得過棒槌挨榔頭——禍不單行。也作「**拉痢打擺子——禍不單行**」、「**屋漏偏遭連陰雨，船破又遇頂頭風——禍不單得**」、「**剛出火坑，又落陷阱——禍不單行**」。

【躲過了風暴又遭了雨】

比喻災難一個接一個，怎麼也躲不過。《紅樓夢》一〇七回：「我索性說了罷；江南甄家還有幾兩銀子，大太太那裏收著，該叫人送去罷。倘或再有點事兒出來，可不是他們『躲過了風暴又遭了雨』了麼？」

【躲過野豬撞上老虎——一個比一個凶】

比喻災禍一個比一個嚴重。例他去年得一場大病，買藥花了幾百元，今年又遇上這場火災，燒光了房產，眞是躲過野豬撞上老虎——一個比一個凶。也作「**躲過老虎，又撞上了野牛——一個比一個凶**」、「**老子偷豬兒偷牛——一個比一個凶**」、「**攆走狐狸住上狼——一個比一個凶**」。

【躲了和尚躲不了寺】
比喻終歸逃不脫，跑不了。例你不跟他說清楚，老是躲著他，總不是辦法，躲了和尚，躲不了寺，面對他吧！也作「**躲得和尚躲不得寺**」、「**跑得了和尚，跑不了寺**」、「**走了和尚走不了廟**」。

【躲一棒錘，挨一榔頭】
剛避開一場打擊，又碰上一場災難。《龍圖耳錄》一一九回：「俺剛脫了他的賊船，誰知又來到你這賊店，這才是躲一棒錘，挨一榔頭呢。也作「**躲一棒錘換一榔頭**」。《七俠五義》一一九回：「[武白南]復又笑道：『俺剛脫了他的賊船，誰知卻又來到你這賊店。這才是躲一棒錘換一榔頭呢。』」也作「**躲一棒槌換一榔頭**」。

【躲一棒槌換一榔頭】
見「躲一棒錘，挨一榔頭」。

【躲雨躲到城隍廟——盡見鬼】
城隍廟：迷信傳說中，主管某個城的神叫城隍，供奉城隍的廟宇叫城隍廟。比喻總是遇到一些離奇古怪的事。例我們在一次國外旅行中，遇到許多不可思議的怪事。同行的王先生說：「我們算是躲雨躲到城隍廟——盡見鬼了。」

ㄉㄨㄛˋ

【咄咄逼人】
咄咄：令人驚訝的聲音。①指盛氣凌人，使人難以忍受。南朝宋・劉義慶《世說新語・排調》：「[桓玄與殷仲堪等]次復作危語。桓曰：『矛頭淅米劍頭炊。』……殷有一參軍在坐，云：『盲人騎瞎馬，夜半臨深池。』殷曰：『咄咄逼人。』仲堪眇目故也。」②形容超越前人，令人讚嘆。晉・衛鑠《與釋某書》：「衛有一弟子王逸少，甚能學衛眞書，咄咄逼人。筆勢洞精，字體遒媚。」

【咄咄不樂】
指心中煩悶，不高興。《水滸傳》二四回：「武大見老婆這等罵，正不知怎地，心中只是咄咄不樂，放他不下。」

【咄咄怪事】
咄咄：感嘆詞，表示驚訝。南朝宋・劉義慶《世說新語・黜免》：「殷中軍（殷浩）被廢在信安，終日恆書空作字，楊州吏民尋義逐之，竊視，唯作『咄咄怪事』四字而已。」後用「咄咄怪事」形容令人驚奇、不可思議的怪事。

【咄咄書空】
南朝宋・劉義慶《世說新語・黜免》載：殷浩被廢免後，終日書空作「咄咄怪事」四字。後用「咄咄書空」形容失志後心煩意亂，無可奈何的樣子。章炳麟《梁園客》：「既失志，有咄咄書空之感。」

【咄嗟便辦】
咄嗟（ㄐㄧㄝ）：呼吸之間，形容時間極短。指很快就辦到。南朝宋・劉義慶《世說新語・汰侈》：「石崇爲客作豆粥，咄嗟便辦。」也作「**咄嗟立辦**」。明，張岱《五異人傳》：「眞有三頭六臂，千手千眼所不能盡爲者，而伯凝以一瞽目之人，掉臂爲之，無不咄嗟立辦。」

【咄嗟立辦】
見「咄嗟便辦」。

【咄嗟之間】
咄嗟：呼吸之間，形容時間很短。《北齊書・李渾傳》：「若簡練驍勇，銜枚夜襲，徑趣營下，出其不意，咄嗟之間，便可擒殄。」

【墮珥遺簪】
珥：ㄦˇ，用珠子或玉石做的耳環。耳環墜地，簪子丟失。形容女子出遊時忘情狂歡的情態。宋・蘇軾《和蘇州太守王規父侍太夫人觀燈之什……二首》詩之一：「墮珥遺簪想無限，華胥猶見夢回人。」也作「**遺簪墮珥**」。

【墮溷飄茵】
溷：ㄏㄨㄣˋ，糞坑；茵：墊褥。《梁書・范縝傳》：「人之生譬如一樹花，同發一枝，俱開一蒂，隨風而墮，自有拂帘幌墜於茵席之上，自有關籬牆落於糞溷之側……貴賤雖復殊途，因果竟在何處？」後用「墮溷飄茵」比喻人生由於機遇的不同而或好或壞。特指女子論落風塵。也作「**飄茵落溷**」、「**落溷飄茵**」。

【墮坑落塹】
塹：ㄑㄧㄢˋ，壕溝。掉進深坑，落入壕溝。比喻落入極壞的處境。宋・黃幹《復李貫之兵部》：「吾人於此等處，直須見得分明。不然，未有不墮坑落塹者也。」

【墮其計中】
謂中了別人的奸計，上了當。《梁書・傅岐傳》：「今若許[高]澄通好，正是墮其計中。」也作「**墮其奸計**」。唐・陸贄《論裴延齡奸蠹書》：「臣又竊慮陛下納彼盜言，墮其奸計。」也作「**墮其術中**」。術：計謀。明・余繼登《典故紀聞》卷三：「人喜其媚己，以爲賢，則墮其術中矣。」

【墮其奸計】
見「墮其計中」。

【墮其術中】
見「墮其計中」。

【墮雲霧中】
掉進雲籠霧罩之中。比喻落入迷惑不解的境地。清・徐增《而庵詩話》五九：「吾觀古詩無一字無著落，須細心探討，方不墮入雲霧中，則將來詩道有興矣。」

【墮甑不顧】
甑：ㄗㄥˋ，炊具。《後漢書・郭泰

傳》：「［孟敏］客居太原，荷甑墮地，不顧而去。林宗（郭泰）見而問其意，對曰：『甑已破矣，視之何益？』」後用「墮甑不顧」比喻事已過去，不足惋惜。宋・胡繼宗《書言故事・事物譬類》：「已棄不問曰墮甑不顧。」

【墮指裂膚】

手指凍掉，皮膚凍裂。形容天氣極冷。唐・李華《弔古戰場文》：「繒纊無溫，墮指裂膚。」

ㄉㄨㄟ

【堆案積几】

見「堆案盈几」。

【堆案盈几】

指等待處理的公文堆滿了案几。也指書籍很多。三國魏・嵇康《與山巨源絕交書》：「素不便書，又不喜作書，而人間多事，堆案盈機；不相酬答，則犯教傷義，欲自勉強，則不能久。」機：通「几」。也作「**堆案積几**」。《隋書・李德林傳》：「手披目閱，堆案積几；心無別慮，筆不暫停。」也作「**堆几積案**」。清・顧炎武《與友人論門人書》：「吾行天下，見詩與語錄之刻，堆几積案，殆於『瓦釜雷鳴』，而叩以二《南》《雅》《頌》之義，不能說也。」

【堆垛陳腐】

見「堆垛死屍」。

【堆垛死屍】

比喻寫作時排列深僻古奧的詞藻典故。宋・江少虞《宋朝事實類苑・詩歌賦咏・堆垛死屍》：「魯直（黃庭堅）善用事，若正爾塡塞故實，舊謂之點鬼簿，今謂之堆垛死屍。」也作「**堆垛陳腐**」。明・王驥德《曲律》卷二：「至賣弄學問，堆垛陳腐，以嚇三家村人，又是種種惡道！」

【堆几積案】

見「堆案盈几」。

【堆積如山】

見「堆集如山」。

【堆集如山】

堆得像山一樣。形容東西非常之多。宋・孟元老《東京夢華錄・外諸司》：「每遇冬月，諸鄉納粟稈草，牛車闐塞道路，車尾相銜，數千萬輛不絕，場內堆集如山。」也作「**堆積如山**」。《東周列國志》九八回：「甲冑器械，堆積如山，營中輜重，悉為秦有。」

【堆金疊玉】

見「堆金積玉」。

【堆金積帛】

見「堆金積玉」。

【堆金積玉】

形容財富非常之多。《金瓶梅詞話》一回：「若有那看得破的，便見得堆金積玉，是棺材內帶不去的瓦礫泥沙。」也作「**堆金疊玉**」。唐・韓愈《華山女》詩；「抽釵脫釧解環佩，堆金疊玉光青熒。」也作「**堆金積帛**」。帛：絲織品的總稱。唐・杜荀鶴《自遣》詩：「糲食粗衣隨分過，堆金積帛欲如何？」

【堆山積海】

形容財富極多。《紅樓夢》一六回：「別講銀子堆成了黃土，憑是世上有的，沒有不是堆山積海的。」

ㄉㄨㄟˋ

【對病用藥】

見「對症下藥」。

【對簿公堂】

簿：文狀，起訴書之類；對簿：受審問；公堂：指官吏審理案件之處。《史記・李將軍列傳》：「大將軍使長史急責［李］廣之幕府對簿。」後用「對簿公堂」指在官府受審或對質。吳越《括蒼山恩仇記》三三回：「本艮是下了決心要跟林炳對簿公堂爭個輸贏的，對於這種狐假虎威的喊聲，當然不會被它壓倒，就大剌剌地隨著衙役走上了大堂。」也作「**對簿公庭**」。例他身為幹部，卻知法犯法，大肆貪污受賄，終於落得個對簿公庭，陷身囹圄的下場。

【對簿公庭】

見「對簿公堂」。

【對床風雨】

指風雨之夜，二人對床而臥，傾心交談。唐・韋應物《示全眞元常》詩：「寧知風雨夜，復此對床眠。」後用「對床風雨」比喻親友久別重逢後的歡樂。宋・辛棄疾《永遇樂・戲賦辛字送茂嘉十二弟赴調》詞：「付君此事，從今直上，休憶對床風雨。」

【對床聞雨】

見「對床夜雨」。

【對床夜雨】

唐・白居易《雨中招張司業宿》詩：「能來同宿否，聽雨對床眠。」後用「對床夜雨」比喻親友久別重聚的歡樂。宋・蘇轍《後省初成直宿呈子瞻》詩：「射策當年偶一時，對床夜雨失前期。」也作「**對床夜語**」。宋・張元幹《賀新郎・送胡邦衡待制赴新州》詞：「萬里江山知何處？回首對床夜語。」也作「**對床聞雨**」。宋・劉克莊《聽雨堂記》：「今野翁兄弟俱以才業光顯於時，雖為是堂，余恐其騎馬聽雞之時多，對床聞雨之時少。」

【對床夜語】

見「對床夜雨」。

【對答如流】

回答別人的話敏捷順暢，如流水一般。形容很有口才。《三國演義》四三回：「衆人見孔明對答如流，盡皆失色。」也作「**應對如流**」。

【對鍋底親嘴——碰一鼻子灰】

見「老鼠跌香爐——碰一鼻子灰」。

【對號入座】

比喻把文藝作品中的人物當成自己或別人。丁玲《談自己的創作》：「有些人讀文學作品，都習慣從書中找一個影子，把自己或別人貼上去，喜歡對號入座。」

【對景掛畫】

比喻兩者正好相合。《鏡花緣》八一回：「他們諸位姐姐過謙，都不肯猜，我卻打著了，是『集賢賓』。這才叫做對景掛畫哩。」

【對景傷懷】

面對眼前景物，觸發起感傷之情。金・董解元《西廂記諸宮調》卷一：「僧院悄，回廊靜，花陰亂，東風冷，對景傷懷，微吟步月，都寫深情。」也作「對景傷情」。《紅樓夢》六七回：「他看見是他家鄉的土物，不免對景傷情。」

【對景傷情】

見「對景傷懷」。

【對酒當歌】

對著美酒應當高聲歌唱。三國魏・曹操《短歌行》：「對酒當歌，人生幾何！譬如朝露，去日苦多。」後因以指人生短促，應及時行樂。元・楊顯之《酷寒亭》三折：「盡都是把手爲話，對酒當歌，鄭州浪漢委實多。」

【對客揮毫】

毫：毛筆。當著客人的面揮筆寫詩作文。形容文思敏捷。宋・黃庭堅《病起荊江即事》詩之八：「閉門覓句陳無己，對客揮毫秦少游。」

【對路子】

①比喻符合需要和要求。例只要產品對路子，就不必擔心沒有銷路。②比喻合心意。例他聽小丁說話不對路子，扭頭就走。也作「對路」。

【對驢彈琴】

見「對牛彈琴」。

【對門當戶】

指通婚雙方家庭的社會地位和經濟條件相當。清・楊潮觀《吟風閣雜劇・動文昌狀元配瞽》：「怎教你娶個盲新婦……請另擇對門當戶。」也作「門當戶對」。

【對牛鼓簧】

見「對牛彈琴」。

【對牛吟詩——不入耳】

比喻不中聽。例你這一席話講得實在過分了，叫誰也是對牛吟詩——不入耳啊！也作「樹頭烏鴉叫——不入耳」。

【對牛彈琴】

漢・牟融《理惑論》：「公明儀爲牛彈清角之操，伏食如故，非牛不聞，不合其耳矣。」後用「對牛彈琴」比喻對不懂事理的人講述事情或道理，白費功夫。《鏡花緣》九〇回：「對牛彈琴，牛不入耳，罵得狠好，咱們一總再算帳。」也作「對牛鼓簧」。簧：笙中的簧片；鼓簧：指吹笙。《莊子・齊物論》「彼非所明而明之，故以堅白之昧終」晉・郭象注：「是猶對牛鼓簧耳。彼竟不明，故己之道術終於昧然也。」也作「對驢彈琴」。明・徐復祚《曲論》：「若徒逞其博洽，使聞者不解爲何語，何異對驢而彈琴乎？」

【對牛彈琴——白費功夫】

也作「對牛彈琴——白費勁」、「對驢彈琴——白搭」。見「擔沙塡海——白費勁」。

【對牛彈琴——不看對象】

比喻說話、做事不結合具體情況。例他這個人書生氣十足，說話經常是對牛彈琴——不看對象，鬧出許多笑話。也作「找和尚借梳子——不看對象」。

【對脾味】

比喻性情、愛好相投合。例老李和小宋年齡雖相差懸殊，兩人卻最對脾味，在一起總有說不完的話。也作「對胃口」。

【對天發誓】

指十分鄭重地做出保證或表示決心。《西遊記》三〇回：「行者道：『他也不請我，他也不想我。他那日對天發誓，親筆寫了貶書，怎麼又肯想我，又肯著你遠來請我？』」

【對頭冤家】

指仇人。《紅樓夢》八四回：「眞眞那一世的對頭冤家！你何苦來還來使促狹！從前你媽要想害我，如今又來害妞兒，我和你幾輩子的仇呢？」

【對屠門而大嚼】

見「大嚼屠門」。

【對胃口】

見「對脾胃」。

【對瞎子做媚相——白做】

比喻白費力氣，沒有用處。例你缺乏調查研究，這個設計方案根本不適合本地區的情況，算是對瞎子做媚相——白做了。

【對心眼】

比喻適合自己的心意脾氣。例她總算找到一個對心眼的人，馬上就要請吃喜糖了。

【對著風扇動嘴——講的好涼快】

比喻站在一旁，說一些不負責任的風涼話。例對著風扇動嘴——講的好涼快，有本事到煉鋼爐前來試試。

【對著幹】

比喻故意採取相對或相反的做法。例明明規定了靠勞力致富的方針，可是有些人就是要對著幹，專門做投機買賣，用不法手段發財。

【對著棺材許願——哄死人】

比喻用假話或手段把人騙得好苦。例你發表的計畫，眞是對著棺材許願——哄死人了，快把鄉親們捐獻的錢交出來！

【對著鏡子罵人——自己跟自己過不去】

比喻給自己設置障礙、製造麻煩。例封二喜，看一看你最近的所作所爲，哪一件不是坑了你自己，眞是對著鏡子罵人——自己跟自己過不去。也作「大胖子走窄門——自己跟自己過不去」。

【對著鏡子親嘴——自愛】

比喻愛惜自己的名譽或身體。例他嚴於律己，謹言愼行，是對著鏡子親嘴——自愛的模範。

【對著鏡子作揖——自己恭維自己】
作揖：兩手抱拳高拱，身子略彎，向人敬禮。比喻自己稱讚自己，自我欣賞。例你對自己作的工作要有正確的估價，要注意羣衆的反映，不要總是對著鏡子作揖——自己恭維自己。也作「對著鏡子作揖——自尊自敬」。

【對著鏡子做鬼臉——自己嚇唬自己】
也作「打上黑臉照鏡子——自己嚇唬自己」。見「吊死鬼照鏡子——自己嚇唬自己」。

【對著水缸吹喇叭——有原因（圓音）】
原因：「圓音」的諧音。比喻存在造成某種結果或引起另一事件事情發生的條件。例今年農業爲什麼獲得了大豐收，對著水缸吹喇叭——有原因（圓音），大家好好分析分析。也作「對著罐子吹喇叭——有原因（圓音）」。

【對著王八罵烏龜——正對號】
王八：烏龜或鱉的俗稱；正對號：正合適。比喻恰到好處，符合實際情況或客觀要求。例刁老六和韓水旺臭味相投，一個鼻孔出氣；罵了刁老六，也就是罵了韓水旺。對著王八罵烏龜——正對號。

【對著舞台搞對象——一廂情願】
見「叫花子想公主——一廂情願」。

【對著硯台梳妝——沒影子】
硯台：研墨的文具，用石頭或瓦製成。比喻根本不存在或十分遙遠。例別聽她的，她所說的是對著硯台梳妝——沒影子的事。也作「對著硯台梳妝——沒影子的事」。

【對著月亮攀談——說空話】
攀談：拉扯閒談。雙關語。①說話內容空泛。例他做的經驗介紹的報告太抽象，盡是對著月亮攀談——說空話，沒有多少實際東西。②比喻許了願不兌現。例我們公司的老闆今天答應辦托兒所，明天又答應辦餐廳，可都是對著月亮攀談——說空話，大半年過去了，一件實事也沒有辦成。③比喻白費口舌，不起作用。例這個老頭說是我們的老師，可有問題向他請教，每次都是對著月亮攀談——說空話，有問不答。

【對陣下棋——調兵遣將】
比喻調動和組織各方面的人力。例總指揮正對陣下棋——調兵遣將，決心在三個月內，完成大橋的修建任務。

【對症發藥】
見「對症下藥」。

【對症良劑】
見「對症處方」。

【對症下藥】
針對病人的症狀用藥。比喻針對具體問題，確定解決的辦法。《歧路燈》二〇回：「又說了一會前賢家訓條規，座右箴銘，俱是對症下藥。」也作「對證下藥」。《朱子語類》卷四二：「克己復禮，便是捉得病根，對證下藥。」也作「對病用藥」。宋·袁甫《秘書少監上殿第二札子》：「察脈觀證，對病用藥，鑿鑿精實，勿使空談。」也作「對症發藥」。《水滸後傳》一七回：「那鎮上有名的太醫叫做賈杏庵，細說病源，對症發藥，一帖就好。」也作「對症用藥」。宋·陽枋《編類錢氏小兒方證說》：「凡小兒關節脈理百骸九竅五臟六腑，粲然在目，故能察病論症，對症用藥，如指諸掌。」

【對症用藥】
見「對症下藥」。

【對症之藥】
見「對症處方」。

【對證處方】
針對病人的症狀而開出的藥方。比喻針對具體問題而採取的有效辦法。元·王惲《靈照度丹霞圖》詩：「對證處方唯一捨，不應眞假比如來。」也作「對症良劑」。明·沈寵綏《度曲須知·中秋品曲》：「予故特著收音譜訣，舉各音門路，徹底釐清……夫乃當今對症良劑乎？」也作「對症之藥」。清·黃宗羲《子劉子行狀下》：「思陵亦時憶先生之言，罷而召，召而罷，終不能用而天下事已去矣，然後知先生之言爲思陵對症之藥也。」

【對證下藥】
見「對症下藥」。

【對嘴對舌】
形容爭辯或吵鬧。《紅樓夢》五九回：「晴雯道：『理他呢！打發他去了正經。那裏那麼大工夫和他對嘴對舌的？』」

【碓頭砸磨扇——實（石）打實（石）】
碓頭：舂米用的圓形石頭，裝在一根木杠上，用柱子架起，下面放米的石器叫碓臼；磨扇：石磨通常由兩個圓石盤做成，上面的一個叫做磨扇。見「搬起石磙砸碾——實（石）打實（石）」。

【碓窩裏放雞子兒——搗蛋】
碓窩：石臼，舂米用具；雞子兒：雞蛋。指有意攪亂，惹事生非。例你如果碓窩裏放雞子兒——搗蛋的話，我們將對你繩之以法，絕不寬恕。

【碓嘴舂碓窩——準著】
碓嘴：舂米用的圓形石頭，碓嘴不斷起落，能把下面石臼即碓窩裏糙米的皮去掉。碓嘴準落在碓窩裏。比喻準能猜中或說中。例這回廠長出國，大家都紛紛猜測，到底做什麼，我看你猜的是碓嘴舂碓窩——準著，確實是去領獎哩！

ㄉㄨㄢ

【端本澄源】
見「端本正源」。

【端本清源】
見「端本正源」。

【端本正源】

指從根本上加以整頓清理。《晉書·殷仲堪傳》：「端本正源者，雖不能無危，其危易持。」也作「**端本澄源**」。元·王惲《克己齋記》：「而公端本澄源之志，實有在於此。」也作「**端本清源**」。宋·朱熹《答龔參政書》：「伏惟明公……端本清源，立經陳紀，使陰邪退聽，公論顯行，則羣生蒙福，海內幸甚。」

【端架子】
即擺架子。例他當處長沒兩天，別的沒學會，倒學會了端架子。

【端老窩兒】
比喻徹底剷除對方長期賴以生存的地方。例你們還敢在此販賣私貨，想等著警察來端老窩兒是不是？也作「**端老營**」。例這幫土匪長不了啦，咱部隊後天出發去端老營哩！

【端老營】
見「端老窩兒」。

【端倪可察】
端倪（ㄋㄧˊ）：頭緒。《莊子·大宗師》：「反覆始終，不知端倪。」後用「端倪可察」指事物的苗頭已可以讓人看到。例地震發生之前，往往是端倪可察，出現一些異常的現象。

【端然無恙】
端然：端正平穩的樣子；無恙：無病或無災。指平安無事。《太平廣記》卷三一五引宋·孫光憲《北夢瑣言》：「軍州驚愕，申聞本道，而僧端然無恙。」

【端人正士】
指舉止端方行為正直的人。清·王夫之《讀通鑑論·唐中宗》：「薄一己之功名，正一王之綱紀，端人正士所由異於功名之士遠矣。」

【端午節吃餃子——與衆不同】
民間風俗，端午節吃粽子，吃餃子則不多見。比喻跟一般人不一樣。例不要强求一致了，他的愛好是端午節吃餃子——與衆不同。也作「**羊羣裏的駱駝——與衆不同**」。

【端午節後布穀叫——過時啦】
端午節：我國傳統節日，夏曆五月初五；布穀：鳥名，也叫杜鵑或子規，常在初夏四月晝夜不停的叫。比喻晚了，遲了。例這個學術討論會三天前已結束，你現在才來報到，是端午節後布穀叫——過時啦！

【端著金碗討飯——裝窮】
比喻本來有錢財，卻假裝沒有。例他是有名的財主，申請什麼救濟金？這是端著金碗討飯——裝窮。也作「**玉皇大帝吃稀飯——裝窮**」。

ㄉㄨㄢˇ

【短板搭橋——不頂事】
比喻於事無補。例我這點支援，是短板搭橋——不頂事，只不過表表心意而已。也作「**短板搭橋——不頂用**」、「**床底下躲雷公——不頂用**」。

【短兵接戰】
見「短兵相接」。

【短兵相接】
短兵：刀、劍等短兵器。指雙方面對面地交手廝殺。戰國楚·屈原《九歌·國殤》：「操吳戈兮被犀甲，車錯轂兮短兵接。」《宋書·劉鑠傳》：「遂登屍以陵城，短兵相接，[陳]憲銳氣愈奮，戰士無不一當百，殺傷萬計。」也比喻面對面地進行尖銳的鬥爭或激烈的爭辯。魯迅《兩地書》二：「但恐怕也有時會逼到非短兵相接不可的，這時候沒有法子，就短兵相接。」也作「**短兵接戰**」。《三國志·魏書·典韋傳》：「韋被數十創，短兵接戰，賊前搏之。」

【短不可護，護短終短】
自己的短處是不應該掩蓋的，越掩蓋則最後仍是短處。指有過則改，不能文過飾非。明·聶大年《座右銘》：「短不可護，護短終短；長不可矜，矜則不長。」

【短的當棒槌，長的做房梁——各有一技之長】
棒槌：捶打用的木棒，多用來洗衣服。比喻每人都有某種技術特長。例不但要互相尊重，還要互相學習，因為短的當棒槌，長的做房梁——各有一技之長嘛。也作「**蛐蛐兒鬥公雞——各有一技之長**」。

【短綆汲深】
綆：ㄍㄥˇ，水桶上的繩子；深：指深井。桶繩很短，卻要從深井中取水。《莊子·至樂》：「褚小者不可以懷大，綆短者不可以汲深。」後用「短綆汲深」比喻才能不足，承擔不了重任。唐·嚴挺之《大智禪師碑銘》：「顧才不稱物，短綆（汲深）。」

【短棍兒打蛇——難近身】
比喻人很厲害或情況危險，難於接近。例火勢凶猛，消防隊員是短棍兒打蛇——難近身呀！也作「**短棍打蛇——近不得身**」、「**手榴彈冒煙——近不得身**」。

【短褐不全】
見「短褐不完」。

【短褐不完】
褐：ㄏㄜˊ，粗麻布衣服。破損不全的粗麻布短衣。形容非常貧窮。《韓非子·五蠹》：「糟糠不飽者不務粱肉，短褐不完者不待文繡。」也作「**短褐不全**」。唐·盧照鄰《對蜀父老問》：「藜羹不厭，短褐不全，庸非貧賤乎？」也作「**短褐穿結**」。穿：破；結：打結。晉·陶潛《五柳先生傳》：「短褐穿結，簞瓢屢空，晏如也。」

【短褐穿結】
見「短褐不完」。

【短褐椎結】
椎（ㄓㄨㄟ）結：把頭髮挽成椎形的髻。《後漢書·梁鴻傳》：「同縣孟氏有女，鴻聞而娉之。及嫁，始以裝飾入門。七日而鴻不答。曰：『我欲裘褐之人，可與俱隱深山者爾。』妻乃更為椎髻，著布衣，操作而前。」因以「短褐椎結」指窮苦人的裝束。魯迅《且介亭雜文・病後雜談之餘》：「我也愛看繪畫，尤其是人物。國畫呢，方巾長袍，或短褐椎結，從沒見過一條我所記得的辮子。」

【短見薄識】
指見識淺薄。《初刻拍案驚奇》卷三五：「渾家李氏卻有些短見薄識，要做些小便宜勾當。」

【短褲子塞襪統——相差一大截】
比喻差距太大。例湯先生是著名的水稻專家，我同他比，是短褲子塞襪統——相差一大截哩！也作「穿短褲，套短襪——相差一大截」。

【短壽促命】
指促人短命而死。葉聖陶《外國旗》：「他一點不明白，倒說這樣短壽促命的話來氣我！」

【短嘆長吁】
吁：嘆氣。長一聲短一聲地嘆氣。形容憂愁的樣子。《初刻拍案驚奇》卷一五：「陳秀才一肚皮的鳥氣，沒處出豁，捶台拍凳，短嘆長吁。」也作「長吁短嘆」。

【短小精辯】
身材矮小而精明善辯。《漢書・遊俠傳》：「[樓護]為人短小精辯，論議常依名節，聽之者皆竦。」

【短小精幹】
見「短小精悍」。

【短小精悍】
身材矮小，卻精明強幹。《漢書・酷吏傳》：「[嚴]延年為人短小精悍，敏捷於事。」也形容作品簡練充實。鄭振鐸《插圖本中國文學史・秦與漢初文學》：「[李]斯的散文，明潔而嚴於結構，短小精悍，而氣勢殊為偉大。」也作「短小精幹」。例李經理每天穿梭於各部門間，人人都稱讚她是一位短小精幹的女強人。

【短衣匹馬】
身著短衣，騎著戰馬。形容戰士英氣勃勃，身手矯健的樣子。唐・杜甫《曲江》詩：「短衣匹馬隨李廣，看射猛虎終殘年。」

【短垣自逾】
短垣（ㄩㄢˊ）：矮牆；逾：越過。《國語・吳語》：「今君掩王東海，以淫名聞於天子，君有短垣而自逾之，況蠻荊則何有於周室？」三國吳・韋昭注：「垣者，喻禮防雖短，不可逾也。言王室雖卑，不可僭也。」後因以「短垣自逾」比喻當權者自己不守禮法。

【短針攻疽】
攻：醫治；疽：ㄐㄩ，侵入肌體深處的惡瘡。用短針治療肌體深處的惡瘡。比喻措施不力，解決不了問題。漢・桓寬《鹽鐵論・大論》：「設禮修文，有似窮醫，欲以短針而攻疽。」

ㄉㄨㄢˋ

【斷鰲立極】
鰲：ㄠˊ，傳說中海裏的大龜；極：傳說中撐天的柱子。《淮南子・覽冥訓》：「往古之時，四極廢，九州裂，天不兼覆，地不周載……於是女媧煉五色石以補蒼天，斷鰲足以立四極。」後用「斷鰲立極」比喻創業立基。金・元好問《遊龍山》詩：「斷鰲立極萬萬古，爭遣起滅如浮漚。」

【斷璧殘圭】
璧：圓形中間有孔的玉器；圭：ㄍㄨㄟ，上尖下方的玉器。殘缺破損的璧和圭。比喻雖然殘缺但很珍貴的東西。宋・劉克莊《湖南江西道中》詩：「少陵阻水詩難繼，子厚遊山記絕工。斷璧殘圭零落錦，新碑無數滿湘中。」也作「斷璧殘璋」。璋：狀似半個圭的玉器。宋・孫覿《李茂嘉寄茶》詩：「蠻珍分到謫仙家，斷璧殘璋裹絳紗。」也作「殘圭斷璧」。

【斷壁頹垣】
垣：矮牆。坍塌的牆壁，殘留的矮牆。形容庭院長期無人管理或遭災遇劫後破敗淒涼的景象。《二十年目睹之怪現狀》一〇八回：「走到也是園濱文述農門首，抬頭一看，只見斷壁頹垣，荒涼滿目，看那光景是被火燒的。」

【斷編殘簡】
編：穿聯竹簡的皮條或繩子；簡：竹簡，古時用於書寫。指殘缺不全的書籍。《宋史・歐陽修傳》：「好古嗜學，凡周、漢以降，金石遺文，斷編殘簡，一切掇拾，研稽異同。」也作「斷簡殘編」。元・王實甫《西廂記》一本一折：「空雕蟲篆刻，綴斷簡殘編。」也作「斷簡陳編」。陳：陳舊。宋・王安石《生日次韵南郭子二首》詩之一：「救黥醫劓比無方，斷簡陳編付藥房。」

【斷柄鋤頭——沒把握】
雙關語。比喻心中無底或成功與否拿不準。例在規定日期內，能否完成這個任務，好似斷柄鋤頭——沒把握。也作「十個指頭伸開——沒把握」、「手提禿鎬頭——沒把握」。

【斷柄鋤頭安了把——有了把柄】
比喻有可被人用來進行要挾的過失。例似乎是斷柄鋤頭安了把——有了把柄，他不敢拒絕別人的苛刻要求。

【斷不可信】
指絕對不可以相信。例算命先生的話，斷不可信，只不過是為了坑人騙錢罷了。

【斷釵重合】
釵：古代女子插在髮髻上的一種首飾，由兩股簪子合成，多做為愛情的信物。比喻夫妻離散後重逢或感情破裂後又重新和好。元・施惠《幽閨記・洛珠雙合》：「幾年間破鏡重圓，今日裏斷釵重合。」

【斷長補短】
見「斷長續短」。

【斷長續短】
從長的一方截下一段，補到短的一方

上。《戰國策・秦策一》：「今秦地形，斷長續短，方數千里，名師數百萬。」也比喻取一方的長處，補另一方的短處。《荀子・禮論》：「禮者，斷長續短，損有餘，益不足，達愛敬之文，而滋成行義之美者也。」也作「**斷長補短**」。《禮記・王制》：「凡四海之內，斷長補短，方三千里，為田八十萬億一萬億畝。」

【斷楮零練】
見「斷墨殘楮」。

【斷脰決腹】
脰：ㄉㄡˋ，頸，脖子；決：剖。砍下腦袋，剖開肚子。形容死得慘烈。《戰國策・楚策一》：「有斷脰決腹，壹瞑而萬世不視，不知所益，以憂社稷者。」

【斷惡修善】
佛教語。指棄惡從善。例小陳平日遊手好閒，偶爾也有「順手牽羊」的惡習，卻在一次及時解救差點被車撞上的小孩而備受嘉許的榮譽感下，從此斷惡修善，規規矩矩做人，及時行善。

【斷而敢行】
遇事果斷，敢作敢為。指有魄力，有膽識。《史記・李斯傳》：「故顧小而忘大，後必有害；狐疑猶豫，後必有悔；斷而敢行，鬼神避之，後有成功。」

【斷髮紋身】
截去頭髮，身上繪刺花紋。古代吳越一帶的風俗習慣。《左傳・哀公七年》：「大伯端委以治周禮，仲雍嗣之，斷髮紋身，裸以為飾，豈禮也哉！」也作「**紋身斷髮**」。

【斷幅殘紙】
指殘破零散的小幅詩文字畫。《宣和書譜・行書三・吳通玄》：「故當時名臣碑刻，往往得其書則誇以為榮；至於文稿，斷幅殘紙人爭傳之。」

【斷鳧續鶴】
見「斷鶴續鳧」。

【斷港絕潢】
港：江河的分流；潢：ㄏㄨㄤˊ，積水池。被截斷的水流，被隔開的水池。指不可通行的水道。比喻達不到目的地的錯誤途徑。唐・韓愈《送王秀才序》：「故學者必慎其所道，道於楊、墨、老、莊、佛之學，而欲之聖人之道，猶航斷港絕潢，以望至於海也。」也作「**斷潢絕港**」。元・貢師泰《送宗人貢宜仲歸丹陽序》：「是則宗庶不明，昭穆失次，雖日諰諰以求其合，必如斷潢絕港，其何由達其流而究其源哉！」也作「**斷流絕港**」。清・黃宗羲《壽張杲堂五十序》：「何意數年來，甬上諸子皆好古，讀書以經術為淵源，以遷、固、歐、曾為波瀾，其溯而上之於古來數十人者，已非斷流絕港矣。」

【斷根香椿——難發芽】
香椿（ㄔㄨㄣ）：落葉喬木，嫩枝有香味，可以吃。比喻有抱負難以實現。例在那種嚴峻的環境中，恰似斷根香椿——難發芽，他的宏偉理想是難以實現的。也作「**陳穀做種子——難發芽**」、「**石板上種瓜——有心難發芽**」。

【斷根絕種】
比喻沒有兒孫後代。《雲笈七籤》卷八一：「眞人甲乙，上帝已徵，身佩玉符丹文金章，列名元圖，三欲已忘，元始符命，斬滅屍形，斷根絕種，勿得飛揚。」

【斷梗飛蓬】
見「斷梗飄蓬」。

【斷梗流萍】
萍：浮萍。折斷的枝莖，漂流的浮萍。比喻四處飄泊，行蹤無定。宋・秦觀《別賈耘老》詩：「人生百齡同臂伸，斷梗流萍暫相親。」也作「**斷梗飄萍**」。明・梅鼎祚《玉合記・祝發》：「想歸海樓船未有期，夢與飄風會，似斷梗飄萍誰可繫。」

【斷梗飄蓬】
梗：植物的枝莖；蓬：飛蓬。折斷的枝莖，飄蕩的飛蓬。比喻飄泊不定。宋・石孝友《清平樂》詞：「自憐俗狀塵容，幾年斷梗飄蓬。」也作「**斷梗飛蓬**」。宋・陸游《拆號前一日作》詩：「飄零隨處是生涯，斷梗飛蓬但可嗟。」也作「**斷蓬泛梗**」。泛：漂浮。宋・張耒《送李十之陝府》：「斷蓬泛梗偶相依，一別重逢又幾時。」

【斷梗飄萍】
見「斷梗流萍」。

【斷怪除妖】
斷：斷絕，清除。指消滅妖魔鬼怪。明・無名氏《鎖白猿》三折：「據著他斷怪除妖，我道來恰便似班門弄斧。」

【斷鶴續鳧】
鳧：野鴨。把鶴的長腿截下一段，接在野鴨的短腿上。比喻違背事物的特點或客觀規律辦事。《莊子・駢拇》：「長者不為有餘，短者不為不足，是故鳧脛雖短，續之者憂，鶴脛雖長，斷之則悲。」唐・成玄英疏：「欲截鶴之長，續鳧之短以為齊，深乖造化，違失本性。」《聊齋志異・陸判》：「斷鶴續鳧，矯作者妄；移花接木，創始者奇。」也作「**斷鳧續鶴**」。梁啟超《政聞時言・外債平議》：「今我國於此種機關，百不一具，而惟斷鳧續鶴，欲襲取其企業之形式以移植於我國，是以格格而不入也。」

【斷乎不可】
見「斷然不可」。

【斷潢絕港】
見「斷港絕潢」。

【斷齏畫粥】
齏：ㄐㄧ，醃菜。宋・釋文瑩《湘山野錄》載：「范仲淹少時家貧，在長白山僧舍讀書，每天將二升粟米煮粥，待粥凝結後，用刀劃為四塊，就著切碎的醃菜，早晚各吃兩塊。」後因以「斷齏畫粥」形容生活艱苦。

《故事成語考・飲食》：「苦學仲淹，惟有斷齏畫粥。」

【斷縑殘楮】

見「斷墨殘楮」。

【斷縑片紙】

見「斷墨殘楮」。

【斷簡殘編】

見「斷編殘簡」。

【斷簡陳編】

見「斷編殘簡」。

【斷井頹垣】

井：指井欄；頹：坍塌。斷裂的井欄，坍塌的牆壁。形容庭院長期無人管理或遭災遇劫後破敗淒涼的景象。明・湯顯祖《牡丹亭・驚夢》：「原來姹紫嫣紅開遍，似這般都付與斷井頹垣。」

【斷決如流】

斷決：判斷決定；如流：像流水一樣迅速。指很快地判定處理大量事務。《周書・李彥傳》：「彥在尚書十有五載，屬軍國草創，庶務殷繁，留心省閱，未嘗懈怠。斷決如流，略無疑滯。」

【斷爛朝報】

斷爛：殘缺雜亂；朝報：官府的文告。《宋史・王安石傳》：「黜《春秋》之書，不使列於學官，至戲目爲斷爛朝報。」後指陳腐雜亂，沒有價值的文獻材料。元・王惲《編年紀事序》：「若筆之而無所用，則上下數千載之事績，特斷爛朝報耳。」

【斷了翅膀的蒼蠅——嗡嗡不了幾天】

比喻囂張不了幾天，死亡就要臨頭。例我看，這個殺人犯，是斷了翅膀的蒼蠅——嗡嗡不了幾天，一旦被告發，是要受法律制裁的。也作「秋後的蚊子——嗡嗡不了幾天」、「秋後的蟈蟈——沒幾天吱吱頭了」、「秋後的蒼蠅——翅膀都扇動不了」。

【斷了脊梁骨的癩皮狗——沒骨氣】

比喻缺乏氣節。例他在敵人面前卑躬屈膝，奉承討好，是一個斷了脊梁骨的癩皮狗——沒骨氣。

【斷了線的風箏——不由自主】

風箏：一種玩具，在竹篾做的架子上糊紙或絹，拉著繫在上面的長線，趁著風勢，可以放上天空。比喻由不得自己作主或控制不了自己。比喻完全聽任客觀力量的支配。例不要找張廠長替你解決家屬安排問題，他是斷了線的風箏——不由自主啊！也作「斷了線的風箏——身不由己」、「木偶跳舞——不由自主」、「牛鼻繩落人手——身不由己」、「騎在老虎背上——身不由己」。

【斷了線的風箏——沒去向】

指不知去處或下落不明。例常鳴幾個月沒露面，好似斷了線的風箏——沒去向了。

【斷了線的風箏——上不著天，下不著地】

比喻沒有明確的方向或出路，內心空虛，沒有著落。例他長期脫離社會的生活，孤獨地躲藏在家裏，看不到自己的前途，好像斷了線的風箏——上不著天，下不著地，思想苦悶極了。也作「梁上君子——上不著天，下不著地」、「空中掛燈籠——上不著天，下不著地」、「半空中的氣球——上不著天，下不著地」。

【斷了線的風箏——一去不復返】

也作「斷了線的風箏——一去不回頭」。見「急水灘放鴨子——一去不復返」。

【斷了線的喇叭——沒聲音了】

斷了線的喇叭，指有線廣播斷了線。比喻不言不語，無聲無息。例你去看看，他們的會議怎麼像斷了線的喇叭——沒聲音了，是不是散會了？

【斷了線的梭子——白鑽空子】

梭（ㄙㄨㄛ）子：牽引緯線的工具，兩頭尖，中間粗，織布時在布機龍裏往覆穿行。斷線後梭子失去牽引作用，只能來回空跑。雙關語。比喻投機不成，白費力氣。例張三娃囤積大米，發現被鄉親們說他是斷了線的梭子——白鑽空子。

【斷了線的珠子——七零八落】

形容零散不集中的樣子。例看，你們這個隊伍，就像斷了線的珠子——七零八落，趕快整理一下。

【斷了腿的蛤蟆——跳不了多高】

比喻人沒有多大能耐。例誰都知道褚三這伙小醜，不過是斷了腿的蛤蟆——跳不了多高，只要我們團結起來，就能制服他們。也作「瘸腿兔子——跳不了多高」。

【斷了腿的螃蟹——橫行不了幾天啦】

見「籠屜裏的螃蟹——橫行不了幾天」。

【斷了腿的青蛙——跑不了】

①比喻某項任務或事情一定要落到頭上，承擔起來。例隊長很信任你，這次任務下來，你是斷了腿的青蛙——跑不了。②比喻某件事情很保險，很有把握。例讓他去爭取這項任務，準是斷了腿的青蛙——跑不了。也作「斷了腿的螃蟹——跑不了」、「關門打狗——跑不了」、「關起籠子抓老鼠——沒跑」、「罐裏逮王八——沒跑」、「雞窩裏捉雞——沒跑」、「夾子上的老鼠——跑不了」、「進了套的黃鼠狼——跑不了」、「口袋裏抓兔子——跑不了」、「老牛上鼻繩——跑不了」、「籠子裏的老鴉——沒個跑」、「木板上釘釘子——跑不了」、「三條腿的毛驢——跑不了」、「水甕裏的鱉——跑不了」、「順溝摸魚——跑不了」、「水缸裏的魚兒——跑不了」、「套馬桿子裏的狼——跑不掉」、「甕中鱉，盤中魚——跑不了」、「陷阱抓狍子——跑不了」。

【斷了腿的青蛙——挑（跳）不起】

挑：「跳」的諧音。比喻能力不夠，不能勝任某項工作。例這樣重的擔子壓下來，我是斷了腿的青蛙——挑（跳）不起啊！

【斷流絕港】
見「斷港絕潢」。

【斷墨殘楮】
楮：ㄔㄨˇ，楮樹皮製作的紙，泛指紙。指殘缺或零散的詩文字畫。明・王世貞《題俞紫芝急就章》：「子中獨能尋考遺則於斷墨殘楮，遂與仲溫並驅。」也作「斷楮零縑」。零：零散，零碎；縑：ㄐㄧㄢ，細薄的絲織品，可用於書寫。清・趙翼《題黃陶庵手書詩册》詩：「君不見：同時衆名流，聲望出公右……至今令人笑齒冷，斷楮零縑付醬瓿。」也作「斷縑殘楮」。清・徐沁《明畫錄・王冕》：「其畫斷縑殘楮，人爭寶之，今亦不可見矣。」也作「斷縑片紙」。宋・鄧椿《畫繼》卷九：「大抵收藏古畫，往往不對，或斷縑片紙，皆可珍惜。」

【斷蓬泛梗】
見「斷梗飄蓬」。

【斷然不可】
指絕對不可以。清・葉燮《原詩・外篇下》：「苟乖於理、事、情，是謂不通，不通則杜撰，杜撰則斷然不可。」也作「斷乎不可」。魯迅《熱風・隨感錄三十九》：「理想家說，這花園有穢氣，須得掃除……——他卻說道，他們從來在此小便，如何掃除？萬萬不能，也斷乎不可！」

【斷事如神】
形容分析判定事理既快又準。《三俠五義》六回：「這位老爺正直無私，斷事如神，未免犯了上司之嫉。」

【斷事以理】
根據有關道理來決斷事情的是非曲直。《管子・版法解》：「陳義設法，斷事以理。」

【斷手續玉】
把手砍下來，接上一塊美玉。比喻得不償失。《韓非子・用人》：「不察私門之內，輕慮重事，厚誅薄罪，久怨細過，長侮偷快，數以德追禍，是斷手而續以玉也，故世有易身之患。」

【斷送一生唯有酒】
酗酒能把人的一生毀掉。唐・韓愈《遣興》詩：「斷送一生唯有酒，尋思百計不如閒」《西遊記》七一回：「行者道：『古人云：『斷送一生唯有酒。』又云：『破除萬事無過酒。』酒之爲用多端。你只以飲酒爲上。』」

【斷頭將軍】
《三國志・蜀書・張飛傳》：「[張]飛呵[嚴]顏曰：『大軍至，何以不降而敢拒戰？』顏答曰：『卿等無狀，侵奪我州，我州但有斷頭將軍，無有降將軍也。』」後因以指誓死不降，頑強抵抗的將領。清・孔尚任《桃花扇・劫寶》：「罷罷罷！除卻一死，無可報國，大小三軍，都來看斷頭將軍啊！」

【斷尾雄雞】
《左傳・昭公二十二年》：「賓孟適郊，見雄雞自斷其尾。問之，侍者曰：『自憚其犧也。』」指雄雞害怕成爲祭祀的犧牲而自殘其身。後用「斷尾雄雞」比喻畏讒懼害而自甘庸碌無爲的人。宋・蘇軾《僧爽白雞》：「斷尾雄雞本畏烹，年來聽法伴修行。」也作「雄雞斷尾」。

【斷無此理】
絕對沒有這種道理。《儒林外史》四一回：「一個少年婦女，獨自在外，又無同伴，靠賣詩文過日子，恐怕世上斷無此理。」

【斷席別坐】
斷席：斬斷坐席，古代在室內鋪地，人跪坐在上面；別坐：另坐一處。指不屑與之同伍。比喻斷絕交情。《史記・田叔傳》：「衛將軍從此兩人過平陽主，主家令兩人與騎奴同席而食，此二子拔刀列斷席別坐。」

【斷弦再續】
比喻夫妻離散後又重新聚合。明・熊龍峯《四種小說・張生彩鸞燈傳》：「二人缺月再圓，斷弦再續，大喜不勝。」後多比喻男子喪偶再娶。例老王的妻子去世多年，該斷弦再續了。

【斷線的紙鳶——東游西蕩】
紙鳶（ㄩㄢ）：即風箏。比喻遊手好閒，不務正業。例銀柱近來像斷線的紙鳶——東遊西蕩，鄉親們都說他快成流氓了。

【斷線的紙鳶——遠走高飛】
比喻跑到了很遠的地方，或一去不復返。例「嗬喲，原來是金生，我還以爲你是斷線的紙鳶——遠走高飛了呢！」

【斷線風箏】
比喻離開之後，再也不見蹤影。元・百子章《竹塢聽琴》三折：「他一去了恰便是斷線風箏。」也作「斷線鷂子」。《醒世恆言》卷一三：「若是這廝識局知趣，見機而作，恰是斷線鷂子，一般再也不來，落得先前受用了一番，且又完名全節。」

【斷線鷂子】
見「斷線風箏」。

【斷線珍珠】
比喻淌下的一串眼淚。《紅樓夢》九七回：「紫鵑欲說話時，惟有喉中哽咽的分兒，卻一字說不出，那眼淚一似斷線珍珠一般，只將一隻手回過去指黛玉。」

【斷香火】
斷了祭祀的煙火。比喻無後人。例有的人眞封閉，非要生男孩，說是怕斷香火。也作「斷香煙」。

【斷香煙】
見「斷香火」。

【斷袖分桃】
《漢書・董賢傳》：「[董賢]爲人美麗自喜，哀帝望見，說（悅）其容貌……常與上臥起。嘗晝寢，偏藉上袖，上欲起，賢未覺，不欲動賢，乃斷袖而起，其恩愛至此。」《韓非子・說難》：「昔日彌子瑕有寵於衛君……異日，與君遊於果園，食桃而甘，不盡，以其半啖君，君曰：『愛我哉！忘其口味以啖寡人。』」後將董賢和彌子瑕的典故合在一起，以「斷袖分桃」指男寵。《聊齋志異・黃九郎》：「燥溼互通，乃陰陽之正竅。迎風待月，尚有蕩檢之譏，斷袖分桃，難免掩鼻之醜。」也作「**斷袖餘桃**」。《兒女英雄傳》緣起首回：「這兒女英雄四個字，如今世上人，大半把他看成兩種人，兩樁事，誤把些使氣角力、好勇鬥狠的認作英雄，又把些調脂弄粉、斷袖餘桃的認作兒女。」

【斷袖餘桃】
見「斷袖分桃」。

【斷袖之寵】
見「斷袖之歡」。

【斷袖之歡】
《漢書・董賢傳》：「賢寵愛日甚，爲駙馬都尉侍中，出則參乘，入御左右，旬月間賞賜累鉅萬，貴震朝廷。常與上臥起。嘗晝寢，偏藉上袖，上欲起，賢未覺，不欲動賢，乃斷袖而起。其恩愛至此。」後用「斷袖之歡」指男寵。《南史・蕭韶傳》：「韶昔爲幼童，庾信愛之，有斷袖之歡，衣食所資，皆信所給。」也作「**斷袖之寵**」。《歧路燈》二四回：「紹聞每日在碧草軒戲謔調笑，九娃兒居然斷袖之寵。」也作「**斷袖之癖**」。清・錢泳《履園叢話・笑柄》：「畢秋帆先生爲陝西巡撫，幕中賓客大半有斷袖之癖。」

【斷袖之癖】
見「斷袖之歡」。

【斷雁孤鴻】
鴻：鴻雁。失羣孤雁。比喻孤身獨處，沒有配偶的男子。明・張鳳翼《紅拂記・楊公完偶》：「徐生，你一向斷雁孤鴻，可曾尋偶否？」

【斷么絕六】
么、六：指骨牌、骰子上的點數。指賭博輸個精光。也比喻殺得一個不留。《西遊記》八五回：「被孫行者使一條金箍棒，打進門來，可憐就打得犯了骨牌名，都『斷么絕六』。」

【斷雨殘雲】
比喻男女之間愛情中斷。清・洪昇《長生殿・獻髮》：「豈知有斷雨殘雲」也作「**斷雲零雨**」。宋・吳禮之《蝶戀花・別恨》詞：「簾卷春山朝又暮。鶯燕空忙，不念花無主。心事萬千誰與訴。斷雲零雨知何處？」

【斷雲零雨】
見「斷雨殘雲」。

【斷章截句】
見「斷章摘句」。

【斷章取義】
章：篇章。《左傳・襄公二十八年》：「賦《詩》斷章，余取所求焉。」指截取《詩經》中某篇詩的某一章，以表達自己的意思，而不問整篇詩的原意，後用「斷章取義」指根據自己的需要，孤立地摘引他人文章或談話中的某一段或個別文句，而不顧其整體的含意。《官場現形記》五九回：「碰巧他這位老賢甥，聽話也只聽一半，竟是斷章取義。」也作「**斷章取意**」。《紅樓夢》五六回：「如今斷章取意，念出底下一句，我自己罵我自己不成？」

【斷章取意】
見「斷章取義」。

【斷章摘句】
指根據自己的需要，摘取別人著作中的段落或文句。唐・李商隱《唐容州經略使元結文集后序》：「斷章摘句，如振始生。」也作「**斷章截句**」。《宋史・選舉志二》：「紹定三年，臣僚請：『學校、場屋，並禁斷章截句，破壞義理。』」

【斷織勸學】
《後漢書・樂羊子妻傳》載：「樂羊子出外求學，一年即返，妻乃引刀趨機而言曰：『此機生自蠶蟲，成於機杼，一絲而累，以致於寸，累寸不已，遂成丈匹，今若斷斯織也，則損失成功，稽廢時日。夫子積學……若中道而歸，何異斷斯織乎？』羊子感其言，復還終業，遂七年不反。」後用「斷織勸學」指勉勵人奮鬥學習。

【斷紙餘墨】
指殘缺或零散的詩文字畫。《宣和書譜・正書二・詹鸞》：「彩鸞以書《唐韵》名於時，至今斷紙餘墨人傳寶之。」

【斷子絕孫】
指沒有兒孫後代。明・朱權《荆釵記・執柯》：「你再不娶親，我只愁你斷子絕孫誰拜墓！」

【鍛鍊周納】
鍛鍊：鍛打冶煉：周納：周密而無所遺漏。形容羅織人的罪狀，精心錘鍊使之難以動搖，周密細緻使之無隙可擊。指虛構罪名，陷害無辜。《漢書・路溫舒傳》：「上奏畏却，則鍛鍊而周內之。」內：通「納」。魯迅《熱風・反對「含淚」的批評家》：「胡君因爲《蕙的風》裏有一句『一步一回頭，瞟我意中人。』便加以和《金瓶梅》一樣的罪：這是鍛鍊周納的。」也作「**鍛鍊羅織**」。魯迅《吶喊・端午節》：「准此，可見如果將『差不多說』鍛鍊羅織起來，自然也可以判作一種挾帶私心的不平，但總不能說是專爲自己做官的辯護。」

【鍛鍊羅織】
見「鍛鍊周納」。

【鍛鍊之吏】
羅織罪名，陷害無辜的奸吏。《後漢書・韋彪傳》：「忠孝之人，持心近厚；鍛鍊之吏持心近薄。」

ㄉㄨㄣ

【敦本正源】

敦：厚，引申爲重視。重視根本，正確導引源頭。比喻明確方向。《晉書・劉惔傳》：「古之善政，司契而已，豈不以其敦本正源，鎭靜流末乎！」

【敦風厲俗】

敦：促成；厲：激勵。指促使形成良好的社會風俗習慣。《梁書・甄恬傳》：「恬既孝行殊異，聲著邦壤，敦風厲俗，弘益滋多。」也作「**敦世厲俗**」。世：指世人的社會風尙。宋・蘇軾《御試制科策》：「欲輕賦稅，則財不足，欲威四海，則兵不强；欲興利除害，則無其人；欲敦世厲俗，則無其具。」

【敦厚溫柔】

敦厚：寬厚。待人寬厚溫和。例她一向待人敦厚溫柔，讓人很樂意和她做好朋友。也作「**溫柔敦厚**」。

【敦睦邦交】

敦：誠懇；睦：和好。指同別國建立誠摯和睦友好的關係。魯迅《且介亭雜文末編・「立此存照」（七）》：「但就大體而言，是極有益於敦睦邦交的。」

【敦龐之樸】

敦龐：敦厚，純厚；樸：不經修飾。形容質樸純厚。漢・王充《論衡・自紀》：「沒華虛之文，存敦龐之樸。」

【敦詩說禮】

敦：厚，指重視。重視學《詩》，講說習禮。古指遵循《詩經》與禮教宣揚的行爲規範。許地山《在費總理的客廳裏》：「假使人來查辦，一領他們到這敦詩說禮之堂來看看，捐册、帳本、褒獎狀……他們還能指摘什麼？」

【敦世厲俗】

見「敦風厲俗」。

【惇信明義】

惇：重視；信：誠實。重視誠信，明確理義。《尙書・武成》：「惇信明義，崇德報功。」

【蹲在茅房不拉屎】

比喻占著工作職位不做實事。例在工廠裏替人做事哪能挑工作做，蹲在茅房不拉屎，站在河邊不脫鞋，那可要不得呀！」也作「**占著茅房不拉屎**」。

ㄉㄨㄣˋ

【囤頂插旗桿——尖上拔尖】

囤：ㄉㄨㄣˋ，用竹篾、荊條或稻草編成的盛糧食的器具，當裝滿糧食時，頂上是尖的。比喻不斷提高，使之更加出衆。例全家起早摸黑地加油幹，決心使小麥產量囤頂插旗桿——尖上拔尖。

【炖豬頭，蒸饅頭——不到火候不揭鍋】

比喻時機不成熟，不要急於採取行動。例著什麼急呀，炖豬頭，蒸饅頭——不到火候不揭鍋，到時候就會告訴你們。

【鈍兵挫兌】

鈍兵：指兵器不銳利。兵器不銳，士氣受挫。《孫子・作戰》：「其用戰也，勝久則鈍兵挫兌。」

【鈍刀割肉——不爽快】

鈍刀：不鋒利的刀。比喻不乾脆，不痛快。例這個人辦啥事都是拖拖拉拉，像鈍刀割肉——不爽快。

【鈍刀割肉——全靠手勁】

比喻幹活全憑手上功夫。例這座雕塑材料硬、難度大，鈍刀割肉——全靠手勁。

【鈍刀切藕——私（絲）不斷】

私：「絲」的諧音。比喻時時事事有私心。例你這個人眞是鈍刀切藕——私（絲）不斷，應當痛下決心改變自己。也作「**蜘蛛走路——私（絲）連私（絲）**」。

【鈍刀切物】

鈍刀不快，切東西費事。比喻辦事方法不善，就會事倍功半。唐・李商隱《雜纂》：「鈍刀切物，破帆使風，樹蔭遮景致。」

【鈍口拙腮】

鈍：不靈活；拙，笨拙。形容沒有口才，不會說話。《鏡花緣》八〇回：「好妹妹！我是鈍口拙腮，可不能一句一句同你套！」也作「**拙口鈍腮**」。

【鈍學累功】

鈍：愚鈍。指天資不高的人只要勤奮學習，積累下來，也能有所成就。北齊・顏之推《顏氏家訓・文章》：「鈍學累功，不妨精熟。」

【頓挫抑揚】

頓：停頓；挫：轉折；抑：降低；揚：升高。形容詩文作品或音樂的韻律、氣勢變化多端而又有節奏。宋・魏慶之《詩人玉屑・休齋論歸去來辭》：「陶淵明罷彭澤令，賦《歸去來》，而自命曰『辭』。迨今人歌之，頓挫抑揚，自協聲律，蓋其詞高甚。」也作「**抑揚頓挫**」。

【頓開茅塞】

頓開：頓時開通；茅塞：被茅草堵塞，指心中不解的疑難問題。比喻因受到啟發而恍然大悟，解開了心中的疑團。《三國演義》三八回：「玄德聞言，避席而謝之曰：『先生之言，頓開茅塞，使備如撥雲霧而睹青天。』」也作「**茅塞頓開**」。

【頓口無言】

頓：停頓，閉住。形容因理屈而說不出話來。《官場現形記》一回：「他兒子回駁先生的幾句話，駁的先生頓口無言。」

【頓首百拜】

見「頓首再拜」。

【頓首再拜】

頓首：以頭叩地而拜；再拜：拜兩次。古時的一種跪拜禮。《史記・仲尼弟子列傳》：「勾踐頓首再拜曰：『孤嘗不料力，乃與吳戰，困於會稽，痛入於骨髓，日夜焦唇干舌，徒欲與吳王接踵而死，孤之願也。』」

也作爲信件中的敬辭。宋・楊萬里《與張嚴州敬夫書》：「某頓首再拜欽夫嚴州史君直閣友兄。」也作「**頓首百拜**」。《西遊記》二九回：「不孝女百花羞頓首百拜大德父王萬歲龍鳳殿前。」

【頓足捶胸】

跺著腳，拍著胸。形容非常悲痛或惱恨的樣子。清・紀昀《閱微草堂筆記・灤陽續錄二》：「三槐痴立良久，忽發顛狂，頓足捶胸而呼曰：『人家兄弟如是耶？』」也作「**捶胸頓足**」。

【遁跡銷聲】

遁：隱藏；跡：踪跡；銷：消失；聲：聲響，指聲名。掩藏行踪，隱姓埋名。意指隱居不出。唐・韋嗣立《諫濫官疏》：「古者懸爵待士，唯有才者得之；若任用無才，則有才之路塞，賢人君子所以遁跡銷聲，常懷嘆恨者也。」也作「**遁名匿跡**」。宋・蘇舜欽《粹隱堂記》：「一不與細合，則颯然遠舉，遁名匿跡，惟恐有聞於人也。」也作「**銷聲匿跡**」。

【遁光不耀】

遁：隱藏；耀：顯耀。隱藏光芒，不使炫耀。比喻默默地做好事，而不到處誇耀。唐・韓愈《答竇秀才書》：「辭重而清約，非計之得也，雖使古之君子積道藏德，循其光而不耀。」

【遁跡潛形】

跡：踪跡；形：身形。指隱藏踪影，不使人知曉。明・張景《飛丸記・園中落弈》：「若要行刺呵，要隱。當遁跡潛形，翦蔓除根才事穩。」

【遁名匿跡】

見「遁跡銷聲」。

【遁入空門】

空門：指佛教，因其認爲萬事皆空。脫離塵俗而隱入佛門。謂出家。姚雪垠《李自成》二卷二八章：「[田見秀]禁不住幻想著將來若干年後，天下重見升平。他自己絕不留戀富貴，功成身退，遁入空門，做一個與世無爭的人。」

【遁世離羣】

避開世俗，脫離人羣。指隱居或出家。《紅樓夢》一一八回：「寶釵道：『你既說赤子之心，古聖賢原以忠孝爲赤子之心，並不是遁世離羣、無關無係爲赤子之心。』」

ㄉㄨㄥ

【東挨西撞】

挨：接近；撞：碰上。形容到處找機會，碰運氣。《初刻拍案驚奇》卷一：「終日間靠著些東塗西抹，東挨西撞，也濟不得甚事。」

【東捱西問】

捱：依次，指挨個尋訪。多方詢問，到處打聽。《平妖傳》一五回：「這些衆人當一場生意，見神見鬼，東捱西問，那有消息。」

【東奔西波】

見「東奔西走」。

【東奔西竄】

四處奔跑，上下亂竄。《二十年目睹之怪現狀》六二回：「錢塘縣派差去查過，果然那些狗東奔西竄，踐踏田禾。」

【東奔西跑】

見「東奔西走」。

【東奔西逃】

四處奔跑逃竄。曹禺《王昭君》二幕：「他打過多少次敗仗，東奔西逃，最後決定了與漢家和好的大計。」

【東奔西向】

一個朝東奔，一個向西行・指彼此斷絕關係，各奔前程。明・無名氏《蘇九淫奔》二折：「你也光，我也光，東奔西向，我就養遍濮州城，你也難來攔當。」

【東奔西撞】

指慌不擇路，在人羣中胡亂奔走。《羣音類選〈玉簪記・陳母投親〉》：「驟然起兵戈，擾攘，捲塵飛東奔西撞，嬌兒拆散審何方。」

【東奔西走】

一會兒朝東奔，一會兒向西跑。形容爲某個目的四出活動，到處奔忙。元・魏初《沁園春・留別張周卿韻》詞：「甚年來行役，交情契闊，東奔西走，水送山迎。遙望神人，故人千里，何幸今年共此行。」也作「**東奔西波**」。《官場現形記》二四回：「你何妨去找找，有了這條門路，也省得東奔西波。」也作「**東奔西跑**」。《歧路燈》七九回：「惟其爲退頭貨，所以在山東河南東奔西跑。」

【東壁餘光】

漢・劉向《列女傳》卷六載：「齊女徐吾與鄰家婦人李吾等聚在一起夜織，要求各交燭火。但徐吾家貧，交不出燭火。李吾想不讓她來。徐吾說：『是何言與？妾以貧，燭不屬之故，起常先，息常後，灑掃陳席，以待來者……夫一室之中，益一人燭不爲暗，損一人燭不爲明，何愛東壁之餘光，不使貧妾得蒙見哀之恩，長爲妾役之事，使諸君常有惠施於妾，不亦可乎？』」李吾再也不好說什麼，就讓她參加夜織。後因以「東壁餘光」比喻在不損害別人利益的前提下得到別人的幫助或照顧。清・錢謙益《與王內三》：「此鄙人所仰借東壁餘光也。」也作「**東壁之光**」。《晋書・夏侯湛傳》：「今乃金口玉音，漠然沉默。使吾子棲遲窮巷，守此困極，心有窮志，貌有饑色。吝江河之流，不以濯舟船之畔；惜東壁之光，不以寓貧婦之目。」

【東壁之光】

見「東壁餘光」。

【東邊不養西邊養】

指此處無法過活，就上別處去。明・張鳳翼《灌園記》三齣：「老爹，這時節可是開得口的？自古道：『閉口深藏舌，安身處處牢。既然齊王不用了，你可不往他邦去？正是：東邊不養西邊養。』」也作「**東天不養西天養**」。

【東邊日出西邊雨——道是無情（晴）卻有情（晴）】

情：「晴」的諧音。指戀人之間的感情。例你別以爲他（她）們在鬧彆扭，這才是東邊日出西邊雨——道是無情（晴）卻有情（晴）。

【東播西流】

指四處流浪。南朝陳・徐陵《在北齊與楊僕射書》：「又聞本朝王公，都人士女，風行雨散，東播西流。」

【東補西湊】

見「東拼西湊」。

【東不成，西不就】

這個攀不上，那個又不肯俯就。指婚事沒有著落。《蕩寇志》九六回：「他說那老父在日，原來尋個書香人家，如今年紀大了，與其東不成，西不就，不如揀個穩當的將就些罷了。」也作「**東也不成，西也不就**」。《金瓶梅詞話》三六回：「這安進士亦因家貧未續親，東也不成，西也不就，辭朝還家續親，因此二人同船。」

【東猜西揣】

揣：ㄔㄨㄞˇ，揣測，推測。從各方面猜疑推測。清・袁枚《與楊蘭坡明府書》：「然李義山《錦瑟》一篇，寧使後人東猜西揣，聚訟紛紛，而當時絕不多下一注，亦可想見古人之落落大方矣。」

【東猜西疑】

指盲目猜疑。例你直接去問他不就得了，老是東猜西疑的，不會有什麼結果的。

【東藏西躲】

見「東躲西藏」。

【東差西誤】

差：差錯。指產生各種各樣的差錯。《初刻拍案驚奇》卷二五：「原約一到任所差人進京圖干此事，誰知所差去的，多不得力。我這裏好不盼望，不甫能勾回個信來，定是東差西誤的。」

【東抄西襲】

這裏抄襲一點，那裏抄襲一點。指慣於剽竊別人的作品。《文明小史》三四回：「毓生又會想法，把人家譯就的西文書籍，東抄西襲，作爲自己譯的東文稿子。印出來，大家看得佩服，就有幾位維新朋友慕名來訪他。」

【東抄西轉】

指拐來拐去地抄近路走。《醒世恆言》卷三八：「李清茫然莫知所以……又向小巷兒裏東抄西轉，也不曾遇著一個。但是問人，都與大街上說話一般，一發把李清弄呆了。」

【東扯葫蘆西扯瓢——逮住啥說啥】

形容說話隨便，想到什麼說什麼，沒有中心。例他做報告從來不做準備，東扯葫蘆西扯瓢——逮住啥說啥，眞沒什麼意思。

【東扯葫蘆西扯瓢——胡拉亂扯】

比喻胡說八道。例在這莊嚴的會議上，你怎能東扯葫蘆西扯瓢——胡拉亂扯，影響多不好！

【東扯葫蘆西扯瓢——碰到什麼抓什麼】

形容心中無數，辦事毫無計畫。例工作或行動以前，應擬定具體的內容和步驟，不能東扯葫蘆西扯瓢——碰到什麼抓什麼。

【東扯西拉】

見「東拉西扯」。

【東扯西拽】

見「東拉西扯」。

【東馳西騁】

指四處奔波。清・貫公《拒約須急設「機關日報」議》：「電傳消息，或兩國議和，交涉問題，而調查員東馳西騁，察其人心輿論，以知其彼此方針。」

【東馳西擊】

指行動不一致，多路出擊。清・魏源《聖武記》卷九：「各專責成，互相援應，毋東馳西擊，各不相顧。」

【東馳西騖】

馳、騖（ㄨˋ）奔跑。縱橫奔馳。指到處忙碌。清・趙翼《放歌》：「用盡一生心，只了一事耳。誰教東馳西騖多歧途，貪如奪標棄如屣。」也作「**東騖西馳**」。宋・汪元量《歲暮過信州靈溪》詩：「東騖西馳歸未得，明朝又是歲將除。」

【東馳西撞】

形容漫無目標，四處亂闖。《花月痕》四七回：「那馬東馳西撞，不可押勒。」

【東沖西決】

決：決口。形容水勢凶猛，堤防四處潰決。清・江藩《漢學師承記・胡渭》：「近日治河，乃遏之使不得北，而南入於淮，以便運耳。南行非河之本性，東沖西決，率無寧歲。」

【東衝西突】

見「東衝西撞」。

【東衝西撞】

橫衝直撞，四處拚殺。形容打仗勇猛。《水滸傳》六五回：「只見解珍解寶手撚鋼叉，在那裏東衝西撞。」也作「**東衝西突**」。《三國演義》七一回：「曹操見〔趙〕云東衝西突，所向無敵，莫敢迎敵，救了黃忠，又救了張著，奮然大怒。」

【東穿西撞】

剛從這裏穿過去，又在那裏相撞。形容在街市人羣中行走。《隋唐演義》二六回：「次日進城中訪察，並不見伯當、玄邃二人，亦不曉得那張善士住在何處。東穿西撞，但聞街談巷語，東一堆西一簇，說某家送了幾千兩，某家送了幾百兩。」

【東窗事發】

明・田汝成《西湖遊覽志餘》卷四載：「秦檜曾與其妻王氏在東窗下密謀殺害岳飛。秦檜死後，王氏請道士爲做道場。道士去了陰間，見檜與万俟卨俱荷鐵枷，備受諸苦。檜曰：『可煩傳語夫人，東窗事發矣！』」後因以比喻陰謀或罪行已經敗露。《警世通言》卷二〇：「我早間見那做娘的打慶奴，晚間押番歸卻，打發我出門。莫是『東窗事發』？若是這事走漏，須教我吃官司，如何計結。」也作「**東窗事犯**」。元．孔文卿《東窗事犯》二折：「吾乃地藏神，化爲呆行者，在靈隱寺中，洩漏秦太師東窗事犯。」

【東窗事犯】

見「東窗事發」。

【東床嬌客】

見「東床坦腹」。

【東床嬌婿】

見「東床坦腹」。

【東床姣婿】

見「東床坦腹」。

【東床坦腹】

《晉書．王羲之傳》：「王羲之字逸少，司徒導之從子也……時太尉郗鑑使門生求女婿於導，導令就東廂遍觀子弟。門生歸，謂鑑曰：『王氏諸少並佳，然聞信至，咸自矜持。惟一人在東床坦腹食，獨若不聞。』鑑曰：『正此佳婿邪！』訪之，乃羲之也，遂以女妻之。」後因以「東床坦腹」作爲女婿的代稱。宋，沈遼《德相送荊公三詩元韻戲爲之》詩：「世人所欽慕，有口空嚅囁；東床坦腹士，左右參經笈。」也作「**東床嬌客**」。《說岳全傳》三五回：「今日得遇二位到此，也是天緣。老夫意欲將兩個小女，招贅二位爲東床嬌客，未知二位意下如何？」也作「**東床嬌婿**」。《金瓶梅詞話》二〇回：「東床嬌婿實堪憐，況遇青春美少年。」也作「**東床姣婿**」。《紅樓夢》七九回：「賈赦見是世交子侄，且人品家當都相稱合，遂擇爲東床姣婿。」

【東床擇對】

指挑選女婿。明．吳承恩《壽胡母牛老夫人七秩幛詞》：「東床擇對，得鳳舉之名英；中冓宣勞，勵雞鳴之至誠。」

【東床之選】

指被選上當女婿。《古今小說》卷二七：「衆僚屬都聞得莫司戶青年喪偶，齊聲薦他才品非凡，堪作東床之選。」

【東闖西踱】

闖：闖蕩；踱：慢步行走。指漫無目的地多方逗留，到處闖蕩。茅盾《子夜》六：「他很想跑開，但想到有吳芝生作伴，到底比起獨自東闖西踱較爲『有聊』，便又捨不得走。」

【東打西椎】

椎：ㄔㄨㄟˊ，同「捶」，敲打。形容亂打亂捶。《醒世姻緣傳》六六回：「張茂實左架右招，素姐東打西椎。」

【東蕩西馳】

指四處出擊掃蕩。《兒女英雄傳》緣起首回：「漢王乘那項王火咸陽，弒義帝，降子嬰，東蕩西馳的時候，早暗地裏間道入關，進位稱王。」

【東蕩西除】

指出兵掃蕩，鏟除各地禍亂。《三國演義》一一九回：「昔日魏武祖皇帝，東蕩西除，南征北討，非容易得此天下。」

【東蕩西游】

見「東游西蕩」。

【東倒吃羊頭，西倒吃豬頭】

倒：轉移，轉換。比喻隨遇而安，湊合過日子。《魯迅書信集．致章廷謙》：「大約一切事情，都糊里糊塗，沒有一定辦法，所謂：『東倒吃羊頭，西倒吃豬頭。』苟延而已。」

【東倒西欹】

見「東倒西歪」。

【東倒西歪】

一會兒向東倒，一會兒朝西歪。形容站立、走路不穩，或姿勢不正的樣子。元．蕭德祥《殺狗勸夫》一折：「他兩個把盞兒吞，直吃的醉醺醺，吃的來東倒西歪。」也作「**東倒西欹**」。欹：ㄑㄧ，傾斜。元．無名氏《衣襖車》三折：「行不動，山岩下歇息，立不住，東倒西欹。」也作「**東歪西倒**」。《二十年目睹之怪現狀》三九回：「日暮挑燈閒徙倚，郎不歸來留戀誰家裏？及至歸來沈醉矣，東歪西倒難扶起。」也作「**倒東歪西**」。《醒世恆言》卷七：「丫鬟們亂了一夜，各自倒東歪西去打瞌睡。」

【東道交】

見「東道主」。

【東道主】

原指東邊路上的主人。《左傳．僖公三十年》：「若捨鄭以爲東道主，行李之往來，共其乏困，君亦無所害。」後因以指招待來客的主人。唐．李白《望九華贈青陽韋仲堪》詩：「君爲東道主，於此臥雲松。」也作「**東道交**」。《史記．晉世家》：「亡鄭厚晉，於晉得矣，而秦未爲利。君何不解鄭，得爲東道交。」

【東躲西藏】

指到處躲避隱藏，設法找到安全的地方。《西遊記》三回：「唬得那牛頭鬼東躲西藏，馬面鬼南奔北跑。」也作「**東藏西躲**」。清．孔尚任《桃花扇．沉江》：「我們出獄，不覺數日，東藏西躲，終無棲身之處。」

【東躲西跑】

時而朝東躲避，時而往西逃跑。形容極力逃出危險。《隋唐演義》五回：「前時這幹強徒，倚著人多，把一個唐公與這些家丁逼來逼去，甚是威風，這番遇了秦叔寶，裏外夾攻，殺得東躲西跑，南奔北竄。」也作「**東躲西逃**」。《說岳全傳》四二回：「這公子左衝右突，那番兵東躲西逃，直殺透番營。」

【東躲西逃】

見「東躲西跑」。

【東翻西倒】

指翻箱倒櫃，到處搜尋。《野叟曝言》

四回：「因先入廚房，搜尋食物，那知這廟中，無隔宿之糧，東翻西倒，只有一個醃菜罈。」

【東翻西閱】
隨意翻開書，這本讀幾段，那本讀幾段。形容漫無目的地瀏覽。清·曾國藩《致諸弟書》：「好讀書，東翻西閱，涉獵頗多，心中已有許多古董。」

【東方不亮西方亮】
比喻這兒不行就到別處去，指迴旋的餘地很大，辦法很多。例世界這麼大，「東方不亮西方亮」，不愁沒有迴旋的餘地。

【東方千騎】
漢樂府《陌上桑》：「東方千餘騎，夫婿居上頭。」後用「東方千騎」指地位顯赫的夫婿。南朝梁·簡文帝《采菊》詩：「東方千騎從驪駒，豈不下山逢故夫。」

【東方欲曉——漸漸明白】
雙關語。比喻逐漸懂得道理或弄清眞相。例我們長期受人蒙蔽，經您的指點，才東方欲曉——漸漸明白。也作「**雨後天晴——漸漸明白**」。

【東放一槍，西打一棒——聲東擊西】
比喻在軍事上給敵人造成錯覺而出奇制勝的一種戰術。後作爲一種策略或方法也用於其他方面。例强攻不如智取，我們這次來個東放一槍，西打一棒——聲東擊西，讓敵人顧此失彼，最後全部落入我軍的包圍圈。

【東風吹來往西倒，西風吹來往東倒】
形容沒有主見，遇事隨大流。魯迅《娘兒們也不行》：「而娘兒們都大半是第三種：東風吹來往西倒，西風吹來往東倒，弄得循環往復，沒有個結帳的日子。」

【東風吹馬耳】
見「東風射馬耳」。

【東風過耳】
見「東風射馬耳」。

【東風浩蕩】
浩蕩：盛大壯闊的樣子。指春風勁吹，給萬物帶來蓬勃生機。宋·陸游《感興》詩：「一尊且作尋春計，又見東風浩蕩時。」

【東風化雨】
東風：春風；化雨：促使萬物變化生長的雨。比喻師長的教誨，榜樣的激勵。例老師的諄諄教導，如東風化雨，滋潤著孩子們的心田。

【東風解凍】
春風化解冰凍。比喻嚴峻的形勢得到緩和。《禮記·月令》：「孟春之月……東風解凍，蟄蟲始振。」

【東風料峭】
料峭：形容微寒。指春風初來，還帶有微微寒氣。宋·鄭域《桃源憶故人·春愁》詞：「東風料峭寒吹面，低下繡簾休捲。憔悴怕他春見，一任鶯花怨。」

【東風馬耳】
見「東風射馬耳」。

【東風入律】
律：律呂，樂律的統稱。指春風和暢，律呂調協。多用以稱頌太平盛世。《晉書·地理志上》：「而玉環楛矢，夷裘風駕，南翬表貺，東風入律，光乎上德，奚遠弗臻。」

【東風射馬耳】
比喻對別人的話無動於衷，不加理睬。唐·李白《答王十二寒夜獨酌有懷》詩：「吟詩作賦北窗裏，萬言不直一杯水；世人聞此皆掉頭，有如東風射馬耳。」也作「**東風吹馬耳**」。《廿載繁華夢》四〇回：「我當初勸諫你多少來，你就當東風吹馬耳，反被旁人說我是苛待侍妾的，今日你可省得了。」也作「**東風過耳**」。清·容閎《西學東漸記》：「學生在美國……絕無敬師之禮，對於新監督之訓，若東風之過耳。」也作「**東風馬耳**」。宋·范成大《丙午新正書懷十首》詩之八：「栗裏歸來窗下臥，香山老去病中詩。東風馬耳塵勞後，半夜雞聲睡熟時。」

【東風壓倒西風】
比喻對立的雙方，最後必有一方壓倒另一方。《紅樓夢》八二回：「黛玉從不聞襲人背地裏說人，今聽此話有因，心裏一動，便說道：『這也難說。但凡家庭之事，不是東風壓了西風，就是西風壓了東風。』」

【東封西款】
封：封爵；款：服順。指邊鄰歸順，雙方棄戰和好。明·袁宏道《逋賦謠》：「東封西款邊功多，江淮陸地生洪波。內庫馬價支垂盡，民固無力官奈何！」

【東扶西倒】
從這邊扶起，又向那邊倒去。形容無力自立，難以扶持。《朱子語類》卷一二五：「如某此身已衰耗，如破屋相似，東扶西倒，雖欲修養，亦何能有益耶。」也作「**東扶西傾**」。傾：傾斜，歪倒。明·海瑞《贈羅近云代文定安田序》：「開端既差，末流之弊，莫可禁止。東扶西傾，朝更暮改，百病之所由生。」

【東扶西傾】
見「東扶西倒」。

【東溝犁，西溝耙】
東溝犁一下，西溝耙一下。形容雜亂無章。《金瓶梅詞話》七三回：「金蓮道：『他就惱，我也不怕他。看不上那三等兒九段的。正景姐姐分付的曲兒不教唱，且東溝犁，西溝耙，支使的那個小王八子亂哄哄的，不知依那個的是。』」

【東觀西望】
指四下觀望察看。《水滸傳》五回：「從早晨直走到午後，約莫走下五六十里多路，肚裏又饑，路上又沒個打火處……東觀西望，猛然聽得遠遠地鈴鐸之聲，魯智深聽得道：『好了！不是寺院，就是宮觀。』」也作「東望西觀」。《再生緣》一一回：「這邊趙受專心等，東望西觀只候臨。」

【東觀續史】

東觀（ㄍㄨㄢˋ）：漢代皇家藏書之處。《後漢書・曹世叔妻傳》：「扶風曹世叔妻者，同郡班彪之女也，名昭，字惠班，一名姬，博學高才，世叔早卒，有節行法度。兄固著《漢書》，其八表及天文志未及竟而卒。和帝詔昭，就東觀藏書閣踵而成之。」後用「東觀續史」指女子博學高才。

【東觀之殃】

漢・劉向《說苑・指武》載：「傳說孔子任魯國司寇時，殺少正卯於東觀之下。」後以「東觀之殃」指殺身之禍。漢・桓寬《鹽鐵論・訟賢》：「未睹功業所至，而見東觀之殃，身得重罪，不得以壽終。」

【東滾西爬】

形容打了敗仗狼狽逃竄。《中國民間故事・鐵金剛》：「打得官兵東滾西爬，急忙逃命。」

【東郭先生】

明・馬中錫《中山狼傳》載：「戰國時晉國趙簡子在中山打獵，一隻狼中箭而逃，遇見了東郭先生，便向他求救。東郭先生把狼藏進書袋裏，又騙走了趙簡子。但狼一出袋子，不僅不感謝東郭先生，反而要吃掉他。最後還是一位老農設計打死了狼，搭救了東郭先生。」後用「東郭先生」指對壞人發善心，講慈悲的人。例對凶惡的敵人，從來就不能講慈悲，不能當「東郭先生」，否則，後果是十分危險的。

【東郭先生救狼——善惡不分】

比喻好壞不分。例張先生一眼就看出他不是個好東西，心想：我可不能東郭先生救狼——善惡不分，一定得設法逮住他，送警察局。

【東郭之疇】

疇：ㄔㄡˊ，通「儔」，同類。《呂氏春秋・當務》：「齊之好勇者，其一人居東郭，其一人居西郭，卒然相遇於涂曰：『姑相飲乎？』觴數行，曰：『姑求肉乎？』一人曰：『子肉也？我肉也？尚胡革求肉而爲？於是具染而已。』因抽刀而相啖，至死而止。」後用「東郭之疇」指勇敢不怕死的人。三國魏・曹植《七啟》：「哮闞之獸，張牙奮鬣……乃使北宮、東郭之疇，生抽豹尾，分裂貙肩。」

【東郭之跡】

《史記・滑稽列傳》：「東郭先生久待詔公車，貧困飢寒，衣敝，履不完。行雪中，履有上無下，足盡踐地，道中人笑之。」後用「東郭之跡」形容極爲貧困。宋・王讜《唐語林，補遺一》：「蕭功曹穎士，趙員外驊，開元中同居興敬里疑業，共有一靴。久而見東郭之跡。趙曰：『可謂疲於道路矣。』」

【東海塵飛】

見「東海揚塵」。

【東海鯨波】

鯨波：巨浪大波。比喻强敵從東方來犯。高珪《岳墳感賦》詩：「東海鯨波誰可靖，只今惜少岳家軍。」

【東海撈針】

比喻很難做到。明・朱權《荊釵記・誤訃》：「此生休想同衾枕，要相逢除非是東海撈針。」

【東海逝波】

東海上遠逝的波濤。比喻大勢已去。明・劉若愚《酌中志・內府衙門職掌》：「縱有眞心爲國、束身自好者，恐亦孤掌難鳴也。東海逝波，其奈之何哉！」

【東海揚塵】

東海變成陸地，揚起塵土。晉・葛洪《神仙傳・王遠》：「麻姑自說云：『接待以來，已見東海三爲桑田，向到蓬萊，又水淺於往日會時略半耳，豈將復爲陵陸乎？』遠嘆曰：『聖人皆言，海中行復揚塵也。』」後用「東海揚塵」比喻世事變遷巨大。《初刻拍案驚奇》卷二二：「東海揚塵猶有日，白衣蒼狗刹那間。」也作「東海塵飛」。元・謝應芳《沁園春・丁酉春寓堠山錢氏寫懷》詞：「沉酣後，任南山石爛，東海塵飛。」

【東家的飯碗——難端】

東家：受人雇用或聘請的人稱其主人爲東家。比喻靠施捨難以過活。例吳老爹沉思了一陣，說道：「我們不能靠別人的施捨生活。我幹了半輩子長工，壓根兒懂得東家的飯碗——難端哩！」。

【東家丘】

丘：孔子名。傳說孔子的西鄰不知孔子的學問，故稱孔子爲「東家丘」。後用「東家丘」指對附近的學者不了解，不熟悉。《三國志・魏書・邴原傳》：「原從行，卒裴松之注引《邴原別傳》：『欲遠遊學，詣安丘鄭崙。崙辭曰：『君鄉里鄭君[玄]……誠學者之師模也。君乃舍之，躡屣千里，所謂以鄭爲東家丘者也。』」

【東家西舍】

見「東鄰西舍」。

【東家效顰】

見「東施效顰」。

【東街發貨西街賣——不圖賺錢只圖快】

指辦事只求高速度，不講效益。例你的任務是比別人先完成了，可是這種東街發貨西街賣——不圖賺錢只圖快的作法，對人力、物力造成了巨大的浪費。也作「三個錢買，兩個錢賣——不圖賺錢只圖快」。

【東砍西斫】

四面砍殺。形容戰鬥激烈。《秦併六國平話》卷上：「左畔撞出李仲，右邊撞出韓員，後面秦斌殺至，前面馮亭……韓廣殺將來。東砍西斫，星流雲散，七續八斷。」

【東磕西撞】

四面奔波，到處亂闖。《醒世姻緣傳》

三五回：「你道這幾件事豈是容易做的？這都是要腳奔波，足不沾地的勾當，豈是教書人所爲？失了魂的一般東磕西撞。」

【東誆西騙】

誆：ㄎㄨㄤ，誆騙，哄騙。指到處撒謊，進行詐騙。《金瓶梅詞話》三八回：「應二哥，銀子便與他，只不叫他打著我的旗兒，在外邊東誆西騙。」

【東拉西扯】

①這裏拉一把，那裏扯一把。形容說話寫作漫無邊際，抓不住中心。《紅樓夢》八二回：「更可笑的，是八股文章……好些的，不過拿些經書湊搭湊搭還罷了。更有一種可笑的，肚子裏原沒有什麼，東拉西扯，弄的牛鬼蛇神，還自以爲博奧。」也作「**東扯西拉**」。《官場現形記》五三回：「這遭總算毛維新官運亨通，第二天上去，制台問了幾句話，虧他東扯西拉，居然沒有露出馬腳，就此委了洋務局的差使。」也作「**東牽西扯**」。清・馮班《鈍吟雜錄》卷五：「知此人胸中不通一竅，不識一字，東牽西扯而已。」②形容了多方尋求，到處拼湊。《孽海花》二二回：「你別看永豐莊怎麼大場面，一天到晚，整千整萬的出入，實在也不過東拉西扯，撐著個空架子罷了！」也作「**東扯西拽**」。拽：ㄓㄨㄞˋ，拉。《二刻拍案驚奇》卷二二：「公子被他們舞弄了數年，弄得囊中空虛，看看手裏不能接濟，所有倉房中莊舍內積下米糧，或時糶銀使用，或時即發米代銀，或時先在那裏移銀子用了，秋收還米，也就東扯西拽，不能如意了。」也作「**東撏西扯**」。撏：ㄒㄩㄣˊ，取，拉。康有爲《大同書》甲部三章：「以大不逮之財而日行勉强支持之事，東撏西扯，憂苦莫當。」

【東來西去】

這個從東來，那個往西去。指人們交錯而過，忙碌奔波。《古今小說》卷二三：「橋上做賣做買，東來西去的，挨擠不過。」

【東來紫氣】

《史記・老子韓非列傳》唐・司馬貞《索隱》引漢・劉向《列仙傳》：「老子西游，關令尹喜望見有紫氣浮關，而老子果乘青牛而過也。」原指老子出函谷關，關令尹看見有紫氣自東而來，知有聖人將過關。後用「東來紫氣」比喻祥瑞的先兆。唐・杜甫《秋興》詩：「西望瑤池降王母，東來紫氣滿函關。」也作「**紫氣東來**」。

【東攔西阻】

指竭力攔阻。《雪岩外傳》一〇回：「衆家人聽說，忙東攔西阻的敎他們止聲。」

【東撈西摸】

指漫無目標地四處尋覓索取。宋・朱熹《答廖子晦》：「蓋性命之理雖微，然就博文約禮實事上看，亦甚明白，正不須無形象處東撈西摸，如捕風繫影，用意愈深，而去道愈遠也。」

【東勞西燕】

勞：伯勞，鳥名。比喻朋友或親人離別兩地。《樂府詩集・東飛伯勞歌》：「東飛伯勞西飛燕，黃姑織女時相見。誰家兒女對門居，開顏髮艷照里閭。」梁啟超《新中國未來記》四回：「奇了！這人莫不是也要搭西伯利亞鐵路去遊學，和我們恰做個東勞西燕麼？」

【東量西折】

量：秤量；折：折秤，虧損。指重新秤量物品時，難免有虧損。元・高則誠《琵琶記・義倉賑濟》：「相公，小人招不得，自古道：『東量西折。』難教小人賠償。」

【東獵西漁】

指多方涉獵，不能專一。唐・孫樵《罵僮志》：「凡爲讀書，東獵西漁，粗知首尾，則爲有餘。」

【東鄰西家】

見「東鄰西舍」。

【東鄰西舍】

指左右的鄰居。唐・戴叔倫《女耕田行》詩：「東鄰西舍花發盡，共惜余芳淚滿衣。」也作「**東鄰西家**」。漢・焦延壽《焦氏易林・歸妹》：「東鄰西家，來即我謀。」也作「**東家西舍**」。唐・李白《江夏行》詩：「東家西舍同時發，北去南來不逾月。未知行李遊何方，作個音書能斷絕。」

【東鱗西爪】

指畫面上雲霧中的龍，只是東邊露出幾塊鱗片，西邊顯出一隻腳爪。比喻事物零星片斷，不成系統。梁啟超《飲冰室詩話》卷一：「其鴻篇巨制，洋洋灑灑者，行將別裒錄之爲一集。亦有東鱗西爪僅記其一二者，隨筆錄之。」

【東零西落】

形容零零星星，稀稀落落。《羣音類選〈桃園記・古城聚會〉》：「還說道不降曹，到如今越氣惱，受女納金多快樂，將恩義頓然拋調，撇得俺弟兄每，東零西落。」也作「**東零西散**」。《西湖佳話・錢塘霸蹟》：「一霎時，十萬餘兵，殺得東零西散，止剩得一個空寨。」

【東零西散】

見「東零西落」。

【東零西碎】

零零散散，不集中。例劉媽媽才回到家，看見書報、玩具東零西碎的撒滿地，相當生氣，霹哩啪啦地罵了起來。

【東流西落】

指四處流浪。例他不肯待在家鄉種田，跑到大都會討生活，，卻因工作毫無著落，東流西落，沒有固定的住處。

【東蹓西逛】

漫無目標地到處遊逛。《中國民間故事選・魯班學藝》：「他騎著馬，東蹓西逛了三年，銀子花光了，馬也賣掉了，光桿回來了。」

【東馬嚴徐】

東：指東方朔；馬：指司馬相如；嚴：指嚴助；徐：指徐樂。四人皆以文才受到漢武帝的寵信重用。後因以「東馬嚴徐」指得到重用的文人學士。唐·韓愈《贈崔立之評事》詩：「東馬嚴徐已奮飛，枚皋即召窮且忍。」

【東門黃犬】

《史記·李斯列傳》：「二世二年七月，具斯五刑，論腰斬咸陽市。斯出獄，與其中子俱執，顧謂其中子曰：『吾欲與若復牽黃犬，俱出上蔡東門逐狡兔，豈可得乎！』」後用「東門黃犬」指做官得禍，悔不早日抽身。南朝陳·徐陵《梁貞陽侯重與王太尉書》：「東門黃犬，固以長悲；南陽白衣，何可復得。」也作「**東門逐兔**」。清·錢謙益《次韻何慈公歲暮感事》詩之二：「南海騎麟眞漫浪，東門逐兔枉悲酸。」

【東門之役】

《左傳·隱公四年》：「宋公、陳侯、蔡人、衛人、圍其東門，五日而還。」又《隱公五年》：「鄭人侵衛牧，以報東門之役。」因以「東門之役」比喻舊仇宿怨。明·沈德符《野獲編補遺·吏部·汪徐相仇》：「[徐必進]與汪[雅堂]爲桑梓，初處丞固無香火情，比汪報東門之役，人亦尤其已甚。」

【東門逐兔】

見「東門黃犬」。

【東廟裏燒香，西廟裏許願】

比喻到處求人、許願。例遇上困惑的事，劉媽媽總是東廟裏燒香，西廟裏許願，總想著神得了她的香火，一定會保佑她事事如意，解除困惑。

【東鳴西應】

這裏發出聲音，那裏立即回應。比喻事物間互相聯繫，互相影響。蔡元培《歐美同學會叢刊發刊詞》：「海通以來……自一縷一針之細故，以至政治風俗之大端，無不東鳴西應，速於郵命。」

【東抹西塗】

見「東塗西抹」。

【東南半壁】

指長江中下游及東南沿海地區。元·施惠《幽閨記·虎狼擾亂》：「金朝那解番狠將，血濺東南半壁天。」

【東南雀飛】

古詩《孔雀東南飛》記載了焦仲卿與劉蘭芝這對夫婦被迫拆散，最後以死抗爭的故事。後用「東南雀飛」比喻夫妻分離。清·靜觀子《六月霜·恤緯》：「東南雀飛，傷心中谷歌有蓷。」

【東南形勝】

形勝：地理條件優越。指東南地方山水優美，風景宜人。宋·柳永《望海潮》詞：「東南形勝，三吳都會，錢塘自古繁華。」

【東南之寶】

見「東南之美」。

【東南之美】

原指東南一帶出產的美物。《爾雅·釋地》：「東南之美者，有會稽之竹箭焉。」後以此指出於東南的優秀人才。《三國志·吳書·虞翻傳》：「聞延陵之理樂，睹吾子之治《易》，乃知東南之美者，非徒會稽之竹箭也。」也作「**東南之寶**」。南朝宋·劉義慶《世說新語·賞譽上》：「張華見褚陶，語陸平原曰：『君兄弟龍躍雲津，顧彥先鳳鳴朝陽，謂東南之寶已盡，不意復見褚生。』」也作「**東南之秀**」。《南史·王筠傳》：「陸平原東南之秀，王文度獨步江東，吾得比踪昔人，何所多恨。」

【東南之秀】

見「東南之美」。

【東南竹箭】

東南地方盛產箭竹，可製箭杆。比喻出於東南的卓越人才。明·楊珽《龍膏記·旅況》：「弱冠工詞翰，論平生才具，東南竹箭，子虛猶未獻。」

【東扭西捏】

指故意做作，不爽快，不大方。《警世通言》卷三一：「及至準算與他，又要減你的價錢，準算過，便有幾兩贏餘，要他找絕，他又東扭西捏，朝三暮四，沒有得爽利與你。」

【東挪西湊】

見「東挪西借」。

【東挪西輳】

見「東挪西借」。

【東挪西撮】

見「東挪西借」。

【東挪西貸】

見「東挪西借」。

【東挪西借】

指四處奔波，多方借款湊錢。《官場現形記》二六回：「來京引見的人，有幾個腰裏常常帶著幾十萬銀子？不過也是東挪西借，得了缺再去還人家。」也作「**東挪西湊**」。《初刻拍案驚奇》卷一三：「過了兩月，又近吉日，卻又欠迎親之費，六老只得東挪西湊，尋了幾件衣飾之類，往典鋪中解了幾十兩銀子，卻也不夠使用。」也作「**東挪西輳**」。明·沈受先《三元記·歸妹》：「我命運乖，糧運折，家私都準折，東挪西輳猶還缺，一女多嬌，將他來拋撇。」也作「**東挪西撮**」。撮：聚集，聚攏。《水滸傳》九四回：「我這裏正缺錢糧，兀自起解不足，東挪西撮。你這項信賞錢，依著我，權且存置庫內。」也作「**東挪西貸**」。明·袁宏道《錄遺佚疏》：「今大僚邊撫，在在乏人，每一推舉，心爲之碎。辟如貧兒排當，東挪西貸，酸寒之色，見於几席，此豈有太平景象乎？」那：同「挪」。

【東跑西顛】

指四處奔波忙碌。例這次他到國外聯繫工作，整天的東跑西顛的，十分辛苦。

【東碰西撞】

形容四處找機會，碰運氣。巴金《火》一二：「劉波好像被困在一條死巷裏，他東碰西撞都找不到一個出路。」

【東飄西泊】

指浪跡江湖，到處飄泊。形容蹤影難尋。《蕩寇志》一一二回：「車夫道：『只有一人想該鬥得他過。』徐槐聽了，忙問：『是何人？』車夫道：『這人姓顏，名叫樹德……向來東飄西泊，不知住處。』」

【東飄西蕩】

指流落四方，無處存身。《隋唐演義》五一回：「今日弄得東飄西蕩，子不認母，節不成節，樂不成樂，自貽伊戚如此。」也作「**東揚西蕩**」。《野叟曝言》四一回：「姐姐若能見憐，怎樣著落妹子死後魂靈，不至東揚西蕩。」

【東飄西散】

四處飄移消散。形容隊伍潰敗。《何典》一〇回：「一路行去，正撞著青胖大頭鬼大隊人馬過來，把他一家門衝得東飄西散。」

【東飄西徙】

指遷徙四方，飄泊不定。明·陸采《明珠記·江會》：「幾年間東飄西徙，今日裏天教重會。大海船頭，果有相撞時。」也作「**東遷西徙**」。《明史·西域傳二》：「但當循分守職，保境睦鄰，自無外患。何必東遷西徙，徒取勞瘁。」也作「**東徙西遷**」。清·江藩《漢學師承記》卷八：「竄匿草莽，東徙西遷，屢瀕於危。」

【東拼西湊】

指想方設法，從多處將零碎的東西湊集在一起。《紅樓夢》八回：「因是兒子的終身大事所關，說不得東拼西湊，恭恭敬敬封了二十四兩贄見禮，帶秦鍾到代儒家來拜見。」也作「**東補西湊**」。朱自清《哀互生》：「他東補西湊地為立達籌款子，還要跑北京，跑南京。」

【東平之樹】

《漢書·東平思王傳》「立三十三年薨」唐·顏師古注引三國魏·劉劭、王象《皇覽》：「東平思王冢在無鹽，人傳言王在國思歸京師，後葬，其冢上松柏皆西靡也。」後用「東平之樹」指人死仍眷戀故土。形容懷鄉之情極深。北周·庾信《周使持節大將軍丘乃敦崇傳》：「游魂冤結，非無廣漢之城；久客思歸，唯有東平之樹。」

【東遷西徙】

見「東飄西徙」。

【東牽西扯】

見「東拉西扯」。

【東牆處子】

處子：處女。《孟子·告子下》：「踰東家牆而摟其處子，則得妻；不摟則不得妻，則將摟之乎？」後用「東牆處子」指鄰家的未嫁女子。明·孫仁孺《東郭記·綿駒》：「第四笑，鄉閭輩，更誰將古道誇，盼東牆處子摟來嫁。」

【東牆窺宋】

戰國楚·宋玉《登徒子好色賦》序：「天下之佳人，莫若楚國；楚之麗者，莫若臣里；臣里之美者，莫若臣東家之子……然此女登牆闚臣三年，至今未許也。」後因以「東牆窺宋」比喻美貌女子對男子產生傾慕之情。元·姚燧《新水令·冬怨》套曲：「悔當日東牆窺宋，有心教夫婿乘龍。見如今天寒地凍，知他共何人陪奉。」

【東敲西逼】

到處威逼恐嚇，敲詐勒索。《後漢通俗演義》二回：「百姓又最怕當兵，最怕輸糧，地方官刑驅勢迫，東敲西逼，招若干壯丁，備好若干芻粟。」

【東瞧西望】

見「東張西望」。

【東趨西步】

一個往東走，一個向西行。指彼此逆向而去。漢·焦延壽《焦氏易林·比之損》：「二人異路，東趨西步，千里之外，不相知處。」

【東三西四】

指一會兒這樣，一會兒那樣，變化無常。《醒世恆言》卷七：「別件事，或者有些東扯西拽，東掩西遮，東三西四，不容易說話，這做媒乃是冰人撮合，一天好事，除非他女兒不要嫁人便罷休。不然，少不得男媒女妁。」

【東山復起】

見「東山再起」。

【東山高臥】

東山：山名，在浙江上虞縣西南；高臥：高枕而臥。《晉書·謝安傳》載：「謝安隱居東山，多次拒絕出來做官，有人稱他『累違朝旨，高臥東山。』」後用「東山高臥」比喻隱居不仕。元·鄭廷玉《忍字記》四折：「我趕不上龐居士海內沉舟，晋孫登蘇門長嘯，我可甚麼謝安石東山高臥。」也作「**高臥東山**」。

【東山謝氏】

《晉書·謝安傳》載：「謝安曾辭官隱居會稽東山。」後用「東山謝氏」泛指隱士。宋·賀鑄《南鄉子》詞之二：「柳岸艤蘭舟，更結東山謝氏遊。」

【東山再起】

南朝宋·劉義慶《世說新語·排調》：「謝公在東山，朝命屢降而不動，後出為桓宣武司馬，將發新亭，朝士咸出贍送。高靈時為中丞，亦往相祖，先時多少飲酒，因倚如醉，戲曰：『卿屢違朝旨，高臥東山，諸人每相與言，安石不肯出，將如蒼生何。今亦蒼生將如卿何。』謝笑而不答。」因以「東山再起」指歸隱後又重出做官。後比喻失敗後又再度興起。《兒女英雄傳》三九回：「回到家鄉，先圖個骨肉團聚，一面藏器待時。或者聖恩高厚，想起來還有東山再起之日，也未可知。」也作「**東山復起**」。

明・張煌言《祭建國公鄭羽長鴻逵文》：「懸擬壯猷，東山復起。夫何訃聞，遽騎箕尾？」

【東山之志】

原指謝安出山做官後，仍懷退隱之心。《晉書・謝安傳》：「安雖受朝寄，然東山之志始末不渝，每形於言色。」後泛指隱居不仕的志向。宋・陸游《賀呂知府啟》：「雖北闕之書，至於屢上；然東山之志，寧許遽從。」

【東閃西躲】

這裏躲一下，那裏藏一下。①指時隱時顯，逗引對方。《水滸傳》六一回：「盧俊義挺著朴刀，隨後趕來。李逵在林木叢中東閃西躲，引得盧俊義性發，破一步，搶入林來，李逵飛奔亂松叢中去了。」②指四處隱藏，設法避開危險。例這個戰士東閃西躲，動作十分靈活，敵人的子彈怎麼也打不著他。

【東閃西挪】

這邊躲閃，那邊移開。形容爲人油滑，不誠實。《兒女英雄傳》四〇回：「褚一官平日在他泰山跟前還有個東閃西挪，到了在他娘子跟前，卻是從來說一不二。」

【東聲西擊】

聲：聲張，張揚。指表面上揚言攻打這個方向，實際上從那個方向出擊，攻其不備。明・李東陽《喻戰送李永敷南歸》：「子知戰乎……神出鬼沒，東聲西擊，變化而無常者，用也。」也作「**聲東擊西**」。

【東施跟著西施走——學個樣子】

比喻不管對錯、不問效果，盲目照抄照搬。貶義。例你不顧具體環境和條件，不問事情的實質和效果，只是東施跟著西施走——學個樣子罷了。參見「東施效顰」。

【東施捧心】

見「東施效顰」。

【東施效顰】

效：仿效，模仿；顰：ㄆㄧㄣˊ，皺眉，也作「矉」。《莊子・天運》：「故西施病心而矉其裏，其裏之醜人見而美之，歸亦捧心而矉其裏。其裏之富人見之，堅閉門而不出，貧人見之，挈妻子而去亡走。彼知矉美，而不知矉之所以美。」後人將此醜人叫做東施。原謂醜女模仿美人的姿態，結果更令人厭惡，後比喻生硬模仿，效果更糟。《紅樓夢》三〇回：「若真也葬花，可謂『東施效顰』了；不但不爲新奇，而且更是可厭。」也作「**東施捧心**」。丁福保《清詩話・師友詩傳錄》：「古今之擬樂府者，皆東家施捧心伎倆也。」也作「**東家效顰**」。《花月痕》二二回：「一會兒出來，秋華堂坐席，李夫人首坐，問起鳳來儀酒令，秋痕一一告訴，三位太太，都十分讚賞。李夫人道：『我們何不做個東家效顰。』」

【東食西宿】

上東家吃飯，去西家住宿。漢・應劭《風俗通義・兩袒》：「齊人有女，二人求之。東家子醜而富，西家子好而貧。父母疑不能決，問其女：『定所欲適，難指斥言者，偏袒令我知之。』女便兩袒。怪問其故，云：『欲東家食西家宿。』」後用「東食西宿」比喻見好就要，貪心太重。《聊齋志異・黃英》：「黃英笑曰：『東食西宿，廉者當不如是。』馬亦自笑，無以對。」

【東市朝衣】

東市：指漢代長安東市，處決犯人時作爲刑場；朝衣：大臣上朝時穿的禮服。《史記・袁盎晁錯列傳》：「[晁錯]遷爲御史大夫，請諸侯之罪過，削其地，收其枝郡……吳楚七國果反，以誅晁錯爲名。及竇嬰、袁盎進說，上令晁錯衣朝衣斬東市。」後用「東市朝衣」指大臣被殺。清・吳偉業《鴛湖曲》：「東市朝衣一旦休，北邙抔土亦難留。」

【東手來，西手去】

比喻亂花錢，沒有積蓄。例他每月的收入倒是不少，可惜東手來，西手去，沒有一點存款，有時還要借錢。也作「**左手將來右手去**」。將：拿。明・無名氏《贈書記》七齣：「左手將來右手去，越奸越巧越貧窮。」

【東搜西羅】

四處尋覓，廣泛收集。許地山《空山靈雨・補破衣的老婦人》：「我們所爲，原就和你一樣，東搜西羅，無非是些綢頭布尾，只配用來補補破衲襖罷了。」

【東睃西望】

見「東張西望」。

【東談西說】

談這說那，議論廣泛。《魯迅書信集・致金肇野》：「文章我實在不能做了……近來東談西說，而其實都無深研究，發議論是不對的。」

【東逃西竄】

指慌亂地四處奔逃躲藏。《初刻拍案驚奇》卷一一：「那些家童見了那人，仔細看了一看，大叫道：『有鬼！有鬼！』東逃西竄。」

【東討西伐】

見「東征西討」。

【東討西征】

見「東征西討」。

【東偷西摸】

指偷偷幹著見不得人的勾當。《孽海花》三〇回：「況金雯青也是風流班首，難道不會對她陪小心，說矮話嗎？她還是饞貓兒似的東偷西摸。」

【東投西竄】

四方投奔，到處流竄。形容漂泊不定的客遊生活。明・鄭燮《濰縣寄舍弟墨第四書》：「東投西竄，費時失業，徒喪其品，而卒歸於無濟。」

【東塗西抹】

指女子塗脂抹粉，修飾打扮。宋・陸游《阿姥》詩：「猶有塵埃嫁時鏡，東塗西抹不成妝。」後比喻寫文作畫，塗抹文墨。金・元好問《自題寫眞》詩：「東塗西抹竊時名，一線微官誤半生。」也作「**東抹西塗**」。金・元好問《論詩三十首》之一五：「世間東抹西塗手，枉著書生待魯連。」

【東兔西烏】

兔：指月亮，傳說月亮上有玉兔；烏：指太陽，傳說太陽裏有三足金烏。月亮東升，太陽西沉。指時光流逝。宋・吳潛《瑞鶴仙》詞：「愁高悵遠。身世事，但難准。況禁他，東兔西烏相逐，古古今今不問。」

【東歪西倒】

見「東倒西歪」。

【東完西缺】

指缺這少那，配備不全。瞿秋白《赤都心史》三二：「此中的工作者，剛一動手，必先覺著孫獨無助：工具破敗，不堪適用，一切技術上的設備，東完西缺。」

【東望西觀】

見「東觀西望」。

【東吳招親——吃虧只有一回】

《三國演義》載：「劉備借了東吳的荊州，久借不還。東吳統帥周瑜設計，假稱把孫權的妹妹許給劉備，讓劉備到東吳成婚，準備乘機扣留做人質，索還荊州。此計爲孔明所識破，就將計就計，讓劉備到東吳和孫權的妹妹成了親，並帶著孫夫人逃出吳國。當時吳國吃了大虧，所以人們譏笑說：『周郎妙計安天下，賠了夫人又折兵。』」比喻受過欺騙上過當，得到了教訓；或吃一塹，長一智。例算了吧，錢是追不回來啦！東吳招親——吃虧只有一回，今後不再同他做買賣就行了。

【東吳招親——弄假成眞】

比喻本來是假裝的，結果卻變成了眞的。例他前幾天鬧情緒，借口有病不上班，沒想到東吳招親——弄假成眞，後來眞的病倒了。也作「**劉備招親——弄假成眞**」。

【東鶩西馳】

見「東馳西鶩」。

【東西耳朵南北聽——橫豎聽不進】

比喻任何意見都不接受。例他很主觀、固執，自己有了錯誤、缺點，不管誰提出批評意見，總是東西耳朵南北聽——橫豎聽不進。

【東西南北】

①指各個方位。清・黃遵憲《人境廬詩草自序》：「後以奔走四方，東西南北，馳驅少暇。」②指許多地方。茅盾《漫談文藝創作》：「而阿Q這個人物……並非以一、二人爲模特兒，是東西南北許多嘴臉的綜合體。」

【東西南北客】

見「東西南北人」。

【東西南北人】

指漂泊四方，行蹤不定的人。唐・高適《人日寄杜二拾遺》詩：「一臥東山三十春，豈知書劍老風塵。老鍾還添二千石，愧爾東西南北人。」也作「**東西南北客**」。宋・陳與義《雨中觀秉仲家月桂》詩：「月桂花上雨，春歸憑一欄。東西南北客，更得幾回看？」

【東西易面】

指將方向弄反。漢・賈誼《新書・審微》：「事之適亂，如地形之惑人也，機漸而往，俄而東西易面，人不自知也。」後用以比喻是非顛倒。清・方苞《跋〈石齋黃公手札〉》：「然卒之如公，如念堂劉公，志在竭忠，而窮於效忠之無路……皆由娼嫉之臣相繼而居腹心之地，其術百變，能使東西易面，人主自爲轉移而不覺耳。」

【東徙西遷】

見「東飄西徙」。

【東撏西扯】

見「東拉西扯」。

【東行西步】

一會兒向東走，一會兒又向西走。指行動漫無目標。漢・焦延壽《焦氏易林・鼎之噬嗑》：「東行西步，失其次舍。」

【東行西走】

指四處奔波，忙碌不安。漢・焦延壽《焦氏易林・鼎之夬》：「東行西走，喪其犬馬。」

【東趄西倒】

趄：ㄒㄩㄝˊ，來回走。形容身體困乏，步履艱難的樣子。明・馮惟敏《新水令・庚午春試筆》套曲：「看俺這曲脊蝦腰，手顫頭搖，言語刁騷，衣履鏖糟，行動處東趄西倒，一步低一步高。」

【東尋西覓】

指四處搜尋。《醒世恆言》卷三四：「心下煩惱，連生意也不去做，終日東尋西覓，並無屍首下落。」

【東掩西遮】

指多方掩蓋，極力隱瞞。元・曾瑞卿《留鞋記》三折：「我恰待東掩西遮，他早則生嗔發怒。」也作「**東遮西掩**」。明・高濂《玉簪記・促試》：「我想陳妙常與我侄兒，兩下青春佳麗，意氣相投，每每月下星前，事事東遮西掩。看他鼠竊，使我狐疑。」

【東央西告】

央：央求。指到處懇求別人幫助。《警世通言》卷三二：「口裏雖如此說，心中割捨不下。依舊又往外邊東央西求，只是夜裏不進院門了。」

【東央西浼】

浼：ㄇㄟˇ，請託。指到處懇求和託付人辦事。《歧路燈》八四回：「王象藎承主母之命，遵依程公條例，東央西浼，托產行尋售主。」

【東洋大海】

東洋：東方的海洋。指廣闊無邊的大海。《老殘遊記》七回：「故爾各人都弄個謀生之道，混飯吃去，把這雄心便入東洋大海去了。」

【東揚西蕩】

見「東飄西蕩」。

【東搖西蕩】
搖搖晃晃，顛簸不定。《官場現形記》五五回：「船小人多，不免東搖西蕩，又把他嚇得啊唷皇天的叫。」

【東野巴人】
戰國時期楚國的民間通俗歌曲。後泛指通俗的文藝作品。漢・陳琳《答東阿王箋》：「夫聽白雪之音，觀綠水之節，然後東野巴人蚩鄙益著。」

【東野敗駕】
《莊子・達生》載：「春秋時善御者東野稷，見重於魯莊公。因自矜其能，驅馬轉百圈而不止，最後馬力竭盡，以失敗告終。後用「東野敗駕」比喻過分賣弄才藝而結果出乖露醜。南朝梁・劉勰《文心雕龍・指瑕》：「羿氏舛射，東野敗駕。雖有俊才，謬則多謝。」

【東遊西蕩】
指漫無目標地到處閒逛。《西遊記》六回：「他因沒事幹……東遊西蕩。朕又恐別生事端，著他代管蟠桃園。」也作「東遊西逛」。例給他找個正經事做做，就不會每天東游西逛的無聊了。也作「東蕩西遊」。丁玲《法網》：「決定了計畫，心倒鬆了些，家也不回去，在外邊東蕩西遊了一天。」

【東遊西逛】
見「東遊西蕩」。

【東隅已逝，桑榆未晚】
東隅：日所初升之處；桑榆：落日所照之處。早晨失去的東西，晚上再補回來還來得及。比喻青年時期雖然失意，晚年還可以有所作爲。現用以比喻初有所失，如做補救終會成功。唐・王勃《滕王閣詩序》：「北海雖賒，扶搖可接；東隅已逝，桑榆未晚。孟嘗高潔，空懷報國之情；阮籍猖狂，豈效窮途之哭。」

【東怨西怒】
指把怨氣和怒氣轉移到別人頭上。北齊・顏之推《顏氏家訓・省事》：「厲色揚聲，東怨西怒。」

【東張西覷】
見「東張西望」。

【東張西望】
張：看。東看看，西看看。形容有所企求地向四周察看或漫無目的地四顧觀望。《儒林外史》三回：「見范進抱著雞，手裏插個草標，一步一踱的，東張西望，在那裏尋人買。」也作「東張西覷」。《西遊記》六一回：「那呆子漢然不知，土地亦不能曉，一個個東張西覷，只在積雷山前後亂找。」也作「東瞧西望」。《紅樓夢》六回：「劉姥姥只聽見咯當咯當的響聲，很似打羅篩面的一般，不免東瞧西望的。」也作「東睃西望」。睃：ㄙㄨㄛ，斜眼看。《兒女英雄傳》三八回：「程相公此時兩只眼睛不夠使的，正在東睃西望，又聽得那邊吆喝：『吃酪罷！好乾酪哇！』」

【東遮西掩】
見「東掩西遮」。

【東征西討】
出征東方，討伐西方。指轉戰沙場，到處奔波。《元史・木華黎傳》：「我爲國家助成大業，擐甲執銳，垂四十年，東征西討，無復遺恨，第恨汴京未下耳。」也作「東討西伐」。唐・楊炯《唐右將軍魏哲神道碑》：「由是南馳北走，東討西伐，運之無旁，按之無下。」也作「東討西征」。元・劉時中《代馬訴冤》曲：「便休說站驛難爲，則怕你東討西征那時節悔。」

【東征西怨】
出兵征伐東方，西方的人民就發出怨聲，希望軍隊先開到本地。舊時形容正義之師深得民心。《尚書・仲虺之誥》：「乃葛伯仇餉。初征自葛，東征西夷怨，南征北狄怨，曰：『奚獨後予？』」《舊五代史・周書・恭帝紀》：「咨爾歸德軍節度使、殿前都點檢趙，稟上聖之姿，有神武之略，佐我高祖，格於皇天，逮事世宗，功存納麓，東征西怨，厥績懋焉。」

【東支西吾】
指用含糊不清的言語或動作虛與搪塞應付，不露眞情。《二刻怕案驚奇》卷一一：「爭奈滿生有些不老氣，恰像還要把這件事瞞人的一般，並不明說，但只東支西吾。」

【東指西畫】
指多方指派吩咐。《警世通言》卷二五：「桂遷東指西畫，處分家事，童僕去了一輩又來一輩，也有領差的，也有回話的，說一個不了。」

【東指西殺】
左右出擊，拚命衝殺。形容作戰勇悍。《三俠五義》九七回：「沙龍毫不介意，孟傑漠不關心，一個東指西殺，一個南擊北捌。」

【東走西顧】
走一步，回頭看一看。形容顧慮重重。《古詩源》卷三《古怨歌》：「煢煢白兔，東走西顧。」

【東走西移】
形容四處走動。元・高安道《哨遍・皮匠說謊》套曲：「每日閒淘氣，子索行監坐守，誰敢東走西移。」

【東走西撞】
到處亂跑亂闖。形容爲人蠻橫。《四遊記・華光鬧東岳廟》：「三聖道：『聞你不是好人，東走西撞，無事不爲，今來我東岳廟則甚。』」

【東轉西轉】
轉：轉悠。指來回轉悠，四處走動。《紅樓夢》九六回：「只見黛玉顏色雪白，身子恍恍蕩蕩的，眼睛也直直的，在那裏東轉西轉。」

【東撙西節】
撙：ㄗㄨㄣˇ；節：節約。形容處處節省。例他這個鐵公雞，東撙西節一輩子，財產倒不少，只不過不懂得自我享受，挺可惜的。

【東作西成】
《尚書・堯典》：「寅賓出日，平秩東作……寅餞納日，平秩西成。」漢・

孔安國傳：「歲起於東，而始就耕，謂之東作。」又：「秋，西方，萬物成。」後因以「東作西成」指春種秋熟。明・沈榜《宛署雜記・宣諭》：「概自唐、虞、成周之際，妥宅四時，東作西成，歲月時日，水火土谷，厲世不易。」

【冬瓜熬清湯——沒滋味】

指沒有味道。例這本小說讀起來眞是冬瓜熬清湯——沒滋味極了。

【冬瓜爬在葫蘆上——亂纏】

冬瓜蔓與葫蘆蔓攪在一起。比喻胡攪蠻纏，令人生厭。例事情已經解決好久了，他卻還是沒完沒了，眞是冬瓜爬在葫蘆上——亂纏。

【冬瓜皮當帽子——霉到頭了】

冬瓜皮很容易發霉，拿它做帽子，霉菌就上頭了。比喻非常倒霉，或運氣很壞。例今天的考試題恰恰就出自我沒複習的章節裏，答案自然很不理想，眞是冬瓜皮當帽子——霉到頭了。

【冬瓜牽豆棚—糾纏不清】

冬瓜的蔓兒與豆類的蔓兒攪在一起。比喻使事情複雜化，難以解決。例你們也攙和到裏去，使這件事情更成了冬瓜牽豆棚—糾纏不清了。

【冬瓜瓤裏生蛆——壞透了】

瓤：ㄖㄤˊ，瓤子，瓜果皮裏包著種子的肉或瓣兒。形容人或事壞到極點。例孫二甲吃喝嫖賭偷盜樣樣俱全，眞是冬瓜瓤裏生蛆——壞透了。也作「**黑心的蘿蔔——壞透了**」、「**腦袋上長瘡，腳板底流濃——壞透了**」、「**頭上長瘡，腳底流濃——壞透了**」、「**後脊梁長瘡，肚臍眼流濃——壞透了**」、「**西瓜淌水——壞透了**」、「**肚臍眼流膿——壞透了**」。

【冬瓜下山——滾了】

見「螃蟹夾豌豆——滾了」。

【冬烘頭腦】

指思想迂腐，見識淺陋的人。清・查愼行《殘冬展假病榻消寒聊當呻吟語無倫次錄存十六首》詩之八：「抱經佚老頭多白，拾芥羣兒口半黃・慘淡風雲憐入彀，冬烘頭腦怕當場。」也作「**冬烘學究**」。學究：迂腐的讀書人。茅盾《幻滅》一〇：「無奈應試者大抵是那一類腳色——冬烘學究，商門蛀蟲，又不能剝奪他們的考試權，只好讓他們來考。」也作「**冬烘先生**」。巴金《春》四：「橫豎在書房裏跟著那個冬烘先生讀書也得不到什麼有益的知識。」

【冬烘先生】

見「冬烘頭腦」。

【冬烘學究】

見「冬烘頭腦」。

【冬裘夏葛】

葛：葛麻製成衣服。冬天穿的皮衣，夏天穿的葛衣。《公羊傳・桓公七年》：「士不及茲四者，則冬不裘，夏不葛。」因以「冬裘夏葛」指分別適宜於冬夏季節的華貴服裝。《痛史》一回：「舉得起，放得下，以便冬裘夏葛的同它換衣服。」也比喻因時制宜。《列子・湯問》：「九土所資，或農或商，或田或漁；如冬裘夏葛，水舟陸車。默而得之，性而成之。」也作「**夏葛冬裘**」。

【冬日可愛】

冬天的太陽給人溫暖，令人可愛。比喻仁慈和藹，令人可親。《左傳・文公七年》：「酆舒問於賈季曰：『趙衰，趙盾孰賢？』對曰：『趙衰，冬日之日也；趙盾，夏日之日也。』」晉・杜預注：「冬日可愛，夏日可畏。」

【冬日夏雲】

冬天的太陽，夏天的雲頭。比喻待人和藹可親。宋・陳恬《程伯淳贊》：「本以正身，惟德溫溫，如冬之日，如夏之雲。」

【冬日之溫】

見「冬日之陽」。

【冬日之陽】

冬天溫暖的陽光。比喻人心所向的清明政治。《逸周書・大聚解》：「王若欲求天下民，先設其利而民自至。譬之若冬日之陽、夏日之陰，不召而民自來，此謂歸德。」也作「**冬日之溫**」。南朝齊・王儉《褚淵碑文》：「君垂冬日之溫，臣盡秋霜之戒。」

【冬箑夏爐】

見「冬扇夏爐」。

【冬箑夏裘】

見「冬扇夏爐」。

【冬扇夏爐】

漢・王充《論衡・逢遇》：「作無益之能，納無補之說；以夏進爐，以冬奏扇；爲所不欲得之事，獻所不欲聞之語，其不遇禍幸矣，何福祐之有乎？」因以「冬扇夏爐」比喻不合時宜，沒有用處。例眼下資金緊張，一定要把錢花在最急需的地方上，絕不能冬扇夏爐，亂買東西！也作「**冬箑夏爐**」。箑：ㄕㄚˋ，扇子。清・張祥齡《半篋秋詞序錄》：「生今反古，是冬箑夏爐，烏乎能？」也作「**冬箑夏裘**」。裘：皮衣。《淮南子・精神訓》：「知冬日之箑，夏日之裘，無用於己。」

【冬水田裏種麥子——怪哉(栽)】

哉：「栽」的諧音。冬天的水田裏種植小麥，是件怪事。比喻使人迷惑不解，感到奇怪。例吳勝作風好，精明能幹，羣衆關係也不錯，這次選拔幹部竟然沒有他的份，眞是冬水田裏種麥子——怪哉（栽）。

【冬天不戴帽——動（凍）腦】

動：「凍」的諧音。比喻認眞思考，想辦法。例不要依賴別人來幫助解決問題，應該自己冬天不戴帽——動（凍）腦呀！

【冬天吃冰棍——一直涼到心】

比喻灰心失望到極點。例鄭征由於事業上的連續失敗，精神一蹶，失望已極，就像冬天吃冰棍——一直涼到心。

【冬天穿單褲——冷暖自知】
比喻自己的冷熱痛癢或問題只有自己熟悉。例不要你多管閒事，我冬天穿單褲——冷暖自知。

【冬天的大蔥——葉黃根枯心不死】
見「吊在房檐上的大蔥——葉黃皮乾心不死」。

【冬天的螞蟻——不露頭】
雙關語。比喻不出頭露面。例自寒假以來，他像冬天的螞蟻——不露頭了，也許藏在家裏自行創作吧！也作「**遭牛踩的烏龜——不露頭**」、「**正月十五雲遮月——不露臉**」。

【冬天的螃蟹——看你橫行到幾時】
見「籠屜裏的螃蟹——橫行不了幾天」。

【冬天的扇子——沒用處】
比喻辦不成事或東西沒有用處。含有輕蔑和斥責的意思。例希望你做個有益於大衆的人，不要成爲冬天的扇子——沒用處，爲社會所拋棄。也作「**夏天的烘籠——無用**」、「**老鼠搬金——沒用處**」、「**船上人笑犁頭——沒得用**」、「**馬後炮——無用**」。

【冬天的樹枝——冷冰冰，硬邦邦】
形容人的態度非常冷淡，說話很生硬。例他說話就像冬天的樹枝——冷冰冰，硬邦邦的，使人聽起來很不舒服。

【冬天喝涼水——點點記（激）在心】
記：「激」的諧音。比喻都記在心裏。例您對我們事業所作的貢獻，大家都是冬天喝涼水——點點記（激）在心的。

【冬天進豆腐房——好大的氣】
氣：水蒸氣。雙關語。比喻很生氣，或脾氣大。例這麼點小事，你何必像冬天進豆腐房——好大的氣。也作「**冷水倒火爐——好大的氣**」、「**熱鍋上的蒸籠——好大的氣**」、「**蒸籠漏了風——好大的氣**」。

【冬天賣扇子——無心過問】
指無人關心。例魏林犯了錯誤，大家要熱情幫助他，關心他，千萬不能冬天賣扇子——無心過問。也作「**秋後扇子——無人過問**」、「**正月初一賣門神——無人過問**」。

【冬溫夏凊】
凊：涼爽。冬天使之溫暖，夏天使之涼快。指侍奉父母無微不至。《禮記·曲禮上》：「凡爲人子之禮，冬溫而夏凊，昏定而晨省。」明·陳汝元《紅蓮記·捷報》：「膝下紅顏，須代冬溫夏凊；眼前白髮，況兼影只形孤，怎舍庭幃，願供菽水。」

【冬夏青青】
像松柏一樣，無論寒暑都是一片蔥綠。比喻終生保持自己的德行操守。《莊子·德充符》：「受命於地，唯松柏獨也在，冬夏青青。」

【冬月的柿子——紅透了】
冬月：指農曆十一月。比喻人非常受賞識。有時用於戲謔或諷刺。例他連續地升官、得獎、出國考察，眞是冬月的柿子——紅透了。也作「**紫心蘿蔔——紅透了**」、「**三月的櫻桃——紅透了**」。

【冬月裏的甘蔗——甜透心】
冬月：依農曆十一月。比喻心裏愉快舒服極了。例我們的生活，就像芝麻開花節節高，眞是冬月裏的甘蔗——甜透心了。也作「**冬月裏的甘蔗——甜到心上**」、「**西瓜瓤裏加糖精——甜透心**」。

ㄉㄨㄥˇ

【董卓進京——不懷好意】
董卓進京：董卓，東漢人，昭寧元年（公元一八九年），他率兵入京城洛陽，廢少帝，立獻帝，自爲相國，殘暴蠻橫，專斷朝政，企圖篡位。比喻心懷惡意，別有圖謀。例蔣先生這回插手管事我看是董卓進京——不懷好意，您要當心啊！

【董卓進京——來者不善】
比喻來者心懷惡意，不友好，要提高警惕。例陳某手握軍權，獨霸一方，此次率軍南進，兵臨城下，眞是董卓進京——來者不善。

ㄉㄨㄥˋ

【動不失時】
時：時宜。指不做不合時宜的事。《淮南子·人間訓》：「聖人敬小謹微，動不失時。」

【動常得咎】
見「動輒得咎」。

【動撣不得】
見「動彈不得」。

【動彈不得】
指一動也不動。元·無名氏《賺蒯通》一折：「嚇得項王目瞪口呆，動彈不得。」也作「**動撣不得**」。《醒世恆言》卷三六：「［瑞虹］漸漸蘇醒，只是遍體酥軟，動撣不得。」

【動蕩不安】
見「動蕩不定」。

【動蕩不定】
指局勢不安定，不太平。例縱然社會情勢動蕩不定，他們小倆口對未來還是充滿了樂觀的憧憬。也作「**動蕩不安**」。例由於近來亞洲的經濟情勢動蕩不安，連帶的股匯市受影響，連連收黑。

【動地驚天】
形容聲勢或影響極大，使人震驚或感動。元·關漢卿《竇娥冤》三折：「沒來由犯王法，不提防遭刑憲，叫聲屈，動地驚天。」也作「**驚天動地**」。

【動而得謗】
一有舉動，就要遭到誹謗。形容處境艱難。唐·韓愈《進學解》：「動而得謗，名亦隨之，投閒置散，乃分之宜。」

【動肝火】
指動怒、發脾氣。例這人脾氣不好，一點小事就大動肝火，千萬別惹他。

【動見臧否】
臧否：善惡好壞。指一舉一動，都可見其善惡好壞。唐・王勃《上劉右相書》：「動見臧否，言知利害。」

【動靜有常】
動靜：行爲舉止；常：常規，準則。指一舉一動都合乎規範。《周易・繫辭上》：「動靜有常，剛柔斷矣。」也作「動靜有法」。《金史・后妃傳贊》：「清閒貞靜，守節整齊，行己有恥，動靜有法，是謂婦德。」

【動靜有法】
見「動靜有常」。

【動魄驚心】
①形容極具魅力，使人心中受到强烈震蕩。清・朱彝尊《絳帖平跋》：「記在都下，於孫侍郎耳伯所，獲觀宋拓絳帖二冊，光彩煥發，令人動魄驚心。」也作「動心驚魄」。後秦・王嘉《拾遺記》卷三：「越又有美女二人，一名夷光，一名修明，以貢於吳。吳處之以椒華之房，貫細珠爲帘幌……竊窺者莫不動心驚魄，謂之神人。」②形容情勢令人震驚、緊張。《庚子事變文學集・都門紀變百咏》之末：「動魄驚心三十天，槍聲不斷炮聲連。」也作「驚心動魄」。

【動人心脾】
見「動人心魄」。

【動人心魄】
形容令人非常感動或震驚。《儒林外史》二四回：「那秦淮到了有月色的時候，越是夜色已深，更有那細吹細唱的船來，淒清委婉，動人心魄。」也作「動人心脾」。鄭振鐸《插圖本中國文學史・先秦的散文》：「他們的長處，在於能夠度察天下的大勢而出之以引人入勝的妙喩好句，出之以動人心脾的危辭險語。」

【動人心弦】
形容使人非常激動，胸中產生共鳴。例這部盪氣迴腸的小說，精彩處是那麼的引人入勝，動人心弦。

【動容周旋】
動容：舉止儀容；周旋：應酬，打交道。指舉止儀容和接人待物。《孟子・盡心下》：「動容周旋中禮者，盛德之至也。」

【動如雷霆】
雷霆：迅雷。行動起來，就如雷霆一樣迅疾猛烈。《孫子・軍爭》：「侵掠如火，不動如山，難知如陰，動如雷霆。」

【動如參商】
參（ㄕㄣ）、商：星名，均爲二十八宿之一。參星出西方，商星出東方，兩者不能在空中同時出現。比喩不再重逢的離別。唐・杜甫《贈衛八處士》詩：「人生不相見，動如參與商。」

【動如脫兔】
脫兔：脫身逃跑的兔子。形容行動起來，就像逃跑的兔子那樣迅速。《孫子・九地》：「是故始如處女，敵人開戶；後如脫兔，敵不及拒。」例一支訓練有素的軍隊，能夠做到靜如睡山，動如脫兔，具有克敵制勝的力量。

【動手動腳】
①指對異性輕佻、不規矩的動作。《紅樓夢》三二回：「［寶玉］一面說，一面禁不住抬起手來，替他拭淚；黛玉忙向後退了幾步，說道：『你又要死了！又這麼動手動腳的！』」②指動手打人。《官場現形記》四四回：「那老媽見老爺動手動腳，索性賴著不起來。」

【動惟厥時】
惟：只；厥：其；時：時機。指只在適當的時機採取行動。《尚書・說命中》：「慮善以動，動惟厥時。」

【動心怵目】
見「動心駭目」。

【動心駭目】
形容看了後震動很大，心中難以平靜。宋・釋惠洪《跋百牛圖》：「畫工能爲神鬼之狀，使人動心駭目者，以其無常形，無常形可有欺世也。」也作「動心怵目」。宋・陳亮《祭宗成老文》：「雖才俊比肩，可喜可愕，至於動心怵目，無所不有，然其厚德偉度，要不復前人比。」

【動心驚魄】
見「動魄驚心」。

【動心忍性】
驚動內心，使性格堅韌不拔。指磨練人的意志和性格。《孟子・告子下》：「所以動心忍性，曾（增）益其所不能。」後多指不顧外來的壓力，堅持下去。清・何焯《義門讀書記・四書・中庸》：「即如處患難，便該要動心忍性。」

【動心娛目】
看了後使人感到激動和歡樂。宋・陳亮《跋朱晦庵送寫照郭秀才序後》：「及凡世間可動心娛目之事，皆斥去弗顧，若將浼我者。」

【動則三思，慮而後行】
做任何事情都要仔細考慮，三思而後行，不可莽撞。《三國志・魏書・楊阜傳》：「今吳蜀未定，軍旅在外，願陛下動則三思，慮而後行。」例古人行事，「動則三思，慮而後行」，你切不可莽撞，不要有任何僥倖心理，否則後果不堪設想。

【動輒得咎】
輒：就；咎：罪過。動一動就要獲罪或受到指責。宋・俞文豹《吹劍外錄》：「今伊川、晦庵二先生，言爲世法，行爲世師，道非不弘，學非不粹，而動輒得咎，何也？」也作「動常得咎」。宋・歐陽修《與晏相公殊書》：「孤拙之心，易危而多畏，動常得咎，舉輒累人。」也作「動輒見咎」。見：被。卓發之《與丁叔潛水部》之二：「弟寖處此中，逃名剗跡……而性與物忤，動輒見咎，鉛刀真不能一割，老驥眞不堪先駑馬也。」

【動輒見咎】

見「動輒得咎」。

【動之以情】

從感情上打動人。指疏通感情上的隔膜。例對誤入歧途的青少年，有關部門和社會要對他們動之以情，曉之以理，幫助他們成爲新人。

【動中肯綮】

中：切中；肯：附著在骨頭上的肉；綮：ㄑㄧㄥˋ，筋骨結合的地方。肯綮，比喻要害或關鍵。《莊子・養生主》：「技經肯綮之未嘗，而況大軱乎？」後用「動中肯綮」指一舉一動都切中要害或關鍵。《元史・王都中傳》：「都中遇事剖析，動中肯綮。」也作「**動中窾要**」。窾：中空，空處，引申爲關鍵、要害。《清史稿・世增傳》：「雲南自界連英、法領土，交涉尤繁，文書往覆，惟方銘隨方應付，動中窾要，歷任總督皆倚重之。」

【動中窾要】

見「動中肯綮」。

【動衆興兵】

興：發動。指大規模地出動兵馬。也指濫用人力。《淮南子・時則訓》：「動衆興兵，必有天災。」也作「**興兵動衆**」、「**興師動衆**」。

【凍豆腐——難辦（拌）】

辦：「拌」的諧音。豆腐凍了發硬，無法拌開。雙關語。①比喻事情不好辦。例假如你這一次還不成功的話，那就成了凍豆腐——難辦（拌）了。②比喻人的思想行爲有問題，不好對付。例你這個人不講信用，出爾反爾眞是凍豆腐——難辦（拌）。也作「**凍豆腐——沒法辦（拌）**」。

【凍解冰釋】

如冰凍一樣融解消釋。比喻困難或障礙完全消除。宋・朱熹《中和舊說序》：「復取程氏書，虛心平氣而徐讀之，未及數行，凍解冰釋。」也作「**冰解凍釋**」。

【凍餒交迫】

餒：飢餓；交迫：同時逼迫。指又冷又餓，十分痛苦。例安徒生童話中，賣火柴的小女孩凍餒交迫，在聖誕節之夜悲慘地死去。

【凍餒之患】

見「凍餒之憂」。

【凍餒之憂】

受凍挨餓的憂慮。《墨子・非命上》：「是以衣食之財不足，而飢寒凍餒之憂至。」也作「**凍餒之患**」。患：憂慮。《呂氏春秋・慎人》：「其未遇時也，以其徒屬堀地財，取水利，編蒲葦，結罘網，手足胼胝不居，然後免於凍餧之患。」餧：同「餒」。

【凍死不拆屋，餓死不虜掠】

寧願受凍挨餓，也不毀民房不搶掠。形容軍紀嚴明，秋毫無犯。《宋史・岳飛傳》：「師每休舍，課將士注坡、跳壕，皆重鎧習之。子云嘗習注坡，馬躓，怒而鞭之。卒有取民麻一縷以束芻者，立斬以徇。卒夜宿，民開門願納，無敢入者。軍號曰：『凍死不拆屋，餓死不虜掠。』」

【棟充牛汗】

書放起來裝滿了屋子，運走時累得牛出汗。唐・柳宗元《陸文通先生墓表》：「其爲書，處則充棟宇，出則汗牛馬。」後用「棟充牛汗」形容書極多。元・貢師泰《一經堂記》：「其簡册之多，棟充牛汗。」也作「**汗牛充棟**」、「**充棟汗牛**」。

【棟榱崩折】

見「棟折榱崩」。

【棟梁崩壞】

比喻重要人物去世。北周・庾信《周大將軍上開府廣饒公鄭常墓志銘》：「棟梁崩壞，風雲寂滅，北郭長悲，東都永別。」

【棟梁之材】

能做棟梁的木料。比喻能夠擔當國家重任的人。唐・韓愈《爲人求薦書》：「伯樂遇之而不顧，然後知其非棟梁之材，超逸之足也。」也作「**棟梁之器**」。《南史・陸凱傳》：「宰相之門，豫章栝柏雖小，已有棟梁之器。」也作「**棟梁之任**」。《三國志・魏書・管寧傳》：「臣重自省揆，德非園、綺而蒙安車之榮，功無竇融而蒙璽封之寵，稟梲駑下，荷棟梁之任；垂沒之命，獲九棘之位。」也作「**棟梁之用**」。《晋書・和嶠傳》「嶠森森如千丈松，雖螺砢多節目，施之大廈，有棟梁之用。」

【棟梁之器】

見「棟梁之材」。

【棟梁之任】

見「棟梁之材」。

【棟梁之用】

見「棟梁之材」。

【棟朽榱崩】

見「棟折榱崩」。

【棟折榱崩】

棟：屋梁；榱：ㄘㄨㄟ，椽子。屋梁折斷，椽子崩裂，指房屋倒塌，比喻國家傾覆，《左傳・襄公三十一年》：「子產曰……子於鄭國，棟也。棟折榱崩，僑將厭焉，敢不盡言。」也作「**棟折榱壞**」。康有爲等《上清帝第二書》：「舉人等棟折榱壞，同受傾壓，故不避斧鉞之誅，犯冒越之罪，統等大局，爲我皇上陳之。」也作「**棟朽榱崩**」。朽：腐朽，朽斷。宋・陳郁《話腴》：「史舜元《哀王旦》一首云：『……昔聞陝右段忠烈，今見常山顏杲卿。棟朽榱崩人短氣，平生況切同年義。』」也作「**棟榱崩折**」。清・汪琬《前明兵科右給事中吳公墓志銘》：「棟榱崩折，勢莫能支。」

【棟折榱壞】

見「棟折榱崩」。

【恫喝虛聲】

見「恫疑虛喝」。

【恫疑虛喝】

恫疑：威嚇使人疑懼；虛喝：虛聲吆喝。指故意吆喝威嚇，虛張聲勢。《宋史・安丙傳》：「時方議和，丙獨戒將士，恫疑虛喝，以攻為守，威聲甚著。」也作「**恫疑虛猲**」。猲：ㄏㄜˋ，通「喝」。《戰國策・齊策一》：「秦雖欲深入，則狼顧，恐韓魏之議其後也，是故恫疑虛猲，高躍而不敢進。則秦不能害齊亦明矣。」也作「**恫喝虛聲**」。清・薛福成《代李伯相復陳觀察書》：「此等詭譎伎倆，借為恫喝虛聲，斷不足慮。」

【恫疑虛猲】

見「恫疑虛喝」。

【洞察其奸】

見「洞燭其奸」。

【洞察一切】

洞察：看得非常清楚。形容對一切都認識得十分透徹、深刻。例一個傑出的領袖人物，應具有洞察一切的慧眼和超凡不羣的膽識。

【洞房花燭】

洞房：深邃的內室，指完婚的新房；花燭：有彩飾的蠟燭，用於婚禮。意指新婚。宋・洪邁《容齋四筆・得意失意》：「舊傳有四句誇世人得意者云：久旱逢甘雨，他鄉遇故知，洞房花燭夜，金榜掛名時。」

【洞見底裏】

見「洞見肺腑」。

【洞見底蘊】

底蘊：詳細的內容。指很清楚地了解到事情的詳細內容。《宋史・范祖禹傳論》：「其開陳治道，區別邪正，辨釋事宜，平易明白，洞見底蘊。」也作「**洞悉底蘊**」。洞悉：很清楚地知道。清・錢泳《履園叢話・十蘭判官》：「先生自幼通於小學，及長，博極羣書，於漢、唐先儒之學，無不洞悉底蘊。」也作「**洞燭底蘊**」。燭：照見，照亮。清・汪由敦《甌北初集序》：「嘗見其閱前人集，一過輒不復省視；然其中眞氣息，眞境地，已無不洞燭底蘊，間出一語評騭，輒如鐵鑄，覆按之，卒無以易也。」

【洞見肺腑】

肺腑：指內心。很清楚地看到內心世界。形容胸懷坦白，眞誠待人。宋・陳亮《酌古論四・李愬》：「愬復能待以厚禮，示之赤誠，言笑之間，洞見肺腑。」也作「**洞見肺肝**」。宋・汪藻《右中大夫直寶文閣知衢州曾公墓志銘》：「公襟韻夷粹，與人交洞見肺肝。」也作「**洞見肝鬲**」。宋・蘇軾《故龍圖閣學士滕公墓志銘》：「而公性疏達不疑，在帝前論事，如家人父子，言無文飾，洞見肝鬲。」也作「**洞見底裏**」。底裏：底細，指內心。明・歸有光《李南樓行狀》：「為人忠實無他腸，與人交，洞見底裏。」

【洞見肺肝】

見「洞見肺腑」。

【洞見肺鬲】

見「洞見肺腑」。

【洞見其奸】

見「洞燭其奸」。

【洞見癥結】

癥結：腹內結塊的病。很清楚地看到腹內結塊的病。《史記・扁鵲倉公列傳》：「以此視病，盡見五藏症結。」後用「洞見癥結」比喻透徹地知道事物的要害或關鍵。清・紀昀《閱微草堂筆記・如是我聞四》：「一友曰：『周、張、程、朱必不輕詈……』香畹首肯曰：『斯言洞見癥結矣。』」

【洞鑑古今】

洞鑑：透徹了解。指博古通今，識見高遠。《舊唐書・王及善等傳論》：「苟非洞鑑古今，深識王霸，何由立其高論哉。」

【洞如觀火】

見「洞若觀火」。

【洞如指掌】

指掌：指著自己的手掌。像指著自己的手掌給人看那樣清楚。《論語・八佾》：「子曰：『……知其說者之於天下也，其如示諸斯乎！』指其掌。」後用「洞如指掌」形容對事情了解得非常清楚透徹。清・李清《三垣筆記・弘光》：「[張]有譽不與[朱國弼]辨，惟歷陳漕事原委，洞如指掌，國弼一語不能對。」也作「**了如指掌**」。

【洞若觀火】

就像看火一樣清楚分明。《尚書・盤庚上》：「予若觀火」。唐・孔穎達疏：「言見之分明如見火也。」因以「洞若觀火」比喻觀察事物清楚透徹。清・張泰來《江西詩社宗派圖錄・呂本中》：「公所作《宋論》四十篇，審時度勢，洞若觀火。」也作「**洞如觀火**」。《清史稿・文慶文祥等傳贊》：「晚年密陳大計，於數十年馭引得失，洞如觀火，一代興亡之龜鑑也。」

【洞天福地】

道教傳說神仙居住的地方。唐・杜光庭《洞天福地岳瀆名山記》稱有十大洞天、三十六小洞天和七十二福地。後比喻名山勝景。宋・陳亮《重建紫霄觀記》：「道家有所謂洞天福地者，其說不知所從起，往往所在而有。」也作「**福地洞天**」。

【洞庭湖裏吹喇叭——哪裏，哪裏（喇哩，喇哩）】

洞庭湖：湖名，在湖南北部；喇哩：喇叭吹出的聲音；哪裏：「喇哩」的諧音。表示差得遠的意思。用作謙詞。例李先生聽人稱自己是聞名的科學家，便謙虛的回道：「洞庭湖裏吹喇叭——哪裏，哪裏（喇哩，喇哩），不敢當。」也作「**天空中吹嗩吶——哪裏，哪裏（喇哩，喇哩）**」。

【洞庭湖裏吹喇叭——想（響）得寬】

想：「響」的諧音。①比喻白費心

思，空想。例希望把他培養成爲語言學家，眞是——想（響）得寬，他連斗大的字也不識一筐。②比喻思想豁達、開朗，不計較個人得失。例請不要爲那件事煩惱了，還是洞庭湖裏吹喇叭——想（響）得寬一些吧！

【洞庭湖裏的麻雀——見過風浪】
比喻經過風雨，見過世面。例告訴你吧，老弟，我是洞庭湖裏的麻雀——見過風浪的，你一個小小的芝麻官嚇不倒我。也作「洞庭湖裏的麻雀——經過風波來的」。

【洞庭湖上踩鋼絲——凶多吉少】
踩鋼絲：雜技的一種，演員在懸空的鋼絲上來回走動，並表演各種動作。比喻情況不妙，凶險多，吉利少。例他很擔心，這樣蠻幹下去，不講科學，將是洞庭湖上踩鋼絲——凶多吉少。也作「武大郎娶妻——凶多吉少」、「瞎子跳高——凶多吉少」、「懸崖上翻跟斗——凶多吉少」。

【洞無城府】
形容爲人胸懷坦白，豁達開朗。宋·魏了翁《知靈泉縣奉議郎致仕高君行狀》：「君夷易疏暢，洞無城府，雖居官亦敝衣羸馬，不改其度。」也作「胸無城府」。

【洞悉底蘊】
見「洞見底蘊」。

【洞悉其奸】
「洞燭其奸」。

【洞悉無遺】
洞悉：很清楚地知道。形容對一切都了解得非常清楚。孫中山《倫敦被難記》：「此人之果爲誰，及其抵英國後之一舉一動，本使館洞悉無遺。」

【洞幽燭微】
洞：洞曉；幽：深邃，深遠；燭：照見，照亮；微：細微，精微。指眼光敏銳，對深邃精微的事理了解得非常透徹清楚。例法國著名作家巴爾扎克對生活具有洞幽燭微的觀察能力，他的作品《人間喜劇》，眞實地再現了十九世紀法國的各種社會矛盾和社會各階層的生活狀態。

【洞中肯綮】
洞：透徹；中：切中；肯綮：肯，貼附骨上的肌肉；綮：ㄑㄧㄥˋ，肉聚結的地方，比喻要害或關鍵。《元史·韓性傳》：「郡之長二千石政事有所未達，輒往諮訪，性從容開導，洞中肯綮，裨益者多。」

【洞中聊天——說黑話】
雙關語。比喻講隱晦而反動的話。例那幾個人整天湊在一起，嘀嘀咕咕，有人說他們是在洞中聊天——說黑話。也作「談心不點燈——說黑話」。

【洞燭底蘊】
見「洞見底蘊」。

【洞燭其奸】
洞：透徹，深入；燭：照見，照亮。指看透對方的陰謀詭計。《明史·董傳策傳》：「三十七年抗疏劾大學士嚴嵩，略言：嵩稔惡誤國，陛下豈不洞燭其奸。」也作「洞察其奸」。察：看清，看出。《鏡花緣》一二回：「倘明哲君子，洞察其奸，於家中婦女不時正言規勸……他又何所施其伎倆。」也作「洞見其奸」。《元史·許衡傳》：「李林甫妒賢嫉能，明皇洞見其奸而不能退。邪之惑人，有如此者，可不畏哉！」也作「洞悉其奸」。悉：知道。明·沈德符《萬曆野獲編·廟議獻諂不用》：「甫出口，而上已洞悉其奸，斥逐不已。」

ㄊ

ㄊㄚ

【他敬我一尺，我敬他一丈】
自己受人敬重，就要加倍回敬對方。例常言道：他敬我一尺，我敬他一丈，上次他給兒子辦喜事，請我坐了上席，這次我當然要請他來赴宴。

【他妻莫愛，他馬莫騎】
不要愛戀別人的妻子，不要騎不屬於自己的馬。泛指不要有非份之念。例常言道：他妻莫愛，他馬莫騎，你怎麼打起自己朋友妻子的壞主意了？

【他人龍床，不如自己狗竇】
龍床：皇帝的寶座，指豪華富麗的房舍；狗竇：狗洞，指自家的陋室。別人的家再好，也趕不上自己的家住着自在。例你不用羨慕那些大賓館、大飯店，其實那兒也不如在自己家裏舒服。他人龍床，不如自己狗竇嘛。

【他山攻錯】
見「他山之石，可以攻錯」。

【他山之攻】
見「他山之石，可以攻錯」。

【他山之石】
見「他山之石，可以攻錯」。

【他山之石，可以攻錯】
他山：本作「它山」，別的山；攻錯：琢磨。別的山上的石頭，可以用來琢磨玉器。《詩經·小雅·鶴鳴》：「它山之石，可以爲錯……它山之石，可以攻玉。」鄭玄箋：「它山喻異國。」意思是別國的賢才可以幫助治理本國。後多指借助朋友的幫助來改正自己的缺點、錯誤或彌補不足之處，也作「他山之石」。唐·楊炯《唐昭武校尉曹君神道碑》：「托無愧之銘，跋涉載勞於千仞；訪他山之石，東西向逾於萬里。」也作「他山攻錯」。《孽海花》一八回：「借他山攻錯之資，集世界交通之益。」也作「他山之攻」。《聊齋志異·司文郎》：「甲申之年，竟罹於難，歲歲飄蓬，幸相知愛，故極力爲他山之攻，生平未酬之願，實欲借良朋一快之耳。」也作「他山之助」。例別以爲和這些小國家建立邦交，對我們沒有幫助，可要記得「他山之助」這個道理。

【他山之助】
見「他山之石，可以攻錯」。

【他生未卜】

下輩子的事情現在不能推測。唐·李商隱《馬嵬二首》之二：「海外徒聞更九州，他生未卜此生休。」

【他鄉逢故】

見「他鄉故知」。

【他鄉故知】

故知：熟人、老朋友。與好友在遠離家鄉之地相見。宋·洪邁《容齋隨筆·四筆·八得意失意詩》：「舊傳有詩四句誇世人得意者云：『久旱逢甘雨，他鄉見故知，洞房花燭夜，金榜掛名時。』」也作「他鄉逢故」。《隋唐演義》九七：「表兄昔日既有桑間之喜，今又他鄉逢故，極是奇遇。」也作「他鄉遇故知」。《歧路燈》一〇：「只見婁潛齋已進的房來。正是他鄉遇故知，況且是心契意合的至交，更覺歡喜。」

【他鄉異縣】

家鄉之外的外鄉、外地。多指與親人、好友離異，流落在離家鄉較遠的地方。漢·蔡邕《飲馬長城窟行》：「夢見在我旁，忽覺在他鄉；他鄉各異縣，展轉不相見。」

【他鄉遇故知】

見「他鄉故知」。

【他有關門計，我有跳牆法】

總有應付的辦法。例他算計到我的頭上來了，我可不是好欺侮的，他有關門計，我有跳牆法，看我怎麼收拾他。

【它山之石，可以攻玉】

見「他山之石，可以攻錯」。

【塌鼻子戴眼鏡——沒處擱】

塌鼻子：鼻梁凹下的人。比喻沒有地方存放或安置。例房子這麼小，買台洗衣機就像塌鼻子戴眼鏡——沒處擱。

【塌鍋乾飯——悶（燜）著】

塌鍋乾飯：燜乾飯；悶：「燜」的諧音。比喻因心情不舒暢而沉默不語。例班長犧牲以後，全班戰士就像塌鍋乾飯—悶（燜）著。也作「打火不吸煙—悶（捫）起來了」、「文火蒸糕—悶（燜）起來了」、「小豆乾飯—悶（燜）起來」、「豆兒乾飯—悶（燜）著」、「紅高粱塌飯鍋—悶（燜）起來了」。

【塌架子】

比喻人或組織、機構垮台。例要不是老周出面幫這一把，公司可能早塌架子了。

【塌了窩的螞蟻——陣腳大亂】

比喻秩序特別混亂，無法控制。例我軍剛發動進攻，敵人就像塌了窩的螞蟻—陣腳大亂。也作「麻雀炸窩—陣腳大亂」。

ㄊㄚˇ

【塔尖上的汽燈——高明】

見「半天雲裏打燈籠——高明」。

ㄊㄚˋ

【狧糠及米】

狧：通「舐」，用舌食。用舌食糠，逐漸食到米。比喻逐步侵占。清·譚嗣同《報貝元征書》：「苟得我之海口海岸，所謂狧糠及米，而內地內江又化爲海口海岸之形矣。」

【嗒然若喪】

見「嗒焉自喪」。

【嗒焉若喪】

見「嗒焉自喪」。

【嗒焉自喪】

嗒：沮喪。原意指形神解體，物我皆失。多形容懊喪的神態。《莊子·齊物論》：「荅焉似喪其耦。」陸德明釋文：「荅，本又作嗒，解體貌。」也作「嗒焉若喪」。清·梁紹壬《兩般秋雨庵隨筆》卷一：「公子賦性不羈，楚館秦樓，一路揮霍，比至京師，已囊空若洗矣。兼以抱病，不得入場，嗒焉若喪，稱貸而歸。」也作「嗒然若喪」。《聊齋志異·江城》：「女人室痴坐，嗒然若喪，終日不食，掃榻遽寢。」

【榻畔酣臥】

榻畔：床鋪旁邊。比喻別人肆意侵犯自己的利益。柳亞子《虞美人·題李後主》詞：「不容榻畔卿酣臥，唱徹家山破。」

【踏步不前】

見「停滯不前」。

【踏腳板】

見「踏腳凳」。

【踏腳凳】

比喻往上爬時借以利用的人或物。例他是慣於把別人當作踏腳凳，一步步爬上高官地位的。也作「踏腳板」。例你想往上爬就爬，我可不願做你的踏腳板。

【踏破鐵鞋無覓處，得來全不費工夫】

踏破鐵鞋：指路走得多，把鐵製的鞋都給磨穿了。比喻費盡心力也找不到，卻在無意中毫不費力就得到了。例這本書我跑遍了本市的大書店也沒買到，想不到你這個小書攤上倒有。眞是踏破鐵鞋無覓處，得來全不費工夫。

【踏人一腳，須防一拳】

比喻傷害了別人，要提防其報復。例你別以爲這次揍了他，就沒事了。踏人一腳，須防一拳，過兩天他準會找些幫手來向你報復。對這種無賴，你還眞得防著點兒。

【踏著鍋台上炕】

比喻做事違背常理。例你這件事辦的不周全。無論如何，你也應該先跟我們打聲招呼呀。這倒好，踏著鍋台上炕，直接踮到上面去了，這不是存心給我們難堪嗎？

ㄊㄜˋ

【特立獨行】

形容志行高尚，不隨波逐流。唐·韓

愈《伯夷頌》：「若伯夷者特立獨行，窮天地亘萬世而不顧者也。」

ㄊㄞˊ

【台閣生風】
台閣：漢代尚書辦公之地。指官府中的嚴肅風氣。比喻官風清正。《晉書·傅玄傳》：「每有奏劾，或值日暮，捧白簡，整簪帶，竦踴不寐，坐而待旦。於是貴遊懾伏，台閣生風。」

【台上幾秒鐘，台下十年功】
謂在觀衆面前幾秒鐘的表演，凝聚了表演者平時長期艱苦磨練的心血。指每一點成績都來之不易。例別看他這個動作做得好像毫不費力似的，實際上，台上幾秒鐘，台下十年功，一般人可做不來，不信你就試試。

【台上握手，台下踢腳——翻臉不認人】
翻臉：對人的態度突然變得不好。比喻態度突然變壞，不考慮以前的友誼或對自己的好處。例你耍什麼態度，剛當上官，就台上握手，台下踢腳——翻臉不認人。也作「屬狗的——翻臉不認人」。

【台上握手，台下踢腳——兩面派】
見「扳倒是鼓，反轉是鑼——兩面派」。

【台柱子】
原指戲班中的主要演員。比喻某事、某團體中的骨幹。例小馬是我們革新小組的台柱子，千萬不能把他調走。

【台子上收鑼鼓——沒戲唱了】
比喻難以繼續進行或沒有其他辦法可想。例會議的主要人物都走了，看來台子上收鑼鼓——沒戲唱了，趁早準備回家吧！

【抬得高，跌得重】
被別人吹捧得越高，下場便越慘。例別人吹捧你，是爲了利用你，你別飄飄然不知道自己吃幾碗乾飯了。當心別人用不著你的時候，把你給賣了，那時候你才抬的高，跌的重咧。

【抬槓子】
比喻爭論、爭持不下。例你們別抬槓子了，聽我說幾句吧！

【抬行市】
原爲抬高市面上的行情，提高物價。比喻提高條件。例讓你去支援邊遠地區是組織決定，你不要自己抬行市，這樣影響不好。

【抬價碼】
指交涉時提高條件。例下次談判，我們可再抬價碼。

【抬轎吹喇叭——湊熱鬧】
比喻喜歡參與某些活動。有時含有添麻煩的意思。例對音樂，我是門外漢，也不會欣賞，今天來不過是抬轎吹喇叭——湊熱鬧罷了。也作「抬轎吹喇叭——湊湊熱鬧」、「瞎子趕集——湊熱鬧」。

【抬轎子】
比喻吹捧、抬高別人。例主管與職員應該既是上下級關係，也是朋友關係，我們要反對那種無原則的專門給主管抬轎子的庸俗作風。

【抬手動腳】
形容一舉一動。《歧路燈》六〇回：「你今日怕招沒趣，久後弄到窮時，抬手動腳，都是沒趣哩。」

【抬頭不見低頭見】
形容熟人經常見面。例有什麼大不了的事兒？都是熟人，抬頭不見低頭見的，傷了和氣多不好！我看你們互相讓著點兒就沒事了。

【抬頭望見掃帚星——晦氣】
掃帚星：彗星。迷信的人視之爲不祥之星，認爲出現掃帚星就會有災。見「出門見狐狸——晦氣」。

【抬頭望鷹，低頭抓雞——眼高手低】
比喻眼光高而能力低。例你把這件事幹好就不錯了，別抬頭望鷹，低頭抓雞——眼高手低。也作「頭頂生目，腳下長手——眼高手低」。

【抬頭只見帽沿，低頭只見鞋尖——目光短淺】
見「井底的蛤蟆——目光短淺」。

【抬腿上樓梯——步步高昇】
也作「抬腿上樓梯——步步登高」、「抬腿上樓梯——一步比一步高」。見「騎馬上山——步步登高」。

【抬著棺材赴疆場——要拼命】
也作「抬著棺材赴疆場——拼啦」。見「背起靈牌上火線——要拼命」。

【鮐背蒼耇】
鮐背：鮐魚背皮上有黑斑；耇：ㄍㄡˇ，老年人。指長壽老人。明·張岱《奇字問序》：「猶之天台、雁宕，五泄洞岩，近在鞋下，天下人裹糧宿舂，千里來游；問之山下里人，鮐背蒼耇，多有不至者。」

ㄊㄞˋ

【太倉稊米】
太倉：太同「大」，古代京師大糧倉；稊米：小米。一粒小米在大糧倉中，比喻極渺小。《莊子·秋水》：「計中國之在海內，不似稊米之在太倉乎？」也作「太倉一粟」。《二十年目睹之怪現狀》六三回：「好在古雨山當日有財神之目，去了他七千兩，也不過是『九牛一毛』、『太倉一粟』。」

【太倉一粟】
見「太倉稊米」。

【太阿補履】
用寶劍補鞋。比喻用人不當，不能人盡其才。宋·王令《快哉行，呈諸友，兼簡仲美》：「平時塵土蕕英雄，卻學弄筆爲雕蟲；太阿補履不足用，老驥捕鼠終無功。」

【太阿倒持】
見「泰阿倒持」。

【太阿在握】

寶劍拿在手中。比喻掌握權柄。明・沈德符《萬歷野獲編・內臣兼掌印廠》：「世宗神聖，以至今上，俱太阿在握，可無過慮。」

【太阿之柄】

比喻權柄。清・覺佛《女英雄》：「昏君無北伐之心，奸相操太阿之柄。」

【太公釣魚】

太公：姜尚，字子牙。傳說姜子牙曾用無餌直鉤釣渭水之魚，鉤離水面三尺，自語：「負命者上鉤來！」比喻情願上圈套。常與「願者上鉤」連用。清・孔尚任《桃花扇・罵筵》：「這有何妨，太公釣魚，願者上鉤。」

【太公鼓刀】

傳說姜子牙未遇時在朝歌曾以殺牛為生。比喻出類拔萃的人才未被任用、賞識。漢・王褒《聖主得賢臣頌》：「伊尹勤於鼎俎，太公困於鼓刀。」

【太極拳的功夫——軟中有硬】

見「骨頭燒豆腐——軟中有硬」。

【太監讀聖旨——照本宣科】

太監：宦官，君主時代宮廷內侍奉帝王及其家屬的人員，由閹割後的男子充任；聖旨：封建社會皇帝的命令。見「道士念經——照本宣科」。

【太監娶媳婦——妄想】

見「癩蛤蟆想吃天鵝肉——痴心妄想」。

【太平本是將軍定，不許將軍見太平】

謂天下太平本來是靠將軍的武功獲取的，但因功高蓋主，功成後將軍必遭猜忌乃至殘害。例如今天下已定，將軍還是及早抽身才好，自古道：太平本是將軍定，不許將軍見太平，望將軍三思。也作「太平不用舊將軍」。

【太平盛世】

平安、興盛的時代。明・沈德符《萬曆野獲編・章楓山封事》：「餘謂太平盛世，元夕張燈，不為過侈。」

【太平無事】

事：變故。社會安寧無變故。明・焦竑《玉堂叢語・方正》：「惟高堂厚祿身享太平無事之日者，見月則樂也。」《官場現形記》二九回：「這位制台從前能夠實授這個缺，以及做了幾多年一直太平無事，全虧華、黑二人之力居多。」

【太平無象】

指社會安寧和平無一定標誌。也用以諷刺統治者粉飾太平。《資治通鑑・唐文宗大和六年》：「會上御延英，謂宰相曰：『天下何時當太平，卿等亦有意於此乎？』僧孺對曰：『太平無象。今四夷不至交侵，百姓不至流散，雖非至理，亦謂小康。陛下若別求太平，非臣等所及。』」

【太平洋上的警察——管得寬】

見「和尚訓道士——管得寬」。

【太璞不完】

璞：沒有雕琢過的玉。加工後的玉就不是完好、純眞的璞了。古代比喻讀書人為官後就會失去純眞完好的本質。《戰國策・齊策四》：「顏斶辭去曰：『夫玉生於山，制則破焉，非弗寶貴矣，然大（太）璞不完。士生於鄙野，推選則祿焉，非不尊遂也，然而形神不全。』」

【太丘道廣】

太丘：古城名，今河南永城縣西北。東漢陳寔任太丘長，人稱陳太丘。因其交游甚廣，後因以「太丘道廣」指人結交廣泛。《後漢書・許劭傳》：「太丘道廣，廣則難周。」

【太上皇】

原指皇帝的父親。比喻在幕後操縱、執掌實際大權的人。例我們既然退休了，就要放手讓新班底去領導工作。千萬不要以太上皇自居，干擾新班子的工作。

【太上忘情】

原作「聖人忘情」。指聖人不被感情所困。南朝宋・劉義慶《世說新語・傷逝》：「聖人忘情，最下不及情，情之所鍾，正在我輩。」清・陳確《哭老友徐季長》詩：「老年交籍不堪搜，何事吾兄又玉樓？太上忘情非吾輩，泂塘深處是西州。」

【太歲頭上動土】

太歲：傳說中的神名；動土：破土動工。古代迷信，認為地上的太歲之神與天上的歲星（木星）相應而行，興建土木工程要躲開太歲的方位，不然會招致災難。後用來比喻觸犯強權或有勢力的人。《鏡花緣》二四回：「駙馬現掌兵權，殺人如同兒戲，庶民無不危懼，誰敢太歲頭上動土？」

【太歲頭上動土——好大的膽子】

也作「太歲頭上動土——膽子不小」、「太歲頭上動土——好大膽」。見「餓狼口裏奪脆骨——好大的膽子」。

【太歲頭上動土——惹禍上身】

也作「太歲頭上動土——自取其禍」。見「老虎屁股上抓癢癢——惹禍上身」。

【太行山上看運河——遠水不解近渴】

太行山：位於山西高原與河北平原之間；運河：始鑿於春秋末期，後經擴建，北起北京市通縣，南至杭州，是世界上開鑿最早、規模最大的人工運河。比喻緩慢的解決辦法不能滿足迫切的需要。例你的主意雖好，可是太行山上看運河——遠水不解近渴，我們需要解決的是燃眉之急。也作「口含鹽巴望天河——遠水不解近渴」。

【太陽從西邊出來】

比喻不可能發生的事情發生了。例我堂堂七尺漢子，寧折不彎。想要讓我投降，除非是太陽從西邊出來。

【太陽離了地皮——亮啦】

雙關語。比喻思想、問題得到解決，或黑暗的社會不復存在了。例經過老師的耐心啓發、教育，他心裏好像太陽離了地皮——亮啦。

【太陽落坡月上山——接連不斷】

比喻一個接一個沒有間斷。例這個廠的新產品就像太陽落坡月上山——接連不斷，在競爭中處於絕對優勢。

【太陽落山的夜貓子——開了眼】
夜貓子：貓頭鷹，晝伏夜出，太陽落山後出來活動。雙關語，比喻開闊了眼界，增長了見識。例小曾這次到農村，眞是太陽落山的夜貓子——開了眼，見到許多城市裏聞所未聞、見所未見的事情！也作「**太陽落山的貓頭鷹——開了眼**」。

【太陽上點火——聊（燎）天】
聊：「燎」的諧音。雙關語，比喻談天、閒扯。例「你們在隔壁幹什麼？」「太陽上點火——聊（燎）天。」

【太陽貪戰】
比喻時間過得很慢。元・王實甫《西廂記》三本二折：「碧天萬里無雲，空勞倦客身心，恨殺太陽貪戰，不教紅日西沉。」

【泰阿倒持】
泰阿（ㄜ）：寶劍名。倒持寶劍，把劍柄交給人家。比喻權柄讓給別人，自己反受其害。《漢書・梅福傳》：「倒持泰阿，授楚其柄。」也作「**太阿倒持**」。宋・秦觀《李訓論》：「自德宗懲北軍之變，以左右神策、天威等軍分委宦官主之，由是太阿倒持，不復可取。」

【泰而不驕】
形容人心情安定、態度嚴肅莊重而不驕傲。也指人的地位高但不專橫傲慢。《論語・堯曰》：「子張曰：『何謂五美？』子曰：『君子惠而不費，勞而不怨，欲而不貪，泰而不驕，威而不猛。』」漢・桓寬《鹽鐵論・褒賢》：「滿而不溢，泰而不驕。」

【泰極而否】
泰、否：《周易》的兩個卦名。天地相交、通順叫「泰」；天地不相交、不通順叫「否」。後把運氣好壞稱爲「泰否」。《周易・本義》：「泰極而否。」指好事發展到終極可以變成壞事。唐・劉禹錫《史公神道碑》：「侍中以帳下生變聞，泰極而否，當歌而哭。」也作「**泰極生否**」。《西遊記》九一回：「所以泰極生否，樂盛成悲，今被妖邪捕獲。」

【泰極生否】
見「泰極而否」。

【泰來否極】
指壞事發展到終極可以轉化爲好事。唐・白居易《遣懷》詩：「樂往必悲生，泰來猶否極。」也作「**泰來否往**」。元・宮大用《范張雞黍》：「可正是樂極悲生，今日個泰來否往。」也作「**否極泰來**」。

【泰來否往】
見「泰來否極」。

【泰然處之】
泰然：心情安定；處：對待。遇事毫不在意；心神安定地對待困難或意外發生的情況。例遇到壞人壞事，不能採取泰然處之、行若無事的態度。也作「**泰然居之**」。宋・陳亮《王珪確論如何》：「太宗方奮然有運天下豪傑之心，使新進迭用事，而玄齡泰然居之，不以進退自嫌。」

【泰然居之】
見「泰然處之」。

【泰然自若】
自若：如常態。形容毫不慌亂地對待變故或緊急情況。《金史・顏盞門都傳》：「有敵忽來，雖矢石至前，泰然自若。」例雖然家中的事讓他煩心不已，但他還是泰然自若地討論公事。

【泰山北斗】
泰山爲五岳之首；北斗之光爲羣星之最。比喻爲衆人所尊仰的德高望重的人。《新唐書・韓愈傳贊》：「自愈沒，其言大行，學者仰之如泰山北斗。」清・惲敬《答姚秋農書》：「五兄夢中題孔子廟櫺星門柱聯有『泰山北斗，景星慶雲』之語，敬意如此者，士之望，人之瑞，一代不過數人。」

【泰山崩於前而色不變】
泰山在面前崩塌，臉色一點也不改變。形容人在異常情況下鎮定自若，毫不慌亂。宋・蘇洵《心術》：「泰山崩於前而色不變，麋鹿興於左而目不瞬，然後可以制利害，可以待敵。」

【泰山不讓土壤，故能成其大；河海不擇細流，故能就其深】
讓：辭，拒絕；擇：選擇，引申爲捨棄。泰山因爲不拒絕每塊泥土，所以能成就它的大；河海不捨棄細小的水流，所以能成就它的深。原指國家的統治者應廣開賢路，國家才能興盛。後多比喻重視點滴的積累，才能在事業上有所成就。秦・李斯《諫逐客書》：「臣聞地廣者粟多，國大者人衆，兵強則士勇。是以泰山不讓土壤，故能成其大；河海不擇細流，故能就其深；王者不卻衆庶，故能明其德。」

【泰山不是堆的，火車不是推的】
比喻做某事要憑眞本事，不能靠吹噓。例我剛才露的那兩手你們看見了沒有？泰山不是堆的，火車不是推的，誰要是不服，就上來試試。

【泰山頂上觀日出——站得高，看得遠】
天氣晴朗時，站在泰山玉皇頂上，可以看到旭日從渤海上冉冉升起，氣象萬千，非常壯觀。見「山鷹站在崖頂上——站得高，看得遠」。

【泰山鴻毛】
一重一輕。比喻輕重對比懸殊。漢・司馬遷《報任少卿書》：「人固有一死，或重於泰山，或輕於鴻毛。」

【泰山可倚】
倚：斜靠著。像泰山那樣可以依靠。形容極有力的靠山。清・鄭志鴻《常語尋源》卷下：「天寶遺事：有勸進士張彖謁楊右相者，曰富貴可立致。象曰：人以國忠爲泰山可倚，吾視之如冰山耳，若皎日既升，得無失所恃乎？」

【泰山梁木】

《禮記·檀弓上》：「孔子蚤（早）作，負手曳杖，消搖於門，歌曰泰山其頹乎！梁木其壞乎！哲人其萎乎！」孔子以「泰山」、「梁木」自比。後以「泰山梁木」比喻有經天緯地之才的人物。《民國通俗演義》二二回：「當此國基未固，人才消乏之秋，逝者如斯，將誰與支撐危局？泰山梁木，同人等悲不自勝。」

【泰山其頹】

其：將要；頹：坍塌。對受敬仰者行將逝世的婉稱。《禮記·檀弓上》：「孔子蚤（早）作，負手曳杖，消搖於門，歌曰：泰山其頹乎！梁木其壞乎！哲人其萎乎！」

【泰山若厲】

厲：磨刀石，後寫作「礪」。泰山經過長久的變化，小得像磨刀石那樣。比喻時間久遠，決心不變。古時多用於封爵之誓辭。《漢書·高惠高后孝文功臣表》：「使黃河如帶，泰山若厲，國以永存，爰及苗裔。」

【泰山壓頂】

比喻極大的力量向頭上壓來。明·賈鳧西《木皮詞·正傳》：「給了他個泰山壓頂沒有躲閃。」《兒女英雄傳》六回：「一個棍起處似泰山壓頂，打下來舉手無情。」

【泰山壓頂不彎腰】

形容堅強不屈。例他眞是一個泰山壓頂不彎腰的硬漢子。

【泰山壓卵】

卵：指弱小一方。比喻雙方力量對比懸殊，弱者絕無倖存的希望。《晉書·孫惠傳》：「況履順討逆，執正伐邪，是烏獲摧冰，賁育拉朽，猛獸吞狐，泰山壓卵，因風燎原，未足方也。」明·徐復祚《投梭記·卻說》：「今來統如山之士馬，壓彈丸之江東，實有泰山壓卵之勢。」

【泰山之安】

像泰山那樣穩固、安定。漢·枚乘《上書諫吳王》：「以居泰山之安，而欲乘累卵之危。」《東周列國志》一六回：「內安百姓，外撫四夷，勛加於王室，澤布於諸侯，國有泰山之安，君享無强之福。」

ㄊㄠ

【叨陪末座】

叨：沾，受到（好處）。指陪坐在最末的座位上。這是被邀陪客的謙詞。例若你金榜題名大宴賓客，我一定叨陪末座。

【弢跡匿光】

弢：同「韜」，藏。隱藏蹤跡，收斂光采。晉·陸機《漢高祖功臣頌》：「彭越觀時，弢跡匿光。人具爾瞻，翼爾鷹揚。」

【掏窟窿】

比喻負債、借錢。例自從他染上賭博惡習，就開始到處掏窟窿了。

【掏牆腳】

同「挖牆腳」，比喻暗中施行手段從根本上破壞別人的事，使之失敗。例做人總得講道德，現在我們廠在經營上遇到了困難，又缺原料，你卻要在這個時候抽走資金，調回生產科長，這不是明顯的掏牆腳嗎？

【掏心窩子】

開誠相見，說眞心話。例說乾脆的，掏心窩子，你到底願不願意嫁給他？

【掏腰包】

①指拿出錢財。例這次不能叫你掏腰包，該我請客了。②指偷人的財物。例出門在外要處處當心，可別叫人掏了腰包。

【滔滔不斷】

見「滔滔不絕」。

【滔滔不竭】

見「滔滔不絕」。

【滔滔不盡】

見「滔滔不絕」。

【滔滔不絕】

比喻多、連續不斷。《鏡花緣》十八回：「紫衣女子所說書名倒像素日讀熟一般，滔滔不絕。」《蕩寇志》一二〇回：「成英反覆議論，滔滔不絕，口若懸河。」也作「滔滔不斷」。《鏡花緣》八六回：「我故意弄這冷題目問他一聲，果然滔滔不斷，竟說出一大篇來。」也作「滔滔不竭」。《樂府詩集·郊廟歌辭·積善舞》：「飲福受胙，舞降歌迎。滔滔不竭，洪惟水行。」也作「滔滔不盡」。《清史稿·傅山傳》：「與客談中州文獻，滔滔不盡。」也作「滔滔不窮」。清·錢泳《履園叢話·精怪·管庫狐仙》：「女又笑曰：『此不過講名物象數讖緯之說而已，精義不在是也。』坐話移時，滔滔不窮。」

【滔滔不窮】

見「滔滔不絕。」

【滔天大罪】

形容罪惡極大。例日本軍國主義發動侵華戰爭，犯了滔天大罪。也作「滔天之罪」。明·羅貫中《風雲會》四折：「據著你外作禽荒，內貪淫欲，滔天之罪，理合法更凌遲。」

【滔天之勢】

形容氣勢磅礴。也形容權勢大。《晉書·愍帝紀》：「股肱非挑戰之秋，劉、石有滔天之勢。」

【滔天之罪】

見「滔天大罪」。

【韜戈卷甲】

見「韜戈偃武」。

【韜戈偃武】

偃：ㄧㄢˇ，停止。收起兵器，停止武備。比喻不再作戰。《隋書·煬帝紀上》：「譯靡絕時，書無虛月，韜戈偃武，天下晏如。」也作「韜戈卷甲」。《舊唐書·陳少游傳》：「韜戈卷甲，佇候指揮。」

【韜光晦跡】

把才華隱藏起來，不露蹤跡。《醒世恆言》卷四〇：「單說著自古至今有那一等懷才抱德，韜光晦跡的文人秀才，就比那奇珍異寶，良金善玉，藏於泥土之中；一旦出世，遇良工匠，切磋琢磨，方始成器。」也作「**韜光斂跡**」。明・袁宏道《瀟碧堂集・德山塵譚》：「學道人須是韜光斂跡，勿露鋒芒，故曰潛曰密。」也作「**韜光滅跡**」。《太平廣記》卷四九二引《靈應傳》：「慮其後患，乃率其族，韜光滅跡，易姓變名，避仇於新平眞寧縣安村。」也作「**韜光隱跡**」。金・馬鈺《滿庭芳》：「懷美玉，便韜光隱跡，二十餘年。」也作「**韜神晦跡**」。《隋書・薛道衡傳》：「粤若高祖文皇帝，誕聖降靈則赤光照室，韜神晦跡則紫氣騰天。」

【韜光斂跡】
見「韜光晦跡」。

【韜光滅跡】
見「韜光晦跡」。

【韜光俟奮】
俟：ㄙˋ，等待。指隱匿才華，待機奮起。《晉書・慕容垂載記》：「但時來之運未至，故韜光俟奮耳」。

【韜光養晦】
使才華隱藏、不外露。清・鄭觀應《盛世危言・自序》：「自顧年老才庸，粗知《易》理，亦急擬獨善潛修，韜光養晦。」

【韜光隱跡】
見「韜光晦跡」。

【韜光韞玉】
韞（ㄩㄣˋ）玉：蘊藏寶玉。指才華不外露。宋・洪適《隸釋・小黃門譙敏碑》：「君商時度世，引已倍權，守靜微冗，韜光韞玉，以遠悔咎」。

【韜晦待時】
暫時不出頭露面，等待時機。例這段時間對你來說，是韜晦待時的好機會。

【韜晦之計】
韜：隱藏；晦：不明顯。指暫時隱藏起來不外露、待機而動的計策。《三國演義》二一回：「玄德也防曹操謀害，就下處後園種菜，親自澆灌，以爲韜晦之計。」

【韜神晦跡】
見「韜光晦跡」。

【韜聲匿跡】
不露蹤跡，使別人不注意自己。《文選・孔稚珪〈北山移文〉》「昔聞投簪逸海岸」李善注引晉・摯虞《征士胡昭贊》：「投簪卷帶，韜聲匿跡。」

【饕口饞舌】
比喻貪吃。也形容凶惡而貪婪。《歧路燈》三三回：「但只見長葳大爨，暖烘烘雲蒸霞蔚而至；饕口饞舌，雄赳赳排山倒海而來。」

【饕餮之徒】
饕餮（ㄊㄧㄝˋ）：傳說中一種貪吃的惡獸。比喻貪吃或貪婪、凶惡的人。《呂氏春秋・先識》：「周鼎著饕餮，有首無身。」

【淘麥篩兒作鍋蓋——眼兒不少】
篩兒：篩子，用竹條、鐵絲等編成的有許多小孔的器具，可以把細碎的東西漏下去，較粗的、成塊的留在上頭。見「肚子裏揣著個漏勺——心眼太多」。

ㄊㄠˊ

【逃出火坑，又入苦海——躲了一災又一災】
苦海：原爲佛教用語，後用以比喻困苦的環境。見「剛離虎口，又入狼窩——躲了一災又一災」。

【逃災避難】
躲避災難。元・無名氏《盆兒鬼》二折：「似這等逃災避難，倒不如奔井投河。」也作「**逃災躲難**」。明・無名氏《四馬投唐》三折：「頗奈李密無禮，你逃災躲難，到于此處，倒毀罵吾神。」

【逃災躲難】
見「逃災避難」。

【逃之夭夭】
語本《詩經・周南・桃夭》：「桃之夭夭，灼灼其華。」形容桃葉茂盛。因「逃」與「桃」音同，故以「逃之夭夭」指逃跑，是一種詼諧說法，《二十年目睹之怪現狀》七八回：「這麼一來，正中了他的下懷，等各人走過之後，他才不慌不忙的收拾了許多金珠物件，和那位督辦大人坐了輪船逃之夭夭的到天津去了。」

【桃紅柳綠】
桃花紅，柳葉綠。形容春天景色豔麗。唐・王維《田園樂》詩之六：「桃紅復含宿雨，柳綠更帶春煙。」元・鄭德輝《㑳梅香》一折：「看了這桃紅柳綠，是好春光也呵！」

【桃弧棘矢】
桃弧：桃木做的弓；棘矢：帶刺枝條做的箭。比喻除災避邪。《左傳・昭公四年》：桃弧棘矢，以除其災。」

【桃花薄命】
桃花：指女人。形容婦女命運不好或壽命短。明・阮大鋮《燕子箋・寫像》：「諸般不像，只是桃花薄命，流終平康，也與他出塞的苦沒甚差別。」

【桃花人面】
形容女子的美貌。也泛指男子對意中人的懷念之情。元・劉時中《朝天子・同父子方鄧永年泛洞庭湖宿鳳凰台下》曲：「楊柳宮眉，桃花人面，是平生未了緣。」清・黃遵憲《不忍池晚游》詩：「鴉背斜陌閃閃紅，桃花人面薄紗籠。」參見「人面桃花」。

【桃花潭水】
借指深厚的情誼。唐・李白《贈汪倫》詩：「桃花潭水深千尺，不及汪倫送我情。」

【桃花運】
指得到女子青睞。例他走桃花運了，

多少漂亮姑娘追求他。

【桃來李答】

比喻交際往來，相互酬答。明・王錂《春蕪記・構釁》：「小姐用的是綾羅綺繡，我有綾羅綺繡；小姐用的是玩好奇珍，我有玩好奇珍。況且桃來李答，一定也不折本。」

【桃李遍天下】

見「桃李滿天下」。

【桃李不言，下自成行】

見「桃李不言，下自成蹊」。

【桃李不言，下自成蹊】

蹊：ㄒㄧ，小路，引申爲走過。桃李雖不能說話，但憑其花和果實，也能吸引人從樹下走過，久而久之就走出一條小路。比喻只要爲人忠誠，也會感動別人。也指講求實際，不圖虛名。《史記・李將軍傳贊》：「諺曰：『桃李不言，下自成蹊。』此言雖小，可以喻大也。」也作「桃李不言，下自成行」。《藝文類聚》卷四五引晉・潘岳《太宰魯武公誄》：「桃李不言，下自成行。德之休明，沒能彌彰。」也作「桃李無言，下自成蹊」。宋・辛棄疾《一剪梅》詞：「多情山鳥不須啼，桃李無言，下自成蹊。」

【桃李成蔭】

比喻培養了不少人才。唐・李白《贈崔侍御》詩：「扶搖應借力，桃李願成蔭。」也作「桃李滿門」。《資治通鑑・唐紀則天後久視元年》：「狄仁杰嘗薦姚元崇、桓彥范、敬暉等數十人，率爲名臣。或謂仁杰曰：『天下桃李悉在公門矣。』」

【桃李滿門】

見「桃李成蔭」。

【桃李滿天下】

形容培養出學生之多，遍及天下。姚雪垠《李自成》二卷三二章：「他想黃、葉二人都是有名的朝臣，而黃更是當代大儒，海內人望，不惟桃李滿天下，而且不少故舊門生身居顯要。」也作「桃李遍天下」。明・焦竑《玉堂叢語・薦舉》：「愛樂賢士大夫，與共功名，朝有所知，夕即登薦，以是桃李遍天下。」

【桃李門牆】

桃李：所培養的學生；門牆：師長的門。指教育學生的地方。明・湯顯祖《牡丹亭・閨塾》：「你待打、打這哇哇，桃李門牆，險把負荊人諕煞。」

【桃李無言，下自成蹊】

見「桃李不言，下自成蹊」。

【桃李爭輝】

見「桃李爭妍」。

【桃李爭妍】

桃李互相媲美。形容春色艷麗。明・無名氏《萬國來朝》二折：「春花艷艷，看紅白桃李爭妍。」也作「桃李爭輝」。明・無名氏《東籬賞菊》三折：「花也則爲你不與那繁花爭媚，花也則爲你不同他桃李爭輝。」也作「桃柳爭妍」。《說岳全傳》四回：「一路上春光明媚，桃柳爭妍，不覺欣欣喜喜。」

【桃李之教】

比喻教育學生，培養人才。明・湯顯祖《牡丹亭》五齣：「今日吉辰，來拜了先生。學生自愧蒲柳之姿，敢煩桃李之教。」

【桃柳爭妍】

見「桃李爭妍」。

【桃腮杏臉】

形容女子姿容秀美。元・曾瑞卿《留鞋記》二折：「你生得桃腮杏臉，星眼蛾眉。」

【桃羞杏讓】

使桃花含羞、杏花躲避。形容女子容貌艷麗。《紅樓夢》二七回：「滿園裏繡帶飄飄，花枝招展，更兼這些人打扮的桃羞杏讓，燕妒鶯慚，一時也道不盡。」

【桃之夭夭】

見「逃之夭夭」。

【桃子破肚——殺身成仁】

多比喻爲實現理想和正義事業而獻身。例中國歷史上有成千上萬的桃子破肚——殺身成仁的先烈，他們可歌可泣的英雄事蹟，是寫不完說不盡的。

【陶侃運甓】

甓：ㄆㄧˋ，磚。晉・裴啟《語林》：「陶太尉（侃）既作廣州，優游無事。常朝自運甓於齋外，暮運於齋內。人問之，陶曰：『吾方致力中原，恐爲爾優游，不復堪事。』」比喻人不願閒居，一心要把事業做好。

【陶情適性】

使心裏愉快、精神舒暢。《紅樓夢》一二〇回：「不過游戲筆墨，陶情適性而已！」

【陶犬瓦雞】

泥土捏的雞狗。比喻徒有虛名的無用之物。清・程允升《幼學瓊林・鳥獸》：「眞是城狐社鼠，空存無用，何殊陶犬瓦雞。」

【陶然而醉】

指舒暢快樂、飲酒盡興。《聊齋志異・八大王》：「總陶然而大醉，亦魂清而夢眞。」

【陶然自得】

形容自己感到舒暢快樂。宋・蘇軾《楊繪可知徐州》：「坐廢十年，陶然自得。」也作「陶陶自得」。宋・林正夫《括沁園春》：「但無思無慮，陶陶自得，任兀然而醉，恍然而醒。」

【陶陶兀兀】

形容終日快樂，茫然無知的樣子。宋・黃庭堅《山谷詞・醉落魄》：「陶陶兀兀，樽前是我華胥國。」

【陶陶自得】

見「陶然自得」。

【陶猗之家】

陶：指春秋楚國人范蠡，即陶朱公；猗：指春秋魯國人猗頓；陶猗：泛稱富人。指富豪人家。晉・葛洪《抱朴子・外篇・擢才》：「夫結綠、玄黎（寶石名），非陶猗不能市也。」

ㄊㄠˇ

【討惡剪暴】
討伐、鏟除凶惡、暴虐的人。《三國志·吳書·孫權傳》：「夫討惡剪暴，必聲其罪，宜先分裂，奪其土地，使士民之心，各知所歸。」
【討飯的吹喇叭——窮快活】
也作「討飯的吹喇叭——窮作樂」。見「叫花子過年——窮快活」。
【討飯的打擺子——貧病交迫】
打擺子：〈方〉患瘧疾。比喻貧困和疾病一齊壓在身上。例討飯的打擺子——貧病交迫的生活，把他的精神摧垮了，至今還振作不起來。
【討飯怕狗咬，秀才怕歲考】
歲考：清代各省學政對其所屬府、州、縣學生員舉行的考試，凡生員、增生、廩生均要參加。指秀才懼怕歲考，猶如乞丐懼怕狗咬一般。魯迅《〈阿Q正傳〉的成因》：「俗語說：『討飯怕狗咬，秀才怕歲考』。我既非秀才，又要周考，眞是爲難。」
【討價還價】
指買賣雙方商定、爭議價格。也比喻做事前或談判時提出各種條件。《古今小說》卷一：「三巧兒問了他討價還價。」
【討交情】
指尋求關係、門路或友情。例他現在是四面楚歌，所以到處討交情尋求支持。也作「套交情」。例你別跟我套交情，你犯的那些事，我沒法幫你收拾殘局。
【討口牙】
比喻招惹是非，引起爭吵。例她成天閒著沒事，就愛討口牙，弄得鄰里不和。
【討來的饃饃敬祖先——窮孝順】
饃饃：ㄇㄛˊ ·ㄇㄛ，〈方〉饅頭。比喻強作孝順，多含貶義。例你這種討來的饃饃敬祖先——窮孝順，我才不稀罕哩，平常少叫我生氣點就行了。也作「要飯看丈母——窮孝順」。
【討米下不得鍋】
靠討飯要來的那一點兒米，不夠下鍋煮飯的。指凡事應預先做好準備，免得臨時東拼西湊。清·李光庭《鄉言解頤·物部》：「『生米作成熟飯』，愼終於始矣；『討米下不得鍋』，備豫不虞矣。」
【討逆除暴】
討伐背叛者，鏟除暴虐勢力。《晉書·張軌傳》：「立秋，萬物將成，殺氣之始，其於王事，杖麾誓衆，釁鼓禮神，所以討逆除暴，成功濟務，寧宗廟社稷，致天下之福，不可廢也。」
【討便宜】
比喻設法得到一些好處或利益。例他這個人就是不自重，到處討便宜，惹得大家都不願與他共事。
【討便宜處失便宜】
想要得到好處的地方，便是丢掉好處的地方。指討便宜的行爲會帶來更大的損失。明·姚舜牧《藥言》：「語雲：『討便宜處失便宜』。此「處」字極有意味。蓋此念才一思忖便宜，自壞了心術，自損了陰騭，大失便宜即此處也。」
【討生活】
比喻尋找生活出路，混日子。例這裏的空氣太污濁，環境太差，我可不願長期在這兒討生活。
【討是尋非】
存心招惹是非。明·無名氏《白兔記·訴獵》：「哥嫂每夜裏巡更不睡，討是尋非。哥嫂他那裏昧已滿心，料想蒼天不負虧。」
【討媳婦嫁女兒——一進一出】
比喻有進有出。含有不吃虧也不占便宜的意思。例有什麼值得叫苦的，討媳婦嫁女兒——一進一出，一點也沒吃虧。
【討野火】
比喻找麻煩、搗亂。例這傢伙喝多了，來這兒討野火，只怕找錯地方了。
【討油水】
比喻撈取好處。例這個單位政風清廉，制度健全，誰也別想在這兒討油水。
【討債鬼】
比喻胡亂花費自家錢財的親人。常用爲罵人話。例我只怕是碰上討債鬼了，這孩子花錢像流水，誰供得起？
【討針線】
針線泛指生活用品。比喻求生計。例想到自己要在那夥人中討針線，她就不寒而慄。

ㄊㄠˋ

【套交情】
見「討交情」。
【套近乎】
比喻和不很熟識密切的人拉攏關係。例你別跟我套近乎，我向來公事公辦，該怎麼辦就怎麼辦。
【套馬桿子逮兔子——瞎胡鬧】
比喻無理取鬧。例你們這算什麼工作，完全是兒戲，是套馬桿子逮兔子——瞎胡鬧。
【套馬桿子頂雨傘——戴高帽】
套馬桿子：套馬用的有套索的長桿，草原牧民常用它來套烈馬；高帽：舊時的一種官帽，後用以比喻恭維的話。比喻吹捧、恭維別人。例我有什麼高明之處，別套馬桿子頂雨傘——戴高帽了，我不喜歡這一套。
【套馬桿子裏的狼——跑不掉】
見「斷了腿的青蛙——跑不了」。
【套頭裹腦】
形容因含隱情而藏頭露尾。《兒女英雄傳》二三回：「讀者，請想這樁套頭裹腦的事，這段含著骨頭露著肉的話……除了安老爺和燕北閒人兩個心裏明鏡兒似的，此外知道個影子的少了。」

【套袖改襪子——沒底兒】

見「打油的漏斗——沒底兒」。

【套言不陳】

指說話、寫文章簡明扼要、不說客套話。《歧路燈》二四回：「忽一日，九娃拿了一封書，遞予紹聞。書上寫道：『字啟譚大哥台下入目。茲啟者，套言不陳。我那日回家……原說幾日就回。』」也作「套言不敍」。《兒女英雄傳》三八回：「敬啓者：彼此至好，套言不敍。恭維老弟大人貴體納福，闔府吉祥如意。」

【套言不敍】

見「套言不陳」。

ㄊㄡ

【偷安旦夕】

見「偷安苟且」。

【偷安苟且】

指爲眼前安逸，得過且過。梁啟超《羅蘭夫人傳》：「苟其偷安苟且，彌縫掩飾……則必有如法國一日中刑貴族王黨千餘人，斷屍遍野，慘血塞渠。」也作「偷安旦夕」。三國魏·鍾會《檄蜀文》：「若偷安旦夕，迷而不返，大兵一放，玉石皆碎。」

【偷安者後危，慮近者憂邇】

邇：近。苟且偷安者的日後處境必然危險，只顧眼前利益者的憂患很快就會到來。原用以告誡當政者不要貪圖安逸、目光短淺。後也指人不能苟且偷安，只顧眼前利益而無長遠打算。漢·桓寬《鹽鐵論·結和》：「夫偷安者後危，慮近者憂邇，賢者離俗，智士權行，君子所慮，衆庶疑焉。」

【偷吃花椒——麻住嘴】

花椒：子黑、味麻，可以做調味的香料，又可入中藥。偷吃花椒是件不光彩的事，麻住了嘴只好忍住，不好意思說出口。比喻不吭聲或不敢說出口。例這才是偷吃花椒——麻住嘴，吃了虧還不敢說出來，活該。

【偷的鑼兒敲不得】

比喻醜行不敢公開。例他偷得巨款到家，卻又不敢使用，偷的鑼兒敲不得，老覺得別人在監視自己，整天心神不定。

【偷得爺錢沒使處】

指得到不義之財，不敢公開使用。例他望著偷來的名畫，心裏又後悔了起來。俗話說，偷得爺錢沒使處，這幅畫鬧得滿城風雨，到哪兒銷贓去？

【偷東摸西】

指做事鬼鬼祟祟，不光明正大的樣子。元·無名氏《村樂堂》二折：「那個弟子孩兒，不似好人，偷東摸西，打發他去了吧。」

【偷工減料】

爲牟利而暗中削減必要的工序和用料等。《兒女英雄傳》一三回：「演戲作壽，受賄貪贓；侵冒錢糧，偷工減料。」

【偷寒送暖】

指私下對人關切。多形容背地裏撮合男女關係。元·無名氏《神奴兒》三折：「看起來偷寒送暖，都是你這老弟子。」又形容恭維人、討好人。《隋唐演義》二回：「這些宦官宮妾，見皇后有些偏向，自然偷寒送暖，添嘴搠舌。」也作「送暖偷寒」。

【偷合苟容】

合：迎合；容：容身。爲求容身，苟且迎合。《荀子·臣道》：「不恤君之榮辱，不恤國之臧否，偷合苟容，以持祿養交而已耳，謂之國賊。」也作「偷合取容」。《史記·白起王翦列傳》：「偷合取容，以至圽身。」

【偷合苟同】

苟且迎合，隨便同意。漢·韓嬰《韓詩外傳》四：「不恤乎公道之達義，偷合苟同以持祿養交者，是謂之國賊也。」

【偷合取容】

見「偷合苟容」。

【偷雞不成蝕把米】

比喻便宜沒占到，反倒自己受損失。例他一心要找個有錢有勢的女婿，沒成想女兒嫁過去不到三天，女婿就被打進了大牢，眞是偷雞不成蝕把米。也作「偷雞不著蝕把米」。

【偷雞盜狗】

見「偷雞摸狗」。

【偷雞摸狗】

指偷偷摸摸。又比喻男女之間不正當的交往。《紅樓夢》四四回：「鳳丫頭和平兒還不是個美人胎子？你還不足？成日家偷雞摸狗，腥的臭的，都拉了你屋裏去！」也作「偷雞盜狗」。《水滸全傳》四六回：「小人如今在此，只做得些偷雞盜狗的勾當，幾時是了？」也作「偷貓盜狗」。《兒女英雄傳》一一回：「既作綠林大盜，便與那偷貓盜狗的不同，也斷不肯悄悄兒的下來。」

【偷雞戲狗】

比喻整日胡鬧，不務正業。《紅樓夢》七回：「那裏承望到如今生下這些畜生來，每日偷雞戲狗。」

【偷來的喇叭——吹不得】

也作「偷來的喇叭——別吹了」。見「肥皂泡——吹不得」。

【偷來的鑼鼓——打不得】

①比喻不能聲張，或瞞住不讓人知道。例這件事是偷來的鑼鼓——打不得，否則，人家會控告你侵犯隱私權。②比喻惹不起，不要觸犯。例這小子是個無賴，偷來的鑼鼓——打不得，不要觸怒他。也作「偷來的鑼鼓——莫打」、「偷來的鑼鼓——敲不得」。

【偷梁換柱】

指背地裏玩弄手法，以假代眞、以次充好，暗中改變事物本身內容。《紅樓夢》九七回：「偏偏鳳姐想出一條偷梁換柱之計，自己也不好過瀟湘館來，竟未能少盡姊妹之情，眞眞可憐可嘆！」

【偷貓盜狗】
見「偷雞摸狗」。
【偷茄子帶摘葫蘆——兩頭不誤】
比喻兩得其便，什麼也沒耽誤。俏皮話。例你這次進城，既辦了公事，又看了女婿，眞是偷茄子帶摘葫蘆——兩頭不誤。
【偷食貓兒性不改】
比喻惡習難改。例他出了監獄沒三天，就又扒了兩個錢包，眞是偷食貓兒性不改。
【偷書不爲賊】
舊指讀書人竊書算不得盜賊。明·高濂《玉簪記》一九齣：「[旦]好好還我的詞來，若不還我，把你做賊論。[生]自古道：偷書不爲賊。」
【偷天換日】
比喻暗中耍手段，改變事物的內容和性質，以矇騙別人。《何典》六回：「我有一個道友，叫做鬼谷先生，他有將無做有的本領，偷天換日的手段，眞是文武全才。」
【偷香竊玉】
指男女私通。多指男子暗中勾引婦女。《醒世恆言》二八卷：「安排布地瞞天謊，成就偷香竊玉情。」元·無名氏《百花亭》楔子：「從今後牢收起愛月惜花心，緊抄定偷香竊玉手。」也作「竊玉偷香」、「弄玉偷香」。
【偷營劫寨】
指偷襲敵人軍營。《水滸全傳》五四回：「今日攻擊得緊，那廝夜間必來偷營劫寨。」
【偷嘴的貓，不吃魚也沾腥味】
比喻有惡行的人，即使沒做壞事，也會遭人猜疑。例這次你覺得委屈了嗎？誰讓你過去落了個壞名聲呢？偷嘴的貓，不吃魚也沾腥味。以後只要出了這種事情，別人肯定首先要懷疑到你的身上。

ㄊㄡˊ

【頭白齒豁】
頭髮變白，牙齒脫落。形容衰老。清·汪琬《答陳靄公論文書》一：「年比四十，而精氣衰耗，頭白齒豁。」
【頭醋不釅徹底薄】
釅：ㄧㄢˋ，多用以形容酒、醋、茶等的色、香、味；薄：淡、不濃。頭遍醋沒釀酸，以後的就更不行了。比喻做事沒開好頭，以後會越來越糟。例頭醋不釅徹底薄，我看你還是先把英語基本的發音練準確了，再練會話。
【頭戴襪子——臉上下不去】
比喻人臉色難堪、發窘的樣子。例他很愛面子，別當衆批評了，免得他頭戴襪子——臉上下不去。
【頭頂燈草——不費力】
也作「頭頂燈草——不費勁」。見「順風划船——不費力」。
【頭頂燈草——輕巧】
見「牛角掛稻草——輕巧」。
【頭頂轎子——抬舉人】
比喻看重某人而加以稱讚或提拔。例據同事們說，此人並不是你所說的那樣好，頭頂轎子——抬舉人，完全沒有必要。
【頭頂磨盤——不知輕重】
見「沒有砣的稱——不知輕重」。
【頭頂上長眼睛——目空一切】
什麼都不放在眼裏。比喻極其高傲。例這個青年人頭頂上長眼睛——目空一切，許多專家學者都看不上，這種狂妄使他很難進步。也作「瞎子趕集——目空一切」、「眼睛長在頭頂上——目空一切」。
【頭頂上失了三魂，腳底下走了六魄】
即失魂落魄，形容被驚嚇得言行失措的樣子。例一聽說警察進了大門口，直嚇得他頭頂上失了三魂，腳底下走了六魄，一下子癱倒在地上，再也爬不起來了。
【頭頂生目，腳下長手——眼高手低】
見「抬頭望鷹，低頭抓雞——眼高手低」。
【頭頂長嘴——講天話】
比喻說些玄虛、費解的話。例聽衆說，你的報告是頭頂長嘴——講天話，聽不懂。
【頭頂著星星，身背著月亮】
形容早出晚歸。例我整天頭頂著星星，身背著月亮，忙裏忙外，都是爲了誰呀？還不是爲了我們這個家嗎？
【頭兒頂得天，腳兒踏得地】
形容爲人堂堂正正、頂天立地。例我做事向來是頭兒頂得天，腳兒踏得地，如若不信，你們可以查訪查訪。
【頭髮長，見識短】
舊稱婦女目光短淺、思想淺薄，輕視婦女。例她女人家頭髮長、見識短，請您不要介意，有什麼事您跟我說。
【頭髮紡繩——不合股】
見「馬尾搓繩——不合股」。
【頭髮鬍子一把抓——理不清】
比喻事物繁雜，理不出頭緒。例我看你現在的工作是頭髮鬍子一把抓——理不清了，還得請幾個會計師和精算師幫幫忙。也作「一團亂麻——理不清」。
【頭髮裏找粉刺——吹毛求疵（刺）】
粉刺：痤瘡，皮膚病，通常是圓錐形的小紅疙瘩；疵，「刺」的諧音，小毛病。比喻故意挑剔別人的缺點、錯誤。例別頭髮裏找粉刺——吹毛求疵（刺）了，誰沒有點小毛病，只要不影響工作就行了！
【頭髮冒煙——惱（腦）火】
惱：「腦」的諧音。比喻因不順心而生氣發火。有時指心裏煩悶、不痛快。例這裏的工作條件差極了，什麼都沒有，實驗無法做，眞令人頭髮冒煙——惱（腦）火。

【頭髮上貼膏藥——毛病】
見「鬍子上貼膏藥——毛病」。

【頭髮絲吊大鐘——千鈞一髮】
古時重量單位，一鈞等於十五公斤。比喻極其危險。例在那頭髮絲吊大鐘——千鈞一髮之際，他把孩子從火車軌道上推了出去，才避免了悲劇的發生。也作「**一根頭髮繫磨盤——千鈞一髮**」。參見「千鈞一髮」。

【頭髮絲兒扣算盤——精打細算】
比喻計算得十分精細。例辦集體的事業，也要像操持家務一樣，頭髮絲兒扣算盤——精打細算。也作「**可頭做帽子——精打細算**」。

【頭髮絲上刻仕女圖——入細入微】
仕女圖：以美女爲題材的中國畫。比喻非常細致，連細枝末節都想到了。例幼稚園的老師對孩子們的照料，好比頭髮絲上刻仕女圖——入細入微。

【頭回生，二回熟】
第一次相見彼此陌生，再次相見就成熟人了。例咱們是頭回生，二回熟，你還跟我客氣個什麼勁兒呀。

【頭昏目眩】
見「頭暈眼花」。

【頭昏腦悶】
見「頭昏腦脹」。

【頭昏腦脹】
頭腦發昏脹痛。劉流《烈火金鋼》一三回：「因爲發現了他的閨女，這個事就已經把他弄得頭昏腦脹，不知怎樣才好」。也作「**頭昏腦悶**」。《紅樓夢》九八回：「話說寶玉見了賈政，回至房中，更覺頭昏腦悶，懶怠動彈，連飯也沒吃，便昏沉睡去。」

【頭昏眼暗】
見「頭昏眼花」。

【頭昏眼花】
頭腦發暈，兩眼昏花。例昨晚熬夜讀書，所以我今天一整天都頭昏眼花、腰瘦背痛。也作「**頭昏眼暈**」。《說岳全傳》二五回：「李太師被張保背著飛跑，顛得頭昏眼暈。」也作「**頭昏眼暗**」。《說岳全傳》六九回：「張國乾正跌得頭昏眼暗，扒不起來。」

【頭昏眼暈】
見「頭昏眼花」。

【頭角崢嶸】
崢嶸：顯露、突出。形容青年人才能不凡。元・無名氏《黃鶴樓》三折：「那時頭角崢嶸際，攪海翻江上九天。」也作「**頭角嶄然**」。清・歸莊《陳節婦歸孺人五十壽序》：「諸孫森立……皆已頭角嶄然。」

【頭角嶄然】
見「頭角崢嶸」。

【頭巾氣】
明清時讀書人裹頭用的絲巾、布巾。比喻書生沒有氣度、迂腐。例這傢伙沒有讀書人應有的氣質，渾身頭巾氣，讓人看了眞不舒服。

【頭會箕賦】
見「頭會箕斂」。

【頭會箕斂】
按人頭收稅，用畚箕到處收取所徵穀物。形容賦稅繁苛。宋・陸九淵《與辛幼安書》：「置民於囹圄、械系、鞭棰之間，殘其支體，竭其膏血，頭會箕斂，槌骨瀝髓。」清・魏源《治篇》一一：「甚至圓熟爲才，模稜爲德，畫餅爲文，養癰爲武，頭會箕斂爲富。」也作「**頭會箕賦**」。《淮南子・氾論訓》：「頭會箕賦，輸於少府。」

【頭顱肯使閒中老，祖國寧甘劫後灰】
怎能讓自己的生命在空閒中虛度，哪裏甘心祖國遭受劫難後化爲灰燼。指革命志士不屈不撓，拯國救民的崇高志向。清・秋瑾《柬某君》詩之一：「頭顱肯使閒中老，祖國寧甘劫後灰？無限傷心家國恨，長歌慷慨莫徘徊。」

【頭腦冬烘】
冬烘：糊塗。指人的頭腦不清楚，糊塗。宋・范成大《四時田園雜興・冬日》：「長官頭腦冬烘甚，乞汝青錢買酒回。」

【頭破血出】
見「頭破血流」。

【頭腦發熱】
指憑一時激動，不考慮客觀條件的想法。例經他一番鼓動，我們都有點頭腦發熱，恨不得明天就開工。

【頭破血淋】
見「頭破血流」。

【頭破血流】
指頭被打破，血流滿面。形容傷勢嚴重或遭慘敗。《西遊記》四四回：「照道士臉上一刮，可憐就打得頭破血流身倒地，皮開頸折腦漿傾。」也作「**頭破血出**」。例樓下有小太保在打羣架，個個打得頭破血流。也作「**頭破血淋**」。《醒世恆言》卷三五：「常常打得皮開肉綻，頭破血淋，也再無一點退悔之念，一句怨恨之言。」

【頭齊腳不齊】
謙稱自己做得尚不夠完滿。例這本書是我這兩年心血的結晶，學識所限，難免頭齊腳不齊，還請您不吝指教。

【頭三腳難踢】
比喻事情難在開頭。例做什麼事都一樣，頭三腳難踢，等你慢慢摸清了門道，人也混得熟了，工作就會順手了。

【頭上安電扇——出風頭】
比喻出頭露面以顯示和表現自己。例此人喜好頭上安電扇——出風頭，從不願做埋頭苦幹的工作。也作「**頭上插扇子——出風頭**」、「**頭上安電扇——大出風頭**」。

【頭上安頭】
頭上再安一個頭。比喻多此一舉，不必要的重複。宋・黃庭堅《拙軒頌》：「弄巧成拙，爲蛇畫足。何況頭上安頭，屋下蓋屋。畢竟巧者有餘，拙者不足。」也作「**頭上著頭**」。

【頭上插辣椒——紅到頂了】

見「戴紅纓帽上樹——紅到頂了」。

【頭上穿套褲——上下不得】

套褲：一種只有褲腿的褲子，一般是棉的或夾的，套在褲子外面，使腿部暖和而又不影響行動，也有單的，用來保護褲子。把套褲穿到頭上，上不得下不得。比喻處於尷尬的境地。例對方不僅未追究他的過失，反而以禮相待，這眞讓他頭上穿套褲——上下不得。

【頭上打燈籠——自量（亮）點】

量：「亮」的諧音。比喻對自己的實際本事應有個恰當的估計。例這次領取任務，是自報公議，希望大家頭上打燈籠——自量（亮）點，實事求是，不能過高，也不能過低。

【頭上打一下，腳底板響】

形容人機敏、聰慧。例他這個人，頭上打一下，腳底板響。什麼事情瞞得住別人，可瞞不住他。

【頭上戴襪子——能出腳來了】

比喻人逞能、耍小聰明。含有諷刺意思。例他不懂裝懂，開公司負債累累，被法院傳訊，鄉親們說他這回是頭上戴襪子——能出腳來了。

【頭上頂刀子——豁出去了】

見「打破腦袋叫扇子扇——豁出去了」。

【頭上頂燈籠——高明】

也作「頭上點燈——高明」。見「半天雲裏打燈籠——高明」。

【頭上頂碓窩——老實(石)疙瘩】

碓（ㄉㄨㄟˋ）窩：石臼，舂米器具；實：「石」的諧音。比喻人非常誠實，或過分死心眼。例伍師傅是廠裏有名的頭上頂碓窩——老實（石）疙瘩，你要相信我的話，他絕對不會騙人的。

【頭上掛燈籠——唯我高明】

比喻看不起任何人，唯獨自己比別人强。例他一向自高自大，不虛心向人學習，總是頭上掛燈籠——唯我高明。

【頭上拉屎——欺人太甚】

見「騎著脖子拉屎——欺人太甚」。

【頭上撒蟣子——自找麻煩】

蟣（ㄐㄧˇ）子：蝨子的卵。見「放蚊入帳——自找麻煩」。

【頭上長瘡，腳底流膿——壞透了】

見「冬瓜瓤裏生蛆——壞透了」。

【頭上長禿瘡——頂壞】

禿瘡：〈方〉黃癬。也作「頭上長禿瘡——壞到了頂」、「頭上害瘡——頂壞」。見「腦靈蓋上流膿——頂壞」。

【頭梢自領】

揪著自己的頭髮。比喻自作自受，自討苦吃。元・關漢卿《調風月》三折：「這妮子更敢有四星，把體面妝沉，把頭梢自領。」

【頭疼腦熱】

泛指各種小病。《紅樓夢》五一回：「我那裏就害瘟病了？生怕招了人！我離了這裏，看你們這一輩子都別頭疼腦熱的！」也作「頭痛腦熱」。

【頭疼在腳上下針——白受罪】

比喻吃了苦頭，收不到好的效果。例有病不去醫院卻找巫婆，到頭來病沒醫好，還頭疼在腳上下針——白受罪。

【頭童齒豁】

頭童：老人禿頂。指頭髮脫光，牙齒殘缺。形容衰老的容貌。清・謝章鋌《魏子安墓志銘》：「一年數病，頭童齒豁，而忽遭母夫人之變，形神益復支離。」

【頭痛灸頭，腳痛灸腳】

灸：用燃燒的艾絨薰烤穴位。指哪有病治哪，不究其病根。比喻辦事不認眞，只應付表面問題，不做徹底解決。《朱子語類》卷一一四：「今學者亦多來求病根，某向他說頭痛灸頭，腳痛灸腳，病在這上，只治這上便了，更別求甚病根也。」也作「頭痛醫頭，腳痛醫腳」。例我們解決問題，必須要治本，絕不能只是頭痛醫頭，腳痛醫腳。也作「頭痛醫頭」。例如果一個國家的元首對於國內的問題總是頭痛醫頭，那麼這個國家一定不會壯大强盛。也作「頭痛治頭，足痛治足」。明・張居正《與張心齋計不許東虜款貢》：「語曰：『頭痛治頭，足痛治足』。今虜禍方中於遼，遼以一鎭當全虜之勢，病在足之時矣。不急治之，且將爲一身憂。」

【頭痛醫腳——不對路數】

見「大腿上把脈——不對路數」。

【頭痛醫頭】

見「頭痛灸頭，腳痛灸腳」。

【頭痛醫頭，腳痛醫腳】

見「頭痛灸頭，腳痛灸腳」。

【頭痛醫頭，腳痛醫腳——將就著過】

見「兩口子不稱心——將就著過」。

【頭痛治頭，足痛治足】

見「頭痛灸頭，腳痛灸腳」。

【頭頭是道】

形容人辦事、說話有條不紊。清・嘿生《玉佛緣》七回：「過了些時，果然同著姜治初來，談起風水，頭頭是道，道宗很爲拜服。」

【頭眩目昏】

見「頭暈眼花」。

【頭眩眼花】

見「頭暈眼花」。

【頭雁中彈——亂了羣】

比喻組織渙散、沒有秩序。例這裏長期無領導，就像頭雁中彈——亂了羣，想幹啥就幹啥。也作「無王的蜜蜂——亂了羣」、「一窩沒王的蜂——亂飛開了」。

【頭癢搔跟】

頭頂癢搔腳跟。比喻於事無益的作法。漢・焦延壽《易林・蹇之革》：「頭癢搔跟，無益於疾。」

【頭一炮】

比喻首先發言或行動。例這次全年總結大會，讓我放頭一炮怎麼樣？

【頭暈目眩】
見「頭暈眼花」。

【頭暈眼花】
頭腦發暈，眼睛昏花。《野叟曝言》八七回：「方才外邊的人，也都有些頭暈眼花，聞了香氣，就清爽了許多。」也作「**頭暈眼昏**」。《說岳全傳》二回：「在水面上團團轉轉，自然頭暈眼昏，故此問而不答。」也作「**頭眩眼花**」。《孽海花》九回：「彩雲還是初次來坐船，雖不顛簸，終覺頭眩眼花，終日的困臥。」也作「**頭暈目眩**」。《紅樓夢》六回：「滿屋裏的東西都是耀眼爭光，使人頭暈目眩。」也作「**頭眩目昏**」。明·袁宏道《與曹以新、王百谷書》：「連日頭眩目昏，嘔血數斗，恐遂不能起。」也作「**頭昏目眩**」。《武松演義》八回：「王婆早嚇得頭昏目眩，神志不清，沒有聽見。」

【頭暈眼昏】
見「頭暈眼花」。

【頭長疔瘡，腳爛趾頭——兩頭不落一頭】
疔瘡：中醫指病理變化急驟並有全身症狀的惡性小瘡。見「瘌痢頭長腳癬——兩頭不落一頭」。

【頭枕元寶——守財奴】
元寶：舊時較大的金銀錠，兩頭翹起，中間凹下，一般銀元寶重五十兩，金元寶重五兩或十兩。比喻錢財多而又吝嗇的人。例他是頭枕元寶——守財奴，要他買金融債券支援經濟建設，他才不樂意哩！除非太陽打西邊出來。

【頭重腳輕】
頭發脹，腿腳無力，難以支撐身體。《喻世明言》卷四〇：「那些事出於無奈，悶著氣，一連幾口吸盡。不吃也罷，才吃下時，覺得天在下，地在上，牆壁都團團轉動，頭重腳輕，站立不住。」也比喻各部位不協調，輕重倒置，基礎不牢。例這個建築造型給人一種頭重腳輕的感覺，最好能修改一下。

【頭足異處】
頭腳各在一處。指人被殺頭。《史記·淮陰侯傳》：「殺成安君泜水之南，頭足異處。」也作「**頭足異所**」。漢·劉向《說苑·雜言》：「四子身死牧之野，頭足異所。」也作「**首足異處**」。例古代斬首犯人的刑場上，到處是首足異處的景象，看了令人不寒而慄。

【頭足異所】
見「頭足異處」。

【投筆從戎】
投：扔掉；從戎：從軍。指棄文就武。《後漢書·班超傳》載：「班超家貧，常爲官府抄寫來維持生活，曾扔掉筆嘆息說：『大丈夫無它志略，猶當效傅介子、張騫立功異域，以取封侯，安能久事筆研間乎？』」唐·陳子昂《爲金吾將軍陳令英請免官表》：「始年十八，投筆從戎。」《孽海花》二五回：「你道鈺齋爲何安安穩穩的撫台不要做，要自告奮勇去打仗呢？雖出於書生投筆從戎的素志，然在發端的時候，還有一段小小的考古軼史。」

【投畀豺虎】
投：扔給；畀：ㄅㄧˋ，給予。扔給豺狼老虎。表示對壞人的憎恨。《詩經·小雅·巷伯》：「取彼譖人，投畀豺虎。」也作「**投之豺虎**」。宋·陳亮《祭何茂恭文》：「要不能無遺憾於死生，安得取而投之豺虎。」

【投畀有北】
北：北方，寒冷荒涼之地。把人放逐到寒冷荒涼的不毛之地。《詩經·小雅·巷伯》：「豺虎不食，投畀有北。」

【投鞭斷流】
把馬鞭扔入江中可以切斷水流。形容兵馬多，力量強大。《晉書·苻堅載記下》載：苻堅帶兵攻打東晉，渡江時驕傲地說：「以吾之衆旅，投鞭於江，足斷其流。」清·多爾袞《致史可法書》：「將謂天塹不能飛渡，投鞭不足斷流耶？」

【投膏止火】
膏：油脂。用油去滅火。指措施不當，結果更壞。《新五代史·唐書·安重誨傳》：「輕信韓玫之譖，而絕錢鏐之臣；徒陷彥溫於死，而不能去潞王之患……四方騷然，師旅並興，如投膏止火，適足速之。此所謂獨見之慮，禍釁所生也。」

【投戈講藝】
藝：六藝，儒家經典著作。指在軍旅生活中不忘學習。漢·樊准《上疏請興儒學》：「光武皇帝受命中興……東西誅戰，不遑啟處，猶然投戈講藝，息馬論道。」

【投河奔井】
投河跳井，即指自殺。元·武漢臣《玉壺春》三折：「動不動神頭鬼臉，投河奔井，拽巷邏街，張舌騙口，花言巧語，指皂爲白。」

【投河覓井】
指尋死覓活，用死嚇人。例阿姨每次和姨父吵架後，都大哭大鬧的要投河覓井。

【投機倒把】
指利用時機，非法轉手倒賣，以牟取暴利。例對於那些有走私販私、投機倒把、行賄受賄行爲的幹部和職工，都應該在清查事實的基礎上，依法予以懲處。

【投機取巧】
利用時機要手段，謀求個人私利。例做科學研究要踏踏實實，刻苦鑽研，任何投機取巧的行爲都要不得。

【投井下石】
見「投阱下石」。

【投阱下石】
投入井裏又扔下石頭。比喻乘人之危加以陷害。《後漢通俗演義》三〇回：「宋揚削職歸里，最可恨的是郡縣有司，投阱下石，更將揚砌入罪案，捕繫獄中。」也作「**投井下石**」。例你做人做事不能投阱下石，毫無良心可言。也作「**投石下井**」。魯迅《論「費厄潑賴」應該緩行》：「他日復來，仍舊先咬老實人開手，『投石下井』，無所不爲，尋起原因來，一部分就正因爲老實人不『打落水狗』之故。」

【投口味】

見「投脾味」。

【投袂而起】

袂：ㄇㄟˋ，袖子。指揮袖而起。形容決心奮發的樣子。《左傳・宣公十四年》：「楚子聞之，投袂而起。」《孽海花》二五回：「如果日本和我們眞的開釁，我只有投袂而起，效死疆場。」

【投袂荷戈】

荷：扛；戈：兵器。揮袖而起，扛起武器，爲國效命。《梁書・元帝紀》：「幕府據有上流，實惟分陝，投袂荷戈，志在畢命。」也作「**投袂援戈**」。《梁書・武帝紀》：「獨夫醜縱，方煽京邑。投袂援戈，克弭多難。」

【投袂援戈】

見「投袂荷戈」。

【投木報瓊】

木：木瓜；瓊：美玉。投以木瓜，回報以美玉。原指男女相愛互贈禮品，後引申爲用重禮回報或酬謝別人的深情厚意。《詩經・衛風・木瓜》：「投我以木瓜，報之以瓊琚；匪報也，永以爲好也。」宋・尤袤《全唐詩話・張說》：「移公於荊府，積漸至相，由蘇得也。今蘇屈居益部，公坐廟堂，投木報瓊，義將安在？」

【投脾味】

指興趣、愛好、脾氣相投合。例他跟表哥最投脾味，湊在一起有說不完的話。也作「**投口味**」。例幾個投口味的人一起工作，效率就是高。

【投其所好】

投：迎合。迎合別人的愛好。《初刻拍案驚奇》卷一八：「富翁見說是丹術，一發投其所好。」《歧路燈》九九回：「取出書目一册，割裁就的紅箋寸厚一疊，放在桌面。這[譚]簣初投其所好，按册寫箋。」

【投親不如訪友，訪友不如下店】

投靠親戚不如拜訪朋友，拜訪朋友不如住宿客店。指人情淡薄。例窮酸如我，誰人待見。俗話說：投親不如訪友，訪友不如下店。此次遠行，我是決計直來直往，誰也不見。

【投親靠友】

指投靠親戚、朋友來解決目前困難。例因一場大病，被老板辭退了，只得投親靠友，勉强度日。

【投山竄海】

山、海：指邊遠荒涼地區；竄：放逐。將有罪之人放逐到邊遠荒涼的不毛之地。唐・李白《上安州裴長史書》：「若使事得其實，罪當其身，則將浴蘭沐芳，自屛於烹鮮之地，惟君侯死生！不然，投山竄海，轉死溝壑，豈能明目張膽，託書自陳耶？」

【投石問路——探探深淺】

比喻設法探明情況，以便心中有數。例敵軍尙未做好進攻的準備，眼前的炮擊，不過是投石問路——探探深淺罷了，不要理睬。也作「**投石問路——試試深淺**」、「**投石下河——探探深淺**」。

【投石下井】

見「投阱下石」。

【投鼠忌器】

忌：顧忌。拿東西投擲老鼠，又顧忌砸壞旁邊的器具。比喻做事有顧慮，不敢放手做。《漢書・賈誼傳》：「俚諺曰：『欲投鼠而忌器。』此善諭也。鼠近於器，尙憚不投，恐傷其器，況於貴臣之近主乎。」《隋唐演義》四五回：「李密先時也見樊、唐二人在須陀身邊，有個投鼠忌器之意，故不傳令放箭。」也作「**投鼠之忌**」。明・沈德符《萬曆野獲編・今上家法》：「聞上初見彈呂疏，聖意甚不懌，特以貴妃故，有投鼠之忌。」也作「**擲鼠忌器**」。

【投鼠之忌】

見「投鼠忌器」。

【投梭折齒】

用織布梭投擲他人，打斷對方牙齒。《晉書・謝鯤傳》：「鄰家高氏女有美色，鯤嘗挑之，女投梭，折其兩齒。時人爲之語曰：『任達不已，幼輿折齒。』」後以「投梭折齒」指女人嚴拒男人的引誘挑逗。清・陳澧《東塾讀書記・詩》：「唯《靜女》篇則眞難解其言。此女俟我於城隅，又貽我以物，我悅其美。若稱譽賢女，豈容作此等語，必至投梭折齒矣。」也作「**投梭之拒**」。《太平廣記》卷四八引元稹《鶯鶯傳》：「君子有援琴之挑，鄙人無投梭之拒。」

【投梭之拒】

見「投梭折齒」。

【投桃報李】

投之以桃，報之以李。指朋友之間的相互贈答。《詩經・大雅・抑》：「投我以桃，報之以李。」《野叟曝言》三九回：「投桃報李，雖怪不得大姐姐，然作此隱語，未免過於深刻。」康有爲《大同書》辛部：「夫投桃報李，欠債償錢，此爲公理之至，無可逃於天地之間也。」

【投桃報李——禮尚往來】

尙：注重，尊崇。給我桃子，回報李子。比喻在禮節上注重有來有往。有時指行爲對待。例我們對鄰居的回訪，當然是尊從投桃報李——禮尚往來的老規矩辦事。

【投桃之報】

指給對方以適當的報答。《鏡花緣》三九回：「王兄如將韻學賜教，小弟定贈美號，以爲『投桃之報』。」參見「投桃報李」。

【投隙抵巇】
巇：ㄒㄧ，縫隙。指故意挑剔、尋找毛病。宋・李光《與張德遠書》：「懷不能已，時時妄言，投隙抵巇者，因肆無根，雖一時宴譚嬉笑之語，無不聞者，自度禍至無日矣。」

【投閒置散】
安放在不重要的位置上，使之閒散。指不被重用。唐・韓愈《進學解》：「動而得謗，名亦隨之，投閒置散，乃分之宜。」也作「投置閒散」。例陳文章因工作態度欠佳，被公司投閒置散的調到南部分公司。

【投之豺虎】
見「投畀豺虎」。

【投之亡地然後存，陷之死地然後生】
把軍隊置於危亡之地，然後能夠得到保存；使軍隊處於必死的境地，然後能夠得到生存。指軍隊在危險而無退路的處境中，往往能殊死戰鬥，贏得勝利。《孫子・九地》：「投之亡地然後存，陷之死地然後生。」

【投置閒散】
見「投閒置散」。

【投杼市虎】
杼：ㄓㄨˋ，織布梭子。投杼：指曾參之母多次聽到兒子殺人的謠言後，因懼怕而扔掉梭子逃走。見《戰國策・秦策二》。市虎：《戰國策・魏策二》：「夫市之無虎明矣，然而三人言而成虎。」指市上本沒虎，說的人多了便也成了眞的。比喻流言誹謗說的人多了，也會使人信以爲眞。南朝宋・臧質《舉兵上表》：「陛下垂慈狎達，不稍懷疑，遂令負扆席圖，蔽於流議，投杼市虎，成於十夫。」

【投杼之惑】
見「投杼之疑」。

【投杼之疑】
投杼（ㄓㄨˋ）：指春秋曾參之母誤聽兒子殺人謠言而逃跑的故事。見《戰國策・秦策二》。後指謠言多次重複，也可以動搖人的信念，令人產生疑惑。《周書・唐瑾傳》：「孤知此人來二十許年，明其不以利干義。向若不令檢視，恐常人有投杼之疑，所以益明之耳。」也作「投杼之惑」。《梁書・侯景傳》：「當是不逞之人，曲爲口端之說，遂懷市虎之疑，乃致投杼之惑耳。」參見「投杼市虎」。

【投傳而去】
投傳（ㄓㄨㄢˋ）：丟棄符信、憑證。指辭官而去。《後漢書・陳蕃傳》：「以諫爭不合，投傳而去。」《晉書・劉毅傳》：「毅曰：『既能攫獸，又能殺鼠，何損於犬！』投傳而去。」

ㄊㄡˋ

【透古通今】
博古通今，貫通古今。元・王吉昌《行香子・木金間隔》：「杳冥時，蹤跡難尋。無中顯有，透古通今。」

【透骨酸心】
辛酸苦楚已經銘心刻骨。形容無限悲傷。《兒女英雄傳》五回：「她自己心中，又有一腔的彌天恨事，透骨酸心。」

【透過窗縫看落日——一線希（西）望】
希：「西」的諧音。形容希望極其微小；或希望雖小，但並非絕望。例這次高考你不要盲目樂觀，最多只是透過窗縫看落日——一線希（西）望而已。」

ㄊㄢ

【貪財好賄】
貪圖財利，好受賄賂。元・關漢卿《裴度還帶》四折：「差小官體察民情，因傅彬貪財好賄，犯刑憲負累忠臣。」

【貪財好色】
不知滿足地追求財物和女色。《漢書・高帝紀》：「亞父范增說羽曰：『沛公居山東時，貪財好色，今聞其入關，珍物無所取，婦女無所幸，此其志不小。』」《雲笈七籤》卷三九：「諸男女祭酒，托老君尊位，貪財好色，擅色自用，更相是非，各謂我心正，言彼非眞。」也作「貪財戀色」。元・楊景賢《劉行首》一：「走骨行屍，貪財戀色，枉消年月。」

【貪財戀色】
見「貪財好色」。

【貪財慕勢】
貪圖財利，極力奉承有權勢的人。漢・荀悅《漢紀・元帝紀》：「今俗更致治不奉禮讓而尙苛暴，貪財而慕勢，故犯法者衆，奸邪不止。」

【貪吃不留種——顧前不顧後】
也作「貪吃不留種——過了今天，不要明天」。見「光屁股穿圍裙——顧前不顧後」。

【貪吃的魚兒易上鈎】
比喩愛貪便宜的人容易上當受騙。例騙子騙人，往往是投其所好；被騙的人，也往往被眼前的好處迷了心竅，失去了警惕。俗話說：「貪吃的魚兒易上鈎」，正是這個道理。

【貪吃懶做】
好吃不愛工作。大牛每天貪吃懶做，眞不像是一個充滿朝氣的年輕人。

【貪大求全】
一味追求大而齊全的規模。例辦企業不能貪大求全，否則，就會造成人力、物力的浪費。

【貪大求洋】
不從自己的實際情況出發，一味追求規模大，仿效外國的作法。例我們必須在現有的基礎上對技術、設備進行改造，不能一味貪大求洋。

【貪得無厭】
見「貪婪無厭」。

【貪多嚼不爛】
一味追求多得，不能眞正理解和運

用。《紅樓夢》九回：「雖說是奮志要强，那功課寧可少些：一則貪多嚼不爛，二則身子也要保重。」

【貪多務得】

務：務必。最大限度地求多，並務必取得。原指學習上務求獲得更多的知識。後也指貪得無厭。唐·韓愈《進學解》：「貪多務得，細大不捐。」也作「**貪多務廣**」。宋·朱熹《行宮便殿奏札二》：「其好之者，又不免乎貪多而務廣。」

【貪多務得，細大不捐】

見「貪多務得」。

【貪多務廣】

見「貪多務得」。

【貪而無信】

貪婪又不守信用。漢·應劭《鮮卑胡市議》：「以爲鮮卑隔在漢北，犬羊爲羣，無君長帥廬落之居，又其天性貪而無信。」

【貪夫徇財】

徇：同「殉」，爲某種目的而死。貪財之人爲財而死。《後漢書·蔡邕傳》：「狂淫振蕩，乃亂其情。貪夫徇財，誇者死權。」

【貪功起釁】

釁：ㄒㄧㄣˋ，爭端，釁端。爲貪圖功績而挑起爭端。《清史稿·屬國三·緬甸》：「鄂寧復奏應琚貪功起釁，爲朱侖等諱飾，又不令湯聘、傅靈安與聞邊務，及隱沒游擊班第、守備江紀陣亡各狀。」

【貪官蠹役】

蠹：蛀蟲。貪圖財利、侵吞別人財物的官吏。《清史稿·朱之弼傳》：「又言：『世祖嚴治貪官蠹役，特立嚴法，如非官役不用此例。』」

【貪官污吏】

污：不廉潔。利用職權非法取得財物的官吏。元·無名氏《鴛鴦被》四折：「一應貪官污吏，准許先斬後聞。」

【貪花戀酒】

沉溺酒色，不能自拔。元·喬孟符《揚州夢》四折：「某奉聖人的命，因牧之貪花戀酒，本當謫罰，姑念他才識過人，不拘細行，赦其罪責。」

【貪賄無藝】

賄：財物；藝：度、準則。無止境地搜刮人民財物。例土匪占山爲王，貪賄無藝，四處騷擾，老百姓對其深惡痛絕，一致要求政府徹底清剿，保護人民生命財產的安全。

【貪酒溺腳跟】

溺：淹沒。貪酒喝，讓酒淹沒了腳跟。形容酗酒過度。例你錢沒掙多少，全扔在酒缸裏了。你貪酒溺腳跟，一輩子也沒什麼出息。

【貪婪鬼赴宴——貪吃貪喝】

貪婪鬼：對貪得無厭的人的鄙稱。形容嘴饞而貪，吃喝無度。例他自從當了官之後，就像貪婪鬼赴宴——貪吃貪喝，根本不考慮老百姓的疾苦。

【貪婪無厭】

厭：同「饜」，滿足。貪心永不滿足。《左傳·昭公二十八年》：「貪婪無厭，忿纇無期。」宋·蘇軾《梁工說》：「工曰：『治其訣，更增益劑量，其貪婪無厭。』」也作「**貪求無厭**」。《雲笈七籤》卷四〇：「第七戒者，不得貪求無厭，積財不散，當行節儉，惠恤貧窮。」也作「**貪求無已**」。《剪燈新話·唐義士傳》：「僧曰：『迺楊總統，勢焰薰赫，貪求無已。』」也作「**貪得無厭**」。《鏡花緣》七八回：「你左一個雙杯，右一個雙杯，都教人吃了，此刻又教人說笑話，竟是得隴望蜀，貪得無厭了。」

【貪吏猾胥】

猾：ㄏㄨㄚˊ，狡詐；胥：ㄒㄩ，小官吏。貪財狡猾奸詐的小官吏。宋·蘇軾《辯試館職策問札子》之二：「先帝本意使民產率出錢專力於農，雖有貪吏猾胥，無所施其虐。」

【貪戾無厭】

貪婪之心大到不可滿足的程度。《史記·秦始皇本紀》：「六國回辟，貪戾無厭，虐殺不已。」

【貪冒榮寵】

貪圖榮耀和寵愛。唐·陳子昂《爲程處弼辭放流表》：「任經十有三年，竟無一階升錄，臣之駑劣於此可見。而貪冒榮寵，尚不知歸。」也作「**貪榮冒寵**」。《五燈會元·四祖大醫禪師旁出法嗣第一世》：「二人聞師隱遁，乃共入山尋之。既見，因謂師曰：『郎將狂邪，何爲住此？』師曰：「我狂欲醒，君狂正發。夫嗜色淫聲，貪冒榮寵，流轉生死，何由自出！』二人感悟嘆息而去。」

【貪昧無厭】

貪圖財物，不知滿足。《資治通鑑·晉海西公太和四年》：「是時太后可足渾氏侵橈國政，太傅評貪昧無厭，貨賂上流，官非才舉，羣下怨憤。」

【貪名圖利】

見「貪名逐利」。

【貪名逐利】

貪圖名位，追逐私利。明·高則誠《琵琶記·旌表》：「老夫當初也只道你貪名逐利，撇了父母妻室，不肯還家。」也作「**貪名圖利**」。明·徐元《八義記·嬰投杵臼》：「貪名圖利世間人，不修因果恁痴心。」

【貪墨敗度】

度：法度。貪污敗壞法度。《宋史·景素、王信等傳論》：「田敏屢有戰功，而貪墨敗度，幸容於時。」

【貪墨之風】

貪墨：貪污。貪污的風氣。《明史·趙錦傳》：「羣臣憚陰中之禍，而忠言不敢直陳；四方習貪墨之風，而閭閻日似愁困。」

【貪求無厭】

見「貪婪無厭」。

【貪求無已】

見「貪婪無厭」。

【貪權慕祿】

見「貪位慕祿」。

【貪權竊柄】

貪圖權勢，竊據權位。唐·陸贄《奉天論延訪朝臣表》：「侈心一萌，邪道並進。貪權竊柄者則曰：『德如堯舜矣，焉用勞神？』」

【貪人敗類】

敗：毀壞；類：族。貪官污吏當政會危及國家安全、民族利益。《詩經·大雅·桑柔》：「大風有隧，貪人敗類。」

【貪榮冒寵】

見「貪冒榮寵」。

【貪榮慕利】

貪戀榮耀與財利。《周書·柳帶韋傳》：「夫顧親戚，懼誅夷，貪榮慕利，此生人常也。」

【貪生害義】

為貪戀生存而使道義受到危害。明·王世貞《鳴鳳記·燈前修本》：「貪生害義，即非烈丈夫；殺身成仁，才是奇男子。」

【貪生怕死】

見「貪生畏死」。

【貪生舍義】

為了活命而放棄正義。《野叟曝言》六四回：「臨難苟免，貪生舍義，在國為亂臣，即在家為逆子，此知孝而不知忠之弊也。」

【貪生畏死】

貪戀生存，懼怕死亡。《漢書·文三王傳》：「今立自知賊殺中郎曹將，冬月迫促，貪生畏死，即詐僵僕陽病，僥幸得逾於須臾。」也作「貪生怕死」。元·李壽卿《伍員吹簫》三折：「原來你這般貪生怕死無仁義。」也作「畏死貪生」。

【貪生惡死】

貪戀生存，厭惡死亡。《漢書·司馬遷傳》：「夫人情莫不貪生惡死，念親戚，顧妻子，至激於義理者不然，乃有不得已也。」明·焦竑《玉堂叢語·行誼》：「公曰：『貪生惡死，固人常情，然吾終不為不義屈。』」

【貪聲逐色】

貪戀歌舞，追逐女色。《敦煌變文集·父母恩重經講經文》：「始從懷妊至嬰孩，長得身軀六尺才；棄德背恩行不孝，貪聲逐色縱心懷。」

【貪天之功】

貪求上天所成就的功業。指將別人的功績據為己有。《左傳·僖公二十四年》：「竊人之財，猶謂之盜，況貪天之功，以為己力乎！」《水滸後傳》三四回：「李俊道：小可本是潯陽江上一個漁戶……討暹羅之難，全是眾位之力，豈敢貪天之功，遂爾僭妄！」

【貪猥無厭】

猥：ㄨㄟˇ，多。貪心不足。《太平廣記》卷三二九引《朝野僉載·夏文榮》：「又蘇州喜興令楊廷玉，則天之表姪也，貪猥無厭。」

【貪位慕祿】

貪圖高官厚祿。明·李贄《焚書·答鄧明府》：「而所以詔學者，則心曰專志道德，無求功名，不可貪位慕祿也，不可患得患失也。」《隋唐演義》八七回：「這位貪位慕祿趨炎附勢之徒，奔走其門如市。」也作「貪權慕祿」。《楊家將演義》四三回：「且今日來代領印，出自聖裁，豈我貪權慕祿，而奪汝之兵柄耶！」

【貪位取容】

貪圖官位，奉迎上司。清·洪昇《長生殿·獻飯》：「不料姚、宋亡後，滿朝臣宰，一味貪位取容。」

【貪污腐化】

利用職權竊據公家財物，接受賄賂，追求享受。例自私自利，消極怠工，以至貪污腐化的生活，必須克服與排除。

【貪賢敬老】

訪求賢者，敬重老人。唐·韓愈《論孔戣致仕狀》：「伏以祿秩，不聽其去，以明人君貪賢敬老之道也。」

【貪小失大】

因為貪圖小利而失掉更多的好處。《呂氏春秋·權勳》：「達子又帥其餘卒，以軍於秦國，無以賞，使人請金於齊王。齊王怒曰：『若殘豎子之類，惡能給若金。』與燕人戰，大敗，達子死。齊王走莒。燕人逐北入國，相與爭金於美唐甚多。此貪於小利以失大利者也。」《初刻拍案驚奇》卷一六：「這叫做『貪小失大』，所以為人切不可做那討便宜、苟且之事！」

【貪心不足】

貪心太重，永不滿足。《三國演義》一五回：「汝貪心不足！既得吳郡，而又強併吾界！今日特興嚴氏雪仇！」《兒女英雄傳》三九回：「一個人活到九十歲了，要還有這些忌諱，那就叫貪心不足，不知好歹了。」也作「貪心無厭」。《全相秦併六國平話》：「始皇貪心無厭，謀合併一統。」

【貪心妄想】

貪得的欲望無法實現。《羣音類選〈升仙記·設計害愈〉》：「我看你人生在世不久長，貪心妄想何時用。」

【貪心無厭】

見「貪心不足」。

【貪欲無藝】

欲：欲望。形容貪心太大，永不滿足。《國語·晉語八》：「及桓子，驕泰奢侈，貪欲無藝，略則行志，假貸居賄，宜及於難。」

【貪贓壞法】

貪污受賄，踐踏法律。元·無名氏《陳州糶米》二折：「自從劉衙內舉保他那兩個孩兒去陳州開倉糶米，誰想那兩個到的陳州，貪贓壞法，飲酒非為。」

【貪贓枉法】

指執法者或官吏貪污受賄，使法律受到歪曲和破壞。《黃繡球》二八回：「偏是換了這豬大腸，不道是政簡刑清，正好修明禮教，只嫌尋不出貪贓枉法的錢，刮不出什麼地皮，鎮日價愁眉苦臉，盤算法門。」

【攤份子】
指集體送禮時各人分攤出錢。例老黃遠道而來，咱們攤份子爲他洗塵。
【灘頭石——任踏任撞】
任：任憑，聽憑。比喻隨人處置。含有身不由己或不顧及什麼的意思。例在共產社會，窮人就像灘頭石——任踏任撞，沒有自己的權利和自由。
【癱子掉進爛泥塘——不能自拔】
癱子：癱瘓的人。雙關語，比喻自己無法擺脫困境。例他在錯誤的道路上越滑越遠，就像癱子掉進爛泥塘——不能自拔，幸虧朋友們的幫助，才沒遭到毀滅的危險。
【癱子跌下井——撈起來也是坐】
癱子：癱瘓的人。比喻反正都一樣。有時含有不值得、白費力氣的意思。例事情已辦成這樣，癱子跌下井——撈起來也是坐，即使挽回，對全局也無濟於事。也作「癱子掉在井裏——撈起也是坐」。
【癱子截路——坐著喊】
見「跛子打圍——坐著喊」。
【癱子請客——坐等】
見「老漁翁釣魚——坐等」。
【癱子挑水——擔當不起】
見「八個麻雀抬轎——擔當不起」。
【癱子遇到賊打劫——坐著喊】
見「跛子打圍——坐著喊」。

ㄊㄢˊ

【罈口好封，人口難封】
謂想要壓制公衆輿論是很難辦到的。例你能做得出來，難道還怕別人說嗎？罈口好封，人口難封，你想讓別人不說也辦不到。
【罈子裏的松花蛋——變了】
比喻和原來不同了。例這孩子上大學後，就像罈子裏的松花蛋——變了，比從前懂事多了。
【罈子裏的烏龜——等著挨抓】
比喻束手就擒，沒有自衛反抗能力。例聽說侵略軍快到了，村民們不願成爲罈子裏的烏龜——等著挨抓，志願武裝起來，組成了義勇抗敵隊伍。
【罈子裏頭栽花——冤屈（圓曲）死了】
冤屈：「圓曲」的諧音。比喻受到極不公正的待遇，非常冤枉。例你們認爲這件壞事是他幹的，眞是罈子裏頭栽花——冤屈（圓曲）死了他。
【罈子裏餵豬——一個個來】
見「江邊洗蘿蔔——一個個來」。
【罈子裏種豆子——扎不下根】
見「牆上栽葱——扎不下根」。
【罈子裏捉烏龜——手到擒來】
比喻輕而易舉，毫不費力就可以得到或辦到。例這種事，對他來說，是小事一樁，就像罈子裏捉烏龜——手到擒來。也作「甕中捉鱉——手到擒來」、「罈中取蛋——手到擒來」、「鍋子裏捉烏龜——伸手即得」、「鐵爪子捉木雞——手到擒來」、「算子上抓窩窩——手到擒來」、「藥鋪裏的甘草——一抓就到」、「竹簍裏捉螃蟹——手到擒來」、「拿著鑽子要眼兒——手到擒來」。
【曇花一現】
比喻某些事物或人一現即逝，存在時間很短。呂叔湘《辭書工作的艱苦和愉悅》：「詞典的工作大有可爲，誇大一點說，是不朽的事業，我看一般的著作其中多數是曇花一現，不再版了。」
【談辭如雲】
形容說話時滔滔不絕。《後漢書・符融書》：「幅巾奮袖，談辭如雲。」注：「如雲者奔踴而出也。」
【談霏玉屑】
形容說話時言辭動聽、美妙，像玉屑一樣飄灑。清・金埴《不下帶編》一・二四節：「家遇佳客詣門，必延入齋中，談霏玉屑，多及宵深。」
【談古論今】
談論古今人事，形容談話的內容極廣泛。巴金《談我的散文》：「連知識也說不上，哪裏還有資格談古論今！」也作「談今論古」。《西遊記》一九回：「卻說三藏與諸老談今論古，一夜無眠。」也作「談今說古」。馮玉祥《我的生活》三一章：「他在和田維勤……談今說古，沒有完結。」
【談何容易】
原指向君子進言是不容易的事情。後表示事情說起來容易，做起來卻很難。漢・焦延壽《易林》：「朽與瘦駟，不任御轡，君子服之，談何容易？」也作「譚何容易」。清・錢泳《履園叢話・臆論・五福》：「蓋做一富人，譚何容易，必至殫心極慮者數十年。」
【談虎變色】
比喻一提到身受其害的事情就精神緊張、臉色大變。宋・程顥、程頤《二程全書・遺書》二上：「眞知與常知異。嘗見一田夫曾被虎傷，有人說虎傷人，衆莫不驚，獨田夫色動異於衆。」元・王炎午《吾汶稿・祭御史蕭崖》「談虎變色，公亦流涕。」也作「譚虎色變」。明・歸有光《論三區賦役水利書》：「田土荒萊，居民逃竄，歲逋日積，十數年來，官於茲土者，未嘗不深以爲憂，而不能爲吾民終歲之計。明侯戚然於此，下詢蒭蕘。有光生長窮鄉，譚虎色變，安能默然而已。」
【談今論古】
見「談古論今」。
【談今說古】
見「談古論今」。
【談經說法】
講解佛法。《古今小說》卷三〇：「任憑佛印談經說法，只得悉心聽受；若不聽受時，佛印就發惱起來。」
【談空說有】
比喻漫無邊際地閒聊。宋・蘇軾《寄吳德仁兼簡陳季常》詩：「龍丘居士亦可憐，談空說有夜不眠。」

【談論風生】
見「談笑風生」。
【談山海經】
山海經：我國古代一本記載民間傳說、神話故事以及地理知識的書。比喻天南地北、漫無邊際的閒談。例夏天傍晚，我最愛到村前老槐樹下聽老先生們談山海經了。
【談天論地】
見「談天說地」。
【談天說地】
漫無邊際地閒聊。元・楊梓《豫讓吞炭》四折：「此時人物也是個英雄，豪氣貫長虹。往常時談天說地語如鍾，我只爲咱主公做啞裝聾。」也作「談天論地」。元・無名氏《符金錠》二折：「俺門中來有三千客，出來的談天論地胸卷江淮。」也作「譚天說地」。《醒世恆言》卷七：「錢青見那先生學問平常，故意譚天說地，講古論今，驚得先生一字俱無，連稱道：『奇才！奇才！』」
【談吐風生】
見「談笑風生」。
【談吐如流】
形容說話自然通暢、滔滔不絕。《二刻拍案驚奇》卷一一：「焦大郎安排晚飯與滿生同吃。滿生一席之間談吐如流，更加酒興豪邁，痛飲不醉，大郎一發投機，以爲相見之晚。」
【談笑風生】
形容談話時有說有笑，興致極高而風趣。宋・辛棄疾《念奴嬌・贈夏成玉》詞：「遐想後日蛾眉，兩山橫黛，談笑風生頰。」《野叟曝言》一〇回：「一路觥籌交錯，談笑風生，直到姑蘇關上，方才過船別去。」成仿吾《長征回憶錄》三：「這時談笑風生，有的人又唱起興國山歌來。」也作「談吐風生」。例和他聊過天之後，我已深深的被他談吐風生、學問淵博的氣質所吸引。也作「談論風生」。《聊齋志異・青鳳》：「生素豪，談論風生，孝兒亦倜儻；傾吐間，雅相愛悅。生二十一，長孝兒二歲，因弟之。」
【談笑封侯】
形容很容易就獲得顯赫官位。唐・杜甫《復愁》詩：「閭閻聽小子，談笑覓封侯。」
【談笑有鴻儒】
指往來言談笑語的都是學識淵博的人。《歧路燈》三八回：「今日談笑有鴻儒，正該叫小徒在此虛心聆教才是。」
【談笑自如】
說笑自然。多指在特殊情況下說笑自然，不改變常態。《明史・喬宇傳》：「未幾，寧王宸濠反，揚言旦夕下南京。宇嚴爲警備，而談笑自如。」也作「談笑自若」。《三國志・吳書・甘寧傳》：「城中士衆皆懼，唯寧談笑自若。」
【談笑自若】
見「談笑自如」。
【談心不點燈——說黑話】
見「洞中聊天——說黑說」。
【談言微中】
指說話委婉曲折，而又切中要害。《史記・滑稽列傳》：「太史公曰：天道恢恢，豈不大哉；談言微中，亦可以解紛。」《儒林外史》一〇：「牛布衣又說起：范學台幕中查一童生卷子，尊公說出何景明的一段話，眞乃『談言微中，名士風流』。」
【痰迷心竅】
形容神志不清或精神失常。《官場現形記》二九回：「他這個道台，雖然是特旨，是記名，在京裏一等等了兩年多沒有得缺，心上一氣，於是又變爲滿腹牢騷，平時同人談天，不是罵軍機，就是罵督撫。大衆聽了，都說他是痰迷心竅。」
【痰盂當湯盆——擺不上桌】
見「狗肉——上不了案板」。
【譚何容易】
見「談何容易」。
【譚虎色變】
見「談虎色變」。
【譚天說地】
見「談天說地」。
【潭水情深】
義同「桃花潭水」。淸・王韜生《海陬冶游錄・續錄・上》：「嗟乎，揚州夢覺，翻留薄幸之人；潭水情深，誰識炎涼之態？」
【彈（談）不到一根弦上】
彈：「談」的諧音。比喻說不到一起，無共同語言。例不要再說了，反正話再多也彈（談）不到一根弦上。
【彈冠相慶】
彈冠：彈去帽子上的塵土。《漢書・王吉傳》：「吉與貢禹爲友，世稱『王陽在位，貢公彈冠』言其取舍同也。」原指王陽出仕，貢禹也準備當官了。後指因一人將爲官，其同伙也相互慶賀有官可做。多含貶義。宋・蘇洵《管仲論》：「一日無仲，則三子者，可以彈冠而相慶矣。」
【彈花槌烙餑——心裏厚】
彈花槌：彈棉花用的槌子，中間凹下，擀出的餅中間凸出；烙餑：烙餅。比喻爲人厚道。例他爲人像彈花槌烙餑——心裏厚。從來沒有坑害過人，人們叫他「阿彌陀佛」。
【彈花匠的女兒——會談（彈）不會紡】
談：「彈」的諧音。比喻只會說不會做，或只說不做。例聽說他是彈花匠的女兒——會談不會紡，不是一個好的技術員。
【彈花匠掛弓——不談（彈）了】
見「棉花店關門——不談（彈）了」。
【彈花匠上殿——有功（弓）之臣】
見「戴著烏紗彈棉花——有功（弓）之臣」。
【彈鋏歌魚】
見「彈鋏無魚」。

【彈鋏無魚】
鋏：ㄐㄧㄚˊ，劍把，也泛指劍。《戰國策・齊策四》載：「孟嘗君的食客馮諼不被重視。一天他倚柱彈其劍，歌曰：『長鋏歸來乎，食無魚！』」後以「彈鋏無魚」指懷才而受冷遇，心中不平，有求於人。明・張鳳翼《紅拂記・英豪羈旅》：「寒燈欹枕聽夜雨，堪憐彈鋏無魚。」也作「彈鋏歌魚」。陳人杰《沁園春・壬寅春寓東林山中有感而作》詞：「懶學馮君，彈鋏歌魚，如今五年。」

【彈斤估兩】
形容過分仔細地估量事物。《古今小說》卷一：「件件的反覆認看，言眞道假，彈斤估兩的在日光下炫耀。」

【彈空說嘴】
形容只會說大話，沒有實際行動。《警世通言》卷二：「莫要彈空說嘴，假如不幸我莊周死後，你這般如花似玉的年紀，難道捱得過三年五載？」

【彈老調】
比喻重複已說過多次的話語或無新觀點的議論。例沒想到有的代表發言竟毫無新意，盡彈老調。

【彈絲品竹】
絲：弦樂器；竹：管樂器；品：吹。指精通音樂，能熟練地演奏樂器。宋・無名氏《張協狀元・開場》：「但咱們，雖宦裔，總皆通。彈絲品竹，那堪咏月與嘲風。」

【彈指光陰】
見「彈指之間」。

【彈指之間】
形容轉瞬之間。三國吳・釋康會《安般守意經序》：「彈指之間，心九百六十轉，一日一夕十三億意。」也作「彈指光陰」。宋・趙師俠《蝶戀花・戊申秋夜》：「彈指光陰如電速，富貴功名，本自無心逐。糲食粗衣隨分足，此身安健他何欲。」

【檀郎謝女】
檀郎：晉代潘岳小名檀奴，容貌美麗；謝女：晉代謝道蘊，才智過人。後多指才貌出衆的夫婦和情侶。唐・李賀《牡丹種曲》：「檀郎謝女眠何處，樓台月明燕夜語。」

【檀香木蓋茅坑——香臭不分】
檀香木：貴重木材，木質堅硬，有香味；茅坑：厠所的糞坑。也作「檀香木蓋茅坑——香臭難分」。見「桂花樹傍厠所——香臭不分」。

【檀香木菩薩——看是好看，靈就不靈】
菩薩：泛指佛和某些神。比喻外表好看，但無實際用處。例這是件僅供欣賞用的藝術品，不能說是檀香木菩薩——看是好看，靈就不靈。參看「玻璃棒槌——中看不中用」。

ㄊㄢˇ

【忐忑不安】
形容心神不定。茅盾《對於文壇的一種風氣看法》：「造成作家們此種忐忑不安，狼狽周章的心情，其直接原因，不能不說是外來的束縛。」也作「忐忑不定」。《官場現形記》三四回：「我本是一個沒有身分的人，現在忽然歸了特旨班，即日就可補缺。因此心上忐忑不定。」也作「忐忑不寧」。《北洋軍閥統治時期史話》二四章：「黎一面蓋了印，一面又覺得忐忑不寧。」

【忐忑不定】
見「忐忑不安」。

【忐忑不寧】
見「忐忑不安」。

【坦腹東床】
《晉書・王羲之傳》載：太尉郗鑑派門生至王導家相女婿，門生相完後告郗：王家子弟聞來相親都相繼打扮，只有一人坦腹（敞胸露懷）臥於東廂床上。郗說：此人正是我要的女婿。後得知坦腹者即王羲之，即以女嫁他。後就用作女婿的美稱。唐・李白《送族弟凝之滁求婚崔氏》詩：「坦腹東床下，由來志氣疏。」清・蒲松齡《十二月爲李親家復長山縣王啟》：「君家子弟，原能坦腹東床；下里巴人，何敢光依北斗。」

【袒裼裸裎】
多指在人面前脫去上衣，露出身體一部分或裸體。形容沒有禮貌、粗野《孟子・公孫丑上》：「雖袒裼裸裎於我側，爾焉能浼我哉！」宋・陳亮《送叔祖主筠州高安簿序》：「蓋昔者伯夷羞與鄉人處，而柳下惠並不以袒裼裸裎爲浼，事固有大異不然者，各從其心之所安也。」

【袒胸露乳】
脫去上衣，露出身體一部分。明・魏學洢《核舟記》：「佛記絕類彌勒。袒胸露乳，矯首昂視，神情與蘇、黃不屬。也作「袒胸裸背」。艾蕪《活著得像一個勇敢的戰士》：「只是他的生活限制了他，使他不能袒胸裸背，走到曠野裏，去同魔鬼搏鬥。」也作「袒胸裸臂」。

【袒胸裸背】
見「袒胸露乳」。

【袒胸裸臂】
見「袒胸露乳」。

ㄊㄢˋ

【嘆鳳嗟麟】
鳳：鳳鳥。古代稱鳳麟爲靈，認爲有吉祥事則鳳麟到。用嘆息鳳麟不至來悲嘆生不逢時。清・丘逢甲《嶺雲海日樓詩鈔・秋懷・次覃孝方韵八首》：「中原王氣黯東遷，嘆鳳嗟麟意惘然。」也作「嘆鳳泣麟」。

【嘆觀止矣】
見「嘆爲觀止」。

【嘆老嗟卑】
嗟：嘆息；卑：低下。嘆息年老而地位低下。宋・陸游《歲暮》：「已無嘆老嗟卑意，卻喜分冬守歲時。」朱自清《論書生的酸氣》：「所以總是嘆老嗟卑，長歌當哭，哭喪著臉，一副可憐相。」

【嘆氣一口，宅低三尺】

謂悲觀沮喪會使家運敗落。清・王有光《吳下諺聯》卷二：「別諺云：『嘆氣一口，宅低三尺。』故寧受雞之討（債），難受鴨之愁也。」

【嘆爲觀止】

觀止：看到止境。形容讚賞所見事物美好到極點。清・王韜《淞隱漫錄・八・海外壯遊》：「生撫掌稱奇，嘆爲觀止。」也作「**嘆觀止矣**」。清・錢泳《履園叢話・一八・石鍾山》：「余生平所歷佳山水，若江寧之燕子磯，鎮江之金、焦兩山……皆不足奇，得此（石鍾山）而嘆觀止矣。」

【炭婆子】

同「高帽子」，奉承話。例他吃軟不吃硬，你給他個炭婆子戴上，什麼事都會應承。

【炭篩子篩芝麻——全落空】

比喻一無所獲。例今年計畫辦的幾件事，炭篩子篩芝麻——全落空，沒有實現。也作「**竹籃打水網攔風——全落空**」。

【探奧索隱】

探求深奧的道理，搜尋隱秘的事情。《雲笈七籤》卷一：「生者不知其始，成者不見其終，探奧索隱，孰窺其宗？」也作「**探賾索隱**」。《周易・系辭上》：「探賾索隱，鉤深致遠，以定天下之吉凶。」也作「**探賾洞微**」。《清朝野史大觀》卷九：「探賾洞微，吾不如楊雪臣。」也作「**探幽索微**」。宋・黃休複《茅亭客話》七：「悉潛心於六敎，然後觀史傳，遍百家之說，探幽索微，取其貫於道者。」也作「**探幽索隱**」。《雲笈七籤》卷六四：「夫妻之顏俱若冰雪，探幽索隱，每亦相隨。」也作「**探幽窮賾**」。《晉書・潘岳傳》：「抽繹微言，啓發道眞；探幽窮賾，溫故知新。」

【探本窮源】

窮：探尋。探索事情的根源。《文明小史》五一回：「一來可以擴擴眼界，長長見識。二來也可以把這工藝一項探本窮源。」《新體廣注小倉山房尺牘・例言》：「凡引出處，有一典而見於數書者，以時代在前者爲主，先舉之典，或未詳盡，則旁引他書明之，此探本窮源之意也。」也作「**探本溯源**」。例王先生對歷史有濃厚的興趣，常常對自己的家族作探本窮源的工作。

【探本溯源】

見「探本窮源」。

【探風聲】

指探聽消息。例你聽他吞吞吐吐的，準是來探風聲的。也作「**探風勢**」。

【探頷得珠】

見「探驪得珠」。

【探口風】

指設法引出對方的話，以探出他對某人某事的看法或態度。例我知道你是探口風來的，有什麼要知道的就直說吧，用不著拐彎抹角了。也作「**探口氣**」。例你先別作決定，讓我再去他們那兒探探口氣再說。

【探口氣】

見「探口風」。

【探驪得珠】

驪：ㄌㄧˊ，驪龍，黑龍。在黑龍下巴底下取得寶珠。比喻寫詩爲文能切中要害。《莊子・列御寇》：「河上有家貧恃緯蕭而食者，其子沒於淵，得千金之珠。其父謂其子曰：『取石來鍛之！夫千金之珠，必在九重之淵。而驪龍頷下，子能得珠者，必遭其睡也；使驪龍而寤，子尙奚微之有哉！』」也作「**探頷得珠**」。頷：ㄏㄢˋ，下巴。宋・陸游《雲峯項裏看採楊梅連日留山中》詩：「未愛滿盤堆火齊，先驚探頷得驪珠。」也作「**探驪獲珠**」。宋・李頎《古今詩話・探驪獲珠》：「元積、劉禹錫、韋楚客同會樂天（白居易）舍，各賦金陵懷古，劉詩先成。白曰：『四人探驪，子先獲珠，所餘鱗角，何用！』三公乃遂罷作。」也作「**探驪覓珠**」。清・李漁《閒情偶寄・賓白第四》：「此則千古詞人未窮其秘，予以探驪覓珠之苦，入萬丈深潭者既久而後得之。」也作「**探珠驪頷**」。周光鎬《黃河賦》：「緯蕭子探珠於驪頷，商邱開得珠於涇限。」

【探驪獲珠】

見「探驪得珠」。

【探驪覓珠】

見「探驪得珠」。

【探囊胠篋】

胠篋：ㄑㄩ ㄑㄧㄝˋ，開箱偸東西。將手伸到口袋裏，從旁邊打開小箱子。指偸竊行爲。清・俞樾《右台仙館筆記・江西李某》・「少年曰：『不敢相欺，某乃江湖所謂鐵算盤者也，不必探囊胠篋，而能以術取人材。』」

【探囊取物】

手伸到口袋中取東西。比喻很容易辦成某件事。《三國演義》二五回：「某何足道哉！吾弟張翼德於百萬軍中取上將之頭，如探囊取物耳。」

【探奇訪勝】

探訪、遊覽名勝山水。朱自清《經典常談・詩第十二》：「最愛遊山玩水，常常領了一羣人到處探奇訪勝。」

【探奇窮異】

追尋、遊歷奇異的山水風景。《初刻拍案驚奇》卷二四：「劉秀才道：『小生一時探奇窮異，實出無心，若是就了此親，外人不曉得的，盡道小生是有所貪求而爲此，反覺無顏。』」也作「**探異玩奇**」。唐・劉禹錫《含輝洞述》：「營陽郁郁，山水第一。洞有含輝，游人忘歸……公之來思，探異玩奇。發野憩林，而民悅之。」

【探湯蹈火】
湯：開水；蹈：踩。把手放在開水中，把腳伸進烈火裏。比喻不避艱險。清・孔尚任《桃花扇・會獄》：「寧南兵變，料無人能將檄傳；探湯蹈火咱情願，也只爲文士遭譴。」也作「**探湯赴火**」。晉・傅玄《傅子・貴教篇》：「恃力務爭，至有探湯赴火而忘其身者。」也作「**赴湯蹈火**」。

【探湯赴火】
見「探湯蹈火」。

【探頭伸腦】
見「探頭探腦」。

【探頭縮腦】
見「探頭探腦」。

【探頭舒腦】
見「探頭探腦」。

【探頭探腦】
伸出頭來，鬼鬼祟祟地窺探。《水滸傳》二回：「對面松樹林透過風來，史進喝采道：『好涼風！』正乘涼哩，只見一個人，探頭探腦在那裏張望。」也作「**探頭舒腦**」。《金瓶梅詞話》一三：「只見他家那大丫頭在牆那邊探頭舒腦的。」也作「**探頭伸腦**」。《歧路燈》四六回：「二位既係紳士，無故在衙署探頭伸腦，看些什麼？」也作「**探頭縮腦**」。《紅樓夢》一六回：「忽見茗煙在二門影壁前探頭縮腦，寶玉忙出來問他：『做什麼？』」

【探異玩奇】
見「探奇窮異」。

【探幽窮賾】
見「探奧索隱」。

【探幽索微】
見「探奧索隱」。

【探淵索珠】
到深淵尋求寶珠。比喻探索事情的眞諦。《雲笈七籤》卷一〇九：「若王必見少年則謂之有道，見垂白則謂之庸人，恐非發石取玉，探淵索珠之謂也。」

【探賾洞微】
見「探奧索隱」。

【探賾索隱】
見「探奧索隱」。

【探珠驪頷】
見「探驪得珠」。

【碳黑做湯圓——漆黑一團】
碳黑：黑色粉末，主要成分是碳，可以做顏料或工業原材料；湯圓：糯米粉等做的球形食品，大多有餡兒，帶湯吃。見「墨汁煮元宵——漆黑一團」。

ㄊㄤ

【湯池鐵城】
湯：熱水；池：護城河。形容城池防守嚴密，堅不可破。南朝宋・劉義慶《世說新語・文學》：「殷中軍雖思慮通長，然於才性偏精，忽言及四本，便若湯池鐵城，無可攻之勢。」

【湯淡易餿，人急易瘦】
人著急容易消瘦，就像湯放鹽少了就容易變餿一樣。例事已鬧到這步田地，急得他整日裏像是熱鍋上的螞蟻，滿屋子打轉。有道是湯淡易餿，人急易瘦，沒兩天，眼見著他就瘦了一圈兒。

【湯風打浪】
形容旅途艱辛。元・關漢卿《閨怨佳人拜月亭》二折：「啊！早是俺兩口兒背井離鄉；應則央他一路上湯風打浪。」

【湯風冒雪】
頂著風雪。形容在嚴冬裏旅途跋涉的艱苦。元・秦簡夫《東堂老》二折：「孩兒，你說差了。那做買賣的，有一等人肯向前，敢當賭。湯風冒雪，忍寒受冷；有一等人怕風怯雨，門也不出。」元・無名氏《狄青復奪衣襖車》二折：「我與你湯風冒雪登長道。」

【湯鍋裏的蝦公——通紅】
蝦公：〈方〉大蝦。形容很紅。例她見了陌生人，臉頰就像湯鍋裏的蝦公——通紅。

【湯勺哪有不碰鍋沿的】
比喻經常在一起，難免有發生不快的時候。例都在一個鍋裏盛飯，湯勺哪有不碰鍋沿的，你當哥哥的就該讓著弟弟才對。

【湯藥裏攙糖——甜裏帶苦】
湯藥：用水煎的中藥。比喻意見正確，但刺耳，不大好接受。例古人說，良言逆耳利於行，我的意見也是湯藥裏攙糖——甜裏帶苦，還不是爲你好呀！

ㄊㄤˊ

【唐臨晋帖】
臨：模仿；帖：範本。唐代書法模仿晉代的範本。比喻缺乏獨創的模仿之作。元・陶宗儀《輟耕錄・論詩》：「德機詩如唐臨晋帖」。

【唐三藏撞見牛魔王——舌頭短一截】
唐三藏：即唐僧，名玄奘，《西遊記》中的主人公。他虔信佛教，立志往西天取經，在屢次爲妖魔所欺騙，經歷許多劫難之後，才完成了取經事業；牛魔王是唐三藏在取經途中遇到的妖魔之一。比喻說話張口結舌，或不敢申述理由。例他是個膽小怕事的人，見了上司更是唐三藏撞見牛魔王——舌頭短一截。

【唐僧的肚皮——慈悲爲懷】
比喻滿懷慈善和憐憫之心。例老譚素以唐僧的肚皮——慈悲爲懷而著名，許多人有困難都去找他，總會得到一些幫助。

【唐僧的眼睛——不認識好壞人】
見「二郎神的狗——不認識好壞人」。

**【唐僧跑進和尚廟——同吃一碗

齋飯】
齋飯：和尚向施主乞求的飯。比喻彼此從事同一種職業。例原來我們是唐僧跑進和尚廟——同吃一碗齋飯，希望今後多聯繫、多指教。

【唐僧碰見白骨精——敵我不分】
《西遊記》中故事：唐僧取經路過白虎嶺，遇由白骨化作的女妖白骨精。白骨精生了一計又一計騙吃唐僧肉，唐僧心慈手軟，敵我不分，險些喪生。比喻分不清敵友。例在不拿槍的敵人面前，不能大意，不然，唐僧碰見白骨精——敵我不分，那是十分危險的。

【唐僧取經——千辛萬苦】
《西遊記》描述唐僧與徒弟孫悟空、豬八戒、沙僧一行赴西天取經，歷經千辛萬苦，遭受八十一難，才取回眞經。比喻經歷了極多的艱辛勞苦。例你們這次探險活動，就像唐僧取經——千辛萬苦，人們是會永遠記得的。

【唐僧上西天——取經來的】
唐僧於唐太宗貞觀元年（公元627年）從長安出發，西行去印度（舊稱天竺）求取佛經。比喻登門求教，學習先進經驗。例「這次來敝廠有何指教？」「唐僧上西天——取經來的，希望把你們生產管理的經驗傳授給我們。」

【唐突西施】
見「唐突西子」。

【唐突西子】
唐突：冒犯、亂闖；西子：西施，春秋時美女。比喻用貶低美的來突出醜的。南朝宋・劉義慶《世說新語・輕詆》：「何乃刻畫無鹽以唐突西子也！」也作「唐突西施」。梁啓超《詩話》：「更會串一戲，曰《易水餞荊卿》，其第一幕『餞別』內，有歌四章，以《史記》所記原歌作尾聲，近於唐突西施，點竄堯典。」

【唐虞之治】
唐虞：唐堯和虞舜，古代傳說中的聖君。像唐虞那樣治理國家。形容時代興盛。《史記・汲黯列傳》：「陛下內多欲而外施仁義，奈何欲效唐虞之治乎！」

【唐哉皇哉】
唐：唐堯；皇：指漢代。形容氣勢盛、規模大。《後漢書・班固傳》：「汪汪乎丕天之大律，其疇能亙之哉？唐哉皇哉！皇哉唐哉！」

【塘裏行船——沒有出路】
見「瓶子裏的蒼蠅——沒有出路」。

【糖炒栗子——外頭一層薄薄的硬皮兒，裏頭是一兜兒面貨】
比喻人表面看起來有點厲害，但內心軟弱無能。例別怕他，他是糖炒栗子——外頭一層薄薄的硬皮兒，裏頭是一兜兒面貨，反駁他兩句，他就沒轍了。

【糖瓜祭灶，新年來到，閨女要花，小兒要炮，老頭兒要一頂新氈帽】
臘月二十三、四，民俗以糖瓜祭送灶神上天，新年以此爲始，各人按其所好準備年貨等。例春節即到，獨在海外不免想起俗諺所說的：「糖瓜祭灶，新年來到，閨女要花，小兒要炮，老頭兒要一頂新氈帽。」思鄉之情油然而生。

【糖裏攙蜜——甜透了】
見「冰糖蘸蜜——甜上加甜」。

【糖舌蜜口】
形容甜言蜜語、美妙而動聽。《羣音類選〈海神記・王訴神〉》：「起初時爲閒遊，到後被啜哄，糖舌蜜口隨他弄。」

【糖食壞齒，甜言奪志】
聽多了甜言蜜語就會失去雄心鬥志，就如同吃多了糖食會吃壞牙齒一樣。例這些恭維的話，還是少聽爲好。糖食壞齒，甜言奪志，好話聽多了只會增長自滿情緒。

【糖衣炮彈】
比喻爲達到某種目的而對人採取的拉攏、腐蝕等手段。例趕快把這堆禮品退掉，這是拉人下水的糖衣炮彈。

【堂而皇之】
形容莊嚴正大、有氣派。有時帶嘲諷意味。《二十年目睹之怪現狀》四三回：「繼之道：『是內簾的，哪一個不帶著。你去看，有兩房還堂而皇之的擺在桌上呢。』」

【堂高廉遠】
堂：殿堂，指代官府；廉：廳堂的側邊。比喻地位的尊卑有成規。也指上下隔絕。《漢書・賈誼傳》：「人主之尊譬比堂，羣臣如陛，衆庶如地。故陛九級上，廉遠地，則堂高；陛七級，廉近地，則堂卑。高者難攀，卑者易陵，理執然也。」也作「堂高級遠」。《晉書・劉寔傳》：「夫堂高級遠，主尊相貴。」

【堂皇富麗】
盛大而豪華。《兒女英雄傳》三五回：「見那三篇文章，作得堂皇富麗，眞是個『玉磬聲聲響，金鈴個個圓』。」也作「富麗堂皇」。

【堂皇冠冕】
冠冕：古代帝王、官吏戴的帽子。形容表面上顯得莊嚴或很體面的樣子。淸・薛雪《一瓢詩話・四八》：「人言應制早朝等詩，從無佳作。此等詩竟將堂皇冠冕之字，累成善頌善禱之辭，獻諛呈媚，豈有佳作？」也作「冠冕堂皇」。

【堂皇正大】
指人的言行光明磊落。《紅樓夢》三四回：「寶玉又聽寶釵這一番話，半是堂皇正大，半是體貼自己的私心，更覺比先心動神移。」

【堂前生瑞草，好事不如無】
瑞草：吉祥的草。瑞草生長在堂前，雖是好事，但畢竟有礙行走。指有些事情雖好，但與惹來的麻煩牴觸，還不如沒有。《冷眼觀》九回：「俗話說：堂前生瑞草，好事不如無。是以他任巡撫時，桑梓鄉親一概不用。」

【堂堂一表】

形容人的儀表端正、大方。《三國演義》四三回：「孔明致玄德之意畢，偷眼看孫權：碧眼紫髯，堂堂一表。」也作「**堂堂儀表**」。《說唐》三四回：「那員將士銀盔銀甲，面如紫玉……堂堂儀表，立於帳下。」

【堂堂儀表】

見「堂堂一表」。

【堂堂正正】

指言行光明正大，也指身材儀表威武。《兒女英雄傳》三〇回：「況且人家的話，堂堂正正，料著一時駁不倒。」

【堂堂之陣，正正之旗】

形容軍容威武整齊。也指文章篇幅長。《孫子・軍爭》：「無要正正之旗，勿擊堂堂之陳（陣）」。清・黃宗羲《論文管見》：「而世不乏堂堂之陣，正正之旗，皆以大文目之，顧其中無可以移人之情者，所謂刳然無物者也。」

【堂屋裏掛草薦——不是話（畫）】

堂屋：泛指正房；草薦：鋪床用的草墊子。見「驢皮貼牆上——不像話（畫）」。

【堂屋裏掛糞桶——臭名在外】

見「大門口吊馬桶——臭名在外」。

【堂屋裏掛碾盤——實話（石畫）】

見「青石板做中堂——實話（石畫）」。

【螳臂扼轍】

見「螳臂當車」。

【螳臂當車】

當：同「擋」，阻擋。螳螂用前肢去阻擋車輪的前行。比喻做事不自量力。《孽海花》二四回：「他既要來螳臂當車，我何妨去全獅搏兔，給他一個下馬威。」也作「**螗臂扼轍**」。宋・王讜《唐語林・補遺》：「人臣之謬思亂者，乃螳臂扼轍耳。」

【螳臂擋車——自不量力】

螳臂：螳螂的前腿。也作「**螳臂擋車——不自量**」。見「雞蛋碰石頭——自不量力」。

【螳螂捕蟬——不顧後患】

《吳越春秋》中說：「螳螂捕蟬，志在有利，不知黃雀在後啄之。」比喻只圖目前之利，而顧及不到以後的禍患。例亂伐森林，是螳螂捕蟬——不顧後患。也作「**引狼入室——不顧後患**」、「**螳螂捕蟬，黃雀在後**」。

【螳螂落油鍋——全身都酥了】

見「油炸麻花——全身都酥了」。

【螳螂之力】

形容微不足道的力量。唐・駱賓王《姚州道破賊露布》：「振螳螂之力，拒轍當車；縱蛟蚋之羣，彌山滿谷。」

【螳螂之衛】

形容自衛力量的微弱。晉・左思《魏都賦》：「薄戍綿冪，無異蛛蝥之網；弱卒瑣甲，無異螳螂之衛。」

ㄊㄤˇ

【倘來之物】

見「儻來之物」。

【儻來之物】

指無意中得到的或不應該得到的財物。例萬大伯視買彩券所獲得的一千萬元為儻來之物，因此將它全數捐給孤兒院。也作「**倘來之物**」。

【躺在功勞簿上】

比喻居功自滿，不思上進。例他這個人過去確實做了不少工作，現在卻躺在功勞簿上，啥事也不幹。

【躺在棺材裏想金條——貪心鬼】

見「見了壽衣也想要——貪心鬼」。

【躺著說話——不腰痛】

指沒感到有值得心痛之處。例你說沒有什麼了不起？這是人民的血汗。眞是躺著說話——不腰痛。

ㄊㄤˋ

【燙手的粥盆——扔了心痛，不扔手痛】

形容左右為難。例這個人的長處和短處都很突出，眞是燙手的粥盆——扔了心痛，不扔手痛。

ㄊㄥˊ

【疼心泣血】

泣血：血淚。形容極端傷心。《隋唐演義》九四回：「忠臣義士，枵腹而守，奮身而戰，力盡神疲，疼心泣血，哀號請救。」

【騰翅子】

鼓動翅膀騰飛。比喻逃跑、走掉。例剛演了幾場,你就想騰翅子,你這樣對得起辛辛苦苦培養你的師傅嗎？

【騰蛟起鳳】

蛟龍騰躍，鳳凰起舞。比喻才華橫溢。唐・王勃《滕王閣序》：「騰蛟起鳳，孟學士之詞宗。」明・馮惟敏《桂枝香・贈妓桂香》曲：「看今秋步月登雲，到來春騰蛟起鳳。」

【騰雲駕霧】

比喻速度之快猶如乘雲霧而行。《初刻拍案驚奇》卷五：「花園遇虎，一路上如騰雲駕霧，不知行了多少。」《兒女英雄傳》二二回：「只見那馬雙耳一豎，四腳凌空，就如騰雲駕霧一般，耳邊只聽得吻吻的風聲。」也作「**駕霧騰雲**」。

【騰縢扃鐍】

騰縢：捆東西用的繩子；扃鐍：ㄐㄩㄥ ㄐㄩㄝˊ，插門和關鈕。指要害之處，也比喻固守的策略。梁啓超《新民說》一七節：「彼知天下之可以力征經營，我可以武力奪之他人者，他人亦將可以武力奪之我也。則日講滕縢扃鐍之策，務使省力者不能負之而趨。」

【滕屠鄭酤】
酤：ㄍㄨ，賣酒人。泛指粗俗的人。宋・陸游《老學庵筆記》卷七：「王荊公素不樂滕元發、鄭毅夫，目爲滕屠鄭酤。」

【藤夢爬上葡萄架——糾纏不清】
籐夢：紫藤，開紫色花，莖多纏繞。見「髮菜炒豆芽——糾纏不清」。

【藤攀枯樹——死糾纏】
比喻胡攪蠻纏，抓住不放。例「他又在鬧什麼？」「嫌技術等級評低了，來此藤攀枯樹——死糾纏。」

ㄊㄧ

【剔蝎撩蜂】
蝎、蜂：比喻惡人。泛指招惹惡人，引來災禍。元・紀君祥《趙氏孤兒》二折：「偏你這罷職歸田一老農，公然敢剔蝎撩蜂。」

【剔牙縫充不了飢】
比喻東西太少，無濟於事。例行了，你就別找了。這是刷房子，又不是畫畫兒，就你那點兒顏色，夠幹麼的？剔牙縫充不了飢，還是得買去。

【梯榮階祿】
比喻向上爬的途徑或手段。《歧路燈》九三回：「而科、歲之試，鄉、會之場，竟視爲梯榮階祿之地。」

【梯山航海】
翻山過海。形容旅途遙遠，歷盡艱險。《宋書・明帝紀》：「日月所照，梯山航海；風雨所均，削衽襲帶，所以業固盛漢，聲溢隆周。」

【踢皮球】
比喻將工作推來推去，不肯負責任。例幾個局長作風大不一樣，有的特別愛踢皮球，羣衆非常不滿。

【踢天弄井】
①比喻有上天入地的本領。《西遊記》二〇回：「我老孫也捉得怪，降得魔。伏虎擒龍，踢天弄井，都曉得些兒。」②形容頑皮到極點。《紅樓夢》八一回：「咱們城裏的孩子，個個踢天弄井，鬼聰明倒是有的。」

ㄊㄧˊ

【綈袍戀戀】
見「綈袍之戀」。

【綈袍之賜】
綈（ㄊㄧˊ）：光澤而厚的絲織物。《史記・范雎傳》：「須賈意哀之，留與坐飲食。曰：『范叔一寒如此哉！』乃取其一綈袍以賜之。」後以「綈袍之賜」指在困難時別人所贈之物或寄予的同情。

【綈袍之戀】
戀：留戀、顧念。指不忘舊情。清・毛祥麟《墨餘錄・館師念舊》：「夫倪（元珙）已致身青雲，師弟間即無綈袍之戀，何尚修此小怨？」也作「綈袍戀戀」。《東周列國志》九七回：「汝所以得不死者，以綈袍戀戀，尚有故人之情，故苟全汝命，汝宜知感。」也作「綈袍之誼」。《聊齋志異・阿霞》：「彼行雖賤，而祖德未斬；且與君爲故人，亦宜有綈袍之誼。」參見「綈袍之賜」。

【綈袍之誼】
見「綈袍之戀」。

【提耳面命】
《詩經・大雅・抑》：「匪手攜之，言示之事。匪面命之，言提其耳。」後以「提耳面命」指提著耳朵當面命令。形容態度嚴厲地囑咐。

【提綱舉領】
見「提綱挈領」。

【提綱挈領】
綱領：魚網總繩和衣領，比喻關鍵部分。指說話或寫文章抓住要點，把問題簡明扼要地提出來。梁啓超《治國學的兩條大路》：「現在改講本題，或者較爲提綱挈領，於諸君有益吧！」也作「提綱舉領」。《景德傳燈錄》卷二六：「提綱舉領，盡立主賓，如何是主？」也作「提綱振領」。宋・朱熹《答張欽夫書》：「熹向來之說，固未及此，而來喻曲折，雖多所發明，然於提綱振領處，似亦有未盡。」

【提綱振領】
見「提綱挈領」。

【提劍汗馬】
舉著寶劍，騎在奔馳出汗的戰馬上。指艱苦征戰，立下功勞。《周書・宇文貴傳》：「男兒當提劍汗馬以取公侯，何能如先生爲博士也！」

【提獎後輩】
提攜、勉勵晚輩。《北史・魏收傳》：「然提獎後輩，以名行爲先，浮華輕險之徒，雖有才能，弗重也。」

【提名道姓】
直呼別人姓名。例爸爸從小就教我們不可以提名道姓的稱呼長輩。

【提牌執戟】
指在別人手下當差。形容身分、地位卑微。元・無名氏《衣錦還鄉》一折：「他是個架海擎天的玉柱，看承做提牌執戟小人哉。」

【提手帶丁字——敢莫要打】
提手帶丁字爲「打」字。比喻莫非要動武。例看你氣勢洶洶的樣子，提手帶丁字——敢莫要打？

【提條泥鰍設宴席——小題（提）大做】
題：「提」的諧音。見「大炮打跳蚤——小題大作」。

【提頭知尾】
提起頭便知道尾巴，形容極其聰明或彼此非常熟悉。元・秦簡夫《東堂老》一折：「他兩個是我的心腹朋友，我一句話還不曾說出來，他早知道，都是提著頭便知尾的。」

【提心吊膽】
形容心裏十分害怕。《西遊記》一七回：「衆僧聞得此言，一個個提心吊膽，告天許願，只要尋得袈裟，各全性命。」張天翼《清明時節》：「謝老師提心吊膽地聽著，嘴角在抽著痙。」也作「**提心在口**」。元・無名氏《硃砂擔》二折：「則聽的聲粗氣喘如雷吼，唬的我戰兢兢提心在口。」也作「**懸心吊膽**」。

【提心在口】
見「提心吊膽」。

【提要鈎玄】
提出要點，抓住實質。清・陳澧《與王峻之書》：「讀記事纂言之書，博矣，詳矣，提要鈎玄，則已約矣。」

【提著醋瓶討飯——窮酸】
見「背著醋罐子討飯——窮酸」。

【提著燈籠拾糞——找死（屎）】
見「餓狗下茅房——尋死（屎）」。

【提著頭過日子】
指處境極危險。例在白色恐怖的日子裏，我是每天都提著頭過日子，從不敢放鬆一點警惕。

【提著影戲人子上場兒——好歹別戳破這層紙兒】
影戲：即皮影戲；人子：人兒；好歹：不管怎樣，無論如何。比喻不要揭穿老底、暴露出眞相。例別以爲我不知道你的醜事，提著影戲人子上場兒——好歹別戳破這層紙兒，只是在衆人面前給你留點臉面罷了。

【提著豬頭進廟——走錯了門】
佛教講大慈大悲，嚴戒殺生，講求素食。也作「**提著豬頭進廟——找錯了門**」。見「拜佛進了呂祖廟——找錯了門。」

【啼饑號寒】
因受饑寒而大哭，形容生活極其艱苦。清・黃宗羲《大方伯馬公救災頌》：「載米數千，通其呼吸，啼饑號寒，十萬餘人，加以杯水，救一車薪。」

【啼天哭地】
形容極端悲傷。元・無名氏《黃花峪》三折：「一壁見一個秀才，捶胸跌腳，啼天哭地。」

【啼笑皆非】
啼笑：哭笑；皆非：都不是。形容既令人難受又令人發笑的行爲。茅盾《談鼠》：「對於諸如此類的小巧『手藝』，我們也許還能『幽默』一下。——雖然有時也實在使你『啼笑皆非』。」

【啼笑兩難】
不敢哭也不敢笑，形容處境尷尬。清・趙翼《甌北詩鈔・七言律三・館娃宮》：「唾成珠玉香猶濕，舞破山河鬢未殘。恩愛吳宮功在越，可憐啼笑兩俱難。」

【蹄涔不容尺鯉】
涔：ㄘㄣˊ，積水。馬蹄印裏積的水，容不下一尺長的鯉魚。比喻小地方容不下大人物。《資治通鑑・後漢高祖乾祐元年》：「匡贊將入蜀，恕諫曰：『燕王入朝，豈所願哉！今漢家新得天下，方務招懷，若謝罪歸朝，必保富貴，入蜀非全計也，蹄涔不容尺鯉，公必悔之。』」

【蹄間三尋】
尋：古代長度單位，八尺爲一尋。形容馬跑得飛快。《史記・張儀傳》：「秦馬之良，戎兵之衆，探前趹後蹄間三尋騰者，不可勝數。」

【醍醐灌頂】
用純酥油澆到頭上。佛教用以比喻最高佛法，認爲可以給人智慧，使人大徹大悟。後也指清涼舒適。《初刻拍案驚奇》卷一一：「王生聞得，滿心歡喜，卻似醍醐灌頂，甘露灑心，病體已減去六七分了。」

ㄊㄧˇ

【體不安席，食不甘味】
因心中有事而寢食不安。漢・東方朔《非有先生論》：「體不安席，食不甘味，目不視靡曼之色，耳不聽鐘鼓之音。」

【體察民情】
體驗和觀察民間情況。多指當官的能接近人民。元・關漢卿《裴度還帶》楔子：「有人指引道，近間有李公子，上命差來此處歇馬，體察民情。」

【體大思精】
形容作品或規劃內容精深，規模宏大。《民國通俗演義》五五回：「收京津於浩劫之餘，返鑾輿於故宮之內，遂復高掌遠蹠，厲行文明諸新政，無不體大思精，兼營並舉，規模式廓，氣象萬千。」

【體國安民】
治理國家，安定人民。清・王夫之《讀通鑑論・唐德宗》：「抑考當日戶口虛盈之數，而晏體國安民之心，不可沒矣。」

【體國經野】
體：劃分；經：丈量。劃分國都和田野，讓貴族官宦居住，讓百姓耕作。泛指治理國家。《周禮・天官・序》：「惟王建國，辨方正位，體國經野，設官分職，以爲民極。」《清史稿・金福曾傳》：「李鴻章尤賞之，嘗疏薦稱有『物與民胞之量，體國經野之才』。」

【體貼入微】
微：細小。形容關心、照顧別人十分周到。清・趙翼《甌北詩話》卷二：「少陵（杜甫）尋常寫景，不必有意驚人，而體貼入微，亦復人不能到。」

【體無完膚】
完：完好；膚：皮膚。形容遍體鱗傷，全身沒一塊完好的皮膚。也比喻文章多處被刪改。明・余繼登《典故紀聞》卷二：「若守己毫而奉法公，猶人行坦道，從容自適；苟貪賄罹法，猶行荊棘中，寸步不可移，縱得出，體無完膚矣。」

【體壯人欺病，體弱病欺人】
身體健壯時人可以卻病，體質虛弱時病就會來入侵。例常言道：體壯人欺病，體弱病欺人，你現在身體已大不如前，還想像往日那樣硬挺，是挺不過去的，應該注意休息。

ㄊㄧˋ

【剔了肉的豬蹄兒——賤骨頭】
見「扶不上樹的鴨子——賤骨頭」。

【剃光頭】
比喻學習、工作或比賽等沒有取得任何成績。例這次智力競賽，我們班叫人剃光頭了，眞沒臉見人。

【剃頭扁擔——長不了】
見「荷葉上的露珠——長不了」。

【剃頭刀尾——好利】
剃頭刀尾：指剃刀的尖端。常比喻嘴巴厲害，能言善辯；或說話尖刻。例這個小青年說話就像剃頭刀尾——好利，將會成為一個能幹的外交家。

【剃頭的拉耳朵——守著什麼糟蹋什麼】
比喻利用職權或有利條件做損人利己的事情。例「你看，行政經理，掌握著人事大權，三個子女都安排了稱心如意的工作。」「這不是剃頭的拉耳朵——守著什麼糟蹋什麼？眞可鄙。」

【剃頭的拍巴掌——完事】
過去有的地方的理髮員理完髮以後拍拍巴掌，是為了鬆鬆手，接著再理下一個人，而顧客聽到響聲，也就知道理好了。比喻已完成任務，或事情已結束。例我還以為剃頭的拍巴掌——完事了呢，誰知又交給我一大堆的工作兒。也作「剃頭的拍巴掌——完了」。

【剃頭的使錐子——外行】
理髮員使慣了推子、剪子等理髮工具，不擅於用綃鞋的錐子。見「和尚拜堂——外行」。

【剃頭的頭髮長——越是自己的活，越顧不上】
比喻為別人忙碌，顧不了自己。例唉，他夜以繼日的工作，自己連病也沒時間去看，眞是剃頭的頭髮長——越是自己的活兒，越顧不上。

【剃頭鋪關門——不理】
剃頭鋪：理髮店。比喻關係不融洽，互不理睬。例啊！怎麼搞的，你們見面都來了個剃頭鋪關門——不理？也作「剃頭鋪關門——懶理」、「剃頭師傅罷工——不理」。

【剃頭師傅用錐子——不是路數】
見「大腿上把脈——不對路數」。

【剃頭挑子——一頭熱】
舊時理髮匠，肩挑剃頭擔子，一頭挑的是炭火爐，可燒熱水，供洗頭用；一頭擔的是既可放理髮工具又可供顧客坐的箱櫃，故說「一頭熱」。也作「剃頭匠的擔子——一頭冷一頭熱」、「剃頭挑子——一頭熱，一頭涼」、「剃頭挑子——一頭熱乎」。見「燒火棍子——一頭熱」。

【剃頭洗腳面——從頭錯到底】
比喻全部是錯的。例你做的數學題，開始把題抄錯了，結果是剃頭洗腳面——從頭錯到底，得重新來。

【剃頭捉虱子——一舉兩得】
見「過河洗腳——一舉兩得」

【俶儻不羈】
見「倜儻不羈」。

【倜儻不羈】
倜儻：瀟脫，豪放；羈：拘束。形容豪放灑脫，不受拘束。《隋書・劉權傳》：「世徹倜儻不羈，頗為時人所許。」也作「俶儻不羈」。《晉書・袁耽傳》：「耽字彥道，少有才氣，俶儻不羈。」

【倜儻不羣】
舉止灑脫豪放，與衆不同。《老殘遊記》一五回：「只有鄰村一個吳二浪子，人卻生得倜儻不羣，相貌也俊，言談也巧，家道也豐富，好騎馬射箭。」

【倜儻風流】
形容豪放瀟灑，不受禮法約束。清・淮陰百一居士《壺天錄》卷下：「南邑某生，少而聰慧，既長，豐神韶秀，倜儻風流。」

【倜儻之才】
形容有卓越的才能。五代・王定保《唐摭言・散序進士》：「其負倜儻之才，變通之術。」

【涕筆俱下】
一邊落淚，一邊寫作。《三國志・吳書・周魴傳》：「彼是俱寒，永無端原，懸命西望，涕筆俱下。」

【涕淚交垂】
見「涕淚交下」。

【涕淚交集】
鼻涕、眼淚俱下。形容悲傷到極點。《五燈會元・東土祖師》：「五聞師言，涕淚交集曰：『此國何罪，彼土何祥。』」也作「涕淚交加」。宋・陳亮《祭彭子復父文》：「情則至矣，儀匪靖嘉。臨風一酹，涕淚交加。」

【涕淚交加】
見「涕淚交集」。

【涕淚交流】
見「涕淚交下」。

【涕淚交下】
形容特別悲傷。《魏書・臨淮王傳》：「或聞樂聲，歔欷，涕淚交下，悲感傍人，衍為之不樂。」也作「涕淚交垂」。明・無名氏《精忠記・畢命》：「誰料父子銜冤，赴黃泉沒轉期，細思之，涕淚交垂。」也作「涕淚交流」。宋・邵伯溫《聞見前錄》卷六：「是何微類，誤我至尊，乞明驗於奸人，願不容於首惡。興言及此，涕淚交流。」

【涕零如雨】
涕：眼淚。淚下如雨。形容非常傷心。《詩經・小雅・小明》：「念彼共人，涕零如雨。」

【涕泗橫流】
涕：眼淚；泗：鼻涕。眼淚、鼻涕俱下。形容傷心到極點。《周書・楊薦傳》：「薦知其意，乃正色責之，辭氣慷慨，涕泗橫流。」宋・陸游《上王宣撫啟》：「撫劍悲歌，臨書浩嘆，每感歲時之易失，不知涕泗之橫流。」也作「**涕泗交流**」。《歧路燈》一二回：「王氏坐在床沿，涕泗交流，不敢高聲。福兒一頭抵住屋槅子，哭個不已。」也作「**涕泗交下**」。宋·王讜《唐語林·德行》：「宣宗郊天前一日，謁太廟。至憲宗室，捧斝而入，涕泗交下。左右觀者，莫能仰視。也作「**涕泗交頤**」。宋·陳高《祭徐子宜內子宋民恭人文》：「男拋未下，女失所依。舅姑鍾愛，涕泗交頤。也作「**涕泗縱橫**」。宋·王禹偁《謝加朝請大夫表》：「非小臣稽古之力，乃陛下好文之心，涕泗縱橫，亂手麋綆。」

【涕泗交流】

見「涕泗橫流」。

【涕泗交下】

見「涕泗橫流」。

【涕泗交頤】

見「涕泗橫流」。

【涕泗滂沱】

滂沱：（雨）下得很大。形容心中難過到極點。《詩經·陳風·澤陂》：「有養一人，傷如之何！寤寐無爲，涕泗滂沱。」

【涕泗縱橫】

見「涕泗橫流」。

【替古人擔憂】

見「替古人耽憂」。

【替古人耽憂】

爲古人的不幸而沈浸在憂愁中。比喻不必要的擔憂。《金瓶梅詞話》二〇回：「我不信，打談的吊眼淚，替古人耽憂，這些都是虛，他若唱的我眼淚出來，我才算他好戲子！」也作「**替古人擔憂**」。《官場現形記》一八回：「事情又不是我的事情，你也不過做個當中人，這一個要得出，只要那一個答應的下，要你替古人擔憂做什麼呢？」

【替死鬼】

比喻代人受過、受罰。例他把公司搞得亂七八糟，卻抓老王作替死鬼，當什麼代經理！

【替死人醫病——白費工夫】

見「擔沙塡海——白費勁」。

【替他人做嫁衣】

比喻白白地爲別人辛苦。例編輯是無名英雄，一輩子替他人做嫁衣。

【替天行道】

執行上天的意旨。《東歐女豪傑》四回：「子連聽畢，喜的眉飛色舞，不住口的讚嘆。又道：民黨的用意，我如今大概明白了，總是替天行道，要把人爲的階級平了去，弄來一個平等自由的世界。」

【替罪羊】

替罪羊：據《聖經》記載，古代猶太敎的一種祭禮，由祭司將手按在羊頭上，表示全民族的罪過，已由此羊承擔，此羊即稱爲替罪羊。比喻替別人承擔罪責的人。例你把工作搞得一團糟，卻讓他來當替罪羊，這是行不通的。

【殢雨尤雲】

見「殢雨猶雲」。

【殢雨猶雲】

形容男女纏綿不已的歡愛。元·關漢卿《謝天香》二折：「豈知他殢雨猶雲俏智量，剛理會得燮理陰陽。」也作「**殢雨尤雲**」。尤：同「猶」。明·無名氏《桃符記》四折：「門東娘殢雨尤雲，纏攪定良家子弟。」《聊齋志異·荷花三娘子》：「更初，果至宗齋。殢雨尤雲，備極親愛。積有月日，密無知者。」也作「**殢雲尤雨**」。宋·柳永《浪淘沙》詞：「殢雲尤雨，有萬般千種，相憐相惜。」

【殢雲尤雨】

見「殢雨猶雲」。

【揥伏發隱】

揭發隱藏的奸邪惡行。《醒世恆言》卷三九：「蒞任之後，揥伏發隱，不畏豪橫，不上半年，治得縣中奸宄斂跡，盜賊潛蹤，人民悅服。」也作「**揥奸發伏**」。漢·荀悅《漢紀·宣帝紀》：「其揥奸發伏如神，皆此類也。」《清史稿·仲永檀傳》：「上乃獎永檀揥奸發伏，直陳無隱，擢僉都御史。」也作「**擿奸發伏**」。《三國志·魏書·倉慈傳》：「或哀矜折獄，或推誠惠愛，或治身淸白，或擿奸發伏。」

【揥奸發伏】

見「揥伏發隱」。

【揥山煮海】

《史記·吳王濞傳》：「吳有豫章郡銅山，濞則招致天下亡命者盜鑄錢，煮海水爲鹽，以故無賦，國用富饒。」採銅礦鑄錢，煮海水爲鹽。後指創造財富，以足國用。《宋史·李繼和傳》：「以朝廷雄富，猶言揥山煮海，一年商利不入，則或缺軍需。」

【擿奸發伏】

見「揥伏發隱」。

ㄊㄧㄝ

【帖耳俯首】

帖：順從；俯：低頭。形容順從的樣子。例看小陳對老闆帖耳俯首的諂媚樣子，眞是讓人看不順眼。也作「**俯首帖耳**」。

【貼標籤】

比喻明顯的標誌以引人注目。例做這事得有個好聽名義，也就是要先貼標籤，才好吆喝。也比喻不從具體事實出發，人爲地加上某種標記。例寫評論作品的文章，要從作品本身出發，不能把「人民性」當作標籤，到處亂貼。

【貼老本】

指損失很大。例這次出差，我算倒霉，貼老本了。

【貼人不富自家窮】

貼人：在經濟上貼補別人。接濟親友，不僅不能使其致富，反而使自己也被拖窮了。例你掙的那幾個錢，連自己家都不夠用的，你還充什麼大方？常言道：「貼人不富自家窮」，別再幹這種傻事了。

ㄊㄧㄝˇ

【鐵案如山】
證據確鑿的案件和結論像山一樣推翻不了。《聊齋志異・胭脂》：「宿不任凌藉，遂亦誣承。招成報上，咸稱吳公之神，鐵案如山，宿遂延頸以待秋決矣。」

【鐵板不易】
易：改變。像鐵板一樣不容易改變。《歧路燈》九五回：「所謂『藏谷亡羊』，其亡必多。這是鐵板不易的話。」

【鐵板釘鋼釘——硬到家啦】
硬到家：硬到極點。比喻為人公正，鐵面無私；或性格無比剛强。例這老頭的性格，就像鐵板釘鋼釘——硬到家啦，不管你是天王老子，只要犯了錯，他都敢於嚴厲地批評。

【鐵板上炒豆子——熟了就崩】
雙關語。比喻人熟悉了，關係反而破裂。含有翻臉不認人的意思。例初次見面，他總是客客氣氣，以禮相待，可常常是鐵板上炒豆子——熟了就崩，人們都不願同他深交。

【鐵板上釘釘——吃得起分量】
吃得起，經得起，承擔得起。比喻人說話或舉動有分量。有時也指經受得住壓力。例他德高望重，在鎮上，每說一句話，就像鐵板上釘釘——吃得起分量，人人樂於接受。

【鐵板上釘釘——硬碰硬】
見「鋼釺打石頭——硬碰硬」。

【鐵板一塊】
比喻緊密地結合在一起，不可分割。例這個犯罪集團也不是鐵板一塊，有一個人肯交代問題，其餘的就好辦了。

【鐵板注腳】
注腳：注解。指有權威的、不可更易的注解。《兒女英雄傳》三三回：「孔夫子說『吾不如老農』、『吾不如老圃』這二句話，正是『吾非斯人之徒而誰歟』的鐵板注腳。」

【鐵棒敲鐘——靈錘錘】
鐵棒敲鐘，一敲就響。比喻人心靈手巧，一點就會。例「你看這孩子，什麼東西都一學就會。」「可不，他是鐵棒敲鐘——靈錘錘，誰比得上。」

【鐵壁銅牆】
形容無比堅固、强大的事物。《封神演義》五一回：「長弓硬弩護轅門，鐵壁銅牆齊隊伍。」也作「銅牆鐵壁」。

【鐵叉子剔牙——硬找碴】
碴：指小碎塊，比喻毛病。見「鋸碗的戴眼鏡——沒碴兒找碴兒」。

【鐵腸石心】
見「鐵石心腸」。

【鐵杵成針】
把鐵棒磨成針。比喻做事只要有恆心，肯下功夫，一定可以成功。明・鄭之珍《目蓮救母》四《劉氏齋尼》：「好似鐵杵成針，心堅杵有成針日。」也作「磨杵成針」。

【鐵杵舂石臼——硬碰硬】
鐵杵：一頭粗一頭細的鐵棒，用來在臼裏搗碎東西。見「鋼釺打石頭——硬碰硬」。

【鐵杵對銅臼——硬搗】
銅臼：用銅制的臼，中間凹下，多用來搗碎中藥。比喻執意折騰搗亂。例這裏的工作難搞好，有一幫人公然像鐵杵對銅臼——硬搗，只有去掉這些害羣之馬，才有希望。

【鐵杵磨成針——功到自然成】
比喻只要有恒心，做任何事情都能成功。例不要有畏懼之心，古人說得好，鐵杵磨成針——功到自然成，我們全力以赴，幹到底，一定能完成任務。也作「鐵杵磨成繡花針——功到自然成」、「鐵打房梁磨繡針——功到自然成」。

【鐵杵磨繡針——非一日之功】
見「滴水穿石——非一日之功」。

【鐵窗風味】
鐵窗：指監獄。蹲牢房的滋味。例駱仁平一時氣憤誤殺了室友，而讓他嘗到了幾年的鐵窗風味。

【鐵炊帚刷鐵鍋——都是硬貨】
比喻全是性格剛强的人。有時指東西全部質量好、貨色硬。例我這批貨物好比鐵炊帚刷鐵鍋——都是硬貨，別挑三揀四了，浪費時間。也作「鐵匠鋪的買賣——都是硬貨」。

【鐵錘打夯——層層著實】
夯：ㄏㄤ，砸實地基的工具，有木夯、石夯、鐵夯等；打夯：用夯把地基砸實。比喻工作步步很紮實，不弄虛作假。例他工作就像鐵錘打夯——層層著實，大家都很敬重他。

【鐵錘掉進了鍋——不是敲的也響了】
比喻平時不多說話的人也開口了。有時也指不是這件事硬要說成這件事，含有冤枉的意思。例他把事情做絕了，引起羣衆的氣憤，鐵錘掉進了鍋——不是敲的也響了，連從來不愛說話的李老頭也站起來慷慨激昂地數說了一頓。

【鐵錘掉在橡皮上——無聲無息】
也作「鐵錘掉在橡皮上——不聲不響」、「鐵錘砸在被窩裏——不見反應」。見「房頂落雪——無聲無息」。

【鐵錘擂山石——乾脆利索】
見「快刀斬亂麻——乾淨利索」。

【鐵錘敲在鋼砧上——錘錘有分量】
砧：ㄓㄢ，捶、砸東西時，墊在下面的器具。比喻說話句句有分量。例他在辯論會上的發言，就像鐵錘敲在鋼砧上——錘錘有分量，駁得對方啞口無言。

【鐵錘敲鐘——響噹噹】
也作「鐵錘敲鋼板——響噹噹」、

「鐵錘砸在鋼砧上——叮噹響」、「鐵錘砸鐵砧——叮噹響」。見「飯勺敲鐵鍋——響噹噹」。

【鐵錘砸鐵砧——一個硬似一個】
見「金剛鑽鑽瓷器——一個硬似一個」。

【鐵錘砸鐵砧——硬碰硬】
見「鋼釺打石頭——硬碰硬」。

【鐵打的棒槌——硬梆梆】
見「說出的話牛都踩不爛——硬梆梆」。

【鐵打的耕牛——動不得力(犁)】
力:「犁」的諧音。比喻力氣不足。有時指無能爲力或有力使不出。例我已經老了,對你們的工作,是鐵打的耕牛——動不得力(犁),幫不上忙啦。

【鐵打的鎖鏈——一環套一環】
比喻每一個環節都緊密相連,密不可分。例這些工作就像鐵打的鎖鏈——一環套一環,每一項都不能忽視,否則將前功盡棄。

【鐵打的營盤,流水的兵】
軍營紮得再牢固,當兵的照樣開小差。例都道是鐵打的營盤,流水的兵,我看他們這支小軍閥的隊伍,流水的兵不少,鐵打的營盤沒一個。

【鐵打房梁磨繡針——功到自然成】
見「鐵杵磨成針——功到自然成」。

【鐵打江山】
江山:江河和山嶺,借指國家或國家政權。比喻政權穩固。例人民的江山是鐵打江山。

【鐵打鐵——逗硬】
見「金剛鑽鑽瓷器——硬過硬」。

【鐵打銅鑄】
用鐵建造的,用銅鑄造的。形容非常堅固。元·無名氏《小尉遲》二折:「那怕他鐵打形骸,銅鑄肧胎,早活挾過活挾過這逆逆逆逆賊來。」

【鐵打心腸】
見「鐵石心腸」。

【鐵釘釘黃連——硬往苦裏鑽】
見「黃連樹上的蛀蟲——硬往苦裏鑽」。

【鐵豆子下鍋——油鹽不進】
也作「鐵豆子下鍋——不進油鹽」。見「隔年的黃豆——不進油鹽」。

【鐵飯碗】
比喻穩定的工作和收入,多指在公家機關單位工作。例在他看來,專業夠不夠水準沒關係,重要的是找只鐵飯碗才有保障。

【鐵飯碗——砸不破】
比喻職業或職位穩固,毫無失業的憂慮。例你工作如此吊兒郎噹,不怕砸了你的飯碗?」「咱們是鐵飯碗——砸不破。」

【鐵佛傷心】
鐵鑄的佛神傷心。形容極其悲慘,使人不能容忍。《兒女英雄傳》一九回:「這場哭,眞哭得鐵佛傷心,石人落淚。」

【鐵桿莊稼】
比喻質優、銷路好、有競爭力的產品。例這種新產品是我們工廠的鐵桿莊稼,一定要保證質量,不能砸了牌子。

【鐵公雞】
比喻十分吝嗇或節儉的人。例這次亞運會募捐宣傳工作做得非常深入,連老劉這有名的鐵公雞還捐獻了一千元哩!

【鐵公雞身上拔毛——休想】
也作「鐵公雞身上拔毛——莫想」。見「九兩紗織十匹布——休想」。

【鐵公雞下蛋——異想天開】
見「雞窩裏飛出金鳳凰——異想天開」。

【鐵公雞——一毛不拔】
也作「鐵公雞請客——一毛不拔」。見「玻璃耗子琉璃貓——一毛不拔」。

【鐵拐李的葫蘆——不知賣的啥藥】
鐵拐李:李鐵拐,神話傳說中的八仙之一,蓬首垢面,袒腹跛足,隨身背一葫蘆,神通廣大。比喻弄不淸事實、眞相。例此人沉默不語,行動詭秘,眞是鐵拐李的葫蘆——不知賣的啥藥。

【鐵拐李過獨木橋——走險】
見「欄杆上跑馬——走險」。

【鐵拐李落難賣打藥——總會碰到識貨人】
打藥:專治跌打損傷的藥。比喻一定能遇到有眼力、能鑑別好壞的人。例沒被招聘不要緊,應堅定信心,鐵拐李落難賣打藥——總會碰到識貨人。

【鐵拐李走獨木橋——夠嗆】
見「雞吃蠶豆——夠嗆」。

【鐵鍋碰茶缸——想(響)的不一樣】
見「鑼鼓兩叉——想(響)的不一樣」。

【鐵鍋遇著銅炊帚——對頭】
炊帚:刷洗鍋碗等的炊事用具。見「山羊抵角——對頭」。

【鐵漢子】
比喻堅强不屈的硬漢。例他是條鐵漢子,絕不會向敵人屈服。

【鐵畫銀鈎】
唐·歐陽詢《用筆論》:「徘徊俯仰,容與風流,剛則鐵畫,媚若銀鈎。」後用「鐵畫銀鈎」形容書法遒勁秀麗。《兒女英雄傳》二九回:「一面想,一面看那匾上的字,只見那縱橫波磔,一筆筆寫的儼如鐵畫銀鈎。」

【鐵將軍把門——家中無人】
鐵將軍:鐵鎖。指家裏人都不在。例他下班回家,鐵將軍把門——家中無人,老人都出外散步去了。

【鐵匠拆爐子——散夥(火)】
見「孟良摔葫蘆——散夥(火)。」

【鐵匠出身——光會打】
比喻就會打架。例這孩子不好好學習,成天瞎胡鬧,同學們說他是鐵匠出身——光會打。

【鐵匠打石頭——硬對硬】
見「鋼釺打石頭——硬碰硬」。
【鐵匠打鐵——趁熱幹】
比喻趁著有利的時機或條件，抓緊去做。例羣衆勁頭正高，我們應當鐵匠打鐵——趁熱幹，一鼓作氣把這項工程完成。也作「**鐵匠爐子落下腳——趁火幹**」。
【鐵匠打鐵——錘錘著】
錘錘著：每錘都打中。比喻句句話都說得很準。例他對經濟形勢的分析，就像鐵匠打鐵——錘錘著，眞不愧爲經濟學專家。
【鐵匠戴手銬——自作自受】
見「木匠戴枷——自作自受」。
【鐵匠當軍師——打、打、打】
比喻勇於拚搏或魯莽行事。例一個好的軍事家必須智勇雙全，鐵匠當軍師，一味打、打、打是不夠的，有勇無謀也要打敗仗。
【鐵匠改行學彈花——拈輕怕重】
見「扔下鐵錘拿燈草——拈輕怕重」。
【鐵匠教徒弟——只講打】
比喻做事蠻橫、不講道理；或只强調用强硬的方式解決問題。例凡事都要講個理，不能像鐵匠教徒弟——只講打。
【鐵匠誇徒弟——打得好】
多比喻打仗、打球很出色。例這一場球眞是鐵匠誇徒弟——打得好，是籃球隊建隊以來打得最出色的一場。
【鐵匠拉風箱——柔能克剛(鋼)】
剛：「鋼」的諧音。比喻在一定條件下柔弱的能夠制服剛强的。例「自古英雄多懼內」，這句話就是說明鐵匠拉風箱——柔能克剛（鋼）的道理。
【鐵匠爐裏的鐵——該打】
見「烘爐裏的料——該打」。
【鐵匠爐下雹子——冰火不同爐】
比喻不同的事物互不相容。例我們之間談不上有什麼矛盾，只是興趣各異，鐵匠爐下雹子——冰火不同爐罷了。
【鐵匠沒樣，邊打邊像】
鐵匠沒有樣品，做東西時只能一邊敲打，一邊琢磨，直到最後成功。比喻摸索著做。例這個活兒，我們誰都沒做過，只能鐵匠沒樣，邊打邊像，做到哪步算哪步。說不定做做也就上手了。
【鐵匠鋪的東西——打出來的】
比喻勝利或成功是靠奮鬥得來的。例劉洪能有今天，是鐵匠鋪的東西——打出來的，爲推銷產品幾乎跑遍了全國，不知吃了多少苦。
【鐵匠鋪的料——挨敲打的貨】
見「和尚的木魚——挨敲的貨」。
【鐵匠鋪裏的買賣——樣樣過得硬】
比喻各方面都很出色，能禁得起嚴格的考驗。例這孩子的功課就像鐵匠鋪裏的買賣——樣樣過得硬，可惜身體差些，體育課的成績普通。
【鐵匠鋪裏的鐵錘——硬要敲敲打打】
比喻愛講排場。有時指應經常給以約束和警誡。例有的青年人主張婚禮就應像鐵匠鋪裏的鐵錘——硬要敲敲打打，這種鋪張浪費的行爲並不值得倡導。
【鐵匠下鄉——尋著打】
比喻故意找人家彆扭。例人家已忍讓迴避，你還鐵匠下鄉——尋著打，這未免太過分了。
【鐵匠繡花——軟硬功夫都有】
比喻全面發展，什麼本領都有。例要讓孩子全面發展，逐漸做到鐵匠繡花——軟硬功夫都有，以便將來能夠勝任最繁雜的任務。
【鐵匠繡花——外行】
見「和尚拜堂——外行」。
【鐵匠做官獨講打】
舊指審案斷獄，只知用刑。清・王璋《吳諺詩抄》：「鐵匠做官獨講打，面孔賽過活閻王。」
【鐵匠做官——越大（打）越好】
大：「打」的諧音。比喻大比小好。例「買大的還是小的？」「鐵匠做官——越大（打）越好。」
【鐵匠做生意——都是硬貨】
見「鐵炊帚刷鐵鍋——都是硬貨」。
【鐵腳板】
指善於跋涉、奔走的腳。例他有一雙鐵腳板，曾經走遍大半個中國。
【鐵殼裏放雞蛋——萬無一失】
比喻絕不會出差錯。例你派劉老頭到敵後游擊隊送信，就像鐵殼裏放雞蛋——萬無一失。
【鐵褲子裏放屁——三年出臭味】
比喻醜事遲早要暴露，難以長期掩蓋。例不管他多麼狡猾，鐵褲子裏放屁——三年出臭味，他的問題終究會暴露的。
【鐵了心】
比喻下定決心，絕不反悔。例他是鐵了心了，不把這森林小學辦成，絕不回台北。
【鐵籠捕鼠——抓活的】
比喻生擒活捉。例別讓這個土匪頭子跑了，一定要鐵籠捕鼠——抓活的。
【鐵籠裏的老虎——威風掃地】
見「虎落平陽——威風掃地」。
【鐵路警察——各管一段】
舊時鐵道上的路警，只管自己這一路段的事。雙關語，比喻各有自己的職責範圍，管不著別的事情。例這件事我不管，鐵路警察——各管一段，你去找張辦事員吧！
【鐵路警察——管不著你那一段】
比喻與己無關的事情，過問不了。例你反映的事情當然需要解決，可我是鐵路警察——管不著你那一段。也作「**鐵路警察——管不着這一段**」。
【鐵路上的枕木——禁得住壓力】
比喻能夠經受挫折或外力的威脅。例隨你們的便吧，我是鐵路上的枕木——經得住壓力。
【鐵馬金戈】

鐵馬：鐵甲護身的戰馬；金戈：古代兵器。指裝備精良、威武雄壯的軍隊，也指戰爭。後多用來形容將士的英武豪邁氣概。元・關漢卿《雙赴夢》三折：「憶當年鐵馬金戈，自桃園初結義，把尊兄輔佐，共敵軍擂鼓鳴鑼，誰不怕俺弟兄三個。」也作「金戈鐵馬」。

【鐵錨碰礁石——硬碰硬】
見「鋼釬打石頭——硬碰硬」。

【鐵面包公】
包公：即包拯。宋代官吏，以執法公正嚴明著稱。比喻公正嚴明，不徇私情的人。例你想走他的後門，沒門，他是有名的鐵面包公。

【鐵面無私】
形容辦事嚴明公正，不徇私情。《紅樓夢》四五回：「衆人臉軟，所以就亂了例了。我想必得你去做個『監社御史』，鐵面無私才好。」

【鐵面御史】
指公正、嚴明、無私的官吏。《宋史・趙抃傳》：「翰林學士曾公亮未之識，薦爲殿中侍御史，彈劾不避權幸，聲稱凜然，京師目爲『鐵面御史』。」

【鐵耙掛在流軸上——平常(場)】
流軸：即碌碡，可以用來軋穀物、平場地；常：「場」的諧音。雙關語。比喻普通、一般或沒有什麼了不起的。例「他的書法怎樣，能否稱得起『大家』？」「不能，鐵耙掛在流軸上——平常（場），在我國，比他強的人多得很。」

【鐵耙子搔癢——是把硬手】
搔：撓，抓；硬手：能手，強手。比喻人特別能幹。例要說做買賣、搞貿易，他可是鐵耙子搔癢——是把硬手。也作「鐵耙子撓癢癢——一把硬手」、「鐵耙子撓癢——硬手」、「木梳抓癢癢——是把硬手」、「二齒鈎子撓癢——一把硬手」、「五齒鈎撓癢癢——硬手」。

【鐵鉗鉗住了王八頭——想縮縮不進，想滑滑不脫】
王八：烏龜或鱉的俗稱。比喻人想逃脫卻逃脫不了。例在天羅地網之下，這個狡猾的敵探已處於鐵鉗鉗住了王八頭——想縮縮不進，想滑滑不脫的狼狽境地。

【鐵拳頭】
比喻強有力的打擊。例那些貪贓枉法的壞蛋，就怕人民羣衆的鐵拳頭。

【鐵券丹書】
鐵製成的券，上書紅色字。指古代國君賜予功臣可以世代享有特權的證件。柳亞子《讀史十首》：「稱臣五代笑錢鏐，鐵券丹書禮數優。」

【鐵人戴鋼帽——雙保險】
見「鉚釘加電焊——雙保險」。

【鐵人戴銅帽——保險】
比喻穩妥可靠。例「這項工程的施工安全嗎？」「鐵人戴銅帽——保險，絕對不會出現事故。」

【鐵人生鏽——害了自身】
見「蠟人玩火——害了自身」。

【鐵掃帚】
比喻強硬有力的手段和措施。例政府的鐵掃帚將掃除一切弊端與黑暗。

【鐵石人】
比喻心腸硬、不易動感情的人。例那樣的慘劇，連鐵石人也會動心。

【鐵石心腸】
形容心腸像鐵石一樣硬，不易動情。元・戴善夫《風光好》二折：「他多管是鐵石心腸，直恁的難親傍。」清・黃遵憲《鐵漢樓歌》詩：「中有七尺先生軀，鐵石心腸永不變。」也作「鐵腸石心」。唐・皮日休《桃花賦》序：「貞姿勁質，剛態毅狀，疑其鐵腸石心，不解吐婉媚辭。」也作「鐵打心腸」。明・徐霖《繡襦記・責善則離》：「隨你鐵打心腸也痛悲。」也作「鐵石心肝」。清・顧炎武《楚僧元瑛談湖南三十年來事》詩之二：「孤墳一徑楚山尖，鐵石心肝老孝廉。」也作「鐵心石腸」。《紅樓夢》一三回：「紫鵑姐姐，你從來不是這樣鐵心石腸，怎麼近來連一句好好兒的話都不和我說了？」也作「鐵石之心」。《北史・節義列傳論》：「非夫內懷鐵石之心，外負陵霜之節，孰能行之若命，赴蹈如歸者乎！」

【鐵石心肝】
見「鐵石心腸」。

【鐵石之心】
見「鐵石心腸」。

【鐵樹花開】
見「鐵樹開花」。

【鐵樹開花】
鐵樹開花本不常見，比喻難以實現或非常罕見的事情。明・湯顯祖《牡丹亭・冥判》：「怎按下筆尖頭，插入一百四十二重人間地獄，鐵樹開花。」也作「鐵樹花開」。明・王濟《君子堂日詢手鏡》：「吳浙間常有俗諺云，見事難成，則云須鐵樹花開。」

【鐵樹開花——好事難盼】
鐵樹：常綠灌木，往往多年才開一次花。比喻美好的事物往往不易等到。例「聽說又要分配員工宿舍了，眞是鐵樹開花——好事難盼啊！」也作「炒豆發芽——好事難盼」。

【鐵刷帚刷銅鍋——家家挺硬】
比喻本領都很過硬，互不相讓。例這兩人在生產競賽中較上勁了，鐵刷帚刷銅鍋——家家挺硬，誰勝誰負，一時難以分曉。

【鐵絲上跑馬——活鬧懸】
見「脖子上掛雷管——懸乎」。

【鐵算盤】
比喻精於計算。例當家過日子，心裏要有個鐵算盤。也比喻善於理財的人。例小史不光是鐵算盤，還是個正直不阿的人。

【鐵桶裏放炮仗——空想（響）】
炮仗：爆竹。見「二踢腳上天——空想（響）」。

【鐵筒子當筲使喚——沒底兒】
筲：ㄕㄠ，水桶；使喚：使用。見「打油的漏斗——沒底兒」。

【鐵網珊瑚】
比喻搜尋珍寶或人才。唐·李商隱《碧城》詩：「玉輪顧兔初生魄，鐵網珊瑚未有枝。」

【鐵桅杆上的耗子——沒得抓撓】
桅杆：即桅檣，船上掛帆的杆子。比喻對付某些事沒辦法，或沒有憑藉和依靠。例主管全不在，所屬員工就像鐵桅杆上的耗子——沒得抓撓，問題都解決不了。

【鐵西瓜】
指地雷，因其形似西瓜而得名。例打鬼子那時候，游擊隊天天給鬼子準備鐵西瓜。

【鐵鞋上掌——要見眞（砧）了】
砧：捶或砸東西時墊在底下的器具；眞：「砧」的諧音。比喻拿出眞才實學或過硬的本領。例參加這次博士論文答辯會的是全國一流專家，這可是鐵鞋上掌——要見眞（砧）了，你一定要認眞準備。

【鐵心石腸】
見「鐵石心腸」。

【鐵硯磨穿】
形容堅持不懈的學習精神。元·王實甫《西廂記》一本一折：「將棘圍守暖，把鐵硯磨穿。」明·王玉峯《焚香記·看榜》：「烏紗白髮人爭羨，須知鐵硯磨穿。」

【鐵掌釘在馬腿上——太離題（蹄）了】
見「馬掌釘在屁股上——離題（蹄）太遠」。

【鐵證如山】
證據眞實可信，不可推翻。《北洋軍閥統治時期史話》八章：「在鐵證如山的情況下，袁世凱和趙秉鈞應當啞口無言了。」

【鐵中錚錚】
錚錚：ㄓㄥ ㄓㄥ，金屬器皿撞碰聲。比喻才能超凡。《後漢書·劉盆子傳》：「卿所謂鐵中錚錚，庸中佼佼者也。」

【鐵爪子捉木雞——手到擒來】
木雞：木頭雞。見「罈子裏抓烏龜——手到擒來」。

【鐵嘴豆腐腳——能說不能行】
見「瘸和尚說法——能說不能行」。

ㄊㄧㄠ

【佻天之功】
佻：竊取。貪天之功。《國語·周語》：「晋之克也，天有惡於楚也，故儆之以晋。而卻至佻天之功以爲己力，不亦難乎？」

【挑鼻子挑眼】
形容存心挑剔。例那位歐巴桑買菜總是挑鼻子挑眼，嫌東嫌西，小販們個個都很討厭她。

【挑大梁】
比喻承擔重責大任。例這年輕人眞不錯，來單位工作沒幾年，就成了挑大梁角色了。也作「挑正梁」。例這次舞展，挑大梁的竟然是個小孩。

【挑擔子】
比喻承擔責任和工作。例老闆器重你，讓你挑擔子，你就挑起來嘛！

【挑得籃裏便是菜】
比喻不加選擇地盲目收取。《二刻拍案驚奇》卷二〇：「鄉裏是要緊歸去的人，挑得籃裏便是菜，一個信送將進去，登時把陳定放了出來。」

【挑燈草走路——幹輕巧活】
燈草：燈心草的莖髓，極輕。指做輕鬆不費勁的事。例年輕力壯的小伙子，總愛挑燈草走路——幹輕巧活兒，把繁重的活兒讓老人去幹，太不像話了。

【挑肥揀瘦】
比喻反覆挑選對自己有利的。《濟公全傳》一二六回：「掌刀的一瞧，見和尚襤褸不堪，心說：『這和尚必是買十個錢的肉，挑肥揀瘦。』」例對待工作可不能挑肥揀瘦。

【挑燈心的扁擔——擔空心】
燈心：燈心草莖的中心部分，有許多空隙，不實在。比喻不必要的擔心。例孩子已長大成人，具有獨立的思考和生活能力，家長不要像挑燈心的扁擔——擔空心了。

【挑鍋灶】
比喻支撐家庭或團體。例我們家自從父親去世以後，就全靠大哥挑鍋灶了。

【挑開手梗種紅豆——入骨相思】
手梗：〈方〉胳臂。見「剝開皮肉種紅豆——入骨相思。」

【挑毛病】
比喻尋找缺點或不足之處。例我們把工作仔細做好，就不怕人家挑毛病了。

【挑三豁四】
見「調三窩四」。

【挑三窩四】
見「調三窩四」。

【挑石頭登泰山——談何容易】
見「鷄毛想上天——談何容易」。

【挑水扁擔進屋——直出直入】
見「胡同裏扛竹竿——直來直去」。

【挑水帶洗菜——兩便】
見「擺龍門陣抱娃娃——兩得其便」。

【挑水的回頭——過了景（井）】
景：「井」的諧音。比喻好光景或好日子一去不復返了。例要放眼未來，別老念叨挑水的回頭——過了景（井）。也作「挑水的回頭——過景（井）了」。

【挑水的娶個賣菜的——志同道合】
比喻彼此志向相同，意見相合。例咱們是挑水的娶個賣菜的——志同道合，就聯合起來一同努力吧！

【挑水的娶個賣茶的——正相配】
比喻條件正好符合。多指婚配方面。

例我看你兩口子就像挑水的娶個賣茶的——正相配，誰也不要嫌棄誰。

【挑水騎單車——本領高】

單車；〈方〉自行車，也作「挑水騎單車——手藝高」。見「電線桿上耍把式——本領高」。

【挑瓦罐的摔跤——沒有一個好貨】

也作「挑瓦罐的摔跤——沒有一個好的」、「挑起沙鍋滾崖——沒有一個好的」。見「山崖上滾雞蛋——沒有一個好的」。

【挑雪塡井】

擔雪往井裏塡。比喻徒勞無功。宋·釋正受《嘉泰普燈錄》：「普治云：『多少痴禪和尚挑雪去塡井。』」也作「擔雪塡井」。《水滸傳》八三回：「只是行移鄰近州府，催攢各處徑調軍馬，前去策應，正如擔雪塡井一般。」

【挑雪塡井——白費勁】

也作「挑雪塡井——白費力」、「挑雪塡井——白費功夫」。見「擔沙塡海——白費勁」。

【挑牙料唇】

料：撩、觸動。指耍嘴皮子。元·無名氏《舉案齊眉》二折：「又不是挑牙料唇，只待要尋爭鬥釁。」

【挑么挑六】

么：數字中的「一」。比喻愛在細節上指摘別人。《紅樓夢》五八回：「這一點子小崽子，也挑么挑六，鹹嘴淡舌，咬羣的騾子似的！」

【挑著缸缽走滑路——擔風險】

比喻準備承擔可能發生的危險。例這是一個敏感的問題，你要研究它，就要挑著缸缽走滑路——擔風險。

【挑著雞蛋走冰路——小心翼翼】

形容處處留心，唯恐出錯。例多少年來，他工作都像挑著雞蛋走冰路——小心翼翼，養成了謹小愼微的毛病。

【挑著錦花過刺林——東拉西扯】

見「披蓑衣穿籬笆——東拉西扯」。

【挑著磨盤背著碾——負擔太重】

磨盤：托著石磨的圓形底盤；碾：ㄋㄧㄢˇ，碾子，軋碎穀物或去掉穀物皮的石製工具。比喻壓力大、責任重，難以承受。例我現在是挑著磨盤背著碾——負擔太重，請求辭去一些工作，希望得到上司的批准。

【挑字眼】

指挑剔別人的文章，及講話、措辭上的小毛病。例他心直口快的，你就別挑字眼了。

【挑重擔】

比喻擔負重要而艱難的工作。例他有膽有識，敢挑重擔。

ㄊㄧㄠˊ

【條分縷析】

條：條理；縷：一條一條地，詳盡地。指有條理地、詳盡地分辨。梁啟超《變法通議·論譯書》：「凡譯此類書，宜悉訪內典分科之例，條分縷析，庶易曉暢，省讀者心力。」也作「條分縷晰」。梁啓超《變法通議·論幼學》：「書之門目，條分縷晰，曲線入深，由繁反約。」也作「條析理分」。《新唐書·張嘉貞傳》：「嘉貞條晰理分，莫不洗然。」也作「條晰理分」。明·朱荃宰《文通·自序》：「文則經史子集，篇章句字，假取援喻，條晰理分，而殿以統說。」

【條分縷晰】

見「條分縷析」。

【條析理分】

見「條分縷析」。

【條晰理分】

見「條分縷析」。

【迢迢千里】

迢：遙遠。指路途遙遠。《羣音類選〈金釧記·賣花薦妓〉》：「迢迢千里到燕都，教人跋涉多勞苦。」也作「千里迢迢」。

【調唇弄舌】

見「調嘴弄舌」。

【調風變俗】

指改變風氣和習俗。《南史·崔祖思傳》：「宜察朝士有柴車蓬館，高以殊等，馳禽荒色，長違淸編，則調風變俗，不俟終日。」

【調風弄月】

指談情說愛。元·無名氏《秋懷》曲：「我也曾絮叨叨講口舌，實丕丕傾肺腑，下了些調風弄月死工夫。」

【調和鼎鼐】

鼎：古代烹煮用的器物；鼐：最大的鼎。在鼎鼐中調味。比喻辦理國家大事，舊多指宰相處理政務。元·無名氏《連環計》二折：「董卓比丁建陽如何？司徒，你怎生立一人之下，坐萬人之上，調和鼎鼐，燮理陰陽。」也作「鼎鼐調和」。

【調劑鹽梅】

調配不同味道。比喻使各方面的力量或因素得到平衡。《歧路燈》七九回：「張類村道：『我一向原沒學問，只因兩個房下動了曲直之味，我調劑鹽梅，燮理陰陽，平白添了許多大學問。』」

【調墨弄筆】

使墨均勻，動筆寫文作畫。也指賣弄文筆。漢·王充《論衡·佚文》：「不知文人之當尊，不通類也。天文人文，文豈徒調墨弄筆爲美麗之觀哉。」

【調三窩四】

形容搬弄是非。《紅樓夢》一〇回：「惱的是那狐朋狗友，搬弄是非，調三窩四，氣的是爲他兄弟不學好，不上心念書，才弄的學房裏吵鬧。」也作「調三斡四」。元·無名氏《貨郎旦》四摺：「他正是節外生枝，調三斡四。」也作「挑三豁四」。《醒世姻緣傳》五七回：「這們個攪家不良，挑三豁四，丈二長的舌頭，誰家著的他罷？」也作「挑三窩四」。《紅樓夢》六五回：「那平姑娘又是個正經人，從不會挑三窩四的，倒一味忠心赤膽扶持他。」

【調三斡四】
見「調三窩四」。

【調舌弄脣】
見「調嘴弄舌」。

【調神暢情】
調養精神，性情暢快。南朝宋・徐爰《食箴》：「一日三飽，聖賢通執，奉君養親，靡不加精，安體潤氣，調神暢情。」

【調絲弄竹】
見「調弦品竹」。

【調絲品竹】
見「調弦品竹」。

【調弦弄管】
見「調弦品竹」。

【調弦品竹】
撥弄樂器。元・楊梓《霍光鬼諫》一折：「只聽的調弦品竹，甚的是論道經邦。」也作「**調絲品竹**」。明・湯顯祖《紫簫記・假駿》：「自家鮑四娘，調絲品竹，蚤謝同心；挾策追鋒，還推老手。」也作「**調絲弄竹**」。元・湯式《贈人》：「論文時雲窗下摘句尋章，論武時柳營內調絲弄竹。」也作「**調弦弄管**」。明・楊柔勝《玉環記・玉簫嘆懷》：「調弦弄管，持觴舉杯，吟風咏月，朝東暮西。」

【調眼色】
指用眉眼調情。例她對你調眼色，你卻視而不見。

【調嘴弄舌】
形容說三道四，有意搬弄是非。《水滸後傳》四回：「那杜興十分放肆，不時進來調嘴弄舌，要來欺騙我，沒些尊卑。」也作「**調脣弄舌**」。《二刻拍案驚奇》卷四：「倘然當官告理，且不顧他聲名不妙，誰奈煩與他調唇弄舌。」也作「**調舌弄脣**」。明・徐元《八義記・孤兒出宮》：「須不會調舌弄唇，對天修合方眞藥聖，揭榜入宮廷，醫公主切脈，便知驚風病症。」也作「**調嘴調舌**」。明・無名氏《女姑姑》一折：「我做梅香標致，六幅羅裙拖地。人前調嘴調舌，說話不如放屁。」

【調嘴調舌】
見「調嘴弄舌」。

【調嘴學舌】
指耍嘴皮子。把別人的話隨便傳播，搬弄是非。例劇中的吳二嫂是一個慣於張家長、李家短，調嘴學舌的人。

【調脂弄粉】
指不務正業，專好梳妝打扮、塗脂抹粉的婦女。《兒女英雄傳》一回：「誤把些使用氣力好勇鬥狠的認作英雄，又把些調脂弄粉、斷袖餘桃的認作兒女。」

【齠年稚齒】
齠：兒童換牙。指童年時代。《南齊書・武十七王傳論》：「齠年稚齒，養器深宮，習趨拜之儀，受文句之學。」

【蜩螗沸羹】
蜩螗（ㄊㄤˊ）：蟬。《詩經・大雅・蕩》：「如蜩如螗，如沸如羹」。比喻極其紛亂嘈雜，像蟬鳴、水沸和羹熟一樣。《清史稿・陸潤庠傳》：「上年資政院開議，竟至戟手漫罵，藐視朝廷。以辯給為通才，以橫議為輿論，蜩螗沸羹，莫可究詰。」也作「**蜩螗羹沸**」。梁啓超《論美菲英杜之戰事關係於中國》：「雖中原逐鹿，劉興項僕，蜩螗羹沸，而彼一無所聞焉。」

【蜩螗羹沸】
見「蜩螗沸羹」。

ㄊㄧㄠˇ

【挑撥離間】
挑撥是非，引起糾紛，破壞團結。聞一多《最後一次講演》：「反動派挑撥離間，卑鄙無恥。」也作「**挑撥是非**」。茅盾《曇》：「借著尊重『大小姐』的名目，常常拿一些家庭的瑣細麻煩的問題請韻出主意，事後卻在丈夫跟前冷冷地批評，挑撥是非。」也作「**挑唆是非**」。《官場現形記》三九回：「這人姓胡，名福，最愛挑唆是非，說人壞話。」

【挑撥是非】
見「挑撥離間」。

【挑唇料嘴】
指耍嘴皮子。元・李致遠《還牢末》一折：「誰與你挑唇料嘴，辨別個誰是誰非。」

【挑大拇指】
見「豎大拇指」。

【挑唆是非】
見「挑撥離間」。

ㄊㄧㄠˋ

【糶風賣雨】
糶：賣。比喻說謊話、空話。《金瓶梅詞話》九二回：「這楊大郎，名喚楊先彥，綽號為鐵指甲，專一糶風賣雨，架謊鑿空。」

【跳出圈外】
見「跳出圈子」。

【跳出圈子】
比喻擺脫固定的格式。也比喻掙脫束縛和枷鎖。明・沈寵綏《度曲須知・弦律存亡》：「即予編中諸作，亦就〈魏〉良輔來派，聊一描繪，無能跳出圈子。」也作「**跳出圈外**」。《豆棚閒話・空青石蔚子開盲》：「遇著有識見的，到此地位，早早抽身，跳出圈外；略不濟的，便是糞裏蛆蟲，和身鑽入」。

【跳大神的翻白眼——沒咒念】
跳大神：跳神，女巫或巫師裝出鬼神附體的昏迷樣子，亂說亂舞，迷信的人認為可以給人驅鬼治病；翻白眼：指為難、失望時眼睛的表情；咒：信某些宗教的人以為念著可以驅鬼降妖、除災降災的口訣。形容無法可想。例這部機器出了大的故障，我實在是跳大神的翻白眼——沒咒念了，還是去請技師來修理吧！

【跳到秤盤裏——拿自己來量別人】

以自己的分量來量別人的分量。比喻以自己的眼光來衡量別人。例你如果跳到秤盤裏——拿自己來量別人，可能犯主觀主義的毛病，對人就不能做出公正的評價。

【跳到黃河裏也洗不清】

見「跳進黃河洗不清」。

【跳到黃河洗不清——眞冤枉】

見「黃狗偸食打黑狗——眞冤枉」。

【跳光桿舞】

比喻失去羣衆和助手，一個人奔忙。例你們都要走，就忍心留下他一人跳光桿舞嗎？

【跳河閉眼睛——橫了心】

見「吃了扁擔——橫了心」。

【跳火海】

比喻冒險或從事非常困難的工作。例只要能做成這件大事，叫我上刀山、跳火海都幹！

【跳火坑】

比喻陷入悲慘、痛苦的生活境地。例這門親事堅決退掉，咱不能讓閨女去跳火坑。

【跳井抱元寶——錢迷心竅】

元寶：舊時較大的金銀錠，兩頭翹起中間凹下，銀元寶一般重五十兩，金元寶重五兩或十兩。見「雁過拔根毛——財迷心竅」。

【跳進黃河洗不清】

形容很難將嫌疑說清楚。《兒女英雄傳》二二回：「我何玉鳳這個心跡，大約說破了嘴也沒人信，跳進黃河洗不清。」也作「跳到黃河裏也洗不清」。例小春平日穿著男性化，又對女生特別好，此次被人誣指爲同性戀，並製造假證據，讓她大呼：「我眞是跳到黃河裏也洗不清了。」

【跳梁小丑】

跳梁：亂蹦亂跳；小丑：無恥小人。《莊子・逍遙遊》：「子獨不見狸狌乎，卑身而伏，以候敖者，東西跳梁，不避高下。」後以「跳梁小丑」，形容到處搗亂而成不了大氣候的卑鄙小人。清・汪琬《廣西巡撫右副都御史郝公墓志銘》：「五省山水环紆，嵐瘴紛錯，軍需不能輸，騎兵不能突，此跳梁小丑所以得稍延餘息也。」

【跳梁小丑——上竄下跳】

跳梁小丑：指上竄下跳、興風作浪的小人。見「猴子爬竹竿——上竄下跳」。

【跳龍門】

見「登龍門」。

【跳牆頭】

比喻亂搞男女關係。例這人有了幾個臭錢，就搞吃吃喝喝，跳牆頭那些醜事。

【跳上岸的大蝦——慌了手腳】

比喻手忙腳亂，驚慌失措。例警察一進門，這個積案如山的慣犯就像跳上岸的大蝦——慌了手腳。也作「跳上岸邊的蝦公——慌了手腳」。

【跳丸日月】

跳丸：古代雜技，也叫弄丸。形容時間過得快。唐・杜牧《寄浙東韓八評事》詩：「一笑五雲溪上舟，跳丸日月十經秋。」也作「日月跳丸」、「日月跳躑」。

【跳舞的腳步——有進有退】

多比喻工作或作戰方法機動靈活，根據具體情況行事。例不要一味蠻幹，打仗也像跳舞的腳步——有進有退，應根據力量對比和戰鬥的需要而定。

【跳下黃河——洗不清】

黃河流經西北黃土高原，夾帶大量泥沙，水流混濁，所以說「洗不清」。比喻蒙恥含冤，辯解不清。例他眞倒霉，碰上這種事，的確是跳下黃河——洗不清。

【跳搖擺舞】

比喻拿不定主意，立場不堅定。例何去何從你今天得決定下來，我不能讓你再跳搖擺舞了。

【跳蚤帶串鈴——假裝大牲畜】

見「黃鼠狼鑽進磨房裏——硬充大尾巴驢」。

【跳蚤頂被窩——力不從心】

比喻心裏想做而力量不夠。例他想辦的事情很多，的確是跳蚤頂被窩——力不從心啊！也作「跳蚤頂被窩——心有餘而力不足」、「兔子拉犁耙——力不從心」、「張飛繡花——力不從心」。

【跳蚤臉兒——好大的臉皮】

見「蒼蠅包網兒——好大面皮」。

ㄊㄧㄢ

【天保九如】

天保：《詩經・小雅》中的篇名；九如：指該篇詩中連用九個「如」字。《詩經・小雅・天保》：「天保定爾，以莫不興。如山如阜，如岡如陵，如川之方至，以莫不增……如月之恆，如日之升，如南山之壽，不騫不崩，如松柏之茂，無不爾或承。」後用作祝頌福壽延綿不絕的頌辭。

【天崩地坼】

崩：倒塌；坼：裂開。天塌下來，地裂開。《戰國策・趙策三》：「周烈王崩，諸侯皆弔，齊後往。周怒，赴於齊曰：『天崩地坼，天子下席。』」用以比喻令人震驚的重大事變。也用來形容巨大的聲響。《水滸後傳》三三回：「只聽得海外一個大炮如天崩地坼的一連響了百餘響。」也作「天崩地裂」。《三國演義》一〇五回：「一聲響亮，就如天崩地裂，臺傾柱倒，壓死千餘人。也作「天崩地塌」。《三國演義》七一回：「黃忠一馬當先，馳下山來，猶如天崩地塌之勢。」也作「天崩地陷」。《晉書・

石季龍載記下》：「季龍……笑曰：『我家父子如是，自非天崩地陷，當復何愁，但抱子弄孫為樂耳！』」也作「**天摧地塌**」。《東周列國志》五四回：「楚兵人人耀武，個個揚威，分明似海嘯山崩，天摧地塌。」也作「**地坼天崩**」。

【天崩地裂】
見「天崩地坼」。

【天崩地塌】
見「天崩地坼」。

【天崩地陷】
見「天崩地坼」。

【天變不足畏，祖宗不足法，人言不足恤】
天變：天象變異，如流星、日蝕、月蝕等；法：效法；恤：憂慮。天象變異不必畏懼，古人的傳統不必完全效法，別人的議論和指責不必憂慮於心。《宋史·王安石傳》：「安石性強忮，遇事無可否，自信所見，執意不回……甚者謂『天變不足畏，祖宗不足法，人言不足恤』。」

【天兵天將】
借指本領高強的人。清·賈鳧西《木皮散人鼓詞·開場》：「那鯀卻生的兒子，神通廣大，伏虎降龍，手下天兵天將，那等利（厲）害。」也作「**天神天將**」。《官場現形記》三一回：「他們老遠瞧著，一定是天神天將來了，不要說是打強盜，就是去打外國人，外國人從來沒有見過，見了也是害怕的。」

【天不變，道亦不變】
天：自然界；道：法則，規律。自然界不發生變化，它的法則、規律也就不會發生變化。《漢書·董仲舒傳》：「道之大原出於天，天不變，道亦不變。」

【天不蓋，地不載】
形容某人壞得為天地所不容。例你這個天不蓋、地不載的強盜，竟然搶到我的門上來了，我正好為民除害。

【天不假年】
假：給；年：歲數。天意不讓壽命延長，含惋惜意。清·平步青《霞外攟屑》卷六：「予以先生此考，為一生心力所瘁，成以行世，足為讀史者一助，惜天不假年，積四十六年之歲月，僅成全史三之一。」

【天不絕人】
絕：絕境。天意不使人處於絕境。常形容逢凶化吉，絕處逢生。《兒女英雄傳》二五回：「一想母親病故後，正待去報父仇，也是天不絕人，便遇見這義重恩深的伯父伯母和我師傅父女兩人。」

【天不能總晴，人不能常壯】
人不可能永遠健壯，就像天不能總是晴朗一樣。例人吃五穀雜糧，哪有不生病的？常言道：「天不能總晴，人不能常壯。」你又不是神仙，還能例外？生病就養病，工作上的事，你就暫時別操心了。

【天不怕，地不怕】
形容無所畏懼。例這孩子，生來一副倔脾氣，天不怕，地不怕。唯有一個例外，就是對娘孝順，對他娘說的話，他是百依百順，從來沒有說過一個「不」字。

【天不生無路之人】
比喻處境再困難，也會有出路。例你別著急，辦法總會有的，天不生無路之人嘛！

【天不生無祿之人，地不長無根之草】
祿：舊時官吏的俸給，指衣食。老天不生沒有衣食的人，如同土地不生長沒根的草一樣。謂人生在世，總會有口飯吃。明·高則誠《琵琶記》二六齣：「何用剜牆挖壁，強如黑夜偷兒；不索挾斧持刀，眞個白晝劫賊。正是天不生無祿之人，地不長無根之草。」

【天不使空人】
老天爺也不白使喚人。指幹活應得到相應的酬勞。例你放心，天不使空人，事成之後，我會重重賞你的。

【天不為人之惡寒也，輟冬】
惡：討厭；輟：廢止。上天不會因為人們討厭寒冷，就廢止冬季。指客觀自然規律是不因人的意志而為轉移的。《荀子·天論》：「天不為人之惡寒也，輟冬；地不為人之惡遼遠也，輟廣；君子不為小人匈匈也，輟行。」

【天不言而自高，地不言而自卑】
天地雖然沉默不語，不爭高低，但高者自高，低者自低。比喻是非曲直自有公論，不須自己申辯。例他是個不講理的，你跟他理論又有何用？天不言而自高，地不言而自卑，好歹大家也都看到了，是非自有公論！

【天不慭遺】
見「天不慭遺一老」。

【天不慭遺一老】
慭：ㄧㄣˋ，願意、情願。指上天不願意留下這一老人。常用於表示哀悼的文辭。漢·蔡邕《陳太丘碑》：「天不慭遺一老，俾屏我王。」明·張岱《祭外母劉太君文》：「乃天不慭遺一老，鏡石先生痛罹水厄。」也作「**天不慭遺**」。《南齊書·褚淵傳》：「天不慭遺，奄焉薨逝，朕用震慟於厥心。」

【天不雨，地不濕】
事情的發生自有其原因。例你們說，這個杯子是誰摔碎的？天不雨，地不濕，我就不信，它無緣無故的會長了腿自己摔到地上去。

【天不轉地轉】
比喻事物總會產生變化。例這次算我栽在你的手裏。不過你也別太得意忘形了。有道是天不轉地轉，說不定哪一天，你也得栽到我的手裏。咱們走著瞧。

【天不著風兒晴不的，人不著謊兒成不的】
舊指人不說謊話就成不了事，就像沒

有風天就不會放晴一樣。例你眞是個死心眼兒。天不著風兒晴不的，人不著謊兒成不的，你把底兒都露給人家了，這買賣還怎麼做呀！

【天不做美】

見「天公不作美」。

【天步艱難】

形容國運艱難。《詩經・小雅・白華》：「天步艱難，亡子不猶。」《晉書・劉元海載記》：「自和安以後，皇綱漸頹，天步艱難，國統頻絕。」

【天曹自有天曹選，神仙自是神仙眷】

天曹：天上的官府；眷：親戚。比喻官場中有幫派朋黨，彼此自會提攜與庇佑。明・朱有燉《團圓夢》四折：「常言道：天曹自有天曹選，神仙自是神仙眷。娘呵，你切莫相纏，聽我良言：天上人間，陰陽不舛，爲善心堅，這報應非遙遠。」

【天差地遠】

形容兩者相差懸殊。《文明小史》五七回：「余小琴一想他是制台的少爺，有財有勢，我的老人家雖說也是個監司職分，然而比起來，已天差地遠了。」

【天長地久】

和天地存在的時間一樣長久。《老子》七章：「天長地久。天地所以能長且久者，以其不自生，故能長生。」後多用來形容時間悠久，多指感情永遠不變。唐・白居易《長恨歌》詩：「天長地久有時盡，此恨綿綿無絕期。」《二十年目睹之怪現狀》一〇四回：「龍光時時躲在六姨屋裏，承輝卻和王姨最知己，四個人商量天長地久之計。」也作「**天長地老**」。明・無名氏《慶千秋》二折：「呀呀呀，輔助的錦江山一統豐饒，天長地老。」也作「**天長地遠**」。宋・蘇轍《息壤》詩：「天長地遠莽無極，雖有缺壤誰能䀹。」

【天長地闊】

形容天地廣闊無垠。唐・宋之問《途同杜員外審言過嶺》詩：「天長地闊嶺頭分，去國離家見白雲。」

【天長地老】

見「天長地久」。

【天長地遠】

見「天長地久」。

【天長日久】

原指白天時間長，日照時間久。唐・歐陽詹《早秋登慈恩寺塔》詩：「地迥風彌緊，天長日久遲」。後多指時間長久。也作「**日久天長**」、「**日長歲久**」。

【天愁地慘】

天地都爲之愁苦、淒慘。形容極端悲慘。《三國演義》一〇四回：「是夜天愁地慘，月色無光，孔明奄然歸天。」也作「**天昏地慘**」。《東周列國志》五四回：「岸上哭聲震響，山谷俱應，天昏地慘，日色無光。」也作「**地慘天愁**」。

【天從人願】

天順從人的意願。形容事情合乎人的意願。《鏡花緣》一三回：「當日小弟聞大人國只能乘雲而不能走，每每想起，恨不能立刻見見，今果至其地，眞是天從人願。」也作「**天隨人願**」。元・嚴忠濟《越調・天淨沙》：「有朝一日天隨人願，賽田文養客三千。」也作「**人願天從**」。

【天摧地塌】

見「天崩地坼」。

【天打雷擊】

見「天打雷劈」。

【天打雷劈】

詛咒別人被雷電打死。《紅樓夢》六八回：「以後蓉兒要不眞心孝順你老人家，天打雷劈！」也作「**天打雷擊**」。《歧路燈》六五回：「小人若是哄老爺，小人叫天打雷擊了。」

【天打雷劈五雷轟】

讓老天爺用雷來劈殺。多用做發誓時的咒語。例上面所述，都是我親眼所見。若有半點假話，天打雷劈五雷轟。

【天大地大】

像天地一樣大。《老子》二五章：「故道大、天大、地大、王亦大。」漢・許愼《說文解字》：「天大地大人亦大，故大象人形。」後用以形容極大。《兒女英雄傳》一六回：「你大家道她這仇人是誰，眞算得個天大地大，無大不大的大腳色。」

【天大地大，無大不大】

形容極端狂妄自大。《宦海》一五回：「匡主政說的話兒，就是宣制軍自己也要遷就他些。漸漸的習慣自然，把個匡主政的性情，慣得個天大地大，無大不大。」

【天道不諂】

舊指上天的意志是公正的。《左傳・昭公二六年》：「天道不諂，不貳其命。」

【天道妒名而疾盈】

老天爺嫉妒名聲顯赫，痛恨完滿無缺。指世事往往是盛極而衰。例古人說：天道妒名而疾盈，又說：人怕出名豬怕肥，其實講的都是一個意思：物極必反。

【天道好還】

還：回報。《老子》三〇章：「以道佐人主者，不以兵强天下，其事好還。」清・魏源《老子本義》：「天道好還，則以兵强天下，非知道者也。」後用以指善有善報，惡有惡報。元・王惲《吳娃行》詩：「悠悠萬事不可必，天道好還歸有德。」也作「**好還天道**」。

【天道恢恢】

見「天網恢恢」。

【天道忌全，人情忌滿】

天與人都忌諱完美無缺。謂不能苟求十全十美。例我們辦事情，不要求全責備，古人云：「天道忌全，人情忌滿。」講的就是這個道理。

【天道寧論】

寧：難道。意指天道之說是不可憑信的。例一國興衰掌握在全體人民手中，千萬謹記「天道寧論」！

【天道人事】
人事：事理人情。指自然界的客觀規律和事理人情是不可違背的。《元史・廉希憲傳》：「因爲書與宋四川制置余玠，諭以天道人事，玠得書愧感自守，不敢復輕動。」

【天道無親】
形容上天十分公正，不偏袒親屬。《國語・晉語六》：「吾聞之『天道無親，唯德是授』。」《史記・伯夷傳》：「或曰：『天道無親，常與善人。』若伯夷、叔齊，可謂善人者非邪？」也作「**天道無私**」。宋・王禹偁《謝曆日表》：「臣聞天道無私，所以運行寒暑。」

【天道無私】
見「天道無親」。

【天道昭彰】
見「天理昭彰」。

【天低吳楚，眼空無物】
吳楚：指長江中下游一帶。只見天幕低垂，吳楚大地一望無邊，空無所有。用以形容人惆悵時，心內空虛，一無所見。元・薩都剌《念奴嬌・登石頭城》詞：「石頭城上，望天低吳楚，眼空無物。」

【天地良心】
見「天理良心」。

【天地無全功，聖人無全能，萬物無全用】
指天地的功用、聖人的才能、萬物的用途都沒有十全十美的。《列子・天端》：「天地無全功，聖人無全能，萬物無全用。故天職生覆，地職形載，聖職敎化，物職所宜。然則天有所短，地有所長，聖有所否，物有所通。」

【天地懸隔】
見「天懸地隔」。

【天地一指】
指：手指。形容天地間萬物差別微小，如一個手指。《莊子・齊物論》：「以指喻指之非指，不若以非指喻指之非指也；以馬喻馬之非馬，不若以非馬喻馬之非馬也。天地一指也，萬物一馬也。」

【天地之大，無所不有】
世界如此廣大，什麼樣的事物都會有。例天地之大，無所不有，白色的烏鴉你沒見過吧？可是實際上就是有白烏鴉。

【天地誅滅】
見「天誅地滅」。

【天奪其魄】
見「天奪之魄」。

【天奪之魄】
之：文言代詞，他的；魄：魂魄。上天奪去了他的魂魄。指人將要死亡。《左傳・宣公十五年》：「晉侯使趙同獻狄俘於周，不敬劉康公，曰：『不及十年，原叔必有大咎，天奪之魄矣。』」也作「**天奪其魄**」。宋・秦觀《進策・邊防上》：「天奪其魄，自斡誅夷。」

【天鵝落到雞窩裏——盛不下它】
天鵝：鳥名，形狀像鵝而形體比鵝大。比喻人自命不凡，所在的地方容納不了他。例不是我們不挽留他，而是他自認爲天鵝落到雞窩裏——盛不下它，堅持要離開的。

【天鵝餵著癩蛤蟆】
比喻美好之物爲醜類所作賤。例她父母也眞狠心，就爲了幾個臭錢，把一個如花似玉的黃花閨女，硬是嫁給了一個痴痴呆呆的人。眞是天鵝餵著癩蛤蟆，一朵鮮花插在牛糞上。

【天翻地覆】
形容變化很大。也指鬧得很凶。《二刻拍案驚奇》卷一三：「世間人事改常，變怪不一，眞個是天翻地覆的事。」也作「**地覆天翻**」。

【天府之國】
指四川省。也泛指土地肥沃，物產極豐富的地方。《史記・留侯世家》：「左殽函，右隴蜀，沃野千里，諸侯安定，河渭漕挽天下，西給京師。諸侯有變，順流而下，足以委輸。此所謂金城千里，天府之國也。」也作「**天府之土**」。《三國・蜀書・諸葛亮傳》：「益州險塞，沃野千里，天府之土。」

【天府之土】
見「天府之國」。

【天覆地載】
天地無私，覆蓋萬物，承載一切。《管子・心術下》：「是故聖人若天然，無私覆也；若地然，無私載也。」比喻施恩澤於天下。也指天地廣闊，內容豐富。《漢書・諸葛豐傳》：「今陛下天覆地載，物無不容。」

【天付良緣】
見「天假良緣」。

【天富淫人】
上天使淫邪之人富足。《左傳・襄公二八年》：「天殆富淫人，慶封又富矣。」

【天高地厚】
天地廣大遼闊。《詩經・小雅・正月》：「謂天蓋高，不敢不局；謂地蓋厚，不敢不蹐。」比喻恩澤深厚或事情很複雜。漢・蔡邕《釋海》：「天高地厚，跼而蹐之，怨豈在明，患生不思。」《二十年目睹之怪現狀》二二回：「看了這種書，得點實用，那就不至於要學那一種不知天高地厚的名士了。」也作「**高天厚地**」。

【天高地迥】
指天地遼闊高遠。宋・文天祥《指南錄後序》：「窮餓無聊，追購又急，天高地迥，號呼靡及。」也作「**天高地遠**」。明・谷子敬《城南柳》三折：「遮莫你上碧霄下黃泉，赤緊的天高地遠。」

【天高地遠】
見「天高地迥」。

【天高皇帝遠】
指地處僻遠，中央政府的權力對其鞭長莫及。例你們仗著天高皇帝遠，沒人能管轄你們，竟如此的胡作非爲，視法律爲兒戲，簡直是無法無天了！也作「山高皇帝遠」。

【天高皇帝遠——管不著】
指僻遠之地，中央政府的權力難以達到。比喻無法約束和管教。例你別認爲天高皇帝遠——管不著，可以逍遙法外，到時，自然有辦法治你。也作「天要下雨，娘要嫁人——管不著」。

【天高氣清】
天高雲淡，空氣清爽。戰國楚・宋玉《九辯》：「泬寥兮天高而氣清。」《樂府詩集・唐五郊樂章・白帝商音》：「白芷應節，天高氣清；歲功既阜，庶類收成。」也作「天高氣爽」。元・馬致遠《漢宮秋》楔子：「今日天高氣爽，衆頭目每向沙堤射獵一番。」

【天高氣爽】
見「天高氣清」。

【天高日遠】
指處在遠離君王的偏遠之地。宋・秦觀《代王承事乞回授一官表》：「臣父獨嬰罪釁，流寓江海，天高日遠，自新無路，臣誠私心痛之。」明・邵璨《香囊記・辭婚》：「孤衷自持臣子分，不得當朝親事君。還思忖，總然是天高日遠，怎負君恩！」

【天高聽卑】
聽：判斷；卑：低下。天帝雖然高高在上，卻能判斷人世間的情況，知其善惡。後用以稱頌帝王聖明。三國魏・曹植《責躬詩》：「天高聽卑，皇肯照微。」唐・高適《謝上劍南節度使表》：「臣子之懇，君父之慈，天高聽卑，下情上達。」

【天高聽藐】
見「天高聽遠」。

【天高聽遠】
上面聽不到下面的呼聲。三國魏・曹植《陳審舉表》：「然天高聽遠，情不上通，徒獨望青雲而拊心，仰高天而嘆息耳。」也作「天高聽藐」。宋・魏了翁《乞致仕札子》：「天高聽藐，未拜俞音，愚分滿盈，疾勢增劇。」

【天各一方】
指各處一方，相隔甚遠。漢・蘇武《古詩四首》之四：「良友遠離別，各在天一方。」唐・李朝威《柳毅傳》：「天各一方，不能相問。」

【天公不作美】
指天意不成全人。多指沒碰上好天氣。《慈禧太后演義》一三回：「偏偏天公不作美，疾風淒雨，徹夜飄零。」也作「天不做美」。《慈禧太后演義》五回：「誰知天不做美，偏偏到了十月間，變雄爲雌，又產下一位公主。」

【天公地道】
如天地那樣公道。比喻十分公平合理。《東歐女豪傑》三回：「如今人人的腦袋裏頭既都有一個社會平等，政治自由，是個天公地道的思想。」

【天公作合】
見「天作之合」。

【天狗吃不了日頭】
天狗：神獸名，迷信認爲日蝕是天狗在吃太陽。比喻邪惡終究不能戰勝正義。例你別看他現在這麼囂張，天狗吃不了日頭，總有人會來懲治他的。

【天官賜福】
天神賜給的福分。舊時一種祈求幸福的吉利話。《歧路燈》一〇六回：「王氏聽了，就是活神仙送了一個『天官賜福』條子，笑道：『你回來了好。』這病便減了十分之七。」

【天冠地屨】
冠：帽子；屨：ㄐㄩˋ，鞋子。天和地一個是帽子，一個是鞋子。比喻相差甚遠。宋・洪邁《容齋隨筆・忠義出天資》：「人之賢不肖，相去何止天冠地屨乎！」

【天光雲影】
天上的光芒和雲彩的影子在水中晃動。宋・朱熹《觀書有感》：「半畝方塘一鑑開，天光雲影共徘徊。」

【天寒地凍】
形容天氣十分寒冷。《水滸傳》六五回：「且今天寒地凍，軍馬難以久住。」宋・王十朋《南州春色》：「一任天寒地凍，南枝香動，花傍一陽開。」也作「地凍天寒」。

【天黑找不到路——日暮途窮】
比喻無路可走。例敵人已到了天黑找不到路——日暮途窮境地，發動政治攻勢，即將紛紛瓦解。

【天花板上掛棋盤——一個子兒也沒有】
子兒：棋子，借喻爲舊時貨幣銅子兒。比喻窮得分文沒有。例上俱樂部遊樂？我是天花板上掛棋盤——一個子兒也沒有，你作東還可以。也作「天花板上掛棋盤——一子全無」。

【天花亂墜】
相傳南朝梁武帝時有位和尚講經，感動了上天，於是天上紛紛落下花來。後用以形容說話有聲有色，非常動聽，但空洞不切實際。也指用花言巧語騙人。《二刻拍案驚奇》卷一一：「憑那哥哥說得天花亂墜，只是不肯回去。」

【天荒地老】
天地荒蕪而衰老。形容經歷的時間長久。《二刻拍案驚奇》卷六：「蓋謂世間惟有願得成雙的，隨你天荒地老，此情到底不泯也。」也作「地老天荒」。

【天潢貴胄】
天潢：皇室貴族；貴胄：地位高貴的後代。泛指皇室貴族的後代子孫。《清史稿・宗室奕山、奕經傳論》：「奕山、奕經，天潢貴胄，不諳軍旅，先後棄師，如出一轍，事乃益不可爲。」

【天回地轉】

見「天回日轉」。

【天回日轉】

指天體運行，時序變遷。北齊・劉晝《惜時》：「夫天回日轉，其謝如矢，騕褭迅足，神馬弗能追也。」也作「**天回地轉**」。唐・呂周任《泗州大水記》：「洪波汗漫，不辨涯涘……天回地轉，混茫其中。」

【天昏地暗】

指天色昏暗。也比喻政治腐敗，社會黑暗。《鏡花緣》九八回：「那缺陷處塵土飛空，煙霧迷漫，霎時天昏地暗，好不怕人。」也作「**天昏地黑**」。元・關漢卿《調風月》二折：「直到個天昏地黑，不肯更換衣袂。」

【天昏地慘】

見「天愁地慘」。

【天昏地黑】

見「天昏地暗」。

【天機不可洩漏】

天機：天意，借指機密。不可洩漏機密。《官場現形記》二五回。「黃胖姑道：『天機不可洩漏！到時還你分曉。』」

【天機雲錦】

見「天孫雲錦」。

【天際歸舟】

親人乘舟自天邊返回。形容盼望親人歸來的殷切心情。清・陸次雲《卜算子・古意》詞：「早上望江亭，望見朝暉出。天際歸舟竟不來，自向風前立。」

【天際眞人】

指天上的神仙。多用於浮想。清・沈復《浮生六記・養生記道》：「睡足而起，神情氣爽，眞不啻天際眞人也。」

【天假良緣】

假：給。上天給予的美好姻緣或機緣。指難得的機遇。明・高攀龍《答劉念臺書》「況吾輩一室之中，自有千秋之業，天假良緣，安得當面蹉過？」也作「**天付良緣**」。《羣音類選〈鮫綃記・鮫綃會合〉》：「到今日天付良緣重聚首。」也作「**天假因緣**」。清・黃宗羲《復秦燈岩書》：「然其至者非言可傳，天假因緣，或在異日。」也作「**天假其便**」。元・馬致遠《青衫淚》三折：「今幸天假其便，再瞻眉宇，豈勝慶幸。」

【天假其便】

見「天假良緣」。

【天假其年】

見「天假之年」。

【天假以年】

見「天假之年」。

【天假因緣】

見「天假良緣」。

【天假之年】

假：給予；之：文言代詞，他。老天給予他壽命。指長壽。《左傳・僖公二八年》：「天假之年，而除其害。天之所置，其可廢乎？」也作「**天假以年**」。清・李漁《閒情偶寄・賓白第四》：「如其天假以年，得於所傳十種之外，別有新詞。」也作「**天假其年**」。晉・傅玄《永寧太僕龐侯誄》：「天假其年，主優其祿。」

【天將降大任於斯人也，必先苦其心志，勞其筋骨】

上天將要把重大的使命降給這個人，必定要先使他的意志經受痛苦的磨練，使他的筋骨經受勞累。今多指將要肩負重任的人，必須經過種種艱難困苦的考驗，才能增長才幹，做好工作。《孟子・告子下》：「故天將降大任於斯人也，必先苦其心志，勞其筋骨，餓其體膚，空乏其身，行拂亂其所爲，所以動心忍性，增益其所不能。」

【天降喪亂】

上天降下喪亂之類的災禍。《詩經・大雅・桑柔》：「天降喪亂，滅我立王。降此蟊賊，稼穡卒痒。」

【天津的包子——狗不理】

狗不理：聞名全國的包子鋪，位於天津南市區，所售包子味道鮮美。雙關語。比喻人人厭惡，連畜牲都不屑一顧的傢伙。例他臭名遠揚，人人唾棄，就像天津的包子——狗不理。

【天經地緯】

經緯：編織物上的縱線爲經，橫線爲緯。形容某人有統治天下的才能和氣魄。漢・左思《魏都賦》：「日不雙麗，世不兩帝。天經地緯，理有大歸。」

【天經地義】

經：原則；義：道理。指正確的、不容懷疑、不可改變的原則和道理。例中國人的倫理道德觀念裏，兒女奉養父母是天經地義的事，不容懷疑。

【天驚石破】

形容驚天動地的氣勢。比喻令人震驚。例爲了迎接光輝十月的來臨，主辦單位特別在總統府前施放巨型煙火，頗有天驚石破之勢。也作「**石破天驚**」。

【天君泰然，百體從令】

天君：指心；百體：指身體的所有部位。只要心情泰然自若，身體的各部位就會隨心所欲地聽從使喚。例常言道：「天君泰然，百體從令。」你現在心已亂了，不手忙腳亂才怪呢。

【天開圖畫】

上天展示的圖畫。形容美好的自然景色。宋・葉夢得《石林詩話》上：「蜀人石異，黃魯直黔中時從游最久。嘗言見魯直自矜詩一聯云：『人得交游是風月，天開圖畫即江山。』」

【天開眼】

指事情終究會得到公正處理。例今天眞是天開眼了，那個十惡不赦的大壞蛋到底被判了死刑了。也作「**天有眼**」。例別以爲你做那些缺德事沒人知道，天開眼，看著你哪！

【天開雲霧東南碧，日射波濤上下紅】

雲開日出，東南方一片晴空，在陽光的照耀下，翻滾的波濤泛出紅光。

宋·楊萬里《過揚子江》詩之一：「只有清霜凍太空，更無半點荻花風。天開雲霧東南碧，日射波濤上下紅。」後常用以形容撥亂反正後的大好形勢。

【天空海闊】
天空空曠，海面寬闊。形容心境開闊，感到很自在。清·顧炎武《答子德書》：「更希餘光下被，俾暮年迂叟得自遂於天空海闊之間，尤爲知己之愛也。」也作「海闊天空」。

【天空中吹嗩吶——哪裏，哪裏（喇哩，喇哩）】
見「洞庭湖裏吹喇叭——哪裏，哪裏（喇哩，喇哩）」。

【天寬地窄】
形容世上沒有容身之處。元·馬致遠《薦福碑》三折：「只爲他財散人離，閃的我天寬地窄。抵死待要屈脊低腰，又不會巧言令色。」

【天朗氣清】
指天空明朗，空氣清爽。晉·王羲之《蘭亭集序》：「是日也，天朗氣清，惠風和暢。」也形容時局穩定。《歧路燈》十回：「及到老虎沒了時，天朗氣清，這正是朝廷蒿目四望，想幾位留爲有餘的老成典型。」也作「氣朗天清」。

【天理不容】
天道所不能容納。《東周列國志》四二回：「如此冤情，若不誅衛鄭，天理不容，人心不服。」也作「天理難容」。《西遊記》七〇回：「那時我等占了他的城池，大王稱帝，我等稱臣，——雖然也有個大小官爵，只是天理難容也。」

【天理良心】
天理：天性；良心：善良的內心。按照天性和善心行事。丁玲《太陽照在桑乾河上》四三：「咱們如今就叫大家多想想人家給咱們的苦處，多想想過去的封建社會是怎麼的不合理，沒有天理良心，這樣鬥起來才有勁頭。」也用於發誓，表示自己是憑天性和善心辦事。《紅樓夢》六七回：「一到院裏，只聽鳳姐說道：『天理良心！我在這屋裏熬的越發成了賊了！』」

【天理難容】
見「天理不容」。

【天理人情】
人的天性和人之常情。《兒女英雄傳》二三回：「你道我所說的，可是天理人情的實話麼？」《英烈傳》五四回：「吾豈不愛將軍雄傑，但天理人情上，難以相款。」

【天理人欲】
舊指人天生來的品性和欲望。《朱子語類·學七》：「人只有個天理人欲，此勝則彼退，彼勝則此退，無中立不進退之理，凡人不進便退也。」

【天理昭然】
見「天理昭彰」。

【天理昭彰】
昭彰：顯著、明顯。上天主持公道，懲惡揚善，報應分明。《朱子語類·論語〈吾與回也章〉》：「伊川有天理昭彰語。」《二刻拍案驚奇》卷五：「如此劇賊，卻被小孩子算破了，豈非天理昭彰！」也作「天理昭然」。《醒世恆言》卷三三：「今日天理昭然，有何理說！」也作「天道昭彰」。《清朝野史大觀》卷三《尹嘉銓文字之獄》：「此實天道昭彰，可爲天下盜竊虛名妄肆異議者戒。」也作「天理昭昭」。元·無名氏《馮玉蘭》三折：「這一個天理昭昭，誰想到有今朝。」

【天理昭昭】
見「天理昭彰」。

【天良發現】
天良：良心。指對是非的內心正確認識，特別指與自己行爲有關的某些正確認識的重新萌生。《鏡花緣》六六回：「他若昧了良心，自然要笑；設或天良發現，自然要哭了。」

【天亮公雞叫——白提（啼）】
提：「啼」的諧音。比喻談也無用。例不要再向他說起這件事了，再說也是天亮公雞叫——白提（啼），他不會同意的。

【天亮下雪——明明白白】
也作「天亮下雪——明白」。見「電燈照雪——明明白白」。

【天靈蓋上長眼睛——目中無人】
天靈蓋：人頭頂部的骨頭。形容非常驕傲自大，瞧不起人。例這裏高手如雲，你別天靈蓋上長眼睛——目中無人，否則，要吃虧的。也作「瞎子坐上席——目中無人」。

【天聾地啞】
天聾、地啞：文昌帝君前的兩個侍從。清·楊潮觀《吟風閣雜劇》：「文昌座下，偏擺著天聾地啞。」後借用來稱木頭木腦的一對。《紅樓夢》二七回：「林之孝兩口子……倒是配就了的一對兒：一個天聾，一個地啞。」

【天倫之樂】
指父母兄弟子女等親人團聚的歡樂。唐·李白《春夜宴從弟桃花園序》：「會桃花之芳園，序天倫之樂事。」《紅樓夢》七一回：「悶了便與清客們下棋吃酒，或日間在裏邊，母子夫妻，共敍天倫之樂。」

【天羅地網】
羅網：指捕鳥和捕魚的網。以天地爲羅網。比喻包圍相當嚴密。《西遊記》六回：「見那天羅地網，密密層層，各營門提鈴喝號，將那山圍繞的水洩不通。」

【天落饅頭，也要起早去拾】
比喻機遇再好，也需自己努力才能將其抓住。例常言道：「天落饅頭，也要起早去拾。」這麼好的機會，你不趕快到招聘處去報名，難道還想讓人家用八抬大轎來請你不成？

【天馬不可羈】
見「天馬脫羈」。

【天馬脫羈】

羈：馬籠頭。比喻不受約束，自由自在。宋・强至《送王敏夫判官赴舉京師》詩：「壯氣海鯤翻碧浪，逸才天馬脫金羈。」也作「**天馬不可羈**」。金・元好問《學東坡移居八首》：「獨有仲通甫，天馬不可羈；直以論詩文，稍稍窺藩籬。」也作「**天馬脫銜**」。宋・朱熹《跋米元章帖》：「米老書如天馬脫銜，追風逐電。」

【天馬脫銜】

見「天馬脫羈」。

【天馬行空】

天馬（神馬）在空中馳騁。比喻才思橫溢，氣勢豪放，不可阻擋。《清朝野史大觀》卷九《梁山舟書法》：「筆力縱橫，渾如天馬行空。」清・黃宗羲《謝莘野詩序》：「余於近日交遊之詩，其心契者，曾弗人如天馬行空，不可羈勒。」

【天命降監】

監：監視。指應按民意辦事。《詩經・商頌・殷武》：「天命降監，下民有嚴。」漢・班固《東都賦》：「上帝懷而降監，乃致命乎聖皇。」

【天命有歸】

歸：歸附，歸屬。舊時認爲人的命運、朝代的更替、帝業的興衰都由上天的意志決定。《封神演義》三三回：「三分天下，周土已得二分，可見天命有歸，豈是人力。」

【天魔外道】

指攪擾佛教的旁門左道。《梵網經》卷一〇上：「天魔外道，相視如父母。」後也借用來指責非正統的各種異端流派。《朱子語類・論語》：「淳于髡是個天魔外道，本非學於孔孟之門者。」

【天末涼風】

天末：天的盡頭，指遠方。語本指秋風起時杜甫思念流放遠方的李白。唐・杜甫《天末懷李白》詩：「涼風起天末，君子意如何？」後泛指觸景生情，思念故友。

【天南地北】

形容相隔遙遠。元・關漢卿《沉醉東風》曲：「咫尺的天南地北，霎時間月缺花飛。」也作「**天南海北**」。宋・利登《風入松》詞：「天南海北知何極，年年是，匹馬孤征。」也作「**海北天南**」、「**地北天南**」。

【天南海北】

見「天南地北」。

【天年不遂】

年：壽命；天年：人的自然壽命；遂：順利成長。指人沒能順利地活到自然壽數就死了。《後漢書・安帝紀》：「朕奉皇帝，夙夜瞻仰日月，冀望成就。豈意卒然顚沛，天年不遂，悲痛斷心。」

【天凝地閉】

天地凝結封閉。形容冬天酷寒。《晉書・張協傳》：「天凝地閉，風厲霜飛。」

【天怒民怨】

見「天怒人怨」。

【天怒人怨】

上天憤怒，人民怨恨。比喻罪大惡極，爲害嚴重，惹起公憤。宋・蘇軾《代張方平諫用兵書》：「師徒喪敗，財用耗屈，較之寶元、慶歷之敗，不及十一。然而天怒人怨，邊兵背叛，京師騷然。」也作「**天怒民怨**」。《封神演義》九四回：「三綱盡絕，五倫有乖，天怒民怨，自古及今，罪惡昭著未有若此之甚者。」

【天女散花】

佛教故事。傳說天女散下花來，用以驗證諸菩薩的問道之心。花著身而未墜者，爲未脫俗塵。後用來形容華麗多彩或大雪紛飛的景象。唐・宋之問《設齋嘆佛文》：「龍王獻水，噴車馬之塵埃；天女散花，綴山林之草樹。」清・黃宗羲《李因傳》：「是庵欲余作傳，以兩詩壽老母爲贄，有『不惜淋漓供筆墨，恭隨天女散花來』之句。」

【天奇地怪】

比喻人世間十分奇怪的事情。宋・周密《齊東野語・黃婆》：「此事前所未聞，是知窮荒絕徼，天奇地怪，亦何所不有。」

【天啟其衷】

見「天誘其衷」。

【天塹長江】

天塹：天然的壕溝。長江是天然的壕溝，極險惡，不易通過。柳亞子《京口感懷》詩：「天塹長江第幾州，十年夢想竟成遊。」也作「**長江天塹**」。

【天橋的把式——光說不練】

天橋：在北京市永定門內，舊時有許多民間藝人在此賣藝；把式：指會武術靠賣藝爲生的人。這種人常擺出一副練功的架勢，卻在那裏耍嘴皮。比喻只說漂亮話而無實際行動。例你的話說得很好，我都贊成，可別天橋的把式——光說不練啊！也作「**嘴巴子戲——光說不練**」、「**街頭耍把戲——光講不練**」。

【天晴不肯去，只待雨淋頭】

比喻坐失良機。例他這個人，做事從來沒有個爽快勁兒，非得等機會錯過了，他又後悔。這次又是如此，天晴不肯去，只待雨淋頭，眞讓人笑不得、惱不得。

【天壤王郎】

天壤：天地間；王郎：晉代才女謝道蘊之夫，即王凝之。南朝宋・劉義慶《世說新語・賢媛》載：「才女謝道蘊嫁王凝之後極不滿意。叔父謝安勸曰：「王郎，逸少（王羲之）之子，人材亦不惡，汝何以恨乃爾？」答曰：「一門叔父，則有阿大、中郎；羣從兄弟，則有封、胡、遏、末，不意天壤之中，乃有王郎。」本指謝道蘊看不起丈夫。後形容不合心意的丈夫。清・秋瑾《精衛石四》：「道蘊文章男不及，偏遇個天壤王郎冤不冤。」後也形容人世間不可多得的青年男子。宋・劉克莊《滿江紅・送王實之》詞：「天壤王郎，數人物方今第一。」

【天壤之別】

天壤：天上和地下。形容差別極大。《兒女英雄傳》三六回：「不走翰林這途，同一科甲，就有天壤之別了。」也作「**天壤之懸**」。明・胡應麟《三墳補逸下》：「試尋其本文核之，則二書之旨，有天壤之懸者矣。」也作「**天壤之判**」。例劉老師一向以偏心出名，她對待功課好與壞的同學，態度有如天壤之別。也作「**天壤之隔**」。清・錢泳《履園叢話・刻碑》：「而刻手惡劣，較《磚塔銘》竟有天壤之隔。」

【天壤之隔】

見「天壤之別」。

【天壤之判】

見「天壤之別」。

【天壤之懸】

見「天壤之別」。

【天人感應】

上天與人世間可以相互感應。多指自然現象可以成爲人間吉凶的預兆。現指彼此之間相互影響而引起的相應變化。例追溯歷史，在漢朝就已出現天人感應之說。也作「**天人相應**」。《兒女英雄傳》三五回：「看你……雖是平日性情失之過剛，心術還不離乎正，所以那位老人家才肯把天人相應的道理來教誨你。」也作「**天人相感**」。唐・陳子昂《諫政理書》：「天人相感，陰陽相和。」

【天人路隔】

天上人間道路遠隔。比喻被分離，無法聚合。《二刻拍案驚奇》卷九：「直到得干戈平靜，仙客入京來訪，不匡劉尚書被人誣陷，家小配入掖庭，從此天人路隔，永無相會之日了。」

【天人相感】

見「天人感應」。

【天人相應】

見「天人感應」。

【天人之分】

分：職分。指天道或天象和人事之間的職分。《荀子・天論》：「故明於天人之分，則可謂至人矣。」

【天人之際】

際：彼此之間。天道與人事彼此之間的關係。漢・司馬遷《報任少卿書》：「亦欲以究天人之際，通古今之變，成一家之言。」唐・陳子昂《諫政理書》：「是以臣每察天人之際，觀禍亂之由，跡帝王之事，念先師之說，昭然著明，信不欺爾。」

【天若有情天亦老】

天如果有感情，也會因爲承受不了感情的折磨而衰老。後人常用以抒發因情愁而產生的憂傷和痛苦。唐・李賀《金銅仙人辭漢歌》：「衰蘭送客咸陽道，天若有情天亦老。」

【天上的風箏——一根線在人家手裏】

風箏：一種玩具，在竹篾做的骨架上糊紙或絹，繫上長線，可以趁著風勢放上天空。比喻命運掌握在人家手裏，自己不能主宰。例聽說他像天上的風箏——一根線在人家手裏，不能不看人家臉色行事，局外人是不知其內幕的。

【天上的浮雲、地下的風——無影無蹤】

形容消失得乾乾淨淨或不知去向。例這個人就像天上的浮雲、地下的風——無影無蹤，有人說他可能是被黑社會組織謀害了。也作「**繡花針沉海底——無影無蹤**」。

【天上的浮雲——一吹就散】

見「晨霧炊煙——一吹就散」。

【天上的星星——沒準數】

沒有準確的或固定的數字。見「爛手錶——沒準兒」。

【天上的星星——數不清】

見「牛身上的毛——數不清」。

【天上地下】

比喻很遠的距離或極大的差別。例在她的眼裏，這些人和她的男朋友相比，簡直是天上地下，差別很大。

【天上地下，唯我獨尊】

原指對釋迦牟尼的推崇。後用來形容極端高傲自大。康有爲《大同書》甲部：「當其新識驟得，踴躍狂喜，亦有天上地下，唯我獨尊之勢，皆智之爲也」也作「**天上天下，唯我獨尊**」。清・黃宗羲《與友人論學書》：「故用微詞，訾毀先儒，呵佛罵祖，是天上天下，唯我獨尊之故技也。」

【天上掉餡餅——想得倒美】

見「夢裏啃甘蔗——想得倒甜」。

【天上裂了縫——日月難過】

見「勒緊褲帶過日子——歲月難熬」。

【天上麒麟】

麒麟：象徵祥瑞的神獸。天上的神獸。多用來稱譽別人的兒子。唐・杜甫《徐卿二子歌》：「君不見徐卿二子生絕奇，感應吉夢相追隨。孔子釋氏親抱送，並是天上麒麟兒。」也作「**天上石麒麟**」。《南史・徐陵傳》：「年數歲，家人攜以候沙門釋寶志，寶志摩其頂曰：『天上石麒麟也。』」

【天上人間】

形容相隔遙遠，不通音訊，或境遇截然不同。南唐・李煜《浪淘沙》詞：「獨自莫憑欄，無限江山。別時容易見時難。流水落花春去也，天上人間！」也作「**人間天上**」。

【天上少有，地下難尋】

形容事物罕見。《歧路燈》第八回：「上通天文，下察地理，這樣先生，天上少有，地下難尋。」

【天上神仙府，人間宰相家】

形容屋宇極其富麗堂皇。例進得門來，舉目四望，但見樓閣高聳，花木繁茂，好一座天上神仙府，人間宰相家。

【天上石麒麟】

見「天上麒麟」。

【天上天下，唯我獨尊】
見「天上地下，唯我獨尊」。
【天上無雙】
天上也沒有第二個。《紅樓夢》四三回：「雖不知名姓，想來自然是人間有一，天上無雙，極聰明清雅的一位姐姐妹妹了。」
【天上無雲不下雨，地上無人事不成】
指只有人手齊備，才能辦成事情。例天上無雲不下雨，地上無人事不成，可是我這兒吃飯的人多，做事的人少，你讓我怎麼辦呀？
【天上下雨地上滑，各自跌倒各自爬】
比喻自己的事自己做，自己的錯自己改。例人要活得有骨氣，不能遇事就求人。俗話說：「天上下雨地上滑，各自跌倒各自爬。」
【天上下雨地下流，小倆口吵架不記仇】
指年輕夫妻吵完架不會總記在心裏，就像下雨一樣，雨過天晴。例你們倆別再賭氣了。常言道：「天上下雨地下流。」小倆口吵架不記仇，哪能一吵架就彼此幾天不說話的？
【天上星多月不明，地上人多心不平】
人多了，意見便不會一致，就像星星多了，月亮就顯得昏暗一樣。例俗話說：天上星多月不明，地上人多心不平，我們的工作之一，就是要把大家結成一條繩，使大家心想到一處，勁使到一處。
【天上有，地下無】
形容十分罕見。例他也不知從哪裏弄來一個鬧鐘，那做工精細得無法形容，眞是個天上有，地下無的寶物。
【天神天將】
見「天兵天將」。
【天生地設】
見「天造地設」。
【天生天殺】
指自生自滅。漢・張良《陰符經》：「天生天殺，道之理也。」《周書・張元傳》：「若天生天殺，自然之理。」
【天生我材必有用】
老天既然生我這樣的人才，就一定有我施展才幹的地方。人只要有才幹，就一定能爲社會所用。唐・李白《將進酒》詩：「天生我材必有用，千金散盡還復來。」
【天生尤物】
尤：特殊的；物：人物。天生的特殊人物。多形容天生麗質的嫵媚女子。明・梅鼎祚《玉合記・砥節》：「看他雖是禪踪，自然冶態，正是那天生尤物，世不虛名。」
【天生羽翼】
兄弟之間的骨肉關係如同天然生長的羽翼一樣。《舊唐書・讓皇帝憲傳》：「朕每思服藥而求羽翼，何如骨肉兄弟天生之羽翼乎？」
【天時不如地利，地利不如人和】
天時：指節氣、氣候、時日、干支等情況，古人用兵前都要占卜，觀察吉凶，得天時才行動；地利：所處的地理形勢；人和：得人心。指戰爭的勝負主要取決於人心的向背。《孟子・公孫丑下》：「天時不如地利，地利不如人和。」
【天視自我民視，天聽自我民聽】
舊指上天的所見所聞來自人民的視聽。泛指應按照人民的願望行事。《兒女英雄傳》一六回：「分明是天理人情的一段公案。『天視自我民視，天聽自我民聽。』據此看去，明日的事，只怕竟有個八分成局哩！」
【天授地設】
見「天造地設」。
【天隨人願】
見「天從人願」。
【天孫雲錦】
天孫：織女星；雲錦：出自天工的錦繡。指精美鮮艷、巧奪天工的絲織品。清・陳春曉《武林樂府・擺嫁妝》：「天孫雲錦何輝煌，珊瑚七尺長復長。」也用來比喻詩文、繪畫等渾然天成、優美精妙。明・姜紹書《無聲詩史・周氏二女》：「得二女合作花鳥八幀以歸，余甚喜，急篝燈觀之，相與嘆賞，謂天孫雲錦，不是過也。」也作「**天機雲錦**」。宋・張炎《詞源・雜論》：「所以（周邦彥詞）出奇之語，以白石（姜夔）騷雅句法潤色之，眞天機雲錦也。」
【天塌不下來，地沉不下去】
比喻沒有什麼了不得的事。用以寬慰人不必過於擔心、害怕。例有本事就讓他去告去，他告到哪裏，咱們就奉陪到哪裏，反正天塌不下來，地沉不下去，誰怕誰？
【天塌了，還有撐天大漢哩】
比喻出了天大的事，自會有人承擔責任、解決問題。例你官不大，心操的倒不小。說實在的，天塌了，還有撐天大漢哩，這事哪輪到你操心了？也作「**天塌了有地接著**」。例這事兒有什麼好怕的？天塌了有地接著，有我在，保證你出不了問題。
【天塌了有地接著】
見「天塌了，還有撐天大漢哩」。
【天塌壓大家】
天塌下來人人都要承擔壓力。比喻普遍的災禍。《歧路燈》一〇三回：「現在火不順風，我們只得靜候。眞正火到咱店裏，那時開開後門，咱大家逃命，行李付之一燼，這叫『天塌壓大家』。」
【天堂有路不肯往，地獄無門自撞入】
比喻放棄好的前程，偏要往死路上走。明・戚繼光《練兵實紀・練膽氣》：「有功生還，登時富貴，何等是好！爾輩愚人，何不肯萬衆一心，一齊殺賊？所謂：『天堂有路不肯往，地獄無門自撞入。』」
【天外飛來】

天外：意想不到的地方。意想不到的事情突然到來。《紅樓夢》一〇一回：「告訴二奶奶，眞眞的我們這位爺行的事都是天外飛來的。」

【天外有天，山外有山】
比喻能人之外還有能人。例你的功夫確實不錯。但你也要知道，天外有天，山外有山，因此，遇事仍需謹愼小心。也作「天外有天，人外有人」。

【天王老子】
比喻極有權勢、地位的人。例既然下決心徹底淸查，那就不管是天王老子還是閻王、小鬼，一律都要淸查。

【天王下界】
天神降到人間。比喻極威嚴的官吏。《歧路燈》九五回：「若到鄕裏愚百姓家，便是天王下界，黑煞神臨凡一般。」

【天網恢恢】
天網：指天道；恢恢：廣大。《老子》七三章：「天網恢恢，疏而不失。」天道的網非常廣大，絕不會放過作惡的壞人。後指壞人逃不過法律的懲處。明・范受益《尋親記・懲惡》：「此人如果太奸豪，天網恢恢豈可逃！」也作「天網恢恢，疏而不漏」。《兒女英雄傳》一八回：「母親，父親，你二位老人家，可曾聽見那紀賊父子，竟被朝廷正法了？可見天網恢恢，疏而不漏！」也作「天道恢恢」。例天道恢恢，法律無情。只有徹底交代才有出路。

【天網恢恢，疏而不漏】
見「天網恢恢」。

【天無二日】
天上沒有兩個太陽。用來比喻一國不能有兩個君主。《元史・太祖本紀》：「天無二日，民豈有二主耶？」也作「天無二日，土無二王」。《禮記・曾子問》：孔子曰：『天無二日，土無二王，嘗禘郊社，尊無二上，未知其爲禮也。』」

【天無二日，人無二理】
人世間的公理只能有一個，就像天上的太陽不能有兩個一樣。例你以爲換個衙門你就能打贏這場官司？那是妄想。天無二日，人無二理，有理走遍天下，哪兒還不一樣？

【天無二日，土無二王】
見「天無二日」。

【天無絕人之路】
比喻終歸有擺脫困境的辦法。《兒女英雄傳》一九回：「天無絕人之路，幸而她一回手，要提那刀的時候，撈了兩撈，撈了個空。」

【天無寧日】
一天安寧的日子也沒有。例自從大嫂住到我們家之後，就天天和母親吵架，家中頓時變得天無寧日。

【天無時不風，地無時不塵，物無所不有，人無所不爲】
什麼人都有，人什麼事都幹得出來。淸・杜文瀾《古謠諺》卷五一引明・謝肇淛《五雜俎》：「京師閹豎多於縉紳，婦女多於男子，娼妓多於良家，乞丐多於商賈。諺曰：『天無時不風，地無時不塵，物無所不有，人無所不爲。』蓋盡人間不美之俗，不良之輩，而京師皆有之。」

【天吳紫鳳】
據《山海經》載：天吳乃八頭八足八尾的虎身人面水神；紫鳳爲鳥身人面九頭的神鳥。古代常以異怪禽獸形作服飾圖案。後指繪有異怪禽獸花紋的衣服。宋・陸游《自笑》詩：「平章春韭秋菘味，拆補天吳紫鳳圖。」明・朱夏《答程伯大論文》：「乃悉古書奇字而馴集鱗次焉，不幾於天吳紫鳳、顚倒裋褐也邪！」也作「紫鳳天吳」。

【天下本無事，庸人自擾之】
庸人：平庸的人；擾：攪擾；自擾：自己擾亂自己。指沒事找事，自己惹出麻煩來。元・陶宗儀《輟耕錄・松江之變》：「南村野史曰：『天下本無事，庸人自擾之，卓哉斯言也』」也作「天下本無事，庸人自召之」。淸・紀昀《閱微草堂筆記・如是我聞一》：「姚安公曰：『天下本無事，庸人自召之，其此公之謂乎？』」也作「庸人自擾」。

【天下本無事，庸人自召之】
見「天下本無事，庸人自擾之」。

【天下大變】
世界局勢發生重大變化。例第二次世界大戰結束後，天下大變，整個世界處在新的分化和轉折之中。

【天下大亂】
形容國家局勢極端動盪、混亂。《新五代史・馮道傳》：「當是時，天下大亂，戎夷交侵，生民之命，急於倒懸。」

【天下大事，必作于細】
細：細小的事。天下的大事，必定是從細小的事做起。《老子》六三章：「天下難事，必作於易；天下大事，必作于細，是以聖人終不爲大，故能成其大。」

【天下大勢，分久必合，合久必分】
天下的局勢，分裂時間長了就會趨於統一，統一時間長了又必定會出現分裂。後常用以形容社會局面的變化過程。《三國演義》一回：「話說天下大勢，分久必合，合久必分。」

【天下第一】
天下無雙，沒有誰能比得上。《後漢書・李忠傳》：「三公奏課，爲天下第一。」《後漢書・胡廣傳》：「遂察孝廉，既到京師，試以章奏，安帝以廣爲天下第一。」

【天下鼎沸】
鼎：古代三只腳的烹煮用器物；鼎沸：像鼎水一樣沸騰。天下似鼎中水沸騰。比喻形勢或人心動盪不安。三國・魏文帝《六代論》：「由是天下鼎沸，奸凶並爭，宗廟焚爲灰燼。」

【天下獨步】
世上獨一無二。《水滸全傳》五六回：「這徐寧的金槍法，鈎鐮槍法，端的是天下獨步。」

【天下歸心】

指全國各處人心歸附。《隋書・鄭譯傳》：「以公德望，天下歸心，欲求多福，豈敢忘也。」

【天下盡多意外事，天師亦有鬼迷時】

天師：指張道陵，首創天師道，世稱其爲天師，相傳其通使鬼法。指天下意料之外的事多得很，連張天師也有被鬼迷的時候。清・王有光《吳下諺聯》卷一：「『天下盡多意外事，天師亦有鬼迷時』。是以君子常防小人不遜。」

【天下老鴰一般黑】

鴰：ㄍㄨㄚ，烏鴉。比喻各地的壞人都一樣壞。例爲避敲詐，我才搬家到了這裏。誰知家還沒安頓好，就又有人上門來敲竹槓。眞是天下老鴰一般黑，避也避不及。也作「**天下老鴉一般黑**」。《魯迅書信集・致孫伏園》：「前幾天也頗有流言，正如去年夏天我在北京一樣，哈哈，眞是天下老鴉一般黑哉！」

【天下老鴉一般黑】

見「天下老鴰一般黑」。

【天下老，只向小】

所有做父母的，都對最小的兒女心存偏愛。例你最小，父母自然要偏愛一些，天下老，只向小嘛。

【天下沒有不散的筵席】

世上沒有不結束的酒席。比喻一切事情都會有終結。《古今小說》卷一：「古人云：『天下無不散的筵席』，才過十五元宵夜，又是清明三月天，陳大郎思想蹉跎了多時生意要得還鄉。」巴金《家》：「大家總是要散的，眞所謂『天下沒有不散的筵席』。」

【天下名器】

器：器具。天下珍貴的器具。《戰國策・秦策》：「臣聞周有砥厄，宋有結綠，梁有懸黎，楚有和璞，此四寶者，工之所失也，而爲天下名器」。

【天下模楷】

天下人的表率。《後漢書・黨錮傳》：「學中語曰：『天下模楷李元禮。』」

【天下莫敵】

見「天下無敵」。

【天下難事，必作於易】

天下困難的事，必定都從容易的事做起。指做事要循序漸進。《老子》六三章：「天下難事，必作於易；天下大事，必作於細，是以聖人終不爲大，故能成其大。」

【天下奇才】

天下少有的才華。形容才能出衆。《三國志・蜀書・諸葛亮傳》：「及軍退，宣王案行其營壘處所，曰：『天下奇才也。』」

【天下事逃不過一個理去】

指凡事都要講道理。例你別以爲有了權你就可以爲所欲爲。路不平，衆人踩，天下事逃不過一個理去。

【天下順治在民富，天下和靜在民樂】

百姓生活富裕，天下就好治理，百姓安居樂業，天下就太平、安定。明・王廷相《愼言・御民篇》：「天下順治在民富，天下和靜在民樂，天下興行在民趨於正。」

【天下雖安，忘戰必危】

天下雖然安定了，但如果忘了有戰爭爆發的可能性，那就很危險。用以告誡人們要居安思危，提高警惕，有備無患。唐・白居易《策林》：「天下雖興，好戰必亡；天下雖安，忘戰必危。」

【天下雖興，好戰必亡】

國家雖然興盛，但不可窮兵黷武，否則就會走向滅亡。唐・白居易《策林》：「天下雖興，好戰必亡；天下雖安，忘戰必危。」

【天下太平】

社會生活穩定，國泰民安。《呂氏春秋・大樂》：「天下太平，萬物安寧。」《宋史・岳飛傳》：「飛曰：『文臣不愛錢，武臣不惜死，天下太平矣。』」

【天下滔滔】

滔滔：大水氾濫。天下洪水氾濫。比喻社會動盪紛亂。《三國志通俗演義・趙子龍磐河大戰》：「方今天下滔滔，民有倒懸之危。」

【天下亡雙】

見「天下無雙」。

【天下爲公】

國家是公衆的，不是私有物。《禮記・禮運》：「大道之行也，天下爲公。」後用以表示政權爲民衆所有，當政者應爲民衆謀利益，爲百姓著想的政治態度。清・康有爲《大同書》乙部：「於是時，無邦國，無帝王，人人相親，人人平等，天下爲公，是謂大同，此聯合之太平世之制也。」

【天下爲家】

把國家當作自己的家。《禮記・禮運》：「今大道既隱，天下爲家。」《魏書・韓麒麟傳》：「君人者以天下爲家，不得有所私也。」也泛指處處都可以安家。例青年人應志在四方，以天下爲家。

【天下爲一】

表示國家統一。漢・荀悅《漢紀・武帝紀》：「今天下爲一，春秋之義，王者無外，偃修封域中，而辭以出境何也。」

【天下文宗】

指爲天下人所仰慕和推崇的文章家。《舊唐書・陳子昂傳》：「初爲《感遇詩》三十首，京兆司功王適見而驚曰：『此子必爲天下文宗矣！』由是知名。」

【天下無場外舉子】

舉子：經舉薦應試的士子。不進考場，就不會中舉。指要想取得成功就得親身去做。《鏡花緣》六回：「即如下界俗語言：『天下無場外舉子。』蓋未進場，如何言中？就如人事未盡，如何言得天命？」

【天下無敵】

天下無對手。形容本領高强。《莊子・說劍》：「臣之劍十步一人，千里不留行。王大悅之，曰：『天下無敵矣！』」《三國演義》六〇回：「張松曰：『某聞許都曹操，掃蕩中原，呂布、二袁皆爲所滅，近又破馬超，天下無敵矣』」。也作「**天下莫敵**」。《三國志・魏書・武帝紀》：「公破紹，天下莫敵矣。」

【天下無難事】

見「天下無難事，只怕有心人」。

【天下無難事，只怕有心人】

形容有志者能克服所有困難。《初刻拍案驚奇》卷一〇：「天下無難事，只怕有心人。此婦堅貞之性，數年以來，老僧頗識之。彼是不肯作浿語的。」也作「**天下無難事**」。例我們做事不要怕困難，只要以「天下無難事只怕有心人」自勉，就一定會成功。

【天下無雙】

世上沒有第二個。形容出衆超羣。《後漢書・黃香傳》：「遂博學經典，究精道術，能文章，京師號曰：『天下無雙，江夏黃童』。」也作「**天下亡雙**」。《漢書・李廣傳》：「李廣才氣，天下亡雙。」

【天下物無獨必有對】

天下的事物沒有獨立存在的，必然有與它成對或對立的東西。用以說明客觀事物都有其對立或統一的兩個方面。清・魏源《默觚・學篇十一》：「天下物無獨必有對。而又謂兩高不可重，兩大不可容，兩貴不可雙，兩勢不可同，重、容、雙、同必爭其功，何耶？有對之中，必一主一輔，則對而不失爲獨。」

【天下熙熙，皆爲利來；天下壤壤，皆爲利往】

壤：今通作「攘」。熙熙、攘攘：形容人聲鼎沸，人羣擁擠。人們奔波勞碌，都是爲謀生逐利。《史記・貨殖列傳》：「故曰：『天下熙熙，皆爲利來；天下攘攘，皆爲利往』。夫千乘之王，萬家之侯，百室之君，尚猶患貧，而況匹夫編戶之民乎！」

【天下興亡，匹夫有責】

對於國家存亡的大事，每個平民百姓都有責任。例天下興亡，匹夫有責，抗日戰爭爆發後，他毅然投筆從戎，轉戰南北，爲捍衛民族流盡了最後一滴血。

【天下匈匈】

見「天下洶洶」。

【天下洶洶】

洶洶：喧擾。形容社會動盪不定，百姓喧擾。《三國志・魏書・曹爽傳》：「天下洶洶，人懷危懼。」也作「**天下匈匈**」。《史記・高祖本紀》：「天下匈匈數歲，成敗未可知，是何治宮室過度也？」也作「**天下恟恟**」。宋・范仲淹《答趙元昊書》：「昔在唐末，天下恟恟，羣雄咆哮，日尋干戈。」

【天下恟恟】

見「天下洶洶」。

【天下衙門朝南開，有理無錢休進來】

形容官府腐敗，如不行賄賂，即使有理也辦不成事。例你窮得連鍋都揭不開了，還想到官府去告狀？你沒聽人說嗎：天下衙門朝南開，有理無錢休進來。

【天下一家】

原指一家的天下。後用來表示天下人如一家，相處和睦，同舟共濟。《禮記・禮運》：「故聖人能以天下爲一家，以中國爲一人者，非意之也。」也指國家統一。唐・獨孤及《趙郡李華中集序》：「當斯時，唐興百三十餘年，天下一家，朝廷尚文。」有時也表示只此一家，獨一無二。唐・李肇《國史補》卷上：「楊氏自楊震號爲關西孔子，葬於潼亭，至今七百年，子孫猶在閿鄉故宅，天下一家而已。」

【天下有道，則庶人不議】

國家政治清明，天下太平，老百姓就不會提出非議了。《論語・季氏》：「天下有道，則政不在大夫。天下有道，則庶人不議。」

【天下眞花】

對牡丹花的一種稱謂。宋・歐陽修《牡丹記序》：「花至牡丹則不名，直曰花，謂天下眞花獨牡丹耳。」

【天下之才】

才：才能。天下有傑出才能的人。《國語・齊語》：「夫管子天下之才也，所在之國，則必得志於天下。」

【天下之肥】

肥：富饒。天下繁榮、富饒。《孔子家語・禮運》：「百姓以睦相守，天下之肥也。」

【天下之望】

望：期望。天下人的期望。《三國志・魏書・武帝紀》：「持疑而不進，失天下之望」。

【天下之物，莫不有理】

天下的事物，都有一定的規律。宋・朱熹《四書集注・大學章句》：「蓋人心之靈，莫不有知；而天下之物，莫不有理。唯於理有未窮，故其知有不盡也。」

【天下之志】

志：心意。天下人的心意。《周易・同人》：「唯君子爲能通天下之志。」

【天下治亂係於用人】

係：關聯。國家治理得好或壞都與用人有密切關係。宋・范祖禹《唐鑑》卷一八：「天下治亂係於用人，明皇之政，昭焉可睹矣。」

【天香國色】

原指牡丹爲天下色香俱美的花，泛指艷麗的香花。後用以形容女子容貌美麗。宋・胡繼宗《書言故事・花木賞》：「牡丹曰天香國色。」宋・晁補之《次韻李秬賞花》：「天香國色竟新奇，初過清明未覺稀。」也作「**國色天香**」。

【天相吉人】

相：保佑。上天保佑吉善之人。明·施惠《幽閨記·兄弟彈冠》：「違和，天相吉人身痊可。卻望節飲食，休勞碌。」也作「**吉人天相**」。

【天曉得】

比喻無法知曉，難以理解、分辨。例幹得轟轟烈烈的一件事為什麼半途而廢，只有天曉得！也作「**天知道**」。例他的問題嚴重，沒想到審查了幾天就什麼事也沒有了，這裏面的文章只有天知道。

【天行健，君子以自強不息】

天行：天體運行，自然界的運動變化；健：強健，引申為不停息。自然界的運行周而復始，永不停息；君子應以此為榜樣，自強不息，奮鬥不止。用以勉勵人應為實現志向而奮發向上，永不止息。《周易·乾》：「天行健，君子以自強不息。」孔穎達疏：「萬物壯健，皆有衰怠，唯天運動，日過一度。蓋運轉混沒，未曾休息，故云天行健。」「君子以自強不息，此以人事法天所行，言君子之人，用此卦象，自強勉力，不有止息。」

【天行有常】

見「天行有常，不為堯存，不為桀亡」。

【天行有常，不為堯存，不為桀亡】

天：自然界；常：規律；堯：傳說中的上古聖君；桀：夏朝末代君主，相傳是個暴君。大自然的一切變化都有一定的常規，它不會因為堯的賢明而存在，也不會因為桀的暴虐而滅亡。指自然規律是客觀存在的，不以人的意志為轉移。《荀子·天論》：「天行有常，不為堯存，不為桀亡。應之以治則吉，應之以亂為凶。」

【天懸地隔】

形容事物之間有很大懸殊。《紅樓夢》五五回：「眞眞一個娘肚子裏跑出這樣天懸地隔的兩個人來。」也作「**天地懸隔**」。《五燈會元·三祖僧璨大師》：「毫釐有差，天地懸隔。」

【天旋地轉】

天地旋轉。指有眩暈之感。也比喻時局發生了重大的變故。唐·元稹《望雲騅馬歌》：「天旋地轉日再中，天子卻坐明光宮。」《水滸傳》二七回：「那兩個公人只見天旋地轉，噤了口，望後撲地便倒。」也作「**天旋日轉**」。唐·白居易《長恨歌》：「天旋日轉回龍馭，到此躊躇不能去。」也作「**天轉地轉**」。例姊姊素來有貧血的毛病，每次蹲踞過久再站立，頭腦就一陣昏眩，產生天旋地轉的感覺。

【天旋日轉】

見「天旋地轉」。

【天涯比鄰】

比：挨著。唐·王勃《送杜少府之任蜀州》詩：「海內存知己，天涯若比鄰。」相隔遙遠，卻如近鄰。形容深厚友誼。也作「**天涯知己**」。明·徐開任《送仲兄司理邵陵》：「丈夫不灑離別淚，天涯知己若同氣。」

【天涯地角】

形容偏遠之地或相隔甚遠。唐·李商隱《臨發崇讓宅紫薇》詩：「天涯地角同榮謝，豈要移根上苑栽。」宋·晏殊《玉樓春·春恨》詞：「天涯地角有窮時，只有相思無盡處。」也作「**天涯海角**」。宋·王十朋《懷子尚》詩：「水北山南春寂寂，天涯海角路漫漫。」也作「**天涯海際**」。唐·王勃《采蓮賦》：「蓬飄梗逝，天涯海際。」也作「**海角天涯**」、「**地角天涯**」。

【天涯海際】

見「天涯地角」。

【天涯海角】

見「天涯地角」。

【天涯何處無芳草】

天涯廣闊，哪裏沒有芳草呢？後用以比喻世間到處都有朋友。宋·蘇軾《蝶戀花》詞：「枝上柳綿吹又少，天涯何處無芳草。」

【天涯知己】

見「天涯比鄰」。

【天要落雨，娘要嫁人】

寡婦要嫁人，就如同天要下雨，誰也阻攔不了。比喻事物發展不由人的意志。清·王有光《吳下諺聯》卷二：「『天要落雨，娘要嫁人。』天，純陽無陰，要落雨則陽之求陰也。娘，孤陰無陽，要嫁人則陰之求陽也。如矢赴的，如漿點腐，其理如是，其勢如是。」

【天要下雨，娘要嫁人——管不著】

娘：指寡婦。見「天高皇帝遠——管不著」。

【天要下雨，娘要嫁人——奈何不得】

也作「**天要下雨，娘要嫁人——無可奈何**」。見「霸王別姬——無可奈何」。

【天要下雨，娘要嫁人——由不得人】

比喻事情不由人願。例你的心情是可以理解的，可是天要下雨，娘要嫁人——由不得人，想挽回這件事是不可能的。也作「**男大當婚，女大當嫁——由不得人**」。

【天也許下了半邊】

許：許願。指人因窘急而求告時，多大的願也許。例當初他求我時，天也許下了半邊；此時他得了勢，倒翻臉不認人了，眞不是東西。

【天衣無縫】

比喻事物完美無缺。多形容詩文渾然天成，無雕琢之痕。《孽海花》五回：「唐卿兄挖補手段，眞是天衣無縫。」

【天有不測風雲】

見「天有不測風雲，人有旦夕禍

福」。

【天有不測風雲，人有旦夕禍福】

人的禍福如變化無常的天氣，無法意料。《紅樓夢》一一回：「『天有不測風雲，人有旦夕禍福』，這點年紀，倘或因這病上有個長短，人生在世，還有什麼趣兒呢！」也作「**天有不測風雲，人有暫時禍福**」。《西遊記》一〇回：「『天有不測風雲，人有暫時禍福。』你怎麼就保得無事？」也作「**天有不測風雲**」。

【天有不測風雲，人有暫時禍福】

見「天有不測風雲，人有旦夕禍福」。

【天有時刻陰晴，人有三回六轉】

指人的生活道路是曲折的，就如天氣陰晴不斷變化著一樣。例遇到這種事，你要想開些，俗話說：「天有時刻陰晴，人有三回六轉。」誰敢說你沒有出頭的一日。

【天有眼】

見「天開眼」。

【天牖其衷】

見「天誘其衷」。

【天誘其統】

見「天誘其衷」。

【天誘其衷】

衷：內心思想。上天誘導他，開導他的思路。《左傳・僖公二十八年》：「天禍衛國，君臣不協，以及此憂也。今天誘其衷，使皆降心以相從也。」也作「**天牖其衷**」。清・顧炎武《與人書》：「區區自矢，不惜以一簣障江河，天牖其衷，事果得白。」也作「**天誘其統**」。《史記・外戚世家》：「大臣征之，天誘其統，卒滅呂氏。」也作「**天啟其衷**」。三國魏・曹植《責躬詩》：「天啓其衷，得會京畿。遲奉聖顏，如渴如饑。」

【天與弗取，反受其咎】

咎：禍害。謂天賜良機若不抓住，反而會遭禍害。《史記・越王勾踐世家》：「謀之二十二年，一旦而棄之，可乎？且夫『天與弗取，反受其咎』，『伐柯者其則不遠』，君忘會稽之厄乎？」

【天與人歸】

與：幫忙。上天幫忙，人心歸屬。《孟子・萬章上》：「天與之，人與之。」《三國演義》六〇回：「不若乘此天與人歸之時，出其不意，早立基業，實為上策。」

【天雨粟，馬生角】

天上落粟，馬頭上長角。比喻不可能發生的事。《史記・刺客列傳》：「太史公曰：世言荊軻，其稱太子丹之命，『天雨粟，馬生角』也，太過。」

【天淵之別】

淵：深潭。高天和深潭的差別。形容差別很大。清・嘿生《玉佛緣》六回：「二人住了這個軒敞潔淨的房子，覺得比客棧有天淵之別，如何不樂？」

【天緣湊合】

指天賜的機緣使人正巧碰到一塊。《紅樓夢》六三回：「如今遇見姐組，眞是天緣湊合，求姐姐指教。」也作「**天緣湊巧**」。《鏡花緣》八回：「舅兄恰有此行，眞是天緣湊巧。萬望攜帶攜帶。」也作「**天緣巧合**」。清・吳璇《飛龍全傳》五〇回：「這夫妻兩口兒，眞是天緣巧合，分外恩勤。」也作「**天緣奇遇**」。清・孔尚任《桃花扇・棲眞》：「無意之中，尋門尋宿，偏撞著卞玉京做了這葆眞庵主，這也是天緣奇遇。」

【天緣湊巧】

見「天緣湊合」。

【天緣奇遇】

見「天緣湊合」。

【天緣巧合】

見「天緣湊合」。

【天災地變】

天降下的災害，地面發生的變異。《魏書・崔浩傳》：「比年以來，天災地變，都在秦涼。」也作「**天災地孽**」。《隋書・高祖紀下》：「天災地孽，物怪人妖，衣冠鉗口，道路以目」。也作「**天災物怪**」。《明史・王家屏傳》：「天災物怪，罔徹宸聰，國計民生，莫關聖慮。」

【天災地孽】

見「天災地變」。

【天災人禍】

自然災害與人為災禍。謝覺哉《艱險拿來足踩平》：「戰勝一切天災人禍，走向獨立富強道路。」也用作咒罵語，意為害人精。《儒林外史》二〇回：「匡超人洗了臉，走進去見丈母，被丈母敲桌子，打板凳，哭著一場數說：『總是你這天災人禍的，把我一個嬌滴滴的女兒生生的送死了！』」

【天災物怪】

見「天災地變」。

【天造地設】

自然形成而合乎理想。也指事物配置得自然而得體。宋・陸游《南園記》：「其地實武林之東麓，而西湖之水匯於其下，天造地設，極湖山之美。」也作「**天授地設**」。宋・李格非《洛陽名園記・水北胡氏園》：「天授地設，不待人力而巧者，洛陽獨有此園耳。」也作「**天生地設**」。《紅樓夢》五七回：「看他二人，恰是一對天生地設的夫妻。」

【天眞爛漫】

見「天眞爛熳」。

【天眞爛縵】

見「天眞爛熳」。

【天眞爛熳】

爛熳：自然純眞。形容心地純眞、坦率自然的樣子。宋・龔開《高馬小兒圖》詩：「此兒此馬俱可憐，馬方三尺兒未冠。天眞爛熳好容儀，楚楚衣裳無不宜。」也作「**天眞爛漫**」。《聊齋志異・李八缸》：「月生又天眞爛漫，不較錙銖。」也作「**天眞爛縵**」。茅盾《虹》：「她那種搶先說話的脾氣、頑皮的舉動，處處都露出天眞爛縵。」也作「**爛漫天眞**」。

【天眞無邪】

多形容少年、兒童心地純眞、善良。例她是一個還沒有入世的、天眞無邪的女孩子。

【天震地駭】

使天地震驚。形容聲勢浩大，氣勢雄偉。《三國志・魏書・文帝紀》裴松之注：「唯黃初七年五月七日，大行皇帝崩，嗚呼哀哉！于時天震地駭。」也作「**震天駭地**」。

【天之驕子】

上天所驕縱的寵兒。漢時匈奴人自稱爲「天之驕子」。泛指北方邊境地區强大的少數民族。現指能力超羣、有特殊貢獻的人。《漢書・匈奴傳上》：「胡者，天之驕子也。」梁啟超《世界末日記》：「當時之宗敎家、政治家、經濟家侈然以爲永久宏大之榮華幸福，集於彼等，器然以天之驕子自命。」

【天知地知】

天地都知道。比喩人人知道。也指別人都不知道。元・楊梓《敬德不伏老》三折：「你須知咱名諱，盡忠心天知地知。」元・高栻《集賢賓・怨別》曲：「到如今怨他誰，這煩惱則除是天知地知。」

【天知地知，你知我知】

事情除天地你我外，無人知曉。例這件事是天知地知，你知我知，再不能讓外人知道，否則後果不堪設想。

【天誅地滅】

誅：殺死。形容罪大惡極爲天下所不容。常用作賭咒語。《水滸傳》四五回：「如有毫釐昧心，天誅地滅。」《紅樓夢》四七回：「我要日久變心，告訴人去的，天誅地滅。」也作「**天地誅滅**」。《水滸》四四回：「且收過了這本明白帳目。若上面有半點私心，天地誅滅！」也作「**地滅天誅**」。

【天轉地轉】

見「天旋地轉」。

【天姿國色】

國色：一國最美的女子。形容女性容貌美麗。元・王實甫《西廂記》一本一折：「這是河中開府崔相國的小姐，世間有此等之女，豈非天姿國色乎！」也作「**國色天姿**」。

【天子不差餓兵】

就是皇帝也不能讓人餓著肚子去辦事。謂差人辦事也得先讓人吃飽肚子。例有什麼事，吃完了飯再說。天子不差餓兵。也指先給足了報酬才給辦事。例有道是天子不差餓兵，如今大家都得不到應得的報酬，誰會替你賣命啊？你得先把這些人打點得心滿意足了，他們才肯替你出力呢。

【天子犯法，與庶民同】

不管地位多高的人，只要犯了法，就要和老百姓一樣依法論刑。例別以爲你手中有權，就可以爲所欲爲了，有道是「天子犯法，與庶民同」，只要我抓到證據，不怕你不低頭。

【天子門生】

皇帝親自錄取的考生。也指殿試第一名的考生。宋・岳珂《桯史・天子門生》：「卿乃聯自擢，秦檜日薦士，曾無一言及卿，以此知卿不附權貴，眞天子門生也。」

【天子門下有貧親】

誰家都會有窮親戚，不應嫌棄。例他如今有了錢，竟連親戚也不肯認了。天子門下有貧親，認了窮親戚，難道他就會矮人一頭不成？

【天子無戲言】

戲言：隨便說出的話。形容君主說話謹愼，不隨便。《呂氏春秋・重言》：「天子無戲言。天子言則史書之，工誦之，士稱之。」

【天字第一號】

舊時常用南朝周興嗣所編《千字文》的字序作編序號，而《千字文》首字爲「天」。後借指頭等重要或突出的人或事。例他看上去倒是很體面的，但你要是跟他熟了，你就會看淸他其實是個天字第一號的大壞蛋。

【天縱多能】

指上天使他發展成爲才能超凡的人。《論語・子罕》：「太宰問於子貢曰：『夫子聖者與？何其多能也？』子貢曰：『固天縱之將聖，又多能也。』」也作「**天縱之英**」。《周書・武帝紀上》：「稟純和之氣，挺天縱之英。」南朝梁・劉勰《文心雕龍・時序》：「高祖尚武……詩書未遑，然《大風》《鴻鵠》之歌，亦天縱之英作也。」也作「**天縱之才**」。唐・慧立《大慈恩寺三藏法師傳》：「法師從容辯釋……莫不人人喪轍，解頤虔伏，稱爲此公天縱之才，難酬對也。」

【天縱之才】

見「天縱多能」。

【天縱之英】

見「天縱多能」。

【天作孽，猶可違；自作孽，不可逭】

孽：災禍；逭：ㄏㄨㄢˋ，逃避。自然界出現的災難，還可以設法免除；自己造成的災禍，就無法逃避。《尙書・太甲》：「天作孽，猶可違；自作孽，不可逭。」原是商朝國君太甲痛恨過失而自責的話。後指人自作自受，理應承受惡果。

【天作之合】

天意撮合成的配偶。多用來稱頌美滿婚姻。《詩經・大雅・大明》：「文王初載，天作之合。」《歧路燈》一〇七回：「即如薛甥女之資德，及簣初侄之美材，我千斟萬酌，看的至當，直是天作之合。」也作「**天公作合**」。《醒世恆言》卷七：「風伯爲媒，天公作合。」

【添兵減灶】

戰國時，齊將孫臏曾以表面減少飯灶，暗中增加兵力的戰術迷惑韓將龐涓而取勝，見《史記・孫子吳起列傳》。後指以僞裝離散兵力，迷惑敵人的戰術。元・無名氏《百花亭》二折：「則你是添兵減灶齊孫臏，喚雨呼風蜀武侯，將巧計親傳授。」

【添的言添不的錢】
除了能幫著說幾句話以外不能幫上別的什麼忙。例我們都是極同情您的。只是位卑人窮，添的言添不的錢，幫不上什麼大忙。

【添糧不如減口】
增加糧食不如減少人口。比喻必須從根本上解決困難。《歧路燈》七六回：「自古云，添糧不如減口。他們又不願跟咱，不如善善的各給他們幾句好話，打發他們出去。」

【添一只拳頭四兩力】
多一個人便多一份力量。例他個頭雖小，打個下手什麼的還行，就讓他也跟著一起幹吧，添一只拳頭四兩力。

【添枝加醋】
見「添枝加葉」。

【添油加葉】
在樹枝上增加枝葉。比喻誇大事實或在原有事實基礎上編造細節。例別相信小王說的話，他總是喜歡在原有的事實上添油加葉一番。也作「添枝接葉」。宋・朱熹《答黃子耕》：「生出重重障礙，添枝接葉無有了期」。也作「添油加醋」。例我照事實說，絕不添油加醋。

【添枝接葉】
見「添枝加葉」。

【添磚加瓦】
為集體增加一塊磚，一片瓦。比喻貢獻出微薄之力。例要成就繁榮我國經濟建設，要靠我們每個人添磚加瓦。

ㄊㄧㄢˊ

【田夫野老】
田野間的農夫和年老者。舊時泛指老百姓。《宋史・蘇軾傳》：「軾與田夫野老，相從溪山間。」

【田父可坐殺】
田父：農夫。即便壯如農夫，成天坐著不動，也會坐死的。指人要多運動。《列子・楊朱》：「周諺曰：田父可坐殺。晨出夜入，自以性之恆；啜菽茹藿，自以味之極。肌肉粗厚，筋節䠞急，一朝處以柔毛綈幕，薦以粱肉蘭橘，心痟體煩，內熱生病矣。」

【田父獻曝】
《列子・楊朱》：「宋國有田夫，常衣縕黂，僅以過冬。暨春東作，自暴於日，不知天下之有廣廈隩室，綿纊狐狢。顧謂其妻曰：『負日之暄，人莫知者，以獻吾君，將有重賞。』」後以「田父獻曝」比喻微薄之物。常用於向人獻計、獻物的歉詞。也作「野人獻日」。

【田父之獲】
《戰國策・齊策三》：「韓子盧者，天下之疾犬也。東郭逡者，海內之狡兔也。韓子盧逐東郭逡，環山者三，騰山者五，兔極於前，犬廢於後，犬兔俱罷，各死其處。田父見之，無勞倦之苦，而擅其功。」後以「田父之獲」比喻自己沒有勞累辛苦卻輕易取得別人勞動的成果。《三國演義》三三回：「若迷而不返，則是韓盧、東郭自困於前，而遺田父之獲也。」

【田埂上的豆子——一路】
南方的田埂兩邊，都種滿了蠶豆、青豆等。順著這樣的田埂走，一路都是豆子。雙關語，比喻同走一條路。例他們同住一條街，上工也是田埂上的豆子——一路，所以非常熟悉。

【田埂上修豬圈——肥水不落外人田】
比喻為自己考慮和著想，或好處不讓別人沾。例你說得好聽，為集體著想，我看還不是田埂上修豬圈——肥水不落外人田，全為著自己一家子。也作「自留地裏撒尿——肥水不落外人田」。

【田間的老鼠——嘴尖牙利】
雙關語，比喻人嘴巴厲害、話語尖刻。例這個人是隻田間的老鼠——嘴尖牙利，說話就傷人，誰都不愛理他。

【田裏的菩薩魚——沒見過大江河】
菩薩魚：南方田溝裏的小雜魚，身有紅、綠或紅白相間的條斑，雄魚好鬥，也叫鬥魚。見「井底下的青蛙——沒見過大世面」。

【田裏的莊稼——土生土長】
比喻在當地生長。例他是田裏的莊稼——土生土長，對那裏的情況非常熟悉。

【田裏蚯蚓——滿肚疑（泥）】
疑：「泥」的諧音。比喻人多疑。例這個人是田裏蚯蚓——滿肚疑(泥)，誰都不信任，只信任他自己。

【田連仟佰】
見「田連阡陌」。

【田連阡陌】
阡陌：田間小路。南北向為阡，東西向為陌。指田野廣闊。《二刻拍案驚奇》卷二二：「公子田連阡陌，地占半州，足跡不到所在，不知多少」。也作「田連仟佰」。《漢書・食貨志》：「富者田連仟佰，貧者亡立錐之地。」

【田螺走上旗杆頂——唯我獨尊】
見「花貓蹲在屋脊上——唯我獨尊」。

【田是主人，人是客】
指田地不變，主人常換。明・談修《呵凍漫筆》卷上：「諺云：『田是主人，人是客』。自天地開闢以來，此田此地，賣者買者，不知曾經幾千百人，而後傳至於我，我今得之，子孫縱賢而能守，能必其世世相承千百年而不失乎？」

【田鼠走親戚——土裏來，泥裏去】
比喻在簡陋而艱苦的環境中奔波、生活。例這些年來，他為了全家的生活，就像田鼠走親戚——土裏來，泥裏去，辛苦極了。

【田頭訓子——言傳身教】
指既傳授講解，又以身作則。例他在教育上獲得成功的原因，主要是採取了田頭訓子——言傳身教的辦法。

【田野自甘】
三國魏·曹植《乞田賦》：「乞賜城內及城邊好田，臣雖生自至尊，然心甘田野，性樂稼穡。」後以「心甘田野」、「田野自甘」指心甘情願在鄉下務農。多表現安貧守志的情操。

【田有封洫】
封洫（ㄒㄩˋ）：邊界溝渠。田地有邊界和溝渠。比喻事物之間有明顯界限。《左傳·襄公三十年》：「子產使都鄙有章，上下有服，田有封洫，廬井有伍。」

【田月桑時】
《南齊書·竟陵文宣王子良傳》：「且田月向登，桑時告至，士女呼嗟，易生噂議，棄民從欲，理未可安。」後以「田月桑時」指耕種、採桑餵蠶的農忙季節。

【田則不漁】
田：打獵。田獵時不捕魚。比喻做事用心專一。《淵鑑類函·魚·四》：「君子田則不漁。」

【恬不為恥】
見「恬不知恥」。

【恬不為怪】
恬：安然。對不正常的現象不以為奇怪，安然處之。《聊齋志異·江城》：「聞門對鉦鼓，輒握發出，憨然引眺，千人指視，恬不為怪。」也作「恬不知怪」。《明史·海瑞傳》：「執一二之不當，疑千百之皆然，陷陛下於過舉，而恬不知怪。諸臣之罪大矣。」也作「恬而不怪」。《漢書·賈誼傳》：「至於俗流失，世壞敗，因恬而不知怪。」《漢書·禮樂志》：「至於風俗流溢，恬而不怪。」

【恬不為意】
安然處之，不以為意。《東周列國志》四四回：「白乙領命而行，心下又惶惑，又淒楚。唯孟明自恃才勇，以為成功可必，恬不為意。」

【恬不知恥】
有了過失不知羞恥，反而安然處之。宋·呂祖謙《東萊博議·衛禮至殺邢國子》：「衛禮至行險，僥倖而取其國，恬不知恥，反勒其功於銘，以章示後。」也作「靦不知恥」。例陳科長在公司發行貪污、賄賂之能事，眞是一個靦不知恥的傢伙。也作「恬不為恥」。清·酌元亭主人《照世杯·百和坊將無作有》：「縣令痛惡，遣役投帖送下程。遊客恬不為恥，將下程全收。」也作「恬然不恥」。唐·馮贄《雲仙雜記》：「倪芳飲後，必有狂怪，恬然不恥。」

【恬不知怪】
見「恬不為怪」。

【恬淡寡欲】
安於純樸、寧靜的生活，鄙棄世俗。宋·曾鞏《徐幹中論目錄序》：「魏文帝稱幹懷文抱質，恬淡寡欲，有箕山之志。」也作「恬淡無欲」。漢·王充《論衡·道虛》：「世或以老子之道為可以度世，恬淡無欲，養精愛氣。」

【恬淡無為】
安於純樸、寧靜的生活，一切順應自然，無所營求。郭沫若《莊子的批判》：「他理想的恬淡無為，也被盜竊了，成為二千多年來的統治階層的武器。」

【恬淡無欲】
見「恬淡寡欲」。

【恬而不怪】
見「恬不為怪」。

【恬然不恥】
見「恬不知恥」。

【恬然自得】
安靜舒適、非常滿足的樣子。唐·駱賓王《與博昌父老書》：「野老清淡，恬然自得。」

【甜酒攙豆油——不是味兒】
豆油：〈方〉醬油。也作「甜酒攙豆油——不對味」。見「茅廁裏啃香瓜——不對味」。

【甜酒裏兌水——親（清）上加親（清）】
見「吃稀飯泡米湯——親（清）上加親（清）」。

【甜酸苦辣】
見「酸甜苦辣」。

【甜糖抹在鼻頭上，只聞得香卻舔不着】
比喻想得到的東西近在咫尺，卻難到手。例我們公司說要分配員工宿舍，可是拖了兩年還兌不了現，眞是「甜糖抹在鼻頭上，只聞得香卻舔不著」。

【甜言美語】
見「甜言蜜語」。

【甜言美語三冬暖，惡語傷人六月寒】
聽到甜美的話語，即使在嚴冬裏也會感到溫暖；而傷人的惡語，會使人在炎熱的夏季也感到心寒徹骨。

【甜言媚語】
見「甜言軟語」。

【甜言蜜語】
話語如蜜一樣甜美。比喻為哄騙或討人喜歡而說的奉承話。《醒世恆言》卷三六：「卞福坐在旁邊，甜言蜜語，勸了一回。」《何典》六回：「遇有燒香娘娘到來，便留進私房，用甜言蜜語誘引他上當。」也作「甜言美語」。《敦煌變文集·捉季布傳文》一：「季布得知心裏怕，甜言美語卻安存。」也作「甜語花言」。明·孫梅錫《琴心記·勉撥房貲》：「你風流惹下淒涼運，那甜語花言心口全然不應。」也作「甜嘴蜜舌」。《紅樓夢》三五回：「玉釧兒道：『吃罷，吃罷，你不用和我甜嘴蜜舌的了，我可不信這樣話。』」

【甜言軟語】
甜蜜、溫存的話。宋·郭應祥《西江

月・席間次潘文叔韻》詞：「試問甜言軟語，何如大醉高吟？杯行若怕十分深，人道對花不飲。」也作「**甜言媚語**」。《初刻拍案驚奇》卷二：「滴珠嘆了一口氣，縮做一團，被吳大郎甜言媚語，輕輕款款，扳將過來。」

【甜語花言】
見「甜言蜜語」。

【甜嘴蜜舌】
見「甜言蜜語」。

【塡溝壑】
指人死後被土葬。例老爺子怕火葬，總叨叨著死後願塡溝壑。

【塡海移山】
比喻人氣魄雄偉、力量巨大。例李總裁在政商界均有豐富人脈，做起事情來頗有塡海移山之勢。也作「**移山塡海**」。

【塡海之志】
形容有雄心壯志。《太平御覽・羽族部・精衛》：「《述異記》曰：『昔炎帝女溺死東海中，化爲精衛，其鳴自呼，每銜西山木石，以塡東海，怨溺死故也。』」

【塡街塞巷】
形容人多。《三國演義》二九回：「百姓觀者，塡街塞巷。」

【塡坑滿谷】
塡滿土坑山谷。形容數量很多。漢・司馬相如《上林賦》：「佗佗藉藉，塡坑滿谷，掩平彌澤。」

【塡窟窿】
比喻塡補虧空、虧欠。例他們見查帳的要來了，馬上東挪西借塡窟窿。

【塡鴨的嗉子——鼓鼓囊囊】
嗉（ㄙㄨˋ）子：鳥食道下部的消化器官，像個袋子，用以儲存食物。見「老太太的包袱——鼓鼓囊囊」。

ㄊㄧㄢˇ

【忝顏偷生】
雖然有辱臉面，卻還要苟且地活著。常作謙詞。清・孔尚任《桃花扇・拜壇》：「弟愚不才，忝顏偷生。」

【靦不知恥】
見「恬不知恥」。

【靦然人面】
形容人不知羞恥地活著。《國語・越語下》：「范蠡曰：『余雖靦然而人面哉，吾猶禽獸也。』」

【靦顏人世】
見「靦顏天壤」。

【靦顏天壤】
靦：厚著臉皮。形容一個人厚著臉皮活在世間。《晉書・郗鑑傳》：「豈可偷生屈節，靦顏天壤邪！」也作「**靦顏人世**」。《聊齋志異・蓮香》：「如有醫國手，使妾得無負郎君，便當埋首地下，敢復靦顏（於）人世耶！」

【舔屁股】
指低三下四地討好、巴結別人。例這傢伙爲了升官發財，在困難當頭時竟給鬼子舔屁股，當上了漢奸。

【舔碗邊】
比喻依附他人，分享殘羹剩飯。例他現在好慘哪，只能跟人家舔碗邊。

ㄊㄧㄥ

【聽壁腳】
指偷聽別人說話。例你老愛聽壁腳，你不覺得丟人嗎？也作「**聽牆根**」。例愛嚼舌根說三道四的人，誰見誰討厭。

【聽而不聞】
聞：聽見。如同沒聽見一樣。指對事情漠不關心。《禮記・大學》：「心不在焉，視而不見，聽而不聞，食而不知其味。」《鏡花緣》九〇回；「這個大家都知，就只再芳姐姐一心只想學課，只怕是聽而不聞。」

【聽而無聞，視而無見】
形容對聽到的和見到的事情毫不關心。《鶡冠子・度萬八》：「知無道，上亂天文，下滅地理，中絕人和，治漸終始，故聽而無聞，視而無見，白晝而暗，有義而失謚。」

【聽風聲】
打聽消息。例出國名單批下來了，他到處聽風聲，想知道自己在不在名單內。

【聽風聽水】
傾聽風聲和水聲。指欣賞自然景色。唐・王建《霓裳辭》：「弟子部中留一色，聽風聽水作霓裳。」

【聽話聽音，刨樹刨根】
聽人說話要領會對方的眞正意圖。例聽話聽音，刨樹刨根，你聽出來沒有，廠長今天的發言，話裏有話。

【聽見風就是雨】
形容捕風捉影，竭力誇大事實。《紅樓夢》五七回：「也沒見我們這位呆爺，聽見風就是雨，往後怎麼好！」

【聽見貓叫身子抖——膽小如鼠】
形容膽量很小。例他是一個聽見貓叫身子抖——膽小如鼠的人，派去做偵察工作不合適。

【聽君一夕話，勝讀十年書】
聽了您一晚上的話，勝過十年讀書所獲。指與對方談一次話，就受到了很大的教益。例先生今晚所談，都是我聞所未聞的，確實獲益非淺，眞是聽君一夕話，勝讀十年書。也作「**聽君一席話，勝讀十年書**」。

【聽命由天】
見「聽天由命」。

【聽命於天】
見「聽天由命」。

【聽其所爲】
見「聽之任之」。

【聽其言而觀其行】
聽了他所說的話，還要觀察他的行動是否言行一致。《論語・公冶長》：「子曰：『始吾於人也，聽其言而信其行；今吾於人也，聽其言而觀其行。』」

【聽其自便】
聽憑人家按自己的方便行事。《新編

五代史平話·晉史》卷下：「國家多事，未能爲百姓做主，又禁他避死求生，徒增百姓之怨，不若聽其自便。」

【聽其自然】

聽憑自由發展，不加干預。清·李漁《閒情偶寄·聲容部·習技第四》：「若止在曲中正字，他處聽其自然，則但于眼下依從，非久復成故物。」

【聽人穿鼻】

穿鼻：牛鼻子穿上桊。指任憑別人擺佈，毫無主見。《南史·張弘策傳》：「徐孝嗣才非柱石，聽人穿鼻。」

【聽書掉眼淚——替古人擔憂】

見「看《三國》掉淚——替古人擔憂」。

【聽天任命】

見「聽天由命」。

【聽天由命】

主觀不努力，聽憑命運安排。《老殘遊記》二回：「我教你個好法子，你拿手絹子把眼捂上，死活存亡，聽天由命去罷。」也作「**聽天任命**」。《孔叢子·鶚賦》：「聽天任命，慎厥所修。」也作「**聽命由天**」。鄭振鐸《桂公塘》：「『揚州要殺丞相怎樣辦呢？且莫送入虎口。』『不，莫管我，且聽命由天。』」也作「**聽命於天**」。鄭振鐸《桂公塘》：「『相公不可到揚州去。還是向他處去好。』『只好聽命於天，向揚州去。』」

【聽微決疑】

從細微之處聽察，決斷疑案。《史記·循吏列傳》：「公以臣能聽微決疑，故使爲理。」

【聽之任之】

聽任其自己發展，不加干涉。端木蕻良《曹雪芹》二〇章：「此等逆跡種種，豈可聽之任之。」也作「**聽其所爲**」。《史記·越王句踐世家》：「至則進千金於莊生所，聽其所爲，愼無與爭事。」

ㄊㄧㄥˊ

【廷爭面折】

折：駁斥。指在朝廷上據理力爭，當面駁斥。《晉書·潘岳傳》：「雖廷爭面折，猶將祈請而求焉。」也作「**面折廷爭**」。

【亭台樓閣】

泛指園林中的各種建築物。《兒女英雄傳》一回：「雖然算不上大園庭，但亭台樓閣，樹木山石，卻也點綴結構得幽雅不俗。」

【亭亭而立】

見「亭亭玉立」。

【亭亭玉立】

亭亭：聳立的樣子。形容少女潔白美麗、體態修長。例多年不見，沒想到十年前還含著奶嘴的小女孩，現在已長成一位亭亭玉立的美少女了。也形容秀麗挺拔的花木。例這片花園裏，種植了各式各樣的花朵，萬紫千紅，亭亭玉立好不令人著迷。也作「**亭亭而立**」。《北齊書·徐之才傳》：「自云初見空中有五色物，稍近，變成一美婦人，去地數丈，亭亭而立。」

【亭子裏談心——講風涼話】

比喻散布冷言冷語。例有的人吃飽了沒事幹，成天就是亭子裏談心——講風涼話。

【停瞋息怒】

瞋：ㄔㄣ，發怒時睜大眼睛。指停息惱怒。元·無名氏《合同文字》三折：「告大人停瞋息怒，聽小人從頭剖訴。」

【停工待料】

因等待原料而暫停工作。《北洋軍閥統治時期史話》六八章：「五月十五日，上海日本第七紗廠停工待料。」

【停妻再娶】

指重婚。《兒女英雄傳》二三回：「何況這停妻再娶的勾當……如何肯作？」

【停辛佇苦】

佇：久立。形容歷盡艱辛。唐·李商隱《河內》詩：「梔子交加香蓼繁，停辛佇苦留待君。」

【停雲落月】

晉·陶潛《停雲詩序》：「停雲，思親友也。」唐·杜甫《夢李白》詩：「落月滿屋梁，猶疑照顏色。」後用「停雲落月」來抒發對親友的思念之情。

【停滯不前】

停下來，不再前進。梁啓超《生計學學說沿革小史》：「凡百學問，莫不發源於上古，而或則逐漸發達，或則停滯不前，彼停滯焉者，必有爲之阻力者也。」

【渟膏湛碧】

渟：積水。形容積水如膏、清澈碧綠。明·文徵明《玉女潭山居記》：「潭在山半深谷中，渟膏湛碧，瑩潔如玉。」

ㄊㄧㄥˇ

【挺而走險】

見「鋌而走險」。

【挺然不羣】

指超出一般，與衆不同。《晉書·劉毅傳》：「方正亮直，挺然不羣。」

【挺身獨出】

見「挺身而出」。

【挺身而出】

指面對艱難、危險所採取的勇敢行動。《三國演義》七九回：「曹丕聞曹彰提兵而來，驚問衆官；一人挺身而出，願往折服之。」也作「**挺身獨出**」。《北齊書·綦連猛傳》：「猛遙見之，即亦挺身獨出，與其相對，俯仰之間，刺賊落馬，因即斬之。」

【挺特奮發】

挺特：突出、傑出的。指超凡、奮發有爲。宋·朱熹《近思錄·治體》：「不能挺特奮發以革其弊也。」

【挺胸疊肚】

見「挺胸凸肚」。

【挺胸凸肚】

凸：挺出、突出。多形容無禮、傲慢的神態。《兒女英雄傳》二一回：「早進來了怒目橫眉、挺胸凸肚的一羣人。」也作「**挺胸疊肚**」。《紅樓夢》六回：「只見幾個挺胸疊肚、指手畫腳的人坐在大門上說東談西的。」

【挺腰子】

比喻擺架子。例唉呀，你這麼小就學起了挺腰子，這可要不得。

【鋌而走險】

鋌：快走的樣子；走險：奔赴險境。指無路可走時所採取的冒險行為。《左傳．文公十七年》：「鋌而走險，急何能擇！」也作「**挺而走險**」。清．吳趼人《情變》一回：「各處都沒有逃亡之民，更哪裏有挺而走險之事？」

ㄊㄨ

【禿頭的釘子——沒冒（帽）】

冒：「帽」的諧音。不會冒出來，意指不會有什麼風險。比喻穩妥、可靠的。例根據本廠的設備能力和技術力量，明年計畫提高產量百分之十，看來是禿頭的釘子——沒冒（帽）。

【禿頭頂上點燈——前途（禿）光明】

途：「禿」的諧音。比喻對前途充滿了希望和信心。例你年輕有為，眞是禿頭頂上點燈——前途（禿）光明。

【禿尾巴驢——後梢裏虛】

梢：指樹枝末端；後梢：引申為末尾、後來。比喻沒有後勁。有時指內裏心虛，外表還裝出鎭定自若的樣子。例你別看他氣勢洶洶，禿尾巴驢——後梢裏虛，很快就會軟下來。

【禿尾巴驢——有頭無尾】

比喻做事有始無終。例他開始幹活總是勁頭十足，可沒有一次不是禿尾巴驢——有頭無尾，半途而廢。

【禿尾龍拜山——興風作雨】

禿尾龍：沒有尾巴的龍；拜山：舊時迷信指某種怪物在行動之前，要禮拜天地或山河，表示禮節或招呼。見「龍王爺出海——興風作浪」。

【禿子不要笑和尚——脫了帽子都一樣】

比喻彼此一樣，沒差別。例不要譏諷人家是文盲，禿子不要笑和尚——脫了帽子都一樣，你也懂不了多少。也作「**禿子不要說和尚——脫了帽子都一樣**」。

【禿子打赤腳——兩頭光】

見「赤腳的和尚——兩頭光」。

【禿子打和尚——明打明】

比喻明擺著的事。例眞是個糊塗蟲，這不是禿子打和尚——明打明的事，還看不出問題來！

【禿子打傘——無法（髮）無天】

見「和尚打傘——無法（髮）無天」。

【禿子當和尚——將就】

和尚不留頭髮，禿子沒有頭髮，外表相似。比喻勉強湊合。例來到我們鄉下，吃不好，住不好，禿子當和尚——將就著過吧！也作「**禿子當和尚——將料就料**」。

【禿子當和尚——生就的材料】

也作「**禿子當和尚——天生這麼塊料**」。見「癩子做和尚——生成的」。

【禿子的腦袋——一溜淨光】

比喻什麼也沒有。例我家裏就像禿子的腦袋——一溜淨光，無法招待你，請原諒。

【禿子改和尚——不費勁】

也作「**禿子改和尚——不費力**」。見「順風划船——不費力」。

【禿子改和尚——不費手續】

比喻某件事辦起來很簡便，很容易，毫不費事。例只要具備條件，把暫住戶口改為長住戶口，就像禿子改和尚——不費手續。

【禿子跟前講理髮——惹人多心】

比喻引起別人疑心。例「我今天的講話怎樣？」「不怎麼樣，禿子跟前講理髮——惹人多心，你沒察覺到有的人不高興嗎？」也作「**矮子面前說短——惹人多心**」。

【禿子跟著月亮走——借光】

月亮本身並不發光，靠反射太陽光而明亮，比喻分沾別人的好處。常用作請別人給予方便時的客氣話。例謝謝你讓給我座位，眞是禿子跟著月亮走——借光了。也作「**月亮跟著太陽轉——借光**」。

【禿子摸頭皮——無法（髮）】

見「和尚的腦袋——無法（髮）」。

【禿子頭上的蝨子——藏不住】

見「狐狸的尾巴——藏不住」。

【禿子頭上的蝨子——露出來了】

比喻暴露或顯露了出來。例長期不做思想工作，問題終於像禿子頭上的蝨子——露出來了。

【禿子頭上的蝨子——明擺著】

比喻事情明白、清楚，顯而易見。例合同是你簽的字，禿子頭上的蝨子——明擺著怎能賴帳？也作「**白紙寫黑字——明擺著**」、「**禿子頭上落蒼蠅——明擺著**」、「**和尚頭上的蝨子——明擺著**」、「**光腦殼上的蝨子——明擺著**」、「**癩痢頭上的蒼蠅——明擺著**」、「**癩子頭上的蝨子——明擺著**」、「**河心的船——明擺著**」、「**衙門口的獅子——明擺著**」。

【禿子頭上抹油——滑頭】

也作「**禿子頭上抹油——滑頭滑腦**」。見「額頭上抹肥皂——滑頭滑腦」。

【禿子脫帽子——頭名（明）】

見「礦工下井——頭名（明）」。

【禿子照鏡子——光對光】

比喻彼此都一無所有。例我們是禿子照鏡子——光對光，毫無牽掛，四海為家。也作「**禿子瞧和尚——光對光**」。

【禿子枕著門坎睡——名（明）頭在外】

門坎：也作「門檻」，門框下部挨著地面的橫木（也有用石頭的）；名：「明」的諧音。雙關語，比喻很有名望。例他年高德劭，就像禿子枕著門坎睡——名（明）頭在外。

【禿子爭木梳——多餘】
見「教猴子爬樹——多餘」。

【禿子揍和尚——光打光】
比喻窮得精光，一無所有。例這小子遊手好閒，不工作，不勞動，現在是禿子揍和尚——光打光。也作「**兩手拍屁股——光打光**」。

ㄊㄨˊ

【突飛猛進】
形容進步很快、發展極其迅速。例由於他努力學習，使得他的英文程度突飛猛進，超越過去的自己。

【突過黃初】
黃初：曹丕年號。當時詩文風格繼承和發展了建安文學的優良傳統。後借以指傑出的文學作品。「突過黃初」泛指那些超越前人的文學作品。宋・王庭珪《次韻郭偉節、段廷直見寄》詩：「傳看尺素雙魚尾，突過黃初數子詩。」

【突破口】
比喻完成任務、解決問題最關鍵的開始部分。例只有找到突破口，才能進行下一步工作。

【突如其來】
突如：突然。突然發生或到來。《周易・離》：「突如其來如，無所容也。」元・王實甫《西廂記》二本三折：「其在前日，眞爲素昧平生，突如其來，難怪妾之得罪。至於今日，夫人實有成言，況是以德報德，妾當盡心謀之。」

【突梯滑稽】
突梯：圓滑之貌；滑稽：隨俗之貌。指爲人處事敷衍討好，不負責任，油滑隨俗。明・陶宗儀《輟耕錄・棍客謳三卦》：「淮南潘子素純嘗作棍卦，譏世之人以突梯滑稽而得顯爵者。」

【圖財害命】
圖謀別人錢財而殺害他的性命。《兒女英雄傳》一一回：「至於這個殺人的，看起來，也不是圖財害命。」也作「**圖財致命**」。元・曾瑞卿《留鞋記》二折：「你如今將俺主人擺佈死了，故意將這綉鞋揣在懷裏，正是你圖財致命。」

【圖財致命】
見「圖財害命」。

【圖謀不軌】
見「圖爲不軌」。

【圖窮匕首見】
見「圖窮匕見」。

【圖窮匕見】
圖：地圖；窮：盡；匕：匕首；見：ㄒㄧㄢˋ，同「現」，顯露出來。《戰國策・燕策三》載：荊軻奉燕太子之命，借獻燕國督亢地圖爲名，暗藏匕首於圖中，企圖行刺秦王而敗露被殺的故事。後用以比喻事情發展到最後終於露出眞相。例他要竊取公司情報的計畫，由於被人告密，最後終究圖窮匕見，事蹟敗露。也作「**圖窮而匕首見**」。例這場會議雙方代表的談話，已經到了圖窮匕首見的階段。

【圖爲不軌】
圖：企圖；軌：常規、法度。企圖進行超越常規和法度的活動。《晉書・郗鑑傳》：「將士憤怒，夜扶邃爲主而攻之，隆父子皆死，顧彥亦被害，誣隆聚合遠近，圖爲不軌。」《醒世姻緣傳》八九回：「演習邪教，剪草爲馬，撒豆成兵，圖爲不軌。」也作「**圖謀不軌**」。《隋書・庶人楊秀傳》：「苞藏凶慝，圖謀不軌，逆臣之跡也。」

【荼毒生靈】
荼毒：毒害；生靈：百姓。指殘害老百姓。唐・李華《弔古戰場文》：「秦起長城，竟海爲關。荼毒生靈，萬里朱殷。」魯迅《論雷峯塔的倒掉》：「聽說，後來玉皇大帝也就怪法海多事，以至荼毒生靈，想要拿辦他了。」

【途窮日暮】
路走到頭了，天也黑了。比喻到了末日，接近死亡了。清・黃遵憲《羣公》詩：「途窮日暮更何求，白首同拚一死休。」也作「**日暮途窮**」。

【塗東抹西】
本指婦女塗脂抹粉。後常指不認眞的作文、寫字。明・艾南英《答夏彝仲論文書》：「因而及於浮華補綴。塗東抹西，左剽右竊，取《史》、《漢》字句割裂而餖飣之，如今之王〔世貞〕李〔攀龍〕者，皆附於聖人修辭之旨，是又視今人太重也。」

【塗炭生靈】
塗炭：爛泥和炭火。《尚書・仲虺之誥》：「有夏昏德，民墜塗炭」。比喻百姓的境遇極困苦，如陷泥沼，如墜火坑。《元史・世祖紀三》：「若能順時達變，可保富貴，毋爲塗炭生靈，自貽後悔。」也作「**生靈塗炭**」、「**生民塗炭**」。

【塗炭生民】
見「塗炭生靈」。

【塗脂傅粉】
見「塗脂抹粉」。

【塗脂抹粉】
指婦女搽胭脂、抹粉，打扮自己。比喻美化、粉飾事物，將醜惡眞相掩蓋。《二刻拍案驚奇》卷一四：「其妻塗脂抹粉，慣賣風情，挑逗富家郎君。」梁啓超《國民十大元氣論・獨立論》：「從其搖頭擺尾，塗脂抹粉，以爲分所宜然。」也作「**塗脂傅粉**」。清・紀昀《閱微草堂筆記・槐西雜志一》：「某公穴窗紙窺之，則塗脂傅粉，釵釧衫裙，一一整飭。」

【徒陳空文】
陳：陳述。只說空話，沒有行動。

漢・桓寬《鹽鐵論・非鞅》：「言之非難，行之爲難，故賢者處實而效功，亦非徒陳空文而已。」

【徒費唇舌】

白費口舌，指說了也無濟於事。《鏡花緣》二八回：「九公何苦徒費唇舌！你這鄉談暫且留著，等小弟日後學會再說罷。」也作「**徒廢唇舌**」。

【徒費無益】

見「徒勞無益」。

【徒廢唇舌】

見「徒費唇舌」。

【徒勞往返】

白費力氣跑來跑去，毫無收效。《封神演義》五六回：「大夫今日見諭，公則公言之，私則私言之，不必效舌劍唇槍，徒勞往返耳。」

【徒勞無補】

見「徒勞無益」。

【徒勞無功】

見「徒勞無益」。

【徒勞無益】

指白費力氣，沒有好處或效果。明・沈德符《萬曆野獲編・有司分考》：「況平時考官，各省俱已聘定足數。欲減其數，則若干時迫路遙；欲聽其來，則不免徒勞無益，將若之何而可哉？」也作「**徒勞無功**」。《鏡花緣》五七回：「不惟徒勞無功，更與主上大事有礙。」也作「**徒勞無補**」。宋・范成大《論勤政疏》：「一聽其自然，不復過問焉，則向之所謂殫智竭力而爲之者，終於徒勞無補。」也作「**徒費無益**」。《東周列國志》一〇一回：「赧王出兵一番，徒費無益。」

【徒亂人意】

亂：煩亂、擾亂。只是擾亂人的心情，使人心煩意亂。《兒女英雄傳》三四回：「不可徒亂人意，不如把它丟開，另作才是。」

【徒手打老虎——有勇無謀】

比喻人勇猛，但缺乏智謀。例這個人幹勁很大，但不擅於運用智慧，因此還是落在別人後面，眞是徒手打老虎——有勇無謀。也作「**張飛拆橋——有勇無謀**」。

【徒手空拳】

空著手，沒拿任何武器。例若想徒手空拳的和那一幫流氓對決，簡直是蠢事一樁。也作「**赤手空拳**」。

【徒手擒虎易，開口告人難】

謂開口求助於人，比赤手空拳捉老虎還難。例我整日省吃儉用，並不是吝嗇，只是怕萬一有個急用，有道是徒手擒虎易，開口告人難，那時候你讓我到哪兒弄錢去？

【徒托空言】

只說空話，並不打算實行。《史記・太史公自序》：「子曰：『我欲載之空言，不如見之於行事之深切著明也。』」《文明小史》四六回：「我在西報上，看見這種議論，也不止一次了……光景是徒托空言罷？」

【徒擁虛名】

見「徒有虛名」。

【徒有其名】

見「徒有虛名」。

【徒有虛名】

指空有一個好名聲或名義，並無實際或與實際不符。《老殘遊記》七回：「此人十四五歲時，在嵩山少林寺學拳棒，學了些時，覺得徒有虛名，無甚出奇制勝處。」也作「**徒擁虛名**」。《清朝野史大觀》卷四：「軍機大臣有時多至六七人，而權實操於領袖。新進者畫諾奉行，徒擁虛名也。」也作「**徒有其名**」。例李大師被尊稱爲國畫大師只是徒有其名而已，事實上，他的功力近年來退步不少。

【徒知其一，不知其二】

指只了解事物的某一方面，而不了解其他方面。漢・劉向《說苑・臣術》：「賜，汝徒知其一，不知其二。汝聞進賢爲賢耶？用力爲賢耶？」

【徒子徒孫】

指徒弟與徒弟的門徒，常泛指黨羽。例查師傅憑他在烹飪界二、三十年的資歷，早已培養出一羣青出於藍的徒子徒孫。

【屠夫殺雞——難不住】

見「大師傅熬粥——難不住」。

【屠夫說豬，農夫說穀——三句話不離本行】

見「打獵的不說魚網，賣驢的不說牛羊——三句話不離本行」。

【屠夫宰雞鴨——不在話下】

見「賣肉的切豆腐——不在話下」。

【屠龍之伎】

見「屠龍之技」。

【屠龍之技】

指屠宰龍的技巧。《莊子・列禦寇》：「朱泙漫學屠龍於支離益，殫千金之家。三年技成，而無所用其巧。」後以「屠龍之技」比喻技藝雖高，但不切實際。清・黃宗羲《敍陳言揚勾股述》：「及至學成屠龍之技，不但無所用，且無可語者。」也作「**屠龍之伎**」。唐・劉禹錫《何卜賦》：「屠龍之伎，非曰不偉，時無所用，莫若履豨。」

【屠門大嚼】

屠門：肉鋪。在肉鋪門前，嘴裏空嚼。比喻用空想來安慰自己。三國魏・曹植《與吳季重書》：「過屠門而大嚼，雖不得肉，貴且快意。」

ㄊㄨˇ

【土霸王】

見「土皇帝」。

【土包子】

比喻沒見過世面的人。例別看他是土包子，說話辦事還眞有一套。也作「**土豹子**」。例不能小看這些土豹子，他們之中有的是能工巧匠。

【土崩瓦解】

如土倒塌、瓦破碎一樣。比喻完全崩潰，無法收拾。《史記・秦始皇本紀論》：「秦之積衰，天下土崩瓦解。」《宋史・孫沔傳》：「若恬然不顧，遂以爲安，臣恐土崩瓦解，不可復救。」

【土崩魚爛】

比喻內部糜爛，土崩瓦解。漢・陳琳《檄吳將校部曲文》：「進臨漢中，則陽平不守，十萬之師，土崩魚爛。」清・方苞《書潘允愼家傳後》：「是以人主孤立於上，蒸黎糜沸於下，土崩魚爛，一潰而不可收。」也作「**魚爛土崩**」。

【土弊則草木不長】

弊：差，壞。土壤貧瘠，草木不生長。比喻環境太差，難以出現人才。《呂氏春秋・音初》：「土弊則草木不長，水煩則魚鱉不大。」

【土地公和土地婆——一對孤寡】

土地：迷信傳說中指管一個小地區的神，也叫土地爺、土地佬、土地公。形容孤獨無靠，處境凄涼。例他倆無兒無女，好像土地公和土地婆——一對孤寡，幸虧進了養老院，才有一個幸福的晚年。

【土地公死仔——絕妙（廟）】

仔：〈方〉兒子。也作「**土地爺死崽——絕妙（廟）**」。見「大水沖了菩薩——絕妙（廟）」。

【土地喊城隍——神乎（呼）其神】

城隍：道教指主管一個地區的神；乎：「呼」的諧音。雙關語。比喻非常神秘奧妙。例這個人眞有點土地喊城隍——神乎（呼）其神，誰也摸不清他的底細。

【土地佬洗海澡——全成一灘稀泥了】

土地是泥塑的，浸水就成一灘稀泥。比喻人軟弱無力，遇事就嚇得癱軟下來。例敵軍的散兵缺乏訓練，見我民兵武裝，就像土地佬洗海澡——全成一灘稀泥了，個個成了俘虜。

【土地廟的橫批——有求必應】

土地廟的橫批：土地廟是供土地的廟宇，廟門的橫額常寫「有求必應」四字。見「城隍廟裏的匾額——有求必應」。

【土地廟裏泥胎——是個死啞巴】

泥胎：指泥塑像。比喻不講話。貶義。例「喂，怎麼不答應，土地廟裏泥胎——是個死啞巴嗎？」

【土地難比門神——一高一低】

門神：舊時門上貼的神像，迷信的人認爲可以驅鬼避邪。門神比土地公地位高。比喻地位有差距。例「大成與關老的學術成就差不多吧？」「土地難比門神——一高一低，差遠了。」

【土地菩薩掉在大河裏——留（流）神】

土地菩薩：即土地神；留：「流」的諧音。雙關語。比喻注意，小心。多指防備危險或錯誤。例單獨出遠門，還是要土地菩薩掉在大河裏——留（流）神爲好。

【土地堂裏塡窟窿——不妙（補廟）】

土地堂：供土地爺的廟堂；不妙：「補廟」諧音。雙關語。比喻事情辦糟了，或情況向不好的方面變化。例土匪頭叫道：「土地堂裏塡窟窿——不妙（補廟），民兵衝上來了，趕快逃命吧！」

【土地爺打城隍——管得寬】

城隍：迷信傳說中指主管某個城的神。見「和尚訓道士——管得寬」。

【土地爺打呵欠——神氣】

也作「**土地老放屁——神氣**」、「**土地菩薩打呵欠——神氣**」。見「龍王爺放屁——神氣」。

【土地爺打算盤——神機妙算】

驚人的機智，巧妙的謀劃。形容有預見性，善於估計客觀情勢，制定正確的策略。例你眞是土地爺打算盤——神機妙算，不愧爲常勝將軍。也作「**諸葛亮用兵——神機妙算**」。

【土地爺開銀行——錢能通神】

見「孔方兄進廟門——錢能通神」。

【土地爺拉弓——色（射）鬼】

見「城隍廟裏拉弓——色（射）鬼」。

【土地爺女兒嫁玉帝——一步登天】

玉帝：道教稱天上最高的神，也叫玉皇大帝。見「高俅當太尉——一步登天」。

【土地爺捕螞蟻——慌了神】

見「廟裏著火——慌神了」。

【土地爺逃難——慌了神】

見「廟裏著火——慌神了」。

【土地爺挖黃連根——自找苦吃】

黃連：多年生草本植物，根莖味苦，可入藥。見「笨豬拱刺蓬——自找苦吃」。

【土地爺玩公雞——神氣鼓鼓（咕咕）】

咕咕：公雞被耍逗時常發的叫聲；鼓鼓：「咕咕」的諧音。形容非常傲慢、神氣。例你看他那土地爺玩公雞——神氣鼓鼓（咕咕）的樣子，眞叫人噁心。

【土地爺洗臉——失（濕）面子】

見「泥菩薩洗臉——失（濕）面子」。

【土地爺像放到碾盤上——穩得很】

碾盤：承受碾滾子的石頭底盤。比喻沉得住氣。例上半場輸了球，熱心支持的觀衆都很著急，可是隊員們卻是土地爺像放到碾盤上——穩得很。見「老牛拉車——穩穩當當」。

【土地爺坐班房——勞（牢）神】

班房：監獄或拘留所的俗稱；牢：指監禁、關押；勞：「牢」的諧音。見「扛撈絞進廟——勞（撈）神」。

【土地爺坐軟椅——光顧養神】

比喻只圖過平靜安逸的生活。例汪師傅說，我退休之後，不想土地爺坐軟椅——光顧養神，還要發揮餘熱。也作「**王母娘娘坐月子——光顧養**

神」。

【土地爺坐軟椅——養神】

雙關語。比喻使身體和心理保持平靜狀態，以消除疲勞。例到處都找不著你，原來在這裏土地爺坐軟椅——養神。

【土豆子搬家——滾蛋】

土豆子：馬鈴薯。見「雞子兒下山——滾蛋」。

【土扶成牆】

泥土互相扶助就可以累積成牆。比喻人相互扶助就會使事業成功。《北齊書・尉景傳》：「土相扶為牆，人相扶為王。」唐・李白《君道曲》：「土扶可成牆，積德為厚也。」

【土負水者平，木負繩者正】

負：依靠；繩：墨線。高低不平的土堆要靠流水才能沖刷平坦，歪斜的木頭要靠墨線才能取直。比喻人要虛心接受別人的批評才能糾正自己的缺點、錯誤，從而提高自己的品德修養。漢・劉向《說苑・正諫》：「土負水者平，木負繩者正，君受諫者聖。」

【土豪劣紳】

指惡霸地主和作惡多端的鄉紳。茅盾《封建的小市民文藝》：「小市民痛恨貪官污吏、土豪劣紳。」

【土厚民淳】

指土地肥厚，民風淳樸。《醒世姻緣傳》二五回：「這明水的土厚民淳，風恬俗美，眞是仙鄉樂土。」

【土皇帝】

比喻在本鄉本土稱王稱霸的人。例他在小地方當土皇帝當慣了，調他到大城市來當小官，他還不幹哩！也作「**土皇上**」。例現在的農民不像從前那樣膽小怕事了，誰想再做土皇上，只怕就難了。也作「**土霸王**」。例他闖盪江湖多年，什麼沒見過？還怕你這土霸王嗎？

【土皇上】

見「土皇帝」。

【土雞瓦犬】

瓦：用泥土燒成的。用泥土做的雞狗。比喻沒有實用價值的東西。《三國演義》二五回：「〔曹操〕乃謂關公曰：『河北人馬，如此雄壯！』關公曰：『以吾觀之，如土雞瓦犬耳！』」

【土積成山】

土可以累積成山。比喻聚小成大，積少成多。漢・劉向《說苑・建本》：「人才雖高，不務學問，不能致聖；水積成川，則蛟龍生焉；土積成山，則豫樟生焉；學積成聖，則富貴尊顯至焉。」

【土階茅茨】

用泥土砌台階、茅草蓋房。形容房屋設備極其簡陋。《新唐書・薛收傳》：「土階茅茨，唐堯以昌。」漢・揚雄《逐貧賦》：「昔我乃祖，宣其明德。克佐帝堯，哲為典則。土階茅茨，匪雕匪飾。」也作「**土階茅屋**」。《周書・武帝紀下》：「上棟下宇，土階茅屋，猶恐居之者逸，作之者勞，詎可廣廈高堂，肆其嗜欲。」

【土階茅屋】

見「土階茅茨」。

【土居三十載，天有不親人】

在鄉村裏住的時間長了，鄉親鄰里都成了親朋好友。例俗話說：「土居三十載，天有不親人。我在這裏住了這麼多年，別的沒得到什麼，就是朋友多。」

【土老虎】

比喻地方上有勢力的惡人。例不要怕那隻土老虎，咱們有法律這個武器，還怕治不住他嗎？

【土裏埋金——內才（財）】

也作「**土裏埋金——有內才（財）**」。見「破麻袋裝元寶——內才(財)」。

【土龍芻狗】

芻：ㄔㄨˊ，草。泥捏的龍和草紮的狗。比喻名實不副。《三國志・蜀書・杜微傳》：「曹丕篡弒，自立為帝，是猶土龍芻狗之有名也。」

【土龍致雨】

泥捏的龍可以招致雲雨。比喻無用的東西有時也可以派上用場。《淮南子・地形訓》：「磁石上飛，雲母來云，土龍致雨，燕雁代飛。」

【土饅頭】

指墳堆、墓地。例活著的時候猛折騰，死後還不是要進土饅頭。

【土木形骸】

形體如土木。比喻人不加修飾，保持自然本色。南朝宋・劉義慶《世說新語・容止》：「劉伶身長六尺，貌甚醜悴，而悠悠忽忽，土木形骸。」《歧路燈》六三回：「世兄視我為何人？我豈土木形骸，不辨個是非麼？」

【土牛木馬】

土做的牛和木製的馬。指沒有實用價值的東西。《周書・蘇綽傳》：「若門資之中而得愚瞽，是則土牛木馬，形似而用非，不可以涉道也。」也作「**土牛石田**」。《左傳・哀公十一年》：「得之於齊，猶獲石田也，無所用之。」

【土牛石田】

見「土牛木馬」。

【土壤細流】

《史記・李斯列傳》：「太山不讓土壤，故能成其大；河海不擇細流，故能就其深。」後以「土壤細流」比喻細微的事物，經過不斷積累，最終也會發生巨大作用。

【土生土養】

見「土生土長」。

【土生土長】

指在本地本國生長的。例和那些小留學生相比，我是土生土長的台灣小孩。也作「**土生土養**」。例你這個土生土養的本地人，千萬要隨時慎終追遠，思念先人。

【土相扶為牆，人相扶為王】

土挨著土可以壘成牆，人互相扶持可以成霸業。比喻人和則事可成。《北齊書・尉景傳》：「景有果下馬，文襄求之，景不與，曰：『土相扶爲牆，人相扶爲王。一馬亦不得畜而索也。』」參見「土扶成牆」。

【土杏兒——苦孩（核）子】

土杏兒：一種野生的杏子，杏核中的仁味苦，可以入中藥；孩：「核」的諧音。見「黃連刻的娃娃——苦孩子」。

【土洋結合】

指民間沿用的技術設備與現代化的技術設備相結合起來。例這幾個廠土洋結合，經過技術改革和嚴格管理，現在已成爲省裏的重要企業了。

【土在頭邊香】

泥土在頭邊上發出香氣。指土已經埋過了脖子，比喻人快死而入土進墳了。例我年過八旬，已經是土在頭邊香的人了，要錢還有什麼用？把它拿出來捐獻給醫院，這錢也是用得其所了。

【吐哺握髮】

《史記・魯世家》載：周公旦勤於接待來客，「一沐三握髮，一飯三吐哺」。哺：咀嚼著的食物。吃飯時，三次把正在吃的食物吐出來；洗髮時，三次把正在洗的頭髮撩起來。後用以比喻執政者殷勤接待賢士。唐・韓愈《後二十九日復上書》：「今雖不能如周公吐哺握髮，亦宜引而進之，察其所以而去就之，不宜默默而已也。」《東周列國志》一八回：「周公在周盛時，天下太平，四夷賓服，猶且吐哺握髮，以納天下賢士。」也作「**吐哺捉髮**」。

【吐哺捉髮】

見「吐哺握髮」。

【吐膽傾心】

指傾吐眞心，以誠相待。元・李潛夫《灰蘭記》四折：「街坊也卻不道您吐膽傾心說眞實。」也作「**傾心吐膽**」。

【吐剛茹柔】

茹：吃；柔：軟弱的。把硬的吐出來，將軟的吃下去。比喻欺弱怕强。《三國志・魏書・毛玠司馬芝傳論》「毛玠清公素履，司馬芝忠亮不傾，庶乎不吐剛茹柔。」《漢書・薛宣傳》：「前爲御史中丞，執憲轂下，不吐剛茹柔，舉錯時當。」也作「**茹柔吐剛**」。

【吐故納新】

故：舊，濁氣；納：吸收。吐出濁氣，吸進清新的空氣。比喻棄舊更新。《莊子・刻意》：「吹呴呼吸，吐故納新，熊經鳥申，爲壽而已矣。」也作「**納新吐故**」。

【吐苦水】

比喻訴說心中所受的痛苦。多指控訴被剝削或被壓迫的痛苦經歷。例除了向你吐苦水，我對別人還要裝成快樂的樣子。

【吐了魚刺吃骨頭——一樣】

比喻彼此相同，沒有差別。例他一連問了幾個青年，都是吐了魚刺吃骨頭——一樣，主張一對夫婦生一個孩子最好。

【吐氣揚眉】

揚眉：抬起眉頭。吐出鬱悶之氣，揚起眉頭。比喻被壓抑的心情得到了舒展，感到快活、如意。《二刻拍案驚奇》卷二二：「公子聽得這一番說話，方才覺得吐氣揚眉，心裏放下。」也作「**揚眉吐氣**」。

【吐屬不凡】

形容談吐不俗。《孽海花》三回：「開道闊達，吐屬不凡。」

【吐絲自縛】

蠶吐絲作繭束縛自己。比喻自己的行爲束縛了自己的手腳。例張升取得了二項國家專利後，斤斤計較個人名利，結果吐絲自縛，再也沒取得新的研究成果。

【吐霧吞雲】

見「吞雲吐霧」。

ㄊㄨˋ

【兔兒頭，老鼠尾——不倫不類】

不像這一類，也不像那一類。形容不正派或不規範。例看你打扮得兔兒頭，老鼠尾——不倫不類，像個小癟三。

【兔角龜毛】

兔生角，龜長毛。指實際上不可能有的事。比喻有名而無實。例所謂的世界末日即將來臨，根本是兔角龜毛的事。

【兔盡狗烹】

見「兔死狗烹」。

【兔葵燕麥】

兔、燕：草名。形容荒涼的景色。宋・辛棄疾《新荷葉・和趙德莊韻》詞：「兔葵燕麥，問劉郎幾度沾衣。」宋・呂本中《春日即事》詩：「亂蜂狂蝶俱有意，兔葵燕麥自無知。」也作「**燕麥兔葵**」。

【兔起鳧舉】

鳧：ㄈㄨˊ，野鴨。像兔子奔跑，野鴨起飛。形容動作敏捷。《呂氏春秋・論威》：「凡兵欲急疾捷先……而不可久處，知其不可久處，則知所兔起鳧舉，死殙之地矣。」

【兔起鶻落】

鶻：ㄏㄨˊ，狩獵用的猛禽。兔子剛剛起跑，鶻鳥就猛撲下去。比喻動作敏捷。常指作畫、寫文章迅速。宋・蘇軾《篔簹谷偃竹記》：「振筆直遂，以追其所見，如兔起鶻落，少縱則逝矣。」《野叟曝言》一四回：「只見有謀滿面灰土，氣吁吁喘的站在赤日之中，手裏拿著竹籌，兩隻眼睛兔起鶻落的監押著管帳先生及家人們在那裏糶麥。」

【兔絲燕麥】

兔絲子有絲之名而不能織，燕麥有麥之名而不可食。比喻事物有其名而無其實。《魏書・李崇傳》引《請減佛寺功材以修學校表》：「今國子雖有學官之名，而無教授之實，何異兔絲燕麥，南箕北斗哉！」

【兔死狗烹】
兔子死了，獵物也就被烹食了。《史記・越王句踐世家》：「范蠡遂去，自齊遺大夫種書曰：『蜚鳥盡，良弓藏；狡兔死，走狗烹』。」比喻成功之後就殺戮或拋棄功臣。明・張景《飛丸記・盟尋泉石》：「還有一等兔死狗烹，銜冤賚志，如漢代韓、彭，宋朝張、岳，後來成什麼結果。」也作「兔盡狗烹」。茅盾《腐蝕・十一月三日》：「將來還不是兔盡狗烹，可不是我早就見過？」

【兔死還要跳三跳——垂死掙扎】
快死了，還要拼命掙扎。形容不甘失敗。例別輕敵大意，兔死還要跳三跳——垂死掙扎，敵人不會那麼老實。

【兔死狐悲】
兔子死了，狐狸感到傷心。比喻因爲同類的死亡而感到悲傷。《水滸傳》二八回：「我和你是一般犯罪的人，特地報你知道。豈不聞『兔死狐悲，物傷其類』？」也作「狐死兔泣」、「狐兔之悲」。

【兔死狐悲——物傷其類】
見「兔死狐悲」。

【兔死因毛貴，龜亡爲殼靈】
兔子死是因爲其皮毛貴重，烏龜死是因爲它的殼用來占卜很靈驗。比喻人或物因其美好而惹來災禍。例生得美麗本是件幸事，卻給她帶來了無盡的煩惱。一個山大王要娶她做押寨夫人。眞是兔死因毛貴，龜亡爲殼靈。

【兔兒爺拍心口——沒有心肝】
兔兒爺：兔頭人身的泥製玩具，中秋節應景之物。見「空肚羅漢——沒有心肝」。

【兔兒爺貼金——繃臉兒】
兔兒爺：兔頭人身的泥製玩具，中秋節應景之物，它的臉是鼓著的。比喻板著臉，不高興。例看你那副兔兒爺貼金——繃臉兒的樣子，怪嚇人的，是誰得罪了你？

【兔子蹦到車轅上——充大把式】
車轅：大車前部駕牲口的兩根直木，駕轅要選强壯的大牲口；把式：車把式，本指趕大車的人，這裏借指大牲口。比喻冒充大人物。例誰叫你在這裏比手劃腳的瞎指揮，眞是兔子蹦到車轅上——充大把式。

【兔子蹦到油鍋裏——送上嘴的一盤好菜】
比喻不費力氣就得到好處。例正當所帶糧食用完的時候，敵人的運輸隊經過了我們游擊隊的宿營地，眞是兔子蹦到油鍋裏——送上嘴的一盤好菜。

【兔子不吃窩邊草】
比喻不在自己家附近做壞事。例我倆相交也非一日，想不到你竟會對我做出這種事來，常言道：兔子不吃窩邊草，可是你連朋友都不放過，實在太惡毒了。

【兔子吃年糕——悶口】
見「老太太吃炒麵——悶了嘴」。

【兔子打架——小打小鬧】
見「黃鼠狼娶媳婦——小打小鬧」。

【兔子的耳朵——靈得很】
見「獵狗的鼻子——靈得很」。

【兔子的尾巴——長不了】
見「荷葉上的露珠——長不了」。

【兔子掉海——摸不着邊】
比喻漫無邊際的事，無從著手。例她失蹤幾年了，到哪裏去找呢？眞是兔子掉海——摸不著邊。先登個尋人啓事試一試吧。

【兔子逗老鷹——沒事找事】
見「老鼠逗貓——沒事找事」。

【兔子逗老鷹——惹禍上身】
也作「兔子逗老鷹——自取其禍」。見「老虎屁股上抓癢癢——惹禍上身」。

【兔子掛掌——吃不住烙鐵】
掛掌：釘掌。比喻承受不了。例我擔心兔子掛掌——吃不住烙鐵，病人身體太虛弱，不能採取手術治療。

【兔子和鷹打架——找死】
見「耗子舔貓鼻子——找死」。

【兔子駕轅——不合套】
見「馬拉車牛駕轅——不合套」。

【兔子急了也要咬人】
比喻性情再柔順的人，被逼急了也會反抗。例你不能再逼他了，當心把他逼急了，兔子急了也要咬人，要是鬧到了那種地步，反倒不好收場了。

【兔子見了鷹——毛了】
鷹：一種凶猛的鳥，捕食小獸及其他鳥類；毛：驚慌。比喻在某種威勢或力量面前，驚慌害怕了。例這小子一見科長進來，就像兔子見了鷹——毛了，趕緊溜走。

【兔子叫門——送肉來了】
兔子是供食用的家畜，它來叫門，就是把自己的肉送來叫人吃。比喻自己來送死。例「隊長，敵人進村了。」「好呀，兔子叫門——送肉來了，準備戰鬥吧！」也作「兔子叫門——送肉來吃」、「羊闖虎口——送來一口肉」、「耗子睡貓窩——送來一口肉」、「老鼠睡貓窩——送來一口肉」。

【兔子靠腿狼靠牙——各有各的謀生法】
比喻每個人都有自己謀求生存的辦法。例你甭操心，兔子靠腿狼靠牙——各有各的謀生法，我自然能好好地活下去。

【兔子拉犁耙——力不從心】
也作「兔子拉犁耙——心有餘而力不足」。見「跳蚤頂被窩——力不從心」。

【兔子尥蹶子——沒後勁】
尥蹶子：ㄌㄧㄠˋ ㄐㄩㄝˇ ·ㄗ，騾馬等跳起來用後腿向後踢。雙關語。比喻幹勁不能持久。例繼續加油吧，我們不能兔子尥蹶子——沒後勁，前緊後鬆呀！也作「烏龜尥蹶子——沒有後勁」。

【兔子爬坡——往上梭】
兔子爬坡速度快，像梭一樣。比喻人拼命往上爬。例這個官迷並不滿足自己的職位，兔子爬坡——往上梭，想爬上夢寐以求的高位。
【兔子跑到磨道裏——冒充大耳朵驢】
見「黃鼠狼鑽進磨房裏——硬充大尾巴驢」。
【兔子生耗子——一窩不如一窩】
見「黃鼠狼下刺蝟——一窩不如一窩」。
【兔子沿山跑，還來歸舊窩】
比喻跑來跑去，最後又跑回到了老地方。《金瓶梅詞話》八七回：「月娘問：『甚麼家娶了去？』王婆道：『兔子沿山跑，還來歸舊窩。嫁了他小叔，還吃舊鍋裏粥去了。』」
【兔子宴請老虎——寅吃卯糧】
舊俗用十二種動物代表十二地支，用來記人的出生年。如虎爲寅年，兔爲卯年。寅、卯分別爲地支的第三、四位。老虎赴宴吃兔子的飯，即寅吃卯糧。寅年吃了卯年的糧。比喻入不敷出，靠挪用借支生活。例他家勞力少，收入少，常常是兔子宴請老虎——寅吃卯糧，生活困難極了。
【兔走烏飛】
傳說月有玉兔，日有金烏。比喻日月運行，時間過得極快。唐・莊南杰《傷歌行》：「兔走烏飛不相見，人事依稀速如電。」唐・韋莊《秋日早行》詩：「行人自是心如火，兔走烏飛不覺長。」也作「烏飛兔走」。
【菟絲子爬秧——胡攪蠻纏】
菟絲子：一年生草本植物，莖很細呈絲狀，莖上有吸取別的植物體養料的器官，多寄生在豆科植物上。見「舌頭繞到拴牛樁上——胡攪蠻纏」。

ㄊㄨㄛ

【托孤寄命】
指舊時臨終前將遺孤和重要事情託付給別人。《三國志・魏書・徐宣傳》：「公亮正色有托孤寄命之節。」明・李贄《〈焚書・書答・與友朋書〉》：「顧托孤寄命，有君子之風。」
【托驥尾】
比喻借助賢人、高手的力量使自己有所成就。例他是靠托驥尾成名的，但他始終堅持不懈的努力，終於獲得了極高的成就。
【托妻寄子】
將妻子兒女委託別人照顧。《初刻拍案驚奇》卷二〇：「必是聞得老夫虛名，欲待托妻寄子。」
【托人如托山】
謂托付別人辦事要十分鄭重。例老朋友，托人如托山！如果這次手術不成功的話，就煩請你把我的手稿整理出版，把所得稿費捐贈給圖書館。
【托物寓興】
指藉物來寄托作者興緻。《宣和畫譜・墨竹》：「［文同］善畫墨竹，知名於時。凡于翰墨之簡托物寓興，則見於水墨之戲。」
【托在手裏，恐怕倒了；噙在口裏，恐怕化了】
噙：ㄑㄧㄣˊ，嘴裏含著東西。形容極其溺愛。例兩口子到了四十歲才得貴子，怎麼不百般嬌縱？眞是托在手裏，恐怕倒了；噙在口裏，恐怕化了，慣得他沒個人樣兒。
【托著扁擔過馬路——橫行霸道】
見「螃蟹過街——橫行霸道」。
【托足無門】
指沒有安身落腳之處。明・袁宏道《徐文長傳》：「其胸中又有勃然不可磨滅之氣，英雄失路托足無門之悲。」
【拖兒帶女】
見「拖男帶女」。
【拖後腿】
比喻牽制、阻撓別人的行動。例不是我拖後腿，這事實在太危險了。也作「拖衫尾」。例他婆婆總是拖他的衫尾，他幹什麼也不敢帶頭。
【拖拉機耕地——直來直去】
見「胡同裏扛竹竿——直來直去」。
【拖拉機追兔子——有勁使不上】
見「大象逮老鼠——有勁使不上」。
【拖漿帶水】
見「拖泥帶水」。
【拖落水】
見「拖下水」。
【拖麻拽布】
麻、布：均指喪服；拽：ㄓㄨㄞˋ，拉。比喻穿孝服，行喪禮。明・楊文奎《兒女團圓》四折：「俺有日百年身死後，天哪！知他誰是拖麻拽布人。」也作「拽布拖麻」。
【拖男帶女】
拖帶著兒女。形容旅途辛苦或生活艱難。《兒女英雄傳》二五回：「不辭年高路遠，拖男帶女而來，他也是爲好。」也作「拖兒帶女」。例由於丈夫早逝，她一人拖兒帶女，將他們養育成人。也作「拖男挾女」。《西遊記」八九回：「只聽那風滾滾，霧騰騰，來得甚近。唬得城外各關廂人等，拖男挾女，顧不得家私，都往州城中走。」
【拖男挾女】
見「托男帶女」。
【拖泥帶水】
拖帶著泥水。原指在泥水中不利落地行走。宋・黃庭堅《題渡水羅漢畫》：「阿羅漢皆具神通，何至拖泥帶水如此。」宋・楊萬里《竹枝歌》之七：「知依笠漏芒鞋破，須遣拖泥帶水行。」也比喻言詞不簡潔或做事拖拉、不乾脆。《好逑傳》八回：「鐵公子聽見縣尊說話，侃侃烈烈，不似前面拖泥帶水。」茅盾《子夜》八：「鄉下人的脾氣是拖泥帶水的，又要借債，又捨不得田。」也作「拖漿帶水」。《歧路燈》五八回：「若拖漿帶水，就不是漢子了。」也作「帶水拖泥」。

【拖青紆紫】

青、紫：指常用來拴玉和印的綬帶的顏色；指做高官。梁啟超《中國專制政治進化史》：「今日市門一駔儈，明日可以拖青紆紫矣。」也作「**拖紫垂青**」。《續古文苑・大隋車騎秘書張君之銘》：「昔年慷慨，拖紫垂青。」

【拖人下水】

拉人下水。比喻勾引人一同幹壞事。明・李素甫《鬧元宵》二五出：「這是娘子拖人下水，與我什麼相干？」也作「**拖人落水**」。《西湖二集》卷一：「楊謙因廷之妻子有吃醋拈酸之病，恐明日惹柳氏嗔怪，說他拖人落水，因此不敢兜攬。」也作「**拉人下水**」、「**下水拖人**」。

【拖衫尾】

見「拖後腿」。

【拖天掃地】

指衣服過長。元・李文蔚《燕青博魚》三折：「穿的那衣服，拖天掃地的，一腳踹著，不險些兒絆倒了。」

【拖尾巴】

比喻牽制、阻撓他人進步。例他畢業以後，不顧家裏人拖尾巴，毅然決然去邊疆工作。

【拖下水】

比喻使人同流合污，一起做壞事。例他愛貪小便宜，那老狐狸就用小恩小惠把他拖下水了。也作「**拖落水**」。例你跟那些酒肉朋友混吧，當心把你拖落水！

【拖油瓶】

指再婚婦女帶在身邊與前夫所生的兒女。例拖油瓶有什麼好議論的？難道離婚連孩子都不要了？

【拖紫垂青】

見「拖青紆紫」。

【脫繮的野馬——拉不回頭】

繮：牽牲口的繩子。馬脫繮之後，亂跑亂闖，無法控制。比喻固執任性，很難回心轉意。例這孩子墮入黑社會後，就像脫繮的野馬——拉不回頭，眼看就要毀滅了。

【脫口成章】

指出言成章。比喻文思敏捷。宋・蘇軾《黃州再祭文與可文》：「藝學之多，蔚如秋蕡。脫口成章，粲莫可耘。」也作「**出口成章**」、「**出言成章**」、「**沖口成章**」。

【脫口而出】

指不經過思索，順口說出。王國維《人間詞話》卷上：「大家之作，其言情也必沁人心脾；其寫景也必豁人耳目；其辭脫口而出，無嬌柔妝束之態。」

【脫褲子放屁——多此一舉】

也作「**脫褲子放屁——多費事**」。見「白天點燈——多此一舉」。

【脫了舊鞋換新鞋——改邪（鞋）歸正】

邪：「鞋」的諧音。拋棄邪道，回到正路上來。比喻不再做不正當的事或壞事。例張二柱，聽說你脫了舊鞋換新鞋——改邪（鞋）歸正了，鄉親們都很高興，歡迎你回到村子裏貢獻一己之力。

【脫了褲子打老虎——又不要臉又不要命】

形容亡命徒的無恥行爲。例這個人是脫了褲子打老虎——又不要臉又不要命，誰都不願沾惹他。也作「**光屁股撵狼——又不要臉又不要命**」。

【脫了鱗的黃金魚——不知死活】

見「買乾魚放生——不知死活」。

【脫了毛的鳳凰——不值錢】

鳳凰：傳說中的百鳥之王，羽毛美麗，雄的叫鳳，雌的叫凰；值錢：身價高。比喻人失勢後，被人棄置或不理。有時也指事物失去原有的價值。例他嘆息地說，退休了，在一些人看來，是脫了毛的鳳凰——不值錢啦。

【脫了毛的牙刷——有板有眼】

也作「**脫了毛的牙刷——有板眼**」。見「掉了毛的牙刷——有板眼」。

【脫了水的海蜇皮——軟了下來】

海蜇：海裏的一種腔腸動物，可供食用。見「皮球上扎一刀——軟了下來」。

【脫了天羅，又逢地網】

比喻舊難剛過，新難又到。例他剛從監獄裏放出來，回到家氣還沒喘勻，債主們便一個個上門來討債，把他家鬧了個天翻地覆。他眞是脫了天羅，又逢地網，恨不得找個地縫鑽進去躲躲。

【脫殼金蟬】

指利用模擬物做掩護而乘機脫逃，使對方不能及時發現。元・關漢卿《謝天香》二折：「便使盡些伎倆，干愁斷我肚腸，覓不的個脫殼金蟬這一個謊。」也作「**金蟬脫殼**」。

【脫胎換骨】

原爲道教修練用語。指修練得好可以脫去凡胎換成仙骨。現借以比喻徹底的變化。《警世通言》卷二七：「凡人成仙，脫胎換骨，定然先將俗肌消盡，然後重換仙體。也作「**抽胎換骨**」、「**奪胎換骨**」、「**換骨脫胎**」、「**換骨奪胎**」。

【脫衣烤火——多餘】

見「教猴子爬樹——多餘」。

【脫穎而出】

穎：物之尖端。錐尖透過布袋顯露出來。指人的才能突然全部顯露出來。《孽海花》一三回：「這日得了總裁之命，夾袋中許多人物，可以脫穎而出，歡喜自不待言。」也作「**穎脫而出**」。

ㄊㄨㄛˊ

【陀螺屁股——立場不穩】

陀螺：形狀略似海螺的玩具，下端有鐵尖，用繩抽可以直立旋轉，但停放不穩。見「腳踏擀麵杖——立場不穩」。

【陀螺屁股——坐不住】
也作「陀螺屁股——坐不穩」。見「板凳上撒蒺藜——坐不住」。

【駝背佬刮痧——一截一截來】
刮痧：民間治療急性胃炎、腸炎等病的一種方法。用銅錢等物蘸水或油刮患者的胸、背等處，使局部皮膚充血，減輕胃、腸等內部炎症。比喻說話、做事要有步驟，要按程序進行。例別性急，全面鋪開人力物力都達不到，而且可能亂成一團，一定要像駝背佬刮痧——一截一截來。

【駝背人上山——錢（前）緊】
見「羅鍋腰上山——錢（前）緊」。

【駝背上山——錢（前）心太重】
駝背：指駝背的人；錢：「前」的諧音。比喻人貪財。例此人風格不高，駝背上山——錢（前）心太重，替人辦事總要索取財物。

【駝鳥鑽沙堆——顧頭不顧尾】
見「黃鱔鑽洞——顧住頭，顧不了腚」。

【駝子背火球——燒包】
見「口袋冒煙——燒包」。

【駝子背上壓石頭——咋樣了得】
駝子：即駝背，腰背不能挺直的人，俗稱羅鍋腰；咋（ㄗㄚˊ）樣：怎麼。比喻已經痛苦不堪，再加上額外負擔，更加無法忍受。例我廠生產力量有限，完成任務有困難，又壓上新的擔子，眞是駝子背上壓石頭——咋樣了得。

【駝子打傘——背時（濕）】
見「弓起腰桿淋雨——背時（濕）」。

【駝子睡碾槽——以彎就彎】
碾槽：承擔碾滾子的碾盤上凹下的部分。比喻橫下心，不顧後果，任憑事態惡化或錯誤發展下去。例有了缺點、錯誤，應積極改正，可不能駝子睡碾槽——以彎就彎。也作「跛子划船——以歪就歪」、「歪嘴吹號角——以歪就歪」。

【駝子仰面睡——兩頭不著實】
也作「駝子摔斤斗——兩頭不著地」。見「駱駝翻跟頭——兩頭不著實」。

【駝子作揖——出手不高】
作揖：兩手抱拳高拱，彎身施禮。比喻開始辦事就顯得本領不高强。例「新來的業務員工作怎樣？」「駝子作揖——出手不高，恐難勝任。」也作「駝子作揖——起手不高」、「武大郎放風箏——出手不高」。

【橐弓臥鼓】
橐弓：將弓箭收盛在囊袋中。弓箭入囊，戰鼓入庫，比喻休戰。《後漢書·儒林傳》：「今尙父鷹揚，方叔翰飛，王師電驚，羣凶破殄，始有橐弓臥鼓之次，宜得名儒，典綜禮紀。」

ㄊㄨㄛˋ

【拓落不羈】
拓落：豪放；羈：拘束。指性格豪放，不受拘束。《北史·薛安都房法壽等傳論》：「法壽拓落不羈，克昌厥後。」也作「落拓不羈」、「落魄不羈」。

【拓土開疆】
指開拓土地和疆域。晋·陸機《漢高祖功臣頌》：「王信韓孽，拓土開疆。」《隋唐演義》一回：「君明臣良，漸有拓土開疆，混一江表意思。」

【唾壺擊碎】
指痰盂被擊碎。形容憤慨的情緒。李木庵《延安雅集》：「主人顧我何不歌，唾壺擊碎意則那？」

【唾面自乾】
別人把唾液吐在自己臉上，不要擦掉而讓它自己乾。《新唐書·婁師德傳》：「其弟守代州，辭之官，教之耐事。弟曰：『人有唾面，絜之而已。』師德曰：『未也，絜之，是違其怒，正使自乾耳。』」後用以比喻逆來順受，極度忍受侮辱，不表示絲毫不滿。也作「面能乾唾」。

【唾手而得】
見「唾手可得」。

【唾手可得】
唾手：往手上吐唾沫。比喻很容易辦到。《三國演義》七回：「韓馥無謀之輩，必請將軍領州事，就中取事，（冀州）唾手可得。」也作「唾手可取」。《新唐書·褚遂良傳》：「但遣一二愼將，付銳兵十萬，翔旝雲輣，唾手可取。」也作「唾手而得」。《東周列國志》七〇回：「靈王自謂天下可唾手而得，日夜宴息於章華之台。」

【唾手可取】
見「唾手可得」。

【跅弛泛駕】
見「跅弛之士」。

【跅弛之材】
見「跅弛之士」。

【跅弛之士】
跅：放蕩。指性情豪放、不受束縛的人。明·歸有光《朱欽甫學說》：「若必狂走叫號，挾其所貴，而希心於跅弛之士以爲奇者，非奇也。」也作「跅弛之材」。晋書·周處傳論》：「周子隱以跅弛之材，負不羈之行。」也作「跅弛泛駕」。淸·袁枚《答陶觀察問乞病書》：「譬如渥洼之馬，滇南之象，雖舞於床蹲於朝，而約束勉强，常有跅弛泛駕之虞。」

ㄊㄨㄟ

【推本溯源】
本：根本；溯：逆水流方向走。探求根本，追溯來源。例中國古典小說的產生，推本溯源，起始於魏晋小說和唐宋傳奇。也作「推本尋源」、「探本求源」。

【推波助瀾】
瀾：大波浪。推動、促成大波浪。比

喻從旁邊擴大事態，助長聲勢。隋・王通《文中子・問易》：「眞君、建德之事，適足推波助瀾，縱風止燎爾。」也作「**推波助浪**」。例學校舉辦的五四運動紀念活動在學生們强力的推波助浪下，顯得更加盛大熱鬧。也作「**推濤作浪**」、「**吹波助瀾**」。

【推波助浪】
見「推波助瀾」。

【推陳出新】
推：推倒；陳：陳舊的。推倒舊的，生出新的。泛指事物的除舊更新。清・毛奇齡《〈丹井山房詩集〉序》：「且推陳出新，若唯恐塵言之殢其筆者。」也作「**翻陳出新**」、「**刊陳出新**」。

【推誠愛物】
物：指他人。用眞誠的心去愛護別人。唐・陳子昂《九隴縣獨孤丞遺愛碑》：「力行務仁，推誠愛物。」

【推誠布公】
指用眞誠無私的心待人。章炳麟《上李鴻章書》：「且吾唯推誠布公於日本，加之以恭謹而得一當焉。」《文明小史》五回：「柳知府推誠布公的對他們說：『這件事已經稟過上頭。』」

【推誠布信】
誠：眞誠的心；信：信義。用眞誠的心和信義對待別人。《周書・于翼傳》：「翼又推誠布信，事存寬簡，夷夏感悅，比之大小馮君焉。」

【推誠待物】
見「推誠接物」。

【推誠接物】
用眞誠的心去對待別人。《晋書・劉元海載記》：「太康末，拜北部都尉。明刑法，禁奸邪，輕財好施，推誠接物，五部俊傑無不至者。」也作「**推誠待物**」。《明史・鄒智傳》：「陛下豈不欲推誠待物哉？由其進身之初，多出私門，先有以致陛下之厭薄。」

【推誠相見】
拿出眞心誠意對待別人。《北洋軍閥統治時期史話》六一章：「於是曹錕，又打了一個皓電，力言『雙方有推誠相見之必要』。」也作「**推誠相信**」。《三國演義》八五回：「臣與蜀主，推誠相信，知臣本心，必不肯殺臣之家小也。」也作「**推誠相與**」。例我和自己的朋友都是推誠相見，絲毫不矯柔做作。也作「**推誠相亮**」。宋・胡太初《晝簾緒論・事上篇》：「賢明仁厚之人，固能推誠相亮。」亮：古同「諒」，信。

【推誠相亮】
見「推誠相見」。

【推誠相信】
見「推誠相見」。

【推誠相與】
見「推誠相見」。

【推誠置腹】
見「推心置腹」。

【推崇備至】
推：推重；崇：敬佩。極其推重和敬佩。《孽海花》一八回：「所談西國政治、藝術，石破天驚，推崇備至，私心竊以爲過當！」

【推倒龍床殺太子】
龍床：皇帝的寶座；太子：預定繼承君位的皇子。比喻闖下大禍。例你用不著來嚇唬我！推倒龍床殺太子，也不過掉腦袋。

【推倒油瓶不扶】
比喻別人有難，坐視不救。例你別指望他能幫著你。他向來是事不關己，高高掛起，推倒油瓶不扶，自私極了。

【推東主西】
形容用各種藉口推托，不講實情。元・鄭庭玉《後庭花》四折：「你休推東主西，可甚麼『三從四德』，那些個『家有賢妻』。若是抛一塊瓦兒，須要著田地，你與我快說眞實。」

【推而廣之】
擴大事理的應用範圍。唐・杜牧《送盧秀才赴舉序》：「三者治矣，推而廣之，可以治天下，惡其求成進士名者而不得也！」

【推乾就濕】
見「推燥就濕」。

【推轂薦士】
轂：ㄍㄨˇ，車輪中心的圓孔，可以插軸。比喻推舉賢才。唐・權德輿《齊成公神道碑銘序》：「其他推轂薦士，爲漢廷臣，成天下重名碩望者，不可勝書。」

【推光頭】
比喻在球類等比賽中一分未得或一個團體在考試中一個未取。例甭提了，昨天玩撲克牌，我被他們推光頭了。也作「**剃光頭**」。例李三中在高考中剃光頭了。

【推橫車】
把車橫在路上，阻礙通行。比喻有意阻擋，存心搗亂。例老二籌建的這個工廠，對村裏人都有利，大家都要支持他，誰也不要從中推橫車。

【推己及人】
及：達到。由自己的體會推想別人的心意。指要設身處地爲別人著想。朱自淸《經典常談・諸子第十》：「他說爲人要有點眞性情，要有同情心，能夠推己及人。」也作「**推己及物**」。《論語・衛靈公》「己所不欲，勿施於人。」朱熹集注：「推己及物。」也作「**推己况物**」。况：比較。《傅子・禮樂》：「由近以知遠，推己以况物，此禮之情也。」

【推己及物】
見「推己及人」。

【推己况物】
見「推己及人」。

【推襟送抱】
襟：衣襟；抱：懷抱。皆指心意。形容以誠相待，推心置腹。《南史・張充傳》：「所可通夢交魂，推襟送抱者，唯丈人而已。」也作「**推衿送抱」、「送抱推襟」。

【推開窗户說亮話】

有話明說，不要拐彎抹角，吞吞吐吐。例咱們推開窗戶說亮話，我知道你現在手頭緊，又不好意思開口求人，對不對？

【推聾裝啞】

見「推聾作啞」。

【推聾作啞】

指裝聾作啞。故意不理，假裝不知。元·無名氏《鬧銅台》二折：「我如今裝醉如癡，推聾做啞，待時守分。」也作「推聾裝啞」。《金瓶梅詞話》九五回：「媽媽，你休推聾裝啞，那翠雲子做的不好，明日另帶兩副好的我瞧。」

【推輪捧轂】

捧：用手往上抬；轂：車輪中心的圓孔，可穿車軸。推動車輪，抬起車轂。比喻舉薦賢士。明·無名氏《精忠記·告奠》：「生不能請功受賞，推輪捧轂，拜將登壇。」《說岳全傳》二二回：「當今天子本要親來徵聘，只因初登大位，不能遠出，故在金鑾殿上，賜我御酒三杯，命我代勞，如蕭相國『推輪捧轂』故事。」也作「捧轂推輪」。

【推門入柏】

柏：ㄐㄧㄡˋ，指門上與榫子相接的凹陷部位。比喻因有一定關係或相通的地方，很容易湊合起來。《警世通言》卷二〇：「[張彬]死了，兩個正是推門入柏。免不得買具棺木盛殮，把去燒了。周三搬來店中，兩個依舊做夫妻。」

【推情準理】

推：推測，推斷。以情理為準則來推斷。《魏書·禮志二》：「假使八世，天子乃得事七；六世，諸侯方通祭五；推情準理，不其謬乎！」

【推羣獨步】

羣：指一般人。形容超羣出衆，沒人能趕得上。《花月痕》七回：「這也沒有什麼奇處，那諸葛公彈琴退敵，謝太傅圍棋賭墅，名士大半專會摹調，只如今就算得江左夷吾，讓他推羣獨步了。」

【推三挨四】

見「推三宕四」。

【推三宕四】

推：推托；宕：拖延。形容一而再、再而三的推托拖延。《孽海花》五回：「總是推三宕四，那討帳人發了急，所以就吵起來。」也作「推三挨四」。茅盾《第一階段的故事》：「幾次叫你做個手腳，你總是推三挨四，還打官話。」

【推三拉四】

見「推三阻四」。

【推三諉四】

見「推三阻四」。

【推三阻四】

以各種藉口阻撓或推托。元·武漢臣《生金閣》一折：「[衙內云]：『我要你渾家與我做個夫人，打什麼不緊？這等推三阻四的。』」也作「推三諉四」。例小李平常自許為調解高手，但若遇到公司同事發生衝突，欲請他去調解時，他卻往往推出諉四，毫無熱誠可言。也作「推三拉四」。《紅樓夢》六二回：「好生給姨太太捶腿。要茶要水，別推三拉四的。」

【推食解衣】

慷慨地幫助人。明·李贄《又書使通州詩後》：「而公念某猶昔也，推食解衣，至今猶然。」參見「解衣推食」。

【推順水船兒】

順著水流的方向推船，比喻順著某種情勢或方便行事。例他見大家一致同意，樂得推順水船兒，便忙著張羅開了。

【推濤作浪】

見「推波助瀾」。

【推天搶地】

形容衝撞吵鬧。元·無名氏《神奴兒》一折：「大嫂你靠這壁，休推天搶地。」

【推亡固存】

推翻使國家滅亡的勢力，鞏固使國家興盛的基業。《尚書·仲虺之誥》：「推亡固存，邦乃其昌。」《左傳·襄三十年》：「亂者取之，亡者侮之，推亡固存，國之利也。」

【推賢進善】

見「推賢舉善」。

【推賢進士】

推舉賢德之人，進獻學者能人。唐·姚崇《答張九齡書》：「近蒙獎擢，倍勵駑庸，每以推賢進士為務，欲使公卿大夫稱職。」

【推賢舉善】

推舉有賢德的人。元·無名氏《伐晋興齊》四折：「喜孜孜推賢舉善，永綿綿龍虎風雲。」也作「推賢進善」。宋·王讜《唐語林·賞譽》：「是時文學相高，當途者咸以推賢進善為意。」

【推賢樂善】

推舉賢士，愛做好事。《晋書·傅玄傳》：「疾惡如仇，推賢樂善，常慕季文子、仲山甫之志。」

【推賢讓能】

舉薦賢者，讓位於能人。《尚書·周官》：「推賢讓能，庶官乃和。」明·焦竑《玉堂叢語·薦舉》：「疏薦王守仁平宸濠，平田州思恩八寨軍功，及薦王瓊之政事優長，王九思、康海、李夢陽之文章古雅，其推賢讓能有如此。」也作「推賢遜能」。元·無名氏《伐晋興齊》四折：「社稷寧謐，黎民樂業，皆晏嬰推賢遜能之功。」

【推賢任人】

舉薦賢士，任用能人。唐·嚴郢《駁議呂諲》：「公踐台衡，專以推賢任人為務。」

【推賢下士】

舉薦賢人，放下架子，恭敬地接待有

才德的人。《梁書・徐勉傳》：「當應推賢下士，先物後身，然後可以報恩明主，克保元吉。」

【推賢遜能】

見「推賢讓能」。

【推小車爬大坡——越高越難】

雙關語。比喻標準越高，要求越嚴，越不容易達到。例咱們的生產指標一年比一年高，這就像推小車爬大坡——越高越難，絕對不能自滿，掉以輕心。

【推小車上台階——一步一個坎】

也作「**推小車上台階——步步有坎**」。見「火車道上推小車——一步一個坎」。

【推心致腹】

見「推心置腹」。

【推心置腹】

推赤心放置在別人腹中。比喻用眞誠之心對待別人。章炳麟《民報一周年紀念會祝辭》：「學生見他可用，就推心置腹，奉承個不了。」也作「**推心致腹**」。宋・王禹偁《請撰大行皇帝實錄表》：「大行皇帝功濟萬物……故得百萬之師，如臂使指，億兆之衆，推心致腹。」也作「**推誠置腹**」。《楊家將演義》一三回：「六郎曰：『吾推誠置腹，何愁彼不賓服？』」

【推原禍本】

見「推原禍始」。

【推原禍始】

指找原因，推究禍患的根源。清・趙翼《甌北詩話》五《蘇東坡詩》：「東坡七年瘴海，推原禍始，實自[王]邦直發之。」也作「**推原禍本**」。清・趙翼《廿二史箚記・兩漢外戚之禍》：「計東京後族，亦只陰、郭、馬三家保全，其餘皆無不敗者。推原禍本，總由於柄用輔政，故權重而禍亦隨之。」

【推燥居濕】

讓出乾燥的地方，自己處於濕處。形容母親撫育子女的艱辛。《後漢書・楊震傳》：「阿母王聖出自賤微，得遭千載，奉養聖躬，雖有推燥居濕之勤，前後賞惠，過報勞苦。」也作「**推乾就濕**」。明・袁宏道《舒大家志石銘》：「叔諸子宗正等，家皆母之，推乾就濕，倍於所生。」

【推舟於陸】

在陸地上推船行走。比喻徒勞無功，還有禍害。《莊子・天運》：「夫水行莫如用舟，而陸行莫如用車。以舟之可行於水也，而求推之於陸，則沒世不行尋常。古今非水陸與？周、魯非舟車與？今蘄行周於魯，是猶推舟於陸也！」

【推宗明本】

推：推求；明：闡明。推求宗旨，闡明根源。《雲笈七籤》卷六五：「其道經焉，其德經焉，推宗明本，窮玄極妙，總衆枝於眞根，攝萬條於一要。」

ㄊㄨㄟˊ

【頹垣斷塹】

見「頹垣廢井」。

【頹垣廢井】

頹：坍塌；垣：牆。坍塌的牆，廢棄的井。形容破敗荒蕪的景象。宋・蘇軾《密州通判廳題名記》：「雖然，不可以不一言，使數百年之後，得此文於頹垣廢井之間者，茫然長思而一嘆也。」也作「**頹垣廢址**」。宋・歐陽修《有美堂記》：「今其江山雖在，而頹垣廢址，荒煙野草，過而覽者，莫不爲之躊躇而淒滄。」也作「**頹垣斷塹**」。宋・歐陽修《眞州東園記》：「園之廣百畝，而流水橫其前，清池浸其石，高台起其北……此前日之頹垣斷塹而荒墟也。」

【頹垣廢址】

見「頹垣廢井」。

ㄊㄨㄟˇ

【腿肚子抽筋——寸步難行】

見「腳板上釘釘——寸步難行」。

【腿肚子上貼灶王爺——人走家搬】

腿肚子：小腿後面隆起的部份；灶王爺：灶神，此指灶神的畫像。舊時迷信，每家鍋灶上設有神龕，裏面貼有灶王爺的像。「腿肚子上貼灶王爺」是指無家無室的單身漢，他人走到哪裏，家也就到了哪裏。比喻孤單一人，無所牽掛。例自父母相繼去世後，他就腿肚子上貼灶王爺——人走家搬，在江湖上闖蕩十餘年，最後進入了革命隊伍。也作「**灶王爺貼在腿肚子上——人走家搬**」、「**灶王爺綁在腿肚子上——人也走了，家也搬了**」、「**灶君貼腿上——人走家搬**」。

【腿上掛鈴鐺——走到哪，響到哪】

也作「**腿上綁大鑼——走到哪兒，響到哪兒**」。見「大腿上掛銅鑼——走到哪裏哪裏響」。

【腿上貼郵票——走人】

信貼上郵票，可以寄走，由此假想腿上貼郵票也可走人。比喻人將離開或已經離開。例既然他們沒有誠意，談判不會有效果，那我們就腿上貼郵票——走人吧。也作「**大腿上貼郵票——走人**」。

ㄊㄨㄟˋ

【退避三舍】

舍：古代行軍三十里爲一舍。後撤九十里。比喻主動退讓，不與對方相爭。《鏡花緣》五六回：「可見二位姐姐學問，非獨本郡衆人所不能及。即天下閨才，亦當『退避三舍』哩。」也作「**退徙三舍**」。漢・王充《論衡・變虛篇》：「夫三惡言不能使熒惑守心，三善言安能使熒惑退徙三舍？」

【退潮的海灘——水落石出】
比喻事情的眞相已完全清楚了。例你的問題已是退潮的海灘——水落石出，心情應該舒暢了，不必耿耿於懷。

【退後一步自然寬】
指遇事退一步考慮，便會心平氣和。例您不値得跟這種人嘔氣，退後一步自然寬，就當是您在行善積德，不就結了？

【退思補過】
指事後反思自己的言行，彌補過失。《左傳・宣公十二年》：「林父之事君也，進思盡忠，退思補過。」宋・王禹偁《爲兵部向侍郎謝恩表》：「幸犬馬之力未甚衰殘，謹當知無不爲退思補過。」

【退位菩薩難做】
比喻失去職權的人已今非昔比。例不是我不想幫你，實在是退位菩薩難做，我如今說話不管用了。

【退徙三舍】
見「退避三舍」。

【退一步想，過十年看】
遇事要想得開，看得遠。例凡遇事不可過於急功近利，得抱著退一步想、過十年看的態度，才會心明眼亮。

【退一步行安穩處】
爲人處事能克制、忍讓，就不會臨危涉險。例你爲人處事也太要强了。俗話說：「退一步行安穩處。」不爲別人，你也該爲你的子女想想。

【退有後言】
指當面同意，背後又說些表示不滿的話。《尙書・益稷》：「予違汝弼，汝無面從，退有後言。」清・方苞《與吳見山書》：「每見今之爲交者，多面相悅而退有後言。」

【蛻化變質】
蛻化：蟲類脫皮。比喻人腐化墮落。例由於他自己把持不夠，到了繁華的都市生活一段時日之後，就蛻化變質，整日出入風月場所和大小賭場，眞是令人惋惜。

ㄊㄨㄢˊ

【團團轉】
形容無計可施、十分焦急的樣子。例他感到事情棘手，一時沒有對策，急得團團轉。也形容忙碌不堪的樣子。例你沒見我忙得團團轉嗎？我怎麼能陪你去玩呢？

【摶沙嚼蠟】
摶：用手團捏。摶沙不能成，嚼蠟毫無味。比喻枉費功夫，空虛無味。元・楊立齋《哨遍》套曲：「世事摶沙嚼蠟，等閑榮辱驚訝。」

【摶砂弄汞】
摶：用手團捏；弄：擺弄；汞：水銀。用手團捏砂土，擺弄水銀。指難以揉合把握。比喻白廢勁，徒勞無功。《西遊記》二五回：「這潑猴枉自也拿他不住；就拿住他，也似摶砂弄汞，捉影捕風。」

【摶沙作飯】
摶：用手團捏。將沙子捏成飯團。比喻徒勞無益，白費心思。清・紀昀《閱微草堂筆記・如是我聞一》：「然則與此輩論交，如摶沙作飯矣。」

【摶香弄粉】
指與女人攪和在一起，交往廝混。明・賈仲名《對玉梳》一折：「你待要摶香弄粉，妝孤學俊，便準備著那一年春盡一年春。」

ㄊㄨㄣ

【吞刀刮腸】
吞下刀來刮腸子。比喻改過自新的決心極大。《南史・荀伯玉傳》：「高帝有故吏東莞竺景秀，嘗以過繫作部。景秀不答曰：『數往候之，備加責誚云。若許某自新，必吞刀刮腸，飮灰洗胃。』帝善其答，即釋之。」

【吞鳳之才】
形容文才優美。多用來稱譽擅長寫作。唐・李商隱《爲濮陽公陳許舉人自代狀》：「人驚吞鳳之才，士切登龍之譽。」

【吞虎食牛】
形容氣勢極盛或氣魄宏大。宋・陳亮《復杜仲高》：「叔高之詩如干戈森立，有吞虎食牛之氣。」

【吞了火炭——啞了口】
火炭：燃燒中的木炭或木柴。見「喉嚨長瘡——啞了口」。

【吞聲忍恨】
見「吞聲飮恨」。

【吞聲忍氣】
受了氣也不敢出聲，竭力抑制內心的委曲和痛苦。元・關漢卿《竇娥冤》三折：「可憐我孤身隻影無親眷，則落的吞聲忍氣空嗟怨。」也作「吞聲飮氣」。《北史・儒林傳下》：「況懷抱之內，冰火鑠脂膏；腠理之間，風霜侵骨髓。安可齰舌緘唇，吞聲飮氣，惡呻吟之響，忍酸辛之酷哉！」也作「忍氣吞聲」。

【吞聲忍泣】
見「吞聲飮泣」。

【吞聲飮恨】
指受了氣忍耐著，把怨恨咽到肚子裏。清・紀昀《閱微草堂筆記・如是我聞一》：「銓授有官，逋逃無路，不得不吞聲飮恨。」也作「吞聲忍恨」。梁啓超《意大利建國三傑傳》二節：「彼吞聲忍恨，飮奴隸之卮者已數十世，自今以往，誓以此身與此卮俱碎矣。」也作「飮恨吞聲」、「忍恨吞聲」。

【吞聲飮淚】
見「吞聲飮泣」。

【吞聲飮泣】
見「吞聲忍氣」。

【吞聲飮泣】
强忍哭聲，把眼淚往肚子裏嚥。形容受到痛苦、折磨或屈辱時，不敢表露。《醒世恆言》卷二七：「那時打罵，就把汚話來骯髒了。不罵要趁漢，定說想老公。可憐女子家無處申訴，只好向背後呑聲飲泣！」也作「**呑聲忍泣**」。《聊齋志異・段氏》：「我所以呑聲忍泣者，爲無兒耳。今有兒，何思哉！」也作「**呑聲飲淚**」。梁啓超《意大利建國三傑傳》一六節：「數十年來，呑聲飲淚……盡想夜夢之事業，一旦湧現於眼前，英雄快心，孰有過此者耶？」也作「**飲泣呑聲**」、「**忍泣呑聲**」。

【呑牛之氣】
形容氣勢極盛或氣魄極大。唐・杜甫《徐卿二子歌》：「小兒五歲氣呑牛，滿堂賓客皆回頭。」

【呑炭漆身】
呑炭使聲音變啞，漆身使容貌改變。《史記・刺客列傳》：「豫讓又漆身爲厲，呑炭爲啞。」表示下定決心復仇雪恥。《三國志・魏書・毌丘儉傳》裴松之注：「斯義苟立，雖焚妻子，呑炭漆身，死而不恨也。」《兒女英雄傳》二五回：「我這番舉動，也就如古人的臥薪嘗膽，呑炭漆身一般。」也作「**漆身呑炭**」。

【呑吐不下】
形容進退兩難。《虛堂錄》一：「諸方今夜，堆盤滿飣，此間斗斗捧捧，半青半黃，且教諸人呑吐不下。」

【呑呑吐吐】
形容說話不痛快，想說又不敢說，有顧慮的樣子。《兒女英雄傳》四〇回：「他先把手裏那封信遞上去，這才呑呑吐吐的回道。」《魯迅書信集・致曹靖華》：「至於新作，現在可是難了，較好的簡直無處發表，但若做得呑呑吐吐，自己又覺無聊。」

【呑雲吐霧】
原指道士修練養氣。後常用來形容人吸鴉片和吸煙時的情形。《梁書・沈約傳・郊居賦》：「始飡霞而吐霧，終凌虛而倒影。」巴金《海行雜記・西貢》：「許多人像死魚一般地睡在那裏，曲起雙腿在呑雲吐霧。」也作「**吐霧呑雲**」。《黑籍寃魂》二一：「那衙中的幕友……不是在外面尋花問柳，便是在衙中吐霧呑雲。」

【呑舟之魚】
能呑下船的魚。泛指龐然大物。漢・賈誼《吊屈原賦》：「彼尋常之汚瀆兮，豈容呑舟之魚！」也比喩傑出的賢人。《淮南子・繆稱訓》：「尋常之溝，無呑舟之魚。」《列子・楊朱》：「呑舟之魚，不游枝流。鴻鵠高飛，不集汚池。」

ㄊㄨㄣˊ

【屯街塞巷】
形容人多。《水滸全傳》二三回：「武松在轎上看時，只見並肩疊背，鬧鬧穰穰，屯街塞巷，都來看迎大虫。」

【屯糧積草】
指儲存糧草。《三國演義》七〇回；「此去有山，名天蕩山，山中乃曹操屯糧積草之地。」

【囤積居奇】
囤：儲存。聚集儲存貨物，待機出售，以牟取暴利。巴金《談〈憩園〉》：「頭腦靈敏點的或者更貪心的老爺們還要幹點囤積居奇的生意。」

ㄊㄨㄣˋ

【褪前擦後】
褪：後退。退卻中又遇到後面的。形容前後都不安，使人驚恐。明・馮惟敏《僧尼共犯》三折：「怕的是嚴城夜禁天街淨，響噹噹喝號提鈴，唬得我褪前擦後不敢行。」

ㄊㄨㄥ

【恫瘝乃身】
見「恫瘝在身」。

【恫瘝在抱】
見「恫瘝在身」。

【恫瘝在身】
恫瘝（ㄍㄨㄢ）：病痛。像病痛在自己身上一樣，時時刻刻關心人民的疾苦。明・海瑞《賀李東城榮獎序》：「東城李侯，百有爲爲民爲之，唯徭賦，唯出納，聽斷視若切己事，一有不協，恫瘝在身，一朝一夕不能安也。」也作「**恫瘝乃身**」。《尙書・康誥》：「嗚呼小子封，恫瘝乃身，敬哉！」也作「**恫瘝在抱**」。《二十年目睹之怪現狀》六〇回：「前回一個大善士，專程到揚州去勸捐，做得那恫瘝在抱，愁眉苦目的樣子，眞正有『己饑己溺』的神情，被述農譏誚了兩句。」

【通才練識】
才學廣博，見識練達。唐・崔尙《唐天台山新桐柏觀之頌序》：「夫其通才練識、贍學多聞，翰墨之工，文章之美，皆忘其所能也。」

【通財之誼】
誼：交情，友誼。形容雙方具有互通財物、相互支援的友誼。《兒女英雄傳》一三回：「你雖是個便家，況你我還有個通財之誼；只是你在差次，哪有許多銀子？」

【通達諳練】
諳（ㄢ）練：有經驗。深知人情事理，處事很有經驗。《兒女英雄傳》二回：「這人既如此通達諳練，豈有連個送禮的輕重過節兒，他也不明白的理？」

【通達古今】
古今之事無所不知。形容知識淵博。《漢書・劉向傳贊》：「唯孟軻、孫況、董仲舒、司馬遷、劉向、楊雄，此數公者，皆博物洽聞，通達古今。」

【通都大邑】
指交通便利的大城市。唐・韓愈《守戒》：「今之通都大邑介於倔強之間，而不知爲之備。」也作「通邑大都」。明・袁宏道《瓶史・花目》：「是故通邑大都之間，時流所共標共目，而指爲雋士者，吾亦欲友之。」

【通風報信】
暗中通報消息。清・頤瑣《黃琇球》二〇回：「那掌櫃的說他惡毒，跟手叫送棺材到陳府上去的通風報信，一面地保就在內看守了這掌櫃的。」

【通功易事】
指社會各行業分工合作、互通有無。《孟子・滕文公下》：「子不通功易事，以羨補不足，則衣有餘粟，女有餘布。」梁啓超《生計學學說沿革小史》：「彼其時雖以農工之通功易事，爲當得之利益，至於懋遷服賈，則以作僞之業而賤蔑之。」

【通關節】
比喻向官吏暗中行賄，以疏通辦事的各個環節。例這件事牽扯面很大，從現在的風氣看，光憑公章辦事怕不行，得花點錢向各方通關節。

【通觀全局】
全面籌劃，顧及各個方面。清・錢泳《履園叢話・水學・三江》：「大凡治事必需通觀全局，不可執一而論。」也作「通盤籌算」。清・袁枚《小倉山房尺牘》二六首：「唯足下才大如海，望爲通盤籌算。」

【通火棍當槍使——打不響】
見「光有鼓槌子——打不響」。

【通家世好】
見「通家之好」。

【通家之好】
指兩家世代有交情。元・秦簡夫《東堂老》四折：「有西鄰趙國器，是這揚州奴父親，與老夫三十載通家之好。」也作「通家世好」。《歧路燈》六三回：「本係通家世好，無事過拘；且留世兄之意，原是家伯吩咐的。」也作「通家之舊」。唐・蕭穎士《贈韋司業書》：「僕與足下，無世業通家之舊，屈伸之際，僕輒預慘舒焉，聲同氣感，不知所以然也。」也作「通家之雅」。清・青心才人《金雲翹傳》：「後來終、王二家竟成通家之雅，王觀讀書長進，討了終子貞女兒爲妻。」也作「通家之誼」。《古今小說》卷八：「原來楊安居曾在郭元振門下做個幕僚，與郭仲翔雖未廝認，卻有通家之誼。」

【通家之舊】
見「通家之好」。

【通家之雅】
見「通家之好」。

【通家之誼】
見「通家之好」。

【通今博古】
通曉古今，學識廣博。《紅樓夢》一一〇回：「奶奶最是通今博古的，難道漢朝的王熙鳳求官的這一段事也不曉得？」也作「博古通今」。

【通力合作】
指相互合作，共同努力工作。梁啓超《中國積弱溯源地》：「相親相愛，通力合作。」

【通盤籌算】
見「通觀全局」。

【通情達理】
指說話、辦事通達情理。《歧路燈》八五回：「聖人有一定章程，王者有一定的制度，自然是國無異政。只因民間有萬不通情達理者，遂爾家有殊俗。」

【通衢大道】
四通八達的大道。漢・班昭《東征賦》：「遵通衢之大道兮，求捷徑欲從誰？」

【通衢廣陌】
陌：小路。四通八達的大道和廣多的小路。唐・牛僧孺《玄怪錄・崔紹》：「二使者押紹之後，通衢廣陌，杳不可知際，行五十許里。」

【通權達變】
指做事不固守成規，採取靈活辦法。《兒女英雄傳》二八回：「只是如今人心不古，你若帶在身上，大家必嘩以爲怪，只好通權達變，放在手下備用吧。」也作「通時達變」。《東周列國志》一〇一回：「其人有王伯之才，通時達變，足以寄秦國之政。」

【通人達才】
通人：學貫古今的人；達才：通達事理的人。指通達古今、學識廣博的人。《史記・田敬仲完世家》：「《易》之爲術，幽明遠矣，非通人達才孰能注意焉！」

【通時達變】
見「通權達變」。

【通天徹地】
形容本領超羣。《封神演義》九〇回：「莫說是姜尙幾個門工，何怕你有通天徹地手段，豈能脫得吾輩之手也。」也指貫通天地間，言極廣闊。《兒女英雄傳》三三回：「你豈不聞一桿長槍，通天徹地，地下無人事不成。」

【通天的深井——摸不透底】
深井：指四合院裏狹小的天井。天井的「井底」直通天上，自然摸不透底。比喻摸不清底細，情況不明。例這個工程師是新調來的，能否勝任這項工程的設計，我們是通天的深井——摸不透底。

【通同一氣】
指串通一氣，相互勾結。《紅樓夢》一一一回：「偸的時侯兒自然不小了，那些上夜的人管做什麼的？況且打死的賊是周瑞的乾兒子，必是他們通同一氣的！」

【通同作弊】
指相互勾結、作弊。例現在警界風氣紀律敗壞，許多高階警官均通同作弊，謀取利益。

【通脫不拘】
通脫：通達脫俗，不拘小節。不受世俗偏見和舊禮法的約束。例劉伯伯就是這麼一個通脫不拘的人，讓我們十分的崇敬。

【通宵達旦】
宵：夜間；旦：天明。指一夜至天明。清・吳趼人《情變》四回：「鄉下人家不比上海，是通宵達旦，俾晝作夜的。」

【通行無阻】
即暢行無阻。比喻辦事順利，沒有阻礙。例你到了公司門口，只要報上我的名字，就可以通行無阻，進出自如。

【通邑大都】
見「通都大邑」。

【通幽洞微】
洞：透徹地了解。形容透徹地知道深奧、微妙的道理。《五燈會元・佛光滿禪師法嗣》：「並鈎深索隱，通幽洞微。」

ㄊㄨㄥˊ

【同病相憐】
指遭遇不幸的人互相同情。《紅樓夢》四五回：「咱們也算同病相憐。」也作「同病相憐，同憂相救」。漢・趙曄《吳越春秋・闔閭內傳》：「子不聞河上歌乎？同病相憐，同憂相救。」

【同病相憐，同憂相救】
見「同病相憐」。

【同仇敵愾】
敵：對抗；愾：憤恨。指共同對抗仇敵。清・魏源《寰海十首》：「同仇敵愾士心齊，呼市俄聞十萬師。」也作「敵愾同仇」。

【同床各夢】
同在一張床上睡，各作各的夢。形容雖然同在一起，但心中各有打算。清・紀昀《閱微草堂筆記・槐西染志一》：「雖琵琶別抱，已負舊恩，然身去而心留，不猶愈於同床各夢哉？」也作「同床異夢」。例他們是一對同床異夢、貌合神離的夫妻。

【同床異夢】
見「同床各夢」。

【同床異夢——有二心】
見「雙黃蛋——有二心」。

【同吹兩把號——想（響）到一塊了】
想：「響」的諧音。雙關語，比喻想法不謀而合。例太好了，你們也主張聯合辦學校，這可眞是同吹兩把號——想（響）到一塊了。也作「鞭炮兩頭點——想（響）到一塊了」、「鈴鐺敲鑼鼓——想（響）到一塊了」、「兩把號吹成一個調——想（響）到一塊了」。

【同德同心】
見「同心同德」。

【同惡相濟】
相互勾結共同作惡。《三國演義》六九回：「操賊好惡日甚，將來必爲篡逆之事。吾等爲漢臣，豈可同惡相濟？」也作「同惡相救」。《晋書・呂光載記》：「晃、穆共相唇齒，寧又同惡相救，東西交至，城外非吾之有，若是，大事去矣。」也作「同惡相求」。《左傳・昭公一三年》：「同惡相求，如市賈焉。」也作「同惡相助」。《史記・吳王濞傳》：「同惡相助，同好相留，同情相成，同欲相趨，同利相死。」

【同惡相救】
見「同惡相濟」。

【同惡相求】
見「同惡相濟」。

【同惡相助】
見「同惡相濟」。

【同惡相助】
見「同惡相濟」。

【同而不和】
指小人嗜好相同，因私利而不協調。《論語・子路》：「子曰：『君子和而不同，小人同而不和。』」

【同符合契】
符、契：古代的憑證，雙方各持一半，以驗眞僞。指相互投合，不背契約。《三國志・吳書・孫策傳》裴松之注：「張紘曰：『方今世亂多難，若功成事立，常與同好俱南濟也。』策曰：『一與君同符合契，有永固之分。』」

【同甘共苦】
同享歡樂，共度苦難。《戰國策・燕策一》：「燕王弔死問生，與百姓同其甘苦。」明・范受益《尋親記・發配》：「和你同甘共苦，受盡飢寒，誰想道遭磨難也。」也作「同甘同苦」。《兒女英雄傳》二回：「大家見老爺事事與人同甘同苦，衆情踴躍，也仗著伕齊料足，果然在一月限內，便修築得完工。」

【同甘同苦】
見「同甘共苦」。

【同工異曲】
曲調雖然不同，卻演奏得同樣精采。比喻不同作者的文章，卻具有同樣高的造詣。唐・韓愈《進學解》：「子云、相如，同工異曲。」現多比喻方法各異，效果卻同樣好。也作「異曲同工」。

【同功一體】
指幾個人的功績、地位相同。《史記・黥布列傳》：「往年殺彭越，前年殺韓信，言此三人者，同功一體之人也，自疑禍及身，故反耳。」

【同歸殊途】
途：道路。所經歷的道路不同，而達到的目的相同。比喻方法雖然不同，但是效果一樣。漢・荀悅《漢記・平帝紀》：「昔秦燔詩書以立私議，莽誦六經以文言，同歸殊途，俱用亡滅。」也作「殊途同歸」、「異途同歸」。

【同歸於盡】
指一同毀滅。《列子・天瑞》：「天地終乎？與我偕終」盧重玄解：「大小雖殊，同歸於盡耳。」魯訊《憶韋素圓君》：「一九三二年八月一日晨五時半，素圓終於病歿在北平同仁醫院裏了，一切計劃，一切希望，也同歸於盡。」

【同行是冤家】

謂同行間因有競爭而往往相互嫉妒、排擠。例都說同行是冤家，在這個課題組工作一年後，無數事實證明這話在我們這兒不適用。

【同好相留】

指志趣相同者，可以互助。《史記·吳王濞傳》：「同惡相助，同好相留。」

【同患難共生死】

一起患難，一同生死。指非常團結。梁啓超《意大利建國三傑傳》第八節：「羅馬雖屬落城，大事今且未了，余不能捨吾同患難共生死之部下，吾且將有所爲。」

【同類相求】

見「同氣相求」。

【同流合污】

指言行合於不良世俗，隨俗浮沉。語本《孟子·盡心下》：「同乎流俗，合乎污世。」後多指跟隨壞人幹壞事。《三俠五義》一一二回：「鍾雄佔據軍山非止一日，那一派的驕侈倨傲，同流合污，已然習慣成性。」

【同美相妒】

美：好，長處；妒：妒嫉。指長處相同，相互嫉妒。清·翟灝《通俗編·交際》：「同美相妒，同業相仇。」

【同門異户】

同在一門人，各是一家人。比喻同從一師，各不相同。後比喻名義同，實質異。漢·楊雄《法言·君子》：「吾于孫卿與，見同門而異戶也。」

【同明相見，同音相聞，同志相從】

光亮相同，可以相互照見；聲音相同，可以相互聽見；志向相同，可以相互一致行動。謂志同道合的朋友思想、行動往往一致。漢·韓嬰《韓詩外傳》卷五「同明相見，同音相聞，同志相從，非賢者莫能用賢。」

【同明相照】

比喻人或事物以類相從。《史記·伯夷傳》：「同明相照，同類相求，云從龍，鳳從虎，聖人作而後物睹。」

【同年而語】

見「同日而語」。

【同盤而食】

形容感情好，關係密切。《魏書·楊椿傳》：「吾兄弟若在家，必同盤而食，若有近行不至，必待其還，亦有過中不食，忍飢相待。」

【同袍同澤】

袍：長衫；澤：內衣。指同穿一樣的衣服。《詩經·秦風·無衣》：「豈曰無衣，與子同袍。王予興師，修我戈矛，與子同仇。豈曰無衣，與子同澤。王予興師，修我矛戟，與子偕作。」原指軍人或朋友之間的舊稱。後多形容同年人或朋友之間的友愛之情。

【同氣共類】

指氣質相同的事物共屬一類。漢·王充《論衡·寒溫》：「同氣共類，動相招致。」

【同氣連枝】

借指同胞兄弟姐妹。南朝梁·同興嗣《千字文》：「孔懷兄弟，同氣連枝。」冰心《寄小讀者·橫濱》：「我自然愛我的弟弟，我們原是同氣連枝的。」

【同氣相求】

《周易·乾》：「同聲同應，同氣相求。」比喻志趣一致的人自然結合在一起。唐·陳子昂《由鹿賦》：「設伏以侍，翳從而伺。同氣相求，誘之孔易。將必慕侶，豈云貪餌。」也作「**同類相求**」。《史記·伯夷傳》：「同明相照，同類相求。」

【同氣之親】

指同胞兄弟之友情。《後漢書·東平獻王蒼傳》：「凡匹夫一個，尚不志簞食之惠，況臣君宰相之位，同氣之親哉！」

【同情相成】

從民欲，得民心，事業才能成功。《淮南子·兵略訓》：「故同利相死，同情相成，同欲相助。順道而動，天下爲向。因民而慮，天下爲斗。」

【同然一辭】

指衆人言詞相同。唐·韓愈《諱辯》：「和而倡之，同然一辭。」

【同日而論】

見「同日而語」。

【同日而言】

見「同日而語」。

【同日而語】

把不同事物放在一起談論，比喻雙方沒有太大差別，可以同樣看待。《漢書·息夫躬傳》：「臣爲國家計幾先，謀將然，豫圖未形，爲萬世慮；而左將軍公孫祿欲以其犬馬齒保目所見。臣與祿異議，未可同日也。」也作「**同日而言**」。《晉書·慕容盛載記》：勛道之茂，豈可與周公同日而言乎？」也作「**同年而語**」。北齊·顏之推《顏氏家訓·勉學》：「苦辛無益者如日蝕，逸樂名利者如秋荼，豈得同年而語矣。」也作「**同日而論**」。《史記·游俠傳序》：「不同日而論矣。」

【同生共死】

要生一同生，要死一起死。形容情深誼重，一起出生入死。《隋書·鄭譯傳》：「鄭譯與朕同生共死，間關危難，興言念此，何日忘之。」也作「**同生死，共存亡**」。例糾察隊以同生死，共存亡的英雄氣概勝利地完成了擴廠任務。也作「**同生死共患難**」。方志敏《獄中紀實》：「將獄中情形，描寫出來，使全國紅軍和革命的工農羣衆，知道他們同生死共患難的戰友們，正在國民黨監獄內挨日子。」

【同生死共存亡】

見「同生共死」。

【同生死共患難】

見「同生共死」。

【同聲同氣】
見「同聲相應」。
【同聲相呼】
見「同聲相應」。
【同聲相應】
應：應和。原指樂聲相和，後比喻意見相同的人互相響應。《三國志・魏書・傅嘏傳論》：「昔文帝、陳王以公子之尊，博好文采，同聲相應，才士並出，惟粲等六人最見名目。」也作「同聲之應」。朱自清《白采的詩——羸疾者的愛》：「讓我們逐漸的了解他，原諒他，敬重他，最後和他作同聲之應。」也作「同聲相呼」。《鬼谷子・反應》：「同聲相呼，實理同歸。」也作「同聲同氣」。《二刻拍案驚奇》卷二：「這是二個會寫字的成了一對的話。看來，天下有一種絕技，必有一個同聲同氣的在那裏湊得。」也作「同聲相應，同氣相求」。《東周列國志》九四回：「今日孟嘗君至魏，獨依無忌，正合著古語『同聲相應，同氣相求』八個字，自然情投意和。」
【同聲相應，同氣相求】
見「同聲相應」。
【同聲之應】
見「同聲相應」。
【同時並舉】
指同時行動，或同時辦兩件事。李劼人《暴風雨前》四：「在今年中秋前後，於瀘州、敘府、成都這三個地方同時並舉，只要一處成事，我們在四川就算有了立足點。」
【同室操戈】
同室：自家人；戈：兵器。自家人動起武器。比喻內部爭鬥或兄弟爭吵。清・江藩《宋學淵源記序》：「爲宋學者，不第攻漢儒而已也，抑且同室操戈矣。」
【同是天涯淪落人，相逢何必曾相識】
同樣是遠離故鄉，淪落天涯的失意人，彼此相逢，又何必過去曾經相識呢？唐・白居易《琵琶行》：「我聞琵琶已嘆息，又聞此語重唧唧。同是天涯淪落人，相逢何必曾相識。」原意是對彼此際遇相似而命運不佳的人的慰藉和感嘆。後常用以表示萍水相逢的朋友，遇見時不妨一見如故，不必拘謹。
【同孫悟空比跟頭——相差十萬八千里】
《西遊記》中說，孫悟空神通廣大，一個跟頭可以打出十萬八千里。比喻差別極大。例你怎麼能與全國著名的專家相提並論呢？眞是同孫悟空比跟頭——相差十萬八千里，太不自量了。
【同條共貫】
指事物有相同的條理和系統，脈絡也是連貫的。《漢書・董仲舒傳》：「蓋聞虞舜之時，游於岩郎之上，垂拱無爲，而天下太平。周文王至於日昃不暇食，而宇內亦治。夫帝王之道，豈不同條共貫歟？」
【同心斷金】
形容團結一致，力量無比。《周易・系辭上》：「二人同心，其利斷金。」也表示同心協力，堅定不移的決心。《晋書・明帝紀》：「敬聽顧命，任託付之重，同心斷金，以謀王室。」
【同心並力】
見「同心協力」。
【同心合力】
見「同心協力」。
【同合心意】
見「同心一意」。
【同心戮力】
見「同心協力」。
【同心同德】
心、德：指思想認識。《尚書・泰誓中》：「受有億兆夷人，離心離德。予有亂臣十人，同心同德。」思想認識一致，有共同語言。聞一多《什麼是儒家》：「周人的榨取比較溫和，所以能一方面贏得自己奴隸的同心同德。」也作「同德同心」。《舊唐書・馬燧傳》：「長城壓境，巨艒濟川，同德同心，扶危濟顛。」也作「同心一德」。明・余繼登《典故紀聞》卷四：「天下無難治，惟君臣同心一德，則庶事理而兆民安矣。」
【同心協力】
指大家一條心，共同努力辦好一件事。《梁書・王僧辯傳》：「討逆賊於咸陽，誅叛子於雲夢，同心協力，克定邦家。」也作「同心並力」。《史記・秦始皇本紀》：「且天下嘗同心並力而攻秦矣。」也作「同心合力」。《兒女英雄傳》二八回：「從此你我三個人，須要……同心合力侍奉雙親。」也作「同心戮力」。《後漢書・張衡傳》：「故能同心戮力，勤恤人隱。」也作「同心一力」。《後漢書・吳漢傳》：「若能同心一力，人自爲戰，大功可立。」也作「協力同心」、「並力同心」、「戮力同心」。
【同心一德】
見「同心同德」。
【同心一力】
見「同心協力」。
【同心一意】
指思想認識一致。《三國志・吳書・魯肅傳》：「衆同心一意，共治曹操。」也作「同心合意」。《漢書・匡衡傳》：「同心合意，庶幾有成。」
【同心之言，其臭如蘭】
臭：氣味。知心朋友間的共同之語，像蘭花一樣散發著香氣。後用以形容朋友之間眞摯的友誼。《周易・繫辭上》：「子曰：『君子之道，或出或外，或默或語。二人同心，其利斷金；同心之言，其臭如蘭。』」
【同心自相知】
思想觀點相同的人，自然互相了解。指結交朋友應選擇志同道合的人。

晉・傅玄《何當行》：「同聲自相應，同心自相知。外合不由中，雖固終必離。管鮑不世出，結交安可為。」

【同行無疏伴】

既是結伴同行，彼此間就應親密無間。例你們幾個人只顧著自己玩笑，怎麼把她給晾到了一邊？同行無疏伴，你們該邀她一齊來玩才對。

【同窰燒的缸瓦——一路貨色】

缸瓦：用砂子、陶土等混合而成的一種質料，製成器物時外面多塗上粗釉，缸、缸盆等就是用缸瓦製造的。見「婊子罵娼——一路貨」。

【同憂相救】

指憂慮相同，相互救助。漢・趙曄《吳越春秋・闔閭內傳》：「子胥述河上歌曰：『同病相憐，同憂相救。』」

【同憂之士】

憂：憂愁。有相同憂愁的人。漢・趙曄《吳越春秋・王僚使公子光傳》：「僚素貪而恃力，知進之利，不睹退讓，吾故求同憂之士，欲與之並力。」

【同欲相趨】

指想法一樣，趨向就會一樣。《史記・吳王濞傳》：「同欲相趨，同利相死。」

【同舟敵國】

一條船上的人都成了敵人。形容不得人心，極端孤立。《醒世恆言》卷三六：「飲恨含冤已數年，枕戈思報嘆無緣。同舟敵國今相遇，又隔江山路幾千。」

【同舟而濟】

見「同舟共濟」。

【同舟共濟】

濟：過河。指同乘一船過河。比喻同心協力共渡難關。巴金《海行雜記・船上的友伴》：「大家都是出門人，應該同舟共濟，所以我們都是自己人。」也作「**同舟而濟**」。《孫子・九地》：「夫吳人與越人相惡也，當其同舟而濟，遇風，其相救也若左右手。」

【同舟相救】

比喻在危險時刻相互救助。《戰國策・燕策》：「胡與越人，言語不相知，志意不相通，同舟而淩波，至其相救助如一也。」

【同舟之懼】

比喻大家有共同的驚恐畏懼。《三國志・魏書・傅嘏傳》裴松之注：「外內齊慮，有同舟之懼，雖不能終自保完，猶足以延期挺命於深江之表矣。」

【銅鼎鍋碰著鐵刷把——硬碰硬】

鼎鍋：煮東西用的器物，略呈圓柱形，底中心部分較尖。也作「**銅鍋遇著鐵刷把——硬碰硬**」、「**銅盆鐵刷子——硬對硬**」。見「鋼釬打石頭——硬碰硬」。

【銅毫子買母豬肉——大家合算】

毫子：舊時一角、二角、五角的銀幣，二角的最常見。銅毫子不值錢，母豬肉很便宜，買賣雙方都合算。比喻辦事公平合理，都不吃虧，人人滿意。例我的分配方案如何？看來是銅毫子買母豬肉——大家合算，你們一定會同意的。也作「**銅毫子買母豬肉——大家歡喜**」、「**銅毫子買紙臘鴨——大家合算**」。

【銅匠的家當——有一套】

家當：家產。銅匠的家當是一套一套的做活工具。比喻有一套本事或辦法。例張總工程師對家用電器的設計，真是銅匠的家當——有一套，年年推出新產品。

【銅筋鐵骨】

筋骨似銅打鐵鑄的。形容身體健壯。《二刻拍案驚奇》卷一五：「若有人在床時，便是銅筋鐵骨也壓死了。」也形容堅強不屈的意志。也作「**銅筋鐵肋**」。明・宋濂《秦士錄》：「弼環視四體嘆曰：『天生一具銅筋鐵肋，不使立勛萬里外，乃槁死三尺篙下，命也，亦時也。』」

【銅筋鐵肋】

見「銅筋鐵骨」。

【銅鈴打鼓——另有音】

用銅鈴打鼓除鼓聲外，還有銅鈴的聲音。比喻話裏有話，或有言外之意。例老主任講話是銅鈴打鼓——另有音，你沒有聽出來？

【銅鈴打鼓——另有因（音）】

因：「音」的諧音。比喻有其他的原因。例演出停止，主要不是你聽說的那個理由，而是銅鈴打鼓——另有因（音），今後你會知道的。

【銅鑼對大鈸——想（響）到一個點子上了】

見「敲鑼緊跟打鼓的——想（響）到一個點上去了」。

【銅羅漢，鐵金鋼——一個賽一個】

羅漢：佛教所說的斷絕了一切欲望、解脫了煩惱的僧人；金剛：佛教稱佛的侍從力士，因手持金剛杵（古印度兵器）而得名。比喻一個比一個好。例嗬，你看這些健壯的運動員，真是銅羅漢，鐵金鋼——一個賽一個。

【銅琶鐵板】

指兩種樂器。形容文學作品激昂豪放的風格。《二十年目睹之怪現狀》四九回：「銅琶鐵板聲聲恨，剩馥殘膏字字哀。」

【銅盆撞了鐵掃帚——誰也不讓誰】

比喻雙方態度都很強硬，互不相讓。例兩個年輕人頂上牛了，互相對罵，就像銅盆撞了鐵掃帚——誰也不讓誰。

【銅錢當眼鏡——認錢不認人】

銅錢：舊制貨幣，銅鑄，圓形，中間有孔。比喻過分看重錢財，為錢財可不顧情面。例這些傢伙是銅錢當眼鏡——認錢不認人，不懂得世上還有比錢更重要的東西。也作「**銀圓當鏡子——認錢不認人**」。

【銅錢當眼鏡——向錢看】

多比喻過分注重經濟效益。例辦文教事業，不能銅錢當眼鏡——向錢看，要重視社會效益。也作「銀圓當鏡子——向錢看」。

【銅錢眼裏翻筋斗】
比喻一心只想著錢。清·王有光《吳下諺聯》卷二：「銅錢眼裏翻筋斗。以身就近，錢眼不覺其小，己身不覺其大。見此眼內，良田華屋，嬌妻豔妾，鮮衣美食，佳景不一，遂一躍而入。」

【銅牆鐵壁】
比喻十分堅固，難以摧毀。《水滸傳》四八回：「宋江自引了前部人馬，轉過獨龍岡後面來看祝家莊時，後面都是銅牆鐵壁，把得嚴整。」也作「鐵壁銅牆」。

【銅山西崩，洛鐘東應】
銅山在西邊崩塌，洛陽的鐘在東方響應。比喻事物之間相互感應。清·紀昀《閱微草堂筆記·槐西雜志三》：「此義易明，銅山西崩，洛鐘東應，不以遠而阻也。」

【銅頭鐵額】
形容人勇武強悍。《東周列國志》四七回：「時翟國有長人曰僑如……力舉千鈞，銅頭鐵額，瓦礫不能傷害。」

【銅駝荊棘】
銅駝：舊時置於宮殿前的銅駱駝。《晉書·索靖傳》：「靖有先識遠量，知天下將亂，指洛陽宮門銅駝，嘆曰：『會見汝在荊棘中耳！』」後用「銅駝荊棘」形容國破後的荒涼、殘敗景象。《清史稿·莊元辰傳》：「陛下……試念孝陵、長陵銅駝荊棘之慘，則對越必不安。」也作「荊棘銅駝」。

【童男女跌進河裏——紙濕了，架子不亂】
童男女：舊時埋葬死人時殉葬的紙男紙女，一般以竹子或高粱稈做骨架用彩色紙糊成。比喻雖然遇到挫折或失敗，但還要表示出自己的尊嚴。有時也指硬擺架子，裝腔作勢。例這個村雖然遭受了嚴重的自然災害，可是童男女跌進河裏——紙濕了，架子不亂，現在還是鬥志昂揚，幹勁十足哩！也作「紙糊燈籠被雨澆——架子不倒」。

【童男童女】
指沒有結婚的男孩和女孩。《史記·封禪書》：「使人乃賚童男童女，入海求之。」《三國志·吳書·孫權傳》：「秦始皇帝遣方士徐福將童男童女數千人入海求蓬萊神山及仙藥。」

【童牛角馬】
不長角的牛，長著角的馬。比喻不合常理、怪誕離奇的事物。漢·揚雄《太玄經·更》：「童牛角馬，不今不古。測曰：『童牛角馬，變天常也。』」

【童山濯濯】
童：山無草木；濯濯：有光澤。指山上沒有草木，光禿禿的。例這一片土地，過去是綠草如茵，樹木茂盛，但近年來因乏人照料，導致美景不再，變成一片童山濯濯的荒蕪之地。

【童叟無欺】
叟：年老的男人。指不矇騙老人和孩子。多形容誠實、公平的交易。《二十年目睹之怪現狀》五回：「他這是招徠生意之一道呢。但不知可有『貨眞價實，童叟無欺』的字樣沒有？」

【童心未泯】
泯：喪失。指老年人猶有孩子天眞純樸的心。《左傳·襄公三十一年》：「於是昭公十九年矣，猶有童心，君子是以知其不能終也。」

【童顏鶴髮】
兒童一樣的臉色，白鶴一樣的頭髮。形容老人氣色好、有精神。《兒女英雄傳》二七回：「房裏只有幾個童顏鶴髮的婆兒，鬼臉神頭的小婢。」也作「鶴髮童顏」。

【童養媳當婆婆——慢慢熬】
見「驢皮煮膠——慢慢熬」。

ㄊㄨㄥˇ

【桶喇叭床當鼓——大吹大擂】
比喻大肆宣揚、誇耀。例做一點微不足道的事，也要桶喇叭床當鼓——大吹大擂，這種作風應當改一改。

【捅漏子】
比喻惹麻煩，弄出亂子。例你再不好好管教他，只怕他還會出去捅漏子。也作「捅樓子」。例你不怕他捅樓子，就讓他去吧！

【捅馬蜂窩】
比喻去觸動特別厲害的、難對付的人。例要把這個問題弄清楚，就不能怕捅馬蜂窩，越難纏的人就越要去對付。也作「戳馬蜂窩」。

【捅破窗戶紙】
比喻把事情點破，說明白。例小王一直愛著小英，經姑娘捅破窗戶紙，他們很快就結婚了。

【筒裏掖旗桿——不知長短】
掖：塞進。見「窩裏的蛇——不知長短」。

ㄊㄨㄥˋ

【慟哭流涕】
見「痛哭流涕」。

【慟哭涕泣】
見「痛哭流涕」。

【痛抱西河】
據《史記·仲尼弟子列傳》：「子夏居西河教授，爲魏文侯師。其子死，哭之失明。」後以「痛抱西河」比喻喪子的悲痛。

【痛不堪忍】
見「痛不可忍」。

【痛不可忍】
不可忍受的痛苦。形容痛苦萬分。宋·洪邁《夷堅甲志·人生鱉》：「稍久，左右嚙食，痛不可忍，凡月餘而死。」也作「痛不堪忍」。宋・洪邁《夷堅丁志・陳通判女》：「過嶺下，小石損我足，仆地移時，至今猶痛不堪忍。」

【痛不欲生】
指萬分悲痛，不想活。曹禺《北京人》一幕：「在孤寂的空房中，她念起日後這漫漫的歲月，有時痛不欲生，幾要自殺。」

【痛徹骨髓】
見「痛入骨髓」。

【痛徹心腑】
見「痛入骨髓」。

【痛楚徹骨】
見「痛入骨髓」。

【痛滌前非】
見「痛改前非」。

【痛定思痛】
悲痛之後追思痛苦經歷。含有使人慨嘆深思之意。例去山上閉關苦讀是他考試落榜後痛定思痛的決定。

【痛改前非】
徹底改正過錯。《鏡花緣》一四回：「好在他們這雲，色隨心變，只要痛改前非，一心向善，雲的顏色也就隨心變換。」也作「痛滌前非」。《清史稿・允禩傳》：「今允禩居馬蘭峪，欲其瞻仰景陵，痛滌前非。」也作「痛悔前非」。《野叟曝言》三二回：「拙夫既痛悔前非，愚妹更力圖後報。」

【痛毀極詆】
說壞話。形容極力詆毀。明・王守仁《教條示龍場諸生》：「若先暴白其過惡，痛毀極詆，使無所容。」

【痛悔前非】
見「痛改前非」。

【痛哭流涕】
涕：眼淚。形容十分悲痛、傷心。魯迅《黃花節的雜感》：「我並非說，大家都須天天去痛哭流涕，以憑弔先烈的『在天之靈』，一年中有一天記起他們也就可以了。」也作「慟哭流涕」。明・李贄《焚書・李中丞奏議序》：「讀之自然慟哭流涕，又不待以痛哭流涕自言也。」

【痛快淋漓】
淋漓：暢快。形容非常盡興、暢快。老舍《不成問題的問題》：「他發誓，要好好地，痛快淋漓地寫幾篇文字，把那些畫家、音樂家、文學家都罵得一個小錢也不值！」

【痛切心骨】
見「痛入骨髓」。

【痛入骨髓】
形容極度悲傷和疼痛。《歧路燈》二六回：「這[譚]紹聞聽得母親這個話，眞正痛入骨髓，恨不得把自己一刀殺了。」也作「痛徹骨髓」。《聊齋志異・小謝》：「至北郭，被老棘刺吾足心，痛徹骨髓，恐不能再至矣。」也作「痛切心骨」。宋・陳亮《戊申再上孝宗皇帝書》：「義士仁人，痛切心骨。豈以陛下之聖明智勇而能忍之乎？」也作「痛徹心腑」。《聊齋志異・三生》：「主人騎，必覆障泥，緩轡徐徐，猶不甚苦；唯奴僕圉人，不加韉裝以行，兩踝夾擊，痛徹心腑。」也作「痛楚徹骨」。宋・洪邁《夷堅甲志・神告方》：「庖人揮刀誤傷指，血落食中，恍惚之際，手若爲人所掣，入鑊內，痛楚徹骨，號呼欲死。」

【痛心疾首】
疾首：頭痛。形容傷心、痛恨至極點。《左傳・成公十三年》：「諸侯備聞此言，斯是用痛心疾首，暱就寡人。」

【痛心刻骨】
見「痛心入骨」。

【痛心泣血】
泣血：哭出血淚。形容極度悲傷。宋・司馬光《乞開言路狀》：「臣嘗痛心泣血，思救其失。」也作「疼心泣血」。《隋唐演義》九四回：「忠臣義士，枵腹而守，奮身而戰，力盡神疲，疼心泣血，哀號請救。」

【痛心切齒】
形容痛恨之至的神情。唐・陸贄《論兩河及淮西利害狀》：「此愚臣之所痛心切齒於既往，是以不忍心復躬行於當世也。」

【痛心入骨】
傷痛直至骨髓。形容極其悲痛。《後漢書・袁紹傳》：「是以智達之士，莫不痛心入骨。」也作「痛心刻骨」。《明史・劉健傳》：「臣等遭逢先帝，臨終顧命，惓惓以陛下爲托，痛心刻骨，誓以死報。」也作「痛之入骨」。《全相平話・七國春秋》：「齊爲無道，以害先王，寡人統位，痛之入骨。」也作「痛於骨髓」。《戰國策・燕策三》：「樊將軍仰天太息流涕曰：『吾每念常痛於骨髓，顧計不知何出耳！』」

【痛癢相關】
指朋友之間利害相關，非常投合。《花月痕》三八回：「想起稷如遠別半載，荷生出師關外，客邊痛癢相關的人，目前竟無一個。」

【痛飲黃龍】
黃龍：黃龍府，今吉林一帶，爲金人腹地。《宋史・岳飛傳》：「飛大喜，語其下曰：『直抵黃龍府，與諸君痛飲爾。』」意爲直搗敵人巢穴後盡情暢飲慶功。喻勝利後的喜悅心情。

【痛於骨髓】
見「痛心入骨」。

【痛之入骨】
見「痛心入骨」。

ㄋ

ㄋㄚˊ

【拿班做勢】
拿班：擺架子；勢：姿態。形容裝模作樣或故作姿態。《儒林外史》五回：「過了幾日，整治一席酒，請二位舅爺來致謝。兩個秀才拿班做勢，在館裏又不肯來。」也作「拿腔做勢」。《紅樓夢》二五回：「那賈環便來到王夫人炕上坐著，命人點了蠟燭，拿腔做勢的抄寫。」也作「裝腔作勢」。

【拿棒槌當蘿蔔——不識貨】

見「蘿蔔當棒槌——不識貨」。

【拿筆桿】

比喻從事文字、文化工作。例不是我愛自誇，我們家文武雙全，大兒子是拿槍桿的，二兒子是拿筆桿的，還寫了不少東西哩！

【拿不穩砣】

砣：秤砣。比喻拿不定主意。例你老是拿不穩砣，當心錯過機會，讓別人把這筆賺錢的生意搶走了。

【拿不住】

比喻控制不了，鎮唬不住。例她不是他的對手，拿不住他，咱們得助她一臂之力才行。

【拿草棍戳老虎的鼻子眼兒】

比喻自尋麻煩，自討苦吃。《紅樓夢》四六回：「這會兒迴避還恐迴避不及，倒『拿草棍戳老虎的鼻子眼兒』去了。」

【拿出顏色來】

顯示厲害的臉色或行動。例別讓他老糾纏個沒完，你得拿出點顏色來給他看看。

【拿粗挾細】

挾：要挾。比喻百般尋釁鬧事，肆意刁難要挾。元・無名氏《陳州糶米》楔子：「俺倆個全仗俺父親的虎威，拿粗挾細，揣歪揑怪，幫閑鑽懶，放刁撒潑，那一個不知我的名兒。」也作「挾細拿粗」。

【拿大頂看世界——一切顛倒】

拿大頂：用手撐地而倒立。比喻次序全亂了，一切都和原來相反。例他憤世嫉俗，拿大頂看世界——一切顛倒，毫無是處。也作「水坑裏照影子——一切顛倒」。

【拿刀動杖】

泛指動武。《兒女英雄傳》一八回：「憑他是什麼糖，也得慢慢兒的問個牙白口清再說呀，怎麼就講拿刀動杖呢？」也作「拿刀弄仗」。明・馮惟敏《醉太平》曲之一六：「閒花野草田荒廢，拋妻撇子民逃避，拿刀弄仗盜乘機，老官人不理。」也作「持刀動杖」。

【拿刀弄仗】

見「拿刀動杖」。

【拿得住的是手，掩不住的是口】

指想不讓別人說話是很難做到的。《平妖傳》一四回：「吩咐安童莊客等，不許向外人面前多嘴饒舌。常言道：『拿得住的是手，掩不住的是口』。家主恁般吩咐了，一般又有忍嘴不牢的，做新聞異事，說將出去。」

【拿燈草搓繩——白費心機】

見「燈草織布——白費心機」。

【拿點子】

見「拿主意」。

【拿豆腐去墊台腳——白挨】

比喻平白無故地遭受責備、處罰或損失。例你這一去，他們不會放過你，還不是拿豆腐去墊台腳——白挨。也作「豆腐墊床腳——白挨」。

【拿訛頭】

喻抓住別人的短處，敲詐勒索。例他才不怕人拿訛頭哩！反正他從不做違法亂紀的事。

【拿根蘆葦當扁擔用——挑不起】

比喻承擔不了責任或繁重任務。例如果這次橫渡長江出現了安全事故，我們可是拿根蘆葦當扁擔用——挑不起啊！

【拿棍叫狗——越叫越遠】

比喻做事不講究方法，事與願違。例既然你是誠心幫助人，就應耐心些，拿棍叫狗——越叫越遠，你那氣勢洶洶的樣子，怎麼不叫人反感。

【拿雞蛋往鵝卵石上碰】

比喻自不量力，自找苦吃，自取滅亡。例他是個有權有勢的人，你不過是個普通百姓，你與他爭，豈不是「拿雞蛋往鵝卵石上碰」？也作「拿雞蛋往石頭上碰」、「拿雞蛋往牆壁上碰」。

【拿雞毛當令箭——小題大作】

令箭：古代軍隊中發布命令時用做憑據的東西，形似箭。見「大炮打跳蚤——小題大作」。

【拿架子】

比喻自高自大，裝腔作勢。例當幹部就要全心全意爲人民服務，不能在羣衆面前拿架子。

【拿奸拿雙】

見「拿賊要贓，拿奸要雙」。

【拿了雞毛當令箭】

比喻以假代眞、以小充大來發號施令，嚇唬他人。例這明明是你自己的意思，卻爲何說是上級的安排？眞是「拿了雞毛當令箭」，嚇唬人。也作「拿著雞毛當令箭」。

【拿柳條當棒槌】

比喻辦事、措施不得力，不起作用。例你要是眞想管好你的孩子，不讓他學壞，就得眞的好好管教，可不能「拿柳條當棒槌」，那沒有用。

【拿派頭】

指裝出某種氣派。例他官雖不大，卻很會拿出做大官的派頭來。

【拿錢墊人】

墊：塡塞。依仗財勢壓制人。《紅樓夢》八○回：「誰還不知道你薛家有錢，行動拿錢墊人，又有好親戚挾制著別人。」

【拿槍桿】

指當兵、搞武裝鬥爭。例革命需要你一手拿筆桿，一手拿槍桿。也作「拿槍桿子」。

【拿腔作勢】

見「拿班作勢」。

【拿人錢財，爲人消災】

指收了人家的東西，就得替人家辦事。例俗話說：「拿人錢財，爲人消災」，你拿了他的錢，喝了他的酒，抽了他的煙，卻不想替他辦事，這不太合適吧！

【拿三搬四】

假託理由，不服從調派。《紅樓夢》六二回：「你倒別和我拿三搬四的。我煩你做個什麼，把你懶的橫針不拈，豎線不動。」

【拿上西瓜當頭剃——亂刮亂推】

比喻胡來或做錯了事情。例別拿上西瓜當頭剃——亂刮亂推，還有個王法沒有？我們到里辦公室評理去。

【拿石頭砸天——沒法兒】

比喻沒有辦法、無能爲力或只好如此。例王子犯法，庶民同罪，你們對他爲什麼就像拿石頭砸天——沒法兒，不採取積極的治安措施。

【拿手好戲】

拿手：擅長。原指演員演得最好的劇目。後泛指最擅長的本領、技巧。例老王是個老架線工，爬幾十米高的鋼架，在高壓線上作業，是他的拿手好戲。也作「**拿手戲**」。

【拿水澆鴨背——白費力氣】

鴨背上的羽毛不沾水，再澆也是白費勁。也作「**鴨子背上澆水——白費力**」。見「擔沙塡海——白費勁」。

【拿算盤串門子——找人算帳】

串門子：到別人家閒坐、聊天。雙關語，比喻尋找對手，爭執較量。例他是無意中得罪了你，又及時道了歉，何苦拿算盤串門子——找人算帳呢！也作「**掂著算盤滿街跑——找人算帳**」。

【拿糖捏醋】

見「拿糖作醋」。

【拿糖作醋】

比喻故作姿態，以抬高自己的身分；裝腔作勢。《紅樓夢》一〇一回：「不是我說，爺把現成兒的也知吃了多少，這會子替奶奶辦了一點子事，況且關會著好幾個層兒呢，就這麼拿糖作醋的起來，也不怕人家寒心。」也作「**拿糖捏醋**」。清·蒲松齡《增補幸雲曲》之八：「這妮子拿糖捏醋，看不上公子王孫。」

【拿剃刀哄孩子——不是好玩的】

比喻不能把危險的事當成兒戲；或在危險的場合，不能輕率從事。例在他看來，舢舨運動是拿剃刀哄孩子——不是好玩的，堅決不讓女兒參加。也作「**拿菜刀哄孩孩——不是鬧著玩的**」。

【拿笤帚上杏樹——掃興（杏）】

興：「杏」的諧音。雙關語。比喻高興時遇倒霉事而興致低落。例這次聯歡會被少數人鬧得不歡而散，眞是拿笤帚上杏樹——掃興（杏）。

【拿頭碰刀——何苦】

比喻不值得，何必自尋苦惱。例同這種小人鬥氣，眞是拿頭碰刀——何苦。

【拿頭套枷戴】

比喻自討苦吃。《三刻拍案驚奇》二七回：「婦人道：『我叫你不要做這事，如今咱伊？還是你儂同我將這多呵物件，到陳衙出首便罷！』錢公佈道：『這拿頭套枷戴，勿可！勿可！』」

【拿下馬】

比喻從原有的地位上拉下來。例捨得一身剮，敢把皇帝拿下馬。

【拿下馬來】

比喻將人收服、制服。《紅樓夢》二〇回：「叫我問誰去？誰不幫著你呢？誰不是襲人拿下馬來的？」

【拿鞋當帽子——上下不分】

見「腳盆洗臉——沒上沒下」。

【拿一把】

比喻借機刁難、要挾。例這個事咱們得愼重，爲了防止他拿一把，要多準備幾手。也作「**拿一手**」。

【拿雲攫石】

攫：鳥用爪子抓取。捕捉雲霧，抓取山石。形容樹木高大，枝幹橫空，姿態奇特，氣勢雄偉。清·李斗《揚州畫舫錄》：「廳前多古樹，有拿雲攫石之勢。」

【拿雲手段】

比喻通天本領。清·王韜《淞隱漫錄·李韻蘭》：「[瑞雲曰]妹一女流耳，安能上達憲庭，施此拿雲手段哉？」

【拿雲握霧】

比喻本領通天。元·關漢卿《單鞭奪槊》二折：「他有投明棄暗的心，拿雲握霧的手。」

【拿雲捉月】

形容本領極大。《西湖佳話·西泠韻跡》：「到了今日，方知甥女有些拿雲捉月之才能。」

【拿賊見贓】

見「拿賊要贓，拿奸要雙」。

【拿賊拿贓】

見「拿賊要贓，拿奸要雙」。

【拿賊要贓，拿奸要雙】

捉賊要有贓證，捉奸要有成雙人證。指給人定罪名必須有根據。元·馬致遠《還牢末》一折：「那梁山泊果然有個李逵，原來孔目結交賊人！二嫂，你曉得拿賊要贓，拿奸要雙，如今那匾金環子在誰人收著？」也作「**拿賊見贓**」。元·無名氏《認金梳》三折：「如今惱了你些兒，就是我有罪。拿賊見贓，殺人驗傷，我有何罪也？」也作「**拿賊拿贓**」。《西遊記》三八回：「常言道：『拿賊拿贓』那怪物做了三年皇帝，又不曾走了馬腳，漏了風聲……我老孫就有本事拿住他，也不好定個罪名。」也作「**拿奸拿雙**」。《醒世姻緣傳》六二回：「拿賊拿贓，拿奸拿雙，你又不曾捉住他孤老，你活活的打殺了媳婦，這是要償命的。」

【拿著白銀想黃金——貪得無厭】

也作「**拿著白銀想黃金——貪心不足**」。見「當了皇帝想成仙——貪心不足」。

【拿著草帽當鍋蓋——亂扣帽子】

見「腦袋上頂鍋——亂扣帽子」。

【拿著擀麪杖當簫吹——實心沒眼兒】

比喻為人老實，缺少心眼兒。例我看你是拿著擀麪杖當簫吹——實心沒眼兒，每次都遭別人計算，自己還矇在鼓裏。

【拿著焊槍焊玻璃——接不上】

焊槍：氣焊用的帶活門的工具，形狀略像槍，前端有噴嘴。焊槍不能焊接玻璃。比喻不能連接在一起，或連續不下去。有時比喻上下或前後連貫不起來，多指文章、說話方面不合道理、不合邏輯。例這是兩種不同型號、不同規格的機器零件，拿著焊槍焊玻璃——接不上，請調換一個。

【拿著黃牛便當馬】

比喻只要能充數，就不管所用的是什麼。《二刻拍案驚奇》卷一八：「只為這一路的人，衆惡所歸，官打見在，正所謂『張公吃酒李公醉』，又道是『拿著黃牛便當馬』。」

【拿著活人當熊耍——愚弄人】

比喻矇蔽、玩弄人。例告訴你，別拿著活人當熊耍——愚弄人，老子不會上你的圈套。

【拿著雞蛋走滑路——小心翼翼】

翼翼：謹慎、嚴肅的樣子。形容舉動十分謹慎，一點不敢疏忽大意。例工作要大膽，拿著雞蛋走滑路——小心翼翼，是幹不出名堂來的。

【拿著雞毛當令箭】

比喻把別人的話當作命令來支使人、嚇唬人。例你有什麼了不起的，只不過是拿著雞毛當令箭而已。

【拿著碾盤打月亮——不知天高地厚】

碾盤：承受碾滾子的石頭底盤。見「搬起碌碡打月亮——不知天高地厚」。

【拿著算盤——找仗（帳）打】

仗：「帳」的諧音。比喻主動尋求戰鬥。例這個小青年剛參加游擊隊，就拿著算盤——找仗（帳）打，昨天還活捉了一名日本兵哩！

【拿著野雞做供品——家財難捨】

供品：供奉神佛祖宗用的瓜果酒食等。捨不得家禽家畜而把野雞用來當供品。比喻吝嗇、小氣。例他是一個拿著野雞做供品——家財難捨的人，不要去求助於他。

【拿著一把汗】

見「捏著一把汗」。

【拿著銀碗討飯吃】

比喻自己有優越的條件不知利用，卻伸手要別人的。例別人說你是「拿著銀碗討飯吃」，你還不服氣。這麼好的房子你不住，卻想賣了它，住到別人家裏。你是不是有點兒毛病啊！

【拿著鑽子要眼兒——手到擒來】

見「罈子裏捉烏龜——手到擒來」。

【拿主意】

指拿出處理問題的方法或意見。例你到底去不去？快拿主意，要不，只好換個人去了。也作「**拿點子**」。例沒想到會碰到這個難題，我可真沒轍了，快給我拿拿點子。

【拿住刀靶】

靶：把柄。抓住把柄的意思。《紅樓夢》六八回：「你兄弟又不在家，又沒個人商量，少不得拿錢去墊補。誰知越使錢越叫人拿住刀靶兒，越發來訛。」也作「**拿住把柄**」。

ㄋㄚˇ

【那堪回首】

那：表示反問；堪：能忍受，能忍心；回首：回顧，回憶。那能忍心回顧或回憶過去的情景、經歷。唐·李嘉祐《自蘇台至望亭驛……悵然有作，因寄從弟紓》：「遠岫依依如送客，平田渺渺獨傷春；那堪回首長洲苑，烽火年年報虜塵。」

【哪兒的黃土都埋人】

指上哪兒都可以謀生，不必老留在一個地方。例他不想讓我在這兒幹，我可以走，俗話說：「哪兒的黃土都埋人。」何必偏要賴在這裏？

【哪個耗子不偷油】

比喻某些毛病某些人都有。例你別聽他的，什麼不愛財！「哪個耗子不偷油」，更何況他以前還偷過別人的錢呢。

【哪個貓兒不吃腥】

比喻壞人惡習難改。《水滸傳》二一回：「做公人的，『哪個貓兒不吃腥？』閻羅王前須沒放回的鬼，你待瞞誰？」

【哪個廟裏沒有屈死鬼】

比喻不公平的事到處都有，受冤屈是常見的事。例他受了委曲有些想不開，想一走了事，可是一想，哪個廟裏沒有屈死鬼呢？氣兒也就慢慢消了。

【哪管青紅皂白】

皂：黑色。比喻不問是非曲直，或不管事情緣由。例宋廷見兒子哭著進門，哪管青紅皂白，馬上就破口大罵，妻子對他越來越無法容忍。

【哪壺不開偏提哪壺】

比喻專挑別人的毛病或忌諱來說。例你可眞是「哪壺不開偏提哪壺」，這麼多好事你不說，偏說那令人沮喪的事。也作「**哪壺不開提哪壺**」。

【哪壺不開提哪壺——沒眼色】

比喻不知趣，不會見機行事。例這笨蛋，哪壺不開提哪壺——沒眼色，自找釘子碰。

ㄋㄚˋ

【吶喊搖旗】

①古代打仗時，一部分人搖著旗子，大聲喊殺以助威。清·筆煉閣主人《五色石·雙雕慶》：「［伏正］暗傳號令，不許妄殺一人，妄擄一物，只吶喊搖旗，虛張聲勢。」②比喻替別人助長聲勢。多含貶意。例他竟為歪風

邪氣吶喊搖旗。也作「**搖旗吶喊**」。

【納敗缺】

比喻吃虧。例他慣會使人納敗缺，久而久之，沒有一個人敢跟他打交道了。

【納貢稱臣】

納貢：諸侯或藩屬向天子貢獻方物，繳納貢品，自稱為臣下。《清史稿・太宗本紀二》：「明寇盜日起，兵力竭而倉廩虛，征調不前，勢如瓦解。守遼將帥喪失八九，今不得已乞和，計必南遷。宜要其納貢稱臣，以黃河為界。」

【納垢藏污】

納：容納；垢：骯髒之物。收容骯髒污穢的東西。《左傳・宣公十五年》：「川澤納污，山藪藏疾。」後比喻包容壞人、壞事。明・陳汝元《金蓮記・構釁》：「受人錢甘心納垢藏污。」也作「**納污藏垢**」。宋・魏了翁《與鄭丞相書》：「錄善棄瑕，納污藏垢。」也作「**藏垢納污**」。

【納賄招權】

納賄：接受賄賂；招權：弄權，攬權。接受賄賂，竊弄權力。明・李開先《閒居集・國朝輔弼歌》；「納賄招權夏公謹，貪婪何止萬文康。」《水滸後傳》八回：「郭京未免預些外事，納賄招權。」也作「**招權納賄**」。

【納諫如流】

原指皇帝虛心聽取諫議。後泛指虛心聽取批評和建議。元・金仁傑《追韓信》一折：「為我王納諫如流，因此上丞相奏准。」

【納履踵決】

納：穿；履：鞋；踵：腳後跟；決：破裂。指穿上鞋子，破了後跟。形容生活極其貧困。《莊子・讓王》：「三日不舉火，十年不製衣，正冠而纓絕，捉衿而肘見，納履而踵決。」

【納民軌物】

納：納入；軌：秩序，規矩；物：事物。指將百姓納入遵守事物秩序的正道。《左傳・隱公五年》：「君將納民於軌物者也。」

【納叛招亡】

納：接納；叛：敵方叛變的人；招：招收；亡：敵方逃跑的人。招收、接納從敵方叛變、逃亡過來的人。明・張煌言《答閩南縉紳公書》：「止有納叛招亡之術，或使同輩操戈，或令下人棄甲。」也作「**招降納叛**」、「**招亡納叛**」。

【納奇錄異】

納：接納；奇：特殊的；錄：錄用；異：特別的。接納錄用具有特殊才能的人。《三國演義》二九回：「[周]瑜曰：『昔馬援對光武云：當今之世，非但君擇臣，臣亦擇君。今吾孫將軍親賢禮士，納奇錄異，世所罕有。』」

【納善如流】

納：採納，接受；善：好的建議和意見。形容虛心接受別人的好建議、好意見，像水順流而下般迅速和自然。《晉書・慕容暐載記》：「[梁琛曰]苻堅機明好斷，納善如流；王猛有王佐之才，銳於進取。」

【納士招賢】

納：接納；招：招收。接納、招收德才兼備的人。指廣泛吸收有用的人才。明・無名氏《薛苞認母》四折：「賢士有如此博學廣文，高才大德，見如今聖人納士招賢，何不進取功名。」

【納頭便拜】

納頭：低頭。一見面就低頭行下拜禮。舊時用以表示十分恭順、景仰或感謝的情態。《儒林外史》五〇回：「進了大門，二層廳上立定，萬中書納頭便拜。」

【納鞋不用錐子——眞(針)好】

眞：「針」的諧音。雙關語，比喻的確不錯、很完善。例「這幅畫怎樣？」「納鞋不用錐子——眞(針)好，堪稱一絕。」也作「**納鞋底不使錐子——眞(針)好**」、「**納鞋不用錐子——眞(針)行**」。

【納新吐故】

納：收。原指人體呼吸，吐出碳酸氣，吸進新鮮空氣。現比喻揚棄舊的、不好的，吸收新的、好的。明・朱之瑜《伯養說》：「修而致養者，熊經鳥伸，納新吐故，養生家之所為也。」也作「**吐故納新**」。

【納忠效信】

納：獻納；信：言語眞實。獻納赤誠的忠心和眞誠的諍言。漢・司馬遷《報任安書》：「上之不能納忠效信，有奇策材力之譽，自結明主。」

ㄋㄜˊ

【哪吒出世——怪胎】

《封神演義》載：哪吒出世時是一個肉球，後破球而出。比喻怪物。例你看他那陰陽怪氣的模樣，道道地地是哪吒出世——怪胎。也作「**羊懷狗崽——怪胎**」。

ㄋㄜˋ

【訥口少言】

訥口：不善於說話。指不善於言談，說話不多。《史記・李將軍列傳》；「廣訥口少言，與人居則畫地為軍陳，射闊狹以飲。」

【訥言敏行】

訥言：原為語言遲鈍，後引伸為謹慎。指說話謹慎，辦事敏捷。《三國志・吳書・宗室傳》：「河質性忠直，訥言敏行，有氣幹，能服勤。」也作「**訥於言，敏於行**」。《論語・里仁》：「君子欲訥於言而敏於行。」

【訥於言，敏於行】

見「訥言敏行」。

ㄋㄞˇ

【乃文乃武】

見「乃武乃文」。

【乃武乃文】

既有武功，又有文德。唐・王勃《倬彼我係》詩：「匡嬴相劉，乃武乃文。」也作「**乃文乃武**」。唐・王勃《九成宮頌》：「一陰一陽，神通也；乃文乃武，聖圖也。」

【乃心公家】

見「乃心王室」。

【乃心王室】

王室：朝廷。指忠於朝廷。《尚書・康王之誥》：「雖爾身在外，乃心罔不在王室。」宋・秦觀《李泌論》：「天寶之際，若非唐之威德在人，忠臣義士乃心王室，則天下之事可勝言哉。」也作「**乃心公家**」。《三國志・吳書・陸凱傳》：「[何]定大恨凱，思中傷之，凱終不以爲意，乃心公家，義形於色。」

【乃玉乃金】

乃：是，像。像玉像金。比喻文辭優美。《漢書・揚雄傳》：「昔人之辭，乃玉乃金。」

【乃祖乃父】

你的祖父和你的父親。《尚書・君牙》：「唯乃祖乃父，世篤忠貞。」後也泛指祖父和父親。例受過教育的回族青年，不再如他們的乃祖乃父一樣，成爲嚴格的宗教信徒。

【奶媽抱孩子——人家的】

奶媽：受雇給人家帶孩子的婦女。見「老媽兒抱孩子——人家的。」

【奶聲奶氣】

形容用小孩兒的聲音、腔調說話。含撒嬌之意。例那麼大人，說起話來奶聲奶氣的，眞叫人討厭。

ㄋㄞˋ

【奈何不得東瓜，只把茄子來磨】

比喻對這人或這事沒辦法，卻拿那人或那事出氣。《蕩寇志》一一二回：「兄長眞是『奈何不得東瓜，只把茄子來磨』。那魏輔梁、眞大義二人，小可自失眼了，怕他眞個人人如此？那新來兄弟，誠僞眞假，我自有明察之法，何必遽行拒絕。」

【奈上祝下】

指礙上礙下、礙手礙腳、左右爲難。《西遊記》二三回：「他們是奉了唐王的旨意，不敢有違君命，不肯這件事。剛才都在前廳上栽我，我又有些奈上祝下的，只恐娘嫌我嘴長耳大。」

【耐人玩味】

見「耐人尋味」。

【耐人尋味】

耐：禁得起；尋味：仔細體會。禁得起反覆思索、體會。形容事情意味深長，值得人久久思考。例「阿甘正傳」這部標榜美國人精神的電影，故事內容十分的發人深省，耐人尋味。也作「**耐人玩味**」。清・陳廷焯《白雨齋詞話》卷一：「如吳夢窗之『東風臨夜冷於秋』，賀方回之『行雲可是渡江難』，皆耐人玩味。」

【耐霜熬寒】

耐：受得住，禁得起；熬：忍受。禁得起嚴霜酷寒。比喻禁得住嚴酷的考驗。例馬尾松是耐霜熬寒的常綠喬木。

ㄋㄟˇ

【餒殍相望】

餒殍（ㄆㄧㄠˇ）：餓死的人；相望：相互看得見。形容餓死的人很多，相互連接。唐・陸贄《請減京東水運收腳價於沿邊州鎮儲蓄軍糧事宜狀》：「至使郊畿之間，煙火殆絕，都市之內，餒殍相望。」

ㄋㄟˋ

【內安外攘】

攘：排除。安定國內，抵禦外患。清・張若霈《望醫巫閭山》：「內安外攘托保障，功德遠配岱華嵩。」

【內顧之憂】

形容來自家庭內部家務的煩憂。清・黃宗羲《桐城方烈婦墓志銘》：「安人於是洗硯削筆，習爲操作，先生無內顧之憂，一意遠遊。」也指來自內部的憂患。《周書・文帝紀上》：「吾使速駕，直赴京邑，使其進有內顧之憂，退有被躡之勢。」《三國演義》九一回：「今南方已平，可無內顧之憂。」

【內患外禍】

見「內憂外患」。

【內疚神明】

內疚：內心悔恨。指做過有愧於心的事，內心感到慚愧，良心受到責備。例這幾年來，他對於自己所犯下的錯誤，感到內疚神明，痛苦萬分。

【內舉不避親，外舉不避仇】

舉：推薦；親：親屬；仇：仇人。推舉身邊的人，即令是親屬也不漏失；推舉外面的人，即令是仇人也不遺棄。形容辦事公正。《尸子》卷上：「內舉不避親，外舉不避仇，仁者之於善也，無擇也，無惡也，唯善之所在。」

【內睦者家道昌】

睦：和睦；家道：家庭境況。內部和睦的家庭，境況一定興旺昌盛。宋・林逋《省心錄》：「內睦者家道昌，外睦者人事濟。」

【內清外濁】

清：澄清，清亮；濁：混濁。內心澄清而外貌混濁。《通俗篇・品目》：「揚雄《太元經》內清外濁，敝衣裹玉。」太元：即太玄。

【內仁外義】

仁：仁慈；義：情義。內心很仁慈，待人重情義。唐・韓愈《上兵部李侍郎書》：「伏以閣下內仁而外義，行高而德巨，尚賢而興能，哀窮而悼屈。」例老廚師是個內仁外義、表裏如一的人，同學們都很敬重他。

【內荏外剛】

荏：ㄖㄣˇ，軟弱；剛：堅强。內心怯懦，外表剛强。宋·李燾《太宗至道二年》：「以人則不然，內荏外剛，雖善談忠信而履行頗僻，所以眞僞難辨。」

【內柔外剛】

內心柔弱，外表剛强。《周易·否》：「內陰而外陽，內柔而外剛。」也指內部脆弱，外部强大。例王玲玲是個內柔外剛的人，她禁不起風風雨雨的考驗。

【內聖外王】

內：指自我修養；外：指治國。舊指以仁義治天下的君王，自身修養具有聖人的才德，治國能實施王者之政。《莊子·天下》：「是故內聖外王之道，暗而不明，郁而不發。」清·顧炎武《與陸桴亭札》：「孟子所謂『窮則獨善其身，達則兼營天下』，具內聖外王之事者也。」

【內視反聽】

內視：自我檢查；反聽：在自我反省的基礎上聽取外界議論。主動反省檢查，虛心聽取別人的意見。《史記·商君傳》：「反聽之謂聰，內視之謂明，自勝之謂强。」《後漢書·王允傳》：「夫內視反聽，則忠臣竭誠。」也作「反聽內視」。

【內疏外親】

疏：關係遠，不親近；親：親近，親密。內心疏遠，而外表很親近。漢·韓嬰《韓詩外傳》卷二：「曾子曰：內疏而外親。」例他們之間的關係看似親密無間，實際是內疏外親。

【內外不一，心手不相應，不學之過也】

學：此指學習繪畫；過：過錯。想和做不能一致，手不隨心，是由於沒有繪畫實作的過錯。原指繪畫不但要學好理論，而且要勤於實作。也用來指做學問、創作光有理論不行，必須經過實作才能取得成就。宋·蘇軾《文與可畫篔簹谷偃竹記》：「夫既心識其所以然而不能然者，內外不一，心手不相應，不學之過也。」

【內外夾攻】

從裏、外兩方面配合而同時進攻。也比喻同時運用自身力量和別人力量做某件事情。《新五代史·吳越世家》：「乃取其軍號，內外夾攻，號令相應，淮人以爲神，遂大敗之。」也作「內外夾擊」。

【內外夾擊】

見「內外夾攻」。

【內外交困】

交困：各種困難同時出現、交織在一起。指內部和外部同時陷入艱難、困苦之中。例市場疲軟和經營不善使工廠陷於內外交困之中，最後終於倒閉了。

【內外完好】

指表裏兼美。唐·韓愈《貞曜先生墓志銘》：「內外完好，色夷氣淸。」

【內外相應】

相應：互相呼應。內外相呼應。《史記·晋世家》：「我擊其外，楚誅其中，內外相應也。」也指內心外貌一致。《韓非子·解老》：「所謂方者，內外相應也，言行相稱也。」

【內外有別】

內部和外部應有嚴格的區別。《好逑傳》一七回：「故男女授受不親，家庭內外有別，此王制也，此古禮也。」

【內外之分】

謂內外之區別。《孫子·作戰》：「定乎內外之分，辨乎榮辱之境。」例你成爲我爸爸的女婿之後，也等於是他的兒子，放心，他會視你如己出，絕無內外之分。

【內無妄思，外無妄動】

內：指內心；外：指受內心支配的外在行動。心裏不胡思亂想，行動上就不會輕舉妄爲。《朱子語類·輯略》：「問：『敬何以用工？』曰：『只是內無妄思，外無妄動。』」

【內無怨女，外無曠夫】

怨女：已到婚齡而沒有合適配偶的女子；曠夫：成年而無妻的男子。家庭裏沒有未嫁的成年女子，社會上沒有未娶的成年男子。指人們都能找到配偶，及時嫁娶。《孟子·梁惠王下》：「當是時也，內無怨女，外無曠夫。」

【內省不疚】

省：ㄒㄧㄥˇ，反省；疚：愧疚。經過自我反省而沒有內心感到愧疚不安的事情。《論語·顏淵》：「內省不疚，夫何憂何懼！」《後漢書·班超傳》：「內省不疚，何恤人言。」也作「內省無愧」。宋·李覯《寄祖秘丞》：「方茲戀庭闈，旋已對獄吏；試言其所由，內省亦無愧。」

【內省無愧】

見「內省不疚」。

【內應外合】

應：接應，呼應；合：合圍，配合。內外相互配合、呼應。《東周列國志》一四回：「無知銜恨於心久矣！每思作亂，恨無幫手。我等不若密通無知，內應外合，事可必濟。」也作「裏應外合」。

【內憂外患】

內憂：國內動亂的憂患；外患：外來侵略的憂患。國內動亂和外來侵略所帶來的憂患。《文明小史》二二回：「你想皇上家內憂外患，正臣子臥薪嘗膽之秋，還好貪圖安逸嗎？」也作「內患外禍」。宋·魏了翁《直前奏六未喻及邪正二論》：「今內憂外禍稠見疊作……中外皇皇。」也作「內憂外侮」。清·梁章鉅《附婉惠和韻》詩：「福地深愁地脈回，內憂外侮困羣才。」

【內憂外侮】

見「內憂外患」。

【內造點心】

照皇宮內製造點心的方法仿製的點

心。《紅樓夢》四二回：「這是一盒子各樣內造點心，也有你吃過的，也有你沒吃過的，拿去擺架子請客的，比你們買的强些。」

【內重外輕】

內：指京官；外：指地方官。京官勢重，外官勢輕。《宋史・高宗紀五》：「乙亥，以內重外輕，命省台、寺監及監司、守令居職及二年者，許更迭出入除擢。」

ㄋㄠˊ

【呶呶不休】

呶呶：說話嘮叨。說起話來絮絮叨叨、沒完沒了，使人討厭。唐・柳宗元《答韋中立論師道書》：「豈可使呶呶者早暮咈吾耳，騷吾心？」

【撓腮撧耳】

撓：揉，搔；撧：ㄐㄩㄝ，揪，折。揉揉腮幫，揪揪耳朵。形容焦急、慌亂而又沒有辦法的樣子。元・關漢卿《蝴蝶夢》一折：「我這裏急忙忙過六街，穿三市，行行里撓腮撧耳，抹淚揉眵。」

【撓頭不知癢處】

比喻一時不知所措。《水滸傳》三九回：「宋江聽罷，『撓頭不知癢處』，只得叫苦！『我今番必是死也。』」

【撓直爲曲】

撓：屈；曲：彎。把直的弄成彎的。比喻變剛强正直爲曲意逢迎。漢・荀悅《漢紀・成帝紀》：「撓直爲曲，斫方爲圓，穢素絲之潔，推亮直之心。」

ㄋㄠˇ

【惱羞變怒】

見「惱羞成怒」。

【惱羞成怒】

因羞愧到極點而發怒恨人。巴金《雪》：「監工頭把衆人望了幾眼，惱羞成怒地站在那裏，心裏在想報復的辦法。」也作「惱羞變怒」。《何典》五回：「劉打鬼聽了，不覺惱羞變怒，跳得八丈高，把雌鬼『觸千搗萬』亂罵起來。」也作「老羞成怒」、「老羞變怒」。

【惱一惱，老一老；笑一笑，少一少】

指煩惱會使人變得衰老，保持心情舒暢會使人顯得年輕。例俗話說：「惱一惱，老一老；笑一笑，少一少」。你才四十多一點兒，就滿臉皺紋，滿頭白髮的，是不是煩惱的事多得不得了啊？

【腦袋搬家】

比喻被殺死。例與壞人鬥爭，就要不怕腦袋搬家，爲人民利益而死，重如泰山嘛！

【腦袋上頂鍋——亂扣帽子】

雙關語。比喻輕率地給人加上罪名。例辯論問題，一定要提出事實，講道理，以理服人，不能腦袋上頂鍋——亂扣帽子。也作「草帽當鍋蓋——亂扣帽子」、「螞蟻頭上戴斗笠——亂扣帽子」、「拿著草帽當鍋蓋——亂扣帽子」。

【腦袋上長瘡，腳板底流膿——壞透了】

見「冬瓜瓤裏生蛆——壞透了」。

【腦袋上長角——出格】

多比喻與衆不同。有時指言行越軌。例說話要考慮自己的身分，注意影響和後果，不能腦袋上長角——出格。也作「寫字不在行——出格」。

【腦袋伸進老虎嘴——沒命】

形容極端危險。例高空作業不採取安全措施，如果掉了下去，不是腦袋伸進老虎嘴——沒命了嗎？

【腦袋掖在褲腰帶上】

比喻做有生命危險的事。例這事雖然有幾分危險，但還到不了要你將「腦袋掖在褲腰帶上」的程度，你就怕成這副樣子！

【腦後帳】

比喻已經過去了的事情。例這樣的腦後帳有什麼算頭？還是往前看吧！

【腦殼上安電扇——出風頭】

腦殼：〈方〉腦袋，頭。比喻出頭露面顯示自己。例講演是一種宣傳活動，是爲了傳播知識，別淨想著腦殼上安電扇——出風頭。

【腦殼上搽豬油——滑頭】

也作「腦殼上搽豬油——滑頭滑腦」。見「額頭上抹肥皂——滑頭滑腦」。

【腦殼上頂門板——好大的牌子】

見「店舖前吊門板——好大的牌子」。

【腦殼上掛電燈泡——自量（亮）點】

量：「亮」的諧音。比喻對自己的實際能力或條件應有個恰當的估計。例你能承擔這樣大的任務？希望你腦殼上掛電燈泡——自量（亮）點。也作「腦頂上點燈——自量（亮）點」、「腦上打燈籠——自量（亮）點」。

【腦靈蓋上流膿——頂壞】

腦靈蓋：頭頂部分的骨頭。雙關語。比喻壞極了。例同那小子絕交吧，他是腦靈蓋上流膿——頂壞，臭名遠揚。也作「腦靈蓋上流膿——壞到了頂」、「頭上長禿瘡——頂壞」。

【腦滿腸肥】

腦滿：肥頭大耳；腸肥：身體胖。形容飽食終日、無所用心者的醜相。清・納蘭性德《念奴嬌・宿漢兒村》詞：「定知今夕，庾郎瘦損多少。便是腦滿腸肥尚難消受此荒煙落照。何況文園憔悴後，非復酒壚風調。」也作「腸肥腦滿」。

【腦門上頂扁擔——頭挑】

見「額角頭上擱扁擔——頭挑」。

【腦門上抹黃連——苦到頭了】

黃連：多年生草本植物，根莖味苦，可以入藥。雙關語。比喻苦難的日子已經過去。例孩子都已長大成人，能獨立生活、贍養老母了，張大娘大半輩子苦難的守孀生活，算是腦門上抹黃連——苦到頭了。

【腦門上長蒺藜——不是好剃的頭】

蒺藜：一年生草本植物，莖平鋪地上，羽狀複葉，開黃色小花，果皮有尖刺。比喻刁鑽固執、不好惹、不好對付的人。例你又碰上一個好對手！他腦門上長蒺藜——不是好剃的頭。也作「**腦頂上長蒺藜——剌兒頭**」、「**剌蝟的腦袋——不是好剃的頭**」。

【腦門上長角——大難臨頭】

也作「**腦門上長角——災禍臨頭**」。見「白虎進門——大難臨頭」。

【腦門上長瘤子——額外負擔】

額：前額，即腦門。雙關語。比喻超出規定數目或範圍的負擔。有時指多餘的事。例他本身任務還沒有完成，又增加新任務，眞是腦門上長瘤子——額外負擔。

【腦門上長眼睛——眼朝上】

比喻只知道巴結上司和有權勢的人。例哼，他呀，腦門上長眼睛——眼朝上，哪裏瞧得起我們這些普通老百姓。也作「**腦門上長眼睛——眼向上看**」、「**仰面朝天——眼朝上**」、「**駱駝觀天——眼向上看**」、「**比目魚的眼睛——眼朝上**」。

【腦門子抹漿糊——糊塗到頂】

見「米湯洗頭——糊塗到頂」。

ㄋㄠˋ

【鬧彆扭】

比喻故意爲難，彼此合不來。例別老是跟家裏鬧彆扭，這樣不好，不但你自己心情不好，還會鬧得一家人苦惱。

【鬧翻身】

指被壓迫被剝削的人們要求徹底改變境遇。例窮人鬧翻身是天經地義的大事。

【鬧風潮】

指各種集體的反抗行動。例爲反對種族歧視，南非各地黑人羣衆都在鬧風潮。

【鬧饑荒】

比喻經濟和生活困難，沒有飯吃。例由於乾旱缺水，非洲一些地區正鬧饑荒，我國紅十字會馬上送去了救濟物資。

【鬧口舌】

比喻吵架、拌嘴。例他一來就與人鬧口舌，也不怕大家對他印象不好。

【鬧亂子】

指出事、惹麻煩、製造事端。例那裏又鬧亂子了，快通知派出所出面制止。

【鬧磨擦】

指故意挑起是非，製造矛盾。例國難當頭，大家都要精誠團結，不要再鬧磨擦了。

【鬧鬧穰穰】

形容喧嘩紛擾。《紅樓夢》八五回：「這裏接連著親戚族中的人，來來去去，鬧鬧穰穰，車馬塡門，貂蟬滿坐。」

【鬧情緒】

指情緒不好，心情不佳。例剛說你兩句，你就鬧情緒，以後還怎麼幫助你成長呀！

【鬧酸款】

比喻擺出一副酸溜溜、文縐縐的架子。例我一見他鬧酸款，就忍不住想笑。

【鬧笑話】

指出現可笑的錯誤。例這位白字先生盡鬧笑話，竟把衷心感謝讀成哀心感謝。

【鬧心眼】

比喻心眼小，愛多心。例他是個粗人，你老跟他鬧心眼有什麼用？倒不如跟他把意見說出來，看他接不接受？

ㄋㄢ

【囡囡看雜技——又愛又怕】

囡囡：〈方〉對小孩的親熱稱呼。比喻又喜歡又恐懼。例我對驚險片就像囡囡看雜技——又愛又怕，有演出就想看，看一次嚇得一身汗。也作「**小孩子放炮——又愛又怕**」。

ㄋㄢˊ

【男扮女妝】

見「男扮女裝」。

【男扮女裝】

扮：化裝。爲某種需要，男子裝扮成女子。例泰國的人妖秀，就是男扮女裝，在舞台上表演歌舞，取悅觀衆。也作「**男扮女妝**」。《醒世恆言》卷八：「喬太守見他說男扮女妝，甚以爲奇，乃道，『男扮女妝……難道你認他不出？』」也作「**男爲女服**」。《隋書・柳彧傳》：「人戴獸面，男爲女服。」

【男不對女敵】

見「男不與女鬥」。

【男不與女鬥】

男的不和女的爭鬥。舊時認爲男的跟女的爭鬥有失身分，是輕視婦女的封建思想。《西遊記》七二回：「常言道：『男不與女鬥』，我這般一個漢子，打殺這幾個丫頭，著實不濟。」也作「**男不對女敵**」。《何典》五回：「豈知狠子野心，不唯不奉男不對女敵之古訓，反欲打殺老婆。」

【男唱女隨】

男的說什麼，女的隨聲附和。指妻子必須順從丈夫。《孔叢子・嘉言》：「孔子曰：『十五許嫁而後從夫，是陽動而陰應，男唱而女隨之義也。』」也作「**夫唱婦隨**」。

【男大當婚，女大當嫁——由不得人】

見「天要下雨，娘要嫁人——由不得人」。

【男大須婚】

見「男大須婚，女大必嫁」。

【男大須婚，女大必嫁】

指男女成年後要結婚嫁娶是必然的事情。《水滸傳》五回：「魯智深呵呵大笑道：『男大須婚，女大必嫁。』這是人倫大事，五常之禮。何故煩惱？」也作「**男大須婚**」、「**男大當婚，女大當嫁**」、「**男大當婚，女大須嫁**」、「**女大當嫁，男大當娶**」、「**男大當娶，女大當聘**」、「**男大須婚，女大須嫁**」、「**男大須婚，女長須嫁**」。

【男盜女娼】

男的做賊偷盜，女的爲娼賣淫。形容男女都幹壞事，思想、行爲卑劣。《二十年目睹之怪現狀》一〇一：「還有一種人，自己做下了多少男盜女娼的事，卻責成兒子做仁義道德，那才難過呢！」魯迅《論「他媽的！」》：「口上仁義禮智，心裏男盜女娼！」也作「**女娼男盜**」。清・學秋氏《續都門竹枝詞》：「你也竇家我也竇，女娼男盜盡由他。」

【男兒到死心如鐵】

男子漢大丈夫志堅如鐵，至死不變。現用以表示，堅强的決心和意志。宋・辛棄疾《賀新郎》詞：「我最憐君中宵舞，道男兒到死心如鐵。看試手，補天裂。」

【男兒的田邊，女兒的鞋邊——好看】

舊時男耕女織，男人把田邊修整得整齊俐落，女人把衣帽鞋襪縫製得美觀得體。比喻看起來感到舒服。例這個村子衛生一流房前屋後都收拾得乾乾淨淨、整整齊齊，像男人的田邊，女兒的鞋邊，很好看。

【男兒久失意，寶劍亦生塵】

好男兒長期不被重用，無法施展才能，腰懸的寶劍落滿了灰塵。用以表達傑出人物長期遭受壓抑，不能建功立業的慨嘆。唐・孟郊《送孟寂赴舉》詩：「烈士不憂身，爲君吟苦辛。男兒久失意，寶劍亦生塵。」

【男兒沒信，寸鐵無鋼，女人無性，爛如麻糖】

指無論男女都要守信義、有個性。《金瓶梅詞話》八五回：「盆兒罐兒都有耳朵，你有要沒緊和這小廝纏什麼，教奴才們背地排說的磣死了。常言道：『男兒沒信，寸鐵無鋼，女人無性，爛如麻糖』」

【男兒膝下有黃金】

金：尊貴。指男子漢大丈夫應有自己的尊嚴，不可輕易向人屈膝下拜。《初刻拍案驚奇》卷二一：「張客……看著林上舍唱個喏便拜。林上舍道：『男兒膝下有黃金，如何拜人？』」也作「**男兒兩膝有黃金**」。

【男兒有淚不輕彈】

彈：用手彈淚。指男子漢大丈夫不輕易掉淚。例你已是個大人了，怎麼遇到不順心的事就掉眼淚？要知道男兒有淚不輕彈，可不能再這樣了。

【男耕女織】

男的耕田，女的織布。形容合家辛勤勞動，怡然自樂。元・薩都剌《過居庸關》詩：「男耕女織天下平，千古萬古無戰爭。」也作「**女織男耕**」。明・趙弼《青城隱者記》：「女織男耕，桑麻滿圃。」

【男歡女愛】

男女歡愛。晉・陸機《壙上行》：「男歡智傾愚，女愛衰避妍。」形容男女之間親昵相愛。《警世通言》卷三五：「這般會合，那些個男歡女愛，是偶然一念之差。」也作「**男貪女愛**」。元・王實甫《西廂記》三本一折金聖嘆批：「如張生鶯鶯，男貪女愛，此眞何與紅娘之事。」

【男婚女嫁】

指男女嫁娶成家。冰心《南歸》：「男婚女嫁，大事都完了。」也作『**男婚女聘**』。聘：女子出嫁。元・關漢卿《金線池》三折：「沒來由强風情，剛可喜男婚女聘。」也作「**男室女家**」。明・汪廷訥《獅吼記・贈妾》：「男室女家，大倫攸繫，天長地久，樂意相關。」

【男婚女聘】

見「男婚女嫁」。

【男婚女姻】

男的婚娶，女的出嫁。指男女之間的正常婚姻。《詩經・小雅・我行其野》「不思舊姻」孔穎達疏：「婚姻對文，則男婚女姻。」

【男媒女妁】

妁：ㄕㄨㄛˋ，媒人。男女媒人。《醒世恆言》卷七：「除非他女兒不要嫁人便罷休，不然少不得男媒女妁。」

【男女別途】

舊時男女走路也不相混雜，各行其道。表示秩序井然。洪秀全《原道醒世訓》：「夜不閉戶，道不拾遺，男女別途，舉選上德。」

【男女老少】

見「男女老幼」。

【男女老幼】

有男有女有老有少，泛指所有的人。巴金《火》二部八：「我們大家，鎮上的全體民衆，不論男女老幼，都要和和氣氣組織起來，就好像我們是個大的家庭一樣。」也作「**男女老少**」。例每年的元宵燈會，都吸引許多的男女老少前來欣賞。

【男女平等】

指男女在社會、政治、經濟上及家庭中享有相等權利。例實現婚姻自由，男女平等，這是婦女得到徹底解放的前提。也作「**男女平權**」。清・秋瑾《勉女權歌》：「男女平權天賦就，豈甘居牛後？」

【男女平權】

見「男女平等」。

【男女授受不親】

授受：交接，遞接；授受不親：不親

手遞接物件。指封建社會男女不能直接接觸往來。《孟子・離婁上》：「男女授受不親，禮也。」《兒女英雄傳》二二回：「你我男女授受不親，你可記得我在能仁寺救你的殘生，那樣性命呼吸之間，我尚且守這大禮，把那弓梢兒扶你。」

【男女先兒】

先兒：先生的略稱。稱男女盲藝人。《紅樓夢》四三回：「不但有戲，連要百戲並說書的男女先兒全有，都打點取樂頑耍。」

【男女有別】

男女之間有所區別。《禮記・昏義》：「敬愼重正而後親之，禮之大體，而所以成男女之別，而立夫婦之義也。男女有別，而後夫婦有義。」封建禮教認爲男尊女卑，以「禮」將雙方分別開來。《隋書・柳彧傳》：「非法不服，非道不行，道路不同，男女有別，防其邪僻，納諸軌度。」也作「男女之別」。《穀梁傳・僖公三十三年》：「進不能守，退敗其師徒，亂人子女之教，無男女之別。」

【男女之別】

見「男女有別」。

【男人能作主，是貓能逮鼠】

男人能當家作主，就同貓能捉老鼠一樣。指理所當然。例雖說有些男人顯得沒什麼出息，可是在封建家庭裏，他還是一家之主，事事說了算。正如俗話所說：「男人能作主，是貓能逮鼠」。

【男僧寺對著女僧寺，沒事也有事】

比喻已經具備了做壞事的條件，早晚會出事。《金瓶梅詞話》三九回：「金蓮說道：『我聽得說，你住的觀音寺背後就是玄明觀。常言道：「男僧寺對著女僧寺，沒事也有事。』」

【男室女家】

見「男婚女嫁」。

【男貪女愛】

見「男歡女愛」。

【男爲女服】

見「男扮女裝」。

【男子漢不激不發】

指男子漢受到激勵便會奮發圖强。例你別擔心，他畢竟是個男子漢，俗話說：「男子漢不激不發。」只要你常激勵他，他還是會有出息的。也作「男子漢不毒不發」。

【男子漢大丈夫】

男子漢：指健壯或性格剛强的男人；大丈夫：成年男子。指有作爲、有志氣的男子。例假如你自認是一個男子漢大丈夫，那就應該勇敢地負起責任，承認一切的錯誤。

【男尊女卑】

尊：高貴；卑：卑賤。男的地位高貴，女的卑賤。一種重男輕女的封建觀念。《列子・天瑞》：「男女之別，男尊女卑，故以男爲貴。」魯迅《十四年的「讀經」》：「武則天做皇帝，誰敢說男尊女卑？」

【南北大道——不成東西】

雙關語。比喻不成器，沒有出息。例我早就說過，人看極小，馬看蹄爪，這孩子將來準是個南北大道——不成東西，現在果然進了牢房。

【南邊打閃——白（北）累（雷）】

打閃：天空出現的閃電；白、累：「北、雷」的諧音。比喻白白勞累一番，工作沒有成效。例今天未按圖紙生產，產品全部報廢，眞是南邊打閃——白（北）累（雷）。

【南船北車】

走南闖北，到處奔波。比喻行蹤不定。《歧路燈》九六回：「但恐宦海萍蹤，南船北車，又在不定耳。」

【南船北馬】

南方多水鄉，人善於行船，北方多平原，人善於騎馬。指南北方各自的不同特點。《淮南子・齊俗訓》：「胡人便於馬，越人便於舟。」例在內蒙草原上，交通工具主要是馬，所以不管男女老少都會騎馬，眞所謂南船北馬。

【南販北賈】

賈：ㄍㄨˇ，做買賣。指爲了謀生而到處奔走。漢・焦延壽《易林》八：「南販北賈，與怨爲市，利得自治。」

【南方之强】

《禮記・中庸》：「南方之强與？北方之强與？抑而强與？」指南方的堅忍强毅之人。

【南風不競】

南風：南方的音樂；不競：樂聲低沉。《左傳，襄公十八年》：「晋人聞有楚師，師曠曰：『不害，吾驟歌北風，又歌南風，南風不競，多死聲，楚必無功。』」原指楚軍士氣不振，沒有戰鬥能力。後比喻競爭的力量不强，顯示出敗跡。清・覺佛《女英雄》：「不料近十年國威掃地，南風不競，中原成游牧之場。」也作「不競南風」。

【南宮大典】

舊時的進士考試，多在南宮舉行，故有南宮大典之稱。《燕子箋・閒試》：「山岳君恩隆重，主南宮大典，濫及愚蒙。」

【南瓜地裏種豆角兒——繞過來扯過去】

南瓜是草本植物，莖蔓生；豆角兒即豆莢，也是蔓生植物。兩者雜種，蔓莖交纏，縱橫交錯。比喻說話東拉西扯，或翻來覆去沒有中心。例你講話可不可以簡單、扼要點，免得南瓜地裏種豆角兒——繞過來扯過去，浪費大家的時間。

【南瓜花炒鷄蛋——對色的貨】

對色的貨：顏色一樣的貨，引申爲一路貨。見「婊子罵娼——一路貨」。

【南瓜藤爬電桿——高攀】

雙關語，比喻跟社會地位比自己高的人交朋友或結成親戚。多作嫌詞，有時也表示諷刺。例「今後我們就成爲兒女親家啦。」「實在是南瓜藤爬電桿——高攀了。」

【南冠楚囚】

南冠：因楚國在南方，故稱楚人戴的帽子爲南冠。指被俘的楚國囚犯。後泛指囚犯或戰俘。《左傳·成公九年》：「晉侯觀於軍府，見鍾儀，問之曰：『南冠而縶者，誰也？』有司對曰：『鄭人所獻楚囚也。』使稅之，召而弔之。再拜稽首。」宋·章麗貞《長相思·送汪水雲歸吳》：「風颼颼，雨颼颼，萬里歸人空白頭。南冠泣楚囚。」

【南郭先生吹竽——不懂裝懂】

比喻態度虛僞，假裝明白。例應當勤奮好學，不恥下問，不能像南郭先生吹竽——不懂裝懂。也作「**南郭先生吹竽——不會裝會**」、「**司馬懿破八卦陣——不懂裝懂**」。

【南郭先生吹竽——濫竽充數】

比喻沒有本領的人混在行家裏面充數，或以次充好。例幹不了就不必勉强，南郭先生吹竽——濫竽充數，大家會笑話的。參見「濫竽充數」。

【南海燕——選高門做窩】

比喻善於趨炎附勢。例哼，他從不與窮書生交遊結友，好比南海燕，專選高門做窩，不像個讀書人。

【南貨齋果】

南貨：指福建、廣東等地所產的物品，多指食物；齋果：供奉神佛的食品。南方產的食品和上供用的果品糕點。泛指南方特產。例食品街集中了全國的名貴特產，多年少見的南貨齋果也應有盡有。

【南箕北斗】

箕和斗都是星宿名。《詩經·小雅·大東》：「維南有箕，不可以簸揚；維北有斗，不可以挹酒漿。」當箕、斗都處於南方的時候，箕宿在南，斗宿在北。後用「南箕北斗」比喻徒有虛名而無實際。《陳書·後主紀》：「（詔曰）且取備實難，舉長或易，小大之用，明言所施，勿得南箕北斗，名而非實。」

【南金東箭】

南金：南方出產的銅；東箭：東南（浙江）出產的可作箭桿的細竹。《爾雅·釋地》：「東南之美者，有會稽之竹箭焉；西南之美者，有華山之金石焉。」古代以南方的金石、東方的竹箭爲貴重之物。後比喻優秀卓異的人才。《晉書·顧榮等傳論》：「顧、紀、賀、薛等並南金東箭，世胄高門。」

【南橘北枳】

枳：ㄓˇ，落葉灌木，味苦酸，也叫枸橘。《晏子春秋·內篇雜下》：「橘生淮南則爲橘，生於淮北則爲枳，葉徒相似，其實味不同。所以然者何？水土異也。」後以「南橘北枳」比喻同一物種因環境條件不同而生變異。《古今小說》卷二五：「名謂南橘北枳，便分兩等，乃風俗之不等也。」

【南柯一夢】

唐·李公佐《南柯太守傳》記載：淳于棼夢入大槐安國，當了南柯太守，娶該國公主爲妻，享盡榮華富貴，醒來發現大槐安國就是他家大槐樹下的一個螞蟻洞。南柯郡就是槐樹最南的一枝。後用「南柯一夢」比喻一場空歡喜，也泛指做夢。元·馬致遠《女冠子》：「得又何歡，失又何愁，恰似南柯一夢」。也作「**一夢南柯**」、「**一枕南柯**」。

【南來北去】

見「南來北往」。

【南來北往】

從南方來的，到北方去的。形容行人車馬來來往往。《兒女英雄傳》三八回：「不但南來北往的車馱絡繹不絕，便是當地那些居民，也……都穿梭一般擁擠不動。」也作「**南來北去**」。元·賈仲名《對玉梳》三折：「這裏是大道官塘，怎沒個行人南來北去。」

【南來北往——不是東西】

雙關語。比喻人不正經，討人嫌。例看你歪戴帽，斜穿衣，遊遊蕩蕩，眞是南來北往——不是東西。

【南來的燕，北來的風——擋不住】

見「決堤的河水——擋不住」。

【南蠻鴃舌】

南蠻：指舊時對南方人的蔑稱；鴃：ㄐㄩㄝˊ，伯勞鳥。《孟子·滕文公上》：「今也南蠻鴃舌之人，非先王之道。」後多用來譏諷人操南方方言。清·王韜《淞隱漫錄·仙人島》：「崔（生）操閩音，啁啾不可辨。翁笑曰：『此眞南蠻鴃舌之聲也。』」

【南面百城】

南面：古代以坐北朝南爲尊位；百城：上百座城鎮，指管轄大片地區。舊時用來形容統治者尊榮富有。也比喻藏書非常豐富。《魏書·李謐傳》：「丈夫擁書萬卷，何假南面百城。」清·姜紹書《無聲詩史·王鑑》：「弇州鑑藏名跡，金題玉躞，不減南面百城。」

【南面稱孤】

孤：古代帝王的謙稱。朝南坐著，自稱孤家。指稱帝稱王《莊子·盜跖》：「凡人有此一德者，足以南面稱孤矣。」《三國演義》四三回：「魯肅對孫權曰：『將軍降曹，欲安所歸乎？位不過封侯，車不過一乘，騎不過一匹，從不過數人，豈得南面稱孤哉！』」也作「**南面稱王**」。晉·孫楚《爲石仲容與孫皓書》：「信能右折燕齊，左振扶桑，凌轢沙漠，南面稱王也。」

【南面稱王】

見「南面稱孤」。

【南面王樂】

君主臨朝南面而坐，享王侯之樂。《莊子·至樂》：「吾安能棄南面王樂，而復爲人間之勞乎？」

【南面之尊】

指帝王神聖至尊的地位。《漢書·貢

禹傳》：「以漢治之廣，陛下之德，處南面之尊，乘萬乘之權。」《列子·楊朱》：「桀藉累世之資，居南面之尊。」

【南腔北調】

南方的聲腔，北方的語調。形容說話口音不純，攙雜南北方言。《鏡花緣》二一回：「俺看他油嘴滑舌，南腔北調，到底算個什麼。」魯迅《南腔北調集·題記》：「眞的，我不會說綿軟的蘇白，不會打響亮的京腔，不入調，不入流，實在是南腔北調。」也作「**北調南腔**」。

【南阮北阮】

《晋書·阮咸傳》記載：阮籍與侄子阮咸居住在道南，其他阮姓住在道北。南阮貧而北阮富。後用「南阮北阮」泛指聚居一地而貧富懸殊的同族人家。唐·戴叔倫《旅次寄湖南張郎中》詩：「閉門茅底偶爲鄰，北阮那憐南阮貧。卻是梅花無世態，隔牆分送一枝春。」

【南山不靠北山——各管各的】

見「井水不犯河水——各管各的」。

【南山的毛竹——節節空】

毛竹：也叫南竹，通常高達二、三丈，節間的距離較短，葉表面綠色，背面帶淡白色，莖的壁厚而堅韌。比喻計畫的各個環節都落空了。例你們閉門造車，脫離實際，計畫成了南山的毛竹——節節空，，根本不可能實現。

【南山捷徑】

捷徑：最近的路。指達到目的地的便捷途徑。宋·范成大《逍遙席上贈張邦達教授》詩：「誰憐蠻府清池句，不著南山捷徑鞭。作者七人茅瘴地，肅霜九月菊殘天。」

【南山可移】

南山：終南山。《舊唐書·李元紘傳》記載：太平公主與人爭磨坊，元紘判還原主。長史竇懷貞要他改判，元紘在判決書上寫道：「南山可移，判不可搖也。」後用「南山可移」比喻既已定案，不可改變。清·紀昀《閱微草堂筆記·灤陽消夏錄三》：「問官申辯百端，終以爲南山可移，此案不動。」

【南山上的松柏——四季長青】

比喻事業興旺，時時充滿活力。例你們的文化交流事業，有利於弘揚中華文化，祝願它像南山上的松柏——四季長青。也作「**山上的青松——四季長青**」。

【南山隱豹】

《列女傳·陶答子妻》：「妾聞南山有玄豹，霧雨七日而不下食者何也？欲以澤其毛而成文章也，故藏而遠害。」南朝齊·謝朓《之宣城郡出新林浦向板橋》詩：「雖無玄豹姿，終隱南山霧。」後用「南山隱豹」比喻隱居山林、愛惜其身、有所不爲的賢者。

【南山之壽】

《詩經·小雅·天保》：「如南山之壽，不騫不崩。」原比喻基業堅固而長久。後來沿用爲祝壽的頌詞。南朝齊·王融《三月三日曲水詩序》：「上陳景福之賜，下獻南山之壽。」

【南天門唱戲——沒聲沒影】

在高高的南天門唱戲，地上的人既聽不到聲音，也看不到人影。比喻沒有根據的事。例「外面傳說他又要高升了？」「這完全是南天門唱戲——沒聲沒影的事。」

【南天門吹喇叭——想（響）得高】

見「飛機上吹喇叭——想（響）得高」。

【南天門搭戲台——唱高調】

見「公雞飛到屋頂上——唱高調」。

【南天門的旗桿——光棍一條】

也作「**南天門的桅桿——光棍**」。見「毛筆掉了頭——光棍一條」。

【南天門的旗桿——直杠一條】

見「長蟲吃扁擔——直棍一條」。

【南天門掛鏡子——照雲】

雙關語。比喻照他人的話說。例我是傳達上司的指示，南天門掛鏡子——照雲，沒添加自己的任何意思。

【南甜北鹹，東辣西酸——口味不同】

比喻各人對味道的愛好不一樣。例南甜北鹹，東辣西酸——口味不同，做一個好的廚師，能滿足大家的需要，眞不容易啊！

【南鷂北鷹】

鷂、鷹：兩種凶猛的鳥。在南面像鷂一樣，在北面像鷹一樣。比喻人耿直嚴峻。《晋書·崔洪傳》：「洪少以清厲顯名，骨鯁不同於物，人之有過，輒面折之，而退無後言……時人爲之語曰：『叢生棘刺，來自博陵。在南爲鷂，在北爲鷹。』」

【南轅北轍】

轅：車前駕牲畜的兩根長木；轍：車輪輾過的痕跡。《戰國策·魏策四》：「至楚而北行，離楚愈遠耳。」（楚在南方）本想往南走，車子卻向北開。比喻背道而馳，行動和目的相反。茅盾《雜談文藝現象》：「如果一方面盼望有功於『世道人心』的文藝，而同時又不許文藝作品帶著強心和清瀉的藥品，這何異南轅北轍？」也作「**北轅南轍**」。

【南轅北轍——越走越遠】

比喻錯誤越陷越深。例你不要執迷不悟了，南轅北轍——越走越遠，最終是死路一條。

【南征北伐】

征：征討；伐：攻打。形容轉戰南北，經歷了許多戰鬥。唐·陳子昂《爲金吾將軍陳令英請免官表》：「西逾流沙，東絕滄海，南征北伐，無所不至。」也作「**南征北討**」。元·無名氏《昊天塔》一折：「想老夫幼年時，南征北討，東蕩西除，到今日都做了一場春夢也。」也作「**南征北戰**」。例他十六歲入伍，南征北戰，在戰場上拼了二十多年。也作「**南征北剿**」。魯迅《王化》：「南征北剿，絕不偷懶。」

【南征北剿】

見「南征北伐」。

【南征北討】

見「南征北伐」。

【南征北戰】

見「南征北伐」。

【南枝北枝】

唐・李嶠《鷓鴣》詩：「可憐鷓鴣飛，飛向樹南枝。南枝日照暖，北枝霜露滋。」南枝上的梅花向陽，北枝上的梅花受寒。比喻處境苦樂不同。《白孔六帖・梅南枝》：「大庾嶺上梅，南枝落，北枝開。」後也指南北兩地文人齊名。鄭逸梅《南社雜碎》：「澤庵居嶺南，號梅禪，高旭居松江，號天梅，『南枝北枝』之稱。」

【南州高士】

南州：南方。指南方品德高尚、脫俗不凡的人。《後漢書・徐穉傳》：「郭林宗有母憂，穉往吊之，置芻一束於廬前而去，衆怪不知其故，林宗曰：『此必南州高士徐孺子也』」

【南州冠冕】

南州：南部地區；冠冕：帽子，比喻第一，最上面一位。南方人才中最傑出的人。後用以讚譽才識超羣的人。《三國志・蜀書・龐統傳》：「潁川司馬徽，清雅有知人鑑，統弱冠往見徽，徽采桑於樹上。坐統在樹下，共語自晝至夜，徽甚異之，稱統當爲南州士之冠冕，由是漸顯。」

【南州望士】

南州：南方。指南方很有威望、受人稱讚的人。《晉書・顧榮傳》：「榮既南州望士，躬處右職，朝野甚推敬之。」

【喃喃細語】

喃喃：連續不斷地小聲說話的聲音。形容說話聲音很小。《北史・房陵王勇傳》：「乃向西北奮頭，喃喃細語。」也作「**呢喃細語**」。

【喃喃自語】

小聲地自己跟自己說話。例他最近的精神狀況似乎不太好，常常可以看到他一個人喃喃自語，神情恍惚。

【楠木當柴燒——不識貨】

楠木：珍貴木材。見「紅土當朱砂——不識貨」。

【難得而易失者時也】

時：時機。很難得到而又容易失去的是時機。指不能錯過機。《三國志・魏書・賈詡傳》注引《九州春秋》：「夫難得而易失者時也，時至而不旋踵者機也。故聖人常順時而動，智者必因機以發。」

【難得者兄弟，易得者田地】

指兄弟之間骨肉之情比錢財、產業更重要。《古今小說》卷一〇：「若失了個弟兄，分明割了一手，折了一足，乃終身缺陷。說到此地，豈不是『難得者兄弟，易得者田地』？」

【難分難解】

見「難解難分」。

【難分難捨】

見「難捨難分」。

【難割難分】

見「難捨難分」。

【難乎其難】

要比想像的還要難得多。形容非常難。清・秋瑾《致秋譽章書》：「交人必於貧賤交以恩誼，則後日必收其效果；若於富貴時交人，及望富貴照拂，則難乎其難。」

【難乎其繼】

見「難乎爲繼」。

【難乎爲繼】

難於繼續下去。《禮記・檀弓上》：「孔子曰：『哀則哀矣，而難乎爲繼也。』」今也指經濟上支絀，供應接續不上。也作「**難乎其繼**」。明・海瑞《驛傳議・中策下策》：「目前勉強，終必疲亡，故曰下策。然居今之世，難乎其繼也。」

【難乎爲情】

見「難以爲情」。

【難將一人手，掩得天下目】

指惡人無論如何也遮蓋不住自己的劣跡。例無論你怎麼僞裝，怎麼掩飾，只要你做了壞事，就會被人知道。俗話說：「難將一人手，掩得天下目。」也作「**難將一人手，掩盡天下目**」。

【難解難分】

雙方鬥爭相持不下，無法分開。《兒女英雄傳》七回：「姑娘，你想想，這件事可怎麼點得頭呢？正鬧得難解難分，姑娘你就進來了。」也形容雙方關係異常親密，難以分開。《紅樓夢》五回：「至次日，便柔情繾綣，軟語溫存，與可卿難解難分。」也作「**難分難解**」。《紅樓夢》一一七回：「正在難分難解，王夫人、寶釵急忙趕來。見是這樣形景，王夫人便哭著喝道：『寶玉、你又瘋了！』」

【難進易退】

不熱中於高官厚祿，而時時想引退。《孔子家語・儒行解》：「難進而易退，粥粥若無能也。」《儒林外史》四六回：「余大先生嘆道：『難進易退，眞乃天懷淡定之君子』」

【難能可貴】

難能：不容易做到。指不易做到的事居然做到了。表示難得，值得珍貴。宋・蘇軾《荀卿論》：「此三者，皆天下之所謂難能而可貴者也。」

【難上加難】

困難之上又增加了新的困難。指更爲困難。《官場現形記》七回：「所有上條陳一事，竟是難上加難，非有十二分本領的人，絕不敢冒險。」

【難捨難分】

很難捨棄，很難分離，形容雙方感情極好，捨不得分離。《摘錦奇音・同窗記・下山虎》：「欲別又難忍，欲別又難忍，止不住汪汪淚盈，正是難捨難分，嗳呀，和你恩愛情，和你恩愛情！」也作「**難分難捨**」。《兒女英雄傳》四〇回：「骨肉主婢之間，也有許多的難分難捨。」也作「**難割難分**」。《紅樓夢》一〇二回：「次日，探春將要起身，又來辭寶玉，寶玉自然難割難分。」

【難伸之隱】

見「難言之隱」。

【難剃頭】

比喻難以對付。例這是個難剃頭的傢伙，但只要跟他好好談談，以誠相待，他還是可以回頭的。

【難填欲壑】

欲望像山溝一樣難以塡滿。形容貪欲極大，無法滿足。清・陳朗《雪月梅傳》一：「何生的父親在日，亦常常周濟與他，無如到手即空，難塡欲壑。」

【難調衆口】

調：配合適當。吃飯的人多，很難適合每個人的口味。比喻難以使所有的人都滿意。也比喻意見紛歧，很難協調一致。宋・歐陽修《歸田錄》卷一：「丁晉公之南遷也，行過潭州，自作《齋僧疏》云：『補仲山之袞，雖曲盡於巧心；和傅說之羹，實難調於衆口。』」也作「**衆口難調**」。

【難兄難弟】

指弟兄們才德都優異，難分高下。《舊唐書・穆寧、崔邠、竇羣、李遜、薛戎傳贊》：「二李英英，四崔濟濟。薛氏三門，難兄難弟。」也指彼此同處困境的人。《儒林外史》四九回：「武正字道：『高先生原是老先生同盟，將來自是難兄難弟可知。』」後也用「難兄難弟」指同處困境或同樣壞的人。例他希望能得到他那幫在賭場裏鬼混的難兄難弟的幫助，但這怎麼可能呢？

【難言之隱】

隱藏在內心深處難以明說的事情或緣由。《二十年目睹之怪現狀》七七回：「我近來閱歷又多了幾年，見事也多了幾件，總覺得無論何等人家，他那家庭之中，總有許多難言之隱的。」也作「**難伸之隱**」。伸：申述，表白。《兒女英雄傳》三三回：「往往見那些巨族大家，多半禮重於情，久之情爲禮制……姑媳也就難免有難伸之隱。」

【難以理喻】

喻：使明白。很難用道理使其明白。多指難於對愚頑或蠻橫的人講淸道理。明・沈德符《萬曆野獲編・西北水利》：「明旨再三申囑，徒付空言。蓋北人滯執偏見，難以理喩如此。」

【難以枚舉】

枚：個。很難一一列舉出來。形容同一類的人或事物很多。淸・梁章鉅《鰲拜》：「乃鰲拜當日自恃政柄在握，輒敢擅執法，邀結黨羽，殘害大臣，罪跡多端，難以枚舉。」

【難以名狀】

名：用言語說出；狀：描繪，形容。很難用言語來形容。《太平御覽・天部八・雲》：「舜時卿雲見於時……或以雲爲出岫回薄，而難以名狀也。」

【難以逆料】

逆：預先；料：料想，估計。很難預先料到。例在科學還沒高度發展的情況下，對自然界千變萬化的現象是難以逆料的。

【難以啓齒】

見「難於啓齒」。

【難以企及】

企：企望，盼望；及：趕了，達到。沒有希望趕上。北魏・溫子升《上黨王穆讓太宰表》：「固知才弱不可自强，力微難以企及。」

【難以忘懷】

難以：難於；忘懷：忘記。不容易忘掉。例我們是同窗好友，相處時的一切至今難以忘懷。

【難以爲情】

面子上過不去，不好意思。《官場現形記》三四回：「前日是並起並坐，今日是『大人、卑職』，未免叫不出口，難以爲情。」也作「**難乎爲情**」。

【難以置信】

置信：相信。很難相信。例他的數學成績一向很差，而這次卻考了最高分，眞是難以置信。

【難以自拔】

不容易主動地從痛苦或罪惡中解脫出來，例孟梅在生命的最後一刻還深陷在夢幻與現實的痛苦抉擇中難以自拔。

【難於出口】

見「難於啟齒」。

【難於啓齒】。

啓齒：開口。不好意思開口。《東周列國志》二二回：「欲告慶父，而難於啟齒，乃於門外號啕大哭。」也作「**難以啟齒**」。《今古奇觀》卷二〇：「況且女求於男，難以啓齒。」也作「**難於出口**」。《東周列國志》一〇七回：「（荊）軻曰：『計誠有之，但難於出口。』」

【難於上青天】。

形容道路極其險峻，非常難走或簡直不可能做到的事。唐・李白《蜀道難》詩：「蜀道之難，難於上青天！」也作「**難於上天**」。漢・枚乘《上書諫吳王》：「必若所欲爲，危於累卵，難於上天。」

【難於上天】。

見「難於上青天」。

【難者不會，會者不難】

指覺得某事難是因爲不會，會就不覺得難。例這台機器其實很容易操作，你覺得不好操作，是因爲你不了解它。俗話說：「難者不會，會者不難。」

【難捉鼻】

比喻難以駕馭，掌握不住。例這人心眼好，就是難捉鼻。

【難捉摸】

比喻費解，不易猜測。例他一直好好的，爲什麼突然想自殺，眞叫人難捉摸。

ㄋㄢˇ

【赧顏抱慚】
因害羞而臉紅，心裏慚愧。《紅樓夢》一〇九回：「寶玉想著早起之事，未免赧顏抱慚。」

【赧顏苟活】
赧顏：因害羞而臉紅；苟活：苟且圖生存。含羞帶愧，苟且偷生地活著。例他覺得赧顏苟活，比死還可怕。

【赧顏汗下】
赧：羞愧臉紅。臉發紅，額頭流汗。形容羞愧之極。《好逑傳》七回：「公子譽過之情，令人赧顏汗下。」

ㄋㄢˋ

【難起蕭牆】
難：災難；蕭牆：照壁，比喻內部。比喻災難、禍患發生於內部。晉・庾峻《祖德頌》：「漢後不辟，公族剝亂，難起蕭牆，政由豎官（宦）。」

ㄋㄣˋ

【嫩草怕霜霜怕日，惡人自有惡人磨】
指壞人自有壞人來整治，惡人定有惡報。《金瓶梅詞話》九三回：「[陳經濟]由著楊二鳳牽爺娘，罵父母，拿大磚砸門，只是鼻口內不聽見氣兒。又況才打了官司出來，夢條繩蛇也害怕，只得含忍過了。正是：『嫩草怕霜霜怕日，惡人自有惡人磨。』」也作「嫩草怕霜霜怕日，惡人還被惡人磨」。

【嫩薑沒有老薑辣】
比喻老手還是比新手厲害、能幹。例多虧老王師傅幫忙，才能在短時間內完成這項工作，所謂「嫩薑沒有老薑辣」，眞是一點也不假。

【嫩苗苗——根底淺】
見「盤子裏生豆芽——根底淺」。

【嫩筍拱土——冒尖】
見「痲袋裏裝菱角——冒尖」。

【嫩竹扁擔挑擔子——吃不住勁】
見「螞蚱馱磚頭——吃不住勁」。

【嫩竹扁擔挑重擔——自不量力】
也作「嫩竹扁擔挑重擔——不自量」。見「雞蛋碰石頭——自不量力」。

【嫩竹子做扁擔——挑不了重擔】
比喻缺乏鍛鍊的年輕人，勝任不了重要的工作。例我剛邁出學校大門，沒經過磨練，恐怕是嫩竹子做扁擔——挑不了重擔，還靠同事們多扶持。也作「嫩竹子扁擔——挑不起千斤擔」、「麻桿做扁擔——挑不起重擔」。

ㄋㄤˊ

【囊空如洗】
囊：口袋。口袋裏空得像洗過一樣。形容窮得一個錢也沒有。《警世通言》卷三二：「十娘與公子在枕邊，議及終身之事。公子道：『我非無此心。但教坊落籍，其費甚多，非千金不可，我囊空如洗，如之奈何！』」也作「囊橐如洗」。明・沈德符《萬曆野獲編・金元煥》：「比明呼金不應，急入其房闥，則孥累一空，囊橐如洗，並飮叟亦無蹤影矣。」

【囊空羞澀】
羞澀：難爲情。比喻經濟困難，手裏無錢。《說岳全傳》一五回：「小弟等欲待回家，怎奈囊空羞澀，思量又無家小，不如投奔大哥。」

【囊括四海】
囊括：用袋子盛起；四海：指全國。指把全國各地都包羅在內，控制整個天下。漢・賈誼《過秦論》：「有席捲天下，包舉宇內，囊括四海之意，併吞八荒之心。」也作「括囊四海」。

【囊括無遺】
遺：遺漏。指全部包括在內，沒有遺漏。例李大同這組做報告很仔細，把歷年來的實驗結果全部囊括無遺，讓人一目了然。

【囊篋蕭條】
篋：小箱子；蕭條：空虛。形容沒有什麼錢財衣物和積蓄。《警世通言》卷三二：「但阿姊千里間關，同郎君遠去，囊篋蕭條。」也作「囊橐蕭瑟」。《鏡花緣》一五回：「老夫聞知，唯恐被害，逃到外洋。無耐囊橐蕭瑟，衣食甚難。」也作「囊橐蕭然」。例他原來是個囊橐蕭然、一無所有的窮學生。

【囊篋增輝】
指由於口袋、箱子裏收藏珍品而增添了光輝。也指因別人贈送詩文、字畫等而使自己非常榮耀。唐・張薦《答權載之書》：「詞致清深，華彩巨麗，言必合雅，情皆中節；瓊瑰見辱，囊篋增輝。」

【囊橐充盈】
充盈：滿也。形容身上有很多財物。《官場現形記》一八回：「不如趁此囊橐充盈，見機而作。」也作「囊橐累累」。例他在南方換回日用品到內地高價出售，轉手間就獲得巨利而囊橐累累了。

【囊橐累累】
見「囊橐充盈」。

【囊橐如洗】
見「囊空如洗」。

【囊橐蕭然】
見「囊篋蕭條」。

【囊橐蕭瑟】
見「囊橐蕭條」。

【囊橐中物】
見「囊中物」。

【囊無一物】
口袋裏一點東西也沒有。比喻非常貧

困。也形容為官清廉。唐・杜甫《重贈鄭煉》詩：「鄭子將行罷使臣，囊無一物獻尊親。」

【囊螢積雪】

見「囊螢映雪」。

【囊螢映雪】

囊螢：以囊盛螢；映雪：利用雪的反光讀書。《晉書・車胤傳》：「車胤字武子，學而不倦。家貧，不常得油，夏日，用練囊盛數十螢火，以夜繼日焉。」《孫氏世錄》載：晉代子孫小康家貧，常映雪讀書。後用「囊螢映雪」形容在極端困難條件下勤奮苦讀。宋・劉克庄《雷母宜人王氏墓志銘》：[宜人]皆服其勞，無隕獲，故夫子得囊螢映雪，不以家衡慮；賢郎得擔簦負笈，不以貧輟學。」也作「**囊螢照讀**」。魯迅《難行和不信》：「一個說要用功，古時候曾有『囊螢照讀』、『鑿壁偷光』的志士。」也作「**囊螢積雪**」。元・喬孟符《金錢記》三折：「便好道君子不重則不威，枉了你窮九經三史諸子百家，不學上古賢人囊螢積雪，鑿壁偷光，則學亂作胡為。」也作「**囊螢照書**」。例我們青年學生應該學習古人囊螢照書刻苦讀書的精神。也作「**集螢映雪**」、「**聚螢映雪**」、「**聚螢積雪**」。

【囊螢照讀】

見「囊螢映雪」。

【囊螢照書】

見「囊螢映雪」。

【囊中取物】

見「囊中物」。

【囊中物】

袋子裏的東西。比喻不費多少力氣就能得到的東西。《新五代史・南唐世家》：「[李]谷曰：『中原用吾為相，取江南如探囊中物爾。』」也作「**囊橐中物**」。宋・李覯《寄上孫安撫書》：「雖廣西兵來，而東路之勢已盛，則五羊孤城，仲子怯師，囊橐中物耳。』」也作「**囊中取物**」。《三國通俗演義》八八回：「孔明大笑曰：『吾擒此人，如囊中取物耳。』」也作「**囊中之物**」。例此計若能成功，則正面敵軍還不是我們的囊中之物嗎？也作「**探囊取物**」。

【囊中穎】

穎：聰明，才智。比喻懷才不遇。唐・周曇《咏史詩・毛遂》：「不識囊中穎脫錐，功成方信有英奇。」

【囊中之物】

見「囊中物」。

【囊中之錐】

裝在口袋中的錐子很容易露出來。比喻才智之士不會長久被埋沒，會有施展才智的機會。《史記・平原君傳》：「……夫賢士之處世也，譬若錐之處囊中，其末立見。」

ㄋㄥˊ

【能不稱官】

指具備的才能跟所任的職位不相稱。《漢書・刑法志》：「德不稱位，能不稱官。」

【能不兩工】

工：精通。指即使有才能，也不能同時精通兩種學問或技能。《呂氏春秋・首時》：「天不再與，時不久留，能不兩工，事在當之。」

【能拆十座廟，不破一門婚】

指破壞他人婚姻是非常大的罪過。例聽說他們夫妻吵架、鬧著離婚，全是因為你從中搗的鬼？俗話說：「能拆十座廟，不破一門婚。」你可眞缺德呀！也作「**寧拆七座廟，不破一門婚**」。

【能剛能柔】

見「能柔能剛」。

【能工巧匠】

能工：手藝精良的工人；巧匠：技藝精巧的匠人。指工藝技術高超的人。《封神演義》三回：「能工巧匠費經營，老君爐裏煉成兵。」也作「**能人巧匠**」。例金碧輝煌的故宮建築群是我國古代能工巧匠辛苦的結晶。

【能官能民】

既能當領導又能當老百姓。例能官能民是我們的優良傳統。

【能管不如能推】

指即使事情可以辦，也不如推掉了事。例我知道你很能幹，這件事你也能辦好。可是現在我們時間、精力都有限，不如來個「能管不如能推」，讓別人去作吧。

【能近取譬】

譬：比方。《論語・雍也》：「能近取譬，可謂仁之方也已。」比喻能推己及人、替別人著想。後多用來指言談議論時能夠就眼下的事實舉例加以論證。《宋史・李谷傳》：「議政事能近取譬，言多詣理，辭氣明暢，人主為之聳聽。」

【能狼難敵眾犬】

比喻再有本領，也寡不敵眾。例你能耐再大，也挺不住這麼多人對你說三道四，俗話說得好：「能狼難敵眾犬」，你還是來個好漢不吃眼前虧，一走了事。

【能謀善斷】

謀：籌劃；斷：判斷。長於籌謀，又善於判斷。宋・李新《跨鰲集・王允論》：「允結呂布刺[董]卓，復殺蔡邕，可謂能謀善斷者矣。」

【能欺一人一時，絕不能欺天下後世】

雖然能在一定時間裏，使一些人受騙上當，但絕不能使全天下的後來之人都受欺騙。指世間一切虛偽的東西，終將被人們所識破、所唾棄。清・葉燮《原詩》外篇上：「故每詩以人見，人又以詩見。使其人其心不然，勉強造作，而為欺人欺世之語，能欺一人一時，絕不能欺天下後世。」

【能屈能伸】

屈：彎曲。《周易・繫辭下》：「尺蠖之屈，以求信也；龍蛇之蟄，以存身也。」指人在不得志時能暫時忍耐，承受屈辱，得志時能大幹一番，施展其抱負。宋・邵雍《代書寄前洛陽簿陸剛叔秘校》詩：「知行知止唯賢者，能屈能伸是丈夫。」《兒女英雄傳》一五回：「不想到這樣一個人，竟自能屈能伸。」

【能人背後有能人】
指有能耐的人背後還有能耐更高的人。《施公案》四六回：「何必給別人家貼金，傷咱們的人。我們該報仇雪恨！皆因沒本領，只得吃虧。就讓那人有法術，常言說：『能人背後有能人。』」也作「能人之外有能人」。

【能人巧匠】
見「能工巧匠」。

【能柔能剛】
能根據境況的不同採取溫和或強硬的態度。《三國演義》一〇〇回：「其書曰：『漢丞相、武鄉侯諸葛亮，致書於大司馬曹子丹之前：竊謂夫爲將者，能去能就，能柔能剛，能進能退，能弱能強』。」也作「能剛能柔」。老舍《駱駝祥子》一六：「以她的模樣年紀來說，實在不易再得個這樣的寶貝。能剛能柔才是本，她得濩滅他一把兒。」

【能詩會賦】
賦：我國古代文體，是韻文和散文的綜合體。指善於寫詩作賦。形容文才好。《紅樓夢》二三回：「況家中現有幾個能詩會賦的姊妹們，何不命他們進去居住，也不使佳人落魄，花柳無顏。」

【能士匿謀】
能士：才能之士；匿：藏匿。有才能的人把好的計謀藏匿起來。《孔叢子・對魏王》：「故賢愚共貫，則能士匿謀。」

【能事畢矣】
能事：本領，本事；畢：齊全，完成。指本領都具備了。《周易・繫辭上》：「引而伸之，觸類而長之，天下之能事畢矣。」

【能書不擇筆】
字寫得好的人不在乎筆的好壞。例你總是怨這支筆不好寫，卻不說你的字本來就寫得不好。俗話說：「能書不擇筆。」看來你還應該好好練習呀！

【能說慣道】
形容擅於言辭。《紅樓夢》七四回：「一個寶玉屋裏的晴雯，那丫頭仗著他的模樣兒比別人標致些，又生了一張巧嘴，天天打扮得像個西施的樣子，在人跟前能說慣道、掐尖要強。」

【能說會道】
形容人口才好、善於說話。《兒女英雄傳》二五回：「倒有個能說會道的舅母呢，今日偏又不在這裏。」也作「能說善道」。例這些人都是能說善道的人。也作「能言會道」。《官場現形記》六回：「這位侄少爺算得能言會道。」

【能說善道】
見「能說會道」。

【能文能武】
見「能文善武」。

【能文善武】
既有文才，又通武藝。元・紀君祥《趙氏孤兒》四折：「憑著我能文善武萬人敵，俺父親將我來許。」也作「能文能武」。《紅樓夢》一一七回：「如今知道朝裏那些老爺們都是能文能武，出力報效，所到之處，早已消滅了。」

【能寫會算】
能寫字，會算帳。《兒女英雄傳》七回：「我這女孩……從小兒她叔叔叫她念書認字，甚麼書兒都唸過，甚麼字兒都認得，學得能寫會算。」也作「能寫能算」。例在我們村裏，老張是個精明強幹的人物，能寫能算，見多識廣。

【能寫能算】
見「能寫會算」。

【能行之者未必能言，能言之者未必能行】
踏實肯幹的人未必能言善道，能言善道的人未必踏實肯幹。《史記・孫子吳起列傳》：「語曰：『能行之者未必能言，能言之者未必能行』。孫子籌策龐涓明矣，然不能早救患于被刑。吳起說武侯以形勢不如德，然行之於楚，以刻暴少恩亡其軀，悲夫！」也作「能言者未必能行，能行者未必能言」。

【能言會道】
見「能說會道」。

【能言快語】
善於辭令，應對敏捷。元・無名氏《誶范叔》楔子：「欲遣一文武全備能言快語之士，往聘齊國。」

【能言巧辯】
見「能言舌辯」。

【能言善辯】
見「能言舌辯」。

【能言舌辯】
辯：辯解，辯論。形容能說會道，善於舌辯。《黃繡球》二回：「若說是能言舌辯，只怕是男子的事，不應該婦女上前。」也作「能言巧辯」。元・無名氏《氣英布》一折：「恰才靈壁之戰，項王遣使征布會，布與龍且有隙，稱病不赴，若得能言巧辯之士，說他們歸降，縱項王馳還……破項王必矣。」也作「能言善辯」。例看不出來，他雖然小小年紀，卻有一張能言善辯的嘴巴。

【能者多勞】
《莊子・列禦寇》：「巧者勞而知者憂，無能者無所求，飽食而遨遊。」原意爲靈巧的人無可避免地要比別人勞累。後指能力強的人多辛苦、多做事。常含讚譽或奉承之意。《金瓶梅詞話》五九回：「自古能者多勞，你看不會做買賣，那老爹託你麼？」

【能者爲師】
只要是有才能的人，就可以當老師。

《禮記・學記》：「能博喻，然後能爲師。」指誰能幹就向誰學習。例我總是認爲「能者爲師」，所以經常向各種有才華的人學習。

【能爭慣戰】

見「能征慣戰」。

【能征慣戰】

征：征伐。形容久經戰鬥，善於用兵打仗。元・關漢卿《哭存孝》二折：「左哨三千番民能征慣戰。」也作「能爭慣戰」。例在中國歷史上出現過許多足智多謀、能爭慣戰的軍事家。

【能字添四點——熊樣】

形容人愚笨、懦弱的樣子。例這點活也幹不了，眞是能字添四點——熊樣。也作「黑瞎子打花臉——熊樣」。

ㄋㄧˊ

【尼姑庵裏借梳篦——辦不到】

尼姑：出家修行的女佛教徒，一般都將頭剃光；梳篦（ㄅㄧˋ）：梳子和篦子。見「趕鴨子上樹——辦不到」。

【尼姑生孩子——不守清規】

清規：佛教規定的僧尼必須遵守的規則，僧尼不能結婚是其中的一條。比喻不遵守某種規則或紀律。例改革一些不合理的陳規陋習，不能視爲尼姑生孩子——不守清規。

【尼姑下山——心野了】

下山：指還俗；野：指不安心修行。比喻學習、做事不專心。例幾個月的旅行生活，使小珍變得像尼姑下山——心野了，不能集中精力學習。

【泥車瓦狗】

泥塑的車，土捏的狗。指泥製的玩具。《後漢書・王符傳》：「或作泥車瓦狗諸戲弄之具，以詐巧小兒。」比喻無用處、沒有價值的東西。

【泥船渡河】

泥捏的船過河。比喻人世艱險。《三慧經》：「人在世間，譬乘泥船渡河，當浮渡船且壞，人身如泥船不可久。」

【泥多佛大】

泥用的多，佛像就塑得大。原比喻信佛的人悟「道」越多，「佛性」越高。後比喻基本條件越好，成就就愈大。宋・李遵勖《天聖廣燈錄・廬山慶云禪師》：「[僧]問：『如何是透法身句？』師云：『泥多佛大。』」

【泥而不滓】

滓：ㄗˇ，指污濁。比喻雖處污濁的環境，但能保持節操，不受污染。《後漢書・隗囂傳》：「夫智者睹危思變，賢者泥而不滓，是以功名終申，策劃復得。」也作「泥蟠不滓」。《三國志・蜀書・秦宓傳》：「如揚子雲潛心著述，有補於世，泥蟠不滓，行參聖師，於今海內，談咏厥辭。」

【泥佛跌進湯罐裏——氣酥了】

泥佛：用泥做成的菩薩；湯罐：正在熬湯的罐子；酥：酥軟、乏力。比喻氣極了，全身都癱軟了。例趕快去向小英道歉吧，你的搗亂，把她搞得像泥佛跌進湯罐裏——氣酥了。

【泥佛勸土佛】

比喻勸說與自己境遇相同的人。《金瓶梅詞話》一三回：「我的哥哥，你自顧了你囉，又『泥佛勸土佛』！你也成日不著個家，在外養女調婦，又勸人家漢子！」

【泥佛勸土佛——同病相憐】

比喻有共同的遭遇或不幸。例泥佛勸土佛——同病相憐，兩人互相安慰了一陣，才各自睡了，卻又挑起了許多心事，都沒有好好的睡覺。

【泥溝裏划船——乾吃力】

比喻費勁而不解決問題。例這個活幹起來就像泥溝裏划船——乾吃力，大家的勁頭也快沒有了，得想點辦法啊！

【泥罐子裝沙子——又沙又啞】

比喻嗓子不清脆、不響亮。例昨天晚會上獨唱家的嗓子，好似泥罐子裝沙子——又沙又啞，眞是美中不足。

【泥捏的佛像——沒安人心】

佛像：佛陀或菩薩的像。比喻心腸狠毒，缺乏人性。例這幫土匪是泥捏的佛像——沒安人心，姦淫燒殺無所不爲。也作「泥捏的神像——沒安人心腸」、「爛泥菩薩——沒安人心」。

【泥牛入海】

泥塑的牛泡進海裏。比喻一去不復返，杳無消息。《景德傳燈錄・潭州龍山和尚》：「洞山又問和尚：『見個什麼道理，便住此山？』師云：『我見兩個泥牛入海，直至如今無消息。』」《二十年目睹之怪現狀》七回：那兩個錢莊幹事的人，等了好久，只等得一個泥牛入海，永無消息。」

【泥牛入海——無消息】

泥牛：泥塑的牛。比喻一去不復返，或沒有音信。例他的父親，在抗戰時赴前線作戰，迄今就像泥牛入海——無消息。也作「泥牛入海——有去無回」。

【泥蟠不滓】

見「泥而不滓」。

【泥菩薩擺渡——難過】

菩薩：泛指佛和某些神。見「獨木橋——難過」。

【泥菩薩的肚腹——實心腸】

比喻心地誠實，不虛假。例他來自農村，不僅心地善良，而且是一個泥菩薩的肚腹——實心腸的人，大家都喜歡他。也作「泥菩薩的肚腹——實心實腸」。

【泥菩薩掉冰窖——愣（冷）神】

泥菩薩：泥塑的菩薩；愣：「冷」的諧音，雙關語，比喻發呆。例對這個少林傳人的武術，他看得就像泥菩薩掉冰窖——愣（冷）神了。也作「菩薩眉毛上掛霜——愣（冷）神」。

【泥菩薩過江——自身難保】

也作「泥菩薩過河——自身難保」、「泥菩薩過海——自身難保」、「泥菩薩下水——自身難保」。見「稻草人救火——自身難保」。

【泥菩薩落水，自身難保】

比喻連自己都保不住，更談不上幫別人。《警世通言》卷四○：「我想江西不沉卻好，若沉時節，正是『泥菩薩落水，自身難保』，還保得別人？」

【泥菩薩抹金粉——裝相】

見「癩蛤蟆鼓氣——裝相」。

【泥菩薩身上長草——慌（荒）了神】

慌：「荒」的諧音。見「廟裏著火——慌神了」。

【泥菩薩洗臉——失（濕）面子】

失：「濕」的諧音。比喻喪失體面。例還是見好就收吧，你再繼續下去，恐怕就要泥菩薩洗臉——失（濕）面子了。也作「土地爺洗臉——失（濕）面子」、「桌子光剩四條腿——失面子」。

【泥菩薩洗臉——越洗越難看】

比喻事與願違，越搞越不美妙。例我本意是想把事情解決圓滿一些，使雙方都滿意，誰知泥菩薩洗臉——越洗越難看，對立情緒更嚴重了。

【泥菩薩洗澡——軟癱了】

也作「泥菩薩洗澡——軟作一堆」。見「爛柿子落地——軟作一堆」。

【泥鰍比黃鱔——差一截】

黃鱔：鱔魚。泥鰍短，黃鱔長，兩者相比，差一段兒。見「戴著斗笠親嘴——差著一帽子」。

【泥鰍吃了石灰水——死硬】

比喻人固執、頑固到底。例這幫土匪就像泥鰍吃了石灰水——死硬，既不投降，就只有把他們消滅掉。

【泥鰍打鼓——亂談（彈）】

見「老鼠跳到琴上——亂談（彈）」。

【泥鰍跌進碓窩裏——沒處鑽了】

也作「泥鰍跌進碓坎——沒得路鑽」。見「臉盆裏的泥鰍——沒處鑽了」。

【泥鰍——滑透了】

泥鰍身體表面有黏液，非常滑溜。雙關語。比喻人非常油滑、狡詐。例這個人是個泥鰍——滑透了，不願承擔義務，只顧享受權利，見什麼都要撈一把。

【泥鰍進灶——該煨】

見「紅薯進灶——該煨」。

【泥鰍遇魚網——無孔不入】

也作「泥鰍過魚網——無孔不入」。見「水銀瀉地——無孔不入」。

【泥鰍鑽進竹筒裏——定然滑不脫】

比喻肯定無法逃脫。例我邊防部隊已布下天羅地網，敵探就像泥鰍鑽進竹筒裏——定然滑不脫。

【泥鰍鑽石板——鑽不進】

見「麻繩穿針——鑽不進」。

【泥球換眼睛——有眼無珠】

見「廟裏的佛爺——有眼無珠」。

【泥人也有個土性兒】

比喻無論何人，都有各自的脾氣、個性。例他雖然很老實，你也不能太欺負他。俗話說得好：「泥人也有個土性兒。」老實人急了，也不是好對付的。也作「泥人也有三分土性兒」。

【泥沙俱下】

俱：全，都。泥土沙石都被水沖了下來。比喻好壞不等的人或事物混雜在一起。清・袁枚《隨園詩話》卷一：「人稱才大者，如萬里黃河，與泥沙俱下。余以為：此粗才，非大才也。」

【泥首銜玉】

泥首：用泥塗抹在頭面上；銜：用嘴含。泥首伏地，口中啣玉。指行謝罪臣服之禮。表示自辱服罪。《後漢書・隗囂公孫述列傳》：「及其謝臣屬審廢興之命，與夫泥首銜玉者異日談也。」唐・李賢注：「干寶《晉紀》曰：『吳王孫皓將其子瑾等，泥首縛降王濬。』《左傳》曰：『許男面縛銜璧以見楚子，璧，玉也。』」

【泥首謝罪】

用泥塗在頭面上，表示自辱服罪。南朝宋・劉義慶《世說新語・言語》：「王丞相詣闕謝」南朝梁・劉孝標注引《中興書》：「導從兄敦舉兵討劉隗，導率子弟二十餘人旦旦到公車，泥首謝罪。」

【泥水匠拜佛——自己心裏明白】

見「雕塑匠不給神像叩頭——知道老底」。

【泥水匠的瓦刀——光圖表面】

比喻注重外表，不求實際。例這座建築物是泥水匠的瓦刀——光圖表面，看起來富麗堂皇，實際上並不堅固、適用。

【泥水匠砌牆——兩面三刀】

比喻陰險狡猾，當面一套，背後一套。例他是一個陰謀家、野心家，為了追求自己的政治目的，總是採取泥水匠砌牆——兩面三刀的手法。也作「王熙鳳的為人——兩面三刀」、「楊二郎的兵器——兩面三刀」。

【泥水匠無灰——專（磚）等】

灰：石灰；專：「磚」的諧音。比喻特意等候。例聽說你要來，我在家泥水匠無灰——專（磚）等，哪裏也沒去。也作「泥瓦匠不砌牆——專（磚）等」。

【泥水匠無灰——專（磚）等著】

灰：石灰；專：「磚」的諧音。比喻約會不見不散，或消息不得結果不罷休。有時比喻坐等，沒有行動。例明天一定把消息告訴我，我在辦公室泥水匠無灰——專(磚)等著。

【泥水塘裏洗蘿蔔——拖泥帶水】

比喻動作不簡捷或做事不乾脆俐落。例這是一件急事，可別交小王去辦，她辦任何事情都像泥水塘裏洗蘿蔔——拖泥帶水。也作「水牛踩漿——拖泥帶水」、「池中撈藕——拖泥帶水」。

【泥塑匠進廟不叩頭——誰不知道誰】

見「雕塑匠不給神像叩頭——知道老

底」。

【泥塑巨人】

見「泥足巨人」。

【泥塑木雕】

用泥土塑造和木頭雕刻的偶像。形容人舉動呆板，毫無表情。《警世通言》卷九：「兩班文武，如泥塑木雕，無人敢應。」也比喻木然不動的人。《儒林外史》六回：「那兩位舅爺王德王仁坐著就像泥塑木雕的一般，總不置一個可否。」也作「**木雕泥塑**」。

【泥腿光棍】

泥腿：市井小人；光棍：地痞。市井無賴之徒。《紅樓夢》四五回：「你們聽聽，我說了一句話，他就說了我兩車無賴的話！眞眞泥腿光棍，專會打細算盤、『分金掰兩』的。」

【泥烏苔滑】

形容沾滿髒污的東西。《紅樓夢》六二回：「你瞧瞧，你這手弄的泥烏苔滑的，還不快洗去。」

【泥雪鴻跡】

鴻：鴻雁；跡：爪印，痕跡。鴻雁踏過雪泥留下的爪印。比喻往事所遺留下的痕跡。清・梁章鉅《下河舟中雜詩》：「一江分去路，兩地繫相思。泥雪飛鴻跡，蒹葭白露詩。」

【泥中刺】

指難以察覺的陰謀。例這人老奸巨猾，跟他交手要當心泥中刺。

【泥中隱刺】

泥巴裏隱藏著針刺。比喻話中帶刺或表面忠誠老實，內心深懷詭詐。元・無名氏《黃鶴樓》三折：「看玄德公面皮，將這廝搶下樓去，這廝敢泥中隱刺。」

【泥豬癩狗】

比喻庸俗污濁的人。《紅樓夢》七回：「天下竟有這等人物！如今看來，我竟成了泥豬癩狗了。」

【泥豬瓦狗】

泥塑的豬，土捏的狗。比喻不中用。《兒女英雄傳》五回：「見個敗類，縱然勢焰薰天，她看著也同泥豬瓦狗。」

【泥足巨人】

泥足：用泥巴做成的雙足。比喻表面強大而實際非常虛弱的人或事物。也作「**泥塑巨人**」。例一切逆潮流而動的所謂英雄好漢都是泥塑巨人。

【呢喃細語】

見「喃喃細語」。

【霓裳羽衣】

以雲霓爲裳，以羽毛作衣。形容女子的裝束像彩虹和鳥羽一樣輕飄、艷麗。《紅樓夢》八五回：「只見金童玉女，旗幡寶幢，引著一個霓裳羽衣的小旦，頭上披著一條黑帕，唱了一回兒進去了。」

ㄋㄧˇ

【你唱我和】

和：依照別人詩詞的題材、體裁和韻腳來寫作詩詞。指以詩詞互相酬答。《西湖二集・徐君寶節義團圓》：「日日的吟詩作賦，你唱我和。」也作「**你倡我隨**」。《醒世姻緣傳》九一回：「直是那獅吼之聲，山鳴谷應，你倡我隨。」

【你倡我隨】

見「你唱我和」。

【你吃雞鴨肉，我啃窩窩頭——各人享各人福】

窩窩頭：窩頭，用玉米麵粉、高粱麵粉或別種雜糧麵做的食物，略呈圓錐形，底下有個窩兒。見「牛吃草，鴨吃谷——各人享各人福」。

【你吹喇叭我吹號——各吹各的調】

喇叭：管樂器的一種，上細下粗，最下端的口部向四周擴散，可以擴大聲音；號：軍隊或樂隊裏所用的西式喇叭。二者音調不同。比喻各行其事，互不照應。例這個團體一盤散沙，你吹喇叭我吹號——各吹各的調，結不成一條繩，沒有力量，搞不出名堂。也作「**一人一把號——各吹各的調**」、「**一只喇叭一把號——各吹各的調**」。

【你東我西】

指分手離異。《二刻拍案驚奇》卷九：「誰想當面一番錯過，便如此你東我西，料想那還有再會的日子。」《何典》一〇回：「你東我西，各自去了。」

【你奪我爭】

見「你爭我奪」。

【你恩我愛】

指夫妻或男女之間的親昵情愛。《醒世姻緣傳》七九回：「寄姐從小兒與狄希陳在一處，原爲情意相投，後才結了夫婦，你恩我愛，也可以稱得和好。」也作「**你貪我愛**」。《警世通言》卷二四：「況且今日你貪我愛，一說一上，幽期密約，一牆之隔。」

【你過你的陽關道，我走我的獨木橋】

陽關道：指經陽關通向西域的古道，泛指大道；獨木橋：指小道、小路。比喻斷絕關係，分道揚鑣。例既然你這麼絕情，也就別怪我無義。從今往後，「你過你的陽關道，我走我的獨木橋」，咱們一刀兩斷。

【你敬我愛】

指夫婦或人與人之間的相互敬愛。《初刻拍案驚奇》卷八：「翁婿、夫妻郎舅之間，你敬我愛，做生意過日。」

【你敬我一尺，我敬你一丈】

比喻如果自己受到他人禮遇，則加倍回報他人。例俗話說：「你敬我一尺，我敬你一丈。」既然你對我這麼客氣，我也就向你說眞話、道實情。也作「**你待我一尺，我報你一丈**」。

【你來我去】

指親朋之間互相來往頻繁。《紅樓夢》一三回：「如此親朋你來我去，也不能勝數。只這四十九日，寧國府街上一條白漫漫人來人往，花簇簇官去官來。」也作「你來我往」。《文明小史》五四回：「瞧親戚的瞧親戚，看朋友的看朋友，你來我往，異常熱鬧。」

【你來我往】
見「你來我去」。

【你憐我愛】
指人與人之間深切的友誼、感情。《兒女英雄傳》三一回：「何玉鳳、張金鳳彼此性情相照，患難相共，那種你憐我愛的光景，不同尋常姐妹。」

【你賣門神我賣鬼——同行】
門神：貼在大門上的神像，一般爲秦叔寶和尉遲敬德的畫像。見「賣雞的同賣鴨的——同行」。

【你謙我讓】
互相客氣、謙讓。《紅樓夢》三七回：「這是一件正經大事，大家鼓舞起來，不要你謙我讓的，各有主意自管說出來大家商量（討論）。」

【你說長，他說短】
指意見不同，看法各異。例由於人們所處的地位不同，因而看問題的角度、衡量事物的標準也會不同。所以，對同一事物「你說長，他說短」，這種情況是不可避免的。

【你死我活】
不是你死，就是我活。形容雙方鬥爭激烈，不能共存。元・無名氏《度柳翠》一折：「世俗人沒來由，爭長競短，你死我活。」也作「你死我生」。《醒世姻緣傳》九五回：「如要再叫喚，我就打你致命，今日賭一個你死我生！」

【你死我生】
見「你死我活」。

【你貪我愛】
見「你恩我愛」。

【你兄我弟】
朋友之間互相以兄弟相稱呼。表示關係親密。《歧路燈》五四回：「說合停當，肉餚已熟……一條邊坐了，你兄我弟稱呼，大嚼滿酣的享用。」

【你言我語】
指人們相互議論或爭論。《紅樓夢》一〇三回：「不說香菱得放，且說金桂的母親心虛事實，還想辯賴。薛姨媽等你言我語，反要他兒子償還金桂之命。」也作「你一言，我一語」。《兒女英雄傳》三回：「兩個櫪老頭子你一言，我一語，抬個不了。」

【你也說不得我頭禿，我也笑不得你眼瞎】
指彼此不必相互挑剔，因爲雙方程度差不多。《醒世姻緣傳》九一回：「及至聽來聽去，一個是半斤，一個就是八兩，上在天平，平平的不差分米毫去，『你也說不得我頭禿，我也笑不得你眼瞎』，眞是同調一流雷的朋友。」

【你一言，我一語】
見「你言我語」。

【你有稱桿我有砣——配得起你】
比喻條件相合或配得上。例離婚？憑什麼，我自認是你有秤桿我有砣——配得起你。也作「金鼓銀鑼——配得起你」、「你有駿馬我有金鞍——配得起你」。

【你有來言，我有去語】
指無論對方說什麼，自己都有話回敬。例我又沒做什麼虧心事，才不怕他來盤問呢！俗話說：「你有來言，我有去語。」他問什麼，我都有的回答。

【你爭我鬥】
見「你爭我奪」。

【你爭我奪】
指互相爭奪。《醒世恒言》卷三：「這些富貴公子，你爭我奪，依了張家，違了李家，一邊喜，少不得一邊怪了。」也作「你爭我鬥」。《醒世姻緣傳》九一回：「分班之後，仍舊你爭我鬥。」也作「你奪我爭」。《醒世恒言》卷二〇：「東扯西拽，你奪我爭，紛紛亂嚷。」

【你走你的陽光道，我走我的獨木橋——各不相干】
陽光道：泛指通暢寬廣的道，比喻有光明前途的道路。見「風馬牛——各不相干」。

【擬不於倫】
見「擬於不倫」。

【擬非其倫】
擬：比擬；倫：同類。用來作比擬的人或事不是屬於同一類的人或事。形容比喻不當。唐・劉知幾《史通・浮詞》：「夫文以害意，自古而然，擬非其倫，由來尙矣。」

【擬規畫圓】
按照圓規畫圓形。比喻照老規矩辦事，不知道變通。例我們要根據具體情況分析，不要擬規畫圓，要靈活機動。

【擬人必以其倫】
比擬人或事，必須用同類或同等的人或事。指比喻要恰當。唐・劉知幾《史通・敘事》：「洎乎中代，其體稍殊，或擬人必以其倫，或述事多比於古。」也作「擬人必於其倫」。《禮記・曲禮下》：「擬人必於其倫。」

【擬人必於其倫】
見「擬人必以其倫」。

【擬於不倫】
比得不恰當。指用不能相比的人或事來相比。兩者不能相提並論。陳寅恪《論再生緣》：「哈葛德……所著小說傳入中國後，當時桐城派古文名家林畏廬深賞其文，至比之史遷，能讀英文者，頗怪其擬於不倫。」也作「擬不於倫」。清・譚嗣同《思篇・二》：「《皇極經世書》謂日入地中者，男女構精之象。不唯擬不於倫，乃並不知日不入地，此可謂知天乎？」

ㄋㄧˋ

【泥古不化】
泥：拘泥，固執。拘泥於古代的成規

或古人的說法，不知根據具體情況加以變通。例他對近代軍事有深刻研究，非一般泥古不化者可比。也作「**泥古守舊**」。例他這個老古板，思想泥古不化，保守陳舊，拒絕接受新資訊，眞是快跟不上新時代了。

【泥古非今】
泥：拘泥。拘泥於古代陳舊的，而否定現代時新的。指崇拜陳規舊矩而不知變通。宋・劉恕《自訟》：「泥古非今，不達時變，疑滯少斷，勞而無功。」

【泥古守舊】
見「泥古不化」。

【泥古違今】
見「泥古執今」。

【泥古執今】
執：拘執，硬套。崇拜古來的陳規舊矩，硬套今日的事物。《好逑傳》一六回：「禮樂自天出，既是聖上有命，則禮莫大於此矣。於此禮不遵，而泥古執今，不獨失禮，竟可謂之不臣矣。」也作「**泥古違今**」。宋・樓鑰《薦黃膚卿林椅札子》：「既非泥古以違今，直可據經而從事。」

【逆坂走丸】
逆：方向相反；坂：山坡，斜坡。從斜坡的下面往上滾動彈丸。比喻違背事理而行事，必然達不到目的。《後漢書・皇甫嵩傳》：「[閻]忠曰：『若欲輔難佐之朝，雕朽敗之木，是是猶逆坂走丸，迎風縱棹，豈云易哉！』」

【逆臣賊子】
逆臣：叛逆之臣；賊子：不孝的子孫。指不忠不孝的人。也指心懷異志、乘機作亂的人。《晉書・王導傳》：「逆臣賊子，何世無之，豈意今昔近出臣族！」也作「**逆子賊臣**」。《敦煌變文集・降魔變文》：「即今八方懇款，四海來賓。唯有逆子賊臣，欲謀王之國政，懷邪抱佞，不謹風謠。」

【逆耳利行】
逆耳：刺耳。誠懇正直的話聽起來不舒服，但有益於行動。《史記・留侯世家》：「且忠言逆耳利於行，毒藥苦口利於病。」《舊唐書・王晙傳》：「臣蒙天澤，叨居重鎮，逆耳利行，敢不盡言。」

【逆耳良言】
見「逆耳之言」。

【逆耳之言】
聽起來不順耳的話。多指尖銳、中肯的規勸和批評。《晉書・王沈傳》：「若好忠直……則逆耳之言，不求而自至。」也作「**逆耳良言**」。元・無名氏《冤家債主》一折：「你將我這逆耳良言不採。」

【逆耳忠言】
忠告的話，聽起來是刺耳的。姚雪垠《李自成》一卷二三章：「罕見的是能夠像大帥這樣喜歡聽逆耳忠言，不喜歡聽奉承的話。」也作「**忠言逆耳**」。

【逆風撐船】
見「逆風行舟」。

【逆風點火自燒身】
比喻做害人的事情，最終還是自己倒霉。例我告訴你多少次，不要再做那傷天害理的事了。可你就是不聽，現在怎麼樣？「逆風點火自燒身」，害人不成，反害了自己。

【逆風放火——引火燒身】
見「稻草人救火——引火燒身」。

【逆風逆水行舟——頂風頂浪】
見「河中的礁石——頂風頂浪」。

【逆風行舟】
逆風：跟車船等行進方向相反的風。逆著風向行船。比喻不順利，很難前進。也比喻身處逆境。宋・李綱《跋歐公書》：「歐陽文忠公書淸勁，自成一家。公嘗言：『學書如逆風行舟，用盡氣力，不離本處。』」也作「**逆風撐船**」。撐：用篙插入水底使船行進。宋・陸游《與何蜀州啟》：「老驥伏櫪，雖未歇於壯心；逆風撐船，終不離於舊處。」

【逆來順受】
對惡劣的環境或無理的待遇採取順從、忍受的態度。明・邵璨《香囊記・起程》：「秀才，老娘不識世事，但聞得俗語云：『恭敬不如從命。』老安人便是差見，也索逆來順受，不可推拒。」

【逆理違天】
見「逆天違理」。

【逆流而上】
逆流：逆著水流的方向。迎著水流的方向前進。形容不畏艱險，敢於頑強拼搏。《後漢書・岑彭傳》：「時天風狂急，彭奇（田奇）船逆流而上，直沖浮橋。」

【逆旅主人】
逆旅：客店，迎賓之處。舊稱客店的主人。《史記・齊太公世家》：「逆旅主人曰：『吾聞，時難得而易失。』」

【逆取順守】
以武力奪取政權，再以文治守業。《漢書・陸賈傳》：「且湯武逆取而以順守之，文武並用，長久之術也。」《三國演義》六〇回：「且『兼弱攻昧』、『逆取順守』，湯武之道也。」

【逆施倒行】
比喻做事違反常理、常情。宋・孫覿《賀史相啟》：「竊以世有用至弱而爲强，深居簡出而養之以勇，事有冒大害而就利，逆施倒行而權之以人。」也作「**逆行倒施**」。南朝宋，無名氏《移答魏安南平南府》：「强者爲雄，斯則棄德任力，逆行倒施，有一於此。」也作「**倒行逆施**」。

【逆水撐篙】
見「逆水行舟」。

【逆水行舟】
逆著水流方向行船。比喻前進途中要克服重重障礙。也比喻不努力向前，就要後退。魯迅《門外文談》：「這已經迫於必要了，即使目下還有點逆水行舟，也只好拉縴；順水固然好得很，然而還是少不得把舵的。」也作「**逆水撑篙**」。明．黃淳耀《陶庵集．自監錄》：「此事如逆水撑篙，行得一尺，又退一尺，行過的總不算。」

【逆水行舟，不進則退】

逆著水流行船，如不努力推進，就會後退。比喻學習做事不努力向前就要後退。梁啓超《莅山西票商歡迎會演說辭》：「夫舊而能守，斯亦已矣！然鄙人以爲人之處於世也，如逆水行舟，不進則退。」

【逆水行舟——力爭上游】

比喻不斷努力地創造優異成績。例在這次羣衆性的生產競賽中，我們一定要逆水行舟——力爭上游，奪取好成績。

【逆天暴物】

暴：凶殘，糟蹋。違逆天理，任意殘害生靈和糟蹋東西。《隋書．高祖紀下》：「有陳竊據江表，逆天暴物。」

【逆天背理】

見「逆天違理」。

【逆天悖理】

見「逆天違理」。

【逆天大罪】

違背天理，罪大惡極。例日本帝國主義者屠殺了千千萬萬無辜的中國人民，犯下了逆天大罪。

【逆天而行】

見「逆天行事」。

【逆天犯順】

犯順：以逆犯順。違背天理和正道。指造反作亂。《周書．齊煬王憲傳》：「直若逆天犯順，此則自取滅亡。」

【逆天違理】

指違背天道、常理。漢．荀悅《漢紀．孝武帝紀》：「誠逆天違理而不見時也。」也作「**逆天背理**」。元．無名氏《陳倉路》頭折：「則他那逆天背理可釤刈．我則待要剿除亂掠扶家國，長驅席卷要邊地。」也作「**逆天悖理**」。元．無名氏《抱妝盒》四折：「只是劉太后懷嫉妒心腸，做這等逆天悖理的勾當。」也作「**逆理違天**」。《羣音類選〈寶劍記．避難遇義〉》：「我存仁義，肯從他逆理違天！」

【逆天無道】

違背天理，毫無道德。舊指犯上謀反，罪大惡極。《三國演義》六回：「堅大怒，叱曰：『董卓逆天無道，蕩覆王室，吾欲夷其九族，謝天下，安肯與逆賊結親耶！』」

【逆天行事】

違背上天的意志做事。元．紀君祥《趙氏孤兒》四折：「我若刺了這個老宰輔，我便是逆天行事。」也作「**逆天而行**」。《三國演義》一〇二回：「今孔明自負才智，逆天而行，乃自取敗之也。」

【逆行倒施】

見「逆施倒行」。

【逆子賊臣】

見「逆臣賊子」。

【匿病不醫】

匿：隱藏，隱瞞。隱瞞疾病，不讓醫治。比喻掩飾缺點、錯誤，不願改正。漢．焦延壽《易林．大畜》：「匿病不醫，亂政傷災；紂作淫虐，商破其墟。」

【匿跡潛形】

匿：隱匿；潛：潛藏。隱藏形跡，不露眞相。元．高文秀《黑旋風》一折：「再不和他親折證，我只是吞聲忍氣，匿跡潛形」也作「**匿跡隱形**」。《四遊記．西遊記．觀音路降猴妖》：「師徒們匿跡隱形，不知何日尋得取經人？」

【匿跡消聲】

見「匿跡銷聲」。

【匿跡銷聲】

隱藏蹤跡，掩蓋名聲。形容隱藏遠避，不再露面。《官場現形記》二八回：「黑八哥一干人也勸他，叫他暫時匿跡銷聲，等避過風頭，再作道理；這也是照應他的意思。」也作「**匿跡消聲**」。例盜竊犯邵德，畏罪潛逃，匿跡消聲，但還是被警方逮捕歸案。也作「**消聲滅跡**」、「**銷聲滅跡**」、「**銷聲匿跡**」。

【匿跡隱形】

見「匿跡潛形」。

【匿空旁出】

匿空：暗穴。暗穴可通外邊。《史記．五帝紀》：「後瞽瞍又使舜穿井，舜穿井，爲匿空旁出。」

【匿影藏形】

隱藏形影。指隱藏起來，不露形跡。例抗日戰爭勝利後，一些漢奸匿影藏形，竊據要職，但最終還是暴露在光天化日之下。也作「**藏形匿影**」。

【溺愛不明】

溺愛：寵愛過甚。對子孫過分寵愛，就不能看到他們的毛病。《醒世姻緣傳》三七回：「除了母親有些家教，那父親又甚溺愛不明，已成了個赤子。」

【惄焉如擣】

惄：憂思。憂思傷痛的樣子。形容內心憂傷思念，痛苦難忍。《詩經．小雅．小弁》：「我心憂傷，惄焉如擣。假寐永嘆，維憂用老。」《民國通俗演義》三二回：「該處地方陡遭劫害，眷念商民，惄焉如擣。」

ㄋㄧㄝ

【捏把汗】

見「捏一把汗」。

【捏鼻子】

比喻心裏不願意，不得不勉强自己。例這危險行動，我只好捏鼻子幹了。

【捏怪排科】

形容故意爲難、搗亂。元．無名氏《百花亭》一折：「任從些打草驚蛇，盡教他捏怪排科廝間諜」。

【捏腳捏手】

形容放輕腳步走路、動作小心的樣

子。《水滸傳》二一回「唐牛兒捏腳捏手，上到樓上，板壁縫裏張望時，見宋江和婆惜兩個都低著頭。」

【捏兩把汗】

見「捏一把汗」。

【捏兩手汗】

見「捏一把汗」。

【捏捏扭扭】

見「扭扭捏捏」。

【捏起錠子舂海椒——有點辣手】

錠子：木製或金屬製成的研磨器具；海椒：〈方〉辣椒；辣手：棘手。比喻事情難辦或不好處理。例這件事是捏起錠子舂海椒——有點辣手，誰都不願意接手。

【捏軟麪團】

比喻隨心所欲地擺佈、支配人。例我可不是小英，讓你捏軟麪團。

【捏手捏腳】

①形容放輕腳步走路的樣子。《醒世恆言》卷一五：「輕輕的捱將進去，捏手捏腳逐步走入」。②形容輕薄的舉動。即動手動腳。《儒林外史》四二回：「二爺趁空把細姑娘拉在一條板凳上坐著，同他捏手捏腳，親熱了一回。」

【捏絲戧金】

戧(ㄑㄧㄤˋ)金：在器物上鑲嵌金飾，一種手工藝。把捏成各種圖案花紋的金絲嵌飾在器物上。《紅樓夢》四〇回：「未至池前，只見幾個婆子手裏都捧著一色捏絲戧金五彩大盒子走來」。

【捏死手中鳥——容易得很】

比喻手上掌握著要害，想怎麼處置就怎麼處置。有時指事情很簡單，不難辦理。例敵人的命運在我掌握之中，捏死手中鳥——容易得很，請下達進攻的命令吧。

【捏一把汗】

因提心吊膽而手心出汗，形容擔心害怕的緊張情態。《兒女英雄傳》三三回：「安太太方才見老爺說公子荒的有些外務，正捏一把汗，怕丈夫動氣，兒子吃虧。」也作「**捏兩把汗**」《古今小說》卷四〇：「他把嚴家比著曹操父子。衆人只怕世蕃聽見，到(倒)替他捏兩把汗。」也作「**捏兩手汗**」。《元史・趙璧傳》：「璧退，世祖曰：『秀才，汝渾身是膽耶？吾亦爲汝捏兩手汗也。』」也作「**捏把汗**」。

【捏著鼻子過日子——不知香臭】

比喻不知好歹、不辨是非。例一個人在政治思想上失去了敏感，就會像捏著鼻子過日子——不知香臭，可能被人利用。也作「**捏著鼻子過日子——聞不著香臭**」、「**厠所裏放屁——不知香臭**」、「**舔腚的料子——不知香臭**」。

【捏著眼皮擤鼻涕——勁用的不是地方】

見「屙屎擤拳頭——勁用的不是地方」。

【捏著一分錢能擤出汗來——會過日子】

比喻勤儉持家，精打細算，日子過得很節儉。例他的發財致富是不容易的，平時捏著一分錢能擤出汗來——會過日子，在生產上費盡了力氣，可以說是熬出來的。也作「**一分錢掰兩瓣花——會過日子**」、「**潑泔水拿著籮——會過日子**」。

ㄋㄧㄝˋ

【涅而不渝】

見「涅而不緇」。

【涅而不緇】

涅：礬石，古代用作黑色染料；緇：黑色。用涅來染也染不黑。《論語・陽貨》：「不曰堅乎，磨而不磷；不曰白乎，涅而不緇。」比喻能抵制惡劣環境的影響，保持高尚、純潔的品質。南朝梁・沈約《高士贊》：「亦有哲人，獨執高志……如金在沙，顯然自異；猶玉在泥，涅而不緇。」也作「**涅而不渝**」。渝：改變。例他出身貧寒，卻能涅而不渝，始終保持艱苦樸素的精神。

【囓臂爲盟】

囓：咬；盟：盟約，發誓。咬臂出血爲誓，表示堅決。《史記・吳起傳》：「[吳起]東出衛郭門，與其母決，囓臂而盟曰：『起不爲卿相，不復入衛。』」。後指男女相愛，秘訂婚約。《警世通言》卷三〇：「吳小員外焚香設誓，囓臂爲盟，那女兒方才掩著臉，笑了進去。」

【囓雪餐氈】

見「囓雪吞氈」。

【囓雪吞氈】

囓：啃。《漢書・蘇建傳》：「[單于]乃幽武置大窖中，絕不飲食，天雨雪，武臥囓雪與旃毛並咽之，數日不死。」後用「囓雪吞氈」比喻困境中的艱難生活。元・高則誠《琵琶記・糟糠自厭》：「囓雪吞氈，蘇卿猶健。餐松食柏，到做得神仙侶。」也作「**囓雪餐氈**」。《羣音類選〈祝發記・分食寄姑〉》：「信熊掌和魚怎得兼，便有龍肝鳳髓，也只合囓雪餐氈。」

【躡屩擔簦】

屩：ㄐㄩㄝˊ，草鞋；簦：ㄉㄥ，有柄的笠。穿著草鞋，背著斗笠。指長途跋涉，艱苦遠行而至。《史記・平原君虞卿列傳》：「虞卿者，游說之士也，躡屩擔簦，說趙孝成王。」

【躡手躡腳】

躡：放輕。形容走路時腳步放得很輕，不讓出聲。《紅樓夢》二七回：「只見那一雙蝴蝶，忽起忽落，來來往往，將欲過河去了。引的寶釵躡手躡腳的。」也作「**躡手躡足**」。《紅樓夢》七回：「周瑞家的會意，忙躡手躡足的往東邊房裏來。」

【躡手躡足】

見「躡手躡腳」。

【躡景追飛】
景：同「影」；躡景：追趕日影。形容速度極快。三國魏・嵇康《贈秀才入軍》詩：「風馳電逝，躡景追飛。」也作「躡影追風」。南朝陳・楊縉《俠客控絕影》詩：「游俠英名馳上國，人馬意氣俱相得……復有魚目並龍文，躡影追風本絕羣。」

【躡影追風】
見「躡景追飛」。

【躡足屏息】
屏息：暫時抑止呼吸。放輕腳步，屏住呼吸。指腳步輕輕，忍住呼吸，極力不出一點聲音。老舍《趙子曰》四：「趙子曰似乎昏昏的睡去，他躡足屏息的想往外走。」

【躡足其間】
躡：踩；足：腳；其間：那中間。指參與其中。例他不顧體弱多病，也躡足其間，加快了科研速度。

【躡足潛蹤】
躡足：放輕腳步；潛蹤：隱藏蹤跡。放輕腳步，隱藏行蹤。形容行動小心隱秘，極力不讓別人發覺。《兒女英雄傳》一七回：「卻說鄧九公收拾完了出去，十三妹便也合褚大娘子躡足潛蹤的走到那前廳後窗竊聽。」

【孽根禍胎】
孽：罪惡。罪惡和禍災的根源。舊時指壞兒子。《紅樓夢》三回：「我有一個孽根禍胎，是家裏的『混世魔王』，今日因往廟裏還願去，尚未回來，晚上你看見就知道了。」

【孽海情天】
罪孽的苦海，情欲的洞天。指被情欲纏繞的青年男女所陷入的不能自拔的境地。《紅樓夢》五回：「轉過牌坊，便是一座宮門，上面橫書著四個大字『孽海情天』」。

【孽由自取】
孽：禍，罪。指遭受責備、侮辱、懲罰或禍害是自己造成的。含自作自受的意思。清・林則徐《保山哨匪輸誠獻犯仍飭嚴拿折》：「倘敢負固不服，則是孽由自取，定予剿洗無遺。」

【孽障種子】
泛指不肖子孫。《儒林外史》二一回：「我老年不幸，把兒子媳婦都亡化了，丟下這個孽障種子，還不曾娶得一個孫媳婦，今年已十八歲了。」

【孽重罪深】
罪惡非常嚴重。清・黃百家《上顧寧人先生書》：「去年夏，先母即世，學輩孽重罪深，無可復挽，因遍思當世大人能以如椽之筆留其姓氏者，止有先生。」也作「罪孽深重」。

【孽子孤臣】
孽子：古代稱妾生的兒子；孤臣：爲君主所疏遠的臣子。原指失勢的臣子和失寵的庶子。後泛指不被重用而懷忠心的人。清・閻爾梅《歲貢士張仲芳傳》：「今讀其所著……幾百餘卷，大都皆畏天憫人，孽子孤臣之感，而意之所存，則歸於不得志於天下而借以發其憤。」也作「孤臣孽子」。

【孽子墜心】
墜心：憂愁擔心。指失勢的臣子，由於受壓抑、被排擠，所以經常擔憂害怕。南朝梁・江淹《恨賦》：「或有孤臣危涕，孽子墜心，遷客海上，流戍隴陰。」

ㄋㄧㄠˇ

【鳥道羊腸】
指只有飛鳥才能通過的曲折狹險山路。《五燈會元・漳州保福院清豁禪師》：「世人休說行路難，鳥道羊腸咫尺間。」也作「羊腸鳥道」、「羊腸小道」。

【鳥飛返故鄉，狐死必首丘】
丘：土山；首丘：頭向著土山。鳥兒飛再遠，必定飛回老窩；狐狸臨死時，把頭朝著它所生長的土山。比喻人對故鄉的懷戀。戰國楚・屈原《九章・哀郢》：「亂曰：曼余目以流觀兮，冀壹反之何時？鳥飛返故鄉兮，狐死必首丘。信非吾罪而棄逐兮，何日夜而忘之。」

【鳥革翬飛】
革：鳥把翅膀張開；翬：ㄏㄨㄟ，五彩羽毛的野雞。像鳥兒張開雙翼，野雞展翅飛翔。形容宮室精巧華麗。《詩經・小雅・斯干》：「如鳥斯革，如翬斯飛。」清・程允升《幼學瓊林》：「鳥革翬飛，謂創造之盡善。」

【鳥過拉弓——錯過時機】
比喻失去機會。例鳥過拉弓——錯過時機，現在後悔沒有用了，待明年再參加考試吧！

【鳥呼歸去】
傳說杜鵑鳥的鳴聲像「不如歸去」。《本草綱目・禽部三》：「杜鵑，其鳴若曰不如歸去。」古人以此爲思歸或催促客居外地的人返回家鄉之辭。含有尋找歸宿之意。《紅樓夢》一二〇回：「或者塵夢勞人，聊倩鳥呼歸去。」

【鳥集鱗萃】
鱗：指魚；萃：聚集。像鳥或魚類那樣聚集在一起。形容聚集得很多。漢・張衡《西京賦》：「瑰貨方至，鳥集鱗萃。」

【鳥盡弓藏】
鳥打光後，彈弓就被擱置或拋棄。比喻事情成功之後，把出過力的人殺掉或一腳踢開。《史記・越王句踐世家》：「蜚鳥盡，良弓藏；狡兔死，走狗烹。」三國魏・曹丕《煌煌京洛行》：「淮陰五刑，鳥盡弓藏；保身全名，獨有子房。」《西遊記》二七回：「今日昧著惺惺使糊塗，只教我回去：這才是『鳥盡弓藏，兔死狗烹！』」也作「鳥盡折良弓」、「弓藏鳥盡」。

【鳥驚獸駭】
見「鳥獸散」。

【鳥來投林，人來投主】
指人陷入困境時，渴望得到保護和幫助。《醒世恆言》卷二五：「常言『鳥來投林，人來投主。』偏是我遐叔恁般命薄；萬里而來，卻又投人不著。」

【鳥籠裏駕鳳凰——行不通】
鳳凰：傳說中的鳥王，形體相當大，雄的叫鳳，雌的叫凰，羽毛美麗，通稱鳳凰。普通鳥籠是駕不起鳳凰的。見「隔牆拉車——行不通」。

【鳥面鵠形】
鵠：鳥名，黃鵠。形容由於飢餓而身體瘦削，面容憔悴。《資治通鑑·梁簡文帝大寶元年》：「時江南連年旱蝗……死者蔽野，富室無食，皆鳥面鵠形。」也作「鵠面鳥形」、「鵠面鳩形」、「鳩形鵠面」。

【鳥槍當炮用——派錯了用場】
比喻使用不當，或用得不是地方。例他是一個技術專家，任命他做行政管理工作，是鳥槍當炮用——派錯了用場。也作「鳥銃轟蚊子——派錯了用場」。

【鳥槍換炮】
用大炮替換打鳥用的火槍。比喻情況和條件有很大改善。《兒女英雄傳》三六：「聽得他那位蕭史卿這半日倒像推翻了核桃車子一般，總不曾住話，說著說著，那個氣好比煙袋換吹筒，吹筒換鳥槍，鳥槍換炮，越吹越壯了。」

【鳥槍換炮——抖起來了】
見「老太太坐飛機——抖起來了」。

【鳥槍換炮——越來越壯】
比喻一天天更加強大或現代化。例街道的手工操作的小廠，也實現了機械化，鳥槍換炮——越來越壯，生產日新月異，產量迅速提高。

【鳥窮則啄，獸窮則攫，人窮則詐】
指窘迫之時，鳥則用嘴亂啄；獸則以爪抓撓；人窮則變得不誠實。比喻人若走投無路就會冒險。《荀子·哀公》：「『鳥窮則啄，獸窮則攫，人窮則詐。』自古及今，未有窮其下而能無危者也。」

【鳥雀雖小，飛得頗長】
比喻雖是小事，卻有大影響。例俗話說：「鳥雀雖小，飛得頗長。」這件事看起來沒什麼，是樁小事，可是一旦出點兒差錯，影響卻十分大，千萬不要掉以輕心呀！

【鳥入樊籠】
樊籠：鳥籠，比喻不自由的境地。飛鳥進入籠子。比喻自投羅網，喪失自由，陷入困境。元·尚仲賢《單鞭奪槊》三折：「恰便似魚鑽入絲網，鳥撲入樊籠。」

【鳥入籠中——由人擺弄】
比喻身不由己，隨人操縱或捉弄。例一個意志不堅定的人，既然成了階下囚，那就像鳥入籠中——由人擺弄了。也作「屬算盤珠的——由人擺弄」。

【鳥散魚潰】
見「鳥獸散」。

【鳥獸散】
如鳥獸四散而去。形容人羣像受驚的鳥獸一樣紛紛散去。《漢書·李陵傳》：「今無兵復戰，天明坐受縛矣！各鳥獸散，猶有得脫歸報天子者。」也作「鳥驚獸駭」《三國志·蜀書·譙周傳》：「當秦罷侯置守之後，民疲秦役，天下土崩，或歲改主，或月易公，鳥驚獸駭，莫知所從。」也作「鳥散魚潰」。《南史·宋本紀上》：「番禺之功，俘級萬數，左里之捷，鳥散魚潰，元凶遠竄，傳首萬里。」

【鳥獸率舞】
各種獸類相率起舞。比喻聖人在位，天下清平。唐·韓愈《賀册尊號表》：「微臣幸先聖代，觸犯刑章，假息海隅，死之無日。曾不得與鳥獸率舞、蠻夷縱觀為比，銜酸抱痛，且恥且慚！」清·方宗誠《古文簡要》序：「山峙川流，草木蕃庶，鳥獸率舞之成形於下，變化而不窮者，地之文也。」

【鳥獸行】
像飛禽走獸一樣的行爲。指亂倫的行爲。《周禮·夏官·大司馬》：「外內亂，鳥獸行，則滅之。」

【鳥瘦毛長，人貧智短】
鳥瘦了毛就顯得長；人到了貧困時，智謀顯得不用。《警世通言》卷三一：「賢妻說的是，『鳥瘦毛長，人貧智短。』你教我那一條道路尋得飯吃的，我去做。」

【鳥爲食亡】
鳥兒爲了吃食而喪生。比喻人們爲了追求所得而不惜喪命。《官場維新記》一三回：「俗話說得好：『人爲財死，鳥爲食亡。』當時袁伯珍聽得這說話，便要從此發一宗洋財。」

【鳥無頭不飛】
比喻凡事都要有個領頭的人。例俗話說：「鳥無頭不飛。」既然大家推你當頭兒，你就領著大夥兒幹吧。

【鳥語花香】
鳥聲悅耳，花香撲鼻。形容春光明媚的景象。南宋·呂本中《紫微詩話》：「鳥語花香變夕陰，稍閒復恐病相尋。」也作「花香鳥語」

【鳥之將死，其鳴也哀；人之將死，其言也善】
鳥將要死時，它的鳴叫十分哀傷；人將要死時，說出的話也會是善意的。《論語·泰伯》：「曾子有疾，孟敬子問之。曾子言曰：『鳥之將死，其鳴也哀；人之將死，其言也善。』」

【蔦蘿之附】
蔦蘿：指蔦和女蘿，是兩種寄生植物，靠莖攀附在其他植物上。後用「蔦蘿之附」謙稱同別人親戚關係。《紅樓夢》九九回：「想蒙不棄卑寒，希望蔦蘿之附。」

【裊裊不絕】

形容聲音延長不斷。例舞台上女高音那悠揚的餘音裊裊不絕。

【裊裊娜娜】

娜娜：ㄋㄨㄛˊ ㄋㄨㄛˊ，姿態柔軟而美好。形容女子苗條俊美、婀娜多姿。《西遊記》六〇回：「正自沒個消息，忽見松蔭下，有一女子，手折了一枝香蘭，裊裊娜娜而來。」

【裊裊娉娉】

見「裊裊婷婷」。

【裊裊婷婷】

裊裊：柔美的樣子；婷婷：美好的樣子。形容女子走路體態輕盈優美。《隋唐演義》六七回：「剛到山門，只見裊裊婷婷一行婦女，在巷道中走將進來。」也作「裊裊娉娉」。《隋唐演義》三〇回：「不一時，只見衆夫人多打扮得鮮妍嫵媚，裊裊娉娉，齊走進軒來。」

【裊裊悠悠】

形容聲音悠揚，延長不絕。《紅樓夢》七六回：「只聽桂花陰裏，嗚嗚咽咽，裊裊悠悠，又發出一縷笛音來，果眞比先越發淒涼。」

ㄋㄧㄠˋ

【尿罐裏煮豬食——臭咕嘟】

咕嘟：形聲詞，液體沸騰，水流湧出或大口喝水的聲音，這裏比喻囉嗦。表示對囉嗦的厭煩。例整天就會尿罐裏煮豬食——臭咕嘟，一點正經事不幹，眞使人心煩。

【尿流屁滾】

形容人驚懼萬分、狼狽不堪的樣子。元・康進之《李逵負荊》四折：「你要問俺名姓，若說出來，直唬的你尿流屁滾！」也作「屁滾尿流」。

【尿盆裏灑香水——臊氣還在】

見「狐狸擦花露水——臊氣還在」。

ㄋㄧㄡˊ

【牛鼻繩落人手——身不由己】

也作「牛鼻繩落人手——不由自主。」見「斷了線的風箏——不由自主」。

【牛鼻子穿環——讓人家牽著走】

雙關語。比喻完全聽命於人，不能自己作主。例他不是主謀，不過是牛鼻子穿環——讓人家牽著走罷了。也作「牛犢子學耕田——讓人家牽著鼻子走」。

【牛鼻子上的跳蚤——自高自大】

見「矮子踩高蹺——自高自大」。

【牛不吃水强按頭】

比喻逼迫他人做違心的事。《紅樓夢》四六回：「家生女兒怎麼樣？『牛不吃水强按頭』？我不願意，難道殺我的老子娘不成？」

【牛不喝水難按角】

比喻若本人不願做某事，他人也很難强迫。《歧路燈》五七回：「『牛不喝水難按角』，你老人家只拿定主意不睹，他會怎的？」也作「牛不飲水不按頭」。

【牛不知角彎，馬不知臉長】

比喻人沒有自知之明。例牛不知角彎，馬不知臉長，你應該謙虛些，不要忘記你自己也不是十全十美的人。

【牛吃草，馬食穀】

見「牛耕田，馬吃穀」。

【牛吃草，鴨吃穀——各人享各人福】

比喻各人顧各人，互不照應。例別多管閒事，牛吃草，鴨吃穀——各人享各人福，誰希罕你的照顧哩。也作「鵝吃草，鴨吃穀——各人享各人福」、「你吃雞鴨肉，我啃窩窩頭——各人享各人福」。

【牛吃草，鴨吃穀——各人自有各人福】

比喻各自都有自己的福分或命運，這是宿命論的觀點。例人的命運掌握在自己手裏，奮鬥可以改變窮困的境遇，牛吃草，鴨吃穀——各人自有各人福的想法是錯誤的。也作「牛吃稻草鴨吃穀——各人福氣不同」、「牛吃青草雞吃穀——各人自有各人福」。

【牛吃捲心菜——各人心中愛】

見「蘿蔔青菜——各人所愛」。

【牛吃破草帽——滿肚子壞圈圈】

比喻壞主意多。例你看他文質彬彬，忠厚老實，其實呀，牛吃破草帽——滿肚子壞圈圈。也作「牛吃破草帽——肚裏壞圈圈不少」。

【牛吃筍子——胸有成竹】

見「肚臍眼長筍子——胸有成竹」。

【牛刀割雞】

牛刀：宰牛的刀。用宰牛的刀來殺雞。比喻大材小用。《論語・陽貨》：「子之武城，聞弦歌之聲。夫子莞爾而笑，曰：『割雞焉用牛刀？』」宋・朱熹《答蔡季通》：「旋運只是勞心之所致，小試參同之萬一，當如牛刀割雞也。」

【牛刀小試】

小試：稍微比試一下。比喻有大本領的人，先在小事情上略展才能。宋・蘇軾《送歐陽主簿赴官韋城》詩：「讀遍牙籤三萬軸，欲來小邑試牛刀。」金・路鐸《題鄒公所藏淵明歸去來圖》詩：「牛刀小試義熙前，一日懷歸豈偶然。」

【牛鼎烹雞】

鼎：古代能烹煮大牛用的器物，三足兩耳。用能盛得下牛的大鼎來煮雞。比喻大材小用。《後漢書・邊讓傳》：「《傳》曰：『函牛之鼎以烹雞，多汁則淡而不可食，少汁則熬而不可熟。』此言大器之於小用，固有所不宜也。」清・王夫之《夕堂戲墨》詩：「鳳衰尺鷃聊栖竹，牛鼎烹雞只損鹽。」

【牛鼎烹雞——大材小用】

牛鼎：古代能容納全牛的大型烹煮容器。見「大炮打麻雀——大材小用」。

【牛犢拉車——亂套了】

牛犢（ㄉㄨˊ）：小牛。也作「**牛犢子拉車——亂套啦**」。見「放羊的去圈馬——亂套了」。

【牛犢子捕家雀——心靈身子笨】

家雀：〈方〉麻雀。比喻心裏想得巧妙，但做起來笨手笨腳，不能如意。例鄭大爺說：「我是牛犢子捕家雀——心靈身子笨，只能給晚輩出出主意，若要我親自動手可不行。」

【牛犢子叫街——懵門了】

見「叫街的牛犢——懵門了」。

【牛犢子撒嬌——亂頂撞】

撒嬌：仗著受人寵愛，故意作態。比喻用強硬的話任意反駁別人。例對上司的指示要執行，有不同意見可以提出或保留，不能牛犢子撒嬌——亂頂撞。

【牛犢子學耕田——讓人牽著鼻子走】

見「牛鼻子穿環——讓人家牽著走」。

【牛犢子追兔子，有勁使不上】

比喻因受到限制，即使有能力也發揮不出來。例他是「旱鴨子」，在陸地上有的是勁兒！可是一落到水裏，就成了「牛犢子追兔子，有勁使不上」了。

【牛馱子擱在羊背上——擔當不起】

見「八個麻雀抬轎——擔當不起」。

【牛糞上插花——底子臭】

也作「**牛糞上插花——根子不淨**」。見「糞堆上的靈芝——根子不淨」。

【牛耕田，馬吃穀】

比喻分配、待遇的不公平。例我們拼死拼活幹了半年，他什麼也沒幹，可是獎勵卻比我們多，這眞是「牛耕田，馬吃穀」，太不公平了。也作「**牛吃草，馬食穀**」。

【牛骨頭煮膠——難熬】

雙關語，比喻艱苦的生活和環境難以忍受。例在對日抗戰時期，我們窮人缺吃少穿，生活的確是牛骨頭煮膠——難熬啊！也作「**水煮石頭——難熬**」。

【牛骨頭做梆子——敲骨打髓】

梆（ㄅㄤ）子：打擊樂器。比喻看問題或說話尖銳深刻，擊中要害或打動了人心。例她的發言就像牛骨頭做梆子——敲骨打髓，引起了聽衆的震驚和警惕。也作「**牛骨頭敲梆子——磕骨打髓**」。

【牛鬼蛇神】

牛頭鬼，蛇身神。原形容虛幻怪誕和離奇古怪的人或事物。後比喻各種各樣的壞人。唐·杜牧《李賀集序》：「鯨呿鰲擲，牛鬼蛇神，不足爲其虛荒誕幻也。」《老殘遊記·續集》：「近來風氣可大不然了，倒是做生意的人還顧點體面，若官幕兩途，牛鬼蛇神，無所不有。」

【牛滾凼頭洗澡——越搞越渾】

凼：ㄉㄤˋ，〈方〉水坑。牛在水坑頭打滾洗澡，水就越來越渾濁了。比喻問題越搞越複雜或局面越搞越亂。有時指蓄意把問題或局面搞亂，以便混水摸魚。例由於人們的隨意插手，局勢就像牛滾凼頭洗澡——越搞越渾，更難收拾了。

【牛黃狗寶】

牛黃：生在病牛膽內的結石；狗寶：長於癩狗腹中的結石。二者都可入藥。也比喻人的壞心腸。《紅樓夢》六五回：「倘若有一點叫人過不去，我有本事先把你兩個的牛黃狗寶掏了出來，再和那潑婦拼了這命。」

【牛驥共牢】

見「牛驥同皂」。

【牛驥同堂】

見「牛驥同皂」。

【牛驥同皂】

驥：良馬；皂：馬槽。牛和良馬同槽。比喻賢人和庸人同處一起。漢·鄒陽《獄中上梁王書》：「使不羈之士與牛驥同皂，此鮑焦所以忿於世而不留富貴之樂也。」也作「**牛驥共牢**」。《晋書·張載傳》：「及其無事也，則牛驥共牢，利鈍齊列，而無長塗犀革以決之，此離朱與瞽者同眼之說也。」也作「**牛驥同堂**」。漢·焦延壽《易林·妒》：「牛驥同堂，郭氏以亡。」

【牛角對菱角——一對奸（尖）】

比喻雙方都很詭詐狡猾。例他倆是牛角對菱角——一對奸（尖），這場鬥爭有好戲看哩！

【牛角掛稻草——輕巧】

比喻事情簡單或動作靈巧。例他偷奸耍滑，勞動盡揀牛角掛稻草——輕巧的幹。也作「**大吊車吊燈草——輕巧**」、「**頭頂燈草——輕巧**」。

【牛角掛書】

比喻勤奮讀書。《新唐書·李密傳》：「聞包愷在緱山，往從之。以薄韉乘牛，掛《漢書》一帙角上，行且讀。越國公楊素適見於道，按轡躡其後，曰：『何書生勤如此？』密識素，下拜。問所讀，曰：『項羽傳。』因與語，奇之。」

【牛角裏的蛀蟲——硬鑽】

比喻下苦功鑽研。有時形容拼命鑽營。例搞經濟建設我們是外行，怎麼辦，那就像牛角裏的蛀蟲——硬鑽。也作「**青石上釘釘子——硬鑽**」。

【牛角裏的蛀蟲——嘴巴厲害】

比喻爲人厲害，嘴不饒人。例王大叔心腸慈善，只是牛角裏的蛀蟲——嘴巴厲害，說罷就算，對人的過錯不記在心上。也作「**山中的野豬——嘴巴厲害**」。

【牛角上抹油——又奸（尖）又滑】

見「玻璃碴子掉在油缸裏——又奸（尖）又滑」。

【牛圈裏頭伸進馬嘴來了】

比喻多嘴多舌、多管閒事。例我們倆個在這裏說話，你憑什麼搭腔？這可眞是「牛圈裏頭伸進馬嘴來了」。

【牛口裏的草，扯不出來】

比喻事情難辦。例這個人心眼兒挺好，也挺有才氣，就是嘴笨一些，特別是他著急的時候，讓他說句完整的、連貫的話，就好比是「牛口裏的草，扯不出來」，讓人乾著急。也作「**牛口裏扯不出草來**」。

【牛欄裏伸進張馬嘴——沒你開口的份兒】

比喻不許多嘴。例這是我們家裏的事，牛欄裏伸進張馬嘴——沒你開口的份兒。

【牛郎配織女——天生的一對】

古代神話傳說：織女爲天帝的孫女，聰明能幹，住在天河之東，常年織造雲錦，後與河西的牛郎結爲恩愛夫妻，多比喻夫妻雙方很相配。例這兩口子是牛郎配織女——天生的一對，生活過得很幸福。

【牛郎約織女——後會有期】

古代神話傳說：織女是天帝孫女，與牛郎結合後，不再爲天帝織造雲錦，天帝用天河將二人隔離，只准每年農曆七月七日相會一次。比喻今後還有見面的機會。例畢業之後，我們將各奔前程，但是，我們相信牛郎約織女——後會有期。

【牛郎織女】

牛郎、織女：傳說中的神話人物。傳說織女爲天帝孫女，織造雲錦。下嫁給牛郎後，織錦中斷。天帝大怒，責令分離，只准許每年七月七日相會一次。後用「牛郎織女」比喻夫妻分離。《羣音類選〈南西廂記・鶯鶯憶念〉》：「你影隻形單，羞睹牛郎織女星。」

【牛馬不若】

若：如。牛馬都不如。形容極其勞苦。明・袁宏道《錦帆集之三・沈廣乘》：「人生作吏甚苦，而作（縣）令爲尤苦，若作吳令，則其苦萬萬倍，直牛馬不若矣。」

【牛馬風塵】

風塵：風吹塵揚。把牛馬置於風塵裏。比喻人處於不得志的時候。清・孔尙任《桃花扇・迎駕》：「牛馬風塵，暫屈何憂。」

【牛馬襟裾】

襟、裾：泛指人的衣服。牛馬穿著人的衣服。指人徒有外表而行爲卑劣。比喻衣冠禽獸。宋・惠洪《寄楷禪師》：「虎皮羊質成何事，牛馬襟裾亦謾陳。」

【牛馬生活】

牛馬：喻指爲生活所迫供人驅使從事艱苦勞動的人。指飽受剝削和壓迫的非人生活。例生意失敗的這幾年，他都在工地挑磚頭，過著出賣勞力，供人驅使的牛馬生活。

【牛馬走】

舊作自稱的謙詞。漢・司馬遷《報任少卿書》：「太史公牛馬走司馬遷再拜言，少卿足下：曩者辱賜書，教以愼於接物，推賢進士爲務。」也泛指供驅使奔走的人。宋・陸游《雜興》詩：「區區牛馬走，齷齪蟣虱臣。」

【牛毛炒茴香——亂七八糟】

茴香：多年生草本植物，葉子分裂成絲狀，嫩葉可供食用。見「豆芽炒韭菜——亂七八糟」。

【牛毛繭絲】

牛毛：比喻多；繭絲：蠶繭的絲縷。比喻像牛毛一樣繁多，像繭絲一樣綿密。清・黃景仁《桂未谷明經以舊藏山谷詩孫銅印見贈》詩：「康莊不由入鼠穴，細尋牛毛披繭絲。」也作「**繭絲牛毛**」。

【牛毛細雨】

指細而密的小雨。清・梁紹壬《兩般秋雨庵隨筆》卷五：「牛毛細雨送斜陽。」

【牛毛細雨，點點入地】

比喻細緻、深入、紮紮實實。例批評、教育人，最好是用「牛毛細雨，點點入地」的方式，不能用傾盆大雨的方式，否則會事與願違，適得其反。

【牛眠吉地】

舊時迷信者認爲有利於後代升官發財的墳地。《晋書・周光傳》：「陶侃微時，丁艱，將葬，家中忽失牛而不知所在。遇一老父，謂曰：『前岡見一牛，眠山汚中，其地若葬，位極人臣矣。』」《歧路燈》六二回：「風水之說，全憑陰騭。總是積有陰德，子孫必然發旺；損了陰騭，子孫必然不好，縱然葬在牛眠吉地，也斷不能昌熾。」

【牛眠龍繞】

形容墳地風水好。清・蒲松齡《東郭外傳》：「那東門外頭許多牛眠龍繞的吉地，那富貴人家的塋田多半在這裏。」

【牛皮不是吹的，火車不是推的】

比喻光說大話、空話不行，得有眞本領。例你能不能露一手讓我們瞧瞧，俗話說：「牛皮不是吹的，火車不是推的」。我們也好知道你說的是眞是假。也作「**牛皮不是吹的，泰山不是壘的**」。

【牛皮不是吹的，泰山不是壘的】

壘：堆砌。見「牛皮不是吹的，火車不是推的」。

【牛皮大王】

指愛誇口說大話的人。例你再說玄乎點，就成了牛皮大王了。

【牛皮燈籠——不諒（亮）】

諒：「亮」的諧音。比喻得不到諒解。例你去向他道歉，承認錯誤，如果他還是牛皮燈籠——不諒（亮）的話，那就是他的問題了。

【牛皮燈籠——不明】

比喻不知道事情的眞相或不明事理。例事故是在昨天夜裏發生的，事故原因到現在還是牛皮燈籠——不明。

【牛皮燈籠——點不明】

比喻雖經反覆指點，仍然不明白醒悟。例我的腦子遲鈍，這道數學題，雖經老師再三啓發、講解，仍然是牛皮燈籠——點不明。

【牛皮燈籠肚裏亮】

比喻對事情心中有數。例你不要在這裏假裝不知道，其實，誰不知道你是「牛皮燈籠肚裏亮」，心裏早有數了。

【牛皮燈籠——心裏亮】

也作「牛皮燈籠——肚裏明」、「牛皮燈籠——裏頭亮」。見「雞吃放光蟲——肚裏明」。

【牛皮燈籠——照裏不照外】

也作「牛皮燈籠加黑漆——照裏不照外」。見「缸裏點燈——照裏不照外」。

【牛皮鼓，青銅鑼——不打不響】

見「和尙的木魚——不打不響」。

【牛皮糊窗户——一點不透風】

比喻辦事縝密，絲毫不走漏風聲。例你們結婚啦，怎麼誰也不知道，眞是牛皮糊窗戶——一點不透風。

【牛皮浸水——韌得很】

韌：柔軟而結實，不易折斷。①比喻有韌性，能堅持不懈。例他堅持學習世界語，三年不斷，眞是牛皮浸水——韌得很。②比喻無所謂，成了老油條。例小劉的思想工作難做，他是牛皮浸水——韌得很。

【牛皮蒙鼓——聲大肚空】

見「廟裏的鐘——聲大肚空」。

【牛脾氣】

比喻倔強執拗的個性。例這孩子發起牛脾氣來全家都害怕。

【牛皮紙糊的鼓面子——經不住敲打】

比喻力量薄弱，經不起打擊。例一個單位的領導失掉民心，就會像牛皮紙糊的鼓面子——經不住敲打，要垮台。

【牛皮紙上雕花——刻薄】

見「佛爺臉上刮金子——刻薄」。

【牛屁股縫裏的牛虻蟲——又會鑽空子，又會吸血】

牛虻（ㄇㄥˊ）：虻的一種，幼蟲生活在沼澤中，成蟲雄的吸食植物的汁液和花蜜，雌的吸食牛、馬等家畜的血液。形容人極壞，既會投機鑽營，又到處吮吸別人血汁，例這傢伙是牛屁股縫裏的牛虻蟲——又會鑽空子，又會吸血，很快成了暴發戶。

【牛山濯濯】

牛山：山名；濯濯：ㄓㄨㄛˊ ㄓㄨㄛˊ，山上光禿禿的沒有樹木。牛山上光禿禿的。形容山無樹木。也比喻人禿頭。例近幾年，村民們動員起來，植樹造林，使牛山濯濯的禿山披上了綠裝。

【牛身上拔根毛——不在乎】

比喻不介意。有時指工作不計得失。例積沙成塔，大公司也要注意節約，牛身上拔根毛——不在乎的思想是錯誤的。也作「九牛失一毛——不在乎」。

【牛身上拔根毛——無傷大體】

比喻對事物的主要方面沒有妨害。例這筆生意雖然失敗，但對實力雄厚的貴公司來說，是牛身上拔根毛——無傷大體。也作「身上拔寒毛——無傷大體」、「駱駝身上拔毛——無傷大體」。

【牛身上拔了一根毛】

比喻損失極其微小。例你有這麼多書，送我們幾本，不過是在「牛身上拔了一根毛」。可是你竟然捨不得，眞是太不夠意思了。

【牛身上的毛——數不清】

比喻數量極多，難以計算。例這天到會人數之多，就像牛身上的毛——數不清。也作「蘆溝橋上的獅子——數不清」、「天上的星星——數不清」、「地上的螞蟻——數不清」。

【牛身上爬螞蟻——不顯眼】

比喻不引人注目，不被重視。例座談會到會的專家名流很多，咱們這些小人物當然是牛身上爬螞蟻——不顯眼，有什麼值得大驚小怪的。也作「耗子打瞌睡——不顯眼」、「大海裏吐唾沫——不顯眼」、「挖耳勺舀海水——不顯眼」、「瞎子打瞌睡——不顯眼」、「氈子上拔毛——不顯眼」。

【牛首阿旁】

阿：ㄜ。佛經中指地獄裏長著牛頭的鬼卒。《聊齋志異・閻羅夢》：「即有牛首阿旁，執公父至，即以利叉刺入油鼎。」後用「牛首阿旁」比喻人的險惡可怕。也作「牛頭阿旁」。《新唐書・路嚴傳》：「俄與韋保衡同當國，二人勢動天下，時目其黨爲『牛頭阿旁』，言如鬼陰惡可畏也。」

【牛瘦骨不瘦——底子好】

比喻基礎紮實。例誰敢同你相比，你是牛瘦骨不瘦——底子好，我們功底薄，拉上兩堂課，就趕不上大家了。也作「穿不破的鞋——底子好」。

【牛溲馬勃】

牛溲（ㄙㄡ）：牛尿，也說是車前草；馬勃：馬屁勃，菌類植物。比喻微賤而有用的事物。《宋史・吳潛傳》：「使臣輩得以效牛溲馬勃之助，以不辱陛下知人之明。」《續孽海花》四二回：「人參甘草未必一定能去病，倒是牛溲馬勃，有時可以收效。」

【牛套馬，累死倆】

拉車時，牛慢馬快，難以配合。比喻彼此難以合作好。例我做我的，他做他的。要是讓我們一起合作，眞會像俗語所說：「牛套馬，累死倆。」

【牛蹄窩裏的水——翻不了大浪】

比喻勢力單薄，成不了大氣候。例幾個小丑跳梁，就讓他們跳吧，牛蹄窩裏的水——翻不了大浪。「牛蹄窩裏的水——掀不起大浪」、「缺尾巴蝦——翻不了大浪」、「水凼裏的魚——掀不起大浪」、「池塘裏的泥鰍——翻不了大浪」、「車道溝裏的泥鰍——掀不起大浪」、「水窪裏的泥鰍——掀不起大浪頭來」、「河溝裏的泥鰍——翻不了大浪」等。

【牛蹄之涔】

涔：ㄘㄣˊ，雨水，積水。牛蹄印裏的積水。形容水量極少。用來比喻處在不能有所作爲的境地。《淮南子．泛論訓》：「夫牛蹄之涔，不能生鱣鮪。」

【牛蹄中魚】

小坑裏的魚。比喻死期迫近。三國魏．應璩《與韋仲將書》：「方今體寒心饑，憂在旦夕，而欲東希誅昌治生之物，西望陵縣廚食之祿，誠恐將爲牛蹄中魚，卒鮑氏之肆矣。」

【牛蹄子——分兩半】

牛爲偶蹄動物，四肢各有四趾，趾有蹄，蹄子分爲兩瓣。雙關語。比喻分做均等的兩份。例這次任務下來之後，牛蹄子——分兩半，我們各人一份，比賽比賽，看誰先完成。

【牛蹄子兩瓣——合不攏】

雙關語，比喻思想意見分歧，各行其是，不能合作共事。例他們二人一向是牛蹄子兩瓣——合不攏，不能共同參加這個科研項目。也作「牛蹄子兩瓣——合不到一塊」、「牛蹄子——兩瓣」、「牛蹄子——兩掰」、「牛蹄子——兩半啦」、「牛蹄子——向兩下撇」、「牛蹄兩半——總鬧不到一塊兒」、「方底圓蓋——合不攏」、「清水拌鐵砂——合不到一塊」。

【牛頭刨開車——直來直去】

牛頭刨：刨床的一種，用來加工較小工件的平面，由往復運動著的刀具切削固定在機床工作台上的工作件，機床刀架部分像牛頭，故叫牛頭刨。見「胡同裏扛竹竿——直來直去」。

【牛頭不對馬嘴】

比喻瞎扯一氣，把不相干的聯繫在一起。《警世通言》卷一一：「蘇丙道：『我是蘇爺的嫡親兄弟，特地從涿州家鄉而來。』皂隸兜臉打一啐，罵道：『見鬼，大爺自姓高，是江西人，牛頭不對馬嘴』」。

【牛頭不對馬嘴——胡拉亂扯】

比喻胡說八道。例你的發言，眞是牛頭不對馬嘴——胡拉亂扯，聽衆非常不滿。也作「東扯葫蘆西扯瓢——胡拉亂扯」。

【牛頭不爛——多費些柴炭】

比喻對於不容易辦成的事，要多下點功夫。例這個人很不好對付，可是，如果把他對付過去了，我們的事就好辦多了。所以，我們應該多花些氣力，俗話說：「牛頭不爛——多費些柴炭」。

【牛頭阿旁】

見「牛首阿旁」。

【牛頭馬面】

佛教指陰間一個頭像牛，一個頭像馬的兩個鬼卒。後用來比喻各種醜惡的走卒或打手。《玉佛緣》五回：「忽見第五殿閻王那裏，一對牛頭馬面走來，一根鐵索，拉了他就走。」也作「馬面牛頭」。

【牛王爺不管驢的事——各管各的】

牛王爺：迷信的人在飼養牛的地方供牛王爺，求神靈保佑牲畜平安、槽頭興旺。見「井水不犯河水——各管各的」。

【牛尾巴的螞蟥——甩不掉】

螞蟥：水蛭，尾部有吸盤，一旦叮上則很難甩掉。比喻事有牽連，擺脫不了。例別推卸責任了，你是領頭的人，牛尾巴的螞蟥——甩不掉。也作「牛尾巴上的螞蟥——甩不脫」。

【牛無力拉橫耙，人無理說橫話】

橫：ㄏㄥˋ，蠻橫。指人若沒有理，說話也就不太講理了。例俗話說：「牛無力拉橫耙，人無理說橫話」。你越是在這裏無理攪三分，就越說明你理虧、心虛。

【牛餼退敵】

餼：ㄒㄧˋ，用活牲口送禮。《左傳．僖公三十三年》載：春秋時，秦國軍隊侵犯鄭國之際，鄭國商人弦高用十二頭活牛犒勞秦師，使秦撤回襲鄭之軍。後用「牛餼退敵」比喻機智勇敢的救國行動。《後漢書．張衡傳》：「弦高以牛餼退敵，墨翟以縈帶全城。」

【牛心古怪】

指脾氣古怪，性情固執。《紅樓夢》二二回：「衆人都笑說：『天生的牛心古怪』。」

【牛心左性】

形容性情固執、乖僻。《紅樓夢》三二回：「偏生我們那個牛心左性的小爺，憑著小的大的活計，一概不要家裏這些活計上的人作。」

【牛眼看人——大個】

據說牛眼看人很高大。形容某人或某事物被不適當地誇大了。例那小子有何能耐，你把他吹得天花亂墜，眞是牛眼看人——大個。

【牛羊入圈鳥落窩——各得其所】

圈：ㄐㄩㄢˋ，周圍有東西圍擋的地方。比喻各自如願或各人都得到合適的安排和處置。例這次分配工作，都是根據自己的志願和專長，牛羊入圈鳥落窩——各得其所，大家很滿意。

【牛羊上山——圈裏空空】

圈：ㄐㄩㄢˋ，周圍有東西圍擋的地方。比喻人走了，家空了。例放假了，牛羊上山——圈裏空空，沒有學生，學校冷淸極啦。

【牛衣對泣】

牛衣：草和麻的編織物，用來給牛禦寒和遮雨。睡在牛衣裏，相對哭泣。形容夫妻共同過著窮困的生活。《漢書．王章傳》：「初，章爲諸生學長安，獨與妻居，章疾病，無被，臥牛衣中，與妻決，涕泣。」明．袁宏道《解脫集．述內》：「玉白冰淸欲何爲，不記牛衣對泣時？」也作「泣對牛衣」。

【牛蠅叮牛蹄——不痛不癢】

牛蠅：形似蜂，身上有絨毛，口器退化，幼蟲寄生在牛體內。見「木頭人生瘡——不痛不癢」。

【牛有千斤之力，人有倒牛之方】
比喻無論對手有多強，都有制服他的辦法。例你自認爲你很厲害，我們也承認你有兩下子，可是，「牛有千斤之力，人有倒牛之方」，我們自會有辦法對付你的。

【牛長麟，馬長角——沒有的事】
見「扁擔開花——沒有的事」。

【牛之一毛】
牛身上一根毛。指極其藐小細微，不值得一談。《周書・杜杲傳》：「長湖總戎失律，臨難苟免，既不死節，安用以爲。且猶牛之一毛，何能損益。」

【牛渚泛月】
牛渚：地名，在安徽省當塗縣西北的長江邊；泛月：秋夜划船賞月。《晋書・袁宏傳》：「謝尙時鎭牛渚，秋夜乘月率爾與左右微服泛江，會宏在舫中諷咏，聲既淸會，辭又藻撥，遂駐聽久之。」後用「牛渚泛月」比喻才士相逢，以文會友。

【牛嘴上套篾簍——難開口】
篾簍：用竹、葦等劈成的篾條編製的簍子。也作「牛嘴上套篾簍——不好開口」。見「落雨天的芝麻——難開口」。

ㄋㄧㄡˇ

【扭虧爲盈】
扭：扭轉；虧：虧損；盈：盈利。扭轉虧損局面爲盈利局面。例由於加强經營管理，提倡優質服務，服裝店已扭虧爲盈。

【扭虧增盈】
扭轉虧損，增加盈利。例新廠長上任後加强經營管理，提高經濟效益，使嚴重虧損的針織廠，扭虧增盈，擺脫了困境。

【扭扭捏捏】
身體左右擺動。形容羞羞答答或故作姿態。明・朱有燉《黑旋風仗義疏財》二折：「他那裏會衆賓鼓樂聲將花紅滿徑，你看我便扭扭捏捏的騎鞍驀鐙。」也形容說話、做事不爽快、不大方。《紅樓夢》二七回：「好孩子，難爲你說的齊全。別像他們扭扭捏捏的蚊子似的。」也作「捏捏扭扭」。《二十年目睹之怪現狀》二一回：「須知有一種不自重的女子，專歡喜塗脂抹粉，見了人，故意的捏捏扭扭，躲躲藏藏的。」

【扭曲作直】
指故意把無理說成有理。元・關漢卿《魔合羅》三折：「我想這爲吏的扭曲作直，舞文弄法，只這一管筆上，送了多少人也呵！」也作「拗曲作直」。

【扭是爲非】
硬是把對的說成錯的。顚倒是非，强詞奪理。元・無名氏《活拿蕭天佑》一折：「誰不知諂佞人是你一個王樞密，你如今扭是爲非。」

【扭手扭腳】
形容故作嬌態或有意做作。《金瓶梅詞話》四九回：「他南人的營生，好的是南風，你們休要扭手扭腳的。」

【扭頭暴筋】
形容發怒起急的樣子。《紅樓夢》六〇回：「平白我說你一句兒，或無心中錯拿了一件東西給你，你倒會扭頭暴筋瞪著眼蹾摔娘。」

【扭頭別項】
項：頸的後部。扭轉頭頸，表示不高興。《兒女英雄傳》三二回：「幸是我那天不曾莽撞，不然今日之下，弄得一個扭頭別項，一個淚眼愁眉，人生到此，還有何意味！」

【扭頭脖子想問題——盡講歪道理】
扭頭脖子：〈方〉歪脖子。比喻總是强詞奪理，說些不合情理的話。例明白自己錯了，還要扭頭脖子想問題——盡講歪道理，實在可惡。

【扭轉乾坤】
扭轉：糾正或改變事物的發展方向；乾坤：指天地。比喻根本改變已經形成的局面。例中國人經過長期艱苦卓絕的奮鬥，終於扭轉乾坤，在國際舞台上占有一席之地。

【忸怩不安】
忸怩：羞慚的樣子。形容不好意思、心裏慌亂。例每當他看到女孩子，總會渾身不自在，顯出忸怩不安的樣子。

【忸怩作態】
形容做作含羞的樣子。巴金《談〈春〉》：「倘使小說不能作爲我作戰的武器，我何必花那麼多的功夫轉彎抹角，忸怩作態，供人們欣賞來換取作家的頭銜？」

【狃於故轍】
狃：因襲、拘泥於習俗；轍：車輪輾出的痕跡。習慣於沿著舊路走。形容保守、不願改變舊方法、舊框框。《元史・陳祖仁傳》：「馭天下之勢，當論其輕重强弱，遠近先後，不宜膠於一偏，狃於故轍。」

ㄋㄧㄢ

【蔫頭耷腦】
形容耷拉著腦袋，沒精打采的樣子。例他幹了一天的重活，累得蔫頭耷腦的，連句話也不願意說。

ㄋㄧㄢˊ

【拈不的輕，負不的重】
拈：以手指取東西。輕的拈不起，重的背不動。比喻什麼活兒都幹不了。《金瓶梅詞話》九三回：「阿呀賢侄！你這等就不是過日子的道理。你又『拈不的輕、負不的重』。但做了些小活路兒，還强如乞食，免教人恥笑。」

【拈斷髭鬚】
拈：用手指搓轉；髭：ㄗ，嘴上邊的髭鬚。頻頻搓轉髭鬚，以致搓斷了幾根。形容寫詩時反覆思索、吟哦、推敲的情態。《孽海花》三五回：「勝佛現在驚異的，不是笑語聲，倒是吟哦聲。因爲這種拈斷髭鬚的音調，在這個書齋裏，不容易聽到的。」
【拈弓搭箭】
拈：用手指捏住。一手握弓，一手把箭搭在弦上，準備射出。《三國演義》六五回：「張飛便勒回馬走時，馬超卻又趕來。張飛帶住馬，拈弓搭箭，回射馬超；超卻閃過。」也作「拈弓取箭」。《水滸傳》六一回：「宋江背後轉過小李廣花榮，拈弓取箭，看著盧俊義喝道：『盧員外休要逞能，先教你看花榮神箭！』」
【拈弓取箭】
見「拈弓搭箭」。
【拈花弄月】
見「拈花摘草」。
【拈花惹草】
拈：用兩三個手指夾；惹：招引，挑逗。比喻對女性的撩撥、挑逗。《紅樓夢》二一回：「今年方二十來往年紀，生得有幾分人才，見者無不羨愛。他生性輕浮，最喜拈花惹草，多渾蟲又不理論。」也作「粘花惹草」。
【拈花微笑】
原爲佛家語，指以心傳心，徹悟禪理。《大梵天王問佛決疑經》記載：釋迦牟尼在靈山會上說法，大梵天王獻上金色波羅花。世尊即拈花示衆，衆皆茫然，唯摩訶迦葉破顏微笑。後用以比喻彼此有緣，彼此會心或情意相通。《鏡花緣》一○○回：「自家做來做去，原覺得口吻生花；他人看了又看，也必定拈花微笑：是亦緣也。」也作「拈花一笑」。清・楊潮觀《吟風閣雜劇・換扇巧逢春夢婆》：「只爲拈花一笑痴，今年花發去年枝。」
【拈花一笑】
見「拈花微笑」。
【拈花摘草】
花、草：都借指女子。比喻男子調戲婦女、玩弄女性等放蕩不羈行爲。元・古杭才人《宦門子弟錯立身》二出：「拈花摘草，風流不讓柳耆卿。」也作「拈花摘葉」。明・朱權《卓文君》二折：「倚翠偎紅，拈花摘葉。」也作「拈花弄月」。明・周履靖《錦箋記・遊杭》：「拈花弄月須乘少，問水尋山莫待遲，從人笑絕痴。」
【拈花摘葉】
見「拈花摘草」。
【拈斤播兩】
拈：用手估量輕重。比喻過分計較。明・無名氏《大劫牢》一折：「也不索晝夜思量心內想，也不索拈斤播兩顯耀我這英雄猛將。」
【拈輕掇重】
掇：ㄉㄨㄛˊ，拾取，拿。既幹輕活也幹重活。指過重的勞動。元・無名氏《劉弘嫁婢》二折：「怎下的著他拈輕掇重，可使掃床也波疊被。」
【拈輕怕重】
拈：用手指取物。只揀輕東西，怕挑重擔子。比喻害怕困難，不願吃苦，缺乏責任感。例有的人拈輕怕重，把重擔子推給人家，自己揀輕的挑。這就不是好的態度。
【拈酸吃醋】
比喻因嫉妒而引起的不快情緒。泛指在男女關係上產生的嫉妒情緒。《紅樓夢》六五回：「賈璉聽了，笑道：『你放心，我不是那拈酸吃醋的人。你前頭的事，我也知道，你倒不用含糊著。』」
【年方舞勺】
方：正當；舞勺（ㄓㄨㄛˊ）：古代文舞的一種。《禮記・內則》：「十有三年，學樂誦詩，舞勺；成童，舞象，學射御。」指人剛到十三歲。後稱未成年時爲舞勺之年。郭傳璞《陳餘山先生竹林答問序》：「時不肖年方舞勺，雖不能遽領指趣，今猶記憶十二三，聞詩蓋於是時始矣。」
【年豐時稔】
稔：ㄖㄣˇ，莊稼成熟。年景好，大豐收。《西遊記》二四回：「今歲倒也年豐時稔，怎麼這觀裏作荒吃人。」
【年豐歲熟】
指年景、收成好。漢・焦延壽《易林・損》：「年豐歲熟，政仁民樂。」也作「年豐物阜」。阜：物質豐富。晉・裴秀《大蠟》：「玄象改次，庶衆更新，歲事告成，八蠟報勤，告成伊何，年豐物阜。」
【年豐物阜】
見「年豐歲熟」。
【年富力强】
指年紀輕，精力旺盛。《醒世恆言》卷二：「二弟年富力强，方司民社，宜資宜產，以終廉節。」
【年高德邵】
邵：美好。年紀大，品德好。宋・楊萬里《太宜人蕭氏墓志銘》：「吉州以夫人年高德邵，應舊封太孺人，再封太安人。」也作「年高德劭」。例王伯伯在這個社區裏是個年高德邵的老學者，大家都敬重他。
【年高德劭】
見「年高德邵」。
【年高望重】
年高：年歲大；望：名望。稱頌年紀大而有名望的人。《官場現形記》三四回：「後來本鄉裏因他年高望重，就推他做了一位鄉董。」
【年高有德】
指年紀大且有好的品德。《啼笑姻緣》一三回：「你聽著，我師傅這樣年高有德的人，絕不能冤你。」
【年糕掉進石灰坑——沒法收拾】
比喻事情不好處理。例你把事情搞得如此糟糕，叫誰來也是年糕掉進石灰坑——沒法收拾。也作「年糕掉進石灰坑——難收拾」、「豆渣撒在灰堆上——沒法收拾」、「一碗水潑在地——難收拾」。

【年糕掉在灰坑裏——吹不得，打不得】

見「豆腐掉在灰堆裏——吹也不行，打也不行」。

【年穀不登】

年穀：一年中收穫的穀物；登：登場、成熟、收成。指年收成很差。《禮記・曲禮下》：「歲凶，年穀不登。」《晉書・賈充傳》：「天下勞憂，年穀不登，興軍致討，懼非其時。」

【年光如駛】

年光：年華；駛：行駛、疾駛。時光急駛而去。形容光陰很快地過去。清・趙翼《甌北詩鈔・己未元旦》：「老閱年光如愈駛，閒無日課轉尋忙。」例日月如流，年光如駛，轉眼間小妹已到了不惑之年。

【年過耳順】

見「年逾耳順」。

【年過花甲得子——老來喜】

花甲：指六十歲。見「姜子牙娶媳婦——老來喜」。

【年華垂暮】

垂暮：天將晚的時候。指人已到晚年。宋・張元幹《醉落魄》詞：「天涯萬里情懷惡，年華垂暮猶離索。」

【年華虛度】

年華：時光，年歲；虛度：白白地度過。時光白白度過。指沒有好好利用時間，浪費了美好時光。例時間過得很快，爲了不讓我們年華虛度，留下遺憾，我們要把握每一分每一秒，做一些有意義的事。

【年畫上的春牛——離(犁)不得】

見「壁頭上畫春牛——離(犁)不得」。

【年紀不饒人】

指年紀大了，體力、腦力都不如從前了。例眞是「年紀不饒人」啊。從前，扛著五十公斤的大米上八層樓，氣也不多喘一口。可是現在，空手兒才上三樓，就已經走不動了。

【年近古稀】

唐・杜甫《曲江》詩：「人生七十古來稀。」指人年紀已接近七十歲。例老教授雖年近古稀，但從事科研教學的幹勁不減當年。

【年近花甲】

花甲：指六十歲。指人年紀接近六十歲。例教氣功的老師雖已年近花甲，但鶴髮童顏，精神煥發。

【年近昏眊】

眊：ㄇㄠˋ，眼睛昏花。快到昏瞶、糊塗的老年了。《紅樓夢》五九回：「那婆子本是愚頑之輩，兼之年近昏眊，唯利是命，一概情面不管，正心疼肝斷，無計可施。」

【年近歲逼】

指時間已臨近年節。《紅樓夢》九一回：「我也是這麼想。但是他家亂忙，況且如今到了冬底，已經年近歲逼，不無各自要料理些家務。」也作「年近歲除」。《醒世姻緣傳》九二回：「年近歲除，怎好只管打擾？」

【年近歲除】

見「年近歲逼」。

【年久日深】

見「年深日久」。

【年老力衰】

年紀大了，身體也衰弱。例現在的他，體力大不如前，家事做不了幾件，令他頗有年老力衰之嘆。也作「年老體衰」。例他雖已年老體衰，但每天都要伏案寫作幾小時。

【年老色衰】

色：婦女色貌。指婦女因上了年紀而失去了姿色。巴金《談〈寒夜〉》：「對她來說，年老色衰的日子已經不太遠了。」

【年老體衰】

見「年老力衰」。

【年邁昏憒】

年邁：年老；昏憒（ㄎㄨㄟˋ）：糊塗。年老糊塗。《紅樓夢》六九回：「如這秋桐輩等人，皆是恨老爺年邁昏憒，貪多嚼不爛。」

【年邁龍鍾】

年邁：年老；龍鍾：行動不靈便的樣子。形容年老體衰，行動不便。《儒林外史》八回：「……墓上，提著我的名字，說我蘧佑年邁龍鍾，不能親自再來拜謁墓道了。」

【年年歲歲花相似，歲歲年年人不同】

每一年每一歲開的花都很相似，但每一年每一歲賞花的人卻不同了。慨嘆人世滄桑、年華易逝。唐・劉希夷《代悲白頭翁》詩：「古人無復洛城東，今人還對落花風。年年歲歲花相似，歲歲年年人不同。寄言全盛紅顏子，應憐半死白頭翁。」

【年迫桑榆】

迫：逼近，接近；桑榆：日已偏西。比喻人已迫近晚年。北魏・楊衒之《洛陽伽藍記・秦太上君寺》：「……臣年迫桑榆，氣同朝露，人間稍遠，日近松邱，臣已久乞閒退。」

【年青力壯】

見「年輕力壯」。

【年輕力壯】

指年紀輕，身體强健，力量大。《紅樓夢》七一回：「老太太也太想的到，實在我們年輕力壯的人，捆上十個也趕不上。」也作「**年青力壯**」。例這個村莊裏只剩下老弱婦孺，因爲年青力壯的小伙子，都到外地去辛苦打拚了。

【年輕人扛大梁——後生可畏】

扛大梁：肩負重任；後生：後輩，青年人。比喻年青人有遠大前途或超人的本領。例青年突擊隊又完成了一次不可能的任務，眞是年輕人扛大梁——後生可畏啊！

【年輕娃子扛碌碡——正在勁頭上】

磟碡：ㄌㄨˋ ㄌㄨˊ，石滾，很重。比喻人正處於精力充沛的時期。例你們是年輕娃子扛磟碡——正在勁頭上，應當多爲國家出力。

【年三十的案板——不得空】
年三十：指農曆除夕；空：空閒。年三十晚上家家戶戶都要做年夜飯，案板不得空。比喻事務繁雜，沒有空閒。例年三十的案板——不得空，明天的春遊，我不能參加了。也作「**三十晚上的案板——不得空**」。

【年三十晚上打兔子——有你過年，無你也過年】
見「八月十五捉個兔子——有你過節，無你也過節」。

【年三十晚剃頭——三刀兩刮】
年三十晚：農曆除夕。比喻時間緊迫，做事匆忙。含有不細心、粗糙的意思。例搶時間固然重要，但也不能像年三十晚剃頭——三刀兩刮，不注重質量啊！

【年少當及時，蹉跎日就老】
蹉跎：光陰虛度。年紀輕的時候應當抓緊時間學習，虛度光陰者就會一天天的衰老。《樂府詩集・子夜吳歌》之八：「年少當及時，蹉跎日就老。若不信儂語，但看霜下草。」

【年少氣銳】
年紀輕，氣勢旺盛。清・方苞《沈孝子墓志銘》：「[沈]淑年少氣銳，乃能不篤於聲利，而以養母治經爲事，其志固與衆人異矣。」也作「**年壯氣銳**」。宋・蘇舜欽《答馬永書》：「又觀其感二鳥賦，悲激頓挫，有騷人之思，疑其年壯氣銳，欲發其藻章，以耀於世。」也作「**年壯氣盛**」。宋・陳亮《祭俞德載知縣文》：「年壯氣盛，事方迢遞。」也作「**年盛氣强**」。宋・魏了翁《番易王養正雙岩集序》：「嗚呼，世之以才觀口筆競相誇詡者，未嘗乏人，年盛氣强，位亨志得，則挾其天資之美，以自見於文墨議論間。」

【年少無知】
見「年幼無知」。

【年深日久】
形容時間久遠。《西遊記》五六回：「自別了長安，年深日久，就有些盤纏也使盡了。」也作「**年深月久**」。《魯迅書信集・致李小峯》：「爲一部關於美術的書，要這麼年深月久地來幹，原是可嘆可憐的事。」也作「**年深歲久**」。元・李潛夫《灰闌記》二折：「我老娘收生，一日至少也收七個八個，這等年深歲久的事，哪裏記得！」也作「**年久日深**」。《兒女英雄傳》三〇回：「年久日深，失迷的也有，隱瞞的也有。」也作「**年淹日久**」。聞一多《屈原問題》：「遭受讒言，使氣出走，而年淹日久，又不貽回。」也作「**年湮代遠**」。例這幢曾擁有風光歲月的建築物，因爲年湮代遠，亮麗的外表也出現了斑剝的痕跡。

【年深歲久】
見「年深日久」。

【年深月久】
見「年深日久」。

【年盛氣强】
見「年少氣銳」。

【年頭月尾】
年首與月末。指時間推移。宋・林光朝《艾軒集・痴頑不識字歌》：「年頭月尾無一是，咄咄痴頑不識字。」

【年尾打山豬——見者有份】
廣東廣西交界處，每到寒冬農民便羣出打獵，不管是直接參加者，或是偶然路過，都可以得到一份獵物。只要在山豬未抬到山腳之前，用樹枝去觸動一下山豬就行。比喻好處大家分享。例今天是小李的新婚之喜，請吃喜糖，年尾打山豬——見者有份。

【年下進鮮】
年節期間封建官僚貴族向皇帝進獻水果、魚蝦等時鮮物品。《紅樓夢》七回：「咱們送他的，趁著他家有年下進鮮的船回去，一併都交給他們帶了去罷。」

【年湮代遠】
見「年深日久」。

【年淹日久】
見「年深日久」。

【年誼世好】
年誼：科舉時代同時登科的情誼；世好：兩家世代友好。科舉時代兩家因同年登科而成爲世交的人。《儒林外史》三回：「你我年誼世好，就如至親骨肉一般。」

【年幼無知】
年紀小，不明事理。《斬鬼傳》一二回：「不是喲，他年幼無知，縱有些不是，也不該將他打的這樣。」也作「**年少無知**」。老舍《趙子曰》一九：「歐陽那個人，據我看，是個年少無知流氓。」

【年逾從心】
指年紀已超過了七十。《論語・爲政》：「七十而從心所欲，不逾矩。」《太平廣記》卷二七八《辛夤遜》：「夤遜遂日日食之，今老而輕健，年逾從心，猶多著述。」

【年逾耳順】
《論語・爲政》：「六十而耳順。」後以耳順之年爲六十歲的代稱。指人的年紀已過六十。唐・楊炯《伯母東平郡夫人李氏墓志銘》：「夫人年逾耳順，視聽不衰。」也作「**年過耳順**」。《太平廣記》卷一一四《陳秀遠》：「[秀遠]少信奉三寶，年過耳順，篤業不衰。」

【年逾古稀】
指年齡已超過七十歲。唐・杜甫《曲江》詩：「酒債尋常行處有，人生七十古來稀。」清・顧炎武《亭林文集・附與施愚山》：「令叔老先生年逾古稀，康寧好德，萃於一門，此亦人生至樂。」

【年災月厄】
厄：災難，困苦。舊時迷信說法，指

在一定時刻將遭遇某種災難。《水滸傳》八回：「娘子，小人有句話說，已稟過泰山了，為是林沖年災月厄，遭這場屈事，今去滄州，生死不保，誠恐誤了娘子青春。」也作「**年災月晦**」。晦：倒楣。例我算是年災月晦，淨碰見倒楣事，丟了自行車，小孩又生病住院。

【年災月晦】
見「年災月厄」。

【年在桑榆】
在：處於；桑榆：比喻日暮，後用以比喻垂老之年。比喻人已處於晚年。三國魏・曹植《贈白馬王彪》詩：「年在桑榆間，影響不能追。」

【年壯氣銳】
見「年少氣銳」。

【年壯氣盛】
見「年少氣銳」。

【粘花惹草】
粘：也作「拈」。比喻男子挑逗、勾引女子。元・商衟《一枝花・遠寄》曲：「粘花惹草心，招攬風流事。」也作「**粘花惹絮**」。《羣音類選〈明珠記・潛地窺春〉》：「人前巧做出猜嫌計，正好粘花惹草。」

【粘花惹絮】
見「粘花惹草」。

【鮎魚打噴嚏——自我吹嘘(鬚)】
鮎魚：頭平扁，口寬大，體無鱗，多黏液，有兩對長鬚。見「美髯公哈氣——自我吹嘘(鬚)」。

【鮎魚的鬍子——稀少】
比喻事物出現得少。例這種珠寶就像鮎魚的鬍子——稀少得很，可送給博物館珍藏。也作「**五更的星星——稀少**」、「**五個老倌兩根鬍子——稀少**」。

【鮎魚上竿】
見「鮎魚上竹竿」。

【鮎魚上竹】
見「鮎魚上竹竿」。

【鮎魚上竹竿】
鮎魚：無鱗魚，身體表面粘滑。鮎魚攀緣竹竿。比喻仕途困頓不利，本想前進反而後退。清・趙翼《甌北詩鈔・七十自述》：「寸寸鮎魚上竹竿，生平一第最艱難……誰知禿盡中書筆，方得詞人本分官。」也作「**鮎魚上竿**」。金・王若虛《答張仲傑書》：「老人家益貧而官益拙，鮎魚上竿，可笑，可憫。」也作「**鮎魚上竹**」。宋・張鎡《水龍吟・夜夢行修竹林中……》詞：「這番眞個休休，夢中深謝仙翁敎……許多時打哄，鮎魚上竹，被人弄，知多少。」

ㄋㄧㄢˇ

【捻腳捻手】
形容放輕手腳，儘量不弄出響聲。《水滸傳》四回：「門子只得捻腳捻手，把栓拽了，飛也似閃入房裏躲了，眾僧也各自迴避。」

【捻神捻鬼】
形容驚慌、害怕的樣子。《警世通言》卷二一：「[公子]與婆婆作揖道：『婆婆休訝，俺是過路客人……吃了飯就走的。』婆婆捻神捻鬼的叫噤聲。」

【捻著鼻子】
捻：捏。形容強自忍耐，不敢發作。《儒林外史》四三回：「朝奉帶了舵公到湯少爺船上磕頭，謝了說情的恩，捻著鼻子回船去了。」

【輦車驪駕】
輦：古時候用人力拉的車；驪：ㄌㄧˊ，並駕。指人拉的車、並駕的馬車。《後漢書・寇恂傳》：「時軍食急乏，恂以輦車驪駕轉輸，前後不絕。」

【輦轂之下】
輦：帝王所乘之車；轂：ㄍㄨˇ，代指車輪。舊指天子治下的京城、帝都。漢・司馬遷《報任少卿書》：「僕賴先人緒業，得待罪輦轂下，二十餘年矣。」《醒世姻緣傳》一七回：「貪墨之夫，吸民之髓，括地之皮，在皇帝輦轂之下，敢於恣贓以逞。」

【攆慌了的野雞——顧頭不顧尾】
見「黃鱔鑽洞——顧住頭，顧不了腚」。

【攆走狐狸住上狼——一個比一個凶】
見「躲過野豬撞上老虎——一個比一個凶」。

【碾道的驢——聽喝】
見「磨道的驢——聽喝」。

【碾磨道上尋驢蹄印——步步不缺】
碾磨：碾子，軋碎穀物或去掉穀物皮的石製工具。碾米磨麵用驢拉著轉，在磨道上找驢蹄印，到處皆是。比喻專找別人的缺點，一個也不放過。例如果要挑人的毛病，就像碾磨道上尋驢蹄印——步步不缺，這對做好工作、團結朋友有什麼好處呢？

【碾砣砸碾盤——實（石）打實（石）】
碾砣(ㄊㄨㄛˊ)：碾磙子。見「搬起石磙砸碾盤——實(石)打實(石)」。

ㄋㄧㄢˋ

【念舊憐才】
舊：舊有的交誼；才：有才能的人。思念舊誼，憐愛賢才。例他是個念舊憐才的開明人士。

【念了經打和尚】
比喻事情辦完後，對辦事的人不但不獎勵，反倒加以責罰。《金瓶梅詞話》二一回：「你看賊子淫婦兒，『念了經打和尚』，往後不省人事了。他不來，慌的那腔兒，這回就翅膀毛兒乾了。」

【念念不捨】
見「念念不忘」。

【念念不釋】
見「念念不忘」。

【念念不忘】
念念：老是思念。形容牢記於心，永遠不忘。宋·蘇軾《論修養帖寄子由》：「故凡學者，觀妄除愛，自粗及細，念念不忘，會作一日，得無所往。」也作「念念不捨」。梁啓超《忠憲高景逸先生攀龍》：「立坐食息，念念不捨。」也作「念念不釋」。釋：放開，放下。元·蘇天爵《左丞許文正公》：「丞相安圖素聞先生名，心慕之，乃就訪於行館。及還，心悅誠服，念念不釋者累日。」
【念念心心】
形容某個念頭總存在心裏，不能放下。《醒世姻緣傳》引起：「那父母時時刻刻，念念心心，只怕那萌芽遇有狂風，遭著驟雨，用盡多少心神。」
【念念有詞】
念念：不停地念誦。指和尚道士等行法術時口裏默念的咒語。《西遊記》二八回：「手裏捻訣，口內念念有詞，往那巽地上吸了一口氣，呼的吹將去，便是一陣狂風。」現也指人含含糊糊說個不停，含諷刺、詼諧意味。
【念念在茲】
見「念茲在茲」。
【念完經打和尚——恩將仇報】
經：佛教經典；和尚：出家修行的男佛教徒。也作「念完經打和尚——以怨報德」。見「狗咬屙屎人——恩將仇報」。
【念完經打和尚——沒良心】
見「過河抽板——沒良心」。
【念茲在茲】
茲：這個。念念不忘某一件事情。《尚書·大禹謨》：「帝念哉，念茲在茲，釋茲在茲。」《魯迅書信集·致章廷謙》：「你將來最好是隨時準備走路，在此一日，則只要爲『薪水』，念茲在茲，得一文算一文，庶幾無咎也。」也作「念念在茲」。明·海瑞《令箴》：「百里之民，無非吾人，念念在茲，唯恐一夫之病也。」

ㄋㄧㄤˊ

【娘倆做媳婦——各人忙各人】
娘倆：母親和女兒兩個。比喻每個人都忙自己的事。例我們都已成家立業，都有自己的工作，娘倆做媳婦——各人忙各人，彼此來往甚少。
【娘胎裏帶來的——改不了】
見「白紙寫黑字——改不了」。

ㄋㄧㄤˋ

【釀成大患】
見「釀成大禍」。
【釀成大禍】
釀：逐漸形成；禍：災難，禍患。逐漸形成極大的禍患。清·趙翼《廿二史禮記·唐女禍》：「開元之始，幾於家給人足，而一楊貴妃足以敗之；雖安史之變，不足由於女寵，然色荒志怠，唯耽樂之從，是以任用非人而不悟，釀成大禍而不知，以致漁陽鼙鼓，陷沒兩京。」也作「釀大患」。明·王守仁《防制省城奸惡牌》：「有等無籍小民，因而售奸爲惡，恐致日久釀成大患，必須預防早戒。」

ㄋㄧㄥˊ

【擰成一股繩】
比喻許多人心往一處想，勁往一處使，形成一股強大的力量。例只要我們大家「擰成一股繩」，就沒有克服不了的困難。也作「擰成一股勁」。
【擰眉立目】
緊擰雙眉，直瞪兩眼。形容發怒的樣子。例他是個急性子，動不動就擰眉立目的發脾氣。
【擰著耳朵擤鼻子——裝傻】
比喻故意裝糊塗。例你別在我面前擰著耳朵擤鼻子——裝傻了，我早知道你是個機靈鬼，樣樣都會。

【檸檬拌薑——又酸又辣】
雙關語。比喻生活嘗盡了艱苦或爲人迂腐、尖刻。例他的經歷是不平常的，遭遇過許多磨難，可以說是檸檬拌薑——又酸又辣。
【寧吃過頭飯，莫說過頭話】
指飯吃多了關係不大，說話卻要恰如其分。例你不要總把一點兒小事說得那麼邪門兒，時間長了會招人討厭，也會壞事的，俗話說：「寧吃過頭飯，莫說過頭話。」你應該牢牢記住這句話！
【寧吃仙桃一口，不吃爛杏一筐】
比喻追求的是質量，而不是數量。寧可量少而質好，也不願量多而質差。例我建議你最好放棄一些無用的材料，只保留最有用的和最主要的。這樣，文章一定會更好些。俗話說得好：「寧吃仙桃一口，不吃爛杏一筐。」
【寧當有日籌無日，莫待無時思有時】
指寧可富有之時想著窮困了該怎麼辦，也不要等到眞的窮困了才開始後悔。《歧路燈》八五回：「鄉里人常說兩句俗話：『寧當有日籌無日，莫待無時思有時。』人肚內有了這兩句話，便不怕了。」
【寧度畜牲不度人】
指即使饒恕禽獸，也不饒恕仇人。例俗語說得好：「寧度畜牲不度人」，既然他與咱們有仇，今天就別放過他，狠狠教訓他一頓，讓他知道咱們也不是好惹的。
【寧逢惡賓，勿逢故人】
指怕老熟人揭自己的底。例小王一見小李也來了，心裏便暗暗叫苦。俗話說：「寧逢惡賓，勿逢故人。」萬一小李不小心說漏了嘴，事情可就全完了。
【寧逢惡横，無殺風景】
指不要做大殺風景、令人掃興的事。例你這人可眞討厭，大家正玩得開心，你偏提那件倒楣的事，掃大家的興。難道你不懂「寧逢惡橫，無殺風景」嗎？

【寧逢虎摘三生路，休遇人前兩面刀】

摘：遮擋；三生：佛教中的前生、今生、來生；兩面刀：持兩面三刀之人。寧願被老虎擋住三生之路，也不願碰上個兩面三刀之人。意謂陰險詭詐的人比猛獸還要可怕或還難對付。《金瓶梅詞話》四六回：「這位奶奶……只是吃了比肩不和的方，凡事恩將仇報。正是：『比肩刑害亂擾擾，轉眼無情就放刀；寧逢虎摘三生路，休遇人前兩面刀。』」

【寧給饑人一口，不送富人一斗】

寧可雪中送炭，不給錦上添花。例俗話說：「寧給饑人一口，不送富人一斗。」可是現在許多人，放著窮人不救濟，卻拚命給有錢人送這送那。

【寧叫累了腿，不叫累了嘴】

指身體累點兒可以，但不能在吃飯方面瞎湊合。例你們這些年輕人，正是發育的時候，可千萬別在吃飯上隨隨便便。俗話說：「寧叫累了腿，不叫累了嘴。」這也是經驗之談啊！

【寧叫做過，莫要錯過】

指遇事可以不抱希望地試一試，也不要錯過時機。例你爲什麼不試試呢？反正也沒什麼大關係。俗話說：「寧叫做過，莫要錯過。」這麼好的機會，錯過就太可惜了。

【寧教我負天下人，休教天下人負我】

指寧可自己對不住他人，卻不能讓他人對不住自己。《三國演義》四回：「[曹]操曰：『伯奢到家，見殺死多人，安肯干休？若率衆來追，必遭其禍矣。』[陳]宮曰：『知而故殺，大不義也！』操曰：『寧教我負天下人，休教天下人負我。』」也作「**寧我負人，毋人負我**」。

【寧可賣了悔，休要悔了賣】

與其後悔了再賣，還不如賣了再後悔。指做買賣談價錢要適可而止。例做生意也有訣竅，討還錢應有限度，不要得罪買主，不要太貪得。俗話說：「寧可賣了悔，休要悔了賣。」也就是說要抓住機會，當賣則賣。

【寧可清貧，不可濁富】

清貧：清寒貧苦；濁富：不義之富。寧肯清清白白地過貧窮的生活，也不願在污濁之中過富貴的日子。指貧窮而不失節操。《平妖傳》二〇回：「媽媽寧可清貧，不可濁富，我的兒女長成，恐有不三不四的後生……用這銅錢來調戲。」

【寧可折本，休要饑損】

指破費錢財事小，損害身體事大。《金瓶梅詞話》六二回：「哥，你還不吃飯，這個就糊塗了！常言道：『寧可折本，休要饑損。』《孝經》上不說的：教民無以死傷生，毀不滅性。」也作「**寧可折本，不可餓損**」。

【寧可無了有，不可有了無】

指先窮後富，先無後有，日子就好過一些；先富後窮，先有後無，日子就很不好過了。《初刻拍案驚奇》卷二二：「俗語兩句說得好：『寧可無了有，不可有了無。』若爲貧賤之人，一朝變泰，得了富貴，苦盡甜來，滋味深長。若是富貴之人，一朝失窮，落魄起來，叫作『樹倒猢猻散』，光景著實難堪了。」也作「**寧可沒了有，不可有了沒**」、「**寧可貧後富，不可富後貧**」。

【寧可信其有，不可信其無】

指有備無患。《水滸傳》六一回：「盧俊義道：你婦人家省得甚麼！『寧可信其有，不可信其無』。」

【寧可一不是，不可兩無情】

指即使雙方之中有一方有錯，另一方也不可不講情義。例俗話說：「寧可一不是，不可兩無情。」儘管你有負於我，但我也不會對你無情無意、落井下石的。

【寧可玉碎，不能瓦全】

寧願做玉器被粉碎，也不願做可以保全的瓦器。比喻氣節更重於生命。《北齊書·元景安傳》：「大丈夫寧可玉碎，不能瓦全。」也作「**寧可玉碎，何能瓦全**」、「**寧甘玉碎，必不瓦全**」、「**寧爲玉碎，不爲瓦全**」。

【寧可枝頭抱香死，何曾吹落北風中】

寧可含著芬香在枝頭枯死，何曾肯被那北風吹落在風沙泥土中呢！原咏菊花。比喻寧死不屈，不向敵人低頭的忠貞節操。宋·鄭思肖《寒菊》詩：「花開不並百花叢，獨立疏籬趣味濃。寧可枝頭抱香死，何曾吹落北風中。」

【寧濫毋遺】

寧可讓不合格的多一些，也不要短缺或漏掉有用的。清·袁枚《隨園詩話》補遺四：「然則詩話之作，集思廣益，顯微闡幽，寧濫毋遺，不亦可乎？」

【寧戀本鄉一捻土，莫愛他鄉萬兩金】

指故鄉的一切都值得迷戀，他鄉再好，也不願離開故鄉。《西遊記》一二回：「日久年深，山遙路遠，御弟可進此酒：『寧戀本鄉一捻土，莫愛他鄉萬兩金。』」

【寧媚於灶】

媚：巴結；灶：灶神。寧肯巴結灶神。比喻與其巴結職位高的人，不如巴結職位雖低但有實權的人。《論語·八佾》：「王孫賈問曰：『與其媚於奧，寧媚於灶，何謂也？』子曰：『不然，獲罪於天，無所禱也。』」

【寧惱遠親，不惱近鄰】

指鄰里之間的和睦相處十分重要。例俗話說：「寧惱遠親，不惱近鄰。」我們是新搬來的，一定要和鄰居們團結，近鄰強似遠親，這個道理我不說你們也明白。

【寧缺勿濫】

勿：不要；濫：不加選擇，沒有限制。寧可缺少一些，也不要不加選擇地讓不夠標準的來湊數。《歧路燈》五回：「喜詔上保舉賢良一事……即令寧缺勿濫，這開封是一省首府，祥符是開封首縣，都是斷缺不得的。」也作「**寧缺毋濫**」。茅盾《子夜》五：「前天晚上，我們不是決定了『寧缺毋濫』的宗旨麼？如果捏定這個宗旨，那麼，朱吟秋、陳君宜、周仲偉一班人，只好不去招呼他們了。」

【寧缺毋濫】

見「寧缺勿濫」。

【寧捨命，不捨錢】

寧可失掉性命，也不願放棄錢財。指把錢財看得重於性命。例你也眞是「寧捨命，不捨錢」，爲了能得到這幾個錢，你累成這個樣子，我看眞不値得！

【寧捨十畝地，不吃啞巴虧】

指寧願損失在明處，也不願在暗地裏吃虧。例請你把話說明白，不要含混其辭。我這人是「寧捨十畝地，不吃啞巴虧」。

【寧死不屈】

屈：屈服。寧可死去，也絕不屈服變節。明·趙弼《宋進士袁鏞忠義傳》：「以大義拒敵，寧死不屈，竟燎身於烈焰中。」也作「**寧死不辱**」。元·陶宗儀《南村輟耕錄·溺水不躍》：「夫三王，一婦人耳，寧死不辱，出於天性。」

【寧死不辱】

見「寧死不屈」。

【寧爲雞口，無爲牛後】

牛後：牛的肛門。寧做進食的雞口，不做排糞的牛後。比喻寧可在小範圍內作主宰，也不願在大範圍內當附庸。《戰國策·韓策一》：「臣聞鄙諺曰：『寧爲雞口，無爲牛後。』今大王西面交臂而臣事秦，何以異於牛後乎？」也作「**寧爲雞口，毋爲牛後**」。

【寧爲太平犬，莫作離亂人】

離亂：指不安定，動亂之世。寧願當一條安定社會中的狗，也不願做動亂時代的人。指亂世給人帶來無限痛苦和悲哀。《醒世恆言》卷一九：「[程萬里]事出無奈，只得跟隨。每日間見元兵所過殘滅，如秋風掃葉，心中暗暗悲痛，正是：『寧爲太平犬，莫作離亂人』。」也作「**寧爲太平犬，莫爲離亂人**」。

【寧爲玉碎，不爲瓦全】

見「寧可玉碎，不能瓦全」。

【寧馨兒】

寧馨：這麼樣。這麼樣的孩子。《晉書·王衍傳》：「總角嘗造山濤，濤嗟嘆良久，既去，目而送之曰：『何物老嫗，生寧馨兒！』」後轉爲讚美的話，指美好的孩子、子弟。梁啓超《論中國學術思想變遷之大勢》一章：「吾欲我同胞張燈置酒……以行親迎之大典，彼西方美人，必將爲我家育寧馨兒以抗吾宗也。」

【寧許人，莫許神】

許：許諾，許願。意謂不對人履行諾言可以，但不對神履行諾言不行，因爲會遭報應。例既然你已對老天爺發誓，你要做此事，那你還是履行諾言爲好，否則要倒楣的，俗話說：「寧許人，莫許神。」

【寧飲建業水，不食武昌魚】

建業：三國時吳國都城，今江蘇省南京市。寧願在建業喝水，也不願去武昌食魚。原指吳國孫權的孫子皓即位後的第二年，從建業遷都至武昌，強迫人民隨之遷徙，百姓怨聲載道，後被迫遷回。反映了人民要求安居故土的願望。《三國志·吳書·陸凱傳》：「又武昌土地，實危險而塉确，非王都安國養民之處，船泊則沉漂，陵居則峻危。且童謠言：『寧飲建業水，不食武昌魚；寧還建業死，不止武昌居。』」

【寧與燕雀翔，不隨黃鵠飛】

黃鵠：天鵝。寧願和燕雀一起飛，不願跟在黃鵠後面飛。比喻人寧願甘心寂寞無聞，也不願趨炎附勢。三國魏·阮籍《詠懷》詩之八：「寧與燕雀翔，不隨黃鵠飛。黃鵠遊四海，中路將安歸。」

【寧願站著死，絕不跪著生】

指爲了自己的信仰，即使付出生命也在所不惜。例像文天祥那樣「寧願站著死，絕不跪著生」的民族英雄，萬古流芳。也作「**寧願站著死，不願跪著生**」。

【寧在人前全不會，莫在人前會不全】

如果知道不多，可以裝作全不知道；不要明明不懂或懂不多，卻裝作很在行的樣子。例不要不懂裝懂。俗話說得好：「寧在人前全不會，莫在人前會不全。」

【寧在直中取，不向曲中求】

指即使有困難，也要透過正當手段去獲取，而不是利用不正當的手段來求得。《封神演義》二三回：「豈可曲中而取魚乎！非丈夫之所爲也。吾『寧在直中取，不向曲中求』。」

【寧折不彎】

折：斷。寧肯折斷也不彎曲。比喻絕不屈從變節。例許雲峯在敵人面前，表現了寧折不彎的崇高精神和氣節。

【寧撞金鐘一下，不打破鼓三千】

比喻與其向沒有本事的人再三央求，不如向有本事的人請求一次。《紅樓夢》七二回：「我若和他們一說，反嚇住了他們。所以我『寧撞金鐘一下，不打破鼓三千』。」

ㄋㄨˊ

【奴才見主子——百依百順】

比喻一切都順從對方。例這個見風轉舵的牆頭草被俘之後，在敵人面前就像奴才見主子——百依百順，眞可恥。

【奴才見主子——唯唯諾諾】

形容一味順從附和，不敢有異議。例新的上下級關係與舊的截然不同，奴才見主子——唯唯諾諾那一套行不通了，有不同意見不但應該提出，而且正確的還要堅持。

【奴顏婢睞】
睞：ㄌㄞˋ，向旁邊看。形容不敢正視、諂媚討好、奴氣十足的樣子。晉・葛洪《抱朴子・交際》：「以岳峙獨立者爲濯吝疏拙，以奴顏婢睞者爲曉解當世。」也作「奴顏婢色」宋・王禹偁《送劉宜通判全州序》：「與夫諂權媚勢，奴顏婢色，因採風謠司漕運者言而得之者遠矣。」也作「奴顏婢舌」。宋・劉公沅，《述懷》詩：「奴顏婢舌誠堪恥，羊狠狼貪自合羞。」也作「奴顏婢膝」。《三國演義》九三回：「狼心狗行之輩，滾滾當朝；奴顏婢膝之徒，紛紛秉政。」

【奴顏婢色】
見「奴顏婢睞」。

【奴顏婢舌】
見「奴顏婢睞」。

【奴顏婢膝】
見「奴顏婢睞」。

【奴顏媚骨】
奴才的表情，諂媚的性格。形容低三下四、諂媚討好別人的嘴臉和性格。例魯迅沒有絲毫的奴顏媚骨，這是殖民地半殖民地人民最可貴的性格。

【駑驥同槽】
駑：跑不快的馬，劣馬；驥：千里馬，良馬。劣馬和良馬拴在同一個槽上，比喻賢愚不分。清・楊潮觀《賀蘭山謫仙贈帶》：「只因老夫昏眊，致令駑驥同槽。」也作「駑驥同轅」。《孔叢子・對魏王》：「駑驥同轅，伯樂爲之咨嗟；玉石相揉，和氏爲之嘆息。」

【駑驥同轅】
見「駑驥同槽」。

【駑蹇之乘】
蹇：ㄐㄧㄢˇ，跛驢；乘：ㄕㄥˋ，泛指馬車。用劣馬或跛驢拉的車子。比喻才能低下，不會有什麼作爲。《漢書・敍傳上》：「駑蹇之乘，不騁千里之途。」

【駑馬戀棧】
劣馬留戀馬棚、馬槽。比喻庸人顧戀家室和貪戀祿位。《晋書・宣帝紀》：「爽與范內疏而智不及，駑馬戀棧豆，必不能用也。」

【駑馬鉛刀】
鉛刀：鉛質的刀。低能的馬，不利的刀。比喻才力很弱、不中用。《後漢書・隗囂傳》：「昔文王三分，猶服事殷。但駑馬鉛刀，不可强扶。」

【駑馬十駕】
十駕：馬駕車行走一天的路程爲一駕，十駕就是積十天的路程。良馬一天能跑千里，劣馬十天也能跑千里。比喻能力差的人只要堅持不懈地努力，也能達到目的。《荀子・勸學》：「騏驥一躍，不能十步；駑馬十駕，功在不舍。」也作「駑馬十舍」。《淮南子・齊俗訓》：「騏驥千里，一日而通；駑馬十舍，旬亦至之。由是觀之，人材不足專恃，而道術可公行也。」

【駑馬十舍】
見「駑馬十駕」。

ㄋㄨˇ

【努脣脹嘴】
努：凸出；脹：突。噘著嘴，形容不高興的樣子。《醒世姻緣傳》三三回：「連這等一個剛毅不屈的仲由老官，尚且努脣脹嘴，使性旁氣。」

【努筋拔力】
筋：青筋。暴出青筋，使盡氣力。形容使勁、費力。《醒世姻緣傳》七九回：「我拉不上，努筋拔力的替他做了衣服。」

【努力加餐】
儘量多吃一些飯。含勉勵保重之意。唐・權德輿《太原鄭尚書遠寄新詩，走筆酬贈》詩：「只今麟閣待丹青，努力加餐報天子。」

【努力請從今日始】
要努力奮鬥就請從今天開始吧！勉勵人應珍惜時光，及時進取。明・文嘉《今日詩》：「人生百年幾今日，今日不爲眞可惜。若言始待明朝至，明朝又有明朝事。爲君聊賦《今日詩》，努力請從今日始。」

【努目金剛】
努目：凸起眼睛；金剛：佛教稱佛的侍從力士，因手拿金剛杵而得名。指面目威猛的人。清・王文璋《羅墩行》：「人與世尊同此劫，努目金剛救何術？君不見斷頭將軍斷頭佛。」

【努牙突嘴】
努：凸出，翹起。形容憤怒的樣子。元・關漢卿《救風塵》一折：「早努牙突嘴，拳椎腳踢，打得你哭啼啼。」

【弩不虛舉】
虛：白白地；舉：往上托。指拉開弓就能射中目標。形容射箭技術高超。漢・張衡《羽獵賦》：「弓不妄彎，弩不虛舉。」

【弩箭離弦】
弩：弩弓，古代兵器，用機械力量射箭的弓。比喻非常迅速。《西遊記》四二回：「前走的如流星過度，後走的如弩箭離弦。」

【弩張劍拔】
張：弓上弦；拔：抽出。弓已上弦，劍已拔出。形容形勢緊張，一觸即發。明・豐道生《眞賞齊賦》：「弩張劍拔，虎跳龍盤。」也作「劍拔弩張」。

ㄋㄨˋ

【怒臂當車】
見「怒臂當轍」。

【怒臂當轍】
怒臂：指螳螂因發怒而舉起的胳臂。

螳螂舉臂想擋住車子前進。比喻不自量力，妄圖抗拒強大的力量或做辦不到的事情。《莊子・人間世》：「汝不知夫螳螂乎？怒其臂以當車轍，不知其不勝任也。」宋・呂祖謙《東萊博儀・隨叛楚》：「隨非唯不自憂，乃不自量其力，怒臂當轍，以蹈禍敗。」也作「**怒臂當車**」。明・許三階《節俠記・俠晤》：「小生怒臂當車，自取戮辱，慚愧慚愧。」

【怒不可遏】

怒氣沖沖，不可抑制。《官場現形記》二七回：「賈大少爺正在自己動手掀王師爺的鋪蓋，被王師爺回來從門縫裏瞧見，頓時氣憤塡膺，怒不可遏。」

【怒從心起】

見「怒從心上起，惡向膽邊生」。

【怒從心起，惡向膽生】

見「怒從心上起，惡向膽邊生」。

【怒從心上起】

見「怒從心上起，惡向膽邊生」。

【怒從心上起，惡向膽邊生】

惡：凶暴的意念。形容憤怒到極點，膽子就大起來，什麼事也都幹得出來。《兒女英雄傳》一八回「正是仇人相見，分外眼明，登時怒從心上起，惡向膽邊生，掣那把刀在手裏，便要取那假西賓的性命。」也作「**怒從心起，惡向膽生**」。《孽海花》一四回「太太……不覺怒從心起，惡向膽生，顧不得什麼，一口氣趕到客廳。」也作「**怒從心起**」。《歧路燈》一回：「孝移看見……一時怒從心起，站起來，照端福頭上便是一掌。」也作「**怒從心生**」。《斬鬼傳》七回：「鍾馗聽說一個鬼字，怒從心生，拔劍就砍。」也作「**怒從心上起**」。例孟祥看見有人行竊，怒從心上起，上前一把抓住了小偷的手。

【怒從心生】

見「怒從心上起，惡向膽邊生」。

【怒髮衝冠】

憤怒得頭髮直豎，把帽子都頂起來。形容憤怒達到了極點。宋・岳飛《滿江紅》詞：「怒髮衝冠，憑欄處，瀟瀟雨歇。抬望眼，仰天長嘯，壯懷激烈。」魯迅《兩地書》七：「目睹擁楊的和楊的本身的行徑，實更不得不教人怒髮衝冠，施以總攻擊。」也作「**髮上衝冠**」、「**衝冠怒髮**」、「**衝冠一怒**」。

【怒火衝天】

見「怒氣衝天」。

【怒火中燒】

怒火：憤怒的火焰。形容心中的憤怒像火在燃燒。例當大家看到日本軍隊在南京大屠殺時，對中國人民進行姦淫擄掠的歷史鏡頭，心中就不自覺的怒火中燒，悲憤不已。

【怒罵嬉笑】

嬉：遊戲。怒斥責罵，奚落嘲諷。指借以表現各種感情的言辭。形容寫作不拘守規格，任意發揮。宋・洪咨夔《回胡判院啟》：「流涕痛哭，見於議論；怒罵嬉笑，發爲文章。」也作「**嬉笑怒罵**」。

【怒眉睜目】

見「怒目橫眉」。

【怒目而視】

睜圓兩眼怒視對方。形容正要發怒的神情。《水滸傳》八〇回：「高俅見了衆多好漢，一個個英雄猛烈，林沖、楊志怒目而視，有欲要發作之色，先有了十分懼怯。」

【怒目橫眉】

指瞪大眼睛，眉毛橫豎。形容凶惡蠻橫或嚴厲強硬的神情。例他雖然一副怒目橫眉，凶神惡煞的模樣，內心卻是十分的溫和與善良。也作「**怒目睜眉**」。《三國演義》五五回：「軍中又不見玄德；但見趙雲怒目睜眉，只待廝殺。——因此四將喏喏連聲而退」。也作「**怒眉睜目**」。茅盾《大澤鄉》：「是站著的滿臉通紅、怒眉睜目的兩個人，但只是『兩個』人！」

【怒目金剛——樣子凶】

金剛：佛教稱佛的侍從衛士。見「哼哈二將——樣子凶」。

【怒目切齒】

怒目：圓睜兩眼；切齒：咬緊牙齒。睜目怒視，咬牙痛恨。形容憤恨之極。晉・劉伶《酒德頌》：「聞吾風聲，議其所以，乃奮袂攘襟，怒目切齒。」

【怒目睜眉】

見「怒目橫眉」。

【怒猊抉石】

猊：ㄋㄧˊ，狻猊，傳說中像獅子的猛獸；抉：ㄐㄩㄝˊ，挑動。憤怒的狻猊用足挑動石頭。比喻書法或詩文的筆勢剛硬遒勁。《新唐書・徐浩傳》：「〔浩〕嘗書四十二幅屛，八體皆備，草隸尤工，世狀其法曰：『怒猊抉石，渴驥奔泉』云」。」也作「**怒猊渴驥**」。渴驥：口渴的駿馬奔向泉水。例大家看了那些怒猊渴驥般剛勁奔放的書法，個個都讚不絕口。

【怒猊渴驥】

見「怒猊抉石」。

【怒氣沖沖】

怒氣：憤怒的氣色；沖沖：感情激動的樣子。形容怒氣滿面，非常激動的樣子。《歧路燈》三〇回：「夏逢若把手一拍，罵道：『好賊狗攮的！欠人家二百多兩不想拿出來……』怒氣沖沖的上來。」

【怒氣衝天】

形容憤怒的情緒極大。《醒世恆言》卷三四：「田牛兒怒氣衝天，便要趕去廝鬧。」也作「**怒氣衝霄**」。明・無名氏《精忠記・赴難》：「我怒氣衝霄，恨秦檜專權寵。」也作「**怒氣衝雲**」。明・瀋采《千金記・宵証》：「逢人羞道，怒氣沖雲，來不得功名立早，終身困厄蓬蒿。」也作「**怒火衝天**」。茅盾《子夜》一八：「吳少奶奶意外地鬆了一口氣，婉轉地回答。卻不料吳蓀甫立即又是怒火衝天。」

【怒氣衝霄】
見「怒氣衝天」。
【怒氣衝雲】
見「怒氣衝天」。
【怒氣填胸】
憤怒的情緒充滿胸中。形容滿腔怒氣。《醒世恆言》卷八：「劉媽媽聽罷，怒氣塡胸，把棒撇在一邊，雙足亂跳，罵道：『原來這老乞婆恁般欺心，將男作女哄我！怪道三朝便要接回。』」
【怒容可掬】
可掬：ㄐㄩˊ，明顯，可以用手捧住。形容滿臉怒氣，使人覺得可怕。《醒世恆言》卷三〇：「方欲啓問，只見那義士怒容可掬，颼地掣出匕首。」
【怒蛙可式】
怒蛙：鼓足氣的青蛙；式：伏在車前橫木上表示敬禮。《韓非子・內儲說上》：「越王句踐見怒蛙而式之，御者曰：『何爲式？』王曰：『蛙有氣如此，可無爲式乎？』士人聞之，曰：『蛙有氣，王猶爲式，況士人之有勇者乎？』」原指向鼓足氣的青蛙致敬。比喻敬重勇士。
【怒形於色】
形：顯露；色：臉色。憤怒的心情顯露在臉色上。《東周列國志》一八回：「曹沫右手按劍，左手攬桓公之袖，怒形於色。」也作「忿形於色」。

ㄋㄨㄛˋ

【諾諾連聲】
諾諾：答應的聲音。連連隨聲答應。表示順從或同意。《官場現形記》五七回：「單道台諾諾連聲，告退下去。」也作「喏喏連聲」。《三國演義》六一回：「孫權喏喏連聲，答曰：『老母之訓，豈敢有違。』」
【喏喏連聲】
見「諾諾連聲」。
【搦管操觚】
搦：持，拿；管：毛筆；操：持，拿；觚：ㄍㄨ，古人書寫時用的簡策。指執筆寫文章。唐・劉知幾《史通・辨職》：「搦管操觚，歸其儀的。」
【懦弱無能】
懦弱：軟弱。膽小怕事，不堅強，無能力。《說岳全傳》四七回：「……以致金人入寇，傳位靖康，懦弱無能，俱被擄了。」《紅樓夢》二一回：「不想榮國府內有一個極不成材破爛酒頭廚子，名叫多官兒，因他懦弱無能，人都叫他作『多渾蟲』。」
【懦者事之賊】
指膽小、怯懦，常常壞大事。例你不要害怕，只管去做好了。俗話說：「懦者事之賊」，你越害怕，越是辦不好這件事。
【糯米糍粑——太軟】
糯米：也叫江米，富有黏性；糍粑：ㄘˊ ㄅㄚ，把糯米蒸熟搗碎以後做成的食品，軟而黏。雙關語。比喻過於軟弱，就容易被感動或動搖。例對敵人就不能像糯米糍粑，要採取各種手段與他們鬥爭。也作「糯米糍粑——軟綿綿」。
【糯米麪包餃子——一捏就成】
比喻稍經撮合或幫助，就能成功。例他們雙方都有強烈的合作願望，糯米面麪餃子——一捏就成，你可成全其事。
【糯米糰滾芝麻——多少沾點】
比喻事情有些牽連。有時指多少占點小便宜。例在這次經濟犯罪中，涉及的人很多，他也是糯米糰滾芝麻——多少沾點，正在檢查交代之中。
【糯米團團——黏糊糊】
指形容人動作緩慢，精神不振作。例別看他平時像糯米團團——黏糊糊的，在關鍵時侯比誰都俐落、勇猛。
【糯米粥裏拌芡粉——愁（稠）上加愁（稠）】
愁：「稠」的諧音。比喻憂愁極了。例在災荒的日子裏，無吃無穿，無錢治病，陳大爺一家就像糯米粥裏拌芡粉——愁（稠）上加愁（稠）。也作「軟米粥拌粉麪——愁（稠）上加愁（稠）」。

ㄋㄨㄢˇ

【暖壺坐飛機——高水平（瓶）】
見「飛機上掛暖壺——高水平（瓶）」。
【暖日當暄】
暄：暖和。溫和的陽光曬得正暖。形容天氣晴朗暖和。《紅樓夢》一一回：「西風乍緊，初罷鶯啼；暖日當暄，又添蛩語。」也作「暖日和風」。宋・洪芻《次陳使君韻三首》詩：「暖日和風似酒醺，提壺鳥語若淹人。」
【暖日和風】
見「暖日當暄」。
【暖水瓶爆裂——喪膽】
形容非常恐懼、害怕。例敵人連吃幾次敗仗，已經暖水瓶爆裂——喪膽啦，現已逃竄得無影無蹤了。
【暖水瓶的塞子——賭（堵）氣】
賭：「堵」的諧音。雙關語，比喻因不滿意或受指責而任性。例錯了就應當受批評，暖水瓶的塞子——賭（堵）氣有什麼用呢？能幫助糾正錯誤嗎？只會錯上加錯。
【暖水瓶裏裝熱水——外冷裏熱】
雙關語，比喻人外表看來冷淡，但內心充滿熱情。例小萬見人不愛搭理，實際上卻是暖水瓶裏裝開水——外冷裏熱，對人可有一片赤誠之心，樂於助人哩！也作「暖壺裏裝開水——裏熱外冷」、「暖水瓶裏裝開水——外面冷，裏面熱」、「屬暖水瓶的——外頭冷，裏頭熱」。
【暖水瓶上繫繩子——水平（瓶）有限（線）】
平、限：「瓶」、「線」的諧音。比喻自己的水平不高。例我的確沒有什麼可講的，暖水瓶上繫繩子——水平（瓶）有限（線）啊！

【暖衣飽食】

穿得暖，吃得飽。形容豐衣足食，生活安適。《隋唐演義》二四回：「況且我無妻子，止得一個老母。也虧做了這事，尤員外盡心供奉，暖衣飽食。」也作「暖衣餘食」。餘：富裕。《戰國策・秦策五》：「今力田疾作，不得暖衣餘食。」也作「飽食暖衣」。

【暖衣餘食】

見「暖衣飽食」。

ㄋㄨㄥˊ

【農，天下之本，務莫大焉】

農業是國家的根本，是最重要的事情。《史記・孝文本紀》：「農，天下之本，務莫大焉。今勤身從事而有租稅之賦，是為本末者毋以異，其於勸農之道未備。」

【濃翠蔽日】

見「濃蔭蔽日」。

【濃眉大眼】

黑而密的眉毛，大大的眼睛。多用來形容眉目端正，虎虎有神的男子。巴金《團圓》：「我聽見小劉講起王主任，就彷彿看到那張濃眉大眼、鬚根滿臉的寬大臉。」

【濃抹淡妝】

指婦女濃艷和淡雅兩種不同的妝飾。宋・劉過《沁園春・寄稼軒承旨》詞：「坡謂西湖，正如西子，濃抹淡妝臨鏡台。」也作「濃妝淡抹」。元・康進之《新水令・武陵春》曲：「兩般兒情斯隱，濃妝淡抹包籠盡。」也作「淡妝濃抹」。

【濃墨重彩】

彩：色彩。用濃重的墨汁和顏色來描繪。形容著力描寫刻劃，以突出重點。例《阿Q正傳》對主人翁作了濃墨重彩的描寫，成功地塑造了阿Q這個形象。

【濃桃艷李】

桃花濃麗，李花鮮艷。比喻青年男女容貌俊美，生氣勃勃。明・高濂《玉簪記・詞媾》：「誰承望今宵牛女，銀河咫尺間，巧一似穿針會，兩下裏青春濃桃艷李。」

【濃蔭蔽日】

蔭：樹蔭；蔽：遮蓋。形容樹木枝葉繁密，遮住了陽光。魯迅《革命時代的文學》：「……譬如種柳樹，待到柳樹長大，濃蔭蔽日，農夫耕作到正午，或者可以坐在柳樹底下吃飯，休息休息。」也作「濃翠蔽日」。宋・周密《武林舊事》卷三：「長松修竹，濃翠蔽日，層密奇岫，靜窈縈深。」

【濃妝淡抹】

見「濃抹淡妝」。

【濃妝艷服】

見「濃妝艷裹」。

【濃妝艷裹】

指濃艷的衣著和妝飾。形容女子華麗的裝束。元・王子一《誤入桃源》二折：「一個個濃妝艷裹，一對對妙舞清歌。」也作「濃妝艷服」。《孽海花》六回：「把個達小姐看得忍俊不禁，竟濃妝艷服的現出了莊嚴寶相。」也作「濃妝艷飾」。《水滸傳》四回：「那女孩兒濃妝艷飾，從裏面出來，請魯達居中坐了，插燭似地拜了六拜。」也作「濃妝艷抹」。《水滸傳》二六回：「原來這婆娘……每日只是濃妝艷抹，和西門慶做一處取樂。」

【濃妝艷抹】

見「濃妝艷裹」。

【濃妝艷飾】

見「濃妝艷裹」。

【濃妝艷質】

妝飾華麗，姿質美艷。形容女子盛裝美貌。明・梅鼎祚《玉合記・還玉》：「軍聲哄，軍聲哄，長槍大戟香塵擁。香塵擁，濃妝艷質，看野外霜風正急。」

【膿包貨】

比喻無能、無用的人。例別看他生得高大，卻是個膿包貨。也作「膿包」。例你這個大膿包，連這麼點小事都頂不住，你還能幹什麼？

ㄋㄨㄥˋ

【弄兵潢池】

弄兵：玩弄兵器；潢（ㄏㄨㄤˊ）池：積水塘。在積水塘裏耍弄兵器。指不自量力而發動兵亂。例在陳司令下面統轄軍隊，可別想弄兵潢池，是不可能成功的。

【弄潮兒】

原指水性好，敢在海潮中戲耍的年輕人。比喻敢於拼搏的人。例青年人應當爭作弄潮兒，勇敢地駕馭時代的潮流。

【弄潮須是弄潮人】

比喻內行事還得靠內行人來辦理。例這事還得由老張來辦，他是內行。俗話說：「弄潮須是弄潮人」，我們外行人辦不了。

【弄法舞文】

弄法：玩弄法令；舞文：舞弄條文。故意歪曲法令、法律條文作弊。明・劉基《官箴中》：「弄法舞文，聾痴瞽愚，流波至今，一任簿書。」

【弄粉調脂】

脂：胭脂，化妝品。指塗脂抹粉，化妝打扮。元・無名氏《貨郎旦》四折：「我本是窮鄉寡婦，沒什的艷色嬌姿，又不會賣風流弄粉調脂，又不會按宮商品竹彈絲。」也作「弄粉調朱」。宋・周邦彥《丹鳳吟》詞：「弄粉調朱柔素手，問何時重握？」

【弄粉調朱】

見「弄粉調脂」。

【弄斧班門】

班：指春秋時代魯國的巧匠魯班。在魯班門前揮舞斧頭。比喻在行家面前賣弄本領。元・關漢卿《金線池》楔子：「兄弟對著哥哥跟前，怎敢提筆，正是弄斧班門，徒遺笑耳！」也作「**班門弄斧**」。

【弄鬼掉猴】
玩弄鬼又耍猴。比喻調皮搗蛋。《紅樓夢》四六回：「你知道，老爺跟前竟沒有個可靠的人，心裏再要買一個，又怕那些牙子家出來的，不乾不淨；也不知道毛病兒，買了來三日兩日，又弄鬼掉猴的。」

【弄鬼弄神】
假裝鬼神矇騙或恐嚇人。也比喻暗地耍手段搗鬼。《紅樓夢》一一三回：「寶玉的事，明知他病中不能明白，所以衆人弄鬼弄神的辦成了；後來寶玉明白了，舊病復發，時常哭想，並非忘情負義之徒。」也作「**弄神弄鬼**」。《紅樓夢》一一四回：「幾年老世翁不在家，這些人就弄神弄鬼兒的，鬧得一個人不敢到園裏，這都是家人的弊。」也作「**裝神弄鬼**」。

【弄鬼妝么】
弄鬼：搗鬼；妝么：裝腔。裝腔作勢，故意做作。清・洪昇《長生殿・絮閣》：「休得把虛脾來掉，嘴喳喳弄鬼妝么。」

【弄假成眞】
指本想假裝做某事，結果卻弄成了眞事。元・無名氏《隔江鬥智》二折：「那一個掌親的，怎知道弄假成眞？那一個說親的，早做了藏頭露尾。」

【弄斤操斧】
斤：古代伐木的工具；操：拿。拿著斧頭等工具反覆砍。比喻對作品的雕琢。宋・張表臣《珊瑚鉤詩話》卷一：「篇章以含蓄天成爲上，破碎雕鎪爲下，如楊大年西崑體非不佳也，而弄斤操斧太甚，所謂七日而混沌死也。」

【弄精魂】
比喻耗費心血。例寫作可是個弄精魂的事兒，要不怎麼稱作家爲人類靈魂工程師呢！

【弄空頭】
比喻弄虛作假，耍花招。例你少來弄空頭害人。也作「**弄虛頭**」。例告訴你，這兒可不許你弄虛頭。也作「**弄乾坤**」。例牌桌上弄乾坤誰不會？你別想占便宜。

【弄口鳴舌】
弄口：掉弄口舌；鳴舌：鼓舌。巧言善辯，搬弄是非。南朝梁・任昉《奏彈范縝》：「曲學諛聞，未知去代，弄口鳴舌，只足飾非。」

【弄眉擠眼】
用眉眼的動作向人暗示某種意思。《紅樓夢》九回：「秦鐘趁此和香憐弄眉擠眼，二人假出小恭，走至後院說話。」也作「**擠眉弄眼**」。

【弄乾坤】
見「弄空頭」。

【弄巧呈乖】
呈：顯出；乖：伶俐，機警。指賣弄聰明、乖巧。元・無名氏《黃鶴樓》三折：「你若是弄巧呈乖，我著你須臾間除鱗切尾。」

【弄巧成拙】
原爲禪宗用語。本想取巧，結果反而做了蠢事。《五燈會元・法雲秀禪師法嗣》：「上堂祖師妙訣，別無可說，直饒釘嘴鐵舌，未免弄巧成拙，淨名已把天機洩。」也作「**弄巧反拙**」。例她原本想將這一對外界公認的俊男美女撮合在一起，沒想到卻弄巧成拙，男方反而愛上自己。

【弄巧反拙】
見「弄巧成拙」。

【弄沙成塔】
比喻聚少而成壯觀的事物。唐・白居易《感悟妄緣・題如上人壁》詩：「所好隨年異，爲忙終日同。弄沙成佛塔，鏘玉謁王宮。」

【弄神弄鬼】
見「弄鬼弄神」。

【弄手腳】
比喻暗中耍手段、舞弊。例跟他玩牌要當心，他慣會弄手腳。

【弄堂裏扛木頭——直進直出】
弄堂：上海等地對街巷或胡同的稱呼。見「胡同裏扛竹竿——直來直去」。

【弄瓦之慶】
見「弄瓦之喜」。

【弄瓦之喜】
瓦：原始的紡錘。弄瓦：古人把瓦給女孩子玩，希望將來能勝任女工。後即稱生女孩子爲「弄瓦之喜」。《詩經・小雅・斯干》：「乃生女子，載寢之地，載衣之裼，載弄之瓦。」也作「**弄瓦之慶**」。例小梅生了女孩，同事們祝賀她的弄瓦之慶。

【弄文輕武】
玩弄文士的策略，輕視武備。《三國演義》二五回：「[袁]紹怒曰：『汝等弄文輕武，使我失大義！』田豐頓首曰：『若不聽臣良言，出師不利。』」

【弄性尚氣】
好耍脾氣，好動感情。《紅樓夢》四回：「這薛公子的混名，人稱他『呆霸王』，最是天下第一個弄性尚氣的人。」

【弄虛頭】
見「弄空頭」。

【弄虛作假】
拿虛假的一套來欺騙人。例你別在有社會經驗的人面前弄虛作假，謊言很快就會被拆穿的。

【弄喧搗鬼】
弄喧：弄玄虛；搗鬼：耍花招。故弄玄虛，暗耍花招。《初刻拍案驚奇》卷一六：「世人但說盜賊，便十分防備他，不知那拐子便與他同行同止，也講不出弄喧搗鬼，沒形沒影的。」

【弄玄虛】
比喻耍手段、弄計謀迷惑人。例他這是故意弄玄虛，別理他。見怪不怪，其怪自敗！也作「**耍玄虛**」。

【弄玉偷香】

弄玉：指《楊妃外傳》載楊妃竊寧王玉笛事；偷香：晉代賈充的女兒把晉武帝賜給她父親的西域異香送給韓壽。後用「弄玉偷香」比喻男女偷情。元．楊景賢《西遊記》五本一七折：「香馥鬱銷金帳，光燦爛白象床，俺兩個破題兒待弄玉偷香。」也作「偷香竊玉」、「竊玉偷香」。

【弄月嘲風】

月、風：泛指各種自然景物。指以吟咏風花雪月、閒適之事爲題材的寫作。元．無名氏《爭報恩》二折：「俺又不曾弄月嘲風，怎攬下這場愁山悶海。」明．湯顯祖《南柯記》頭折：「無影樹下，弄月嘲風；沒縫塔中，安身立命。」也作「弄月摶風」。明．無名氏《東籬賞菊》二折：「疏柳柴門帶有敲，喜秋清樂意逍遙。常則是弄月傳風，快活到老。」也作「弄月吟風」。例老校友們歡集一起，弄月吟風，興致勃勃。也作「嘲風弄月」、「嘲弄風月」、「嘲風咏月」、「咏月嘲風」、「吟風弄月」。

【弄月摶風】

見「弄月嘲風」。

【弄月吟風】

見「弄月嘲風」。

【弄盞傳杯】

盞：小杯子。傳弄酒盞，多指設宴飲酒的熱鬧場面。元．無名氏《贈妓》曲：「不問生熟辦酒食，他便要弄盞傳杯。」

【弄璋之慶】

見「弄璋之喜」。

【弄璋之喜】

璋：古代貴族所用的一種玉器。古人把璋給男孩子玩弄，希望他將來長大後執玉器爲王侯。後即稱生男孩爲「弄璋之喜」。《金瓶梅詞話》三二回：「今日是你西門慶老爺加官進祿。又是好日子，又是弄璋之喜，宜該唱這套。」也作「弄璋之慶」。明．趙弼《木綿庵記》：「喜公有弄璋之慶，萬事足矣。」

【弄脂調粉】

原指塗脂抹粉，化妝打扮。後比喻詩文刻意雕琢，詞語華麗。清．隨緣下士《林蘭香》五三：「五言古風，先敍以簪代筆之奇，次贊其如篆如隸，勝過了弄脂調粉，轉無用而成有用。」

【弄竹彈絲】

竹：管樂器；絲：弦樂器。彈奏樂器。宋．汪元量《湖州歌九十八首》：「酒邊笑謔消長日，弄竹彈絲盡勝流。」也作「彈絲品竹」。

【弄嘴弄舌】

形容賣弄口舌，說長道短，搬弄是非。《醒世恆言》卷八：「次後孫家叫養娘來說，我也罷了，又是你弄嘴弄舌，哄著他家。」

ㄋㄩˇ

【女扮男妝】

見「女扮男裝」。

【女扮男裝】

女子裝扮爲男子。《鏡花緣》六六回：「妹子屢要進去力勸姐姐還鄉，究因男女不便，不好冒昧相見。及至此時，才想起他原是女扮男裝。」也作「女扮男妝」。《古今小說》卷二八：「那黃善聰女扮男妝，千古奇事……世世罕有。」

【女不女，男不男】

指女沒個女樣，男沒個男樣，也比喻不守禮法，行爲不端。《紅樓夢》六三回：「這可是俗語說的：『僧不僧，俗不俗，女不女，男不男。』成個什麼禮數！」

【女娼男盜】

見「男盜女娼」。

【女大不中留】

指女子長到該結婚、出嫁的年齡，就不要再留在娘家裏。《警世通言》卷三八：「常言道：『女大不中留』。留在家中，卻如私鹽包兒脫手方可。不然，直待事發，弄出醜來，不好看。」也作「女大不可留」、「女大不中留，留下結寃仇」。

【女大難留】

指女孩子長大了終須出嫁，不能久留家裏。元．關漢卿《崔張十六事．花惜風情》曲：「夫人你得休便休，也不索出乖弄醜，自古來女大難留。」

【女大十八變】

女子在成長過程中容貌性情變化很大。《清平山堂話本．花燈轎蓮女成佛記》：「這蓮女漸漸生長得堪描堪畫。從來道：『女大十八變』。」《紅樓夢》七八回：「老太太挑中的人原不錯。只怕他命裏沒造化，所以得了這個病。俗語又說：『女大十八變』。況且有本事的人，未免就有些調歪。」

【女大十八變——越變越好看】

比喻越來越漂亮。例幾年不見，這孩子長得像鮮花一樣美，眞是女大十八變——越變越好看。

【女大須嫁】

見「女長須嫁」。

【女流之輩】

舊指婦女。含有自卑或輕蔑之意。《醒世姻緣傳》六〇回：「我又是個女流之輩，三綹梳頭、兩截穿衣的，能說不能行了。」

【女貌郎才】

女子美貌，男子有才氣。指佳人才子。《金瓶梅詞話》九一回：「卻說李衙內和玉樓，兩個女貌郎才，如魚似水。」也作「郎才女貌」。

【女强人】

原指女强盜。現比喻特別能幹的婦女例他妻子可是位女强人，管著一個千多人的大廠吶！

【女人舌頭上沒骨頭】

舊指女人所說的話經常不算數，不可輕信。《歧路燈》四〇回：「人家說：『女人舌頭上沒骨頭』，不料你一個男子漢大丈夫，也今日這樣明日那樣的。」

【女人扎鞋底——千眞（針）萬眞（針）】

扎：納；眞：「針」的諧音。比喻事情或消息非常確實。例「你從哪兒來的消息，說我流離海外四十多年的哥哥到北京來了？」「報上登載的，女人扎鞋底——千眞（針）萬眞（針）。」

【女生外向】

指女子心向著丈夫家。漢・班固《白虎通・封公侯》：「男生內向，有留家之義；女生外向，有從夫之義。」《兒女英雄傳》三三回：「老爺理他呢！他自來是這麼女生外向。」

【女爲悅己容，士爲知己死】

容：指打扮。指人們願爲賞識自己的人效力。《戰國策・趙策一》：「嗟夫！士爲知己者死，女爲悅己容，士爲知己死，吾其報智氏之讎矣。」例古人說：「女爲悅己容，士爲知己死」。既然你這樣看得起我，我一定替你辦好這件事。

【女要男嫁——倒過門】

舊俗，女方嫁到男方去，叫過門；反之，叫倒過門，也叫入贅。比喻事情顚倒了。例「家務事本應嫂子做的，怎麼你全包了，這不是女要男嫁——倒過門嗎？」「男女平等嘛！誰有空誰做。」

【女長須嫁】

指女兒長大成年後當須出嫁。明・朱昇《玉鏡台記・議婚》：「自古道：男大當婚，女長須嫁。」也作「**女大須嫁**」。明・高則誠《琵琶記・奉旨招婿》：「復相公，男大須婚，女大須嫁，小姐是瑤台閬苑神仙，狀元是天祿石渠貴客，況且玉音主盟，金口說合，若做了百年夫婦，不枉了一對姻緣。」

【女織男耕】

見「男耕女織」。

【女中堯舜】

堯舜：傳說中的上古賢明君主。婦女中的賢明人物。多用來稱頌當權、執政的婦女。《宋史・英宗宣仁高皇后傳》：「哲宗嗣位，尊爲太皇太后……臨政九年，朝廷清明，華夏綏定……人以爲女中堯舜。」

【女中丈夫】

比喻婦女中具有男子漢氣概的人。指女中豪傑。《二刻拍案驚奇》卷一七：「雖是你是個女中丈夫，是你去畢竟停當，只是萬里程途，路上恐怕不便。」

【女子無才便是德】

舊社會提倡婦女一切順從，不必具有什麼學識才幹。《紅樓夢》四回：「至李守中繼續以來，便謂『女子無才便是德』，故生了此女不曾叫他十分認眞讀書，只不過將些《女四書》、《列女傳》讀讀。」也作「**女子無才便是福**」。清・梁紹壬《兩般秋雨庵隨筆》卷三：「昔人云：『女子無才便是福。』然今之閨秀，比比是矣！」

【女子無才便是福】

見「女子無才便是德」。

ㄋㄩㄝˋ

【虐人害物】

虐：殘暴狠毒。泛指殘害人類，破壞世間美好事物。唐・白居易《杜陵叟》詩：「虐人害物即豺狼，何必鉤爪鋸牙食人肉？」

【謔而不虐】

謔：開玩笑；虐：傷害。指開玩笑而不過份，不會使人受到傷害。《詩經・衛風・淇奧》：「善戲謔兮，不爲虐兮。」梁啓超《飲冰室詩話》五八：「頃從各報中見數章，謔而不虐，婉而多諷，佳構也。」

【謔而近虐】

謔：開玩笑；虐：傷害。指開玩笑太過火，接近於傷害別人。《民國通俗演義》一二三回：「這等議論，謔而近虐。」也作「**謔近於虐**」。《兒女英雄傳》三五回：「這番比喻雖謔近於虐，卻非深知此中甘苦者道不出來。」

【謔近於虐】

見「謔而近虐」。

【謔浪笑敖】

謔浪：戲謔放蕩；笑敖：調笑開心；敖：通「傲」。指大開玩笑，態度不莊重。《詩經・邶風・終風》：「謔浪笑敖，中心是悼。」唐・孔穎達疏：「戲謔調笑而傲慢。」

【謔笑科諢】

謔笑：戲言，說笑話；科諢（ㄏㄨㄣˋ）：插科打諢，指穿插在戲曲演出中滑稽可笑的表演和道白。指詼諧逗趣、引人發笑的言談動作。《紅樓夢》二二回：「且知賈母喜熱鬧，更喜謔笑科諢，便先點了一齣，卻是《劉二當衣》。」

ㄌ

ㄌㄚ

【拉不出屎怪茅坑】

比喻辦不好事情不從主觀上找原因，而是從客觀上找理由。例事情沒辦好是你無能，別說這個說那個的，拉不出屎怪茅坑。也作「**拉不出屎來怨茅廁**」。

【拉長臉】

露出不高興、愁苦的樣子。例事情還沒完哩！你就別拉長臉，不吭聲。

【拉長線兒】

比喻爲以後的安排做出打算或打下基礎。《紅樓夢》二四回：「賈芸道：『好嬸子，先把這個派了我吧。果然這個辦得好，再派我那個。』鳳姐笑道：『你倒會拉長線兒。』」

【拉車拉到路邊邊——使偏勁】

比喻力量沒有用對地方。例他的精力充沛，工作熱情，可常出現拉車拉到路邊邊——使偏勁的現象，應該加強指導。

【拉抽屜】
比喻重覆說同一件事。例這人說話特別囉嗦，聽他來回拉抽屜可眞夠受的。

【拉大旗作虎皮】
比喻打著權威者的旗號保護自己，嚇唬別人。魯迅《答徐懋庸關於抗日統一戰線問題》：「首先應該掃蕩的，倒是拉大旗作爲虎皮，包著自己，去嚇唬別人。」

【拉大網】
比喻夜間突然採取行動，進行搜捕。例那一陣，我們每天晚上出去拉大網，到底把那些流氓、壞蛋的氣焰壓下去了。

【拉肚子吃瀉藥——胡擺治】
比喻亂整治。例唉，誰說這個工廠不需要治理整頓呢？你可不能拉肚子吃瀉藥——胡擺治，引起職工們怨聲載道。

【拉弓不可拉滿，趕人不可趕上】
言做事不可太絕，逼人不可太甚，應留有餘地。例他雖然成了你的手下敗將，但你也不可做得太過分，俗話說：「拉弓不可拉滿，趕人不可趕上。」

【拉旱船的瞧活——往後看】
旱船：民間藝術「跑旱船」所用的船形道具。比喻老是爲過去的事情所纏繞、苦惱，不能放眼未來。例那場所謂的「史無前例」的動亂已過去了，不要拉旱船的瞧活——往後看，我們的前途是大有希望的。也作「**申公豹的眼睛——朝後看**」、「**眼睛生在後腦勺——朝後看**」、「**張果老倒騎驢——朝後看**」。

【拉和尚認親家——找錯了人】
比喻認錯了人或用人不當。例工作搞得亂七八糟，全怪你當初拉和尚認親家——找錯了人。也作「**請修鎖的補鍋——找錯人啦**」、「**上梁請鐵匠——找錯了人**」、「**蚊子叮菩薩——找錯了人**」、「**找木匠補鍋——找錯了人**」、「**造屋請箍桶匠——找錯人啦**」、「**蓋房子請教了箍桶匠——找錯了人**」。

【拉後腿】
比喻利用某種關係和情感，牽制別人的行動。例孩子，只要你是爲國家、爲人民，無論你去多麼遠的地方，媽都不拉後腿。

【拉胡琴打噴嚏——弦外之音】
比喻言外之意，即說話或詩文中暗含著別的意思。例你聽不出嗎？他這是拉胡琴打噴嚏——弦外之音，希望你給他個人一點好處。

【拉鬍子過河——謙虛（牽鬚）過度（渡）】
謙虛：「牽鬚」的諧音；度：「渡」的諧音。比喻過分的謙虛。例嗨！老朋友啦，別拉鬍子過河——謙虛（牽鬚）過度（渡）了。這項工作你完全可以勝任，就拜託你了。也作「**捋著鬍子過河——謙虛（牽鬚）過度（渡）**」、「**牽著蝦子過河——謙虛（牽鬚）過度（渡）**」。

【拉饑荒】
比喻借債、欠債。例你花錢這麼大手筆，沒有計畫，你不怕拉饑荒嗎？

【拉家常】
即談家常話。泛指談心、聊天。例咱姐倆好久沒見面了，今兒個得好好拉拉家常。

【拉家帶口】
拖帶著一家大小。例他體弱多病，還拉家帶口，家庭負擔很重。

【拉架充好人，大多有偏心】
指勸架人偏心、不公道。例你別看他勸架時好像很公正，不偏不倚，其實不然。「拉架充好人，大多有偏心」，誰勢力大他便向著誰。

【拉窟窿】
比喻欠債。例他自從迷上賭博，就到處拉窟窿，現在已經債台高築了。

【拉枯折朽】
拉斷枯草，折斷朽木。形容極易摧毀。宋·釋文瑩《玉壺淸話》卷七：「時尹繼倫爲沿邊都巡檢，領所部數千，巡徼邊野，忽當虜鋒……倫舉兵一鏖，如拉枯折朽。」

【拉拉扯扯】
用手牽拉表示親熱。《紅樓夢》七七回：「一個小爺見了面，也拉拉扯扯的，什麼意思！」也形容勾勾搭搭、互相拉攏的不正派作風。例他們兩人才從警察局出來，又拉拉扯扯在一起，幹不了什麼好事。

【拉拉雜雜】
指說話、辦事雜亂無章。《野叟曝言》六一回：「秋香，你說話也要想一想兒，怎這樣拉拉雜雜的。」

【拉了架的瓜秧——蔫下來了】
拉秧：把過了收穫期的瓜類或某些蔬菜的秧全部連根拔掉。見「久旱的莊稼——蔫了」。

【拉了弦的手榴彈——給誰誰不要】
比喻無人敢接受。例這個人調皮搗蛋，就像拉了弦的手榴彈——給誰誰不要。

【拉痢打擺子——禍不單行】
打擺子：（方）患瘧疾。見「躲過棒槌挨榔頭——禍不單行」。

【拉臉子】
板起面孔，對人不客氣。例我們對顧客態度要熱情，服務要周到，絕不能動不動就拉臉子、耍態度。

【拉皮條】
指爲男女雙方搞不正當的關係牽線。例要破獲那個賣淫集團，先應該把那個拉皮條的傢伙監視起來。

【拉偏架】
比喻偏袒發生衝突的某一方。例你不能聽他的一面之詞，要知道，他是個拉偏架的好手。也作「**拉偏手**」。

【拉三扯四】
說話或議論亂牽扯無關的人或事。《紅樓夢》四六回：「願意不願意，你也好說，犯不著拉三扯四的。」《九命奇冤》四回：「宗孔起來，只是拉三扯四的閒談。」
【拉山頭】
比喻拉幫結派，獨霸一方。例這個人不能當會長，他喜歡拉山頭，會把學術團體搞糟的。
【拉石灰遇到傾盆雨——心急火燎】
形容非常著急的樣子。例在丈夫住院時，孩子又走失了，文二嫂眞是拉石灰遇到傾盆雨——心急火燎。
【拉彎子】
比喻調解糾紛。例老李是個熱心人，見人吵架就過去拉彎子，勸這個少說幾句，勸那個不要計較。
【拉下臉】
比喻不講情面。例你還求他幹什麼？他早就拉下臉了，你沒看見嗎？
【拉下馬】
比喻撤職。例他既然一無是處，你們爲什麼還不把他拉下馬？
【拉下水】
比喻受拉攏，跌入壞人圈。例這人愛貪小便宜，很容易被人拉下水。
【拉閒篇】
比喻離開正題，說題外話。例跟他沒法談正事，談不了幾句，他就開始拉閒篇，把正事都耽誤了。
【拉朽摧枯】
拉折枯草、朽木。形容很容易摧垮。《舊五代史・唐書・莊宗紀一》：「以吾憤激之衆，擊彼驕惰之師，拉朽摧枯，未云其易，解圍定霸，在此一役。」也作「摧枯拉朽」。
【拉一把】
比喻幫人擺脫困難。例你明知他同人玩撲克是假，賭錢是眞，你還不拉一把，難道讓他越陷越深嗎？
【拉硬屎】
比喻硬充好漢。例咱們眞心實意幫助他，他都不接受，就讓他拉硬屎，不用管他了。
【拉雜摧燒】
拉：折斷；雜：碎。折斷搗碎，用火焚燒。《樂府詩集・漢鼓吹曲辭・有所思》：「何用問遺君，雙珠玳瑁簪，用玉紹繚之。聞君有他心，拉雜摧燒之。」後多指將所厭惡之物予以焚毀。清・陳康祺《郎潛紀聞・石殿撰能闢邪說扶名教》：「未達時，見淫詞小說，一切得罪名教之書，輒拉雜摧燒之。」
【拉著耳朵擤鼻涕——胡扯】
見「賣布不帶尺——瞎扯」。
【拉著虎尾喊救命——自己找死】
也作「扯著老虎尾巴喊救命——找死」。見「耗子舔貓鼻子——找死」。
【拉著土匪叫爹——認賊作父】
比喻賣身投靠。例你的這種行徑，是拉著土匪叫爹——認賊作父，爲國人所恥。
【拉直牛角——白費力氣】
見「擔沙塡海——白費力氣」。
【拉住狀元喊姐夫】
比喻人趨炎附勢、好攀權貴。例老王一向是個耿直、誠實的人，最恨那種「拉住狀元喊姐夫」的勢利小人。
【拉馬子】
即「拉馬」。指拉攏男女雙方不正當的關係；或是拉攏不正當的結合。例近日來，各報章媒體針對這件工程大弊案，紛紛報導是官商拉馬子的緣故，已引起政府相關單位注意，決定成立專案小組調查。

ㄌㄚˇ

【喇叭當煙嘴——不對口徑】
比喻情況有差錯，對不上。例你這次去敵占區聯絡地下組織，千萬別忘記了接頭暗號，如果喇叭當煙嘴——不對口徑，就誤了大事。
【喇叭的兒子——小廣播】
指私下傳播的非正式的消息。例哪裏得來的消息，是不是喇叭的兒子——小廣播，可靠程度如何？
【喇叭斷了線——老也出不了聲】
比喻傳揚不出去。例她總想揚名，想盡了辦法，可是像喇叭斷了線——老也出不了聲，氣得夠嗆。
【喇叭匠揚脖子——起高調】
喇叭匠：吹喇叭的人。見「飛機上吹喇叭——高調」。
【喇嘛的帽子——黃了】
喇嘛：信奉喇嘛教的僧人。喇嘛教是我國西藏、內蒙古等地區流行的一種宗教。喇嘛常戴黃色帽子。見「大秋的莊稼——黃了」。
【喇嘛扛菠菜——又黃又綠】
喇嘛：喇嘛教的僧人，穿黃袍。多用以形容病人或身體衰弱的人的臉色。例你的臉色就像喇嘛扛菠菜——又黃又綠，不能再拼命幹了，好好地療養一段吧。

ㄌㄚˋ

【臘盡春回】
臘：臘月，陰曆十二月。寒冬臘月一過，春天又回到了大地。《痛史》一八回：「光陰似箭，不久又是臘盡春回了。」也作「臘盡春來」。《歧路燈》八回：「且說臘盡春來，到了正月初四日。」
【臘盡春來】
見「臘盡春回」。
【臘肉湯裏煮豆腐——有言（鹽）在先】
言：「鹽」的諧音。比喻事前打招呼，把話說在前頭。例我們這次是臘肉湯裏煮豆腐——有言（鹽）在先，誰再違反紀律，一定加重處分。也作「鹹菜燒肉——有言（鹽）在先」。
【臘月吃涼粉——不看天氣】

比喻人不知趣，不會看人臉色。有時也指不注意氣侯的變化，有糊塗或粗心的意思。例臘月吃涼粉——不看天氣，既然人家不高興，就不應再說下去，惹得自己下不了台。

【臘月打雷——少有】

比喻很少看到或不太可能發生的事情。例像這種人工培育艮種的事，在過去是臘月打雷——少有的，現在已很普遍了。也作「**臘月打雷——少見**」、「**臘月裏打雷——少得很**」、「**臘月裏打雷——罕見**」。

【臘月的蘿蔔——動（凍）了心】

動：「凍」的諧音。雙關語，比喻思想感情起了波動，或產生了某種念頭。例在參觀訪問中，他見到災區人民生活這樣困苦，就像臘月的蘿蔔——動（凍）了心，希望留下來同他們一道戰天鬥地。也作「**十二月的白菜——動（凍）了心**」。

【臘月二十四的灶王爺——上天了】

灶王爺：即灶神。迷信的人認爲灶王爺是掌管一家禍福的神，每年臘月二十三或二十四，灶王爺要上天向玉皇大帝報告這一家的善惡情況。比喻人死了。有時含諷刺意思。例你找王大業？晚啦，他是臘月二十四的灶王爺——上天了。

【臘月裏吃冰磚——心發涼】

比喻感到失望或灰心。例他竟然翻臉無情，眞讓人像臘月裏吃冰磚——心發涼。

【臘月裏的梅花——傲霜鬥雪】

不畏寒冷。多比喻人的品質高潔脫俗。例在那濁水橫流的時侯，他就像臘月裏的梅花——傲霜鬥雪，至今人們談起來，都很佩服。

【臘月裏啃凍蘿蔔——咯蹦兒脆】

咯蹦：形聲詞，描繪啃凍蘿蔔的聲音。見「快刀切蘿蔔——乾脆」。

【臘月裏賣鐮把——知冬不知夏】

鐮把：鐮刀，夏秋收割時用的農具。臘月隆冬，用不著就賣了，不考慮來年夏秋還得用。比喻只顧眼前的利益。例毀林造田？咱們要爲子孫後代著想，不能臘月裏賣鐮把——知冬不知夏，這樣做，我們將對不起他們。也作「**臘月裏賣鏟耙——知冬不知夏**」。

【臘月裏生人——動（凍）手動（凍）腳】

動：「凍」的諧音。雙關語，比喻不禮貌、不莊重的動作，或不適宜的動作。例在婦女面前，你怎麼臘月裏生人——動（凍）手動（凍）腳的，要檢點些。也作「**臘月裏生日——動（凍）手動（凍）腳**」。

【臘月賣涼粉——不趕個時侯】

也作「**臘月天賣涼粉——時侯兒不對**」、「**臘月賣涼粉——不是時侯**」。見「大熱天穿棉襖——不是時侯」。

【臘月尾，正月頭——不愁吃】

在春節前後，即使窮困的人也要準備點吃的。見「鷄子跌進米籮裏——不愁吃」。

【臘月搖扇子——反常】

見「六月裏下大雪——反常」。

【臘月遇狼——冷不防】

見「狠吃狠——冷不防」。

【臘月月盡看黃曆——沒日子了】

見「大年三十看黃曆——沒期啦」。

【臘月種小麥——外行】

見「和尚拜堂——外行」。

【臘豬頭——死撐】

臘豬頭：臘月或冬天醃製的豬頭，要用木棍或竹棍撐開，使之易醃。比喻很吃力，勉强支持。常含有諷刺意思。例我的天啊，你身體不好，就不要臘豬頭——死撐著啦。也作「**癩蛤蟆墊台子腳——硬撐**」、「**老狗爬牆——硬撐**」、「**冬天的臘鴨——死撐**」、「**烏龜墊床腳——死撐**」。

【蠟槍頭】

蠟做的槍頭。比喻中看不中用。例別看他挺厲害，其實只是個蠟槍頭，並沒什麼本事。

【蠟人玩火——害了自身】

蠟人：用蠟製成的人像。比喻自己害自己。例玩弄權術，搞陰謀詭計，最終一定是蠟人玩火——害了自身。也作「**鐵人生銹——害了自身**」。

【蠟台上無油——空費心】

見「燈盞無油——白費心」。

【蠟製的蘋果——好看不好吃】

也作「**蠟製的蘋果——中看不中吃**」。見「紅蘿蔔雕花——中看不中吃」。

【蠟燭不點不亮】

比喻對有些人說話得明說，他們才會明白。例你這個人哪，眞是「蠟燭不點不亮」，難道非讓我全說出來不成？

【蠟燭的一生——照亮別人，毀了自己】

比喻爲了別人的光明前途而不惜犧牲自己。例龐先生就像蠟燭的一生——照亮別人，毀了自己，他培養了一批批人才，自己則過早地離開了人世。

【蠟燭點火——越點越縮】

比喻步步後退，前途暗淡。例他在官場失意，幾年來就像蠟燭點火——越點越縮，前途未卜。

【辣椒拌薑——辣對辣】

比喻用狠毒的手段對付狠毒的手段。例這兩人是幾十年的冤家，都想置對方於死地，各施陰險毒辣的計謀，正是辣椒拌薑——辣對辣。也作「**秦椒就酒——辣對辣**」。

【辣椒炒豆腐——外辣裏軟】

比喻人外表强硬而內心怯懦。例這個辣椒炒豆腐——外辣裏軟的敵軍，聽說我方軍隊已進駐村里，連滾帶爬地逃走了。

【辣椒就酒——一口頂兩口】

辣椒和酒都具有强烈的刺激性。比喻由於採取適當措施，使辦事效率提高。例這個辦法是「辣椒就酒——

一口頂兩口」，我們的任務可以提前完成了。

【辣椒面吹進鼻眼裏——嗆人】

嗆：ㄑㄧㄤˋ，有刺激性的氣體進入呼吸器官而感覺難受。比喻說話尖刻、噎人。例這個話說得就像辣椒面吹進鼻眼裏——嗆人得很，對方即使修養很好也難於忍受。

【辣椒命——老來紅】

見「鷄冠花——老來紅」。

【辣子一行，茄子一壟——井井有序】

形容條理清楚，秩序不亂。例大陳組織能力強，他把咱部門的工作安排得就像辣子一行，茄子一壟——井井有序。

【瘌痢頭打傘——無法（髮）無天】

瘌痢頭：長黃癬的人。見「和尚打傘——無法（髮）無天」。

【瘌痢頭上的蒼蠅——明擺著】

見「禿子頭上的蝨子——明擺著」。

【瘌痢頭上的蝨子——無處藏身】

瘌痢頭：〈方〉長黃癬的腦袋。沒有地方讓自己藏身。比喻惶恐或羞愧之極。例這次責任事故發生後，他在村民面前，總感到自己好似瘌痢頭上的蝨子——無處藏身。也作「瘌痢頭上的蝨子——無處容身」、「旱地的烏龜——無地容身」。

【瘌痢頭長腳癬——兩頭不落一頭】

瘌痢頭：〈方〉長黃癬的腦袋。比喻兩方面都不落好。有時指兩頭落空，一無所獲。例這件事辦得很糟糕，瘌痢頭長腳癬——兩頭不落一頭，雙方都埋怨我。也作「頭長疔瘡，腳爛趾頭——兩頭不落一頭」、「長禿瘡害腳氣——兩頭不落一頭」、「害腳氣長禿瘡——兩頭不落一頭」。

【蝲蝲蛄穿大褂——硬充土紳士】

蝲蝲蛄（ㄍㄨˇ，也）：作拉拉蛄，即螻蛄，俗稱土狗子；紳士：指舊時地方上有勢力、有功名的人，一般是地主或退職官僚，他們常穿身長過膝的中式單衣，以顯紳士風度。比喻小人物冒充大角色，或本來不正派卻假裝正經。例這個人是蝲蝲蛄穿大褂——硬充土紳士，家鄉人都知道他的老底，是一個很不正派的小劣紳。

ㄌㄜˋ

【捋臂揎拳】

捲起臂上袖子，伸出拳頭，準備格鬥。《野叟曝言》四七回：「喜則眉花眼笑，怒則捋臂揎拳。」

【捋虎鬚】

比喻觸犯有權勢或有力量的人。例王大山是此處一霸，你要去找他辯理，這不是捋虎鬚嗎？

【勒馬懸崖】

勒住奔馬於懸崖前。指面臨危境而能自制。清・紀昀《閱微草堂筆記・姑妄聽之二》：「幸道力原深，故忽迷忽悟，能勒馬懸崖耳。」也作「懸崖勒馬」。

【樂不極盤】

見「樂不可極」。

【樂不可極】

指歡樂不可過度，行樂不可過分。比喻做事情不可超出一定限度。《禮記・曲禮上》：「志不可滿，樂不可極。」《晋書・東海王越》：「然而臨禍忘憂，逞心縱欲，曾不知樂不可極，盈難又持，笑古人之未工，忘已事之已拙。」也作「樂不極盤」。盤：遊樂。漢・班固《東都賦》：「樂不極盤，殺不盡物。」

【樂不可極，極樂生哀】

歡樂不可達到極點，歡樂之極會轉生悲哀。唐・吳兢《貞觀政要・刑法》：「樂不可極，極樂生哀；欲不可縱，縱欲成災。」

【樂不可言】

高興得難以用言語形容。《楚辭・大招》：「魂兮歸徠！樂不可言只。」《三俠五義》三四回：「小二聞聽，樂不可言，連忙把那邊的小二叫了來。」

【樂不可支】

形容快樂到極點。《東觀漢記・張堪傳》：「桑無附枝，麥穗兩歧，張居為政，樂不可支。」《鏡花緣》八四回：「蘭言夫人聽了寶雲夫人之話，正中心懷，樂不可支，如何肯去攔阻。」

【樂不思蜀】

蜀：三國時的蜀國。快樂到不再想念故地——蜀國。《三國志・蜀書・後主禪傳》裴松之注引《漢晋春秋》：「司馬文王與禪宴，為之作故蜀技，旁人皆為之感愴，而禪喜笑自若……他日，王問禪曰：『頗思蜀否？』禪曰：『此間樂，不思蜀。』」後用「樂不思蜀」比喻樂而忘返或樂而忘本。清・王韜《淞隱漫錄・海底奇境》：「［生曰］如果沒於洪濤，獲此妙境，眞覺此間樂不思蜀矣。」魯迅《月界旅行》七回：「那麥思敦更覺氣色傲然，或飲或食，忽踴忽歌，大有『此間樂不思蜀』之意。」

【樂此不倦】

見「樂此不疲」。

【樂此不疲】

樂於從事某種事情，沉浸其中而不知疲勞。語本《後漢書・光武帝紀下》：「每旦視朝，日側乃罷，數引公卿、郎、將講論經理，夜分乃寐。皇太子見帝勤勞不怠，承間諫曰：『……願頤愛精神，優游自寧。』帝曰：『我自樂此，不為疲也。』」《官場現形記》二九回：「一年三百六十日，日日如此，倒也樂此不疲。」也作「樂此不倦」。魯迅《安貧樂道法》：「一種是教人對於職業要發生興趣，一有興趣，就無論什麼事，都樂此不倦了。」

【樂道安貧】

《論語，雍也》：「子曰：『賢哉，回也！一簞食，一瓢飲，在陋巷，人不堪其憂，回也不改其樂。』」鄭玄注：「貧者人之所憂，而顏回志道，自有所樂。」後以顏回的「樂道安貧」泛指樂於信奉自己所遵循的思想、道德、準則，雖貧亦安。《晋書·儒林傳論》：「史臣曰……宣子之樂道安貧，弘風闡教：斯並通儒之高尚者也。」明·施惠《幽閨記·士女隨遷》：「樂道安貧巨儒，嗟怨是何如？」也作「**安貧樂道**」。

【樂而不荒】

荒：迷亂。快樂而不迷亂。指樂而有度。《左傳·襄公二九》：「哀而不愁，樂而不荒。」《後漢書·馬融傳》：「夫樂而不荒，憂而不困，先王所以平和府藏，頤養精神，致之無疆。」

【樂而不淫】

淫：放縱，過甚。歡樂而不放縱、過度。《論語·八佾》：「《關雎》樂而不淫，哀而不傷。」《左傳·襄公二十九年》：「曰：『美哉，蕩乎！樂而不淫，其周公之樂乎？』」後多指文藝作品表現愛情內容歡快而不流於淫蕩。宋·張炎《詞源·賦情》：「若能摒去浮艷，樂而不淫，是亦漢、魏樂府之遺意。」

【樂而忘返】

見「樂而忘歸」。

【樂而忘歸】

遊樂竟然忘記返家。《史記·趙世家》：「繆王使造父御，西巡狩，見西王母，樂之忘歸。」《晋書·張軌傳》：「周穆公見西王母，樂而忘歸，即謂此山」。也作「**樂而忘返**」。《晋書·苻堅載記上》：「堅嘗如鄴，狩於西山，旬余，樂而忘返。」《隋唐演義》四六回：「隋室荒亂，主上巡幸江都，樂而忘返。」也作「**樂而忘疲**」。《賴古堂名賢尺牘新鈔》卷八：「偶有所作，反覆耽玩，樂而忘疲。」

【樂而忘疲】

見「樂而忘歸」。

【樂禍幸災】

別人遭災禍，自已卻高興。《宋書·沈攸之傳》：「而攸之始奉國諱，喜見於容，普天同哀，己以爲慶。此其樂禍幸災，大逆之罪一也。」也作「**幸災樂禍**」。

【樂極哀生】

見「樂極生悲」。

【樂極悲來】

見「樂極生悲」。

【樂極悲生】

見「樂極生悲」。

【樂極還悲】

見「樂極生悲」。

【樂極生悲】

歡樂到極點轉而發生悲傷的事情。元·無名氏《贈妓》：「嘆光陰白駒過隙，我則怕下場頭樂極生悲。」元·秦簡夫《趙禮讓肥》三折：「我又不曾樂極生悲，那裏是苦盡甘來。」也作「**樂極生悲，否極泰來**」。《水滸傳》二六回：「樂極生悲，否極泰來，光陰迅速，前後又早四十餘日。」也作「**樂極哀生**」。唐·張鷟《遊仙窟》：「有同必異，自昔攸然；樂極哀生，古來常事。」也作「**樂極悲來**」。唐·陳子昂《館陶郭公姬薛氏墓志銘》：「華繁艷歇，樂極悲來，以長壽二年太歲癸巳二月十七日，遇暴疾而卒於通泉之官舍。」也作「**樂極悲生**」。元·宮大用《范張雞黍》四折：「可正是樂極悲生，今日個泰來否往。」也作「**樂終而悲**」。《羣書治要》卷三五：「天道極則反，盈則損，物盛則哀，日中而移，月滿則虧，樂終而悲。」也作「**樂極則悲**」。《史記，滑稽列傳》：「酒極則亂，樂極則悲」。《雲笈七籤》卷八七：「由是有樂極則悲，悲極則樂。」也作「**樂極還悲**」。晋·傅玄《明月篇》：「憂喜更相接，樂極還自悲。」

【樂極生悲，否極泰來】

見「樂極生悲」。

【樂極災生】

歡樂到極點將會產生災禍。清·沈復《浮生六記·閨房記樂》：「芸已寒熱大作，余亦繼之，困頓兩旬。眞所謂樂極災生，亦是白頭不終之兆。」

【樂極則悲】

見「樂極生悲」。

【樂樂陶陶】

形容十分喜悅。元·朱有燉《十長生》二折：「似這雪，農夫每喜年豐樂樂陶陶，爭如俺，神仙每玩瑤華袒逍遙。」也作「**樂樂醄醄**」。明·無名氏《浣花溪》四折：「錫天廚美酒嘉肴，衆位公卿樂樂醄醄。」

【樂樂醄醄】

見「樂樂陶陶」。

【樂民之樂者，民亦樂其樂；憂民之憂者，民亦憂其憂】

指與百姓同樂同憂，關心百姓的人，百姓就擁護、支持他。《孟子·梁惠王下》：「樂民之樂者，民亦樂其樂；憂民之憂者，民亦憂其憂。樂以天下，憂以天下，然後不王者，未之有也。」

【樂莫樂兮新相知】

最令人高興的莫過於認識了新的知已。形容得到新的知己朋友時無比喜悅的心情。戰國楚·屈原《九歌·少司命》：「悲莫悲兮生別離，樂莫樂兮新相知。」

【樂貧甘賤】

甘：情願。樂於過貧困的生活，情願處於卑賤的地位。《雲笈七籤》卷九三：「其次蕭灑華門，樂貧甘賤，抱經濟之器，泛若無；洞古今之學，曠若虛，爵之不從，祿之不受，確乎以方外爲尚，恬乎以攝生爲務，近於仙道四也。」

【樂人者其樂長，樂身者不久而亡】

身：自己。爲大家謀福利，與人同樂，則其樂長久；只願自己享樂，則不可能長久。《後漢書，臧宮傳》：「有德之君，以所樂樂人；無德之君，以所樂樂身。樂人者其樂長，樂身者不久而亡。」

【樂山的大佛——大手大腳】

樂山的大佛：坐落在四川省樂山市凌雲山西壁，岷江、青衣江、大渡河會合處，爲世界上最大的石刻佛像。形容花錢、用東西沒有節制。例陳小平花錢就像樂山的大佛——大手大腳，大少爺作風嚴重，根本不適宜於做採購工作。也作「**手像蒲扇，腳像釘耙——大手大腳**」。

【樂山的大佛——老實（石）人】

雙關語。比喻誠實或守規矩的人，例他一輩子奉公守法，從不占便宜，人說他是樂山的大佛——老實(石)人。

【樂善不倦】

樂於做好事，從不厭倦。《孟子・告子上》：「仁義忠信，樂善不倦，此天爵也。」清・顧炎武《山陽王君墓志銘》：「雖不學古而暗於義，仁而愛人，樂善不倦，其天性然也。」

【樂善好施】

愛做好事，熱心資助別人。形容慷慨解囊，樂於助人。《史記，樂書二》：「聞徵音，使人樂善好施；聞羽音，使人整齊而好禮。」明・歸有光《送毛君文高之任元城序》：「君之先人，樂善好施。」《醒世恆言》卷二〇：「那王員外雖然是個富家，做人倒也謙虛忠厚，樂善好施。」也作「**好施樂善**」。

【樂善好義】

樂於做好事，非常重情義。宋，曾鞏《與杜相公書》：「伏以閣下樸厚清明，讜直之行，樂善好義，遠大之心，施於朝廷，而博見於天下。」

【樂天知命】

順從以上天的意志，安於個人的命運遭遇，舊時常用來勸人安分守己。現比喻滿足現狀，得過且過。《周易・繫辭上》：「樂天知命，故不憂。」三國魏・季康《命遇論》：「然則聖人所以爲聖者，蓋在乎樂天知命矣。」

【樂業安居】

樂於從事自己的職業，過著安定愉快的生活。《老子》八十章：「甘其食，美其服，安其居，樂其俗。」元・無名氏《延安府》一折：「見如今四海無虞，八方黎庶皆豐富，樂業安居。」也作「**安居樂業**」。

【樂以忘憂】

快樂得忘記了憂愁。形容十分高興、愉快。《論語・述而》：「子曰：『子奚不曰：其爲人也，發憤忘食，樂以忘憂，不知老之將至云爾。』」《西遊記》五四回：「三藏聞言，似夢初覺，樂以忘憂，稱謝不盡。」《慈禧太后演義》一五回：「先皇帝的梓宮尚未奉安，善後事宜亦未辦妥，難道好樂以忘憂麼？我倒要批鱗一奏了。」

【樂在其中】

快樂就在這中間。《論語・述而》：「飯疏食，飲水，曲肱而枕之，樂亦在其中矣。」朱自清《論吃飯》：「孔子說，『君子固窮』，說吃粗飯，喝冷水，樂在其中。」

【樂終而悲】

見「樂極生悲」。

ㄌㄞˊ

【來處不易】

形容成果的取得很不容易。清・朱柏廬《治家格言》：「一粥一飯，當思來處不易；半絲半縷，恆念物力維艱。」也作「**來之不易**」。例今天的幸福生活來之不易，我們應倍加珍惜。

【來得易，去得易】

容易得來的也容易失去。《警世通言》卷三一：「以後但是要用，就將假銀換出眞銀，多多少少都放在春兒處，憑借使用，並不檢查。眞個『來得易，去得易』，日漸日深，換個行雲流水，也不曾計個數目是幾錠幾兩。」

【來得早不如來得巧】

恰好趕上某種機會或情況。例老王走進辦公室，正趕上小李結婚分喜糖，眞是「來得早不如來得巧」，小李也送了老王一包。

【來得早，洗頭湯；來得遲，洗渾湯】

湯：熱水。比喻辦事能早則早。例俗話說：「來得早，洗頭湯；來得遲，洗渾湯。」老于很講究這一點，辦事從不拖拉。

【來而不拒】

見「來者不拒」。

【來而不往，非禮也】

只有來而沒有往，不合乎禮節。原指主客之間相應的酬答。也指對敵人給予應有的回擊，常帶有幽默意味。《禮記・曲禮上》：「禮尚往來，往而不來，非禮也；來而不往，亦非禮也。」

【來鴻去燕】

鴻：大雁。鴻雁飛來燕子飛去。指不在一地常住而來回遷徙，後也借指書信往來。例我和遠在外地的他，就靠來鴻去燕的書信交往。

【來歷不明】

人或事物的由來和歷史不清楚。《紅樓夢》七回：「說他來歷不明，告到衙門裏，要遞解還鄉。」

【來龍結脈】

見「來龍去脈」。

【來龍去脈】

舊時迷信風水的人，認爲蜿蜒綿亙的山形地勢像龍的血脈一樣連貫著，叫「來龍去脈」。明・吾邱瑞《運甓記・牛眠指穴》：「此間前崗有塊好地，來龍去脈，靠嶺朝山，種種合格，乃大富貴之地。」後以比喻人物的來歷或事情的前因後果。茅盾《夜讀偶記》三：「我以爲也有必要講講這些『現代派』的來龍去脈。」也作「**來龍結脈**」。清・浦起龍《讀杜心解・承聞河北諸節度入朝歡喜口號絕句十二首》評：「十二首竟是一大篇議論夾敍事之文，與紀傳論贊相表裏，錢氏所謂敦厚雋永，來龍透而結脈深是也。」

【來路貨】

指進口貨。例我們廠的產品質量屬上乘，有的還超過來路貨。

【來情去意】

指事情的來意和原因。《水滸傳》三八回：「當下戴院長與宋公明說罷了來情去意。」

【來去分明】

形容手續清楚，來蹤去向明確。例陳會計的帳冊，經審查帳目來去分明，沒有什麼值得懷疑的。

【來去無蹤】

來去不見蹤跡。形容人的出現和消失極其快速、隱密。《三俠五義》六一回：「他豈不又有枝添葉兒，必說這妖怪青臉紅髮，來去無蹤。」

【來日大難】

三國魏・曹植《善哉行》：「來日大難，口燥唇乾。今日相樂，皆當喜歡。」原指從前遭遇大難。後多指前途困難重重。例通貨膨脹，雖已控制，然而來日大難，還須及早考慮對付的辦法。

【來日方長】

方：正。未來的日子正長著呢。表示事情尚大有可爲，宋・文天祥《與洪瑞明雲岩書》：「某到郡後，頗與郡人相安，日來四境無虞，早收中熟，覺風雨如期，晚稻亦可望，唯是力綿求牧，來日方長。」《前漢演義》一回：「秦王楚春秋鼎盛，坐享榮華，總道是來日方長，好與那正宮王后，白頭偕老，畢世同歡。」也作「**來日應長**」。宋・葉夢得《水調歌頭・次韻叔父寺丞林德祖和休官咏懷》詞：「雅志真無負，來日故應長。」也作「**來日正長**」。清・趙翼《甌北詩話・七言律一・悼亡三首》詩之二：「百分絕少一分償，只道將來日正長。」

【來日應長】

見「來日方長」。

【來日正長】

見「來日方長」。

【來說是非者，便是是非人】

愛說別人是非的人，就是搬弄和製造是非的人。例那些愛道人長短的人，在一般人眼中，就是所謂的「來說是非者，便是是非人」。

【來往如梭】

梭：織布機上的梭子。像織布機上的梭子來往不停地動。形容來往頻繁。例長江水道上一艘艘大小江輪來往如梭。

【來無影，去無蹤】

來時看不見形影，去時找不到蹤跡。形容人的出現和消失極其隱秘、快速。《西遊記》八一回：「拿著一條不短不長的金箍棒，來無影，去無蹤。」

【來也不認得爺，去也不認得娘】

形容六親不認。《水滸傳》三七回：「你說甚麼閒話，饒你三個？我半個也不饒你！老爺喚做有名的狗臉張爹爹，『來也不認得爺，去也不認得娘！』」

【來者不拒】

指對待來求助、投奔的人一概不拒絕。也指對別人送來的東西一概不拒絕。《孟子・盡心下》：「往者不追，來者不拒。」《東周列國志》八七回：「他住鬼谷，也不計年數。弟子就學者不知多少，先生來者不拒，去者不追。」《古今小說》卷九：「只是這班阿諛諂媚的，要博相國歡喜……・遺人殷殷勤勤送來。裴晉公來者不拒，也只得納了。」也作「**來者不距**」。《藝文類聚》卷二一：「逝而不召，來而不距，生而不喜，死而不戚。」

【來者不懼，懼者不來】

指怕就不來，來了就不怕。《東周列國志》四六回：「諺云：『來者不懼，懼者不來。』將軍若欲與吾戰，吾當退去一舍之地，讓將軍濟水而陣，決一死敵；如將軍不肯濟，將軍可退一舍之地，讓我渡河南岸，以請戰期。」

【來者不善，善者不來】

指在某種情況下，來的人是不懷好意的，心懷善意的人此時不會來。例小王悄悄對旁邊的小楊說：「『來者不善，善者不來』，你看老李進門時的臉色，今天一定會有好戲瞧。」

【來者可追】

指將來的事還可趕上、補救。《論語・微子》：「往者不可諫，來者猶可追。」晉・陶淵明《歸去來辭》：「悟已往之不諫，知來者之可追。」

【來軫方遒】

軫：車箱底部四面的橫木，泛稱車子；遒：强勁有力。相繼而來的車子正强勁有力地往前行進。比喻人事交接相繼不斷。《後漢書・左雄周舉黃瓊傳論》：「往車雖折，而來軫方遒。」

【來之不易】

見「來處不易」。

【來蹤去跡】

指人的來去行動蹤跡或事物的來龍去脈。《紅樓夢》一一二回：「林之孝自知有罪，便跪下回道：『文武衙門都瞧了，來蹤去跡也看了，屍也驗了。』」

ㄌㄞˋ

【賴泥下窰——燒不成東西】

磚瓦和陶器等都是由好黏土作原料燒成的，賴泥燒不成有用的東西。比喻本質差或能力弱的的人辦不成事；或原料不好，出不了像樣的產品。例別認爲賴泥下窟——燒不成東西，人的能力有大小，問題在於如何使用，可以利用其一技之長。

【癩蛤蟆】

蟾蜍的俗稱。比喻醜陋、粗俗的人。《醒世恆言》卷九：「索性那癩蛤蟆死了，也出脫了我女兒。」

【癩蛤蟆綁在雞腿上——飛不了你，跑不了它】

見「一根繩拴兩螞蚱——誰也跑不了」。

【癩蛤蟆剝皮不閉眼——還想蹦躂幾下】

蹦躂（ㄉㄚ）：掙扎。此喻壞人或階級敵人在惡行敗露、受到沈重打擊後仍不甘心失敗，妄圖作垂死掙扎。例李老歪這個壞傢伙被釋放出來後，又糾集幾個小流氓，妄圖砸農會的牌子，眞是癩蛤蟆剝皮不閉眼——還想蹦躂幾下。

【癩蛤蟆不長毛——天生這路種】

比喻本來就不是好東西。例他幹出這種壞事並不奇怪，癩蛤蟆不長毛——天生這路種，從前就曾三進三出監獄。

【癩蛤蟆吃豇豆——懸吊吊的】

豇（ㄐㄧㄤ）豆：一年生草本植物，莖蔓生，果實爲長莢，懸吊在架子上。比喻計畫或事情沒有落實。有時指心裏牽掛著，不踏實。例與環球公司的貿易談判還沒結果，癩蛤蟆吃豇豆——懸吊吊的，恐怕達不成協議。也作「青蛙吃豇豆——懸吊吊的」。

【癩蛤蟆吃青蛙——自家人不識自家人】

見「大水沖倒龍王廟——自家人不識自家人」。

【癩蛤蟆吃天——沒法下嘴】

見「狗咬刺蝟——無法下口」。

【癩蛤蟆吃骰子——一肚子點子】

骰（ㄕㄞˇ）子：也叫色子，一種遊戲用具或賭具，用骨頭、木頭等製成的立體小方塊，六面分刻一、二、三、四、五、六點。見「八月的石榴——滿腦袋的紅點子」。

【癩蛤蟆吹嗩吶——有啥好聽】

嗩吶：喇叭。比喻不好聽。例快走吧，這種音樂就像癩蛤蟆吹嗩吶——有啥好聽，還不如回家聽聽廣播劇。

【癩蛤蟆打蒼蠅——剛供嘴】

比喻勉强能維持生活。例我這是幹啥呀！力氣沒少出，可是癩蛤蟆打蒼蠅——剛供嘴，到頭一個子兒不剩。也作「癩蛤蟆吃蒼蠅——將供嘴」。

【癩蛤蟆打哈欠——好大的口氣】

比喻說大話，吹牛皮；或不切實際的、過高的要求。例一開口就說能滿足我們的任何要求，眞是癩蛤蟆打哈欠——好大的口氣。也作「癩蛤蟆打哈哈——好大的口氣」、「癩蛤蟆打呵欠——口氣不小」、「爛肚子麻公打呵欠——好大的口氣」、「螞蟻打呵欠——好大的口氣」、「吹糖人兒出身——口氣怪大」、「蚊子打呵欠——好大的口氣」、「蛤蟆打哈欠——好大的口氣」。

【癩蛤蟆墊床腳——鼓起來的勁】

比喻做事憑一時熱情、衝勁，不會持久，含有諷刺意思。例要熱愛自己的工作，認識它的意義，憑興趣出發，癩蛤蟆墊床腳——鼓起來的勁，是不會堅持到底、幹好工作的。

【癩蛤蟆墊床腳——死撐活挨】

挨：忍受，遭受。形容處境艱難而又無力擺脫，只能硬著頭皮忍受。例敵人是癩蛤蟆墊床腳——死撐活挨，我們的勝利是有把握的。也作「癩蛤蟆墊板凳——活挨死頂」、「蛤蟆墊板凳——死撐活挨」。

【癩蛤蟆墊床腳——縱高也有限】

比喻好不到哪裏去。例「聽說幾個新同事也要單獨組織讀書會？」「組織起來，也是癩蛤蟆墊床腳——縱高也有限，別敗壞了讀書會的名聲就不錯了。」

【癩蛤蟆墊台子腳——硬撐】

見「臘豬頭——死撐」。

【癩蛤蟆墊桌腿兒——鼓著氣兒也挺不了多久】

比喻雖然極力掙扎，但是支撐不了多長時間。例敵人是癩蛤蟆墊桌腿兒——鼓著氣兒也挺不了多久，我們大家都能看到他們滅亡的那一天。也作「鼓起來的勁長不了——癩蛤蟆墊桌腿」。

【癩蛤蟆掉進茅屎坑——越蹦越臭】

比喻越做名聲越壞。例你在娛樂圈工作，就像癩蛤蟆掉進茅屎坑——越蹦越臭，還是早點離開爲妙。

【癩蛤蟆跌粥鍋——說他混，他還一肚子氣】

比喻自己糊塗，卻不肯接受批評意見。例他的錯誤接連不斷，癩蛤蟆跌粥鍋——說他混，他還一肚子氣，認爲自己一定正確，錯誤全是客觀原因造成的。

【癩蛤蟆躲端午——躲過初五，躲不過十五】

農曆五月初五是我國傳統的端午節，相傳古代愛國詩人屈原在這天投江自殺，後人爲了紀念他，把這天做爲節日。舊時在端午這天，大量捕捉癩蛤蟆（蟾蜍），取其蟾酥（蟾蜍表皮腺體的白色乳狀分泌物），以作藥用。五月十五爲大端午，這天製取的蟾酥藥用價值仍很高，所以癩蛤蟆即便在初五倖免遇難，也躲不過十五這一關。比喻無論如何也躲不過去。有時指逃脫不了失敗覆滅的命運。例狗腿子大喊大叫：「癩蛤蟆躲端午——躲得了初五，躲不了十五，砸了你們骨頭熬成油，也得還帳。」也作「癩蛤蟆躲端午——躲過初五，躲不過十五」。

【癩蛤蟆鼓氣——裝相】

比喻裝模作樣。例別癩蛤蟆鼓氣——裝相了，你表面恭順，心藏殺機，我們是一清二楚的。也作「泥菩薩抹金粉——裝相」、「猴子學人樣——裝相」。

【癩蛤蟆過河——一鼓作氣】

見「曹劌論戰——一鼓作氣」。

【癩蛤蟆過門檻——又窩脖子又搶臉兒】

比喻做事碰了壁，又丟面子又憋氣。例做了幾十年的主任，這次竟無人投自己的票而落選，他覺得自己是癩蛤蟆過門檻——又窩脖子又搶臉兒。

【癩蛤蟆橫路上腳背——不咬人，咯厭人】

咯厭人：〈方〉讓人討厭。比喻沒有什麼妨礙，無關緊要，卻讓人討厭。例這個小爬蟲整天來糾纏，眞是癩蛤蟆橫路上腳背——不咬人，咯厭人。也作「屬癩蛤蟆的——不咬人，煩人」。

【癩蛤蟆撵輪船——搭不上幫】

搭幫：〈方〉許多人結伴。比喻高攀不上。例人家現在是達官貴人，我們這些舊日的窮哥兒們，是癩蛤蟆撵輪船——搭不上幫了！也作「癩蛤蟆撵洋船——搭不上幫」、「蛤蟆蝌蚪子撵船——搭不上幫」。

【癩蛤蟆爬香爐——碰一鼻子灰】

也作「癩蛤蟆爬香爐——觸一鼻子的灰」。見「老鼠跌香爐——碰一鼻子灰」。

【癩蛤蟆爬櫻桃樹——盡想高口味】

高口味：指樹上味道甜美的櫻桃。比喻痴心妄想，含有貪心的意思。例就憑你那點本領也想當市長，簡直是癩蛤蟆爬櫻桃樹——盡想高口味。也作「癩蛤蟆上櫻桃樹——還想吃高口味」、「癩蛤蟆爬上櫻桃樹——想高口味」、「猴子爬櫻桃樹——想吃高口味」。

【癩蛤蟆敲大鼓——自吹自擂】

比喻自我吹噓。例我們對這個人硬是沒辦法，批評、幫助，就是糾正不了他那種癩蛤蟆敲大鼓——自吹自擂的毛病。也作「司號員打鼓——自吹自擂」、「唱戲的喝彩——自吹自擂」。

【癩蛤蟆上餐桌——盡遇到敗興事】

比喻處處碰上使人不愉快的事。例在這倒楣的地方，癩蛤蟆上餐桌——盡遇到敗興事，我們恨不得早日離開。也作「出門逢債主——盡遇到敗興事」。

【癩蛤蟆上蒸籠——氣鼓氣脹】

蒸籠：用竹蔑、木片等製成的蒸食物用的器具。比喻生氣極了，憋得難受。例誰惹了你？值得生這樣大的氣，就像癩蛤蟆上蒸籠——氣鼓氣脹的。

【癩蛤蟆生蠍子——一窩更比一窩毒】

比喻一代比一代陰險、毒辣。例那一家人是癩蛤蟆生蠍子——一窩更比一窩毒，誰也不敢惹。

【癩蛤蟆拴在鱉腳上——跳不高，爬不快】

比喻互相牽制，施展不開。例人多，機構多，就像癩蛤蟆拴在鱉腳上——跳不高，爬不快，必須貫徹精減的原則。

【癩蛤蟆跳到秤盤上——自稱自】

見「蛤蟆跳進秤盤裏——自稱自」。

【癩蛤蟆跳到腳面上——咬倒沒有咬著，嚇人一跳】

比喻雖然沒有受到損傷，卻虛驚一場。例這次敵人進村騷擾，儘管被擊退了，沒有受到損失，但是，正如俗話所說：「癩蛤蟆跳到腳面上——咬倒沒有咬著，嚇人一跳。」

【癩蛤蟆跳到牛背上——自以爲大】

比喻自稱老大，高人一等。例阿毛弟缺乏自知之明，總認爲自己處處勝人一籌，確實是癩蛤蟆跳到牛背上——自以爲大。也作「老鼠爬到牛角上——自以爲大」。

【癩蛤蟆跳井——不懂（撲通）】

不懂：「撲通」的諧音。見「蛤蟆跳井——不懂（撲通）」。

【癩蛤蟆跳上戥盤——不知自己有多少斤兩】

戥（ㄉㄥˇ）盤：戥子上盛放要稱的物品的盤子。戥子是用來稱貴重物品或藥品的，最大單位是兩，小到分或釐。癩蛤蟆不可能也不值得用戥子稱。比喻沒有自知之明。例你說你不想參加科研小組，癩蛤蟆跳上戥盤——不知自己有多少斤兩，你想參加，人家還不一定要你呢！

【癩蛤蟆吞吃魚鉤——自作自受】

見「木匠戴枷——自作自受」。

【癩蛤蟆想吃天鵝肉】

地上的癩蛤蟆想吃天上飛翔的天鵝。多比喻粗俗醜陋的男子想得美女，痴心妄想。《文明小史》四〇回：「我們少爺眞是癩蛤蟆想吃天鵝肉。」《紅樓夢》一一回：「平兒說道：『癩蛤蟆想吃天鵝肉，沒人倫的混帳東西，起這樣念頭，叫他不得好死。』」

【癩蛤蟆想吃天鵝肉——痴心妄想】

比喻脫離實際的幻想，不可能實現，含有譏諷的意思。例他心裏琢磨：光靠我們幾個老頭兒去開山造林，就等於給山撓癢，癩蛤蟆想吃天鵝肉——痴心妄想。也作「老虎吃天——心高妄想」、「大年三十盼月亮——妄想」、「小鬼夢裏做皇上——痴心妄想」、「老鴉飛過望下蛋——痴心妄想」、「癩蛤蟆想吃天鵝肉——想的美」、「癩蛤蟆想吃天鵝肉——盡琢磨美事」、「癩蛤蟆想吃月亮——妄想」、「太監娶媳婦——妄想」、「張勳復辟——妄想」、「黃鼠狼想吃天鵝肉——妄想」。

【癩蛤蟆想飛——不是上天的料】

比喻痴心妄想，有時指不能勝任。例算了吧，癩蛤蟆想飛——不是上天的料，我看你還是實際點，做點力所能及的工作爲好。

【癩蛤蟆張口——吃自來食】
比喻過著不勞而獲的生活。例不勞動、不工作，像癩蛤蟆張口——吃自來食，是非常可恥的事。也作「**屬蜘蛛的——吃自來食**」。

【癩蛤蟆咒天——越咒越鮮(仙)】
咒：咒罵；鮮：「仙」的諧音，明亮。癩蛤蟆咒罵天不下雨，天空反而更加晴朗起來。比喻情況與反對者的願望相反，反而越來越好。例罵就讓他罵吧，反正是癩蛤蟆咒天——越咒越鮮（仙），我們的道路越走越寬廣，前途無量。也作「**癩蛤蟆咒天——愈咒越晴**」。

【癩蟆蟆剝皮——心不死】
癩蟆蟆：癩蛤蟆。見「蛤蟆剝皮——心不死」。

【癩皮狗】
比喻不要臉、令人討厭的人。例你別理他，他是條癩皮狗。

【癩子的腦殼——沒法（髮）】
癩子：頭上長黃癬的人。見「和尚的腦袋——無法（髮）」。

【癩子頭打傘——無法（髮）無天】
癩子頭：頭上長黃癬的人。見「和尚打傘——無法（髮）無天」。

【癩子頭上的虱子——明擺著的】
癩子：〈方〉頭上長黃癬的人。見「禿子頭上的虱子——明擺著」。

【癩子做和尚——生成的】
和尚：出家修行的男佛教徒。按佛教法規，和尚不留頭髮，癩子也無頭髮，故有此說。比喻恰好合適，或本來如此。有時含有本性難移的意思。例你身高體壯，做運動員就像癩子做和尚——生成的。也作「**禿子當和尚——生就的材料**」、「**竹子做簫——生做的材料**」。

ㄌㄟ

【勒脖子】
比喻以某種藉口、手段強取他人財物。例這是我的勞動所得，誰敢來勒脖子，我就跟他拼了。也比喻十分艱難、不容易。例這幾個錢是我勒脖子省下來的，你可要小心點兒，千萬別丟了。

【勒緊褲帶過日子——歲月難熬】
比喻生活拮据，難以維持。例在舊社會，我們這窮苦力，都是勒緊褲帶過日子——歲月難熬。也作「**勒緊褲帶過日子——日子難過**」、「**天上裂了縫——日月難過**」。

【勒褲帶】
比喻忍受貧困、饑餓。例這種苦日子不會長，咱們勒勒褲帶熬過去就好了。

【勒腰螞拐——一肚子氣】
螞拐：青蛙。也作「**勒腰蛤蟆——一肚子氣**」。見「低頭吹火——一肚子氣」。

ㄌㄟˊ

【雷嗔電怒】
形容異常憤怒，氣勢洶洶，像猛烈的雷電。《紅樓夢》七七回：「寶玉只知道王夫人不過來搜檢搜檢，無甚大事，誰知道竟這樣雷嗔電怒的來了。」

【雷陳膠漆】
《後漢書・雷義傳》：「［雷義］舉茂才，讓於陳重，刺史不聽，義遂陽狂被髮走，不應命。鄉里為之語曰：『膠漆自謂堅，不如雷與陳。』」後用「雷陳膠漆」形容友誼濃厚，如膠似漆。

【雷打不動】
形容決心和意志堅定不移，毫不動搖。例作戰中，指揮員的決心一旦定下來了，就要雷打不動，堅持到底，才有可能獲取勝利。

【雷電交加】
霹雷夾閃電。例在一個下著滂沱大雨，雷電交加的夜晚，老劉不幸發生了車禍。

【雷動風行】
見「雷厲風行」。

【雷公打豆腐——揀軟的欺】
雷公：神話傳說中管打雷的神。比喻專門欺侮軟弱的人。例男子漢大丈夫做事要光明正大，敢做敢當，不能雷公打豆腐——揀軟的欺。也作「**雷公打豆腐——專挑軟的欺**」、「**雷公打豆腐——先從軟處下手**」、「**老鴉啄柿子——挑軟的**」。

【雷公打芝麻——揀小的欺】
比喻專門欺侮弱小的人。例別雷公打芝麻——揀小的欺，有本領的可與我魏二虎較量較量。

【雷公動怒——不同凡響】
據說雷公動怒後要發雷霆。比喻不比一般、不同尋常。例他的學術報告，就像雷公動怒——不同凡響，在科技、實業界引起極大的震撼。

【雷公喝醉酒——胡批(劈)亂打】
批：「劈」的諧音。形容瞎批評、亂鬥爭。例這人思想偏激，不管別人有無錯誤，就來個雷公喝醉酒——胡批（劈）亂打。

【雷公劈城隍——以上壓下】
城隍：迷信傳說中指主管某個城的神。比喻以勢壓人或大官壓小官。例雷公劈城隍——以上壓下，是封建主義的殘餘，在我們的社會中是絕不允許存在的。

【雷公劈螞蟻——聲勢兇】
形容聲威大、氣勢兇。例法西斯分子向各國人民進攻，就像雷公劈螞蟻——聲勢兇，當全世界人民團結起來與他鬥爭時，他們又變成紙老虎了。

【雷公劈螞蟻——以大欺小】
比喻仗勢欺人，強大的欺侮弱小的。例國家不論大小都是平等的，雷公劈螞蟻——以大欺小，是帝國主義的霸道行徑，我們堅決反對。

【雷公菩薩屙稀屎——謝（瀉）天謝（瀉）地】
謝：「瀉」的諧音。比喻感恩不盡，有時表示戲謔。例幸虧你撿到我孩子的學生證，眞是雷公菩薩屙稀屎——謝（瀉）天謝（瀉）地。

【雷轟電掣】
形容來勢迅猛，猝不及防。《兒女英雄傳》六回：「雷轟電掣彈斃兇僧，冷月昏燈刀殲餘寇。」例敵軍在我方稍有鬆懈之時，發動了雷轟電掣般的攻擊，讓我方措手不及。

【雷厲風飛】
見「雷厲風行」。

【雷厲風行】
像雷那樣猛烈，像風那樣迅速。比喻執行政策法令嚴厲、迅速。也比喻辦事迅速果斷，說幹就幹。宋・曾鞏《亳州謝至任表》：「運獨斷之明，則天清水止；昭不殺之武，則雷厲風行，故能並起百工。」清・李漁《蜃中樓，獻壽》：「大丈夫做事，雷厲風行。」也作「雷動風行」。宋・陳亮《戊申再上孝宗皇帝書》：「雷動風行，天下方如草之偃。」也作「雷厲風飛」。唐・韓愈《潮州刺史謝上表》：「陛下即位以來，躬親聽斷，旋乾轉坤，關機闔開，雷厲風飛。」

【雷鳴瓦釜】
瓦釜：陶製的鍋。比諭居高位而無德才。宋・辛棄疾《水龍吟・用瓢泉韻》詞：「倩何人與問：『雷鳴瓦釜，甚黃鐘啞？』」也作「瓦釜雷鳴」。

【雷聲大，雨點小】
比喻叫喊得很厲害，聲勢造得很大，但沒什麼實際行動或有效的結果。例他這個人一向是「雷聲大，雨點小」，計畫做了一大堆，能付諸實施的卻沒幾個。

【雷聲大，雨點小——有名無實】
見「金字招牌——有名無實」。

【雷霆萬鈞】
雷霆：劈雷，疾雷；鈞：古時重量單位，一鈞爲三十斤。《漢書・賈山傳》：「雷霆之所擊，無不摧折者；萬鈞之所壓，無不糜滅者。」後以「雷霆萬鈞」比喻威力極大，勢不可擋。宋・楊萬里《范公亭記》：「當公伏閤以死，天下大事，雷霆萬鈞，不栗不折，視大吏能回天卻月者，蔑如也。」章炳麟《藩鎭論》：「震於雷霆萬鈞之勢，雖陰墮其實，而勿敢公違其言。」

【雷霆之怒】
像暴雷那樣的憤怒。形容憤怒到極點。《三國志・吳書・陸遜傳》：「今不忍小忿而發雷霆之怒，違垂堂之戒，輕萬乘之重，此臣之所惑也。」《說岳全傳》二九回：「主公暫息雷霆之怒，這牛臯是一員勇將，乃是岳飛的結義弟兄也。」

【雷同一律】
指詩、文或說法大都一樣或一致。清・王夫之《薑齋詩話・夕堂永日緒論內編》卷三〇：「建立門庭，自建安始。曹子建鋪排整飾……，伸紙揮毫，雷同一律。」

【雷雨天下冰雹——一落千丈】
見「飛機上跳傘——一落千丈」。

【擂鼓鳴金】
金：指鑼。古戰場上雙方廝殺時，擊鼓敲鑼，以壯聲威。元・無名氏《午時牌》二折：「我今日傳了將令，則要您記的叮嚀：也不許擺旗吶喊，也不許擂鼓鳴金。」

【擂鼓篩鑼】
指古戰場上擊鼓敲鑼，以壯聲勢。也比喻竭力誇大事實。元・無名氏《暗渡陳倉》楔子：「今撥與你一千兵，替我修整連雲棧道去，要你每日家搖旗吶喊，擂鼓篩鑼。」

【擂鼓奏嗩吶——吹吹打打】
嗩吶：俗稱喇叭。形容氣氛熱烈，場面活躍。例國慶日的夜晚，街道的慶祝晚會擂鼓奏嗩吶——吹吹打打，熱鬧異常。

【擂天倒地】
形容哭喊聲震天震地。《二刻拍案驚奇》卷一五：「江老夫妻女兒三口，殺豬也似的叫喊，擂天倒地價哭。」

【礌礌落落】
比喻心地光明。《晉書・石勒載記下》：「大丈夫行事，當礌礌落落，如日月皎然。」

【縲紲之苦】
縲紲（ㄒㄧㄝˋ）：捆綁犯人的繩子。比喻牢獄之苦。例經歷了這五年多的縲紲之苦，他終於再見天日，重新做人。

【縲紲之憂】
縲紲：引申爲囚禁。有可能被囚禁的憂慮，比喻有坐牢的危險。例他自受賄八百萬後，一直懷有縲紲之憂，常常坐臥不安，家人也爲此向外人隱瞞他的行踪，以保安全。

【羸牛笨車】
見「老牛破車」。

【羸形垢面】
羸：瘦弱。瘦弱的身體，骯髒的外貌。《南岳彌陀和尚碑》：「羸形垢面，躬負薪蒭。」

ㄌㄟˇ

【耒耨之教】
耒耨（ㄋㄡˋ）：上古時代翻動土壤的工具，借指耕作。《周易・繫辭下》：「斫木爲耜，揉木爲耒，耒耨之利，以教天下。」後以「耒耨之教」指農業耕作技術的教授。明・徐光啓《農政全書》卷三：「依神農耒耨之教，導生民之利。稼穡爲寶，所從來矣。」

【耒耨之利】
指耕作取得的收穫。《周易・繫辭下》：「神農氏作，斫木爲耜，揉木爲耒，耒耨之利，以教天下，蓋取諸益。」

【耒耜之勤】

耒耜：ㄌㄟˇ ㄙˋ，指農具。比喻人勤於農業耕作之事。《後漢書；肅宗孝章帝紀》：「王者八政，以食爲本，故古者急耕稼之業，致耒耜之勤。」

【累牘連篇】

牘：ㄉㄨˊ，古時寫字用的木片。形容篇幅冗長。《宋史・選舉志二》：「寸晷之下，唯務貪多，累牘連篇，何由精妙？」清・紀昀《閱微草堂筆記・淶陽續錄四》：「……狡獪之文，偶一爲之，以資懲勸，亦無所不可；如累牘連篇，動成卷帙，則非著書之體矣。」也作「連篇累牘」。

【累及無辜】

指連累及沒有罪過的人。例在政治動亂中，累及無辜的家庭何止千萬。

【累見不鮮】

常見就不覺得新鮮。例茶花在北方稀少，在南方則是累見不鮮，各個省都有。

【累教不改】

多次教育都不改正。例他多次犯錯誤，朋友雖多次勸導他，卻仍是累教不改，只有隨他去吧！

【累誡不戒】

多次告誡和批評仍不改正。例他在課堂上不專心聽課，好做小動作，影響別人聽課，多次受到老師的警告和批評，但他累誡不戒，引起同學們的不滿。

【累塊積蘇】

蘇：柴草。堆累土塊柴草。比喻居室簡陋。《列子・周穆王》：「化人之宮，構以金銀，絡以珠玉……帝之所居，王俯而視之，其宮榭若累塊積蘇焉。」

【累累如珠】

一個緊接一個，像一串珠子。《禮記・樂記》：「累累乎端如貫珠。」朱自清《看花》：「我愛繁花老幹的杏，臨風婀娜的小紅桃，貼梗累累如珠的紫荊。」

【累卵之危】

累卵：蛋上堆蛋。指蛋上堆積蛋，極易滾下打破。比喻局勢極其危險。《後漢書・陳寔傳》：「若欲徙萬乘以自安，將有累卵之危，峥嶸之險也。」《封神演義》九四回：「今用兵至此，社稷有累卵之危。」也作「壘卵之危」。《三國志通俗演義》七七回：「劉備急欲報仇，必歸命操。操貪其利，必然納之。若二處連兵，則東吳有壘卵之危也。」

【累世通好】

世世代代相互友好往來。例日中友好人士通過對侵華戰爭的自省，提出日中今後要累世通好，不再發生戰爭。

【累土聚沙】

比喻積累收聚。《魏書・釋老志》：「苟能精致，累土聚沙，福鍾不朽。」

【累土至山】

比喻由小到大，由少到多，聚少成多。《雲笈七籤》卷九〇：「累絲至疋，累土至山，累業至聖，累靈至眞，故萬里之涉累足乃達。」

【累瓦結繩】

比喻無用的詞語。《莊子・駢拇》：「駢於辯者，累瓦結繩竄句。游心於堅白同異之間，而敝跬譽無用之言。非乎？而楊墨是已。」

【累屋重架】

指層次重疊。唐・劉知幾《史通・序例》：「濫觴肇跡，容或可觀，累屋重架，無乃太甚。」

【累月經年】

比喻經歷的時間很長久。《敦煌變文集・大目乾連冥間救母變文》：「頭似大山，三江難滿。無聞漿水之名，累月經年，受饑羸之苦。」

【累珠妙唱】

見「累珠妙曲」。

【累珠妙曲】

形容歌聲婉轉圓潤，如同連串珍珠，極爲悅耳動聽。宋・孫覿《與莊宣教》：「[主人]又出侍姬持觴臨勸，累珠妙曲，聞所未聞，至今感悅之。」也作「累珠妙唱」。宋・蘇軾《老饕賦》：「候紅潮於玉頰，驚暖響於檀槽；忽累珠之妙唱，抽獨繭之長繰。」

【累足成步】

比喻不斷累積，就會有成果。《雲笈七籤》卷九〇：「故累足成步，著備成德。」

【壘卵之危】

見「累卵之危」。

【壘窩兒】

比喻置家產、安家。例你打了一輩子光棍，也該想著爲自己壘窩兒了。

【磊磊落落】

羣石高壘，錯落而又分明的樣子。《古樂府・兩頭纖纖詩》：「腷腷膞膞雞初鳴，磊磊落落向曙星。」後比喻胸懷坦白，光明正大。宋・陳亮《酌古論・桑維翰》：「爲維翰計者，當一舉太原之衆，運奇備巧以破[張]敬達……此則磊磊落落，千載一時之功也。」梁啓超《成敗》：「磊磊落落，獨往獨來，大丈夫之志也，大丈夫之行也。」

【磊落不凡】

胸懷坦白，不同一般。宋・陸游《孫君墓表》：「君之所爲，大概類此，觀者可知其磊落不凡矣。」

【磊落不羈】

心胸坦蕩而行爲放縱。清・顧彩《焚琴子傳》：「焚琴子者，姓章氏，閩之諸生也，爲人磊落不羈。」

【磊落跌宕】

跌宕：曠達。胸懷坦白，行爲曠達，無所顧忌。宋・呂祖謙《東萊博議》卷一：「英雄豪悍之士，磊落跌宕，出於法度之外，爲君者亦當以度外待之。」

【磊落光明】

心胸坦蕩，言行光明正大。清・侯方

域《贈彭子序》：「以視馬周、張齊賢起身布衣，應運倏忽，豈不附景命、陟康衢，磊落光明，居然以德位行志大丈夫哉？」也作「**光明磊落**」。

【**磊落奇偉**】

心地光明正大，品德高尚卓絕。唐·韓愈《與于襄陽書》：「也之齪者既不足以語之，磊落奇偉之人不能聽焉，則信乎命之窮也。」

ㄌㄟˋ

【**淚出痛腸**】

內心傷痛而流淚。《三國演義》五六回：「事實兩難，因此淚出痛腸。」

【**淚流滿面**】

形容悲痛之至。《三國演義》一一〇回：「言訖，以印綬付之，淚流滿面。」

【**淚如泉滴**】

見「淚如泉湧」。

【**淚如泉湧**】

眼淚像泉水般湧出。形容非常悲傷。《三國演義》八回：「[王]允曰：『汝可憐漢天下生靈？』言訖，淚如泉湧。」《野叟曝言》四回：「那人已掀簾進內，抱住鸞吹，嚎啕大哭，鸞吹也登時淚如泉湧。」也作「**淚如泉滴**」。唐·劉損《憤惋詩》之三：「莫道詩成無淚下，淚如泉滴亦須乾。」

【**淚如雨下**】

眼淚似雨水直往下流。形容悲痛萬分。《古今小說》卷八：「眼盼盼看著他人去了，自己不能奮飛，萬箭攢心，不覺淚如雨下。」《三國演義》五五回：「玄德曰：『夫人之心，雖則如此，爭奈國太與吳侯安肯容夫人去？夫大若可憐劉備，暫時辭別。』言畢，淚如雨下。」也作「**淚下如雨**」。《敦煌變文集·搜神記》：「姑憶念新婦，聲徹黃天，淚下如雨。」

【**淚下如雨**】

見「淚如雨下」。

【**淚眼愁眉**】

形容痛苦、憂傷的樣子。明·高濂《玉簪記·愁眉》：「人去天涯幾許，凝望處，淚眼愁眉。」

【**淚眼汪汪**】

眼裏充滿淚水。形容十分悲傷。《新編五代史平話·梁史·卷上》：「黃巢聽得恁地說，不覺淚眼汪汪。」

【**類聚羣分**】

《周易·繫辭上》：「方以類聚，物以羣分，吉兇生矣。」後以「類聚羣分」指各種事物因種類相同而聚合，因類羣不同而區分。宋·陳亮《問答·上》：「方天地設位之初，類聚羣分，以戴其尤能者爲之長君。」

【**類是而非**】

似乎是正確，實際是錯誤的。也指是非不分明、模稜兩可。《呂氏春秋·察傳》：「辭多類非而是，多類是而非，是非之徑，不可不分。」

【**類同相召**】

見「類同相召，氣同則合，聲比則應」。

【**類同相召，氣同則合，聲比則應**】

比：並列。《呂氏春秋·召類》：「類同相召，氣同則合，聲比則應。故鼓宮而宮應，鼓角而角動，以龍致雨，以形逐影。」指類相同則彼此召喚，氣相同則彼此契合，聲相同則彼此呼應，比喻人們對事物的看法、思想和行事方法一致，就很容易聚集在一起。也作「**類同相召**」。

ㄌㄠ

【**撈稻草**】

快要淹死的人碰到一根稻草也要抓住。比喻在絕境中作徒勞無益的掙扎。例告訴你吧，你已經完蛋了，再撈稻草也沒有用了。也比喻以不正當的手段獲得某種資本。例他三天兩頭地往你家跑，可要提防他撈稻草！

【**撈世界**】

比喻謀生、創業。例他出身很苦，從小沒有父親，很小就一個人出外撈世界了。

【**撈外快**】

比喻獲取正式工資以外的收入。例王欣利用業餘時間撈外快，時間不長就買了一架照相機。

【**撈一把**】

比喻以不正當的手段取得錢財或某種利益。例跟你實話實說吧，在這件事情上，他肯定會撈一把，咱們要提高警覺。

【**撈油水**】

比喻取得不應得的額外好處。例他眞夠狠心的，竟從這個可憐人身上撈油水，我們應該想辦法制止他。

【**撈魚攔上游——先下手**】

比喻利用優勢，採取主動行動。例俗話說：「笨鳥先飛。」在這次生產競賽中，我們來個撈魚攔上游——先下手。

【**撈資本**】

比喻撈取獲得利益的本錢。例知道他爲什麼搶著去學習嗎？是爲了升級撈資本。

【**嘮嘮叨叨**】

說話沒完沒了，囉囉嗦嗦。例只要一聽見姥姥嘮嘮叨叨，她就推說功課沒做完，藉故回到自己房裏去了。

ㄌㄠˊ

【**勞大者其祿厚，功多者其爵尊，能治衆者其官大**】

勞績大的人，使其俸祿多；功勳卓著者，使其爵位高；能治理國家的人，使其官職大。指論功行賞，人盡其才，有能有才之人就會勇於爲國家出力。《史記·范雎蔡澤列傳》：「明主立政，有功者不得不賞，有能者不得不官，勞大者其祿厚，功多者其爵尊，能治衆者其官大。故無能者不收當職焉，有能者亦不得蔽隱。」

【勞動號子——一呼百應】

號子：集體勞動時，爲統一步調、減輕疲勞等所唱的歌，多由一人領唱，大家應和。形容一個人發出號召，很多人都響應。例景老德高望重，他的提議就像勞動號子——一呼百應。

【勞而不怨】

雖然辛苦勞累卻無怨言。《論語・堯曰》：「子曰：『君子惠而不費，勞而不怨，擇可勞而勞之，又誰怨？』」

【勞而少功】

付出了勞動而功效甚微。《史記・太史公自序》：「儒者博而寡要，勞而少功。」唐・李翰《通典序》：「儒家者流，博而寡要，勞而少功，何哉？其患在於習之不精，知之不明，入而不得其門，行而不由其道。」

【勞而無功】

付出了勞力卻沒有功效。《莊子・天運》：「是猶推舟於陸地，勞而無功。」《墨子・號令》：「地得其任，則成功；地不得其任，則勞而無功。」也作「勞而無獲」。宋・蘇轍《上皇帝書》：「思遠人而德不足，則心勞而無獲，不若不思也。」也作「勞而無益」。宋・蘇轍《乞借常平錢置上供及渚州軍糧狀》：「斂斗石之粟，以濟億萬之衆，勞而無益，徒以爲笑。」

【勞而無獲】

見「勞而無功」。

【勞而無益】

見「勞而無功」。

【勞苦功高】

付出了很大的勞苦，立下了很大的功勳。《史記・項羽本紀》：「勞苦而功高如此，未有封侯之賞。」《東周列國志》一〇八回：「將軍一出而平燕及代，奔馳二千餘里，方之乃父，勞苦功高，不相上下。」

【勞力費心】

耗費力氣和心思。例由於你勞力費心幫助小青複習，她考取了國立大學。

【勞民費財】

見「勞民傷財」。

【勞民傷財】

指濫用人力、物力，造成國家資財極大的浪費。《周易・節》：「天地節，而四時成。節以制度，不傷財，不害民。」明・余繼登《典故紀聞》卷二：「天下聞風皆爭進奇巧，則勞民傷財自此始矣。」《西遊記》九二回：「以後你們府縣再不可供奉金燈，勞民傷財也。」也作「勞民費財」。宋・司馬光《應詔言朝政闕失事》：「方今朝之闕政……六曰信狂狡之人，妄興水利，勞民費財。」也作「傷財勞民」。

【勞身焦思】

勞累身軀，苦思苦慮。形容爲完成某項任務而歷盡辛苦。《史記・夏本紀》：「禹傷先人父鯀功之不成受誅，乃勞身焦思，居外十三年，過家門不敢入。」

【勞師動衆】

指動用大批人力。《二十年目睹之怪現狀》六八回：「心中暗想，爲了這一點點小妖魔，便鬧得勞師動衆，未免過於荒唐了。」

【勞師襲遠】

出動軍隊奔襲遠方之敵。多指冒險的軍事行動。《左傳・僖公三二年》：「勞師以襲遠，非所聞也。」《清史稿・毛昶熙傳》：「剿賊於既聚之餘，何如蹙賊以難聚之勢？而又無勞師襲遠之危，輕進損威之失，所謂不戰而屈人之兵者是也。」

【勞什子】

指討厭的東西。《紅樓夢》三回：「什麼罕物！人的高下不識，還說靈不靈呢！我也不要這勞什子。」

【勞心焦思】

形容爲一件事而操心、苦慮。唐・杜甫《憶昔二首》詩之一：「張后不樂上爲忙，至令今上猶撥亂，勞心焦思補四方。」

【勞形苦神】

形：身體。指爲完成一件事勞苦身軀、費盡心神。例青年突擊隊廢寢忘食，勞形苦神，在預定時間之內提前完成了架橋任務。

【勞燕分飛】

勞：即伯勞，鳥名。《樂府詩集・東飛伯勞歌》：「東飛伯勞西飛燕，黃姑織女時相見。」後用「勞燕分飛」比喻離別。清・王韜《淞隱漫錄・尹瑤仙》：「其謂他日勞燕分飛，各自西東，在天之涯地之角耶？」也作「勞燕西東」。《燕台花事錄・咏花》：「[望江南詞]情脈脈，勞燕各西東。」

【勞燕西東】

見「勞燕分飛」。

【勞逸不均】

有的過於辛勞，有的過於安逸，安排勞動和休息不夠公平。《鏡花緣》六四回：「明日還是我去砍柴，你做針線……若教我終日在家靜坐，未免勞逸不均。」

【勞逸結合】

勞動和休息相結合。謂既要積極工作，又要懂得適當休息。例羣衆的勞動積極性越高，領導就越要注意羣衆的勞逸結合，這樣羣衆的勞動熱情才能持久。

【勞於讀書，逸於作文】

勤奮刻苦地讀書，打好基礎，作文方能輕鬆自如。元・程端禮《讀書分年日程》：「讀書如銷銅，聚銅入爐，大鞴扇之，不銷不止，極用費力。作文如鑄器，銅既銷矣，隨模鑄器，一冶即成，只要識模，全不費力。所謂勞於讀書，逸於作文，此也。」

【牢不可拔】

十分牢固，難以拔除。宋・鄭褒《原祭》：「其傳萌坼於秦、漢，枝蔓於晉、宋、齊、梁之間，迨今百千歲，根深蒂固，牢不可拔。」朱自清《經典常談・諸子第十》：「西漢今文家的經學大部便建立在陰陽家的基礎上。後來『古文經學』雖然掃除了一些『非常』『可怪』之論，但陰陽家的思想已深入人心，牢不可拔了。」

【牢不可破】

十分堅固，無法摧毀。比喻兩者結合十分緊密，難以分離。宋・陳亮《酌古論四・馬燧》：「魏據河北，蔽捍諸鎮，唇齒相固，牢不可破。」

【癆病鬼開藥店——圖自己方便】

癆病：肺結核病。指貪圖個人的便利。例他們辦服務公司的目的路人皆知，癆病鬼開藥店——圖自己方便。

ㄌㄠˇ

【老八板兒】

喻指拘謹守舊的人或事物。例沒想到這個老八板兒也趕時髦，學跳迪斯可了。

【老八輩子】

形容非常陳舊、古老。例現在都什麼年代了，您還老提那老八輩子的事幹嘛！

【老把戲】

①喻指陳舊的一套。例這些老把戲早過時了，你還想搬出來嚇人哪！②指老人。例這個老把戲今天出盡了洋相，笑死人了。

【老梆子】

原指大白菜外層的老梆老葉。對老年人的蔑稱。例什麼尊老愛幼啊，現在有些年輕人背後都叫我們老梆子，叫小孩作小崽子。

【老蚌生珠】

漢・孔融《與韋端書》中稱讚韋端有兩個好兒子說：「不意雙珠，遂出老蚌，甚珍貴之。」原稱譽人有好兒子。後以「老蚌生蛛」比喻老年得子，特指年紀較老的婦女生子。宋・蘇軾《虎兒》詩：「歸聞老蚌生明珠，未省老兔生於菟。」明・趙弼《蓬萊先生傳》：「已見熊羆入夢，行看老蚌生珠。」也作「老蚌出珠」。

【老輩子】

比喻時間久遠，很久以前。例你跟孩子講這些老輩子的破事兒幹什麼？讓他們多知道些新事物多好！

【老本兒】

最初的本錢。比喻最基本的東西。例這回你就放他一馬吧！不然他就只好拚老本兒了。

【老鼻子】

形容數量多。例他是銀行家出身，見的錢老鼻子啦，會在乎你這幾個錢？你別疑神疑鬼了。

【老鱉咬人——叼住不放】

老鱉：即鱉，也叫甲魚或團魚，俗稱王八。比喻緊緊牽制或牢牢把握住，毫不放鬆。有時比喻耍無賴、死糾纏。例他是一個很有經驗的商人，討價還價的能手，看準一筆買賣，就老鱉咬人——叼住不放。也作「老鱉咬人——死不丟」、「瘋狗咬人——叼住不放」。

【老病龍鍾】

見「老態龍鍾」。

【老博士的腦袋——禿了】

老博士：指學識淵博的人。由於長年累月鑽研學問，老博士禿頂的人很多。比喻某些地方淨光光的。例經過幾年的亂砍亂伐，原來鬱鬱蔥蔥的山區，已經成了老博士的腦袋——禿了。

【老不拘禮，病不拘禮】

指年老、有病在身的人可以不講究禮節。《儒林外史》一二回：「古人云：『老不拘禮，病不拘禮。』我方才看見餚饌也還用些，或者酒略飲兩杯，才不致沈醉，也還不妨。」

【老不曉事】

指年老昏昧。唐・駱賓王《上吏部侍郎帝京篇啓》：「雖少好讀書，無謝高風；而老不曉事，有類揚雄。」

【老蠶作繭】

比喻自己束縛自己。唐・白居易《示舍弟五十韻》詩：「燭蛾誰救護，蠶繭自纏縈。」宋・蘇軾《石芝》詩：「老蠶作繭何時脫？夢想至人空激烈。」

【老草雞爬窩——沒精神了】

草雞：母雞。見「老母雞爬窩——沒精神了」。

【老茶缸子——沒詞（瓷）了】

茶缸子：指搪瓷茶缸子；詞：「瓷」的諧音。雙關語，比喻無話可說，或理屈詞窮。例在大家的質問下，這個官僚主義者好比老茶缸子——沒詞（瓷）了，只得承認自己的錯誤。

【老巢難捨】

比喻人不願放棄或離開自己一直居住的家。例儘管已換了新房，別人已開始往新房裏搬東西了，老王卻還沒有動手。他在自己的舊家裏，摸摸這兒，動動那兒，還幾乎落下淚來。眞是「老巢難捨」啊！

【老成持重】

指辦事老練穩重。《宋史・種師中傳》：「師中老成持重，為時名將。」《老殘遊記》一回：「幸而尚有幾個老成持重的人，不然，這船覆的更快了。」

【老成典型】

指年老德高望重，堪爲人師表。明・袁宏道《書念公碑文後》：「及余歸柳浪，而念公適至，老成典型，居然在目。」《歧路燈》一〇六回：「這數家之老成典型六七十歲的，英年二三十歲的，走價相約，公同一日道喜。」

【老成凋謝】

指德高望重的長者去世，多作輓詞。清・龔煒《巢林筆談・顧茂索詩》：「顧栗園茂，吾邑老成人也……栗園死，有老成凋謝之感。」

【老成見到】

指閱歷豐富，見識周到。清・孔尚任《桃花扇・拜壇》：「老成見到之言，句句合著鄙意。」

【老成練達】

爲人老練、通曉事理。《三國演義》一二〇回：「杜預爲人，老成練達。」《剪燈餘話・長安夜行錄》：「洪武初，湯公銘之與文公原吉，俱以老成練達，學問淵源，政事文章推重當代。」《兒女英雄傳》一三回：「這位安水心先生，老成練達，爲守兼優，是此地第一賢員。」也作「**老成穩練**」。宋・魏了翁《左丞相督府書》：「乃知此曹假借大過，名位稍高，便有驕蹇，已明諭賞罰詰責之，更乞朝廷嚴切催督，別帥老成穩練。」

【老成穩練】

見「老成練達」。

【老成之見】

老練成熟的見解。《醒世恆言》卷一七：「昔日老漢們亦有此議，只因太公不允，所以止了。不想今日原從這著，可見老成之見，大略相同。」

【老廚師熬粥——這活難不住】

見「大師傅熬粥——難不住」。

【老搭檔】

喻指長期合作、共事的人。例我介紹一下，他是我的老搭檔，也是我最要好的朋友。

【老大懶惰老二勤——一不做，二不休】

比喻不幹則已，要幹就幹到底。例既然來到了敵人司令部，老大懶惰老二勤——一不做，二不休，抓他個當官的回去做舌頭。也作「**兩勤夾一懶——一不做，二不休**」。

【老大難】

指問題存在時間長，矛盾多，困難重重。例面對這麼些老大難問題，他雖感到心有餘、力不足，但仍決心解決。

【老大徒傷】

年紀老了一事無成，虛度年華，想來傷悲。唐・杜甫《曲江對酒》詩：「吏情更覺滄州遠，老大徒傷未拂衣。」《二十年目睹之怪現狀》一二回：「『你請到他，這一定是高明的了，眞是後生可畏！』又捋了捋他那八字鬍子道：『我們是老大徒傷的了。』」

【老大無成】

年歲已大，事業卻無成就。《鏡花緣》一〇回：「既不能顯親揚名，又不能興邦定業，碌碌人世，殊愧老大無成。」《紅樓夢》四回：「寡母又憐他是個獨根孤種，未免溺愛縱容些，遂致老大無成。」

【老大爺幹活——不利索】

見「穀糠擦屁股——不利索」。

【老旦唱小生——不像樣】

老旦唱小生：老旦與小生都是戲曲角色，前者扮演老婦人，後者扮演青年男子。比喻不成樣子。例看你這副打扮，男不男，女不女，老旦唱小生——不像樣，還有臉到處招搖。

【老當益壯】

年紀雖老而豪情猶在，志氣更壯烈。唐・王勃《滕王閣序》：「老當益壯，寧知白首之心；窮且益堅，不墜青雲之志。」也作「**老而彌壯**」。漢・蔡邕《文范先生陳仲弓銘》：「容止法度，老而彌壯，凡所履行，事類博審，不可勝數。」也作「**老而益壯**」。唐・張說《右羽林大將軍神道碑奉敕撰》：「臨難守死，褒贈特進，審塞翁之倚伏，達矇瞍之浮休，老而益壯，沒而立名者矣。」也作「**衰而彌壯**」。

【老道改和尚——全剃】

老道：指道教徒，道教奉老子爲教祖，教徒留長髮；和尚：出家修行的男佛教徒，不留髮。比喻什麼也沒剩下。例這次鬼子來村搶劫，見什麼搶什麼，眞是老道改和尚——全剃。

【老底子】

比喻底細。例你可別得罪他，咱家的老底子都在他心裏裝著，要是抖露出來就糟了。也比喻家產家底兒。例你們這次辦喜事，把你媽的那點老底子都花光了。或指原有的基礎。例他們幾個是兵團的老底子，可不能虧待他們。

【老鵰變夜貓子——一輩不如一輩】

老鵰：猛禽，「鷲」的俗稱；夜貓子：即貓頭鷹。見「近視眼生瞎子——一代不如一代」。

【老調重彈】

比喻見解、言論沒有新意，只不過是舊話重說。例這次候選人發表的政見，大部分是過去的老調重彈，沒有什麼新意。

【老掉了牙】

比喻觀念、言論、事物等過於陳舊、落後。例你關於人生的觀點，簡直可以說是「老掉了牙」。

【老掉牙】

形容陳舊、過時。例我們只會唱那些老掉牙的歌，你們要聽嗎？

【老調子】

指說過多次的令人生厭的內容。例你的文章盡是些老調子，太缺乏時代感了。

【老而不死】

本是孔子罵舊友的話，後指年老拖累後輩。《論語・憲問》：「子曰：『幼而不孫弟，長而無述焉，老而不死，是爲賊。』」《前漢演義・序》：「平帝入嗣，元皇后老而不死，卒貽王莽篡弒之禍。」

【老而彌篤】

篤：深厚。人老了，對某種事物的感情更加深厚。《梁書・王筠傳》：「余少好書，老而彌篤，雖偶見瞥觀，皆即疏記，後重省覽，歡興彌深，習與性成，不覺筆倦。」

【老而彌堅】

人雖老而完成奮鬥目標的志向更加堅定。例金教授雖過古稀之年，仍孜孜不倦地著書立說，這種老而彌堅的精神深爲學生敬佩。

【老而彌壯】

見「老當益壯」。

【老而益壯】

見「老當益壯」。

【老法門】

法門：佛教修行得道的門徑。比喻陳舊的做法。例收起你那些老法門吧，現在行不通了。

【老方子】

即老藥方。比喻老辦法，老策略。例你還用死記硬背的老方子對付考試可不行，現在全是綜合性的正誤判斷題，需要融會貫通，靈活運用。

【老肥豬上屠場——挨刀的貨】

屠場：屠宰場，宰殺牲畜的地方。見「案板上的魚——挨刀的貨」。

【老封建】

指思想落後、頑固守舊的人。例他媽是個老封建，她極力反對他和小于結婚，因為小于屬羊。

【老夫子】

原指私塾、家館的教師。喻指迂闊的知識分子。例這位老夫子想改行做買賣？眞是天方夜譚！不賠光才怪哩！

【老公打扇——淒（妻）涼】

老公：〈方〉丈夫；淒：「妻」的諧音。雙關語，比喻寂寞冷落或淒慘悲涼。例這個無錢無勢的孤老頭在海外飄泊，實在是老公打扇——淒（妻）涼得很。

【老公雞披蓑衣——嘴尖毛長】

蓑衣：用草或鬃毛製成的雨衣。形容嘴巴厲害，胡攪蠻纏。例這個人是老公雞披蓑衣——嘴尖毛長，最好少和他打交道。

【老狗爬牆——硬撐】

見「臘豬頭——死撐」。

【老姑娘】

指單身未嫁的高齡女子。例她是老姑娘，脾氣有點怪，大家不要計較。

【老古板】

喻保守、頑固的人。例她是個少見的老古板，連夏天都不穿裙子，怕露腿丟人。

【老古董】

原為古代流傳下來的文物。比喻陳舊過時的事物。例現在老古董又吃香了，開口《易經》，閉口《莊子》。

【老鴰別嫌豬黑】

鴰：ㄍㄨㄚ，烏鴉的俗稱。比喻不要只看見別人的短處卻看不見自己的。例我說你別總挑別人的毛病，俗話說：「老鴰別嫌豬黑。」難道你一點兒錯兒也沒有？

【老鴰叮蚌殼——脫不了身】

老鴰：烏鴉；蚌殼：蚌是軟體動物，有兩個橢圓形介殼，可以開閉。當老鴰叮蚌殼時，蚌殼緊閉，把老鴰的嘴鉗住，使之不能脫身。雙關語，比喻陷入無法擺脫的困境。有時指事務繁忙。例敵人一旦進入我們的埋伏圈，就會像老鴰叮蚌殼——脫不了身。也作「**老鴰叮蚌殼——難脫身**」、「**落網的魚兒——脫不了身**」。

【老鴰落在豬背上——一個賽過一個黑】

雙關語，比喻一個比一個更壞。例老子偷豬兒偷牛，眞是老鴰落在豬背上——一個賽過一個黑。

【老鴰落在豬身上——只見人家黑，不見自己黑】

也作「**老鴰飛到豬腚上——看見別人黑，看不見自己黑**」、「**老鴰落在豬身上——光瞧見人家黑，不見自個兒黑**」。見「鍋底笑話缸底黑——只見人家黑，不見自己黑」。

【老鴰屁股上插孔雀毛——充洋相】

充洋相：裝出洋里洋氣的樣子。比喻裝模作樣的神氣。例還是樸實一點好，何苦老鴰屁股上插孔雀毛——充洋相呢？羣衆是看不慣的。

【老鴰身上插花翎——自充小孔雀】

花翎：鳥的翅膀或尾巴上的長而硬的花羽毛；孔雀：一種頭上有羽冠、羣居於熱帶叢林或河岸的鳥，雄孔雀十分美麗。比喻總認為自己漂亮；或喬裝打扮，以提高身價。例看你這模樣，打扮得妖里妖氣，老鴰身上插花翎——自充小孔雀，也不怕別人笑話。

【老鴰身上插花翎——自以為美】

指總認為自己漂亮。例讓別人去評價吧，不要老鴰身上插花翎——自以為美。也作「**豬八戒搽粉——自以為美**」。

【老鴰窩裏出鳳凰】

比喻地位、才能平常的父母卻養育出有作為的子女。《紅樓夢》六五回：「興兒笑道：『玫瑰花又紅又香，無人不愛的，只是刺戳手。也是一位神道，可惜不是太太養的，老鴰窩裏出鳳凰。』」也作「**老鴉窠裏鑽出一個鳳凰來**」。

【老鴰站樹梢——呱呱叫】

也作「**老鴉站樹頭——呱呱叫**」。見「狗攆鴨子——呱呱叫」。

【老寡婦死兒——沒指望了】

寡婦：死了丈夫的婦人。比喻沒有盼頭，沒有依靠了。例你還想不勞而獲，過寄生蟲的生活，算是老寡婦死兒——沒指望了。也作「**老太太死兒——沒指望了**」、「**晴天下雨——沒指望**」、「**瞎子打槍——沒指望**」、「**三十晚上盼月亮——沒指望**」、「**公雞下蛋——沒指望**」、「**死了獨生兒的老寡婦——沒一點指望**」、「**桅桿開花——沒指望**」、「**瞎子打靶——沒指望**」、「**瞎子死了兒子——沒指望了**」。

【老龜烹不爛，移禍於枯桑】

南朝宋·劉敬叔《異苑》載：三國時有人獻大龜給孫權，孫權命人煮它，燒了許多車柴都煮不爛，諸葛恪建議砍老桑樹來煮，結果一煮就爛了。後用「老龜煮不爛，移禍於枯桑」比喻有罪之人安然無事，轉禍於無辜之人。《警世通言》卷一五：「那秀童要取壺酒與阿爹散悶，是一團孝順之心。誰知……險些兒送了秀童的性命。正是：老龜烹不爛，移禍於枯桑。」

【老龜瞎眼——躲在洞裏不露頭】
比喻懼怕受害，深藏不出。例敵人在我軍的打擊下，就像老龜瞎眼——躲在洞裏不露頭，寸步不離老窩。

【老好人】
指厚道、隨和而缺乏原則性的人。例現在競爭很激烈，你必須明辨是非，不要再做老好人。

【老和尚別發卡——調（挑）皮】
見「和尚別發卡——調（挑）皮」。

【老和尚吹燈——散壇】
壇：舊時舉行祭祀等用的台子或場所。和尚、道士出壇念經、做法事結束叫散壇。比喻散場，告一段落。有時含有散夥的意思。例我們這個神仙會開三天啦，大家出了很多好主意，今天算是老和尚吹燈——散壇了。

【老和尚吹管子——不懂的（笛）】
的：「笛」的諧音。比喻不知道，不明白。例許多行業的人，辦事要給點「好處費」，他這個書呆子自然是老和尚吹管子——不懂的（笛）。

【老和尚打光光——老一套】
光光：〈方〉木魚。見「和尚念經——老一套」。

【老和尚戴帽子——平鋪踏（袱頭）】
鋪踏：「袱頭」的諧音；袱頭：古代男子用的一種頭巾。比喻平平常常、一般化。例他工作沒有什麼明顯的成績，總是老和尚戴帽子——平鋪踏（袱頭）。

【老和尚的百衲衣——東拼西湊】
百衲衣：即袈裟，和尚穿的外衣，因用許多長方形小塊布片拼綴製成而得名。比喻勉強湊合。例你這支隊伍是老和尚的百衲衣——東拼西湊的，要形成堅强的戰鬥力，還需要嚴格的訓練。

【老和尚的帽子——平不塌塌的】
平不塌塌：〈方〉很平。和尚戴的帽子頂是平的。雙關語，比喻平安無事。例一個冬天，我們村就像老和尚的帽子——平不塌塌的，治安情況良好，連吵嘴的事情也沒發生。

【老和尚的木魚——不敲不響】
見「和尚的木魚——不打不響」。

【老和尚的木魚兒——挨敲打的木頭疙瘩】
也作「老和尚的木魚——挨揍的貨」。見「和尚的木魚——挨敲的貨」。

【老和尚的腦袋——光禿禿】
雙關語，形容沒有遮掩的樣子。例這裏是一片鬱鬱葱葱的森林，他清楚地記得，二十歲前離開家鄉時，整個山坡都是老和尚的腦袋——光禿禿的。

【老和尚講佛經——說的說，聽的聽】
指有的說，有的聽，各有其心。例這間屋子裏聚集著許多人，就像老和尚講佛經——說的說，聽的聽，他們正在布置明天的展覽會場。

【老和尚捲鋪蓋——離妙（廟）】
妙：「廟」的諧音。比喻走得好。例聽說你已脫離了竊盜集團，我看是老和尚捲鋪蓋——離妙（廟）。

【老和尚念經，過一天算一天】
比喻得過且過，做事湊合。例自從他被開除公職後，每天東遊西逛，不務正業，眞正成了「老和尚念經，過一天算一天」。

【老和尚念經——句句眞言】
經：佛教的經典。比喻都是實話。例他說的都是老和尚念經——句句眞言，你就按他的意見辦，沒有錯。

【老和尚念經——老一套】
見「和尚念經——老一套」。

【老和尚盼媳婦——下一輩子的事】
按佛教法規，和尚終身不娶。比喻當今做不到的事。例你要我學英語？談何容易，我看是老和尚盼媳婦——下一輩子的事了。

【老和尚敲木魚——天天總翻著那本經】
木魚：僧尼念經、化緣時敲打的響器，木製，形狀像魚，中空。見「和尚念經——老一套」。

【老和尚誦經——念念有詞】
指嘴裏連續不斷地說些什麼。例這個孤獨的老人總是坐在小屋裏，老和尚誦經——念念有詞，誰也不了解他在嘮叨些什麼。

【老和尚剃頭——一掃光】
見「風吹落葉——一掃光」。

【老和尚撞鐘——得過且過】
見「當一天和尚撞一天鐘——得過且過」。

【老和尚撞鐘——過一天算一天】
見「捆綁的夫妻——過一天算一天」。

【老鶴乘軒】
軒：古代一種前頂較高而有帷幕的供大夫以上乘坐的車子。《左傳．閔公二年》：「冬十二月，狄人伐衛，衛懿公好鶴，鶴有乘軒者。將戰，國人受甲者皆曰：『使鶴，鶴實有祿位，余焉能戰。』」後用「老鶴乘軒」比喻濫充官位。宋．王禹偁《三黜賦》：「羝羊觸藩，老鶴乘軒，不我知者猶謂乎郎官貴而郡守尊也。」

【老猴爬旗杆——不行囉】
比喻多有本領的人，上了年紀也是力不從心。例你們年輕人應當多挑重擔，我們是老猴爬旗杆——不行囉！

【老猴偷苞米——專找嫩的捏】
苞米：玉米。比喻避重就輕，挑省力氣的活兒幹。例你膀大腰粗，力大如牛，幹起活來卻像老猴偷苞米——專找嫩的捏，不賣力氣，眞不成話。

【老狐狸】
比喻十分狡猾的人。例你想抓老八的把柄可不容易，他比老狐狸還狡猾。

【老葫蘆爬秧子——越扯越長】
秧子：瓜蔓。見「狗扯羊腸——越扯越長」。

【老虎扮和尚——人面獸心】
見「狐狸戴禮帽——人面獸心」。

【老虎變豬玀——又醜又惡】
豬玀：〈方〉豬。比喻又難看又凶惡。例他在八國聯軍侵略中國時，第一次見著洋鬼子，覺得那些強盜就像老虎變豬玀——又醜又惡。

【老虎剝了皮——威風掃地】
見「虎落平陽—威風掃地」。

【老虎不吃人——惡名在外】
老虎性凶猛，名聲可畏，即使有時不傷害人，人們見了也要遠遠躲避。比喻壞的名聲造成後，難以挽回。例她說：「我這個人，老虎不吃人——惡名在外。人家總說我兇狠潑辣，其實我溫順謹愼，誰也沒得罪過。」

【老虎不嫌黃羊瘦】
比喻有總比沒有強。例俗話說：「老虎不嫌黃羊瘦。」雖然小王只搞到了半斤香油，老李還是迫不急待地搶到手，提回了自己的家。

【老虎吃爆豆——咯嘣兒脆】
咯嘣：形聲詞，描繪老虎吃爆豆的聲音。見「快刀切蘿蔔——乾脆」。

【老虎吃鼻煙——沒見過】
鼻煙：由鼻孔裏吸進的粉末狀的煙。見「雞屙尿——沒見過」。

【老虎吃刺蝟——難開口】
刺蝟：哺乳動物，頭小，四肢短，嘴尖，身上有硬刺，遇到敵人，身體便縮成一團。比喻有難言之隱。例你就別深究了，人家是老虎吃刺蝟——難開口，何苦要人爲難呢！也作「大姑娘想婆家——不好開口」、「嘴巴貼封條——口難張」、「沒嘴的葫蘆——難開口」。

【老虎吃豆芽——小菜一盤】
小菜：小碟兒盛的下酒菜。比喻輕而易舉的事情，或無足輕重的人。例你認爲我們拿不下這樣大的任務，我看它不過是老虎吃豆芽——小菜一盤。也作「老虎吃螞蚱——小菜兒」、「張飛吃豆芽——一盤小菜」。

【老虎吃螞蚱——不經嚼】
螞蚱：〈方〉蝗蟲。比喻輕而易舉地解決，或不能滿足要求。例這一小股匪徒，實在是小意思，老虎吃螞蚱——不經嚼。也作「老虎吃螞蚱——不夠嚼」、「鯊魚吃蝦毛——不夠嚼」。

【老虎吃螞蚱——碎拾掇】
拾掇：收拾，懲治。比喻不間斷地零敲碎打地殲滅敵人。例要消滅強大的敵人，心急吃不了熱鍋粥，咱們來個老虎吃螞蚱——碎拾掇。也作「老虎吃螞蚱——零拾掇」、「老虎舔螞蚱——碎拾搗」。

【老虎吃螞蚱——小收拾】
比喻用小動作整治人。例這個老闆非常陰險，他不公開露面，在背後採取老虎吃螞蚱——小收拾的辦法，來懲罰反抗他的工友。也作「駱駝吃螞蟻——小收拾」。

【老虎吃人，惡名在外】
見「老虎進了城，家家都閉門，雖然不咬人，日前壞了名」。

【老虎吃天——摸不著邊】
比喻面臨的困難很大，心中無數，無從著手。例上級要求白手興建電力工程，說實在的，我和同事們都覺得老虎吃天——摸不著邊，不知如何完成任務。也作「瞎子過河——摸不著邊」。

【老虎吃天——無處下口】
也作「老虎吃天——無從下嘴」、「老虎吃天——沒法下嘴」、「老虎吃天——無從下手」。見「狗咬刺猬——無法下口」。

【老虎吃蚊子——不夠塞牙縫】
形容東西太少，不能滿足要求或不起作用。例工地裏有幾千人，送來這麼點蔬菜，簡直是老虎吃蚊子——不夠塞牙縫！也作「老虎吃蚊子——塞不住牙縫」。

【老虎吃蚊子——枉張口】
比喻說話不起作用，白費口舌。例你苦口婆心地勸說了半天，還是老虎吃蚊子——枉張口，他依然我行我素，不顧團體的利益。也作「老虎吃蚊子——枉張嘴」、「雞啄閉口蚶——枉費口舌」。

【老虎打架——勸不得】
指不便勸解說服，以免招惹麻煩或捲入漩渦。例這是屬於兩個匪幫的地盤之爭，其間並無是非、善惡之分，老虎打架——勸不得，善良的人千萬不能捲入他們的紛爭中去。

【老虎打瞌睡——難得的機會】
比喻不容易遇到的時機。例聽說警長進城了，老虎打瞌睡——難得的機會，我們趕快把這批槍枝彈藥偷運到山裏去，他一回來，就不好辦了。也作「老虎打瞌睡——機會難得」、「老鼠跌進米缸裏——機會難得」、「趕考中狀元——難得的機會」。

【老虎戴數珠——假充善人】
數珠：佛教徒誦經時用來計算次數的成串的珠子，每串一〇八顆，也叫念珠、佛珠。比喻外表和善，內心險惡。例他是一個殺人不眨眼的劊子手，卻在這裏老虎戴數珠——假充善人，誰也不會上當受騙。也作「老虎戴念珠——假裝仁慈」、「老虎掛佛珠——假仁慈」、「老虎戴佛珠——假善人」、「惡狗戴佛珠——裝大善人」、「老虎趕豬——假充善人」、「母狗戴念珠——假裝善心菩薩」、「黃鼠狼給雞超度——假充善人」。

【老虎當馬騎——有膽有魄】
見「關雲長單刀赴會——有膽有魄」。

【老虎的肩膀——拍不得】
比喻吹拍的作風要不得。例在現代，辦事要講原則，講實事求是，老虎的肩膀——拍不得，今後你應當注意點。也作「老虎的屁股——拍不得」、「蠍子的屁股——拍不得」。

【老虎的屁股——摸不得】
比喻不能觸犯，或不能惹兇悍的人。例就算你是老虎的屁股——摸不得，告訴你，我今天是摸定了！也作「老虎的尾巴——摸不得」、「老虎的鬍子——摸不得」、「老虎屁股——不能摸」、「老虎的鬍子——拔不得」、「燒紅的烙鐵——摸不得」、「蠍子的屁股——摸不得」。

【老虎的頭髮——沒人理】
雙關語，比喻不被人重視，或無人理睬。例在官僚主義者的領導下，他的合理化建議變成了老虎的頭髮——沒人理。也作「剃頭鋪關門——沒人理」、「龍燈的鬍鬚——沒人理」、「臭屎殼郎——沒人理」。

【老虎掉山澗——傷人太衆(重)】
傷人：本指老虎受了傷害，這裏指得罪人；衆：「重」的諧音。雙關語，比喻得罪的人太多。例俗話說：「法不責衆。」你昨天在會上的發言，幾乎批評了全廠的員工，的確是老虎掉山澗——傷人太衆（重）。

【老虎肚裏取膽——大膽】
見「餓猴口裏奪脆骨——好大的膽子」。

【老虎餓了逮耗子——饑不擇食】
比喻在急於解決問題時，往往顧不得選擇最佳方案。例老虎餓了逮耗子——飢不擇食，你們在任務緊急的情況下，採取了不恰當的措施，是可以理解的，但應好好總結經驗教訓。也作「餓老鷹抓驢——饑不擇食」。

【老虎趕豬——假充善人】
見「老虎戴數珠——假充善人」。

【老虎掛上念佛珠——想變著法兒來吃人】
比喻壞人變換手法，增加欺騙性。例這條老狗詭計多端，鬼子投降了，又成了鄉親們的代言人，聲稱同民族的敵人誓不兩立，眞是老虎掛上念佛珠——想變著法兒來吃人。

【老虎和豬養的——又惡又蠢】
比喻又兇惡又愚蠢。罵人的話。例這一幫敵人是老虎和豬養的——又惡又蠢，這次非好好教訓他們一番不可。

【老虎花在背，人心花在內】
老虎的花紋在背上，一眼可識，而人心裏的想法卻難以知曉。例他的話，你可千萬不能輕信。俗話說：「老虎花在背，人心花在內。」你知道他嘴上這樣說，心裏可不一定這樣想呀！

【老虎借豬——有借無還】
也作「老虎借羊——有借無還」。見「黃鼠狼借雞——有借無還」。

【老虎借豬——有去無回】
比喻失去的不會再得到，有時指人去了不會再回來。例我們應當有心理準備，他這次出走，恐怕是老虎借豬——有去無回。也作「肉包子打狗——有去無回」、「高山滾石頭——有去無回」、「黃鼠狼拉小雞——有去無回」、「老鷹下地抓雞仔——有去無回」、「排骨擲餓狗——有去無回」、「夜貓子抓小雞——有去無回」。

【老虎金錢豹——各走各的道】
見「兩股道上跑的車——各走各的道」。

【老虎進棺材——嚇死人】
見「棺材頭上放炮仗——嚇死人」。

【老虎進了城，家家都閉門，雖然不咬人，日前壞了名】
比喻惡人無論現在做不做壞事，因爲從前的壞名聲，都不會受到歡迎。例儘管你現在表現還可以，可是你從前的名聲太壞了，所以大家都不太歡迎你，俗話說：「老虎進了城，家家都閉門，雖然不咬人，日前壞了名。」這還是怨你自己呀！也作「老虎吃人，惡名在外」。

【老虎進廟堂——沒安好心】
見「黃鼠狼給雞拜年——沒安好心」。

【老虎近身——開口是禍】
雙關語，比喻說話招禍惹災。例在那恐怖的年代，老虎近身——開口是禍，所以人人緘口不言。也作「烏鴉落房頭——開口是禍」。

【老虎啃菩薩——沒有人味】
見「狗咬皮影——沒有人味」。

【老虎誇海口——大嘴說大話】
誇海口：漫無邊際地說大話。比喻說不著邊際、無法實現的空話。例做任何事情，都要看實際行動，老虎誇海口——大嘴說大話，沒有絲毫價值。也作「豬八戒吹牛——大嘴說大話」。

【老虎拉車——誰敢（趕）】
敢：「趕」的諧音。雙關語，比喻沒有人敢做某件事。例同你比武，就憑你這個全國武術冠軍的大名，也把人給鎮住啦，老虎拉車——誰敢（趕）啊！也作「老虎拉車——沒人敢（趕）」、「老虎駕轅——誰敢（趕）」、「老虎拉車——沒有敢（趕）的」。

【老虎拉磨——不聽那一套】
老虎是猛獸，根本不會馴服地給人拉磨。比喻不接受、不相信那些謊話或謠言。有時指我行我素，不受約束。例讓他去瞎說八道吧，咱們是老虎拉磨——不聽那一套。也作「老虎拉碾子——不聽那一套」、「老虎拉車——甭聽那一套」、「山羊駕轅——不聽那一套」、「猴子拉磨——不聽那一套」。

【老虎離山林——抖不起威風】
見「蛟龍困在沙灘上——抖不起威風」。

【老虎念經——假正經】
見「婊子立牌坊——假正經」。

【老虎爬樹——荒唐】
見「公雞下蛋——荒唐」。

【老虎皮】
舊時的軍服爲黃色，老百姓見了害怕，故稱老虎皮。後泛指軍裝。例自從他兒子穿上老虎皮，他的氣焰更囂張了。

【老虎皮，兔子膽——外強裏虛】
見「打腫臉充胖子——外强中乾」。

【老虎屁股摸不得】
比喻人狂妄自大，容不得別人批評或反對自己。例老張一向認爲自己是處長，「老虎屁股摸不得」，沒人敢批評他。誰知，剛參加工作的小李卻根本沒把他放在眼裏。

【老虎屁股上抓癢癢——惹禍上身】

比喻自招災禍，危及自身。例對那個瘟神，人們都遠而避之，你卻老虎屁股上抓癢癢——惹禍上身。也作「**老虎屁股上抓癢癢——自取其禍**」、「**披蓑衣救火——惹禍（火）上身**」、「**太歲頭上動土——惹禍上身**」、「**兔子逗老鷹——惹禍上身**」。

【老虎入山，蛟龍入海】

見「龍歸滄海，虎入深山」。

【老虎身上的虱子——誰敢惹】

比喻後台硬，沒人敢於觸犯。例楊二寶是個小爬蟲，沒有什麼了不起，可是他有財主老子作靠山，耀武揚威，橫行無忌，老虎身上的虱子——誰敢惹！

【老虎伸腰——舒適舒適】

比喻舒服安逸。例一連勞累了好幾天，今天要來個老虎伸腰——舒適舒適，到公園去逛逛。

【老虎舔漿糊——不夠餬（糊）嘴】

餬：「糊」的諧音。比喻不能勉強維持生活。例台灣早期，公教人員的薪水菲薄，老虎舔漿糊——不夠餬（糊）嘴，不少人靠借貸度日。

【老虎頭上打蒼蠅】

比喻冒犯權貴人物，會給自己帶來災禍。《老殘遊記》二〇回：「問他有腦袋沒有？誰敢在老虎頭上打蒼蠅。」也作「**老虎頭上撲蒼蠅**」。《儒林外史》六回：「我們沒來由今日爲他得罪嚴老，『老虎頭上撲蒼蠅』怎的？落得做好好先生。」

【老虎頭上翻跟頭——險著哩】

見「刀口舔糖——危險」。

【老虎頭上拉屎——好大的膽子】

也作「**老虎頭上拉屎——膽子不小**」。見「餓狼口裏奪脆骨——好大的膽子」。

【老虎頭上拍蒼蠅——好大的膽子】

也作「**老虎頭上拉屎——好大的膽子**」。見「餓狼口裏奪脆骨——好大的膽子」。

【老虎頭上拍蒼蠅——沒有那麼容易】

比喻事情的難度很大，危險。例「哼，就憑這幾支破槍就想打倒南魔王，眞是老虎頭上拍蒼蠅——沒有那麼容易。」他一面走一面想。

【老虎頭上拍蒼蠅——惹麻煩】

見「笨豬拱刺蓬——自找苦吃」。

【老虎頭上撲蒼蠅】

見「老虎頭上打蒼蠅」。

【老虎頭上搔癢——送死】

也作「**老虎頭上抓癢——找死**」、「**老虎身上去搔癢——尋的送死**」。見「耗子舔貓鼻子——找死」。

【老虎頭上抓癢】

比喻冒犯有權勢的人而有生命危險。《後漢演義》三三回：「竇憲前殺郅壽，後殺樂恢，威焰逼人，炙手可熱，還有何人不顧生死，再去『老虎頭上抓癢』？」也作「**老虎頭上抓毛兒**」。

【老虎頭上捉虱子——不怕死】

也作「**老虎頭上捉虱子——死都不怕**」。見「鬼打城隍廟——不怕死」。

【老虎頭上捉虱子——好心不得好報】

見「過河打船工——好心不得好報」。

【老虎吞石獅——吃不消】

比喻受不了。例工作得一件一件做，你一下兜攬這麼多任務，我看會像老虎吞石獅——吃不消的。

【老虎尾巴綁掃帚——威風掃地】

見「虎落平陽——威風掃地」。

【老虎演戲——看不得】

比喻沒有什麼好看的。例說實話，你們這次的娛樂晚會沒有什麼新的節目，老虎演戲——看不得。

【老虎咬刺蝟——不知從哪兒下口】

見「狗咬刺蝟——無法下口」。

【老虎咬銃——兩敗俱傷】

銃：ㄔㄨㄥˋ，指一種舊式火器，常用以打獵。老虎咬壞了銃，銃也打傷了老虎，雙方都有損傷。比喻鬥爭的雙方都受到損傷。例他們之間勢均力敵，鬥爭的結果必然是老虎咬銃——兩敗俱傷，不會有勝利者，第三者將坐收漁人之利。

【老虎咬棕蓑——一次就夠了】

棕蓑：蓑衣，用棕製成的、披在身上的防雨用具。比喻嘗到了苦頭，汲取了教訓。例我已知道了你的爲人，老虎咬棕蓑——一次就夠了，以後再也不會上當了。

【老虎也有打盹兒的時候】

比喻再有本事的人也會有疏忽、失誤的時候。例他雖然做錯了事，但不是有意的，「老虎也有打盹兒的時候」，我看就算了。

【老虎爪子蠍子心——又狠又毒】

比喻既兇狠又毒辣。例那個地主老王是老虎爪子蠍子心——又狠又毒，爲了搶占墳地，把汪老漢搞得家破人亡。

【老虎追得貓上樹——多虧留了一手】

民間故事中說，貓教老虎學本領，沒有教上樹的方法。後來老虎追貓時，貓上了樹，老虎奈何不得。比喻幸虧留有後路，否則要吃虧上當。例這小子翻臉不認人呀！老虎追得貓上樹——多虧留了一手，否則收賄的事要是讓他知道了，還不知要怎麼咬你呢。

【老虎嘴裏拔牙】

比喻冒生命危險觸犯有權有勢的人。例他有權有勢，大家躲還來不及呢，你卻去冒犯他，眞是「老虎嘴裏拔牙」。

【老虎嘴裏拔牙——送死】

也作「**老虎嘴裏拔牙——找死**」。見「耗子舔貓鼻子——找死」。

【老虎嘴裏塞螞蚱——塡不滿】

螞蚱：〈方〉蝗蟲。比喻貪婪的人沒有滿足的時候。例對這種見錢眼開的人不能遷就，老虎嘴裏塞螞蚱——塡不滿，他會得寸進尺，提出更多的無理要求，那時就更難辦了。也作「**屬漏斗的——塡不滿**」。

【老虎嘴裏討脆骨吃——好膽大】

見「餓狼口裏奪脆骨——好大的膽子」。

【老虎嘴裏討脆骨——休想】

見「九兩紗織十匹布——休想」。

【老虎嘴上拔毛——好大的膽】

也作「**老虎頭上拔毛——不知道利害**」。見「餓狼口裏奪脆骨——好大的膽子」。

【老滑頭】

指年歲大、處事圓滑或一貫狡猾的人。例你的對手是個老滑頭，你千萬不可大意。

【老皇曆——翻不得】

皇曆：也作黃曆，曆書，排列月、日、節氣供查考的書；老皇曆：指過時的皇曆。比喻過時的東西，沒有用了。有時指過去的事不要再提起。例這是已經作廢了的規章制度，老皇曆——翻不得，必須按新規定辦事。也作「**去年的皇曆——今年看不得**」、「**三十年的老陳帳——翻不得**」、「**舊皇曆——翻不得**」。

【老驥伏櫪】

驥：良馬；櫪：ㄌㄧˋ，馬槽。年老了的良馬雖伏處於馬槽，仍想奔千里遠路。比喻年紀雖老而仍有雄心壯志。三國魏·曹操《步出夏門行》詩：「老驥伏櫪，志在千里；烈士暮年，壯心不已。」明·張岱《公祭張亦寓文》：「其胸中眞有一段不可磨滅之氣，巨魚失水，老驥伏櫪之悲。」

【老奸大猾】

見「老奸巨猾」。

【老奸大偷】

見「老奸巨猾」。

【老奸巨盜】

見「老奸巨猾」。

【老奸巨猾】

形容人老於世故而又極其奸詐狡猾。《資治通鑑·唐玄宗開元二十四年》：「[李林甫]好以甘言啗人，而陰中傷之，不露辭色，凡爲上所厚者，始則親結之，及位勢稍逼，輒以計去之，老奸巨猾，無能逃於其術者。」鄭振鐸《桂公塘》：「對於這批老奸巨猾們的心理，他（文天祥）是洞如觀火的。」也作「**老奸大偷**」。漢·焦延壽《易林·震》：「老奸大偷，東行盜珠。」也作「**老奸大猾**」。宋·蘇洵《衡論下·議法》：「比閭小吏，奉之以公，則老奸大猾，束手請死，不可漏略。」也作「**老奸巨盜**」。宋·蘇軾《上皇帝書》：「是時四方豪傑，不能以科舉自達者，皆爭爲之，往往積功以取旌鉞，雖老奸巨盜，或出其中。」也作「**老奸少猾**」。宋·陳亮《與韓子師侍郎》：「老奸少猾鋤其甚者，而肆爲不法者，亦移易一二以動其餘。」也作「**老奸宿贓**」。唐·韓愈《上李尚書書》：「老奸宿贓，銷縮摧沮，魂亡魄喪，影滅跡絕。」也作「**大奸巨猾**」、「**巨奸大猾**」、「**巨猾老奸**」、「**宿惡大奸**」、「**深奸巨猾**」。

【老奸少猾】

見「老奸巨猾」。

【老奸宿贓】

見「老奸巨猾」。

【老健春寒秋後熱】

指春季轉暖，即使寒冷也是暫時的；立秋之後冷得很快，即使熱也不會持久。比喻上了年紀的人常保健康不容易。《紅樓夢》五七回：「俗語說：『老健春寒秋後熱。』倘若老太太一時有個好歹，那時雖也完事，只怕耽誤了時光，還不得趁心如意呢。」

【老江湖】

指在外浪跡多年，見多識廣，非常世故的人。例多少年來他一直浪跡天下，什麼樣的事沒見過，是個老江湖，你有什麼事可以去請教他。

【老將出馬，一個頂倆】

比喻資歷深、經驗多的人辦事效率更高、更得力。例嘿，眞是「老將出馬，一個頂倆」。這麼多人折騰了半天也沒解決的問題，老王師傅一個人一會兒就解決了。

【老將知而耄及之】

知：同「智」；耄：ㄇㄠˋ，本義爲年老，古時八十歲稱爲耄，在此引申爲糊塗。指人年紀大了，經驗多，閱歷豐富，應該更聰明些，可是年老造成的糊塗也伴隨而來。《左傳·昭公元年》：「諺所謂『老將知而耄及之』者，其趙孟之謂乎！爲晉正卿，以主諸侯，而儕於隸人，朝不謀夕，棄神、人矣。」

【老街舊鄰】

相處多年的老街坊舊鄰居。例我在這條胡同住了幾十年，老街舊鄰的孩子我都是看著長大的。

【老姐仨要過獨木橋——一個一個地來】

仨：ㄙㄚ，三個。見「江邊上洗蘿蔔——一個個來」。

【老九的弟弟——老實（十）】

實：「十」的諧音。雙關語，比喻誠實或守規矩。有時指人不聰明伶俐。例幸虧這位朋友是老九的弟弟——老實（十），換是別人，早就與你鬧翻天了。

【老君爺叫蛇咬——法盡了】

老君爺：指太上老君，道教對老子的尊稱，傳說他是道教的創立者，神通廣大，法力無邊。比喻沒有辦法了。例你們還是另請高手吧，我算是老君爺叫蛇咬——法盡了，修理不好這台機器。

【老框子】

指過去的做法和規定。例別把你的老框子當寶貝，現在行不通了，你應該有點改革精神才行。

【老萊娛親】

《藝文類聚》卷二〇引《列女傳》：「老萊子孝養雙親，行年七十，嬰兒自娛，著五色彩衣，嘗取漿上堂，跌僕，因臥地為小兒啼，或弄烏鳥于親側。」後來用「老萊娛親」比喻對父母盡孝道。魯迅《朝花夕拾・二十四孝圖》：「其中最使我不解，甚至於發生反感的，是『老萊娛親』和『郭巨埋兒』兩件事。」

【老老蒼蒼竹一竿，長年風雨不知寒】

竹子一支，已經年老，卻仍鬱鬱蒼蒼；長年披風瀝雨，卻不畏懼嚴寒。形容人雖年老，而壯心不已的品德。常用於稱讚年高而志盛。清・鄭燮《題南園叢竹圖留別郭質亭》：「老老蒼蒼竹一竿，長年風雨不知寒。好教直節青雲去，任爾時人仰面看。」

【老老大大】

指人年紀大。宋・朱弁《曲洧舊聞》卷八：「潁叔老老大大，不能以前輩自居，尚何求哉。」

【老吏斷獄】

形容有經驗的人，判斷是非準確。例他在處理鄰里各種糾紛時，總是合情合理，大家深為滿意。羣衆稱他老吏斷獄，又快又好。

【老練通達】

老成幹練，通曉事理。例金幹事辦事雷厲風行，老練通達，深得主管賞識。

【老倆口埋在一個墳裏——死對活對】

老倆口：老夫婦倆。比喻生死與共。例他們宣誓，為了共同的事業，就像老倆口埋在一個墳裏——死對活對，永不分離。也比喻死活都是對頭，不可調和。例兩個家族打了幾輩子的冤家，像是老倆口埋在一個墳裏——死對活對，現在死疙瘩總算是解開了。

【老柳樹發新芽——回春】

比喻恢復了青春活力。例鄧大爺參加武術隊鍛鍊，不到一年又精神煥發，就像老柳樹發新芽——回春啦。

【老路子】

比喻舊辦法。例現在時代不同了，我們不能再走老路子。

【老驢推石磨——瞎轉圈子】

比喻說話拐彎抹角，不直截了當；或轉來轉去，迷失了方向。例你說話就像老驢推石磨——瞎轉圈子，大家都聽不明白，還是開門見山，有啥說啥吧。

【老媽兒抱孩子——人家的】

老媽兒：舊時指女僕，也叫老媽子。比喻是別人的，不是自己的。例「你又新買電視機了？」「哪兒的話，這是老媽兒抱孩子——人家的。」也作「**梅香手上的孩子——人家的**」、「**大丫頭抱孩子——人家的**」、「**奶媽抱孩子——人家的**」。

【老馬不死——舊性在】

馬終生為人服役，只要不死，就會繼續下去。比喻老年人鞠躬盡瘁，死而後已的精神。例老馬不死——舊性在，這個老頭一再表示，只要活著，就要盡心竭力地去工作。

【老馬戀棧】

比喻老年人的懷舊心情。例當我們要從這住了四十年的「四合院」搬遷到新居時，一種老馬戀棧的情思油然湧上心頭。

【老馬識途】

《韓非子・說林上》：「管仲、隰朋從桓公伐孤竹，春往冬返，迷惑失道。管仲曰：『老馬之智可用也。』乃放馬而隨之，遂得道。」老馬能辨認出走過的道路。後以「老馬識途」比喻經驗豐富的長者能在工作中起引導作用。清・錢謙益《高念祖懷寓堂詩序》：「念祖以余老馬識途，出其行卷，以求一言。」清・黃景仁《立秋後二日》詩：「老馬識途添病骨，窮猿投樹擇深枝。」也作「**老馬知道**」。唐・杜甫《觀安西兵過赴關中待命》詩之一：「老馬夜知道，蒼鷹饑著人。」也作「**老馬知路**」、「**識途老馬**」。

【老馬嘶風】

老馬在大風中昂首嘶叫。比喻人雖老而雄心猶在。《兒女英雄傳》二七回「『我只恨我一個好好兒的人，怎麼到了這些事上就得算個沒用的了呢！』說著，眼圈兒便有些紅紅兒的。這位舅太太也就算得個『老馬嘶風，英心未退』了！」

【老馬為駒】

《詩經・小雅・角弓》：「老馬反為駒，不顧其後。」後以「老馬為駒」比喻年老而壯心不已。唐・杜甫《病後過王倚飲贈歌》：「老馬為駒信不虛，當時得意況深眷。」

【老馬知道】

見「老馬識途」。

【老邁龍鍾】

見「老態龍鍾」。

【老貓不死舊性在】

比喻惡人本性難改。例他在監獄裏蹲了七年，但出來以後仍繼續做壞事，眞是「老貓不死舊性在」。

【老貓上鍋台——熟路】

老貓習慣上鍋台找東西吃，天冷時又喜歡臥在鍋台上。也作「**老貓上鍋台——道熟**」。見「閨女回娘家——熟路」。

【老貓鐵碗架——太穩重了】

比喻過於四平八穩了。例老于這個人是老貓鐵碗架——太穩重了，缺乏創新精神，工作總是打不開局面。

【老煤油桶——點火就著】

見「硫磺腦袋——一點就著」。

【老門檻】

比喻對某一方面或行當十分內行的人。例這次技術比武當然是你參加啦，你是這行的老門檻，準能力克羣雄。

【老米飯捏不成糰】

比喻彼此間若沒有感情存在，是不能合在一起的。例俗話說：「老米飯捏不成糰。」想讓一羣一般關係的人在一起共事都不容易，更何況讓兩個沒有感情的人結爲夫妻。

【老面子】

指舊有的交情或身分。例大夥兒求我幫著說句話，你就賣我一點老面子，同意了這件事吧！

【老謀深算】

周密策劃，深遠打算。形容人的謀略深沉老練。清・王韜《淞隱漫錄・任香初》：「老謀深算，東南羣吏中恐無此人。」茅盾《子夜》四：「現在他頗有點後悔剛才的『失態』，他的老謀深算走了這麼一個方面。」

【老母雞抱雞蛋——一邊伏（孵）著】

抱雞蛋：又叫抱窩，即孵卵成雛；伏：「孵」的諧音。比喻悄悄地呆在一邊，不要出頭露面。例照我看，倒楣的事還多著呢，你趁早老母雞抱雞蛋——一邊伏（孵）著吧！別再惹是生非了。

【老母雞抱窩——不簡單（揀蛋）】

抱窩：也叫爬窩，孵卵成雛；簡單：「揀蛋」的諧音。雙關語，比喻不平凡或不同一般。例這個孩子才十二歲，就獲得了國際鋼琴大獎賽第一名，眞是老母雞抱窩——不簡單（揀蛋）。也作「背著手奔雞窩——不簡單（揀蛋）」。

【老母雞孵蛋——收收心了】

母雞孵蛋時，孵一段時間後，總要將雞蛋向裏收攏，以便孵得均勻。比喻把放縱、散漫的心思收攏起來。例這孩子野了一個暑假，現在開學了，應該像老母雞孵蛋——收收心了。

【老母雞攆兔子——假充鷹】

比喻冒充英雄，沒有本領卻裝作很有本領。例靠邊站吧，別老母雞攆兔子——假充鷹了，不行就是不行，何必自討苦吃呢！

【老母雞爬窩——沒精神】

形容無精打采。例楊二弟一貫養尊處優，不愛勞動，一幹活就像老母雞爬窩——沒精神，總要設法溜掉。也作「老草雞爬窩——沒精神了」。

【老母雞生蛋——呱呱叫】

見「狗攆鴨子——呱呱叫」。

【老母雞跳進藥材店——自找苦吃】

見「笨豬拱刺蓬——自找苦吃」。

【老母雞啄癟穀——空歡喜】

癟穀：秕穀，子粒不飽滿的穀子。也作「老母雞啄癟穀——空喜一場」。見「狗咬尿脬——一場空」。

【老母雞啄癟穀——上當】

癟穀：不飽滿的穀粒。也作「老母雞啄癟穀——上了當」。見「蔣幹盜書——上當受騙」。

【老母豬擺擂台——醜八怪逞能】

擂台：爲比武所搭的台子。比喻賣弄醜態，不知自醜。例昨天，他在會議上表演得夠充分的了，當場就有人說是老母豬擺擂台——醜八怪逞能。

【老母豬鼻子裏插大蔥——裝相（象）】

見「狗鼻裏插蔥——裝相（象）」。

【老母豬吃醪糟——酒足飯飽】

醪（ㄌㄠˊ）糟：江米酒。形容酒已盡量，飯也吃飽。貶義。例這一幫傢伙，老母豬吃醪糟——酒足飯飽之後，又去胡作非爲了。

【老母豬吃秫黍——順稈子上來了】

秫（ㄊㄠˊ）黍：〈方〉高粱。比喻順著別人的口風或意思說話。有時也比喻趨炎附勢借別人勢力向上爬。例在昨天的會議上，廠長的話明明是錯的，你怎麼也老母豬吃秫黍——順稈子上來了，一點原則性都沒有。也作「老母豬吃秫秫——順稈爬」、「螞蚱吃秫秫——順著稈子向上攀」、「螃蟹吃高粱——順著稈子往上爬」、「長蟲吃高粱——順稈爬」、「螞蟻上枯樹——順稈爬」。

【老母豬打架——光使嘴】

也作「老母豬打架——全憑一張嘴」。見「狗抓門簾——全憑一張嘴」。

【老母豬耕地——光會使嘴】

見「狗掀門簾——全憑一張嘴」。

【老母豬喝泔水——吹大泡】

泔（ㄍㄢ）水：淘米洗菜或洗刷鍋碗用過的水。豬喝泔水時，鼻子伸入水裏，呼氣時就冒出水泡。比喻吹牛皮，說大話。例別盡是老母豬喝泔水——吹大泡，有本領出來比試比試，看看究竟誰高誰低。

【老母豬啃槽——不抬頭】

槽：盛飼料的長條形器具。雙關語，比喻低著頭，專心一意做某事。例你整天躲在家裏寫文章，老母豬啃槽——不抬頭，把身體搞垮了是不划算的。也作「老牛啃地——不抬頭」。

【老母豬啃槽——垂下了頭】

見「霜打的蕎麥——垂下了頭」。

【老母豬啃碗碴——滿嘴詞（瓷）】

也作「老母豬啃碗碴——口口是詞（瓷）」、「老母豬吃碗碴——肚裏有詞（瓷）」。見「狗啃碗片——滿嘴詞（瓷）」。

【老母豬尿窩——自作自受】

尿窩：在自己睡覺的地方撒尿。見「木匠戴枷——自作自受」。

【老母豬上夾道——進退兩難】

夾道：左右兩邊都有牆壁的狹窄道路。老母豬一般很肥大，夾在夾道裏，進不得，退不得。見「光腳丫走進蒺藜窩——進退兩難」。

【老母豬鑽進玉茭地——找的吃棒子】

玉茭：玉米，也叫棒子。雙關語，比

喻尋著挨揍，自找倒楣。例你在背後又講那個母老虎的怪話，要是傳到她耳朵裏，豈不是老母豬鑽進玉茭地——找的吃棒子。也作「**母豬鑽進玉茭地——找著吃棒子**」。

【老母豬鑽籬笆——進退兩難】
籬笆：用竹子或樹枝等編成的障礙物。見「光腳丫走進蒺藜窩——進退兩難」。

【老奶奶的嫁妝——老古董】
見「出土文物——老古董」。

【老奶奶的髽髻——輸（梳）定了】
髽（ㄓㄨㄚ）髻：在腦後的髮髻；輸：「梳」的諧音。見「叫花子同龍王比寶——輸定了」。

【老腦筋】
指舊思想和有濃厚舊思想、意識的人。例別怪孩子們說你是老腦筋，你確實該換換新了。

【老牛吃草——吞吞吐吐】
牛是反芻動物，吃草時先把草粗嚼後嚥至瘤胃和蜂巢胃，然後再回到嘴裏咀嚼。雙關語，比喻說話有顧慮，想說又不想說。例他說話老是像老牛吃草——吞吞吐吐，一點兒不痛快，不知心裏有什麼鬼。也作「**鯉魚喝水——吞吞吐吐**」，「**葫蘆落水——吞吞吐吐**」、「**娃娃吃泡泡糖——吞吞吐吐**」、「**小孩吃泡泡糖——吞吞吐吐**」。

【老牛打滾——大翻身】
比喻落後狀況或不利處境有了徹底的改變。例我們工廠自從調整領導陣容，加强管理，進行技術革新等措施後，不到一年，生產就像老牛打滾——大翻身了。

【老牛掉在水井裏——有勁使不上】
也作「**水牛掉井裏——有勁使不上**」、「**水牛掉到枯井裏——有勁使不上**」。見「大象逮老鼠——有勁使不上」。

【老牛趕山——趕到哪天算哪天】
比喻辦事缺乏目標，過一天算一天；或不著急，慢慢來，什麼時候達到目的都可以。例工程一定要限期完成，不能老牛趕山——趕到哪天算哪天。

【老牛牯洗澡——貧裏貧氣】
老牛牯（ㄍㄨˇ）：即老牯牛，公牛。形容說話、辦事不響亮、不乾脆。例小劉是個慢性子，說起話來就像老牛牯洗澡——甕裏甕氣，做事也不乾淨俐落。

【老牛筋】
比喻性格異常倔强執拗的人。例你想說服他？我看誰也沒有這麼大本事，他是根老牛筋，不碰得頭破血流是不會回頭的。

【老牛筋——難啃】
老牛筋非常堅韌，啃不動。比喻困難不易克服；或辦事吃力，工作無進展。例這裏河寬水深，架橋任務確是老牛筋——難啃，是不是改換一個地方。也作「**老牛筋——啃不動**」、「**硬骨頭——啃不動**」。

【老牛啃地皮——不抬頭】
見「老母豬啃槽——不抬頭」。

【老牛啃地皮——垂下了頭】
見「霜打的蕎麥——垂下了頭」。

【老牛拉車——慢慢磨】
見「官工活——慢慢磨」。

【老牛拉車——穩穩當當】
比喻可靠、保險。例小姜老成持重，做事就像老牛拉車——穩穩當當，事情交他辦很放心。也作「**老牛拉車——穩上加穩**」、「**老太太坐牛車——穩穩當當**」、「**摸著石頭過河——穩穩當當**」、「**汽車開在柏油路上——穩穩當當**」、「**石樁裏放鴨蛋——穩穩當當**」、「**小馬拴在大樹上——穩妥**」、「**坐石臼撐拐杖——穩上加穩**」。

【老牛拉犁馬拉車——渾身是勁】
比喻勁頭足，幹得勁大。例這小伙子眞棒，幹起活來就像老牛拉犁馬拉車——渾身是勁，一個頂兩個。

【老牛拉磨——慢工出細活】
做慢一些，可以做得更好一些。例「你做得眞快！」「你是老牛拉磨——慢工出細活，我的品質不如你呀。」

【老牛拉碾——原地打轉】
碾：ㄋㄧㄢˇ，軋碎穀物或去穀物皮的石製工具，比喻沒有長進，還是老樣子。例你學習了兩年，老牛拉碾——原地打轉，技術上毫無進步。

【老牛拉破車——快不了】
見「燈心上煨牛筋——快不了」。

【老牛拉破車——慢騰騰】
比喻行動緩慢。例他做事一向是老牛拉破車——慢騰騰的，著急也沒用，只有耐心等待。也作「**老牛拉破車——慢吞吞的**」、「**老牛拉破車——慢慢行**」、「**老牛拉破車——越走越慢**」、「**老黃牛拉車——慢慢吞吞**」、「**蝸牛上樹——慢騰騰**」、「**小腳女人走路——慢騰騰**」。

【老牛拉座鐘——又穩又準】
座鐘：擺在桌子上的時鐘。比喻行動穩重、準確。例老章工作向來是老牛拉座鐘——又穩又準，跟他一起做，錯不了。

【老牛破車】
比喻做事慢慢吞吞，效率極差。老舍《我怎樣寫〈老張的哲學〉》：「七月七剛過去，老牛破車的故事不知又被說過多少次；小兒女們似睡非睡的聽著，也許還沒有聽完，已經在夢裏飛上天河去了……但是我這個老牛破車，卻與『天河配』沒什麼關係。」也作「**老牛拉破車**」、「**羸牛笨車**」。

【老牛上鼻繩——跑不了】
鼻繩：拴在牛鼻子上的繩子。見「斷了腿的青蛙——跑不了」。

【老牛舐犢】
犢：小牛。《後漢書·楊彪傳》：「[彪]子修爲曹操所殺，操見彪，問曰：『公何瘦之甚？』對曰：『愧無日磾先見之明，猶懷老牛舐犢之愛。』操爲之改容。」後以「老牛舐犢」比喻父母對子女的慈愛。唐・權德輿〈璩授京兆府參軍戰書〉詩：「老牛還舐犢，凡鳥亦將雛。」清・畢憲曾《棄兒行》詩：「誰非人子誰無父，老牛舐犢尚有情，獨聽哀鴻淚如雨。」

【老牛套破車——兩湊合】

比喻兩方面都勉强拼湊或聚集在一起。有時指勉强適應不很滿意的事物或環境。例你們雙方都不要互相挑剔和指責了，老牛套破車——兩湊合吧！也作「**老牛套破車——兩將就**」、「**歪鍋配扁灶——兩湊合**」。

【老牛推脫了磨——空轉一趟】

見「狗舔磨台——空轉一遭」。

【老牛拖破車——一搖三擺】

形容做事慢吞吞的。例她做起事來，就像老牛拖破車——一搖三擺，你耐心地再等等吧。

【老牛追汽車——落在後邊】

比喻跟不上形勢的發展。例社會進步很快，不努力學習，就會像老牛追汽車——落在後邊。也作「**胖子上山——落後**」。

【老牛追兔子——有勁使不上】

也作「**老牛攆兔子——有勁使不上**」。見「大象逮老鼠——有勁使不上」。

【老牛走老路——照舊】

比喻照老規矩和老辦法辦事。例「這個月的獎金如何發放？」「老牛走老路——照舊。」

【老牛鑽狗洞——難通過】

也作「**老牛鑽狗洞——通不過**」。見「筷子穿針眼——難通過」。

【老女歸宗】

指舊時出嫁的婦女被遺棄或其他原因歸返娘家。《歧路燈》八五回：「您家不要我了，說明白送我個老女歸宗，不過只爭一張休書。」

【老羆當道】

《北史・王羆傳》：「比曉，軌衆已乘梯入城，羆尚臥未起，聞閤外洶洶有聲，便坦身露髻徒跣，持一白棒，大呼而出，謂曰：『老羆當道臥，貉子那得過！』敵見，驚退。後以「老羆當道」比喻猛將鎮守要塞，聲勢逼人。也作「**老熊當道**」。唐・王維《工部楊尚書夫人京兆王氏墓志銘》：「河南則分虎臨人，華陰則老熊當道。」清・錢謙益《元日雜題長句八首》詩之五：「老熊當道踞津門，一旅師如萬騎屯。」也作「**老羆高臥**」。王安石《輒次公辟韵書公戲語申之以祝助發一笑》詩：「老羆豈得長高臥，雛鳳仍聞已間生。」

【老羆高臥】

見「老羆當道」。

【老婆當軍】

形容只是充數，無實際作用。《金瓶梅詞話》二六回：「俺們說話不中聽，老婆當軍，充數罷了。」《醒世姻緣傳》五回：「我要這混帳兒子做什麼？老婆當軍，沒的充數哩！」

【老婆婆吃柿子——光揀軟的捏】

也作「**老太太吃柿子——單挑軟的捏**」。見「老太太吃桃子——揀軟的捏」。

【老婆舌頭】

指花言巧語，挑撥是非。《西遊記》三一回：「那個豬八戒，尖著嘴，有些會說老婆舌頭，你怎聽他？」清・趙翼《讀陸放翁詩題後》詩：「老婆舌頭老嫗頤，拾來都與名理印。」

【老氣橫秋】

老氣：老年的氣概；橫秋：充溢秋氣的天空。指老年的氣勢豪壯。南朝齊・孔稚珪《北山移文》：「風情張日，霜氣橫秋。」唐・杜甫《送韋評事赴同谷判官》詩：「老氣橫九州。」後用「老氣橫秋」形容老練自負或擺架子。宋・樓鑰《題楊子元琪所藏東坡古木》詩：「東坡筆端遊戲，槎牙老氣橫秋。」也形容缺乏朝氣。清・張集馨《道咸宦海見聞錄》：「其人老病求退，故諸事皆老氣橫秋，一概不辦。」也作「**暮氣橫秋**」。

【老冉冉其將至兮，恐脩名之不立】

冉冉：慢慢地；脩名：高潔的名聲。老年漸漸地快來到了，唯恐沒有博得高潔的名聲。指人盡暮年，當力爭有所作爲。戰國楚・屈原《離騷》：「忽馳騖以追逐兮，非余心之所急；老冉冉其將至兮，恐脩名之不立。」

【老儒常語】

見「老生常談」。

【老弱殘兵】

年老體弱或身體傷殘的士兵。也比喻年老體衰、能力不濟的人。《三國演義》三二回：「城中無糧，可發老弱殘兵並婦人出降，彼必不爲奮，我即以兵繼百姓之後出攻之。」老舍《四世同堂》五：「我們這走不開的老弱殘兵也得有勇氣，差不多和你們能走開的一樣。」

【老弱婦孺】

年老體弱的人和婦女、小孩。指缺乏生活能力而需別人扶持照顧的人。例抗日戰爭時期，日軍在南京進行大屠殺，連老弱婦孺也不能倖免。

【老僧入定】

入定：摒除雜念，思想定於一處。老和尚閉目靜神守舍。《孽海花》二〇回：「看時，卻是個黑瘦老者，危然端坐，彷彿老僧入定一樣。」

【老艄公撐船——看風使舵】

艄（ㄕㄠ）公：船尾掌舵的人，也泛指撐船的人。比喻看人的眼色隨機應變。例龐二這個人的特點就是老艄公撐船——看風使舵，投機取巧，不是一個誠實正直的人。

【老生常談】

陳腐過時的言論或常說的老話。《三國志・魏書・管輅傳》：「此老生之常譚（談）。」唐・劉知幾《史通・書志》：「若乃前事已往，後來追證，課彼虛說，成此游詞，多見其老生常談，徒煩翰黑者矣。」也作「老儒常語」。《新唐書·魏徵傳》：「徵見長史鄭頲曰：『……賊糧盡且去，我追之，取勝之道也。』頲曰：『老儒常語耳。』」也作「書生常談」。

【老師費財】
見「老師縻餉」。

【老師縻餉】
老師：軍隊長期困頓而鬥志衰落；縻餉：浪費軍餉。形容軍隊長期作戰而不能取勝，浪費軍餉。清·梁章鉅《歸田瑣記·訥親》：「老師縻餉，克捷無期。」也作「老師糜餉」。清·昭槤《嘯亭雜錄·馬壯節公》：「經大兵兩度撻伐，不能獲尺寸之利，乃至屯師經年，老師糜餉，安用將帥爲也！」也作「老師費財」。唐·陸贄《收河東後請罷兵狀》：「曠日綿歲，老師費財。」

【老師糜餉】
見「老師縻餉」。

【老師宿儒】
宿儒：長期鑽研儒家經典的人，泛指從事某種學問研究並具一定成就的人。指年輩居尊而又知識淵博的長者。宋·陸游《賀周參政啓》：「高文大册，或托之不得其人；老師宿儒，有死而莫見於世。」魯迅《談「激烈」》：「即要研究，也必先由老師宿儒，先下一番改定功夫。」

【老實巴交】
形容人規規矩矩，謹愼小心。例他是個老實巴交的人，絕不會幹出這種膽大妄爲的事。

【老實的終須在】
老實人終會有好結果。例想不到，像他這麼老實巴交的人也娶了個這麼能幹的媳婦。眞應了俗語所說的：「老實的終須在。」

【老手宿儒】
指長期從事某項研究富有成果的年長學者。《兒女英雄傳》一回：「一見你這本卷子，便知爲老手宿儒，晚成大器。」

【老壽星的腦袋——寶貝疙瘩】
老壽星的腦袋：民間把壽星的頭部塑造得長而隆起，呈疙瘩狀。比喻心愛的人（多指嬰幼兒），或難得的珍貴物品。例這孩子是你們家裏老壽星的腦袋——寶貝疙瘩，嬌生慣養，像個小皇帝。也作「玉石娃娃——寶貝蛋」、「神堂裏的雛子兒——寶貝蛋」。

【老壽星還童——面目全非】
見「蝌蚪變青蛙——面目全非」。

【老壽星叫門——肉頭到家了】
民間把老壽星的頭塑造得長而隆起，呈肉疙瘩狀。雙關語，比喻愚蠢、軟弱無力到極點了。例你認爲他是老壽星叫門——肉頭到家了，其實不然，他很精明能幹，百裏挑一的人才。

【老壽星上吊——活夠了】
比喻對生活失去信心。有時用以斥責人闖禍，自己找死。例你說什麼？老壽星上吊——活夠了！你這種悲觀厭世情緒很危險，你應當正視人生，改變生活。也作「老壽星吃砒霜——不想活了」、「老壽星吃砒霜——活得不耐煩」、「老壽星上吊——活得不耐煩」、「壽星公吊頸——活得不耐煩」、「麻雀和鷹鬥嘴——活得不耐煩」。

【老鼠扒洞——自找門路】
比喻自己尋找途徑、門徑或出路。例公司已經垮台，職工的職業無法安排，只好老鼠扒洞——自找門路。

【老鼠搬薑】
比喻白費功夫，勞而無功。明·朱國禎《涌幢小品·竹軒》：「獨嗜書，每得一書，手自披對……笑謂人曰：『吾猶老鼠搬生薑，勞無用也。』」

【老鼠搬金——沒用處】
也作「老鼠搬金——無用」。見「冬天的扇子——沒用處」。

【老鼠搬生薑——勞而無功】
生薑辣味濃，老鼠不食，搬了無用。見「背石頭上山——勞而無功」。

【老鼠鼻子——大不了】
見「花瓶裏栽樹——大不了」。

【老鼠吃滿了三斗六——惡貫滿盈】
斗：容量單位，一斗是十升；貫：穿物或錢的繩索；盈：滿。俗話說：「老鼠吃不滿三斗。」吃滿了三斗六，可見到頂了。形容壞人罪大惡極。例此人壞事做得夠多了，老鼠吃滿了三斗六——惡貫滿盈，這次一定逃脫不了法律的制裁。

【老鼠吃貓——怪事】
比喻奇怪的事情或不可能發生的事情。例你講的故事，確是老鼠吃貓——怪事，現實生活中很少碰見，也許是人編造的。也作「六月飛霜——怪事」、「雞吃黃鼠狼——怪事」、「公雞下蛋狗長角——怪事」、「螃蟹生鱗魚生腳——怪事」。

【老鼠打擺子——窩裏戰】
打擺子：患瘧疾；戰：戰慄，顫抖。雙關語，比喻內部爭吵，互相攻擊。例確有這麼一些人，喜歡老鼠打擺子——窩裏戰，對外敵則奴顏婢膝，俯首帖耳。也作「耗子洞裏打架——窩裏鬥」。

【老鼠掉到書箱裏——咬文嚼字】
也作「老鼠落在書箱裏——咬文嚼字」。見「耗子啃書——咬文嚼字」。

【老鼠掉到油缸裏——脫身不得】
比喻逃脫不了。例鬼子鳩山一郎落於游擊隊的包圍之中，知道自己是老鼠掉到油缸裏——脫身不得了，只好舉起雙手投降。

【老鼠跌進米缸裏——機會難得】
見「老虎打瞌睡——難得的機會」。

【老鼠跌進米缸裏——又喜又愁】
喜的是有米可吃，愁的是逃不出去。比喻又高興又憂慮的矛盾心情。例進口家電越來越多，他好似老鼠跌進米缸裏——又喜又愁，喜的是功能多，可因應需要；愁的是價格不便宜，工資不夠開銷了。也作「老鼠跌落米缸——半邊快樂半邊愁」。

【老鼠跌進罎子裏——無縫可鑽】

比喻說話、辦事嚴密周到，別人鑽不了空子。有時指無處可逃。例我們這個計畫方案周密細致，老鼠跌進罎子裏——無縫可鑽，讓他們去說三道四吧。也作「老鼠掉進鐵桶裏——無縫可鑽」、「小老鼠掉進鐵桶裏——無縫可鑽」。

【老鼠跌香爐——碰一鼻子灰】

香爐：迷信燒香用的器具，陶瓷或金屬製作，下有底盤，常積存有香燒化的灰。雙關語，比喻碰釘子，遭冷落，落得沒趣。例他自告奮勇要護送她回家，沒想到老鼠跌香爐——碰一鼻子灰，遭到嚴厲的拒絕。也作「癩蛤蟆爬香爐——碰一鼻子灰」、「對鍋底親嘴——碰一鼻子灰」、「小豬鑽灶——碰一鼻子灰」、「抱著木炭親嘴——碰了一鼻子灰」。

【老鼠逗貓——沒事找事】

比喻自找麻煩，自尋煩惱。有時指主動找活幹。例你主動兜攬的這些與已無關的事情，沒有一件不爲工作帶來損害，眞是老鼠逗貓——沒事找事。也作「出衙門罵大街——沒事找事」、「兔子逗老鷹——沒事找事」、「煮出飯來炒著吃——沒事找事」、「掂著喇叭下鄉——沒事找事」、「喝了涼水剔牙縫——沒事找事」、「雞蛋裏挑骨頭——沒事找事」、「扛鍋討豆炒，扛犁討田耕——沒事找事」、「吹嗩吶上街——沒事找事」。

【老鼠給大象指路——越走越窄】

比喻前途暗淡，越來越沒有出路。例如果你還繼續聽那夥不三不四的人的話，同他們鬼混下去，其結果必然是老鼠給大象指路——越走越窄。

【老鼠給貓拜年——全體奉送】

奉送：贈送。雙關語，比喻全部送上。例老伙計嘛，這些東西都不收錢，老鼠給貓拜年——全體奉送。

【老鼠給貓捋鬍子——找死】

也作「老鼠舔貓鼻子——自己找死」、「老鼠舔貓鼻梁子——送死」、「老鼠給貓拜年——送死」。見「耗子舔貓鼻子——找死」。

【老鼠工】

比喻非正式的、背地暗暗做的工作。例過去農閒時總要出去做點老鼠工，貼補家用。那時農民生活眞困難哪。

【老鼠攻牆——家賊難防】

指內部的敵人或壞人難以防備。例俗話說：「老鼠攻牆——家賊難防。」在歷史上，我們有許多慘痛的教訓。

【老鼠過街——人人喊打】

比喻害人的東西，引起公憤，羣起而攻之。例我們要形成一股氣勢，讓「六合彩」成爲老鼠過街——人人喊打的東西。也作「耗子過街——人人喊打」、「過街的老鼠——人人喊打」、「黃鼠狼碰壁——人人喊打」。

【老鼠嫁女——小打小鬧】

也作「老鼠嫁女——小吹小打」。見「黃鼠狼娶媳婦——小打小鬧」。

【老鼠見了貓——不敢說，不敢動】

比喻由於害怕某人，嚇得不敢說話，不敢行動。例黎小兵見了老闆，就像老鼠見了貓——不敢說，不敢動，還是換一個人去反映意見吧。

【老鼠見了貓——嚇破了膽】

比喻失魂落魄，非常恐懼。例敵軍兩手舉著槍，像老鼠見了貓——嚇破了膽，顫顫巍巍地繳械投降。也作「老鼠見了貓——骨頭都軟了」、「老鼠見了貓——光抖擻」、「老鼠見了貓——嚇癱了」、「老鼠見了貓——渾身都軟了」、「老鼠見了貓——骨頭都酥了」。

【老鼠見貓】

形容十分害怕。《野叟曝言》二八回：「這公子見了大奶奶，如老鼠見貓，賊人遇捕，由他拖扯進房。」

【老鼠進棺材——咬死人】

比喻連累無辜，連死人也不放過。例這幫匪徒，在法庭上，把自己的罪行大多推到受難的羣衆身上，眞是老鼠進棺材——咬死人。也作「老鼠進棺材——搞死人」。

【老鼠進口袋——自找死】

見「耗子舔貓鼻子——找死」。

【老鼠進書房——吃本】

吃本：吃老本。雙關語。比喻損耗用於生產、營業等的資金。例一年來在經營上，未獲得任何利潤，全體職工全靠老鼠進書房——吃本而生活。也比喻依靠過去的功勞、貢獻而生活，不繼續前進。例要立新功，不要老鼠進書房——吃本。也作「老鼠進書箱——吃本」。

【老鼠看倉——越看越光】

比喻因用人不當造成的損失越來越大。例你怎麼叫一個貪污盜竊犯管理財物，這叫做老鼠看倉——越看越光。也作「老鼠看倉——看個精光」、「黃鼠狼看雞——越看越稀」。

【老鼠扛大槍——窩裏逞能】

比喻只能在家裏或自己人面前耍威風，到外面就成了窩囊廢。例他在外面受了欺侮，回家拿老婆孩子出氣，不是罵就是打，眞是老鼠扛大槍——窩裏逞能。

【老鼠嗑瓜子——一張巧嘴】

雙關語，比喻能說會道。例這姑娘爲什麼討人喜歡？老鼠嗑瓜子，全靠一張巧嘴。也作「草原上的百靈鳥——一張巧嘴」。

【老鼠啃菜刀——死路一條】

見「到了懸崖不勒馬——死路一條」。

【老鼠啃碟子——滿口是詞（瓷）】

見「狗啃碗片——滿嘴詞（瓷）」。

【老鼠啃擀麪杖——白費牙】
比喻空費口舌。例他的腦袋是個漿糊腦袋，你就別勸他了，說得再多，也是老鼠啃擀麪杖——白費牙。也作「老鼠啃床腿——磨牙」。

【老鼠啃皮球——客（嗑）氣】
見「耗子啃皮球——客（嗑）氣」。

【老鼠啃書——字字句句往肚裏吃】
比喻一字一句都記在心上。例上課要集中精神，對老師講的話，應該像老鼠啃書——字字句句往肚裏吃，這樣才能學到更多的知識。

【老鼠啃鴨蛋——難下口】
也作「老鼠啃鴨蛋——無法下口」。見「狗咬刺蝟——無法下口」。

【老鼠窟窿藏糧——算找到地方了】
比喻尋錯了目標，找錯了對象。例這老頭不相信銀行，把辛苦掙來的錢，交給賭博成性的兒子保存，結果被輸得精光。他後悔莫及地說：「老鼠窟窿藏糧——算找到地方了。」也作「來到老鼠窟窿藏糧——算找到地方了」。

【老鼠拉龜，不知哪裏咬】
比喻做事無從下手。例望著堆積如山的木材，老王心裏直嘀咕：「這麼多怎麼搬呢？」眞是「老鼠拉龜，不知哪裏咬」。他急得直冒汗，也想不出個辦法來。

【老鼠拉龜——咬不到頭】
比喻不知從哪兒下手。例這項工作很棘手，我也是老鼠拉龜——咬不到頭，還是請幾個有經驗的人來參謀參謀吧。

【老鼠拉木鍁——大頭在後面】
木鍁（ㄒㄧㄢ）：揚場時用來鏟糧食的木製農具，形狀像鐵鍁。比喻重要的問題、重要的事情或人還在後頭。例這僅僅是一個開始，老鼠拉木鍁——大頭在後面，你等著瞧吧，好戲還多著呢！也作「老鼠盜葫蘆——大頭還在後頭」、「耗子拉木鍁——大頭在後邊」、「老鼠拉木履——大頭在後頭」、「老鼠拖鍁把——大頭在後邊」、「老鼠拖木鍁——大頭在後尾」、「獅子滾繡球——大頭在後面」。

【老鼠落在礱糠裏——落得空歡喜一場】
礱（ㄌㄨㄥˊ）糠：稻穀礱過後脫下的外殼。見「狗咬尿脬——一場空」。

【老鼠鬧新房——吱哩喳啦】
形容七嘴八舌，亂成一片。例這羣孩子在外面幹什麼，就像老鼠鬧新房——吱哩喳啦的，鬧得四鄰不安。

【老鼠爬案板——熟路】
也作「老鼠爬案板——道熟」。見「閨女回娘家——熟路」。

【老鼠爬秤鉤——自稱自】
也作「老鼠上天平——自稱」。見「蛤蟆跳進秤盤裏——自稱自」。

【老鼠爬電線——打不得轉身】
比喻工作忙，難於應付或脫不了身。有時指處於不能退步的境地。例爲了籌備經驗交流會議，主任忙得像老鼠爬電線——打不得轉身，一星期沒有回家了。也比喻手頭經濟緊張，一時周轉不過來。例趙師傅娶兒媳嫁女兒，花去了全部積蓄，眼前在經濟上好比老鼠爬電線——打不得轉身。

【老鼠跑到貓背上拉屎——活找死】
活：簡直，眞正。比喻不識厲害，幹冒險的事或自己走入絕境。例這羣孩子遊戲，竟跑上了懸崖峭壁，老鼠跑到貓背上拉屎——活找死。

【老鼠跑進食盒裏——抓住理（禮）了】
食盒：舊時裝食品等禮物的盒子，由多層組成，送時由人抬著；理：「禮」的諧音。比喻言行符合道理。有時指抓住了對方的把柄。例這件事，你是老鼠跑進食盒裏——抓住理（禮）了，還怕他什麼？

【老鼠碰見貓——命難逃】
比喻性命難保。例這個狗漢奸如果遇上了我武裝工作隊，就是老鼠碰見貓——命難逃了。也作「落網的魚兒——命難逃」、「蜈蚣見公雞——命難逃」、「籠中鳥，網中魚——命難逃」。

【老鼠皮——不消（硝）了】
消：「硝」的諧音；硝：用樸硝或芒硝加黃米麵處理毛皮，使皮板兒柔軟。雙關語，比喻不需要、不必或不用。例「留下來，我們好好談談。」「老鼠皮——不消（硝）了，改日再說吧。」也作「臭牛皮——不消（硝）了」、「臭羊皮——不消（硝）了」、「耗子皮——不消（硝）了」。

【老鼠騎水牛——大的沒有小的能】
比喻不要看不起弱小的事物，小有小的長處。例在這次無級別摔跤比賽中，小個子張兵竟然摔倒了大個子李明，眞是老鼠騎水牛——大的沒有小的能。

【老鼠入牛角】
比喻沒有出路。例自從廠裏把他除名，女朋友與他分手，原來的朋友們一個個離他而去，他覺得自己就像是「老鼠入牛角」，再也沒什麼出路了。

【老鼠燒尾】
宋·孫光憲《北夢瑣言》記載：唐代的宇文翃沒有文才，卻一心想科舉及第。爲了達到這個目的，竟把年將及笄的美貌女兒，嫁給年過六十歲的竇璠爲繼室，讓竇向其有權勢的兄長關說，終於如願登了第。當時相國韋公譏笑他說：「魚將化龍，雷爲燒尾，近日老鼠亦有燒尾之事。」後以「老鼠燒尾」譏諷人無才能而醉心科舉及第。

【老鼠睡貓窩——送來一口肉】
見「兔子叫門——送肉來了」。

【老鼠替貓刮鬍子——拼命巴結】
見「耗子給貓捋鬍子——溜鬚不要命」。

【老鼠舔貓鼻子——膽子不小】
也作「老鼠舔貓鼻子——好大的膽子」。見「餓狼口裏奪脆骨——好大的膽子」。

【老鼠舔著貓屁股——好險】
也作「老鼠舔貓嘴——危險」。見「刀口舔糖——危險」。

【老鼠跳到琴上——亂談（彈）】
談：「彈」的諧音。比喻胡說八道，或說話沒有中心。例對劉大春的學術報告反應不一，有的說內容豐富，論證嚴密；有的說是老鼠跳到琴上——亂談（彈）。也作「泥鰍打鼓——亂談（彈）」。

【老鼠跳在糠籮裏——一場歡喜一場空】
見「狗咬尿脬——一場空」。

【老鼠偷秤砣——倒貼（盜鐵）】
倒貼：「盜鐵」的諧音。比喻沒有得到利益，反而要賠補出去。例這次到市場賣白菜，是老鼠偷秤砣——倒貼（盜鐵）上了，下次再不幹這種賠本的買賣了。也作「老鼠拉秤錘——倒貼（盜鐵）」、「耗子拖秤砣——倒貼）盜鐵）」、「瞎子貼符——倒貼」。

【老鼠偷米湯——糊嘴】
比喻生活拮据，只能勉強維持生活。例在貧困的山區，不管山民怎麼勤勤懇懇，苦幫苦撐，一年到頭，只能落個老鼠偷米湯——糊嘴。也作「老鼠喝米湯——糊口」、「老鼠偷漿糊——糊嘴」、「老鼠偷米湯——勉強糊個嘴」、「老鼠掉進麪缸——糊嘴」、「耗子偷米湯——勉強糊得著嘴巴」。

【老鼠拖秤砣——盡揀硬的吃】
比喻選擇艱巨的、困難的事情做。例康師傅是一個鐵打的硬漢，在修築鐵路的日子裏，哪裏有困難哪裏就有他，別人稱讚他是老鼠拖秤砣——盡揀硬的吃。

【老鼠拖秤砣——自塞門路】
門路：求生存或圖發展的途徑、出路。比喻自己堵住了自己的發展途徑。例如果單純追求產品數量，忽視質量，必然失信於顧客，那就會老鼠拖秤砣——自塞門路。

【老鼠拖鯰魚——一命搏一命】
鯰（ㄋㄧㄢˊ）魚：身體表面多黏液，無鱗，頭扁口闊，上下頜有四根鬚，尾圓而短，不分叉，吃小魚、貝類、蛙等；搏：對打，搏鬥。一命拼一命。比喻不顧一切，豁出命幹。例在這次白刃戰中，小楊瞄準一個大個子敵人，衝上去，就像老鼠拖鯰魚——一命搏一命，經過激烈的搏鬥，他終於割下了敵人的腦袋。也作「拼死吃河豚——一命搏一命」。

【老鼠拖生薑】
老鼠不吃薑，拖也無用。比喻勞而無功。例你可眞是「老鼠拖生薑」，我們一個外文字母都不認識，你拿來這麼多的外文書有什用？

【老鼠挖牆洞——越掏越空】
比喻底子越來越空，越折騰越窮。例這夥人躺在集體企業上，花天酒地，大肆揮霍，就像老鼠挖牆洞——越掏越空，企業入不敷出，眼看就要倒閉了。

【老鼠尾巴——長不了】
見「黃羊的尾巴——長不了」。

【老鼠尾巴——發不粗，長不大】
老鼠尾巴總是細長的，發不粗也長不大。比喻沒有什麼發展前途。例這個小伙子基礎差，不學習，看來是老鼠尾巴——發不粗，長不大了，辜負了老師傅的厚望。

【老鼠尾巴——養不壯】
老鼠尾巴很細，吃得再好也粗壯不起來。比喻儘管悉心經營，仍不能興旺發達。例工廠想要得到發展，必須有一套科學的管理方法，不然再怎麼努力，工廠也是老鼠尾巴——養不壯。

【老鼠尾巴熬湯——油水不多】
也作「老鼠尾巴熬湯——沒什麼油水」、「老鼠尾巴熬湯——油水不大」。見「雞骨頭熬湯——沒多大油水」。

【老鼠尾巴生癤子——大得有限】
比喻大不到哪裏去，沒有什麼了不起。例「劉禿子又在擴充地盤。」「老鼠尾巴生癤子——大得有限，何足掛齒。」

【老鼠尾巴生癤子——沒有多少膿血】
癤子：一種皮膚病，症狀是局部出現充血硬塊，化膿，紅腫，疼痛。也作「老鼠尾巴上害癤子——出膿也不多」、「老鼠尾巴上生瘡——出膿也不多」。見「耗子尾巴長瘡——沒有多少膿水」。

【老鼠想吃貓——自不量力】
也作「老鼠想吃貓——不自量」。見「雞蛋碰石頭——自不量力」。

【老鼠眼——一寸光】
比喻眼光短，見識淺。例雖然發展國家交通建設所費不貲，但應考慮到國家的長遠利益，不能老鼠眼——一寸光。也作「老鼠眼——看不遠」、「老鼠眼——就看鼻子尖兒」。

【老鼠養的——貓不疼】
比喻他人不關心和愛護自己的財產或親友。例我家孩子去幫他做工累到吐了血，眞是老鼠養的——貓不疼，太不像話了。

【老鼠遇見貓——裝死】
比喻懾於某種威勢或懷著某種目的，假裝死亡。有時也指裝聾作啞，裝作不知道。例「這傢伙好像動了一下，沒有死？」「老鼠遇見貓——裝死，鬼子眞狡猾。」

【老鼠走到貓口邊】
比喻誘人的東西唾手可得。《初刻拍案驚奇》卷二六：「是日師徒正在門首閒站，忽見一個美貌婦女，走進來避雨。正是『老鼠走到貓口邊』，怎不動火？」

【老鼠鑽風箱——兩頭受氣】
見「耗子鑽進風箱裏——兩頭受氣」。

【老鼠鑽牛角——此路不通】
比喻陷入絕境，無路可走。例匪徒已落入民兵的包圍之中，他心裏很清楚，自己是老鼠鑽牛角——此路不通。也作「**老鼠鑽牛角——鑽進鑽不出**」、「**老鼠鑽牛角——無路可走**」。見「隔牆拉車——行不通」。

【老鼠鑽牛角——進頂了】
見「高粱開花——到頂了」。

【老鼠鑽牛角——沒有門路】
見「進門跳窗戶——沒門」。

【老鼠鑽牛角——行不通】
見「隔牆拉車——行不通」。

【老鼠鑽牛角——越往後越緊】
也作「**老鼠鑽牛角——越鑽越緊**」。見「耗子鑽牛角——越來越緊」。

【老鼠鑽瓶子——好進難出】
比喻一旦參與某件事情，很難再退出來。例加入黑社會組織，就像老鼠鑽瓶子——好進難出，許多青年人因此而葬送了前程，甚至生命。

【老鼠鑽象鼻子——怕啥來啥】
比喻越擔心什麼問題，越會遇到什麼問題。例生活就得有勇氣，無所畏懼。老鼠鑽象鼻子——怕啥來啥，膽小鬼總是碰到倒楣的事，勇敢的人才能暢行無阻。這就是我的信條。

【老鼠鑽煙囪——夠嗆】
見「雞吃蠶豆——夠嗆」。

【老鼠鑽煙囪——兩眼墨黑】
比喻對周圍的事物一無所知，或一字不識。例我初來此地，對這裏的情況是老鼠鑽煙囪——兩眼墨黑，希望多介紹。也作「**睜眼瞎看告示——兩眼墨黑**」。

【老鼠坐供桌——想充神仙】
供桌：指陳設供奉神佛或祖先用的瓜果酒食等的桌子。比喻想入非非，忘乎所以。例你所描述的那種生活與我們的實際情況相差很遠，老鼠坐供桌——想充神仙，完全是幻想，做不到。

【老樹著花無醜枝】
再老的樹，只要開滿了花朵，就不覺得它有難看的樹枝了。比喻人一旦有了突出的成績，他的許多缺點隨之被掩蓋了。後多用於表示對溢美之詞的不滿。宋・梅堯臣《東溪》詩：「野梟眠岸有閒意，老樹著花無醜枝。」

【老水牛掉到井裏邊——無法動彈】
比喻毫無辦法，沒有了主意。例在這個完全陌生的工作崗位上，他感到自己好像是老水牛掉到井裏邊——無法動彈，希望老同事們多加指點。

【老水牛掉在井裏邊——踢騰不開】
也作「**老水牛掉到枯井裏——有勁使不上**」。見「大象逮老鼠——有勁使不上」。

【老水牛拉馬車——不合套】
見「馬拉車牛駕轅——不合套」。

【老絲瓜瓢子——空虛】
絲瓜的果實嫩時可食，成熟時瓜瓢多呈網絡狀纖維，逐漸空虛。比喻不充實。例他長期脫離生活，脫離羣衆，腦袋就像老絲瓜瓢子——空虛得很。

【老死不相往來】
直到老死，彼此之間也從無交往。《老子》一八章：「鄰國相望，雞犬之聲相聞，民至老死不相往來。」例我們搬到這幢大樓已好幾年了，鄰居一個月見不了幾次面，眞有點老死不相往來的味道。

【老死溝壑】
溝壑：山谷。老死在山谷中。比喻無聲無息地平庸而死。宋・蘇軾《代張方平諫用兵書》：「爲社稷長久之計，上以安二宮朝夕之養，下以濟四方億兆之命，則臣雖老死溝壑，瞑目于地下矣！」

【老死牖下】
牖：窗戶。比喻平安地死去。《初刻拍案驚奇》卷一一：「假若誤出誤入，那有罪的老死牖下，無罪的卻命絕了囹圄刀鋸之間，難道頭頂上這個老翁，是沒有眼睛的嗎？」

【老太婆吃蠶豆——軟磨硬頂】
比喻軟硬兼施，用各種手段消極對抗。例鬼子接二連三催繳公糧，老村長一直是老太婆吃蠶豆——軟磨硬頂，拖著泡著。

【老太婆的金蓮——委屈一輩子】
金蓮：舊時纏足婦女的腳。比喻長期受到不應有的指責，或不公正的待遇。例他被誤認爲是敵方潛伏下來的特務，老太婆的金蓮——委屈一輩子，三十年以後才得到平反。也作「**老太太的腳背——屈（曲）了一輩子**」。

【老太婆的金蓮——窩囊一輩子】
比喻一貫懦弱無能，膽小怕事。例唉，你是老太婆的金蓮——窩囊一輩子，誰都欺負你，爲什麼不反抗呢？

【老太婆的嘴——嘮嘮叨叨】
比喻說起來沒完沒了，囉囉嗦嗦。青年人說話怎麼不乾脆俐落，就像老太婆的嘴——嘮嘮叨叨，使人感到膩煩得很。也作「**碎嘴婆子——嘮嘮叨叨**」。

【老太婆的嘴——說不完的話】
比喻說話很投機。例這兩個朋友久別重逢，就像老太婆的嘴——說不完的話。也作「**老太婆的嘴——話語多**」、「**閨女遇見媽——說不完的話**」。

【老太婆過年——一年不如一年】
見「懶漢過年——一年不如一年」。

【老太婆喝稀飯——無恥（齒）下流】
恥：「齒」的諧音。雙關語，比喻不知羞恥，卑鄙齷齪。例這傢伙的一言一行，都不符合起碼的道德標準，有人說他是一個老太婆喝稀飯——無恥

（齒）下流的無賴。

【老太婆啃窩頭——細嚼慢嚥】

比喻學習知識或接受新事物要細心體會，慢慢消化吸收。例這是一個內容豐富的學術報告，一定要像老太婆啃窩頭——細嚼慢嚥，好好領會、消化。

【老太婆納鞋底——千眞（針）萬眞（針）】

眞：「針」的諧音。雙關語，比喻非常眞實，沒有一點虛假。例漢奸崔狗子讓游擊隊給處決了。老太婆納鞋底——千眞（針）萬眞（針），不信你上關帝廟門口看去，告示現在還貼著哩！

【老太太包腳——亂纏一氣】

包腳：裹腳。雙關語，比喻攪亂是非，糾纏不清。例這個人對我們公司有什麼意見？近來總是老太太包腳——亂纏一氣，可以找他開誠布公地談談。

【老太太吃檳榔——悶著】

檳榔：一種常綠喬木，樹幹很高，羽狀複葉。這裏指此種植物的果實，可助消化，有驅除縧蟲的作用。老太太無牙，只好含在嘴裏品味。見「老太太吃炒麪——悶了嘴」。

【老太太吃餅子——兩邊磨】

老太太沒有牙，嚼不動餅子，只能用兩邊牙床慢慢磨。雙關語，比喻在辦事情時，雙方磨嘴皮子消耗時間。例時間就是金錢，你們辦事就像老太太吃餅子——兩邊磨，互相推諉，浪費時間，實在令人反感。

【老太太吃炒麪——悶了嘴】

炒麪：炒熟的麪粉，做乾糧，如不用開水沖吃，易悶嘴。雙關語，比喻說不出話，默不作聲。例這個討論會開得很沈悶，多數人不講話，像老太太吃炒麪——悶了嘴。也作「老太太吃檳榔——悶著」、「老太太吃年糕——悶口」、「老太太吃山芋——悶口了」、「兔子吃年糕——悶口」。

【老太太吃豆腐——正好】

比喻正中下懷，正合適。例你們都來了，老太太吃豆腐——正好，有重要事情和你們商量。

【老太太吃黃連——苦口婆心】

黃連：多年生草本植物，根莖味苦，可以入藥。形容懷著好心再三懇切勸告。例她對那個失足青年的教育，眞是老太太吃黃連——苦口婆心，令人感動。

【老太太吃山芋——悶口了】

山芋：甘薯，也叫白薯、紅薯。見「老太太吃炒麪——悶了嘴」。

【老太太吃柿子——作（嘬）瘪子】

作：ㄗㄨㄛ，「嘬」的諧音。雙關語，比喻情況窘困，非常艱難。例他身無分文，你把他帶到一個生疏的地方，不是叫人老太太吃柿子——作（嘬）瘪子嗎？也作「老太太吃柿子——作（嘬）了瘪子」。

【老太太吃桃子——揀軟的捏】

比喻專門刁難、欺侮軟弱或善良的人。例老子欺軟怕硬，兒子也是老太太吃桃子——揀軟的捏，眞不是好東西。也作「老婆婆吃柿子——光揀軟的捏」、「吃柿子——挑軟的」、「瞎子吃糍粑——只管軟的壓」。

【老太太打跟頭——翻不了身】

也作「老太太打跟頭——難翻身」。見「房梁上睡覺——翻不了身」。

【老太太打呵欠——一望無涯（牙）】

涯：「牙」的諧音。一眼看不到邊。形容非常遼闊廣大。例啊，華北大平原眞是老太太打呵欠——一望無涯（牙），和我們山區的家鄉比較，另有一番風趣。

【老太太盪鞦韆——玩命】

也作「老太太盪鞦韆——不要命」。見「刀尖上翻跟頭——玩命」。

【老太太得孫子——大喜】

見「新媳婦過門——大喜」。

【老太太的包袱——鼓鼓囊囊】

形容口袋、包裹等塡塞的凸起的樣子。例這個孩子的書包就像老太太的包袱——鼓鼓囊囊的，除幾本書外，沒一樣正經的東西。也作「塡鴨的嗉子——鼓鼓囊囊」。

【老太太的拐棍——專扶人】

指專門扶助別人。例這個人疏財仗義，濟困扶危，有人說他是老太太的拐棍——專扶人，從來不考慮自己。

【老太太的裹腳布——臭不可聞】

比喻名聲極壞。例你打聽的那個東霸天，是一個大漢奸，無惡不作，名聲就像老太太的裹腳布——臭不可聞。也作「屎殼螂打哈欠——臭不可聞」。

【老太太的嫁妝——古貨】

比喻陳舊的東西。例你的這一套經濟理論，是老太太的嫁妝——古貨，缺乏新的思想，不適應改革的需要。

【老太太的腳背——屈（曲）了一輩子】

屈：「曲」的諧音。舊時婦女因纏足陋習，使腳背彎曲，成爲畸形。見「老太婆的金蓮——委屈一輩子」。

【老太太的臉蛋——文（紋）縐縐（皺皺）】

文：「紋」的諧音；縐縐：「皺皺」的諧音。見「孔夫子的面孔——文縐縐」。

【老太太的嘴——吃軟不吃硬】

比喻不接受別人的強硬作法。例魏大爺這個人是老太太的嘴——吃軟不吃硬，不能用強迫命令的辦法對待他，說幾句好話就行了。也作「生鐵換豆腐——吃軟不吃硬」。

【老太太趕集——有限（線）】

限：「線」的諧音。舊時老太太多紡線，趕集常是爲了賣錢。雙關語，比喻有一定的限度。例這次分配給我們的名額，確是老太太趕集——有限（線）得很，一定要挑選品學兼優的人。

【老太太哭兒——沒指望了】
見「老寡婦死兒——沒指望了」。

【老太太捋鬍子——假謙虛（牽鬚）】
捋：ㄌㄩˇ，使鬍子順溜；謙虛：「牽鬚」的諧音。比喻虛僞、不誠實。例你既然瞧不起人家，當面又表示要向他學習，這不是老太太捋鬍子——假謙虛（牽鬚）嗎？

【老太太買魚——挑挑揀揀】
比喻反覆挑選。例挑選對象一定得慎重，要像老太太買魚——挑挑揀揀，多作比較，認眞考核。

【老太太念佛——從頭來】
老太太因記憶力衰退，忘性大，老得從頭來。見「半路出家——從頭來」。

【老太太上雞窩——笨（奔）蛋】
笨：「奔」的諧音。雙關語，比喻愚蠢、不聰明、沒能耐。例學習了三個月，連最基本的技能也沒掌握，眞是老太太上雞窩——笨（奔）蛋。

【老太太上樓梯——穩住架步步高】
穩住架：拿穩了姿勢。比喻穩步上升。例今年水、肥充足，如果精耕細作，糧食產量準是老太太上樓梯——穩住架步步高。

【老太太上台階——一步步來】
比喻做事要按部就班，有計畫、有秩序地進行。例既然任務很複雜，更應該像老太太上台階——一步步來，否則，非亂了頭緒不可。也作「**瞎子走路——一步步來**」、「**瘸子擔水——一步步來**」。

【老太太找飛機——往遠瞧】
比喻不要目光短淺，要看到遠景，看到未來。有時指事情到底如何，往後再見分曉。例大叔，咱們只看到鼻子尖上的蠅頭小利不行，還得老太太找飛機——往遠瞧，事業還會更加興旺發達哩！

【老太太拄拐杖——夫（扶）人】
夫：「扶」的諧音。古代諸侯的妻子稱夫人，明清時一、二品官的妻子皆封爲夫人。現代用以尊稱一般人的妻子。多用於外交場所。例她已經結婚，不是姑娘，而是老太太拄拐杖——夫（扶）人啦。

【老太太坐電梯——一步到頂】
比喻進步很快，一下就達到很高的境界。例短短幾年功夫，他就相繼取得了學士、碩士和博士學位，眞是老太太坐電梯——一步到頂。

【老太太坐飛機——抖起來了】
比喻因有了金錢、地位等而得意起來；或興旺發達，進展很快。例他打趣地說：「你經理當上了，汽車也坐上了，眞是老太太坐飛機——抖起來了嘍！」也作「**老媽兒坐飛機——抖起來了**」、「**朦悶葫蘆——抖起來了**」、「**鳥槍換炮——抖起來了**」、「**三九天穿單衣——抖起來了**」、「**數九寒天穿裙子——抖起來了**」、「**小孩子坐飛機——抖起來**」。

【老太太坐牛車——穩穩當當】
見「老牛拉車——穩穩當當」。

【老太爺嚥氣——一時等不得一時】
老太爺：對老年男子的尊稱；嚥氣：人死斷氣。老人年高病重，說斷氣就斷氣，拖不了多長時間。比喻情勢危急，沒有迴旋的時間。例事情發展到這種地步，就像老太爺嚥氣——一時等不得一時了，如不立即採取緊急措施，局勢將不可收拾。

【老態龍鍾】
龍鍾：行動不靈便的樣子。形容年老而行動不靈活。宋・陸游《聽雨》詩：「老態龍鍾疾未平，更堪俗事敗幽情。」《北洋軍閥統治時期史話》六九章：「有一位老態龍鍾的工兵營營長吳某到站台迎接，並且報告錦州形勢混亂，火車不能開過。」也作「**老病龍鍾**」。宋・蘇軾《與林天和長官二十三首》詩之七：「恨老病龍鍾，不果詣達，愧負多矣。」也作「**老邁龍鍾**」。《儒林外史》八回：「說我蘧佑老邁龍鍾，不能親自再來拜謁墓道了。」

【老藤纏樹——繞來繞去】
比喻說話、辦事繞圈子，不直截了當。例鄭二嫂子說話總是老藤纏樹——繞來繞去，缺少心眼的人很難聽明白。也作「**盤山公路——繞來繞去**」、「**羊腸小道——繞來繞去**」。

【老天拔地】
形容年老、動作不靈活。《紅樓夢》二九回：「既這麼著，你老人家老天拔地的，跑什麼呢，帶著他去瞧了叫他進來，就是了。」

【老天爺不下雨，當家的不說理——無法可治】
老天爺：迷信的人認爲天上有個主宰一切的神，尊稱爲老天爺；當家的：主持家務的人。也作「**老天爺不下雨，當家的不說理——無可奈何**」。見「霸王別姬——無可奈何」。

【老天爺有眼睛】
指人無論做了好事壞事，老天爺都知道，最終善有善報，惡有惡報。例俗話說：「老天爺有眼睛。」你做了壞事，也許能瞞過大家的眼睛，可是瞞不過老天爺的眼睛。你早晚會遭到報應的。

【老頭吃糖——越扯越長】
糖：指麥芽糖一類能拉長的糖。見「狗扯羊腸——越扯越長」。

【老頭搓泥錢——手拿把攥的活兒】
攥：ㄗㄨㄢˋ，握。比喻輕而易學，很有把握。例你想找汪先生寫幅春聯？這對他來說，是老頭搓泥錢——手拿把攥的活兒，沒有什麼難處。

【老頭兒拉胡琴——自顧自（吱咕吱）】
見「二愣子拉胡琴——自顧自（吱咕吱）」。

【老頭睡搖籃——裝孫子】

比喻故意裝做可憐的樣子。罵人的話。例別老頭睡搖籃——裝孫子啦，誰不知道你是一個大闊佬，叫什麼窮。

【老頭子】

即年老的男子。①指某幫會、團體的頭目。例你們說了不算數，得老頭子開口才行。②對丈夫的諧稱。例昨天我跟老頭子吵了一架，把他那些臭煙都扔馬桶裏了，我不能讓他抽成肺癌。

【老頭子吃小粉——白說】

小粉：〈方〉澱粉。老頭兒吃了澱粉，帶著滿嘴白粉說話。雙關語，比喻說話不起作用。例你要我勸勸這個小伙子，他的思想很固執，不聽話，費盡口舌，也是老頭子吃小粉——白說。也作「嘴上抹石灰——白說」。

【老頭子聯歡——非同兒戲】

比喻事關重要，不是鬧著玩的。例營長在動員會上說：「到敵人集中營營救戰俘，老頭子聯歡——非同兒戲，要嚴格紀律，聽從指揮，機智、勇敢，做不到這些，很難成功。」

【老頭鑽被窩——仰面朝天】

形容身體向後跌倒在地、臉朝天的姿勢。例他飛快向終點線跑去，不料跑道濕滑，摔了個老頭鑽被窩——仰面朝天。

【老王賣瓜——自賣自誇】

比喻自我吹噓，自我讚揚。例有啥說啥，實事求是嘛！老王賣瓜——自賣自誇的事，咱幹不出來。也作「王婆賣瓜——自賣自誇」、「老頭賣瓜——自賣自誇」、「賣瓜的說瓜甜——自賣自誇」、「王老二賣瓜——自賣自誇」。

【老翁吹喇叭——精神可佳】

比喻人的精神狀態好。例曾大叔在這次賽跑中，最後一名到達終點，主辦單位認為他是老翁吹喇叭——精神可佳，發給了安慰獎。

【老翁失馬】

比喻凶吉莫測。清·黃遵憲《到家》詩：「大海走鰻尋有跡，老翁失馬卜難知。」參見「塞翁失馬」。

【老巫婆戴花——招人看】

巫婆：也叫神婆、女巫，以裝神弄鬼替人祈禱為職業的女人。比喻故意製造出來某種現象顯示給別人看。例他故作驚人之舉，其目的不過是老巫婆戴花——招人看而已。

【老吾老，以及人之老；幼吾幼，以及人之幼】

老吾老：前一老字指敬養老人，後一老字指老人；幼吾幼：前一幼字指愛護晚輩，後一幼字指小孩。指用對敬養自己的父母、愛護自己的兒女一樣的至誠至敬之心，去對待別人的父母和兒女。《孟子·梁惠王上》：「老吾老，以及人之老；幼吾幼，以及人之幼，天下可運於掌。」

【老西子跺腳——壞了醋了】

老西子：指山西人。醋是山西名產，當地人多愛喝醋。比喻糟了，壞了大事了。例那個壞蛋一見警察人員來到家，心想老西子跺腳——壞了醋了，正要拔腿往外跑，眼明手快的小張，一把抓住了他。

【老鹹湯子醃黃瓜——皮兒不咋著，心裏倒有個蔫主意】

鹹湯子：鹽水；蔫：ㄋㄧㄢ，花木、水果等因失去水分而萎縮，引申為不聲不響、悄悄的。比喻外表上不露聲色，暗中卻拿定主意。例他看別人做副業，撈外快，一副若無其事的樣子，暗中卻派兒子去拉關係，想跑在別人前頭，真是老鹹湯子醃黃瓜——皮兒不咋著，心裏倒有個蔫主意。

【老鹹湯子醃黃瓜——皮兒不咋著，心裏蔫了】

咋：ㄗㄚˇ，〈方〉怎，怎麼。比喻外表不示弱，心裏已經服輸或認錯。例在比武會上，要強好勝的小斌看了翟師傅的表演，就像老鹹湯子醃黃瓜——皮兒不咋著，心裏蔫了。

【老熊奔陷阱，野貓鑽圈圈——一物服一物】

要制服老熊須設陷阱，要捕捉野貓須用圈圈。見「大魚吃小魚，小魚吃蝦米——一物降一物」。

【老熊當道】

見「老羆當道」。

【老熊爬桿——上不去】

比喻沒有什麼遠景或沒有什麼發展前途。例他年紀大、文化低，花那麼大的力氣培養，也沒有多大成效，恐怕是老熊爬桿——上不去了。也作「桌子底下放風箏——上不去」。

【老羞變怒】

見「老羞成怒」。

【老羞成怒】

謂極其羞愧而大發脾氣。《兒女英雄傳》一〇回：「不想……惹動她一衝的性兒，老羞成怒，還不曾紅絲暗繫，先弄得白刃相加。」也作「老羞變怒」。清·孔尚任《桃花扇·辭院》：「想因卻奩一事，太激烈了，故此老羞變怒耳！」清·趙翼《題吳梅村集》詩：「猶勝絳雲樓下老，老羞變怒罵人多。」也作「羞惱成怒」。

【老朽無能】

指人因衰老而無用。《官場現形記》五四回：「我們這一輩子的人都是老朽無能了，『英雄出少年』，倒是彝翁同我們這外孫將來很可以做一番事業。」

【老鴉唱山歌——不堪入耳】

老鴉：〈方〉烏鴉。比喻粗俗淫蕩的話語或音樂，非常難聽。例白斌心眼不壞，就是張口罵娘，說話好像老鴉唱山歌——不堪入耳。

【老鴉唱山歌——不入調】

比喻配合不融洽，步調不統一。例這個人好突出自己，出風頭，在團體中，一貫是老鴉唱山歌——不入調，不能做幹部。也作「七鼓八鈸——不入調」。

【老鴉唱山歌——越唱越不對調】

比喻話越說越荒唐。例別再說下去了，你是老鴉唱山歌——越唱越不對調，聽衆都走光了，還不覺得難爲情嗎？

【老鴉飛過望下蛋——痴心妄想】
也作「烏鴉飛過望下蛋——妄想」。見「癩蛤蟆想吃天鵝肉——痴心妄想」。

【老鴉窠裏鑽出一個鳳凰來】
見「老鴰窩裏出鳳凰」。

【老鴉命——人人憎】
命：命運。迷信的人認爲烏鴉是不祥之物。比喻羣衆對壞人都很憎惡。例任二喜是老鴉命——人人憎，誰都不同情他。

【老鴉啄柿花——揀著熟的開口】
雙關語，比喻需要人幫忙，向熟悉的或好說話的人提出要求。例「你爲什麼總是向鄭老闆請求幫助呢？」「老鴉啄柿花——揀著熟的開口嘛！」

【老鴉啄柿子——挑軟的】
見「雷公打豆腐——揀軟的欺」。

【老妖精】
比喻刻意打扮的老年婦女。也泛指令人討厭的老女人。例那老妖精厲害著吶，千萬別惹著她。

【老爺坐馬桶——贓（髒）官】
見「帶著馬桶坐大堂——贓（髒）官」。

【老醫少卜】
少卜：年輕卜卦的人。年老的醫生經驗豐富，年輕的卜者勇於決斷。明・都印《三餘贅筆》：「世言老醫少卜，則醫者以年老爲貴，卜者以年少爲貴。」

【老一套】
陳舊的一套。比喻沒有新內容的話語、方法或習慣。例公司的伙食辦得太差，天天都是老一套，麵條米飯，都吃膩了。

【老鷹捕食——見機（雞）行事】
機：「雞」的諧音。比喻順應趨勢或當時情況辦事。例沒有現成的方案或辦法，到時候，老鷹捕食——見機（雞）行事吧。

【老鷹不吃窩下食】
比喻惡人不在自家附近作壞事。例俗話說：「老鷹不吃窩下食。」可你卻連鄰居的東西也偷來了，眞不像話。

【老鷹吃小雞——連毛毛爪爪都不留】
比喻搜刮得非常徹底，一點也不剩。例那小子眞狠心，算計自己年老的雙親，就像老鷹吃小雞——連毛毛爪爪都不留，把家裏搜刮得一乾二淨。

【老鷹得腸——歡喜若狂】
見「胡蔵梆子亂擊磬——歡喜若狂」。

【老鷹上槓木——眼往前看】
比喻站得高，看得遠。例一個有志氣、有理想的人，在任何情況下，都應像老鷹上槓木——眼往前看，不能對過去耿耿於懷，糾纏不清，被歷史的舊帳壓垮。

【老鷹下地抓雞仔——有去無回】
雞仔：小雞。見「老虎借豬——有去無回」。

【老鷹抓蓑衣——脫不了爪】
蓑衣：用草或鬃毛製成的雨衣。老鷹抓蓑衣，腳爪鉤住了蓑衣上的草或棕，解脫不開。比喻脫不掉關係，或脫不了身。例你們再胡鬧下去，哼，老鷹抓蓑衣——脫不了爪，好戲還在後頭哩。也作「老鷹抓蓑衣——脫不了腳爪」、「老鷹抓蓑衣——脫不開爪爪」、「貓抓糍粑——脫不了爪爪」、「貓兒抓蓑衣——脫不了爪爪」。

【老鷹抓小雞——輕拿】
比喻做事不費力氣。例「有把握三天內完成這項任務嗎？」「老鷹抓小雞——輕拿。」也作「起重機吊雞毛——輕拿」。

【老鷹抓住鷂子腳——難解難分】
鷂（ㄧㄠˋ）子：雀鷹，猛禽的一種，比老鷹小。見「九股繩扭成死疙瘩——難解難分」。

【老鷹捉麻雀——一抓就來】
比喻輕而易舉，極易得到，或準確無誤。例辦旅遊活動還不容易，老鷹捉麻雀——一抓就來，把任務交給我們吧！也作「老鷹抓麻雀——一抓一個」。

【老鷹啄田埂——白磨嘴皮】
比喻枉費口舌。例這個談判就終止了吧，再談也是老鷹啄田埂——白磨嘴皮，不會達成協議的。

【老油條】
比喻老於世故而圓滑的人。例你別找他提什麼意見，他是老油條，頂多只會說點不痛不癢的話。也作「老油子」。例都說他是老油子，他怎麼油啦？份內的事他一點也沒少做。

【老有所終】
年老有歸宿之處。《禮記・禮運》：「故人不獨親其親，不獨子其子，使老有所終，壯有所用，幼有所長，鰥寡孤獨，廢疾者，皆有所養。」唐・白居易《養老》：「善養者，非家至戶見，衣而食之，蓋能爲其立田里之製，以安其業，尋樹蓄之產，以厚其生。使生有所養，老有所終，死有所送也。」

【老於世故】
形容爲人老練，富於處世經驗。魯迅《雜論管閒事、做學問、灰色等》：「在幼小時候曾有一個老於世故的長輩告誡過我：你不要和沒出息的擔子或攤子爲難。」

【老魚跳波】
魚在樂聲中隨波跳躍。比喻音律優美精妙。唐・李賀《李憑箜篌引》：「夢入神山教神嫗，老魚跳波瘦蛟舞。」

【老漁翁釣魚——坐等】
雙關語，比喻坐著耐心地等待。有時也指消極等待，不主動。例這家公司總是不守信用，不按時交貨，我就下決心來個老漁翁釣魚——坐等。也作「癱子請客——坐等」。

【老榆木疙瘩——挪不動】
比喻請不動或不愛活動。例已幾次派人邀請，不來，她是老榆木疙瘩——挪不動。也比喻思想固執、不靈活。例好幾位老師傅都去開導他，思想還是不通，眞是老榆木疙瘩——挪不動。

【老玉米裏摻白麵——粗中有細】
見「棒槌拉胡琴——粗中有細」。

【老嫗能解】
宋・釋惠洪《冷齋夜話》卷一：「白樂天（居易）每作詩，令一老嫗解之，問曰：『能否？』嫗曰：『解』，則錄之，『不解』，則易之。」後用「老嫗能解」形容詩通俗易懂。茅盾《白居易及其同時代的詩人》：「在詩歌的形式問題上……・大膽創造新的表現方法，採用『老嫗能解』的文學語言。」

【老著臉】
比喻不顧羞恥或不怕難爲情。例你既然求到我頭上了，我也只好老著臉再去替你說情。

【老著臉皮】
形容顧不得自己顏面。《醒世恆言》卷二五：「那白長吉昔日把遐叔何等奚落；及至[遐叔]中了，卻又老著臉皮，備了厚禮也來稱賀。」也作「老著面皮」。《中國現在記》七回：「那班考生見事已鬧大了，也只得老著面皮上來說情。」

【老著面皮】
見「老著臉皮」。

【老蜘蛛——一肚子私（絲）】
見「秋後的絲瓜——滿肚子私（絲）」。

【老子納妾兒姘居——上梁不正下梁歪】
納妾：娶小老婆；姘居：非夫妻關係而同居。比喻上面的人不好，下邊的人跟著學壞。例領導人要以身作則，嚴格要求自己，不然老子納妾兒姘居——上梁不正下梁歪，工作就無法做好。

【老子婆娑】
婆娑：放逸不羈。指男子襟懷曠逸豪放。宋・辛棄疾《沁園春・弄溪賦》詞：「徘徊久，問人間誰似，老子婆娑？」元・張可久《雙調水仙子・西湖秋夜》：「拚余生詩酒消磨，雲子舟中飯，雪兒湖上歌，老子婆娑。」

【老子天下第一】
老子：倨傲不遜者的自稱。自以爲是天下第一號人物。比喻狂妄自大。例這種人自以爲是，老子天下第一。

【老子偷瓜盜果，兒子殺人放火】
指成年人的不良行爲對孩子影響很大。例你是做父親的，應該給孩子做個好榜樣，俗話說：「老子偷瓜盜果，兒子殺人放火。」你可不能掉以輕心啊！

【老子偷豬兒偷牛——一個比一個兇】
也作「老子偷豬兒偷牛——一個比一個惡」。見「躲過野豬撞上老虎——一個比一個兇」。

【老子猶堪絕大漠】
老子：老夫；絕：橫穿。老夫還可以橫穿遼闊的沙漠驅敵。比喻老當益壯，精力和雄心不減當年。宋・陸游《夜泊水村》詩：「老子猶堪絕大漠，諸君何至泣新亭。」

【老祖宗】
①對老年人的戲稱。例我的好老祖宗，你就別要小孩兒脾氣了，把這藥喝了吧！②泛指先輩。例這東西可動不得，這是老祖宗留下來的傳家寶。

【姥姥不疼，舅舅不愛】
指沒人親近、沒人疼愛。例他原來是個挺討人喜愛的孩子，可是現在不知爲什麼，變得「姥姥不疼，舅舅不愛」的，很令人討厭。

ㄌㄠˋ

【烙燒餅】
烙燒餅須不停翻個兒才不會糊。比喻睡不好覺，來回翻身。例你睡不著就起來看會兒書，老在床上烙燒餅不難受嗎？也比喻內容重複。例你注意沒有？他的小說就那麼點素材，來回烙燒餅玩兒。也比喻政策反覆。例政策就是法律，可不能這麼來來回回烙燒餅。

ㄌㄡ

【摟草打兔子——捎帶活】
也作「摟草打兔子——捎帶手」、「摟草打兔子——捎帶干的」、「摟草打兔子——捎帶」。見「放羊撿牛糞——捎帶活」。

ㄌㄡˊ

【婁阿鼠當縣令——不是好官】
婁阿鼠：崑曲《十五貫》中人物，是一個圖財害命、嫁禍於人的賭徒；縣令：舊時縣的行政長官。比喻不是好頭頭。例從他貪贓枉法的歷史看，這個人是婁阿鼠當縣令——不是好官。

【樓板搭鋪——高低差不多】
在樓板上安排的鋪位，比樓板高不了多少。比喻相差無幾。例論技術，他和你是樓板搭鋪——高低差不多，論幹勁，那他就比你强多了。也作「樓板上鋪席子——高得不多」。

【樓台殿閣】
指高大宏偉的樓閣建築物。古代專指帝王居住和供奉神佛的建築物。《西遊記》八七回：「乃是一座大山，山中有樓台殿閣，喚作靈山大雷音寺。」

【樓台亭閣】
指供休息、遊賞的有亭、有台、有樓、有閣的綜合建築物。《二十年目睹之怪現狀》四五回：「據說這容園是一個姓張的產業，揚州花園，算這一所最好；除了各處樓台亭閣之外，單是廳堂，就有了三十八處。」也作「亭台樓閣」。

【螻蟻貪生】
螻蛄、螞蟻也貪戀求生。比喻乞求活命或勸人不可輕生。《西遊記》七六回：「萬望大聖慈悲，可憐螻蟻貪生之意，饒了我命，願送你師父過山也。」《三俠五義》二八回：「螻蟻尚且貪生，何況是人呢。有什麼委曲，何不對小可說明？倘若眞不可活，不妨我再把你送下水去。」

ㄌㄡˇ

【簍裏的蟹——傷不了人】
比喻危害不大。例不要殺掉這個俘虜，他是簍裏的蟹——傷不了人，可能還有用處哩！

ㄌㄡˋ

【陋巷菜羹】
謂住的是簡陋的房子，吃的是粗茶淡飯。形容過的是艱苦生活。唐·韓愈《與崔羣書》：「人固有薄卿相之官，千乘之位，而甘陋巷菜羹者，同是人也。」

【陋巷簞瓢】
簞：竹或葦製的圓形盛器；瓢：葫蘆做成的盛酒器。《論語·雍也》：「一簞食，一瓢飲，在陋巷，人不堪其憂，回也不改其樂。」後以「陋巷簞瓢」比喻貧寒清苦的生活。宋·陳亮《告先師文》：「陋巷簞瓢有何可樂？而吾先師實樂之。」元·金仁傑《追韓信》一折：「嘆英雄何日朝聞道，盼殺我也玉堂金馬，困殺我也陋巷簞瓢。」

【鏤冰雕朽】
雕刻冰和朽木。比喻徒勞無功。晋·葛洪《抱朴子·論仙》：「夫苦心約己，以行無益之事，鏤冰雕朽，終無必成之功。」

【鏤冰爲璧，不可得而用也；畫地爲餅，不可得而食也】
鏤：刻；璧：古代的一種玉器，扁平，圓形，中間有孔。把雕刻好的冰塊當成玉器，可是不能用；把地上畫的圈當成餅，可是不能吃。比喻辦事徒勞無功。唐·劉知幾《史通·載文》：「鏤冰爲璧，不可得而用也；畫地爲餅，不可得而食也。是以行之於世，則上下相蒙；傳之於後，則示人不信。」

【鏤骨銘肌】
在骨上雕刻，在肌膚上刻字。比喻感受極深刻，永誌難忘。唐·元稹《謝准朱書撰田弘正碑文狀》：「微臣忝非木石，粗有肺肝，空懷感涕之心，未獲殺身之所，無任感恩思報，鏤骨銘肌之至。」也作「銘肌鏤骨」。

【鏤骨銘心】
在心骨上雕刻。比喻沁入心骨，記憶深刻，永誌不忘。明·陸采《懷香記·夕陽亭議》：「鏤骨銘心，沒齒難泯。」也作「鏤心刻骨」。《封神演義》九六回：「妾等蒙陛下眷愛，鏤心刻骨，沒世難忘。」

【鏤金錯彩】
雕飾金、銀，呈現鮮明的文采。形容裝飾十分華麗。清·孔源湘《新嫁娘》：「前頭笙歌喧兩部，錦蓋如雲從如雨；鏤金錯彩五十箱，羅執綺縠裁褲襠。」也比喻詩文著意修飾，辭藻華麗。清·趙翼《甌北詩話·吳梅村詩》：「梅村詩本從『香奩體』入手……幸其節奏全仿唐人，不至流爲詞曲。然有意處則情文兼至，姿態橫生；無意處雖鏤金錯彩，終覺膩滯可厭。」

【鏤心刻骨】
見「鏤骨銘心」。

【鏤月裁雲】
唐·李義府《堂堂詞》：「鏤月爲歌扇，裁雲作舞衣。」後以「鏤月裁雲」比喻技藝精巧，工夫出神入化。宋·李覯《和愼使君出城見梅花》詩：「化工呈巧異尋常，鏤月裁雲費刄芒。」

【漏洞百出】
指說話、作文或做事考慮不周密，其中破綻、紕漏很多。魯迅《病後雜談之餘》：「留心研究起來，那就漏洞百出。」姚雪垠《〈歧路燈〉序》：「我們從《歧路燈》中感到親切的部份往往不是道貌岸然的人物，而是各種世俗人物，同時也看出來封建禮教和制度的漏洞百出。」

【漏風聲】
走漏消息。例這件事情事關重大，可不能漏風聲。

【漏脯充飢】
漏：通「螻」，指一種如螻蛄的臭味；脯：乾肉。指用已經腐臭變質的乾肉來充飢。比喻只顧解決眼前的急需，而不考慮後患。晋·葛洪《抱朴子·嘉遁》：「僥求之徒，昧乎可欲……咀漏脯以充飢，酣鴆酒以止渴也。」

【漏虀搭菜】
比喻拖泥帶水。元·馬致遠《黃粱夢》二折：「是你辱門敗戶先自歪，做的來漏虀搭菜，把花言巧語枉鋪排。」

【漏盡更闌】
漏：古代用漏壺滴水計時的器具；更：夜晚計時單位。指深更半夜。元·高文秀《襄陽會》一折：「直等的漏盡更闌，街衢靜悄。」

【漏盡鐘鳴】
漏：滴漏，古代滴水計時器。謂漏壺的水已經滴盡，晨鐘已經敲響。比喻人已到老年，行將入土了。元·王惲《和左山言懷詩》：「鳥飛魚泳有常分，漏盡鐘鳴合少休。」

【漏網游魚】
見「漏網之魚」。

【漏網之魚】
網眼裏漏逃出去的魚。《史記·酷吏列傳序》：「漢興，破觚而爲圜，斫雕而爲樸，網漏於吞舟之魚。」後以「漏網之魚」比喻僥倖逃脫法網的人。《野叟曝言》一四八回：「素臣趕出去送，已如漏網之魚，七跌八撞跑出轅門去了。」也作「**漏網游魚**」。《封神演義》一四回：「李靖望前飛走，眞似失林飛鳥，漏網游魚，莫知東南西北。」

【漏甕沃焦釜】
用破甕裏漏剩的水去澆已燒焦的鍋。比喻情勢危急，趕快救助。《史記·田敬仲完世家》：「脣亡則齒寒，今日亡趙，明日患及齊楚，且救趙之務，宜若奉漏甕沃焦釜也。」

【漏洩春光】
透露出春天來臨的信息。後用以比喻隱私或男女私情被洩露。唐·杜甫《臘日》詩：「侵陵雪色還萱草，漏洩春光有柳條。」元·王實甫《西廂記》一本二折：「本待要安排心事傳幽客，我則怕漏洩春光與乃堂。」

【漏洩天機】
洩漏了重要的機密。《平妖傳》二五回：「與小人酒食吃了，又將此物出來，叫小人付與州官收受，不許漏洩天機。」

【漏夜捉賊漏夜解——馬上行事】
漏夜：〈方〉當夜；解：押送犯人或財物。比喻毫不拖延，立刻行動。例大家做好物質上和精神上的準備，到達目的地後，我們要漏夜捉賊漏夜解——馬上行事，不能有絲毫耽誤。

【露醜不如藏拙】
指寧可將拙笨藏起來，也不要在人面前露醜。例如果你不懂這個問題，就直接說出來，不要亂說一通，牛頭不對馬嘴的。俗話說：「露醜不如藏拙。」你最好還是閉上嘴吧！

【露出馬腳】
比喻洩露出眞相。《官場現形記》五三回：「虧他東扯西拉，居然沒有露出馬腳。」

【露出破綻】
比喻在談話或辦事中出現漏洞。例他原以爲此事已被他瞞得天衣無縫，無人能知曉。誰知，就是他自己，在一次與人交談中無意中「露出破綻」來。

【露多大臉，現多大眼】
比喻如果得來榮譽的手段不正當，那麼將來必有與榮譽對等的羞辱。例你弄虛作假得了個第一，現在被查了出來，眞是「露多大臉，現多大眼」，當初要是老實些多好。也作「**露多大臉，丟多大醜**」。

【露馬腳】
比喻無意中洩漏隱秘。例別看他現在吃回扣沒人知道，將來越吃越大，總有露馬腳的一天。

【露一手】
比喻顯示一下本事、才幹。例你們別對他不服氣，哪天讓他給大夥兒露一手，保證讓你們心服口服。

ㄌㄢˊ

【蘭艾不分】
蘭艾：兩種草，蘭香艾臭。比喻香臭不分，良莠不分。唐·張九齡《在郡秋懷》詩：「蘭艾若不分，安用馨香爲。」

【蘭艾難分】
比喻好壞或友敵難以辨別。《宋書·沈攸之傳》：「交戰之日，蘭艾難分。土崩倒戈，宜爲蚤計，無使一人迯昧，而九族就禍也。」

【蘭艾同焚】
比喻好的和壞的或美的和醜的同歸於盡。《晉書·孔坦傳》：「蘭艾同焚，賢愚所嘆。」晉·庾闡《檄李勢》：「檄到，勉思良圖，自求多福，無使蘭艾同焚。」

【蘭摧玉折】
香草被摧殘，美玉被折斷。比喻寧可潔身自好，堅持高尚情操而死，不願苟且偷生而備受榮華富貴。南朝宋·劉義慶《世說新語·言語》：「毛伯成[玄]既負其才氣，常稱寧爲蘭摧玉折，不作蕭敷艾榮。」也比喻賢人或好人不幸夭折。明·張岱《祭伯凝八弟子》：「余雖昆季，義猶友朋，蘭摧玉折，實難爲情。」

【蘭桂齊芳】
芝蘭和丹桂一齊散發芳香。舊時比喻子孫昌盛顯貴。南朝宋·劉義慶《世說新語·言語》：「謝太傅[安]問諸子侄：『子弟亦何預人事而正欲使其佳？』諸人莫有言者。車騎（謝玄）答曰：『譬如芝蘭玉樹欲使其生於階庭耳。』」《羣音類選〈百順記·王曾祝壽〉》：「與階前蘭桂齊芳，應堂上椿萱同茂。」《紅樓夢》一二〇回：「現今榮、寧兩府，善者修緣，惡者悔禍，將來蘭桂齊芳，家道復初，也是自然的道理。」也作「**蘭桂騰芳**」。清·程允升《幼學故事瓊林·祖孫父子》：「子孫發達，謂之蘭桂騰芳。」

【蘭桂騰芳】
見「蘭桂齊芳」。

【蘭心蕙性】
芝蘭的心性，蕙草的性格。比喻女子幽雅聰慧的品質。宋·柳永《玉女搖仙佩》詞：「願奶奶，蘭心蕙性，枕前言下，表余深意。」《兒女英雄傳》八回：「況且她雖是個鄉村女子，外面生著一副好姿容，心裏藏著一副蘭心蕙性。」也作「**蘭質蕙心**」。唐·楊虞卿《過小妓英英墓》：「蘭質蕙心何所在，焉知過者是狂夫。」也作「**蕙心蘭質**」、「**蕙質蘭心**」。

【蘭形棘心】
棘：荊棘，有刺的植物。比喻外表友善，內心狠毒。例這個人蘭形棘心，你可要小心和他交往，避免上當。

【蘭秀菊芳】
蘭花清秀，菊花芬芳。比喻美女各有千秋。漢，劉徹《秋風辭》：「蘭有秀兮菊有芳，懷佳人兮不能忘。」

【蘭薰桂馥】
薰、馥：香氣。蘭草、桂花散發濃郁的香氣。比喻德澤長留後世。唐·駱賓王《上齊州張司馬啓》：「常山王之玉潤金聲，博望侯之蘭薰桂馥。」後也用以稱人子孫昌盛。

【蘭因絮果】
蘭因：美好的結合。據《左傳·宣公三年》載：鄭文公妾燕姞夢見天使贈蘭花，因而與文公結合；絮果：飛絮飄泊不定。比喻男女開始婚姻美滿，後又離異。《虞初新志·小青傳》：「蘭因絮果，現業維深。」清·王韜《淞隱漫錄·十二花神》：「君可代為表彰之，俾世間人知此一段蘭因絮果。」也作「絮果蘭因」。

【蘭友瓜戚】
形容親朋好友意氣相投、關係密切。清·孔尚任《桃花扇·媚坐》：「吾輩得施為，正好談心花底；蘭友瓜戚，門外不須倒屣。」

【蘭芷之室】
比喻良好的環境對人能產生良好的影響。《大戴禮記·曾子疾病》：「與君子遊，苾乎如入蘭芷之室，久而不聞，則與之化矣。」也作「芝蘭之室」。

【蘭質蕙心】
見「蘭心蕙性」。

【蘭姿蕙質】
芝蘭的美姿，蕙草的氣質。比喻女子姿容美麗，資質聰穎。元·施惠《幽閨記·少不知愁》：「蘭姿蕙質，香肌稱羅綺。」

【欄杆上跑馬——走險】
比喻道路崎嶇艱辛，困難重重。例在重重壓力下進行改革，的確是欄杆上跑馬——走險，要有不惜犧牲一切的心理準備。也作「鐵拐李過獨木橋——走險」。

【闌風長雨】
闌珊之風，冗長之雨。多指颯颯的西風，連綿的秋雨。唐·杜甫《秋雨嘆》詩之二：「闌風長雨秋紛紛，四海八荒同一雲。」宋·楊萬里《過八尺遇雨》詩：「節里無多好天色，闌風長雨餞殘年。」也作「闌風伏雨」。清·查慎行《酬別鄭寒村》詩：「闌風伏雨兼旬臥，晴路一鈞新月破。」

【闌風伏雨】
見「闌風長雨」。

【藍橋路】
藍橋在陝西省藍田縣東南的南溪上，據傳是唐代裴航遇見仙女雲英的地方。比喻男女戀愛結合之路。例我已經盡了媒人之職，今後就靠你倆自己走這藍橋路了。

【藍天的鴻雁——展翅飛翔】
鴻雁：也叫大雁，是一種冬候鳥，羣居水邊，飛時一般排列成行。比喻人充分施展才幹，實現遠大理想。例青年科學工作者，你們肩負著實現現代化的重任，藍天的鴻雁——展翅飛翔啊！

【藍田出玉】
見「藍田生玉」。

【藍田生玉】
陝西省藍田縣古時盛產美玉而著稱。比喻將門出虎子，名門出賢人。《三國志·吳書·諸葛恪傳》注引《江表傳》：「恪少有才名，發藻岐嶷，辯論應機，莫與為對。[孫]權見而奇之，謂[諸葛]瑾曰：『藍田生玉，眞不虛也。』」也作「藍田出玉」。《宋書·謝莊傳》：「[莊]及長，韶令美容儀，太祖見而異之，謂尚書僕射殷景仁、領軍將軍劉湛曰：『藍田出玉，豈虛也哉！』」

【籃裏揀花——越揀越花】
籃：指花籃；揀：挑選。比喻越挑選越花眼，越挑選越拿不定主意。例都是同樣規格，同樣質量，不要挑三揀四了，籃裏揀花——越揀越花。

【籃裏魚，阱中虎】
比喻人處於難以逃脫的困境中。《三寶太監西洋記》八一回：「故此黃鳳仙就中了他毒手，一個倒栽蔥栽下馬來。百夫人只說這是『籃裏魚，阱中虎』，走近前套上一索，只指望套將去，那裏又想摸個空。」

【籃子裏裝土地菩薩——提神】
土地菩薩：即土地爺，迷信傳說中指管一個小地區的神。雙關語，比喻打起精神。例現在正是午夜，敵人可能開始行動了，我們得籃子裏裝土地菩薩——提神。

ㄌㄢˇ

【覽予初其猶未悔】
回顧我當初立下的志願和所做的一切，也終無改悔。謂始終堅持自己的初衷。戰國楚·屈原《離騷》：「阽予身而危死兮，覽予初其猶未悔。」

【懶大嫂趕集——中間不忙兩頭忙】
趕集：到市集上買賣貨物。比喻沒有把時間和精力用在該用的地方，瞎忙一陣。例你做事應當有個計畫，合理安排時間，不能老是像懶大嫂趕集——中間不忙兩頭忙，到時還是無法完成任務。

【懶漢過年——一年不如一年】
比喻每況愈下，情況越來越糟。例你們工廠的生產，就像懶漢過年——一年不如一年，應當好好總結經驗教訓，限期扭虧為盈。也作「老太婆過年——一年不如一年」、「王小二過年——一年不如一年」。

【懶驢躲進磨道——自上圈套】
磨道：磨坊。比喻自己中了對方安排好的計謀。例敵人間諜混入我邊境城市，在我軍兵周密安排下，他們就像懶驢躲進磨道——自上圈套，無一漏網。也作「老鼠被夾魚上鉤——自上圈套」。

【懶木匠的鋸子——不錯（銼）】
錯：「銼」的諧音。雙關語，比喻正確無誤或很好。例「我這道算術題做得對嗎？」「懶木匠的鋸子——不錯（銼）。」

【懶鳥不搭窩——得過且過】

比喻混日子，過一天算一天，敷衍了事。例懶鳥不搭窩——得過且過，對我們的隊伍來說，算是一種腐蝕劑，必須堅決清除。也作「當一天和尚撞一天鐘——得過且過」。

【懶牛拉磨——不打不走】

比喻消極疲沓，做事被動；或只有施加壓力，才能有所前進。例這個人對待工作的態度，就像懶牛拉磨——不打不走，一點自覺性也沒有。也作「懶驢子拉磨——打一鞭走一步」。

【懶牛上套——挨鞭子的日子到了】

比喻苦難臨頭。例他心裏明白，進入軍營，就是懶牛上套——挨鞭子的日子到了。也作「牛犢子上套——挨鞭子的日子到了」、「剛備鞍的馬駒——挨鞭子的日子到了」。

【懶牛上套——屎尿多】

比喻藉故偷懶。例你別指望他幹活，懶牛上套——屎尿多，總要找出藉口來逃避。也作「懶驢上磨——屎尿多」。

【懶婆娘的裹腳——又長又臭】

裹腳：指裹腳布，舊時婦女用來纏腳的長布條。比喻說話或寫文章冗長、空洞，廢話連篇。例我們有些人喜歡寫長文章，但沒有什麼內容，眞是懶婆娘的裹腳——又長又臭。也作「懶婆娘的裹腳——又臭又長」、「龍船裝狗屎——又長又臭」、「老太婆的裹腳布——又長又臭」。

【懶婆娘的剪刀——掰不開】

懶婆娘老不做活兒，剪刀鏽得掰不開了。雙關語，比喻分不開或打不開。例這兩個人見面沒幾天，就形影不離，好像懶婆娘的剪刀——掰不開了。

【懶婆娘上轎——願上不願下】

雙關語，比喻只喜歡高高在上，當官做老爺，不願意深入基層，做一個普通人。例一個眞正樹立了爲人民服務思想的人，應當是能上能下，可是有不少人是懶婆娘上轎——願上不願下，實際上成了人民的「終生」老爺。

【攬大頭】

比喻承擔較困難、繁重的工作。例大夥兒別爭了，還是我來攬大頭，小頭歸他。

【攬狗屎】

比喻自招臭名。例從沒見過你這樣的怪物，竟給自己攬狗屎！

【攬轡澄清】

攬轡：掌握馬車的韁繩；澄清：使渾水清澈明淨。比喻走馬上任，決心治理好天下。《後漢書・范滂傳》：「時冀州飢荒，盜賊羣起，乃以滂爲清詔使，按察之。滂登車攬轡，慨然有澄清天下之志。」也指革除弊政、扭轉亂局的抱負。清・龔自珍《己亥雜詩》一〇七：「少年攬轡澄清意，倦矣應憐縮手時。」

【攬轡登車】

出車巡行各地，監察整肅吏治。唐・陳子昂《上軍國利害事三條・出使》：「先自京師，而訪豺狼，然後攬轡登車，以清天下。」

【攬權怙勢】

怙：ㄏㄨˋ，依仗。總攬大權，憑藉權勢。例凡攬權怙勢，順我者昌，逆我者亡的人，雖能猖獗一時，最終還是沒有好下場的。

【攬權納賄】

總攬權勢，收受賄賂。形容貪官污吏的罪惡行爲。《官場維新記》六回：「到了湖北，方才曉得李統領因爲京裏有人參他攬權納賄等事。」

【攬野火】

比喻給自己找麻煩。例他既然敢攬野火，必定已有解脫之法。

ㄌㄢˋ

【爛邊的禮帽——頂好】

禮帽：跟禮服相配的帽子。雙關語，比喻特別好，褒義，表示讚美。例昨天晚會的娛樂節目，的確是爛邊的禮帽——頂好，受到現場觀衆熱烈歡迎。也作「沒有邊的草帽——頂好」。

【爛肚子麻公打呵欠——好大的口氣】

爛肚子麻公：〈方〉癩蛤蟆。見「癩蛤蟆打哈欠——好大的口氣」。

【爛額焦頭】

形容頭部被火燒得很嚴重。比喻處境狼狽、難堪。唐・盧肇《海潮賦後序》：「而又爛額焦頭，方思馬禍；捉襟見肘，久困牛衣。」也作「焦頭爛額」、「燋頭爛額」。

【爛糞箕撈泥鰍——溜了】

糞箕：糞筐子。見「腳底下抹油——溜啦」。

【爛膏藥貼好肉——沒病找病】

比喻自尋煩惱或自找麻煩。例爛膏藥貼好肉——沒病找病，既有害於工作，又有害於健康。也作「爛膏藥貼在好肉上——自找麻煩」。

【爛膏藥往別人臉上貼——存心害人】

見「酒裏頭放蒙汗藥——存心害人」。

【爛瓜皮當帽子——霉到頂了】

比喻運氣不好，倒楣透了。例三個月沒出門，一出門就遇上車禍，我眞是爛瓜皮當帽子——霉到頂了。

【爛筐子拴絲穗子——不相稱】

見「狗尾續貂——不相稱」。

【爛麻袋濾豆腐——盡是渣滓】

做豆腐時須在豆漿中濾去豆渣，用孔眼大的爛麻袋過濾，豆渣要漏掉，做出的豆腐盡是渣滓。雙關語，比喻都是些品質惡劣、危害社會的壞人。例被收審的這一幫人，打、砸、搶、抄，吃、喝、嫖、賭無所不爲，眞是爛麻袋濾豆腐——盡是渣滓。

【爛麻堆裏掉麥穗——茫（芒）無頭緒】

茫：「芒」的諧音；芒：麥粒、稻粒等外殼上的尖毛。比喻事情繁雜，摸不著一點線索，不知從何入手。例任務是接受下來了，可還是爛麻堆裏掉麥穗——茫（芒）無頭緒，不能進入正常生產。

【爛麻裏攙豬毛——一團糟】

形容局面或情況異常混亂，不可收拾。例這裏的工作狀況就像爛麻裏攙豬毛——一團糟，誰都感到棘手，不願接受領導職務。

【爛麻搓成繩——有了頭緒】

指在複雜、紛亂的事情中理出了條理或次序。例經過幾個月的努力，爛麻搓成繩——有了頭緒，工作開始走上正軌。

【爛木頭刻戳兒——不是這塊料】

戳兒：圖章，多指木頭或橡皮的，也叫戳子。見「麻袋做龍袍——不是這塊料」。

【爛木頭刻娃娃——壞孩子】

指淘氣的小孩。例要好好學習，天天向上，爛木頭刻娃娃——壞孩子，大家都不喜歡。

【爛泥巴捏神像——沒個好心腸】

比喻心眼很壞。例你不要相信他的花言巧語，他是爛泥巴捏神像——沒個好心腸。也作「鴿子充雞——沒個好心腸」。

【爛泥——糊不上牆】

比喻由於水平低或能力差，見不得世面或成不了氣候。例還是另外請人主持這個晚會吧，我是爛泥——糊不上牆，我會出醜的。

【爛泥裏打樁子——越打越下】

比喻不斷受打擊、受壓迫。例他在這裏的處境是爛泥裏打樁子——越打越下，人們都非常同情。見「爛泥裏搖樁——越陷越深」。

【爛泥裏搖樁——越陷越深】

比喻在錯誤的道路上，越堅持下去，問題就越嚴重。有時形容景況越來越糟。例發橫財不是正道，回頭是岸，爲時不晚，不要爛泥裏搖樁——越陷越深。也作「爛泥田插竹——越插越深」、「黃牛落泥塘——越陷越深」。

【爛泥蘿蔔——揩一段吃一段】

比喻沒有通盤的考慮，走一步看一步。例做工作要有周密的計畫，不能像爛泥蘿蔔——揩一段吃一段。

【爛泥坯子貼金身——胎裏壞】

坯子：這裏指神佛塑像的泥胎；貼金身：在神佛塑像上貼上金箔。比喻外表冠冕堂皇，內裏亂七八糟；或根子不正，本質不好。例像陳子波這號人，早就不許他們加入我們的農會，現在他們自己搞農會，只怕是爛泥坯子貼金身——胎裏壞！也作「爛泥坯子貼金身——壞了胎」、「雞蛋裏生蛆——胎裏壞」。

【爛泥菩薩——樣子神氣】

菩薩：泛指佛和神。比喻看起來很得意、傲慢。例這個人是爛泥菩薩——樣子神氣，肚裏一包草，一點本領也沒有。

【爛泥搖樁，越搖越深】

比喻人陷入困境之中，難以自拔，且越掙扎陷得越深。例自從加入了那個偷竊集團，他覺得自己是「爛泥搖樁，越搖越深」，想退出來已是不可能了。

【爛蒲扇打臉——不痛不癢】

蒲扇：用香蒲葉做成的扇子。也作「爛蒲扇打臉——不癢不痛」。見「木頭人生瘡——不痛不癢」。

【爛汽車過朽橋——乘人之危】

雙關語，比喻趁人遭受危難進行要挾或侵害。例你這是小人的行爲，君子不會爛汽車過朽橋——乘人之危，眞可恥。

【爛肉餵蒼蠅——投其所好】

比喻迎合別人的愛好。多指迎合敵人或壞人的喜好，逗引他上鉤。例這個傢伙愛錢如命，可以給他一個爛肉餵蒼蠅——投其所好。也作「狗面前扔骨頭——投其所好」、「貓嘴裏塞鯉魚——投其所好」、「吃辣的送海椒，吃甜的送蛋糕——投其所好」。

【爛若披錦】

形容文辭燦爛華麗。南朝宋・劉義慶《世說新語・文學》：「潘文爛若披錦，無處不善。陸文若排沙揀金，往往見寶。」

【爛傘遮日——半邊陰】

比喻人陰不陰，陽不陽；或表面和善，內裏陰險。例這個人好像爛傘遮日——半邊陰，不是正人君子，不可結交。

【爛柿子落地——軟作一堆】

比喻因驚恐而渾身癱軟。例敵人還沒進攻，他就像爛柿子落地——軟作一堆，眞是膽小鬼。也作「爛柿子落地——軟癱了」、「油條泡湯——軟作一堆」、「泥菩薩洗澡——軟癱了」、「出鍋的熱糍粑——軟作一堆」。

【爛柿子上船——軟貨】

比喻膽小怕事、缺乏氣節的人。例一個惡霸地主有什麼可怕？眞是爛柿子上船——軟貨。也作「豆腐店的買賣——軟貨」、「糯米糍粑——軟貨」、「稀泥蛋子——軟貨」。

【爛手錶——沒準兒】

見「三眼槍打兔子——沒準兒」。

【爛攤子】

比喻混亂不堪、難以整頓的局面。例挺好的一個公營工廠，被這幫無能鼠輩搞成了個爛攤子。不嚴肅整頓還行？！

【爛透的倭瓜——捧不起來】

倭瓜：南瓜。雙關語，比喻已不可救藥。例我們已經做到仁至義盡了，爛透的倭瓜——捧不起來，又有啥辦法呢？由他去吧！

【爛襪改背心——小人得志(之)】
小人：人格卑鄙的人；志：「之」的諧音。雙關語，比喻卑鄙的人被重用、高升或欲望實現。例看他那趾高氣揚的樣子，就知道是爛襪改背心——小人得志（之）。

【爛網打魚——一無所獲】
見「聾子聽戲，瞎子觀燈——一無所獲」。

【爛眼兒趕蒼蠅——忙不過來】
爛眼兒：指眼睛發炎、糜爛的人。眼睛糜爛有腥味，易招引蒼蠅，趕走了又來了。比喻事情多，忙得不可開交。例唉，在公家機關工作，亂成一團，爛眼兒趕蒼蠅——忙不過來呀！也作「爛眼兒趕蒼蠅——忙不開」、「逢年過節的砧板——忙不過來」。

【爛羊頭】
比喻官場腐敗，濫授官爵，什麼人都可以當官。《後漢書·劉玄傳》：「其所授官爵者，皆羣小賈豎，或有膳夫庖人，多著銹面，衣錦褲、襜褕、諸于，罵詈道中。長安爲之語曰：『灶下養，中郎將。爛羊胃，騎都尉。爛羊頭，關內侯。』」

【爛魚肚子——心腸壞】
雙關語，比喻心地不好，或心眼變壞了。例別看他表面和善仁慈，實際上是爛魚肚子——心腸壞。也作「爛魚肚子——壞心腸」、「爛魚剖腹——心腸壞」、「狼心狗肺——心腸壞」、「蓮藕生瘡——壞心眼」。

【爛魚扔糞堆——又腥又臭】
指氣味腥臭。也比喻人的名聲壞極了。例這盤菜的味道是爛魚扔糞堆——又腥又臭。

【爛醉如泥】
形容喝酒過量，醉得像一攤爛泥。《水滸傳》一〇一回：「王慶一日吃得爛醉如泥，在本府正排軍張斌面前露出了馬腳。」《醒世恆言》卷一五：「直飲至三鼓，把赫大卿灌得爛醉如泥，不省人事。」

【濫廁其間】
見「濫竽充數」。

【濫官污吏】
貪贓枉法的官員。元·關漢卿《竇娥冤》四折：「從今後把金牌勢劍從頭擺，將濫官污吏都殺壞。」也作「濫吏贓官」。明·無名氏《大劫牢》一折：「莫不是濫吏贓官，將民業攘。」

【濫吏贓官】
見「濫官污吏」。

【濫用職權】
過分或非法地行使自己掌握的權利。例他在這次民族紛爭中，濫用職權，強行捆綁吊打羣衆，受到撤職查辦的處分。

【濫竽充數】
竽：古時一種簧管樂器，類似現在的笙。《韓非子·內儲說上》：「齊宣王使人吹竽，必三百人。南郭處士請爲王吹竽，宣王說（悅）之，廩食以數百人。宣王死，湣王立，好一一聽之，處士逃。」後來用「濫竽充數」比喻沒有眞才實學的人混在行家裏充數。《兒女英雄傳》三五回：「若只靠著才氣，摭些陳言，便不好濫竽充數了。」也用作自謙之詞。老舍《習作二十年》：「兩集中各有一篇稍像樣子的，但多數還是濫竽充數。」也作「濫廁其間」。廁：夾雜在裏面。多用於謙詞。明·歸有光《方御史壽序》：「時邑之士同舉者七人，而余亦濫廁其間。」

【濫竽充數——掛個空名】
比喻沒有本領的人充作有本領的人；或只掛名不做事。例我不是什麼專家，只不過是濫竽充數——掛個空名而已。

ㄌㄤˊ

【郎不郎，秀不秀】
郎：元明時指貧寒人家的子弟；秀：元明時指世家子弟。比喻高不高，低不低，既不成材，也沒有出息。《初刻拍案驚奇》卷二二：「你這樣人，種火又長，拄門又短。『郎不郎，秀不秀』的，若要覓衣食，須把個『官』字兒擱起。」

【郎才女貌】
男子才能出衆，女子容貌出色，形容男女雙方很相配。元·關漢卿《望鄉亭》一折：「您倆口兒正是郎才女貌，天然配合。」《西湖二集·灑雪堂巧結良緣》：「春鴻道：『你與小姐原有指腹爲婚之約，況且郎才女貌，自然相得。』」也作「郎才女姿」。明·張鳳翼《紅拂記·擲家圖圓》：「爲郎才女姿，非是雲邀雨期，這情蹤傍人怎知？」

【郎才女姿】
見「郎才女貌」。

【郎中賣棺材——死活都要錢】
郎中：〈方〉中醫醫生。比喻貪財不擇手段。例你打聽的這個人，無人不知，他是郎中賣棺材——死活都要錢，經過幾年的鑽營，已是富翁了。也作「藥鋪裏賣花圈——死活都要錢」。

【鎯頭對錘子——狠對狠】
鎯頭：錘子。指彼此手段凶狠，互不相讓。例這兩個地頭蛇勾心鬥角，手段殘忍，恰是鎯頭對錘子——狠對狠，不知鹿死誰手。

【鎯頭敲鋼板——當當響】
見「鈑勺敲鐵鍋——當當響」。

【鎯頭敲鐵砧——硬梆梆】
多比喻人性格剛強，意志堅定。例她是一個鎯頭敲鐵砧——硬梆梆的人，在任何困難面前都沒屈服過。也作「青棡木做杠子——硬梆梆」、「說出的話牛都踩不爛——硬梆梆」。

【鎯頭敲鑿子，鑿子敲木頭——一級吃一級】
比喻一物降一物，或被別人所制服。例鎯頭敲鑿子，鑿子敲木頭——一級吃一級，你想說服小楊，還得找金師傅出面。

【鋃頭鏨磨盤——實打實鏨】

鏨：ㄗㄢˋ，鑿，刻。比喻實實在在地硬幹苦幹。例他平時不言不語，埋頭工作，是個鋃頭鏨磨盤——實打實鏨的人。

【狼狽不堪】

狼狽：兩種獸名。傳說狽是一種前腿極短的野獸，走路時要趴在狼身上，沒有狼就很難行動。比喻處境非常艱難、窘迫。清・林則徐《會奏穿鼻尖沙嘴疊次轟擊夷船情形折》：「餘船十餘隻退遠停泊，所有篷扇桅檣繩索杠具，大都狼狽不堪。」

【狼狽萬狀】

形容非常困頓、窘迫的樣子。《新刊大宋宣和遺事》刊集：「太上（宋徽宗）因暑熱成病，狼狽萬狀。」

【狼狽爲奸】

狼和狽經常合夥傷害牲畜。比喻壞人勾結在一起幹壞事。《隋唐演義》八五回：「安祿山向同李林甫狼狽爲奸。」

【狼奔豕突】

豕：ㄕˇ，被追趕的狼和豬亂衝亂撞。比喻人逃跑時的驚慌狀。也比喻壞人亂衝亂撞，恣意破壞。清・傷時子《蒼鷹擊・訴愁》：「狗偷鼠竊盈州縣，狼奔豕突幹刑憲。」

【狼奔鼠竄】

像狼鼠那樣奔跑亂竄。形容四處奔逃。《金瓶梅詞話》一○○回：「十室九空，不顯鄉村城郭；狼奔鼠竄，那有禮樂衣冠？」

【狼餐虎嚥】

見「狼吞虎嚥」。

【狼吃狼——對著嚎】

嚎：大聲吼叫。比喻互相聲嘶力竭叫罵。例哈哈！狗咬狗，兩嘴臊；狼吃狼——對著嚎。這才眞不假呢！

【狼吃狼——冷不防】

同類殘殺是意外的事，一般很少防備。比喻出乎意料的事突然發生，沒有防備。例俗話說：「狼吃狼——冷不防。」在自然界中也是這樣，幾次焚風引起的森林火災都是出人意料的。也作「臘月遇狼——冷不防」。

【狼蟲虎豹】

比喻凶殘害人的惡人。《西遊記》四回：「只見那洞門外，許多妖魔，都是些狼蟲虎豹之類。」

【狼改不了吃人】

比喻惡人難改本性。例你別看他現在像個人兒似的，「狼改不了吃人」，早晚有一天，他會暴露出眞面目的。

【狼顧狐疑】

形容辦事左顧右盼，心存疑慮，猶豫不定。孫中山《歷年政治宣言・布告全國同胞書》：「行事或虎頭蛇尾，而存心復狼顧狐疑。」

【狼號鬼哭】

形容大聲哭叫，聲音淒厲。《紅樓夢》五八回：「況且寶玉才好了些，連我們也不敢說話，你反打的人狼號鬼哭的！」

【狼猛蜂毒】

比喻凶狠毒辣。南朝齊・王融《上疏請給虜書》：「夫虜人面獸心，狼猛蜂毒，暴悖天經，虧違地義。」

【狼眼鼠眉】

形容人的相貌兇惡。例此人狼眼鼠眉，胸無點墨，還想娶小姐爲妻，眞是癩蛤蟆想吃天鵝肉。

【狼飧虎嚥】

見「狼吞虎嚥」。

【狼貪虎視】

像狼一樣貪婪、像老虎一樣兇狠地注視著想要攫取的對象。比喻爲人貪婪而兇狠。例他爲人本分，不像那些狼貪虎視的人。

【狼貪鼠竊】

像狼那樣貪婪，像鼠那樣好竊。形容貪婪而卑劣。明・于謙《出塞》詩：「狼貪鼠竊去復來，不解偷生求速死。」

【狼吞虎噬】

像虎狼那樣吞嚼食物。比喻極爲貪婪殘忍。明・王世貞《鳴鳳記・二相爭朝》：「你狠吞虎噬傷殘了萬民百姓，害得那有功臣百事無成。」

【狼吞虎嚥】

像狼虎那樣吞嚥。形容吃東西又急又猛的貪饞樣子。《官場現形記》三四回：「只見他拿筷子把蹄子一塊一塊夾碎，有一寸見方大小，和在飯裏，不上一刻功夫，狼吞虎嚥，居然吃個精光。」也作「狼飧虎嚥」。《初刻拍案驚奇》卷三：「十人自來吃酒……須臾之間，狼飧虎嚥，算來吃勾有六七十斤肉。」也作「狼餐虎嚥」。《東周列國志》一○五回：「〔廉頗〕一飯斗米俱盡，啖肉十餘斤，狼餐虎嚥，吃了一飽。」

【狼窩裏的羊——九死一生】

比喻歷經艱險而倖存下來。例他潛入敵人心臟進行鬥爭，險情叢生，的確是狼窩裏的羊——九死一生。

【狼心狗肺】

形容像狼狗一樣，心腸貪婪、狠毒，毫無信義。《醒世恆言》卷三○：「那知這賊子，恁般狼心狗肺，負義忘恩。」《兒女英雄傳》八回：「倒誤把這個狼心狗肺的東西，當作好人。」也作「驢心狗肺」。

【狼心狗肺——心腸壞】

也作「狼心狗肺——壞心腸」。見「爛魚肚子——心腸壞」。

【狼心狗行】

形容壞人心腸像狼一樣貪婪兇狠，行爲像狗一樣卑鄙無恥。《三國演義》七回：「昔日以汝爲忠義，推爲盟主，今之所爲，眞狼心狗行之徒，有何面目立於世間。」

【狼煙四起】

狼煙：古代烽火台上用乾狼糞燒煙作爲邊防報警的信號。形容戰亂四起，到處報警，社會動盪不安。明・沈采《千金記・宵征》：「如今狼煙四起，虎鬥龍爭，我到街坊上打聽楚國招兵文榜消息。」

【狼子不可養，後必爲害】

狠崽子是不能養的，如果養了，以後必得受它的害。指人們切莫姑息養奸，自貽其害。《三國志・蜀書・關張趙馬黃傳》注引《蜀記》：「權遣將軍擊羽，獲羽及子平。權欲活羽以敵劉、曹，左右曰：『狼子不可養，後必爲害，曹公不即除之，自取大患，乃議徙都。今豈可生！』乃斬之。」

【狼子獸心】

見「狼子野心」。

【狼子野心】

狠崽子雖小卻有野獸兇殘的本性。《左傳，宣公四年》：「楚司馬子良生子越椒。子文曰：『必殺之，是子也熊虎之狀而豺狼之聲，弗殺，必滅若敖氏矣。』諺曰：狼子野心，是乃狼也，其可畜乎！」後以「狼子野心」比喻壞人兇殘的本性和瘋狂的欲望野心。《三國志・魏書・呂布傳》：「太祖曰：『布，狼子野心，誠難久養，非卿莫能究其情也。』」也作「狼子獸心」。《晉書・虞預傳》：「然狼子獸心，輕薄易動，羯虜未殄，益使難安。」

【琅嬛福地】

琅嬛（ㄏㄨㄢˊ）：神話中天帝的藏書處。神話傳說中的神仙洞府。元・伊世珍《琅嬛記》卷上：「……則別是天地，宮室嵯峨。引入一室中，陳書滿架……華心樂之，欲賃住數十日。其人笑曰：『君痴矣，此豈可賃地耶？』即命小童送出。華問地名，曰：『琅嬛福地也。』」明・張岱《快園記》：「如入琅嬛福地，痴龍護門，人跡罕到。」

【琅琅上口】

指誦讀熟練、響亮、順口。清・王韜《淞隱漫錄・凌波女史》：「自幼即喜識字，授以唐詩，琅琅上口。」

【稂不稂，莠不莠】

稂：狠尾草；莠（ㄧㄡˇ）：狗尾草。指既不像稂又不像莠。比喻不成材，沒有出息。《儒林外史》二回：「人生世上，難得的是這碗現成飯，只管『稂不稂，莠不莠』的到幾時？」

【鋃鐺入獄】

鋃鐺：鐵鎖鏈。被鎖上鐵鏈入獄服刑。例由於他一時氣憤失手殺人，因而斷送了美好前程而鋃鐺入獄。

ㄌㄤˇ

【朗朗乾坤】

形容政通人和，天下清平。元・李文尉《燕青博魚》一折：「清平世界，朗朗乾坤，你怎麼當街裏打人。」

【朗目疏眉】

朗：明亮；疏：不濃。形容目清眉秀。《南史・陶弘景傳》：「神儀明秀，朗目疏眉，細形長耳。」

【朗若列眉】

《戰國策・燕策二》：「吾必不聽衆口與讒言，吾信汝也，猶列眉也。」宋・鮑彪注：「列眉，言無可疑。」後把「朗若列眉」比喻非常明白，無可懷疑。例此案經他查證，來龍去脈，朗若列眉。

【朗月清風】

明亮的月色，清新的微風。唐・王勃《秋日遊蓮池序》：「琳琅觸目，朗月清風。」

ㄌㄤˋ

【閬苑瓊樓】

見「閬苑瑤台」。

【閬苑瑤台】

閬苑：傳說神仙的住處，常用指宮苑；瑤台：雕飾華麗、結構精巧的樓台。形容華麗輝煌的樓台宮宛。宋・晏殊《浣溪沙》詞：「閬苑瑤台風露秋，整鬟凝思捧觥籌。」也作「閬苑瓊樓」。《三俠五義》一一回：「裏面閬苑瓊樓，奇花異草，奧妙非常。」

【浪蝶狂蜂】

比喻浪蕩輕狂的男子。明・李日華《西廂記・回春柬藥》：「我豈肯惹浪蝶狂蜂，只許銜花美鹿行。」也作「浪蝶遊蜂」。明・高濂《玉簪記・姑阻》：「我若做浪蝶遊蜂，老天呵，須教是裾馬襟牛。」

【浪蝶遊蜂】

見「浪蝶狂蜂」。

【浪跡江湖】

四處流浪，行蹤無定。唐・盧氏《逸史・盧李二生》：「李生告歸曰：『某不能甘此寒苦，且浪跡江湖。』」《二刻拍案驚奇》一一回：「一時未際，浪跡江湖。」

【浪跡萍蹤】

形容人行蹤不定，沒有固定的住處。《三俠五義》二〇回：「他乃行義之人，浪跡萍蹤，原無定向。」《野叟曝言》三九回：「引見就有職業，不比從前浪跡萍蹤，東西無定了。」

【浪跡天下】

四處流浪，行蹤遍天下。宋・王楙《野客叢書・李白事說者不一》：「[李白]爲同列者所誘，詔令歸山，遂浪跡天下。」也作「浪跡天涯」。清・壯者《掃迷帚》：「我們做這體面蹩腳生意，浪跡天涯，那社會上奇聞怪事，與此事相彷彿的，也說不盡許多。」

【浪跡天涯】

見「浪跡天下」。

【浪靜風恬】

風停浪平，十分安靜。元・王實甫《蘇小卿月夜販茶船》殘折：「這些時浪靜風恬。」也作「浪怡波靜」。明・吾邱瑞《運甓記・辭親赴任》：「浪怡波靜，指日到武岡之任。」

【浪聲浪氣】

形容說話放蕩輕薄，流裏流氣。例他剛走到窗下，就聽到小倩浪聲浪氣和一個男子調情，氣的轉身就走了。

【浪恬波靜】

見「浪靜風恬」。

【浪子回頭】

比喻失足的青少年改過自新。例他在政府教育下，終於浪子回頭，成爲一個自食其力的技術員。

【浪子回頭——金不換】

比喻人迷途知返、改過自新比什麼都可貴。例他吃喝嫖賭的毛病都改了，努力的工作，也做些有益於別人的事情，鄉親們都說，浪子回頭——金不換。

ㄌㄥˇ

【冷板凳】

明・魏良輔《曲律》：「清唱，俗語謂之『冷板凳』，不比戲場借鑼鼓之勢。」冷板凳原指戲曲清唱。後用以比喻懷才不遇的冷落處境，或清苦生活。也指受到久候不見的冷落。元・無名氏《漁樵閒話》二折：「縱有經天緯地濟世之才，且丟冷板凳上坐地。」《二刻拍案驚奇》卷二二：「郭信不勝感謝，捧了幾百錢，就像獲了珍寶一般，緊緊收藏，只去守那冷板凳了。」

【冷嘲熱諷】

尖刻的嘲笑和辛辣的諷刺。《後漢通俗演義》二〇回：「郭皇后暗中窺透，當然懷疑，因此對著帝前，往往冷嘲熱諷，語帶蹊蹺。」也作「**冷譏熱嘲**」。魯迅《好政府主義》：「梁實秋先生以爲現在有知識的人，他們的責任不僅僅是冷譏熱嘲地發表一點『不滿於現狀』的雜感而已，他們應該更進一步的誠誠懇懇地去求一個積極醫治『現狀』的藥方」。也作「**冷嘲熱罵**」。梁啓超《新大陸遊記・由橫濱至加拿大》：「自德國報紙之冷嘲熱罵，頻數相加也，美國報紙與之舌戰者，全國嚣然焉。」也作「**冷嘲熱謔**」。《二十年目睹之怪現狀》二〇回：「神出鬼沒母子動手，冷嘲熱謔世伯受窘。」也作「**冷敲熱罵**」。

【冷嘲熱罵】

見「冷嘲熱諷」。

【冷嘲熱謔】

見「冷嘲熱諷」。

【冷處理】

原指鋼鐵淬火後即放入低溫中。借指設法使之馬上冷卻。例他們兩人對立情緒由來已久，對這次打架事件一定要作冷處理。

【冷飯好吃，冷語難受】

指冷言冷語傷人心更重，使人更難承受。例試驗的失敗，已使他心裏很難受了，又加上一些人背地裏對他說三道四，使他更有些支持不住了，俗話說：「冷飯好吃，冷語難受。」終於使他病倒了。也作「**冷湯冷飯好吃，冷言冷語難受**」。

【冷鍋炒熱豆子——越吵（炒）越冷淡】

吵：「炒」的諧音。比喻越爭吵關係越疏遠。例朋友之間的矛盾只有透過批評與自我批評的方法來解決，冷鍋炒熱豆子——越吵（炒）越冷淡，矛盾就會激化。

【冷鍋貼餅子——蔫溜了】

蔫（ㄋㄧㄢ）：不聲不響，悄悄地。熱鍋才能貼餅子，冷鍋黏不住，餅子不成型而且會溜到鍋底。比喻人悄悄地溜走了。例當老板進來時，徒工們一個個如同冷鍋貼餅子——蔫溜了。也作「**涼鍋貼餅子——蔫溜了**」。

【冷鍋中豆兒爆】

比喻已解決的事情又出現反覆。例本來雙方已就購買這批設備達成協議，馬上就要簽合同了，不料乙方又提出了新的條件，眞是「冷鍋中豆兒爆」，弄得甲方措手不及，這項合同看來是簽不成了。

【冷灰爆豆】

比喻事情突然發生。《五燈會元・杭州佛日本空禪師》：「師曰：『自家尚是冤家，從人得堪作什麼？』[夾]山曰：『冷灰裏有一粒豆爆』。」宋・黃庭堅《翠岩眞禪師語錄序》：「各夢同床，不妨殊調，冷灰爆豆，聊爲解嘲云耳。」也作「**冷鍋中豆爆**」。

【冷灰裏爆出火來】

比喻已經平靜了的狀況，忽然又節外生枝。例事情過去已經兩個多月了，大家以爲平安無事了，誰知「冷灰裏爆出火來」，不但舊事被人重提，而且還更複雜了。

【冷譏熱嘲】

見「冷嘲熱諷」。

【冷肩膀】

比喻冷淡無情。例你別去求他了，當心他給你一個冷肩膀，讓你下不了台。

【冷庫裏的五臟——硬心腸】

比喻心腸硬，不爲感情所動。例你父母生活有困難你卻不管，這不是冷庫裏的五臟——硬心腸嗎？

【冷酷無情】

極端冷漠，毫無感情。茅盾《夜讀偶記》五：「他們認爲『應當如此』的人物就不能不是理智克制著感情的性格堅强的人，有時叫人看來是冷酷無情的人。」

【冷臉子】

指冷淡的或不友好的臉色。例表哥好久沒來咱家了，這次來一定要熱情款待，千萬不能給他看冷臉子。

【冷練三九，熱練三伏】

指即使在天氣最冷和最熱的時候也不停止鍛鍊。例爲了參加比賽，隊員們刻苦訓練，他們「冷練三九，熱練三伏」，力爭在比賽中獲得好成績。

【冷面寒鐵】

比喻鐵面無私，不畏權貴。《明史・周新傳》：「敢言，多所彈劾，貴戚震懼，目爲冷面寒鐵。」

【冷暖自量】

見「冷暖自知」。

【冷暖自知】

原爲佛教用語。指對佛教境界領悟的

程度只有自己清楚。《景德傳燈錄・道明禪師》：「今蒙指授入處，如人飲水，冷暖自知。」後比喻對事物的感受，只有親身經歷過才最有體會。宋・蘇軾《與滕達道》：「某聞見不廣，何足以質？然冷暖自知，殆未可以前人之有無為證耳。」也作「**冷暖自量**」。唐・寒山《詩三百三首》詩之九十八：「推尋世間事，仔細總皆知……冷暖我自量，不信奴脣皮。」

【冷敲熱罵】

見「冷嘲熱諷」。

【冷熱病】

原指一陣陣發熱，一陣陣又發冷的瘧疾。比喻情緒忽高忽低。例對工作難得的是一股熱情經久不衰，最怕的是犯冷熱病。

【冷如霜雪】

見「冷若冰霜」。

【冷若冰霜】

形容人的態度冷漠、嚴肅，不好接近。清・歐陽兆熊《水窗春囈・香蓮薄命》：「豔如桃李而冷若冰霜，此間必有一重公案，能枉顧細聆清談否？」《老殘遊記》二回：「見他膚如凝脂，領如蝤蠐，笑起來一雙眼又秀又媚，卻是不笑起來又冷若冰霜。」冰心《往事》一：「假如有位海的女神，她一定是『豔如桃李，冷若冰霜』的。」也作「**冷如霜雪**」。《聊齋志異・俠女》：「[女子]為人不言，亦不笑，豔如桃李，而冷如霜雪。」

【冷手難抓熱饅頭】

比喻問題很複雜、難辦，不知如何下手。例這些問題對才上任的張廠長來說，眞可算是「冷手難抓熱饅頭」，不知從哪兒下手。

【冷手撾不著熱饅頭】

撾：ㄓㄨㄚ，抓。比喻時機掌握不好，不能辦成事。《金瓶梅詞話》三五回：「向五被人告爭地土，告在屯田兵備道打官司，使了好多銀子。又在院裏包著羅存兒。如今手裏弄的沒錢了。你若要，與他三百兩銀子，他也罷了，『冷手撾不著熱饅頭』，在那壇兒裏念佛麼！」

【冷水倒火爐——好大的氣】

見「冬天進豆腐房——好大的氣」。

【冷水發麵——沒勁兒】

雙關語，比喻沒有精神，情緒不高。例這些小伙子幹活的勁頭十足，不像有的人冷水發麵——沒勁兒。

【冷水澆背】

比喻一下子使人掃興或徹底失望。梁啓超《三十自述》：「冷水澆背，當頭一棒，一旦盡失其故壘，惘惘然不知所從事。」也作「**冷水澆面**」。清・但明倫《聊齋志異・王桂庵》評：「來時一團高興，不啻冷水澆面。」也作「**冰水澆背**」。

【冷水澆進了熱油鍋——炸了鍋了】

也作「**冷水噴在熱油上——炸了**」。見「滾油鍋裏添冷水——炸了」。

【冷水澆面】

見「冷水澆背」。

【冷水澆頭】

見「冷水澆背」。

【冷水澆頭——涼了半截】

比喻因挫折而灰心或失望。例聽說小組的科學試驗因經費拮据將停止，他頓時像冷水澆頭——涼了半截。也作「**棉褲沒有腿——涼了半截**」、「**六月天掉進水缸裏——涼了半截**」、「**身子掉進水窖裏——一涼半截**」。

【冷水泡茶——淡而無味】

冷水泡不開茶葉，喝起來沒有滋味。比喻內容平淡，沒有趣味。有時指沒有味道。例他的報告是冷水泡茶——淡而無味，大家都不愛聽。也作「**白水煮冬瓜——淡而無味**」、「**一碗白開水——淡而無味**」、「**清水燒豆腐——淡而無味**」、「**清湯寡水——淡而無味**」、「**炒冷飯——淡而無味**」。

【冷水泡牛皮——越泡越韌】

韌：柔軟而結實。比喻思想頑固、保守，聽不進別人的意見。例這個人拒絕改造，在監獄就像冷水泡牛皮——越泡越韌，還很少見到如此頑固的人。

【冷水沏茶——泡著吧】

泡：借指故意消磨時間。比喻故意拖延時間。例既然老闆扣我們的薪俸，我們就冷水沏茶——泡著吧，讓他自己一人幹好啦。也作「**蘿蔔掉進醃菜缸——泡著吧**」。

【冷水梳頭——一時光】

冷水梳頭：指用冷水代替髮油。比喻好景不長，轉瞬即逝。例這個人一當官就趾高氣揚，橫行霸道，人們都說，他不過是冷水梳頭——一時光，垮台的日子指日可待。

【冷水燙豬——不來氣】

比喻辦事不得力，不順手，或使不上勁。例在這裏工作就像冷水燙豬——不來氣，連個幫手也沒有，事事全靠自己，能幹成多少事來！也作「**煤氣灶滅火——不來氣**」。

【冷水燙雞——一毛不拔】

比喻非常吝嗇。例誰有喜事就得請客，不然就會被指責為冷水燙雞——一毛不拔，這也是一種不正之風。也作「**涼水煺雞——一毛不拔**」。

【冷水要人挑，熱水要人燒】

比喻無論什麼事總要有人去做。例你是新來的，想給大家留下好印象，最好的辦法是少說多幹。俗話說：「冷水要人挑，熱水要人燒。」主任讓你幹什麼，你也不要亂挑剔，認眞去幹就是了。

【冷湯冷飯好吃，冷言冷語難受】

見「冷飯好吃，冷語難受」。

【冷天戴手套——保守（手）】

守：「手」的諧音。雙關語，比喻保持原狀，不求改進。例工作就得有一股闖勁，敢於開拓，冷天戴手套——保守（手），是不會有發展的。也作「**六月裏戴手套——保守（手）**」。

【冷天喝滾湯——熱心】
比喻待人誠懇熱情或辦事積極。例那是一位可以相信、依靠的朋友，他待人就像冷天喝滾湯——熱心極了，做事也很認真負責，有困難可以找他幫助解決。也作「火燒竹筒——熱心」。

【冷鐵打釘——硬槌】
槌：敲打。比喻不顧客觀條件，硬做不能實現的事情；或決心攻難關，堅持到底。例首先要創造條件，爲科學試驗做好技術和物質的準備，冷鐵打釘——硬槌，是絕對不行的。

【冷心冷面】
從內心到外表都是冷若冰雪。形容人的極端冷漠無情。《紅樓夢》六六回：「妾痴情待君五年，不期君果『冷心冷面』，妾以死報此痴情。」《兒女英雄傳》一六回：「況且聽他那番冷心冷面，早同枯木死灰，把生死關頭看破。」

【冷血動物】
原指「變溫動物」，即體溫隨環境溫度的改變而變化的動物。比喻沒有感情或沒有血性的人。老舍《不成問題的問題》：「不錯，秦妙齋是個冷血動物；但是，我走，他也就住不下去了！他還能不賣氣力嗎？」

【冷言冷語】
指諷刺、譏笑的言語。《醒世恆言》卷三七：「只這冷言冷語，帶譏帶訕的，教人怎麼當得！」《鏡花緣》一八回：「多九公被兩個女子冷言冷語，只管催逼，急的滿面青紅，恨無地可鑽。」也作「冷言熱語」。《警世通言》卷二四：「欲待回家，難見父母兄嫂；待不去，又受不得……冷言熱語。」

【冷言熱語】
見「冷言冷語」。

【冷眼旁觀】
用冷淡的眼光從旁觀察。常指不參與其事，持冷淡旁觀態度。宋·朱熹《答黃直卿》：「冷眼旁觀，手足俱露，甚可笑也。」《民國通俗演義》一〇六回：「他（段祺瑞）見徐東海（世昌）主張和平，樂得讓他演做一台，看他能否達到目的，再作計較，因此置身局外，做一個冷眼旁觀罷了。」

【冷眼相待】
用冷淡的態度接待。比喻不歡迎或看不起。例他從主管崗位退下來後，再回機關辦事，受到的是冷眼相待，使他心中十分不快。

【冷一陣，熱一陣】
比喻人的情緒不穩定，忽高忽低，忽好忽壞。例你已經不是小孩子了，不能再因一點兒小事就情緒不穩定，「冷一陣，熱一陣」的。

【冷語冰人】
用冷酷譏誚的話刺激人。宋·曾慥《類說·外史檮杌》：「潘杜迎孟蜀時，以財結權要。或戒之，乃曰：『非是求願，不欲其以冷語冰人耳。』」

【冷灶上著一把兒，熱灶上著一把兒】
比喻一視同仁。《金瓶梅詞話》三五回：「哥哥，你的雀兒只揀旺處飛，你要認著了，『冷灶上著一把兒，熱灶上著一把兒』才好。俺每天生就是沒時運的來？」

ㄌㄥˋ

【愣頭愣腦】
形容說話、辦事魯莽、冒失。例這個人雖有點愣頭愣腦，脾氣暴躁，但作風正派，正義感強，同事們還是很喜歡他的。

【楞頭青】
比喻莽撞、冒失的人。例你這個楞頭青，怎麼進女生宿舍也不先敲門哪？也作「愣頭青」。例這小子是個愣頭青，什麼冒險的事都想試試。

ㄌㄧˊ

【釐奸剔弊】
整治奸邪，剔除弊端。即整頓社會風氣。清·王士禛《池北偶談·葛端肅公家訓》：「既而巡按蘇、松，釐奸剔弊。」

【狸貓蹲在懸崖上——混充老虎】
狸貓：即豹貓，哺乳動物，形狀跟貓相似，性凶猛，吃鳥、鼠、蛇等小動物。比喻小人物冒充大人物。例狸貓蹲在懸崖上——混充老虎，你冒名頂替，到這裏來詐騙，快跟我們上警察局去。

【狸貓換太子——以假冒眞】
狸貓：即豹貓，也叫山貓、狸子，哺乳動物，形似家貓，性凶猛。《三俠五義》中說：宋眞宗無子，宮中李妃、劉妃相繼有孕。劉妃爲人奸詐狠毒，爲爭太子位，買通產婆在李妃分娩時，用剝了皮的狸貓換了太子，叫宮女將眞太子勒死扔掉。劉妃奏天子，說李妃生了妖精，李妃被打入冷宮。比喻弄虛作假。例他採用狸貓換太子——以假冒眞的手段，獲取殊榮，實在可恥。也作「掛羊頭賣狗肉——以假冒眞」。

【狸貓披虎皮——假威風】
比喻樣子威嚴神氣，實際上虛弱。例不要被這個資本家的氣勢洶洶所嚇倒，他不過是狸貓披虎皮——假威風。你眞頂一下，他就像烏龜的頭立刻縮回去了。也作「衙門口的獅子——假威風」、「紙老虎——假威風」。

【離多會少】
別離的時候多，在一起的時間少。表達一種惆悵感。元·鄭德輝《倩女離魂》一折：「恰楚澤深，秦關杳，泰華高，嘆人生離多會少。」

【離合憂歡】
離別、團聚、憂愁、歡樂。泛指人生

中種種遭遇的不同心境。宋・曾鞏《答孫都官書》：「伏承賜書，及示盛制六編，凡三千首……（其於）中國風俗，萬物治亂，善惡通塞，離合憂歡怨懟，無不畢載。」也作「**離合悲歡**」。

【離魂倩女】
唐・陳玄祐《離魂記》載：「衡州張鎰有女倩娘，和鎰的外甥王宙相戀，後張鎰將倩娘許給別人，倩娘抑鬱成病，王宙被遣去四川，夜半，倩娘的靈魂趕到船上相隨。五年後，兩人歸家，房中臥病在床的倩娘聞聲出見，兩女合為一體。」後以「離魂倩女」比喻少女為愛情而精神失常。清・紀昀《閱微草堂筆記・槐西雜志四》：「因是推之，知所謂離魂倩女，其事當不過如斯。」

【離家三里遠，別是一鄉風】
相距不遠，習俗卻有別。指各地有各地的風土人情。《西遊記》一五回：「正是『離家三里遠，別是一鄉風』。我那裏人家，更無此善。」

【離家一里，不如屋裏】
指外面再好，也不如家好。例你總以為外面有多好！我是經常出外的人，比你知道的多，「離家一里，不如屋裏」，這句最有道理。

【離經背訓】
見「離經叛道」。

【離經辨志】
離經：點斷經書句讀；辨志：辨別學生的志趣意向。指離析經理、點斷章句，明確學習的志趣和意向。古代學校對學生的一種考察。《禮記・學記》：「比年入學，中年考校，一年視離經辨志，三年視敬業樂羣。」孔穎達疏：「離經，謂離析經理，使章句斷絕也。辨志，謂辨其志意趣向習學何經矣。」

【離經叛道】
背離儒家經典傳統的道理、原則。現指思想和言行背離經典和正統規範。《獅子吼》三回：「視講洋務者若仇，以為這些人離經叛道，用夷變夏，盛世所不容，聖王所必誅，凡欲為孔孟之徒的，不可不鳴鼓以攻之。」也作「**離經畔道**」。元・費唐臣《貶黃州》一折：「今有翰林學士蘇軾，章句腐儒，驟登清要，志大言浮，離經畔道，論新法而毀時相，托吟咏而謗訕朝廷。」也作「**離經背訓**」。清・黃宗羲《惲仲升文集序》：「而世之庸妄者，遂執其成說以裁量古今之學術，有一語不與之相合者……突如而發一言離經背訓之譏。」

【離經畔道】
見「離經叛道」。

【離婁之明】
離婁：相傳為黃帝時視力極好的人，能於百步之外見秋毫之末。比喻視力極佳。《孟子・離婁上》：「離婁之明，公輸子之巧，不以規矩，不能成方圓。」

【離鸞別鳳】
鸞：傳說為鳳凰一類的鳥。比喻夫妻離散。唐・李賀《湘妃》詩：「離鸞別鳳煙桐中，巫雲蜀雨遙相通。」唐・李商隱《代應二首》：「離鸞別鳳今何在？十二玉樓空更空。」元・無名氏《梧桐葉》四折：「當日正女功，手撏著繡絨，畫樓中忽聞聽遠院琴三弄，離鸞別鳳恨匆匆，淚雙垂，把不住鄉心動。」

【離奇古怪】
形容奇特、不尋常，使人詫異。《兒女英雄傳》二二回：「無端的官興發作，弄出這一篇離奇古怪的文章。」

【離情別恨】
形容分別後的懷念之情和怨恨。宋・歐陽修《梁州令》：「離情別恨多少，條條結向垂楊縷。」

【離情別苦】
形容分離後的思念之情和痛苦。宋・李清照《鳳凰台上憶吹簫》詞：「生怕離情別苦，多少事，欲說還休。」

【離情別緒】
形容分離時依依惜別和別後無限思念的情懷。茅盾《子夜》一八：「昨天是第一次重逢，說不完那許多離情別緒，而今天便覺得無話可談了。」

【離羣的羊羔——孤孤單單】
形容隻身一人，無依無靠。例這孩子就像離羣的羊羔——孤孤單單，既無父母，也無兄妹，全靠孤兒院撫養了。也作「**失羣的大雁——孤孤單單**」。

【離羣索處】
見「離羣索居」。

【離羣索居】
《禮記・檀弓上》：「吾離羣而索居，亦已久矣。」鄭玄注：「羣，謂同門朋友也；索，猶散也。」後以「離羣索居」指離開同伴、羣體而單獨生活。《隋書・經籍志一》：「自孔子沒而微言絕，七十子喪而大義乖，學者離羣索居，各為異說。」也作「**離羣索處**」。元・王惲《和彥正憲使寄周宰詩韻且酬前日見贈之什》詩：「相看比老都能幾，猶作離羣索處人。」

【離世異俗】
脫離社會，不同於世俗。形容與眾不同。宋・王安石《泰州海陵縣主簿許君墓志銘》：「士固有離世異俗，獨行其意。」

【離疏釋蹻】
疏：粗糙的飯食；蹻：ㄐㄩㄝ，草鞋。不再吃粗糙的飯食，脫掉腳下的草鞋。比喻與窮困的生活告別。《漢書・王褒傳》：「離疏釋蹻而享膏粱。」

【離題萬里】
形容說話或寫文章與講的主題相距甚遠。例這個問題，你說了半天還是離題萬里，不著邊際，我無法和你討論。

【離弦走板】
比喻言行偏離公認的準則、規範。例中國大陸改革開放後，人們從封閉中解放出來，有些人的言行一時離弦走板，也是難免的。

【離鄉背井】

井：上古之制，八家為井，引申為家鄉。離別家鄉到外地去。元・馬致遠《漢宮秋》四折：「漢昭君離鄉背井，知他在何處愁聽。」元・王實甫《西廂記》二本三折：「可憐刺股懸梁志，險作離鄉背井魂。」《官場現形記》一二回：「抛撇了家小，離鄉背井，二千多里來到這個館。」也作「離鄉別井」、「離鄉背土」。元・張養浩《南呂一枝花・咏喜雨》曲：「喜萬象春如故，恨流民尚在途。留不住都棄業抛家，當不的也離鄉背土。」

【離鄉背土】

見「離鄉背井」。

【離鄉別井】

見「離鄉背井」。

【離心離德】

指失去共同的信念和思想，人心各異，行動不一致。《尚書・泰誓中》：「受[紂]有億兆夷人，離心離德。」

【離枝的鮮花——活不長】

也作「離枝的鮮花——活不久」。見「罐子裏栽花——活不長」。

【驪龍頷下取明珠】

在黑龍下巴底下掏取明珠。比喻冒險歷難，貪求珍品。元・鄭廷玉《後庭花》二折：「遮莫去大蟲口中奪脆骨，驪龍頷下取明珠。」

【梨花帶雨】

形容美女涕淚縱橫，像帶著雨點的梨花。後也形容女子容貌嬌艷。唐・白居易《長恨歌》詩：「玉容寂寞淚闌干，梨花一枝春帶雨。」《封神演義》四回：「紂王定睛觀看，見妲妃烏雲疊鬢，杏臉桃腮，淺淡春山，嬌柔柳腰，眞似海棠醉日，梨花帶雨。」也作「帶雨梨花」。

【梨頰微渦】

梨頰：梨花色的面頰。形容女子的美貌佳容。宋・羅大經《鶴林玉露》卷一二：「胡澹庵十年貶海外，北歸之日，飲於湘譚胡氏園，題詩云：『君恩許歸此一醉，傍有梨頰生微渦。』謂侍伎梨倩也。」

【梨園弟子】

原指唐玄宗時宮廷中的歌舞藝人。《新唐書・禮樂志》十二：「玄宗既知音律，又酷愛法曲，選坐部伎子弟三百教於梨園，聲有誤者，帝必覺而正之，號『皇帝梨園弟子』。宮女數百，亦為梨園弟子，居宜春北院。」後以「梨園弟子」泛稱歌舞戲曲藝人。唐・白居易《長恨歌》詩：「梨園弟子白發新，椒房阿監青娥老。」也作「梨園子弟」。元・白仁甫《梧桐雨》楔子：「你快傳旨排宴，梨園子弟奏樂，寡人消遣咱。」

【梨園子弟】

見「梨園弟子」。

【犁地淹死牛——傷（墒）透了】

傷：「墒」的諧音；墒：ㄕㄤ，田地裏土壤的濕度。雙關語。比喻傷心到了極點，或傷透了腦筋。例譚教授最心愛的學生，竟這樣過早的死去，他眞是犁地淹死牛——傷（墒）透了。

【犁庭掃閭】

犁：耕；閭：里巷大門。耕平庭院，掃蕩里巷。比喻以軍事力量徹底地掃蕩摧毀對方老巢。《漢書・匈奴傳下》：「近不過旬月之役，遠不離二時之勞，固已犁其庭，掃其閭，郡縣而置之。」宋・樓鑰《孝宗皇帝謚議》：「天威既振，戎虜畏讐，雖犁庭掃閭，未快初志。」也作「犁庭掃穴」。明・王夫之《宋論・高宗》：「即不能犁庭掃穴，以靖中原，亦何至日敝月削，以迄於亡哉？」《明史・范濟傳》：「伏望遠鑑漢、唐，近法太祖，毋以窮兵黷武為快，毋以犁庭掃穴為功。」也作「掃穴犁庭」。

【犁庭掃穴】

見「犁庭掃閭」。

【嫠不恤緯】

《左傳・昭公二四年》：「嫠不恤其緯，而憂宗周之隕，為將及焉。」嫠：寡婦；緯：織布的緯線。謂寡婦不憂慮緯紗少，織不成布，而為國家的興亡擔憂。後用「嫠不恤緯」比喻憂國而忘家。《三國志・邴原傳》裴松之注引《原別傳》：「國之將隕，嫠不恤緯；家之將亡，緹縈跋涉。」宋・李曾伯《謝四川都大薦辟》：「嫠不恤緯，深慚肉食之謀；子弗荷薪，尤愧素餐之誚。」也作「嫠緯之憂」。宋・文天祥《癸亥上皇帝書》：「臣何敢追尤往事，上瀆聖聽，獨方來計，則嫠緯之憂，不能忘情焉。」

【嫠緯之憂】

見「嫠不恤緯」。

【黎丘丈人】

《呂氏春秋・疑似》記載：黎丘地方有個老人，在酒醉回家的路上，被偽裝成他兒子的奇鬼所騙。過一天復飲於市，醉歸，其子恐其父路上出事，遂往迎之。老人又以為是奇鬼偽裝的，便拔劍而刺之，竟把眞兒子殺死了。後用「黎丘丈人」比喻受假象迷惑，不認眞考察眞情而犯錯誤的人。

【黎庶塗炭】

黎庶：民衆。《尚書・仲虺之誥》：「有夏昏德，民墜塗炭。」比喻人民處於極端困苦的境地。《晉書・劉元海載記》：「黎庶塗炭，靡所控告。」

【籬笆打得緊，野狗鑽不進】

比喻只要小心防範，就不會被人鑽空子、出差錯。例為什麼這麼多負責人他不去賄賂，卻單挑中了你呢？俗話說：「籬笆打得緊，野狗鑽不進。」你應該好好想想啊！

【籬笆配柵欄——再合適不過了】

籬笆用竹子、樹枝等編成，柵欄用木條、鋼筋等做成，兩者都是用來作遮擋用的同類東西，正相配。比喻正好符合實際情況和客觀要求。例上級派小周做你的助手，大家認為，這是籬笆配栅欄——再合適不過了，相信你們一定會合作得很好。也作「**夜鶯配鸚鵡——正合適**」、「**筍殼套牛角——正合適**」、「**籬笆配栅欄——正合適**」。

【籬壁間物】

籬壁：籬笆牆。指家園內生產的物品。南朝宋·劉義慶《世說新語·排調》：「桓玄素輕桓崖。崖在京下有好桃，玄連就求之，遂不得佳者。玄與殷仲文書，以爲嗤笑曰：『德之休明，肅慎貢其楛矢；如其不爾，籬壁間物亦不可得也。』」

【籬壁上掛團魚——四腳無撈】

見「壁頭上掛團魚——四腳無靠」。

【籬牢犬不入】

籬笆編得結實，狗都鑽不進來。比喻自己品行端正，壞人就無從勾引。《水滸傳》二四回：「常言道：『表壯不如裏壯。』嫂嫂把得家定，我哥哥煩惱做甚麼？豈不聞古人言：『籬牢犬不入。』」

【蠡測管窺】

蠡：ㄌㄧˊ，瓢。用瓢來量大海，從竹管小孔觀看天空。《漢書·東方朔傳》：「語曰：『以莞（管）窺天，以蠡測海，以莛撞鐘』。豈能通其條貫，考其文理，發其聲音哉！」後以「蠡測管窺」比喻見識片面，眼光狹窄。唐·李商隱《咏懷寄秘閣舊僚二六韻》詩：「典籍將蠡測，文章若管窺。」清·李重華《貞一齋詩說·詩談雜錄》九○：「李于鱗所選唐詩數百首，未盡各家精髓。至所定五言古，猶蠡測管窺。」也作「**管窺蠡測**」。

ㄌㄧˇ

【禮崩樂壞】

見「禮壞樂崩」。

【禮不親授】

古禮之一：男女授受不親。《後漢書·董祀妻傳》：「妾聞男女之別，禮不親授。」

【禮度委蛇】

委蛇：莊重、從容自得貌。形容彬彬有禮，不亢不卑。元·無名氏《隔江鬥智》二折：「一個個精神抖擻，一個個禮度委蛇。」

【禮多必詐】

禮節過多，必存欺詐之心。例你要小心一些，俗話說：「禮多必詐。」他對你這麼客氣，肯定有名堂在裏面。

【禮多人不怪】

禮數周全總是不會錯的。例外面不比家裏，你要小心一些，該行禮就行禮，俗話說得好，「禮多人不怪」嘛。

【禮廢樂崩】

見「禮壞樂崩」。

【禮壞樂崩】

禮制敗壞，音樂廢棄。多形容社會綱紀、道德紊亂，風化喪失。《漢書·武帝紀》：「蓋聞導民以禮，風之以樂，今禮壞樂崩，朕甚閔焉。」唐·白居易《叔孫通定朝儀賦》：「秦吞六雄之後，漢承百代之弊，禮壞樂崩，上陵下替。」也作「**禮崩樂壞**」。《隋書·音樂志中》：「禮崩樂壞，其來自久，今太常雅樂，並用胡聲。」也作「**禮廢樂崩**」。漢·公孫弘《請爲博士置弟子員議》：「蓋聞導民以禮，風之以樂；婚姻者，居室之大倫也。今禮廢樂崩，朕甚閔焉。」也作「**禮壞樂缺**」。《梁書·徐勉傳》：「禮壞樂缺，故國異家殊，實宜以時修定，以爲永準。」也作「**禮樂崩壞**」。宋·陸游《書郭崇韜傳後》：「莊宗雖出夷狄，又承天下大亂，禮樂崩壞之際，然顧典禮人情，亦難其事。」

【禮壞樂缺】

見「禮壞樂崩」。

【禮門義路】

指禮義如同必由之路，乃人們所必須遵循的行爲規範。《孟子·萬章下》：「夫義，路也；禮，門也。唯君子能由是路，出入是門也。」

【禮輕情意重】

見「禮輕人意重」。

【禮輕人義重】

見「禮輕人意重」。

【禮輕人意重】

禮物雖輕而情意深厚。《古今小說》卷一：「婆子袖裏扯出個小帕兒來，道：『就是這個冤家，雖然不値甚錢，是一個北京客人送我的，卻不道禮輕人意重』。」也作「**禮輕情意重**」、「**禮輕人義重**」。《鏡花緣》五○回：「他這禮物雖覺微末，俗話說的：『千里送鵝毛，禮輕人義重。』只好備個領謝帖兒，權且收了。」

【禮讓爲國】

用禮所提倡的謙讓精神治理國家。《論語·里仁》：「子曰：『能以禮讓爲國乎？何有？不能以禮讓爲國，如禮何？』」

【禮尚往來】

《禮記·曲禮上》：「往而不來，非禮也；來而不往，亦非禮也。」指禮節上注重有來有往。五代·王定保《唐摭言·進士歸禮部》：「夫禮尚往來，來而不往，非禮也。」也指相互對等的行爲。《東周列國志》九六回［藺］相如亦請於秦王曰：「禮尚往來，趙既進十五城於秦，秦不可不報。亦願以秦之咸陽爲趙王壽。」也作「**禮有往來**」。明·李詡《戒庵老人隨筆·居喪所守》：「禮有往來，人情之相望也久矣，不可以徒受也。」

【禮奢寧儉】

《論語·八佾》：「林放問禮之本。子曰：『大哉問。禮，與其奢也寧儉。』」後以「禮奢寧儉」指禮節過多而苛煩，不如儉約爲好。《梁書·顧憲之傳》：「喪易寧戚，自是親親之情；禮奢寧儉，差可得由吾意。」

【禮士親賢】
尊重知識之士，親近賢德之人。明·無名氏《東籬賞菊》三折：「禮士親賢急訪求，卑辭枉駕會儒流。」

【禮順人情】
指社會道德、行爲規範須順乎人情。《後漢書·卓茂傳》：「律設大法，禮順人情。今我以禮教汝，汝必無怨惡。」

【禮所當然】
禮節應當如此。明·海瑞《興革條例·禮屬》上篇：「夫鄉老雖愚拙，父兄也；生員凡民之秀，縱狀元進士唾手可得，亦子弟也。隨行侍食，禮所當然。」

【禮無不答】
指你以禮待我，我也應以禮待你。《二刻拍案驚奇》卷二七：「禮無不答，難道只是學生叨擾，不容做個主人還席的？況我輩相與，不必拘報施常規。」

【禮下於人，必有所求】
送禮給人家，肯定是對人家有所請求。例俗話說得好：「禮下於人，必有所求。」平時你們交往不多，今天他忽然送禮上門，必定是有事要你幫忙。

【禮賢接士】
見「禮賢下士」。

【禮賢下士】
禮賢：對有才德的人以禮相待；下士：降低自己的身份結交有識之士。指敬重有才德的人，謙恭地延聘有識之士。《宋書·江夏文獻王義恭傳》：「禮賢下士，聖人垂訓；驕侈矜尚，先哲所去。」《二十年目睹之怪現狀》四回：「我今天看見了一位禮賢下士的大人先生，在今世只怕是要算絕少的了。」也作「禮賢接士」。宋·王讜《唐語林·政事上》：「三年爲蜀帥，惠化大行，不事威儀，禮賢接士。」

【禮賢遠佞】
敬重有才德的君子，遠離花言巧語獻媚的小人。《東周列國志》五〇回：「趙盾等屢屢進諫，勸靈公禮賢遠佞，勤政親民。」

【禮義廉恥】
《管子·牧民》：「何謂四維？一曰禮，二曰義，三曰廉，四曰恥。」崇禮、行義、廉潔、知恥，歷代統治者把這四者列爲政教的綱領。漢·賈誼《上疏陳政事》：「[管子]曰：禮義廉恥，是爲四維，四維不張，國乃滅亡。」宋·陳亮《上孝宗皇帝第一書》：「天子蚤夜憂勤於上，以禮義廉恥嬰士大夫之心。」

【禮義生於富足】
衣食富足才能講究禮貌、道義。漢·王符《潛夫論·愛日》：「禮義生於富足，盜竊生於貧窮。」

【禮有經權，事有緩急】
經權：正常與暫時。禮節有正常情況下使用的，也有緊急情況或特殊情況下使用的；辦事也要有急有緩，有先有後。《古今小說》卷二二：「我兒，『禮有經權，事有緩急』。如今尷尬之際，不是你親去囑咐，把夫妻之情打動他，他如何肯上緊？」

【禮有往來】
見「禮尚往來」。

【禮樂崩壞】
見「禮壞樂崩」。

【禮樂刑政】
指統治階級運用禮法、樂教、刑罰、政令來推行其統治。宋·王安石《上皇帝萬言書》：「朝廷禮樂刑政之事，未嘗在於學，學者亦漠然自以爲禮樂刑政爲有司之事，而非己所當知也。」宋·陳亮《廷對》：「臣願陛下盡君道以宰天下，禮樂刑政併出而用之。」

【禮之大本，以防亂也】
禮的根本作用在於防止混亂。例我們作教育應該從一開始就推行禮教，因爲「禮之大本，以防亂也」，爲了維護社會安寧與和諧，這項工作很重要。

【禮之用，和爲貴】
按照禮的要求辦事情，當以和平、寧靜爲本。後多指爲人行事，禮數爲先，和氣爲本。《論語·學而》：「有子曰：『禮之用，和爲貴，先王之道，斯爲美。』」

【李白桃紅】
形容李花白桃花紅的鮮豔春景。例畫閣朱樓盡相望，李白桃紅好春光，春天又來到了。

【李代桃僵】
僵：枯乾。《樂府詩集·相和歌辭三·雞鳴》：「桃生露井上，李樹生桃旁。蟲來嚙桃根，李樹代桃僵。樹木身相代，兄弟還相忘。」原意是李樹代替桃樹受蟲蛀而枯乾。後用以比喻兄弟互愛互助或轉喻相互替代、代人受過。明·王衡《眞傀儡》：「古代史書上呵，知多少李代桃僵。」清·黃遵憲《感事》詩之四：「芝焚蕙嘆嗟僚友，李代桃僵泣弟兄。」

【李鬼劫路——欺世盜名】
《水滸傳》記載：李逵回家接母上山，途遇李鬼冒充自己名字打劫。比喻欺騙世人，竊取名譽。例他採取李鬼劫路——欺世盜名的手段，企圖謀取私利，當場被人戳穿。

【李逵扮新娘——裝不像】
李逵綽號「黑旋風」，是一個黑凜凜的彪形大漢，扮演不了新娘。比喻無論怎樣裝扮也不像樣子。例你太粗了，又沒有文化，想裝扮成教授深入敵後，我看是李逵扮新娘——裝不像。

【李逵斷案——強者有理】
《水滸傳》中故事：黑旋風李逵在壽張進縣衙內，打扮成知縣模樣，升堂斷案。他不問青紅皂白，將被告打人者當作好漢釋放，而將原告上枷押在縣衙內。比喻有權有勢的人無理也可以變成有理。例在舊社會，李逵斷案

——強者有理的事比比皆是，只要有錢有勢，可以橫行於天下。

【李逵裹腳——難纏】

雙關語，比喻糾纏不清，不好對付。例對手好似李逵裹腳——難纏得很，你得用心應付，不要反上其當。也作「馬尾拴雞蛋——難纏」、「刺拐棒做線板——難纏」、「琉璃蛋上拴麻線——難纏」。

【李逵罵宋江，過後賠不是——負荊請罪】

《水滸傳》故事：李逵誤以爲宋江強奪民女，大鬧忠義堂。弄清眞相後，李逵背上荊條，跪在忠義堂上，向宋江賠不是。見「廉頗背荊條——負荊請罪」。

【李逵賣刺蝟——人強貨扎手】

刺蝟（ㄨㄟˋ）：哺乳動物，頭小，四肢短，嘴尖，灰褐色，身上有硬刺。比喻有過硬的本領，但又不好惹；或有本領的人做出的事與衆不同。例劉工程師技藝非凡，但性格怪僻，給人印象是李逵賣刺蝟——人強貨扎手。也作「張非賣刺蝟——人強貨扎手」。

【李逵捉魚——一條得不到】

比喻學習做事粗心，效果差。例大成爲人豪爽，但粗枝大葉，做事往往是李逵捉魚——一條得不到。

【李林甫當宰相——口蜜腹劍】

李林甫：唐玄宗時的大臣，善搞陰謀活動。《資治通鑑·唐玄宗天寶元年》中稱他：「口有蜜，腹有劍。」見「白糖嘴巴刀子心——口蜜腹劍」。

【里程碑】

設於道路旁記載里程的標誌。常比喻歷史進程中可以作爲標誌的重大事件。茅盾《永恆的紀念與景仰》：「這幾部著作正可視爲他們的思想歷程的里程碑。」

【里談巷議】

里弄胡同中人們的議論談說。指民間議論。宋·曾敏行《獨醒雜志·附錄》：「上自朝廷典章，下至稗官雜家，里談巷議，無不記覽。」

【裏勾外連】

指內外勾結幹壞事。《水滸傳》六二回：「你這廝是北京本處良民，如何卻去投降梁山泊落草，坐了第二把交椅？如今倒來裏勾外連，要打北京！」

【裏合外應】

見「裏應外合」。

【裏裏外外】

內外各個地方。《兒女英雄傳》三六回：「[安太太]一面就叫人預備馬車，打點衣裳，正上上下下，裏裏外外忙成一處。」

【裏通外國】

與國外敵對勢力暗中勾結，出賣本國利益。魯迅《阿Q正傳》三章：「然而阿Q不肯信，偏稱他『假洋鬼子』，也叫作『裏通外國』的人。」

【裏言不出，外言不入】

裏邊的事不傳到外邊，外邊的反應也傳不進來。例這本是我們幾個之間的事，怎麼外邊的人會有議論？俗話說得好：「裏言不出，外言不入。」肯定是有人把話傳出去了。

【裏應外合】

裏面的人動手，外面的人接應；或外面圍攻，潛伏在內面的人接應。元·楊梓《豫讓吞炭》三折：「反被韓、魏同謀，裏應外合，決水淹我軍，甲士潰亂，死者山積。」《水滸傳》四九回：「我們進身入去，裏應外合，必成大事。」也作「裏合外應」。元·無名氏《謝金吾》三折：「他若得志於中原，與俺家作個裏合外應。」也作「內應外合」、「外合裏應」。

【理辮子】

比喻整理或分析問題。例我們的調查工作告一段落，下一步是將這些調查資料理辮子，然後提出解決方案。

【理不勝詞】

指文章用詞遣字雖佳，但說理不透。三國魏·曹丕《典論·論文》：「孔融體氣高妙，有過人者，然不能持論，理不勝詞，至於雜以嘲戲，及其所善，揚、班儔也。」

【理不忘亂】

指天下太平的時候不能忘記天下混亂的時候。宋·王禹偁《進端拱箴表》：「然而安不忘危，理不忘亂，靡不有初，鮮克有終，古聖賢之深旨也。」

【理出衆人口】

比喻羣衆是最公正的，能清楚地判明是非曲直。例王廠長，你還是聽聽大家的議論，「理出衆人口」，誰對誰錯，你很快就會明白。

【理髮店關門——懶理】

雙關語，比喻不願理睬。含有不屑和輕蔑的意思。例對這種輕浮而又驕傲的人，我的態度是理髮店關門——懶理。

【理髮師的剪刀——檢（剪）人不檢（剪）己】

檢：「剪」的諧音，檢查，約束。雙關語，比喻對人挑剔，對己放縱。例這個人喜歡唱高調，對人要求嚴厲，對己則自由放縱，無任何約束，大家說他是理髮師的剪刀——檢（剪）人不檢（剪）己。

【理髮師教徒弟——從頭學起】

雙關語。也作「理髮師教徒弟——從頭來」。見「半路出家——從頭來」。

【理髮員拿推子——有頭了】

雙關語。比喻有了領頭的人或事情有了頭緒。例經過三個月的治理整頓，亂糟糟的工作，現在總算是理髮員拿推子——有頭了。

【理紛解結】

處理糾紛，解除疙瘩。朱自清《山野掇拾》：「什麼糾紛，什麼葛藤，到了他手裏，都是一刀兩斷；正眼也不去瞧，不用說靠他理紛解結了！」

【理固當然】

見「理所當然」。

【理過其辭】

見「理勝其辭」。

【理虧心虛】

理由不充分，心裏不踏實。例當他明白事情眞相後，有點理虧心虛，急忙陪著笑臉，向她賠不是。

【理屈詞窮】

指理由站不住腳，無話可說。《論語·先進》：「是故惡夫佞者」朱熹注：「子路之言，非其本意，但理屈詞窮，而取辯於口以御人耳。故夫子不斥其非，而特惡其佞也。」明·徐光啓《辨學章疏》：「如言無可採，理屈詞窮，即行斥逐。」

【理屈事窮】

道理上被壓服，事情已到山窮水盡地步。南朝宋·何承天《奏劾博士顧雅等》：「既被催攝，二三日甫輸帖，雖理屈事窮，猶聞義恥服。」

【理趣不凡】

多指文章的立意、主旨不同尋常。《新唐書·孫逖傳》：「年十五，見雍州長史崔日用，令賦土火爐，援筆成篇，理趣不凡。」

【理勝其辭】

道理勝過文章。指說理充分，但文采欠佳。晉·釋慧遠《三法度經序》：「或文過其意，或理勝其辭，以此考彼，殆兼先典。」也作「理過其辭」。南朝梁·鍾嶸《詩品·總論》：「永嘉時，貴黃、老，稍尚虛談，於時篇什，理過其辭，淡乎寡味。」

【理勢當然】

見「理所當然」。

【理所必然】

道理必定如此。《弘明集·鄭道子〈神不滅論〉》：「若有始也，則不能爲終，唯無始也然後終始無窮，此自是理所必然。」

【理所不容】

道理不能允許。《弘明集·恆玄〈與八座論沙門敬事書〉》：「豈有受其德而遺其禮，沾其惠而廢其敬哉，既理所不容，亦情所不安。」

【理所當然】

隋·王通《文中子·魏相篇》：「非辯也，理當然耳。」指按道理當然應該如此。《朱子語錄》卷六〇：「性不是有一個物事在裏面喚做性，只是理所當然者便是性。」朱自清《擇偶記》：「因此聽說媳婦就定在那裏，倒也彷彿理所當然，毫無意見。」也作「理固當然」。宋·蘇軾《始皇論中》：「始皇既平天下，分都邑，置守宰，理固當然。」也作「理之當然」。《警世通言》卷一七：「若是自家學問上掙來的前程，倒也理之當然，不放在心裏。」也作「理有固然」。宋·蘇洵《辨奸論》：「事有必至，理有固然。」也作「理所宜然」。清·趙翼《廿二史箚記·宋書書宋齊革易之際》：「寧宗靜國，何愧前修，固已明目張膽，自認爲理所宜然。」也作「理勢當然」。元·陳祐《三本書》：「誠以時移事變，理勢當然，不得不爾。」

【理所宜然】

見「理所當然」。

【理枉雪滯】

滯：滯獄，長期積壓難於判決的疑案。指清理平反冤案，洗雪難於判決的疑案。明·吳廷翰《大中丞肖齋龔公遷大理卿序》：「若愼刑獄、重人命，理枉雪滯，尤諄諄焉。」也作「理冤釋滯」。明·歸有光《楊漸齋壽序》：「以先生之才，宜不出於他人之下，其於理冤釋滯，寧有不盡其心者。」

【理有固然】

見「理所當然」。

【理冤釋滯】

見「理枉雪滯」。

【理之當然】

見「理所當然」。

【理直氣壯】

理由公正、充分，說話氣勢就壯盛。《古今小說》卷三一：「我司法貌一生鯁直，並無奸佞，便提我到閻羅殿前，我也理直氣壯，不怕甚的。」《醒世恆言》卷七：「只爲自反無愧，理直氣壯，昂昂的步到顏家門首。」也作「理足氣壯」。清·潘德輿《養一齋詩話》卷一：「以『扶持』二語，陡然拍合，覺議論既有開合，而理足氣壯，點醒迷人不少。」

【理直千人必往，心虧寸步難行】

有理走到那兒都不怕，心虧則哪兒也不敢去。《醒世恆言》卷一六：「陸婆向來也曉得兒子些來蹤去跡，今番殺人一事，定有干涉，只是不敢問他，卻也懷著鬼胎，不敢出門。正是：『理直千人必往，心虧寸步難行。』」

【理足氣壯】

見「理直氣壯」。

【鯉魚戴斗笠——愚（魚）人】

斗笠：遮陽光和雨的帽子，用竹篾夾油紙或竹葉等製成；愚：「魚」的諧音。比喻愚蠢的人。例敵人是鯉魚戴斗笠——愚（魚）人，硬是往我軍佈下的口袋裏鑽，結果全部被圍殲，一個也沒跑掉。

【鯉魚喝水——吞吞吐吐】

見「老牛吃草——吞吞吐吐」。

【鯉魚跳龍門——碰碰時氣】

龍門：即禹門口，在山西省河津縣西北，陝西省韓城縣東北，分跨黃河兩岸，形如門闕，故名龍門。相傳爲夏禹導河至此，鑿以通流；時氣：運氣。比喻成功與否沒有把握，試著做做看。例「你肯定這場球賽會勝利嗎？」「不敢，鯉魚跳龍門——碰碰時氣吧！」

【鯉魚跳龍門——身價百倍】

比喻聲名、地位大大提高了。例這個足球隊戰勝世界羣雄，勇奪世界冠軍，鯉魚跳龍門——身價百倍。

【鯉魚跳龍門——想高升】

比喻想爬上高位。例這傢伙削尖腦袋到處鑽營，鯉魚跳龍門——想高升，同事們都嗤之以鼻。也作「蝸牛爬樹

——想高升」。

【鯉魚吞秤砣——鐵了心】

比喻下定決心。例你別想改變我的主意，我是鯉魚吞秤砣——鐵了心了，九牛拉不動。也作「鯉魚吞秤砣——鐵心啦」。

【鯉魚下油鍋——死不瞑目】

雙關語，比喻生有冤情，死不甘心。有時指心裏有事放不下，臨死不閉眼睛。例他宣誓說：「敵人不消滅，我是鯉魚下油鍋——死不瞑目。」也作「螃蟹的眼睛——死不瞑目」。

【鯉魚咬釣鉤——吞不下，吐不出】

見「骨頭鯁在喉嚨裏——吞不下，吐不出」。

【鯉魚織網——自取滅亡】

見「雞蛋碰石頭——自取滅亡」。

【澧蘭沅芷】

澧、沅：ㄩㄢˊ，水名；蘭、芷：香草。指澧水之中有芬芳之蘭，沅水之內有茂盛之芷。比喻高尚的人品或事物。清・黃遵憲《酬曾重伯編修》詩：「澧蘭沅芷無窮境，況復哀時重自傷。」

【醴酒不設】

醴酒：甜酒。宴請賓客時不再爲不嗜酒者準備甜酒。《漢書・楚元王傳》：「初，元王敬禮申公等，穆生不耆（嗜）酒，元王每置酒，常爲穆生設醴。及王戊即位，常設，後忘設焉。穆生退曰：『可以逝矣！醴酒不設，王之意怠，不去，楚人將鉗我於市。』」後以「醴酒不設」比喻待人禮節逐漸忽略、廢棄。清・程允升《幼學故事瓊林・飲食》：「待人禮衰，曰醴酒不設。」

ㄌㄧˋ

【力拔山兮氣蓋世】

力量足以拔起山岳，氣勢能夠壓倒一世。原爲項羽自詡之詞，用於抒發氣吞山河的豪情壯志。《史記・項羽本紀》：「於是項羽乃悲歌慷慨，自爲詩曰：『力拔山兮氣蓋世，時不利兮騅不逝。騅不逝兮可奈何？虞兮虞兮奈若何？』」

【力倍功半】

花了一倍的力氣只收到一半的功效。明・劉基《贈陳伯光詩序》：「防微遏幾，百病不生，幾動形見，力倍功半。」也作「事倍功半」。

【力薄才疏】

力量單薄，才能有限。用於謙詞。《水滸傳》四一回：「小可不才，自小學吏。初世爲人，便要結識天下好漢，奈緣力薄才疏，不能接待，以遂平生之願。」

【力不從心】

力量不能順從心願。即心有餘而力不足。《後漢書・西域傳》：「今使者大兵未能得出，如諸國力不從心，東西南北自在也。」《官場現形記》二四回：「無奈溥四爺提筆在手，欲寫而力不從心，半天畫了兩畫，一個『麗』字寫死寫不對。」也作「力不從願」。《晉書・劉琨傳》：「徒懷憤踊，力不從願，慚怖征營，痛心疾首，形留所在，神馳寇庭。」也作「力不副心」。唐・無名氏《陰德傳・韋判官》：「何幸明靈俯降，但揣微賤，力不副心，苟可施於區區，敢不從命。」也作「力不逮心」。宋・歐陽修《亳州乞致仕第四表》：「雖天地之施無私，恩非責報；而犬馬之微自效，力不逮心。繼之衰疾之纏綿，加以年齡之晚暮。」也作「力不及心」。唐・顧陶《唐詩類選後序》：「僻遠孤儒，有志難就，粗隨所見，不可殫論，終愧力不及心，庶非耳目不過也。」

【力不從願】

見「力不從心」。

【力不逮心】

見「力不從心」。

【力不敵衆，智不盡物】

指一個人的力量不能勝過衆人，一個人的智慧不能盡知萬物。《韓非子・八經》：「力不敵衆，智不盡物。與其用一人，不如用一國，故智力敵而羣物勝。」

【力不副心】

見「力不從心」。

【力不及心】

見「力不從心」。

【力不能及】

力量達不到。《武王伐紂平話》卷下：「一城百姓見城自摧破，自來捜捉紂王，紂王見兵勢甚大，力不能及。」

【力不能支】

力量支撐不了。《封神演義》二八回：「南宮適大戰黃元濟，未及三十回合，元濟非南宮適對手，力不能支。」

【力不勝任】

《周易・繫辭下》：「鼎足折，覆公餗，其形渥，兇。言不勝其任也。」指能力不夠，不足以擔當所負的任務。姚雪垠《李自成》一卷二四章：「這事干係重大，只怕我力不勝任。」

【力不同科】

同科：同一等第。力量不同，等第不同。《論語・八佾》：「射不主皮，爲力不同科，古之道也。」

【力不自勝】

由於力量不足而經受不起。宋・周敦頤《六朝事蹟・郗氏化蛇》：「蛇爲人語啓帝曰：『蟒則晋之郗氏也……無飲食可實口，無窟穴可庇身，飢窘困迫，力不自勝。』」

【力蹙勢窮】

蹙：ㄘㄨˋ，局促。力量局促窮盡不得伸展。唐・柳宗元《答人求文章書》：「率皆縱臾而不克，躑躅而不進，力蹙勢窮，吞志而沒。」

【力大無窮】

指力氣非常大。《鏡花緣》三三回：「這些宮娥都是力大無窮，就如鷹拿燕雀一般，哪裏由他作主。」也作「力敵千鈞」。鈞：古時重量單位。一鈞合當時三十斤。《漢書·敍傳上》：「良樂軼能於相，駁烏獲抗力於千鈞。」

【力殫財竭】
殫：ㄉㄢ，盡。力量和錢財都已用盡。唐·白居易《止獄措刑》：「及秦之時，厚賦以竭人財，遠役以殫人力；力殫財竭，盡爲寇賊，羣盜滿山，赭衣塞路；故每歲斷罪，數至十萬。」

【力敵千鈞】
見「力大無窮」。

【力敵勢均】
雙方勢力不相上下。《宋書·劉穆之傳》：「劉[毅]、孟[昶]諸公，與公俱起布衣，共主大義……力敵勢均，終相吞嚙。」《周書·武帝紀下》：「自東西否隔，二國爭强，戎馬生郊，干戈日用，兵連禍結，力敵勢均，疆埸之事，一彼一此。」也作「力均勢敵」。《周書·樂遜傳》：「唯德可以庇民，非恃强也。夫力均勢敵，則進德者勝。」也作「勢均力敵」。

【力敵萬夫】
形容勇力非凡。唐·楊炯《唐上騎都尉高君神道碑》：「或力敵萬夫，關張不足以扶轂。」茅盾《子夜》六：「照你剛才所說那種力敵萬夫的氣概，應該可以保護尊大人出險。」

【力砥狂瀾】
見「力挽狂瀾」。

【力分勢弱】
力量分散致使勢力減弱。《舊唐書·杜伏威傳》：「今同苦隋政，各興大義，力分勢弱，常恐見擒，何不合以爲强，則不患隋軍相制。」

【力孤勢危】
力量孤單，形勢危急。《三國演義》八三回：「[馬]忠部下三百軍併力上前一聲喊起，將關興圍在核心。興力孤勢危。忽見西北上一彪軍殺來，乃是張苞。」

【力濟九區】
九區：指全國。盡力周濟全國各地民衆。唐·盧照鄰《三國論》：「有大賢而不能用，睹長策而不能施，便謂力濟九區，智周萬物，天下可指麾而定，宇宙可大呼而致也，嗚呼，悲夫！」

【力竭聲嘶】
力氣耗盡，聲音嘶啞。梁啓超《義大利建國三傑傳·結論》：「自設身以當此境，度未有不索然氣沮，力竭聲嘶，一蹶再蹶而吾喪我者。」也作「聲嘶力竭」。

【力盡筋疲】
形容極度疲乏，一點力氣也沒有了。宋·李綱《病牛》詩：「耕犁千畝實千箱，力盡筋疲誰復傷？」也作「筋疲力盡」。

【力盡神危】
力氣用盡，神色危急。形容用力過度，體力不支的樣子。《紅樓夢》五三回：「話說寶玉見晴雯將雀裘補完，已使得力盡神危，忙命小ㄚ頭替她捶著。」

【力均勢敵】
見「力敵勢均」。

【力困筋乏】
用盡了全身力氣，已筋力困乏。元·賈仲名《升仙夢》三折：「如今容顏瘦，倒不如受辛勤還家罷，我如今力困筋乏。」

【力能扛鼎】
扛：舉；鼎：古代烹煮用的器物，三足兩耳，多用青銅製成。兩手能舉起沉重的鼎。形容力氣特別大。《史記·項羽本記》：「籍[項羽]長八尺餘，力能扛鼎，才氣過人。」也比喻筆力雄健。清·顧復《平生壯觀·米芾》：「昔人評米元暉畫云：『虎兒筆力能扛鼎，五百年來無此君。』」

【力能勝貧，謹能勝禍】
辛勤勞動可以戰勝貧困，謹慎行事可以避免災禍。北魏·賈思勰《齊民要術·序》：「語曰：『力能勝貧，謹能勝禍。』蓋言勤力可以不貧，謹身可以避禍。」

【力排羣議】
見「力排衆議」。

【力排衆議】
爲維護自己的主張，竭力排除各種議論。《三國演義》四三回：「諸葛亮舌戰羣儒，魯子敬力排衆議。」《清史稿·陶澍傳》：「屢請復鹽政專職，皆不許，澍益感奮，力排衆議，毅然持之，卒獲成效。」也作「力排羣議」。宋·蘇轍《上皇帝書》：「臣以不識忌諱，得罪於有司，仁宗哀其狂愚，力排羣議，使臣得不遂棄於世。」也作「力違羣議」。明·朱之瑜《致張定西侯書》：「今楊監副力違羣議，叩謁軍前。」

【力窮勢孤】
力量耗盡，勢孤無援。《三國演義》八二回：「孫桓折了李異、謝旌、譚雄等許多將士，力窮勢孤，不能抵敵，即差人回吳求救。」

【力屈道窮】
指力量辦法都已用盡。《周書·王思政傳》：「吾受國重任，本望平難立功，精誠無感，遂辱王命。今力屈道窮，計無所出。唯當效死，以謝朝恩。」

【力屈計窮】
力量、計謀都已用盡。《太平廣記》卷一六六引《記聞·吳保安》：「吾今在厄，力屈計窮。」明·吾邱瑞《運甓記·平蠻奏凱》：「吾想此輩鼠竊狗偷，豈有深謀遠計，連日被我戰敗，力屈計窮。」

【力屈勢窮】
力量和勢力均已窮盡。宋·蘇軾《錢氏表忠觀碑》：「皇宋受命，四方僭亂，以次削平，而蜀、江南負其嶮遠，兵至城下，力屈勢窮，然後束手。」

【力所不逮】

逮：到，及。能力達不到或辦不到。宋・連文鳳《送荀厚夫學正之昌國序》：「非厚夫本志也，奈何力有所不逮，技術有所不及，故不暇擇地之美惡近遠焉。」

【力所能及】

用自己的力量所能達到或辦到的。清・劉坤一《復程從周》：「至加撥二萬金一節，力所能及，不敢不勉。」也作「力所能任」。清・梁章鉅《浪跡叢談・金両莊》：「余謂二千緡價本不昂，但修理之費亦非二千緡不辦，非力所能任，因置之。」

【力所能任】

見「力所能及」。

【力田不如逢年，善仕不如遇合】

勤奮耕耘，不如有個風調雨順的年景；善於做官，不如有個官運亨通的機遇。指機會十分重要。《史記・佞幸列傳序》：「諺曰：『力田不如逢年，善仕不如遇合。』固無虛言。非獨女以色媚，而士宦亦有之。」

【力田者受旌顯之賞，惰農者有不齒之罰】

旌：ㄐㄧㄥ，表彰；不齒：不與同列，表示十分鄙視。對勤於耕作者大力表彰，對懈於務農者要給於嚴厲責備。指要獎懲分明，鼓勵生產。《晉書・慕容皝載記》：「高選農官，務盡勸課，人治周田百畝，亦不假牛力。力田者受旌顯之賞，惰農者有不齒之罰。」

【力透紙背】

形容書法遒勁有力。後也用以形容詩文的功力極深。唐・顏眞卿《張長史十二意筆法意記》：「當其用鋒，常欲使其透過紙背，此成功之極矣。」清・趙翼《歐北詩話・陸放翁詩》：「意在筆先，力透紙背。」

【力挽狂瀾】

狂瀾：洶湧的波濤。原意是竭力阻止異端邪說的橫行。後比喻盡力挽回危險的局勢。唐・韓愈《進學解》：「障百川而東之，回狂瀾於既倒。」清・丘逢甲《村居書感次崧甫二首》詩之二：「乾坤蒼莽正風塵，力挽狂瀾仗要人。」清・秋瑾《失題》：「中流砥柱，力挽狂瀾。」也作「力砥狂瀾」。清・梁章鉅《浪跡叢談・讀談五・王謝優劣》：「而蘭亭痛悼、力砥狂瀾如右軍者，遮足風世。」也作「力障狂瀾」。明・王驥德《曲律》：「斤斤返古，力障狂瀾，中興之功，艮不可沒。」

【力挽頹波】

比喻竭力挽回險惡局勢，制止衰頹不正之風。《師友詩傳錄》卷八：「至於元人，品格愈下，雖有虞[集]、楊[維禎]、揭[傒斯]、范[德機]，亦不能力挽頹波。蓋風氣使然，不可強也。」也作「力挽頹風」。清・趙翼《杭州晤同年謝蘊山藩伯》詩：「早聞力挽頹風處，先凜冰霜素節堅。」

【力挽頹風】

見「力挽頹波」。

【力微任重】

能力小任務重。唐・張說《讓平章事表》：「爲國者，爲官擇人；爲臣者，陳力就列。若志小謀大，力微任重，豈敢顧惜微軀？」

【力微休負重，言輕莫勸人】

指做事應該量力而行。例老李好心好意勸他的上司不要太剛愎自用，不料卻碰了個釘子回來。他嘆氣道：我怎麼忘了「力微休負重，言輕莫勸人」這句俗話了呢？

【力違羣議】

見「力排衆議」。

【力學篤行】

刻苦學習，致力於行。宋・陸游《陸伯政山堂類稿序》：「伯政家世爲儒，力學篤行，至老不少衰。」

【力障狂瀾】

見「力挽狂瀾」。

【力爭上流】

見「力爭上游」。

【力爭上游】

比喻努力奮鬥，爭取先進。清・趙翼《書懷》：「力欲爭上游，性靈乃其要。」茅盾《白楊禮讚》：「那是力爭上游的一種樹，筆直的幹，筆直的枝。」也作「力爭上流」。清・譚嗣同《上歐陽中鵠》：「學者何可不力爭上流，而甘讓人誕先登岸耶？」

【力征經營】

力征：武力爭奪。指用武力征伐來經營治理天下。《史記・項羽本紀贊》：「謂霸王之業，欲以力征經營天下。」

【力壯身強】

力氣大，體魄強。《西遊記》二一回：「全憑著手疾眼快，必須要力壯身強。」

【厲兵秣馬】

厲：磨；秣：ㄇㄛˋ，餵。磨利兵器，餵飽戰馬。指做好戰前準備。《左傳・僖公三三年》：「鄭穆公使視客館，則束載厲兵秣馬矣。」宋・陳亮《酌古論・呂蒙》：「孫權克伏先烈，雄據江東，舉賢仕能，厲兵秣馬，以伺中國之變。」也作「勵兵秣馬」。唐・陳子昂《爲建安王與遼東書》：「請都督勵兵秣馬，以待此期。」也作「厲兵粟馬」。《新唐書・劉仁軌傳》：「雖孽豎跳梁，士力未完，宜厲兵粟馬，乘無備，擊不意，百下百全。」也作「礪兵秣馬」。明・朱元璋《皇陵碑》：「礪兵秣馬，靜看頡頏。羣雄自爲乎聲教，戈矛天下鏗鏘。」也作「礪戈秣馬」。《舊唐書・劉仁軌傳》：「宜礪戈秣馬，擊其不意，彼既無備，何攻不克。」

【厲兵粟馬】

見「厲兵秣馬」。

【厲精更始】

更始：除舊佈新。指振奮精神，進行革新。《漢書・宣帝紀》：「今吏修身奉法，未有能稱朕意……其赦天下，與士大夫厲精更始。」

【厲精求治】

見「厲精圖治」。

【厲精圖治】

厲精：振奮精神；圖：謀求。振奮精神，設法把國家治理好或把事業辦好。《漢書·魏相傳》：「宣帝始親萬機，厲精圖治。」《宋史·神宗紀讚》：「厲精圖治，將大有可為。」也作「**厲精求治**」。《新唐書·魏知古等傳贊》：「觀玄宗開元時，厲精求治，元老魁舊，動所尊憚，故姚元崇、宋璟言聽計行，力不難而功已成。」也作「**勵精圖治**」。《元史·拜住傳》：「英宗倚之，相與勵精圖治。」也作「**勵精求治**」。宋·邵伯溫《聞見前錄》卷一〇：「神宗即位擢天章閣待制，復知諫院，擢御史中丞，帝方勵精求治。」

【厲行節約】

切實地實行節約。例在去年更著重地提出了厲行節約、反對浪費的方針以後，幾個月來已經開始發生效果。

【勵世摩鈍】

摩鈍：把鈍的刀劍磨利。激勵世人，使愚鈍的人奮發有為。《漢書·梅福傳》：「今欲致天下之士，民有上書求見者，輒使詣尚書省問其所言，言可採取者，秩以升斗之祿，賜以一束之帛……故爵祿束帛者，天下之砥石，高祖所以勵世摩鈍也。」

【勵兵秣馬】

見「厲兵秣馬」。

【勵精求治】

見「厲精圖治」。

【勵精圖進】

振奮精神，力求進取。例我們要自立於世界民族之林，就要勵精圖進，自立更生。

【勵精圖治】

見「厲精圖治」。

【勵志竭精】

奮勉志氣，竭盡心力。《漢書·梅福傳》：「是以天下布衣各勵志竭精，以赴廷闕。」

【礪兵秣馬】

見「厲兵秣馬」。

【礪戈秣馬】

見「厲兵秣馬」。

【礪山帶河】

礪：磨刀石；帶：衣帶。山變得小如磨刀石，河變得小如衣帶。形容時間極其久遠，山河變化極大。古時用於朝廷分封諸侯的誓詞，保證受封者及其子孫永享封爵。《漢書·高惠高后文功臣表》：「封爵之誓曰：『使黃河如帶，泰山若礪，國以永存，爰及苗裔。』」《民國通俗演義》八六回：「因得優待條件，勒諸憲章，礪山帶河，永永無極。」

【糲食粗餐】

糲：粗糙的大米。指飲食粗淡。《東觀漢記·桓鸞傳》：「常著大布縕袍，糲食粗餐。」

【糲食粗衣】

粗糙的飯食，粗布衣服。形容生活清淡。宋·無名氏《張協狀元·大公資助張協》：「奴供備糲食粗衣。」元·馬鈺《西江月》詞：「不恥蓬頭垢面，不嫌糲食粗衣。」

【糲粢之食】

粢：ㄗ，穀物。粗糙的飯食。《韓非子·五蠹》：「堯之王天下也，茅茨不翦，采椽不斫，糲粢之食，藜藿之羹，冬日麑裘，夏日葛衣。」

【歷覽前賢國與家，成由勤儉破由奢】

縱觀歷史上君主治理國家的經驗教訓是：因勤儉而成功，因奢侈而破敗。指無論國家還是家庭，都要勤儉，不要奢侈浪費。唐·李商隱《咏史》詩：「歷覽前賢國與家，成由勤儉破由奢。何須琥珀方為枕，豈得眞珠始是車？」

【歷歷可辨】

可以清清楚楚地辨明。唐·張讀《宣室志·韓生》：「閽人因尋馬蹤，以天雨新霽，歷歷可辨，直至南十餘里一古墓前，馬跡方絕。」

【歷歷可見】

可清清楚楚地看見。宋·沈括《夢溪筆談·異事》：「登州海中時有雲氣如宮室、台觀、城堞、人物、車馬、冠蓋，歷歷可見，謂之『海市』。」

【歷歷可數】

歷歷：清楚分明。可清清楚楚地數出來。《舊五代史·明宗紀十》：「濮州進重修河堤圖，沿河地名，歷歷可數。」《聊齋志異·仙人島》：「則用細草製為樓閣，大如椽，小如橘，約二十餘座，每座梁棟榱題，歷歷可數。」

【歷歷落落】

指清楚分明，也形容參差不齊的樣子。《朱子語類》卷一一五：「為學須是裂破藩籬，痛底做去，所謂一杖一條痕，一摑一掌血，使之歷歷落落，分明開去，莫要含糊。」朱自清《子愷漫畫代序》：「他嚴肅的臉上戴著眼鏡，有三五顆雙鈎的淚珠兒，滴滴答答歷歷落落地從眼睛裏掉下來。」

【歷歷如畫】

清楚分明，如圖畫一般。清·愛新覺羅弘曆《題宋詩醇·和三月三十日四十韻》：「寫景歷歷如畫，引人入勝。」也作「**歷歷如繪**」。清·昭槤《嘯亭雜錄·喬道人》：「[道人]言皆妄誕，然談兵家事歷歷如繪。」

【歷歷如繪】

見「歷歷如畫」。

【歷歷如見】

見「歷歷在目」。

【歷歷在目】

清清楚楚地展現在眼前。宋·樓鑰《西漢會要序》：「開卷一覽，而二百餘年之事，歷歷在目。」《聊齋志異·蓮花公主》：「冥坐觀想，歷歷在目。」也作「**歷歷如見**」。清·趙翼《廿二史箚記・金史》：「修史者本已成書，故能使當日情事，歷歷如見。」也作「**歷歷在眼**」。宋・張元幹《題范淑儀所藏侄智夫山水短軸》：「展卷便覺關陝氣象歷歷在眼。」

【歷歷在眼】

見「歷歷在目」。

【歷練老成】

閱歷豐富，練達世事。《紅樓夢》一三回：「從小兒大妹妹頑笑時就有殺伐決斷，如今出了閣，在那府裏辦事，越發歷練老成了。」

【歷日曠久】

經歷時間非常久。《史記・田敬仲完世家》「是人必封不久矣」裴駰集解：「必且歷日曠久，則繫牦能挈石，駑馬亦能致遠。」

【瀝膽抽腸】

滴出膽汁，抽出腸子。比喻竭盡忠誠，不顧生死。《梁書・王僧辯傳》：「世受先朝之德，身當將帥之印，而不能瀝膽抽腸，共誅奸逆，雪天地之痛，報君父之仇。」

【瀝膽墮肝】

見「瀝膽披肝」。

【瀝膽隳肝】

見「瀝膽披肝」。

【瀝膽披肝】

滴出膽汁，剖開心肝。比喻竭盡忠誠或開誠相見。唐・黃滔《啓裴侍郎》：「沾巾墮睫，瀝膽披肝，不在他門，誓於死節。」《封神演義》一一回：「崇侯虎素懷忠直，出力報國，造摘星樓，瀝膽披肝。」也作「**瀝膽墮肝**」。唐・李頎《行路難》詩：「世人逐勢爭奔走，瀝膽墮肝唯恐後。」也作「**瀝膽隳肝**」。唐・羅隱《冬暮寄裴郎中》詩：「仙郎舊有黃金約，瀝膽隳肝更禱祈。」

【瀝血扣心】

比喻費盡心血。南朝・梁元帝《與諸藩令》：「一丸之土，可封函谷，半紙之翰，能下聊城，而不以富貴爲榮，不以妻孥爲念。瀝血扣心，枕戈嘗膽，其何故哉。」

【吏多則政繁】

煩：繁瑣、繁雜。官吏衆多，政令勢必雜。指人浮於事，必然出現政出多門，缺乏效率的局面。《晉書・慕容暐載記》：「貪惰爲惡，無刑戮之懼；清勤奉法，無爵賞之勸。百姓窮弊，侵賕無已，兵士逋逃，乃相招爲盜賊。風頹化替，莫相糾攝。且吏多則政繁，由來常患。」

【立吃地陷】

猶同坐吃山空。元・秦簡夫《東堂老》一折：「自從俺父親亡過十年光景，只在家裏死丕丕的閑坐，那錢物則有出去的，無有進來的，便好道坐吃山空，立吃地陷。」

【立春響雷——一鳴驚人】

立春：節氣名，在每年農曆二月四日前後，我國習慣上作爲春季的開始。見「楚莊王理政——一鳴驚人」。

【立此存照】

立下字據，保存起來作爲查考的依據。文書字據中的習慣用語。《水滸傳》二二回：「在前官手裏告了，執憑文帖立此存照。」

【立德立言】

立德：推行德政，爲後世風範；立言：著書立說，流傳後世。《左傳・襄公二十四年》：「大（太）上有立德，其次有立功，其次有立言，雖久不廢。」《紅樓夢》一一五回：「便是著書立說，無非言忠言孝，自有一番立德立言的事業，方不枉生在聖明之時。」

【立得正，不怕影兒歪】

比喻只要做事公正無私，就不怕別人說三道四。例「立得正，不怕影兒歪」，只要你心裏沒鬼，別人愛說什麼就說什麼，不用去管它。

【立地成佛】

佛家勸善語。棄惡從善，立即可成佛。宋・朱熹《答朱伯諫（甲申）》：「所謂便欲當人立地成佛者，正如將小樹來噴一口水，便他立地干雲蔽日，豈是有理？」《聊齋志異・羅祖》：「予笑曰：『今世居檀越，不求爲聖賢，但望成佛祖。』請遍告之：若要立地成佛，須放下刀子去。」

【立地金剛】

形容人力大氣壯，顯得異常威武。《說岳全傳》一四回：「馬似掀天獅子，人如立地金剛。」

【立地擎天】

擎：舉，往上托。立地頂天。形容人的威武英雄氣概。元・喬孟符《兩世姻緣》三折：「拔文握武鎮荊襄，立地擎天作棟梁。」

【立地書櫥】

比喻學問十分淵博的讀書人。《宋史・吳時傳》：「時敏於爲文，未嘗屬稿，落筆已成，兩學目之曰立地書櫥。」

【立定腳跟】

比喻說話、辦事實在、穩重。《兒女英雄傳》二一回：「從此各人立定腳跟，安分守己，做一個清白良民。」

【立盹行眠】

盹：ㄉㄨㄣˇ，短時間的睡眠。指站著打盹，走路睡覺。形容極度疲乏。元・楊顯之《瀟湘雨》四折：「走的我筋舒力盡渾身顫，一身疼痛十分倦。我，我，我立盹行眠。」

【立竿見影】

竹竿立在太陽下，馬上現出影子。比喻立即見到功效。漢・魏伯陽《參同契・如審遭逢章》：「立竿見影，呼谷傳響。」老舍《駱駝祥子》二：「關於戰爭的，正因爲根本沒有正確的消息，謠言反倒能立竿見影。」

【立功立事】

樹立功勛，建立事業。《三國志・蜀書・先王傳》：「今漢室陵遲，海內傾覆，立功立事，在於今日。」

【立功贖罪】

贖：補償。建立功績以補償所犯罪行

或過失。《東周列國志》四〇回：「趙衰應曰：『當革職，使立功贖罪。』文公乃革魏犨右戎之職，以舟之僑代之。」也作「**立功自贖**」。明・張岱《石匱書後集・馬士英傳》：「士英逃到台州，[阮]大鋮介紹投誠，即命士英說降方國安，同破金華，立功自贖。」

【立功自贖】

見「立功贖罪」。

【立功自效】

效：報效。建立功勞以作報效。《隋唐演義》八三回：「只將郭子儀手下僕人失慎的，就地正法，赦郭子儀之罪，許其自後立功自效。」

【立官長以為官，非立官以為長也】

為：為了；官：職事。委任官長，是為了辦理某項事務；而不是設立一個辦事機構，來安置某個官長。指政府機構的設立，應因事而設，絕不能因人而設。《慎子・威德》：「故立天子以為天下，非立天下以為天子也；立國君以為國，非立國以為君也；立官長以為官，非立官以為長也。」

【立櫃無拉手——摳門】

雙關語。比喻吝嗇，捨不得破費。例「黃大明是億萬富翁，要他為敬老院多資助點。」「哼，他，立櫃無拉手——摳門，休想。」

【立國安邦】

指治理國家，安定天下。元・關漢卿《裴度還帶》一折：「你看我立國安邦為相宰，那期間日轉千階，喜笑迎腮，掛印懸牌。」也作「**立業安邦**」。元・鄭德輝《伊尹耕莘》一折：「想五帝之業，求賢用士，立業安邦，你是不知也。」

【立節者見難不苟免，貪祿者見利不顧身】

苟免：以不正當手段企求免禍。樹立氣節的人遇到危難不逃避，貪求爵祿的人見到利時不要命。《淮南子・齊俗訓》：「夫重生者不以利害己，立節者見難不苟免，貪祿者見利不顧身，而好名者非義不苟得。」

【立門戶】

比喻單獨成立某組織、某派別。例既然我們的大目標是一致的，為什麼有人還要拉幫結夥立門戶呢？也比喻成家立業。例我和大哥早就分了家，各人自立門戶了。

【立命安身】

立命：精神上安定。指精神上的寄託，生活上有保障。《兒女英雄傳》一六回：「不但這樣，還要給她立命安身。那時才算當完了老哥哥的差，了結了我的一條心願。」也作「**安身立命**」。

【立秋石榴——點子多】

立秋：二十四節氣之一。立秋為秋季的開始。立秋後石榴成熟，結子很多。也作「**立秋的石榴——滿腦袋點子**」。見「八月的石榴——滿腦袋的紅點子」。

【立人達人】

指幫助他人建立功業。《論語・雍也》：「夫仁者，己欲立而立人，己欲達而達人，能近取譬，可謂仁之方也已！」也作「**達人立人**」。

【立掃千言】

比喻才思敏捷，下筆千言。明・楊顯祖《還魂記・耽試》：「呵！風檐寸晷，立掃千言，可敬可敬！」

【立身處世】

立身：做人；處世：與人相處。指立身於社會的品德修養和待人接物的態度。晉・無名氏《沙彌十戒法並威儀序》：「夫乾坤覆載，以人為貴，立身處世，以禮儀為本。」朱自清《論氣節》：「在專制時代的種種社會條件下，集體的行動是不容易表現的，於是士人的立身處世就偏向了『節』這個標準。」也作「**立身行事**」。唐・劉知幾《史通・序傳》：「降及司馬相如，始以自敍為傳，然其所敍者，但記自少及長立身行事而已。」

【立身行道】

修養自身，力行道義。《孝經・開宗明義第一章》：「立身行道，揚名於後世，以顯父母。」南朝梁・蕭統《與晉安王綱令》：「明公儒學稽古，淳厚篤誠，立身行道，始終如一。」

【立身行己】

修身自立，行為有度。《舊唐書・皇甫無逸傳》：「公立身行己，朕之所悉。比多譖訴者，但為正直致邪所憎耳。」

【立身行事】

見「立身處世」。

【立身揚名】

修身自立，以求傳揚聲名。北齊・顏之推《顏氏家訓・序致》：「夫聖賢之書教人誠孝、慎言、檢跡，立身揚名，亦已備矣。」元・喬夢符《兩世姻緣》一折：「男子漢也有個立身揚名時節，既是黃榜招賢，我索走一遭去。」

【立時三刻】

指立即、馬上。《官場現形記》五一回：「就叫了管帳房的侄少爺來，叫他去開銷蔣福，立時三刻，要他捲鋪蓋滾出去。」

【立談之間】

漢・揚雄《解嘲》：「或七十說而不遇，或立談而封侯。」站在路上談幾句話的時間。比喻時間短暫。宋・蘇軾《賈誼論》：「吾之所欲為，不過十年可以得志，安有立談之間而遽為人痛哭哉！」

【立賢無方】

舉賢不拘一格。《孟子・離婁下》：「湯執中立賢無方。」明・劉若愚《酌中志・內府衙門職掌》：「此必得虛名為國，淡名利，忘報復之人，柄人當朝，立賢無方，庶可辦此。」

【立雪程門】

程：宋代理學家程頤。《宋史・楊時傳》：「[楊時]一日見頤，頤偶瞑坐，時與遊酢侍立不去。頤既覺，則門外雪深一尺矣。」後以「立雪程門」形容向老師恭敬求教。清・袁枚《小倉山房尺牘》四三首：「枚立雪程門，二十一年矣。」

【立業安邦】

見「立國安邦」。

【立業成家】

在事業上有所成就並已結婚成家。《五燈會元・唯素山主》：「問：『牛頭未見四祖時如何？』師曰：『成家立業。』曰：『見後如何？』曰：『立業成家』。」

【立於不敗之地】

處於不致失敗的地位。《孫子・形篇》：「故善戰者，立於不敗之地，而不失敵之敗也。」

【立志欲堅不欲銳，成功在久不在速】

志向要堅定，不要圖銳進；成功求持久，不在乎速成。宋・張孝祥《論治體札子・甲申二月九日》：「然臣聞之，立志欲堅不欲銳，成功在久不在速。治有大體，不當毛舉細故；令在必行，不當徒為文具。」

【立錐之地】

只有能插一個錐子那麼大的一點地方。比喻極小的地方。《史記・留侯世家》：「今秦失德棄義，侵伐諸侯社稷，滅六國之後，使無立錐之地。」《漢書・食貨志上》：「富者田連阡陌，貧者亡（無）立錐之地。」也作「立錐之土」。《三國志・魏書・倉慈傳》：「舊大族田地有餘，而小民無立錐之土。」也作「立足之地」。《紅樓夢》三三回：「賈政聽說，忙叩頭說道：『母親如此說，兒子無立足之地了！』」

【立錐之土】

見「立錐之地」。

【立足點】

比喻賴以生存或占有的地方。例先得把場址定下來，有了立足點以後，才好談別的。也指觀察、判斷事物的位置和觀點。例只有把立足點放在國家和人民這邊，才會得到廣大羣衆的擁護。

【立足之地】

見「立錐之地」。

【麗句清詞】

指詩文詞句美麗清新。五代・王定保《唐摭言》卷一〇：「麗句清詞，遍在時人之口。」

【儷青妃白】

取青配白。指駢體文講究對偶工整。清・汪琬《〈王敬哉先生集〉序》：「孔子之謂文，蓋謂《易》《詩》《書》《禮》《樂》也，是豈後世辭賦章句，區區儷青妃白之為與？」

【酈寄賣友】

《漢書・酈商傳論》記載：酈寄與呂祿友善，漢高后崩，大臣謀誅呂，時呂祿為將軍，於北軍，太尉周勃不得入，劫酈父商，令其子騙呂祿出遊，周勃乃得以入據北軍誅呂祿。後以「酈寄賣友」指不講情義，出賣朋友。南朝齊・臣源《為尚書符荊州》：「雖呂布販君，酈寄賣友，方之斯人，未足為酷。」

【利傍倚刀】

「利」的偏旁是刀。比喻貪利的人猶如倚在刀口上。《古詩源・漢詩・古詩二首》：「甘瓜抱苦蒂，美棗生荊棘，利傍有倚刀，貪人還自賊。」

【利不百，不變法；功不十，不易器】

利益不比原來高百倍，就不改舊法；功效不比原來多十倍，就不改換器具。指舊制不得輕易改變。《商子・更法》：「杜摯曰：『臣聞之：『利不百，不變法；功不十，不易器。』臣聞法古無過，循禮無邪，君其圖之。』」也作「利不什，不易業；功不百，不變常」。漢・劉向《新序・善謀》：「臣聞之：『利不什，不易業；功不百，不變常。』是故古之人君，謀事必就聖，發政必擇語，重作事也。」

【利不虧義】

求利不做虧義的事。指見利不忘義。《禮記・儒行》：「委之以貨財，淹之以樂好，見利不虧其義。」

【利不什，不易業；功不百，不變常】

見「利不百，不變法；功不十，不易器」。

【利齒伶牙】

見「俐齒伶牙」。

【利齒能牙】

見「俐齒伶牙」。

【利刀砍鱔魚——一刀兩斷】

見「快刀斬亂麻——一刀兩斷」。

【利害得失】

利和害，得和失。指權衡利弊。例他是個極為理性的人，做任何事之前，都會權衡利害得失，絕不莽撞行事。

【利害攸關】

指有密切的利害關係。《古今小說》卷八：「平時酒杯往來，如兄若弟；一遇虱大的事，才有些利害攸關，便爾我不相顧了。」

【利己損人】

有利於己而損害別人。《舊唐書・辛替否傳》：「夫釋教者，以清淨為基，慈悲為主，故當體道以濟物，不欲利己以損人。」

【利韁名鎖】

利和名就像韁繩那樣把人束縛住。元・王喆《轉調醜奴兒》詞：「利韁名鎖休貪戀，韶華迅速如流箭。」也作「利鎖名韁」。元・賈仲名《升仙夢》一折：「斷絕上利鎖名韁，逼綽了酒色財氣。」《再生緣》十七回：「亨衢順境殊樂安，利鎖名韁卻掛牽。」也作「利鎖名牽」。明・高濂《玉簪記・促試》：「眼底天涯，利鎖名牽；一曲離歌，三疊陽關。」也作「名韁利鎖」。

【利口辯詞】

見「利口巧辭」。

【利口辯給】

見「利口巧辭」。

【利口捷給】

指能說會道，善於應對。《史記・張釋之傳》：「夫絳侯、東陽侯稱爲長者，此兩人言事曾不能出口，豈斅此嗇夫諜諜利口捷給哉！」

【利口巧辭】

形容能說會道，善於言辭。《史記・仲尼弟子列傳》：「子貢利口巧辭。」也作「**利口辯辭**」。《史記・仲尼弟子列傳》：「宰予字子我，利口辯辭。」也作「**利口辯給**」。《痛史》二一回：「你這不過是利口辯給，强詞奪理罷了，甚麼大義不大義？」

【利令智昏】

指因貪圖私利而使頭腦發昏，喪失理智。《史記・平原君虞卿列傳》：「鄙語曰：『利令智昏。』平原君貪馮亭邪說，使趙陷長平兵四十餘萬衆，邯鄲幾亡。」也作「**利以智昏**」。《北史・孫騰等傳論》：「鄙語曰：『利以智昏』，況定遠非智者乎。」

【利民豈一道哉，當其時而已矣】

有利於民的方法不只一條，能切合時代需求的就都是可行的。《呂氏春秋・愛類》：「民寒則欲火，暑則欲冰，燥則欲濕，濕則欲燥，寒暑燥濕相反，其於利民一也。利民豈一道哉，當其時而已矣。」

【利器入手，不可假人】

假：借。指權力在手，不可輕易讓與他人。《東周列國志》七回：「臣聞『利器入手，不可假人』。主公已嗣爵爲君，國人悅服，千歲而後，便當傳之子孫。何得以居攝爲，起人非望？」

【利人莫大於教】

對人最有利的是教育。《呂氏春秋・尊師》：「故教也者，義之大者也；學也者，知之盛者也。義之大者莫大於利人，利人莫大於教。」

【利商市關梁之行，能以所有致所無】

關梁：關塞，橋梁。疏通關卡，交往便利，商賈通行無阻，就能方便人們用自己多餘的東西換取缺乏的東西。《韓非子・難二》：「利商市關梁之行，能以所有致所無，客商歸之，外貨留之，儉於財用，節於衣食，宮室器械周於資用，不事玩好，則入多。」

【利市三倍】

利市：做買賣獲得的利潤。指做買賣利潤大，賺錢多。《文明小史》四二回：「於是引得那些學堂裏的學生，你也去買，我也去買，眞正是應接不暇，利市三倍。」

【利雖倍於今，而不便於後，弗爲也】

弗：不。眼前的利益，而不利於今後，不能取之。謂凡事要長遠考慮，不要光顧眼前。《呂氏春秋・長利》：「天下之士也者，慮天下之長利，而固處之以身若也，利雖倍於今，而不便於後，弗爲也，安雖長久，而以私其子孫，弗行也。」

【利鎖名韁】

見「利韁名鎖」。

【利鎖名牽】

見「利韁名鎖」。

【利析秋毫】

秋毫：禽獸在秋天裏長出的細毛。對利益所在，分析得極細致。《史記・平准書》：「故三人言利，事析秋毫矣。」後用「利析秋毫」形容善於經營，精於理財之道。」

【利益均沾】

有利益大家都有一份。孫中山《物質建設（實業計畫）・篇首》：「此種開闢利源之辦法，如不令官吏從中舞弊，則中外利益均沾，中國人民必歡迎之。」

【利以智昏】

見「利令智昏」。

【利用厚生】

利用：充分發揮物力的作用；厚生：使人民生活富裕。《尚書・大禹謨》：「正德，利用，厚生；唯和。」孔穎達疏：「正德以率下，利用以阜財，厚生以養民；三者和，所謂善政。」後以「利用厚生」指物盡其用，使民衆富裕。孫中山《心理建設》四章：「人類自石器時代以來，已能用之以改善物種，如在野草爲五穀，在野獸爲家畜，以利用厚生者是也。」

【利誘威脅】

用利益引誘，用權勢逼嚇。《北洋軍閥統治時期史話》六八章：「但是他們經不起帝國主義的利誘威脅……企圖與帝國主義妥協。」也作「**威脅利誘**」。

【利欲昏心】

見「利欲薰心」。

【利欲薰心】

薰：薰染，侵襲。貪圖私利的欲望迷住了心竅。宋・黃庭堅《贈別李次翁》詩：「利欲薰心，隨人翕張，國好駿馬，盡爲王良。」也作「**利欲昏心**」。宋・陸游《瑞草橋道中作》詩：「功名垂世端有數，利欲昏心喜乘罅。」

【利之藪，怨之府】

藪：ㄙㄡˇ，原指生長許多草的湖泊，這裏指利益所在。指人們的怨恨都經常集中在利益所在之處。例你不要以爲那部門有錢有勢，就如何如何好，你要知道：「利之藪，怨之府。」你還是圖個清靜，少惹麻煩爲好。

【利之中取大，害之中取小】

兩利之中相比較，取其大者，兩害之間相比較取其小者。《墨子・大取》：「斷指以存腕，利之中取大，害之中取小也。害之中取小也，非取害也，取利也；其所取者，人之所執也。遇盜人而斷指以免身，利也。」

【俐齒伶牙】

形容人能說會道。元・張國賓《合汗

衫》二折：「你休聽那廝說短論長，那般的俐齒伶牙。」也作「**利齒伶牙**」。明・陸采《明珠記・奸謀》：「不要長槍大劍，眞個殺人手段高强；生得利齒伶牙，端的吃人腦髓不恕。」也作「**利齒能牙**」。元・張壽卿《紅梨花》一折：「潑賤才，堪人罵，再休來利齒能牙。」也作「**伶牙利齒**」。

【**例行公事**】

按照慣例處理公務。例每天幫老闆安排當日的行程，是秘書的例行公事，不能省略。

【**例直禁簡**】

《晉書・杜預傳》：「例直易見，禁簡難犯。」後以「例直禁簡」指法令簡明，易於理解和遵守。

【**荔枝板抹油——又濕又滑**】

荔枝：常綠喬木，果實肉白多汁，味道甜美。比喻道路泥濘難行。例鄉間小道就像荔枝板抹油——又濕又滑，城裏人走起來是五步一跌，十步一跤。

【**慄慄危懼**】

慄慄：恐懼發抖。形容極爲害怕。《尚書・湯誥》：「慄慄危懼，若將隕於深淵。」魯迅《略論中國人之臉》：「尤其不好的是紅鼻子，有時簡直像是將要熔化的蠟燭油，彷彿就要滴下來，使人看得慄慄危懼。」也作「**慄慄自危**」。例去黃山旅遊時，她仰望黃山險道，剛攀登幾步，就慄慄自危不敢上。

【**慄慄自危**】

見「慄慄危懼」。

【**慄烈觱發**】

慄烈：猶凜冽嚴寒刺骨；觱（ㄅㄧˋ）發：風寒冷。《詩經・豳風・七月》：「一之日觱發，二之日慄烈，無衣無褐，何以卒歲。」後用「慄烈觱發」形容天冷風寒。《歧路燈》五〇回：「偏偏的蒼雲漸佈，黃風徐起，慄烈觱發，竟有釀雪的意思。」

【**粒米狼戾**】

狼戾：雜亂，義同「狼藉」。穀粒散得滿地都是。《孟子・滕文公上》：「樂歲，粒米狼戾。」元・王禎《農書・蓄積篇》：「當粒米狼戾之年，計一歲一家之用，餘多者倉箱之富，餘少者儋石之儲，莫不各節其用，以濟凶乏。」

【**粒米束薪**】

形容糧草極少。《二刻拍案驚奇》卷二四：「粒米束薪家裏無備，妻子只是怨悵啼哭。」

ㄌㄧㄚˇ

【**倆手托刺蝟——棘手**】

見「兩手托刺蝟——棘手」。

【**倆啞巴見面——沒說得**】

雙關語，比喻心中滿意，沒什麼意見可說。有時也指意見不一致，說不到一起，或彼此不講話。例你這件事幹得眞漂亮，咱是倆啞巴見面——沒說得，一定積極支持。也作「**嘴上貼封條——沒說的**」、「**兩個啞巴睡一頭——沒得話講**」、「**兩個啞巴見了面——沒說的**」、「**啞巴開會——沒說的**」、「**啞巴看見娘——無話可說**」、「**啞巴伸冤——無話可說**」、「**蘿蔔削鬚——沒得講（槳）**」。

ㄌㄧㄝˋ

【**列鼎重裀**】

裀：ㄧㄣ，褥子。謂列鼎而食，重裀而臥。形容吃得好、睡得舒適的奢侈生活，也泛指達官顯宦。元・紀君祥《趙氏孤兒》：「他他他只將那會諂諛的著列鼎重裀，害忠良的便加官請俸。」

【**列鼎而食**】

鼎：古代一種三足兩耳的烹煮器。形容豪門貴族的生活奢侈。《孔子家語・致思》：「從車百乘，積粟萬鍾，累裀而坐，列鼎而食。」元・馬致遠《薦福碑》四折：「今日個列鼎而食，煞强如淡飯黃齏。」

【**列土分茅**】

見「裂土分茅」。

【**列土封疆**】

列：同「裂」，分開；疆：疆界。指封建帝王將土地分封給宗室或功臣。《漢書・谷永傳》：「方制海內非爲天子，列土封疆非爲諸侯，皆以爲民也。」

【**列祖列宗**】

祖：古代帝王世系中的始祖；宗：繼祖者稱爲宗。指列位祖先。魯迅《隨感錄・三十九》：「全踏在朝靴底下，以符列祖列宗的成規。」

【**烈火辨玉**】

烈火中可分辨出玉的好壞。比喻在考驗人的關鍵時刻能看出一個人的節操。宋・葉廷珪《海錄碎事・人事》：「烈火辨玉，疾風知草。」

【**烈火乾柴**】

大火又添乾柴，火勢猛烈。比喻男女情欲急切。也形容人急切的高漲情緒。《二刻拍案驚奇》卷一一：「怎當得他每兩下烈火乾柴，你貪我愛，各自有心，竟自勾搭上了。」《西湖二集・俠女散財殉節》：「這烈火乾柴怎地瞞？」

【**烈火乾柴——一點就著**】

見「硫磺腦袋——一點就著」。

【**烈火轟雷**】

形容脾氣暴躁，愛發火。《兒女英雄傳》一四回：「只是他老人家上了幾歲年紀，又愛吃兩杯酒，性子又烈火轟雷似的，煞是不好說話。」

【**烈火見眞金**】

比喻在嚴峻的考驗面前，能分出誰是意志堅强的人。例敵人拼命拷打他，可是他仍什麼也不說。「烈火見眞金」，這才是眞正的革命者。

【**烈火燎原**】

見「燎原烈火」。

【烈火烹油，鮮花著錦】
比喻豪華氣派，熱鬧異常。《紅樓夢》一三回：「眼見不日又有一件非常的喜事，眞是烈火烹油，鮮花著錦之盛。」

【烈烈轟轟】
形容聲勢浩大，氣魄雄偉。宋・文天祥《沁園春・至元間留燕山作》詞：「人生翕欻云亡。好烈烈轟轟做一場。」《紅樓夢》九九回：「就是老太太、太太們，那個不願意老爺在外頭烈烈轟轟的做官呢？」也作「轟轟烈烈」。

【烈女不更二夫】
貞烈婦女不嫁第二個丈夫。元・王實甫《西廂記》五本四折：「夫人怒欲悔親，依舊要將鶯鶯與鄭恆，焉有此理？道不得個『烈女不更二夫』。」也作「烈女不嫁二夫」。元・關漢卿《五侯宴》楔子：「便好道一馬不背兩鞍，雙輪豈碾四轍，烈女不嫁二夫，我怎肯嫁侍於人。」

【烈女不嫁二夫】
見「烈女不更二夫」。

【烈士多悲心，小人偷自閒】
烈士：有雄心壯志的英豪；偷：苟且。英雄常常憂國憂民，而庸人苟安閒適，相去不啻天壤。三國魏・曹植《雜詩》之六：「烈士多悲心，小人偷自閒。國仇亮不塞，甘心思喪元。」

【烈士徇名】
忠烈義士寧爲保全名譽而犧牲。《史記・伯夷列傳》：「貪夫徇財，烈士徇名，誇者死權，衆庶馮生。」

【烈裳裹膝】
撕裂衣裳包裹受傷的膝蓋。形容長途跋涉的急切與艱辛。《吳越春秋・闔閭內傳》：「申包胥知不可，乃之於秦，求救楚，晝馳夜趨，足踵跖劈，烈裳裹膝，鶴倚哭於秦庭，七日七夜不絕聲。」也作「裂裳裹足」。《呂氏春秋・愛類》：「墨子聞之，自魯往，裂裳裹足，日夜不休，十日十夜而至於郢。」

【裂裳裹足】
見「裂裳裹膝」。

【裂冠毀冕】
冠：帽；冕：古代王侯貴族戴的禮帽。毀裂冠冕，比喻蔑視官家禮法。《後漢書・逸民傳論》：「是時裂冠毀冕，相攜而去者，盆不可勝數。」

【裂土分茅】
《尚書・禹貢》：「厥貢唯土五色」。孔穎達疏云：「古代王者以五色土分封諸侯。東方青，南方赤，西方白，北方黑。分封時，各取其方色土，覆以黃土，用白茅包之作爲諸侯建國的象徵。」後以「裂土分茅」指古代帝王將土地分封給宗室和有功之臣。唐・杜牧《李叔玫除太僕卿高證除均州刺史等制》：「我西平王功存社稷，慶流後嗣，子孫多賢，裂士分茅。」也作「列土分茅」。明・無名氏《樂毅圖齊》四折：「今日奉主公命，請您衆將加官賜賞，列土分茅，大開賢門，選用良才也。」

【裂眦嚼齒】
眦：ㄗˋ，眼眶。瞪眼欲裂，咬緊牙關。形容極端憤怒。宋・陸游《跋傅給事帖》：「紹興初，某甫成童，親見當時士大夫，相與言及國事，或裂眦嚼齒，或流涕痛哭，人人自期以殺身翊戴王室。」

【獵狗的鼻子——靈得很】
雙關語，比喻嗅覺靈敏，聞風而動。多用於戲謔。例你怎麼探聽到她在我們這裏，眞是獵狗的鼻子——靈得很呀！也作「兔子耳朵——靈得很」、「蒼蠅嘴巴狗鼻子——眞靈」。

【獵犬攆兔子——跟蹤追擊】
攆：ㄋㄧㄢˇ，〈方〉追趕。比喻緊緊跟在後面追打。例敵人逃竄了，我軍就像獵犬攆兔子——跟蹤追擊，一直把他們趕出國境線。也作「雪地裏抓逃犯——跟蹤追擊」。

ㄌㄧㄠˊ

【遼東之豕】
《後漢書・朱浮傳》：「伯通自伐，以爲功高天下。往時遼東有豕，生子白頭，異而獻之。行至河東，見羣豕皆白，懷慚而還。若以子之功，論於朝廷，則爲遼東豕也。」後以「遼東之豕」或「遼東豕」比喻少見多怪、自視甚高的人。清・袁枚《再答黃生》：「且考據之功，非書不可；子貧士也，勢不能購盡天下之書，偶有所得，必爲遼東之豕。」

【療瘡剜肉】
比喻用有害的方法解救眼前的急難。《掃迷帚》二四回：「若慮迷信一破，道德墮落，必以保存爲得計，此又何異欲止渴而飲鴆，欲療瘡而剜肉？竟是自害自的勾當。」

【聊備一格】
聊：姑且。姑且具備一種格式。指一事物雖還不完美，但還可作爲一個種類存在。例在寫意中國畫中，又出現了一種意識流的畫法，儘管還不成熟，仍可算是聊備一格吧！

【聊表寸心】
略微表示一點心意。例他當學徒出師後，買了點禮品到師傅家去奉敬，聊表寸心，從此就要回鄉獨自開業了。

【聊博一笑】
姑且取得別人一笑。多用於自謙。清・李靜山《增補都門雜咏・序》：「言之淺陋，閱者解頤，以期雅俗共賞，聊博大雅之一笑云爾。」

【聊復爾爾】
見「聊復爾耳」。

【聊復爾耳】
爾：如此。姑且如此而已。表示對某一事情應付一下，並不認眞對待。南朝宋・劉義慶《世說新語・任誕》：「阮仲容步兵居道南，諸阮居道北。北阮富，南阮貧。七月七日，北阮盛晒衣，皆紗羅錦綺。仲容以竿掛大布犢鼻褌於中庭。人或怪之，答曰：『未能免俗，聊復爾耳！』」也作「聊復爾爾」。《歧路燈》九五回：「本日演戲佐酒，原是未能免俗，聊復爾爾。」

【聊勝於無】
聊：略微。謂比沒有稍好一點。《官場現形記》四五回：「王二瞎子一聽仍是衙門裏的人，就是聲光比帳房差些，尚屬慰情聊勝於無。」

【聊以解嘲】
姑且用來解除別人對自己的嘲笑。宋・樓鑰《林景思雪巢》：「我非敢言詩，為君聊解嘲。」《二十年目睹之怪現狀》六一回：「這只可算是聊以解嘲的舉動。」

【聊以塞命】
見「聊以塞責」。

【聊以塞責】
姑且用以敷衍、搪塞自己應負的責任。清・趙翼《陔餘叢考・成語》：「通鑑紀事，韓侂胄當國，言官不敢言事，但泛泛論君德時事。或問之，則愧謝曰：『聊以塞責』。」《紅樓夢》一八回：「我素乏捷才，且不長於吟咏，姐妹輩素所深知；今夜聊以塞責，不負斯景而已。」也作「聊以塞命」。命：命令，指派。宋・李侗《答問上》：「輒以昔所聞者，各箋釋於所問目之下，聊以塞命耳。」

【聊以自況】
自況：用某種人的言行來比擬自己。姑且用值得自己效法的人來比擬自己。明・何良俊《四友齋叢說・娛老》：「塊然閒居，無以自娛。況飲酒、聽曲、談諧，此三者又其夙業也。故聊復寓興於此。然觀古之達人，亦多有好是者，故備錄之聊以自況，且以自警。」

【聊以自遣】
見「聊以自慰」。

【聊以自慰】
姑且用以自我安慰。宋・歐陽修《奉答原甫見過寵示之作》詩：「援琴寫得入此曲，聊以自慰窮山間。」魯迅《文藝的大衆化》：「許多動聽的話，不過文人的聊以自慰罷了。」也作「聊以自遣」。唐・杜甫《自京赴奉先縣咏懷五百字》：「沉飲聊自遣，放歌頗愁絕。」

【聊以自娛】
姑且用以自我娛樂。《漢書・南粵王趙佗傳》：「西北有長沙，其半蠻夷，亦稱王。老夫故敢妄竊帝號，聊以自娛。」《宋書・樂志四》：「彈琴鼓瑟，聊以自娛。」

【聊以卒歲】
指馬馬虎虎度過這一年。《左傳・襄公二十一年》：「曰：『優哉游哉，聊以卒歲』。」唐・韋嗣立《請崇學校疏》：「偷安苟免，聊以卒歲。」

【寥寥可數】
形容為數極少，可以數得出來。清・汪師韓《詩學纂聞・謝詩累句》：「『池塘』『園柳』之篇，『白雲』『綠筱』之作，『亂流』『孤嶼』之句，『雲合』『露泫』之詞，披沙揀金，寥寥可數。」清・方苞《請矯除積習興起人才札子》：「臣竊見本朝敬禮大臣，優恤庶官，遠過於前明，而公卿大臣，抗節效忠者，寥寥可數。」

【寥寥無多】
見「寥寥無幾」。

【寥寥無幾】
形容極其稀少。明・胡應麟《詩藪・內編》卷三：「建安以後，五言日盛，晉宋齊間，七言歌行，寥寥無幾。」《文明小史》六回：「動身的那一天，紳士們來送的寥寥無幾，就是萬民傘亦沒有人送。」也作「寥寥無多」。清・王士禛《帶經堂詩話・纂輯類》：「叔用《具茨集》寥寥無多，一鱗片甲，殆高出無咎之上。」

【寥落不偶】
寥落：空曠、冷清。形容潦倒失意。清・江藩《漢學師承記・武億》：「予幸叨一第，而稚存、仲則寥落不偶，一動念，不覺涕泣隨之矣。」

【寥若晨星】
稀少得像早晨的星星。形容數量極少。宋・范成大《喜收知舊書，復畏答，書二絕》詩之一：「故人寥落似晨星，珍重書來問死生。」《魯迅書信集・致山本初枝》：「內山書店經常去，但不是每天，漫談的人材也寥若晨星，令人感到寂寞。」

【撩蜂撥刺】
撩：引逗；撥：分開，撥弄。比喻撩撥挑逗。《蕩寇志》八九回：「只因不得公明哥哥的將令，權且耐著。你倒先來撩蜂撥刺，此仇如何不報。」

【撩蜂吃螫】
螫：ㄓㄜ，蜂刺人。引逗蜂兒吃了蜂刺。比喻撩動惡人招來禍害。《醒世姻緣傳》一一回：「那晁住娘子是劉六劉七裏革出來的婆娘，他肯去撩蜂吃螫。」

【撩蜂剔蠍】
撩動蜂兒，撥弄蠍子。比喻招惹惡人，引起爭鬥。元・高文秀《澠池會》三折：「俺主公戰戰兢兢身無措，他正是撩蜂剔蠍胡為做，又無甚兜鍪鎧甲相遮護。」

【撩衣奮臂】
撩起衣服，舉起胳膊。形容準備動手的架勢。《紅樓夢》一〇五回：「這些番役都撩衣奮臂，專等旨意。」

【撩雲撥雨】
挑逗、試探對方。泛指調情。明・無名氏《南牢記》一折：「暫抛報國忠臣志，且作撩雲撥雨人」。

【燎發摧枯】
《隋書・音樂志下》：「攻如燎毛，戰似摧枯。」後以「燎發摧枯」比喻消滅敵人像火燒頭髮、摧折枯枝那樣容易。

【燎原烈火】
《尚書・盤庚上》：「若火之燎於原，

不可向邇。」燒遍原野的熊熊大火。比喻迅猛發展的勢頭。《隋書・高祖紀上》：「救頹運之艱，匡墮地之業；拯大川之溺，撲燎原烈火；除羣凶於城社，廓妖氛於遠服。」也作「烈火燎原」。

【鷯哥落在牛背上——無足輕重】

鷯哥：鷦鷯，鳥，體長約三寸，羽毛赤褐色，略有黑褐色斑點，尾羽短，略向上翹。見「九牛失一毛——無關緊要」。

ㄌㄧㄠˇ

【了不可見】

了：完全，一點。一點也看不見。明・歸有光《水利後論》：「求所謂安亭江者，了不可見。」

【了不相干】

干：關聯，涉及。一點也不涉及。表示毫無關係。宋・陳亮《謝留丞相啓》：「苟其有少或似，所當明辯於十目之嚴；至於了不相干，寧肯依違於衆口之鑠。」也作「了不相關」。例我們兄弟早已分家了，他的債務與我了不相關。

【了不相關】

見「了不相干」。

【了不相屬】

屬：同一類別。根本不屬同一類別。表示彼此毫不相干。明・袁宏道《遊高梁橋記》：「而余等亦竊謂彼筵中人，喧囂怒詬，山情水意，了不相屬，於樂何有也。」清・王夫之《尚書引義・畢命》：「以尺限肘，以寸限指，截長續短，以爲木偶，而生氣生理，了不相屬。」

【了不長進】

毫無進步。南朝宋・劉義慶《世說新語・文學》：「身與君別多年，君義言了不長進。」

【了了可見】

了了：清楚，完全。清清楚楚、完完全全可以看得見。金・元好問《客意》詩：「雪屋燈青客枕孤，眼中了了見歸途。」也作「了然可見」。

【了卻君王天下事，贏得生前身後名】

天下事：指當時收復中原失地之事。爲君王做完收復中原失地之事，自己獲得生前功名，死後流芳。宋・辛棄疾《破陣子・爲陳同父賦壯語以寄》詞：「醉裏挑燈看劍，夢回鼓角連營。八百里分麾下炙，五十玄翻塞外聲，沙場秋點兵。馬作的盧飛快，弓如霹靂弦驚。了卻君王天下事，贏得生前身後名，——可憐白髮生！」

【瞭然可見】

見「了了可見」。

【瞭然無聞】

一點也沒有聽見。《紅樓夢》二九回：「那黛玉心裏想著：你心裏自然有我，雖有『金玉相對』之說，你豈是重這邪說不重人的呢？我就時常提這『金玉』，你只管瞭然無聞的，方見的是待我重，無毫髮私心了。」

【瞭然於心】

見「瞭然於胸」。

【瞭然於胸】

心中非常明白。《晉書・袁齊傳》：「夫經略大事……智者瞭然於胸。」也作「瞭然於心」。陳去病《論戲劇之有益》：「以故口不讀信史，而是非瞭然於心。」

【瞭然於中】

指完全了解，心中有數。《鏡花緣》五三回：「那知姐姐不假思索，竟把前朝年號以及事蹟，一揮而就。若非一部全史瞭然於中，何能如此。」

【瞭如指掌】

《論語・八佾》：「或問禘之說。子曰：『不知也。知其說者之於天下也，其如是諸斯乎！』指其掌。」何晏集解引包咸曰：「孔子謂或人言知禘之說者，於天下之文，如指示掌中之物，言其易瞭。」後以「瞭如指掌」形容對事情了解得非常清楚。清・莫晉《重刻〈明儒學案〉序》：「擇精語詳，鉤元提要，一代學術源流，瞭如指掌。」也作「瞭若指掌」。《宋史・道學傳序》卷四二七：「[周敦頤]作《太極圖說》《通書》，推明陰陽五行之理，命於天而性於人者，瞭若指掌。」

【瞭若指掌】

見「瞭如指掌」。

【瞭身達命】

佛教用語。指徹底領悟個人命運歸宿。元・石君寶《曲江池》三折：「人問道亞仙的今世今生，則俺那鄭元和可甚麼瞭身達命？」也指安身終老的意思。《水滸全傳》一一四回：「今我四人，既已結義了，哥哥三人，何不趁此氣數未盡之時，尋個瞭身達命之處。」

【瞭身脫命】

佛教用語。指脫離塵世，擺脫災難，得到自由。元・鄭廷玉《忍字記》二折：「感吾師度脫，將俺這弟子來提拔，我如今不遭王法，不受刑罰，至如我指空說謊瞞咱，這一場瞭身脫命虧他。」

【瞭無遽容】

遽：惶恐，窘急。一點也沒有惶恐、窘急的面容。南朝宋・劉義慶《世說新語・言語》：「孔融被收，中外惶怖；時融兒大者九歲，小者八歲，二兒故琢釘戲，瞭無遽容。」

【瞭無懼色】

一點都沒有害怕的神色。《東周列國志》一八回：「[寧]戚顏色不變，瞭無懼色。」

【瞭無所見】

什麼也沒有看到。魯迅《古小說鉤沉・述異記》：「把火出看，瞭無所見。」

【潦草塞責】

馬馬虎虎應付一下，以搪塞責任。曹靖華《嘆往昔，獨木橋頭徘徊無窮期》：「按具體情況，採取不同的妥善辦法，絕不含糊其詞，潦草塞責的。」

【潦倒粗疏】
潦倒：窮困落魄；粗疏：放浪不羈。謂生活窮困落魄而行爲又放浪無拘束。三國魏・嵇康《與山巨源絕交書》：「足下舊知吾潦倒粗疏，不切事情。」

【潦倒龍鍾】
指窮困落魄又老邁體衰。唐・李華《臥病舟中相里范二侍御先行贈別序》：「潦倒龍鍾，百病叢體。」

ㄌㄧㄠˋ

【尥蹶子】
原指騾馬等發怒時跳起來用後腿向後踢。比喻不馴服，發脾氣。例你老是暗中捉弄小江，他要是知道了，準會尥蹶子。

【料敵若神】
分析、判斷敵情非常準確。《新唐書・韓充傳》：「帝（穆宗）遣人問破賊期，充對：『汴，天下咽喉，臣頗習其人，然王師臨之，一月可破。』方二旬即克。帝喜曰：『充料敵若神』。」《東周列國志》七七回：「御衆如一，料敵若神，大伸於楚，小挫於秦。」

【料敵制勝】
準確分析、判斷敵情，贏得勝利。《漢書・趙充國傳》：「營平守節，屢奏封章，料敵制勝，威謀靡亢。」宋・陳亮《酌古論・崔浩》：「夫崔浩之佐魏，料敵制勝，變化無窮。」

【料峭春風】
料峭：春天的微寒。指春天略帶寒意的風。宋・蘇軾《定風波》詞：「料峭春風吹酒醒，微冷，也無風雨也無晴。」也作「料峭春寒」。宋・吳文英《風入松・春晚感懷》詞：「料峭春寒中酒，交加曉夢啼鶯。」

【料峭春寒】
見「料峭春風」。

【料事如神】
預料事情非常準確。宋・楊萬里《提刑徽猷檢正王公墓志銘》：「公器識宏深，襟度寬博，議論設施加人數等，料事如神，物無遁情。」姚雪垠《李自成》一卷一五章：「他們驚佩闖王料事如神，料定郝搖旗必來辭行，所以才那麼鎮定。」

【料遠若近】
遠：指未來；近：指眼前。意謂預料將來的局勢發展，就同著眼前的情況一樣。《三國志・魏書・王昶傳》：「謀慮淵深，料遠若近，視昧而察，籌不虛運。」

【撂挑子】
比喻丟下擔負的工作，甩手不管。例這次要是再不讓他參加籌備會議，他可能眞的會撂挑子不幹了。也作「撂擔子」。例這人責任心强，絕不會輕易撂擔子。

【撂下拐杖作揖——老兄老弟】
撂：放；作揖：兩手抱著拳高拱，彎身施禮。多形容老朋友之間的親密關係。例他們曾在一起種過地，打過仗，做過工，眞正是撂下拐杖作揖——老兄老弟啊！

ㄌㄧㄡ

【溜溝子】
比喻拍馬屁奉承。例當個主任有什麼了不起？還不是靠溜溝子當上的嗎？到時候工作拿不起來，看他怎麼下台！

【溜肩膀】
比喻不願承擔責任和工作。例這事交給你了，你可別想溜肩膀，到時候完不成任務，唯你是問。

【溜之大吉】
悄悄地脫身跑掉爲妙。《孽海花》二四回：「稚燕趁著他們擾亂的時候，也就溜之大吉。」

【溜之乎也】
偸偸地跑掉，含詼諧或譏諷意。《三俠五義》四三回：「米先生不好意思，抽空兒他就溜之乎也了。」

ㄌㄧㄡˊ

【劉阿斗——扶不起的天子】
劉阿斗：三國蜀漢後主劉禪，昏庸無能，把蜀漢江山雙手奉送魏國，晋王司馬昭封阿斗爲安樂公；天子：國王或皇帝。比喻懦弱無能、不可造就的人。例他被當作接班人般地培養多年了，至今仍碌碌無爲，確實是一個劉阿斗——扶不起的天子。

【劉備編草鞋——內行】
劉備：三國時蜀漢的建立者，據《三國演義》說，他原是「織席販履之徒」，是會編草鞋的。指對某種工作有豐富的經驗。例吟詩繪畫我不行，種地，這可是劉備編草鞋——內行。也作「劉備賣草鞋——本行」、「賣肉的殺羊——內行」。

【劉備的江山——哭出來的】
據《三國演義》，劉備打了敗仗，總要流淚自責，所以說他的江山是哭出來的。比喻爲了達到目的而不擇手段，或遇事愛哭。例哼，高級職稱，好意思炫耀，劉備的江山——哭出來的。

【劉備的媳婦——沒事（糜氏）】
沒事：「糜氏」的諧音；糜氏：據《三國演義》，她是劉備的夫人之一，又稱爲糜夫人。比喻沒有職業，或沒有問題。例「你在哪裏工作？」「劉備的媳婦——沒事（糜氏），正待業哩！」

【劉備借荊州】
比喻借東西有借無還。例你千萬別相信那個傢伙，他借別人的東西從來都是『劉備借荊州』，只借不還。

【劉備借荊州——有借無還】
據《三國演義》，赤壁之戰後，劉備向

東吳暫借荊州立足，後他的勢力逐漸強大，與魏、吳成鼎立之勢，東吳多次派人討還荊州，他一直不肯歸還。也作「劉備借荊州——只借不還」、「劉備借荊州——一借不還」。見「黃鼠狼借雞——有借無還」。

【劉備三顧茅廬——找明白人】

據《三國演義》載：「諸葛亮隱居於隆中茅廬，劉備為了請他出來幫助打天下，曾三次到茅廬去求訪。」比喻知人善任。例校長為了加强學校的師資陣容，以劉備三顧茅廬——找明白人的精神，四處覓尋合適人選。也作「周文王請姜太公——找明白人」。

【劉備摔阿斗——收買人心】

據《三國演義》載：「劉備在長坂坡戰敗後，其手下大將趙雲浴血奮戰，多處負傷，最後終於救出了劉備之子阿斗。劉備為了收買人心、撫慰趙雲，故作姿態地將阿斗摔在地上，說：『為汝這孺子，幾損我一員大將。』」比喻要手段，籠絡人心。例劉備摔阿斗——收買人心！你少來這一套！不答應工友提出的條件就休想復工。也作「劉備摔孩子——收買人心」。

【劉備遇孔明——如魚得水】

孔明：即諸葛亮，協助劉備建立蜀漢，任丞相。劉備三顧茅廬，把孔明請來，對他十分敬重，孔明常常獻計獻策，劉備深受教益。劉備對部下說：「我得孔明，好像魚兒得到水一樣。」比喻得到適宜的環境。例他從辦公室調到工地上，好比劉備遇孔明——如魚得水，歡蹦亂跳，幹得十分出色。

【劉備招親——弄假成眞】

見「東吳招親——弄假成眞」。

【劉海掉眼淚——錢沒啦】

劉海：傳說中的仙童，前額垂著短髮，騎在蟾上，手裏舞著一串錢。比喻財產上受到損失。例「唉，我今天是劉海掉眼淚——錢沒啦。」「怎麼啦？」「錢被小偷扒走了。」

【劉海兒拉著孟姜女——哭的哭，笑的笑】

劉海兒：傳說中的仙童，前額垂短髮，手舞錢串，笑容可掬；孟姜女：民間故事中的人物。秦始皇時，她丈夫被迫去修築長城，死於工地。她萬里尋夫，得知丈夫已死，便在城下痛哭，長城竟被她哭倒。比喻處境、心情不同，有的高興，有的悲傷。例證券交易所，也是一個巨大的賭場，片刻功夫，有的傾家蕩產，有的增財萬貫，人們就像劉海兒拉著孟姜女——哭的哭，笑的笑，實在滑稽得很。也作「劉海兒拉著孟姜女——有哭有笑」、「孟姜女拉著劉海兒——有哭有笑」、「娶媳婦遇上送殯的——有哭有笑。」

【劉姥姥進大觀園——出洋相】

劉姥姥：《紅樓夢》中人物，農村貧寒的老婦人，女婿是賈府的遠親，劉姥姥到賈府為女婿乞求資助，進大觀園後，處處感到眼花撩亂，新鮮奇怪，因而大出洋相；大觀園：《紅樓夢》中賈寶玉、林黛玉及諸姐妹居住遊樂的地方。比喻鬧笑話，出醜。例你第一次參加國宴，在貴客面前，可別劉姥姥進大觀園——出洋相啊。也作「劉姥姥進大觀園——洋相百出」、「劉姥姥坐席——出洋相」。

【劉姥姥進大觀園——花了眼】

比喻人的眼睛迷亂，認識不淸。例怎麼多年的老朋友就不認識了，是不是劉姥姥進大觀園——花了眼。

【劉姥姥進大觀園——開眼界】

比喻看到了沒有看到過的東西，增長了見識。例這次到你們工廠，就像劉姥姥進大觀園——開眼界了，學到了許多新的經驗、新的技術。也作「鑰匙掛在眉梢上——開眼界」。

【劉姥姥進大觀園——看得出神了】

比喻由於看到新奇事物，精神過度集中而發呆。例在國際書展上，對豐富多采的書籍，我像劉姥姥進大觀園——看得出神了。

【劉姥姥進大觀園——眼花撩亂】

比喻看到複雜紛繁的事物而感到迷亂不解。例希望你到開放的城市看一看，那裏會使你像劉姥姥進大觀園——眼花撩亂，增加不少見識。也作「正月十五觀燈——眼花撩亂」。

【劉姥姥走出大觀園——滿載而歸】

比喻收穫很多。例我這次到大學的專修科學習二年，可以說是劉姥姥進大觀園——滿載而歸，學到了許多經營管理的理論和經驗。

【劉姥姥坐席——出洋相】

坐席：坐到筵席的坐位上，泛指參加宴會。也作「劉姥姥坐席——洋相百出」。見「劉姥姥進大觀園——出洋相」。

【留得青山在】

見「留得青山在，不怕沒柴燒」。

【留得青山在，不愁沒柴燒】

見「留得青山在，不怕沒柴燒」。

【留得青山在，不怕沒柴燒】

比喻只要能保住自身或自身力量，往後就有辦法，有成功的機會。《初刻拍案驚奇》卷九：「七郎勸母親道：『留得青山在，不怕沒柴燒。雖然遭此大禍，兒子官職還在，只要得到任所，便好了。』」康濯《災難的明天》：「留得青山在，不怕沒柴燒！只要有人，就有辦法。」也作「留得青山在，不愁沒柴燒」、「留得青山在」。《闖王旗》一場：「只餘留得青山在，到春來一定會芳草連天花更紅。」也作「留得青山在，依舊有柴燒。」《紅樓夢》八二回：「姑娘身子不大好，依我說，還得自己開解著些。身子是根本的，俗語說的：『留得青山在，依舊有柴燒。』」

【留得青山在，依舊有柴燒】

見「留得青山在，不怕沒柴燒」。

【留得五湖明月在，何愁沒處下

金鉤】
比喻只要有才能，就會有施展的地方。《西遊記》八二回：「小妖跟隨道：『老夫人，往那裏去？』妖精道：『留得五湖明月在，何愁沒處下金鉤！』把這廝送出去，等我別尋一個頭兒罷！』」

【留得在，落得怪】
指誠心留客，卻受到責怪。《西遊記》九六回：「師父，不要拿過了班兒。常言道：『留得在，落得怪。』我們且住一個月兒，了了他母子的心願也罷了，只管忙怎的？」

【留和尚不唸經——留也無用】
和尚：出家修行的男佛教徒；經：佛經，講佛教教義的書。比喻人即使被勉強留下，也不會發揮作用。有時也指某種東西留著也沒有什麼用處。例來去自由，他們願意到別處工作，就讓他們去吧，留和尚不唸經——留也無用。

【留後路】
比喻為防辦事不成，而留下後退的辦法。例你冒冒失失接下這麼艱鉅的任務，你為自己留後路了嗎？

【留扣子】
扣子：文章或故事的關鍵處。比喻在事情的關鍵處停住。例你看，這活兒幹半截又擱下了，這是他故意留扣子，表示非他不行。

【留戀不捨】
形容十分依戀，捨不得離去。《金瓶梅詞話》九二回：「楊大郎見他愛這粉頭，留戀不捨，在旁花言說合，就要娶他家去。」

【留面子】
比喻寬恕、原諒對方，不使人難堪。例同事之間要互相忍讓，注意不要傷了和氣，要給人留面子。

【留情不舉手，舉手不留情】
指不打則罷，打則絕不留情。《西遊記》二一回：「兒子啊！常言道：『留情不舉手，舉手不留情。』你外公手兒重重的，只怕你捱不起這一棒！」

【留尾巴】
比喻說話做事不乾脆、不徹底、有保留。例你有話就痛痛快快地說完嘛，何必留尾巴呢？

【留一手】
不把技藝、辦法全拿出來。例周師傅教徒弟從不留一手，連自己的絕招也全教給別人。

【留有餘地】
比喻說話、辦事不走極端，留下可以回旋的地步。宋・王令《寄介甫》詩：「終見乘桴去滄海，好留餘地許相依。」《北洋軍閥統治時期史話》六八章：「他們顯然具有『化大事為小事』的用心，為下一步『打退堂鼓』，留有餘地。」

【留中不出】
見「留中不下」。

【留中不發】
猶「留中不下」。清・吳騫《拜經樓詩話》卷三：「天台齊次風侍郎，嘗夢于公（謙）來謁，謂曰：『昔英廟易儲，某實有疏諫，留中不發，君他日幸物色之。』」

【留中不下】
《史記・三王世家》：「四月癸未，奏未央宮，留中不下。」後以「留中不下」指皇帝把臣子的奏章留於禁宮中，不交臣下議論，也不批答。也作「留中不出」。唐・元稹《唐穆宗文惠皇帝戒勵風俗德音文》：「留中不出之請，益發其陰私；公論不容之詞，實生於朋黨。」

【流杯曲水】
見「流觴曲水」。

【流宕忘返】
流宕：飄泊，放蕩；忘返：忘記返回。指飄泊、流浪在外不知歸。《隋書・文學傳序》：「周氏吞併梁荊，此風扇於關右，狂簡斐然成俗，流宕忘返，無所取裁。」也作「流宕忘歸」。唐・劉知幾《史通・書志》：「其篇倍多，流宕忘歸，不知紀極。」也作「流蕩忘返」。宋・王禹偁《答張知白書》：「後人流蕩忘返，蓋其得也。」

【流宕忘歸】
見「流宕忘返」。

【流蕩忘返】
見「流宕忘返」。

【流遁忘返】
見「流連忘返」。

【流芳百世】
流芳：美名流傳；百世：古稱三十年為一世，極言時間久遠。形容美名長遠流傳於後世。《資治通鑑・晉簡文帝咸安元年》：「大司馬溫，恃其材略位望，陰蓄不臣之志，嘗撫枕嘆曰：『男子不能流芳百世，亦當遺臭萬年！』」《說岳全傳》二二回：「好個安人，教子成名，盡忠報國，流芳百世。」也作「流芳後世」。南朝宋・劉義慶《世說新語・尤悔》：「桓公臥語曰：『作此寂寂，將為文景所笑。』既而屈起坐曰：『既不能流芳後世，亦不足復遺臭萬載耶！』」也作「流芳千古」。例激戰三天三夜，我軍有千餘人死傷，但沒有一個投降，英勇壯烈，足以流芳千古。也作「流芳千載」。唐・韋曾《謁天柱山貞君祠》：「遠愧黃與龔，流芳及千載。」也作「流芳萬古」。《大齊鄉老舉孝義雋儕羅之碑》：「流芳萬古，蹟絕當今。」

【流芳後世】
見「流芳百世」。

【流芳千古】
見「流芳百世」。

【流芳千載】
見「流芳百世」。

【流芳萬古】
見「流芳百世」。

【流芳遺臭】
「男子不能流芳百世，亦當遺臭萬年」的簡寫。宋・陸游《過廣安弔張才叔諫議》：「嘆息知人眞未易，流芳遺臭盡書生。」明・沈德符《萬曆野獲編補遺・刑部・閹鑑圖說跋》：「夫有非常人，斯有非常事。古今成則王，敗則盜者何限，豈宜以成敗論英雄哉！流芳遺臭，斷非凡庸卑陋所能爲，況事尙未定。」

【流風回雪】

流動的風中飛舞著雪花。形容女子體態輕盈，舞步婀娜多姿。三國魏・曹植《洛神賦》：「彷彿兮若輕雲之蔽月，飄颻兮若流風之回雪。」也用以比喻詩文清新、宛轉、飄逸。南朝梁・鍾嶸《詩品・梁衛將軍範雲》：「范詩淸便宛轉，如流風回雪。」

【流風遺跡】

流風：猶言遺風。指前代流傳下來的良好風尙。宋・蘇轍《黃州快哉亭記》：「至於長洲之濱，故城之墟，曹孟德、孫仲謀之所睥睨，周瑜、陸遜之所馳騖，其流風遺跡，亦足以稱快後世。」

【流風遺烈】

烈：功績，功業。先人遺留下來的良好家風和績業。宋・蘇軾《鳧繹先生文集敍》：「後生不復見其流風遺烈，是以日趨於智巧便佞而莫之止。」

【流風遺俗】

前人流傳下來的良好風範和習俗。宋・陸九淵《白鹿洞書院論語講義》：「雖更衰亂，先王之典刑獨存，流風遺俗，未盡泯然也。」

【流風遺韻】

指前人流傳下來的良好風範和韻度。孫中山《〈太平天國戰史〉序》：「明遺老之流風遺韻，蕩然無存。」郭沫若《偉大的愛國詩人——屈原》：「屈原正是在吳起、商鞅等實行變法的流風遺韻中長大的。」

【流風遺澤】

前輩遺留下來的良好風範和德澤。宋・曾鞏《太祖皇帝總敍》：「太祖經始大基，流風遺澤，所被者遠，五聖遵業至今，百有二十餘年。」宋・陳亮《三國紀年・會稽王》：「大皇（孫權）之立國……君臣上下畫江之慮精矣。其流風遺澤，毋足以後亡也。」

【流風遺躅】

躅：ㄓㄨˊ，足跡。意同「流風遺跡」。金・蔡松年《雨中花》詞序：「方今天壤間，蓋第一勝絕之境，有意卜築於斯，雅咏玄虛，不談世事，起其流風遺躅。」

【流風餘俗】

前人流傳下來的良好風俗。宋・王安石《虔州學記》：「堯、舜、三代，從容無爲，同四海於一堂之上，而流風餘俗，咏嘆之不息，凡以此也。」

【流風餘韻】

前人流傳下來的良好風尙和韻事。宋・朱熹《跋劉元城言行錄》：「歲月如流，前輩既不可見，而其流風餘韻日遠日忘。」明・張頤《陳伯玉文集序》：「有唐之興，文運漸啓，雖四傑四友，稱美於時，然其流風餘韻，漸染既久，未能悉除。」

【流光如箭】

見「流光易逝」。

【流光瞬息】

似流水一樣的光陰，轉瞬即逝。形容時間易過，極其短促。明・徐霖《繡襦記・鳴珂嘲客》：「流光瞬息駒過隙，莫把青春枉拋擲。」

【流光易逝】

光陰似流水一樣，很容易逝去。形容時間過得很快。《民國通俗演義》四六回：「勝會難逢，流光易逝。」也作「**流光如箭**」。宋・宋祁《浪淘沙近》：「少年不管，流光如箭，因循不覺韶光換。」

【流汗浹背】

流的汗水把背上衣服都濕透了。形容非常惶恐。《新五代史・司空頲傳》：「張彥之亂，命判官王正言草奏詆斥梁君臣，正言素不能文辭，又爲兵刃所迫，流汗浹背，不能下筆。」《東周列國志》八五回：「那廷掾里豪，嚇得面如土色，流汗浹背，一齊皆叩頭求哀。」也作「**汗流浹背**」。

【流金鑠石】

《楚辭・招魂》：「十日代出，流金鑠石些。」王逸注：「代，更也；鑠，銷也。言東方有扶桑之木，十日並在其上，以次更行，其勢酷熱，金石堅剛，皆爲銷釋。」後以「流金鑠石」形容天氣異常酷熱。《文明小史》楔子：「雖然赤日當空，流金鑠石，全不覺半點歊熱。」

【流離顚沛】

流離：流徙離散；顚沛：困頓狼狽。形容到處流浪，生活非常狼狽困頓。《論語・里仁》：「顚沛必於是。」朱熹注：「顚沛：傾覆流離之際。」清・黃宗羲《諸敬槐先生八十壽序》：「堂煦嫗而軫存之，使其忘流離顚沛之苦。」例李大娘命運乖舛，遭逢戰爭十餘年，受盡顚沛流離之苦，讓人一掬同情之淚。也作「**顚沛流離**」。

【流離失所】

流離：流落他鄉；失所：無安身之處。形容因戰亂或災荒而輾轉離散，到處流浪，無處安身。《金史・完彥匡傳》：「今已四月，農事已晚，邊民連歲流離失所。」也作「**流移失所**」。流移：流浪遷移。明・李賓《保舉疏》：「庶幾守令皆得其人，下民各安其生，而無流移失所者。」也作「**流寓失所**」。流寓：寄居外地。元・蘇天爵《元朝名臣事略・丞相史忠武王》：「北渡後，名士多流寓失所。」

【流離瑣尾】

流離：梟的別稱。梟幼小時好看，大了卻長得醜；瑣尾：少好之貌。比喻生活開始順利愉快，後來轉爲艱難痛苦。《民國通俗演義》二九回：「哀我父老，嗟我子弟，奔走呼號，流離瑣尾，泣血椎心，無以自贖。」也作

「瑣尾流離」。

【流連忘返】

流連：依戀，捨不得離開。形容沉迷於遊樂而忘歸。《東周列國志》八一回：「夫差自得西施，以姑蘇台爲家，四時隨意出遊，弦管相逐，流連忘返。」《兒女英雄傳》三〇回：「照這等流連忘返，優柔不斷起來，我姊妹竊以爲不可。」也作「流遁忘返」。漢・張衡《上疏陳事》：「夫情勝其性，流遁忘返，豈唯不肖，中才皆然。」

【流落不偶】

不偶：不遇。形容窮困潦倒不得志。宋・朱熹《答程允夫》：「如蘇氏之學，則方其年少氣豪，固嘗妄觝禪學……及其中歲，流落不偶，鬱鬱失志，然後匍匐而歸焉。」《聊齋志異・瑞雲》：「甚惜其以絕世之姿而流落不偶，故以小術晦其光而保其璞。」

【流落風塵】

風塵：指污濁、紛亂的生活。形容漂泊江湖，窮困潦倒。元・范子安《竹葉舟》楔子：「我則爲十載螢窗苦學文，慚愧殺萬里鵬程未致身，因此上甘流落在風塵。」也作「流落江湖」。《三國演義》二七回：「因世亂流落江湖。」

【流落江湖】

見「流落風塵」。

【流落他鄉】

形容生活困苦，漂泊異鄉。《五燈會元・東山齊已禪師》：「捨父逃走，流落他鄉，撞東磕西，苦哉，阿彌陀佛。」也作「流落異鄉」。《新刊大宋宣和遺事》刊集：「今委頓兮，流落異鄉」。

【流落天涯】

形容漂泊到天邊，生活窮困潦倒。宋・德祐大學生《祝英台近》詞：「嘆離阻！有恨流落天涯，誰念泣孤旅？」

【流落異鄉】

見「流落他鄉」。

【流年不利】

流年：舊時算命看相的人稱人的一年運氣爲流年。謂人在本年的運氣不佳。《醒世恆言》卷三七：「多蒙老翁送我三萬銀子……想是我流年不利，故此沒福消受，以至如此。」

【流慶百世】

慶：福澤。謂福澤長遠流傳於後世子孫。漢・酈炎《對事》：「夫四王之輕命致國乎季子，謂其能流慶百世也。」

【流觴曲水】

觴：古代盛酒器具，此處指酒杯；曲水：彎曲水道。古代春遊宴會的一種風俗。夏曆三月上旬的巳日，三國魏以後定爲三月三日，集會在彎曲的水濱宴飲，以祓除不祥。飲宴時，自水的上流放置酒杯，順流而下，酒杯停在誰的面前，誰就取杯喝酒，以爲嬉樂。晉・王羲之《蘭亭集序》：「又有清流激湍，映帶左右，引以爲流觴曲水，列坐其次。」也作「流杯曲水」。南朝梁・宗懍《荊楚歲時記》：「三月三日，士民並出江渚池沼間，爲流杯曲水之飲。」

【流水不腐】

流動的水不會腐臭。比喻人經常運動就不易生病。後也比喻事物經常運動，不易受到外物的侵蝕。《呂氏春秋・數盡》：「流水不腐，戶樞不螻，動也；形氣亦然，形不動則精不流，精不流則氣鬱。」《雲笈七籤》卷三二：「夫流水不腐，戶樞不朽者，以其勞動數故也。」也作「流水不腐，戶樞不蠹」。例「流水不腐，戶樞不蠹」，我們只要不斷地吸收新知，事業就一定能順利。

【流水不腐，戶樞不蠹】

見「流水不腐」。

【流水不腐，戶樞不螻】

見「流水不腐」。

【流水高山】

《列子・湯問》：「伯牙善鼓琴，鍾子期善聽。伯牙鼓琴，志在高山，鍾子期曰：『善哉，峨峨兮若泰山！』志在流水，鍾子期曰：『善哉，洋洋兮若江河！』伯牙所念，鍾子期必得之。」後以「流水高山」比喻知音、知己難得或樂曲的高妙。宋・辛棄疾《謁金門》詞：「流水高山弦斷絕，怒蛙聲自咽。」明・孫仁儒《東郭記・井上有李》：「煙風蘿月無煩買，流水高山味可咀。」也作「高山流水」。

【流水落花】

流動的水，凋落的花。比喻時光易逝，也泛指零亂情景。五代南唐・李煜《浪淘沙》詞：「別時容易見時難，流水落花春去也，天上人間。」宋・周密《武林舊事・乾淳奉親》：「爲憐流水落花香，銜將歸畫梁。」

【流水落花春去也】

落花隨著流水飄走，春天過去了。感慨春天或美好的時光、好景一去不復返。五代南唐・李煜《浪淘沙》詞：「無限江山，別時容易見時難。流水落花春去也，天上人間！」

【流水灘頭——有餘（魚）】

餘：「魚」的諧音。雙關語，比喻有剩餘或足夠。例我們現有職工，同生產任務相比，是流水灘頭——有餘（魚），不要再招聘了。

【流水淘沙不暫停，前波未滅後波生】

流水不停地沖洗泥沙，前面的波浪還沒有消失，後面的波浪又興起了。後用以比喻新生事物層出不窮。唐・劉禹錫《浪淘沙》詩之九：「流水淘沙不暫停，前波未滅後波生。令人忽憶瀟湘渚，回唱迎神三兩聲。」

【流水桃花】

形容春天美景，也比喻男女愛情。唐・李白《山中問答》詩：「流水桃花窅然去，別有天地非人間。」五代・歐陽炯《春光好》詞：「流水桃花情不已，待劉郎。」

【流水無情】

流水一去不復返，毫無情意。比喻時光像流水一樣逝去，無意停留。唐・白居易《過元家履信宅》詩：「落花不語空辭樹，流水無情自入池。」宋・辛棄疾《酒泉子・無題》詞：「流水無情，潮到空城頭盡白，離歌一曲怨殘陽，斷人腸。」

【流水行雲】

流動的水飄浮的雲。比喻順任自然，無拘無束。宋・洪咨夔《朝中措・壽章君舉》詞：「流水行雲才思，風光霽月精神。」《兒女英雄傳》二二回：「及至他二位老人家，見了姑娘，不過談些風清月朗，流水行雲，絕談不到姑娘身上的事。」

【流水帳】

原指記錄每天收入支出的帳目。比喻不分輕重緩急，只按先後順序羅列，平舖直敍的文章或話語。例聽他講故事頂沒意思了，他只會背流水帳，根本不會講故事。

【流涕痛哭】

形容極為悲痛。宋・陸游《跋傅給事帖》：「紹興初，某甫成童，親見當時士大夫相與言及國事，或裂眥嚼齒，或流涕痛哭。」清・汪琬《蔡忠襄公墓志銘》：「不懲其心，覆怨其正，豈不當流涕痛哭者與？」也作「痛哭流涕。」

【流丸止於甌臾，流言止於知者】

甌、臾：都是盛物的瓦器，這裏指坑窪；知：通「智」。滾動的彈丸到凹凸不平的地方就停止了；流言蜚語傳到智者那裏就再也傳不下去了。《荀子・大略》：「語曰：『流丸止於甌臾，流言止於知者。』此家言邪學之所以惡儒者也。是非疑，則度之以遠事，驗之以近物，參之以平心，流言止焉，惡言死焉。」

【流星趕月】

流星追趕月亮。比喻速度極快。《五代史平話・漢史上》：「[劉知遠]自投軍後，時通運泰，武藝過人，走馬似逐電追風，放箭若流星趕月。」《野叟曝言》四四回：「放開馬蹄，如流星趕月一般，一口氣就跑有三十餘里。」

【流行病】

原指傳染病。比喻傳播很廣的弊病。例現在講吃講穿成了流行病，女生湊在一起總是談這些。

【流行坎止】

水順流而行，遇到坎阻即止。比喻順利時就出仕，遇到坎坷或挫折就退隱，即進與退皆根據實際情況而定。《漢書・賈誼傳》：「乘流則逝，得坎則止，縱軀委命，不私與己。」宋・蘇軾《與孫叔靜》：「此去尤難闋，借舟未知能達韶否？流行坎止，輒復任緣，不煩深念也。」

【流血成河】

血流成小河。形容殺傷的人極多。《野叟曝言》二一回：「紛紛撞擊，殺人如麻，流血成河。」也作「流血成渠」。《東周列國志》九五回：「樂毅身先士卒，四國兵將無不賈勇爭奮，殺得齊兵屍橫原野，流血成渠。」

【流血成渠】

見「流血成河」。

【流血浮屍】

形容殺傷的人很多。《越絕書・外傳記吳王占夢》：「晉知其兵革之罷倦，糧食盡索，興師擊之，大敗。吳師涉江，流血浮屍者不可勝數。」

【流血漂杵】

見「流血漂鹵」。

【流血漂鹵】

鹵：通「櫓」，大盾牌，也作「櫓」。血流成河，把櫓都浮起來了，形容殺傷極其慘重。《戰國策・中山策》：「此戰之於伊闕，大破二國之軍，流血漂鹵，斬首二十四萬。」晉・葛洪《抱朴子・明本》：「或冬雷夏雪，或流血漂櫓，積屍築京。」也作「流血漂杵」。杵：捶衣棒。宋・陸游《禹廟賦》：「流血漂杵，方自此始。」也作「血流漂杵」。

【流血千里】

形容殺傷極其慘重。《戰國策・魏策四》：「天子之怒，伏屍百萬，流血千里。」

【流言飛文】

見「流言蜚語」。

【流言蜚語】

流言：毫無根據的話、謠言。《尚書・金縢》：「武王既喪，管叔及其羣弟乃流言於國曰：『公（周公）將不利於孺子。』」蜚語：誹謗別人的話。《史記・魏其武安侯列傳》：「乃有蜚語，為惡聲聞上。」後以「流言蜚語」指背後中傷、誹謗別人。明・文秉《先撥志始》卷下：「或巧布流言蜚語，或寫匿名文書。」歐陽山《三家巷》二〇：「聽各種流言蜚語聽得太多，陳文雄覺著面子實在下不去，就有點忍耐不住了。」也作「流言飛文」。飛：同「蜚」。《漢書・楚元王傳》：「是以羣小窺見間隙，緣飾文字，巧言醜詆，流言飛文，嘩於民間。」

【流言惑眾】

指用謠言迷惑羣眾。《漢書・翟方進傳》：「今翟義、劉信等謀反大逆，流言惑眾，欲以篡位。」

【流移失所】

見「流離失所」。

【流寓失所】

見「流離失所」。

【琉璃蛋上拴麻線——難纏】

琉璃蛋又圓又滑，很難纏上麻線。見「李逵裹腳——難纏」。

【琉璃瓶上安蠟扦兒——又奸（尖）又滑】

蠟扦兒：一種供插蠟燭用的器物，上有尖釘。見「玻璃碴子掉在油缸裏——又奸（尖）又滑」。

【硫磺腦袋——一點就著】

硫磺：一種非金屬元素，黃色固體，質脆易燃，常用於製造硫酸、火藥、火柴等。比喻脾氣暴躁，一觸即發。有時指某件事情醞釀已久，人心所向，稍經指點和發動，就會羣起響應。例你的毛病要改一改，硫磺腦袋——一點就著，誰還敢與你討論問題！也作「硫磺腦袋——點火就著」、「硫磺腦袋——沾火就著」、「火絨子腦袋——沾火就著」、「老煤油桶——點火就著」、「烈火乾柴——一點就著」、「炮筒子脾氣——點火就著」、「三伏天的爆竹——一碰直炸」、「屬刨花的——點火就著」、「紙燈添油——一點就著、」「直炮筒——一點就著」、「蘸了汽油的柴禾——一點就著」、「火種落進乾柴堆——一點就著」。

ㄌㄧㄡˇ

【柳暗花明】
暗：指綠樹成蔭：明：明媚。謂柳綠成蔭，繁花明媚。唐・王維《早城》詩：「柳暗百花明，春深五鳳城。」宋・陸游《游山西村》詩：「山重水複疑無路，柳暗花明又一村。」後多指經歷逆境後出現順境的新局面。梁啓超《外交歟內政歟》：「我們讀西洋史，眞是越讀越有趣，處處峯回路轉，時時柳暗花明。」也作「花明柳暗」。

【柳嚲鶯嬌】
嚲：ㄉㄨㄛˇ，下垂。柳葉下垂，鶯聲嬌媚。形容無限美好的春天景色。唐・岑參《暮春虢州東亭送李司馬歸扶風別廬》詩：「柳嚲鶯嬌花復殷，紅亭綠酒送君還。」

【柳骨顏筋】
指唐代書法家柳公權的書法骨力遒勁，顏眞卿的書法筋力飽滿。元・王實甫《西廂記》五本二折：「這的堪爲字史，當爲款識，有柳骨顏筋，張旭、張顚、羲之、獻之。」也作「顏筋柳骨」。

【柳戶花門】
花、柳：舊指妓院。明・朱有燉《神仙會》一折：「如今蟠桃仙子，生在吳興地面湖州城內，落於風塵之中。然此女子……每夜焚香告天，不願居柳戶花門。」

【柳街柳陌】
見「柳陌花街」。

【柳綠花紅】
形容春天美好風光。《五燈會元・龍華球禪師法嗣》：「聊與東風論個事，十分春色屬誰家，秋至山寒水冷，春來柳綠花紅。」明・劉基《春思》詩：「憶昔東風入芳草，柳綠花紅看總好。」也作「花紅柳綠」。

【柳綠桃紅】
形容美好的春天景象。明・無名氏《大劫牢》四折：「試看這柳綠桃紅，佳人羅綺，更和這紫陌紅塵，青山綠水，寶馬香車，遊人共喜。」也作「桃紅柳綠」。

【柳眉倒豎】
柳眉：似柳葉那樣的細長眉毛。形容女子發怒時眉毛倒豎。《兒女英雄傳》五回：「那女子不聽猶可，聽了這話，只見她柳眉倒豎，杏眼圓睜，腮邊烘兩朵紅雲，面上現一團煞氣。」也作「柳眉踢豎」。《水滸傳》二一回：「只見那婆惜柳眉踢豎，星眼圓睜。」也作「柳眉剔豎」。《金瓶梅詞話》五八回：「[潘金蓮]登時柳眉剔豎，星眼圓睜，叫春梅打著燈，把角門閂了，拿大棍把那狗沒高低只顧打。」

【柳眉剔豎】
見「柳眉倒豎」。

【柳眉踢豎】
見「柳眉倒豎」。

【柳媚花明】
形容花紅柳綠的美好春光。《羣音類選〈投筆記・班超慶壽〉》：「蓂莢小庭初長，柳媚花明，人堪對景持觴。」

【柳陌花街】
舊指妓院。元・關漢卿《魯齋郎》一折：「經旬間不來家，破工夫在柳陌花街串。」也作「柳巷花街」。《初刻拍案驚奇》卷二：「[周少溪]偶然在浙江衢州做買賣，閒遊柳巷花街，只見一個娼婦，站在門首獻笑。」也作「柳陌花衢」。宋・孟元老《東京夢華錄序》：「新聲巧笑於柳陌花衢，按管調弦於茶坊酒肆。」也作「柳陌花巷」。《歧路燈》二一回：「柳陌花巷快樂一輩子也是死，執固板樣拘束一輩子也是死。」也作「柳街柳陌」。《水滸傳》六回：「柳街柳陌，衆多嬌艷名姬；楚館秦樓，無限風流歌妓。」

【柳陌花衢】
見「柳陌花街」。

【柳陌花巷】
見「柳陌花街」。

【柳聖花神】
喻指淫蕩女子。明・無名氏《蘇九淫奔》一折：「本是個柳聖花神，又不犯寡辰孤運，將俺那爺娘恨，錯配了姻緣，虛度青春盡。」

【柳樹的屁股——坐下就紮根】
柳樹爲插條繁殖，存活率高，它插在濕土裏即可紮根生長。比喻坐得穩。例他這個人踏實，工作勤勤懇懇，不挑三揀四，同事們都稱讚他像柳樹的屁股——坐下就紮根。

【柳樹雕娃娃——木頭人】
比喻沒有頭腦的人。有時指痴呆、毫無表情的人。例這個人對誰都是冷冰冰的，說他是柳樹雕娃娃——木頭人，一點也不錯。

【柳樹開花——沒結果】
雙關語，比喻沒有好的結局，或沒有成果。例會議開了半截子就草草收場，沒有做出任何決定，眞是柳樹開花——沒結果。也作「柳絮開花——

沒個果」、「柳樹開花——不結果」、「楊樹開花——無結果」。

【柳啼花怨】

形容一片悲切淒涼景象。宋・盧祖皐《夜行船》詞：「卻說當時，柳啼花怨，魂夢爲君迢遞。」

【柳條穿王八——一路黑貨】

比喻都不是好東西。例鬼子和漢奸都是柳條穿王八——一路黑貨，他們狼狽爲奸，欺壓中國人民。也作「柳條串王八——一條枝上的貨」、「柳條串王八——一溜子貨」。

【柳條籃子打水——一場空】

見「狗咬尿脬——一場空」。

【柳下借陰】

在柳樹下借陰涼。比喻求他人保護。宋・胡繼宗《書言故事・夏》：「求庇護於人，曰暍（中暑）人於柳下借陰耳。」

【柳巷花街】

見「柳陌花街」。

【柳絮才高】

《晉書・謝道蘊傳》：「謝太傅寒雪日內集，與兒女講論文義。俄而雪驟，公欣然曰：『白雪紛紛何所擬？』兄子胡兒曰「撒鹽空中差可擬。」兄女曰：『未若柳絮因風起。』公大笑樂。」後以「柳絮才高」比喻人的高超文學才能。宋・蘇軾《謝人見和前篇二首》詩之一：「漁蓑句好應須畫，柳絮才高不道鹽」。明・李開先《至後復夜雪》詩：「柳絮才高稱謝咏，麻衣喻切有曹詩。」

【柳影花陰】

喻男女幽會的地方。元・王實甫《西廂記》三本四折：「心不存學海文林，夢不離柳影花陰，只去那竊玉偷香上用心，又不曾得甚，自從海棠開想到如今。」

ㄌㄧㄡˋ

【六朝金粉】

六朝：三國吳、東晉、宋、齊、梁、陳皆建都於建康（今南京市，吳稱建業），史稱六朝；金粉：古代婦女妝飾用的脂粉。指六朝時京都的靡麗繁華景象。後也比喻婦女的妝飾、儀容。或借指色藝出衆的妓女。元・王實甫《西廂記》二本一折：「香消了六朝金粉，清減了三楚精神。」清・余懷《板橋雜記・麗品》：「據余所見而編次之，或品藻其色藝，或僅記其姓名，亦是徵江左之風流，存六朝之金粉也。」也作「六朝脂粉」。《羣音類選〈鞋韉記・賞月遇惡〉》：「且樂平生，塵寰事，幾變更，六朝脂粉飛灰冷。」

【六朝脂粉】

見「六朝金粉」。

【六尺之孤】

尺：古周代的一尺，相當於現在市尺的六寸；孤：幼年喪父。指尚未成年的孤兒。《論語・泰伯》：「曾子曰：『可以托六尺之孤，可以寄百里之命。』」唐・駱賓王《代徐敬業傳檄天下文》：「一抔之土未乾，六尺之孤何托？」

【六出冰花】

六個花瓣的冰花，指雪花。南朝梁・蕭統《黃鐘十一月啓》：「彤雲垂四百之葉，玉雪開六出之花。」

【六出紛飛】

六出：雪花的別稱。指大雪紛飛。《鏡花緣》二回：「如果消閒，趁此六出紛飛之際，我們雖不必學人間暖閣圍爐那些俗態，何妨淸吟聯句，遣此長宵？」

【六出奇計】

西漢陳平曾六出奇計，有：捐金行反間計，離間項羽君臣；以惡草進楚使；夜出子女二千人，解滎陽之圍；躡足請封齊王（韓信），以穩定軍心；請劉邦僞遊雲夢，以擒韓信；解白登之圍。《史記・陳丞相世家》：「凡六出奇計，輒益邑，凡六益封。奇計或頗秘，世莫能聞也。」後以「六出奇計」泛指出奇制勝的計謀。《初刻拍案驚奇》卷六：「既有此珠，我與你仗蘇張之舌，六出奇計，好歹設法來院中走走。此時再看機會，弄得與你相見一面，你自放出手段來，成不成。」

【六畜不安】

六畜：馬、牛、羊、雞、犬、豕。比喻騷擾得特別厲害。魯迅《徬徨・離婚》：「她在大人面前還是這樣。那在家裏是，簡直鬧得六畜不安。」

【六道輪迴】

六道：佛教把衆生世界分爲天、人、阿修羅、地獄、餓鬼、畜生六類，稱爲六道；輪迴：像車輪迴轉一樣。佛教認爲衆生都要依照各自的善惡因果在六道內生死輪轉。元・無名氏《點絳唇・混江龍》曲：「全不怕上天照察，也不怕六道輪迴。」

【六點鐘——指天頂地】

指天頂地：這裏指賭假咒。雙關語，比喻一本正經地發誓，其實是虛假的。例你老是六點鐘——指天頂地，事實證明，犯罪行爲一點也沒減少，是存心欺騙政府。

【六耳不傳】

猶「六耳不傳道」。《冷眼觀》五回：「你問明了他，將他領了來見我，我要當面試驗。還有幾句六耳不傳的秘訣，須秘密交代，才可以去得呢。」

【六耳不傳道】

指傳授某一宗教教義或某一學派學說只能單傳，不能有第三者在。比喻有第三者即易洩密。《檮杌閒評》卷二五：「那眞切的道理，要人自己去探討懇求，才得到手。常言道：『六耳不傳道』，勿作等閒看。」

【六耳不同謀】

三人在一起時不可商量機密的事。指機密有第三者就容易洩密。《景德傳燈錄・洪州泐潭法會禪師》：「[師]問馬祖：『如何是祖師西來意？』祖曰：『低聲！近前來。向汝道！』師便近前，祖打一摑曰：『六耳不同謀，且去。來日來。』」

【六個指頭撓背——加一奉承】

加一：更加一等。比喻格外地討好別人。例喲，照顧得眞周到，你對頂頭上司是六個指頭撓背——加一奉承啊！也作「十個指頭搔癢——加倍奉承」。

【六個指頭划拳——出了新招】

划拳：也叫猜拳，飲酒時兩人同時伸出手指並各一個數，誰說的數目跟雙方所伸手指的總數相符，誰就贏，輸的人喝酒。指用新的辦法或計策。例啊，六個指頭划拳——出了新招，我很佩服你的足智多謀，但又覺得變來變去，別人無法適應你的工作方法。

【六個指頭抓癢——多一道子】

比喻多餘的或不必要的舉動。例你應該帶他來見我，用不著事先問我的意見，你這是六個指頭抓癢——多一道子。也作「六個指頭抓癢癢——多了一道」、「六個指頭搔癢——多那一道子」、「六指兒搔癢——額外多一道子」、「六指兒搔癢——多這一道子」。

【六根皆淨】

見「六根清淨」。

【六根清淨】

六根：佛教將眼、耳、鼻、舌、身、意稱爲六根。六根與六塵（色、聲、香、味、觸、法）相接，就會產生種種欲念，導致種種煩惱或罪孽。因此，主張六根要清淨，根除一切欲念而無煩惱。《法華經．法師功德品》：「以是功德，莊嚴六根，皆令清淨。」明．無心子《金雀記．臨任》：「他今做了比丘尼，他也是六根清淨，傍觀不雅，使不得了。」《水滸傳》四回：「寸草不留，六根清淨；與汝剃除，免得爭競。」也作「六根皆淨」。

【六國販駱駝的】

指到處投機鑽營、圖謀私利之人。《紅樓夢》四六回：「鴛鴦道：『這個娼婦，專管是個『六國販駱駝的』，聽了這話，他有個不奉承去的！』」

【六合之內】

六合：天、地及東、南、西、北四方。上至天下至地及四方以內，即指普天之下。《莊子．齊物論》：「六合之內，聖人論而不議。」孫中山《上李鴻章書》：「如電，無形無質，似物非物，其氣附於萬物之中，運乎六合之內。」

【六合之外，存而不論】

天地及四方之外的事，說不清楚，只好擱下不談。泛指弄不清楚的問題，可擱下來暫不討論。《莊子．齊物論》：「六合之外，聖人存而不論。」成玄英疏：「妙理希夷，超六合之外，既非神口所辯，所以存而不論也。」

【六街九陌】

陌：街，巷。泛指城市中大小街道。明．袁宏道《長安秋月夜》詩：「長安城中秋月明，六街九陌無纖塵。」

【六街三市】

六街：指唐代長安城內的六條大街；三市：古時把早上、下午、傍晚做生意的時間稱爲早市、大市和夕市。後以「六街三市」泛指城市中的鬧市。元．鄭玉《元宵詩》：「六街三市渾如晝，寄語金吾莫夜巡。」《西遊記》三回：「果然那廂有座城池，六街三市，萬戶千門，來來往往，人都在光天化日之下。」

【六經三史】

六經：指《詩》、《書》、《易》、《禮記》、《樂》、《春秋》；三史：通常指《史記》、《漢書》、《後漢書》。泛指古代典籍。宋．蘇軾《乞校正陸贄奏議進御札子》：「夫六經三史，諸子百家，非無可觀，皆足爲治。」

【六經注我】

指各種經典著作的論斷都可解釋和證明自己的觀點。《宋史，陸九淵傳》：「或勸九淵著書，曰：『六經注我，我注六經。』」

【六馬仰秣】

六馬：古代帝王乘車駕用的馬數；秣：餵馬的飼料。形容音樂美妙動聽，連馬也停食仰頭傾聽。《荀子．勸學》：「伯牙鼓琴而六馬仰秣。」晉．張協《七命八首》之一：「撫促柱則酸鼻，揮危弦則涕流……王子拂纓而傾耳，六馬噓天而仰秣。」

【六親不和】

六親：指諸父（父親的兄弟）、諸舅、兄弟、姑姊（父親的姊妹）、婚媾（妻的家屬）、姻婭（夫的家屬）。指與親戚、親族的關係都不融洽。《老子》一八章：「六親不和，有孝慈；國家昏亂，有忠臣。」《紅樓夢》一一四回：「那王仁自從王子騰死後，王子勝……任他胡爲，已鬧得六親不和。」

【六親不認】

與所有親屬都不來往。形容沒有情義，不講情面。例陳大明是個脾氣暴躁的人，若是不小心惹到他，他就會喪失理智，六親不認的亂罵人。

【六親同運】

親族、親戚的命運相同。所有親屬的遭遇都一樣。《紅樓夢》一〇八回：「眞眞是『六親同運』：薛家是這麼著；二太太娘家大舅大爺一死，鳳丫頭的哥哥也不成人……甄家自從抄家以後，別無信息。」

【六親無靠】

沒有任何親屬可依靠。《鏡花緣》二一回：「我家現在六親無靠，故鄉舉目無親，除叔叔外，別無可託之人。」

【六神不安】

六神：道教認爲人的心、肺、肝、腎、脾、膽各有神靈主宰，稱之「六神」。形容忙忙亂亂，心神不安寧。元．劉唐卿《降桑椹》二折：「今有蔡順的母親，病枕在床，俺家宅六神不安。」《官場現形記》二回：「他爺爺，他爸爸，忙了一天，到得晚上，這一夜更不曾睡覺，替他弄這樣，弄那樣，忙了個六神不安。」

【六神無主】

形容心慌意亂，失去主見，不知如何是好。《醒世恆言》卷二九：「嚇得知縣已是六神無主，還有甚心腸去吃酒，只得又差人去辭了盧柟。」《文明小史》五八回：「家人們看見老爺病了，太太又不曾回來過，更是六神無主。」

【六十甲子輪流轉——老一套】

六十甲子：我國傳統的干支記時法，即以十天干和十二地支兩兩循環相配，剛好配成「甲子、乙丑、丙寅……癸亥」等六十組，俗稱「六十甲子」。我國古代不但用它來記年，也用它記月、日和時辰，周而復始，循環使用。見「和尚念經——老一套」。

【六十歲尿床——老毛病】

比喻某種缺點、毛病改不了，容易犯。例賭博，對他來說，是六十歲尿床——老毛病了，已經輸得傾家蕩產，還是日夜不離賭場。也作「壽星佬氣喘——老毛病」。

【六韜三略】

六韜：古代兵書，傳說為周朝呂望撰，分文韜、武韜、龍韜、虎韜、豹韜、犬韜；三略：傳說為漢朝黃石公所撰之古代兵書。後以「六韜三略」泛指兵書、兵法。元・無名氏《黃鶴樓》一折：「六韜三略不曾習，南征北討要相持。」元・鄭德輝《王粲登樓》二折：「六韜三略，淹貫胸中，唯吾所用，何但孫武子十三篇而已哉。」

【六通四達】

見「六通四闢」。

【六通四闢】

六通：四方上下；四闢：四方開闢。比喻四面八方無不通達。《莊子・天道》：「明於天，通於聖，六通四闢於帝王之德者，其自為也，昧然無不靜者矣。」也作「六通四達」。《雲笈七籤》卷四九：「言三言一，不三不二者，以言言一即成三也。今謂明義各自為宜，少多非為定準，如六通四達，豈止三耶！」

【六問三推】

推：審問。指多次審訊。元・無名氏《延安府》二折：「……又將他個原告人親兒枷起，好將那殺人賊六問三推。」元・馬致遠《還牢末》一折：「他則是一般、一般滋味，我吃了六問、六問三推，我如今手搵著胸膛悔後遲。」也作「三推六問」。

【六陽會首】

中醫六陽脈都集中在頭部，故稱頭為「六陽會首」。明・無名氏《單戰呂布》一折：「輸了時，就將俺弟兄三人的六陽會首，納在這轅門首也。」

【六月穿皮襖——自找罪受】

也作「六月穿皮襖——自找難受」。見「打腫臉充胖子——自找罪受」。

【六月的斑鳩——不知春秋】

斑鳩：鳥，身體灰褐色，頸後有白色或黃褐色斑點，嘴短，腳淡紅色，常成羣在田野裏吃穀粒，對農作物有害；春秋：時令，時節。雙關語，比喻不識時務。例在這種高手雲集的場所，他竟大言不慚，吹噓自己武藝無雙，眞是六月的斑鳩——不知春秋。也作「籠子裏的斑鳩——不知春秋」、「刺笆林頭的斑鳩——不知春秋」、「穿汗衫戴棉帽——不知春秋。」

【六月的暴雨——一陣子】

比喻來勢凶猛，但不會持久。例這小伙子楞頭楞腦，但缺乏耐性，幹起活來，就像六月的暴雨——一陣子，多半是虎頭蛇尾。

【六月的糞缸——越搞越臭】

比喻名聲越來越壞。例別鬧了，再鬧下去，就會像六月的糞缸——越搞越臭。也作「屎殼郎掏大糞——越搞越臭」、「青竹攪糞缸——越搞越臭」。

【六月的火爐——誰湊和你】

比喻沒有人願意接近或親近。例你剛剛當上一個芝麻官，就指手劃腳，還希望別人侍候你，六月的火爐——誰湊和你，妄想！

【六月的梨疙瘩——有點酸】

梨疙瘩：未成熟的小梨，味酸。雙關語，比喻人迂腐、不爽快。例小張，大夥要你說你就說嘛，為啥這樣扭扭捏捏，眞像六月的梨疙瘩——有點酸。

【六月的皮芽子——皮乾肉爛心不死】

皮芽子：〈方〉洋蔥頭。見「吊在房檐上的大蔥——葉黃皮乾心不死」。

【六月的日頭——毒極了】

見「伏天的太陽——毒極了」。

【六月的扇子——借不得】

比喻借東西的時機不對。例六月的扇子——借不得，這是我每天必用的工具書，你另買一本吧。

【六月的天——說變就變】

農曆六月時晴時雨，天氣多變。比喻變化無常。例她的情緒忽高忽低，就像六月的天——說變就變，叫人難以理解。也作「六月的雲——捉摸不定」。

【六月的雲，八月的風——不好捉摸】

捉摸：猜測，預料。農曆六月氣溫高，天上的雲易聚易散，變化莫測；八月乍寒，秋風陣起，難以捉摸。雙關語，比喻對某些人或事不容易猜測，或很難預料。例這個人行蹤詭密，就像六月的雲，八月的風——不好捉摸。也作「六月的雲，八月的風——難捉摸」、「行雲流水——不好捉摸」。

【六月的莊稼——往上躥】

見「六月的莊稼——一躥一躥

的」。

【六月的莊稼——一躥一躥的】

六月裏雨水多，陽光足，莊稼長勢很快，好像向上跳躍似的。形容洋洋得意。例他受到一次表彰，連走路的姿勢也變得像六月的莊稼——一躥一躥的。

【六月飛霜】

南朝梁・江淹《詣建平王上書》：「昔者賤臣叩心，飛霜擊於燕地。」李善注引《淮南子》：「鄒衍盡忠於燕惠王，惠王信譖而繫之。鄒子仰天而哭，正夏而天爲之降霜。」後以「六月飛霜」比喻慘痛冤獄。唐・張說《獄箴》：「匹婦含怨，三年亢陽，匹夫結憤，六月飛霜。」《品花寶鑑》四四回：「琴言忽然放聲大哭，這一哭眞有三年不雨之冤，六月飛霜之慘。」

【六月飛霜——怪事】

比喻奇怪的事情或不可能發生的事情。例帝國主義者說，他們殖民主義是最好的人道主義，這確實是六月飛霜——怪事。也作「六月飛霜——怪事一樁」、「公雞下蛋狗長角——怪事」、「螃蟹生鱗魚生腳——怪事」、「馬長犄角騾下駒——怪事」、「鹽裏生蛆——怪事」、「魚跳出來吃貓——咄咄怪事」、「煮熟的鴨子飛上了天——怪事」、「和尚拜丈人——怪事」。

【六月間抓湯圓——有些燙手】

湯圓：糯米粉等做的球形食品，大多有餡兒，帶湯吃。比喻事情難辦。例這件事可是六月間抓湯圓——有些燙手啊，你得小心去做。

【六月裏吃薄荷——好良(涼)心】

良：「涼」的諧音；良心：對是非的內心的正確認識。比喻說話、做事合乎是非標準。有時是說反話，指違反了是非標準。例湯先生從來不做損人利己、損公肥私的事，人家都說他六月裏吃薄荷——好良(涼)心。

【六月裏吃生薑——服啦(伏辣)】

服啦：「伏辣」的諧音；伏辣：伏天吃辣物。比喻非常信服。例你那高超的技術，非凡的才能，我算是六月裏吃生薑——服啦(伏辣)。

【六月裏吃生薑——熱乎乎】

雙關語，比喻親切溫暖。例他對人就像六月裏吃生薑——熱乎乎，頗有長者的風度。也作「臘月的井水——熱乎乎」。

【六月裏穿皮襖——裏外發火】

比喻憤怒極了或到處發脾氣。例喂，今天誰捅了馬蜂窩，科長就像六月裏穿皮襖——裏外發火，到處訓人。也作「穿皮襖喝燒酒——裏外發火」。

【六月裏戴棉帽——不識時務】

比喻不認識客觀形勢，不合時代潮流。例你的主張實質上是閉關鎖國，與當前改革開放的形勢背道而馳，行不通。六月裏戴棉帽——不識時務！也作「六月裏戴氈帽——不識時務」、「冬天賣涼粉——不識時務」、「暑天借扇子——不識時務」、「十二月賣扇子——不識時務」、「過了黃梅販簑衣——不識時務」、「六月裏借扇子—不識時務」。

【六月裏戴棉帽——亂套】

比喻隨意給別人安罪名。有時指生搬硬套。例做事得有良心，你六月裏戴棉帽——亂套，給人加上反革命的罪名，害人一輩子，一定得不到好報。

【六月裏戴手套——保守(手)】

見「冷天戴手套——保守(手)」。

【六月裏戴氈帽——不合時宜】

氈帽：用羊毛等製成，供防寒用。比喻不符合當時的情況或需要。例現在提倡新科學、新思想，您老先生還是滿口神佛鬼怪、因果報應，恐怕是六月裏戴氈帽——不合時宜吧？也作「六月裏賣氈帽——不合時宜」、「六月裏戴棉帽——不合時宜」。

【六月裏的荷花——衆人共賞】

比喻美好的事物，大家都很讚賞。例你扶危濟困的行爲，就像六月裏的荷花——衆人共賞。

【六月裏的老鴉——叫得凶】

見「進站的火車——叫得凶」。

【六月裏的廟堂——鴉雀無聲】

農曆六月正是大忙季節，到廟裏求神拜佛的人極少。形容非常寂靜，一點聲音也沒有。例這個學校紀律良好，上課時就像六月裏的廟堂——鴉雀無聲。

【六月裏借扇子——不識時務】

見「六月裏戴棉帽——不識時務」。

【六月裏燒爐子——熱火得很】

形容場面十分熱烈。例你應當到大橋工地上去看看，那裏就像六月裏燒爐子——熱火得很，彩旗飄揚，鑼鼓喧天。

【六月裏貼春聯——還差半年】

指時間差距很大。例按合同規定的交貨日期，六月裏貼春聯——還差半年，著什麼急呢？我們保證提前完成任務。

【六月裏下大雪——反常】

比喻跟正常的情況不同。例小兵從來不缺課，不遲到早退，今天怎麼沒有來？這可有點六月裏下大雪——反常，莫非生病了？也作「六月裏穿棉襖——反常」、「臘月搖扇子——反常」、「夏天穿皮襖——反常」、「狗逮老鼠貓看家——反常」。

【六月裏長疥瘡——熱鬧(撓)】

鬧：「撓」的諧音。雙關語，比喻景象或場面繁盛活躍。例嗬，小伙子們，你們這裏眞是六月裏長疥瘡——熱鬧(撓)得很，怎麼把我們老頭子忘了。

【六月裏著棉鞋——日(熱)腳難過】

日：「熱」的諧音；日腳：〈方〉日子。比喻日子不好過，混不下去。例他的公司倒閉了，滿身是債，的確是六月裏著棉鞋——日（熱）腳難過啊！

【六月天的隔夜飯——敢莫要搜（餿）】

敢莫：莫非。雙關語，比喻質問是否要搜索檢查。例警察局派來的？六月天的隔夜飯——敢莫要搜（餿），竟要公開侵犯我們的公民權利。

【六月天的冷飯——抓不攏】

抓：捏。見「穀糠蒸窩頭——難捏合」。

【六月天掉進水缸裏——涼了半截】

見「冷水澆頭——涼了半截」。

【六月天下暴雨——猛一陣子】

形容幹勁雖足，但不能持久。例幹工作不能像六月天下暴雨——猛一陣子，要始終保持滿腔的熱忱，旺盛的鬥志，毫不懈怠的精神。

【六月債——還得快】

舊時借債多在秋收後歸還，如農業六月借債，很快就到秋收季節。指很快可以還帳。例放心吧，六月債——還得快，我們這批貨物脫手後，就償還你們的貸款。

【六指划拳——都來了】

六指：有六指兒的人；划拳：飲酒時兩人同時伸出手指並各說一個數，誰說的數目跟雙方所伸手指的總數相符，誰就贏，輸的人喝酒。六指划拳時，手指不靈活，伸出手來就是六個指頭，所以說「都來了」。比喻全部來參加。例「應到會的人到齊沒有？」「六指划拳——都來了，一個不缺」。也作「**六指猜拳——全來了**」。

【六指兒撥琵琶——亂彈琴】

六指兒：長有六個指頭的人。見「貓兒扒琵琶——亂彈琴」。

【碌碡碰碌碡——實（石）打實（石）】

碌碡：ㄓㄡˊ，又讀ㄌㄨˋ ㄌㄨˊ，石磙。見「搬起石磙砸碾盤——實（石）打實（石）」。

【碌碡砸在碾盤上——硬碰硬】

碌碡：也叫石磙，農具的一種，用石頭做成，圓柱形，人們用來軋穀物、平場地，在鄉村十分普遍；碾盤：承受碾磙子的石頭底盤。見「鋼釺打石頭——硬碰硬」。

【溜之細穿石，綆之細斷乾】

溜：同「霤」，房簷向下滴的細水流；綆：ㄍㄥˇ，汲水繩。指房簷滴水雖細，但日久可以穿透石頭；井繩並不粗，卻也能磨斷木桿。比喻事物的發展都有其過程。例俗話說：「溜之細穿石，綆之細斷乾。」事情無論好壞，都有個發展過程，如果我們能及早發現一些事故的端倪，就可以避免許多巨大的損失。

ㄌㄧㄢˊ

【連鑣並軫】

鑣：ㄅㄧㄠ，馬嚼鐵；軫：ㄓㄣˇ，車箱底部四面的橫木，泛指車。謂齊頭並進，比喻才能不相上下。清・沈德潛《明詩別裁集》序：「洪武之初，劉伯溫高格，並以高季迪、袁景文諸人各逞才情，連鑣並軫。」

【連城之璧】

指玉的價值連城。《史記・廉頗藺相如列傳》：「趙惠文王時，得楚和氏璧。秦昭王聞之，使人遺趙王書，願以十五城請易璧。」後以「連城之璧」比喻物品極其珍貴。《聊齋志異・王成》：「王笑曰：『痴男子！此何珍寶，而千金值也！』成曰：『大王不以為寶，臣以為連城之璧不過也。」也作「**連城之價**」。《晉書・張載傳》：「故和璧之在荊山，隨珠之潛重川，非遇眞人，焉有連城之價，照車之名乎。」也作「**連城之珍**」。唐・王績《與陳叔達重借隋紀書》：「久承所撰《隋紀》繕寫咸畢，前舍弟與家人往，並有書借，咸不見付。豈連城之珍俟楚文而乃進？」

【連城之價】

見「連城之璧」。

【連城之珍】

見「連城之璧」。

【連根共樹】

比喻彼此緊密相連的關係。元・無名氏《合同文字》三折：「到門前偏撞見狠心的伯娘，把文書早先賺去，百般的道假嫌眞，全不念連根共樹。」

【連鍋端】

比喻全部去掉或搬去。例嘿！你多少也得給我們留一點兒，這麼連鍋端是不是太自私了？

【連環套】

原指一環套一環，環環相扣的一串環。比喻互相關聯、互相勾結。例要打擊那個貪污竊盜集團可不是小戰役，他們上上下下都拴成了連環套。

【連雞之勢】

連雞：用繩拴連在一起的雞。《戰國策・秦策一》：「諸侯不可一，猶連雞之不能俱止於棲，亦明矣。」比喻互相牽制，步調不一致。明・李清《三垣筆記・補遺》：「高傑一逃將也，恃士英卵翼，奉若驕子，浸浸尾大。而劉、黃諸將，又置若弈棋，洶洶為，動曰不和。」

【連階累任】

從一個一個接連不斷的官階上，升遷任職。《後漢書・黃香傳》：「臣江淮孤賤，愚蒙小生……先人餘福，得以弱冠特蒙征用，連階累任，遂極台閣。」

【連類比物】

相類的事物進行連繫比較。《韓非子・難言》：「多年繁稱，連類比物則見以為虛而無用。」

【連理之木】

枝幹連生在一起的不同根的樹木。舊時看作吉祥的徵兆。《晉書・元帝紀》：「一角之獸，連理之木，以為休徵者，蓋有百數。」

【連毛鬍子吃麪條——裏挑外撅】
連毛鬍子：連著鬢角的鬍子，也叫絡腮鬍子，此指長著絡腮鬍子的人；撅：ㄐㄩㄝ，翹起。比喻挑挑剔剔，感情不融洽。例他對誰都是連毛鬍子吃麪條——裏挑外撅，搞不好團結，一個好朋友也沒有。

【連綿不斷】
一直不斷地延續下去。《三俠五義》一一三回：「誰知細雨濛濛，連綿不斷，刮來金風瑟瑟，遍體清涼。」也作「連綿不絕」。明・朱國禎《湧幢小品・神惠記》：「往余再喪妻，四喪子，複喪妹，最後喪母，連綿不絕，哭泣悲傷，五衷菀結。」

【連綿不絕】
見「連綿不斷」。

【連篇累牘】
牘：古代寫字用的木片。形容篇幅冗長或文辭贅累。《隋書・李諤傳》：「連篇累牘，不出月露之形；積案盈箱，唯是風雲之狀」梁啓超《新中國未來記・緒言》：「編中往往多載法律章程演說論文等，連篇累牘，毫無趣味。」也作「連篇累幅」。《野叟曝言》八三回：「倫父極力鋪張，連篇累幅。」也作「連章累牘」。唐・劉知幾《史通・核才》：「連章累牘，罕逢微婉之言。」

【連篇累幅】
見「連篇累牘」。

【連衽成帷】
衽：衣襟。用衣襟連接成帷幕。形容人極多。《史記・蘇秦列傳》：「車轂擊，人肩摩，連衽成帷，舉袂成幕，揮汗成雨。」

【連三接二】
互相連接，相繼不斷。《紅樓夢》九六回：「王夫人不免暗裏落淚，悲女哭弟，又爲寶玉擔憂，如此連三接二，都是不隨意的事，那裏擱得住？」也作「連三接四」。《紅樓夢》三九回：「我又沒逃了，這麼連三接四的叫人來找。」

【連三接四】
見「連三接二」。

【連天烽火】
烽火：古時邊防烽火台上報警的狼煙。形容戰火四起。例在連天烽火的時代，每個年輕人都肩負著保家衞國的責任。

【連雲疊嶂】
指高聳入雲的層巒迭嶂。宋・胡仔《苕溪漁隱叢話・杜少陵六》：「[杜甫]『意欲鏟疊嶂』。則注曰：『諸侯欲鏟連雲疊嶂，而造物夫復如何？』」

【連章累牘】
見「連篇累牘」。

【連朝接夕】
指從早到晚地幹。唐・白居易《與元九書》：「勞心靈，役聲氣，連朝接夕，不自知其苦，非魔而何？」

【連枝比翼】
連枝：兩棵樹的枝條連生在一起；比翼：一種鳥，傳說比翼鳥只有一目一翼，兩隻並列在一起才能飛。比喻夫妻恩愛或男女成雙成對。明・高濂《玉簪記・叱謝》：「他指望連枝比翼，那知急煎煎，鏡破簪折！」

【連枝帶葉】
連生枝葉，比喻關係親近。明・無名氏《龍門隱秀》三折：「誰想俺嫂狠兄毒心意歹，全不想共根同蒂，連枝帶葉。」也作「連枝分葉」。北魏・楊衒之《洛陽伽藍記・永寧寺》：「朕之於卿，兄弟非遠，連枝分葉，興滅相依。」

【連枝分葉】
見「連枝帶葉」。

【連枝同氣】
連枝：樹上連生的枝條；同氣：指兄弟。比喻同胞兄弟。金・元好問《別緯文兄》詩：「異縣他鄉千里夢，連枝同氣百年心。」

【連中三元】
三元：舊時科舉制度稱鄉試、會試、殿試第一名爲解元、會元、狀元，合稱「三元」。指接連在鄉試、會試、殿試中考中第一名。後也泛指連續三次名列榜首。明・沈受先《三元記・格天》：「玉帝敕旨，謫下文曲星君與馮商爲子，連中三元，官封五世。」《警世通言》卷一八：「論他的志氣，便像馮京商輅連中三元，也只算他便袋裏東西，眞個是足躡風雲，氣沖牛斗。」

【連軸轉】
比喻日夜不停地工作、學習等。例工期太短，咱們幾個只好連軸轉了，要不然完不成任務。

【連珠合璧】
珠玉連合，比喻人才或美好的事物連合在一起。北周・庾信《郊廟歌辭・昭夏》：「連珠合璧重光來，天策暫轉勾陳開。」也作「珠聯璧合」。

【連珠炮】
原指接連不斷地開炮，比喻急促有力連續不斷地講話。例既然你們請我發言，那就請各位容我放一陣連珠炮。

【憐孤惜寡】
憐憫、同情孤寡無依的人。明・徐元《八義記・趙宣訓子》：「憐孤惜寡念貧窮，今日收留我運通。」

【憐貧敬老】
憐惜窮人，敬重老人。明・無名氏《打董達》四折：「哎，你個老人家心腸最好，施惻隱憐貧敬老。」也作「憐貧惜老」。《紅樓夢》四二回：「連各房裏的姑娘們，都這樣憐貧惜老，照看我。」也作「憐貧恤老」。《紅樓夢》六回：「如今上了年紀，越發憐貧恤老的了，又愛齋僧布施。」

【憐貧惜賤】
賤：地位低下的人。憐憫、同情窮苦的平民。《紅樓夢》一三回：「想起他素日憐貧惜賤、愛老慈幼之恩，莫不悲號痛哭。」

【憐貧惜老】
見「憐貧敬老」。

【憐貧恤苦】
憐惜、周濟貧窮困苦的人。明·屠隆《彩毫記·散財結客》:「此間有一李相公仗義,專一憐貧恤苦。」

【憐貧恤老】
見「憐貧敬老」。

【憐我憐卿】
南朝宋·劉義慶《世說新語·惑溺》:「王安豐婦常卿安豐。安豐曰:『婦人卿婿,於禮爲不敬,後勿復爾。』婦曰:『親卿愛卿,是以卿卿,我不卿卿,誰當卿卿。』」這裏『卿卿』爲夫婦間的愛稱。後以「憐我憐卿」形容夫婦間或男女間的至愛情深。

【憐香惜玉】
憐:愛。比喻對美女溫存憐愛。元·賈仲名《金安壽》一折:「兩下春心應自懂,憐香惜玉,顛鸞倒鳳,人在錦胡同。」《醒世恆言》卷三:「以後相處的雖多,都是豪華之輩,酒色之徒,但知買笑追歡的樂意,那有憐香惜玉的眞心。」也作「**惜玉憐香**」。

【憐新棄舊】
喜愛新歡,厭棄舊婦。清·陳確《次日又成》詩:「誰道歡容壓牡丹?淺紅深白盡調殘。憐新棄舊尋常事,掌上何人不笑看。」《紅樓夢》五七回:「其至於憐新棄舊,反目成仇的,多著咧!」

【蓮花並蒂開——正好一對】
多比喻配偶雙方條件相當,很相配。有時指相同的兩樣東西恰好配成一對。例章大娘高興地說:「我那大學生女兒找了個研究生對象,這才是蓮花並蒂開——正好一對。」也作「**酒杯碰酒壺——正好一對**」、「**才子配佳人——正好一對**」、「**繡球配牡丹——正好一對**」。

【蓮花步步】
形容女子步履輕盈美妙。也比喻漸入佳境。《南史·齊本紀下》:「又鑿金爲蓮華(花)以帖地,令潘妃步其上,曰:『此步步生蓮華也。』」元·岳伯川《鐵拐李》二折:「人道公門不可入,我道公門好修行。若將曲直無顛倒,腳底蓮花步步生。」也作「**步步生蓮花**」。

【蓮梗打人——思(絲)盡情斷】
思:「絲」的諧音。蓮生長在淺水中,地下莖爲藕,折斷後有絲。蓮梗打人,雖梗被折斷但無絲。比喻斷絕一切感情。例這夫妻倆早似蓮梗打人——思(絲)盡情斷,無法再在一起生活了。

【蓮藕生瘡——壞心眼】
見「爛魚肚子——心腸壞」。

【蓮葉裝水——無福(壺)】
福:「壺」的諧音。雙關語。比喻沒有享受幸福生活的命運。例方大伯對兒子說:「家業留給你好好過日子,我老了,活不了幾年了,我是蓮葉裝水——無福(壺)。」

【蓮葉裝水——裝也不多】
多比喻學識淺薄,有時含有謙虛的意思。例說來,我也是一個小知識分子,但如蓮葉裝水——裝也不多,還要向你們這些經驗豐富的師傅學習。

【簾子臉——撂下來了】
簾子:用布、竹子或葦子等做的遮蔽門窗的器物,可根據需要隨時捲起或放下。比喻人不高興、變臉。例剛才還歡歡喜喜的,怎麼突然變成簾子臉——撂下來了,誰得罪了你?

【簾子臉——說撂就撂】
比喻說變臉就變臉。例這個人喜怒無常,簾子臉——說撂就撂,誰都摸不透他的脾氣。

【鰱魚的鬍子——沒幾根】
比喻底子不厚,沒有多少本領。例這兩個小伙子都是鰱魚的鬍子——沒幾根,憑什麼瞧不起何大叔,人家幹鉗工幾十年,過的橋比他們走的路還多。

【聯袂而至】
指一同來到。例事先並未約定,沒想到他們聯袂而至,我是何等的高興。

【聯翩而至】
聯翩:鳥羣連著翅膀飛的樣子。形容連續不斷,接連到來。晉·陸機《文賦》:「浮藻聯翩」。《文選》李周翰注:「聯翩,鳥飛貌;謂文思來聯翩然。」

【廉而不劌】
廉:本指稜角,比喻品行端正;劌:ㄍㄨㄟˋ,刺傷。比喻人品行端正能堅持原則,但又不粗暴傷人,不失君子之風。《禮記·聘義》:「君子比德於玉焉……廉而不劌,義也。」孔穎達疏:「廉,稜稜。劌,傷也。言玉雖有廉稜,而不傷割於物。」《老子》五八章:「是以聖人方而不割,廉而不劌。」晉·夏侯湛《昆弟誥》:「厥乃口無擇言,柔惠且直,廉而不劌,肅而不厲。」

【廉潔奉公】
廉潔:廉正,淸白。指不貪污受賄,克己奉行公事。例公務員應廉潔奉公,艱苦樸素。

【廉靜寡欲】
指人品端正,沒有什麼奢望。《紅樓夢》一二〇回:「心想寶釵小時候,便是廉靜寡欲,極愛淡素的。」

【廉可寄財】
爲人廉正,可以向其寄託錢財。指十分廉潔、足可信賴的人。《孔叢子·陳士義》:「仁可與託孤,廉可以寄財者。」

【廉明公正】
指廉潔正直,不謀私利。例國家的公務員應做到廉明公正,這是最基本的要求。

【廉能清正】
意同「廉明公正」。元·楊顯之《瀟湘雨》三折:「……老夫廉能清正,節操堅剛,常懷報國之心。」元·曾瑞卿《留鞋記》三折:「固爲老夫廉能清正,奉公守法。」

【廉平公正】
意同「廉明公正」。例由於他爲人廉

平公正，被民衆選舉爲市議員。

【廉頗背荊條——負荊請罪】

荊：荊條；廉頗背荊條：據《史記・廉頗藺相如列傳》記載，廉、藺都是戰國時趙國的將臣，廉官位在藺之下，揚言要羞辱他，藺以國家利益爲重躲開廉，避免衝突，廉很受感動，背上荊條到藺家去道歉。比喻主動認罪賠禮，請對方懲罰。例我仍然堅持意見，如果眞是錯了，就像廉頗背荊條——負荊請罪一樣，任憑你處置，絕無怨言。也作「李逵罵宋江，過後賠不是——負荊請罪」。

【廉泉讓水】

《南史・胡諧之傳》：「[梁州范柏年]見宋明帝，帝言次及廣州貪泉，因問柏年：『卿州復有此水不？』答曰：『梁州有文川、武鄉、廉泉、讓水。』又問：『卿宅在何處？』曰：『臣所居廉、讓之間。』帝嗟其善答。」後以「廉泉讓水」比喻風土習俗的醇美。

【廉貪立懦】

宋・范仲淹《嚴先生祠堂記》：「使貪夫廉，懦者立，是大有功於名教也。」後以「廉貪立懦」指使貪得無厭的變得廉潔，使懦弱無能的立志發奮圖强。

【廉頑立懦】

頑：刁頑自私的人；懦：懦弱無能的人。使刁頑自私的變得廉潔，使軟弱無能的立志圖强。清・汪琬《鄉飲賓邵公墓表》：「顧嘗仰公之遺風流韻，謂可以廉頑立懦也。」也作「頑廉懦立」。

【廉遠堂高】

《漢書・賈誼傳》：「人主之尊譬如堂，羣臣如陛，衆庶如地。故陛九級上，廉遠地，則堂高；陛無級，廉近地，則堂卑。高者難攀，卑者易陵，理勢然也。」意指人主居百官之上，其高不可攀。因以「廉遠堂高」比喻帝王的尊嚴。

【廉者，民之表也；貪者，民之賊也】

表：表率。清廉的官吏，是人民的表率；貪官污吏，是殘害人民的盜賊。宋・包拯《乞不用贓吏》：「臣聞廉者，民之表也；貪者，民之賊也。今天下郡縣至廣，官吏至衆，而贓污擿發，無日無之。」

【鐮刀對斧頭——硬碰硬】

見「鋼釺打石頭——硬碰硬」。

ㄌㄧㄢˇ

【臉醜怪鏡歪——强詞奪理】

指把本來沒理的事說成有理的。例蕭成自己不遵守操作規定造成了生產事故，反而說是操作規定不合理造成的，簡直是臉醜怪鏡歪——强詞奪理。

【臉盆裏的泥鰍——滑不到哪裏去】

雙關語，比喻再狡猾也逃不掉。例這個敵特分子已處於人民的包圍之中，臉盆裏的泥鰍——滑不到哪裏去，一定會被活捉。

【臉盆裏的泥鰍——沒處鑽了】

比喻無地容身。例這個漢奸從敵人投降後，就成了臉盆裏的泥鰍——沒處鑽了。也作「泥鰍跌進碓窩裏——沒處鑽了」。

【臉盆裏扎猛子——不知深淺】

扎猛子：〈方〉游泳時頭朝下鑽進水裏。見「黑夜過河——不知深淺」。

【臉盆裏抓魚——穩拿了】

見「堵窩捉鳥——拿個穩」。

【臉皮薄】

比喻容易害羞。例做買賣就不能臉皮薄，該殺價就得殺價，該吆喝就得吆喝。

【臉皮薄吃不著，臉皮厚吃個夠】

比喻過分拘謹，會失去一些好機會。例你別太老實了，該申請就申請，俗話說：「臉皮薄吃不著，臉皮厚吃個夠。」說不定能被批准呢。

【臉皮厚】

比喻不害羞，不知羞恥。例這人臉皮厚，說輕了他當耳邊風，必須對其嚴加批評才管用。

【臉皮蒙手鼓——厚臉皮】

雙關語，比喻不顧羞恥。例他竟然伸手要官、要錢，眞是臉皮蒙手鼓——厚臉皮。也作「臉皮蒙手鼓——臉皮厚」、「面子當鞋底——厚臉皮」、「三斧頭砍不進的臉——好厚」。

【臉軟心慈】

形容外表平和，心地慈善。《紅樓夢》一六回：「要說『內人』、『外人』這些混帳事，我們爺是沒有的，不過是臉軟心慈，擱不住人求兩句罷了。」

【臉上帶笑，袖裏藏刀】

形容人表面和善，內心狠毒。例你是新來的，還不了解他這個人，他「臉上帶笑，袖裏藏刀」，你以後可得提防著點兒。

【臉上掛不住】

指不好意思、害羞。例你們別說了，大嫂臉上掛不住了。

【臉上貼膏藥——破相】

比喻失去原來的面貌。例大牛從災難中歸來，因瓦斯爆炸使他臉上貼膏藥——破相了，鄉親們都認不出了。

【臉上貼金】

原指往神像臉上貼金箔。比喻美化、抬高自己。例他專門會自己往臉上貼金，凡是成績都算到自己名下，大家對他十分反感。

【臉上寫字——表面文章】

比喻只在外表上下功夫。例哼，你搞的那一套，只不過是臉上寫字——表面文章罷了，有什麼實際價値？

ㄌㄧㄢˋ

【斂發謹飭】

斂發：收集與散發；謹飭（ㄔˋ）：認眞仔細而有序。指糧物的收集與散發，認眞仔細而有秩序。唐・柳宗元

《貞符》：「鄉爲義廩，斂發謹飭。」

【斂聲屏氣】

緊閉嘴唇，不出聲氣。形容畏懼、謹愼小心的樣子。《紅樓夢》三回：「這些人個個皆斂聲屏氣，這來者是誰？這樣放誕無禮！」

【斂手待斃】

手被捆住等死，形容危難時消極等死。例我們得趕緊想個法子逃離這裏，總不能就這樣斂手待斃吧！也作「束手就斃」。

【斂手束腳】

手腳受約束，舒展不開。形容辦事顧慮重重。《朱子語類〈論語〉一七》：「所謂君子者，豈是斂手束腳底村人耶？」

【斂影逃形】

收斂形跡，隱蔽藏身。比喻避世隱居。南朝梁・江淹《奏記指南徐州新安王》：「方斂影逃形，匡坐編蓬之下，遂遭煙露餘彩，日月末光。」

【斂怨求媚】

集財不顧黎民百姓怨恨，只求向上獻媚。《資治通鑑・唐代宗大歷元年》：「上生日，諸道節度使獻金帛、器服、珍玩、駿馬爲壽，共值緡錢二十四萬。常袞上言，以爲節度使非能男耕女織，必取之於人，斂怨求媚，不可長也。」

【練兵場上的靶子——衆矢之的】

指大家攻擊的目標。例他幹壞事太多，已成練兵場上的靶子——衆矢之的，自己也感到無立足之地了。

【練達老成】

通達事理，老練成熟。《兒女英雄傳》一二回：「當那進退維谷的時候，便是個練達老成人也只得如此，何況於你？」

【練事不如省事】

練事：辦事通達、幹練。指辦事再精明強幹也不如不幹。例我知道你是個能幹的人，可這事無論辦好辦壞都沒好處，所以，「練事不如省事」，你還是省點兒心思去幹別的事去吧！

【煉石補天】

《淮南子・覽冥訓》：「往古之時，四極廢，九州裂，天不兼覆，地不周載……於是女媧煉五色石以補蒼天，斷鰲足以立四極。」神話傳說天缺西北，人類的始祖女媧氏煉五色石以補之。後用「煉石補天」比喻發揮才能，幫助國家彌補損失。明・李開先《贈劉后峯》詩：「囊存諫草休輕棄，煉石乘時再補天。」

【戀酒迷花】

花：此處指歌女、妓女。在酒樓妓院迷戀酒色。元・無名氏《玩江亭》三折：「這的是戀酒迷花風風魔魔下場頭。」也作「戀酒貪花」。元・無名氏《梧桐葉》楔子：「自古修文演武，取功名於亂世。終不然戀酒貪花，墮卻壯志。」也作「戀酒貪色」。金・馬鈺《滿庭芳・化胡了仙兄弟四首》詞之一：「鎭日爭財競氣，戀酒貪色。」

【戀酒貪杯】

形容十分嗜酒。元・無名氏《水仙子・遣懷》套曲：「囑附你休戀酒貪杯，到那裏識些廉恥。」

【戀酒貪花】

見「戀酒迷花」。

【戀酒貪色】

見「戀酒迷花」。

【戀戀不捨】

戀戀：留戀，眷戀；捨：捨棄。形容十分留戀，依依難捨。《東周列國志》二一回：「燕伯送桓公出境，戀戀不捨，不覺送入齊界，去燕界五十餘里。」《鏡花緣》四〇回：「唐敖正遊的高興，雖然轉身，仍是戀戀不捨，四處觀望。」也作「戀戀難捨」。《封神演義》一五回：「子牙戀戀難捨。有南極上前言曰：『……你雖是下山，待你成功之時，自有上山之日。』子牙只得下山。」

【戀戀難捨】

見「戀戀不捨」。

【戀生惡死】

希望活下來，害怕死去。《雲笈七籤》卷九四：「若戀生惡死，拒違變化，則神識錯亂，自失正業。」

【戀土難移】

留戀鄉土，不願遷移別處。《水滸傳》三一回：「他那裏常常有書來，取我入夥，我只爲戀土難移，不曾去得。」

【戀新忘舊】

猶「喜新厭舊」。形容對待愛情不專一，態度不嚴肅。《羣音類選〈八聲甘州・閨情〉》：「從他別後，杳無半紙音書，多應他戀新忘舊，撇得我一日三湌如醉痴。」

【戀棧不去】

牲畜留戀棚圈不肯離去。比喻人在位不願離職。《民國通俗演義》三八回：「不能出言匡正，且又戀棧不去，以視唐少川輩，有愧色矣。」

ㄌㄧㄣˊ

【鄰國相望，雞犬之聲相聞，民至老死，不相往來】

相鄰的城郭，儘管很近，雞鳴狗吠的聲音能互相聽到，而人們直到老、死也不交往。原爲老子所設想的小國寡民的情形。現用以形容人與人或單位與單位之間互不交往，形成一種閉塞、落後的局面。《老子》八〇章：「小國寡民……甘其食，美其服，安其居，樂其俗。鄰國相望，雞犬之聲相聞，民至老死，不相往來。」

【鄰居失火——不救自危】

指不採取挽救措施，災禍就要危及自身。例快救救他吧，不能袖手旁觀，鄰居失火——不救自危，不然我們也要倒楣。

【鄰里鄉黨】

《周禮・地官》大司徒篇與逐人篇載周制：五家爲鄰，五鄰爲里，五百家爲黨，一萬二千五百家爲鄉。後以「鄰里鄉黨」泛稱同鄉。《論語・雍也》：「子曰：『毋！以與爾鄰里鄉黨乎！』

【林冲棒打洪教頭——專照破綻下手】

林冲、洪教頭：《水滸傳》中的人物，在他們交手過程中，林冲總是照著洪教頭的破綻下手，打敗了洪教頭；破綻：本指衣服的裂口，比喻說話做事時露出的漏洞。比喻鬥爭時專找對方的弱點進攻。例要消滅敵人，就得像林冲棒打洪教頭——專照破綻下手。

【林冲到了野豬林——絕處逢生】

《水滸傳》故事：梁山英雄林冲在上山之前，受高俅等人陷害，刺配滄州。途經野豬林時，解差按高俅等預先的安排，要殺害林冲。林冲在即將遭受殺害的危急關頭，被結拜兄弟魯智深搭救。比喻身陷絕境的緊急關頭，獲得生路。例這個老人在敵人狂轟猛炸的火海中，被戰士搶救了出來，眞是林冲到了野豬林——絕處逢生。也作「**迷途望見北斗星——絕處逢生**」。

【林冲看守草料場——英雄無用武之地】

《水滸傳》故事：林冲原爲東京八十萬禁軍教頭，因被高俅陷害，發配滄州，分派看守軍隊的草料場。比喻才能無處發揮或沒有機會發揮。例現在有廣闊的天地，有許多的事業，可以而且需要青年發揮自己的才能，林冲看守草料場——英雄無用武之地的時代一去不復返了。

【林冲上梁山——官逼民反】

梁山：《水滸傳》中農民起義軍的根據地，在山東境內；林冲：原是東京八十萬禁軍教頭，後屢受太尉高俅等人欺侮陷害，搞得家破人亡，遂投奔梁山。比喻反動統治者殘酷壓榨人民，迫使人民起來反抗。例翻開中國封建統治的歷史，林冲上梁山——官逼民反的事例數不勝數，也正是這種反抗鬥爭推動了歷史的發展。

【林冲誤入白虎堂——上當受騙】

《水滸傳》故事：高太尉的乾兒子高衙內企圖霸占林冲的妻子，以高太尉同林冲比刀爲藉口，把林冲騙入軍機要地「白虎堂」，遂將林冲投進監牢，刺配滄州。見「蔣幹盜書——上當受騙」。

【林冲雪夜上梁山——逼的】

見「好漢上梁山——逼的」。

【林黛玉的身子——弱不禁風】

林黛玉：《紅樓夢》中主要人物之一。後常將貌美體弱、多愁善感的少女比喻爲林黛玉。形容身體嬌弱得經不起風吹。例看你這個樣子，就像林黛玉的身子——弱不禁風，怎麼能到大風大浪的海洋上去工作。

【林黛玉的性子——多愁善感】

形容感情脆弱，容易發愁或傷感。例這個姑娘的性格堅強、樂觀，林黛玉的性子——多愁善感，在她身上一點影子也沒有。

【林黛玉葬花——自嘆命薄】

《紅樓夢》故事：林黛玉到大觀園中葬花，以花自喻，暗嘆命薄。比喻自我怨恨，感嘆命運不好。例要勇敢地面對現實，改變現實，不能像林黛玉葬花——自嘆命薄，不敢積極抗爭。

【林寒澗肅】

形容秋冬山林寒氣逼人，山谷溪流淺落。《水經・江水注》：「每至晴初霜旦，林寒澗肅，常有高猿長嘯，屬引淒異。」

【林林總總】

形容人或事物衆多的樣子。唐・柳宗元《貞符》：「唯人之初，總總而生，林林而羣。」明・朱之瑜《忠孝辯》：「舉天下林林總總，夫非盡人之子與？然何以孝子如晨星，不可多得也？」

【林深則鳥棲，水廣則魚游】

樹林茂密，才能有百鳥棲息；水面開闊，才會有大魚游存。原比喻國家實行仁義，有德識之士才會歸依。也用以比喻當政者識才善任，有才能的人就會嚮往歸依。唐・吳兢《貞觀政要》：「林深則鳥棲，水廣則魚游，仁義積則物自歸之。」

【林下風度】

見「林下風氣」。

【林下風範】

見「林下風氣」。

【林下風氣】

林下：幽靜的地方。原指具有竹林名士的風度。後多以稱女子閒雅的神態、飄逸的風度。南朝宋・劉義慶《世說新語・賢媛》：「王夫人神情散朗，故有林下風氣。」《醒世恆言》卷四：「玄微趨出相見，舉目看十八姨，體態飄逸，言詞泠泠，有林下風氣。」也作「**林下風範**」。《老殘遊記》八回：「這女子何以如此大方？豈古人所謂有林下風範的，就是這樣嗎。」也作「**林下風度**」。清・王韜《淞隱漫錄・淸溪鏡娘小傳》：「偶見鏡娘，不覺傾倒，嘆其具林下風度，謂無論秀質慧心，爲章台中所無。」也作「**林下風致**」。《宣和書譜・婦人薛濤》：「婦人薛濤，成都娼婦也。以詩名當時，雖失身卑下，而有林下風致，故詞翰一出，則人爭傳以爲玩。」也作「**林下高風**」。《好逑傳》一三回：「因訪知老先生令嫒小姐，乃閨中名秀，又擅林下高風，誠當今之淑女，願以絲蘿仰喬木久矣。」

【林下風致】

見「林下風氣」。

【林下高風】

見「林下風氣」。

【林下神仙】

指悠然自在的山林隱士。唐・張令問《與杜光庭》詩：「試問朝中爲宰相，何如林下作神仙。」

【淋漓盡致】

淋漓：酣暢；盡致：達到極點。形容盡情盡意，表達非常充分。《兒女英雄傳》三〇回：「再就讓我說，我也沒姐姐說的這等透徹，這等淋漓盡致。」梁啓超《答和事人》：「故鄙人每一意見，輒欲淋漓盡致以發揮之。」

【淋漓痛快】
形容文章或說話表達得十分暢快。清・陳確《與韓柳集後附論》：「杜律閎整，古詩敍事愷切，淋漓痛快，殆過於李。」

【淋漓透徹】
形容說話或文章表達得詳盡而深刻。《黃繡球》三回：「怎麼他竟變了一個人？這些話竟講得淋漓透徹。』

【琳瑯觸目】
見「琳瑯滿目」。

【琳瑯滿目】
琳瑯：精美的玉。比喻美好、珍貴的事物充滿視野。南朝宋・劉義慶《世說新語・容止》：「今日之行，觸目見琳瑯珠玉。」清・陸隴其《與陳藹公書》：「頃復承賜尊集，展卷一讀，琳瑯滿目。」朱自清《三家書店》：「所展覽的，幽默，秀美，粗豪，典重，名擅勝場，琳瑯滿目。」也作「琳瑯觸目」。唐・楊炯《左武衛將軍成安子崔獻行狀》：「詔賜御食，並錦被一張，常服一襲，雜彩百五十段……琳瑯觸目，日月在懷。」也作「珠璣滿目」。

【臨別贈言】
指分別時贈送的勸勉的話。唐・王勃《秋日登洪府滕王閣餞別序》：「臨別贈言，幸承恩於偉餞。」

【臨財不苟】
見「臨財毋苟得，臨難毋苟免」。

【臨財苟得】
指見利忘義，見錢財就不擇手段地拿。《二刻拍案驚奇》卷三九：「似這等人，也算作穿窬小人中大俠了。反比那面是背非，臨財苟得，見利忘義一班峨冠博帶的不同。」

【臨財莫過乎讓】
面對錢財，最好的品德莫過於謙讓的了。《晉書・王祥傳》：「夫言行可復，信之至也；推美引過，德之至也；揚名顯親，孝之至也；兄弟怡怡，宗族欣欣，悌之至也；臨財莫過乎讓：此五者，立身之本。」

【臨財毋苟得】
見「臨財毋苟得，臨難毋苟免」。

【臨財毋苟得，臨難毋苟免】
毋：不，無。面對著金銀財寶，不要隨便起貪心，妄圖攫取；面臨著艱難險阻，不要隨便逃避，企求倖免。《禮記・曲禮上》：「臨財毋苟得，臨難毋苟免；很毋求勝，分毋求多。」也作「臨難毋苟免」。《民國通俗演義》一三七回夾注：「先賢云：『臨難毋苟免。』能勵行此語者其唯（孫）中山乎？」也作「臨難無苟免」、「臨難不苟」。

【臨池學書】
到池邊學習寫字。泛指刻苦學習書法。《晉書・衛恆傳》：「弘農張伯英者……臨池學書，池水盡黑。」宋・曾鞏《墨池記》：「[王]羲之嘗慕張芝臨池學書，池水盡黑，此爲其故跡，豈信然耶？」

【臨川羨魚】
見「臨河羨魚」。

【臨大節而不可奪也】
在生死存亡的嚴重關頭，絕不移志變節。形容寧死不屈的高尚情操。《論語・泰伯》：「曾子曰：『可以托六尺之孤，可以寄百里之命，臨大節而不可奪也——君子人與？君子人也。』」

【臨敵代將】
見「臨敵易將」。

【臨敵賣陣】
戰場上正要和敵廝殺時，欲臨陣逃脫。明・無名氏《三化邯鄲》四折：「因爲你兩軍對壘，臨敵賣陣，敕旨教斬了你哩！」

【臨敵易將】
臨到作戰時調換將領。宋・李覯《強兵策第七》：「李廣與士卒共飲食，而愛樂爲用。親非父母也，倫非兄弟也，然而所以撫循盡得其歡心者，非一朝一夕之事也。故臨敵易將，兵家所忌。」也作「臨陣代將」。《隋書・李德林傳》：「且臨敵代將，自古所難，樂毅所以辭燕，趙括以之敗趙。」

【臨風對月】
身臨清風明月的夜色。形容極易觸景生情。元・丘處機《沁園春・示衆》詞：「向碧岩古洞，完全性命，臨風對月，笑傲希夷。」

【臨河羨魚】
面臨河水羨慕著魚。比喻只有空想是實現不了願望的。《淮南子・說林訓》：「臨河而羨魚，不如歸家織網。」也作「臨淵羨魚」。《漢書・董仲舒傳》：「古人有言曰：『臨淵羨魚，不如退而結網』。」也作「臨川羨魚」。《漢書・揚雄傳上》：「雄以爲臨川羨魚不如歸而結網。」

【臨機處置】
面臨緊急關鍵時刻，及時靈活地做出處理。例公司主管在業務經營方向和情況需要時，有臨機處置之權。

【臨機設變】
見「臨機應變」。

【臨機應變】
根據情況的變化，到時靈活應付。姚雪垠《李自成》一卷二四章：「可是在細心周到上我不如[高]一功，在臨機應變上我不如補之[李過]。」也作「臨機設變」。宋・陳亮《酌古論・先主》：「臨機設變，奮力死鬥。」也作「臨機制變」。《南史・梁宗室傳上》：「諸將每諮事，輒怒曰：吾自臨機制變，勿多言。」《周書・陸騰傳》：「太祖謂騰曰：『今欲通江油路直出南秦，卿宜善思經略。』騰曰：『必望臨機制變，未敢預陳。』」

【臨機制變】
見「臨機應變」。

【臨機制勝】

抓住時機，制服敵人，奪取勝利。《東周列國志》一六回：「兵事臨機制勝，非可預言，願假臣一乘，使得預謀於行間。」

【臨軍對壘】
見「臨軍對陣」。

【臨軍對陣】
面對敵方軍隊。明・無名氏《慶賞端陽》一折：「驟馬橫槍武藝精，臨軍對陣見輸贏。」也作「臨軍對壘」。明・無名氏《萬國來朝》三折：「領將驅兵勇戰敵，臨陣對壘慣相持。」

【臨渴穿井】
臨到渴時才想到去鑿井。比喻事到臨頭才想辦法解決。《內經・素問》：「夫病已成而後藥之，亂已成而後治之，譬猶渴而穿井，鬥而鑄錐，不亦晚乎？」《雲笈七籤》卷一一八：「臨渴穿井，事同噬臍，胡可得也。」也作「臨渴掘井」。《古今小說》卷三九：「這樞密院官都是怕事的，只曉得臨渴掘井，那會得未焚徙薪？」也作「臨渴之掘」。明・孫傳庭《督師謝恩疏》：「獨是無米之炊，巧婦不能；臨渴之掘，萬分難濟。」也作「臨噎掘井」。《晏子春秋・內篇雜上》：「溺而後問隊（墜），迷而後問路，譬之猶臨難而遽鑄兵，臨噎而遽掘井，雖速亦無及已。」

【臨渴掘井】
見「臨渴穿井」。

【臨渴挖井——來不及】
比喻事到臨頭才做準備，已經來不及了。例火車馬上要開了，你才動身去火車站，那可是臨渴挖井——來不及了。也作「臨時抱佛腳——來不及」、「臨上轎穿耳朵——來不及」、「臨陣磨槍——趕不上」、「屎急挖茅坑——來不及」、「大年三十餵年豬——來不及」、「遠水救近火——來不及」。

【臨渴之掘】
見「臨渴穿井」。

【臨拉屎挖茅坑——手忙腳亂】
茅坑：簡陋的廁所。比喻因無準備而做事慌張、沒有條理。有時指事情緊急或繁雜，應付不過來。例你們要我表演魔術，我事先沒有任何準備，眞是臨拉屎挖茅坑——來不及，大家湊合著看吧。也作「落湯的螃蟹——手忙腳亂」、「屎急挖茅廁——手腳搞不贏」。

【臨老學拉車——心有餘而力不足】
比喻心裏很想做，但是氣力或力量不夠。例儘管我想把這件事辦好，但是臨老學拉車——心有餘而力不足，實在感到遺憾。

【臨難不避】
指面臨危難不躲避。《東周列國志》四四回：「夫料事能中，智也；盡心謀國，忠也；臨難不避，勇也；殺身救國，仁也。」

【臨難不苟】
見「臨財毋苟得，臨難毋苟免」。

【臨難不顧】
指面臨危難，奮不顧身。《三國志・魏書・任城威王彰傳》：「太祖曰：『爲將奈何？』[彰]對曰：『被堅執銳，臨難不顧，爲士卒先。』」

【臨難不懼】
見「臨難不恐」。

【臨難不恐】
面對危難不恐懼。《韓非子・說疑》：「臨難不恐，上雖嚴無以威之。」也作「臨難不懾」。明・屠隆《彩毫記・預識汾陽》：「呀！看這綁縛漢子，偉幹常驅，豐神軒舉，臨難不懾，必是人豪。」也作「臨難無懾」。唐・張說《齊黃門侍郎盧公神道碑》：「公處屯安貞，賦詩頹飲，視得失蔑如也，臨難無懾，在黜無慍，危不去主，仕不違親，休明有賓禮之盛，顛覆無淪胥之禍。」也作「臨難不懼」。《鄧析子・無厚》：「故臨危不懼，知天命也。」

【臨難不屈】
面臨危難不屈服。《舊唐書・劉弘基傳》：「高祖嘉其臨難不屈，賜其家粟帛甚厚。」

【臨難不懾】
見「臨難不恐」。

【臨難苟免】
指遇到爲難而苟且偷生。《後漢書・王允傳》：「[呂布]招允曰：『公可以去乎？』允曰：『……朝廷幼少，恃我而已，臨難苟免，吾不忍也。』」

【臨難毋苟免】
見「臨財毋苟得，臨難毋苟免」。

【臨難無苟免】
見「臨財毋苟得，臨難毋苟免」。

【臨難無懾】
見「臨難不恐」。

【臨難鑄兵】
臨到危難才去鑄造兵器。比喻遇事不先做好準備。《梁書・韋睿傳》：「賊已至城下，方復求軍，臨難鑄兵，豈及馬腹。」

【臨期失誤】
臨到約期卻耽誤失約了。《剪燈餘活・泰山御史傳》：「卻乃連日酗酣，臨期失誤，使百辟倉皇駭愕以失色，聚衆人揑合掇拾以成文。」

【臨去秋波】
秋波：秋天的水波，比喻女子明澈的眼神。指臨別時回眸一盼。元・王實甫《西廂記》一本一折：「怎當他臨去秋波那一轉！便是鐵石人也意惹情牽。」

【臨上轎穿耳朵——來不及】
舊時風俗，姑娘從小要在耳垂穿一小孔，以便日後戴耳環、耳墜子。也作「臨上轎再扎耳朵眼兒——來不及」。見「臨渴挖井——來不及」。

【臨上轎，現扎耳朵眼兒】
比喻事到臨頭，才著手準備。例你可眞是「臨上轎，現扎耳朵眼兒」，馬上就要上火車了，可是你連東西都沒準備好，非遲到不可。

【臨上轎找不到繡花鞋——心裏急】
上轎：舊式結婚，新娘要坐花轎。比喻心中著急，情緒不安。例演出時間已到了，卻找不到主要演員，導演就像臨上轎找不到繡花鞋——心裏急死了。

【臨深履冰】
見「臨深履薄」。

【臨深履薄】
站在深淵的邊緣，腳踩著水面的薄冰。比喻處境危險，要十分謹慎小心。《詩經・小雅・小旻》：「戰戰兢兢，如臨深淵，如履薄冰。」《後漢書・楊終傳》：「今君地位尊重，海內所望，豈可不臨深履薄，以爲至戒。」《魏書・趙郡王幹傳》：「深思遠慮，如臨深履薄。」也作「**臨深履冰**」。《三國志・魏書・高貴鄉公紀》注引《帝集》：「以眇眇之身，質性頑固，未能涉道而遵大路，臨深履冰，涕泗憂懼。」也作「**臨淵履冰**」。宋・黃庭堅《祭司馬諫議文》：「嗚呼公休！重厚而明，惠和而清，小心畏義，臨淵履冰，學問醇一。」

【臨時抱佛腳】
比喻事到臨頭才倉促準備。《鏡花緣》一六回：「所以此時都在此趕緊用功……這叫作『臨時抱佛腳』，也是我們讀書人通病。」

【臨時抱佛腳——來不及】
見「臨渴挖井——來不及」。

【臨食廢箸】
箸：筷子。臨到吃飯時丟棄了筷子。形容心不在焉。《東周列國志》一〇六回：「此冉之所以臥不安席，臨食而廢箸者也。」

【臨事而懼】
遇事有所戒懼。形容遇事小心謹慎。《論語・述而》：「必也臨事而懼，好謀而成者也。」《三國志・魏書・辛毗傳》：「方今天下新定，土廣民稀。夫廟算而後出軍，猶臨事而懼，況今廟算有闕而欲用之，臣誠未見其利也。」

【臨水登山】
來到水邊，登上高山。形容遊山玩水。唐・楊炯《送并州旻上人詩序》：「況乎人生天地，岳鎭東西，良時美景，始雲蒸而電激；臨水登山，忽風流而雨散。」

【臨死不恐】
見「臨死不怯」。

【臨死不怯】
面臨死亡而不膽怯。宋・洪邁《夷堅乙志・韓蘄王誅盜》：「爲言此人臨死不怯，所亦可用。」也作「**臨死不恐**」。漢・劉向《新序・義勇》：「吾聞知命之士，見利不動，臨死不恐。」

【臨死還找個墊背的】
比喻自己遭受災禍時，還要牽連上別人。例你這傢伙，自己倒楣就夠了，爲什麼還拉上別人？眞是「臨死還找個墊背的」。

【臨潼鬥寶】
傳說春秋時秦穆公約諸侯在臨潼比賽寶物，爭強鬥勝，以威服各國，見明・無名氏《十八國臨潼鬥寶》。後以「臨潼鬥寶」比喻炫耀財寶，富壓各方。《兒女英雄傳》二回：「衆人的禮物，都是你賭我賽，不亞如那臨潼鬥寶一般。」

【臨危不顧】
面臨危險，不顧自己。《周書・趙善傳論》：「自三方鼎峙，羣雄競逐，俊能馳騖，各吠非主，爭奮厲其智勇，思赴蹈於仁義，臨危不顧，前哲所難。」也作「**臨危不懼**」。唐・陸贄《李證贈司空制》：「臨危不懼，見義必爲。」

【臨危不懼】
見「臨危不顧」。

【臨危不撓】
不撓：不屈服。面臨危難不屈服。《周書・柳檜傳論》：「李棠、柳檜並臨危不撓，視死如歸，其壯志貞情，可與青松白玉比質也。」

【臨危蹈難】
面臨危難，勇於赴難。唐・韓愈《清邊郡王楊燕奇碑文》：「敵攻無堅，城守必完，臨危蹈難，歔欷感發。」

【臨危履冰】
面臨危境，腳踩薄冰。比喻處境艱險，要非常小心謹愼。《雲笈七籤》卷九〇：「故聖人當言而懼，發言而憂，常如臨危履冰，以大居小，以富居貧。」

【臨危授命】
授命：捐軀，獻出生命。《論語・憲問》：「見利思義，見危授命。」國家危亡時，勇於捐軀。也作「**臨危效命**」。宋・歐陽修《謝復龍圖閣直學士表》：「徒因學古之勤，粗識事君之節，苟臨危效命，尙當不顧以奮身；況爲善無傷，何憚竭忠而報國。」

【臨危下石】
乘人之危，下井落石。比喻乘人處於危難時加以打擊陷害。《野叟曝言》五九回：「即衣冠名教中，講說道學，誇談經濟者，少甚麼看風使舵、臨危下石之人。」

【臨危效命】
見「臨危授命」。

【臨危制變】
在危難時刻能控制突發事變。形容處變不驚。《三國演義》一〇六回：「司馬太尉善能用兵，臨危制變，多有良謀，捉公孫淵，計日而待。」

【臨危致命】
面臨危難，勇於獻身。《舊唐書・段秀實傳》：「有臨危致命，歿而逾彰；有因事成功，權以合道。」

【臨危自悔】
在危難時刻懊悔了。元・鄭德輝《鍾離春智勇定齊》三折：「您今日遭陷擒縛，方才是臨危自悔。」

【臨危自計】

面臨危難時，只爲自己打算。《舊唐書・吳漵傳》：「漵退而謂人曰：『人臣食君之祿，死君之難，臨危自計，非忠也』。」

【臨危自省】

面臨危難時能自我反省。明・無名氏《雲台門》二折：「我與你指迷途，臨危自省，我教你得平安，福祿加增。」

【臨文不諱】

封建時代對君主或長輩的名字，不能直接說出或寫出。但寫文章時無須避諱。《禮記・曲禮上》：「詩書不諱，臨文不諱，廟中不諱。」清・平步青《霞外捃屑》卷五：「古文臨文不諱，或謂史遷諱談爲同，然滑稽傳有談言解紛語，恐此說未確。」

【臨刑唱小曲——視死如歸】

臨刑：將要受死刑；小曲：小調，流行於民間的各種曲調。把死看作回家一樣，形容不怕死。例王先生爲了祖國的利益不怕死，臨刑唱小曲——視死如歸，顯示了中華民族崇高的氣節。

【臨崖勒馬】

指面臨危境能自制回頭。《野叟曝言》五六回：「素臣太息道：『虧得老襟丈臨崖勒馬，不然，以祖父世傳之產業，而換幾根籌碼，好不傷心』。」

【臨噎掘井】

見「臨渴穿井」。

【臨淵結網】

到了河邊才編織魚網。比喻遇事不作準備，到時辦不了事。明・楊珽《龍膏記・遊仙》：「早辦個鳳想仙緣，休等待臨淵結網，只落得月缺花殘。」

【臨淵履冰】

見「臨深履薄」。

【臨淵羨魚】

見「臨河羨魚」。

【臨陣磨槍】

臨到上陣殺敵，才去磨兵器。比喻事到臨頭才倉促做準備。《紅樓夢》七一回：「王夫人便道：『臨陣磨槍，也不中用！有這會子著急，天天寫寫念念，有多少完不了的？』」

【臨陣磨槍——不快也光】

臨上陣才磨刀槍，雖然不鋒利，也可以磨得光亮。比喻事到臨頭才做準備，雖不理想，但也可以應付一下。例譚大伯，快育秧了，能不能來指教我們一下？臨陣磨槍——不快也光啊！」

【臨陣磨槍——趕不上了】

見「臨渴挖井——來不及」。

【臨陣退縮】

見「臨陣脫逃」。

【臨陣脫逃】

臨到上陣殺敵卻逃跑了。謂事到緊急關鍵時刻，卻退縮逃避。《官場維新記》四回：「你們中國的兵勇，一到有起事來，不是半途潰散，便是臨陣脫逃，那是不關我教習的事，在乎你們自己未雨綢繆的。」也作「臨陣退縮」。明・王守仁《征剿橫水桶岡分委統哨牌》：「失誤軍機者，斬；臨陣退縮者，斬。」

【鱗次櫛比】

鱗次：魚鱗排列的次序；櫛：ㄐㄧㄝˊ，梳子。謂像魚鱗或梳齒那樣緊密地排列。也作「櫛比鱗差」、「櫛比鱗次」。

【鱗鴻杳絕】

鱗鴻：義同魚雁，指書信；杳：遙遠。形容音信斷絕。《石點頭》卷一二：「老父阿兄，遠游漁海，鱗鴻杳絕。」

【鱗集麇至】

似魚鱗一樣密集，像鹿一樣成羣到來。清・李來泰《宋泰伯公文集原敍》：「自公退出鳳崗，創立盱江書院，遠近生徒之聚而講貫者，幾於鱗集麇至。」

【鱗集仰流】

鱗集：像魚一樣聚集；仰流：仰首承接清流。比喻封建時代四方仰慕天朝威德，紛紛來朝。《漢書・司馬相如傳下》：「二方之君鱗集仰流，願得受號者，以億計。」

【麟鳳龜龍】

麒麟、鳳凰、烏龜、龍爲古代傳說中的四種靈物，用來象徵吉祥、長壽。《禮記・禮運》：「何謂四靈？麟鳳龜龍，謂之四靈。」後常用以比喻品德高尚或出類拔萃的人物。《鏡花緣》一回：「這四位仙長，乃麟鳳龜龍四靈之主。」

【麟鳳一毛】

麒麟和鳳凰的毛。比喻珍貴的東西無論細小也都搜羅進來了。唐・張懷瓘《書議》：「麟鳳一毛，龜龍片甲。」

【麟肝鳳髓】

麒麟的肝和鳳凰的髓。比喻十分珍貴、稀罕的食物。五代・王定保《唐摭言・載應不捷聲價益振》：「麟肝鳳髓，不登於俎者，其唯蔣君乎。」

【麟角鳳距】

麒麟的角和鳳凰的爪。比喻稀罕、珍貴但並無實用價值的東西。晉・葛洪《抱朴子・自敍》：「晚又學七尺杖術，可以入白刃，取大戟。然亦是不急之末學；知之譬如麟角鳳距，何必用之。」

【麟角鳳毛】

麒麟的角和鳳凰的毛。比喻罕見、珍貴而難得的人材或事物。明・吾丘瑞《運甓記・棄官就辟》：「龍駒汗血，麟角鳳毛。」梁啓超《東籍月旦・敍論》：「雖其中能自拔流俗者未始無人，然亦麟角鳳毛矣。」

【麟角鳳觜】

觜：ㄗㄨㄟˇ，鳥嘴。麒麟的角，鳳凰的嘴。比喻珍稀名貴的物品。漢・東方朔《海內十洲記》：「洲上多鳳麟……亦多仙家。煮鳳喙及麟角，合煎作膏，名爲續弦膠，或名連金泥。此膠能續弓弩已斷之弦，刀劍斷折之金。」唐・杜甫《病後遇王倚飲贈歌》：「麟角鳳觜世莫識，煎膠續弦奇自見。」

【麟趾呈祥】

《詩經・周南・麟之趾》篇，以「振振公子」讚美文王子孫繁衍而多賢良。後遂以「麟趾呈祥」比喻子孫昌盛與賢能。

【麟子鳳雛】

幼小的麒麟和鳳凰。比喻才華出衆的年輕貴族子弟或書香子弟。漢・焦延壽《焦氏易林》卷二：「麟子鳳雛，生長家國。」

ㄌㄧㄣˇ

【凜不可犯】

見「凜然不可犯」。

【凜凜不可犯】

見「凜然不可犯」。

【凜凜有生氣】

凜凜：嚴肅而令人敬畏的樣子。形容威嚴而令人敬畏，又充滿生機、活力。多指品德崇高的人；或前人功德，令人緬懷。晉・郭澄之《郭子》：「庾道季云：『藺相如雖千載死人，懍懍恆如有生氣；曹蜍、李志雖見在，厭厭如在九泉下。』」宋・岳珂《桯史・陳了翁始末》：「余謂前輩名節之重，身蹈危機，不復小顧，申省公牘，百載而下，讀之凜凜有生氣。」

【凜然不可犯】

形容嚴肅、令人敬畏、不可侵犯的樣子。元・陶宗儀《南村輟耕錄・軍中禮士》：「其御將帥也，凜然不可犯，而四方之士歸之者，禮遇勤至。」也作「凜凜不可犯」。宋・歐陽修《新霜二首》詩之二：「青松守節見臨危，正色凜凜不可犯。」也作「凜不可犯」。明・李開先《賀邑令賀洪濱獎異序》：「迄今才八閱月，絕叢生之文法，除苛細之科條，雖若凜不可犯，然實藹然可親。」

【凜然有生氣】

義同「凜凜有生氣」。宋・蘇舜欽《答杜公書》：「丈人才略宏遠……雖效百千年，赫赫不忘，凜然尚有生氣，此大君子之事業，大人之所以夙懷也。」

【凜如霜雪】

形容人的態度冷漠、嚴肅像霜雪一樣。《兒女英雄傳》四回：「只見她那艷如桃李之中，卻又凜如霜雪。」

【凜若冰霜】

比喻對人的態度冷漠、嚴肅。元・王實甫《西廂記》一本二折：「俺老夫人治家嚴肅，凜若冰霜。」

【凜有生氣】

義同「凜凜有生氣」。唐・王勃《平台秘略論十首・益政（善政）》：「用公直而掌朝論，昂然直上，凜有生氣。」

ㄌㄧㄤˊ

【良辰吉日】

屈原《九歌》：「吉日兮辰良，穆將愉兮上皇。」後以「良辰吉日」指美好吉利的日子。《說岳全傳》一五回：「選定良辰吉日，發兵五十萬，祭了珍珠寶雲旗，辭別父王，進兵中原。」

【良辰美景】

美好的時光和景色。《陳書・孫瑒傳》：「每良辰美景，賓僚並集，泛長江而置酒，亦一時之勝賞焉。」宋・歐陽修《雨中花》：「且攜手流連，良辰美景，留作相思處。」也作「良辰媚景」。元・王實甫《西廂記》二本二折：「俺那裏落紅滿地胭脂冷，休辜負了良辰媚景。」也作「良時美景」。唐・楊炯《送并州旻上人詩序》：「況乎人生天地，岳鎮東西，良時美景，始雲蒸而電激；臨水登山，急風流而雨散。」

【良辰媚景】

見「良辰美景」。

【良工不示人以璞】

璞：未經琢磨的玉石。好工匠不把沒有經過琢磨的玉給人看。比喻責任心強的人不肯把自己粗糙的東西拿出來示人。明・顧炎武《譎觚》：「歲月既久，漸成卷帙，而不敢錄以示人。語曰：『良工不示人以璞。』慮以未成之作，誤天下學者。」

【良工苦心】

見「良工心苦」。

【良工巧匠】

指技藝精巧高超的工匠。宋・李格非《洛陽名園記》：「今洛陽良工巧匠，批紅判白，接以他木，與造化爭妙。」

【良工心苦】

技藝高超的工匠創作，都要經過一番苦心經營。唐・杜甫《題李尊師松樹障子歌》詩：「已知仙客意相親，更覺良工心獨苦。」清・李漁《閒情偶寄・演習》：「雖曰良工心苦，然作者深心。」也作「良工苦心」。明・張岱《陶庵夢憶・吳中絕技》：「張寄修之治琴，范昆白之治三弦子，俱可上下百年，保無敵手，但其良工苦心，亦技藝之能事。」

【良賈深藏】

賈：ㄍㄨˇ，商人。善經商的人把手中的貴重商品深藏起來，不輕易外露。比喻學識淵博的人不在人前顯露。《大戴禮記・曾子制言》：「良賈深藏若虛，君子有盛教如無。」《野叟曝言》三二回：「大奶叩問璇姑，曆算之外，還精何技術？璇姑謙說百無一能；大奶奶認是良賈深藏。」

【良賈深藏若虛】

賈：ㄍㄨˇ，商人。善於做生意的商人不輕易露財。比喻有才幹的人不炫耀自己的才識。《史記・老子韓非列傳》：「老子曰：『吾聞之：良賈深藏若虛，君子盛德，容貌若愚』。」

【良匠之目，無材弗良】

弗：不。在高明匠師的心目中，沒有哪件材料不是好材料。比喻當政者識才善任。明·田藝蘅《玉笑零音》：「良匠之目，無材弗良；聖主之目，無臣弗聖。非材之盡良也，大小各有所取也；非臣之盡聖也，內外各有所使也。」

【良將不怯死以苟免，烈士不毀節以求生】

優秀將領不會因怕死而苟且避禍，有志之士不會損毀氣節而求取生存。《三國志·魏書·龐德傳》：「德謂督將成何曰：『吾聞良將不怯死以苟免，烈士不毀節以求生。今日，我死日也。』戰益怒，氣愈壯。」

【良金美玉】

優良的金和美好的玉。宋·沈括《夢溪筆談·陳生》：「山中良金美玉，皆至寶也，任爾取之。」也比喻文章優美或人品的高尚。《舊唐書·楊炯傳》：「李嶠、崔融、薛稷、宋之問之文，如良金美玉，無施不可。」《宋史·黃洽傳》：「[上曰]：『卿如良金美玉，渾厚無瑕。』」

【良馬不窺鞭，側耳知人意】

好馬不用去看鞭子的起落，只要側側耳朵就知道御者的意思。比喻精明的人不用明示，便可按旨意行事。例小張眞不愧是個精明人，凡事不用你多費口舌，就如俗語所說的：「良馬不窺鞭，側耳知人意。」

【良馬不念秣，烈士不苟營】

秣：ㄇㄛˋ，牲口的飼料。良馬志在千里，不會光顧及飼料的事；有志之士，憂在天下，不苟營個人私利。唐·張籍《西州》詩：「郡縣發丁役，丈夫各征行。生男不能養，懼身有姓名。良馬不念秣，烈士不苟營。所願除國難，再逢天下平。」

【良馬見鞭影而行】

好的馬只須看見鞭子揚起的影子就會走起來。比喻有才幹的人不用別人督促他。《景德傳燈錄》卷八七：「外道禮拜云：『善哉！世尊大慈大悲，開我迷雲，令我得入。』外道去已，阿難問佛云：『外道以何所證而言得入？』佛云：『如世間良馬，見鞭影而行。』」

【良馬難乘，然可以任重致遠】

好馬很難馴服，但可以跑得遠。比喻賢才雖然難以駕馭，但能建功立業，應該重用。《墨子·親士》：「良弓難張，然可以及高入深；良馬難乘，然可以任重致遠；良才難令，然可以致君見尊。」

【良馬期乎千里，不期乎驥驁】

期：希望，要求；驥驁：ㄐㄧˋ ㄠˊ，千里馬的別名。對千里馬的要求是日行千里，並不一定要它是著名的驥驁。比喻只要是人才即可任用，而不在乎他有無名氣、資歷等。《呂氏春秋·察今》：「良劍期乎斷，不期乎鏌鋣；良馬期乎千里，不期乎驥驁。」

【良農不爲水旱不耕，良賈不爲折閱不市】

賈：ㄍㄨˇ，商人；折閱：虧損；市：做生意。勤勞的農民不因爲水災旱災而不種田，精明的商人不因爲蝕本而不做買賣。謂有頭腦的人，不因爲一時的挫折或失敗而放棄自己的初衷。例如果你夠聰明，能堅持自己的理想，那你就會達到良農不爲水旱不耕，良賈不爲折閱不市的境界。

【良朋益友】

能給人教益和幫助的好朋友。唐·皎然《七言樂意聯句》詩：「良朋益友自遠來，萬里鄉書對酒開。」

【良禽相木】

見「良禽擇木」。

【良禽擇木】

比喻賢士擇主而事。《三國演義》一四回：「豈不聞『良禽擇木而棲，賢臣擇主而事』，遇可事之主，而交臂失之，非丈夫也。」也作「**良禽相木**」。《痛史》一〇回：「良禽相木而棲，賢臣擇主而事……足下何不棄暗投明，不失封侯之位？」

【良善被人欺，慈悲生患害】

心地善良容易被人欺負，心懷慈悲反倒會惹禍害。例古人說得好：「良善被人欺，慈悲生患害。」對他那種惡人，你千萬別可憐他，不然，他會加害於你。

【良師益友】

使人得到教益和幫助的好老師、好朋友。例小林的學識淵博，和我又談得來，說他是我的良師益友一點也不爲過。

【良時美景】

見「良辰美景」。

【良史之才】

指學識豐富、寫史無所隱諱的優良史官的才識。《漢書·司馬遷傳贊》：「然自劉向、揚雄博極羣書，皆稱遷有良史之才。」

【良宵好景】

見「良宵美景」。

【良宵美景】

迷人的夜晚，美好的景色。明·無名氏《雷澤遇仙記》三折：「花色醺酣鳥韻淸，休負了良宵美景。」也作「**良宵好景**」。明·無名氏《認金梳》三折：「我與你捧瑤觴酒滿傾，今日個堪賞玩在公廳，休辜負良宵好景。」

【良心發現】

指內心對是非、善惡的正確認識重新萌發出來。魯迅《藤野先生》：「便使我忽又良心發現，而且增加勇氣了。」

【良言一句三冬暖，惡語傷人六月寒】

形容好言好語可以溫暖人心，惡言惡語則正相反。例老師傳語重心長的一番話，使小王心裏熱呼呼的，俗話說：「良言一句三冬暖，惡語傷人六月寒。」他從心眼裏感激這位老師父。

【良藥苦口】

能治病的好藥，味苦難嚥。比喻有益而尖銳的批評或勸誡，聽起來不舒服，但對人有幫助。《韓非子・外儲說左上》：「夫良藥苦於口，而智者勸而飲之，知其入而已己疾也。」《三國志・吳書・孫奮傳》：「夫良藥苦口，唯疾者能甘之；忠言逆耳，唯達者能受之。」

【良藥苦口利於病，忠言逆耳利於行】

好藥喝起來雖然覺得苦，卻有利於治好病；誠懇的勸告聽起來覺得刺耳不舒服，卻有利於為人處世。《孔子家語・六本》：「孔子曰：『良藥苦口利於病，忠言逆耳利於行。』」

【良冶之子，必學為裘；良弓之子，必學為箕】

優秀冶匠的兒子，一定要學縫皮衣；優秀弓匠的兒子，一定要學編竹箕。指既要學好專業，還必須學習其他有關的知識、技能。《禮記・學記》：「良冶之子，必學為裘；良弓之子，必學為箕；始駕馬者反之，車在馬前。君子察於此三者，可以有志於學矣。」

【良有以也】

以：原因，道理。很是有些道理的。唐・李白《春夜宴從弟桃花園序》：「古人秉燭夜遊，良有以也。」

【良莠不分】

見「良莠不齊」。

【良莠不齊】

莠：ㄧㄡˇ，狗尾草，類似穀子的野草。好的穀苗和野草混雜在一起。比喻好人和壞人混在一起難以區分。清・紀昀《閱微草堂筆記・如是我聞四》：「我輩之中，好醜不一，亦如人類之內，良莠不齊。」《鏡花緣》六八回：「無如族人甚眾，良莠不齊，每每心懷異志，禍起蕭牆。」也作「良莠不分」。《清史稿・吳傑傳》：「馭夷長策，當先剿後撫，未剿遽撫，良莠不分。」也作「良莠不一」。《清史稿・覺樂滿保傳》：「閩、浙兩省棚民，以種麻靛、造紙、燒灰為業，良莠不一。」也作「良莠淆雜」。《清史稿・蕭永藻傳》：「開山發礦，多人羣聚，良莠淆雜，臣通飭嚴禁。」

【良莠不一】

見「良莠不齊」。

【良莠淆雜】

見「良莠不齊」。

【良玉不雕】

見「良玉不琢」。

【良玉不琢】

美玉毋須雕飾。比喻美好的事物不須外在的修飾。《漢書・董仲舒傳》：「臣聞良玉不琢，資質潤美；不待刻琢，此亡異於達巷黨人不學而自知也。」宋・陳師道《後山談叢》卷一：「語曰：『良玉不琢』，謂其不惜美於外也。」也作「良玉不雕」。漢・揚雄《法言・寡見》：「良玉不雕，美言不文。」

【良知良能】

就指天賦的智能。《孟子・盡心上》：「人之所不學而能者，其良能也；所不慮而知者，其良知也。」後借指本身已具備的認識能力和實際本領。例千萬別辜負上帝賦予你的良知良能，要盡其所能的自我發揮。

【良質美手】

指心靈手巧。《梁書・柳惲傳》：「卿巧越嵇心，妙臻羊體，良質美手，信在今辰。」

【涼粉兒刮到碗裏——妥（坨）了】

妥：「坨」的諧音；坨：糊狀物凝成塊狀。雙關語，比喻事情辦好了。例您老放心吧，籌辦的事早已涼粉兒刮到碗裏——妥（坨）了，到時您只管主持會議就行了。

【涼鍋貼餅子——出溜到底了】

出溜：滑，滑行。比喻下降到最低點。例今年隊裏的生產，就像涼鍋貼餅子——出溜到底了，還不想想辦法，社員的日子怎麼過。參見「涼鍋貼餅子——蔫溜了」。

【涼了半截】

比喻差不多完全失望、灰心了。例當他無意間看到出院證上寫著「癌症末期」時，心裏頓時涼了半截。

【涼水潑藕粉——硬沖】

潑藕粉：沖藕粉。涼水沖不熟藕粉，卻硬要這樣做。比喻不顧條件或冒險地硬做某事。例敵人防守嚴密，無隙可乘，我們只好來個涼水潑藕粉——硬沖。

【涼水泡豌豆——冷處理】

多比喻需要處理的事，擱置一段時間後再冷靜地去處理，或置之不理。例我看，對這件事的處理，應當採取涼水泡豌豆——冷處理的辦法，不然會加劇矛盾，有害於團結。

【涼水燙雞——一毛不拔】

見「冷水燙雞——一毛不拔」。

【涼血動物】

即「冷血動物」，比喻沒有感情的人。例他在團體之中是出了名的涼血動物，似乎所有感人的事物都不會影響他的情緒。

【梁山泊的軍師——無（吳）用】

軍師：舊時小說戲曲中稱在軍隊中幫助主帥出主意的人；吳用：梁山起義軍中的軍師，足智多謀，綽號「智多星」；無：「吳」的諧音。比喻辦不成事或東西沒有用處。例沒有實際行動，決心表示得再好也是梁山泊的軍師——無（吳）用。也作「梁山寨的軍師——無（吳）用」。

【梁山泊的兄弟——不打不成相識】

據《水滸傳》故事，梁山泊的好漢多是在打鬥中相識而聚義梁山的。指只有經過較量，才能彼此了解，結下友情。例「我們是在比賽場上結為朋友的。」「真是梁山泊的兄弟——不打不成相識啊！」

【梁上君子】
《後漢書・陳寔傳》：「時歲荒民儉，有盜夜入其室，止於梁上。寔陰見之，乃起自整拂，呼命子孫，正色訓之曰：『夫人不可不自勉。不善之人未必本惡，習以性成，遂至於此。梁上君子者是矣。』盜大驚，自投於地。」後用「梁上君子」指竊賊。清・淮陰百一居士《壺天錄》卷下：「某學究兀坐危樓觀書，忽聞樓下有人吁然失聲，五體投地，秉燭趨視，則一梁上君子也。」也比喻上不沾天下不著地，脫離實際的人。

【梁上君子——上不著天，下不著地】
梁上君子：後漢陳寔稱藏在他家房梁上打算偷東西的賊爲「梁上君子」，後常用「梁上君子」做竊賊的代稱。見「斷了線的風箏——上不著天，下不著地」。

【梁頭上賣肉——架子不小】
梁：房梁。見「扛牌坊賣肉——好大的架子」。

【梁園雖好，不是久戀之家】
梁園：指漢梁孝王在開封爲宴請賓客遊樂所修建的一座名園。後泛指遊樂之處。比喻此地雖好，卻久留不得。《古今小說》卷三六：「宋四公思量道：『梁園雖好，不是久戀之家。』連更徹夜，走歸鄭州去。」

【糧多草廣】
比喻糧草豐富，作戰無後顧之憂。明・無名氏《桃園結義》一折：「俺這蒲州，地方寬闊，糧多草廣，軍民好漢，我何不起兵撥亂。」

【糧盡援絕】
比喻作戰面臨危難處境。宋・楊萬里《鈐轄趙公墓志銘》：「公挺身與戰，屢捷。七年，糧盡援絕，勢不能復支，遂率所部數千人南歸。」

【糧食裝在布袋裏——一個挨著一個】
比喻數量很多，接連不斷。例這個港口開放以後，外籍船隻越來越多，就像糧食裝在布袋裏——一個挨著一個，天天如此。

ㄌㄧㄤˇ

【兩把號吹成一個調——想（響）到一塊了】
見「同吹兩把號——想（響）到一塊了」。

【兩敗俱傷】
《戰國策・秦策二》：「有兩虎爭人而鬥，管莊子將刺之。管與止之曰：『虎者，戾蟲；人者，甘餌。今兩虎爭人而鬥，小者必死，大者必傷。子待傷虎而刺之，則是一舉而兼兩虎也。』」後指兩方面都受到損傷或損害。《官場現形記》四八回：「倘若大人再要回護他三人，將來一定兩敗俱傷，於大人反爲無益。」梁啓超《王荊公傳》一〇章：「而普通商業，又最忌以抵當而貸出其資本。今市易法乃兼此兩種矛盾之營業，有兩敗俱傷耳。」

【兩邊倒】
比喻搖擺不定，沒有堅定的立場和主見。例這人慣會兩邊倒，咱們可不能隨便相信他。

【兩部鼓吹】
鼓吹：古代樂器合奏的音樂。兩部器樂合奏。《後漢書・楊賜傳》：「及葬，又使侍御史持節送喪，蘭台令史十人，發羽林騎輕車介士，前後部鼓吹。」後用「兩部鼓吹」指青蛙的叫聲。《南齊書・孔稚珪傳》：「門庭之內，草萊不剪，中有蛙鳴，或問之曰：『欲爲陳蕃乎？』稚珪笑曰：『我以此當兩部鼓吹，何必期效仲舉。』」

【兩次三番】
形容一次又一次。明・無名氏《暗渡陳倉》楔子：「爲因你在我跟前兩次三番，舉薦韓信爲元帥，我依你拜他做了元帥。」朱自清《白種人——上帝的驕子》：「我兩次三番地看那白種的孩子，小西洋人！」也作「三番兩次」。

【兩得其便】
對雙方都有好處。《古今小說》三一回：「當初韓信懷才未遇，漢皇缺少大將，兩得其便。」也作「兩得其所」。宋・劉克莊《與鄭邵武書》：「此事於立孫無相妨，華屋良田與吾之孫，獨以一命與吾兄之孫，兩得其所矣。」

【兩得其所】
見「兩得其便」。

【兩得其中】
兩種相反的表現都有道理，都是合適的。南朝宋・劉義慶《世說新語・任誕》：「阮步兵（阮籍）喪母。裴令公往弔之。阮方醉，散發坐床箕踞不哭。裴至下席於地哭，弔唁畢，便去。或問裴，凡弔，主人哭客乃爲禮，阮既不哭，君何爲哭？裴曰：『阮方外之人，故不崇禮制；我輩俗中人，故以儀軌自居。』時人嘆爲兩得爲中。」

【兩豆塞耳】
兩顆豆塞住了耳朵。比喻受讒言、邪說矇蔽而聽不進正確的意見。《鶡冠子・天則》：「夫耳之主聽，目之主明。一葉蔽目，不見太山。兩豆塞耳，不聞雷霆。」

【兩耳塞豆——懵然不覺】
比喻很閉塞，什麼也不知道。有時含有被矇在鼓裏的意思。例你所說的這些情況，我是兩耳塞豆——懵然不覺，看來，是被他們欺騙了。

【兩副重擔一肩挑——難上難】
也作「兩副重擔一肩擔——難上加難」。見「趕鴨子上架——難上難」。

【兩個槌槌敲一面鑼——想（響）在一處了】
見「兩把號吹成一個調——想（響）到一塊了」。

【兩個和尚打架——抓不到辮子】
雙關語，比喻找不到什麼毛病或把柄。例心正不怕邪，兩個和尚打架——抓不到辮子，有什麼擔心的？

【兩個花臉抬棍棒——一乾（桿）二淨】
花臉：在京戲中稱爲「淨」角；乾：「桿」的諧音。比喻舉止果斷，辦事徹底。例他做事素來是兩個花臉抬棍棒——一乾（桿）二淨，不拖泥帶水。

【兩個肩膀扛張嘴】
見「兩肩擔一口」。

【兩個盤子三條魚——多餘（魚）】
餘：「魚」的諧音。雙關語，比喻沒有必要，多此一舉。例多年的老朋友，說這些客氣話，是兩個盤子三條魚——多餘（魚），有事就談事吧。

【兩個琵琶一個調——談（彈）到一塊兒去了】
談：「彈」的諧音。雙關語，比喻想法一致，談話很投機、合拍。例咱倆是老同學，多年沒見面，現在仍然是兩個琵琶一個調——談（彈）到一塊兒去了！

【兩個乞丐拜堂——窮配窮】
拜堂：拜天地，舊式婚禮新郎新娘一起舉行參拜天地的儀式。比喻貧困的人相聚在一起。含有同病相憐、意氣相投的意思。例咱們都是落難之人，兩個乞丐拜堂——窮配窮，誰也不嫌棄誰，就一起奮鬥吧！也作「兩個化子拜堂——窮配」。

【兩個人奏笙——一個吹、一個捧】
笙：管樂器，常見的有大小數種，用若干根裝有簧的竹管和一根吹氣管裝在一個鍋形的座子上製成。比喻吹噓捧場，一唱一和。例你們是兩個人奏笙——一個吹、一個捧，把我說得神乎其神，我要公開聲明，這同實際根本不符。

【兩個人做買賣——缺一不可】
見「八個油瓶七個蓋——缺一不可」。

【兩個山字擱一塊兒——你給我請出】
兩個「山」字組成一個「出」字。比喻請別人離開，表示不客氣的話。例好吧，既然我們沒有共同語言，毫無談判的基礎，兩個山字擱一塊兒——你給我請出。也作「山字垛山字——請出」。

【兩個仙鶴打架——繞脖子】
比喻說話辦事繞來繞去，不直截了當。例這個人心直口快，你對他說話也千萬別兩個仙鶴打架——繞脖子，否則他會狠狠地罵你一頓的。

【兩個啞巴吵架——不知誰是誰非】
比喻分不清是非曲直。例兩個啞巴吵架——不知誰是誰非，你倆的矛盾，我們局外人是無法表示意見的。也作「兩個啞巴吵嘴——難斷是非」、「兩個啞巴打架——是非難分」。

【兩個啞巴親嘴——好得沒法說】
指關係好極了，無法用言語形容。例「你們的關係怎樣？」「兩個啞巴親嘴——好得沒法說，這點你還看不出？」也作「倆啞巴睡一頭——好得沒法說」。

【兩個啞巴睡一頭——沒得話講】
也作「兩個啞巴睡一頭——無話可說」、「兩個啞巴睡一床——沒有話講」。見「倆啞巴見面——沒說的」。

【兩個羊子打架——對頭了】
羊子：〈方〉羊。雙關語，比喻正確、合適。例你昨天胡攪蠻纏，實不應該，今天的態度卻是兩個羊子打架——對頭了。

【兩個醉漢睡覺——東倒西歪】
形容雜亂、亂七八糟。例這個工地上的建築材料，就像兩個醉漢睡覺——東倒西歪，既不利於安全保障，也妨礙了施工進度。

【兩姑之間難爲婦】
比喻左右爲難。例你們兩個，他說這麼辦，你說那麼辦，我可眞成了「兩姑之間難爲婦」了。

【兩股道上跑的車——各走各的道】
雙關語，比喻各幹各的事情，互不相干。例我們雖是同學，但是兩股道上跑的車——各走各的道，不要硬拉到一起。也作「兩股道上的車——各走各的路」、「鷹飛藍天，狐走夜路——各走各的道」、「老虎金錢豹——各走各的道」、「驢子拉磨牛耕田——各走各的路」。

【兩股道上跑的車——撞不上】
比喻互不干擾，不會發生衝突。例他雖然陰險毒辣，蠻不講理，但我們是兩股道上跑的車——撞不上，你別擔心。

【兩股道上跑的車——走的不是一條路】
比喻選擇的道路不同，不能調和。例形勢在發展，情況在變化，昨天還認爲是兩股道上跑的車——走的不是一條路，今天卻坐在一塊兒共商工廠發展的百年大計。

【兩瞽相扶】
瞽：盲人。兩個盲人互相攙扶，比喻誰也幫不了誰。漢·韓嬰《韓詩外傳》卷五：「兩瞽相扶，不傷牆木，不陷井阱，則其幸也。」

【兩國相戰，不斬來使】
兩國交兵作戰，彼此不殺對方的使者。《水滸傳》六九回：「不可。自古『兩國相戰，不斬來使』，於禮不當。只將二人各打二十記棍，發回原寨，看他如何。」

【兩國相爭，不阻來使】
指兩國交戰，不拒絕接待對方的使者。《封神演義》五六回：「『兩國相爭，不阻來使。』相見何妨？我此來奉姜丞相命，有事面訣，非可傳聞，再煩通報。」

【兩害從輕】
把兩種危害相比較，取其較輕的一種。《民國通俗演義》一〇八回：「但體察現情，保留一層，已難辦到……故爲兩害從輕之計，仍以簽字爲宜。」

【兩虎共鬥】
見「兩虎相鬥」。

【兩虎相搏】
見「兩虎相鬥」。

【兩虎相鬥】
比喻兩個強有力的對手作你死我活的搏鬥。《史記・春申君列傳》：「天下莫強於秦楚。今聞大王欲伐楚，此猶兩虎相與鬥。」《三國演義》六二回：「今兩虎相鬥，必有一傷。」也作「兩虎共鬥」。《史記・廉頗藺相如列傳》：「今兩虎共鬥，其勢不俱生。」也作「兩虎相爭」。明・徐元《八義記・張維評話》：「我相公官至下大夫，不知爲何，近日只要與上大夫趙正卿爭朝，我想兩虎相爭，必有一傷。」也作「兩虎相搏」。《史記・張儀傳》：「楚王大怒，興兵襲秦，戰於藍田，此所謂兩虎相搏者也。」

【兩虎相鬥，必有一傷】
比喻雙方爭鬥，必有其中一方受到傷害。例現在是關鍵時刻，應該以團結爲主，不要再爭吵了，俗話說：「兩虎相鬥，必有一傷。」你們要好好想想這個道理。」

【兩虎相爭】
見「兩虎相鬥」。

【兩肩擔一口】
兩個肩膀擔著一個口。形容一無所有，極端貧困。清・沈復《浮生六記・坎坷記愁》：「卿慮過深矣。匿子圖詐，詐其富有也；我夫婦兩肩擔一口耳。」也作「兩肩荷一口」。《聊齋志異・胡四娘》：「大婦嘲四娘曰：『汝家祝儀何物？』二婦曰：『兩肩荷一口！』四娘坦然，殊無慚怍。」也作「兩個肩膀扛張嘴」。《兒女英雄傳》二六回：「只可笑我張金鳳完親的時候，我兩個都是兩個肩膀扛張嘴。」

【兩肩荷一口】
見「兩肩擔一口」。

【兩腳書櫥】
指書面知識豐富卻不善於靈活運用的人。清・葉燮《原詩・內篇下》：「且夫胸中無識之人，即終日勤於學，而亦無益。俗諺謂爲兩腳書櫥，記誦日多，多益爲累。」

【兩腳野狐】
《舊唐書・楊再思傳》：「[再思]爲人奸佞邪媚，能得人主微旨……[張]昌宗既爲法司所鞫，司刑少卿桓彥范斷解其職。昌宗俄又抗表稱冤，則天意將申理昌宗，廷問宰臣曰：『昌宗於國有功否？』再思對曰：『昌宗往因合練神丹，聖躬服之有效，此實莫大之功。』則天甚悅，昌宗竟以復職。時人貴彥范而賤再思也，時左補闕戴令言作《兩腳野狐賦》以譏刺之。」後以「兩腳野狐」比喻善於阿諛諂媚的奸詐小人。

【兩截人】
比喻言行不一的人。例誰都知道他是兩截人，他的話你可不能全信。

【兩口子拜年——多餘的禮節】
比喻不必要的客套。例咱們既然是好朋友，送這些禮物是兩口子拜年——多餘的禮節。

【兩口子不稱心——將就著過】
比喻勉強過著不很舒心的日子。例這有啥辦法呢？俗話說：「兩口子不稱心——將就著過。」我們先這樣湊合下去吧！見「頭痛醫頭，腳痛醫腳——將就著過」。

【兩口子唱西廂——眞眞假假】
西廂：指元代雜劇《西廂記》，描寫書生張君瑞和相國小姐崔鶯鶯痴情相愛，在紅娘的幫助下，克服重重困難終成眷屬的故事。比喻眞假難分。例你們做事，就像兩口子唱西廂——眞眞假假，我們實在無法判斷，只有讓時間作證吧。

【兩口子鋤地——不顧(雇)別人】
顧：「雇」的諧音。雙關語，比喻不管別人，只顧自己。例人人都需要生活，需要幸福，你們怎能兩口子鋤地——不顧（雇）別人呢？

【兩口子打官司——一言難盡】
比喻一句話難以把情況說清。有時指有說不完的苦衷。例這幾年的辛苦與艱難，實在是兩口子打官司——一言難盡，待以後慢慢地說吧。也作「石頭蛋子醃鹹菜——一言（鹽）難盡（進）」。

【兩口子打架——不勸自了】
不用勸說，矛盾自然解決。例不必大驚小怪，多費心思，這類紛爭，就像兩口子打架——不勸自了。

【兩口子的帳——難說清】
見「黃河裏的水——難說清」。

【兩口子的帳——算不清】
比喻頭腦模糊，算計不清。例他管公司的財務工作，就像兩口子的帳——算不清，這次成了上級審計機關檢查的重點。

【兩口子回門——成雙成對】
回門：舊習俗，婚後幾天內新婚夫婦一起到女家拜見長輩和親友。參見「鹿子飲水——成雙成對」。

【兩淚汪汪】
兩眼充滿淚水的樣子。形容心裏很痛苦。例她無緣無故的受了他一頓奚落，回到家中，兩淚汪汪的坐著傷心。

【兩兩三三】
兩個三個的在一起。宋・柳永《夜半樂》詞：「殘日下，漁人鳴榔歸去。敗荷零落，衰楊掩映，岸邊兩兩三三，浣紗遊女。」

【兩論相訂，是非乃見】
訂：評價。兩種理論一比較、評議，誰是誰非也就非常清楚。指比較方能分清是非。漢・王充《論衡・案書》：「兩刄相割，利鈍乃知；兩論相訂，是非乃見。是故韓非之四《難》，桓寬之《鹽鐵》，君山《新論》之類也。」

【兩面二舌】

指在兩方撥弄是非。《司馬氏書儀・婚儀下》：「其兩面二舌，構虛造讒，離間骨肉者，逐之。」

【兩面光】

比喻向兩方面討好的人。例你倒好，兩面光，誰也不得罪，惡人都讓我來當！

【兩面三刀】

形容當面一套，背面一套，要兩面派手法。元・李潛夫《灰闌記》二折：「我是這鄭州城裏第一個賢慧的，倒說我兩面三刀，我搬掉你甚的來？」《紅樓夢》六五回：「嘴甜心苦，兩面三刀，上頭笑著，腳底下就使絆子，明是一盆火，暗是一把刀，他都占全了。」

【兩目不相爲視】

指由於個人的衡量標準不同，因此看法不一樣。例對這件事的看法，你說好，他說不好，這是很正常的。俗話說：「兩目不相爲視。」個人標準不一樣嘛。

【兩鳥在林，不如一鳥在手】

比喻一個可靠的目標强似兩個或更多的不可靠目標。例儘管你答應了我的要求，但我還是決定先抓住目前的好處再說，因爲俗話說得好：「兩鳥在林，不如一鳥在手。」

【兩匹馬並排跑——同奔前程】

見「哥倆上京城——同奔前程」。

【兩勤夾一懶——一不做，二不休】

見「老大懶惰老二勤——一不做，二不休」。

【兩情兩願】

見「兩相情願」。

【兩情若是久長時，又豈在朝朝暮暮】

朝朝暮暮：早晚。兩人的感情若是眞的永久不變時，又何必在乎早晚總在一起呢！多用於難以朝夕相處的情人相互勸慰或自我安慰。宋・秦觀《鵲橋仙》詞：「柔情似水，佳期如夢，忍顧鵲橋歸路！兩情若是久長時，又豈在朝朝暮暮！」

【兩全其美】

照顧到事情的兩方面，使雙方都達到美滿的結果。《警世通言》卷三五：「你可在主母前引薦我與他相處；倘若見允，我替他持家，無人敢欺負他，可不兩全其美。」

【兩人合穿著一條褲子】

形容兩人之間關係緊密，相互依靠。《金瓶梅詞話》七五回：「我偏不要你去，我還和你說話哩。你『兩人合穿著一條褲子』也怎的？」

【兩世爲人】

好像死後第二次又回到人世間作人。形容死裏逃生，倖存下來了。《濟公全傳》一四四回：「只見這條大蟒一陣怪風竟自去了。雷鳴、陳亮說：『好險，好險，你我兩世爲人。』」

【兩手架鼓——等著挨敲】

雙關語，比喻等著挨批評，或受敲詐。例「你愁眉苦臉爲啥？」「昨天值班出了生產事故，現正兩手架鼓——等著挨敲呢！」

【兩手空空】

手裏什麼也沒有。表示手頭無錢。《子不語》卷二三：「我客死於此，兩手空空。」《鏡花緣》九九回：「這樣精室，若無錦衣美食，兩手空空，也是空自好看。」

【兩手捏三個大錢——一是一，二是二】

見「三個銅錢放兩邊——一是一，二是二」。

【兩手捏兔子——穩拿】

見「堵窩抓鳥——拿個穩」。

【兩手拍屁股——光打光】

見「禿子揍和尚——光打光」。

【兩手捧壽桃——有禮】

雙關語，比喻很有禮貌。例這個人見誰都是兩手捧壽桃——有禮，處處受人歡迎。

【兩手招兔子——穩把穩拿】

見「堵窩抓鳥——拿個穩」。

【兩手托刺蝟——棘手】

刺蝟（ㄨㄟˋ）：哺乳動物，頭小，四肢短，身上有硬刺。比喻事情難辦，不好下手，或左右爲難。例楊科長心裏煩透了，有心拒絕接受這個人，又怕得罪頂頭上司；留下又覺得沒用處，眞是兩手托刺蝟——棘手得很。也作「兩手托刺蝟——扔出去捨不得，托在手裏刺得痛」、「倆手托刺蝟——棘手」、「手捧蒺藜——棘手」、「袖子裏起火——燒手」。

【兩手攥空拳——鏰子沒有】

鏰（ㄅㄥˋ）子：原指清末不帶孔的小銅幣，十個當一個銅元，現在把小型的硬幣叫銅鏰子或銅鏰兒。指手裏一個錢也沒有。例白幹一天活，兩手攥空拳——蹦子沒有，老闆眞是黑心腸。

【兩鼠鬥穴】

兩隻老鼠在地洞中相鬥。比喻兩軍狹路相逢，勇者勝。《史記・趙奢傳》：「秦伐韓，軍於閼與。王召廉頗而問曰：『可救不？』對曰：『道遠險狹，難救。』……又召問趙奢，奢對曰：『其道遠險峽，譬之猶兩鼠鬥於穴中，將勇者勝。』」

【兩台大戲對著唱——看是你强我强】

比喻互相競賽，比試高低。例兩家試驗田，緊相連，賽著幹，就像兩台大戲對著唱——看是你强我强。

【兩條腿穿到一條褲管裏——登打不開】

①比喻工作進展不順利或陷入窘境，打不開局面。例因爲缺乏必要的競爭條件和手段，公司的銷售工作就像兩條腿穿到一條褲管裏——登打不開

了。②比喻周轉不開。例她的日子過得越來越緊，眞有點兒兩條腿穿到一條褲管裏——登打不開了。也作「兩條腿穿到一條褲管裏——眞是登打不開了」、「兩條腿伸進一只褲腳裏去——蹚騰不開了」、「癩蛤蟆穿套褲——登打不開」。

【兩條腿的板凳——站不住腳】

比喻不能住下去或生存下去。有時指論點或理由不充分，不能成立。例在舊社會，各地方宗派主義嚴重，外鄉人是兩條腿的板凳——站不住腳的。

【兩條腿走路】

比喻同時採取兩種辦法，互相配合。例只要我們採取兩條腿走路的辦法，國家拿一點，個人也拿一點，就一定能解決修築公路的資金問題。

【兩頭白面】

比喻對兩頭胡弄、欺騙、討好。元・楊文奎《兒女團圓》三折：「你撒了手，不似你這個兩頭白面搬唇遞舌的歹弟子孩兒。」元・康進之《李逵負荊》二折：「則爲你兩頭白面搬興廢，轉背言詞說是非。」

【兩頭尖的針——難逢（縫）】

逢：「縫」的諧音。雙關語，比喻不好碰到。例這樣好的學習機會，眞是兩頭尖的針——難逢（縫）啊！不能輕易放過。

【兩腿插到沙窩裏——越圪彈越深】

圪彈：ㄍㄜ ㄉㄢˋ，〈方〉活動。比喻在困境中越掙扎越艱難。例常大叔回憶了自己以前的苦難之後說：「那時我好比兩腿插到沙窩裏——越圪彈越深，做夢也沒有想到會有今天這樣幸福的日子。」

【兩喜必多溢美之言，兩怒必多溢惡之言】

溢：過也。雙方都欣喜，必定誇飾對方長處；雙方都憤怒，必定誇大對方的壞處。《莊子・人間世》：「夫傳兩喜兩怒之言，天下之難者也。夫兩喜必多溢美之言，兩怒必多溢惡之言。」

【兩賢相厄】

兩個有才幹的人相互殘害。《史記・季布列傳》：「丁公爲項羽逐窘高祖彭城西，短兵接；高祖急顧丁公曰：『兩賢豈相厄哉！』」

【兩相情願】

雙方都心甘情願，多用於婚姻或交易。《初刻拍案驚奇》卷二：「方才說過的，恁娘子自揀，兩相情願，如何誤得你？」《老殘遊記》一九回：「事畢，某字號存酬勞銀一百兩，即歸我支用。兩相情願，絕無虛假。」也作「兩廂情願」、「兩情兩願」。《歧路燈》五〇回：「譚紹聞道：『且慢商量。』夏逢若道：『已是兩情兩願，還有什麼商量。』」

【兩小無猜】

形容男女兒童或少年在一起相處，天眞無邪，互無猜疑和忌諱。唐・李白《長干行》詩：「郎騎竹馬來，繞床弄青梅。同居長干里，兩小無嫌猜。」《聊齋志異・江城》：「翁有女，小字江城，與生同甲，時當八九歲，兩小無猜，日共嬉戲。」也作「兩小無嫌」。清・沈復《浮生六記・閨房記樂》：「余年十三，隨母歸寧，[與表姐陳芸]兩小無嫌。」

【兩小無嫌】

見「兩小無猜」。

【兩心一體】

兩人的心願一致。唐・薛能《贈苗端公》詩之二：「至老不相疏，斯言不是虛。兩心宜一體，同舍又鄰居。」

【兩雄不並立】

雄：指強有力者。兩個強有力者不能同時並存。《史記・酈生陸賈列傳》：「且兩雄不並立，楚漢久相持不決，……天下之心，未有所定也。」也作「兩雄不俱立」。《史記・酈生陸賈列傳》：「且兩雄不俱立，楚漢久相持不決，百姓騷動，海內搖盪。」

【兩雄不俱立】

見「兩雄不並立」。

【兩袖清風】

形容瀟灑飄飄然、超凡脫俗的姿態。元・陳基《次韻吳江道中》詩：「兩袖清風身欲飄，仗藜隨月步長橋。」後多比喻爲官清廉，除兩袖清風之外，一無所有。《文明小史》一二回：「他自己做了幾十年的官，依然是兩袖清風。」《兒女英雄傳》三回：「只是那賠修的官項計須五千餘金，後任工員催逼得又緊，老爺兩袖清風，一時那裏交得上。」

【兩葉掩目】

兩片葉子遮住了眼睛。比喻受矇蔽而不明或看不清事情眞相。北齊・劉晝《新論・專學》：「夫兩葉遮目，則冥然無睹；雙珠塡耳，必寂寞無聞。」

【兩腋清風】

形容茶餘酒後的清爽舒適。唐・盧仝《走筆謝孟諫議寄新茶》：「七碗吃不得也，唯覺兩腋習習清風生。」宋・毛滂《西江月・侑茶詞》：「勸君不醉且無歸……流連能得幾多時？兩腋清風喚起。」

【兩硬相擊，必有一傷】

見「兩虎相爭，必有一傷」。

【兩張貼錯了的門神——反的】

見「反貼門神——不對臉」。

ㄌㄧㄤˋ

【亮底牌】

撲克牌遊戲行話，指還沒有亮出來的牌。比喻使出最後一手。例你別高興得太早，等我們亮底牌給你看，你就傻眼了。

【亮牌子】

比喻暗示身份、職務等。例這次下去調查，要格外謹愼小心，千萬不能隨便亮牌子。

【亮月下頭點燈——空掛名（明）】

名：「明」的諧音。雙關語，比喻空

有其名，或掛空名不做事。例她是紅極一時的電影明星，可自己還說是亮月下頭點燈——空掛名（明），非常謙虛。也作「**月下提燈籠——空掛名（明）**」。

【量才稱職】
見「量才錄用」。

【量才錄用】
根據才能大小錄取任用。宋・蘇軾《上神宗皇帝萬言書》：「凡所擘畫利害，不問何人，小則隨事酬勞，大則量才錄用。」也作「**量才敘用**」。《三國志・蜀書・譙周傳》裴松之注引晉、常璩《華陽國志》：「[文立上言]又諸葛亮、蔣琬、費禕等子孫流徙中畿，各宜量才敘用。」也作「**量才擢用**」。《鏡花緣》四二回：「其有情願內廷供奉者，俟試俸一年，量才擢用。」也作「**量才稱職**」。《魏書・郭祚傳》：「然所撥用者，皆量才稱職，時又以此歸之。」

【量才敘用】
見「量才錄用」。

【量才擢用】
見「量才錄用」。

【量出爲入】
見「量出制入」。

【量出制入】
估計支出情況制訂收入計畫。《新唐書・楊炎傳》：「凡百役之費，入錢之斂，先度其數而賦於人，量出制入。」也作「**量出爲入**」。梁啓超《爲籌制宜統四年算案事敬告部臣及疆吏》：「無論採『量出爲入』主義，採『量入爲出』主義，皆須度而後支。」

【量大福也大，機深禍亦深】
度量大的人福氣也大，算計越深災禍也越大。《水滸傳》一九回：「可憐王倫做了多年寨主，今日死在林冲之手，正應古人言：『量大福也大，機深禍亦深。』」

【量力而動】
見「量力而行」。

【量力而爲】
見「量力而行」。

【量力而行】
衡量自己能力的大小去行事。《左傳・隱公十一年》：「度德而處之，量力而行之，相時而動，無累後人，可謂知禮矣。」唐・吳兢《開元升平源》：「朕當量力而行，然後定可否。」也作「**量力而爲**」。《雲笈七籤》卷一〇三：「法物所須，各以差降，士民之類，可量力而爲之。」也作「**量力而動**」。《左傳・僖公二十年》：「[君子曰]：隨之見伐，不量力也。量力而動，其過鮮矣。」

【量力所至，約其課程而謹守之】
約：規定。學習要力所能及，安排課程和學習計畫，並嚴格遵守實行。指學習要有計畫，有毅力，才能學有成就。宋・朱熹《讀書之要》：「通一書而後及一書；以一書言之，則其篇章文句，首尾次第，亦各有序而不可亂也。量力所至，約其課程而謹守之。」

【量能授官】
《荀子・君道》：「論德而定次，量能而授官，皆使其人載其事而各得其所宜。」《史記・平津侯主父列傳》：「今陛下躬行大孝，鑑三王，建周道，秉文武，厲賢於祿，量能授官。」也作「**量能授器**」。器：權限，職位。晉・陸機《辨亡論下》：「推誠信士，不恤人之我欺；量能授器，不患權之我逼。」

【量能授器】
見「量能授官」。

【量如江海】
度量有如江海那樣大。比喻人寬宏大量。元・董君瑞《般涉調・哨遍》：「你是多少人稱讚，道你量如江海，器若丘山。」

【量入爲出】
根據收入情況確定支出。《禮記・王制》：「冢宰制國用，必於歲之杪，五穀皆入，然後制國用……量入以爲出。」也作「**量入爲用**」。唐・崔嘏《授高弘簡司門員外郎判度支案制》：「敕，司國計者，統天下之財貨，量入以爲用，在於賦有餘也。」也作「**量入制出**」。《醉醒石》卷八：「守富必須量入制出，小心勤儉。」

【量入爲用】
見「量入爲出」。

【量入制出】
見「量入爲出」。

【量時度力】
指能適當審視時勢，估量自己的力量。《元史・太宗本紀》：「帝有寬弘之量，忠恕之心，量時度力，舉無過事。」

【量體裁衣】
計量身材長短大小而裁製衣服。比喻一切應從實際情況出發。《儒林外史》三六回：「非子長之才長於寫秦漢，短於寫三代，正是其量體裁衣，相題立格，有不得不如此者耳。」

【量小非君子，無毒不丈夫】
度量小的人算不上君子，對敵手心不狠成不了大丈夫。例「量小非君子，無毒不丈夫」，你現在不把他除掉，日後他翻過身來，你可就吃不了兜著走了。

【量小力微】
數量既小，力量也很微薄。魯迅《華蓋集・通訊》：「現在的各種小週刊，雖然量小力微，確是小集團或單身的短兵戰，在黑暗中，時見匕首的閃光。」

【晾衣竿鉤月亮——差得遠】
也作「**晾衣竿鉤月亮——差遠了**」。見「狗咬雲雀——差得遠」。

【踉踉蹌蹌】
指走路跌跌撞撞、非常不穩的樣子。《說岳全傳》三二回：「立起身來，踉踉蹌蹌，走下大堂。」

ㄌㄧㄥˊ

【伶丁孤苦】
孤孤單單，生活困苦，無依無靠。《兒女英雄傳》二二回：「至於何玉鳳姑娘，一個世家千金小姐，弄得一身伶丁孤苦，有如斷梗飄蓬，生死存亡，竟難預定。」茅盾《虹》一：「她穿著上等材料然而老式的衣服，一雙纏而又放的小腳……這和她的女伴的狹長的天足比較起來，更顯出一種伶丁孤苦的神氣。」也作「零丁孤苦」。晉·李密《陳情表》：「臣少多疾病，九歲不行。零丁孤苦，至於成立。」也作「孤苦伶仃」。

【伶俐乖巧】
形容為人機靈精巧，招人喜歡。例他跟隨父親做買賣，走南闖北，學得伶俐乖巧，生意行中，百般都會。

【伶牙俐齒】
形容口齒伶俐，能說會道。元·吳昌齡《張天師》三折：「你休那裏便伶牙俐齒，調三斡四，說人好歹，訐人曖昧，損人行止。」《紅樓夢》一二〇回：「襲人本來老實，不是伶牙俐齒的人。」也作「伶牙利嘴」。明·朱權《衝漠子》二折：「你剗地敢伶牙利嘴，誇強說會，使不著你唬鬼瞞神。」也作「俐齒伶牙」。

【伶牙利爪】
形容能說會道，機靈能幹。《紅樓夢》二四回：「[小紅]心內便想向上攀高，每每要在寶玉面前現弄現弄。只是寶玉身邊一干人都是伶牙利爪的，哪裏插的下手去？」

【伶牙利嘴】
見「伶牙俐齒」。

【囹圄充積】
囹圄：ㄩˇ，監獄。監獄裏充滿了在押犯人。形容罪犯很多。《宋書·王弘傳》：「雖復厲以重勸，肅以嚴威，適足令囹圄充積，而無救於事實也。」

【囹圄空虛】
囹圄：ㄩˇ，監獄。指監獄內空虛無人。形容政治清明，社會安定，罪犯極少。《管子·五輔》：「故善爲政者，田疇墾而國邑實，朝廷閒而官府治，公法行而私曲止，倉廩實而囹圄空。」《淮南子·主術訓》：「法寬刑緩，囹圄空虛。」也作「囹圄生草」。《隋書·劉廣傳》：「獄中無繫囚，囹圄生草。」

【囹圄生草】
見「囹圄空虛」。

【玲瓏剔透】
玲瓏：靈巧精緻；剔透：孔穴透亮明晰。形容器物靈巧精緻，結構奇特。也比喻人聰明精靈。《西遊記》六〇回：「忽見一座玲瓏剔透的牌樓，樓下拴著個避水金睛獸。」《野叟曝言》二七回：「大爺提起筆來，詩詞歌賦，頃刻而成做得玲瓏剔透，變化出奇。怎到這些事情上，就呆笨起來。」

【玲瓏小巧】
小而靈巧精緻。例和這個身高近二百公分的人站在一起，原本就不高的我更顯得玲瓏小巧。

【鈴鐺敲鑼鼓——想（響）到一塊了】
見「同吹兩把號——想（響）到一塊了」。

【鈴鐺心】
比喻心思不定，主意不堅。例你怎麼一時一個主意，總也沒個定準，是不是長著一顆鈴鐺心？

【靈丹妙藥】
指治病非常靈驗有效的丹藥。也比喻能解決一切疑難問題的好辦法。元·無名氏《玩江亭》二折：「我是天台一先生，逍遙散淡在心中，靈丹妙藥都不用，吃的是生薑辣蒜大憨蔥。」也作「靈丹聖藥」。

【靈丹聖藥】
見「靈丹妙藥」。

【靈機一動】
形容靈感觸發，主意一下子湧上心來《兒女英雄傳》四回：「俄延了半晌，忽然靈機一動，心中悟將過來。」

【靈前酒壺——斟乾爲止】
靈前：靈柩或靈位前；斟：往杯子裏倒。比喻用完爲止，不再增加。有時指不用完不罷休。例今年我們的經費就這麼多，靈前酒壺——斟乾爲止，不能追加預算。

【靈蛇之珠】
即古代傳說中的無價珍寶——隋侯之珠。《淮南子·覽冥訓》：「譬如隋侯之珠，和氏之璧，得之者富，失之者貧。」高誘注：「隋侯，漢東之國，姬姓諸侯也。隋侯見大蛇傷斷，以藥敷之。後蛇於江中銜大珠以報之，因曰隋侯之珠，蓋明月珠也。」後用「靈蛇之珠」比喻非凡的才能。三國魏·曹植《與楊德祖書》：「當此之時，人人自謂握靈蛇之珠，家家自謂抱荊山之玉。」

【凌弱暴寡】
欺壓弱小，虐待孤寡。宋·朱熹《黃商伯》：「但區區每見凌弱暴寡之徒，心誠疾之。」《醒世恆言》卷一：「君當傳與世人，廣行方便，切不可凌弱暴寡，利已損人，天道昭昭，纖毫洞察。」

【凌上虐下】
凌辱尊長，虐待卑幼。形容爲人蠻橫殘暴。《三國志·蜀書·後主傳》裴松之注引諸葛亮集載禪三月下詔曰：「昔項籍總一强衆，跨州兼土，所務者大，然卒敗垓下，死於東城，宗族如焚，爲笑千載，皆不以義，陵(凌)上虐下故也。」

【凌雲意氣】
凌雲：高入雲霄；意氣：意志，氣概。形容宏偉遠大的氣概。南朝宋·劉義慶《世說新語·言語》：「荀中郎在京口，登北固望海云：『雖未睹三山，便自使人有凌雲意。』」清・趙翼《心餘詩已刻於京師，謝蘊山觀察覓以寄示，展閱累日，爲題三律》詩：「凌雲意氣談天口，彷彿音容尚眼前。」

【凌雲之氣】

凌雲：直上雲霄。直衝雲霄的氣勢。《史記・司馬相如傳》：「相如既奏《大人之頌》，天子大悅，飄飄有凌雲之氣，似遊天地之間意。」

【凌雲之志】

凌雲：直上雲霄。遠大的志向。《漢書・揚雄傳下》：「往時武帝好神仙，相如上《大人賦》，欲以諷帝，反縹縹有陵（凌）雲之志。」《後漢書・馮衍傳》：「衍少事名賢，經歷顯位，懷金垂紫，揭節奉使，不求苟得，常有凌雲之志。」也作「陵霄之志」。《晋書・慕容垂載記》：「且垂猶鷹也，饑則附之，飽便高揚，遇風塵之會，必有陵霄之志。」

【凌雲壯志】

凌雲：高上雲霄；壯志：宏大的志向。形容志向宏大。宋・黃機《鵲仙橋・壽葛宰》詞：「凌雲壯志，垂天健翮，九萬扶搖路穩。」

【凌雜米鹽】

凌雜：零亂錯雜；米鹽：比喻細碎。形容瑣碎雜亂無條理。《史記・天官書》：「近世十二諸侯七國相王，言從衡者繼踵，而皐、唐、甘、石因時務論其書傳，故其占驗凌雜米鹽。」後多形容瑣碎的家務事。清・方苞《記夢》：「時餘以窮空，複數爲近地之遊，又計偕者三。其家居，凌雜米鹽不可解脫。」

【陵谷變遷】

丘陵變爲深谷，深谷變成丘陵。比喻事物發生翻天覆地的變遷。《詩經・小雅・十月之交》：「百川沸騰，山冢崒崩，高岸爲谷，深谷爲陵。」明・張岱《越山五佚記・峨眉山》：「至二十年後，陵谷變遷，遭兵遭火，外屋燔盡，而緣牆一帶，仍得無恙。」明・葉盛《水東日記・于少保文山像贊》：「陵谷變遷，世殊事異，坐臥小閣，困於羈縶。」也作「陵谷遷變」。明・張岱《海志》：「寥寥一志，記感應、祥異、興建、沿革而已。今陵谷遷變，如史官說盤古前事，荒唐不可信也。」也作「陵遷谷變」。唐・王勃《梓州郪縣兜率寺浮圖碑》：「莫不陵遷谷變，共榛灌而丘墟。」唐・羅隱《小松》詩：「陵谷變遷須高節，莫向人間作大夫。」也作「陵移谷遷」。元・戴表元《陳氏不礙雲山堂記》：「歲月幾時，陵移谷遷，彼雄豪什百千萬於我者，忽焉不知蹤跡之所在。」

【陵谷遷變】

見「陵谷變遷」。

【陵遷谷變】

見「陵谷變遷」。

【陵霄之志】

見「凌雲之志」。

【陵移谷遷】

見「陵谷變遷」。

【菱角磨作雞頭】

雞頭：芡的別稱，一年生水草，花托形狀似雞頭，果實叫芡實或雞頭米，種子可供食用。菱角磨成像球形的芡。比喻人生歷經的困難、坎坷多。清・翟灝《通俗編・草木》：「陸游書齋壁詩：半生憂患苦縈纏，菱角磨成芡實圓。自注：『俗謂困折者多曰菱角磨作雞頭。』」

【菱角碰粽子——尖對尖】

粽子：一種食品，用葦葉或竹葉等把糯米包住，煮熟後食用，多紮成三角錐體。比喻針鋒相對，互不相讓。例這兩個人在任何問題上都是菱角碰粽子——尖對尖，眞是一對老冤家。也作「菱角碰粽子——尖對稜」、「蕎麥堆裏紮錐子——尖對稜」。

【羚羊掛角】

傳說羚羊夜宿時，用自己的角掛在樹上，足不著地，無跡可尋，以防止獵狗等的傷害。《埤雅・釋獸》：「羚羊似羊而大，角有圓繞蹙文，夜則懸角木上以防患。語曰：『羚羊掛角。』此之謂也。」原作禪宗用語，比喻義理或旨趣不著痕跡，只能領悟，不能拘泥於語言文句。《景德傳燈錄・福州雪峯義存禪師》：「[師謂衆曰]吾若東道西道，汝則尋言逐句；吾若羚羊掛角，汝向什麼處捫摸？」後多用以比喻詩文意境超脫神妙，不著形跡。宋・嚴羽《滄浪詩話・詩辨》：「詩者，吟咏情性也。盛唐諸人，唯在興趣，羚羊掛角，無跡可求。故其妙處，透徹玲瓏，不可湊泊。」清・翁方綱《神韻論上》：「神韻者，徹上徹下，無所不該。其謂『羚羊掛角，無跡可求』，其謂『鏡花水月，空中之像』，亦皆即此神韻之正旨也，非墮入空寂之謂也。」

【零丁孤苦】

見「伶丁孤苦」。

【零零星星】

形容零散不完整。《朱子語類・論語》：「夫子教人，零零星星，說來說去，合來合去，合成一個大事物。」

【零落山丘】

零落：比喻凋謝、死亡。指死後埋葬在山丘。三國魏・曹植《箜篌引》：「生在華屋處，零落歸山丘。」

【零七八碎】

形容辦事瑣碎。老舍《老張的哲學》：「今天買皮鞋，明天買白帽子，書錢花得不多，零七八碎差一點沒叫我破產。」

【零敲碎打】

指說話或辦事缺乏通盤考慮，而是以零零碎碎、時斷時續的方式進行。明・賈鳧西《木皮詞・引子》：「這些話都不過是零敲碎打，信口謅成，也有書本上來的，也有莊家老說古的。」

【零敲碎受】
零零碎碎敲打，使人難受。比喻使人不斷地受折磨。《醒世姻緣傳》引起：「將一把累世不磨的鈍刀在你頸上鋸來鋸去，教你零敲碎受。」

【零珠斷璧】
見「零珠碎玉」。

【零珠片玉】
見「零珠碎玉」。

【零珠碎玉】
比喻事物雖零碎，卻值得珍惜。宋・無名氏《漢宮春》詞：「點點江梅，對寒威强出，一弄新奇。零珠碎玉，爲誰密上南枝。」也作「零珠斷璧」。清・鮑桂星《莅楚訓多士作擬香山新樂府・鎖院燭》詩：「零珠斷璧不忍棄，況乃全篇錦繡佳文字。」也作「零珠片玉」。金・趙秉文《中大夫翰林學士承旨文獻黨公神道碑》：「其下作者如零珠片玉，非無可喜，要非書法之正也。」

ㄌㄧㄥˇ

【嶺頂唱山歌——調子太高】
也作「嶺頭上對歌——唱高調」。見「飛機上吹喇叭——高調」。

ㄌㄧㄥˋ

【另開生面】
生面：新的面貌。比喻另外開創新的局面或格式。《鏡花緣》九一回：「今日行這酒令，已是獨出心裁，另開生面，最難得又有仙姑這首百韻詩。」也作「別開生面」。

【另起樓台】
猶「另起爐灶」。《兒女英雄傳》二九回：「此後便要入安龍媒正傳。入安龍媒正傳，若撇開『雙鳳』，重煩筆墨，另起樓台，通部便有『失之兩橛，不成一貫』之病。」

【另起爐灶】
另外再壘爐灶。比喻放棄原來的設想，重新做起或另搞一套。清・無名氏《少年登場》：「我索要辛辛苦苦，轟轟烈烈，另起爐灶，重鑄新民腦。」《歧路燈》九一回：「說是他的某一座房子該拆，某一道門口該改，他不能另起爐灶，就央鎮宅。」

【另請高明】
高明：學問、技藝等精明高妙。請另外找學問或技藝高超的人。例這個總結報告我做不了，請你另請高明。

【另眼看承】
見「另眼相看」。

【另眼看待】
見「另眼相看」。

【另眼相待】
見「另眼相看」。

【另眼相看】
用另一種眼光看待。指特別重視或優待。清・楊潮觀《吟風閣雜劇・寇萊公思親罷宴》：「相爺夫人念其舊日，留養府中，多蒙另眼相看，倒也十分自在。」《鏡花緣》五一回：「得蒙不棄，另眼相看。」也作「另眼相待」。《警世通言》卷二二：「劉翁劉嫗見他小心得用，另眼相待，好衣好食的管顧他。」也作「另眼看待」。明・無名氏《霞箋記・訴情得喜》：「奴婢蒙娘娘另眼看待，實有冤苦在心。」也作「另眼看承」。《醒世恆言》卷二七：「去年出征，撥在老爺部下；因見我勇力過人，留我帳前親隨，另眼看承。」

【令不虛行】
指法律、法令不能虛設，必須執行。《管子・重令》：「國不虛重，兵不虛勝，民不虛用，令不虛行。」

【令不行而禁不止，則無以爲治】
不能做到令行禁止，國家、社會是治理不好的。指令行禁止，至爲重要。《尹文子・大道下》：「若使令不行而禁不止，則無以爲治。無以爲治，是人君虛臨其國，徒君其民，危亂可立而待矣！」

【令出如山】
命令一發出就如山一樣不可動搖，必須執行。《官場現形記》卷一三：「果然現任縣太爺一呼百諾，令出如山，只吩咐得一句，便有一個門上，帶了好幾個衙役，拿著鐵鏈子，把這船上的老闆、伙計一齊鎖了帶上岸去了。」

【令出唯行】
發出的命令必須堅決推行。《尚書・周官》：「愼乃出令，令出唯行，弗唯反。」

【令驥捕鼠】
驥：ㄐㄧˋ，千里馬。令千里馬去追捕老鼠。比喻大才小用，用之不當。唐・李觀《上陸相公書》：「誠用之未當，令驥捕鼠，則何由得也。」

【令名不終】
令名：好的名聲。好名聲不能保持到終。《兒女英雄傳》三二回：「縱使才大如海，也會令名不終。」

【令人齒冷】
齒冷：恥笑。《南齊書・樂預傳》：「人笑褚公，至今齒冷。」指行爲不光彩或所做事情庸俗不堪而使人極端鄙夷。明・沈德符《萬曆野獲編・頒行女訓》：「觀蕚此疏，欲諛悅取寵而迂誕不經，令人齒冷。」

【令人髮豎】
見「令人髮指」。

【令人髮指】
髮指：頭髮豎起來。形容使人憤怒到極點。《史記・項羽本紀》：「［樊］噲遂入，披帷西向立，瞋目視項王，頭髮上指，目眦盡裂。」《東歐女豪傑》二回：「歷年以來，不知害了我們多少同志，說來眞令人髮指。」也作「令人髮豎」。明・吳世濟《太和縣禦寇始末・土寇王本仁解道申文》：「閱詳，所犯多屬重辟，令人髮豎。」

【令人莫測】

形容行動或事情變化多端，使人無法推測。《二十年目睹之怪現狀》八二回：「既然送什麼小姐到上海，爲甚又帶行李到南京去呢？眞是行蹤詭秘，令人莫測了。」

【令人噴飯】

噴飯：吃飯時忍不住笑，笑得把飯都噴了出來。形容非常可笑。宋・釋惠洪《冷齋夜話》卷二：「一座大笑，噴飯滿案。」《慈禧太后演義》二四回：「他既長刑部，嘗自命爲臯陶復出。『陶』應讀如『遙』，他仍讀本音，已足一噱；又稱臯陶爲舜王駕前刑部尚書，越發令人噴飯。」

【令人捧腹】

形容大笑，笑得使人捧腹。《歧路燈》一〇一回：「又照獨看牆角一首，令人捧腹。」

【令人起敬】

謂讓人產生敬重的感情。宋・朱熹《跋趙中丞行實》：「趙公之孝謹醇篤，雖古人猶難之，三復其書，令人起敬。」

【令人神往】

神往：心神嚮往。使人心神嚮往。多表達對所敬仰、熱愛、羨慕的人或事物思念不止的心情。明・胡應麟《少室山房筆叢》卷二七：「今著述湮沒，悵望當時蹈海之風，令人神往不已。」清・錢泳《藝能・十番》：「憶於嘉慶己巳年七月，余偶在京師，寓近光樓，其地與圓明園相近，景山諸樂部嘗演習十番笛，每於月下聽之，如雲璈疊奏，令人神往。」

【令人注目】

注目：注視，即視線集中在某一點上。謂讓人特別注意。巴金《家》一〇：「這一枝離地頗高，花也不少，不過大部分都是含苞未放，枝子彎曲而有力，令人注目。」

【令聞廣譽】

猶「令聞嘉譽」。《孟子・告子上》：「令聞廣譽施於身，所以不願人之文繡也。」《紅樓夢》一一五回：「然將讀過的細味起來，那膏粱文繡，比著令聞廣譽，眞是不啻百倍的了。」

【令聞嘉譽】

令聞：善的名聲；嘉譽：好名譽。指美好的名聲和很好的名譽。《國語・周語上》：「爲令聞嘉譽，以聲令。」

【令行禁止】

有令必行，有禁必止，形容法令嚴明。《管子・明法解》：「故明主操必勝之數，以治必用之民；處必尊之勢，以制必服之臣；故令行禁止，主尊而臣卑。」《淮南王・泰族訓》：「故湯處亳七十里，文王處酆百里，皆令行禁止於天下。」也作「**令則行，禁則止**」。《管子・立政》：「令則行，禁則止，憲之所及，俗之所被，如百體之從心，政之所期也。」

【令則行，禁則止】

見「令行禁止」。

【令之以文，齊之以武】

以道義進行管理，用嚴明的紀律去約束。《孫子・行軍篇》：「故令之以文，齊之以武，是謂必取。」

ㄌㄨˊ

【盧前王後】

《舊唐書・楊炯傳》：「炯與王勃、盧照鄰、駱賓王以文詞齊名，海內稱爲王、楊、盧、駱，亦號『四傑』。炯聞之，謂人曰：『吾愧在盧前，恥居王後。』」後用「盧前王後」比喻計較名次排列。清・王士禛《池北偶談・虞揭》：「文士護前，盧前王後，千古一轍，可笑也。」

【盧生享榮華——黃粱美夢】

黃粱：小米。唐・沈既濟《枕中記》中的故事：盧生在邯鄲旅店遇道士呂翁，自嘆窮困。道士借給他一枕頭，並說枕著睡可稱心如意。這時店家正煮小米飯。盧生入睡後，在夢中享盡榮華富貴，一覺醒來，小米飯還未煮熟。比喻虛幻的夢想，或想要實現的好事落得一場空。例你的如意算盤恐怕是盧生享榮華——黃粱美夢，難以實現，還是回到現實中來同我們一道工作吧。

【盧山面目】

見「盧山眞面目」。

【盧山眞面】

見「盧山眞面目」。

【盧山眞面目】

比喻事物的本來面目或事情的眞相。宋・蘇軾《題西林壁》詩：「橫看成嶺側成峯，遠近高低各不同。不識盧山眞面目，只緣身在此山中。」《野叟曝言》四七回：「善作詩今只一家，眞是夫子自道，待野拙細細解出，方見盧山眞面目也。」也作「**盧山面目**」。明・張岱《陶庵夢憶・巘花閣》：「隔水看山，看閣，看石麓，看松峽上松，盧山面目，反於山外得之。」清・段雪亭《〈聊齋志異〉遺稿例言》：「致令盧山面目，漸失其眞。」也作「**盧山眞面**」。清・楊倫《杜詩鏡銓・自序》：「今之杜詩，汩於謬解，多有詩義本明，因解而晦，所謂萬丈光焰化作百重雲霧者，非自摧陷廓清，不見盧山眞面。」也作「**盧山之眞**」。《青柯本〈聊齋志異〉例言》：「茲刻悉仍原稿，庶幾獨得盧山之眞。」

【盧山之眞】

見「盧山眞面目」。

【蘆溝橋上的獅子——數不清】

蘆溝橋：在北京西南的永定河上，兩旁石欄雕柱上雕刻著許多神態各異、小巧玲瓏的石獅。也作「**蘆溝橋的石獅子——數不清**」。見「牛身上的毛——數不清」。

【蘆花做棉被——不是正胎子】

蘆花：蘆葦花軸上密生的白毛。比喻不是正經人。例從一貫表現看，這個人是蘆花做棉被——不是正胎子，不可重託。也作「**蘆柴花彈棉被——不**

是正胎子」。

【蘆葦牆上釘釘子——不牢靠】
蘆葦牆單薄鬆軟，敲上釘子容易活動、脫落。比喻不紮實、不可靠。例這孩子玩心重，坐不住，把這件事交給他，恐怕是蘆葦牆上釘釘子——不牢靠，還是另找人吧。

【蘆葦塞竹筒——空對空】
比喻目標、計畫不落實，而措施又空泛不得力。例你們廠的五年發展規劃，既沒有具體的目標和要求，又沒有保證其實現的有力措施，完全是蘆葦塞竹筒——空對空。也作「尿脬打鼓——空對空」。

【爐火純青】
道家煉丹，爐子裏的火焰由紅色變爲純青色的火焰時，就算成功了。後用以比喻品德、學問、技術等達到成熟、完美的地步。《孽海花》二五回：「勝仗擱在荷包裏，何必急急呢！到了現在，可已到了爐火純青的氣候，正是弟兄們各顯身手的時期。」

【爐坑裏燒山藥——灰疙瘩】
山藥：薯蕷的通稱；疙瘩：小球形或塊狀的東西；灰疙瘩：壞蛋。比喻品質惡劣的人。例這個人長期隱藏自己的眞實面目，原來是個爐坑裏燒山藥——灰疙瘩。

【鱸魚探蝦毛——沒安好心眼】
鱸魚：身體上部青灰色，下部灰白色，身體兩側和背鰭有黑斑，性兇猛，以魚、蝦等爲食；蝦毛：小蝦。參見「黃鼠狼給雞拜年——沒安好心」。

ㄌㄨˇ

【鹵莽滅裂】
鹵莽：粗魯莽撞；滅裂：輕率。形容做事粗魯莽撞，苟且輕率。《莊子·則陽》：「君爲政焉勿鹵莽，治民焉勿滅裂。昔予爲禾，耕而鹵莽之，則其實亦鹵莽報予；耘而滅裂之，其實亦滅裂報予。」明·袁宏道《答梅客生》：「豈鹵莽滅裂之夫，所能草草承當者哉。」《三俠五義》九八回：「雖則是失了征戰的規矩，卻正是俠客的行藏，一味的巧妙靈活，絕不是鹵莽滅裂、好勇鬥狠那一番的行爲。」

【鹵水點豆腐——一物降一物】
鹵水：鹽鹵。做豆腐時在豆漿煮開後，必須加入鹽鹵（或石膏）才能使之凝成豆腐。見「大魚吃小魚，小魚吃蝦米——一物降一物」。

【鹵水煮鴨頭——腦袋軟了嘴還硬】
鹵水：鹽鹵。比喻雖然失敗了，嘴上還不服輸；或至死不變，頑固到底。例既然失敗了，就應承認，鹵水煮鴨頭——腦袋軟了嘴還硬，只能讓人恥笑。也作「鹵水煮鴨子——身子爛了嘴硬」、「清水蒸鴨子——身子爛了嘴還硬」、「砂鍋裏煮驢頭——腦袋瓜早軟了，嘴巴骨還挺硬」、「鴨子死了——嘴還硬」。

【鹵煮鴣雞——窩了脖子】
鴣雞：鵓鴣，鳥，羽毛黑褐色，天要下雨或剛晴的時候，常在樹上鴣鴣地叫，通稱水鴣鴣。形容身體蜷縮一團。例這個外國大力士不堪一擊，在比武台上，被何五爺幾個回合，打得像鹵煮鴣雞——窩了脖子。

【擄掠姦淫】
搶劫財物，姦淫婦女。《痛史》七回：「誰知仍是强賒硬搶，擄掠姦淫，無所不至。」

【擄袖揎拳】
捋起袖子露出胳膊，伸出拳頭準備格鬥。元·無名氏《漁樵閒話》三折：「一個個酒囊飯袋成何用，擄袖揎拳號俊傑。」

【魯班的鋸子——不錯（銼）】
魯班：春秋時魯國人，我國古代著名建築巧匠，被建築工匠尊爲「祖師」；錯：「銼」的諧音。雙關語，比喻好，或不壞。例你第一炮就打響了，這件事辦得眞是魯班的鋸子——不錯（銼）。

【魯班門前掉大斧——不識高低】
見「孔夫子門前賣《百家姓》——自不量力」。

【魯班門前誇手藝——不知身分】
見「孔夫子門前賣《百家姓》——自不量力」。

【魯班門前弄斧頭——獻醜】
見「關公面前耍大刀——獻醜」。

【魯班門前問斧子——討學問來了】
指主動向行家求教。例張先生，我這次是魯班門前問斧子——討學問來了，希望您多多賜教。

【魯班手裏調大斧】
比喻在能人或行家面前賣弄自己的本領。《水滸傳》二〇回：「這唐牛兒捻泛過來，你這精賊也瞞老娘！正是『魯班手裏調大斧』！這早晚知縣自回衙去，和夫人吃酒取樂，有甚麼事務得發作？」

【魯班雖巧，量力而行】
比喻人們做事，應依照客觀條件和實際能力，不能勉强。例我知道你很有本事，但這事畢竟不是你一個人能幹得了的，俗話說：「魯班雖巧，量力而行。」還是等大家一起來幹吧！

【魯達當和尚——半路出家】
魯達：即花和尚魯智深，《水滸傳》中人物，爲人豪爽剛直，見義勇爲，原爲下級軍官，因救金老父女，三拳打死惡霸鎮關西，後上五台山當和尚。多比喻中途改行。例他原是教書匠，一場大病後，魯達當和尚——半路出家，當起醫生來了。也作「楊五郎削髮——半路出家」。

【魯殿靈光】
指西漢魯恭王在山東曲阜縣東修建的靈光殿。漢·王延壽《魯靈光殿賦·序》：「魯靈光殿者，蓋景帝程姬之子恭王余之所立也。初，恭王始都下國，好治宮室，遂因魯僖基兆而營焉。遭漢中微，盜賊奔突，自西京未央、建章之殿，皆見隳壞，而靈光殿巋然獨存。」後以「魯殿靈光」比喻碩果僅存的人或事物。

【魯酒薄而邯鄲圍】

陶德明《經典釋文》引許愼注《淮南子》說：「楚會諸侯，魯、趙俱獻酒於楚王。魯酒薄而越酒厚。楚之主酒吏求酒於趙，趙不與。吏怒，乃以趙厚酒易魯薄酒，奏之，楚王以趙酒薄，故圍邯鄲也。」比喻事物常常因某種原因而產生意料不到的結果。也常借指小人不可得罪。《莊子．胠篋》：「故曰：『脣竭則齒寒，魯酒薄而邯鄲圍，聖人生而大盜起』。」

【魯莽滅裂】

形容辦事粗魯莽撞、草率。宋．朱熹《朱子全書．致知》：「今先立定限，以爲不必盡窮於事事物物之間，而直欲僥倖於三反知十之效，吾恐其魯莽滅裂而終不能有所發明也。」明．張岱《五異人傳》：「吾弟自讀書做官，以至山水園亭，骨董伎藝，無不以欲速一念，乃受魯莽滅裂之報，其間趣味索然，實實不堪咀嚼也。」

【魯女泣荊】

宋．釋惠洪《石門文字禪．跋山谷字》：「魯女有遺荊釵而泣者，路人笑之曰：『以荊爲釵易辦，女乃泣何也？』女以手掠髮曰：『非以其難致也，以其故舊也。』予所以玩之者，實鍾魯女泣荊之情。」後以「魯女泣荊」比喻留戀舊物，勾起對舊情的眷戀。

【魯肅服孔明——五體投地】

魯肅、孔明：都是《三國演義》中人物，魯肅是東吳孫權的謀士，孔明是蜀漢劉備的謀士，魯肅對孔明的才學和智謀十分佩服；五體投地：兩手、兩膝和頭一起著地，這是佛教最恭敬的行禮儀式。比喻尊重、佩服到了極點。例你不必謙虛了，對你的學識，我早就是魯肅服孔明——五體投地。

【魯肅上了孔明船——錯了】

魯肅上了孔明船：《三國演義》中故事，魯肅是三國時東吳謀士，和周瑜同輔孫權。一次周瑜欲害孔明，限令孔明十日內監造十萬支箭。孔明施「草船借箭」之計，暗地請魯肅上船同去取箭，魯肅不知底細，便糊里糊塗地上了草船。比喻不正確或有過錯。例他覺得自己來到這個是非之地，是魯肅上了孔明船——錯了。

【魯肅上了孔明船——盡辦糊塗事】

比喻光幹傻事、蠢事。例你人又不笨，這些日子怎麼魯肅上了孔明船——盡辦糊塗事？也作「米湯盆裏洗澡——盡辦糊塗事」、「舀米湯洗澡——盡辦糊塗事」、「抓起紅土當朱砂——做了糊塗事」。

【魯魚帝虎】

意同「魯魚亥豕」。將「魯」字誤作「魚」字，「帝」字誤作「虎」字。泛指文字傳抄中的錯字。也用以比喻文章、書籍中錯別字多。參見「魯魚亥豕」。

【魯魚亥豕】

晉．葛洪《抱朴子．遐覽》：「書三寫，魯成魚，虛成虎。」「虛」：《北堂書鈔》一〇一作「帝」。《呂氏春秋．察傳》：「有讀史記者曰：『晉師三豕涉河。』子夏曰：『非也，是己亥也。夫己與三相似，豕與亥相似。』至於晉而問之，則曰：『晉師己亥涉河也。』」後以「魯魚亥豕」指書籍在傳抄、刊印過程中出現的文字錯誤。明．李開先《賀谷少岱表目重明序》：「字無魯魚亥豕之訛，由此而享文名。」《紅樓夢》一二〇回：「既是『假語村言』，但無魯魚亥豕以及背謬矛盾外，樂得與二三同志，酒餘飯飽，雨夕燈窗，同消寂寞，又不必大人先生品題傳世。」

【魯智深出家——一無牽掛】

魯智深：《水滸傳》中人物，原名魯達，綽號花和尚，爲人豪爽剛直，粗中有細，見義勇爲，力大過人。他因救人打死惡霸鎮關西，爾後到五台山當和尚，出家時，既無家眷，也無財產，沒有任何牽掛。比喻沒有任何牽累和掛記的事。例我孤身一人，這次出國留學，同你們不一樣，魯智深出家——一無牽掛。也作「魯智深出家——無牽無掛」、「廟裏的和尚——無牽無掛」。

【魯智深倒拔垂楊柳——好大的力氣】

倒拔垂楊柳：魯智深在五台山當和尚，因不守佛規，醉打山門，被安排異地看管菜園。一日他同衆潑皮一起飲酒玩耍，見到垂楊柳上有烏鴉鼓噪，便乘著酒興將垂楊柳連根拔起。比喻力氣大，有幹勁。例啊，魯智深倒拔垂楊柳——好大的力氣！你可以參加重量級舉重比賽。也作「魯智深倒拔垂楊柳——勁不小」、「楚霸王舉鼎——勁大」。

【魯智深倒拔垂楊柳——蠻勁十足】

指粗野蠻橫的勁頭很大。例這一羣野孩子，魯智深倒拔垂楊柳——蠻勁十足，幹起蠢事來眞不得了。

【魯智深喝酒——不論兩】

魯智深愛喝酒，有海量。比喻一個人能吃能喝，食量、酒量很大。例「拿一罈好酒來！」「你能喝這麼多嗎？」「小意思，我是魯智深喝酒——不論兩。」

【櫓杠上翻身——想得倒寬】

櫓杠：ㄍㄤ，即櫓，使船前進的工具，比槳長大，安在船梢或船旁，用人搖。見「扁擔上睡覺——想得寬」。

ㄌㄨˋ

【陸海潘江】

陸、潘：指晉朝文學家陸機、潘岳。南朝梁・鍾嶸《詩品・晉黃門郎潘岳》「謝混云：『潘詩爛若舒錦，無處不佳；陸文如披沙撿金，往往見寶。』……余常言：『陸才如海，潘才如江。』」後以「陸海潘江」比喻文人的博學多才或泛指文才淵博。宋・黃庭堅《晚泊長沙示秦處度范元實》詩：「秦范波瀾闊，笑陸海潘江。」明・張溥《漢魏六朝百三名家集・潘黃門集題辭》：「陸海潘江，無不善也。」

【陸離斑駁】

陸離：參差不一；斑駁：色彩錯雜。形容色彩錯雜不一。朱自清《「海闊天空」與「古今中外」》：「我們看看古磁的細潤秀美，古泉幣的陸離斑駁，古玉的豐腴有澤，古印的肅肅有儀，胸襟也可豁然開朗。」也作「**斑駁陸離**」。

【陸離光怪】

陸離：式樣繁雜。形容色彩繁雜，形象奇異。《孽海花》七回：「見船上紮著無數五色的彩球，夾著各色的鮮花，陸離光怪，紙醉金迷。」也作「**光怪陸離**」。

【錄用棄瑕】

指錄取使用犯過錯誤或有過污點的人。唐・李翰《進張巡中丞傳表》：「大易之戒，遏惡揚善，爲國之體，錄用棄瑕。」

【鹿裘不完】

穿的是鹿皮襖，但不完整。形容生活簡樸。《後漢書・虞延傳》：「昔晏嬰輔齊，鹿裘不完，季文子相魯，妾不衣帛，以約失之者鮮矣。」

【鹿死不擇音】

音：通「蔭」。鹿在將死的時候，不選擇蔭蔽的地方。比喻在情況危急關頭，只要能夠安身，無法愼重考慮其他。《左傳・文公十七年》：「『鹿死不擇音』。小國之事大國也，德則其人也，不德則其鹿也。鋌而走險，急何能擇？」

【鹿死誰手】

鹿：追逐爭奪的對象，指政權。《漢書・蒯通傳》：「秦失其鹿，天下共逐之。」顏師古注引張晏曰：「以鹿喻帝位。」比喻勝利果實最後屬於誰。《晋書・石勒載記下》：「勒因飨酒酣，笑曰：『朕若逢高皇，當北面而事之，與韓彭競鞭而爭先耳。脫遇光武，當並驅於中原，未知鹿死誰手。』」明・張岱《與胡季望》：「異日弟且攜家製雪芽，與兄茗戰，並驅中原，未知鹿死誰手也。」

【綠林大學】

綠林：地名，在今湖北當陽縣東北，西漢末年，王匡、王鳳等在此聚衆起義，因稱「綠林軍」。後以聚居山林反抗統治者或搶劫財物的人爲綠林好漢，以「綠林大學」借指農民起義軍或江湖浪人，帶有幽默意味。魯迅《范愛農》：「王金發……雖然綠林大學出身，而殺人卻不很容易。」

【綠林好漢】

見「綠林豪客」。

【綠林好漢——氣概非凡】

綠林好漢：舊時泛指聚集山林間反抗官府或劫富濟貧的人。比喻豪邁威武的氣勢與風度不同一般。例這個青年人就像綠林好漢——氣概非凡，將來可能成爲一個外交官，或者演員。

【綠林豪客】

綠林：古山名，在今湖北省當陽縣東北。西漢末年，王匡、王鳳率領的農民起義軍以此山作爲據點，號稱「綠林軍」，事見《後漢書・劉玄傳》。後用以指聚集在山林反抗統治者的起義隊伍或指搶劫財物的人。《民國通俗演義》九一回：「張作霖字雨亭，係遼陽人，向係綠林豪客……歷年捕盜，積功至師長。」也作「**綠林好漢**」。茅盾《石碣》：「失卻了『公平』，也就不配做綠林好漢。」

【祿無常家，福無定門】

指祿和福並不是常駐一家。《藝文類聚》卷六三引晋・摯虞《門銘》：「祿無常家，福無定門，人謀鬼謀，道在則尊。」

【碌碌無能】

碌碌：平庸。指平平庸庸，沒有什麼能力。《史記・平原君虞卿列傳》：「公等碌碌，所謂因人成事者也。」

【碌碌無爲】

平庸沒有能力，無所作爲。《新五代史・鄭珏傳》：「珏在相位既碌碌無所爲，又病聾……亟以疾求去職。」

【碌碌無聞】

平平庸庸不被人知道。宋・秦觀《李狀元墓志銘》：「君以諸生崛興，名動海內，其視碌碌無聞而歿者，亦可以無憾。」

【碌碌庸才】

形容一個人的能力平平常常。《東周列國志》五四回：「汝碌碌庸才，非經濟之具，不可濫厠冠裳也。」

【碌碌庸流】

指一羣平庸無能的人。明・吾邱瑞《遠甓記・師閫賓賢》：「遍觀都下從事，皆碌碌庸流，瑣瑣凡輩。」

【路邊的小草——任人踩】

指由人糟蹋、擺佈。例在舊社會，我們窮人就像路邊的小草——任人踩，沒有任何社會地位。

【路不拾遺】

謂丟失在路上的東西沒有人撿。形容社會道德風氣良好。漢・賈誼《新書・春秋》：「鄒國之治，路不拾遺。臣下順從，若手之投心。」《三國演義》八七回：「兩川之民，忻樂太平，夜不閉戶，路不拾遺。」也作「**路無拾遺**」。漢・無名氏《故谷城長蕩陰令張君表頌》：「存恤高年，路無拾遺。」晋・常璩《華陽國志・李特雄壽勢志》：「閭門不閉，路無拾遺。」也作「**道不拾遺**」。

【路當險處難迴避，事到頭來不自由】

行路途中遇到難以避開的險阻，事情發展到了身不由己的地步。指沒有自由選擇的餘地。明・高則誠《琵琶記》一六齣：「『路當險處難迴避，事到頭來不自由。』奴家少長閨門，不識途路。今日見官司支糧濟貧，免不得去請些子救公婆之命。」

【路斷人稀】
路被阻斷，行人稀少。形容遇到災難造成不見人跡的淒涼景象。《歧路燈》一〇回：「譬之猛虎當道，吃得路斷人稀，必有食肉寢皮之日。」

【路逢窄道】
在狹窄道路上相逢，不易避讓。後多比喻仇人相逢，互不相容。《封神演義》二八回：「我不曾惹你，你今來害我，則怕你路逢窄道難迴避。」

【路極無君子】
極：到底，到頭。指陷入困境，無路可走時，即使是君子也會鋌而走險或不顧禮義。例他平時極有紳士風度，但這次實在是太緊迫了，顧不了這麼多面子了，俗話說：「路極無君子。」嘛。

【路見不平】
指遇到不公平的事，主動出來幫助弱者。《警世通言》卷三七：「當初來這裏，指望偸些個物事，賣來養這八十歲的老娘，今日卻限撞著你，也是『路見不平，拔刀相助』，救你出去。卻無他事，不得慌。」

【路見不平，拔刀相助】
見「路見不平」。

【路絕人稀】
路被斷絕，行人稀少。形容某種災害造成的慘象。明・楊愼《洞天玄記》四折：「奈因西林之下，有一怪虎，吃得路絕人稀。」

【路柳牆花】
路旁的柳樹牆邊的花。比喻行爲放蕩、被人瞧不起的女子。多指妓女。明・張四維《雙烈記・惜別》：「賤妾路柳牆花，自知非雲情水性。」《警世通言》卷一一：「妾乃巫山洛水之儔，非路柳牆花之比。」

【路路通】
比喻關係多，門路多，做事順當。也指這種人。例老王是個路路通，這事交他去辦，絕沒問題。

【路漫漫其修遠兮，吾將上下而求索】
漫漫：長遠的樣子。人生的道路是艱難漫長的，爲了實現理想，我將向各方面尋求，探索。現用以表現探求眞理、奮鬥不息的精神。戰國楚・屈原《離騷》：「朝發軔於蒼梧兮，夕余至乎縣圃；欲少留此靈瑣兮，日忽忽其將暮。吾令羲和弭節兮，望崦嵫而勿迫；路漫漫其修遠兮，吾將上下而求索。」

【路歧之險夷，必待身親履歷而後知】
歧：岔道。岔路的險阻或平坦，只有親自走過才能辨知。意指只有到實踐中才能獲得眞知。明・王守仁《傳習錄》：「必有欲行之心，然後知路，欲行之心即是意，即是行之始矣。路歧之險夷，必待身親履歷而後知，豈有不待身親履歷而已先知路岐之險夷者耶？」

【路人皆知】
人人都知道，比喻事情爲人所共知。明・黃宗羲《御史余公墓志銘》：「尾大末强，路人皆知，不敢聲揚，公獨奮筆。」

【路上說話，草裏有人聽】
指說話要愼重，當心會被別人聽到，保不住秘密。例你說話小聲點兒，「路上說話，草裏有人聽」，別讓人聽見。

【路上行人口似碑】
指凡事都免不了被人知道和議論。《封神演義》五六回：「前日元帥言之，土行孫信之；土行孫又言之，天下共信之；傳於中外，人人共信。其所謂『路上行人口似碑』。」

【路是人開的，樹是人栽的】
比喻事在人爲，只要有信心有勇氣，就能辦成事。例你怕什麼！「路是人開的，樹是人栽的」，只要咱們齊心協力，就一定能做好。

【路無拾遺】
見「路不拾遺」。

【路遙知馬力，日久見高低】
指時間長了，可以看出誰的能力高，誰的能力低。例幹這種工作，不是一時能見出高低來的，要考驗很長時間，俗話說得好：「路遙知馬力，日久見高低。」

【路遙知馬力，日久見人心】
比喻時間久了可以看淸一個人的眞面目。例「路遙知馬力，日久見人心」，你我相識這麼多年了，總該了解我的爲人吧。

【路要一步一步的走，飯要一口一口的吃】
指做事要循序漸進，不可急於求成。例學外語不可操之過急，首先要打好基礎，然後再進一步學習。路要一步一步的走，飯要一口一口的吃。

【路有千條，理只有一條】
指眞理不可篡改。例不管你如何能言善辯，不管你如何詭計多端，「路有千條，理只有一條」，這是萬萬錯不了的。

【路在口邊】
指只要張口問，就會知道路該如何走。例雖然去的是個陌生地方，但只要勤打聽、勤問，是不會走錯路的，俗話說得好：「路在口邊」嘛。

【鷺鷥不吃鷺鷥肉】
指同類不互相傷害、殘殺。《西遊記》二四回：「悟空，且休爭競。我們既進來就出去，顯得沒了方情。常言道：『鷺鷥不吃鷺鷥肉。』他師既是不在，攪擾他做甚？」

【鷺鷥鳥吞魚——難下喉】
鷺鷥鳥：即白鷺，羽毛白色，腿很長，能涉水捕食魚蝦等，漁人用以捕魚時，將繩捆住其脖子，使捕到的魚不被吞食，所以說「難下喉」。①比喻由於某種原因，不能侵吞某種財物，貶義。例誰都知道這是集體的財產，他即使私自拿走，也是鷺鷥鳥吞魚——難下喉。②比喻心裏難過，吃不下東西。例她正處於極度悲痛之中，你送去山珍海味，也是鷺鷥鳥吞魚——難下喉。

【鷺鷥腿上割股】

比喻極為貪婪，索求過分。例他這個人生性貪婪，什麼東西都想撈，就是俗話說的「鷺鷥腿上割股」，他也下得了手。

【露才揚己】

炫燿才能，顯示自己。漢・班固《離騷序》：「今若屈原，露才揚己，競乎危國羣小之間，以離讒賊。」唐・楊綰《條奏貢舉疏》：「投刺幹謁，驅馳於要津；露才揚己，喧騰於當代。」

【露鈔雪纂】

鈔：同「抄」，抄寫；纂：ㄗㄨㄢˇ，編輯。指長年累月地抄寫編纂。元・黃溍《題李氏白石山房》詩：「露鈔雪纂久愈富，何啻鄴侯三萬軸。」

【露膽披肝】

比喻肝膽相照，赤誠待人。《敦煌變文集・降魔變文》：「此言一一咸依實，露膽披肝願照知。」

【露鋒芒】

①比喻言詞犀利。例你講話不能委婉些嗎？這麼大露鋒芒，把人都得罪了。②比喻顯出才幹。例這儀器遲早得由你來調試，只是眼下你還是少露鋒芒為妙。

【露面拋頭】

指婦女在大庭廣衆中出頭露面，舊禮教認為這樣有違封建道德。《封神演義》三回：「倘久後此城一破，使我妻女擒往朝歌，露面拋頭，屍骸殘暴，若天下諸侯笑我為無謀之輩；不若先殺其妻女，然後自刎，庶幾不失丈夫之所為。」也作「拋頭露面」。

【露水大了也濕衣】

比喻小事情多了也會引起大麻煩。例你要當心啊，俗話說得好：「露水大了也濕衣。」小毛病多了也會釀成大禍的。

【露水夫妻】

指暫時結合的非法夫妻，也指不正當的男女關係。明・孟稱舜《泣賦眼兒媚》二折：「大古來婚姻匹配，老天公註定强難移，空結了些煙花姐妹，露水夫妻。」

【露水夫妻——不長久】

露水夫妻：指萍水相逢而同居的男女。也作「露水夫妻——難長久」。見「風裏點燈——不長久」。

【露水夫妻——無情無義】

形容冷酷無情。例你們是經過自由戀愛結婚的，怎能像露水夫妻——無情無義呢？說罵就罵，說打就打。也作「娶了媳婦忘了娘——無情無義」。

【露水解不了渴】

比喻東西太少，難以解決較大的問題。例你的好意我心領了，可是「露水解不了渴」，我還得另想個辦法來解決。

【露宿風餐】

在露天睡覺，在風雨中吃飯。形容旅行或野外生活的艱苦。宋・陸游《宿野人家》詩：「老來世路渾諳盡，露宿風餐未覺非。」明・沈鯨《雙珠記・姑婦相逢》：「老身前日與姐姐同出避難，軍馬趕散，各自逃生，連日奔走，露宿風餐，擔飢忍渴，不知受了多少苦。」也作「風餐露宿」。

【露頭角】

比喻初次顯露才幹。例王敏刻苦好學，初露頭角便獲得學術界的好評。

【露尾巴】

指露出企圖掩藏的事實。例他想矇混過去太難了，遲早會露尾巴。

【露尾藏頭】

雖藏起了頭卻露出了尾巴。比喻遮遮掩掩怕露出眞相，但又不能將眞相完全遮蓋住。《兒女英雄傳》八回：「我雖然句句的露尾藏頭，被你二人層層的尋根覓究，話也大概說明白了。」也作「藏頭露尾」。

【露原形】

比喻露出本來面目。例作假只能做得一時，遲早要露原形。

【轆轤串當眼鏡——各對各眼】

轆轤（ㄌㄨˊ）：利用輪軸原理製成的一種起重工具，通常安置在井上汲水；轆轤串：安在轆轤中心圓孔兩頭的兩個鐵環。比喻各人有各人的眼光，或各人選擇各人滿意的。例選擇對象不能强迫，轆轤串當眼鏡——各對各眼，你看中意的，他自己不一定歡喜。也作「情人眼裏出西施——各對各眼」。

【轆轤沒有軸——玩不轉】

轆轤：機械上的絞盤；軸：ㄓㄡˊ，也讀ㄓㄨˊ，貫穿車轂支持車輪轉動之橫柱。也指樞紐或圓軸形的東西。見「猴子推磨——玩不轉」。

【戮力齊心】

見「戮力同心」。

【戮力同德】

指同心同德，協力一致。《國語・吳語》：「今伯父曰：『戮力同德。』伯父若能然，余一人兼受而介福。」

【戮力同心】

戮力：合力，並力。指思想一致，合力一心。《墨子・尚賢》：「《湯誓》曰：『聿求元聖，與之戮力同心，以治天下。』」宋・蘇軾《擬進士廷試策》：「蓋以為其人可與戮力同心，共致太平，曾未安席而交口攻之者如蝟毛而起。」也作「戮力一心」。《國語・晉語四》：「晉，鄭兄弟也，吾先君武公與晉文侯戮力一心，股肱周室，夾輔平王，平王勞而德之，而賜之盟質曰：『世相起也。』」也作「戮力齊心」。《梁書・王僧辯傳》：「卿志格玄穹，精貫白日，戮力齊心，芟夷逆醜。」也作「戮力一意」。《後漢書·孝桓帝紀》：「羣公卿士，虔恭爾位，戮力一意，勉同斷金。」

【戮力一心】
見「戮力同心」。

【戮心一意】
見「戮力同心」。

ㄌㄨㄛ

【捋袖摺拳】
捋：又唸ㄌㄜˋ，挽起袖子，伸出拳頭。形容準備格鬥。元·無名氏《碧桃花》三折：「這一個戧金鎧身上穿，那一個蘸鋼鞭腕上懸，一個個氣昂昂性兒不善，他每都叫吼吼捋袖摺拳。」

ㄌㄨㄛˊ

【羅敷有夫】
漢·古樂府《陌上桑》詩：「秦氏有好女，自名爲羅敷……使君謝羅敷：『寧可共載否？』羅敷前置辭：『使君一何愚！使君自有婦，羅敷自有夫。』」後以「羅敷有夫」泛指女子已是有夫之婦。清·紀昀《閱微草堂筆記》卷三：「鴛鴦夢好兩歡娛，記否羅敷自有夫。」

【羅鍋趴鐵軌——死了也値(直)】
羅鍋：駝背的人；値：「直」的諧音。雙關語，比喻爲了某種目的，犧牲了也値得，多表示戲謔。例你說得對，爲了國家和人民的利益，羅鍋趴鐵軌——死了也値（直），咱們就決定和敵人同歸於盡。

【羅鍋睡到碓窩裏——太合適啦】
羅鍋：駝背的人；碓（ㄉㄨㄟ）窩：舂米的器具，用石製成，中部凹下。比喻完全符合實際情況和客觀要求。例我們工廠正需要機械工程師，你願意來此工作，眞是羅鍋睡到碓窩裏——太合適啦。

【羅鍋仰面睡——兩頭脫空】
羅鍋：駝背的人。見「河心裏擱跳板——兩頭脫空」。

【羅鍋腰上山——錢（前）緊】
羅鍋腰：駝背的人；錢：「前」的諧音。雙關語，比喻經濟不寬裕。例「說正經的，你是個財神爺。」「免開尊口。我是羅鍋腰上山——錢（前）緊。」也作「羅鍋子上山——錢（前）緊」、「羅鍋腰上山——錢（前）缺」、「駝背人上山——錢（前）緊」。

【羅鍋子的腰——一就了】
羅鍋子：駝背的人。比喻既成事實只能如此，無法改變。例這件婚事是羅鍋子的腰——一就了，父母反對是無用的。

【羅鍋作揖——舉手之勞】
駝背的人腰本來是彎的，作揖時只要雙手一舉就可以了。比喻毫不費力。例不必道謝了，這不過是羅鍋作揖——舉手之勞罷了，不値得。

【羅漢請觀音——客少主人多】
羅漢：佛教稱斷絕一切嗜欲、解脫煩惱的人；觀音：也叫觀世音、觀音大士，佛教徒認爲是慈悲的化身，救苦救難之神。羅漢數量很多，最著名的有十八個，而觀音只有一個。比喻本末倒置。例有的借陪客之名，大吃大喝，羅漢請觀音——客少主人多，是屢見不鮮的，這也是不正之風。

【羅掘俱窮】
羅掘：張網捕魚，掘地捉鼠。形容物資、錢財搜刮窮盡。《北洋軍閥統治時期史話》七九章：「張宗昌的山東地盤雖未失去，可以就地籌餉……但山東人民多年來受盡剝削壓迫，日益陷於貧困和破產，因此也到了羅掘俱窮的地步。」也作「羅掘一空」。《民國通俗演義》三〇回：「是時寧城已羅掘一空，急切不得巨款，沒奈何任他所爲。」

【羅掘一空】
見「羅掘俱窮」。

【羅鉗吉網】
《資治通鑑·唐玄宗天寶四年》載：李林甫爲相，誣陷打擊異己，重用酷吏羅希奭、吉溫爲御史。「二人皆隨林甫所欲深淺，鍛煉成獄，無能自脫者，時人謂之『羅鉗吉網』。」後用以比喻酷吏枉法，肆意誣陷。明·沈鯨《雙珠記·勾補軍伍》：「堪傷！那些兒公道天開，端的是羅鉗吉網。」清·錢謙益《送馬巽倩歸會稽》詩：「羅鉗吉網牙錯拒，子虛烏有相支撐。」

【羅雀掘鼠】
張網捕雀，掘洞捉鼠。指被圍困後糧食斷絕，千方百計搜尋食物充飢。《新唐書·張巡傳》載：張巡與許遠在睢陽抵抗安祿山叛軍，被圍，睢陽城糧絕，「至羅雀掘鼠，煮鎧弩以食。」後也用以比喻用盡一切辦法籌措物資款項。清·劉坤一《奏疏·淮商瀝陳困苦邀免重輸折》：「目下雖上納錢糧，籌備現銀，幾如羅雀掘鼠，窘如萬分。」

【蘿蔔當棒槌——不識貨】
棒槌：捶打用的短木棒，形狀略似蘿蔔。比喻愚昧無知，不識好壞。例你買回的東西多半是廢物，眞是蘿蔔當棒槌——不識貨！也作「楠木當柴燒——不識貨」、「拿棒槌當蘿蔔——不識貨」。

【蘿蔔雕觀音——飲食菩薩】
觀音：也叫觀世音、觀音大士，佛教徒認爲是慈悲的化身，救苦救難之神；菩薩：泛指佛和某些神。比喻不勞而獲、講吃講喝的人。例他是一個道道地地的蘿蔔雕觀音——飲食菩薩，用現代的話來說，是個「吃客」。

【蘿蔔掉進醃菜缸——泡著吧】
見「冷水沏茶——泡著吧」。

【蘿蔔青菜——各人所愛】

有人愛吃蘿蔔，有人愛吃青菜。比喻各人有各人的愛好。例蘿蔔青菜——各人所愛，在個人興趣方面不能強迫相同。也作「蘿蔔青菜——各有所愛」、「牛吃捲心菜——各人心中愛」、「清油炒菜——各有所愛」。

【蘿蔔上扎刀——不是什麼出血筒子】
出血：指破費錢財。比喻不是願意破費錢財的人。例蘿蔔上扎刀——不是什麼出血筒子，他連麻雀也想榨出四兩油哩！

【蘿蔔掏寶盒——不是合適材料】
見「麻袋做龍袍——不是這塊料」。

【蘿蔔頭】
比喻小孩子。例她畢業以後，被分配在小學當老師，成天與一羣小蘿蔔頭打交道，夠她操心的。

【蘿蔔削鬚——沒得講（漿）】
鬚：鬚根；講：「漿」的諧音。見「倆啞巴見面——沒說的」。

【蘿蔔長了叉——多心】
雙關語，比喻亂起疑心，或不必要的猜測。例別人沒有存心整你，你是蘿蔔長了叉——多心。也作「出了芽的蒜頭——多心」、「三色圓珠筆——多心」。

【鑼鼓對著街上敲——叫人聽的】
比喻故意說給別人聽。例他一家子吵吵嚷嚷，無錢無米，誰都清楚，這是鑼鼓對著街上敲——叫人聽的，他家可肥著哩！

【鑼鼓兩叉——想（響）的不一樣】
想：「響」的諧音。鑼鼓敲不到一個點上，聲響就不和諧。雙關語，比喻想法不一致。例你要往東，他要往西，鑼鼓兩叉——想（響）的不一樣，怎麼能團結一致，完成工作？也作「鑼鼓兩叉——想（響）不到一塊」、「鐵鍋碰茶缸——想（響）的不一樣」、「嗩吶裏吹出笛子調——想（響）的不一樣」、「笛子配銅鑼——想（響）不到一塊」。

【鑼鼓喧天】
敲鑼打鼓，響聲震天。形容歡樂喜慶氣氛。元・關漢卿《單鞭奪槊》四折：「早來到北邙前面，猛聽得鑼鼓喧天。」《紅樓夢》一〇一回：「還聽說要鑼鼓喧天的擺酒唱戲做生日呢！」

【籮筐盛石灰——處處留痕跡】
比喻每一處都留下了印記或把柄。例他遊遍了長城內外，大江南北，而且是籮筐盛石灰——處處留痕跡：「×××到此一遊」，企圖因此而留名後世，實在荒唐得出奇。

【螺絲釘】
螺絲釘雖小，卻是機器上不可缺少的零件。比喻做平凡而有意義的工作的人。例說起來，我們都是社會這部大機器上的螺絲釘，少了誰也不行。

【螺螄殼裏做道場——打不開場面】
螺螄：淡水螺的通稱，一般較小；道場：指和尚或道士所做的法事。比喻工作施展不開，打不開局面。例他長期從事技術工作，缺乏領導經驗，擔任總指揮之後，螺螄殼裏做道場——打不開場面，並不足爲怪。

【螺絲帽脾氣——一擰不緊就跑氣】
螺絲帽：即螺母，也叫螺絲母，組成螺栓的配件，中心有圓孔，孔內有螺紋，可把它擰在螺絲釘上。擰不緊，就容易出問題，如果有氣體，就會漏氣。比喻一失去控制，就會發脾氣或出問題。例他是螺絲帽脾氣——一擰不緊就跑氣，特別是在酒後，很難控制自己，常常得罪人，甚至最親近的朋友。

【騾子馱重不馱輕——生得賤】
比喻人言行卑賤，或自討苦吃。例這個人吃硬不吃軟，你厲害，他就俯首聽命；你客氣，他就趾高氣揚，眞是騾子馱重不馱輕——生得賤。

ㄌㄨㄛˇ

【裸裎袒裼】
裸裎：赤身露體；袒裼（ㄒㄧˊ）：脫去上衣露出身體。形容粗野、極不禮貌。唐・柳宗元《序飲》：「吾聞昔之飲酒者……有裸裎袒裼，以爲達者。」

【裸袖揎衣】
挽起袖子，敞開衣服。形容不拘小節。元・馬致遠《哨遍・張玉岩草書》曲：「當日先生沈醉，脫巾露頂，裸袖揎衣。」

ㄌㄨㄛˋ

【犖犖大端】
犖犖：分明、明顯。指明顯的大的幾個方面。梁啓超《變法通論・論變法不知本原之害》：「今之言變法者，其犖犖大端，必曰練兵也，開礦也，通商也。」

【犖犖大者】
犖：本意是指雜色牛。犖犖：事理分明的樣子。指明顯的大的幾個方面。《史記・天官書》：「此其犖犖大者，至若委曲小變，不可勝道。」梁啓超《生計學學說沿革小史》：「吾欲譯言之，則累數十萬言不能盡也，今姑語其犖犖大者。」

【洛陽才子】
晉・潘岳《西征賦》：「終童山東之英妙，賈生洛陽之才子。」後以「洛陽才子」泛指才華出衆的人。明・無心子《金雀記・定婚》：「洛陽才子，名下無虛，細玩佳章，自生健羨。」

【洛陽的牡丹——人人喜歡】
河南洛陽的牡丹品種多，花型美，聞名全國，譽稱「洛陽牡丹甲天下」。見「久旱逢甘雨——人人喜歡」。

【洛陽紙貴】
《晉書・左思傳》載：左思作《三都賦》

成，「豪貴之家競相傳寫，洛陽爲之紙貴」。後以「洛陽紙貴」比喻文章或著作風行一時，流傳廣泛。唐·宋之問《范陽王輓詞二首》詩之一：「洛陽今紙貴，猶寫太沖詞。」《鏡花緣》七七回：「人說洛陽紙貴，誰知今日鬧到長安扇貴。」

【駱駝背火球——燒包】
見「口袋裏冒煙——燒包」。

【駱駝吃螞蟻——小收拾】
見「老虎吃螞蚱——小收拾」。

【駱駝打滾——翻不了身】
也作「**駱駝打滾——難翻身**」。見「房梁上睡覺——翻不了身」。

【駱駝打前失——倒楣（煤）】
打前失：前蹄沒站穩而跌倒或幾乎跌倒。過去中國北方一帶運煤多靠駱駝，駱駝一打前失，煤就會倒下來。見「煤球搬家——倒楣（煤）」。

【駱駝的脖子鴕鳥的腳——各有所長】
鴕鳥：現代鳥類中最大的鳥，腿很長，腳有力，善走。見「高山有好水，平地有好花——各有所長」。

【駱駝的脊背——兩頭翹】
比喻雙方都自以爲很高貴，或人各方面都很傲慢，自鳴得意。例既然你們是駱駝的脊背——兩頭翹，談不攏，不如早日散夥。也作「**駝子翻跟頭——兩頭翹**」。

【駱駝登蹄——沒救】
登蹄：死了。見「火燒草山——沒救」。

【駱駝吊在肉桿上——架子還不小】
見「扛牌坊賣肉——好大的架子」。

【駱駝翻跟頭——兩頭不著實】
駱駝身體高大，背上有駝峯，翻跟頭時兩頭不著實地。比喻計畫、措施等各方面都不落實。有時比喻有關的雙方都沒有對計畫、措施等落實。例這件事很難辦，駱駝翻跟頭——兩頭不著實，即使全力以赴，也不可能樣樣問題都解決。也作「**駝子仰面睡——兩頭不著實**」、「**駝子裝棺材——兩頭空**」。

【駱駝放屁——想（響）得不低】
見「飛機上吹喇叭——想（響）得高」。

【駱駝擱在橋板上，兩頭無著落】
指駝峯著地，頭與尾則懸空。比喻事情幾方面都無結果，處境不妙。《官場現形記》九回：「陶子堯一聽這話，不妨同他實說，或者有個商量。便說：『我現在好比駱駝擱在橋板上，兩頭無著落，你總得替我想個方法才好。』」

【駱駝進羊圈——不入門】
也作「**駱駝進羊圈——入不了門**」。見「橫扛竹竿進宅——入不了門」。

【駱駝看天——眼高】
雙關語，比喻眼光高，要求的標準高。有時指眼睛向上，看不起別人。例他是駱駝看天——眼高，恐怕瞧不上這套服裝的式樣。

【駱駝拉磨——有力鼓不上】
見「大象逮老鼠——有勁使不上」。

【駱駝上車——就是這麼一個樂兒了】
駱駝辛勤地勞碌一生，只有死後被裝車運走，徹底擺脫勞累，引申爲「樂趣」。比喻充滿痛苦，極少樂趣。例你要求他戒酒，恐怕比登天還難，他辛苦一生，駱駝上車——就是這麼一個樂兒了。

【駱駝上梁兒，麻雀抱鵝蛋】
比喻不可能辦到的事情。例你讓我上天摘幾顆星星給你，我很樂意，可是行嗎？俗話說：「駱駝上梁兒，麻雀抱鵝蛋。」這是不可能的事啊！

【駱駝身上拔根毛——無足輕重】
見「九牛失一毛——無關緊要」。

【駱驛不絕】
駱驛：前後相接，連續不斷。形容過往行人、車、馬連接不斷。《後漢書·光武十王傳》：「皇太后、陛下哀憐臣疆，感動發中，數遣使者太醫令丞，方伎道術，駱驛不絕。」也作「**絡繹不絕**」。《隋書·高熲傳》：「其夫人賀拔氏寢疾，中使顧問，絡繹不絕。」

【絡繹不絕】
見「駱驛不絕」。

【落榜聽見喜鵲叫——不忍聞】
落榜：考試不中，榜上無名；喜鵲叫：民間傳說聽見喜鵲叫將有喜事來臨。觸景反而引起傷心之情。比喻景況淒慘，耳不忍聞。例何大叔正處於喪子的悲痛之中，你們這些小伙子如此活潑歡樂，反而會使他落榜聽見喜鵲叫——不忍聞。

【落草爲寇】
舊指逃入茂密的山林裏當强盜。《隋唐演義》一五回：「難道我們自幼習武藝時節，就要落草爲寇？」

【落到麻雀窩裏的花鵲子——長不了】
花鵲子：喜鵲。比喻暫時停留，不久就會離開。例你們要在村裏長期落戶？我不相信，落到痲雀窩裏的花鵲子——長不了。

【落地的桃子——熟透了】
雙關語，比喻十分熟悉，瞭如指掌。有時指條件成熟或時機到了。例我們相處四年，對他的品德、才幹，就像落地的桃子——熟透了。也作「**落地的山梨——熟透了**」、「**嘭嘭響的西瓜——熟趓了**」、「**桑葚落地——熟透了**」。

【落紅不是無情物，化作春泥更護花】
落紅：落花。落掉的花瓣並非是無情的東西，它化入春天的泥土更加保護花。比喻身遭迫害，但拳拳爲國之熱忱，至死不變。今常用於讚揚英雄模範，忠心耿耿，獻身事業的高尚情操。清·龔自珍《己亥雜詩》之一：「浩蕩離愁白日斜，吟鞭東指即天涯。落紅不是無情物，化作春泥更護花。」

【落花流水】

花凋落，隨流水飄去。形容暮春時衰敗凋殘的景象。唐・趙嘏《寄遠》詩：「無限春愁莫相問，落花流水洞房深。」宋・向滈《踏莎行》詞：「錢塘江上客歸遲，落花流水青春暮。」也比喻零落殘亂，狼狽不堪。《水滸傳》四三回：「這夥男女哪裏顧個冷熱，好吃不好吃，酒肉到口，只顧吃，正如風捲殘雲，落花流水，一齊上來，搶著吃了。」姚雪垠《李自成》一卷六章：「轉眼之間，戰場的局面完全扭轉，把官軍殺得落花流水。」

【落花滿地紅——多謝】

雙關語，比喻對別人的好意十分感謝。例你們送來的救濟物資，解救了我們的燃眉之危，實在是落花滿地紅——多謝了。

【落花有意，流水無情】

落花有意隨流水而去，而流水卻無意依戀落花。比喻男女間一方有情意，另一方很冷淡。也用來比喻人想做好某件事，但客觀條件冷酷無情。例鄰居小梅對哥哥有好感，常常對他噓寒問暖的，但可惜的是落花有意，流水無情，哥哥對小梅就是沒感覺。

【落荒而走】

離開戰場向荒野逃走。形容戰敗後倉惶逃命。元・無名氏《小尉遲》三折：「我詐敗落荒而走，父親必然趕將我來。」《初刻拍案驚奇》三一卷：「潞兵乘亂，大隊趕來，多四散落荒而走。」

【落腳點】

比喻工作或生活基地。例你不必忙著下鄉，等我先下去找好落腳點你再來。也比喻觀察問題的立場。例落腳點不同，看問題的方法也會不同。

【落進空米缸裏的耗子——無處可爬】

米缸的壁很光滑，耗子掉進去就無法爬上來。比喻敵人或壞人逃跑不了。例兩個土匪被民兵隊伍層層包圍，已成了落進空米缸裏的耗子——無處可爬。

【落井下石】

對落在井裏的人，不但不搭救，反而向井裏扔石頭。比喻乘人之危加以打擊陷害。唐・韓愈《柳子厚墓志銘》：「一旦臨小利害，僅如毛髮比，反眼若不相識，落陷阱，不一引手救，反擠之，又下石焉者，皆是也。」明・李贄《續焚書・答來書》：「若說叔台從而落井下石害我，則不可。」

【落井下石——坑害人】

比喻用兇狠狡詐的手段整人。例此人極端殘忍、自私，常常落井下石——坑害人，你得提高警惕。

【落了毛的鷹——神氣不了】

比喻失去了資本，再也不能驕傲得意了。例他這次犯了一個大錯誤，就像落了毛的鷹——神氣不了啦！

【落了三年黃梅雨——絕情(晴)】

黃梅雨：我國長江中下游在春末夏初梅子黃熟的一段時期，常連續下雨，叫黃梅雨；情：「晴」的諧音。雙關語，比喻無情無義，斷絕一切感情。例「你們之間眞的有點彆扭？」「何止彆扭，落了三年黃梅雨——絕情（晴）了，早已分手。」

【落落不偶】

飄泊窮困，無人相知。宋・鄧牧《伯牙琴・張叔夏詞集序》：「中間落落不偶，北上燕南，留宿海上，憔悴見顏色。」

【落落晨星】

落落：稀疏，零落。早晨天空稀疏的星星。形容很稀少。唐・劉禹錫《送張盥赴舉序》：「吾不幸，向所謂同年友，當其盛時，連轡舉鑣，互絕九衢，若屏風然，今來，落落如晨星之相望。」

【落落大方】

落落：豁達，開朗。形容舉止瀟灑自然，豁達開朗。《兒女英雄傳》二九回：「更兼他天生得落落大方，不似那羞手羞腳的小家氣象。」茅盾《趙先生想不通》：「大少奶奶說話時那態度眞是落落大方。」

【落落寡合】

見「落落難合」。

【落落寡交】

見「落落難合」。

【落落穆穆】

形容胸懷豁達，舉止肅穆。《晉書・王澄傳》：「澄嘗謂衍曰：『兄形似道而神鋒太雋。』衍曰：『誠不如卿落落穆穆然也。』」

【落落難合】

形容爲人孤高，不易合羣。明・張岱《陶庵夢憶・姚簡叔畫》：「簡叔塞淵不露聰明，爲人落落難合，孤意一往，使人不可親疏。」也比喻見解孤立，無可與謀。《後漢書・耿弇傳》：「將軍前在南陽，建此大策，常以爲落落難合，有志者事竟成也。」也作「落落寡交」。清・沈復《浮生六記・浪遊記快》：「此余第一知己交也，惜以二十二歲卒，余即落落寡交。」也作「落落寡合」。《三俠五義》六九回：「原來此人姓杜名雍，是個飽學儒流，一生性氣剛直，又是個落落寡合之人。」

【落配的鳳凰——不如雞】

舊指出身、地位高貴的人落難後境遇還不如卑賤的人。現多比喻遭遇不好，倒楣透頂。例這個被冷落了的大老闆滿腹牢騷地說：「唉，落配的鳳凰——不如雞呀！」

【落其實者思其樹，飲其流者懷其源】

落：摘取。摘了果，會思念結果之樹；飲了水，會思念水流之源。比喻人不忘其本。北周・庾信《徵調曲六首》詩之六：「正陽和氣萬類繁，君王道合天地尊。黎人耕植於義圃，君子翱翔於禮園。落其實者思其樹，飲其流者懷其源。」

【落山的太陽——沒多大亮】
比喻生命不會長久，或沒多少希望了。例他的病情一天比一天嚴重，看來已是落山的太陽——沒多大亮了。也作「螢火蟲的屁股——沒多大亮」。

【落水狗】
比喻失勢、陷入窮途末路的壞人。例人們應牢記用鮮血換來的教訓，不要憐憫落水狗。

【落水要命，上岸要錢】
指危險時要保命，危險消除後又要人還錢。形容不僅貪生怕死，而且言而無信。例你明明說如果他幫你擺脫困境，你將予以重謝，怎麼現在你說話不算數了？俗話說：「落水要命，上岸要錢。」難道你也是這種人嗎？

【落湯的螃蟹——手忙腳亂】
見「臨拉屎挖茅坑——手忙腳亂」。

【落湯雞】
湯：熱水。形容渾身濕透像掉進熱水裏的雞一樣。例這雨早不下，晚不下，單等人們下班時驟然而至，把大夥一個個淋成了落湯雞。

【落湯螃蟹】
落在熱水裏的螃蟹。形容手忙腳亂，不知所措。《景德傳燈錄》卷一九：「一似落湯螃蟹，手忙腳亂。」

【落拓不羈】
落拓：行爲放蕩；羈：馬籠頭，比喻束縛。謂行爲豪爽放任，不拘小節。《孽海花》三一回：「驥東官職雖是武夫，性情卻完全文士，恃才傲物，落拓不羈。」茅盾《子夜》七：「阿素是落拓不羈，就像他的父親。」也作「落魄不羈」。明・韓昂《圖繪寶鑑續編・皇明》：「杜君澤，號小癡，姑蘇人。善楷書，工山水，嗜酒。流寓高郵，落魄不羈，以酒卒。」

【落魄不羈】
見「落拓不羈」。

【落魄江湖】
形容窮困失意，流落江湖。唐・杜牧《遣懷》詩：「落魄江湖載酒行，楚腰纖細掌中輕。」

【落魄不偶】
形容窮困失意。《三國演義》三五回：「［水鏡先生］因問玄德曰：『吾久聞明公大名，何故至今猶落魄不偶耶？』」

【落網的魚兒——命難逃】
見「老鼠碰見貓——命難逃」。

【落網的魚兒——脫不了身】
也作「落網的魚兒——難脫身」。見「老鴰叮蚌殼——脫不了身」。

【落雁沉魚】
形容女子容貌美麗。《聊齋志異・毛狐》：「子且無一金之福，落雁沉魚，何能消受？」參見「沉魚落雁」。

【落葉歸根】
樹葉凋落在樹根邊。比喻人最終得到歸宿。明・王世貞《鳴鳳記・林遇夏舟》：「今日遇赦回來，正是落葉歸根，豐城劍回。」

【落葉知秋】
樹葉凋落，秋天即要來臨。比喻從事物的微小變化可推知發展的結果。明・湯顯祖《南柯記・俠概》：「恨天涯搖落三杯酒，似飄零落葉知秋」。

【落雨天打土坯——沒有好貨】
比喻都是壞東西。例他也是訓練團出身的，落雨天打土坯——沒有好貨，不能麻痺大意。

【落雨天打磚——壞了坯子】
落雨天：下雨天；坯子：沒有燒過的磚瓦、陶器，泛指半製成品，引申指思想未定型的青少年。比喻使青年走入邪路。例讓青少年看黃色書刊、錄影帶，就像落雨天打磚——壞了坯子，誘使他們走向犯罪的道路。

【落雨天擔禾草——越挑越重】
比喻承擔的責任越來越大。有時指困難或負擔越來越大。例這兩年，他承擔的工作就像落雨天擔禾草——越挑越重，忙得夠嗆。也作「落雨擔稻草——越擔越重」、「落雨天擔火灰——越擔越重」、「三十里地不換肩——擔子越挑越重」。

【落雨天的芝麻——難開口】
落雨天：下雨天。芝麻要經太陽曬，才易裂口脫粒。雙關語，比喻有難言之隱，不願或不便說出。也指有苦衷難以訴說。例不要逼迫老王表態，我知道，他的確是落雨天的芝麻——難開口。也作「落雨天的芝麻——口難張」、「旱天的田螺——有口難開」、「沒嘴的葫蘆——難開口」、「上銹的剪刀——口難開」、「嘴上貼封條——難開口」、「牛嘴上套篾簍——難開口」、「上銹的剪刀——難開口」、「下巴底下支磚——張不開口」、「迎風吃炒麵——張不得嘴」、「大風地裏吃炒麵——張不開口」、「大姑娘說媒——難張口」、「沒嘴的葫蘆——不好開口」。

【落月屋梁】
唐・杜甫《夢李白》詩：「魂來楓林青，魂返關塞黑。落月滿屋梁，猶疑照顏色。」後以「落月屋梁」表示對友人的深切懷念。金・元好問《五月十一日樗軒老忌辰追懷》詩：「遺後交情老更傷，每逢此日倍難忘。神光何處埋泉壤，落月無言滿屋梁。」清・黃宗羲《寄周子佩》：「落月屋梁長入夢，未知何日遂征帆。」

【落在熱灰裏的蚯蚓——渾身抽搐】
抽搐（ㄔㄨˋ）：肌肉不隨意地收縮，多在有病或生氣時發生。雙關語，比喻氣得或驚嚇得全身發抖。例鬼子派遣的小分隊全部被殲滅，大隊長小野聽到消息後，就像落在熱灰裏的蚯蚓——渾身抽搐。

【落在鷹爪裏的小雞——嘴殼再硬也活不了】
比喻落在兇狠的敵人手裏，本領再大也活不成。例你到敵人心臟裏去工作，應特別小心在意，如果被發覺，就會像落在鷹爪裏的小雞——嘴殼再硬也活不了。

【落紙煙雲】
見「落紙雲煙」。

【落紙雲煙】
晉・潘岳《楊荊州誄》：「草隸兼善，尺牘必珍。足不輟行，手不釋文。翰動若飛，紙落如雲。」後以「落紙雲煙」形容書法或詩文出神入化，多姿多采。唐・杜甫《飲中八仙歌》：「張旭三杯草聖傳，脫帽露頂王公前，揮毫落紙如雲煙。」宋・方岳《次韻梅花》詩：「寒香嚼得成詩句，落紙雲煙行草眞。」也作「落紙煙雲」。清・趙翼《石庵相公挽詩二首》詩之二：「即論落紙煙雲妙，也抵山陰萬首工。」

ㄌㄨㄢˊ

【鸞儔鳳侶】
儔：伴侶。比喻男女結成夫妻。《好逑傳》一六回：「大媒又借重了過老先生，內裏有的是香閨繡閣，何不與舍侄女竟成鸞儔鳳侶，便完了一件百年的大事。」

【鸞飛鳳舞】
比喻一派祥和景象。宋・馬鈺《蓬萊閣・咏海市》詞：「雲煙漠，紅光紫霧成樓閣。成樓閣，鸞飛鳳舞，往來瓊廊。」也比喻書法流暢、舒展多采多姿。吳梅《霜崖曲錄・北越調鬥鵪鶉・黃薔薇》：「況蘭亭定武，更宣和書譜，老筆霜花艷吐，寫得鸞飛鳳舞。」

【鸞分鳳離】
比喻夫妻離散。明・李開先《寶劍記傳奇》四八齣：「自從他鸞分鳳離，到如今雁斷魚稀。」

【鸞鳳分飛】
比喻夫妻分離。唐・房千里《寄妾趙氏》詩：「鸞鳳分飛海樹秋，忍聽鐘鼓越王樓。」

【鸞鳳和鳴】
鸞：傳說中鳳凰一類鳥。比喻夫妻和諧，感情融洽。常用作結婚的賀詞。《左傳・莊公二二年》：「初，懿氏卜妻敬仲，其妻占之曰：『吉，是謂鳳凰於飛，和鳴鏘鏘。』」宋・無名氏《張協狀元・李大婆爲媒張協成婚》：「似鸞鳳和鳴，相應青雲際。效鶼鶼比翼，鴛鴦雙隻戲。」

【鸞歌鳳舞】
鸞在歌唱，鳳在跳舞。《山海經・大荒西經》：「鸞鳥自歌，鳳鳥自舞，爰有百獸，相羣是處，是謂沃之野。」後以「鸞歌鳳舞」比喻一派祥瑞、昇平景象。南朝陳・張正見《神仙篇》：「鸞歌鳳舞集天台，金闕銀宮相向開。」

【鸞孤鳳寡】
見「鸞孤鳳隻」。

【鸞孤鳳隻】
鸞和鳳都是孤零零的。比喻夫妻分離、孤零一人。元・無名氏《連環計》四折：「呂溫侯鸞孤鳳隻，煩惱殺情分兩處舊嬌妻。」也作「鸞孤鳳寡」。明・吳廷翰《集賢賓・題情・黃鶯兒・前腔》曲：「幾番問個龜兒卦，盼魚封雁札。嘆鸞孤鳳寡，啼痕搵透香羅帕。」

【鸞鵠停峙】
鵠：天鵝；峙：聳立。像鸞和天鵝一樣停息聳立。比喻子孫英俊秀逸。多作對人讚譽之詞。唐・韓愈《殿中少監馬君墓志》：「退見少傅，翠竹碧梧，鸞鵠停峙，能守其業者也。」也作「鸞停鵠峙」。明・袁宏道《壽洪太母七十序》：「今伯母之膝下，跪而稱觴者，子十有一人，孫三十有許人，鸞停鵠峙，瓊芬蕙列，又長支中最繁盛者。」

【鸞交鳳儔】
見「鸞交鳳友」。

【鸞交鳳友】
比喻有情的男女結成伴侶，也比喻優秀的人們結交成朋友。元・關漢卿《緋衣夢》二折：「你則爲鸞交鳳友，燕侶鶯儔，則被俺毒害娘，分繾綣，折綢繆。」元・馬致遠《漢宮秋》二折：「枉以後龍爭虎鬥，都是俺鸞交鳳友。」也作「鸞交鳳儔」。明・吳廷翰《步步嬌・秋思・園林好》：「只爲他暖融融香溫玉柔，只爲他美甘甘鸞交鳳儔。」

【鸞膠再續】
鸞膠：傳說一種能把斷弦粘在一起的膠。漢・東方朔《十洲記》：「仙家煮鳳喙及鱗角合煎作膠，名之曰續弦膠，[漢武帝]射虎而弩弦斷，使者時從駕又上膠一分，使口濡以續弩弦，帝驚曰異物也。」後以比喻男子續偶。《雍熙樂府・端正好（芸窗下守空燈）》：「我這裏恨無青鳥傳芳音，他那裏待得鸞膠續斷弦。」

【鸞飄鳳泊】
形容書法筆勢盤曲灑脫，氣韻飄逸生動。唐・韓愈《岣嶁山》詩：「蝌蚪拳身薤倒披，鸞飄鳳泊拿虎螭。」清・金志章《因樹亭觀唐明皇磨崖碑》詩：「天章神筆縱揮灑，鸞飄鳳泊翔遊龍。」也比喻夫妻、情侶離散或才士失志、飄泊無定所。清・錢泳《履園叢話・莅香校書》：「鸞飄鳳泊尋常事，一墮迷樓最可憐。」清・龔自珍《金縷曲・癸酉秋出都述懷有賦》詞：「我又南行矣。笑今年鸞飄鳳泊，情懷何似？縱使文章驚海內，紙上蒼生而已。」

【鸞停鵠峙】
見「鸞鵠停峙」。

【鸞翔鳳集】
鸞鳳飛翔聚集。比喻人才彙聚到一處。晉・傅咸《申懷賦》：「穆穆清禁，濟濟羣英，鸞翔鳳集，羽儀上京。」

【鸞翔鳳翥】
翥：ㄓㄨˋ，飛舉。鸞鳳盤旋飛舞。晉・陸機《浮雲賦》：「鸞翔鳳翥，鴻驚鵠奮，鯨鯢溯波，鮫鰐沖道。」也比喻書法飛動飄逸，舒展生動。唐・韓愈《石鼓歌》：「鸞翔鳳翥衆仙下，珊瑚碧樹交枝柯。」

【鸞梟並棲】

梟：ㄒㄧㄠ，一種凶猛的鳥。鸞梟一起停留在一棵樹上。比喻好壞混同在一起。清・昭槤《嘯亭雜錄・續錄・明史稿》：「至於李廷機與沈榷、沈一貫，畢自嚴與陳新甲同傳，未免鸞梟並棲，殊無分晰，不如史臣之分傳也。」

ㄌㄨㄢˇ

【卵與石鬥】

蛋與石頭相鬥。比喻強弱懸殊，不自量力，自取滅亡。漢・焦延壽《焦氏易林・艮之損》：「卵與石鬥，糜碎無疑；動而有悔，出不得時。」

ㄌㄨㄢˋ

【亂臣逆子】

封建時代指不守臣道、不盡孝道的人。《三國志・魏書・武文世王公傳》：「近漢氏淮南、阜陵，皆爲亂臣逆子，而猶或及身而復國，或至子而錫土。」

【亂臣賊子】

封建時代指不忠不孝的人，也泛指心懷異志、乘機作亂的人。《孟子・滕文公下》：「孔子成《春秋》，而亂臣賊子懼。」唐・韓愈《伯夷頌》：「微二子（伯夷、叔齊），亂臣賊子接跡於後世矣。」

【亂成一鍋粥】

形容十分混亂。例槍聲一響，敵軍頓時亂成了一鍋粥。

【亂點鴛鴦】

鴛鴦：比喻夫妻。指錯配姻緣。《醒世恆言》卷八：「今日聽在下說一樁意外姻緣的故事，喚做『喬太守亂點鴛鴦譜』。」後也泛指胡亂湊對兒。清・趙翼《戲本所演八仙，不知起於何時……因改書數語於後》詩：「何人學作王老志，劾召鬼神示遊戲；把他多少古仙人，亂點鴛鴦集冠帔。」

【亂蝶狂蜂】

指浪蕩子弟。宋・呂本中《春日即事》詩：「亂蝶狂蜂俱有意，兔葵燕麥自無知。」

【亂放炮】

比喻不負責任地亂發議論，亂說話。例你以後說話可不能再這樣亂放炮了，否則會惹出更大的是非來。

【亂墳崗上唱戲——鬧鬼】

見「棺材裏打鑼鼓——鬧鬼」。

【亂極思治】

指社會動亂到了極點，人心都嚮往太平治世。魯迅《病後雜談》引《蜀龜鑑》：「托亂極思治之隱憂而無其實事，孰若臣祖親見之，臣身親被之乎？」

【亂極則治，暗極則光，天之道也】

治：管理，治理；光：光明；道：規律。混亂到了極點，就會轉化爲大治；黑暗到了極點，就會轉化爲光明。這是事物發展的客觀規律。太平天國・洪秀全《原道醒世訓》：「然則亂極則治，暗極則光，天之道也。於今夜退而日升矣。」

【亂箭攢心】

亂箭聚射心窩。比喻內心極度悲痛。《醒世恆言》卷二〇：「見父親……淹淹只存一息。二子一見，猶如亂箭攢心，放聲號哭，奔向前來。」

【亂了營】

比喻秩序大亂。例你可眞沉得住氣，外面都亂了營了，你還在這兒睡覺。

【亂了陣腳】

古時作戰隊伍的行列或組合方式叫「陣」，陣的最前方叫陣腳。比喻失去控制能力。例我隊連連出擊，已使他們亂了陣腳。

【亂七八糟】

形容非常雜亂，沒有條理和秩序。《兒女英雄傳》三八回：「把山東的土產，揀用得著的，亂七八糟都給帶來了。」老舍《二馬》四：「琴彈得亂七八糟，可是她的嗓子怪清亮的。」

【亂世鬼】

指把人世或事情搞得混亂不安的人。例這人成事不足，敗事有餘，簡直是個亂世鬼。

【亂世兇年】

指社會動蕩，又逢天災，收成極壞。《羣音類選〈犀佩記・庵中小會〉》：「三徑荒蕪不似前，甘把針指頻拈，聊度著亂世兇年。」

【亂世英雄】

指動亂時代的傑出人物。南朝宋・劉義慶《世說新語・識鑑》：「曹公（曹操）少時見喬玄，玄謂曰：『天下方亂，羣雄虎爭，撥而理之非君乎？然君實是亂世之英雄，治世之奸賊』。」

【亂世之音】

擾亂社會和人心的音樂。《詩經・周南・關雎序》：「亂世之音怨以怒，其政乖。」《禮記・樂記》：「鄭衛之音，亂世之音也。」

【亂首垢面】

垢：污穢。形容頭髮蓬亂，臉上骯髒。《漢書・王莽傳上》：「莽侍疾，親嘗藥，亂首垢面，不解衣帶連月。」

【亂俗傷風】

指擾亂、敗壞傳統的風尚習俗。《宋書・庾炳之傳》：「炳之身上之釁，既自籍籍，交結朋黨，構扇足非，實是亂俗傷風。」

【亂彈琴】

比喻胡鬧或亂來。例他不是外科醫生，怎麼能讓他給人動手術？眞是亂彈琴！

【亂彈琴——沒譜】

譜：樂譜。比喻心中無數，或說話太

玄。例節目都排練好啦，這晚會爲什麼又不開了，廠長眞是亂彈琴——沒譜。也作「拉琴的丟唱本——沒譜」、「瞎子拉胡琴——沒譜兒」。

【亂頭粗服】
蓬亂的頭髮，粗糙的服裝。指外貌、衣著不加修飾。亦比喻不講究書法或文章章法。《清史稿・梁同書傳》：「中鋒之法，筆提得起，自然中，亦未嘗無兼用側鋒處，總爲我一縷筆尖所使，雖不中亦中，亂頭粗服非字也。」

【亂墜天花】
比喻說話或寫文章極其誇張、不切實際、虛妄迷人。明・無名氏《蕉帕記・鬧釵》：「你還要嘮叨嘴硬。縱亂墜天花，教我怎生來聽，不招只是打。」也作「天花亂墜」。

ㄌㄨㄣ

【掄眉豎目】
掄：旋動。旋起眉毛，雙目直立。形容凶惡盛怒的樣子。朱自清《海行雜記》：「所以即使是同伴之間，往往因爲一句有意的或無意的不相干的話，動了眞氣，掄眉豎目的恨恨半天而不已。」

ㄌㄨㄣˊ

【淪肌浹骨】
見「淪肌浹髓」。

【淪肌浹髓】
淪：深入；浹：ㄐㄧㄚˊ，濕透。浸透肌膚，滲入骨髓。比喻人的感受極深。也比喻中毒很深。宋・朱熹《朱子全書・論語》：「今須且將此反覆思量，渙然冰釋，怡然理順，便自會淪肌浹髓。」梁啓超《論學要語》：「功利之習，淪肌浹髓，苟非鞭辟近裏之學，常見無動之過，則一時感發之明，不足以勝隱微深痼之蔽。」也作「淪肌浹骨」。《河南程氏遺書》三：「蓋人有小稱意事，猶喜悅，有淪肌浹骨如春和意思，何況義理？」也作「淪浹肌髓」。宋・魏了翁《奏乞爲周濂溪賜謚》：「論事則功利智術之尙，誣民惑事，至於淪浹肌髓，不可救藥。」

【淪浹肌髓】
見「淪肌浹髓」。

【淪落不偶】
淪落：落泊。形容潦倒失意。元・黃溍《跋項可立序舊》：「仲舉以世殊事異，淪落不偶，變姓名食於一技，人莫識也。」

【淪落風塵】
淪落：陷落；風塵：喻妓女生活。指婦女不幸陷入娼妓境地。朱自淸《溫州的蹤跡》：「她的淪落風塵是終生的！她的悲劇也是終生的！」

【綸音佛語】
綸音：皇帝的詔令。比喻極具權威且必須遵從的話語。《紅樓夢》一二回：「賈瑞如聽綸音佛語一般，忙往後退。」

【輪扁斫輪】
輪扁：人名，春秋時齊國有名的造車工人；斫輪：用刀斧製作車輪。《莊子・天道》：「恒公讀書於堂上，輪扁斫輪於堂下……輪扁曰：『斫輪，徐則甘而不固，疾則苦而不入。不徐不疾，得之於手而應於心，口不能言，有數存焉於其間……』」後以「輪扁斫輪」比喻高手的技藝超羣。宋・黃庭堅《戲題小雀捕飛蟲畫扇》詩：「丹青妙處不可傳，輪扁斫輪如此用。」

【輪船出海——暢通無阻】
雙關語，比喻事情能夠順利進行。例只要攻下這個難關，我們的試驗會像輪船出海——暢通無阻，成功就有把握了。

【輪船開往亞非拉——外行(航)】
見「國際商船——外行（航）」。

【輪船靠碼頭——穩而不動】
雙關語，比喻做事穩妥，不因外界的影響而動搖。例這個青年人成熟，有主見，自己確定要做的事，就像輪船靠碼頭——穩而不動。

【輪船靠碼頭——穩啦】
雙關語，比喻準確可靠，很有把握。例小萍在校成績不錯，今年考上大學，是輪船靠碼頭——穩啦！

【輪船上安高音喇叭——想(響)得遠】
見「高桿子頂上敲瓷瓶——站得高，想（響）得遠」。

【輪船上觀海——無邊無沿】
沒有邊際，比喻事物龐大。例載歌載舞的遊行隊伍，就像輪船上觀海——無邊無沿。也作「破草帽——無邊無沿」。

【輪曲輮而就，木直在中繩】
輮：ㄖㄡˇ，用火烤使木彎曲；中繩：木工畫的墨線。車輪彎曲是由於輮製而成的，木材使之合於墨線而做直的。比喻只有刻苦努力，才能立業成材。宋・歐陽修《贈學者》：「輪曲輮而就，木直在中繩。堅金礪所利，玉琢器乃成。」

【輪胎上的氣門心——裏外受氣】
比喻受到來自各方面的責難和抱怨。例這幾年小馬工作不順心，常常向人發牢騷，說自己是輪胎上的氣門心——裏外受氣，要求調換工作。

ㄌㄨㄣˋ

【論大功者不錄小過，舉大美者不疵細瑕】
疵：ㄘ，挑剔；瑕：玉的斑點，指人的過錯或缺點。嘉獎建樹大功的人，不計較其細小的失誤、過錯；推舉具有美德的人，不挑剔其細小的缺點。指人無完人，不必求全責備。《漢書・陳湯傳》：「故宗正劉向上疏曰：『……論大功者不錄小過，舉大美美者不疵細瑕。』」

【論道經邦】

指研討治國之道。《尚書・周官》：「茲唯三公，論道經邦，燮理陰陽。」唐・韓愈《上宰相書》：「幸今天下無事，小大之官各守其職，錢谷甲兵之問，不至於廟堂，論道經邦之暇，捨此宜無大者焉。」

【論德酬功】

評定品德，酬答功勞。《三國志・吳書・周瑜傳》注引《江表傳》：「策令曰：『周公瑾英俊異才……如前在丹楊，發衆及船糧以濟大事，論德酬功，此未足以報者也。』

【論甘忌辛】

談到甜的就忌諱辣的。比喻偏執所好或持門戶之見。南朝梁・江淹《雜體詩序》：「至於世之諸賢，各滯所迷，莫不論甘則忌辛，好丹則非素，豈所謂通方廣恕，好遠兼愛者哉！」

【論功封賞】

論定功勞，給予封賞。《晉書・石季龍傳上》：「季龍入遼宮，論功封賞各有差。」

【論功行封】

根據功勞大小，實行封賞。《漢書・蕭何傳》：「漢五年，已殺項羽，即皇帝位，論功行封，羣臣爭功，歲亦不決。」《晉書・武帝紀》：「於是論功行封，賜公卿以下帛各有差。」

【論功行賞】

論定功勞，給予獎賞。《三國志・吳書・顧譚傳》：「時論功行賞，以爲駐敵之功大，退敵之功小。」《隋書・蘇威傳》：「及大業末年，尤多征役，至於論功行賞，威每承望風旨，輒寢其事。」

【論黃數白】

議論、數落別人。多指對人亂加評論，肆意誹謗。《羣音類選〈投筆記・班超投筆〉》：「笑駑駘出言不遜，論黃數白不堪聽。」也作「論黃數黑」。元・楊文奎《兒女團圓》一折：「你入門來便鬧起，有甚的論黃數黑。」

【論黃數黑】

見「論黃數白」。

【論今說古】

從今說到古，形容說話內容廣泛。《敦煌變文集・葉淨能詩》：「淨能奏曰：『還是一個道士，妙解章令。又能飲宴，論今說古，無有不知，多解多能，人間皆曉。』」

【論列是非】

擺事實，論是非。《漢書・司馬遷傳》：「乃欲卬首信眉，論列是非，不亦輕朝廷、羞當世之士邪。」

【論士必定於志行，毀譽必參於效驗】

評定人材要根據他的志趣、言行；批評與表揚，一定都要以事實作驗證。漢・王符《潛夫論・交際》：「所謂平者，內懷鳲鳩之恩，外執砥矢之心；論士必定於志行，毀譽必參於效驗；不隨俗而雷同，不逐聲而寄論。」

【論先後，知爲先；論輕重，行爲重】

按先後說，求知識在先；按輕重說，實踐更重要。宋・朱熹《朱子語類輯略》：「知行常相須，如目無足不行，足無目不見。論先後，知爲先；論輕重，行爲重。」

【論議風生】

指談吐既風趣又生動。《宋史・陳亮傳》：「亮爲人才氣超邁，喜談兵；論議風生，下筆數千言立就。」

ㄌㄨㄥˊ

【隆恩曠典】

曠古以來難逢的深厚恩德。《隋唐演義》一六回：「老爺隆恩曠典，著衆婢子出來手擇配，以了終身，也是千古奇逢，難得的快事。」

【隆古賤今】

即厚古薄今。朱自清《正變》：「明白了通變的道理，便不至於一味的隆古賤今，也不至於一味的競今疏古。便能公平的看歷史，各各還給它一副本來面目。」

【隆刑峻法】

重刑嚴法。《後漢書・梁統傳》：「議者以爲隆刑峻法，非明王急務，施行日久，豈一朝所釐。」

【龍不離海，虎不離山】

比喻有權有勢者不能離開自己的勢力範圍。例張經理，俗話說：「龍不離海，虎不離山。」你在公司可以說一不二，在這裏可就不一樣了，這歸我管，你得聽我的！

【龍燈的鬍鬚——沒人理】

龍燈：民間舞蹈用具，用彩布或彩紙做成龍形，龍頭有鬍鬚。見「老虎的頭髮——沒人理」。

【龍燈腦殼——隨人耍】

龍燈：龍形的燈，民間舞蹈用具；腦殼：〈方〉頭。比喻不能自主或沒有主見，任人擺布、耍弄。例這個人非常窩囊，處處、事事聽命於人，不能獨立、自主，有人說他是龍燈腦殼——隨人耍，也作「驢皮影人兒——讓人家耍著動」、「上了套的猴子——隨人耍」、「正月十五的龍燈——隨人耍」。

【龍鬥虎爭，苦了小獐】

比喻强者相爭，禍及弱者。《金瓶梅詞話》八五回：「自此以後，經濟只在前邊，無事不敢進入後邊來……把傳伙計餓的只拿錢街上蕩麵吃。正是：『龍鬥虎爭，苦了小獐。』」

【龍多乃旱】

比喻人多了，相互推諉，事情反而辦不好。例就這點兒活，我一個人就行了，不要這麼多人在這瞎摻和，俗話說：「龍多乃旱。」人少反而更有效率。

【龍飛鳳起】

見「龍飛鳳翔」。

【龍飛鳳舞】

像龍的飛行和鳳凰起舞那樣。形容山川蜿蜒起伏，氣勢雄偉磅礴。宋·蘇軾《表忠觀碑》：「天目之山，苕水出焉；龍飛鳳舞，萃於臨安。」也用以形容書法筆勢生動、流暢、遒勁。《老殘遊記》九回：「抬頭看見北牆上掛著四幅大屏，草書寫得龍飛鳳舞，出色驚人。」也作「**龍翔鳳翥**」。翥：往上飛。明·沈德符《萬曆野獲編·今上御筆》：「幼時曾見中貴手中所捧御書金扇，龍翔鳳翥，令人驚羨。」也作「**龍翔鳳舞**」。元·許有壬《賀新郎·登滕王閣·用稼軒韻》，詞：「一旦飛來韓家筆，才見龍翔鳳舞。」

【龍飛鳳翔】
比喻聖人興起。漢·張衡《東京賦》：「我世祖（光武帝）忿之，乃龍飛白水，鳳翔參墟。」薛綜注：「龍飛鳳翔，以喻聖人之興也。」也作「**龍飛鳳起**」。三國魏·麋元《譏許由》：「今子生聖明之世，得觀雍熙之法，則當攄不朽之功，暢不羈之志，龍飛鳳起，修攝君司，佐天理物。」

【龍肝豹胎】
比喻極爲難得的珍貴食品。晉·潘尼《乘輿箴》：「糟丘酒池，象箸玉杯；厥肴伊何？龍肝豹胎。」

【龍肝鳳膽】
見「龍肝鳳髓」。

【龍肝鳳髓】
比喻極爲難得的珍貴食品。元·鄭德輝《倩女離魂》三折：「若肯成就了燕爾新婚，强如吃龍肝鳳髓。」《三國演義》三六回：「玄德曰：『備聞公將去，如失左右手，雖龍肝鳳髓，亦不甘味。」也作「**龍肝鳳膽**」。姚雪垠《李自成》一卷二六章：「今日能夠見到老兄，暢快談心，比吃龍肝鳳膽還要快意。」

【龍歸滄海，虎入深山】
比喻人們回到各自能在那裏施展才幹的場所。例這些人都是有各自專長的人，我們最好讓他們「龍歸滄海，虎入深山」，不要在這個無事可做的地方浪費他們的才智。也作「**老虎入山，蛟龍入海**」。

【龍歸大海】
游龍回歸到大海。比喻脫離困境，回到自由自在的廣闊天地。羅廣斌等《紅岩》一八章：「他想得很周到，一下車，到百貨公司轉一陣，他就可以……突然擺脫敵人安排的一切陰謀，像龍歸大海似的，從人叢中逃出敵人的控制。」

【龍翰鳳翼】
比喻文才出衆的賢人。《三國志·魏書·邴原傳》：「所謂龍翰鳳翼，國之重寶，舉而用之，不仁者遠。」

【龍駒鳳雛】
駒：幼馬；雛：幼鳥。《晉書·陸雲傳》：「陸雲六歲能屬文，與兄機齊名……吳尚書閔鴻見而奇之，曰：『此兒若非龍駒，當是鳳雛。」後以「龍駒鳳雛」比喻聰明的英俊少年。《紅樓夢》一五回：「北靜王見他語言清朗，談吐有致，一面又向賈政笑道：『令郎眞乃龍駒鳳雛，非小王在世翁前唐突，將來雛鳳清於老鳳聲，未可量也。』」

【龍馬精神】
龍馬：駿馬。比喻人精力旺盛。多用以稱譽老人。唐·李郢《上裴晋公》詩：「四朝憂國鬢如絲，龍馬精神海鶴姿。」

【龍眉鳳目】
形容人的儀表俊秀，氣度不凡。《鏡花緣》五六回：「於是進內把宋良箴領出。衆人看時，只見生得龍眉鳳目，舉止不凡。」

【龍眉皓髮】
皓：白。形容濃眉白髮的老人。漢·張衡《思玄賦》：「尉龍眉而郎潛兮。」李善注：「《漢武故事》：『顏駟，不知何許人，漢文帝時爲郎。至武帝，嘗輦過郎署，見龍眉皓髮。』」

【龍拿虎跳】
似龍一樣抓拿，似虎那樣跳躍。形容威武雄壯，勇猛兇悍。《兒女英雄傳》緣起首回：「飛電馬，追風馬，跨上時電捲風馳；龍驤軍，虎賁軍，用著他龍拿虎跳。」也作「**龍拏虎躍**」。元·魏初《水調歌頭·送張夢符》詞：「況是文章翰墨，濈濈龍拏虎躍，又得復齋公。」

【龍拏虎躍】
見「龍拿虎跳」。

【龍怕揭鱗，虎怕抽筋】
比喻人各有所怕。例俗話說：「龍怕揭鱗，虎怕抽筋。」，他本領再大，也有缺點，你不要在學生面前讓他下不了台。

【龍蟠鳳舞】
蟠：盤曲起伏。猶「龍飛鳳舞」。明·蔣一葵《長安客話·香山寺》：「憑欄東望，不但芙蓉十里，粳稻千頃，盡在目中，而神京龍蟠鳳舞，鬱蔥佳氣，逼窗而來。」

【龍蟠鳳逸】
龍盤曲鳳閒逸。比喻懷才不遇。唐·李白《與韓荊州書》：「一登龍門，則聲價十倍；所以龍蟠鳳逸之士，皆欲收名定價於君侯。」

【龍蟠虎踞】
見「龍盤虎踞」。

【龍盤虎踞】
似龍盤繞，似虎蹲伏。漢·劉勝《文木賦》：「既剝既利，見其文章，或如龍盤虎踞，復似集鳳翔。」後多用以形容地勢雄偉險要。特指南京。晉·張勃《吳錄》：「劉備曾使諸葛亮至京，因睹秣陵山阜，及嘆曰：『鍾山龍盤，石城虎踞，帝王之宅也。』」唐·李白《永王東巡歌》之四：「龍盤虎踞帝王州，帝子金陵訪古丘。」也作「**龍蟠虎踞**」。唐·趙元一《奉天錄》四：「是知龍蟠虎踞之地，非蚯蚓之所居。」宋·李之儀《謝金陵舉人》：「竊謂龍蟠虎踞之地，信多金聲玉振之英。」也作「**虎踞龍盤**」、「**虎踞龍蟠**」。

【龍蛇不辨】

比喻好人和壞人分辨不清。元．王伯成《貶夜郎》三折：「大唐家朝治（野）裏龍蛇不辨，禁幃中共豬狗同眠。」

【龍蛇飛動】

像龍飛行和蛇蜿蜒而動一樣，形容書法筆勢流暢、活潑、遒勁。宋．蘇軾《西江月．平山堂》詞：「十年不見老仙翁，壁上龍蛇飛動。」也作「**龍蛇飛舞**」。《鏡花緣》四〇回：「只見上面有詩一首，寫的龍蛇飛舞，墨跡淋漓。」

【龍蛇飛舞】

見「龍蛇飛動」。

【龍蛇混合】

見「龍蛇混雜」。

【龍蛇混雜】

比喻好人和壞人混雜在一起，或能人和庸人混雜在一起。《敦煌變文集．伍子胥變文》：「孤情難立，見此艱辛；皂白難分，龍蛇混雜。」《封神演義》九三回：「此位將軍之言甚是。此時龍蛇混雜，是非莫辨，安知我輩不是姜尚之所使耳？」也作「**龍蛇混合**」。《宋史．李瓊傳》：「一日會飲，瓊熟視周祖，知非常人。因舉酒祝曰：『凡我十人，龍蛇混合，異日富貴無相忘。』」

【龍生九種，九種各別】

見「龍生九子」。

【龍生九子】

古代傳說，一龍生九子，形狀性格各不相同。晉．張華《博物志．逸篇》：「龍生九子，不成龍，各有所好，鴟吻、蚇蠟之類也。」九子的名稱、形狀和愛好，說法不一。見明．徐應秋《玉芝堂談薈．龍生九子》引李東陽《懷麓堂集》；明．陳洪謨《治世餘聞》上篇卷一。後多用以比喻同胞兄弟性格、志趣不一，各有所好。清．王夫之《夕堂戲墨．廣遣興》：「龍生九子餘鴟吻，鮫泣千行對蛤魁。」也作「**龍生九種，九種各別**」。《西遊記》四三回：「行者道：『一夫一妻如何生此幾個雜種？』敖順道：『此正謂龍生九種，九種各別。』」

【龍生龍子，鳳生鳳兒】

比喻有什麼樣的父母、宗師，就有什麼樣的子女或弟子。例這孩子的機靈勁兒，跟他父親小時候一模一樣，眞是「龍生龍子，鳳生鳳兒」啊！

【龍潭虎窟】

潭：深淵；窟：洞穴。龍潛居的深潭，虎藏身的洞穴。比喻極兇險的地方。元．王實甫《麗春堂》三折：「閑對著綠樹青山，消遣我煩心倦目。潛入那水國漁鄉，早跳出龍潭虎窟。」也作「**龍潭虎穴**」。《兒女英雄傳》一九回：「你父親因他不是個詩書禮樂之門，一面推辭，便要離了這龍潭虎穴。」

【龍潭虎穴】

見「龍潭虎窟」。

【龍韜豹略】

原指古兵書《六韜》中的《龍韜》和《豹韜》。用以比喻用兵的高超謀略。宋．張元幹《代上折樞彥質生朝》詩之二：「筆陣詞鋒明藻色，龍韜豹略繫安危。」也作「**龍韜虎略**」。元．陳以仁《存孝打虎》一折：「你八面威風大，端的是將相才，則你那龍韜虎略人難賽，握雲拿霧施兵策。」

【龍韜虎略】

見「龍韜豹略」。

【龍騰鳳飛】

似龍翻騰，似鳳飛舞。形容奮起進取，氣勢威武雄壯。唐．楊炯《左武衛將軍成安子崔獻行狀》：「前後折旋，則雖歸人之兵，可以蹈於湯火。兔起而鳧舉，龍騰而鳳飛，無戰不平，無城不克。」

【龍騰虎嘯】

如龍飛騰，似虎長嘯。形容氣勢雄壯。清．淮陽百一居士《壺天錄》卷下：「西人賽馬之勝……龍騰虎嘯，不足比其雄。」

【龍騰虎躍】

如龍飛騰，似虎跳躍。形容氣勢雄壯，非常活躍。唐．嚴從《擬三國名臣贊序》：「聖人受命，賢人受任，龍騰虎躍，風流雲蒸，求之精微，其道莫不咸繫乎天者也。」姚雪垠《李自成》二卷二七章：「他的心情十分敞朗，堅信只要渡過這段困難日子，局勢就會好轉，任自己龍騰虎躍。」

【龍跳虎臥】

南朝梁．袁昂《評書》：「王右軍書，字勢雄強，如龍跳天門，虎臥鳳閣，故歷代寶之，永以為訓。」後以「龍跳虎臥」比喻書法氣勢挺拔，生動活潑，遒健豪放。清．顧復《平生壯觀．王羲之》：「『惟袁生帖眞有龍跳虎臥之勢。』《歧路燈》四回：「墨研成汁，紙粘成片，東宿取出素用的大霜毫，左右審量了形勢，一揮一個，眞正龍跳虎臥，岳峙淵渟。」

【龍頭不拉拉馬尾——用力不對路】

比喻力氣或功夫沒有用在點子上。例做工作要抓關鍵，如果龍頭不拉拉馬尾——用力不對路，就會事倍功半，甚至一事無成。

【龍頭蛇尾】

如龍的頭，似蛇的尾。比喻做事前緊後鬆，有始無終。《景德傳燈錄．雲頂山僧德敷詩》：「問答須教知起倒，龍頭蛇尾自欺謾。」現多用「虎頭蛇尾」。

【龍投大海，虎奔高山】

游龍投向大海，猛虎奔上高山。比喻擺脫困境，回到了廣闊的天地。明．周楫《寄梅花鬼鬧西閣》：「這一去正如龍投大海，虎奔高山。」

【龍王發脾氣——翻江倒海】

龍王：神話傳說指住在水裏統領水族的王，管興雲降雨，也叫龍王爺。形容力量或聲勢巨大。有時指不怕任何困難。例人民的力量動員起來，就像龍王發脾氣——翻江倒海。

【龍王爺搬家——厲害（離海）】

厲害：「離海」的諧音。雙關語。比喻難以對付或忍受。有時指劇烈或凶猛。例小楊的武術好比龍王爺搬家——厲害（離海）得很，一般人都不是他的對手。

【龍王爺出海——興風作浪】

比喻挑起事端。例在冷戰時期，龍王爺出海——興風作浪，是帝國主義的一種策略，是維護其統治地位，擴展其政治、經濟侵略的需要。也作「龍王發脾氣——興風作浪」、「禿尾龍拜山——興風作雨」。

【龍王爺的幫手——蝦兵蟹將】

比喻大大小小不中用的頭目和幫手。例敵軍派遣了一批武裝特務潛入我邊境城鎮進行騷擾破壞。幾個龍王爺的幫手——蝦兵蟹將何足掛齒，民兵就可以把他們收拾乾淨。

【龍王爺的後代——龍子龍孫】

比喻富貴人家的後代。含有譏諷意思。例多麼神氣，原來是龍王爺的後代——龍子龍孫，失敬失敬。

【龍王爺的脾氣——摸不透】

龍王爺興雲降雨，興風作浪，不好捉摸。比喻弄不清底細。例這個人是鬼子占領後來到鎮上的，對他的情況就像龍王爺的脾氣——摸不透，有人說他是漢奸、特務。

【龍王爺放屁——神氣】

①比喻得意或傲慢的樣子。例你瞧那個樣子，眞是龍王爺放屁——神氣，別理他。②比喻精神飽滿，含有戲謔的意思。例這孩子好似龍王爺放屁——神氣得很，將來會成爲一個大將軍。也作「土地爺打呵欠——神氣」、「如來佛出虛恭——神氣」、「灶王爺吹燈——神氣」。

【龍王爺亮相——張牙舞爪】

多形容兇惡的樣子。例他平時溫文儒雅，這次可好，龍王爺亮相——張牙舞爪，恨不得把我們都吃掉。也作「衙門口的獅子——張牙舞爪」。

【龍王爺招親——水裏來，水裏去】

見「大海裏翻了豆腐船——水裏來，水裏去」。

【龍王爺作法——呼風喚雨】

作法：施行法術。多比喻神通廣大，能支配自然。有時也指能興風作浪，有很大的煽動性。例現代科學早已把龍王爺作法——呼風喚雨的神話變成了現實，人工降雨就是一個例證。

【龍驤虎步】

似龍馬那樣高昂著頭，如猛虎一樣邁著矯健的步伐。形容氣勢威武雄壯。三國魏．嵇康《卜疑》：「將如毛公、廉生之龍驤虎步，慕爲壯士乎！」《慈禧太后演義》四回：「那咸豐帝已龍驤虎步的走了出去。」

【龍驤虎視】

像龍馬那樣昂首，像猛虎一樣注視。比喻人的氣概非凡，雄才大略。《三國志．蜀書．諸葛亮傳》：「當此之時，亮之素志，進欲龍驤虎視，苞括四海；退欲跨陵邊疆，震蕩宇內。」

【龍翔鳳舞】

見「龍飛鳳舞」。

【龍翔鳳翥】

見「龍飛鳳舞」。

【龍行虎步】

形容人的儀態威嚴。舊指帝王、將帥的儀態。《宋史．太祖紀三》：「每對近臣言，太宗龍行虎步。」清．賈鳧西《木皮散人鼓詞．開場》：「龍行虎步生成貴，可怎麼八世爲君都犯著殃煞。」也比喻詩文的章法、氣勢不同凡響。唐．釋皎然《詩式》卷一：「其華艷如百葉芙蓉，菡萏照水；其體裁如龍行虎步，氣逸情高。」

【龍性難馴】

馴：順服。比喻人的個性倔强，很難使其順服。清．顧炎武《與李星來書》：「今春薦剡，幾遍詞壇，雖龍性之難馴，亦魚潛之孔炤（昭）。」

【龍眼識珠，鳳眼識寶，牛眼識青草】

比喻什麼眼力識什麼貨。例這是眞正的紅寶石，你卻說是塊紅玻璃，俗話說：「龍眼識珠，鳳眼識寶，牛眼識青草。」你這人也只配去「識青草」！

【龍吟虎嘯】

《周易．乾文言》「雲從龍，風從虎」孔穎達疏：「龍是水畜，雲是水氣，故龍吟則景雲出，是雲從龍也；虎是威猛之獸，風是震動之氣，此亦是同類相感，故虎嘯則谷風生，是風從虎也。」後以「龍吟虎嘯」比喻同類事物相互感應。《西遊記》六〇回：「龍吟虎嘯，鶴唳鶯鳴。」也形容聲音的嘹亮雄壯。金．馬鈺《踏雲行》：「風前月下撫心琴，龍吟虎嘯來參侍。」也形容猛烈的呼嘯聲。

【龍游淺水遭蝦戲，虎落平原被犬欺】

比喻有才能的人在不得志時受無能之輩的欺負。《西遊記》二八回：「三藏見了，雖則是一心忙似箭，兩腳走如飛，終是心驚膽顫，腿軟腳麻。況且是山路崎嶇，林深日暮，步兒那裏移得動？被那些小妖，平抬將去。正是：『龍游淺水遭蝦戲，虎落平原被犬欺。』」

【龍御上賓】

指皇帝逝世。《痛史》一七回：「岳忠道：『三位還未得知，今上皇帝，龍御上賓了』。」

【龍淵虎穴】

龍潛居的深淵，虎藏身的巢穴。比喻極其凶險的地方。宋．彭汝礪《送池須文長官》詩：「龍淵虎穴少窮探，老大生涯一劍鐔。」

【龍躍鳳鳴】

如蛟龍騰躍，鳳凰長鳴。比喻才華超羣。南朝宋．劉義慶《世說新語．賞譽》：「張華見褚陶，語陸平原曰：

『君兄弟龍躍雲津，顧彥先鳳鳴朝陽，謂東南之寶已盡，不意復見褚生。』」

【龍戰虎爭】

比喻勢均力敵的各方，戰鬥或競爭十分緊張激烈。漢·班固《答賓戲》：「於是七雄虓闞，分裂諸夏，龍戰虎爭。」

【龍戰於野】

羣龍大戰於效野。比喻英雄並起，相互角逐。《周易·坤卦》：「龍戰於野，其血玄黃。」

【龍章鳳姿】

如龍的風采，鳳的英姿。形容人的神采英姿超凡脫俗。南朝宋·劉義慶《世說新語·容止》劉孝標注引《嵇康別傳》：「康長七尺八寸，偉容色，土木形骸，不自飾厲，而龍章鳳姿，天質自然。」宋·蘇軾《張道樂全堂》：「我公天與英雄表，龍章鳳姿照魚鳥。」

【龍爭虎鬥】

如龍虎爭鬥。比喻戰鬥或競爭十分緊張激烈。元·戴表元《南山下行》詩：一言不酬兵在頸，性命轉眼輕鴻毛；龍爭虎鬥尚未決，六合一阱何所逃。」元·施惠《幽閨記·推就紅絲》：「他是尚書，我是窮儒，怎敢與他龍爭虎鬥？」也作「**龍爭虎戰**」。《舊唐書·哀帝紀》：「史臣曰：『……龍爭虎戰，興替無常。』」

【龍爭虎戰】

見「龍爭虎鬥」。

【龍睜虎眼】

似龍和虎一樣圓瞪著眼睛。比喻凶猛霸道。《儒林外史》四五回：「他家一門都是龍睜虎眼的腳色。」

【龍鍾老態】

龍鍾：行動不靈便的樣子。形容行動蹣跚，年邁體衰。唐·李端《贈謝戴》：「交結慚時輩，龍鍾似老態。」宋·王銍《送酒與許田史純風》詩：「龍鍾老態渾非昨，索莫英游不可尋。」

【龍珠跟著龍尾轉——不對頭】

龍珠只能跟著龍頭轉，跟龍尾轉則對不了頭。雙關語。比喻不正常或不正確。例我看任何事情都要集體商議決定的辦法，是龍珠跟著龍尾轉——不對頭，應該實行廠長負責制。也作「**買帽子當鞋穿——不對頭**」。

【龍姿鳳采】

如龍的雄姿，鳳的神采。比喻人的雄姿、神采非同凡響。南朝梁·沈約《齊武帝謚議》：「負揭日月，抑揚霄漢，龍姿鳳采，煥若麗天。」

【龍子龍孫】

舊指帝王的後裔。元·尚仲賢《三奪槊》三折：「俺雖然是舊忠臣，則是四海他人。比他是龍子龍孫，則軍師想度，元帥尋思，休休是他每親的到頭來也則是親，怎辨清渾。」

【聾子不怕雷——膽大】

見「餓狼口裏奪脆骨——好大的膽子」。

【聾子打鈴——充耳不聞】

塞住耳朵不聽。雙關語。比喻存心不聽取別人的意見。例別人對你苦口婆心的勸導，你卻一副聾子打鈴——充耳不聞的態度，實在令人痛心。

【聾子打啞巴——說不清，聽不明】

比喻彼此都很糊塗。例算了吧，你們是聾子打啞巴——說不淸，聽不明，爭論下去會有什麼結果呢！先把事實搞清楚後再說。也作「**啞巴比劃，聾子打岔——說不清，聽不明**」。

【聾子戴耳機——聽而不聞】

雖然在聽，卻沒有聽見。雙關語。比喻不重視，不專心。例這些規定，昨天在大會上講得清清楚楚，你們卻聾子戴耳機——聽而不聞，照常違反。

【聾子的耳朵——擺設】

擺設：指做樣子，裝門面。比喻徒有其表或徒有其名而實際不起作用，沒有價值。例你不發揮副手的作用，把他們當成聾子的耳朵——擺設，這不是民主作風。也作「**聾子的耳朵——樣子貨**」、「**聾子的耳朵——擺樣子的**」、「**聾子的耳朵——裝樣子的**」、「**聾子的耳朵——虛設的**」、「**聾子的耳朵——中看不中用**」、「**盲公戴眼鏡——裝樣子的**」。

【聾子的耳朵——廢物】

見「和尚的梳子——廢物」。

【聾子的耳朵——配相】

配相：陪襯，做樣子。比喻充當配角或陪襯。例你別把副手當成聾子的耳朵——配相，要讓人家有職有權，發揮作用。也作「**聾子的耳朵——配搭**」。

【聾子的耳朵——做做樣子】

比喻做樣子給人看，敷衍而已，並不當眞。例我看你對工作，就像聾子的耳朵——做做樣子，並不想認眞搞好。

【聾子放炮仗——散了】

炮仗：爆竹。聾子放爆竹，聽不見聲響，只看到紙屑飛散。比喻由聚會而離散。例會已經開了半天啦，咱們也應該聾子放炮仗——散了。也作「**聾佬燒炮仗——散啦**」。

【聾子見啞巴——不聞不問】

雙關語。比喻對有關的事情不關心，不過問。例他只埋頭自己的課題研究，對國家的大事就像聾子見啞巴——不聞不問。

【聾子看戲——飽了眼福】

比喻看夠了好看的東西。例這次國際電影放映周，我們是聾子看戲——飽了眼福。

【聾子看戲——只飽眼福】

比喻只能看到表面的東西，別的談不到。含有惋惜或只能如此的意思。例他們到國外旅行，來去匆匆，好比聾子看戲——只飽眼福，缺乏深層次的了解，收穫不大。

【聾子拉二胡——胡扯】

聾子拉二胡，自己聽不見琴聲，一個

勁地亂拉。見「賣布不帶尺——瞎扯」。

【聾子擂鼓——各打各的】
比喻彼此不能配合或合作，各行其是。例我們應當聯合起來，辦一個股份有限公司，不能像過去那樣聾子擂鼓——各打各的。也作「聾子擂鼓，瞎子敲鑼——各打各的」。

【聾子聽戲——白搭工夫】
見「白天打燈籠——白搭」。

【聾子聽戲，瞎子觀燈——一無所獲】
比喻一點好處都沒有得到。例「春耕大忙季節，你跑進城裏做買賣，撈外快，想必發大財了？」「唉，眞倒霉，聾子聽戲，瞎子觀燈——一無所獲，後悔也來不及了。」也作「十個指頭捉跳蚤——一無所獲」、「爛網打魚——一無所獲」。

【聾子瞎了眼——閉目塞聽】
形容對外界事物全不了解。例這類信息對工廠的生存發展極關重要，做爲廠長竟然不知道，聾子瞎了眼——閉目塞聽，危險啊！也作「盲人捂耳朵——閉目塞聽」。

【籠街喝道】
指滿街鳴鑼開道，威風十足。《舊唐書·溫造傳》：「臣聞元和長慶中，中丞行李不過半坊，今乃遠至兩坊，謂之籠街喝道。」

【籠裏的鳥兒，有翅難逃】
比喻陷入困境，無法擺脫。例這是警察局，你既然被抓進來，就成了「籠裏的鳥兒，有翅難逃」。我勸你索性死了逃走那份心吧！

【籠裏捉鳥——十拿九穩】
也作「籠子裏捉鳥——沒跑」。見「箅子上取窩窩頭——十拿九穩」。

【籠鳥池魚】
如關在籠中的鳥，養在池中的魚。比喻行動不自由。南朝梁·裴子野《游華林園賦》：「譬籠鳥與池魚，本山川而有思。」

【籠屜裏的螃蟹——橫行不了幾天】
雙關語。比喻再也不能隨心所欲，橫行霸道；或末日快要來臨了。例鬼子已宣布投降，你們這些狗漢奸就像籠屜裏的螃蟹——橫行不了幾天啦。也作「沒腿的螃蟹——橫行不了啦」、「螃蟹斷爪——橫行不了」、「上市的螃蟹——橫行不了幾天」、「串起來的螃蟹——橫行不了啦」、「裝進魚筐的螃蟹——橫行不了幾時」、「冬天的螃蟹——看你橫行到幾時」、「斷了腿的螃蟹——橫行不了幾天啦」。

【籠中窮鳥】
見「籠中之鳥」。

【籠中獸，網中魚——命難逃】
見「老鼠碰見貓——命難逃」。

【籠中之鳥】
比喻失去行動自由。《鶡冠子·世兵》：「一目之羅，不可以得雀；籠中之鳥，空窺不出。」唐·劉商《胡笳十八拍》詩：「旦夕思歸不得歸，愁心想似籠中鳥。」也作「籠中窮鳥」。明·許自昌《水滸記·義什》：「那人呵，好似籠中窮鳥，釜底枯魚，頃刻成擒。」

【籠中之鳥，網內之魚】
比喻落入困境，難以逃掉。《續小五義》五九回：「如今她既住在這裏，就如籠中之鳥，網內之魚，若要報仇，不費吹灰之力，要錯過這個機會，可就無處去找了。」

【籠子裏的斑鳩——不知春秋】
見「六月的斑鳩——不知春秋」。

【籠子裏的肥鴨——早晚得殺】
見「過年的豬——早晚得殺」。

【籠子裏的老鴉——沒個跑】
老鴉：烏鴉。見「斷了腿的青蛙——跑不了」。

【籠子裏的鳥——有翅難飛】
比喻由於受到限制，有本領也無法施展。例在以前，我們這些科技人員，根本沒有起碼的研究條件，就像籠子裏的鳥——有翅難飛。也作「籠裏的鳥兒——有翅難逃」、「蜻蜓闖著蜘蛛網——有翅難飛」。

【籠子裏關螞蟻——來去自由】
比喻行動自由，可任意往來。例我們工廠實行人才流動的制度，籠子裏關螞蟻——來去自由，職工根據自己的意願，可以受聘，也可以拒聘。

【籠絡人心】
用權術、手段收買人心。《痛史》二〇回：「因爲當時那元主，要籠絡人心，訪求宋朝遺逸，中外韃官和一班反顏事敵的宋朝舊臣，都交章保薦謝枋得。」

【籠天地於形內，挫萬物於筆端】
挫：提起，捏起。把天地納入描述的範圍，將萬物聚集於筆下。指創作無物不寫，無不涉及。晉·陸機《文賦》：「罄澄心以凝思，眇衆慮而爲言。籠天地於形內，挫萬物於筆端。」

ㄌㄩˊ

【驢唇不對馬口】
見「驢唇不對馬嘴」。

【驢唇不對馬嘴】
比喻兩個人所講的話不一致，相互矛盾。例你倆說的話簡直是「驢唇不對馬嘴」，讓我相信誰的？也比喻同一個人前後所說的話相互矛盾。例你剛才說的和現在說的完全不一樣，「驢唇不對馬嘴」。由此可見你並沒有講實話。也作「驢唇不對馬口」。《三俠五義》九四回：「稍一疏神，便說的驢唇不對馬口，那還有什麼趣味呢？」也作「驢頭不對馬嘴」。《儒林外史》五二回：「陳正公聽了這些話，驢頭不對馬嘴，急了一身的臭汗。」

【驢唇馬嘴】
比喻愛誇誇其談的人的嘴巴，好胡

扯、瞎說。《景德傳燈錄·韶州雲門山文偃禪師》：「若是一般掠虛漢，食人涎唾，記得一堆一擔骨董，到處逞驢唇馬嘴。」

【驢打滾】

驢子打滾，翻了身又翻。比喻利上加利，利息極高的高利貸。例娘，我寧可打一輩子光棍，也不能讓你去借那驢打滾的高利貸來娶媳婦。

【驢的朝東，馬的朝西】

比喻各走各的路。例你們倆不要爭吵了，最好是「驢的朝東，馬的朝西」，各回各的家！

【驢肚裏下驢——一個心腸】

雙關語，比喻一樣的心思，一樣的心眼。例他倆是驢肚裏下驢——一個心腸，徵得一人的同意就行，不必都問了。

【驢糞蛋上天——能得要命】

比喻脫離實際的逞能、好勝。含有異想天開、好高騖遠的意思。例這傢伙是驢糞蛋上天——能得要命，什麼事情都自做主張，獨自行動，結果沒有一件搞成。

【驢糞蛋——外面光】

驢糞蛋裏面都是食物殘渣，很粗糙，但外面有一層膜，很光滑。比喻虛有其表。例他嘴巴說得漂亮，腦子裏盡是壞念頭，眞是驢糞蛋——外面光。也作「驢糞蛋——外光裏不光」、「驢糞球——外面光」、「驢糞蛋子——外面光」、「石灰泥牆——表面光」、「繡花枕頭裝秕糠——外光裏不光」。

【驢糞球兒面前光】

比喻外表不錯，內裏很差。《金瓶梅詞話》七八回：「前日爲你去了，和大家大嚷大鬧的，你知道？你罷了，『驢糞球兒面前光』，卻不知裏面受悽惶！」

【驢嚼豌豆——憑嘴勁】

也作「驢嚼豌豆——嘴上功夫」。見「口技表演——嘴上功夫」。

【驢駒子駕轅——才淺任重】

驢駒子：小驢。比喻能力小的人承擔著重任。例沒辦法，我是驢駒子駕轅——才淺任重，只得勉力爲之啊！

【驢拉磨子——上了圈套】

雙關語，比喻中了別人的計謀。例這回你可是驢拉磨子——上了圈套，把一批熱門商品廉價拋出。

【驢拉碾子牛耕田——各幹一行】

也作「驢拉磨子牛耕田——各有各的活兒」。見「打鐵放羊——各幹一行」。

【驢鳴狗吠】

驢狗鳴叫，形容聲音聒噪，常比喻詩文拙劣。唐·張鷟《朝野僉載》卷六：「溫子升作《韓陵山寺碑》，[庾]信讀而寫其本，南人問信曰：『北方文士如何？』信曰：『唯有韓陵山一片石堪共語，薛道[衡]、盧思道少解把筆，自余驢鳴狗吠，聒耳而已。』」《景德傳燈錄·汝州首山省念禪師》：「僧問：『如何是梵音相？』師曰：『驢鳴狗吠。』」也作「驢鳴牛吠」。清·王韜《淞隱漫錄·海外壯遊》：「[生]每讀已文，汗常浹背，曰：『此驢鳴牛吠耳，何以見人！』」

【驢鳴牛吠】

見「驢鳴狗吠」。

【驢年馬月】

農曆以十二屬紀年：子鼠、丑牛、寅虎、卯兔、辰龍、巳蛇、午馬、未羊、申猴、酉雞、戌犬、亥豬，稱作十二生肖。驢不屬十二生肖，不能紀年。生肖不能用來稱月，馬月亦屬烏有。「驢年馬月」指根本沒有的歲月或表示沒有期限。《景德傳燈錄·福州古靈神贊禪師》：「本師又一日在窗下看經，蜂子投窗紙求出。師睹之曰：『世界如許廣闊不肯出，鑽他故紙驢年去！』遂有偈曰：『空門不肯出，投窗也大痴。百年鑽故紙，何日出頭時？』」

【驢皮貼牆上——不像話（畫）】

話：「畫」的諧音。雙關語，比喻說話不中聽，不講道理。有時指糟得很，不像樣子。例你昨天講的，的確是驢皮貼牆上——不像話(畫)，把她氣哭了，還不去道一個歉！也作「狗皮上南牆——不像話（畫）」、「門頭上掛席子——不像話(畫)」、「壁頭上掛簾子——不像話（畫）」、「堂屋裏掛草薦——不是話(畫)」、「客廳裏掛草席——不是話（畫）」。

【驢皮影人兒——讓人家耍著動】

驢皮影：皮影戲，也叫影戲，因劇中人物的剪影是用驢皮做成的，故名。表演時，用燈光把剪影照在幕上，藝人在幕後一面操縱剪影，一面唱，並配以音樂。見「龍燈的腦殼——隨人耍」。

【驢皮煮膠——慢慢熬】

驢皮加水熬成的膠叫阿膠，也叫驢皮膠，原產山東省東阿縣，是一種滋補中藥。比喻耐心忍受，消極等待。例急什麼？找一個固定的職業不是容易的，你還是打點零工，驢皮煮膠——慢慢熬吧！也作「童養媳當婆婆——慢慢熬」。

【驢前馬後】

本指官員出行時的隨從差役。也比喻受人支配、俯仰隨人。元·無名氏《神奴兒》楔子：「我把你個村弟子孩兒，我不誤間撞著你，我陪口相告，做小伏低，你就罵我做驢前馬後，數傷我父母。」

【驢生笄角】

驢子長角。因驢根本不長角，比喻不可能發生的事。元·無名氏《凍蘇秦》二折：「做哥的才入門便嗔便罵。做嫂嫂的又道是，你發跡，瓮生根驢生笄角。」也作「驢生戟角」。元·關漢卿《金錢池》一折：「無錢的可要親近，則除是驢生戟角瓮生根。」

【驢生戟角】

見「驢生笄角」。

【驢事未去，馬事到來】
比喻一事還未完，一事又到來。例我現在忙極了，就像俗話所說的：「驢事未去，馬事到來。」一事接一事，沒完沒了。

【驢頭不對馬嘴】
見「驢唇不對馬嘴」。

【驢頭伸進馬食槽——插不上嘴】
比喻很難加入別人的談話。例你們老同學在一起敍舊，我就像驢頭伸進馬食槽——插不上嘴。也作「驢頭伸進馬食槽——難插嘴」、「鴨子下凍田——插不上嘴」。

【驢頭伸進奶桶裏——一張白嘴】
白嘴：貧嘴。雙關語，比喻人耍貧嘴，愛吹牛或說空話。例鄧大嫂能說會道，可是什麼也不會做，人家說她是驢頭伸進奶桶裏——一張白嘴。

【驢推磨】
比喻在同一個問題上不斷糾纏。例在這個原則性問題上，我是寸步不讓，即使他跟我搞驢推磨，我也不怕。

【驢心狗肺】
比喻居心險惡狠毒。《二刻拍案驚奇》卷四：「何故苦苦貪私，思量獨吃自痾……不知驢心狗肺怎麼生的！」

【驢子趕在磨道裏，不願轉也得轉】
比喻處於身不由己的境況之下，即使是違心的事也不得不幹。例他本來不想做這件事，可是他的上司非要他做不可。他覺得自己是「驢子趕在磨道裏，不願轉也得轉」，不想幹也得幹。

【驢子拉磨牛耕田——各走各的路】
見「兩股道上跑的車——各走各的道」。

【驢子拉磨——團團轉】
見「狗咬尾巴——團團轉」。

【驢子拉磨——走老路】
比喻按照過去的經驗、方法辦事。例形勢改變了，方針政策也有了很大的變化，你仍然是驢子拉磨——走老路，行不通。也作「驢子推磨——走老道」。

【驢子聽相聲——茫然不懂】
見「鴨子聽雷——茫然不懂」。

【驢子吞灰麵——白吃】
灰麵：〈方〉麵粉。見「和尚化緣——白吃」。

ㄌㄩˇ

【閭巷草野】
街巷鄉野。指民間。唐・王勃《上皇帝萬言書》：「臣又求之於閭巷草野之間，而亦未見其多焉。」《宋史・王安石傳》：「在位之人才既不足，而閭巷草野之間亦少可用之才。」

【呂布戲貂蟬——上了別人的當】
《三國演義》載：呂布為權臣董卓的義子，司徒王允為了翦除董卓，施美人計，先後把自己收養的歌女貂蟬送給董卓愛將呂布和董卓自己，以挑撥呂、董之間的關係，結果呂、董不和，呂布殺死了董卓。比喻中了別人的圈套。例在複雜的敵戰區進行活動，千萬得小心，別呂布戲貂蟬——上了別人的當，對那個來路不明的女人尤其要提高警惕。

【呂布戲貂蟬——英雄難過美人關】
指某些英雄人物往往因迷戀於女色而喪失鬥志。例呂布戲貂蟬——英雄難過美人關，這是歷史的教訓，要特別引起我們的注意。

【呂洞賓打擺子——占先（顫仙）】
呂洞賓：神話傳說中的八仙之一；打擺子：〈方〉患瘧疾；占先：「顫仙」的諧音。雙關語，比喻占據優先的地位，或首先達到目的。例上半場，我隊仍處於呂洞賓打擺子——占先（顫仙）的地位，由於體力不濟，下半場結束時，竟輸了。

【呂洞賓講故事——神話】
呂洞賓：神話傳說中的八仙之一。指荒誕的無稽之談。例那時的報紙宣傳說，計畫畝產糧食五千斤，一萬斤，甚至十萬斤，當時人們就指出，這是呂洞賓講故事——神話。

【呂蒙正蓋房子——造謠（窯）】
《呂蒙正風雪破窯記》中說：呂蒙正是宋朝洛陽城裏的一個窮書生，他棲身城外的破窯裏，苦讀詩書，後遇劉員外之女劉月娥拋繡球選中為婿，呂蒙正同劉月娥在破窯裏結為夫妻，生活雖清貧，但兩人恩愛相處，卻也十分美滿；謠：「窯」的諧音。雙關語，比喻捏造謠言，迷惑羣衆。例你聽到的那些東西，完全是呂蒙正蓋房子——造謠（窯），不能再傳播、擴散了。

【捋順毛】
捋：用手指順著摸過去。比喻安撫、順情說好話。例這孩子吃軟不吃硬，等我給他捋順毛就好辦了。

【捋著鬍子過河——謙虛（牽鬚）過度（渡）】
見「拉鬍子過河——謙虛（牽鬚）過度（渡）」。

【旅店裏的臭蟲——吃客】
比喻人貪吃。例劉欣是旅店裏的臭蟲——吃客，大家都對他非常反感。

【旅進旅退】
指與大家步調一致，同進同退。《禮記・樂記》：「今夫古樂，進旅退旅，和正以廣。」鄭玄注：「旅，猶俱也。俱進俱退，言其齊一也。」《國語・越語上》：「吾不欲匹夫之勇也，欲其旅進旅退。」後多用以比喻居官隨大家進退，自己無所作為。宋・王禹偁《待漏院記》：「復有無毀無譽，旅進旅退，竊位而苟祿，備員而全身，亦無所取焉。」

【旅客上車——各就各位】
指各自到各自的位置或崗位上去。例座位上列有每個人的姓名，大家就像旅客上車——各就各位。

【屢次三番】
一次又一次，形容反覆多次。《官場現形記》二一回：「聽了大人的話，不覺有感於中，屢次三番的要哭不敢哭出，怕的是失儀。」
【屢見不鮮】
多次見到，已經不覺得新鮮。魯迅《略談香港》：「第三條是『搜身』的糾葛，在香港屢見不鮮。」
【屢見疊出】
指多次重複出現。《民國通俗演義》一九回：「偏中國是個章程國，形式上很覺嚴密，實際上絕少遵行，以致選舉風潮，屢見疊出。」
【屢教不改】
多次教育仍不悔改。例身爲教師，往往要再三輔導屢教不改的學生，使他們改邪歸正。
【屢戒不悛】
悛：ㄑㄩㄢ，改過。多次告誡，仍不改正。明・沈德符《萬曆野獲編・戮子》：「嘉靖末年，新鄭故都御史高捷，有子不才，屢戒不悛，因手刃之。」
【屢試不第】
第：封建時代科舉考試分的等第。屢次考試都沒有錄取。《官場現形記》五九回：「大世兄的詩雖好，然而還總帶着牢騷，這便是屢試不第的樣子。」
【屢試不爽】
爽：差錯。經多次試驗都沒差錯。清・吳趼人《發財秘訣》一：「其筒口爲爐灰所閉，鬱抑既久，偶一發洩；發洩之時，其氣上衝，故作哹嘣響，屢試不爽。」
【屢試屢驗】
謂經多次試驗都很靈驗。例他家祖傳治療中耳炎的偏方，屢試屢驗，附近很多患中耳炎久治不癒的人，都去求他診治。
【屢戰屢敗】
謂屢次作戰屢次失敗，或多次經營多次失敗。《晉書・桓溫傳》：「殷浩至洛陽修復園陵，經涉數年，屢戰屢敗，器械都盡。」也作「屢戰屢北」。北：打敗仗。梁啓超《意大利建國三傑傳》七節：「志氣有餘，而才略不足以濟之，一旦與敵之老將拉狄奇相適，屢戰屢北。」
【屢戰屢北】
見「屢戰屢敗」。
【屢戰屢捷】
捷：戰勝。指屢次作戰屢次都取得了勝利。梁啓超《意大利建國三傑傳》五節：「乃率十二人，駕輕舟，擊巴西一軍艦，奪而據之。爲獨立軍應援，屢戰屢捷。」
【履冰狐】
比喻爲人處事謹愼小心，如在冰上走的狐狸。例生活的磨難，把他變成了一隻履冰狐。
【履薄臨深】
如踏薄冰，如臨深淵。形容戰戰兢兢，十分小心謹愼。唐・張蘊古《大寶箴》：「恢漢高大度，撫茲庶事，如履薄臨深，戰戰栗栗。」宋・朱熹《南城吳氏社倉書樓……》詩：「履薄臨深諒無幾，且將餘日付殘編。」也作「臨深履薄」。
【履穿踵決】
履：鞋；踵：後跟。指鞋破後跟開裂。形容生活困苦。《莊子・讓王》：「捉衿(襟)而肘見，納履而踵決。」
【履虎尾】
比喻身陷險境，如踩著老虎尾巴。例他是明知山有虎，偏向虎山行，即使是去履虎尾，他也不會退卻。
【履仁蹈義】
身體力行仁義。三國魏・應璩《薦和慮則箋》：「切見同郡和模，字慮則，質性純粹，體度貞正，履仁蹈義，動循軌禮。」
【履霜堅冰】
腳踩在霜上，就知道冰凍的日子快到了。《周易・坤》：「履霜，堅冰至。」漢・王充《論衡・譴告篇》：「夫變異自有占候，陰陽物氣自有終始，履霜以知堅冰必至，天之道也。」後用以比喻從事物的徵兆，可以推知未來發展的結果。《魏書・崔浩傳》：「立子以長，禮之大經，若須並待成人而擇，倒錯天倫，則生履霜堅冰之禍。」梁啓超《新民說》一七節：「强者非一日而强也，弱者非一日而弱也，履霜堅冰，由來漸矣。」也作「履霜知冰」。漢・蔡邕《釋海》：「君子推微達著，尋端究緒，履霜知冰，踐露知暑。」
【履霜知冰】
見「履霜堅冰」。
【履霜之漸】
比喻事物的形成是逐漸發展起來的。明・唐順之《信陵君救趙論》：「履霜之漸，豈一朝一夕也哉！」
【履霜知戒】
踩著霜即知冰凍將要到來。比喻事物有了徵兆，對其未來的發展就要有所戒備。《舊唐書・高宗紀贊》：「不戒履霜之漸，而毒流天下，貽禍邦家。」
【履絲曳縞】
縞：ㄍㄠˇ，白色的生絲織物。穿著絲織的鞋，拖著到地的白色絲織衣裙。比喻衣著闊綽。漢・班固《漢書・食貨志》：「乘堅策肥，履絲曳縞。」
【履湯蹈火】
形容不畏艱險。《舊五代史・晉書・重俊傳》：「復御家不法，其奴僕若履湯蹈火。」也作「赴湯蹈火」。
【履舄交錯】
履：單底鞋；舄：ㄒㄧˋ，複底鞋。古人入室脫鞋，席地而坐。各種鞋交錯地放在一起。形容賓客衆多。也指男女雜坐，不拘禮節。《史記・淳于髡傳》：「日暮酒闌合尊促坐，男女同席，履舄交錯，杯盤狼藉。」《聊齋志異・鳳陽士人》：「士人亦執琖酬報，主客言笑，履舄交錯。」

【履險如夷】
《列子．湯問》：「未嘗覺山谷之險原隰之夷，視之一也。」後以「履險如夷」指在險峻的地方行走，就像走在平地上一樣。比喻處在危難的境地，毫不畏懼而泰然自若。例祝福你未來的人生旅途，能夠一帆風順，處處履險如夷。也作「履險若夷」。《晉書．姚萇載記》：「董率大衆，履險若夷，上下咸允，人盡死力。」

【履險若夷】
見「履險如夷」。

ㄌㄩˋ

【律己足以服人】
嚴格約束自己，就足以使人心悅誠服。宋．林逋《省心錄》：「輕財足以聚人，律己足以服人，量寬足以得人，身先足以率人。」

【慮不及遠】
考慮未顧及長遠。形容目光短視，只顧眼前，未從長遠考慮。宋．陳亮《酌古論．桑維翰》：「雖能快中心之所欲，而後世之被其患有不可勝道者，此所謂慮不及遠也。」

【慮不私己，以之斷義必厲】
厲：嚴明，嚴厲。考慮事情不摻入私心雜念的人，判斷事理一定嚴明。《後漢書．馬援傳》：「夫利不在身，以之謀事則智；慮不私己，以之斷義必厲。」

【慮無不周】
考慮沒有不周全的地方。形容思考問題很全面。《三國演義》一八回：「[袁]紹恤近忽遠，公（曹操）慮無不周，此仁勝也。」

【慮周藻密】
考慮周到，措辭縝密。形容文思和辭藻都俱佳。例他的新作不僅立意新穎，而且慮周藻密，無懈可擊。

【綠暗紅稀】
綠葉茂盛而紅花卻漸凋零。指暮春風光。唐．韓琮《暮春滻水送別》詩：「綠暗紅稀出鳳城，暮雲樓閣古今情。」宋．趙善括《清明日醉普光閣上》詩：「東郊綠暗已紅稀，指准酴醾待我歸。」

【綠鬢朱顏】
綠鬢：深黑發亮的鬢髮。謂黑亮的鬢髮，紅潤的面顏。形容年輕人青春煥發的容貌。明．無名氏《東籬賞菊》一折：「方才個綠鬢朱顏青春子，不覺的暗中白了少年頭。」

【綠慘紅愁】
慘：顏色暗淡；愁：喻衰敗。綠葉變色，紅花衰敗。比喻哀愁情懷。元．無名氏《村樂堂》四折：「我則見綠慘紅愁減了精神，爲何因，背地裏將啼痕來搵。」明．李開先《田間四時行樂詩》：「夏初春盡禽聲變，綠慘紅愁宿雨經。」

【綠草如茵】
綠油油的草地上鋪的褥子。多指供休憩的綠草地。唐．許渾《移攝太平寄前李明府》詩：「早晚高台更同醉，綠夢如帳草如茵。」

【綠綢衫上繡牡丹——錦上添花】
見「花綢上繡牡丹——錦上添花」。

【綠豆換米——各有一喜】
指各人都有值得高興的事。有時指各有各的愛好。例兩廠合作，交流經驗與技術，吸收對方之長，彌補自己之短，這確係綠豆換米——各有一喜。

【綠豆蠅懷孕——一肚子蛆】
綠豆蠅：蒼蠅的一種，身體較家蠅大。比喻滿腦袋的壞主意。例這個老闆是個奸商，綠豆蠅懷孕——一肚子蛆，特別善於投機、壓榨伙計，人們恨之入骨。

【綠肥紅瘦】
綠葉繁茂紅花凋零。形容暮春風光。宋．李清照《如夢令》詞：「知否，知否，應是綠肥紅瘦。」元．趙善慶《雙調落梅風》：「叫春山杜鵑何太愁，直啼得綠肥紅瘦。」

【綠馬仰秣】
綠馬：即綠耳，古代駿馬名稱。秣：ㄇㄛˋ，牲口的飼料。面對著飼料的綠馬，仰頭不吃。形容音樂美妙動聽，連馬都仰頭停食傾聽。唐．王勣《伯牙彈琴對鍾期贊》：「綠馬仰秣，丹魚聳鱗。」

【綠女紅男】
著綠穿紅的男女。形容衣著華麗的人羣。清．富察敦崇《燕京歲時記．萬壽寺》：「每至四月，自初一日起，開廟半月。遊人甚多，綠女紅男，聯蹁道路。」

【綠皮蘿蔔——心裏美】
見「八里莊的蘿蔔——心裏美」。

【綠水青山】
形容山青水秀，景色優美。宋．葛長慶《永遇樂》詞：「綠水青山，清風明月，自有人間仙島。」

【綠蓑青笠】
綠草編的蓑衣，青竹製的斗笠。形容農夫穿的裝束。《西遊記》九回：綠蓑青笠隨時看，勝掛朝中紫綬衣。」

【綠頭蒼蠅——見縫就下蛆】
比喻無孔不入，見空子就鑽。例對那個死潑皮不能忍讓，你讓一寸，他就進一尺，他是綠頭蒼蠅——見縫就下蛆啊！

【綠頭蒼蠅叮牛屎——臭味相投】
見「糞坑倒馬桶——臭味相投」。

【綠頭蒼蠅坐月子——抱屈（蛆）】
屈：「蛆」的諧音。比喻因受委屈而心中不舒暢。例在這件事情上，你是綠頭蒼蠅坐月子——抱屈（蛆）了，人家既然已向你道歉，就應該諒解。

【綠葉成陰】
陰：同「蔭」。據宋．計有功《唐詩紀事》卷五六載：「杜牧游湖州，見老姥引髫髻女，年十餘歲，眞國色也。牧與約，十年不來，即從他適，因以重幣結之。後十四年至郡，所約之妹已從人三年，生二子。使召之，母曰：『向約十年不來而後嫁之，已三年矣！』牧俯首曰：『其辭直，强之不祥。』乃遣之，爲《悵別》詩曰：『自是尋春去較遲，不須惆悵怨芳時。狂風落盡深紅色，綠葉成陰子滿枝。』」後以「綠葉成陰」比喻女子出嫁後子女成行。清・黃景仁《綺懷》詩之一〇：「容易生兒似阿侯，莫愁眞個不知愁……何曾十載湖州別，綠葉成陰萬事休。」《紅樓夢》五八回：「雖說男女大事，不可不行，但未免又少了一個好女兒，不過二年，便也要『綠葉成陰子滿枝』了。」也比喻壯年。巴金《談〈秋〉》：「我已經過了綠葉成蔭（同陰）的時節，現在是走飄落的路了。」

【綠衣黃裏】

古時以黃爲正色，綠爲不純不正之色。以綠色爲衣，以黃色爲裏，比喻正邪反置，貴賤顚倒。《詩經・邶風・綠衣》：「綠兮衣兮，綠衣黃裏。心之憂矣，曷維其已。」明・無名氏《漁樵閒話》二折：「與前妻爲寇仇，寵丫環如蜜甘，將親兒熱女途人看，綠衣黃裏顚倒用。」也作「綠衣黃裳」。明・瞿佑《剪燈新話・綠衣人傳》：「此眞可謂綠兮衣兮，綠衣黃裳者也。」

【綠衣黃裳】

見「綠衣黃裏」。

ㄌㄩㄝˋ

【略地攻城】

奪占土地，攻取城池。明・陳汝元《金蓮記・焚券》：「十萬伍雄兵飛將，皆能略地攻城。」

【略地侵城】

奪占土地，侵占城池。唐・牛僧孺《守在四夷論》：「夫四夷不守境，不過於略地侵城，是有敗無亡也。」

【略高一籌】

籌：籌碼，用竹木等製成的記數工具。形容兩下相比，稍高過一點兒。《聊齋志異・辛十四娘》：「公子忽謂生曰：『諺云：場中莫論文。此言今知其謬。小生所以忝出君上者，以起處略高一籌耳。」也作「略勝一籌」。魯迅《兩地書》四：「我這『兄』字的意思，不過比直呼其名略勝一籌，並不如許叔重先生所說，眞含有『老哥』的意義。」

【略跡論心】

撇開表面事實，評論其用心。清・黃宗羲《子劉子行狀上》：「以於立玉、丁元薦爲亂天下者，亦豈遂爲定論乎？略跡而論心，二臣皆皎然不欺其志，有國士之風。」

【略跡原情】

撇開表面的事實，從情理上予以原諒。清・蘭陵憂患生《京華百二竹枝詞》六二：「討錢童子亂攔人，略跡原情總爲貧。」魯迅《我之節烈觀》：「萬一幸而遇著寬厚的道德家，有時也可以略跡原情，許他一個烈字。」

【略見一斑】

斑：斑紋。大約能看見事物的某部分特徵。比喻從觀察到的一部分可進而推測到全貌。南朝宋・劉義慶《世說新語・方正》：「此郎亦管中窺豹，時見一斑。」魯迅《病後雜談之餘》：「雖然不多，又未必是精粹，但也足夠『略見一斑』。」

【略勝一籌】

見「略高一籌」。

【略識之無】

唐・白居易《與元九書》：「僕始生六七月時，乳母抱弄於書屏下。有指『無』字『之』字示僕者，僕雖口未能言，心已默識。後有問此二字者，雖百十其試，而指之不差。」後人們以「略識之無」來指能簡略地認出「之」字和「無」字。形容識字不多。《二十年目睹之怪現狀》九回：「最可笑的，還有一班市儈，不過略識之無，因爲艷羨那些斗方名士，要跟著他學，出了錢叫人代作了來，也送去登報。」

【略無忌憚】

略無：沒有一點兒；忌憚：顧忌，畏懼。沒有一點兒顧忌。《三國演義》三回：「［董］卓出入宮庭，略無忌憚。」

【略遜一籌】

略差一個籌碼。形容兩相比較，稍差一點兒。例論書法的功力，和他相比還是略遜一籌。

【略知皮毛】

稍知表面粗淺的情況。形容只有膚淺的知識或只知道事情極少的一部分。《鏡花緣》一七回：「才女才說學士大夫論及反切尚且瞪目無語，何況我們不過略知皮毛，豈敢亂談，貽笑大方！」

【略知一二】

略微知道一點的意思。多作謙詞。《鏡花緣》五五回：「我同駱府雖非本家，向有親誼，他家之子，也還略知一二。」

【掠地攻城】

掠奪土地，攻占城池。明・無名氏《精忠記・應詔》：「勤王報國應無憚，掠地攻城豈畏難。」

【掠美市恩】

市恩：買好，討好，用別人美好的東西向人討好。《朱子語類・論語（公冶長下・孰謂微生高直章）》：「所謂由意徇物，掠美市恩，其用心要作甚？」

【掠人之美】

指奪取別人的功勞、成果，卻將榮譽歸自己所有。《左傳・昭公十四年》：「已惡而掠美爲昏。」宋・王楙《野客叢書・龔張對上無隱》：「兒寬爲廷尉張湯作奏，即時得可。異時，湯見上，曰：『前奏非俗吏所及，誰爲之者？』湯以寬對，不掠人之美以自耀。」

【掠是搬非】

謂挑撥是非。明・無名氏《四賢記：

挑鬥》：「你如今掠是搬非，干討得鬼哭神愁。」

【掠脂斡肉】

斡：ㄨㄛˋ，旋，轉動。比喻貪官污吏掠奪、刮取民脂民膏。五代·貫休《酷吏詞》：「有叟有叟，暮投我宿。吁嘆自語，云太苛酷。如何如何，掠脂斡肉。」

ㄍ

ㄍㄚ

【嘎然而止】

嘎（ㄍㄚ）：形聲詞，形容短促的聲音。形容聲音突然停止。例樂聲嘎然而止，但餘音仍然繞梁。

【胳肢窩夾柿子——沒你這麼懶（漤）的】

胳肢窩：腋下；懶：「漤」的諧音。漤柿子是把柿子放在熱水或石灰水裏浸泡，以去澀味。這裏把胳肢窩夾柿子比作漤柿子。雙關語，比喻懶得出奇或懶得太過分。例一個月掃一次地，也不整理房間。胳肢窩夾柿子——沒你這麼懶（漤）的。

【胳肢窩生瘡——陰毒】

比喻陰險毒辣。例他咬牙切齒地罵道：「你這個狗漢奸眞是胳肢窩生瘡——陰毒透啦！」

ㄍㄜ

【戈壁灘上的泉水——格外珍貴】

戈壁灘：沙漠地區。比喻出乎尋常的寶貴。例他這種德才兼備的人，就像戈壁灘上的泉水——格外珍貴。也作「剖魚得珠——格外珍貴」、「十畝竹園一根筍——格外珍貴」。

【戈壁灘上找泉水——困難得很】

比喻並非易事。有時指生活拮据，日子不好過。例這個問題就像戈壁灘上找泉水——困難得很，一時難以解決。也作「粗瓷茶碗雕細花——困難得很」。

【哥倆打冤家——自家人整自家人】

打冤家：舊社會家族或家族內部的械鬥。比喻內部的殘殺、迫害。例有問題大家協商解決，互助互讓，不要哥倆打冤家——自家人整自家人。也作「孟良殺焦贊——自家人害自家人」、「煮豆燃豆萁——自家人整自家人」、「周瑜打黃蓋——自己人打自己人」。

【哥倆上京城——同奔前程】

上京城：科舉時代，讀書人到京城趕考。形容爲了一個目標共同前進。例他們親如兄弟，同安樂，同患難，攜手奮鬥，正像俗話所說：「哥倆上京城——同奔前程。」也作「兩匹馬並排跑——同奔前程」。

【哥倆坐班房——難兄難弟】

班房：監獄和拘留所的俗稱；難：不幸的遭遇。比喻彼此都處於同樣或類似的困境。例小鄭和小金都有過不幸的遭遇，他們同病相憐，互相幫助。人們都說他們是哥倆坐班房——難兄難弟。

【哥上關東、弟下西洋——各奔東西】

關東：泛指東北各省；西洋：泛指歐、美各國。比喻各走各的路，互不相干。例我們只有哥上關東、弟下西洋——各奔東西，自謀生路。

【哥說哥有理，嫂說嫂有理】

見「公說公有理，婆說婆有理」。

【歌遏行雲】

遏：ㄜˋ，阻止。歌聲直入高空，把飄動的雲團也阻止住了。形容歌聲高昂響亮。明·海瑞《樂耕堂》：「棋驚宿鳥搖深竹，歌遏行雲入九天。」

【歌功頌德】

歌頌功績和恩德。宋·王灼《再次韻晁子輿》詩：「歌功頌德今時事，側聽諸公出正音。」也作「歌頌功德」。宋·鄧牧《伯牙琴·君道》：「後世爲君者歌頌功德，動稱堯舜，而所以自爲乃不過如秦，何哉？」

【歌鼓喧天】

歌聲鼓聲震天響。形容喜慶、歡樂的氣氛。宋·朱翌《陪董令升西湖閱競渡》詩：「馳波鬥艦疾輕鴻，歌鼓喧天保歲豐。」

【歌樓舞館】

見「歌台舞榭」。

【歌樓舞榭】

見「歌台舞榭」。

【歌聲繞梁】

繞梁：環繞屋梁。形容歌聲優美，給人留下難忘的印象。《太平御覽》卷五七二引《洞冥記》：「王母至，與宴，奏春歸之樂。[董]謁乃聞王母歌聲，而不見其形，歌聲繞梁三匝。」

【歌頌功德】

見「歌功頌德」。

【歌台舞榭】

榭：ㄒㄧㄝˋ，建築在台上的房屋。供歌舞用的樓台亭閣。泛指尋歡作樂的場所。宋·徐君寶妻《滿庭芳》詞：「一旦刀兵舉，旌旗擁、百萬貔貅。長驅入，歌台舞榭，風卷落花愁。」也作「歌樓舞榭」。清·孔尚任《桃花扇·題畫》：「怎的歌樓舞榭，改成個書院書軒。」也作「歌樓舞館」。明·劉基《郁離子·天道》：「是故碎瓦頹垣，昔日之歌樓舞館也。」

【歌舞承平】

見「歌舞昇平」。

【歌舞昇平】

昇平：太平。唱歌跳舞，歡慶太平景象。多指粉飾太平。《孽海花》六回：「一班醉生夢死的達官貴人，卻又個個興高采烈，歌舞昇平起來。」也作「歌舞承平」。清·丘逢甲《羊城中秋三首》詩：「西風梧葉下空岡，歌舞承平霸業荒。」也作「歌舞太平」、「歌咏昇平」。清·趙翼《數月內頻送南雷述庵淑齋諸人赴京補官戲作》詩之三：「野夫歌咏昇平處，或亦淸時不可無。」

【歌舞太平】

見「歌舞昇平」。

【歌吟笑呼】

縱情地唱歌、吟詩、大笑、歡呼。形容飲酒後的歡快情緒。宋・歐陽修《釋必演詩集・序》：「當其極飲大醉，歌吟笑呼，以適天下之樂，何其壯也。」

【歌鶯舞燕】

歌聲宛轉如鶯，舞姿輕盈如燕。元・曾瑞《青杏子・騁懷》曲：「明眸皓齒，歌鶯舞燕，各逞溫柔，人俊惜風流。」

【歌咏昇平】

見「歌舞昇平」。

【胳臂擰不過大腿】

見「胳臂扭不過大腿去」。

【胳臂扭不過大腿去】

比喻弱不敵强。老舍《我這一輩子》三：「年頭兒的改變不是個人所能抵抗的，胳臂扭不過大腿去，跟年頭兒叫死勁簡直是自己找彆扭。」也作「胳臂擰不過大腿」、「小腿扭不過大腿去」。

【胳膊當枕頭——自靠自】

比喻自力更生，不依靠別人。例學習就得胳膊當枕頭——自靠自，完全指望他人的幫助是不行的。也作「膝蓋上打瞌睡——自靠自」。

【胳膊曲了往裏彎】

比喻自己人總是護著自己人。《官場現形記》一一回：「畢竟夫妻無隔夜之仇，胳膊曲了往裏彎，到了此時也就不同他吵鬧了。」

【胳膊往裏拐——只顧自己】

比喻自私，不管別人。例你的職責是爲大家謀取福利，而你卻胳膊往裏拐——只顧自己，完全辜負了大家對你的希望。

【胳膊折了往袖子裏藏】

胳膊折斷了，藏在袖子裏，別人看不見。比喻自家人鬧出見不得人的事，不要向外張揚。《紅樓夢》七回：「焦大益發連賈珍都說出來，亂嚷亂叫，說：『要往祠堂裏哭太爺去。那裏承望到如今生下這些畜牲來！每日偸狗戲雞，爬灰的爬灰，養小叔子的養小叔子，我什麼不知道？咱們胳膊折了往袖子裏藏！』」也作「胳膊折了在袖子裏」。

【胳膊折了在袖子裏】

見「胳膊折了往袖子裏藏」。

【胳膊肘裏安電扇——兩袖淸風】

多比喻做官廉潔。例他做官三十多年，胳膊肘裏安電扇——兩袖淸風，是值得大家好好學習的。

【胳膊肘——往裏拐】

比喻偏袒維護與自己利害相同的人。例裁判要站在公正的立場，怎能胳膊肘——往裏拐呢？也作「煮熟的雞爪子——往裏拐」。

【胳膊肘往外拐】

見「胳膊肘子往外彎」。

【胳膊肘子往外彎】

比喻袒護外人或替外人辦事、說話。例我眞懷疑你是不是我的親弟弟？在我與朋友吵架時，你竟然胳膊肘子往外彎，幫起對方講起話來了。也作「胳膊肘往外拐」。

【鴿子帶風鈴——虛張聲勢】

風鈴：佛殿、寶塔等簷下懸掛的鈴，風吹時搖動發出聲音。見「乾打雷不下雨——虛張聲勢」。

【鴿子糞上綠豆——得勁】

比喻合適、順當。例這輛跑車給小伙子開，眞是鴿子糞上綠豆——得勁極了。

【鴿子尾巴帶竹哨——想（響）得高】

竹哨：用竹子製成的響器，繫在鴿子的尾部，受空氣震動發聲。見「飛機上吹喇叭——想（響）得高」。

【割臂之盟】

盟：盟誓。《左傳・莊公三十二年》：「初，公築台臨黨氏，見孟任，從之，閟：而以夫人言許之，割臂盟公，生子般焉。」後因以「割臂之盟」指男女私自訂立婚約。《鏡花緣》五二回：「如昭公諱孟子之姓，莊公結割臂之盟，是婚姻之禮廢了，那淫僻之亂莫不從此而生。」也作「割臂盟公」。

【割剝元元】

割剝：掠奪，殘害；元元：平民。殘酷掠奪和肆虐百姓。《三國演義》二二回：「而操遂承資跋扈，恣行兇忒，割剝元元，殘賢害良。」

【割草撿到大南瓜——撈外快】

比喻撈取正常收入以外的收入。例你怎能利用出差的機會做買賣？這種割草撿到大南瓜——撈外快的行爲，是同國家公務人員的身份不相稱的。

【割草拾了個兔子——當捎帶】

比喻順便做了某事。例這並不是你所說的那麼麻煩，實際上是割草拾了個兔子——當捎帶而已，不値得一謝。

【割地稱臣】

割讓土地，表示臣服於對方，接受統治。《古今小說》卷三二：「若放我南歸，願爲金邦細作，僥倖一朝得志，必當主持和議，使南朝割地稱臣。」

【割肚牽腸】

形容十分掛念。元・王實甫《西廂記》四本四折：「想人生最苦是離別，可憐是千里關山，獨自跋涉。似這般割肚牽腸，倒不如義斷恩絕。」

【割對耳朵給你——不願聽】

指不想聽取對方的陳述或意見。含有厭煩的意思。例這些都是老生常談，我想割對耳朵給你，實在不願聽。

【割股之心】

割股：割下自己的大腿肉。爲治好病人，不惜犧牲自己。泛指醫生全心全意爲病人診治。《儒林外史》二四回：「醫家有割股之心」。

【割雞何必用牛刀】

見「割雞焉用牛刀」。

【割雞焉用牛刀】

殺雞用不著宰牛的刀。比喻敵人力量小，主將用不著出馬。大材不能小用。元・無名氏《九宮八卦陣》一折：「父親，割雞焉用牛刀。量這一夥無名之將，何須父親去？」也作「**割雞何必用牛刀**」。明・陸采《懷香記》二○齣：「氏羌小虜・只須別遣一將，可以服之。割雞何必用牛刀，棟梁仍使歸廊廟。」也作「**殺雞不用牛刀**」。

【割襟之盟】

割襟：兩家指腹爲婚時，各自割下衣襟，交與對方，作爲信物。形容未出生時訂的婚約。《二刻拍案驚奇》卷三○：「這兩家割襟之盟，果是有之，但工部舉家已絕，郎君所遇，乃其幽宮，想是夙緣了。」

【割據一方】

方：地區。指憑藉武力占據一個地區，與中央政權對抗。《古今小說》卷二一：「方今朝政顚倒，宦官弄權，官家威令不行，天下英雄皆有割據一方之意。」也作「**各霸一方**」。《三國演義》七三回：「方今天下分崩，英雄並起，各霸一方。」

【割麥不用鐮刀——連根拔】

比喻從根本上清除。例對這個土匪窩子，必須採取割麥不用鐮刀——連根拔，以免留下後患。

【割屁股補臉蛋——死要面子活受罪】

比喻爲了顧全面子可以忍受一切。例唉！全家在忍饑挨餓，你卻在外面擺闊氣，這難道不是割屁股補臉蛋——死要面子活受罪嗎？

【割肉飼虎】

割身上的肉餵老虎。比喻以捨命滿足對方的貪欲。《史記・魏公子列傳》：「公子喜士，名聞天下，今有難，無他端而欲赴秦軍，譬若以肉投餒虎，何功之有哉。」

【割尾巴】

比喻清除殘餘、殘留部分。例那時候，動不動就割尾巴，連農民自己養幾隻雞，種幾棵樹，都成了資本主義尾巴，統統要割掉。

【割席斷交】

見「割席分坐」。

【割席分坐】

席：坐席。古人席地而坐，幾個人可坐一張坐席。把席割斷，分開坐。比喻朋友絕交。南朝宋・劉義慶《世說新語・德行》：「〔管寧、華歆〕嘗同席讀書，有乘軒冕過門者，寧讀如故，歆廢書出看，寧割席分坐，曰：『子非吾友也』。」也作「**割席斷交**」。例他倆本是同窗好友，後因爭吵就割席斷交，互不來往了。

ㄍㄜˊ

【革帶移孔】

革帶：皮帶；移：改變原來的位置。形容身體因老病而日漸消瘦。《南史・沈約傳》：「言己老病，百日數旬，革帶常應移孔。」

【革凡成聖】

革：改變。點化凡夫俗子，使之變爲聖人。南朝・梁武帝《敕舍道事佛文》：「老子、周公、孔子等雖是如來弟子，而爲化既邪，止是世間之善，不能革凡成聖。」也作「**革凡登聖**」。隋煬帝《答智顗遺旨書》：「世世生生，師資不闕，革凡登聖，給侍無虧。」

【革凡登聖】

見「革凡成聖」。

【革故鼎新】

革：革除；鼎：建立。革去舊的，建立新的。多指改朝換代或重大變革。明・海瑞《乞正赦款疏》：「蓋陛下有愛民無窮之念，而二三大臣無仰承善體之忠，不惟不能施恩澤於民，而且不能盡革故鼎新之美。」也作「**革舊鼎新**」。明・李贄《代深有告文・義告》：「切以誦經者，所以明心見性；禮懺者，所以革舊鼎新。」

【革舊從新】

見「革舊維新」。

【革舊鼎新】

見「革故鼎新」。

【革舊維新】

變革舊的，興倡新的。元・范大用《范張雞黍》一折：「文武氏革舊維新，周公禮百王兼備。」也作「**革舊從新**」。《魏書・食貨志》：「今革舊從新，爲里黨之法，在所牧守，宜以喻民。」

【革面洗心】

革面：改變舊面目；洗心：清除邪惡之心。比喻悔過自新。宋・蘇軾《乞約鬼章討阿里骨札子》：「阿里骨凶狡反覆，必無革面洗心之理。」

【革俗之要，實在敦學】

敦：勉力，敦促，改變世俗風氣的關鍵，在於敦促學習教化。《晉書・王沈傳》：「文武並用，長久之道也。俗化陵遲，不可不革。革俗之要，實在敦學。」：

【革圖易慮】

革、易：改變；圖：計謀；慮：思考，謀劃。改變計謀政策。《後漢書・袁紹傳》：「若乃天啓尊心，革圖易慮，則我將軍匍匐悲號於將軍股掌之上。」

【革往弊者則政不爽】

爽：差失，違背。改變以往的弊端，施政就不會有差錯。《晉書・忠義傳》：「改前轍者則車不傾，革往弊者則政不爽。」

【革職留任】

免去官職留下辦事，以功折罪。清・袁枚《隨園隨筆》：「今大臣革去頂戴，仍令在官辦事。按《晉書・陶侃傳》，侃刺荊州，討杜曾，戰敗免官，王敦表以侃白衣領職，再討杜弢，成功復還原官，是今之革職留任矣。」

【革職拿問】
革：除；拿問：逮捕問罪。撤去職務，抓起來問罪。比喻對犯罪官吏的處分。《兒女英雄傳》四回：「安公子因安老爺革職拿問……他把家中的地畝折變，帶上銀子，同著他的奶公華忠南來。」

【格格不納】
見「格格不入」。

【格格不入】
格格：扞格，抵融。不相投合。清·陳確《與張考夫書》：「弟言極樸直，雖三尺童子讀之，皆了然言下，而學道家每格格不入，未知何故。」也作「格格不納」。清·昭槤《嘯亭雜錄·續錄·詩文澀體》：「宋子京……其《新唐書》好用僻字澀句，以矜其博，使人讀之，胸臆暗格格不納，殊不爽朗。」

【格古通今】
格：推究。形容對歷史和現狀都有研究。明·無名氏《東籬賞菊》四折：「賢才抱德隱田園，格古通今衆所傳。今番詔取爲官後，保祚皇圖億萬年。」

【格殺勿論】
格殺：打死。將行兇拒捕或違反禁令的人當場打死，不以殺人論罪。《清史稿·宣統皇帝本紀》：「諭嚴行禁止，有匪徒從中煽惑，意在作亂者，照懲治亂黨例，格殺勿論。」

【格物窮理】
格：推求；窮：盡力推究。推究事物，竭力求了解事物的本質。《朱子語類》卷二：「若仔細看，裏面有多少倫序，須是仔細參研方得，此便是格物窮理。」

【格物致知】
致：獲得。研究客觀事物，求取知識。明·李瀚《容齋隨筆舊序》：「因命紋梓，播之方輿，以弘博雅之君子，而凡志於格物致知者，資之亦可以窮天下之理云。」

【葛巾布袍】
見「葛巾野服」。

【葛巾野服】
戴著葛布的頭巾，穿著鄉野的粗布衣服。形容古時志在山林的隱士們的穿著。也指道士的服裝。《儒林外史》八回：「太守也換了葛巾野服，掛著天台藤杖，出來陪坐。」也作「葛巾布袍」。《三國演義》四五回：「〔蔣〕幹葛巾布袍，駕一隻小舟，徑到周瑜寨中，命傳報：『故人蔣幹相訪。』」

【隔岸觀火】
比喻對別人危難採取旁觀的態度。梁啓超《呵旁觀者文》：「旁觀者，如立於東岸，觀西岸之火災，而望其紅光以爲樂；如立於此船，觀彼船之沈溺，而睹其鳧浴以爲歡。」

【隔岸觀火——幸災樂禍】
比喻對別人遇到的不幸和挫折感到高興。例同情心，幾乎人人都有，而你對這些受傷人員，卻抱著隔岸觀火——幸災樂禍的態度，實在令人難解。

【隔岸桃花紅未半，枝頭已有蜂兒亂】
江對岸的桃花還沒開一半，就見枝頭上已有許多蜂兒在爭先採蜜。原寫春夢中所見桃花源的景色，後借以喻指發現、重視新生事物。宋·王安石《漁家傲·夢中作》詞：「隔岸桃花紅未半，枝頭已有蜂兒亂。惆悵武陵人不管。淸夢斷、亭亭佇立春宵短。」

【隔壁帳】
比喻與自己無關的事情。例你們怎麼盡說那些隔壁帳呀？還是說說咱們自己的事吧。

【隔布袋買貓——瞎抓】
比喻工作忙亂，沒有條理；或辦事心中無數，缺乏計畫。例他的工作向來是隔布袋買貓——瞎抓，別人說他是個辛辛苦苦的官僚主義者。也作「盲人買豆芽——瞎抓」。

【隔層玻璃唱戲——一眼就看穿了】
比喻一下子就看透了對方的用意或手法。例他搞的那一套把戲，連不知情的人也是隔層玻璃唱戲——一眼就看穿了。

【隔船對煙——差一層】
比喻有一段間隔。例你找錯了地方，我的家離那個學校是隔船對煙——差一層哩！

【隔窗有耳】
見「隔牆有耳」。

【隔重肚皮隔重山】
比喻女子對不是親生的兒女感情冷淡。《初刻拍案驚奇》卷三八：「就是生下了兒子，是親丈夫一點骨血，又本等他做『大娘』，還是『隔重肚皮隔重山』，不肯便認做親兒一般，更有一等狠毒的，偏要算計了絕，方才快活的。」

【隔道不下雨，隔村不死人——情況各異】
比喻各有不同情況。例各隊的具體措施和辦法不要求相同，隔道不下雨，隔村不死人——情況各異嘛！

【隔行如隔山】
形容對本行業以外的事十分生疏。例這年頭各個行業都講求專業，尤其是隔行如隔山的情況愈加明顯。

【隔河千里遠】
比喻消息不靈通。例原來他早在去年底就結婚啦！我實在是隔河千里遠，到現在還以爲他是單身。

【隔河作揖——承情不過】
作揖：兩手抱拳高拱，彎腰行禮；承情：領受情誼；不過：指不再過河。雙關語，比喻情誼很深，擔當不起；或無法表達心中感激之情。例你們幫我的大忙，實在是隔河作揖——承情不過了。

【隔黃河送秋波——沒人領情】
秋波：比喻美女的眼睛。比喻好心好意沒人理會，得不到感謝。例你爲別人幹的好事不少，可隔黃河送秋波

——沒人領情啊！也作「吹燈作揖——沒人領情」。

【隔江看到雞吃穀——只能幫喊】

比喻只能表示口頭支持，別的忙幫不了。含有力不能及的意思。例你們遭受的嚴重災害，。我們做新聞工作的，隔江看到雞吃穀——只能幫喊，解決不了什麼實際問題。

【隔口袋買貓兒——矇著交易】

矇：遮蓋。見「布袋裏買貓——抓迷糊」。

【隔了夜的火籠——外面溫溫熱，裏頭全是火】

火籠：〈方〉烘籃，樣子像小竹籃，裏面放小火盆，用來取暖。比喻人外表溫和而內心剛烈。例她外表溫柔恬靜，內裏剛强熾烈，就像隔了夜的火籠——外面溫溫熱，裏頭全是火。

【隔門縫吹喇叭——名（鳴）聲在外】

名：「鳴」的諧音。比喻名氣大，四處傳揚。例我們工廠是在市裏掛了號的，隔門縫吹喇叭——名（鳴）聲在外，絕不能丟臉。也作「隔窗户吹喇叭——名（鳴）聲在外」、「銜著窗户吹喇叭——名（鳴）聲在外」、「打開窗户吹喇叭——名（鳴）聲在外」、「廟裏的和尚撞鐘——名（鳴）聲在外」、「騎在房脊上吹喇叭——名（鳴）聲在外」、「桅杆頂上打響鑼——名（鳴）聲在外」。

【隔門縫瞧呂洞賓——小看仙人】

呂洞賓：民間傳說中的八仙之一；仙人：泛指有種種神通之人。比喻輕視神通廣大或有本事的人。例你是隔門縫瞧呂洞賓——小看仙人啦！我今天一定要和你比個高低。也作「隔門縫瞧不到呂洞賓——小看仙人」、「隔門縫瞧呂洞賓——偏看仙人」、「隔著門縫看諸葛亮——瞧扁了英雄」。

【隔年蠶做繭——無心（新）思（絲）】

隔年：隔了一年；心、思：「新」、「絲」的諧音。比喻沒有心情去做某件事，含有無精打彩的意思。例他現在焦頭爛額，對做別的事情，都是隔年蠶做繭——無心（新）思（絲）。也比喻沒有某種念頭。例你何必多心，隔年蠶做繭——無心（新）思（絲），我怎麼會去想這些問題。也比喻不想動腦筋去思考某件事。例這是你們的事情，我是隔年蠶做繭——無心（新）思（絲）在這上面。

【隔年的黃豆——不進油鹽】

比喻聽不進批評、勸告，或不通情達理。例這個人是隔年的黃豆——不進油鹽，任你嘴巴磨破，他半句也不聽。也作「隔年的黃豆——油鹽不進」、「石子下菜鍋——不進油鹽」、「鐵豆子下鍋——油鹽不進」、「鍋子裏炒石頭——不進油鹽」。

【隔年的黃曆不管用】

黃曆：皇曆，曆書。比喻陳舊的方法不管用了。例每次吵完架都用這一招向我道歉，我已經不吃你這一套了，正是隔年的黃曆不管用啦。也作「去年的黃曆看不得」。

【隔年的皇曆——翻不得了】

皇曆：排列月、日、節氣等供查考的書，也叫曆書或黃曆。比喻過時的東西，沒有用了。例舊的一套規章制度，都成隔年的皇曆——翻不得了，應該重新制定。也作「隔年的皇曆——瞧不得了」、「隔年的皇曆——不起作用了」、「隔年的皇曆——過時了」、「去年的皇曆——看不得」、「去年的皇曆——不能翻」、「舊皇曆——翻不得」、「陳皇曆——看不得」。

【隔年的臘肉——乾巴巴】

乾巴巴：乾燥。雙關語，比喻語言或文章內容貧乏、不生動。例他的文章像隔年的臘肉——乾巴巴，誰也不願看。

【隔年的衣裳，隔夜的飯】

比喻人情冷淡，今非昔比。例地位變了，感情也變了，老朋友也不認了。最近碰見他一次，愛理不理的，好像隔年的衣裳，隔夜的飯。

【隔年皇曆】

比喻過時的經驗，用不上了。《野叟曝言》一〇〇回：「曲四道：『隔年的皇曆，好一本子冷帳，閒著手要捉虱子，沒工夫去揭他了。』」

【隔皮斷貨】

隔著表皮，判斷出貨物的好壞。比喻根據事物的外在現象推斷其內部實質。《歧路燈》八回：「不是為他中了舉，便說深遠。只是那光景兒，我就估出來六七分，兄弟隔皮斷貨，是最有眼色的。」

【隔牆丟瓦——反覆不定】

比喻反來覆去，動搖不定。例對問題的看法，應當有自己的主見，切忌隔牆丟瓦——反覆不定。

【隔牆拉車——行不通】

比喻遇到阻力，推行不了。例這個計畫很粗糙，有許多考慮不周的地方，肯定是隔牆拉車——行不通，你們再仔細研究研究。也作「老鼠鑽牛角——行不通」、「鳥籠裏駕鳳凰——行不通」、「死胡同裏趕大車——行不通」。

【隔牆須有耳，窗外豈無人】

比喻秘密容易洩漏。《金瓶梅詞話》九九回：「常言道：隔牆須有耳，窗外豈無人。兩個只管在內說，卻不知張勝在窗外聽了個不亦樂乎。」也作「門有縫，窗有耳」。例在公司講別人的小話要特別小心，所謂「門有縫，窗有耳」，千萬別讓人跑去告狀！也作「隔牆有耳」、「窗外有耳」。

【隔牆有耳】

比喻私下談話，謹防有人偷聽。《三俠五義》一〇三回：「白五爺又吩咐雨墨不必忙在一時，唯恐隔牆有耳。」也作「隔窗有耳」。《聊齋志異・胭脂》：「蝴蝶過牆，隔窗有耳，蓮花卸瓣，墮地無蹤。假中之假以生，冤外之冤誰信？」

【隔日的傳票——盯（釘）上了】
傳票：會計據以登記帳目的憑單，一般按日或月裝訂成册；盯：「釘」的諧音。比喻緊緊抓住不放。例老吳見僞警察像隔日的傳票——盯（釘）上了自己，便擠進人羣溜開了。

【隔三差五】
隔：間隔；差：同「岔」。每隔不久，時常。例因他隔三差五就澆水，所以樹苗長得很好。

【隔山打斑鳩——開槍也白費】
比喻盲目行動，收不到效果。例這種投資，我認爲是隔山打斑鳩——開槍也白費，應當開源節流，把資金用到既有社會效益、也有經濟效益的項目上去。

【隔山打炮】
比喻辦事毫無目標重點。例他說了半天也說不到重點，不是隔山打炮是什麼？

【隔山打隧道——裏應外合】
比喻內外接應，互相配合。例我們派人打進敵人內部，然後來個隔山打隧道——裏應外合，不怕攻不下這個頑固堡壘。

【隔山看見蚊蟲飛——好眼力】
指觀察事物的能力很強。例新來的隊長隔山看見蚊蟲飛——好眼力，挑選的隊員眞棒，幾個月就成爲足壇的勁旅。也作「隔山看見蚊蟲飛——眼力好」。

【隔山買黧牛——兩不見面】
黧（ㄌㄧˊ）牛：黑牛。比喻彼此不接觸，互不了解。例過去，我們是隔山買黧牛——兩不見面，存在著一些誤會，希望你不要介意。

【隔山買羊——不知黑白】
比喻不了解底細，不知好歹。例我們對這個外來的人，是隔山買羊——不知黑白，怎麼能信任呢？也作「麻袋裏裝豬——不知黑白」、「隔布袋買貓——不知黑白」。

【隔山摘李子——相差鸞遠】
鸞遠：〈方〉很遠。見「狗咬雲雀——差得遠」。

【隔世之感】
世：古代以三十年爲一世，泛指一個時代。感到像隔了一個時代。形容人事、景物等的巨大變化。

【隔屋攛椽】
攛：ㄘㄨㄢ，扔、拋；椽：ㄔㄨㄢˊ，房屋上架住屋瓦的圓木。比喻不自量力。元・喬吉《兩世姻緣》一折：「有那等花木瓜長安少年，他每不斟量隔屋攛椽。」

【隔靴搔癢】
比喻說話、寫文章、做事抓不住重點，起不了實質作用。宋・嚴羽《滄浪詩話詩法・九》：「意貴透砌，不可隔靴搔癢；語貴灑脫，不可拖泥帶水。」也作「隔靴抓癢」。宋・克勤《圓悟佛果禪師語錄》卷七：「恁麼說話，一似鴨聽雷鳴，隔靴抓癢。」

【隔靴搔癢——不著邊際】
搔：抓。比喻不切實際，或說話空泛，離題太遠。例這種隔靴搔癢——不著邊際的討論，不能解決任何實際問題，還是做點具體工作吧！

【隔靴搔癢——抓不到實處】
搔：抓。比喻說話、分析問題沒有觸到要害。例不深入實際，不做調查研究，對問題必然是隔靴搔癢——抓不到實處。也比喻做事不切實際，不解決問題。例你搞的那一套，村民不支持，說是隔靴搔癢——抓不到實處，根本不能解決增產、增收的問題。也作「隔靴搔癢——抓不到癢處」。

【隔靴抓癢】
見「隔靴搔癢」。

【隔夜的剩飯——捏不攏】
不攏：合不到一塊。也作「隔夜的冷飯——捏不到一起」。見「穀糠蒸窩頭——難捏合」。

【隔夜的餿飯——要不得】
餿：食物由於變質而發出的酸臭味，吃了餿飯容易得腸胃病。表示人或事物很壞，不能容忍。例你這樣做是隔夜的餿飯——要不得，錯了改正就好，繼續鬧下去，準沒好下場。

【隔夜米湯——醒水了】
醒水：〈方〉由稠變稀，引申爲由模糊變清楚。比喻原來認識不清楚或不懂事，變爲清楚或懂事了。例過去小萬很糊塗，經過這次教訓，他好像是隔夜米湯——醒水了。

【隔夜油條——炸不大】
比喻已經定型。例你休想影響、改變他，他的性格已成隔夜油條——炸不大了。

【隔著玻璃親嘴——挨不上】
比喻不沾邊。例建設十三陵水庫，鄭凡還在南方工作，對這項工程的設計，他是隔著玻璃親嘴——挨不上。也比喻夠不上，有時引申爲不配的意思。例我是一個無錢無勢的小人物，同他那樣大人物交朋友，是隔著玻璃親嘴——挨不上。也形容人不好接近。例他隨著職位的高升，架子越來越大，一般老百姓隔著玻璃親嘴——挨不上他了。

【隔著窗戶咬耳朵——偏聽偏信】
咬耳朵：湊近人耳朵邊低聲說話，不讓別人聽見。指只聽信一方面的意思。例他作爲一個領導人，老是隔著窗戶咬耳朵——偏聽偏信，羣衆意見很大。

【隔著黃河趕車——鞭長莫及】
比喻力量達不到。例這種事想管也管不了，隔著黃河趕車——鞭長莫及。

【隔著黃浦江握手——辦不到】
見「趕鴨子上樹——辦不到」。

【隔著黃浦江握手——差得遠】
見「狗咬雲雀——差得遠」。

【隔著門縫瞧人——把人看扁啦】
比喻看不起人，或低估了別人。例別隔著門縫瞧人——把人看扁啦，有無能耐，讓時間去考驗吧！也作「隔門縫看人——把人看扁了」、「隔著門縫往外瞧——看扁人了」、「門縫裏看人——把人看扁了」、「從門縫裏看人——把人看扁了」、「三十斤的扁魚——窄看了」、「桅桿頂上看人——把人看矮了」。

【隔著皮兒辨不清瓤兒】

瓤：ㄖㄤˊ，瓜類的肉。比喻看不清本質或不了解內情。例這件事情，他只是聽別人說，根本是隔著皮兒辨不清瓤兒，怎可參與討論？

【隔著桌子抓菜】

比喻手伸得太長。趙樹理《十里店》一場：「下命令先得下到我這裏，他不能隔著桌子抓菜！」

【蛤蚧剝皮——眼不閉】

蛤蚧（ㄐㄧㄝˋ）：形似壁虎而大，頭大，背部灰色而有紅色斑點，吃蚊、蠅等小蟲，可入藥。見「張飛睡覺——眼不閉」。

ㄍㄜˋ

【個中人】

見「個中之人」。

【個中三昧】

個中：裏面；三昧：指事物的要訣或精義。其中的奧秘和眞諦。例其實，下棋沒有什麼神秘的，只要你用心鑽研，就可以參透個中三昧。

【個中消息】

見「個中滋味」。

【個中之人】

個中：其中。指曾親身經歷其間或深明其中情理的人。《二刻拍案驚奇》卷七：「適才邂逅之間，見他標格如野鶴在雞羣，據下官看起來，不是個中之人。」也作「個中人」。宋・蘇軾《李頎畫山見寄》詩：「平生自是個中人，欲向漁舟便寫眞。」

【個中滋味】

個中：其中；滋味：味道。其中的情味。指切身體會到的甘苦或感受。明・王衡《鬱輪袍》七折：「賴得岐王之力，認出假名的光棍，將我哥哥復了原職。我哥哥參透了個中滋味，便棄了官也，回這輞川來。」也作「個中消息」。消息：情況。宋・李之儀《姑溪居士文集・閒居五絕》之二：「身世低回不自期，個中消息更誰知？」

【各安本業】

見「各安生理」。

【各安生理】

生理：日常生活和事業。各自安心做自己的事，過自己的生活。《西遊記》八二回：「我去高老莊探親，哥哥去花果山稱聖，白龍馬歸大海成龍……我們都各安生理去也。」也作「各安本業」。《洪秀全演義》三五回：「凡爾村鄉市鎮，不用驚慌，士農工商，各安本業。」

【各霸一方】

見「割據一方」。

【各奔前程】

各走各的路。比喻各人按照各自的志向、目標努力。《孽海花》一九回：「當晚韻甫作主人，還在密采里吃了一頓，歡聚至更深而散。明日各奔前程。」《中國現在記》二：「倘以我言爲非，從今各奔前程，我也管不了他，他也不必來找我了。」

【各別另樣】

與衆不同。《紅樓夢》一二〇回：「……他自具一種性情。你看寶玉何嘗肯念書。他若略一經心，無有不能的。他那一種脾氣也是各別另樣。」

【各不相謀】

謀：商量。《論語・衛靈公》：「子曰：『道不同，不相爲謀。』」各人都有自己的打算，互相不作商量。例我們應當堅決反對在工作中各不相謀、各行其是的壞作風。

【各不相下】

相下：處於對方的下風。指雙方分不出高下。形容程度相等。也指雙方相峙，分不出勝負。《官場現形記》三五回：「與申大善士一幫旗鼓相當，彼此各不相下。」

【各持己見】

見「各執己見」。

【各出己見】

見「各抒己見」。

【各處各鄉俗，一處一規矩】

各地有各地的風俗習慣。例俗話說：「各處各鄉俗，一處一規矩。」在少數民族地區工作，就要十分尊重當地的風俗習慣。

【各從其志】

各人按照自己的意向行事。《史記・伯夷列傳》：「子曰：『道不同，不相爲謀。』亦各從其志也。」也作「各從所好」。明・袁宏道《上方》文：「余嘗謂上方山勝，虎丘以他山勝……兩者孰優劣哉？亦各從所好矣。」

【各打各的算盤】

各人有各人的打算。例大家你看著我，我看著你，都不言語。各有各的想法，各打各的算盤。

【各打五十大板】

大板：舊時官府打人的刑具。這裏指責罰。比喻不分青紅皂白，是非曲直，責罰雙方。例兩兄弟吵得面紅耳赤，各不相讓，結果被老頭子不問情由地訓了一頓，各打五十大板。

【各得其所】

所：處所或位置。各如所願。《周易・繫辭下》：「日中爲市，致天下之民，聚天下之貨，交易而退，各得其所。」後多指每個人或每件事都得到妥善的處置。漢・劉向《新序・雜事》：「楚國之所寶者，賢臣也，理百姓，實倉廩，使民各得其所。」

【各得其宜】

不同的措施用於各自相應的情況都很適宜。《管子・明法解》：「故明主之治也，明分職而課功勞；有功者賞，亂治者誅，誅賞之所加，各得其宜。」也指各自得到適當的安排。《漢書・董仲舒傳》：「萬民皆安仁樂誼，各得其宜，動作應禮，從容中道。」

【各個擊破】

各個：逐個。利用優勢兵力將被分隔開的敵軍逐個消滅。有時也比喻將問題逐個解決。例現在問題成堆，不能一下子全解決，只能採取各個擊破的辦法，逐步解決。

【各家門，各家戶】

各立門戶，各家管各家的事。《紅樓夢》七一回：「奶奶不要生氣，等過了事，我告訴管事的打他個臭死。只問他們，誰叫他們說這『各家門，各家戶』的話！」

【各竭所長】

見「各盡所能」。

【各盡其妙】

妙：好，引申為長處。指各個人或各種事物充分發揮本身的長處。例開幕式上大型團體操的表演，與背景台上各種圖案的變換，各盡其妙，妙不可言。

【各盡所能】

各人盡量發揮自己的能力。《後漢書・曹褒傳》：「漢遭秦餘，禮壞樂崩，且因循故事，未可觀省，有知其說者，各盡所能。」也作「各竭所長」。宋・魏了翁《鶴山文集・題蘄州儀曹范埧元帥府牒後》：「使當時得將相大臣有以用之，俾各竭所長，經營河朔，則虜當遠伏涼淀之北。」

【各就各位】

就：到；位：位置。各自到各自的位置上去。也比喻各自扮演各自的角色。茅盾《漫談文藝創作》：「故事中的人物雖有活動，各就各位，然而性格不鮮明。」

【各門各戶】

見「各門另戶」。

【各門另戶】

各家各戶，指各自獨立，互不相干。《醒世姻緣傳》六四回：「這是俺姐姐請你，各門另戶的，有什麼礙處？」也作「各門各戶」。《紅樓夢》七一回：「各門各戶的，你有本事排揎你們那邊的人去！我們這邊，你離著還遠些呢！」

【各米下各鍋——哪個怕哪個】

各米：各人的米；各鍋：各人的鍋。比喻誰也沒有侵害誰，因此誰也不會害怕誰。例「哼，你不要氣勢洶洶，各米下各鍋——哪個怕哪個，我才不買你這個帳哩！」

【各敲各的磬，各行各的令】

磬：ㄑㄧㄥˋ，古代的打擊樂器。比喻指揮不統一，動作不協調。例你們二位各敲各的磬，各行各的令，我們到底聽誰的？

【各取所長】

長：長處。指人或事物都各有長處，要善於發揮其長處。例用人如同用物一樣，各取所長嘛。

【各取所需】

根據各人所好，自己選取所需要的東西。例人們到超市選購日常用品，大部分都是各取所需，很少人會毫無節制的大肆搶購。

【各人船底下有水，各人自行】

各人在各人的勢力範圍內行事，不要互相干涉。《平妖傳》二二回：「張三嫂道：『不須賭得。從今說過了，成了你的，我也不爭；成了我的，你也休指八刀。只吃杯喜酒便了。』鋪裏主管聽得了，便插口道：『這句話說得是，各人船底下有水，各人自行。』」

【各人都有一本難念的經】

念經：信仰宗教的人朗讀或背誦經文。人人都有說不清的難事。例你不必羨慕小李仕途一帆風順，事實上各人都有一本難念的經，或許他也有不順利的地方吧！也作「每家有一本難念的經」、「家家有本難念的經」。

【各人冷暖，各人自知】

自己的處境，自己最清楚。《好逑傳》一〇回：「各人冷暖，各人自知。叔叔請自為謀，侄女僅知有禮義名節，不知有禍福，不須叔叔代為過慮。」也作「如人飲水，冷暖自知」。《傳燈錄》：「如人飲水，冷暖自知」。

【各人門前有塊滑石板——小心滑倒】

比喻做事或行動要謹慎。例俗語說：「各人門前有塊滑石板——小心滑倒。」你剛走上工作崗位，要紮紮實實，一步一個腳印地前進。

【各人妻小各人管】

妻小：妻子和兒女。比喻休管閒事。《清平山堂話本・快嘴李翠蓮記》：「只見張虎的妻施氏跑將出來，道：『各人妻小各人管，干你甚事？』」

【各人有各人的緣法】

緣法：緣分。迷信認為人與人之間的遇合是由命中註定的。《紅樓夢》四九回：「寶釵笑道：『真是俗話說的，『各人有各人的緣法』。我也想不到他這會子來，既來了，又有老太太這麼疼他。』」

【各人自掃門前雪，不理他人瓦上霜】

見「各人自掃門前雪，莫管他家瓦上霜」。

【各人自掃門前雪，莫管他家瓦上霜】

比喻各人只管自己的事，不要管別人的事。魯迅《諺語》：「現在就以『各人自掃門前雪，莫管他家瓦上霜』來做例子吧，這乃是被壓迫者的格言，教人要奉公、納稅、輸捐，安份，不可怠慢，不可不平，尤其是不要管閒事；而壓迫者是不算在內的。」也作「各掃門前雪，休管他人瓦上霜」。老舍《四世同堂・偷生》：「『各掃門前雪，休管他人瓦上霜』是他的處世哲學，只要槍聲不在他的院中，他便犯不上動心。」也作「各人自掃門前雪，不理他人瓦上霜」、「各人自掃門前雪，莫管他人瓦上霜」。《警世通言》卷二四：「王定拜別三官而去。正是各人自掃門前雪，莫管他人瓦上霜」。

【各人自掃門前雪，莫管他人瓦上霜】

見「各人自掃門前雪，莫管他家瓦上霜」。

【各人自掃門前雪，休管他人瓦上霜——各管各的】

比喻互不相干。例我們都有自己的職責和分工，各人自掃門前雪，休管他人瓦上霜——各管各的，希望不要指手劃腳，干預對方的正常工作。

【各人自掃門前雪——只顧眼前】

形容目光短淺，沒有長遠打算。例吃光分光，各人自掃門前雪——只顧眼前的行爲，對集體經濟危害極大，應嚴格制止。也作「各人自掃門前雪——光顧眼前」。

【各肉兒各疼】

肉兒：指孩子。自己生的孩子自己疼愛。《金瓶梅詞話》九一回：「雖故大娘有孩兒，到明日長大了，各肉兒各疼，歸他娘去了，閃的我樹倒無陰，竹籃兒打水。」

【各色各樣】

色：種類；樣：式樣，形式。各種類別，各種樣式。《歧路燈》八七回：「卻說盛公子一派話兒，把官親投任的人，各色各樣，形容的一個詳而且盡。」也作「各種各樣」。例各種各樣的人，抱著各種各樣的想法來到台北，尋找自己的位置。

【各色人等】

色：種類；等：階層。指社會上的各種職業各個階層的人們。《民國通俗演義》六一回：「各色人等，務望各安本業，勿再稍事紛擾，自召虛驚。」

【各擅勝場】

擅：獨攬；勝場：取勝的場所。各有自己的一行絕技。清・沈德潛《說詩晬語》：「五言絕句，右丞（王維）之自然，太白（李白）之高妙，蘇州（韋應物）之古淡，並入化機；而三家中，太白近樂府，右丞、蘇州近古詩，又各擅勝場也。」

【各擅所長】

見「各有所能」。

【各伸己見】

見「各抒己見」。

【各師父各傳授，各把戲各變手】

變手：變戲法的手法。比喻各人有各人的一套。《老殘遊記》三回：「『各師父各傳授，各把戲各變手。』我們師父傳我們的時候，不是這個傳法，所以不同。」

【各什各物】

什：多種的；物：指日常用品。各種什物。《紅樓夢》七七回：「這話還等你說，我才已將他素日所有的衣裳以至各什各物總打點下了，都放在那裏。」

【各事其主】

見「各爲其主」。

【各抒己見】

抒：發表，表達。各人充分表達自己的見解。《鏡花緣》七〇回：「據我主意，何不各抒己見，出個式子，豈不新鮮些？」也作「各伸己見」。唐・李翺《陵廟日時朔祭議》：「先儒穿鑿，各伸己見，皆托古聖賢之名以信其語，故其所記各不同也。」也作「各抒所見」。清・胡琨《哀鴉片》：「九重赫斯怒，敕下諸封疆；命各抒所見，爲下民除殃。」也作「各出己見」。《紅樓夢》六四回：「二詩俱能各出己見，不與人同。」

【各抒己意】

抒：表達，發表。各人充分發表自己的意見。《清朝野史大觀・軍機領袖》：「唯同入奏對時，尚能各抒己意，略事補救。」

【各抒所見】

見「各抒己見」。

【各司其事】

司：主持，從事。各自幹各自的事情。《東周列國志》八四回：「今日便須派定路數，各司其事。韓公守把東路，魏公守把西路。」

【各隨其好】

隨：順從；好：愛好。每個人都順從自己的愛好。指喜歡怎麼做就怎麼做。例在娛樂室裏，人們各隨其好，有人下棋，有人打撲克。

【各爲其主】

各自爲其主人出力效勞。《三國志・魏書・曹爽傳》裴松之注引《世語》：「有司奏[楊]綜導爽反，宣王曰：『各爲其主也。』宥之，以爲尚書郎。」《新五代史・梁臣傳・劉鄩》：「人臣各爲其主，汝可察之。」也作「各事其主」。《三國演義》七四回：「故主馬超……孤身入川，今與[龐]德各事其主，舊義已絕。」

【各顯身手】

顯：表現，露出；身手：本領。指各人都拿出自己擅長的本領。《孽海花》二五回：「到了現在……正是弟兄們各顯身手的時期。」

【各行其是】

是：正確。各人按照自己認爲對的去做。多指行動不統一。《二刻拍案驚奇》卷九：「自古貞姬守節，俠女憐才。兩者俱賢，各行其是。」也作「各行其志」。志：志向，志願。《東周列國志》七二回：「我以殉父爲孝，汝以復仇爲孝，從此各行其志，不復相見矣。」

【各行其志】

見「各行其是」。

【各用各心眼】

心眼：心計。各人有各人的主意。例他們兩人共起事來，簡直就是各用各心眼，活像一場鬥智大會。

【各有利弊】

利：好處；弊：害處。指事物所起作

用各有不同，有好的一面，也有不利的一面。例住在靠馬路的房子各有利弊，雖說交通方便，但噪音太大，影響休息。

【各有千古】

見「各有千秋」。

【各有千秋】

千秋：千年。各都有可以流傳久遠的東西。指各有長處，各有特色。清・王復《各渭川寓感原韻，即以寄懷》詩之三：「各有千秋傳業在，名山到處好收藏。」也作「各有千古」。千古：長遠的年代。清・楊倫《武昌喜晤徐民部惕庵表兄賦贈長句》詩：「鐘鼎山林未可期，人生須各有千古。」

【各有所長】

各有各的長處。《漢書・丙吉傳》：「士亡不可容，能各有所長。」

【各有所短】

短：不足。各有各的不足。《史記・白起王翦列傳》：「……及孫王離爲項羽所虜，不亦宜乎！彼各有所短也。」

【各有所好】

好：愛好，喜好。各人有各人的愛好，應聽其自然。唐・白居易《鶴》：「人各有所好，物固無常宜。」

【各有所見】

見：見解，對於事物的看法。各自有各自的見解。指對於事物的認識和看法不同。元・吳昌齡《東坡夢》二折：「學士！這各有所見，難以强同。」

【各有所能】

能：技能，本領。各有和的專長。晋・傅玄《傅子》：「龍舟整楫，王良不能執也：驥騄齊行，越人不敢御也：各有所能。」也作「各擅所長」。擅：善於，長於。明・王驥德《曲律・雜論》：「其餘人珠家璧，各擅所長，不能枚舉。」

【各有所職】

各人有各人負責的事。比喻分工明確。《周禮・天官・冢宰》：「設官分職注：『各有所職』而百事舉。」

【各有姻緣莫羨人】

人與人的遇合是註定的緣分，不必强求，不必羨慕。張恨水《啼笑姻緣續集》八回：「這個女子，究竟不錯！我一定把她奪了過來，也未必能得她的歡心。唉！正是那句話：各有姻緣莫羨人。」

【各執己見】

各人堅持自己的觀點。指意見不能一致。《古今小說》卷三〇：「兩人終日談論，依舊各執己見，不相上下。」也作「各執所見」。宋・錢易《南部新書・乙》：「凡中書有軍國政事，則中書舍人各執所見，雜署其名，謂之五花判事。」也作「各持己見」。清・黃鈞宰《金壺七墨・堪輿》：「然此輩執術疏，謀生急，信口欺詐，言人人殊，甚至徒毁其師，子譏其父，各持己見，彼此相非。」

【各執所見】

見「各執己見」。

【各執一詞】

各人堅持自己的說法。《醒世恆言》卷二九：「是巳牌時分，夾到日已倒西，兩下各執一詞，難以定招。」

【各自爲謀】

見「各自爲政」。

【各自爲戰】

每一個人或每一個部分獨立作戰。《史記・項羽本紀》：「君王能自陳以東傅海，盡與韓信，睢陽以北至谷城，以與彭越，使各自爲戰，則楚易敗也。」

【各自爲政】

各人按照自己的觀念辦事，不和別人配合。《三國志・吳書・胡綜傳》：「諸將專威於外，各自爲政，莫或同心。」也作「各自爲謀」。宋・李覯《寄上孫安撫書》：「比來諸郡，各自爲謀，縱有餘糧，不令出境。」

【各走各的陽關道】

陽關道：原指古代經過陽關（在今甘肅敦煌縣西南）通向西域的大道，後來泛指交通便利的大道。比喻各人走各人的路或各人管各人的事。例事情明擺著，咱們只有各走各的陽關道，誰也不要怨誰。

ㄍㄞˇ

【改步改玉】

步：步伐；玉：佩玉。變換步伐，更換佩玉。指隨著情況的變化而改變作法。《左傳・定公五年》：「季平子行東野，還，未至，丙申，卒於房。陽虎將以璵璠斂，仲梁懷弗與，曰：『改步改玉』。」也作「改玉改行」。《國語・周語中》：「先民有言曰：『改玉改行。』」也作「改玉改步」。

【改操易節】

改變操行和氣節。多指喪失節操。《三國志・吳書・黃蓋傳》：「自春訖夏，寇亂盡平，諸幽邃巴、醴、由、誕邑侯君長，皆改操易節，奉禮請見，郡境遂清。」也作「改節易操」。明・歸有光《上王都御史書》：「故以爲人之賢不肖有定……彼有改節易操者，必其始非眞性，有矯而爲之者。」

【改朝換代】

新王朝取代舊王朝。也泛指統治集團的更換。《北洋軍閥統治時期史話》四章：「但是袁（世凱）所提的五個條件，與改朝換代只有程度上的差別。」引申指時代不同了，情況變化很大。茅盾《虹》二：「眞是改朝換代了。學生也來管閒事！他們要到蘇貨鋪裏檢查東洋貨。」

【改調解張】

見「改張易調」。

【改惡從善】

改掉壞的行爲，向好的方面轉變。明・王守仁《告諭安義等縣漁戶》：「務益興行禮讓，謹信修睦，以爲改惡從善者之倡。」也作「**改惡向善**」。《清史稿·王士俊傳》：「皇上猶冀其改惡向善，曲賜矜全。乃士俊喪心病狂，妄發悖論，請明正其罪。」也作「**改惡行善**」。《雲笈七籤》卷九一：「夫欲修學，熟尋此文，改惡行善，速登神仙。」

【改惡向善】
見「改惡從善」。

【改惡行善】
見「改惡從善」。

【改過不吝】
吝：吝惜。改正錯誤的態度很堅決，毫不猶疑。唐·陸贄《奉天論延訪朝臣表》：「述湯之所以王，則曰：『用人唯己改過不吝。』

【改過不吝，從善如流】
勇於改正過錯，樂於接受好的意見。宋·蘇軾《上皇帝書》：「改過不吝，從善如流，此堯、舜、禹、湯之所勉强而力行，秦漢以來之所絕無而僅有。」

【改過從善】
見「改過遷善」。

【改過遷善】
遷：趨向，改變。改正過錯，向好的方面轉變、努力。宋·陸九淵《與張輔之書》之二：「此病去，自能改過遷善，服聖賢之訓，得師友之益。」也作「**改過從善**」。《醒世恆言》卷二七：「不知大舅怎生樣勸喻，便能改過從善。」也作「**改行遷善**」。《新唐書·張巡傳》：「巡下車，以法誅之，赦餘黨，莫不改行遷善。」

【改過自新】
改正過錯，重新做人。《東周列國志》八〇回：「子能改過自新，奔越歸吳，寡人必當重用。」也作「**改過作新**」。元·施惠《幽閨記·會赦更新》：「……哨聚山林暫隱身。心闌意卸，天幸遭逢頒大赦。改過作新，作個淸平無事人。」

【改過作新】
見「改換自新」。

【改換家門】
見「改換門庭」。

【改換門閭】
見「改過門庭」。

【改換門楣】
見「改換門庭」。

【改換門庭】
改變門第出身，提高社會地位。《三俠五義》二回：「我與二弟已然耽擱，自幼不曾讀書，如今何不延師教訓三弟，倘上天憐念，得個一官半職，一來改換門庭，二來省受那贓官污吏的悶氣，你道好也不好！」也指另投靠山。京劇《智取威虎山》一〇場：「［欒平白］投靠三爺，改換門庭。」也作「**改換門閭**」。《綴白裘初集〈白羅衫·賀喜〉》：「奉嚴命赴京畿，唯願取，改換門閭。」也作「**改換門楣**」。明·宋應星《野議·風俗議》：「為士者，日思官居清要，而畎畝庶人，日督其稚頑子弟儒冠儒服，夢想科第，改換門楣。」也作「**改換家門**」。元·王仲文《救孝子》一折：「若到陣上一戰成功，但得一官半職，改換家門，可也母親訓子有功也。」

【改柯易節】
見「改柯易葉」。

【改柯易葉】
柯：樹枝。改換枝葉。比喻改變操守、氣節。《禮記·禮器》：「其在人也，如竹箭之有筠也，如松柏之有心也，二者居天下之大端矣，故貫四時而不改柯易葉。」也作「**改柯易節**」。

【改名換姓】
見「改名易姓」。

【改名易姓】
改：改變；易：變換。《史記·貨殖傳》：「［范蠡］乃乘扁舟浮於江湖，變名易姓，適齊為鴟夷子皮，之陶為朱公。」改換原來的姓名。比喻隱瞞自己原來的身分。明·余繼登《典故紀聞》：「亦有逃軍囚匠改名易姓，削髮頂冠，人莫之識。」也作「**改名換姓**」。宋·朱熹《答孫敞甫》之四：「不必如此隱諱遮藏，改名換姓，欲以欺人，而人不可欺，徒以自欺而自陷於不誠之域也。」也作「**改姓更名**」。明·無名氏《鬧銅台》楔子：「則今日辭別尊兄疾去忙，改姓更名離水鄉。」

【改曲易調】
比喻改變方針或作法。《三國志·魏書·蔣濟傳》：「臣竊亮陛下潛神默思，公聽並觀，若事有未盡於理而物有未周於用，將改曲易調。」

【改容更貌】
相貌和神色變了。《莊子·德充符》：「『吾與夫子遊十九年，而未嘗知吾無者也。今子與我遊於形骸之內，而子索我於形骸之外，不亦過乎？』子彥蹴然改容更貌，曰：『子無乃稱。』」

【改俗遷風】
遷：改變。改變風尚習俗。《梁書·何胤傳》：「兼以世道澆暮，爭詐繁起，改俗遷風，良有未易。」

【改天換地】
比喻徹底改造社會，改造大自然，使其面貌一新。例王老師多年致力社會環保運動，希望能藉由一己之力，徹底改天換地一番。

【改頭換面】
新人舊人代代相替，面目不斷改變。《敦煌變文集·左街僧錄大師壓座文》：「三界衆生多愛痴，致令煩惱鎮相隨。改頭換面無休日，死去生來無了期。」也指改變外表服飾。後多比喻只是形式上的改變，內容實質依舊。宋·劉克莊《題狮甫侄四友除授制》：「譬如廣場卷子，雖略改頭換面，大體雷同，文章家之大病也。」也指人的境況發生變化。《後水滸傳》一回：「今始知奸人雖弄奸肆惡於而今，終必改頭換面，受惡報於異日。」也作「改頭換尾」。唐・彥悰《唐護法沙門法琳別傳》下：「增加卷軸，添足篇章，依傍佛經，改頭換尾。」

【改頭換尾】
見「改頭換面」。

【改途易轍】
見「改轍易途」。

【改弦更張】
張：給樂器上弦。改換、調整樂器上的弦，使聲音和諧。比喻改革制度，變更方針、做法或態度。南朝宋・何承天《上邪篇》：「琴瑟時未調，改弦當更張；矧乃治天下，此要安可忘！」也作「改弦易張」。《陳書・章華傳》：「今疆埸日蹙，隋軍壓境，陛下如不改弦易張，臣見麋鹿復遊於姑蘇台矣。」

【改弦易調】
見「改張易調」。

【改弦易張】
見「改弦更張」。

【改弦易轍】
易轍：改變行車的道路。改換樂器上的弦，改變行車的軌道。比喻改革變更制度、方向、做法或態度。《續資治通鑑長編・太宗至道三年》：「當此之時，若不能改弦易轍，則前之患未艾也。」

【改邪歸正】
改正錯誤，歸於正道。《後水滸傳》一回：「這宋大王陷身水泊，原非其志，一聞招安，滿心歡喜，以為改邪歸正，可以報效朝廷，以補前過。」

【改行遷善】
見「改過遷善」。

【改姓更名】
見「改名易姓」。

【改玉改步】
見「改步改玉」。

【改玉改行】
見「改步改玉」。

【改轅易轍】
改變車轅方向，換一條路走。比喻改變方向、做法或態度。清・呂留良《與某書》：「兄試思之，將令弟改轅易轍以就孟舉乎！」

【改轍易途】
改變行車的軌道、路途。比喻改變方向、做法和態度。唐・楊夔《復宮闕後上執政書》：「前車已覆，後車豈可躡而行之，固當改轍易塗，以取其不顛不蹶；道路之人，亦知此為至計，況廊廟帷幄之畫，豈不以是為急哉！」塗：通「途」。也作「改途易轍」。明・朱之瑜《端亭記》：「勉吾子改途易轍而合同乎世俗，則告朋友不信，將如何而可？」

【改張易調】
張：為樂器上弦。調整琴弦，改換音調。使音調和諧。比喻改變方針、做法或態度。《魏書・崔亮傳》：「而舅屬當銓衡，宜須改張易調。」也作「改弦易調」。《隋書・梁彥光傳》：「請復為相州，改弦易調，庶有以變其風俗，上答隆恩。」也作「改調解張」。《宋書・武帝紀中》：「臣荷重任，恥責實深，自非改調解張，無以濟治。」

ㄍㄞˋ

【蓋不由己】
蓋：承上文申述因由；由：聽命，順從。不能按照自己的意願。元・無名氏《謝金吾》一折：「上命差遣，蓋不由己。」

【蓋房子請教箍桶匠——找錯了人】
箍（ㄍㄨ）桶匠：製作或修理木桶的人。見「拉和尚認親家——找錯了人」。

【蓋棺定論】
見「蓋棺論定」。

【蓋棺論定】
人死以後，一生的功過是非才能做出定論。《明史・劉大夏傳》：「人生蓋棺論定，一日未死，即一日憂責未已。」也作「蓋棺定論」。明・張煌言《甲辰九月獄中感懷三首》詩之二：「莫道古人多玉碎，蓋棺定論未嫌遲。」

【蓋棺事定】
定：停止。人到死的時候，他一生所做的事情才算完結。唐・杜甫《君不見簡蘇徯》詩：「丈夫蓋棺事始定，君今幸未成老翁，何恨憔悴在山中？」也作「蓋棺事已」。唐・杜甫《自京赴奉先縣詠懷五百字》：「蓋棺事則已，此志常覬豁。」也作「蓋棺事了」。宋・李覯《訪周道士》：「蓋棺事了何足數，乘興嘯傲真良籌。」也作「蓋棺事完」。《歧路燈》七回：「但活一天，還要管一天閒事，未知何日才蓋棺事完。」

【蓋棺事了】
見「蓋棺事定」。

【蓋棺事完】
見「蓋棺事定」。

【蓋棺事已】
見「蓋棺事定」。

【蓋世無雙】
蓋世：壓倒當世。指才能、本事壓倒世上所有的人。形容在當代獨一無二。《封神演義》八七回：「當時吾師傳吾此術，可稱蓋世無雙。」

【蓋世英雄】
蓋世：超過當代。形容非凡的英雄人物。元・無名氏《馬陵道》一折：「遮莫他蓋世英雄，驅兵擁眾。」

【蓋世之才】
壓倒世人的才能。世上無人可比的才能。宋・蘇軾《留侯論》：「子房以蓋世之才，不為伊尹、太公之謀，而特出荊軻，聶政之計，以僥倖於不死，此圯上老人所為深惜者也。」

【蓋嚴了的籠屜——有氣難出】
籠屜：竹、木、鐵等製成的炊具，用

來蒸食物。比喻憋氣或惱怒無處發洩。例他輸了錢，還被妻子痛罵一頓，眞是蓋嚴了的籠屜——有氣難出。

【概莫能外】
概：一概，一律。全部如此，不能例外。例在本校就讀的學生，不分性別身分，一律住校，概莫能外。

ㄍㄟˇ

【給個棒槌當針認】
棒槌：捶打東西的木棒。把粗木棒當作細針。比喻死心眼的人，對事太認眞，容易受騙。例棒槌就是棒槌，給個棒槌當針認，豈不要上當受騙。

【給了九寸想十寸——得寸進尺】
比喻貪婪的欲望越來越大。例他是一個給了九寸想十寸——得寸進尺的人，你永遠也滿足不了他的要求。

【給臉不兜著】
比喻不識抬舉，不知趣。老舍《鐵牛和病鴨》：「有點給臉不兜著！病鴨心裏默演對話：『你這小子還不曉得李老爺有多大勢力？輕看我？你不放心哪，我給你一手兒看看。』」

【給臉上抹黑】
比喻故意醜化人，使人難堪。例他在別人面前盡說我的壞話，給我臉上抹黑。

【給面子】
比喻講情面，給方便。例這事成不成，全看你給不給面子。

【給三歲的孩子說媳婦——還差半輩子】
形容相差的時間很長。例你現在就想退休？給三歲的孩子說媳婦——還差半輩子哩！還是安心工作吧。

【給神主剃頭——羞（修）先人】
神主：舊時寫著死人名字供後人供奉和祭祀的小木牌；羞：「修」的諧音；先人：祖先。比喻做了錯事，連祖先也受恥辱。例你幹的這件給神主剃頭——羞（修）先人的蠢事，祖先們在九泉之下，也會不滿的。

【給石獅子灌米湯——滴水不進】
比喻思想頑固，聽不進任何勸告和批評。例對他，話說了兒大籮，心掏到手裏了，可就像是給石獅子灌米湯——寸水不進。也作「實棒槌灌米湯——滴水不進」、「擀麵杖灌米湯——滴水不入」。

【給死豬抓癢癢——蠢人蠢事】
指愚蠢的人幹蠢事、傻事。例「我們這裏給死豬抓癢癢——蠢人蠢事不少，我就是其中的一個，嚴重地干擾了生產的發展。」生產隊長激動地說。

【給下山虎開路——頭號幫兇】
指幫助行凶作惡的首要分子。例隊長說：「我們這次行動，首先就是要懲辦那些給下山虎開路的頭號幫兇。」

【給顏色看】
比喻向人示威，讓人過不去。例動不動就給人顏色看，算什麼能耐？

ㄍㄠ

【高岸深谷】
「高岸爲谷，深谷爲陵」的略語。比喻幽峭深邃或世事變遷。也形容交通不便。清·黃宗羲《與李杲堂、陳介眉書》：「不少賢達勝士，當時爲人宗物望所歸者，高岸深谷，忽然湮滅。」

【高岸爲谷】
高岸變爲深谷。比喻事物的巨大變化。《後漢書·翟酺傳》：「自去年以來，災譴頻數，地坼天崩，高岸爲谷。」

【高傲自大】
自視甚高，極其驕傲，看不起別人。例各種業務專長，都不要成爲高傲自大輕視旁人的資本。

【高壁深壘】
見「高壘深溝」。

【高壁深塹】
見「高壘深溝」。

【高標逸韻】
見「高風逸韻」。

【高標卓識】
標：格調，品格。高超的格調，卓越的見識。宋·劉克莊《跋趙明翁詩稿》：「因讀明翁絕句……嘆其高標卓識，爲之爽然自失。」

【高不成，低不就】
條件好而中意的攀不上，認爲低下而不合意的又不肯遷就。多用於選擇配偶或工作。《警世通言》卷二三：「事有湊巧，這裏樂和立誓不娶，那邊順娘卻也紅鸞不照，天喜未臨，高不成，低不就，也不曾許得人家。」也指大事幹不成，小事不想幹，無所成就。例老王這個人，有點小聰明，就是不大踏實，做事高不成，低不就，也沒見他搞出什麼名堂。也作「高不湊，低不就」。《初刻拍案驚奇》卷一：「有憐他的，要薦他坐館教學，又有誠實人嫌他是個雜板令，高不湊，低不就。」也作「高不輳，低不就」。《初刻拍案驚奇》卷二四：「有女婿人物好、學問高的，家事又或者淡薄些；有人家資財多、門戶高的，女婿又或者愚蠢些。所以「高不輳，低不就。」也作「高低不就」。《古今小說》卷二七：「若是平常經紀人家，沒前程的，金老大又不肯扳他了。因此高低不就，把女兒直挨到一十八歲，尚未許人。」也作「高不就，低不湊」。明·王辰玉《鬱輪袍》一折：「怕的是半白半里，主司的眼睛，忽青忽黃，紗帽的面孔。秀才家在他面前，攧不得斤，播不得兩，高不就，低不湊，這個難哩。」也作「高來不成，低來不就」。《初刻拍案驚奇》卷一〇：「王婆曉得，窮秀才說親，自然高來不成，低來不就的，卻難推拒他。」

【高不湊，低不就】

見「高不成，低不就」。

【高不輳，低不就】

見「高不成，低不就」。

【高不就，低不湊】

見「高不成，低不就」。

【高不可登】

見「高不可攀」。

【高不可攀】

高得無法攀登。形容難以達到。清·翁方綱《石洲詩話·四·一一》：「蓋元祐諸賢，皆才氣橫溢，而一時獨有此一種，見者遂以為高不可攀耳。」也形容人高高在上，不易接近。例王教授在學問上確實是出類拔萃，就是有些孤傲，顯得高不可攀。也作「**高不可登**」。漢·陳琳《為曹洪與魏文帝書》：「且夫墨子之守，縈帶為垣，高不可登；折箸為械，堅不可入。」

【高步通衢】

見「高步雲衢」。

【高步雲衢】

衢：ㄑㄩˊ，大路。走上登天的大道上。比喻仕途騰達。《晉書·郤詵傳》：「郤詵等並韞價州里，詵然應召，對揚天問，高步雲衢，求之前哲，亦足稱矣。」也比喻科舉及第。唐·耿湋《許下書情寄張韓二舍人》詩：「故人高步云衢上，肯念前程杳未期。」也作「**高步通衢**」。《晉書·石季龍載記上》：「朕聞良臣如猛獸，高步通衢而豺狼避路，信矣哉！」

【高才博學】

見「高才大學」。

【高才大德】

卓越的才能，高尚的品德。元·馬致遠《薦福碑》一折：「賢弟，論你高才大德，博學廣文，為何不進取功名。」

【高才大學】

才力高超，學問博大。晉·葛洪《抱朴子·辨問》：「且夫周孔，蓋是高才大學之深遠者。」也作「**高才博學**」。《周書·宣帝紀》：「州舉高才博學者為秀才，郡舉經明行修者為孝廉。」也作「**高才碩學**」。唐·李綱《諫高祖不以伶人為近侍疏》：「方今新定天下，開太平之業，起義功臣，行賞未遍；高才碩學，猶滯草萊。」

【高才何必貴，下位不妨賢】

才能高超的人未必都是高貴的，地位低賤的人不見得不是賢人。說明人才德高下，不是用地位高低所能衡量出來的。唐·張祜《題誥然宅》：「高才何必貴，下位不妨賢。孟簡雖持節，襄陽屬浩然。」

【高才疾足】

見「高材疾足」。

【高材疾足】

疾足：行動快。才能卓越，行動迅速，善搶先機。《史記·淮陰侯傳》：「秦失其鹿，天下共逐之，於是高材疾足者先得焉。」也作「**高才疾足**」。宋·陳傑《自堂存稿·一·金谷客》：「高才疾足長嘆息，御卿無權挽無力。」也作「**高材捷足**」。清·紀昀《閱微草堂筆記·姑妄聽之四》：「此人生時，高材捷足，事事務居人先，故受是報，使不能行。」也作「**高才捷足**」。《賽紅絲》一一回：「詩之妙處且慢論，只此高才捷足，已不相上下。」

【高才捷足】

見「高材疾足」。

【高材捷足】

見「高材疾足」。

【高才絕學】

才能卓越，學識超人。宋·蘇軾《續朋黨論》：「唐柳宗元、劉禹錫使不陷叔文之黨，其高才絕學亦足以為唐名臣矣！」

【高才碩學】

見「高才大學」。

【高才遠識】

才力高超，見識深邃。南朝宋·劉義慶《世說新語·賞譽》劉孝標注引《海內先賢傳》：「邵陵謝子微高才遠識，見劭十歲時，嘆曰：『此乃希世之偉人也。』」也作「**高才卓識**」明·朱之瑜《答奥村庸禮書十二首》之三：「省庵雖一介寒士，然其高才卓識，盛德虛心，則有不可及者矣。」

【高才卓識】

見「高才遠識」。

【高唱入雲】

形容歌聲嘹亮，響徹雲霄。清·周生《揚州夢·一·高阿紫》：「曲師按拍，主人倚聲，高唱入雲，雲為之停。」也形容文辭聲調高昂激越。清·譚嗣同《致劉淞芙書》：「擺起千仞，高唱入雲，瑕隙尚不易見。」也比喻某種輿論聲勢很大。例一些人盲目樂觀，似乎侵略者可以很快被打敗，一時間「速勝論」高唱入雲。

【高車大馬】

高車：蓋高的車，可立乘。舊時形容高官顯宦的闊氣。《孽海花》五回：「我看如今那些京裏的尚（書）侍（郎），外省的[總]督、[巡]撫，有多大能耐呢？不過頭兒尖些，手兒長些，心兒黑些，便一個個高車大馬，鼎烹肉食起來！」

【高車駟馬】

四匹馬駕駛的高蓋的車。形容達官貴人顯赫的聲勢。也指顯貴的地位。唐·杜甫《覃山人隱居》詩：「高車駟馬帶傾覆，悵望秋天望翠屏。」明·汪廷訥《獅吼記·撫兒》：「我看如合浦珠，愛比荊山玉，囑吾兒三冬勤下工夫，高車駟馬光門戶，我也鳳誥鸞封慰板輿。」

【高城深池】

池：護城河。形容防禦堅固。《史記·禮書》：「故堅革利兵不足以為勝，高城深池不足以為固，嚴令繁刑不足以為威。」也作「**高城深塹**」。《漢紀·孝文帝紀下》：「令室家田作具以備之，以便為之，高城深塹，其外復爲一城。」也作「**高城深溝**」唐・李翺《楊烈婦傳》：「項城小邑，無長戟勁弩、高城深溝之固，賊氣吞焉。」

【高城深溝】

見「高城深池」。

【高城深塹】

見「高城深池」。

【高出一籌】

見「高人一著」。

【高蹈遠舉】

蹈：行動。避走遠方，離世隱居。宋・王楙《野客叢書・穆生鄒陽》：「穆生高蹈遠舉，意蓋有在，逆知異日必不能免，非知幾疇克爾哉！」也作「**高舉遠去**」。宋・蘇舜欽《上范希文書》：「閣下居長安，統二千人，不能明白立功名，將高舉遠去以自異。」也作「**高蹈遠引**」。明・李贄《焚書・復焦弱侯》：「況乎以一時之喜怒，以一人之愛憎，而欲視天下高蹈遠引之士，混俗和光之徒，皮毛臭穢之夫，如周丘其人哉！」也作「**高翔遠引**」。《三國志・吳書・孫韶傳》裴松之注引孔融《與曹操論盛孝章書》：「向使郭隗倒懸而王不解，臨溺而王不拯，則士亦將高翔遠引，莫有北首燕路者矣。」也作「**高翔遠翥**」。宋・范仲淹《靈鳥賦》：「靈鳥靈鳥爾之爲禽兮，何不高翔而遠翥，何爲號呼於人兮。」

【高蹈遠引】

見「高蹈遠舉」。

【高低不就】

見「高不成，低不就」。

【高而不危】

身居高位而無傾覆的憂慮。《新五代史・高從誨傳》：「敏因誦《諸侯章》曰：『在上不驕，高而不危，制節謹度，滿而不溢。』」

【高飛憑力致，巧囀任天姿】

囀：ㄓㄨㄢˋ，鳥婉轉鳴叫。百舌鳥憑藉自己的力量而展翅高飛，施展自己的天資而千囀百啼。比喻有志者奮力高飛，全力開拓。唐・祖咏《汝墳秋同仙州王長史翰聞百舌鳥》詩：「留聽未終曲・彌令心獨悲。高飛憑力致，巧囀任天姿。返覆知而靜，間關斷若遺。」

【高飛遠遁】

見「高飛遠走」。

【高飛遠集】

見「高飛遠走」。

【高飛遠舉】

舉：飛，飛去。比喻前程遠大。宋・劉燾《轉調滿庭芳》詞：「告你高飛遠舉，前程事，永沒磨折。須知道，飄零聚散，終有見時節。」也指遠走高飛。明・徐光啓《欽奉明旨條畫屯田疏》：「左遷之官……中多可用之材，而視此畏途，高飛遠舉。」也作「**高飛遠翔**」。漢・劉向《說苑・尊賢》：「鴻鵠高飛遠翔，其所恃者六翮也。」

【高飛遠翔】

見「高飛遠舉」。

【高飛遠走】

指遠避他方。《後漢書・卓茂傳》：「凡人之生，羣居雜處，故有經紀禮義以相交接。汝獨不欲修之，寧能高飛遠走，不在人間邪？」也作「**高飛遠集**」。戰國楚・屈原《九章・惜誦》：「欲高飛而遠集兮，恐離罔而滅敗。」也作「**高飛遠遁**」。清・孔尚任《桃花扇・辭院》：「事不宜遲，趁早高飛遠遁，不要連累別人。」

【高風大節】

見「高風亮節」。

【高風勁節】

見「高風亮節」。

【高風峻節】

見「高風亮節」。

【高風苦節】

見「高風亮節」。

【高風亮節】

風：品格，風度；亮節：堅貞的節操。形容品格高尚，節操堅貞。明・茅維《蘇園翁》：「[俺]親奉了張丞相鈞旨，說先生是當今一人，管、樂流亞，又道先生高風亮節，非折簡所能招。」也作「**高風勁節**」。明・邵璨《香囊記・潛回》：「那飲藥譙玄，納肝弘演，高風勁節眞堪羡，滄溟波浪能幾枯，歲寒松柏何曾變。」也作「**高風峻節**」。宋・胡仔《苕溪漁隱叢話後集・楚漢魏六朝上》：「余謂淵明高風峻節，固已無愧於四皓，然猶仰慕之，尤見其好賢尚友之心也。」也作「**高風大節**」。明・袁宏道《答郭美命》：「翁台高風大節，人望所歸。」也作「**高風苦節**」。清・歸莊《跋徐昭法臨曹娥碑》：「徐昭法孝廉，高風苦節，余甚重之。」也作「**高風偉節**」。清・汪琬《來虞先生年譜後序》：「先生暮年雖復見搵於用事者，屏置海外以歿，而高風偉節訖今傳述於吳越人士之口。」

【高風偉節】

見「高風亮節」。

【高風逸韻】

高尚的風範，出俗的韻致。宋・陸游《入蜀記》四：「草堂，以白公記考之，略是故處……其他如瀑水蓮池，亦皆在。高風逸韻，尚可想見。」也作「**高標逸韻**」。宋・陸游《梅花絕句二首》詩之一：「幽谷那堪更北枝，年年自分著花遲。高標逸韻君知否，正在層冰積雪時。」

【高桿子頂上敲瓷瓶——站得高，想（響）得遠】

想：「響」的諧音。比喻見識廣，理想遠大。例在羣衆心目中，他是一個高桿子頂上敲瓷瓶——站得高，想（響）得遠的傑出人物。也作「**輪船上安高音喇叭——想（響）得遠**」。

【高高手兒】

比喻寬恕、不爲難別人。例看在咱們同學一場的份兒上，你就高高手兒，讓我過了這一關吧！也作「**高抬貴手」。

【高高在上】

所處位置極高。本指上天。《詩經·周頌·敬之》：「無曰高高在上，陟降厥士，日監在茲。」後以形容人身居高位，多指脫離基層，不了解下情。清·袁枚《答陝西撫軍畢秋帆先生書》：「雖欽遲仰止，發於秉彝，而高高在上者，未必知人間有此畸士也。」

【高歌猛進】

形容精神昂揚、闊步前進。例全國人民在建設四個現代化的道路上高歌猛進。

【高官大祿】

見「高官厚祿」。

【高官厚祿】

職位高，俸祿多。宋·朱熹《庚子應詔封事》：「陛下亦聞其說之可喜，而未究其實，往往誤加獎寵，畀以事權，是以比年以來，此輩類皆高官厚祿，志滿氣得。」也作「**高位厚祿**」。漢·王符《潛夫論·論榮》：「所謂賢人君子者，非必高位厚祿富貴榮華之謂也。」也作「**高官重祿**」。金·丘處機《滿庭芳·述懷》：「任使高官重祿，金魚袋、肥馬輕裘。」也作「**高爵厚祿**」。《舊唐書·外戚傳》：「蓋恃官掖之寵，接宴私之歡，高爵厚祿驕其內，聲色服玩惑於外，莫知師友之訓，不達危亡之道。」也作「**高爵豐祿**」。《荀子·議兵》：「是高爵豐祿之所加也，榮孰大焉。」也作「**高爵重祿**」。宋·王安石《第四札子》：「人臣自度其智力足以勝任而塞責，故受其高爵重祿而無愧。」也作「**高位重祿**」。宋·蘇軾《策略》：「是以去苛禮而務至誠，黜虛名而求實效，不愛高位重祿，以致山林之士而欲聞切直不隱之言者，凡皆以通上下之情也。」也作「**高官大祿**」。《初刻拍案驚奇》卷二九：「又道是百足之蟲，至死不僵，跌蹼不多時，轉眼就高官大祿，仍舊貴顯。」

【高官顯爵】

爵：古代的爵位。職位尊顯高貴。明·徐元《八義記·猜忌趙宣》：「順吾者高官顯爵，逆吾者滅族亡身，正是一朝權在手，便把令來行。」

【高官重祿】

見「高官厚祿」。

【高冠博帶】

戴著高帽子，繫著寬腰帶。形容古時士大夫的裝束。《墨子·公孟》：「昔者齊桓公，高冠博帶，金劍木盾，以治其國。」

【高見遠識】

見「高明遠識」。

【高節清風】

高尚的節操，清正的風範。清·孔尚任《桃花扇·聽稗》：「正排著低品走狗奴才隊，都做了高節清風大英雄！」

【高居深視】

居：住所。站得高，看得遠。唐·魏徵《十漸不克終疏》：「陛下初登大位，高居深視。」

【高舉深藏】

指遠避塵世，隱居避災。明·無名氏《拔宅飛升》三折：「者莫他高舉深藏，你看我駕天風定然趕上，則好去深淵中躲避災殃。」

【高舉遠去】

見「高蹈遠舉」。

【高舉遠引】

舉：飛；引：退開。高高飛起，遠遠離開。《洪秀全演義》三〇回：「今互相殺戮，[石]達開因謀高舉遠引，則其志灰矣。」

【高爵大權】

見「高爵顯位」。

【高爵豐祿】

見「高官厚祿」。

【高爵厚祿】

見「高官厚祿」。

【高爵顯位】

爵位很高，權勢顯赫。明·張溥《五人墓碑記》：「由是觀之，則公之高爵顯位，一旦抵罪，或脫身以逃……其辱人賤行，視五人之死，輕重固何如哉？」也作「**高爵大權**」。清·譚嗣同《上江標學院》：「夫學院非有高爵大權，而上下合志，一引其端，其力遂足以轉移全省。」

【高爵重祿】

見「高官厚祿」。

【高來不成，低來不就】

見「高不成，低不就」。

【高壘深壁】

見「高壘深溝」。

【高壘深溝】

形容堅强的防禦工事。《孫子·虛實》：「故我欲戰，敵雖高壘深溝，不得不與我戰者，攻其所必救也。」也作「**高壘深塹**」。《史記·高祖本紀》：「郎中鄭中乃說止漢王，使高壘深塹，勿與戰。」也作「**高壁深塹**」。唐·杜牧《上司徒李相公論用兵書》：「若以萬人為壘，下窒其口，高壁深塹，勿與之戰，忽有敗負，勢驚洛師。」也作「**高壘深壁**」。《三國志·魏書·武帝紀》：「皆高壘深壁，勿與戰。」也作「**高壁深壘**」。《三國志·魏書·陳泰傳》：「王經當高壁深壘，挫其銳氣。」

【高壘深塹】

見「高壘深溝」。

【高粱地裏耩禾子——一道苗兒】

耩：ㄐㄧㄤˇ，用鋤來播種；禾子：與高粱同類，莖桿較高粱矮細，子實較小，常雜生於高粱中；一道苗兒：一樣的苗兒。比喻彼此一樣。例我們是高粱地裏耩禾子——一道苗兒，都是為著一個共同目標走到一起來了。

【高粱地裏套綠豆——高低不齊】

套：套種。比喻水準或能力有差別。有時指人的個子高低或物件長短不一。例他們年齡有大有小，文化水準也是高粱地裏套綠豆——高低不齊。

【高粱地裏栽蔥——矮一截子】
形容比別人低一頭。例別自認高粱地裏栽蔥——矮一截子，應當振奮起來，同大家比個高低。也作「**高粱地裏栽蔥—矮半截**」、「**小巫見大巫——矮一截子**」。

【高粱稈搭橋——擔當不起】
比喻責任重大，不能勝任。有時用作謙詞。例多謝你的厚愛，把這樣重大的任務交給我，可我是高粱稈搭橋——擔當不起呀！也作「**高粱稈挑水——擔當不起**」、「**麻稈做大梁——擔當不起**」。

【高粱稈當頂門槓——禁不起推敲】
頂門槓：頂門的木棍或鐵棍。雙關語，比喻禁受不住反覆琢磨。也比喻有問題或站不住腳。例你對他的發言頗感興趣，其實，是高粱稈當頂門杠——禁不起推敲。見「麻稈抵門——禁不住推敲」。

【高粱稈當柱子——稱(撐)不起】
稱：「撐」的諧音。比喻對某種稱呼擔當不起。例我倆歲數和文化水準都差不多，為什麼叫我老師呢？我可是高粱稈當柱子——稱（撐）不起呀！以後你就叫我的名字吧。

【高粱稈當柱子——頂當不起】
比喻支持不住或擔當不了。例這樣繁重的任務壓下來，我們是高粱稈當柱子——頂當不起。也作「**石臼做帽子——頂當不起**」、「**秫秸稈兒當大梁——頂不住**」、「綉花針打鞋底——頂不過」。

【高粱稈拴騾子——拉倒了】
高粱稈兒不堅牢，拴騾子易拽倒。雙關語，比喻算了、作罷。例我知道你家經濟困難，還提什麼還那點錢，就高粱稈拴騾子——拉倒了，今後別再談及此事。

【高粱稈挑水——擔當不起】
見「高粱稈搭橋——擔當不起」。

【高粱稈挑水——想出人頭地】
高粱稈子挑水容易折斷，收割後的枝莖就翹過人的頭頂。比喻想高人一等，或企圖超出一般人。例這傢伙處處表現自己高粱稈挑水——想出人頭地，結果與願望相反，被羣衆罷了官。

【高粱梗上結茄子——不可思議】
見「公雞下蛋鼠咬貓——不可思議」。

【高粱開花——到頂了】
比喻事物已發展到極高的程度。有時指達到一定的程度，就安於現狀，停步不前。例調撥給你們的物資，已是高粱開花——到頂了，不能再提出要求了。也作「**螞蟻爬上竹竿尖——到頂了**」、「**旗桿上的猴子——到頂了**」、「**猴子爬桿——到頂了**」、「**老鼠鑽牛角——進頂了**」。

【高粱撒在麥子地——雜種】
雙關語，比喻人的根底不正。例往上衝吧，你們這些高粱撒在麥子地——雜種，我要你們都去見閻王爺！也作「**茄子棵上結黃瓜——雜種**」、「**芝麻地裏的黃豆——雜種**」。

【高樓裏的電梯——能上能下】
多指人在職務上能升能降。例高樓裏的電梯——能上能下，他就做到了這一點。昨天還是總統，今天當平民，工作熱情絲毫不減，的確爲我們樹立了一個好榜樣。

【高樓平地起——日新月異】
形容發展變化很快。例我們這個偏僻的山村，從前年年逃荒討飯，現在戶戶有存款，家家有餘糧，可以說是高樓平地起——日新月異。

【高帽子】
比喻恭維的話。例你求他辦事不難，只要送他幾頂高帽子，他就會高高興興爲你做事。

【高門大戶】
指富貴人家。魯迅《離婚》：「你老人家是高門大戶都走得進的，腳步開闊，怕他們甚的！」

【高門大族】
高門：富貴之家；大族：聲勢顯赫的家族。指富貴、聲勢顯赫的人家。《二刻拍案驚奇》卷一一：「因他是個市戶出身，一時沒有高門大族來求他的。」

【高明遠見】
見「高明遠識」。

【高明遠識】
高超明智而有遠見卓識。宋・錢世昭《錢氏私志・蔡魯公》：「呂乘間問蔡云：『公高明遠識，洞鑒古今，知國家之事，必至於斯乎？』」也作「**高見遠識**」。《三國演義》四八回：「元直如此高見遠識，諒此有何難哉！」也作「**高明遠見**」。《儒林外史》一回：「大王是高明遠見的，不消鄉民多說。」

【高睨大談】
睨：ㄋㄧˋ，看。昂頭斜視，大發議論。形容言論、舉止、氣概不凡。《後漢書・張衡傳》：「方將師天老而友地典，與之乎高睨大談。」李賢注：「高睨大談，言不同流俗。」清・黃宗羲《蔣氏三世傳》：「高睨大談，終日不倦。」

【高朋滿座】
形容賓客滿堂。《九命奇冤》二八回：「這一日，裕耕堂中，又是高朋滿座了。」

【高情厚愛】
見「高情厚誼」。

【高情厚誼】
崇高、深厚的情意。《隋唐演義》一三回：「久聞潞州單二哥高情厚誼，恨不能相見，今日這樁事，卻爲人謀而不忠。」也作「**高情厚意**」。《隋唐演義》四二回：「既承員外高情厚意，待老漢去叫小女出來拜見。」也作「**高情厚愛**」。《隋唐演義》三七回：「非是小弟深謀遠慮，一則承單二哥高情厚愛，不忍輕拋此地：二則小女在單二哥處打擾，頗有內顧縈心。」

【高情厚意】

見「高情厚誼」。

【高情邁俗】

高雅的情操，超凡脫俗。元・夏文彥《圖繪寶鑑・唐》：「野逸不羣，高情邁俗，張藻之亞也。」

【高情逸態】

見「高情逸興」。

【高情逸興】

高尚的情操，幽雅超逸的興致。明・歸有光《洧南居士傳》：「無居士之高情逸興，雖為官豈能辨治哉！」也作「高情遠致」。南朝宋・劉義慶《世說新語・品藻》：「支道林（遁）問孫興公（綽）：『君何如許掾？』孫曰：『高情遠致，弟子蚤（早）已服膺。」也作「高情遠意」。宋・胡仔《苕溪漁隱叢話前集・西昆體》：「蓋俗學只見其皮膚，其高情遠意，皆不識也。」也作「高情逸態」。明・湯顯祖《紫釵記・謁鮑述嬌》：「姿質穠艷，一生未見；高情逸態，事事過人。」

【高情遠意】

見「高情逸興」。

【高情遠致】

見「高情逸興」。

【高俅當太尉——一步登天】

太尉：古代掌管軍事的最高官職；高俅（ㄑㄧㄡˊ）：據《水滸傳》故事，高俅原是破落戶子弟，因善踢球，博得宋哲宗御弟端王的賞識。端王做皇帝，提拔高俅做殿帥府太尉。比喻小人得志，突然發跡。例歷史有時是會重演的，像高俅當太尉——一步登天的人常有所見，在將來也是會有的。也作「屎殼郎坐飛機——一步登天」、「屎殼郎變知了——一步登天」、「土地爺女兒嫁玉帝——一步登天」。

【高人勝士】

見「高人逸士」。

【高人雅致】

雅：雅正，高尚；致：意態情趣。指高尚之人的優雅情趣。《西湖二集・宿宮嬪情殢新人》：「耽山玩水，此是高人雅致。」

【高人一籌】

比別人多出一些籌碼。指勝過別人。明・歸有光《與沈敬甫七首》之五：「壙志，子建云亦似。但千古哭聲未嘗不同，何論前世有屈原、賈生耶？以發吾之憤憤而已！欽甫云：更似高人一籌也。」

【高人一等】

高出一般人一等。例有些掌握一定權力的人，無視黨紀國法，為所欲為，似乎他們高人一等，可以不受法律的約束和制裁。

【高人一著】

一著：下棋的術語，走一步為一著。比別人高明一些。《官場現形記》五六回：「這兩人會託外國人遞條子，他的見解已經高人一著。」

【高人逸士】

指清高脫俗、超然物外的人。明・張岱《募造無主祠堂疏》：「創立無主一祠，奉祀古今之名公鉅卿，及高人逸士。」也作「高人勝士」。元・夏文彥《圖繪寶鑑・製作楷模》：「或有逸品，皆高人勝士寄興寓意者，當求之筆墨之外，方為得趣。」

【高入雲宵】

見「高聳入雲」。

【高山出俊樣】

深山高嶺也出俊美的人物。例他們一家人住在山裏已好幾個年頭，小孩子一個個都被大家稱之為「高山出俊樣」。

【高山打鼓——四方聞名（鳴）】

四方：東、西、南、北四方，泛指各處；名：「鳴」的諧音。比喻到處都有名氣。例小江早已是高山打鼓——四方聞名（鳴）的科學家，你還不知道？也作「高山上打鑼——四方聞名（鳴）」、「山頂上打鑼——四方聞名（鳴）」、「山頂上點燈——四方有名（明）」。

【高山打鼓——想（響）得不低】

見「飛機上吹喇叭——想（響）得高」。

【高山大野】

大：廣闊；野：原野。高峻的山嶺，廣闊的原野。宋・蘇轍《上樞密韓太尉書》：「所見不過數百里之間，無高山大野，可登覽以自廣。」

【高山頂的竹子——條條頂到天】

形容樣樣都好，各方面都在行。例小英在德、智、體各方面都是高山頂的竹子——條條頂到天。

【高山滾鼓——不通（撲通）不通（撲通）又不通（撲通）】

不通：「撲通」的諧音。雙關語，比喻說話做事不近情理，不合邏輯，或心裏想不開。例你說的話好像高山滾鼓——不通（撲通）不通（撲通）又不通（撲通），誰都不會表示贊同。

【高山滾馬桶——臭氣遠揚】

馬桶：大小便用的器具。也作「高山倒馬桶——臭名遠揚」。見「糞堆上吹喇叭——臭名遠揚」。

【高山滾石頭——永不歸宗】

宗：祖宗，「山」是石之宗。比喻永不回頭，有時含貶義。例父親生氣地說：「走，就走吧！我也不留你。有本事的話，就像高山滾石頭——永不歸宗。」也比喻事情不會回復到原先的樣子。例家境一下變得這樣糟，看樣子是高山滾石頭——永不歸宗。

【高山滾石頭——永不回頭】

比喻意志堅定，毫不動搖。例就這樣幹下去，即使失敗，也是高山滾石頭——永不回頭。也作「高山滾石頭——絕不回頭」。

【高山滾石頭——有去無回】

見「老虎借豬——有去無回」。

【高山滾石頭——走也不及】

來不及走掉，或追不及。比喻對某種事故來不及避免。例這次的事故發生得那麼突然，我們眞是高山滾石頭——走也不及。也比喻差得遠，趕不上。例曉軍的成績在班裏遙遙領先，我們是高山滾石頭——走也不及啊！

【高山景行】

《詩經·小雅·車舝（轄）》：「高山仰止，景行行止。」高山：比喻道德高尙；景行：大路，比喻行爲光明正大。後以「高山景行」比喻崇高的德行。三國魏·魏文帝《與鍾大理書》：「雖德非君子，義無詩人，高山景行，私所仰慕。」《三國志·魏書·文帝紀》裴松之注引《獻帝傳》：「吾雖德不及二聖，敢忘高山景行之義哉？」也作「**高山仰止**」。宋·陸游《嚴州釣台買田記》：「入謁祠下，有高山仰止之嘆。」也作「**高山仰之**」。《管子·九守》：「高山仰之，不可極也。」

【高山流水】

《呂氏春秋·本味》：「伯牙鼓琴，鍾子期聽之。方鼓琴而志在太山，鍾子期曰：『善哉乎鼓琴，巍巍乎若太山！』少選之間，而志在流水。鍾子期又曰：『善哉乎鼓琴，湯湯乎若流水！』」鍾子期死，[俞]伯牙破琴絕弦，終身不復鼓琴。」後以「高山流水」比喻知音之難覓與可貴。宋·張孝祥《浣溪沙》詞之二：「我是先生門下士，相逢有酒且教斟。高山流水遇知音。」元·馬致遠《任風子》二折：「高山流水知音許，古木蒼煙入畫圖。」也比喻高雅精妙的樂曲。唐·牟融《寫意二首》之二：「高山流水琴三弄，明月清風酒一樽。」

【高山砌屋——圖風流】

砌屋：建築房子；圖：貪圖，圖謀。雙關語，比喻企圖模仿才子、名士的瀟灑，不拘禮法。例他既無才子、名士的才學和文彩，又想高山砌屋——圖風流。眞是畫虎類犬，貽笑大方。

【高山上吹喇叭——名（鳴）聲遠揚】

名：「鳴」的諧音。比喻名氣很大，遠近知曉。例別看他的年紀不上二十，臉上遠帶著稚氣，卻是高山上吹喇叭——名（鳴）聲遠揚。也作「**高山打鼓——名（鳴）遠揚**」、「**高山打鼓——遠聞**」、「**高音喇叭上山頭——名（鳴）聲遠揚**」、「**旗杆上敲鑼——名（鳴）聲遠揚**」、「**山頂上打鑼——名（鳴）聲遠揚**」。

【高山上的雪蓮——一塵不染】

雪蓮：草本植物，葉子長橢圓形，花深紅色，生長在新疆、青海、西藏等地高山上，花可以入藥。形容人心地純潔。例她剛進入社會，就像高山上的雪蓮——一塵不染。也作「**水洗玻璃——一塵不染**」、「**出水的芙蓉——一塵不染**」。

【高山上點燈——名（明）頭亮】

名：「明」的諧音；名頭：〈方言〉名氣，聲譽。比喻名望很高。例高山上點燈——名（明）頭亮，誰不知你是咱們城裏數一數二的大律師啊！也作「**高山點燈——名（明）頭大**」、「**高山點燈——大有名（明）頭**」。

【高山摔茶壺——就剩下一個嘴兒】

比喻一個人沒有別的本事，只是一張嘴能說會道。例他什麼也不會做，只能誇誇其談，好比高山摔茶壺——就剩下一個嘴兒。

【高山頭上點燈——來明的】

比喻說話做事光明磊落。例他爲人正直忠厚，做事從來是高山頭上點燈——來明的，完全可以信賴。

【高山仰之】

見「高山景行」。

【高山仰止】

見「高山景行」。

【高山有好水，平地有好花——各有所長】

比喻各有各的優點和長處。例高山有好水，平地有好花——各有所長，如果盡看別人的缺點和短處，就會助長自己的驕傲自滿情緒。也作「**駱駝的脖子駝鳥的腳——各有所長**」。

【高上尊貴無以驕人】

不要以高位尊貴去驕傲於人。指不要以位高而向人顯示，不要以顯貴以勢凌人。漢·劉向《說苑》：「高上尊貴無以驕人，聰明聖智無以窮人，資給疾速無以先人，剛毅勇猛無以勝人。」

【高射炮打蚊子——大材小用】

見「大炮打麻雀——大材小用」。

【高射炮打蚊子——划不來】

划不來：〈方〉不合算。見「大炮打蒼蠅——不夠本錢」。

【高射炮打蚊子——小題大作】

見「大炮打跳蚤——小題大作」。

【高深莫測】

無法揣測多高多深。老舍《四世同堂》九：「同時，他也納悶祁瑞宣有什麼高深莫測的辦法，何以一點不慌不忙的在家裏蹲著。」

【高識遠度】

見識高超，籌慮深遠。《周書·張軌傳》：「宇文公文足經國，武可定亂，至於高識遠度，非愚管所測。」也作「**高識遠見**」。《後水滸傳》一回：「賢弟高識遠見，已爲天外冥鴻。」

【高識遠見】

見「高識遠度」。

【高世之才】

超出世人的才幹。漢·袁康《越絕書·外傳記范伯》：「有高世之才，必有負俗之累。」

【高世之德】

德行高於世人。《三國志·魏書·司馬朗傳》：「明公以高世之德，遭陽九之會，淸除羣穢，廣舉賢士，此誠虛心垂慮，將興至治也。」

【高世之行】

形容很不平凡的行爲。《史記·袁盎

傳》：「淮南王至雍，病死，聞，上輟食，哭甚哀。盎入……曰：『上自寬，此往事，豈可悔哉！且陛下有高世之行者三，此不足以毀名。』」

【高世之主】

主：君主。德高之君主。《晉書・江統傳》：「高世之主，不尙尤物，故能天下之俗，刑四方之風。」

【高視闊步】

眼朝上，大步行走。形容傲慢得意或氣概不凡。《隋書・盧思道傳》：「向之求官買職，晚謁晨趨，刺促望塵之舊游，伊優上堂之夜客，始則亡魂褫魄，若牛兄之遇獸，心戰色沮，似葉公之見龍；俄而抵掌揚眉，高視闊步。」

【高聳入雲】

高聳：高而直；入雲：伸入雲端。形容山峯、建築物等高峻挺拔。例翻越了高聳入雲的雪山，跋涉了渺無人煙的草原。也作「**高出雲表**」。雲表：雲外。《啼笑姻緣》一三回：「回頭看院時，正有一棵高出雲表的老槐樹。」也作「**高入雲霄**」。例左邊是高入雲霄的峭壁，右邊是波濤洶湧的幾丈深的大渡河。

【高抬貴手】

表示請求對方寬容、饒恕。例小犬少不更事，若在言語上有什麼得罪您的地方，就請您高抬貴手，大人不計小人過吧！

【高台厚榭】

見「高亭大榭」。

【高抬明鏡】

見「高懸秦鏡」。

【高談大論】

見「高談弘論」。

【高談弘論】

弘：大。表面上高深博大，實際上空泛不實的言談、議論。晉・袁宏《後漢紀》卷四：「嘗疾俗儒高談弘論，不切時務。」也作「**高談大論**」。宋・朱熹《答趙子欽》：「子靜後來得書愈甚於前，大抵其學於心地工夫不爲無所見，但使欲恃此陵跨古今，更不下窮理細密功夫，卒並與其所得者而失之。人欲橫流不自知覺，而高談大論以爲天理盡在是也。」也作「**高談危論**」。宋・魏了翁《御策一道》：「臣有以見陛下酌漢文、武之得失以爲鑑戒，而患卿士大夫之高談危論而不切於時政之弊也。」也作「**高談劇論**」。宋・沈瀛《念奴嬌》詞：「相對圍棋看勝負，更聽彈琴一曲。爾汝忘形，高談劇論，莫遣人來促。」

【高談劇論】

見「高談弘論」。

【高談快論】

盡情而暢快地談論。《紅樓夢》一回：「俄見一僧一道遠遠而來，生得骨格不凡，丰神迥異，說說笑笑來至峯下，坐於石邊高談快論。」

【高談闊論】

形容言談高雅，範圍廣博。《水滸全傳》一一六回：「柴進高談闊論，一片言語，婁敏中大喜，就留柴進在相府管待。」也指漫無邊際、無拘無束的暢談或信口隨意的言談。《三俠五義》二一回：「今日這一暢快，眞是非常之樂。換盞傳杯，高談闊論。」後多指不切實際發空論。宋・高斯得《轉對奏札》：「夫所謂空言者，謂其高談闊論，遠於事情。」

【高談危論】

見「高談弘論」。

【高談雄辯】

豪放不拘，論證充分的談論。宋・曾鞏《祭王平甫文》：「嗚呼平甫！決江河不足以爲子之高談雄辯，吞雲夢不足以爲子之博聞强記。」

【高談虛辭】

見「高談虛論」。

【高談虛論】

表面高雅、廣博實則空洞、不切實際的議論。唐・周曇咏史詩《晉門・王夷甫》：「是知濟弱扶傾術，不屬高談虛論人。」也作「**高談虛辭**」。宋・張方平《論國計》：「故貨食者，人事之確論，非高談虛辭之可致也。」

【高談雅步】

雅：文雅。邊談邊走，無拘無束，不失文雅。晉・陸機《百年歌》：「光車駿馬遊都城，高談雅步何盈盈。」

【高譚清論】

譚：同「談」。高雅、不涉世俗的議論。《東觀漢記・趙勤傳》：「到葉見霸，不問縣事，但高譚清論激勵之。」

【高天厚地】

形容天地廣大遼闊。金・元好問《論詩三十首》之十八：「東野窮愁死不休，高天厚地一詩囚。」也比喻恩情深厚。《二刻拍案驚奇》卷一一：「若蒙海涵，小生此生以死相報，誓不忘高天厚地之恩。」

【高田種小麥，終久不成穗】

比喻缺乏必要的條件，效果不佳。明・梅鼎《玉合記》九出：「高田種小麥，終久不成穗。男兒在他鄉，焉得不憔悴！我韓君平從來慷慨，不合淒涼，卻怎生說出這等話來？」

【高亭大榭】

亭：亭子；榭：建築在台上的房屋。指園林中供人休息和觀覽四周的高大建築物。宋・李格非《書洛陽名園記後》：「高亭大榭，煙火焚燎，化而爲灰燼。」也作「**高台厚榭**」。厚：大。《墨子・非樂上》：「……非以高台厚榭邃野(宇)之居以爲不安也。」

【高頭講章】

指在古書經籍每頁的天頭上所加的評點。清・洪亮吉《北江詩話》卷三：「今時學者，讀斷爛朝報，即以爲通曉世事，讀高頭講章，即以爲沉酣經籍。何與昔人之知今知古異乎！」

【高位厚祿】

見「高官厚祿」。

【高位重祿】

見「高官厚祿」。

【高文大册】

見「高文典册」。

【高文典册】

指以皇帝名義發布的詔令、文書等。《西京雜記》卷三：「揚子雲[雄]曰：『軍旅之際，戎馬之間，飛書馳檄，用枚皋。廊廟之下，朝廷之中，高文典册，用[司馬]相如。』」也作「**高文大册**」。明・沈德符《萬曆野獲編・御制文集》：「至若累朝列聖，俱留神翰墨，以至世宗之制禮樂，更祀異，其時高文大册，布在人間。」

【高文宏議】

高明的文章，宏偉的議論。魯迅《習慣與改革》：「有志於改革者，倘不深知民衆的心，設法利導，改進，則無論怎樣的高文宏議，浪漫古典，都和他們無干。」

【高文雅典】

高深的文章，雅正的典籍。例圖書館裏有許多高文雅典的書籍，値得我們細細去品味、欣賞。

【高臥東山】

東山：山名，東晉謝安隱居處。比喻隱居山林，不願再當官。南朝宋・劉義慶《世說新語・排調》：「謝公在東山，朝命屢降而不動。後出爲桓宣武司馬，將發新亭，朝士咸出贍送。高靈時爲中丞，亦往相祖，先時多少飲酒，因倚如醉，戲曰：『卿屢違朝旨，高臥東山，諸人每相與言：安石不肯出，將如蒼生何？』」

【高屋建瓴】

建：傾倒；瓴：ㄌㄧㄥˊ，水瓶。從高屋脊上往下傾倒瓶子裏的水。形容居高臨下，勢不可擋。宋・曾極《金陵百咏・天門山》：「高屋建瓴無計取，二梁剛把當崤函。」也作「**建瓴高屋**」。

【高下其手】

比喻玩弄手法，串通作弊。宋・王得臣《麈史・上・惠政》：「由是吏胥匠石，無一高下其手，而民無所用賂。」

【高下任心】

見「高下在心」。

【高下在心】

高下：比喻伸和屈。指該伸該屈，心裏有數。估量具體情況，選擇採取適宜的措施。《左傳・宣公十五年》：「天方授楚，未可與爭。雖晉之强，能違天乎？諺曰：『高下在心，川澤納污，山藪藏疾，瑾瑜匿瑕。』」也比喻操縱自如。《後漢書・何進傳》：「今將軍總皇威，握兵要，龍驤虎步，高下在心，此猶鼓洪爐燎毛髮耳。」也作「**高下任心**」。《晉書・王敦傳》：「進人退士，高下任心，奸狡饕餮，未有隗比，雖無忌、宰嚭、弘恭、石顯未足爲喩。」

【高翔遠引】

高「高舉遠蹈」。

【高翔遠翥】

見「高舉遠蹈」。

【高姓大名】

詢問人姓名的客氣用語。元・尙仲賢《柳毅傳書》一折：「請問仙鄉何處，高姓大名，因甚到此？」

【高懸明鏡】

見「高懸秦鏡」。

【高懸秦鏡】

秦鏡：傳說秦始皇有一面鏡子，可鑑知人心之正邪善惡。比喩斷案公正嚴明。五代・於兢《琅玡王祠碑銘》：「有典有則，爲龍爲光，高懸秦鏡，理道自靜。」也作「**高懸明鏡**」。元・李潛夫《包待制智賺灰闌記》四折：「你道他是高懸明鏡南衙內，拼的個訴根由直把冤情洗。」也作「**高抬明鏡**」。元・無名氏《合同文字》四折：「幸遇清官，高抬明鏡。費盡心機，賺出了合同的一張文契。」

【高牙大纛】

牙：大將的牙旗；纛：ㄉㄠˋ，軍中的大旗。泛指大官外出時的儀仗。形容聲勢顯赫。宋・張孝祥《荊南宴交代方閣學》：「高牙大纛，來威江漢之濆；閒館珍台，去躡星辰之上。」

【高雅閒淡】

高妙雅正，安閒恬淡。形容詩文的風格。唐・白居易《與元九書》：「其五言詩，又高雅閒淡，自成一家之體。」

【高陽公子】

見「高陽酒徒」。

【高陽酒徒】

《史記・酈生傳補》：「初，沛公引兵過陳留，酈生踵軍門上謁……使者出謝曰：『沛公敬謝先生，方以天下爲事，未暇見儒人也。』酈生瞋目按劍叱使者曰：『走！復入言沛公，吾高陽酒徒也，非儒人也。』」後以「高陽酒徒」泛指好酒而狂放不羈的人。唐・高適《田家春望》：「出門何所見，春色滿平蕪；可嘆無知己，高陽一酒徒。」也作「**高陽公子**」。元・康進之《李逵負荊》一折：「高陽公子休空過，不比尋常賣酒家。」也作「**高陽狂客**」。明・汪廷訥《獅子吼・敍別》：「更怕是呼盧浮白，被高陽狂客，羈絆歸舟。」也作「**高陽徒侶**」。唐・李商隱《寄夢劭興》詩：「高陽舊徒侶，時復一相攜。」

【高陽狂客】

見「高陽酒徒」。

【高陽徒侶】

見「高陽酒徒」。

【高業弟子】

見「高足弟子」。

【高義薄雲】

薄：迫近。指文章境界崇高。《宋書・謝靈運傳論》：「屈平、宋玉導清源於前，賈誼、相如振芳塵於後，英辭潤金石，高義薄雲天。」後多形容講義氣，行爲高尙。宋・魏了翁《回生日啓》：「某官淡交如水，高義薄雲。」也作「**高義薄天**」。《玉支磯》八回：「原來卜兄爲小弟之事，如此費心破財，眞高義溥天矣。」

【高義溥天】

見「高義薄雲」。

【高音喇叭上山頭——名（鳴）聲遠揚】

見「高山上吹喇叭——名（鳴）聲遠揚」。

【高曾規矩】

曾：ㄗㄥ，曾祖，祖先；規矩：法度，規則。指祖先的成法。《後漢書・班固傳》：「商修族世之所鬻，工用高曾之規矩。」

【高瞻遠矚】

高瞻：站在高處看；遠矚：向遠方注視。形容思考和處理問題站得高、看得遠。茅盾《子夜》三：「眞看不出這個細長脖子的小腦袋裏倒懷著那樣的高瞻遠矚的氣魄。」

【高掌遠蹠】

蹠：ㄓˊ，踏，踩。用手掌擘開，用腳踏開。漢・張衡《西京賦》：「左有崤函重險桃林之塞，綴以二華，巨靈贔屓，高掌遠蹠，以流河曲，厥跡猶存。」後用以比喻規模宏偉的開拓經營。清・丘逢甲《思三友行》詩：「中唯三傑實吾友，陰那、銅鼓與鳳凰……陰那如才相，高掌遠蹠抱雄想。」

【高者不說，說者不高】

高明的人不隨便說話，喜歡大發議論的人往往不見得高明。元・無名氏《丸經・崇古章》卷上「于今能喪善」注：「有等人捶丸時，只是高強，打處便贏，未嘗輸。及到場上，口中說得精細，手拙不能應口，一籌不展，全場輸了。俚語云：『高者不說，說者不高。』是也。」

【高者未必賢，下者未必愚】

居高位的人不見得都是賢才，地位低下的不見得都是笨人。唐・白居易《澗底松》：「金張世祿原憲貧，牛衣寒賤貂蟬貴。貂蟬與牛衣，高下雖有殊；高者未必賢，下者未必愚。」

【高枕安寢】

見「高枕而臥」。

【高枕安臥】

見「高枕而臥」。

【高枕不虞】

見「高枕無憂」。

【高枕而臥】

形容無所顧慮。漢・賈誼《新書・益壤》：「如臣計，梁足以捍齊趙，淮陽足以禁吳楚，則陛下高枕而臥，終無山東之憂矣。」也作「**高枕安臥**」。漢・王充《論衡・順鼓》：「何以效之？久雨不霽，試使人君高枕安臥，旱猶自雨。」也作「**高枕安寢**」。《漢書・匈奴傳》：「故北狄不服，中國未得高枕安寢也。」

【高枕無事】

見「高枕無憂」。

【高枕無憂】

無所憂慮。《初刻拍案驚奇》卷六：「原來大凡婦道人家，那閒事切不可管，動止最宜謹愼！丈夫在家時還好，若是不在時，只宜深閨靜處，便自高枕無憂。」也作「**高枕無虞**」。唐・陸贄《請減京東水運收腳價於沿邊州鎭儲蓄軍糧事宜狀》：「兵之奉將，若四支之衛頭目；將久守境，若一家之保室廬。然後可以扞寇讎，護氓庶，蕃畜牧，辟四疇，天子唯務擇人而任之，則高枕無虞矣。」也作「**高枕不虞**」。唐・韓愈《與鳳翔邢尚書書》：「戎逖棄甲而遠遁，朝廷高枕而不虞。」也作「**高枕無事**」。宋・楊億《論靈州事宜》：「度令分守邊郡，賊遷可以計日成擒，朝廷可以高枕無事矣。」

【高枕無虞】

見「高枕無憂」。

【高峙岳立】

岳：高大的山。像大山一樣高高聳立。比喻品格清高，不同流俗。南朝宋・劉義慶《世說新語・賞譽》劉孝標注引《汝南先賢傳》：「周乘字子居，汝南安城人。天資聰明，高峙岳立，非陳仲舉、黃叔度之儔則不交也。」

【高躅大年】

躅：ㄓㄨˊ，足跡，引申爲行爲、品行。指年紀大，品德高尙。例先生高躅大年，深得學子厚愛。

【高築牆，廣積糧，緩稱王】

比喻積蓄力量，打好基礎，以立於不敗之地，不過早地成爲衆矢之的。《明史・朱升傳》：「太祖下徽州，以鄧愈薦，召問時務。對曰：『高築牆，廣積糧，緩稱王』。太祖善之。」

【高姿態】

指遇事對人寬厚、諒解，表現出高風格。例這次國宅方案終於確定了，有的人表現了高姿態，把到手的房子讓給經濟困難的人。

【高自標榜】

見「高自標置」。

【高自標表】

見「高自標置」。

【高自標持】

見「高自標置」。

【高自標樹】

見「高自標置」。

【高自標譽】

標：標榜。過高地標榜自己。明・袁宏道《敘姜陸二公同適稿》：「厥後昌谷（徐昌谷）少變吳歈，元美兄弟（王世貞、王世懋）繼作，高自標譽，務爲大聲壯語，關中綺靡之習，因之一變。」也作「**高自期許**」。清・淮陰百一居士《壺天錄》：「校書寶琴者……與士大夫游，高自期許，不屑爲靡靡態。」

【高自標置】

標置：顯示自身的品格。自己把自己擺在很高的位置上。形容自視甚高。《晋書・劉惔傳》：「桓溫嘗問惔：『會稽王談更進邪？』惔曰：『極進，然故第二流耳。』溫曰：『第一復誰？』惔曰：『故在我輩。』其高自標置如此。」也作「**高自標樹**」。《新唐書・王義方傳》：「淹究經術，性謇特，高自標樹。」也作「**高自標持**」。南朝宋・劉義慶《世說新語・德行》：「李元禮風格秀整，高自標持，欲以天下名教是非爲己任。」也作「**高自標榜**」。明・沈德符《萬曆野獲編・講學見絀》：「世宗所任用者，皆銳意功名之士，而高自標榜，互樹聲援者，即疑其人主爭衡。」也作「**高自標表**」。明・焦竑《玉堂叢話・一・文學》：「其高自標表，不肯屈抑如此。」也作「**高自位置**」。《二十年目睹之怪現狀》一〇一回：「但是他又高自位置，目空一切，自以爲他的學問，誰都及不了他。」

【高自期許】

見「高自標譽」。

【高自位置】

見「高自標置」。

【高足弟子】

特別優秀的學生。多稱別人器重的門生。南朝宋・劉義慶《世說新語・文學》：「鄭玄在馬融門下，三年不得相見，高足弟子傳授而已。」也作「**高業弟子**」。《後漢書・鄭玄傳》：「馬融門徒四百餘人，升堂進者五十餘生，融素驕貴，玄在門下三年，不得見，乃使高業弟子傳授於玄。」

【膏唇拭舌】

用油膏抹嘴，用手巾擦舌。形容說好話打動人心。清・袁枚《小倉山房尺牘》八五首：「且又寂處空山，不能向五都之市，收藏之家，膏唇拭舌而求之。」

【膏肓純白，二豎不生】

膏肓（ㄏㄨㄤ）：人體心臟與隔膜之間；二豎：指病魔。人的心臟和隔膜之間沒有毛病，是不會有致命之病災的。比喻要害部門不出禍亂，不用壞人，國家就不會出大問題。唐・魏徵《羣書治要・申鑑》：「膏肓純白，二豎不生……夫膏肓近心而處厄，針之不逮，藥之不中，攻之不可，二豎藏焉，是謂篤患，故治身治國者，唯是之畏。」

【膏肓泉石】

形容愛好山水林泉已經成爲難以改變的癖好，舊時隱居者常用以表示不願做官的托辭。清・袁枚《小倉山房尺牘》二首：「此實烏鳥私情，退而求息，並非膏肓泉石，借此鳴高。」

【膏肓之疾】

膏肓：古代稱心尖脂肪爲膏，心臟和隔膜間爲肓，認爲「膏肓」爲藥力達不到的地方。形容非常嚴重的疾病。《晉書・樂廣傳》：「此賢胸中當必無膏肓之疾。」比喻致命的弱點。李贄《焚書・與李惟清書》：「又指僕性氣重者，此則僕膏肓之疾，從今聞教，即有瘳矣。」

【膏火之費】

膏：點燈的油；膏火：燈火。指求學的費用。清・霽園主人《夜譚隨錄》：「欲登第須理舊業讀書，欲讀書須膏火之費，吾視君皆未易辦也。」

【膏火自焚】

見「膏火自煎」。

【膏火自煎】

燃燒照明自受煎熬。比喻人因有才或有財而招致禍患。晉・阮籍《咏懷》詩：「膏火自煎熬，多財爲患害。」也作「**膏火自焚**」。金・元好問《愚軒爲趙宜之賦》：「天和一洩不知止，膏火自焚良可痛。」

【膏粱錦繡】

膏粱：肥肉和細糧。形容富貴人家的豪華奢侈生活。《紅樓夢》四回：「因此這李紈雖青春喪偶，居家處於膏粱錦繡之中，竟如『槁木死灰』一般。」也作「**膏粱文繡**」。紅樓夢一一五回：「在小侄年幼，雖不知文章爲何物，然將讀過的細味起來，那膏粱文繡，比起令聞廣譽，眞是不啻百倍的了！」

【膏粱年少】

見「膏粱子弟」。

【膏粱紈袴】

見「膏粱子弟」。

【膏粱文繡】

見「膏粱錦繡」。

【膏粱之子】

見「膏粱子弟」。

【膏粱子弟】

指過慣奢華生活的富家子弟。《何典》七回：「若論那些膏粱子弟，大半只曉得吃食、打雄、屙屎團，鮮衣華帽的擺擺空架子罷了。」也作「**膏粱之子**」。南朝梁・劉勰《文心雕龍・雜文》：「蓋七竅所發，發乎嗜欲，始邪末正，所以戒膏粱之子也。」也作「**膏粱年少**」。《南齊書・王僧虔傳》：「建武初，[寂]欲獻《中興頌》，兄志謂之曰：『汝膏粱年少，何患不達，不鎭之以靜，將恐貽譏。』寂乃止。」也作「**膏粱紈袴**」。《紅樓夢》五六回：「寶釵笑道：『眞眞膏粱紈袴之談！』」袴：同「褲」。

【膏腴之地】

指土地肥沃，物產豐富的地方。《戰國策・秦策三》：「秦烏能與齊縣衡韓、魏，支分方城膏腴之地以薄鄭？」也作「**膏腴之壤**」。《史記・李斯列傳》：「[秦惠王]東據城皋之險，割膏腴之壤。」

【膏腴之壤】

見「膏腴之地」。

【膏藥油子】

㈠製膏藥所用的藥膏，膠黏有油。㈡膏藥貼在皮膚上所留下的痕跡。例隔壁開國術館的李大媽見兒子扭傷了腳踝，頓時嚷嚷的叫：「快！貼上這祖傳的膏藥油子，明天你的腳就會痊癒了！」

ㄍㄠˇ

【搞獨立王國】

比喻不接受上級領導，自搞一套。例

此人權力欲特大，喜歡獨斷專行，搞獨立王國。

【搞破鞋】
指與不正派的女人搞不正當的男女關係。例這傢伙特壞，愛搞破鞋。

【搞小動作】
比喻在背後搞不正當的活動。例你以爲你搞小動作就沒人知道嗎？告訴你，若要人不知，除非己莫爲。

【搞一言堂】
比喻壓制民主，自己說了算。例我勸你別搞一言堂，要不你會成爲孤家寡人的。

【槁骨腐肉】
槁：枯乾；腐：腐爛。乾枯的骨頭，腐爛的臭肉，指死人。《淮南子・齊俗訓》：「非不能竭國麋民，虛府殫財，含珠鱗施，綸組節束，追送死也，以爲窮民絕業而無益於槁骨腐肉也。」

【槁木寒灰】
見「槁木死灰」。

【槁木死灰】
槁木：枯木。比喻毫無生氣或意志消沉、冷漠無情。清・李玉《千鍾祿・慘睹》：「師徒兩人，一路登山涉水，夜宿曉行，一無心事，都付浮雲，七尺形骸，甘爲行腳，心似閒雲野鶴，心同槁木死灰。」也作「槁木寒灰」。宋・劉克莊《贈豫知子》詩：「身今槁木寒灰樣，慚愧巫咸仔細看。」

【槁項黃馘】
槁：枯乾；馘：ㄒㄩˋ，臉。枯瘦的脖子，蒼黃的面容。宋・蘇軾《六國論》：「向之食於四公子、呂不韋之徒者，皆安歸哉？不知其槁項黃馘以老死於布褐乎，抑將輟耕太息以俟時也？」

ㄍㄠˋ

【告哀乞憐】
乞憐：顯出可憐相，希望得到別人的同情。乞求別人哀憐和幫助。《北洋軍閥統治時期史話》七一章：「杜[錫珪]又派人分頭疏通，告哀乞憐地請求他們勿再辭動，以保全內閣的體面。」

【告貸無門】
找不到借錢的門路。指生活十分困難。清・林則徐《江蘇陰雨連綿田稻歉收情形片》：「當此秋成之餘，糧價日昂，實從來所未見；來歲青黃不接，不知更當何如，小民口食無資……告貸無門，今冬情形，不但無墊米之銀，更恐無可買之米。」

【告黑狀】
指暗中向上級說別人的壞話。例我有什麼問題，你可以公開提出來，用不著告黑狀。

【告老還家】
告：請求。原指封建王朝的大臣、官吏年老請求辭職回家。後泛指年老退休。《紅樓夢》五四回：「那一位鄉紳，本是金陵人氏，名喚王忠，曾做過兩朝宰輔，如今告老還家，膝下只有一位公子，名喚王熙鳳。」也作「告老還鄉」。例王老師從事教育工作近五十年，現已告老還鄉，安度晚年。

【告老還鄉】
見「告老還家」。

【告人死罪得死罪】
誣告要反坐。舊時指把被誣告的罪名所應得的刑罰加在誣告人身上。《西遊記》八三回：「八戒道：『哥啊，常言道：『告人死罪得死罪。』須是理順，方可爲之。況御狀又豈是輕易可以告的？你且與我說，怎的告他。』」

【告往知來】
往：以往，過去；知：知道；來：將來，未來。透過已往的事，可以推知未來的事。形容聰明、領悟力强。清・魏源《詩比興箋序》：「昔夫子去魯，回望龜山，有『斧柯奈何』之歌……與賜、商言詩，切磋繪事，告往知來。」

【告御狀】
原爲封建社會裏向皇帝告狀。比喻向有權勢的人打報告。例只要咱們行得正，站得直，就不怕有人告御狀。

【告枕頭狀】
比喻女人向丈夫或相好的說別人的壞話。例你說話當心點，這女人最愛告枕頭狀了。

ㄍㄡ

【勾魂攝魄】
形容有魅力，令人著迷。《九尾龜》一四七回：「〔章秋谷〕如今見了馮月娥，又細細的打量了一番，覺得……只有那一對秋波，生得水汪汪的，橫波一顧，剪水雙清，著實有些勾魂攝魄的魔力。」也作「鉤心攝魂」。《九尾龜》一三五回：「你只要把初次哄騙馬大少的那些鉤心攝魂的話兒翻過來和他再講一遍，管保他的病就會立時立刻的好起來。」

【勾命鬼來尋替死鬼】
比喻壞人引誘好人下水。《歧路燈》二六回：「這張繩祖、夏逢若都是山下路上過來的人，今日生法譚紹聞，正是勾命鬼來尋替死鬼。」

【勾心鬥角】
見「鉤心鬥角」。

【勾元提要】
勾元：同「鉤玄」，即鉤取精微，提出要點。清・章炳麟《正學報緣起》：「然婉轉牖啓，斯辦徑隧，故撰祿事跡，詮次法程，勾元提要，庶有取爾。」

【溝邊大樹——見識（濕）多】
識：「濕」的諧音。比喻接觸的事物多，見聞廣。例我們的老師是溝邊大樹——見識（濕）多，什麼問題都可以向他請教。

【溝滿濠平】

濠：ㄏㄠˊ，護城河。大水把濠溝灌滿。形容所有的空隙都塡滿了。《兒女英雄傳》一四回：「見他們一個個蹲在地下，吃了個狼餐虎嚥，溝滿濠平。」

【溝深壘高】

形容堅固的防禦工事。《孫臏兵法・客主人分》：「溝深壘高，不得以爲固；甲堅兵利，不得以爲强。」

【溝中之瘠】

指因貧窮、困厄而流落於荒僻之處的人。《荀子・正論》：「是規磨之說也，溝中之瘠也，則未足與及王者之制也。」也指因貧困而死無葬身之地的人。漢・劉向《說苑・善說》：「管子者，天子之佐，諸侯之相也。死之則不免爲溝中之瘠，不死則功復用於天下，夫何爲死之哉？」

【鉤金輿羽】

鉤金：三錢重的金子；輿羽：一車羽毛。三錢金子不能同一車羽毛相比。比喻類比失當、差距懸殊。《孟子・告子下》：「金重於羽者，豈謂一鉤金與一輿羽之謂哉。」明・胡應麟《詩藪・外篇・唐下》：「況以甲所獨工，形乙所不經意，何異寸木岑樓，鉤金輿羽哉！」

【鉤曲之形，無繩直之影】

彎曲的鉤子，不會有筆直的影子。比喻人品不端，則行爲不正。晉・葛洪《抱朴子・廣譬》：「鉤曲之形，無繩直之影。參差之上，無整齊之下。」

【鉤深索隱】

見「鉤深致遠」。

【鉤深致遠】

比喻探究求索深層的道理，治學博大精深。《晉書・夏侯湛傳》：「自三墳、五典、八索、九丘、圖緯六藝及百家衆流，罔不探賾索隱，鉤深致遠。」也作「鉤深索隱」。清・黃宗羲《萬充宗哀辭》：「子著《春秋》，畢力窮年，鉤深索隱，折衷羣言。」

【鉤心鬥角】

心：宮室的中心；角：簷角。本指宮室建築結構精巧、交錯，富於匠心。唐・杜牧《阿房宮賦》：「五步一樓，十步一閣。廊腰縵迴，簷牙高啄，各抱地勢，鉤心鬥角。」也比喻詩文布局構思巧妙工致、迴旋跌宕。清・梁紹壬《兩般秋雨庵隨筆・咏物詩》：「近時詩家咏物：鉤心鬥角，有突過前人者。」後多用以比喻各用心機，明爭暗鬥。梁啓超《蒞佛教總會歡迎會演說辭》：「種種鉤心鬥角、損人利己之卑劣手段，皆由此而生。」也作「勾心鬥角」。魯迅《兩地書》十五：「但他人誰會想到他爲了爭一點無聊的名聲，竟肯如此勾心鬥角，無所不至呢。」

【鉤心攝魂】

見「勾魂攝魄」。

【鉤玄提要】

探索精微，概括要義。明・邵亨貞《南村輟耕錄疏》：「比睹輟耕之錄，實爲載道之文。凡例既明，書法尤備。鉤玄提要，匪按圖索驥之空言；考古驗今，得閉戶斫輪之大意。」

【鉤隱抉微】

抉：挖，剔。指治學上能探索幽深精微。宋・郭紹彭《宋王先生壙銘》：「《從書》門分類聚，鉤隱抉微，考證經史百氏，下至騷人墨客訹事，細大不捐。」

【鉤章棘句】

本指寫作時斟酌、經營字句的艱苦。唐・韓愈《貞曜先生墓志銘》：「及其爲詩……鉤章棘句，掐擢胃腎，神施鬼沒，間見層出。」宋・劉克莊《徐總管雨山堂詩跋》：「他人嘔心捻髭，鉤章棘句，營度甚苦，而俟得手應心，易易如此。」後以形容文辭奇僻艱澀。《宋史・選舉志一》：「時進士益相習爲奇僻，鉤章棘句，寖失渾厚。」

【鉤爪鋸牙】

爪子像鉤子，牙齒像鋸子。形容猛獸或兇悍。也指武裝精銳的部隊。漢・東方朔《神異經・西北荒經》：「窮奇似牛而狸尾，鉤爪鋸牙，逢忠信之人，嚙而食之。」魯迅《文化偏至論》：「以所拾塵芥，羅列人前，謂鉤爪鋸牙，爲國家首事，又引文明之語，用以自文。」

【鉤輈格磔】

本形容鷓鴣鳴聲。唐・李羣玉《九子坡聞鷓鴣》：「正穿詰曲崎嶇路，更聽鉤輈格磔聲。」後以形容聽不懂的方言或外語，給人含糊不清、奇怪生僻的感覺。《九尾龜》一五八回：「[兩個洋兵]登時發起酒瘋來，一手扭住了嚴主政的衣服，口中鉤輈格磔的，不知罵些什麼。」

【篝火狐鳴】

篝火：罩火於籠中，隱約如磷火。《史記・陳涉世家》：「[陳勝]又間令吳廣之次所旁叢祠中，夜篝火，狐鳴呼曰：『大楚興，陳勝王。』」後以「篝火狐鳴」指密謀策劃舉事。《前漢通俗演義》九回：「後人把疑神見鬼等情，說做篝火狐鳴，便是引用陳勝、吳廣的古典。」

ㄍㄡˇ

【苟存殘喘】

見「苟延殘喘」。

【苟存延喘】

見「苟延殘喘」。

【苟得其人，不患貧賤；苟得其材，不嫌名跡】

苟：如果，假使。如果發現了人才，就不怕他出身貧賤；假使得到有才幹的人，不要嫌棄他在名聲、行爲上有某些過失。漢・王符《潛夫論・本政》：「高祖所以共取天下者，繒肆，狗屠也；驪山之徒，鉅野之盜，皆爲名將。由此觀之，苟得其人，不患貧賤；苟得其材，不嫌名跡。」

【苟非吾之所有，雖一毫而莫取】

假如不是我的東西，就是一絲一毫也不占有。宋・蘇東坡《前赤壁賦》：「且夫天地之間，物各有主。苟非吾之所有，雖一毫而莫取。」

【苟合取容】

無原則地附合，以取悅於人。《漢書・諸葛豐傳》：「夫以布衣之士，尚猶有刎頸之交，今以四海之大，曾無伏節死誼之臣，率盡苟合取容，阿黨相為，念私門之利，忘國家之政。」

【苟懷四方志，所在可遊盤】

盤：盤桓。如果胸懷四方志，無論在何處都能建功立業。晉・歐陽建《臨終詩》：「伯陽適西戎，孔子欲居蠻。苟懷四方志，所在可遊盤。」

【苟可以為天下國家之用者，則無不在於學】

如果能夠成為對天下國家有用的人，沒有不是透過教育而造就的。指只有透過教育，才能培養出對國家有用的人材。宋・王安石《上仁宗皇帝言事書》：「士所觀而習者，皆先王之法言、德行、治天下之意，其材亦可以為天下國家之用。苟不可以為天下國家之用，則不教也；苟可以為天下國家之用者，則無不在於學。此教之之道也。」

【苟利國家生死以，豈因禍福避趨之】

趨：疾走。只要有利於國家，便可以將自己的生命獻出來，哪能因考慮個人的禍福就避開或趨附呢？清・林則徐《赴戍登程口占示家人》之一：「力微任重久神疲，再竭衰庸定不支。苟利國家生死以，豈因禍福避趨之。」

【苟留殘喘】

見「苟延殘喘」。

【苟能無以利害義，則恥辱亦無由至矣】

假如能不因私利而損害道義，也就不會蒙受恥辱了。《荀子・法行》：「鷹鳶猶以山為卑而增巢其上，及其得也必以餌。故君子苟能無以利害義，則恥辱亦無由至矣。」

【苟且偷安】

得過且過。宋・汪應辰《廷試策》：「昔唐之明皇，承宴安太平之後，苟且偷安，昧於遠圖，政令日弛，法度日隳。」《宦海》二〇回：「做大員的這樣苟且偷安，做屬吏的又是那般逢迎得意。」

【苟且偷生】

得過且過，湊合活著。例自從他被父親逐出家門，他就每天自甘墮落，過著苟且偷生的生活。

【苟且之心】

只願眼前，得過且過的心理狀態。清・章炳麟《〈客帝〉匡謬》：「飾苟且之心，棄本崇教，其違於形勢遠矣！」也指男女關係上的不正當思想。《醒世姻緣傳》七九回：「若論狄希陳的心裏，見了小珍珠這個風流俊俏的模樣……卻也實安著一點苟且之心。」

【苟全性命於亂世】

在混亂不安定的時代苟且偷生，以求保全性命。指在混亂時期並無大志，只求得過且過。三國蜀・諸葛亮《出師表》：「臣本布衣，躬耕於南陽，苟全性命於亂世，不求聞達於諸侯。」

【苟日新，日日新，又日新】

如果一天去污自新，天天去污自新，那就日新一日。指人們要經常反省自己的言行，加強道德修養。《禮記・大學》：「湯之盤銘曰：『苟日新，日日新，又日新。』」例如果我們經常檢討自己的言行，揚長避短，如古人「苟日新，日日新，又日新」，則能少犯錯誤，甚至不犯錯誤。

【苟延殘喘】

苟延：勉強延續；殘喘：臨死前的喘息。指勉強維持生命。也比喻事物勉強存在下去。《京本通俗小說》一四回：「老漢幸年高，得以苟延殘喘；倘若少壯，也不在人世了。」也作「苟延殘息」。宋・朱熹《乞追還待制職名及守本官致仕奏狀》：「實緣病勢危迫，方敢冒昧，今雖苟延殘息，終是不堪異日使令，不敢更叨廩祿。」也作「苟延喘息」。宋・朱熹《乞借拔官會給降度牒及推賞獻助人狀》：「一口不過日得一二合而已，此皆僅足以苟延喘息，而不足以救其死命。」也作「苟延一息」。清・紀昀《閱微草堂筆記・槐西雜志二》：「一則忍恥偷生，苟延一息，冀樂昌破鏡，再得重圓。」也作「苟存殘喘」。宋・歐陽修《與韓忠獻王》：「遽來居潁，苟存殘喘，承賜恤問，敢此勉述。」也作「苟留殘喘」。元・高則誠《琵琶記・蔡婆埋冤五娘》：「奴家自把細米皮糠逼邏吃，苟留殘喘。」也作「苟存延喘」。宋・陳亮《與范東叔龍圖》：「亮自七八月之交，一病垂死，今幸苟存延喘，百念皆已灰滅；但尊敬大賢君子，耿然猶在。」

【苟延殘息】

見「苟延殘喘」。

【苟延喘息】

見「苟延殘喘」。

【苟延一息】

見「苟延殘喘」。

【苟有良田，何憂晚歲】

歲：年景、收成。如果田地好，晚收也不怕。比喻大器晚成。明・馮北海《不伏老》四折：「語云：苟有良田，何憂晚歲。小生積年有待，壯志未酬，如不見信，請老先生面試經史，過目成誦。」

【狗鼻裏插蔥——裝相（象）】

相：「象」的諧音；象：陸地上最大的哺乳動物。雙關語，比喻人裝模作樣，做出了不起的樣子。例他就壞在不老實，常常狗鼻裏插蔥——裝相（象）。也作「狗鼻子插大蔥——裝什麼相（象）」、「老母豬鼻子裏插大蔥——裝相（象）」、「豬鼻子插大蔥——裝相（象）」。

【狗不吃屎——裝假】

也作「狗不吃屎——假裝」。見「空腹打飽嗝——裝假」。

【狗不嫌家貧，人不嫌地薄】

比喻人總是眷戀自己的家鄉。例遊子在外，總掛著家鄉，希望能回家看看故鄉的山山水水。狗不嫌家貧，人不嫌地薄嘛。

【狗朝屁走，不知道臭】

比喻幹壞事不以為恥。例他成天跟流氓幫派鬼混，還自鳴得意，眞是「狗朝屁走，不知道臭」。

【狗扯皮】

比喻雙方無原則的爭吵、推諉。例人都快不行了，還在那兒狗扯皮，倒是快救人呀！

【狗扯羊腸——越扯越長】

比喻說話漫無邊際，沒完沒了。有時含有話多生非的意思。例他的報告像狗扯羊腸——越扯越長，大家聽得無精打采。也作「狗銜羊腸——越扯越長」、「老頭吃糖——越扯越長」、「老葫蘆爬秧子——越扯越長」、「橡皮筋——越扯越長」。

【狗扯羊皮——不害臊】

臊：ㄙㄠˋ，「臊」（ㄙㄠ）的同形，諧音字。雙關語，比喻不知羞恥。例你們怎麼在光天化日之下，幹出如此醜事，眞是狗扯羊皮——不害臊。

【狗吃豆腐腦——閒（銜）不著】

閒：「銜」的諧音。雙關語，比喻忙於做事，沒有空閒。例這個是狗吃豆腐腦——閒（銜）不著，成天東串西走，搬弄是非，影響很壞。

【狗吃牛屎——只圖多】

比喻貪多而不顧其他。例不要狗吃牛屎——只圖多，不但要考慮工廠的財力物力，而且要考慮投資的經濟效益。

【狗吃青草——長著一副驢心腸】

比喻心腸非常壞。例他自稱面善心軟，其實是狗吃青草——長著一副驢心腸，狠毒得像蠍子。

【狗吃青草——裝佯（羊）】

佯：「羊」的諧音，指假裝。比喻弄虛作假，故作姿態。例「不是我膽子小，害怕引你們到我方陣地上去，而是為你們擔心呀！」「呸！狗吃青草——裝佯（羊）。小心你的狗命。」也作「狗長犄角——裝佯（羊）」。

【狗吃熱蔓菁——又想吃又怕燙著】

蔓菁：也叫蕪菁，二年生草本植物，塊根肉質，白色或紅色，可做蔬菜。比喻又想得到好處，又怕受到損害的矛盾心理。例明知對手不好對付，又不願認輸，眞是狗吃熱蔓菁——又想吃又怕燙著。

【狗吃屎】

比喻面朝下跌倒的姿勢。例你還要去溜冰啊？你忘了上次摔了多少個狗吃屎啦！也作「狗搶屎」。例瞧他們摔得多逗，活像狗搶屎！

【狗吃糖稀——哩哩啦啦】

糖稀：含水分較多的麥芽糖，從澱粉中製取，供製糖果、糕點用。形容零零散散、斷斷續續的樣子。例看，你們這個隊伍好比狗吃糖稀——哩哩啦啦，哪像受過嚴格訓練的軍人。

【狗吃豬腸——撕扯不清】

比喻事情複雜，很難弄清。例要三天查清問題？但這件事是狗吃豬腸——撕扯不清，我們只有努力試試，不敢保證。也作「狗咬爛羊皮——撕扯不清」。

【狗吃豬屎——好壞不分】

雙關語，比喻分不清好的和壞的。有時指獎罰不明。例為什麼有時都沒有獎金，有時獎金數額都一樣？這是不是狗吃豬屎——好壞不分呢？也作「狗吃豬屎——不分好壞」、「一把白糖一把沙——好壞不分」。

【狗打呵欠——一張臭嘴】

比喻語言污穢，不堪入耳，斥責人的話。例這小子三句話不離罵人，有人說他是狗打呵欠——一張臭嘴。也作「屎殼郎打呵欠——一張臭嘴」、「三年不漱口——一張臭嘴」。

【狗打石頭人咬狗——豈有此理】

指不可能發生的事。對不合理的事表示反對和憤慨。例我們的原則是按勞付酬，而你們卻按閒分配，狗打石頭人咬狗——豈有此理！

【狗逮老鼠貓看家——反常】

見「六月裏下大雪——反常」。

【狗戴嚼子——胡勒】

嚼子：為便於駕馭，橫放在牲口嘴裏的小鐵鏈，兩端連在籠頭上；勒：把嚼子拉緊。嚼子本來是戴在牲口嘴裏的，讓狗戴上，就是胡勒。比喻胡鬧、亂來。例「有人想在游泳池內養魚！」「眞是狗戴嚼子——胡勒」。

【狗戴禮帽——裝出大人物的款兒】

禮帽：在隆重場合戴的帽子；款兒：樣式，格式。比喻裝模作樣，扮成有地位、有聲望的人的樣子。例自從他當了鎮長之後，更加得意了，處處都狗戴禮帽——裝出大人物的款兒。

【狗戴籮筐——藏頭露尾】

籮筐：用竹子或柳條等編的器具，或圓或方，或方底圓口，多用來盛糧食、蔬菜等。比喻躲躲閃閃，不痛快。有時指雖然躲藏起來，但仍露出了破綻。例有問題應當向大家說清楚，不能狗戴籮筐——藏頭露尾。也作「狐狸鑽罐子——藏頭露尾」、「野雞生蛋——藏頭丟尾」。

【狗戴帽子——裝人樣】

雙關語，比喻假裝正人君子。例別狗戴帽子——裝人樣了，誰不了解誰呢？也作「夜壺戴草帽——裝人樣」、「狗戴帽子——裝人」、「狗頭上戴眼鏡——充人」、「猴兒戴帽——裝人樣兒」。

【狗戴沙鍋——亂撞一氣】

沙鍋：即砂鍋，用陶土和沙燒成的

鍋。也作「狗戴沙罐——亂撞一氣」、「狗戴罐子——瞎碰」、「狗腦殼戴砂罐——亂碰亂撞」。見「盲人騎瞎馬——亂闖」。

【狗戴沙罐——暈頭轉向】

沙罐：用陶土和沙燒成的罐子。也叫砂罐。形容頭腦昏亂，辨不清方向。例你是不是狗戴沙罐——暈頭轉向了，連自己的家門也不認識啦。也作「吃了對門謝隔壁——暈頭轉向」。

【狗黨狐朋】

見「狗黨狐羣」。

【狗黨狐羣】

比喻勾結成夥的壞人。明・無心子《金雀記・投崖》：「羞殺你狗黨狐羣，我怎肯喪志污紅粉。」也作「狗黨狐朋」。元・喬吉《李太白匹配金錢記》二折：「我是個詩壇酒社文章士，不比那狗黨狐朋惡少年。」

【狗盜雞鳴】

比喻低下、微末的技能。元・汪元亨《一枝花・閒樂》曲：「齊孟嘗待賢良肚腹，賺不去狗盜雞鳴類兒數。」《東周列國志》九三回：「吾之得脫虎口，乃狗盜雞鳴之力也。」

【狗盜鼠竊】

比喻小偷小摸。漢・荀悅《漢紀・惠帝紀》：「今明主在於上，法令具於下，安得有反賊乎？此眞狗盜鼠竊耳！」也作「狗偷鼠竊」。明・劉基《鬱離子・公孫無人》：「狗偷鼠竊，乘時而興，無人以治之。」

【狗等骨頭——乾著急】

比喻情況嚴重，心裏著急而毫無辦法。例喂，趕快投降吧！你們的援軍到不了啦，何必狗等骨頭——乾著急呢？也作「急驚風碰上慢郎中——乾著急」、「救火沒水——乾著急」。

【狗顛屁股垂兒】

見「狗顛屁股獻殷勤」。

【狗顛屁股獻殷勤】

顛：搖擺。比喻討好、巴結人。《玉佛緣》四回：「好容易咱家出了一個好孩子，你們不狗顛屁股的獻些殷勤，反倒作賤起來。」也作「狗顛屁股垂兒」。例看他那「狗顛屁股垂兒」的樣子，點頭哈腰，嘴裏連聲「是，是，是」，眞叫人噁心。

【狗竇大開】

狗竇：狗洞。舊時用來嘲笑人缺牙齒。南朝宋・劉義慶《世說新語・排調》：「張吳興年八歲，虧齒。先達……戲之曰：『君口中何爲開狗竇？』張應聲答曰：『正使君輩從此中出入。』」

【狗肚裏藏不住熱脂油】

比喻修養差的人心中藏不住剛知道的事。例他那個人狗肚裏藏不住熱脂油，如果比較秘密的事情，千萬不要告訴他！

【狗肚子盛不下四兩香油——非倒出來不行】

比喻心中存不住事，知道的總想往外說。例我已警告過多次，可他狗肚子盛不下四兩香油——非倒出來不行，結果惹了一場是非。也作「狗肚子裏盛不住二兩油——有點東西就往外倒」。

【狗吠不驚】

夜裏有狗叫也不會引起驚慌。形容社會安定。《後漢書・岑熙傳》：「狗吠不驚，足下生氂。」

【狗吠非主】

狗朝著不是它的主人的人吠叫。比喻臣奴只忠事其主。《史記・淮陰侯傳》：「蒯通曰：『跖之狗吠堯，堯非不仁，狗固吠其非主。』」漢・焦贛《易林・咸之泰》：「狗吠非主，狠虎夜擾，驚我東西，不爲家咎。」

【狗吠月亮——空汪汪】

吠：狗叫；汪汪：狗叫聲。比喻誹謗攻擊都無濟於事。例敵人的造謠誣蔑，只不過是狗吠月亮——空汪汪而已，也作「狂犬吠日——空汪汪」。

【狗吠之驚】

聽到狗叫所引起的驚擾，指小的亂子。《史記・平津侯主父列傳》：「今中國無狗吠之驚，而外累於遠方之備，靡敝國家，非所以子民也。」也作「狗吠之警」。《漢書・嚴助傳》：「今方內無狗吠之警，而使陛下甲卒死亡……臣安竊爲陛下重之。」

【狗吠之警】

見「狗吠之驚」。

【狗肺狼心】

比喻心腸狠毒。崑曲《十五貫》二場：「謀財害命拐女人，狗肺狼心。」

【狗改不了吃屎】

比喻壞人改不了幹壞事的本性。《兒女英雄傳》三一回：「縱讓他知些進退，不敢再來，『狗改不了吃屎』，一個犯事到官，說曾在咱們這宅裏放過他，老弟，你也耽點兒考成。」也作「狗行千里吃屎，狼行千里吃肉」。

【狗趕秧雞——各顧各】

秧雞：〈方〉錦雞，一種野雞。見「爹死娘嫁人——各人顧各人」。

【狗給老虎搔癢癢——好心沒好報】

比喻善良的人反而遭到不好的報應。例那傢伙是一個無事生非、以怨報德的人，你不要去幫助他，我怕你狗給老虎搔癢癢——好心沒好報哩！

【狗苟蠅營】

像狗那樣苟且無恥，像蒼蠅那樣一味鑽營。比喻爲了私利，毫無廉恥到處鑽營。《孽海花》二一回：「到底狗苟蠅營，依然逃不了聖明燭照，這不是一件極可喜的事嗎？」

【狗鬼聽提】

狗來提也聽從，鬼來提也聽從。比喻百依百順。《醒世姻緣傳》六二回：「唯獨一個二不稜登的婦人，制服得你狗鬼聽提。」

【狗喝涼水——耍舌頭】

比喻光說不做，賣弄口才。貶義。例鄧根是一個狗喝涼水——耍舌頭的坯子，大家都瞧不起他。

【狗急跳牆】

比喻被逼無路時會不顧一切地做出冒險行動。《敦煌變文集．燕子賦》：「人急燒香，狗急驀牆。」《紅樓夢》二七回：「今兒我聽了他的短兒，『人急造反，狗急跳牆』，不但生事，而且我還沒趣。」

【狗急跳牆——逼出來的】
見「好漢上梁山——逼的」。

【狗啃骨頭——津津有味】
津：口水，唾液；津津：形容有滋味，有興味，比喻特別有興趣。含有諷刺意思。例這孩子上學沒勁，看足球比賽實況轉播，卻像狗啃骨頭——津津有味。

【狗啃碗片——滿嘴詞（瓷）】
詞：「瓷」的諧音。比喻說話咬文嚼字，或講起話來頭頭是道。例嗬，你現在長進多了，說起話來像狗啃碗片——滿嘴詞（瓷）。也作「老母豬啃碗碴——滿嘴詞（瓷）」、「狗啃碗片——口口是詞（瓷）」、「老鼠啃碟子——滿口是詞（瓷）」、「豬八戒吃碗碴——滿嘴詞（瓷）」。

【狗口裏吐不出象牙】
見「狗嘴裏吐不出象牙」。

【狗攬三堆屎】
攬：把持。比喻貪得無厭。《醒世姻緣傳》一九回：「晁住娘子道：『你若不茁茁實實的說與他，狗攬三堆屎，有了和尚，他還有『寺』哩！甚麼是看長的人，咱做這枉耽虛名的勾當！』」

【狗馬聲色】
狗馬：泛指供遊樂的動物；聲色：歌舞和女色。形容糜爛荒淫的生活。清．王韜《臆譚．求言》：「為君者日不聞其過，亦自以為四方平治，聖哲若古，而狗馬聲色之欲因以中其心志矣。」

【狗攆耗子——多管閒事】
攆：ㄋㄧㄢˇ，〈方〉追趕。比喻干涉、過問與己無關或無關緊要的事。例對狗攆耗子——多管閒事的說法，應作具體的分析。有的所謂「閒事」，實際上是公民的義務。也作「狗咬耗子——多管閒事」、「狗咬老鼠——多管閒事」、「狗拿耗子——多管閒事」。

【狗攆鴨子——呱呱叫】
攆：〈方〉追趕；呱呱：鴨子響亮的叫聲。形容非常好。例她的歌唱得就像狗攆鴨子——呱呱叫，深受聽眾的歡迎。也作「鴨子下河灘——呱呱叫」、「老母雞生蛋——呱呱叫」、「老鴰站樹梢——呱呱叫」、「老母雞生蛋——呱呱叫」、「鴨子喊伴——呱呱叫」。

【狗尿苔打鹵子——不是好蘑菇】
狗尿苔：也叫鬼筆，眞菌的一種，表面有黏液，有臭味，不可食。比喻不是好料，或不是好東西。例這個人好似狗尿苔打鹵子——不是好蘑菇，不能信任，另換一個人吧。也作「狗窩裏長狗尿苔——沒有好貨」。

【狗尿苔長在金鑾殿上——生到好地方了】
金鑾殿：皇帝舉行朝會的地方。雙關語，比喻出生的地方不錯。例「我是台北人。」「哈哈，狗尿苔長在金鑾殿上——生到好地方了。」

【狗尿苔做點心餡兒——成了人（仁）兒了】
人：「仁」的諧音。雙關語，比喻變成有出息的人了。例新官上任三把火，好厲害呀！狗屎苔做點心餡兒，你也成了人（仁）兒了！

【狗皮膏藥】
一種外敷膏藥，能消炎止痛。舊時江湖騙子說成是萬應靈藥，騙人錢財。比喻騙人的貨色。例身上若是受傷，千萬別把那些來路不明的狗皮膏藥貼在傷口上，以免造成反效果。

【狗皮上南牆——太不像話（畫）】
話：「畫」的諧音。比喻說話很不中聽，不講道理極了。也指糟得很，極不像樣子。例你在大家面前，不顧事實，胡說一通，實在是狗皮上南牆——太不像話（畫）了。

【狗皮上貼膏藥——不沾（粘）】
沾：「黏」的諧音。比喻不成，不中用。例這種原料恐怕是狗皮上貼膏藥——不沾（粘），先試試再說吧！

【狗皮襪子——沒反正】
反正：反面和正面。比喻關係親密，不分彼此。例我們是老朋友，狗皮襪子——沒反正，你有事情可以直接找他幫助。

【狗屁不通】
貶斥人說話或寫文章在邏輯上或語法上有毛病，內容一無可取。《三俠五義》三五回：「柳老賴婚狠心難測，馮生聯句狗屁不通。」

【狗肉不上桌】
比喻不夠格。例以他現在的身分，想要在公司直接和我洽談公事，還算是「狗肉不上桌」呢！也作「狗肉上不得台盤，稀泥巴糊不上壁表」。

【狗肉滾三滾，神仙站不穩】
比喻請客吃飯的作用。例狗肉滾三滾，連神仙都站不穩，那些貪官污吏在山珍海味的進攻中喪失原則，慷國家之慨，當然更不在話下了。

【狗肉——上不了案板】
舊時認為狗肉不是正經肉食。比喻才能、資歷差的人，派不上大的用場。有時指不宜在公共場合出頭露面。例他這個人辦不了大事，狗肉——上不了案板，怎能當一隊之長呢？也作「狗肉——上不了台盤」、「毛腳雞——上不得台盤」、「痰盂當湯盆——擺不上桌」、「王八敬神——擺不上桌」、「山裏紅——不上台盤」。

【狗肉上不了台盤】
比喻不求上進的人扶不起來。例小李這幾年的生活愈來愈糜爛，人生也愈來愈沒有目標，實在是「狗肉上不了台盤」，讓人灰心極了。

**【狗屎做的鋼鞭——文（聞）不

能文(聞)，武(舞)不能武(舞)】
文：「聞」的諧音；武：「舞」的諧音。雙關語，比喻人沒有本事，什麼也做不來。有時也指做事左右爲難。例此人自視甚高，其實是狗屎做的鋼鞭——文（聞）不能文（聞），武（舞）不能武（舞），一點用處也沒有。也作「狗屎做鞭——文（聞）也文（聞）不得，武（舞）也武（舞）不得」、「攪屎的棍棒——文（聞）不能文（聞），武（舞）不能武（舞）」、「茅坑裏的木棒——文（聞）也文（聞）不得，武（舞）也武（舞）不得」、「茅廁裏的關刀——不能文(聞)也不能武(舞)」。

【狗死狗蚤死——同歸於盡】
狗蚤：寄生在狗身上的跳蚤。狗死，狗蚤也跟著死。比喻一同毀滅。例趕快繳械投降吧，你們的主子快要完蛋了。難道你們想狗死狗蚤死——同歸於盡嗎？

【狗舔煎盤空嗞唾】
比喻什麼都撈不著，乾瞪眼。明·陳與郊《靈寶刀》二齣：「[前腔]春遊沒處沒嬌娥，沒嬌娥。來如潮湧去如梭，去如梭。狗舔煎盤空嗞唾，瓜仁當飯飽人麼？」

【狗舔磨台——空轉一遭】
磨台：安放石磨的圓形台子，不磨麵時上面是空的。狗舔磨台只是空轉一圈，無東西可吃。比喻辦事無結果，或白跑一趟，毫無收穫。例由於我們採取了堅壁清野的措施，敵人進村恰如狗舔磨台——空轉一遭，什麼東西也沒撈到。也作「磨道驢子斷了套——空轉一遭」、「老牛推脫了磨——空轉一趟」。

【狗舔磨台——瞎轉悠】
比喻毫無目的地閒逛。例你整天不工作，狗舔磨台——瞎轉悠些什麼？也作「矇上眼睛拉磨——瞎轉悠」。

【狗舔砂罐——沒得味】
砂罐：即沙罐，用陶土和沙燒成的罐子。形容沒有味道。例他覺得吃西餐，是狗舔砂罐——沒得味。也比喻對某件事情沒有興趣。例小譚不想做護士工作，說是狗舔砂罐——沒得味。

【狗挑門窗——露一鼻子】
比喻炫耀一下本事。例這次你參加了電視台主辦的春節聯歡會的演出，眞是狗挑門窗——露一鼻子啦。

【狗偷鼠竊】
見「狗盜鼠竊」。

【狗頭軍師】
專門給人出壞主意或出主意不高明的人。《北洋軍閥統治時期史話》一五章：「此時又有狗頭軍師提醒他……廢省問題還是以不談爲妙。」

【狗頭軍師——出不了好主意】
指盡想些不高明的辦法。例狗頭軍師——出不了好主意，不要向他請教了，還是我們自己來想辦法吧。也指專門出壞主意。例他是狗頭軍師——出不了好主意，按照他的辦法做，準把事情搞糟。也作「吃剩飯長大的——盡出餿主意」、「閻王爺辦公——專出鬼點子」。

【狗頭軍師——專出鬼點子】
見「狗頭軍師——出不了好主意」。

【狗頭上戴眼鏡——充人】
見「狗戴帽子——裝人樣」。

【狗頭上生角】
比喻根本不可能。例這簡直是「狗頭上生角」，這種事是絕對不會有的。

【狗投窮，貓投富】
狗不嫌主人窮，貓專跑有吃食的地方。冰心《漫談賞花和玩貓》：說起來，狗的嘴比貓靈得多，而且對人也親得多。諺語說：『狗投窮，貓投富。』貓會上房，東竄西竄的，哪家有更好的吃食，它就往哪家跑。狗卻是戀人過於戀吃。

【狗腿子】
有權勢的壞人或惡霸的爪牙。例狗仗人勢，狐假虎威，魚肉羣衆，強打惡要，這就是狗腿子的形象。

【狗吞乾魚——卡住了】
卡：夾在中間，不能活動。比喻張口結舌，說不出話來；或辦事不順利，中途停頓下來。例小鄧說：「有沒有談到我的問題？」「你有什麼問題？」小靳反問道。這下，倒讓小鄧狗吞乾魚——卡住了。

【狗吞辣椒——夠嗆】
見「雞吃蠶豆——夠嗆」。

【狗望碗櫃——白想】
白想：空想。碗櫃內裝有食物，但狗吃不到，見「枕頭底下放罐子——空想」。

【狗尾巴草長在牆縫裏——打根上就不正】
狗尾巴草：通稱狗尾草，也叫莠，一年生草本植物，葉子細長，花序圓柱形，穗有毛。比喻原來的根底就不好。例施大牛是狗尾巴草長在牆縫裏——打根上就不正，幼時就小偷小摸，進過少年感化院，長大後成了慣犯，曾多次坐監獄。這次又因竊盜殺人被捕了，一定會受到嚴懲。也作「歪脖子樹——根骨不正」、「歪苗長歪樹——根子不正」、「橡樹上長菌——根骨不正」。

【狗尾巴草做琴弦——不值一談（彈）】
談：「彈」的諧音。雙關語，比喻無關緊要，不值得說。有時比喻不屑於一說，含有無所謂或輕蔑的意思。例過獎了，我這篇習作，是狗尾巴草做琴弦——不值一談（彈）。也作「燈心草做琴弦——不值一談（彈）」、「馬尾作琴弦——不值一談(彈)」。

【狗尾巴上的水珠——經不起搖擺】
比喻受不了反覆折騰。例狗尾巴上的水珠——經不起搖擺，這次採取的措施應當穩妥一些，不能再翻燒餅了。

【狗尾巴上繫鞭炮——追著炸】
繫：打結，扣。比喻窮追猛打。例敵

人多次進犯我邊境城鎮，這次絕不輕易放過，一定要狗尾巴上繫鞭炮——追著炸，直到把他們消滅乾淨爲止。

【狗尾續貂】

《晉書·趙王倫傳》：「[倫]乃僭即帝位……其餘同謀者咸超階越次，不可勝紀，至於奴卒厮役亦加以爵位。每朝會，貂蟬盈坐，時人爲之諺曰：『貂不足，狗尾續。』」因以「狗尾續貂」形容封官太濫。後比喻用差的貨色接在好東西後面，不和諧。多指文學藝術作品。明·無名氏《霞箋記·得箋窺認》：「年兄所作甚佳，小弟勉吟在上，只是狗尾續貂，未免蠅污白璧。」

【狗尾續貂——不相稱】

比喻搭配不當，不協調。例新娘著紅衣綠褲，從現代的觀點看，是狗尾續貂——不相稱。也作「乞丐身，皇帝嘴——不相稱」、「爛筐子拴絲穗子——不相稱」、「大胖子騎瘦驢——不相稱」。

【狗掀門簾——全憑一張嘴】

雙關語，比喻能說會道，耍嘴皮子，不會幹實事。例他沒有什麼眞才實學，狗掀門簾——全憑一張嘴。也作「狗掀門簾——全仗嘴」、「狗掀簾子——光憑嘴」、「狗掀簾子——全靠一張嘴」、「老母豬打架——光使嘴」、「老母豬耕地——光會使嘴」、「馬抓癢——全仗嘴」、「野豬刨紅薯——全憑一張嘴」、「啄木鳥找食——全憑嘴」。

【狗行狼心】

狗的行爲，狼的心腸。比喻卑鄙狠毒。元·白樸《惱煞人》曲：「恨馮魁趨恩奪愛，狗行狼心，全然不怕天折挫。」元·無名氏《雲窗夢》四折：「你狗行狼心，短命相識，恨惹情牽，魂勞夢斷。」

【狗行千里吃屎，狼行千里吃肉】

見「狗改不了吃屎」。

【狗熊掰棒子——掰一個，丟一個】

掰：ㄅㄞ，用手把東西分開。棒子：〈方〉玉米。比喻顧此失彼，丟三落四。例他是一個粗心大意而又健忘的人，辦事情就像狗熊掰棒子——掰一個，丟一個。

【狗熊戴涼帽——混充人形】

見「狗熊耍把戲——混充人形兒」。

【狗熊掉進陷阱裏——招數不多了】

陷阱：爲捕捉野獸或敵人而挖的坑；招數：下棋的步子，或武術的動作。比喻無計可施。例我看敵人是狗熊掉進陷阱裏——招數不多了，最後只有投降一條路了。

【狗熊喝墨汁——黑透了膛了】

比喻心腸陰險狠毒。例敵人是狗熊喝墨汁——黑透了膛了，我們的許多同胞都被他們殺害或活埋了。

【狗熊見刺蝟——無可奈何】

見「霸王別姬——無可奈何」。

【狗熊耍把戲——混充人形兒】

把戲：雜技。比喻冒充正經人，貶義。例別說人家是狗熊耍把戲——混充人形兒了，應當鼓勵他繼續改造，做一個正正當當的人。也作「狗熊戴涼帽——混充人形」。

【狗熊耍棒子——胡掄】

棒子：棍子；掄：用力揮動。比喻亂來一氣。例他在工地上，狗熊耍棒子——胡掄，妨礙了大家的正常工作。

【狗熊耍扁擔——就那麼幾下子】

比喻本領不強，招數不多。例他是狗熊耍扁擔——就那麼幾下子，不能要求過多，會做多少算多少吧。

【狗熊耍門棍——人熊傢伙笨】

人熊：形容人愚笨、沒本事。比喻人沒有本事，工具或武器也不好用。例「敵人是狗熊耍門棍——人熊傢伙笨，怎敢和我們比高下」的說法，是一種輕敵、驕傲自滿思想的表現，如不克服，可能導致失敗。

【狗熊栽跟頭——被家（枷）所累】

家：「枷」的諧音。比喻爲家庭所羈絆。例「爲什麼不多參加些社會活動？」「唉，我是狗熊栽跟頭——被家（枷）所累，出不去呀！」

【狗熊嘴大啃地瓜，麻雀嘴小啄芝麻】

比喻各人按各人的能力辦事。例各人的身體、學識、經驗都不一樣，不應該提出同樣的工作要求。「狗熊嘴大啃地瓜，麻雀嘴小啄芝麻」嘛。

【狗熊坐花轎——想充新娘子】

花轎：舊時娶親時新娘坐的披紅掛彩的轎子，由人抬著。形象不佳，卻想充當好人。比喻自不量力。例他這樣做，只不過是狗熊坐花轎——想充新娘子罷了，不改過自新，靠耍花招是騙不了人的。

【狗血淋頭】

非常厲害的痛罵。例第一宿舍的舍監管理相當嚴格，只要有誰超過門禁時間回來，鐵定被罵得狗血淋頭。也作「狗血噴頭」。《儒林外史》三回：「范進因沒有盤費走去同丈人商議，被胡屠戶一口啐在臉上，罵了個狗血噴頭。」

【狗血噴頭】

見「狗血淋頭」。

【狗眼看到肉骨頭——熬不得了】

比喻忍耐不住。例土匪聽說山下羣衆得到了一大批救濟糧，就像狗眼看到肉骨頭——熬不得了，決定出山搶奪，被我警員一舉殲滅。

【狗眼看人低】

自以爲高人一等，看不起人。例陳家的小開仗著家中有錢，行事作風都是一副狗眼看人低的樣子。

【狗咬秤砣——嘴硬】

雙關語，比喻堅持己見，死不改口。例在鐵的事實面前，你還狗咬秤砣——嘴硬，毫無改過之心，那只好從重處罰了。也作「狗咬秤砣——好硬的嘴」、「毛驢啃石磨——嘴硬」、

「蚊子咬秤砣——好硬的嘴」、「豬八戒犁地——嘴硬」。

【狗咬刺蝟——雙方害怕】

刺蝟：頭部、背部和身體兩側有硬刺的動物，遇敵身體縮成一團，整個都是刺。形容彼此都有畏懼心理。例在一場武鬥之後，他們互相坦誠地承認：「的確，當時是狗咬刺蝟——雙方害怕。」

【狗咬刺蝟——無法下口】

比喻無法開口，無法對付，或無從下手。例老關煩惱極了，本想在老婆身上出氣，偏偏老婆在這時候，伺候得特別周到，使他狗咬刺蝟——無法下口。也作「狗咬刺蝟——難下口」、「狗咬刺蝟——沒處下嘴」、「狗咬刺蝟——下不得口」、「狗咬刺蝟——無從下口」、「狗咬烏龜——無從下口」、「貓吃刺蝟——沒法下口」、「猴咬刺蝟——無處下嘴」、「黃鼠狼吃刺蝟——不知從哪裏下嘴」、「老鼠啃鴨蛋——難下口」、「老虎吃天——無處下口」、「癩蛤蟆吃天——沒法下嘴」、「老虎咬刺蝟——不知從哪兒下口」。

【狗咬屙屎人——不知好歹】

屙屎：〈方〉大便。比喻不明事理，分不清好壞。例別生氣，這個人正如俗話所說：狗咬屙屎人——不知好歹，今後不搭理他就行了。也作「敬酒不吃吃罰酒——不知好歹」、「猴子吃仙桃——不知好醜」。

【狗咬屙屎人——恩將仇報】

屎：〈方〉大便。指用仇恨來報答恩惠。例趙老頭感慨地說：「果然，他是狗咬屙屎人——恩將仇報，如果當初聽從大家意見，不提拔他就好了。」也作「狗咬屙屎人——以怨報德」、「念完經打和尚——恩將仇報」、「病好打醫生——恩將仇報」、「卸磨殺驢——恩將仇報」。

【狗咬狗】

見「狗咬狗，兩嘴毛」。

【狗咬狗，兩嘴毛】

比喻壞人之間互相爭鬥。例這兩個綁匪落網之後，互相推諉責任，實在是狗咬狗，兩嘴毛。也作「狗咬狗，一嘴毛」、「狗咬狗——兩嘴臊」、「狗咬狗」。

【狗咬耗子——假積極】

裝作努力的樣子。例這個人一向偷奸耍滑，消極怠工，今天爲什麼突然狗咬耗子——假積極起來了？也作「刮風掃地——假積極」。

【狗咬叫花子——勢利眼】

見「看人下菜碟——勢利眼」。

【狗咬爛羊皮——撕扯不清】

見「狗吃豬腸——撕扯不清」。

【狗咬老虎——不識死】

比喻不知道死活，自己找死。例敵人向我進攻，是狗咬老虎——不識死。

【狗咬老鼠——多管閒事】

見「狗攆耗子——多管閒事」。

【狗咬雷公——惹天禍】

雷公：神話中管打雷的神。比喻闖了大禍。例南霸天是殺人不眨眼的魔王，得罪他，就像狗咬雷公——惹天禍，不得了。

【狗咬呂洞賓——不識好人心】

呂洞賓：神話傳說中的八仙之一，即呂嵒，號純陽，唐京兆人，曾中進士，任縣令，後隱居終南山得道。傳說他成仙之後，好濟世救人。比喻糊塗，分辨不出好人、壞人。例咳，你眞是狗咬呂洞賓——不識好人心呵！好吧，你不去，我去！也作「狗咬呂洞賓——不識好歹」、「狗咬呂洞賓——不認識眞人」、「狗咬呂洞賓——不認眞假人」、「狗咬呂洞賓——認不清好壞人」。

【狗咬駱駝——不沾耳】

沾：接觸。比喻相差很遠。例我們工廠雖然生產提高了，生活有所改善，但同別的工廠比較起來，還是狗咬駱駝——不沾耳。

【狗咬皮影——沒有人味】

皮影：用獸皮或紙板做成的人物剪影。比喻人的品行惡劣，缺乏感情。例他自己就是狗咬皮影——沒有人味，還說人家缺少人道主義的思想。也作「老虎啃菩薩——沒有人味」、「蚊子叮泥像——沒有人味」。

【狗咬屁股——肯定（啃腚）】

肯定：「啃腚」的諧音；腚：ㄉㄧㄥˋ，〈方〉屁股。雙關語，比喻確定無疑。例「你說這是武二虎散布的謠言？」「狗咬屁股——肯定（啃腚），我親耳聽見的。」

【狗咬汽車——找錯對象】

見「蚊子叮木偶——找錯了對象」。

【狗咬日頭——狂妄（汪）】

日頭：〈方〉太陽；妄：「汪」的諧音；汪：狗叫聲。比喻極端自高自大。例他是老子天下第一，誰也瞧不起，的確是狗咬日頭——狂妄（汪）極了。有人說他只是「狂妄」天下第一。

【狗咬石匠——找著挨錘】

錘子是石匠隨身攜帶的必備工具，狗咬石匠免不了要挨錘。比喻自討苦吃。例敵人向强大的我方挑釁，是狗咬石匠——找著挨錘。也作「狗咬石匠——找著挨榔頭」、「狗咬石匠——找錘」。

【狗咬尿脬——一場空】

尿脬（ㄆㄠ）：〈方〉膀胱，此處指豬尿脬。比喻希望和努力完全落空、毫無所獲。例張先生四處向人借錢，耗了一整天都沒收穫，眞是狗咬尿脬——一場空。也作「狗咬尿脬——空歡喜」、「狗咬尿脬——鬧場空」、「狗咬豬尿脬——空歡喜」、「搶雞婆抓糠殼——空歡喜」、「老母雞啄糠殼——空歡喜」、「雞飛蛋打——一場空」、「麻雀飛到糠堆上——空歡喜」、「貓咬尿泡——空歡喜」、「老鼠落在礱糠裏——落得空歡喜一場」、「老鼠跳在糠籮裏——一場歡喜一場空」、「大海撈針一場空」、

「水中撈月——一場空」、「柳條籃子打水——一場空」、「篩子端水——一場空」、「望風撲影——一場空」、「黃鼠狼拖著雞毛撣——空歡喜」、「鴨子吃礱糠——一場空歡喜」、「花籃打水——一場空」、「竹籃打水——一場空」、「猴子撈月亮——一場空」、「半天雲裏扭秧歌——空歡喜」。

【狗咬碗櫥——吃不開】

比喻人不受歡迎或辦法行不通。例他剛來這裏，還沒樹立什麼威信，似乎是狗咬碗櫥——吃不開。

【狗咬尾巴——團團轉】

形容工作繁雜、忙亂，或遇事無策，十分焦急。例他一年到頭忙得像狗咬尾巴——團團轉，根本沒有休息和娛樂時間。也作「驢子拉磨——團團轉」、「熱鍋上的螞蟻——團團轉」、「滑了牙的螺絲帽——團團轉」。

【狗咬烏龜——找不到頭】

比喻事情沒有頭緒，不知從哪兒下手，或找不到解決問題的辦法。例儘管警察局長親自出馬破案，仍然是狗咬烏龜——找不到頭，三個月過去了，連一點線索也沒有。也比喻辦一件事情找不到負責人。例「只有值班的，沒有人簽字。」「難道狗咬烏龜——找不到頭？他們都到哪裏去了？」

【狗咬雲雀——差得遠】

雲雀：嘴小而尖，叫聲好聽，翅膀大，飛得很高。比喻差距非常大。有時用作謙詞。例老汪的棋藝已達國手水準，我同他相比，是狗咬雲雀——差得遠哩！也作「狗咬雲雀——差遠了」、「狗咬月亮——差天遠」、「隔山摘李子——相差蠻遠」、「汽槍打飛機——差一大截子」、「踩凳子鈎月亮——差得遠」、「踩著梯子吃星星——差天遠」、「飛機上釣魚——差得遠」、「騎牛趕火車——差得遠」、「晾衣竿鈎月亮——差得遠」、「站在黃河兩岸握手——差遠啦」、「登著梯子想上天——差得太遠」、「隔著黃浦江握手——差得遠」。

【狗咬粽子——難解】

比喻弄不清楚，無法理解。有時指某種糾葛難以解決。例敵人進村之後，連村民的影子也沒看到；晚上則槍聲四起，危機處處，神兵究竟從何而來，實在是狗咬粽子——難解。也作「狗咬粽子——解不開」、「狗咬粽子——莫得解」、「狗吃粽子——不解」、「狗咬粽子——解不開扣」、「狗吃粽子——解不清」、「葫蘆蔓纏上了南瓜藤——難解」。

【狗要吃屎，沙糖換弗轉】

狗吃慣了屎，讓它吃糖都不行。比喻壞事幹久了，改邪歸正很難。《何典》四回：「我是正面正路說話，你不肯聽，也只得由你便了。正是狗要吃屎，沙糖換弗轉的。」

【狗有狗道理，鬼有鬼道理】

比喻什麼人都有自己的道理。魯迅《隨感錄三十九》：「經驗從那裏得來，便是從清朝得來的。經驗提高了，他的喉嚨含含糊糊說：『狗有狗道理，鬼有鬼道理。』中國與衆不同，也自有中國道理。道理各各不同，一味理想，殊堪痛恨。」

【狗魚脫鈎——從此不回頭】

狗魚：魚名，身體爲圓柱形，長達一米餘，青褐色，有許多黑斑，生活在淡水中，性兇猛，貪食各種魚類和其他水中動物。比喻一去不復回。例只怕他這一走，狗魚脫鈎——從此不回頭了，剩下的任務誰來完成呢？

【狗長犄角——出洋（羊）相】

犄（ㄐㄧ）角：角；洋：「羊」的諧音。比喻鬧笑話，出醜。例學習應當嚴肅認眞，不能老是狗長犄角——出洋（羊）相，逗人發笑，影響效果。也作「狗長角——出洋（羊）相」。

【狗長犄角——硬充樣（羊）】

樣：「羊」的諧音。比喻裝好樣的。例他沒有多大本領，不過是狗長犄角——硬充樣（羊）罷了。

【狗長犄角——裝佯（羊）】

見「狗吃青草——裝佯（羊）」。

【狗仗官勢】

狗：指壞人；仗：倚仗。比喻壞人倚仗官府的勢力欺壓人民。茅盾《子夜》七：「哼！他媽的實力！不過狗仗官勢。」

【狗仗人勢】

比喻倚仗主子的權勢或其他某種勢力欺壓他人，任意胡爲。《紅樓夢》七四回：「你就狗仗人勢，天天作耗，在我們跟前逞臉。」

【狗彘不若】

彘：ㄓˋ，豬。連豬狗都不如。比喻人的品行極其卑劣。《封神演義》六二回：「朝廷拜你爲大將，寵任非輕，不思報本，一旦投降叛逆，眞狗彘不若。」也作「狗彘不直」。直：通「值」。《初刻拍案驚奇》卷一八：「你前日受託之時，如何說的？我去不久，就幹出這樣昧心的事來！原來是狗彘不直的。」

【狗彘不食】

見「狗彘不食其餘」。

【狗彘不食其餘】

即使將他的肉拿去餵豬狗，豬狗也不食。形容人極端卑鄙惡劣。《明史·李任傳》：「汝爲大將，不能殺賊，反爲賊用，狗彘不食其餘。」也作「狗彘不食」。例當年作漢奸的人，都會被大家視爲狗彘不食，遺臭萬年的無恥之徒。

【狗彘不直】

見「狗彘不若」。

【狗彘之行】

豬狗一樣的無恥行爲。《石點頭·侯官縣烈女殲仇》：「姐姐，你道妹子果然爲此狗彘之行麼？」

【狗走千里吃屎——本性難改】

比喻壞品質或惡習難改變。例金牛流氓成性，狗走千里吃屎——本性難改，不要相信他。也作「**狗走千里吃屎——本性難移**」、「**吃屎狗難斷吃屎路——本性難移**」、「**生薑脫不了辣氣——本性難改**」。

【狗嘴裏吐不出象牙】
比喻說不出好話。巴金《秋》四〇：「你快給我閉嘴！哪個跟你說話！你這張狗嘴裏還能吐得出象牙？」也作「**狗嘴裏長不出象牙**」。

【狗嘴裏長不出象牙】
見「狗嘴裏吐不出象牙」。

【狗坐轎子——不識抬舉】
比喻不理解或不珍惜別人的好意。例「我有錢會自己買東西，不用你來討好。」「哼，眞是狗坐轎子——不識抬舉。」也作「**狗坐箢篼——不識抬舉**」、「**狗坐轎子——不服抬**」、「**狗上鍋台——不識抬舉**」、「**哈巴狗上轎——不識抬舉**」、「**坐在轎裏翻跟頭——不識抬舉**」。

ㄍㄡˋ

【構怨連兵】
構怨：結怨；連兵：發生戰事。因結怨而發生戰爭。《周書·杜杲傳》：「本朝與陳，日敦和睦，輶軒往返，積有歲年。比爲疆場之事，遂爲仇敵，構怨連兵，略無寧歲，鷸蚌狗兔，勢不俱全。」

【構怨傷化】
構：造成；化：教化。造成怨恨，使教化受到傷害。《漢書·平帝紀》：「苛暴吏多拘繫犯法者親屬婦女老弱，構怨傷化，百姓苦之。」

【垢面蓬頭】
臉面骯髒，頭髮散亂。《說岳全傳》七〇回：「秦檜見那瘋僧垢面蓬頭，鶉衣百結。」也作「**蓬頭垢面**」。

【詬誶謠諑】
誶：ㄙㄨㄟˋ，罵。辱罵攻擊，造謠誹謗。《紅樓夢》九回：「背地裏你言我語，詬誶謠諑，佈滿書房內外。」

【搆大廈者，先擇匠而後簡材】
搆：通「構」，造；簡：通「揀」。修築建造大廈，要先選擇好的工匠，然後再選材料。比喻治理國家，首要的是選擇得當的治國人才。晉·楊泉《物理論》卷一：「搆大廈者，先擇匠而後簡材，治國家者，先擇佐而後定民。」

ㄍㄢ

【干戈載戢】
戢：ㄐㄧˊ，收藏。收起武器，不再作戰。《詩經·周頌·時邁》：「載戢干戈，載櫜弓矢。」宋·陳亮《上光宗皇帝鑑箴》：「我氣既盈，虜氣斯竭。稽首請和，干戈載戢。」

【干名採譽】
干、採：取。以虛假的言行謀求名譽。《漢書·終軍傳》：「矯作威福，以從民望，干名採譽，此明聖所必加誅也。」也作「**要名採善**」。

【干名犯義】
干：求。爲求取聲名而違犯道義。《歸蓮夢》九回：「若是明理的人，也要干名犯義，這便是知而故犯，罪何可逃！」

【干城之將】
干城：盾牌和城牆，比喻捍衛者。指捍衛國家的棟梁之將。《孔叢子·居衛》：「今君處戰國之世，選爪牙之士，而以二卵焉棄干城之將，此不可使聞於鄰國者也。」

【干雲蔽日】
干：衝，及。高聳入雲，遮住陽光。形容樹木高大。宋·洪芻《老圃集·上·松棚》：「南山落落千尺松，干雲蔽日搖青葱。」也指建築物高大。《舊五代史·唐書·郭崇韜傳》：「舊日大明、興慶兩宮，樓觀百數，皆雕楹畫栱，干雲蔽日，今官家納涼無可禦者。」

【干卿底事】
見「干卿何事」。

【干卿何事】
干：關涉；卿：舊時君主對臣子的稱呼，長輩對晚輩、朋友或夫妻間的愛稱。關你什麼事？多用來譏諷人愛管閒事。宋·方岳《如夢令·春思》詞：「春去，春去，且道干卿何事。」梁啓超《新中國未來記》三回：「問春水，干卿何事？」也作「**干卿底事**」。《花月痕》一九回：「天涯芳草，極目傷心！干卿底事？一往情深。」也作「**干卿甚事**」。清·趙翼《甌北詩鈔·七十自述》之二〇：「訂罷史編翻自笑，干卿甚事苦增刪。」

【干卿甚事】
見「干卿何事」。

【甘拜下風】
下風：風向的下方。《莊子·在宥》：「廣成子南首而臥，黃帝順下風膝行而進，再拜稽首而問。」後以「甘拜下風」表示情願居於低下的位置向人行禮。指眞心傾服對方，自認劣勢。《何典》五回：「若教他做篇把放屁文章，便也不假思索，懸懸揮揮的就寫，倒像是抄別人的舊卷一般。隨你前輩老先生見了，無不十人九讚，甘拜下風。」

【甘草能和百藥】
甘草：多年生草本植物，根有甜味，有鎮咳、祛痰等作用，在中藥中可與好多藥相和。比喻跟什麼人都能相處。例在機關裏，他可以說得上是甘草能和百藥了，沒有人是他不熟的。

【甘處下流】
下流：河流的下游。指甘居落後。清·俞樾《右台仙館筆記·無錫楊氏女》：「不顧而去，此子甘處下流，眞別有肺腸者。」

【甘脆肥醲】
見「甘旨肥濃」。

【甘分隨時】

甘居本分，順隨時世環境。元・無名氏《誶范叔》楔子：「常則是半生忙不遂，我平生志，居陋巷甘分隨時。」

【甘瓜苦蒂】

瓜是甜的，瓜蒂卻是苦的。比喻事物沒有十全十美的。唐・馬總《意林》一引《墨子》：「甘瓜苦蒂，天下物無全美。」

【甘井先竭】

竭：乾涸。味道甘美的水井，飲用的人多，乾涸得早。比喻才高者易早衰。《莊子・山木》：「直木先伐，甘井先竭。」

【甘酒嗜音】

甘：嗜好，陶醉；音：音樂。沉溺於喝酒和音樂。形容享樂腐化。《尚書・五子之歌》：「內作色荒，外作禽荒，甘酒嗜音，峻宇雕牆。有一於此，未或不亡。」

【甘居人後】

甘心落在別人後面。明・張岱《自爲墓志銘》：「奮利爭名，甘居人後；觀場遊戲，肯讓人先！」

【甘居下流】

甘心落後。李劼人《暴風雨前》二部：「聽說快要升哨官了，兒子又在進學堂，如何能不要面子，甘居下流呢？」

【甘露法雨】

佛家稱如來的教法有如天降甘雨。《涅槃經》二：「我今身有調牛良田，除去秼杌，唯希如來甘露法雨。」

【甘冒虎口】

心甘情願面對危險。《三國志・魏書・袁紹傳》：「吾不用田豐言果爲所笑。」裴松之注引孫盛曰：「豐知紹將敗，敗則己必死，甘冒虎口以盡忠規，烈士之於所事，慮不存己。」

【甘貧苦節】

苦：刻苦。甘心居於貧困，刻苦保持節操。唐・韓愈《舉張正甫自代狀》：「甘貧苦節，不愧神明。」

【甘貧樂道】

甘於貧困的生活，樂守所奉人生處世大道。宋・邵伯溫《聞見前錄》卷一八：「吾本不求名，既爲世所知矣，何用利哉？故甘貧樂道，平生無不足之意。」

【甘貧守分】

守分：不做本分之外的事。甘居貧困，謹守本分。明・無名氏《吳起敌秦》：「止不過閉戶讀書，甘貧守分，心中無愧。」

【甘貧守節】

見「甘貧守志」。

【甘貧守志】

安心貧困，恪守氣節。元・無名氏《舉案齊眉》四折：「奉聖人的命，因爲你梁鴻甘貧守志，孟光舉案齊眉，著小官親賫此封丹詔，與你加官賜賞。」也作「**甘貧守節**」。明・無名氏《東籬賞菊》一折：「今日夫爲彭澤令，甘貧守節樂怡怡。」

【甘泉必竭】

甜美的泉水，必然先枯竭。比喻才高者往往早衰。《逸周書・周祝解》：「肥豕必烹，甘泉必竭，直木必伐。」

【甘食好衣】

吃好的，穿好的。《老子》八〇章：「甘其食，美其服，安其居，樂其俗。」《史記・平準書》：「民偷甘食好衣，不事畜藏之產業。」

【甘死如飴】

甘願去犧牲，好像吃飴糖一樣。形容心甘情願去死。《清史稿・任舉傳》：「舉忠憤激發，甘死如飴，而朕以小丑跳梁，用良臣於危地，思之深惻！」

【甘棠遺愛】

甘棠：即棠梨樹；遺愛：遺留於後世的仁愛。《史記・燕召公世家》載：「傳周武王時，召公巡行鄉邑，決獄理事於棠樹之下，民稱其政。召公死後，民懷棠樹不敢伐，作《甘棠》詩讚頌。」《左傳・昭公二十年》載：「春秋時晉國執政子產任職期間，頗行善政，及子產卒，孔子聞之，流涕云：『古之遺愛也。』」後因以「甘棠遺愛」爲對已故（離任）賢明官吏的仁愛德政表示稱頌或懷念。唐・白居易《別橋上竹》詩：「我去自慚遺愛少，不教君得似甘棠。」《冷眼觀》七回：「做父母官的能愛民如子……及至去任的一日，地方上紳民無以爲報，就公衆捐建這座去思碑，以爲甘棠遺愛的紀念。」也作「**甘棠之惠**」。漢・揚雄《甘泉賦》：「函甘棠之惠，挾東征之意。」也作「**甘棠之愛**」。唐・劉禹錫《衢州徐使君》詩：「聞道天台有遺愛，人將琪樹比甘棠。」

【甘棠之愛】

見「甘棠遺愛」。

【甘棠之惠】

見「甘棠遺愛」。

【甘爲戎首】

戎：軍事，戰爭；首：開端，肇始。不惜做戰爭的發動者。《禮記・檀弓下》：「毋爲戎首，不亦善乎！」馮玉祥《我所知道的蔣介石》六六章：「一九二三年，中山先生復段祺瑞電：『曹[錕]吳[佩孚]禍國窮兵，殘民以逞，甘爲戎首，舉國痛心。』」

【甘心鈇鉞】

鈇、鉞：ㄈㄨ、ㄩㄝˋ，刑戮的器具。指甘願被殺。清・洪昇《長生殿・獻飯》：「去年有人上書，告祿山逆跡，陛下反賜誅戮。誰肯再甘心鈇鉞，來奏君王。」

【甘心樂意】

完全出於自願，內心十分樂意。老舍《四世同堂》二三：「但是爲了錢先生的恢復健康，就是冬天沒有皮袍穿，他也甘心樂意。」

【甘心瞑目】

瞑目：死後閉上雙目。指死而無憾。《後漢書・馬援傳》：「吾受厚恩，年迫餘日索，常恐不得死國事；今獲所願，甘心瞑目。」

【甘心情願】

完全出於自願，沒有一點勉強。多指

自願作出某種犧牲。《兒女英雄傳》二六回：「他自己打定主意，定要趁今日這個機緣，背城一戰，作成姑娘這段良緣，爲的是好答報他當日作成自己這段良緣的一番好處，便因此受他些委屈也甘心情願。」

【甘心如薺】

見「甘之如薺」。

【甘馨之費】

甘：美味，好吃的食品；馨：溫馨，溫暖。使父母得到美食和溫馨的居室所需的費用。指奉養父母的費用。唐·白居易《謝官狀》：「養闕甘馨之費，病乏藥石之資。」

【甘言好辭】

美好動聽的恭維話。《史記·張儀列傳》：「夫羣臣諸侯不料地之寡，而聽從人之甘言好辭，比周以相飾也。」也作「**甘言巧辭**」。唐·王勃《平台秘略論·褒客》：「便辟脂事飾其跡，甘言巧辭運其辯。」也作「**甘言美語**」。《初刻拍案驚奇》卷一一：「你們可密訪著船家周四，用甘言美語哄他到此，不可說出實情。」

【甘言厚幣】

見「甘言厚禮」。

【甘言厚禮】

甜蜜的言辭，厚重的禮品。《三國志·魏書·公孫度傳》注引《魏略》：「臣前遣校尉宿舒、郎中令孫綜，甘言厚禮，以誘吳賊。」也作「**甘言厚幣**」。《梁書·侯景傳》：「不顧社稷之安危，唯恐私門之不植。甘言厚幣，規滅忠梗。」

【甘言媚詞】

甘言：甜蜜的話語；媚詞：諂媚的言詞。甜蜜諂媚的言詞。明·宗臣《報劉一丈書》：「日夕策馬候權者之門，門者故不入，則甘言媚詞作婦人狀，袖金以私之。」也作「**甘言蜜語**」。例你們不該聽她的甘言蜜語，更不該受她的驅使。

【甘言美語】

見「甘言好辭」。

【甘言蜜語】

見「甘言媚詞」。

【甘言巧辭】

見「甘言好辭」。

【甘雨隨車】

三國吳·謝承《後漢書》載：東漢百里嵩爲徐州刺史時，境內遭旱。嵩巡視所部，公車到處，甘雨即降。後以「甘雨隨車」稱頌地方官施行德政，造福百姓。唐·駱賓王《上袞州啟》：「甘雨隨車，雲低輕重之蓋；還珠合浦，波含遠近之星。」

【甘蔗當吹火筒——不通】

①比喻心裏想不開。例對沒有評上技術職稱的事，小尹一直甘蔗當吹火筒——不通，你去勸勸她吧！②比喻說話做事不合乎情理。例你這個說法，於情於理都是甘蔗當吹火筒——不通，我們無法同意。③比喻語言文字不通順。例這篇文章的文字，就像甘蔗當吹火筒——不通，你去請人改一改。也作「**擀麵杖吹火——不通**」、「**實心竹子吹火——不通**」、「**秤錘掉在井裏——不（撲）通**」。

【甘蔗老來甜，辣椒老來紅】

比喻人老了，意志更堅強，精神更旺盛。例王大叔不分晝夜寒暑努力讀取學位的精神，眞可說是甘蔗老來甜，辣椒老來紅！

【甘蔗老頭甜】

甘蔗越近根部越甜。比喻境況越來越好。清·翟灝《通俗編》卷三〇：「『甘蔗老頭甜』。《晋書》：顧愷之倒食甘蔗，曰：『漸入佳境』。諺語本之。」例他這幾年搞得不錯，升了級，加了薪，工作也順心，眞是甘蔗老頭甜了。

【甘蔗林裏種香瓜——從頭甜到腳】

比喻渾身舒適愉快。例「近來身心健康、愉快嗎？」「托您的福，我像甘蔗林裏種香瓜——從頭甜到腳。」

【甘蔗沒有兩頭甜】

比喻不能兩方面都討好。例豈不知甘蔗沒有兩頭甜，他們兩人冰炭不容，你想雙方都相信你的話，怕不大可能。

【甘蔗命——吃一節算一節】

命：命運，迷信的人指人一生中生死、貧富、禍福等遭遇，是「命中註定」的。比喻過一天是一天，混日子。例要看到前途，努力拼搏，不能有甘蔗命——吃一節算一節的思想。也作「**竹節命——吃一節算一節**」。

【甘蔗皮編席子——甜蜜（篾）】

形容幸福、愉快和舒適。例他倆新婚一年，生活就像甘蔗皮編席子——甜蜜（蔑）極了。

【甘蔗水加蜜糖——甜上加甜】

見「冰糖蘸蜜——甜上加甜」。

【甘之如薺】

《詩經·邶風·谷風》：「誰謂荼苦，其甘如薺。」鄭玄箋：「荼誠苦矣，而君子於己之苦毒又甚於荼。比方之荼，則甘如薺。」薺：ㄐㄧˋ，薺菜。後以「甘之如薺」比喻樂於受苦或作出犧牲。《晋書·劉沈傳》：「投袂之日，期之必死；菹醢之戮，甘之如薺。」也作「**甘心若薺**」。

【甘之如飴】

飴：麥芽糖。甜得像吃飴糖。《吳越春秋·八·勾踐歸國外傳》述《苦之詩》：「嘗膽不苦甘如飴，令我採葛以作絲。」比喻樂於承受艱難困苦，或身在危難困境而能安然處之。宋·眞德秀《送周天驥序》：「非義之富貴，遠之如垢污；不幸而賤貧，甘之如飴蜜。」也作「**甘之若飴**」。宋·陳亮《祭鄭景元提乾文》：「天不我與，甘之若飴。」

【甘之若飴】

見「甘之如飴」。

【甘旨肥濃】

旨：味美。泛指精美的酒食菜餚。《新唐書·韋縚傳》：「今欲以甘旨肥濃皆充於祭，苟逾舊制，其何極焉。」也作「**甘脆肥醲**」。漢・枚乘《七發》：「洞房清宮，命曰寒熱之媒……甘脆肥醲，命曰腐腸之藥。」

【泔水缸裏撈食吃——沒出息】

泔：淘米、洗菜、洗鍋碗的水。比喻缺乏志氣，沒有發展前途。例少小不努力，長大後就會泔水缸裏撈食吃——沒出息。也作「**爬地壟溝找豆包吃——沒出息（粗細）**」、「**爺倆抓個耗子賣——沒出息**」。

【肝腸寸斷】

形容十分悲傷。《敦煌變文集・孝子傳》：「其妻見兒被他賣去，隨後連聲喚住，肝腸寸斷。」也形容饑餓得腸子都要斷了。明・無名氏《度黃龍》一折：「你兩個無中生有，胡說了這一日，把我餓的來肝腸寸斷。」也作「**肝腸寸裂**」。《後水滸傳》一八回：「孫本入了獄中……許蕙娘聞了這信，驚恐得魂膽俱消，肝腸寸裂。」也作「**肝腸欲斷**」。《錦香亭》八回：「兩人淚眼對著淚眼，只一看，不覺心如刀刺，肝腸欲斷。」也作「**肝腸斷絕**」。《古樂府・隴頭歌辭》：「隴頭流水，鳴聲嗚咽，遙望秦川，肝腸斷絕。」

【肝腸寸裂】

見「肝腸寸斷」。

【肝腸斷絕】

見「肝腸寸斷」。

【肝腸欲斷】

見「肝腸寸斷」。

【肝膽楚越】

肝膽：距離很近，喻關係密切；楚越：兩國相距很遠，喻關係疏遠。比喻本來關係很密切，由於人爲的原因而變得很疏遠。唐・李白《送孟贊府兄還都序》：「道合而襟期暗親，志乖而肝膽楚越。」也作「**肝膽胡越**」。《淮南子・俶眞訓》：「自其異者視之，肝膽胡越；自其同者視之，萬物一圈也。」

【肝膽胡越】

見「肝膽楚越」。

【肝膽輪囷】

輪囷（ㄑㄩㄣ）：高大的樣子。形容氣勢宏大，血性剛強。宋・劉克莊《祭杜於耕尚書文》：「徒以肝膽輪囷，忠義奮發，挺孤身於百萬虎狼之中，意定神閒，夷然無懼。」也作「**輪囷肝膽**」。

【肝膽塗地】

見「肝腦塗地」。

【肝膽相見】

以赤誠的心待人。唐・唐次《祭楊判官八弟文》：「歷歷笑言，其情若何。歡事勝遊，皆隨逝波。事均榮戚，心冥貴賤。骨肉爲交，肝膽相見。」

【肝膽相向】

見「肝膽相照」。

【肝膽相照】

比喻眞誠相待。明・邱濬《故事成語考・朋友賓主》：「肝膽相照，斯爲腹心之友。」也作「**肝膽照人**」。《兒女英雄傳》二七回：「乍聽去，只幾句閨閣閒話，無非兒女喁喁，細按來，卻一片肝膽照人，不讓英雄袞袞。」也作「**肝膽相見**」。《孽海花》三四回：「大丈夫肝膽相見，腦袋可以奉送。」也作「**肝膽相向**」。《隋唐演義》三七回：「豪傑遇豪傑，自然話得投機，頃刻間肝膽相向。」也作「**肝膽向人**」。元・王惲《秋澗全集・諸人酬咏既已，復和前韻》：「生平肝膽向人盡，不是悲秋雖自寬。」

【肝膽向人】

見「肝膽相照」。

【肝膽欲碎】

像肝臟和膽囊要碎裂一樣。形容悲痛萬分。例老人見嬌女被強盜搶去，連聲呼喚，肝膽欲碎，氣絕身亡。

【肝膽照人】

見「肝膽相照」。

【肝腦塗地】

肝膽腦漿濺在地上。形容人的慘死狀。《漢書・蒯通傳》：「今劉、項分爭，使人肝腦塗地，流離中野，不可勝數。」也表示竭盡忠誠，不惜效死。《三國演義》二二回：「此乃忠臣肝腦塗地之秋，烈士立功之會也。」也作「**肝膽塗地**」。《史記・淮陰侯傳》：「今楚漢分爭，使天下無罪之人肝膽塗地，父子暴骸骨於中野，不可勝數。」

【肝心若裂】

好像肝臟和心臟已經破裂了一樣。形容極其痛心。《三國志・蜀書・諸葛亮傳》：「朕用傷悼，肝心若裂。」

【竿頭一步】

百尺竿頭，更進一步。梁啓超《南海康先生傳》：「勇猛精進，竿頭一步。」

【乾菜拌豆腐——有言（鹽）在先】

乾菜：曬乾的蔬菜，有的預先加了鹽；言：「鹽」的諧音。比喻有話講在前頭。例在防洪搶險的緊急時期，不准請事假，乾菜拌豆腐——有言（鹽）在先，爲什麼你還來磨嘴皮？

【乾柴烈火】

比喻情欲強烈。《醒世姻緣傳》七二回：「誰知魏三封是乾柴烈火，如何肯依？」也作「**乾柴碰著烈火**」。《前漢通俗演義》六九回：「徐來有侍女善舞，爲賜所寵，適爲徐來所嫉忌，乃特縱令伴孝，日夕相親，乾柴碰著烈火，怎能不熱？自然湊成一堆。」也作「**烈火乾柴**」。例近來媒體上不斷有教育學者提出建議，認爲寒、暑假期間，正值熱戀的年輕學子很容易因烈火乾柴的情欲，而偷嘗禁果，值得家長和校方的重視。其預防之道，包括大力宣導健康、正確的性知識。

【乾柴碰上火——一下子哄（烘）起來】

哄：「烘」的諧音。比喻鬨起開玩

笑。例新娘剛步入洞房，賀喜的親友們就像乾柴碰上火——一下子哄（烘）起來了。

【乾柴碰著烈火】

見「乾柴烈火」。

【乾脆俐落】

乾脆：開門見山，直截了當。形容說話直率痛快，動作敏捷準確。例他秉性豪放，說話、辦事從來都是乾脆俐落，痛快得很。

【乾打雷不下雨】

比喻口頭嚷嚷，不見行動。老舍《離婚》一：「僕人不怕，而且有時候歡迎，瞎炸煙而實際不懂行的主人；乾打雷不下雨是沒有什麼作用的。」也作「只是雷響，不見下雨」。

【乾打雷不下雨——虛張聲勢】

比喻假裝出強大的聲威和氣勢。例我估計敵人打炮，是乾打雷不下雨——虛張聲勢，爲自己壯膽，這兩天他們是不敢發動進攻的。也作「敲山鎮虎——虛張聲勢」、「打雷不下雨——虛張聲勢」、「鴿子帶風鈴——虛張聲勢」。

【乾瞪眼】

比喻光著急而又無能爲力。例要是現在不考慮周全，將來出了事，就只好乾瞪眼了。

【乾粉子搓湯圓——搓不圓】

湯圓：也叫元宵或湯團。比喻不能促成人或事物的圓滿結合。例老項是個好人，但能力弱，領導經驗少，對自己的一班人馬，恐怕是乾粉子搓湯圓——搓不圓。也作「乾泥巴做元宵——有點搓不圓」。

【乾河撒網——瞎張羅】

比喻毫無目的或無效地料理、操勞。例會議已經結束，人都走光了，你還在安排娛樂節目？眞是乾河撒網——瞎張羅。也作「乾河灘撒網——瞎張羅」。

【乾薑有棗，越老越好】

比喻人老經驗多。《三寶太監西洋記》一五回：「聖上道：『只怕習禮監太監老了些。』劉誠意道：『乾薑有棗，越老越好。』正是：龜息鶴行，純陽一夢還仙境；明珠入海，太公八十遇文王。」也作「滿地種薑，老者才辣」。

【乾淨俐落】

形容沒有多餘的東西，顯得爽心悅目。朱自清《三家書店》：「新書用小牛皮……裝訂，燙上金色或別種顏色的立體圖案，稀疏的幾條平直線或弧線，還有『點兒』，錯綜著配置，透出乾淨俐落。」也形容穿著整潔，動作敏捷。老舍《駱駝祥子》七：「他自己是那麼乾淨俐落，魁梧雄壯。」

【乾淨瓦匠，邋遢木匠】

邋遢：不整潔、不俐落。瓦匠幹活講究乾淨俐落，木匠幹活的地方比較凌亂。比喻做事要講究環境衛生。例俗話說：「乾淨瓦匠，邋遢木匠。」我們幹活要注意環境衛生，不要搞得邋邋遢遢，讓人家有意見。

【乾鯉魚跳龍門——彌天大謊】

龍門：即禹門口，在山西河津縣西北。《三秦記》記載有鯉魚跳龍門的故事。比喻天大的謊話。例你說你講的是親身經歷的故事，我看是乾鯉魚跳龍門——彌天大謊。也作「公雞下蛋狗長角——彌天大謊」。

【乾屎抹不到人身上】

比喻不幹壞事，不怕別人誣陷。例如果我們自身不做壞事，就算別人想誣陷我們，也是乾屎抹不到人身上，無從下手起。

【乾水池子裏的泥鰍——看你能滑到哪裏去】

比喻敵人或壞人再狡猾，也無處可逃。例警察緊追著小偷，罵道：「媽的，還想跑，乾水池子裏的泥鰍——看你能滑到哪裏去。」也作「乾水塘裏的泥鰍——滑不到哪裏去」。

【乾塘裏的鯉魚——沒幾天蹦躂啦】

乾塘：乾涸的池塘；蹦躂：蹦跳。比喻掙扎不了多久，很快就會滅亡。例國際國內形勢大好，小鬼子已成爲乾塘裏的鯉魚——沒幾天蹦躂啦，你還要死心塌地跟著他們走，只有死路一條。

【乾塘捉魚——一條不剩】

比喻全部俘獲，或徹底消滅。例這次殲滅戰打得很成功，就像乾塘捉魚——一條不剩，共俘敵軍三千餘人。

【乾啼濕哭】

無淚啼、有淚哭。形容哭哭啼啼。《敦煌變文集・搜神記》八：「你不須乾啼濕哭，我明日共姊妹三人，更去遊戲。」

【乾土打不成高牆，沒錢蓋不起瓦房】

沒有錢不好辦事。例人們常說：「乾土打不成高牆，沒錢蓋不起瓦房。」現在既無原料，又無周轉資金，怎麼開工？

【乾榆濕柳，木匠見了就走】

榆木越乾越硬，柳樹越濕越韌，木匠師傅不願意幹。比喻繞著困難走，知難而退。例他看那一大堆糞肥，又髒又臭，眞不願往地裏送，抬起腳來走了。正是「乾榆濕柳，木匠見了就走」。

ㄍㄢˇ

【趕車不拿鞭——拍馬屁】

雙關語，比喻諂媚奉承，向人討好。例方艮最喜歡趕車不拿鞭——拍馬屁，人人都討厭他。

【趕腳的騎驢——圖個眼前快活】

趕腳的：趕著驢或騾子供人雇用的人。只謀求目前的快樂，不考慮後果或將來。例他知道大禍即將臨頭，趕腳的騎驢——圖個眼前快活，就跑到歌舞廳享樂去了。

【趕盡殺絕】

形容窮追到底，消滅乾淨。《野叟曝

言》四二回：「一路廝殺將去，成百整千的人馬，都被他趕盡殺絕。」比喻對人狠毒，不留餘地。《三俠五義》三九回：「我讓著你，不肯傷你，又何必趕盡殺絕。」

【趕考中狀元——難得的機會】

狀元：科舉時代的一種稱號，元代以後指殿試一甲（第一等）第一名。比喻不容易遇到的時機。例通過大學甄試入學，這是趕考中狀元——難得的機會，千萬不要放棄。也作「**趕考中狀元——機會難得**」、「**芝麻掉到針尖上——機會難得**」。

【趕浪頭】

比喻盲目追著做時興的事。例你別把我推在前面，我才不願意趕浪頭哩！

【趕了個野雞不下蛋】

比喻被趕得不能安身。例結果他們鬧了個犁庭掃院，把我和老人家趕了個野雞不下蛋，把家裏砸了個唏哩嘩啦。

【趕牛進雞舍——門路不對】

比喻辦事的途徑方法不對。例趕牛進雞舍——門路不對，你找錯了單位，人家當然不給辦理。

【趕人不要趕上，欺人不要過火】

辦事要留有餘地，不要逼人太甚。《後水滸傳》二回：「楊么只笑了笑道：『趕人不要趕上，欺人不要過火。』，我不動手是讓你們年尊，面上不好衝撞，若再沒道理，也就莫怪。」也作「**拉弓不可拉滿，趕人不可趕上**」。

【趕上城裏的，就誤了鄉裏的】

比喻兩頭只能顧一頭。例工作與學業兩者要兼顧得好，實在不容易，往往是趕上城裏的，就誤了鄉裏的。

【趕十五不如趕初一】

比喻做事情要越早越好。例我們做事要講求效率，即說即做，俗語說：「趕十五不如趕初一。」就是這個道理。

【趕時髦】

迎合當時最時興的風尚。例告訴你，現在服裝式樣三天兩頭地變，你想趕時髦，哪能就趕上了？

【趕鴨子上架】

見「趕鴨子上架——難上難」。

【趕鴨子上架——難上難】

比喻事情的難度很大。例這件事是趕鴨子上架——難上難，我們的力量恐怕不能勝任。也作「**趕鴨子上架——難上加難**」、「**兩副重擔一肩挑——難上難**」、「**米少飯焦——難上加難**」、「**搬起梯子上天——難上難**」、「**從河南到湖南——難（南）上難（南）**」、「**十二月天找楊梅——難上難**」。

【趕鴨子上架——有意為難】

比喻勉強別人做能力所不及的事情，或故意出難題。例我是個技術幹部，你卻要我來做國際形勢的報告，這簡直是趕鴨子上架——有意為難。

【趕鴨子上樹——辦不到】

比喻無法做到，實現不了。例他說：「要把汽車開進海灘，就好似趕鴨子上樹——辦不到。」也作「**趕鴨子上樓——辦不到**」、「**趕鴨子上架——辦不到**」、「**筷子穿針眼——辦不到**」、「**逼公雞下蛋——辦不到**」、「**尼姑庵裏借梳篦——辦不到**」、「**山尖上摘月亮——辦不到**」、「**上天摘月亮——辦不到**」、「**瘦子割肥膘——辦不到**」、「**隔著黃浦江握手——辦不到**」。

【趕早不如趕巧】

比喻偶然的機會常常給人帶來方便或好處。例你真是『趕早不如趕巧』了，我等了半個多小時沒有車，你一到車就來了。

【趕著綿羊過火焰山——往死裏逼】

火焰山：指《西遊記》裏講的唐僧去西天取經經過的一座山，山火猛烈，難以通過。綿羊身上長滿絨毛，要過燃著火焰的山，是往死處趕。比喻要致人於死地。例現正刮著十二級颱風，硬要我們下海捕魚，這不是趕著綿羊過火焰山——往死裏逼嗎！

【趕著王母娘娘叫大姑——想沾點仙氣】

趕：追；王母娘娘：西王母，我國古代傳說中的女神。比喻企圖高攀。例他絲毫沒有升官發財，貪圖榮譽的思想，當然不會趕著王母娘娘叫大姑——想沾點仙氣。這有什麼奇怪呢？

【敢不承命】

敢：反語，「怎敢」、「不敢」的意思；承：接受。怎敢不接受您的命令呢？《左傳・僖公十五年》：「君之未入，寡人懼之，入而未定列，猶吾憂也。苟列定矣，敢不承命。」也作「**敢不如命**」。《好逑傳》一七回：「鐵中玉見冰心小姐肯嫁過去，滿心歡喜道：『夫人斟情酌理，兩得其中，敢不如命！』」也作「**敢不聽命**」。

【敢布腹心】

敢：謙詞，表示自己很冒昧；布：陳述；腹心：心裏話。舊時謹陳心裏話的套語。《左傳・宣公十二年》：「敢布腹心，君實圖之。」《史記・楚世家》：「若君不忘厲、宣、桓、武，不絕其社稷，使改事君，孤之願也，非敢望也。敢布腹心。」

【敢怒而不敢言】

心裏憤怒，但迫於某種威勢而不敢說出來。《初刻拍案驚奇》卷一〇：「金朝奉見太守為他，不敢怠慢，欲待與舅子到上司做些手腳，又少不得經由府縣的，正所謂敢怒而不敢言，只得一一聽從。」也作「**敢怨而不敢言**」。宋・鄧牧《伯牙道・吏道》：「吏無避忌，白晝肆行，使天下敢怨而不敢言。」

【敢怒敢言】

敢於表示內心的憤怒，也敢於用言語發洩出來。《醒世姻緣傳》一回：「那計氏雖也敢怒敢言，當不起晁大舍也敢爲敢做。」

【敢爲常語談何易，百煉功純始自然】

常語：通常使用的語言。敢於寫得像平常說話那樣樸素談何容易，只有千錘百煉，功夫純熟，才能達到自然天成的境界。淸・張問陶《論詩十二絕句》：「躍躍詩情在眼前，聚如風雨散如煙。敢爲常語談何易，百煉功純始自然。」

【敢爲敢做】

見「敢作敢爲」。

【敢勇當先】

打仗勇敢，衝鋒在前。也指敢於承擔艱鉅的任務，奮不顧身。元・李壽卿《伍員吹簫》四折：「若不是老相國雄才大略，和鱄諸敢勇當先，豈有今日。」

【敢怒而不敢言】

見「敢怒而不敢言」。

【敢做敢當，才是英雄好漢】

當好漢就要敢於負責。《三俠五義》七五回：「衆光棍見馬强無精打彩的，知道爲著此事，便把那作光棍闖世路的話頭，各各提起，什麼『生而何歡，死而何懼』咧，又是什麼『敢做敢當，才是英雄好漢』咧。」

【敢作敢爲】

做事有膽量，不怕承擔風險。《十二樓》六：「此老不比別個，最是敢作敢爲。」《品花寶鑑》三八回：「我知道他聰慧異常，肝膽出衆，是個敢作敢爲的。」也作「**敢爲敢做**」。元・關漢卿《包待制智斬魯齋郎》三折：「逞刁頑全不想他妻我婦。這的是敗壞風俗，那一個敢爲敢做？」

【橄欖核墊台腳——橫也不是，豎也不是】

橄欖：又叫青果，橄欖及其核均是橢圓形的，兩頭尖，用它墊台腳，不管怎麼放都墊不穩當。比喻不管怎麼做都不恰當，不落好。有時含有左右爲難的意思。例給你們工作，就像橄欖核墊台腳——橫也不是，豎也不是，我幹不了，另請高明吧！也作「**橄欖核墊台腳——橫豎都不好**」。

【橄欖屁股——坐不住】

比喻心緒不定，坐立不安。有時比喻工作飄浮，不紮實。例地震一發生，他就像橄欖屁股——坐不住了，立刻召集會議，商討救災的措施。也作「**橄欖屁股——坐不穩**」。

【橄欖頭上插針——尖上拔尖】

比喻非常出衆。例他技術全面，工作出色，在全廠職工中，也算橄欖頭上插針——尖上拔尖了。

【橄欖子墊台桌腳——無心墊穩】

比喻不認眞或不想做好某件事，含貶義。例我看，你是有能力辦好這件事的，只不過是橄欖子墊台桌腳——無心墊穩罷了。

【感戴莫名】

感戴：感恩戴德；莫名：無法表達。無法表達萬分感激的心情。例你們的厚誼隆情，使我們感戴莫名。

【感德無涯】

無限感激對方的恩德。《封神演義》三三回：「吾今只借此關一往，望將軍容納，不才感德無涯。」

【感恩戴德】

感激別人對自己的恩德。例黃同學是一個懂得感恩戴德的人，經常把感謝的話語掛在嘴邊。也作「**感恩荷德**」。宋・張孝祥《代掙扎捴得居士上相府書》：「且祿優足以仁族，事簡足以養痾，使某自謀，不過如此。感恩荷德，負戴靡勝。」也作「**感恩戴義**」。《三國志・吳書・駱統傳》：「令皆感恩戴義，懷欲報之心。」也作「**感恩懷德**」。

【感恩戴義】

見「感恩戴德」。

【感恩荷德】

見「感恩戴德」。

【感恩懷德】

見「感恩戴德」。

【感恩圖報】

感念別人的恩情，想辦法報答。《兒女英雄傳》二三回：「安老爺當日，原因爲十三妹在黑風崗能仁古剎救了公子的性命……受她許多恩情，正在一心感恩圖報。」

【感激流涕】

見「感激涕零」。

【感激涕零】

涕：淚；零：落。感激得掉下淚來。形容極爲感激。《鏡花緣》一〇回：「蒙賢侄慷慨不棄，眞令人感激涕零。」也作「**感激流涕**」。唐・劉禹錫《王公神道碑銘》：「嘗閱《詩》至《蓼莪》篇，感激流涕，故其志如刃始淬。」宋・孔平仲《續世說・李光顏》：「堂下兵士數萬，皆感激流涕。」也作「**感激涕泗**」。涕泗：眼淚和鼻涕。《新唐書・薛收傳》：「武德七年，寢疾，王遣使臨問，相望於道。命輿疾至府，親舉袂撫之，論敍生平，感激涕泗。」

【感激涕泗】

見「感激涕零」。

【感今懷昔】

由當前的情景想起過去人或事。晉・潘岳《爲諸婦祭庾新婦文》：「彷彿未行，顧瞻弗獲；伏膺飮淚，感今懷昔。」也作「**感今惟昔**」。惟：思。晉・盧諶《贈劉琨》：「瞻彼日月，迅過俯仰；感今惟昔，口存心想。」也作「**感今思昔**」。宋・劉珙《滿江紅・遙壽仲固叔誼》詞：「嘆離多聚少，感今思昔。鬢影羞臨湘水綠，夢魂常對屏山碧。」

【感今思昔】

見「感今懷昔」。

【感今惟昔】

見「感今懷昔」。

【感舊之哀】

懷念舊人舊事的哀嘆。《後漢書・荀彧傳》：「今鑾駕旋軫，東京榛蕪，義士有存本之思，兆人懷感舊之哀。」

【感慨殺身】

感慨：感情激越，意氣充塞；殺身：捨棄性命。憑一時之激憤而赴死。宋・朱熹、呂祖謙《近思錄・政事》：「感慨殺身者易，從容就義者難。」

【感慨萬端】

深有感觸，慨嘆很多。例回想自己年少輕狂的過去，蹉跎了不少黃金歲月，實在是讓現在的我感慨萬端。

【感慨係之】

聯繫著某件事而產生慨嘆。《林蘭香》四二回：「耿朗飲酒中間，不覺嘆道：『記得前歲九月與二娘賞菊，今日物在人亡，風景不殊，而感慨係之矣！』」

【感喟不置】

喟：嘆氣的樣子；置：放到一邊。深有感觸而嘆息不已。例談到人事的變遷，他更感喟不置。

【感愧無地】

無地：無地自容。形容對人感激和自身羞慚到了極點。《儒林外史》三二回：「今弟在危困之中，蒙先生慨然以尊齋相借，令弟感愧無地。」

【感銘肺腑】

內心受到感動。形容十分感激。《九尾龜》一五七回：「我孫英玉蒙諸位這般的格外周全，感銘肺腑，卻叫我將來怎樣的報答得來？」

【感情用事】

憑個人好惡或一時的感情衝動處理事情。例我們在任用員工上應以事業為重，而絕不能感情用事。

【感人肺腑】

形容內心深處受到感動。例看過這部感人肺腑的電影的觀衆，沒有不流淚的。也作「感深肺腑」。《醒世姻緣傳》六六回：「這段高情眞是感深肺腑。」也作「感人肺肝」。唐・劉禹錫《唐故相國李公集紀》：「今考其文至論事疏，感人肺肝，毛髮皆聳。」也作「感人心脾」。清・顧彩《焚琴子傳》：「［焚琴子］爲詩文，下筆累千言，皆感人心脾。」

【感人肺肝】

見「感人肺腑」。

【感人心脾】

見「感人肺腑」。

【感人心者，莫先乎情】

指詩文要用感情來打動人的心；也指在人際關係上用眞情實意來感化他人。唐・白居易《與元九書》：「感人心者，莫先乎情，莫始乎言，莫切乎聲，莫深乎義。」

【感深肺腑】

見「感人肺腑」。

【感時撫事】

面對時事而發生傷感。唐・杜甫《觀公孫大娘弟子舞劍器行》詩：「與余問答既有以，感時撫事增惋傷。」

【感時思報國，拔劍起蒿萊】

因感念時事而頓時產生報國的思想，奮然拔劍斬斷野草。喻指憂時憂國的高尚情懷和立志報國的堅定決心。唐・陳子昂《感遇詩三十八首》：「本爲貴公子，平生實愛才，感時思報國，拔劍起蒿萊。」

【感天動地】

連天地也爲之感動。形容極爲感人。唐・黃滔《大唐福州報恩定光多寶塔碑記》：「夫如是大雄之力，出死入生，至誠之神，感天動地。」

【感同身受】

心裏感激，如同自身親受恩惠一樣。多用於代人向對方表示謝意。《轟天雷》二回：「再者北山在京，萬事求二兄代爲照顧，感同身受。」

【感篆五中】

篆：ㄓㄨㄢˋ，銘刻；五中：五臟，指內心。感激之情銘刻心中。形容極度感激。例您這樣照顧我們全家，我們將對您的恩情永遠銘記在心，感篆五中。

【擀麪杖吹火——兩頭不通】

擀麪杖：擀麪用的實心圓木棍兒。比喻雙方不融洽，互不通氣。有時指兩方都有意見，思想搞不通。例擀麪杖吹火——兩頭不通，對雙方都要做思想工作，否則，問題就不能徹底解決。也作「竹子當吹火筒——兩頭不通」。

【擀麪杖吹火——一竅不通】

比喻一點兒也不懂。例對你廠的生產，我是擀麪杖吹火——一竅不通。也作「棒槌吹火——一竅不通」、「扁擔吹火——一竅不通」、「七竅通六竅——一竅不通」、「豬八戒聽天書——一竅不通」。

【擀麪杖當笛子吹——沒眼兒】

比喻缺主意，少辦法。例我做這個工作是擀麪杖當笛子吹——沒眼兒，還希望你們多幫助。也作「擀麪杖當簫吹——有心沒眼」。

【擀麪杖灌米湯——滴水不入】

見「給石獅子灌米湯——滴水不進」。

【擀麪杖上天——誹謗（飛棒）】

誹謗：「飛棒」的諧音。指無中生有，說人壞話，毀人名譽。例在那黑暗的歲月裏，擀麪杖上天——誹謗（飛棒），是陰謀家、野心家慣用的手段。

【擀麪杖鑽石頭——紋絲不動】

比喻絲毫也不動。例這個人原則性強，任你怎麼軟硬兼施，他就像擀麪杖鑽石頭——紋絲不動。

【擀麪杖作筷盆當杯——大吃大喝】

比喻猛吃猛喝沒有節制。含有揮霍浪費的意思。例自從採取廉政措施之後，擀麪杖作筷盆當杯——大吃大喝的現象有所減少。

ㄍㄢˋ

【幹父之蠱】

幹：擔當，任；蠱：事業。能繼承擔當父親的事業。《周易・蠱》：「幹父之蠱，有子，考無咎，厲終吉。」三國魏・王弼注：「幹父之事，能承先軌，堪其任者也。」

【幹國之器】

幹：治，治理；器：才能。治理國家的高才。《後漢書・史弼傳》：「弼有幹國之器，宜登台相。」

【旰食宵衣】

旰：晚；宵：夜。天很晚了才吃飯，天不亮就穿衣起床。形容勤於政事，廢寢忘食。舊時多用爲稱諛帝王。唐・陳鴻《長恨傳》：「玄宗在位歲久，倦於旰食宵衣，政無大小，始委於右丞相。」

【旰食之勞】

旰：晚；旰食：夜裏才吃飯。指勤於政事，舊時多用爲稱諛帝王。宋・王安石《乞皇帝御正殿復常膳表》：「恭維皇帝陛下天仁博施，神智曲成，躬忘旰食之勞，坐講日新之政。」也作「旰昃之勞」。唐・常袞《久旱讓相表》：「發勤閔之慮，躬旰昃之勞。」

【旰昃之勞】

見「旰食之勞」。

ㄍㄣ

【根不動，梢不搖】

比喻心裏打定了主意，難以改變。例他是個固執的人，一旦決定事情，就採取根不動，梢不搖的立場，任誰也左右不了。

【根牢蒂固】

見「根深蒂固」。

【根盤節錯】

樹根盤繞，枝節交錯。比喻事情繁難複雜，不易解決。宋・陸九淵《象山全集・與楊守》：「積弊宿蠹，殆難驅除，猾吏豪家，相爲表裏，根盤節錯，爲民蟊賊。」也作「盤根錯節」。

【根深本固】

見「根深蒂固」。

【根深不翦，尾大難搖】

翦：同「剪」，除掉。根基深厚不容易剪除，尾巴大了不容擺動。比喻部下勢大力强，就指揮不動，破除不掉。明・湯顯祖《南柯記》三二齣：「吾爲右相，每念南柯重地，駙馬王親，在郡二十餘年，威權太甚。常愁他根深不翦，尾大難搖。」

【根深蒂固】

蒂：草木的根。根基牢固或基礎穩固，不易動搖。清・陸隴其《陸桴亭〈思辨錄〉序》：「功利之習浸淫於人心，根深蒂固而不能拔。」也作「根深本固」。唐・溫庭筠《乾𦠆子竇義》：「又因訪遂興，指其樹曰：『中郎何不去之？』遂興答曰：『誠有礙耳。應慮根深本固，恐損所居室宇。』」也作「根深固本」。《晋書・伏滔傳》：「令之有漸，軌之有度，寵之有節，權不外授，威不下黷，所以杜其萌際，重其名器，根深固本，傳之百世。」也作「根牢蒂固」。《醒世姻緣傳》九〇回：「從來說：『臘雪培元氣。』把麥根培植得根牢蒂固。」

【根深固本】

見「根深蒂固」。

【根深葉蕃】

見「根深葉茂」。

【根深葉茂】

根子扎得深，枝葉就能長得茂盛。比喻只要基礎深厚堅實，事業就會蓬勃發展。宋・歐陽修《會聖宮頌》：「故其兢兢勤勤，不忘前人，是以根深而葉茂，德厚而流光，子子孫孫，承之無疆。」也作「根壯葉茂」。《雲笈七籤》卷五六：「但能養精神，調元氣，吞津液，液精內固，乃生榮華，喻樹根壯葉茂，開花結實，胞孕佳味，異殊常品。」也作「根深葉蕃」。蕃：茂盛。宋・劉克莊《三月二十五日飲方校書園十絕》之三：「自古根深葉蕃，百年喬木到今存。」也作「根深枝茂」。漢・劉安《屏風賦》：「根深枝茂，是爲喬木。」

【根深枝茂】

見「根深葉茂」。

【根生土長】

指在當地或某個家族出生長大。《紅樓夢》五四回：「他又不是咱們家根生土長的奴才，沒受過咱們什麼大恩典。」

【根朽枝枯】

比喻事物的根本毀壞了，就會衰滅。《雲笈七籤》卷五六：「聖人喻引樹爲證也。此氣是人之根本，根本若絕，則臟腑筋脈如枝葉，根朽枝枯，亦以明矣。」

【根之茂者其實遂】

遂：順利地成熟。樹木繁茂，它的果實就能順利地成熟。比喻基礎好者成就就會大。唐・韓愈《答李翊書》：「將蘄至於古之立言者，則無望其速成，無誘於勢利，養其根而俟其實，加其膏而希其光。根之茂者其實遂，膏之沃者其光曄。」

【根壯葉茂】

見「根深葉茂」。

【根子不正——苗歪】

比喻人根底不好。例他本來就根子不正——苗歪，又不好好改造自已，這次會犯大錯誤，並不奇怪。

【根子不正秧子歪】

根子扎的不正，秧子長出來一定是歪的。比喻人的本質不好，很難走上正道。例這個人就是根子不正秧子歪，自從跟那夥人混在一起，就沒聽他說過一句正經話。

【跟和尚借梳子——强人所難】

按佛教法規，和尚不留頭髮，不可能有梳子。比喻勉强別人做不能做或不願做的事。例他三年沒上球場了。你要他參加大賽，這不是跟和尚借梳子——强人所難嗎？

【跟和尚借梳子——找錯了對象】

也作「跟和尚借梳篦——找錯了對

象」。見「蚊子叮木偶——找錯了對象」。

【跟老虎討交情的，早晚是餵了老虎】

比喻同壞人打交道，求好處，終究要倒霉。老舍《四世同堂・偷生》：「據我瞧，李空山並不厲害，他是狗占人勢，借著日本人的勢力才敢欺侮咱們。咱們吃了虧，也是因爲咱們想從日本人手裏得點好處。跟老虎討交情的，早晚是餵了老虎！」

【跟上龍王多喝水】

比喻跟著別人沾點兒便宜。例如果你想升遷順利，記得要多多巴結主管，建立良好的關係，這樣才可以跟上龍王多喝水，有利可圖。

【跟巫婆學跳神——學壞了】

巫婆：也叫女巫、神婆，以裝神弄鬼替人祈禱爲職業的女人；跳神：巫師或女巫裝做鬼神附體的樣子，亂說亂舞，迷信的人認爲能給人驅鬼治病。比喻變壞了。例對孩子的成長和教育，要選擇好環境和老師，不要從小就跟巫婆學跳神——學壞了。也作「跟著猴子會鑽圈——學壞了」。

【跟鷹飛天，跟虎進山——跟著啥人學啥人】

見「跟著巫婆跳大神——跟著啥人學啥人」。

【跟著大樹得乘涼，跟著太陽得沾光】

比喻依靠權勢人物作靠山，就能撈到好處。例有道是：「跟著大樹得乘涼，跟著太陽得沾光。」若是跟對人，就會有數不盡的好處。

【跟著好人學好人，跟著巫婆會跳神】

比喻交朋友要謹慎。例古人說：「近朱者赤，近墨者黑。」講的是交友之道。俗話說：「跟著好人學好人，跟著巫婆會跳神。」也是講交友之道。

【跟著猴子會鑽圈——學壞了】

見「跟巫婆學跳神——學壞了」。

【跟著瓦匠睡三天，不會蓋房也會搬磚】

比喻經常與什麼人接觸就會學到什麼本事或受到什麼影響。例俗話說：「跟著瓦匠睡三天，不會蓋房也會搬磚。」他老是跟混混一起，還能學好嗎？

【跟著巫婆跳大神——跟著啥人學啥人】

比喻接觸什麼人，就受什麼人的影響，學什麼人的樣子。例小軍這孩子經常跟一些不三不四的人攪在一起，學業成績下降了，壞毛病也學了不少，眞是跟著巫婆跳大神——跟著啥人學啥人。也作「跟鷹飛天，跟虎進山——跟著啥人學啥人」。

ㄍㄣˋ

【亙古通今】

亙：貫穿，延續。指從古到今。南朝宋・鮑照《河清頌》：「亙古通今，明鮮晦多。」

【亙古未聞】

從古到今沒有聽見過。明・沈德符《萬曆野獲編・戲物》：「若解蛇語則更怪矣，此亙古未聞。」

ㄍㄤ

【扛鼎拔山】

扛：雙手舉起。形容勇力過人。《東周列國志》七二回：「有扛鼎拔山之勇，經文緯武之才。」

【剛備鞍的馬駒——挨鞭子的日子到了】

馬駒：小馬。比喻苦難臨頭。例儘管剛備鞍的馬駒——挨鞭子的日子到了，這小子仍然非常沉著、冷靜，毫無驚慌失措的表現。

【剛愎自任】

見「剛愎自用」。

【剛愎自用】

愎：ㄅㄧˋ，執拗。倔强固執，自以爲是。宋・陳摶《心相編》：「君子剛愎自用，小人行險僥倖。」也作「剛戾自用」。《史記・秦始皇本紀》：「始皇爲人，天性剛戾自用。」也作「剛褊自用」。宋・蘇軾《提舉玉局謝表》：「伏念臣才不逮人，性多忤物，剛褊自用，可謂小忠，狷狂妄行，乃蹈大難。」也作「剛愎自任」。宋・羅大經《鶴林玉露・丙編二・諸葛成何事》：「荊公剛愎自任，新法煩苛，毒流四海。」

【剛褊自用】

見「剛愎自用」。

【剛腸嫉惡】

爲人剛直不阿，憎恨邪惡現象。晉・嵇康《與山巨源絕交書》：「剛腸嫉惡，輕肆直言，遇事便發。」清・章炳麟《致楊救炎書》：「下走剛腸嫉惡，近郅都爲人。」也作「剛稜嫉惡」。《後漢書・王允傳》：「允性剛稜嫉惡。」

【剛扯帆就遇頂頭風——出師不利】

比喻工作一開始就不順利。例建築工人進入工地就連下大雨，眞是剛扯帆就遇頂頭風——出師不利。

【剛出的太陽——一片紅火】

紅火：〈方〉旺盛，熱鬧。形容日子過得興旺豐盛，或事情辦得熱烈活躍。例這裏的生活就像剛出的太陽——一片紅火，充滿了蓬勃的朝氣。也作「剛出的太陽——紅火」、「三月的櫻桃——一片紅火」、「向陽的石榴——一片紅火」。

【剛出火坑，又落陷阱——禍不單行】

見「躲過棒槌挨榔頭——禍不單行」。

【剛出籠的饅頭——熱氣騰騰】

比喻情緒高漲，氣氛熱烈。例到我們的建築工地看看吧，那裏的工人和生產都像剛出籠的饅頭——熱氣騰騰的哩！也作「剛揭鍋的饅頭——熱氣騰騰」、「一鍋滾開水——熱氣騰騰」。

【剛出籠的糖包子——熱呼呼，甜蜜蜜】

形容關係親親熱熱，心中愉快舒適。例他們正在熱戀之中，就像剛出籠的糖包子——熱呼呼，甜蜜蜜。

【剛出土的黃連——苦苗苗】

黃連：多年生草本植物，根莖味苦，可以入藥。比喻苦孩子。例他是剛出土的黃連——苦苗苗，出生不久，父母就雙雙去世了。

【剛出土的芽芽——嫩著哪】

比喻年輕人柔弱嬌嫩，缺乏鍛鍊。例這孩子還是剛出土的芽芽——嫩著哪，希望在今後工作中嚴格要求，多多幫助。

【剛過門的小媳婦——扭扭捏捏】

比喻言行舉止不大方。例大家歡迎你唱你還不唱，就像剛過門的小媳婦——扭扭捏捏，眞不爭氣！也作「剛過門的媳婦——羞羞答答」。

【剛進廟的和尚念佛經——現學現唱】

和尚：出家修行的佛教徒。比喻用時現學或邊做邊學。例這是一種嶄新的工作，沒辦法，只好像剛進廟的和尚念佛經——現學現唱罷了。

【剛開瓶的啤酒——衝勁足】

比喻幹工作有股猛勁。例這對孿生兄弟在一起工作，一個像霜打的胡豆苗——蔫搭搭的，一個像剛開瓶的啤酒——衝勁足足的。也作「剛開瓶的啤酒——沖勁大」。

【剛稜嫉惡】

見「剛腸嫉惡」。

【剛離虎口，又入狼窩——躲了一災又一災】

比喻災難接二連三地到來，躲也躲不及。例老尹的確不幸，剛離虎口，又入狼窩——躲了一災又一災，但他並不消沉，向朋友們表示，要積極地同命運做鬥爭。也作「逃出火坑，又入苦海——躲了一災又一災」。

【剛戾自用】

見「剛愎自用」。

【剛買來的馬——不合羣】

比喻性情孤僻。例他的性格就像剛買來的馬——不合羣，大家千方百計地拉他參加集體活動，希望改變他孤僻的性格。也作「屬熊貓的——不合羣」。

【剛冒尖的竹筍——又鮮又嫩】

形容蔬菜瓜果等鮮美、新嫩。例由於冷藏技術的長足進步，在這隆冬季節，市場上的蔬菜還像剛冒尖的竹筍——又鮮又嫩。也作「春茶尖兒——又鮮又嫩」。

【剛柔相濟】

強硬與溫和互相調劑、補充。三國・魏・王粲《爲劉荊州與袁尚書》：「金木水火以剛柔相濟，然後克得其和，能爲民用。」

【剛掏的茅坑——越聞越臭】

茅坑：廁所裏的糞坑。比喻名聲越來越壞。例他初到學校還是好學生，自從與社會上不三不四的人接觸，就成了剛掏的茅坑——越聞越臭啦。

【剛毅木訥】

木訥：質樸遲鈍，不善言辭。剛強果決而不善辭令。宋・程顥、程頤《二程全書・遺書四》：「剛毅木訥，質之近乎仁也；力行，學之近乎仁也。」

【剛正不阿】

阿：迎合，偏袒。剛強正直，不曲從迎合。明・王圻《稗史・天報》：「楊公繼宗，山西陽城人，成化間守嘉興，剛正不阿，愛民如子。」也作「剛直不阿」。《西湖二集・救金鯉海龍王報恩》：「老夫於數年前，曾將恩人垂救之德，並一生宦跡、剛直不阿之志，具表奏聞。」

【剛直不阿】

見「剛正不阿」。

【綱常名教】

綱常：三綱五常；名教：以正名分爲中心的封建禮教。《好逑傳》一七回：「因思臣一身、一女之事小，而綱常名教之事大，故正色拒之，因觸其怒，而疏請斬臣矣。」

【綱常掃地】

綱常：三綱五常。綱紀和人倫等封建倫理道德衰敗不振。《東周列國志》一七回：「世降道斆，綱常掃地。堂簾不隔，君臣交戲。」

【綱紀廢弛】

法紀、秩序衰廢鬆弛。《漢書・王莽傳上》：「朝政崩壞，綱紀廢弛，危亡之禍，不隧如髮。」

【綱紀四方】

綱紀：綱領法紀；四方：天下、社會。依照法紀治理天下。《詩經・大雅・棫樸》：「勉勉我王，綱紀四方。」

【綱舉目疏】

疏：粗疏，不密。比喻只要抓住事情的關鍵和主要方面，不必過多顧及細節。《晋書・劉頌傳》：「故善爲政者，綱舉而目疏。」

【綱舉目張】

綱：網上的大繩；目：網眼。比喻抓住事物的關鍵環節，就可帶動其他的部分。也比喻文章脈絡清晰，主次分明。漢・桓譚《新論・離事》：「舉網以綱，千目皆張；振裘持領，萬手自整。治大國者亦當如此。」宋・張洪、齊熙《朱子讀書法・虛心涵咏》：「乍看極是繁瑣，久之純熟貫通，綱舉目張，有自然省力處。」

【綱目不疏】

綱目：指法令。法令嚴密。南朝宋・劉義慶《世新新語・言語》：「劉公幹以失敬罹罪，文帝問曰：『卿何以不謹於文憲？』楨答曰：『臣誠庸短，亦由陛下綱目不疏。』」

【鋼板上打鉚釘——毫不動搖】

鉚釘：鉚接用的一頭有帽的金屬圓

桿。形容意志或語氣堅定，不改變。例他這個人說話、做事都像是鋼板上打鉚釘——毫不動搖，你別想說服他改變主意。也作「鋼板上釘鐵釘——搖不動，拔不走」。

【鋼板上釘釘子——硬過硬】

見「金鋼鑽鑽瓷器——硬過硬」。

【鋼板上釘鉚釘——丁（釘）是丁(釘)，卯(鉚)是卯(鉚)】

見「鋼板和鉚釘——丁（釘）是丁（釘），卯（鉚）是卯（鉚）」。

【鋼刀對生鐵——硬貨碰硬貨】

比喻强手遇到强手。例這場拳擊賽是鋼刀對生鐵——硬貨碰硬貨，鹿死誰手很難預測。

【鋼刀雖快，不斬無罪之人】

執法要得當，不能亂殺無罪的人。《三寶太監西洋記》八二回：「百夫人越發不曉得風在哪裏起，雨在哪裏落，連聲叫道：『好屈也！好屈也！』番王又叫拿刀來。百夫人道：『鋼刀雖快，不斬無罪之人。怎麼平白地只要殺我。』」

【鋼釘和鉚釘——丁（釘）是丁（釘），卯（鉚）是卯（鉚）】

丁、卯：「釘」、「鉚」的諧音。「丁」是天干第四位，「卯」是地支的第四位；「鋼釘」和「鉚釘」在形狀、使用方法上均不相同，兩者不能混同。比喻辦事認眞，一點也不含糊。例他辦事向來是鋼釘和鉚釘——丁（釘）是丁（釘），卯（鉚）是卯（鉚），完全可以信賴。也作「鋼板上釘鉚丁——丁（釘）是丁（釘），卯（鉚）是卯（鉚）」。

【鋼筋打銅鑼——噹噹響】

也作「鋼筋打銅鑼——響噹噹」。見「飯勺敲鐵鍋——響噹噹」。

【鋼筋水泥澆鑄的大梁——塌不了】

大梁：也叫正梁或脊檁，架在屋架上面最高處的一根橫木。形容非常堅固。例這個水壩就像鋼筋水泥澆鑄的大梁——塌不了，附近的居民可以放心。

【鋼筋鐵骨】

鋼鐵一樣的筋骨。形容身體健壯或意志堅强。例由於他每天從不間斷的運動，因此就練出一身鋼筋鐵骨般的體魄。

【鋼梁上的鉚釘——釘死了的】

比喻不能再變動。例說什麼都白費，有困難就克服困難。任務是鋼梁上的鉚釘——釘死了的，沒有半點餘地。

【鋼鈴打鑼——另有音】

比喻話中有話。例老錢的自我檢討，是鋼鈴打鑼——另有音，隱隱約約地透露了他艱難的處境。

【鋼釺打石頭——硬碰硬】

①比喻用强硬的態度或靠眞本領，對待棘手的人和事。例對方很强大，我們不能用鋼釺打石頭——硬碰硬的辦法來對付，要學會用計謀。②比喻雙方態度都很强硬，相持不下。例雙方都有實力，而且很固執，決心拚鬥到底，眞是鋼釺打石頭——硬碰硬。或形容任務艱鉅，不容忽視。例讓小王當隊長是誰的主意？眞叫人不明白，偏偏在這個鋼釺打石頭——硬碰硬的時候。也作「鋼錘砸鐵砧——硬碰硬」、「金鋼鑽對合金刀——硬碰硬」、「鐮刀對斧頭——硬碰硬」、「碌碡砸在碾盤上——硬碰硬」、「青石板上摔烏龜——硬碰硬」、「石板上甩烏龜——硬碰硬」、「石地堂，鐵掃把——硬打硬」、「石錘搗蒜臼——硬對硬」、「石碑上釘釘——硬對硬」、「鐵匠打石頭——硬對硬」、「銅鼎鍋碰著鐵刷把——硬碰硬」、「鐵錘砸鐵砧——硬碰硬」、「鐵板上釘釘——硬碰硬」、「鐵桿舂石臼——硬碰硬」、「鐵錨碰礁石——硬碰硬」、「烏龜打架——硬碰硬」、「牙咬秤砣——硬碰硬」、「羊碰犄角——硬碰硬」。

【鋼水倒進模子裏——定了型】

比喻人的性格一經形成，不易改變。有時指事情已發展到一定程度，無法改變。例薛彬是個炮筒子，心眼不壞，他這脾氣像鋼水倒進模子裏——定了型，你別見怪。也作「鋼水倒進模子裏——定型了」、「出窯的磚——定型了」。

【鋼絲床上鋪海綿——眞懸（暄）乎】

海綿：這裏指塑料或橡膠製品，多孔、鬆軟、有彈性；懸：「暄」（物體內部空隙多而鬆軟）的諧音。比喻靠不住，很危險。例這次高考成績不理想，要達到錄取的分數，我看是鋼絲床上鋪海綿——眞懸（暄）乎。

【鋼鐵要在烈火中鍛鍊，英雄要在困難中摔打】

英雄人物是在困難的生活中成長起來的。例如果你深知「鋼鐵要在烈火中鍛鍊，英雄要在困難中摔打」的道理，就可以把現在面臨的挫折當做是成功前的磨練。

【鋼要用在刀双上】

双：刀剪的鋒利部分。比喻做事情要抓住關鍵，用人要發揮所長。例鋼要用在刀双上。你把一位學化學的研究生分到行政部門，豈不是浪費人才？

【鋼珠落進鐵盤裏——噹噹響】

也作「鋼珠落進鐵盤裏——響噹噹」。見「飯敲鐵鍋——響噹噹」。

【缸裏的魚——沒點兒歡勢勁兒】

歡勢：起勁、活躍。比喻沒精打彩，情緒不高。例你最近好似缸裏的魚——沒點兒歡勢勁兒，有什麼心思，可以和朋友們談談，也許能夠得到幫助。

【缸裏點燈——裏頭亮】

比喻外表不好裏面好。例別看這個人其貌不揚，他是缸裏點燈——裏頭亮，心眼可好哩！也作「缸裏點燈——外邊黑」。

【缸裏點燈——照裏不照外】

比喻只顧自己，不顧別人。例這次公

司年終分紅，我們應當在按勞分配的前提下，兼顧各方面，不能缸裏點燈——照裏不照外。也作「**牛皮燈籠——照裏不照外**」。

【缸中點燈——心裏亮】
見「肚皮裏點燈——心裏明」。

ㄍㄤˋ

【槓子頭】
比喻愛爭辯、愛抬槓。例弟弟是個槓子頭，無理攪三分，你別在意。

ㄍㄥ

【更長漏永】
更：舊時夜間計時單位，一夜分爲五更，每更約兩小時；漏：漏壺，古代一種滴水計時的器具；永：長。形容夜晚漫長。元・王子一《誤入桃源》二折：「人情今夜初相共……早忘卻更長漏永。」明・崔時佩《西廂記・琴心寫恨》：「一字字更長漏永，一聲聲衣寬帶鬆。」

【更長夢短】
形容心中有事，徹夜難眠。《羣音類選・清腔類・步步嬌》：「可憐正淒涼未眠，冷清清把紗窗半掩；更長夢短使人愁悶添。」

【更唱迭和】
迭：輪流；和（ㄏㄜˋ）：依著別人的詩詞的題材和體裁做詩詞。指相互之間以詩詞酬答。清・錢泳《履園叢話・二陸先生》：「家本素封，能詩嗜古，所藏法書名畫甚多，與其弟白齋先生更唱迭和，殆無虛日。」

【更闌人靜】
見「更深人靜」。

【更令明號】
令、號：號令。取消舊的號令，改用新的號令。《韓非子・外儲說左上》：「楚厲王有警鼓，與百姓爲戒。飲酒醉，過而擊之，民大驚。使人止之，曰：『吾醉而與左右戲而擊之也。』民皆罷。居數月，有警，擊鼓，而民不赴。乃更令明號而民信之。」

【更名改姓】
見「更姓改名」。

【更難僕數】
見「更僕難數」。

【更僕難盡】
見「更僕難數」。

【更僕難數】
更：換；僕：本指儐相，後指僕人；數：歷數，說。《禮記・儒行》：「哀公曰：『敢問儒行。』孔子對曰：『遽數之，不能終其物；悉數之，乃留。更僕未可終也。』」後以「更僕難數」形容數也數不過來。明・徐宏祖《徐霞客遊記・粵西遊日記》：「西五里，直抵五峯南，則亂峯尖疊，什伯爲伍，橫變側移，殆更僕難數。」也作「**更僕難終**」。清・林則徐《查驗豫東各廳垛完竣折》：「到任以來，講求訪問，因知堆料積弊，更僕難終。」也作「**更僕未罄**」。明・徐光啓《刻紫陽朱子全集序》：「此其是非邪正，深言之即更僕未罄。」也作「**更難僕數**」。清・孫郁《雙魚珮・巧佑》：「或無意中立佳偶，或極穩處卒致落空，聚散變遷，更難僕數。」也作「**更僕難盡**」。梁啓超《近世文明初祖培根笛卡兒之學說》：「如奈端（牛頓）因蘋實墜地而悟吸力之理，瓦特因沸水蒸騰而悟汽機之理，如此類者，更僕難盡。」

【更僕難終】
見「更僕難數」。

【更僕未罄】
見「更僕難數」。

【更深人靜】
深夜一片寂靜。宋・蔡絛《西清詩話》引楊鸞詩：「白日蒼蠅滿飯盤，夜間蚊子又成團。每到更深人靜後，定來頭上咬楊鸞。」也作「**更深夜靜**」。《景德傳燈錄》卷一一：「師有時驀喚侍者，侍者應諾，師曰：『更深夜靜，共伊商量。』」也作「**更闌人靜**」。明・朱權《卓文君》二折：「則你這俊句兒教人怎捨，既相見爭忍離別，趁著這更闌人靜月兒斜，悄悄的輛起這七香車，快疾些，也麼行者。」

【更深夜靜】
見「更深人靜」。

【更弦易轍】
易轍：改變行車的道路。樂器換弦，車子改道。比喻改變原來的制度、方向、做法或態度。清・黃宗羲《明文案序下》：「計一代之制作，有所至不至，要以學力爲淺深，其大者罔有不同，固無俟於更弦易轍也。」《明史・潘塤傳》：「今春秋已盛，更弦易轍，此其時也。」

【更姓改名】
更改原來的姓名。《儒林外史》八回：「自此更姓改名，削髮披緇去了。」也作「**更名改姓**」。例通緝犯雖更名改姓也難逃法網。

【更姓改物】
姓：宗廟皇室之姓；物：指典章文物。指改朝換代。《國語・周語中》：「叔父若能光裕大德，更姓改物，以創制天下，自顯庸也。」

【庚癸之呼】
《左傳・哀公十三年》：「吳申叔儀乞糧於公孫有山氏……對曰：『粱則無矣，粗則有之。若登首山以呼，曰：『庚癸乎？』則諾。』」庚：西方，五行說認爲主穀；癸：北方，主水。「庚癸」隱指糧與水。後因以「庚癸之呼」指向人乞糧或向人告貸。唐・柳宗元《安南都護張公墓志銘》：「儲偫委積，師旅無庚癸之呼。」

【耕當問奴】
見「耕問奴，織問婢」。

【耕當問奴，織當訪婢】
見「耕問奴，織問婢」。

【耕牛爲主遭鞭打】

見「耕牛為主遭鞭仗」。

【耕牛為主遭鞭杖】

民間故事：牧童放牛睡覺，來了老虎，牛用角把牧童弄醒。牧童清夢被擾，反將老牛鞭打。比喻好心不得好報。元・孔文卿《東窗事犯》一折：「你道是先打後商量，做了個耕牛為主遭鞭杖。」也作「**耕牛為主遭鞭打**」。元・武漢臣《生金閣》二折：「罷！罷！罷！我倒做了耕牛為主遭鞭打，啞婦傾杯反受殃。」

【耕地甩鞭子——吹（催）牛】

吹：「催」的諧音。比喻吹牛皮，說大話。例這的的確確是一項偉大的事業，不是耕地甩鞭子——吹（催）牛。

【耕問奴，織問婢】

舊時男奴從事耕種，婢女從事紡織。比喻做事要請教內行。《後西遊記》三回：「孫小聖道：『列位賢王不消過謙。俗語說得好：『耕問奴，織問婢。』他事不敢苦求，但生死一案，乃列位賢王之執掌；善惡兩途，乃列位賢王所分列。』」也作「**耕當問奴，織當訪婢**」。《宋書・沈慶之傳》：「治國譬如治家，耕當問奴，織當訪婢。」

【耕耘播雨】

控制降雨，改造自然。比喻扶助培植。例為文藝園地百花盛開而耕耘播雨。

【羹裏不著飯裏著】

比喻設法進行報復。《初刻拍案驚奇》卷三一：「我那老爺是個多心的人，性子又不好，若後日知道你我去訪他，他必仇恨。羹裏不著飯裏著，倒遭他毒手。若果有事，不若奉法行事，反無後患。」

【羹牆之悲】

見「羹牆之思」。

【羹牆之思】

《後漢書・李固傳》：「昔堯殂之後，舜仰慕三年，坐則見堯於牆，食則睹堯於羹。斯所謂聿追來孝，不失臣子之節者。」後以『羹牆之思』比喻對所景仰人物的思慕。宋・陸游《渭南文集・除修史上殿札子》：「而奏書之速，不淹三時，上足以慰羹牆之思，下足以厭薦紳之望，非獨此數人者畢精竭思之力也。」也作「**羹牆之悲**」。悲：顧念。宋・趙與虤《娛書堂詩話》：「適睿思殿有徽祖御畫，特為卓絕，上（高宗）時持玩，以起羹牆之悲。」

ㄍㄥˇ

【耿耿此心】

耿耿：忠誠的樣子。這顆心至忠至誠。形容非常忠誠。清・黃宗羲《感舊》詩：「寒江才把一書開，耿耿此心不易灰。」也作「**耿耿寸心**」。《民國通俗演義》九二回：「耿耿寸心，願盟息壤，凡百君子，其敬聽之！」

【耿耿寸心】

見「耿耿此心」。

【耿耿有懷】

見「耿耿於懷」。

【耿耿於懷】

耿耿：心中有事，不能寧靜。形容心中總想著某件事，不能忘懷。宋・文天祥《賀前人正》：「某跡靡俗駕，心繞賀星。遙指於軫中，拳拳公壽；雪立於門外，耿耿於懷。」也作「**耿耿有懷**」。宋・慕容彥逢《答王及之賢良見寄》詩：「公主侯印人所優，利鎖名繮吾所羞；耿耿有懷非隱憂，思得佳士從之遊。」也作「**耿耿於心**」。《野叟曝言》三七回：「世妹乃守理淑媛，其病非別有邪思，不過因感恩積慕，終身大事，耿耿於心。」也作「**耿耿在心**」。《三國演義》五六回：「孤常念孔子稱文王之德，此言耿耿在心。」也作「**耿耿在抱**」。元・王惲《雪庭裕公和尚語錄序》：「東行擬取道轘轅，庶饜宿願，竟以事奪不果，耿耿在抱。」也作「**耿耿在臆**」。清・陳康祺《郎潛紀聞・三筆・徐時棟〈偷頭記〉》：「杞人之憂，耿耿在臆，不得已而錄此下策。」

【耿耿於心】

見「耿耿於懷」。

【耿耿在抱】

見「耿耿於懷」。

【耿耿在心】

見「耿耿於懷」。

【耿耿在臆】

見「耿耿於懷」。

【耿介之士】

耿介：正直，不同於流俗。正直的人。《韓非子・五蠹》：「人主不除此五蠹之民，不養耿介之士，則海內雖有破亡之國，削滅之朝，亦勿怪矣。」

【哽噎難鳴】

哽：喉嚨阻塞；噎：這裏指發不出聲音。形容很傷心而又不敢大哭的樣子。《紅樓夢》一一四回：「王仁便道：『哦！我知道了，不過是你要留著做嫁妝罷咧！』巧姐聽了，不敢回言，只氣得哽噎難鳴的哭起來了。」也作「**哽咽難言**」。冰心《斯人獨憔悴》：「穎石說到這時，已經哭得哽咽難言。」

【哽咽難言】

見「哽噎難鳴」。

【綆短汲深】

綆：指汲水器上的繩子；汲：ㄐㄧˊ，從井中提水。吊桶的繩子很短，要在很深的井裏打水。比喻力量小，難以實現較大的目標。唐・蕭穎士《贈韋司業書》：「附庸班、范，曾何足云；雄鋩獨斷，抑非諸君子之事也。誠智小謀大，綆短汲深。」

【梗泛萍漂】

梗：植物的枝或莖；萍：浮萍。比喻流離漂泊。清・孔尚任《桃花扇・哭主》：「經幾番兇荒戰鬥，怎免得梗泛萍漂。」

ㄍㄥˋ

【更待何時】
更：再，又。不必再等下去了。《封神演義》五二回：「今兵敗將亡，眼見獨力難支，天命已定。此處不降，更待何時！」

【更進一竿】
比喻即使有了極高成就，也不能滿足，仍要繼續努力，更求上進。《紅樓夢》一二〇回：「後人見了這本傳奇，亦曾題過四句偈語，爲作者緣起之言更進一竿云。」

【更上一層樓】
唐・王之渙《登鸛雀樓》詩：「欲窮千里目，更上一層樓。」原指要想視野遼闊，就須站得更高。後用以比喻再提高一步。清・王夫之《水調歌頭・放言》：「既道尼山出世，又召東山入夢，鏡裏是眞頭。炯炯明看汝，更上一層樓。」

【更無長物】
長物：多餘的東西。再沒有多餘的東西。形容家境清貧。《歧路燈》七回：「幾上一塊黝黑的大英石，東牆上一張大瑤琴，此外更無長物。」

ㄍㄨ

【沽酒當壚】
沽酒：賣酒；當壚：賣酒的坐在安放酒甕的土壚邊。《史記・司馬相如傳》：「[相如]買一酒舍沽酒，而令文君當壚。」後以「沽酒當壚」指名士不遇，埋身塵市。元・關漢卿《溫太眞玉鏡台》四折：「想當日沽酒當壚，拚了個三不歸青春卓氏女。」也指飲酒作樂。元・蕭德祥《殺狗勸夫》四折：「因孫大……終日去沽酒當壚，把家私漸行消磨，使妾身難以支吾。」

【沽名吊譽】
見「沽名釣譽」。

【沽名釣譽】
沽：買；釣譽：比喻用手段獵取聲譽。用不正當的手段謀取名譽。金・張建《高陵縣張公去思碑》：「非若沽名釣譽之徒，內有所不足，急於人聞。」也作「**沽名吊譽**」。元・宮大用《范張雞黍》：「自恨我奔喪來後，又不是沽名吊譽沒來由。」也作「**沽名干譽**」。明・王世貞《鳴鳳記・驛里相逢》：「追想我昔日糾劾仇賊，豈是沽名干譽，也只要三策安邦國，一劍誅豪右。」也作「**沽名徼譽**」。宋・無名氏《儒林公議》下：「至於微小之事，耳目不接，則不敢喋喋，上煩聖聽，以沽名徼譽也。」也作「**沽名邀譽**」。《西湖二集》二四：「也有道周必大是個呆鳥，怎生替人頂缸，做這樣呆事？也有道周必大是個極奸詐之人，借此沽名邀譽。」也作「**沽名市譽**」。《錦香亭》一〇回：「小的看那等富貴人家，只知齋僧布施。妝佛造相的事，便要沽名市譽，肯做幾椿。」

【沽名干譽】
見「沽名釣譽」。

【沽名徼譽】
見「沽名釣譽」。

【沽名市譽】
見「沽名釣譽」。

【沽名邀譽】
見「沽名釣譽」。

【姑娘愛花，小子愛炮——各有所好】
比喻每個人都有自己的愛好。例珍珍的奶奶很開明。她說：「姑娘愛花，小子愛炮——各有所好，孫子們的八小時之外，我都不干涉。」也作「**姑娘愛花，小子愛炮——各人所好**」、「**穿衣戴帽——各有所好**」。

【姑娘的辮子——往後甩】
比喻置之腦後，暫不理睬。例小朱勸小柳說：「對這些令人煩惱的瑣碎事，我們來個姑娘的辮子——往後甩，痛痛快快度過星期天。」

【姑娘講繡衣，秀才講文章，農民講種地，漁民講海洋】
比喻人們總是圍繞著自己的職業或關心的事情作爲話題。在這個人們自給自足的小村莊，姑娘講繡衣，秀才講文章，農地講種地，漁民講海洋，就是他們生活的寫照。

【姑娘是母親的影子】
女兒往往繼承了母親身上的一些特點。例她們這對母女有很多相似之處，說她們「姑娘是母親的影子」，一點也不爲過。

【姑娘繡花——耐心】
比喻心裏不急躁，不厭煩。例這小伙子脾氣並不毛躁，做起事來就像姑娘繡花——耐心極了。

【姑娘繡花——細針密縷】
縷：線。比喻對工作或問題處理得細致周到。例方英無論做工作，還是談計畫，都像姑娘繡花——細針密縷，大家都很佩服她。

【姑娘長鬍子——少見】
比喻很少看到或不太可能發生的事。例你講述的故事，近似天方夜譚，的確是姑娘長鬍子——少見。也作「**姑娘長鬍子——少有**」。

【姑妄聽之】
見「姑妄言之，姑妄聽之」。

【姑妄言之】
見「姑妄言之，姑妄聽之。」

【姑妄言之，姑妄聽之】
姑：姑且；妄：隨便，胡亂。姑且隨便說說，隨便聽聽。《莊子・齊物論》：「予嘗爲女妄言之，女以妄聽之。」《兒女英雄傳》三〇回：「公子道：『既如此，姑妄言之，姑妄聽之罷！』」也作「**姑妄言之**」。《歧路燈》九九回：「此不過姑妄言之。卦姑、媒婆所傳，豈可深信？」也作

「姑妄聽之」。梁啓超《盧梭學案》：「姑妄言之，願天下讀者勿姑妄聽之也。」

【姑息養奸】

姑息：寬貸，縱容；養：助長；奸：壞人壞事。一味地寬容遷就，就會助長壞人壞事。《清史稿·隆科多傳》：「孰知朕視爲一德，彼竟有二心，招權納賄，擅作威福，欺罔悖負，朕豈能姑息養奸耶？」

【姑射神人】

姑射：山名；神人：得道而神妙莫測的人。《莊子·逍遙遊》：「藐姑射之山，有神人居焉，肌膚若冰雪，淖約若處子。」原指藐姑射山的神仙，後泛指美女。《警世通言》卷三五：「廣寒仙子月中出，姑射神人雪裏來。」

【呱呱墮地】

見「呱呱墜地」。

【呱呱墜地】

呱呱：嬰兒的哭聲。嬰兒從母腹落地。比喻新生事物的產生。例一個新生命呱呱墜地之時，是母親最欣喜的時刻。

【孤標峻節】

標：品格，格調。孤拔超俗的品格氣節。元·黃溍《題黃給事山居圖》：「覽是圖，猶想見其孤標峻節，當與之並存於天壤間也。」

【孤臣孽子】

失勢的臣子和失寵的庶子。《孟子·盡心上》：「獨孤臣孽子，其操心也危，其慮患也深，故達。」後泛指境遇不佳、不被重用而懷忠心的人。宋·陸游《秋雨嘆》：「志士仁人萬行淚，孤臣孽子無窮憂。」

【孤雛腐鼠】

比喻微賤的、爲人所棄而不足惜的人、物。宋·文天祥《癸亥上皇帝書》：「夫以陛下聖明在上，孤雛腐鼠，亦何敢晝舞夜號！」明·余繼登《典故紀聞》五：「然其時李輔國，程元振及朝恩數輩，勢皆極盛，代宗一旦去之，如孤雛腐鼠。」也作「孤豚腐鼠」。明·徐復祚《紅梨記·請成》：「丞相要殺王黼，正如孤豚腐鼠，一刀斧手之事耳。」

【孤雌寡鶴】

失偶的雌鳥。比喻失去配偶的人。多指女子。漢·王褒《洞簫賦》：「孤雌寡鶴，娛優乎其下兮。」

【孤犢觸乳】

比喻子女從小被溺愛嬌縱，以致忤逆不孝。《後漢書·仇覽傳》李賢注引謝承《後漢書》：「[羊]元深改悔，到母床下，謝罪曰：元少孤，爲母所驕。諺曰：『孤犢觸乳，驕子罵母。』乞今自改。」

【孤兒寡婦】

楚·宋玉《高唐賦》：「孤子寡婦，寒心酸鼻。」指沒有依靠、無人保護的婦幼。《後漢書·陳龜傳》：「或舉國掩戶，盡種灰滅，孤兒寡婦，號哭空城，野無青草，室如懸磬。」《明史·鄒緝傳》：「孤兒寡婦，哭泣叫號，倉皇暴露，莫知所適。」也作「孤兒寡母」。

【孤芳自賞】

孤芳：獨一無二的香花。比喻自命清高，自視不凡。清·蔣士銓《香生》：「蘭生，你孤芳自賞，小劫乍經，此去塵寰，須索珍重。」

【孤高自許】

自命清高不凡。《紅樓夢》五回：「那寶釵卻又行爲豁達，隨分從時，不比黛玉孤高自許，目無下塵，故深得下人之心。」

【孤光自照，肝膽皆冰雪】

借著微弱的光亮來照自己，自己的肝膽像冰雪一樣潔白。比喻表現堅貞的品德和高潔的志趣。宋·張孝祥《念奴嬌·過洞庭》詞：「應念嶺表經年，孤光自照，肝膽皆冰雪，短髮蕭騷襟袖冷，穩泛滄溟空闊。」

【孤鴻寡鵠】

見「孤鸞寡鳳」。

【孤魂野鬼】

無人紀念和祭奠的死者。例那些在戰爭中被殺害的村民，都成了當地的孤魂野鬼。

【孤家寡人】

孤家、寡人：古代君主、諸候的自稱。比喻孤立無助。《二十年目睹之怪現狀》六五回：「雲岫的一妻一妾，也爲這件事，連嚇帶痛的死了，到了今日，雲岫竟變了個孤家寡人了。」

【孤舉者難起，衆行者易趨】

趨：快走。一個人舉不起重物，大夥兒趕路走得快。比喻單獨行動困難重重，而集體行動容易成功。清·魏源《默觚·治篇八》：「孤舉者難起，衆行者易趨，傾廈非一木之支也，決河非捧土之障也。」

【孤軍薄旅】

人數不多的孤軍。比喻沒有外援，單獨奮鬥。例這一批孤軍薄旅已在此地死守一星期了。

【孤軍奮戰】

指在孤立無援的情況下奮力作戰。例由於部隊是孤軍奮戰，所以處境越來越困難。也作「孤軍作戰」、「獨力奮戰」、「孤軍獨戰」。

【孤軍深入】

一支部隊獨自深入敵區作戰。《宋史·种世衡傳論》：「金以孤軍深入，師道請遲西師之至而擊之。」

【孤苦伶仃】

孤單困苦，無依無靠。元·紀君祥《趙氏孤兒》二折：「可憐三百口親丁飲劍鋒，剛留得孤苦伶仃一小童。」也作「孤苦零丁」。唐·白居易《祭郎中弟文》：「孤苦零丁，又加衰疾；殆無生意，豈有宦情？」

【孤苦零丁】

見「孤苦伶仃」。

【孤立無助】

處境孤獨，沒有外來援助。宋·周煇《清波雜志》卷一：「屬者椒寢未繁，前星不耀，孤立無助，有識寒心。」也作「孤立無援」。《三國演義》四七回：「周瑜孤立無援，必爲丞相所擒。」

【孤陋寡聞】
陋：見聞少。形容學識貧乏淺薄，見聞不多。《禮記・學記》：「獨學而無友，則孤陋而寡聞。」晉・葛洪《抱朴子・外篇・自敍》：「年十六，始讀《孝經》、《論語》、《詩》、《易》，貧乏無以遠尋師友，孤陋寡聞，明淺思短，大義多所不通。」

【孤鸞寡鳳】
比喻失去配偶的男女。元・白樸《東牆記》二折：「誰想是舊日劉郎到武陵，聽說罷怎不傷情，孤鸞寡鳳幾時成？」也作「孤鴻寡鵠」。明・王世貞《鳴鳳記・鄒慰夏孤》：「向日蠶桑動，忽相逢孤鴻寡鵠，無門投控，飛鳥依人情可憫。」

【孤鸞寡鶴】
比喻單身男女。《說岳全傳》六七回：「孤鸞寡鶴許成雙，一段姻緣自主張。」

【孤論難持，犯欲難成】
個人的高論不易堅持，冒犯了衆人的私欲難成大業。《三國志・魏書・任蘇杜鄭倉傳》：「夫天下猶人之體，腹心充實，四肢雖病，終無大患；今兗、豫、司、冀亦天下之腹心也，是以愚臣慺慺，實願四州之牧守，獨修務本之業，以堪四肢之重。然孤論難持，犯欲難成，衆怨難積，疑似難分，故累載不爲明主所察。」

【孤蓬自振】
單棵飛蓬無故連根拔起。南朝宋・鮑照《蕪城賦》：「白楊早落，塞草前衰，稜稜霜氣，蔌蔌風威，孤蓬自振，驚砂坐飛。」後借喻舞劍姿勢或草書的筆勢灑脫、有力，飄逸而多變幻。唐・沈亞之《敍草書送山人王傳義》：「昔張旭善草書，出見公孫大娘舞劍器渾脫，鼓吹既作，言能使孤蓬自振、驚沙坐飛，而旭歸爲之書則非常矣。」

【孤身扛大梁——力量單】
比喻勢單力薄。例孤身扛大梁——力量單。只有大夥團結起來，才能完成如此艱巨的任務。

【孤身隻影】
孤單一人，沒有親友。元・關漢卿《竇娥冤》三折：「可憐我孤身隻影無親眷，則落的吞聲忍氣空嗟怨。」也作「孤形隻影」。《羣音類選〈分鞋記・書齋問疾〉》：「你看碧梧翠竹影淒涼，孤形隻影空相向。」也作「孤形單影」。《羣音類選〈牧羊記・北海牧羝〉》：「冷清清孤形單影，靜悄悄沒一個人來至。」

【孤行己意】
只按照自己的意見行事。魯迅《記「楊樹達」君的襲來》：「我想，原來是一個孤行己意，隨隨便便的青年，怪不得他模樣如此傲慢。」

【孤形單影】
見「孤身隻影」。

【孤形吊影】
晉・李密《陳情表》：「煢煢孑立，形影相吊。」後以「孤形吊影」形容孤苦一人，無依無靠。《二刻拍案驚奇》卷三：「是時正是七月七日，權翰林身居客邸，孤形吊影。」

【孤形隻影】
見「孤身隻影」。

【孤陰不生，獨陽不長】
清・程允升《幼學瓊林・夫婦》：「孤陰則不生，獨陽則不長，故天地配以陰陽。」泛指單有一方面的條件或因素，新事物是生長不出來的。

【孤雲野鶴】
指處身方外，來去無定的高人隱士。也指超脫世俗的人。唐・范攄《雲溪友議》六：「婁、呂二生，孤雲野鶴，不知棲宿何處。」宋・陸游《孫余慶求披戴疏》：「孤雲野鶴，山林自屬閑身；布襪青鞋，巾褐本來外物。」

【孤掌難鳴】
比喻勢單力孤，難於成事。《東周列國志》一四回：「魯侯孤掌難鳴，行至滑地，懼齊兵威，留宿三日而返。」《後水滸傳》一回：「我燕青欲待爲哥哥報仇雪恥，手戮奸人，又恨此時此際，孤掌難鳴，只好徒存此心罷了。」

【孤注一擲】
孤注：把剩下的所有的錢都投作賭注；擲：擲骰子。賭徒傾其所有作最後的一賭。比喻在危急的時候，使出全部力量作最後一次冒險。元・張憲《澶淵行》：「親征雄謀出獨斷，孤注一擲先得梟。」《孽海花》三三回：「無如他被全台的公憤，逼迫得沒有回旋餘地，只好挺身而出，作孤注一擲。」

【孤子寡婦】
泛指無依無靠的弱者。戰國楚・宋玉《高唐賦》：「孤子寡婦，寒心酸鼻。」

【辜恩負義】
見「辜恩背義」。

【辜恩背義】
辜負別人對自己的恩德，違背道義。宋・樂史《綠珠傳》：「公爲此傳，非徒述美麗，窒禍源，且欲懲戒辜恩背義之類。」也作「辜恩負義」。《封神演義》八六回：「我歐陽淳其首可斷，其身可碎，而此心絕不負成湯之恩，甘效辜恩負義之賊也。」

【箍桶匠造屋】
比喻幹的不是本行，難免要出問題。例所學非所用，就像箍桶匠造屋，他怎麼能做出成績來呢？

ㄍㄨˇ

【古道熱腸】
古道：古代敦厚淳樸的道德風尚。形容待人真誠、熱情。《官場現形記》四四回：「幾個人當中，畢竟是老頭子秦梅七古道熱腸。」《啼笑姻緣》八回：「關壽峯這人，古道熱腸，是個難得的老人家。」

【古道西風瘦馬】

古老的荒野路上，蕭瑟的西風裏走著一匹衰瘦的馬。比喻羈旅漂泊的人的悲涼的情景。元・馬致遠《天淨沙・秋思》曲：「枯藤老樹昏鴉，小橋流水人家，古道西風瘦馬。」

【古調不彈】

唐・劉長卿《聽彈琴》：「泠泠七弦上，靜聽松風寒。古調雖自愛，今人多不彈。」指古調雖佳，但今人好趨時尚，多不喜歡它。後比喻陳舊的東西不受歡迎。

【古董店裏的罈子——老古詞（瓷）】

詞：「瓷」的諧音。比喻陳詞濫調。例你年紀輕輕，說話卻是古董店裏的罈子——老古詞（瓷）。

【古董販子——識貨】

見「販古董的——識貨，識貨」。

【古今一轍】

轍：車輪痕跡。指從古到今一個樣。清・姚華《曲海一勺・述旨第一》：「立言者騖高，讀書者好奇，與其詹詹，毋寧炎炎，古今一轍，顛撲不破。」也作「古今一揆」。三國魏・吳質《在元城與魏太子箋》：「古今一揆，先後不貿。」

【古井無波】

古井中的水不再起波瀾。比喻心境枯寂沉靜，不因外事而動心。唐・孟郊《烈女操》：「波瀾誓不起，妾心井中水。」宋・范成大《次韻樂先生吳中見寄八首》之六：「知從了義透音聞，古井無波豈更渾？」

【古來材大難爲用】

自古以來，凡是有大才幹的人都難被重用。唐・杜甫《古柏行》：「志士幽人莫怨嗟，古來材大難爲用。」

【古來存老馬，不必取長途】

老馬識途的經驗至爲寶貴，但不必要它負重致遠。比喻卓有才識的人，儘管年老體弱，仍可以發揮其應有的作用。唐・杜甫《江漢》詩：「江漢思歸客，乾坤一腐儒。片雲天共遠，永夜月同孤。落日心猶壯，秋風病欲蘇。古來存老馬，不必取長途。」

【古來今往】

從古代到現在。清・方成培《雷峯塔・開宗》：「古來今往夕陽中，江山依舊在，塔影自凌空。」也作「古往今來」。晉・潘岳《西征賦》：「古往今來，邈矣悠哉！」也作「今往古來」、「今來古往」。

【古老馬桶——口滑肚臭】

馬桶：大小便用的有蓋的桶，多用木頭或搪瓷製成。馬桶用的時間長了，桶口就變得光滑了。比喻嘴上油腔滑調，心裏打著壞主意。例他像古老馬桶——口滑肚臭，你同他打交道，得小心點。

【古老石山——越看越入格】

石山：人造假山；入格：合標準、法式。比喻合乎標準或要求。例這件工藝品，就像古老石山——越看越入格，不愧出自名家之手。

【古貌古心】

形容爲人古樸。宋・袁說《題王順伯秘書所藏蘭亭修褉帖》詩：「臨川先生天下士，古貌古心成古癖。」明・張岱《陶庵夢憶・一》：「南京濮仲謙，古貌古心，粥粥若無能者，然其技藝之巧，奪天工焉。」也作「古心古貌」。

【古木參天】

參天：高聳入雲天。唐・杜甫《古柏行》：「孔明廟前有老柏……黛色參天二千尺。」形容古樹異常高大。《平妖傳》六回：「不一時來到一個所在，古木參天，藤蘿滿徑。」

【古曲演奏——老調重彈】

比喻把陳舊過時的理念、主張重新搬出來。例這是十年前的謬論，現在又古曲演奏——老調重彈，有何補益。

【古人唱歌兼唱情】

古代人唱歌，同時能唱出眞實情感。指演唱就做到聲情並茂。借指作詩作文章，應音韻鏗鏘，有眞情實感。唐・白居易《問楊瓊》：「古人唱歌兼唱情，今人唱歌唯唱聲。」

【古色古香】

形容器物或藝術品具有古樸雅致的色彩情調。清・黃丕烈《士禮居藏書題跋・麈史》：「是書雖非毛氏所云何元朗本及伊舅氏仲木本，然古色古香溢於楮墨，想不在二本下也。」也作「古香古色」、「古香古艷」。清・梁紹壬《兩般秋雨庵隨筆》卷一：「[阮芸台]宮保自撰楹帖……極古香古艷之致。」

【古聖先賢】

聖：聖人；賢：賢人。古代的聖人和賢人。《歧路燈》五八回：「試看古聖先賢，守身如執玉，到臨死時候，還是一個『如臨深淵，如履薄冰』光景。」

【古是今非】

從古到今的是非曲直。元・馬致遠《青衫淚》四折：「一個待咏月嘲風，一個待飛觴走斝，談些古是今非，下學上達。」

【古書堆中的蛀蟲——吃老本】

老本：原指最初做生意的本錢，後引申爲把過去的功勞、成績當作資本。雙關語，比喻單靠過去的功勞和成績混日子。例郭明從前爲工廠的建設做過一些貢獻，現在卻飽食終日無所用心，成了古書堆中的蛀蟲——吃老本的人。

【古往今來】

見「古來今往」。

【古爲今用】

批判、繼承和借鑑古代優秀的文化遺產，爲今天服務。茅盾《向魯迅學習》：「他也竭力主張中國五千年封建文化的精華應當繼承而發展，而使古爲今用。」

【古香古色】
見「古色古香」。
【古香古艷】
見「古色古香」。
【古稀之年】
指七十歲。唐・杜甫《曲江》詩：「酒債尋常行處有，人生七十古來稀。」《醒世恆言》卷三八：「七十古稀之年，是人生最難得的。」
【古心古貌】
內心和外貌都有古人風度。唐・韓愈《孟生》：「孟生（孟郊）江海士，古貌又古心。」宋・陳亮《謝陳同知啟》：「古心古貌，讀前輩未見之書。」也作「**古貌古心**」。
【古語常言】
從古代流傳下來的人們常說的話。元・關漢卿《蝴蝶夢》三折：「我不肯吃不肯穿，燒地臥炙地眠，誰曾受這般貧賤，正按著陳婆婆古語常言，他須不求金玉重重貴，卻甚兒孫個個賢，受煞迍邅。」
【古者言之不出，恥躬之不逮也】
古時候的人不輕易把話說出口，因為他們認為話出口而做不到是可恥的。指為人處世，應言行一致，語出《論語・里仁》。
【古之君子，其責己也重以周，其待人也輕以約】
古代的君子，他們要求自己既嚴格又全面，他們對別人的要求既寬容又平易。比喻為人應嚴以律己、寬以待人。唐・韓愈《原毀》：「古之君子，其責己也重以周，其待人也輕以約。重以周，故不怠；輕以約，故人樂為善。」
【古之立大事者，不唯有超世之才，亦必有堅韌不拔之志】
古時候那些幹出大事業的人，不僅有非常卓越的才幹，還必定有在任何情況下都很堅定、毫不動搖的志向。宋・蘇軾《晁錯論》：「天下悲錯之以忠而受禍，不知錯有以取之也。古之立大事者，不唯有超世之才，亦必有堅韌不拔之志。」
【古之善將者，必以其身先之】
古代善於領兵作戰的將領，一定身先士卒，帶頭衝鋒陷陣。《淮南子・兵略訓》：「故將必與卒同甘苦，俟飢寒，故其死可得而盡也。故古之善將者，必以其身先之。」
【古之善用人者，必循天順人而明賞罰】
循天：遵循客觀法則；順人：順乎民心。古代善於選拔人材的人，一定是適應客觀形勢，順乎民心，而且賞罰分明。《韓非子・用人》：「聞古之善用人者，必循天順人而明賞罰。循天則用力寡而功立，順人則刑罰省而令行，明賞罰則伯夷、盜跖不亂，如此則白黑分矣。」
【古之選賢，傳納以言，明試以功】
傳：通「敷」，陳述。歷史上薦舉賢良，要全面聽取其言辭，並在實際辦事中考察其能力。《漢書・文帝紀》：「古之選賢，傳納以言，明試以功，故官無廢事，下無逸民，教化流行，風雨和時，百谷用成，衆庶樂業，咸以康寧。」
【古之學者必有師】
古時候求學問的人必定有老師。指任何人學習知識，都離不開老師的教育和指導。例我們不管在任何階段求取學問，都離不開老師的傳道、授業、解惑，所謂「古之學者必有師」，也是相同的道理。
【古之遺直】
能夠體現古人遺風的人。《左傳・昭公十四年》：「仲尼曰：『叔向，古之遺直也。』」
【穀地裏點玉茭——高出一截子】
點：播種；玉茭：玉米。玉米比穀子長得高。雙關語，比喻比別人境況好，水平高。例她的經濟不算寬裕，但與貧困戶比較起來，又是穀地裏點玉茭——高出一截子。
【穀賤傷農】
糧價過低，損害農民利益。唐・陸長源《上宰相書》：「今歲豐年稔，穀賤傷農，誠宜出價以斂糴，實太倉之儲。」《新五代史・周書・馮道傳》：「［馮］道曰：『穀貴餓農，穀賤傷農。』」
【穀糠擦屁股——不利索】
比喻做事不靈活、不敏捷。例你做事像穀糠擦屁股——不利索，比七十歲的老太婆還不如。也作「**老大爺幹活——不利索**」。
【穀糠榨油——難】
穀糠：穀子碾米脫下的殼。沒有油性，榨不出油來。比喻不容易，不大可能，或做起來費事。例你想動員他出資興辦孤兒院，我看是穀糠榨油——難。
【穀糠蒸窩頭——難捏合】
雙關語，比喻無法調解和好，或結合不到一起。例小紋與小鋒的理想、愛好、性格都截然相反，矛盾越鬧越大，看來穀糠蒸窩頭——難捏合了，就讓他們分開生活吧！也作「**穀糠蒸窩頭——捏不攏**」、「**隔夜的剩飯——捏不攏**」、「**六月天的冷飯——抓不攏**」、「**包穀麵做元宵——捏不到一塊兒**」、「**蕎麥皮打醬糊——黏不到一起**」、「**一盤散沙——捏不攏**」、「**豆腐渣包包子——捏不到一起**」。
【股肱耳目】
股：大腿；肱：泛指胳膊。比喻輔佐帝王的大臣。也比喻辦事得力的親信。《尚書・益稷》：「臣作朕股肱耳目。」也作「**股肱心腹**」。《三國演義》六五回：「先生乃吾之股肱心腹，倘有疏虞，如之奈何？」也作「**股肱心膂**」。《尚書・君牙》：「今命爾予翼，作股肱心膂。」也作「**股肱腹心**」。《好逑傳》一四回：「倘國法、官體、獄情必應如此，則一下吏爲之有餘，何必老大人爲股肱腹心耶？」

【股肱腹心】

見「腹肱腹心」。

【股肱心腹】

見「腹肱耳目」。

【股肱心膂】

見「股肱耳目」。

【股肱之力】

作爲君主心腹所應貢獻的力量。《左傳・僖公九年》：「臣竭其股肱之力，加之以忠貞。」清・汪琬《寶翰堂記》：「然則竭股肱之力……是皆臣熙之責也。」

【股顫而慄】

股顫：兩腿發抖；慄：顫動。兩腿發抖，顫慄不止。形容十分害怕。《史記・齊悼惠王世家》：「[魏勃]因退立，股戰而慄，恐不能言者，終無他語。」

【股掌之間】

夾在大腿之間，捏在手裏。比喻完全被人操縱控制。清・吳趼人《俏皮話・松鼠》：「若以我之同類，何以獨被人玩弄於股掌之間，寧不欲一伸其自由耶？

【股掌之上】

股：大腿。大腿和手掌之上。比喻控制在手中。宋・葛勝仲《賀收復燕山府表》：「救民水火之中，玩敵股掌之上。」

【牯牛掉在水井裏——轉不過彎來】

牯牛：公牛。比喻想不通或很難改變態度。例小春自從受到批評之後，至今思想還像牯牛掉在水井裏——轉不過彎來，應該做點思想工作。也作「水牛過小巷——轉不過彎來」、「長竹竿進城門—轉不過彎來」、「小巷子扛竹竿——轉不過彎來」。

【骨顫肉驚】

形容驚恐萬分。《三國演義》七七回：「卻說王甫在麥城中，骨顫肉驚，乃問周倉曰：『昨夜夢見主公渾身血污……不知主何吉凶？』」

【骨縫裏的肉——兩頭受擠】

比喻兩面受氣，受指責，處境困難。例忠厚老實的大劉感嘆地說：「工作了幾十年，現在上下都瞧不起我，的確成了骨縫裏的肉——兩頭受擠。」也作「骨縫裏的肉——兩頭受夾」、「骨縫裏的肉—兩面受硬的氣」、「木夾裏的豆餅——兩頭受擠」、「石頭縫裏長青藤——兩頭受擠」、「屬豆餅的——上擠下壓」。

【骨鯁緘喉】

見「骨鯁在喉」。

【骨鯁在喉】

鯁：魚骨、魚刺。比喻有話憋在心裏，不說不快。清・袁枚《與金匱令》：「僕明知成事不說，既往不咎，而無如聞不慊心事，如骨鯁在喉，必吐之而後快。」也作「骨鯁緘喉」。清・周如璧《孤鴻影》四折：「他如今一旦去了，好教俺心頭擋住了口頭，難忘處，又待提心在口，心頭似珍珠脫手，口頭似骨鯁緘喉。」

【骨鯁之臣】

比喻剛直忠正的臣子。《漢書・杜周傳》：「王氏世權日久，朝無骨鯁之臣，宗室諸侯微弱，與繫囚無異，自佐史以上至於大吏皆權臣之黨。」

【骨寒毛豎】

形容極爲害怕。北齊・顏之推《顏氏家訓・名實》：「伯石讓卿，王莽辭政，當於爾時，自以巧密，後人書之，留傳萬代，可爲骨寒毛豎也。」

【骨化形銷】

銷：消失。指死去已久。宋・趙德麟《元微之崔鶯鶯商調蝶戀花》詞：「骨化形銷，丹誠不泯，因風委露，猶托清塵。」

【骨肉分離】

見「骨肉離散」。

【骨肉乖離】

見「骨肉離散」。

【骨肉離散】

比喻親屬分散，不能團聚。《詩經・唐風・杕杜》小序：「《杕杜》，刺時也。君不能親其宗族，骨肉離散，獨居而無兄弟，將爲沃所並爾。」也作「骨肉乖離」。《金史・始祖以下諸子傳》：「骨肉乖離，誠非衆願。」清・無名氏《杜詩言志》卷八：「『沖風奪佳氣』，骨肉乖離也。」也作「骨肉分離」。《警世通言》卷三〇：「害得我骨肉分離，死無葬身之地，我好苦也！我好恨也。」

【骨肉團圞】

見「骨肉團圓」。

【骨肉團圓】

指親人團聚。《鏡花緣》五六回：「哥哥嫂嫂此番幸遇唐伯伯，我們方能骨肉團圓。」也作「骨肉團圞」。明・謝讜《四喜記・瓊英入宮》：「骨肉團圞樂正濃，一封丹詔實相從。恩承淑女榮非願，割愛雙親恨怎窮。」

【骨肉未寒】

屍身還沒有完全冷卻。指人剛死不久。《三國演義》五四回：「中年喪妻，大不幸也。骨肉未寒，安忍便議親？」《九命奇冤》五回：「但是這石室是先父手建……此刻先父骨肉未寒，哪就好變賣？」

【骨肉相殘】

比喻親屬自相殘殺。《南史・宋文帝諸子傳》：「劭妻殷氏賜死於廷尉，臨刑謂獄丞江恪曰：『汝家骨肉相殘，何以枉殺天下無罪人？』」《東周列國志》五回：「家門不幸，骨肉相殘，誠有愧於鄰國。」

【骨肉相連】

像骨頭和肉一樣互相連接著。比喻親屬關係十分密切，不可分離。《北齊書・楊愔傳》：「臣與陛下骨肉相連。」

【骨肉之恩】

近親之間的恩惠。《三國演義》六八

回：「孤亦何心不待卿以骨肉之恩，委卿以兵馬之重乎？」也作「骨肉之情」。清・劉熙載《藝概・文概》：「介甫（王安石）每言及骨肉之情，酸惻嗚咽。」

【骨肉之親】
見「骨肉至親」。

【骨肉之情】
見「骨肉之恩」。

【骨肉至親】
最近的親屬。《漢書・景十三王傳》：「諸侯王自以骨肉至親，先帝所以廣封連城，犬牙相錯者，為盤石宗也。」《魏書・邢巒傳》：「況淵藻是蕭衍兄子，骨肉至親，若其逃亡，當無死理。」也作「骨肉之親」。《漢書・楚元王傳》：「況重以骨肉之親，又加以重恩未報乎！」

【骨軟筋麻】
見「骨軟筋酥」。

【骨軟筋酥】
渾身癱軟，動彈不得。多形容非常害怕。《紅樓夢》三三回：「賈環見了他父親，唬得骨軟筋酥，趕忙低頭站住。」也作「骨軟筋麻」。《西遊記》三五回：「那老魔聞得此言，唬得魂飛魄散，骨軟筋麻，撲的跌倒在地。」也作「骨軟肉酥」。《醒世姻緣傳》六一回：「只消心月狐放一個屁，那井木犴俯伏在地，骨軟肉酥。」

【骨軟肉酥】
見「骨軟筋酥」。

【骨瘦如柴】
形容極其消瘦。《平妖傳》一三回：「看看骨瘦如柴，自知不濟。」《醒世姻緣傳》九〇回：「哀毀的人，又兼勞苦，看看骨瘦如柴，飲食減少，咳嗽吐痰，漸漸不起。」《鏡花緣》九八回：「又有許多肚腹膨脹之人，也是骨瘦如柴，飲食費力，個個愁眉苦臉，極其可憐。」也作「骨瘦如豺」。《蕩寇志》一〇三回：「騰蛟看那章匪，骨瘦如豺。」

【骨瘦如豺】
見「骨瘦如柴」。

【骨瘦形銷】
形容十分消瘦。清・沈復《浮生六記》卷三：「而芸終以受愚為恨，血疾大發，床席支離……時發時止，骨瘦形銷。」

【骨騰肉飛】
形容騰躍奔馳極為迅捷。《吳越春秋・闔閭內傳》：「慶忌之勇，世所聞也。筋骨果勁，萬人莫當，走追奔獸，手接飛鳥，骨騰肉飛，拊膝數百里。」

【骨頭打狗——白送】
比喻無代價地喪失某種利益。例他們借錢從來是不還的，這筆款貸給他們，肯定是骨頭打狗——白送。也作「肉包子打狗——白扔東西」。

【骨頭鯁在喉嚨裏——吞不下，吐不出】
鯁：卡喉嚨。比喻處境尷尬，進退兩難。例這批訂貨實在不該接受，現在就像骨頭鯁在喉嚨裏——吞不下，吐不出。也作「鯉魚咬釣鉤——吞不下，吐不出」。

【骨頭燒豆腐——軟中有硬】
比喻柔中有剛。例譚正這個人是骨頭燒豆腐——軟中有硬，可以成為一個很好的外交家。也作「棉裏藏針——軟中有硬」、「太極拳的功夫——軟中有硬」。

【骨頭硬】
比喻堅強不屈，有骨氣。例無論敵人怎樣嚴刑拷打，他始終沒有洩露一點秘密，眞正是一個骨頭硬的英雄漢。

【骨朽人間罵未銷】
銷：通「消」，消失。骨頭已經腐爛了，而人世間的罵聲仍不絕。用以譴責作惡多端，罪大惡極，遺臭萬年的人。宋・劉子翬《汴京紀事》：「空嗟覆鼎誤前朝，骨朽人間罵未銷。」

【滑稽之雄】
滑稽：詼諧機智。諧趣善辯的人物中的傑出者。漢・揚雄《法言・淵騫》：「詭時不逢，其滑稽之雄乎！」

【滑泥揚波】
見「淈泥揚波」。

【淈泥揚波】
淈：攪渾，搞亂的意思。攪混泥水，激起波浪。比喻隨俗浮沉。《楚辭・漁父》：「世皆濁，何不淈其泥而揚其波？」明・朱之瑜《高枕亭志》：「世方淈泥揚波，而公之志獨潔。」也作「滑泥揚波」。《後漢書・袁紹傳》：「若使荀欲滑泥揚波，偷榮求利，則進可以享竊祿位，退無門戶之患。」

【蠱蠆之讒】
蠱：傳說中最毒的毒蟲；蠆：ㄔㄞˋ，蠍子一類的毒蟲。極為惡毒的毀謗人的話。《紅樓夢》七八回：「偶遭蠱蠆之讒，遂抱膏肓之疾。」

【蠱惑人心】
蠱惑：毒害，迷惑。用謠言和邪說迷惑、煽動人們。例這個邪門歪教又在這裏散播謠言，蠱惑人心。

【鼓不打不響，話不說不明】
比喻心裏有話不說，別人不會明白。例如果你對小陳有任何不滿，就當面告訴他吧，所謂「鼓不打不響，話不說不明」，最好能免去彼此的猜疑。也作「鼓不打不響，鐘不撞不鳴」。《好逑傳》八回：「俗語常言：『鼓不打不響，鐘不撞不鳴。』……你前日留了這鐵公子在養病，莫說外人，連我也有些怪你……到如今才訪知了，方才敬服。」

【鼓不打不響，鐘不敲不鳴】
見「鼓不打不響，話不說不明」。

【鼓吹喧闐】
喧闐（ㄊㄧㄢˊ）：聲大而雜。形容鼓樂之聲嘈雜熱鬧。《孽海花》三回：「家中早已掛燈結彩，鼓吹喧闐。」也作「鼓樂喧天」。《三國演義》一六回：「連夜具備妝奩，收拾寶馬香車，令宋憲、魏續一同韓胤送女前去，鼓樂喧天，送出城外。」

【鼓槌打石榴——敲到點子上了】

比喻擊中要害。例在這次辯論會上，你的發言像鼓槌打石榴——敲到點子上了，對方只好認輸。

【鼓唇弄舌】

見「鼓舌搖唇」。

【鼓唇搖舌】

見「鼓舌搖唇」。

【鼓唇咋舌】

咋（ㄓㄚˋ）舌：大聲說話。憑口才大肆煽動或進行遊說。清·錢泳《履園叢話·舊聞·席氏多賢》：「而胥吏衙役輩鼓唇咋舌，欲以罔利。」

【鼓刀屠者】

鼓刀：動刀霍霍有聲。宰殺牲口的屠夫。泛指社會地位低下的人。《史記·魏公子列傳》：「朱亥笑曰：『臣乃市井鼓刀屠者，而公子親數存之。』」

【鼓腹而遊】

鼓腹：拍著肚皮。拍著肚皮遊玩。形容想像中原始社會人們無憂無慮的生活。《莊子·馬蹄》：「夫赫胥氏之時，民居不知所爲，行不知所亡，含哺而熙，鼓腹而遊。」也形容太平盛世人們的歡樂生活。明·馮惟敏《五岳游囊雜咏》：「歸來飽飯黃昏後，曲肱而枕，鼓腹而遊。」

【鼓腹含哺】

《莊子·馬蹄》：「夫赫胥氏之時，民居不知所爲，行不知所之，含哺而熙，鼓腹而遊。」拍著肚皮，口含食物。形容人民生活安適。《陳書·世祖紀》：「守宰明加勸課，務急農桑，庶鼓腹含哺，復在茲日。」參見「鼓腹而遊」。

【鼓角齊鳴】

角：號角。戰鼓和號角一齊響起來。形容古代軍隊進攻時的情景。《三國演義》九四回：「前面鼓角齊鳴，一彪軍出，放過馬謖，攔住張郃。」

【鼓裏安風機——吹牛皮】

比喻誇大口，說大話。例小梁最大的缺點是鼓裏安風機——吹牛皮，你能幫助他改正就好了。

【鼓樓上掛肉——好大的架子】

鼓樓：舊時城市中設置大鼓的樓，樓內按時敲鼓報告時辰。見「扛牌坊賣肉——好大的架子」。

【鼓盆之戚】

鼓：敲；戚：悲痛。比喻喪失妻子的痛苦。《莊子·至樂》：「莊子妻死，惠子弔之，莊子則方箕踞鼓盆而歌。」《聊齋志異·小謝》：「家綦貧，又有鼓盆之戚。」

【鼓旗相當】

鼓、旗：古代軍隊發號令用的工具。原指兩軍對敵。後用以比喻雙方勢均力敵。《後漢書·隗囂傳》：「如今子陽（公孫述）到漢中、三輔，願因將軍兵馬，鼓旗相當。」也作「旗鼓相當」。

【鼓舌掀簧】

見「鼓舌搖唇」。

【鼓舌搖唇】

形容利用口才進行煽動或遊說，也指嚼舌根，撥弄是非。元·無名氏《誶范叔》二折：「幾時行通利方，憑著咱鼓舌搖唇，立取他封侯拜將。」也作「鼓唇搖舌」。《封神演義》九五回：「你父不諳時務，鼓唇搖舌，能忤姜元帥，吾故誅之。」也作「鼓唇弄舌」。《慈禧太后演義》三一回：「京內外一班官吏，又復鼓唇弄舌，搖筆成文，談幾條變去章程，草幾篇變法奏牘。」也作「鼓舌掀簧」。清·胡泉《〈聊齋志異〉續題》：「筆墨久抛荒，懶勞神雕蟲小技，鼓舌掀簧。」

【鼓衰力盡】

鼓：戰鼓聲；衰：微弱。鼓聲微弱，力量用盡。形容即將失敗。唐·李華《弔古戰場文》：「鼓衰兮力盡，矢竭兮弦絕。」

【鼓舞歡欣】

形容非常喜悅、興奮。宋·石介《上范中丞書》：「初，成命出……皓白之老，三尺之童，鼓舞歡欣，騰躍道路。」

【鼓要打在點子上，笛要吹在眼子上】

比喻說話、做事要抓住關鍵。例俗話說：「鼓要打在點子上，笛要吹在眼子上。」老張講話，正好相反。他一發言，總是東拉西扯，忽東忽西，聽半天也弄不清他到底要說什麼。

【鼓樂喧天】

形容熱鬧歡騰。《醒世恆言》卷八：「到了黃昏時候，只聽得鼓樂喧天，迎親轎子已到門首。」《初刻拍案驚奇》卷五：「只聽外面鼓樂喧天，盧生來行納彩禮，正在堂前拜跪。」也作「鼓吹喧闐」。《孽海花》三回：「家中早已掛燈結彩，鼓吹喧闐。」

【鼓樂喧闐】

見「鼓樂喧天」。

【鼓噪而進】

鼓：擂鼓；噪：吶喊。擂鼓吶喊著向前衝去。《左傳·哀公十七年》：「越子爲左右句卒，使夜或左或右，鼓噪而進。」

【鼓噪而起】

鼓噪：喧嚷。喧嚷哄鬧起來。《穀梁傳·定公十年》：「兩君就壇，兩相相揖，齊人鼓噪而起，欲以執魯君。」

【鼓鐘於宮，聲聞於外】

比喻事情既已發生，必定會張揚出去。《孽海花》一六回：「自古道：『鼓鐘於宮，聲聞於外。』又道：『若要人不知，除非己莫爲。』何況一嫁一娶偌大的事，雖姑娘囑咐不許聲張，那裏瞞得過人呢？」

【轂擊肩摩】

轂：車輪中心的圓木，代指車子；摩：磨擦。形容車馬行人擁擠熱鬧。《官場現形記》八回：「只見這弄堂裏面，熙來攘往，轂擊肩摩。」

【瞽曠之耳】

瞽曠：即師曠，春秋時晉國的盲人樂官，善辨五音六律。借指十分靈敏的聽覺。《莊子・胠篋》：「擢亂六律，鑠絕竽瑟，塞瞽曠之耳，而天下始人含其聰矣。」

【瞽瞍不移】

瞍（ㄙㄡˇ）：目盲。傳說舜父名瞽瞍（叟），因其有目不能辨別好惡。比喻愚惡之人很難改變本性。漢・袁康《越絕書・越絕篇敍外傳記》：「瞽瞍不移，商均不化。」

ㄍㄨˋ

【告朔餼羊】

《論語・八佾》：「子貢欲去告朔之餼羊。子曰：『賜也，爾愛其羊，我愛其禮。』」朔：ㄕㄨㄛˋ，農曆每月的初一；餼（ㄒㄧˋ）羊：祭宗廟時用作祭品的活羊。古禮，天子於每年歲末將來年的曆書頒給諸侯，諸侯按照曆書，每逢朔日便殺一羊親自告祭於廟，然後聽政，稱爲告朔。魯國自文公以降，國君已不親臨宗廟告祭，而只殺一羊供於廟應付了事。故子貢欲將祭廟之羊也去掉，以免有名無實而浪費[羊]。後因以比喻虛應故事或姑存形式以備復實。明・何良俊《四友齋叢說・詞曲》：「正聲之亡，今已無可奈何；但詞家所謂九宮十二則以統諸曲者，存之以待審音者出，或者爲告朔之餼羊歟！」

【固壁清野】

義同「堅壁清野」。《北齊書・李渾傳》：「而社客宿將多謀，諸城各自保，固壁清野。」

【固不可徹】

固：固執；徹：透徹。非常固執，不能透徹認識事理。《列子・湯問》：「汝心之固，固不可徹。」

【固步自封】

見「故步自封」。

【固若金湯】

金：「金城」的省稱；湯：「湯池」的省稱。像金屬鑄造的城牆那樣堅固，如沸水之護城河那樣不可近。形容城池防守非常堅固。宋・歐陽修《與安撫密學啟》：「邊甿被德，蔚興襦袴之謠；宸眷倚材，穩若金湯之固。」

【固一世之雄也，而今安在哉】

原本是一代的英雄人物，可現在他又在那位呢？慨嘆一代英雄已不復存在，人事滄桑變化巨大。宋・蘇軾《前赤壁賦》：「方其破荊州，下江陵，順流而東也，舳艫千里，旌旗蔽空……固一世之雄也，而今安在哉？」

【固執己見】

堅持自己的意見而不改變。《宋史・陳宓傳》：「固執己見，動失人心。」清・陳確《大學辨二・答吳仲木書》：「統俟《大學辨》成，以質之高明；然終不敢固執己見，以爲必無可更也，唯其當而已矣。」

【故步自封】

故步：原來的步法，引申爲原來所達到的境界，舊的狀態；自封：自己把自己限制在一定的範圍內。比喻安於已有的狀況，不思進取。例如果你再這麼自我封閉、故步自封的話，很快就會和社會脫節了。

【故宮禾黍】

禾：粟；黍：黍子；禾黍：泛指莊稼。過去的王家宮室都長出了莊稼。《詩經・王風・黍離序》：「周大夫行役，至於宗周，過故宗廟宮室，盡爲禾黍，憫周室之顛覆，彷徨不忍去。」後以「故宮禾黍」表示懷念故國的情思。也作「故宮離黍」。宋・陸游《年光》詩：「小市鶯花時痛飲，故宮離黍亦閒愁。」也作「故宮離黍」。宋・張元幹《賀新郎・送胡邦衡待制赴新州》詞：「夢繞神州路。悵秋風，連營畫角，故宮離黍。」

【故宮離黍】

見「故宮禾黍」。

【故伎重演】

伎：伎倆，花招。老花招再演一次。例在生活作風問題上，他一邊檢討，一邊故伎重演，根本沒有徹底改正的實際行動。

【故家喬木】

故家：昔日世家大族；喬木：高大的樹木。《孟子・梁惠王下》「所謂故國者，非有喬木之謂也，有世臣之謂也。」官僚世家出身的人或器物都是出衆的。舊時對官僚世家的恭維話。《儒林外史》四六回：「自古說：『故家喬木。』果然不差。」

【故家子弟】

破落的富家子弟。《初刻拍案驚奇》一一回：「王生獨自回進房來，對劉氏說道：『我也是個故家子弟，好模好樣，不想遭這一場，反被那小人逼勒！』說罷，淚如雨下。」

【故劍情深】

故劍：舊有的劍，比喻舊時的妻子或情人。和舊時的妻子或情人感情深厚。《漢書・外戚傳上》：「時許廣漢有女平君……遂與曾孫，一歲生元帝數月，曾孫立爲帝（宣帝），平君爲倢伃。是時，霍將軍有小女，與皇太后有親。公卿議更立皇后，皆心儀霍將軍女，亦未有言。上乃詔求微時故劍，大臣知指，白立許倢伃爲皇后。」《民國通俗演義》一二八回：「如今卻說李彥青探明曹三意旨，知他故劍情深，不忘喜奎。」也作「深情故劍」。

【故舊不棄】

《論語・微子》：「故舊無大故，則不棄也；無求備於一人。」後以「故舊不棄」指不拋棄老朋友、老同事或老部下。

【故弄玄虛】

玄虛：玄妙虛無的道理。故意要弄花

招以迷惑人。例這件事從頭到尾都是他故弄玄虛，其實根本沒有那麼複雜。

【故人長望貴人厚，幾個貴人憐故人】

故人：老朋友；厚：看重。盼望當官的老友看重自己，可是又有幾個當官的人能同情故人。比喻人情冷暖，世態炎涼。《醒世恆言》卷二五：「那時韋皋平定雲南戰亂，重回帥府。遐叔連忙備禮求見。一者稱賀他得勝而回，二者訴說自己的窮愁，遠來干謁的意思。正是：故人長望貴人厚，幾個貴人憐故人。」

【故人之情】

故人：老友。老朋友的感情。唐·李白《送友人》詩：「浮雲遊子意，落日故人情。」《新五代史·劉銖傳》：「太祖使人責銖曰：『與公共事先帝，獨無故人之情乎？』也作「故人之意」。《史記·范雎蔡澤列傳》：「然公之所以得無死者，以綈袍戀戀，有故人之意，故釋公。」

【故人之意】

見「故人之情」。

【故態復還】

見「故態復萌」。

【故態復萌】

故態：老樣子；萌：發生。指老毛病又犯了。《官場現形記》一二回：「只等撫台一走，依然是故態復萌。」也作「故態復還」。唐·劉禹錫《砥石賦》：「故態復還，寶心再起。」也作「故態復作」。《聊齋志異·八大王》：「今老將就木，潦倒不能橫飛，故態復作，我自不解耳。」也作「故智復萌」。清·紀昀《閱微草堂筆記》卷一八：「忽聞扣窗語曰：『爾果悔，是亦易得，即多於是，亦易得，但恐故智復萌耳。』」

【故態復作】

見「故態復萌」。

【故我依然】

我原來的老樣子，仍舊未變。形容情況沒有變化。清·尹會一《答王從先》：「義倉義學，勉爲建置，規模尙屬粗就，以至室無長物，故我依然。」也作「依然故我」。

【故紙堆】

故紙：舊紙，古舊書籍的蔑稱。宋·朱熹《答呂子約書》之三：「豈可一向汩溺於故紙堆中，使精神昏弊，失後忘前，而可以謂之學乎？」

【故智復萌】

見「故態復萌」。

【故作姿態】

故意裝出某種樣子，矯情做作，非出本心。例王局長故作姿態地說，我看這次調職就不要安排我了嘛。

【顧此失彼】

顧了這個，丟了那個。形容無法全面照顧。明·朱之瑜《答奧村德輝書九首》之四：「特以不佞年垂八十，精力日衰，記性日拙，事多遺忘，顧此失彼。」清·紀昀《閱微草堂筆記·姑妄言之四》：「然人情百態，事變萬端，原不能執一而論。苟堅持此例，則矯枉過直，顧此失彼。」也作「顧彼失此」。

【顧復之恩】

《詩經·小雅·蓼莪》：「父兮生我，母兮鞠我，拊我畜我，長我育我，顧我復我，出入腹我。」漢·鄭玄注：「顧，旋視也；復，反覆也；腹，懷抱也。」後用「顧復之恩」指父母養育照顧的恩情。《後漢書·桓帝紀》：「朕離母子之愛，隔顧復之恩。」元·石君寶《曲江池》四折：「吾聞父子之親，出自天性。子雖不孝，爲父者未嘗失其顧復之恩。」

【顧後瞻前】

看看後面，再看看前面。唐·李商隱《爲李郎中祭舅竇端州文》：「塞遠城迥，河窮路絕，顧後瞻前，形孤影子」。《封神演義》五三回：「你往我來，遭著兵刃命隨傾，顧後瞻前，錯了心神身不保。」形容做事前後照應，縝密周到。明·李開先《聽選官高君合葬墓志銘》：「子煢煢而勢岌岌，幸有劉賢配，能顧後瞻前，居中制外。」也作「瞻前顧後」。

【顧了翻鍋忘了燒火——顧此失彼】

翻鍋：翻動放在鍋裏烙、烤的食物。見「拆東牆補西牆——顧此失彼」。

【顧名思義】

見到名稱而聯想到它的含義。例「百科全書」顧名思義就是可以從中找到任何事物的解釋。

【顧盼神飛】

目光明亮，神采飛揚。清·沈復《浮生六記》卷一：「其形削肩長頸，瘦不露骨，眉彎目秀，顧盼神飛。」

【顧盼生輝】

見「顧盼生姿」。

【顧盼生姿】

形容左右環顧，舉首注目，都顯出美妙動人的風姿。《搜神記》卷一八：「華見其總角風流，潔白如玉，舉動容止，顧盼生姿，雅重之。」也作「顧盼生輝」。明·胡翰《越人對》：「容貌瑰奇，顧盼生輝，閒言崇議，動無不宜。」

【顧盼自豪】

見「顧盼自雄」。

【顧盼自雄】

左顧右盼，自視不凡。形容自以爲了不起。清·吳趼人《俏皮話·牛的兒子》：「丁祭之牛，例由典史先向之行禮，而後殺。一日將祭聖，典史拜牛。此牛乃顧盼自雄，顧羣牛曰：『今而後吾方知爲牛之樂。』」也作「顧盼自豪」。《民國通俗演義》三六回：「袁總統得此奇捷，未免顧盼自豪。」

【顧前不顧後】

形容做事只顧眼前，不計長遠。也指做事丟三落四，顧此失彼。《紅樓夢》三一回：「明日你自己當家立業，難道也這麼顧前不顧後的？」也作「顧頭不顧尾」。《紅樓夢》六回：「你皆因年小時候，託著老子娘的福，吃喝慣了，如今有了錢就顧頭不顧尾，沒了錢就瞎生氣，成了什麼男子漢大丈夫了！」

【顧曲周郎】

周郎：指周瑜。《三國志・吳書・周瑜傳》：「瑜少精意於音樂，雖三爵之後，其有闕誤，瑜必知之，知之必顧，故時人謠曰：『曲有誤，周郎顧。』」後以「顧曲周郎」泛指通曉音樂戲曲的人。宋・李益《哭孫李蕃二首》之一：「看花李益無同伴，顧曲周郎有後身。」

【顧全大局】

照顧整個局面，使各方面都不受損害。也指不以自己的局部利益損害到整體。《官場現形記》一四回：「總求大人格外賞他們個體面，堵堵他們的嘴，這是卑職顧全大局的意思。」

【顧犬補牢】

顧犬：見兔顧犬；補牢：亡羊補牢。《戰國策・楚策四》：「見兔而顧犬，未為晚也；亡羊而補牢，未為遲也。」看見野兔，趕快呼喚獵狗；丟失了羊，趕快修補羊圈。比喻時機雖已錯過，仍應設法補救。梁啓超《日本國志後序》：「後之視今，猶今之視昔，顧犬補牢，未為遲矣。」

【顧三不顧四】

顧了這顧不了那，顧此失彼。《紅樓夢》六八回：「以後可還再顧三不顧四的不了？以後還單聽叔叔的話、不聽嬸娘的話不了？」也作「顧一不顧二」。《紅樓夢》六八回：「好孩子，怨不得你顧一不顧二的作這些事出來，原來你竟糊塗。」

【顧頭不顧尾】

見「顧前不顧後」。

【顧小而忘大，後必有害；狐疑猶豫，後必有悔】

顧及小事卻忘了大事，一定會帶來損害；猶豫不決，一定會悔恨莫及。《史記・李斯列傳》：「夫大行不小謹，盛德不辭讓，鄉曲各有宜，而百官不同功。故顧小而忘大，後必有害；狐疑猶豫，後必有悔。斷而敢行，鬼神避之，後有成功。」

【顧小失大】

以貪小利而失掉大利。漢・焦延壽《易林・賁之蒙》：「顧小失大，福逃牆外。」

【顧一不顧二】

見「顧三不顧四」。

【顧影慚形】

看著影子，對自己的形體感到羞慚。指因某種原因而感到慚愧。晉・傅咸《申懷賦》：「芬芳並發，我穢其馨；德音光宣，我累厥聲：豈伊不愧，顧影慚形。」

【顧影弄姿】

回看自己的形影，做出各種姿態。形容炫示形體，賣弄風騷。《聊齋志異・江城》：「二姊葛氏，為人狡黠善辯，顧影弄姿，貌不及江城，而悍妒與埒。姊妹相逢無他語，唯各以閫威自鳴得意。」

【顧影自憐】

形容孤苦失意的情狀。《花月痕》九回：「奈秋痕終是顧影自憐，甚至一屋子人，酒酣燈明，嘩笑雜沓，他忽然淌下淚來。」也形容自我欣賞。清・吳趼人《俏皮話・蛾蝶結果》：「蝶翩翩飛舞花間，顧影自憐，日以尋香摘蕊為事。」

【顧左右而言他】

避開本題，看看兩旁的人而談別的事情。形容無言對答，支吾其詞，或指岔開話題而說別的事。《孟子・梁惠王下》：「曰：『四境之內不治，則如之何？』王顧左右而言他。」茅盾《腐蝕》「可是我想起那天F的『往多處報』的『理論』，就沒有理由相信他不會將我出賣。我怎敢有所表示呢？我只笑了一笑，便顧左右而言他。」

【錮聰塞明】

錮：禁閉；聰：聽覺靈敏；塞：堵塞；明：視覺靈敏。閉塞人的耳目，使人見識淺陋，思想遲鈍。清・譚嗣同《黃穎初〈傳音快字簡法〉敍》：「因其繁而繁之，是治絲而棼，瞀天下者也。強其繁而簡之，是錮聰塞明，陋天下者也。」

ㄍㄨㄚ

【瓜代之期】

《左傳・莊公八年》：「齊侯使連稱、管至父戍葵丘，瓜時而往。曰：『及瓜而代。』」指瓜熟時赴戍，到來年瓜熟時派人接替。後以「瓜代之期」比喻任職期滿，到時由別人接任。

【瓜地裏提鞋——惹人犯疑】

比喻引起別人疑心。例瓜地裏提鞋——惹人犯疑，做財務工作，公私一定要分清，帳目、憑證一定要清楚齊全。

【瓜地裏挑瓜——挑得眼花】

比喻可選擇的東西太多，一時拿不定主意。例她想買件稱心的連衣裙，可服裝店裏琳琅滿目，瓜地裏挑瓜——挑得眼花，不知買哪件為好。

【瓜瓞綿綿】

瓞：ㄉㄧㄝˊ，小瓜；綿綿：接連不斷。在一根藤上綿延不斷地生長出大大小小的瓜。比喻子孫繁盛。也比喻傳世久遠。多作祝頌之詞。《兒女英雄傳》四〇回：「只見一個盤兒裏，托著……一個大紅毯子，堆瓜瓞綿綿花樣的大底兒煙荷包。」

【瓜兒只揀軟處捏】

比喻專門欺侮弱者。《金瓶梅詞話》五九回：「把孩子唬了，沒的賴人起來，瓜兒只揀軟處捏，俺每這屋裏是好纏的。」

【瓜分豆剖】

見「瓜剖豆分」。

【瓜葛相連】

瓜葛：都是蔓生的植物，能纏繞或攀附在別的物體上。比喻輾轉相連社會關係，也泛指兩件事情互相牽連的關係。三國魏・曹睿《種瓜篇》：「與君新為婚，瓜葛相結連。」

【瓜李之嫌】

指瓜田納履，李下整冠，容易涉嫌。比喻處在被嫌疑的境地。《舊唐書・柳公權傳》：「瓜李之嫌，何以戶曉？」《聊齋志異・青梅》：「卿速退，瓜李之嫌可畏也！」也作「**瓜田之嫌**」。明・李贄《續焚書・與耿克念》：「我欲來已決，然反而思之，未免有瓜田之嫌。」也作「**瓜田李下**」。《歧路燈》五一回：「原非有意於賭。但瓜田李下，嫌疑難辯，萬一已拘者畏法混供，也甚怕堂訊之下，玉石不分。」

【瓜皮搭李皮】

指本與某人無親族關係，卻強認為有這種關係。比喻冒認為望族名家子孫，以抬高身價。元・韋居安《梅磵詩話》：「泉南林南字龍發，號可山……理宗朝，上書言事，自稱為和靖七世孫，冒杭貫取鄉薦……時有無名子作詩嘲之曰：『和靖當年不娶妻，只留一鶴一童兒；可山認作孤山種，正是瓜皮搭李皮。』」

【瓜皮搭柳樹】

把不同類的東西硬湊在一起。比喻強拉關係、強認親戚。《西湖二集》卷一九：「朵那女大怒，劈頭劈臉打將過去道：『你這該死的賊囚，瞎了眼，俺可是與你一類的人？瓜皮搭柳樹，你做了春夢，走錯了道兒。』」

【瓜剖豆分】

像瓜被剖開，豆從莢裏分裂出一樣。比喻國土被分割併吞。《南史・陳武帝紀》：「自八紘九野，瓜剖豆分，竊帝偷王，連州比縣。」也作「**瓜分豆剖**」。孫中山《興中會宣言》：「瓜分豆剖，實堪慮於目前。」

【瓜熟蒂就落，強扭的也不甜】

比喻條件成熟，事情自然會成功。例我的人生哲學就是凡事都不強求，所謂「瓜熟蒂就落，強扭的也不甜」是我信奉的道理。

【瓜熟蒂落】

蒂：花或瓜果跟枝莖相連的部分。瓜熟了，瓜蒂自然會脫落。比喻條件、時機成熟，事情會順利成功。明・張岱《蝶庵題像》：「水到渠成，瓜熟蒂落，沉醉方醒，噩夢始覺。」也比喻胎兒成熟，自然會分娩。《雲笈七籤》卷五六：「氣足形圓，百神俱備，如二儀分三才，體天法地，負陰抱陽，喻瓜熟蒂落，啐啄同時，既而產生為赤子焉。」也用來比喻事物發展到一定階段，就要產生分支。元・凌雲翰《沁園春・嘲昆季析居》詞：「樹大枝分，瓜熟蒂落，此語應非是義方。」

【瓜田不納履，李下不整冠】

履：ㄌㄩˇ，鞋；冠：帽子。經過瓜田，不彎腰提鞋子；走過李下樹下，不抬手整帽子。比喻避嫌疑。《古樂府・君子行》：「君子防未然，不處嫌疑間；瓜田不納履，李下不整冠。」

【瓜田李下】

見「瓜李之嫌」。

【瓜田之嫌】

見「瓜李之嫌」。

【瓜甜蒂苦】

甜瓜的蒂是苦的。比喻沒有十全十美的人或事物。宋・楊澤民《掃花遊》：「心事天未許，似誤出桃源，再尋仙路……事沒雙全，自古瓜甜蒂苦。」

【瓜蔓抄】

蔓：細長不能直立的莖；抄：搜查並沒收。凡與主犯稍有瓜葛的人一律抄沒家產，處以極刑。比喻輾轉株連，濫殺無辜。《明史・景清傳》：「……成祖怒，磔死，族之，籍其鄉，轉相攀染，謂之瓜蔓抄，村里為墟。」

【瓜子不飽實人心】

見「瓜子不大是人心」。

【瓜子不大是人心】

比喻物輕情意重。例別看這禮物價值不高，它可是瓜子不大是人心，代表我的心意。也作「**瓜子不大敬人心**」、「**瓜子不飽實人心**」。

【瓜子敬客——一點心】

比喻禮物雖然輕微，但可以表達心意。例這是小朋友送給傷病員的，禮物雖小，但瓜子敬客——一點心嘛！

【瓜子裏嗑出個臭蟲來——啥人（仁）兒都有】

人：「仁」的諧音。比喻什麼樣的人都有。貶義。例你別小看這個海邊孤鎮，真像有人說的那樣，瓜子裏嗑出個臭蟲來——啥人（仁）兒都有，矇坑拐騙，吃喝嫖賭天天發生。也作「**吃瓜子吃出個臭蟲來——啥人（仁）兒都有**」。

【瓜子皮餵牲口——不是好料】

見「蒺藜子拌草——不是好料」。

【瓜字初分】

舊時文人折「瓜」字為二八字，以二八為十六之意，稱女子十六歲為破瓜之年。晉・孫綽《情人碧玉歌》之二：「碧玉破瓜時，相為情顛倒。」後用「瓜字初分」特指女子年方十六歲。唐・李羣玉《醉後贈馮姬》詩：「桂形淺拂梁家黛，瓜字初分碧玉年。」

【呱呱叫】

特別好，好極了的意思。例要說他的編織手藝可真是呱呱叫的，村裏沒人比得上。

【刮鼻子】

比喻受批評訓斥。例我說這小鬼成天樂樂呵呵的，今天怎麼哭了，原來被主管刮鼻子了。

【刮腸洗胃】

比喻痛改前非，重新做人。《南史・荀伯玉傳》：「若許某自新，必吞刀刮腸，飲灰洗胃。」

【刮大風吃炒麵——張不開嘴】

炒麵：炒熟做乾糧的麵粉。比喻說不出話來，或無法開口。例他想：輸戲不輸過場。自己的事也得有個規劃啊。要不，上級詢問起來，可就刮大風吃炒麵——張不開嘴。也作「**刮大風吃炒麵——張不得嘴**」、「**刮大風吃炒麵——不能開口**」。

【刮大風吹牛角——兩頭受氣】

見「耗子鑽進風箱裏——兩頭受氣」。

【刮地皮】

比喻貪官污吏千方百計地搜刮民財。《官場現形記》二一回：「這些老爺們，平時刮地皮，都是發財發足的了。」

【刮地以去】

把地皮都刮走了。形容貪官污吏百端搜括人民財物。《新唐書・程曄傳》：「[李]固烈請還恆州，既治裝，悉帑以行。軍中怒曰：『馬瘠，士饑死，刺史不棄毫髮恤吾急，今刮地以去，吾等何望？』遂共殺固烈，屠其家。」

【刮風掃地——假積極】

見「狗咬耗子——假積極」。

【刮腹湔腸】

湔：ㄐㄧㄢ，洗。比喻痛改前非，悔過自新。《民國通俗演義》一二六回：「……不曉要怎樣改頭換面，刮腹湔腸，才能博得美人歡心。」

【刮垢磨光】

刮去污垢，磨出光亮。原指培養人才時磨礪而使精華畢露。後比喻仔細琢磨，精益求精。唐・韓愈《進學解》：「方今聖賢相逢，治具畢張，拔去兇邪，登崇畯良。占小善者率以錄，名一藝者無不庸，爬羅剔抉，刮垢磨光。」也作「**刮垢磨痕**」。唐・孫樵《與高錫望書》：「責文則喪質，近質則太禿，刮垢磨痕，卒不到史。」

【刮垢磨痕】

見「刮垢磨光」。

【刮骨去毒】

刮掉深入至骨的毒性。指徹底根治，不留後遺症。《三國志・蜀書・關羽傳》：「矢鏃有毒，毒入於骨，當破臂作創，刮骨去毒，然後此患乃除耳。」

【刮冷風】

見「放冷風」。

【刮金佛面】

比喻從有限的一點油水中竭力搜刮、掠取。元・無名氏《正宮醉太平・譏貪小利者》：「奪泥燕口，削鐵針頭，刮金佛面細搜求。」

【刮毛龜背】

從烏龜背上刮下毛。比喻事情很難成功。宋・蘇軾《東坡》詩之八：「刮毛龜背上，何時得成氈？」

【刮膜金鎞】

膜：眼膜；金鎞（ㄆㄧ）：傳說古印度治眼病的形如箭頭的金屬工具。用金鎞刮除眼球表面的一層薄膜，使盲者復明。比喻能使人心明眼亮的事物或手段。宋・陸游《劍南詩稿・雜感六首》：「早仕讒銷骨，遲歸悔噬臍……衡茅明我眼，刮膜謝金鎞。」

【刮目視之】

見「刮目相待」。

【刮目相待】

刮目：擦眼睛。去掉舊日的看法，用新的眼光看待。宋・陳亮《與吳益恭安撫書》：「三四年來，伯恭規模宏闊，非復往時之比，欽夫、元晦已願在下風矣，未可以尋常論也。君舉亦甚別，皆應刮目相待。」也作「**刮目相看**」。朱自清《這一天》：「世界也刮目相看，東亞病夫居然奮起了，睡獅果然醒了。」也作「**刮目相觀**」。宋・陸九淵《與胥必先書》：「士別三日，刮目相觀，吾猶以故意待足下，則誠有罪，然足下果能勉於此乎？」也作「**刮目視之**」。《北齊書・楊愔傳》：「子恭後謂津曰：『常謂秦王不甚察慧，從今已後，更欲刮目視之。』」

【刮目相觀】

見「刮目相待」。

【刮目相看】

見「刮目相待」。

【刮起四兩肉，剝下一張皮】

刮起來不過四兩肉，剝下來只剩一張皮。形容非常貧窮。例老李自從經商失敗後，生活就一貧如洗，眞可用「刮起四兩肉，剝下一層皮」來形容。

【蝸角虛名】

蝸角：蝸牛的角，喻指極微小的境地。《莊子・則陽》：「有國於蝸之左角者，曰觸氏；有國於蝸之右角者，曰蠻氏。時相與爭地而戰，伏屍數萬。」謂像蝸角那樣微小的虛名。比喻微不足道的名位。宋・范成大《浣花戲題爭標者》詩：「蝸角虛名人尙愛，錦標安得笑渠爭。」也作「**蝸角虛名，蠅頭微利**」。宋・蘇軾《滿庭芳》詞：「蝸角虛名，蠅頭微利，算來著甚干忙。」

【蝸角虛名，蠅頭微利】

見「蝸角虛名」。

【蝸角蠅頭】

蝸牛角、蒼蠅頭。比喻微不足道的事物。金・長筌子《絳都春》詞：「把蝸角蠅頭，身心摧挫。」也作「**蠅頭蝸角**」。

【蝸角之爭】

蝸角：蝸牛的角，喻極小；爭：爭執、爭鬥。《莊子・則陽》：「有國於蝸之左角者，曰觸氏；有國於蝸之右角者，曰蠻氏，時相與爭地而戰，伏屍數萬，逐北，旬有五日而後反。」後用以比喻爲了極小的事物而引起大的爭執。

【蝸利蠅名】

見「蝸名蠅利」。

【蝸名微利】

蝸名：像蝸牛角般的微名；微利：區區小利。謂微名小利。《古今小說》卷九：「蝸名微利，誤人之本，從此亦不復思進取也。」

【蝸名蠅利】

蝸牛角般的微名，蒼蠅頭那樣的小利。比喻微不足道的名利。金·劉志淵《行香子·李會首問道》詞：「妙道勤求，樂以忘憂，要蝸名蠅利心休。」也作「**蝸利蠅名**」。金·王丹桂《春從天上來·贈首陽山李志樸》詞：「既悟塵緣，擺愛海恩山，蝸利蠅名。」

【蝸牛赴宴——不速之客】
蝸牛：軟體動物，頭部有兩對觸角，腹面有扁平的腳，爬行極慢。雙關語，比喻不請自來的客人。例出主人意料，生日這天，蝸牛赴宴——不速之客甚多，弄得她手忙腳亂，疲於招待。也作「**乘慢車來的人——不速之客**」。

【蝸牛爬樹——快不了】
見「燈心上煨牛筋——快不了」。

【蝸牛爬樹——想高升】
見「鯉魚跳龍門——想高升」。

【蝸牛賽跑——慢慢來】
見「螞蟻啃骨頭——慢慢來」。

【蝸牛上樹——慢騰騰】
見「老牛拉破車——慢騰騰」。

【蝸行牛步】
像蝸牛那樣爬行，像老牛那樣慢步。形容行動、進展遲緩。例要實現「四化」，就不能蝸行牛步，必須以只爭朝夕的精神趕超世界先進水準，才能在不遠的將來達到目的。

ㄍㄨㄚˇ

【寡不敵眾】
人少的抵擋不住人多的。《孟子·梁惠王上》：「然則小固不可以敵大，寡固不可以敵眾，弱固不可以敵強。」《三國演義》一五回：「王朝寡不敵眾，與白虎、周昕殺條血路，走入城中，拽起吊橋，堅閉城門。」也作「**寡不勝眾**」。《韓非子·難三》：「且夫物眾而智寡，寡不勝眾。」也作「**寡眾不敵**」。《洪秀全演義》一六回：「因寡眾不敵，左衝右突，不能得脫。」

【寡不勝眾】
見「寡不敵眾」。

【寡恩少義】
形容人無情無義、刻薄自私。《醒世姻緣傳》八二回：「這劉敏雖生在這寡恩少義的老子手內，有一個知疼著熱的親娘，母子二人相偎相靠，你惜我憐，還好過得日子。」也作「**寡情少義**」。清·錢泳《履園叢話·神仙》：「當此之時，方將傷心悼痛之不暇，而尚復能逍遙極樂耶？豈寡情少義忍心害理者，方能爲神仙耶？」

【寡二少雙】
寡：少。很少有第二個，無可相比的。形容極其突出。《紅樓夢》九七回：「姐妹在一處一場，更兼他那容貌才情，眞是寡二少雙，唯有青女、素娥可以彷彿一二。」

【寡鳳孤鸞】
見「寡鵠孤鸞」

【寡婦不改嫁——老手（守）】
手：「守」的諧音。雙關語，比喻在某一方面有豐富經驗的人。例放心吧，劉師傅在司機中，是寡婦不改嫁——老手（守）了，他一定能很快修好車，準時趕到目的地的。

【寡婦趕集——沒人也沒錢】
舊社會靠男人掙錢養家，丈夫死了，無人也無錢了。比喻一無所有。例我是一個窮老婆子，寡婦趕集——沒人也沒錢，怎麼幫助你們呢？也作「**王寡婦當當——又沒人，又沒錢**」。

【寡婦孤兒】
泛指失去親人、無依無靠的弱者。元·張憲《咸淳師相》：「十三萬人齊解甲，寡婦孤兒俱北行。君不見黯淡溪流東復東，木棉花開生悲風。」

【寡婦臉】
比喻陰沉難看，令人不快的臉色。例我爸老勸我媽：兒子和兒媳婦回來一趟不容易，你不要稍不如意就拉寡婦臉給人看，要盡量做好婆媳關係。

【寡婦門前是非多】
舊時寡婦同男子接觸往往招人議論，引起事端。例自從她的丈夫死了以後，她的這位老同學好長時間不敢去看她，他不是不想去，只是心裏老忘不掉那句舊話：「寡婦門前是非多。」

【寡婦死了兒子——絕了念頭】
寡婦死了兒子不會再生了。比喻不再抱希望了。例這隻狗不可能救活了，寡婦死了兒子——絕了念頭吧！

【寡鶴羈雌】
鶴：鳥類的一屬，如白鶴等；羈雌：失羣無伴的雌鳥。失偶的雌鳥。比喻失去配偶的人。多指女子。南齊·陸厥《李夫人及貴人歌》：「臨玉階，泣長塗。寡鶴羈雌飛且止，雕梁翠壁網蜘蛛。洞房明月夜，對此淚如珠。」

【寡鵠孤鸞】
鵠：ㄏㄨˊ，天鵝；鸞：ㄌㄨㄢˊ，傳說中鳳凰一類的鳥。比喻失去配偶的人。明·王世貞《鳴鳳記·二妻思望》：「上國觀光，雖慶雲龍風虎，幽閨離況，難禁寡鵠孤鸞。」也作「**寡鳳孤鸞**」。元·石君寶《秋胡戲妻》一折：「眼見的有家來難奔，暢好是短局促燕爾新婚，莫不我盡今生寡鳳孤鸞運。」也作「**寡鵠離鸞**」。清·王韜《淞隱漫錄·任香初》：「生搜其書篋，得數紙於亂絨叢線之中，則多作寡鵠離鸞語，酸楚不堪卒讀。」

【寡鵠離鸞】
見「寡鵠孤鸞」。

【寡見鮮聞】
鮮：ㄒㄧㄢˇ，少。見得少，聽得少。形容見聞不廣，閱歷很少，知識淺薄。漢·王褒《四子講德論》：「俚人不識，寡見鮮聞。」也作「**寡聞少見**」。《漢書·匡衡傳》：「蓋聰明疏通者戒於大察，寡聞少見者戒於雍蔽。」也作「**寡聞陋見**」。陋：少。

明・胡翰《羅文質公集敍》：「以寡聞陋見論前人之道德，其亦過矣！」

【寡廉鮮恥】

沒有操守，不知羞恥。指人毫無廉恥。漢・司馬相如《喻巴蜀檄》：「寡廉鮮恥，而俗不長厚也。」

【寡情少義】

見「寡恩少義」。

【寡聞陋見】

見「寡見鮮聞」。

【寡聞少見】

見「寡見鮮聞」。

【寡欲清心】

欲：欲望；淸：純淨。少有貪圖享樂的欲望，心地純淨。唐・白居易《養拙》：「無憂樂性場，寡欲淸心源。始知不才者，可以探道根。」

【寡衆不敵】

見「寡不敵衆」。

ㄍㄨㄚˋ

【掛腸懸膽】

形容放不下心來。明・朱權《荊釵記・合巹》：「送荊釵只愁富室褒談，艮媒竟沒一句回俺，反敎娘掛腸懸膽。」

【掛燈結彩】

掛著燈籠，繫著彩球和彩帶。形容喜慶的景象。《孽海花》三回：「家中早已掛燈結彩，鼓吹喧闐。」也作「**掛紅結彩**」。《說岳全傳》六七回：「黑虎見殿上掛紅結彩，十分齊整，喜不自勝。」

【掛肚牽心】

牽：拉。形容非常掛念，放心不下。元・王元鼎《雁傳書》套曲：「從今，再不去夢裏搜尋，再不去愁中加病，再不去掛肚牽心。」

【掛冠而歸】

見「掛冠歸去」。

【掛冠歸去】

把官帽取下懸掛起來。表示辭官回家。《後漢書・逢萌傳》：「時王莽殺其子宇，萌謂友人曰：『三網絕矣！不去，禍將及人。』即解冠掛東都城門，歸，將家屬浮海，客於遼東。」也作「**掛冠而歸**」。《鏡花緣》一五回：「嗣因讒奸當道，朝政日非，老夫……隨即掛冠而歸。」也作「**掛冠歸隱**」。魯迅《理水》：「有的咬了一口鬆皮餅，極口嘆賞它的淸香，說自己明天就要掛冠歸隱，去享這樣的淸福。」

【掛冠歸隱】

見「掛冠歸去」。

【掛紅結彩】

見「掛燈結彩」。

【掛幌子】

比喻某種跡象顯露在外。例你還說你沒喝酒，你臉上都掛幌子了。

【掛角羚羊】

傳說羚羊夜間休息時，爲防止禍患，用自己的角把全身掛在樹上，腳不著地，獵狗無跡可尋。舊時談詩的人用以比喻詩的意境高超神妙。明・袁宏道《瀟碧堂集・雁字》：「輕飄亂灑入纖濃，掛角羚羊那有蹤？」

【掛免戰牌】

比喻停止爭鬥、爭論等。例人家都掛免戰牌了，你還吵什麼？

【掛起來的洋蔥頭——皮焦葉爛心不死】

見「吊在房簷上的大葱——葉黃皮乾心不死」。

【掛上鈎】

比喻搭上關係、相互聯絡。例這批貨我已與廠家掛上鈎，具體事情你自己去聯繫吧！

【掛頭牌】

演戲時，主要演員名字排在廣告最前面。比喻主要人或物。例我們廠的產品從來都是掛頭牌的，這次展覽，當然應該擺在最顯著的位置。

【掛羊頭賣狗肉】

比喻有名無實，表裏不符。魯迅《論毛筆之類》：「所以與其勸人莫用墨水和鋼筆，倒不如自己來造墨水和鋼筆，但必須造得好，切莫『掛羊頭賣狗肉』。」也作「**羊頭狗肉**」、「**懸牛首於門，賣馬肉於內**」、「**懸牛首於門，鬻馬肉於市**」。

【掛一漏百】

見「掛一漏萬」。

【掛一漏萬】

掛：列舉。形容遺漏甚多。例李小姐工作態度很散漫，吩咐她辦的事情，常常會忘東忘西，掛一漏萬。也作「**掛一漏百**」。明・朱之瑜《朱舜水集・滅虜之策》：「一時欲歷敍精詳，其勢不能捷得。是以掛一漏百，略述大端。」

【掛印懸牌】

高掛官印、告牌。指擔任官職。元・關漢卿《裴度還帶》一折：「那其間日轉千階，喜笑迎腮，掛印懸牌。」

ㄍㄨㄛ

【郭槖駝種樹——因地制宜】

柳宗元《種樹郭槖駝傳》記述：長安附近駝背老人郭槖駝，栽培的樹木，高大茂盛。有人問他有什麼訣竅，他說：「道理只有一條，就是因地制宜。」指按照具體情況，採取適當的措施。例如何救活這個工廠，沒有什麼靈丹妙藥，只有像郭槖駝種樹——因地制宜。

【鍋巴做燈影子——焦人】

燈影子：皮影戲裏的木偶；焦人：焦急。雙關語，比喻令人著急憂慮。例已經半夜了，還不見丈夫回家，眞是鍋巴做燈影子——焦人得很。

【鍋邊饅頭嘴邊食】

比喻唾手可得。例一切都談好了，要備辦的東西也基本齊全了。「鍋邊饅頭嘴邊食」，有什麼著急的。

【鍋邊上的小米——熬出來了】

雙關語，比喻擺脫了長期經受的難艱

困苦。例經過二十多年的奮鬥，這回算是鍋邊上的小米——熬出來了。今後的日子，將會越來越美好。也作「火炭上的油脂——熬出來了」。

【鍋底笑話缸底黑——只見人家黑，不見自己黑】

比喻只看見別人的缺點毛病，看不見自己存在的問題。例他們都是鍋底笑話缸底黑——只見人家黑，不見自己黑，互相瞧不起，也就不足爲怪了。也作「後腦勺掛鏡子——只照別人，不照自己」、「老鴰落在豬身上——只見人家黑，不見自己黑」、「屁股上掛鏡子——照見別人，照不見自己」、「屬電筒的——只照別人，不照自己」、「烏鴉笑豬——只見人家黑，不見自己黑」、「瞎子打燈籠——只照別人，不照自己」、「丈八的燈台——照見人家，照不見自己」、「背上背鏡子——只照別人，不照自己」。

【鍋底坐在籮圈上——大圈套小圈】

籮：合細粉末或流質漏下的張網的木框或竹框，網狀物，比鍋口小，比鍋底大。比喻兩人的地位相差很遠，思想感情不投合。例他們本來幼時同學，感情很好，後來各人所走道路不同，再度相會，便成了鍋底坐在籮圈上——大圈套小圈，彼此很少往來。

【鍋蓋上的米花子——熬出來的】

米花子：煮爛了的米粒。雙關語，比喻長期忍受的困苦折磨已經擺脫。有時指經過艱苦的奮鬥，終於達到目的。例他們的美滿生活，是鍋蓋上的米花子——熬出來的。也作「賣糖稀的蓋樓——熬出來啦」。

【鍋裏切西瓜——滴水不漏】

比喻說話或辦事非常嚴密，沒有絲毫漏洞。有時也指人小氣，一點也不肯破費。例你的保密工作做得眞好，就像鍋裏切西瓜——滴水不漏，特務在你身上是撈不到油水的。也作「鍋裏切西瓜——點滴不漏」。

【鍋裏有了，碗裏就有了】

比喻集體富裕了，個人也就富裕了。例我們要想辦法讓本市經濟富裕起來，所謂「鍋裏有了，碗裏就有了」，到時，個人也會因此而富裕起來。也作「鍋裏有，碗裏才能有」。

【鍋台上的油渣——鍊（煉）出來的】

鍊：「煉」的諧音。比喻本領是在實踐中鍛鍊出來的。例她這一身過硬的武功，全是鍋台上的油渣——鍊（煉）出來的。

【鍋圓甑不圓】

甑：ㄗㄥˋ，甑子，蒸米飯的木屜。比喻事情總有不周到的地方。例俗話說：「鍋圓甑不圓。」我們的設想不可能做到天衣無縫，一點問題都沒有。

【鍋中煮粥——同歸糜爛】

糜爛：爛極了。比喻一同被粉碎，被毀滅。例你與他混在一起，就會鍋中煮粥——同歸糜爛。

【鍋子裏炒石頭——不進油鹽】

也作「鍋子裏炒石頭——油鹽不進」。見「隔年的黃豆——不進油鹽」。

【鍋子裏捉烏龜——伸手即得】

見「罈子裏捉烏龜——手到擒來」。

ㄍㄨㄛˊ

【國必自伐，而後人伐之】

一個國家自己元氣先受損，敵人才會乘機入侵。《孟子・離婁上》：「夫人必自侮，然後人侮之；家必自毀，而後人毀之；國必自伐，而後人伐之。」

【國不可一日無君】

國家不可以一日沒有作主的人。明・陸無從《酒家佣》四折：「下官想來，只有蠡吾侯，是我妹夫，況且柔弱可欺，立之有益，爭奈朝臣都要立清河王。自古道：『國不可一日無君。』此事須索早定。」也作「國不可一日無君，家不可一日無主」、「朝廷不可一日無君」。

【國步多艱】

見「國步艱難」。

【國步方蹇】

蹇：ㄐㄧㄢˇ，不順利。國家正處在困難的境地。南朝宋・謝莊《孝武帝哀策文》：「王室多故，國步方蹇。」

【國步艱難】

國步：國家命運。指國家處於危難境地。《舊五代史・蕭頃傳》：「時國步艱難，陣帥倔強，率多奏請，欲立家廟於本鎮，頃上章論奏，乃止。」也作「國步多艱」。宋・葛勝仲《謝修撰啟》：「念國步多艱之際，乃臣工致命之秋。」也作「國步艱危」。清・顧炎武《贈路舍人澤溥》詩：「君才賈董流，矧乃忠孝嗣；國步方艱危，簡在卿昆季。」

【國步艱危】

見「國步艱難」。

【國仇家恨】

懷抱著國家被侵、家庭被毀的深仇大恨。《興唐傳》九回：「唉，孩子，想當初你姑爹……也是爲了報國仇家恨呀！」

【國爾忘家，公爾忘私】

爲了國事不顧家庭，爲了公事不考慮個人。魯迅《兩地書・九》：「而當時改革的人，個個似乎有匈奴未滅何以家爲的一種國爾忘家、公爾忘私的氣概。」

【國富兵強】

國家富足，兵力強盛。晋・孫楚《爲石仲容與孫皓書》：「虎臣武將，折衝萬里；國富兵強，六軍精練；思復翰飛，飲馬南海。」

【國富民安】

見「國富民康」。

【國富民豐】

見「國富民強」。

【國富民康】
國家富庶，百姓安居樂業。三國魏・曹植《七啓》：「正流俗之華說，綜孔氏之舊章。散樂移風，國富民康，神應休征，屢獲嘉祥。」也作「**國富民安**」。《漢書・刑法志》：「周道衰，法度墮，至齊桓公任用管仲，而國富民安。」

【國富民强】
國家富足，人民强盛。《三國演義》一二〇回：「陛下聖武，國富民强；吳主淫虐，民憂國敝。」也作「**國富民豐**」。《三國演義》六〇回：「田肥地茂，歲無水旱之憂；國富民豐，時有管弦之樂。」

【國計民生】
指國家經濟和人民生活。宋・鄭興裔《請罷建康行宮疏》：「伏望敕下留司即罷其役，國計民生幸甚！」

【國際商船——外行（航）】
行：「航」的諧音。比喻對某種事情或工作不懂或沒有經驗。有時也指門外漢。例對於唱歌跳舞，我完全是國際商船——外行（航），還是另請高明吧。也作「**輪船開往亞非拉——外行（航）**」、「**遠洋輪出海——外行（航）**」。

【國家大計】
見「國家大事」。

【國家大事】
有關國家利益的大事。《後漢書・賈復傳》：「是時列侯唯高密、固始、膠東三侯與公卿參議國家大事，恩義甚厚。」也作「**國家大計**」。《三國演義》七五回：「于禁等被水所淹，非戰之故；於國家大計，本無所損。」

【國家多故】
故：事故，災難。國家連續發生大的事故。三國魏・鍾會《檄蜀文》：「姜伯約屢出隴右，勞動我邊境，侵擾我氐羌。方國家多故，未遑修九伐之征也。」也作「**國家多難**」。《禮記・檀弓上》：「雖然，吾君老矣，子少，國家多難」。也作「**國事多艱**」。《說岳全傳》四七回：「邇者獲罪於天，國事多艱，以致胡馬長驅，干戈鼎沸。」

【國家多難】
見「國家多故」。

【國家將興，必有禎祥；國家將亡，必有妖孽】
舊時認為：一個國家興旺發達，會有各種祥瑞應運而生；如果將要衰亡，則會出現各種奇怪反常的現象。《洪秀全演義》二回：「自古國家將興，必有禎祥；國家將亡，必有妖孽。方今滿帝無道，信任孌臣，煙塵四起，活似個亡國樣子。」

【國家祥瑞】
舊時認為冬天下大雪為來年豐收之兆，因以「國家祥瑞」為雪的代詞。元・鄭庭玉《忍字記》楔子：「如今時遇冬天，紛紛揚揚下著國家祥瑞，有那般財主每紅爐暖閣，賞雪飲酒。」

【國家興亡，匹夫有責】
匹夫：一個人，泛指一般人。國家的興盛衰亡，每個人都有責任。例我們身為國家的一份子，就要秉持著「國家興亡，匹夫有責」的精神，共同努力奮鬥。

【國將不國】
國家將不成其為國家。指局勢混亂，面臨危亡。例被列强侵略的國家，最後往往會面臨到國將不國的危機。

【國將興，聽於民；將亡，聽於神】
聽：求。國家興盛的象徵，在於順從民意；國家衰敗的徵兆，是求福於神。說明民心向背決定國家興衰。《左傳・魯莊公三十二年》：「國將興，聽於民；將亡，聽於神。神，聰明正直而一者也，依人而行。」

【國利民福】
國家的利益和人民的幸福。孫中山《社會革命談》：「今吾國之革命，乃為國利民福革命。擁護國利民福者，實社會主義。」

【國難當頭】
國家命運正處於危難之中。魯迅《答徐懋庸並關於抗日統一戰線問題》：「在國難當頭的現在，白天裏講些冠冕堂皇的話……不正是這些人麼？」

【國破家必亡】
見「國亡家必破」。

【國人皆曰可殺】
《孟子・梁惠王下》：「國人皆曰可殺，然後察之；見可殺焉，然後殺之。」全國的人都說該殺。形容民憤極大。例漢奸賣國賊，喪盡天良，認賊作父，國人皆曰可殺。

【國色天香】
形容花色艷麗，香味馨芳。宋・范成大《與至先兄遊諸園看牡丹……》詩：「欲知國色天香句，須是倚欄燒燭看。」也形容女子美麗非凡。《警世通言》卷三二：「值十娘梳洗方畢，纖纖玉手，揭起舟旁短簾，自潑盂中殘水，粉容微露，卻被孫富窺見了，果是國色天香。」也作「**國色天姿**」。《封神演義》一回：「現出女媧聖像，容貌端麗，瑞彩翩躚，國色天姿，宛然如生。」也作「**國豔天香**」。宋・張掄《壺中天慢》詞：「洞天深處賞嬌紅，輕玉高張雲幕。國豔天香相競秀，瓊苑風光如昨。」

【國色天姿】
見「國色天香」。

【國色無雙】
形容美豔非凡。《鏡花緣》五回：「如牡丹、蘭花之類，或古香自異，或國色無雙，此十二種名列上等。」

【國士無雙】
國士：國家傑出人物。國內獨一無二的傑出人才。元・宮大用《范張雞黍》四折：「似臣呵，常人有數；論此人，國士無雙。」

【國士之風】
國家優秀人士的風度。《漢書・李陵

傳》：「與士信，常奮不顧身以殉國家之急，其素所蓄積也，有國士之風。」

【國事多艱】

見「國事多故」。

【國事蜩螗】

蜩螗：ㄊㄧㄠˊ ㄊㄤˊ，蟬。天氣悶熱時蟬叫聲愈繁。指國事憂患不寧。《民國通俗演義》一一五回：「但現在國事蜩螗，人心震動，外交失敗，內政不修，正是岌岌可危的時候。」

【國是日非】

國是：國家大計。國家大事一天不如一天。明·余繼登《典故紀聞》卷一〇：「自是朝政反覆，國是日非，卒至夷虜之禍。」

【國雖大，好戰必亡；天下雖平，忘戰必危】

即使是大國，好戰則必失道寡助而滅亡；即使是太平盛世，如果失去對戰爭的警惕，也必招致危險。《史記·平津侯主父列傳》：「《司馬法》曰：『國雖大，好戰必亡；天下雖平，忘戰必危。』天下既平，天子大凱，春蒐秋獮，諸侯春振旅、秋治兵，所以不忘戰也。」

【國泰民安】

國家太平，人民安樂。元·陳以仁《存孝打虎》二折：「可憐見荒荒百姓遭塗炭，見如今地亂天翻，我直教國泰民安。」

【國亡家必破】

國家滅亡了，家也就不存在了。比喻國運和家庭的命運緊密相關。老舍《四世同堂·偷生》三八：「他們都知道，一暢談起來，他們就必定說到國亡家必破的上頭來，而越談就一定越悲觀。」也作「**國破家必亡**」。老舍《四世同堂·惶惑》八：「瑞宣愣了一會兒才說：『那有什麼法子呢！國破，家就必亡啊！』」

【國亡捐瘠】

亡：無；捐瘠（ㄐㄧˊ）：因饑餓而死。國中沒有因受饑而死的人。指國有儲備，尚可救荒。《漢書·食貨志》：「故堯、禹有九年之水，湯有七年之旱，而國亡捐瘠者，以蓄積多而備先具也。」

【國無二君】

一個國家不能有兩個君主。指政令應統一。《禮記·喪服》：「天無二日，土無二王，國無二君，家無二尊。」

【國無九年之蓄曰不足】

國家如果沒有九年的積蓄，就叫做不富足。形容國家沒有足夠的物資儲備，就難以應付各種突然事變。《禮記·王制篇》：「國無九年之蓄曰不足，無六年之蓄曰急，無三年之蓄曰國非其國也。」

【國無寧日】

國家沒有一天安寧日子。指世事混亂或戰爭頻繁。例自從邊疆的少數民族爭取獨立，國內人民就過著國無寧日的生活。也作「**國無寧歲**」。《民國通俗演義》四五：「國無寧歲，民無安時。」

【國無寧歲】

見「國無寧日」。

【國豔天香】

見「國色天香」。

【國以民為本，民以食為天】

天：最高，喻生死存亡的首要條件。國家的根本在於人民的擁護，而人民最根本的要求是吃飽飯。明·陸華甫《雙鳳齊鳴記》三六折：「［末上］自古道：『國以民為本，民以食為天。』自家李虎是也。今稟上二位元戎，城中糧草不豐，只得進帳稟知才是。」

【國有國法，家有家規】

比喻做什麼事都得遵守一定的章法。例「國有國法，家有家規。」怎能夠想幹什麼就幹什麼，那不亂了套？

【國有國法，廟有清規】

國家有國家的法律，寺廟有僧尼必須遵守的規則。比喻人人都應該遵紀守法。《濟公全傳》三回：「國有國法，廟有清規。咱這廟內，一人點燈，眾人皆點燈，按時刻吃齋睡覺。道濟點燈不熄，連夜點燈，凡火接神火，有犯清規，理應治罪於他。」

【國有王，家有主】

一個國家有首腦，一個家庭有家長。比喻不論什麼地方都有主管的人。《三寶太監西洋記》五八回：「這正叫做國有王，家有主。金毛道兄見了真武爺，再敢胡亂？只得據了旗，正身而起。」

【國有賢良之士衆，則國家之治厚】

國家有衆多的賢良之士，政治情況就會好。《墨子·尚賢上》：「國有賢良之士衆，則國家之治厚；賢良之士寡，則國家之治薄。故大人之務，將在於衆賢而已。」

【國賊祿鬼】

國賊：指危害國家的敗類；祿鬼：追求官位的人。對身居高位但於國無益有害人的罵詞。《紅樓夢》三六回：「好好的一個清淨潔白女子，也學的釣名沽譽，入了國賊祿鬼之流！」

【國之干城】

干：盾牌。國家的盾和城都是防禦的手段。《詩經·周南·兔罝》：「赳赳武夫，公侯干城。」後以「國之干城」稱國家的捍衛者。

【國中之國】

一個國家中不受中央統轄的獨立單位。《北洋軍閥統治時期史話》六回：「接受了這個條件……就使清朝的小朝廷成為國中之國。」

【摑打撾揉】

摑：用手掌打；撾：ㄓㄨㄚ，捶擊；揉：撫摩。形容打嚇哄騙，軟硬兼施。元·秦簡夫《東堂老》一折：「那裏面藏圈套，都是些綿中刺、笑裏刀，那一個出得他摑打撾揉。」

ㄍㄨㄛˇ

【果不其然】
果然如此，眞是這樣。指事實跟預想的一樣。《儒林外史》三回：「姑老爺今非昔比，少不得有人把銀子送上門來給他用，只怕姑老爺還不稀罕。今日果不其然！」
【果如其言】
果然像所說的那樣。形容預言極其準確。《抱朴子・至理》：「坐呂后逼蹴，從求安太子之計，[張]良不得已，爲畫致四皓之策，果如其言。呂后德之，而逼令強食之，故令其道不成耳。」
【裹腳布作衣領——臭一轉】
裹腳布：舊時婦女裹腳用的長布條；轉：周，圈。形容壞人臭名遠揚，周圍的人都知道。例王三這個人，坑、矇、拐、騙樣樣都幹，確是裹腳布作衣領——臭一轉。
【裹腳太婆的腳趾頭——窩囊一輩子】
裹腳：舊時摧殘婦女身體的一種惡習，即從女孩子時開始，用長布條緊緊地纏腳，直到老死。腳骨均爲畸形。比喻一貫委曲求全，逆來順受。例他這個人眞是裹腳太婆的腳趾頭——窩囊一輩子，誰不同情呢？
【裹屍馬革】
死後用馬皮包裹。形容英雄作戰，拼死沙場。宋・陸游《隴頭水》詩：「男兒墮地志四方，裹屍馬革固其常。」
【裹屍馬革英雄事，縱死終令汗竹香】
汗竹香：指青史留名。戰死沙場馬革裹屍而還，本是英雄分內之事；即使死去，也終讓自己青史留美名。表達奮戰衛國的豪情壯志，甘願爲國犧牲的堅強決心。明・張家玉《軍中夜感》詩：「慘談天昏與地荒，西風殘月冷沙場。裹屍馬革英雄事，縱死終令汗竹香。」
【裹足不進】
見「裹足不前」。
【裹足不前】
停步不再向前。形容有所顧忌，不敢向前。《三國演義》一六回：「今玄德素有英雄之名，以困窮而來投，若殺之，是害賢也。天下智謀之士，聞而自疑，將裹足不前，主公誰與定天下乎？」也作「裹足不進」。《東周列國志》九〇回：「奈奉陽君妒才嫉能，是以遊士裹足而不進，捲口而不言。」

ㄍㄨㄛˋ

【過城門刮耳朵——大頭】
指冤大頭，枉費錢財的人。例你把人家的慷慨解囊說成是過城門刮耳朵——大頭，這是不公正的。
【過從甚密】
交往頻繁，關係密切。明・沈德符《萬曆野獲編・王師竹宮庶》：「信陽天師竹宮庶，與先人最相善，且不拘詞林前後輩俗體，博洽虛心，過從甚密。」
【過道裏掮椽子——直出直入】
掮：ㄑㄧㄢˊ，把東西放在肩上搬運。見「胡同裏扛竹竿——直來直去」。
【過得硬】
比喻經得起嚴格考驗。例他是個難得的人才，不但業務上過得硬，作風也過得硬。
【過電影】
比喻回憶往事。例他常常徹夜失眠，白天的所見所聞，多少年前的往事，都在腦中過電影。
【過冬的大蔥——皮焦根枯心不死】
也作「過冬的大蔥——葉爛皮乾心不死」。見「吊在房簷上的大蔥——葉黃皮乾心不死」。
【過冬的鹹菜缸——泡著】
冬天的鹹菜缸裏一般總是泡著鹹菜。雙關語，比喻故意消磨時間，怠工。例他藉故生病不上班，在家就像過冬的鹹菜缸——泡著。
【過端午的龍頭——耍嘴】
民間習俗，每年端午節耍龍燈。龍燈的頭部最突出的是一張大嘴巴。也作「過端午的龍頭——全憑一張嘴」。見「光說不練的把式——耍嘴」。
【過而不改，是謂過矣】
犯了錯誤而不改正，這才叫做錯誤呢！謂不要堅持錯誤。《論語・衛靈公》：「子曰：『過而不改，是謂過矣』」。繁星《分陰集》：「問題不在犯不犯錯誤，而在於孔子所說的『過則勿憚改』；『過而不改，是謂過矣』不承認錯誤，不改正錯誤，那才是眞正的錯誤。」
【過而不文，犯而不校，有功不伐】
文：掩飾；犯：侵犯，發生；伐：自我炫耀。謂不掩飾錯誤，不計較小事，不居功自傲。隋・王通《文中子・天地篇》：「過而不文，犯而不校，有功不伐。」例眞正能做到「過而不文，犯而不校，有功不伐」的人，能夠成其大事業。
【過而能改，善莫大焉】
善：長處，優點。有了過失能夠及時改正，就是最大的長處。謂不怕犯錯誤，最怕知錯不改。《左傳・宣公二年》：「人誰無過？過而能改，善莫大焉。」
【過耳秋風】
吹過耳根的秋風。比喻對事漠不關心，根本不當回事。元・關漢卿《救風塵》二折：「那一個不指皇天各般說咒，恰似秋風過耳早休休。」
【過耳之言，不足爲憑】
比喻傳聞的話不可輕信。例小劉就是這麼一個愛造謠言，散布不實傳言的人，他說的話你最好把他當做過耳之言，不足爲憑。

【過墳場吹口哨——給自己壯膽】
比喻自造聲勢以壯膽量。例不要害怕，敵人鳴槍，只是過墳場吹口哨——給自己壯膽罷了，我們繼續前進。也作「吹口哨過墳場——自己給自己壯膽」、「夜過墳場唱山歌——自壯膽」、「走夜路吹口哨——壯膽」、「進墳地吹口哨——自己給自己壯膽」。

【過府沖州】
《水滸全傳》二二回：「途中免不得饑餐渴飲，夜住曉行，登山涉水，過府沖州。」

【過河拆橋】
比喻一旦達到目的，便把幫助過自己的人一腳踢開。也作「過橋拆橋」。《官場現形記》一七回：「現在的人都是過橋拆橋的。到了那時候，你去朝他張口，他理都不理你呢。」也作「過橋抽板」。《孽海花》三一回：「只要你不要過橋抽板，我馬上去找他們，明天來回覆你。」也作「過橋拉板」。

【過河拆橋——不留後路】
比喻做事太絕，不考慮後果。例他這個人辦事，太不講情理，總是過河拆橋——不留後路。也作「過河拆橋——斷了後路」、「上房拆梯子——不留後路」。

【過河拆橋——忘恩負義】
指忘記別人對自己的恩德，做出對不起別人的事。例小李是一個過河拆橋——忘恩負義的人，你對他不能太死心眼了。也作「下山丟拐棍——忘恩負義」、「卸磨殺驢——忘恩負義」。

【過河抽板——沒良心】
比喻心腸不好，缺乏做人的道德。例他曾是一個過河抽板——沒良心的人，對朋友見死不救，不知現在有所改變沒有。也作「念完經打和尚——沒良心」。

【過河打船工——好心不得好報】
比喻好人不得好報。例他救了一個孤兒，有人反而說他拐騙孩子，眞是過河打船工——好心不得好報。也作「老虎頭上捉虱子——好心不得好報」。

【過河的卒子——橫豎都行】
象棋中的卒子過了河界，可直走，也可橫行。比喻無論怎樣都可以。例我們根據實際情況做吧，過河的卒子——橫豎都行，目的僅僅在於加快工程的進度。

【過河丟拐棍，病好打太醫】
太醫：皇家的醫生，或對醫生的尊稱。比喻達到目的就拋棄甚至打擊幫助過自己的人。例他拜託別人辦事，往往是過河丟拐棍，病好打太醫，你可得防著點。

【過河摸頭髮——細心到頂了】
比喻細致極了。例「做這個工作粗枝大葉可不行。」「沒問題，他過河摸頭髮——細心到頂了。」

【過河碰上擺渡人——巧極了】
擺渡人：用船送人或物過河的人。比喻事情非常湊巧，正好遇著某種機會。有時形容心靈手巧，技藝很高。例幾天來，游擊隊正愁缺乏槍枝彈藥，現在敵人運輸隊送貨上門來了，眞好比過河碰上擺渡人——巧極了。也作「過河遇著船——碰巧啦」、「過河遇渡船——正巧」、「瞎貓遇上死老鼠——碰巧」、「瞌睡碰著枕頭——湊巧」、「麥芒掉進針鼻裏——碰得巧」、「瞎子開鎖——碰巧」、「線頭落針眼——碰巧」、「一腳踢出個屁來——巧極了」、「芝麻落在針眼裏——巧極了」。

【過河洗腳——一舉兩得】
比喻做一件事兼得兩方面的好處。例這樁買賣既解決了貨物囤積的問題，又滿足了生產上的急需，是過河洗腳——一舉兩得啊！也作「燒香看和尚——一舉兩得」、「拾柴打兔子——一舉兩得」、「剃頭捉虱子——一舉兩得」、「作揖抓腳背——一舉兩得」、「拉屎薅草——一舉兩得」。

【過江之鯽】
鯽：鯽魚，常成羣游於江河中。東晉時，中原淪落，琅玡王司馬睿建康（今江蘇南京）即位，北方許多名士紛紛南渡江南。當時詩人形容這種情況說：「過江名士多如鯽。」後用「過江之鯽」形容好趕時髦的人成羣結隊。

【過街老鼠】
比喻人人憎恨、厭惡的人。《水滸全傳》七回：「話說那酸棗門外三二十個潑皮破落戶中間，有兩個爲頭的，一個叫做過街老鼠張三，一個叫做青草蛇李四。」

【過舉不匿，則官無邪人】
匿：藏匿。對錯誤的東西不隱瞞，那麼做官的人中間，就不會有不正派的人。《商君書・墾令》：「過舉不匿，則官無邪人。」例搞清廉的政治，很重要的一條就是「過舉不匿，則官無邪人」，我們的事業才能得到人民支持。

【過來人】
喻指對某事有過親身體驗的人。例對於戀愛、結婚，我們都是過來人，聽聽我們的意見，至少可以供你作參考。

【過了春的大白菜——不吃香了】
大白菜秋末冬初收穫，過了立春，水分減少，纖維老化，吃起來味道就差了。比喻過時，不受歡迎了。例佟老漢風趣地說：「現在是青年的世界，我們老傢伙是過了春的大白菜——不吃香了。」

【過了此山無鳥叫】
比喻錯過了這次機會，以後就很難再得到了。例這次是你乘機表現的好時機，若不及時把握住，很可能會過了此山無鳥叫，不易有下一次的機會了。

【過了河的卒子——橫衝直撞】
象棋中的卒子過了河界，可直走，也

可橫行。比喻不受約束，蠻不講理。例他在學校裏，像過了河的卒子——橫衝直撞，誰也管不了。也作「野馬脫韁——橫衝直撞」。

【過了黃梅販蓑衣——不識時務】

黃梅：春末夏初梅子黃熟的一段時期，我國南方一帶常連續下雨；蓑衣：用棕或草編成的雨衣。見「六月裏戴棉帽——不識時務」。

【過了年的桃符——沒用處】

桃符：古代掛在大門上的兩塊畫著門神或題著門神名字的桃木板，據迷信的說法，可以驅鬼避邪，一年一換。比喻過時的東西，失去了效用。例你不要强調那個協議書了，時間早過，已是過了年的桃符——沒用處了。

【過了三天又一圩——急什麼】

圩：ㄒㄩ，福建、廣東、廣西等地區對集市的稱呼，一般是三天或五天一圩。比喻不用著急。例這是一種耐心、細致的工作，過了三天又一圩——急什麼，再談一兩回就成啦！

【過了篩子的黃豆——沒大沒小】

比喻不分尊卑長幼，不懂規矩和禮貌。例這個孩子嬌生慣養，缺少家教，就像過了篩子的黃豆——沒大沒小，根本不懂得尊敬長輩和老師。也作「掃帚顛倒豎——沒大沒小」。

【過了銀橋過金橋——越走越亮堂】

比喻前途光明，景況越來越好。例自從創業以來，咱們的生活是過了銀橋過金橋——越走越亮堂。也作「過了銀橋折金橋——越走越明」。

【過了這村，沒這個店】

比喻錯過了良機，就再也得不到了。老舍《桃李春風》四幕：「別人上門趕著我作親，我理也不理。現而今，肥豬拱門，我把她白送給你辛家，你倒哈哈一笑！過了這村，可沒這個店，你別後悔呀！」

【過了這個村，沒有這個店——機不可失】

比喻時機不可錯過。例既然有可能考上這個學校，就不要再猶豫了，準備報名吧，過了這個村，沒有這個店——機不可失啊！也作「啟航趕上順船風——機不可失」。

【過路財神】

比喻暫時經手大筆錢財的人。例你可別小看她，她可是我們單位的過路財神。

【過門不入】

指經過家門口而來不及進去看看。形容一心為公而顧不到自己的家。《孟子．滕文公上》：「當是時也，禹八年於外，三過其門而不入。」泛指不想登人家的門。《鏡花緣》四二回：「哥哥向日雖功名心勝，近來性情為何一變至此？豈有相離咫尺，竟過門不入？」

【過門都是客】

到家來的都是客人。比喻待客殷勤。母親很好客，凡是到家中拜訪的人，她都認為「過門都是客」，因而熱情款待他們。

【過目不忘】

一經目視，立即記住。形容記憶力特別强。《三國演義》六〇回：「遂將孟德新書，從頭至尾，朗誦一遍，並無一字差錯。修大驚曰：『公過目不忘，眞天下奇才也！』」也作「過目皆憶」。《梁書．昭明太子傳》：「太子美姿貌，善舉止。讀書數行並下，過目皆憶。」

【過目成誦】

看過一遍便能背誦出來。形容記憶力特別强。《警世通言》卷三：「此人天資高妙，過目成誦，出口成章。」

【過目皆憶】

見「過目不忘」。

【過年吃餃子——都是一家人】

中國北方的習俗，過春節的時候全家團聚在一起吃一頓餃子。指沒有外人。例童大叔，你放心吧，咱們是過年吃餃子——都是一家人，他們都是游擊隊的。

【過年的豬——早晚得殺】

比喻免不了覆滅的下場，或遲早得挨整。例考試前還跑出去玩到半夜，眞是過年的豬——早晚得殺，欠揍！也作「籠子裏的肥鴨——早晚得殺」。

【過年娶媳婦——雙喜臨門】

過年是一喜，娶媳婦又是喜。指喜上加喜。例他家升官的升官，發財的發財，眞是過年娶媳婦——雙喜臨門。也作「又娶媳婦又嫁女——雙喜臨門」。

【過期的藥——失效了】

比喻失去使用價值；或不適用於今天的形勢。例合同的期限已過，就像過期的藥——失效了。也作「過期的車票——失效了」。

【過橋折橋】

見「過河拆橋」。

【過橋抽板】

見「過河拆橋」。

【過橋拉板】

見「過河拆橋」。

【過情之聞】

超過實際情況的聲名。比喻名不副實。清．曾國藩《家書．致諸弟（勸勿管家中事）》：「我在京師，唯恐名浮於實，故不先拜一人，不自詡一言，深以過情之聞為恥耳。」

【過情之譽】

超過實際情況的稱讚。指讚美過分。明．沈德符《萬曆野獲編．諛墓》：「從來志狀之屬，盡出其家子孫所創草稿，立言者隨而潤色之，不免過情之譽。」

【過去未來】

佛教語。指生前與死後，也泛稱以前和以後。《水滸全傳》九〇回：「話說五台山這個智眞長老，原來是故宋時一個當世的活佛，知得過去未來之事。」《醒世姻緣傳》一〇〇回：「接引得胡無翳見性明心，靈台透徹，盡知過去未來之事。」

【過去未來，不如現在】
過去的已經過去，未來的還不知究竟，不如抓住現在的時機。明·汪廷訥《三祝記》三三齣：「常言道：『過去未來，不如現在。』范仲淹業已罷相，王相公今正當權，怕他怎的？叫手下可將范純仁縛來！」

【過篩子】
比喻細心審查、挑選。例對飛行員的體格檢查眞嚴格，一遍一遍地過篩子。

【過甚其辭】
說話、作文說得過分，不符實際。魯迅《中國小說的歷史的變遷》：「諷刺小說是貴在旨微而語婉的，假如過甚其辭，就失去了文藝上底價值。」

【過愼反生疑】
過於愼重，對正確的東西也發生懷疑。清·申居鄖《西岩贅語》：「過愼反生疑，寫極熟字，審勢亦或似訛。」

【過盛必衰】
謂事物興盛到極點必定會轉致衰敗。宋·辛棄疾《論荊襄上流為東南重地》：「厥今夷狄，物夥地大，德不足，力有餘，過盛必衰，一失其禦，必將豪傑並起，四分五裂。」

【過時的掛曆——廢話（畫）】
雙關語，比喻沒有用的話。例你說了這麼多，都是過時的掛曆——廢話（畫），不解決任何具體問題。

【過時的蘿蔔——枉（網）操心】
枉：「網」的諧音，空，白。蘿蔔老了心裏要起細絲。比喻白費了心思，沒有效果。例他為兒子的前途做了許多工作，結果是過時的蘿蔔——枉（網）操心，兒子還是不爭氣，墮落了。

【過市招搖】
經過鬧市時故意張大聲勢以惹人注目。清·王韜生《海陬冶遊錄·餘錄》：「憑欄凝望，過市招搖，雖分聲價之低昂，各擅風花之點染。」

【過庭無訓】
謂缺乏父教。《晉書：姚興載記》：「朕過庭無訓，使諸子不穆，愧於四海。」參見「過庭之訓」。

【過庭之訓】
過庭：子女早晚向父親問安。指父親的教誨。《論語·季氏》載：孔子有天立於庭中，子孔鯉經過。孔子叫住問他：「學詩乎？」鯉回答：「未也。」孔子說：「不學詩，無以言。」鯉回去學起詩來。過幾天，鯉又經過庭。孔子叫住問他：「學禮乎？」鯉答道：「未也。」孔子說：「不學禮，無以立。」鯉回去學起禮來。後以「過庭之訓」指父親的訓導。《晉書·夏侯湛傳》：「僕也承門戶之業，受過庭之訓，是以得接冠帶之末，充乎士大夫之列。」

【過頭飯兒難吃，過頭話兒難講】
過頭：過分、超過限度。指說話辦事要愼重，要注意分寸。《三寶太監西洋記》六九回：「銀角太仙道：『師弟哩！過頭飯兒難吃，過頭話兒難講也。難道你就拿得他來？』」

【過頭話】
比喻不恰當的、過分的言語。例有話慢慢說，千萬不要說過頭話，傷了和氣。

【過屠門而大嚼】
經過肉店門口，想著肉的滋味而空嘴使勁咀嚼。比喻所求的東西得不到，而用不切實際的方法聊以自慰。三國魏·曹植《與吳質書》：「左顧右盼，謂若無人，豈非吾子壯志哉？過屠門而大嚼，雖不得肉，貴且快意。」

【過望之喜】
因得到的超過原先所希望的而高興非常。清·趙文哲《猛拱土司進四象》詩：「過望之喜逾得隴，聖清醲化極鴻濛。」

【過五關，斬六將】
《三國演義》二七回載：「關羽單騎闖過東嶺等五道關口，殺了六員戰將。」比喻不平凡的經歷。例小美酷愛唱歌，此次她報名參加歌唱比賽，信心滿滿的過五關、斬六將，最後獲得了總冠軍。

【過隙白駒】
從隙縫間一閃而過的白色駿馬。比喻光陰易逝，倏忽而過。元·馬致遠《陳摶高臥》三折：「浮生似爭穴蟻聚，光陰似過隙白駒，世人似舞瓮醯雞。」也作「白駒過隙」。

【過眼風煙】
比喻事物很易消失，像眼前的煙被風吹散得無影無蹤。宋·王質《趙景山、程德紹視旱，有詩成編》詩：「過眼風煙都領略，聚頭燈火更平章。」

【過眼煙雲】
在眼前掠過的輕煙浮雲，一會兒便煙消雲散。比喻虛浮易逝的事物。《紅樓夢》一一八回：「論起榮華富貴，原不過是過眼煙雲；但自古聖賢，以人品根柢為重。」也作「過眼雲煙」、「過眼浮雲」、「過眼浮煙」。

【過一日是一日】
見「過一天，算一天」。

【過一天，算一天】
比喻胸無大志，苟且度日。《魯迅書信集·致章廷謙》：「總而言之，現在是過一天，算一天，沒有一定者也。」也作「過一日是一日」。《紅樓夢》七一回：「我能夠和姐妹們過一日是一日，死了就完了，什麼後事不後事？」

【過意不去】
因感覺抱歉而於心不安。《初刻拍案驚奇》卷一二：「而今見下得雨大，曉得躲雨的沒去處，心中過意不去，有心要出來留他們進去，卻又怪先前說這討便宜話的人。」

【過猶不及】
《論語·先進》：「子貢問：『師與商也孰賢？』子曰：『師也過，商也不及。』曰：『然則師愈與？』子曰：『過猶不及。』」後以「過猶不及」指凡事做得過了頭，卻與做得不夠一個樣。唐・韓愈《改葬服議》：「儉之與奢，則儉固愈於奢矣。雖然，未若合禮之爲懿也。過猶不及，其此類之謂乎！」

【過，則勿憚改】

有了過錯，就不要害怕改正。《論語・學而》：「子曰：『君子不重則不威，學則不固，主忠信，無友不如己者，過，則勿憚改。』」

【過者之患，不知而自以爲知】

過者：不老實、不忠實的人。不老實的人的毛病，是強不知以爲知。《呂氏春秋・別類》：「知不知，上矣。過者之患，不知而自以爲知。物多類，然而不然，故亡國僇民無已。」

【過自標置】

標置：確定地位。把自己擺在很高的位置上。指對自己估價超過實際。宋・范浚《拙懶溪記》：「然世之造大好高，過自標置者，庸非不學之過也哉！」

【過自菲薄】

過分地看輕自已。宋・李覯《富國策》之一：「語後世之盛王，必稱文、景，其故何哉？以能適時之變，過自菲薄而然也。」

ㄍㄨㄞ

【乖不過唱的，賊不過銀匠，能不過架兒】

賊：狠毒；架兒：宋時在茶坊、酒館、妓院中以賣食物爲名向有錢的顧客索要錢財的人。最乖巧的莫過於賣唱的，最害人的莫過於偷減成色的銀匠，最機靈的莫過於架兒。謂各有一套弄錢的辦法。《金瓶梅詞話》六九回：「小張閒道：『莫不還是東京六黃太尉那裏下來的消息？』白回子道：『不是，若是那裏消息，怎肯輕饒素放？』常言說得好：乖不過唱的，賊不過銀匠，能不過架兒。」

【乖的也疼，呆的也疼】

父母對兒女都很疼愛。《兒女英雄傳》二六回：「這可就是做父母帶兒女的心腸，叫作『乖的也疼，呆的也疼。』」

【乖僻邪謬】

乖：乖張；僻：孤僻。性情怪僻，行爲荒唐。《紅樓夢》二回：「其乖僻邪謬不近人情之態，又在千萬人之下。」

ㄍㄨㄞˇ

【拐米倒做了倉官】

拐騙大米的賊倒做了糧倉的主管。比喻極端不公平。《金瓶梅詞話》九四回：「常言拐米倒做了倉官。說不的了，你休氣哭。」

【拐女嫁了瘸郎——誰也不嫌誰】

比喻彼此相似，互不嫌棄。例他們共同有過被監禁的歷史，有著偷雞摸狗的毛病，拐女嫁了瘸郎——誰也不嫌誰。

【拐彎抹角】

抹：緊挨著繞過。形容道路曲折，也比喻說話、作文不直截了當。老舍《四世同堂》：「金三爺的心裏可沒有理會這些拐彎抹角兒，他是一個心孔的人。」

【拐子捉賊——越追越遠】

拐子：腿腳瘸的人。比喻由於條件懸殊，差距越來越大。例在這場友誼賽中，由於體力、耐力、速度均有差距，我隊是拐子捉賊——越追越遠，成了倒數第一名。

ㄍㄨㄞˋ

【怪誕不經】

怪誕：荒唐，離奇；不經：不正常。指說話奇怪荒唐、毫無根據、不合常理。嚴復《原強》：「不然，何所論之怪誕不經，獨不慮旁觀者之憪笑也？」

【怪怪奇奇】

形容事物種類繁多，各式各樣。含形形色色之意。唐・韓愈《送窮文》：「不專一能，怪怪奇奇。」

【怪裏怪氣】

見「怪模怪樣」。

【怪力亂神】

怪：怪異；力：勇力；亂：叛亂；神：鬼神。指怪異、勇力、叛亂、鬼神等背理及不易說明的事。《論語・述而》：「子不語怪、力、亂、神。」《晉書・藝術傳贊》：「怪力亂神，詭時惑世，崇尚弗已，必致流弊。」

【怪模怪樣】

形容裝扮奇特，舉止怪異。魯迅《補天》：「女媧圓睜了眼睛，好容易才省悟到這便是自己先前所做的小東西，只是怪模怪樣的已經都用什麼包了身子。」也作「怪裏怪氣」。例戲台上的媒婆總是那麼怪裏怪氣的，令人作嘔。

【怪腔怪調】

指說話、歌唱聲音怪異。例調皮的小明，每次在家裏接電話，都裝著一副怪腔怪調的聲音，讓人認不出他來。也作「怪聲怪氣」。例他那怪聲怪氣的話語，眞難聽。

【怪聲怪氣】

見「怪腔怪調」。

【怪石嶙峋】

嶙峋：山石重疊不平。形容山石突兀，重疊而怪異。例北京盤山是個怪石嶙峋、景色宜人的旅遊勝地。

【怪事咄咄】

咄咄：ㄉㄨㄛˋ ㄉㄨㄛˋ，嘆詞，表示驚詫。形容令人難以理解的怪事。清・張尚瑗《仙霞關》：「七閩路與中原通，怪事咄咄驚天公。」

ㄍㄨㄟ

【歸根結柢】
柢：ㄉㄧˇ，樹根。「柢」也作「蒂」、「底」。最終歸結到根本上。《何典》二回：「歸根結柢，把一場著水人命一盤樋歸去，還虧有錢使得鬼推磨。」也作「**歸根究柢**」。
【歸根究柢】
見「歸根結柢」。
【歸老林泉】
到環境清幽處度過晚年。即指退休閒居。《西湖二集》四：「趙雄因見滿朝之人都生忌妒，遂上表辭朝而回，歸老林泉。」也作「**歸老林下**」。《聊齋志異・翩翩》：「大業已歸老林下，意侄已死，忽攜佳孫美婦歸，喜如獲寶。」也作「**歸老田間**」。《民國通俗演義》一一回：「我明日即行辭職，還是歸老田間罷。」
【歸老林下】
見「歸老林泉」。
【歸老田間】
見「歸老林泉」。
【歸老菟裘】
菟（ㄊㄨˋ）裘：春秋時魯國地名，魯隱公欲歸老之處，後泛指歸隱。《舊五代史・李罕之傳》：「望吾王仁愍，太傅哀憐，與一小鎮，休兵養疾，一二年間即歸老菟裘，幸也。」
【歸了包堆】
歸總起來。老舍《駱駝祥子》一五：「糊棚，作衣裳，買東西，帶給你，歸了包堆花了小一百。」也作「**歸裏包堆**」。張恨水《啼笑姻緣》一〇回：「別現眼了，歸裏包堆，人家請你吃了一回館子，坐了一趟汽車，就恨不得把人家捧上天。」
【歸裏包堆】
見「歸了包堆」。
【歸馬放牛】
把戰時用的馬牛放歸山林田野。表示戰事結束。《尚書・武成》：「乃偃武修文，歸馬於華山之陽，放牛於桃林之野。」元・辛文房《唐才子傳・劉駕》：「時國家復河、湟，故地有歸馬放牛之象。」
【歸奇顧怪】
歸：歸莊；顧：顧炎武，皆清代人。歸莊性奇特，顧炎武多怪僻。清・江藩《漢學師承記・顧炎武》：「讀書一目十行，性耿介，絕不與世人交，獨與里中歸莊善，同遊復社，相傳有歸奇顧怪之目。」
【歸全反眞】
全：完滿；眞：本原。回復到完滿的、本原的境界。唐・白居易《故饒州刺史吳府君神道碑銘序》：「無室家累，無子孫憂，屈伸寵辱，委順而已，未嘗一日戚戚其心顏，以至於歸全反眞，故予所謂達人之徒歟？信矣！」
【歸山深淺去，須盡丘壑美】
壑：深溝，坑谷。既然到深山裏遊玩，就應細心欣賞山中的一石一木。比喻學習不能淺嘗輒止。唐・裴迪《送崔九》詩：「歸山深淺去，須盡丘壑美。莫學武陵人，暫遊桃源裏。」
【歸師莫掩，窮寇莫追】
掩：乘敵不備，進行襲擊；窮寇：指走投無路的殘敵，比喻不要逼人太甚。元・無名氏《馬陵道》四折：「[田忌上云]龐涓，你豈不知歸師莫掩，窮寇莫追。你苦苦趕我做什麼？料你的本領我也不怕，我盼的和你拼個你死我活。」
【歸邪反正】
改掉錯誤，回到正道上來。唐・韋表微《麟台碑銘》：「周雖不網，孔實嗣聖。《詩》、《書》載刪，《禮》、《樂》大定。懲惡勸善，歸邪反正。」
【歸邪轉曜】
曜：明亮。拋棄邪惡，回到光明正道上來。清・林則徐《祭海神文》：「歸邪轉曜，不煩一矢之加；飛蠱全收，已倍萬箱之貯。」
【歸心如飛】
見「歸心似箭」。
【歸心如駛】
見「歸心似箭」。
【歸心似箭】
形容回歸的心情分外急切。《好逑傳》一二回：「承兄長厚愛，本當領教，只是歸心似箭，今日立刻就要行了。」也作「**歸心如駛**」。《歧路燈》七二回：「但門生歸心如駛，萬不能俟。」也作「**歸心如飛**」。宋・陳亮《復陸伯壽》：「雖欲陪款語，而歸心如飛，破雨東渡，但劇悵仰。」
【歸眞反樸】
見「歸眞反璞」。
【歸眞反璞】
眞、璞：都指本原。回復到純樸自然的境界。《戰國策・齊策四》：「願得賜歸，安行而及臣之邑屋，則再拜而辭去也，斶知足矣，歸眞反璞，則終身不辱也。」也作「**歸眞反樸**」。朱自清《魯迅先生的中國語文觀》：「歸眞反樸，是要回到現在的口語。」
【歸正反本】
回到本源，歸回根本。《三國志・蜀書・馬超傳》：「海內怨憤，歸正反本，暨於氐、羌率服，獯鬻慕義。」也作「**歸正返本**」。晉・常璩《華陽國志・李特雄壽勢志》：「上書勸壽歸正返本，釋帝稱王。」
【歸正返本】
見「歸正反本」。
【歸正首丘】
《禮記・檀弓上》：「古之人有言曰：『狐死正首丘』，仁也。」傳說狐狸在外將死，頭必朝向自己所處的山丘。本指不忘根本，後指歸葬故里。《二十年目睹之怪現狀》八五回：「端甫道：『我昨天說叫他回去調理的話，就是叫他早點歸正首丘了。』」
【歸之如市】
形容歸附的人很多，像趕集市。《東

周列國志》九四回：「由是士無賢愚，歸之如市。」

【歸之若水】

歸附的人像水從四面匯流入江海。比喻人心所向。《晏子春秋・內篇問上》：「德行教訓，加於諸侯，慈愛利澤，加於百姓。故海內歸之若流水。」

【圭角不露】

圭角：一種上尖下方的玉的稜角。比喻鋒芒。形容人深沉含蓄，聰明才智不外露。也指不露眞相。《水滸後傳》一八回：「只看他假做黃信，一些圭角不露，使鄔瓊並不疑心，便見他的才調。」

【圭璋特達】

圭璋：玉制禮器。《禮記・聘義》：「夫昔者君子比德於玉焉：溫潤而澤，仁也……圭璋特達，德也。」後因以比喻人才優異突出。南朝宋・劉義慶《世說新語・言語》：「丞相因覺，謂顧曰：『此子圭璋特達，機警有鋒。』」

【閨女穿她奶奶的鞋——老樣】

比喻事情還是像原來的樣子，沒有變化。例我離開已三十多年了，怎麼家鄉還是閨女穿她奶奶的鞋——老樣，連個電燈也沒有。

【閨女打扮十七八，媳婦打扮自個娃】

比喻閨女、媳婦各有各的興趣顧不到老一輩。例李婆婆常和街坊鄰居感嘆，她現在的處境是閨女打扮十七八，媳婦打扮自個娃，年輕一輩都沒有好好關照她。

【閨女回娘家——熟路】

比喻熟悉情況，做事順利。例小非是土生土長的高雄人，派她回去辦這件事，就像閨女回娘家——熟路，準能成功。也作「閨女回娘家——道熟」、「老貓上鍋台——熟路」、「老鼠爬案板——熟路」、「騎毛驢不用趕——道熟」、「上娘家的路——熟路」、「狐狸奔雞窩——熟路」。

【龜鶴遐壽】

遐壽：長壽。龜和鶴都是長壽的動物，用於稱頌人長壽之詞。晉・葛洪《抱朴子・對俗》：「知上藥之延年，故服其藥以求仙；知龜鶴之遐壽，故效其道引以增年。」

【龜齡鶴算】

見「龜年鶴壽」。

【龜龍麟鳳】

龜：象徵長壽；龍、鳳：表示高貴；麟：象徵吉祥。比喻地位尊貴、品德高尚的人。《漢書・翟義傳》：「太皇太后臨政，有龜龍麟鳳之應，五德嘉符，相因而備。」

【龜毛兔角】

龜身長毛，兔頭生角。比喻虛妄不實的事物。《楞嚴經》一：「世間虛空，水陸飛行，諸所物象，名為一切，汝不著者，為在為無，無則同於龜毛兔角，云何不著？」

【龜年鶴壽】

龜和鶴的壽命都很長。比喻人的長壽。唐・李商隱《祭張書記文》：「神道甚微，天理難究，桂蠹蘭敗，龜年鶴壽。」也作「龜齡鶴算」。宋・侯寘《水調歌頭・為鄭子禮提刑壽》詞：「坐享龜齡鶴算，穩佩金魚玉帶，常近赭黃袍。」

【龜婆龜婆，信口開河】

龜婆：舊時妓院中的鴇母。老鴇亂說，不可相信。例「小紅生病不見客？」「這絕對是龜婆龜婆，信口開河，全是老鴇一人所說，你可別輕易相信！」

【龜文鳥跡】

指古代甲骨象形文字。唐・張彥遠《法書要錄》卷七：「頡首四目，通於神明，仰觀奎星圓曲之勢，俯察龜文鳥跡之象，博採眾美，合而為字，是曰古文。」

【規重矩疊】

圓規、曲尺自相重疊，上下相合，合於規矩、法度。比喻因襲重複。明・宋濂《覺原禪師遺衣塔銘》：「崇尚佛乘，錫額建官以統馭其眾，非得法於廣智，亦孰能任其始乎！嗚呼！何其規重矩疊而一倡一新也。」

【規矩鉤繩】

見「規矩繩墨」。

【規矩繩墨】

規和矩是校正圓和方的工具，繩墨是木匠彈線校正平直的工具。比喻必須遵守的法度、準則。《史記・孫子吳起列傳》：「用其次為隊長，於是復鼓之。婦人左右、前後、跪起，皆中規矩繩墨，無敢出聲。」也作「規矩準繩」。漢・王符《潛夫論・贊學》：「譬猶巧倕之為規矩準繩以遺後工也。」也作「規矩鉤繩」。鉤：圓規。《管子・形勢》「奚仲子為車器也，方圓曲直，皆中規矩鉤繩。」

【規矩準繩】

見「規矩繩墨」。

【規求無度】

規求：刻意謀取；無度：沒有節制。指貪求無厭。《左傳・昭公二十六年》：「侵欲無厭，規求無度，貫瀆鬼神，慢棄刑法。」

【規小節者不能成榮名】

謂拘泥於小節，則成不了大事。《史記・魯仲連傳》：「且吾聞之，規小節者不能成榮名，惡小恥者不能立大功。」

【規行矩步】

形容安分守己。《隋書・盧思道傳》：「在餘之生，勞亦勤止，紈綺之年，伏膺教義，規行矩步，從善而登。」也作「規行矩止」。宋・司馬光《稷下賦》：「端居危坐，規行矩止，相與奮髯橫議，投袂高談。」也比喻因循守舊，不知變通。《晉書・張載傳》：「今士循常習故，規行矩步，稱階級，累閥閱，碌碌然以取世資。」

【規行矩止】
見「規行矩步」。
【規言矩步】
說話、舉止循規蹈矩，不逾分寸。清・紀昀《閱微草堂筆記・如是我聞四》：「曩以汝爲古君子……汝近乃作負心事，知從前規言矩步，皆貌是心非。」
【規圜矩方】
圜：ㄩㄢˊ，圓。規以畫圓，矩以畫方。比喻一切合乎規矩。《漢書・律曆志上》：「夫推曆生律制器，規圜矩方，權重衡平，準繩嘉量，探賾索隱，鉤深致遠，莫不用焉。」
【瑰意琦行】
瑰：美石；琦：美玉。比喻美好崇高的思想。戰國楚・宋玉《對楚王問》：「夫聖人瑰意琦行，超然獨處。夫世俗之民，又安知臣之所爲哉。」

ㄍㄨㄟˇ

【佹得復失】
見「佹得佹失」。
【佹得佹失】
佹：偶然。無意中得來又無意中失去。黃人《〈錢牧齋文鈔〉序》：「而其一生之佹得佹失，卒之進退失據者，皆以巧致之。」也作「**佹得復失**」。清・梁章鉅《楹聯續話・雜綴》：「又嘗同應經古之試，明經居然冠軍，遂餼於庠，是秋復報舉優行，佹得而復失。」
【詭變多端】
見「詭計多端」。
【詭計多端】
詭：狡詐。形容狡猾的計謀和壞主意非常多。《孽海花》三二回：「只爲他詭計多端，生相凶惡，大家送他綽號，叫做『李鬼子』。」也作「**詭變多端**」。宋・蘇轍《論呂惠卿》：「懷張湯之辯詐，兼盧杞之奸凶，詭變多端。」
【詭譎怪誕】
譎：ㄐㄩㄝˊ，怪異；怪誕：荒誕。指離奇古怪，荒誕不經。宋・陸九淵《與包詳道書》：「一旦駭於荒唐繆悠之說，驚於詭譎怪誕之辭，則其顚頓狼狽之狀，可勝言哉！」
【詭譎無行】
詭譎：欺詐。指欺矇詐騙的無賴行徑。宋・洪邁《夷堅志・丙・河北道士》：「師亦喜之，將傳授秘旨，而宋詭譎無行，且懶惰，不肯竟其學。」
【詭銜竊轡】
詭：違背；銜：馬嚼；竊：咬；轡：ㄆㄟˋ，韁繩。指馬甩脫嚼子，咬斷韁繩。比喻人擺脫羈絆，不受約束。《莊子・馬蹄》：「夫加之以衡扼，齊之以月題，而馬知介倪、闉扼、鷙曼、詭銜、竊轡。故馬之知而態至盜者，伯樂之罪也。」
【詭形怪狀】
形容形狀怪異奇突。宋・胡仔《苕溪漁隱叢話後集》卷三二：「戴叔倫詩云：『詭形怪狀翻合宜。』誠哉是言。」也作「**詭形殊狀**」。《宣和畫譜・人物三》：「[石恪]好畫古僻人物，詭形殊狀，格雖高古，意務新奇，故不能不近乎譎怪。」也作「**詭狀殊形**」。《梁書・沈約傳》：「岑崟崥屼，或坳或平，盤堅枕臥，詭狀殊形。」也作「**詭狀異形**」。《隋書・柳彧傳》：「鳴鼓聒天，燎炬照地，人戴獸面，男爲女服，倡優雜技，詭狀異形。」
【詭形殊狀】
見「詭形怪狀」。
【詭狀殊形】
見「詭形怪狀」。
【詭狀異形】
見「詭形怪狀」。
【鬼八卦】
八卦：《周易》中演變的八種基本圖形，古人以此占卜吉凶禍福。比喻陰謀詭計或陰險手段。例他滿肚子鬼八卦，跟他打交道要特別小心。
【鬼把戲】
指耍花招捉弄人的行爲。例他這次又在耍什麼鬼把戲了？實在令人擔心。
【鬼不吃淡飯——謠(要)言(鹽)】
謠、言：「要」、「鹽」的諧音。指沒有事實根據的消息。例你聽到的那些話，完全是鬼不吃淡飯——謠(要)言（鹽），千萬不要相信。
【鬼扯腿】
指被人操縱，不能自主。《三寶太監西洋記》七回：「及至見了長老的金身，也自有三分鬼扯腿。」
【鬼吃燒豬肉——人做的】
比喻某個事端是人製造的。例你們工廠出的事故，有人說是鬼吃燒豬肉——人做的，不知調查清楚沒有？
【鬼出電入】
鬼出：形容不見形蹤；電入：形容動作迅速。比喻行動迅速不可捉摸。《淮南子・原道訓》：「雷聲雨降，並行無窮，鬼出電入，龍興鸞集。」也作「**鬼出神入**」。南朝梁・陸倕《新刻漏銘》：「倏往忽來，鬼出神入；微若抽繭，逝如激電。」
【鬼出神入】
見「鬼出電入」。
【鬼打城隍廟——不怕死】
城隍：道教所傳守護城池的神；迷信說法，鬼受城隍的管制。比喻勇敢無畏，不怕死。例就派曉兵到敵後聯絡游擊隊，他是鬼打城隍廟——不怕死的英雄，保證能完成任務。也作「**鬼打城隍廟——死都不怕**」、「**老虎頭上捉虱子——不怕死**」、「**拼死吃河豚——不怕死**」。
【鬼打道士——倒挨】
道士：道教徒。舊時道士以做法事爲生，專施降妖、驅鬼法術。驅鬼的道士反被鬼打。比喻沒有達到目的，反而遭受損害。例他本想到南方開放城市發大財，事與願違，被人騙走了全部財物。眞是鬼打道士——倒挨。

【鬼打鬼，狗咬狗】

比喻壞人內訌。例敵人內部矛盾重重，「鬼打鬼，狗咬狗」，鬧得不可開交。

【鬼打更】

形容沒個準。《水滸全傳》二四回：「我家賣茶，叫做鬼打更。三年前六月初三下雪的那一天，賣了一個泡茶，直到如今不發市。」

【鬼打牆】

指夜間在曠野迷路，轉來轉去又回到原地，總也走不出去。比喻無形的障礙和阻力。例他就像一個迷路的夜行人，處處碰見鬼打牆，再不能前進一步了。

【鬼點子】

比喻壞主意。例跟他共事要多加提防，他的鬼點子太多。也比喻出人意料的主意。例想不到他還能出個鬼點子，解決了這個問題。

【鬼斧神工】

《莊子・達生》：「梓慶削木爲鐻，鐻成，見者驚猶鬼神。」唐・成玄英疏：「鐻者，樂器似夾鐘。亦言：鐻似虎形，刻木爲之。雕削巧妙，不類人工，見者驚疑，謂鬼所作也。」後以「鬼斧神工」形容技藝高超神妙。《野叟曝言》七五回：「以鬼斧神工之技，成天造地設之文。」

【鬼鬼祟祟】

形容行爲詭秘，不光明正大。《紅樓夢》二四回：「便是你們的鬼鬼祟祟幹的那事，瞞不過我去。」

【鬼胡延】

見「鬼胡由」。

【鬼胡由】

胡鬧廝混。元・高文秀《黑旋風》四折：「專等待追究，便將他牢監固守，只落得盡場兒都做了鬼胡由。」也作「**鬼胡延**」。元・無名氏《替殺妻》一折：「又不是顛，往日賢，都做了鬼胡延。」也作「**鬼狐猶**」。元・無名氏《貨郎旦》二折：「這賤才敢道辭生受，斷不得哄漢子的口，都是些即使求食鬼狐猶。」

【鬼狐猶】

見「鬼胡由」。

【鬼畫符】

符：道士用以驅鬼而畫的字不像字、畫不像畫的符籙。比喻字跡潦草或瞎塗一氣。金・元好問《論詩》之一三：「眞書不入時人眼，兒輩從敎鬼畫符。」也比喻離奇的手段，耍鬼計。《後西遊記》一九回：「你這小猴兒也有三分鬼畫符，還不辱沒了你老師祖。」也比喻言辭虛詐，敷衍搪塞。淸・吳趼人《糊塗世界》一回：「撫台同伊大人心上都是明白的，不過借著這個題目鬼畫符而已。」

【鬼話連篇】

形容滿口謊言。王朝聞《論鳳姐》六章：「鳳姐，鬼話連篇，每一句話都包含著她的個性的許多特徵。」

【鬼火不敢見眞火】

比喻歪風邪氣敵不過正氣。例在這個充滿正義感的時代，只要我們是非分明，敢於挺身而出，一定可以讓鬼火不敢見眞火，打敗邪惡之人。

【鬼火狐鳴】

磷火閃爍，狐嗥尖厲。形容野外荒涼、陰森可怖。《聊齋志異・公孫九娘》：「但見墳兆萬接，迷目榛荒，鬼火狐鳴，駭人心目。」

【鬼計百端】

見「鬼計多端」。

【鬼計多端】

形容壞主意非常之多。《三俠五義》四〇回：「見他身量卻不高大，衣服甚是鮮明，白馥馥一張面皮，暗含著惡態，疊暴著環睛，明露著鬼計多端。」也作「**鬼計百端**」。淸・周亮工《書景》一〇：「關雲長三上張翼德書云：『[曹]操鬼計百端，非羽智縛，安有今日！將軍罪羽，是不知羽也。』」

【鬼見愁】

比喻凶頑的人或事。例人都稱他鬼見愁，咱們可千萬別惹他。

【鬼哭狼嚎】

見「鬼哭神號」。

【鬼哭神號】

形容大聲哭喊，聲音淒厲。《說岳全傳》四三回：「直殺得天昏地暗無光彩，鬼哭神號黑霧迷。」也作「**鬼泣神號**」。《西遊記》一〇回：「原來這是觀音菩薩……住長安城都土地廟裏，夜聞鬼泣神號，特來喝退業龍。」也作「**鬼哭神嚎**」、「**鬼哭神嗥**」。明・陸采《明珠記》一四：「只見旌旗成陣，刀劍如麻，家家狼亡鼠竄，處處鬼哭神嗥，怎生是好。」也作「**鬼哭狼嚎**」。《醒世姻緣傳》二〇回：「又神差鬼使，叫他裏面嚷打做鬼哭狼嚎。」

【鬼哭神嗥】

見「鬼哭神號」。

【鬼哭神嚎】

見「鬼哭神號」。

【鬼魅伎倆】

見「鬼蜮伎倆」。

【鬼門道】

本指宋元時舞台通向後台的門。比喻隨機應變的、出乎意料的辦法和路子。例他的鬼門道多，什麼難辦的事都能辦成。

【鬼門關】

傳說中陰陽交界的關口。①比喻死亡或使人喪命的地方。例這一小撮鬼子包給我了，我保證送他們進鬼門關。②比喻難以通過的關口。例以前的窮人最怕過年，年關就是他們的鬼門關吶！

【鬼門關止步——出生入死】

比喻冒生命危險，隨時有可能犧牲。例在戰爭年代，的確是鬼門關止步——出生入死，但是，爲了民族利益，誰也沒有害怕過。

【鬼迷心竅】

比喻被人利用而糊里糊塗做了壞事或鑽入某事中而不能自拔。例老王賭博賭得上癮了，贏了還不罷休，眞是鬼迷心竅，自掘墳墓。

【鬼名堂】

①比喻見不得人的花招。例告訴你吧，世上沒有不透風的籬笆，你搞的那些鬼名堂能沒人知道嗎？②比喻稀奇的東西。例這孩子把自己關在屋裏，釘呀敲呀，準又做出了什麼鬼名堂。

【鬼拍心口——沒心沒肺】

心口：〈方〉胸口。比喻人心壞，或盡做負心事。例這個人千萬信任不得，他是鬼拍心口——沒心沒肺，說不定哪一天把你出賣了。

【鬼泣神號】

見「鬼哭神號」。

【鬼設神施】

形容設施精巧，不是人力所能及的。宋．陳亮《念奴嬌．登多景樓》詞：「危樓還望，嘆此意，今古幾人曾會？鬼設神施，渾認作，天限南疆北界。」也作「**鬼施神設**」。元．方回《題羅觀光藏陳所翁墨竹》：「畫龍撇竹匪二技，造化雖異機軸同。竹即是龍龍即竹，鬼施神設非人工。」

【鬼神不測】

見「鬼神莫測」。

【鬼神莫測】

形容事情計謀極其秘密、巧妙，誰也摸不清底細。《三國演義》九〇回：「衆將拜伏曰：『丞相天機，鬼神莫測也！』孔明令押過孟獲來。」也作「**鬼神不測**」。《東周列國志》九三回：「孟嘗君有鬼神不測之機，果天下賢士也。」

【鬼師佬的口袋——有進無出】

鬼師佬：對舊時從事迷信活動的巫人的鄙稱。據說其口袋專用於裝盛捉到的鬼怪。見「大船漏水——有進無出」。

【鬼師舞鐮刀——少見（劍）】

鬼師：〈方〉巫師，巫人；見：「劍」的諧音。鬼師裝神弄鬼，要舞劍；無劍，只好舞鐮刀。比喻某種現象很少見到，含有奇特或怪異的意思。例你說的那種現象，是鬼師舞鐮刀——少見（劍），我們得認眞研究研究。也作「**道士舞大鉗——少見（劍）**」。

【鬼施神設】

見「鬼設神施」。

【鬼使神差】

形容不由自主。元．馬致遠《還牢末》四折：「今日得遇你個英雄劍客，恰便似鬼使神差。」

【鬼算盤】

比喻詭計多端的盤算或精於算計。例你別打鬼算盤了，這次再想矇混過關是不可能的。

【鬼頭風】

比喻行蹤飄忽無定的人。《永樂大典．張協狀元》二六：「勸你莫圖他做老公，他畢竟是個鬼頭風。」

【鬼頭關竅】

義同「鬼頭鬼腦」。例我家有個頑皮的妹妹，年紀小小，平常就一副鬼頭關竅的樣子。

【鬼頭鬼腦】

形容行動詭秘，行爲不正派。《儒林外史》四六回：「就悄悄向那小廝說，叫把管租的管家叫了兩個進來，又鬼頭鬼腦，不知說了些什麼。」

【鬼推磨】

比喻能支使人爲自己幹事。《古今小說》卷四：「正所謂貧家百事百難做，富家差得鬼推磨。」

【鬼也怕惡人】

形容惡人的厲害。《西遊記》二六回：「你這個呆子，好不曉禮！常言道：『鬼也怕惡人』哩。」也作「**鬼怕惡人**」。《醒世姻緣傳》三九回：「他也不免有些鬼怕惡人，席上有他內侄連趙完在內，那個主子一團性氣，料得也不是善茬。」

【鬼蜮伎倆】

蜮：ㄩˋ，傳說中能含沙射影以害人的怪物，又名射工。比喻暗中害人的陰險卑劣的手段。例陳副理爲了自己升遷順利，在公司不惜用一些鬼蜮伎倆中傷打壓他人。也作「**鬼魅伎倆**」。魅：惑人的鬼怪。《歧路燈》九五回：「這些衙役鬼魅伎倆，千人一狀，原也不必掛齒。」

【鬼蜮心腸】

險惡的居心。明．沈德符《萬曆野獲編．張方二相》：「此等舉動，全是鬼蜮心腸。」

ㄍㄨㄟˋ

【劌目鉥心】

劌：用刀割；鉥：ㄕㄨˋ，用針刺。形容刻苦攻讀詩文不顧有傷視力心力，也形容因事物奇特卓異，使人駭目驚心。唐．韓愈《貞曜先生墓志》：「及其爲詩，劌目鉥心，刃迎縷解。」也作「**劌心鉥目**」。清．譚嗣同《治言》：「且世之自命通人……見外洋舟車之利，火器之精，劌心鉥目，震悼失圖。」

【劌心鉥目】

見「劌目鉥心」。

【貴表尊名】

向人詢問名字時的敬辭。例「姑娘，請問貴表尊名？」王公子如是說。

【貴不可言】

舊時星相術士用以指人有人君之相，不可明說。《史記．高祖本紀》：「老父曰：『向者夫人、嬰兒皆似君，君相貴不可言。』高祖乃謝曰：『誠如父言，不敢忘德。』」

【貴不凌賤】

富貴的人不依仗財勢欺壓地位低下的人。《晏子春秋．內篇問上》：「昔吾先君桓公能任用賢，國有什伍，治遍細民，貴不凌賤，富不傲貧，功不遺罷，佞不吐愚。」

【貴德賤兵】

注意道德教育或感化，不訴諸武力或刑罰。漢・桓寬《鹽鐵論・本議》：「文學曰：『古者貴以德而賤用兵……今廢道德而任兵革，興師而伐之，屯戍而備之。』」

【貴耳賤目】

重視聽來的，輕視親眼所見的。形容輕信傳聞，不重事實。漢・張衡《東京賦》：「若客所謂，末學膚受、貴耳而賤目者也。」也作「**貴耳遺目**」。遺：忽略。《宋書・律歷志》卷一三：「竊恐讃有然否，每崇遠而隨近；論有是非，或貴耳而遺目。」

【貴耳遺目】

見「貴耳賤目」。

【貴古賤今】

指厚古薄今。南朝宋・范曄《獄中與諸甥侄書以自序》：「自古體大而思精，未有此也，恐世人不能盡之，多貴古賤今，所以稱情狂言耳。」

【貴冠履，忘頭足】

重視帽子和鞋子，卻不記得頭和腳。比喻只重視外表，不注重本質。《淮南子・泰族訓》：「法之生也，以輔仁義，今重法而棄義，是貴其冠履，而忘其頭足也。」

【貴極人臣】

形容官位極高。北魏・楊衒之《洛陽伽藍記・高陽王寺》：「貴極人臣，富兼山海，居止第宅，匹於帝宮。」

【貴籍大名】

向人詢問何處人氏、叫什麼名字時的敬語。《品花寶鑑》一三：「天天見面，尚未知貴籍大名。前日辱在泥塗，深感感情願宥。」

【貴賤高下】

指人的地位有高有低，各不相同。戰國楚・宋玉《風賦》：「夫風者，天地之氣，溥暢而不至，不擇貴賤高下而加焉。」

【貴賤無常】

指人的富貴和微賤不是一成不變的。宋・王楙《野客叢書・鶡冠子》：「前漢《藝文志》有《鶡冠子》一篇，今所行四卷十五篇。如所謂『中流失船，一壺千金』、『貴賤無常，物使之然』，皆出於是。」

【貴賤無二】

不管人地位不等、窮富有差，都一樣對待。周・呂尚《金匱》：「敬遇賓客，貴賤無二。」

【貴戚權門】

指皇親國戚和權豪勢要之家。唐・杜甫《韋諷錄事宅觀曹將軍畫馬圖》詩：「盤賜將軍拜舞歸，輕紈細綺相追飛。貴戚權門得筆跡，始覺屏障生光輝。」

【貴人多健忘】

見「貴人善忘」。

【貴人多忘事】

見「貴人善忘」。

【貴人賤己】

貴：重視，崇尚。尊重他人，鄙薄自己。《禮記・坊記》：「君子貴人而賤己，先人而後己。」

【貴人難見面】

地位高的人一般不容易見得著。例「貴人難見面」，一點不假。雖然是老朋友，自從當了大官，再也見不著了。

【貴人善忘】

地位高的人容易忘事。有時作為客套話或奉承話。《宋史通俗演義》七二回：「[秦]檜被斥後，本有永不復用的榜示，偏高宗是個沒有主張的主子，今日說他是惡人，明日又說他是善人。想是貴人善忘的緣故。」也作「**貴人多忘事**」。茅盾《腐蝕》：「啊喲，你現在是得意了——地位也高了，朋友也多了，貴人多忘事，怪不得你記不起我這老同學、老朋友。」也作「**貴人多健忘**」。例小林啊，你眞是貴人多健忘，連前二天答應我的事都忘得一乾二淨了。

【貴人上宅，柴長三千，米長八百】

貴客臨門，全家增光，連柴米也似乎突然增長了許多。《醒世恆言》卷二二：「老身這樣寒家，難得會試相公到來。常言道：貴人上宅，柴長三千，米長八百。」

【貴人眼高】

高貴的人看不起普通人。魯迅《故鄉》：「然而圓規很不平，顯出鄙夷的神色，彷彿嗤笑法國人不知道拿破崙，美國人不知道華盛頓似的，冷笑說：『忘了？這眞是貴人眼高。』」

【貴視其所舉】

對地位高的人，要看他所薦舉的是怎樣一種人，也便知其本人的人品。漢・劉向《說苑・臣術》：「貴視其所舉，富視其所與，貧視其所不取，窮視其所不為。」

【貴手高抬】

請求對方寬容時的敬詞。《兒女英雄傳》一六回：「這事本是我家頭領不知進退，冒犯尊威，還求貴手高抬，給他留些體面，我等恩當重報。」

【貴無常尊】

顯貴的人不是常處高位而不變。晉・傅玄《吏部尚書箴》：「貴無常尊，賤不指卑。不明厥德，國用顛危。」

【貴遊子弟】

達官貴人家的子弟。多指遊手好閒。晉・葛洪《抱朴子・崇教》：「貴遊子弟，生乎深宮之中，長乎婦人之手，憂懼之勞，未嘗經心。」

【貴遠鄙近】

見「貴遠賤近」。

【貴遠賤近】

重視古代或遠方的，看不起現今或眼前的。晉・葛洪《抱朴子・鈞世》：「其於古人所作為神，今世所著為淺，貴遠賤近，有自來矣。」也作「**貴遠鄙近**」。宋・胡仔《苕溪漁隱叢話》二一：「楚人發語之辭，曰『羌』曰『蹇』，平語之詞曰『些』，一經屈、宋採用，後世遂為佳句。但世俗常情，不能無貴遠鄙近耳。」

【貴則易交】
易：改變，換。人富貴後拋棄舊時貧賤朋友，另交新友。《太平御覽·人事·交友》引《後漢書》：「人亦有言：貴則易交。」

【貴者雖自貴，視之若埃塵；賤者雖自賤，重之若千鈞】
視自命尊貴的人輕如塵埃，待生來低賤的人重如千鈞。晉·左思《咏史》詩：「高眄邈四海，豪右何足陳？貴者雖自貴，視之若埃塵；賤者雖自賤，重之若千鈞。」

【貴珠出賤蚌】
名貴的珍珠出自普通的蚌中。比喻傑出的人才來自貧苦人家。晉·葛洪《抱朴子·博喻》：「銳鋒產乎鈍石，明火熾乎暗木，貴珠出乎賤蚌，美玉出乎醜璞。」

【桂殿蘭宮】
指建築精美、香氣馥郁的宮殿。《紅樓夢》一八回：「金門玉戶神仙府，桂殿蘭宮妃子家。」

【桂蠹蘭敗】
比喻善人或美好的事物遭受摧折。唐·李商隱《祭張書記文》：「神道甚微，天理難究，桂蠹蘭敗，龜年鶴壽。」

【桂馥蘭香】
馥：ㄈㄨˋ，香氣。形容氣味分外芳香。例房間裏擺滿了一盆盆新鮮的花朵，充滿了桂馥蘭香，令人賞心悅目。也作「桂馥蘭馨」。

【桂馥蘭馨】
見「桂馥蘭香」。

【桂宮柏寢】
寢：內堂，臥室。富麗的宮室。南朝宋·鮑照《代白紵舞歌詞》：「桂宮柏寢擬天居，朱爵文窗韜碧疏，象床瑤席鎮犀渠，雕屏匼匝組帷舒。」

【桂花樹傍厠所——香臭不分】
傍：靠近。比喻為人糊塗，分不清好壞、是非。例朋友幫助你，你懷恨在心；小流氓拉攏你，你感恩不盡，眞是桂花樹傍厠所——香臭不分。也作「桂花樹旁修厕所——香臭難分」、「厕所裏灑香水——香臭不分」、「檀香木蓋茅杭——香臭不分。」

【桂花樹旁搭茅坑——一陣香，一陣臭】
茅坑：〈方〉簡易厠所，比喻香香臭臭，不是滋味。例她說：「這幾年，我還是我，沒有變化，但是桂花樹旁搭茅坑——一陣香，一陣臭，實在令人不解。」

【桂楫蘭橈】
楫、橈（ㄖㄠˇ）：船槳。製作精美的船槳。也代指富麗的舟船。《紅樓夢》一八回：「船上又有各種盆景，珠簾繡幕，桂楫蘭橈，自不必說了。」也作「桂棹蘭枻」。戰國楚·屈原《九歌·湘君》：「桂棹兮蘭枻，斫冰兮積雪。採薜荔兮水中，搴芙蓉兮木末。」

【桂酒椒漿】
漿：渾酒。泛指美酒。戰國楚·屈原《九歌·東皇太一》：「蕙餚蒸兮蘭藉，奠桂酒兮椒漿。」

【桂林馬蹄——沒得渣】
馬蹄：〈方〉荸薺，多年生草本植物的地下莖，生在池沼或栽培在水田裏，球狀，赤褐色，可以吃，渣少，桂林名產之一。①比喻沒有可挑剔的。例他是一個好人，就像桂林馬蹄——沒得渣，可以同他交朋友。②比喻事情做得乾淨徹底，一點都沒有剩下。例這個人乾淨俐落，做事就像桂林馬蹄——沒得渣。

【桂林三花酒——好衝】
三花酒：桂林名產之一；衝：酒味濃烈。比喻說話態度生硬、粗暴。有時也指勁頭足。例他蠻不講理，見人就罵，眞是桂林三花酒——好衝。也作「開了瓶的啤酒——好衝」、「開了瓶的燒酒——好衝」。

【桂林一枝】
《晉書·郤詵傳》載：詵被遷雍州刺史，武帝問他：「卿自以為何如？」詵對曰：「臣舉賢良對策為天下第一，猶桂林之一枝，昆山之片玉。」本為郤詵表示謙遜，意為衆好中的一個，後比喻出類拔萃的人物。

【桂薪珠米】
柴似桂木，米如珍珠。形容物資稀缺、價格昂貴。元·王惲《答晉卿敎授》：「蒼狗雲衣日易翻，桂薪珠米住京難。」

【桂棹蘭枻】
見「桂楫蘭橈」。

【桂子蘭孫】
對人子孫的美稱。《綠野仙蹤》三〇回：「只願你夫妻重相聚會，多生些桂子蘭孫，與祖父增點光輝。」

【跪在老虎面前喊恩人——善惡不分】
比喻分不清好人和壞人。例跪在老虎面前喊恩人——善惡不分的事時有發生，應幫助大家提高警惕和識別能力。

ㄍㄨㄢ

【關東出相，關西出將】
關：指函谷關。舊指函谷關以東，民風尚文，多出宰相，函谷關以西，民風尚武，多出將帥。《晉書·姚興載記》：「古人有言，關東出相，關西出將，三秦饒俊異，汝潁多奇士。」

【關夫子流鼻血——紅上加紅】
關夫子：又稱關公，關老爺。《三國演義》人物名羽，字雲長，蜀漢大將，性剛强，有膽力，武藝高超。據《三國演義》中描寫他「面如重棗，唇若塗脂」。在舞台上關羽為紅臉譜，民間素有「紅臉關公」之稱。比喻人很吃香，非常受人賞識和重用，常含有蔑視意思。有時也指事事如意，好上加好，常用於表示戲謔。例大梅自從結識林長官之後，連續升官晉爵，人們都說他是關夫子流鼻血——紅上加紅。也作「關老爺流鼻血——紅上加紅」、「關老爺搽胭脂——紅上加紅」。

【關夫子賣豆腐——人強貨不硬】

比喻人表面強硬，內裏空虛，沒啥本領；或人雖厲害，實際沒施展出來。例別看他氣勢洶洶，關夫子賣豆腐——人強貨不硬，頂他幾下就沒事了。也作「關公賣豆腐——人硬貨軟」、「張飛賣豆腐——人強貨不硬」。

【關公鬥李逵——大刀闊斧】

李逵：《水滸傳》中的人物，善使兩把闊斧。假設關公與李逵相鬥，必然是大刀對闊斧。比喻敢於決斷，辦事有魄力。例這次精減機構和人員，必須來個關公鬥李逵——大刀闊斧，砍掉三分之一。也作「關公做木匠——大刀闊斧」。

【關公赴宴——單刀直入】

《三國演義》中故事說，東吳妄圖在飲宴時乘機殺害關公。關公毫不畏懼，只帶少數隨從和一把大刀赴會。宴會上他談笑自若，宴後返回，安然無恙。比喻直截了當，不轉彎子。例在會議上，他就像關公赴宴——單刀直入，坦誠地向上司提出了許多尖銳的意見。

【關公開鳳眼——要殺人】

傳說關公是丹鳳眼，一張開就要殺人。比喻非常兇惡，或大發脾氣。例你莫非是關公開鳳眼——要殺人嗎？我才不怕你這一套哩！

【關公面前耍大刀——班門弄斧】

班：魯班，古代有名的木工。在魯班門前擺弄斧頭。比喻在行家面前賣弄本領，含有不自量力的意思。例你竟然在著名數學家面前，大談數學的A、B、C問題，炫耀自己，眞是關公面前耍大刀——班門弄斧。

【關公面前耍大刀——獻醜】

謙詞，表示自己的能力很差。例在座的都是烹飪行家，我來向大家表演烹調藝術，眞是關公面前耍大刀——獻醜了。也作「魯班門前弄斧頭——獻醜」、「聖人門前賣字畫——獻醜」。

【關公面前耍大刀——自不量力】

比喻過高估計自己的力量。例教練對小黃說：「你剛入射擊隊三個月，就想同世界冠軍比槍法，這不是關公面前耍大刀——自不量力嗎？」也作「關公面前耍大刀——不自量」、「關老爺門前耍大刀——自不量力」。

【關公戰秦瓊——挨不上】

關公是蜀國大將，秦瓊是唐初名將。兩人不是一個朝代的人，不可能交戰。比喻事情荒誕無稽，不沾邊。例你別胡扯了，小陸和小張互不認識，就像關公戰秦瓊——挨不上邊，有什麼戀愛關係！也作「張飛打岳飛——挨不上」。

【關公戰秦瓊——亂了朝代】

比喻知識貧乏，亂說一通。例他在台上，東拉西扯，大放厥詞，說的大多是關公戰秦瓊——亂了朝代，令人啼笑皆非。也作「張飛打岳飛——亂了朝代」。

【關公走麥城——死到臨頭】

見「關雲長走麥城——末日來臨」。

【關節炎遇上陰雨天——老毛病又犯了】

關節炎：關節發炎的病，遇到陰雨天時會感到疼痛。比喻原來的缺點又冒頭了，或重犯過去的錯誤。例老郭是關節炎遇上陰雨天——老毛病又犯了，官僚主義對他來說，難道眞是不治之症嗎？也作「關節炎碰到連陰雨——舊病復發」。

【關老爺搽胭脂——紅上加紅】

見「關夫子流鼻血——紅上加紅」。

【關門打財神——窮極了】

財神：迷信的人指可以使人發財致富的神仙，原爲道教所奉的財神，據傳姓趙名公明，也稱趙公元帥或財神爺。指窮困到了極點。例在歷史上，許多次農民起義，都是由於廣大人民處於關門打財神——窮極了的境地，才揭竿而起的。

【關門打狗——跑不了】

見「斷了腿的青蛙——跑不了」。

【關門打狗——死挨揍】

比喻遭受毒打或嚴厲的打擊。例敵人是嚇破了膽的麻雀，長期以來，不敢主動出擊，只是坐在家裏，關門打狗——死挨揍。

【關門打鑼——名（鳴）聲在外】

見「隔門縫吹喇叭——名（鳴）聲在外」。

【關門打拳——裏手】

比喻行家或內行。例如何報導這次會議，你去請教老湯，他對新聞工作是關門打拳——裏手。

【關門大吉】

把門關起來免去災難。指商店倒閉或工廠歇業，也指某些事業被迫停辦，含有譏笑意。魯迅《爲半農題記〈何典〉後，作》：「可是北京大學快要關門大吉；他兼差又沒有。」

【關門過日子——自家知底細】

比喻自己做的事情，自己心裏有數。例請不必擔心，關門過日子——自家知底細，這件事我一定能做好。也作「閂門過日子——自家知底細」。

【關門閤戶】

閤：關閉。關閉門戶。《紅樓夢》六六回：「且說二姐操持家務，十分謹肅，每日關門閤戶，一點外事不聞。」

【關門候戶】

等候關門。泛指照應門戶。《紅樓夢》四八回：「雖不是大事，到底告訴一聲，便是園裏坐更上夜的人知道添了他倆個，也好關門候戶的了。」

【關門落閂】

閂：ㄕㄨㄢ，門閂。比喻無轉圜餘地，也形容到了極點。《負曝閒談》二二回：「四盞燈籠，値不了五角錢，加上煤炭柴火，頂多到了四十塊錢，那是關門落閂的了。」

【關門起年號——稱王稱霸】
年號：多指帝王用的紀年的名稱。起年號說明已稱王或稱帝。比喻蠻橫無理，欺侮別人。例你有什麼了不起，在鄉裏關門起年號——稱王稱霸，我才不怕你呢！有本領的來較量較量。也作「孫悟空上了花果山——稱王稱霸」。

【關門養虎，虎大傷人】
比喻後患無窮。《說岳全傳》四〇回：「那孩子聽了，微微笑道：『呆子！古人說的：『關門養虎，虎大傷人。』這個東西如何養得熟的？你原是想我這匹馬，來哄我的！』」

【關門抓雞——十拿九穩】
見「箅子上取窩窩頭——十拿九穩」。

【關起籠子抓老鼠——沒跑】
見「斷了腿的青蛙——跑不了」。

【關山難越】
形容困難很多。唐・王勃《滕王閣序》：「關山難越，誰悲失路之人；萍水相逢，盡是他鄉之客。」

【關山迢遞】
關山：關塞和山岳；迢遞：遙遠的樣子。形容路途遙遠。元・無名氏《黃鶴樓》三摺：「奈關山迢遞，途路跋涉，恨不能一面之會。」

【關山阻隔】
阻隔：兩地之間不能相通或不易來往。指關隘山川阻擋隔絕，來往不易。元・鄭德輝《傷梅香》一折：「不爭他回家去呵，路途遙遠，關山阻隔，這親事幾時得就。」

【關上門做皇帝——自尊自大】
指自以為了不起。例還是讓別人去評價吧，不要關上門做皇帝——自尊自大。

【關天人命】
至關重大的人命事件。元・王仲文《救孝子賢母不認屍》二折：「這關天的人命事，要您個官司問。」明・王世貞《鳴鳳記・林公理冤》：「關天人命非為小。」

【關係户】
指相互有某種工作聯繫的單位或個人。現喻指那些彼此進行損公肥私交易的單位或個人。例要是每個菜站的售貨員，都把好的、新鮮的菜留給自己和關係戶，我們這些非關係戶就只有吃虧受氣了。

【關係網】
比喻通過各種錯綜複雜的關係而形成的像網絡一樣縱橫交錯的個人或單位之間的聯絡系統。例小馬為自己編織了一張關係網，憑著這張關係網，他如魚得水地走入了社會。

【關係學】
對個人或單位之間互相拉攏、牽制的微妙而不正當的方法的謔稱。例你問他為什麼官運亨通，就因為他精通關係學！

【關羽降曹操——身在曹營心在漢】
《三國演義》故事：漢獻帝建安五年，曹操攻打徐州，漢室宗親劉備兵敗逃散。關羽為保護劉備眷屬暫屈曹營，雖身在曹營，仍念念不忘劉備，後設法逃歸劉備。比喻人在這裏，心念別處，另有所圖。例他不願意在此，就別挽留了。關羽降曹操——身在曹營心在漢，是做不好工作的。

【關雲長單刀赴會——有膽有魄】
比喻有膽量，有氣魄。例大興到這裏才兩年，就改變了窮困落後的面貌，老鄉對他的評價是關雲長單刀赴會——有膽有魄。也作「老虎當馬騎——有膽有魄」。參見「關公赴宴——單刀直入」。

【關雲長的大刀——份量不輕】
雙關語，①比喻問題嚴重。例經過深入了解，他的問題是關雲長的大刀——份量不輕啊！②比喻責任重大。例這件事是關雲長的大刀——份量不輕，我擔心肩負不起如此重大的責任。

【關雲長刮骨療毒——無痛苦之色】
《三國演義》中說，關羽右臂中了魏軍的毒箭，名醫華佗用尖刀割開皮肉，為其刮骨療毒。關公邊飲酒邊下棋，談笑自若。比喻對困難、痛苦毫不畏懼。例大楊勇敢、堅强，在天大的困難面前，就像關雲長刮骨療毒——無痛苦之色，人們說他是一條硬漢子。

【關雲長失荊州——吃虧在大意】
《三國演義》故事：關羽原留重兵守荊州，後中呂蒙之計調荊州人馬攻樊城，東吳趁荊州空虛，一舉攻下荊州。比喻吃虧上當都是由於疏忽。例你並不是一個愚蠢的人，每次受不法商人的欺騙，都是關雲長失荊州——吃虧在大意。

【關雲長走麥城——末日來臨】
《三國演義》故事：關羽鎮守荊州，狂妄自大。他曾在樊城大破魏軍，後吳軍偷襲荊州，他收兵回救，受魏、吳兩軍夾擊，敗走麥城，被吳軍擒殺。比喻處境非常危險，很快就要完蛋。例敵人這次進攻，是作最後掙扎，關雲長走麥城——末日來臨了。也作「關公走麥城——死到臨頭」、「耗子鑽灶火——末日來臨」、「閻王爺下請帖——末日來臨」、「座山雕做壽——末日來臨」。

【關著門燒蒿子——有意存煙】
蒿子：通常指花小、葉子作羽狀分裂、有某種特殊氣味的草本植物。比喻故意尋釁，挑起爭端。例你別關著門燒蒿子——有意存煙，我現在不同你爭論，待你冷靜後再說。

【觀場矮人】
觀場：看戲。矮子擠在人羣中看戲。比喻盲從的人。清・蔣士銓《清容外集・空谷香》：「諒這幾個觀場矮人何足介意。」

【觀大者不得處近，望遠者不得居卑】
卑：低窪。看大的東西，不能靠得太

近；看遠處的東西，不可在低矮的地方。形容只有站得高，看得遠，才能全面了解事物。明・莊元臣《叔苴子》內篇卷二：「觀大者不得處近，望遠者不得居卑。觀泰山者，千百里之外，見其十九焉；稍進而近，見十之五矣；再近之，見十之一二矣；比其至也，所見無萬分之一矣；愈近而所見愈狹，見之者蔽於所見也。」

【觀古今不須臾，撫四海於一瞬】

須臾：片刻，一會兒。在片刻之間，運用想像，觀察古今；在一瞬間，取材囊括了四海，決定了取捨。形容寫文章、說話時，在短時間內充分運用想像力，捕捉文機，選定了大量材料。晉・陸機《文賦》：「收百世之闕文，採千載之遺韻。謝朝華於已披，啓夕秀於未振。觀古今於須臾，撫四海於一瞬。」

【觀過知仁】

看一個人所犯錯誤的性質，就可以知道他的爲人。《論語・里仁》：「人之過也，各於其黨。觀過，斯知仁矣。」明・余繼登《典故紀聞》：「通政司奏「陳」疑不面白取旨，擅自奔喪，宜治罪。英宗曰：『疑誠有罪，然子聞母喪，情迫於內，觀過知仁，其宥之。』」

【觀機而動】

觀：觀察；機：時機。觀察有利的時機而採取行動。《南齊書・徐孝嗣沈文季傳論》：「王無外略，民困首領，觀機而動，斯議殆爲空陳，惜矣！」

【觀今宜鑑古】

宜：應當；鑑：鏡子。觀察現今的事情，應以古時的事情爲鏡子。例我們如果要觀察當今的現象，就得參考過去的歷史，俗語說：「觀今宜鑑古。」就是這個道理。

【觀貌察色】

觀察表情臉色，揣測對方心意。《韓非子・八姦》：「何謂在旁，曰：……先意承旨，觀貌察色，以先主心者也。」也作「**觀形察色**」。《水滸全傳》一一〇回：「古人云：『富與貴，人之所欲；貧與賤，人之所惡。』觀形察色，見貌知情。」

【觀眉說眼】

比喻挑眼，說閒話。《金瓶梅詞話》六二回：「我教你大娘尋家兒人家，你出身去罷，省的觀眉說眼，在這屋裏，教人罵沒主子的奴才。」

【觀其所愛親，可以知其人矣】

了解某人所親所愛的人，就可以知道他的爲人。《大戴禮記・曾子立事》：「聽其言也，可以知其所好矣。觀說之流，可以知其術矣。久而復之，可以知其信也。觀其所愛親，可以知其人矣。」

【觀棋不語眞君子，把酒多言是小人】

把酒：端起酒杯喝酒。看人下棋不說話才是有修養的人，喝酒多言多語就是小人。《醒世恆言》卷九：「常言道：旁觀者淸，當局者迷。倘或旁觀的口嘴不緊，……所以古人說得好：觀棋不語眞君子，把酒多言是小人。」也作「**觀棋不言眞君子，看著多言是小人**」。

【觀色察言】

觀察面部表情和言談用意以揣摩對方的心意。《魏書・司馬悅傳》：「［張］堤懼拷掠，自誣言殺。獄既至州，悅觀色察言，疑其不實。」

【觀聽不參，則誠不聞】

只偏聽偏信，不和別人商量，就聽不到眞誠的話。《韓非子，內儲說上》：「觀聽不參，則誠不聞。」例有些主管喜歡聽小報告，不願到公司職員中去聽取意見，這怎麼行呢？「觀聽不參，則誠不聞」，工作就不能搞好。

【觀往以知來】

考察過去的事情可以推知未來可能發生的變化。《列子・說符》：「是故聖人見出以知人，觀往以知來，此其所以先知之理也。」

【觀望不前】

觀望：看風頭，猶豫不定。形容遇事不能勇往直前。例在這場戰役中，雙方軍隊的將領都小心翼翼、觀望不前，深怕中了對方的圈套，全軍覆沒。

【觀望風色】

風色：風頭、情勢。懷猶豫的心情觀看情勢的發展，以便見機行事。《北洋軍閥統治時期史話》二七章：「由於黎［元洪］的態度逐步軟化，原屬國民黨的國會議員紛紛南下或躲在六國飯店裏觀望風色。」

【觀釁而動】

見「觀釁伺隙」。

【觀釁伺隙】

伺：窺伺。窺探對方的破綻、漏洞，以待時機。《三國志・吳書・陸遜傳》：「且阻兵無衆，古之明鑑，誠宜暫息進取小規，以畜士民之力，觀釁伺隙，庶無悔吝。」也作「**觀釁而動**」。《遼史・太宗紀上》：「未可輕舉，觀釁而動可也。」

【觀形察色】

見「觀貌察色」。

【觀音大士下凡——救苦救難】

觀音大士：也叫觀音，觀世音，佛教的菩薩之一，佛教徒認爲是慈悲的化身，救苦救難之神；下凡：神話中指神仙來到人世間。指拯救苦難。例我們長期盼望觀音大士下凡——救苦救難，現在，你們終於來了，貧困落後的悲慘命運有希望改變啦！

【觀音菩薩，年年十八】

觀音：觀世音，佛教菩薩之一。救苦救難之神。觀音的繪畫肖像或雕塑都是年輕相貌。比喻保持青春年華。例很會說話的姊姊，在母親七十大壽時，祝她好比那「觀音菩薩，年年十八」，樂得母親哈哈大笑。

【觀音菩薩坐轎子——靠衆人抬舉】

比喻做事要依靠大家的支持。例我才疏學淺，經驗不足，今後，就像觀音菩薩坐轎子，還靠衆人抬舉。

【觀音生崽——天曉得】

崽（ㄗㄞˇ）：〈方〉兒子。表示不知道。也指難以理解或無法分辨。例你說傳聞他已改惡從善，觀音生崽——天曉得！還是觀察一段時間爲妥。也作「觀音生崽——天知道」。

【觀音堂裏的羅漢——一肚子泥】

觀音堂：這裏泛指供奉神像的殿堂；羅漢：佛教稱斷絕了一切嗜欲、解脫了煩惱、受人敬仰崇拜的聖人。比喻徒有其表而無眞才實學。例別看他衣冠楚楚，文質彬彬，實際上是觀音堂裏的羅漢——一肚子泥。

【觀隅反三】

隅：ㄩˊ，角落；反：推論，推及。看了一個角，就可以此類推而知道其他三個角的樣子。比喻由此知彼，觸類旁通。魏・酈道元《水經注・序》：「進無訪一知二之機，退無觀隅反三之慧。」

【觀於海者難爲水】

看見過大海的人，對江河的水就看不上眼了。比喻見過大世面的人眼界高。《孟子・盡心上》：「孔子登東山而小魯，登泰山而小天下，故觀於海者難爲水，遊於聖人之門者難爲言。」

【觀者麇集】

麇（ㄑㄩㄣˊ）集：聚集。形容聚集觀看的人很多。清・楊復吉《夢闌瑣筆・柴打鼓》：「柴皇急無措，大號，觀者麇集詢故，柴以實告，衆以爲狂，柴不得以行乞而歸。」也作「觀者雲集」。雲集：像陰雲那樣密集。清・俞樾《右台仙館筆記・河南農家子》：「食畢，置虛命撤，於是觀者雲集，皆恐傷其子。」也作「觀者蝟集」。蝟集：如蝟毛叢集。清・李清《鬼母傳》：「兒初見人時，猶手持餅啖，了無怖畏，及觀者蝟集，語嘈嘈然，方驚啼。」

【觀者如堵】

堵：牆壁。觀看的人如砌起的一道圍牆。形容觀看的人非常多。《禮記・射文》：「孔子射於矍相之圃，蓋觀者如堵牆。」

【觀者如山】

形容觀衆很多。唐・杜甫《觀公孫大娘弟子舞劍器行》詩：「昔有佳人公孫氏，一舞劍器動四方，觀者如山色沮喪，天地爲之久低昂。」

【觀者如市】

觀看的人如鬧市的人口那樣密集。形容觀看的人很多。清・李復言《續玄怪錄・尼妙寂》：「初泗州普光王寺……僧尼繁會，觀者如市焉。」也作「觀者如織」。宋・孟元老《大禮預教車象》：「御街遊人嬉集，觀者如織。」

【觀者如織】

見「觀者如市」。

【觀者蝟集】

見「觀者麇集」。

【觀者雲集】

見「觀者麇集」。

【觀止之嘆】

觀止：看夠了，不必再看別的了。含讚美意。指讚嘆所看到的事物美好到了極點。清・歸莊《觀梅日記》：「蓮華峯尤陡絕，天池亦小山之有名者。從峯頂視之，如在下地，坐臥久之。於吳中之山，有觀止之嘆！」

【綸巾羽扇】

綸巾：古代配有青絲帶的頭巾；羽扇：用鳥翅膀上的長羽毛製成的扇子。戴著青絲帶的頭巾，拿著羽毛扇子。形容謀士的從容態度。《三國演義》七三回：「孔明端坐車中，綸巾羽扇，素衣皂絛，飄然而出。」

【官報私仇】

借著公事的名義進行個人報復，發洩私憤。《水滸全傳》三四回：「量花榮如何肯反背朝廷？實被劉高這廝，無中生有，官報私仇，逼迫得花榮有家難奔，有國難投，權且躲避在此。」

【官卑職小】

官位低，職務小。比喻無權勢。《官場現形記》四三回：「你們不要瞧我不起，雖然是官卑職小，監生老爺都被我打過的！」

【官逼民變】

見「官逼民反」。

【官逼民反】

官吏壓迫人民，人民起來反抗。朱自清《論雅俗共賞》：「『官逼民反』也是人之常情，梁山泊的英雄正是被壓迫的人民所想望的。」也作「官逼民變」。

【官不離印，貨不離身】

當官的離不開大印，賣貨的不離開貨物。比喻重要的東西總是隨身攜帶。清・孔尚任《桃花扇》一三齣：「[小生]極妙了。帶有鼓板麼？[丑]自古『官不離印，貨不離身』。」

【官不容針，私通車馬】

針：比喻輕微違法行爲；車馬，比喻重大違法案件。官府如按法律辦事，針尖大的違法行爲也不能容許，如果循私舞弊，什麼重大的違法案件都會受到包庇，形容執法應該公正不阿。例古話說：「官不容針，私通車馬。」如果執法人員都能做到「官不容針」，杜絕「私通車馬」，法治就眞正大於人治了。

【官不威，爪牙威】

爪牙：公差，衙役。當差的比當官的還要厲害。元・無名氏《百花亭》三折：「俺也是文齊福不齊，你正是官不威，爪牙威。」

【官不易方】

易：改變；方：方向，準則。執政的人不改變方針、政策。形容政治穩定和治理得法。《左傳・襄公九年》：「晉君類能而使之，舉不失選，官不易方。」

【官倉老鼠大如斗，見人開倉亦

不走】
公家糧倉裏的老鼠肥大如斗，看見人打開倉門進來都不走開。比喻封建社會的貪官污吏猖狂、膽大。唐．曹鄴《官倉鼠》：「官倉老鼠大如斗，見人開倉亦不走。健兒無糧百姓飢，誰遣朝朝入君口。」

【官差吏差，來人不差】
差：派遣；差：過錯。官吏派來的人，沒有過錯，不應責怪。《何典》九回：「官差吏差，來人不差。他們不過奉官差遣，打殺也覺冤哉枉也！」也作「千差萬差，來人不差」。

【官場如戲】
官場：指官吏階層及其活動範圍。比喻官場居官者角逐，像演戲一樣，變化無常。《兒女英雄傳》三八回：「這國子監祭酒……卻是個侍至聖香案為天下師尊的角色，你道安公子才幾日的新進士，讓他怎的個品學兼優，也不應快到如此，這不眞個是『官場如戲』了麼？」也作「官場如戲場」。《紅樓夢新補》八六回：「那寶玉慢條斯理的說道：『所以俗話說的好，官場如戲場。剛剛鑼鼓喧天，出來個戴紗帽的，一會兒披枷帶鎖成了囚犯。剛剛靚妝麗服，唱了小旦，一會兒拄根拐棍，又成老旦了。』」

【官場如戲場】
見「官場如戲」。

【官大一級壓死人】
上一級官吏憑藉權力欺壓下一級官吏。比喻濫用權力。例在現今階級分明的職場中，上對下往往是官大一級壓死人，用權力來控制一切。

【官大有險，權大生謗】
見「官高必險，勢大必傾」。

【官怠於宦成】
做官的人往往做久了就會怠惰，以至於失職。指做官的人開始謹慎，做久了容易怠惰而生禍。漢．劉向《說苑．敬愼》：「曾子曰：官怠於宦成，病加於少愈，禍生於懈惰，孝衰於妻子。察此四者，愼終如始。」

【官斷十條路】
十：指多。舊時官府審斷案件有多種辦法。《醒世姻緣傳》八一回：「『官斷十條路』，輸贏何似，勝敗難期。」

【官兒沒了紗帽，瘟神沒了靈光】
紗帽：烏紗帽，舊時的官帽；靈光：神佛頭上的光環。當官的丟了官職，就像瘟神失去了靈光，沒什麼威風了。例他平日仗著自己權高位重，常常欺壓身旁的部屬，這會兒，他被人拉下馬來，失權又失勢，眞可謂是官兒沒了紗帽，瘟神沒了靈光，看他怎麼辦？

【官法如爐】
國家法律像爐火一樣無情。元．關漢卿《蝴蝶夢》二折：「這個便是鐵呵，怎當那官法如爐。」

【官府不打送禮人】
給當官的送禮不會遭到拒絕、責備。例官場上的送禮文化盛行，如果你想打好關係，切記，「官府不打送禮人。」，你大可以放心的做這件事。也作「官不打送禮之人」。

【官復原職】
復：恢復；職：官職。被罷去官職的人恢復了原有的官職。《三俠五義》八四回：「倪繼祖官復原職，歐陽春義舉無事。」

【官高必險，勢大必傾】
官位太高，權勢太大，有倒台的危險。《三寶太監西洋記》七九回：「牽羊的喝聲道：『噫，那竿子頭上的，官高必險，勢大必傾。你及早回頭罷！』」也作「官大有險，權大生謗」。《濟公全傳》二四回：「俗語云：『官大有險，樹大招風，權大生謗。』我自居官以來，兢兢翼翼，對於王事，諸凡謹愼，外面尚落了許多怨言。」

【官高爵顯】
爵：爵位，官爵；顯：顯赫。指官階很高，爵位顯赫。例賈寶玉身為官高爵顯之富家公子，卻能平等對待下人。

【官高祿厚】
指官職高，待遇多。明．沈德符《萬曆野獲編．文臣改武》：「按宋韓、范經略西夏，亦曾以雜學士換觀察使，時用兵方謀帥，事理亦宜；乃二公尚以官高祿厚為辭，終不屑受，蓋意薄之也。」

【官工活——慢慢磨】
官工活：官家的活計。比喻磨磨蹭蹭，拖延時間。例小華官工活的態度，總讓他的朋友覺得不耐煩。也作「老牛拉車——慢慢磨」。

【官官相護】
官吏之間為了各自的私利互相包庇。《紅樓夢》九九回：「如今就是鬧破了，也是官官相護的，不過認個承審不實，革職處分罷咧，那裏還肯認得銀子聽情的話呢？」也作「官官相為」。元．關漢卿《蝴蝶夢》二折：「你都官官相為倚親屬，更做道國戚皇族。」也作「官官相衛」。

【官官相衛】
見「官官相護」。

【官官相為】
見「官官相護」。

【官虎吏狼】
官像虎，吏像狼。形容官吏的貪婪和殘暴。《聊齋志異．夢狼》：「竊嘆天下之官虎而吏狼者，比比也。即官不為虎，而吏且將為狼，況有猛於虎者耶！」

【官禁私不禁】
官府明令禁止，私下並不實行。有令不行，形同虛文。《平妖傳》一七回：「官府斷屠，從來虛套。常言道：官禁私不禁，只好作成公差和里正。官府若不信時，縣東第十三家呂屠家裏今早殺下七十斤大豬。」

【官久必富】
見「官久自富」。

【官久自富】
舊時官吏多貪污，當官久了，自然致富。明・吾邱瑞《運甓記》二五出：「常言道：『官久自富。』窮做窮，得的東西還夠我和你受用。」也作「官久必富」。

【官老爺出告示——百姓該死】
告示：布告。舊時反動統治者出布告，不是要稅，就是要勞力，所以說「百姓該死」。例張大嬸指著老張的鼻子質問道：「官老爺出告示——百姓該死，你三天兩頭的賭錢喝酒，這個家，你還要不要啊！」也作「官老爺出告示——百姓遭難」、「瘟神下界——百姓遭難」。

【官老爺上朝——按部就班】
上朝：臣子到朝廷上拜見君主奏事議事；部、班：門類，次序；就：遵循，依照。指做事按照一定的順序，有條有理。有時指一切按老規矩辦事。例他做事一向是官老爺上朝——按部就班，不准絲毫改動、突破，羣衆當面譏稱他爲「老保守」。

【官老爺下轎——不（步）行】
不：「步」的諧音。比喻不可以，不中用，或不好。有時指接近死亡。例老太太生病一年了，最近病情惡化，眼看就要官老爺下轎——不（步）行啦。也作「船上人下船——不（步）行」、「大老爺下轎——不（步）行」。

【官憑印信，私憑票約】
當官的上任憑官印，私人借貸憑契約。指辦事要有憑證。清・李玉《人獸關》二折：「自古道，官憑印信，私憑票約。既借他三百金，豈無一紙文書？」

【官清法正】
爲官清廉，執法公正。元，李潛夫《灰闌記》四折：「孔目也，卻不道你官清法正依條例。」

【官輕勢微】
官職不大，勢力微小。形容權勢不大。《三國演義》八二回：「劉曄又曰：『孫權雖有雄才，乃殘漢驃騎將軍、南昌侯之職。官輕則勢微，尚有畏中原之心；若加以王位，則去陛下一階耳。』」

【官情紙薄】
情：人情。官場上的人情像紙一樣薄。指官場上爭權奪利、爾虞我詐，人情淡薄。明・孫仁儒《東郭記・頑夫廉》：「官情紙薄，更誰人風霜誼高。窮途寂寥，便家兄言詞慹恌。」

【官省則事省，事省則民清；官繁則事繁，事繁則民濁】
省：減少。官員少而精，辦事簡便，百姓受益；官員多而濫，手續繁多，百姓受累。《册府元龜》卷四七三《台省部・奏議四》：「善官人者，必先省其官。官省則善人易充，善人易充則事無不理。官繁則必雜不善之人，雜不善之人，則政必有得失。故語曰：『官省則事省，事省則民清；官繁則事繁，事繁則民濁。』清濁之由，在官之繁省。」

【官俗國體】
官家和世俗的規矩和禮儀。《紅樓夢》一四回：「那寶玉素聞北靜王的賢德，且才貌俱全，風流跌宕，不爲官俗國體所縛。」

【官土打官牆】
比喻公款用在公事上。例公司裏所有的款項都有一定用處，大部分都是官土打官牆，公款用在公事上。

【官無常貴，民無終賤】
官員不能永久居顯貴之位，民衆並不是終生低賤。指官無常位，能者居之，不分貧賤。《墨子・尚賢上》：「古者聖王之爲政，列德而尚賢，雖在農與工肆之人，有能則舉之……故官無常貴，民無終賤，有能則舉之，無能則下之。舉公義，避私怨。」

【官無三日緊】
官場辦事前緊後鬆。《古今小說》卷二一：「過了一月兩月，把這事都放慢了。正是『官無三日緊』。」也作「官無三日急，倒有七日寬」。例公家單位辦事，都有其一定的規定，如果不合格，就無法通過，但是官無三日急，倒有七日寬，有時規定會有放鬆的時候。

【官無三日緊，倒有七日寬】
見「官無三日緊」。

【官賢者量其能，賦祿者稱其功】
官：任用；量：衡量；賦：給予；稱：相稱，適合。任用人時要衡量他的才能，給予俸祿要與他的功勞相適合。形容知人善用，量能任職，按功給祿。《韓非子・八姦》：「賢材者處厚祿，任大官；功大者有尊爵，受重賞。官賢者量其能，賦祿者稱其功。」

【官項不清】
項：款項。公款不清，鬧虧空。《紅樓夢》一〇八回：「那二舅太爺是個小氣的，又是官項不清，也是打飢荒；甄家自從抄家以後，別無信息。」

【官向官，民向民，光腳丫向的是窮人】
見「官向官，民向民，和尚向的是出家人」。

【官向官，民向民，和尚向的是出家人】
出家人：僧尼或道士。同類的人往往互相幫助，互相保護。例通常同類的人會互相吸引，成爲好友，就好比官向官，民向民，和尚向的是出家人。也作「官向官，民向民，光腳丫向的是窮人」。

【官刑好過，私刑難挨】
私刑不受法律約束，比法律規定的刑法更殘酷，難以忍受。例他親身受過私刑的苦楚，常常想起古人說的那句話：「官刑好過，私刑難挨。」

【官樣詞章】
見「官樣文章」。

【官樣文書】

見「官樣文章」。

【官樣文章】

本指向皇帝進呈的文字堂皇典雅的文章。後比喻徒具形式、照例敷衍的虛文濫調。宋・吳處厚《青箱雜記・文章官樣》：「王安國常語余曰：『文章格調是官樣。』豈安國言官樣，亦謂有館閣氣耶？」金・王良臣《送任、李二生赴舉》：「官樣文章堆筆底，世情風色候江頭。」也作「官樣詞章」。宋・李昴英《文溪存稿・示兒用許廣文韻》：「官樣詞章唯典雅，心腔理義要深幾。」也作「官樣文書」。《民國通俗演義》五九回：「但也只是官樣文書，掩人耳目罷了。」

【官運亨通】

官運：做官的機運或運氣；亨通：順利。指做官運氣好，不斷升遷。《官場現形記》三七回：「後來湍制台官運亨通，從雲南臬司任上就升了貴州藩司，又調任江寧藩司，升江蘇巡撫；不上兩年，又升湖廣總督。」

【官在得人，不在員多】

得人：用人得當。官在於賢良、得當，而不在於人員衆多。說明用人要精當，才能辦好事情。《資治通鑑・唐太宗貞觀元年》：「上謂房玄齡曰：『官在得人，不在員多。』命玄齡並省，留文武總六百四十三員。」

【官止神行】

官：感覺器官；神：精神。耳目聽視似已停止，而精神仍在運行。指對某種事物有透徹的了解或技藝純熟，得心應手。《莊子・養生主》：「方今之時。臣以神遇而不以目視，官知止而神欲行。」金・元好問《愚軒爲趙宜之賦》：「先生眞是有道者，老境一愚聊自送。五官止廢而神行，就令有眼將無用。」

【棺材當馬槽——用材不當】

多比喻對人的安排使用不恰當，不合適。例不怪小岳不安心工作，棺材當馬槽——用材不當，怎能發揮其所長呢？也作「沉香木當柴燒——用材不當」。

【棺材店老板咬牙——恨人不死】

比喻對人仇恨到了極點。例你對他就像棺材店老板咬牙——恨人不死，這究竟爲什麼？據我所知，他對你是友好的。

【棺材橫頭踢一腳——死人肚裏自得知】

橫頭：指頂端。比喻某種隱秘，對方自己心裏明白，不用別人點出。例你是不是幹了虧心事，棺材橫頭踢一腳——死人肚裏自得知，還用我們來挑明嗎？也作「棺材前點燈——死鬼心明白」。

【棺材裏插棍子——攪死人】

比喻攪擾得人難以忍受。例整天敲鑼打鼓，眞是棺材裏插棍子——攪死人了。也作「墳頭上捅桿子——攪死人」。

【棺材裏打粉——死要臉】

打粉：搽粉。比喻人虛榮心强，極愛面子。例不要棺材裏打粉——死要臉，不敢承認錯誤。

【棺材裏打鑼——吵死人】

指吵鬧得很厲害。例這裏好似棺材裏打鑼——吵死人，哪像一個清靜的教堂。也作「棺材裏打鑼——鬧死人」。

【棺材裏打鑼鼓——鬧鬼】

雙關語，比喻碰上倒楣事，或發生了稀奇古怪的事情。例門鎖著，怎麼東西不見了，莫非是棺材裏打鑼鼓——鬧鬼？也作「亂墳崗上唱戲——鬧鬼」。

【棺材裏的老鼠——吃死人】

比喻貪心或心毒。例舊社會的鄉長，對老百姓敲骨吸髓。老百姓罵他們是棺材裏的老鼠——吃死人。

【棺材裏的蛇——吃人心肝】

比喻惡人非常狠毒。例這夥匪徒就像棺材裏的蛇——吃人心肝。他們在村裏燒、殺、淫、掠，無所不爲。

【棺材裏伸出頭——死不要臉】

比喻不知羞恥。例他是棺材裏伸出頭——死不要臉，對公家的財物，不是公開拿，便是暗地偷。

【棺材裏伸手——死要錢】

伸手：指向人要錢。比喻財迷心竅，極爲貪婪。例請市場管理員評評，這種三等品的爛黃瓜，就要六十塊錢一斤，是不是棺材裏伸手——死要錢？也作「棺材裏打算盤——死要錢」。

【棺材舖打牙祭——要人死】

打牙祭：〈方〉舊時商店老板每月初一、十五給店員加葷菜。比喻事情非常嚴重、緊迫，可能出現極壞的後果。例礦山坑道出現了險情，如不採取緊急措施，就可能棺材舖打牙祭——要人死！

【棺材舖偷工減料——坑死人】

比喻用狡詐狠毒的手段坑害人。例王大嬸在市場買回的肉粽，裏面包的竟是豆腐乾，簡直是棺材舖偷工減料——坑死人。也作「紙糊的棺材——坑死人」。

【棺材前點燈——死鬼心明白】

見「棺材橫頭踢一腳——死人肚裏自得知」。

【棺材上打扮——美死人】

美：稱心，滿意。形容非常稱心或很滿意。例今天的晚會，名演員薈萃，精彩節目紛呈，眞是棺材上打扮——美死人了。

【棺材上釘楔子——釘死哩】

楔子：插在木器的榫子縫裏的木片，可以使接榫的地方不活動。比喻主意或決定不能改變。例除非事實證明已經錯了，否則，這個決定是棺材上釘楔子——釘死哩。

【棺材頭邊無咒死鬼】

比喻人不會被咒罵死。淸・王有光《吳下諺聯》卷二：「闕以私怨殺忠臣孝子，神人共怒，天地不容，國法雖逃，冥誅必速，此固不待咒而死者也。今世此等事甚多，禍福唯人自招耳。愚夫愚婦，疑神猜鬼，故諺揭之曰：『棺材頭邊無咒死鬼。』」

【棺材頭上放炮仗——嚇死人】

炮仗：爆竹。比喻驚怕到了極點。例在鬧地震的那些日子裏，稍有響動，人們便驚惶失措，眞是棺材頭上放炮仗——嚇死人啦。也作「**老虎進棺材——嚇死人**」。

【冠帶家私】

冠帶：帽子和束帶，官服的代稱，借指官爵；家私：家業財產。指官爵和財產。《紅樓夢》三三回：「今日再有人來勸我，我把這冠帶家私一應就交與他和寶玉過去。」

【冠帶之國】

冠帶：頂冠束帶。指講究禮儀的國家。《韓非子・有度》：「兵四布於天下，威行冠帶之國。」《漢書・賈捐之傳》：「臣愚以爲非冠帶之國。」

【冠蓋如市】

見「冠蓋如雲」。

【冠蓋如雲】

冠：禮帽；蓋：車篷；冠蓋：官吏的服飾和車乘，泛指官吏。形容許多官員、士紳集會的盛況。漢・班固《西都賦》：「英俊之域，紱冕所興；冠蓋如雲，七相五公。」也作「**冠蓋如市**」。例今天晚上的生日舞會，冠蓋如市，你可得注意自己的穿著打扮與談吐，別和別人相差太多。也作「**冠蓋雲集**」。

【冠蓋往來】

見「冠蓋相望」。

【冠蓋相望】

形容官吏或使者來往不斷。《戰國策・魏策四》：「齊楚約而欲攻魏，魏使人求救於秦，冠蓋相望，秦救不出。」也作「**冠蓋相屬**」。《史記・平準書》：「遣使冠蓋相屬於道，護之，下巴蜀粟以振之。」也作「**冠蓋往來**」。《好逑傳》一四回：「長安城中，乃冠蓋往來之地。」

【冠蓋相屬】

見「冠蓋相望」。

【冠蓋雲集】

見「冠蓋如雲」。

【冠履倒易】

見「冠履倒置」。

【冠履倒置】

冠：帽子；履：鞋子。帽子穿在腳上，鞋子戴在頭上。比喻上下顚倒。《醒世姻緣傳》一〇回：「難道就大小易位，冠履倒置？」也作「**冠履倒易**」。《後漢書・楊賜傳》：「冠履倒易，陵谷代處。」

【冠冕堂皇】

冠冕：古代帝王、官吏戴的禮帽，引申爲體面；堂皇：氣派盛大。形容表面莊嚴體面、光明正大的樣子。《兒女英雄傳》二二回：「他們如果空空洞洞，心裏沒這樁事，便該合我家常瑣屑無所不談，怎麼倒一派的冠冕堂皇，甚至連『安驥』兩個字都不肯提在話下？」

【冠袍帶履】

禮帽、袍子、腰帶、鞋子。舊指帝王、貴族上朝或聚會時穿的服裝。《紅樓夢》七八回：「兩個人手裏都有東西，倒像擺執事的，一個捧著文房四寶，一個捧著冠袍帶履，成個什麼樣子。」

【冠上加冠】

帽子頂上加帽子。比喻不恰當的、多餘的行動。清・趙翼《陔餘叢考・成語》：「冠上加冠，陳軫說楚令尹昭陽之言。」

【冠上履下】

帽子戴在頭上，鞋子穿在腳上。比喻上下分明，尊卑有別。《史記・儒林列傳》：「冠雖敝，必加於首，履雖新，必關於足。何者，上下分也。」

【冠雖穿弊，必戴於頭；履雖五彩，必踐之於地】

見「冠至敝不可棄之於足，履雖新不可加之於首」。

【冠雖故必加於首，履雖新必關於足】

見「冠至敝不可棄之於足，履雖新不可加之於首」。

【冠至敝不可棄之於足，履雖新不可加之於首】

冠：帽子；敝：破舊；履：鞋子。帽子破了不能穿在腳上，鞋子雖是新的不能戴在頭上。比喻社會等級森嚴，不能顚倒。元・無名氏《梧桐葉》一折：「有一女子李雲英，乃李林甫孫女，被軍中所擄。她說原有夫主。老夫收留在家，夫人每每勸我納爲侍妾。老夫想來冠至敝不可棄之於足，履雖新不可加之於首，此女相門之家，納之爲妾，此心安忍？」也作「**冠雖故必加於首，履雖新必關於足**」。漢・劉向《說苑・說叢》：「冠雖故必加於首，履雖新必關於足。上下有分，不可相倍。」倍：違背。也作「**冠雖穿弊，必戴於頭；履雖五彩，必踐之於地**」。弊：敗壞。《韓非子・外儲說左下》：「費仲說紂曰：『西伯昌賢，百姓悅之，諸侯附焉，不可不誅，不誅必爲殷患。』紂曰：『子言義主，何可誅？』費仲曰：『冠雖穿弊，必戴於頭，履雖五彩，必踐之於地。今西伯昌人臣也，修義而人向之，卒爲天下患。』」

【矜寡孤獨】

見「鰥寡孤獨」。

【鰥寡孤獨】

泛指沒有勞動力而又無依無靠的人。《孟子・梁惠王下》：「老而無妻曰鰥，老而無夫曰寡，老而無子曰獨，幼而無父曰孤：此四者，天下窮民而無告者。」唐・韓愈《原道》：「明先王之道以道之，鰥寡孤獨廢疾者有養也。」也作「**矜寡孤獨**」。矜：同「鰥」。《禮記・禮運》：「使老有所終，壯有所用，幼有所長，矜寡孤獨廢疾者皆有所養。」

ㄍㄨㄢˇ

【管鮑分金】
管、鮑：管仲和鮑叔，戰國時齊國的名臣；金：錢財。比喻朋友情誼篤厚，能知心相契。《列子・力命》：「管仲嘗嘆曰：『吾少窮困時，嘗與鮑叔賈，分財多自與，鮑叔不以我為貪，知我貧也。』」《西遊記》八一回：「寧學管鮑分金，休仿孫龐鬥智。」
【管鮑之好】
見「管鮑之交」。
【管鮑之交】
春秋戰國時，齊人管仲和鮑叔牙相知最深。比喻交誼深厚的朋友。《列子・力命》：「管仲嘗漢曰：『……生我者父母，知我者鮑叔也。』此世稱管鮑善交者。」明・陳汝元《金蓮記・詩案》：「前與蘇子瞻山河訂誓，本為管鮑之交，各位相傾，頓起孫龐之隙。」也作「管鮑之誼」。《歧路燈》七〇回：「異姓相交，尚有管、鮑之誼；同母而乳，豈乏祥、覽之情。」也作「管鮑之好」。
【管鮑之誼】
見「管鮑之交」。
【管城毛穎】
管城、毛穎：均為毛筆的代稱。《宣和畫譜・墨竹》：「[趙頵]平居之時無所嗜好，獨左右圖書與管城毛穎相周旋。」
【管急弦繁】
管：吹奏的樂器；弦：弦樂器。形容樂曲演奏節拍急促，音色繁複。唐・白居易《聽歌六絕句・樂世》：「管急弦繁拍漸稠，綠腰婉轉曲終頭。」
【管家婆的雞蛋——有數】
見「吃了算盤珠——心中有數」。
【管間窺豹】
見「管中窺豹」。
【管見所及】
管：竹管；及：達到。從管子中看東西，範圍極有限。比喻見識狹窄或見解膚淺。多用作謙詞。《晉書・陸雲傳》：「苟有管見，敢不盡規。」
【管窺筐舉】
比喻孤陋寡聞，見識狹窄片面。《三國志・蜀書・郤正傳》：「夫人心不同，實若其面，子雖光麗，既美且艷，管窺筐舉，守厥所見，未可以言八紘之形埒，信萬事之精練也。」
【管窺蠡測】
蠡：貝殼做的瓢；測：測量。從竹管裏看天，用瓢測量海水。比喻對事物的觀察和了解很片面。《漢書・東方朔傳》：「以管窺天，以蠡測海。」《紅樓夢》三六回：「我昨兒晚上的話，竟說錯了，怪不得老爺說我是『管窺蠡測！』」
【管窺蛙見】
見「管窺之見」。
【管窺之見】
窺：從小孔、縫隙裏看。比喻所見極有限，不夠高明。多用作孤陋寡聞、見識膚淺的謙辭。《魏書・魏收傳》：「抑恃皇造宿眷之隆，敢陳愚昧管窺之見。」也作「管窺蛙見」。蛙見：井蛙之見。清・李漁《閒情偶寄・音律》：「文字之難，未有過於填詞者。予童而習之，於今老矣，尚未窺見一斑，只以管窺蛙見之識，謬語同心。」
【管寧割席】
管寧：漢末人，曾與華歆同蓆讀書。管寧把蓆割開與華歆分坐。比喻朋友斷交。南朝宋・劉義慶《世說新語・德行》：「又嘗同蓆讀書，有乘軒冕過門者，寧讀如故，歆廢書出看，寧割席分坐曰：『子非吾友也。』」
【管三軍不吃淡飯】
淡飯：簡單的飯菜。掌管軍權的人不吃普通的伙食。比喻舊時軍官克扣軍餉，魚肉士兵。明・無名氏《贈書記》二〇回：「叫軍士們你可在軍中取些酒餚，從我到各山打獵。打得野獸的賞酒，打不著的罰一日兵糧入官。自古道：『管三軍不吃淡飯。』你們不可延挨，就此起兵前去。」
【管山吃山，管水吃水】
幹什麼就靠什麼為生。《三寶太監西洋記》一九回：「女將軍道：『莫說你只是爪哇國的都招討，饒你就是爪哇國的國王，也要他三千兩黃金買路。』咬海幹說道：『你可是當眞麼？』女將軍道：『管山吃山，管水吃水，怎麼不是眞的？』」
【管勺的管不了燒火的】
管勺的：指廚師。比喻各有專職。例「管勺的管不了燒火的」，各人有各人的責任，你何必多管閒事？
【管誰筋疼】
與他人不相干，不關他人疼癢。《紅樓夢》二七回：「墜兒道：『聽見了，管誰筋疼！各人幹各人的就完了。』」
【管閒事，落不是】
愛管閒事，往往遭人抱怨。例「管閒事，落不是。」這話不一定對，看你管什麼樣的「閒事」。如果對公眾有益，管一管也無可厚非。
【管中窺豹】
比喻了解片面。《晉書・王獻之傳》：「門生曰：『此郎亦管中窺豹，時見一斑。』」有時同「可見一斑」連用，比喻從觀察到的部分可以推測到全體。魯迅《有趣的消息》：「陶孟和教授要發表一部著作，內容如何……幸而在《現代評論增刊》上提前發表了幾節，所以我們竟還能『管中窺豹』似的，略見這一部新書的大概。」也作「管間窺豹」。宋・呂南公《與汪秘校論文書》：「張衡、左思等輩，於道如從管間窺豹，故所作文賦，緊持揚[雄]、[司]馬[相如]襟袖。」
【管中窺天】
從管子裏看天。比喻見聞狹窄，看問題很片面。《史記・梁孝王世家》：「不通經術知古今之大禮，不可以為三公及左右近臣。少見之人，如從管中窺天也。」

ㄍㄨㄢˋ

【冠雞佩猳】
雞：公雞；佩：佩帶；猳：ㄐㄧㄚ，公豬。戴公雞形的帽子，佩帶公豬形的飾物。古代好勇者的服飾裝束。《史記・仲尼弟子列傳》：「子路性鄙，好勇力，志伉直，冠雄雞，佩猳豚。」

【冠絕當時】
見「冠絕一時」。

【冠絕古今】
見「冠絕一時」。

【冠絕時輩】
見「冠絕一時」。

【冠絕一時】
冠絕：遠遠超過，位居第一。形容在某一時期內遠遠超出同輩，首屈一指。北魏・楊衒之《洛陽伽藍記・景樂寺》：「雕刻巧妙，冠絕一時。」也作「**冠絕當時**」。《宋書・顏延之傳》：「[延之]好讀書，無所不覽；文章之美，冠絕當時。」也作「**冠絕時輩**」。《晉書・劉琨傳》：「時征虜將軍石崇河南金谷澗中有別廬，冠絕時輩，引致賓客，日以賦詩。」也作「**冠絕古今**」。宋・周密《武林舊事》卷一：「壽皇（宋孝宗）聖孝，冠絕古今。」

【冠前絕後】
冠：居第一位；絕：獨一無二。居前代之首，又卓絕於後世。指事業、功績、成就等優異卓絕。明・沈德符《萬曆野獲編・癸未丙戌會元》：「[王太倉]自謂此錄冠前絕後，乃子必驚賞無疑。」

【冠山戴粒】
冠山：頭上戴著蓬萊山，比喻大；戴粒：頭上戴著一粒穀米，比喻小。比喻兩者的大小雖不相同，但都各適合其需要。《藝文類聚》卷九七引《符子》：「東海有鰲焉，冠蓬萊而游於滄海……有紅蟻者聞而悅，與羣蟻相要乎海畔，欲觀鰲之行……數日風止，海中隱淪如岊，其高概天，或游而西。羣蟻曰：『彼之冠山，何異乎我之戴粒也。』」

【貫穿馳騁】
貫穿：通達，連貫；馳騁：奔馳，這裏指開懷、自由。對互相有聯繫的事物能融會貫通地理解並能自由地思考。宋・曾鞏《與孫司封書》：「宗旦喜學《易》，所爲注，有可採者，家不能有書，而人或質問以《易》，則貫穿馳騁至數十家，皆能言其意。」也作「**貫通融會**」。宋・袁燮《絜齋集・象山先生文集序》：「此心此理，貫通融會，美在其中，不勞外索。」

【貫穿今古】
把當代與古代連貫、穿通起來。唐・白居易《與元九書》：「杜詩最多，可傳者千餘首，至於貫穿今古，覼縷格律，盡工盡善，又過於李。」

【貫虱之技】
射穿虱心之技能。指全神貫注於某一事物，從而達到造詣極深的妙境。《列子・湯問》：「紀昌者，又學射於飛衛。飛衛曰：『爾先學不瞬，而後可言射矣。』……飛衛曰：『未也，必學視而後可。視小如大，視微如著，而後告我。』昌以氂懸虱於牖，南面而望之，旬日之間，浸大也；三年之後，如車輪焉。以睹餘物，皆丘山也。乃以燕角之弧，朔蓬之簳射之，貫虱之心，而懸不絕。」後以「貫虱之技」比喻高超的技能。

【貫通融會】
見「貫穿馳騁」。

【貫朽粟腐】
貫：舊時穿錢的繩子，即錢串；粟：穀子，舊時泛指穀類。錢串朽斷，糧食腐爛。形容財貨充盈，十分富有。宋・陸九淵《問漢文武治》：「武帝之爲君，固英明之君也。然其質不能不偏於剛。故其承文帝富庶之後，貫朽粟腐，憤然欲犁匈奴之庭，以刷前世恥。」也作「**貫朽粟紅**」。紅：腐爛變紅。《金瓶梅詞話》一回：「貫朽粟紅，是皮囊內裝不盡的臭汗糞土。」

【貫朽粟紅】
見「貫朽粟腐」。

【貫頤奮戟】
頤：ㄧˊ，下巴；戟：ㄐㄧˇ，古代兵器。謂兩手捧頤而直入敵陣。指勇猛奮戰。《史記・張儀列傳》：「秦帶甲百餘萬，車千乘，騎萬匹，虎賁之士跿跔科頭貫頤奮戟者，至不可勝計。」

【貫魚承寵】
指宮中女官依次受到寵愛。《隋唐演義》一回：「一時龔、孔二貴嬪，王、李二美人，張、薛二淑媛，袁昭儀、何婕妤、汪修容，並得貫魚承寵。」

【貫魚成次】
像成串的魚一樣一個接一個。形容有次序、不紊亂。《晉書・劉毅傳》：「本立格之體，將謂人倫有序，若貫魚成次也。」

【摜紗帽】
摜：扔、摔掉；紗帽：烏紗帽，古時官吏所戴的帽子。比喻當官的人因氣憤或不滿在上位者而辭職不幹。例別怕他摜紗帽，他這是有意要脅。他摜過幾次紗帽了？還不是摜一次升一次？

【慣騎馬的慣跌跤，河裏淹死是會水的】
比喻某一行業的熟手往往因爲疏忽、大意而招災致禍。《三俠五義》八八回：「俗語說的好：『慣騎馬的慣跌跤，河裏淹死是會水的。』焉知他不是藝高人膽大，陰溝裏會翻船，也是有的。可憐一世英名，卻在此處傾生。」也作「**馬上摔死英雄漢，河中淹死會水人**」。

【慣作非爲】
經常做壞事。《舊五代史・張瓘傳》：「汝車渡村百姓劉開道下賊慣作非爲，今須改行，若故態不除，死無日矣。」

【灌頂醍醐】
灌頂：佛教儀式，弟子入門須經本師用醍醐或水澆灌頭頂；醍醐：從牛奶中提煉出來的精華。佛家以醍醐灌人之頂，喻灌入智慧，使人頭腦清醒。指能使人舒暢的事物。清・趙翼《甌北詩鈔・贈性海上人》：「參寥戒爲狂來破，蘇晉禪須醉後逃。灌頂醍醐原佛誦，未妨世眼笑酕醄。」

【灌夫罵坐】
灌夫：西漢著名將領，爲人剛直不阿，因在酒宴上罵丞相田蚡，被族誅。形容爲人鯁直敢言。明・陳汝元《金蓮記・郊遇》：「推門看竹，何妨王子乘輿，索酒指瓶，便仿灌夫罵坐。」

【灌瓜之義】
指以德報怨，不因細故而交惡。漢・劉向《新序・雜事》記載：「春秋時，梁大夫宋就爲邊縣令，與楚鄰界。梁楚邊界皆種瓜，梁人勤灌，其瓜美，楚人稀灌，其瓜惡。楚人怨梁，趁夜毀梁瓜。梁人欲報之，宋就不許，反令梁人暗助楚人灌瓜，楚瓜亦美。楚人知之，上聞楚王，遂使梁楚交好。」《周書・杜杲傳》：「陳國息爭桑之心，本朝弘灌瓜之義，張旃拭玉，修好如初，共爲掎角，以取齊氏。」

【灌馬尿】
比喻喝酒。例你又上哪兒灌馬尿去了？瞧你七顛八倒這副熊樣。也作「灌貓尿」、「灌黃湯」。

【灌米湯】
比喻說好聽的話奉承人、拍馬屁。例你用不著給我灌米湯，我不吃你這一套。

【灌油的漏斗——沒底】
比喻心中無數，摸不清底細。例說老實話，儘管我隊的基本技術好，衝勁又足，到底能不能戰勝對方，我心裏還是灌油的漏斗——沒底。

【罐裏逮王八——沒跑】
王八：烏龜或鱉的俗稱。見「斷了腿的青蛙——跑不了」。

【罐裏養王八——越養越活】
比喻人的氣焰越來越囂張。例近來，那些人好比罐裏養王八——越養越活了，爲了保障市民的生活，相關部門應該狠狠打擊他們。

【罐子裏栽花——活不長】
雙關語，比喻壽命不長。例小梁體弱多病，大家擔心她罐子裏栽花——活不長。也作「罐子裏栽花——活不久」、「旱地的魚蝦——活不長」、「離枝的鮮花——活不長」、「沙灘上的鱔魚——活不長」、「開了花的竹子——活不長」、「草拔了根——活不長遠」。

【盥耳山棲】
盥：洗；棲：ㄑㄧ，居住，停留。傳說古代許由不接受帝堯的封讓，避至箕山下農耕，在潁水邊洗耳，以免受污。後以「盥耳山棲」比喻隱居不仕。《後漢書・崔駰傳》：「故士或掩目而淵潛，或盥耳而山棲。」

ㄍㄨㄣˇ

【袞袞羣公】
見「袞袞諸公」。

【袞袞諸公】
袞袞：接連不絕。唐・杜甫《醉時歌》：「諸公袞袞登台省，廣文先生官獨冷。」後指身居高位而無所作爲的官僚，語帶揶揄。宋・廖行之《鳳棲梧・壽外舅》詞：「袞袞諸公名又利，誰似高標，擺卻人間事。」也作「袞袞羣公」。清・丘逢甲《讀史書感》詩：「袞袞羣公翊廟謨，匡時偉略未全無。」

【滾刀肉】
在刀下滾動不易切碎的肉。①比喻反應遲鈍，行動不俐落。例電影就要開演了，你還這麼慢吞吞的，難怪人說你是滾刀肉。②比喻不好對付、讓人頭痛的人。例碰上這塊滾刀肉，有你勞神的，這人難對付得很。

【滾瓜爛熟】
滾圓的瓜熟透了。形容誦讀或背誦時十分流利。《官場現形記》一回：「下過十三場沒有中舉，一部《仁在堂文稿》他卻是滾瓜爛熟記在肚裏。」也作「滾瓜溜油」。清・蒲松齡《東郭外傳》：「做的有枝有葉，念的滾瓜溜油。」

【滾瓜溜油】
見「滾瓜爛熟」。

【滾芥投針】
芥：芥菜籽。把菜籽滾進針眼裏。比喻事情很不容易。《封神演義》一五回：「修行雖是滾芥投針，望老爺大發慈悲，指迷歸覺，弟子情願在山苦行，必不敢貪戀紅塵。」

【滾水鍋裏煮棉花——熟套子】
比喻聽慣、聽厭的話。例他的報告就是滾水鍋裏煮棉花——熟套子，沒有什麼新意，誰也不願聽。

【滾水潑老鼠】
見「滾湯潑老鼠，一窩兒都死」。

【滾水燙菩薩——格外醒神】
菩薩：泛指佛和某些神。雙關語，比喻特別使精神興奮。例你如果喜歡夜間寫作，喝上一杯濃茶，那眞是滾水燙菩薩——格外醒神。

【滾水煮飯焦——你不靠我，我不靠你】
飯焦：鍋巴。比喻團結不起來。例這個班子是滾水煮飯焦——你不靠我，我不靠你，湊和不到一起，只好重新組建。

【滾湯裏的蔥花——華而（花兒）不實】
蔥花：切碎用來調味的蔥；華而：

「花兒」的諧音。名為蔥花，實際上並無「花」形。形容外表好看，內裏空虛。例他好大喜功，盡做滾湯裏的蔥花——華而（花兒）不實的事，引起羣衆紛紛議論。

【滾湯潑老鼠，一窩兒都是死】

全都得死，一個也逃不了。明・無名氏《認金梳》三折：「［淨云］我兒也，你也欺負我，你還不知道我是什麼人哩！他有一日朝廷知道您將我這等苦打的呵，還曉的那滾湯潑老鼠，我看你一窩兒都死。」也作「**滾湯潑老鼠，一窩兒都走不脫**」。例若是讓那些搶匪進入民宅，他們除了搜括財物之外，通常會讓在場之人滾湯潑老鼠，一窩子都走不脫。也作「**滾水潑老鼠**」。《儒林外史》五〇回：「莫怪我說，老先生的事，只怕也就是滾水潑老鼠了。」

【滾湯潑老鼠，一窩兒都走不脫】

見「滾湯潑老鼠，一窩兒都是死」。

【滾湯潑老鼠——有皮無毛】

滾湯：煮沸的水；有皮無毛：沒有皮毛。形容遭到嚴重災禍或損害。含有出生入死，難以倖免的意思。例大春太不幸了，連續的打擊，使他像滾湯潑老鼠——有皮無毛，恐怕性命也難保了。

【滾油鍋裏添冷水——炸了】

比喻羣情激昂。例他的話音剛落，會場上立刻像滾油鍋裏添冷水——炸了。有贊同的，也有反對的；有歡呼的，也有嘆氣的。也作「**滾油鍋裏添冷水——炸起來了**」、「**滾油鍋裏添了瓢涼水——炸了**」、「**滾油鍋裏撒把鹽——炸開了**」、「**冷水澆進了熱油鍋——炸了鍋了**」、「**燒紅了的鍋裏倒涼水——炸了**」、「**一鍋滾油倒上了涼豆子——霹哩啪啦地爆起來**」。

【滾珠子腦袋——靈活得很】

滾珠子：滾珠。比喻思想或行動敏捷，善於隨機應變。例他有一個滾珠子腦袋——靈活得很，可以應付各種複雜局面。

【鯀殛禹興】

鯀、禹：古人名；殛：ㄐㄧˊ，殺死。上古時洪水氾濫，舜帝命鯀治水，九年不成，舜殺之於羽山。繼又命鯀的兒子禹治水，禹三過家門不入，水患平。舜即把帝位讓給了禹。比喻用人唯賢。《左傳・襄公二十一年》：「鯀殛而禹興，伊尹放大甲而相之，卒無怨色。」

ㄍㄨㄤ

【光膀子打架——赤膊上陣】

不穿鎧甲出陣交戰。①形容勇敢、拼命廝殺。例軍人踴躍地開赴前線，儘管缺乏槍枝彈藥，光膀子打架——赤膊上陣，同侵略者展開了你死我活的拼鬥。②指不講策略、不顧一切地蠻幹。例這小子有勇無謀，明知敵強我弱，仍想光膀子打架——赤膊上陣，在同伴的勸阻下，才避免了無謂的犧牲。

【光彩奪目】

奪目：耀眼。色澤鮮艷耀眼，引人注目。《醒世恆言》一三：「不消幾日，繡就長幡，用根竹竿叉起，果然是光彩奪目。」也作「**光彩溢目**」。南朝宋・劉義慶《世說新語・汰侈》：「乃命左右悉取珊瑚樹，有三尺四尺，條幹絕世，光彩溢目者六七枚。」也作「**光彩射目**」。《太平廣記》二三六引《拾遺錄》：「錯雜寶以飾台榭，懸明珠于梁棟間，光彩射目，晝視如星，夜望如月。」也作「**光彩耀目**」。晉・葛洪《神仙傳》：「衣有文彩，又非錦綺，光彩耀目，不可名狀。」

【光彩射目】

見「光彩奪目」。

【光彩耀目】

見「光彩奪目」。

【光彩溢目】

見「光彩奪目」。

【光吃餃子不拜年——裝傻】

比喻心裏明白，表面上裝糊塗。例這些活兒都是你的，別光吃餃子不拜年——裝傻，今天不完成，不准下班。

【光打雷不下雨——虛鬧一場】

虛：空，白白地。比喻白費勁，沒有成效或結果。例我們勞師動衆，修建了水庫，卻因無水源而報廢，眞是光打雷不下雨——虛鬧一場。

【光風霽月】

光風：雨後涼爽的風；霽：ㄐㄧˋ，雨雪初停。雨過天晴，風清月朗。①比喻太平盛世。宋・陳亮《賀周丞相啓》：「長江大河，足以流轉墨客；光風霽月，足以盪漾英雄。」②比喻胸襟闊大，心地無私。宋・黃庭堅《濂溪詩序》：「舂陵周茂叔，人品甚高，胸中灑落如光風霽月。」

【光復舊物】

收復失去的國土，恢復原來的典章制度。宋・辛棄疾《美芹十論・自治》：「臣願陛下姑以光復舊物而自期，不以六朝之勢而自卑。」也作「**光膺舊物**」。膺：承受。《剪燈餘話・青城舞劍錄》：「上以紓君父之急，下以盡臣子之心，克復神州，光膺舊物，然後奉身而退。」

【光桿司令】

①比喻沒有士兵的軍官。例他現在成了名副其實的光桿司令了。②比喻失去羣衆支持的領導。例他再也不是一呼百應的帶頭人，而成了踽踽獨行的光桿司令。

【光鼓槌子打不響】

只有鼓槌，沒有鼓，打不出響來。比喻缺乏必要的條件，事情辦不好。例主要零件沒有運來，光憑一股子幹勁怎能把機器裝起來。「光鼓槌子打不響」。咱們還是等等吧。

【光刮風不下雨——乾吹】

比喻白誇口。例你在這裏光刮風不下雨——乾吹些什麼，連你自己也不會相信，你所謂的計畫是能夠兌現的。

【光怪陸離】

光怪：光線奇特；陸離：色彩紛繁。形容顏色駁雜，形象奇異。《二十年目睹之怪現狀》七九回：「那洋貨店自歸了他之後，他便把門面裝潢得金碧輝煌，把那些光怪陸離的洋貨，羅列在外。」也作「光陸離」。宋・歐陽修《答聖俞》詩：「況出新詩數十首，璣珠大小光陸離。」

【光光蕩蕩】

形容空淨無物。元・張國賓《合汗衫》三折：「可憐見俺許來大傢俬，被一場天火燒得光光蕩蕩。」

【光光筷子吃涼粉——滑頭對滑頭】

比喻狡猾的人對付狡猾的人。例這回「小孔明」與「二諸葛」較上勁了，光光筷子吃涼粉——滑頭對滑頭，看誰能占上風？也作「鱔魚遇見泥鰍——滑頭對滑頭」。

【光棍兒搬家——省事】

比喻不費力氣。例根據秦師傅建議，去掉幾道不必要的工序，結果是光棍兒搬家——省事多了，這項工程肯定要提前完成。

【光棍不吃眼前虧】

指聰明人在形勢不利的時候暫時忍讓，以後再想對付的辦法。例如果你是聰明人，現在就趕快和老劉道個歉，所謂光棍不吃眼前虧，得罪了他這個老闆面前的紅人，對我們只有壞處。也作「光棍不吃眼下虧」、「好漢不吃眼下虧」。

【光棍不吃眼下虧】

見「光棍不吃眼前虧」。

【光棍的脖子是拴馬的樁】

比喻硬漢子是不會輕易低頭的。《施公案》一六六回：「公差回頭一看是熟人，連忙說：『張爺，暫且屈卑屈卑。』那人說：『王頭兒，你眞正瞧不起人，光棍的脖子是拴馬的樁。』公差掏出鎖來，往脖子上一套，拉著奔州衙門不表。」

【光棍肚裏有把秤】

比喻聰明人心中有數。例你別把他當成好欺騙之人，事實上，他是光棍肚裏有把秤，心中自然知道怎麼做。

【光棍漢】

沒有妻子的成年男人。例老莊過慣了光棍漢自由自在的生活，成家之後，開始還有些不習慣。

【光棍夢見娶媳婦——淨想好事】

光棍：單身漢。比喻光想好事，到頭來不能實現。例你們的計畫很宏偉，依我看來，未免有點光棍夢見娶媳婦——淨想好事。

【光棍兒種地——自食其力】

比喻靠自己的勞力維持生活。例光棍兒種地——自食其力。我們可以一面上學，一面打工，既繼續了學業，又維持了生活，豈不兩全其美。

【光輝燦爛】

色彩鮮明耀眼。《三國演義》七一回：「分爲五隊，每隊五千，按青、黃、赤、白、黑五色，旗幡甲馬，並依本色，光輝燦爛，極其雄壯。」比喻事業前景樂觀。也作「光明燦爛」。清・秋瑾《〈中國女報〉發刊詞》：「使我中國女界中放一光明燦爛之異彩。」

【光腳板進蒺藜窩——一路挨扎】

光腳板：赤腳；蒺藜：一年生草本植物，開黃色小花，果皮有尖刺。比喻沿途處處遭到打擊。例敵人進入我軍埋伏圈，就好像光腳板進蒺藜窩——一路挨扎，只好掉頭逃竄。

【光腳的不怕穿鞋的】

窮人不怕富人。老舍《四世同堂・惶惑》七：「咱們走著瞧，光腳的還怕穿鞋的嗎？」也作「光着腳不怕穿靴的漢」。例你別以爲你家有錢就可以恣意妄爲，我們可是光腳的不怕穿鞋的，根本不把你放在眼裏。

【光腳丫進冰窖——涼到底】

比喻灰心、失望到了極點。例她得到母親去世的消息，就像光腳丫進冰窖——涼到底了。也作「熱油糕扔進冰箱裏——涼透啦」、「十二月裏吃了冰水——從頭涼到腳跟」、「額頭上倒冰水——從頭涼到腳」。

【光腳丫子走刺蓬——小心在意】

刺蓬：長滿刺的草叢或樹叢。指做事謹愼，處處留意。例母親叮嚀兒子說：「你出門在外，人生地不熟，對人對事都要光腳丫子走刺蓬——小心在意呀！」也作「近視眼過獨木橋——小心在意」。

【光腳丫走進蒺藜窩——進退兩難】

比喻既不能進，又不能退，陷入困難境地。例現在，敵人正是光腳丫走進蒺藜窩——進退兩難的時候，我們可以發動政治思想攻勢，勸其投降。也作「老母豬鑽籬笆——進退兩難」、「老母豬上夾道——進退兩難」、「光腳放在蒺藜窩——進退兩難」、「母狼鑽籬笆——進退兩難」、「前有虎後有狼——進退兩難」、「沙灘行船——進退兩難」、「腳踏兩只船——進退兩難」、「騍豬鑽籬笆——進退兩難」。

【光景無多】

光景：指時光。好日子已經不多了。指人活不長久。明・高濂《陳情記》二：「祖母年將九十，光景無多，須索孝隆三省，無替親心。」

【光可鑑人】

光亮得能照出人來。多形容女子的頭髮烏黑、亮澤或人的姿容艷麗動人。明・葉小鸞《返生香・擬連珠・髮》：「蓋聞光可鑑人，諒非蘭膏所澤。」也作「光麗照人」。明・沈德符《萬曆野獲編・守土吏狎妓》：「劉素有艷稱，對簿日呼之上，諦視之，果光麗照人。」也作「光映照人」。南朝宋・劉義慶《世說新語・容止》：「裴令公有俊容儀……時人以爲玉人。見者曰：『見裴叔則如玉山上行，光映照人。』」

【光麗照人】

見「光可鑑人」。

【光陸離】

見「光怪陸離」。

【光芒四射】

見「光焰萬丈」。

【光芒萬丈】

見「光焰萬丈」。

【光門耀祖】

見「光宗耀戶」。

【光明燦爛】

見「光輝燦爛」。

【光明磊落】

形容胸懷坦白，正直無私。明・王夫之《讀通鑑論・漢高帝》：「其忘身以伸志也，光明磊落，坦然直剖心臆於雄猜天子之前。」

【光明正大】

形容心地坦白，公正無私。明・李贄《焚書・答友人書》：「然使其復見光明正大之夫，言行相顧之士，怒又不知向何處去，喜又不知從何處來矣。」

【光腦殼上的虱子——明擺著】

見「禿子頭上的虱子——明擺著」。

【光屁股穿圍裙——顧前不顧後】

①比喻做事莽撞，不顧及效果或後果。例你這樣對抗羣衆，光屁股穿圍裙——顧前不顧後，其結果是可想而知的。②比喻考慮問題不周到，無法或不能全面照顧。例你這種做法，只照顧了部分人的利益，而忽略了多數人的利益，光屁股穿圍裙——顧前不顧後，是很不明智的。或比喻只圖眼前利益，不從長遠考慮。例豐收了，不能分光吃光，要注意累積資金，擴大再生產，光屁股穿圍裙——顧前不顧後，倒楣的卻是我們自己。也作「光腚繫圍裙——顧前不顧後」、「汽車頭上的大眼睛——顧前不顧後」、「蛇鑽窟窿——顧前不顧後」、「貪吃不留種——顧前不顧後」。

【光屁股打燈籠——自己獻醜】

比喻自己顯示自己的醜陋。例這又怪誰呢？光屁股打燈籠——自己獻醜，幹那麼多壞事，羣衆怎麼會尊重你哩！也作「黑泥鰍鑽進金魚缸——自己獻醜」。

【光屁股打老虎——又不要臉又不要命】

形容無賴和亡命之徒的猖狂無恥。例他憤怒地斥責那兩個擋路搶劫的流氓說：「你們用銼刀、匕首對付我赤手空拳，眞有點那個光屁股打老虎——又不要臉又不要命！」也作「脫了褲子打老虎——又不要臉又不要命」、「光屁股攆狼——又不要臉又不要命」。

【光前垂後】

見「光前裕後」。

【光前絕後】

從前不曾有，今後也不會有。指言行或事物的優異絕倫。宋・朱弁《曲洧舊聞》七：「前乎公既無此語，後乎公知莫能繼矣，豈不謂光前絕後乎？」也比喻做事乾淨徹底，不留痕跡。《水滸全傳》六二回：「小人的事，都在節級肚裏；今夜晚間，只要光前絕後。」

【光前耀後】

見「光前裕後」。

【光前裕後】

增光前人，造福後人。形容功績卓著。元・宮大用《范張雞黍》三折：「似這般光前裕後，一靈兒可也知不？」也作「光前垂後」。垂：傳。宋・李曾伯《水龍吟・庚子壽史丞相》詞：「看勳庸，光前垂後。三槐鼎盛，雙椿盤固，古今稀有。」也作「光前耀後」。元・亢文苑《一枝花・為王葉兒作》曲：「大丈夫崢嶸恁時候，扶湯佐周，光前耀後，直教萬古清名長不朽。」

【光身子騎老虎——膽大不害臊】

比喻膽大妄為，不知羞恥。例他什麼事都幹得出來，周圍的人說他是光身子騎老虎——膽大不害臊。

【光說不練的把式——耍嘴】

把式：即把勢，武術。比喻能說會道，光說不幹。例在這裏，必須踏踏實實地幹，光說不練的把式——耍嘴是不受歡迎的。也作「光說不練的把式——全靠一張嘴」、「過端午的龍頭——耍嘴」。

【光說不練假把式】

把式：也作把勢，指會武術或專精某種技藝的人。只憑嘴巴子，沒有眞本事。例說得天花亂墜，頭頭是道，實際上，肚裏沒有貨，不過是繡花枕頭、光說不練的假把式。

【光說不算，做出再看】

光是說得好聽不能算數，要看幹得怎麼樣。比喻行動重於言辭。例俗話說：「是騾是馬拉出來溜溜。」到底幹得成，幹不成，光爭論頂什麼事。「光說不算，做出再看」，這才是實事求是的態度。

【光說西瓜，不說芝麻——盡揀大的講】

比喻總講大話。例這個人的毛病是光說西瓜，不說芝麻——盡揀大的講，從未見他做出幾件事來，久而久之，大家都不相信他了。也作「光說駱駝，不說螞蟻——光揀大的說」、「有駱駝不說羊——盡揀大的講」。

【光天化日】

光天：大白天；化日：太平時日。指清平時世，也指大天白日。《儒林外史》一九回：「如此惡棍，豈可一刻容留於光天化日之下。」

【光頭跑進和尚廟——充數】

和尚：出家修行的男佛教徒，不留頭髮。比喻用不能勝任的人擔負某項工作。有時指用不合格的東西來湊數。例我參加這工作，不過是光頭跑進和尚廟——充數罷了。

【光頭上拍巴掌——正大（打）

光明】
巴掌：〈方〉手掌。雙關語，比喻心地坦蕩，言行正派。例我的這個行動是光頭上拍巴掌——正大（打）光明的，才不怕別人背後議論呢！

【光焰萬丈】
光焰：光芒。光芒照射得高遠。形容事物輝煌燦爛，異彩流長。唐・韓愈《調張籍》詩：「李杜文章在，光焰萬丈長。」也作「**光芒萬丈**」。宋・劉克莊《挽李秘監》詩：「空令蟠結千年核，難掩光芒萬丈文。」也作「**光芒四射**」。清・呂留良《答徐瑞生書》：「令郎兄以新作見示，展讀之際，光芒四射。」

【光陰荏苒】
荏（ㄖㄣˇ）苒（ㄖㄢˇ）：推移。指時光不知不覺地過去。《紅樓夢》二二回：「光陰荏苒須當惜，風雨陰晴任變遷。」

【光陰荏苒，日月不等人】
見「光陰似箭，日月如梭」。

【光陰如電】
見「光陰似箭」。

【光陰如箭】
見「光陰似箭」。

【光陰如水】
見「光陰似水」。

【光陰似箭】
形容時間飛逝。明・高則誠《琵琶記》六：「光陰似箭催人老，日月如梭趲少年。」也作「**光陰如箭**」。《五燈會元・天衣懷禪師法嗣》：「莫怪山僧太多事，光陰如箭急相催。」也作「**光陰如電**」。明・陸采《懷香記》七：「光陰如電逝難追，百歲開懷能幾回。」

【光陰似箭，日月如梭】
梭：織布時牽引緯線的梭斗。形容時間過得飛快。《封神演義》一六回：「不覺光陰似箭，日月如梭，半年以後，遠近聞名。」也作「**光陰荏苒，日月不等人**」。例我們年輕人，實現夢想要趁早，否則光陰荏苒，日月不等人，稍稍蹉跎了一下就會後悔莫及。

【光陰似水】
似水：水東流一去不返。指時光過去不再回來。元・鄭廷玉《忍字記》四折：「我想這光陰似水，日月如梭，每日家不曾道是口合，我可便剩念了些彌陀。」也作「**光陰如水**」。清・丘逢甲《蟄仙見和前詩……》：「風雨落花三月半，光陰如水廿年中。」

【光陰似梭】
形容時光一天又一天的流逝。元・范子安《竹葉舟》四折：「嘆光陰似擲梭，想人生能幾何，急回首百年已過。」

【光陰者，百代之過客】
白天黑夜是千秋百代中一過而去的旅客。喻指時光易逝，一去不再復返。唐・李白《春夜宴桃李園序》：「天地者，萬物之逆旅也；光陰者，百代之過客也。」

【光膺舊物】
見「光復舊物」。

【光映照人】
見「光可鑑人」。

【光有鼓槌子——打不響】
光有：只有，單有。比喻單槍匹馬，起不了多大作用。有時指工作推不動，難以成功。例這既然是大夥的要求，又都不講話，光有鼓槌子——打不響，我個人說說有啥用？也作「**通火棍當槍使——打不響**」、「**燈草敲鼓——打不響**」。

【光著膀子打鐵——挨不上】
打鐵的爐子溫度很高，光著膀子不能挨近。比喻挨不上邊，或接近不了。例他是達官貴人，往來的都是門當戶對，咱們窮小子是光著膀子打鐵——挨不上。

【光著腳板踩玻璃碴——走險】
腳板：腳掌。比喻前進的道路崎嶇艱辛，困難重重。例叫一個女孩獨自去闖江湖，這不是光著腳板踩玻璃碴——走險嗎？

【光著腳不怕穿靴的漢】
見「光腳的不怕穿鞋的」。

【光宗耀祖】
光輝門庭，使宗族祖先得以增光榮顯。《紅樓夢》三三回：「兒子管他，也爲的是光宗耀祖。老太太這話，兒子如何當得起？」也作「**光門耀戶**」。明・邵璨《香囊起》五：「我十年教子，吃了多少艱辛，也只要光門耀戶。今著他去赴舉，兩個在此再三推調不從。」

【洸洋自恣】
洸洋：水勢浩大滉蕩，喻恣肆。比喻恣意放縱，毫無忌憚。《史記・莊周傳》：「其言洸洋自恣以適己，故自王公大臣不器之。」

ㄍㄨㄤˇ

【廣場上打筋斗——寬天寬地】
筋斗：〈方〉跟斗。比喻地域寬敞或經濟寬裕。例這兩年經濟好轉，人民的經濟就像廣場上打筋斗——寬天寬地，銀行存款有了較大的增長。也比喻人盡其才，大有作爲。例到台北來開拓事業吧，那裏是廣場上打筋斗——寬天寬地。

【廣東人唱京戲——南腔北調】
形容說話語言不純，夾雜各地方言。例要我廣播可不行，廣東人唱京戲——南腔北調誰能聽得懂？

【廣東人打的麻繩——難（南）說（索）】
難：「南」的諧音；說：〈方〉「索」的諧音。①比喻不容易說，或不好說。例你問這個人能否變好，我認爲廣東人打的麻繩——難（南）說（索），要看今後一個時期的發展。②說不定。例「他將來可能成爲一個科學家。」「廣東人打的麻繩——難（南）說（索）。」

【廣積不如教子，避禍不如自省】
省：檢討，檢查。累積很多資財，還不如教育好自己的孩子重要；想免去災禍，還不如常常檢查自己的過失重要。謂使子孫掌握安身立命的本領重於財產，自省而改過勝過單純避禍。宋・林逋《省心銓要》：「廣積不如教子，避禍不如自省。」例林老臨終前，對子女們說：「古人說過：『廣積不如教子，避禍不如自省。』你們都已學有所長，足以安身立命，切望能常思過，則無悔。至於我生前積蓄，一併獻給國家，我心足矣。」

【廣結良緣】
佛教語。謂廣行善事，結好衆人。《金瓶梅詞話》五七回：「你又發起善念，廣結良緣，豈不是俺一家兒的福分？」

【廣開聾瞶】
比喻發人深省，廓開迷霧，猛然醒悟。清・贏宗季女《六月霜》一折：「俺待要大發婆心，廣開聾瞶，直指迷途。」

【廣開賢路】
多方面開闢接納賢才的途徑。元・宮大用《范張雞黍》四折：「聖天子思求良輔，下弓旌廣開賢路。何止是聘及山林，但聞名不遺丘墓。」

【廣開言路】
言路：進言的機會。盡量讓人們廣泛地發表意見。宋・包拯《論台官言事》：「伏自陛下臨御以來，將三十載，遵守先訓，廣開言路，虛懷以待，犯顏必容。」

【廣陵散絕】
據《晉書・嵇康傳》載：康被收，將臨刑，索琴彈《廣陵散》一曲，曰：「昔袁孝尼嘗從吾學《廣陵散》，吾每靳固之。《廣陵散》於今絕矣。」後以指某種技藝學問沒有流傳下來。《孽海花》二回：「那時侯世叔潘八瀛先生中了一個探花，從此以後，狀元鼎甲，廣陵散絕響於蘇州。」

【廣廈之蔭】
指高房大屋能擋風雨，遮烈日。比喻依靠有權勢人的庇佑。《列子・力命》：「進其茙菽，有稻粱之味；庇其蓬室，若廣廈之蔭；乘其篳輅，若文軒之飾。」

【廣思集益】
見「廣益集思」。

【廣搜博採】
廣泛地搜集並採擇。清・趙翼《簷曝雜記・綏寇紀略》：「其大者朝章國典，兵制軍餉，勳戚之封建，藩邸之支派以及國變後諸臣死事之忠節，無一不廣搜博採。」

【廣庭大衆】
指人數衆多的場合。《孔叢子・公孫龍》：「使此人於廣庭大衆之中，見侮而不敢鬥，王將以爲臣乎？」也作「**廣衆大庭**」。明・屠隆《曇花記》三四：「世人造業，不論廣衆大庭，暗室屋漏。」

【廣土衆民】
遼闊的土地和廣大的民衆。形容幅員廣袤，人物富庶。《孟子・盡心上》：「廣土衆民，君子欲之，所樂不存焉。」

【廣夏細旃】
夏：「廈」之古字，高大的房屋；旃（ㄓㄢ）：通「氈」。高屋鋪氈毯。形容居住條件優越。康有爲《大同書・甲部一》：「其視歐美之民，廣夏細旃，膳飲精潔。」

【廣袖高髻】
寬大的衣袖，高聳的髮髻。語出漢時童謠：「誠中好高髻，四方高一尺……城中好廣袖，四方用匹帛。」形容民風浮奢。唐・白居易《進士策問》之三：「聞廣袖高髻之謠，則知風俗之奢蕩也。」

【廣益集思】
集中羣衆的智慧以便使事情獲益更大。明・金聲《上徐玄扈相公書》：「材篤器使，廣益集思。」也作「**廣思集益**」。宋・魏了翁《壁津樓記》：「積蠹弗蠲，歲比不登，吾雖廣思集益……亦將蹩躠而無所聘。」也作「**集思廣益**」。

【廣衆大庭】
見「廣庭大衆」。

ㄍㄨㄥ

【工不出則農用乏，商不出則寶貨絕】
工匠不出東西來交換，農業所需要的用具就會缺乏；商人不出來做買賣，市場的流通貨幣就沒有了。形容只有工、商協調，生產才能發展，市場才會繁榮。漢・桓寬《鹽鐵論・本議》：「古之立國者，開本末之途，通有無之用，市朝以一其求，致士民，聚萬貨，農商工師各得其欲，交易而退……故工不出則農用乏，商不出則寶貨絕；農用乏則穀不殖，寶貨絕則財用匱。」

【工愁善病】
工：善。經常發愁，容易得病。清・舒瞻《爲董浦太史悼亡》詩：「工愁善病最憐君，夢裏啼鵑不忍聞。」

【工多出巧藝】
工夫下得多，技藝就精巧。例如果你想在某一種技藝上有所專精，就得秉持著工多出巧藝的原則，好好的訓練自己。

【工夫各自忙】
各人幹各人的事，互不相擾。例工夫各自忙，我們各人有各人的工作，各人有各人的職責，只要彼此尊重對方，何必爲一點小事吵嘴。

【工力悉敵】
悉：完全；敵：相當。雙方的功夫和力量完全相當，不分上下。明・徐宏祖《徐霞客遊記・粵西遊日記》：「東崖則穴錯門紛，曾未一歷。遂爇炬東入，其上垂乳環柱，與老君座後暗洞諸勝，工力悉敵。」

【工欲善其事，必先利其器】
器：工具。工匠要想做好自己的工作，必須事先磨利工具。比喻要勝任工作，必須首先學好本領。《論語·衛靈公》：「子貢問爲仁。子曰：『工欲善其事，必先利其器。居是邦也，事其大夫之賢者，友其士之仁者。』」漢·王符《潛夫論》：「工欲善其事，必先利其器，士欲宣其義，必先讀其書。」

【功敗垂成】
垂：將近。事情在快要成功的時候失敗了。《痛史》二七回：「那兩位輔佐太子的知道了，見功敗垂成，十分著急。」也作「**功墜垂成**」。南朝·梁武帝《圍棋賦》：「禍起於所忽，功墜於垂成。」也作「**功隳垂成**」。隳：通「隳」，毀壞。明·張鳳翼《紅拂記·棋決雌雄》：「侵地無方，攻城記屈，遭回轉覺難發，功隳垂成，怎能勾衝擊唐突？」也作「**功廢垂成**」。清·昭槤《嘯亭雜錄·朱白泉獄中上朱二公書》：「額以只身獨攖衆怒，固已知其禍不旋踵，功廢垂成。」

【功標青史】
標：寫明；青史：史書。功績記載在史書上。指建立了巨大功績，在歷史上傳名。《三國演義》三六回：「臨別，又顧謂諸將曰：『願諸公善事使君，以圖名垂竹帛，功標青史，切勿效庶之無始終也。』」也作「**功垂竹帛**」。《老殘遊記》一四回：「宮保若能行此上策，豈不是賈讓二千年後得一知己？功垂竹帛，萬世不朽。」

【功薄蟬翼】
功勞像蟬的翅膀那樣微薄。形容功勞很小。常用作謙辭。漢·蔡邕《讓高陽鄉侯章》：「臣事輕葭莩，功薄蟬翼。」

【功不補患】
所取得的功績都抵不過帶來的禍害。唐·李華《弔古戰場文》：「漢擊匈奴，雖得陰山，枕骸遍野，功不補患。」

【功參造化】
功：指器物的精好；參：加入；造化：自然，指天工。形容器物非常精巧，而具有天工之妙。例這些精細巧妙的手工藝品，眞是功參造化。

【功臣自居】
做了一些有益的事，就以自己是有功之臣而自負。例老李從不以功臣自居，在平凡的崗位上任勞任怨地工作著。

【功成不居】
居：占有。立了功而不把功勞歸爲自己。《清史稿·曾國藩傳》：「開國以來，文臣封侯自是始。朝野稱賀，而國藩功成不居，粥粥如畏。」也作「**功臣弗居**」。明·李贄《史綱評要·周記》：「功臣弗居，賢將所難。」

【功成弗居】
見「功臣不居」。

【功成理定何神速，速在推心置人腹】
[唐太宗]完成戰功安定天下爲什麼會這樣迅速？這是因爲他能推心置腹，赤誠待人。比喻工作中推心置腹，以誠待人至關重要。唐·白居易《七德舞》：「功成理定何神速，速在推心置人腹；亡卒遺骸散帛收，饑人賣子分金贖。」

【功成名就】
見「功成名遂」。

【功成名立】
見「功成名遂」。

【功成名遂】
遂：就，成就。功業一旦建立，聲名也就有了。《何典》一四卷道詞：「功成名遂盡封官，從此大團圓。」也作「**功成名立**」。《史記·范雎蔡澤列傳》：「且昔者中山之國，地方五百里，趙獨吞之，功成名立而利附焉。」也作「**功成名就**」。元·范子安《竹葉舟》：「你則說做官的功成名就，我則說出家的延年益壽。」也作「**功就名成**」。明·沈采《千金記·遊仙》：「當初一個布衣人，到如今功就名成，加封匪輕。」

【功成身退】
功業成就後就辭官退隱。《後漢書·鄧禹傳》：「功成身退，讓國遜位，厲世外戚，無與爲比。」也作「**功遂身退**」。《後漢書·蓋勛傳》：「若共並力誅嬖幸，然後征拔英俊，以興漢室，功遂身退，豈不快乎！」

【功成事立】
見「功成事遂」。

【功成事遂】
遂：順適，如意。功業完成，事業如意。唐·柳宗元《瓶賦》：「功成事遂，復於土泥。」也作「**功成事立**」。《三國志·蜀書·先主傳》：「夫權宜之制，苟利社稷，專之可也。然後功成事立，臣等退伏矯罪，雖死無恨。」也作「**功成業就**」。《太平廣記》二七九卷引《稽神錄》：「有一紫衣秉笏，取書宣云：『洎三世爲人，皆行慈孝，功成業就，宜授此官。』」

【功成行滿】
指學佛、修道者功夫已完成，修行已滿。元·楊景賢《西遊記》六本二四齣：「唐僧今日功成行滿，正果朝元。」《西湖二集·馬神仙騎龍升天》：「棄家學道，到處濟人利物爲事，功成行滿，自當上升天界。」也作「**功完行滿**」。《西遊記》二三回：「功完行滿朝金闕，見性明心返故鄉。」

【功成業就】
見「功成事遂」。

【功成者隳】
隳：毀壞。功業成就的同時就孕育著毀敗。常用以勸人功成身退。《莊子·山木》：「自伐者無功，功成者隳，名成者虧。」

【功崇德鉅】

崇：崇高；鉅：同「巨」，巨大。形容功績偉大，品德高尚。唐・韓愈《賀冊尊號表》：「以陛下功崇德鉅，天成地平。」

【功垂竹帛】

見「功標青史」。

【功到自然成】

工夫用到了，事情自然成功。例別灰心，功到自然成，只要努力，困難總是會克服的。

【功德兼隆】

隆：盛。具有偉大的功績和崇高的品德。《新唐書・太宗紀》：「自古功德兼隆，由漢以來未之有也。」

【功德無量】

功德：功業與德行。佛教用語，指念經、誦經、布施等活動。功勳和恩德極大。《舊唐書・狄仁傑傳》：「伏唯聖朝，功德無量，何必要營大像，而以勞費為名。」

【功德圓滿】

功業與德行完美無缺。《官場現形記》三八回：「恰巧四十九天功德圓滿。」也指事情做完。清・袁于令《西樓記・假諾》：「那時功德圓滿，隨即自盡便了。」也作「**功行圓滿**」。《鏡花緣》五一回：「道姑道：『女菩薩！你要曉得一經觀光之後，也就算功行圓滿，一天大事都完了。』」

【功廢垂成】

見「功敗垂成」。

【功夫不負有心人】

只要肯下功夫，事情總會成功的。例真是功夫不負有心人，經過五年的苦心鑽研，反覆試驗，他的發明終於成功了。

【功蓋天地】

蓋：壓倒。形容功勞非常大。漢・李陵《答蘇武書》：「陵先將軍，功略蓋天地，義勇冠三軍。」

【功高不賞】

功勞大得無法賞賜。多指功勞太大，有受奸讒的危險。宋・王辟之《澠水燕談錄・名臣》：「鐵券，蓋勳臣有功高不賞之懼，賜之以安反側耳，何為輒及親賢？」《太平廣記》一七六卷引《譚賓錄・郭子儀》：「子儀有功高不賞之懼。中貴人害其功，遂使盜於華州掘公之先人墳墓。」

【功高望重】

功勞大，聲望重。《隋唐演義》六四回：「李綱道：『殿下功高望重，豈臣下所敢措辭；今只具一情節來，封付臣去回復聖旨，便可豁然矣！』」

【功高震主】

臣子立功太大，君主受到震撼而心懷疑忌。例你想在工作上力求表現是很好的事情，但切記勿犯了「功高震主」的忌諱。也作「**功烈震主**」。宋・李覯《袁州州學記》：「功烈震主者，聞命而不釋兵。」

【功狗功人】

《史記・蕭相國世家》載：漢高祖劉邦大賞功臣，以蕭何為第一，衆將認為蕭何無實際戰功，不服。劉邦說，衆將好比打獵時追殺獸兔的狗，是功狗；而蕭何好比指示獸兔蹤跡的人，是功人。後以「功狗」比喻戰將，以「功人」比喻軍事指揮者。《官場現形記》一六回：「從前古人有個功狗功人的比方：出兵打仗的人就比方他是隻狗，這發號令的卻是個人。」

【功墮垂成】

見「功敗垂成」。

【功就名成】

見「功成名遂」。

【功均天地】

均：等同。功勞與天地齊等，形容功勳極大。南朝梁・陸倕《石闕銘》：「功均天地，明開日月。」

【功虧一簣】

《尚書・旅獒》：「為山九仞，功虧一簣。」功：事功；虧：欠缺；簣：土筐。本意是只差一筐土而沒有完成。後用以比喻一件事情只差最後一點而未能完成，使前功盡棄。《北史・若干惠傳》：「[惠]至弘農，見周文，陳賊形勢，恨其垂成之功，虧於一簣！歔欷不自勝。」明・張岱《募修岳鄂王祠墓疏》：「然往往銳意興造而力輟半途者有之；猛思合簣，而功虧一簣者有之。」

【功勞汗馬】

汗馬：將士騎馬作戰，馬累得出了汗。比喻征戰勞苦，指在作戰中立下的大功勞。元・無名氏《昊天塔》一折：「俺子父全忠不到頭，功勞汗馬一時休。」

【功烈震主】

見「功高震主」。

【功名不朽】

功績和聲名傳諸後世，永不磨滅。《後漢書・五行志》：「天下賴之，則功名不朽。」

【功名蹭蹬】

蹭（ㄘㄥˋ）蹬（ㄉㄥˋ）：遭遇挫折。舊指應試一直不順利。《鏡花緣》四六回：「誰知這樣一個好人，偏偏教他功名蹭蹬。」

【功名富貴】

功名：舊指科舉及第做官。指做了官，有錢有權。元・馬致遠《黃粱夢》一折：「你只顧那功名富貴，全不想生死事急。」也作「**功名利祿**」。

【功名蓋世】

功績和名聲舉世無雙。《三國志・魏書・鍾會傳》：「自謂功名蓋世，不可復為人下，加猛將銳卒皆在己手，遂謀反。」

【功名利祿】

見「功名富貴」。

【功名仕進】

仕進：進身為官。指追求官位。《紅樓夢》一一六回：「那知寶玉病後雖精神日長，他的念頭一發更奇僻了，竟換了一種。不但厭棄功名仕進，竟把那兒女情緣也看淡了好些。」

【功名只向馬上取，真是英雄一丈夫】

功績名位靠在馬上作戰中得到，才是英雄豪傑，堂堂大丈夫！比喻只有在實幹中做出成績，才是人們欽佩的人。唐・岑參《送李副使赴磧西官軍》：「脫鞍暫入酒家壚，送君萬里西擊胡。功名只向馬上取，眞是英雄一丈夫。」

【功首罪魁】
功勞數第一，罪責列爲首。比喻一人兼爲功臣和罪魁。《三國演義》七八回：「後人有《鄴中歌》一首，嘆曹操云：『功首罪魁非兩人，遺臭流芳本一身；文章有神霸有氣，豈能苟爾化爲羣？』」

【功遂身退】
見「功成身退」。

【功完行滿】
功：功夫；行滿：修行期已滿。指學佛學道者功夫已完成，修行已滿。《西遊記》二三回：「功完行滿朝金闕，見性明心返故鄉。勝似在家貪自食，老來墜落臭皮囊。」

【功行圓滿】
見「功德圓滿」。

【功一美二】
做一件事而成兩方面之美。三國魏・劉劭《人物志・釋爭》：「彼君子知自損之爲益，故功一而美二。」

【功墜垂成】
見「功敗垂成」。

【攻城奪地】
見「攻城略地」。

【攻城掠地】
見「攻城略地」。

【攻城略地】
略：侵奪，奪取。攻占城池，奪取地盤。《史記・蕭相國世家》：「臣等身披堅執銳，多者百餘戰，少者數十合，攻城略地，大小各有差。」也作「**攻城掠地**」。《羣音類選〈金貂記・餞居田裏〉》：「功高姜尚立皇基，捨殘生攻城掠地。」也作「**攻城徇地**」。《後漢書・劉盆子傳》：「樊崇等以困窮爲寇，無攻城徇地之計。」也作「**攻城奪地**」。老舍《四世同堂》二一：「及至他看到了女婿和親家太太的死亡，和親家的遍體鱗傷，他才覺出來日本人的攻城奪地並不是與他毫無關係。」

【攻城徇地】
見「攻城略地」。

【攻城野戰】
攻打城池，野外作戰。形容到處作戰。《戰國策・趙策四》：「故攻城野戰，未嘗不爲王先被矢石也。」《晉書・石勒載記上》：「遙聞將軍攻城野戰，合於機神，雖不視兵書，暗與孫吳同契。」

【攻乎異端】
攻：鑽研；乎：於；異端：自居於正統派之外的思想、流派。舊指鑽研和實行儒家之外的學說。《論語・爲政》：「攻乎異端，斯害也已。」淸・袁枚《小倉山房尺牘》一七八首：「自覺窮年累月，無一日敢廢書不觀，尙且正經、正史不能參究，何暇攻乎異端？」也指對異端的抨擊、排斥。南朝梁・任昉《王文憲集序》：「約己不以廉物，弘量不以容非。攻乎異端，歸之正義。」

【攻苦食淡】
攻：致力。工作艱苦，粗食淡飯。形容生活上淸苦自勉，勤奮努力。《宋史・徐中行傳》：「熟讀精思，攻苦食淡，夏不扇，冬不爐，夜不安枕者逾年。」

【攻其不備】
見「攻其無備」。

【攻其無備】
趁對方沒有防備的時候突然進攻。《三國演義》五六回：「等主公出城勞軍，乘勢拿下，殺入城來，攻其無備，出其不意也。」也作「**攻其不備**」。《鏡花緣》一三回：「素知此處庶民都是正人君子，所以不肯攻其不備，暗下毒手取魚。」

【攻其一點，不及其餘】
比喻只抓住一點小毛病，就全盤否定。例陳大德這個人看事情很喜歡以偏概全，常常攻其一點，不及其餘，實在不是一個理性之人。

【攻守同盟】
在戰爭中，友邦或友方之間訂立盟約，使進攻或防禦的行動協調一致。也指罪犯或犯了錯誤的人，爲掩蓋罪過，逃過審判或處理，暗中訂立一致行動的辦法。例這兩個人不僅不認眞地交代問題，反而訂立攻守同盟，企圖矇混過關。

【攻無不克】
形容百戰百勝。宋・辛棄疾《美芹十論・致勇》七：「有不守矣，守之而無不固；有不攻矣，攻之而無不克。」也作「**攻無不勝**」。唐・蘇頲《諫鑾駕親征第二表》：「我軍未捷而恥已塗，而陛下又將屈至尊遠爲之敵，使攻無不勝，戰無不克，猶未足以誇四夷，適足驕敵人、羞天下也。」也作「**攻無不取**」。《三國演義》八八回：「孔明曰：『吾自出茅廬，戰無不勝，攻無不取。』」也作「**攻無不克，戰無不勝**」。

【攻無不克，戰無不勝】
見「攻無不克」。

【攻無不取】
見「攻無不克」。

【攻無不勝】
見「攻無不克」。

【攻瑕蹈隙】
瑕：玉上的斑點，喻缺點；隙：漏洞，機會。指利用對方的弱點發動進攻。章炳麟《讀〈日本國志〉》：「忠憤者因是以攻瑕蹈隙，欲致居幕府而先倡攘夷之議。」

【攻心爲上】
從精神上瓦解、征服敵人是最上等的策略。《三國志・蜀書・馬謖傳》裴松之注引《襄陽記》：「用兵之道，攻心爲上，攻城爲下；心戰爲上，兵戰爲下。」

【弓不虛發】
拉開弓就能射中目標。形容射箭技術高超。漢・司馬相如《子虛賦》：「弓不虛發，中必決眦。」

【弓藏鳥盡】
飛鳥沒有了，彈弓也就藏起不用。比喻事情成功後，把曾經出過力的人拋棄或殺掉。《史記・越王句踐世家》：「蜚鳥盡，良弓藏；狡兔死，走狗烹。」宋・華鎮《雲溪居士集・題畫鷹》：「莫倚絲繩金鏃美，弓藏鳥盡汝須驚。」也作「鳥盡弓藏」。

【弓調馬服】
弓已調好，馬已馴服。比喻辦任何事情，都應先做好準備工作。《荀子・哀公》：「弓調而後求勁焉，馬服而後求良焉，士信慤而後求智能焉。」

【弓開得勝】
弓：射箭的武器。形容戰鬥一開始就取得了勝利。也用來比喻事情一開始就取得好成績。元・楊梓《不伏老》三折：「老將軍，你那時年紀小……弓開得勝，馬到成功；今日年紀高大了，便好道老不以筋骨為能，只怕你也近他不得了。」

【弓起腰桿淋雨——背時（濕）】
腰桿：指腰部；時：「濕」的諧音。雙關語。①比喻倒楣，運氣不好。例他近來生意連遭失敗，快要傾家蕩產了，眞是弓起腰桿淋雨——背時（濕）透了。②比喻不識時務。例他行動上的錯誤，首先是因為認識上的弓起腰桿淋雨——背時（濕）。也作「駝子打傘——背時（濕）」。

【弓折刀盡】
折：斷。比喻戰鬥力沒有了。例持槍搶劫犯，在警察人員的窮追猛打下，弓折刀盡，無法頑抗，終被抓獲。

【弓是彎的，理是直的】
道理總是講得清楚的。例你不必擔心和他講不清道理，所謂「弓是彎的，理是直的」，只要自己站得住腳，沒有什麼解釋不清的事情。

【弓影杯蛇】
比喻因疑慮懼怕而妄自驚擾。清・沈復《浮生六記・閨房記樂》：「芸曰：『噫！此聲也，胡為乎來哉？！』不禁毛骨皆悚，急閉窗，攜酒歸房，一燈如豆，羅帳低垂，弓影杯蛇，驚魂未定。」參見「杯弓蛇影」。

【公報私仇】
藉辦公事的名義，報自己的私仇。清・孔尚任《桃花扇・逮社》：「堪憂！昏君亂相，為別人公報私仇。」

【公不離婆，秤不離砣】
砣：秤錘。比喻事物互相依序，相輔相成。例他們二人友情極深，每天朝夕相處，形影不離，眞像俗話所說的：「公不離婆，秤不離砣」。

【公才公望】
公：公、輔，三公和輔相；望：名望。具有三公輔相職位的才識和名望。指才識和名望極高。《梁書・王暕傳》：「暕年數歲，而風神警拔，有成人之度。時文憲作宰，賓客盈門，見暕相謂曰：『公才公望，復在此矣。』」

【公車上書】
公車：漢代官署名。掌管宮殿中司馬門的警衛工作。臣民上書和徵召，都由公車接待。舊指入京請願或上書言事。《史記・東方朔傳》：「朔初入長安，至公車上書，凡用三千奏牘。」

【公道世間唯白髮，貴人頭上不曾饒】
唯：單單，只是；饒：寬恕，原諒，放過。時間對人們是一視同仁的，白髮頻添是不可抗拒的自然規律，絕不會因為是高官顯宦而青春永保。唐・杜牧《送隱者一絕》：「無媒徑路草蕭蕭，自古雲林遠市朝。公道世間唯白髮，貴人頭上不曾饒。」

【公道自在人心】
公道：公平合理。是非曲直自有公論。例只要我們平常為人處事光明正大，就算別人誣陷我們，一切「公道自在人心」，是非不必言喻。

【公而忘私】
一切為公，不顧及個人的私事。《林蘭香》三三回：「公而忘私，國而忘家，子通謂我非丈夫耶？」也作「公耳忘私」。《漢書・賈誼傳》：「故化成俗定，則為人臣者主耳忘身，國耳忘家，公耳忘私，利不苟就，害不苟去，唯義所在。」也作「公爾忘私」。宋・陳瓘《祭范忠宣公文》：「人亦有言，公爾忘私，孰能臨義，捨安取危。」

【公爾忘私】
見「公而忘私」。

【公耳忘私】
見「公而忘私」。

【公公背兒媳過河——出力不落好】
也作「公公背上兒媳婦朝華山——出力不討好」。見「頂石臼做戲——吃力不討好」。

【公雞不下蛋——肚裏沒貨】
比喻知識貧乏，沒有眞才實學。例教書這碗飯我是吃不下了的，因為公雞不下蛋——肚裏沒貨。

【公雞打架——頭對頭】
比喻敵對的兩個方面，或針鋒相對。例他們是公雞打架——頭對頭，怎能合作共事呢？

【公雞打鳴，母雞下蛋——各盡其責】
比喻各人盡力完成自己份內的事。例有了明確的分工之後，公雞打鳴，母雞下蛋——各盡其責，誰的任務沒完成，就追究誰的責任。也作「公雞打鳴，母雞下蛋——各盡其職」、「貓捉老鼠狗看門——各盡其責」、「犬守夜，雞司晨——各盡其責」。

【公雞戴帽子——官（冠）上加官（冠）】
官：「冠」的諧音。雙關語，比喻官運亨通，連連晉升，多含諷刺意思。

例他現在非比往常，公雞戴帽子——官（冠）上加官（冠），得意極了。也作「雞戴帽子——官（冠）上加官（冠）」、「孔雀戴鳳冠——官（冠）上加官（冠）」。

【公雞戴眼鏡——官（冠）不大，架子不小】
官：「冠」的諧音。雙關語，比喻職位雖不高，卻裝腔作勢。例程興旺這個人是公雞戴眼鏡——官（冠）不大，架子不小，不叫他「程科長」而直呼其名的話，他連搭理也不搭理你。

【公雞跌下油缸——毛光嘴滑】
比喻人善於交際，能說會道。含有油嘴滑舌的意思。例這個人就像公雞跌下油缸——毛光嘴滑，大家都不喜歡他。

【公雞飛到屋頂上——唱高調】
雙關語，比喻說不切實的漂亮話。例我們這裏需要行動，需要紮紮實實的工作，公雞飛到屋頂上——唱高調是不受歡迎的。也作「南天門搭戲台——唱高調」、「爬上塔頂吹口琴——唱高調」、「山頂上吊嗓子——唱高調」、「站在雲頭吊嗓子——唱高調」、「大桅尖上拉二胡——唱高調」。

【公雞害嗓——不能提（啼）】
害嗓：嗓子患病；提：「啼」的諧音。比喻沒法說。例跟你說實話吧，這個人臭名遠揚，其人品是公雞害嗓——不能提（啼）的。也作「公雞害嗓——提（啼）不得」、「閹了的公雞——提（啼）不得」。

【公雞頭上插鵝毛——一語（羽）雙關（冠）】
語、關：「羽」、「冠」的諧音。比喻話中有話。例你沒有聽出來嗎？他是公雞頭上插鵝毛——一語（羽）雙關（冠），暗中也批評了我們哩！

【公雞頭上肉疙瘩——大小是個官（冠）】
官：「冠」的諧音。雙關語，比喻不管官大官小，總算是個頭頭。例你別小看陳組長，他如今也是公雞頭上肉疙瘩——大小是個官（冠），你就聽命令吧！也作「棗核兒釘在牆上——大小是個爵（橛）兒」。

【公雞尾巴——翹得高】
比喻非常驕傲自大。例小楊學問不多，卻公雞尾巴——翹得高，青年朋友多半都不愛搭理他。也作「無砣的秤——翹得高」、「孔雀的尾巴——翹得太高了」。

【公雞下蛋狗長角——彌天大謊】
見「乾鯉魚跳龍門——彌天大謊」。

【公雞下蛋——荒唐】
①指思想離奇，說話毫無根據，做事很不近情理。例是誰下的命令，叫農民和知識份子互相調換工作，簡直是公雞下蛋——荒唐得很。②指行為放蕩，沒有節制。例他近來在外面盡幹些公雞下蛋的荒唐事，受到了上司的嚴厲處分，聽說老婆還要離婚哩！也作「老虎爬樹——荒唐」、「買死魚放生——荒唐」、「水池裏長草——荒唐（塘）」。

【公雞下蛋——沒指望】
公雞不會下蛋。指望公雞下蛋，是空想。也作「守住公雞下蛋——沒指望」。見「老寡婦死兒——沒指望了」。

【公雞下蛋鼠咬貓——不可思議】
比喻不可想像或難於理解。例在上屆奧運會上，我們有的項目成績名次急遽下降，實在是公雞下蛋鼠咬貓——不可思議。也作「西方日出水倒流——不可思議」、「高粱梗上結茄子——不可思議」。

【公雞下蛋——無奇不有】
比喻什麼荒誕離奇的事都有。例「你對這個城市的觀感如何？」「繁華、熱鬧，但公雞下蛋——無奇不有。」也作「公雞下蛋——天下奇聞」、「日出西方水倒流——無奇不有」、「掃把成精，螞蟻咬人——無奇不有」、「三九天開桃花——稀奇古怪」。

【公買公賣】
指公家向民間購買物品，公平交易，不使人民吃虧。《歧路行》一〇七回：「大人做道員時，驛上草料豆子，公買公賣，分毫不虧累民戶。」姚雪垠《李自成》一卷一六章：「他們都不搶掠，公買公賣。」

【公門裏好修行】
修行：學佛或學道。舊時衙門貪贓枉法，能在裏面做點好事，就被認為功德無量了。清・吳趼人《糊塗世界》卷六：「從來說得好，『公門裏好修行』……你大爺救他一命，就是救他一家。」也作「公門裏面好修行」。

【公平交易】
公平：合情合理；交易：買賣商品。指按照合理的價格成交，買賣雙方都不吃虧。《西遊記》六八回：「行者道：『我這裏有幾文襯錢，教八戒上街買去。』那呆子躲懶道：『恐惹下禍來，師父怪我。』行者道：『公平交易，又不化他，又不搶他，何禍之有！』」

【公平無私】
見「公正無私」。

【公平正直】
正直：公正坦率。辦事公平，心地正直。《醒世姻緣傳》四二回：「玉皇說我在陽世為人公平正直……正要補我做個太子太師。」

【公婆難斷床幃事】
父母難以裁斷小輩夫妻之間的事情。《紅樓夢》八〇回：「如今又勾搭上丫頭，被他說霸占了去，他自己反要占溫柔讓夫之禮。這魘魔法究竟不知誰作的，實是俗話說的：『清官難斷家務事。』此時正是公婆難斷床幃事了。」

【公取竊取皆為盜】
竊：暗中，偷偷地。公開地拿，偷偷

地拿，都屬偷盜行爲。《西遊記》五〇回：「不可！不可！律云：『公取竊取皆爲盜。』倘或有人知覺，趕上我們，到了當官，斷然是一個竊盜之罪。」

【公人見票，牲口見料】

公人：衙役、公差；票：錢，鈔票。公差見了錢，如同牲口見了草料。形容公差貪愛錢財。例那些當差的衙役個個是「公人見票，牲口見料」，令人非常厭惡。

【公人見錢，如蠅子見血】

形容公差敲詐錢財如蒼蠅見血。《水滸傳》二一回：「婆惜道：『可知哩！常言道：公人見錢，如蠅子見血。他使人送金子與你，你豈有推了轉去的？這話卻似放屁！』」

【公生明．廉生威】

公正無私才能做到耳聰目明，清廉自潔才能有威望。西安碑林《官箴》碑：「吏不畏吾嚴而畏吾廉，民不服吾能而服吾公。公則民不敢慢，廉則民（吏）不敢欺。公生明，廉生威。」

【公事公辦】

按制度辦事，不講私情。例這件事情很重要，一定得公事公辦，就別和我套交情了。

【公是公，私是私】

公私分明，不講私情。老舍《正紅旗下》四：「二哥聽到『年底下』，不由地說出來：『今年家家錢緊，您……』王掌櫃嘆了口氣：『錢緊也得要帳，公是公，私是私！』」

【公說公有理，婆說婆有理】

各人都認爲自己有理，是非難分。例問他們二人誰是誰非，他們反而公說公有理，婆說婆有理，讓旁人弄不清眞相。也作「哥說哥有理，嫂說嫂有理」。

【公說公有理，婆說婆有理——難斷是非】

比喻分不清是非曲直。例這次合同糾紛，我們不懂法律的人聽起來，似乎公說公有理，婆說婆有理——難斷是非，不能裁決，還是讓法庭去解決吧！

【公私兼顧】

兼顧：同時照顧幾個方面。既顧到公家的利益，也要顧到私人的利益。例他這次去瀋陽出差是公私兼顧，除拿稿外，還可順便回家看看父母。

【公私兩濟】

見「公私兩利」。

【公私兩利】

對公家和私人都有好處。元．馬端臨《文獻通考．徵榷》：「唯有於要鬧坊場之地，聽民醞造，納稅之后，從便酤賣，實爲公私兩利。」也作「公私兩濟」。《晉書．阮種傳》：「若人有所患苦者，有宜損益，使公私兩濟者，委曲陳之。」

【公堂裏造反——無法無天】

公堂：舊時審理案件的地方。指不顧國法和天理。例這幫匪徒竟敢在光天化日之下，搶劫國家運輸物資，眞是公堂裏造反——無法無天。

【公堂衆屋沒人掃】

公衆的事沒有人辦。例人的心態就是寧可自掃門前雪，也休管他人瓦上霜，以致公堂衆屋沒人掃。

【公聽並觀】

並：一起。聽取多方面意見，全面觀察問題。《南齊書．崔偃傳》：「公聽並觀，申人之冤，秉德任公，理人之屈，則普天之人，爭爲之死。」

【公修公得，婆修婆得】

修：修行。誰肯修行，誰就能得到正果。比喻只要努力，都會獲得成功。元．無名氏《來生債》二折：「婆婆，你說的差了也，便好道公修公得，婆修婆得，十人上山，各自努力，盛世難逢，佛法難退。」

【公要抄手婆要麵——左右爲難】

抄手：〈方〉餛飩；麵：指麵條。比喻不管怎麼辦都有困難。例有句老話說，公要抄手婆要麵——左右爲難。你們都是頂頭上司，意見分歧，我們究竟照誰的命令辦？也作「寵了媳婦得罪娘——左右爲難」。

【公則四通八達，私則一偏向隅】

辦事出以公心，就能暢通無阻；私字當頭，就處處碰壁。明．薛瑄《薛文清公讀書錄．體驗》：「公則四通八達，私則一偏向隅。」例新廠長以自行車代步，居陋室，讓大房，廠紀廠規執行起來則公正嚴明，職工們受罰而不怨，恰是「公則四通八達，私則一偏向隅。」

【公正廉明】

形容掌權者公平正直，廉潔無私，賞罰分明。《官場現形記》三七回：「二則像大帥這樣公正廉明，做屬員的人，只要自己謹愼……還愁將來不得差缺嗎？」也作「公正嚴明」。

【公正無私】

做事公正，沒有私心。《荀子．賦》：「公正無私，反見從橫。」也作「公平無私」。《戰國策．秦策一》：「商君治秦，法令至行，公平無私，罰不諱強大，賞不私親近。」

【公正無私，一言而萬民齊】

比喻公正而不圖私利，就能得到羣衆擁護。《淮南子．修務訓》：「若夫堯眉八彩，九竅通洞，而公正無私，一言而萬民齊。」

【公正嚴明】

見「公正廉明」。

【公之同好】

見「公諸同好」。

【公之於衆】

公：公開；於：向；衆：大家。把事情的眞相向大家公布。例把他的貪污罪行公之於衆。以此來教育大家，是這次清查的目的之一。

【公忠體國】

忠心耿耿，事事爲國家著想。例像老林這麼公忠體國的公務人員，實在是不可多得。

【公衆馬，公衆騎】

比喻公衆的財物，大家分享。例這個盒子裏的物品，都是大家捐獻出來當做公共財物的，所以這些是公衆馬、公衆騎，你儘管用。

【公諸同好】
將自己喜愛的東西向有同樣愛好的人公開、展示。清・趙翼《甌北詩話・小引》：「爰就鄙見所及，略爲標準，以公諸同好焉。」《兒女英雄傳》四回：「說書的才得明白，如今公諸同好。」也作「公之同好」。清・黃百家《學箕初稿・天花仁術序》：「因與政初詮次增定其家傳之本，爲《天花仁術》一書，總種痘、時痘爲十卷，公之同好。」

【公子哥兒】
原指官僚和有錢人家不知人情世故的子弟，後泛指嬌生慣養的男青年。《紅樓夢》四五回：「雖然是人家的奴才，一落娘胎胞，主子恩典，放你出來，上託着主子的洪福，下託著你老子娘，也是公子哥兒似的讀書認字，也是丫頭、老婆、奶子捧鳳凰似的，長了這麼大。」

【公子王孫】
原指諸侯帝王的子孫。後泛指富貴人家的子弟。宋・無名氏《赤日炎炎似火燒》：「農夫心內如湯煮，公子王孫把扇搖。」

【公子無腸】
螃蟹的別名。宋・王十朋《糟蟹薦杯》詩：「麴生有理何曾濁，公子無腸卻最佳。」

【供不應求】
供應不能滿足需要。今年化織產品在市場上特別走俏，已經供不應求了。

【供過於求】
供應的貨物超過了需要。例家電產品生產的太多了，供過於求，自然會出現滯銷。

【恭而敬之】
見「恭而有禮」。

【恭而有禮】
對人恭敬，而又合乎禮法。指恭敬而不超越禮法規定的範圍。《論語・顏淵》：「君子敬而無失，與人恭而有禮。」也作「恭而敬之」。老舍《趙子曰》一五：「李順恭而敬之的慢慢往起捲那張戲報子。」

【恭候台光】
恭候：恭敬地等候；台：舊時對人的敬稱；光：光臨。恭恭敬敬地等候著您的到來。舊時請人前來時的敬辭。《官場現形記》一回：「敬治薄酒，恭候台光。」

【恭敬不如從命】
態度恭敬，不如順從命令或意見。多爲表示接受對方款待或饋贈時的謙詞。元・秦簡夫《東堂老・楔子》：「便好道，恭敬不如從命，他是個有心的人，我依著他則便了。」也爲勸人的用語。《兒女英雄傳》一四回：「姑奶奶，既老爺這等吩咐，恭敬不如從命，畢竟侍候坐下好說話。」

【恭敬桑梓】
桑梓：故鄉。熱愛家鄉，尊敬故鄉父老。明・王世貞《鳴鳳記・鶴樓赴義》：「豈孩兒未曾恭敬桑梓？」

【恭喜發財】
恭喜：客套話，祝賀人家的喜事。舊時恭賀人增加財富的俗套。例每當過年時，人們見面總會互相道聲「恭喜發財」。

【恭行天罰】
恭敬地執行上天的懲罰意旨。古代帝王在舉行征討時的用語。《尚書・甘誓》：「今予唯恭行天之罰。」唐・陸贄《平朱泚後車駕還京大赦制》：「諸師戮力，恭行天罰。」也作「龔行天罰」。龔：通「恭」。《三國志・蜀書・先主傳》：「羣臣將士以爲社稷墮廢，備宜修之，嗣武二祖，龔行天罰。」

【宮車晚出】
見「宮車晏駕」。

【宮車晏駕】
宮車：指皇帝所乘的車；晏：晚。車駕遲遲不出。婉稱皇帝死。《漢書，天文志》：「綏和二年三月丙戌，宮車晏駕。」也作「宮車晚出」。《晉書・武帝紀》：「及乎宮車晚出，諒闇未周，藩翰變親以成疏。」也作「宮車晚駕」。宋・葉廷珪《海錄碎事・帝王・升遷》：「祖珽謂和士開曰：『宮車一日晚駕，君欲何以克終。』」

【宮牆重仞】
仞：古代長度單位，周尺八尺。殿牆極高。比喻學問淵深，不可企及。《論語・子張》：「譬之宮牆……夫子之牆數仞，不得其門而入。」漢・蔡邕《郭林宗碑文》：「宮牆重仞，允得其門。」

【宮移羽換】
宮、羽：我國古代音樂五音中的兩個音名。樂曲換調。指創作新腔。也比喻事情的內容有所改變。清・梁紹壬《兩般秋雨庵隨筆・琴娘》：「漂流卻向明湖側，恁匆匆，宮移羽換，珠狠翠藉。」

【宮有堊器，有滌則潔矣】
堊：ㄜˋ，白色土。屋子的牆壁用白灰粉刷，器皿經常洗滌，就會明亮清潔。比喻人要經常反省，才能使自己的言行不出差錯。《韓非子・說林下》：「宮有堊器，有滌則潔矣。行身亦然，無滌堊之地，則寡非矣。」

【躬操井臼】
井臼：汲水舂米，泛指家務勞動。親自操持家務。清・淮陰百一居士《壺天錄》卷上：「孝婦王葉氏者……年二十餘，始于歸，躬操井臼，琴瑟甚調。」

【躬蹈矢石】
躬蹈：親身踐行；矢石：古代作武器用的箭和石頭。比喻親自上前線作戰。三國魏・曹操《褒揚泰山太守呂虔令》：「卿在郡以來，擒奸討暴，百姓獲安，躬蹈矢石，所征輒克。」

【躬逢其盛】
親身趕上了某個盛典或盛會，或經歷了某個盛世。明・歸有光《隆慶元年浙江程策四道》之二：「茲者明詔採取遺事，諸生幸得躬逢其盛。」也作「躬逢盛典」。明・朱之瑜《與源光國啓十六首》之七：「在昔方策誇談，雅意疑多溢美；於今躬逢盛典。」也作「躬逢盛事」。《兒女英雄傳》三八回：「躬逢盛事，豈可當面錯過。」

【躬逢盛典】
見「躬逢其盛」。

【躬逢盛事】
見「躬逢其盛」。

【躬耕本是英豪事】
親身從事耕作，本是英雄豪傑的事業。多用於鼓勵耕織，崇尚農事。宋・陸游《過野人家有感》詩：「世態十年看爛熟，家山萬里夢依稀。躬耕本是英豪事，老來南陽未必非。」

【躬耕樂道】
親身耕作，遵守聖賢的教道。《醒世恆言》卷一七：「隱於田里，躬耕樂道，教育二子。」

【躬擐甲冑】
擐（ㄏㄨㄢˋ）：穿。穿上鎧甲和頭盔。指君主或主帥親臨陣前督戰。唐・張說《論神兵軍大總管功狀》：「既而王躬擐甲冑，吐誠師旅，誓在盡敵，以報前仇。」

【躬體力行】
親自體驗，努力實行。例我們如果立定了任何的志向，就要立即躬體力行，切實地實踐，才有可能成功。

【躬先表率】
躬：自身。親自帶頭做出榜樣，以帶動別人。《清史稿・劉師恕傳》：「爾等不能端本澄源，躬先表率而望秉鐸司教之官，家喻戶曉，易俗移風。」

【躬先士卒】
作戰時將帥衝在士兵前面，作爲表率。唐・張說《爲河內郡王武懿宗平冀州賊契丹等露布》：「誓將甘冒鋒刃，躬先士卒，上假神兵之威，下定鬼方之罪。」

【躬行節儉】
以身作則，實行節儉。《漢書・霍光傳》：「師受《詩》、《論語》、《孝經》，躬行節儉，慈仁愛人。」

【躬行實踐】
親自去做。明・焦竑《玉堂叢語・行誼》：「躬行實踐，鄉人化之。」

【躬自菲薄】
自己生活儉約。用於帝王或地位很高的人。晉・葛洪《西京雜記》四：「平津侯自以布衣爲宰相，乃開東閣，營客館，以招天下之士……而躬自菲薄，所得俸祿，以奉待之。」

【躬自厚而薄責於人】
嚴格要求自己，少責備別人。《論語・衛靈公》：「子曰：『躬自厚而薄責於人，則遠怨矣。』」

【龔行天罰】
見「恭行天罰」。

【觥籌交錯】
觥：古代的一種酒器；籌：ㄔㄡˊ，行酒令的籌碼。酒杯和酒籌錯雜相交。形容賓主相聚宴飲時的歡樂場面。《九尾龜》九○回：「一時間，觥籌交錯，履舄縱橫。」也作「觥籌交舉」。《初刻拍案驚奇》卷一八：「只見隔壁園亭上歇著一個遠來客人，帶著家眷也來遊湖……日日雇了天字一號的大湖船，擺了盛酒，吹彈歌唱俱備，攜了此妾下湖，淺斟低唱，觥籌交舉。」

【觥籌交舉】
見「觥籌交錯」。

【觥飯不及壺飧】
觥：酒具的一種；觥飯：指宴席；壺飧（ㄙㄨㄣ）：壺中盛著普通的飯食。盛大的宴席未準備好，比不上壺裏的飯能救饑。原指越王句踐意欲儘快滅吳的迫切心情。後比喻遠水難解近渴。《國語・越語下》：「王召范蠡而問焉，曰：『諺有之，曰：觥飯不及壺飧。今歲晚矣。子將奈何？』」

ㄍㄨㄥˇ

【拱肩縮背】
形容不健康的體態。《紅樓夢》五一回：「只有他穿著那幾件舊衣裳，越發顯得拱肩縮背，好不可憐見的。」

【拱手垂裳】
垂裳：衣裳下垂，指端坐。雙手合抱於胸前，安然端坐。形容無爲靜處。宋・蘇軾《御試制科策一道》：「今陛下處積安之時，秉不拔之勢，拱手垂裳而天下向風。」

【拱手低眉】
形容尊敬順從的樣子。魯迅《文人相輕》：「一律拱手低眉，不敢說或不屑說。」

【拱手而取】
表示取來不費一點力氣。《史記・春申君傳》：「王壹善楚，而關內二萬乘之主注地於齊，齊右壤可拱手而取也。」

【拱手而降】
拱手：雙手作揖行禮。俯首投降。元・無名氏《聚獸牌》一折：「斬漢將湯澆瑞雪，放心殺敵兵拱手而降。」也作「拱手投降」。元・無名氏《智降秦叔寶》二折：「若見了唐營人馬，再商量拱手投降。」

【拱手加額】
以手加額，表示祝賀。《新刊大宋宣和遺事》貞集：「一日，海濱侯執帝手私語云云，帝拱手加額曰：『皇天，皇天！』」

【拱手讓人】
恭順地讓給別人或外國。指懦弱可欺或甘爲奴僕、附庸。《民國通俗演義》四一回：「明知衆寡不敵，守不住這個青島，但若拱手讓人，殊不甘心。」也作「拱手讓敵」。

【拱手聽命】

順從地聽命於對方，不作反抗。《清朝野史大觀》卷一：「三奸盤結，同干大政，而軍機處之權漸移，軍機大臣皆拱手聽命。」

【拱手投降】

見「拱手而降」。

【拱手無措】

形容遇到問題拿不出處理辦法。唐・薛用弱《集異記・魏淑》：「年方四十，親老妻少，而忽中異疾，無所酸苦，但飲食日損，身體日銷耳。醫生術士，拱手無措。」

【拱揖指揮】

拱揖：拱手行禮。形容從容安舒，指揮若定。《荀子・富國》：「上下一心，三軍同力，名聲足以暴炙之，威強足以捶笞之，拱揖指揮，而強暴之國莫不趨使。」

ㄍㄨㄥˋ

【共存共榮】

共同存在，共同繁榮。指國與國之間的關係。《北洋軍閥統治時期史話》八〇章：「[張學良]通電就職時列舉四項方針：(1)停止內戰。(2)外交上採取睦鄰主義，冀達共存共榮目的。」

【共根苦藤九龍膽——一個挨挖全遭殃】

九龍膽：廣西瑤山藥材，味苦，一條根藤連長著若干圓果，深埋於地下。比喻相依為命，患難與共。例他們利害相關，休戚與共，就如共根苦藤九龍膽——一個挨挖全遭殃。

【共君一席話，勝讀十年書】

比喻談話時間不長，受益很大。明・無名氏《女眞觀》二折：「師兄才調敏捷，學生何敢望回。古人文君蔡琰，猶且不及，學生願往聽教。正是：共君一席話，勝讀十年書。」也作「**共君一夜話，勝讀十年書**」。宋・程顥、程頤《二程全集・程氏遺書》卷二二：「先生曰：古人有言曰：『共君一夜話，勝讀十年書。』若一日有所得，何止勝讀十年書也。」也作「**與君一夕話，勝讀十年書**」、「**聽君一夕話，勝讀十年書**」、「**聞君一夕話，勝讀十年書**」。

【共君一夜話，勝讀十年書】

見「共君一席話，勝讀十年書」。

【共挽鹿車】

鹿車：古時的一種小車。《後漢書・鮑宣妻傳》：「妻乃悉歸侍御服飾，更著短布裳，與宣共挽鹿車歸鄉里。」後以「共挽鹿車」指夫妻同心共志，安於貧苦。

【共爲脣齒】

比喻互相依存，休戚相關。《三國志・蜀書・鄧芝傳》：「蜀有重險之固，吳有三江之阻，合此二長，共爲脣齒，進可併兼天下，退可鼎足而立。」也作「**共相脣齒**」。《魏書・百濟傳》：「或南通劉氏，或北約蠕蠕，共相脣齒，謀陵王略。」參見「脣齒相依」。

【共相標榜】

相互誇耀、宣揚。《後漢書・黨錮傳》：「海內希風之流，遂共相標榜。」

【共相脣齒】

見「共爲脣齒」。

【共襄盛舉】

共：共同；襄：幫助，協助；盛：盛大，隆重；舉：舉動，行動。共同來協助這一盛大的行動。例全國人民共襄盛舉，齊心協力，成功地舉辦了十一屆亞運會。

【共枝別幹】

枝：枝子；幹：事物的主體或重要部分，樹幹。比喻一個老師傳授下來的但又各人自成一派。《鏡花緣》五二回：「他們所注之書，或所見不同，各有採取；或師資相傳，共枝別幹。」

【貢禹彈冠】

貢禹：西漢大臣，元帝時與王吉（字子陽）爲友；彈冠：撣去帽子上的塵土，準備做官。比喻願意輔佐政治志向相同的人。《漢書・王吉傳》：「吉與貢禹爲友，世稱『王陽在位，貢公彈冠，言其取捨同也。』」明・黃宗羲《與陳介眉庶常書》：「人之相知，貴相知心，王陽在位，貢禹彈冠。」

ㄎ

ㄎㄜ

【苛捐雜稅】

苛：苛刻，繁重。苛刻繁多的賦稅。也比喻不應有的額外負擔。例我本來負擔已經很重，再加上這些苛捐雜稅，我怎麼也吃不消了。

【苛政猛於虎】

苛酷的政令或賦稅比猛虎還兇狠可怕。《禮記・檀弓下》：「孔子過泰山側，有婦人哭於墓者而哀。夫子式而聽之，使子路問之，曰：『子之哭也，壹似重有憂者？』而曰：『然，昔者吾舅死於虎，吾夫又死焉，今吾子又死焉。』夫子曰：『何爲不去也？』曰：『無苛政。』夫子曰：『小子識之，苛政猛於虎也。』」

【科頭箕踞】

科頭：不戴帽子；箕踞：兩腿分開坐。形容散漫隨便，不拘禮法。唐・王維《與盧員外象過崔處士興宗林亭》詩：「科頭箕踞長松下，白眼看他世上人。」也作「**科頭箕裾**」。明・梅鼎祚《玉合記・入道》：「這搭兒瀑布飛流，青松夾道，將蒲團打坐一回，正是科頭箕裾長松下，白眼看他世上人。」

【科頭箕裾】

見「科頭箕踞」。

【科頭跣足】

跣（ㄒㄧㄢˇ）足：光著腳。光頭赤足。形容非常隨便，無拘無束。《醒世恆言》卷二九：「去那亭中看時，只見藤床湘簟，石榻竹几，瓶中供千葉碧蓮，爐內焚百合名香。盧柟科頭跣足，斜據石榻。面前放一帙古書，手中執著酒杯。」也作「**跣足科頭**」。

【蝌蚪變青蛙——面目全非】

蝌蚪：蛙或蟾蜍的幼體。形容面貌變化很大。例看，你把這篇文章改得像蝌蚪變青蛙——面目全非，作者是不會滿意的。也作「**老壽星還童——面目全非**」。

【蝌蚪撵鴨子——送死】

也作「**蝌蚪撵鴨子——找死**」。見「耗子舔貓鼻子——找死」。

【瞌睡碰著枕頭——湊巧】

見「過河碰上擺渡人——巧極了」。

【瞌睡碰著枕頭——求之不得】

比喻要求非常迫切，或機會很難得。例這是瞌睡碰著枕頭——求之不得的事呢！我已盼望多年了。也作「**燒香遇到活菩薩——求之不得**」。

【瞌睡送個枕頭——正是時候兒】

比喻正合心意。例主任讓我去學電腦，這可是瞌睡送個枕頭——正是時候兒了。也作「**瞌睡遇到枕頭——剛合適**」、「**發睏給個枕頭——正得勁兒**」

【磕頭禮拜】

形容十分恭敬地跪拜施禮。《歧路燈》一三回：「也守禮再三央人，磕頭禮拜；他舅恨極，發誓再不上他的門。」

【磕頭如搗】

形容十分急切地乞求。《野叟曝言》一一四回：「可汗磕頭如搗的說道：『我等肉眼凡夫，不知天使係何等神佛。』」

【磕頭撞腦】

形容經常碰到。元・秦簡夫《東堂老》三折：「自家揚州奴。我往常但出門，磕頭撞腦的，都是我那朋友兄弟。今日見我窮了，見了我的，都躲去了。」

【磕牙料嘴】

多嘴多舌，搬弄是非。元・無名氏《舉案齊眉》三折：「咱與你甚班輩，自來不相會，走將來磕牙料嘴。」

【磕一個頭放三個屁——行善沒有作惡多】

作惡多端的人幹不出什麼好事。例你說王二牛昨天幫鄰居孫寡婦幹了一天活，我看他磕一個頭放三個屁——行善沒有作惡多，還不知包藏著什麼禍心呢！

ㄎㄜˇ

【可乘之機】

可以利用的機會。《晉書・呂纂傳》：「宜繕甲養銳，勸課農殖，待可乘之機，然後一舉蕩滅。」也作「**可乘之隙**」。《三國演義》一四回：「[陳]宮曰：『小沛原非久居之地。今徐州既有可乘之隙，失此不取，悔之晚矣。』」也作「**可乘之釁**」。宋・蘇洵《審敵》：「邊境之上，豈無可乘之釁。」

【可乘之隙】

見「可乘之機」。

【可乘之釁】

見「可乘之機」。

【可歌可泣】

值得歌頌讚美，令人感動淚下。形容事蹟特別感人。清・華偉生《開國奇冤》卷上：「在下買了一本，細細讀來，倒也實事實情，寫得可歌可泣。」也作「**可歌可涕**」。清・汪琬《計甫草〈中州集〉序》：「幸得追隨其步趨，而相與上下往復其議論，無不動心駭魄，可歌可涕。」也作「**可泣可歌**」。清・袁枚《小倉山房尺牘》一七〇首：「見案上有見賜手書，哭似村諸絕，情文雙至，可泣可歌。」

【可歌可涕】

見「可歌可泣」。

【可見一斑】

一斑：豹身上的一塊斑紋。比喻從看到的一點可以推知全貌。《清朝野史大觀》卷四：「嗟乎，以酗酒狎妓之微嫌，遂沒其困苦艱難之功業，清朝之賞罰不均，可見一斑。」

【可驚可愕】

見「可喜可愕」。

【可憐無定河邊骨，猶是春閨夢裏人】

可憐的是將士枯骨已暴露於無定河邊，卻仍是他家春閨裏的妻子夢中盼歸的人。揭露戰爭殘酷無情，破壞人民的幸福生活。唐・陳陶《隴西行四首》詩之二：「誓掃匈奴不顧身，五千貂錦喪胡塵。可憐無定河邊骨，猶是春閨夢裏人」。

【可泣可歌】

見「可歌可泣」。

【可人風味】

令人滿意而又獨具特色的風光情味。宋・謝薖《山間》詩：「籬落秋花未得霜，嫣然一笑媚秋陽。可人風味撩詩興，不記姚家宮樣黃。」

【可望不可即】

即：接觸，靠近。可以看得見，但不能接近。唐・張說《遊洞庭湖》：「緬邈洞庭岫，葱濛水霧色。宛在太湖中，可望不可即。」也作「**可望不可及**」。宋・惠洪《石門文字碑，次韻朝陽二首》詩之一：「此詩麗如春，妍暖破沈寂。如追蓟子訓，可望不可及。」也作「**可望不可至**」。梁・沈約《臨高台行》四二：「所思愛何在，洛陽南陌頭，可望不可至，何用解人憂？」也作「**可望不可親**」。唐・宋之問《明河篇》：「明河可望不可親，願得乘槎一問津。」

【可望不可親】

見「可望不可即」。

【可望不可至】

見「可望不可即」。

【可喜可愕】

愕：驚訝。又喜悅，又驚訝。清・汪琬《代〈陝西通志〉序》：「其間名山巨河，鳥道雲棧，沙渦盤隥，深峻窅渺，可喜可愕之地，無不周歷。」也作「**可驚可愕**」。明．袁宏道《徐文長傳》：「其所見山奔海立，沙起雷行，雨鳴樹偃，幽谷大都，人物魚鳥，一切可驚可愕之狀，皆一一達之於詩。」

【可想而知】
指根據推想就可知道。《鏡花緣》七一回：「他們行爲如此，其平時家庭盡孝之處可想而知，所以至今名垂不朽。」

【可心如意】
可：合宜。比喻心裏滿意。《紅樓夢》六五回：「這如今要辦正事，不是我女孩兒家沒羞恥，必得我揀個素日可心如意的人，才跟他。」也作「**稱心如意**」。

【可一不可再】
某些事情，做一次還可以，如果再做，就不恰當或貽笑大方了。明．沈德符《萬曆野獲編．王上舍刻本》：「古來忠孝至性，事有可一不可再者。如岳武穆刺『盡忠報國』於背上，豈非眞忠？至嘉靖間，黃久庵尚書亦背刺此四字，因被言，乃疏以自明，遂墮士林笑海。」

【可以共患難，不可以共安樂】
指帝王在創立基業打天下的艱難時期，可與大家患難與共；等到皇冠到手，大局已定，就不能安樂與共，要下手打擊、殺害有功的大臣了。比喻刻薄寡情，忘恩負義。明．梁辰魚《浣紗記》四四齣：「吾聞『高鳥盡，良弓藏，狡兔死，走狗烹』。主公爲人，長頸鳥喙，鷹視狼步。可以共患難，不可以共安樂。老夫即圖遠去，大夫亦宜早行，不可使有後悔。」

【可以意會，不可以言傳】
只能心裏領會，不能用言語表達。清．劉大櫆《論文偶記》：「凡行文多寡短長，抑揚高下，無一定之律，而有一定之妙，可以意會，不可以言傳。」

【可有可無】
形容無關緊要。《兒女英雄傳》二六回：「我只問姐姐，一般兒大的人，怎麼姐姐給我說人家兒，這庚帖就可有可無。」

【可與共安樂，亦可與共患難】
比喻不論何時都是相互信任，同甘共苦。明．梁辰魚《浣紗記》三九齣：「常言道：『可與共安樂，亦可與共患難。』當初主公歡喜，伯嚭也歡喜；如今主公煩惱，伯嚭也煩惱；難道主公今日受苦，伯嚭倒快活不成！」。

【可與人言無二三】
舊時認爲，與人談話，要存點戒心，不可多說。《古謠諺》卷二五《嘯紅筆記》：「『不如意事常八九』，世俗習傳語也。二師乃云：『可與人言無二三』。更覺有味。」

【可與言而不與之言，失人；不可與言而與之言，失言】
可以同他交談，卻不去交談，會錯過人才；不可以同他交談，卻去交談，就徒費言語。比喻言談必看對象。《論語．衛靈公》：「可與言而不與之言，失人；不可與言而與之言，失言。知者不失人，亦不失言。」

【可著頭做帽子】
按照頭的大小做帽子。比喻過日子要精打細算。例「可著頭做帽子」，不浪費布料，「數米下鍋」，不浪費糧食，這種精神是應該提倡的。

【可著頭做帽子——一點兒富餘也沒有】
可著：盡著。形容沒有絲毫寬裕。例我們的口糧是可著頭做帽子——一點兒富餘也沒有，千萬不能浪費。也作「**可著屁股裁尿布——沒寬裕**」。

【渴不飲盜泉，饑不食漏脯】
見「渴不飲盜泉水，熱不息惡木陰」。

【渴不飲盜泉水，熱不息惡木陰】
盜泉：泉名，在今山東省泗水縣。《尸子》卷下載：孔子「過於盜泉，渴矣而不飲，惡其名也」；惡木：不好的樹木。渴了不在盜泉中飲水，熱了不在惡樹下歇涼。比喻任何時候都要保持高潔的操守。晉．陸機《猛虎行》：「渴不飲盜泉水，熱不息惡木陰。惡木豈無枝，志士多苦心。」也作「**渴不飲盜泉，饑不食漏脯**」。漏脯：隔夜的肉，古人認爲吃了會致命。《文明小史》五七回：「現在看你疲乏了，所以勸你吸兩筒煙。你既然執定了這個『渴不飲盜泉水，熱不息惡木陰』的宗旨，我也不敢進辭了。」也作「**熱避惡木陰，渴辭盜泉水**」。宋．黃庭堅《次韻晁元忠西歸十首》詩之六：「熱避惡木陰，渴辭盜泉水。曾回勝母車，卞落抱玉淚。」

【渴不擇飲】
口渴的時候，來不及選擇飲料。比喻需要緊迫，來不及挑選。例俗話說：「渴不擇飲。」我們購買原料也不能因爲急等急用就隨便降低標準。

【渴而穿井，臨難鑄兵】
穿：鑿通；兵：武器。渴了才打井，敵人來了才鑄造兵器。比喻辦事平日毫無準備，臨時應付已來不及。梁元帝《金樓子》：「立言：若臨時方就，則不舉矣，渴而穿井，臨難鑄兵。並無益也。非直是矣，復須適時用矣。」也作「**渴而掘井，鬥而鑄錐**」。《黃帝內經．素問．四氣調大論》：「夫病已成而後藥之，亂已成而後治之，譬猶渴而掘井，鬥而鑄錐，不亦晚乎！也作「**臨渴掘井**」。

【渴而掘井，鬥而鑄錐】
見「渴而穿井，臨難鑄兵」。

【渴驥奔泉】
驥：駿馬。口渴的駿馬奔向泉水。①比喻書法矯健奔放。《新唐書．徐浩傳》：「嘗書四十二幅屏，八體皆備，草隸尤工，世狀其法曰：『怒猊扶石，渴驥奔泉。』云。」②比喻急迫的願望。清．采蘅子《蟲鳴漫錄》：「麋生伺於門，表妹乘車至，彼此如渴驥奔泉，入戶稍寒溫，即攜手至柴室狎褻。」也作「**渴鹿奔泉**」。明．袁宏道《答王以明》：「習久，漸慣苦讀，古人微意，或有一二悟解處，輒叫號跳躍，如渴鹿之奔泉也。」

【渴鹿奔泉】
見「渴驥奔泉」。

【渴時一滴如甘露，藥到眞方病即除】
渴急時喝一口水也覺得像喝了甜水；吃了好方子配的藥，病就好了。比喻工作做到點子上，問題就會迅速解決。例古話說得好：「渴時一滴如甘露，藥到眞方病即除。」這個配件所費不多，眞正解決了問題，可以說是及時雨了。

ㄎㄜˋ

【克愛克威】
克：能。能以恩德使人喜歡，能以威嚴使人敬服。形容當政者以威德使人心悅誠服。《尙書．胤征》：「威克厥愛，允濟；愛克厥威，允罔功。」

【克敵制勝】
戰勝敵人，取得勝利。《水滸傳》二〇回：「林沖道：『只今番克敵制勝，便見得先生妙法。』」

【克恭克順】
克：能夠。恭敬而順從。例他對待長輩總是克恭克順，十分有禮貌。

【克己奉公】
克：約束。嚴格要求自己，一心爲公。《北史．魏本紀》：「自今牧守溫良仁儉克己奉公者，可久於其任，歲積有成，遷位一級。」

【克己復禮】
復：符合。約束自己，使言行符合於禮。《論語．顏淵》：「克己復禮爲仁。一日克己復禮，天下歸仁焉。」清．高珩《〈聊齋志異〉序》：「夫人但知居仁由義，克己復禮，足爲善人君子矣。」

【克己愼行】
克制自己，謹愼行事。唐．韓愈《送齊皞下第序》：「故上之人行志擇誼，坦乎其無憂于下也；下之人克己愼行，確乎其無惑於上也。」

【克儉克勤】
見「克勤克儉」。

【克盡厥職】
厥：其，他的。能忠於職守，做好分內的工作。例做爲一個部門的領導，克盡厥職，是最起碼的要求。

【克勤克儉】
勤勞節儉。《宋史．王應麟傳》：「克勤克儉，無自縱逸。」也作「**克儉克勤**」。宋．陳亮《廷對》：「推其本原，則曰克儉克勤，不自滿假而已。」

【克紹箕裘】
紹：繼承；箕：畚箕；裘：皮襖。《禮記．學記》：「良冶之子，必學爲裘；良弓之子，必學爲箕。」後用以比喻子孫能很好地繼承先人的事業。明．陳汝元《金蓮記．首引》：「不久量移儋耳，重拜宸旒。怨將德報，喜雙兒克紹箕裘，戒和尙一朝提醒，合門共證前修。」

【刻薄不賺錢，忠厚不折本】
意爲做生意要誠實。《醒世恆言》卷三：「秦重聞知昭慶寺僧人，要起個九晝夜功德，用油必多，遂挑了油擔來寺中賣油。那些和尙們也聞知秦賣油之名，他的油比別人也好又賤，單單作成他。所以一連這九日，秦重只在昭慶寺走動。正是：刻薄不賺錢，忠厚不折本。」

【刻薄成家，理無久享】
刻薄致富的人家，按理是不會長久的。清．張春執《黑籍冠魂》四回：「不知不義之財，總有惡貫滿盈之日。常言道：『刻薄成家，理無久享』。」

【刻不容弛】
見「刻不容緩」。

【刻不容遲】
見「刻不容緩」。

【刻不容緩】
形容形勢緊迫，一刻也不能拖延。清．林則徐《親勘海塘各工片》：「臣此次親詣覆勘，所估各段，皆係刻不容緩之工。」也作「**刻不容遲**」。清．方苞《請復河南漕運舊制札子》：「厥土墳壤，一經雨雪，牛車淖陷，日行不能十里；而漕期刻不容遲，雇夫盤駁，價且十倍。」也作「**刻不容弛**」。弛：鬆懈，弛緩。明．朱之瑜《答安東守約書》：「退自儆策，刻不容弛。」

【刻骨鏤心】
見「刻骨銘心」。

【刻骨銘肌】
見「刻骨銘心」。

【刻骨銘心】
銘：在器物上刻字。永遠記在心中，永遠不忘。唐．李白《上安州李長史書》：「深荷王公之德，銘刻心骨。」元．劉時中《端正好．上高監司》曲：「萬萬人感恩知德，刻骨銘心，恨不得展草垂繮。」也作「**刻骨銘肌**」。唐．李德裕《代李玨與郭誼書》：「每懷恩遇，刻骨銘肌。」也作「**銘肌鏤骨**」、「**銘心鏤骨**」。

【刻鵠類鶩】
鵠：天鵝；鶩：ㄨˋ，鴨子，泛指野鴨。刻天鵝卻像野鴨。比喻仿效不眞。南朝梁．劉勰《文心雕龍．比興》：「故比類雖繁，以切至爲貴，若刻鵠類鶩，則無所取焉。」

【刻畫無鹽】
刻畫：描摩；無鹽：古代傳說中的醜婦。精心描摩無鹽。比喻突出了醜的，貶低了美的。《晉書．周顗傳》：「庾亮嘗謂顗曰：『諸人咸以君方樂廣。』顗曰：『何乃刻畫無鹽，唐突西施也！』」宋・陳亮《桂枝香》詞：「任點取、龍涎篤耨，兒女子看承，萬屈千屈。仿數珠兒，刻畫無鹽唐突。」

【刻肌刻骨】

比喻感受十分深切。《宋書・范曄傳》：「禍敗已成，猶不覺悟，退加尋省，方知自招，刻肌刻骨，何所復補。」

【刻木為吏】

吏：獄卒。用木削刻成的獄卒。形容獄卒兇殘，使人無法忍受。漢・司馬遷《報任安書》：「故士有畫地為牢，勢不可入；削木為吏，議不可對。」《漢書・路溫舒傳》：「畫地為獄，議不入；刻木為吏，期不對。」也作「**削木為吏**」。

【刻意經營】

刻意：專心一意。用盡心思去籌劃安排。清・王晫《今世說・規箴》：「此事定須霞思雲想，刻意經營，奈何頹唐落墨，便布人間？」

【刻舟求劍】

《呂氏春秋・察今》：「楚人有涉江者，其劍自舟中墜於水，遽刻其舟，曰：『是吾劍之所從墜。』舟止，從其所刻者入水求之。舟已行矣，而劍不行，求劍若此，不亦惑乎。」後以「刻舟求劍」比喻拘泥固執，不知變通。《紅樓夢》一二〇回：「似你這樣尋根究底，便是刻舟求劍，膠柱鼓瑟了。」

【刻足適屨】

屨：ㄐㄩˋ，用麻等物製成的鞋。腳大鞋小，把腳削下一部分，以適應鞋的大小。比喻輕重倒置。宋・陸游《讀何斯舉黃州秋居雜咏次其韻》：「昔人亦有言，刻足以適屨。」也作「**削足適履**」。

【恪勤匪懈】

恪（ㄎㄜˋ）勤：勤懇；匪：不。忠於職守，勤奮不懈。《新唐書・百官志》：「流內之官，敍以四善：一曰德義有聞，二曰清慎明著，三曰公平可稱，四曰恪勤匪懈。」

【恪守不渝】

恪：ㄎㄜˋ，謹守，恭守；渝：改變。對某種信仰或規定嚴格遵守，絕不改變。例計畫生育、優生優育是我國恪守不渝的基本國策。

【恪守成式】

見「恪守成憲」。

【恪守成憲】

憲：法令。嚴格遵守法令。《元史・完澤傳》：「元貞以來，朝廷恪守成憲，詔書屢下，散財發粟，不惜巨萬，以頒賜百姓，當時以賢相稱之。」也作「**恪守成式**」。《清史稿・端慧太子永璉傳》：「朕御極后，恪守成式，親書密旨，召諸大臣藏於乾清宮『正大光明』榜後，是雖未冊立，已命為皇太子矣。」

【客不送客】

客人告辭時主人送，別的客人不必送。比喻多此一舉。王少堂《武松》一〇回：「彼此為客，客不送客，你有要事在身，不必跟我客氣。」

【客大欺行，行大欺客】

客：客商；行：ㄏㄤˊ，商行、商店。比喻財大氣粗，仗財欺人。例以前商場中那種「客大欺行，行大欺客」的壞習氣，今天還不能說已經完全絕跡了。

【客來茶當酒，意好水也甜】

形容對客人以誠相待。例俗話說：「客來茶當酒，意好水也甜。」今天的飯菜十分簡單，請隨便吃點，好在我們主要的是聚在一起敍談敍談。

【客囊羞澀】

囊：錢袋。旅途中帶錢不多。清・孔尚任《桃花扇・訪翠》：「只是一件，客囊羞澀，恐難備禮。」

【客廳裏掛草蓆——不是話(畫)】

見「驢皮貼牆上——不像話(畫)」。

【客廳裏掛狗皮——那像什麼話（畫）】

話：「畫」的諧音。雙關語，比喻不成話、不像話。例怎麼讓客人來侍候主人？眞是客廳裏掛狗皮——那像什麼話（畫）。也作「**客廳裏掛驢皮——成啥話（畫）**」。

【客聽主便】

客人聽從主人的安排。例「客聽主便」，你做什麼，我們就吃什麼。

【客棧臭蟲——逢人就吃】

比喻惡人的兇惡、野蠻。例這小子是客棧臭蟲——逢人就吃，不知殘害了多少人，終於受到了嚴厲懲罰。

【騍馬上不了陣】

騍馬：即母馬。舊時歧視婦女，認為婦女辦不了大事。例現今這個時代若還視婦女如騍馬上不了陣，就是落伍了。

【騍豬鑽籬笆——進退兩難】

騍豬：母豬。見「光腳丫走進蒺藜窩——進退兩難」。

【嗑瓜子嗑出個臭蟲來——什麼人（仁）兒都有】

人：「仁」的諧音。雙關語，比喻形形色色的人都會有。例眞是嗑瓜子嗑出個臭蟲來——什麼人（仁）兒都有，大家沒黑沒白地幹，他可倒好，站在旁邊看哈哈。你說，這叫什麼人？也作「**砸核桃砸出個蝦米——什麼人（仁）都有**」。

【嗑瓜子嗑出蝦米來——碰到好人（仁）了】

人：「仁」的諧音。雙關語，比喻遇到了道德、品行好，富有同情心的人。例我算是嗑瓜子嗑出蝦米來——碰到好人（仁）了，在這次危難之中，虧得一個陌生人的救助，才得脫險。

【嗑開的瓜子兒——明擺著的人（仁）兒】

比喻一目了然。例有什麼不放心的？嗑開的瓜子兒——明擺著的人（仁）兒，不了解的話，可以當面問清楚嘛！

ㄎㄞ

【開場白】
原指演出開始時引入正題的道白。現指作文章或講話開始前的引言。例小王主持節目的功力一流，每次他說完一段開場白，總是會引起一陣哄堂大笑。

【開場鑼鼓】
原為戲曲開演前敲的鑼鼓。比喻某種活動開始前所做的各種準備工作。例這個龍鳳大拼盤算什麼，不過是這次宴會的開場鑼鼓而已。好菜還在後頭哩！也作「開台鑼鼓」。例局長講話是開台鑼鼓，好戲還在後面，你耐著性子看吧！

【開誠布公】
開誠：敞開胸懷，顯示誠意。布：宣布、陳述。《三國志・蜀書・諸葛亮傳評》：「諸葛亮之為相國也……開誠心，布公道。」《宋史・崔與之傳》：「丙卒，詔盡護四蜀之師，開誠布公，兼用吳、蜀之士，拊循將士，人心悅服。」也作「開誠布信」。宋・陳亮《中興論》：「平居無事，則欲開誠布信以攻敵心。」

【開誠布信】
見「開誠布公」。

【開誠相見】
見「開心見誠」。

【開春的柳絮——滿天飛】
形容到處亂跑或到處傳揚。例他像開春的柳絮——滿天飛，遍遊了全國所有的名勝古蹟，不知花了多少公款。也作「出巢的蜜蜂——滿天飛」。

【開春的兔子——成幫結夥】
比喻人數很多，成羣結隊。多指不三不四的人。例參加暑期自強活動的學生像開春的兔子——成幫結夥，聚集在火車站的周圍。

【開大口，講大話】
自吹自擂。《三寶太監西洋記》六四回：「好大毛人，敢開大口，講大話。你回去問昨日的番狗奴討一個信，再來也未遲哩！」

【開倒車】
比喻違背前進的方向，往後倒退。例怎麼能讓他當主管？他思想保守，很可能開倒車。

【開店的不怕大肚漢】
比喻碰著惡人沒有辦法。例在這條街上擺設攤販是一定得給保護費的，我們只能說「開店的不怕大肚漢」，要接受這種情況。

【開店容易守店難】
開店鋪最怕整天到晚接待顧客。例雖然我們的夢想是合資開一家咖啡店，但實際上是開店容易守店難，要面對的事情又多又雜。

【開頂風船】
比喻敢於迎著困難而上。例現在就需要小耿這樣開頂風船的角色。

【開弓不放箭】
比喻虛張聲勢，故作姿態或擺出架式，待機行事。例林經理說話喜歡虛張聲勢，實際上卻又開弓不放箭，讓人對他的眞誠度存疑。也作「只拉弓，不放箭」。《官場現形記》一八回：「你如今到浙江，事情雖然不好辦，我教給你一個好法子，叫做『只拉弓，不放箭』。」

【開弓不放箭——躍躍欲試】
形容迫不急待地想試一試。例運動會還沒開始，小運動員們都擺出了開弓不放箭——躍躍欲試的架勢，決心比個高低，奪取冠軍。

【開弓的箭——永不回頭】
比喻意志堅定，毫不動搖。例志願一經決定，應像開弓的箭——永不回頭，這樣，就容易做出成績來。也作「開弓的箭——絕不回頭」、「高山滾石頭——永不回頭」、「馬脫韁，鳥出籠——永不回頭」。

【開弓沒有回頭箭】
箭射出去，無法再收回來。比喻事情既然開始，就要幹到底。例我們做事要採取開弓沒有回頭箭的態度，才會成功。

【開溝挖井——步步深入】
比喻事物逐漸向縱深發展。例學習不能停留在表面上，要開溝挖井——步步深入，掌握精神實質。

【開國承家】
指建立邦國，繼承家業。《三國志・吳書・陸抗傳》：「臣聞開國承家，小人勿用。」

【開國功臣】
見「開國元勳」。

【開國元勳】
對建立新的朝代或國家有大功的人。《西湖二集・吳山頂上神仙》：「那時第一個開國元勳青田劉伯溫先生與冷啓敬相好，時常以道術互相參證。」也作「開國功臣」。《水滸全傳》五四回：「看那呼延灼一表非俗，正是：開國功臣後裔，先朝良將玄孫。」

【開後門】
比喻以拉關係、循私情等不正當途徑，達到某種目的。例現在辦事眞不容易，正門走不通，非得有人給你開後門才行，這種風氣非反不可。

【開花結果】
見「開花結實」。

【開花結實】
經過播種耕耘而獲得果實。後比喻工作經過努力取得良好成果。《雲笈七籤》卷五六：「腹中無滓穢，但有眞精元氣，淘汰修煉不輟，自然開花結實矣。」也作「開花結果」。《古今小說》卷一：「如今方下種，還沒有發芽哩，再隔五六年，開花結果，才到你口。」

【開花帳】
比喻造假帳目。例你口口聲聲說不怕上面來查帳目，你以為你開花帳的事沒有人知道嗎？

【開懷暢飲】
形容無所拘束，痛痛快快地喝酒。

元・無名氏《射柳捶丸》三折：「令人安排酒餚，與衆大人們玩賞端陽，開懷暢飲。」

【開基立業】

開創新的朝代或國家。《說唐》四回：「這誕生的世子就是後來勸父舉兵，開基立業，神文聖武大唐太宗皇帝。」

【開疆拓土】

見「開疆展土」。

【開疆展土】

擴展國家的疆土領域。元・無名氏《射柳捶丸》四折：「俺則待盡㠯忠開疆展土。」也作「開疆拓土」。《說唐》三回：「況我累代將門，若得志斬將搴旗，開疆拓土，也得耀祖榮宗。」

【開卷有得】

見「開卷有益」。

【開卷有益】

開卷：打開書本，泛指讀書。打開書本，總有收穫。宋・王辟之《澠水燕談錄》卷六：「太宗日閱《御覽》三卷，因事有缺，暇日追補之。嘗曰：『開卷有益，朕不以爲勞也。』」也作「開卷有得」。《宋書・陶潛傳》：「年來好書，偶愛閒靜，開卷有得，便欣然忘食。」

【開科取士】

指科舉時代通過考試選取士人。清・程允升《幼學故事瓊林・文事》：「秦始皇無道，焚書坑儒；唐太宗好文，開科取士。」

【開空頭支票】

空頭支票：票面金額超過存款金額或透支限額的支票。空頭支票不能兌現。比喻說空話、瞎許願。例他簡直是開空頭支票，說好請我們吃飯的，到現在也不見影兒。

【開口告人難上難】

比喻心裏的苦衷說不出口。元・施惠《幽閨記》二六齣：「[小旦]不容奴在此間，千羞萬慚，開口告人難上難。傷情無雨淚偸彈也。[末]這般悽惶事憑愁煩。」

【開口見喉嚨】

比喻一開口說話就露了餡兒。例小林是個不會說謊的人，只要多套兩句話，他很容易就開口見喉嚨，洩了底。

【開口求人難】

不好意思開口求人。例小陳的自尊心很強，叫他有求於人，若非得已，對他來說是開口求人難。

【開快車】

比喻加快工作進度。例同學們，剩下的複習時間不多了，咱們得開快車了。

【開了花的竹子——活不長】

竹子不常開花，開花後就快枯死了。也作「開了花的竹子——活不久」、「開了花的竹子——短命得很」。見「罐子裏栽花——活不長」。

【開了瓶的啤酒——好衝】

見「桂林三花酒——好衝」。

【開了水的鍋——沸騰起來】

比喻情緒十分高漲，或事物蓬勃發展起來。例第一顆原子彈試驗成功，全國人民就像開了水的鍋——沸騰起來了。

【開了閘的電燈——豁然亮堂】

閘：ㄓㄚˊ，指電閘。形容一下子變得開闊明亮。也指心裏一下子領悟到某種道理。例聽了他的報告之後，我覺得自己像開了閘的電燈——豁然亮堂啦，對一些問題不再疑惑不解了。

【開了閘的河水——一瀉千里】

多形容文筆流暢，氣勢奔放。例李白的詩就像開了閘的河水——一瀉千里，眞是前無古人，後無來者。

【開了閘的水庫——滔滔不絕】

見「決堤的河水——滔滔不絕」。

【開路先鋒】

原指行軍作戰的先頭人員。現比喻在某項事業中起先導作用的集體或個人。例王老師多年來致力於教育改革，算是這方面的開路先鋒。

【開綠燈】

原爲交叉路口表示可以通行的交通信號燈。比喻提供方便，允許通過。例你們儘管做吧！我保證爲你們一路開綠燈。

【開灤打官司——沒（煤）的事】

開灤：指開灤煤礦；沒：「煤」的諧音。雙關語，比喻沒有那回事。例我鄭重的聲明，有人傳說我已宣布與小張斷絕關係，這純屬開灤打官司——沒（煤）的事。

【開鑼喝道】

原指舊時官員出行，由人在前先敲鑼，讓行人迴避。現也指爲某事先造輿論。《官場現形記》二回：「每逢出門，定要開鑼喝道，叫人家認得他是官。」也作「鳴鑼開道」。

【開帽子工廠】

比喻羅織各種罪名加害於人。例都什麼時候了，你們還想開帽子工廠害人吶！

【開眉展眼】

形容心情愉快。《水滸傳》一五回：「若能夠受用得一日，便死了開眉展眼。」也作「眉開眼笑」。

【開門紅】

比喻年初或一開始就取得了顯著成績。例這項工程就要開工了，我們要做好一切準備工作，爭取來個開門紅。

【開門見山】

比喻說話或寫文章直截了當。清・李漁《閒情偶寄・格局第六》：「予謂詞曲中開場一折，即古文之冒頭，時文之破題，務使開門見山，不當借帽覆頂，即將本傳中立言大意，包括成文。」

【開門納寇】

見「開門揖盜」。

【開門納狼】

見「開門揖盜」。

【開門納賊】

見「開門揖盜」。

【開門炮】

比喻講話開頭的幾句重要的話。例聽他幾句開門炮好像煞有介事，誰知竟是虎頭蛇尾，越說越沒勁。

【開門延盜】

見「開門揖盜」。

【開門揖盜】

打開門讓强盜進來。比喻自招禍患。《東周列國志》三回：「申公借兵失策，開門揖盜，使其焚燒宮闕，戳及先王，此不共之仇也。」也作「開門延盜」。明·王濟《君子堂日詢手鏡》：「檳榔善墜，唯瘴氣者可服，否則能病眞氣，有開門延盜之患。」也作「開門納寇」。《五代史平話·周史下》：「[孫晟謂劉仁贍曰]公受國厚恩，不可開門納寇！」也作「開門納賊」。《金史·溫迪罕移室懣傳》：「一旦開門納賊，城中百姓皆被殺掠；毋以我故敗國家事，賊無能爲也。」也作「開門納狼」。宋·孔平仲《紫髯將軍》：「揆彼之量豈我容，開門納狼計何拙。」

【開山放瞎炮——沒想（響）】

瞎炮：爆破中沒有爆炸的炮；想：「響」的諧音。比喻沒有想到，或沒有想頭。例我贊成改革開放，但離開首都到別的城市去開拓一番事業，還是開山放瞎炮——沒想（響）。

【開山老祖】

見「開山祖師」。

【開山始祖】

見「開山祖師」。

【開山之祖】

見「開山祖師」。

【開山祖師】

開山：佛教用語，指最先在某名山創立寺院；祖師：佛教、道教創立宗派的人。現借指某一學派或某項事業的創始人。宋·劉克莊《詩話》：「歐公詩如昌黎，不當以詩論，本朝詩唯宛陵爲開山祖師。」也作「開山始祖」。《二十年目睹之怪現狀》三〇回：「你好大膽！沒規矩，沒王法的！犯了這製造局的開山始祖曾中堂曾文正公的諱！」也作「開山之祖」。《孽海花》二回：「聽說寶善街，那就是前明徐相國文貞之墓地。文貞爲西法開山之祖。」也作「開山老祖」。魯迅《從幫忙到扯淡》：「屈原是『楚辭』的開山老祖，而他的《離騷》，卻只是不得幫忙的不平。」

【開釋左右】

開釋：原指赦免，後也用以指勸導；左右：用於信札，尊稱對方。用信札開導、勸慰對方。宋·孫覿《內簡尺牘·與信安郡王孟少傳》：「自聞問便當馳慰，顧以老生常談之言，未必能開釋左右。」

【開水沖牛紅——不成】

牛紅：牛血。牛血用開水沖和，不能凝結成塊。比喻辦不到。例你把大學的教學方法，搬到中學裏去，是開水沖牛紅——不成。

【開水灌鼠洞——一窩都是死】

見「滾湯潑老鼠——一窩兒都是死」。

【開水裏和麵——下不了手】

比喻事情棘手，不知從何做起。例這個問題複雜極了，要解決它，就像開水裏和麵——下不了手。也作「開水裏和麵——難下手」、「開水裏和麵——無法下手」、「生剝刺猬——難下手」。

【開水潑老鼠——不死也要脫層皮】

比喻遭受沉重打擊。例敵人這次侵犯，在我軍的嚴厲打擊下，就像開水潑老鼠——不死也要脫層皮。也作「活人跳進滾水盆——不死也要脫層皮」、「麻雀飛進貓口——不死也要脫層毛」、「母雞跳進灶——不死也要脫層毛」、「麻雀飛進煙窗裏——有命也沒毛」。

【開水煮鍋巴——你不靠我，我不靠你】

比喻誰也不依賴誰。例從今以後，你可以開始獨立生活，我們之間就像開水煮鍋巴——你不靠我，我不靠你。

【開水煮棉絮——熟套子】

比喻老一套。例你的所謂「創造發明」，只不過是開水煮棉絮——熟套子而已，沒有一點新的東西。

【開水煮鴨蛋——越煮越硬】

①比喻經過磨練，越來越堅强。例這個青年經過幾年的戰爭鍛鍊，就像開水煮鴨蛋——越煮越硬，現在是一個堅强的戰士了。②形容越來越固執，或越來越强硬。例有部分不良分子，抗拒改造。他們是開水煮鴨蛋——越煮越硬，必須採取嚴厲措施。

【開台鑼鼓】

戲劇開演前的合奏。比喻某件工作的序幕或開頭。例這次學術報告會有許多高水準的研究報告，我那內容淺顯的文章，就當作一番開台鑼鼓好了。

【開天窗】

舊時報紙因新聞檢查臨時抽稿在版面上留下的空白。例報紙開天窗，這是過去的事了，現在可沒見過。

【開天闢地】

古代神話傳說盤古氏開天闢地，才有了人類的歷史。形容前所未有。明·黃周星《補張靈崔瑩合傳》：「吾曩者虎丘所遇之佳人，即豫章人也。乞君爲我多方訪之，冀得當以報我。此開天闢地第一吃緊事也。」也作「天地開闢」、「闢地開天」。

【開頭炮】

比喻首先發言。例你們顧慮太多，讓我來開頭炮，你們接著補充。

【開玩笑】

①喻指用言論行動戲弄他人。例我不過跟他開玩笑，他就認眞了，氣得直哭。②比喻不嚴肅、不認眞的態度。例這可是人命關天的大事，你們可不能開玩笑。

【開物成務】

物：事物；務：事情。揭開事物之理，據此行事。清·黃宗羲《艮齋學案》：「永嘉之學，教人就事上理念，步步著實，言之必使可行，足以開物成務。」

【開柙出虎】

柙：ㄒㄧㄚˊ，關猛獸的木籠。打開獸籠，放出老虎。形容怠忽職守，或放縱壞人。《初刻拍案驚奇》卷二二：「開柙出虎，孔宣父不責他人；當路斬蛇，孫叔敖蓋非利己。」

【開小差】

①指軍人私自離隊或逃走。例你怎麼能隨便開小差呢？②比喻思想不集中。例這個學生上課開小差，什麼也沒聽進去。

【開小會】

開會時，三三兩兩在下面小聲交談。例喂，大家注意了，先別開小會了，下面有重要事情宣布。

【開心斧】

比喻打通思想，使人心情舒暢的話。例你的話眞是開心斧，自從你找他談心以後，他的精神完全變了。

【開心見誠】

指眞心誠意待人。《後漢書·馬援傳》：「且開心見誠，無所隱伏，闊達多大節，略與高帝同。」也作「開誠相見」。朱自清《論老實話》：「人們在感情上要求眞誠，要求眞心眞意，要求開誠相見或誠懇的態度。」

【開心明目】

思想開通，目光明亮。北齊·顏之推《顏氏家訓·勉學》：「夫所以讀書學問，本欲開心明目，利於行耳。」

【開心丸】

①比喻指使人快樂舒暢的話。例大叔，你別繃著臉，等會兒我給你幾粒開心丸，保你笑出聲來。②比喻讓人快樂的人。例我說媽媽今天怎麼眉開眼笑的，原來是你的開心丸小孫子來啦。

【開心寫意】

寫意：宣洩，抒發情感。指誠心相待。唐·李白《扶風豪士歌》：「原嘗春陵六國時，開心寫意君所知。堂中各有三千士，明日報恩知是誰？」

【開鹽店的老板——愛管閒（鹹）事】

閒：「鹹」的諧音。比喻愛過問與己無關的事情。例小萬不知從什麼時候起，成了開鹽店的老板——愛管閒（鹹）事，打抱不平，幫助了不少人，也得罪了不少人。

【開洋葷】

比喻初次嘗試或見識外國的東西。例這次出國考察，對我來說可眞是開洋葷了。

【開夜車】

比喻深夜仍在工作或學習。例你問我哪來那麼多時間從事創作？還不都是靠犧牲睡眠開夜車。

【開一隻眼，閉一隻眼】

假裝沒看見，放過壞人或壞事；暗中通融。例這個單位貪贓枉法的很多，如果我們不想揭發其內幕造成不必要的困擾，最好是開一隻，閉一隻眼讓它得過且過。

【開源節流】

開闢水源，節制水流。比喻增加收入，節省開支。清·袁枚《小倉山房尺牘》五八首：「開源節流，量入爲出，經紀之道不過如此。」

【開雲見日】

開：散開。雲散了，現出太陽。比喻驅除黑暗，重見光明。也指誤會消除。《後漢書·袁紹傳》：「曠若開雲見日，何喜如之！」也作「雲開見日」。

【開著收音機聽戲——聞聲不見人】

比喻知道是個名人，就是沒有見過。例他是一個大名鼎鼎的人物，我早就知道他的模範事蹟，但至今還是開著收音機聽戲——聞聲不見人。

【開著拖拉機攆兔子——有勁使不上】

見「大象逮老鼠——有勁使不上」。

【開宗明義】

開宗：闡明宗旨；明義：說明意思。原爲《孝經》第一章的篇名。現指說話或寫文章一開始就點明主題。冰心《寄小讀者·通訊一》：「在這開宗明義的第一信裏，請你們容我在你們面前介紹我自己。」

【揩油水】

比喻占便宜。例窮要窮得有志氣，用不著向外面回來的闊親戚那兒揩油水。

ㄎㄞˇ

【愷悌君子】

愷悌：平易近人。指謙和的書生或品德高尚的人。《左傳·僖公十二年》：「愷悌君子，神所勞矣。」

【慨當以慷】

當以：無實義。形容感慨很深。清·侯方域《復倪玉純書》：「與知己別來十年，而此生遭際，慨當以慷，乃有出於契闊之外者。」

【慨乎言之】

慨：感慨。非常感慨地談論某事。例美美每次講到和她分手的上任男友，言談中總是流露出一種慨乎言之的感覺。

【慨然領諾】

見「慨然允諾」。

【慨然應允】

見「慨然允諾」。

【慨然允諾】

慨然：慷慨的樣子。形容極爽快地答應對方。《楊家將演義》三五回：「孟良慨然允諾，自令縛己於柱上。」也作「慨然領諾」。《楊家將演義》二七回：「令婆召孟良入與言其事，孟良慨然領諾。」也作「慨然應允」。

ㄎㄞˋ

【咳唾成珠】
比喻發言精當或文筆優美。《後漢書・趙壹傳》：「勢家多所宜，咳唾自成珠。」也作「咳珠唾玉」。清・丘逢甲《嶺雲海日樓詩鈔・題梁佩瓊女史飛素閣遺集》：「梅花海裏吟香云，咳珠唾玉何繽紛。」
【咳唾凝珠】
唾沫立刻凝成冰珠。形容天氣嚴寒。晉・葛洪《抱朴子》：「嚴冬之夜，素雪墮於上，玄冰結於下，寒風催條而霄駭，咳唾凝珠於唇吻。」
【咳珠唾玉】
見「咳唾成珠」。

ㄎㄠˇ

【考績黜陟】
考核官吏政績的優劣，以定其升遷或貶黜。漢・荀悅《漢紀・哀帝紀上》：「古諸侯皆義其位，視民如子，愛國如家，於是建諸侯之賢者以爲牧，故以考績黜陟，不統其政，不禦其民。」也作「考績幽明」。唐・柳宗元《送薛存義序》：「吾賤且辱，不得與考績幽明之說。」
【考績幽明】
見「考績黜陟」。
【考名責實】
考查名稱與事實是否相當。唐・劉知幾《史通・題目》：「呂陸二氏，各著一書，唯次篇章，不繫時月，此乃子書雜記，而皆號曰《春秋》……巨細畢載，蕪累甚多，而俱榜之以『略』。考名責實，奚其爽歟？」
【烤糊了的餅子——放在碗裏盤裏都是一個味兒】
糊：同「煳」。反正不理想，怎麼都行，無所謂。例到這裏來工作，對我來說，反正是烤糊了的餅子——放在碗裏盤裏都是一個味兒，隨主管分配我幹什麼都行。
【烤爐火吹電扇——冷熱結合】
見「火爐子靠水缸——冷熱結合」。

ㄎㄠˋ

【靠邊站】
指讓開道，不妨礙別人前進。比喻被撤離職務或停止行使職權。例經濟不景氣，局長就靠邊站了，直到經濟復甦，才又回到領導崗位上。
【靠大樹草不沾霜】
比喻有權勢人物做後台，就不怕別人欺侮。《醒世姻緣傳》七一回：「這童七的老子童一品與老陳公合了下半世的伙計，童七又與小陳公合了上半世的伙計，打著陳公的旗號，人都說他是陳公的伙計，誰敢惹他……她過著這『靠大樹草不沾霜』的日子，那曉得門外的光景？」
【靠牆牆倒，靠屋屋塌】
比喻什麼也靠不上。例現代社會人情味淡薄，因此我們最好不要依靠別人，否則靠牆牆倒，靠屋屋塌，對自己來說沒有保障。
【靠山吃山，靠水吃水】
①比喻幹哪一行就靠那一行維持生活。《文明小史》二九回：「原來杞縣知縣每年出息有十來萬銀子，那高辦靠山吃山，靠水吃水，自然也是弄得一手好錢了。」②比喻根據當地客觀條件發展生產，改善生活。例我們此地氣候宜人，四季如春，是種植農作物的好地方，所謂「靠山吃山，靠水吃水」，不要浪費好條件。
【靠山吃山，靠水吃水——一方水土養一方人】
比喻當地資源養活當地人。例別擔心，靠山吃山，靠水吃水——一方水土養一方人，在山區工作，生活是不會成問題的。
【靠天田】
比喻只管播種而不進行科學管理的田地。例要提高單位面積產量，就要精耕細作，不能種靠天田。
【靠張靠李，不如靠自己】
誰也靠不住，只有靠自己。例經歷了朋友在他最危難之時竟不願伸出援手的殘酷事實後，他切身體會到靠張靠李，不如靠自己的深刻含義。也作「靠人不如靠自己」。
【靠著大河有水吃，靠著大樹有柴燒】
比喻依仗某種權勢，謀取自己的私利。例俗話說得好：「靠著大河有水吃，靠著大樹有柴燒。」現在有些人就是奉行這種「靠山哲學」，公開亮出自己的後台，要人家另眼相看。

ㄎㄡ

【摳爛木頭】
比喻欺負老實人或軟弱的人。例我看你們老闆就會摳爛木頭，你要是不厲害點兒，他還會欺負你。
【摳人家飯碗底】
吃人家的剩飯。比喻給人打工。例小李出社會到現在，還沒有做過一份正式的工作，一直都是摳人家飯碗底，很不踏實。
【摳心挖膽】
把心膽都挖取出來讓人看。形容待人眞誠。《孽海花》四回：「雯青道：『罪過！罪過！照這種摳心挖膽的待你，不想出在堂名中人……便回回落第，也是情願。』」
【摳心挖肚】
把心肚都挖出來。形容絞盡腦汁，苦苦思索。《官場現形記》二回：「這日吃過了晚膳，就靠在煙榻上，摳心挖肚的足足擬了一夜的條陳稿子，還沒有擬好。」
【摳字眼】
比喻只在字句上琢磨挑毛病。例做編輯工作的就是要摳字眼，要字斟句酌，認眞對待每一個字。

ㄎㄡˇ

【口碑載道】
口碑：比喻衆口稱頌，如文字刻於碑上。形容到處都是稱頌的聲音。《紅樓夢》九九回：「自從老爺到任，並沒見爲國出力，倒先有了口碑載道。」

【口不二價】
商品定價只有一個。《後漢書・韓康傳》：「常採藥名山，賣於長安市，口不二價，三十餘年。」也作「言無二價」。

【口不絕吟】
見「口不絕吟於六藝之文，手不停批於百家之編」。

【口不絕吟於六藝之文，手不停批於百家之編】
嘴不停地吟咏六藝的文章，手不停地翻閱百家諸子的書並在上面作各種批語。喻指學習勤奮，博覽羣書。唐・韓愈《進學解》：「弟子事先生於茲有年矣。先生口不絕吟於六藝之文，手不停批於百家之編。」也作「口不絕吟」。例先生幾十年來口不絕吟，終於在詩歌創作上別樹一格，自成一家。

【口不應心】
嘴裏說的和心裏想的不一致。《醒世恆言》卷八：「官人，你昨夜憑般說了，卻又口不應心，做下那事！」

【口不擇言】
說話不加選擇。意指話中有不妥之處。例今天我說話有些口不擇言，請多諒解。

【口吃燈草——講話輕】
燈草：燈心草的莖的中心部分，質地很輕。比喻人微言輕，說話沒有分量。例我是一個小職員，沒有地位，在總經理面前，是口吃燈草——講話輕，你還是另託別人吧。

【口吃甘蔗登樓梯——節節甜來步步高】
比喻人的境況越來越好，地位不斷提高。例這幾年，我們的生活就像口吃甘蔗登樓梯——節節甜來步步高，一年更比一年好。也作「吃著甘蔗上台階——步步高，節節甜」、「吃甘蔗爬山——步步高，節節甜」。

【口吃青果——先苦後甜】
青果：橄欖果。比喻要經過奮鬥和磨練，才能有幸福的日子。例創業是艱苦的，但是，口吃青果——先苦後甜，爲了將來的幸福，我們吃盡苦頭也是值得的。也作「十年寒窗中狀元——先苦後甜」。

【口吃青果——越嚼越有味】
比喻越鑽研越有興趣。例學習哲學，開始有嚼蠟之感，但是，只要堅持下去，就像口吃青果——越嚼越有味。也作「小孩子吃甘蔗——越嚼越有味兒。」

【口齒生香】
滿口都有香味。比喻所讀作品文辭優美，意味深長。《鏡花緣》五六回：「前者捧讀諸位姐姐佳作，眞令人口齒生香。」

【口出不遜】
遜：謙遜，恭順。指說話極不謙恭。例他說話一貫口出不遜，大家都不願與他交談。

【口出大言】
形容說話狂妄傲慢。《東周列國志》七回：「御者見考叔口出大言，更不敢上前，且立住腳觀看。」

【口傳耳受】
教者口傳，學者耳受。指教和學。宋・蘇軾《范文正公文集序》：「此豈口傳耳受，嘗試爲之，而僥倖其或成者哉。」

【口傳家書——言而無信】
比喻說話不算數，不講信用。例昨天還談得好好的，怎麼今天又變卦了，眞是口傳家書——言而無信。

【口吹喇叭腳敲鼓——能者多勞】
指有本事的人做的事情多，受到的勞累也多。例你一個人擔任了兩個人的工作，眞是口吹喇叭腳敲鼓——能者多勞啊！

【口袋裏冒煙——燒包】
比喻得意忘形，到處吹噓和顯示自己。例哼，這有什麼了不起，胡吹亂砍，眞是口袋裏冒煙——燒包。也作「棉花店失火——燒包」、「駝子背火球——燒包」、「駱駝背火球——燒包」。

【口袋裏抓兔子——跑不了】
見「斷了腿的青蛙——跑不了」。

【口袋裏裝釘子——奸（尖）的出頭】
奸：「尖」的諧音。比喻非常詭詐狡猾。例別看他裝得老實忠厚，實際上是口袋裏裝釘子——奸（尖）的出頭。

【口袋裏裝牛梭頭——內裏有彎】
牛梭頭：牛角製成的梭子。比喻內部有問題。例近來廠裏流言蜚語氾濫，人心惶惶，看來是口袋裏裝牛梭頭——內裏有彎，應當引起重視。

【口袋裏裝王八——窩脖貨】
王八：烏龜和鱉的俗稱。比喻軟弱無能，非常窩囊。例原以爲他是口袋裏裝王八——窩脖貨，誰知竟如此强橫兇暴。

【口袋裏裝芝麻——多得很】
比喻數量極多。例這個城市的藝術珍品，就像口袋裏裝芝麻——多得很。

【口袋裏裝錐子——鋒芒畢露】
鋒芒：刀、劍、錐子的刃口或尖端。比喻愛表現自己。有時作爲褒詞，指把才華都顯現出來。例這個青年聰明能幹，就是有點口袋裏裝錐子——鋒芒畢露，和同事們關係搞不好。也作「布袋裏的菱角——鋒芒畢露」。

【口耳講說】
用口講，用耳聽並加以傳播。明・徐愛《傳習錄》：「豈徒懸空，口耳講說，而遂可以謂之學孝乎？」

【口耳之學】

道聽塗說中學到的一些膚淺知識，沒有眞才實學。《荀子・勸學》：「小人之學也，入乎耳，出乎口，口耳之間則四寸耳，曷足以美七尺之軀哉！」

【口沸目赤】

口中像開水沸騰，眼睛漲得通紅。形容情緒激動，聲色俱厲。漢・韓嬰《韓詩外傳》卷九：「言人之非，瞋目扼腕，疾言噴噴，口沸目赤。」

【口乾舌燥】

見「口燥唇乾」。

【口乾舔露水——解不了渴】

比喻解決不了當務之急。例「謝謝你們對災區人民的支援。」「這點東西對你們來說，是口乾舔露水——解不了渴，聊表心意罷了。」

【口含蜂蜜——甜言蜜語】

比喻爲騙人而說的動聽的話。例別口含蜂蜜——甜言蜜語，我才不會上你的當。也作「口含冰糖——嘴甜」、「吃蜂蜜說好話——甜言蜜語」。

【口含黃連——有苦難言】

也作「口含黃連——有苦說不出」。見「啞巴吃黃連——有苦難言」。

【口含亂麻團——難嚼難嚥】

比喻事情棘手，難以對付。有時指受人欺侮，苦果難吞氣難嚥。例你攬來的這些差事，麻煩透頂，弄得我們現在就像口含亂麻團——難嚼難嚥。

【口含天憲】

天憲：朝廷的法令。指官吏的話就是法令。《後漢書・朱穆傳》：「當今中官近習，竊持國柄，手握王爵，口含天憲。」

【口含鹽巴望天河——遠水不解近渴】

天河：銀河的通稱。見「太行山上看運河——遠水不解近渴」。

【口黃未退】

口黃：雛鳥的嘴。指年幼無知。老舍《四世同堂》二三：「他以爲冠先生是見過世面的人物，而他自己還是口黃未退的雛兒。」

【口惠而實不至】

惠：恩惠，好處。比喻口頭上許願給人某種好處或幫忙做某件事，實際上只是一句空話。《禮記・表記》：「口惠而實不至，怨菑及其身。」清・紀昀《閱微草堂筆記》三：「河間馮樹柟粗通筆札，落拓京師十餘年，每遇機緣，輒無成就；干祈於人，率口惠而實不至。」

【口技表演——嘴上功夫】

口技：運用口部發音技巧來模仿各種聲音。比喻光會耍嘴皮子。例他講那麼多動聽的話，不過是口技表演——嘴上功夫罷了，沒有一點實際價值。也作「口技表演——憑嘴勁」、「燕子做窩——憑嘴勁」、「啄木鳥治樹——全仗著嘴硬」、「驢嚼豌豆——憑嘴勁」。

【口講指畫】

嘴裏說著，手裏比劃著。形容詳細地講說指點。唐・韓愈《柳子厚墓志銘》：「衡湘以南爲進士者，皆以子厚爲師。其經承子厚口講指畫爲文辭者，悉有法度可觀。」也作「口舉手畫」。淸・汪琬《彭公子籛傳》：「酒酣，爲人稱說古今成敗廢興之故，口舉手畫，議論風生。」

【口嚼黃連唱山歌——苦中取樂】

也作「口嚼黃連唱山歌——苦中作樂」。見「黃連樹下彈琴——苦中取樂」。

【口角垂涎】

涎：唾沫，口水。嘴邊流下口水。形容想吃東西，流出口水。《三俠五義》四三：「衆先生所說是新鮮河豚，一個個口角垂涎。」

【口角春風】

口角：指言語。形容言語如春風吹拂。比喻替人吹噓。例他是一個擅於口角春風的人，因此很適合從事公關工作。

【口角鋒芒】

形容說話言辭鋒利、苛刻。《紅樓夢》七七回：「就只是他的性情爽利，口角鋒芒，竟也沒見他得罪了哪一個。」

【口角生風】

形容說話又快又俐落。例快嘴李翠蓮，眞是口角生風，誰也不能跟她比。

【口舉手畫】

見「口講指畫」。

【口絕行語】

言辭謹慎，任何場合不外洩。唐・韓愈《送窮文》：「自初及終，未始背汝。心無異謀，口絕行語。」

【口可以食，不可以言】

口是用來吃東西的，不是用來說話的。比喻禍從口出，應當愼言。《鬼谷子・權篇》：「古人有言曰：『口可以食，不可以言。』言者有諱忌也。」

【口渴吃酸梅——對口味】

比喻符合自己的興趣、愛好。例這齣戲對我來說，就像口渴吃酸梅——對口味，多年來沒見過這樣好戲了。

【口渴喝了酸梅湯——美滋滋的】

形容十分舒服。例孩子受到了老師的表揚，像口渴喝了酸梅湯——美滋滋的。也作「三伏天喝了杯冰汽水——美滋滋的」。

【口渴喝鹵水——找死】

鹵水：鹽鹵，熬鹽時剩的黑色的液體，人喝了可致命。也作「口渴喝鹵水——送死」。見「耗子舔貓鼻子——找死」。

【口渴遇甘泉——正合心意】

比喻事情恰好合乎自己的想法。例你送來的東西簡直是口渴遇甘泉——正合心意了。也作「口渴碰到山泉水——剛剛合適」、「烏龜跌下水——正合意」、「嘴裏沒味吃鹹魚——正合胃口」。

【口口聲聲】

形容把某一說法一次又一次地掛在口頭。《說岳全傳》四七回：「又有軍士來報道：『韓世忠帶領人馬已到城下口口聲聲要拿二位王爺。』」

【口口相傳】
沒有文字記載，只是口頭相傳。《雲笈七籤》卷七二：「是知玄爲萬物母，聖人秘之，不形文字，口口相傳，知其訣者爲仙耳。」

【口快心直】
指性情爽快，心中怎麼想就怎麼說。元・無名氏《替殺妻》三折：「普天下拜義親戚，則你口快心直。」也作「**心直口快**」。

【口裏擺菜碟兒】
嘴上說請客。比喻空許願。《西遊記》五四回：「八戒道：『大師，切莫要「口裏擺菜碟兒」。既然我們許諾，且教你主先安排一席，與我們吃鍾旨酒，如何？』」

【口裏叫哥哥，背後摸傢伙】
形容表面親熱，心眼狠毒。姚雪垠《李自成》一卷一四章：「人家李闖王怎麼會跟咱們許多桿子一樣，上眼皮只看見下眼皮，也沒有雄心大志，不是你想吃我，便是我想吞你，口裏叫哥哥，背後摸傢伙。」

【口蜜腹劍】
《資治通鑑・唐玄宗天寶元年》：「李林甫爲相，凡才望功業出己右及爲上所厚、勢位將逼己者，必百計去之。尤忌文學之士，或陽與之善，啖以甘言而陰陷之。世謂李林甫『口有蜜，腹有劍』。」後以「口蜜腹劍」比喻嘴甜心狠，陰險毒辣。明・王世貞《鳴鳳記》二五齣：「這廝口蜜腹劍，正所謂匿怨而友者也。」

【口能言之，身能行之，國寶也】
嘴裏能說得出，自身能做得到的人，是國家的瑰寶。《荀子・大略》：「口能言之，身能行之，國寶也；口不能言，身能行之，國器也。」

【口呿目瞪】
呿：ㄑㄩ，張口。張著嘴，兩眼直盯著不動。形容因吃驚或害怕而發愣。《敦煌變文集・捉季布變文》：「朱解低頭看札，口呿目瞪忘收唇。」也作「**目瞪口呆**」。

【口如懸河】
說話時滔滔不絕，如傾瀉而下的河水。比喻能言善辯。唐・韓愈《石鼓歌》：「安能以此上論列，願借辯口如懸河。」也作「**口似懸河**」。唐・白居易《賜僧五首・神照上人》：「心如定水隨形應，口似懸河逐病治。」也作「**口若懸河**」。《醒世姻緣傳》一八回：「一個鋪眉苫眼，滔滔口若懸河；一個俐齒伶牙，喋喋舌如干將。」也作「**口若河懸**」。《西湖二集・巧書生金鑾失對》：「成人長大之後，愈覺聰明無比……口若河懸，筆如泉湧。」

【口若河懸】
見「口如懸河」。

【口若懸河】
見「口如懸河」。

【口善心不善，面和心不和】
口出甜言，面帶微笑，心裏卻滿懷惡意。形容兩面派的嘴臉。明・袁白實《楚江情》一三折：「[小淨上]假做笑呵呵，滿肚毒蛇窠。口善心不善，面和心不和。此是書夜書室，待我闖進去，看他意思如何？」

【口上仁義禮智，心裏男盜女娼】
嘴上說得光明正大，心裏卻是一包壞水。魯迅《論「他媽的！」》：「然而愚民究竟也有聰明的，早已看穿了這鬼把戲，所以又有俗諺，說：『口上仁義禮智，心裏男盜女娼！』他們是很明白的。」

【口尚乳臭】
乳臭：奶腥味。口中還有奶的氣味。比喻年輕無知。《漢書・高帝紀上》：「漢王問：『魏大將誰也？』對曰：『柏直。』王曰：『是口尚乳臭，不能當韓信。』」

【口是禍之門】
說話不謹愼，容易招來災禍。元・無名氏《村樂堂》四折：「[正末云]是我惡說了他來。[唱]常言道：『口是禍之門。』打關節府尹怒生嗔。我這議論，便有那殺人的公事我招承。」也作「**口是禍之門，舌爲斬身刀；閉口深藏舌，安身處處牢**」。《喻世明言》卷三八：「任珪聽罷，心中大怒，火急上樓。端的是口是禍之門，舌爲斬身刀；閉口深藏舌，安身處處牢。」

【口是禍之門，舌爲斬身刀；閉口深藏舌，安身處處牢】
見「口是禍之門」。

【口是心非】
嘴裏說的是一套，心裏想的卻是另一套。形容心口不一。《水滸全傳》七三回：「俺哥哥原來口是心非，不是好人了也。」

【口水治跳蚤——一物降一物】
見「大魚吃小魚，小魚吃蝦米——一物降一物」。

【口說無憑】
見「空口無憑」。

【口說無憑，眼看是實】
光聽人說不足爲憑，親眼看見才靠得住。例口說無憑，眼看是實。拿出證據來。拿不出證據，就是誣陷。

【口似懸河】
見「口如懸河」。

【口誦心惟】
惟：思考。一面朗讀，一面思考。宋・陳亮《送吳恭父知縣序》：「儕輩往往口誦心惟，吟哦上下，記憶不少休。」

【口頭禪】
本指和尚不懂禪理，只以一般禪語作點綴。後泛指常掛在嘴上而沒有實際意義的空話。《老殘遊記》一〇回：「什麼『色即是空，空即是色』，這種無理之口頭禪，常覺得頭昏腦悶。」

【口吐珠璣】
珠、璣：珠寶。形容講話有內容、有

文采。元・無名氏《醉寫赤壁賦》一折：「因俺夫人聞知蘇軾胸懷錦繡，口吐珠璣，有貫世之才。」

【口吞鏽花針——扎心】

比喻因受刺激而非常難受。例兒子溺斃的消息傳來，對媽媽眞是口吞鏽花針——扎心啊！

【口吞螢火蟲——心裏亮】

見「雞吃放光蟲——肚裏明」。

【口外的駱駝——肚裏有存項】

比喻有積存的東西。例別叫苦啦，誰不知道你是口外的駱駝——肚裏有存貨，家中的糧食比哪一家都多。

【口外的蘑菇——獨根兒】

見「十畝園裏一棵草——獨苗兒」。

【口吻生花】

口吻：嘴唇。形容吟詩得意，興趣盎然。唐・馮贄《雲仙雜記》卷五引《白氏金鎖》：「張祜苦吟，妻孥喚之不應，以責祜。祜曰：『吾方口吻生花，豈恤汝輩！』」

【口無擇言】

說話不用選擇，形容說的話都合於情理。《後漢書・劉般傳》：「數年，揚州刺史觀恂薦般在國口無擇言，行無怨惡，宜蒙旌顯。」

【口諧辭給】

諧：詼諧；給：敏捷。形容極善於講話，用詞新鮮。《漢書・東方朔傳》：「上以朔口諧辭給，好作問之。」

【口血未乾】

口血：古代歃血儀式，手指蘸血塗口，以示信守誠意。指盟誓不久，隨即毀約。《東周列國志》一一回：「口血未乾，宋人背盟，寡人伐之。」

【口嚥黃連——心裏苦】

比喻內心非常痛苦。例近幾年來，大栓工作不順，家庭不和，嘴裏不說，口嚥黃連——心裏苦呀！也作「**口嚥黃連——苦在心**」。

【口應心，心應口】

心口一致。明・無名氏《東平府》二折：「[尾聲]我須是今朝口應心，來朝心應口。到其間誰把他搭救？[云]我若是打倒他呢？[店主云]情願安排酒請你。」

【口語籍籍】

口語：議論；籍籍：紛紛。形容議論紛紛，衆口喧騰。明・歸有光《答唐虔伯書》：「夫四主兇人，共殺一女子，如屠犬豕，往來蹤跡，口語籍籍，豈爲難察之獄？」也作「**人言籍籍**」。

【口燥唇乾】

形容話說得過多，勞神費力，使嘴裏發乾。三國魏・曹植《善哉行》：「來日大難，口燥脣乾；今日相樂，皆當喜歡。」也作「**口乾舌燥**」。《何典》七回：「路雖不遠，早已跑得口乾舌燥。」

【口則務在明言，筆則務在露文】

語出漢・王充《論衡・自紀》。露文：文字淺顯。開口就力求說話明白，下筆就力求文字淺顯。謂講話寫文章應要求明白易懂。王伯熙《文風簡論》：「故今人讀古書便覺奇奧難懂；可是『口則務在明言，筆則務在露文』，『若言之易曉爲辯，則書何故以難知爲好哉？』……都要求明白易懂。」

【口者關也】

口是一道防線。比喻說話應當謹慎。漢・劉向《說苑・談叢》：「口者關也，舌者兵也，出言不當，反自傷也。」

【口之於味也，有同耆焉】

耆：同「嗜」。人們的口對於味道，有相同的嗜好。比喻相同的興趣、愛好。《孟子・告子上》：「故曰，口之於味也，有同耆焉；耳之於聲也，有同聽焉；目之於色也，有同美焉。」

【口中雌黃】

雌黃：即雞冠石，黃赤色，可作顏料。古書使用黃紙，書中寫錯之處，塗雌黃於其上，然後改之。後指亂發議論，說話輕率。南朝梁・劉峻《廣絕交論》「雌黃出其唇吻」李善注引《晉陽秋》：「王衍字夷甫，能言，於意有不安者，輒更易之，時號口中雌黃。」

【口中荊棘】

荊棘：多刺的叢生灌木。宋・葉廷珪《海錄碎事・人事・陰險》：「荊棘生於口中，雌黃謬於舌杪。」後以「口中荊棘」形容說話帶刺，如同荊棘傷人。

【口中蚤虱】

蚤虱：跳蚤和虱子。比喻極易消滅的敵人。《漢書・王莽傳中》：「以新室之威而吞胡虜，無異口中蚤虱。」

【口誅筆伐】

誅：譴責；伐：討伐。指用語言和文字進行聲討。明・汪廷訥《三祝記・同謫》：「他捐廉棄恥，向權門富貴貪求。全不知口誅筆伐是詩人句，隴上播間識者羞。」

【口子大小總要縫】

衣服破口，不管大小都得縫補。比喻問題不管大小，都要解決。例問題成堆，的確不錯。只要認眞分析，制定措施，所有問題都是可以解決的，正如俗話說的「口子大小總要縫」。

ㄎㄡˋ

【叩閽無計】

見「叩閽無路」。

【叩閽無路】

叩：敲擊；閽：ㄏㄨㄣˊ，帝閽，即宮門。指無處伸冤。《明史・翟凰翀傳》：「大臣造膝無從，小臣叩閽無路。」也作「**叩閽無計**」。清・秋瑾《精衛石》四回：「此恨怎消眞可痛，叩閽無計欲呼天。」也作「**叩天無路**」。《好逑傳》二回：「生員自小女被惡侯搶劫，叩天無路，逢人哭訴。」

【叩馬而諫】

叩：拉住，牽住。攔住馬頭進行規勸。形容眞心誠意地規勸。《史記・

伯夷列傳》：「西伯卒，武王載木主，號爲文王，東伐紂。伯夷、叔齊叩馬而諫曰：『父死不葬，爰及干戈，可謂孝乎？以臣弑君，可謂仁乎？』左右欲兵之。太公曰：「此義人也。』扶而去之。」

【叩石墾壤】

指敲石挖土，破土動工。《列子・湯問》：「遂率子孫荷擔者三夫，叩石墾壤，箕畚運於渤海之尾。」

【叩天無路】

見「叩閽無路」。

【扣黑鍋】

比喻將罪名或過失扣在身上。例爲了使妻子能早日解脫回家，他只好往自己身上扣黑鍋。

【扣帽子】

帽子：比喻罪名或壞名義。毫無根據地給人加上罪名。例分析問題應該實事求是，不能隨便扣帽子、打棍子。

【扣槃捫籥】

見「扣槃捫燭」。

【扣槃捫燭】

扣：敲打；捫：撫摸。宋・蘇軾《日喻》：「生而眇者不識日，問之有目者。或告之曰：『日之狀如銅槃。』扣槃而得其聲；他日聞鐘，以爲日也。或告之曰：『日之光如燭。』捫燭而得其形；他日揣籥，以爲日也。」後以「扣槃捫燭」比喻認識片面，主觀臆測。也作「扣槃捫籥」。俞平伯《詩的神秘》：「都是扣槃捫籥之談，招搖撞騙之技。」

【扣人心弦】

扣：敲擊，牽住；心弦：指因受感動而引起共鳴。形容言論或表演等深深地打動人心。例這篇小說情節驚險奇特，扣人心弦。

【扣屎盆子】

比喻無中生有，給人加上極壞的罪名。例你要對自己的話負責，隨便往人頭上扣屎盆子可不行。

【扣心泣血】

形容悲痛至極。《梁書・元帝紀》：「孤以不德，天降之災，枕戈飲膽，扣心泣血。」

【扣在篩子下邊的麻雀——乾撲棱沒辦法】

乾：白白地，徒然；撲棱：狀聲詞，形容翅膀抖動的聲音。比喻只是著急卻毫無辦法。例敵人被我軍包圍之後，就像扣在篩子下邊的麻雀——乾撲棱沒辦法。

【寇不可玩】

玩：不留意，放鬆警惕。指對敵人不能放鬆警惕。《左傳・僖公五年》：「晋不可啓，寇不可玩。一之謂甚，其可再乎？」

ㄎㄢ

【看地頭】

原指在地頭看護莊稼，防人偷竊。喻指死後埋在地裏。例他的病越來越重了，心想自己離看地頭的日子不遠了，有些事要趁早向後人交代。

【看家本領】

指特別擅長而又不輕易用的招數。《兒女英雄傳》六回：「這一著叫做『連環進步鴛鴦拐』，是這姑娘的一樁看家的本領，眞實的藝業！」也作「看家本事」。《兒女英雄傳》二五回：「不想姑娘這個當兒拿出那老不言語的看家本事來。」

【看家本事】

見「看家本領」。

【看家狗專咬叫花子——窮人好欺負】

指無錢無勢的人易受欺侮。例在舊社會，看家狗專咬叫花子，咱們窮人好欺負，如今的年輕人是難於體會的。

【看門狗】

原爲馴養來看守門戶的狗。比喻受人豢養而幫助作惡的人。例有時看門狗比那狗主人還要可惡，他們狗仗人勢，作惡更狠。

【堪託死生】

堪：可以，能；死生：生命。形容可以完全信賴。唐・杜甫《房兵曹胡馬》：「所向無空闊，眞堪託死生。」

【堪笑翰林陶學士，年年依樣畫葫蘆】

值得可笑的是翰林院陶學士，行文每年都照前人的舊本，依樣畫葫蘆。指蹈襲前人，不思創新。宋・魏泰《東軒筆錄》卷一：「陶谷文翰爲一時冠，人或薦之。太祖笑曰：『頗聞翰林草制，皆撿前人舊本，改換詞語，此俗所謂依樣畫葫蘆耳。』谷乃作詩曰：『官職須由生處有，才能不管用時無。堪笑翰林陶學士，年年依樣畫葫蘆。』」

ㄎㄢˇ

【坎井之蛙】

坎：淺井。淺井中的青蛙。比喻見識短淺。《荀子・正論》：「淺不足與測深，愚不足與謀知，坎井之蛙，不可與語東海之樂，此之謂也。」

【坎坷不平】

坎坷：高高低低。指道路不平坦。姚雪垠《李自成》一卷三章：「它跑得那麼平穩，使騎馬的人彷彿覺得它不是在坎坷不平的路上跑，而是走在極其柔軟的地毯上。」也比喻人經歷過很多磨難挫折。例我常常想到他坎坷不平的一生和他跟惡勢力鬥爭的英勇精神。

【侃大山】

比喻海闊天空地聊天、吹牛皮。例這幫小伙子成天什麼也不幹，就喜歡侃大山。

【侃侃諤諤】

諤諤（ㄜˋ）：說話正直的樣子。形容理直氣壯地發表正直的言論。《隋唐演義》七八回：「虧得朝中有剛正大臣，如姚崇、宋璟輩侃侃諤諤，不畏强禦。」

【侃侃而談】
形容說話從容不迫。《兒女英雄傳》五回：「我既這等苦苦相問，你自然就該侃侃而談；怎麼問了半日，你一味的吞吞吐吐，支支吾吾？」也作「侃侃直談」。《二十年目睹之怪現狀》四七回：「這藍寶堂卻從從容容的，到了法堂之上，侃侃直談，據著公理爭辯，竟被他得了贏官司。」也作「侃侃正論」。清·昭槤《嘯亭雜錄·顧總河》：「每大事，侃侃正論，不避利害，人以『鐵牛』呼之。」
【侃侃正論】
見「侃侃而談」。
【侃侃直談】
見「侃侃而談」。
【砍不倒大樹，弄不多柴禾】
比喻沒抓住關鍵，解決不了問題。例俗話說：「砍不倒大樹，弄不多柴禾。」像這樣零敲碎打地幹，不在關鍵問題上想辦法，是不可能成功的。
【砍柴刀刮臉——高手】
指技能特別高明的人。例呵，這件雕塑品真精美，作者準是一位能用砍柴刀刮臉的高手。也作「空中打拳——高手」、「城樓上的衛兵——高手（守）」。
【砍柴刀刮臉——玄乎】
見「白日見鬼——玄乎」。
【砍柴人下山——兩頭擔心(薪)】
見「打柴人下山——兩頭擔心(薪)」。
【砍柴忘帶刀，刨地不帶鎬——丟三落四】
形容思想不集中或顧此失彼。例砍柴忘帶刀，刨地不帶鎬——丟三落四怎麼行呢？集中精力，小心行事，對搞精密儀器的人來說，是起碼的要求。也作「一二五六七——丟三四落」。
【砍刀遇斧頭——各不相讓】
比喻誰也不讓誰。例如果大家都採取砍刀遇斧頭——各不相讓的態度，不僅解決不了分歧，而且必然激化矛盾。也作「針尖對麥芒——各不相讓」。
【砍倒大樹捉鳥——傻幹】
比喻蠻幹、做蠢事。例做工作必須動腦筋，像你這樣砍倒大樹捉鳥——傻幹，是得不到好的效果的。
【砍倒的柳樹——死不甘（乾）心】
甘：「乾」的諧音。雙關語，比喻壯志未酬，死不瞑目。例創業不成功，我是砍倒的柳樹——死不甘（乾）心啊！
【砍的不如旋的圓】
比喻辦事生硬，不講究方式、方法。例俗話說：「砍的不如旋的圓。」你這樣生搬硬套，能叫人家心服口服嗎？
【砍斷的竹子——接不上】
比喻連貫不起來。例這篇文章中心思想不明確，東拉西扯，就像砍斷的竹子——接不上。
【砍瓜切菜】
形容迅速、俐落。《說唐》四二回：「李密將旗號一展，五虎大將，一齊沖殺過來，如砍瓜切菜一般。」
【砍了頭不過碗大的疤】
比喻為某種事業犧牲生命沒啥了不起。例李大同對革命事業狂熱奉獻的程度，已經到了就算犧牲生命也認為只是砍了頭不過碗大的疤而已。也作「砍頭不過碗大一個疤瘌」。姚雪垠《李自成》二卷三八章：「小弟今晚來攻城救大哥，早已將生死置之度外。砍頭不過碗大一個疤瘌，凌遲也只挨三千六百刀。」也作「腦袋掉了碗大個疤」、「割頭不過碗大疤」。
【砍樹吃桔子——不顧根本】
比喻捨本求末。例只看到眼前的局部的利益，不作長遠的全盤的考慮，就像砍樹吃桔子——不顧根本，將來一定會後悔莫及。
【砍鐵如泥】
切削鐵器如同剁泥一般。形容兵器極其鋒利。《三國演義》四一回：「那青虹劍砍鐵如泥，鋒利無比。」也作「削鐵如泥」。
【砍頭不過碗大一個疤瘌】
見「砍了頭不過碗大的疤」。
【砍一枝，損百株】
比喻打擊一個人，影響一大片。《金瓶梅詞話》七六回：「砍一枝，損百株。兔死狐悲，物傷其類。就是六姐惱了你，還有沒惱你的。」

ㄎㄢˋ

【看把戲】
比喻看笑話，看人耍花招。例這人有個毛病，就是特別喜歡在人家出洋相的時候看把戲，但他沒有什麼惡意，只是愛看把戲而已。
【看碧成朱】
見「看朱成碧」。
【看菜吃飯，量體裁衣】
比喻辦事要從實際出發。例我們無論做什麼事情，都不能離開客觀實際，憑主觀想像蠻幹。這就是俗話所說的「看菜吃飯，量體裁衣」。
【看到紅燈踩油門——愣闖】
比喻行動魯莽，不計後果。例這是一個看到紅燈踩油門——愣闖的傢伙，早晚要闖禍的。
【看得破，忍不過】
事情看透了，這口氣卻忍不下去。例俗話說：「看得破，忍不過。」事情已經是這樣了，人家後台硬，還得忍下這口氣。
【看風使船】
見「看風使帆」。
【看風使舵】
見「看風使帆」。
【看風使帆】
比喻順應情勢，隨機應變。《五燈會元·圓通禪師》：「看風使帆，正是隨波逐浪。」也作「看風轉舵」。明·薛論道《林石逸興·見兔放鷹》：「再休提松柏長青。見兔兒將鷹放，看風兒把舵更，到明朝另有陰晴。」也作「**看風行船**」。清・孔尚任《桃花扇・劫寶》：「人人投順，元帥也要看風行船才好。」也作「**看風使船**」。清・無名氏《西湖佳話・斷橋情跡》：「老娘是個走千家、踏萬戶，極聰明的人，須看風使船，且待他口聲何如？」也作「**看風使舵**」。茅盾《腐蝕》：「落井下石，看風使舵，以別人的痛苦爲笑樂。」也作「**看風駛篷**」。茅盾《子夜》：「傻孩子！這也要問呀！要你自己看風駛篷！」

【看風駛篷】
見「看風使帆」。

【看風頭】
比喻觀察與個人利害相關的事態的發展動向。例調動的事先不忙，還是看看風頭再最後決定。也作「**看風向**」。

【看風行船】
見「看風使帆」。

【看風行事】
比喻作事隨著情勢而改變。孫中山《民權主義第四講》：「許多專制國家，都是順應潮流去看風行事。」

【看風轉舵】
見「看風使帆」。

【看花容易栽花難】
比喻實踐比觀察更難。例看花容易栽花難。什麼事都只有親自去做才能體會出它的苦和甜。

【看見麥子叫韭菜——五穀不分】
五穀：多指稻、黍、稷、麥、豆。泛指糧食。形容脫離生產勞動，脫離實際，缺乏常識。例要深入實際，向工農學習，改變我們有的同志看見麥子叫韭菜——五穀不分的現狀。

【看見尼姑喊嫂子——亂認親】
比喻分辨不明。例到一個新的單位從事新的工作，特別要記住，沒有調查、研究就沒有發言權的格言，看見尼姑喊嫂子——亂認親，往往要貽笑大方、耽誤大事的。

【看見外公叫爺爺——不識相】
雙關語，比喻不知趣。例此人看見外公叫爺爺——不識相，假如過分遷就、退讓，他會得寸進尺的。

【看見岳父不搭腔——有眼不識泰山】
泰山：岳父的別稱。比喻淺陋無知，認不出有地位有能耐的人。例對不起，剛才他是看見岳父不搭腔——有眼不識泰山，還請多加原諒。

【看景生情】
形容隨機應變。《二刻拍案驚奇》卷一六：「毛烈也曉得陳祈有三個幼弟，卻獨掌著家事，必有欺心毛病，他日可以在裏頭看景生情，得些漁人之利。」

【看了皮兒，瞧不了瓤兒】
比喻只見外貌，不知內心。例看她穿著入時，舉止大方，可又常常皺著眉頭，漫步沉思，不知有什麼心事。眞是「看了皮兒，瞧不了瓤兒」了。

【看了三年驢，不熟驢性也知道驢放屁】
經常接觸，對事物有所了解。比喻不要小看人。例我已經在出版社作了三年的工讀生，雖然未曾擔任過執行編輯，但因負責幫主編處理相關事務，所以對編輯小有概念，這可說是「看了三年驢，不熟驢性也知道驢放屁。」

【看冷暖】
比喻袖手旁觀。例咱們可不能逢事看冷暖，應該拿出自己的主意。

【看脈對科，下藥對病】
比喻看病看得好。元・施惠《幽閨記》二五齣：「［淨］你不曉得『明醫暗卜』問得明白了去，方才看脈也對科，下藥也對病。」

【看破紅塵】
紅塵：塵世，泛指人間的一切。看破人生，不留戀人間的一切。《鏡花緣》四〇回：「到了次日，並不約我，卻一人獨往。豈非看破紅塵，頓開名繮利索麼？」

【看熱鬧】
觀看熱鬧的景象，也比喻在別人發生糾紛時，採取袖手旁觀的態度。例這件事很複雜，咱們最好別摻和，還是在一旁看熱鬧吧！

【看人看心，聽話聽音】
比喻要透過現象看本質。例別聽他說得好聽，心裏想的滿不是那回事。看人看心，聽話聽音，免得上當。

【看人眉睫】
看他人臉色行事。《宋史・李垂傳》：「今已老大，見大臣不公，常欲面折之，焉能趨炎附熱，看人眉睫，以冀推挽乎？」

【看人挑擔不吃力】
比喻說話不知輕重。例我辛辛苦苦搞了半個月才搞完，你倒說什麼「一天也用不了」。這可是說風涼話不要本錢，「看人挑擔不吃力」！

【看人下菜碟】
比喻看人行事。例做人處事要眼睛放亮點，如果能練就一身看人下菜碟的功夫，很多事情就不會遇到阻礙了。

【看人下菜碟——勢利眼】
根據人的身份、地位決定飯菜的好壞或招待的規格；勢利眼：作風勢利的人。形容根據財產、地位而區別待人。例陳三財是有名的看人下菜碟——勢利眼，昨天又巴結上了縣長，在家大擺宴席爲他洗塵。也作「**打狗看主人——勢利眼**」、「**狗咬叫花子——勢利眼**」。

【看人行事】
指根據對方的身份、地位來處理事情。老舍《離婚》：「大概他也看人行事，咱平日不招惹他，他怎好意思趕盡殺絕。」

【看三不看四】
雖然看見，卻沒看清楚。例小林每次看事情都是看三不看四就大聲嚷嚷亂放話。

【看《三國》掉淚——替古人擔憂】
《三國》：指古典小說《三國演義》。比喻爲不相干的人或事而擔心憂慮。例這事情變成啥樣，也礙不著我，我是看《三國》掉淚——替古人擔憂。也作「看戲流眼淚——替古人擔憂」、「聽評書流淚——替古人擔憂」、「說書人落淚——替古人擔憂」、「聽書掉眼淚——替古人擔憂」、「讀《三國》掉眼淚——替古人擔憂」。

【看殺衛玠】
殺：死；衛玠（ㄐㄧㄝˋ）：東晉安邑人，好談玄學，時人爲之傾倒。比喻對有才華之人過於吹捧，只會有害於他而無益處。南朝宋・劉義慶《世說新語・容止》：「衛玠從豫章至下都，人久聞其名，觀者如堵牆。玠先有羸疾，體不堪勞，遂成病而死。時人謂看殺衛玠。」

【看文巨眼】
見「看文老眼」。

【看文老眼】
指審閱、評論文章的能手。《鏡花緣》五六回：「如品論訛錯，化後再不敢自居看文老眼。」也作「看文巨眼」。《鏡花緣》五六回：「現在看文巨眼，應推印伯伯當代第一。」

【看戲流眼淚——替古人擔憂】
見「看《三國》掉淚——替古人擔憂」。

【看戲流眼淚——有情人】
指重感情，講情意的人。例我替你介紹的朋友，是一個看戲流眼淚——有情人，完全可以信賴。

【看戲瞧玩猴——心不在焉】
指思想不集中。例在課堂上，要專心聽老師的講解，別看戲瞧玩猴——心不在焉！

【看朱成碧】
朱：紅色；碧：青綠色。把紅的看成了綠的。形容兩眼昏花，不辨顏色。唐・李白《前有樽酒行》：「催弦拂柱與君飲，看朱成碧顏始紅。」也作「看碧成朱」。宋・辛棄疾《水龍吟・寄題京口范南伯家文官花》：「倚欄看碧成朱，等閒褪了香袍粉。」

【看著星星想月亮】
比喻背離現實，異想天開。例你連騎自行車都顫顫抖抖的，還想開飛機，可眞是「看著星星想月亮」了。

ㄎㄣˇ

【肯構肯堂】
見「肯堂肯構」。

【肯堂肯構】
肯：願意；堂：奠立堂基；構：架屋。《尚書・大誥》：「若考做室，既底法，厥子乃弗肯堂，矧肯構？」孔傳：「以作室喻治政也，公已致法，子乃不肯爲堂，況肯構立屋乎？」後反其意而用，以「肯堂肯構」比喻子繼父業。也作「肯構肯堂」。明・東魯古狂生《醉醒石》七回：「家有嚴君，斯多賢子，肯構肯堂，流譽奕世。」

【肯在熱灶裏燒火，不肯在冷灶裏添柴】
比喻勢利眼，只會巴結權貴，不肯幫助有困難的人。《石點頭》卷九：「這倒不必愁，你爹是肯在熱灶裏燒火，不肯在冷灶裏添柴的。他見韋郎今日富貴，又是接代的官，自然以大做小，但憑女婿裝模作樣，自會對付。」

【啃骨頭】
比喻做難以完成的工作。例主任，你怎麼盡讓我們啃骨頭？

【啃生瓜吃生棗——難消化】
也作「啃生瓜吃生棗——消化不了」。見「囫圇吞棗——難消化」。

【啃書本】
比喻死讀書或專心讀書。例這孩子除了在家啃書本，哪兒也不去。

【啃硬骨頭】
比喻以頑強的精神完成艱巨的任務。例讓我們發揚啃硬骨頭的精神，圓滿完成這次施工任務吧！

ㄎㄤ

【康哉之歌】
康：太平。太平盛世的讚歌。《晉書・段灼傳》：「朝廷咏康哉之歌，山藪無伐檀之人，此天下所覘望者也。」

【康莊大道】
康莊：寬闊。比喻暢達的道路。《官場現形記》六〇回：「我夢裏所到的地方，竟是一片康莊大道，馬來車往，絡繹不絕。」也比喻光明的前程。例讓我們齊心協力，爲國家的未來開出一條康莊大道。

【慷慨悲歌】
慷慨：情緒激動。以悲壯的歌聲抒發自己激昂的心情。宋・陸游《哀郢》：「慷慨悲歌白髮新」。也作「悲歌慷慨」。

【慷慨成仁易，從容就義難】
正氣凜然，英勇犧牲比較容易，從從容容就死要難得多。例我認爲「慷慨成仁易，從容就義難」這種境界不易達到，因爲畢竟人都怕死，面對這種情況總是會退縮。也作「慷慨殺身易，從容就死難」。《三刻拍案驚奇》五回：「自古道：『慷慨殺身易，從容就死難』。發我教坊，正要辱我祖父，我偏在穢污之地竟不受辱，敎他君命也不奈何我，卻不反與祖、父爭氣！」也作「慷慨捐生易，從容就死難」。《兒女英雄傳》一九回：「便是那史書上所載的那些忠臣烈士，以至愚夫愚婦，雖所遇不同，大都各有個萬不得已，只這萬不得已之中，卻也有個分別，叫作『慷慨捐生易，從容就死難』。」也作「慷慨赴死易，從容就死難」。宋・謝枋得《卻聘書》：

「司馬子長有言：『人莫不有一死，死或重於泰山，或輕於鴻毛。』先民廣其說曰：『慷慨赴死易，從容就義難，』公亦可以察某之心矣。」

【慷慨捐生易，從容就死難】
見「慷慨成仁易，從容就義難」。

【慷慨殺身易，從容就死難】
見「慷慨成仁易，從容就義難」。

【慷慨陳詞】
情緒激昂地說出自己的意見。例看到林教授在台上慷慨陳詞表示他對校方的不滿，我眞替他擔心他的飯碗不保。

【慷慨赴死易，從容就義難】
見「慷慨成仁易，從容就義難」。

【慷慨赴義】
赴義：爲正義而死。正氣凜然英勇就義。明・朱鼎《玉鏡台記・王敦反》：「大丈夫當慷慨赴義，何用悲爲！」也作「慷慨就義」。例爲了救國，與反動派進行針鋒相對的鬥爭，最後慷慨就義，以自己的生命捍衛了自己的信念。

【慷慨激昂】
形容精神振奮，意氣昂揚。唐・柳宗元《上權德輿補闕溫卷決進退啓》：「今將慷慨激昂，奮攘布衣，縱談作者之筵，曳裾名卿之門。」也作「慷慨激揚」。《周書・韋孝寬傳》：「孝寬慷慨激揚，略無顧意，士卒莫不感勵，人有死難之心。」也作「慷慨激烈」。《楊家將演義》五回：「蕭后見其慷慨激烈，神采超羣，心甚愛之。」

【慷慨激烈】
見「慷慨激昂」。

【慷慨激揚】
見「慷慨激昂」。

【慷慨解囊】
解囊：解開錢袋。形容毫不吝嗇地拿出錢來幫助別人。姚雪垠《李自成》二卷一八章：「因此只得不揣冒昧，向大公子求將伯之助，不知公子肯慷慨解囊否？」

【慷慨就義】
見「慷慨赴義」。

【慷慨捐生】
捐生：獻出生命。指不惜獻出自己的生命。清・洪昇《長生殿・埋玉》：「娘娘既慷慨捐生，望萬歲爺以社稷爲重，勉强割恩罷！」

【慷慨仗義】
不惜一切地主持正義。《儒林外史》三二回：「像你做這樣慷慨仗義的事，我心裏喜歡；只是也要看來說活的是個什麼樣人。」

【慷他人之慨】
很大方地拿別人的錢財作人情。老舍《新時代的舊悲劇》四：「那點財產都是兒子掙來的，不容易，老子隨便揮霍——即使是爲行善——豈不是慷他人之慨？」

【糠菜半年糧】
一年有半年靠吃糠嚥菜度日。形容生活十分貧困。劉江《太行風雲》二五：「總是個糠菜半年糧哇，今年可要早動手，多按上兩甕豆葉菜。家常話，家有豆葉菜，餓不死老婆孩。」

【糠心兒的蘿蔔——沒大辣氣啦】
糠心兒的蘿蔔：指因失掉水分而中空的蘿蔔。比喻對手或敵人沒多大力量了。例饒了這個狗崽子吧，糠心兒的蘿蔔——沒大辣氣啦，今後他大概不敢再搗亂了。

【糠心兒的蘿蔔——蔫壞】
比喻悄悄地出壞點子或做壞事。例別看他不言不語，好像很忠厚，實際上是糠心兒的蘿蔔——蔫壞。也作「暗中使絆子——蔫壞」。

ㄎㄤˊ

【扛大個】
在車站碼頭搬運笨重貨物。比喻做苦力活。例這麼重的東西讓我一個人搬，你把我當扛大個的啦。

【扛大梁】
比喻承擔重任。例我們老了，早就該騰出位子，讓你們年輕人扛大梁了。

【扛長活】
給地主當長工。例他年輕時給地主扛長活，現在他是一縣之長。

【扛鍋討豆炒，扛犁討田耕——沒事找事】
見「老鼠逗貓——沒事找事」。

【扛撈絞進廟——勞（撈）神】
撈絞：在水中打撈東西用的絞網；勞：「撈」的諧音。雙關語，比喻耗費精神。多爲謝人幫忙時的客套話。例你爲我家忙了一宿，眞是扛撈絞進廟——勞（撈）神了。也作「菩薩跌下河——勞（撈）神」、「土地爺坐班房——勞（牢）神」、「河裏摸菩薩——勞（撈）神」、「金剛掃地——勞神」。

【扛磨盤朝泰山——苦盡心】
磨盤：托著磨的圓形底盤；泰山：在山東境內，我國五岳之一，爲高山的代表。比喻爲某件事或某個人費心竭力。例做爲師傅，他算是扛磨盤朝泰山——苦盡心了，怎奈徒弟太不爭氣幾年過去，還是一無所成。

【扛牌坊賣肉——好大的架子】
形容裝腔作勢，非常傲慢。例我們再三再四的邀請他，他就是不來，扛牌坊賣肉——好大的架子。也作「扛牌坊賣肉——架子不小」、「鼓樓上掛肉——好大的架子」、「城門樓上搭腳手——好大的架子」、「駱駝吊在肉桿上——架子還不小」、「麻雀落在牌坊上——好大的架子」、「梁頭上賣肉——架子不小」、「賣豆腐的搭個大舞台——好大的架子」、「牽牛花攀到鑽塔上——好大的架子」、「鞦韆頂上曬衣服——好大的架子」、「電線桿上曬衣服——好大的架子」。

【扛著棍子去挨打——自討苦吃】
見「笨豬拱刺蓬——自討苦吃」。

【扛著救生圈過河——小心過度（渡）】
度：「渡」的諧音。雙關語，比喻謹小慎微。例這種有風險的事不要去找老程，他是扛著救生圈過河——小心過度（渡），絕不會參預其事。也作「捂屁股過河——小心過度（渡）」。
【扛著口袋牽著馬——有福不會享】
多比喻苦日子過慣了，好日子反而不會過。有時含有不珍惜幸福的意思。例康大叔一輩子吃糠嚥菜，現在生活突然變好，仍然省吃儉用，別人說他是扛著口袋牽著馬——有福不會享。
【扛著犁鏵下關東——經（耕）得多】
犁鏵（ㄏㄨㄚˊ）：耕田用的農具；關東：指山海關以東一帶地方，泛指東北各省，也叫關外；經：〈方〉「耕」的諧音。比喻有經驗，有閱歷，見多識廣。例老程是扛著犁鏵下關東——經（耕）得多，今後要多向他請教。
【扛著毛竹上街——直來直去】
也作「扛竹子進巷子——直來直往」。見「胡同裏扛竹竿——直來直去」。
【扛竹竿進城門——直進直出】
見「胡同裏扛竹竿——直來直去」。

ㄎㄤˋ

【亢極之悔】
見「亢龍有悔」。
【亢龍有悔】
亢：至高至尊；龍：指君主。至尊者也有懊惱的事。比喻居高位的人要戒驕，否則自取滅亡。《周易·乾》：「上九，亢龍有悔。」也作「亢極之悔」。《晉書·齊王冏傳》：「今明公忘亢極之悔，忽窮高之兇，棄五岳之安，居累卵之危，外以權勢受疑，內以百揆損神。」
【伉儷情篤】
見「伉儷情深」。
【伉儷情深】
伉儷：古時多指妻子，後用作夫婦的通稱。夫妻之間感情深厚。《二十年目睹之怪現狀》七〇：「你想這般一位年輕的太史公，一旦斷了弦，自然有多少人家央人去做媒的了。這太史公倒也伉儷情深，一概謝絕。」也作「伉儷情篤」。清·錢泳《履園叢話·精怪·朱方旦》：「遂涓吉合巹，伉儷情篤。」
【抗膀子】
比喻對抗。例這個單位的問題肯定不小，清查組剛來，就有人出來抗膀子。
【抗兵相加，哀者勝矣】
抗，舉；相加：差不多。兩軍勢均力敵時，悲憤的一方會勝利。說明士氣在戰爭中有重要作用。《老子》六九章：「禍莫大於輕敵，輕敵幾喪吾寶，故抗兵相加，哀者勝矣。」
【抗塵走俗】
抗：高舉，引申爲表現。塵：塵世。形容爲追求名利而奔走於塵俗之中。《宣和畫譜》卷一〇引五代關仝：「（關仝）尤喜作秋山寒林與其村居野渡……使其見者悠然如在灞橋風雪中，三峽聞猿時，不復有抗塵走俗之狀。」
【抗懷物外】
抗：高尚。指胸懷大志，超越世俗之外。宋·洪邁《容齋四筆·王逸少爲藝所累》：「王逸少在東晋時……以抗懷懷物外，不爲人役，故功名成就，無一可言。」
【抗心希古】
抗心：高尚皂志向；希古：以古人自許。以古代高尚的人爲榜樣，保持自己高尚的志向。三國魏·嵇康《幽憤》詩：「抗心希古，任其所尚。」
【抗顏高議】
抗顏：不看別人的臉色；高議：坦率地說出見解。指不爲他人左右，嚴正地表達自己的意見。宋·蘇軾《上劉侍讀書》：「抗顏高議，自以無前。」
【抗顏爲師】
意志堅定，不爲世俗所動，可爲學習的楷模。唐·柳宗元《答韋中立論師道書》：「今之世不聞有師，有輒嘩笑之，以爲狂人。獨韓愈奮不顧流俗，犯笑侮，收召後學，作《師說》，因抗顏而爲師。」
【炕頭前下轎——多一步不走】
比喻墨守成規，不肯大步前進。例他一向是上司說什麼辦什麼，炕頭前下轎——多一步不走，從不結合自己地區實際提出什麼措施。

ㄎㄥ

【坑儒焚書】
指秦始皇焚燒典籍，坑殺儒生之事。見《史記·秦始皇本紀》。後用以指對文化和知識分子的摧殘。唐·賈至《旌儒廟頌》：「觀夫坑儒焚書之意，乃欲蓋先王之能事，竊作者之鴻名，黃主衆耳以前聞，逞私欲於當代。」也作「焚書坑儒」。
【硜硜之見】
見「硜硜之信」。
【硜硜之信】
硜硜：擊石聲，淺見固執。指固執的信念。多作謙詞。《東周列國志》六六回：「相國之事，子所知也。主公猶執硜硜之信，隱忍不言。」也作「硜硜之見」。清·袁枚《小倉山房尺牘》二一首：「此僕平日硜硜之見，如董生來，即以此言告之。」
【鏗鏘頓挫】
鏗鏘：樂器有節奏而響亮的聲音。形容音律和諧有力。《紅樓夢》二二回：「這一齣戲是一套『北點絳唇』，鏗鏘頓挫，韻律不用說是好了。」

ㄎㄨ

【枯茶淡飯】

形容生活清貧。《警世通言》卷三一：「過了些時，漸漸慣了，枯茶淡飯，絕不想分外受用。」

【枯槁之士】

指隱居的人。《莊子・徐无鬼》：「招世之士興朝，中民之士榮官，筋力之士矜難，勇敢之士奮患，兵革之士樂戰，枯槁之士宿名。」

【枯井頹巢】

乾枯的水井，毀壞的鳥巢。形容荒涼破敗的景象。清・孔尚任《桃花扇・餘韻》：「無非是枯井頹巢，不過些磚苔砌草。」

【枯木發榮】

榮：茂盛。比喻絕境逢生，重獲生機。三國魏・曹植《七啓》：夫辯言之艷，能使窮澤生流，枯木發榮。庶感靈而激神，況近在乎人情。」也作「**枯木生花**」。魏・曹植《轉封東阿王謝表》：「若陛下念臣入從五年之勤，少見佐助，此枯木生華（花），白骨更肉，非臣之敢望也。」也作「**枯木生葉**」。魏・曹植《封鄄城主謝表》：「枯木生葉，白骨更肉，非臣罪戾，所當宜蒙。」也作「**枯樹重花**」。重花：重新開花。唐・張文成《遊仙窟》：「十年憐憫客人，存其死命，可謂白骨再肉，枯樹重花。」也作「**枯樹生枝**」。唐・白居易《府齋感懷酬夢得》：「勞寄新詩遠安慰，不聞枯樹更生枝。」也作「**枯枝再春**」。明・無名氏《白兔記・團圓》：「姻緣本是前生定，故令個白兔來引。艱辛，十六年命屯，今喜得枯枝再春。」也作「**枯木再生**」。宋・蘇轍《陳汝義學士南京謝表》：「豈謂聖恩未棄，見收桑榆，枯木再生，重沾雨露。」也作「**枯樹開花**」。元・無名氏《玩江亭》二折：「那一日在那郊野外，師父請我吃酒，我見他寒波造酒，枯樹開花，因此上跟他出了家。」

【枯木逢春】

見「枯樹逢春」。

【枯木刻象棋子兒——老兵老將】

泛指閱歷深、資格老的人。例枯木刻象棋子兒——老兵老將，還可以發揮餘熱，特別是在培養接班人方面有義不容辭的責任。

【枯木生花】

見「枯木發榮」。

【枯木生葉】

見「枯木發榮」。

【枯木死灰】

身如枯死的樹木，心如熄滅的死灰。比喻對一切失去希望，極其消極悲觀。宋・陳亮《與應仲實書》：「事物雖衆，此其得之淺者，不過如枯木死灰而止耳。」也作「**枯形灰心**」。宋・蘇軾《參寥子眞贊》：「與人無競，而好刺譏朋友之過；枯形灰心，而喜爲感時玩物不能忘情之語。」也作「**枯體灰心**」。《雲笈七籤》卷九四：「所有計念，從忌心生；若枯體灰心，則萬病俱泯。」

【枯木朽株】

乾枯的樹幹，腐朽的樹樁。比喻衰老、無用的人或衰微的力量。宋・陳亮《與呂伯恭正字》：「亮已枯木朽株，不應與論此事，亦習氣未易頓除也。」也作「**枯株朽木**」。《紅樓夢》七回：「我雖比他富貴，但綾錦紗羅，也不過裹了我這枯株朽木；羊羔美酒，也不過塡了我這糞窟泥溝，富貴二字，眞眞把人荼毒了！」

【枯木再生】

見「枯木發榮」。

【枯樹重花】

見「枯木發榮」。

【枯樹逢春】

枯樹遇到春天，又恢復了生命力。比喻垂危的病人或瀕於絕境的事物又重獲生機。《景德傳燈錄・唐州大乘山和尚》：「問：『枯樹逢春時如何？』師曰：『世間希有。』」也作「**枯木逢春**」。《古今小說》卷九：「兩口兒回到家鄉，見了岳丈黃太學，好似枯木逢春，斷弦再續，歡喜無限。」

【枯樹開花】

見「枯木發榮」。

【枯樹爛木頭——無用之材】

比喻沒有用的東西。例天生我才必有用，不能自暴自棄，認爲自己是枯樹爛木頭——無用之材。

【枯樹生枝】

見「枯木發榮」。

【枯藤纏大樹——生死不離】

雙關語，比喻感情或友誼極爲深厚。例老倆口經過幾十年的共同生活，就像枯藤纏大樹——生死不離。

【枯體灰心】

見「枯木死灰」。

【枯形灰心】

見「枯木死灰」。

【枯楊生華】

見「枯楊生稊」。

【枯楊生稊】

稊：ㄊㄧˊ，通「荑」，植物的嫩芽。乾枯的楊樹又發了芽。舊時比喻老夫娶少妻或老年得子。《周易・大過》：「九二，枯楊生稊，老夫得其妻女，無不利。」也作「**枯楊生華**」。《周易・大過》：「九五，枯楊生華，老婦得其士夫，無咎無譽。」

【枯魚病鶴】

乾枯的魚，有病的鶴。比喻處境維艱。《羣音類選〈玉簪記・必正投姑〉》：「似枯魚病鶴，空懷霄漢，挨著寒鷄茅店。到禪關，借樹棲凡鳥，分燈習蠹篇。」

【枯魚涸轍】

枯魚：乾魚；涸轍：乾的車溝。《莊子・外物》：「周昨來，有中道而呼者，周顧視車轍中，有鮒魚焉。周問之曰：『鮒魚來！子何爲者邪？』對曰：『我，東海之波臣也。君豈有斗升之水而活我哉？』周曰：『諾。我且南遊吳越之王，激西江之水而迎子，可乎？』鮒魚忿然作色曰：『吾失我常與，我無所處。吾得斗升之水然活耳，君乃言此，曾不如早索我於枯魚之肆！』」後以「枯魚涸轍」比喻陷於困境。明·汪廷訥《種玉記·奇術》：「枯魚涸轍暫潛蹤，大鵬何日天風送。」也作「枯魚之肆」。唐·元稹《代諭淮西書》：「則男不得耕，女不得織，鹽茗之路絕，倉廩之積空，不三數月，求諸公於枯魚之肆矣。」

【枯魚銜索】
銜索：穿在繩索上。穿在繩索上的乾魚。比喻存在的日子已不多了。漢·韓嬰《韓詩外傳》卷一：「枯魚銜索，幾何不蠹。二親之壽，忽如過隙。」後用爲思念已故父母。北周·庾信《哀江南賦》：「泣風雨於梁山，唯枯魚之銜索。」

【枯魚之肆】
見「枯魚涸轍」。

【枯燥無味】
形容單調，沒有趣味。例這篇文章寫得枯燥無味，讀時令人昏昏欲睡。

【枯枝敗葉】
乾枝落葉。形容荒落的景氣。清·孔尚任《桃花扇·餘韻》：「鴿翎蝠糞滿堂拋，枯枝敗葉當階罩。」

【枯枝再春】
見「枯木發榮」。

【枯株朽木】
見「枯木朽株」。

【哭鼻子】
即哭，含親昵或詼諧意。例你眞不害臊，這麼點小事就哭鼻子。

【哭天抹淚】
哭哭啼啼，淚流滿面。《紅樓夢》三二回：「前日不知爲什麼攆出去，在家裏哭天抹淚的，也都不理會他。」也作「哭眼抹淚」。《兒女英雄傳》七回：「那老婆兒哭眼抹淚的說道：『阿彌陀佛！說也不當好聽的話。』」

【哭笑不得】
哭也不好，笑也不好。形容處境尷尬。馮玉祥《我的生活》二二章：「看他說話的神氣，請安的姿勢，完完全全都是滿清的派頭，使我哭笑不得。」

【哭眼抹淚】
見「哭天抹淚」。

ㄎㄨˇ

【苦不可言】
非常痛苦，以致不能用言語來表達。宋·李昌齡《樂善錄·劉貢父》：「晚年得惡疾，鬚眉墮落，鼻梁斷壞，苦不可言。」

【苦不聊生】
聊生：維持生計。形容生活極度困苦，無法生活。《漢書·嚴安傳》：「丁男被甲，丁女轉輸，苦不聊生，自經於道樹，死者相望。」

【苦打成招】
招：招認。用嚴刑拷打，逼無辜者招認犯罪。例小劉坦承犯罪，只是因苦打成招，我們一定要幫他洗刷冤屈。也作「屈打成招」。

【苦膽煮黃連——苦湯熬苦藥】
①比喻不斷遭受苦難。例以前的勞工，是苦膽煮黃連——苦湯熬苦藥，沒有過過幸福愉快的日子。②形容工作過分勞累。例老尹是苦膽煮黃連——苦湯熬苦藥，眼看就要累得倒下來了，同事們都愛莫能助、無可奈何。

【苦豆子煮黃連——一個更比一個苦】
見「苦瓜樹上結黃連——一個比一個連」。

【苦瓜蟲——吃內不吃外】
比喻從內部蛀空或消耗，不損害外人。含有對外大方，對內苛刻的意思。例這傢伙是苦瓜蟲——吃內不吃外，對妻兒兇神惡煞，對外彬彬有禮。

【苦瓜攀苦藤——苦相連】
比生活困苦，命運相同。例窮人苦瓜攀苦藤——苦相連，但他們心心相印，互相幫助。

【苦瓜樹上結黃連——一個更比一個苦】
苦瓜樹：苦瓜是一年生草本植物，不是樹，這裏是誇張的說法。苦瓜樹上結黃蓮是一種假想。比喻痛苦一個比一個更甚。例在以前，我們窮人都生活在水深火熱之中，的確是苦瓜樹上結黃連——一個更比一個苦。也作「苦豆子煮黃連——一個更比一個苦」。

【苦鬼遇餓鬼——都是一號命】
一號命：一樣的命運。指命運或遭遇相同。例在礦山的勞工，雖然來自五湖四海，卻像苦鬼遇餓鬼——都是一號命，都有數不盡的血海深仇和苦痛災難。

【苦海茫茫】
苦海：佛教謂苦難深重如海。比喻苦難無窮無盡。《聊齋志異·馬介甫》：「兒女情深，英雄氣短，苦海茫茫，同此病源。」也作「茫茫苦海」。

【苦海無邊，回頭是岸】
苦海：佛教用語，苦難像大海一樣無邊無際；岸：指彼岸，佛教認爲得到正果就是登上彼岸。佛教將人生化做苦海，勸人從欲障中解脫出來，登上彼岸極樂世界。後引申爲即使罪惡重大，只要眞心悔改，便有出路。《朱子語類》卷五九：「適見道人題壁云：苦海無邊，回頭是岸。說得極好。」

【苦盡甘來】
甘：甜，美好。比喻苦難的日子熬到頭，美好的日子就來了。元·張國賓《合汗衫》三折：「這也是災消福長，苦盡甘來。」也作「苦盡甜來」。《羣音類選〈金印記·婆婆奪絹〉》：「貧遭富欺，不道富有貧日，貧有富時，苦盡甜來，泰生否極，只道常如是。」

【苦盡甜來】
見「苦盡甘來」。
【苦盡自有甜來到】
苦日子過完就是甜日子。姚雪垠《李自成》一卷一四章：「苦盡自有甜來到。有朝一日咱們打出商洛山，大家就不再像蛟龍困在淺灘了。」
【苦口逆耳】
比喻誠心誠意的規勸。《後漢書·陳寵傳》：「如其管穴，妄有譏刺，雖苦口逆耳，不得事實，且優游寬容，以示聖朝無諱之美。」
【苦口婆心】
像老婆婆那樣不辭煩地反覆勸說。形容再三勸說。《兒女英雄傳》一六回：「這等人若不得個賢父兄，良師友，苦口婆心的成全他，喚醒他，可惜那至性奇才，終歸名墮身敗！」
【苦辣酸甜】
比喻悲歡離合等種種遭遇及各種生活滋味。例這一輩子她什麼都經歷過了，真是苦辣酸甜一言難盡。也作「酸甜苦辣」。
【苦樂不均】
不平等。《魏書·太武五王列傳》：「苦樂不均，羊少狼多，復有蠶食，此之弊久矣。」
【苦樂之境】
指痛苦與歡樂的境界。北魏·溫子升《定國寺碑》：「並馳於苦樂之境，皆入於生死之門。」
【苦肉計】
故意傷害自己的肉體，以騙取對方信任的計謀。《三國演義》四六回：「今日痛打黃蓋，乃計也。吾欲令他詐降，先須用苦肉計瞞過曹操，就中用火攻之，可以取勝。」
【苦身焦思】
勞苦身軀，憂心苦思。《史記·越王句踐世家》：「吳既赦越，越王句踐反國，乃苦身焦思，置膽於坐，坐臥即仰膽，飲食亦嘗膽也。」也作「勞身焦思」。
【苦水裏泡大的——苦慣了】
比喻習慣於困苦的生活。例我們是苦水裏泡大的——苦慣了，即使山區生活條件再差些，也不會在意的。
【苦水裏泡大的杏子核——苦人(仁)兒】
見「黃連泡瓜子——苦人(仁)兒」。
【苦心孤詣】
孤詣：獨到的境地。刻苦用心鑽研，達到別人達不到的境地。清·杭世駿《〈李太白全集〉序》：「書來質餘，方望洋驚嘆，五體投地，而敢以一言半句相益乎！然其苦心孤詣，餘學雖未至，而心故識之。」也指為尋求解決問題的辦法而煞費苦心。《兒女英雄傳》一〇回：「此十三妹所以挺身出來，給安龍媒、張金鳳二人執柯作伐的一番苦心孤詣也。」
【苦心極力】
見「苦心竭力」。
【苦心積慮】
見「苦心焦思」。
【苦心焦思】
用盡心思，焦急地思慮。唐·韓愈《為裴相公讓官表》：「聖君難逢，重德宜服，苦心焦思，以夜繼日。」也作「苦心積慮」。積慮：長時間地一再思慮。《清史稿·申涵光傳》：「〔孫〕奇逢謂其苦心積慮，閱歷深而動忍熟。」
【苦心竭力】
費盡心思，竭盡全力。漢·賈誼《新書·權重》：「夫秦日夜深惟，苦心竭力，以除六國之憂。」也作「苦心極力」。宋·陸九淵《黃公墓志銘》：「為文操筆立成，藻思贍蔚，統記不紊，有苦心極力所不到者。」
【苦心經營】
用盡心思去籌劃安排。梁啓超《新中國未來記》四回：「但專制政體不除，任憑你君相憑地苦心經營，民力是斷不能發達的。」
【苦言藥也，甘言疾也】
苦口直言，就像治病的良藥；動聽的話語，就像害人的疾病。《史記·商君列傳》：「語有之矣，貌言華也，至言實也，苦言藥也，甘言疾也。」
【苦藥利病，苦口利用】
味苦的藥利於治病，真誠的話大有好處。比喻要善於聽取不同的意見。唐·吳兢《貞觀政要》卷四：「從善如流，尚恐不逮；飾非拒諫，必是招損。古人云：『苦藥利病，苦口利用』，優願居安思危，日慎一日。」也作「苦口是良藥」。元·楊景賢《劉行首》二折：「爭知『苦口是良藥』，勸著你不採分毫，則戀那鶯燕交，不想那林泉樂，爭知你隨著貧道，向溪上訪漁樵。」也作「良藥苦口利於病，忠言逆耳利於行」。明·劉基《苦齋記》：「良藥苦口利於病，忠言逆耳利於行。彼之苦，吾之樂；而彼之樂，吾之苦也。」
【苦雨淒風】
形容天氣惡劣。也比喻處境悲慘淒涼。《隋唐演義》二八回：「黃昏長夜，捱了多少苦雨淒風；春晝秋宵，受了多少魂驚目斷。」也作「淒風苦雨」。
【苦征惡戰】
艱苦的討伐。形容戰爭極其艱苦。明·無名氏《慶賞端陽》一折：「某姓秦名瓊字叔寶，立唐以來，苦征惡戰，累建功勳。」也作「苦爭惡戰」。明·無名氏《九宮八卦陣》一折：「我也曾苦爭惡戰數千番，但行處忘生捨死何曾慢。」
【苦爭惡戰】
見「苦征惡戰」。
【苦中作樂】
在困苦中強尋歡樂。《慈禧太后演義》八回：「咸豐帝既遘內憂，又遭外患，免不得日夕憂悶……虧得皇帝貼身的太監，導帝遊幸圓明圓，苦中作樂。」
【楛耕傷稼】

楛：粗劣，不精緻。耕田不細緻，會使莊稼受損。《荀子・天論》：「楛耕傷稼，楛耘失歲。」

【楛耘傷歲】

耘：鋤草；歲：年景，收成。指不精細地除草，會影響收成。漢・韓嬰《韓詩外傳》卷二：「楛耕傷稼，楛耘傷歲。」

ㄎㄨˋ

【褲檔裏冒煙——當然（襠燃）】

當然：「襠燃」的諧音。雙關語，比喻合乎情理，應當這樣。例納稅是公民應盡的義務，這是褲檔裏冒煙——當然（襠燃）的事。

【褲兜裏裝五臟——窩囊廢（肺）】

廢：「肺」的諧音；窩囊廢：〈方〉怯懦無能的人。肺是五臟之一，裝在褲袋裏實屬窩囊之舉，故喻為「窩囊廢（肺）」。形容膽小怕事、沒有本事。例這個人是褲兜裏裝五臟——窩囊廢（肺），幹不了正經事。

【褲兜子鑽蠍子——要咋著（蜇）咋著（蜇）】

蜇：蠍子等用毒刺刺人或動物；著：「蜇」的諧音。雙關語，比喻要怎麼辦就怎麼辦。例既然落入了敵人手中，他橫了一條心，褲兜子鑽蠍子——要咋著（蜇）咋著（蜇）。

【褲腰上掛死耗子——假充打獵人】

比喻冒充內行或裝裝樣子。例不懂就不懂，不要褲腰上掛死耗子——假充打獵人，讓別人笑話。也作「腰裏夾個死老鼠——假充打獵人」。

ㄎㄨㄚ

【誇大其辭】

言語誇張，把事實說得超越原有的程度。《宋史・王祖道傳》：「蔡京開邊，祖道欲乘時徼富貴，誘王江酋、楊晟免等使納士，誇大其辭。」

【誇誕大言】

誇誕：虛誇欺詐；大言：大話。不切實際的虛誇。《魏書，釋老志》：「誇誕大言，不本人情。」也作「誇誕之語」。漢・王充《論衡・道虛》：「自知以必然之事見責於世，則作誇誕之語。」

【誇誕之語】

見「誇誕大言」。

【誇多鬥靡】

鬥：比賽；靡：華麗，奢侈。指文章以篇幅宏博，詞藻華麗競勝。唐・韓愈《送陳秀才彤序》：「讀書以為學，纘言以為文，非以誇多而鬥靡也。」後也用以形容官僚、富豪以奢侈為榮，相互比賽。

【誇而有節，飾而不誣】

節：分寸；飾：增飾；誣：違背實情。誇張得有分寸，增飾得不違背實情。謂創作中運用誇飾要合乎情理。南朝梁・劉勰《文心雕龍・誇飾》：「誇而有節，飾而不誣，亦可謂之懿也。」

【誇海口】

指說大話，吹牛皮。例要解決這個問題，你可別聽他誇海口，實際上他一點把握也沒有。

【誇誇而談】

見「誇誇其談」。

【誇誇其談】

形容說話或寫文章浮誇，不切實際。例李小明的作文內容，往往是誇誇其談，言過其實，最好只相信一半。也作「誇誇而談」。茅盾《子夜》三：「吳蓀甫先不發表意見，任聽唐雲山在那裏誇誇而談。」

【誇能鬥智】

以才幹、聰明炫耀爭勝。明・梅鼎祚《玉合記・入道》：「看你峨冠委佩，羞人沐猴，任你誇能鬥智，驅人火牛，滄海無主一著殘棋後。」

【誇強道會】

會：善於。誇耀自己有本事、有能力。明・無名氏《午時牌》頭折：「他那裏誇強道會施英武，著俺那有恩有義的新尊父。」也作「誇強說會」。元・張養浩《寄閱世道人侯和卿・朱履曲》：「休兄愛誇強說會，少不得直做的貼骨黏皮。」

【誇強說會】

見「誇強道會」。

【誇愚適增累，矜智倒逾昏】

誇耀自己的愚蠢行為，恰恰增添牽累；炫耀自己的聰明，反倒更顯得昏庸。唐・陳子昂《盛遇》詩之一九：「鬼工尚未可，人力安能存。誇愚適增累，矜智倒逾昏。」

【誇嘴的郎中——沒好藥】

郎中：〈方〉中醫醫生。比喻沒有像樣的東西。例俗語說，誇嘴的郎中——沒好藥。他越是吹得天花亂墜，就越不可靠。

【夸父逐日】

夸父：古代神話中的人物；逐日：追趕太陽。《山海經・海外北經》：「夸父與日逐走，入日，渴欲得飲，飲於河渭，河渭不足，北飲大澤。未至，道渴而死。棄其杖，化為鄧林。」後以「夸父逐日」形容人們征服自然的堅強意志。也比喻做力所不及的事情。南朝宋・僧愍《戎華論折顧道士夷夏論》：「真謂夸父逐日，必渴死者也。」

【姱容修態】

姱：美好；修：修長；態：體態，身材。美麗的容顏，修長的身材。形容女子容顏美麗、身材苗條。戰國楚・宋玉《招魂》：「姱容修態，亙洞房些。」

ㄎㄨㄚˋ

【胯下之辱】

《史記・淮陰侯傳》：「淮陰屠中少年有侮信者……衆辱之曰：『信能死，

刺我；不能死，出我袴下。』於是信孰視之，俯出袴下，蒲伏。一市人皆笑信，以爲怯。」後指有才幹的人在困境下承受屈辱。《晉書・劉喬傳》：「至人之道，用行捨藏。胯下之辱，猶宜俯就，況於換代之嫌，纖介之釁哉！」

【跨鳳乘鸞】
鳳：鳳凰；鸞：屬鳳凰一類的鳥；鳳鸞：比喻夫婦。跨上鳳，乘上鸞。形容夫婦美滿得意的情形。明・崔時佩《西廂記・東閣邀賞》：「我如今博得個跨鳳乘鸞客，到晚來臥看牽牛織女星。」也作「**跨鳳乘龍**」。明・單本《蕉帕記・鬧婚》：「喜融融，好似蕭郎秦女，跨鳳乘龍。」

【跨鳳乘龍】
見「跨鳳乘鸞」。

【跨州連郡】
見「跨州越郡」。

【跨州越郡】
州、郡：古代行政區域。橫跨州郡。形容涉足的地域廣，路程遠。晉・陸機《百年歌十首》詩：「體力克壯志方剛，跨州越郡還帝鄉。」也作「**跨州連郡**」。《周書・文帝紀》：「而歡阻兵安忍，自以爲功。廣布腹心，跨州連郡。」

ㄎㄨㄛˋ

【擴而充之】
指擴大範圍，充實內容。《孟子・公孫丑上》：「凡有四端於我者，知皆擴而充之矣。」

【括囊拱手】
括囊：將口袋紮住。比喻緘口不言，無所作爲。《宋史・劉述傳》：「趙抃則括囊拱手，但務依違，大臣事君，豈當如是！」

【括囊守祿】
比喻守口如瓶，只求保住俸祿和官位。《後漢書・崔寔傳》：「凡天下所以不理者，常由人主承平日久，俗漸敝而不悟……或見信之佐，括囊守祿；或疏遠之臣，言以賤廢。」

【闊步高談】
形容言行自由，無所拘束。《三國志・魏書・文帝紀》「號曰《皇覽》」裴松之注引《魏書・曹丕（太宗論）》：「欲使曩時累息之民得闊步高談，無危懼之心。」

【闊論高談】
指言談高妙廣博。元・曾瑞《醉花陰・懷離》套曲：「想才郎豐鑑，貌堂堂闊論高談。」也作「**高談闊論**」。

【廓達大度】
廓達：通達。指性格開朗，氣度宏大。太平天國・洪仁玕《干王洪仁玕等勸諭清朝官兵棄暗投明檄》：「爾等抑知我天朝廓達大度，胞與爲懷，不問新舊兄弟，皆視同一體。」

【廓開大計】
廓開：闡述。闡述遠大的理想與抱負。《三國志・吳書・魯肅傳》：「今卿廓開大計，正與孤同。」

ㄎㄨㄞˋ

【快刀不削自己的柄】
比喻自己人不會傷害自己人。《蕩寇志》一一二回：「衆人看了，不禁駭然道：『怎麼外感症，好吃這種大補藥？算來快刀不削自己的柄，一定是他昏了，開錯的，須接位高明先生來評評看。』」

【快刀打豆腐——乾淨利索】
也作「**快刀打豆腐——乾淨麻利**」。見「快刀斬亂麻——乾淨利索」。

【快刀斷亂麻】
見「快刀斬亂麻」。

【快刀砍亂麻】
見「快刀斬亂麻」。

【快刀砍水——難分開】
比喻密不可分。例他倆是難兄難弟，情義深重，快刀砍水——難分開，你別企圖挑撥他們的關係了。也作「**棒打鴛鴦——難分開**」。

【快刀砍西瓜】
比喻幹事痛快。例他的特點是快人快語，辦事乾脆，一點也不拖泥帶水，好像「快刀砍西瓜」，乾淨俐落。

【快刀劈毛竹——迎刃而解】
見「刀切豆腐——迎刃而解」。

【快刀劈竹子——一分爲二】
一分爲二：哲學用語。指事物都分爲兩個方面，都是對立的統一。例對一個人的看法不能絕對化，應該快刀劈竹子——一分爲二，有優點也有缺點，有長處也有短處。也作「**刀切西瓜——一分爲二**」。

【快刀切蔥——一刀兩空】
比喻兩頭落空，一無所獲。例這個精於盤算的朱老財，上次可好，落了個快刀切蔥——一刀兩空，眞是活該。

【快刀切豆腐——兩不沾（粘）】
見「豆腐渣糊牆——兩不沾（粘）」。

【快刀切豆腐——兩面光】
見「刀切豆腐——兩面光」。

【快刀切豆腐——迎刃而解】
也作「**快刀切豆腐——點到就開**」。見「刀切豆腐——迎刃而解」。

【快刀切蘿蔔——乾脆】
比喻說話、辦事不拖泥帶水。例你一向是快刀切蘿蔔——乾脆得很，現在怎麼猶猶豫豫，不敢明確表態。也作「**快刀切蘿蔔——乾乾脆脆**」、「**油炸麻花——乾脆**」、「**砧板上面砍骨頭——乾脆**」、「**大熱天吃炒豆——乾脆**」、「**臘月裏啃凍蘿蔔——咯嘣兒脆**」、「**老虎吃爆豆——咯嘣兒脆**」。

【快刀切西瓜——一刀見紅白】
比喻辦事乾脆俐落，立見分曉。例我們的老廠長從來辦事都是快刀切西瓜——一刀見紅白，不像你這樣猶豫不決，拖泥帶水。

【快刀斬亂麻】
比喻說話、辦事乾脆、果斷、迅速。

例哥哥做起事來從不拖泥帶水，處理問題也如快刀斬亂麻般，很有效率。也作「快刀斷亂麻」。魯迅《譯文序跋集・〈出了象牙之塔〉後記》：「就是從我們外國人的眼睛看，也往往覺得有快刀斷亂麻似的爽利，至於禁不住稱快。」也作「快刀砍亂麻」。

【快刀斬亂麻——乾淨利索】

比喻說話、辦事，不拖泥帶水，解決問題迅速。例她無論幹什麼都是快刀斬亂麻——乾淨利索。也作「快刀打豆腐——乾淨利索」、「快刀劈毛竹——脆刮刮的」、「三下五去二——乾脆利索」、「快刀斬亂麻——乾脆利索」、「刀劈毛竹——乾脆利索」、「鐵錘擂山石——乾脆利索」。

【快刀斬亂麻——一刀兩斷】

比喻堅決而又果斷地斷絕關係。例要是她眞錯了，我就快刀斬亂麻——一刀兩斷，絕不護短。也作「利刀砍黃鱔——一刀兩斷」、「門檻上砍蘿蔔——一刀兩斷」、「朽木架橋——一踩兩斷」。

【快犢破車】

犢：ㄉㄨˊ，小牛。比喻蠻幹的人，隨時都能惹出禍害。《晉書・石季龍載記》：「性殘忍，好馳獵，遊蕩無度，尤善彈，數彈人，軍中以為毒患。勒白王，將殺之。王曰：『快牛為犢子時，多能破車，汝當小忍之。』」

【快火熬豆腐——一個勁地咕嘟】

快火：旺火；咕嘟：狀聲詞。雙關語，比喻說話嘮叨、沒完沒了。例老太婆像快火熬豆腐——一個勁地咕嘟，她找了個碴兒，趕緊躲開了。也作「快火煮豆腐——一個勁地咕嘟」。

【快鋸伐大樹——拉倒】

見「腳後跟拴繩子——拉倒」。

【快馬不用鞭催，響鼓不用重捶】

比喻對聰明人不必多說，輕輕點到就心領意會。例聰明的學生學習新知時，總是快馬不用鞭催，響鼓不用重捶，一點就通。

【快馬加鞭】

形容快上加快。明・徐畛《殺狗記・看書苦諫》：「何不快馬加鞭，逕趕至蒼山，求取伯伯。」也用以比喻不斷努力，繼續前進。例咱們趁熱打鐵，快馬加鞭，抓緊時間把工作做好。

【快馬健兒，不如老婦吹篪】

篪：ㄔˊ，古時竹管樂器，像笛子，有八孔。老婦吹篪動搖敵人軍心，勝過士兵沖殺。《太平廣記》卷二三六《元琛》：「有婢朝雲善吹篪……琛為秦州刺史，諸羌外叛，屢討之不降。琛令朝雲假為貧嫗，吹篪而乞。諸羌聞之，悉皆流涕。迭相謂曰：『何為棄墳井，在山谷為寇耶？』相率歸降。秦民語曰：『快馬健兒，不如老婦吹篪。』」

【快馬一鞭，快人一言】

與性情爽快的人說話，一句話就行。《五燈會元》卷三：「快馬一鞭，快人一言。有事何不出來，無事各自珍重。」也作「君子一言，快馬一鞭」。

【快人快事】

痛快人做痛快事。例他幹起事來爽快俐落，眞是快人快事，令人佩服。

【快人快性】

痛快的人具有痛快的性格。《兒女英雄傳》三八回：「何小姐自來快人快性，伸手就先接過去。」

【快人快語】

痛快人說痛快話。例老羅快人快語，說出了我們的心裏話。

【快意當前】

快意：稱心。滿足眼前一時的痛快。《史記・李斯列傳》：「快意當前，適觀而已矣。」

【塊阜之山】

阜：土山。很小的一塊土山。比喻沒有大材。《淮南子・俶眞訓》：「牛蹄之涔無尺之鯉，塊阜之山無丈之材。」

【塊然獨處】

塊然：孤獨的樣子。形容遠離世俗，孤苦地生活。《史記・滑稽列傳》：「今世之處士，時雖不用，崛然獨立，塊然獨處。」也指生活孤寂無聊。《唐詩紀事・周樸》：「樸，唐末詩人，寓於閩中，於僧寺假丈室以居，不飲酒茹葷，塊然獨處。」

【膾炙海內】

見「膾炙人口」。

【膾炙人口】

膾：切得很細的肉；炙：烤肉。美味的食物為人所喜歡。比喻好的詩文受人讚美、傳頌。五代・王定保《唐摭言・海敍不遇》：「李濤，長沙人也，篇咏甚著，如『水聲長在耳，山色不離門』。又『掃地樹留影，拂床琴有聲』。又『落日長安道，秋槐滿地花』，皆膾炙人口。」也作「膾炙海內」。海內：指國境以內。宋・林景熙《故國子正鄭公墓志銘》：「公程文在黃子冊中，膾炙海內，至今誦之。」也作「膾炙天下」。宋・周紫芝《竹坡詩話》：「林和靖賦《梅花詩》，有『疏影橫斜水清淺，暗香浮動月黃昏』之語，膾炙天下殆二百年。」也作「膾炙一時」。明・毛以遂《曲律跋》：「先生作有《題紅記》，及《男後》《離魂》《救友》《雙環》《招魂》諸劇，膾炙一時。」

【膾炙天下】

見「膾炙人口」。

【膾炙一時】

見「膾炙人口」。

【劊子手的本領——殺人的勾當】

劊子手：舊時執行死刑的人。比喻殘害人的伎倆。例你們如此忽視生產安全，把工人生命當兒戲，說嚴重點，是劊子手的本領——殺人的勾當。

【劊子手掛念珠——假充善人】

念珠：也叫數珠、佛珠，佛教徒誦經時用來計算次數的成串的珠子，每串一〇八顆。比喻外表和善，內心險惡。例劊子手掛念珠——假充善人的歹徒，對社會的危害更大，要特別警惕他們。也作「劊子手燒香——假慈悲」、「老虎趕豬——假充善人」、「老虎戴數珠——假充善人」。

【筷子穿針眼——辦不到】

見「趕鴨子上樹——辦不到」。

【筷子穿針眼——難啊】

比喻很困難或很為難。例我勸他聽從醫生的意見，在家休息兩天，眞像筷子穿針眼——難啊。

【筷子穿針眼——難過】

見「獨木橋——難過」。

【筷子穿針眼——難通過】

比喻不容易得到同意或准許。例你提出的計畫草案，恐怕是筷子穿針眼——難通過。也作「筷子穿針眼——通不過」、「老牛鑽狗洞——難通過」。

【筷子搭橋——難過】

見「獨木橋——難過」。

【筷子夾骨頭——全是光棍】

見「火燒竹林——盡光棍」。

【筷子夾骨頭——三條光棍兒】

光棍：無配偶的成年男女。舊時也指地痞、無賴。比喻三個未娶妻的單身漢。例筷子夾骨頭——三條光棍兒，這樣湊合到一起過日子，卻有特殊的情趣。

【筷子夾豌豆——不可多得】

比喻難得。例這種亦工亦農、能粗能細的人才，的確是筷子夾豌豆——不可多得啊！

【筷子配抵門槓——成不了對】

比喻難以圓滿結合。多指男女雙方不能婚配。例看來，這兩個人是筷子配抵門槓——成不了對，你就不要硬撮合了。也作「筷子配抵門槓——難成雙」。

【筷子挑涼粉——滑頭對滑頭】

滑頭：油滑不老實的人。雙關語，比喻狡猾的人對付狡猾的人。例這兩個人面和心不和，都長著三個心眼，是筷子挑涼粉——滑頭對滑頭。也作「黃鱔遇見泥鰍——滑頭對滑頭」、「光筷子夾豌豆——滑頭對滑頭」。

【筷子頭打人最狠】

比喻酒肉飯菜腐蝕人、拉攏人最為狠毒。例三日一小宴，五日一大宴，筷子頭打人的確狠毒，他終於上了鉤，為人暗中賣命了。

ㄎㄨㄟ

【虧名損實】

名實都受到虧損。南朝梁・任昉《為范尚書讓吏部封侯第一表》：「至於虧名損實，為國為身，知其不可。」

【虧心短行】

沒有良心的卑劣行為。元・高則誠《琵琶記・南浦囑別》：「只怕萬里關山，那更音信難憑。須聽我沒奈何，分情破愛，誰下得虧心短行。」

【虧心事莫做，枉法錢莫貪】

不作虧心的事，不幹貪贓枉法的事。《二刻拍案驚奇》二九回：「時常自言自語，病日重，到家便作經事，超渡禳解，濟得甚事？畢竟沒了。臨沒對兒子道：『虧心事莫做，枉法錢莫貪。』」

【巋然不動】

巋：高大。比喻像高山一樣挺立著不動。形容高大堅固，不可動搖。例這座千年古塔歷經多次狂風暴雨，卻仍巋然不動。

【巋然獨存】

經變亂而唯一保存下來的物或人。漢・王延壽《魯靈光殿賦》：「自西京未央、建章之殿，皆見隳壞，而靈光巋然獨存。」宋・陸游《曾文清公墓志銘》：「初與端明殿學士徐俯、中書舍人韓駒、呂本中游。諸公既沒，公巋然獨存。」

【窺豹一斑】

從管中看豹，只看到豹的一小部分。比喻只見局部，不見整體。宋・李光《與胡邦衡書》：「《三經新解》未能遍讀，然嘗鼎一臠，窺豹一斑，亦足見其大略矣。」也作「管中窺豹」。

【窺間伺隙】

暗中觀察動靜，伺機採取行動。明・朱之瑜《與佐藤彌四郎書》：「彼謂釁皆由我，窺間伺隙，造此紛紜，亦理所應有也。」也作「窺伺間隙」。唐・獨孤及《為杭州李使君論李藏用守杭州功表》：「必能使寇賊奸宄不敢窺伺間隙，則江淮足以高枕而臥。」

【窺伺間隙】

見「窺間伺隙」。

【窺伺效慕】

暗中觀察而伺機仿效。唐・柳宗元《種樹郭槖駝傳》：「視駝所種樹，或遷徙，無不活，且碩茂，蚤實以蕃。他植者，雖窺伺效慕，莫能如也。」

【窺牖小兒】

窺牖：從窗上向室內偷看。指小偷。晉・張華《博物志》卷三：「時東方朔竊從殿南廂朱鳥牖中窺母(西王母)，母顧之，謂帝曰：『此窺牖小兒，嘗三來，盜吾此桃。』」

【窺御激夫】

《史記・管晏傳》：「御之妻從門間而窺其夫，其夫為相御，擁大蓋策駟馬，意氣揚揚甚自得。即歸，其妻請去，其後夫自抑損，晏子怪之而問，御以實對，晏子薦以為大夫。」後以「窺御激夫」指嫻慧溫和的妻子。

ㄎㄨㄟˊ

【葵花向日】

見「葵藿傾陽」。

【葵藿傾陽】

葵：葵花；藿：ㄏㄨㄛˋ，豆葉。葵花和豆葉傾向太陽。舊時比喻臣下對君主的仰慕。也比喻傾向於所尊重的人。三國魏・曹植《求通親表》：「若葵藿之傾葉，太陽雖不為之回光，然終向之者，誠也。」《宋書・劉義康傳》：「臣草莽微臣，臣竊不自揆，敢抱葵藿傾陽之心，仰慕《周易》匪躬之志。」也作「葵藿之心」。唐・白居易《謝清明日賜新火狀》：「仰之如日，空傾葵藿之心。」也作「葵花向日」。宋・司馬光《初夏》：「更無柳絮隨風起，唯有葵花向日傾。」也作「葵傾向日」。清・孔尚任《桃花扇・撫兵》：「誰知俺一片葵傾向日花。」

【葵藿之心】
見「葵藿傾陽」。

【葵傾向日】
見「葵藿傾陽」。

【揆理度勢】
見「揆情度理」。

【揆情度理】
揆、度（ㄉㄨㄛˋ）：估計，推測。按情理估計、推測。《兒女英雄傳》三三回：「揆情度理想了去，此中也小小的有些天理人情。」也作「揆理度勢」。清・林則徐《覆奏曾望顏條陳封關禁海事宜折》：「專斷一國貿易，與概斷各國貿易，揆理度勢，迴不相同。」也作「揆事度理」。宋・何基《辭牘》：「聞命徬徨，莫知攸措，唯是辭受之宜，所當揆事度理，敢用殫控，冀蒙鈞察。」

【揆事度理】
見「揆情度理」。

【魁梧奇偉】
身材高大健壯的人。《漢書・張良傳贊》：「聞張良之智勇，以為其貌魁梧奇偉。」

【夔龍禮樂】
夔（ㄎㄨㄟˊ）龍：相傳為虞、舜二臣，夔為樂官，龍為諫官。借指規範的禮樂制度。明・王世貞《鳴鳳記・鄒林遊學》：「夔龍禮樂承先範，班馬文章勘墨鉛。」

ㄎㄨㄟˇ

【跬步不離】
跬步：古時稱走路時移動一隻腳叫跬，即跨出半步。半步也離不開。形容關係親密。清・紀昀《閱微草堂筆記・姑妄聽之〈董家莊佃戶〉》：「三寶四寶又甚相愛，稍長即跬步不離，小家不知別嫌疑。」

【跬步不休】
半步不停。比喻雖然走得很慢，只要不間斷，終能達到目的地。《淮南子・說林訓》：「故跬步不休，跛鱉千里。」

ㄎㄨㄟˋ

【潰不成軍】
潰：潰敗、散亂。形容軍隊作戰慘敗，四處逃散。姚雪垠《李自成》一卷八章：「等待著敵人的銳氣開始衰落時，抓住要害猛力一擊，就可以把敵人殺得潰不成軍。」

【潰冒衝突】
潰：崩潰。冒著崩潰的危險去做。形容某事存有危險或禍患。宋・蘇軾《晁錯論》：「昔禹之治水，鑿龍門，決大河，而放之海。方其功之未成也，蓋亦有潰冒衝突可畏之患。唯能前知其當然，事至不懼，而徐為之圖，是以得至於成功。」

【愧不敢當】
對他人的稱讚或饋贈感到慚愧，承當不起。多用於謙辭。清・袁枚《小倉山房尺牘》九五首：「蒙公獎許過當，愧不敢當。」

【喟然長嘆】
見「喟然而嘆」。

【喟然而嘆】
指因感慨而嘆氣。《禮記・禮運》：「昔者仲尼與於蠟賓，事畢，出遊於觀之上，喟然而嘆。」也作「喟然太息」。《列子・說符》：「伯樂喟然太息曰：『一至於此乎！』」也作「喟然長嘆」。漢・馮衍《自論賦》：「時莫能聽用其謀，喟然長嘆，自傷不遭。」

【喟然太息】
見「喟然而嘆」。

ㄎㄨㄢ

【寬打窄用】
指計畫或準備得較寬裕，實際使用較少。例家庭生活開支，應該是寬打窄用，免得入不敷出。

【寬大為懷】
對人寬宏大量。例對待朋友應採取寬大為懷的態度，不要把一點小小的過失老記在心上。

【寬宏大度】
見「寬宏大量」。

【寬宏大量】
指待人寬厚，度量大。《紅樓夢》七一回：「奶奶素日寬宏大量，今日老祖宗千秋，奶奶生氣，豈不惹人議論？」也作「寬宏大度」。元・戴善夫《風光好》三折：「學士寬宏大度，何所不容。」

【寬宏海量】
指人的度量大，待人寬厚。元・關漢卿《謝天香》二折：「當時嘲拔無攔擋，乞相公寬宏海量，怎不的仔細參詳。」也指酒量大。元・馬致遠《岳陽樓》一折：「主人家寬宏海量醉何妨，直吃的捲簾邀皓月，再誰想開宴出紅妝。」

【寬廉平正】
廉：廉潔。待人寬厚廉潔，辦事大公無私。唐・韓愈《唐故河東節度觀察使滎陽鄭公神道碑》：「公之為司馬，用寬廉平正，得吏士心。」

【寬猛相濟】
寬大與嚴厲兩種手段互為補充，一齊使用。《孔子家語・正論解》：「寬猛相濟，政是以和。」也作「**寬猛相資**」。《隋書・樊子蓋傳》：「威惠兼舉，寬猛相資，故能畏而愛之，不嚴斯治。」也作「**寬嚴相濟**」。例執法也要寬嚴相濟，表裏無私。

【寬猛相資】
見「寬猛相濟」。

【寬袍大袖】
見「寬衫大袖」。

【寬仁大度】
待人寬厚仁義，心胸豁達。《東周列國志》一八回：「齊侯寬仁大度，不錄人過，不念舊惡。」

【寬衫大袖】
形容服裝寬大。元・無名氏《漁樵記》一折：「我見這會稽城市中的人，有穿著那寬衫大袖的喬文假醋。」也作「**寬袍大袖**」。

【寬心丸】
比喻指寬慰人的話語。例你光給我寬心丸吃不管用，我得看事實。

【寬嚴得體】
得體：適宜。指寬厚和嚴格兩種手段相結合，並做得恰如其分。《東周列國志》三九回：「郤穀登壇發令……有不能者，教之；教之而不遵，以違令論，然後用刑。一連操演三日，奇正變化，指揮如意。衆將見郤穀寬嚴得體，無不悅服。」

【寬嚴相濟】
見「寬猛相濟」。

ㄎㄨㄢˇ

【款款而談】
款：誠懇，懇切。誠懇而從容地談話。《兒女英雄傳》二五回：「又兼看著九公有個師徒分際，褚大娘子有個姐妹情腸，才得這樣款款而談。」

【款啟寡聞】
款啓：見識狹小。學識短淺，見聞寡陋。《莊子・達生》：「今休(孫休)，款啓寡聞之民也。」也作「**款學寡聞**」。清・黃宗羲《答萬充宗質疑書》：「誠不意款學寡聞之夫，得相抵掌，聊述所聞。」

【款學寡聞】
見「款啓寡聞」。

【款語溫言】
態度親切，言語溫和。《紅樓夢》二〇回：「寶玉見了這樣，知難挽回，打疊起百樣的款語溫言來勸慰。」

ㄎㄨㄣ

【昆弟之好】
昆弟：兄弟。指親密得如兄弟一般。《東周列國志》九二回：「今秦楚嫁女娶婦，結昆弟之好，三晋莫不悚懼，爭獻地以事秦。」

【崑岡之火】
崑崙山的大火，玉石俱焚。比喻不分好惡，一概誅戮。《後漢書・董卓傳論》：「崑岡之火，自茲而焚，板蕩之篇，於焉而極。」

【崑山片玉】
崑山：崑崙山。崑崙山上的一片玉。比喻難得的人才。《晋書・郤詵傳》：「累遷雍州刺史，武帝於東堂會送，問詵曰：『卿自以爲何如？』詵對曰：『臣舉賢良對策，爲天下第一，猶桂林之一枝，崑山之片玉。』」

【崑山之下，以玉抵鳥】
抵：投擲。住在崑山下面的人，用玉石投擲飛鳥。比喻只要數量一多，原本珍貴的東西也不稀奇了。漢・桓譚《新論・辨施》：「崑山之下，以玉抵鳥；彭蠡之濱，以魚食犬。」

【琨玉秋霜】
琨玉：美玉，比喻高尚；秋霜：秋天的寒霜，比喻嚴肅。形容人品高尚，作風謹慎。《後漢書・孔融傳》：「懔懔焉，皓皓焉，其與琨玉秋霜比質可也。」

ㄎㄨㄣˇ

【捆綁不成夫妻】
比喻用強制手段辦不好事。例咱們成立互助組是自覺自願的，捆綁不成夫妻，誰要是不願意，可自動退出。

【捆綁的夫妻——過一天算一天】
捆綁的夫妻：指缺乏感情基礎，被迫結合的夫妻。比喻得過且過，缺乏長遠打算。例生活與工作一樣，應當有目標，有計畫，不能像捆綁的夫妻——過一天算一天。也作「**老和尚撞鐘——過一天算一天**」。

【捆綁的夫妻——長不了】
見「荷葉上的露珠——長不了」。

【悃愊無華】
悃愊：ㄅㄧˋ，至誠；華：浮華。形容眞心實意，沒有一點虛假。《官場現形記》四六回：「但是漂亮人總不免華而無實，不肯務正。所以兄弟取人，總在悃愊無華一路。」也作「**悃質無華**」。明・艾南英《答夏彝仲論文書》：「獨取太史公所自爲贊論序略者讀之，其句字可謂悃質無華矣。」

【悃質無華】
見「悃愊無華」。

ㄎㄨㄣˋ

【困而不學】
遇到困惑又不學習。比喻不學習就沒有長進。清・王夫之《讀四書大全說》卷七：「困而不學，終於不知，斯爲下爾。」

【困勉下學】
見「困知勉行」。

【困獸猶鬥】
比喻在絕境中竭力掙扎。《東周列國志》七九回：「況困獸猶鬥，背城一戰，尚有不可測之事乎？」

【困獸猶鬥，況國相乎】

被圍困的野獸還要作最後的搏鬥，何況一國的宰相呢！比喻處於絕境的人要作垂死掙扎，人們要提高警惕。《左傳・宣公十二年》：「公曰：得臣猶在，憂未歇也！困獸猶鬥，況國相乎。」

【困心衡慮】

困：困擾；衡：同「橫」，橫梗。《孟子・告子下》：「人恆過，然後能改；困於心，衡於慮，而後作。」形容苦心思索，專心地考慮問題。《朱子語類》卷五九：「困心衡慮者，心覺其有過；徵色發聲者，其過形於外。」

【困知勉行】

困：困惑；勉行：勉力實行。克服困難才能學得知識，身體力行才能成就事業。宋・朱熹《中庸章句》：「呂氏曰：所入之途雖異，而所至之域則同，此所以為中庸。若乃企生知安行之資為不可幾及，輕困知勉行謂不能有成，此道之所以不明不行也。」也作「**困勉下學**」。清・鄭燮《濰縣署中寄舍弟墨第一書》：「雖生知安行之聖，不廢困勉下學之功也。」

ㄎㄨㄤ

【匡其不逮】

匡：改正，糾正；逮：達到。考慮不周全的地方。清・侯方域《答張爾公書》：「足下云，幸在後死，尚須僕匡其不逮，共成不朽。僕之鄙陋，豈曰能之？」也作「**匡所不逮**」。孫中山《三民主義與中國前途》：「要望大家同意，盡力研究，匡所不逮。」

【匡時濟俗】

見「匡俗濟時」。

【匡俗濟時】

匡正不合時宜的風俗習慣，使之歸於正道。《宋書・明帝紀》：「王公卿尹，羣僚庶官，其有嘉謀直獻，匡俗濟時，咸切事陳奏，無或依隱。」也作「**匡時濟俗**」。唐・元稹《才識兼茂明於體用策一道》：「故禹拜昌言而嘉猷罔伏，漢徵極諫而文學稍進，匡時濟俗，罔不率繇。」

【匡所不逮】

見「匡其不逮」。

【誆言詐語】

誆、詐：欺騙。騙人的假話。明・無名氏《李雲卿》二折：「有那等先生，自誇自會，盜聽偷學，誆言詐語，騙口張舌，世俗人。」

【筐篋中物】

比喻極平常的事物。《三國志・吳書・韋曜傳》：「孫皓即位，封高陵亭侯……時所在承指，數言瑞應，皓以問曜，曜答曰：『此人家筐篋中物耳。』」

ㄎㄨㄤˊ

【狂風暴雨】

比喻險惡的處境。《二十年目睹之怪現狀》九三回：「卻遇了一陣狂風暴雨。」也作「**狂風驟雨**」。元・楊顯之《瀟湘雨》四折：「我沉吟罷仔細聽來，原來是喚醒人狂風驟雨。」也作「**驟雨狂風**」。

【狂風不竟日，暴雨不終朝】

竟日、終朝：一整天。比喻困難的日子長不了。例古人說：「狂風不竟日，暴雨不終朝。」這點困難算什麼，我們上下齊心，擰成一股勁，要不了三五天就能克服。

【狂風驟雨】

見「狂風暴雨」。

【狂蜂浪蝶】

輕狂的蜂蝶。比喻輕浮的男子。《初刻拍案驚奇》卷一一：「紫燕黃鶯，綠柳叢中尋對偶；狂蜂浪蝶，夭桃隊裏覓相知。」也作「**浪蝶狂蜂**」、「**浪蝶遊蜂**」。

【狂瞽之言】

狂：狂妄；瞽：瞎眼。形容愚妄無知之言。多用為自謙之辭。唐・魏徵《十漸不克終疏》：「伏願陛下採臣狂瞽之言，參以芻蕘之議，冀千慮一得。」

【狂奴故態】

狂：不馴服；奴：本指奴僕，此指親狎的稱呼。指狂放無拘的老脾氣。《後漢書・嚴光傳》載：東漢隱士嚴光與光武帝（劉秀）本是同學。「帝思其賢，乃令以物色訪之」。司徒侯霸也與嚴光是老朋友，差人去請嚴光相見。嚴光口授一信給來人：「君房（侯霸字）足下：位至鼎足，甚善。懷仁輔義天下悅，阿諛順旨要（腰）領絕。」侯霸把此信奏光武帝，帝笑曰：「狂奴故態也！」清・袁枚《隨園詩話》卷九：「僕老矣，三生杜牧，萬念俱空；只花月因緣，猶有狂奴故態。」

【狂犬吠日——空汪汪】

狂犬：瘋狗；吠日：對著太陽叫。見「狗吠月亮——空汪汪」。

【狂犬吠日——少見多怪】

比喻見識不多的人遇見本來平常的事也感到奇怪。例跳跳交誼舞也值得如此大作文章嗎？眞是狂犬吠日——少見多怪。也作「**拾雞毛當令箭——少見多怪**」。

【狂三詐四】

騙人成性。《紅樓夢》三九回：「我們老太太最是惜老憐貧的，比不得那個狂三詐四的那些人。」

【狂濤巨浪】

比喻極大的衝擊。巴金《廢園外・長夜》：「先前那裏面有的是狂濤巨浪，現在卻是一陣炙骨熬心的烈火。」

【狂為亂道】

狂妄的舉動，胡亂地說話。《紅樓夢》一七回：「今日任你狂為亂道，等說出議論來，方許你作。」

ㄎㄨㄤˋ

【礦車過翻籠——倒了個精光】

翻籠：即翻斗。比喻一點也不剩。例他憋了一肚子的話，在今天這個會議上，好像礦車過翻籠——倒了個精光。

【礦工下井——頭名（明）】

名：「明」的諧音。礦工下井作業時，一般頭上都戴有礦燈。雙關語，比喻名列前茅。例「考試成績怎樣？」「礦工下井——頭名（明）。」也作「**禿子脫帽子——頭名（明）**」、「**帽子裏藏知了——頭名（鳴）**」、「**和尚摘帽子——頭名（明）**」。

【曠大之度】

曠大：廣大；度：度量。指度量大。《三國志・魏書・文帝丕傳評》：「加之曠大之度，勵以公平之誠。」

【曠夫怨女】

指高齡未婚男女。《喻世明言》卷二三：「他兩個正是曠夫怨女，相見如餓虎逢羊，蒼蠅見血，那有功夫問名敍禮。」

【曠古絕倫】

曠古：自古以來沒有；倫：類，輩。指古來沒有，舉世無雙。《北史・趙彥深傳》：「彥深小心恭慎，曠古絕倫。」也作「**曠古無兩**」。《慈禧太后演義》四回：「宏敞壯麗，曠古無兩。」

【曠古奇聞】

自古以來沒有聽到過的奇異事情。例這眞是曠古奇聞，如果不親眼所見，無論如何也是不能相信的。

【曠古未聞】

自古以來沒聽到過。《警世通言》卷三四：「再說吳江闕大尹接得南陽衛文書，拆開看時，深以爲奇，此事曠古未聞。」

【曠古未有】

自古以來不曾有過。《北齊書・王紘傳》：「冒死效命之士反見屠戮，曠古未有此事。」

【曠古無兩】

見「曠古絕倫」。

【曠古一人】

自古以來只此一人。五代・王定保《唐摭言・以其人不稱才試而後驚》：「北面而師之者，可謂曠古一人而已！」

【曠日長久】

見「曠日持久」。

【曠日持久】

曠：耽誤，荒廢。時間延續很久。《戰國策・趙策四》：「今得強趙之兵以杜燕將，曠日持久數歲，令士大夫餘子之力，盡於溝壘。」也作「**曠日彌久**」。《史記・刺客列傳》：「太子曰：『太傅之計，曠日彌久，心惛然，恐不能須臾。』」也作「**曠日長久**」。《史記・秦始皇本紀》：「是以君子爲國，觀之上古，驗之當世，參以人事，察盛衰之理，審權勢之宜，去就有序，變化有時，故曠日長久，而社稷安矣。」也作「**曠日離久**」。《韓非子・說難》：「夫曠日離久，而周澤既渥，深計而不疑，引爭而不罪，則明割利害以致其功，直指是非以飾其身，以此相持，此說之成也。」也作「**曠日經年**」。《漢書・郊祀志下》：「夫周秦之末……舉天下以求之矣。曠日經年，靡有毫氂之驗。」也作「**曠日經久**」。唐・韓愈《省試學生代齋郎議》：「自非天姿茂異，曠日經久，以所進業發聞於鄉閭，稱道於朋友，薦於州府，而升之司業，則不可得而齒乎國學矣。」也作「**曠歲持久**」。唐・陸贄《論兩河及淮西利害狀》：「師徒之衆寡不敵，然尚曠歲持久，師老費財。」也作「**曠日累時**」。宋・曾鞏《元豐類稿・爲人後議》：「今世議者紛紛，至於曠日累時，不知所決者，蓋由不考於禮，而率其私見也。」也作「**曠日引久**」。《漢書・嚴助傳》：「留軍屯守空地，曠日引久，士卒勞倦，越出擊之。」也作「**曠日引月**」。宋・朱熹《與黃樞密書》：「曠日引月，不聞進發之期。」

【曠日經久】

見「曠日持久」。

【曠日經年】

見「曠日持久」。

【曠日累時】

見「曠日持久」。

【曠日離久】

見「曠日持久」。

【曠日彌久】

見「曠日持久」。

【曠日引久】

見「曠日持久」。

【曠日引月】

見「曠日持久」。

【曠若發蒙】

見「曠若發矇」。

【曠若發矇】

曠：開闊，明朗；矇：ㄇㄥˊ，眼睛失明。形容眼前忽然明朗，彷彿失明的人重見光亮。也比喻頭腦開竅，明白事理。三國魏・應璩《與從弟君苗君胄書》：「閑者此遊，喜歡無量。登芒濟河，曠若發矇。」也作「**曠若發蒙**」。宋・蘇軾《與佛印禪師書》：「忽奉手筆，曠若發蒙。」

【曠世不羈】

曠世：指歷代。歷代從不受到束縛。晉・孫楚《爲石苞與孫皓書》：「東夷獻其樂器，肅慎貢其楛矢，曠世不羈，應化而至。」

【曠世奇才】

當世少有的能人。明・屠降《彩毫記・祖餞都門》：「李公曠世奇才，正宜匡扶社稷。」也作「**曠世逸才**」。《三國演義》九回：「伯喈曠世逸才，若使續成漢史，誠爲盛事。」

【曠世無匹】

匹：相當。當代沒有能比的。形容十分出色。《聊齋志異，狐夢》：「至夜，焚香坐伺，婦果攜女至，態度嫻婉，曠世無匹。」

【曠世逸才】
見「曠世奇才」。

【曠歲持久】
見「曠日持久」。

【曠職僨事】
僨（ㄈㄣˋ）事：搞壞事情。不能盡職盡責，把事情搞壞。《明史・劉健傳》：「文武臣曠職僨事、虛縻廩祿者，寧可不黜。」

ㄎㄨㄥ

【空車走阪】
阪：斜坡。空車從斜坡上高速駛下。比喻難以控制。《遼史・耶律海思傳》：「安端言無收檢，若空車走峻阪；頗德如著靴行曠野射鴇。」

【空城計】
《三國演義》九五回載：「蜀將馬謖失守街亭，魏將司馬懿率大軍直逼無兵可守的西城，形勢十分危急。諸葛亮設空城計大開城門，自己在城樓上彈琴，鎮靜自若。司馬懿害怕城內有伏兵，引兵撤走。」後用以比喻故弄玄虛，欺騙對方，以掩飾自己力量單薄。魯迅《魏晋風度及文章與藥及酒之關係》：「許多人只會無端的空談和飲酒，無力辦事，也就影響到政治上，弄得玩『空城計』，毫無實際了。」

【空洞無物】
指沒有內容。南朝宋・劉義慶《世說新語・排調》：「王丞相枕周伯仁膝，指其腹曰：『卿此中何所有？』答曰：『此中空洞無物，然容卿輩數百人。』」《兒女英雄傳》三四回：「燕北閒人作這部書，心裏是空洞無物，卻教他從那裏講出那些忍心害理的話來。」

【空肚羅漢——沒有心肝】
羅漢：佛教稱斷絕了一切嗜欲，解脫了煩惱的僧人。雙關語，比喻沒有良心。例爲人不能像空肚羅漢——沒有心肝，坑人、害人之事絕對不能幹。也作「菩薩的胸膛——沒有心肝」、「兔兒爺拍心口——沒有心肝」。

【空對空】
形容以空頭對付空頭，極不真實。南朝・梁武帝《靈空》詩：「皆從妄所妄，無非空對空。」

【空費詞說】
說了許多話，都不被採納，等於白說。《警世通言》卷三二：「孫富道：『僕有一計，於兄甚便。只恐兄溺枕蓆之愛，未必能行，使僕空費詞說耳！』」

【空腹打飽嗝——裝假】
飽嗝：吃飽後打的嗝兒。比喻故意不露真相，以混淆視聽；或故意表現出一種不真實的動作或情況。例你說自己不善於言辭，不能做公關工作，這是空腹打飽嗝——裝假，誰都知道你是一位能言善辯的演說家。也作「空腹打飽嗝——假裝」、「狗不吃屎——裝假」、「猴子啣煙斗——假裝」。

【空腹高心】
比喻自高自大，並無真才實學。魯迅《墳・論「他媽的」》：「至於大姓，實不過承祖宗餘蔭，以舊業驕人，空腹高心，當然使人不耐。」

【空腹便便】
便便：ㄆㄧㄢˊ ㄆㄧㄢˊ，肥胖的樣子。比喻徒有其表，並無真才實學。宋・廖行之《青玉案》詞：「崢嶸歲月還秋暮，空腹便便無好句。」

【空古絕今】
古代沒有過，當今也沒有。形容十分難得。《儒林外史》一一回：「這人眞有經天緯地之才、空古絕今之學。」

【空谷傳聲】
人在山谷裏發出聲音，立刻便聽到回響。形容反應迅速。南朝梁・周興嗣《千字文》：「空谷傳聲，虛堂習聽。」也指一種音韻學遊戲。《鏡花緣》七九回：「蘭芬又敎衆人『空谷傳聲』。談了多時。」

【空谷跫然】
見「空谷足音」。

【空谷幽蘭】
空無人跡的山谷中開放著幽香的蘭花。比喻人品高雅。《老殘遊記・續集》五回：「空谷幽蘭，眞想不到這種地方，會有這樣高人，而且又是年輕的尼姑。」

【空谷之音】
見「空谷足音」。

【空谷足音】
在空曠的山谷裏聽到人的腳步聲。比喻極爲難得的音信或事物。宋・黃乾《復李隨甫書》：「朋友零凋，每興索居之嘆，反覆來求，眞所謂空谷足音也。」也作「空谷之音」。明・袁宏道《尺牘・徐漢明》：「讀手書，不啻空谷之音。」也作「空谷跫然」。跫：腳步聲。清・趙翼《喜吟薌至京》：「離懷五載渺相思，空谷跫然到履綦。」

【空棺材出喪——目（木）中無人】
目：「木」的諧音。比喻驕傲自大，看不起人。例取得一點成績，就空棺材出喪——目（木）中無人，發展下去，還得了？也作「空棺材出殯——目（木）中無人」。

【空罐子，回聲響】
比喻誇誇其談。例「空罐子，回聲響」。別看他到處作報告，翻來覆去總是那點內容，沒什麼眞東西。

【空話連篇】
指全篇文章都是空話，沒有具體內容。例這篇文章的毛病是空話連篇，言之無物。

【空架子】
比喻光有形式沒有內容、徒有虛表的事物。例都說這個出版社名氣大、經營管理好，其實這都是過去的事，現在只有一幅空架子了。

【空空如也】
《論語・子罕》：「有鄙夫問於我，空空如也。」形容虛心。後形容空空的，什麼也沒有。清・李漁《烏有先生集銘》：「余新作一笥，外作縹緗之形，啓而視之，則空空如也。」

【空口說白話】
光說不做或說話不算數。茅盾《幻滅》三：「這些運動，我們是反對的；空口說白話，有什麼意思，徒然使西牢裏多幾個犯人！」也作「**空口講白話**」。

【空口無憑】
說話沒有憑證。《官場現形記》二七回：「王博高道：『空口無憑的話，門生也不敢朝著老師來說。』」也作「**口說無憑**」。《紅樓夢》一二回：「放你不值什麼，只不知你謝我多少？況且口說無憑，寫一張文契才算。」

【空籠屜上鍋——不蒸饅頭爭（蒸）口氣】
比喻發憤圖強，不甘落後。例我們一定要把經濟提升上去，空籠屜上鍋——不蒸饅頭爭（蒸）口氣，讓帝國主義看看中國人是有志氣的。也作「**賣了麥子買籠屜——不蒸饅頭爭（蒸）口氣**」。

【空門面】
比喻有名無實。例他們家現在也不行了，自從他爸爸去世，就只剩下空門面了。

【空名告身】
告身：委任官職的文憑。指空白的候補文憑。《新唐書・食貨志一》：「鄭叔清與宰相裴冕建議，以天下用度不充，諸道得召人納錢，給空名告身，授官勛邑號。」

【空前絕後】
以前不曾有過，以後也不會再有。形容非常難得，獨一無二。《兒女英雄傳》三七回：「這日欣逢學生點了探花，正是空前絕後的第一樁得意事，所以……定要登堂道賀。」

【空前未有】
以前從來沒有過，形容極罕見。例這個地區的農田，由於實施合理密植、科學管理，糧食獲得空前未有的豐收。

【空身趕不上挑擔的】
比喻沒有壓力的趕不上有壓力的。例「空身趕不上挑擔的。」他滿足於一張大學畢業文憑，每日工作懶散，應付差事，反不如那位專科生，潛心鑽研，弄出了兩項發明，獲得了專利。

【空室蓬戶】
蓬戶：茅屋草舍。形容極其清貧。《史記・遊俠列傳序》：「故季次、原憲終身空室蓬戶，褐衣疏食不厭。死而已四百餘年，而弟子志之不倦。」

【空室清野】
將家中或四野的財物、糧食等收藏起來，不讓敵方掠奪、利用。例軍隊幫助地方空室清野，做好戰前準備。

【空手打空拳】
比喻手中沒有錢，辦不了事。《糊塗世界》一二回：「岑其身道：『正是，正是。但是弄的一錢不名，空手打空拳，如何能辦得事？』」

【空談快意】
快意：使心裏痛快。空發議論，圖口頭上一時痛快。例他講的那些話，只能說是空談快意，是不可能實現的。

【空頭情】
比喻只說動聽的話而不做實事的人情。例你別說得這麼肉麻好不好？你送的空頭情夠多了，我這裏多謝了！

【空頭支票】
票面金額超過存款餘額或透支限額而不能兌現的支票。比喻不能兌現的諾言。例小林是個愛答應別人事情，卻又常常做不到的人，所以他的承諾往往會成爲空頭支票，兌不了現。

【空心大樹不成材】
比喻外表好看、內部空虛。例說起話來一套一套，頭頭是道；幹起事來湊合應付，毫無成績。說這種人是「空心大樹不成材」，一點不假。

【空心穀子——頭揚得高】
空心穀子：即秕穀。比喻沒有眞才實學，卻高傲自大。例這個人既沒有學問和本領，卻驕傲自滿，瞧不起人。眞像俗話所說，空心穀子——頭揚得高。也作「**長頸鹿的腦袋——頭揚得高**」。

【空心架子】
比喻沒有實際內容的形式。《西遊記》二四回：「人也不認得，你在那個面前搗鬼，扯甚麼空心架子。」

【空心蘿蔔——中看不中用】
見「玻璃棒槌——中看不中用」。

【空心湯圓】
沒有餡兒的湯圓。比喻徒有虛名。茅盾《「九一八」周年》：「華盛頓也許要來『周年』，重申《九國條約》，再給高等華人空心湯圓。」也作「**空心湯糰**」。

【空心湯圓——有名無實】
①比喻假借某種好的名義，而實際上並不是那樣。例在名煙名酒中，空心湯圓——有名無實的冒牌貨不少，小心上當。②指只有空名，實際上不起作用。例他這個隊長，不過是空心湯圓——有名無實的傀儡，大權旁落，並沒有發揮領導的作用。

【空穴來風】
有洞穴就容易招進風來，比喻流言乘隙而入。五代・孫光憲《北夢瑣言》卷七：「棹搖船掠鬢，風動竹捶胸。雖好事托以成之，亦空穴來風之義也。」

【空言無補】
指空話連篇，於事無補。例要想幹一番事業，必須明瞭空言無補，應腳踏實地的去苦幹。

【空言虛語】
沒有實在內容的空話。漢・王充《論

衡·薄葬》：「事莫明於有效，論莫定於有證。空言虛語，雖得道心，人猶不信。」

【空臆盡言】
空臆：胸中無所藏匿。把所知道的全部說出來。《新唐書·劉蕡傳》：「李郃上書曰：『臣才志懦劣，不能質古今是非，忽忽內思，愧羞神明，今蕡所對，敢空臆盡言，漢魏以來，無與蕡比。』」

【空招牌】
比喻有名無實。例你看他名片上寫得挺嚇人，什麼亞洲股份有限公司總經理，其實是塊空招牌！經理雇員就他一個人，公司裝在他的皮包裏。

【空中踩鋼絲——左右搖擺】
見「風吹楊柳——左右搖擺」。

【空中打拳——高手】
見「砍柴刀刮臉——高手」。

【空中打算盤——算得高】
比喻計算高明。例同全球公司這筆生意，幸虧你空中打算盤——算得高，不然，我們廠就吃大虧了。

【空中倒馬桶——臭氣薰天】
比喻名聲很壞。例你怎麼與他成了莫逆之交，他是空中倒馬桶——臭氣薰天。也作「空中倒馬桶——臭遍天下」、「屎殼郎坐飛機——臭氣薰天」。

【空中的雁，湖底的魚——撈不著】
比喻得不著某種好處或某種機會。例在舊社會，窮人娶媳婦，那眞是空中的雁，湖底的魚——撈不著的呀。也作「空中的雁，水底的魚——撈不著」。

【空中掉餡餅——喜從天降】
比喻意料不到的喜事。例四十年渺無音信的親人，突然從海外歸來，眞是空中掉餡餅——喜從天降。也作「空中掉餡餅——喜出望外」、「剖魚得珠——喜從天降」。

【空中放爆竹——想（響）得高】
見「飛機上吹喇叭——想（響）得高」。

【空中掛燈籠——上不著天，下不著地】
比喻漂浮空虛，兩頭沒有著落。例公司把你介紹到工廠，而工廠又未接受，現在已成爲空中掛燈籠——上不著天，下不著地，無依無靠，得趕快設法解決。也作「半空中的氣球——上不著天，下不著地」、「梁上君子——上不著天，下不著地」。

【空中掛燈籠——玄（懸）了】
玄：「懸」的諧音。不符合事實，或距離事實太遠；深奧，不容易理解。雙關語，比喻靠不住，或很難理解。例我看這件事是空中掛燈籠——玄（懸）了，還是另想辦法吧。

【空中樓閣】
空中的樓閣，本指海市蜃樓。後多比喻脫離實際的理論、計畫或虛構的事物。清·李漁《閒情偶寄·結構第一》：「實者，就事敷陳，不假造作，有根有據之謂也；虛者，空中樓閣，隨意構成，無影無形之謂也。」

【空中樓閣——不著實地】
見「半空中翻跟頭——不著實地」。

【空中跑馬——露馬腳】
見「半天雲裏跑馬——露了馬腳」。

ㄎㄨㄥˇ

【孔方兄】
古代錢幣的別名。因外圓內有方孔得名。比喻錢財。例經濟效益不能忽視，但也不能爲了孔方兄不講社會效益。

【孔方兄進廟門——錢能通神】
有了錢連鬼神也可以買通。比喻金錢萬能。例在有些人眼裏，孔方兄進廟門——錢能通神，除了錢，道德品質和其他精神財富都是無足輕重的。也作「土地爺開銀行——錢能通神」。

【孔夫子拜師——不恥下問】
孔夫子：即孔子。指不以向學問或職位比自己低下的人請教爲恥辱。例要有孔夫子拜師——不恥下問的精神，才可成爲一個學識淵博、品德高尚的人。

【孔夫子搬家——盡是輸（書）】
輸：「書」的諧音。雙關語，比喻在較量或競賽時，總是失敗或屢遭失敗。例在圍棋擂台賽中，青年組對老年組的比賽，成了孔夫子搬家——盡是輸（書）。也作「孔夫子搬家——全是輸（書）」、「孔夫子搬家——盡輸（書）」、「孔夫子背褡褳——盡是輸（書）」、「圖書館的家當——盡輸（書）」、「孔聖人的箱子——淨輸（書）」。

【孔夫子打呵欠——文氣沖天】
比喻咬文嚼字，迂腐古板。例這位老夫子就像孔夫子打呵欠——文氣沖天，與青年人格格不入。也作「孔夫子放屁——文氣沖天】」。

【孔夫子的背包——準是輸（書）】
輸：「書」的諧音。比喻一定要失敗。例這場足球賽，乙隊隊員情緒低落，信心不足，孔夫子的背包——準是輸（書）。

【孔夫子的褡褳——兩頭輸（書）】
輸：「書」的諧音。比喻雙方都遭到失敗，或一個人在兩方面遭到失敗。例這一場戰鬥，是孔夫子的褡褳——兩頭輸（書），雙方各有傷亡。也作「孔夫子背褡子——兩頭輸（書）」。

【孔夫子的褡褳——書呆（袋）子】
呆：「袋」的諧音。比喻不懂得聯繫實際，只知道啃書本的人。例他是孔夫子的褡褳——書呆（袋）子，恐怕找來也解決不了問題。也作「孔老二的褡檔——書呆（袋）子」。

【孔夫子的弟子——閒（賢）人】
閒：「賢」的諧音。孔夫子有弟子三千，其中突出的有七十二人，稱爲賢人。雙關語，比喻無事可做或與正事無關的人。有時含有多餘的意思。例由於缺乏原料和能源，這個工廠處於半停工狀態，許多人成了孔夫子的弟子——閒（賢）人。也作「孔夫子的徒弟——閒（賢）人」、「鹽店的老闆——閒（鹹）人」。

【孔夫子的墳——久慕（墓）】

慕：「墓」的諧音。指久仰，即仰慕已久。多爲初次見面時的客套話。例先生大名傳遍四方，學生卻是孔夫子的墳——久慕（墓）了。

【孔夫子的面孔——文縐縐】

形容談吐、舉止文雅、清高。多含貶義。例你別做出一副孔夫子的面孔——文縐縐的樣子，跟大家格格不入。也作「老太太的臉蛋——文（紋）縐縐（皺皺）」。

【孔夫子的毛巾——包輸（書）】

輸：「書」的諧音。雙關語，比喻輸定了。例這場比賽，我敢斷定，你們隊呀，孔夫子的毛巾——包輸（書）。也作「秀才的毛巾——包輸（書）」。

【孔夫子的硯台——心太黑】

雙關語，比喻陰險、毒辣或貪婪。例這個人爲了升官發財，不顧別人死活，什麼壞事都幹，的確是孔夫子的硯台——心太黑。

【孔夫子掛腰刀——不文不武】

比喻人的言行舉止不倫不類。例這個女人奇裝異服，古不古，今不今，男不男，女不女，眞是孔夫子掛腰刀——不文不武。也作「孔夫子挎腰刀——不文不武」。

【孔夫子掛腰刀——文武雙全】

比喻能文能武，具備各方面的才能。例這個大學生，竟取得全國射擊比賽全能第一名，眞是孔夫子掛腰刀——文武雙全。也作「秀才當兵——文武雙全」。

【孔夫子講演——出口成章】

形容口才好，善於辭令。也指學識淵博，文思敏捷。例他的報告不僅內容豐富，而且邏輯性强，詞藻優美，眞是孔夫子講演——出口成章。也作「秀才背書——出口成章」。

【孔夫子教《三字經》——浪費人才】

指不珍惜有德才的人。例聽說張教授下放中學教書了，實在是孔夫子教《三字經》——浪費人才。

【孔夫子門前賣《百家姓》——自不量力】

《百家姓》：舊時流行的啓蒙讀物，集姓氏爲四言韻語，雖無文理，但便於誦讀和記憶。比喻在行家面前賣弄本事，沒有自知之明。例你竟然在一個數學專家面前滔滔不絕地講代數學的基本原理，這完全是孔夫子門前賣《百家姓》——自不量力。也作「孔夫子門前賣《百家姓》——不自量」、「孔夫子面前賣文章——自不量力」、「孔夫子門前賣聖經——自不量力」、「孔夫子門前賣《論語》——自稱內行」、「魯班門前誇手藝——不知身分」、「魯班門前掉大斧——不識高低」、「聖人面前賣文章——自不量力」。

【孔夫子門前賣《論語》——自稱內行】

《論語》：儒家經典之一，是孔子弟子及其再傳弟子關於孔子言行的記錄。見「孔夫子門前賣《百家姓》——自不量力」

【孔夫子門前賣《三字經》——不足齒數】

比喻數不上，不值一提。含有極端輕蔑的意思。例他在國外算是一個漢學專家，回國後卻成了孔夫子門前賣《三字經》——不足齒數。

【孔夫子念書——咬文嚼字】

見「秏子啃書——咬文嚼字」。

【孔夫子遊列國——盡是禮】

孔夫子幼年貧賤，五十歲才任魯國司寇，代行國相事務，後又周遊列國，宣傳自己的政治主張。其中有不少是關於「禮」的主張。比喻很有禮貌。例小鄭在省城上大學，寒假回家探親，鄉親們說：「這孩子與過去比，大不一樣，孔夫子遊列國——盡是禮。」

【孔懷兄弟】

孔：甚，很。指兄弟間彼此思念。南朝梁．周興嗣《千字文》：「孔懷兄弟，同氣連枝。」也作「兄弟孔懷」。

【孔孟之道】

孔：孔丘；孟：孟軻。指儒家的學說。《三國演義》六〇回：「松聞曹丞相文不明孔孟之道，武不達孫吳之機，專務强霸而居大位，安能有所教誨，以開發明公耶？」

【孔明拜斗——自知要死了】

《三國演義》中載：「諸葛亮第六次出兵伐魏，在五丈原患病，自知不起，在帳中祈禱北斗星不落。」（古人以爲大人物都是天上星星下凡。）指自己知道活不長久了。例他孔明拜斗——自知要死了，寫了遺書。

【孔明會李逵——有敢想的，有敢幹的】

比喻文武雙全，都是有革新精神的能人。例這個社團很理想，就像孔明會李逵——有敢想的，有敢幹的，工作一定會很出色。

【孔明借東風——巧用天時】

比喻善於利用自然條件，掌握有利時機。例曹營村的土壤、氣候、水利、機械化程度等條件與四鄰一樣，但他們孔明借東風——巧用天時，各種農作物都比鄰村好。

【孔明巧設空城計——化險爲夷】

比喻轉危爲安。例敵軍包圍了張排長養傷的住地，房東王大媽謊報我大軍臨村，敵人慌忙逃竄，張排長脫離了虎口。這眞是孔明巧設空城計——化險爲夷的好戲重演。

【孔明彈琴退仲達——沉得住氣】

仲達：即司馬懿，魏國大將，善戰，性多疑。比喻在緊張或複雜的情況下，鎮定自若。例「孔明彈琴退仲達——沉得住氣！敵人已經到了城關了，機場已經關閉，還開玩笑，師座，你葫蘆裏到底賣的什麼藥？」參謀長不解地問。

【孔明耍撣帚——出計不出面】

撣（ㄉㄢˇ）帚：又叫撣子，指羽毛扇。《三國演義》中說，諸葛亮手搖羽毛扇，足智多謀，指揮軍隊衝鋒陷陣，自己卻不出戰。比喻幕後操縱，有時含貶義。例此人非常陰險狡猾，從來是孔明耍撣帚——出計不出面，挑動羣衆鬥羣衆，坐收漁利。

【孔雀戴鳳冠——官（冠）上加官（冠）】

鳳冠：古代后妃所戴的帽子。舊時婦女出嫁也用做禮帽。見「公雞戴帽子——官（冠）上加官（冠）」。

【孔雀的尾巴——翹得太高了】

見「公雞尾巴——翹得高」。

【孔雀東南飛，五里一徘徊】

語出漢・古詩《爲焦仲卿妻作》。孔雀朝東南方飛去，飛不了幾里就要徘徊一下。比喻情侶依依不捨時的離別情。後常形容人辦事猶豫徘徊、躊躇不前。

【孔雀遇鳳凰——比不上】

比喻差得遠，不能相比。有時用作謙詞，表示不敢高攀。例孔雀遇鳳凰——比不上，他是廠裏著名的能人，我怎能與他相提並論。也作「乞丐比神仙——比不上」。

【孔雀展翅——賣弄自己】

比喻有意炫耀自己。例他怎麼在大會上大談自己的成績和優點呢？這不是孔雀展翅——賣弄自己嗎？

【孔聖人的箱子——淨輸（書）】

見「孔夫子搬家——盡是輸（書）」。

【孔武有力】

孔：甚，很；武：勇敢。形容勇敢有力。《聊齋志異・鴉頭》：「孜漸長，孔武有力，喜田獵，不務生產，樂鬥好殺。」

【孔蓆不暖，墨突不黔】

蓆：坐蓆；突：煙囪；黔：黑色。孔丘、墨翟四處講學，一個地方還沒坐熱，煙囪還沒有發黑，就到別的地方去了。形容事情繁多，顧不到休息。唐・韓愈《爭臣論》：「得其道，不敢獨善其身，而必以兼濟天下也，孜孜矻矻，死而後已。故禹過家門不入，孔蓆不暇暖，而墨突不得黔，彼二聖一賢者，豈不知自安佚之爲樂哉？誠畏天命而悲人窮也！」也簡作「孔蓆墨突」。

【孔子家兒不識罵，曾子家兒不識鬥】

孔子家的子弟不會罵人，曾子家的子弟不懂鬥毆。比喻家教對孩子成長的重要。清・馬輝《簡通錄・王朗川（言行匯纂）》：「父之於子，唯當教之以道。諺云：『孔子家兒不識罵，曾子家兒不識鬥。』習於善則善也。」

【恐後爭先】

生怕落後而往前爭搶。《二十年目睹之怪現狀》六八回：「他跑的又一點沒有規矩，不似上海只靠左邊走，便沒有碰撞之虞，他卻橫衝直撞，恐後爭先。」也作「爭先恐後」。

ㄎㄨㄥˋ

【空白點】

比喻工作還沒有達到的部分及方面。例你們那兒綠化工作太落後了，簡直還是個綠化空白點。

【控名責實】

控：引；責：求。使名稱與實際相符。《史記・太史公自序》引司馬談《論六家要旨》：「名家苛察繳繞，使人不得反其意，專決於名而失人情，故曰：『使人儉而善失眞。』若夫控名責實，參伍不失，此不可不察也。」例商品銷售必須講求「控名責實」，遺憾的是，市面上販售的減肥藥、增高器、防老化等藥品，卻都有誇大效果之嫌，誘使不察的消費者上當。

ㄏ

ㄏㄚ

【哈哈鏡照人——當面出醜】

哈哈鏡：用凹面或凸面玻璃作成的鏡子，照起來奇形怪狀，引人發笑。比喻在人面前丟臉，喪失體面。例他自吹自擂，說有特異功能，耳朵可以識字，大家要他當場表演，結果是哈哈鏡照人——當面出醜，連半個字也沒認出。也作「歪嘴照鏡子——當面出醜」。

【哈哈鏡照人——走了形】

比喻面目全非。例他們仿照別人的設計，結果是哈哈鏡照人——走了形，全部工程報廢。

【哈蜜瓜裏加了糖——甜透了】

見「冰糖蘸蜜——甜上加甜」。

ㄏㄚˊ

【蛤蟆剝皮——心不死】

蛤蟆：青蛙和蟾蜍的統稱。①比喻敵人或壞人不甘心失敗，垂死掙扎。例這個惡霸的罪行雖然已經被揭露了，但他還要反咬一口，把矛頭對準與他作對的人。眞是蛤蟆剝皮——心不死。②比喻想法和念頭不會消失，堅持下去，仍有可能達到目的。例嫁接試驗雖然失敗，但是蛤蟆剝皮——心不死，我們還要再接再勵，繼續做下去，直到成功爲止。也作「蛤蟆剝皮——不死心」、「火燒芭蕉——心不死」、「火燒冬茅——心不死」、「霜打的大蔥——心不死」、「甲魚剖腹——心不死」、「癩蛤蟆剝皮——心不死」、「螞拐剝皮——眼不閉」。

【蛤蟆不長毛——天生這路種】

比喻向來不是好東西。例劉二吃、喝、嫖、賭樣樣全，他的兒子也是蛤蛤蟆不長毛——天生這路種。

【蛤蟆打哈欠——好大口氣】

見「癩蛤蟆打哈欠——好大的口氣」。

【蛤蟆盪鞦韆——擺不起來】

擺：〈方〉談。多指談論不下去。例由於雙方看法有很大的差異，蛤蟆盪鞦韆——擺不起來，我們匆匆告別而去。

【蛤蟆的眼睛——突出】

見「白鶴站在雞羣裏——突出」。

【蛤蟆墊床腳——鼓著肚子幹】

①比喻賭著氣幹活。例回家消消氣再來吧，蛤蟆墊床腳——鼓著肚子幹，活計是幹不好的。②比喻拚死命硬撐著幹，貶義。例這個活是太重了，你身體弱，不要蛤蟆墊床腳——鼓著肚子幹，累垮了對大家都是損失。也作「蛤蟆墊桌腿兒——鼓著肚子幹」。

【蛤蟆墊桌腿——死挨】

挨：忍受，拖延。比喻勉強支持著。例田大哥對他那個破碎的家，就像蛤蟆墊桌腿——死挨著。也作「蛤蟆墊桌腿——死撐」。

【蛤蟆頂桌子——不自量力】

比喻過高地估計自己的力量。例他的經驗不多，所學有限，要承包這樣大的一家公司，似乎是蛤蟆頂桌子——不自量力。

【蛤蟆跟著團魚轉——裝王八孫子】

團魚：〈方〉鱉，俗稱王八。比喻裝出卑賤可憐的樣子。例你過去的威風哪裏去了，現在蛤蟆跟著團魚轉——裝王八孫子，沒人同情你。

【蛤蟆掛鈴鐺——鬧得歡】

蛤蟆愛叫愛跳，再掛上鈴鐺，就鬧得更歡了。比喻折騰得厲害。例這羣孩子逢年過節就像蛤蟆掛鈴鐺——鬧得歡。

【蛤蟆蝌蚪子攆船——搭不上幫】

蛤蟆蝌蚪子：即蝌蚪；攆：追趕；幫：船幫。雙關語，比喻差距很大，挨不上邊。例他是一個大作家，我只寫過幾篇小文章，蛤蟆蝌蚪子攆船——搭不上幫，我們怎麼能相比呢？

【蛤蟆拴在鱉腿上——跑走不開】

鱉：也叫甲魚或團魚，俗稱王八。比喻擺脫不了或遭受共同的厄運。例這場大禍就要降落在你的頭上，我也是蛤蟆拴在鱉腿上——跑走不開。也作「蛤蟆拴在鱉腿上——同吃苦頭同遭殃」。

【蛤蟆跳進秤盤裏——自稱自】

稱：秤的異體字，既可作測定重量解，又可作稱讚解。雙關語，比喻自我吹噓。例大蔣的毛病是蛤蟆跳進秤盤裏——自稱自，對他的自我介紹，要做分析，不能全都信以為真。也作「耗子爬秤鉤——自己稱自己」、「秤鉤吊在屁股上——自稱自」、「蛤蟆跳到秤盤上——自稱自」、「青蛙跳秤盤——自稱」、「烏龜落在秤盤裏——自稱自」。

【蛤蟆跳進滾水鍋——死路一條】

滾水：開水。見「到了懸崖不勒馬——死路一條」。

【蛤蟆跳井——不懂（撲通）】

不懂：「撲通」的諧音。比喻不明白。例講話要通俗化，咬文嚼字對許多人來說，是蛤蟆跳井——不懂（撲通）。也作「井裏丟石頭——不懂（撲通）」、「癩蛤蟆跳井——不懂（撲通）」、「青蛙跳井——不懂（撲通）」、「石頭落水潭——不懂（撲通）」、「秤錘掉在井裏——不懂（撲通）」、「一塊石頭掉井裏——不懂（撲通）」。

【蛤蟆跳三跳——還要歇一歇】

比喻人不能老是拚命幹，總得要休息。例俗話說：「蛤蟆跳三跳——還要歇一歇。」你這樣幾天幾夜不合眼，怎麼受得了啊。

【蛤蟆吞西瓜——開口不怕大】

常指開口要價要得過高，使對方無法還價。例這樣的蘿蔔在超市十元一斤，你卻要二十元。我看你這小販是蛤蟆吞西瓜——開口不怕大。

【蛤蟆無路——只得跳一步】

比喻在處境困難的情況下，只好採取冒險的或非常規的行動或辦法。例唉，棄農經商，這也是蛤蟆無路——只得跳一步，並非出於自願。

【蛤蟆想吃天鵝肉——想得倒美】

比喻想法美妙，難以實現。例蛤蟆想吃天鵝肉——想得倒美，你的建議，對我來說，是空想。我只想實實在在做點事情，求得溫飽。也作「癩蛤蟆想吃天鵝肉——心高妄想」。

【蛤蟆嘴底下落蒼蠅——自己送來的口食】

比喻自投羅網。例班長正想抓個人向上請功，見對面走來一人，心想蛤蟆嘴底下落蒼蠅——自己送來的口食，剛要撲向前去，定神一看，原來是自己的父親。

【蛤蟆坐井底——只見碗口大的天】

比喻視野狹小，見識不廣。例我來自窮鄉僻壤，蛤蟆坐井底——只見碗口大的天，有偏頗之處，望多多海涵，不要見笑。也作「蛤蟆坐在井裏——只看見碗大的天」、「坐在井裏的蛤蟆——硬說天只有一個碗大」。

ㄏㄚˇ

【哈巴狗】

一種供玩賞的小狗。元，無名氏《連環計》二折：「我若說謊，就變做一個哈巴狗兒。」今比喻為馴順的奴才。例可憐他當了一輩子哈巴狗，最後還是被主子一腳踢了出來。

【哈巴狗戴串鈴——冒充大牲口】

串鈴：成串的鈴鐺，多掛在騾馬等大牲口的脖子上。比喻微不足道的人裝作大人物的樣子；或沒有什麼本事卻裝出一副很了不起的樣子。例你一個芝麻官，也要擺出戲台般的大架子，眞是哈巴狗戴串鈴——冒充大牲口。

也作「哈巴狗帶串鈴——充什麼大牲口」。

【哈巴狗趕兔子——要跑沒跑，要咬沒咬】

比喻要什麼沒什麼，一點兒本領也沒有。例我這裏是搬家公司，不是社會救濟院，像張老五那種人招進來幹什麼？哈巴狗趕兔子——要跑沒跑，要咬沒咬。也作「哈巴狗趕兔子——講跑沒跑，講咬沒咬」。

【哈巴狗過門檻——又蹾肚子又傷臉】

蹾：〈方〉重重地向下放或落。比喻又吃虧又丟面子。例把你從隊上刷下來，這一跤跌得可不算輕呀，眞成了哈巴狗過門檻——又蹾肚子又傷臉。也作「蛤蟆跳門檻——又蹾屁股又碰臉」。

【哈巴狗見主人——搖尾乞憐】

形容卑躬屈膝地向別人諂媚討好。例在鬼子面前，漢奸那種哈巴狗見主人——搖尾乞憐的樣子，叫人看了實在噁心。

【哈巴狗進茅坑——文（聞）進文（聞）出】

茅坑：廁所的糞坑；文：「聞」的諧音。比喻故意玩弄詞藻，炫耀學識。例這裏的人文化水準不高，如希望大家了解你的意思，千萬別哈巴狗進茅坑——文（聞）進文（聞）出。

【哈巴狗上糞堆——自個兒稱王】

比喻人自吹自擂，自以爲了不起。例天下能人多著呢！你別哈巴狗上糞堆——自個兒稱王。

【哈巴狗上轎——不識抬舉】

見「狗坐轎子——不識抬舉」。

【哈巴狗舔腳後跟——親得不是地方】

比喻想巴結人，卻摸不著門道。例他大概是哈巴狗舔腳後跟——親得不是地方，並未贏得主子的歡喜。

ㄏㄜ

【呵壁問天】

呵：大聲喝斥；問天：向天發問。漢·王逸《楚辭·天問章句序》：「屈原放逐，憂心愁悴，彷徨山澤，經歷陵陸，嗟號旻昊，仰天嘆息。見楚有先王之廟，及公卿祠堂……仰見圖畫，因書其壁，呵而問之，以渫憤懣，舒瀉愁思。」後用「呵壁問天」形容文人失意時發牢騷。唐·李賀《公無出門》詩：「分明獨懼公不信，公看呵壁書問天。」

【呵佛罵祖】

呵：訓斥；祖：祖師。佛家語。指不受前人拘束，就可以突破前人。後用以指無所顧忌，敢作敢爲。宋·朱弁《曲洧舊聞》卷八：「若得一把茅蓋頭，必能爲公呵佛罵祖。」清·黃宗羲《與友人論學書》：「故（潘）用微之訾毀先儒，呵佛罵祖，是天上天下唯我獨尊之故智也。」

【欱野歕山】

欱：吸入；歕：ㄆㄣ，同「噴」，呼出。吞吸原野，吹動山岳。比喻氣盛勢壯。唐·楊炯《少室山少姨廟碑》：「熒惑先列，招搖在上，隱天而動地，欱野而歕山。」

【喝慣了的水，說慣了的嘴】

比喻已經成了習慣，控制不住。例喝慣了的水，說慣了的嘴」，有些話脫口而出，讓人聽了不舒服，儘管人家知道這是他的毛病，也仍然不痛快。

【喝酒不拿盅子——胡（壺）來】

盅子：飲酒或喝茶用的沒有把兒的杯子；胡：「壺」的諧意。雙關語，比喻胡作非爲，任意亂來。例在我們這個講文明講禮貌的社會裏，不允許喝酒不拿盅子——胡（壺）來。也作「茶舖裏招手——胡（壺）來」。

【喝酒喝厚了，賭錢賭薄了】

一起喝酒會增進交情，一起賭錢會削弱感情。例他記住了「喝酒喝厚了，賭錢賭薄了」這句古語，朋友聚在一起喝點酒高興高興，賭錢是壓根兒不沾邊的。

【喝口涼水都塞牙】

比喻幹什麼事都不順當。例這幾天簡直是喝口涼水都塞牙，幹什麼事都不順心。

【喝了涼水剔牙縫——沒事找事】

見「老鼠逗貓——沒事找事」。

【喝涼酒，拿贓錢——早晚是病】

喝涼酒：有一種說法是，酒應溫熱了再喝，涼酒對身體健康不利；贓錢：貪污、受賄或盜竊等得來的錢。比喻早晚要出事兒。例李老漢說：「喝涼酒，拿贓錢——早晚是病，財迷心竅的王富貴總有一天會進監牢。」現在果然應驗了。

【喝涼水】

指無所謂，不在乎。例這可是一件人命關天的大事，你千萬要小心，可不能當喝涼水呀！

【喝涼水就生蒜——乏味】

比喻說話寫文章內容不充實，語言貧乏，引不起別人的興趣。例我勸你不要把這篇文章送去發表，即使刊登出來，也將無人欣賞，因爲的確是喝涼水就生蒜——乏味極了。

【喝涼水拿筷子——多此一舉】

見「白天點燈——多此一舉」。

【喝涼水塞牙縫——倒楣透了】

見「放屁扭著腰——倒楣透了」。

【喝迷魂湯】

迷魂湯：傳說是一種喝了使人迷失本性的湯藥。比喻被某些甜言蜜語所迷惑以致喪失原則。例你是不是喝了迷魂湯，怎麼會與一些不三不四的人混在一起。

【喝米湯划拳——圖熱鬧】

划拳：在喝酒時猜拳行令，輸者罰喝酒。比喻貪圖熱鬧，不講實效。例不要幹什麼工作，都搞羣衆運動，大轟大嗡，喝米湯划拳——圖熱鬧，是不會有任何實際效果的。

【喝墨水】

指讀書、做學問。例王老一輩子喝墨水，從沒做過粗活，要他耕田，可難爲他了。

【喝水不忘挖井人】

比喻不能忘本。例我們做人要飲水思源，切記喝水不忘挖井人，這樣才能常懷感恩的心。

【喝水拿筷子——故作姿態】

比喻故意裝樣子給人看。例不要被表面現象所迷惑，他是喝水拿筷子——故作姿態，還不知其心中藏著什麼陰謀詭計哩！

【喝西北風】

比喻沒東西吃、餓肚子。例咱們一定要千方百計使企業扭虧爲盈，不然，過不了多久，咱們大家就只有喝西北風了。

【喝西北風打飽嗝——硬挺】

飽嗝：吃飽後打的嗝兒。比喻勉強支持。例繁重的任務壓在老譚的肩上，他就像喝西北風打飽嗝——硬挺著，身體早晚會垮下來。

ㄏㄜˊ

【禾草蓋珍珠——外賤內貴】

見「稻草蓋珍珠——外賤內貴」。

【禾草裏頭藏龍身——農家出英才】

龍身：泛指非凡的人。比喻在平凡的崗位上或平凡的工作中，可以出現有才華的人。例不要挑三揀四，任何工作都是有前途的，禾草裏頭藏龍身——農家出英才嘛！

【禾蟲煲蓮藕——入窿是死，出窿也是死】

禾蟲：水稻上的蟲，如稻苞蟲之類；煲：內壁較陡直的鍋或用煲鍋煮；窿：〈方〉孔。禾蟲掉在煲蓮藕的鍋裏，鑽進藕眼是死，鑽出藕眼也是死。比喻沒有出路。例一身是債的賭徒心想：已是禾蟲煲蓮藕——入窿是死，出窿也是死了，也就更加發狠的賭。

【禾熟則穫，果熟則剝】

語出宋・崔敦禮《芻言》卷上。穀子成熟了才能收穫，果子熟了才能剝開外皮。謂凡事不可急於求成，功到自然成。例「禾熟則穫，果熟則剝」，你功夫下到了家，獲得成功就只是早晚的事情了。

【和藹近人】

見「和藹可親」。

【和藹可親】

態度溫和，容易親近。《官場現形記》二九回：「原來這唐六軒唐觀察爲人極其和藹可親，見了人總是笑嘻嘻的。」也作「和藹近人」。魯迅《離婚》：「但不知怎的總覺得他其實是和藹近人，並不如先前自己所揣想那樣的可怕。」

【和璧隋珠】

璧：扁圓、中心有孔的玉器。和氏之璧，隋侯之珠，都爲傳世的珍寶。比喻珍貴難得的寶物。唐・張庭珪《請勤政從儉約疏》：「去奇伎淫巧，損和璧隋珠，不見可欲，使心不亂，自然波清四海，塵消九域。」

【和而不唱】

唱：倡導。指贊同他人意見而自己不創新立異。《莊子・德充符》：「和而不唱，知不出乎四域。」

【和而不同】

指和睦相處而不隨波逐流。晉・袁宏《三國名臣贊》：「和而不同，通而不雜，過醉亡辭，在醒貽答。」

【和風麗日】

溫煦的輕風，明麗的陽光。形容天氣晴朗。元・李愛山《集賢賓・春日傷別》曲：「那時節和風麗日滿東園，花共柳紅嬌綠軟。」也作「日麗風和」。

【和風細雨】

拂拂輕風，毛毛小雨。比喻態度溫和，做事和緩，不粗暴過激。例批評還是和風細雨點好，粗暴易傷感情。

【和光同塵】

比喻不突出自己，隨俗浮沉，與世無爭。《後漢書・張奐傳》：「吾前後仕進，十要銀艾，不能和光同塵，爲讒邪所忌。」

【和樂且孺】

孺：孩子。和氣快樂而且有點孩子氣。形容老年人無憂、無慮非常樂觀的情緒。例他年過古稀，性格仍然和樂且孺。

【和盤托出】

連同盤子一起端出來。比喻把東西、事情毫無保留地全部擺出來。《警世通言》卷二：「飯罷，田氏將莊子所著《南華眞經》及《老子道德》五千言，和盤托出，獻與王孫。」《醒世恆言》卷三〇：「他一時翻過臉來，將舊事和盤托出，那時不但官兒了帳，只怕當做越獄強盜拿去。」

【和氣生財】

舊時生意人主張態度溫和可多招攬顧客。因也用以指對人和氣總不會吃虧。老舍《四世同堂》二八：「老人一輩子最重要的格言是『和氣生財』。」

【和氣致祥】

指融和的氣氛能帶來祥瑞。《漢書・楚元王傳附劉向》：「由此觀之，和氣致祥，乖氣致異。祥多者其國安，異衆者其國危，天地之常經，古今之通義也。」

【和容悅色】

見「和顏悅色」。

【和如琴瑟】

像琴和瑟那樣協調、和諧。形容夫妻感情融洽。語本《詩經・小雅・常棣》：「妻子好合，如鼓琴瑟。」例他們結婚十年來，夫妻之間你敬我愛，和如琴瑟，左鄰右舍無不嘖嘖稱道。

【和尚拜堂——外行】

終生不娶的和尚對拜堂是外行。比喻

不懂得、不熟悉。例我並非醫生，對治病完全是和尚拜堂——外行。也作「鐵匠繡花——外行」、「殺豬捅屁股——外行」、「臘月種小麥——外行」、「秋天的苞穀耙——外行（黃）」、「背集擺攤子——外行」、「城外擺攤——外行」、「剃頭的使錐子——外行」、「莊稼佬不識桂圓——外行（黃）」。

【和尚拜丈人——怪事】
丈人：稱妻子的父親。按佛教法規，和尚不得娶妻。見「六月飛霜——怪事」。

【和尚拜丈人——沒有這回事】
見「和尚打崽——沒有的事」。

【和尚別髮卡——調（挑）皮】
髮卡（ㄑㄧㄚˇ）：髮夾；調：「挑」的諧意。比喻愛玩愛鬧，不聽勸導。有時指不馴服、狡猾、不易對付。例這個孩子是個和尚別髮卡——調（挑）皮的主，家長應當好好引導和管教。也作「老和尚別髮卡——調（挑）皮」。

【和尚不吃豆腐——怪哉（齋）】
哉：「齋」的諧音，語氣詞，表示感嘆。雙關語，比喻對某件事物感到奇怪。例你這個頭號球迷今晚沒去看足球賽，眞是和尚不吃豆腐——怪哉（齋）！

【和尚吃八方】
見「和尚口，吃十方」。

【和尚吃四方】
見「和尚口，吃十方」。

【和尚吃葷——開戒】
和尚的戒律之一是不吃葷菜。指解除生活上的禁忌。例你又喝起酒來了，是不是和尚吃葷——開戒啦。

【和尚吃葷——知法犯法】
比喻明知故犯。例政府三令五申，不准用公款請客送禮，大吃大喝，而有些人就是不聽。眞是和尚吃葷——知法犯法。也作「警察當小偷——知法犯法」。

【和尚打傘——無法（髮）無天】
法：「髮」的諧音。和尚沒有頭髮，打上傘後又看不到天。雙關語，比喻不顧國法和天理。多指不受管束，肆無忌憚地做壞事。例這幫流氓簡直是和尚打傘——無法（髮）無天，對這些害羣之馬絕不能手軟。也作「禿子打傘——無法（髮）無天」、「癩痢頭打傘——無法（髮）無天」、「癩子頭打傘——無法（髮）無天」。

【和尚打崽——不心疼】
按佛教法規，和尚不得娶妻，不會有自己的兒子。比喻不是自己的，不會疼愛。常含有不愛惜的意思。例要愛惜公物，愛惜國家的財產，採取和尚打崽——不心疼的態度是錯誤的。

【和尚打崽——沒有的事】
崽：〈方〉兒子。和尚終生不娶，是不會有兒子的。比喻不是眞有其事，或指某件事不可能發生。例你聽到的關於她的一些說法，是和尚打崽——沒有的事，純屬謠言。也作「和尚打架，扯脫辮子——沒有的事」、「和尚拜丈人——沒有這回事」。

【和尚道士拜菩薩——一輩子也不肯直起腰】
道士：道教徒；菩薩：泛指佛和某些神。比喻奴性十足，沒有骨氣。例漢奸對洋鬼子就像和尚道士拜菩薩——一輩子也不肯直起腰來，中國人對他們無不恨之入骨。

【和尚的辮子——假的】
和尚不留頭髮，不會有辮子。見「大花臉的鬍子——假的」。

【和尚的禪杖——一搭兩用】
禪杖：佛家用物。一頭像月牙，一頭像鏟，除作防身武器外，還用以收斂、掩埋路上的屍骨，指一樣的東西有兩種用途。例你們的辦法很妙，和尚的禪杖——一搭兩用，既省力，又省錢。

【和尚的肚腹——油水不大】
和尚吃素，肚腹油水不多。比喻好處不多，價值不大。例這是敵人的一個小據點，攻下來也是和尚的肚腹——油水不大。也作「和尚的肚腹——沒多大的油水」、「雞骨頭熬湯——油水不大」。

【和尚的房子——妙（廟）】
妙：「廟」的諧音。雙關語，比喻神奇或美妙。例他的這個設想，眞是和尚的房子——妙（廟）。

【和尚的木魚——挨敲的貨】
木魚：僧尼念經、化緣時敲打的響器，木製，形狀像魚、中空。後成爲打擊樂器中的一種。比喻受到打擊的對象。例被圍困的敵人看到自己是和尚的木魚——挨敲的貨，心中又驚又怕。也作「和尚手中的木魚——挨揍的貨」、「老和尚的木魚兒——挨敲打的木頭疙瘩」、「鐵匠鋪的料——挨敲打的貨」、「棗木梆子——挨敲的貨」。

【和尚的木魚——不打不響】
比喻做事被動，需經常督促、批評。例大常的自覺性差，工作拖拖拉拉，不檢查、不批評，總是無法完成的。眞是和尚的木魚——不打不響。也作「老和尚的木魚——不敲不響」、「牛皮鼓，青銅鑼——不打不響」。

【和尚的木魚——合不攏嘴】
雙關語。比喻樂不可支，張嘴大笑。例看你高興得就像和尚的木魚——合不攏嘴，有什麼事，快告訴我們。也作「廟裏的木魚——合不攏嘴」、「秋天的棉桃——咧開了嘴」、「熟透的石榴——合不攏嘴」

【和尚的木魚——想敲就敲】
比喻對人想打就打，想罵就罵。例父母對孩子要愛護、教育，不能像和尚的木魚——想敲就敲。

【和尚的腦袋——精光】
比喻物體光溜，沒有遮蓋物。有時指一無所有，或一點兒不剩。例一場賭博之後，他已變成和尚的腦袋——精光的人啦，一切家產都典賣出去了。

也作「和尚的腦袋——一溜淨光」。

【和尚的腦袋——無法（髮）】

法：「髮」的諧音。雙關語，比喻沒有辦法。例我非常同情他們，也希望幫助他們，實在是和尚的腦袋——無法（髮）呀！也作「和尚的腦殼——沒法（髮）」、「和尚摸頭——沒有法（髮）」、「禿子摸頭皮——天法（髮）」。

【和尚的梳子——廢物】

比喻無用的人或沒有用處的東西。例科學發展得如此之快，過去的許多知識都成爲和尚的梳子——廢物了。也作「和尚的梳子——無用之物」、「和尚買梳子——沒用」、「聾子的耳朵——廢物」、「一斤黴麵做個饃——廢物點心」。

【和尚吊臘肉——光嘔（漚）氣】

嘔：「漚」的諧音；嘔氣：生悶氣。按佛教法規，和尚不吃肉食，所以說臘肉掛著，老是悶著氣味。比喻盡是受悶氣、受委屈。例他是一個老實人，總受人欺侮，同事們常說：「你不能和尚吊臘肉——光嘔（漚）氣，要奮起反抗。」也形容老是鬧彆扭、生悶氣。例有事可以說出來，大家商量嘛和尚吊臘肉——光嘔（漚）氣怎麼行呢？既影響了工作，又不利於團結。

【和尚化緣——白吃】

化緣：僧人向人求施捨。比喻光吃不幹，或不負擔費用。例今天誰請客？我可是和尚化緣——白吃了。也作「驢子吞灰麵——白吃」、「嘴上抹石灰——白吃」。

【和尚撿到辮子——有法（髮）了】

法：「髮」的諧音。雙關語，比喻找到辦法了。例老余用力在大腿上一拍，笑道：「和尚撿到辮子——有法（髮）了。」接著他附耳對小金子悄悄地說了些什麼。

【和尚揭帽子——光光生生】

常形容很乾淨。例這兩天，工廠經過清潔消毒之後，就像和尚揭帽子——光光生生的，工作時心中感到特別舒暢。

【和尚口，吃十方】

和尚靠出外化緣過活。比喻吃喝門路多，不管葷素，見什麼吃什麼。《何典》四回：「和尚擋住道：『小僧替施主治好了大毛病，怎麼相謝都弗送，就想回去？和尚口，吃十方，施主何吃起廿四方來了？』」也作「和尚口，吃遍四方」。《古今小說》卷二八：「天下只有三般口嘴，極是厲害：秀才口，罵遍四方；和尚口，吃遍四方；媒婆口，傳遍四方。」也作「和尚吃八方」。《官場現形記》三四回：「本鄉裏因他德高望重，就推他做了一位鄉董。他老人家從此到處募捐，廣引喜事。俗語說：『和尚吃八方。』他家太太老伯連著師姑庵裏的錢都會募了來做好事，也總算神通廣大了。」也作「僧家口吃十方」、「寺僧吃十方」。

【和尚開門——突（禿）出】

突：「禿」的諧音。雙關語，比喻超過一般地顯露出來。多指才能或成績顯著。例賴大光不愧是先進工作者，他的才能與幹勁在同事之間，都是和尚開門——突（禿）出的。也作「和尚枕著門檻睡——突（禿）出」。

【和尚賣肉——出力不討好】

按佛教教規，和尚嚴禁吃腥葷之物，賣肉有瓜田李下之嫌。見「頂石臼做戲——吃力不討好」。

【和尚夢見嫁妝——空想】

按佛教法規，和尚不得娶妻，得不到嫁妝。見「枕頭底下放罐子——空想」。

【和尚廟裏借梳篦——走錯了門】

和尚不留頭髮，沒有梳篦。也作「和尚廟裏借梳篦——找錯了門」、「和尚廟裏借梳子——摸錯門了」。見「拜佛進了呂祖廟——找錯了門」。

【和尚尼姑——全無法（髮）】

和尚、尼姑都不留頭髮。法：「髮」的諧音。雙關語，比喻大家都沒有辦法。例既然這件事是和尚尼姑——全無法（髮），我們只好另請高明了。

【和尚念經——老一套】

經：佛教經典。比喻因循守舊，沿襲原來的辦法、經驗，沒有新的改進。例他每次作報告都是和尚念經——老一套，空洞無物，不切實際，大家都不愛聽。也作「和尚敲木魚——老一套」、「和尚打梆梆——老一套」、「六十甲子輪流轉—老一套」、「老和尚敲木魚——天天總翻著那本經」、「和尚打光光——老一套」、「老和尚念經——老一套」、「先吃皮後吃餡——老一套」、「猢猻做把戲——老一套」。

【和尚念經，那麼那麼】

那麼：和尚念經中「南無阿彌陀佛」一句中的「南無」讀若「那麼」。和尚念經時，大家一起朗誦，並不完全理解經文意義。比喻隨聲附和。例這個人沒有一點主見，從來不發表自己的看法，別人說什麼，他就說什麼，眞是：和尚念經，那麼那麼。」

【和尚敲木魚——老一套】

見「和尚念經——老一套」。

【和尚娶媳婦——頭一遭聽說的】

頭一遭：第一次。比喻某件事不可能發生。例你說他也有經濟問題，這倒是和尚娶媳婦——頭一遭聽說的。

【和尚去雲遊——出事（寺）了】

雲遊：到處遨遊，行蹤無定（多指和尚、道士）；事：「寺」的諧音。比喻出了事故，或做出錯事。例「聽說你們的一個同事跑業務時，險些兒和尚去雲遊——出事（寺）了！」「眞的，幸虧大家搶救及時，才避免了一場災禍。」也作「和尚拖木頭——出事（寺）了」、「和尚拖木頭——做出了事（寺）」。

【和尚剃頭——盡了法（髮）】

法：「髮」的諧音。比喻想盡了辦法。例對這個老齡病患者，醫生們是和尚剃頭——盡了法（髮），仍然沒有挽回他的生命。

【和尚頭上別金簪——忍痛圖好看】
金簪：綰住頭髮的金質簪子。比喻愛虛榮。例搞排場，講漂亮，這種做法是和尚頭上別金簪——忍痛圖好看，沒有多大的實際效果。也作「挖肉補臉蛋——忍痛圖好看」。

【和尚頭上的虱子——明擺著】
見「禿子頭上的虱子——明擺著」。

【和尚頭——禿啦】
雙關語，比喻物體失去尖端。例在修築公路時，他用十二磅錘敲打了一整天，連合金鋼的鑽頭都成了和尚頭——禿啦。

【和尚拖木頭——出事（寺）了】
見「和尚去雲遊——出事（寺）了」。

【和尚無兒——孝子多】
和尚住在寺廟裏，雖無子孫，但常有善男信女到廟裏來供奉，燒香拜佛。比喻孝敬、巴結的人不少。例「他年紀比你大得多，倒稱你爲叔，天下有這樣的道理嗎？」「這倒難講，俗話說：和尚無兒——孝子多嘛！」

【和尚誤了做，老婆誤了娶——兩下裏都耽擱了】
按佛教法規，和尚不能娶妻。沒有做成和尚，也沒娶成老婆，兩頭耽誤。比喻兩方面的事都耽誤了，一無所得。例八戒道：「哥呵，不是胡說，只恐一時間有些差池，卻不是和尚誤了做，老婆誤了娶——兩下裏都耽擱了？」

【和尚想仔——下輩子的事】
仔：〈方〉兒子；下輩子：迷信的人指來世。比喻某件事根本不可能實現。例同他合作共事，我看是和尚想仔——下輩子的事。

【和尚訓道士——管得寬】
和尚是佛教徒，道士是道教徒，兩者互不相干，所以說和尚訓道士是「管得寬」了。比喻管了不該管的事。例人家是自由戀愛，兩廂情願，你眞是和尚訓道士——管得寬。也作「和尚訓道士——管得眞寬」、「十八里地保——管得寬」、「吃河水長大的——管得寬」、「太平洋上的警察——管得寬」、「土地爺打城隍——管得寬」、「校場壩的土地——管得寬」。

【和尚摘帽子——頭名（明）】
見「礦工下井——頭名（明）」。

【和尚枕著門檻睡——突（禿）出】
見「和尚開門——突（禿）出

【和尚住岩洞——沒事（寺）】
事：「寺」的諧音。①指空閒、沒有什麼事情。例「今天有何安排？」「和尚住岩洞——沒事（寺）。」②比喻沒有什麼問題，或平安無事。例「昨天，敵軍進你們村抓人、搶糧，有損失沒有？」「和尚住岩洞——沒事（寺）。因爲我們早有準備，全都疏散了。」也作「和尚住山洞——沒事（寺）」。

【和氏之璧，不飾以五彩】
和氏璧不用各種顏色加以裝飾。指自然的美質，不用裝飾。《韓非子．解老》：「和紙之璧，不飾以五彩」；隋侯之珠，不飾以銀黃。其質至美，物不足以飾之。」

【和氏之璧，出於璞石；隋氏之珠，產於蜃蛤】
璞：含著玉的石頭；蜃蛤：ㄕㄣˋ ㄍㄜˊ，蛤蜊。和氏璧來自於含玉的石頭，隋氏寶珠出自於蛤蜊之中。比喻有才幹的人出自平常人中。漢．王符《潛夫論．論榮》：「由斯觀之，人之善惡，不必世族；性之賢鄙，不必世俗。中堂生負苞，山野生蘭芷。夫和氏之璧，出於璞石；隋氏之珠，產於蜃蛤。」

【和事佬】
泛指調解糾紛的人，多指無原則進行調解的人。例對於那些雞毛蒜皮的糾紛，只有當和事佬。

【和隋之珍】
和隋：指和氏璧和隋侯珠。兩件都是古時傳世的珍寶。因形容極其稀見難得之物。漢．班固《答賓戲》：「先賤而後貴者，和隋之珍也；時暗而久章者，君子之眞也。」

【和顏悅色】
指態度和藹，臉帶笑容。漢．荀爽《女誡》：「昏定晨省，夜臥早起，和顏悅色，事如依恃，正身潔行，稱爲順婦。」也作「和容悅色」。《鏡花緣》七一回：「即如父母尊長跟前，自應和容悅色，侍奉承歡。」

【和衣而臥】
不脫衣服睡下。京劇《打漁殺家》：「昨夜晚，喝酒醉，和衣而臥。稼場雞，驚醒了，夢裏南柯。」

【和衷共濟】
指同心協力，共度難關。清．林則徐《覆奏保山匪案並無劣員調處片》：「唯其於倉卒遇事之時，猶能竭力籌維，和衷共濟，俾城池倉庫，諸獲安全。」

【合抱之木，生於毫末】
合抱：用臂圍攏；毫末：極爲細微。兩臂合抱的大樹，是從細小的幼苗開始長成的。比喻任何事物都有一個由小到大的發展進程。《老子》六四章：「合抱之木，生於毫末；九層之台，起於累土；千里之行，始於足下。」

【合不以得，違不以失】
不能以得到或失去來決定離合。說明做事應視是否能成功，不能用得失來決定去留。《三國志．蜀書．郤正傳．釋譏》：「合不以得，違不以失，得不克詘，失不慘悸。」

【合船漏，合馬瘦】
合用的船容易漏水，合用的馬容易消瘦。比喻對共有的財產不愛護。例受護公共財物是每個公民都應該做得到的。那種「合船漏，合馬瘦」、任隨燈長明、水長流的浪費現象必須杜絕。

【合金鋼的鑽頭——專打硬仗的角色】

比喻有過硬本領、能戰勝各種困難的人。例陳大柱是合金鋼的鑽頭——專打硬仗的角色，哪裏任務艱巨，就派他到哪裏，沒有辜負過大家對他的信任。

【合口味】

比喻興趣愛好相投合。例這個人口齒十分伶俐，肯定跟你合口味，你不是最喜歡善辭令的人嗎？

【合拍子】

比喻協調一致。例你的觀念太陳舊了，怎麼能跟這個時代合拍子呢？

【合浦還珠】

見「合浦珠還」。

【合浦珠還】

合浦：漢時郡名。《後漢書・孟嘗傳》載：合浦沿海產珠，歷來官吏多貪穢，役人濫採。珠蚌因都遷徙他處。後來孟嘗來做該地太守，革除前弊，禁止濫採，未幾，珠又復遷回。後用「合浦珠還」比喻東西失而復得或人去而復還。《聊齋志異・霍女》：「若實與君謀，君必不肯，何處可致千金者？錯囊充牣，而合浦珠還，君幸足矣，窮問何為？」也作「合浦還珠」。元・王舉之《送友赴都》：「賦溫潤荊山進玉，吐宮商合浦還珠。」

【合則留，不合則去】

合得來，就留下來共事；合不來，就離開。宋・蘇軾《范增論》：「增年已七十，合則留，不合則去。不以此時明去就之分，而欲依項羽以成功名，陋矣。」

【合錙銖可以齊重於山陵】

把很小的東西合攏在一起，可以比山陵重。比喻知識要不斷積累，才能廣博。晉・葛洪《抱朴子・廣譬》：「合錙銖可以齊重於山陵，聚百十可以致數於億兆。」

【何必當初】

當初何必那樣做呢？多用於對過去的作為表示後悔，常用於「既有今日」之後。《紅樓夢》二八回：「黛玉聽說，回頭就走。寶玉在身後面嘆道：『既有今日，何必當初？』」

【何不食肉糜】

肉糜：用肉末煮成的粥。晉惠帝司馬衷，性痴呆。時天下荒亂，百姓多餓死。有人把情況告訴他。他說：「何不食肉糜？」後用以指顯貴富有的人根本不能體會窮人的困苦。

【何嘗見明鏡疲於屢照，清流憚於惠風】

什麼時候見過明鏡老照而不明亮，清澈的河流害怕柔和的風呢？比喻多問富有學問的人，也不會使他感到疲倦勞累。南朝宋・劉義慶《世說新語・言語》：「車武子難苦問謝，謂袁羊曰：『不問則德音有遺，多問則重勞二謝。』袁曰：『必無此嫌。』車曰：『何以知爾？』袁曰：『何嘗見明鏡疲於屢照，清流憚於惠風！』」

【何方圓之能周兮，夫孰異道而相安】

方圓：即方枘（插入卯眼的木栓）、圓孔；周：合。圓孔哪能與方枘相契合？哪有志不同、道不合而能彼此相安的？比喻忠佞、善惡不能並列。戰國楚・屈原《離騷》：「……鷙鳥之不羣兮，自前世而固然。何方圓之能周兮，夫孰異道而相安？」

【何妨粟有秕，唯箕簸之精】

粟中有秕又有什麼要緊，關鍵在於在揚箕時能粗中求精就是了。比喻應善於去其糟粕，取其精華。清・鄭世元《感懷雜詩》：「何妨粟有秕，唯箕簸之精。何妨苗有莠，鎛趙耕者明。」

【何官無私，何水無魚】

舊時認為沒有一個當官的不循私舞弊。例「何官無私，何水無魚」。這是講的過去，現在可不一樣了。

【何患無辭】

何患：哪怕；辭：言詞，指理由。意指想陷害他人，不愁找不到理由。常與「欲加之罪」連用。《冷眼觀》二一回：「猛然間朝字面子上一看，覺得欲加之罪，何患無辭，未免有傷忠厚。」

【何家的香火——何門何姓何祖宗】

香火：祭祀祖先時燃點的香和燈火，此借指子孫。雙關語，比喻用反問的語氣質問別人有什麼根底，算哪一號人？含有鄙薄的意思。例對人應該尊重，那能動輒就問別人是何家的香火——何門何姓何祖宗？如果有唯成分論思想更是錯誤的。

【何家姑娘嫁鄭家——正合適（鄭何氏）】

正合適：「鄭何氏」的諧音。舊時女子出嫁後，把夫家和娘家的姓氏合稱為「某某氏」。何家姑娘嫁鄭家，即夫家姓鄭、娘家姓何，稱「鄭何氏」。比喻正好符合實際情況和客觀要求。例母親為沒見過面的兒媳做了一雙鞋，兒媳穿起來就像何家姑娘嫁鄭家——正合適（鄭何氏），她高興極了。

【何見之晚】

怎麼發覺得這樣晚。指見識不足，思想遲鈍。《史記・李斯傳》：「秋霜降者草花落，水搖動者萬物作，此必然之效也，君何見之晚。」

【何郎傅粉】

三國魏何晏，生得面色白嫩，明帝以為他擦了粉。因用以形容生得白淨貌美的男青年。宋・歐陽修《望江南》詞：「身似何郎全傅粉，心如韓壽愛偷香。」

【何樂不為】

為：做。為什麼不樂意做呢？即當然可以做，很願意去做。《鏡花緣》三六回：「聞貴人修治河道，雖士商人等，亦必樂於從事；況又發給工錢飯食，那些小民，何樂不為？」

【何面目見江東父老】

沒有臉面回去見江東的父老兄弟。秦末，項羽起兵與劉邦爭天下，結果大敗。有人勸他回江東以待時機。羽說：「縱江東父兄憐而王我，我何面目見之。」後用「何面目見江東父老」指事業失敗後無臉面再見老朋友。

【何其毒也】

反詰語。多麼狠毒呀。指心腸、手段十分殘忍。例既已謀了他財產，又要陷害他性命，其用心何其毒也！」

【何其相似乃爾】

乃爾：如此。怎麼如此相像。指兩種言行方法極其相像，如出一轍。例這兩次事故，何其相似乃爾。

【何去何從】

往哪裏去？跟什麼人走？形容心中惶惑，無所適從。戰國楚・屈原《卜居》：「此孰吉孰兇，何去何從？」後多指在重大問題上作出抉擇。清・梁啓超《立憲法議》：「四者之中，孰兇孰吉，何去何從，不待智者而決矣。」

【何日歸家洗客袍】

哪一天才能回家洗這長年在外穿的袍子啊！比喻遊子渴望早日回家的心情。宋・蔣捷《一剪梅》詞：「何日歸家洗客袍，銀字笙調，心字香燒。流光容易把人拋，紅了櫻桃，綠了芭蕉。」

【何時一樽酒，重與細論文】

什麼時候能相聚，再像過去那樣跟你把酒細細談論寫詩啊？表達與友人早日重聚、共同細論詩文的強烈願望。唐・杜甫《春日憶李白》：「渭北春天樹，江東日暮雲。何時一樽酒，重與細論文。」

【何所不為】

沒有做不出來的事。常指做壞事。《南史・孔琇之傳》：「有小兒，年十歲，偸刈鄰家稻一束，琇之付獄案罪，或諫之，琇之曰：『十歲便能為盜，長大何所不為！』」

【何仙姑回娘家——雲裏來，霧裏去】

何仙姑：神話傳說中的八仙之一。比喻行蹤不定，難以捉摸。例這幾年，郝二就像何仙姑回娘家——雲裏來，霧裏去，鬼鬼祟祟，不知搞些啥名堂？

【何許人也】

許：地方。什麼地方的人呢？也用以指人的來歷不明。晉・陶潛《五柳先生傳》：「先生不知何許人也，亦不詳其姓字，宅邊有五柳樹，因以為號焉。」

【何意百煉鋼，化為繞指柔】

怎麼能想到經過千錘百煉的鋼，竟會變成柔軟得能繞在指頭上的東西？原比喻歷經挫折，人由剛強變為柔韌。現喻作家經過磨練或其作品經過錘鍊，達到爐火純青的境界。晉・劉琨《重贈盧諶》詩：「朱實隕勁風，繁英落素秋。狹路傾華蓋，駭駟摧雙輈。何意百煉鋼，化為繞指柔！」

【何憂何懼】

有什麼可發愁的，有什麼可害怕的。比喻未做虧心事，心地坦然。《論語・顏淵》：「子曰：『內省不疚，夫何憂何懼。』」

【何曾食萬】

晉大臣何曾，每天飲食揮霍萬錢。《晉書・何曾傳》：「性奢豪，務在華侈……廚膳滋味，過於王者。每燕見，不食太官所設。帝輒命取其食，蒸餅上不拆作十字不食。食日萬錢，猶曰無下箸處。」後用「何曾食萬」形容飲食奢侈、揮霍無度。

【何至於此】

反詰語。怎麼會到如此地步？《舊唐書・李密傳》：「請斬之以謝衆，方可安輯。玄感曰：『何至於此？』」

【何足道哉】

不值得說起。表示輕蔑、不屑。元・關漢卿《單鞭奪槊》三折：「那裏走將這個賣炭的來？這廝剗馬單鞭，量你何足道哉！」

【何足掛齒】

掛齒：放在口頭上。哪裏夠得放在口頭上。指事情微不足道，不值得一提。元・無名氏《陳州糶米》二折：「量老夫何足掛齒。想前朝有幾個賢臣都皆屈死，似老夫這等粗直，終非保身之道。」

【何足介意】

不必要放在心上。《三國志・蜀書・先主傳》：「北海相孔融謂先主曰：『袁公路豈憂國忘家者邪，冢中枯骨，何足介意。』」

【何足為奇】

有什麼值得奇怪的呢？表示十分平常沒什麼新奇之處。元・無名氏《馬陵道》一折：「恰才你擺的陣勢，都是可破的，何足為奇！」

【何足置齒】

置齒：放在齒邊，指說及、提起。不值得一說。《漢書・朱建傳》：「此特羣盜鼠竊狗盜，何足置齒牙間哉！」

【何罪之有】

有什麼罪過呢。即原本就沒有罪。《墨子・公輸》：「聞子為梯，將以攻宋，宋何罪之有？」。

【荷包裏摸花生——挨個兒抓】

荷包：〈方〉隨身攜帶、裝零錢和零星東西的小包，也指衣兜。比喻消滅起來很容易。例敵人幾百萬軍隊都被我們消滅了，這一小撮散兵游勇還不是荷包裏摸花生——挨個兒抓。

【荷花燈點蠟——心裏亮】

見「燈籠點蠟——肚裏明」。

【荷花結籽——心連心】

比喻思想感情相通，想法一致。例無論過去、現在或將來，我們都會是荷花結籽——心連心的，因為我們有著共同的理想和目標。也作「**紅頭繩穿銅錢——心連心**」。

【荷花雖好，也要綠葉扶持】

比喻儘管才能出衆，必須有衆人的支持。例常言道：「荷花雖好，也要綠葉扶持。」千萬不能脫離羣衆。

【荷花塘裏著火——偶然(藕燃)】

偶然：「藕燃」的諧音。雙關語，比喻事理上不一定要發生而發生的；或超出一般規律的。例想不到昨天遇到兒時的老師，眞是荷花塘裏著火——偶然（藕燃）。

【荷葉包釘子——個個想出頭】

見「麻袋裏裝菱角——個個想出頭」。

【荷葉包鱔魚——溜之大吉】

見「腳底下抹油——溜啦」。

【荷葉上的露珠——長不了】

雙關語，比喻時間長久不了。例等著瞧吧，這樣胡作非爲，我看是荷葉上的露珠——長不了。也作「剃頭扁擔——長不了」、「冰面上站人——長不了」、「捆綁的夫妻——長不了」、「兔子尾巴——長不了」、「戲台上的官——做不長」。

【荷葉上的露珠——滾來滾去】

比喻反來覆去，左右搖擺，辦事無主見。例公司的方針應該確定下來，不能老是像荷葉上的露珠——滾來滾去，大家無所適從。

【荷葉上的露珠——清清白白】

形容人淸白廉潔。例他爲官三十年，荷葉上的露珠——淸淸白白，一塵不染，可謂官場中的楷模。

【荷衣蕙帶】

以蓮葉爲衣，蕙草爲帶。形容神仙的衣著打扮。戰國楚・屈原《九歌・少司命》：「荷衣兮蕙帶，倏而來兮忽而逝。」

【河邊洗黃連——何（河）苦】

黃連：多年生草木植物，根莖味苦，可以入藥；何：「河」的諧音。雙關語，比喻何必自尋苦惱，用反問的語氣表示不値得。例在這件小事上傷腦筋，眞是河邊洗黃連——何（河）苦呢！

【河冰結合，非一日之寒】

河結成了冰，不是一天的寒冷凍成的。比喻事物的形成或某種局面的出現，都有一個長時間的發展、變化過程。漢・王充《論衡・狀留》：「陽溫陰寒，歷月乃至；災變之氣，一朝成怪。故夫河冰結合，非一日之寒；積土成山，非斯須之作。」

【河不出圖】

古時傳言，每當太平盛世，黃河則會出現河圖。因此「河不出圖」指時値亂世。《論語・子罕》：「子曰：『鳳鳥不至，河不出圖，吾已矣夫。』」

【河東獅吼】

宋・洪邁《容齋三筆》卷三記載：陳慥字季常，自稱龍邱先生，喜賓客，家裏常養著一些歌妓。妻子柳氏性兇悍又愛嫉妒。蘇軾作詩嘲云：「龍邱居士亦可憐，談空說有夜不眠。忽聞河東師（獅）子吼，柱杖落手心茫然。」東爲柳姓郡望，因以暗指柳氏。師子吼，佛家比喻威嚴。陳慥好談佛，蘇軾借用來和陳開玩笑。後常用「河東獅吼」比喻嫉妒而又厲害的婦人，來嘲笑怕老婆的男子。《官場現形記》三九回：「無奈瞿老爺，一來怕有玷官箴，二來怕『河東獅吼』，足足坐了一夜。」

【河汾門下】

隋末大儒王通（即文中子）在河、汾之間設教，受業者達千餘人，唐名臣房玄齡、杜如晦、魏徵、李靖、薛收、溫大雅、陳叔達等都曾出其門下，當時稱爲「河汾門下」。後常用以比喻名師門下人才輩出。

【河溝裏的泥鰍——翻不了大浪】

見「牛蹄窩裏的水——翻不了大浪」。

【河海不擇細流】

大海、大河不排斥細小的水流。比喻寬宏容衆。《史記・李斯傳》：「太山不讓土壤，故能成其大；河海不擇細流，故能就其深。」

【河漢斯言】

河漢：銀河，用以比喻浮誇、不著邊際的言論；斯：這。指把這番話看成虛誇不實之詞。意思是不用重視這些話語。清・梁紹壬《兩般秋雨庵隨筆》卷三：「如我將來，亦出一轍，性情同者，當不河漢斯言。」

【河涸海乾】

形容非常徹底、淋漓盡致。《三俠五義》五五回：「他說菜是剩的，酒是渾的，鑃子也摔了，盤子、碗也砸了，還罵了個河涸海乾。」

【河決魚爛】

河堤潰決，魚臟腐爛。比喻事情敗壞到已無法挽救的地步。清・顧炎武《病起與薊門當事書》：「至於勢窮理極，河決魚爛之後，雖欲徵其本色而有不可得者矣。」

【河裏的鵝卵石——精光光】

鵝卵石：卵石的一種，表面光滑。形容窮得什麼都沒有。例我家窮得像河裏的鵝卵石——精光光的，哪有錢來上學，全家都一字不識。

【河裏的泥鰍種，山上的狐狸王——老奸巨猾】

指閱歷深，老於世故。例人們都說，那個老頭兒是河裏的泥鰍種，山上的狐狸王——老奸巨猾，你與他合作可得小心點。

【河裏孩兒岸上娘】

孩子掉在河裏，母親無法搭救。比喻束手無策。例眼看事情越辦越糟，可又搭不上手，眞是「河裏孩兒岸上娘」，乾著急。

【河裏撈不到魚——抓瞎（蝦）】

瞎：「蝦」的諧音。比喻事前沒有準備，臨時手忙腳亂、乾著急。例這樣大規模的會議不及早準備，臨時會河裏撈不到魚——抓瞎（蝦）的。也作「賣蝦米不拿秤——抓瞎（蝦）」。

【河裏撈月亮——白費勁】

見「海底撈月——白費勁」

【河裏摸菩薩——勞（撈）神】

菩薩：泛指佛和某些神；勞：「撈」的諧音。見「扛撈絞進廟——勞（撈）神」。

【河裏摸魚——光溜溜的】
魚在水中，身上有黏液，很滑，讓人不易摸著。形容東西很光滑。有時指爲人圓滑。例他從不得罪人，說話就像河裏摸魚——光溜溜的。也作「水塘裏的泥鰍——光溜溜的」。

【河裏潑水——隨大溜】
比喻缺乏主見，跟著多數人說話或行事。例他這個人沒有什麼主見，常常是河裏潑水——隨大溜，不一定找他徵求意見，也作「河裏潑水——隨大流」、「鴨子過河——隨大流」、「站在河邊撒尿——隨大流」、「正月十五趕廟會——隨大流」。

【河裏無魚市上看】
比喻這裏看不到的東西，別的地方可以看見。梁斌《紅旗譜》卷一：「河裏無魚市上看，一過石門，都探監的人可真多呀！」

【河裏洗臉廟裏睡】
形容窮愁潦倒，一無所有。例這幾年，他可以說是倒楣透了，父母相繼去世，妻子又臥病在床，雖然吃住還不成大問題，也跟「河裏洗臉廟裏睡」的流浪漢差不多了。

【河梁攜手】
梁：橋。在橋上握手分別。指送別時依依之情。漢・李陵《與蘇武》詩：「攜手上河梁，游子暮何之？徘徊蹊路側，悢悢不得辭。」

【河梁之誼】
河梁：橋。古代指送別之處。指分手時依依不捨之情誼。清・歸莊《與朱宗遠書》：「匆匆言別，未及接杯酒之歡，並不得展河梁之誼，深以爲愧！」

【河落海乾】
比喻乾淨徹底，一掃而光。《紅樓夢》四五回：「這會子你怕花錢，挑唆他們來鬧我，我樂得去吃個河落海乾，我還不知道呢！」

【河清海晏】
河：黃河；晏：平靜。黃河水清，海不興波。比喻太平盛世，天下晏然。宋・王讜《唐語林・夙慧》：「開元初，天下大理，河清海晏，物殷俗阜。」也作「海晏河清」、「海晏河澄」。

【河清難俟】
河：黃河；俟：ㄙˋ，等待。黃河水清的日子很難等到。比喻時日久遠，難以等待。明・朱之瑜《答奧村庸札書》之一：「不佞粗中坦率，全無彼此，冀望誠深，未知得如願否也？景迫桑榆，河清難竢，奈何！」竢：同「俟」。

【河山帶礪】
河：黃河；山：泰山；帶：衣帶；礪：磨刀石。黃河細得像條衣帶，泰山小得像塊磨刀石。比喻時間長久，任何動盪也不會改變。古時多用爲受封者的誓辭。《史記・高祖功臣侯者年表》：「封爵之誓曰：『使河如帶，泰山若厲（礪），國以永寧，爰及苗裔。』」也作「礪山帶河」。

【河水不犯井水】
比喻互不干涉，互不侵犯。例陳經理和林經理結怨已久，在公司處理事務往往是井水不犯河水，各做各的。也作「河水犯不到井水」、「河水摻不進井水」。

【河灘的沙子——有的是】
形容很多、不稀奇。例你需要多少，這種東西，在我的家鄉像河灘的沙子——有的是。也作「河灘裏的沙子——數也數不清」、「江灘上的石頭——有的是」。

【河灘裏的鵝卵石——越滾越滑】
鵝卵石：卵石的一種。河灘裏的鵝卵石經過流水沖刷，越來越光滑。比喻人越來越圓滑。例他在社會上混了幾年，就像河灘裏的鵝卵石——越滾越滑，有人還說他爲人彬彬有禮呢！

【河灘上走路——一步一個腳印】
比喻做事踏實，穩紮穩打。例做事情，切忌搞花架子，要像河灘上走路——一步一個腳印。也作「雪天行路——一步一個腳印」。

【河豚魚浮在水裏——氣鼓鼓的】
河豚魚：頭圓形，口小，背部黑褐色，腹部白色，鰭常爲黃色。肉味鮮美，卵巢、血液和肝臟有劇毒。它浮在水裏時，鰾膨脹，裏邊充滿了氣體。雙關語，比喻人非常生氣的樣子。例你有意見就提吧，爲什麼要像河豚魚浮在水裏——氣鼓鼓的呢？

【河狹水緊，人急計生】
河道狹窄的地方水流湍急，人到緊急的時候往往會想出計謀。明・朱權《荊釵記》二六出：「遭折挫，受禁持，不由人不淚垂。無由洗恨，無由遠恥，拚死在黃泉作怨鬼。自古道：『河狹水緊，人急計生。』」

【河心裏擱跳板——兩頭脫空】
比喻二者將一無所獲，全部落空。例你這種不講信用的做法，是河心裏擱跳板——兩頭脫空，既失去了利潤，又丟掉了朋友。也作「羅鍋仰面睡——兩頭脫空」、「麻繩吊雞蛋——兩頭脫空」、「尖擔擔柴——兩頭脫」。

【河有九曲八彎，人有三回六轉】
河流有許多彎彎拐拐，人的思想有許多反覆、變化。指不要把人看死了。王厚選《古城青史》二四回：「河有九曲八彎，人有三回六轉。他們年輕，一時想錯路數，也是有的。大夥就甭爲難他們了，讓他倆好好想一想。」

【河魚腹疾】
腹瀉的代稱。因魚腐爛先從腹內開始，因以稱壞肚。《左傳・宣公十二年》：「河魚腹疾奈何？」孔穎達疏：「如河中之魚，久在水內，則生腹疾。」也作「河魚之疾」。五代・王定保《唐摭言》卷一〇：「中和末，豫章大亂，岩傑苦河魚之疾，寓於逆旅，竟不知其所終。」

【河魚之疾】

見「河魚腹疾」。

【河中的礁石——頂風頂浪】

礁石：河流、海水中距水面很近的岩石。比喻毫不畏懼地和困難鬥爭。例這些年來，他好似河中的礁石——頂風頂浪，實在不容易啊！也作「逆風逆水行舟——頂風頂浪」。

【涸魚得水】

涸魚：失去水的魚。涸魚又得到水。比喻脫離危難，得到適合發展的環境。《新唐書·契必何力傳》：「何力入延陀，如涸魚得水，其脫宓遽。」

【涸澤而漁】

排乾了水捉魚。比喻只圖眼前之利，不顧爲害將來。《宋書·袁淑傳》：「是由涸澤而漁，焚林而狩；若浚風之儛輕籜，杲日之拂浮霜。」

【涸轍枯魚】

見「涸轍之鮒」。

【涸轍窮鱗】

見「涸轍之鮒」。

【涸轍窮魚】

見「涸轍之鮒」。

【涸轍之鮒】

涸：水乾枯；轍：車輪輾出的軌跡；鮒：ㄈㄨˋ，鯽魚。唐·李白《擬古》十二首之五：「愚夫同瓦石，有才知卷施。無事坐悲苦，塊然涸轍鮒。」後以處在乾涸了的車轍裏的鯽魚，比喻處境困難急待救助的人。也作「涸轍之魚」。明·無名氏《四賢記·告貸》：「小生烏古孫艮禎，遭家不造……累累如喪家之犬，圉圉似涸轍之魚。」又作「涸轍之枯」。《剪燈新話·三山福地志》：「向者銀兩，今不敢求，但願捐斗水而活涸轍之枯，下壺飧而救翳桑之餓。」也作「涸轍枯魚」。明·張景《飛丸記·憐儒脫難》：「你何須布施念彌陀，吹噓一點靈犀熱，涸轍枯魚休浩波。」也作「涸轍窮鱗」。《羣音類選〈龍泉記·姑嫂相逢〉》：「遠道失夫，遐荒滯身，眞如涸轍窮鱗。」也作「涸轍窮魚」。明·張鳳翼《紅拂記·天開良佐》：「失林飛鳥無投處，涸轍窮魚轉困苦。」

【涸轍之枯】

見「涸轍之鮒」。

【涸轍之魚】

見「涸轍之鮒」。

ㄏㄜˋ

【荷擔而立】

荷：扛，負。挑著擔子站著。表示已有所準備，一有情況，隨時可走。《南史·宋文帝紀》：「魏太武帝率大衆至瓜步，聲欲渡江，都下震懼，咸荷擔而立。」

【荷槍實彈】

荷：扛。扛著槍，子彈上膛。形容高度戒備，準備隨時投入戰鬥。峻青《李家埠在戰鬥》：「一到村頭，就看見圍子牆上崗哨嚴密，青年民兵們荷槍實彈的來往巡邏著。」例正在埋伏預備圍捕通緝犯的警方人員，每一位都是荷槍實彈，隨時準備出擊。

【喝倒彩】

對藝人、運動員表演失誤時故意叫「好」的取笑。即俗稱「叫倒好」。例林同學在班上人緣不好，因此上次運動會在跑步時跌倒，被同學們喝倒彩，好不丟臉。

【喝六呼么】

同「呼么喝六」。元·張憲《咏雙陸》詩：「牙骰宛轉兩呼喧，喝六呼么破顏面。」

【喝雉呼盧】

同「呼盧喝雉」。清·郭瑞齡《營弁嘆》詩：「鬥雞走狗樂朝夕，滿堂喝雉呼盧客。」

【赫赫聲名】

見「赫赫有名」。

【赫赫巍巍】

赫赫：喻顯赫；巍巍：喻高大。形容既顯赫又高大的樣子。唐·韓愈《賀冊尊號表》：「衆美備具，名實相當，赫赫巍巍，超今冠古。」也作「赫赫魏魏」。唐·歐陽詹《回鸞賦》：「神其精而傑其質兮，赫赫魏魏以昂昂。」

【赫赫魏魏】

見「赫赫巍巍」。

【赫赫炎炎】

形容陽光熾烈，天氣炎熱。《詩經·大雅·雲漢》：「旱既太甚，則不可阻，赫赫炎炎，雲我無所。」也形容勢焰囂張。趙樸初《蝶戀花·楊花》詞：「乍認是花終不是，跋扈飛揚，赫赫炎炎地。」

【赫赫揚揚】

光明盛大的樣子。明·湯顯祖《牡丹亭·診祟》：「赫赫揚揚，日出東方。此符屏卻惡夢，辟除不祥。」也形容興旺顯赫。《紅樓夢》一三回：「如今我們家赫赫揚揚，已將百載。」

【赫赫有名】

赫赫：顯著盛大的樣子。形容名聲很大，無人不知。現有時用於貶義。《孽海花》五回：「明藍頂兒，胖白臉兒，沒鬍子的赫赫有名的莊大人。」也作「赫赫之名」。晉·常璩《華陽國志·先賢士女》：「臨州郡雖無赫赫之名，及去，民思之。」也作「赫赫之譽」。《陳書·王沖傳》：「雖無赫赫之譽，久而見思，由是推重。」也作「赫赫聲名」。唐·張籍《送白賓客分司東都》詩：「赫赫聲名三十春，高情人獨出煙塵。」

【赫赫之功】

形容功勞、業績顯著。《大戴禮記·勸學》：「無綿綿之事者，無赫赫之功。」

【赫赫之光】

赫赫：顯著、盛大。形容人的威勢和聲望極大。唐·韓愈《與于襄陽書》：「高材多戚戚之窮，盛位無赫赫之光。」

【赫赫之名】

見「赫赫有名」。

【赫赫之譽】

見「赫赫有名」。

【赫然有聲】

形容名聲卓著。宋・石介《上孔中丞書》：「閣下又且赫然有聲，烈於天下，復得位於朝，見用於天子。」清・汪琬《宋既庭五十壽序》：「赫然有聲場屋間。」

【赫斯之怒】

指帝王震怒。晉・葛洪《抱朴子・論仙》：「而人君有赫斯之怒，芟荑之誅。」

【赫斯之威】

形容帝王森嚴、威武的樣子。《晉書・應詹傳》：「陛下宜奮赫斯之威，臣等當得負戈前驅，庶憑宗廟之靈，有征無戰。」

【褐衣不完】

褐：粗布衣。連粗布衣服也穿不周全。形容生活困苦。

【鶴長鳧短】

鳧：ㄈㄨˊ，野鴨。鶴脖長，鳧脛短。比喻事物都有自己的特性，不應强求一律。元・無名氏《劉弘嫁婢》二折：「既不索可怎生短命死了顏回，卻怎生延年老了盜跖？我想那鶴長鳧短不能齊。」

【鶴處雞羣】

見「鶴立雞羣」。

【鶴髮雞皮】

形容老人頭髮白皮膚皺的形狀。北周・庾信《竹杖賦》：「子老矣，鶴髮雞皮，蓬頭歷齒。」也作「雞皮鶴髮」。

【鶴髮童顏】

指白的頭髮，紅潤的臉龐。形容老人氣色很好，精神矍鑠。金・元好問《念奴嬌》詞：「幕天席地，瑞臘香濃歌沸。白紵衣輕，鶴髮童顏照座明。」

【鶴歸遼海】

神話故事，漢遼東丁令威學仙成，化鶴歸家，回翔空中而言曰：「有鳥有鳥丁令威，去家千年今始歸，城郭如故人民非，何不學仙冢累累。」後用「鶴歸遼海」感嘆世事變遷。宋・唐庚《渡沔》詩：「鶴歸遼海悲人世，猿入巴山叫月明。」

【鶴立雞羣】

晉・戴逵《竹林七賢論》：「於稠人中始見嵇紹，昂昂然若野鶴之在雞羣。」鶴立在雞羣中。比喻一個人的儀表、才能超出衆人。元・無名氏《舉案齊眉》二折：「這是咱逢時運，父親呵，休錯認做蛙鳴井底，鶴立雞羣。」也作「鶴處雞羣」。《敦煌變文集・維摩詰菩薩品變文》：「遙望而清風宛在，鶴處雞羣；近觀而光彩射人，龍來洞口。」

【鶴立企佇】

企佇：踮起腳跟候望。鶴直立引頸而望，比喻人盼候時的急切情形。《三國志・魏書・陳思王傳》：「是臣慺慺之誠，竊所獨守，實懷鶴立企佇之心。」

【鶴唳風聲】

唳：鶴鳴。秦苻堅與晉謝玄戰於淝水，秦兵大敗，路上聽到鶴的鳴叫、風的呼嘯都當作追兵。因以「鶴唳風聲」形容因驚懼而自相驚憂。明・周履靖《錦箋記・敗北》：「忙追去，片甲莫教除，鶴唳風聲，元兵膽碎。」也作「風聲鶴唳」。

【鶴唳猿啼】

唳：鶴鳴。鶴的鳴聲和猿的號叫聽起來聲音淒厲。比喻哭聲淒切、悲傷。《兒女英雄傳》：「直哭得那鐵佛傷心，石人落淚，風淒雲慘，鶴唳猿啼。」

【鶴鳴雞樹】

《周易・中孚》：「鶴鳴在陰，其子和之。」後人取王弼注義，用「鶴鳴」兩字來稱潔行之人；雞樹：《北史・崔廓傳》：「雞樹騰聲，鵷池播美。」因用「雞樹」指美名遠揚。後以「鶴鳴雞樹」指品行高潔，名聲遠播。唐・馮贄《雲仙雜記》：「鳳閣侍郎杜景儉，文章知識並高遠，時號鶴鳴雞樹。」

【鶴鳴九皋】

見「鶴鳴於九皋，聲聞於天」。

【鶴鳴於九皋，聲聞於天】

九皋：許多沼澤之地。鶴在沼澤中鳴叫，其聲上徹蒼穹。後用以比喻壯志凌雲。《詩經・小雅・鶴鳴》：「鶴鳴於九皋，聲聞於天。魚在於渚，或潛在淵。彼樂之園，爰有樹檀，其下維谷，他山之石，可以攻玉。」也作「鶴鳴九皋」。晉・潘岳《為賈謐作贈陸機》詩：「鶴鳴九皋，猶載厥聲，況乃海隅，播名上京。」

【鶴鳴之士】

比喻才德聲望兼具而未作官的人。語本《周易・中孚》：「鶴鳴在陰，其子和之。」《後漢書・楊賜傳》：「斥遠佞巧之臣，遠徵鶴鳴之士。」

【鶴鳴之嘆】

指賢士隱居，不為掌權者重用的嘆息。《後漢書・楊震傳》：「野無鶴鳴之嘆，朝無小明之悔；大東不興於今，勞止不怨於下。」

【鶴壽千年】

見「鶴壽千歲」。

【鶴壽千歲】

傳說鶴的壽命很長，能活千歲。因用作祝壽之辭。《淮南子・說林訓》：「鶴壽千歲以極其遊，蜉蝣朝生暮死而盡其樂。也作「鶴壽千年」。唐・王建《閒說》詩：「桃花百葉不成春，鶴壽千年也未神。」

【鶴算龜齡】

鶴和龜俱為長壽的動物。比喻人之長壽。《羣音類選〈投筆記・班超慶壽〉》：「相酬唱，但願鶴算龜齡，地久天長。」

【鶴頭蚊腳】

兩種書法名。指它的形體像鶴的頭、蚊子的腳。宋・葉廷珪《海錄碎事・文學・書札》：「鶴頭、蚊腳二書，皆漢詔版所用，各象形。」

【鶴行鴨步】
形容走路連搖帶奔的樣子。《兒女英雄傳》三一回：「早又鶴行鴨步的，奔到西邊兒去。」

【鶴翼之圍】
指排成左右兩翼延長、戰鬥時便於合圍的陣勢。唐太宗《帝范序》：「夕對魚鱗之陣，朝臨鶴翼之圍。」

【鶴知夜半】
鶴會在半夜而鳴，意指鶴具有天賦的物候感應。《淮南子・說山訓》：「雞之將旦，鶴知夜半，而不免於鼎俎。」

ㄏㄞˊ

【孩子的臉——一天十八變】
十八變：指變化多。孩子特別是嬰兒的臉表情變化很快，時喜，時怒，時笑，時哭。形容變化無常。例高山的天氣是孩子的臉——一天十八變，在思想上、物質上都要做充分的準備。也作「娃娃的臉，說變就變」、「孫猴子的臉——說變就變」。

【孩子哄後娘——盡說瞎話】
比喻說的都是假話。例我心裏明白，他是孩子哄後娘——盡說瞎話，才不會受騙呢！

【孩子哭他媽的兄弟——沒救（舅）了】
救：「舅」的諧音。雙關語，比喻無法挽回，或無法救治。例他的癌症已到晚期，據醫生會診後的報告，說是孩子哭他媽的兄弟——沒救（舅）了。

【孩子沒娘——說來話長】
孩子沒娘有各種各樣原因，不是幾句話能說清楚的。比喻事情的因由很多，談起來話就長了。例我和他的關係不好，的確是孩子沒娘——說來話長，待以後慢慢講吧。也作「六月裏凍死羊——說來話長」、「小孩沒娘——說來話長」。

ㄏㄞˇ

【海北天南】
形容相距遙遠。唐・劉禹錫《洛中送韓七中丞之吳興口號》詩：「昔年意氣結羣英，幾度朝回一字行。海北天南零落盡，兩人相見洛陽城。」也作「天南地北」。

【海波不驚】
比喻社會安定，天下太平。唐・李庾《東都賦》：「開元太平，海波不驚，乃架神都，東人誇榮。」

【海不波溢】
海面平靜。比喻天下太平。漢・韓嬰《韓詩外傳》卷五：「有越裳氏重九譯而至，獻白雉於周公……周公曰：『吾何以見賜也？』譯曰：『吾受命國之黃髮曰：久矣，天之不迅風疾雨也，海不波溢也，三年於茲矣。意者中國殆有聖人，盍往朝之。』」

【海不揚波】
海上不起波濤。比喻天下太平。明・梅鼎祚《玉合記・杭海》：「吾聞太平之世，海不揚波，安有今日。」清・陳恭尹《饒歌》：「海不揚波萬國通，三吳閩浙各乘風。」

【海錯江瑤】
指江海所產的珍饈美味。清・孔尚任《桃花扇・訪翠》：「赴會之日，各攜一副盒，都是鮮物異品，有海錯江瑤玉液漿。」

【海底撈月】
見「海中撈月」。

【海底撈月——白費勁】
比喻白費力氣，達不到目的。例莊稼已經枯死了，還去折騰什麼？海底撈月——白費勁。也作「海底撈針——白費勁兒」、「海底撈針——枉費心機」、「河裏撈月亮——白費勁」。

【海底撈月——白忙一場】
比喻白費功夫，空忙一陣。例敵人出動全部人馬，企圖抓捕我隊員，在羣衆的保護下，隊員安全脫險，敵人是海底撈月——白忙一場。

【海底撈月，天上摘星——想得到，辦不到】
見「水底撈月，天上摘星——想得到，辦不到」。

【海底撈針】
從大海底摸一根針。比喻目的極難實現。《初刻拍案驚奇》卷二〇：「一面點起民壯，分頭追捕，多應是海底撈針，哪尋一個？」

【海底撈針——難辦】
見「大象嘴裏拔牙——難辦」。

【海底撈針——枉費心機】
見「燈草織布——枉費心機」。

【海底眼】
比喻內情、內幕消息等。例劉欣見調查員說著他們的海底眼，心中就像十五個吊桶打水，七上八下的。

【海底栽蔥——根底深】
多比喻學問紮實，基礎深厚。例他的語言文字是海底栽蔥——根底深，文章寫得很漂亮。

【海沸波翻】
見「海沸江翻」。

【海沸河翻】
見「海沸江翻」。

【海沸江翻】
大海江河水浪洶湧翻滾。比喻聲勢或力量非常強大。也比喻憤怒之極。明・無名氏《哪吒三變》四折：「怒時節海沸江翻，惱時節天昏地慘。」也作「海沸波翻」。《金瓶梅詞話》七二回：「人喧呼海沸波翻，馬嘶喊山崩地裂。」也作「海沸河翻」。清・洪昇《長生殿・合圍》：「抵多少雷轟電轉，可正是海沸河翻。」

【海沸山崩】
海水洶湧，山岩塌裂。意同天翻地

覆。元・無名氏《昊天塔》二折：「我呵喝一喝骨碌碌的海沸山崩，瞅一瞅赤力力的天摧地塌。」也作「**海沸山裂**」、「**海沸山搖**」。明・李開先《寶劍記・夜奔》：「這一去博得個斗轉天回，須教他海沸山搖。」

【海沸山裂】
見「海沸山崩」。

【海沸山搖】
見「海沸山崩」。

【海椒拌薑——辣對辣】
比喻用狠毒的手段對付狠毒的手段。例他們在貿易上的競爭，是海椒拌薑——辣對辣，鹿死誰手，還待下回分解。

【海角天涯】
涯：邊際，盡頭。形容非常偏遠的地方。唐・白居易《潯陽春・春生》詩：「春生何處暗周遊，海角天涯遍始休。」清・金農《注書研銘》：「石卿助我箋蟲魚，相隨海角天涯居。」也作「**天涯海角**」。

【海枯見底】
海水乾涸，露出底部。比喻經歷長的時間，最終見到結果。清・翟灝《通俗編・地理・海枯見底》：「杜荀鶴詩：海枯終見底，人死不知心。」

【海枯石爛】
海枯：海水乾涸；石爛：石頭風化為灰。舊時認為海水永遠不會乾涸，石頭任何時候都不會腐爛，因以「海枯石爛」比喻為不可能出現的事。多用於誓言，表示意志堅定，始終不變。元・王實甫《西廂記》五本二折：「這天高地厚情，直到海枯石爛時，此時作念何時止？」也作「**石爛海枯**」。

【海枯終見底，人死不知心】
形容人心難測，到死也不知他到底想些什麼。《封神演義》二一回：「尤渾奏曰：『自古人心難測，面從背違，知外而不知內，知內而不知心，正所謂海枯終見底，人死不知心。』」

【海闊從魚躍，天空任鳥飛】
見「海闊憑魚躍，天空任鳥飛」。

【海闊憑魚躍，天空任鳥飛】
憑：聽憑。大海遼闊，任魚兒縱情騰躍；天空高曠，隨鳥兒自由飛翔。比喻人在自由的環境裏，能充分施展才能、實現抱負。也用以形容胸襟寬闊。例希望你在經過這一次人生的大風浪之後，心胸能如海闊從魚躍，天空任鳥飛，眞正的豁達起來。也作「**海闊從魚躍，天空任鳥飛**。」《醒世姻緣傳》三七回：「這四個人得了這道赦書，海闊從魚躍，天空任鳥飛，從鵲華橋發腳，由黑虎廟到了貢院裏邊，畢進指點著前後看了一遍。」

【海闊天空】
像海一樣遼闊，天一樣沒有邊際。原指天地寬闊無邊，形容大自然的廣闊。後喻人的心胸豁達開闊，無拘無束。也比喻議論漫無邊際，或隨意漫談，沒有中心。唐・劉氏瑤《暗離別》詩：「青鸞脈脈西飛去，海闊天空不知處。」《兒女英雄傳》二六回：「這位姑娘雖是細針密縷的一個心思，卻是海闊天空的一個性氣。」

【海立雲垂】
海水直立，浮雲下垂。比喻文辭雄偉獨特，瑰麗多姿。唐・杜甫《朝獻太清宮賦》：「九天之雲下垂，四海之水皆立。」例李白《夢遊天姥吟留別》詩，寫景寫夢，虛虛實實，氣勢奔放，眞是海立雲垂，讀之縈心蕩魄，回味無窮。

【海裏打落劍——嘮叨（撈刀）】
打：撈；嘮叨：「撈刀」的諧音。比喻說起來沒完沒了，囉囉嗦嗦。例你的報告稿像海裏打落劍——嘮叨（撈刀）極了，簡短點不行嗎？

【海裏的格檔——闖出來的棍兒】
格檔：爛秫秸稈兒。比喻經過磨練，見過世面。例他走遍大江南北，見多識廣，是海裏的格檔——闖出來的棍兒。

【海內存知己，天涯若比鄰】
比鄰：近鄰。四海之內都有知心朋友，即使遠在天涯，也像近鄰一樣親近。例王老師酷愛出國旅遊，在許多國家都結識了不少好朋友，「海內存知己，天涯若比鄰」，對他來說是最好的寫照。

【海內淡然】
淡然：恬靜貌。形容國內安定。《漢書・揚雄傳》：「海內淡然，永亡邊城之災，金革之患。」

【海內鼎沸】
海內：四海之內，古代指中國國境以內；鼎沸：鼎中之水沸騰。比喻天下紛擾擾亂。《後漢書・袁術傳》：「術大會羣下，因謂曰：『今海內鼎沸，劉氏微弱。吾家四世公輔，百姓所歸，欲應天順民，於諸君何如？』」

【海內無雙】
指天下獨一無二。漢・東方朔《答客難》：「好學樂道之效明白甚矣，自以為智能海內無雙，則可謂博聞。」

【海上泛舟——漫無邊際】
泛舟：坐船遊玩。形容十分廣闊，無邊無際。多指說話、寫文章內容空泛，沒有中心。例文章要內容充實，有中心思想，重點突出，結構嚴謹，不能似海上泛舟——漫無邊際。

【海石禿上的螃蟹——明爬著】
海石禿：光滑的海石。比喻明顯地擺在眼前，很容易看清楚。例這個事實是海石禿上的螃蟹——明爬著的，還詭辯什麼？

【海市蜃樓】
蜃：大蛤蜊。指大氣中的光線折射，把遠處景物顯示在空中或地面上的奇異幻景。古人誤以為蜃吐氣而成。比喻虛幻、頃刻而逝或實際不存在的事物。《隋唐遺事》卷二：「張昌儀恃寵，請託如市。李湛曰：『此海市蜃樓比耳，豈長久耶？』」

【海誓山盟】
誓：立誓，發誓；盟：在神前締約。

指著山海立誓訂約。多表示愛情眞誠。元・白仁甫《梧桐雨》一折：「靠著這招彩鳳舞青鸞梧桐樹影，雖無人竊聽，也索悄聲兒海誓山盟。」

【海水不可斗量】
大海之水汪洋浩瀚，用升斗根本無法測出它的水的容量。比喻不能從目前狀況來斷定一個人的未來。《古今小說》二七回：「有人稱我八字，到五十歲上必然發跡。常言『海水不可斗量』，你休料我。」也作「海水難量」。《羣音類選〈淸腔類・前腔〉》：「看從來海水難量也，任你紛紛白眼多。」

【海水可量，人不可量】
海水可以估量，人的變化、前途難以估量。《萬花樓》四八回：「再不想這求乞婦人，是一位當今的國母。一人言道：『曾記前十載到門討食，孩兒尚幼，哭哭哀哀，被我痛罵，方才走去。早知她是當今太后，也不該如此輕慢她，果然海水可量，人不可量。』」

【海水難量】
見「海水不可斗量」。

【海水羣飛】
形容海浪洶湧奔騰。比喻國家不安寧，四海騷擾。漢・揚雄《太玄經・劇》：「上九，海水羣飛，蔽於天杭，測曰：『海水羣飛，終不可語也。』」

【海棠不惜胭脂色，獨立濛濛細雨中】
海棠花不顧惜自己像胭脂般的顏色，傲然獨立在濛濛的細雨中。比喻有志之士敢於鬥爭，不畏强暴。宋・陳與義《春寒》詩：「二月巴陵日日風，春寒未了怯園公。海棠不惜胭脂色，獨立濛濛細雨中。」

【海外東坡】
東坡：宋代文學家蘇軾的號。蘇軾被貶謫惠州、儋州（今海南島儋縣）期間，有人謠傳他已死去。明・何良俊《世說新語補・排調下》：「蘇長公在惠州，天下傳其已死。」後來就用：「海外東坡」比喻人已死的謠傳。

【海外扶餘】
扶餘：古國名。相傳在東南海外。比喻遙遠的與世隔絕的外國。孫中山《心理建設（孫文學說）》六章：「美國土地向爲蠻荒大陸……建設自治團體，遂成爲十三州，雖歸英王統治之下，然鞭長莫及，無異海外扶餘。」

【海外奇談】
海外：中國以外；奇談：奇怪的說法。指毫無根據、荒誕無稽的說法。《何典・序》：「無中生有，萃來海外奇談；忙裏偷閒，架就空中樓閣。」

【海屋籌添】
見「海屋添籌」。

【海屋添籌】
海屋：寓言中存放記錄滄桑變化籌碼的屋子；籌：籌碼。宋・蘇軾《東坡志林》卷二：「嘗有三老人相遇，或問之年……一人曰：『海水變桑田時，吾輒下一籌。爾來吾籌已滿十間屋。」後常用「海屋添籌」爲祝人長壽之詞。明・邵璨《香囊記・問卜》：「願慈闈無恙，海屋添籌。」也作「海屋籌添」。元・沈禧《一枝花・壽人八十》套數：「莊庭椿老枝偏盛，海屋籌添數倍增。」

【海嘯山崩】
海浪洶湧呼嘯，山岩崩裂倒塌。形容來勢猛烈，不可阻擋。清・黃宗羲《大方伯馬公救災頌》：「馮夷爲虐，海嘯山崩，毒龍戰野，其目千燈。」

【海晏河清】
晏：平靜；河：指黃河。大海平靜，黃河水淸。比喻天下太平。《景德傳燈錄・道遵和尙》：「一言啓口，振動乾坤，山河大地，海晏河淸。」也作「河淸海晏」、「海晏河澄」。

【海中撈月】
比喻目的絕難實現，徒勞無益。《初刻拍案驚奇》卷二七：「臨安府已沒奈何，只得行個緝捕文書訪拿，先前的兩個轎夫，卻又不知姓名住址，有影無蹤，海中撈月。」也作「海底撈月」。

ㄏㄞˋ

【亥豕魯魚】
《呂氏春秋・察傳》：「有讀史記者曰：『晋師三豕涉河。』子夏曰：『非也。是己亥也。夫己與三相似，豕與亥相似。』」晋・葛洪《抱朴子・遐覽》：「書三寫，魯成魚。」指書籍傳寫中因形近而誤寫。後因以「亥豕魯魚」指由於書籍的誤記而以致謬誤流傳。宋・文天祥《謝何樞密夢然啟》：「顧非麒麟鸑鷟之英，其如亥豕魯魚之謬，深有慚於負乘，敢自已於循牆。」

【駭浪驚濤】
駭：驚懼。指使人害怕的巨大風浪。比喻險惡的環境或遭遇極大的變故。《鏡花緣》六回：「年未及笄，遍歷海外，走蠻煙瘴雨之鄉，受駭浪驚濤之險。」也作「驚濤駭浪」。

【駭人視聽】
見「駭人聽聞」。

【駭人聽聞】
駭：驚訝。使人聽了感到震驚。多指事體怪誕或悖於常理。《鏡花緣》六回：「該仙子何以迫不及待，並不奏聞請旨，聽任部下逞艷於非時之候，獻媚於世主之前，致令時序顚倒，駭人聽聞！」也作「駭人視聽」。《隋書・王劭傳》：「初撰《齊志》，爲編年體二十卷；復爲《齊書》紀傳一百卷，及《平賊記》三卷。或文詞鄙野，或不軌不物，駭人視聽，大爲有識所嗤鄙。」

【害喘病爬高山——上氣不接下氣】
喘病：泛指肺部疾患，症狀多爲氣喘、呼吸困難。形容少氣無力或極端疲勞的樣子。例你像害喘病爬高山——上氣不接下氣，太累了，快歇歇吧！

【害腳氣長禿瘡——兩頭不落一頭】

禿瘡：〈方〉黃癬。見「瘌痢頭長腳癬——兩頭不落一頭」。

【害口磣】

口磣（ㄔㄣ）：即牙磣。食物中含有砂子，吃起來咯牙、難受。比喻說不堪入耳的粗話。例你也眞不怕害口磣，竟說出這麼下流的話來。

【害起肘腋】

害：禍患；肘：臂彎部分；腋：胳肢窩。比喻禍患發生在身邊或極近之地。《晉書・江統傳》：「此所以爲害深重、累年不定者，雖由御者之無方，將非其才，亦豈不以寇發心腹，害起肘腋，疢篤難療，瘡大遲癒之故哉！」

【害羣之馬】

《莊子・徐无鬼》：「夫爲天下者，亦奚以異乎牧馬者哉？亦去其害馬者而已矣。」後以「害羣之馬」比喻給集體帶來危害的人。茅盾《子夜》：「讓工人們自己明白，自己起來對付這種害羣之馬。」

【害人不淺】

形容給人造成非常大的損害。《鏡花緣》九五回：「即如今人凡遇小兒驚風，不論寒熱，不問虛實，總以一派金石寒涼之藥投之……最害人不淺。」

【害人蟲】

指自身不好，又危害他人的人。例這樁禍事都是王六闖下的，連累了大家，他眞是一個害人蟲。也作「害人精」。

【害人之心不可有，防人之心不可無】

不能存心害人，但也要提防別人，以免吃虧。例在現代社會，爲求自保，我們害人之心不可有，防人之心不可無，才是上策。也作「偷人之心不可有，防人之心不可無」。

【害人終害己】

陷害別人到頭是害了自己。比喻法網難逃。例他羅織罪名，坑害無辜，結果查清事實，以誣陷罪受到審判，應了害人終害己那句老話。

【害什麼病開什麼方——對症下藥】

比喻針對不同情況決定對策。例在談判桌上，我們必須靈活應付，也就是說，害什麼病開什麼方——對症下藥。

【害之中取小】

比喻情況不利時，盡量採取爲害最小的一面。例一旦面臨不利的情況時，記得要害之中取小，這樣才能減低自己的損失。

【害忠隱賢】

忠：指忠良之臣；隱：埋沒。陷害忠臣，埋沒賢才。《三國演義》一二〇回：「又左右皆非其人，羣黨相挾，害忠隱賢，此皆蠹政病民者也。」

ㄏㄟ

【黑白不分】

比喻是非不明，好壞不分。例像他這種不明事理，黑白不分，遇事就亂發脾氣的人，很容易令人討厭。

【黑白分明】

比喻處事公正，是非嚴明。《後漢書・朱浮傳》：「而今牧人之吏，多未稱職，小違理實，輒見斥罷，豈不粲然黑白分明哉！」

【黑白混淆】

比喻是非顚倒，眞假混雜。《初刻拍案驚奇》卷四：「世間有考試之官，私通關節，賄賂循私，黑白混淆，使不才僥倖。」

【黑處作揖——各人憑心】

作揖：雙手抱拳高拱，彎身施禮。比喻每個人都憑自己的心意辦事。例我的工作態度是，黑處作揖——各人憑心，不以別人的意志和情緒爲轉移。

【黑燈瞎火】

形容天黑無光亮。老舍《神拳》：「老二，這是怎麼回事？黑燈瞎火地把我找來！」

【黑洞裏裹腳——瞎纏】

雙關語，比喻毫無理由地亂糾纏。例誰答應過你來這裏工作？沒有，就不要黑洞裏裹腳——瞎纏了。

【黑髮不知勤學早，白首方悔讀書遲】

黑髮：指青少年；白首：白髮蒼蒼，指老年。青少年時不懂得勤奮學習，到了白髮滿頭時後悔就晚了。意同「少年不努力，老大徒傷悲」。唐・顏眞卿《勸學》詩：「三更燈火五更鳴，正是男兒讀書時。黑髮不知勤學早，白首方悔讀書遲。」

【黑家白日】

指事情黑夜接著白天持續不休。《紅樓夢》二回：「姐妹們和氣，也有個分寸兒，也沒個黑家白日鬧的！憑人怎麼勸，都是耳旁風。」

【黑老鴰報喜，不是好消息】

老鴰：烏鴉；報喜：指烏鴉叫。民間認爲烏鴉叫不吉利。例老太太還眞迷信，早晨聽見烏鴉叫了幾聲，一天心情不寧，她總說「黑老鴰報喜，不是好消息」。

【黑老鴰叼泥球兒——指（支）著嘴兒】

黑老鴰（ㄍㄨㄚ）：〈方〉烏鴉；指：「支」的諧音，仰仗、依靠。比喻人光張嘴說空話，不辦實事。例我們要分淸誰是眞心眞意地惦記者窮人，誰是「黑老鴰叼泥球兒——指（支）著嘴兒」。

【黑臉搽粉冬瓜樣】

諷刺臉黑搽粉，越搽越難看。比喻缺乏自知之明。例「黑臉搽粉冬瓜樣」，自己明明知道幹不了，爲什麼要去爭呢？自討沒趣。

【黑貓白貓，能抓老鼠就是好貓】
比喻什麼人，無論什麼辦法，只要對大家有好處就應該歡迎。例請大家踴躍提供意見，不論黑貓白貓，能抓老鼠就是好貓，只要是對公司有好處的，上面一律採納。也作「不管黑貓白貓，抓著耗子的就是好貓」、「黃狸黑狸，得鼠者雄」。

【黑毛烏鴉——不足爲奇】
比喻很一般、很平常。例這種工藝，是黑毛烏鴉——不足爲奇了，許多工廠都普遍採取啦！也作「山上的石頭，田裏的莠草——不足爲奇」。

【黑眉烏嘴】
形容灰土滿面，頭臉不乾淨。《紅樓夢》二四回：「弄得你黑眉烏嘴的，哪裏還像個大家子念書的孩子！」

【黑母雞——一窩兒】
比喻都是一路貨。例這兩個娘們，是黑母雞——一窩兒，自家的事不管，倒替人家去瞎張羅！把年老的公婆氣得夠嗆。

【黑泥鰍鑽進金魚缸——自己獻醜】
見「光屁股打燈籠——自己獻醜」。

【黑漆皮燈】
不透光亮的燈。比喻糊塗、昏庸和不諳事理的人。《醒世恆言》卷三五：「這蕭穎士又非黑漆皮燈，泥塞竹管，是那一竅不通的蠢物；他須是身登黃甲，位列朝班，讀破萬卷，明理的才人。」

【黑漆一團】
形容社會黑暗，也形容對事一片糊塗或什麼也看不懂。巴金《談〈秋〉》：「但是作爲讀者，我受不了那接連不斷的黑漆一團的結尾。」也作「漆黑一團」。

【黑塞青林】
塞：邊疆地區。語本唐·杜甫《夢李白》詩：「魂來楓林青，魂返關塞黑」，後因以「黑塞青林」表示對遠隔關山的摯友的懷念。清·高鳳翰《〈聊齋志異〉題辭》：「投枕滅燭與君別，黑塞青林君何處？」

【黑山白水】
指遼、元時代的山和水名，都在舊熱河境內。因也泛指東北地區。例遼元時代的山水，也就是東北地方的黑山白水，歷史悠久，源遠流長。

【黑是黑，白是白】
事情分明。老舍《四世同堂》八八：「他覺得宣戰是對的，宣戰以後，他想，一切便黑是黑，白是白，不再那麼灰溙溙的了。」

【黑天摸地】
形容漆黑一片，什麼也看不見。《金瓶梅詞話》六七回：「猛可半夜又鑽出這個孽障來，那黑天摸地，哪裏活變錢去？」

【黑天行路——沒影子】
比喻沒有頭緒或跡象。例辦補習學校，只是一個倡議，黑天行路——沒影子哩！怎麼就宣傳開了。也作「雪地裏照燈——沒影兒」。

【黑甜一覺】
黑甜：睡得很熟、很安穩。形容暢暢快快地睡一覺。明·馮惟敏《清江引·東村作》詞：「懶慢怎堪病也宜，鎮日常貪睡。黑甜一覺中，萬事無縈繫，醒來時便有些閒是非。」

【黑頭蟲】
黑頭蟲據說成蟲之後即吃掉母蟲。泛指壞人。也比喻忘恩負義的人。例別看他現在對你百依百順，這是他還用得著你。等他不需要你的時候，再看他的嘴臉吧！要知道，他是條黑頭蟲！

【黑頭蟲兒不可救，救之就要吃人肉】
比喻對壞人不可手軟。《金瓶梅詞話》九九回：「常言黑頭蟲兒不可救，救之就要吃人肉。休走，吃我一刀子，明年今日是你在忌！」

【黑屋子做活——瞎幹】
在黑屋裏幹活，什麼也看不見，就像閉著眼睛幹一樣。比喻無目的地亂幹一通。例我完全是黑屋子做活——瞎幹，希望你多指點，不然會出大紕漏的。也作「半夜裏收玉米——瞎幹」。

【黑瞎子掰苞米——邊掰邊丟】
黑瞎子：〈方〉狗熊；掰：ㄅㄞ，用手把東西分裂開；苞米：〈方〉玉米。見「猴子扳苞穀——掰一個，丟一個」。

【黑瞎子闖進鏡子鋪——四外不夠人】
四外：四處，四面。黑瞎子闖進鏡子鋪，四面的鏡子裏全是黑瞎子的像。比喻做事不得人心，到處不討好。例你做出的這件事，損害了所有人的利益，個個怨恨很深，的確是黑瞎子闖進鏡子鋪——四外不夠人。

【黑瞎子打立正——一手遮天】
打立正：原地站好，行舉手禮。比喻倚仗權勢，玩弄騙人手法，矇蔽羣衆耳目；或獨攬一切大權。例他當了主任之後，沒有辦過什麼好事，不論大事小事都由他一人說了算，還處處刁難工人，眞是黑瞎子打立正——一手遮天。

【黑瞎子叫門——熊到家了】
熊：在一些方言中還有窩囊、沒出息、沒本事的意思。雙關語，比喻非常懦弱、愚笨。例你們兩個人幹活還頂不上人家一個，眞是黑瞎子叫門——熊到家了。也作「黑瞎子跳井——熊到底了」。

【黑瞎子上轎——誰抬你】
比喻沒人敢支持。例你當官不爲民作主，黑瞎子上轎——誰抬你？

【黑瞎子提包袱——走哪門子親戚】
比喻出洋相，瞎逞能。例你們在這裏黑瞎子提包袱——走哪門子親戚，如此昂貴的精密儀器，門外漢是可以隨便擺弄的嗎？

【黑瞎子舔馬蜂窩——要怕挨螫就別想吃甜頭】
螫：ㄕˋ，蜇。比喻不冒點風險就得

不到好處。例「聽說你扔掉了鐵飯碗，不怕擔風險？」「黑瞎子舔馬蜂窩——要怕挨螫就別想吃甜頭，我認眞地考慮過。」

【黑瞎子跳井——熊到底了】

見「黑瞎子叫門——熊到家了」。

【黑瞎子遮太陽——手大捂不住天】

指在强大的事物面前，能耐再大的人也無能爲力。例俗話說：「黑瞎子遮太陽——手大捂不住天。」對這樣艱巨的任務，依靠個人而不依靠羣衆是無法完成的。

【黑瞎子坐轎——沒人抬舉】

比喻不受人推崇，或沒有人看重和提拔。例多年來，他鬱鬱不得志，沒有發揮自己才學，據說是黑瞎子坐轎——沒人抬舉。

【黑瞎子坐月子——嚇(下)熊了】

坐月子：指生孩子和產後一個月裏調養身體。狗熊坐月子是把動物擬人化；嚇：「下」的諧音；熊：在一些方言中還有窩囊、沒出息、沒本事的意思。雙關語，比喻害怕的要死。例聽說要發生地震，有的人就像黑瞎子坐月子——嚇（下）熊了。

【黑心的蘿蔔——壞透了】

見「冬瓜瓤裏生蛆——壞透了」。

【黑心蘿蔔——外白裏黑】

比喻表面不錯，骨子裏却壞透了。例老鄉們告訴他，那個傢伙是個黑心蘿蔔——外白裏黑，許多人都上過他的當。

【黑心肝】

指心腸狠毒、陰險。例他生就一副黑心肝，連小孩他都算計。

【黑心人倒有馬兒騎】

指心腸壞的人反倒過著好日子。例天底下的事，哪能讓人滿意。「黑心人倒有馬兒騎」，好心人只能乾瞪眼。

【黑眼睛看見了白銀子】

指金銀財寶對人有很大的誘惑力。明．玩花主人《妝樓記》五齣：「〔小淨〕……只少個掌家的正房，特請你來作伐，相謝兩個元寶。〔丑〕兩個元寶有多少重？〔小淨〕一百兩重。〔丑〕常言道：『黑眼睛看見了白銀子，不由不動火。』不瞞公子笑話，老身情願奉陪十夜，何如？」

【黑夜過河——不知深淺】

雙關語，比喻對某一事物不了解、不知底細。有時指說話、做事不知分寸或厲害。例我對這件事還是黑夜過河——不知深淺，待調查後再向上級提出建議。也作「旱鴨子過河——不知深淺」、「盤子裏扎猛子——不知深淺」、「臉盆裏扎猛子——不知深淺」、「瞎子染布——不知深淺」、「螞蚱跳塘——不知深淺」、「螞蚜跳塘——不知深淺」、「水盆裏扎猛子——沒個深淺」」、「洗臉盆裏扎猛子——不知深淺」、「遠路人蹚水——不知深淺」、「黃毛鴨子下水——不知深淺」、「碟子裏面扎猛子——不知深淺」。

【黑雲壓城城欲摧】

摧：毀壞。黑雲籠罩在城上空，像要把城牆摧毀。唐．李賀《雁門太守行》詩：「黑雲壓城城欲摧，甲光向日金鱗開。」現多用來比喻惡勢力氣焰十分囂張造成的緊張局面。

【黑子彈丸】

黑子：黑色小點；彈丸：用彈弓射發的小圓丸。北周．庾信《哀江南賦》：「地若黑子，城猶彈丸。」後以「黑子彈丸」比喻城市、土地十分狹小。

ㄏㄠ

【蒿目時艱】

蒿目：極目遠望；時艱：時局艱難。形容對多難的時世表示憂慮。孫中山《上李鴻章書》：「蓋有慨乎大局，蒿目時艱，而不敢以岩穴自居也。」

ㄏㄠˊ

【號寒啼飢】

因寒冷、飢餓而喊叫啼哭。比喻陷於貧窮因苦的境況。《老殘遊記》六回：「又見那老鴉有一陣刮刮的叫了幾聲，彷彿他不是號寒啼飢，卻是爲有言論自由的樂趣，來驕這曹州府百姓似的。」

【號呼動地】

喊聲震動大地。形容呼聲巨大。《呂氏春秋．期賢》：「鼓聲則似雷，號呼則動地。」

【號啕大哭】

指放聲痛哭。《紅樓夢》三四回：「此時林黛玉雖不是號啕大哭，然越是這等無聲之泣，氣噎喉堵，更覺利害。」也作「號啕痛哭」。《西遊記》十六回：「卻說那和尚把袈裟騙到手，拿在後房燈下，對袈裟號啕痛哭。」

【號啕痛哭】

見「號啕大哭」。

【號天而哭】

號：呼叫。呼天叫苦，放聲大哭。《莊子．則陽》：「至齊，見辜人矣，推而强之，解朝服而幕之，號天而哭之。」

【號天叫屈】

號：呼喊。向天喊冤。表示含冤無處可訴。宋．歐陽修《論尹師魯墓志》：「詩人之意，責之愈切則其言愈緩，『君子偕老』是也。不必號天叫屈，然後爲師魯冤也。」

【號天叩地】

見「號天扣地」。

【號天扣地】

扣：叩，撞。大聲呼天，用頭撞地。形容十分悲痛的樣子。《晉書．孝武帝紀》：「朕以不造，奄丁閔兇，號天扣地，靡知所訴。」也作「號天叩地」。《周書．晉蕩公護傳》：「初聞此旨，魂爽飛越，號天叩地，不能自勝。」

【毫髮不差】

見「毫髮不爽」。

【毫髮不爽】

毫髮：形容微細。比喻一點不差。《聊齋志異・邑人》：「呼鄰問之，則市肉方歸。這其斤數片數，毫髮不爽。」也作「**毫髮不差**」。《朱子語類》卷十四：「便是心中許多道理，光明鑑照，毫髮不差。」也作「**毫釐不爽**」。毫釐：形容微少。清・紀昀《閱微草堂筆記・姑妄聽之》：「此見神理分明，毫釐不爽。」

【毫髮無遺】

一點沒有遺漏。形容周密無差失。唐・韓愈《進順宗皇帝實錄表狀》：「臣當修撰之時，史官沈傳師等採事得於傳聞，途次不精，致有差誤，聖明所鑑，毫髮無遺。」

【毫分縷析】

形容精細地計算分析。《元史・桑哥傳》：「時桑哥以理算爲事，毫分縷析，入倉庫者，無不破產，及當更代，人皆棄家而避之。」

【毫釐不爽】

見「毫髮不爽」。

【毫釐千里】

毫釐：形容微少。「差之毫釐，謬以千里」的省縮。指因極小的差失而鑄成大錯。《清史稿・季開生傳》：「夫用人行政，其將用未用、將行未行之際，毫釐千里，間不容髮。」

【毫毛不犯】

絲毫不侵占。形容爲官廉潔，無取於民。晉・常璩《華陽國志・廣漢士女》：「[鄭]純獨清廉，毫毛不犯，夷漢歌嘆，表聞三司。」

【毫毛雖小，視之可察；泰山之大，背之不見】

背之：背向它。毫毛很小，仔細看它可見到；泰山雖然很高大，但背向它仍不能見到。比喻對事物深入了解，即使像毫毛這樣微小的事物，也可弄清楚；不去了解，即使像泰山那麼大的東西，也茫然不知。漢・牟融《牟子》：「毫毛雖小，視之可察；泰山之大，背之不見；志有留與不留，意有銳與不銳。」

【毫毛不伐，將用斧柯】

毛：長毛；柯：草木的枝莖。不拔掉小苗，將來就要用斧子砍樹了。比喻不及時解決細小問題，便會招致大患。《史記・蘇秦列傳》：「綿綿不絕，蔓蔓奈何？毫毛不伐，將用斧柯。」

【毫末之利】

很微小的一點利益。宋・歐陽修《原弊》：「有司屢變其法，以爭毫末之利。」

【毫無二致】

絲毫沒有兩樣。形容完全一模一樣。《官場現形記》二九回：「佘道台見了這副神氣，更覺得同花小紅一式一樣，毫無二致。」

【豪奪巧取】

指用強力劫奪或巧妙騙取。清・紀昀《閱微草堂筆記・灤陽消夏六》：「豪奪巧取，歲以多金寄歸。」

【豪放不羈】

形容性情豪邁，無拘無束。茅盾《蝕・動搖》：「她的豪放不羈，機警而又嫵媚，她的永遠樂觀，旺盛的生命力，和方太太一比更顯著。」

【豪橫跋扈】

跋扈：專橫暴戾。形容強橫暴虐，任意妄爲。唐・鄭處海《明皇雜錄・李遐周》：「祿山豪橫跋扈，遠近憂之，而上意未寤，一日遐周隱去，不知所之。」

【豪邁不羣】

性格豪放，不同流俗。《明史・莊杲傳》：「莊杲，字孔暘，江浦人。自幼豪邁不羣，嗜古博學。」

【豪門貴冑】

豪門：權貴門第；冑：後代。權貴的子孫。梁啓超《新羅馬・黨獄》：「況且你們那豪門貴冑做官讀書的上等人物，個個都做了我家吮癰舐痔，一呼百諾的孝順孫兒。」

【豪情逸致】

豪邁灑脫的情致。例平日愛好吟詩作對的文學家，多少都帶有一些豪情逸致的生活態度。

【豪奢放逸】

爲人曠達放縱，不受拘束。《魏書・曲陽侯素延傳》：「中山平，拜幽州刺史，豪奢放逸，左遷上谷太守，後賜爵曲陽侯。」

【豪言壯語】

極有氣概的話語。例老工人充滿樂觀的豪言壯語，使前來實習的大學生深受感動。

【嚎啕大哭】

啕：也作「咷」。形容放聲大哭。《西遊記》九回：「小姐忙向前認看，認得是丈夫的屍首，一發嚎啕大哭不已。」也作「**嚎咷痛哭**」。元，楊顯之《瀟湘雨》四折：「冤枉事誰行訴與？從今後忍氣吞聲，再不敢豪咷痛哭。」

【嚎咷痛哭】

見「嚎啕大哭」。

【濠梁之上】

濠梁：濠水上的橋。指別有心情相通，逍遙自得的樂趣。《莊子・秋水》：「莊子與惠子游於濠梁之上。莊子曰：『鯈魚出游從容，是魚之樂也。』惠子曰：『子非魚，安知魚之樂？』莊子曰：『子非我，安知我不知魚之樂？』」

【濠上之風】

見「濠上之樂」。

【濠上之樂】

濠：水名，在安徽省。《莊子・秋水》載：莊子與惠子遊於濠梁之上，見鯈魚在水中自由自在地游來游去。莊子說：「魚多快樂。」惠子說：「你又不是魚，怎能知魚的快樂？」莊子說：「你又不是我，怎麼知道我不知魚的快樂？」後以「濠上之樂」指隱士閒適逍遙之情。也作「濠上之風」。南朝梁・釋慧皎《高僧傳・竺道一》：「少以篇牘著稱，性好山壑，一吟一咏，有濠上之風。」

ㄏㄠˇ

【好柴燒爛灶】
比喻好心不得好報。例我好心好意把屋前房後掃乾淨了，你還倒打一耙，說什麼東西不見了，這才叫「好柴燒爛灶」，好心不得好報。

【好處安身，苦處用錢】
有合適的地方就住下來，遇到難處要捨得花錢。《西遊記》九七回：「把四眾捉將進去……禁子們又來亂打。三藏苦痛難禁，只叫：『悟空，怎的好！怎的好！』行者道：『他打是要錢哩。』常言道：『好處安身，苦處用錢。如今與他些錢，便罷了。』」

【好歹不分】
指對人對事分不出好壞。《新編五代史平話・周》：「且好歹不分，衆何所動！」

【好歹人心久後知】
人心好壞，相處久了就會知道。例眞正認識一個人，了解一個人不那麼容易，要不爲什麼古來就常說好歹人心久後知呢？

【好飯不怕晚】
豐盛的飯食，晚點吃也沒關係。比喻要取得好成果，時間拖延點也值得。例雖然上山下海地攝影很辛苦，但是好飯不怕晚，也就忍著點。

【好狗不擋路】
好狗不阻攔人的去路。用以戲弄或辱罵人擋住去路。例你不要以爲說你「好狗不擋路」是開玩笑的，事實上，他在藉機侮辱你，你沒有感覺嗎？也作「好狗不攔路」。

【好狗不攔路】
見「好狗不擋路」。

【好狗抵不了狼多】
比喻寡不敵衆。例「單不敵衆」，「好狗抵不了狼多」，這些諺語畢竟還是有道理的。單槍匹馬闖敵營，殺他個血流成河，終究不過是小說上的美談。

【好官易做，好人難做】
指做好人是一輩子的事，比當一任好官難的多。明・戚繼光《練兵紀實》卷九：「殊不知『好官易做，好人難做』。官有訾議，不過一任，改易地方，再能勵志向上，即稱好官矣。好人變節，壞卻一生，即晚年再要立德，訾議在人，人不相信。」也作「好人難做」。《三國演義》一四回：「玄德曰：『他勢窮而來投我，我若殺之，亦是不義。』張飛曰：『好人難做！』」

【好漢不打告饒人】
好漢不應該打認錯求饒的人。例人家已經檢討了，承認了錯誤，你爲什麼還死揪住不放，好漢不打告饒人嘛。

【好漢不打坐婆婆】
坐婆婆：坐著不動的老太婆。指好漢不打無還手能力的人。例「好漢不打坐婆婆」。你一米八的大漢，欺負一個殘疾人，算什麼好漢？

【好漢不和女鬥】
早時輕視婦女，認爲男子漢不與女子爭鬥。老舍《駱駝祥子》五：「祥子生在北方的鄉間，最忌諱隨便罵街。可是他不敢打張媽，因爲好漢不和女鬥。」也作「好男不跟婦女鬥」。

【好漢不誇當年勇】
有成就的人不誇耀過去的成績。例就算過去的你再風光也沒有用，我們做人應該「好漢不誇當年勇」，才不會令人厭惡。

【好漢不怕出身低】
有才能有作爲的人不在乎出身低微。《兒女英雄傳》一一回：「姑爺，俗話兒說的，『行行出狀元』，又說，『好漢不怕出身低』，哪一行沒有好人嗎。」也作「英雄不怕出身低」。

【好漢不欺負受傷的老虎】
比喻不欺負失勢的人。例陳大哥是一個行俠仗義、正直不阿的人，他常以「好漢不欺負受傷的老虎」自勉之。

【好漢不求人】
男子漢不求助於別人。老舍《駱駝祥子》八：「起會，在這個窮年月，常在嘩啦了的時候！好漢不求人，乾脆，自己有命買得上車，買，不求人！」

【好漢吃打不吃疼】
好漢子被打得再重不叫疼。比喻吃了虧不後悔。《飛龍全傳》一七回：「紅臉的君子，古語說得好，說是：『好漢吃打不吃疼』。又道：『願賭願輸。』我們在此下棋，又非設局兒騙人財帛，這是君子自己心願，說定無更。既然輸了，該把彩銀發付才是正理。」

【好漢餓不得三日】
什麼好漢也忍受不住飢餓。例人是鐵，飯是鋼。好漢餓不得三日，英雄擺不開飯碗。

【好漢護三村，好狗護三鄰】
指好漢能幫助衆人辦事。臧伯平《破曉風雲》三章：「他可是好漢護三村，好狗護三鄰的人物頭兒呢！如果你要求他幫助，他準盡力而爲。」也作「好人護三村，好狗護三鄰」、「好狗護三鄰，好漢護三村」。

【好漢流血不流淚】
剛強的男子漢寧肯流血絕不流淚。例他面對敵人的拷打，鐵骨錚錚，毫無懼色。眞是「好漢流血不流淚」，至死不屈。

【好漢怕大意】
指精明強悍的人有時也會因大意而出錯。例英雄好漢也有疏忽的時候。關公大意失荊州，被逼走麥城。「好漢怕大意」，豈可等閒視之？

【好漢怕賴漢，賴漢還怕歪死纏】

英雄好漢怕耍賴的，耍賴的怕死皮賴臉、糾纏不休的。陳登科《風雷》一部三章：「俗話說：好漢怕賴漢，賴漢還怕歪死纏。和這樣的人，有啥理好評的。天大的理，她一哭二鬧，又罵又跳，啥理也沒有了。」

【好漢怕賴漢，賴漢怕急漢】

好漢怕耍賴的，耍賴的又怕急性的。指人被逼急了，什麼事都幹得出來。例俗話說：「好漢怕賴漢，賴漢怕急漢。」人被逼急了，就會不顧後果，什麼事都幹得出來。

【好漢上梁山——逼的】

古典小說《水滸》裏，有許多好漢是由於各種原因，被迫而上梁山造反的。比喻被迫做出違心的事。有時比喻做好某件事是靠逼出來的。例你哥爲啥不上學而去做工，還不是好漢上梁山——逼的，因爲生活無著呀！也作「**好漢上梁山——逼出來的**」、「**林沖雪夜上梁山——逼的**」、「**宋江怒殺閻婆惜——逼的**」、「**鴨子上架——逼的**」、「**狗急跳牆——逼出來的**」。

【好漢識好漢】

指有本事的人能夠識別其他有本事的人。明・張鳳翼《紅拂記》一三齣：「[外]雙眸炯炯貫星辰，更談兵說劍如神。[淨]自古道：好漢識好漢。你既見他如此，可曾問起太原的消息麼？」

【好漢天下有好漢，英雄背後有英雄】

英雄好漢輩出，一個賽一個。例「好漢天下有好漢，英雄背後有英雄。」任何人逞强恃能，自認老子天下第一，橫衝直闖，是沒有不跌跤子的。

【好漢只怕病來磨】

指本事再大的男子漢也經受不住疾病的折磨。例「好漢只怕病來磨」。你本領再大，學問再高，也挺不住拉三天肚子。

【好漢子不趕乏兔兒】

比喻本領高强的人不和已經疲倦無力的人相鬥。《蕩寇志》一三〇回：「好漢子不趕乏兔兒，你也去將息氣力，再來領死。先著別個來替你拼幾合。」

【好漢子莫在家門口打人】

指在自家門口欺負人，算不得好漢。例「好漢子莫在家門口打人。」有能耐到外面去闖蕩，當「門檻俁」有什麼光彩。（俁：身材高大的人。）

【好漢做事好漢當】

好漢做事敢於承當責任，不推諉於人。例我做的事我一定會承認，所謂「好漢做事好漢當」，這才是負責任的表現。也作「**漢子做事漢子當**」。

【好好先生】

指一團和氣，不問是非曲直，只求相安無事的人。例他爹是個好好先生，從沒和誰爭執過。

【好合不如好散】

指彼此有過好的合作，就應和和氣氣地分手。例你們兩人別爲了這麼點小事爭得面紅耳赤，畢竟你們也是工作上的好搭檔，應該「好合不如好散」嘛！

【好虎架不住羣狼】

比喻一個人本領再大也敵不過衆人。例他們這一團隊向心力非常强，也很排斥外人，因此你就算再有才能，也可能會「好虎架不住羣狼」而遭到打壓。

【好花插在牛糞上——眞可惜】

比喻對某種美好事物的惋惜和遺憾。多指女方配偶不當。例小霞是聰明勤勞的女孩，卻被父母作主嫁給了一個整天逛蕩、不務正業的人，好花插在牛糞上——眞可惜。

【好花偏逢三更雨，明月忽來萬里雲】

比喻好人遭到突然的打擊。例「好花偏逢三更雨，明月忽來萬里雲」，這正是「人有旦夕禍福」的寫照。好端端的一位學者，正準備出國講學，突然發現癌症，不能不改變計畫。

【好話不背人，背人沒好話】

比喻在背後議論別人，沒有什麼好話。例好話不背人，背人沒好話。你們在這裏交頭接耳地議論人家的短長，爲什麼當面不說呢？

【好話說盡，壞事做絕】

嘴上盡說好聽的，幹的都是壞事。例他已經好話說盡，壞事做絕，無論怎麼檢查，也沒人相信了。

【好話一句三冬暖，惡語傷人六月寒】

三冬：冬季。冬天聽到好話，心裏感到溫暖；六月大熱天聽到惡毒語言，也要感到心寒。也作「**甜言美語三冬暖，惡語傷人六月寒**」。

【好記心不如爛筆頭】

記心：記性，記憶力。記憶力再好也不如用筆記下來可靠。例他算是眞正領悟了「好記心不如爛筆頭」的道理了，讀書時總是隨時寫筆記、抄卡片，用起來按圖索驥，一查便得。

【好借好還，再借不難】

借錢或借物講信用，到期歸還，下次再借就不困難。《西遊記》一六回：「老孫可是那當面騙物的人？這叫做『好借好還，再借不難』。」也作「**好借好還，再一遭兒不難**」。《歧路燈》五八回：「你去街上不拘誰的錢，借他十串，過此時就還他，好借好還，再一遭兒不難。」也作「**有借有還，再借不難**」。

【好借好還，再借一遭兒不難】

見「好借好還，再借不難」。

【好經唸給聾施主——白費唾沫】

經：指佛教的經典；施主：舊時和尚、尼姑或道士稱施捨財物給佛寺或道觀的人。比喻費盡口舌，絲毫不起作用。例我天天說，日日勸，要他別賭博了，唉！好經唸給聾施主——白費唾沫。

【好景不長】

美好的景況不會長久。例小林一家人

也曾有過歡樂的日子，但好景不長，最後因他沈迷於賭博而導致家破人亡。

【好景不常在，好花不常開】
比喻令人滿意的時間往往很短。例已逝的歌星鄧麗君小姐，其代表作「何日君再來」之中，有二句歌詞是「好景不常在，好花不常開」，眞是令人有戚戚焉。

【好酒除百病】
指好酒可以消除病痛，有益健康。例古人有「好酒除百病」的說法，有的「酒仙」拿它作護身符，喝個不亦樂乎，也不怕酒精中毒。眞是「食古不化」了。

【好酒說不酸，酸酒說不甜】
比喻好的東西不怕批評，壞的東西硬說好也好不了。例如果我們做好自己的本分，不落人口實，就像好酒說不酸，酸酒說不甜，是不怕被他人中傷的。

【好看千里客，萬里去傳名】
照顧好遠方的客人，他就會傳揚到四面八方。形容好客的人有好名聲。明・張四維《雙烈記》八齣：「謝東君多蒙高誼，未嘗還自慚無地，奈盤纏使盡來多日。古人云：好看千里客，萬里去傳名。望君家好看千里。[合]須知，出身有期，這早晚千金報伊。」

【好了瘡疤忘了痛】
見「好了傷疤忘了痛」。

【好了的瘡疤不必再搔了】
比喻已經改正了的缺點、錯誤，不要再揪住不放。例疼處怕碰，「好了的瘡疤不必再搔了」。一有機會就提人家已經改正的錯誤，就不是與人爲善的態度了。

【好了傷疤忘了痛】
境遇好了，就忘記了以往的痛苦。「好了瘡疤忘了疼」。例如果一個人遇到挫折傷痛，很快就好了瘡疤忘了疼，那麼他將錯失從中獲得經驗的機會。

【好離好散】
客客氣氣地分手。指相處時十分和好，分手時也不傷和氣。《紅樓夢》三一回：「嫌我們就打發了我們，再挑好的使。好離好散的倒不好？」

【好馬不備二鞍，好女不嫁二夫】
舊時宣揚封建倫理思想，反對寡婦再嫁。明・無名氏《團圓夢》二折：「我是個寡婦了，怎生自做得主張？我想：好馬不備二鞍，好女不嫁二夫。」

【好馬不吃回頭草】
比喻有志氣的人做事不中途反悔，不走回頭路。周立波《山鄉巨變》上一二：「好馬不吃回頭草，我既出了門，就是不再打算回去的。」也作「好漢不吃回頭草」。

【好馬不吃回頭草——倔强】
指剛强不屈。例朱大伯是個好馬不吃回頭草——倔强的人，他寧肯餓死，也不會去向地主老財低三下四求情的。

【好貓不做聲】
好貓善於捕鼠，捕足老鼠時多不叫喚。淸代黃漢所著《貓苑》中說：「非謂無聲，若一做聲，則猛烈異常，甚有使鼠聞聲驚墮者。」比喻有本領有學問的人不到處張揚自己。例一位發明家，埋頭實驗，數十年如一日，從不誇耀自己，成果公布時震驚了科技界。可以說是「好貓不做聲」了。

【好夢難長，彩雲易散】
比喻好景不長。《明史演義》三七回：「好一座安樂窩，嘗遍那溫柔味。無如好夢難長，彩雲易散，到了景泰八年元旦，朝賀禮畢，忽覺龍體違和，好幾日不能臨朝。」

【好夢難成】
做好夢不容易。比喻美好的追求難於變成現實。也指難以入睡。元・無名氏《雲窗夢》三折：「薄設設衾寒枕冷，愁易感好夢難成。千愁萬恨斷腸人，怎當那半夜三更暮秋景。」元・張可久《雙調・折桂令・秋夜閨思》：「剔殘燈數盡寒更，自別了鶯鶯，誰更卿卿……盼殺多情，遠信休憑，好夢難成。」

【好夢難圓】
比喻好事很難有完滿的結果。明・湯顯祖《紫釵記・劍合釵圓》：「彩雲輕散，好夢難圓，是前生姻緣欠，又拚了今生命塡。」

【好苗子】
比喻有培養前途的年輕人。例小王五育均衡發展，是一棵好苗子。

【好男不吃分家飯，好女不穿嫁時衣】
指有志氣的男女不依靠分家或結婚時所得的財物過日子。《儒林外史》一一回：「好男不吃分家飯，好女不穿嫁時衣。依孩兒的意思，總是自掙的功名好，靠著祖、父，只算個不成器。」也作「女人不穿嫁時衣，男兒不吃分家飯」。

【好男不跟婦女鬥】
見「好漢不和女鬥」。

【好藕不沾泥——一身潔白】
形容非常純潔無瑕。例這個青年剛離校門走入社會，聰明、能幹，素質好，恰似好藕不沾泥——一身潔白，應當好好培養教育，防止他染上壞的思想和習慣。

【好曲子唱三遍也要口臭】
比喻即使內容不錯，多次重複，也令人生厭。《石點頭》卷二：「那鹽船上人千人萬，見他日日在此叫賣酒，酒又不見，歌什麼詩，都笑道：『常言：好曲子唱了三遍也要口臭了。』」

【好拳不贏頭三手，自有高招在後頭】
高招：高超的手段。比喻本領高强的人開頭總是不露聲色，到最後才使出絕招。例「好拳不贏頭三手，自有高招在後頭」。有本事又有涵養的人多半是這樣。平時不露聲色，隨班就點；遇到緊急關節，眞能拿出兩手，叫大家吃驚。

【好人不長壽，禍害一千年】

禍害：指壞人。好人偏偏早死，壞人反而長命。《金瓶梅詞話》七三回：「好雲姐，常言不說的，好人不長壽，禍害一千年。自古鏇的不圓砍的圓。你我本等是瞞貨，應不上他的心，隨他說去罷了。」也作「好人命不長，禍害一千年」。

【好人不得好報】

見「好心不得好報」。

【好人不和狗比】

作風正派的人不與不三不四的人作比較。例你別自貶身價了，所謂「好人不和狗比」，你怎麼把出身書香門第的自己，和那些地痞流氓相比呢？

【好人常道直，不順世間逆】

正直的人按照公道辦事，絕不和邪惡勢力同流合污。唐·孟浩然《擇友》詩：「好人常道直，不順世間逆。惡人巧諂多，非義苟且得。」

【好人多魔難】

魔難：磨難。好人經受的折磨特別多。《金雲翹傳》五回；「爹的身子關係甚大，怎忍自經溝瀆。今雖好人多魔難，然留得青山在，自有砍柴時。你挨過此時，自有回天日子。」

【好人還得好衣裳】

指容貌好的人還需要好衣裳來打扮。例她本來長得就不錯，參加了時裝表演，穿著設計新樣，剪裁合體的新潮服裝，在台上亮相，就更有風度了。可見好人還得好衣裳。

【好人難做】

見「好官易做，好人難做」。

【好人怕誇，壞人怕扒】

指好人受誇獎容易驕傲，壞人怕揭老底露出原形。例我們對人褒貶要適當，一般來說，好人怕誇，壞人怕扒，不能讓對方反應過大。

【好人說不壞，好酒攪不酸】

好人不會因爲有人誹謗就成壞人，就像好酒不會因爲有人亂攪就變酸一樣。指作風正派的人不怕流言蜚語。例「好人說不壞，好酒攪不酸」，他對於某些對他的發明所作的種種惡意攻擊根本不予理會，反而更加努力地鑽研新的課題。

【好人說我常安樂，惡人說我齒牙落】

舊時人們迷信，認爲自己打噴嚏是因爲有人說到自己，用這句話來自解自嘲。淸·褚人獲《堅瓠三集》卷二：「今人噴嚏，必唾曰：『好人說我常安樂，惡人說我齒牙落。』《終風》之詩曰：『寤言不寐，願言則嚏。』東坡有詩云：『白髮蒼顏誰肯記，晚來頻嚏爲何人。』《隨筆》亦載噴嚏不止者，必噀唾祝云：『有人說我。』婦人尤甚」。

【好人相逢，惡人遠離】

好人聚在一起，惡人就躲開了。例那幾個不三不四的人正想搗亂，看見警察正從對面開來，只好裝作沒事一樣繞邊走開。眞是「好人相逢，惡人遠離。」

【好人自有好報】

見「好人總有好報」。

【好人總有好報】

心地善良的人總是會得到好的報答的。茅盾《報施》四：「我活了七十多歲，看見的多了，好人總有好報。」也作「好人自有好報」。《龍圖耳錄》六二回：「竇老兒聽至此，先打問心道：『阿彌陀佛，好人自有好報，惡人自有惡魔！』」

【好肉上貼橡皮膏——自找苦吃】

橡皮膏：一面塗有膠質的布條，通常用來把敷料固定在病體的皮膚上。如果沒病，貼上橡皮膏是不舒服的。見「笨豬拱刺蓬——自找苦吃」。

【好肉剜瘡】

剜去完好的皮肉。比喻好端端的卻自尋煩惱。《續傳燈錄·慧通淸旦》：「說佛說祖，正如好肉剜瘡；舉古舉今，猶若殘羹餿飯。」

【好聲好氣】

形容聲音柔和，態度溫順。例我好聲好氣和你說你不聽，非要等我發脾氣，是不是？！

【好詩讀下三千首，不會做來也會偷】

指只要多讀好詩，不會做詩，也可以模仿。《歧路燈》一一回：「只要多讀時文，俗話說：『好詩讀下三千首，不會做來也會偷。』讀得多，多就會套。」

【好時是他人，惡時是家人】

他人：外人。事情順利的時候，有不少外人來親近；時運不濟的時候，只有親人關心。例誰關心誰？從前得意時，可以說是賓朋滿座，現在倒楣了，門可羅雀，只有兩三個親戚往來。「好時是他人，惡時是家人」這句話說得正好。

【好事不出門，惡事傳千里】

好事不容易被人知道，醜事很快就傳揚出去。《何典》九回：「誰知好事不出門，惡事傳千里，一霎時滿關都曉得了。那些陰兵見主將逃走，便都弗怕軍法從事，亂竄起來。」也作「好事不出門，惡事行千里」。《玉嬌梨》一八回：「天下事最古怪，我錯選一個張軌如，他偏曉得！我注意一個蘇友白，他就未必得知。眞是『好事不出門，惡事行千里。』」也作「好事不出門，奇事傳千里」。《飛龍全傳》一回：「卻說那些看的人民，紛紛議論，只說個不了，一傳十，十傳百。正是：好事不出門，奇事傳千里。」也作「好事不出門，壞事傳千里」。老舍《方珍珠》三幕一場：「好事不出門，壞事傳千里。台下準有人知道了她的事，因爲他們知道底細，他們才更要撅我喲！要我的好看喲！」。也作「好事不出門，惡言傳千里」。《官場現形記》四回：「常言道：好事不出門，惡言傳千里。王伯臣接著電報十幾天不報丁憂，這話早已沸沸揚揚，傳得全城都已知道。」

【好事不如無】

有時做了好事，被人弄壞，不如不做。例俗語說：「好事不如無。」昨天剛栽的兩棵小樹，今早已被人踩倒，眞是白費力氣。

【好事不在忙】

辦好事（多指男女婚嫁）不用著急。元・關漢卿《竇娥冤》二折：「那婆婆一向收留俺爺兒兩個在家同住。只說好事不在忙，等慢慢裏勸轉他媳婦，誰想他婆婆又害起病來。」

【好事多妨】

見「好事多磨」。

【好事多磨】

指一件好事，做起來總要碰到許多阻撓或挫折。《醒世恆言》卷三：「然而好事多磨，往往求之不得。」也作「好事多妨」。元・吳弘道《梅花引》曲：「驚魂未定，好事多妨堪傷。」也作「好事多阻」。明・王守仁《與黃宗書》之七：「好事多阻，恐亦未易如願。」

【好事多慳】

見「好事天慳」。

【好事多阻】

見「好事多磨」。

【好事盡從難處得，少年無向易中輕】

好事都是從困難中得來的，年輕人不要以爲可以輕易得到。指不要心存僥倖，要成功，必須付出艱辛的勞動。唐・李咸用《送譚孝廉赴舉》詩：「鼓鼙聲裏尋詩禮，戈戟林間入鎬京。好事盡從難處得，少年無向易中輕。」

【好事沒下梢】

下梢：指結局。做了好事，沒有好結果。元・楊梓《敬德不伏老》一折：「脫了我入朝相的紫羅襴，摘了我出朝將的那黃金印，狠吃豹頭心兒裏暗忍，覷了往日功勞，到今日沒半分。常言道：『好事沒下梢』。」

【好事難諧】

美好的事物很少能順利地實現。元・蒲道源《水調歌頭・癸未中秋雨，悶中示德衡弟》詞：「待得良辰美景，卻遇淒風苦雨，好事實難諧。」

【好事天慳】

慳：ㄑㄧㄢ，吝嗇，引申作不願。指好事情天都不肯幫忙。元・關漢卿《青杏子・離情》曲：「常言道：『好事天慳。』美姻緣他娘間阻，生拆散鸞交鳳友。」也作「好事多慳」。元・貫雲石《一枝花・離悶》曲：「常言道：『好事多慳，陡恁的千難萬難。』」

【好事毋相棄，惡事勿相擬】

擬：模仿。好事不要放棄，壞事不可模仿。明・無名氏《綈袍記》九齣：「[旦]凡爲君子，便當記取，學古人『好事毋相棄，惡事勿相擬』。畢竟五倫天理昭昭報應，不爽毫釐。」

【好手不敵雙拳，雙拳不如四手】

敵：抵擋，抵抗。個人本事再大，也抵擋不住衆人。《西遊記》七七回：「行者見是兩個兄弟被擒，他自家獨力難撐，正是『好手不敵雙拳，雙拳不如四手』。」也作「好漢打不過人多，三拳難敵四手」、「好漢不敵兩」。

【好說不好聽】

事情雖然說得淸楚，人家聽起來不容易相信。《岳飛傳》七二回：「玉蓮是身大袖長的姑娘，留你在房中，將來傳出去，好說不好聽。」

【好說話】

指爲人隨和，容易商量。例老王好說話，你這事找他，準沒錯。

【好死不如惡活】

痛痛快快地死去，不如忍受屈辱而活著。魯迅《華蓋集續編・有趣的消息》：「俗語說：『好死不如惡活。』這當然不過是俗人的俗見罷了，可是文人學者也何嘗不是這樣。」也作「好死不如賴活著」、「好死不如歹活」。

【好筍鑽出笆外】

笆：籬笆。比喻雖有好處，卻被別人得去。例今年公司年終抽獎，第一特獎竟然被廠商抽走，而未落入員工手中，眞是「好筍鑽出笆外」，好處被別人得到。

【好鐵靠千錘，好鋼靠火煉】

比喻英雄好漢要在鬥爭中經受千錘百鍊。馬國超等《馬本齋》一七章：「『別看咱們使的都是這些傢伙，可是經本齋哥一訓練，還眞像個大隊伍哩。』『告訴你，這就叫做好鐵靠千錘，好鋼靠火煉。』」

【好頭不如好尾】

辦事有個好的開端固然重要，做好收尾工作更重要。例這個水利工程開了個各方同心協力的好頭，但是，俗話說：「好頭不如好尾。」如果收尾工作放鬆了，也會前功盡棄。

【好物不堅牢】

好事物往往不牢靠、不長久。比喻好景不常。《古今小說》卷二九：「這柳翠翠長成八歲，柳宣教官滿將及，收拾還鄉。端的是：世間好物不堅牢，彩雲易散琉璃脆。柳宣教感天行時疫病，無旬日而故。」

【好物不賤，賤物不好】

質好的東西不會壓價出賣，質差的東西也賣不出好價錢。明・徐𤱻《殺狗記》一二齣：「[生]依你再添一錠。[丑]好物不賤，賤物不好。大哥既中意這件東西，不要論價。」

【好物不在多】

好東西不在數量多，而在質量好。例俗話說：「好物不在多。」在我們廠裏，「以質量求生存」這個口號已日益深入人心，盲目追求數量的人越來越少了。

【好媳婦抓豆芽——說幾根就幾根】

好媳婦：聽話的媳婦。比喻你怎麼說就怎麼幹。例有事情就吩咐吧，我是好媳婦抓豆芽——說幾根就幾根，絕不講二話。

【好戲耐看，好曲中聽】

好戲值得細看，好曲子聽起來悅耳。例有的電視劇，看起來淡而無味；有的流行歌曲，缺少音樂味道。「好戲耐看，好曲中聽」，雖然是古話，倒也有點現實意義。

【好鞋不跴臭狗屎】

比喻好人不同壞人計較。老舍《四世同堂・惶惑》七：「壞人盡管搖頭擺尾的得意，好人還得作好人！咱們得忍著點，不必多得罪人，好鞋不踩臭狗屎。」也作「好鞋不踏臭屎」、「好鞋不黏臭狗屎」。

【好鞋踏臭屎】

比喻不惜代價去做一件事。元・張國寶《羅李郎》三折：「我捨著金鐘撞破盆，好鞋踏臭屎。」

【好心不得好報】

一片好心待人，卻得不到善意的報答。例林老伯幫助路人修車，竟然反被設計劫財，實在是好心不得好報。也作「好人不得好報」。

【好心當做了驢肝肺】

驢肝肺：指壞心腸。好心待人，反而遭到誹謗。張行《武陵山下》九章四七：「你怎麼把好心當做了驢肝肺？我勸你往後退，把那些中小財主當墊腳石，你不就過關了？」

【好心總有好報】

好心待人，總會得到好的報答的。例人們常說：「好心總有好報。」其實，好心待人卻被報以冷眼的事並非絕無僅有，儘管人們還是誠心誠意地相信這句古話。

【好言不聽，禍必臨身】

不聽好言相勸，難免要招災惹禍。《清平山堂話本・陳巡檢梅嶺失妻記》：「如春大怒，罵云：『我不似你這等淫賊，貪生受辱，枉爲人在世，潑賤之女！』金蓮云：『好言不聽，禍必臨身！』遂自回報申公說：『新來佳人，不肯隨順，惡言誹謗，勸她不從。』」

【好言好語】

指中肯、順耳的話。《古今小說》卷四〇：「張千、李萬初時還好言好語，過了揚子江，到州起岸，料得家鄉已遠，就做出嘴臉來。」

【好言自口，莠言自口】

莠：ㄧㄡˇ，惡草的通稱；莠言：壞話。好言出自口中，壞話也出自口中。形容小人反覆無常。《詩經・小雅・正月》：「父母生我，胡俾我瘉？不自我先，不自我後。好言自口，莠言自口。憂心愈愈，是以有侮。」

【好一塊羊肉，落在狗口裏】

比喻一個美貌女子嫁給一個醜陋的丈夫。《水滸傳》二四回：「卻說那潘金蓮過門之後，武大是個懦弱依本分的人，被這一般人不時間在門前叫道：『好一塊羊肉，倒落在狗口裏！』因此武大在清河縣住不牢，搬來這陽谷縣紫石街賃房居住。」

【好意反成惡意】

好心待人，反被當作壞心腸。《古今小說》卷二一：「羅學究以爲奇貨，留在家中。次日懷了石碑，走到杭州府，獻與錢鏐刺史，密陳天命。錢鏐看了大怒……喝叫亂棒打出，其碑就庭中毀碎……羅學究被打，深恨刺史無禮，好意反成惡意。」

【好雨天留客】

下雨是老天留客。例我留他吃飯，她怎麼也不肯，正巧下起了大雨，她只好留下來。這才叫做「好雨天留客」。

【好語似珠】

形容詩文中雋永佳語，像珍珠串那樣連連不絕。宋・蘇軾《次韻答子由》詩：「好語似珠穿一一，妄心如膜退重重。」

【好則人，怒則獸】

平常像個人，發怒時就成了野獸。比喻喜怒無常。例誰也說不清這位老兄是什麼毛病，發起火來像條瘋狗，逮著誰咬誰，毫無理性。可是平靜的時候，倒也有幾分溫順的樣子。這怕就是古人所說的「好則人，怒則獸」了。

【好帳不如無】

即使債主不來討帳，也不如不欠帳的好。《歧路燈》六六回：「俗話說，『好帳不如無』。在我身上一天，就在我心上一天，恨不得一剪剪齊。爭乃近日手窘，七瘡八孔的，難以驟完。我心裏比爺台還急。」

ㄏㄠˋ

【號令如山】

軍令一下，如山之不可動搖。比喻軍紀嚴格，不可違抗。《宋史・岳飛傳》：「岳節使號令如山，若與之敵，萬無生理。」

【好稱人惡，人亦道其惡】

喜歡說人家壞話的人，人家也會說他的壞話。漢・劉向《說苑，說叢》：「好稱人惡，人亦道其惡；好憎人者，亦爲人所憎。」

【好吃懶做】

只圖吃喝享受，不願勞動。《初刻拍案驚奇》卷二：「這樣好吃懶做的淫婦，睡到這等日高才起來！」

【好大而不爲，大不大矣】

只想做大事，卻不肯努力去做，即使做了也做不成眞正的大事。指辦事應腳踏實地，刻苦努力去做。漢・揚雄《法言・修身》：「好大而不爲，大不大矣。好高而不爲，高不高矣。」

【好大喜功】

指不切實際，只想做大事以邀功。明・朱國禎《涌幢小品・日本》：「元世祖征日本，固是好大喜功，卻有深意。」也作「好大喜誇」。明・胡應麟《少室山房筆叢》二八：「自以極天下之觀，而不知好大喜誇之弊，不亡國殺身，有不已者。」

【好大喜誇】
見「好大喜功」。

【好戴高帽】
比喻喜歡別人對自己吹捧奉承。《兒女英雄傳》二二回：「因為我往往的見那些好戴高帽的爺們，只要人給他上兩句順他，自己就忘了他自己是誰了。」

【好丹非素】
為了喜愛紅色而否定白色。形容個性偏執，好走極端。南朝梁・江淹《雜體詩序》：「至於世之諸賢，各滯所迷，莫不論甘則忌辛，好丹則非素。」

【好鬥的山羊——又頂又撞】
比喻用強硬的話語頂撞人。例她的脾氣強，遇到不順心的事，就像好鬥的山羊——又頂又撞。

【好讀書，不求甚解】
愛好讀書，但不在字句的解釋上多下功夫。強調讀書要領會其中的要義精旨，不可死讀書。晉・陶潛《五柳先生傳》：「好讀書，不求甚解；每有會意，便欣然忘食。」

【好而知其惡，惡而知其美】
好：喜歡；惡：前者讀ㄜˋ，不好之處；後者讀ㄨˋ，厭惡。喜愛一個人同時要知道他的缺點，厭惡一個人也要知道他的優點。指了解一個人要客觀全面。《禮記・大學》：「故好而知其惡，惡而知其美者，天下鮮矣。」

【好高務廣】
見「好高騖遠」。

【好高騖遠】
騖：致力，追求。也作「務」。指不顧具體條件，一味追求高遠的目標。《孽海花》二五回：「玨齋尤其生就一付絕頂聰明的頭腦，帶些好高騖遠的性情。」也作「**好高務廣**」。宋・朱熹《答趙子欽》之一：「大率近日學者，例有好高務廣之病。」

【好管閒事的狗，看見月亮也叫】
罵人管事管得太多。例管閒事，對公益有利，應該提倡。如果道人長短，觸及人家的隱私，就不免要被罵「好管閒事的狗，看見月亮也叫」了。

【好借債，窮得快】
經常借債，就會越來越窮。例過日子沒有算計，總是寅吃卯糧，東拉西借。債越欠越多，日子越過越難。俗話說：「好借債，窮得快。」確有道理。

【好利忘義】
為貪圖財利而不顧恩義。《三國演義》一〇回：「陶謙乃仁人君子，非好利忘義之輩。」

【好名之人，語之誇大侈靡則悅】
悅：喜歡；靡：浪費，此指不著邊際的吹捧之言。喜歡虛名的人，如果天花亂墜地吹捧他，就眉開眼笑。指慕虛名的人，喜歡聽阿諛奉承話。《錢公良測語下・規世》：「好名之人，語之誇大侈靡則悅，語之恬淡隱約，則拂衣而去。」

【好謀能斷】
見「好謀善斷」。

【好謀善斷】
勤於思考，善於判斷。晉・陸機《辯亡論》：「疇咨俊茂，好謀善斷。束帛旅於丘園，旌命交於途巷」也作「**好謀能斷**」。宋・曾鞏《兵部尚書制》：「其明達事機，好謀能斷，列於侍從，忠益居多。」

【好謀少決】
指籌劃多而決斷少。《三國志・魏書・楊阜傳》：「袁公（紹）寬而不斷，好謀而少決；不斷則無威，少決則失後事。」

【好奇尚異】
專嗜好新奇異樣的事物。《太平廣記・老子》：「顯名道術，世世有之，何必常是一老子也。皆由晚學之徒，好奇尚異，苟欲推崇老子，故有此說。」

【好色不淫】
指雖愛美色，但不逾越禮法。《史記・屈原賈生列傳》：「《國風》好色而不淫，《小雅》怨誹而不亂，若《離騷》者，可謂兼之矣。」

【好色之徒】
指貪愛女色、玩弄女性的人。《何典》八回：「無如骨子裏是個好色之徒，怎熬得住？家裏不能做手腳，便在外面尋花問柳。」

【好善嫉惡】
尊崇好人好事，憎恨壞人壞事。《舊唐書・李晟傳》：「尤惡下為朋黨相構，好善嫉惡，出於天性。」也作「**好善惡惡**」。《說岳全傳》七三回：「好善惡惡，人人如此。」

【好善樂施】
喜做好事，以助人為樂。《初刻拍案驚奇》卷三三：「夫妻兩口，為了疏財仗義，好善樂施。」也作「**好施樂善**」。《警世通言》卷二五：「再說施家，自從施濟存日，好施樂善，囊中已空虛了。」

【好善惡惡】
見「好善嫉惡」。

【好尚各異】
尚：崇尚。各人的愛好崇尚各不相同。《三國志・蜀書・法正傳》：「諸葛亮與正，雖好尚各異，以公義相取。」

【好生惡殺】
愛惜生靈，憎恨殺生。《舊唐書・姚崇傳》：「陛下好生惡殺，此事請不煩出敕，乞容臣出牒處分。」

【好生之德】
指愛護生靈、不嗜殺戮的仁義之心。元・李文蔚《圯橋進履》二折：「貧道體太上好生之德，親奉敕旨，為下方有一人韓國張良。此人忠烈，感動天庭。」

【好勝人者，必無勝人處】
自以為比別人強的人，肯定不如別人。清・申居鄖《西岩贅語》：「好勝人者，必無勝人處；能勝人，自不居勝。」

【好勝者必敗，恃壯者易疾】
自以為了不起的人，必然失敗；自恃很健壯的人，容易生病。指看不到自己弱點的人一定會遭受挫折。例你總以為自己處處比別人強，其實不然，「好勝者必敗，恃壯者易疾」，你應明白這個道理。

【好施樂善】
見「好善樂施」。

【好施小惠】
見「好行小惠」。

【好飾者作非之漸】
漸：開始。喜歡掩飾錯誤，就是作壞事的開端。指掩飾錯誤的虛偽行為將導致作壞事。清·申居鄖《西岩贅語》：「好飾者作非之漸，偏聽者啟爭之端。」

【好事之徒】
指愛管閒事或好惹事的人。《孔叢子·答問》：「則世多好事之徒，皆非之罪也。」

【好為人師】
喜歡當別人的老師。指很不謙虛，常以教育者自居。明·李贄《答馬厲山》：「雖各各著書立言，欲以垂訓後世，此不知正墮在好為人師之病上。」

【好問近乎智，知恥近乎勇】
指只要好學、知恥，就會有勇有謀。《史記·平津侯主父列傳》：「『好問近乎智，知恥近乎勇。』……此百世不易之道也。」

【好問則裕】
裕：充盈。勤於請教，學識自然豐富。《尚書·仲虺之誥》：「能自得師者王；謂人莫己若者亡；好問則裕，自用則小。」

【好惡不同】
指各人的志趣、情操都不一樣。《漢書·元帝紀》：「公卿大夫好惡不同，或緣奸作邪，侵削細民，元元安所歸命哉！」

【好行小惠】
指喜歡給人以小恩小惠，籠絡人心。《晉書·殷仲堪傳》：「及在州，綱目不舉，而好行小惠，夷夏頗安附之。」也作「**好施小惠**」。《舊五代史·王峻傳》：「峻貪權利，多機數，好施小惠，喜人附己。」

【好行小慧】
好賣弄小聰明。《論語·衛靈公》：「羣居終日，言不及義，好行小慧，難矣哉！」

【好學不倦】
勤學苦讀，毫不懈怠。《史記·楚世家》：「昔我文公，狐季姬之子也，有寵於獻公，好學不倦。」

【好學近乎智】
喜歡學習的人，就和聰明相去不遠了。指好學能使人聰明。《禮記·中庸》：「好學近乎智，力行近乎仁，知恥近乎勇。」

【好學深思】
勤奮學習，善於思考。《聊齋志異·何仙》：「東樂陵李忭，乃好學深思之士，其相好友在座，出其文，代為之請。」

【好逸惡勞】
貪圖安逸，厭惡勞動。《周書·蘇綽傳》：「若有遊手怠惰，早歸晚出，好逸惡勞，不勤事業者，則正長牒各郡縣，守令隨事加罰，罪一勸百。」

【好勇鬥狠】
指專好逞強，喜歡鬥毆。清·梁紹壬《兩般秋雨盦隨筆》二：「蓋東莞之俗，好勇鬥狠，急則治標，刑亂用重，亦是權宜之一術。」

【好諛惡直】
諛：ㄩˊ，奉承討好。喜歡別人奉承討好自己，討厭直言相勸。《東周列國志》五八回：「日事淫樂，好諛惡直，政事不修，羣臣解體。」

【好譽者，常謗人】
譽：讚美；謗：誹謗。喜歡聽人讚美、恭維的人，正是常常誹謗人的人。明·彭汝讓《木几冗談》：「好譽者，常謗人；市恩者，常奪人，其傾危一也。」

【好整以暇】
《左傳·成公十六年》：「日臣之使於楚也，子重問晉國之勇，臣對曰：『好以衆整。』曰：『又何如？』臣對曰：『好以暇』。」原意為平常保持整肅，則遇事便不慌亂。後指在繁忙中顯得從容鎮定。《孽海花》二五回：「在這人心惶惶的時候，玨齋卻好整以暇，大有輕裘緩帶的氣象。」

【昊天不弔】
昊天：蒼天；弔：憫惻。舊指上天不保佑。《陳書·世祖紀》：「昊天不弔，上玄降禍。大行皇帝奄捐萬國。」

【昊天罔極】
罔：無；極：邊際。《詩經·小雅·蓼莪》：「欲報之德，昊天罔極。」指孝子思念父母恩德廣大而不得終養，表示追悔和哀悼。宋·張孝祥《代焚黃祭文》：「念我先君，其艱其勤。生我劬勞，至於成人。菽水之奉，曾不一日。不孝之責，昊天罔極！」

【秏財買臉兒】
大手大腳地花費錢財，只圖個面子上好看。例你看她發了點財，人也變了，經常三五好友上飯店，逛舞廳，玩高爾夫球，其實，這只不過是暴發戶秏財買臉兒罷了。

【秏子不留隔夜糧——吃光用光】
秏子：老鼠。比喻只顧貪嘴，不瞻前顧後。例秏子不留隔夜糧——吃光用光，張二發就是這樣。他的工資收入不低，連條換洗的褲子也沒有，還說要娶媳婦養孩子哩！眞是異想天開。

【秏子吃砒霜——性命難保】
砒霜：一種劇毒藥。比喻處境危險，很難保住生命。例法院正在通緝你，還不快跑，恐怕就會秏子吃砒霜——性命難保。

【秏子出洞——先聽動靜】

比喻做事先要了解情況。例接受一項新的任務，就要像耗子出洞——先聽動靜，在調查研究之後，做出計畫和實施方案，聽聽反應，再開始執行。

【耗子盗洞——一個勁往前鑽】
盗洞：挖洞。比喻迅速地向前穿行。例我們參觀抗戰時游擊隊的地下坑道，就像耗子盗洞——一個勁往前鑽，一會兒從這個孔進，一會兒又從那個孔出，也不知道有多少個出入孔。

【耗子的眼睛——只看一寸遠】
老鼠的眼睛小，視力弱，故有「鼠目寸光」之說。比喻見識狹隘，目光短淺。例我們應當胸懷全局，有長遠的目標，不能只顧自己，像耗子的眼睛——只看一寸遠。也作「**耗子的眼睛——看不遠**」、「**眼睛盯著鼻尖——只看一寸遠**」。

【耗子的眼睛——只看一方】
比喻看問題不全面。例對這場糾紛，不能像耗子的眼睛——只看一方，應向另一方了解後，做些對比、調查，才可能做出正確的判斷。也作「**老鼠的眼睛——只看一方**」。

【耗子掉灰堆——連憋氣帶窩火】
憋氣：有委屈或煩惱而不能發洩；窩火：煩悶，不舒暢。比喻內心委屈、惱怒而不能發洩，心情很不舒暢。例他勞累了一整天，上司反而批評自己偷懶，眞是耗子掉灰堆——連憋氣帶窩火。也作「**濕柴禾燒鍋——憋氣又窩火**」、「**王八鑽灶坑——憋氣又窩火**」。

【耗子掉進麵缸裏——白眼看人】
用白眼珠看人，表示輕視或不滿。例你不要耗子掉進麵缸裏——白眼看人，他是一個眞正的無名英雄，親手破獲了幾十樁大案，只是一般人不知道罷了。

【耗子跌進書箱裏——咬文嚼字】
也作「**耗子掉進書簍裏——咬文嚼字**」、「**老鼠進書房——咬文嚼字**」。見「耗子啃書——咬文嚼字」。

【耗子洞裏打架——窩裏鬥】
見「老鼠打擺子——窩裏戰」。

【耗子給貓捋鬍子——溜鬚不要命】
捋：ㄌㄩˇ，順著抹鬍子，使其順溜；溜鬚：阿諛奉承。比喻趨炎附勢，拚命巴結。例這人對小鬼子像耗子給貓捋鬍子——溜鬚不要命，還說什麼愛國愛家鄉，眞不要臉。也作「**老鼠替貓刮鬍子——拚命巴結**」、「**耗子舔貓屁股——拚命巴結**」、「**雞給黃鼠狼拜年——拚命巴結**」。

【耗子過街——人人喊打】
見「老鼠過街——人人喊打」。

【耗子滑冰——溜得才快呢】
雙關語，比喻逃跑迅速。例你想追上逃竄的敵人，眞得加把油，他們像耗子滑冰——溜得才快呢！

【耗子嫁貓——送死】
見「耗子舔貓鼻子——找死」。

【耗子見了貓——渾身酥軟】
形容因驚恐而嚇得渾身發軟。例爲什麼孩子見了你就像耗子見了貓——渾身酥軟，作爲父親，你應當深刻地想一想。

【耗子進書箱——蝕（食）本】
蝕：『食』的諧音。雙關語，比喻受損失。例我們工廠今年投入多，產出少，是耗子進書箱——蝕（食）本了。

【耗子進碗櫃——盡咬詞（瓷）】
詞：『瓷』的諧音。比喻摳字眼，在詞句上兜圈子。例他文章的內容極貧乏，就像耗子進碗櫃——盡咬詞（瓷），讀起來毫無興趣。

【耗子看糧倉——監守自盗】
比喻盗竊自己所經管的財物。例在破獲的貪污盗竊案中，不少是耗子看糧倉——監守自盗，說明我們的員工中，確有少數人品質極爲低劣。也作「**猴子看果園——監守自盗**」、「**孫大聖管蟠桃園——監守自盗**」。

【耗子啃床腿——磨牙】
比喻多費口舌、說廢話或無意義地爭辯。例快去幹工作吧，時間是寶貴的，別在這裏耗子啃床腿——磨牙了。

【耗子啃碟子——滿嘴詞（瓷）】
詞：「瓷」的諧音。比喻講起話來頭頭是道。例這小姐肚裏有學問，口齒又伶俐，講話就像耗子啃碟子——滿嘴詞（瓷），是一個很好的宣傳鼓動家。也作「**耗子啃碟子——口口是詞（瓷）**」。

【耗子啃羅漢——不識大體】
羅漢：佛教稱斷絕一切嗜欲，解脫了煩惱的僧人。這裏指羅漢的塑像。見「黃鼠狼拉駱駝——不識大體」。

【耗子啃皮球——客（嗑）氣】
客：「嗑」的諧音。比喻謙虛、有禮貌。例在座的都是老朋友，大家別耗子啃皮球——客（嗑）氣了，做出了多少成績就實事求是說吧。也作「**老鼠啃皮球——客（嗑）氣**」。

【耗子啃書——咬文嚼字】
雙關語，比喻玩弄詞藻，炫耀學識，或過分地斟酌字句。例張生書生氣十足，一說話就是耗子啃書——咬文嚼字，普通老百姓根本無法聽懂。也作「**耗子吃書——咬文嚼字**」、「**耗子跌進書箱裏——咬文嚼字**」、「**老鼠掉到書箱裏——咬文嚼字**」、「**孔夫子唸書——咬文嚼字**」。

【耗子拉木鍁——大頭在後邊】
見「老鼠拉木鍁——大頭還在後頭」。

【耗子爬秤鈎——自己稱自己】
秤鈎：桿秤上的金屬鈎子，用來掛所稱的物體。見「蛤蟆跳進秤盤裏——自稱自」。

【耗子爬竹竿——一節節來】
比喻有步驟有秩序地進行。例一口吃不了一個大肥豬，這件事嘛，我看得耗子爬竹竿——一節節來。

【耗子睡貓窩——送來一口肉】
見「兔子叫門——送肉來了」。
【耗子舔貓鼻子——找死】
比喻不辨好壞或不識厲害，自己走入絕境，含有活該的意思。例敵軍又來騷擾，大夥說是耗子舔貓鼻子——找死，這次絕不饒他們。也作「耗子嫁貓——送死」、「耗子舔貓子——送死」、「老鼠給貓捋鬍子——找死」、「老鼠進口袋——自找死」、「貓舔虎鼻——自己找死」、「拉著虎尾喊救命——自己找死」、「口渴喝鹵水——找死」、「蝌蚪撵鴨子——送死」、「老虎嘴裏拔牙——送死」、「老虎頭上搔癢——送死」、「虎頭上捉虱子——找死」、「兔子和鷹打架——找死」、「小草魚趕鴨子——找死」、「夜叫鬼門關——送死」、「閻王桌上抓供果——自己找死」、「蚱蜢鬥公雞——送死」。
【耗子舔貓屁股——拚命巴結】
見「耗子給貓捋鬍子——溜鬚不要命」。
【耗子跳火坑——爪乾毛淨】
比喻一點錢也沒有。有時指消滅乾淨，一點不留。例唉，我現在是耗子跳火坑——爪乾毛淨，哪有錢來買這種奢侈品呢？
【耗子偷米湯——勉強糊得著嘴巴】
見「老鼠偷米湯——餬（糊）嘴」。
【耗子尾巴上拖木棒——安的打貓兒心腸】
比喻居心不良。例你聽見風，就說是雨，不是無中生有，就是誇大其詞，我看是耗子尾巴上拖木棒——安的打貓兒心腸！
【耗子尾巴長瘡——沒有多少膿水】
比喻錢財有限。有時指可取之處不多，或沒有多大能耐。例我是耗子尾巴長瘡——沒有多少膿水，因爲急得沒法，只得來找大哥幫忙。也作「老鼠尾巴生癤子——沒有多少膿水」。
【耗子遇見貓——六神無主】
六神：按道教的說法，指心、肺、肝、腎、脾、膽六臟之神。形容心慌意亂，不知所措。例劉明期末考試多科不及格。回到家中，父親要他拿出成績單，劉明如耗子遇見貓——六神無主。
【耗子鑽進風箱裏——兩頭受氣】
風箱：壓縮空氣而產生氣流的裝置。最常見的一種由木箱、活塞、活門構成，一頭進氣，一頭出氣，用來使爐火旺盛。雙關語，比喻受到兩方面的抱怨或責難。例這一年，我上下關係不順，常常是耗子鑽進風箱裏——兩頭受氣。也作「耗子鑽風箱——兩頭受氣」、「耗子鑽進風匣裏——受盡了窩囊氣」、「老鼠鑽風箱——兩頭受氣」、「老鼠鑽風箱——兩頭受夾檔」、「老鼠掉在風箱裏——兩頭受氣」、「刮大風吹牛角——兩頭受氣」。
【耗子鑽進竹筒裏——死不回頭】
比喻固執己見，至死轉不過彎子。例放下屠刀，立地成佛，你的前途仍然是有希望的，不要耗子鑽進竹筒裏——死不回頭。也作「一條犁溝走到底——死拽不回頭」。
【耗子鑽牛角——越來越緊】
牛角前寬後窄。雙關語，比喻事情或事態越來越緊張或緊急。有時指生活越來越不寬裕。例自從他兒子染上賭錢的惡習後，家境就像耗子鑽牛角——越來越緊了。也作「老鼠鑽進了牛角——越往後越緊」、「麻繩著水——越來越緊」。
【耗子鑽牛角——走投無路】
見「熱鍋上的螞蟻——走投無路」。
【耗子鑽油坊——吃香】
比喻被人尊重，受人歡迎。多用於戲謔的話。例誰說過你是臭老九，我過去、現在，甚至將來也會認爲你是耗子鑽油坊——吃香的主。
【耗子鑽油壺——有進無出】
見「大船漏水——有進無出」。
【耗子鑽灶火——末日來臨】
也作「耗子鑽灶火——死到臨頭」。見「關雲長走麥城——末日來臨」。
【浩浩蕩蕩】
本指水勢廣闊浩大。後來形容規模很大，氣勢雄偉。《水滸傳》五五回：「當下起兵，擺布兵馬出城，中軍主將呼延灼，後軍催督彭玘，馬步三軍人等，浩浩蕩蕩殺奔梁山泊來。」
【浩浩湯湯】
湯湯：ㄕㄤ ㄕㄤ，水奔流的樣子。形容水勢寬廣波湧。宋・范仲淹《岳陽樓記》：「予觀夫巴陵勝狀，在洞庭一湖。銜遠山，吞長江，浩浩湯湯，橫無際涯。朝暉夕陰，氣象萬千，此則岳陽樓之大觀也。」
【浩浩洋洋】
洋洋：水面廣闊無涯的樣子。形容水勢寬廣無際。《漢書・溝洫志》：「上既臨河決，悼功之不成，乃作歌曰：『瓠子決兮將奈何，浩浩洋洋，慮殫爲河。』」
【浩氣還太虛，丹心照千古】
爲正義事業而獻身的人，他留給人間的是浩然之氣，一顆紅心永照著歷史。指浩氣長存、青史留名之人是爲正義獻身的人。明・楊繼盛《就義》詩：「浩氣還太虛，丹心照千古。生平未報國，留作忠魂補。」
【浩氣英風】
浩氣：正大梗直的氣節；英風：英勇無畏的英雄氣概。孫中山《心理建設（孫文學說）》八章：[陸]皓東沉勇，[史]堅如果毅……二人死節之烈，浩氣英風，實足爲後死者之模範。」
【浩然正氣】
見「浩然之氣」。
【浩然之氣】
《孟子・公孫丑上》：「我善養吾浩然之氣。」指自我修養的一種方法。後形容爲光明正大、剛直不阿的氣節。元・關漢卿《裴度還帶》二折：「按不住浩然之氣，你看我登科甲便及第。」也作「**浩然正氣**」。也作「**浩然之志**」。《晉書・劉實傳》：「太尉實體淸素之操，執不渝之潔，懸車告老，二十餘年，浩然之志，老而彌篤。」

【浩然之志】
見「浩然之氣」。

【浩如滄海】
見「浩如煙海」。

【浩如煙海】
浩：浩繁，多；煙海：霧氣瀰漫的大海。比喻事物浩繁衆多。多指書籍或資料非常豐富。宋・司馬光《進〈資治通鑑〉表》：「遍閱舊史，旁採小說，簡牘盈積，浩如煙海」。也作「**浩若煙海**」。宋・晁補之《北渚亭賦》：「其下陂湖汗漫，葭蘆無畔，菱荷荇莔，衆物居之，浩若煙海。」也作「**浩如滄海**」。滄海：大海。隋・釋眞觀《夢賦》：「非生非滅，非色非心，浩如滄海，鬱如鄧林。」

【浩若煙海】
見「浩如煙海」。

【皓齒蛾眉】
潔白的牙齒，修美的眉毛。多以形容女子的美麗容顏，也指美女。宋・辛棄疾《和趙國興知錄贈琴》詩：「人間皓齒蛾眉斧，箏笛紛紛君未許」。

【皓齒明眸】
眸：眼中瞳人，泛指眼睛。潔白的牙齒，明亮的眼睛。形容容貌淸俊美麗。也指美女。元・關漢卿《玉鏡台》二折：「都爲他皓齒明眸，不由我使心作幸，待尋條妙計無蹤影。」也作「**皓齒星眸**」。元・馬致遠《漢宮秋》二折：「忠臣皆有用，高枕已無憂。守著那皓齒星眸，爭忍的虛白晝。」

【皓齒星眸】
見「皓齒明眸」。

【皓齒朱唇】
潔白的牙齒，殷紅的嘴唇。形容女子姣美的容顏。《金瓶梅詞話》一二回：「每日和孟玉樓兩個打扮的粉妝玉琢，皓齒朱唇，無一日不走在大門首倚門而望。」

【皓首蒼顏】
雪白的頭髮，蒼老的面容，形容老邁的容貌。明・無名氏《午時牌》一折：「想當初太公垂釣，伊尹耕鋤，垂釣的皓首蒼顏安社稷，耕鋤的盡心竭力定寰區。」

【皓首龐眉】
皓：白；龐：染色，通「尨」。眉髮花白。指老人。淸・黃宗羲《〈輪庵禪師語錄〉序》：「余皓首龐眉，叨叨於過去之間，感慨係之。」

【皓首窮經】
皓首：白頭，指老年；窮經：鑽研經籍。謂頭髮白了，仍在專心致志地鑽研經書。《三國演義》四三回：「青春作賦，皓首窮經，筆不雖有千言，胸中實無一策。」

【皓月千里】
皎皎明月，遠照千里。形容晴天月夜景象。宋・范仲淹《岳陽樓記》：「長煙一空，皓月千里，浮光躍金，靜影沉璧，漁歌互答，此樂何極。」

ㄏㄡˊ

【侯服玉食】
侯服：王侯的衣著；玉食：珍美的食物。形容生活富奢豪華。《晉書・夏侯湛傳》：「湛族爲盛門，性兼豪侈，侯服玉食，窮滋極珍。」

【侯門如海】
見「侯門似海」。

【侯門似海】
侯門：舊時權貴人家。形容顯貴人家，門庭深廣，禁衛森嚴，常人難進。《紅樓夢》六回：「劉姥姥道：『哎喲！可是說的了：侯門似海，我是個什麼東西兒！他家人又不認得我，去了也是白跑。』」也作「**侯門如海**」。淸・袁于令《西樓記・緘誤》：「侯門如海怕難達，疾忙去，快來家，這回休得將人註。」也作「**侯門深似海**」。元・無名氏《爭報恩》三折：「[花榮云]我越牆而來。[正旦唱]可兀的是侯門深似海。」也作「**侯門深似海，不許外人敲**」。明・高則誠《琵琶記》二六齣：「[末上]侯門深似海，不許外人敲。[相見介]你是哪裏人，來此有甚勾當？[淨]小子從陳留來，蔡相公的老丈人有家書在此。」

【侯門深似海】
見「侯門似海」。

【侯門一入深如海】
走入權貴人家的門，就像落入了深不可測的大海。原表達自己的戀人被權貴人家奪去，不得相見的悲哀之情。現用來諷刺某些人當官後，架子十足，拒人千里，不肯輕易見人。唐・崔郊《贈婢》詩：「侯門一入深如海，從此蕭郞是路人。」

【侯王將相】
泛指古代的統治者和達官顯宦。唐・韓愈《謁衡岳廟遂宿岳寺題門樓》詩：「侯王將相望久絕，神縱欲福難爲功。」

【喉乾舌敝】
敝：破裂。形容乾渴得很。魯迅《「這也是生活」……》：「吃過西瓜，精神一振，戰鬥起來就和喉乾舌敝時候不同。」也作「**喉焦唇乾**」。漢・焦延壽《易林》卷一三：「龍馬上山，焦無水泉，喉焦唇乾，渴不能言。」

【喉焦唇乾】
見「喉乾舌敝」。

【喉嚨管裏長疙瘩——賭（堵）氣】
賭：「堵」的諧音。雙關語，比喻因不服氣或不滿意而任性（行動）。例應冷靜考慮考慮，按原則辦事，不要因喉嚨管裏長疙瘩——賭（堵）氣，而把事情搞糟了。

【喉嚨裏吞了螢火蟲——嘴巴不響，肚裏明白】

指不愛講話，但很有心計。例這個朋友埋頭工作的確是喉嚨裏吞了螢火蟲——嘴巴不響，肚裏明白，在研究工作上做出了很大成績。

【喉嚨長瘡——啞了口】

比喻啞口無言或一聲不響。例他平時能說會道，滔滔不絕，偏偏在這關鍵時刻，卻喉嚨長瘡——啞了口，令人十分遺憾。也作「吞了火炭——啞了口」、「嘴上貼封條——啞了口」。

【喉嚨長刺口生瘡——說不出好話來】

比喻盡說壞話。別相信他背著當事人所說的那些東西，他是喉嚨長刺口生瘡——說不出好話來，許多人都上過當。也作「歪嘴爛舌頭——說不出好話來」。

【喉清韻雅】

嗓音清亮，韻調高雅。指歌唱造詣很深。《紅樓夢》七五回：「便命取了一支紫竹簫來，命佩鳳吹簫，文花唱曲，喉清韻雅，甚令人心動神移。」

【喉舌之官】

本指為皇帝宣諭旨意和疏通下情的官，也比喻說話舉足輕重的皇帝近臣。《後漢書・左雄傳》：「宜擢喉舌之官，必有匡弼之益。」

【喉舌之任】

指為皇帝疏通情況的職責。《梁書・張纘傳》：「張吏部在喉舌之任，已恨其晚矣。」

【猴兒不上杆——硬敲鑼】

當猴兒不爬杆的時候，要猴的人就不停地敲鑼，逼它上杆。比喻當人不願做某事時，對他施加壓力，逼他去幹。例小李為什麼不願做這件事，可以找她談談，弄清情況，求得解決，猴兒不上杆——硬敲鑼的辦法是不可取的。

【猴兒吃芥末——翻白眼】

芥末：調味品，芥菜籽研成的粉末，味辣。翻白眼：比喻生命垂危、奄奄一息時的形態。也指心中為難、失望或不滿時眼睛的表情。例小胡乘船落水了，當人們把他救上岸時，已經猴兒吃芥末——翻白眼了，眞是危險啦！也作「耗子吃砒霜——翻白眼」、「老鼠掉進麵缸裏——翻白眼」、「猴子吃大蒜——翻白眼」、「猴舔蒜罐子——翻白眼」。

【猴兒戴帽——裝人樣兒】

見「狗戴帽子——裝人樣」。

【猴兒戴帽唱戲——想起一齣是一齣】

比喻沒有一定主見或計畫，想起什麼就幹什麼。例你昨天還說今天要去趕集買雞蛋，今天又變了，說要到工地打零工，眞是猴兒戴帽唱戲——想起一齣是一齣。

【猴兒拉稀——壞腸子】

拉稀：腹瀉，口語叫拉肚子。比喻人的心眼不好。例要我包涵你點？你在哪裏學會了這套壞作風？我看你是猴兒拉稀——壞腸子了。也作「猴子拉稀——爛了腸子」。

【猴兒拳——小架式】

猴兒拳：拳術的一種，屬短拳；架式：姿勢，姿態。比喻人姿態不高，辦事不大方。有時比喻做事縮手縮腳，氣勢不大。例做為主管，個人與羣衆發生誤會時，應當高姿態，主動檢討，不能像猴兒拳——小架式，計較誰的責任大小。也作「猴子打拳——小架式」、「雞窩裏打拳——小架式」。

【猴兒托生的——滿肚子心眼】

托生：迷信的人指人或高等動物死後，靈魂轉生世間。比喻非常聰明、機智。有時指對人存有過多的戒心。例這孩子是猴兒托生的——滿肚子心眼，好好培養教育，前途無量。

【猴戴皮巴掌——毛手毛腳】

皮巴掌：皮手套。見「孫猴子坐天下——毛手毛腳」。

【猴翻跟頭——就那幾回】

①比喻招數不多，本領不大。例還有什麼可表演的？我看你是猴翻跟頭——就那幾回。也作「猴攀杠子——就那麼幾下子」。②次數不多，不必介意。例你說我還有什麼違反紀律的事，不過是猴攀杠子——就那麼幾下子，何必大驚小怪。

【猴攀槓子——就那麼幾下子】

見「猴翻跟頭——就那幾回」。

【猴騎駱駝——往上躥】

躥：ㄘㄨㄢ，指生長很快。比喻人的成長很快或事情發展迅速。例兩三年不見，這孩子像猴騎駱駝——往上躥，快成大人了。也作「六月的莊稼——往上躥」。

【猴舔蒜罐子——翻白眼】

見「猴兒吃芥末——翻白眼」。

【猴咬刺蝟——無處下嘴】

見「狗咬刺蝟——無法下口」。

【猴抓蝨子——瞎白（掰）】

白：〈方〉「掰」的諧音，說。比喻胡說八道，或說不到點子上。例我看，不是什麼高深的理論，而是猴抓蝨子——瞎白（掰）。

【猴子扳苞穀——掰一個，丟一個】

苞穀：〈方〉玉米。比喻顧此失彼，丟三落四；或隨得隨失，沒有存餘。例工作應當穩紮穩打，全面照顧，逐步發展，不能像猴子扳苞穀——掰一個，丟一個，貪多務得。也作「黑瞎子掰苞米——邊掰邊丟」、「黑瞎子掰苞米——掰一個，丟一個」。

【猴子扳苞穀——心裏沒個準數】

比喻心中無底。例你問我們工廠有多少員工，對不起，我眞是猴子扳苞穀——心裏沒個準數。

【猴子變人——尾巴難遮瞞】

猴子要想變成人很難，因為尾巴總要露出來。比喻壞人偽裝或作假，總會露出破綻來。例猴子變人——尾巴難遮瞞，壞人欺騙好人，遲早會被揭穿的。

【猴子吃八角——不是滋味】
八角：調味香味，呈八角形，又叫大茴香。比喻心裏感到不好受。例得知孩子與社會上不三不四的人鬼混在一起，心中就像猴子吃八角——不是滋味。

【猴子吃大象——虧他張得開嘴】
比喻不識高低或不知好歹，說出了難於啓齒的事。例這也說要，那也說要，猴子吃大象——虧他張得開嘴。

【猴子吃辣椒——抓耳撓腮】
亂抓耳朵和腮幫子。比喻焦急、忙亂，而又沒辦法。例他遠遠看到別人都搭上末班車，急得像猴子吃辣椒——抓耳撓腮。也作「猴子吃胡椒——抓耳撓腮」、「猴子吃了蒜——撓著屁股轉磨磨」。

【猴子吃麻花——滿擰】
麻花：一種食品，把兩三股條狀的麵擰在一起，用油炸熟；擰：〈方〉相反、錯。比喻把事情弄顛倒了，或理解的與事實不符。例他學習成績優異，是刻苦、努力的結果，以爲他生就一個好腦子，不學也會，那是猴子吃麻花——滿擰。

【猴子吃仙桃——不知好醜】
醜〈方〉：壞。見「狗咬屙屎人——不知好歹」。

【猴子舂碓——亂衝（舂）】
舂：ㄔㄨㄥ，把穀類的殼搗去；碓：ㄉㄨㄟˋ，舂米的器具，用木、石製成；衝：「舂」的諧音。形容人說話、做事很莽撞。例說話要冷靜，實事求是，講究方法，不能像猴子舂碓——亂衝（舂）。

【猴子戴金冠——惹禍大王】
金冠：皇帝戴的帽子；大王：戲曲、舊小說中對國王或强盜首領的稱呼。指最能招惹禍端、闖亂子的人。例你的孩子在學校是猴子戴金冠——惹禍大王，希望你能配合教師，嚴加管束。

【猴子戴涼帽——不知幾品】
品：品級，古代官吏的等級一般分九品。比喻人裝模作樣，自以爲了不起。例剛做一個小小的組長，就像猴子戴涼帽——不知幾品，架式十足，把誰也不放在眼裏。

【猴子戴面具——裝給人看的】
面具：假面具，仿照人的臉型製成的紙殼兒。比喻以虛僞的外表矇騙人。例他故意裝窮，說沒錢買米，猴子戴面具——裝給人看的，實際上貪污盜竊幾萬元，暗地存入銀行裏。

【猴子的屁股——自來紅】
比喻自認爲生下來就比別人優越、高貴。例應當謙虛謹愼，努力學習，猴子的屁股——自來紅的思想影響了你的進步。也作「棗木棍子——自來紅」。

【猴子登台——一齣沒有】
齣：戲曲的一個獨立劇目。比喻什麼都不會幹。例此人把自己的本領吹得天花亂墜，其實是猴子登台——一齣沒有。

【猴子看果園——監守自盜】
見「耗子看糧倉——監守自盜」。

【猴子看鏡子——忘了自己】
比喻顧此失彼。例楊大嫂一心想到傷患病人，整日在醫院照料他們，可是猴子看鏡子——忘了自己，突然想起家中還有吃奶的孩子和瞎眼的婆婆，慌忙趕回家裏。

【猴子拉磨——不聽那一套】
見「老虎拉磨——不聽那一套」。

【猴子撈月亮——一場空】
見「狗咬尿脬——一場空」。

【猴子爬杆——到頂了】
也作「猴子爬竹竿——到頂啦」。見「高粱開花——到頂了」。

【猴子爬樹——亂竄】
形容驚慌失措、狼狽逃跑的樣子。有時指不遵守秩序，東跑西竄。例一陣掃射之後，敵人像猴子爬樹——亂竄一氣，完全失去了戰鬥力。也作「挨打的鴨子——亂竄」。

【猴子爬樹——拿手好戲】
拿手：擅長某種技術。比喻最擅長的本領。例繪畫，對他來說，是猴子爬樹——拿手好戲，中外馳名。也作「山猴子爬樹——拿手好戲」、「張天師捉妖——拿手好戲」。

【猴子爬櫻桃樹——想吃高口味】
見「癩蛤蟆爬櫻桃樹——盡想高口味」。

【猴子爬皂角樹——遇上棘手事】
皂角樹：也叫皂莢樹，落葉喬木，枝上有刺。比喻碰上難辦的事，不好下手。例你這個萬事不求人的英雄，可是猴子爬皂角樹——遇上棘手事了，還是求助羣衆這個「上帝」吧！

【猴子爬竹竿——上躥下跳】
形容到處活動，幹壞事。例在一場政治事件中，他像猴子爬竹竿——上躥下跳，活躍極了，事後也沒有認眞吸取經驗教訓。也作「跳梁小丑——上躥下跳」。

【猴子爬竹竿——往下溜】
往下溜：猴子從竹竿上向下滑的動作。比喻想溜掉。例這一夥賭徒，聽到動靜，知道警察人員抓賭來了，就像猴子爬竹竿——往下溜。

【猴子跑上涼亭睡——醜鬼耍風流】
比喻輕佻放蕩的行爲。例你的思想太閉塞了，怎麼說跳舞也是猴子跑上涼亭睡——醜鬼耍風流呢！

【猴子屁股——坐不住】
猴子好動，不愛長時間坐下。見「板凳上撒蒺藜——坐不住」。

【猴子騎馬——一躍而上】
比喻進步很快或行動很迅速。例這個城市的市政建設，就像猴子騎馬——一躍而上，居民的生活、工作環境改善多了。

【猴子騎羊——不成人馬】

比喻力量單薄，缺乏人手。例敵軍在這場大戰之後，損失慘重，猴子騎羊——不成人馬，只好收兵回國。

【猴子耍把戲——翻來覆去就那麼一套】

耍把戲：玩雜技。雙關語，比喻老一套，沒有新招。例他是一個小小的陰謀家，總想尋找機會爬上高位，不過他的手法就像猴子耍把戲——翻來覆去就那麼一套，羣衆早已識破了，所以至今也沒達到目的。也作「熊瞎子耍扁擔——翻來覆去就那麼一套」。

【猴子推磨——玩不轉】

比喻工作受阻或指揮不靈。例「聽說他在新的工作崗位上，變成了猴子推磨——玩不轉了？」「可不是，人生地不熟，又缺少得力的幫手。」也作「轆轤沒有軸——玩不轉」。

【猴子下井取月亮——想得美】

見「夢裏啃甘蔗——想得倒甜」。

【猴子啣煙斗——假裝】

啣：用嘴含。也作「猴子啣煙斗——裝假」。見「空腹打飽嗝——裝假」。

【猴子學走路——假惺惺（猩猩）】

惺惺：「猩猩」的諧音。雙關語，比喻虛情假意。例別先來一套猴子學走路——假惺惺（猩猩）地表白，有話開門見山，實打實地說吧！

【猴子斬尾巴——一溜不回頭】

溜：偷偷地逃跑。比喻一去不返。含有毫不反顧的意思。例十年前你們離開家鄉，就像猴子斬尾巴——一溜不回頭，直到今天才再見面。

【猴子照鏡子——得意忘形】

形容人高興得失去常態。例你們不會忘記走私文物獲鉅款時那種猴子照鏡子——得意忘形的醜態吧，當時想到今天這種下場沒有？

【猴子照鏡子——沒個人模樣】

缺乏做人的氣質和風度。比喻很不像樣。例你現在好似猴子照鏡子——沒個人模樣，哪像個堂堂正正的中國人？

【猴嘴裏掏棗，狗嘴裏奪食——難辦】

見「大象嘴裏拔牙——難辦」。

ㄏㄡˋ

【後脖子抽筋——耷拉著腦袋】

耷（ㄉㄚ）拉：下垂。形容遇著傷心事或受到挫折而表現出精神不振、垂頭喪氣的樣子。例輸球不輸志氣，幹嘛後脖子抽筋——耷拉著腦袋？

【後不爲例】

例：先例，成規。表示只此一次，以後不再以此爲例。明・沈德符《萬曆野獲編・中宮外家恩澤》：「上命棟子明輔襲祖伯爵。時署部少宰楊時喬力諫不從，上但云後不爲例而已。」也作「下不爲例」。

【後車之戒】

比喻先前的失敗，可作爲以後的教訓。《隋唐演義》五二回：「秦王道：『孤當初不聽先生們之諫，致有此難。將來後車之戒，孤當謹之。』」

【後發制人】

發：發動；制：制服。指在與對方的鬥爭中先讓一步，待對手暴露出弱點，再主動出擊壓倒對方。例楚漢成皋之戰，吳蜀彝陵之戰，秦晋淝水之戰等等有名的戰役，都是雙方强弱不同，弱者先讓一步，後發制人，因而戰勝的。

【後恭前倨】

倨：傲慢。指一開始態度傲慢，往後顯出恭順。明・孫仁孺《東郭記・殆不可復》：「見了他這鞠躬欣敬沒來由，有什麼說，說，這是舔痔吮癰，後恭前倨，奴顏婢膝。」

【後顧前瞻】

顧：往後看；瞻：往前看。向後看看，向前望望。形容顧慮重重，謹慎小心。唐・元稹《有鳥》詩：「朝偸暮竊恣昏飽，後顧前瞻高樹枝。」

【後顧無憂】

往後已沒顧慮。也喻今後的日子毋須憂愁。例他這次出國時間較長，爲了後顧無憂，他把家事安排得十分周全。

【後顧之患】

見「後顧之憂」。

【後顧之慮】

見「後顧之憂」。

【後顧之憂】

指前進或外出後來自後方的或家庭的單位的憂患。《魏書・李沖傳》：「朕以仁明忠雅，委以台司之寄，使我出境無後顧之憂。一朝忽有此患，朕甚懷愴慨。」也作「後顧之患」。《舊五代史・唐末帝紀下》：「盧文紀勸帝駐河橋，庚贊華爲契丹主，以兵援送入蕃，則契丹主有後顧之患，不能久駐漢地矣。」也作「後顧之慮」。宋・劉奕《上韓范二招討書》：「賊無後顧之慮，長驅而來。」也作「後顧之虞」。虞：憂慮。《清史稿・常青傳》：「大營距府城未遠，勢相犄角，無後顧之虞。」

【後顧之虞】

見「後顧之憂」。

【後果前因】

指事情的起因及其結果，即事情發展的全部過程。《兒女英雄傳》緣起首回：「這座天，乃是帝釋天尊悅意夫人所掌，掌的是古往今來忠臣孝子、義夫節婦的後果前因。」

【後合前仰】

合：曲身；仰：面向天。形容身子前後搖晃的樣子。元・高文秀《遇上皇》一折：「東倒西歪，後合前仰離席上。這酒興顚狂，醉魂兒望家往。」也作「後仰前合」。明・無名氏《鎖白猿》楔子：「我則見他後仰前合酒力擁。」也作「前仰後合」。

【後患無窮】

後患：遺留下的禍害；窮：盡。導致以後沒完沒了的禍患。例忽視基本建設的質量，將後患無窮。

【後悔不及】

見「後悔無及」。

【後悔何及】

見「後悔無及」。

【後悔無及】

指事情出了錯而懊悔，已來不及了。《後漢書・皇甫松傳》：「且今豎官羣居，同惡如市，上命不行……讒人側目。如不早圖，後悔無及。」也作「後悔何及」。《周書・崔謙傳》：「捨此不為，中道而退，便恐人皆解體，士各有心，一失事機，後悔何及。」也作「後悔不及」。《兒女英雄傳》二二回：「及至說出口來，一覺著自己這句不好意思，一時後悔不及。」

【後會可期】

見「後會有期」。

【後會難期】

以後是否有見面的機會，難以預料。北魏・楊衒之《洛陽伽藍記・大統寺》：「老翁送元寶出，云：『後會難期。』以為淒恨，別甚殷勤。」

【後會有期】

以後還有相見的機會。元・無名氏《舉案齊眉》一折：「二位舍人，蔬食薄味，管待不周，且請回宅去，後會有期。」也作「後會可期」。《楊家將演義》五八回：「懷玉道：『殿下勿憂，微臣不死，後會可期。』」

【後繼無人】

前人開創的事業沒有後人來繼承。例這位老中醫的醫術沒有得到應有的重視，而且後繼無人，十分可惜。

【後繼有人】

自有後人來繼承前輩創下的事業。例孩子們茁壯成長，我們的事業後繼有人了。

【後進領袖】

指後輩中才能傑出、影響甚於前輩的人。《晉書・胡毋輔之傳》：「[王]澄嘗與人書曰：『彥國（輔之字）吐佳言如鋸木屑，霏霏不絕，誠為後進領袖也。』」

【後頸窩的頭髮——摸得到看不見】

比喻對某種事物不能完全了解和掌握。例我對外國的經濟和歷史，就像後頸窩的頭髮——摸得到看不見，一知半解，再研究幾年可能會好些。

【後君子，先小人】

同「先小子，後君子。」清・李漁《風箏誤》一一齣：「我把他引到藍橋上，你兩個先效于飛，後把朱陳講。只是你怎麼樣謝媒，先要與我斷過，媒錢幾兩，媒紅幾丈。這叫做『後君子，先小人』，也預明講。」

【後來居上】

指資歷淺的新進之士反位於資格老的人之上，也泛指後起的超過先前的。《史記・汲黯傳》：「始黯列為九卿，而公孫弘、張湯為小吏。及弘、湯稍益貴……或尊用過之。黯褊心，不能無少望，見上，前言曰：『陛下用羣臣如積薪耳，後來者居上。』」

【後來之秀】

後來崛起的優秀人物。《晉書・郭舒傳》：「鄉人少府范晷，宗人武陵太守郭景，咸稱舒當為後來之秀，終成國器。」也作「後起之秀」。《發財秘訣》一〇回：「所以叫他來做式拉夫，去拉生意，因此那淡如也起來了。辦的事都是一帆風順，這些都是我輩後起之秀。」

【後浪催前浪】

江水前後奔湧相繼。比喻新生事物更替陳舊事物，不斷發展向前。元・關漢卿《單刀會》三折：「俺哥哥稱孤道寡世無雙，我關某匹馬單刀鎮荊襄，長江，今經幾戰場，卻正是後浪催前浪。」

【後腦勺掛鏡子——只照別人，不照自己】

也作「後腦勺掛鏡子——照見別人，照不見自己」。後腦勺：頭部後面的突出部分。見「鍋底笑話缸底黑——只見人家黑，不見自己黑。」

【後腦勺掛笊籬——置之腦後】

笊（ㄓㄠˋ）籬：用金屬絲或竹篾、柳條等編製成的能漏水的用具，有長柄，用來撈東西。雙關語，比喻不把事情放在心上。例這件事就拜託你了，請別後腦勺掛笊籬——置之腦後。也作「床上放枕頭——置之腦後」。

【後腦勺長瘡——自己看不見，以為別人也看不見】

比喻自己看不見自己的缺點或錯誤，以為別人也看不見。例後腦勺長瘡——自己看不見，以為別人也看不見，羣眾的眼睛是雪亮的，他們對你的毛病看得清清楚楚的。

【後腦勺長眼】

意指人機智，能敏銳地感覺到各種情況。例你想算計他？他是後腦勺長眼，你還沒動手，他可早把你收拾了。

【後起之秀】

見「後來之秀」。

【後生可畏】

後生：年輕人。指青年人定能超越先輩，值得敬畏。《論語・子罕》：「子曰：『後生可畏，焉知來者之不如今也！四十五十而無聞焉，斯亦不足畏也已。』」。

【後生晚學】

指年齡較輕、學歷較淺的人。多用為自謙詞。宋・陸九淵《與傅全美書》：「正賴長者不憚告教，使後生晚學得知前輩風采，謙沖就實，無徒長虛誕。」

【後生小子】

後生：年輕人，後輩；小子：年幼人。舊時長輩對晚輩或老師對學生的稱呼。有時帶有輕蔑之意。明・徐霖《繡襦記・僞儒樂聘》：「今年正當大比，這些後生小子要來求我講貫，且騙幾文錢鈔。」

【後實先聲】
指先用聲勢壓倒對方，然後用實際行動予以打擊。元・陶宗儀《輟耕錄・檄》：「厥角稽首，迎我前矛，後實先聲，易如破竹，昭天順人信之助，成風行草偃之功。」

【後手不接】
平日不曾留有餘地，致日後接應不上，無法繼續維持。《紅樓夢》六二回：「我雖不管事，心裏每常閒了，替他們一算，出的多，進的少。如今若不省儉，必致後手不接。」也作「後手不上」。《二刻拍案驚奇》卷二二：「君家後生年紀，未知世間苦辣。錢財入手甚難，君家雖然富厚，不宜如此枉費。日復一日，須有盡時，日後後手不上了，悔之無及矣。」

【後手不上】
見「後手不接」。

【後台老闆】
原爲舊戲班的班主。比喻在背後操縱、支持別人的人或集團。例他們竟敢這樣公開地假公營私，肯定有後台老闆的支持。

【後巷前街】
指附近一帶的街坊民戶。元・無名氏《孟母三移》二折：「不由我氣撲撲按不住心頭怒，打這廝每走遍了後巷前街，幾曾衝州撞府。」

【後仰前合】
見「後合前仰」。

【後遺症】
原指病癒後遺留下的一些毛病。比喻因做事或處理問題不當而留下的消極影響。例說到處理人的問題，一定要慎重再慎重，否則留下的後遺症將影響幾代人。

【後擁前呼】
後面簇擁著，前面有人喝道。形容出門時威勢顯赫的情景。《金瓶梅詞話》六五回：「只見後擁前呼，衆官員下馬，在前廳換衣服。」也作「後擁前驅」。驅：趕開路人。明・湯顯祖《紫釵記・回求僕馬》：「花邊徒步意躊躇，嘶風弄影知何處？後擁前驅，敎一時光彩生門戶。」

【後擁前遮】
形容人羣前後圍擁，也形容人多勢衆。《隋唐演義》一八回：「果是英雄，憑著自己本領，怕甚王孫公子，又怕甚後擁前遮。」

【後者處上】
義同「後來居上」。《文子・上德》：「聖人虛無因循，常後而不先，譬若積薪燎，後者處上。」

【後之視今，亦猶今之視昔】
後世的人看今天，也就像今天的人看從前一樣。指要用歷史的觀點看待過去，不要苛求於前人。晉・王羲之《蘭亭集序》：「後之視今，亦猶今之視昔，悲夫！」

【厚此薄彼】
重視、優待這一方，輕視、冷淡另一方。指不一視同仁。明・袁宏道《廣莊・養生主》：「皆吾生即皆吾養，不宜厚此薄彼。」

【厚德載福】
積德深厚的人才能承受更大的福分。語本《周易・坤》：「君子以厚德載物。」《國語・晉語六》：「吾聞之，唯厚德者能受多福；無德而服者衆，必自傷也。」

【厚德載物】
物：萬物。《周易・坤》：「地勢坤，君子以厚德載物。」孔穎達疏：「君子用此地之厚德容載萬物。」後用以指只有道高德厚的人才堪承擔重大之任。晉・潘岳《西征賦》：「乾坤以有親可久，君子以厚德載物。」

【厚棟任重】
棟：屋之正梁；任：承擔。粗壯的棟梁能承受更重的份量。比喻有大德的人才能擔當重要的職務。《國語・魯語上》：「不厚其棟，不能任重；重莫如國，棟莫如德。」

【厚古薄今】
推崇古代的，鄙薄當代的。宋・米芾《蠶賦》：「由斯而言，則予之功，非欲厚古而薄今，時之異也。」

【厚積薄發】
厚積：充分積蓄；薄發：一點一點地支出。指基礎打得雄厚紮實，應用時才能從容自如。例由於他時常注意收集材料，精心研究，有著很深的功底，因而能厚積薄發，所事不難。

【厚今薄古】
指思想方法偏執，只重視現代的東西，而無視古代的東西。例中國是個幾千年的文明古國，有光輝燦爛的文化遺產，不能厚今薄古，否定不應當否定的東西。

【厚酒肥肉，甘口疾形】
美味可口的東西容易傷身。《韓非子・揚權》：「夫香美脆味，厚酒肥肉，甘口而疾形；曼理皓齒，說情而損精。」

【厚祿高官】
薪俸優厚，官位高貴。魯迅《集外集・選本》：「有些清朝人卻較爲聰明，雖然辮髮胡服，厚祿高官，他也一聲不響，只在倩人寫照的時候，在紙上改作斜領方巾，或芒鞋竹笠，聊過『世說』式癮罷了。」也作「高官厚祿」。

【厚祿重榮】
榮：指地位顯要。優厚的俸祿，極高的地位。《宋書・王僧達傳》：「如使臣享厚祿，居重榮，衣狐坐熊，而無事於世者，固所不能安也。」

【厚貌深情】
外表忠厚，內心深邃。比喻眞實思想不流露在外表。《莊子・列禦寇》：「凡人心險於山川，難於知天。天猶有春秋冬夏旦暮之期，人者厚貌深情。」

【厚施而薄望】
厚：多；薄：少。給與別人的多，希望得到回報少。《史記・遊俠列傳》：

「及[郭]解年長，更折節爲儉，以德報怨，厚施而薄望。然其自喜爲俠益盛。」

【厚往薄來】

指給予別人的多，接受別人的少。形容待人寬厚。《禮記・中庸》：「繼絕世，舉廢國，治亂持危，朝聘以時，厚往而薄來，所以懷諸侯也。」

【厚味臘毒】

臘：極；毒：傷害。味道濃厚的東西含有極大的害處。指事物有兩重性。《國語・周語下》：「高位實疾顛，厚味實臘毒。」

【厚顏無恥】

臉皮厚，不知羞恥。魯迅《僞自由書・戰略關係》引周敬儕《奇文共賞》：「此種自私自利完全蔑視國家利益之理由，北平各團體竟敢說出，吾人殊服其厚顏無恥。」

【厚者不損人以自益也，仁者不危人以要名】

厚：忠厚、厚道之人；要：通「邀」。忠厚的人不損害別人的利益而使自己得益；仁慈的人不危害別人以求得自己獲得好名聲。《戰國策・燕策三》：「諺曰：『厚者不損人以自益也，仁者不危人以要名。』以故掩人之邪者，厚人之行也；救人之過者，仁者之道也。」

【厚紙糊窗户——不透風】

比喻不透露風聲。例你倆眞有意思，厚紙糊窗戶——不透風，直到結婚後，才把你們的關係告訴我們。

【厚重少文】

厚重：敦厚持重；文：文采。形容人老成厚道，樸實無華。《余嘉錫論學雜著・釋傖楚》：「[陸]機、[陸]雲入洛，厭北人之厚重少文，嗜羊棗而啖酥酪。」

ㄏㄢ

【酣暢淋漓】

酣暢：舒暢痛快；淋漓：盡情滿足的樣子。形容興致濃烈，盡情揮灑。朱自清《〈老張的哲學〉與〈趙子曰〉》：「老舍先生寫老張的『錢本位』的哲學，確乎是酣暢淋漓，闡揚盡致。」也作「**酣嬉淋漓**」。宋・歐陽修《釋秘演詩集序》：「曼卿亦不屈以求合，無所放其意，則往往從布衣野老，酣嬉淋漓，顚倒而不厭。」

【酣歌恆舞】

酣：飲酒暢快貌，引申爲盡情；恆：經常的。指經常縱情歌舞，耽於安樂。《民國通俗演義》四四回：「恬嬉如故，厝火積薪之下，而寢處其上，酣歌恆舞，民怨沸騰，卒至魚爛土崩，不可收拾。」

【酣聲如雷】

見「鼾聲如雷」。

【酣嬉淋漓】

見「酣暢淋漓」。

【憨雞仔啄白米——一顆顆進肚】

憨：傻，痴呆；雞仔：〈方〉小雞。比喻收入實在，沒有一點損耗。例我在家務農，雖然比經商收入少，但憨雞仔啄白米——一顆顆進肚，圖個放心。

【憨頭郎兒增福延壽】

痴呆愚笨的人往往福氣好、壽命長。意指遇事不妨糊塗點。《鏡花緣》九三回：「蘭言笑道：『過於明白，原非好事，倒是帶些糊塗最好。北方有句俗話，叫做憨頭郎兒增福延壽，又道：不痴不聾，不作阿家翁。這個笑話，細細想去，卻很有意味。』」

【鼾聲如雷】

鼾聲：熟睡時的鼻息聲。形容鼾聲很大，睡得正熟。鼾：也作「酣」。《鏡花緣》三七回：「衆宮娥……各去睡了。不多時，酣聲如雷。」

ㄏㄢˊ

【邯鄲學步】

邯鄲：戰國時趙國都城。《莊子・秋水》：「且子獨不聞壽陵余子之學行於邯鄲與（歟）？未得國能，又失其故行矣，直匍匐而歸耳。」後用「邯鄲學步」比喻一味仿效他人，既未學到手，卻把自己原有的長處丟掉了。宋・姜夔《送項平甫倅池陽》詩：「論文要得文中天，邯鄲學步終不然。」

【邯鄲之夢】

唐・沈既濟《枕中記》載：開元中，有盧生居邯鄲客店，自嘆窮困。有道者呂翁給其一枕。生枕而睡去，夢娶妻崔氏，又官位連升，享盡了榮華富貴。醒來時，原來主人在炊黃粱，至時尙未熟。後因以「邯鄲之夢」喻富貴名利到頭都是一場空；也指希望破滅。宋・王安石《中年》詩：「中年許國邯鄲夢，晚歲還家壙埌遊。」

【含哺鼓腹】

咀嚼著食物，挺凸著肚子。形容飽食而無所事事。《歧路燈》三一回：「這一干人，早晨便在衙門前酒飯館內，被譚紹聞請了一個含哺鼓腹。」也作「**鼓腹含哺**」。

【含齒戴髮】

生著牙齒，長著頭髮。指一個實實在在、具體的人。《魏書・韓子熙傳》：「[劉騰]遂乃擅廢太后，離隔二宮，拷掠胡定，誣王行毒，含齒戴髮，莫不悲惋。」也作「**戴髮含齒**」。

【含垢藏疾】

指度量寬宏，能忍辱負重。後比喻爲姑息壞人壞事。《周書・賀蘭祥傳》：「先皇含垢藏疾，仍存聘享，欲睦之以鄰好，由之以婚姻。」

【含垢納污】

指度量寬宏，能容忍他人過錯。宋・蘇軾《辯試館職策問札子》：「退而上書數萬言，大抵皆勸神宗忠恕仁厚，含垢納污，屈己以裕人也。」

【含垢忍恥】

見「含垢忍辱」。

【含垢忍辱】

忍受恥辱。唐・陳子昂《謝衣表》：「未雪國恥，所以含垢忍辱，圖死闕庭。」也作「含垢忍恥」。《晉書・王敦傳》：「先帝含垢忍恥，容而不責，委任如舊，禮秩有加。」

【含糊其辭】

形容故意把話說得不明確，模稜兩可。《兒女英雄傳》一三回：「也曾問過，無奈她含糊其辭，只說個『上不在天，下不著地』的地方住。」

【含蓼問疾】

蓼：ㄌㄧㄠˇ，一種辛辣味的水草。指不顧辛勞，關心民間疾苦。《三國志・蜀書・先主傳》裴松之注引鑿齒曰：「觀其所以結物情者，豈徒投醪撫寒、含蓼問疾而已哉！」

【含情而能達，會景而生心，體物而得神】

飽含情感才能通暢表達，目遇景色而生發思想感情，體察事物才能得其精神。指創作須到現實生活中去觸發靈感，飽含情感而進入意境。清・王夫之《薑齋詩話》卷二：「含情而能達，會景而生心，體物而得神，則自有靈通之句，參化工之妙。」

【含情脈脈】

形容雖無話語，但情意綿綿俱表現在眼神上。唐・李德裕《二芳叢賦》：「一則含情脈脈，如有思而不得，類西施之容冶。」

【含情欲說宮中事，鸚鵡前頭不敢言】

滿腔幽怨，想訴說皇宮裏的一些事情，卻顧慮眼前會學舌的鸚鵡傳出去而不敢說了。原寫宮女的哀怨之情。後形容欲說無言、有苦無告的鬱悶心情。唐・朱慶餘《宮詞》：「寂寂花時閉院門，美人相並立瓊軒。含情欲說宮中事，鸚鵡前頭不敢言。」

【含沙射影】

晉・干寶《搜神記》中說：水中有一種怪物名蜮，也叫射工、射影。見人噴沙射之。被射中者則皮膚潰爛，射著影子者也要得病。後因以比喻話語或文章暗含譏刺毀謗，中傷他人。唐・白居易《讀史》詩：「含沙射人影，雖病人不知。巧言構人罪，至死人不疑。」

【含笑九原】

九原：即九泉，指人死後埋葬的地方。意謂人死後在九泉之下也是高興的。宋・王十朋《王府君輓詞》：「齒髮如公自古稀，定應含笑九泉歸。」《鏡花緣》三回：「我兒前去，得能替我出半臂之勞，我亦含笑九原。」

【含笑入地】

帶著笑容死去，意為死而無憾。《後漢書・韓韶傳》：「長活溝壑之人，而以此伏罪，含笑入地矣！」

【含辛茹苦】

茹：吃。形容忍受各種辛酸悲苦。例林媽媽早年喪偶，獨自含辛茹苦的把二個小孩撫養長大。

【含血噴人】

見「含血噀人」。

【含血噴人，先污自口】

含血噴人，首先污了自己的嘴。比喻誣陷別人，首先敗壞了自己的聲譽。《孽海花》一八回：「況且沒有把柄的事兒，給一個低三下四的奴才，含血噴人，先污自口，自己倒站著聽風涼話兒！」

【含血噀人】

噀：ㄒㄩㄣˋ，含入口中再噴出，比喻捏造事實，污蔑他人。宋・釋曉瑩《羅湖野錄・臨安府崇覺空禪師》：「含血噀人，先污其口；百丈野狐，先頭狂走。」也作「含血噴人」。清・李玉《清忠譜・叱勘》：「你不怕刀臨頭頸，還思含血噴人。」

【含飴弄孫】

飴：麥芽糖。爺爺口含糖逗孫兒玩。形容老人晚年優裕閒適的家庭生活情趣。宋・王禹偁《送牛冕序》：「含飴弄孫，盡高堂之樂；腰金拖紫，居百城之長。」清・淮陰百一居士《壺天錄》：「佳兒佳婦，吾將含飴弄孫，不復理家政矣。」

【含英咀華】

比喻細細琢磨、品味文章的精華。宋・陸游《答建寧陳通判啓》：「含英咀華，早預蓬萊道山之選；飛英騰茂，暫爲治中別駕之行。」也作「含華咀英」。宋・張舜民《題懷素〈歸田賦〉跋》：「中間以文章知名，含華咀英，馳騁今古者，不可勝數。」

【含冤抱恨】

蒙受冤枉，懷怨無訴。明・余繼登《典故紀聞》卷八：「若不明其情而任己輕重，或迎合朕意使人含冤抱恨者，朕之所惡，卿等其以爲戒。」

【含冤負屈】

蒙受冤屈。元・武漢臣《生金閣》四折：「只願老爺懷中高揣軒轅鏡，照察我這悲悲痛痛、酸酸楚楚、說無休、數不盡的含冤負屈情。」也作「啣冤負屈」。

【含著骨頭露著肉】

比喻說話躲躲閃閃，不露眞情。例如果你自認沒有做壞事，你就不應該說話含著骨頭露著肉，看起來畏畏縮縮的。

【韓潮蘇海】

韓：韓愈；蘇：蘇軾。指韓蘇的文章氣勢磅礡，如潮似海。清・楊毓輝《〈盛世危言〉跋》：「觀其上下五千年，縱橫九萬里，直兼乎韓潮蘇海，則不啻讀《經世文編》焉。」也作「韓海蘇潮」。清・俞樾《茶香室叢鈔》卷八：「國朝蕭墨《經史管窺》引李耆卿《文章精義》云：『韓如海，柳如泉，歐如瀾，蘇如潮。』」也作「蘇海韓潮」。

【韓海蘇潮】

見「韓潮蘇海」。

【韓康賣藥】

韓康，字伯休，漢時人，避名不仕，常採藥名山，於長安市上賣，口不二價。一日，有女子買藥，不知是康，乃還價。康守價不移，女子怒道：「你難道是韓伯休，說價不二？」康聽了又嘆道：「我本來不想讓人知我名，今連女子都知有我，賣藥有什麼用。」乃入霸陵山隱居（見《後漢書・韓康傳》）。後藉指爲醫者隱居。元・張雨《梧葉兒・贈龜溪醫隱唐茂之》曲：「劉商觀弈罷，韓康賣藥還。」

【韓陵片石】

唐・張鷟《朝野僉載》卷六：「庾信以南朝初至北方，文士多輕之，信將《枯樹賦》以示之，於後無敢言者。時溫子升作《韓陵山寺碑》，信讀而寫其本。南人問信曰：『北方文士何如？』信曰：『唯有韓陵山一片石堪共語；薛道衡、盧思道，少解把筆，自余驢鳴狗吠，聒耳而已。』」後以「韓陵片石」比喻不多見的優秀詩文。清・王堃《〈兩般秋雨庵隨筆〉後序》：「矧導美在先，忍淹韓陵之片石；因人成事，愧乏江郎之彩毫。」

【韓令偷香】

見「韓壽偷香」。

【韓柳歐蘇】

指唐韓愈、柳宗元和宋歐陽修、蘇軾。泛指文學巨匠。宋・羅大經《鶴林玉露・天・韓柳歐蘇》：「韓柳文多似：韓如美玉，柳如精金；韓如靜女，柳如名姝；韓如德驥，柳如天馬。歐似韓，蘇似柳。」

【韓盧逐兔】

見「韓盧逐逡」。

【韓盧逐塊】

韓盧：戰國時韓國善跑的名犬；塊：土塊。用韓盧去追逐土塊。比喻以大才而幹無謂的事，白白耗費精力。《景德傳燈錄》卷一一：「供養主才坐，問云：『昨日米和尚有什麼言句，便不得見？』王公曰：『獅子咬人，韓盧逐塊。』」

【韓盧逐逡】

《戰國策・齊策三》：「韓子盧者，天下之疾犬也。東郭逡者，海內之狡兔也。韓子盧逐東郭逡，環山者三，騰山者五，兔極於前，犬廢於後，犬兔俱罷，各死其處。」後因以比喻兩強相鬥，俱各敗傷。逡（ㄑㄩㄣ），也作「㕙」。明・何景明《蹇賦》：「寧駿罷服羸全以自終兮，豈能與韓盧逐㕙而行步之工。」

【韓壽分香】

見「韓壽偷香」。

【韓壽偷香】

南朝宋・劉義慶《世說新語・惑溺》載：韓壽與大臣賈充之女賈午相戀，午以晋武帝賜充奇香偷贈韓壽。後以「韓壽偷香」指男女相戀，私下傳情。明・沈鯨《雙珠記・遇淫持正》：「不但偷鈴，韓壽偷香，方法也是我教他的。」也作「**韓壽分香**」。五代・歐陽炯《春光好》：「雖似安仁擲果，未聞韓壽分香。」也作「**韓令偷香**」。宋・李淸照《多麗》詞：「韓令偷香，徐娘傅粉，莫將比擬未新奇。」按：韓壽被賈充辟以爲掾，令或爲掾之誤。

【韓湘子吹簫——不同凡響】

韓湘子：神話傳說中八仙之一，善吹簫。比喻不平凡、不一般。例景先生的書法好似韓湘子吹簫——不同凡響，只字值千金，世上少有。

【韓湘子拉著鐵拐李——一個吹，一個捧】

韓湘子：傳說中的八仙之一，善吹簫、吟咏；鐵拐李：傳說中八仙之一，神通廣大，常手捧寶葫蘆。比喻吹噓捧場，一唱一和。例你們兩個人就像韓湘子拉著鐵拐李——一個吹，一個捧，會把這個孩子慣壞的。

【韓信背水之戰——以弱勝强】

韓信：漢高祖劉邦手下大將。《史記・淮陰侯傳》記載：韓信攻趙，在井陘口下令部隊背水列陣，漢軍在前臨大敵、後無退路的情況下，拼死作戰，大破趙軍。指善用計謀使劣勢變爲優勢，戰勝强大的對手。例在中日戰爭初期，我軍就不乏韓信背水之戰——以弱勝强的戰例。後來，就越來越多了。

【韓信將兵——多多益善】

韓信統率兵，越多越好。表示擁有的人或物越多越好。也比喻某人指揮才能超羣。《史記・淮陰侯傳》：「上問曰：『如我能將幾何？』信曰：『陛下不過能將十萬。』上曰：『於君何如？』曰：『臣多多而益善耳。』」也作「**韓信點兵——多多益善**」、「**韓信用兵——多多益善**」。

【韓嫣金丸】

指富有者肆意揮霍財富。漢時，韓嫣事武帝，有寵，賞賜甚多，家巨富。乃用金製丸以射獵。晋・葛洪《西京雜記》卷四：「韓嫣好彈，常以金爲丸，所失者日有十餘。長安爲之語曰：『若饑寒，逐金丸。』京師兒童每聞嫣出，輒隨之，望丸之所落，輒拾焉。」

【寒蟬仗馬】

寒蟬：秋後的知了；仗馬：也叫立仗馬，唐武后置於宮門前作爲儀仗的馬。蟬天氣越熱鳴聲越盛，天寒便無聲；仗馬不讓嘶鳴，而食以精料。《後漢書・杜密傳》：「劉勝位爲大夫，見禮上賓，而知善不薦，聞惡無言，隱情惜己，自同寒蟬，此罪人也。」《新唐書・李林甫傳》：「君等獨不見立仗馬乎？終日無聲，而飫三品芻豆；一鳴，則黜之矣。」後將「寒蟬」、「仗馬」連用，比喻一聲不響，不敢仗義執言。《官場現形記》序：「明達之士豈故爲寒蟬仗馬哉？懾之於心，故愼之於口耳。」也作「**仗馬寒蟬**」。

【寒潮消息——冷言冷語】

只從側面或反面說含有諷刺意味的話。例她的寒潮消息——冷言冷語，使人受不了，常常因此而和朋友們翻臉。也作「**三九天講故事——冷言冷**

語」。

【寒冬臘月喝涼水——點滴記（激）心上】

記：「激」的諧音。比喻記得清清楚楚，永遠不忘。例對你的熱情、無私的關懷和幫助，我是寒冬臘月喝涼水——點滴記（激）心上。

【寒耕熱耘】

耘：田間除草。冬天耕作，夏天除草。形容農家辛苦勞作。《孔子家語・屈節解》：「民寒耕熱耘，曾不得食，豈不哀哉！」

【寒花晚節】

寒花：寒天的花；晚節：晚年的節操。以寒冬不凋的花，比喻人晚節堅貞，保持好名聲。宋・朱熹《名臣言行錄・韓琦》：「在北門，重陽有詩云：『不羞老圃秋容淡，且看寒花晚節香。』公居常謂保初節易，保晚節難，故晚節事事尤著力，所立特全。」

【寒來暑往】

炎夏已過，寒冬將至。泛指歲月變遷，時光流逝。元・武漢臣《生金閣》二折：「則他這兔走烏飛，寒來暑往，春日花開，可又早秋天月朗。」也作「暑來寒往」。

【寒露天換毛的鵪鶉——還能跳幾步】

寒露：節氣名，在每年公曆十月八日左右，我國大部分地區天氣涼爽。比喻掙扎不了多久，很快就會滅亡。例這個土匪頭子跑進山裏，也是寒露天換毛的鵪鶉——還能跳幾步，只要羣衆發動起來，他就得束手就擒。

【寒門生貴子，白屋出公卿】

寒門：貧寒的家庭；白屋：草屋。指窮苦人家出了顯貴人物。《小五義》二三回：「管理君山洞庭湖水旱二十四寨招討大元帥鍾，爲曉諭天下士：天下各省，隱匿英雄壯士過多。古云：『寒門生貴子，白屋出公卿；鹽車困良驥，田野埋麒麟；高山藏虎豹，深澤掩蛟龍。』」

【寒木春華】

寒木：耐寒的樹；春華：春天的花。耐寒的樹不凋零，春天的花競相吐豔。比喻在不同的條件下都可發揮自己的長處。北齊・顏之推《顏氏家訓・文章》：「齊世有辛毗者，清乾之士，官至行台尚書，嗤鄙文學，嘲劉逖云：『君輩辭藻，譬若榮華，須臾之玩，非宏才也。豈比吾徒，千丈（一本作「十丈」）松樹，常有風霜，不可雕悴矣！』劉應之曰：『既有寒木，又發春華，何如也？』辛笑曰：『可矣！』」

【寒泉之思】

《詩經・邶風・凱風》：「爰有寒泉，在浚之下。有子七人，母氏勞苦。」宋・朱熹《集傳》：「言寒泉在浚之下，猶能有所滋益於浚，而有子七人反不能事母，而使母至於勞苦乎？」後用以指人子孝親之心。《三國志・蜀書・甘皇後傳》：「今皇思夫人宜有尊號，以慰寒泉之思。」

【寒山片石】

義同「韓陵片石」。明・張溥《溫侍讀集題辭》：「世以其詩少，即云不長於詩，寒山片石，當不其然。」

【寒酸落魄】

落魄：潦倒失意。「魄」又讀ㄊㄨㄛˋ。形容不得志時窮困潦倒、形狀狼狽的樣子。《東周列國志》九七回：「［范雎］遂換去鮮衣，裝作寒酸落魄之狀，潛出府門，來到館驛，徐步而入，謁見須賈。」

【寒天飲冷水，點點記心頭】

指對過去的事情永世不忘。例「寒天飲冷水，點點記心頭。」中國人民對日軍侵華暴行是永遠不會忘記的。

【寒心酸鼻】

寒心：心中顫慄；酸鼻：鼻子辛酸。形容既擔心又悲傷。漢・桓譚《新論・琴道》：「有識之士，莫不爲足下寒心酸鼻。」

【寒煙衰草】

寒煙：荒野煙霧。形容荒漠冷落的景象。宋・王安石《桂枝香》詞：「六朝舊事隨流水，但寒煙衰草凝綠。」

【寒衣針線密，家信墨跡新】

母親爲兒子出門縫衣，密針細線；兒子寄回的書信墨跡新鮮。形容母子間骨肉情深。清・蔣士銓《歲暮到家》：「愛子心無盡，歸家喜及辰。寒衣針線密，家信墨跡新。」

【寒在五更頭】

五更：古時夜間打更報時，五更爲最後一個更次。天快亮的時候最冷。《宋史・五行志四・金》：「宋以周顯德七年庚申得天下。圖讖謂『過唐不及漢，一汴、二杭、三閩、四廣』，又有『寒在五更頭』之謠，故宮漏有六更。」

【寒之於衣，不待輕煖；饑之於食，不待甘旨】

輕煖：指狐裘絲綢之類衣服，煖，通「暖」；甘旨：指美食。寒冷時不一定要華美衣服才穿，饑餓時不一定要精美佳餚才吃。指寒不擇衣，饑不擇食，只求溫飽。漢・晁錯《論貴粟疏》：「夫寒之於衣，不待輕煖；饑之於食，不待甘旨；饑寒至身，不顧廉恥。人情，一日不再食則饑，終歲不製衣則寒。」

ㄏㄢˇ

【罕譬而喻】

罕：少；喻：了解。指用少量譬喻而使之明白易於了解。即言簡而意達。《禮記・學記》：「其言也約而達，微而藏，罕譬而喻，可謂繼志矣。」

【罕有其匹】

罕：少；匹：相當。指很少有與之相匹敵者。例鄒生雖屬後進，但其才能學識，在同輩人中爲佼佼者，眞是罕有其匹。

【喊天天不應，喊地地不靈】

形容有苦無處訴，有冤無處伸。例小陳因受不了警方刑求而坦承犯罪，這下子想再翻案，可眞是喊天天不應，喊地地不靈，沒有人會相信他了。也作「**呼天無路，呼地無門**」。

【喊冤叫屈】
因遭受冤枉無處辯明而大聲喊叫。《紅樓夢》八三回：「金桂將桌椅杯盞盡行打翻，那寶蟾只管喊冤叫屈，哪裏理會他？」

ㄏㄢˋ

【漢皋解珮】
漢皋：山名，一名萬山；珮：玉飾之一種。故事傳說：周時，有鄭交甫適楚，行經漢皋台下，逢二女，各解珮贈之。後稱男女私相愛慕而傳授信物爲「漢皋解珮」。唐・白居易《代書詩一百韻寄微之》詩：「心搖漢皋珮，淚墜峴亭碑。」《聊齋志異・竹青》：「此皆妾輩。其末後著藕白者，所謂『漢皋解珮』，即其人也。」

【漢官威儀】
威儀：古代行禮時的動作儀式。漢代朝廷對官吏制定的服飾制度。後泛指漢族的服飾制度。《後漢書・光武帝紀上》：「及見司隸僚屬，皆歡喜不自勝。老吏或垂涕曰：『不圖今日復見漢官威儀。』」後也指朝廷的正常秩序。唐・杜甫《狄明府》詩：「禁中決册清房陵，前朝長老皆流涕；太宗社稷一朝正，漢官威儀重昭洗。」

【漢賊不兩立】
漢：指三國時的蜀，蜀主劉備自稱爲漢之正統；賊：指曹魏。意指蜀與魏不同時並立。三國蜀・諸葛亮《後出師表》：「先帝以漢賊不兩立，王業不偏安，故托臣以討賊也。」後用以比喻有我無你，勢不並存。《歧路燈》六七回：「唯有杜氏一個，直如添上敵國一般，心中竟安排下『漢賊不兩立』的主意。」

【漢子做事漢子當】
見「好漢做事好漢當」。

【扞格不入】
扞：堅拒；格：剛硬。指質地堅硬而難以鍥入。《禮記・學記》：「發然後禁，則扞格而不勝。」漢・鄭玄注：「扞，堅不可入之貌。」後因以「扞格不入」指雙方意見不合。

【扞格不通】
形容固執守舊，不知變通。《文明小史》一回：「原因我們中國，都是守著那幾千年的風俗，除了幾處通商口岸，稍能因時制宜，其餘十八行省，哪一處不是執迷不化、扞格不通呢？」

【汗不敢出】
形容緊張、害怕到極點。南朝宋・劉義慶《世說新語・言語》：「[鍾]毓面有汗。帝曰：『卿面何以汗？』毓對曰：『戰戰惶惶，汗出如漿。』復問[鍾]會：『卿何以不汗？』對曰：『戰戰慄慄，汗不敢出。』」

【汗出浹背】
見「汗流浹背」。

【汗出洽背】
洽：沾濕。汗水濕透背心。形容天氣炎熱，或惶恐而緊張的情狀。《漢書・楊敞傳》：「大將軍[霍]光與車騎將軍張安世謀欲廢王更立……敞驚懼，不知所言，汗出洽背，徒唯唯而已。」也作「**汗出沾背**」。《史記・陳丞相世家》：「周勃不能對，汗出沾背。」

【汗出如漿】
形容汗出得很多。也形容緊張驚懼之狀。南朝宋・劉義慶《世說新語・言語》：「[鍾]毓面有汗，帝曰：『卿面何以汗？』毓對曰：『戰戰惶惶，汗出如漿。』」

【汗出沾背】
見「汗出洽背」。

【汗流浹背】
浹：濕透。形容天熱，汗水流滿背脊。也形容極度恐懼的情狀。《後漢書・伏皇後記》：「[曹]操出顧左右，汗流浹背。」也作「**汗出浹背**」。明・袁宏道《滿井遊記》：「風力雖尚勁，然徒步則汗出浹背。」

【汗流至踵】
踵：腳後跟。汗水淌到腳後跟。形容極度驚恐之狀。《莊子・田子方》：「於是無人遂登高山，履危石，臨百仞之淵，背逡巡，足二分垂在外，揖禦寇而進之。禦寇伏地，汗流至踵。」

【汗馬功績】
見「汗馬功勞」。

【汗馬功勞】
汗馬：馬累出了汗，比喻征戰勞苦。指在戰爭中立下的功績。元・王實甫《麗春堂》四折：「聖人見怒，將俺丞相汗馬功勞一旦忘了，貶在濟南府閒住。」也作「**汗馬功績**」。明・無名氏《精忠記・聞訃》：「感皇恩寵錫無窮，端不負汗馬功績。」也作「**汗馬勳勞**」。清・吳梅《風洞山》：「和衷共濟，祈公等戮力同心敵北兵，方能夠汗馬勳勞報聖明。」

【汗馬勳勞】
見「汗馬功勞」。

【汗馬之才】
征戰疆場的將才。清・孔尚任《桃花扇・修札》：「一紙賢於汗馬才，荊州無復戰船開；從來名士誇江左，揮麈今登拜將台。」

【汗馬之功】
見「汗馬之勞」。

【汗馬之績】
見「汗馬之勞」。

【汗馬之勞】
汗馬：戰馬馳騁出汗。指征戰勞苦有功。後泛指工作業績。《漢書・嚴助傳》：「夷狄之地，何足以爲一日之閒，而煩汗馬之勞乎！」也作「**汗馬之績**」。《清史稿・李模傳》：「夫諸將事先帝未收桑榆之效，事陛下未彰汗馬之績，方應戴罪，何有勳勞？」也作「汗馬之功」。《元史・陳顥傳》：「臣無汗馬之功，又乏經濟之略，一旦置之政途，徒速臣咎。」

【汗牛充棟】
汗牛：牛累得出汗；棟：棟梁，借指屋子。唐・柳宗元《陸文通先生墓表》：「其爲書，處則充棟宇，出則汗牛馬。」指書籍極多，放起來堆滿屋，往外運時，牛馬累得出汗。後用「汗牛充棟」形容藏書豐富。宋・陸九淵《與顏子堅》：「聖哲之言，布在方册，何所不備。傳注之家，汗牛充棟，譬之藥籠方書，搜求儲蓄，殆無遺類。」也作「充棟汗牛」。

【汗洽股慄】
洽：沾濕。大汗淋漓，兩腿顫抖。形容十分驚怕的樣子。宋・陸游《跋韓立道所藏蘭亭序》：「大冠若箕，長劍如頤，風采凜凜，雖單于不覺自失，況餘子有不汗洽股慄者哉？」。

【汗如雨下】
汗出像下雨。形容出汗極多。《紅樓夢》一〇一回：「不防一塊石頭絆了一跤，猶如夢醒一般，渾身汗如雨下。」

【汗顏無地】
汗顏：因羞慚而臉上出汗；無地：沒有容身之地。形容羞慚到了極點。例在本年度的工作檢討大會上，我被主管批評得毫無工作效率可言，實在讓我羞愧得汗顏無地，想找個地方躲起來。

【旱魃拜夜叉——盡見鬼】
旱魃（ㄅㄚˊ）：傳說中能引起旱災的怪物；夜叉：佛教指惡鬼。比喻總是遇到一些離奇古怪的事。例郝老頭說：「這些日子，我眞倒楣，總是旱魃拜夜叉——盡見鬼，不想出門了。」大夥哈哈大笑，說他太迷信了。

【旱魃爲虐】
虐：禍害。指發生極爲嚴重的旱災。《詩經・大雅・雲漢》：「旱魃爲虐，如惔如焚。」也作「旱魃爲災」。明・歸有光《論三區賦役水利書》：「又今旱魃爲焰焰大火燒空，把一座火雲洞，被那湮火瀰漫，眞個是旱魃爲虐。」

ㄏㄣˇ

【狠愎自用】
愎：ㄅㄧˋ，倔强。蠻橫固執，獨斷專行。《明史・陸粲傳》：「璁狠愎自用，執拗多私。」也作「剛愎自用」。

【狠心辣手】
狠毒的心腸，毒辣的手段。《醒世恆言》卷三三：「欲待信來，他平白與我沒半句言語，大娘子又過得好，怎麼便下得這等狠心辣手！」

【狠心做財主】
心狠手辣，專門損人利己的人才能當財主。例「狠心做財主。」確是如此。古往今來，有幾個財主不是放高利貸的吝嗇鬼？

ㄏㄣˋ

【恨不相逢未嫁時】
指女子婚後又結識知己，奈身已有主，相逢恨晚。借作已在爲人工作，不能再接受別人邀請時的婉拒之辭。唐・張籍《節婦吟》詩：「知君用心如日月，事夫誓擬同生死。還君明珠雙淚垂，恨不相逢未嫁時。」

【恨海愁天】
形容怨恨愁悶無法排解。例他心中的仇恨如恨海愁天般深遠，想要開導安撫似乎不太容易。

【恨海難塡】
《山海經・北山經》：「炎帝之少女名曰女娃。女娃游於東海，溺而不返，故爲精衛，常啣西山之木石，以堙於東海。」後以「恨海難塡」比喻怨深如海，難於塡平。

【恨如頭醋】
頭醋：剛做好未摻水的醋，味又苦又酸。比喻痛恨之極，十分可惡。《儒林外史》五二回：「那陳蝦子被毛二鬍子一味朝死裏算，弄得他酒也沒得吃，肉也沒得吃，恨如頭醋。」

【恨入骨髓】
形容怨恨到了極點。《醒世恆言》卷二九：「[鈕成]把盧才恨入骨髓，立意要賴他這項銀子。」也作「恨之入骨」。晉・葛洪《抱朴子・自敍》：「見侵者則恨之入骨，劇於血仇。」也作「恨入心髓」。明・沈德符《萬曆野獲編・西北水田》：「王爲直隸寧晋人，以故有桑梓巨害之疏。最後中原士夫，深爲子孫憂，恨入心髓，牢不可破。」

【恨入心髓】
見「恨入骨髓」。

【恨虱子燒棉被——不值得】
比喻爲小事而改變現狀，這樣做沒有意義；或沒有價值。例對他有意見，就賭氣不工作了，這是恨虱子燒棉被——不值得。

【恨鐵不成鋼】
比喻對人期望高卻達不到目的。多用於因子女不成材、不爭氣所產生的怨恨情緒。《紅樓夢》九六回：「只爲寶玉不上進，所以時常恨他，也不過是恨鐵不成鋼的意思。」

【恨相見晚】
見「恨相知晚」。

【恨相知晚】
恨：悔恨，遺憾。感嘆相識或相互了解得太晚。《史記・魏其武安侯列傳》：「灌夫亦倚魏其而通列侯宗室爲名高。兩人相爲引重，其遊如父子然。相得歡甚，無厭，恨相知晚也。」

【恨小非君子，無毒不丈夫】
毒：狠毒；丈夫：大丈夫、有志氣的男子。指對仇敵要痛恨，動起手來要有股狠勁。例我們處理事情，先以自己的利益為考量，動作也要迅速，所謂「恨小非君子，無毒不丈夫」就是這個道理。也作「**有恨方君子，無毒不丈夫**」。

【恨之入骨】
見「恨入骨髓」。

ㄏㄤˊ

【行行出狀元】
狀元：科舉時代殿試第一名，現在用來比喻某一行業中最有成就的人。《兒女英雄傳》一一回：「俗話兒說的：『行行出狀元。』又說：『好漢不怕出身低。』哪一行沒有好人哪！」也作「**行行有狀元**」。

【行號巷哭】
行：道路；號：大聲的哭。大街小巷都有人在哭泣。形容人們普遍悲苦。晉・劉琨《勸進表》：「苟在食土之毛，含氣之類，莫不叩心絕氣，行號巷哭。」

【行家看門道，外行看熱鬧】
內行人看門路，外行人只看表面熱鬧。例內行外行，涇渭分明。行家看門道，外行看熱鬧。那些細心觀摩、口講筆記的，準是內行了。

【行家莫說力把話】
力把：外行。內行人莫要說外行話，或不要明知故問。《兒女英雄傳》一一回：「那三個強人只認作他是個才出馬的保鏢的，答道：「呔，行家莫說力把話！你難道沒帶著眼睛，還要問「卻是為何」？所為的要合你借幾兩盤纏用用！』」

【行家伸伸手，便知有沒有】
內行人只要動一動手，就可以知道實際情況。例陳老師對電腦資訊方面的知識鑽研頗深，每次問他問題，總是很快地幫我們解決，真是讓我們有「行家伸伸手，便知有沒有」的感覺。

【行濫短狹】
行：貨物質次；濫：僞劣品；短：尺寸不足；狹：寬度不夠。指物品質量低劣，數量不足。《唐律疏義・雜律・器用絹布行濫》：「諸造器用之物，及絹布之屬，有行濫短狹而賣者，各杖六十。」

【航船不載無錢客】
沒錢不能乘船。也謂沒錢不讓過路。《萬花樓》三〇回：「焦廷貴道：『罷了！航船不載無錢客，你既經由我徑，必要路途錢了。如果沒有錢鈔送我，且將此馬留下折抵，便放你去路。』」

【航船遇沙灘——擱淺】
比喻事情遇到阻礙，不能進行。例由於缺乏材料，我廠新產品試驗，航船遇沙灘——擱淺了，希望你們伸出援助之手。

【航海梯山】
渡海登山。指跋涉山川。南朝・簡文帝《大法頌序》：「金鱗鐵面，貢碧砮之賝；航海梯山，奉白環之使。」

【航空公司開張——有機可乘】
開張：開始營業。雙關語，比喻有機會可以利用。例敵人防範儘管很嚴密，但航空公司開張——有機可乘。我們可以混入村民的送糧隊伍，打入他們內部，裏應外合，發起突襲。

ㄏㄤˋ

【桁楊相望】
桁楊：古時候枷在奴隸脖子上和腳踝上的重刑具；相望：互相看得見，表示衆多。《莊子・在宥》：「今世殊死者相枕也，桁楊者相推也，形戮者相望也。」後因以「桁楊相望」指囚徒衆多。

【巷道裏扛椽子——直來直去】
巷道：採礦或探礦時在地面或地下挖掘的大致成水平方向的坑道，一般用於運輸和排水。見「胡同裏扛竹竿——直來直去」。

【沆瀣一氣】
宋・王讜《唐語林・補遺》：「崔相沆知貢舉，得崔瀣。時榜中同姓，瀣最為沆知。談者稱：『座主門生，沆瀣一氣。』」沆瀣原義為夜間水氣，因與兩人名字巧合，故以為揶揄。後用以指氣味相投的人結合一起。《孽海花》三四回：「皓東的敏銳活潑，和勝佛的豪邁靈警，兩雄相遇，尤其沆瀣一氣。」今多用於貶義。

ㄏㄥ

【哼哈二將】
原為神廟中守護廟門、神殿門的兩尊神像。一個以鼻哼出白氣，一個用嘴哈出黃氣，以攝人精魄。比喻有權勢者手下為虎作倀的走狗。例這哥兒倆是李大官人的哼哈二將，千萬怠慢不得。

【哼哈二將——樣子兇】
哼哈二將形象威武兇惡。比喻擺出一副兇狠的面孔，其實並沒有什麼力量，或很仁慈。例你別看他哼哈二將——樣子兇，心中卻是愛護你的，有一種恨鐵不成鋼的心情。也作「**怒目金鋼——樣子兇**」、「**牆上畫老虎——樣子兇**」。

ㄏㄥˊ

【恆河沙數】
恆河：南亞大河，流經印度和孟加拉；數：數目。原佛家語，比喻數量極多，像恆河裏的沙子那樣無法計算。《兒女英雄傳》一七回：「大凡人生在世，挺著一條身子與世間上恆河沙數的人打交道，哪怕忠孝節義都有假的。」

【恆舞酣歌】
恆：指長時間；酣：沉湎。指無盡無休地沉湎於歌舞之中。清・李光地

《榕村語錄》：「元時人恆舞酣歌，不事生產。」

【横草不動，豎草不拿】

形容人極爲懶惰。老舍《四世同堂·偷生》四三：「你是什麼東西！我一天到晚打裏打外的操心，你坐在家横草不動，豎草不拿！你長著心肺沒有？」也作「横草不拈，豎草不動」。《金瓶梅詞話》九二回：「馮金保又說大姐成日横草不拈，豎草不動，偷米換燒餅吃。」

【横草不拈，豎草不動】

見「横草不動，豎草不拿」。

【横草之功】

横草：把草踩倒。踩倒草那樣的功勞。比喻功績微不足道。《漢書·終軍傳》：「軍自請曰：『軍無横草之功，得列宿衛，食祿五年。』」

【横撐船】

比喻故意爲難，從中阻撓。例小龍見不得同事工作順利，常常在其間横撐船，搞破壞。

【横衝直撞】

形容肆無忌憚地縱横馳騁或亂衝亂撞。《水滸全傳》五五回：「那連環馬軍，漫山遍野，横衝直撞將來。」也作「横行直撞」。《古今小說》卷二一：「當先顧全武一騎馬，一把刀，横行直撞，逢人便殺。」

【横打順算】

指從多方面籌劃計算。例我們若想做好一件事情，就必須在事前針對要點横打順算一番。

【横峯側嶺】

形容山巒起伏，連綿層疊。宋·范成大《太行》詩：「横峯側嶺知多少，行到燕山翠未休。」

【横賦暴斂】

見「横徵暴斂」。

【横戈躍馬】

形容將士全副武裝準備戰鬥的姿態。清·成德《送蓀友》詩：「荊江日落陣雲低，横戈躍馬今何時。」也作「横槍躍馬」。元·陳以仁《存孝打虎》三折：「見一人雄赳赳披袍擐甲，嗔忿忿横槍躍馬。」

【横加干涉】

指蠻不講理地從中阻礙。多指強自出面管不該管的事。例王村長對學校工作横加干涉，引起教師們的普遍不滿。

【横加指責】

指不問情由，蠻横無理地加以斥責。例對待偶爾犯了錯誤的人，須要耐心教育，不要動不動便横加指責。」

【横扛竹竿進宅——入不了門】

比喻得不到門徑。例我學習外語已經三個月了，但還是横扛竹竿進宅——入不了門。也作「横扛竹竿進宅——不入門」、「駱駝進羊圈——不入門」。

【横科暴斂】

見「横徵暴斂」。

【横攔豎擋】

指一味地從中梗阻。《兒女英雄傳》四○回：「不想舅太太只管這等横攔豎擋的說著，他一機伶，到底把底下那個字兒商量出來了。」

【横壟台打滾——一步一個坎兒】

壟台：在耕地上培成的一行一行的土埂，在上面種植農作物。比喻每前進一步，都遇到困難和挫折。例要實行改革，就像横壟台打滾——一步一個坎兒，要有充分的準備。也作「横壟地拉滾子——一步一個坎兒」。

【横眉冷對】

指用憤怒和輕蔑的態度對待敵人，魯迅《自嘲》詩：「横眉冷對千夫指，俯首甘爲孺子牛。」

【横眉立目】

形容一臉兇狠的樣子。《七俠五義》四四回：「內中有一少年公子，年紀約有三旬，横眉立目，旁若無人。」也作「横眉豎眼」。例抬頭見進來一個大漢，横眉豎眼的，知道不是個好惹的人。

【横眉努目】

豎起眉尾，瞪大眼睛。形容一臉兇狠的樣子。五代·何光遠《鑑戒錄》引陳裕詩：「横眉努目強乾嗔，便作閻浮有力神。」努，今多作「怒」。魯迅《故事新編·非攻》：「嚡嚡的敲了幾下，不料開門出來的，卻是一個横眉怒目的門丁。」

【横眉豎眼】

見「横眉立目」。

【横逆以待】

《孟子·離婁下》：「有人於此，其待我以横逆，則君子必自反也。」後以「横逆以待」指以惡劣的非禮行爲對待他人。

【横七豎八】

形容縱横交錯，雜亂無章。《儒林外史》一回：「屋後横七豎八幾稜窄田埂，遠遠的一面大塘，塘邊都栽滿了榆樹、桑樹。」

【横槍躍馬】

見「横戈躍馬」。

【横三豎四】

形容縱横雜亂，毫無條理。《紅樓夢》三六回：「寶釵便順著遊廊，來至房中，只見外間床上横三豎四，都是丫頭們睡覺。」

【横掃千軍】

形容氣勢迅猛，一舉消滅大量敵軍。也比喻詩文、書法氣勢宏偉，氣魄很大。例赤壁之戰，孫劉聯軍排山倒海，横掃千軍，曹操倉惶敗逃。

【横生枝節】

横生：意外地發生；枝節：比喻細小或旁出的事情。指主要問題沒有解決，意外地生出一些新的問題。清·劉坤一《致榮中堂》：「現在時局既定，關內外諸軍似宜速裁，否則虛耗薪糧，並恐横生枝節。」

【横說豎說】

反覆地勸導或解釋。宋·樓鑰《圓覺庵澄師真贊》：「居然是圓覺庵第一代住持，更不須横說豎說。」

【橫槊賦詩】
槊：ㄕㄨㄛˋ，長矛，古時的一種兵器。形容將領的英武儒雅的風采。宋・陸游《秋晚登城北門》詩：「橫槊賦詩非復昔，夢魂猶繞古梁州。」

【橫躺豎臥】
縱橫交錯地倒臥著。《兒女英雄傳》六回：「安公子蘇醒過來，一睜眼，見自己依然綁在柱上，兩和尚反倒橫躺豎臥血流滿面的倒在地下喪了殘生。」

【橫挑鼻子豎挑眼】
形容百般挑剔。例在外邊受了氣，回家來就打桌拍凳，亂嚷亂叫，「橫挑鼻子豎挑眼」，誰受得了！

【橫跳一丈，豎跳一尺】
形容蠻不講理地吵鬧。例有理講理，無理服輸。「橫跳一丈，豎跳一尺」地高聲叫罵有什麼用？

【橫推倒拽】
形容兇狠野蠻地連推帶拉。《水滸全傳》六回：「旁邊耳房裏，走上三十餘人，把林沖橫推倒拽下去。」

【橫拖倒拽】
指用暴力强拖硬拉。元・王實甫《西廂記》五本三折：「他家粗使梅香十餘人，把張生橫拖倒拽入去。」

【橫行奡桀】
奡：ㄠˋ，人名，夏代寒浞的兒子，爲人凶狠，有勇力；桀：夏代最後一個君主，歷史上的暴君。形容蠻橫霸道得像奡、桀。清・洪昇《長生殿・偵報》：「一任地橫行奡桀，有誰人敢再弄唇舌！」

【橫行霸道】
橫行：任意胡爲；霸道：蠻不講理。形容無視法紀地故作非爲，蠻不講理。《紅樓夢》九回：「一任薛蟠橫行霸道，他不但不去管約，反而『助紂爲虐』討好兒。」

【橫行不法】
不法：違法。形容胡作非爲，專做違法的事。例此人仗著他父親現做著官，因此橫行不法，專在地方上欺壓良善，當地無人敢管。

【橫行公子】
見「橫行介士」。

【橫行介士】
介士：同「甲士」，披甲的戰士。螃蟹的別稱。宋・傅肱《蟹譜下・兵權》：「出師下砦之際，忽見蟹，則當呼爲橫行介士，權以安衆。」也作「**橫行公子**」。《紅樓夢》三八回：「饕餮王孫應有酒，橫行公子竟無腸。」橫行公子：螃蟹的別稱。

【橫行天下】
橫行：走遍，縱橫馳騁。原指不循正道而行。也指縱橫馳騁天下，所向無阻。《荀子・修身》：「體恭敬而心忠信，術禮義而情愛人，橫行天下，雖困四夷，人莫不貴。」《東周列國志》六三回：「嘗欲廣求勇力之士，自爲一隊，親率之以橫行天下。」

【橫行無忌】
行爲蠻橫，毫無顧忌。形容任意行動，爲所欲爲。《三國演義》一三回：「其時李傕自爲大司馬，郭汜自爲大將軍，橫行無忌，朝廷無人敢言。」

【橫行直撞】
見「橫衝直撞」。

【橫又不好，豎又不好】
想方設法挑毛病。例如果經理要刻意刁難你，那麼你提什麼企劃案，他都會說橫又不好，豎又不好，讓你十分懊惱。

【橫折强敵】
橫折：摧挫；强敵：也作「强梁」。英勇果敢地挫敗强大的敵人。唐・杜牧《上李司徒論用兵書》：「常以孤窮寒苦之軍，橫折河朔强梁之衆。」

【橫著扁擔推麥秸——攬得太多】
秸：ㄐㄧㄝˊ，脫去外皮的禾稈。比喻過多地包攬或承擔與自己無關的事情。例她年老體弱，對街道工作還橫著扁擔推麥秸——攬得太多，不知她哪來那麼多精力。

【橫著心】
指下決心不顧一切。例事情已到這一步，我只得橫著心，拋妻別子，遠走他鄉。

【橫針不拈，豎線不動】
不拿針，不動線。形容女子懶惰。例她整天只注意打扮，東遊西蕩，「橫針不拈，豎線不動」，眞叫人沒法兒。

【橫徵暴斂】
指濫徵賦稅，殘酷搜括。《痛史》二四回：「名目是規劃錢糧，措置財賦，其實是橫徵暴斂，剝削脂膏。」也作「**橫賦暴斂**」。宋・朱熹《己酉擬上封事》：「國家財用皆出於民，如有不節而用度有闕，則橫賦暴斂必將有及於民。」也作「**橫科暴斂**」。《元史・高麗傳》：「僉議司官不肯供報民戶版籍、州縣疆界。本國橫科暴斂，民少官多，刑罰不一。」

【衡門深巷】
衡門：橫木爲門，指簡陋之家；深巷：冷僻的巷子。泛指簡陋偏僻的居處。明・無名氏《三化邯鄲》二折：「閒歲月衡門深巷，淡衣冠博帶寬裘。」

【衡門之下，可以棲遲】
衡門：橫木爲門，喻房屋簡陋；棲遲：遊息。簡陋的住處，也可以安身。《詩經・陳風・衡門》：「衡門之下，可以棲遲。泌之洋洋，也以樂饑。」

【衡陽雁斷】
衡陽：地名，在湖南。地有回雁峯，相傳雁南飛至此則止。後以衡陽雁斷指音信阻隔。明・高則誠《琵琶記・宦邸憂思》：「湘浦魚沉，衡陽雁斷，音書要寄無方便。」也作「**衡陽雁杳**」。明・高濂《玉簪記・情見》：「天涯人別，春風花信，眼前幾度驚心。衡陽雁杳，不知他怎上青雲。」

【衡陽雁杳】
見「衡陽雁斷」。

【衡岳借兵】
古時，國家出兵征討，必先至衡岳廟祭告，稱之「衡岳借兵」。清·趙翼《陔餘叢考·衡岳借兵》：「《癸辛雜志》有衡岳借兵一條。衡岳之廟，四門皆有侍郎神，唯北門主兵。朝廷每有兵事，則前望差官致祭。」

ㄏㄥˋ

【横財不富命窮人】
横財：意外得到的錢財。舊指命中註定的窮人，有了横財也富不起來。《醒世恆言》卷一八：「渾家道：『這件事也做得好。自古道：横財不富命窮人。倘然命裏沒財，得了他反生災作難，到未可知。』……當下大婦二人，不以拾銀爲喜，反以還銀爲安。」
【横禍飛災】
横：意外的。指意外的、突如其來的災禍。元·吳昌齡《張天師》四折：「飛雪呵調燮幾曾乖，惹下場横禍飛災。」也作「横禍非災」。元·無名氏《射柳捶丸》三折：「我將這合扇刀舉起，劈他腦蓋，我教你目前見横禍非災。」
【横禍非災】
見「横禍飛災」。
【横搶硬奪】
野蠻粗暴地强行搶奪。《兒女英雄傳》三二回：「幸虧我在船上先把你認下了，不然你瞧他們爺兒們娘兒們，這陣横搶硬奪的還了得了。」
【横殃飛禍】
横：意外；殃：災難。形容意外發生的災禍。晉·葛洪《抱朴子·遐覽》：「其經曰：家有三皇文，辟邪惡鬼、溫疫氣、横殃飛禍。」也作「横災飛禍」。《聊齋志異·青蛙神》：「此等金錢，不可自肥，恐有横災飛禍。」
【横災飛禍】
見「横殃飛禍」。
【横災梨棗】
梨棗：指書版。梨樹棗樹性堅，舊時常用作刻書的板。意思是刻的都是些毫無意義的文章，白白地糟蹋了許多梨樹棗樹。清·金聖嘆《西廂記·借廂》批語：「故用筆而其筆不到者，如今世間横災梨棗之一切文集是也。」

ㄏㄨ

【呼不給吸】
形容受驚之餘，來不及喘息。《淮南子·兵略訓》：「眯不給撫，呼不給吸。」
【呼風喚雨】
舊指神仙、道士的妖邪之術，能使刮風下雨。元·無名氏《鎖魔鏡》二折：「巨口獠牙顯化身，呼風喚雨駕祥雲。三界神只聞吾怕，我是那變化多般牛魔神。」後也用以揶揄人本領大，聯繫廣或比喻能支配社會或自然的力量。梁啓超《新中國未來記》三回：「兄弟，你眞是瑪志尼一流人物，天生成是呼風喚雨，攪得一國的原動力的了。」茅盾《祝全國科技大會》：「呼風喚雨尋常事，錐指管窺天地寬。」
【呼庚呼癸】
古時以庚爲西方，主谷；癸爲北方，主水。稻谷缺不了水。軍隊中出糧不得明說糧，以庚癸代稱。因以「呼庚呼癸」爲出糧時呼喊的隱語。後用以比喻向人告貸時的婉詞或祈求糧食豐產。明·張岱《雜著·失題》：「況時逢豐穰，呼庚呼癸，一歲自兆重登。」
【呼來揮去】
形容任意支使手下的人。例官僚主義者常不把下屬放在眼裏，呼來揮去，任意支使。
【呼盧喝雉】
呼、喝：大聲喊叫；盧、雉：古代賭博時骰子擲出時的兩種彩色名。形容賭者擲色子時的喊叫聲。明·瞿佑《骰子》：「卻憶咸陽客舍裏，呼盧喝雉燭花底。」
【呼馬喚牛】
見「呼牛呼馬」。
【呼牛呼馬】
比喻毀譽由人，不加計較。語本《莊子·天道》：「昔者子呼我牛也，而謂之牛；呼我馬也，而謂之馬。」清·俞樾《〈七俠五義〉序》：「此人後半部竟是包孝肅替人，非如牛驢子、苦頭兒，麴先生、米先生諸人，呼牛呼馬，無關輕重也。」也作「呼牛作馬」。明·徐復祚《宵光記·慰弟》：「時不偶，且躬操敝帚，任他人呼牛作馬，只低頭。」也作「呼牛喚馬」。清·李漁《蘋婆果賦》：「食子者多，知子者寡，聽其指鹿爲麞，只當呼牛喚馬。」也作「呼馬呼牛」。明·馮惟敏《耍孩兒·十自由》曲：「美語甜言話不投，論理法難聽受。總不如裝聾塞耳，一任他呼馬呼牛。」
【呼牛喚馬】
見「呼牛呼馬」。
【呼牛也可，呼馬也可】
《莊子·天道》：「昔者子呼我牛也，而謂之牛；呼我馬也，而謂之馬。」爲道家一種消極處世的態度。後來借指不管他人的毀譽，我行我素。《兒女英雄傳》一七回：「卻又是一片深心，打了個『呼牛也可，呼馬也可』的主意，任是誰說什麼，我只拿定主意，幹我的大事去。」也作「呼牛亦應，呼馬亦應」。秋瑾《精衛石·序》：「飾滿髻之金珠，衣周身之錦繡，脅肩諂笑，獻媚於男子之前，呼牛亦應，呼馬亦應，作男子之玩物、奴隸而不知恥。」
【呼牛亦應，呼馬亦應】
見「呼牛也可，呼馬也可」。
【呼牛應牛，呼馬應馬】
比喻人的名字只是一個符號，叫什麼

都可以。《老殘遊記》續集一回：「譬如你叫老殘，有這麼一個殘廢的老年人，有什麼可貴？又有什麼難致處？只不過也是被人叫開了，隨便答應罷了。怕不是呼牛應牛，呼馬應馬的道理嗎？」

【呼牛作馬】

見「呼牛呼馬」。

【呼朋引類】

把氣味相投的人常招引聚集在一起。多用於貶義。明・張居正《乞鑑別忠邪以定國是疏》：「夫專擅阿附者，人主之所深疑也。日浸月潤，鑠金銷骨……然後呼朋引類，藉勢乘權，恣其所欲為。」

【呼茄容易遣茄難】

茄：茄子。比喻招來時不費事，要打發走就難了。清・褚人獲《堅瓠三集》卷三：「蒙師夏日偶思食茄，因吟云：『時新茄子滿園間，不與先生當一餐。』其徒歸述其母，遂朝夕以茄為供。先生又苦之，諺云：『誰料一茄茄到底，呼茄容易遣茄難。』此句俗諺，用之恰當。」

【呼蛇容易遣蛇難】

民間傳說術士能用符咒把蛇招來，然後送走。一日，符咒失靈，蛇招來以後送不走，反帶來禍害。比喻難纏的人請來容易送走困難，或自找麻煩。《警世通言》卷一六：「小夫人聽得道：『你將為常言俗語道：呼蛇容易遣蛇難。怕日久歲深，盤費重大。』」

【呼天叫屈】

喊天訴冤。指蒙受冤屈投告無門而表示悲憤。《石點頭・侯官縣烈女殲仇》：「方六一隨入看視，假意呼天叫屈。」

【呼天搶地】

搶地：拿頭撞地。形容極其痛苦、悲愴的樣子。《儒林外史》一七回：「太公瞑目而逝，合家大哭起來。匡超人呼天搶地，一面安排裝殮。」

【呼天無路，呼地無門】

見「喊天天不應，喊地地不靈」。

【呼吸相通】

比喻思想一致，利害相關。《采菽堂古詩選・古詩十九首》之十：「脈脈者有條有緒，若呼吸相通，尋之有端而即之殊遠。」

【呼么喝六】

么：骰子上只有一點的那一面；六：骰子上有六個點的一面。原指賭者擲骰時粗魯喊叫，後指舉動粗暴，盛氣凌人。元・無名氏《氣英布》三折：「咱則道，舌剌剌言十妄九，村棒棒呼么喝六。」

【呼之或出】

見「呼之欲出」。

【呼之即來，揮之即去】

形容聽人擺布。老舍《四世同堂》九二：「他逢人便說：『我自個兒也有點產業』，恨不得再添上一句：『你以為我跟平常的中人拉縴一樣，呼之即來，揮之即去嗎？哼——我有我的身分。』」

【呼之竟出】

見「呼之欲出」。

【呼之欲出】

叫喚一聲就會出來。形容藝術作品描寫生動、形象逼真。明・張岱《木猶龍銘》：「海立山奔，煙雲滅沒，謂有龍焉，呼之欲出。」也作「**呼之或出**」。宋・蘇軾《郭忠恕畫贊序》：「恕先在焉，呼之或出。」也作「**呼之竟出**」。竟：居然。宋・無名氏《李師師外傳》：「帝復幸隴西氏，見懸所賜畫於醉杏樓，觀玩久之，忽回顧見師師，戲語曰：『畫中人乃呼之竟出耶？』」

【呼之則來，揮之則散】

呼喚就馬上到來，手一揮動就立即散去。形容對部下將士訓練有素，指揮得心應手。宋・蘇軾《王仲儀眞贊序》：「至於緩急之際，決大軍，安大衆，呼之則來，揮之則散者，唯世臣巨室為能。」

【忽忽不樂】

忽忽：失意的樣子。心中惘然若失，快樂不起來。《史記・梁孝王世家》：「三十五年冬，復朝。上疏欲留，上弗許。歸國，意忽忽不樂。」

【忽己之慢，成人之美】

忽：絕滅。千萬不要傲慢，要幫助別人成就好事。表示應謙虛謹慎，樂於助人。五代前蜀・貫休《續姚梁公座右銘並序》：「忽己之慢，成人之美；毋擔虛美，無背至理。」

【忽見陌頭楊柳色，悔教夫婿覓封侯】

唐・王昌齡《閨怨》詩：「閨中少婦不知愁，春日凝妝上翠樓。忽見陌頭楊柳色，悔教夫婿覓封侯。」指婦女原先勸丈夫外出求取功名現因思念產生的後悔之情，並反襯對丈夫的思念。

【忽如一夜春風來，千樹萬樹梨花開】

忽然像夜間春風來臨，千萬棵梨樹枝頭上開滿了花朵。原形容邊塞雪景，現比喻喜訊傳來，萬衆為之歡欣鼓舞的情景。唐・岑參《白雪歌送武判官歸京》詩：「北風捲地白草斬，胡天八月即飛雪。忽如一夜春風來，千樹萬樹梨花開。」

ㄏㄨˊ

【囫圇吞棗】

囫圇：整個的。把棗整個吞下去。比喻學習上食而不化，不加思索，不求甚解。元・楊景賢《西遊記雜劇》四本一三齣：「我見你須臾下禮有蹺蹊，我這裏囫圇吞個棗不知酸淡。」茅盾《夜讀偶記》五：「現在有些氣血方剛，缺乏辨別力的青年，囫圇吞棗地讀了《紅樓夢》，的確會產生一些不健康的思想情緒。」

【囫圇吞棗——不辨滋味】

①比喻籠統含糊、不加分析和辨別。

多用在學習上。例學習如果囫圇吞棗——不辨滋味，不體會其精神實質，就等於白學，沒有用處。②比喻一種複雜的思想感情，不知是什麼味道。例當老師在班上宣布我的成績是同學中最差的一個時，我突然出現一種囫圇吞棗——不辨滋味的感覺。

【囫圇吞棗——難消化】

多指不好理解，難以吸收。例你問學理論能不能死記硬背，我看正像俗話所說：「囫圇吞棗——難消化，難運用。」必須理解其精神實質。也作「囫圇吞棗——消化不了」、「啃生瓜吃生棗——難消化」。

【囫圇吞芝麻——一肚子點子】

雙關語，比喻辦法、主意很多。例這個人是囫圇吞芝麻——一肚子點子，村裏人叫他「二諸葛」。

【狐奔鼠竄】

形容逃竄時的狼狽樣。《宋書・索虜傳》：「比誅討蠻髦……或有狐奔鼠竄，逃首北境。」

【狐虎之威】

狐假借虎而作威作福。比喻權貴的威勢及其爪牙仗勢欺人。魯迅《憶韋素園君》：「因為段祺瑞總理和他的幫閒們的迫壓，我已經逃到廈門，但北京的狐虎之威還正是無窮無盡。」

【狐假鴟張】

鴟：ㄔ，老鷹。如狐狸之假借虎威，老鷹之張翅撲食。比喻以勢壓人。《舊唐書・僖宗紀》：「初則狐假鴟張，自謂驍雄莫敵，則鳥焚魚爛，無非破敗而終。」

【狐假虎威】

見「狐藉虎威」。

【狐藉虎威】

《太平御覽》卷四九四：「虎求百獸食之，得狐。狐曰：『子無食我也。天帝令我長百獸，今子食我，是逆天帝命也。子以我言不信，吾為子先行，子隨我後，觀百獸之見我不走乎？』虎以為然，故遂與行。獸見之皆走。虎不知獸畏己而走，以為畏狐也。」後用「狐藉虎威」比喻憑藉別人的威勢欺壓人。《宋書・恩幸傳序》：「曾不知鼠憑社貴，狐藉虎威，外無逼主之嫌，內有專用之功。」也作「狐假虎威」。《警世通言》卷三一：「居中的人還要扣些謝禮，他把中人就自看做一半債主，狐假虎威，需索不休。」

【狐掘狐埋】

見「狐埋狐搰」。

【狐狸拜雞——用心歹毒】

比喻居心不良，陰險狠毒。例敵人採取這種花招，確是狐狸拜雞——用心歹毒，我們得認眞對付。也作「狐狸拜雞——不懷好意」、「狐狸給雞送禮——不懷好意」、「狐狸大夫給雞看病——不懷好意」。

【狐狸奔雞窩——熟路】

狐狸歡喜偷雞，所以說「熟路」。也作「狐狸奔雞窩——道熟」。見「閨女回娘家——熟路」。

【狐狸不樂龍王，魚鱉不樂鳳凰】

比喻彼此相差太遠，難以相處。例各方面條件都不一樣，甚至有很大距離，怎麼能談得攏呢？這不是「狐狸不樂龍王，魚鱉不樂鳳凰」嗎？

【狐狸搽花露水——臊氣還在】

比喻醜惡或齷齪現象依然存在。例雖然經過一段改造，在他身上，狐狸搽花露水——臊氣還在，不能放鬆要求。也作「尿盆裏灑香水——臊氣還在」。

【狐狸吵架——一派胡（狐）言】

胡：「狐」的諧音。指全是胡言亂語。例他說的那番話，純係狐狸吵架——一派胡（狐）言，應當嚴厲地予以駁斥。

【狐狸出洞—沒有好事】

見「狐狸進村——沒安好心」。

【狐狸打不成，倒惹了一屁股臊】

比喻事情沒辦成，反惹出麻煩。例俗話說：「狐狸打不成，倒惹了一屁股臊。」事情沒弄好，倒引起衆人埋怨，何苦來哉！

【狐狸打不著——空惹一身臊】

臊：ㄙㄠ，像尿一樣的腥臭味。比喻好處沒得到，反而落不是。例我曾早告訴你，不要去乞求於他。果然，狐狸打不著——空惹一身臊，把自己也牽連進去了。也作「羊肉不曾吃——空惹一身膻」、「捉不著狐狸——惹一身臊」。

【狐狸戴禮帽——人面獸心】

指外表像人，內心卻同野獸一樣。例聽說那個人是狐狸戴禮帽——人面獸心，我們這次同他生活在一起，要特別提高警惕。也作「老虎扮和尚——人面獸心」。

【狐狸大夫給雞看病——不懷好意】

見「狐狸拜雞——用心歹毒」。

【狐狸的尾巴——藏不住】

比喻目標明顯，難以遮掩。例小老婆說：「你想埋下金銀首飾裝窮？一村裏誰不知道你是頭挑的大戶……狐狸的尾巴——藏不住！咱還是三十六計走為上計。」也作「禿子頭上的虱子——藏不住」。

【狐狸的尾巴——夾不住】

①見「狐狸的尾巴——藏不住」。②比喻收斂不住。例你要他別賭博，我看有點難，他是狐狸的尾巴——藏不住。

【狐狸掉陰溝——又臊又臭】

雙關語，比喻作風下流，惹人厭惡。例她破口大罵道：「這個娘們是狐狸掉陰溝——又臊又臭。」也作「黃鼠狼鑽糞堆——又臊又臭」。

【狐狸洞裏扛肩擔——窩裏橫】

比喻在自家人面前耍蠻。例別狐狸洞裏扛肩擔——窩裏橫，有本事的去跟敵人鬥一鬥。

【狐狸給雞送禮——不懷好意】

見「狐狸拜雞——用心歹毒」。

【狐狸給雞祝壽——不敢受這個

禮】
比喻不願受非分之得。例我雖然做了些工作，但勞而無功，狐狸給雞祝壽——不敢受這個禮。
【狐狸跟著老虎走——狐假虎威】
比喻仗著別人的威勢嚇唬人。例我們尊重權威，但絕不是那些狐狸跟著老虎走——狐假虎威的人。也作「狐狸騎老虎——狐假（駕）虎威」。
【狐狸進村——沒安好心】
比喻壞人出來活動，必定要幹壞事。例這條癩皮狗半夜三更又到鎮上來幹什麼？狐狸進村——沒安好心，你們得派民兵去看看。也作「狐狸出洞——沒有好事」。
【狐狸進宅院——來者不善】
見「鱷魚上岸——來者不善」。
【狐狸精】
原指傳說中由狐狸修煉而成的精怪。其性狡猾善變、易迷惑人。①比喻詭計多端、狡猾過人的人。例要從他身上弄到破案的線索太難了，他跟狐狸一樣狡猾，簡直就是條狐狸精。②比喻貌美並善用迷惑的手段勾引人的人，多指女性。例這個奶油小生長得女裏女氣的，活是個狐狸精，特別會討女孩子的歡心，上他當的不只一個了。
【狐狸精放屁——妖氣】
狐狸精：迷信指修煉能變人的狐狸。見「白骨精打呵欠——妖氣」。
【狐狸精露尾巴】
傳說狐狸能變成人形，但尾巴變不了。比喻壞人的本來面目暴露出來。孫錦標《通俗常言疏證》二册《通俗編・洛陽伽藍記》：「後魏孫岩娶妻三年，未脫衣服，私怪之，俟其睡熟，陰解其衣，有尾長三尺，懼而出之，變爲一狐而走。按俗以作僞者露其本色曰狐狸精露尾巴，即其事也。」
【狐狸精問路——沒有好道道兒】
狐狸精：迷信的人認爲狐狸修煉而成的精怪。雙關語，比喻詭計多端，盡出壞主意。例那個二孔明爲什麼反而向你這個傻小子請教，裏面一定有名堂，狐狸精問路——沒有好道道兒，小心點，別上當。也作「豁牙子啃西瓜——盡出壞道道」。
【狐狸精轉世的——心眼兒稠】
狐狸精：狐狸狡猾多疑，迷信者認爲它能修煉成精怪；轉世：佛教認爲人或動物死後，靈魂依照因果報應而投胎，成爲另一個人或動物，也叫轉生。比喻有心計、辦法或主意多。例這個人是狐狸精轉世的——心眼兒稠，你可鬥不過人家。
【狐狸看雞，越看越稀】
比喻讓不可靠的人辦事，只會出亂子。例據說這個人手腳不乾淨，你們找他當保管員，那不正合了俗話所說的「狐狸看雞，越看越稀」了。
【狐狸騎老虎——狐假(駕)虎威】
假：「駕」的諧音。見「狐狸跟著老虎走——狐假虎威」。
【狐狸入虎穴——不知死活】
見「買乾魚放生——不知死活」。
【狐狸投胎——詭計多端】
投胎：迷信者認爲，人或動物死後，靈魂投入母胎，轉生世間。形容壞主意很多。例他像狐狸投胎——詭計多端，很多人都吃過他的虧，你應提高警惕。也作「閻王爺演戲——詭(鬼)計多端」。
【狐狸窩裏鬥——自相殘殺】
形容自己人互相殺害。例不怕外敵進攻，就怕狐狸窩裏鬥——自相殘殺。也作「餓狗爭食——自相殘殺」、「二虎相鬥——自相殘殺」。
【狐狸遇上地老鼠——沒辦法】
地老鼠：即田鼠，鼠的一種，生活在樹林，草地、田野裏，對農作物有害。地老鼠能鑽洞入土，狐狸逮不著、吃不上。比喻奈何不得，無計可施。例他心頭一驚，想：對這種厚顏無恥的人，實在是狐狸遇上地老鼠——沒辦法，只好讓他去吧！也作「狐狸遇上地老鼠——沒法」、「石磨壓著手——沒有辦法」、「張天師失去五雷印——沒法」。
【狐狸找公雞拜年——有你上的當】
比喻要洞察其奸，不要受騙上當。例他爲什麼要送你那麼多禮物？狐狸找公雞拜年——有你上的當，千萬提高警惕啊！
【狐狸裝貓聲——想抱肥雞咬兔子】
比喻壞人僞裝善良，想幹壞事。例你們別聽他花言巧語。這是狐狸裝貓聲，想抱你們的肥雞，咬你們的兔子。
【狐狸鑽罐子——藏頭露尾】
見「狗戴籮筐——藏頭露尾」。
【狐狸鑽灶——露了尾巴】
見「孫悟空變山神廟——露了尾巴」。
【狐埋狐搰】
搰：ㄏㄨˊ，挖掘。狐性多疑，剛把東西埋於地下，一會兒又掘出來看看。比喻人疑慮太重，成不了事。《民國通俗演義・自序》：「方以爲推翻清室，永除專制，此後得享共和之幸福，而不意狐埋狐搰，迄未有成。」也作「狐掘狐埋」。宋・晁補之《答劉壯輿論國語書》：「若曰漢唐事禹，勸不得預其禍，則狐掘之必狐埋之，己首禍而身不預，則何如。」
【狐埋之而狐搰之，是以無成功】
搰：ㄏㄨˊ，掘。狐性多疑，剛埋好的東西又刨出來，總是埋不好。比喻疑慮太多，做不好事。《國語・吳語》：「夫諺曰：『狐埋之而狐搰之，是以無成功。』今天王既封植越國，以明聞於天下，而又刈亡之，是天王之無成勞也。雖四方之諸侯，則何實以事搰？敢使下臣盡辭，唯天王秉利度義焉！」
【狐媚魘道】

用妖形媚態誘人。形容爲人卑賤諂媚，心術不正。《紅樓夢》二〇回：「你總不聽我的話，倒叫這些人教得你歪心邪意、狐媚魘道的。自己又不尊重，要往下流裏走。」

【狐媚猿攀】

像狐狸那樣擅迷人，像猿猴那樣擅攀登。比喻不擇手段地鑽營名利。明．劉體乾《財用詘乏懇乞聖明節省疏》：「其間狐媚猿攀，途轍不一，蠅營狗竊，窠臼且多，臣不能悉舉。」

【狐媚子】

指擅長獻媚取寵、迷惑別人的女人。例我看見那個女人了，眞是個狐媚子，難怪那些男人被她弄得神魂顚倒。

【狐鳴狗盜】

比喻奸邪偷盜之徒。《舊唐書．鄭畋傳》：「每枕戈而待旦，常泣血以忘餐，誓與義士忠臣，共剪狐鳴狗盜。」

【狐鳴魚書】

《史記．陳涉世家》：「卒買魚烹食，得魚腹中書。……夜篝火，狐鳴呼曰：『大楚興，陳勝王。』」後以「狐鳴魚書」指聚衆起事。宋．羅大經《鶴林玉露》卷六：「如狐鳴魚書之類，至詐爲吉兆以動衆。」

【狐朋狗黨】

見「狐羣狗黨」。

【狐朋狗友】

見「狐羣狗黨」。

【狐憑鼠伏】

見「狐潛鼠伏」。

【狐潛鼠伏】

像狐狸和老鼠那樣東藏西躲。形容到處逃匿。明．張景《飛丸記．公館言情》：「山居草宿，狐潛鼠伏，將略勝孫、吳，軍勢振頗、牧。」也作「**狐憑鼠伏**」。《廣東軍務記．三元里平夷錄》：「逆夷各狐憑鼠伏，潛避兩炮台中，不敢出入。」

【狐裘羔袖】

狐皮貴而羔皮賤。以狐皮做衣服，用羊羔皮做袖子。比喻完美中未免有缺憾之處。宋．蘇軾《賀趙大資致仕啟》：「究觀自古之忠賢，少有全傳。錦衣而行者多矣，狐裘而羔袖者有之。」

【狐裘尨茸】

見「狐裘蒙戎」。

【狐裘蒙戎】

蒙戎：蓬鬆，混亂。狐皮袍子蓬蓬鬆鬆，比喻國政混亂。《詩經．邶風．旄丘》：「狐裘蒙戎，匪車不東。叔兮伯兮，靡所與同。」也作「**狐裘尨茸**」。《左傳．僖公五年》：「狐裘尨茸，一國三公，吾誰適從？」也作「**狐裘蒙茸**」。宋．王楙《野客書．古人諺語》：「古人諺語見於書史者甚多……曰『狐裘蒙茸，一國三公』。」

【狐裘蒙茸】

見「狐裘蒙戎」。

【狐羣狗黨】

比喻相互勾結的一夥壞人。元．無名氏《氣英布》四折：「咱若不是扶劉鋤項，逐著那狐羣狗黨，兀良，怎顯得咱這黥面當王。」也作「**狐朋狗黨**」。元．關漢卿《單刀會》三折：「他那裏暗暗的藏，我須索緊緊的防，都是些狐朋狗黨。」也作「**狐朋狗友**」。《紅樓夢》一〇四回：「惱的是那狐朋狗友，搬弄是非，調三窩四。」

【狐鼠之徒】

比喻卑賤小人。《隋唐演義》七三回：「朝廷之紀綱尙在，但可恨這班狐鼠之徒」。

【狐死歸首丘，故鄉安可忘】

首：頭朝著。狐狸將死時，尙且把頭朝向巢穴所在的山丘，故鄉又怎麼能夠忘記。比喻人至死眷念著故鄉。三國魏．曹操《卻東西門行》詩：「神龍藏深泉，猛獸步高岡。狐死歸首丘，故鄉安可忘？」

【狐死首丘】

傳說狐狸將死，頭必朝向狐穴所在的山丘。比喻不忘根本。《淮南子．說林訓》：「鳥飛反鄉，兔走舊窟，狐死首丘，寒將翔水，各哀其所生。」漢．班固《白虎通．封神》：「狐死首丘，不忘本也。」

【狐死兔泣】

兔見狐死而流淚。比喻因同類的死亡聯想自己而悲哀。也作「**兔死狐悲**」。

【狐綏鴇合】

《詩經．衛風．有狐》：「有狐綏綏，在彼淇梁。」宋．朱熹《集傳》：「綏綏，獨行求匹貌。」明．朱權《丹丘先生曲論》：「鴇……喜淫而無厭，諸鳥求之即就。」後以「狐綏鴇合」比喻男女淫亂。清．王韜《淞隱漫錄．樂仲瞻》：「鄰婦浼賣花媼以重利招之往，狐綏鴇合，醜聲藉藉於閭巷間。」

【狐兔之悲】

意同「兔死狐悲」。明．朱國禎《涌幢小品．黃叔度二誣辨》：「上之不能如孫登之污埋，次之不能如皇甫規之不與，下之不能興狐兔之悲，方且沾沾自喜，因同志之死以爲名高，是誠何忍哉。」

【狐疑不決】

狐性多疑。比喻遇事猶豫，拿不定主意。《東觀漢紀．來歙傳》：「時山東略定，帝謀西收[隗]囂，故狐疑不決。」也作「**狐疑未決**」。《剪燈餘話．賈雲華還魂記》：「過橫樓西，適有兩巷相聯，莫知何者可達，狐疑未決。」

【狐疑未決】

見「狐疑不決」。

【胡猜亂道】

不切實際的猜想，無根據地亂說。《西遊記》四三回：「你們且休胡猜亂道，且設法保師父過去。」

【胡猜亂度】

見「胡猜亂想」。

【胡猜亂想】

對不切實際的事妄加臆測。《醒世恆言》卷四：「掙起身來看時，眾女子俱不見了。心中想道：『是夢，卻又未曾睡臥……胡猜亂想，驚疑不定。』」也作「胡猜亂度」。度：推測。清．王夫之《夕堂永日緒論內編》三六：「盡人解一『臥』字不得，只作人臥雲中，故於『闕』字生出許多胡猜亂度。」

【胡纏亂攪】
見「胡攪蠻纏」。

【胡吹海摔】
形容不負責任、海闊天空地亂說。例你可別聽他在那裏胡吹海摔，其實他才不是某公司的負責人，只不過是一個小打雜的。

【胡吹亂嗙】
嗙：ㄆㄤˇ，誇大、吹牛。形容隨口瞎吹，慫恿煽動。《孽海花》二二回：「老實告訴你吧，別花言巧語了，也別胡吹亂嗙了。」也作「胡謅亂嗙」。

【胡打亂鑿】
指胡攪蠻纏。例我已經把事情的原委都和你說清楚了，請你不要再纏著我胡打亂鑿，問東問西的。

【胡帝胡天】
見「胡天胡帝」。

【胡肥鍾瘦】
胡、鍾：胡昭和鍾繇，都是三國時書法家。胡昭的字體肥，鍾繇的字體瘦。形容書法各具風格，各擅其美。唐．張彥遠《法書要錄》：「三國魏劉德升字君嗣，以造行書擅名，胡昭、鍾繇並師其法，而胡書體肥，鍾書體瘦，亦各有君嗣之美。」

【胡歌野調】
不正經的歌曲小調。《金瓶梅詞話》三四回：「坐在門首，胡歌野調，夜晚打磚，百般欺負。」

【胡姑姑，假姨姨】
隨便認來的親戚。明．無名氏《李雲卿》三折：「甚麼嬰兒姹女，黃婆黑婆白婆，都是些胡姑姑，假姨姨。」

【胡廣補闕】
《後漢書．胡廣傳》：「溫柔謹素，常遜言恭色，達陳書體，明鮮朝章，雖無蹇直之風，屢有補闕之益。故京師諺曰：『萬事不理問伯始，天下中庸有胡公。』」後以「胡廣補闕」指雖非慷慨陳詞，但對朝政有益的話。

【胡椒八百斛】
《書言故事》：「元載受賄後事敗，有司籍其家，鍾乳五百兩，胡椒八百斛。」後指貪賄非常多。宋．黃庭堅《夢東坡》詩：「向處胡椒八百斛，誰家金釵十二行。」

【胡椒拌黃瓜——又辣又脆】
胡椒：調味品，味辣。比喻說話又厲害、又乾脆。例這姑娘說起話來就像胡椒拌黃瓜——又辣又脆，有時雖然覺得刺耳，但確實簡單明瞭，能解決問題。

【胡攪蠻纏】
指毫無道理地糾纏。例那個男生好討厭，我只跟他吃過一次飯，之後他就一直對我胡攪蠻纏，真令人反感。也作「胡纏亂攪」。《韓湘子全傳》二八回：「我兩個是慣弄障眼法兒的，你們快去投別人做師父，莫在此胡纏亂攪。」

【胡盧提】
比喻糊塗、馬虎。例這帳一筆是一筆，筆筆要算清，千萬不能胡盧提大概估算。也作「葫蘆提」、「葫蘆題」、「葫蘆蹄」。

【胡蘿蔔不大——長在輩（背）兒上】
背兒：在耕地上培成的一行一行的土埂，也稱壟，胡蘿蔔就長在壟上；輩兒：「背兒」的諧音，輩分。雙關語，比喻人的本事雖不大，但資格老，有身份；或年齡雖小，但輩分很大。例李蔚說：「你提意見，他可也得聽呀？別看胡蘿蔔不大——長在輩（背）兒上了，又是老貧農，又是游擊隊長，咱說話算是不靈。」

【胡蘿蔔疙瘩——上不了席】
疙瘩：塊狀的東西；席：宴會的酒席。比喻見不得大世面，不能登大雅之堂。例我可是小家子氣厲害，胡蘿蔔疙瘩——上不了席，請多幫忙應酬應酬。

【胡馬依北風，越鳥巢南枝】
胡馬：北方產的馬；越鳥：南方生的鳥。北方所產的馬依戀著北風，南方所生的鳥在朝南的樹枝上築巢。比喻對故鄉或祖國的懷念。漢．無名氏《古詩十九首．行行重行行》：「道路阻且長，會面安可知？胡馬依北風，越鳥巢南枝」。

【胡敲梆子亂擊磬——歡喜若狂】
梆子：打擊樂器，用兩根長短不同的棗木製成，多用於梆子腔的伴奏；磬：ㄑㄧㄥˋ，古代打擊樂器，用石或玉製成，形如曲尺，懸於架上，用木槌擊奏。形容歡喜到了極點。例勝敗乃兵家常事，贏了一場球就胡敲梆子亂擊磬——歡喜若狂，我實在不能理解。也作「老鷹得腸——歡喜若狂」。

【胡說八道】
說話不符事實，或沒有道理，瞎說一陣。《三俠五義》七回：「小婦人告訴他兄弟已死，不但不哭，反倒向小婦人胡說八道，連小婦人如今直學不出口來。」也作「胡說白道」。《紅樓夢》八三回：「昨日晚上睡覺還是好好兒的，誰知半夜裏一疊連聲地嚷起心疼來，嘴裏胡說白道，只說好像刀子割了去的似的。」

【胡說白道】
見「胡說八道」。

【胡說亂道】
不負責任地隨便瞎說。《西遊記》六八回：「你那曾見《素問》、《難經》、《本草》、《脈訣》是甚般章句，怎生注解，就這等胡說亂道，會甚麼懸絲診脈！」

【胡思亂量】
見「胡思亂想」。

【胡思亂想】
多指不切實際、毫無根據地瞎想。《紅樓夢》三四回：「只勸他好生養著，別胡思亂想就好了。」也作「胡思亂量」。宋・朱熹《答潘文叔書》：「切宜便就腳下一切掃去，而於日用之間，稍立課程，著實下工夫，不要如此胡思亂量過卻日子也。」

【胡孫待制】
胡孫：猢猻，借指孩子；待制：宋時中央省預置以備顧問之官。譏諷孩子當官。宋・陸游《老學庵筆記》：「其子閎孚作待制造朝，才十四歲，都人目爲胡孫待制。」

【胡啼番語】
古代指外族或外國的語言。唐・白居易《聽曹剛琵琶兼示重蓮》詩：「撥撥弦弦意不同，胡啼番語兩玲瓏。」

【胡天胡帝】
帝：天帝。原本《詩經・鄘風・君子偕老》：「胡然而天也，胡然而帝也？」意指服飾、容貌美得賽如天神。後用以形容罕見之美。《隋唐演義》八〇回：「祿山奉觴進酒之時，偷眼看那貴妃的美貌，眞個是……洵矣胡天胡帝，果然傾國傾城。」也作「胡帝胡天」。淸・丘逢甲《題張仙根歷代宮闈雜事詩卷》：「體兼正變古風時，胡帝胡天更見之。」

【胡同裏扛竹竿——直來直去】
胡同：巷，小街道。比喻直截了當，不拐彎抹角。例他性情爽快，說話就像胡同裏扛竹竿——直來直去，沒有一點壞心腸。也作「夾巷趕狗——直來直去。」、「蛇鑽竹筒——直來直去」、「扛竹竿進城門——直進直出」、「扛著毛竹上街——直來直去」、「木匠推刨子——直來直去」、「弄堂裏扛木頭——直進直出」、「炮彈進膛——直入直出」、「牛頭刨開車——直來直去」、「蛇鑽竹筒——直進直出」、「屬炮筒子的——直來直去」、「城門裏扛竹竿——直進直出」、「嗓子眼裏吞麵杖——直出直入」、「挑水肩擔進屋——直出直入」、「拖拉機耕地——直來直去」、「小胡同裏趕豬——直來直去」、「巷子裏趕豬——直來直去」、「巷道裏扛椽子——直來直去」、「煙囪裏爬老鼠——直來直去」、「小胡同裏扛竹竿——直出直入」、「袖筒裏入棒槌——直出直入」、「過道裏掮椽子——直出直入」。

【胡爲亂信】
爲：行爲。行動莽撞，盲目相信。《西遊記》四七回：「向後來，再不可胡爲亂信。望你把三教歸一：也敬僧，也敬道，也養育人材，我保你江山永固。」

【胡爲亂做】
見「胡作非爲」。

【胡行亂鬧】
指胡攪蠻纏，不講道理。《紅樓夢》七二回：「從此養好了，可要安分守己，別再胡行亂鬧了。」

【胡言漢語】
信口瞎編。明・無名氏《村樂堂》二折：「同知，休聽這弟子孩兒胡言漢語的。」

【胡言亂道】
見「胡言亂語」。

【胡言亂語】
無根據地隨意胡說亂道。元・無名氏《漁樵記》二折：「你則管哩便胡言亂語將我廝花白，你那些個將我似舉案齊眉待。」也作「胡言亂道」。淸・孔尙任《桃花扇・罵筵》：「唗！這妮子胡言亂道，該打嘴了。」

【胡越一家】
胡地在北，越地在南，胡人和越人成爲一家人。形容全國統一的局面。也形容遠隔異鄉的人會聚一堂。《通鑑綱目・唐太宗貞觀七年》：「帝宴未央宮，上皇命頡利可汗起舞，馮知戴咏詩，既而笑曰：『胡越一家，古未有也。』」

【胡支扯葉】
見「胡枝扯葉」。

【胡枝扯葉】
形容東拉西扯，不說正經。《金瓶梅詞話》七三回：「你問他，正景姐姐吩咐的曲兒不教他唱，平白胡枝扯葉的，教他唱什麼《憶吹簫》。」也作「胡支扯葉」。《儒林外史》二一回：「到晚，牛浦回家，問著他，總歸不出一個淸帳，口裏只管之乎者也，胡支扯葉。」

【胡謅亂道】
隨口瞎編，亂說一通。《紅樓夢》八一回：「雖懂得幾句詩詞，也是胡謅亂道的；就是好了，也不過是風雲月露，與一生的正事，毫無關涉。」也作「胡謅硬扭」。硬扭：生編硬造。《兒女英雄傳》一〇回：「公莫認作十三妹生做蠻來，也莫怪道說書的胡謅硬扭。」

【胡謅亂嗙】
見「胡吹亂嗙」。

【胡作非爲】
肆無忌憚地幹壞事。《兒女英雄傳》二回：「這豈不是拿著國家有用的帑項錢糧，來供大家養家肥己、胡作非爲麼？」也作「胡爲亂做」。元・無名氏《謝金吾》二折：「那廝敢胡爲亂做，把先皇聖旨不怕些兒個，平白地鬧出這場禍。」

【鬍子眉毛一把抓】
比喻不分主次，不講輕重。李英儒《戰鬥在滹沱河上》二一：「『我提議把維持會的人都整整！』『誰壞就整誰，不能鬍子眉毛一把抓！』」

【鬍子上的飯，牙縫裏的肉——不大點】
形容數量極少或東西極小。例這點損失不過是鬍子上的飯，牙縫裏的肉——不大點，不必著急，大家多幹一會兒就彌補上了。

【鬍子上掛霜——一吹就了】

雙關語，比喻關係不好，造成破裂結局。例原來只是口頭協議，沒有法律效力，既然他們不講信用，又無履行諾言的能力，那就鬍子上掛霜——一吹就了。

【鬍子上貼膏藥——毛病】

膏藥：中藥外用藥的一種，用植物油或動物油加藥熬煉成膠狀物質，塗在布、紙或皮的一面，可以較長時間地貼在患處。雙關語，比喻缺點，或事物發生的故障。例我的這位朋友，聰明能幹，只是鬍子上貼膏藥——毛病不少，請您多多幫助他。也作「鬍子上生瘡——毛病」、「頭髮上貼膏藥——毛病」。

【鬍子一大把】

形容年老。例別看他鬍子一大把，幹起活來從不亞於年輕人。

【壺漿簞食】

簞：圓形飯籃。壺中盛著漿，籃中裝著飯。形容百姓歡迎軍隊並予犒勞的情景。宋·張壙《賀張樞密再除知院啓》：「自應壺漿簞食以近王師，誰不下馬投戈而拜。」也作「簞食壺漿」。

【壺漿路左】

見「壺漿塞道」。

【壺漿滿路】

見「壺漿塞道」。

【壺漿塞道】

人們奉著盛著漿的壺，擠滿了道路。形容百姓歡迎軍隊的情景。《周書·于翼傳》：「襄城民庶等喜復見翼，並壺漿塞道。」也作「壺漿路左」。《魏書·酈范傳》：「然後方軌連鑣，揚旌直進，何患不壺漿路左以迎明公哉！」也作「壺漿滿路」。宋·陸游《書事》詩之二：「關中父老望王師，想見壺漿滿路時。」

【壺裏乾坤】

見「壺中日月」。

【壺裏伸進燒火棍——胡(壺)攪】

燒火棍：燒火做飯時，通爐火的棍子；胡；「壺」的諧音。形容不講道理，胡亂糾纏。例你別在此壺裏伸進燒火棍——胡（壺）攪了，大家還有許多事要幹哩！

【壺天日月】

見「壺中日月」。

【壺中日月】

神話傳說，道家得道者常懸一壺，其中自有天地日月，如人世。後以「壺中日月」指道家的仙境生活。唐·李中《贈重安寂道者》詩：「壺中日月存心近，島外煙霞入夢清。」也作「壺天日月」。金·長荃子《西江月》詞：「返照壺天日月，休言塵世風波。」也作「壺中天地」。元·劉秉忠《永遇樂》詞：「壺中天地，目前今古，今日還明日。」也作「壺裏乾坤」。明·朱有燉《神仙會》一折：「羅浮道士誰同流，草衣木食輕諸侯。世間甲子管不得，壺裏乾坤只自由。」

【壺中天地】

見「壺中日月」。

【葫蘆掉下井——不成（沉）】

見「木頭人投河——不成（沉）」。

【葫蘆鋸了把兒——沒嘴兒】

比喻口才不好，不擅辭令。例請原諒，我是葫蘆鋸了把兒——沒嘴兒，問題可能沒有說清楚。

【葫蘆裏盛水——點滴不漏】

比喻說話或辦事非常嚴密周到，沒有絲毫漏洞。有時比喻人小氣，一點不肯破費。例她說話就像葫蘆裏盛水——點滴不漏，你休想挑毛病。也作「葫蘆裏盛水——滴水不漏」、「葫蘆裏裝水——點滴不漏」、「瓶口封蠟——滴水不漏」、「婆婆嘴吃西瓜——滴水不漏」。

【葫蘆落水——吞吞吐吐】

見「老牛吃草——吞吞吐吐」。

【葫蘆落塘——搖搖擺擺】

形容人的立場不堅定，或拿不定主意。例在這種原則問題上，不能像葫蘆落塘——搖搖擺擺，應當有自己的主見。也作「井台上的轆轤——搖搖擺擺」。

【葫蘆蔓纏上了南瓜藤——難解】

見「狗咬粽子——難解」。

【葫蘆瓢撈餃子——湯湯水水都不漏】

比喻對於有利可圖的事，一點也不放過。例這個人既精於計算，又極端自私，的確是葫蘆瓢撈餃子——湯湯水水都不漏，幾年來，積累了可觀的家產。

【葫蘆瓢——裏虛】

葫蘆做成的瓢，當中是空的，可以盛水或其他的東西；裏虛：裏面是空的。比喻因理虧而心虛。例這次，他可是葫蘆瓢——裏虛，不像過去那樣得理不讓人，飛揚跋扈。

【葫蘆牽到扁豆藤】

比喻思路紊亂，說話東拉西扯。例一會兒說東，一會兒說西，讓人聽得莫名其妙。眞是：「葫蘆牽到扁豆藤。」

【葫蘆中賣的是什麼藥】

比喻打什麼主意、有什麼奧妙。也作「葫蘆裏賣的啥藥」。例看林大同一早進公司就鬼鬼祟祟的，不知他葫蘆裏賣的啥藥。也作「葫蘆中裝的是什麼藥」、「悶葫蘆裏究竟藏著什麼藥」。

【葫蘆裝糯米飯——裝進容易倒出難】

比喻收入了財物，當花的捨不得花。含有小氣的意思。例他花公家的錢倒很慷慨，自己的卻像葫蘆裝糯米飯——裝進容易倒出難。

【湖底的魚——不好打】

雙關語，比喻因難重重，不易取勝。例敵人的大部隊垮了，逃進山裏的殘兵敗將卻變成了湖底的魚——不好打，得依靠羣衆和計謀，才能徹底消滅他們。也作「一面官司——不好打」。

【湖光山色】

湖的風光，山的景色互相輝映。指大好的自然風光。《儒林外史》一五回：「南渡年來此地遊，而今不比舊風流。湖光山色渾無恙，揮手清吟過十洲。」

【湖廣熟，天下足】

湖廣：明代省名。指湖南、湖北。湖廣地區糧食豐收，全國糧食就夠了。清・梁章鉅《農候雜占》卷二：「湖廣，古荊州地，江漢若帶，衡荊作枕，洞庭、雲夢爲池。中國之地，四通八達，莫若楚也。楚因澤國，耕稼甚饒，一歲再穫，柴桑多仰給焉。諺云湖廣熟，天下足者，言土地廣沃而長江轉輸便易，非他省比也。」

【湖海氣】

指豪爽、無拘無束的氣概。例虧你一個男子漢還這麼小家子，一點湖海氣都沒有，你臊不臊？

【湖海之士】

舊指闖蕩天下、性情豪放的人物。《三國志・魏書・陳登傳》：「後許汜與劉備併在荊州牧劉表坐，表與備共論天下人，汜曰：『陳元龍（登字）湖海之士，豪氣未除。』」

【猢猻戴帽子——想充個好人】

猢猻：猴子的一種。比喻喬裝打扮，冒充好人。例我看你是猢猻戴帽子——想充個好人，並不是自己說的那樣「多管閒事」。也作「黃鼠狼頂草帽——假充好人」、「強盜唸經——冒充好人」、「蟲兒鑽進桃核——混充好人（仁）」。

【猢猻戴帽子——學做人】

比喻學著當個正派人。例他在社會上鬼混了好幾年，現在猢猻戴帽子——學做人了，大家對此表示熱情的歡迎。

【猢猻入布袋】

猴子裝進口袋裏。比喻野性受到約束。宋・歐陽修《歸田祿》卷二：「梅聖俞以詩知名，三十年終不得一官職。晚年與修《唐書》，書成未奏而卒，士大夫莫不嘆惜。其初受敕修《唐書》，語其妻刁氏曰：『吾之修書，可謂猢猻入布袋矣。』刁氏對曰：『君於仕宦，亦何異鮎魚上竹竿耶！』」

【猢猻耍把戲——有啥本事都拿出來】

把戲：雜技。比喻把全部本領或手段都施展出來。例這裏是一個廣闊的天地，大有作爲，你們就像猢猻耍把戲——有啥本事都拿出來。

【猢猻跳上煎餅鍋——瞎蹦達】

蹦達：蹦跳。猴子跳上了攤煎餅的熱鍋，燙得亂蹦亂跳。形容行動無一定目標，亂幹一氣。例敵人像猢猻跳上煎餅鍋——瞎蹦達，究竟在搞什麼鬼花招，派偵察連了解了解。

【猢猻做把戲——老一套】

把戲：雜技。見「和尚唸經——老一套」。

【鵠面鳩形】

形容面容憔悴，身材瘦削。《隋唐演義》八回：「如今弄得衣衫襤褸，鵠面鳩形一般，卻去拜他，豈不是遲了。」也作「鵠面鳥形」。元・王惲《入奏行》詩：「扶羸載脊總南浦,鵠面鳥形猶努力。」

【鵠面鳥形】

見「鵠面鳩形」。

【瑚璉之器】

瑚璉：古代宗廟中盛黍稷的玉飾祭器。比喻有經世治國的才能。隋・江總《讓尚書令表》：「謬以商丘之木，遂比舟楫之材；燕化之石，混同瑚璉之器。」也作「瑚璉之資」。《隋書・煬帝紀三》：「強毅正直，執憲不撓，學業優敏，文才美秀，並爲廊廟之用，實乃瑚璉之資。」

【瑚璉之資】

見「瑚璉之器」。

【糊里糊塗】

形容不明事理，認識模糊。也形容頭腦不清醒，馬馬虎虎。《二十年目睹之怪現狀》二三回：「以後不說也罷，免得一家人存了意見。這兼祧的話，我看你只管糊里糊塗答應了就是。」

【糊塗蟲】

比喻不明事理，不辨是非，糊糊塗塗過日子的人。例這一羣糊塗蟲，把什麼事都搞亂了，真要命！也作「糊塗蛋」。例他兒子是個糊塗蛋，人家騙他去賭錢，他就去，結果輸個精光。

【糊塗官判無頭案——審不清，斷不明】

糊塗官：昏庸無能的官吏；無頭案：沒有線索可找的案件或事情。比喻昏庸無能，搞不清事情的來龍去脈。例這件事太複雜，糊塗官判無頭案——審不清，斷不明，還是請幾個明白人來幫助分析、判斷吧。

【糊塗油矇了心】

比喻頭腦發昏。《紅樓夢》七四回：「尤氏道：『實是你哥哥賞他哥哥的，只不該私自傳送，如今官鹽竟成了私鹽了。』因罵入畫『糊塗油矇了心』的。」也作「油矇了心」。

【糊塗帳】

原指混亂不清的帳目。比喻關係複雜混亂、弄不清楚的事物。例他們兩個好朋友因吵架而浮上枱面的這筆糊塗帳，我看是很難算清楚了。

【鶻侖吞棗】

鶻侖：同「囫圇」，意爲整個地。把棗整個兒吞下去，不咀嚼，不吐核。比喻對事物不求甚解、含混或生吞活剝地運用。宋・朱熹《答許順之書》：「今動不動便先說個本末精粗無二致，正是鶻侖吞棗。」

【鶻入鴉羣】

鶻：一種捕食小鳥的猛禽。比喻十分勇猛，所向無敵。《北史・齊宗室傳》：「思宗弟思好，本浩氏子也……本名思孝。天保五年討蠕蠕，文宣悅其驍勇，謂曰：『爾擊賊如鶻入鴉羣，宜思好事。』故改名焉。」

【觳觫伏罪】
觳觫（ㄙㄨˋ）：恐懼戰慄的樣子。指惶恐認罪。《東周列國志》五二回：「二人一同入朝，公子宋隨班行禮，全無觳觫伏罪之語。」

ㄏㄨˇ

【虎飽鴟嚥】
鴟：ㄔ，鷂鷹。像猛虎老鷹那樣兇狠地吞噬獵物。比喻為官者的殘酷和貪婪。漢・桓寬《鹽鐵論・褒賢》：「當世囂囂，非患儒之雞廉，患在位者之虎飽鴟嚥，於求覽無所孑遺耳。」
【虎豹不外其爪，而噬不見齒】
虎豹絕不輕易露出其爪子，吞噬食物時不見利齒。比喻軍威不可輕易外泄。也喻指有些人城府很深，含而不露；或胸懷奸邪，貌似誠實。《淮南子・兵略訓》：「夫飛鳥之勢也，俯其首；猛獸之攫也，匿其爪。虎豹不外其爪，而噬不見齒。故用兵之道示之以柔而迎之以剛。」
【虎豹駒有食牛之氣】
駒：幼仔。虎豹的幼仔雖小，卻有吃掉牛的氣概。比喻後生可畏，少年英才氣魄宏大。《太平御覽》卷八九一引《尸子》：「虎豹駒，雖未成文，已有食牛之氣。」
【虎卑勢，狸卑身】
老虎準備襲擊時先作卑下的姿勢，狸準備攫取東西時彎曲著身子。比喻凡事要積蓄力量，作好準備，然後再去行動。《吳越春秋・句踐入臣外傳》：「夫虎之卑勢，將以有擊也；狸之卑身，將求所取也。」
【虎背熊肩】
見「虎背熊腰」。
【虎背熊腰】
形容人體格魁梧健壯。《鏡花緣》九五回；「一個面如重棗，一個臉似黃金，都是虎背熊腰，相貌非凡。」也作「**虎背熊肩**」。清・楊潮觀《吟風閣雜劇・黃石婆授計逃關》：「那張艮身長一丈，腰大十圍，虎背熊肩，銅頭鐵額，有萬夫不當之勇。」也作「**虎體熊腰**」。《三國演義》二回：「為首一將，生得廣額闊面，虎體熊腰。」也作「**虎脊熊腰**」。清・宮鴻歷《李木庵先生壁上觀李松嵐畫松歌》詩：「瘦蛟蟠紙多稜節，虎脊熊腰姿態絕。」
【虎步龍行】
形容帝王行步的威儀。元・無名氏《抱妝盒》四折：「少年寄養楚宮中，虎步龍行自不同。」
【虎蕩羊羣】
見「虎入羊羣」。
【虎鬥龍爭】
形容雙方勢均力敵，鬥爭激烈。元・宮大用《七里灘》三折：「投至得帝業興，家業成，四邊平靜，經了幾千場虎鬥龍爭。」
【虎毒不食兒】
虎雖凶猛，不食其子，何況是人。比喻人都具有愛子之心。明・楊珽《龍膏記・藏春》：「你爹爹既往洛陽，一時未歸，待異日我自慢慢勸他。虎毒不食兒，孩兒切莫短見。」《西遊記》二七回：「常言道：『虎毒不食兒。』憑著我花言巧語……哄他一哄，好道也罷了。」
【虎毒不食子】
比喻人再狠毒，也不會傷害自己的親骨肉。高陽《清宮外史》：「『五哥』，恭王很痛苦地說，『虎毒不食子，小徵又是無母之人。我只有請五哥替我管教，越嚴厲越好。』」
【虎父無犬子】
比喻有本領的父親不會養出無能的兒子。《三國演義》八三回：「張苞大喝一聲，一矛刺中夏恂，倒撞下馬。周平大驚，措手不及，被關興一刀斬了。二小將便取韓當、周泰。韓、周二人，慌退入陣。先主視之，漢曰：『虎父無犬子也！』」也作「**虎門無犬種**」。茅盾《子夜》四：「他又呵呵大笑，拍著兒子的肩膀說：『這就出山了！我原說的虎門無犬種！』」
【虎脊熊腰】
見「虎背熊腰」。
【虎踞龍盤】
見「虎踞龍蟠」。
【虎踞龍蟠】
踞：蹲坐；蟠：盤曲。像蹲坐著的虎，像盤繞著的龍。形容地勢險要雄壯。常特指南京。參見「龍盤虎踞」。元・無名氏《黃鶴樓》三折：「西北有大江之險，東南望翠嶺之巔，眞乃為霸業之鄉，誠為虎踞龍蟠之勢也。」也作「**虎踞龍盤**」。北周・庾信《哀江南賦》：「昔之虎踞龍盤，加以黃旗紫氣，莫不隨狐兔而窟穴，與風塵而殄瘁。」
【虎啃虎】
比喻硬碰硬。例建築這一行可是虎啃虎的營生，稍微馬虎大意，都可能種下意想不到的禍根。
【虎口拔牙】
去老虎嘴裏拔牙齒。比喻做冒險的事。元・弘濟《一山國師語錄》一：「蒼龍頭上拶折角，猛虎口中拔得牙。」
【虎口拔牙——好大的膽子】
也作「**虎口拔牙——膽子不小**」。見「餓狼口裏奪脆骨——好大的膽子。」
【虎口殘生】
見「虎口逃生」。
【虎口換珍珠】
比喻來之不易。明・徐畛《殺狗記》六出：「安享榮華，豈不念祖宗覓利艱辛，千重水面，虎口換珍珠。」
【虎口逃生】
從老虎嘴裏逃得性命。比喻由極危險的境地僥倖生還。元・無名氏《朱砂擔》一折：「我如今在虎口逃生，急騰騰，再不消停。」也作「**虎口餘生**」。《三俠五義》二三回：「你是虎口餘生，將來造化不小。」也作「**虎口殘生**」。《好逑傳》六回：「煩你們拜上小姐，說我鐵中玉虎口殘生，多蒙垂救，高誼已足千古。」

【虎口餘生】

見「虎口逃生」。

【虎窟龍潭】

窟：洞穴；潭：深淵，指龍虎藏身之處。比喻兇險之地。明・王玉峯《焚香記・傳箋》：「則兀的沖昏破暗，閃這所虎窟龍潭，不禁那靴痿鞋軟。」也作「**虎穴龍潭**」。《水滸傳》六一回：「休聽那算命的胡說，撇下海闊一個家業，擔驚受怕，去虎穴龍潭裏做買賣。」

【虎狼也有父子之情】

虎狼兇狠還有父子的情分。比喻人更應該有父子之情。《古今小說》卷二一：「這孩子一難一度，投得個男身，作何罪孽，要將溺死！自古道：虎狼也有父子之情，你老人家是何意故？」

【虎狼之勢】

形容兇猛的聲勢。《淮南子・要略訓》：「孝公欲以虎狼之勢而吞諸侯，故商鞅之法生焉。」

【虎落平川】

平川：平廣之地。虎離開了深山巢穴，到平地空廣之處。比喻有權有勢者，一旦失勢，無有作為。《說岳全傳》四〇回：「虎落平川被犬欺。」

【虎落平陽——威風掃地】

平陽：泛指平地；掃地：指一掃而光。比喻威嚴的氣勢一掃而光。例自從打了敗仗之後，這位常勝將軍似有虎落平陽——威風掃地的感覺。也作「**蛟龍困在沙灘上——威風掃地**」、「**老虎剝了皮——威風掃地**」、「**老虎尾巴綁掃帚——威風掃地**」、「**鐵籠裏的老虎——威風掃地**」。

【虎略龍韜】

古化兵書有《六韜》、《三略》，《六韜》分文韜、武韜、龍韜、虎韜、豹韜、犬韜。後以「虎略龍韜」泛指用兵的謀略。元・無名氏《飛刀對箭》一折：「與敵兵相持戰討，下寨安營邊塞遙，我胸中虎略龍韜。」

【虎門無犬種】

見「虎父無犬子」。

【虎皮羊質】

虎皮披在羊身上，外表威武，本性怯弱。比喻虛有其表。《剪燈餘話・泰山御史傳》：「而本官虎皮羊質，狠子野心，弗思載筆摛辭，盡其職業。」

【虎入羊羣】

老虎衝進羊羣。比喻以強凌弱，任意施威。《三國演義》一回：「城上孔融望見太史慈與關、張趕殺賊衆，如虎入羊羣，縱橫莫當。」也作「**虎蕩羊羣**」。《三俠五義》九二回：「哪知小俠指東打西，竄南躍北，猶如虎蕩羊羣。」

【虎生三子，必有一彪】

彪：身材高大，性情兇悍的小老虎。老虎一胎生三子，其中一個必為彪。比喻三個兒子中必有一個不馴順的。例隔壁王家的三個兒子中，小兒子是脾氣最暴躁的，眞的如同俗語所說：「虎生三子，必有一彪。」

【虎視眈眈】

眈眈：ㄉㄢ ㄉㄢ，威嚴地注視著。像老虎那樣惡狠狠地、貪婪地注視著。形容心懷惡意，伺機攫取。《紅樓夢》四五回：「你看這裏這些人，因見老太太多疼了寶玉和鳳姐兩個，他們尚虎視眈眈，背地裏言三語四的，何況於我？」眈，誤寫成「耽」，作「虎視耽耽」。《三俠五義》一〇〇回：「這些人都有虎視耽耽之意。若欲加害，索性全害了，方為穩便。」

【虎視耽耽】

見「虎視眈眈」。

【虎視鷹瞵】

瞵：ㄌㄧㄣˊ，眼光閃爍地看著。像虎和鷹那樣兇狠地注視著。比喻恃強窺伺。清・洪楝園《後南柯・伐檀》：「虎視鷹瞵萃列強，競稱兵要犯封疆。」

【虎瘦雄心在】

比喻有抱負的人，雖然年老體弱，志氣仍不減當年。元・無名氏《小尉遲》二折：「我老則老，殺場上有些氣概，豈不聞虎瘦雄心在。」也作「**虎瘦雄心還在**」。

【虎死不倒威】

老虎死了，架子不倒。比喻人雖死，威風猶存。例劉老師生前高風亮節的形象，在他去世之後仍如虎死不倒威般存留在我們的心中。也作「**虎死不落架**」。

【虎死不落架】

見「虎死不倒威」。

【虎兕出柙】

兕：ㄙˋ，一種似牛的獸；柙：ㄒㄧㄚˊ，關獸的木籠。虎、兕逃出木籠，威脅人的安全，是看守者的失職。比喻做事不負責任。《論語・季氏》：「虎兕出於柙，龜玉毀於櫝中，是誰之過與？」

【虎體熊腰】

見「虎背熊腰」。

【虎體鴛班】

見「虎體元班」。

【虎體鵷班】

見「虎體元班」。

【虎體元班】

小虎身上有著老虎的斑紋。以虎喻猛將。比喻將門之子。元・陳以仁《雁門關》二折：「枉了你廝聽使，相調慢，花根本艷，虎體元班。」也作「**虎體鴛班**」。鴛班：有次序的行列。元・王實甫《麗春堂》一折：「花根本艷公卿子，虎體鴛班將相家。」也作「**虎體鵷班**」。明・無名氏《怒斬關平》二折：「你枉做個虎體鵷班卿相種，你本是花根本艷鐵衣郎。」

【虎頭虎腦】

形容壯實憨厚的樣子。老舍《趙子曰》

三：「是個年壯力足、虎頭虎腦的英雄。」

【虎頭上搔癢】
比喻觸犯有權有勢的人。明・無名氏《英烈傳》五一回：「你這賊，可不認得耿將軍，竟來虎頭上搔癢，船上軍人可把他捆了，解運營裏去。」也作「虎頭上捉虱子」。《紅樓夢》八三回：「如今還有什麼奶奶太太的，都是你們的世界了！別人是惹不得的，有人庇護著，我也不敢去虎頭上搔癢。」

【虎頭上捉虱子——找死】
見「耗子舔貓鼻子——找死」。

【虎頭蛇尾】
①比喻陰一套，陽一套、表裏不一。元・康進之《李逵負荊》二折：「則爲你兩頭白面搬興廢，轉背言詞說是非，這廝敢狗行狼心，虎頭蛇尾。」②比喻作事前緊後鬆，有始無終。《古今小說》卷三九：「大抵朝廷之事，虎頭蛇尾，且暫爲逃難之計。」也作「虎頭鼠尾」。明・謝榛《四溟詩話》卷二：「律詩無好結句，謂之虎頭鼠尾。」

【虎頭鼠尾】
見「虎頭蛇尾」②。

【虎頭燕頷】
形容相貌威猛。《兒女英雄傳》一八回：「從古人才難得，我看你虎頭燕頷，封侯萬里，況又生在這等望族。」

【虎威狐假】
比喻仗勢欺人。同「狐藉虎威」。北周・庾信《哀江南賦》：「或以隼翼鷃披，虎威狐假，沾漬鋒鏑，脂膏原野。」

【虎尾春冰】
踩著老虎尾巴要被噬，走在春天的冰上易被陷。比喻身處危境，心驚膽顫。宋・朱熹《擇之所和生字韻，極警切……》詩：「煩君屬和增危惕，虎尾春冰寄此生。」

【虎陷深坑難施展，龍遭鐵網怎翻身】
比喻無論多大本事也施展不了。《七國春秋平話》卷下：「有人報曰：『有齊兵到，劫了咱寨也！』樂毅聞之，大怒曰：『不捉此人，壞吾名聲！』毅曰：『三千兵馬在意者，拿住遠達！』虎陷深坑難施展，龍遭鐵網怎翻身！看袁達怎生出得去？」

【虎嘯龍吟】
比喻同類事物聲氣相通，也比喻勢氣盛。《雲笈七籤》卷七二：「經云：鳴鶴在陰，其子和之。又云：虎嘯龍吟，物類相感，豈謬言哉！」《羣音類選・〈連環記・探子〉》：「虎嘯龍吟動天表，黑漫漫風雲亂攪。」

【虎穴狼巢】
比喻兇險之地。明・盧象升《與蔣澤壘先生書》之三：「擲此身於紅塵赤日，付八口於虎穴狠巢，無不爲某稱危者。」

【虎穴龍潭】
見「虎窟龍潭」。

【虎嚥狼吞】
形容吃東西時又猛又急非常貪饞的樣子。《西遊記》六二回：「你看八戒放開食嗓，眞個是虎嚥狼吞，將一席果菜之類，吃得罄盡。」

【虎在軟地上易失足，人在甜言裏會摔跤】
比喻甜言蜜語會使人喪失警惕，吃苦頭。例俗話說：「虎在軟地上易失足，人在甜言裏會摔跤。」有些人被糖衣炮彈打中，背棄了人民，原因就在於意志薄弱，見利忘義，爲甜言蜜語所俘虜。

【虎擲龍拿】
擲：騰躍；拿：攫，抓。比喻兩雄激烈搏鬥。金・元好問《楚漢戰處》詩：「虎擲龍拿不兩存，當年曾此賭乾坤。」

【唬鬼瞞神】
形容玩弄手段，能欺就欺，能騙就騙。元・孔文卿《東窗事犯》二折：「豈不聞湛湛青天不可欺，據著你這所爲，來這裏唬鬼瞞神，做得個藏頭露尾。」

ㄏㄨˋ

【互通有無】
通：流通。指互相調劑，削剩補缺。例有些書，在某些地區售罄，在某些地方卻滯銷。最好發個通報，互通有無，既能解決讀者的急需，又可減少庫存積壓。

【互爲標榜】
見「互相標榜」。

【互爲表裏】
指雙方關係密切，相輔相成，配合默契。例張德善於籌劃，而吳強勤於身體力行，二人互爲表裏，把工作搞得有聲有色。

【互相標榜】
標榜：誇耀，吹噓。互相誇耀、稱讚。多用作貶義。郭沫若《留聲機器的回音》：「我這並不是要互相標榜，我老實不客氣地說，我們的思想是完全一致的。」也作「互爲標榜」。清・朱彝尊《王禮部詩序》：「間或肆志風雅，率求名位相埒者，互爲標榜，不復商榷於布衣之賤。」

【户對門當】
指婚姻雙方家庭的社會地位、經濟狀況相當。明・朱權《荊釵記・執柯》：「他八兩，你半斤，彼此爲官居上品，論閥閱戶對門當，眞個好段姻緣。」也作「門當户對」。

【户告人曉】
逐戶傳諭，使人人知道。漢・劉向《列女傳・梁節姑姊》：「梁國豈可戶告人曉也？被不義之名，何面目以見兄弟國人哉！」

【户給人足】
家家戶戶衣食充裕，人人生活富足。《晉書・顏含傳》：「且當征之勢門，使反田桑，數年之間，欲令戶給人足，如其禮樂，俟之明宰。」

【户列簪纓】

簪纓；古時顯官的冠飾。形容一門中多人當大官的顯耀。明・無名氏《衣錦還鄉》三折：「受寵榮，享富貴，戶列簪纓，門排畫戟。」

【户樞不蠹】

戶樞：門的轉軸；蠹：蛀蝕。經常開啓的門軸不會被蟲蛀。比喻經常運動著的東西不易被侵蝕。《雲笈七籤》卷五七：「經脈榮養，實理於宣通。今既閒居，乃無運役事，須導引以致和暢。戶樞不蠹，其義信然。」也作「户樞不朽」。《三國志・魏書・吳普傳》：「動搖則谷氣得消，血脈流通，病不得生，譬獨戶樞不朽是也。」

【户樞不朽】

見「戶樞不蠹」。

【户限爲穿】

戶限：門檻。門檻被踏破。形容進出的人很多。清・王韜《淞隱漫錄》卷七：「遠近聞名求字者，幾於戶限爲穿，而選擇綦苛，低昂無所就。」

【護犢子】

原指母牛衛護小牛犢。比喻不分是非、一味袒護自己的孩子。例跟小胖玩的時候得多加小心，尤其別讓他摔疼了，他媽媽護犢子可護得厲害呢！

【護法善神】

宋・呂惠卿的別號。指法制的維護者。《宋史・王安石傳》：「呂惠卿服闋，安石朝夕汲引之，至是白爲參知政事，又乞召韓絳代己，二人守其成模，不少失，時號絳爲護法沙門，惠卿爲護法善神。」

【護官符】

地方上權貴的名單。舊時作地方官的人，必須掌握該地有哪些權要顯貴之家，好遇事不致得罪，並處處維護他們的利益，這樣可保自己官職不丟。《紅樓夢》四回：「老爺到此榮任，難道就沒抄一張本省的『護官符』來不成？」

【護國寺買駱駝——沒有那個事（市）】

護國寺：廟宇名；事：「市」的諧音。雙關語，比喻沒有那麼回事。例「聽說你又升官了？」「別聽他們胡扯，護國寺買駱駝——沒有那個事（市）」。

【護國佑民】

保衛國家，保護百姓。明・無名氏《雙林坐化》二折：「掃蕩妖魔神鬼怕，護國佑民萬萬紀。」

【護過飾非】

護：偏袒。包庇、掩飾過失和錯誤。《清史稿・和珅傳》：「故事，實錄不載武試策問，和珅率對不以實，詔斥護過飾非，革職留任。」

【護家之狗，盜賊所惡】

惡：忌恨。盜賊最恨護家狗。比喻忠貞正直的人常爲邪惡小人所忌恨。《續資治通鑑・宋理宗寶慶元年》：「諺曰：『護家之狗，盜賊所惡。』故盜賊見有護家之狗，必將指斥於主人，使先去之，然後穿窬之奸而無所忌。然則，殺犬固無益於彌盜也。」

【護身符】

符：舊時道士和巫師畫的圖形符號，迷信的人用以驅神、使鬼、治病，或帶在身邊以消災避邪。另外佛教僧尼的度牒可以免除徭役，亦稱之爲「護身符」。《五燈會元・應眞禪師》：「國師曰：『幸自可憐生，須要覓個護身符子作麼？』」後用以比喻壞人賴以橫行的庇護勢力或喻藉以保護自己的人或事物。元・關漢卿《魯齋郎》三折：「魯齋郎也不是我護身符！」

【怙惡不改】

見「怙惡不悛」。

【怙惡不悛】

怙：憑恃，依仗；悛：ㄑㄩㄢ，悔改。堅持作惡，不思改悔。《宋史・王化基傳》：「若授以遠方牧民之官，其或怙惡不悛，恃遠肆毒，小民罹殃，卒莫上訴。」也作「怙惡不改」。《封神演義》八二回：「豈得怙惡不改，又率領衆仙布此惡陣？」

【祜豈鴆人】

鴆：ㄓㄣˋ，用毒酒害人，也作「酖」。《晋書・羊祜傳》：「祜與陸抗相對。抗嘗病，祜饋之藥，抗服之無疑心。人多諫抗。抗曰：『羊祜豈鴆人者。』」後以「祜豈鴆人」指不要隨意懷疑他人的好心。

【瓠瓜打狗——去了一半】

瓠瓜：外形細長，圓筒狀，表皮淡綠色，肉白色，可做蔬菜。瓠瓜脆嫩，用來打狗，一打即斷。①比喻人走了二分之一，或東西去掉二分之一。例這次晚會不成功，觀衆就像瓠瓜打狗——去了一半。②比喻遭受較大損失，含有得不償失的意思。例對那家公司的投資，眞是瓠瓜打狗——去了一半，不僅沒得到利潤，本錢也丟了一半。也作「黃瓜敲鑼——去了一半」、「脆瓜打驢——去了一半」。

【糊弄局】

指敷衍馬虎、胡亂做的事情、行爲。例這事責任重大，你可萬萬不能搞成糊弄局，一定要按部就班，一板一眼地去做。

ㄏㄨㄚ

【化子拾黃金——樂不可支】

化子：即花子，乞丐。形容快樂到了極點。例這件特大喜事，使他像化子拾黃金——樂不可支，手舞足蹈，逢人便講。

【花被蓋雞籠——外面好看裏頭空】

外表好看，裏面空虛。比喻虛有其表。例一家哪知一家事，我家實情是花被蓋雞籠——外面好看裏頭空。也作「花綢子蓋鳥籠——外面好看裏面空」。

【花閉月羞】
形容女子十分美麗。同「閉月羞花」。元・無名氏《醉寫赤壁賦》一折：「只聞檀板與歌謳，不見如花閉月羞。」

【花殘月缺】
形容衰敗破落的景象。也比喻感情破裂，相互離異。元・關漢卿《望江亭》三折：「則今晚開筵，正是中秋令節。只合低唱淺斟，莫待他花殘月缺。」元・王實甫《西廂記》四本四折：「雖然是一時間花殘月缺，休猜做瓶墜簪折。」

【花晨月夕】
見「花朝月夕」。

【花成蜜就】
指婚姻圓滿實現。元・無名氏《百花亭》二折：「再休題愁除病減，花成蜜就，葉落歸根。」也作「花甜蜜就」。明・黃峨《楊夫人樂府・紅繡鞋》：「實指望花甜蜜就，誰承望雨散雲收。」

【花綢上繡牡丹——錦上添花】
比喻美上加美，好上加好。例花園竣工後，我們這個新建成的住宅區眞是花綢上繡牡丹——錦上添花。也作「綠綢衫上繡牡丹——錦上添花」、「金戒指上鑲寶石——錦上添花」。

【花唇巧舌】
見「花嘴花舌」。

【花簇錦攢】
見「花團錦簇」。

【花攢錦簇】
見「花團錦簇」。

【花堆錦簇】
見「花團錦簇」。

【花對花，柳對柳，破畚箕對折苕帚】
見「花對花，柳對柳，破畚箕對著爛苕帚」。

【花對花，柳對柳，破畚箕對著爛苕帚】
比喻男女雙方很般配。明・無名氏《女姑姑》二折：「［禾旦云］兀那廝，你道我生得醜，一了說花對花，柳對柳，破畚箕對著爛苕帚。你與我做個丈夫罷！」也作「花對花，柳對柳，破畚箕對折苕帚」。《石點頭》卷六：「花對花，柳對柳，破畚箕對折苕帚。編席女兒捕魚郎，配搭無差堪匹偶。你莫嫌，我不醜，草草成婚禮數有。」

【花萼相輝】
萼：花蒂。花和花蒂相互輝映。比喻兄弟之間相互友愛。《舊唐書・讓皇帝憲傳》：「……玄宗於興慶宮西南置樓，西面題曰花萼相輝之樓，南面題曰勤政務本之樓。」

【花飛蝶舞】
形容女子走路輕盈飄忽的姿態。《兒女英雄傳》四〇回：「她答應了一聲，早花飛蝶舞一般過去，朝著公子……磕下頭去。」

【花逢時發】
花要到開的時候才會開。比喻人要逢到好運才會發跡。《封神演義》一五回：「人以運爲主，花逢時發。」

【花崗岩腦袋】
比喻思想固執，頑固不化。例你這個花崗岩腦袋，能不能試著把問題舉一反三，靈活一點！

【花崗岩腦袋——頑固不化】
形容思想極端保守。有時指立場反動，不可救藥。例有的人就像花崗岩腦袋——頑固不化，這種保守思想，嚴重阻礙社會的進步。也作「吃石頭，拉硬屎——頑固不化」。

【花崗石做招牌——牌子硬】
比喻東西貨眞價實，或人的身分高。例這個學校是花崗石做招牌——牌子硬，在世界上很有地位和影響。也作「大理石做門匾——牌子硬」、「烏龜殼上貼廣告——牌子硬」。

【花糕員外】
舊時曾有個糕坊主花錢買了個員外的虛職，人稱花糕員外。後以「花糕員外」稱小人鬻官者。《清異錄》：「皇建僧舍有糕坊主人，由此入資，爲員外官，蓋顯德中也，都人呼花糕員外。」

【花根本艷】
指花之艷，其本於根，不借外力。比喻出身於名門世家。元・王實甫《西廂記》二本楔子：「林下曬衣嫌日淡，池中濯足恨魚腥；花根本艷公卿子，虎體原斑將相孫。」

【花公雞上舞台——顯顯你的漂亮】
比喻人愛出風頭、顯示自己。有時也指耍小聰明。含有諷刺意思。例你這次上電視台表演，眞是花公雞上舞台——顯顯你的漂亮，多年的願望實現了。也作「屎殼郎翻筋頭——顯黑屁股」。

【花光柳影】
花呈光彩，柳條搖影，相映成趣。形容美好的景色。《紅樓夢》二五回：「花光柳影，鳥語溪聲。」

【花好月圓】
花開正盛、月亮正圓的時候。比喻美滿的生活。多爲新婚祝詞。宋・張先《木蘭花》詞：「人意共憐花月滿，花好月圓人又散。歡情去逐遠雲空，往事過如幽夢斷。」

【花和尚穿針——大眼瞪小眼】
花和尚：《水滸》中梁山好漢之一魯智深，曾因打抱不平，殺了人而被迫出家，綽號花和尚。見「張飛穿針——大眼瞪小眼」。

【花紅柳綠】
形容春光明媚，景色宜人。也形容色彩紛繁。五代蜀・魏承班《生查子》詞：「花紅柳綠間晴空，蝶舞雙雙影。羞看繡羅衣，爲有金鸞並并。」

【花花腸子】
比喻壞主意，邪念頭。例我對他一片眞心，他卻對我耍起花花腸子來了，眞是知人知面不知心呀！

【花花公子】

指服裝華麗、遊手好閒、不務正業、吃喝玩樂的富家子弟。《兒女英雄傳》三〇回：「也還仗他那點書毒，才不學那吃喝嫖賭，成一個花花公子。」

【花花轎子人抬人】
比喻人們需要別人的幫助、扶持。例俗話說：「花花轎子人抬人。」當一個人遇到困難的時候，就需要大家伸出友誼的手，幫助他度過難關。

【花花綠綠】
形容色彩紛繁。例他將篇篇橫一豎、又直一豎，都塗得花花綠綠。

【花花世界】
指繁華熱鬧的地區或尋歡作樂的場所。也泛指人世間。《說岳全傳》一五回：「每想中原花花世界，一心要奪取宋室江山。」《鏡花緣》四回：「只見滿園青翠縈目，紅紫迎人，眞是錦繡乾坤，花花世界。」

【花花太歲】
太歲：道教指兇神。多指奸淫婦女、無惡不作的惡霸。元・關漢卿《魯齋郎》楔子：「花花太歲爲第一，浪子喪門再沒雙。」

【花架子】
比喻只表面好看的、不切實際的事物。例從事基本建設主要講究效用，不能搞花架子。

【花嬌柳媚】
花朵嬌艷，綠柳嫵媚。形容春日的自然美景。例趁這花嬌柳媚之時，我們去郊遊吧！

【花椒掉在大米裏——麻煩(飯)】
煩：「飯」的諧音。比喻煩瑣、費事。例這件事就像花椒掉在大米裏——麻煩（飯）極了，你們得用最大的耐心去辦，不要半途而廢。

【花椒木雕孫猴——麻木不仁(人)】
仁：「人」的諧音。見「穿著靴子搔癢癢——麻木不仁」。

【花椒樹——渾身是刺】
見「屬豪豬的——渾身是刺」。

【花椒水洗臉——麻痺(皮)】
痺：「皮」的諧音。雙關語，比喻疏忽大意，失去警惕。例作科學試驗就不能花椒水洗臉——麻痺（皮），否則容易發生大的事故。

【花轎沒到就放炮——高興得太早】
舊時婚禮習俗，男方要備花轎接新娘子，花轎到了門口要燃放禮炮。指事情未見分曉就盲目樂觀。例高考還未發榜，你們就集會慶賀，這未免花轎沒到就放炮——高興得太早了。

【花街柳陌】
見「花街柳巷」。

【花街柳巷】
指妓院集中之地。明・無名氏《拔宅飛升》一折：「你且不要家去，跟著我去花街柳巷喝酒去來。」也作「**花街柳陌**」。《水滸傳》六回：「花街柳陌，衆多嬌艷名姬；楚館秦樓，無限風流歌妓。」

【花徑不曾緣客掃，蓬門今始爲君開】
緣：因爲。長滿花草的小路沒有爲客人的到來打掃過，緊閉的茅屋門今天頭一次爲你打開。比喻對客人到來的歡迎。指對來客的歡迎之情。唐・杜甫《客至》詩：「舍南舍北皆春水，但見羣鷗日日來。花徑不曾緣客掃，蓬門今始爲君開。」

【花開花落——年年都一樣】
比喻老一套，沒有變化。例「近況如何？」「花開花落——年年都一樣，沒有多大長進。」也作「**秋去冬來——年年都一樣**」、「**正月十五打燈籠——年年都一樣**」。

【花開花謝自有時】
舊時比喻人的得意或失敗是命中註定的。例古人用「花開花謝自有時」來比喻人的命運，反映了古人對人生的一種消極心理。

【花開堪折直須折，莫待無花空折枝】
花開時正須折取，等到花謝只剩下空枝時，要想折取已來不及了。比喻少年時正應奮發有爲，不要虛度光陰，到老後悔莫及。唐・杜秋娘《金縷衣》詩：「勸加莫惜金縷衣，勸君惜取少年時！花開堪折直須折，莫待無花空折枝。」

【花開兩朵，各表一枝】
舊時說書人說到同時發生的兩件事時的慣用語。即暫時擱下這件，再說那件。《紅樓夢》五四回：「老祖宗一開口，難說兩家話，『花開兩朵，各表一枝』。」

【花籃打水——一場空】
見「狗咬尿脬——一場空」。

【花裏頭挑花】
比喻在好的裏面挑最好的。例陳老師收學生喜歡花裏頭挑花，選擇師資高的。

【花麗狐哨】
形容顏色紛繁。比喻打扮華麗但不莊重。《金瓶梅詞話》二〇回：「他自吃人在他跟前那等花麗狐哨、喬龍畫虎的，兩面三刀哄他，就是千好萬好了。」也作「**花狸狐哨**」。《西遊記》一二回：「我家是淸涼瓦屋，不像這個害黃病的房子，花狸狐哨的門扇。」也作「**花藜胡哨**」。《儒林外史》二九回：「一同進到房裏，見滿桌堆著都是選的刻本文章，紅筆對的樣，花藜胡哨的。」

【花狸胡哨】
見「花麗狐哨」。

【花藜胡哨】
見「花麗狐哨」。

【花臉狼】
指外表好看而心地狠毒的人。例你可不能以貌取人。你看他臉上笑嘻嘻的，待人行事像個人，實際上他是個花臉狼，他把母親都逼得去自殺。

【花林粉陣】
指濃顏盛妝、花枝招展的成隊歌妓。淸・孔尚任《桃花扇・拒媒》：「想當初華筵盛陳，配才子佳人。排列著花林粉陣，逐趁著箏聲笛韻。」

【花馬掉嘴】
指花言巧語，耍貧嘴，哄騙人。《紅樓夢》六五回：「三姐兒聽了這話，就跳起來，站在炕上，指著賈璉冷笑道：『你不用和我花馬掉嘴的！』」。

【花貓蹲在屋脊上——唯我獨尊】
形容目空一切，妄自尊大。例這個人的最大缺點是花貓蹲在屋脊上——唯我獨尊，從來不接受批評意見。也作「田螺走上旗桿頂——唯我獨尊」。

【花貌雪膚】
形容女子美麗的容顏，雪白的肌膚。清・毛祥麟《墨餘錄・摘錄》：「各官婦俱至，珠寶耀目……燭光下，花貌雪膚，相映奪目。」

【花門柳戶】
舊稱妓院。元・無名氏《冤家債主》一折：「知他是甚情懷，每日間花門柳戶，舞榭歌台。」

【花明柳暗】
繁花似錦，綠柳濃盛。形容春景明媚。唐・李商隱《夕陽樓》詩：「花明柳暗繞天愁，上盡重城又上樓。」

【花魔酒病】
指沉迷於酒色之中。明・梅鼎祚《玉合記・醒負》：「早除卻花魔酒病，慣聞他鶴唳猿聲，守清夜藥爐丹鼎。」

【花木瓜】
原指有花紋的木瓜，好看而不能吃。比喻中看不中用的人或物。例你看那小子長得多漂亮！其實是個花木瓜，什麼本事也沒有。

【花木瓜——空好看】
見「鏡中花，水中月——空好看」。

【花盆裏栽松樹——成不了材】
比喻沒出息，不能成爲人材。例根據他幾年來的表現，人們斷定他花盆裏栽松樹——成不了材。也作「花盆裏栽松樹——不成材」、「歪脖子樹——不成材」。

【花盆裏種龍眼——無緣（圓）】
緣：「圓」的諧音。龍眼也叫桂圓，爲常綠喬木，在花盆裏栽培，無法生長，結不出果實。指沒有緣分。例我們互相尋找，多次失掉勢在必見的機會，也許是花盆裏種龍眼——無緣（圓）。

【花盆裏栽樹——大不了】
比喻事情至多也不過如此，沒有什麼了不起。例俗話說：「花盆裏栽樹——大不了。」我想事情最壞也不過是多延長幾天時間，絕不會影響全局。也作「池塘裏的風浪——大不了」、「老鼠鼻子——大不了」。

【花前月下】
指男女談情幽會之處。《羣音類選〈紅葉記・紅葉重逢〉》：「花前月下，幾度消魂，未識多情面，空遺淚痕。」

【花錢粉鈔】
在脂粉裝飾上面所花費的錢鈔。清・孔尚任《桃花扇・卻奩》：「花錢粉鈔費商量，裙布釵荊也不妨。只有湘君能解佩，風標不學世時妝。」

【花拳繡腿】
指僅有好看的花招而不切實用的拳術。《西湖二集》卷三四：「相處一般惡少，都是花拳繡腿，好剛使氣。」

【花容玉貌】
見「花容月貌」。

【花容月貌】
形容女子容貌十分美麗。《醒世恆言》卷二五：「那娟娟小姐，花容月貌，自不必說，刺繡描花，也是等閒之事。」也作「花顏月貌」。《紅樓夢》二八回：「試想林黛玉的花顏月貌，將在亦到無可尋覓之時，寧不心碎腸斷。」也作「花容玉貌」。例史家小姐生得花容玉貌，又且性情溫文爾雅，求婚者大有人在，媒人天天上門。

【花舌子】
花言巧語，說謊騙人的人。例陳家大少爺是一個有名的花舌子，他講什麼話最好都別相信，以免吃虧上當。

【花蛇過溪——彎彎曲曲】
雙關語。比喻東西的形狀彎曲、不直。有時指說話辦事不爽快、吞吞吐吐、磨磨蹭蹭。例這條路修得像花蛇過溪——彎彎曲曲，怎麼能成爲快速公路哩！也作「駝子扛弓——彎彎曲曲」。

【花生殼，大蒜皮——一層管一層】
比喻一級管一級，層層負責。例事情得按一定程序進行，花生殼，大蒜皮——一層管一層，不要任何事情都要更上一級來解決。

【花生去了殼——紅人（仁）】
人：「仁」的諧音。見「扳不倒掉進血盆裏——紅人」。

【花說柳說】
指花言巧語。《兒女英雄傳》四〇回：「我也不會花說柳說的，一句話，我就保他不撒謊、出苦力這兩條兒。」

【花天錦地】
大城市的繁華熱鬧景象。《古今小說》卷五：「行至長安，果然是花天錦地，比新豐市又不相同。」

【花天酒地】
形容貪戀酒色，尋歡作樂的生活。也指富貴繁華的景象。《官場現形記》二七回：「到京之後，又復花天酒地，任意招搖。」

【花甜蜜就】
見「花成蜜就」。

【花甜蜜嘴】
蜜嘴：嘴上抹著蜜，比喻會說討人喜歡的動聽話。即甜言蜜語。《醒世姻緣傳》三五回：「取錢的時候花甜蜜嘴，講過按月按時，十來分重的利錢，不費一些勞力，定了時刻，自己送上門來。」

【花團錦簇】
簇：聚成一團。形容色彩紛呈、燦爛絢麗的景象。《紅樓夢》一七回：「其槅式樣，或圓或方，或葵花蕉葉，或連環半璧，眞是花團錦簇，剔透玲瓏。」也作「**花攢錦簇**」。攢：叢集。明·無名氏《賀元宵》二折：「說元宵佳節時俗，喜鰲山高樓雲衢，蓋得來花攢錦簇，有千般像生人物。」也作「**花堆錦簇**」。《古今小說》卷六：「庫吏奉了鈞帖，將六十萬錢資妝，都搬來舊衙門內，擺設得齊齊整整，花堆錦簇。」也作「**花簇錦攢**」。《金瓶梅詞話》七七回：「唱了一折下來，又割錦纏手，端的花簇錦攢。」

【花無百日紅，人無千日好】

比喻美好的時光不長久。明·龍子猶《萬事足》一二齣：「花無百日紅，人無千日好，熱心招是非，冷眼無煩惱。我家大娘與相公如魚似水，且是恩愛，只因大娘自不生育，懷念相公無子，娶下一位二娘，相公古怪不納，只索罷休。」

【花下曬褌】

褌：ㄎㄨㄣ，褲子。花下曬褲子。比喻極不雅致，大殺風景。宋·魏慶之《詩人玉屑·玉谿生·殺風景》：「……蓋以文滑稽者，其一曰殺風景：謂清泉濯足，花下曬褌，背山起樓，燒琴煮鶴，對花啜茶，松下喝道。」

【花下一禾生，去之爲惡草】

去：拔除。指花下的禾苗，當做惡草拔掉了。諷刺紈袴子弟只求享受，不識五穀、不知稼穡。唐·聶夷中《公子家》詩：「種花滿西園，花發青樓道。花下一禾生，去之爲惡草。」

【花香鳥語】

花飄香，鳥歌唱。形容大好的春天氣息。《鏡花緣》九八回：「雲霧漸淡，日色微明，四面也有人煙來往，各處花香鳥語，頗可盤桓。」也作「**鳥語花香**」。

【花心蘿蔔充人參——冒牌貨】

比喻假的冒充眞的。例一聽這傢伙回答的口令不對，馮大伯知道他是花心蘿蔔充人參——冒牌貨，不是眞的游擊隊員。

【花鬚蝶芒】

花鬚：花的雄蕊；蝶芒：蝴蝶的觸鬚。形容草書縈繞的筆鋒。明·解縉《春雨雜述》：「右軍之《敍蘭亭》，字既盡美，尤善布置，所謂增一分則太長，虧一分則太短，魚鬣鳥翅，花鬚蝶芒，油然粲然，各止其所，毫髮之間直無遺憾。」

【花言巧語】

原指一味鋪張修飾而無實際內容的言語或文辭。後多指虛僞而好聽的話。《水滸傳》三四回：「你兀自不下馬受縛，更待何時？剗地花言巧語，扇惑軍心。」巴金《給山川均先生》：「現在輪到你們這些人用花言巧語來欺騙青年了。」

【花顏月貌】

見「花容月貌」。

【花樣百出】

指盡出各種新花招。例每逢打折旺季，各家百貨公司總是花樣百出，想盡各種方法招攬客人。

【花樣不同】

原指絲織物色樣各不相同。也用以指表現手法各有巧妙。唐·盧言《盧氏雜說》：「因問之，云：『舊隸宮錦坊，近以薄技投本行。』云：『如今花樣不同，且東歸也。』」

【花樣翻新】

形容從舊的式樣創造出新的式樣或新的品種。也指玩弄新的花招。清·孫道乾《小螺庵病榻憶語》附錄·姜保初《用十五咸全韻》：「天吳紫鳳繡垂繡，花樣翻新新色嵌。」

【花影繽紛】

形容燈光照映下花朵盛開，色彩絢麗。《紅樓夢》一八回：「元春入室，更衣復出，上輿進園。只見園中香煙繚繞，花影繽紛，處處燈光相映，時時細樂聲喧，說不盡這太平景象，富貴風流。」

【花有重開日，人無再少年】

花謝了還有重開的日子，人老了就不會再有青春年華了。指人生易老，要珍惜青春。

【花有重開月再圓，山有相逢石也有穿】

比喻事情總是有希望的。元·喬夢符《金錢記》二折：「愁如絲，淚似泉，心忙殺，眼望穿，只願得花有重開月再圓，山有相逢石也有穿。」

【花又不損，蜜又得成】

花不受損傷，又能把蜜釀成。比喻辦事有所得，而無所失。《金史·斜卯愛實傳》：「人云：『花又不損，蜜又得成』，余謂花不損，何由成蜜？且京師危急，今欲存社稷耶？存百姓耶？當時皆莫敢言。」

【花月之身】

花月：花容月貌。指美貌豔質的女子。清·孔尚任《桃花扇·拒媒》：「他爲你生小綠珠花月身，尋一個金谷綺羅裏石季倫。」

【花朝月夕】

朝：早晨；夕：傍晚，泛指晚上。指美好的景致、美好的時辰。《紅樓夢》一〇二回：「園中人少，況兼天氣寒冷，李紈姊妹、探春、惜春等俱挪回舊所。到了花朝月夕，依舊相約玩耍。」也作「**花朝月夜**」。元·關漢卿《青杏子·離情》曲：「花朝月夜同宴賞，佳節須酬。」也作「**花晨月夕**」。《歧路燈》一回：「花晨月夕，或作詩，或清談，或小飲，每月也有三四遭兒。」

【花朝月夜】

見「花朝月夕」。

【花遮柳掩】

形容在花木深處躲躲閃閃。也泛指女子行動詭秘。《羣音類選〈竊符記·如姬竊符〉》：「花遮柳掩防人至，覓常山寶符。」也作「**花遮柳隱**」。《紅樓夢》六一回：「五兒聽罷，便心下要分些贈芳官，遂用紙另包了一半，趁黃昏人稀之時，自己花遮柳隱的來找芳官。」

【花遮柳隱】

見「花遮柳掩」。

【花枝葉下猶藏刺，人心怎保不懷毒】

毒：毒害、危害，指害人的計謀。指人表面冠冕堂皇，內心陰狠險毒。《金瓶梅詞話》四七回：「這苗青深恨家主苗天秀……心內暗道：『不如我……與兩個艄子做一路，拿將家主害了性命，推在水內，盡分其財物。我這一回家，再把病婦謀死，這分家私連刁氏都是我消受的。』正是：花枝葉下猶藏刺，人心怎保不懷毒。」也作「**花枝葉下猶藏刺，人心難保不懷毒**」。

【花枝招展】

招展：迎風擺動的樣子。花枝迎風擺動。多形容婦女穿著艷麗。《紅樓夢》三九回：「彼時大觀園中姐妹們都在賈母前承奉，劉姥姥進去，只見滿屋裏珠圍翠繞、花枝招展的，並不知都係何人。」也作「**花枝招颭**」。《醒世恆言》卷八：「那女子的尖尖趫趫鳳頭一對，露在湘裙之下，蓮步輕移，如花枝招颭一般。」

【花枝招颭】

見「花枝招展」。

【花中君子】

蓮花的別稱。宋・周敦頤《愛蓮說》：「菊，花之隱逸也；牡丹，花之富貴者也；蓮，花之君子也。」《書言故事・花木類》：「蓮花，曰花中君子。」

【花燭洞房】

花燭：彩燭；洞房：新房。指新婚之夜。與「洞房花燭」同。元・高則誠《琵琶記・宦邸憂思》：「慢悒怏，把歡娛翻成悶腸，菽水既清涼，我何心，貪著美酒肥羊？悶殺人，花燭洞房；愁殺我，名掛金榜。」

【花燭夫妻】

指明媒正娶、拜堂成親的正式夫妻。例周先生和他太太是舊時拜過堂的花燭夫妻，現年過七旬，老倆口仍是恩恩愛愛，不異當時。

【花燭——一條心】

花燭：舊式結婚新房裏點的蠟燭，上面多有龍鳳圖案等做裝飾。見「芭蕉結果——一條心」。

【花子死了蛇，沒什麼弄得】

花子：乞丐，這裏指玩蛇乞討的乞丐。比喻失掉了憑借或依靠，難以維生或無法應付。《三寶太監西洋記》五六回：「他莫過是偷了玄帝三個寶，便就放膽維持。不敢欺嘴說，我兄弟二人一手招他一個，兩手招他一雙，三手就招三個。招回了他的寶貝，教他花子死了蛇，沒什麼弄得。」

【花子餵牲口——不是好料】

花子：〈方〉棉花子。見「大麻子餵牲口——不是好料」。

【花嘴花舌】

指虛假而動聽的話。《石點頭》卷四：「那鳳奴年已一十五歲，已解人事，見孫三郎花嘴花舌，說著渾話。」也作「**花嘴騙舌**」。《初刻拍案驚奇》卷三四：「那尼姑也是個花嘴騙舌之人，平素只貪些風月。」也作「**花唇巧舌**」。元・孟漢卿《魔合羅》四折：「不要你妄言詐語，花唇巧舌，信口支持。」

【花嘴騙舌】

見「花嘴花舌」。

ㄏㄨㄚˊ

【華顛老子】

華：花白（頭髮）；顛：頭頂。指頭髮花白的老人。《孽海花》一八回：「最難得的，仍是原班，不弱一個！不過綠鬢少年，都換了華顛老子了。」

【華不再揚】

華：花。已開的花不能再開。比喻時間逝去不會重來。晉・陸機《短歌行》：「時無重至，華不再揚。」

【華而不實】

華：開花；實：果實。只開花不結果。比喻外表好看，並無實際內容。《南史・梁簡文帝紀》論：「太宗多聞博達，富贍詞藻，然文艷用寡，華而不實。」也作「**華而少實**」。《東觀漢記・陰興傳》：「張汜、杜禽與興厚善，以為華而少實，但私之以財，終不為言，是以世稱其忠平。」

【華而少實】

見「華而不實」。

【華髮蒼顏】

華：花白；蒼：青灰，指老色。灰白的頭髮，蒼老的面容。宋・辛棄疾《清平樂・獨宿博山王氏庵》詞：「平生塞北江南，歸來華髮蒼顏。布被秋宵夢覺，眼前萬里江山。」

【華冠麗服】

形容衣帽整齊華麗。《紅樓夢》三回：「又行了半日，忽見街北蹲著兩個大石獅子，三間獸頭大門，門前列坐著十來個華冠麗服之人，正門不開，只東西兩角門有人出入。」

【華袞之贈】

華：多彩；袞：古代皇帝的朝服。比喻十分貴重的禮物。晉・范寧《春秋穀梁傳序》：「一字之褒，寵逾華袞之贈；一言之貶，辱過市朝之撻。」

【華樸巧拙】

華麗、樸實、奇巧、古拙。指不同的文風。魯迅《關於〈唐三藏取經詩話〉的版本》：「也不僅據文意的華樸巧拙定時代，因為作者是文人還是市民，於作品是大有分別的。」

【華如桃李】

臉色艷如桃李一樣。形容面貌極美。《詩經・召南・何彼襛矣》：「何彼襛矣，華如桃李。」

【華屋丘山】

見「華屋山丘」。

【華屋丘墟】

見「華屋山丘」。

【華屋山丘】
華麗的宮室化爲土堆。比喻繁華迅速衰退，人生興衰莫定。三國魏・曹植《箜篌引》詩：「生在華屋處，零落歸山丘。」也作「**華屋丘墟**」。魯迅《病後雜談》：「這個艷傳，那個步韻，比對於華屋丘墟、生民塗炭之慘的大事情還起勁。」也作「**華屋丘山**」。元・王惲《史宣慰子明友松亭》詩：「華屋丘山驚夢斷，玉堂編簡爲君青。」

【華星秋月】
如羣星燦爛，似秋月清明。泛指對文章極盡讚美之詞。唐・杜甫《元使君》詩：「兩章對秋月，一字偕華星。」《書言故事・書翰類》：「稱人書翰，華星秋月之章。」

【嘩世取寵】
見「嘩衆取寵」。

【嘩衆取寵】
故意在羣衆中浮言吹噓，以博得衆人的誇獎和歡喜。《漢書・藝文志》：「然惑者既失精微，而辟者又隨時抑揚，違離道本，苟以嘩衆取寵。」也作「**嘩世取寵**」。宋・陸游《曾文清公墓志銘》：「而公獨以誠敬倡導學者，吳越之間，翕然師尊，然後士皆以公篤學力行，不嘩世取寵爲法。」

【滑了牙的螺絲帽——團團轉】
滑了牙：指螺絲紋磨得平滑了。見「狗咬尾巴——團團轉」。

【滑天下之大稽】
指事情非常滑稽可笑。魯迅《花邊文學・小品文的生機》：「不但唱工，單是黑頭涎臉扮丑腳，丑腳搥胸學黑頭，戲場只見白鼻子的和黑臉孔的丑角多起來，也就滑天下之大稽。」

ㄏㄨㄚˋ

【化悲痛爲力量】
把悲哀痛楚變爲繼續前進的動力。例和你相依爲命的婆婆突然病逝固然令人難過，但你更應該化悲痛爲力量，好好用功讀書，成爲一個有用之人。

【化被萬方】
化：德化；被：ㄅㄟˋ，及至。以德育人，可以普及到各方各面。唐・柳宗元《爲李諫議賀赦表》：「恩覃九有，化被萬方。」

【化腐爲奇】
見「化腐朽爲神奇」。

【化腐朽爲神奇】
把腐朽無用的東西變爲神妙奇特的東西。原指腐朽和神奇之間相互轉化。現指在文章或講話中擅於推陳出新，把不起眼的變成惹人喜歡的。也指具有無所不能的魔力。《莊子・知北遊》：「是其所美者爲神奇，其所惡者爲臭腐，臭腐復化爲神奇，神奇復化爲臭腐，故曰通天下一氣耳。」也作「**化腐爲奇**」。清・陳廷焯《白雨齋詞話》七：「古人詩詞，不盡可法，善於運用，何難化腐爲奇。」

【化干戈爲玉帛】
干戈：古代的兩種兵器，指戰爭；玉帛：玉器和絲織品，古時諸侯會盟或朝聘所帶的禮物。這裏指和好。比喻把戰爭或爭吵變爲和平或和解。老舍《茶館》一幕：「經調人東說西說，便都喝碗茶，吃碗爛肉麵……就可以化干戈爲玉帛了。」

【化零爲整】
把分散的集中起來，成爲一個整體。例如果我們大家能夠團結一心、化零爲整，一定可以提升本公司在社會上的形象。

【化民成俗】
化：教育，感化；俗：風俗。教育感化羣衆形成良好的風俗習慣。《禮記・學記》：「君子如欲化民成俗，其必由學乎！」

【化日光天】
義同「光天化日」。指太平時世，也指大天白日。清・遁廬《童子軍》：「準在明日三更向後，到刑部衙門裏面，把俺吳先生從那刀山劍樹之中，奪到化日光天之下便了。」

【化若偃草】
化：指德化；偃：ㄧㄢˇ，倒伏。指以道德教育，可使人向慕感化，像風吹過草上，草自然倒伏一樣。《晉書・潘尼傳》：「學猶蒔苗，化若偃草。」

【化鐵爲金】
將鐵變成金子。也比喻把不好的文辭加以潤色，立刻成爲絕妙好辭。明・劉基《郁離子・化鐵之術》：「郁離子學道於藐乾羅子冥，授化鐵爲金之術。」

【化爲泡影】
泡影：水泡和物體的影子。變成水泡和影子那樣很快就消失的東西。形容希望落空。例一場重病使他過早離開人世，多少尚未完成的計畫，全化爲泡影。

【化爲烏有】
變得什麼都沒有。形容全部落空。《三國演義》一七回：「若將軍者，向爲漢臣，令乃爲叛賊之臣，使昔日關中保駕之功化爲烏有，竊爲將軍不取也。」

【化爲異物】
異物：鬼的諱稱。舊指人死。漢・賈誼《鵩鳥賦》：「千變萬化兮，未始有極；忽然爲人兮，何足控摶？化爲異物兮，又何足患？」

【化險爲夷】
險：危險，險阻；夷：平安，平坦。化險阻爲平坦，轉危爲安。《孽海花》二七回：「以後還望中堂忍辱負重，化險爲夷。兩公左輔右弼，折中禦侮。」

【化雨春風】
化雨：使萬物滋長的細雨；春風：促使植物繁茂的和風。指適宜萬物生長的自然條件。比喻良好的教育。茅盾《海南之行——六二年元旦訪通什》：「樹人十載宏觀在，化雨春風多冶陶。」

【化整為零】

把整體分散為許多零散部分。姚雪垠《李自成》一卷二六章：「現有人馬，也是分駐在幾個地方。這是我們常用的化整為零、分散就食之策。」

【華封三祝】

《莊子・天地》：「堯觀乎華。華封人曰：『嘻，聖人。請祝聖人，使聖人壽。』堯曰：『辭。』『使聖人富。』堯曰：『辭。』『使聖人多男子。』堯曰：『辭。』成玄英疏：「華，地名也，今華州也。封人者，謂華地守封疆之人也。」後人因以「華封三祝」為祝頌之詞。也作「**華封之祝**」。劉坤一《覆何棣山書》：「唯與田夫野老擊壤高歌，虔申華封之祝而已。」

【華封之祝】

見「華封三祝」。

【華亭鶴唳】

華亭：古地名，舊址在今上海市松江縣西。晉陸機常遊息之處。南朝宋・劉義慶《世說新語・尤悔》：「陸平原（機）河橋敗，為盧志所讒，被誅。臨刑嘆曰：『欲聞華亭鶴唳，可復得乎？』」後用為處境危難時依戀昔日生活和故物，含惋痛之慨。北周・庾信《哀江南賦序》：「釣台移柳，非玉關之可望；華亭鶴唳，豈河橋之可聞。」

【華佗行醫——妙手回春】

華佗：後漢名醫，精通內、外、婦、兒、針灸各科。比喻醫生醫術高明，能使病人轉危為安。例全靠他華佗行醫——妙手回春，我患癌症的朋友才能起死回生。也作「**李時珍看病——妙手回春**」。

【華佗行醫——名不虛傳】

比喻名聲與實際相符。例久聞先生大名，今日得能領教，果然是華佗行醫——名不虛傳。也作「**王麻子的刀剪——名不虛傳**」。

【畫等號】

原為數學用語。現常指兩件事物是等同的。例馬車和汽車不能畫等號。

【畫槓槓】

比喻給人或事規定性質，畫定歸屬。例你的問題，組織上會給你作結論，你自己不必替自己畫槓槓。

【畫框框】

比喻規定範圍，定下規則，不許突破。例這次討論既不畫框框，也不定調子，請大家各抒己見，暢所欲言。

【畫筆敲鼓——有聲有色】

形容十分生動。有時特指表演精彩、生動。例徐老師講課就像畫筆敲鼓——有聲有色，同學們個個都十分愛聽。也作「**染房裏吹笛子——有聲有色**」。

【畫餅充飢】

充飢：解餓。畫個餅來解餓。比喻憑藉空想來自我安慰，或徒有虛名，而無實惠。宋・李清照《打馬賦》：「說梅止渴，稍蘇奔競之心；畫餅充飢，少謝騰驤之志。」

【畫餅充飢——聊以自慰】

比喻以空想來勉強自我安慰。例什麼病能徹底治好，我看不過是畫餅充飢——聊以自慰罷了。

【畫餅充飢——自騙自】

比喻用自己都難以相信的話或手段來欺騙別人，也欺騙自己。例你的這種說法是畫餅充飢——自騙自，誰都不會相信。也作「**畫餅充飢——自欺欺人**」、「**畫餅充飢——自己哄自己**」、「**捂著耳朵偷鈴鐺——自己騙自己**」、「**此地無銀三百兩——自欺欺人**」。

【畫策設謀】

籌劃策略，鋪設計謀。《野叟曝言》二六回：「鳳姨見有功效，一發貼心貼意，替他畫策設謀。」

【畫錯鬥牛尾，致被牧童笑】

宋・蘇軾《書戴嵩畫牛》：「蜀中有杜處士，好書畫，所寶以百數。有戴嵩牛一軸，尤所愛……一日暴書畫，有一牧童見之，拊掌大笑曰：『此畫鬥牛也。牛鬥力在角，尾搐入兩股間；今乃掉尾而鬥，謬矣。』處士笑而然之。」比喻即使是行家裏手，更應深入生活，熟悉現實；一旦失誤，便會貽笑大方。

【畫荻丸熊】

荻：蘆葦；畫荻：宋歐陽修幼喪父，家貧，母親教他用蘆葦桿畫地練字；丸熊：唐柳仲郢勤奮刻苦學習，其母親製成熊膽丸讓他服，藉以提神醒腦。後用「畫荻丸熊」來稱讚良好的母教。明・張岱《公祭祁夫人文》：「非夫人之畫荻丸熊，焉能有此令嗣乎？」

【畫地成牢】

見「畫地為牢」。

【畫地成圖】

就在地上畫圖表明地理形勢。比喻對事物瞭如指掌，胸有成竹。《晉書・張華傳》：「武帝問漢宮室制度，及建章千門萬戶，華畫地成圖，左右屬目，帝甚以為異。」

【畫地而趨】

畫地：在地上畫個框框；趨：快走。在畫定的框框內走動。比喻自己束縛自己，不知變通。《莊子・人間世》：「已乎已乎，臨人以德；殆乎殆乎，畫地而趨。」

【畫地為牢】

古時在地上畫個框，當作牢獄。後來比喻只許在規定範圍內活動。元・岳伯川《鐵拐李》一折：「可曾有一件兒合天道？他每都指山賣磨，將百姓畫地為牢。」也作「**畫地為獄**」。《漢書・路溫舒傳》：「故俗語曰：『畫地為獄，議不入；刻木為吏，期不對。』此皆疾吏之風，悲痛之辭也。」也作「**畫地成牢**」。清・王夫之《夕堂永日緒論・內編》：「詩之有皎然、虞伯生，經義之有茅鹿門、湯賓尹、袁了凡，皆畫地成牢以陷人者。」

【畫地為獄】

見「畫地爲牢」。

【畫棟雕梁】

彩繪的棟，雕鏤的梁。形容房屋建築極富麗堂皇。《水滸傳》九回：「朱甍碧瓦，掩映九級高堂；畫棟雕梁，眞乃是三微精舍。」也作「畫梁雕棟」。明・王子一《誤入桃源》二折：「光閃閃貝闕珠宮，齊臻臻碧瓦朱甍，寬綽綽羅幃繡櫳，鬱巍巍畫梁雕棟。」

【畫棟朱簾】

棟：房屋的梁；朱：紅色。彩繪的房梁，紅色的竹簾。形容房屋裝飾華麗。唐・王勃《滕王閣序》：「畫棟朝飛南浦雲，朱簾暮捲西山雨。」

【畫閣朱樓】

彩繪的閣樓。形容屋宇精美華麗。明・康海《王蘭卿》一折：「我和你意相投，便住在草團中也勝似畫閣朱樓。」

【畫鬼神易，畫犬馬難】

《韓非子・外儲說左上》：「齊王問曰：『畫孰最難者？』曰：『犬馬最難。』『孰最易者？』曰：『鬼魅最易。』夫犬馬，人所知也，旦暮罄於前，不可類之，故難；鬼神，無形者，不罄於前，故易之也。」後以「畫鬼神易，畫犬馬難」比喻沒有的事物可以憑空瞎說，常見的事物稍有不似，即遭非議。指說空話容易，腳踏實地去幹就不容易了。

【畫猴子大過石山——比例不相稱】

形容兩相比較，差別太大，配合起來顯得很不協調。例堅決實行按勞付酬，但畫猴子大過石山——比例不相稱，分配相差懸殊也是行不通的。

【畫虎不成】

見「畫虎不成反類狗」。

【畫虎不成反類狗】

畫虎畫不像，卻像狗。比喻好高騖遠，終究不成。又比喻弄巧成拙。《後漢書・馬援傳》：「效季良不得，陷爲天下輕薄子，所謂畫虎不成反類狗者也。」也作「畫虎類狗」。清・李漁《閒情偶寄・變調第二》：「但須點鐵成金，勿令畫虎類狗。」也作「畫虎成狗」。《聊齋志異・胭脂》：「女呼之返曰：『身已許君，復何吝惜，但恐畫虎成狗，致貽污謗。』」也作「畫虎類犬」。《歧路燈》十一回：「端福不甚聰明，恐畫虎類犬。」也作「畫虎不成」。北齊・顏之推《顏氏家訓・雜藝》：「朝野翕然，以爲楷式，畫虎不成，多所傷敗。」也作「畫龍不成反爲狗」。晉・袁宏《後漢記》一二：「孔僖、孫駰同習《春秋》，語吳王夫差事，僖廢書而嘆曰：『若是所謂畫龍不成反爲狗者。』」

【畫虎不成反類犬】

想畫虎，倒畫成了狗。比喻想幹大事又沒有本事，一無所成。清・朱庭珍《筱園詩話》卷三：「阮翁生吞活剝，但套句調，而意則線直，詞則笨拙，如嚼渣滓，了無餘味，是『畫虎不成反類犬』矣，又豈可違心譽之！」也作「畫虎不成，反類其狗」。明・王世貞《鳴鳳記》五齣：「此本一上，咦，我倒不好說得，恐投鼠不著，誤傷其器，畫虎不成，反類其狗。那時悔之晚也。」也作「畫龍不成反類犬」。宋・王楙《野客叢書》卷三〇：「後漢孔僖，因讀夫差事，嘆曰：『譬如畫龍不成反類犬者也。』劉注：按古語，皆云『畫虎不成』，此誤以爲畫龍。僕謂此非誤也。蓋章懷太子避唐諱爾。」

【畫虎不成反類犬——弄巧成拙】

比喻本想要弄技巧或小聰明，結果反而壞了事。例他企圖在同事面前炫耀一下自己學問，畫虎不成反類犬——弄巧成拙，卻充分暴露了自己的無知，鬧出一場大笑話。

【畫虎成狗】

見「畫虎不成反類狗」。

【畫虎畫皮難畫骨，知人知面不知心】

畫虎畫外形好畫但筋骨難畫，認識人容易知其心卻難。《古今小說》卷一：「今日薛婆本是個不善之人，一般甜言軟語，三巧兒遂與他成了至交，時刻少他不得。正是：畫虎畫皮難畫骨，知人知面不知心。」也作「畫龍畫虎難畫骨，知人知面不知心」。《警世通言》卷三：「田氏……對莊生道：『如此薄情婦，世間少有。』莊生又道出四句：『生前個個說恩深，死後人人欲扇墳。畫龍畫虎難畫骨，知人知面不知心。』」

【畫虎類狗】

見「畫虎不成反類狗」。

【畫虎類犬】

見「畫虎不成反類狗」。

【畫戟雕弓】

形容兵器精致、明亮。清・洪昇《長生殿・剿寇》：「畫戟雕弓耀彩，軍令分明。」

【畫疆自守】

畫：劃分；疆：疆界，區域。按照已經確定下來的管轄區域自行駐守。孫中山《和平統一之通電》：「在統一未成之前，四派各畫疆自守……先守和平之約，以企統一之成。」

【畫裏的大餅——不能充飢】

比喻解決不了問題。例你的設想，不切合這裏的實際，畫裏的大餅——不能充飢，根本解決不了燃眉之急。

【畫梁雕棟】

見「畫棟雕梁」。

【畫龍不成反爲狗】

見「畫虎不成反類狗」。

【畫龍點睛】

比喻作文或講話時，在關鍵處用一兩句話點明要旨，使內容更加鮮明生動。例在深色衣服上掛一條金色項鍊，有畫龍點睛之妙。

【畫龍點睛——功夫到家了】

比喻本領高極了。例盧大叔是鎮上有名的能人，他的木工活就像畫龍點睛

——功夫到家了，人們稱他爲「活魯班」。也作「黃豆切細絲——功夫到家了」。

【畫龍畫虎難畫骨，知人知面不知心】

見「畫虎畫皮難畫骨，知人知面不知心」。

【畫眉舉案】

案：端食具的盤；畫眉：指張敞爲妻畫眉毛的故事，見《漢書·張敞傳》；舉案：指孟光爲夫送食時把盤舉至眉齊的故事，見《後漢書·梁鴻傳》。比喻夫妻相互敬愛。明·楊珽《龍膏記·錯媾》：「秦晉交歡，喜蘭閨芳質；玉堂名彥，看瑟調琴弄，畫眉舉案。」

【畫眉張敞】

《漢書·張敞傳》：「敞無威儀……又爲婦畫眉，長安中傳張京兆眉憮。」後用以比喻對妻多情的男子。《羣音類選〈紅拂記·破鏡重圓〉》：「分明我拆散鸞凰，把他青春虛曠，埋沒了畫眉張敞。」參見「張敞畫眉」。

【畫瓶盛糞】

佛家語。把俗人比作盛糞的畫瓶，衆苦所集。《菩薩處胎經》一：「九苦爲關鍵，如畫瓶盛糞」。也作「畫瓶儲糞」。《法苑珠林》：「亦如畫瓶儲糞誑人」。

【畫瓶儲糞】

見「畫瓶盛糞」。

【畫若鴻溝】

畫：劃分；鴻溝：漢時水名，爲汴水之支流。《史記·項羽本紀》：「項王乃與漢約，中分天下，割鴻溝以西爲漢，鴻溝而東者爲楚。」因以「畫若鴻溝」比喻界限分明，不可逾越。

【畫沙成卦】

宋朱熹幼時以手指在沙上畫八卦圖形。後用以泛指幼兒聰慧。《宋史·朱熹傳》：「幼穎悟，從羣兒戲沙上，獨端坐，以指畫沙，視之八卦也。」

【畫上的大蝦——看著眼饞，到不了嘴裏】

比喻渴望得到的東西，卻得不到。例別的車廠靠自力更生，實現了生產現代化，我們眞像見到畫上的大蝦——看著眼饞，到不了嘴裏，大家得動動腦筋，迎頭趕上。

【畫上的貓——乾瞪眼】

比喻毫無辦法。例在這樣大的自然災害面前，沒有團體，單靠個人力量，那只能是畫上的貓——乾瞪眼。

【畫蛇添足】

蛇本來沒有腳，畫蛇時憑空給它添上腳。比喻多此一舉，不但無益，反而壞事。也比喻無中生有，虛構事實。《三國演義》一一〇回：「將軍功績已成，聲威大震，可以止矣。今若前進，倘不如意，正如『畫蛇添足』也。」也作「畫蛇著足」。著：加上。唐·韓愈《感春》詩之四：「畫蛇著足無處用，兩鬢霜白趨埃塵。」

【畫蛇添足——多此一舉】

也作「畫長蟲添腳——多一事」。見「白天點燈——多此一舉」。

【畫蛇著足】

見「畫蛇添足」。

【畫水掀壁】

宋·鄧椿《畫繼》：「閻丘秀才長於畫水，自成一家。嘗畫五岳觀壁，凡作水，先畫浪頭，然後畫水紋，驚濤洶湧，勢欲掀壁。」宋朝閻丘擅長畫水，他的畫畫在牆壁上，驚濤駭浪，好像要把壁掀翻。形容畫工傳神。

【畫西施之面，美而不可說；規孟賁之目，大而不可畏】

西施：戰國越之美女；說：通「悅」；規：描摹；孟賁（ㄅㄣ）：戰國時勇士。畫西施的臉，雖然很美但缺乏動人的神情；畫孟賁的眼睛，雖然很大但缺少令人生畏的光彩。比喻在創作中藝術形象僅僅形似而神不能傳。《淮南子·說山訓》：「畫西施之面，美而不可說；規孟賁之目，大而不可畏。君形者亡焉。」

【畫一之法】

畫一：整齊一致。規定統一的方法。《後漢書·仲長統傳論》：「宣孟改冬日之和，平陽循畫一之法。」

【畫意詩情】

溫馨柔美，如詩似畫的情趣。朱自清《燕知草序》：「杭州是歷史上的名都，西湖更爲古今中外所稱道；畫意詩情，差不多俯拾即是。」也作「詩情畫意」。

【畫影圖形】

描繪人的形貌。舊時通緝要犯時，常將這種圖像張掛於交通要衝及鬧市。《三國演義》四回：「［董］卓遂令遍行文書，畫影圖形，捉拿曹操。」

【畫脂鏤冰】

鏤：雕刻。在凝固的油脂上繪畫，在冰上雕刻，一旦融化，歸爲烏有。比喻勞而無功。漢·桓寬《鹽鐵論·殊路》：「故內無其質而外學其文，雖有賢師良友，若畫脂鏤冰，費日損功。」

【畫中有詩】

畫中的景物富有詩的意境。宋·蘇軾《東坡題跋·書摩詰〈藍關煙雨圖〉》：「味摩詰（王維）之詩，詩中有畫；觀摩詰之畫，畫中有詩。」

【劃一不二】

①說定價錢，沒有討價還價。《蕩寇志》一〇四回：「這是你一向做落的定價，畫一不二，老少無欺。」②整齊一律，沒有兩樣。比喻嚴格按照規定辦事，沒有一點靈活的餘地。魯迅《南腔北調集·題記》：「於是文章也就不能畫一不二，可說之處說一點，不能說之處便罷休。」

【話不傳六耳】

六耳：指三個人。指秘密話不能讓第三人知道。劉江《太行風雲》一九：「他覺得性命在身，事不宜遲。對，話不傳六耳，只能給一個人說。事情要辦暗密。」

【話不說不知，木不鑽不透，冰不搭不寒，膽不試不苦】
搭：捏。話不說清楚，別人不會明白，就像木頭不鑽就透不過去，冰不用手捏就不會感覺寒冷，膽不用嘴去嘗就不知道味苦一樣。元·關漢卿《謝天香》四折：「罷，罷，罷！話不說不知，木不鑽不透，冰不搭不寒，膽不試不苦。君子見機而作，不俟終日，耆卿何故見之晚矣。當日見足下留心於謝氏，恣意於鳴珂，耽耳目之玩，惰功名之志，是以老夫侃侃而言，使足下怏怏而別。」

【話不投機】
見「話不投機半句多」。

【話不投機半句多】
投機：雙方契合。指志趣不同，話便說不到一塊，多一句更增一分厭煩。《三俠五義》七〇回：「這一句話，問得個靜修和尚面紅過耳，所謂話不投機半句多，一言不發，站起來向後面去了。」也作「話不投機」。《古今小說》卷四〇：「李萬聽得話不投機，心下早有二分慌了。」

【話不虛傳】
流傳的話並不假。《野叟曝言》六七回：「只見門面宏敞，房屋眾多，槽道齊全，店家和氣，暗道：『果然話不虛傳。』」

【話不要說死，路不要走絕】
幹什麼都要留有餘地。例「話不要說死，路不要走絕」，無論辦事、說話，要多分析，勤思考，想想後果，給自己留點餘地。

【話到舌尖留半句，事從禮上讓三分】
說話要留有餘地，辦事要禮貌讓人。《濟公全傳》一四一回：「我出家人以慈悲爲門，善念爲本，說話要留口德，不能明說，常言道：話到舌尖留半句，事從禮上讓三分。」也作「話到舌尖留半句」、「話到嘴邊留三分」。

【話裏有話】
說話中包含著另外一層意思。指語帶雙關，意在言外。《兒女英雄傳》二一回：「明知他二人這話，卻是機帶雙敲，話裏有話。」也作「話中有話」。《紅樓夢》一一〇回：「邢夫人等聽了話中有話，不想到自己不令鳳姐便宜行事，反說『鳳丫頭果然有些不用心！』」

【話怕三頭對面，事怕挖根掘蔓】
流言蜚語就怕三頭六面對證，可疑的事就怕尋根究柢。例所謂「話怕三頭對面，事怕挖根掘蔓」，如果這件事有可疑之處，絕對逃不過警方的調查。

【話是開心斧】
比喻有說服力的話能打動人心。例話說在點子上就能打動人。打動了人，就能幫助人家解開思想疙瘩。所以說：「話是開心斧。」

【話說三遍淡如水】
形容老是講那麼幾句話，叫人厭煩。例如果我們一再重覆同樣的話，就會給人話說三遍淡如水的感覺。

【話匣子】
原指留聲機或收音機。①比喻愛說話的人。例姨媽是個話匣子，一天到晚不停地說這說那，嘮嘮叨叨個沒完。②與「打開」連用，比喻心裏裝著的話。例勸你的話說了一大堆，你也該打開話匣子說說心裏話了。

【話中帶刺】
指話語中含有諷刺挖苦。《歧路燈》八五回：「因此待親家母面上冷落，話中帶刺。」

【話中有話】
見「話裏有話」。

ㄏㄨㄛ

【耠子耕地——錯了耬啦】
耠子：翻鬆土壤用的農具，比犁輕巧，多用於中耕；耬：ㄌㄡˊ，播種用的農具，播種時由牲畜牽引，後面有人扶著，可以同時完成開溝和下種的工作。比喻鬧了誤會。例對不起，耠子耕地——錯了耬啦！看你在廚房裏，我還以爲你是伙夫呢，原來你只是來幫忙的而已。

【豁出一身剮，敢把皇帝拉下馬】
剮：ㄍㄨㄚˇ，割肉離骨，古時的「凌遲」酷刑。比喻豁出一條命，什麼都不怕。例我今天和你拚了，雖然別人說，我若是豁出一身剮，敢把皇帝拉下馬，可能性命不保，但我死不足惜。也作「破著一命剮，便把皇帝打」。破：不顧惜。《金瓶梅詞話》二五回：「我的仇恨與他結的有天來大。常言道，一不做，二不休，到根前再說話。破著一命剮，便把皇帝打。」

【豁唇騾子賣了個驢價錢——吃虧就吃在嘴頭子上了】
豁唇：嘴唇裂開，也叫豁嘴。騾子比驢子力氣大，比驢値錢，豁唇騾子不値錢，就因嘴上有毛病。比喻由於說話隨便，而受到損害。例他是個好人，只心裏藏不住東西，有啥說啥，難免得罪人，眞像俗話所說，豁唇騾子賣了個驢價錢——吃虧就吃在嘴頭子上了。也作「尖嘴騾子賣驢價——全壞在嘴上了」、「歪嘴騾子賣了驢價錢——吃嘴上虧」、「蚊蟲遭扇打——吃了嘴的虧」、「啄木鳥死在樹窟窿裏——吃了嘴的虧」。

【豁牙子拜師傅——無恥（齒）之徒】
豁牙子：牙齒殘缺的人；恥：「齒」的諧音。雙關語，比喻不知羞恥的人。例你還不知道？他是一個鼎鼎大名的豁牙子拜師傅——無恥（齒）之徒，人人對他恨之入骨。

【豁牙子吹火——漏風】
雙關語，比喻走漏風聲。例敵人怎麼今夜進村抓人。難道是豁牙子吹火——漏風了，他們知道了我們的行動計畫？

【豁牙子啃西瓜——道道多】

雙關語，比喻主意、辦法多。例還是鄭師傅豁牙子啃西瓜——道道多，解決了我們生產中的一個大難題。也作「豁牙子吃西瓜——道兒多」、「豁牙吃西瓜——道道多」、「火車站的鐵軌——道道多」。

【豁牙子啃西瓜——盡出壞道道】

見「狐狸精問路——沒有好道道兒」。

【豁牙子啃豬蹄——橫扯筋】

比喻蠻橫無理，胡拉亂扯。例他是一個很懂道理、講禮貌的人，從來沒有豁牙子啃豬蹄——橫扯筋，大家都願意同他合作共事。

【豁牙子說話——含含糊糊】

形容態度不明朗。有時比喻話說得含糊不清。例你應拿出一個明確的意見來，不能豁牙子說話——含含糊糊，使人無所適從。也作「豁牙子說話——含糊其辭」、「缺牙齒念文章——含糊其辭」。

【豁牙子咬牛筋——難嚼難嚥】

比喻事情棘手，難以對付。有時指受人欺侮，苦果難吞氣難嚥。例一般攻關項目，都是豁牙子咬牛筋——難嚼難嚥，這次任務艱難，是在意料之中的事，大家都有心理準備。也作「豁牙子吞了塊犟牛筋——難嚼難嚥」。

【豁嘴吹簫——沒有好聲】

豁嘴：唇裂的人。比喻說不出好話。例雙方都在氣頭上，豁嘴吹簫——沒有好聲就不足為怪，應當互相諒解。

ㄏㄨㄛˊ

【活靶子】

靶子：練習打槍或射箭用的目標。比喻被聲討、批判的對象。例你願意寫批判文章就寫吧！也犯不上拿老江作活靶子，出風頭！

【活蹦亂跳】

形容人或動物富有生命力。例那條魚，剛從市場買回來時，還是活蹦亂跳的，這回兒怎麼死了？

【活剝生吞】

形容生硬地剽竊他人的文章著作，囫圇吞棗，食而不化。唐・劉肅《大唐新語・諧謔》：「有棗強令張懷慶，好偸名士文章，人爲之諺曰：『活剝王昌齡，生吞郭正一』。」明・張岱《與祁文載》：「弟閱《金剛經》諸解，深恨灶外作灶，硬入人語，未免活剝生吞。」

【活剝兔子——扯皮】

雙關語，比喻辦事互相推諉，或無原則地爭吵、爭論。例這項工程因甲乙雙方總是活剝兔子——扯皮，進展很慢，已經影響公司營運了。也作「秋天剝黃麻——扯皮」。

【活到老，學到老】

學無止境，只要活著就不能停止學習。老舍《新時代的舊悲劇》七：「有本領的人使別人多懂些事，沒有本領的人跟著別人學，慚愧！自己跟著別人學！但是不能不學。一事不知，君子之恥，活到老，學到老！」

【活地圖】

比喻對某地的路徑、風土人情等極爲熟悉的人。例你們想去阿里山旅遊嗎？那一定得請小衛做嚮導，他是那一帶的活地圖。

【活見鬼】

比喻離奇或無中生有。例你說昨天在公園看見我？眞是活見鬼了，我昨天一天沒出門。

【活靈活現】

見「活龍活現」。

【活龍活現】

形容把事物敍述和描寫得眞切生動，跟眞的、活的一樣。《警世通言》卷五：「再說王氏聞丈夫凶信，初時也疑惑，被呂寶說得活龍活現，也信了。」也作「活靈活現」。《初刻拍案驚奇》卷一四：「大郊此時已被李氏附魂，活靈活現的說，驚得三魂俱不在體了。」

【活埋人】

比喻生生地陷害人。例案發時，他正出差在外地，兇手怎麼是他，這不是活埋人嗎？

【活潑天機】

天機：指人的靈性。指靈性自然舒展，生動活潑。《兒女英雄傳》三四回：「否則閒中望望行雲，聽聽流水，都可活潑天機。」

【活人還叫尿憋死】

比喻意志堅強的人不會被困難嚇倒。例要活下去總會有辦法，活人還叫尿憋死！

【活人跳進滾水盆——不死也要脫層皮】

比喻遭受沉重打擊。例民兵訓練有素，有戰鬥經驗，敵人這次眞敢偸襲，一定是活人跳進滾水盆——不死也要脫層皮。也作「開水潑老鼠——不死也要脫層皮」、「黃鱔上沙灘——不死也要落一身殘」。

【活人眼裏伸拳頭】

比喻明目張膽地欺負人。例王大松是村裏的大流氓，他到那裏都是活人眼裏伸拳頭，欺壓善良百姓。

【活色生香】

活生生地且有色有香。形容詩文、繪畫生動逼眞。元・王惲《繁杏錦鳩圖》：「盡堪活色生香裏，擁顧雙棲過一春。」

【活眼活現】

形容說話、描寫逼眞，像眼前可見那樣。《兒女英雄傳》三二回：「稀不要緊的平常事，到了你們文墨人嘴兒裏，一說就活眼活現的。」

【活魚掉進醋缸裏——肉爛骨頭酥】

魚在醋缸裏浸泡時，由於醋酸的作用，魚骨、魚刺會變脆變酥。比喻傷害慘重。例他在這次火災事故中，就像活魚掉進醋缸裏——肉爛骨頭酥，差一點送了命。

【活魚丟在沙灘上——乾蹦乾跳】
比喻無理取鬧或亂發脾氣。例爲這點芝麻小事，如此活魚丟在沙灘上——乾蹦乾跳，值得嗎？也作「泥鰍落旱田——乾蹦乾跳」、「活魚丟在沙灘上——亂跳起來」。

【活字典】
比喻學識淵博、有問必答的人。例你先生的學問非同一般，大家都稱他活字典。也指對文學特別熟悉的人。例周老師是部活字典，我們有什麼疑難字都去問他。

ㄏㄨㄛˇ

【火把換燈籠——明來明去】
見「打燈籠走親戚——明來明去」。

【火爆玉米——開心】
見「燈草剖肚——開心」。

【火車到站，輪船靠岸——停止不前】
比喻停留在原來的水準上，不思進取。例要不斷開拓，不斷前進，火車到站，輪船靠岸——停止不前的思想一定要克服，我們的事業才有希望。也作「船到碼頭車到站——停止不前」。

【火車道上推小車——一步一個坎】
比喻每前進一步都會遇到困難或受到挫折。例我們公司成立三年，可以說是火車道上推小車——一步一個坎，能取得今天這樣一點成就，確實來之不易。也作「火車道上推小車——步步有坎」、「推小車上台階——一步一個坎」。

【火車的輪子——連軸轉】
比喻夜以繼日地連續幹活。例在洪峯到來的前後，我們防洪搶險隊，就像火車的輪子——連軸轉，幾天幾夜未曾合眼。也作「車工三班倒——連軸轉」、「木匠搖墨斗——連軸轉」。

【火車進隧道——長驅直入】
形容進軍順利、快速。例突破敵軍前沿陣地之後，我軍就像火車進隧道——長驅直入，敵軍再也無力抵抗了。

【火車跑得快，全靠車頭帶】
比喻要把工作做好，關鍵全在領導。例廠裏有個好的領導班子，他們團結互助，聯繫羣衆，又掌握市場信息，所以生產有了大發展。這眞是：「火車跑得快——全靠車頭帶」。

【火車碰頭——出鬼（軌）】
鬼：「軌」的諧音。雙關語，比喻出現事故，發生問題。例怎麼今天沒人上班，難道是火車碰頭——出鬼（軌）啦！哦，原來是星期日。

【火車上馬路——沒轍了】
見「火車紮進高粱地——沒轍了」。

【火車上演戲——載歌載舞】
又唱歌又跳舞。形容歡樂的氣氛。例每逢國慶之夜，同學們都匯集操場，火車上演戲——載歌載舞，高興極了。

【火車頭】
常用於比喻能起作用的帶頭人之稱。例敢說敢做的小李，在公司裏算是火車頭級的人物。

【火車頭拉磨——有勁沒法使】
見「大象逮老鼠——有勁使不上」。

【火車頭沒燈——前途無量（亮）】
量：「亮」的諧音。雙關語，比喻人有美好的未來。例行行出狀元，你們青年人只要認眞學習技術，在農業上也是火車頭沒燈——前途無量（亮）的。

【火車頭追小兔——有勁使不上】
見「大象逮老鼠——有勁使不上」。

【火車廂裏賽歌——高歌猛進】
形容情緒高漲，闊步向前。例青年人在生產線上，就像火車廂裏賽歌——高歌猛進，不斷創造出高質量、高速度的優異成績。

【火車紮進高粱地——沒轍了】
轍：本指車輪壓出的痕跡，此處指軌道。比喻沒有辦法或主意了。例在大家的批評、指摘之下，他的確是火車紮進高粱地——沒轍了，只好灰溜溜地跑了。也作「火車上馬路——沒了轍了」、「水泥馬路——沒轍」、「油漆馬路——沒轍」、「自行車走水泥馬路——沒轍」、「飛機離跑道——沒轍了」。

【火車站的鐵軌——道道多】
見「豁牙子啃西瓜——道道多」。

【火大無濕柴】
大火可以使濕柴燃燒，比喻人多勢大。例俗話說：「火大無濕柴。」我們大夥同心協力，狠抓收尾工程，肯定能提前完成任務。

【火到豬頭爛，錢到公事辦】
指有了錢，什麼事都能辦。《醒世恆言》卷一三：「自古道好：火到豬頭爛，錢到公事辦。憑你世間稀奇作怪的東西，有了錢，哪一件做不出來。」也作「火大蒸得豬頭爛，錢多買得公事辦」。

【火得薪而熾】
在火上加柴，使火勢更猛烈。比喻做事得到幫助，成效更加顯著。《舊唐書・元稹傳》：「魚得水而游，鳥乘風而翔，火得薪而熾。」

【火耕流種】
古時一種耕種方法，用火焚燒草木，然後引水灌溉播種。《後漢書・杜篤傳》：「田田相如，鐇钁株林，火耕流種，功淺得深。」

【火耕水耨】
耨：ㄋㄡˋ，田間鋤草。古時的一種耕作方法。《史記・平準書》：「江南火耕水耨，令饑民得流，就食江淮間。」也作「火耕水種」。晉・陸雲《答車茂安書》：「遏長川以爲陂，燔茂草以爲田，火耕水種，不煩人力。」

【火耕水種】
見「火耕水耨」。

【火光衝天】
見「火光燭天」。
【火光燭天】
燭：照亮。火光照亮了天空。形容火勢猛烈。明·張岱《海志》：「火光燭天，海水如沸，此來得見海戰，尤奇。」也作「火光衝天」。姚雪垠《李自成》一卷一章：「所以儘管東城炮聲隆隆，火光衝天，城內有兵馬巡邏，禁止宵行。」
【火候不到】
火候：舊多指道家煉丹時所需的工夫。比喻功夫淺或時機尚未成熟。例試驗失敗，最根本的原因是技術上火候不到。
【火候不到不揭鍋】
比喻時機不成熟不能輕易動手。例競爭要講究策略，要掌握時機，火候不到不揭鍋。
【火見火——沒處躲】
比喻兩個人都在氣頭上，肯定會吵起來。例火見火——沒處躲，兩個人正憋著一肚子氣，暫時別讓他們見面，不然再吵起來，矛盾更會加深。
【火見眞金】
見：顯現。眞金是不怕火燒的。比喻在嚴峻的考驗中才能識別一個人的堅強與否。例不要把話說得過早，俗話說：「火見眞金。」將來見分曉吧！
【火箭幹部】
比喻從基層一下子提升到高級領導職務的幹部。例那些火箭幹部多半不能勝任新的職務，如果虛心肯學，又常下基層，倒是可望變得稱職起來。
【火箭加油——快上加快】
比喻速度非常快。例爲了滿足市民生活的迫切需要，城市建設，特別是住屋、交通、能源的建設應當火箭加油——快上加快。也作「火箭加油——飛快」。
【火焦火辣】
見「火燒火燎」。
【火居道士】
火居：羣居；火：即「伙」。俗稱有妻子家室的道士。《平妖傳》六回：「老媳婦之夫，當先原是火居道士，與法官同道，只是法術不高」。
【火老金柔】
五行學說認爲火主夏，金主秋。火氣衰，金氣柔，指炎夏已過，正當初秋時節。《書言故事·時令類·七月》：「火老金柔，秋初時令用」。
【火裏火發】
形容內心焦急萬分。《金瓶梅詞話》六一回：「著來，你去，省得屈著你那心腸兒，他那裏正等得你火裏火發。」
【火裏火去，水裏水去】
比喻赴湯蹈火，敢擔風險。明·徐畛《殺狗記》三齣：「[丑]哥哥，自今日爲始，大哥有事，都是我兄弟兩個擔當，火裏火去，水裏水去。大哥若是打殺了人，也是我們兄弟兩個替你償命。」
【火龍火龍，越烤越熊】
火龍：從爐灶裏通向煙囪的傾斜的孔道，這裏指火爐；熊：沒勁。指貪圖安逸，人越來越沒出息。例人在舒適無憂的環境中待久了，就如一句俗話「火龍火龍，越烤越熊」般，愈來愈沒有鬥志與目標了。
【火爐裏撒鹽巴——熱鬧】
形容景象繁盛，氣氛活躍。例舉行校慶活動那天，新老校友濟濟一堂，唱歌跳舞，就像火爐裏撒鹽巴——熱鬧極了。
【火爐上面烤毛竹——扳得過來】
比喻出現了問題，可以及時得到糾正。例他年紀小，犯了點錯誤，只要加强教育，準能火爐上面烤毛竹——扳得過來。
【火爐子靠水缸——冷熱結合】
比喻工作既要有滿腔的熱情又要有冷靜的頭腦。例你的衝天幹勁是非常寶貴的，如果再沉著、冷靜一些，火爐子靠水缸——冷熱結合，那就能做出更大的成績。也作「烤爐火吹電扇——冷熱結合」。
【火冒三尺】
見「火冒三丈」。
【火冒三丈】
形容暴怒、生氣之極。例姊姊聽到弟弟打破了她最心愛的花瓶，不由得火冒三丈，破口大罵。也作「火冒三尺」。
【火滅煙消】
煙火熄滅。比喻事物消失不留痕跡。晉·傅玄《四言詩》：「忽然長逝，火滅煙消。」
【火耨刀耕】
耨：ㄋㄡˋ，鋤草。古時的一種耕作方法。先伐去林木，焚草作肥，就地下種。唐·羅隱《別池陽所居》詩：「黃塵初起此留連，火耨刀耕六七年。」
【火盆裏放泥鰍——看你往哪鑽】
比喻無路可走，躲藏不住。例小鬼子，我們已撒下天羅地網，火盆裏放泥鰍——看你往哪鑽。
【火盆栽牡丹——不知死活】
見「買乾魚放生——不知死活」。
【火鉗打娃娃——一下當兩下】
火鉗：生火時夾煤炭、柴火的用具，形狀像剪刀而特別長。比喻辦事效率高。例這裏辦事就像火鉗打娃娃——一下當兩下，在同樣條件下，總能比別的工廠率先完成任務。
【火槍打兔子——一頭倒楣】
火槍：裝火藥和鐵砂的舊式槍，現多用於打獵。比喻被搜尋或物色的對象一定遭殃。例聽說昨夜上級開始追究謠言的來龍去脈，看來有人該火槍打兔子——一頭倒楣了。
【火然泉達】
然：「燃」古字。火燒起來，泉水湧至。比喻事情成熟，勢不可遏。《孟子·公孫丑上》：「若火之始然，泉之始達。」也作「水深火熱」。
【火熱水深】
像在熱火裏、深水中。比喻人民陷於

極端痛苦中。例被暴君統治的國家，其人民都生存在火熱水深之中。

【火絨子腦袋——沾火就著】

火絨：用艾草等蘸硝做成的引火物。見「硫磺腦袋——一點就著」。

【火傘高張】

比喻烈日當空，極爲酷熱。宋·楊萬里《初秋戲作山居雜興俳體十二解》：「卓午從他火傘高張，先生別有睡爲鄉。」

【火山湯海】

湯：沸水。比喻極危險、艱難的地方。《晉書·張駿傳》：「雖有火山湯海，無所辭難，豈寒暑之足避哉！」

【火上房子——坐不住】

見「板凳上撒蒺藜——坐不住」。

【火上烘雞毛——著了】

著了：燃燒起來。比喻出了問題，或發生了事故。例「聽說水庫工地上火上烘雞毛——著了？」「沒有的事，一定有壞人造謠。」

【火上加油】

見「火上澆油」①。

【火上澆油】

①比喻使人更加憤怒或使事態更加激化。元·無名氏《凍蘇秦》二折：「做哥哥的要打要罵，你只該勸你那丈夫便好；你倒走將來火上澆油。」也作「火上加油」。《歧路燈》二四回：「所幸者，王中在病，不曾知曉；若知曉時，火上加油，性命還恐保不住。」也作「火上添油」。《說唐》三九回：「羅公正在大怒，又聞此報，火上添油，即忙點兵出城。」②比喻性子暴躁，一觸即發。《紅樓夢》四五回：「還有東府裏你珍大哥哥的爺爺，那才是火上澆油的性子，說聲惱了，什麼兒子，竟是審賊！」

【火上澆油——忘（旺）了】

忘：「旺」的諧音。雙關語，比喻不記得、沒有記住。例現在生活好了，就火上澆油——忘（旺）了原來的悲慘境況。

【火上弄冰】

冰在火上，頃刻便融化。比喻輕而易舉便可消滅。《醒世姻緣傳》八二回：「火上弄冰，不禁幾日，弄得精光，連飯也沒有得吃。」也作「火上弄冰凌」。元·無名氏《氣英布》二折：「則教你，楚江山，覷不得火上弄冰凌，漢乾坤，也做不得碗內拿蒸餅。」

【火上弄冰凌】

見「火上弄冰」。

【火上弄雪】

同「火上弄冰」。《歧路燈》七四回：「誰知錢不由正路來的，火上弄雪，不由正路去的，石沉大海，日減月削。」

【火上添油】

見「火上澆油」①。

【火燒芭蕉——心不死】

也作「火燒芭蕉——不死心」。見「蛤蟆剝皮——心不死」。

【火燒財主樓——惡有惡報】

指作惡多端的人沒有好結果。例我們村的那個狗漢奸，仗著鬼子的勢力幹盡了壞事，勝利前夕被游擊隊處決，村民高興地說，火燒財主樓——惡有惡報。

【火燒財主樓——天意】

指作惡的人受到懲罰，理該如此。例「聽說鄰村金老財家做壽失火？」「這才眞正是火燒財主樓——天意。」

【火燒草山——沒救】

比喻無法挽救。例這個人在錯誤的道路上越走越遠，還拒絕別人的勸告，眞是火燒草山——沒救。也作「火燒草山——沒得救」、「火燒草原——無救」、「火燒石灰船——沒得救」、「駱駝登蹄——沒救」、「棉花堆失火——沒救」。

【火燒城隍廟——急死鬼】

城隍：迷信傳說中指主管某個城的神，祀奉城隍的廟叫城隍廟。城隍廟著火，廟裏的鬼都急得很。比喻急死人，使人非常焦慮不安。例連續多日大雨不停，眼看洪水就要氾濫，莊稼就要遭殃，眞是火燒城隍廟——急死鬼。

【火燒到房上還瞧唱本——沉得住氣】

唱本：曲藝或戲曲唱詞的小册子。比喻在情況緊急或感情激動時不慌張、能保持鎭靜。例老王，敵人快要進村了，你眞是火燒到房上還瞧唱本——沉得住氣，快跟我們撤退吧。

【火燒冬茅——心不死】

冬茅：冬天的白茅。也作「火燒冬茅——不死心」。見「蛤蟆剝皮——心不死」。

【火燒棺材——逼死人】

雙關語，比喻致人於死地。例在舊社會，財主們的閻王債，對窮人來說，的確是火燒棺材——逼死人。

【火燒寒暑表——直線上升】

寒暑表：溫度計。比喻工作進展迅速，或人的進步很快。例只要政策對頭，措施得當，生產就像火燒寒暑表——直線上升。也作「火燒寒暑表——唰唰上升」。

【火燒猴屁股——急得團團轉】

比喻人著急得要命，來回踱步的樣子。例這回可是雞飛蛋打，女兒跑了，財禮也吹了，殷大嬸就像火燒猴屁股——急得團團轉。

【火燒火燎】

燎：燒焦。比喻身上灼熱難熬或心中焦躁不堪。例昨天騎機車摔倒留下的傷口，今天還如火燒火燎般刺痛。也作「火焦火辣」。

【火燒褲襠——說不得】

雙關語。比喻有難言之隱。有時指人傲氣，不便勸說。例這件事的奧妙，是火燒褲襠——說不得，只有靠自己去體會。

【火燒毛竹——節節響】

毛竹：也叫南竹，竹的一種，通常高

達二、三丈，節間的距離較短，葉表面綠色，背面帶淡白色。比喻工作順利，每件事都幹得漂亮。例你辦的幾件大事，是火燒毛竹——節節響，同事們都很佩服你。

【火燒眉睫】
見「火燒眉毛」。

【火燒眉毛】
火燒到眉毛。比喻情勢萬分急迫。《五燈會元·蔣山法泉禪師》：「問：『如何是急切一句？』師曰：『火燒眉毛』。」也作「**火燒眉睫**」。清·康有爲《上清帝第五書》：「論者謂病入膏肓，雖和、緩、扁鵲不能救，火燒眉睫，雖焦頭爛額不爲功。」

【火燒眉毛——顧眼前】
①比喻情勢緊迫，只好先解決當前的危機，其他方面暫且不顧。例火燒眉毛——顧眼前，先把傷員送往醫院搶救要緊，其他善後工作留待以後處理。②見「火燒眉毛——只顧眼前」。也作「**火燒眉毛——且顧眼前**」、「**火燒眉毛——先顧眼前**」。

【火燒眉毛——禍在眼前】
比喻很快就會遭到不幸。例牛大嫂勸說道：「你們執迷不悟，繼續跟著土匪頭目幹壞事，那就火燒眉毛——禍在眼前，大軍一到，你們全會被消滅光。趕快下山投誠吧！」

【火燒眉毛——急在眼前】
比喻情況緊急，或事情十分緊迫。例抗洪搶險是火燒眉毛——急在眼前的事，集中人員、物資，全力以赴，別的工作必須讓路。也作「**火燒眉毛——眼前急**」。

【火燒眉毛——且顧眼下】
比喻處境危急，只能顧及眼前，不能考慮將來。清·李漁《奈何天》一六齣：「俗語講得好：『火燒眉毛——且顧眼下。』得罪老爺，將來還有事原之罪；得罪主母，眼下就有不赦之條。」也作「**火燒眉毛，光顧眼前**」、「**火燒眉毛尖，只顧眼前**」。

【火燒眉毛——只顧眼前】
形容目光短淺，沒有長遠打算。例張大春做事，是火燒眉毛——只顧眼前，人家說他是鼠目寸光。也作「**火燒眉毛——光顧眼前**」、「**近視眼過獨木橋——光顧眼前**」。

【火燒廟——沒有神】
雙關語，比喻人無精打彩，或心不在焉。例你平常神采奕奕，容光煥發，怎麼今天卻成了火燒廟——沒有神啦。

【火燒牛皮——自己連】
牛皮經過火燒加溫後要收縮、熔化，自己連結起來。比喻自己造成的過失，自己來彌補。例去年，由於我的失職，造成了生產上的巨大損失。火燒牛皮——自己連，今年我一定做出最大的努力，千方百計，把生產量提升上去。

【火燒屁股】
比喻事情急迫，應立即行動。例你怎麼還在這兒呆著呀！可眞是火燒屁股都不著急呀！外面快吵翻天了，你還不去管管？

【火燒屁股——坐不住】
也作「**火燒屁股——坐不穩**」。見「板凳上撒蒺藜——坐不住」。

【火燒少林寺——妙(廟)哉(災)】
妙哉：「廟災」的諧音。雙關語，形容好得很，或巧妙極了。例奇峯怪石，千姿百態，的確是火燒少林寺——妙（廟）哉（災）！

【火燒石灰船——沒得救】
見「火燒草山——沒救」。

【火燒桅桿——長嘆（炭）】
桅桿：船上掛帆的桿子；嘆：「炭」的諧音。雙關語，比喻心裏不痛快，或因某件事太可惜而嘆息或同情。例這次的田徑比賽，他因腿傷，無法參加比賽，只有火燒桅桿——長嘆（炭）的份了。

【火燒烏龜——心裏痛】
比喻內心非常痛苦。有時指內心痛苦，又不好說出口。例今天野臺戲上演的是：包拯鍘了忘情負義的陳士美，又殺了搶占民產的土皇帝劉啇內，皇上是火燒烏龜——心裏痛。也作「**火燒烏龜——肚裏痛**」、「**火燒烏龜——肚內疼**」。

【火燒雨傘——露骨】
比喻用意明顯。例她講話雖然委婉，但所含的意思，就像火燒雨傘——露骨得很，你怎麼沒有領會出來。

【火燒紙馬店——遲早要歸天】
紙馬：迷信用品，印有神像供焚化用的紙片；紙馬店：賣紙馬的店子；歸天：指人死。比喻終究是要死的。例火燒紙馬店——遲早要歸天，死並不可怕，只是要死得其所，死得有價值。

【火燒竹竿——節節暴（爆）】
暴：「爆」的諧音，這裏指發跡。比喻逐漸興旺起來，或每一步都能得勢。例鄭三狗自鳴得意，覺得自己從投靠鬼子以來，是火燒竹竿——節節暴（爆），沒想到會有今天的下場。

【火燒竹竿——自報（爆）】
報：「爆」的諧音。比喻對某項工作或任務，自願報名參加。例這次工作是義務的，不給報酬，採取火燒竹竿——自報（爆）的辦法，不强求人人參加。

【火燒竹林——盡光棍】
光棍：無配偶的成年男子，舊時也指地痞、無賴。比喻全都是單身漢。有時也指都是不三不四的人。例我們住集體宿舍的，差不多都是火燒竹林——盡光棍，生活倒也很熱鬧。也作「**火燃竹林——全是光棍**」、「**火燒竹林——一派的光棍**」、「**筷子夾骨頭——全是光棍**」、「**筷子夾骨頭——淨光棍兒**」。

【火燒竹筒——熱心】
見「冷天喝滾湯——熱心」。

【火燒竹子——空嘆（炭）】
嘆：「炭」的諧音。比喻對某件事無

能為力，只能白白地嘆息。例我們非常同情她的遭遇，但又無力幫助，只能火燒竹子——空嘆（炭）而已。也作「火燒竹筒——空嘆（炭）」。

【火燒字帖——自然（字燃）】
自然：「字、燃」的諧音。表示理所當然。有時指不呆板。例「你認為這場球賽，我隊一定贏嗎？」「火燒字帖——自然（字燃），沒有懷疑過。」

【火神廟求雨——找錯了門】
火神廟是供火神的廟，求雨應到龍王廟。也作「火神廟求雨——走錯了門」。見「拜佛進了呂祖廟——找錯了門」。

【火樹琪花】
見「火樹銀花」。

【火樹銀花】
火樹：指樹上綴滿燈彩；銀花：銀白色的光耀。形容裝飾燦爛，燈火輝煌，一派節日夜晚的氣象。宋・文天祥《送前人元宵》：「火樹銀花，簇朱陵之明月；羅幃繡幕，開綠野之春風。」也作「火樹琪花」。《紅樓夢》一八回：「只見庭燎繞空，香屑布地，火樹琪花，金窗玉檻。」

【火炭上的油脂——熬出來了】
火炭：正在燃燒的柴炭。見「鍋邊上的小米——熬出來了」。

【火塘邊睡的貓——伸伸縮縮】
火塘：南方農村在屋內挖坑燒火，用來煮食或烤火。貓怕冷，冬天多睡在火塘邊。比喻做事不乾脆，想幹又不想幹。例他說幹就幹，雷厲風行，不像火塘邊睡的貓——伸伸縮縮。

【火筒燒鰻——死了也值（直）】
值：「直」的諧音。指為了某種目的，犧牲了也值得。多表示戲謔。例為了國家和人民的利益，火筒燒鰻——死了也值（直）。

【火星亂冒】
形容氣憤到了極點。《鏡花緣》四四回：「多九公聽了，曉得道姑語帶譏刺，只氣得火星亂冒。」

【火星爺不放光，不知神靈】
比喻不拿點眞功夫出來，他不知道厲害。姚雪垠《李自成》一卷二四章：「近一個多月，咱們越是寬容，他們越是肆無忌憚。火星爺不放光，不知神靈。你要多砍幾顆腦袋。」

【火星子落汽油庫——鬧得天翻地覆】
比喻鬧騰得極其厲害。例自從這小子調入我們單位後，就像火星子落汽油庫——鬧得天翻地覆，嚴重地影響了大家的工作。

【火性發作】
使性子，爆發脾氣。《官場現形記》六回：「王協台原本因他是武鼎甲出身，撫院不給他面子，免他步射，一時火性發作，有意五枝不中。」

【火眼金睛】
指能識別妖魔鬼怪的眼睛。後多借指目光敏銳，能識別善惡眞偽。元・無名氏《度柳翠》四折：「法座下有什麼不能了達，釘嘴鐵舌，銅頭鐵額，火眼金睛，都來問禪。」《西遊記》一九回：「又被那太上老君拿了我去，放在八卦爐中，將神火鍛煉，煉做個火眼金睛。」

【火藥碰火柴——好大的火氣】
雙關語，比喻怒氣沖沖，或大發脾氣。例噢，火藥碰火柴——好大的火氣啊！有意見慢慢地說吧，我們一定虛心聽取。

【火藥味】
比喻打仗或衝突的緊張氣氛。例你今天怎麼啦？一開口火藥味兒就這麼濃，誰招惹你了？

【火藥味——眞衝】
雙關語，比喻說話不留情面，言詞激烈，或幹勁十足。例小李說話總是帶著幾分火藥味——眞衝呀！人人都敬畏她，不敢在她面前撒野。

【火藥遇火柴——一碰就發火】
雙關語，比喻稍被觸犯就發脾氣。例他的脾氣暴躁，缺乏修養，火藥遇火柴——一碰就發火。

【火要空心，人要忠心】
火心空，燒得旺；人心實，辦事可靠。例「火要空心，人要忠心。」老老實實辦事的人，到處受人歡迎。

【火中取栗】
法國拉・封丹的寓言《猴子與貓》中說，猴子看見火上烤著的栗子，想吃而不敢取，便叫貓取。栗子取出都給猴子吃了。貓既沒有吃著，取栗時卻把腳上的毛燒掉了。比喻為他人冒險，吃了虧而沒撈到好處。

【火種落進乾柴堆——一點就著】
火種：供引火用的火。見「硫磺腦袋——一點就著」。

【火燭小心】
火燭：泛指可燃之物。原指謹防火災。後泛指謹愼小心。明・徐光啓《家書》之四：「家中門戶火燭小心，廚房後通外腰門可密封鎖，不可與人擅開。」

【火之燎於原，不可向邇】
邇：近；燎：燃燒。烈火一旦在平原上燃燒起來，不可阻擋。現用以比喻新生事物一旦出現，便具有旺盛的生命力和遠大的發展前途。《尚書・盤庚上》：「恐沈於衆，若火之燎於原，不可向邇，其猶可撲滅？」

ㄏㄨㄛˋ

【和稀泥】
比喻無原則地調解或折中。例這是原則問題，一定要分淸是非，可不能和稀泥。

【和稀泥，抹光牆——和事佬】
指無原則地進行調解的人。例法官應當是實事求是、公正、堅持原則的人，不能是和稀泥、抹光牆的和事佬。

【貨比貨得扔，人比人得死】
貨跟貨比，劣貨就得扔掉；人同人

比，條件差的就要氣死。指人與人的境況相差極大。例各人的經濟收入、家庭狀況、學識教養都不相同，何必跟人家攀比，抽外國香煙、用進口化妝品呢。「貨比貨得扔；人比人得死」。比來比去，連民族自尊心都比掉了。

【貨到街頭死】
指遠途販貨到了市場，貴賤都得出手。比喻沒有退路。例事已至此，沒有其他辦法，只有忍痛割愛了。「貨到街頭死」嘛。

【貨賄公行】
見「貨賂公行」。

【貨郎背包——沒挑】
貨郎：在農村、山區或城市走街串巷販賣日用百貨的人。雙關語，比喻完美得無可挑剔。例這件工藝品精美無比，就像貨郎背包——沒挑。

【貨郎擔子——兩頭禍（貨）】
禍：後一個「貨」的諧音。雙關語，比喻處處遇到不幸的事情。例這一年來，對小程來說，是貨郎擔子——兩頭禍（貨），父死，妻病，弄得他狼狽不堪。

【貨郎的擔子——樣樣有點】
比喻數量雖少卻每樣都有一點。例這兩年，我家雖談不上富裕，日用生活品卻像貨郎的擔子——樣樣有點。

【貨郎的擔子——要啥有啥】
比喻豐富多樣，應有盡有。例王大嫂的提包裏，像是貨郎的擔子——要啥有啥。

【貨郎鼓別腰裏——沒貨了】
貨郎鼓：貨郎招攬顧客、售賣貨物用的手搖小鼓。比喻沒有東西了。有時指拿不出主意，想不出辦法。例對不起，我們這裏是貨郎鼓別腰裏——沒貨了，請到別處打聽打聽。

【貨賂並行】
行賄受賄無所顧忌。《三國志・魏書・武帝紀》裴松之注引《魏書》：「三公傾邪，皆希世見用，貨賂並行，強者為怨，不見舉奏，弱者守道，多被陷毀。」

【貨賂公行】
明目張膽地用財貨行賄受賄。《晉書・齊王冏傳》：「操弄王爵，貨賂公行。」也作「貨賄公行」。《隋書・衛玄傳》：「時盜賊蜂起，百姓饑饉，玄竟不能救恤，而官方壞亂，貨賄公行。」

【貨無大小，缺者便貴】
指貨物供不應求，價格就高。例「貨無大小，缺者便貴。」這是商品市場的規律。

【貨有高低三等價，客無遠近一般看】
商品的價格可以分列等級。顧客無論遠近應該一律平等看待。例「狗眼看人低。」衣服穿得不入時，就受到冷遇。做生意應該懂得「貨有高低三等價，客無遠近一般看」這起碼的道理。

【貨真價實】
貨色道地，價錢實在。這是舊時商人招攬生意的用語。後引申為實實在在，一點不假。《兒女英雄傳》一七回：「獨有自己和自己打起交道來，這『喜怒哀樂』四個字是個貨眞價實的生意，斷假不來。」

【禍不單行】
指不幸之事往往一件接著一件。常與「福無雙至」連用。《水滸傳》三六回：「宋江聽罷，扯定兩個公人說道：『卻是苦也。正是福無雙至，禍不單行。』」也單用。元・施惠《幽閨記・皇華悲遇》：「軍馬臨城，無計將身免，這苦怎言？禍不單行，中路兒不見。」

【禍不反踵】
見「禍不旋踵」。

【禍不好，不能為禍】
好：愛好，喜歡。如果不愛好會招災引禍的東西，就不會給自己帶來災害。明・楊愼《風雅逸篇》卷八：「禍不好，不能為禍。財色之禍，生於好之。」

【禍不妄至】
妄：胡亂，橫生。指禍患之所以發生，不是無緣無故的。《史記・龜策傳》：「諫者福也，諛者賊也，人主聽諛，是愚惑也。雖然，禍不妄至，福不徒來。」

【禍不旋踵】
旋踵：轉動腳跟，形容迅速。不旋踵：仍指很迅速。禍事頃刻發生。《北史・袁翻傳》：「若違忤要勢，禍不旋踵，雖以清白自守，猶不免請謁之累。」也作「禍不反踵」。《新唐書・許世緒傳》：「今攬五郡之兵，據四戰之衝，苟之奇計，禍不反踵。」

【禍成自微】
禍患之所以能成，都由細小的不愼逐漸釀成。《太公金匱》：「道自微而生，禍自微而成。」

【禍出不測】
見「禍生不測」。

【禍從浮浪起，辱因賭博招】
浮浪：輕薄，放蕩。浮浪和賭博會招致禍害和羞辱。例在舞廳裏爭風吃醋，在賭場裏輸打贏要，沒有不名譽掃地、被人臭罵的。正是：「禍從浮浪起，辱因賭博招。」

【禍從口出】
指災禍往往由於說話不愼引起。《周易・頤卦》：「君子愼言語，節飲食。」唐・孔穎達疏：「先儒云：禍從口出，患從口入。」也作「禍從口生」。《釋氏要覽》下：「一切衆生，禍從口生。口舌者，鑿身之斧也。」

【禍從口生】
見「禍從口出」。

【禍從天降】
指災禍突然發生。《舊唐書・劉瞻傳》：「咸云宗召荷恩之日，寸祿不沾，進藥之時，又不同議，此乃禍從天降，罪匪己為。」也作「禍從天上來」。《醒世恆言》卷二〇：「正是：閉門家中坐，禍從天上來……陳氏見丈夫拿去，哭死在地。」

【禍從天降，災向地生】

意同「禍從天降」。《水滸傳》四五回：「老子摸得起來，摸了兩手血跡，叫聲苦，石知高低。幾家鄰居聽得，都開了門出來，把火照時，只見遍地都是血粥，兩個屍首，躺在地上。衆鄰居一把拖住老子，要去官司陳告。正是禍從天降，災向地生。」也作「**禍從天降，災湧地來**」。

【禍到臨頭悔後遲】

大禍臨頭，後悔莫及。例幹什麼事都要儘可能計畫得周到一些，免得禍到臨頭悔後遲。

【禍到臨頭再念佛】

比喻倉促應付，無濟於事。例「禍到臨頭再念佛」你們眞沉得住氣。佛爺眞有靈，怕也不會喜歡這種臨時的奉承吧。

【禍發齒牙】

同「禍從口出」。唐・元稹《戒勵風俗德音》：「時君聽之，安可不惑。參斷一謬，俗化益訛。禍發齒牙，言生枝葉，率是道也。」

【禍發蕭牆】

見「禍起蕭牆」。

【禍福淳淳】

淳淳：ㄔㄨㄣˊ ㄔㄨㄣˊ，流動貌。指禍與福變化無定。《莊子・則陽》：「時有終世，世有變化，禍福淳淳。」

【禍福得喪】

喪：失。指禍與福之或得或失。宋・蘇軾《與李公擇書》：「禍福得喪，付與造物。」

【禍福靡常】

見「禍福無常」。

【禍福如糾纏】

指禍與福相依相存，互相緊密關連著。《鶡冠子・世兵》：「禍乎福之所倚，福乎禍之所伏，禍福如糾纏。」

【禍福同門】

指禍與福為同一個來源。《文子・微明》：「夫禍之至也，人自生之；福之來也，人自成之。禍與福同門，利與害同鄰。」

【禍福唯人】

禍患或幸運都取決於人自身所作所為。唐・楊炯《從弟去溢墓志銘》：「陰陽為道，大道無亭毒之心；禍福唯人，聖人有抑揚之教。」也作「**禍福由人**」。明・王錂《春蕪記・反目》：「天網恢恢眞可信，須知禍福由人。」

【禍福無常】

指禍和福沒有不變的常規。明・孫梅錫《琴心記・長門望月》：「禍福無常，憂喜難定，聖上一日心悔，娘娘即便榮還，何苦悲淒。」也作「**禍福靡常**」。明・陳汝元《金蓮記・歸田》：「禍福靡常，悲喜交集。」

【禍福無門】

指禍患與幸運的來臨並沒有定規。晉・陶潛《榮木》詩：「繁華朝起，慨暮不存。貞脆由人，禍福無門。」

【禍福無門人自攀】

招禍還是得福，原因都在於自己的行為。元・鄭德輝《老君堂》一折：「常言道：禍福無門人自攀。休也波奸，天數關，論先生算吾非妙罕。把一心放正行，你不必再阻擋，我可便雖愚痴非儒懶。」也作「**禍福無門人自招**」。明・李開先《寶劍記》一五齣：「死生事最小，但只念君親恩重，未盡忠和孝。說什麼禍福無門人自招？煎熬，巨鎖沉枷卸不了；號咷，峻拷嚴刑誓不饒。」也作「**禍福無門，唯人自召**」。明・徐畛《殺狗記》二九齣：「[旦]眞個禍福無門，唯人自招。一頭官司未了，又起一頭。[生]如何好？[旦]元來你自起其禍，快去叫他。」

【禍福無門人自招】

見「禍福無門人自攀」。

【禍福無門唯人自召】

見「禍福無門人自攀」。

【禍福無偏】

偏：偏袒。指福與禍從來沒有偏袒，得禍得福都是人自身造成。明・無名氏《鎖白猿》四折：「果然道禍福無偏，善惡相連，則為你昧已瞞心，因此上惹罪招愆。」

【禍福相共】

即有難同當，有福同享。宋・蘇軾《東坡志林》：「死生可以相待，禍福可以相共。」

【禍福相貫】

貫：串連。禍與福俱是互相關連的。《戰國策・楚策》：「禍與福相貫，生與亡為鄰。」

【禍福相生】

指禍與福互相依賴而存在。《莊子・則陽》：「安危相易，禍福相生；緩急相摩，聚散以成。」

【禍福相倚】

見「禍兮福所倚，福兮禍所伏」。

【禍福倚伏】

見「禍兮福所倚，福兮禍所伏」。

【禍福由己】

禍與福都是自身的行為造成。《孟子・公孫丑上》：「今國家閒暇，及是時般樂怠敖，是自求禍也。禍福無不自己求之者。」

【禍福由人】

見「禍福唯人」。

【禍福有命】

舊時宿命論者認為禍或福都是命中註定的。宋・陸游《謝曾侍郎啓》：「禍福有命，豈其或置於胸中。」

【禍福之門】

指產生禍患、幸福的根源。《淮南子・覽冥訓》：「利害之道，禍福之門，不可得而求也。」

【禍福之胚胎也，其動甚微】

禍福在開始時的苗頭是很微小的。指要善於見微知著，認清事物的發展趨勢。唐・劉禹錫《儆舟》：「嗚呼！禍福之胚胎也，其動甚微；倚伏之矛盾也，其理甚明。困而後儆，斯弗及已。」

【禍福之鄉】

指導致禍或福的關鍵所在。《列子·黃帝》：「積於柔必剛，積於弱必強，觀其所積，以知禍福之鄉。」

【禍福之轉】

指禍與福不是一成不變的，在一定的條件下相互轉化。《淮南子·人間訓》：「夫禍福之轉而相生，其變難見也。」

【禍國殃民】

使國家蒙害，百姓遭殃。常指當權者的倒行逆施。清·方東樹《大意尊行·立行》：「古今墮名喪節，亡身赤族，禍國殃民，無不出於有人之才智者。」

【禍機不測】

測：猜度，預料。形容災禍降臨，不可預測。《花月痕》三回：「因上書言事，觸犯忌諱，禍機不測。賴太傅力爲維持，得以無罪。」

【禍結兵連】

兵：指戰爭。指戰事不斷，災難深重。元·無名氏《梧桐葉》一折：「一去故鄉音耗絕，禍結兵連，嬌鳳雛鸞沒信傳。」也作「**兵連禍結**」。

【禍結釁深】

禍患接連不斷，災難深重。《晉書·東海王越傳》：「州郡攜貳，上下崩離，禍結釁深，遂憂懼成疾。」

【禍絕福連】

災難過去，好運到來。《雲笈七籤》卷四二：「萬神即時到，合會瓊羽門。使令散禍，禍絕福連。上寢玉堂，世受名仙。」

【禍來神昧】

指禍事臨頭，神志也就不那麼清晰了。元·胡三省《資治通鑑·後漢高祖天福二年》注：「鄙語有之：福至心靈，禍來神昧。」也作「**禍至神惑**」。《舊五代史·晉少帝紀》：「自啓釁端，果貽赫怒，禍至神惑，運盡天亡。」

【禍亂都因硬出頭】

災難禍患都由於自己好勝逞強、愛出風頭所招致。《官場現形記》二七回：「這就是你的不是了。是非只爲多開口，禍亂都因硬出頭，你難道連這兩句俗話還不曉得？」

【禍亂交興】

形容災禍戰亂交相不斷。《周書·蘇綽傳》：「衰弊則禍亂交興，淳和則天下自治。治亂興亡，無不皆由所化也。」

【禍亂生於所忽】

災禍戰亂皆產生於疏忽不慎。元·曾先之《十八史略·唐太宗》：「[魏]徵與吾共安天下，常恐驕奢生於富貴，禍亂生於所忽，故知守成之難。」

【禍亂滔天】

形容災禍戰亂極其嚴重。《晉書·惠帝紀》：「朕以不德，纂承鴻緒，於茲十有五載。禍亂滔天，奸逆仍起，至乃幽廢重宮，宗廟圮絕。」

【禍亂相尋】

尋：接踵而來。指災禍戰亂相繼發生。孫中山《心理建設》六：「此所以禍亂相尋，江河日下，武人專橫，政客搗亂，而無法收拾也。」

【禍莫憯於欲利，悲莫痛於傷心】

憯（ㄘㄢˇ）：通「慘」；欲利：貪欲私利。禍患沒有比貪欲私利更慘痛的了，悲哀沒有比心靈受傷更痛苦的了。漢·司馬遷《報任安書》：「故禍莫憯於欲利，悲莫痛於傷心，行莫醜於辱先，詬莫大於宮刑。」

【禍莫大於不知足，咎莫大於欲得】

咎：過失。災禍沒有比不知滿足更大的了，過失沒有比貪得無厭更嚴重的了。指不要貪得無厭。《老子》四六章：「罪莫大於可欲，禍莫大於不知足，咎莫大於欲得。故知足之足，常足。」

【禍起飛語】

禍患因流言引起。唐·劉禹錫《上中書李相公啟》：「禍起飛語，刑極淪胥；心因病怯，氣以愁耗。」

【禍起細微】

禍患常由微小的事釀成。漢·劉向《說苑·敬愼》：「憂患生於所忽，禍起於細微。」

【禍起蕭牆】

蕭牆：舊式房子大門內用以遮擋內部的小牆。比喻禍患起自內部。晉·慕容垂《上苻堅表》：「臣才非古人，致禍起蕭牆，身嬰時難，歸命聖朝。」也作「**禍發蕭牆**」。漢·袁紹《與公孫瓚書》：「內違同盟之誓，外失戎狄之心，兵興州壞，禍發蕭牆，將以定霸，不亦難乎！」也作「**禍興蕭牆**」。唐·鮑溶《長城》詩：「禍興蕭牆內，萬里防禍根。」也作「**禍生蕭牆**」。《封神演義》三五回：「豈知禍生蕭牆，元旦災來，反了股肱重臣，追之不及。」也作「**禍稔蕭牆**」。稔：醞釀成熟。唐·劉蕡《應賢良方正能直言極諫科策》：「禍稔蕭牆，奸生帷幄，臣恐曹節、侯景復生於今日矣。」

【禍起隱微】

災禍常萌發於隱蔽細微之處。宋·王曾《諫作玉清昭應宮》：「聖人貴於謀始，智者察於未形。禍起隱微，危生安逸。」

【禍稔惡盈】

見「禍盈惡稔」。

【禍稔蕭牆】

見「禍起蕭牆」。

【禍生不測】

災禍的發生不可預料。清·洪昇《長生殿·絮閣》：「若不早自引退，誠恐謠諑日加，禍生不測。」也作「**禍出不測**」。宋·胡仔《苕溪漁隱叢話前集·梅聖俞》：「仁宗大怒，玉音甚厲，衆恐禍出不測。」

【禍生不德】

禍害之發生常由於自身的行爲不軌所致。漢・崔琦《外戚箴》：「禍生不德，福有慎機。」

【禍生蕭牆】

見「禍起蕭牆」。

【禍生纖纖】

纖纖：細微貌。指禍患起自細微小事。《荀子・大略》：「禍之所由生也，生自纖纖，是故君子早絕之。」

【禍生懈惰】

禍難的發生，往往由於鬆懈懶惰所致。漢・韓嬰《韓詩外傳》卷八：「官怠於有成，病加於小癒，禍生於懈惰，孝衰於妻子。」

【禍生於忽】

指禍患的產生，是由於疏忽、大意。漢・劉向《說苑・談叢》：「福生於微，禍生於忽，日夜恐懼，唯恐不卒。」

【禍生肘腋】

肘腋：胳膊肘和胳肢窩。比喻極近之處。禍患發生在內部或身邊。《周書・孝閔帝記》：「禍生肘腋，釁起蕭牆。」

【禍首罪魁】

首：頭目；魁：首領。指團夥中犯罪作惡的首要人物。明・鄭若庸《玉玦記・索命》：「雖是虔婆殺我，娟奴是禍首罪魁，追了他去。」

【禍爲福先】

指禍福可轉化，災禍之後可能好運來臨。晉・盧諶《贈劉琨》詩《文選》李善注：「《越記》曰：『禍爲福先，福爲禍堂。』」

【禍兮福所倚，福兮禍所伏】

《老子》：「禍兮福之所倚，福兮禍之所伏。」指禍與福相互依存，並互爲轉化。漢・賈誼《鵩鳥賦》：「禍兮福所倚，福兮禍所伏，憂喜聚門兮，吉兇同域。」也作「**禍福相倚**」。《舊唐書・魏徵傳》：「禍福相倚，吉兇同域，唯人所召，安可不思。」也作「**禍福倚伏**」。宋・陳亮《問答上》：「心有親疏，則禍福倚伏於無窮，雖聖智不得而防也。」

【禍興蕭牆】

見「禍起蕭牆」。

【禍延四海】

四海：古時認爲中國四面環海，泛指全中國。災禍蔓延全國。《後漢書・傳燮傳》：「今張角起於趙、魏，黃巾亂於六州，此皆釁發蕭牆而禍延四海者也。」

【禍溢於世】

溢：滿盈。指禍害恣意橫行於世。漢・班固《答賓戲》：「朝爲榮華，夕爲顦顇，福不盈眥，禍溢於世。」

【禍因惡積】

指作惡多端便會招致禍患。明・湯顯祖《還魂記・道覡》：「看修行似福緣善慶，論因果是禍因惡積。」

【禍盈惡稔】

盈：滿；稔：成熟。指作惡多端已到無以復加的地步。《周書・武帝紀下》：「既禍盈惡稔，衆叛親離，不有一戎，何以大定。」也作「**禍稔惡盈**」。宋・王楙《野客叢書・宣帝待霍氏》：「今霍氏禍稔惡盈，帝豈不能治之哉？顧獨隱忍不發者，是蓋念大將軍夙恩之故。」

【禍與福鄰】

禍與福相去不遠。指禍福只在一決斷間。《荀子・大略》：「慶者在堂，吊者在閭，禍與福鄰，莫知其門。」

【禍在旦夕】

災禍在早晚之間將發生。泛指很短的時間內將發生災禍。唐・段成式《酉陽雜俎・諾皋記》：「吾國有難，禍在旦夕，非駙馬不能救。」也作「**禍在朝夕**」。《舊五代史・楊光遠傳》：「承勳慮禍在朝夕，與諸弟同謀，殺節度判官邱濤」。

【禍在朝夕】

見「禍在旦夕」。

【禍棗災梨】

舊時雕版印書多用棗木梨木，因其質地堅硬。指濫刻無用之書，白白耗費棗木梨木。清・紀昀《閱微草堂筆記・灤陽消夏錄六》：「至於交通聲氣，號召生徒，禍棗災梨，遞相神聖。」

【禍之來也，人自生之】

指禍患的發生都是人爲的。《淮南子・人間訓》：「禍之來也，人自生之；福之來也，人自成之。」

【禍之作也，非作於作之日，亦必有所由兆】

語出宋・蘇洵《管仲論》。禍害並不是在它產生的時候才產生的，必定有它的緣由、預兆。指禍患的發生有一個過程，應該防微杜漸。

【禍至不懼】

指遇到禍難，不要畏懼退縮，要想辦法克服。《史記・孔子世家》：「君子禍至不懼，福至不喜。」

【禍至神惑】

見「禍來神昧」。

【禍至無日】

指禍患已迫在眉睫，沒有多少日子了。《左傳・宣公十二年》：「於民生之不易，禍至之無日，戒懼之不可以怠。」

【禍中有福】

禍患之中也含有福的因素。《淮南子・說林訓》：「失火而遇雨，失火則不幸，遇雨則幸也，故禍中有福也。」

【禍重乎地】

指災禍像地那樣重。指禍患嚴重。《莊子・人間世》：「福輕乎羽，莫之知載；禍重乎地，莫之知避。」

【禍作福階】

災禍是好遠來臨的台階，禍過福生。晉・盧諶《贈劉琨》：「福爲禍始，禍作福階；天地盈虛，寒暑周回。」

【惑而不從師，其爲惑也，終不解矣】

惑：疑難。有了疑難問題而不向老師討教，他的疑難問題也就始終得不到解決。指有了疑難問題，自己不能解決，應向老師或他人討教。唐・韓愈《師說》：「人非生而知之者，孰能無惑？惑而不從師，其爲惑也，終不解矣。」

【惑世盜名】

矇騙世人以竊取名譽。三國魏・徐乾《中論・考僞》：「於是惑世盜名之徒，因夫民之離聖教日久也。」

【豁達大度】

性情開朗，寬宏大量，形容襟懷寬闊，有容人的度量。唐・陸贄《奏議》：「漢高豁達大度，天下之士，至者納用。」

【豁然大悟】

見「豁然開悟」。

【豁然貫通】

豁然：開闊、通達的樣子；貫通：全部透徹地了解。指對問題一下子透徹領悟。宋・朱熹《大學章句》：「至於用力之久，一旦豁然貫通焉，則衆物之表裏精粗無不到，而吾心之全體大用，無不明矣。」

【豁然開朗】

豁然：敞亮的樣子；開朗：開闊明亮。形容由狹窄幽暗一變而開闊明亮。也比喻對問題頓時領悟過來。《紅樓夢》九一回：「寶玉豁然開朗，笑道：『很是，很是。你的性靈，比我竟然强遠了。』」

【豁然開悟】

指對原先不懂的事理一下子開通領悟。《蓮社高賢傳・慧遠法師》：「初聞安師講般若經，豁然開悟，嘆曰：『九流異議，皆糠粃耳。』」也作「**豁然省悟**」。《五燈會元・西天祖師》：「汝被我解馬鳴，豁然省悟，稽首皈依，遂求剃度。」也作「**豁然大悟**」。《雲笈七籤》卷一一九：「昌遐既覺，豁然大悟，因知自前侵虐我者，未有無禍患殃咎，蓋誦經之所驗也。」

【豁然確斯】

確：明確，明白；斯：語助詞。形容頓時明白透徹的樣子。章炳麟《與劉光漢書》：「今君復能實證古文，則眞豁然確斯，持之有故矣。」

【豁然霧解】

形容疑團一下子消釋。北齊・顏之推《顏氏家訓・勉學》：「後見《古今字詁》，此亦古之虒字，積年凝滯，豁然霧解。」

【豁然省悟】

見「豁然開悟」。

【蠖屈求伸】

蠖：尺蠖，蟲名，行時先躬其身，然後伸直行進。比喻人在不利時暫時退隱，養精蓄銳，待時機成熟時再有所作爲。唐・王勃《梓州飛鳥縣白鶴寺碑》：「或鵬垂待遠，終搖燮道於中台；或蠖屈求伸，且毗風於下邑。」

ㄏㄨㄞˊ

【懷安敗名】

懷安：貪圖安逸；名：名聲，名譽。只貪圖安逸享受，終會敗壞自己聲譽。漢・王符《潛夫論・敍錄》：「積微傷行，懷安敗名，明莫恣欲而無偻容。」

【懷寶迷邦】

寶：指才德；迷：迷亂；邦：國家。具有才德而不出仕爲國效力，聽任國家混亂。《論語・陽貨》：「懷其寶而迷其邦，可謂仁乎？」朱熹注：「懷寶迷邦，謂懷藏道德，不救國之迷亂。」也作「**懷道迷邦**」。《晋書・董京傳》：「楚乃貽之書，勸以今堯舜之世，胡爲懷道迷邦。」

【懷寶夜行】

身藏寶物，夜間趕路。比喻冒險行動。《戰國策・秦策》：「臣聞懷重寶者，不以夜行；任大功者，不以輕敵。」

【懷璧其罪】

身藏美玉，因而致禍。比喻有才能而遭嫉害。宋・張壙《謝人惠團茶》詩：「修貢之餘遠分寄，懷璧其罪渠敢當。」也作「**懷璧之罪**」。唐・楊炯《爲劉少傅等謝敕書慰勞表》：「但知懷璧之罪，不可越鄉；豈敢貪天之功，以爲己力。」

【懷才抱道】

見「懷才抱德」。

【懷才抱德】

既富才學，又具德行。元・關漢卿《陳母敎子》楔子：「怕有那山間林下，隱跡埋名，懷才抱德。」也作「**懷才抱德**」。元・秦簡夫《剪髮待賓》一折：「因爲山間林下，多有懷材抱德之人，不肯進取功名。」也作「**懷才抱道**」。明・余繼登《典故紀聞》二：「其懷才抱道之賢，恥與並進，甘隱山林而不起。」

【懷才不偶】

見「懷才不遇」。

【懷才不遇】

指有才能而得不到賞識，沒有施展的機會。《古今小說》卷五：「眼見別人才學萬倍不如他的，一個個出身通顯，享有爵祿，偏則自家懷才不遇。」也作「**懷才不偶**」。淸・梁紹壬《兩般秋雨庵隨筆・筆端刻薄》：「究之於二公非有不共深仇，特以懷才不偶，因而歸冤宰執，爲此醜詆。」

【懷材抱德】

見「懷才抱德」。

【懷寵尸位】

寵：偏愛；尸位：只享受而不做事。受到君主或上司偏愛，身居要位而不盡職。《孝經・諫諍章》「臣不可以不爭於君。」孔傳：『若乃見可諫而不諫，曰之尸位；見可退而不退，曰之懷寵。」

【懷揣刺蝟——抱着扎手，丢又不捨】

刺蝟：哺乳動物，頭小，四肢短，身上有硬刺。比喻左右爲難，無所適從。例這個人的優點和缺點都很突出，留用對我公司的利弊都十分明顯，眞是懷揣刺蝟——抱著扎手，丟又不捨。

【懷揣兔子——惴惴不安】

惴惴：ㄓㄨㄟˋ ㄓㄨㄟˋ，發愁、恐懼的樣子。形容因害怕或擔心而深感不安的樣子。例經氣象預測，今夏將出現較大的洪水災害，憂國憂民的湯大爺，好些日子就像懷揣兔子——惴惴不安。

【懷揣雪人——寒心】

雙關語，比喻失望而痛心。例功臣成了罪人，他回首往事，就像懷揣雪人——寒心極了。也作「三九天吃冰棍——寒心」。

【懷刺漫滅】

刺：名刺，名帖，舊時上門拜訪時作通名用。指身藏名帖，本準備有所謁見，常因自視甚高，不肯俯就，以致身邊的名帖字跡模糊而消失。《歧路燈》七回：「有知竅的進京來……若白白說些瞻依暱就話頭，就是司空見慣矣，不如學禰正平懷刺漫滅。」

【懷道迷邦】

見「懷寶迷邦」。

【懷德畏威】

指對君王或尊長既感其德，又畏其嚴。唐高宗《大唐紀功頌》：「生擒建德，徇於城下，靦顏流汗，曾無解惕之言，懷德畏威，翻有蒯通之說。」

【懷惡不悛】

悛：ㄑㄩㄢ，悔改。心懷奸惡而不思悔改。《周書・武帝紀下》：「而彼懷惡不悛，尋事侵軼，背言負信，竊邑藏奸。」也作「怙惡不悛」。

【懷古傷今】

懷念往古，哀嘆現在。魯迅《中國人失掉自信力了嗎？》：「現在是既不誇自己，也不信國聯，改爲一味求神拜佛，懷古傷今了。」

【懷鬼胎】

比喻心裏隱著不敢告人的壞念頭。《紅樓夢》七一回：「自是臉上一紅一白，百般過不去，心內懷著鬼胎，茶飯無心，起坐恍惚。」

【懷恨在心】

懷：懷藏。把對他人的怨恨藏在心裏。《警世通言》卷二四：「皮氏，想你見那男子棄舊迎新，你懷恨在心，藥死親夫，此情理或有之。」

【懷黃佩紫】

見「懷金垂紫」。

【懷黃拖紫】

見「懷金垂紫」。

【懷金垂紫】

懷藏金印，身垂紫帶。比喻官高位顯。《後漢書・馮衍傳》：「衍少事名賢，經歷顯位，懷金垂紫，揭節奉使。」也作「懷金拖紫」。晋・陸機《謝平原內史表》：「復得扶老携幼，生出獄戶；懷金拖紫，退就散輩。」也作「懷黃佩紫」。《梁書・陳伯之傳》：「懷黃佩紫，贊帷幄之謀；乘軺建節，奉疆埸之任。」也作「懷黃拖垂」。唐・高適《罷職還京次睢陽祭張巡許遠》：「封功列爵，懷黃拖紫，傷哉二賢，不預於此。」

【懷金拖紫】

見「懷金垂紫」。

【懷瑾握瑜】

瑾、瑜都是美玉，喻美德。比喻人具有高貴的品德。《史記・屈原賈生列傳》：「衆人皆醉，何不餔其糟而啜其醨？何故懷瑾握瑜而自令見放爲？」

【懷裏揣篦子——舒（梳）心】

篦（ㄅㄧˋ）子：用竹子製成的兩側有密齒的梳頭用具；舒：「梳」的諧音。雙關語，形容心情舒展、適意。例他看到家鄉近年來的巨大變化，好似懷裏揣篦子——舒（梳）心極了。也作「懷揣小攏子——舒(梳)心」。

【懷裏揣漏勺——心眼多】

漏勺：炊事用具，有許多孔眼的金屬勺。雙關語，比喻善於算計，辦法、主意多。例大江這個人是懷裏揣漏勺——心眼多，有事可多同他商量，獲得他的幫助對工作很有好處，也作「懷裏揣漏勺——心眼不少」、「一嘴吃了個頂針——心眼多」、「刀切蜂窩——心眼多」。

【懷裏揣馬勺——成（盛）心】

馬勺：較大的勺；成：「盛」的諧音。雙關語，比喻故意。例我正在趕寫一篇明天就要見報的文章，你卻來嘮叨這些八竿子也打不著的事，是不是懷裏揣馬勺——成（盛）心搗亂。

【懷裏揣馬勺——誠（盛）心】

誠：「盛」的諧音。雙關語，比喻眞誠而懇切。例我這次懷裏揣馬勺——誠（盛）心來找你們，希望對窮困的家鄉給予熱情的關注和積極的支援。

【懷裏揣棉花——暖人心】

雙關語，比喻使人心裏感到溫暖、舒適。例你的這一番話，實在是懷裏揣棉花——暖人心，對我是很大的安慰和鼓勵。也作「雪裏送炭——暖人心」。

【懷裏揣琵琶——往心裏談(彈)】

談：「彈」的諧音。比喻談話投機，傾心吐膽。例我們這次坦誠的交心，的確是懷裏揣琵琶——往心裏談（彈）了，既消除了誤會，又增加了情感。

【懷裏揣笊籬——勞（撈）心了】

笊（ㄓㄠˋ）籬：用鐵絲、竹篾或柳條編成的一種能漏水的用具，用來撈東西；勞：「撈」的諧音。雙關語，比喻費心、操勞。例謝老師，我把孩子送入托兒所，今後全靠你懷裏揣笊籬——勞（撈）心了。也作「懷裏的笊籬——勞（撈）心」、「胸口上掛笊籬——多勞（撈）這份心」。

【懷裏揣著老玉米——不肯(啃)】

肯：「啃」的諧音。雙關語，比喻不同意或不樂意。例晚會想邀請你演出，就怕你懷裏揣著老玉米——不肯（啃），要我先來問一問。

【懷裏揣著兔子】

形容心裏有事，忐忑不安。例看他那心神不定的樣子，就好像懷裏揣著兔子一樣。

【懷鉛吮墨】

吮（ㄕㄨㄣˇ）墨：吸墨濡毫，準備寫作。義同「懷鉛提槧」。南朝梁・鍾嶸《詩品・魏陳思王植》：「俾爾懷鉛吮墨者，把篇章而景慕，映餘暉以自燭。」

【懷鉛提槧】

懷：提，攜帶；鉛：石墨筆；槧：ㄑㄧㄢˋ，木簡，古代用以書寫的木板。懷裏揣著筆，手裏拿著木板。形容隨身攜帶文具，以備隨時記錄。漢・劉歆《西京雜記》卷三：「揚子雲好事，常懷鉛提槧，從諸計吏，訪殊方絕域四方之語。」也作「懷鉛握槧」。唐・劉知幾《史通採撰》：「自古探穴藏山之士，懷鉛握槧之客，何嘗不徵求異說，採摭羣言。」

【懷鉛握槧】

見「懷鉛提槧」。

【懷鉛握素】

鉛：石墨筆；素：絹帛，用於書寫，相當現今的紙。指隨身攜帶文具，以備隨時記述。南朝梁・任昉《爲梁武帝集墳籍令》：「便宜選陳農之才，採河間之闕，懷鉛握素，汗簡殺青。」

【懷山襄陵】

懷：包圍；襄：升到高處。大水包圍山陵。形容洪水氾濫。明・張岱《皇華考序》：「譬如洪水橫行，懷山襄陵。」

【懷娃婆吃老母豬肉——顧嘴不顧身】

懷娃婆：〈方〉孕婦；老母豬肉：多次生崽的老母豬，肉不好吃，且易引起舊病復發或產生某些疾病，對孕婦尤爲不利。比喻貪嘴不計後果。有時也指好吃不顧身上的穿戴。例他已大醉三天，人事不知，工作受到嚴重影響，眞是懷娃婆吃老母豬肉——顧嘴不顧身，實在不像話。也作「懷仔婆吃母豬肉——顧口不顧身」、「陰溝裏的鴨子——顧嘴不顧身」。

【懷刑自愛】

懷刑：心存法度。指有了法制觀念，便知道分際，不去做違法的事。《聊齋志異・霍女》：「黃見豔麗忽投，驚懼不知所爲。黃素懷刑，固卻之。」

【懷冤抱屈】

蒙受冤屈。南朝梁・沈約《上言宜校勘譜籍》：「所欲既多，理無悉當，懷冤抱屈，非止百千。」

【懷著鬼胎】

心裏有不可告人的隱情或計謀。例這幾個人，個個懷著鬼胎，盤算著要如何奪得主導權。也作「懷著一肚子鬼胎」。《初刻拍案驚奇》卷三〇：「太守叫人悄的打聽到大使起身了來報，再伺候，有什麼動靜，快來回話。太守懷著一肚子鬼胎，正不知葫蘆裏賣出什麼藥來。」

【懷著一肚子鬼胎】

見「懷著鬼胎」。

【懷眞抱素】

眞：純眞；素：質樸。品德高尚，樸實無華。《宋書・孝武帝紀》：「其有懷眞抱素，志行清白，恬退自守，不交當世，或識通古今，才經軍國，奉公廉直，高譽在民，具以名奏。」也作「懷質抱眞」。《梁書・武帝紀》：「其有勇退忘進，懷質抱眞者，選部或以未經朝謁，難於進用。」

【懷質抱眞】

見「懷眞抱素」。

【懷珠抱玉】

珠、玉：比喻美德才華。多指人具有高貴品德和傑出才能。《梁書・劉顯傳》：「懷珠抱玉，有歿世而名不稱者，可爲長太息，孰過於斯！」

【懷磚之俗】

懷磚：懷抱著磚。形容鄙陋的民風俗習。北魏・楊衒之《洛陽伽藍記》：「李延實除青州刺史，莊帝謂曰：『懷磚之俗，世號難治，宜好用心。』時楊寬在帝側，不曉其義，私問溫子升。曰：『齊土之民風俗淺薄，太守初欲入境，皆懷磚叩首，以美其意。及其代下還家，以磚擊之。言其向背速於反掌。』」

【淮橘爲枳】

枳：ㄓˇ，又叫枸橘。淮南的橘樹移到淮北就變爲枳樹。比喻環境變了，人或事物也隨著改變。《晏子春秋・雜下》：「嬰聞之，橘生淮南則爲橘，生於淮北則爲枳……水土異也。今民生長於齊不盜，入楚則盜，得無楚之水土使民善盜耶？」

【淮南雞犬】

《神仙傳・劉安》記載：「漢朝淮南王劉安白日升天後，殘留下的丹藥撒在庭院裏，雞啄狗舔後也都升了天。」後來就以「淮南雞犬」比喻攀附權貴而得勢的人。也作「淮王雞犬」。「清・吳偉業《過淮陰有感》詩：「我本淮王舊雞犬，不隨仙去落人間。」

【淮王雞犬】

見「淮南雞犬」。

【淮雨別風】

淮、別：爲「淫」、「列」二字的訛誤。後用以指古籍的文字錯訛。清・沈德潛《說詩晬語》下：「但求新異，不顧理乖，淮雨別風，不如布帛菽粟，常足厭心切理也。」

ㄏㄨㄞˋ

【壞掉根的茄苗——不成個樣（秧）子】

樣：「秧」的諧音。比喻沒有規矩，達不到標準和要求。例小左竟然穿著T恤出現在慶功宴會場，實在是壞掉根的茄苗——不成個樣(秧)子。

ㄏㄨㄟ

【灰堆裏吹喇叭——烏煙瘴氣】
瘴氣：山林中濕熱而有害的空氣。形容風氣敗壞或社會黑暗。例這個單位問題是存在的，但說他們是灰堆裏吹喇叭——烏煙瘴氣，未免過份了。

【灰飛煙滅】
像灰一樣飛散，像煙似地消失。比喻人或事物徹底消亡。宋・蘇軾，《念奴嬌・赤壁懷古》詞：「羽扇綸巾，談笑間，强虜灰飛煙滅。」

【灰軀糜骨】
糜：破碎。身體化灰，骨頭糜碎，即粉身碎骨，指死。唐・陳子昂《爲張著作謝父官表》：「所以忍垢偷生，克躬自勵，期效萬一，補過酬恩，灰軀糜骨，以甘心願。」也作「**灰身粉骨**」。唐・王勃《上百里昌言書》：「誠宜灰身粉骨以謝君父，復何面目以談天下之事哉！」

【灰身粉骨】
見「灰身糜骨」。

【灰頭草面】
見「灰頭土面」。

【灰頭土臉】
見「灰頭土面」。

【灰頭土面】
形容滿面風塵、不整潔的樣子。也形容灰心喪氣的樣子。《景德傳燈錄・昭化禪師》：「問：『如何是塵中子？』師曰：『灰頭土面。』也作「**灰頭土臉**」。《醒世姻緣傳》一四回：「晁大舍送了珍哥到監，自己討了保，灰頭土臉，瘸狠渴疾，走到家中。」也作「**灰頭草面**」。元・楊景賢《西遊記》一本一齣：「娘子，灰頭草面不打扮，倘或江上遇著相知朋友，怎生廝見。」

【灰心槁形】
形容意志消沈，神情萎頓。宋・蘇軾《乞加張方平恩禮札子》：「今已退老南都，以患眼不出，灰心槁形，與世相忘。」

【灰心喪氣】
形容因受挫折而喪失信心，意志消沉。明・呂坤《呻吟語》下：「是以志趨不堅，人言是恤者，輒灰心喪氣，竟不卒功。」也作「**灰心喪意**」。《紅樓夢》一○一回：「鳳姐因方才一段話已經灰心喪意，恨娘家不給爭氣，又兼昨夜園中受了那一驚，也實在沒精神。」

【灰心喪意】
見「灰心喪氣」。

【詼諧取容】
指用幽默風趣的言行來討取他人的歡悅。晉・夏侯湛《東方朔畫贊》：「傲世不可以垂訓也，故正諫以明節；明節不可以久安也，故詼諧以取容。」

【恢宏大度】
見「恢廓大度」。

【恢恢有餘】
恢恢：寬綽的樣子。形容寬廣而仍有餘地，即綽綽有餘。《莊子・養生主》：「彼節者有間，而刀刃者無厚。以無厚入有間，恢恢乎其於游刃必有餘地矣。」

【恢廓大度】
廓：開闊，寬宏。指心胸寬闊，氣量宏大。《後漢書・馬援傳》：「今見陛下恢廓大度，同符高祖，乃知帝王自有眞也。」也作「**恢宏大度**」。《兒女英雄傳》三○回：「放著這等一位恢宏大度的何蕭史，一位細膩風光的張桐卿，還怕幫助不了一個安龍媒。」

【恢詭譎怪】
離奇怪異。《莊子・齊物論》：「莛與楹，厲與西施，恢詭譎怪，道通爲一。」

【揮斥八極】
揮斥：縱放；八極：極遠之處。奔放到八方的盡頭。形容豪爽奔放，氣概非凡，不可一世。《莊子・田子方》：「夫至人者，上窺青天，下潛黃泉，揮斥八極，神氣不變。」

【揮戈返日】
戈：古兵器。《淮南子・覽冥訓》：「魯陽公與韓構難，戰酣日暮，援戈而揮之，日爲之返三舍。」後以「揮戈反日」形容有扭轉危局的雄才大略。《民國通俗演義》八五回：「既同處厝火積薪之會，當愈勵揮戈返日之忠。」也作「**揮戈回日**」。《孽海花》二九回：「不過說到開國會、定憲法，都是些扶牆摸壁的政論，沒一個揮戈回日的奇才。」

【揮戈回日】
見「揮戈返日」。

【揮汗成雨】
灑下的汗水就像下雨一樣。形容人數衆多。《戰國策・齊策一》：「臨淄之途，車轂擊，人肩摩，連衽成帷，舉袂成幕，揮汗成雨。」

【揮汗如雨】
形容出汗極多。清・紀昀《閱微草堂筆記・灤陽消夏錄五》：「其人伏地惕息，揮汗如雨，自是怏怏如有失。」

【揮翰成風】
翰：鳥羽，借指毛筆。形容運筆快速而熟練自如。清・李漁《意中緣・名逋》：「終日價揮翰成風，潑墨如雨，給不盡好事之求。」

【揮毫落紙】
毫：毛筆。指運筆寫字或作畫。唐・杜甫《飲中八仙歌》：「張旭三杯草聖傳，脫帽露頂王公前，揮毫落紙如雲煙。」

【揮毫命楮】
楮：ㄔㄨˇ，木名，皮可造紙，因用爲紙的代稱。形容提筆於紙上作文。明・袁宏道《答王百谷》：「方且揮毫命楮，恣意著述。每一篇成，跳躍大呼，若狂若顚。」

【揮霍無度】
揮霍：任意花錢；度：限度。隨意花

錢，沒有絲毫節制。例由於揮霍無度，他家多年的積蓄，不消幾年，用得一乾二淨。

【揮劍成河】

把劍一劃，地上立刻出現一條河。形容神通廣大。元・無名氏《龐驚四郡》二折：「爲上將者，揮劍成河，撒豆成兵。」

【揮金不吝】

毫不吝惜地花費錢財。《警世通言》卷二五：「父親施鑒是個本分財主，惜糞如金的，見兒子揮金不吝，未免心疼。」

【揮金如土】

揮霍錢財如同撒土。指毫不吝惜地花錢。《孽海花》三回：「人家看著他舉動闊綽，揮金如土，只當他是豪華公子，其實是個漂泊無家的浪子！」

【揮拳擄袖】

揚起拳頭，捋起袖子，準備動手打人。也形容指手劃腳。《兒女英雄傳》四〇回：「說著，揮拳擄袖的才要說他那個主意，忽然又道：『你等等兒。』」

【揮灑自如】

揮：揮筆；灑：灑墨。形容寫字或作畫時筆墨運用流利自然。也形容舉止瀟灑，從容不迫。《三國演義》五七回：「吊君鄱陽，蔣幹來說，揮灑自如，雅量高志。」

【輝煌奪目】

形容珍貴的物品，光彩耀眼。《隋唐演義》二回：「只見四壁排列的，都是周彝商鼎，奇巧玩物，輝煌奪目。」

【隳肝瀝膽】

隳：毀壞；瀝：往下滴。剖出血淋淋的肝膽。比喻以赤誠對待人。唐・元稹《上裴度相公書》：「厚則厚矣，遽責有隳肝瀝膽同廝養之用力，亦難哉！」

【隳節敗名】

隳：通「墮」，毀壞。喪失氣節，敗壞名聲。宋・張孝祥《取友銘》：「隳節敗名，禍止汝身；當官而行，將疚我民。」

ㄏㄨㄟˊ

【回嗔作喜】

嗔：ㄔㄣ，生氣。由生氣轉爲高興。《西遊記》六七回：「老者聞言，回嗔作喜。躬著身，便道：『請！請入寒舍安置。』」也作「**回嗔作笑**」。明・王子一《誤入桃源》四折：「你若肯扶傾濟弱，我便可回嗔作笑。」

【回船轉舵】

行船時遇事返回原路。比喻掉轉話頭以緩和僵局。《醒世恆言》卷七：「見他有咈然不悅之意，即忙回船轉舵道：『大官人莫要性急，且請坐下，再細細商議。』」

【回春妙手】

回春：冬去春來，萬物復甦；妙手：指中醫看病技藝高超。比喻能使垂危病人得以康復的高明醫生。例王醫生憑著他多年的行醫經驗，用他那回春妙手，挽救了不知多少人的生命。也作「**妙手回春**」。

【回春之術】

回春：冬盡春至，草木復甦。比喻能使垂危病人轉危爲安的高明醫術。例王敎授靠祖傳的回春之術，終於使瀕臨死亡的病人第二次獲得了生命。

【回黃轉綠】

樹由黃葉掉落到綠葉成蔭。形容時間的遷徙，世事的反覆。清・孫星衍《館試春華秋賦》：「回黃轉綠，九秋則不讓三春；擷秀搴芳，百穫則終資一樹。」

【回驚作喜】

回：轉換。變驚恐爲喜悅。《西遊記》六二回：「國王聞言，回驚作喜道……。」

【回老家】

比喻死亡。例你還抽煙呀！醫生不是說你這病不能抽煙嗎？你是想回老家怎麼的？

【回爐的燒餅——不香甜】

比喻不美滿。例在舊社會的絕大多數家庭，生活是回爐的燒餅——不香甜的，成天爲生存而拼命，根本無幸福可言。

【回爐復帳】

比喻重修舊好。《金瓶梅詞話》二一回：「不知怎的撮弄，陪著不是，還要回爐復帳，不知延纏到多咱時候？」

【回祿之災】

回祿：舊時傳說中的火神。指火災。宋・朱熹《答包定之書》：「近聞永嘉有回祿之災，高居不至驚恐否？」

【回馬不用鞭】

叫馬往回走，不用揮鞭，也走得順當。比喻辦自己熟悉的事又快又好。例老廠長一走進車間，就輕鬆自如地操縱起那部精緻的數控銑床，「回馬不用鞭」，他好像一天也沒有離開過車間。

【回馬槍】

古代的一種戰術。誘敵追趕，伺其迫近，突然回馬猝不及防地向其猛扎一槍。現比喻突然反擊。例劉明在關鍵時刻狠殺回馬槍，徹底揭露犯罪集團的內幕，被從寬處理。

【回眸一笑】

眸：眼珠。回頭轉動眼珠微微一笑。常形容女子的媚態。唐・白居易《長恨歌》：「回眸一笑百媚生，六宮粉黛無顏色。」

【回山倒海】

形容來勢洶猛，聲威強大，能壓倒一切。《魏書・高閭傳》：「昔世祖以回山倒海之威，步騎數十萬，南臨瓜步，諸郡盡降。」

【回生起死】

把垂危的病人救活過來。形容藥的功效和醫術高明。明・湯顯祖《紫釵記・本傳開宗》：「故友崔韋，賞花譏諷，才覺風聞事兩非。黃衣客回生起死，釵玉永重暉。」

【回霜收電】

比喻改變原來的嚴厲態度。晉・陸機《謝平原內史表》：「重蒙陛下愷悌之宥，回霜收電，使不隕越。」

【回天倒地】

見「回天轉地」。

【回天倒日】

見「回天挽日」。

【回天乏術】

比喻缺乏挽回嚴重或危難局勢的手段。清・馮起鳳《昔柳摭談・秋風自悼》：「生受館鄉村，聞女將締姻，窮料絕難成就。後探得的耗，萬箭攢心，臟腑欲裂，但木已成舟，回天乏術。」

【回天挽日】

比喻有扭轉既成定局的權勢和力量。清・黃六鴻《福惠全書・蒞任部稟帖贅說》：「回天挽日之力，皆出憲台。」也作「**回天倒日**」。晉・陸機《弔魏武帝文序》：「夫以回天倒日之力，而不能振形骸之內。」也作「**回天轉日**」。《舊唐書・王義方傳》：「雖挾山超海之力，望此猶輕；回天轉日之威，方斯更力。」

【回天無力】

沒有能力挽回危局。梁啓超《俠情記・緯憂》：「我家家傳將種，係出淸門，先君愛國如焚，回天無力。」

【回天再造】

指挽回危局，使國家重興。《舊唐書・昭宗紀》：「[天復三年]二月壬申朔。甲戌，制賜全忠『回天再造竭忠守正功臣』名。」

【回天之力】

比喻有能夠挽回不易挽回的巨大力量。《新唐書・張亦素傳》：「張公論事，有回天之力。」宋・文天祥《繳奏稿上中書札子》：「尚賴先生徇通國之心，出回天之力，以措世道於淸夷光晏之域。」

【回天之勢】

形容勢力極大。《後漢書・梁冀傳論》：「[梁]商協回天之埶（勢），屬彫弱之期。」

【回天轉地】

扭轉天地。形容有徹底改變定局的力量。唐・王建《送振武張尚書》詩：「回天轉地是將軍，扶助春宮上五雲。」也作「**回天倒地**」。《金樓子・立言》：「拔山蓋世之雄，回天倒地之力。」

【回天轉日】

見「回天挽日」。

【回頭馬——又快又路熟】

比喻辦事能幹，經驗豐富。例這個人就像一匹回頭馬——又快又路熟，完全可以勝任這項繁重的任務。

【回頭人】

指再嫁的寡婦。魯迅《祝福》：「回頭人出嫁，哭喊的也有，說要尋死覓活的也有。」

【回頭是岸】

回頭：指大徹大悟。比喻壞人只要決心悔改，就有出路。元・無名氏《魚籃記》三折：「奉勸呆痴漢，只管弄精神，回頭便是岸，從此出沉淪。」

【回味無窮】

回味：吃過食物以後，其餘味久久留在心中。比喻回憶起某一事物，越想越覺得意味深長。例這篇文章讀了之後，眞是回味無窮。

【回文織錦】

即反覆顚倒成誦的回文體詩。比喻妙辭佳章。元・王實甫《西廂記》三本四折：「只爲你彩筆題詩，回文織錦；送得人臥枕著床，忘餐廢寢。」

【回心向道】

指改變邪念，趨歸正道。明・海瑞《淳安縣政事序》：「民風士習，藉此發明，回心而向道，或有在也。」

【回心向善】

指不再幹壞事，轉而做對人有益的事。《鏡花緣》一〇回：「九公此言，眞可令人回心向善，警戒不小。」

【回心易慮】

見「回心轉意」。

【回心轉念】

見「回心轉意」。

【回心轉意】

重新考慮，不再堅持以往的態度、主張或見解。《古今小說》卷一：「莫說你丈夫還有回心轉意的日子，便眞個休了，恁般容貌，怕沒人要你？」也作「**回心轉念**」。《官場現形記》五回：「何藩台見了手本，回心轉念，想到這是自家兄弟的好處，不知不覺那面上的氣色就和平了許多。」也作「**回心易慮**」。宋・陸九淵《與陳宰書》：「倘其自此回心易慮，以歸於善。」

【回巧獻技】

形容禽鳥迴翔盤旋，走獸奔竄跳躍，好像在賣弄本領。唐・柳宗元《鈷鉧潭西小丘記》：「則山之高，雲之浮，溪之流，鳥獸之遨遊，舉熙熙然回巧獻技，以效茲丘之下。」

【迴腸寸斷】

形容極度痛苦、傷心。明・湯顯祖《牡丹亭・詰病》：「我髮短迴腸寸斷，眼昏眵淚雙掩。」

【迴腸蕩氣】

蕩：浮動。形容樂曲或文辭感人至深，久久縈懷。清・龔自珍《夜坐》詩：「功高拜將成仙外，才盡迴腸蕩氣中。」也作「**迴腸傷氣**」。戰國楚・宋玉《高唐賦》：「感心動耳，迴腸傷氣；孤子寡婦，寒心酸鼻。」也作「**迴腸結氣**」。結：凝聚。清・李慈銘《越縵堂讀書記》卷八：「其詞淒麗妍約，情不自勝，令人誦之迴腸結氣。」

【迴腸結氣】

見「迴腸蕩氣」。

【迴腸九轉】

九轉：言其轉動次數多。腸子在肚子裏迴環旋繞。形容焦急憂傷，痛苦至極。唐・劉禹錫《望賦》：「秋之景兮懸清光，偏結憤兮九迴腸。」

【迴腸傷氣】

見「迴腸蕩氣」。

【迴光返照】

由於日落時的光線反射，天空中短時間的發亮。比喻人在臨死前常出現短暫的神志清醒或興奮。《紅樓夢》九八回：「此時李紈見黛玉略緩，明知是迴光返照的光景。」也比喻舊事物滅亡前的短暫興旺。

ㄏㄨㄟˇ

【悔不當初】

追悔當初不該如此。元・無名氏《舉案齊眉》二折：「早知如此掛人心，悔不當初莫相識。」

【悔毒之嘆】

悔受毒害之嘆。《後漢書・皇甫嵩傳》：「昔韓信不忍一餐之遇，而棄三分之業，利劍已揣其喉，方發悔毒之嘆者，機失而謀乖也。」

【悔讀南華】

南華：《南華經》，即《莊子》。唐代詩人溫庭筠譏諷令狐綯不知道《南華經》，綯怒，奏明皇帝，將溫庭筠落第。後指學問高深而遭人忌妒為「悔讀南華」。宋・陸游《懷鏡中故廬》詩：「從宦只思乘下澤，忤人常悔讀南華。」

【悔過自懺】

見「悔過自責」。

【悔過自新】

自新：使自己成為新人。悔改錯誤，重新做人。《新唐書・馮元常傳》：「劍南有光火盜，元常諭以恩信，約悔過自新，賊相率脫甲面縛。」也作「**悔罪自新**」。《東周列國志》四二回：「陳穆公亦有使命至晉，代衛鄭悔罪自新之意。」

【悔過自責】

後悔自己的錯誤，深自譴責。《漢書・五行志》：「後得反國，不悔過自責，復會諸侯伐鄭，與楚戰於泓。」也作「**悔過自懺**」。宋・張邦基《墨莊漫錄・襄陽天仙寺》：「欲以足加菩薩面，忽梁間有聲如雷，寬震悸而墮，損其左手。僧教寬悔過自懺。後歲餘，方如舊。」

【悔之不及】

見「悔之無及」。

【悔之何及】

見「悔之無及」。

【悔之晚矣】

後悔已經太晚了。明・沈受先《三元記・錯認》：「好好還我，養你廉恥；若不肯，執送官司，那時悔之晚矣！」

【悔之亡及】

見「悔之無及」。

【悔之無及】

後悔已經來不及了。《史記・伍子胥傳》：「願王釋齊而先越，若不然，後將悔之無及。」也作「**悔之何及**」。《孔子家語・致思》：「吾有三失，晚而自覺，悔之何及！」也作「**悔之不及**」。元・無名氏《三出小沛》一折：「某想當日，都是三兄弟失了徐州，悔之不及。」也作「**悔之亡及**」。《漢書・晁錯傳》：「夫以人之死爭勝，跌而不振，則悔之亡及矣！」

【悔罪自新】

見「悔過自新」。

【毀詖奴之口，討豈從寬？剖悍婦之心，忿猶未釋】

詖：ㄅㄧˋ，邪僻，不公平。割掉進讒者的嘴巴，嚴厲懲罰，絕不寬恕；剖開惡毒婦人的心肝，怨忿仍不能解消。表現了對邪惡者的極端仇恨。《紅樓夢》七八回：「嗚呼！固鬼蜮之為災，豈神靈之有妒？毀詖奴之口，討豈從寬？剖悍婦之心，忿猶未釋！」

【毀不滅性】

毀：指居喪過於哀痛。指雖然哀傷，但不能過度，以致失去本性。《孝經・喪親》：「三日而食，教民無以死傷生，毀不滅性，此聖人之政也。」

【毀車殺馬】

《後漢書・周燮傳》載：馮良作小吏，駕車驅馬去迎督郵。馮心恥之，因搗毀車子，殺掉馬匹，然後逃走。後比喻棄官隱遁。宋・陸九淵《書與陳倅》：「元晦雖有毀車殺馬之說，然勢恐不容不一出也。」

【毀方投圓】

比喻拋棄修身處事的行為準則而去迎合世俗。晉・葛洪《抱朴子・漢過》：「毀方投圓，面從響應者，謂之『絕倫之秀』。」

【毀方瓦合】

方：方正，物方正者有稜角鋒芒；瓦合：瓦器破而相併合。舊指儒者應不要顯露自己的鋒芒，以求與常人相配合。宋・俞文豹《吹劍錄》：「故儒行欲毀方瓦合，老子欲和光同塵。」

【毀風敗俗】

敗壞社會風氣。多指道德淪喪，行為墮落。《晉書・劉毅傳》：「毀風敗俗，無益於化，古今之失，莫大於此。」也作「**傷風敗俗**」。

【毀冠裂裳】

《後漢書・周燮傳》載：馮良為小吏，奉迎督郵。馮恥為此事，便砸碎官冠，撕破官服，逃往他方。後用「毀冠裂裳」指與舊事物徹底決裂。

【毀家紓國】

見「毀家紓難」。

【毀家紓難】

毀家：傾盡家產；紓難：排除危難。指捐獻全部家產，以解救國家危難。《痛史》二五回：「某等願從眾志，毀家紓難，興復宋室。」也作「**毀家紓國**」。清・錢謙益《清文華殿中書房辦事大理寺右寺副汪鏕授儒林郎》：「夫毀家紓國，大臣之有事；急病讓夷，君子之所貴。」

【毀廉蔑恥】

喪盡廉恥。明・方孝孺《官政》：「而仕者之勢不尊，威不行，而令不信於下，知不爲衆之所與也，則益不自重，而爲毀廉蔑恥之行。」

【毀瓦畫墁】

墁：ㄇㄢˋ，有飾的牆壁。打碎屋瓦，塗滅所畫的牆飾。比喻無益而有害的行爲。《孟子・滕文公下》：「有人於此，毀瓦畫墁，其志將以求食也，則子食之乎？」

【毀形滅性】

毀損形體，滅沒本性。元・楊景賢《西遊記》九折：「通天大聖，你本是毀形滅性的，老僧救了你，今次休起凡心。我與你一個法名，是孫悟空。」

【毀於一旦】

於一天中全遭毀滅。形容累積的成果一下子被毀掉，含有前功盡棄之意。《水滸後傳》一五回：「垂成之功，豈可毀於一旦。」

【毀譽參半】

毀：詆毀；譽：稱讚。指責的、稱讚的各占一半。指由於立場、觀點不吾，對人或事物的評價有說好的也有說壞的。梁啓超《管子傳・自序》：「古代之管子、商君，中世之荊公，吾蓋遍徵西史，欲求其匹儔而不可得。而商君、荊公，爲世詬病，以迄今日。管子亦毀譽參半。」

【毀鐘爲鐸】

鐸：鈴。將大鐘改爲小鈴。比喻愚蠢行爲。《淮南子・說林訓》：「心所說（悅），毀舟爲杕；心所欲，毀鐘爲鐸。」

【毀舟爲杕】

杕：ㄉㄨㄛˋ，舵。拆下船板做尾舵。比喻不顧一切地愚蠢蠻幹。《淮南子・說林訓》：「心所說（悅），毀舟爲杕；心所欲，毀鐘爲鐸。」

【毀宗夷族】

把同宗一族的人統統殺光。晉・陸機《謝平原內史表》：「方臣所荷未足爲泰，豈臣蒙垢含吝所宜忝，窮非臣毀宗夷族所能上報。」

ㄏㄨㄟˋ

【卉裳罽衣】

卉裳：草製裙；罽（ㄐㄧˋ）衣：毛織衣物。指穿草裙、披氈衣的民族習尚。唐・柳宗元《嶺南節度饗軍堂記》：「卉裳罽衣，胡夷晝蠻，睢盱就列者。」

【會當凌絕頂，一覽衆山小】

會當：預期；凌：登。預想登上泰山頂峯，周圍的羣山俯伏在自己腳下，而顯得渺小。自信登上峯頂，眼界將定然開闊。後用以比喻經過艱苦努力，一定能創造出卓絕的成績。唐・杜甫《望岳》詩：「蕩胸生曾雲，決眦入歸鳥。會當凌絕頂，一覽衆山小。」

【會道能說】

形容擅於辭令。明・無名氏《漁樵閒話》三折：「但熟甜瓜軟處偏捏，蠟槍頭會道能說。」也作「**能說會道**」。

【會家不忙】

會家：行家。指行家應付自己熟悉的事情從容不迫。《二刻拍案驚奇》卷二八：「程朝奉正是會家不忙。見接了銀子，曉得有了機關。」

【會家不忙，忙家不會】

行家做事不慌不忙；沒有本事的人遇事手忙腳亂。《西遊補》三回：「人言道：『會家不忙，忙家不會。』我們別樣事倒做過，鑿天的斧頭卻不曾用慣。今日承小月王這等相待，只得磨快刀斧，强學鑿天。」

【會嫁的嫁對頭，不會嫁的嫁門樓】

對頭：指合適的人；門樓：指財勢。嫁女要嫁個好女婿，不要貪圖男方財勢。**例**「會嫁的嫁對頭，不會嫁的嫁門樓」。話是這樣說，不少人還是寧要「門樓」，不要「對頭」。

【會少離多】

相聚時少，離別時長。指人生聚散無常。元・王實甫《西廂記》一本三折：「則問你那會少離多，有影無形。」

【會挽雕弓如滿月，西北望，射天狼】

會：應當；雕弓：雕花紋的良弓；天狼：天狼星，此指遼、西夏。應當把雕弓的弦拉得像滿月一般，朝著西北方向，射下那天狼星。形容抵禦外敵的豪情壯志和保衛祖國的決心。宋・蘇軾《江城子》詞：「酒酣胸膽尚開張，鬢微霜，又何妨！持節雲中，何日遣馮唐？會挽雕弓如滿月，西北望，射天狼。」

【諱敗推過】

隱瞞失敗，推托過失。指不承認自己的過失和錯誤。晉・習鑿齒《司馬景王引過》：「若乃諱敗推過，歸咎萬物，常執其功，而隱其表，上下離心，賢愚解體。」

【諱惡不悛】

悛：ㄑㄩㄢ，悔改。隱瞞罪惡，不思悔改。《後漢書・朱暉傳》：「陳勝奮臂一呼，天下鼎沸，而面諛之臣，猶言安耳。諱惡不悛，卒至亡滅。」參見「怙惡不悛」。

【諱疾忌醫】

隱瞞有病，害怕醫治。比喻掩飾自己的缺點、錯誤，不願接受幫助去改正。《野叟曝言》二〇回：「婢子實不知自己病原，怎肯諱疾忌醫。」

【諱莫如深】

指因事情嚴重而不敢明言。《穀梁傳・莊公三十二年》：「諱莫如深，深則隱。」後指把事瞞得非常嚴緊。馮玉祥《我的生活》二二章：「則以爲家醜不可外揚，極力藏蔽，諱莫如深，結果是姑息養奸，漸成大禍而不可收拾。」

【諱者欺之媒乎，矜者諂之宅乎】

隱瞞自己的缺點，是產生欺詐的媒介；驕傲自大，是產生諂媚的溫床。指自諱自矜是招致犯錯的重要因素。明・劉基《郁離子・自諱自矜》：「諱者欺之媒乎，矜者諂之宅乎，媒以招之，宅以納之，奸其不至乎？」

【薈萃一堂】
薈萃：草木繁茂。引申為精粹的人或物聚集在一起。例這次花展，匯集了全國名貴品種數百種，薈萃一堂，蔚為大觀。

【誨盜誨淫】
誨：教導，誘致；淫：邪惡。《周易・繫辭上》：「慢藏誨盜，冶容誨淫。」意為自己的財物不保管好，等於招人偷盜；女子打扮得妖里妖氣，等於招人來調戲。即咎由自取。現多指壞人被引誘去幹奸盜之事。後多作「誨淫誨盜」。朱自清《論雅俗共賞》：「誨淫、誨盜，只是代表統治者的利益的說話。」

【誨而不倦】
見「誨人不倦」。

【誨爾諄諄，聽我藐藐】
諄諄：教導不倦的樣子；藐藐：渺遠的樣子。講的人不知疲倦，聽的人若無其事。形容徒費唇舌。宋・陸游《跋柳氏訓序》：「方玭之為是書也，璨已長矣，詩曰：『誨爾諄諄，聽我藐藐。』悲夫。」

【誨人不倦】
教導人不知疲倦。形容十分耐心、認真。唐・白居易《唐河南元府君夫人墓志銘序》：「家貧，無師以授業。夫人親執詩書，誨人不倦，四五年間，二子皆以通經入仕。」也作「誨人不厭」。厭：厭倦。《史記・孔子世家》：「其為人也，學道不倦，誨人不厭，發奮忘食，樂以忘憂。」也作「誨而不倦」。漢・蔡邕《彭城姜伯淮碑》：「有名物定事之能，獨見先睹之效，然猶學而不厭，誨而不倦。」

【誨淫誨盜】
見「誨盜誨淫」。

【繪情繪景】
見「繪聲繪影」。

【繪聲繪色】
見「繪聲繪影」。

【繪聲繪影】
形容敍述和描寫生動逼真。清・蕭山湘靈子《軒亭冤》題詞：「繪聲繪影樣翻新，描寫秋娘事事真。」也作「繪聲繪色」。清・朱庭珍《筱園詩話》一：「必使山情水性，因繪聲繪色而曲得其真。」也作「繪情繪景」。清・陳洪綬評點明・孟稱舜《泣賦眼兒媚》三折：「通篇繪情繪景，疑有神功。」

【繪事後素】
素：白色。指繪畫先得具有白底子，才能上色作畫。語本《論語・八佾》：「子曰：『繪事後素。』」比喻有了仁義然後能產生禮樂。後也比喻做事先要從簡易開始，然後逐步深入。漢・荀悅《漢紀・元帝記》：「行有餘力則可以學文，簡於始也，繪事後素，成有終也。」

【賄貨公行】
見「賄賂公行」。

【賄賂並行】
行賄受賄的兩者都有。《左傳・昭公六年》：「錐刀之末，將盡爭之；亂獄滋豐，賄賂並行，終子之世，鄭其敗乎？」

【賄賂公行】
指明目張膽地進行行賄受賄。《陳書・後主張貴妃傳》：「閹宦便佞之徒，內外交結，轉相引進，賄賂公行，賞罰無常，網紀瞀亂矣。」也作「賄貨公行」。南朝梁・任昉《為梁武帝斷華侈令》：「販官鬻爵，賄貨公行，並甲第康衢，漸台廣夏。」

【彗氾畫塗】
彗：掃帚；氾：ㄙˋ，以水灑地；塗：泥土。用掃帚掃灑過水的地，用刀在泥土中刻畫。比喻非常容易做的事。《漢書・王褒傳》：「水斷蛟龍，陸剸犀革，忽若彗氾畫塗。」

【晦跡韜光】
晦、韜：都是隱藏的意思；光：指才華。隱藏才華，不使外露。明・無名氏《太平宴》一折：「晦跡韜光為隱居，結茅成舍自耕鋤。」也作「韜光晦跡」。

【惠而不費】
惠：施惠，給人以好處；費：耗費。施惠於人，自己又無所損耗。《晉書・食貨志》：「理財鈞施，惠而不費，政之善者也。」

【惠風和暢】
惠：柔和；和：溫和。柔和的風，使人感到溫暖、舒適。形容宜人的天氣。晉・王羲之《蘭亭集序》：「是日也，天朗氣清，惠風和暢。」

【惠浸萌生】
指恩惠被及萬物，使之生機盎然。南朝宋・顏延之《應召宴曲水作》：「制以化裁，樹之形性；惠浸萌生，信及翔泳。」

【惠然肯來】
惠然：友好光顧的意思。歡迎賓客來訪的敬詞。唐・韓愈《與少室李拾遺書》：「想拾遺公冠帶就車，惠然肯來，舒所蓄積，以補綴盛德之有闕遺。」

【喙長三尺】
喙：嘴。嘴有三尺長。形容人的口才極好，能言善辯。《莊子・徐无鬼》：「丘願有喙三尺。」唐・馬異《答盧仝結交詩》：「與君俯首大艱阻，喙長三尺不得語。」

【慧心靈性】
形容人聰明靈巧。《兒女英雄傳》七回：「雖是鄉間女兒，露著慧心靈性，溫柔不俗。」

【慧心巧舌】
心思聰慧，說話靈巧。清・徐釚《詞苑叢談》卷一：「雖具慧心巧舌，然此體亦不必效顰也。」

【慧心巧思】

心地聰慧，構思精巧。多形容女子對某種技藝精熟而有新意。《隋唐演義》四七回：「煬帝與蕭后看了一會，說道：『妃子慧心巧思，可謂出神入化矣。』」

【慧眼識英雄】

敏銳的眼力能識別英雄人物。例「慧眼識英雄」的事不能說沒有，但總不能去等「慧眼」而放鬆了自己的努力。

【櫘車相望】

櫘：簡陋的小棺材。裝棺木的車子絡繹於路。形容死掉的人多。漢·劉向《新序·善謀》：「戍卒死傷，中國道路，櫘車相望。」

【蕙心蘭質】

蕙：一種香草。心靈如蕙，品質如蘭，形容女子的品行純潔高雅。唐·王勃《七夕賦》：「金聲玉貌，蕙心蘭質。」也作「蕙心紈質」。南朝宋·鮑照《蕪城賦》：「東都妙姬，南國麗人，蕙心紈質，玉貌絳唇。」也作「蕙質蘭心」。宋·柳永《離別難》：「有天然蕙質蘭心，美韶容，何啻值千金。」

【蕙心紈質】

見「蕙心蘭質」。

【蕙折蘭摧】

比喻聰慧高雅的女子遭到夭亡。例林黛玉一身冰清玉潔，孤芳自賞，但婚姻不得自由，鬱鬱成病，終於蕙折蘭摧，身埋黃土壟中。

【蕙質蘭心】

見「蕙心蘭質」。

ㄏㄨㄢ

【歡迸亂跳】

見「歡蹦亂跳」。

【歡蹦亂跳】

形容高興活潑。也形容生命力旺盛。例每次看到一羣羣歡蹦亂跳的小朋友，我就跟著感染到豐富的生命力。也作「歡迸亂跳」。《兒女英雄傳》三二回：「勻出你們歡迸亂跳這倆去買瓦，留下房上滾下來的和爐子裏掏出來的那倆，先把這院子破瓦揀開。」

【歡呼雷動】

見「歡聲雷動」。

【歡樂嫌夜短，愁苦恨更長】

見「歡娛嫌夜短，寂寞恨更長」。

【歡苗愛葉】

比喻滋生歡樂愛戀的情感。清·洪昇《長生殿·補恨》：「單只爲一點情根，種出那歡苗愛葉；他憐我慕，兩下無分別。」

【歡如平生】

見「歡若平生」。

【歡若平生】

平生：素常。形容歡樂融洽的情形一如素日的老交情。清·長元賡《張氏卮言·陳友石》：「即邀至船中，茶罷對弈，歡若平生。」也作「歡如平生」《後漢書·馬援傳》：「援素與[公孫]述同里閈，相善，以爲既至，當握手歡如平生。」

【歡聲雷動】

歡呼之聲像打雷那樣響。形容歡樂的氣氛十分高漲。《儒林外史》三七回：「見兩邊百姓，扶老攜幼，挨擠著來看，歡聲雷動。」也作「歡聲如雷」。宋·陸游《太液黃鵠歌》：「須臾傳詔宴公卿，歡聲如雷動天地。」

【歡聲如雷】

見「歡聲雷動」。

【歡天喜地】

形容高興非常。元·無名氏《謝金吾》二折：「往常時見我來，便歡天喜地；今日見我來，甚是煩惱。」

【歡喜若狂】

見「歡欣若狂」。

【歡喜冤家】

指既愛戀又有所抱怨的人，多用於夫妻或情人之間。元·曾瑞卿《留鞋記》三折：「本待望同衾共枕，倒做了帶鎖披枷；這一場風流話靶，也是個歡喜冤家。」

【歡忻鼓舞】

見「歡欣鼓舞」。

【歡忻踴躍】

見「歡欣踴躍」。

【歡欣鼓舞】

形容高興雀躍，熱情奔放。《宋史·司馬光傳》：「海內之民……歡欣鼓舞，甚若更生。」也作「歡忻鼓舞」。宋·蘇軾《上知府王龍圖書》：「方其困急時，簞瓢之饋，愈於千金，是故莫不歡忻鼓舞之至。」

【歡欣若狂】

形容高興之極，簡直到了無法抑制的地步。例當他們得知自己的啦啦隊表演獲得全市總冠軍時，全隊每一個人都歡欣若狂，雀躍不已。也作「歡喜若狂」。

【歡欣踴躍】

形容高興得跳起來。三國魏·應璩《與滿公琰書》：「外嘉郎君謙下之德，內幸頑才見誠知己，歡欣踴躍，情有無量。」也作「歡忻踴躍」。《元史·寶默傳》：「今天順人應，誕登大寶，天下生命莫不歡忻踴躍，引領盛治。」

【歡娛嫌夜短，寂寞恨更長】

更：舊時一夜分成五更，每更約兩小時。形容人因境況或心情好壞的不同，對時間產生快慢不同的感受。《警世通言》卷二四：「二人一晚敍話，正是『歡娛嫌夜短，寂寞恨更長』。不覺鼓打四更，公子爬將起來說：『姐姐！我走吧！』」也作「歡樂嫌夜短，愁苦恨更長」。

【貛狼下耗子——一輩兒不如一輩兒】

貛：哺乳動物，毛多爲灰色，有的略帶黃色，腹部和四肢黑色，頭部有三條白色縱紋，趾端有長而銳利的爪，善於掘土，穴居山野，晝伏夜出；

下：生。見「近視眼生瞎子——一代不如一代」。

ㄏㄨㄢˊ

【還淳反樸】
回復到人原先淳厚樸實的本性。《梁書・明山賓傳》：「貨所乘牛。既售受錢，乃謂買主曰：『此牛經患漏蹄……』買主遽追取錢。處士阮孝緒聞之，嘆曰：『此言足使還淳反樸，激薄停澆矣。』」也作「**還淳返樸**」。唐・崔融《唐高宗則天皇后哀册文》：「灑以甘露，覆之慶雲，制禮作樂，還淳返樸。」

【還淳返樸】
見「還淳反樸」。

【還顧之憂】
需要回顧的憂患。指在前進或外出的過程中，擔心著後方發生問題或亂子。《三國志・魏書・徐奕傳》：『太祖征孫權，徙爲留府長史，謂奕曰：……今使君統留事，孤無復還顧之憂也。』」

【還清了房錢——且住】
①比喻還長久住下去。例「你在招待所還要住多久？」「還清了房錢——且住呢！具體日期說不準。」②叫人暫時停住某種行動。例還清了房錢——且住，先弄清了情況再交手不遲。

【還我河山】
表示決心收復被敵人强占的國土。清・梁啓超《飲冰室詩話》：「又聞石[達開]有所作檄文，全篇駢儷，中四語云：『……相率中原豪傑，還我河山。』」也作「**還我山河**」。宋・趙興時《賓退錄》五：「徽宗嘗夢吳越錢王引徽宗御衣云：『我好來朝，便留住我，終須還我山河，待教第三子來。』」

【還我山河】
見「還我河山」。

【還元返本】
回復到事物原來的狀態。《雲笈七籤》卷五六：「土能藏木金水火，而土自亦歸於土，故墓亦在辰土，是謂還元返本，歸根復命之道。」

【還珠返璧】
指寶物失而復得。《三俠五義》一八回：「若非耿耿包卿一腔忠赤，焉得有還珠返璧之期？」

【還珠合浦】
合浦：漢郡名。該地沿海產珠，歷任官吏役人濫採，珍珠遷徙他處。漢孟嘗爲太守，革前弊，珍珠又復遷回。比喻物失而復得或人去而復返。明・沈鯨《雙珠記・賣兒繫珠》：「雖沒處討你父母，或者婆婆天年未終，猶得還珠合浦。」也作「**合浦還珠**」。

【環堵蕭然】
堵：牆壁；環堵：四周是牆壁，形容居室窄小簡陋；蕭然：空洞冷落。形容家境貧寒，空無所有。晉・陶潛《五柳先生傳》：「環堵蕭然，不蔽風日，短褐穿結，簞瓢屢空，晏如也。」

【環堵之室】
指窄小簡陋而空洞的房子。《莊子・庚桑楚》：「吾聞至人尸居環堵之室，而百姓猖狂不知所如往，今從畏壘之細民，而竊竊焉。」

【環肥燕瘦】
環肥：唐玄宗的寵妃楊玉環體態豐腴；燕瘦：漢成帝的皇后趙飛燕苗條清瘦。兩人俱爲歷史上的美女典型。比喻美女各有韻致。又比喻藝術品風格流派各有所長、各擅其美。清・梁紹壬《兩般秋雨庵隨筆・京師梨園》：「評量粉黛，環肥燕瘦之間；品藻冠裳，賈佞江忠之列。」

【萑苻遍野】
萑苻（ㄈㄨˊ）：春秋時鄭國澤名，曾爲匪盜出沒的地方。意爲遍地都成了萑苻，形容盜匪橫行。《左傳・昭公二十年》：「鄭國多盜，取人於萑苻之澤。」

ㄏㄨㄢˇ

【緩兵之計】
延緩對方進攻的策略。後也比喻使事態暫時緩和下來，徐圖對付的辦法。清・林則徐《會奏諭辦英夷情形折》：「然僅托諸空言，尚未見於實事，保非暫作緩兵之計，別生譎詐之謀。」

【緩不濟急】
緩慢的行動解決不了緊急之需。《糊塗世界》卷六：「[余念祖]便連忙出去張羅借錢……看看還差個八百多兩銀子，沒有法子想，要變賣東西，卻又緩不濟急。」

【緩步代車】
指從容的走路來代替乘車。《北史・劉炫傳》：「玩文史以怡神，閱魚鳥以散慮，觀省野物，登臨園沼，緩步代車，無事爲貴。」

【緩急輕重】
指事情的暫緩、緊急、次要、主要各種情況。例工作越繁忙，越要分清緩急輕重，否則，將會一事不成。

【緩急相濟】
緩急：指急迫。情況急需時給予幫助。《二十年目睹之怪現狀》六五回：「朋友本來有通財之義，何況我們世交，這緩急相濟，更是平常的事了。」

ㄏㄨㄢˋ

【宦海風波】
宦海：指官場。舊指官場中官位的升沉和仕途的風險波折。《兒女英雄傳》一三回：「經了這場宦海風波，益發心灰意懶。」也作「**宦海浮沉**」。茅盾《子夜》八：「好計策！不是十年宦海浮沈，磨老了的，就想不出來。」

【宦海浮沉】
見「宦海風波」。

【浣濯縫紉】
浣：去垢；濯：洗滌。洗滌污垢，補綴舊衣。形容持家勤儉，生活簡樸。宋・歐陽修《南陽縣君謝氏墓志銘》：「其衣無故新而浣濯縫紉必潔以完。」

【換斗移星】
改變移動星斗的位置。形容神通廣大，法力無邊。《兒女英雄傳》二七回：「不怕你有喜新厭舊的心腸，我自有換斗移星的手段。」

【換骨脫胎】
道教指修煉得道後脫離凡俗軀體，換成仙體。比喻徹底變化，多指改惡從善。金・侯善淵《楊柳枝》詞：「換骨脫胎歸舊路，返童顏。」

【換腦筋】
比喻改變思想，改換信仰。例老太太，你那前清時的老規矩，現在行不通了，你得換換腦筋了，要不然只有惹人笑話。

【換日偷天】
比喻暗中玩弄混淆眞僞的手段來進行欺騙。明・屠隆《彩毫記・宮禁生讒》：「叵耐狂生詩太狂，只愁謗語外傳揚；但憑換日偷天手，難免嘲風弄月殃。」

【換湯不換藥】
比喻形式或外表變更了，內容實質沒有變化。例這家出版社把這本滯銷多年的書更換封面再出版，事實上內容是換湯不換藥。

【渙然冰解】
見「渙然冰釋」。

【渙然冰釋】
渙然：消散的樣子；冰釋：像冰一樣融化。流散、消失得像冰塊消融一樣。比喻疑團、誤會消除。梁啓超《管子傳》四章：「經大聖之論定，而後世有疑於管子此舉者，可以渙然冰釋矣。」也作「**渙然冰解**」。解：解除。《高僧傳・道淵》：「剖析玄微，洞盡幽賾，使終古積滯，渙然冰解。」也作「**渙若冰釋**」。唐・權德輿《張隱居庄子指要序》：「其文約，其旨明，累如珠貫，渙若冰釋。」

【渙若冰釋】
見「渙然冰釋」。

【煥發青春】
煥發：光彩閃耀。呈現出年輕人的光彩。也形容老年人精力旺盛。例王敎授參加合唱團後，積極練歌、排練、演出，顯得煥發青春。

【煥然冰釋】
義同「渙然冰釋」。唐・梁肅《天台智者大師碑序》：「然後誕敷契經而會同之，煥然冰釋，示佛知見。」

【煥然如新】
鮮明光亮得像新的一樣。唐・張彥遠《歷代名畫記》二：「其有晋宋名跡，煥然如新，已歷數百年。」

【煥然一新】
形容非常明顯地呈現出嶄新的面貌，給人以全新的感覺。宋・丘崇《重修羅池廟記》：「堂室門序，卑高如儀，煥然一新，觀者嗟異。」

【患得患失】
患：擔憂。沒有時擔心得不到，得到後又唯恐失去。形容總是考慮個人利害得失。宋・胡宏《胡子知言》：「小人之遊世也以勢利，故患得患失，無所不爲。」

【患難夫妻】
患難：憂患與災難。指經受過患難考驗、同甘共苦的夫妻。《兒女英雄傳》二三回：「只怕有了恩愛夫妻，就不要患難夫妻。」

【患難相扶】
指遇有危急困難，彼此救助。明・王世貞《鳴鳳記・鄒慰夏孤》：「大抵天生忠義，多是患難相扶。」也作「**患難相恤**」。恤：救助。《東周列國志》九〇回：「今日但當刑牲歃血，誓於神明，結爲兄弟，務期患難相恤。」也作「**患難相濟**」。宋・劉過《與許從道書》：「夫使我有所爲而人實愛，開心見誠，通融有無，患難相濟者，不徙爾也。」

【患難相共】
見「患難與共」。

【患難相濟】
見「患難相扶」。

【患難相死】
指遇到困難和災害，彼此同舟共濟、捨命相救。《禮記・儒行》：「儒有聞善以相告也，見善以相示也，爵位相先也，患難相死也，久相待也，遠相致也，其任舉有如此者。」

【患難相恤】
見「患難相扶」。

【患難與共】
遇困難和禍害時共同承受。《史記・越王句踐世家》：「越王爲人長頸鳥喙，可與共患難，不可與共樂。」也作「**患難相共**」。《兒女英雄傳》三一回：「只因何玉鳳、張金鳳彼此性情相照、患難相共……不同尋常姐妹。」

【患難之交】
指共同經受過憂患、困難的親密朋友。《醉醒石》卷一〇：「浦肫夫患難之交，今日年兄爲我們看他……年兄要破格相待。」

【患生於所忽，禍發於細微】
患：禍害，災難；忽：不注意。指禍患萌發於人們所疏忽的細微之處。《後漢書・馮衍傳》：「凡患生於所忽，禍發於細微。敗不可悔，時不可失。」

【患生肘腋】
肘腋：胳膊肘和胳肢窩。比喻極近之處。比喻隱患就發生在內部或身邊。無名氏《亡國恨・旅滿》：「俺非無厭誅求，也只怕患生肘腋。」

【患至呼天】
災禍來臨了才喊天呼救。比喻事到臨頭才求人幫助。漢・韓嬰《韓詩外傳》卷二：「曾子曰：『……三日無患至而後呼天，不亦晚乎！』」

【擐甲操戈】
見「擐甲揮戈」。
【擐甲持戈】
見「擐甲揮戈」。
【擐甲揮戈】
擐：穿，套；戈：古時兵器。穿上鎧甲，手執兵器。形容全副武裝，準備戰鬥。《魏書・傅永傳》：「擐甲揮戈，單騎先入，唯有軍主蔡三虎副之，餘人無有及者。」也作「擐甲操戈」。宋・辛棄疾《美芹十論・屯田》：「一旦警急，擐甲操戈以當矢石。」也作「擐甲持戈」。《三國演義》三回：「時盧植棄官未去，見宮中事變，擐甲持戈，立於閣下。」
【擐甲披袍】
穿上鎧甲，套上戰袍。形容等待戰鬥。元・無名氏《破天陣》二折：「有英雄虎將，開弓蹬弩，擐甲披袍。」
【擐甲執兵】
見「擐甲執銳」。
【擐甲執銳】
銳：指兵器。套上鎧甲，手持武器。形容全副武裝，準備戰鬥。《元史・木華黎傳》：「我為國家助成大業，擐甲執銳，垂四十年，東征西討，無復遺恨，第恨汴京未下耳。」也作「擐甲執兵」。兵：兵器。宋・曾鞏《李德明遙郡團練使制》：「擐甲執兵，人之重任，賞信而速，所以勸功。」

ㄏㄨㄣ

【昏定晨省】
定：安頓；省：問候。晚間服侍安寢，清晨省視問安。指子女早晚向父母請安慰問。《兒女英雄傳》三三回：「為人子者，冬溫夏凊，昏定晨省，出入扶持，請席請衽，也有個一定的儀節。」
【昏官斷案——各打五十大板】
昏官：昏庸無能的官吏；斷案：審判訴訟案件。比喻不分是非曲直，同樣對待。例昏官斷案——各打五十大板，你這樣處理問題，實際上是不公正的。
【昏昏沉沉】
形容頭腦迷迷糊糊，神志不清。《隋唐演義》一九回：「張衡走到榻前，見文帝昏昏沉沉的，他頭也不叩一個，也沒一些好氣的。」
【昏昏欲睡】
頭腦昏沉困倦，指要瞌睡。形容精神不振身體疲倦的樣子。《聊齋志異・賈奉雉》：「是秋入闈復落，邑邑不得志。頗思郎言，遂取前所指示者強讀之，未至終篇，昏昏欲睡，心惶惑無以自主。」
【昏鏡重明】
見「昏鏡重磨」。
【昏鏡重磨】
昏：暗；鏡：指銅鏡。古人用銅鏡照面，時間一久，鏡面昏糊，須打磨使光。比喻脫離危難，重見光明。元・無名氏《陳州崇米》二折：「我投至的見了爺爺，就是撥雲見日，昏鏡重磨。」也作「昏鏡重明」。元・無名氏《神奴兒》四折：「今日投至見大人，似那撥雲見日，昏鏡重明。」
【昏憒糊塗】
憒：ㄎㄨㄟˋ，昏亂。形容頭腦不清，不明事理。魯迅《擬豫言》：「被批評家們痛駁，謂：『久已如此，而還要多說，實屬不明大勢，昏憒糊塗。』」
【昏迷不醒】
腦昏迷失去知覺。例一場突如其來的車禍，使他就此昏迷不醒，呈現腦死狀態。
【昏天黑地】
①形容天色昏暗無光。元・關漢卿《調風月》二折：「去年時沒人將我拘管收拾，打秋千，閒鬥草，直到個昏天黑地。」②形容神志不清，糊里糊塗。《二刻拍案驚奇》卷二五：「鄭蕊珠昏天黑地，不認得這條路是那裏？離家是近是遠？又沒個認得的人在旁邊，心中沒有主見。」③形容生活荒唐，行為放蕩。《二十年目睹之怪現狀》九五回：「他卻還是昏天黑地的，一天到晚，躲在賭場妓館裏胡鬧。」④形容社會黑暗，沒有公理。魯迅《兩地書》九：「加以像現在的昏天黑地，你若打開窗子說亮話，還是免不了做犧牲。」
【昏頭搭腦】
形容頭腦迷糊不清。《說岳全傳》一一回：「若論柴桂才學，原是好的。因被宗澤發作了一場，氣得昏頭搭腦。」也作「昏頭昏腦」。《西遊記》七二回：「卻說戒跌得昏頭搭腦，猛抬頭，見絲篷絲索俱無。」也作「昏頭暈腦」。《儒林外史》二回：「每日騎著這個驢，上縣下鄉，跑得昏頭暈腦。」
【昏頭昏腦】
見「昏頭搭腦」。
【昏頭暈腦】
見「昏頭搭腦」。

ㄏㄨㄣˊ

【渾不過三】
渾：戲謔、開玩笑。開玩笑不可過分。明・邵璨《香囊記》三齣：「〔淨〕我要一個身上白。〔末〕滿頭風雪卻回來，這便是身上白。〔醜〕我又要一個白里白。〔末〕梨花院落溶溶月，這便是白里白。〔淨〕我要個白白白。〔末〕渾不過三。」
【渾渾噩噩】
渾渾：深大的樣子；噩噩：嚴肅的樣子。原形容深沉渾樸，嚴肅敦厚。現形容無知無識稀里胡塗的樣子。清・梁紹壬《兩般秋雨庵隨筆》卷四：「藍鹿洲先生作《餓鄉記》云：『忽氣象頓寬，別有天地，山茫茫，水淼淼，人渾渾噩噩。』」

【渾金璞玉】
未煉的金，未琢的玉。比喻天生的美好品質，純眞質樸。南朝・梁元帝《爲東宮薦石門侯啓》：「點漆凝脂，事逾衛；渾金璞玉，才匹山濤。」

【渾然天成】
渾然：融合一體的樣子；天成：自然形成。完全融合在一塊，就像是自然生成的。形容詩文完美、自然。明・焦竑《玉堂叢語・文學》：「爲詩用事，渾然天成，不見痕跡。」

【渾然一體】
渾然：完整不可分割的樣子。融合成一個整體。形容完整不可分割。例這幅圖畫中的青山綠水，看上去根本就是自然天成，渾然一體。

【渾身是膽】
渾身：全身。一身都是膽。形容膽量極大，什麼也不怕。宋・陳著《寶鼎現・壽京尹曾留遠侍郎淵子》詞：「最是滿腹精神，擔負處，渾身是膽」。

【渾身是口】
全身都是嘴。意爲即使有多少張能說善辯的嘴。元・關漢卿《蝴蝶夢》二折：「渾身是口怎支吾，恰似個沒嘴的葫蘆。」

【渾身是口不能言，遍體排牙說不得】
全身上下都長滿嘴、排滿牙也說不清楚。形容遭受冤枉，無法申辯。清・李玉《清忠譜》二齣：「衆軍士就將韓元師剝下盔甲，上了鐐杻，推入囚車，四面把鐵釘釘了。韓元帥那時眞個是渾身是口不能言，遍體排牙說不得了。」也作「渾身是口難分解」。元・馬致遠《黃粱夢》二折：「又不是別人相嚇唬，廝展賴，是你男兒親自撞將來。你渾身是口難分解，赤緊的並贓拿賊，你看他死臨侵不敢把頭抬。」也作「渾身是口也難分曉」。元・無名氏《衣襖車》二折：「你趕的上奪了呵不見罪，你趕不上呵你將來怎耽饒！我便有那渾身是口也難分曉，則你那好前程可惜斷送了。」

【渾身是口也難分解】
見「渾身是口不能言，遍體排牙說不得」。

【渾身是口難分曉】
見「渾身是口不能言，遍體排牙說不得」。

【渾身是鐵能碾多少釘】
比喻一個人的力量有限。例一個人本領再大也不能包辦一切，包打天下。渾身是鐵能碾多少釘？

【渾身是藝難遮冷，滿腹文章不療飢】
指空有才藝，窮途潦倒。《西湖二集》卷三：「話說那甄龍友如此聰明，如此才辯，那功名二字，便是他囊中之物，取之有餘，用之不窮，早要早取，晚要晚取。爭奈那八個字上甚是不利，家道貧窮，一畝田地也無。果然是：渾身是藝難遮冷，滿腹文章不療飢。」

【渾水摸魚】
渾水：混濁的水。比喻趁混亂的時機撈取不正當的利益。老舍《四世同堂》十：「只有冠曉荷心中不大痛快。他的事情還沒有眉目，假若事情已定，他大可以馬上去渾水摸魚，管什麼上海開仗不開仗。」

【渾俗和光】
渾俗：與世俗混同；和光：與其他光彩相和合。不自我標榜突出，而與世俗渾然相處，無競無爭。元・王實甫《西廂記》一本二折：「俺先人甚的是渾俗和光，眞一味風淸月朗。」也作「混俗和光」。明・李贄《焚書・復焦弱侯》：「況乎以一時之喜怒，一人之愛憎，而欲視天下高蹈遠引之士，混俗和光之徒，皮毛臭穢之夫，如周、丘其人者哉！」

【混混噩噩】
同「渾渾噩噩」。孫中山《心理建設》五：「三代以前，人類混混噩噩，不識不知。」

【混然天成】
同「渾然天成」。宋・嚴羽《滄浪詩話・詩評》：「《胡茄十八拍》，混然天成，絕無痕跡。」

【混水裏撈魚吃】
混濁的水裏容易捉魚。比喻趁混亂的時候謀財取利。

【混水摸魚】
同「渾水摸魚」。姚雪垠《李自成》一卷二四章：「他自己也利用這種身分混水摸魚，弄點兒外快，至少有機會吃喝幾頓。」

【混水摸魚——大小難分】
比喻大小差不多，不好分辨。例混水摸魚——大小難分嘛，誰吃虧都無關緊要，隨便分配好了。

【混俗和光】
見「渾俗和光」。

【混濁不分鰱共鯉，水清方見兩般魚】
比喻局勢混亂時分不淸是非，辨不出好壞。《三寶太監西洋記》六回：「長老坐在峯頭之上，高張慧眼，只見這六個之中，有兩個是人，卻有四個是鬼。碧峯心裏想道：『混濁不分鰱共鯉，水淸方見兩般魚。待我與他一個頂門針。』」也作「渾濁不分鰱共鯉」。

【魂不附體】
魂：靈魂；附：依附。靈魂脫離肉體。形容恐懼到極點，不能自主。《醒世恆言》卷三〇：「都向靴裏颼的拔出刀來，嚇得房德魂不附體，倒退下十數步來。」

【魂不守舍】
魂：靈魂；舍：指人的軀體。靈魂脫離軀體。形容精神不集中，神情恍惚。《紅樓夢》九八回：「我看寶玉竟是魂不守舍，起動是不怕的。」也作「魂不守宅」。《三國志・魏書・方技傳》注引《輅別傳》：「何[晏]之視候，則魂不守宅，血不華色。」

【魂不守宅】
見「魂不守舍」。

【魂飛膽裂】
魂飛離，膽碎裂。形容驚恐到極點。《三俠五義》五回：「吳良嚇得魂飛膽裂，左右的人，無不吐舌，說是神仙。」也作「**魂飛膽喪**」。隋・彥琮《通極論》：「公子於是接足叩頭，百體皆汗，魂飛膽喪，五色無主。」

【魂飛膽喪】
見「魂飛膽裂」。

【魂飛魄散】
指嚇得靈魂離開了軀體。形容驚恐萬狀，茫無所措。《水滸傳》三三回：「劉高聽得，驚得魂飛魄散，懼怕花榮是武官，哪裏敢出來相見。」也作「**魂飛魄喪**」。元・關漢卿《蝴蝶夢》二折：「唬得我手忙腳亂，使不得膽大心粗；驚得我魂飛魄喪，走得我力盡筋舒。」也作「**魂銷魄散**」。《紅樓夢》三二回：「襲人聽了這話，唬得魂銷魄散。」

【魂飛魄喪】
見「魂飛魄散」。

【魂飛天外】
天外：形容渺遠無蹤形。靈魂脫離軀體、飛得無影無蹤。形容極度驚恐，不知所措。《儒林外史》三八回：「老和尚聽了，魂飛天外，慌了道：『這怎麼好，我如今走了罷。』」也形容好色之徒被女色吸引得出了神。《紅樓夢》三九回：「尤二姐露出臉來，胡君榮一見，早已魂飛天外，哪裏還能辨氣色。」

【魂飛天外，魄散九州】
魂魄：迷信指附在人體內可以脫離人體存在的精神。比喻驚慌失措到了極點。《恨海》八回：「卻說仲藹出來打探了一回，及至回家，見重門洞開，已是吃了一驚，及至走到裏面，只見滿地血跡，父母俱被殺死，這一驚非同小可，直嚇到魂飛天外，魄散九州」。

【魂牽夢縈】
常在夢中縈迴出現。形容思念極深，冥思夢想。宋・劉過《四字令》詞：「思君憶君，魂牽夢縈。翠銷香暖雲屏，更那堪酒醒。」

【魂亡魄喪】
靈魂離棄丟失。形容驚恐到極點，不知所措。唐・韓愈《上李尚書書》：「老奸宿贓，銷縮摧沮，魂亡魄喪，影滅跡絕。」也作「**魂亡魄失**」。

【魂亡魄失】
見「魂亡魄喪」。

【魂銷魄散】
見「魂飛魄散」。

ㄏㄨㄣˋ

【混沌不分】
比喻愚昧無知，不明事理。例張書廷貪圖吃喝享樂，不讀書，不看報，混沌不分，終於走上犯罪道路。

【混沌未鑿】
混沌：古時指天地形成前的迷濛狀態。比喻人性仍屬純眞，沒有受到不良風氣的侵襲。《兒女英雄傳》一五回：「自天地開闢以來，原有這等混沌未鑿之人……無不富貴壽考，安樂終身。」

【混江湖】
比喻浪跡江湖，以賣藝爲生。例我不贊成你們出去做小工。難道以前混江湖時吃過的苦都忘啦？

【混亂是非】
見「混淆是非」。

【混世魔王】
比喻胡作非爲，給大衆造成災難的兇惡人物。也指驕橫頑劣、不服管束的豪門子弟。《紅樓夢》三回：「我就只一件不放心，我有一個孽根禍胎，是家裏的『混世魔王』。」

【混說白道】
一派胡言亂語。《紅樓夢》八二回：「襲人笑道：『怎麼人到了老來，就是混說白道的，叫人聽著又生氣，又好笑。』」

【混爲一說】
見「混爲一談」。

【混爲一談】
把性質不同的事物不加區別地相提並論。梁啓超《政聞時言・讀宣統二年十月三日上諭感言》：「西方學者有恆言，法律現象與政治現象不可混爲一談也。」也作「**混爲一說**」。宋・朱熹《答潘公叔》：「程說自與謝說不同，不可混爲一說也。」

【混淆黑白】
混淆：使混亂。把黑的說成白的，白的說成黑的，故意顚倒是非。魯迅《華蓋集・並非閒話》：「宣言中所謂『若離若合，殊有混淆黑白之嫌』者，似乎也就是爲此輩的手段寫照。」也作「**混造黑白**」。《野叟曝言》四回：「人之多言，亦可畏也。倘有混造黑白之人，那時妹子求死不得。」

【混淆視聽】
視：看到的；聽：聽到的。以假象或謊言迷人耳目，使人不辨是非，思想混亂。

【混淆是非】
混淆：使混亂，使界限模糊。把對的說成錯，把錯的說成對，故意顚倒是非，製造混亂。清・陶曾佑《論文學之勢力及其關係》：「錮蔽見聞，混淆是非。」也作「**混亂是非**」。

【混造黑白】
見「混淆黑白」。

ㄏㄨㄤ

【荒誕不經】
荒誕：荒唐離奇；不經：不合常理。形容言行荒謬，不合情理。清・吳趼人《雜說》：「《鏡花緣》一書，可謂之理想小說，亦可謂之科學小說……不似《野叟曝言》獨以一文素臣爲通天本事之人，荒誕不經也。」也作「**荒怪**

不經」。宋・王楙《野客叢書・相如〈上林賦〉》：「其誇苑囿之大，固無荒怪不經之說，後世學者往往讀之不通。」也作「荒謬不經」。沈從文《蕭蕭》：「照例便有三三五五女學生，由一個荒謬不經的熱鬧地方來，到另一個遠地方去。」也作「荒唐不經」。清・阮葵生《茶餘客話・龍泉連學博》：「神仙之說，多荒唐不經，莫可考信。」也作「荒渺不經」。渺：渺茫。《野叟曝言》六二回：「上古世遠人湮，所傳之事如共工觸山，女媧補天，俱荒渺不經。」

【荒誕無稽】
稽：考查。荒唐離奇，無法查考，不足憑信。例現在社會上充斥著很多荒誕無稽的鬼神之說，你可別輕易相信啊！也作「荒唐無稽」。

【荒怪不經】
見「荒誕不經」。

【荒郊曠野】
見「荒郊野外」。

【荒郊野外】
指離城鎮村莊遠、空曠荒涼的地帶。《三俠五義》二回：「如今何不趁早兒告訴老當家的，將他拋棄在荒郊野外，豈不省了擔著心。」也作「荒郊曠野」。明・崔時佩等《西廂記・草橋驚夢》：「走荒郊曠野，把不住心嬌怯，喘吁吁難將兩氣接。」

【荒酒縱獵】
沉迷於喝酒，縱情於打獵。形容貴族的吃喝玩樂生活。《晉書・慕容皝載記》：「渾以皝為憚之，荒酒縱獵，不復設備。」

【荒渺不經】
見「荒誕不經」。

【荒謬不經】
見「荒誕不經」。

【荒謬絕倫】
荒謬：極端錯誤，非常不合情理；絕倫：沒有可以類比的。荒唐、錯誤到了極點。例今天小劉所犯的這個荒謬絕倫的大錯誤，連他自己都不能原諒自己。

【荒年傳亂話】
指兵荒馬亂的年代，到處流行謠言。茅盾《鍛煉》九：「荒年傳亂話，各人都有一套消息。」

【荒年大肚子】
比喻需求、欲望難於滿足的人。例他這個人是荒年大肚子，有多少要多少，沒完沒了。

【荒年旱月的苞米樓子——空的】
苞米：〈方〉玉米；樓子：用條子編成的盛糧食的囤子。荒年旱月打不下糧食，苞米樓子是空的。見「竹枕頭——空的」。

【荒年無六親】
六親：歷來說法不一，此處泛指親眷。指災荒年月，人們都自顧自逃荒求生，顧不上親眷。清・翟灝《通俗編・倫常》：「又楊升庵集引古諺：荒年無六親，旱年無鶴神。」

【荒時暴月】
指荒年收成不好或青黃不接的困難時候。例荒時暴月，他家生活更加悲慘。

【荒唐不經】
見「荒誕不經」。

【荒唐無稽】
見「荒誕無稽」。

【荒唐之辭】
見「荒唐之言」。

【荒唐之言】
荒誕虛無的言語文辭。《莊子・天下》：「以謬悠之說，荒唐之言，無端崖之辭，時恣縱而不儻。」也作「荒唐之辭」。唐・韓愈《送孟東野序》：「其末也，莊周以其荒唐之辭鳴。楚，大國也，其亡也，以屈原鳴。」

【荒無人煙】
形容地方荒涼偏僻，見不到人家。例戰士忍饑受寒，翻越高達四千二百多米荒無人煙的大山。

【荒煙蔓草】
形容荒涼原野，雜草蔓生的冷落景象。清・黃宗羲《朱岷左先生近詩題辭》：「徘徊於荒煙蔓草之間，得浣花殘碣。」也作「荒煙野蔓」。宋・歐陽修《祭石曼卿文》：「奈何荒煙野蔓，荊棘縱橫。」

【荒煙野蔓】
見「荒煙蔓草」。

【荒淫無恥】
荒淫：貪酒好色。生活糜爛，不知羞恥。馮玉祥《我的生活》二〇章：「許多官吏欺壓人民，荒淫無恥，毫不改悔，卻要人民稱他為好官。」

【荒淫無道】
無道：不行道義。多指君主迷戀酒色，重用奸佞，殺害忠良，暴虐百姓。《三國演義》一一九回：「公荒淫無道，廢賢失政，理宜誅戮。」

【荒淫無度】
縱情酒色，毫無節制。《晉書・晉蕩公護傳》：「自即位以來，荒淫無度，昵近羣小，疏忌骨肉，大臣重將，咸欲誅夷。」

【荒張失勢】
驚惶失措的樣子。《清平山堂話本・陳巡檢梅嶺失妻記》：「那王吉睡中叫將起來，不知頭由，荒張失勢。」

【荒者，亂之萌也】
荒：行為放蕩、荒唐。沉迷於放蕩荒唐的行為，就是騷亂的萌芽。指不能沉迷於享樂和安逸。清・魏源《默觚・治篇十一》：「《蟋蟀》之詩三曰：『無已太康』，『好樂無荒』。荒者，亂之萌也。亂，不生於亂，而生於太康之時。」

【慌不擇路】
見「慌不擇路，饑不擇食」。

【慌不擇路，饑不擇食】
慌亂的時候，有路就走，來不及選擇；饑餓的時候，吃什麼都可以。比喻事情緊急的時候，只能見機行事。元・施惠《幽閨記》一二齣：「陀滿興福來到此間，所謂『慌不擇路，饑不擇食』，只得集結亡命，哨聚山林，靠高崗爲寨柵，依野澗作城壕。」也作「**慌不擇路**」。《儒林外史》八回：「[王道台]換了青衣小帽，黑夜逃走。眞乃是慌不擇路，趕了幾日旱路，又搭船走。」也作「**忙不擇路，饑不擇食**」。

【慌手慌腳】
形容慌張無主、手忙腳亂的樣子。《紅樓夢》八五回：「這時候我看著也是嚇得慌手慌腳的了。」也作「**慌手忙腳**」。老舍《小坡的生日》二：「嘴拉巴唧向小姑娘一點頭，慌手忙腳的跑出去。」

【慌手忙腳】
見「慌手慌腳」。

【慌張失措】
失措：舉止失去常態。形容慌亂得不知如何是好。魯迅《憶韋素園君》：「素園的一個好朋友也咯過血，一天竟對著素園咯起來，他慌張失措，用了愛和憂急的聲音命令道：『你不許再吐了。』」

ㄏㄨㄤˊ

【皇帝不差餓兵】
差：ㄔㄞ，派遣。皇帝也不能讓人餓著肚子去辦事。指辦事得先吃飽肚。也指辦事得有報酬。《官場現形記》三一回：「制台道：『還是要克扣軍餉不是？俗話說得好：「皇帝不差餓兵。」怎麼叫他們餓著肚皮去打仗呢？』」

【皇帝出宮——前呼後擁】
形容行動聲勢大，講排場。例劉老財出門就像皇帝出宮——前呼後擁，威風凜凜，不可一世。

【皇帝打架——爭天下】
泛指爭奪政權或勢力範圍。例軍閥之間的鬥爭，不過是皇帝打架——爭天下而已，沒有什麼正義可言。

【皇帝的別名——孤家寡人】
古時皇帝自稱「孤家」或「寡人」。比喻脫離羣衆、孤立無助的人。例這個人工作專橫，生活特殊化，把自己搞得好似皇帝的別名——孤家寡人，沒有人願意接近他。

【皇帝的祠堂——太妙（廟）】
祠堂：舊時爲祭祀祖先或某個人物而修建的房屋，皇帝爲祭祀祖先而建的祠堂叫太廟；妙：「廟」的諧音。雙關語，比喻好極了，或非常美妙。例這幅水彩畫眞是皇帝祠堂——太妙（廟）了，應當送入博物館作爲國寶保藏。

【皇帝的媽媽——太厚（后）】
厚：「后」的諧音。古時稱皇帝的母親爲太后。雙關語，比喻很厚。例他的臉皮的確是皇帝的媽媽——太厚（后），你不用請他，他會主動找上門來的。

【皇帝的女兒——不愁嫁】
比喻有了某種名氣或優越的條件，必定會受到重用或賞識。例你們的產品，是皇帝的女兒——不愁嫁，如果包裝改進一下，更會受到歡迎。

【皇帝輪流做，明年到我家】
指皇帝不是由一人獨占的，要輪著來。《西遊記》七回：「大聖道：『他雖年劫修長，也不應久占在此。常言道：「皇帝輪流做，明年到我家。」只教他搬出去，將天宮讓與我，便罷了；若還不讓，定要攪擾，永不淸平！』」也作「**皇帝輪流轉，今年到我家**」。

【皇帝身上也有三個御虱】
比喻任何人都有缺點。《西遊記》七一回：「那妖王燥癢難禁，伸手入懷揣摸揉癢，用指頭捏出幾個虱子來，拿近燈前觀看。娘娘見了，含忖道：『大王，想是襯衣穢了，久不曾漿洗，故生此物耳。』妖王慚愧道：『我從來不生此物，可可的今宵出醜。』娘娘笑道：『大王何爲出醜？常言道：「皇帝身上也有三個御虱哩。」且脫下衣服來，等我替你捉捉。』」

【皇帝也有草鞋穿】
比喻不可以衣帽取人。清・李漁《意中緣》一六齣：「[丑]見你的鬼！我家老爺有你這個叫化丈人！[末]古語說得好：『皇帝也有草鞋穿。』怎麼是這等說？你不要管，只進去通報，他自然出來迎接的。」

【皇帝做饅頭——御駕親征(蒸)】
征：「蒸」的諧音。比喻領導者親自出馬，多用於戲謔。例大隊長，這次興修水庫，你是皇帝做饅頭——御駕親征（蒸）呀！在你的帶領下，一定會提前完成任務。也作「**萬歲爺賣包子——御駕親征（蒸）**」。

【皇皇不可終日】
皇皇：同「惶惶」。指驚恐萬分，連一天都過不下去。例聽說盜匪要來劫掠，他簡直是皇皇不可終日，不知如何是好。

【皇糧國稅——免不得】
皇糧：皇帝或皇室向百姓徵收的錢糧；國稅：國家按政策規定徵收的貨幣或實物。比喻難免。例這樣龐大的隊伍，泥沙俱下，魚目混珠，是皇糧國稅——免不得的事。

【皇親犯法，與庶民同罪】
庶民：百姓。皇親國戚犯法，同樣要治罪。明・無名氏《袁文正還魂記》一四出：「[外]難道皇親告得？[外]自古道：『皇親犯法，與庶民同罪。』」

【皇親國戚】
皇親：皇家的親屬；國戚：皇帝的外戚，即后妃的家族。泛指皇帝的家族和親戚。元・無名氏《謝金吾》三折：「刀斧手且住者，不知是哪個皇親國戚來了也。等他過去了，才好殺人哪！」

【皇上的聖旨、將軍的令——一口說了算】
皇上：在位的皇帝；聖旨：封建社會裏稱皇帝的命令。比喻一個人說了算數，不得討價還價。例我就是主管，皇上的聖旨、將軍的令——一口說了算，誰也不能有異議。

【皇上家的工，慢慢兒的蹭】
對官家派下來的活，慢慢地磨蹭。《三俠五義》八〇回：「旁邊人道：『這還淺！你一鍬，我兩鍬也不能那樣深。你瞧，你挖了多大一半，我才挖了這麼一點兒。俗話說的，『皇上家的工，慢慢兒的蹭』。你要這麼做，還能吃得長麼？』」

【皇上拍桌子——盛（聖）怒】
盛：「聖」的諧音。雙關語，比喻憤怒到了極點。例正當他皇上拍桌子——盛（聖）怒的時候，你不要去惹麻煩，等幾天再向他提出意見好了。

【皇天不負好心人】
見「皇天不負苦心人」。

【皇天不負苦心人】
老天爺不會虧待刻苦努力的人。比喻心誠志堅，必定會有好的結果。例眞是皇天不負苦心人，經過了一年的努力，小英終於考上理想的大學了。也作「皇天不負好心人」。《醒世姻緣傳》八五回：「……如今又得二位師傅開導，眞是皇天不負好心人。可見人只是該要學好。」

【皇天不負有心人】
有心：有誠心。指老天爺絕不辜負眞心誠意的人。梁啓超《新羅馬・俠感》：「紛紛成敗無憑準，自古道皇天不負有心人，佇看起陸龍蛇演出風雲陣。」

【皇天后土】
皇天：天和天帝；后土：地和土地神。舊指天地和天地之神。晉・李密《陳情表》：「臣之辛苦，非獨蜀之人士及二州牧伯所見明知，皇天后土，實所共鑑。」

【皇天無老眼】
老天爺沒有眼睛。舊時常用作對世事不平的憤懣語。宋・陸游《夜飲》詩：「莫恨皇天無老眼，請看白骨有青苔。」

【皇天無親，唯德是輔】
老天爺公正無私，總幫助有德的人。《三國志・魏書・高唐隆傳》：「夫皇天無親，唯德是輔，民咏德政，則延期過厲，下有怨嘆，掇錄授能。」

【皇天有眼】
舊時求老天爺保佑，希望遇難成祥之詞。例希望皇天有眼，讓被歹徒綁架的林老師能平安歸來。

【皇甫訥扮伍子胥——矇混過關】
《東周列國志》中故事：伍子胥爲借兵報父仇，逃奔吳國，至昭關，被阻。東皋公讓皇甫訥假扮伍子胥，騙過軍吏，子胥乘亂，混出了昭關。比喻用僞裝欺騙的手段，以達到某種目的。例這個貪污分子在上次淸查經濟犯罪時，假裝積極，採用皇甫訥扮伍子胥——矇混過關的手法，逃脫了懲罰。

【黃柏木作磬槌子——外頭體面裏頭苦】
黃柏：也作「黃檗」，落葉喬木，木質堅硬，味苦；磬：打擊樂器。比喻從外表看，排場、體面，實際上卻有許多難處。例你們還不知道底細，這個家庭開始破落了，黃柏木作磬槌子——外頭體面裏頭苦，恐怕很難長久維持下去呢！

【黃柏汁裏泡過的——苦不堪言】
比喻苦得無法形容。例這些年來，他們的日子過得就像黃柏汁裏泡過的——苦不堪言。

【黃檗樹下撫瑤琴——苦中取樂】
黃檗樹：即黃柏樹；撫：輕輕彈撥；瑤琴：飾有美玉的琴。見「黃連樹下彈琴——苦中取樂」。

【黃道吉日】
舊時迷信者認爲凡遇靑龍、明堂、金匱、天德、玉堂、司命六辰等吉神值日的日子，諸事皆宜，稱爲「黃道吉日」。元・無名氏《連環計》四折：「今日是黃道吉日，滿朝衆公卿都在銀台門，敦請太師入朝受禪。」

【黃帝子孫】
黃帝：姬姓，號軒轅氏、有熊氏，古代傳說中的中華民族的共同祖先。指中華民族的每一分子，泛指中國人。

【黃豆切細絲——功夫到家了】
見「畫龍點睛——功夫到家了」。

【黃豆子煮豆腐——父子相會】
豆腐是由黃豆做的，故說「父子相會」。形容父子碰巧遇在一起。例你們父子倆竟分配在一個單位工作，眞是黃豆子煮豆腐——父子相會。也作「黃豆煮豆腐——母子相會」。

【黃耳傳書】
晋代陸機仕洛，久無家信。養一愛犬，名黃耳。機用竹筒盛書，繫犬頸。犬疾走至家，並得還書。（見《晋書・陸機傳》）後用「黃耳傳書」爲傳遞書信之稱。宋・蘇軾《過新息留示鄉人任師中》詩：「寄食方將依白足，附書未免煩黃耳。」也作「黃犬傳書」。元・王實甫《西廂記》五本二折：「不聞黃犬音，難傳紅葉詩，驛長不遇梅花使。」

【黃髮垂髫】
黃髮：指老年人頭髮由白變黃；垂髫：古代兒童未冠時頭髮下垂。指老人小孩。晋・陶淵明《桃花源記》：「男女衣著，悉如外人，黃髮垂髫，並怡然自樂。」

【黃髮兒齒】
頭髮微黃，牙齒齊全。指老年人返老還童。《故事成語考・老壽幼誕》：「黃髮兒齒，有壽之徵。」集注：「老人髮復黃者，此乃老壽之徵；老而兒齒者亦然。」

【黃髮台背】
見「黃髮鮐背」。

【黃髮鮐背】
黃髮：老年人頭髮由白轉黃；鮐背：鮐魚背上有黑斑，老人背上也有，因用以代稱老人。泛指長壽老人。唐・李德裕《唐武宗昭肅皇帝會昌二年上尊號玉册文》：「服冕之士，戴鶡之倫，暨藩衛邦伯、黃髮鮐背，不謀而進（言）。」也作「黃髮台背」。《詩經·魯頌·閟宮》：「黃髮台背，壽胥與試。」也作「黃耇台背」。耇：老年面色。《詩經·大雅·行葦》：「黃耇台背，以引以翼。」

【黃蜂針毒，財主心狠】
財主的心腸像蜂刺一樣惡毒。指對財主要有戒心。例所謂「黃蜂針毒，財主心狠」。對於那些有錢有勢的財主，你可要小心防範。

【黃狗插角——裝樣（羊）】
樣：「羊」的諧音。比喻裝模作樣。例這羣搶匪扮成商人，黃狗插角——裝樣（羊），混入鬧區，企圖大肆搶劫，被我警察人員識破，全部落網。

【黃狗吃了米，逮住黑狗剁尾】
比喻錯怪了好人。例這明明是他幹的，怎麼來找我，這不是「黃狗吃了米，逮住黑狗剁尾」嗎？胡來！

【黃狗當馬騎——胡來】
見「大腿上把脈——胡來」。

【黃狗撒尿——有數的幾點兒】
形容數量很少。例「溜出國境線的搶匪有多少？」「我看是黃狗撒尿——有數的幾點兒，最多二三十人，成不了氣候。」

【黃狗偷食打黑狗——眞冤枉】
比喻蒙受不白之冤，或受到不公正的待遇。例你們對這件事的處理，不做調查研究，顚倒了是非，錯怪了好人。羣衆認爲是黃狗偷食打黑狗——眞冤枉。也作「跳到黃河洗不清——眞冤枉」、「無罪戴枷板——眞冤枉」。

【黃耇台背】
見「黃髮鮐背」。

【黃瓜打狗——虧了半截】
黃瓜脆嫩，用來打狗，一打即斷。①比喻遭受較大損失，有勞而無功。例眞倒楣，這次買賣成了黃瓜打狗——虧了半截。②比喻理虧心虛。例他被人數說了一頓，覺得自己是黃瓜打狗——虧了半截，一句話也沒有反駁。也作「黃瓜打牛——虧了半截」。

【黃瓜拉秧——塌了架】
拉秧：瓜類和某些蔬菜過了收穫期，把秧子拉掉；塌了架：架子倒塌了，或撤掉了架子。比喻失去往日的派頭。例他不做官了，就像黃瓜拉秧——塌了架，反而更接近羣衆了。

【黃瓜刨不過來刨瓠子】
瓠子：瓠瓜，又名扁蒲、葫蘆。黃瓜刨不過來就刨比較好刨的瓠子。比喻怕硬欺軟。王少堂《武松》六回：「他吶，黃瓜刨不過來刨瓠子。因爲康文太厲害，他不敢跟康文瑣碎，就拿知州出出氣了。」

【黃瓜敲鑼——越來越短】
比喻越來越少。例我們的勞動力就像黃瓜敲鑼——越來越短，怎麼能按時完成這項工程？

【黃河防秋】
古時胡人常於秋高馬肥時入侵中原，故政府每年於該時於黃河邊區加强防衛。唐·高適《九曲詞》：「青海只今將飲馬，黃河不用更防秋。」

【黃河裏的水——難得晴（清）】
晴：「清」的諧音。比喻天氣很少晴朗。例「天無三日晴」就是指這個地區，我們到此半年，的的確確是黃河裏的水——難得晴（清），古人對此一點也沒有誇張。

【黃河裏的水——難請（清）】
請：「清」的諧意。比喻不容易請到。用於嘲諷時含有「架子大」的意思。例你是稀客，黃河裏的水——難請（清），到家吃頓飯再走吧！也作「黃河裏的水——難得請（清）」。

【黃河裏的水——難說清】
比喻說不清。例這件事太複雜了，實在是黃河裏的水——難說清，只好不了了之。也作「倆口子的帳——難說清」。

【黃河裏的水——無窮無盡】
見「今年竹子來年筍——無窮無盡」。

【黃河如帶，泰山若礪】
見「黃河如帶，泰山若厲」。

【黃河如帶，泰山如厲】
厲：「礪」的本字，磨刀石。黃河變得細如帶，泰山變得小如磨刀石。表示時間久長、永遠。古時用以爲朝廷封諸侯的誓詞，意思是受封者世代將永遠享有。《史記·高祖功臣侯者年表》：「封爵之詞曰：『使黃河如帶，泰山若厲，國以永寧，爰及苗裔。』」也作「黃河如帶，泰山如礪」。明·張岱《賀魯國主册封啟》：「伏願黃河如帶，泰山如礪……臨啓不勝歡舞頌祝之至！」也作「黃河若帶，太山若礪」。漢·蔡邕《讓高陽侯印綬符策表》：「臣聞高祖受命，元功翼德者與天下共爵土，故曰：『使黃河若帶，太山若礪，國之永存，爰及苗裔。』」

【黃河若帶，太山若礪】
見「黃河如帶，泰山若厲」。

【黃河尚有澄清日，豈可人無得運時】
指人總有走好運的時候，不會一輩子受困。明·朱權《荊釵記》一五齣：「黃河尚有澄清日，豈可人無得運時。皇都得意，那時好個風流婿。」也作「黃河尚有澄清日，豈可人無得意時」。

【黃河水——道（倒）不完】
道：「倒」的諧音。雙關語，比喻說不完。例說起這個人的故事，眞是黃河水——道（倒）不完，可以寫幾大本小說。

【黃河水上的尿泡——隨大流】
尿泡：撒尿激起的泡沫。比喻缺乏主見，附和著大衆行事。例這個人平常不多言多語，說話做事總是黃河水上的尿泡——隨大流，從不表示自己的見解。

【黃河之水天上來，奔流到海不復回】

形容黃河的奔騰的水勢。也用以慨嘆光陰流逝，一去不返。唐・李白《將進酒》詩：「君不見黃河之水天上來，奔流到海不復回？君不見高堂明鏡悲白髮，朝如青絲暮成雪。」

【黃鶴樓上看翻船】

比喻站在旁邊幸災樂禍。例我們不能站在「黃鶴樓上看翻船」，得想點辦法，爲救災盡一分力量。

【黃花女兒】

舊指未出嫁的年輕女子。《兒女英雄傳》八回：「況且我看這人也是個黃花女兒，豈有遠路深更，和位公子同行之理？」

【黃花女做媒——先人後己】

黃花女：未婚姑娘，處女。指事先替別人著想，然後才想到自己。例個人利益與國家利益、團體利益衝突時，當然應當服從國家和團體利益，即使與他人利益矛盾，也應該黃花女做媒——先人後己。

【黃花晚節】

黃花：菊花；晚節：晚年的節操。比喻人在晚年保持高尚的品節。宋・韓琦《九日小閣》詩：「莫嫌老圃秋容淡，且看黃花晚節香。」

【黃花魚——溜邊兒】

黃花魚：即小黃魚，生活在海中，冬天在深海過冬，春天向岸邊回游。三至六月間產卵後，常在近海附近尋找食物。比喻躲在一旁，袖手旁觀。例明天，我們要接受一項艱鉅的任務，你可不能像黃花魚——溜邊兒啊！也作「**破餃子——溜邊**」、「**屬黃花魚的——溜邊**」。

【黃昏時的燕子——不想高飛】

比喻不思進取。例我是黃昏時的燕子——不想高飛了，把希望都寄託在你們年輕人身上。

【黃昏子】

指外行。例我在古典音樂方面是個黃昏子，只是有興趣而已。

【黃齏淡飯】

齏：ㄐㄧ，切碎的醃菜。形容生活清苦。《醒世恆言》卷三〇：「房德日常不過黃齏淡飯，尚且自不全，間或覓得些酒肉，也不能夠趁心醉飽。」

【黃金不多交不深】

用金錢買朋友。例如果你覺得交朋友是一件黃金不多交不深的事，這是你觀念上有了偏差。

【黃金滿籯，不如教子一經】

籯：ㄧㄥˊ，箱、籠一類的器具；經：經典。給子女留下金銀，不如培養他們有眞本領。《醉醒石》卷七：「所以古人道：『黃金滿籯，不如教子一經。貪窮無以自立，只有讀書守分，可以立身。』」

【黃金入櫃】

舊時對人家殯殮老人的恭維話。《兒女英雄傳》一七回：「這是你老太太黃金入櫃，萬年的大事，要有一點兒不保重，姑娘，我可就對不起你了。」

【黃金失色】

黃金失去了光彩。比喻人不走運時，即使有再大的才能也不能發揮作用。《初刻拍案驚奇》卷一：「運退黃金失色，時來頑鐵生輝。」

【黃金時代】

多指人生最寶貴或最有成就的時期，也指事物或國家達到鼎盛時期。例青少年時期，是人們一生中奠定心智發展的黃金時代。

【黃金雖多有盡時，結交一成無竭期】

黃金雖然很多，也有用完的時候，患難之交一旦結成，就永無終止的一天，指患難之交的友情深厚持久、最爲可貴。唐・高適《贈伍華》詩：「黃金雖多有盡時，結交一成無竭期。君不見管仲與鮑叔，至今留名名不移。」

【黃金無足色，白璧有微瑕】

無足色：沒有百分之百的純；璧：扁圓形中間有孔的玉；瑕：玉上的赤色斑點。黃金沒有百分之百的純金，白璧也有微小的斑點。比喻人和事不可能十全十美，不要求全責備。宋・戴復古《寄興》詩：「黃金無足色，白璧有微瑕。求人不求備，妾願老君家。」

【黃金有價人無價】

指人比黃金更寶貴。例「黃金有價人無價。」對專門人才的重視和正確使用是十分重要的問題。

【黃金有價心無價】

指高尚的品質不是金錢可以計算的。例海外赤子一片熾熱的愛國心難道是用黃金能計算出來的？「黃金有價心無價」嘛。

【黃金有價藥無價】

比喻藥有奇效，用黃金也無法估計其價值。指患了重病的人所花的藥費往往無法計算。例黃金有價藥無價。如果不是這幾種特效藥及時用上，老爺子恐怕不會再和大家見面了。

【黃絹色絲】

「絕妙」二字的隱語。《寓言故事・文章類》：「稱絕妙之文，曰黃絹色絲。」參見「黃絹幼婦，外孫齏臼」。

【黃絹外孫】

見「黃絹幼婦，外孫齏臼」。

【黃絹幼婦】

見「黃絹幼婦，外孫齏臼」。

【黃絹幼婦，外孫齏臼】

漢・蔡邕爲《曹娥碑文》所作的讚語，爲「絕妙好辭」四字的隱語。人莫之解。據《世說新語・捷悟》載：「楊修隨曹操行軍，過碑下，見此八字，操問修解否。修曰：『黃絹』，色絲也，於字爲『絕』；幼婦，少女也，於字爲『妙』；外孫，女子也，於字爲『好』；齏臼，受辛也，於字爲『辤』（辭）。所謂『絕妙好辭』也。」後因用以指高超的文章。也省作「**黃絹外孫**」。唐・盧肇《被謫連州》詩：「黃絹外孫翻得罪，華顛故老莫相嗤。」也單用

「黃絹幼婦」。宋·金盈之《醉翁談錄》一：「文妙黃絹幼婦，賦高烏有子虛。」

【黃卷赤軸】

佛家語。佛家經典的別稱。《華嚴演義章》：「言黃卷赤軸者，今大藏卷是也。」

【黃卷青燈】

黃卷：古代書籍用黃紙繕寫，這裏指書籍；青燈：指油燈。指在油燈下面讀書。形容苦讀或修行學佛的孤寂生活。宋·陸游《客愁》詩：「蒼顏白髮入衰境，黃卷青燈空苦心。」

【黃口孺子】

黃口：指雛鳥，借指兒童；孺子：小孩子。常用來譏諷無知的年輕人：《封神演義》八四回：「南宮適笑曰：『似你這等黃口孺子，定然不認得，吾是西岐大將南宮適。』」也作「黃口小兒」。《鍾馗斬鬼傳》一：「黃口小兒，爭來平地打筋斗。」

【黃口小兒】

見「黃口孺子」。

【黃口小雀】

雛鳥嘴黃，借指幼兒。《孔子家語·六本》：「孔子見羅雀者，所得皆黃口雀，曰：『大雀善驚，難得；小雀探食，易得。』」

【黃狸黑狸，得鼠者雄】

狸：俗稱山貓子；雄：強有力的。比喻無論怎麼說，只要使事情成功，就是有本領。《聊齋志異·秀才驅怪》：「異史氏曰：黃狸黑狸，得鼠者雄。此非空言也。」

【黃連拌苦瓜——苦上加苦】

黃連：多年生草本植物，根莖味苦，可以入藥。雙關語，形容已經很痛苦了又增加痛苦，或痛苦極了。例我家的生活更是黃連拌苦瓜——苦上加苦，平時就是靠吃糠嚥菜過日子。也作「黃連炒苦瓜——好苦」、「黃連樹上吊苦膽——苦上加苦」、「黃連樹下種苦瓜——苦上苦」、「黃連樹上吊苦膽——苦連苦」、「豬膽泡黃連——苦上加苦」、「黃連拌苦瓜——咬一口是苦，喝一口還是苦」、「膽汁拌黃連——苦上加苦」。

【黃連豆用嘴嚼——自找苦吃】

見「笨豬拱刺蓬——自找苦吃」。

【黃連燉豬頭——苦了大嘴的】

大嘴的：指吃得多的。雙關語，比喻飯量大的人因吃不飽而受委屈。例在災荒年，糧食缺少，黃連燉豬頭——苦了大嘴的。

【黃連甘蔗挑一擔——一頭苦來一頭甜】

比喻有痛苦也有歡樂。例他的一生就像黃連甘蔗挑一擔——一頭苦來一頭甜，只不過是痛苦多於歡樂罷了。

【黃連鍋裏煮人參——從苦水裏熬過來的】

人參：多年生草本植物，根和葉都可以入藥，有滋補作用。比喻經歷過艱苦生活的磨難。例周老師可是一個黃連鍋裏煮人參——從苦水裏熬過來的人，他的成就更是來之不易，完全是在極爲艱難的環境裏拚搏出來的。

【黃連救人無功，人參殺人無過】

比喻人不識好歹。例你對自己家人說這種話，眞的是「黃連救人無功，人參殺人無過」，不知好歹！

【黃連刻的娃娃——苦孩子】

指出身貧苦家庭的孩子。例這孩子出身在貧苦家庭，父母早亡，流落街頭，嘗盡了人間辛酸，是個名副其實的黃連刻的娃娃——苦孩子。也作「黃連木雕娃娃——苦孩子」、「土杏兒——苦孩（核）子」。

【黃連木刻壽星——老來苦】

壽星：也叫壽星佬兒，指老人星，自古以來用做長壽的象徵，民間把它畫成老年人的樣子，頭部長，額隆起。指老年生活悲苦。例他雖然兒女成羣，卻是黃連木刻壽星——老來苦，無人贍養。

【黃連木做笛子——以苦爲樂】

雙關語，比喻把苦當作快樂，也就不覺得苦了。例我們這些新鮮人，在學校圍湖造田，開創環境，是黃連木做笛子——以苦爲樂，也頗有情趣。

【黃連木做圖章——刻苦】

雙關語，比喻人能吃苦、奮發。例他取得今天這樣大的成就，主要原因是黃連木做圖章——刻苦。

【黃連泡瓜子——苦人（仁）兒】

人：「仁」的諧音。比喻貧困受苦的人。例秦老頭可是黃連泡瓜子——苦人（仁）兒，他一生的悲慘遭遇，可以寫成一部令人腸斷的悲劇搬上舞台。也作「山杏核——苦人（仁）兒」、「苦水裏泡大的杏子核——苦人（仁）兒」。

【黃連樹根盤根，窮苦人心連心】

黃連：多年生草本植物，根莖味苦，可以入藥。如同黃連樹的苦根緊緊盤結在一起一樣，窮苦人的心是緊緊相連的。例俗話說：「黃連樹根盤根，窮苦人心連心。」勞動人民有著共同的苦難歷史和共同的革命理想。

【黃連樹上的蛀蟲——硬往苦裏鑽】

蛀蟲：咬樹幹、衣服、書籍等的小蟲。比喻執意要討苦頭吃。例曾中是一個意志堅强、有遠大抱負的青年，堅決要求到邊遠窮困地區工作，別人說他是黃連樹上的蛀蟲——硬往苦裏鑽，他只是點頭笑笑而已。也作「鐵釘釘黃連——硬往苦裏鑽」。

【黃連樹上吊苦膽——苦上加苦】

苦膽：膽囊的通稱，膽囊中的膽汁味苦。見「黃連拌苦瓜——苦上加苦」。

【黃連樹下彈琴——苦中取樂】

比喻在苦難中尋取歡樂。例在學校裏，他們時而吟詩作畫，時而唱歌跳舞，也算黃連樹下彈琴——苦中取樂了。也作「黃連樹下彈琴——苦中作樂」、「口嚼黃連唱山歌——苦中取樂」、「乞丐玩鸚哥——苦中作樂」、「黃檗樹下撫瑤琴——苦中取樂」。

【黃連樹下一根草——苦苗苗】

比喻出身窮苦的孩子。例你說我幼時可能受過良好的教育，告訴你實話吧，我是黃連樹下一根草——苦苗苗，沒有進過學校。

【黃連水裏泡竹筍——苦透啦】

見「藥店的抹布——苦透了」。

【黃連水洗頭——苦惱（腦）】

惱：「腦」的諧音。雙關語，比喻人痛苦、煩惱。例為了告慰雙親，她在失去丈夫之後，仍強作笑臉，其實在內心裏，恰似黃連水洗頭——苦惱（腦）極了。

【黃連水洗澡——渾身苦】

雙關語，比喻苦極了。例老湯是個沉默寡言的忠厚人，他的過去真是黃連水洗澡——渾身苦，可從來不向朋友們提及，更不需要得到別人的同情。

【黃粱美夢】

見「黃粱夢」。

【黃粱夢】

黃粱：小米。唐·沈既濟《枕中記》載：有盧生者，住在邯鄲一所客店裏，遇見一道士呂翁，盧向之嘆述自己的困窮。呂給他一個瓷枕，盧枕著就入夢，夢中享盡榮華富貴，醒來時，店主在他入睡前蒸的小米飯還沒熟。後用以比喻好事或希望最後落得一場空。宋·越以夫《沁園春·次方時父》詞：「膾炙功名，膏肓富貴，舉世黃粱夢正酣」。也作「黃粱一夢」。宋·蘇軾《被命南遷，途中寄定武同僚》詩：「只知紫綬三公貴，不覺黃粱一夢遊。」也作「黃粱之夢」。《聊齋志異·呂無病》：「妾今日黃粱之夢已醒，特借斗室為出家計，何用相猜。」也作「黃粱一枕」。金·王寂《昭君怨·江行》：「有酒須當痛飲，百歲黃粱一枕」。現也稱「黃粱美夢」。例這小販，本錢有限，卻天天做著黃粱美夢，盤算著怎樣發財致富。也作「一枕黃粱」。

【黃粱一夢】

見「黃粱夢」。

【黃粱一枕】

見「黃粱夢」。

【黃粱之夢】

見「黃粱夢」。

【黃壚之痛】

壚：ㄌㄨˊ，安放酒罈的土台子，借指酒店；黃壚：黃公開設的酒店。南朝宋·劉義慶《世說新語·傷逝》：[王浚沖]經黃公酒壚下過，顧謂後車客：『吾昔與嵇叔夜、阮嗣宗共酣飲於此壚，竹林之遊，亦預其末。自嵇生夭、阮公亡以來，便為時所羈紲。今日視此雖近，邈若山河。」後以「黃壚之痛」指憶舊傷逝、悼念亡友。三國魏·曹植《責躬詩》：「常懼顛沛，抱罪黃壚，願蒙矢石，建旗東岳。」

【黃蘿蔔掉油簍——又奸（尖）又滑】

黃蘿蔔：胡蘿蔔的一種；油簍：盛油的簍子。見「玻璃碴子掉在油缸裏——又奸（尖）又滑」。

【黃毛娃娃坐上席——人小輩大】

黃毛：比喻年幼；上席：首席。指年齡雖小，但輩分大。有時比喻經歷雖淺，但地位很高。例老大爺指著青年人向我們介紹說：「他是黃毛娃娃坐上席——人小輩大，我還得叫他小叔哩！」

【黃毛鴨子初下水——不識路程遠】

黃毛鴨子：剛孵出不久的小鴨，身上有淡黃色的絨毛。比喻剛開始參加工作或做某件事，缺乏經驗。例小江剛走出校門，是黃毛鴨子初下水——不識路程遠，希望今後在工作中多幫助他。

【黃毛鴨子下水——不知深淺】

見「黑夜過河——不知深淺」。

【黃茅白葦】

黃的茅草和白的蘆葦。形容土地貧瘠，植物不壯。也比喻平庸的人寫不出好文章來。明·歸有光《論三區賦役水利書》：「高鄉之民，一遇亢旱，彌望黃茅白葦而已。」清·吳喬《答萬季埜詩問》三：「明人以聲音笑貌學唐人，故讀其詩集，千人一體，雖紅紫雜陳，絲竹競響，唐人能事渺然，一望黃茅白葦而已」。也作「黃蘆白葦」。宋·馮取洽《賀新郎·次玉林感時韻》詞：「黃蘆白葦迷千里，嘆長淮，籬落空疏，僅餘殘壘。」

【黃綿襖子】

比喻冬天的太陽。宋·羅大經《鶴林玉露》卷一：「壬寅正月，雨雪連旬，忽爾開霽，閭裏翁媼相呼賀曰：『黃綿襖子出矣。』」

【黃梅不落青梅落】

黃梅：青梅熟時顏色變黃。熟的梅子未落，青梅就凋落了。比喻年輕人死在老年之前。例父親給兒子辦喪事，說不出來的痛楚。「黃梅不落青梅落」，有什麼辦法呢？

【黃泥巴掉進褲檔裏——不是死（屎）也是死（屎）】

黃泥巴：〈方〉黃泥；死：「屎」的諧音。①比喻終究要完蛋。例敵人的包圍圈越收越緊，黃泥巴掉進褲檔裏——不是死（屎）也是死（屎），我們衝出去和他們拚了。②比喻無可奈何地蒙受某種冤屈。例人家的圈套幾乎是無懈可擊的，黃泥巴掉進褲檔裏——不是死（屎）也是死（屎），你只好認倒楣了。

【黃泥塘中洗彈子】

比喻說話、做事拖沓、不俐落。例古人把辦事、說話拖泥帶水、拖拖拉拉，叫做「黃泥塘中洗彈子」，倒是相當生動、相當貼切。

【黃牛打架——硬頂】

比喻頑強地支撐某種局面。有時指性格執拗、任性。例他近年來疾病纏身，對自己的繁重工作就像黃牛打架——硬頂著，如此下去，前景是不堪設想的。也作「烏龜抬轎子——硬頂」。

【黃牛的口水——拖得長】

牛為反芻動物，食物嚥下後再由胃返回口裏細嚼，因口中消化液較多，常常邊咀嚼邊流口水。比喻工作非常拖拉。例你把這樣緊急的任務交給了小常，他工作一向是黃牛的口水——拖得長，到時影響了全局任務的完成，你也將承擔責任。

【黃牛的尾巴——兩邊擺】

雙關語，比喻態度不明朗、猶豫不決，或動搖不定、看風使舵。例你對這個問題，究竟怎麼看，不能老是黃牛的尾巴——兩邊擺，讓人捉摸不定。也作「娃娃盪鞦韆——兩邊擺」。

【黃牛角，水牛角——各（角）歸各（角）】

各：〈方〉「角」的諧音。黃牛角短，水牛角長。比喻各不相同。例你不要把長江和黃河混為一談，它們是黃牛角，水牛角——各(角)歸各(角)。

【黃牛過河——各顧各】

黃牛不習水性，過河時只能自己顧自己。也作「黃牛落水——各顧各」、「黃牛過水——各顧各」。見「爹死娘嫁人——各人顧各人」。

【黃牛過河各顧各，斑鳩上樹各叫各】

見「爹死娘嫁人——各人顧各人」。

【黃牛腳印水牛踪——一個更比一個歪】

比喻人的心術不正、品行不端，一個比一個更厲害。例這個公司成立三年，經理像走馬燈似的調換，黃牛腳印水牛踪——一個更比一個歪，怎麼能搞好經營管理？

【黃牛落泥塘——越陷越深】

見「爛泥裏搖樁——越陷越深」。

【黃袍加身】

黃袍：古代帝王穿的龍袍。把黃袍加在身上。指被擁戴為皇帝。《續資治通鑑長編．建隆元年》：「太祖驚起披衣，未及酬應，則相與扶出聽事，或以黃袍加太祖身，且羅拜庭下稱萬歲。」也作「黃袍加體」。《說岳全傳》一回：「自從陳橋兵變，黃袍加體，即位以來，稱為眞龍天子。」也作「黃衣加身」。《宋史．太祖紀》：「未及對，有以黃衣加太祖身，衆皆羅拜呼萬歲。」

【黃袍加體】

見「黃袍加身」。

【黃皮寡瘦】

形容皮膚發黃，形體乾瘦。例你看看他那黃皮寡瘦的樣子，實在可以用營養不良來形容。

【黃貔子下豆鼠子——一窩不如一窩】

黃貔（ㄆㄧˊ）子：黃鼠狼，即黃鼬；豆鼠：鼠的一種，身長約二寸，背部灰色，頸下部、腹部和四肢白色，尾巴短；下：生。見「黃鼠狼下刺猬——一窩不如一窩」。

【黃旗紫蓋】

天空出現如同黃旗紫蓋的雲氣。舊以為皇帝出世的祥瑞。《北齊書．文苑傳．樊遜》：「黃旗紫蓋，已絕東南；白馬素車，將降軹道。」

【黃泉路上無老少】

黃泉：地下的泉水，過去人死後葬入土中，因以黃泉代指人死。人死不論老幼。例你別這樣糟蹋自己的健康，要知道「黃泉路上無老少」喲！

【黃犬傳書】

見「黃耳傳書」。

【黃雀伺蟬】

比喻一心謀算別人，不防另有人正在謀算自己。南朝．梁元帝《放生亭碑》：「黃雀伺蟬，不知隨彈應至；靑鸇逐兔，詎識扛鼎方前。」參看「螳螂捕蟬，黃雀在後」。

【黃雀銜環】

南朝梁．吳均《續齊諧記》載：相傳漢楊寶年九歲時，救一黃雀，此黃雀乃西王母使者。為報答楊寶，送以白環四枚，曰：「令君子孫潔白，位登三公，一如此環矣。」因比喻感恩圖報，至死不渝。《鏡花緣》一三回：「適在海中取參，見一大蚌，特取其珠，以為黃雀銜環之報，望恩人笑納。」

【黃沙百戰穿金甲，不破樓蘭終不還】

黃沙：沙漠；金甲：鎧甲；樓蘭：漢時鄯善國，此泛指西北邊境之敵。表達戍邊將士不打敗敵人、誓不還家的堅強決心。唐．王昌齡《從軍行》詩：「靑海長雲暗雪山，孤城遙望玉門關；黃沙百戰穿金甲，不破樓蘭終不還！」

【黃鱔爬犁頭——狡猾（絞鏵）】

黃鱔：〈方〉鱔魚；犁頭：犁，耕地的農具；狡猾：「絞鏵」的諧音；鏵：犁鏵，安裝在犁上用來破土的鐵片。雙關語，比喻詭計多端、不可信任。例提起這個人，大家都搖頭，說他是黃鱔爬犁頭——狡猾（絞鏵）極了。也作「蟒蛇纏犁頭——狡猾(絞鏵)」、「鱔魚爬犁頭——狡猾（絞鏵）」。

【黃鱔泥鰍，也差不離兒】

黃鱔泥鰍，形體相似，差不了多少。比喻彼此差不多。例「黃鱔泥鰍，也差不離兒。」咱們都是搞基本建設的，雖然專業範圍不同，目標是一致的。

【黃鱔上沙灘——不死也要落一身殘】

見「活人跳進滾水盆——不死也要脫層皮」。

【黃鱔鑽洞——顧頭不顧尾】

黃鱔：鱔魚。比喻處境狼狽，顧此失彼。有時指目光短淺，做事不考慮後果。例有人把工作和學習對立起來，說這是黃鱔鑽洞——顧頭不顧尾，其實，在工作中學習，是最有效的學習。也作「黃鱔鑽洞——顧住頭，顧不了尾」、「鴕鳥鑽沙堆——顧頭不顧尾」、「撵慌了的野雞——顧頭不顧尾」、「田裏的秧雞——顧頭不顧腚」、「屬鴕鳥的——顧頭不顧尾」、「屬野雞的——顧頭不顧腚」、「野雞鑽草窩——顧頭不顧尾」。

【黃鼠狼拜狐狸——一個更比一個壞】

比喻壞的程度一個甚於一個。例我看他們不僅是一丘之貉，而且是黃鼠狼拜狐狸——一個更比一個壞，對其中任何人都不要存有幻想。

【黃鼠狼不走大門口專鑽水溝眼兒——各有各的路】

見「車走直馬踏斜——各有各的路」。

【黃鼠狼吃刺蝟——不知從哪裏下嘴】

見「狗咬刺蝟——無法下口」。

【黃鼠狼抽了筋——渾身打哆嗦】

形容膽戰心驚的樣子。例你向中國人耍什麼威風，誰不知道你在鬼子跟前就像黃鼠狼抽了筋——渾身打哆嗦！也作「剪毛山羊遭雨淋——渾身打哆嗦」。

【黃鼠狼戴牛鈴——擔當(丁噹)不起】

牛鈴：掛在牛脖子上的鈴鐺；擔當：「丁當」的諧音，牛鈴的響聲。比喻才幹差的人，承擔不了大的責任。例這副擔子責任重大，我是黃鼠狼戴牛鈴——擔當（丁噹）不起呀！

【黃鼠狼戴纓帽——好神氣】

纓帽：清朝官吏所戴的帽子，帽頂上有紅纓子。比喻小人得志，自命不凡。例「諸位，從今以後，都得聽從我的指揮。」「嗬，小隊長，你眞是黃鼠狼戴纓帽——好神氣啊！」

【黃鼠狼單咬病鴨子——該倒楣】

比喻一再遇到不幸的遭遇。含有事不湊巧，又沒有辦法的意思。例偏偏在我住院期間發生了這種不幸的事，眞是黃鼠狼單咬病鴨子——該倒楣。

【黃鼠狼的腚——放不出好屁來】

腚：ㄉㄧㄥˋ，〈方〉臀部。黃鼠狼肛門附近有一對臭腺，當遇到襲擊時會放出奇臭難聞的氣味，以便掩護自己逃跑。指說不出好話或辦不出好事。例我再也不想聽你說什麼了，黃鼠狼的腚——放不出好屁來！

【黃鼠狼的脊梁——軟骨頭】

比喻沒有氣節的人。例別提他了，這傢伙是黃鼠狼的脊梁——軟骨頭，禁不住敵人的嚴刑拷打，當了可恥的叛徒。也作「螞蟥的身子——軟骨頭」。

【黃鼠狼的脾氣——偷雞摸蛋】

指人偷偷摸摸，幹損人利己的勾當。例這人從小不學乖，黃鼠狼的脾氣——偷雞摸蛋，是村裏害羣之馬。

【黃鼠狼掂根文明棍兒——想充人物】

文明棍兒：手杖。比喻擺出大人物的架勢。例他到處指手畫腳，自我吹噓，黃鼠狼掂根文明棍兒——想充人物，實在可笑。

【黃鼠狼頂草帽——假充好人】

見「猢猻戴帽子——想充個好人」。

【黃鼠狼弔孝——裝蒜】

弔孝：到死者家裏去祭奠死者。人們的傳統觀念認爲黃鼠狼是虛僞的。見「水仙不開花——裝蒜」。

【黃鼠狼躲雞棚——不偷也是偷】

比喻蒙受不白之冤。有時指壞人的形象很難改變。例我原認爲這場官司是黃鼠狼躲雞棚——不偷也是偷，而今眞相大白於天下，應當感謝律師的精明能幹，感謝法官的公正嚴明。

【黃鼠狼放屁——臊氣】

臊氣：指像尿一樣的腥臭氣味。比喻倒楣。例近日來，天災人禍接連降臨到自己的頭上，眞是黃鼠狼放屁——臊氣。

【黃鼠狼給雞拜年——來者不善】

見「鱷魚上岸——來者不善」。

【黃鼠狼給雞拜年——沒安好心】

比喻表面上親熱和善，實際上居心不良。例我看他是黃鼠狼給雞拜年——沒安好心，你得小心點。也作「黃鼠狼給雞拜年——不懷好意」、「黃鼠狼給雞拜年——心懷叵測」、「黃鼠狼給雞拜年——沒有好事」、「黃鼠狼鑽雞窩——沒安好心」、「老虎進廟堂——沒安好心」、「鱸魚探蝦毛——沒安好心眼」、「夜貓子進宅——沒安好心」。

【黃鼠狼給雞超度——假充善人】

超度：佛教用語，指念經或做佛事使鬼魂脫離苦難。見「老虎戴數珠——假充善人」。

【黃鼠狼借雞——有借無還】

比喻人不講信用，愛討便宜。例由於缺乏調查研究，不了解對方，這筆貸款成了黃鼠狼借雞——有借無還了。也作「老虎借豬——有借無還」、「劉備借荊州——有借無還」、「野貓借公雞——有借無還」、「諸葛亮草船借箭——有借無還」。

【黃鼠狼看雞——越看越稀】

見「老鼠看倉——越看越光」。

【黃鼠狼拉駱駝——不識大體】

雙關語，比喻不懂得有關大局的道理。例他這樣斤斤計較個人得失，不顧全整體的利益，的確是黃鼠狼拉駱駝——不識大體。也作「蛇吞象——不識大體」、「盲人摸象——不識大體」、「耗子啃羅漢——不識大體」。

【黃鼠狼拉小雞——有去無回】

見「老虎借豬——有去無回」。

【黃鼠狼泥牆——小手小腳】

泥牆：用土、灰等塗抹牆壁。形容不敢放開手腳做事。例工作應當大膽潑辣一些，不要黃鼠狼泥牆——小手小腳，什麼事情都不敢做主。

【黃鼠狼排隊——一路臊貨】

臊貨：對作風不正、淫亂放蕩的人的蔑稱。雙關語，比喻都是些淫亂、放蕩的人。例她破口大罵道：「你們是黃鼠狼排隊——一路臊貨，快給我滾開！」

【黃鼠狼碰壁——人人喊打】

也作「黃鼠狼碰窩——人人喝打」。見「老鼠過街——人人喊打」。

【黃鼠狼娶媳婦——小打小鬧】

①比喻將就湊合，有時含有不大方的意思。例我看不必那麼講究排場，黃鼠狼娶媳婦——小打小鬧就行了。②比喻事情發生的時間短、範圍小、影響不大。例他們小倆口鬧矛盾，只不過是黃鼠狼娶媳婦——小打小鬧，過兩天就會和好如初的。③比喻辦事無魄力或施展不開。例我們公司資金少、人力不足，只能是黃鼠狼娶媳婦——小打小鬧，大買賣做不了。也作「老鼠嫁女——小打小鬧」、「麻雀嫁女——小打小鬧」、「兔子打架——小打小鬧」。

【黃鼠狼上雞窩——有空就鑽】

比喻利用漏洞進行對自己有利的活動。例有人就像黃鼠狼上雞窩——有空就鑽，利用我們財務制度不健全，大肆貪污盜竊。

【黃鼠狼生鼬子——一路貨】

鼬：ㄧㄡˋ，哺乳動物的一科，身體細長，四肢短小，尾較粗，唇有鬚，如黃鼬（即黃鼠狼）、紫貂等。也作「黃狼生鼬子——一色貨」。見「婊子罵娼——一路貨」。

【黃鼠狼拖著雞毛撣——空歡喜】

也作「黃鼠狼拖著雞毛撣——空喜一場」。見「狗咬尿脬——一場空」。

【黃鼠狼下刺蝟——一窩不如一窩】

下：生，產；刺蝟：哺乳動物，頭小，四肢短，身上有硬刺。比喻一代不如一代。例人類社會在不斷進步，黃鼠狼下刺蝟——一窩不如一窩的說法是錯誤的，千千萬萬的事實證明，一代是比一代強。也作「兔子生耗子——一窩不如一窩」、「黃貔子下豆鼠子——一窩不如一窩」。

【黃鼠狼想吃天鵝肉】

比喻妄想實現不可能的事情。例就憑王二那個模樣，想追求我們家大小姐，簡直是黃鼠狼想吃天鵝肉——不可能的事。也作「黃鼠狼思量天鵝肉」。

【黃鼠狼想吃天鵝肉——妄想】

見「黃鼠狼想吃天鵝肉」或「癩蛤蟆想吃天鵝肉——痴心妄想」。

【黃鼠狼咬病鴨子——以強欺弱】

比喻仗勢欺人，強大的壓迫弱小的。例扶危濟困是中國人的傳統美德，黃鼠狼咬病鴨子——以強欺弱是一種可恥行為。

【黃鼠狼站在雞圈上——不是你也是你】

圈：養豬羊等家畜的建築，有棚和欄。比喻經常幹壞事的人，一旦發生壞事，雖然不是他幹的，也會遭到懷疑。例黃鼠狼站在雞圈上——不是你也是你，他是有前科的，別人懷疑他，是自然的事。問題在於最後落實。

【黃鼠狼專挑病鴨咬】

比喻災難偏偏落在不幸者的身上。汪雷《劍河淚》五：「眞是黃鼠狼專挑病鴨咬，……好不容易才幹出點名堂……現在這場洪水一沖，又完啦！」

【黃鼠狼鑽糞堆——又臊又臭】

指作風下流，惹人厭惡。例那個人像黃鼠狼鑽糞堆——又臊又臭，大家都不願接近他。也作「狐狸掉陰溝——又臊又臭」。

【黃鼠狼鑽雞籠——想投機（偷雞）】

投機：「偷雞」的諧音。指妄圖利用時機謀取私利。例做什麼工作都要老老實實，來不得半點虛假，黃鼠狼鑽雞籠——想投機（偷雞）是不行的。也作「黃鼠狼蹲在雞窩裏——偷雞」。

【黃鼠狼鑽雞窩——沒安好心】

見「黃鼠狼給雞拜年——沒安好心」。

【黃鼠狼鑽進磨房裏——硬充大尾巴驢】

磨房：磨麵粉等的作坊。比喻假充大人物或好漢。例他是個小小的平民，參加什麼領導人會議？黃鼠狼鑽進磨房裏——硬充大尾巴驢。也作「黃鼠狼爬磨道——愣充大尾巴驢」、「黃鼠狼鑽磨房——充大耳朵驢」、「屎殼郎在磨道裏——充大耳朵驢」、「兔子跑到磨道裏——冒充大耳朵驢」、「跳蚤帶串鈴——假裝大牲畜」、「尾巴上綁蘆花——冒充大公雞」。

【黃鼠狼鑽灶火——毛乾爪淨】

灶：用磚或土坯砌成的生火煮飯的設備。①比喻消滅個精光，貶義。例敵人來進攻的話，我們保證讓他們來個黃鼠狼鑽灶火——毛乾爪淨。②比喻手頭上淨光，一點錢也沒有。例他跑買賣三年多，還是黃鼠狼鑽灶火——毛乾爪淨，一點積蓄也沒有。

【黃鼠狼鑽灶膛——火燒火燎】

灶膛（ㄊㄤˊ）：爐子中間燒火的地方。比喻心中焦急或身上熱得難受。例在期末考試這個緊要關頭，楊小華卻病倒了，心中就像黃鼠狼鑽灶膛——火燒火燎。

【黃台瓜辭】

唐章懷太子李賢所作樂章名。唐高宗立長子弘為太子，則天皇后鴆殺之，立次子李賢。賢憂惕，乃作《黃台瓜辭》一曲，令樂工歌之，欲以感悟上及后。其辭曰：「種瓜黃台下，瓜熟子離離，一摘使瓜好，再摘令瓜稀，三摘猶尚可，四摘抱蔓歸。」因以比喻殺戮皇子之辭。《唐書・肅宗十四子傳》：「李泌曰：『陛下嘗聞黃台瓜乎？陛下今一摘矣，愼無再。」

【黃童白顚】

見「黃童白叟」。

【黃童白叟】

泛指老人和小孩。唐・韓愈《元和聖

德》詩：「卿士庶人，黃童白叟，踴躍歡呀，失喜噎歐。」也作「黃童皓首」。宋．司馬光《送伊闕王大夫歌》：「何者爲令之德兮，黃童皓首，接手而遊嬉。」也作「黃童白顛」。顛：頭頂。明．袁宏道《邑錢侯直指疏薦序》：「夫今之黃童白顛，猶昔氓也。」

【黃童皓首】
見「黃童白叟」。

【黃土埋到嗓子眼——離死不遠】
比喻快死了。例你無災無病，老是想到黃土埋到嗓子眼——離死不遠，應當人老心不老，發揮餘熱，多爲人民做好事。也作「刀擱脖子——離死不遠」。

【黃屋左纛】
黃屋：古代皇帝車上用黃繒做裏子的車蓋；左纛（ㄉㄠˋ）：纛是古代皇帝車上用犛牛尾做的裝飾物，因設在車衡的左邊，故稱左纛。舊指帝王的乘輿。《漢書．高帝紀上》：「紀信乃乘王車，黃屋左纛，曰：『食盡，漢王降楚。』」

【黃霧四塞】
黃色的霧瀰漫天地。古時認爲天下大亂之兆。《漢書．成帝紀》建始元年：「夏四月，黃霧四塞，博問公卿大夫，無有所諱。」

【黃杏熬北瓜——一色貨】
北瓜：〈方〉南瓜。黃杏與北瓜的顏色差別不大，熬在一起很難區分。比喻屬同一類人，含譏諷意思。例他倆是黃杏熬北瓜——一色貨，都不是省油的燈。也作「樹上的烏鴉，圈裏的肥豬——一色貨」、「杏熬倭瓜——一色貨」、「一個染缸的布——一色貨」。

【黃羊的尾巴——長不了】
黃羊：哺乳動物，毛黃白色，有光澤，角短而稍彎，尾短，四肢細，生活在草原和半沙漠地帶。比喻過不了多長時間，就會失敗或滅亡。例如果不努力提升工作績效，還是這樣亂七八糟，扯別人的後腿，你的職位就會像黃羊的尾巴——長不了。也作「老鼠尾巴——長不了」、「兔子尾巴——長不了」。

【黃楊厄閏】
舊說黃楊木遇閏月之年不長。比喻人遭遇困難，時運不濟。清．梁紹壬《兩般秋雨庵隨筆》卷五：「王澹音《病中述懷》云：『愁如碧草逢春長，身似黃楊厄閏頻。』頗見風骨。」

【黃衣加身】
見「黃袍加身」。

【黃衣廩食】
宦官的別稱。《資治通鑑．唐玄宗開元元年》：「初太宗定制，內侍省不置三品官，黃衣廩食，守門傳命而已。」

【黃鷹抓住鷂子的腳——扣了環了】
黃鷹和鷂子都是鈎爪，黃鷹抓住鷂子的腳，鈎套住鈎，所以說「扣了環了」。形容兩個人親密無間，含有諷刺意思。例這兩個人是黃鷹抓住鷂子的腳——扣了環了，可以稱得上酒肉朋友。

【黃鶯不打窩下食】
比喻壞人不在本地幹壞事。例別看他是個十足的大流氓，他可是「黃鶯不打窩下食」，絕不在自己的村子幹壞事。

【黃鶯撞了百靈——巧（雀）碰巧（雀）】
黃鶯：鳥，身體黃色，自眼部到頭後部黑色，嘴淡紅色，叫聲很好聽，也叫黃鸝；百靈鳥：比麻雀大，羽毛茶褐色，有白色斑點，飛得很高，能學多種鳥叫；巧：「雀」的諧音。比喻極爲湊巧。例怎麼闖到賊窩裏來啦？這可是黃鶯撞了百靈——巧（雀）碰巧（雀）啦！好吧，咱們走著瞧，也許能一網打盡。

【黃鼬剁尾巴——沒有值錢的毛】
黃鼬（ㄧㄡˋ）：黃鼠狼。比喻已經起不了作用。例這個土匪小頭目，因鬧內訌，被匪首逐出山寨，黃鼬剁尾巴——沒有值錢的毛，現在抓他沒有多大價值，還是放長線釣大魚，看看再說吧。

【黃雲白草】
雲彩呈黃，草變白色，形容鹽鹹沙漠地的貧瘠景象，多指邊塞地區。清．洪楝園《懸嶴猿．展墓》：「可是天方從閏位，黃雲白草未生春。」

【黃中內潤】
黃中：以黃居中兼四方之色，比喻內德之美。指內藏才德而不外露。《魏書．高允傳》：「高子黃中內潤，文明外昭，必爲一代偉器，但恐吾不見耳。」

【黃忠出陣——人老心不老】
黃忠：《三國演義》中的人物，是蜀國的五虎上將之一，七十多歲還頓食斗米，拉得開硬弓，出陣打仗，從不服老。指人的年齡雖大，但精神很好，充滿活力。例老總工程師年近古稀了，他還在動員大會上說：「我這是黃忠出陣——人老心不老，還要跟你們這些青年比比高低呢！」

【黃忠叫陣——不服老】
叫陣：挑戰。比喻老而不甘示弱。例張老爹，你眞是黃忠叫陣——不服老，大冷天還光著膀子在地裏幹活。

【黃忠人老心不老】
黃忠：三國時蜀國將領，年老了還揮刀上陣，屢建戰功。比喻老年人不服老，爲社會再貢獻。例這些老同事，人雖退休，思想並未退休，仍在各個崗位上繼續工作，眞是「黃忠人老心不老」了。

【黃忠上陣——老當益壯】
多用以形容老人幹勁大。例咱這是黃忠上陣——老當益壯，還要同你們這些小青年比比高低呢！也作「八十歲比高低——老當益壯」。

【黃鐘大呂】

黃鐘：我國古代音樂十二律中六種陽律的第一律；大呂：十二律中六種陰律的第四律。形容音樂或文辭正大、莊嚴、高妙。宋・劉克莊《瓜圃集序》：「言意深淺，存人胸懷，不繫體格，若氣象廣大，雖唐律不害爲黃鐘大呂。」

【黃鐘毀棄，瓦釜雷鳴】

黃鐘：黃銅鑄的鐘，聲音洪亮；瓦釜：陶製的鍋。奏樂用的黃鐘被毀壞棄置一旁，而瓦鍋卻雷鳴般地發出聲響。比喻有才有德的人遭詆毀、被棄之不用，而無才少德的人反而占據高位，喧囂一時。戰國楚：屈原《卜居》：「黃鐘毀棄，瓦釜雷鳴；讒人高張，賢士無名。」

【黃鐘瓦釜】

比喻才德之士和庸劣之輩或高明和拙劣的詞曲。明・呂天成《曲品自序》：「矧今詞學大明，妍媸畢照，黃鐘瓦釜，不容併陳，白雪巴人，奈何混進。」參看「黃鐘毀棄，瓦釜雷鳴」。

【黃腫腳——不消提（蹄）】

黃腫脚：患黃腫病的腳；提：「蹄」的諧音。雙關語，比喻不用說了、不必提起了。例過去的誤會就像黃腫腳——不消提（蹄）啦，今後大家團結合作就行了。

【黃腫佬放屁——消氣不消腫】

黃腫佬：得了黃腫病的人。比喻只能發洩心裏的怨氣，但無濟於事，不能解決問題。例事情是搞糟了，你痛罵他們一頓，不過是黃腫佬放屁——消氣不消腫，搶救不了損失。

【惶惶不安】

見「惶恐不安」。

【惶惶不可終日】

形容非常驚恐，連一天都過不下去。例自從他因打架而過失殺人之後，惶惶不可終日。

【惶惑不安】

見「惶恐不安」。

【惶惑無主】

因驚疑害怕而心慌意亂。《聊齋志異・賈奉雉》：「是秋入闈復落，邑邑不得志。頗思郎言，遂取前所指示者强讀之，未至終篇，昏昏欲睡，心惶惑無以自主。」

【惶恐不安】

惶恐：驚慌。內心害怕，心神不定。《漢書・王莽傳下》「人民正營」唐・顏師古注：「正營，惶恐不安之意也。」也作「惶惶不安」。《三國演義》三回：「董卓屯兵城外，每日帶鐵甲馬軍入城，橫行街市，百姓惶惶不安。」也作「惶悚不安」。《封神演義》五四回：「相父今又如此受苦，使孤日夜惶悚不安。」也作「惶惑不安」。例他自知此事做得有點缺德，害怕別人報復，常自惶惑不安。

【惶悚不安】

見「惶恐不安」。

【遑恤我後】

遑：閒暇；恤：同情；後：後代。哪有閒功夫憂慮我的後代子孫。比喻自顧不暇。《詩經・邶風・谷風》：「毋逝我梁，毋發我笱，我躬不閱，遑恤我後。」

【潢池弄兵】

潢池：池塘；兵：武器。《漢書・龔遂傳》：「遂對曰：『海瀕遐遠，不沾聖化，其民困於饑寒，而吏不恤，故使陛下赤子，盜弄陛下之兵於潢池中耳。』」後來就用「潢池弄兵」婉稱造反。清・淮陰百一居士《壺天錄》卷中：「小丑跳梁，潢池弄兵，原屬常有之事。」

【潢潦可薦】

潢潦：潢污與行潦，潢污爲低窪積水，行潦爲路上積水。指污濁之水也可用來祭祀。意思是只要心誠，不在乎祭品的厚薄。《左傳・隱公三年》：「筐筥錡釜之器，潢污行潦之水，可薦於鬼神，可羞於王公。」

ㄏㄨㄤˇ

【恍然大悟】

恍然：忽然領會；悟：心裏明白。忽然明白、醒悟過來。《三國演義》七七回：「於是關公恍然大悟，稽首皈依而去。」也作「恍然而悟」。《太平廣記・裴休》：「裴公恍然而悟，命擊碎，然後舉爵盡飲而罷。」

【恍然如隔世】

恍然：好似、像。好像隔了一世。指人和事物發生了巨大變化而有所感慨。宋・范成大《吳船錄》下：「丙寅・發常州。平江親戚故舊來迎迓者，陸續於道，恍然如隔世焉。」也作「恍如隔世」。清・王倬《看花述異記》：「露坐石上，憶所見聞，恍如隔世。」也作「恍若隔世」。明・袁宏道《錦帆集・天池》：「兩年塵土面目，爲之洗盡，馬首紅塵，恍若隔世矣。」

【恍然若失】

見「恍然自失」。

【恍然自失】

自失：自己若有所失的樣子。形容猛然醒悟後迷惘、不知所措的情形。梁啓超《節本明儒學案・崇仁學案・吳康齋先生語》：「看朱子六十後長進不多之語，恍然自失，嗚呼，日月逝矣，不可得而追矣。也作「恍然若失」。例他自被革職以後，萎靡頹喪，恍然若失。

【恍如隔世】

見「恍然如隔世」。

【恍若隔世】

見「恍然如隔世」。

ㄏㄨㄤˋ

【滉瀁無涯】

水勢浩瀚無邊際。比喻人的志向遠大。北齊・劉晝《劉子・觀量》：「是以大者之懷，則滉樣而無涯；偏人之情，必刻核而煩細。」

ㄏㄨㄥ

【轟動一時】
形容在一個時期內到處傳聞，影響很大。魯迅《門外文談》：「在少見多怪的社會裏，有了這麼一個奇蹟，那轟動一時，就可想而知了」

【轟轟烈烈】
形容聲勢浩大，氣象雄偉。《古今小說》卷四〇：「只為嚴嵩父子恃寵貪虐，罪惡如山，引出一個忠臣來，做出一段奇奇怪怪的事蹟，留下一段轟轟烈烈的話柄。」

【轟雷掣電】
雷響電閃。比喻為突如其來的驚人力量或令人震驚的壞消息。《紅樓夢》三二回：「黛玉聽了這話，如轟雷掣電，細細思之，竟比自己肺腑中掏出來的還覺懇切。」

【轟雷貫耳】
很響的雷聲貫滿耳朵。多形容人的名聲很大，遠近皆聞。元・鄭德輝《王粲登樓》一折：「久聞賢士大名，如轟雷貫耳，今得撥雲霧見青天，實乃曹植萬幸！」

【轟天撼地】
見「轟天震地」。

【轟天震地】
形容聲音或威力特別巨大。《水滸全傳》六六回：「只聽得城隍廟裏，火炮齊鳴，轟天震地。」也作「**轟天撼地**」。撼：震動。梁啓超《羅蘭夫人傳》：「時千七百九十三年之秋，革命之狂瀾，轟天撼地。」

【哄動一時】
在一段時間當中，驚動了很多人，影響很大。例李大同游泳橫渡太平洋的壯舉在國內哄動一時，並揚名海外。

【哄堂大笑】
合座皆笑。唐・趙璘《因話錄》卷五載：唐代御史有台院、殿院、察院之分，由台院一名年資最高的人主雜事，稱雜端。平時公堂會食，雜端坐南榻，主簿坐北榻，不苟言笑。遇到雜端失笑時，在座其他人都跟著笑，叫做「哄堂」。後以「哄堂大笑」指滿屋子的人一齊大笑起來。《紅樓夢》四一回：「劉姥姥兩隻手比著說道：『花兒落了結個大倭瓜。』眾人聽了，哄堂大笑起來。」

【烘托渲染】
烘托：我國傳統畫的技法，用水墨或淡色點染輪廓外部，使主體形象突出；渲染是另一種國畫技法，用水墨或淡色塗抹畫面，使之更加鮮明。比喻用形容和誇張的手法，使文章內容生動、效果顯著。《兒女英雄傳》三三回：「自然還須加一番烘托渲染，才完得這一篇造因結果的文章。」

【烘雲托月】
烘：渲染；托：映襯。指繪畫的技法。謂用水墨或淡色塗抹雲彩來襯托月亮。後用以比喻作詩文時從側面點染來襯托出主題。清・梁紹壬《兩般秋雨庵隨筆》卷四：「《咏老馬》詩云：『齒長幾何君莫問，沙場舊主早封候。』不言老而『老』字自見，此所謂烘雲托月法也。」

ㄏㄨㄥˊ

【紅白喜事】
紅：指婚事；白：指喪事。泛指婚喪之事。清・錢泳《履園叢話・紅白盛事》：「蘇杭之間，每呼婚喪喜慶為紅白事，其來久矣。」

【紅白喜事一起辦——哭笑不得】
比喻處境尷尬。例熱情的演員的拙笨技藝，使廣大的觀眾感到紅白喜事一起辦——哭笑不得，欲罷不能。也作「**娶媳婦死老娘——哭笑不得**」。

【紅塵客夢】
紅塵：指俗世；客：指人生在世如過客。比喻人的一生猶如一場夢。清・孔尚任《桃花扇・歸山》：「遙望見城南蒼翠山色好，把紅塵客夢全消。」

【紅愁綠慘】
本形容被風雨摧殘的花樹。比喻愁緒滿懷。明・顧大典《青衫記・蠻素聞捷》：「畫眉人去，蘭閨深掩。羞見差池雙燕，紅愁綠慘。」

【紅得發紫】
形容聲威盛極一時。電視上那些紅得發紫的偶像歌手，走到哪裏都很受歡迎。

【紅豆相思】
紅豆：相思木所結的果實，又名相思子，古人用來象徵愛情。比喻愛戀中的男女分隔時的無限情思。唐・王維《相思》詩：「紅豆生南國，春來發幾枝。願君多采擷，此物最相思。」清・昊焯《琵琶仙・補華樓聽錢德協琵琶》：「說甚紅豆相思，故人輕別。」

【紅粉薄命】
見「紅顏薄命」。

【紅粉青蛾】
紅粉：紅色胭粉；青蛾：女子修長的眉毛。借指美貌女子。唐・杜審言《戲贈趙使君美人》詩：「紅粉青蛾映楚雲，桃花馬上石榴裙。」

【紅粉青樓】
紅粉：指美女；青樓：妓院。泛指以女色為主的玩樂場所。《花月痕》一回：「若舞衫歌扇，轉瞬皆非；紅粉青樓，當場即幻，還講甚麼情呢？」

【紅腐貫朽】
紅腐：糧食霉爛；貫朽：穿錢繩索朽爛。形容錢糧極多，吃用不盡，以致糟損。宋・朱熹《與劉子澄》：「如倉庫無紅腐貫朽之積，軍士無超距投石之勇，只是旋收旋支，或鼓或罷，終是不成頭緒。」

【紅高粱塌飯鍋——悶（燜）起來了】
見「塌鍋乾飯——悶（燜）著」。

【紅藍鉛筆——兩頭挨削】
比喻受到兩方面的責難或打擊。例老程訴苦說：「我水平低，能力弱，工作搞不好，上級批評，羣衆抱怨，成了紅藍鉛筆——兩頭挨削。」

【紅烙鐵——沾不得】
紅烙鐵：燒紅了的烙鐵。雙關語，比喻某種人惹不起，或不好相處。例對這種既蠻橫又奸詐的人，是紅烙鐵——沾不得，離遠一點爲好。

【紅爐點雪】
在燒紅的爐子上撒上一點雪，頃刻融化。比喻對事情領悟極快，一點便能融會貫通。清・王夫之《薑齋詩話》下：「言簡者最忌局促，局促則必有滯累；苟無滯累，又蕭索無餘，非有紅爐點雪之襟宇，則方欲馳騁，忽爾蹇躓。」

【紅蘿蔔——紅皮白心兒】
比喻表面上裝得改革、進步，實際上反對或落後。有時也指表裏不一，虛有其表。例他這個人不過是紅蘿蔔——紅皮白心兒，表面僞裝積極，思想上卻十分骯髒，背著人光幹壞事。

【紅蘿蔔雕花——中看不中吃】
比喻外表好看，但沒有實用價值。例這台機器外觀不錯，性能可不好，是紅蘿蔔雕花——中看不中吃，不要購買。也作「紅蘿蔔雕花——好看不好吃」、「牆上畫的餅——好看不中吃」、「神台上擺的灰面水果——看得吃不得」、「紙上畫的餅——看得吃不得」、「蠟製的蘋果——好看不好吃」。

【紅蘿蔔雕神仙——飲食菩薩】
比喻只會承受吃承受喝。例你說他是一個無用之人吧，他又是一個紅蘿蔔雕神仙——飲食菩薩，整天大吃大喝，誰也比不上。也作「紅蘿蔔雕娃娃——飲食菩薩」。

【紅蘿蔔開花長了個蔥——無中生有】
見「平地裏起墳堆——無中生有」。

【紅蘿蔔調辣子——吃出看不出】
紅蘿蔔和辣椒顏色一樣，但味道不同，一吃就能區別。比喻某些人的品質好壞、才幹大小，從外表上看不出，但在行動上能表現出來。例這個是紅蘿蔔調辣子——吃出看不出，多接觸幾次，就知道他是一個大大的好人。也作「紅蘿蔔拌辣麵——吃得出看不出」、「紅蘿蔔蘸辣椒——吃著看不著」。

【紅蘿蔔調辣子——看不著】
看不著：看不見。比喻沒有被發現。例你需要的那種玩具，我走遍了全市，還是紅蘿蔔調辣子——看不著。

【紅男綠女】
形容衣著華麗的男男女女。《掃迷帚》一九回：「那三人泊舟登岸，緩步來前，但見紅男綠女，牽手偕行。」《民國通俗演義》一〇〇回：「紅男綠女，空巷來觀，白叟黃童，臚歡踵集。」

【紅娘挨打——成全好事】
紅娘是《西廂記》中崔鶯鶯的婢女，因熱心撮合張君瑞同崔鶯鶯相愛，被崔老夫人拷打。比喻成人之美，使人如願以償。例由於你的協助，我們雙方的矛盾都解決了，實在是紅娘挨打——成全好事啊！

【紅皮蘿蔔紫皮蒜，仰臉老婆低頭漢】
比喻潑辣的婦女和沉默寡言的男子最難對付。世上有二種人最難對付，也就是所謂的「紅皮蘿蔔紫皮蒜，仰臉老婆低頭漢」。

【紅漆尿桶——外頭好看裏頭臭】
比喻人外表不錯，心裏很骯髒。例有的人是紅漆尿桶——外頭好看裏頭臭，謹防上當。也作「金漆的馬桶——外面光，裏面髒」、「油漆馬桶鑲金邊——外頭好看裏面臭」。

【紅旗手】
指先進人物。例我的朋友從來都是不言不語地實幹，先是年年評爲模範勞工，現在已成了工廠紅旗手。

【紅情綠意】
形容花紅柳綠，春意盎然。宋・文同《約春》詩：「紅情綠意知多少，盡入涇川萬樹花。」

【紅日三竿】
三竿：三根竹竿相接的高度。太陽升得很高。指時間已經不早。元・蕭德祥《殺狗勸夫》二折：「俺哥哥直睡到紅日三竿未起，可怎生近新來偏生覺來疾。」

【紅日西升，高山起浪】
太陽從西邊升起，高山掀起波浪。比喻根本不可能出現的事。例浪蕩慣了，要他老老實實做點事，做個正派人，除非「紅日西升，高山起浪」。

【紅瘦綠肥】
指花稀而葉茂。形容時已深春。宋・吳禮文《桃源憶故人・春暮》詞：「畫橋流水飛花舞，柳外斜風細雨。紅瘦綠肥春暮，腸斷桃源路。」

【紅薯進灶——該煨】
紅薯：即甘薯或番薯；煨：ㄨㄟ，把東西放在帶火的灰裏燒熟。形容活該如此。例這傢伙壞事作絕，被判無期徒刑，是紅薯進灶——該煨。也作「泥鰍進灶——該煨」。

【紅衰綠減】
花已凋零，樹葉稀疏。形容蕭瑟秋景。宋・柳永《八聲甘州》詞：「漸霜風淒緊，關河冷落，殘照當樓。是處紅衰綠減，苒苒物華休。」

【紅絲暗繫】
神話傳說，有一月下老人，掌管人間姻緣，用紅線兩頭冥冥中繫在男女的足上，該男女則成爲夫婦。比喻姻緣前定。《兒女英雄傳》一〇回：「[安公子]還不曾紅絲暗繫，先弄得白刃相加。」

【紅絲待選】
據五代・王仁裕《開元天寶遺事》載：唐張嘉貞有五女，欲以一女納郭元振爲婿，令五女各持一絲線，延出幔外，令元振牽其一，得第三女，姿色甚美。後用「紅絲待選」指爲女擇婿。元・高則誠《琵琶記・奉旨招婿》：「紅樓此日，紅絲待選，須教紅葉傳情。」

【紅糖拌蜜——甜上加甜】

見「冰糖蘸蜜——甜上加甜」。

【紅頭蒼蠅叮牛屎——臭味相投】

見「糞坑倒馬桶——臭味相投」。

【紅頭火柴——一擦就著】

比喻事態嚴重，一觸即發。例在邊境線上，對方集結大批軍隊，不斷挑起事端，形勢緊張，很可能紅頭火柴——一擦就著，爆發大規模武裝衝突。

【紅頭繩穿銅錢——心連心】

銅錢：古代銅質輔幣，圓形，中間有孔。用紅頭繩繫物表示喜慶和吉祥。見「荷花結籽——心連心」。

【紅土當朱砂——不識貨】

朱砂：煉汞的主要礦物，紅色或棕紅色，略似紅土，可入藥，也可作顏料。比喻愚昧無知，不識好壞。例老杜是一個頗有點名氣的把紅土當朱砂——不識貨的人，公司派他出國採購，我看，不太合適。也作「**楠木當柴燒——不識貨**」、「**珍珠當泥丸——不識貨**」、「**紫檀木當柴燒——不識貨**」。

【紅杏出牆】

①宋・葉紹翁《遊小園不值》詩：「春色滿園關不住，一枝紅杏出牆來。」後以「紅杏出牆」形容春意盎然，也比喻女子姿色出衆。②比喻婦女有越軌行爲。

【紅袖添香】

對女子伴讀的美稱。《花月痕》三一回：「從此綠鬢視草，紅袖添香，眷屬疑仙，文章華國。」

【紅顏薄命】

指貌美的女子往往命運不好，境遇坎坷。《醒世恆言》卷三：「這都是劉四媽這個花嘴，哄我落坑墮塹，致有今日。自古紅顏薄命，亦未必如我之甚。」也作「**紅粉薄命**」。清・陳確《次日又成五首》詩之四：「漫將涵水侈恩波，紅粉從來多薄命。」

【紅眼病】

紅眼病：急性結膜炎，患此病時眼球充血發紅。比喻忌妒別人。例你不是從來不愛嫉妒人的嗎？這回怎麼也得了紅眼病了？

【紅眼老鼠出油缸——吃裏爬外】

也作「**紅眼耗子出油盆兒——吃裏爬外**」。見「吃曹操的飯幹劉備的事——吃裏爬外」。

【紅葉傳情】

見「紅葉題詩」。

【紅葉題詩】

關於紅葉上題詩的故事，傳說頗多，據唐・范攄《雲溪友議》載：唐宣宗時有書生盧渥赴京應舉，偶臨御溝，拾得一紅葉，上有一詩：「流水何太急，深宮盡日閒。殷勤謝紅葉，好去到人間。」後宣宗放宮女，許配吏員。渥得一人，正是紅葉上題詩之人。後用「紅葉題詩」表示姻緣巧合。也作「**紅葉傳情**」。元・貫雲石《憑闌人・題情》曲之六：「紅葉傳情著意拈，書遍相思若未忺。」

【閎中肆外】

閎：博大；肆：奔放。形容文章內容豐富，文筆瀟灑豪放。唐・韓愈《進學解》：「先生之於文，可謂閎其中而肆其外矣。」

【宏才遠志】

淵博的才學，遠大的志向。魯迅《韋素園墓記》：「嗚呼！宏才遠志，厄於短年。」

【洪福齊天】

洪福：大福氣；齊天：與天相齊。舊時形容人福氣很大。常用作對帝王的頌詞。元・無名氏《抱妝盒》四折：「若不是萬歲洪福齊天，怎能勾這等百靈咸助那。」

【洪爐的料，食堂的鐘——不挨打，就挨敲】

洪爐：鍛鐵用的大爐子；料：此指放在煉鐵爐裏準備鍛打的鐵件。比喻不管如何都要遭受懲罰或經常受批評。例你的老毛病不改，就仍然是洪爐的料，食堂的鐘——不挨打，就挨敲。

【洪爐裏的料——該打】

雙關語，比喻人辦了錯事應該懲罰。例不要爲他喊冤叫屈了，他是洪爐裏的料——該打。也作「**寺廟裏的鐘——該打**」、「**鐵匠爐裏的鐵——該打**」。

【洪爐燎髮】

用大火爐燒毛髮，一下便盡。比喻事情極易解決，毫不費力。《後漢書・何進傳》：「今將軍總皇威，握兵要，龍驤虎步，高下在心，此猶鼓洪爐燎毛髮耳。」

【洪喬之誤】

南朝宋・劉義慶《世說新語・任誕》載：晉殷羨，字洪喬，出爲豫章太守，都下很多人託他捎信。船將近石頭城（今南京），他把書信全都扔在江裏，並說：「沉者自沉，浮者自浮，殷洪喬不爲致書郵。」後用「洪喬之誤」指寄信不達。宋・李光《贈陳讜》詩：「諸賢書穩致，定不作洪喬。」

【洪水橫流】

橫流：水溢出河道到處亂流。大水暴漲，泛濫成災。比喻惡勢力囂張。《孟子・滕文公上》：「當堯之時，天下猶未平，洪水橫流，泛濫於天下。」

【洪水猛獸】

洪水：能造成災害的大水；猛獸：殘害生物的野獸。比喻極大的禍害。魯迅《二十四孝圖》：「妨害白話者的流毒卻甚於洪水猛獸，非常廣大，也非常長久。」

【洪水淹糧倉——泡湯了】

泡湯：〈方〉落空。雙關語，比喻事情落空了。例向信用社貸款的事，因爲沒找到擔保人，洪水淹糧倉——泡湯了。

【洪鐘大呂】

洪鐘：大鐘。義見「黃鐘大呂」。明・李贄《焚書・復焦弱侯》：「至其眞洪鐘大呂，大扣大鳴，小扣小應，俱係精神骨髓所在。」

【鴻案鹿車】

鴻案：《後漢書・梁鴻傳》有梁鴻妻舉案齊眉的故事，後以鴻案指夫妻相敬；鹿車：《後漢書・鮑宣妻傳》有鮑宣妻與丈夫共挽鹿車歸鄉里的故事，後以鹿車指夫妻同甘共苦。比喻夫妻互敬互重，同甘共苦。《孽海花》一四回：「[姜]劍雲是寒士生涯，租定了西斜街一所小小四合房子，夫妻團聚，卻儼然鴻案鹿車。」

【鴻毳沉舟】

鴻：天鵝；毳：ㄘㄨㄟˋ，鳥獸的細毛。天鵝的細毛積多了也能把船壓沉。比喻細微的東西可以匯成巨大的力量。北齊・劉書《劉子・愼餘》：「鴻毳性輕，積之沉舟；魯縞質薄，疊之折軸。以毳縞之輕微，能敗舟車者，積多之所致也。」

【鴻飛冥冥】

鴻：大雁；冥冥：深遠高渺。鴻雁飛向高遠渺茫的天空。比喻脫離羈絆，避害遠去。漢・揚雄《法言・問明》：「治則見，亂則隱，鴻飛冥冥，弋人何篡焉？」唐・梁肅《四皓贊》：「四公屈身，天下和平，弋者何思，鴻飛冥冥。」

【鴻鵠高飛，一舉千里】

鴻鵠：天鵝。天鵝高高飛翔，一飛就有千里之遠。後用以讚揚雄才大略的英傑。漢・劉邦《鴻鵠歌》：「鴻鵠高飛，一舉千里。羽翼已就，橫絕四海。」

【鴻鵠將至】

鴻鵠：天鵝。總以爲天鵝要來。《孟子・告子上》：「弈秋，通國之善弈者也。使弈秋誨二人弈，其一人專心致志，唯弈秋之爲聽。一人雖聽之，一心以爲有鴻鵠將至，思援弓繳而射之，雖與之俱學，弗若之矣。」後用「鴻鵠將至」比喻心思不專，做著這個，想著那個。清・無名氏《照世杯》卷四：「切不可半途而廢，蹈爲山九仞之轍；更不可見異而遷，萌鴻鵠將至之心。」

【鴻鵠之志】

鴻鵠飛行高遠。比喻遠大的志向。《史記・陳涉世家》：「佣者笑而應曰：『若爲佣耕，何富貴也？』陳涉太息曰：『嗟乎！燕雀安知鴻鵠之志哉！』」

【鴻毛泰山】

原作「重於泰山，輕於鴻毛」。比喻輕重懸殊。章炳麟《敢死論跋語》：「若必選擇死所，而謂鴻毛泰山，輕重有異，則雖值當死之事，恐亦不能死矣。」

【鴻篇巨帙】

見「鴻篇巨製」。

【鴻篇巨製】

鴻、巨：大；製：撰述，著作。指篇幅很長、規模很大的大部頭著作。梁啓超《進化論革命者頡德之學說》：「此年餘之中，名人著述，鴻篇巨製，貢獻於學界者，固自不少。」也作「鴻篇巨帙」。帙：書套，代指書。傅增湘《校永樂大典本〈都城紀勝〉》：「余目見原帙，幸得正其舛謬。循是以論，則古來鴻篇巨帙，其沿訛踵繆，而莫從糾勘者，可勝道哉！」也作「鴻篇巨著」。例一部《資治通鑑》，上起戰國，下終五代，前後歷一千三百六十二年，共二百九十四卷，其取材之富，編寫人員之專，這樣的鴻篇巨著，是前此未有的。

【鴻篇巨著】

見「鴻篇巨製」。

【鴻儒碩學】

鴻儒：大儒；碩學：大有學問的人。泛指學識淵博、造詣很高的學者。《晉書・儒林傳序》：「鴻儒碩學，無乏於時。」

【鴻商富賈】

鴻：大；賈：舊指開店的坐商。指資財雄厚的大商人。清・梁章鉅《稱謂錄・商賈》：「鴻商富賈，舞女成羣。」

【鴻稀鱗絕】

鴻：鴻雁；鱗：鯉魚，古人用爲書信的代稱。比喻書信稀少或音聞斷絕。元・王實甫《西廂記》三本一折：「珙百拜奉書芳卿可人妝次：自別顏范，鴻稀鱗絕，悲愴不勝。」

【鴻雁哀鳴】

鴻雁叫聲悲哀。比喻災民流離失所的淒慘景象。《詩經・小雅・鴻雁》：「鴻雁于飛，哀鳴嗷嗷。」集傳：「比也，流民以鴻雁哀鳴自比，而作此歌。」

【鴻雁傳書】

鴻雁：大雁。《漢書・蘇武傳》載：蘇武出使匈奴，被幽於北海，謊稱已死。漢使至匈奴，詭言天子在上林苑射雁，足上繫有蘇武之書。匈奴因遣武歸國。後用「鴻雁傳書」指傳遞書信。元・尚仲賢《柳毅傳書》一折：「就兒里非無尺素書，奈衡陽不傳鴻雁羽。」

【鴻雁傳書——空來往】

傳書：傳遞書信。比喻來去空空，沒有實際意義。例他們這次到高雄洽談買賣，結果是鴻雁傳書——空來往，沒簽訂成任何協議。

【鴻業遠圖】

宏偉的事業，遠大的謀劃。孫中山《上李鴻章書》：「若國家不爲體恤，不爲保護，則小者無以覓蠅頭微利，大者無以展鴻業遠圖。」例今天的公司開幕酒會，爲他們合作投資的鴻業遠圖，展開了充滿希望的首頁。

ㄏㄨㄥˇ

【哄死了人不償命】
哄：欺騙。哄人不犯法。茅盾《腐蝕》：「『哪裏，哪裏，瞧你還說客氣話哩！咱們是老同學，親姊妹似的。』舜英口裏雖然謙遜，臉上卻有得色。我瞧著覺得又好笑，又好氣，一想，俗話說：『哄死了人不償命。』」

ㄐ

ㄐㄧ

【幾不欲生】
幾：幾乎。幾乎都不想活了。《紅樓夢》一〇七回：「鳳姐本是貪得無厭的人，如今被抄淨盡……正是幾不欲生的時候。」
【幾而不徵】
幾：通「譏」，檢查，查看；徵：徵稅。指在關口或市場等處只檢查而不徵收商稅。《國語・齊語》：「通齊國之魚鹽於東萊，使關市幾而不徵，以為諸侯利。」也作「譏而不徵」。《孟子・梁惠王下》：「昔者文王之治岐也，耕者九一，仕者世祿，關市譏而不徵。」
【譏而不徵】
見「幾而不徵」。
【飢不從猛虎食，暮不從野雀棲】
即使飢餓，也不跟隨猛虎吃食；即使暮夜，也不跟隨野雀棲止。比喻有志之士，無論如何困窘，也始終堅守節操。《全漢三國晉南北朝詩》古辭《相和歌辭・猛虎行》：「飢不從猛虎食，暮不從野雀棲。野雀安無巢，遊子為誰驕。」
【飢不擇食】
擇：選擇。餓急了就不選擇食物。比喻迫切需要時，顧不得選擇。《孟子・公孫丑下》：「飢者易為食，渴者易為飲。」《五燈會元・丹霞天然禪師》：「又一日訪龐居士，至門首相見，師乃曰：『居士在否？』曰：『飢不擇食』。」《水滸傳》三回：「自古有幾般：『飢不擇食，寒不擇衣，慌不擇路，貧不擇妻。』」
【飢餐渴飲】
指外出趕路，飲食無定，隨身攜帶乾糧和水，餓了就吃，渴了就喝。形容旅途的艱辛。《京本通俗小說・碾玉觀音》：「四更以後，各帶著隨身金銀物件出門。離不得飢餐渴飲，夜住曉行，迤邐來到衢州。」
【飢腸雷動】
因飢餓發出咕嚕嚕的響聲。形容極其飢餓。宋・陸游《貧甚戲作絕句》：「飢腸雷動尋常事，但誤生台兩鵲來。」
【飢腸轆轆】
飢腸：飢餓的肚子；轆轆：車輪滾動聲。飢餓的肚子咕咕作響。形容十分飢餓。例經過一天的搶修大堤，夥伴們雖然已經飢腸轆轆，但沒有一個叫苦的。
【飢凍交切】
見「飢寒交切」。
【飢附飽揚】
附：依附，歸附；揚：飛揚。飢餓時來依附，食飽後則飛去。比喻為人貪圖勢利，不講情義。《晉書・慕容垂載記》：「且垂猶鷹也，飢則附人，飽便高揚；遇風塵之會，必有凌霄之志。」《二刻拍案驚奇》卷一一：「滿少卿飢附飽揚，焦文姬生仇死報。」
【飢寒交迫】
見「飢寒交切」。
【飢寒交切】
飢餓與寒冷一齊襲來。形容無衣無食，窮困不堪。宋・王讜《唐語林・政事上》：「上謂曰：『汝何為作賊？』對曰：『飢寒交切，所以為盜。』上曰：『吾為汝君，使汝窮乏，吾之罪也。』」也作「飢凍交切」。宋・洪邁《夷堅丙志・魚肉道人》：「[黃元道]父母欲其死，置於室一隅，飢凍交切，然竟不死。」也作「飢寒交迫」。清・袁枚《續子不語》：「母呼其子曰，吾十數年來，飢寒交迫，不萌他念者，望汝成立室家，為爾父延一線也。」
【飢寒交至】
交：並。飢餓與寒冷同時襲來。形容無吃無穿，極度貧困。晉・陶潛《勸農》：「宴安自逸，歲暮奚冀？擔石不儲，飢寒交至。」也作「飢寒交迫」。
【飢虎撲食】
像飢餓的老虎撲向食物一樣。比喻動作迅猛急迫。《醒世姻緣傳》六〇回：「素姐一見漢子進去，通是飢虎撲食一般，抓到懷裏，口咬牙撕了一頓，幸得身子還甚狼狽，加不得猛力。」也作「餓虎撲食」。
【飢火燒腸】
飢餓得像火燒肚腸。形容餓得難以忍受。唐・白居易《旱熱二首》：「壯者不耐飢，飢火燒其腸。」宋・蘇軾《和李邦直沂山祈雨有應》：「飢火燒腸作牛吼，不知待得秋成否？」
【飢火中燒】
餓得腹中像著了火一樣。形容飢餓之極。例難民們三天三夜米水未沾，飢火中燒，個個眼發黑，腿發軟。
【飢饉薦臻】
飢饉：飢荒；薦臻：接連到來。形容連年遭受災荒。《魏書・崔光傳》：「霜旱為災，所在不稔，飢饉薦臻，方成儉弊。」
【飢渴交攻】
飢渴交相逼迫。形容又飢又渴。宋・洪邁《夷堅丁志・華陽洞門》：「右邊石池，荷花方爛熳，雖飢渴交攻，而花與水皆不可及。」也作「飢渴交迫」。清・紀昀《灤陽消夏錄・齊舜庭》：「念其黨有在商舶者，將投之，泛海去，晝伏夜行，竊瓜果為糧，幸無覺者，一夕飢渴交迫，遙望一燈熒然。」

【飢渴交迫】

見「飢渴交攻」。

【飢疲沮喪】

沮喪：懈氣。形容飢餓疲憊，灰心喪氣。例在我軍的圍困之下，敵人飢疲沮喪，只好敗下陣去。

【飢時得一口，勝如飽時得一斗】

比喻急需時得到的一點幫助，比平時獲得的大量幫助還要寶貴。明·邵璨《香囊記》二六齣：「自古道：『智士不飲盜泉之水，廉者不受嗟來之食』。本待將此不義之物遺棄在地，奈婆婆年老無措，只待隱小過以全大義。正是飢時得一口，勝如飽時得一斗。」也作「飢時一粒，勝似飽時一斗」。

【飢時過飽必殞命】

殞命：死，喪命。餓極了拚命吃，會危及生命。例你已經兩三天沒吃飯了，又餓又乏，這頓飯可別猛吃猛喝。古人說：「飢時過飽必殞命」這話是有道理的。

【飢鷹不擇食】

比喻緊急時刻是不擇手段的。老舍《陽光》三七：「自然，我不甘心丟失了身分，但是事情還沒作，怎見得結果必定是壞的呢？精明而至於過慮便是愚蠢，飢鷹是不擇食。」

【飢鷹餓虎】

比喻凶殘貪婪。《魏書·宗室暉傳》：「[暉]再遷侍中，領右衛將軍，雖無補益，深被親寵……侍中盧昶，亦蒙恩眄，故時人號曰：『餓虎將軍飢鷹侍中。』」

【飢者歌其食，勞者歌其事】

肚子餓的人用歌聲表達渴求食物的願望，勞動的人用歌聲述說自己的勞動生活。謂詩歌是現實生活中產生，表達人民的思想感情的。李元洛《詩歌漫論》：「詩經、樂府也大都是『飢者歌其食，勞者歌其事』。被譽為『新國風』的社會主義時代新民歌，時代精神尤為强烈。」

【機變如神】

機智善變，神奇莫測。宋·陸游《南唐書·宋齊丘傳論》：「世言江南精兵十萬，而長江天塹，可當十萬；國老宋齊丘，機變如神，可當十萬。」

【機不可失】

指機會難得，不可錯過。《宋史·韓世忠傳》：金人廢劉豫，中原震動，世忠謂機不可失，請全師北討，招納歸附，為恢復計。」

【機不可失，時不再來】

機：時機；失：失去，錯過。指辦事應抓住機會，不能錯過。《舊五代史·晉書·安重榮傳》：「仰認睿旨，深惟匿瑕，其如天道人心，至務勝殘去虐，須知機不可失，時不再來。」

【機不旋踵】

機：時機；旋踵：轉過腳跟。指時機難得，不可錯過。唐·皇甫枚《三水小牘·宋柔》：「羣謂思禮等曰：『機不旋踵，時不再來。必發今宵，無貽後悔。』」

【機關槍上刺刀——連打帶刺】

比喻說話語氣强硬，言辭鋒利。例小姑娘說話是機關槍上刺刀——連打帶刺，真叫人難以接受。

【機關槍伸腿——兩岔】

雙關語。比喻鬧誤會。例原來她是你妹妹，昨天我把她當作你女朋友了，真是機關槍伸腿——兩岔。也作「燕子的尾巴——兩岔」。

【機關算盡】

見「機關用盡」。

【機關用盡】

機關：周密而巧妙的計謀。形容用盡心機。宋·黃庭堅《牧童歌》：「多少長安名利客，機關用盡不如君。」也作「機關算盡」。《紅樓夢》五回：「機關算盡太聰明，反算了卿卿性命。」

【機槍對炮筒——直性子對直性子】

比喻性情直爽的人相遇，非常對勁。例經過這次對話，可以看出，我們是機槍對炮筒——直性子對直性子，今後我們一定會成為好朋友。

【機深智遠】

機深：思考細密；智遠：遠見卓識。形容既能周密思考，又有遠大的目光。《三國演義》二三回：「操曰：『荀彧、荀攸、郭嘉、程昱，機深智遠，雖蕭何、陳平不及也。』」

【機事不密禍先行】

見「機事不密則害成」。

【機事不密則害成】

機事：機密的大事。機密的事情被洩露，就要造成禍害。《鏡花緣》五九回：「賢妹剛才為何又以嫂嫂相稱？前回所說『機事不密則害成』那句話，莫非忘了？只顧如此，設或有人盤根問底，一時答對訛錯，露出馬腳，豈不有誤大事！」也作「機事不密禍先行」。《楊家將演義》卷七：「常言『機事不密禍先行』。老爺在堂上大聲說這等話，只恐有人走漏消息。」

【機智果斷】

形容能快速適應事情的變化，堅決進行處理。例小王在偵查案情時，能機智果斷地把握一切細節，從不放過一個疑點。

【機杼一家】

機杼（ㄓㄨˋ）：原為織布機，後比喻詩文創作中構思、布局的巧妙。指文章自成一家。《魏書·祖瑩傳》：「瑩以文學見重，常語人云：『文章須自出機杼，成一家風骨，何能共人同生活也。』」

【肌無完膚】

形容遍體創傷。《舊五代史·唐書·李建及傳》：「建及少遇禍亂，久從戰陣，矢石所中，肌無完膚。」也作「體無完膚」、「身無完膚」。

【雞抱鴨子幹活忙】
雞替鴨子孵蛋。比喻為別人白白辛苦。例老王一向熱心助人，即使是雞抱鴨子幹活忙，也不會抱怨。

【雞不及鳳】
《南齊書·王慈傳》：「謝超宗嘗謂慈曰：『卿書何當及虔公？』慈曰：『我之不得仰及，猶雞之不及鳳也。』時人以為名答。」後以「雞不及鳳」比喻兒子不如父親。

【雞不撒尿——自然有一便】
雞不撒尿：雞只有一個排泄器官，尿隨屎一起排出；便：本指大小便的便，借指方便的便，引申為辦法。比喻事情自然會有解決辦法。例不用著急，雞不撒尿——自然有一便，糧食問題很快就能解決，決不會讓你們餓肚子。也作「小雞不撒尿——自有便道」、「鴨子不尿尿——自有去路」。

【雞腸兔兒膽】
形容人的肚量像雞腸那樣細，膽量像兔膽那樣小，不敢擔負責任。例你是「雞腸兔兒膽」，什麼事都作不了主。

【雞腸子上刮油——有限得很】
見「沙裏淘金——有限得很」。

【雞吃蠶豆——夠嗆】
比喻達到或超過所能忍受的最大限度。例叫他做這樣重的體力勞動，我看是雞吃蠶豆——夠嗆！也作「小雞吃黃豆——夠嗆」、「貓喝燒酒——夠嗆」、「老鼠鑽煙囪——夠嗆」、「鐵拐李走獨木橋——夠嗆」、「嗓子眼裏塞把胡椒麵——夠嗆」、「小孩喝燒酒——夠嗆」、「鼻孔喝水——夠嗆」、「狗吞辣椒——夠嗆」、「半斤鍋餅——夠嗆」。

【雞吃放光蟲——肚裏明】
放光蟲：〈方〉螢火蟲。腹部末端有發光器，由於呼吸時使一種稱為「熒素」的發光物質氧化，而發出帶綠色的光。比喻嘴裏不說，心裏清楚。例他有時裝懵，這也不知道，那也不知道，其實是雞吃放光蟲——肚裏明。也作「口吞螢火蟲——心裏亮」、「螞蟥吃螢火蟲——心裏明白」、「紙糊燈籠——心裏明」、「牛皮燈籠——心裏亮」、「吃螢火蟲——肚裏明白」、「瓦罐裏點燈——心裏亮」、「烏龜吃亮蟲——心裏明」、「蛐蜓吃螢火蟲——肚裏透亮」。

【雞吃叫，魚吃跳】
謂吃雞鴨魚等要吃活蹦亂跳的。古華《芙蓉鎮》三章四：「日日都有酒宴，他平生沒有見過如此衆多的雞鴨魚肉。油光水滑，食精膩肥，他算眞正品嘗到了活學活用，『雞吃叫，魚吃跳』呢。」

【雞吃棉花——謙虛（鴿絮）】
謙虛：「鴿絮」的諧音；鴿：雞啄食。見「打架揪鬍子——謙虛（牽鬚）」。

【雞蟲得失】
比喻微不足道的事情，得失無關緊要。唐·杜甫《縛雞行》：「小奴縛雞向市賣，雞被縛急相喧爭。家中厭雞食蟲蟻，不知雞賣還遭烹。蟲雞於人何厚薄，吾叱奴人解其縛。雞蟲得失無了時，注目寒江倚山閣。」

【雞戴帽子——官（冠）上加官（冠）】
見「公雞戴帽子——官（冠）上加官（冠）」。

【雞蛋炒鴨蛋——混蛋】
雙關語。指不明事理的人。例不能隨便罵人雞蛋炒鴨蛋——混蛋，這並不是一種文明的語言，也作「鵝卵石放雞窩——混蛋」、「雞子兒跌進漿糊盆——混（渾）蛋」、「皮球掉在米湯裏——混（渾）蛋」、「肉湯裏煮元宵——混（渾）蛋」。

【雞蛋掉在馬路上——砸啦】
比喻工作失利或事情辦糟了。例「你們的工廠辦得怎樣？」「雞蛋掉在馬路上——砸啦，生產出來的東西沒人購買。」也作「沙鍋搗蒜——砸啦」、「西瓜地裏落冰雹——砸啦」。

【雞蛋掉在油鍋裏——滑透了】
比喻非常狡猾。例這個傢伙是雞蛋掉在油鍋裏——滑透了，抓不住他的把柄。也作「雞子兒掉進油缸裏——滑蛋一個」。

【雞蛋過手輕三分——沾手三分肥】
比喻每參與一件事都要撈些好處。例這是救濟難民的工作，別找他幫忙了，他是雞蛋過手輕三分——沾手三分肥。也作「皮包商做生意——沾手三分肥」。

【雞蛋換鹽——兩不見錢】
不發生現金交易。比喻雙方都沒得利。例這次義務銷售，完全是為消費者服務的，公司和廠家是雞蛋換鹽——兩不見錢。

【雞蛋殼裏發麵——沒多大發頭】
比喻由於條件限制，沒有什麼大發展。例那些別有用心的人老是挑撥說：「你們山區山高石頭多，是雞蛋殼裏發麵——沒多大發頭。」

【雞蛋殼上找縫——白費心】
比喻白辛苦，沒有結果。例我早就說過，你們這是雞蛋殼上找縫——白費心！這裏哪藏有游擊隊？也作「豆腐裏尋骨頭——白費功夫」、「石頭上種蔥——白費勁」。

【雞蛋裏生蛆——壞了胎】
比喻實質很壞，根子不正。例這小子就像雞蛋裏生蛆——壞了胎，從小就在父母的不良影響下幹缺德的事，這次被抓進牢房不是偶然的。也作「雞蛋裏生蛆——胎裏壞」、「爛泥坯子貼金身——胎裏壞」。

【雞蛋裏挑骨頭】
比喻故意挑毛病。馮志《敵後武工隊》二七章：「從巡邏車上蹦下一個身瘦體高的傢伙，雞蛋裏挑骨頭地說：『裏著腳啦，怎麼走得那麼慢？是指揮官嗎？』」

【雞蛋裏挑骨頭——沒事找事】
見「老鼠逗貓——沒事找事」。

【雞蛋裏挑骨頭——無中尋有】
比喻不顧事實，硬做辦不到的事情。例不要白費力氣了，雞蛋裏挑骨頭——無中尋有，你休想在我們的隊伍中找出膽小鬼來。也作「燕口奪泥——無中尋有」。

【雞蛋裏挑骨頭——找岔】
岔：ㄔㄚˋ，岔子，即毛病。比喻故意挑毛病。例他這是雞蛋裏挑骨頭——找岔，不要理他。也作「雞蛋裏挑骨頭——找麻煩」、「雞蛋裏挑骨頭——沒事找事」、「雞蛋裏挑骨頭——沒碴找碴」。

【雞蛋碰不過石頭】
比喻弱者鬥不過强者。李曉明、韓安慶《平原槍聲》二九：「忍著點吧，雞蛋碰不過石頭！叫砍就砍，熬過這一時，早晚總有天亮的時候。」

【雞蛋碰石頭——不是對手】
比喻力量懸殊。例一個利令智昏的小霸，竟敢與十億中國人民作對，自然是雞蛋碰石頭——不是對手。也作「蛐蛐兒鬥公雞——不是對手」。

【雞蛋碰石頭——粉身碎骨】
身體被碎成粉末。形容慘死。也指爲某種目的而獻身。例在日本侵略軍進行的南京大屠殺中，我國成千上萬的同胞就像雞蛋碰石頭——粉身碎骨，死得慘不忍睹。

【雞蛋碰石頭——完蛋】
比喻垮台或毀滅。例與人民爲敵的人，遲早就會像雞蛋碰石頭——完蛋。也作「雞子兒碰碌碡——完蛋」、「門縫裏夾雞子兒——完蛋」。

【雞蛋碰石頭——自不量力】
比喻過高估計自己的力量，做力所不及或自取滅亡的事情。例憑什麼條件竟敢接受如此重大的硬任務，你打算如何去完成？眞是雞蛋碰石頭——自不量力。也作「蛇吞象——自不量力」、「老鼠想吃貓——自不量力」、「螞蟻搖大樹——自不量力」、「嫩竹扁擔挑重擔——自不量力」、「屎殼郎搬泰山——自不量力」、「螳臂擋車——自不量力」。

【雞蛋碰石頭——自取滅亡】
比喻自尋死路。例我們只有幾條槍，要和敵人大部隊硬拚，不是雞蛋碰石頭——自取滅亡嗎？也作「鯉魚織網——自取滅亡」、「飛蛾撲燈——自取滅亡」、「稻草人點火——自取滅亡」、「飲鴆止渴——自取滅亡」。

【雞蛋碰石頭——自找難看】
比喻自討沒趣，自找倒霉。例就憑咱們這點技術，也要跟全國冠軍隊較量，這不是雞蛋碰石頭——自找難看嗎？也作「雞蛋碰碌碡——自找難堪」。

【雞蛋往石頭上碰】
比喻自不量力。《紅樓夢》五五回：「他撒個嬌兒，太太也得讓他一二分，二奶奶也不敢怎樣。你們就這麼大膽子小看他，可是雞蛋往石頭上碰！」也作「雞蛋碰牆壁」。

【雞蛋長爪子——能滾能爬】
比喻辦法多，樣樣會幹。例小盛這個人聰明能幹，就像雞蛋長爪子——能滾能爬，交給他的任務，沒有做不成的。

【雞叮蟾蜍——氣不消】
蟾蜍：俗稱癩蛤蟆或疥蛤蟆。蟾蜍受到攻擊時，肚子就氣鼓鼓的。比喻心裏生氣。例他這次口試後落選，兩天來一直是雞叮蟾蜍——氣不消，總認爲考官懷有偏見，不公正。

【雞肚不知鴨肚事】
比喻各有各的苦衷。沙汀《淘金記》一五：「『你們雞肚不知鴨肚事啊！』她又自言自語地說了，想起她半生來的經歷，『這十幾年來過的日子，難道是件容易事嗎？只說兒子大了該會好一點吧』她哽咽起來，沒有繼續說下去。」

【雞多不下蛋，人多吃閒飯】
比喻人多無用。梁斌《播火記》三六：「你們雞多不下蛋，人多吃閒飯，哪個會打仗？淨是一些個土裏刨食兒吃的手，能打得了日本？」

【雞屙尿——沒見過】
雞只有一個排泄器官，尿隨屎一起排出，不單獨撒尿。比喻稀奇或不可能有的事。例他心想，一條山豬能把一塊地的紅薯都吃了，眞是雞屙尿——沒見過，這一定有人搞鬼。也作「老虎吃鼻煙——沒見過」、「炕上種西瓜——沒見過」、「葡萄架上結冬瓜——沒見過」、「雞撒尿——沒見過」。

【雞兒不吃無功之食】
比喻不能白白得到人家好處。《西遊記》四七回：「行者道：『賢弟，常言道：雞兒不吃無功之食。你我進門，感承盛齋，你還嚷吃不飽哩，怎麼就不與人家救些患難？』」

【雞兒吃了過年糧】
比喻經濟上超支，入不敷出。例居家過日子，怎麼能不精打細算，弄到「雞兒吃了過年糧」就難辦了。

【雞飛蛋打】
雞飛了，蛋打破了。比喻兩頭落空，毫無所得。周驥良《吉鴻昌》上一二：「只要他一進關抄了咱們的後路，那就雞飛蛋打，不可收拾了。」

【雞飛蛋打——一場空】
也作「蛋打雞飛——一場空」。見「狗咬尿脬——一場空」。

【雞飛狗跳牆】
見「雞飛狗走」。

【雞飛狗走】
走：跑。雞犬不寧，亂飛亂竄。形容在驚恐氣氛的籠罩下，極其混亂的情景。《痛史》一三回：「你看前兩天那種搜索的樣子，只就我們歇宿的那一家客寓，已經是鬧得雞飛狗走，鬼哭神號。」也作「雞飛狗跳牆」。例小分隊一進據點，就把鬼子打得個雞飛狗跳牆。

【雞膚鶴髮】
形容老年人頭髮白、皮膚皺的龍鍾老態。唐・白居易《老病相仍以詩自解》：「蟲臂鼠肝猶不怪，雞膚鶴髮復何傷。」也作「鶴髮雞皮」。

【雞孵鴨子兒——白操心】
比喻花費了心思，毫無效果。例十幾年來，我耗盡心血養活你，教育你，沒想到你不爭氣，竟墮落到如此地步，眞是雞孵鴨子兒——白操心。也作「雞抱鴨子兒——白操心」、「雞孵鴨子兒——枉操心」。

【雞孵鴨子兒——白忙活】
孵：鳥類伏在卵上，用體溫使卵內的胚胎發育成雛鳥。鴨子不孵蛋，鴨子兒是雞孵出來的。比喻幫忙沒取得代價，白忙碌了一陣。含有不値得的意思。例他心裏想，幹了一整天，沒料到雞孵鴨子兒——白忙活，一點報酬也不給。也作「雞抱鴨兒——幫乾忙」。

【雞伏鵠卵】
伏：孵卵；鵠：天鵝。雞孵天鵝蛋。《莊子・庚桑楚》：「奔蜂不能化藿蠋，越雞不能伏鵠卵……今吾才小不足以化子，子胡不南見老子？」後以「雞伏鵠卵」比喻小才難當重任。

【雞給黃鼠狼拜年——拚命巴結】
見「耗子給貓捋鬍子——溜鬚不要命」。

【雞給黃鼠狼拜年——自投羅網】
也作「雞公給豺狼拜年——凶多吉少」。見「飛蛾撞蜘蛛——自投羅網」。

【雞骨頭熬湯——沒多大油水】
比喻好處或財物不多，價値不大。例他心中盤算著，待業就待業吧，做那種小買賣是雞骨頭熬湯——沒多大油水。也作「雞骨頭熬湯——油水不大」、「雞爪子燴豆腐——油水不大」、「老鼠尾巴熬湯——油水不多」、「山羊額頭的肉——沒有多少油水」、「筍子煮酸湯——沒多少油水」。

【雞骨頭卡在喉嚨眼裏——張口結舌】
結舌：舌頭不能轉動。比喻由於理屈或緊張、害怕，說不出話來。例在羣衆的質問下，這個貪污份子就像雞骨頭卡在喉嚨眼裏——張口結舌，再不敢否認自己的問題了。也作「舌頭上抹膠——張口結舌」。

【雞骨支床】
雞骨：形容瘦骨伶仃；支：支撐。形容瘦弱不堪，臥病在床。南朝宋・劉義慶《世說新語・德行》：「王戎和嶠同時遭大喪，俱以孝稱，王雞骨支床，和哭泣備禮。」

【雞冠花——老來紅】
雞冠花：一年生草本植物，葉子披針形或橢圓形，有尖，穗狀花序，形狀像雞冠，通常紅色。比喻年紀越大，精神境界越高，或境遇越來越佳。例陳師傅年已六十多歲了，處處關心國家大事，眞可以說是雞冠花——老來紅了。也作「入秋的高粱——老來紅」、「辣椒命——老來紅」。

【雞腳神戴眼鏡——假充正神】
雞腳神：傳說中的閻羅殿前的惡神，因手腳尖長而得名，迷信者認爲他受閻王派遣，專門捉人。比喻假裝正經。例「這不能怪我無情無義，上司的命令，公事公辦呀！」「這不是雞腳神戴眼鏡——假充正神，啥公事，就那麼認眞？要多少錢？開價吧。」

【雞叫啟程——越走越明】
啟程：起程，上路。比喻前途光明，景況越來越好。例自從改革開放以來，我們的生活就像雞叫啟程——越走越明。也作「雞叫啟程——越走越亮堂」、「雞叫走路——越走越明」。

【雞叫頭遍就上路——趕得早】
雞叫頭遍天還沒亮。比喻抓緊時間，趕在前頭。例我們今年的春耕春播的準備工作，比往年提前半個月，眞是雞叫頭遍就上路——趕得早啊！

【雞口牛後】
雞口：雞嘴；牛後：牛屁股。寧當雞嘴巴，也不當牛屁股。雞嘴雖小，但能自由啄食啼鳴；牛的屁股雖大，卻常受到鞭撻。《東周列國志》九〇回：「俗諺云：『寧爲雞口，勿爲牛後。』以大王之賢，挾強韓之兵，而有『牛後』之名，臣竊羞之。」後以「雞口牛後」比喻寧在小的範圍裏獨立自主，發揮才幹，也不在大的範圍裏受人擺佈，無所作爲。

【雞零狗碎】
指事物的零碎和瑣細。例你老是扯那些雞零狗碎的事情，把工作都影響了。

【雞籠裏面扔炸蛋——一窩都是死】
比喻全部完蛋，無一倖存。例這一仗一定要顯顯咱們的威風，讓敵人像雞籠裏面扔炸蛋——一窩都是死。也作「開水灌鼠洞——一窩都是死」。

【雞籠裏睡覺——睜眼淨窟窿】
雙關語。比喻虧空太多，日子難過。例年三十，馬大爺一算帳，就像雞籠裏睡覺——睜眼淨窟窿，他嘆息說：「來年的日子咋過呀？」

【雞毛炒韭菜——亂七八糟】
見「豆芽炒韭菜——亂七八糟」。

【雞毛炒鴨蛋——各自打散】
比喻團弄不到一塊兒，各管各的。例這個小組是雞毛炒鴨蛋——各自打散，形不成一股力量，還是讓他們散伙吧。

【雞毛打鼓——無聲無息】
也作「雞毛打鼓——不聲不響」。見「房頂落雪——無聲無息」。

【雞毛撣沾水——時髦（濕毛）】
雞毛撣：撣灰塵的用具，把雞毛紮在藤子或竹竿的一端製成，也叫雞毛帚；時髦：「濕毛」的諧音。雙關語。比喻人的衣著時興或舉止打扮入時。例小汪穿著、舉止都是雞毛撣沾水——時髦（濕毛）得很，人們說她像一個時裝模特兒。也作「毛撣子沾水——時髦（濕毛）」、「三毛加一毛——時髦（四毛）」、「九毛加一毛——時髦（十毛）」。

【雞毛店】

比喻設備簡陋、條件差的小旅店。例為了節約旅差費，咱們就住這個雞毛店吧！

【雞毛掉井裏——無回音】

見「石沉大海——無回信」。

【雞毛堵著耳朵——裝聾做啞】

假裝耳聾口啞。比喻故意置身事外。例別雞毛堵著耳朵——裝聾做啞，你早就知道他侵占了集體財產，為什麼不表態？

【雞毛擱秤盤——沒有分量】

也作「雞毛過大秤——沒分量」。見「燈草灰過大秤——沒有分量」。

【雞毛毽子——淨站在錢上】

毽子：遊戲用具，用布將銅錢或金屬片包紮好，然後插上雞毛。遊戲時，用腳連續向上踢，不讓落地；淨：完全。比喻一切都向錢看。例有的人無錢不辦事，就像雞毛毽子——淨站在錢上。

【雞毛扔火裏——一下子全完】

比喻都要馬上完蛋或很快被消滅乾淨。例我們強大的火力網，將使敵人像雞毛扔火裏——一下子全完。也作「熱湯泡雪花——一下子全完」。

【雞毛蒜皮】

比喻微不足道的小事或細小無用的東西。例他是經驗老道的人，這種雞毛蒜皮的事難不倒他。

【雞毛蒜皮——微不足道】

比喻非常渺小，不值一談。例我的發明可以說是雞毛蒜皮——微不足道，請不要公開宣揚了。也作「針尖上落灰——微不足道」。

【雞毛想上天——談何容易】

指事情做起來並不像嘴上說的那麼容易。例你說要立即改變我廠落後的設備、落後的工藝，我看，好比雞毛想上天——談何容易。也作「挑石頭登泰山——談何容易」。

【雞毛也能飛上天】

比喻平常的人或地方也能創造奇蹟。例人窮志不短，下定決心，雞毛也能飛上天。

【雞毛與蒜皮——沒多少斤兩】

比喻事物輕微，分量不大。有時指說話沒有分量。例他管的大事太多，我們的事在他的議事日程上，是雞毛與蒜皮——沒多少斤兩。

【雞毛支炕蓆——頂不住勁】

見「螞蚱馱磚頭——吃不住勁」。

【雞毛做撣子——物盡其用】

比喻各種東西應該充分發揮效用。例俗話說，雞毛做撣子——物盡其用。你們工廠浪費驚人，許多下腳料都可以利用起來。

【雞毛做毽子——鬧著玩的】

毽子：遊戲用具，多用布、銅錢、雞毛等製成。比喻兒戲而已，不是什麼嚴肅認真的大事情。例孩子們不過是雞毛做毽子——鬧著玩的罷了，不必那麼認真。也作「牽牛花當喇叭——鬧著玩的」。

【雞鳴而起】

雞叫就起床。形容勤奮不怠。《孟子・盡心上》：「雞鳴而起，孳孳為善者，舜之徒也。」

【雞鳴狗盜】

《史記・孟嘗君列傳》：「[秦昭王]囚孟嘗君，謀欲殺之。孟嘗君使人抵昭幸姬求解。幸姬曰：『妾願得君狐白裘。』此時孟嘗君有一狐白裘，值千金，天下無雙，入秦獻之昭王，更無他裘。孟嘗君患之，遍問客，莫能對。最下坐有能為狗盜者，曰：『臣能得狐白裘。』乃夜為狗，以入秦宮臧中，取所獻狐白裘至，以獻秦王幸姬。幸姬為言昭王，昭王釋孟嘗君。孟嘗君得出，即馳去，更封傳，變名姓以出關。夜半至函谷關。秦昭王後悔出孟嘗君，求之已去，即使人馳傳逐之。孟嘗君至關，關法雞鳴而出客，孟嘗君恐追至，客之居下坐者有能為雞鳴，而雞齊鳴，遂發傳出。」後因以「雞鳴狗盜」比喻低微卑賤而不足以稱道的技能。也指具有這種技能的人。《漢書・遊俠傳》：「繇是列國公子，魏有信陵，趙有平原，齊有孟嘗，楚有春申，皆借王公之勢，競為遊俠，雞鳴狗盜，無不賓禮。」也作「狗盜雞鳴」。

【雞鳴狗吠】

雞啼狗叫彼此都能聽得到。形容人口聚居在一起，極稠密。《孟子・公孫丑上》：「雞鳴狗吠，相聞而達乎四境。」

【雞鳴戒旦】

雞鳴：《詩經》有《雞鳴》篇，寫妻子催夫早起；戒旦：指黎明時警人睡醒，借指黎明時分。雞一啼叫，人便起床。形容早起。《晉書・趙至傳》：「雞鳴戒旦，則飄爾晨征。」

【雞腦袋上磕煙灰——幾（雞）頭受氣】

幾：「雞」的諧音。雙關語。比喻受到多方面的欺侮或責難。例這些年來，他就像雞腦袋上磕煙灰——幾（雞）頭受氣，頹喪極了。

【雞皮鼓能經幾敲】

雞皮做鼓面，經不住多敲。比喻身體單薄，經不住折騰。例「雞皮鼓能經幾敲」，你剛出院，沒完全康復，怎麼又做起劇烈運動來了？

【雞皮鶴髮】

形容老年人頭髮白、皮膚皺紋多的龍鍾老態。清・紀昀《閱微草堂筆記・姑妄聽之二》：「雞皮鶴髮，有何色之可悅？」也作「鶴髮雞皮」。

【雞屁股裏掏蛋吃——太性急】

也作「雞屁股裏掏蛋吃——等不及」。見「點火就想開鍋——太性急」。

【雞屁股拴繩——扯淡（蛋）】

淡：「蛋」的諧音。雙關語。比喻胡

扯或閒扯。例別雞屁股拴繩——扯淡（蛋）了，你所說的一切，報上早就闢謠啦。

【雞棲鳳巢】

棲：居住；巢；鳥窩。雞住鳳的窩裏。比喻才德卑下者卻占據高位。《景德傳燈錄・澧洲樂普山元安禪師》：「雞棲鳳巢，非其同類出去。」

【雞犬不安】

同「雞犬不寧」。劉流《烈火金鋼》一〇回：「他越想越撓心，我這是何苦，燒香引鬼，搬磚打人砸了自己的腳面，鬧得我雞犬不安！」

【雞犬不驚】

形容行軍不擾民，秋毫不犯，連雞狗都沒有受到驚動。也指相安無事。《封神演義》二八回：「文王與子牙放炮起兵，一路上父老相迎，雞犬不驚，民間伐崇，人人大悅，個個歡忻。」明・焦竑《玉堂叢語・行誼》：「大人鄉里，安敢犯，遂肅然出境，雞犬不驚。」

【雞犬不留】

連雞狗都不放過。形容斬盡殺絕。《說岳全傳》二五回：「你若不然，就打破金陵，雞犬不留，殺個乾乾淨淨。」

【雞犬不寧】

雞狗都不得安寧。形容無休止地騷擾。《水滸後傳》一六回：「你兄弟窩藏强盜，鬧了兩座軍州，自去落草。官府著各地方搜緝，攪得雞犬不寧。」

【雞犬桑麻】

桑麻：泛指田園。形容田園生活。《文明小史》五三回：「田裏種著菜，籬笆裏栽著花，大有雞犬桑麻光景。」

【雞犬升天】

晉・葛洪《神仙傳・劉安》載：漢淮南王劉安好道，修煉成仙。「臨去時，餘藥器置在中庭，雞犬舐啄之，盡得升天。」比喻一人得勢，全家沾光。常與「一人得道」連用。

【雞犬相聞】

原作「雞犬之聲相聞，老死不相往來」指雞狗的叫聲能相互聽見，但至死也不來往。現多用以比喻互不聯繫，互不通氣。例現今社會，人人生活忙碌，雖然是同住在一棟公寓裏，但是雞犬相聞，不相往來的情形多的很。

【雞羣裏的仙鶴——身高氣傲】

形容自命不凡的樣子。例你一貫表現出的神氣，就像雞羣裏的仙鶴——身高氣傲，周圍的同事都有反感，今後應多注意點。也作「**羊羣裏的駱駝——身高氣傲**」。

【雞上架——蹲在老地方】

比喻依然如故，毫無進展。例這幾年，我們沒少想辦法，可是產值和利潤指標仍然是雞上架——蹲在老地方。

【雞聲鵝鬥】

比喻互相爭吵，彼此不和。《紅樓夢》二一回：「從今咱們兩個擱開手，省的雞聲鵝鬥，叫別人笑話。」

【雞尸牛從】

雞尸：領頭的雞；從：隨從；牛從：跟隨在大牛之後的小牛。北齊・顏之推《顏氏家訓・書證》：「太史公記：『寧爲雞口，無爲牛後。』此是刪《戰國策》耳，案：延篤《戰國策音義》曰：『尸，雞中之主。從，牛子。』然則，『口』當爲『尸』，『後』當爲『從』，俗寫誤也。」比喻寧可在範圍小的地方自主，不願在範圍大的地方聽人支使。

【雞黍深盟】

黍：黃米，指飯；雞黍：殺雞做飯。指交情深厚。元・宮大用《范張雞黍》四折：「因此乞天恩先到泉台上，才留的這雞黍深盟與那後人講。」

【雞黍之膳】

黍：黃米飯；膳：飯食。殺雞做菜，用黃米做飯。指家常便飯。《北史・盧思道傳》：「道虔爲尚書，同僚於草屋下設雞黍之膳。」

【雞腿打來牙齒軟】

比喻吃人嘴軟。陳殘雲《山谷風煙》一七章：「有些人替地主收藏了穀子……有些人吃便宜的東西，正是『雞腿打來牙齒軟』。這一來，對地主的仇恨就淡薄了。」

【雞娃吃黃豆——咽不下】

雞娃：小雞，比喻能力小，任務重，難以完成。例別貪心不足，任務攬多了，我擔心雞娃吃黃豆—咽不下。

【雞窩裏擺棒槌——搗蛋】

雙關語。比喻借端生事，無理取鬧。例叫你下河，你偏要上坡，這不是雞窩裏擺棒槌——搗蛋嗎？你根本不把組織紀律放在眼裏。也作「**秤砣掉在雞窩裏——搗蛋**」、「**碓窩裏放雞子兒——搗蛋**」。

【雞窩裏藏不住鳳凰】

比喻壞人堆裏出不了好人。歐陽山《苦鬥》四八：「當時她聽胡講完，略一思索，就判斷道：『狗嘴裏長不出象牙，雞窩裏藏不住鳳凰。依我看，她是使黑心！』」

【雞窩裏打拳——小架式】

見「猴兒拳——小架勢」。

【雞窩裏飛出金鳳凰——異想天開】

比喻想法離奇，難以實現。例考慮問題要切合實際，不能雞窩裏飛出金鳳凰——異想天開。也作「**上天摘星星——異想天開**」、「**鐵公雞下蛋——異想天開**」、「**一鍬挖出個金娃娃——異想天開**」。

【雞窩裏捉雞——沒跑】

見「斷了腿的青蛙——跑不了」。

【雞鶩相爭】

見「雞鶩爭食」。

【雞鶩爭食】

鶩：鴨子。雞鴨搶食。比喻平庸之輩像雞鴨那樣，只知搶食而你爭我奪。

《楚辭．卜居》：「寧與黃鵠比翼乎？將與雞鶩爭食乎？也作「**雞鶩相爭**」。《民國通俗演義》一〇二回：「雞鶩相爭，終無了期，雖有文治派之徐世昌，亦奚補乎？」

【雞也飛了，蛋也打了】

同「雞飛蛋打」。老舍《方珍珠》三幕二場：「自從二小姐上學沒上成，我常看見她一個人在街上亂串。師姐喝兩盅酒，就睡大覺，哪能看得住二小姐？萬一二小姐眞鬧出點事兒，不是雞也飛了，蛋也打了嗎？」

【雞一嘴，鴨一嘴】

比喻七嘴八舌。李准《黃河東流去》上一三章：「大家雞一嘴，鴨一嘴地談論著，李麥聽大家的口氣，知道大家的心事都在那個『搶』字上。」也作「**雞一嘴，鵝一嘴**」。

【雞爪炒大蝦——蜷腿弓腰】

蜷：拳曲，彎曲。形容低三下四、卑躬屈膝的樣子。例人活得要有志氣，雞爪炒大蝦——蜷腿弓腰的行爲不可有。也作「**龍蝦炒雞爪——蜷腿弓腰**」。

【雞爪子炒菜——七拱八翹】

比喻人多心不齊，彼此鬧意見。例團結才有力量，你們好似雞爪子炒菜——七拱八翹，怎麼能搞好工作呢？也作「**十五個駝子睡一炕——七拱八翹**」、「**口袋裏裝牛角——七拱八翹**」。

【雞爪子燴豆腐——油水不大】

見「雞骨頭熬湯——沒多大油水」。

【雞捉耗子狗打鳴——亂套了】

也作「**雞捉耗子狗打鳴——亂了套**」、「**雞拿耗子貓打鳴——亂套了**」。見「放羊的去圈馬——亂套了」。

【雞啄閉口蚌——白費功夫】

也作「**雞啄閉口蚌——白費勁**」。見「擔沙塡海——白費勁」。

【雞啄閉口蚶——枉費口舌】

蚶：ㄏㄢ，蚶子，軟體動物，殼厚而堅硬，肉可食。見「老虎吃蚊子——枉張口」。

【雞子兒跌進漿糊盆——混(渾)蛋】

混：「渾」的諧音。見「雞蛋炒鴨蛋——混蛋」。

【雞子兒跌進米籮裏——不愁吃】

米籮：盛米的籮筐。雙關語。比喻生活有著落。例這兩個老人雖然無兒無女，但有社會的救濟和幫助，就像雞子兒跌進米籮裏——不愁吃。也作「**臘月尾，正月頭——不愁吃**」。

【雞子兒碰碌碡——完蛋】

見「雞蛋碰石頭——完蛋」。

【雞子兒下山——滾蛋】

雞子兒：雞蛋。比喻離開，走開。貶義。例敵人在我軍强大的攻勢下，有點招架不住了，我看他們快雞子兒下山——滾蛋了。也作「**土豆下山——滾蛋**」、「**屎殼郎搬家——滾蛋**」、「**簸箕裏搖元宵——滾蛋**」、「**土豆子搬家——滾蛋**」。

【積不相能】

積：積久；能：親善。指長期不友好。《後漢書．劉漢傳》：「初，其妻知光武不平之，常戒躬曰：『君與劉公積不相能，而信其虛談，不爲之備，終受制矣。』」

【積財吝賞】

吝：捨不得。雖有很多財富，但捨不得給下屬以獎賞。形容極吝嗇。《三國演義》六二回：「吾爲汝御後，費力勞心，汝今積財吝賞，何以使士卒效命乎？」

【積財千萬，不如薄伎在身】

伎：通「技」，才能，技藝。積攢財富千萬，不如掌握一技之長。謂人要學好本領。北齊．顏之推《顏氏家訓．勉學》：「諺曰：『積財千萬，不如薄伎在身。』使之易習而可貴者，無過讀書也。世人不問愚智，皆欲識人之多，見事之廣，而不肯讀書，猶求飽而懶營饌，欲暖而惰裁衣也。」

【積草屯糧】

屯：儲備。儲存糧草，作好戰前準備。元．孔文卿《東窗事犯》一折：「既是我謀反，那裏積草屯糧，誰見來？」

【積草囤糧】

見「積草屯糧」。

【積德累功】

積：積存。積累德行和功業。唐．白居易《八駿圖》：「周從后稷到文武，積德累功世勤苦。豈知才及四代孫，心輕王業如灰土。」

【積德累仁】

積累高尚的品德和仁義。《後漢書．李固傳》：「李氏滅矣！自太公已來，積德累仁，何以遇此？」

【積惡餘殃】

積：積累；餘：餘留；殃：禍根，禍殃。作惡多端，爲後代留下了禍根。《周易．乾》：「積不善之家，必有餘殃。」南朝宋．釋法明《答李交州難佛不見形》：「積善餘慶，積惡餘殃。」

【積非成是】

非：謬誤；是：正確。長期形成的錯誤，久而久之反會被誤認爲是正確的。淸．戴震《原善》卷一：「以今之去古聖哲既遠，治經之士，莫能綜貫，習所見聞，積非成是，余言恐未足以振茲墜緒也。」

【積穀防飢】

貯存糧食，防備飢荒。多比喻凡事應留有退路。元．關漢卿《裴度還帶》三折：「哀哀父母，生我劬勞，養小防老，積穀防飢。」

【積厚流光】

見「積厚流廣。」

【積厚流廣】

指根基雄厚、影響深遠。《荀子．禮論》：「積厚者流澤廣，積薄者流澤狹也。」也作「**積厚流光**」。《大戴禮記．禮三本》：「積厚者流澤光，積薄者流澤卑。」

【積毀銷骨】
積毀：一次次地毀謗；銷骨：熔化骨頭。比喻一再毀謗，使人無法申辯，就足以致人於死地。《史記・張儀列傳》：「衆口鑠金，積毀銷骨。」
【積甲山齊】
甲：兵甲。兵甲堆積如山。形容兵力雄厚。張說《贈涼州都督上柱國太原郡開國公郭君碑》：「積甲山齊而有餘，收馬谷量而未盡。」
【積金累玉】
累：聚集。形容財富極多。漢・王充《論衡・命祿篇》：「積金累玉，未必陶朱之智」。
【積金至斗】
斗：北斗星。比喻聚積的財富極多。《新唐書・尉遲敬德傳》：「隱太子嘗以書招以書招之，贈金皿一車。[尉遲敬德]辭……王曰：『公之心如山岳然，雖積金至斗，豈能移之？』」
【積勞成病】
長期過度勞累而得病。《東周列國志》六九回：「公孫歸生積勞成病，臥不能起，城中食盡，餓死者居半，守者疲困，不能禦敵。」也作「**積勞成疾**」。《鏡花緣》九六回：「文伯伯竟在劍南一病不起。及至他們兄弟趕到，延醫診治，奈積勞成疾，諸藥不效，竟至去世。」
【積勞成瘁】
瘁：疾病。因勞累過度而生病。唐・陸贄《李澄贈司空制》：「連年野處，積勞成瘁。」也作「**積勞致疾**」。董必武《挽沈驪英女士》：「積勞而致疾，突發未能痊。」
【積勞成疾】
見「積勞成病」。
【積勞致疾】
見「積勞成瘁」。
【積力之所舉，則無不勝也；衆智之所爲，則無不成也】
舉：行動。集中大家的力量行動，就沒有不勝利的；集中大家的智慧做事，就沒有不成功的。謂做事羣策羣力，就會成功。馬南邨《燕山夜話》：「這個道理說得很對，他的意思也可以解釋爲對羣衆智慧的讚頌。」
【積年累月】
形容時間長久。北齊・顏之推《顏氏家訓・後娶》：「況夫婦之義，曉夕移之……積年累月，安有孝子乎？」
【積日累久】
指時間很長。《漢書・董仲舒傳》：「且古所謂功者，以任官稱職爲差，非所謂積日累久也。」
【積沙成塔】
見「聚沙成塔」。
【積善成德】
指常做好事，可使成爲一種高尚的道德品質。《荀子・勸學》：「積善成德，而神明自得。」
【積善有善報，作惡有惡報】
多做好事會得到好的報答，作惡多端要得到壞的報應。《清平山堂話本・陰騭和善》：「上舍名及第，位至三公。養子長成，歷任顯宦。正是：積善有善報，作惡有惡報。積善之家，必有餘慶，積不善之家，必有餘殃。」
【積善餘慶】
見「積善之家，必有餘慶」。
【積善之家，必有餘慶】
慶：幸福。多做好事的人家，必定會得到很多幸福。即所謂善有善報。《周易・坤》：「積善之家，必有餘慶」也作「**積善餘慶**」。《後漢書・楊震傳》：「況以袁氏歸罪楊公，《易》稱積善餘慶，徒欺人耳。」
【積善之家必有餘慶，積不善之家必有餘殃】
餘慶：指給後代帶來福澤；餘殃：指給後代帶來災禍。多做好事的人家一定會使後人享有福澤，做盡壞事的人家一定會使後人遭受災禍。《周易・坤》：「積善之家必有餘慶，積不善之家必有餘殃。臣弒其君，子弒其父，非一朝一夕之故，其所由來者漸矣，由辨之不早辨也。」
【積少成多】
點滴積累，由少成多。《二十年目睹之怪現狀》二九回：「其實一個人做一把刀，一個杓子，是有限得很；然而積少成多，這筆賬就難算了，何況更是歷年如此呢。」也作「**聚少成多**」。
【積衰新造】
經過長期衰敗而又重新振興起來。宋・蘇洵《審敵》：「中原之強固百倍於匈奴，雖積衰新造，而猶足以制之也。」
【積水成淵】
淵：深的水潭。比喻積少成多，聚小成大。《荀子・勸學》：「積土成山，風雨興焉；積水成淵，蛟龍生焉。」也比喻事業的成功，需從點滴積累而來。
【積土成山】
土堆積起來可以成山。比喻積少成多，聚小成大。漢・王充《論衡・狀留篇》：「故夫河冰結合，非一日之寒；積土成山，非斯須之作。」
【積土成山，風雨興焉；積水成淵，蛟龍生焉】
堆積泥土，壘成高山，風雨就從那裏產生；匯聚水流，成爲深潭，蛟龍就在裏面出現。比喻淵博的學識，巨大的成就，是從點滴積累起來的。袁開濟《天才、人才、成才》：「荀子在勸人們學習的時候，還打了這樣的比喻：『積土成山，風雨興焉；積水成淵，蛟龍生焉。』……學問靠積累。成就學問，需要日復一日年復一年，從無到有，從少到多，由淺入深，辛苦勤勞地做好點滴積累的功夫。」
【積微成著】
指細微的事物，經過長期積累，就會變得非常顯著。《荀子・大略》：「夫盡小者大，積微者著，德至者色澤洽，行盡而聲問遠。」《宋書・勵志上》：「夫圓極常動，七曜運行，離合去來，雖有定勢，以新故相涉，自然有毫米之差，連日累歲，積微成著。」也作「**積微至著**」。宋·劉摯《論三省樞密院差除奏》：「臣恐積微至著，交亂官守，漸行私意，以害政事。」

【積微至著】

見「積微成著」。

【積習成常】

習：習慣。長期養成的習慣就會看成是正常的。魏·酈道元《水經注·溫水》：「暑褻薄日，自使人黑，積習成常，以黑爲美。」

【積習成俗】

一種習慣時間久了，就會成爲固定的風俗。晉·申紹《上疏陳時務》：「宰相侯王，迭以侈麗相尚，風靡之化，積習成俗，臥薪之諭，未足甚焉。」也作「**積習相沿**」。

【積習漸靡】

靡：通「摩」，接觸。指長期養成的習慣是逐漸形成的。漢·董仲舒《春秋繁露·天道施》：「積習漸靡，物之微者也，其入人不知，習忘乃爲常。」

【積習難改】

多年的老習慣，不容易改變。例他邊吃飯邊看書，怎麼也改變不了，已經是積習難改了。也作「**積習難除**」。

【積習生常】

沿襲已久的習慣，到後來就成了法定的常規。《周書·齊煬王憲傳》：「昔魏末不綱，太祖匡輔元氏，有周受命，晋公復執威權。積習生常，便謂法應須爾。」

【積習相沿】

積習：長時間養成的習慣；沿：承襲。指把長期養成的習慣，承襲了下來。例他喜歡散步思考問題，積習相沿，這是他的老習慣。」

【積小成大】

點滴積累，可以變大。《雲笈七籤》卷九〇：「爲小惡者，如積小以成大；從微至著，爲一惡以至於萬惡，一一而皆有禍應。」

【積小致巨】

致：達到。一點點地聚集起來，就可以從小到大。《漢書·董仲舒傳》：「衆少成多，積小致巨。」

【積薪厝火】

薪：柴；厝：置。把火放在堆積的柴草下面。比喻形勢危急，潛藏著極大的禍患。明·張岱《越絕詩小序》：「積薪厝火，其焰立見，革除之際，已食其報矣。」也作「**厝火積薪**」。

【積雪囊螢】

猶「集螢映雪」。元·鄭德輝《傷梅香》一折：「哀先相幾乎絕嗣，使小姐振厥家聲，又何須懸頭刺股，積雪囊螢。」

【積憂成疾】

憂慮積累的時間長了就會成病。宋·吳曾《能改齋漫錄·李逢吉裴度諫穆宗》：「雀發驅曳中人，誠大不恭，然其母年八十，自發下獄，積憂成疾，陛下方以孝理天下，所宜矜念。」

【積羽沉舟】

羽毛很輕，但堆積多了，也可以把船壓沉。比喻積小患可成大禍。《淮南子·繆稱訓》：「君子不謂小善不足爲也而捨之，小善積而爲大善；不謂小不善爲無傷也而爲之，小不善積而爲大不善。是故積羽沉舟，羣輕折軸，故君子禁於微。」

【積玉堆金】

形容財富極多。《西遊記》一二回：「陽世間是一條好善的窮漢，那世裏卻是個積玉堆金的長者。」也作「**堆金積玉**」。

【積重難返】

謂長期形成的不良習慣、弊端，已經達到無法革除的地步。清·梁紹壬《兩般秋雨庵隨筆》卷七：「以女媧爲女，自漢已然，不自近世始也。積重難返，更屬匪易矣！」

【積銖累寸】

銖：古代極小的重量單位。二十四銖爲一兩。一銖一寸地積累起來。比喻一點一滴地積累。清·百一居士《壺天錄》卷下：「某甲以經商富，積銖累寸，儼然素封。」

【基廣則難傾，根深則難拔】

房屋基礎廣厚，就難傾倒；樹木根深，就難拔出。謂凡事必須根基牢實。《晋書·孝愍帝紀》：「基廣則難傾，根深則難拔；理節則不亂，膠結則不遷，是以昔之有天下者之所以長久也。」

【期月有成】

期：整月，整年。《論語·子路》：「子曰：『苟有用我者，期月而已可也，三年有成。』」形容辦事效率高，一個月便見成效。《梁書·武帝紀上》：「若能人務退食，竟存約已，移風易俗，庶期月有成。」

【賫糧藉寇】

賫：送；藉：借。把糧食借給賊寇。比喻做危害自己的蠢事，後患無窮。清·夏燮《中西紀事》卷一六：「是國家正供之人，適足爲賫糧藉寇之資。」

【賫志而沒】

見「賫志沒地」。

【賫志而歿】

見「賫志沒地」。

【賫志沒地】

賫：懷著；沒：埋沒。懷著遠大的志向而未來得及施展就死了。南朝梁·江淹《恨賦》：「賫志沒地，長懷無已。」也作「**賫志而歿**」。《封神演義》九九回：「聞聘等三人金蘭氣重，方圖協力同心，忠義志堅，欲效股肱之願；豈意陽運告終，賫志而沒。」也作「**賫志而沒**」。例他賫志而沒，爲後人所惋惜。

【犄角之勢】

見「犄角之勢」。

【畸輕畸重】
畸：不完整。時而偏輕，時而偏重。形容事物發展不均衡。或人對事物的態度有所偏倚。郭沫若《創造十年續篇》：「把這種缺乏都不放在眼裏或甚至盲目無所睹，只在治人治法的畸輕畸重上兜圈子，眞可以說是等於痴人說夢。」

【箕風畢雨】
箕、畢：星宿名。古人認爲月亮經過箕星座時多風，經畢星座時多雨。故說「箕風畢雨」。比喻人有不同好惡。《尚書・洪範》：「庶民惟星，星有好風，星有好雨。」孔安國傳：「箕星好風，畢星好雨。」後將「好」字讀爲「好壞」的「好」。因以「箕風畢雨」用作對執政者施政體察民情、合於民情的頌辭。南朝梁・吳均《八公山賦》：「箕風畢雨，育嶺生峨。」

【箕裘堂構】
見「箕裘相繼」。《歧路燈》五六回：「說父子相關切處，令人感注，似由閱歷而得者，非泛作箕裘堂構語者所能夢見。」

【箕裘相繼】
箕：簸箕；裘：皮袍。《禮記・學記》：「良冶之子，必學爲裘；良弓之子，必學爲箕」。比喻能繼承父兄事業。元・無名氏《精忠記・賞春》：「願百年變葉傳芳，好兒孫箕裘相繼。」

【箕山之節】
節：氣節，操守。傳說古代隱士許由、巢父曾隱居於箕山，後以「箕山之節」指不願做官，隱居以明其志。《漢書・鮑宣傳》：「薛方嘗爲郡掾祭酒，嘗征不至，及莽以安車迎方，方因使者辭謝曰：『堯舜在上，下有巢由，今明主方隆唐虞之德，小臣欲守箕山之節也。』」也作「箕山之志」。《三國志・魏書・王粲傳》：「而偉長獨懷文抱質，恬淡寡欲，有箕山之志，可謂彬彬君子矣。」

【箕山之志】
見「箕山之節」。

【箕帚之使】
在家裏負責灑掃的事情。指自己的妻子。漢・韓嬰《韓詩外傳》卷九：「楚莊王使使賚金百斤，聘北郭先生，先生曰：『臣有箕帚之使，願入計之。』即謂婦人曰：『楚欲以我爲相，今日相，即結駟列騎，食方丈於前，如何？』」

【激昂慷慨】
激昂：振奮昂揚；慷慨：情緒激動。形容精神振奮，情緒激揚。清・鄭燮《城隍廟碑記》：「況金元院本，演古勸今，情神刻肖，令人激昂慷慨，歡喜悲號，其有功於世不少。」也作「慷慨激昂」。

【激薄停澆】
澆：刻薄。形容鼓舞人心，挽救不良風氣。《梁書・明山賓傳》：「既經售牛受錢，乃謂買主曰：『此牛經患漏蹄，治差已久，恐後脫髮，無容不相語。』買主遽追取錢。處士阮孝緒聞之，嘆曰：『此言足使還淳反樸，激薄停澆矣。』」

【激忿塡膺】
忿：同「憤」。激動和憤怒之情充滿胸膛。形容憤怒之極。元・陶宗儀《輟耕錄》卷九：「顧其母激忿塡膺，寸晷是學，不迨於至，以超聖人之域，煥乎賢者之業。」

【激流出澗——勢不可當】
見「決了堤的河水——勢不可當」。

【激流裏下樁子——要有準頭】
在激流裏下樁子，必須看準位置，否則樁子就會被沖走。多比喻在關鍵時刻，說話、做事要注意準確性。例在兩種觀點、兩種主張辨論激烈的情況下，你發表意見，一定要像激流裏下樁子——要有準頭，沒有可靠的理論和事實根據，就不能亂說。

【激流勇退】
見「急流勇退」。

【激石乃有火，不激原無煙】
激：撞擊。撞擊石頭可以發火，否則不會有煙。比喻用激將法激勵別人去幹某件事。《三寶太監西洋記》六三回：「馬公公笑一笑說道：『朝廷養軍千日，用在一朝。難道這等一個番將，我軍中就沒有一個英雄豪傑敢去敵他？』自古道：『激石乃有火，不激原無煙。』倒是馬公公這幾句話兒，一下子就激出一個將官來，歷階而上。」也作「激石乃有火，激水可在山」。

【激貪厲俗】
厲：勸勉。打擊貪贓枉法之徒，整頓世俗民風。《隋書・煬帝紀上》：「或節義可稱，或操履清潔，所以激貪厲俗，有益風化。」

【激濁揚清】
激：沖刷；濁：污水；揚：掀起；清：清水。沖去污水，掀起清波。比喻除惡揚善。元・無名氏《陳州糶米》二折：「待制爲官，盡忠報國，激濁揚清。」

【羈旅之臣】
羈旅：行旅在外。指流亡在異國他鄉的官員。《史記・陳杞世家》：「羈旅之臣，幸得免負擔。」

【羈紲之僕】
羈紲：拴馬的用具。比喻被役使的人。常用作謙辭。《左傳・僖公二十四年》：「居者爲社稷之守，行者爲羈紲之僕。」

ㄐㄧˊ

【及第不必讀書，做官何須事業】
及第：科舉時代考試中選。及第不一定要讀書，做官的也不幹正經事。指舊時官場上賣官鬻爵的醜惡現象。例老話所說「及第不必讀書，做官何須事業」，可以說是封建時代的一幅官場寫照了。

【及鋒而試】
及：趁著；鋒：鋒利。趁著鋒利的時候用它。《漢書・高帝紀上》：「吏卒皆山東之人，日夜企而望歸，及其鋒而用之，可以有大功。」本指乘士卒的銳氣旺盛時用兵。後也用以比喻乘有利時機，及時採取行動。魯迅《兩地書》五：「養精蓄銳，以待及鋒而試。」也作「及鋒一試」。《孽海花》三回：「然科名是讀書人的第二生命，一聽見了開考的消息，不管多壘四郊，總想及鋒一試。」

【及鋒一試】
見「及鋒而試」。

【及瓜而代】
及：等待；代：代替。等到瓜熟時，就讓他人接替。泛指任期屆滿，由他人繼任。《東周列國志》一四回：「及瓜而代，主公所親許也。」

【及時行樂】
及時：抓緊時機。抓緊時機，尋歡作樂。《儒林外史》三〇回：「才子佳人，正宜及時行樂。」

【及時雨】
比喻正合時宜、能及時滿足需要的人或事。例這幾本科學讀物眞不錯，對中小學生可說是及時雨，因爲現在這類科學讀物太缺乏了。

【及之而後知，履之而後艱】
及：接觸；履：實踐。只有通過接觸，才能了解事物；只有通過實踐，才能領略其艱難。淸・魏源《默觚學篇二》：「及之而後知，履之而後艱。焉有不行而能知者乎？」

【吉光片羽】
吉光：傳說中的一種神獸；片羽：一片羽毛。晋・葛洪《西京雜記》：「武帝時西域獻吉光裘，入水不濡。」比喻殘存的珍貴文物。明・焦竑《李氏焚書序》：「斷管殘沈，等於吉光片羽。」也作「片羽吉光」。

【吉人天相】
吉人：好人；相：保佑。宿命論者認爲好人會得到上天的保佑。後常用爲在他人遭遇不幸時的祝願語。元・無名氏《桃花女》一折：「哥哥，你只管依著他做去，吉人天相，到後日我同女孩兒來賀你也。」

【吉日良辰】
吉日：吉利的日子；辰：時刻。好日子，好時辰。元・尚仲賢《柳毅傳書》一折：「則今日是吉日良辰，辭別了母親，便索長行也。」也作「良辰吉日」。

【吉日良時】
指好日子，好時辰。舊時多指祭神或結婚的喜慶日子。《孽海花》八回：「快叫開船回去，耽誤了吉日良時，不是耍處。」

【吉少凶多】
吉：吉利；凶：不幸。吉利少，凶害多。《三俠五義》七六回：「郭氏暗想，丈夫事體吉少凶多，須早早稟知叔父馬朝賢，商議主意。」也作「凶多吉少」。

【吉祥如意】
吉祥：吉利祥瑞。表示一切事情都美滿稱心。多用爲祝頌的話。元・無名氏《賺蒯通》二折：「再休想吉祥如意，多管是你惡限臨逼。」

【吉祥善事】
指預示幸運的好事。《戰國策・秦策》：「豈非道之符，而聖人所謂吉祥善事歟。」

【吉祥止止】
喜慶好事連續不斷。《莊子・人間世》：「瞻彼闋者，虛室生白，吉祥止止。」

【吉星高照】
吉星：吉祥的星辰。吉祥的星辰在空中照耀。形容幸運的事情來臨。也作「福星高照」。

【吉凶禍福】
吉祥、不幸、災禍、幸福。泛指各種境況。《三國誌・吳書・太史慈傳》：「是爲吉凶禍福等耳，吾不獨受此罪。」

【吉凶未卜】
吉：吉祥；凶：不吉利，不幸；卜：占卜，引申爲預測。無法預測是禍是福。《說岳全傳》五十九回：「［岳飛］對衆將道：『聖上命我進京，怎敢抗旨？但奸臣在朝，此去吉凶未卜。』」

【吉凶相救，患難相扶】
謂同患難，共甘苦。《三國演義》六〇回：「族弟劉璋，再拜致書於玄德宗兄將軍麾下：火伏電天，蜀道崎嶇，未及賚貢，甚切惶愧。璋聞『吉凶相救，患難相扶』，朋友尚然，況宗族乎？」

【岌岌可危】
岌岌：山高陡峭，即將倒下的樣子。形容形勢危急。《文明小史》三回：「柳知府正在爲難的時候，只見門上幾個人慌慌張張的來報，說有好幾百個人都闖進府衙門來……甚至拿磚頭撞的二門咚咚的響，其勢岌岌可危。」

【汲汲皇皇】
心情急切，舉止忙亂，無所適從。明・吾丘瑞《運甓記・聞叛勤王》：「孔子異國大夫，列侯漢末郡守，既無討賊之權，又乏兵車之衛，猶然汲汲皇皇，席不暇暖。」

【汲汲忙忙】
形容行動急促、忙亂的樣子。漢・王充《論衡・書解》：「使著作之人，總衆事之凡，典國境之職，汲汲忙忙，何暇著作？」

【汲汲孜孜】
汲汲：心情急切。形容極其勤奮努力。明・宋濂《答郡守聘五經師書》：「是宜汲汲孜孜，欲追躅於文翁也。」

【汲引忘疲】
汲：從井裏打水。比喻引薦或提拔人才十分積極。唐・駱賓王《上兗州刺史啟》：「汲引忘疲，獎題不倦。」

【極口分辯】

形容竭力辯解。《古今小說》卷二：「廉憲也素聞其名，替他極口分辯，得免其禍。」

【極樂起憂惶】

過度的享樂會帶來憂傷驚懼。《金瓶梅詞話》五四回：「來日陰晴未可商，常言極樂起憂惶。浪游年少耽紅陌，薄命嬌娥怨綠窗。」

【極樂世界】

佛教指阿彌陀佛所居的世界。該地只有快樂，沒有煩惱。泛指理想、如意的境界。唐・白居易《畫西方幀記贊》：「極樂世界清淨土，無諸惡道及衆苦。」

【極目四望】

四望：向四方眺望。形容盼望之心急切。例老王已等了三天，他每天極目四望，始終未見人影。

【極目無際】

極目：放眼遠望。一眼望不到盡頭。形容極其遼闊。冰心《斯人獨憔悴》：「一個黃昏，一片極目無際絨絨的青草，映著半天的晚霞，恰如一幅圖畫。」

【極目遠眺】

極目：盡目力所及；眺：遠望。指極盡眼力向遠方眺望。例他站在高高的山頂上，極目遠眺，美景盡收眼底。也作「極目遠望」。例她每天都在路口極目遠望，盼望探家的兒子歸來。

【極目遠望】

見「極目遠眺」。

【極深研幾】

極：窮盡；深：深奧；研：研究；幾：細微。形容鑽研深刻、細緻。《周易・繫辭上》：「夫易，聖人之所以極深而研幾也。」

【極天極地】

形容頂天立地，無尚偉大。《古今小說》卷二五：「據卿之功，極天極地，無可比者。」

【極重難返】

猶「積重難返」。清・黃宗羲《三稿類存序》：「當極重難返之勢，余又無祿位容貌如震川所云巨子者足爲人所和附。」

【即即世世】

咒罵之語。意即該死。舊戲曲中常用。元・王實甫《西廂記》二本三折：「誰承望這即即世世老婆婆，著鶯鶯做妹妹拜哥哥。」

【即景生情】

即景：就眼前的景物。由眼前的景物而引起某種感情。清・李漁《閒情偶寄・詞采第二》：「善咏物者，妙在即景生情。」也作「見景生情」。

【即鹿無虞】

即：接近；虞：虞官，掌管山澤的官。《周易・屯》：「即鹿無虞，惟入於林中，君子幾，不如捨，往吝。」意思是追逐野鹿時，如沒有知情者引路，那是白費勁，進入山林，一無所獲。比喻做事如不具備條件而盲目從事，必然徒勞無功。《後漢書・何進傳》：「陳琳入諫曰：『《易》稱即鹿無虞，諺有掩目捕雀。夫微物尚不可欺以得志，況國之大事，其可以詐立乎？』」

【即事窮理】

以事實爲依據，探究其中的道理。清・王夫之《續春秋左氏傳博議下・士文伯論日食》：「有即事以窮理，無立理以限事。」

【即席賦詩】

即席：在席位上，指當場；賦詩：作詩。指當場作詩。宋・魏泰《臨漢隱居詩話》：「因置酒共賞，即席賦詩。」

【即心是佛】

佛教禪宗認爲只要內求諸心，便可悟道成佛。《景德傳燈錄・明州大梅山法常禪師》：「初參大寂，問如何是佛？大寂云：『即心是佛。』師即大悟。」

【即興之作】

即興：指因即刻的感受而發的。因當時的感受而寫出的作品。例他這篇即興之作，很受與會者讚賞。

【即以其人之道，還治其人之身】

即：就；道：辦法；治：整治。就用那人對付別人的辦法去對付他。《水滸後傳》二二回：「況這班奸黨，不知屈害多少忠良，即以其人之道，還治其人之身，極是快心之事。」

【詰屈聱牙】

見「佶屈聱牙」。

【佶屈聱牙】

佶屈：不順暢；聱（ㄠˊ）牙：拗口。形容文詞古典深奧，讀起來很不順口。唐・韓愈《進學解》：「周誥殷盤，佶屈聱牙。」也作「詰屈聱牙」。詰屈：同「佶屈」。朱自清《尚書第三》：「但傳到後世，這種官話或普通話卻變成詰屈聱牙的古語了。」

【急不可待】

形容心情急迫，不能再等待。《聊齋志異・青娥》：「［母］但思魚羹，而近地則無，百里外始可購致。時廝騎皆被差遣，生性純孝，急不可待，懷貲獨往，晝夜無停趾。」也作「急不可耐」。《官場現形記》一四回：「六個人剛剛坐定，胡統領已急不可耐，頭一個開口就說：『我們今日非往常可比，須大家盡興一樂。』」

【急不可耐】

見「急不可待」。

【急不如快】

心中著急無用，不如快點行動。例俗話說：「急不如快」事情已經到了這個地步，還是快點上車去看一看吧。

【急不暇擇】

暇：空閒。指因急需而顧不上加以挑選。例因工作急需此種儀器，急不暇擇，即使型號不完全相符，只要能用就可以了。

【急不擇言】

急著要說，來不及選擇恰當的詞語。魯迅《忽然想到——》：「『急不擇言』

的病源，並不在沒有想的工夫，而在有工夫的時候沒有想。」

【急赤白臉】

心裏著急，臉色難看。形容急躁的神態。例小李急赤白臉地和小王爭論起來，使本來很和諧的討論氣氛一下子沉悶了。

【急風暴雨】

見「疾風暴雨」。

【急公好義】

指熱心公益，常常見義勇為。《官場現形記》三四回：「此次由上海捐集巨款，來晉賑濟，急公好義，已堪嘉尚。」

【急功近利】

急：急於；功：功效，成就；近：眼前的。漢・董仲舒《春秋繁露・對膠西王越大夫不得為仁》：「仁人者正其道不謀其利，修其理不急其功。」形容急於求成，貪圖眼前功利。也作「急近功利」。宋・歐陽修《資政殿學士戶部侍郎文正范公神道碑銘序》：「公為將，務持重，不急近功小利。」也作「急功近名」。清・昭槤《雜錄》：「四方布衣之士亦有上書於乾清門以希進用者。然率皆急功近名之士。」也作「近效急功」、「淺功近利」。

【急功近名】

見「急功近利」。

【急管繁弦】

管、弦：管樂和弦樂，泛指樂曲。形容樂曲演奏的節奏感很強，音色豐富。宋・晏殊《蝶戀花》詞：「繡幕卷波香引穗，急管繁弦，共慶人間瑞。」也作「急竹繁絲」。宋・翁卷《白紵詞》詩：「急竹繁絲互催逼，吳娘嬌濃玉無力。」也作「繁弦急管」。

【急火吃不成熟米飯】

比喻過於急躁辦不好事情。劉子威《在決戰的日子裏》一七章：「急什麼？急火吃不成熟米飯。」

【急急如律令】

漢代詔書或檄文常以「如律令」或「急急如律令」結尾，要對方立即照律令辦事。後來道教的畫符念咒驅使鬼神，末尾也襲用此語。意為令鬼神立即按符咒旨意行動。唐・白居易《祭龍文》：「若三日之內，一雨滂沱，是龍之靈，亦人之幸，禮無不報，神其聽之。急急如律令！」

【急近功利】

見「急功近利」。

【急驚風碰上慢郎中——乾著急】

見「狗等骨頭—乾著急」。

【急驚風碰上慢郎中——越等越急】

急驚風：中醫指小兒由於發高燒兩眼直視或上轉、牙關緊閉、手足痙攣的急性病；郎中：中醫醫生。指期待的事遲遲不能實現，心中愈加著急。例唉，眞要命，她為什麼還不來？「急驚風碰上慢郎中——越等越急呀！」

【急驚風遇著慢郎中】

郎中：中醫醫生。比喻事情緊急向人求助時，偏偏遇到慢性子的人。《瞎騙奇聞》五回：「這眞是急驚風遇著慢郎中了。我家裏死在床上，我如何等得及你呢？」也作「急驚風撞著了慢郎中」、「急驚風偏碰著個慢郎中」。

【急救車碰上救火車——急上加急】

比喻萬分緊急。例這是一件急救車碰上救火車——急上加急的事，請立刻請示首長後，給前線回電。

【急就章】

原為書名，又叫《急就篇》。漢代史游所作兒童掃盲識字讀本。比喻為了應急，匆忙完成的文章或事物。例這個方案是我一天一夜趕出來的急就章，先對付著幹吧！等有時間再細細推敲。

【急來抱佛腳】

原指求佛保佑。後比喻事到臨頭才倉促設法應付。《水滸全傳》一七回：「哥哥正是急來抱佛腳，閒時不燒香。」也比喻事到臨頭才慌忙準備。《官場現形記》六回：「只有三年大閱是他們的一重關煞，那一種急來抱佛腳情形，比起那些秀才們三年歲考還要急。」也作「急則抱佛腳」。宋・劉攽《劉貢父詩話》：「王丞相好嘲謔，嘗曰：『投老欲依僧。』客對曰：『急則抱佛腳』。」也作「臨時抱佛腳」、「急時抱佛腳」。

【急流勇退】

在急流中果敢地立即退回。比喻在官場得意或人在順利時應及時引退，明哲保身，以避禍患。《二十年目睹之怪現狀》二六回：「做官到了三品時，就要急流勇退，不然就有大禍臨頭。」《三國演義》六八回：「我亦久思急流勇退，奈朝廷未得其人耳。」

【急脈緩灸】

見「急脈緩受」。

【急脈緩受】

受：通「授」。對急病要穩緩地用藥調治。比喻要沉著、冷靜地應付突發事件。《兒女英雄傳》二五回：「要不急脈緩受，且把鄧老的話撇開，先治他這個病源，只怕越說越左。」也作「急脈緩灸」。指在詩文寫作中，故意放鬆一筆，使成抑揚頓挫。《紅樓夢》七六回：「黛玉道：『對句不好，合掌。下句推開一步，倒還是急脈緩灸法。』」

【急起直追】

馬上振作起來，努力追趕上去。梁啟超《論中國成文法編制之沿革得失》一一：「然能應於時勢，急起直追，則又愈可以助社會之進步。」也作「奮起直追」。

【急人之急】

見「急人之困」。

【急人之困】

迫不及待地幫助別人解決困難。《史記・魏公子列傳》：「勝所以附為婚姻者，以公子之高義，為能急人之困。」也作「急人之難」。明・歸有光《吳純甫行狀》：「篤於孝友，急人之難，大義落落，人莫敢以利動。」也作「急人之急」。唐・張說《弔陳司馬書》：「明府兄毓德南邦，飛聲中夏，急人之急，憂人之憂。」也作「赴人之急」、「周人之急」。

【急人之難】
見「急人之困」。

【急人之危】
指急切地幫助別人解除危難。《新五代史・劉守光傳》：「公三晉賢士，獨不急人之危乎？」也作「急人之憂」。《太平廣記》卷一六六引《吳保安》：「側聞吾子，急人之憂，不遺鄉曲之情。」

【急人之憂】
見「急人之危」。

【急如風火】
見「急如星火」。

【急如星火】
像流星的光從天空閃過一樣快。形容情勢急迫。《二刻拍案驚奇》卷三七：「朝廷急調遼兵南討，飛檄到來，急如星火。」也作「急如風火」。《西遊補》九回：「你要圖成和議，急如風火，卻如何等得這三日過呢？」

【急剎車】
原指緊急制動、緊急停車。比喻緊急停止、制止某件事的進行。例這件事要是由著他們蠻幹下去，非失敗不可。幸喜我來了個急剎車，才沒有造成更嚴重的後果。

【急水灘放鴨子——一去不復返】
比喻失去的再也不會得到。例他的兒子離開家鄉，就像急水灘放鴨子——一去不復返，至今下落不明。也作「急水灘放鴨子——一去永不來」、「急水灘頭放鴨仔——一去不回頭」、「趙巧兒送燈台——一去永不來」、「斷了線的風箏——一去不復返」。

【急水也有回頭浪】
比喻順利的時候也會遭到挫折。羅旋《南國風煙》一部二：「依我看，現在也不背時。走馬有個前蹄失，急水也有回頭浪，勝敗是兵家常事嘛！」

【急脫急著，勝如服藥】
謂隨著氣候的變化及時增減衣服，比吃藥還强。例天氣乍暖還寒，還是「急脫急著，勝如服藥」的好。

【急性病】
比喻不顧實際情況，一味急於求成的毛病。例這是良種培育，不能犯急性病，只能遵循自然規律，一步步地改良。

【急性子吃熊掌——不管生熟】
比喻貪婪心切，不管好歹地撈取。例這個人對個人利益看得太重，遇到有利可圖的事，就急性子吃熊掌——不管生熟，不考慮後果和影響。也作「小偷偷瓜——不管生熟」。

【急景凋年】
景：通「影」，指光陰；凋年：殘年。多形容歲暮景象。唐・白居易《和自勸》：「急景凋年，急於水，念此攬衣中夜起。」

【急景流年】
景：通「影」，指光陰。形容光陰像流水般逝去。宋・晏殊《蝶戀花》詞：「急景流年都一瞬，往事前歡，未免縈方寸。」

【急於求成】
想馬上取得成功（含貶義）。例學什麼都應該是循序漸進，急於求成的想法是極不可取的。

【急於事功】
形容辦事急於求成。魯迅《為了忘卻的紀念》：「我對於她終於很隔膜，我疑心她有點羅曼蒂克，急於事功。」

【急於星火】
星火：指流星。急迫得像流星一樣一閃而過。晉・李密《陳情表》：「州司臨門，急於星火。」

【急則抱佛腳】
見「急來抱佛腳」。

【急則計生】
指在萬分急迫的情勢下，猛然想出好的主意或計謀。唐・白居易《和微之詩二十三首序》：「今足下果用所長，過蒙見窘，然敵則氣作，急則計生，四十二章，麾掃並畢，不知大敵以為如何？」

【急則有失】
見「急中有失」。

【急張拘諸】
形容侷促不安，急切忙亂的樣子。例因為事情的突發，老王急張拘諸，不知所措。

【急著討債碰南牆——財迷轉向】
轉向：迷失方向。比喻愛財入迷，一心想發財。例在改革開放過程中，難免出現一些急著討債碰南牆——財迷轉向的人，只要政策、措施得力，是可以約束他們的。

【急徵重斂】
斂：聚斂。加倍催徵賦稅。形容統治者的殘酷剝削。唐・陸贄《收河中後請罷兵狀》：「陛下懷悔過之深誠，降非常之大號，知黷武窮兵之長亂，知急徵重斂之剿財。」

【急中生巧】
見「急中生智」。

【急中生智】
在疑難或危急的時候猛然想出了辦法。魯迅《田園思想・來信》：「當我把《雨絲》讀完的時候，想念《莽原》的心思卻忽然增高萬倍，急中生智，馬上寫了一封信給我的可愛的表弟。」也作「急中生巧」。《濟公全傳》三七回：「陳亮正在屋中觀看，聽衆人要進來，自己一想，叫人躲到屋中，可不像話。急中生巧，一撩床幃，鑽到床底下隱藏。」也作「人急計生」、「事急智生」。

【急中有失】
急忙中會有失誤。管建勛《雲燕》二四章一：「你可別照你媽似的，啥事愛著急。俗話說得好，急中有失嘛！」也作「**急則有失**」。曲波《橋隆飆》四：「凡事總得有點盤算。急則有失，怒中無智。」

【急竹繁絲】
見「急管繁弦」。

【急轉直下】
形容情況突變，並急速直線發展。例公司財務弊案的情形急轉直下，實在出乎人們意料之外。

【疾不可為】
指病情垂危，不可救治。《左傳・成公十年》：「疾不可為也，在肓之上，膏之下，攻之不可，達之不及，藥不至焉，不可為也。」

【疾電之光】
疾電：迅急的閃電。形容變化迅速。《紅樓夢》五四回：「或如迸豆之急，或如驚馬之馳，或如疾電之光。」

【疾惡好善】
痛恨壞人壞事，喜愛行善作好事。比喻愛憎分明。《新唐書・王珪傳》：「至激濁揚清，疾惡好善，臣於數子有一日之長。」

【疾惡如仇】
疾：同「嫉」，憎恨。痛恨壞人壞事就像對待仇敵一樣。《晉書・傅咸傳》：「剛簡有大節，風格峻整，識性明悟，疾惡如仇。」也作「**疾惡若仇**」。漢・孔融《薦禰衡表》：「見善若驚，疾惡若仇。」也作「**嫉惡如仇**」。《宋史・呂文仲傳》：「上曰：『卿執憲，當嫉惡如仇，豈公行黨庇邪？』文仲頓首曰：『中司之職，非徒繩糾愆違，亦當顧國家大體。』」也作「**疾惡如風**」。《後漢書・陳王列傳》：「諺曰：『車如雞棲馬如狗，疾惡如風朱伯厚。』」

【疾惡如風】
見「疾惡如仇」。

【疾惡若仇】
見「疾惡如仇」。

【疾風暴雨】
疾、暴：急遽，迅猛。急遽而猛烈的大風雨。《淮南子・兵略訓》：「大寒甚暑，疾風暴雨，大霧冥晦，因此而為變者也。」後多用以形容來勢迅猛，聲勢浩大。《儒林外史》四三回：「鐵溪裏龍神嫁妹子……若是偷著張看，被他瞧見了，就有疾風暴雨，平地水深三尺，把人民淹死無數。」也作「**疾風驟雨**」。《醒世恆言》卷三四：「十來個婦人，一個個粗腳大手，裸臂揎拳，如疾風驟雨而來。」也作「**疾風甚雨**」。宋・吳曾《能改齋漫錄・寒食疾風甚雨》：「去冬至一百五日，即有疾風甚雨，謂之寒食。」也作「**急風暴雨**」、「**迅風暴雨**」。

【疾風橫雨】
急遽而猛烈的大風大雨。形容來勢迅猛、聲勢浩大。梁啟超《新民說》八節：「其根既拔，雖復幹植崔嵬，華葉蓊郁，而必歸於槁亡，遇疾風橫雨，則摧落更速焉。」

【疾風勁草】
見「疾風知勁草」。

【疾風掃秋葉】
迅猛的大風把秋天的枯葉一掃而光。多形容迅速、徹底地消滅了敵人。《三國志・魏書・辛毗傳》：「以明公之威，應困窮之敵，擊疲弊之寇，無異迅風之振秋葉矣。」《資治通鑑・晉孝武帝太元七年》：「以吾擊晉，校其強弱之勢，猶疾風之掃秋葉。」

【疾風甚雨】
見「疾風暴雨」。

【疾風知勁草】
勁：強勁，堅韌。在猛烈的大風中，才能識別哪種草最堅韌。比喻在嚴峻的考驗中，才能顯示出強者。《後漢書・王霸傳》：「光武謂霸曰：『潁川從我者皆逝，而子獨留，努力！疾風知勁草』」也作「**疾風勁草**」。《周書・裴寬傳》：「被堅執銳，或有其人，疾風勁草，歲寒方驗。」

【疾風迅雷】
像暴風急雷那樣猛烈而迅速。例我軍採取了疾風迅雷的戰術行動，直插敵軍心臟，取得了重大勝利。

【疾風驟雨】
見「疾風暴雨」。

【疾雷不及塞耳】
見「疾雷不及掩耳」。

【疾雷不及掩耳】
雷聲突起，使人來不及堵住耳朵。比喻來勢迅猛，使人猝不及防。《六韜・軍勢》：「是以疾雷不及掩耳，迅電不及瞑目。」也作「**疾雷不及塞耳**」。《淮南子・兵略訓》：「疾雷不及塞耳，疾霆不暇掩目。」也作「**迅雷不及掩耳**」、「**震霆不及塞耳**」。

【疾如雷電】
迅猛如雷鳴、閃電。形容行動神速。漢・荀悅《漢紀・高祖紀二》：「項羽用兵疾如雷電。」

【疾如旋踵】
踵：腳跟。形容變化之快，快得像轉動一下腳跟。唐・馮用之《機論上》：「一得一失，易於反掌，一興一亡，疾如旋踵，為國家者可不務乎？」

【疾聲大呼】
大聲而急促地呼喊。《宋史・辛棄疾傳》：「咸淳間史館校勘謝枋得過棄疾墓旁僧舍，有疾聲大呼於堂上，若鳴其不平，自昏暮至三鼓不絕聲。」形容大力提倡或號召。也作「**大聲疾呼**」。

【疾聲遽色】
見「疾言遽色」。

【疾聲厲色】
見「疾言厲色」。

【疾世憤俗】
疾：同「嫉」，憎恨；憤：憤恨。形容對社會現狀的憎恨和不滿。郭沫若《十批判書》八：「有的疾世憤俗，做出些狂放不檢的行為。」也作「**憤世嫉俗**」。

【疾首蹙額】

見「疾首蹙頞」。

【疾首蹙頞】

頞：ㄜˋ，鼻梁；蹙頞：意爲皺眉頭。形容極其痛恨的樣子。《孟子・梁惠王下》：「百姓聞王鐘鼓之聲，管籥之音，舉疾首蹙頞而相告曰：『吾王之好鼓樂，夫何使我至於此極也！』」也作「疾首蹙額」。宋・陸九淵《與徐子宜書》：「良民善士，疾首蹙額，飲恨吞聲而無所控訴。」也作「疾首攢眉」。明・孫傳庭《辭加級銀幣疏》：「臣竊嘆國家兵餉莫大於是，乃日疾首攢眉，憂兵憂餉耶！」

【疾首攢眉】

見「疾首蹙頞」。

【疾首痛心】

頭痛，心也痛。形容傷心至極。《南史・虞寄傳》：「不意將軍惑於邪說，翻然異計，寄所以疾首痛心，泣盡繼之以血，萬全之策，竊爲將軍惜之。」也作「痛心疾首」。

【疾痛慘怛】

怛：ㄉㄚˊ，憂傷，悲苦。指疾病的痛苦悲傷。《史記・屈原列傳》：「人窮則反本，故勞苦倦極，未嘗不呼天也；疾痛慘怛，未嘗不呼父母也。」

【疾言遽色】

言語急躁，神色難看，形容耍態度。《東周列國志》三三回：「[宋襄公]包著一肚子氣，不免疾言遽色，謂楚王曰：『寡人徼禍先代，忝爲上公，天子亦待以賓客之禮。』」也作「疾聲遽色」。宋・葉適《陳叔向墓志銘》：「兄弟相愛友，門內諧樂，無疾聲遽色。」

【疾言厲色】

說話急躁，神色嚴厲。《官場現形記》五四回：「那梅大老爺的臉色已經平和了許多，就是問話的聲音也不像先前之疾言厲色了。」也作「疾聲厲色」。梁啟超《收回幹線鐵路問題》：「惟疾聲厲色，以違制相脅嚇。」也作「嚴聲厲色」、「直言厲色」。

【疾之如仇】

見「疾之若仇」。

【疾之若仇】

憎恨奸佞小人如同憎恨仇敵一樣。《晋書・阮籍傳》：「由是禮法之士疾之若仇，而帝每保護之。」也作「疾之如仇」。《晋書・秦秀傳》：「秀性忌讒佞，疾之如仇。」

【疾足先得】

疾足：跑得快。行動敏捷的先得到所求的東西。《史記・淮陰侯傳》：「秦失其鹿，天下共逐之，於是高材疾足者先得焉。」也作「捷足先得」。姚雪垠《李自成》卷一：「尚炯笑著說：『自然是捷足者先得之。』」也作「捷足先登」。巴金《短簡・我的故事》：「小事情不敢請大學生屈就，而大事情卻又被有勢力的人『捷足先登』了。」

【寂寂無聞】

寂寂：沒有聲音；無聞：不爲人所知。形容境況冷落，不被人們所了解。例他從不顯露自己，甘願做些寂寂無聞的工作。

【寂寞無爲】

形容無所作爲。《莊子・天道》：「夫虛靜恬淡，寂寞無爲者天地之平。」

【寂然不動】

寂然：寂靜的樣子。形容非常寂靜，毫無聲響。《周易・繫辭上》：「《易》無思也，無爲也，寂然不動，感而遂通天下之故。」也作「寂若死灰」。《雲笈七籤》卷三七：「志心者，始終運意，行坐動形，寂若死灰，同於枯木，滅諸想念，唯一而已。」也作「寂若無人」。南朝宋・劉義慶《世說新語・德行》：「輒嘆曰：『經其戶寂若無人，披其帷其人斯在，豈得非名賢。』」

【寂若死灰】

見「寂然不動」。

【寂若無人】

見「寂然不動」。

【寂天寞地】

非常寂靜，沒有一點聲響。比喻無能之人沒有任何作爲。明・郎瑛《七修類稿・奇謔・諺語至理》：「御史初至，則曰驚天動地；過幾月，則曰昏天黑地；去時，則曰寂天寞地。此言其無才者也。」

【蒺藜子拌草——不是好料】

蒺藜子：蒺藜，一年生草本植物，果實，有尖刺，俗稱蒺藜子或蒺藜狗子。比喻不是好東西。貶義。例他倒是一個老實忠厚的人，可他的兒子卻是蒺藜子拌草——不是好料。也作「大麻子餵牲口——不是好料」、「瓜子皮餵牲口——不是好料」、「蒺藜拌麥麩子——不是好料」。

【嫉惡如仇】

見「疾惡如仇」。

【嫉賢妒能】

對品德、才能超過自己的人心懷忌恨。《水滸全傳》二〇回：「今日衆豪傑至此相聚，爭奈王倫心胸狹隘，嫉賢妒能。」也作「妒賢嫉能」、「妒功忌能」、「蔽賢妒能」。

【棘地荊天】

棘、荊：即荊棘，多刺的小灌木。天地之間，荊棘叢生。比喻處境艱險，令人行動十分不便。例他回想創業之初，棘地荊天的處境，憑著一己的毅力一一克服，到今日事業的蓬勃發展，覺得欣慰不已。也作「荊天棘地」。

【棘沒銅駝】

荊棘叢生，把宮門外的銅駝都掩沒了。形容亡國後的破敗景象。宋・陸游《四山》詩：「此生終遣英雄笑，棘沒銅駝六十年。」

【棘圍鎖院】

科舉時代，防止考試作弊，考試庭院周圍佈滿荊棘，內外門戶加鎖。形容考場的嚴緊。也作爲舊時考場的代稱。清・孔尚任《桃花扇・會獄》：

「閒消自遣，莫說文章賤。從來豪傑，都向此中磨煉。似在棘圍鎖院，分簾校賦篇。」

【戢暴鋤强】

戢：遏止；鋤：鏟除；强：蠻不講理。遏止或鏟除凶殘的人或事。例警察人員戢暴鋤强，維護社會治安爲人民立了大功。

【戢鱗潛翼】

魚兒收斂鱗甲，鳥兒捲起翅膀。比喻從官場退下來，過隱居生活。《晋書・宣帝紀》：「和光同塵，與時舒卷，戢鱗潛翼，思屬風雲。」

【集思廣益】

集：集中；思：意見；廣：擴大；益：好處。集中衆人的智慧，以收更大的效益。《老殘遊記》三回：「但凡聞有奇才異能之士，都想請來，也是集思廣益的意思。」

【集腋成裘】

腋：腋下，這裏指狐腋下的一小塊毛皮；裘：皮衣。狐狸腋下的皮雖小，但聚集起來能縫成一件皮衣。比喻積少可以成多。《官場現形記》一一回：「果然一齊應允，也有二百的，也有一百的，也有五十的，居然集腋成裘，立刻到捐局裏塡了部照出來。」

【集螢映雪】

夏夜把螢火蟲裝在絹袋裏，冬夜坐在雪堆旁，利用螢火蟲或雪的光亮讀書。形容刻苦讀書。《文選・爲蕭揚州薦士表》：「既筆耕爲養，亦傭書成學，至乃集螢映雪，編蒲緝柳。」也作「聚螢映雪」。《北史・崔賾傳》：「未嘗聚螢映雪懸頭刺股，讀《論》唯取一篇，披《莊》不過盈尺。」也作「聚螢積雪」。元・關漢卿《玉鏡台》一折：「守著那聚螢積雪看書窗，幾時得出爲破虜三將軍，入爲治國頭廳相？」也作「囊螢積雪」。

【集苑集枯】

集：聚集；苑：茂盛的樹木；枯：枯樹。有的鳥喜歡棲息在茂盛的樹木上，有的則喜歡棲息在枯木上。比喻人的志趣不同，趨向各異。《國語・晋語二》：「暇豫之吾吾，不如鳥烏；人皆集於苑，己獨集於枯！」元・姚燧《秦國忠翊之弟巴克實巴追封古哩郡恭懿公制》：「謂人集苑而己集枯。」

【瘠己肥人】

瘠：瘠薄；瘠己：嚴於要求自己；肥人：待人寬厚。比喻嚴於律己，寬厚待人。《宋史・趙善俊傳》：「僚屬爭言用度將不足，善俊曰：『吾將瘠己肥人。』」

【瘠牛僨豚】

瘠：瘦；僨：ㄈㄣˋ，仆倒；豚：豬。瘦弱的牛壓在豬身上，豬也會被壓死。《左傳・昭公十三年》：「牛雖瘠，僨於豚上，其畏不死？」比喻以强凌弱。

【瘠人肥己】

待人特別吝嗇，於己則貪心不足，明・屠隆《曇花記・冥司斷案》：「衆生多犯慳貪謀奪强占，瘠人肥己，毫釐不捨，共若幹起。」

【鶺鴒在原】

鶺鴒：ㄌㄧㄥˊ，鳥名，因好成羣而飛，借指兄弟。比喻兄弟友愛。魯迅《徬徨・弟兄》：「你還是早點回去罷，你一定惦記著令弟的病。你們眞是鶺鴒在原。」

【踖地跼天】

見「跼天踖地」。

【擊鉢催詩】

《南史・王僧孺傳》：「竟陵王子良嘗夜集學士，刻燭爲詩，四韻者則刻一寸，以此爲率。（蕭）文琰曰：『頓燒一寸燭而成四韻詩，何難之有？』乃與（丘）令楷、江洪等共打銅鉢立韻，響滅則詩成，皆可觀覽。」後以「擊鉢催詩」比喻才思敏捷。

【擊轂摩肩】

轂：車輪中心的圓木，借指車。車碰車，肩碰肩。形容車來人往，十分擁擠。《老殘遊記・續集》八回：「不知怎麼一恍，就到了一個極大的街市，人煙稠密，車馬往來，擊轂摩肩。」也作「摩肩擊轂」、「肩摩轂擊」。

【擊鼓其鏜】

鏜：ㄊㄤ，鼓、鑼的聲音。指作戰時敲鼓，鏜然作響。《詩經・邶風・擊鼓》：「擊鼓其鏜，踴躍用兵。土國城漕，我獨南行。」

【擊鼓鳴金】

古時用金屬樂器和鼓指揮作戰。擊鼓：表示前進；鳴金：表示後退。形容兩軍征戰。《三國演義》二三回：「張遼可使擊鼓鳴金，許褚可使牧牛放馬。」

【擊楫中流】

楫：槳；中流：河流的中央。比喻收復失地的決心。明・王世貞《鳴鳳記・夏公命將》：「你擊楫中流志莫移，恢土宇復整華夷。」也作「中流擊楫」。

【擊節稱賞】

見「擊節嘆賞」。

【擊節稱嘆】

見「擊節嘆賞」。

【擊節嘆賞】

節：一種竹編樂器，可以拍之成聲，引申爲節拍；擊節：打拍子。形容人們打著拍子，欣賞詩文或藝術作品。宋・王楙《野客叢書・阿房宮賦》：「或者讀《阿房宮賦》，至『歌臺暖響，春光融融，舞殿冷袖，風雨淒淒，一宮之間，而氣候不齊』，擊節嘆賞，以謂善形容廣大如此。」也作「擊節稱賞」。《宣和書譜・龍魚・董羽》：「其洶湧瀾翻，望之若臨煙江絕島間，雖咫尺汗漫，莫知其涯涘也。宋白爲時聞人，一見擊節稱賞。」也作「擊節稱嘆」。《聊齋志異・葉生》：「公期望綦切，闈后索文讀之，擊節稱嘆。不意時數限人，文章憎命，及放榜時，依然鎩羽。」

【擊其不意】

趁敵方沒有防備的時候，突然襲擊。《新五代史・東漢世家・劉旻傳》：「天子新立，必不能出兵，宜自將以擊其不意。」

【擊壤鼓腹】

擊壤：古時的一種投擲遊戲；鼓腹：鼓起肚子，意即飽食。《藝文類聚》卷一一引晋・皇甫謐《帝王世紀》：「[帝堯之世]，天下大和，百姓無事，有五十老人，擊壤於道。」《莊子・馬蹄》：「夫赫胥氏之時，民居不知所為，行不知所之，含哺而熙，鼓腹而游。」後以「擊壤鼓腹」形容天下太平，百姓安居樂業。《宣和書譜・道釋三・陸晃》：「然擊壤鼓腹，可寫太平之象・……雖曰田舍，亦能補風化耳。」

【擊碎唾壺】

唾壺：盛唾液之器，猶今之痰盂。南朝宋・劉義慶《世說新語・豪爽》：「王處仲每酒後，輒咏『老驥伏櫪，志在千里，烈士暮年，壯心不已。』以如意打唾壺，壺口盡缺。」後以「擊碎唾壺」形容對文學作品的極度讚賞。

【擊玉敲金】

形容所說的話有如金玉之聲，聽起來極為正確、可貴。明・楊慎《洞天玄記》一折：「不知師傅所言，句句斬釘截鐵，言言擊玉敲金。」

【擊轅之歌】

轅：伸向車前駕牲口的長木。敲著車轅唱的歌。三國魏・曹植《與楊德祖書》：「擊轅之歌，有應風雅。」後用以指勞動人民創作並歌唱的歌曲。

【擊鐘陳鼎】

見「擊鐘鼎食」。

【擊鐘鼎食】

鐘：打擊樂器，泛指一般樂器；鼎：盛物食器。古代高官貴族用食時，打著樂器，陳列著鼎器而食，以示生活的奢侈豪華。漢・張衡《西京賦》：「擊鐘鼎食，連騎相過。」也作「擊鐘陳鼎」。唐・崔尚《唐天台山新桐柏觀之頌序》：「以為服冕乘軒者，寵患吾身也；擊鐘陳鼎者，味爽人口也。遂乃揖公侯之業，學神仙之事。」

ㄐㄧˇ

【幾次三番】

好幾次或一次又一次。《黃繡球》四回：「本官到任以來，就幾次三番的傳諭董事，出過告示，有一點點小事情，本官就派差彈壓，生怕你們百姓吃虧。」

【己饑己溺】

溺：被水淹。《孟子・離婁上》：「禹思天下有溺者，由己溺之也。稷思天下有饑者，由己饑之也。」意為看到天下挨餓落水的人，就好像自己挨餓落水一樣。形容同情百姓疾苦，並把解除這種疾苦作為己任。明・李贄《焚書・答周柳塘》：「蓋自有受命治水之禹，承命教稼之稷，自然當任己饑己溺之事，救焚拯溺之憂，我輩安能代大匠斫哉！」

【己身不正，焉能正人】

正：「不正」之「正」，指正直，公正；「正人」之「正」，指糾正。自己做不到正直無私，怎麼能糾正別人呢？《三寶太監西洋記》一一回：「陛下既已滅僧興道，怎麼又把這個和尚放進朝門之內？這叫做是『己身不正，焉能正人』，伏乞陛下詳察。」

【己是而彼非，不當與非爭；彼是而己非，不當與是爭】

自己正確，別人錯誤，用不著再爭是非；別人正確，自己錯誤，更用不著再爭高下。謂發生爭執時，要與人為善，多檢查自己。例古人說：「己是而彼非，不當與非爭；彼是而己非，不當與是爭。」當我們同周圍的人產生矛盾時，不妨可以採取這種態度。

【己所不欲，勿施於人】

自己不願意的，不要強加於人。謂辦事要將心比心，設身處地地替別人著想，不要強使別人接受自己不願意接受的東西。《論語・顏淵》：「仲弓問仁。子曰：『出門如見大賓，使民如承大祭。己所不欲，勿施於人。在邦無怨，在家無怨。』」金戈《琢玉篇》：「一個身心健康的人，總是喜真厭假、揚善抑惡、尚美棄醜的。既然如此，自然應該是『己所不欲，勿施於人。』」

【己欲立而立人，己欲達而達人】

自己想要站得穩，便同時也使別人站得穩；自己想事事順暢，便同時也使別人事事順暢。《論語・雍也》：「子貢曰：『如有博施於民而能濟衆，何如？可謂仁乎？』子曰：『何事於仁！必也聖乎！堯舜其猶病諸！夫仁者，己欲立而立人，己欲達而達人。能近取譬，可謂仁之方也已。』」

【蟣蝨相弔】

蟣；蝨子的卵；弔：弔喪。比喻自悲即將滅亡。《淮南子・說林訓》：「湯沐具而蟣蝨相弔，大廈成而燕雀相賀。」

【麂子飲水——成雙成對】

麂子飲水：麂子是哺乳動物的一屬，小型的鹿。麂子飲水時，常雌雄成雙相伴而行。雙關語。比喻一對對的情侶。例在節假日的公園裏，可以看到許多男女青年人，其中一些是麂子飲水——成雙成對。也作「鴛鴦戲水——成雙成對」、「春天的貓——成雙成對」、「倆口子回門——成雙成對」。

【擠蟣子的血都要舔——吝嗇鬼】

蟣（ㄐㄧˇ）子：蝨子的卵。指過分惜財的小氣鬼。例我們雖然反對鋪張浪費，提倡節約，但並不是說那些擠蟣子的血都要舔的吝嗇鬼，就成了楷模。

【擠眉溜眼】

見「擠眉弄眼」。

【擠眉弄眼】
擠動眉眼來表示情意。元・王實甫《破窰記》一折：「擠眉弄眼，俐齒伶牙，攀高接貴，順水推船。」也作「擠眉溜眼」。明・馮惟敏《僧尼共犯》一折：「遇著不老實的婦人，和他擠眉溜眼，調順私情。」

【擠牙膏】
比喻說話、交代問題不痛快，像擠牙膏一樣，擠一點說一點。例你有話就痛痛快快說嘛，這樣一點一點擠牙膏，誰耐煩聽？

【擠油水】
比喻施加壓力使人交出財物。例你還想擠油水呐，我們早已被榨乾了，什麼也沒有了。

【濟濟彬彬】
濟濟：儀表莊嚴穩重；彬彬：形象文雅。形容儀表端莊大方，舉止文雅禮貌。《東周列國志》六九回：「朝門外有十餘位官員，一個個峨冠博帶，濟濟彬彬，列於兩行。」

【濟濟多士】
濟濟：衆多。形容人才極多。《後漢書・蔡邕傳》：「濟濟多士，端委縉綎。」也作「人才濟濟」。

【濟濟蹌蹌】
濟濟：莊嚴恭敬的樣子；蹌蹌：ㄑㄧㄤ ㄑㄧㄤ，指行動合乎禮節。形容列隊整齊，行走合乎禮儀。《慈禧太后演義》一四回：「於是入覲，鞠躬致敬，濟濟蹌蹌，總算中外一堂，周旋中節。」

【濟濟一堂】
濟濟：人多的樣子；堂：大廳。形容衆多的人聚集在一起。清・歸莊《靜觀樓講義序》：「今也名賢秀士，濟濟一堂，大義正言，洋洋盈耳。」朱自清《「海闊天空」與「古今中外」》：「攝影中濟濟一堂的滿是兒童。」

【脊背上背鼓——找著挨錘】
比喻尋著挨揍，自找罪受。例你到警察局去幹什麼？這不是脊背上背鼓——找著挨錘嗎？也作「脊背上背鼓——找錘」、「狗咬石匠——找著挨錘」、「背鼓進廟——找著挨錘」。

【掎裳連袂】
見「掎裳連襼」。

【掎裳連襼】
掎：牽；裳：下衣，古代指裙子；襼：衣袖。裙子牽裙子，衣袖連衣袖。形容人多擁擠。《文選・藉田賦》：「躡踵側肩，掎裳連襼。」李善注：「從後牽曰掎……襼，即袂字。」也作「掎裳連袂」。宋・劉從乂《重修開元寺行廊功德碑》：「袨服靚妝，繼日而掎裳連袂。」

【掎角之勢】
《左傳・襄公十四年》：「譬如捕鹿，晋人角之，諸戎掎之，與晋踣之，戎何以不免？」意即像捕鹿一樣，晋抓住它的角，諸戎拉住它的腿，一起把鹿放倒。後以「掎角之勢」比喻戰爭中分兵兩路，相互配合、相互支援，形成夾擊或牽制敵人的態勢。《三國演義》二二回：「不若分兵屯小沛，守邳城，爲掎角之勢，以防曹操。」也作「犄角之勢」。《東周列國志》七三回：「吳兵進退兩難，乃分作兩寨，爲犄角之勢，與楚將相持。」

【掎契伺詐】
見「掎挈伺詐」。

【掎挈伺詐】
掎挈：ㄑㄧㄝˋ，指摘；詐：欺詐。謂抓住別人的一點過錯，伺機進行報復。也指看到敵方弱點，伺機行詐。《荀子・富國》：「有掎挈伺詐，權謀傾覆，以相顛倒，以靡敝之。」也作「掎契伺詐」。《荀子・議兵》：「掎契伺詐，權謀傾覆，未免盜兵也。」也作「掎契司詐」。

【掎摭利病】
掎摭（ㄓˊ）：指摘；利病：好壞。形容品評好壞。三國魏・曹植《與楊德祖書》：「劉季緒才不能逮於作者，而好詆訶文章，掎摭利病。」

【戟指怒目】
戟：古代兵器，在長柄的一端裝有槍尖，旁邊附有月牙形的鋒刃；戟指：屈肘伸指如戟形，指用手指指點人或罵人時的動作。手指指著人，眼睛睜得大大的。形容憤怒的樣子。例她戟指怒目的把他罵了一頓。

ㄐㄧˋ

【計不旋跬】
見「計不旋踵」。

【計不旋踵】
旋踵：旋轉腳後跟，指後退。比喻計謀主意已定，絕不徘徊觀望和後退。漢・司馬相如《喻巴蜀檄》：「夫邊郡之士……觸白刃，冒流矢，議不反顧，計不旋踵，人懷怒心，如報私仇。」也作「計不旋跬」。跬（ㄎㄨㄟˇ）：半步的距離。《新唐書・孫伏伽傳》：「陛下舉晋陽，天下響應，計不旋跬，大業以成。」也作「議不還踵」。

【計出萬全】
萬全：絕對安全，萬無一失。形容計畫非常周到，不會發生意外。《紅樓夢》六四回：「賈璉只顧貪圖二姐美色，聽了賈蓉一篇話，遂爲計出萬全。」

【計功補過】
考定其功績的大小，以彌補其過去的錯誤。漢・荀悅《漢紀・元帝紀》：「齊桓先有匡周之功，後有滅項之罪，君子計功補過。」

【計功受爵】
受：通「授」。考定功績的大小，授予相應的爵位。指論功行賞。魏・曹操《讓九錫表》：「量能處位，計功受爵，苟所不堪，有殞無從。」也作「計功受賞」。《淮南子・人間訓》：「是故忠臣事君也，計功而受賞，不爲苟及。」也作「計功行賞」。《說岳全傳》七八回：「收拾人馬，放炮安營，計功行賞。」

【計功受賞】

見「計功受爵」。

【計功行賞】

見「計功受爵」。

【計過自訟】

自訟：自我責備。檢討自己的過失而進行反省。《明史·舒芬傳》：「芬豐神玉立，負氣峻厲，端居竟日無倦容，夜則計過自訟。」

【計將安出】

安：怎樣。計謀該怎樣加以制訂？《晉書·應詹傳》：「及敦作逆，明帝問詹：『計將安出。』」

【計盡力窮】

見「計窮力竭」。

【計勞納封】

根據勞績的大小接受封賞。《晉書·庾亮傳》：「此之厚幸，可謂弘矣，豈復得計勞納封，受賞司勛哉！」

【計窮力極】

見「計窮力竭」。

【計窮力竭】

窮、竭：盡。計謀、力量都用盡了。《西遊記》六六回：「妖王笑道：『那猴兒計窮力竭，無處求人，斷然是送命來也。』」也作「**計窮力盡**」。《說岳全傳》四二回：「軍師道：『臣已計窮力盡，只好整兵與他決一死戰。』」也作「**計盡力窮**」。《太平廣記》卷一三五引《廣古今五行記·後周太祖》：「太祖地狹兵少，懼不當敵，計盡力窮。」也作「**計窮力極**」。《野叟曝言》九九回：「倘峒中尚有餘孽，當以弓手制之……彼計窮力極，必入內峒堅守，汝等便分隊攻擊，以休軍力。」也作「**計窮力屈**」。南朝·梁元帝《馳檄告四方》：「郭默清夷，晉熙附義，計窮力屈，反殺後主。」

【計窮力盡】

見「計窮力竭」。

【計窮力屈】

見「計窮力竭」。

【計窮勢蹙】

計謀用盡，情況危急。《元史·陳天祥傳》：「深既不能制亂，反爲亂衆所制，軍中乏糧，人自相食，計窮勢蹙，倉惶退走，士兵隨擊，以致不敗。」

【計窮途拙】

辦法用盡，前途渺茫。明·孫梅錫《琴心記·相如倦遊》：「相公，休怯。你病入凋梧，貧依衰草，一時計窮途拙，且自藏珍。」

【計日程功】

計：計算；程：估量，考核；功：成效。可以數著日子計算功效。形容進展快，短時間有把握取得成功。例中國的興盛是可以計日程功的。

【計日而待】

可計算時日等待那一天的到來。形容預期目的很快就會實現。三國蜀·諸葛亮《出師表》：「願陛下親之信之，則漢室之隆，可計日而待也。」也作「**計日而俟**」。晉·常璩《華陽國志·大同志》：「事終無成，敗亡可計日而俟。」

【計日而俟】

見「計日而待」。

【計日奏功】

奏：做出；功：成效。意思是可以數著日子看到功效。形容成功可計日而待。《封神演義》八九回：「此乃陛下洪福齊天，得此大帥，可計日奏功，以安社稷者也。」

【計上心來】

一下子就想出了辦法和計謀。《兒女英雄傳》二七回：「想了半日，忽然計上心來。」也作「**計上心頭**」。元·張氏《青衲襖·偸期》：「計上心頭，暗令家童私問候。」

【計上心頭】

見「計上心來」。

【計深慮遠】

形容計畫周密，思慮深遠。漢·司馬相如《喻巴蜀檄》：「計深慮遠，急國家之難，而樂盡人臣之道也。」

【計無所出】

謂拿不出辦法想不出對策。形容毫無辦法可想。宋·李清照《金石錄後序》：「有人持徐熙《牡丹圖》，求錢二十萬。當時雖貴家子弟，求二十萬錢，豈易得耶？留信宿，計無所出而還之。」也作「**計無所施**」。《太平廣記》卷一〇一引《集異記·邢曹進》：「因爲田承嗣所麋，曾因討叛，飛矢中肩。左右與之拔箭，而鏃留于骨……曹進痛楚，計無所施。」也作「**策無所出**」。

【計無所施】

見「計無所出」。

【計行慮義】

指計畫幹一件事情之前先要想到這件事是否合乎道義。《呂氏春秋·愼行論》：「君子計行慮義，小人計行其利。」

【記問之學】

指所學只是死記硬背得到的書本知識，不能領會精神實質。《禮記·學記》：「記問之學，不足以爲人師，必也其聽語乎？」

【記憶猶新】

猶：還。過去的事，至今還記得非常清晰，就像新近發生的事情一樣。茅盾《溫故以知新》：「這一切惡夢似的現實，記憶猶新，到底爲什麼而竟然發生？」

【紀綱人倫】

紀綱：法律，制度；人倫：封建社會中人與人之間的行爲準則。《尚書·五子之歌》：「亂其紀綱，乃底滅亡。」《孟子·滕文公上》：「使契爲司徒，敎以人倫：父子有親，君臣有義，夫婦有別，長幼有序，朋友有信。」後以「紀綱人倫」泛指封建社會中人們應該遵守的倫理準則。《漢書·武帝紀》：「二千石官長紀綱人倫，將何以佐朕燭幽隱，勸元元，厲蒸庶，崇鄉黨之訓哉？」

【忌賢妒能】

忌：嫉妒。嫉妒品德和能力比自己強的人。例忌賢妒能之人，在事業上不會取得多大成就。

【際會風雲】

際會：遇合。比喻有才之士遇到施展抱負的良機。明·湯式《一枝花·旅中自遣》套曲：「有一日際會風雲得憑驗，那時節威儀可瞻。」也作「**風雲際會**」。

【祭神如神在】

形容非常虔誠。《兒女英雄傳》三六回：「安老爺此時已經是滿面的祭神如神在的神情。」

【祭天金人】

指佛像。《漢書·霍去病傳》：「收休屠王祭天金人。」注：「今之佛像是也。」

【季布一諾】

《史記·季布傳》：「曹丘至，即揖季布曰：『楚人諺曰：『得黃金百，不如得季布一諾。』足下何以得此聲於梁楚間哉？』」比喻說話誠實可貴，極講信用。

【季常之懼】

宋代陳慥字季常，自稱龍丘先生。其妻柳氏，爲慥所憚。蘇軾有詩「龍丘居士亦可憐，談空說有夜不眠。忽聞河東獅子吼，拄杖落手心茫然。」河東獅子，指柳氏。後來因稱懼內爲「季常之癖」或「季常之懼」。《聊齋志異·馬介甫》：「楊萬石，大名諸生也。生平有『季常之懼』。妻尹氏，奇悍，少迕之，輒以鞭撻從事。」

【季孟之間】

季、孟：指兄弟排行最長的和最小的，最長的稱孟，最小的稱季。指處於二者之間，比上不足，比下有餘。《論語·微子》：「齊景公待孔子曰：『若季氏，則吾不能；以季孟之間待之。』」

【季孫之憂】

《論語·季氏》：「今由與求也，相夫子，遠人不服，而不能來也；邦分崩離析，而不能守也；而謀動干戈於邦內，吾恐季孫之憂，不在顓臾，而在蕭牆之內也。」後以季孫氏的憂患泛指憂患將發生在內部，而不在外部。

【季友伯兄】

季：兄弟排行最小的；伯：排行第一。比喻關係密切，交情很深。唐·宋之問《餞湖州薛司馬》：「交深季作友，義重伯爲兄。」

【繫風捕影】

繫：拴；捕：捉。指事之虛妄，像風那樣不可繫，像影子一樣不能捕捉。《漢書·郊祀志下》：「聽其言，洋洋滿耳，若將可遇；求之，蕩蕩如繫風捕影，終不可得。」

【繫狗當繫頸】

繫：拴，縛。拴狗要拴脖子。比喻解決問題要抓住關鍵。例「繫狗當繫頸」，說話要有個中心，否則，磨了半天牙，什麼問題也不能解決。

【濟惡斂怨】

指勾結在一起做壞事。《宋史·理宗紀》：「癸亥，左司諫沈炎言余晦壞蜀，幕屬李卓、王克己濟惡斂怨，詔晦、卓、克己各奪兩官。」

【濟國安邦】

邦：古時諸侯的封國，後泛指國家。拯救國家，安定邦國。元·高文秀《澠池會》四折：「丞相原來有濟國安邦之策，扶危救困之憂，忠孝雙全，人中之傑，俺廉將軍萬不及一也。」也作「**濟世安邦**」。元·無名氏《九世同居》一折：「你學濟世安邦策，按六韜三略書。」也作「**安邦定國**」。

【濟寒賑貧】

救濟貧苦的人，賑恤窮困的人。《全相平話·樂毅圖齊七國春秋後集》：「養老尊賢，教其術，畜其能，弔死問孤，濟寒賑貧，與百姓同甘共苦。」

【濟河焚舟】

濟：渡；焚：燒；舟：船。渡過河去，然後把船隻燒掉。形容義無反顧，作決死戰鬥。南朝宋·劉義慶《世說新語·言語》：「若文度來，我以偏師待之，康伯來，濟河焚舟。」

【濟苦憐貧】

救濟憐憫寒苦貧窮的人。元·侯善淵《沁園春》詞：「善惠謙柔，濟苦憐貧，隨方就圓。」也作「**濟貧拔苦**」。明·無名氏《破風記》四折：「舉善薦賢君子事，濟貧拔苦聖賢心。」

【濟困扶危】

救濟貧苦的人，扶助有危難的人。《說唐》三回：「叔寶性情豪爽，濟困扶危，結交好漢，因此人稱爲『小孟嘗』。」也作「**濟弱扶危**」。《隋唐演義》四回：「更喜新娶妻張氏，奩中頗有積蓄，得以散財結交，濟弱扶危。」

【濟貧拔苦】

見「濟苦憐貧」。

【濟人利物】

物：他人，公衆。指捨己助人，爲公衆著想。《東周列國志》八七回：「那墨翟不畜妻子，發願雲遊天下，專一濟人利物，拔其苦厄，救其危難。」

【濟弱鋤強】

拯濟弱小者，鏟除強暴者。《隋唐演義》一八回：「這不平之氣，個個有的。若沒個濟弱鋤強的手段，也只乾著惱一番。」

【濟弱扶傾】

弱：弱小；傾：倒塌，比喻境遇困難。扶助弱小和處境危難的人。明·吾丘瑞《運甓記·諸賢渡江》：「徒有一腔忠義，恨無由濟弱扶傾。」

【濟弱扶危】

見「濟困扶危」。

【濟勝之具】

指身體強健，具備周遊名山大川的條件。《南史·劉歊傳》：「性重興樂，尤愛山水，登危履險，必盡幽遐，人莫能及，皆嘆其有濟勝之具。」

【濟時行道】
拯濟時世，推行仁愛。明・楊澄《陳伯玉先生文集後序》：「乃謂先生以王者之術說武后，薦圭璧於房闥，而諷其聾瞽，豈足以知先生濟時行道，忠憂之心進進不已哉。」

【濟時拯世】
挽救敗壞的社會風氣和世道人情。《後漢書・崔駰列傳》：「政令垢玩，上下怠懈，凡俗雕敝，人庶巧僞，百姓囂然，咸復思中興之救矣。且濟時拯世之術，豈必體堯蹈舜然後乃理哉？」也作「**濟世匡時**」。匡：挽救。清・黃宗羲《黎眉郭公傳》：「錯綜古今，嘗懷濟世匡時之略，運會不偶。」

【濟世愛民】
見「濟世安民」。

【濟世安邦】
見「濟國安邦」。

【濟世安民】
爲當世謀利益，使人民生活安定。清・康有爲《大同書》乙部：「古今仁義慈悲之政，未有比於世者，必如是乃可爲濟世安民也。」也作「**濟世安人**」。唐・劉禹錫《哭呂衡州》詩：「空懷濟世安人略，不見男婚女嫁時。」也作「**濟世救人**」。《雲笈七籤》卷一一三：「乃命其子命龍宮藥方三十首與先生，此眞道者，可以濟世救人。」也作「**濟世愛民**」。明・屠隆《曇花記・辭家訪道》：「我本清泰世間奇男子，濟世愛民，扶危定難，忠勛不小，爵位已高。」

【濟世安人】
見「濟世安民」。

【濟世經邦】
拯救時世，治理國家。明・屠隆《彩毫記・知幾引退》：「此行指望濟世經邦，誰想竟成畫餅。」

【濟世救人】
見「濟世安民」。

【濟世匡時】
見「濟時拯世」。

【濟世之才】
有治理國家，安定時世，造福社會的才能。《三國演義》四三回：「管仲相桓公，霸諸侯，一匡天下；樂毅扶持微弱之燕，下齊七十餘城：此二子者，眞濟世之才也。」

【既不知善之爲善，則亦不知惡之爲惡】
不知道好的爲什麼好，也就不知道壞的爲什麼壞。指沒有是非觀念，好與壞就分辨不清。唐・劉知幾《史通・辨職》：「夫人既不知善之爲善，則亦不知惡之爲惡，故凡所引進，皆非其才，或以勢利見升，或以干祈取擢。」

【既當婊子，又立牌坊】
婊子：妓女；牌坊：舊時封建禮教用來表彰婦女恪守節義忠孝的建築物，形似牌樓。比喻既要幹壞事，還想獲得好名聲。陳登科、肖馬《破壁記》五章：「這個二賴子，倒是實打實，比起既當婊子，又立牌坊的方桂蘭要好。」

【既多又須擇，儲精棄其糠】
謂讀書既要廣博又要有所選擇，吸收其精華，揚棄其糟粕。宋・曾鞏《讀書》詩：「昔廢漸開辟，新輸日收藏。經營但亹亹，積累自穰穰。既多又須擇，儲精棄其糠。」

【既來之，則安之】
《論語・季氏》：「夫如是，故遠人不服，則修文德以來之。既來之，則安之。」本指招徠安撫遠人。現多用以指既然來了，就應安下心來適應新的環境或新的情況。陳國凱《代價》：「好吧，既來之，則安之，今天就把試驗組成立起來吧！」

【既受人之託，必終人之事】
既然接受別人的委託，一定要設法完成。明・史叔考《夢磊記》一三折：「既受人之托，必終人之事。小生鄭彬因父兄之托，追趕劉老師送書……來到就師……聞得這奉樓上有幾位官員在此飲酒，他或在內也未知，不免向前看來。」

【既往不追】
見「既往不咎」。

【既往不咎】
咎：責備。對已經過去的錯誤，不再追究責備。《舊唐書・李靖傳》：「既往不咎，舊事吾久忘之矣。」也作「**既往不追**」。追：追究。宋・邵雍《秋懷三十六首》詩之三五：「既往不復追，未來尚可救。」也作「**不咎既往**」。

【既要馬兒好，又要馬兒不吃草】
比喻既要把事情辦好，又不提供必要的條件。白危《墾荒曲》一部二九：「『既要馬兒好，又要馬兒不吃草。這就難了！』他忽然無可奈何地長嘆一聲，搖了搖頭。」也作「**又要馬兒跑，又要馬兒不吃草**」。

【既有今日，何必當初】
既然今天後悔，何必當初那樣？《紅樓夢》二八回：「寶玉在身後面嘆道：『既有今日，何必當初？』」

【既在江湖內，都是苦命人】
流落江湖的，都是命運不好的人。老舍《鼓書藝人》一三：「我可憐的兒呀，你逃不了你的命。俗話說：既在江湖內，都是苦命人。命裏註定的，逃不了。」

【覬覦之心】
見「覬覦之志」。

【覬覦之志】
指不守本分的企圖。《東周列國志》八回：「君多內寵，公子突、公子儀、公子亹三人，皆有覬覦之志。」也作「**覬覦之心**」。《隋唐演義》九三回：「可知那聲色犬馬，奇技淫物，適足以起大盜覬覦之心」。

【繼晷焚膏】
晷：日影；膏：燈油。白天接著黑

夜。形容日以繼夜地學習。明・邵璨《香囊記・慶壽》：「青雲夢杳，且就學趨庭，繼晷焚膏。」也作「**焚膏繼晷**」。

【繼絕存亡】

繼：接續；存：復活。《論語・堯曰》：「興滅國，繼絕世，舉逸民，天下之民歸心焉。」謂使已經滅亡的得以復活並繼續保存下來。《公羊傳・僖公十七年》：「桓公嘗有繼絕存亡之功。」也作「**繼絕興亡**」。《晉書・劉琨傳》：「如蒙錄召，繼絕興亡，則陛下更生之恩，望古無二。」也作「**存亡繼絕**」。

【繼絕扶傾】

挽救處於絕境和將要覆滅的弱小者。《新唐書・徐曠傳》：「將軍若欲為伊、霍，繼絕扶傾，吾雖老，猶願盡力。」

【繼絕興亡】

見「繼絕存亡」。

【繼天立極】

天、極：均指帝位。比喻繼承帝業。宋・朱熹《大學章句・序》：「天必命之以為億兆之君師，使之治而教之，以復其性，此伏羲、神農、黃帝、堯、舜，所以繼天立極。」

【繼往開來】

往：過去；來：未來。繼承前人的事業，開闢未來的道路。《官場現形記》一回：「將來昌聖明教，繼往開來，捨我其誰？」也作「**嗣往開來**」、「**紹往開來**」。

【繼之以死】

不惜一死幹到底。形容決心大，不可動搖。《三國志・蜀書・諸葛亮傳》：「亮涕泣曰：『臣敢竭股肱之力，效忠貞之節，繼之以死。』」

【繼志述事】

按照先輩的遺志言事理政。《宣和書譜》卷一：「獨江左有吳皓者，擅五十九年之業；一旦用王濬，唾手可得，故天下始一于晉。夫可謂繼志述事之主。」

【繼踵而至】

見「接踵而來」。

【寄槽養馬——愛便宜】

寄：依附。借別人的馬食槽養自己的馬。形容愛占便宜。例不要以為寄槽養馬——愛便宜是小事，發展下去，可不得了。也作「用人家的火做自家的飯——愛便宜」。

【寄蜉蝣於天地，渺滄海之一粟】

蜉蝣生於天地之間，生命極短；一顆小米粒與大海相比，體積至微。比喻人生短促，個人渺小。後也比喻要珍惜光陰，不要自高自大。宋・蘇軾《前赤壁賦》：「寄蜉蝣於天地，渺滄海之一粟，哀吾生之須臾，羨長江之無窮。」

【寄花獻佛】

見「借花獻佛」。

【寄人籬下】

寄：依附；籬：籬笆。《南齊書・張融傳》：「丈夫當刪《詩》、《書》，制禮樂，何至因循寄人籬下。」本指文章著述因襲別人，沒有創見。後轉用以比喻依附別人生活，不能自立。《紅樓夢》八七回：「今日寄人籬下，縱有許多照應，自己無處不要留心。」也作「**依人廡下**」、「**依人籬下**」、「**傍人籬落**」。

【寄顏無所】

臉面無地可放。形容無地自容。《晉書・蔡謨傳》：「上虧聖朝棟隆之舉，下增微臣覆餗之衅，惶懼戰灼，寄顏無所。」

【霽月光風】

形容雨過天晴，月朗風清。宋・陳亮《謝羅尚書啟》：「霽月光風，終然灑落。」後也用以比喻心地光明，品格高尚。也作「**光風霽月**」。

【稷蜂社鼠】

稷、社：古代祭祀谷神和土地神的廟。谷神廟中的蜂，土地廟中的老鼠。比喻仗勢欺人，為非作歹的壞人。漢・韓嬰《韓詩外傳》：「稷蜂不攻，而社鼠不熏，非以稷蜂社鼠之神，其所托者善也。」

【冀北空羣】

唐・韓愈《送溫處士赴河陽軍序》：「伯樂一過冀北之野，而馬羣遂空。」原為伯樂善識好馬，他經過冀北，好馬被選殆盡。後用以比喻貴重之物被挑選一空。

【驥服鹽車】

服：駕馭。千里馬拉鹽車。比喻懷才不遇。《戰國策・楚策四》：「夫驥之齒至矣，服鹽車而上太行，蹄申膝折，尾湛胕潰，漉汁灑地，白汗交流，中阪遷延，負轅不能上。伯樂遭之，下車攀而哭之，解紵衣以冪之，驥於是俯而噴，仰而鳴，聲達於天，若出金石聲者，何也？彼見伯樂之知己也。」宋・黃庭堅《次韻晁補之廖正一贈答詩》：「驥服鹽車不稱情，輕裘肥馬鳳凰城。」

【驥一日而千里，駑馬十駕則亦及之矣】

驥：指千里馬；駑馬：劣馬，跑不快的馬；十駕：指十日的行程。良馬日行千里，跑不快的馬連續行走十日也可以達到千里之遠。比喻即使才智不高，但只要鍥而不捨，持之以恆，也能取得成就。《荀子・修身》：「夫驥一日而千里，駑馬十駕則亦及之矣。將以窮無窮、逐無極與？其折骨、絕筋終身不可以相及也；將有所止之，則千里雖遠，亦或遲、或速、或先、或後，胡為乎其不可相及也。」

【驥子龍文】

驥子：千里駒；龍文：駿馬名。《北史・裴延儁傳》：「二子景鸞、景鴻，並有逸才，河東呼景鸞為驥子，景鴻為龍文。」後因以「驥子龍文」比喻英俊的人才。

ㄐㄧㄚ

【加把火】
比喻助長，火上澆油。例爲這事已吵得不可開交，你還跑來加把火，也太不懂事了。

【加官進爵】
見「加官進祿」。

【加官進祿】
進祿：增加俸給。指官位升遷。《金史·章宗元妃李氏傳》：「《鳳凰》向裏飛則加官進祿。」也作「加官進位」。元·高文秀《澠池會》二折：「怎消的加官進位，怎消的蔭子封妻。」也作「加官進爵」。《鏡花緣》八三回：「適因小春姐姐談論跳加官，倒想起一個笑話，並且『加官』二字也甚吉利，把他做個話頭，即或不甚發笑，就算老師加官進爵之兆，也未嘗不妙。」也作「加官晉爵」。《儒林外史》一〇回：「四老爺土星明亮，不日該有加官晋爵之喜。」

【加官進位】
見「加官進祿」。

【加官晉爵】
見「加官進祿」。

【加急電報——刻不容緩】
一刻也不能拖延。形容時間非常緊迫。例搶救傷病員，就像加急電報——刻不容緩的事，誰拖延就追究誰的責任。

【加人一等】
加：超過。超過一般人。形容品德才華出衆。《舊唐書·陸象先傳》：「象先清淨寡欲，不以細務介意，言論高遠，雅爲時賢所服。[崔]湜每謂人曰：『陸公加於人一等。』」清·紀昀《閱微草堂筆記》卷二一：「但務欲其識加人一等。」

【加膝墜泉】
見「加膝墜淵」。

【加膝墜淵】
《禮記·檀弓下》：「進人若將加諸膝，退人若將隊諸淵。」隊：通「墜」；加膝：將人放在膝上；墜淵：將人推入深淵。比喻用人或待人有厚有薄，愛憎任憑私意。清·錢謙益《牧齋初學集·王季木墓表》：「世之惜季木者，以謂意氣太盛，肺腸太熱，善善惡惡，或溢而爲加膝墜淵，以貽小人口實。」唐人避李淵諱而改淵爲『泉』。故作「加膝墜泉」。唐·杜牧《張直方授左驍衛將軍制》：「加膝墜泉，予常自愼；小懲大誡，爾宜知恩。」

【加油加醋】
比喻在原有的事端上加以誇大渲染。例這事兒夠亂的了，他們還不停地加油加醋，眞要命！也作「添油加醋」。

【加磚添瓦】
加一塊磚，添一片瓦。比喻起到一點兒小小的作用。例雖然我的能力有限，但有決心爲國家的汽車工業加磚添瓦。

【夾袋人物】
夾袋：帶在身邊的口袋。《宋史·施師點傳》：「師點惓惓搜訪人才，手書置夾袋中，謂蜀去朝廷遠，人才難以自見。」後以「夾袋人物」指收攬備用人的名册隨身攜帶，以備隨時推薦。也比喻當權者的親信人物。魯迅《僞自由書·後記》：「因周所編的刊物，總是幾個夾袋裏的人物，私心自用，以致內容糟不可言。」

【夾道歡呼】
形容對來者熱烈歡迎的情形。宋·張守《謝除知福州到任表》：「望雲仰戴，夾道歡呼。」也作「夾道歡迎」。宋·王辟之《澠水燕談錄·名臣》：「世人大抵重官榮，見我東歸夾道迎。應被華山高士笑，天眞表盡得虛名。」

【夾道歡迎】
見「夾道歡呼」。

【夾道裏截驢——沒有回頭餘地】
比喻事情已不能改變。例這個決定是經過集體討論、上級批准的，是夾道裏截驢——沒有回頭餘地的了，就按此執行吧。

【夾七帶八】
見「夾七夾八」。

【夾七夾八】
形容雜亂無章，沒有條理。《水滸傳》四二回：「她夾七夾八地說了許多話，我也沒聽懂是什麼意思。」也作「夾七帶八」。又二一回：「那婆子吃了許多酒，口裏只管夾七帶八嘈。」

【夾槍帶棒】
形容話裏帶刺。《紅樓夢》三一回：「姑娘倒尋上我的晦氣！又不像是惱我，又不像是惱二爺，夾槍帶棒，終久是個什麼主意？」也作「夾槍帶棍」。例他這個人心胸狹窄，有話從不直說，總是夾槍帶棍的。

【夾槍帶棍】
見「夾槍帶棒」。

【夾生飯】
比喻做得不完滿、不徹底的事情。例由於人力不足，又無專人抓，這裏的環衛工作搞成了夾生飯。

【夾巷趕狗——直來直去】
夾巷：左右都有牆壁的狹窄的巷子。見「胡同裏扛竹竿——直來直去」。

【夾楔子】
楔（ㄒㄧㄝ）子：插在木器接榫處的三角形小木片。比喻在某事物中插上一腳、加上一份。例在市場密集的菜攤中，一個小書攤在那兒夾楔子，倒顯得十分特別。

【夾在磨子裏吃麵粉——想（響）扁了腦殼】
想：「響」的諧音；腦殼：頭，腦袋。把頭夾在磨子裏，一下子就被壓扁了；響，指頭壓扁時發出的聲響。形容想得非常厲害，幾乎把腦袋想扁了。例他想發財，就像夾在磨子裏吃麵粉——想（響）扁了腦殼，結果犯了貪污受賄罪，進了牢房。

【夾著尾巴】

狗挨打時常常夾著尾巴逃避。①形容狼狽逃跑的人。例他們人多勢衆，武器又先進，打仗又勇敢，常常把敵人打得夾著尾巴狼狽逃跑。②比喻小心謹愼，不敢輕舉妄動的樣子。例因爲出身不好，多少年來他都是夾著尾巴過日子，從來不敢多說一句話。

【夾著尾巴做人——忍氣吞聲】

見「打掉門牙嚥肚裏——忍氣吞聲」。

【夾子上的老鼠——跑不了】

夾子：指鼠夾子。參見「斷了腿的青蛙——跑不了」。

【佳兵不祥】

兵：兵器；不祥：不吉利。《老子》三一章：「夫佳兵者，不祥之器，物之惡也。」清・王念孫《讀書雜志・餘編上》：「『佳』當作『隹』，字之誤也。『隹』古『唯』字也，唯兵爲不祥之器。」後世以誤相沿，多用以指好用兵是不吉利的。《民國通俗演義》一二一回：「然佳兵不祥，不戢自焚，民國以來，曷有軍閥而得好結果者？」

【佳兒佳婦】

指好兒子好媳婦。《資治通鑑・唐高宗永徽六年》：「朕佳兒佳婦，今以付卿。」

【佳偶天成】

佳偶：好的配偶；天成：天作之合。祝人婚姻美滿的話。清・程允升《幼學故事瓊林・婚姻》：「良緣由夙締，佳偶自天成。」

【佳人薄命】

舊指美貌女子的命運大都不佳。宋・辛棄疾《賀新郎・送杜叔高》詞：「自昔佳人多薄命，對古來，一片傷心月。」明・謝讜《四喜記・親憶瓊英》：「說什麼榮諧帝婕，端的是佳人薄命斷親緣。」

【佳人才子】

美貌的女子和才華出衆的男子。泛指年輕而有愛情或婚姻關係的男女。《孽海花》一八回：「如今我國的小說戲曲太不講究了，佳人才子，千篇一律。」也作「才子佳人」。

【佳人難得】

漂亮的女子很難找到。《平妖傳》一五回：「總數可至百人，都是十三四歲的。其中眉清目秀，紅唇齒白的也盡多，只沒有個出羣的嬌姿，出尖的美色。媚兒一一看了，道：『古來說：佳人難得。一個花錦東京，人才也只如此矣！』」

【家敗人亡】

見「家破人亡」。

【家不和，外人欺】

家庭不和睦，容易受外人欺負。例「家不和，外人欺」，有的所謂「第三者」，不就是這樣乘隙而入嗎？

【家長里短】

指瑣屑的種種日常家務。《兒女英雄傳》二一回；「不但鄧九公和他漠不相關，便是褚大娘子也和他兩年有餘不曾長篇大論的談過個家長里短。」

【家常便飯】

指家中日常的飯食。也比喻平常的事情。《野叟曝言》一四回：「二位先生俱是豪士，定不計較口腹。吩咐小廝進內去說，就是家常便飯，收拾出來罷。」丁玲《太陽照在桑乾河上》一〇「他打人，强姦女人，都只是家常便飯。」也作「家常茶飯」。宋・謝艮佐《傳聞雜記》：「只是家常茶飯，誇逞個甚底？」

【家常茶飯】

見「家常便飯」。

【家成業就】

指已結婚成家，並在事業上有所成就。《紅樓夢》一九回：「況如今爹雖沒了，你們卻又整理的家成業就，復了元氣。」

【家醜不可外揚】

見「家醜不外揚」。

【家醜不外揚】

家中的醜事，不到外面宣揚。《五燈會元・玄門偃禪師法嗣》：「問：『如何是和尚家風？』師曰：『不欲說似人。』曰：『爲甚麼卻如此？』師曰：『家醜不外揚。』」也作「家醜不可外揚」。《清平山堂話本・風月瑞仙亭》：「欲要訟之於官，爭奈家醜不可外揚，故爾中止。」

【家傳戶誦】

家家戶戶都在傳說、稱誦。明・沈德符《元曲雜言》：「[《牡丹亭》]家傳戶誦，幾令《西廂》減價。」

【家道壁立】

家道：家庭的生活狀況；壁立：牆壁矗立。形容家道衰落貧窮，家中空空如也，徒有四壁。《南史・徐孝克傳》：「陳亡，隨例入長安。家道壁立。」

【家道從容】

家道：指家中的光景；從容：寬裕。形容生活寬裕。《剪燈餘話・秋韆會記》：「所攜豐厚，兼拜住，又教蒙古生數人，復有月俸，家道從容。」

【家道消乏】

指家境窘迫。《初刻拍案驚奇》卷一〇：「那韓子文雖是滿腹文章，卻當不過家道消乏，在人家處館，勉强糊口。」

【家道小康】

指家庭經濟狀況維持在中等水準，生活過得去。例父親開一雜貨舖，雖不至缺衣少食，也不過家道小康而已。

【家道中落】

中落：中途衰落。指家庭的境況不如從前富裕。《儒林外史》一四回：「雖然他家太爺做了幾任官，而今也家道中落，那裏一時拿的許多銀子出來？」也作「家勢中落」。清・黃宗羲《高旦中墓志銘》：「家勢中落，橐囊所入，有餘，亦緣手散盡。」

【家到戶說】

見「家見戶說」。

【家翻宅亂】

形容家裏吵吵鬧鬧，亂成一片。《紅樓夢》九〇回：「你想那一年，我說了林姑娘要回南去，把寶玉沒急死了，鬧得家翻宅亂。」也作「家反宅亂」。《醒世姻緣傳》卷一：「晁大舍雖然有財有勢，如此家反宅亂，也甚不成人家。」

【家反宅亂】

見「家翻宅亂」。

【家富小兒嬌】

家境富裕，孩子就嬌慣。元・武漢臣《老生兒》二折：「你從小裏也該把這孩兒教，怎生由他憑撒拗，道不的『家富小兒嬌』。」

【家狗上宴席——嗎事也顯着你】

宴席：請客的酒席。比喻在不該出頭露面的時候或地方出頭露面。例經理同廠長洽談生意，你憑什麼也去湊熱鬧，眞是家狗上宴席——嗎事也顯著你。

【家和萬事興】

家庭和睦，則一切都很興旺。兪天白《兒子》：「『難怪你們幾個兒子，還都同一個鍋灶吃飯哩！』福大姆也說，『家和萬事興』哇！」

【家雞野鶩】

見「家雞野雉」。

【家雞野雉】

雉：野雞。晋・何法盛《晋中興書・穎川庾錄》：「［庾翼］在荊州與都下人書云：『小兒輩厭家雞，愛野雉，皆學逸少書。』」庾翼以家雞比喻自己書法，以野雞比喻王羲之書法。後因以「家雞野雉」比喻書法的不同風格，也比喻人喜愛新奇事物。也作「家雞野鶩」。宋・蘇軾《書劉景文所藏王子敬帖絕句》：「家雞野鶩同登俎，春蚓秋蛇總入奩。」

【家給民足】

見「家給人足」。

【家給人足】

指家家衣食充足，人人生活富裕。《淮南子・人間訓》：「后稷乃散之闢地墾草，糞土種谷，令百姓家給人足。」也作「家給民足」。《南齊書・劉悛傳》：「府庫已實，國用有儲，乃量奉祿，薄賦稅，則家給民足。」也作「人給家足」、「戶給人足」。

【家家都有本難念的經】

比喻各家有各家的難處。周而復《上海的早晨》三部四：「家家都有本難念的經。大有大難，小有小難。」也作「每家有一本難念的經」。

【家家戶戶】

宋・孟元老《東京夢華錄》：「綺羅珠翠，戶戶神仙；畫閣紅樓，家家洞府。」指各家各戶。《古今小說》卷一：「光陰似箭，不覺殘年將盡，家家戶戶，鬧轟轟的暖火盆，放爆竹，吃閤家歡耍子。」

【家家賣酸酒，不犯是高手】

高手：指手腕高明的人。比喻人人都幹見不得人的事，沒有被識破就算是高手。清・李漁《憐香伴》二八齣：「俗語說得好：『家家賣酸酒，不犯是高手。』全要做得乾淨。我如今將文字卷做個爆竹的模樣，等到臨場時節，塞在糞門之中，就是神仙也搜檢不出，豈不妙哉！」

【家見戶說】

指每家每戶都看到並傳說。《後漢書・趙典傳》：「公前托爲董公報仇，然實屠陷王城，殺戮大臣，天下不可家見而戶說也。」也作「家到戶說」。唐・韓愈《感二鳥賦》：「及時運之未來，或兩求而莫致，雖家到而戶說，只以招尤而速累。」

【家寬出少年】

家境好的人，顯得年輕。《西湖二集》卷二九：「偏是這韓娘家道殷實，身穿績錦，口饜肥甘，滿頭珠翠，越打扮得一天豐韻。從來道，『家寬出少年』，韓娘雖然二十八歲，只當二十以內之人，愈覺後生。」

【家累千金】

形容家財豪富。唐・陳子昂《梓州射洪縣武東山故居士陳君碑》：「居十餘年，家累千金矣。」

【家累千金，坐不垂堂】

垂堂：靠近屋檐的地方。有錢人不坐在房檐下面，害怕瓦片掉下來砸傷。謂家境好的人要愛惜身體。《史記・司馬相如傳》：「鄙諺曰：『家累千金，坐不垂堂。』此言雖小，可以喻大。」

【家裏當皇上——自尊自貴】

皇上：在位的皇帝。比喻自以爲比別人高貴。例在法律面前人人平等，家裏當皇上——自尊自貴是封建地主階級的思想。也作「關起門來做皇帝——自尊自貴」。

【家裏有賊，註定要窮】

比喻內部的壞人危害更大。陳登科《風雷》一部下册三三：「編蘆席的婦女們，經她這麼一吆喝，跟著也哄起來：『怪不得蘆柴少了，都是這個老婊子偸的。』『不怕屋漏，就怕鍋漏。家裏有賊，註定要窮。』」

【家奴犯罪，罪坐家主】

家中的奴僕犯了罪，主人應該承擔責任。例地主的狗腿子亂打人，地主能逃脫他的罪責嗎？「家奴犯罪，罪坐家主」。

【家貧不辦素食，匆冗不暇草書】

家境清寒的待客不辦素食，因爲精緻的素菜比葷菜還費錢；時間匆促，不寫草書，因寫草書比寫楷書還費時間。比喻辦事要量力而行。例我們辦什麼事都要根據自己的條件量力而行，不辦吃力不討好的事，正如古語所說的「家貧不辦素食，匆冗不暇草書」那樣。

【家貧不是貧，路貧愁煞人】

家裏貧困還可湊合著過日子，出門在外身無分文就寸步難行。《隋唐演義》七回：「常言道：『家貧不是貧，路貧愁煞人。』叔寶一時忘懷，應了小二，及至取銀，已爲樊建威帶去。」

也作「家貧不是貧，路貧貧殺人」。《儒林外史》二四回：「雖不是親戚，到底是你的一個舊鄰居，想是眞正沒有盤費了。自古道：『家貧不是貧，路貧貧殺人』。你此時有錢也不服氣拿出來給他，我們衆人替你墊幾百文，送他去罷。」

【家貧不是貧，路貧貧殺人】

見「家貧不是貧，路貧愁煞人」。

【家貧親老】

家境貧寒，雙親年邁。舊指雖然生活困難，卻又因父母需要照顧而不能外出謀生。例家貧親老，困守寒舍。也作「親老家貧」。

【家貧如洗】

家裏窮得像被水洗過一樣。形容非常窮苦，一無所有。《醒世恆言》卷二五：「多感娘子厚意，屢相寬慰。只是家貧如洗，衣食無聊。」

【家貧思良妻，國亂思良將】

比喻在困難時刻往往會想起對自己對國家最忠心的人。《英烈傳》三回：「古人云：『家貧思良妻，國亂思良將。』倘或失誤，有何面目見祖宗於地下。」

【家貧顯孝子，國難見忠臣】

家計貧困時，才能看出誰是孝順的兒女；國家危難時，才能識別誰是忠臣。比喻在困境或危難時候才更容易看出一個人的品質。元・施惠《幽閨記》一〇齣：「[旦]爹爹，朝中多少文和武，緣何獨選家尊。[末]惟行君命豈私身，正是家貧顯孝子，國難見忠臣。」也作「家貧顯孝子，世亂識忠臣」。明・無名氏《精忠記》二一齣：「家貧顯孝子，世亂識忠臣。我是岳爺爺手下馬頭張保……今日將這碗飯送去與他充飢。」

【家破人亡】

家遭破壞，親人死亡。形容家遭橫禍。《醒世恆言》卷二〇：「那知霹空降下這場沒影兒禍，弄得家破人亡，父南子北，流落至此！」也作「家敗人亡」。《金瓶梅詞話》八〇回：「這吳月娘心中還氣忿不過，便喝罵道：『怪賊奴才，不與我走，還來什麼……把人家弄的家敗人亡，父南子北，夫逃妻散的！』」也作「家破身亡」。明・無名氏《漁樵閒話》四折：「一朝犯罪，遭其發遣，殃及妻子，家破身亡，那時節去恨誰！」

【家破身亡】

見「家破人亡」。

【家窮有口鍋，人窮不離窩】

指人雖窮，家難捨。例說好說歹，到底是自己的家。「家窮有口鍋，人窮不離窩」年年都想回去看看守著破家的老父親。

【家雀兒吵嘴雞打架——無人管】

家雀兒：麻雀兒。雙關語。比喻沒有人負責和管理。例這裏一切都是亂糟糟的，好像家雀兒吵嘴雞打架——無人管，崗位責任制爲什麼沒有執行？

【家雀抬槓——亂嚷嚷】

家雀：麻雀；抬槓：〈方〉爭辨，有意用話激惹對方。雙關語。比喻毫無意義地亂吵亂叫。例別家雀抬槓——亂嚷嚷了，還是看裁判如何判定吧。

【家雀學老鷹——想得太遠】

比喻想展翅高飛，但很難辦到。例這個人是扶不起來的阿斗，你想培養他成爲接班人，共同幹一番事業，我看這是家雀學老鷹——想得太遠啦。

【家人父子】

指一家人。明・歸有光《上方參政書》：「往者夏忠靖公、周文襄公之在吳也，入與天子唯諾於殿庭，出與小民從容問難求其瘼，如家人父子。」

【家勢中落】

見「家道中落」。

【家私不論尊卑】

家私：家產。家中財產，不論尊卑，人人有份。《古今小說》卷一〇：「我弟兄兩個，都是老爹爹親生，爲何分關上如此偏向？其中必有緣故。莫非不是老爹爹親筆？自古道：『家私不論尊卑。』母親何不告官申理？」

【家私萬貫】

見「萬貫家私」。

【家書抵萬金】

收到一封家信，就像得到一萬兩黃金。比喻家信對於出門在外的人的可貴。唐・杜甫《春望》詩：「烽火連三月，家書抵萬金。」

【家徒壁立】

見「家徒四壁」。

【家徒四壁】

徒：只。家裏只有四面的牆壁。形容十分貧窮。《史記・司馬相如傳》：「文君夜亡奔相如，相如乃與馳歸成都，家居徒四壁立。」北魏・宋靈烏《元湛墓志》：「淸等胡威，家徒四壁。」也作「家徒壁立」。淸・沈復《浮生六記・閨房記樂》：「四齡失怙，母金氏，弟克昌，家徒壁立。」

【家無擔石】

見「家無儋石」。

【家無儋石】

儋：ㄉㄢˋ，通「甔」，古代小口大肚的陶器，能容二石糧食。指家中沒有餘糧。形容家境貧困。《三國志・蜀書・董和傳》：「自和居官食祿，外牧殊域，內幹機衡，二十餘年，死之日家無儋石之財。」也作「家無擔石」。《三國志・魏書・華歆傳》：「歆素淸貧，祿賜以振施親戚故人，家無擔石之儲。」也作「家虛儋石」。唐・盧照鄰《秋霖賦》：「別有東國儒生，西都才客，屋滿鉛槧，家虛儋石」。

【家無斗儲】

家中沒有一斗糧食的儲備。形容生活窮苦。《晉書・王歡傳》：「安貧樂道，專精耽學，不營產業，常丐食誦詩，雖家無斗儲，意怡如也。」

【家無讀書子，官從何處來】

家裏沒有人去讀書，怎麼會有人當官。謂讀書是當官的唯一途徑。《西湖二集》卷二四：「俗語說：『家無讀書子，官從何處來？』難道可有天上掉下來的現成丞相？」

【家無二主】

謂一個家不能有兩個當家作主的人。《西遊記》三九回：「行者道：『師父，說那裏話？常言道：『家無二主。』你受他一拜兒不虧。』」

【家無二主，國無二王】

舊時認爲一家一國只能有一個掌事的人。《醒世姻緣傳》九五回：「一家子一位奶奶罷了，有這麼些奶奶呀？少鼻子的沒眼睛的都成了奶奶，叫那全鼻子全眼睛的可做什麼呢？『家無二主，國無二王。』待磕的請磕，我這頭磕不成！」

【家無隔宿之糧】

宿：夜。形容家境非常窮困。趙樹理《李家莊的變遷》六：「鐵鎖自從當了一次閭長以後，日子過得更不如從前了。三四年工夫，竟落得家無隔宿之糧，衣服也都是千補萬衲，穿著單衣過冬。」

【家無綺縞】

綺：有紋彩的絲織品；縞：ㄍㄠˇ，一種白色的絲織品。家中沒有綺和縞一類的絲織品。形容家境貧寒。宋·葉廷珪《海錄碎事·貧素》：「梁伯鸞家無綺縞，張仲蔚門有蓬蒿。」

【家無營活計，不怕斗量金】

謂家中如果沒有謀生的辦法，即使再大的家產也不濟事。《金瓶梅詞話》九六回：「又問月娘：『俺六娘那張螺甸床怎的不見？』月娘道：『一言難盡，自從你爹下世，日逐只有出去的，沒有進來的。常言家無營活計，不怕斗量金。也是家中沒盤纏，抬出去交人賣了。』」

【家無主，屋倒豎】

沒有主婦，連屋子都亂得倒了過來。《初刻拍案驚奇》卷一六：「燦若又要上京應試，只恨著家裏無人照顧。又道是：家無主，屋倒豎。燦若自王氏亡後，日食用度，箸長碗短，十分的不像意。」

【家無住，屋倒柱】

家裏長期無人居住，房子就會被毀壞，連柱子也會倒下來。《醒世恆言》卷三八：「又見所住高大屋宅，漸已殘毀，近族傍支，漸已零落，不勝慨嘆道：『怎麼我出來得這幾日，家裏便是這等一個模樣了？俗語道得好：家無住，屋倒柱。我若早知如此，就不到得這裏也罷！』」

【家弦戶誦】

弦：琴弦；誦：讀出聲來。家家吟唱，戶戶誦讀。形容詩文寫得好。清·李漁《閒情偶寄·詞采第二》：「百種亦不能盡佳，十有一二可列高、王之上，其不致家弦戶誦，出與二劇爭雄者，以其是雜劇而非全本。」

【家虛儋石】

見「家無儋石」。

【家學淵源】

家學：家傳之學；淵源：水源，比喻事物的根源。形容繼承家學，功底深厚。《紅樓夢》七八回：「小哥兒十三歲的人就如此，可知家學淵源，眞不誣矣！」也作「淵源家學」。

【家言邪學】

指偏見與邪說。《荀子·大略》：「語曰：流丸止於甌臾，流言止於知者。此家言邪學之所以惡儒者也。」

【家有敝帚，享之千金】

敝：破的，壞的。家裏的破掃帚，也看作價值千金。比喻自己的東西即使不好也很珍視、愛惜。也比喻把自己的缺點看成優點。三國魏·曹丕《典論·論文》：「夫人善於自見，而文非一體，鮮能備善。是以各以所長，相輕所短。俚語曰：『家有敝帚，享之千金』，斯不自見之患也。」也作「千金敝帚」、「敝帚自珍」。

【家有豆葉菜，餓不煞老婆孩】

比喻當家過日子要有點算計。劉江《太行風雲》二五：「沒等小五開口，三嫂說：『總是個糠菜半年糧哇，今年可要早動手，多按上兩甕豆葉菜。家常話，家有豆葉菜，餓不煞老婆孩。』」

【家有患難，鄰里相助】

一家遇到災難，鄰居前來幫助。《金瓶梅詞話》一四回：「常言道：家有患難，鄰里相助。因拙夫不聽人言，把著正經家事兒不理，只在外信著人，成日不著家；今日只當吃人暗算，弄出這等事來。」

【家有黃金，外有斗秤】

謂自己家裏有多少財產，左鄰右舍是能衡量出來的。也比喻一個人的品質如何，羣衆自有公論。浩然《金光大道》二部一回：「常言說，家有黃金，外有斗秤，你的家底我摸個八九不離十。」也作「**家有黃金，鄰舍百家有戥子**」。

【家有家規，國有國法】

家庭、國家都有自己的規定、法律。比喻人人都要遵紀守法。劉江《太行風雲》六：「他長腔大調，說：『家有家規，國有國法，咱這義倉也要立個規程。這樣才能萬世不斷，有益於民。』」也作「**家有家法，鋪有鋪規**」。《古城青史》一七回：「俗話說：『家有家法，鋪有鋪規』，沒有規矩不成方圓。咱們既然是隊伍，首先得制定個紀律，大家有章可循，才不致像一盤散沙。」也做「**家有家規，軍有軍法**」。姚雪垠《李自成》一卷一五章：「家有家規，軍有軍法……現在眼看著他嘩變，拉著人馬逃走，不加阻攔，這就沒法叫全軍將士心服。」

【家有千百口，主事在一人】

見「家有千口，主事一人」。

【家有千貫，不如日進分文】

貫：舊時一千錢稱一貫；千貫：指財產相當多。即使家中有相當多的財產，如坐吃山空，還不如每天有少許的收入。元・秦簡夫《東堂老》一折：「自從俺父親亡過，十年光景，只在家裏死丕丕的閒坐，那錢物則有出去的，無有進來的；便好道坐吃山空，立吃地陷；又道是家有千貫，不如日進分文。」

【家有千金，不如日進分文；良田萬頃，不如薄藝隨身】

家中金錢、土地再多，也不如掌握一門技藝，每天都有收入。《清平山堂話本・風月瑞仙亭》：「相如曰：『深感小姐之恩。但小生殊無生意。俗語道：『家有千金，不如日進分文；良田萬頃，不如薄藝隨身』。我欲開一個酒肆，如何？」

【家有千口，主事一人】

家裏人口再多，當家的只能有一人。《廿載繁華夢》九回：「須知俗話說：『家有千口，主事一人。』就是瞧我不起，本該賞個臉兒，到府裏和我們相見，今兒不敢勞你貴步，倒是我們先來拜見你了。」也作「**家有千百口，主事在一人**」。姚雪垠《李自成》二卷一一章：「俗話說：家有千百口，主事在一人。今後這石門谷的防守主將就是展堂，凡事以展堂爲主。」

【家有千萬，小處不可不算】

謂錢財再多，也應該精打細算。明・破慳道人《一文錢》一出：「[生]我一生錢癖在膏肓，阿堵須教繞臥床，便稱柴數米亦何妨。古人道得好：『家有千萬，小處不可不算。』[旦]算得好，算得好，只怕你妻兒老小餓倒了。」

【家有萬貫，一腳完蛋】

家裏再富有，也經不住揮霍。李滿天《水向東流》四三章：「貴堂見說到常順心上，他又輕聲嘆口氣，說：『不聽人說：家有萬貫，一腳完蛋？萬貫家財，也擱不住一腳。農業社這點東西，擱住這麼踢騰嘍？』」

【家有梧桐招鳳凰，家有光棍招光棍】

比喻氣味相投的人總相聚在一起。劉江《太行風雲》四九：「家有梧桐招鳳凰，家有光棍招光棍。看，俺這炕上長了兩棵平頂頂松樹，還招來一對兒山野雞。」

【家有賢妻，男兒不遭橫禍】

妻子賢慧，可以幫助丈夫免遭災禍。《醒世姻緣傳》七〇回：「人說『家有賢妻，男兒不遭橫禍』，況有智婦，何慮災患不消？」也作「**家有賢妻，男兒不遭橫事**」。李劼人《大波》二部八章二：「黃瀾生哈哈笑道：『這叫做家有賢妻，男兒不遭橫事。』」也作「**家有賢妻，丈夫不遭橫事**」。

【家有賢妻，男兒不遭橫事】

見「家有賢妻，男兒不遭橫禍」。

【家有孝子親安樂，國有忠臣世泰平】

親：父母親；泰：平安，安寧。子女孝順，父母親日子好過；忠臣掌權，社會安寧。《古今小說》卷四〇：「只爲嚴嵩父子恃寵貪虐，罪惡如山，引出一個忠臣來，留下一段轟轟烈烈的話柄。一時身死，萬古名揚。」

【家有一老，黃金活寶】

家裏有一位老人，他的經驗比黃金還可貴。謝覺哉《不惑集・愛父母》：「有名老話：『家有一老，黃金活寶』，在這社會大改革的時候，老人的意見不可能都對，但在某些方面仍是『活寶』！」

【家有一心，有錢買金；家有二心，無錢買針】

全家同心合力，可以致富；各懷異心，就要受窮。明・徐㽦《殺狗記》一九齣：「俗諺云：家有一心，有錢買金；家有二心，無錢買針。我若依了你的言語，背了大員外，使人送些錢與小官人，有何難處？只是與禮不可，此乃背夫之命，散夫之財，非賢婦也！」

【家有長子，國有大臣】

舊謂家裏的事要靠長子，國家的事要靠大臣。《醒世姻緣傳》七三回：「『家有長子，國有大臣。』你看那周家長子的嘴巴骨頭，自己先坐著一屁股臭屎，還敢說那繼母的過失？」

【家有主，國有王】

家事靠家主，國事靠國王。《水滸後傳》三四回：「燕青道：『這個使不得，家有主，國有王，必要一個統理，方得國治家和。』」

【家喻戶曉】

每家每戶都知道。宋・樓鑰《繳鄭熙等免罪》：「而遽有免罪之旨，不可以家喻戶曉。」也作「**家至戶曉**」。宋・歐陽修《乞出第二札子》：「雖陛下至聖至明，察臣無過，臣能自信無愧於心，而中外之人，不可家至而戶曉，百辟之瞻望，衆人之譏誚，臣亦何顏以處之？」

【家賊難防】

比喻內部的壞人最難以防範。《五燈會元・簡州南岩性禪師》：「曰：『自古自今同生同死時如何？』師曰：『家賊難防。』」

【家長作風】

像封建家庭的家長，個人獨斷專行、缺乏民主作風。例要糾正一部分領導幹部中缺乏民主精神，聽不得批評意見，甚至壓制批評的家長作風。

【家至戶到】

每家每戶都到達。多形容流傳極廣。宋・朱弁《曲洧舊聞》三：「《醉翁亭記》初成，天下莫不傳誦，家至戶到，當時爲之紙貴。」

【家至戶曉】

見「家喻戶曉」。

【家至人說】

家家都傳到，人人在傳說。形容每家每人都知道。《漢書・匡衡傳》：「臣聞教化之流，非家至而人說之也。」

【家做懶，外做勤】

家裏的事懶得做，替外人幹活倒很勤快。例小王「家做懶，外做勤」是有道理的，那是他未來的岳父家啊！

【嘉謀善政】
指好的「謀略」和政績。《晉書·殷浩傳論》：「及其入處國鈞，未有嘉謀善政，出總戎律，唯聞蹙國喪師，是知風流異貞固之才，談論非奇正之要。」
【嘉言善行】
見「嘉言懿行」。
【嘉言懿行】
指有意義的言論和美好的行爲。宋·劉克莊《西山眞文忠公行狀》：「若夫公之嘉言懿行、善政遺愛，蓋有不勝書者。」也作「嘉言善行」。元·關漢卿《謝天香》一折：「我料賢弟必有嘉言善行，教訓老夫咱。」
【嘉肴美饌】
肴、饌：豐盛的飯菜。指珍貴美好的食品。《三國演義》八回：「[王]允預備嘉肴美饌，候呂布至，允出門迎迓，接入後堂，延之上座。」
【嘉肴旨酒】
嘉肴：美味的菜；旨酒：好酒。指豐美的酒食。晉·鈕滔母《與從弟孝徵書》：「夫嘉肴旨酒，非不美也，夏禹盛以陶豆，殷紂貯以玉杯，而此聖以興，彼愚以滅。」也作「旨酒嘉肴」。
【葭莩之親】
葭莩（ㄈㄨˊ）：葦桿裏的薄膜。比喻關係較遠的親戚。《漢書·中山靖王傳》：「今羣臣非有葭莩之親，鴻毛之重。」
【葭莩之情】
葭莩：蘆葦裏的薄膜，因薄膜附於葦桿的內壁上，故借指親戚。指親戚間的感情。《聊齋志異·嬰寧》：「葭莩之情，愛何待言。」

ㄐㄧㄚˊ

【浹髓淪膚】
浹：浸透；淪：沉沒。滲入骨髓，浸透肌體。比喻感受或影響極深。宋·范成大《謝江東漕楊廷秀秘監送江東集並索近詩二首》：「浹髓淪膚都是病，傾囷倒廩更無詩。」也作「浹髓淪肌」。《二十年目睹之怪現狀》八二回：「改頭換面誇奇遇，浹髓淪肌感大恩。」也作「淪肌浹髓」。
【浹髓淪肌】
見「浹髓淪膚」。
【頰上添毫】
頰：面頰；毫：細毛。在面頰上增加幾根細毛。比喻作文繪畫等手法高超，雖是略微幾筆，卻使形象生動傳神。例老作家果然功力非凡，拙作經他一改，眞如頰上添毫，立刻變得栩栩有生氣。
【戛戛獨造】
戛戛：形容困難。指苦心獨創，別出心裁。清·袁枚《答友人論文第二書》：「人但知其戛戛獨造，而不知其功苦，其勢危也。」
【戛戛其難】
戛戛：形容困難之極。謂實在是困難太大了。梁啟超《意大利建國三傑傳》一二節：「加富爾其熟計之矣，以爲今日自力之微薄也如此，壓力之强大也如彼，以圖維持本國之獨立，猶戛戛其難，況乃進取以圖中原哉。」
【戛然而止】
形容突然停止下來。《歧路燈》九五回：「滿場上生旦淨末，同聲一個曲牌，也聽不來南腔北調，只覺得如出一口。唱了幾套，戛然而止。」
【戛玉鳴金】
見「戛玉敲冰」。
【戛玉鏘金】
見「戛玉敲冰」。
【戛玉敲冰】
戛：敲打。形容聲音清脆悅耳或詩文聲調鏗鏘。唐·白居易《聽田順兒歌》詩：「戛玉敲冰聲未停，嫌雲不遏入青冥。」也作「戛玉鏘金」。宋·王邁《祭海陽縣林硒漁先生文》：「先生之學，涵古茹今；先生之文，戛玉鏘金。」也作「戛玉鳴金」。明·朱有燉《賽嬌容》二折：「我有清風勁節之標，戛玉鳴金之韻，用分一半，少答殷勤。」也作「戛玉敲金」。《聊齋志異·八大王》：「雅謔則飛花粲齒，高吟則戛玉敲金。」
【戛玉敲金】
見「戛玉敲冰」。

ㄐㄧㄚˇ

【甲第連雲】
甲第：舊指豪門貴族的宅第，後泛指顯貴的宅第；連雲：連成一片。形容宅第衆多。《二十年目睹之怪現狀》一五回：「他們起先投身入善會，做善事的時候，不過是一個光蛋，不多幾年，就有好幾個甲第連雲起來了。」也作「甲第星羅」。宋·楊侃《皇畿賦》：「甲第星羅，比屋鱗次，坊無廣巷，市不通騎。」
【甲第星羅】
見「甲第連雲」。
【甲堅兵利】
甲：盔甲；兵：武器。堅韌的盔甲，銳利的武器。形容軍隊裝備精良，戰鬥力强。《淮南子·兵略訓》：「甲堅兵利，車固馬良，畜積給足，士卒殷軫，此軍之大資也。」也作「堅甲利兵」。
【甲天下】
比喻居世界第一位、第一流。例桂林山水甲天下，陽朔山水甲桂林。
【甲魚吃甲蟲——六親不認】
甲魚：鱉，團魚，俗稱王八；甲蟲：鞘翅目昆蟲的統稱，身體的外部都有硬殼，如金龜子、天牛、象鼻蟲等；六親：一種說法是指父、母、兄、弟、妻、子，泛指親屬。所有親戚，一概不認。比喻不通人情世故。有時指鐵面無私，不徇私情。例「你眞是甲魚吃甲蟲六親不認？」「不一定，有認的，也有不認的，根據原則區別對待。」也作「**魚吃魚、蝦吃蝦、烏龜吃王八——六親不認**」。

【甲魚翻跟頭——四腳朝天】

比喻辦事失誤，栽了跟頭。例他對自己要求不嚴，工作失誤，終於甲魚翻跟頭——四腳朝天。被羣衆罷官了。

【甲魚剖腹——心不死】

見「蛤蟆剝皮——心不死」。

【賈寶玉出家——看破紅塵】

賈寶玉出家：賈寶玉是古典小說《紅樓夢》中的主人公之一，他和林黛玉的愛情以悲劇告終後，出家爲僧；紅塵：塵世，人世間。指看穿了世俗。有時特別指由於看穿了世俗，要出家修行。例聽說他像賈寶玉出家，看破了紅塵，要到鶴鳴松濤的深山老林中去修眞養性，你知道嗎？

【賈寶玉的通靈玉——命根子】

通靈玉：據說賈寶玉出生時口銜一塊玉石，此玉是他的命根子，玉一旦失落，他就失魂落魄，神智不淸。比喻和生命一樣珍貴的東西。例這幅畫對他來說，就是賈寶玉的通靈玉——命根子，已珍藏幾十年了。

【賈寶玉看《西廂記》——戲中有戲】

《西廂記》：元·王實甫所作的雜劇劇本。比喻情節錯綜複雜。例你就等著瞧吧，這件事就像賈寶玉看《西廂記》——戲中有戲，可熱鬧哩！

【賈寶玉遊魂——誤入迷津】

《紅樓夢》第五回「賈寶玉神遊太虛境，警幻仙曲演紅樓夢」中說，賈寶玉在秦氏（可卿）的床上做了一夢，夢中曾墮入「深有萬丈，遙亘千里，中無舟楫可通」的迷津。比喻不小心走上了錯誤的道路。例在這改革開放的時期，如果我們不嚴格要求自己，不受紀律的約束，賈寶玉遊魂——誤入迷津的事是很容易發生的。

【賈家姑娘嫁賈家——假（賈）門假（賈）事（氏）】

假：「賈」的諧音；氏：「事」的諧音。舊時女子出嫁後，連夫家、娘家的姓合稱「某某氏」，也稱「某門某氏」，如張家的姑娘嫁給王家，稱爲「王張氏」或「王門張氏」，而賈家姑娘嫁給賈家，則稱「賈賈氏」或「賈門賈氏」。比喻裝模作樣，十分虛僞。例我看你是賈家姑娘嫁賈家——假（賈）門假（賈）事（氏），沒有一點誠意。也作「**賈家姑娘嫁賈家——假（賈）模（門）假（賈）式（氏）**」。

【假不能以勝眞，邪不能以勝正】

眞的總是要戰勝假的，正氣總是要戰勝邪惡。《三寶太監西洋記》二五回：「老公豈不聞假不能以勝眞，邪不能以勝正。既是女將姜金定有什麼妖邪術法，貧道不才，願效犬馬之力，生擒妖婦，救取四將，遠報朝廷之德，近揚張元帥之威。」

【假痴假呆】

假裝痴呆。形容對知道的事情故意裝作不知道，或不理會。例這件事他明明知道，可是別人問他他總是假痴假呆，愛理不理。

【假傳聖旨】

聖旨：皇帝下的旨意，必須執行。比喻假借上級或大人物的名義，向下傳達。例你別拿人家當傻瓜，誰不知道你會搞假傳聖旨那一套？

【假道滅虢】

見「假途滅虢」。

【假公濟私】

假：借助；濟：幫助。假借公家的名義謀取私人的利益。元·無名氏《陳州糶米》一折：「他假公濟私，我怎肯和他乾罷了也呵！」也作「**假公營私**」。明·余繼登《典故紀聞》卷九：「假公營私，擾吾良民，違者罪之。」

【假公營私】

見「假公濟私」。

【假虎張威】

憑借他人的威勢嚇人。《羣音類選〈欲進諫章〉》：「費盡他機和智，只是要貪名固位，假虎張威。」

【假金只用眞金鍍】

本不是眞金，卻用黃金鍍其表層。比喻本質不佳，弄虛作假。唐·李紳《答張孝標》詩：「假金只用眞金鍍，若是眞金不鍍金。」

【假力於人】

借助他人的力量把事情辦成。《列子·湯問》：「恥假力於人，誓手劍以屠黑卵。」

【假名託姓】

假借別人的名和姓。即指冒名頂替。元·關漢卿《調風月》三折：「燕燕怎敢假名託姓。」

【假撇淸】

比喻僞裝淸白，表示與某事無關係。例你在這個事件中已經陷得很深了，還想假撇淸，這是不可能的。

【假仁假義】

僞裝仁義道德。宋·朱熹《朱子全書·歷代一·唐》：「漢高祖私意分數少，唐太宗一切假仁假義以行其私。」

【假仁縱敵】

妄施仁義，放縱敵人。概指爲圖一時的好名聲而姑息養奸，以至後患無窮。例對毒蛇一樣的惡人，絕不能有絲毫的憐憫，假仁縱敵只能是養虎遺患。

【假手旁人】

見「假手於人」。

【假手於人】

假：利用。指借助別人來爲自己辦事。《三國志·魏書·龐淯傳》裴松之注引皇甫謐《列女傳》：「今雖三弟早死，門戶泯絕，而娥親猶在，豈可假手於人哉！」也作「**假手旁人**」。《官場現形記》五七回：「本部院凡事秉公辦理，從不假手旁人。」

【假天假地】

假天：屋頂上開窗戶以透光；假地：半空中架木板以存物或睡人。形容居室黑而小，簡陋侷促。宋・陶谷《清異錄・居室》：「貧者以屋不露明，上安油瓦，以竊微光。又或四鄰局塞，則半空架版，疊垛箱筥，分寢兒女，故有假天假地之稱。」

【假途滅虢】
假：借；途：道路；虢：ㄍㄨㄛˊ，春秋時諸侯國名。原指晉國向虞國借道滅虢，返回時順帶滅虞。《左傳・僖公二年》：「晉荀息請以屈產之乘，與垂棘之璧，假道於虞以伐虢。」後泛指以借路為名，行侵略之實。《三國演義》五六回：「孔明曰：『此乃假途滅虢之計也。虛名收川，實取荊州。』」也作「假虞滅虢」。《隋唐演義》五六回：「此假虞滅虢之計，殿下以為何如？」

【假以辭色】
辭色：言辭神態。形容對待對方以好言好語、和顏悅色的態度。明・歸有光《沈貞甫墓志銘》：「貞甫為人伉厲，喜自修飾，介介自持，非其人未嘗假以辭色。」

【假虞滅虢】
見「假途滅虢」。

【假譽馳聲】
假譽：借助他人的稱譽。指借助別人的吹噓而成名。《舊唐書・薛登傳》：「比來舉薦，多不以才，假譽馳聲，互相推獎，希潤身之小計，忘臣子之大猷，非所以報國求賢，副陛下翹翹之望者也。」也作「馳聲假譽」。

【假正經】
比喻故意裝出嚴肅正派的樣子。例你到底跟不跟我們去玩兒？別假正經了，我看你比我們還想去。

【假作眞時眞亦假】
長期弄虛作假，把假的當作眞的，那樣一來，既使是眞的，人們也會以為是假的。《紅樓夢》一回：「……過了一座大石牌坊，——上面大書四字，乃是『太虛幻境』；兩邊又有一副對聯道：『假作眞時眞亦假，無為有處有還無。』」

ㄐㄧㄚˋ

【價等連城】
見「價值連城」。

【價敵連城】
見「價值連城」。

【價抵連城】
見「價值連城」。

【價廉物美】
廉：價錢低。價錢便宜，貨物又好。魯迅《祝福》：「福興樓的清炖魚翅，一元一大盤，價廉物美，現在不知增價了否？」也作「物美價廉」。

【價一不擇主】
價格一經制定，任何人都可按價購買。謂買賣講信用。例「價一不擇主」的原則是商店爭取顧客信任的必要條件。

【價增一顧】
《戰國策・齊策》：「人有賣駿馬者，比三旦立市，人莫知之，往見伯樂……伯樂乃還而視之，去而顧之，一旦而馬價十倍。」後多指詩文等經過名人看過後，身價或地位就立即抬高了。

【價值連城】
連城：連成一片的許多城池。《史記・廉頗藺相如傳》記載：戰國時，趙國有一塊寶玉叫和氏璧，秦昭王知道後，提出要用十五座城去交換。形容物品極其珍貴。明・張景《飛丸記・遊園題畫》：「一見丹青，眼底春生，美嬌嬌眞個輕盈，肯笑笑價值連城。」也作「價重連城」。唐・韋莊《乞彩箋歌》：「也知價重連城璧，一紙萬金猶不惜。」也作「價敵連城」。金・元好問《為橄子釀金二首》：「明珠評價敵連城，棄擲泥塗意未平。」也作「價抵連城」。明・李開先《寶劍記》四齣：「此劍貴如干將，價抵連城。」也作「價等連城」。《魏書・元勰傳》：「今陛下賜刊一字，足以價等連城。」

【價重連城】
見「價值連城」。

【駕塵彍風】
彍：ㄎㄨㄛˋ，張滿弩弓；彍風：大風。塵土飛揚，大風呼嘯。形容迅猛急切。唐・韓愈《送窮文》：「去故就新，駕塵彍風，與電爭光。」

【駕船不離碼頭，種田不離田頭】
比喻幹活的人要堅守自己的工作崗位。例俗話說，「駕船不離碼頭，種田不離田頭」。不論幹什麼活，都要堅守自己的崗位，不給工作帶來損失。

【駕輕就熟】
趕著輕便的車，走在熟悉的路上。比喻對事情很熟悉，做起來輕鬆容易。《歧路燈》七九回：「若說自己虛中善受，朋友們是駕輕就熟，倘有疏虞，只怕他們又同其利而不同其害了。」也作「輕車熟路」、「就熟駕輕」。

【駕霧騰雲】
乘著雲霧在空中飛行。形容速度極快或頭腦昏脹。元・鄭德輝《老君堂》二折：「恨不得駕霧騰雲，臂生兩翅，飛出獄院。」例我昨天多喝了幾杯，走起路來就像駕霧騰雲似的。也作「騰雲駕霧」。

【架海金梁】
梁：橋。跨海的橋梁。比喻肩負重任之人。元・無名氏《黃鶴樓》一折：「想周瑜破了百萬曹兵，他正是擎天玉柱，架海金梁，他有甚歹意。」

【架海擎天】
架海：跨越大海；擎天：支撐著天。形容本領非同一般。常用以指擔負重任之人。明・無名氏《衣錦還鄉》頭折：「他若將那補完天地手舒開，端的便堪為將相掛印懸牌，他是個架海擎天白玉柱，看承做提牌執戟小人哉。」

【架謊鑿空】

架謊：撒謊；鑿空：穿鑿，不眞實。謂無中生有，說假話騙人。《金瓶梅詞話》九二回：「這楊大郎，名喚楊先彥，綽號爲鐵指甲，專一糶風賣雨，架謊鑿空，搊著人家本錢就使。」

【架起扒鍋等豆子——準備吵(炒)一吵(炒)】

扒鍋：〈方〉炒菜鍋，南方某些農村煮食不用爐灶而在堂屋設火塘，上置三腳鐵架，架下燒火，架上放鍋，故有「架起扒鍋」的說法；吵：「炒」的諧音。形容擺起架勢，準備鬧架。例他憋著一肚子氣，早就架起扒鍋等豆子——準備吵(炒)一吵(炒)，你們別去理他。

【架起砧板就切菜——說幹就幹】

砧板：切菜用的木板。比喻行動迅速，處事果斷。例他做事一向是雷厲風行，架起砧板就切菜——說幹就幹，從不拖泥帶水。

【架上的葫蘆——掛著】

比喻把問題或事情擱置起來，暫時不予解決。例既然這個問題一時半會解決不了，那只好讓它來個架上的葫蘆——掛著，待條件具備時再說。也作「架上的葫蘆——掛起來」、「秋後的鋤——掛起來」。

【架上的葡萄——一連串】

比喻數量很多，一個緊接一個。例「有多少人報名參加體育活動？」「數也數不清，架上的葡萄——一連串。」也作「蜻蜓咬尾巴——一連串」。

【嫁出去的女，賣出去的地】

舊謂嫁出去的女兒，就像賣出去的土地一樣，自己再也管不著了。《醒世姻緣傳》四八回：「薛教授通紅了臉說道：『素姐，你休這等的！這們不省事不賢慧，是替娘老子裝門面麼？』素姐說：『嫁出去的女，賣出去的地，不干你事！』」

【嫁出去的女，潑出去的水】

舊時認爲女兒嫁出去就跟潑水出門一樣，用不著再管。巴金《秋》二六：「外婆他們都很生氣，大舅卻一點也不在乎，他總說：『嫁出去的女就等於潑出去的水。』蕙表姐的事情就好像跟他毫不相干。要不是外婆逼著他，他一點也不會管的。」也作「嫁出去的閨女，潑出去的水」。老舍《鼓書藝人》一九：「她要是喜歡，那最好不過。嫁出去的閨女，潑出去的水。記得哪本書上說過，父母不能照應兒女一輩子。也作「嫁出門的女，潑出門的水」。張恨水《丹鳳街》一八章：「嫁出門的女，潑出門的水，你還去管那些作什麼？有三妻四妾的人，大小爭風，那還不是家常便飯嗎？」

【嫁漢嫁漢，穿衣吃飯】

舊謂女子結婚就是爲了穿衣吃飯。體現了舊禮教對女子的束縛。李滿天《水向東流》四五章：「冬花哭著說：『我爹拿我不當人，他也不講哪一個，只是說娶妻要小，嫁漢要老。又說嫁漢嫁漢，穿衣吃飯，我嫁過去，有享不盡的榮華，受不盡的富貴。』」

【嫁禍於人】

把自己的災禍推給別人。《南史・隱逸傳》：「客有求之，答曰：『己所不欲，豈可嫁禍於人』。乃焚之。」

【嫁雞隨雞】

見「嫁雞逐雞」。

【嫁雞隨雞，嫁狗隨狗】

舊時要求婦女三從四德，嫁什麼人就跟他一輩子，不許改變。田漢《梵娥璘與薔薇》二幕：「吳媽媽……二小姐讀的是她父親的書，也被孔夫子聖人騙倒了，說小時既定了李家，便嫁雞隨雞，嫁狗隨狗，所以上年就嫁到李家去了。」也作「嫁雞逐雞，嫁犬逐犬」、「嫁雞逐雞，嫁狗逐狗」。

【嫁雞逐雞】

宋・歐陽修《代鳩婦言》詩：「人言嫁雞逐雞飛，安知嫁鳩被鳩逐。」後比喻女子出嫁後，無論丈夫是好是壞，都要終身順從。《西遊記》九三回：「那公主叩頭道：『父王，常言嫁雞逐雞，嫁犬逐犬。女有誓願在先，結了這球，告奏天地神明。』」也作「嫁雞隨雞」。《紅樓夢》八一回：「你難道沒聽見人家說，『嫁雞隨雞，嫁狗隨狗』，那裏個個都像你大姐姐做娘娘呢？」

【稼穡艱難】

稼：種植穀物；穡：ㄙㄜˋ，收穫穀物；稼穡：泛指農業勞動。指從事農業勞動極艱難辛苦。唐・陸贄《奉天論延訪朝臣表》：「言及稼穡艱難，則上下相匡，務遵勤儉。」

ㄐㄧㄝ

【階前萬里】

雖然相隔萬里，但如在階前。《新唐書・于延陵傳》：「唐宣宗以于延陵爲建州刺史。入謝，上曰；『去京師幾何？』曰：『八千里。』上曰：『卿到彼，善惡朕皆知之，勿謂甚遠，此階前即萬里也。」後以「階前萬里」比喻雖相距遙遠，但彼此心連著心，好像近在階前。例你我雖相隔兩地，遠在萬里，但我們的心彼此相通，猶如階前萬里。

【皆大歡喜】

皆：都。都非常快樂。多指大家都很高興、滿意。《維摩經・菩薩行品》：「爾時彼諸菩薩，聞說是法，皆大歡喜。」清・馮起鳳《昔柳摭談・秋風自悼》：「語次，帳中呼阿嬰索茶飲。自病水漿涓滴不入口，至是皆大歡喜。」

【癤子開刀——一包膿】

癤子：一種由葡萄球菌或鏈狀菌侵入毛囊內引起的皮膚病。比喻爛透了。有時指一肚子壞東西。例這樣的團體簡直是「癤子開刀——一包膿」，非得重新組建不可。

【結巴學話——搖唇鼓舌】
結巴：口吃的人。形容賣弄口才，進行遊說或爭辯。例秦老頭辦事有一定之規，你對他結巴學話——搖唇鼓舌是沒有用的。

【接耳交頭】
見「交頭接耳」。

【接二連三】
一個接著一個，連續不斷。《紅樓夢》一〇八回：「可憐寶丫頭做了一年新媳婦，家裏接二連三的有事，總沒有給他做過生日。」

【接貴攀高】
攀附接近高貴的人。元・王子一《誤入桃源》四折：「成就了東床婿，伏低做小，宴會了西王母，接貴攀高。引動這撩雲撥雨心，想起那閉月羞花貌。」也作「攀高接貴」。

【接連不斷】
指連續而不間斷。《鏡花緣》一一一回：「只見人煙輳集，作買作賣，接連不斷。」

【接袂成帷】
袂：衣袖；帷：帷幕。衣襟連著衣襟，猶如帷幕一般。形容場面繁華，人口衆多。唐・張說《唐陳州龍興寺碑》：「翻東門之下，接袂成帷；鶊宛丘之上，炫服成市，信豫章之郊一都會也。」

【接人錢財，與人消災】
拿了人家的錢，就要替人家辦事。明・朱鼎《玉鏡記》三二齣：「[末]自古道：接人錢財，與人消災，哄他銀子，不替人幹事，可不抱怨。[淨]衙門人都是撮空趁錢，只要哄得錢財落手，那管他人痛癢。」

【接三換九】
舊時風俗。指新娘結婚三天，要回娘家一次；結婚九天雙方互贈禮品，稱「接三換九」。《醒世姻緣傳》六六回：「你長大出嫁的時節，我與你打簪環，做鋪蓋，買梳頭匣子，我當自家閨女一般接三換九。」

【接紹香煙】
見「接續香煙」。

【接舌子】
比喻接過話頭搶著說話。例她總喜歡接舌子，不讓別人把話說完。

【接續香煙】
接續：接替延續；香煙：祭祀祖先的香火。比喻生養子孫，傳宗接代，使祭享不絕。《三俠五義》二七回：「官人既然作了官，總以「接續香煙」爲重，從此要早畢婚姻，成家立業要緊。」也作「接紹香煙」。紹：接續。《醒世恆言》卷二〇：「掙得這些少家私，卻不曾生得個兒子，傳授與他，接紹香煙。」

【接應不暇】
暇：空閒。形容人事紛繁，忙得應付不過來。《鏡花緣》八五回：「普席又要吃酒，未免令人接應不暇了。」也作「應接不暇」。

【接踵比肩】
腳尖碰著腳跟，肩膀靠著肩膀。形容人多擁擠，接連不斷。唐・韋嗣立《論職官多濫疏》：「夫競趨者，人之常情；僥倖者，人之所趣。而今務進不避僥倖者，接踵比肩，佈於文武之列。」

【接踵而來】
見「接踵而至」。

【接踵而至】
踵：腳後跟；接踵：一個跟著一個。形容人接連不斷地前來或事情連續不斷地發生。《東周列國志》八二回：「衛之使者接踵比肩。」姚雪垠《李自成》卷一：「目今倘不一戰卻敵，張我國威，恐怕訂城下之盟，割土地，輸歲幣，接踵而至。」也作「接踵而來」。《孽海花》二五回：「當此內憂外患接踵而來，老夫子繫天下人望，我倒可惜他多此一段閒情逸致。」也作「繼踵而至」。

【揭不開鍋】
指沒有飯可吃，挨餓。例現在糧食豐收了，我們還是應該注意節約，千萬別忘了從前那揭不開鍋的日子。

【揭瘡疤】
比喻揭露別人隱蔽的缺點、問題或短處。例一個人爲人處世要厚道，對人要寬容，不要老給人揭瘡疤。

【揭蓋子】
比喻使掩蓋著的事物露出眞象。例不要怕工作組來揭蓋子，揭開蓋子，弄清問題的實質，就可以想法解決了。

【揭竿而起】
揭：舉起；竿：竹桿，代替旗幟。高舉旗幟，奮起反抗。漢・賈誼《過秦論》：「斬木爲兵，揭竿爲旗。」原形容秦末陳勝、吳廣發動農民起義時的情景。後泛指人民起義。清・李伯元《南亭筆記》二九節：「李長壽揭竿而起，據有城池；見子絕愛憐之，撫如己出。」

【揭竿四起】
揭：舉；竿：竹竿，指旗桿。四面八方高舉旗幟，起來反抗。指人民起義。李大釗《國情》：「然歷代君人者，必以省刑罰、薄稅斂爲戒，其民始相安於無事，否則揭竿四起矣。」

【揭老底】
指揭露隱藏了很久很深的問題或底細。例這個人太壞了，必須揭他的老底，以教育羣衆。

【揭老底就怕老鄉親】
謂老鄉親、老熟人知道自己的底細。例「揭老底就怕老鄉親」，當他的一位老鄉親出乎意料地出現在他面前時，他低下了頭，防線垮了。

【揭了蓋的螃蟹——露了黃子】
黃子：蟹黃，是螃蟹體內的卵巢和消化腺，橘黃色，味鮮美。比喻露了底或露出破綻。例這個掛著假身份證的偷渡客，在警察的盤問之下，像揭了蓋的螃蟹——露了黃子啦。

【揭謎底】
比喻揭露出事情的可疑之處及眞象。例這件事情有很多可疑之處，問題是誰來揭謎底。要是揭不開這個謎底，下面的工作無法進行。

【揭內幕】
內幕：舞台上靠近後台的幕布。比喻揭露外界不知道的內部情況。例要想攻破那個小集團，必須分化出他們中的人來揭內幕，否則無從下手。

【揭債還債】
揭債：借債。用借債的辦法還債。指虧空一直存在。《歧路燈》三〇回：「若再揭起來，每日出起利息來，將來搭了市房，還怕不夠哩！那才是揭債還債，窟窿常在。」

【嗟悔無及】
嗟：嘆息；悔：後悔；無及：來不及。《漢書・鼂錯傳》：「夫以人之死爭勝，跌而不振，則悔之亡（無）及矣。」指嘆息和後悔也來不及了。也作「悔之無及」。

【嗟來之食】
嗟：招呼聲，相當於「嗳」或「喂」。《禮記・檀弓下》：「齊大飢，黔敖為食於路，以待餓者而食之。有餓者，蒙袂輯屨，貿貿然來。黔敖左奉食，右執飲，曰：『嗟！來食！』揚其目而視之，曰：『予唯不食嗟來之食，以至於斯也！』從而謝焉，終不食而死。」後來就用「嗟來之食」表示帶侮辱性的或不懷好意的施捨。《後漢書・列女傳》：「志士不飲盜泉之水，廉者不受嗟來之食。」

【街道巷陌】
見「街巷阡陌」。

【街坊鄰里】
街坊：鄰居；鄰里：家庭所在的鄉里。指住家鄰近或同一鄉里的人。元・無名氏《漁樵記》二折：「街坊鄰里聽著，朱買臣養活不過媳婦兒，來廝打哩！」

【街號巷哭】
大街小巷的人都在哭泣。形容人們極度悲傷。晉・潘岳《馬汧督誄一首》：「扶老攜幼，街號巷哭，嗚呼哀哉。」也作「行號巷哭」。

【街上賣笛子——自吹】
比喻自我吹噓。例他的愛好似乎是街上賣笛子——自吹，輕信是會上當的。也作「吹鼓手辦喜事——自吹」。

【街死街埋，路死路埋，倒在洋溝裏就是棺材】
死在哪裏，就埋在哪裏。謂對死抱無所謂的態度。《金瓶梅詞話》四六回：「金蓮搖頭兒道：『我是不卜他。常言，算的著命，算不著行。想著前日道士打看，說我短命哩，怎的哩，說得人心裏影影的。隨他，明日街死街埋，路死路埋，倒在洋溝裏就是棺材！』」

【街談市語】
大街小巷民眾的言談話語。宋・周紫芝《竹坡詩話》：「東坡云：『街談市語皆可入詩，但要人熔化耳。』」也作「街談巷言」。《宋史・葉清臣傳》：「向有職在管庫，日趨走時相之門。入則取街談巷言，以資耳目；出則竊廟謨朝論，以驚流輩。」

【街談巷說】
見「街談巷議」。

【街談巷言】
見「街談市語」。

【街談巷議】
指在街頭巷尾言談議論。漢・張衡《西京賦》：「若其五縣遊麗辯論之士，街談巷議，彈射臧否，剖析毫釐，擘肌分理。」也作「街談巷語」。《漢書・藝文志》：「小說家者流，蓋出於稗官。街談巷語，道聽途說者之所造也。」也作「街談巷說」。三國魏・曹植《與楊德祖書》：「夫街談巷說，必有可采，擊轅之歌，有應風雅，匹夫之思，未易輕棄也。」也作「里談巷議」、「巷議街談」、「巷語街談」。

【街談巷語】
見「街談巷議」。

【街頭耍把戲——光講不練】
耍把戲：玩雜技。見「天橋的把式——光說不練」。

【街頭市尾】
指街市之間。《五燈會元・雲門偃禪師法嗣》：「師曰：『今日未吃茶。』上堂：『諸人會麼？但向街頭市尾、屠兒魁劊、地獄鑊湯處會取？若憑麼會得，堪與人天為師。』」

【街頭巷口】
巷：較窄的街道。泛指大街小巷熱鬧或僻靜的地方。例一到年終服飾百貨打折期間，百貨公司附近的街頭巷尾，便都停滿了汽機車，經過的行人、車輛，每每要跳腳大罵。

【街頭巷尾】
泛指大街小巷各處地方。宋・葛長庚《水調歌頭》：「吃了幾辛苦，學得這些兒。蓬頭赤腳，街頭巷尾打無為。」也作「巷尾街頭」。

【街巷阡陌】
阡陌：小路。泛指大街小巷。漢・荀悅《漢紀・哀帝紀》：「至京師又聚會祀西王母，設祭於街巷阡陌。」也作「街道巷陌」。宋・吳自牧《夢粱錄》卷一三：「遇新春，街道巷陌，官府差顧淘渠人沿門通渠。」

ㄐㄧㄝˊ

【孑輪不反】
孑：單獨，一個。形容軍隊慘敗或全軍覆沒。晉・陸機《辨亡論上》：「蓬籠之戰，孑輪不反。」也作「只輪不返」。

【孑然無依】
見「孑然一身」。

【孑然一身】
孑然：孤獨的樣子。孤單單一人。形容無依無靠。宋・周煇《清波雜志》卷八：「歲月滋久，根深蒂結，生育男女，於義有不可負者，兼渠孑然一身，無所依倚，處性不能自立。」也作「孑然無依」。《剪燈新話・姚公子傳》：「妻去來數月，而聘金又盡，左顧右盼，孑然無依，將自賣其身，而苦無主者。」

【節哀順變】
節：節制；變：變故，舊指父母去世。抑制悲哀，順應變故。《禮記・檀弓下》：「喪禮，哀戚之至也；節哀，順變也，君子念始之者也。」後以「節哀順變」多作慰唁之辭。宋・胡繼宗《書言故事・死喪類》：「慰人遭喪，曰：敢冀節哀順變。」

【節儉躬行】
見「節儉力行」。

【節儉力行】
生活儉樸，身體力行。《史記・管晏列傳》：「以節儉力行重於齊，既相齊，食不重肉，妾不衣帛。」也作「節儉躬行」。明・顧炎武《驪山行》詩：「賢妃助內咏《雞鳴》，節儉躬行邁往古。」

【節節敗退】
節節：逐步。形容接連失敗後退。郭沫若《洪波曲》九章：「南北兩戰場節節敗退，長江要塞節節失守。」

【節令不到，不知冷暖；人不相處，不知厚薄】
節令變化，才感覺到冷暖；接觸相處，才知道感情的厚薄。謂彼此相處久了，才能互相理解。劉江《太行風雲》一二：「李敬懷還不知道有新跟李家已經兩開交，他接有新的話說：『對，人常說節令不到，不知冷暖；人不相處，不知厚薄。你不信我的話，一打聽有新就知道。』」

【節令不饒人】
節令是有規律的。不按節令種植，就要遭受損失。例「節令不饒人。」春種秋收，都得按節令進行。

【節日的禮花——萬紫千紅】
形容百花爭艷的絢麗景象。例墾丁公園的春天，就像節日的禮花——萬紫千紅，美妙極了。

【節上生枝】
枝節上又生出新枝。比喻在原有問題之外，又岔出新的問題。宋・朱熹《答呂子約書》：「讀古人書，直是要虛著心，大著肚，高著眼，方有少分相應，若左遮右攔，前拖後拽，隨語生解，節上生枝，則更讀萬卷書，亦無用處也。」也作「節外生枝」。元・楊顯之《瀟湘雨》二折：「兀的是閒言語甚意思，他怎肯道節外生枝。」

【節食縮衣】
見「節衣縮食」。

【節外生枝】
見「節上生枝」。

【節衣縮食】
指生活節儉，省穿省吃。宋・魏了翁《杜隱君希仲墓志銘》：「所為文早歲富贍，晚造清遒。試有司弗合，浮湛閭裏，節衣縮食，以經理其生，家日以饒。」也作「節食縮衣」。宋・朱熹《劉氏墨莊記》：「[先君子]節食縮衣，悉力營聚，至紹興壬申歲而所謂數千卷者，始復其舊。」也作「縮衣節口」、「縮衣節食」。

【節用愛民】
見「節用愛人」。

【節用愛人】
節約費用，愛護百姓。《論語・學而》：「道千乘之國，敬事而信，節用而愛人，使民以時。」唐・高郢《諫造章敬寺書》：「陛下若節用愛人，當與夏后齊駕，何必勞人動衆，而踵梁武之遺風乎？」也作「節用愛民」。清・汪琬《太子太保禮部尚書王公行狀》：「漢之文帝，史稱其節用愛民，方內安寧，家給人足。」

【節用厚生】
節約費用，造福民生。唐・楊炯《參軍中山張曼伯贊》：「謙謙曼伯，不逾規矩，節用厚生，保家之主。」

【節用裕民】
節省開支，使百姓富裕。《荀子・富國》：「足國之道，節用裕民，而善臧（藏）其餘。」

【節制之兵】
節制：以法控制。形容紀律嚴整的軍隊。晉・干寶《晉紀總論》：「屢拒諸葛亮節制之兵，而東支吳人輔軍之勢。」

【訐以為直】
訐：攻擊別人的過失；直：坦率。以斥責別人的過失來表現自己的坦率。形容為人奸詐。《論語・陽貨》：「惡訐以為直者。」唐・韓愈《爭臣論》：「吾聞君子不欲加諸人，而惡訐為直者。」

【劫富濟貧】
奪取富人財物，救濟貧苦百姓。《孽海花》三五回：「老漢平生最喜歡劫富濟貧，抑強扶弱，打抱不平。」也作「劫富救貧」。范文瀾《中國近代史》上冊三章：「天地會和飢民紛紛起義，揭『官逼民變』……『劫富救貧』等旗號，攻占城市，誅戮官吏。」也作「殺富濟貧」。

【劫富救貧】
見「劫富濟貧」。

【劫後餘生】
劫：厄運，災禍。指經過災禍以後殘留的生命。清・丘逢甲《寄懷許仙屏中丞》詩：「歸飛越鳥戀南枝，劫後餘生嘆數奇。」

【潔己愛人】
嚴格律己，保持自身廉潔，一心為了他人。《明史・劉魁傳》：「所至潔己愛人，扶植風教。」

【潔己奉公】
嚴格要求自己，一心為公。《宋書・林邑傳》：「法命肅齊，文武畢力，潔己奉公，以身率下。」

【潔清不洿】
潔清：清白；洿：ㄨ，同「污」，污穢。保持自己清白的品德，不同流合污。唐・韓愈《與李翱書》：「獨安能使我潔清不洿，而處其所可樂哉！」

【潔身自愛】

見「潔身自好」①。

【潔身自好】

①保持自身清白，不同流合污。郭沫若《秦淮河畔》：「像伯夷、叔齊那樣，既不贊成殷紂王，又不贊成周武王，那種潔身自好的態度似乎是無法維持的。」也作「潔身自愛」。巴金《寒夜》：「縱爲生活所迫，不得不按時上班，也當潔身自愛，不與人同桌進食，同杯用茶，以免傳佈病菌，貽害他人。」②指怕招惹是非，只顧自己，不管別人。朱自清《歷史在戰鬥中》：「由於『膽小而虛僞的歷史觀察和對人生實踐的迂拙而消極的態度』，更只止於潔身自好，眞是落到了『爲節而節』的末路。」

【潔言汙行】

純潔的言辭，污穢的行動。指言行不一。漢·桓寬《鹽鐵論·褒賢》：「大夫曰：『文學言行，雖有伯夷之廉，不及柳下惠之貞，不過高瞻下視，潔言汚行，觴酒豆肉，遷延相讓，辭小取大，雞廉狼吞。』」

【結不解緣】

緣：緣分。形容男女熱戀，不能分離。也指兩者有不可分開的緣分。《古詩十九首》：文彩雙鴛鴦，裁爲合歡被。著以長想思，緣以結不解。」

【結彩懸燈】

彩：指裝飾物。形容辦喜慶事的場面。《兒女英雄傳》二五回：「此刻這雖是怎等第一個淸靜壇場，前頭早已結彩懸燈。」也作「張燈結彩」。

【結草銜環】

結草：糾結野草以絆人腳。《左傳·宣公十五年》載：春秋時晉國大夫魏武子臨死命其子魏顆以妾殉葬。顆不從命而嫁妾。後魏顆與秦國力士杜回交戰，見一老人結草使杜回仆地，遂獲之。顆夜夢老人曰：「餘，而所嫁婦人之父也。」銜環：南朝梁·吳均《續齊諧記》載：漢代楊寶年九歲，至華陰山，見一黃雀爲鴟梟所搏墮地。寶取歸，置巾箱中，飼以黃花。百餘日，毛羽成，乃飛去。其夜有黃衣童子向寶拜曰：吾西王母使者，蒙君拯救，實感仁恩。今贈白環四枚，令君子孫潔白，位登三公，一如此環。後因以「結草銜環」比喻感恩報德，至死不忘。元·李潛夫《灰闌記》一折：「多謝大娘子，小人結草銜環，此恩必當重報。」也作「銜環結草」。

【結黨聚羣】

見「結黨連羣」。

【結黨連羣】

指氣味相投的人聚集在一起，結成集團。漢·張衡《西京賦》：「都邑遊俠……輕死重氣，結黨連羣，實蕃有徒，其從如雲。」也作「結黨聚羣」。《宋書·謝靈運傳》：「或輕死重氣，結黨聚羣；或勇冠鄉邦，劍客馳逐。」也作「結徒聚黨」。三國魏·阮籍《達生論》：「儒、墨之後，堅白並起，吉凶連物，得失在心，結徒聚黨，辯說相侵。」

【結黨營私】

指結成團夥謀取私利。《鏡花緣》七回：「昔日既與叛逆結盟，究非安份之輩。今名登黃榜，將來出仕，恐不免結黨營私。」也作「營私植黨」。

【結髮夫妻】

結髮：束髮，指初成年。初成年結成的夫妻，通常指原配夫妻。漢·蘇武《詩四首》：「結髮爲夫妻，恩愛兩不疑。」《醒世恆言》卷九：「官人，我與你結髮夫妻，苦樂同受。今日官人患病，即是奴家命中所招。同生同死，有何理說！」

【結疙瘩】

指記仇、結怨。例他們爲孩子的小事吵了一架以後，兩家就結疙瘩了。

【結結巴巴】

形容說話語句不流暢。朱自清《今天的詩》：「但是要以自己的說話做標準，要念起來不老是結結巴巴了，至少還要自己的集團裏的人聽起來一聽就懂。」

【結舌瞠目】

結舌：因驚恐或理屈而說不出話來；瞠目：瞪著眼看。瞪著兩眼說不出話來。形容受窘或驚呆的樣子。淸·霽園主人《夜譚隨錄·梨花》：因耳語其故，公子大駭，入艙隱叩細君，細君結舌瞠目。」也作「瞠目結舌」。

【結舌杜口】

結舌：舌頭動不了；杜：阻塞。閉口說不出話來。形容驚懼得說不出話來的樣子。《漢書·杜周傳》：「天下莫不望風而靡，自尙書近臣皆結舌杜口，骨肉親屬莫不股慄。」

【結繩而治】

結繩：文字產生前的一種記事方法。用結繩記事的方法治理天下。《周易·繫辭下》：「上古結繩而治，後世聖人易之以書契。」也比喩用最簡單的方法治理國家。南朝宋·劉義慶《世說新語·品藻》：「庾道季云：『廉頗、藺相如雖千載上死人，懍懍恆有生氣；曹蜍、李志雖見在，厭厭如九泉下人，人皆如此，便可結繩而治。』」

【結駟連騎】

結駟（ㄙˋ）：用四匹馬拉的車編成車隊；連騎：一人一馬列成馬隊。形容達官貴人出行時的顯赫排場。《史記·貨殖列傳》：「子貢結駟連騎，束帛之幣以聘享諸侯，所至，國君無不分庭與之抗禮。」也作「結駟列騎」。漢·韓嬰《韓詩外傳》卷九：「今如結駟列騎，所安不過容膝；食方丈於前，所甘不過一肉。」

【結駟列騎】

見「結駟連騎」。

【結徒聚黨】

見「結黨連羣」。

【捷報頻傳】

捷報：打勝仗的消息，也指勝利的喜報；頻：屢次，多次。形容勝利的喜報不斷地傳來。徐遲《地質之光》：

「在六十年代裏，華北大平原上捷報頻傳。以後大港油田、勝利油田，其他油田相繼建成。」

【捷徑窘步】

捷徑：近路；窘步：邁步困難。因走捷徑而步履困難。比喻學習要有紮實的作風，不可取巧。章炳麟《黃侃論學雜著序》：「願諸弟子守其師說，有所恢弘，以就其業，毋捷徑窘步爲也。」

【捷足先得】

見「疾足先得」。

【捷足先登】

見「疾足先得」。

【桀敖不馴】

見「桀驁不馴」。

【桀驁不恭】

見「桀驁不馴」。

【桀驁不馴】

桀驁（ㄠˋ）：性情暴烈，倔強；馴：馴服。形容態度倔強，不馴服，不恭順，不服管教。宋・岳珂《燕山先見》：「郭藥師統其卒，曰常勝軍，怙寵負衆，漸桀驁不可馴。」也作「桀驁不遜」。宋・陳亮《酌古論・先主》：「臣恐既解之後，勝者張勢，敗者阻險，桀驁不遜，以拒陛下。」也作「桀驁不恭」。《東周列國志》六七回：「圍乃共王之庶子，年齒最長，爲人桀驁不恭，恥居人下，恃其才器，陰畜不臣之志。」也作「桀敖不馴」。敖：傲慢。茅盾《蝕・追求》八：「第二是學生們侮辱師長，如此桀敖不馴，即使現在不入『西歪』，將來要做『西歪』也是難免的。」

【桀驁不遜】

見「桀驁不馴」。

【桀驁難馴】

形容性情凶暴，難以約束。《清史稿・土司六・甘肅》：「惟是生息蕃庶，所分田土多鬻民間，與民錯雜而居，聯姻而社，並有不習土語者。故土官易制，絕不類蜀、黔諸土司桀驁難馴也。」

【桀逆放恣】

桀：凶暴；放恣：任性。指凶暴而任性。《後漢書・孔融傳》：「竊聞領荊州牧劉表桀逆放恣，所爲不軌，至乃郊祭天地，擬儀社稷。」

【桀犬吠堯】

桀：夏朝最末一個君主，相傳是暴君；堯：唐堯，傳說中上古的賢君。夏桀的狗朝著唐堯亂叫。意即惡人的狗咬好人。比喻各爲其主。《戰國策・齊策六》：「跖之狗吠堯，非貴跖而賤堯也，狗固吠非其主也。」元・無名氏《賺蒯通》四折：「丞相，你豈不知桀犬吠堯，堯非不仁，犬固吠非其主也。」

【桀黠擅恣】

桀：凶暴；黠：ㄒㄧㄚˊ，狡猾；擅恣：專橫放肆。指凶殘狡詐，橫行霸道的行爲。漢・桓寬《鹽鐵論・本議》：「匈奴桀黠擅恣，入塞犯厲中國。」

【截長補短】

見「絕長補短」。

【截鐙留鞭】

割下馬鐙，藏起馬鞭。宋・曾慥《類說》卷二一引王仁裕《開元天寶遺事》：「姚元崇牧荊州，受代日，闔境民吏泣擁馬首，截鐙留鞭，以表瞻戀。」後常用作對離職官吏表示挽留惜別的套語。

【截斷衆流】

堵截所有的水流。《五燈會元・普能禪師》：「看風使舵，正是隨波逐浪；截斷衆流，未免依前滲漏。」後比喻見識超羣，語言切中要旨。宋・葉夢得《石林詩話上》：「禪宗論雲門有三種語：其一爲隨波逐浪句，謂隨物應機，不主故常；其二爲截斷衆流句，謂超出言外，非情識所到；其三……無間可伺。」

【截髮留賓】

《晉書・陶侃母湛氏傳》記載：陶侃年青時家境貧寒，一次鄱陽孝廉范逵來陶侃家中投宿，一時之間，陶家無法待客。母親湛氏悄悄剪下頭髮一綹，賣給鄰人，買了些酒菜招待范逵。後范逵知道此事後讚嘆曰：「非此母不生此子。」後以「截髮留賓」稱頌賢母待客誠摯的美德。《紅樓夢》九二回：「寶玉道：『孟光的荊釵布裙，鮑宣妻的提甕出汲，陶侃母的截髮留賓，這些不厭貧的，就是賢德了。』」

【截然不同】

截然：界線分明，斷然分開的樣子。形容兩種事物毫無共同之處。章炳麟《論教育的根本要從自國自心發出來》：「本國的學說，近來既然進步，就和一向沒有學說的國，截然不同了。」

【截趾適履】

趾：腳；履：ㄐㄩˋ，古時用麻製成的鞋子。割腳趾以適合鞋的大小。比喻一味遷就，勉強湊合，反害自己。《後漢書・荀爽傳》：「後世之人，好福不務其本，惡禍不易其軌。傳曰：『截趾適屨，孰云其愚？何與斯人，追欲喪軀？』誠可痛也。」也作「刖趾適屨」。

【竭誠盡節】

竭盡忠誠和保持氣節。《隋書・游元傳》：「公之弟兄，青紫交映，當謂竭誠盡節，上答鴻恩。」

【竭誠相待】

誠心誠意地相待。例旅居國外的僑胞，回來探親、觀光，我們都一律竭誠相待。

【竭盡全力】

竭盡：用盡。用盡全部力量。例他所提的這條意見，完全正確，我們應該竭盡全力給予支持。

【竭精殫力】

指用盡精力。明・胡應麟《詩藪》卷六：「若《子衿》等什，其用意之工，傳情之婉，有唐人竭精殫力不能追步者。」

【竭力盡意】

見「竭力盡忠」。

【竭力盡忠】

竭：盡；盡：力求達到最大限度；忠：忠誠。用盡所有能力，竭盡全部忠誠。元·無名氏《延安府》二折：「爲臣者要廉能功幹，竭力盡忠，於民有益，於國有功。」也作「**竭力盡意**」。例我們要竭力盡意，努力工作，報答國家的培養。

【竭力虔心】

竭力：拿出全部力量；虔心：誠心誠意。用全部力量，誠心誠意地辦事。例爲使這個企業辦得更好，我們大家都應該竭力虔心地努力工作，出主意、想辦法。

【竭心盡意】

盡心盡意。《三國志·吳書·諸葛瑾傳》：「故竭心盡意，不敢爲非耳。」

【竭澤而漁】

竭澤：淘乾水塘；漁：捕魚。淘乾水塘捉魚。比喻辦事不留餘地，只顧眼前利益，不考慮後果。《呂氏春秋·義賞》：「竭澤而漁，豈不獲得，而明年無魚。」也作「**竭澤涸漁**」。《史記·孔子世家》：「丘聞之也，刳胎殺夭，則麒麟不至郊；竭澤涸漁，則蛟龍不合陰陽；覆巢毀卵，則鳳皇（凰）不翔。」也作「**涸澤而漁**」。

【竭澤涸漁】

見「竭澤而漁」。

【竭智盡力】

用盡智慧和力量。鄒韜奮《經歷·前途》：「竭智盡力求得這種『最大的貢獻』，這是人人對於自己、對於社會應負的責任。」也作「**殫智竭力**」。

【竭智盡忠】

用盡全部才智，竭盡全部忠誠。戰國楚·屈原《卜居》：「屈原既放，三年不得復見，竭智盡忠。」也作「**竭忠盡智**」。《史記·屈原列傳》：「屈平正道直行，竭忠盡智，以事其君，讒人間之，可謂窮矣！」

【竭忠盡智】

見「竭智盡忠」。

【羯鼓催花】

羯鼓：古羯族樂器，兩面蒙皮、腰部細的一種鼓，聲音急促高烈；催：使事物的產生和變化加快。唐玄宗好羯鼓，曾於內庭臨軒擊鼓，時庭中柳杏花發，唐玄宗指而對宮人笑曰：「此一事，不喚我作天公可乎？」事見唐代南卓《羯鼓錄》。後來流傳爲「羯鼓催花」的故事。明·陸采《明珠記·巡陵》：「立傍衮衣，滿身香氣；回瞻寶座，一朵紅雲。惟將羯鼓催花，賜得貂裘拖地。」

【羯鼓解穢】

羯鼓：兩面蒙皮、腰細的一種鼓。唐·南卓《羯鼓錄》：「上（玄宗）性逡邁，酷不好琴。曾聽彈琴，正弄未及畢，叱琴者出，曰：『待詔出去！』謂內官曰：『速召花奴，將羯鼓來，爲我解穢！』」後以「羯鼓解穢」指用自己喜歡的事物解除自己厭惡的事物所帶來的穢氣。《歧路燈》三九回：「［程嵩淑道］我也要掉句文哩，耘老聽著，竟是洗盞更酌，澆澆我的塊壘，强似那羯鼓解穢。」

【櫛比鱗差】

櫛：梳篦的總稱；鱗差：像魚鱗一樣順序排列。像梳齒和魚鱗一樣整齊地排列著。五代·王定保《唐摭言·慈恩寺題名遊賞賦咏雜記》：「邇來林棲谷隱櫛比鱗差，美給華資，非等勿處。」也作「**櫛比鱗次**」。元·黃溍《陸氏藏書目錄序》：「一榻蕭然，環以古今書凡若干卷……櫛比而鱗次，入其室，如登羣玉之府。」也作「**鱗次櫛比**」。

【櫛比鱗次】

見「櫛比鱗差」。

【櫛髮耨苗】

耨：除草。梳頭髮，鋤雜草。比喻有利的事多，有害的事少。《淮南子·兵略訓》：「故聖人之用兵也，若櫛髮耨苗，所去者少，而所利者多。」

【櫛風沐雨】

櫛：梳頭髮；沐：洗頭髮。風梳髮，雨洗頭。形容奔波勞碌，不避風雨。《莊子·天下》：「禹沐甚雨，櫛急風。」明·宋濂《閱江樓記》：「見江漢之朝宗，諸侯之述職，城池之高深，關厄之嚴固，必曰：此朕櫛風沐雨戰勝攻取之所致也。中夏之廣，益思有以保之。」也作「**風櫛雨沐**」、「**沐雨櫛風**」。

【櫛垢爬癢】

梳頭去泥，搔抓解癢。形容解除困苦。唐·韓愈《試大理評事王君墓志銘》：「攝鑑察御史，觀察判官，櫛垢爬癢，民獲蘇醒。」

ㄐㄧㄝˇ

【解兵釋甲】

放下手中的武器，摘下和脫去盔甲。比喻不再打仗。明·無名氏《伐晋興齊》四折：「解兵釋甲，社稷寧謐，黎民樂業。」也作「**解甲釋兵**」。《東周列國志》六七回：「慶氏有馬，驚而逸走，軍士逐而得之，乃盡縶其馬，解甲釋兵，共往觀優。」

【解驂推食】

驂：ㄘㄢ，駕車時位於兩旁的馬；解驂：卸下兩旁的馬；推食：送給別人食物。卸下馬匹，換取食物給人。形容解救別人的急難。宋·蘇軾《洗玉池銘》：「維伯時父，弔古啜泣，道逢玉人，解驂推食。」

【解髮佯狂】

解：把束著的東西打開；佯：ㄧㄤˊ，假裝。形容蓬頭垢面假裝瘋癲。漢·韓嬰《韓詩外傳》卷六：「比干諫而死。箕子曰：『知不用而言，愚也；殺身以彰君之惡，不忠也。二者不可然且爲之，不祥莫大焉！』遂解髮佯狂而去。」也作「**被髮詳狂**」、「**被髮陽**

狂」、「被髮佯狂」。

【解疙瘩】

比喻解開不容易解決的矛盾和問題。例他們兩家的矛盾可說是日深月久了，誰能去幫他們解疙瘩，誰就積了德了。

【解甲倒戈】

見「解甲投戈」。

【解甲歸田】

見「解組歸田」。

【解甲釋兵】

見「解兵釋甲」。

【解甲投戈】

投戈：扔下武器。脫下戰袍，放下武器。比喻不再作戰。漢・揚雄《解嘲》：「叔孫通起於桴鼓之間，解甲投戈，遂作君臣之儀，得也。」也作「解甲倒戈」。《隋書・越王楊侗傳》：「若王師一臨，舊章暫睹，自應解甲倒戈，冰銷葉散。」

【解甲休兵】

見「解甲休士」。

【解甲休士】

脫下戰袍讓將士休息。比喻不再作戰。漢・張昶《西岳華山堂闕碑銘》：「雖昔蕭相輔佐之功，功冠羣後，弗以加之，遂解甲休士，陣而不戰。也作「解甲休兵」。北周・庾信《周柱國楚國公岐州刺史慕容公神道碑》：「黔中方定，旋軍反旆，解甲休兵。」

【解巾從仕】

解巾：除去頭巾，改戴官帽；仕：做官。指出任官職。唐・陳子昂《爲王美暢謝兄官表》：「臣兄自解巾從仕，三十餘年。」

【解了毛驢掃磨膛——抬桿】

抬桿：抬起插在磨扇裏的木棍。雙關語。比喻無意義的爭辯。例爲了這點芝麻小事，你們解了毛驢掃磨膛——抬桿拌嘴，值得嗎？

【解鈴還要繫鈴人】

要解繫在老虎脖子上的鈴子，還得找繫鈴的人。比喻誰惹出來的事，由他自己去解決。清・梁恭辰《北東園筆錄》三編卷二《勸孝》：「諺云：『解鈴還要繫鈴人。』得罪父母，亟以孝順父母懺悔，可挽回耳。」也作「解鈴人還問繫鈴人」。《西遊記》七一回：「菩薩道：『既不曾見，等我念念緊箍兒咒。』那行者慌了，只教：『莫念！莫念！鈴兒在這裏哩！』這正是：猻項金鈴何人解？解鈴人還問繫鈴人。」也作「解鈴還是繫鈴人」。老舍《貓城記》八：「我想不出主意來。找大蠍去，解鈴還是繫鈴人，他必定有辦法。」也作「解鈴還仗繫鈴人」。吳趼人《近十年之怪現狀》九回：「解鈴還仗繫鈴人，珠花是你拿去的，求你還代我拿了回來，我好好的謝你。」也作「解鈴仍着繫鈴人」。《冷眼觀》二六回：「解鈴仍著繫鈴人，從前同什麼人結的寃業，如今仍叫什麼人同他去解呀！」也作「解鈴須用繫鈴人」。明・王錂《春蕪記》二一齣：「常言道：解鈴須用繫鈴人。當初是他兩個說他進去，如今依先要這兩個說他出來。」

【解民倒懸】

解：解救；倒懸：人被倒掛，比喻處境困苦危急。《孟子・公孫丑上》：「當今之時，萬乘之國行仁政，民之悅之，猶解倒懸也。」指把百姓從困境中解救出來。姚雪垠《李自成》一卷六章：「近一兩年來，他常常在心中琢磨著要得天下必須如何解民倒懸收買民心。」

【解囊相助】

囊：口袋。解開口袋，取出財物，幫助他人。例小李的父親病故後，母親也重病在身，生活上遇到許多困難，不少同事解囊相助，幫助他度過難關。

【解剖麻雀】

比喻深入實際，對典型事物進行研究性的調查分析，從中找出規律，以便得到全面認識。例領導幹部要深入基層，注意抓典型並作好解剖麻雀的工作，以指導面上的工作。

【解人難得】

解人：幫人排憂解難的人，借指知己；難得：不易得到。比喻知己難得。南朝宋・劉義慶《世說新語・文學》：「謝安年少時，請阮光祿道《白馬論》，爲論以示謝。於時，謝不即解阮語，重相咨盡。阮乃嘆曰：『非但能言人不可得，正索解人亦不可得。』」

【解手背面】

解手：分手；背面：各奔不同的方向。形容分手離別。唐・韓愈《祭河南張員外文》：「解手背面，遂十一年，君出我入，如相避然。」

【解弦更張】

弦：樂器上發聲的線；更張：重新上弦、換弦或調整弦的鬆緊，使樂器聲音和諧。比喻改革制度，變更方法。《漢書・董仲舒傳》：「竊譬之琴瑟不調，甚者必解而更張之，乃可鼓也。」

【解顏而笑】

解顏：開顏，臉上表現出高興的樣子。開顏歡笑。《列子・黃帝》：「自吾之事夫子友若人也……五年之後……夫子始一解顏而笑。」

【解衣般礴】

見「解衣槃礴」。

【解衣槃礴】

槃礴（ㄅㄛˊ）箕踞而坐，指坐地時兩腿張開。解開衣服，叉腿而坐。形容行爲隨便，無拘無束。宋・秦觀《田居》詩：「嬴老厭煩敲，解衣屢槃礴。」清・施閏章《就亭記》：「俗儉訟簡，賓客罕至，吏散則閉門，解衣槃礴移日，山水之意未嘗不落落焉在予胸中也。」也作「解衣般礴」。《莊子・田子方》：「宋元君將畫圖，衆史皆至，受揖而立，舐筆和墨，在外者半。有一史後至者，儃儃然不趨，受揖不立，因之舍。公使人視之，則解衣般礴，裸。君曰：『可矣，是眞畫者也。』」

【解衣推食】

解衣：脫下衣服；推：讓，送。脫下衣服給別人穿，讓出食物給別人吃。《史記·淮陰侯傳》：「[韓信謝曰]漢王授我上將軍印，予我數萬衆，解衣衣我，推食食我，言聽計從，故吾得以至于此。」後以「解衣推食」比喻慷慨地幫助別人解決生活上的困難。《陳書·華皎傳》：「時兵荒之後，百姓飢饉，皎解衣推食，多少必均。」也作「推食解衣」。

【解衣卸甲】

脫下戰袍，卸掉盔甲。指不再打仗。明·無名氏《杏林莊》頭折：「他若是解衣卸甲順天朝，班中封位爵。」

【解疑釋結】

結：癥結，事情難辦的關鍵地方。指事情難的關鍵所在全部消除。《三國演義》二三回：「飛辯騁詞，溢氣坌涌，解疑釋結，臨敵有餘。」

【解語花】

唐·王仁裕《開元天寶遺事·解語花》：「明皇秋八月，太液池有千葉白蓮數枝盛開，帝與貴戚宴賞焉。左右皆嘆羨久之。帝指貴妃示於左右曰：『爭如我解語花？』」後因用以比喻美女。元·喬夢符《金錢記》一折：「他是一片生香玉，他是一枝解語花。」

【解組歸田】

組：用以穿鎧甲的繩子。脫下戰袍，回家種田。指軍人退伍回鄉務農。《野叟曝言》一一八回：「只消婆婆親寫一書，說爹爹因富貴已極，欲解組歸田，而意不能決，必得舅公一勸，同爲五湖之遊。」也作「解甲歸田」。李六如《六十年的變遷》六章：「解甲歸田、出洋深造……這一類的論調，不斷地出現在報紙上面。」

ㄐㄧㄝˋ

【戒備森嚴】

指警戒防備極其嚴密。郭小川《論朋友》：「有那麼一種朋友，彼此之間無話不談，毫無秘密……對組織卻是戒備森嚴有話不談。」

【戒驕戒躁】

戒：警惕，預防；躁：性急，不冷靜。警惕自己，防止驕傲、急躁情緒。例我們每個公務員都應該謙虛謹慎、戒驕戒躁，全心全意爲人民服務。

【戒了大煙扎嗎啡——惡習不改】

大煙：鴉片，用罌粟果實中的乳狀汁液製成的一種毒品，常吸成癮，可導致死亡；嗎啡：藥品，有機化合物，味苦，有毒，由鴉片提煉製成，連續使用易成癮。比喻壞習慣成性，堅持不改。例一個人如果戒了大煙扎嗎啡——惡習不改，有違社會公德，到哪裏都會受到譴責的。

【戒舟慈棹】

舟：船；棹：ㄓㄠˋ，划船的工具，與槳形狀相似，借指船。佛教用語，比喻戒律慈悲猶如舟棹載人。宋·葉廷珪《海錄碎事·道釋經》：「若乘戒舟，鼓以慈棹，而不能橫截風濤，達登彼岸者，無此理也。」

【誡莫如豫】

誡：勸人警惕，引以爲誡；莫如：不如；豫：同「預」，預防。指事後警戒不如事先嚴密預防。《國語·晉語一》：「誡莫如豫，豫而後給。」

【誡無垢，思無辱】

誡：警誡，戒備；垢：恥辱。經常檢查自己的言行，就不會遭到恥辱的事；深思遠慮，就不會遭到不幸。漢·劉向《說苑·敬慎》：「存亡禍福，其要在身。聖人重誡，敬慎所忽。《中庸》曰：『莫見乎隱，莫顯乎微，故君子能慎其獨也。』諺曰：『誡無垢，思無辱』。夫不誡不思，而以存身全國者，亦難矣。」

【芥拾青紫】

芥：小草；青紫：高官的服色，喻指高位。形容輕而易舉就可以居高位，做大官。《漢書·夏侯勝傳》：「經術苟明，其取青紫，如俯拾地芥耳。」

【疥癩之患】

見「疥癬之疾」。

【疥癩之疾】

見「疥癬之疾」。

【疥癬之疾】

疥、癬：一種皮膚病。《呂氏春秋·直諫》：「夫齊之於吳也，疥癬之病也。」後以「疥癬之疾」比喻爲害不大，無足輕重。《三國演義》八七回：「且雍闓等乃疥癬之疾，丞相只須遣一大將討之，必然成功。」也作「疥癩之疾」。《水滸傳》六三回：「疥癩之疾，何足掛意！」也作「疥癩之患」。《東周列國志》八二回：「今王興十萬之師，行糧千里，以爭疥癩之患，而忘大毒之在腹心，臣恐齊未必勝，而越禍已至也。」也作「癬疥之疾」。

【借杯澆塊】

見「借酒澆愁」。

【借車者馳之，借衣者被之】

被：ㄆㄧ，穿在身上或披在身上，後寫作「披」。駕著借來的車子馳騁，穿著借來的衣服擺譜。謂儘借用人家的東西，是不應該的。《戰國策·趙策一》：「初，趙王封孟嘗君以武城。孟嘗君擇舍人以爲武城吏而遣之曰：『鄙語豈不曰借車者馳之，借衣者被之哉？』皆對曰：『有之。』孟嘗君曰：『文甚不取也。夫所借衣車者，非親友則兄弟也。夫馳親友之車，被兄弟之衣。文以爲不可。』」

【借刀殺人】

比喻自己不親自出面，挑撥或利用別人去害人。明·汪廷訥《三祝記·造陷》：「恩相明日奏[范]仲淹爲環慶路經略招討使以平[趙]元昊，這所謂借刀殺人。」

【借東風】
原指《三國演義》中諸葛亮借東風火燒赤壁的故事。比喻憑借或利用某種良好時機。例這事兒已有九成把握，這關鍵的一成，就看你會不會借東風了。參見「萬事俱備，只欠東風」。

【借端生事】
見「借事生端」。

【借風使船】
借助風力駛船。比喻借助別人的力量達到自己的目的。《紅樓夢》九一回：「今見金桂所為，先已開了端了，他便樂得借風使船，先弄薛蝌到手，不怕金桂不依，所以用言挑撥。」也作「借水行舟」。《三俠五義》四六回：「我家老爺乃是一個清官，並無許多銀兩，又說小人借水行舟，希圖這三百兩銀子，將我打了二十板子。」

【借古諷今】
借：假託；諷：諷刺。假託古代事物來影射、諷刺、攻擊現實。例他寫的雜文，往往有借古諷今的味道。

【借古喻今】
喻：比喻。假借古代的事物來比喻、闡發現實生活中的道理。例編寫歷史故事，往往要借古喻今，激揚鬥志，這樣才有意義。

【借花獻佛】
《過去現在因果經》一：「今我女弱不能得前，請寄二花以獻於佛。」後以「借花獻佛」比喻拿別人的東西去做人情。《初刻拍案驚奇》卷一九：「小人謝保，到此兩年，不曾服侍二官人，今日小人借花獻佛，多敬一杯。」

【借交報仇】
借交：把自己借給朋友。指幫助別人報仇。《史記·郭解傳》：「[郭解]以軀借交報仇，藏命作姦，剽攻不休。」也作「借客報仇」。《漢書·朱雲傳》：「少時通輕俠，借客報仇。」

【借鏡觀形】
借：憑借；觀形：看自己的形體容貌。借助於鏡子來照自己的形容。比喻參考和吸收別人的經驗教訓。北齊·劉晝《新論·貴言》：「人目短於自見，故借鏡以觀形。」

【借酒澆愁】
憑借飲酒消除愁悶。指利用某種事物來達到排遣憤懣或苦悶情緒的目的。鄭逸梅《南社叢談·南社社友事略·徐天嘯》：「夫人劉吟秋……自經死。天嘯篤於伉儷，抑鬱寡歡，乃借酒澆愁，動輒大醉。」也作「借杯澆塊」。杯：指杯中物，酒；塊：塊壘。清·瞿園居士《綠天香雪簃詩話》一：「茲摘時人佳句，不復記作者名姓，彙抄錄之，亦借杯澆塊之一法也。」也作「以酒澆愁」。

【借客報仇】
見「借交報仇」。

【借寇齎盜】
齎：ㄐㄧ，以物送人。秦·李斯《諫逐客書》：「今乃棄黔首以資敵國，卻賓客以業諸侯，使天下之士退而不敢西向，裹足不入秦，此所謂借寇兵而齎盜糧者也。」意即借給賊寇武器，送給強盜糧食。後以「借寇齎盜」比喻幫助敵人壯大力量。清·林則徐《答奕將軍防禦粵省六條》：「其中近年所買夷炮，約居三分之一，盡以借寇齎盜，深堪憤恨。」

【借面弔喪】
請儀表端莊者代為弔唁喪事。《三國志·魏書·荀彧傳》注引《平原禰衡傳》：「又問：『曹公、荀令君[彧]、趙蕩寇[稚長]皆足蓋世乎？』[禰]衡稱曹公不甚多；又見荀有儀容，趙有腹尺，因答曰：『文若[荀彧]可借面弔喪，稚長可使監廚請客。』」後以「借面弔喪」比喻虛有其表，並無實學。

【借你口中言，傳我心腹事】
謂借對方的口說出自己想說而不便說的話。例他深深懂得舊話所說「借你口中言，傳我心腹事」的奧妙，只三言兩語，對方便一語道破了他的心思，而他既不承認，也不否認，只說：「那是你說的。」

【借袍子上朝——假裝體面】
上朝：舊時臣子到朝廷上拜見君主奏事議事。比喻愛虛榮，講面子。例你既然經濟條件不好，就實事求是，別借袍子上朝——假裝體面。

【借票子做衣服——渾身是債】
票子：鈔票，錢；渾身：全身。比喻虧空太多，負債累累。例環球公司借票子做衣服——渾身是債，眼看就要倒閉了。

【借屍還魂】
迷信者認為人死後可以把靈魂附於他人的屍體而復活。元·岳伯川《鐵拐李》四折：「多虧了呂洞賓師父救了我，著我還魂，被你燒了我的屍骸，著我借東關裏青眼老李屠的兒子小李屠的屍首，借屍還魂。」現多用以比喻已經消滅的事物假托某種名義以另外一種形式重新出現。郭沫若《新文藝的使命》：然而卻有一部分的幽靈，借屍還魂，不僅穿上了長袍馬褂，而且還穿上了西裝。」

【借事生端】
謂以某事為借口，故意挑起事端。清·馮舒《默庵遺文·上瞿知縣賣荒揭》：「不肖者則借事生端，望風尋趁。」也作「借端生事」。清·陸隴其《三魚堂外集·鄉約保甲示》：「如有借端生事者，立拿重處。」

【借水行舟】
見「借風使船」。

【借題發揮】
假借某一事情為理由，發揮自己眞正的見解。《痛史》七回：「我觸動起來，順口罵他兩句。就是你們文人說的，什麼『借題發揮』的意思呢。」也指假借某事而做別的事情。

【借聽於聾】
借助於耳聾的人了解情況。唐・韓愈《答陳生書》：「足下求速化之術不於其人，乃以訪愈，是所謂借聽於聾，求道於盲。」後用以比喻向人求教而找錯了對象。例對於電子技術我是門外漢，你來向我求教，豈不是借聽於聾？

【借問蜉蝣輩，寧知龜鶴年】
蜉蝣：一種朝生暮死的昆蟲；龜鶴：兩種長壽的動物。請問朝生暮死的蜉蝣，怎能知道享壽千年的龜鶴到底有多少年齡。原譏笑凡人不了解仙人，後用以譏刺淺薄之人不了解學識淵博之士。晉・郭璞《遊仙詩》之一：「左挹浮丘袖，右拍洪崖肩。借問蜉蝣輩，寧知龜鶴年。」

【借新債還陳帳——堵不完的窟窿】
陳帳：舊帳。比喻經濟困難，周轉不開。例這個工廠老是借新債還陳帳——堵不完的窟窿，屬於關、停、並、轉之列。也作「**拆東牆補西牆——堵不完的窟窿**」。

【借一角還十分——分文不差】
比喻完全正確，沒有一點差錯。例實踐證明，這個設計是借一角還十分——分文不差。

【借債買藕吃——窟窿套窟窿】
借債是經濟上的窟窿，再去買有孔眼的藕吃，比喻為窟窿套窟窿。比喻虧空一個接一個，入不敷出。例唉！這幾年我是借債買藕吃——窟窿套窟窿，短期內是翻不了身的。

【借箸代籌】
箸：筷子；籌：籌碼，引申為籌劃。《史記・留侯世家》：「[酈]食其未行，張良從外來謁。漢王方食，曰：『子房，前！客有為我橈楚權者。』具以酈生語告，曰：『于子房何如？』良曰：『誰為陛下畫此計者？陛下事去矣。』漢王曰：『何哉？』張良對曰：『臣請借前箸為大王籌之。』」後以「借箸代籌」比喻代人策劃。《老殘遊記》七回：「借箸代籌一縣策，納楹閒訪百城書。」也作「**請箸為籌**」。

【借債還債，一時寬泰】
借新債還舊債，只有暫時的鬆寬。例如果量入為出，勤儉持家，也不會弄到借債還債，一時寬泰的地步。

【借債要忍，還債要狠】
借債時要多方考慮，能不借就不借；還債時要下狠心，能多還就多還。例「借債要忍，還債要狠」。既然借來了，就要做個計畫，儘早歸還。

【藉草枕塊】
藉：墊在下面的東西。古時守父母的喪事，坐臥在草席上，以土塊為枕。形容悲痛之極。《紅樓夢》六四回：「賈珍賈蓉此時為禮法所拘，不免在靈旁藉草枕塊，恨苦居喪。」

ㄐㄧㄠ

【交白卷】
原指考試時不會答題，把空白卷子上交。比喻完全沒有做工作。例你要我寫的文章，我一個字也寫不出來，只有請你原諒我交白卷了。

【交臂歷指】
交臂：兩手被反綁在身後；歷指：拶（ㄗㄢˇ）指，舊時用拶子夾手指的酷刑。形容像罪犯被捆綁受刑一樣痛苦萬分，毫無自由。《莊子・天地》：「則是罪人交臂歷指，而虎豹在於囊檻，亦可以為得矣。」

【交臂失之】
交臂：兩人胳膊相碰，指擦肩而過。形容當面錯過好機會。《三國演義》一四回：「遇可事之主，而交臂失之，非丈夫也。」也作「**失之交臂**」。

【交遍天下友，知心有幾人】
謂知心朋友難求。例朋友不少，可是能夠做到真正開誠相見，無話不談的知音太少了。「交遍天下友，知心有幾人」啊！

【交不為利，仕不謀祿】
交結朋友不從私利出發，當了官不一味追求俸祿。謂交友、做官不為利、祿所左右。三國魏・嵇康《十疑集》：「文明在中，見素抱璞；內不愧心，外不負俗；交不為利，仕不謀祿；鑑乎古今，滌情蕩欲。」

【交錯觥籌】
觥：ㄍㄨㄥ，古代的一種酒器；籌：行酒令的籌碼。酒器和酒籌錯雜相交。形容宴飲的歡快場面。明・無名氏《林樂堂》頭折：「直吃到二更時候，笑喧嘩交錯觥籌。」也作「**觥籌交錯**」。

【交淡若水】
《莊子・山木》：「且君子之交淡若水，小人之交甘若醴。」後以「交淡若水」指君子之交，重在道義。

【交口稱嘆】
見「交口稱譽」。

【交口稱譽】
交口：大家一同說；譽：稱讚。形容眾口同聲稱讚。《元史・王利用傳》：「利用幼穎悟，弱冠與魏初同學，遂齊名，諸名公交口稱譽之。」也作「**交口稱嘆**」。嘆：讚嘆。明・無名氏《沐仲易》：「樂府隱語，皆能窮其妙。一時士大夫交口稱嘆。」也作「**交口讚頌**」。明・歸有光《送狹江張先生序》：「窮閻之民……蒙其恩者，交口讚頌。」也作「**交口讚譽**」。明・劉元卿《應諧錄・悅諛》：「粵令性悅諛，每布一政，羣下交口讚譽，令乃歡。」也作「**交口稱讚**」。

【交口稱讚】
見「交口稱譽」。

【交口薦譽】
薦：推舉。眾口同聲推薦和稱讚。唐・韓愈《柳子厚墓志銘》：「諸公要人，爭欲令出我門下，交口薦譽之。」

【交口讚頌】
見「交口稱譽」。

【交口讚譽】
見「交口稱譽」。
【交洽無嫌】
洽：協商；嫌：猜疑。唐・韓愈《順宗實錄》卷一：「於父子之間慈孝，交洽無嫌。」指父子之間沒有猜疑。後用以指雙方關係密切，相互信任。例你們之間的關係交洽無嫌，這項工作一定會開展得很好。
【交淺言深】
交淺：交情不深；言深：說話很深切。指對交情不深的人能說出懇切的話。《戰國策・趙策四》：「客有見於服子者，已而請其罪。服子曰：『公之客獨有三罪：望我而笑，是狎也；談語而不稱師，是倍也；交淺而言深，是亂也。』客曰：『不然。夫望人而笑，是和也；言而不稱師，是庸說也；交淺而言深，是忠也。』」柳亞子《安娥女士索詩，報以二絕》：「交淺言深一喟然，感君勸我托逃禪。」
【交人交心，澆花澆根】
交朋友要推心置腹，正像澆花要澆根一樣。例俗話說：「交人交心，澆花澆根。」朋友之間如果做不到無話不說，敞開思想，那就算不了好朋友。也作「交人先交心」。
【交疏吐誠】
吐：談吐。交往雖然不密切，可互相間說話卻很誠懇。南朝宋・劉義慶《世說新語・規箴》：「知幾其神乎，古人以為難；交疏吐誠，今人以為難。」
【交頭接耳】
形容人挨得很近，低聲交談。元・關漢卿《單刀會》三折：「大小三軍，聽吾將令，甲馬不許馳驟，金鼓不許亂鳴，不許交頭接耳，不許語笑喧嘩。」也作「接耳交頭」。
【交相輝映】
形容各種光亮、色彩等相互映照。例火樹銀花，紅牆碧瓦，交相輝映，大放光華。
【交學費】
比喻做某一件事情所花的代價。例這幾年的失誤可不少，要是都當作交學費，今後這樣的學費只怕會越交越昂貴。
【交易不成仁義在】
仁義：仁愛和正義，這裏指交情。生意做不成，交情還在。例做生意不是一錘子買賣，一次沒談成，以後還可以談嘛，「交易不成仁義在」。
【交有道，接有理】
待人接物要講道德，要合乎情理。例俗話說：「交有道、接有理。」怎麼認識沒有幾天就搞小動作，說些不三不四的話。
【郊島寒瘦】
見「郊寒島瘦」。
【郊寒島瘦】
郊、島：指唐代詩人孟郊和賈島；寒、瘦：指孟郊和賈島的詩作清峭瘦硬，意境不夠溫厚富麗。宋・蘇軾《祭柳子玉文》：「元輕白俗，郊寒島瘦。」後泛指詩文的意境或風格清奇峭拔。清・鄭板橋《儀真縣江村茶社寄舍弟》：「郊寒島瘦，長吉鬼語，詩非不妙，吾不願子孫學之也。」也作「郊島寒瘦」。清・周亮工《高雨吉》：「［雨吉］嘗為予作《落霞晚眺》一冊，光景直超然天半，正如青蓮妙句，出自天才，非郊島寒瘦可比也。」
【澆風薄俗】
澆：刻薄。形容社會風氣浮淺庸俗，不樸素敦厚。唐・陳黯《辯謀》：「得之則逸身豐家，不得則嫉時怨命，噫，此眞澆風薄俗者之心也。」
【澆瓜之惠】
漢・劉向《新序・雜事》載：梁與楚之邊亭皆種瓜。楚亭人心惡梁瓜之美，因乘夜往毀梁瓜。梁亭人欲報復，縣令大夫宋就止之，令梁亭人為楚亭夜差灌其瓜，使楚亭瓜日美。楚王聞之，乃謝以重幣，而請交於梁王。後因以「澆瓜之惠」指以德報怨，不因小事而結仇。《晉書・苻堅載記上》：「昔荊吳之戰，事興蠶婦；澆瓜之惠，梁宋息兵。夫怨不在大，事不在小，擾邊動衆，非國之利也。」也作「灌瓜之義」。
【澆花要澆根，教人要教心】
澆花應該澆根部，教人就要抓思想。肖玉《高粱紅了》二部《戰鼓催春》四章一六：「澆花要澆根，教人要教心。我看就應該在這個『心』字上，好好作點文章。」
【澆冷水】
比喻打擊別人的熱情。例人家現在正需要打氣加油，你怎麼反去澆冷水？也作「澆涼水」。例我怕你被勝利沖昏了頭腦，故意給你澆涼水，讓你清醒一點。也作「潑冷水」。
【澆樹要澆根】
澆樹要澆在樹根上，才利於植物吸收水份。比喻解決問題要抓根本。例「澆樹要澆根」。幹工作跟澆樹一樣，要抓住關鍵問題，做到綱舉目張。
【嬌藏金屋】
見「金屋藏嬌」。
【嬌妻喚做枕邊靈，十事商量九事成】
謂丈夫愛聽妻子的話。例古話說：「嬌妻喚做枕邊靈，十事商量九事成」；現在說「吹枕頭風」，諷刺的都是一碼事：男人耳朵軟。
【嬌生慣養】
嬌：愛憐過甚；慣：縱容。形容從小受到過分的寵愛和縱容。《紅樓夢》七七回：「原是想他自幼嬌生慣養的，何嘗受過一日委屈。」也作「姣生慣養」。《紅樓夢》一九回：「他雖沒這樣造化，倒也是姣生慣養，我姨父姨娘的寶貝兒似的。」
【嬌小玲瓏】
嬌：俊美可愛；小：小巧；玲瓏：聰明伶俐。形容體態小而伶俐可愛。

《孽海花》四回：「衾裏面，緊貼身朝外睡著個嬌小玲瓏的妙人兒。」

【嬌羞也是人情】

謂嘴上不說，心裏樂意。《歧路燈》三五回：「紹聞道：『你今日見孩子這樣親，到明日你恭了喜，更該怎的？』慧娘把臉紅了，說道：『你不吃酒罷，還有麵哩。』正是：慈愛固是天性，嬌羞也是人情。」

【驕傲自滿】

自以為了不起，滿足於自己已有的成績。宋·王明清《揮塵後錄》卷八：「[徐師川]既登有密，頗驕傲自滿。」

【驕兵必敗】

驕傲輕敵的軍隊必定打敗仗。《漢書·魏相傳》：「恃國家之大，矜民人之衆，欲見威於敵者，謂之驕兵，兵驕者滅。」曲波《林海雪原》二八：「古人云：『驕兵必敗』。這就是少劍波致死的原因。」

【驕兵悍將】

驕橫凶狠的兵將，指極不馴服難以指揮的軍隊。例這些驕兵悍將，平時目空一切、不可一世，其實眞打起仗來，也不過是紙老虎。

【驕侈淫佚】

見「驕奢淫泆」。

【驕人好好，勞人草草】

驕人：指進讒而得志的人；好好：通「旭旭」，傲慢的樣子；勞人：指遭讒而憂傷的人；草草：憂愁、神傷的樣子。進讒的人得意洋洋，遭讒的人則黯然神傷。指專會進讒的人驕橫跋扈，得意忘形，而遭讒受氣的人卻被壓抑，橫遭打擊。《詩經·小雅·巷伯》：「驕人好好，勞人草草。」

【驕奢生於富貴，禍亂生於疏忽】

驕橫奢侈從富貴中產生，禍患災亂在疏忽時萌發。《資治通鑑·太宗貞觀十二年》：「太宗曰：『玄齡與吾共取天下，出百死，得一生，故知創業之難；征與我共安天下，常恐驕奢生於富貴，禍亂生於疏忽，故知守成之難。然創業之難，既已往矣，守成之難，方當與諸公慎之。』」

【驕奢淫泆】

泆：放恣，放蕩。形容生活驕橫、奢侈，荒淫無度。《左傳，隱公三年》：「臣聞愛子，教之以義方，弗納於邪。驕奢淫泆，所自邪也。」也作「**驕奢淫佚**」。《宋史·徽宗紀四》：於是蔡京以猖薄巧佞之資，濟其驕奢淫佚之志。」也作「**驕奢淫逸**」。朱自淸《論且顧眼前》：「但是大多數在飢餓線上掙扎的人，能以眼睜睜白供養這班驕奢淫逸的人盡情的自在的享樂嗎？」也作「**驕淫奢侈**」。明·余繼登《典故紀聞》卷二：「驕淫奢侈，暴橫不法。」也作「**驕侈淫佚**」。《淸朝野史大觀》卷一：「名分可以親愛皇上者，惟西太后一人。然西太后驕侈淫佚，絕不以爲念。」

【驕奢淫佚】

見「驕奢淫泆」。

【驕奢淫逸】

見「驕奢淫泆」。

【驕淫奢侈】

見「驕奢淫泆」。

【驕子不孝】

驕奢慣了的孩子不會孝順父母。例「驕子不孝。」被父母嬌縱慣了的孩子只知吃喝玩樂，盡情享受，根本沒有孝順父母的心思。

【姣生慣養】

見「嬌生慣養」。

【膠多了不粘，話多了不甜】

指說話要有分寸。例說話也要講究效率。說了半天，不著邊際，還不如不說。正如俗話說的：「膠多了不粘，話多了不甜。」

【膠鞋滲水——紕（皮）漏】

皮：膠皮；紕：「皮」的諧音。比喻因疏忽而造成的差錯。例盡管他工作上有時出現膠鞋滲水——紕（皮）漏，但成績總的說來還是巨大的，値得讚揚。

【膠柱鼓瑟】

瑟：古代樂器；柱：瑟上調節弦音的短木。彈奏琴瑟時，用膠把柱粘住，使音調不能調整。比喻作事拘泥固執，不知靈活變通。《史記·廉頗藺相如列傳》：「王以名使括，若膠柱而鼓瑟耳。括徒能讀其父書傳，不知合變也。」《紅樓夢》五一回：「黛玉忙攔道：『這寶姐姐也忒膠柱鼓瑟、矯揉造作了。』」也作「**膠柱調瑟**」。《文子·道德篇》：「執一世之法籍，以非傳代之俗，譬猶膠柱調瑟。」

【膠柱調瑟】

見「膠柱鼓瑟」。

【教猴子爬樹——多餘】

比喻沒有必要。例這批學生的英語基礎較好，再要他們從字母學起，是教猴子爬樹——多餘的。也作「**吃麵條找頭子——多餘**」、「**禿子爭木梳——多餘**」、「**脫衣烤火——多餘**」、「**瞎子戴眼鏡——多餘**」、「**新衣服打補釘——多餘**」。

【教會徒弟，餓死師傅】

舊時職業無保障，師傅把技藝傳給徒弟，徒弟就可能奪了師傅的飯碗。例過去徒弟學活只能偷偷的學，因爲師傅認爲「教會徒弟，餓死師傅」。

【教猱升木】

猱：猴子的一種。教猴子爬樹。《詩經·小雅·角弓》：「毋教猱升木，如塗塗附。」後用以比喻教唆壞人做壞事。梁啟超《樂利主義泰斗邊沁之學說》：「彼其本有貪樂好利之性質，而又不知眞樂利之所存，一聞樂利主義之言，輒借學理以自文……邊氏之論，幾於教猱升木焉。」

【教奢易，教儉難】

教人過奢侈生活很容易，教人勤儉持家就困難了。例講排場，講吃喝，一學就會，不學也會；節電節水，說十遍八遍也不見效。「教奢易，教儉難」啊。

【教無常師，道在則是】

謂求學沒有長久固定不變的老師，誰有學問誰就是老師。《晉書・潘岳傳》：「祁祁生徒，濟濟儒術；或升之堂，或入之室。教無常師，道在則是。」

【教一識百】

識：懂得，認識。漢・劉向《列女傳・周室三母》：「文王生而明聖，太任教之以一，而識百。」後以「教一識百」形容才思敏慧，聰明過人。教一種知識而能觸類旁通，懂得很多種。

【焦熬投石】

焦熬：東西因久煮而被燒焦變得酥脆。把燒焦的酥脆之物投擲在石頭上。比喻自取滅亡。《荀子・議兵》：「故齊之技擊不可以遇魏氏之武卒，魏氏之武卒不可以遇秦之銳士，秦之銳士不可以當桓、文之節制，桓、文之節制不可以敵湯、武之仁義，有遇之者，若以焦熬投石焉。」

【焦唇乾舌】

唇裂舌乾。形容說話過多，疲勞過度。《史記・仲尼弟子列傳》：「勾踐頓首再拜曰：『孤嘗不料力，乃與吳戰，困於會稽，痛入於骨髓，日夜焦唇乾舌，徒欲與吳王接踵而死，孤之願也。』」也作「**唇焦舌敝**」。

【焦金流石】

焦：燒、烤。也作「燋」。把金屬燒焦，把石頭燒化。形容陽光極度酷熱。南朝梁・劉孝標《辨命論》：「是以放勛之世，浩浩襄陵；天乙之時，焦金流石。」也作「**焦金爍石**」。漢・桓譚《新論・大質》：「大熱爟赫，焦金爍石，而炎氣不爲之殲者何也？有自然之質，而寒暑不能移也。」

【焦金爍石】

見「焦金流石」。

【焦了尾巴梢子——絕後】

尾巴梢子：尾巴尖。雙關語。比喻沒有後代。貶義。例在以前，說人焦了尾巴梢子——絕後，將被認爲是最嚴重的賭咒和謾罵，可是在現代，抱獨身主義的人多著呢！

【焦沙爛石】

沙子被燒焦，石頭被燒爛。形容溫度極高。漢・董仲舒《春秋繁露・循天之道》：「爲寒則凝冰裂地，爲熱則焦沙爛石。」

【焦頭爛額】

焦：燒，烤。也作「燋」。燒焦頭部，燒傷額部。《漢書・霍光傳》：「今論功而請賓，曲突徙薪亡（無）恩澤，焦頭爛額爲上客耶？」後用以比喻處境十分狼狽、窘迫。《三國演義》四〇回：「到四更時分，人困馬乏，軍士大半焦頭爛額。」《鏡花緣》一二回：「幸而官事了結，花卻無窮浪費，焦頭爛額，已屬不堪，設或命途坎坷，從中別生枝節，拖延日久，雖要將了事，欲罷不能。」

【焦心勞思】

形容心情過分憂慮。宋・司馬光《進五規狀・遠謀》：「臣竊見國家每邊境有急，羽書相銜，或一方飢饉餓莩盈野，則廟堂之上，焦心勞思，忘寢廢食以憂之。」

【焦心熱中】

熱中：燥急心熱。形容心情焦急憂慮。《晏子・重而異者》：「布唇舌枯，焦心熱中。」

【焦芽敗種】

枯焦的幼芽，腐敗的種子。原佛家語・謂二乘不能發無上道心。《維摩詰經》：「二乘如焦芽敗種。」後用以指品質不好的人或事物。

【焦躁不安】

形容十分著急煩躁，心中不安寧。例他的兒子走失了，報警後焦躁不安地守在電話旁，等著消息。

【蛟龍得水】

蛟：古代傳說中的無角龍。傳說蛟龍得到水，能興雲作雨，飛騰上天。《管子・形勢》：「蛟龍待得水而後立其神，人主待得民而後成其威，故曰：蛟龍得水而神可立也。」後用以比喻有才能的人得到施展抱負的機會。《魏書・楊大眼傳》：「吾之今日，所謂蛟龍得水之秋，自此一舉，終不復與諸君齊列矣。」也作「**蛟龍得雲雨**」。唐・杜甫《奉贈嚴八閣老》：「扈聖登黃閣，明公獨妙年；蛟龍得雲雨，鵰鶚在秋天。」

【蛟龍得雲雨】

見「蛟龍得水」。

【蛟龍得雲雨，終非池中物】

比喻有理想有志氣的人，一旦脫離困境，就會大展鴻圖。明・陸采《明珠記》一一齣：「閒居無事，不能逐俺胸中豪氣。自古道：『蛟龍得雲雨，終非池中物。』有一日提兵在手，攪得他四海都渾。罷，罷，不能流芳百世，亦當遺臭萬年。」

【蛟龍困在沙灘上——抖不起威風】

蛟龍：古代傳說中一種興風作浪能發洪水的龍。比喻顯示不了聲勢或氣派。例在這裏，人人比自己能力强，地位高，他覺得好似蛟龍困在沙灘上——抖不起威風啦，有點悶悶不樂。也作「**老虎離山林——抖不起威風**」。

【蛟龍困在沙灘上——威風掃地】

見「虎落平陽——威風掃地」。

【蛟龍失水】

比喻有才能的人得不到施展抱負的機會。《五代史平話・唐史下》：「您豈不見蛟龍失水，反爲螻蟻所食？不可出外。」也作「**蛟龍失雲雨**」。《舊五代史・唐閔帝紀》：「今以五十騎奔竄，無將相一人擁從，安能興復大計！所謂蛟龍失雲雨者也。」

【蛟龍失雲雨】

見「蛟龍失水」。

【蛟騰虎嘯】

騰：跳躍；嘯：吼叫。蛟龍跳躍，猛虎吼叫。形容歡騰活躍，氣勢雄壯。北齊・魏收《爲東魏檄梁文》：「內外齊心，上下同德，蛟騰虎嘯，風生雲起。」也作「**龍騰虎躍**」、「**龍吟虎嘯**」。

【蕉鹿之夢】
《列子・周穆王》：「鄭人有薪於野者，遇駭鹿，御而擊之，斃之。恐人見之也，遽而藏諸隍中，覆之以蕉，不勝其喜。俄而遺其所藏之處，遂以爲夢焉。順途而咏其事，傍人有聞者，用其言而取之。」後人用「蕉鹿之夢」比喻夢幻或眞假難辨之事。

【燋金流石】
見「焦金流石」。

【燋金爍石】
見「焦金流石」。

【燋頭爛額】
見「焦頭爛額」。

【鷦鷯一枝】
鷦鷯：小鳥的一種，也稱「巧婦鳥」。鷦鷯鳥小，巢穴也小，只占樹的一個枝杈。比喻所求有限，無多大的奢望。《莊子・逍遙遊》：「鷦鷯巢於深林，不過一枝。」唐・杜甫《秦州雜詩》：「爲報鴛行舊，鷦鷯在一枝。」

ㄐㄧㄠˊ

【嚼不爛的黃瓜——不嫩】
指蔬菜、水果長得不鮮嫩。例這些水果像嚼不爛的黃瓜——不嫩，很難下嚥。

【嚼舌根】
①比喻多嘴多舌、搬弄是非。例你們別在這兒嚼舌根了，快幹活兒去吧！②比喻無謂地爭吵。例咱們別嚼舌根了，就是爭出個你高我低又有什麼意義呢？也作「**嚼舌頭**」。例姑娘們，別嚼舌頭了，說點正經事吧。

【嚼舌頭】
見「嚼舌根」。

【嚼字咬文】
形容過分地斟酌字句或死摳字眼。《何典・序》：「詎能嚼字咬文，又何須之乎者也。」也作「**咬文嚼字**」。

ㄐㄧㄠˇ

【角巾私第】
角巾：古代隱士常戴的一種有稜角的頭巾；私第：私家住宅。指建有功勛的人，退居家中，穿常人的衣服，過閒散的生活。《儒林外史》四六回：「老先生功在社稷，今日角巾私第，口不言功，眞古名將風度。」

【角立傑出】
角立：像角一樣獨立突出。卓然特立超出一般。《後漢書・徐稚傳》：「至於稚者，爰自江南卑薄之域，而角立傑出，宜當爲先。」

【撟狂過正】
撟：同「矯」；狂：同「枉」。同「矯枉過正」。《漢書・諸侯王表第二》：「而藩國大者夸州兼郡，連城數十，宮室百官同制京師，可謂撟狂過其正矣。」

【餃子破皮——露了餡】
比喻不願意讓人知道的事暴露了。例他認爲自己做的事天衣無縫，想不到還是餃子破皮——露了餡。也作「**破包子——露了餡**」、「**肉包子開口——露餡**」、「**咬破餃子皮——露了餡**」、「**騎馬吃豆包——露餡兒**。」

【狡吏不畏刑，貪官不避贓】
狡猾的官吏不怕刑戮，貪婪的官員，撈取贓物是多多益善。謂貪官污吏肆意妄爲，置法律於不顧。唐・皮日休《橡媼嘆》詩：「如何一石餘，只作五斗量。狡吏不畏刑，貪官不避贓。農時作私債，農畢歸官倉。自冬及於春，橡實誑飢腸。」

【狡兔三窟】
窟：洞穴。狡猾的兔子有三個洞穴。比喻藏身的地方多，便於避禍。《戰國策・齊策四》：「馮驩曰：『狡兔有三窟，僅得免其死耳；今君有一窟，未得高枕而臥也，請爲君復鑿二窟。』」《聊齋志異・邵九娘》：「汝狡兔三窟，何歸爲？」也作「**狡兔三穴**」。《舊唐書・李晟傳》：「國家倘有變故，瓊願備左右，狡兔三穴，盍早圖之。」也作「**三窟狡兔**」。

【狡兔三穴】
見「狡兔三窟」。

【狡兔死，良狗烹】
野兔被捕殺後，獵狗就被煮吃掉。比喻事成之後，就把曾經有過貢獻的人謀害掉或踢開不用。多指君主殺害功臣。《史記・淮陰侯傳》：「狡兔死，良狗烹；高鳥盡，良弓藏；敵國破，謀臣亡。」也作「**狡兔死，良犬烹**」。《東周列國志》八三回：「吾聞『狡兔死而良犬烹』。敵國如滅，謀臣必亡。」

【狡兔死，良犬烹】
見「狡兔死，良狗烹」。

【狡兔撞鷹——以攻爲守】
指用主動進攻的方法來達到防禦的目的。例對敵人的侵略，我們不能採取消極防禦的政策，應當仿效狡兔撞鷹——以攻爲守的策略。

【絞盡腦汁】
比喻苦思冥想，費盡心機。老舍《四世同堂・偷生》：「唯其如此，他才更能顯出絞盡腦汁的樣子，替她思索。」

【絞腦汁】
比喻大費心思。例爲這件小事絞腦汁，值得嗎？

【皎如日星】
皎：潔白明亮。潔白明亮像白日的太陽，夜晚的星星。形容爲人正直，胸懷坦率。宋・邵博《聞見後錄》：「皎如日星不容遺忘。」也作「**皎如日月**」。例他光輝的一生，皎如日月，使我們永遠不會忘卻。

【皎如日月】
見「皎如日星」。
【矯激奇詭】
矯激：矯情。謂故作矯情激烈。宋·林希《孫少述傳》：「侔志節剛果，不爲矯激奇詭之行，而氣貌足以動人。」
【矯矯不羣】
矯矯：身手不凡的樣子。謂才華出衆，很不一般。清·無名氏《杜詩言志》卷一二：「首詳其出處及幼少之事，便已矯矯不羣。」
【矯情干譽】
指掩飾眞情，一心追求名譽。《二刻拍案驚奇》卷二四：「其餘凡貪官、污吏、富室、豪民及矯情干譽、欺世盜名種種之人，無不隨業得報，一一不爽。」
【矯情飾貌】
指掩飾眞情，過分做作。《魏書·恩幸傳序》：「夫令色巧言，矯情飾貌，邀眄睞之利，射咳唾之私，此蓋苟進之常也。」也作「**矯情飾行**」。《隋書·煬帝紀下》：「每矯情飾行，以釣虛名，陰有奪宗之計。」
【矯情飾行】
見「矯情飾貌」。
【矯情飾詐】
指掩蓋實情以欺詐手法騙取信任。宋·朱熹《與宰執札子》：「伏念熹昨以蒙恩進職，輒具辭免，非敢矯情飾詐，罔上盜名。」
【矯情鎭物】
矯情：故意做作，以示與衆不同。指故作鎭靜，使人猜測不透。《晉書·謝安傳》：「[謝]玄等既破[苻]堅，有驛書至，安方對客圍棋，看書既竟，便攝放床上，了無喜色，棋如故。客問之，徐答云：『小兒輩遂已破賊。』既罷，還內，過戶限，心喜甚，不覺屐齒之折。其矯情鎭物如此。」
【矯情自飾】
指故意做作，掩蓋眞情。《三國志·魏書·陳思王植傳》：「文帝御之以術，矯情自飾，宮人左右，並爲之說，故遂定爲嗣。」
【矯揉造作】
矯：使彎曲的變成直的；揉：使直的變成彎曲的；造作：做作，人爲的，不是自然的。形容極不自然，裝模作樣的舉止。《鏡花緣》三二回：「他們原是好好婦人，卻要裝作男人，可謂矯揉造作了。」
【矯若驚龍】
矯健敏捷得像遊龍一般。常用於形容書法筆勢或舞姿等。《晉書·王羲之傳》：「尤善隸書，爲古今之冠，論者稱其筆勢，以爲飄若浮雲，矯若驚龍。」也作「**矯若遊龍**」。明·梅鼎祚《玉合記·義妒》：「看他矯若遊龍，超逾集鳥……夜月紅樓，樹下霓裳出月。是好舞也。」
【矯若遊龍】
見「矯若驚龍」。
【矯世變俗】
糾正改變不良的社會風氣。《宋史·安石傳》：「安石議論高奇，能以辯博濟其說，果於自用，慨然有矯世變俗之志。」
【矯世勵俗】
糾正不良的世風，激勵淳樸的民俗。宋·王禹偁《四皓廟碑》：「遠害全身，矯世勵俗。清泉洗耳，紫芝充腹。」
【矯飾僞行】
故意做作，行爲虛僞。宋·陳師道《後山詩話》：「其公用事，排斥端士，矯飾僞行。」
【矯枉過正】
矯：矯正；枉：彎曲。形容糾正偏差超過了限度。《後漢書·仲長統傳》：「逮至淸世，則復入於矯枉過正之檢。」也作「**矯枉過直**」。宋·秦觀《財用上》：「士大夫矯枉過直，邈然以風裁自持，不復肯財利之事。」也作「**矯枉過中**」。《宋史·王存等傳論》：「他有更張，隨事諫止，不少循默，然無矯枉過中之失。」
【矯枉過直】
見「矯枉過正」。
【矯枉過中】
見「矯枉過正」。
【矯邪歸正】
悔改邪惡，返回正路，不再幹壞事。《晉書·呂光傳贊》：「矯邪歸正，革僞爲忠……則燕秦之地可定，桓文之功可立。」也作「**改邪歸正**」。
【矯心飾貌】
以僞裝的面貌掩飾眞情。《梁書·張纘傳》：「而寸衿所滯，近蔽耳目，深淺清濁，豈有能預。加以矯心飾貌，酷非所閑，不喜俗人，與之共事。」
【矯言僞行】
指虛假的言辭和行動。宋·秦觀《論議下》：「矯言僞行之人，弊車羸馬竄伏岩穴，以幸上之爵祿。」
【腳板搽豬油——油滑】
比喻人圓滑、世故。例這個人是腳板搽豬油——油滑得很，誰也不得罪，多方得利。
【腳板底下打火罐——下作(著)】
打火罐：一種治療方法，在小罐內點火燃燒片刻，把罐口扣在皮膚上，造成局部淤血，達到治療目的，對關節炎、肺炎、神經痛等症有療效，也叫拔火罐兒；作：「著」的諧音；下作：卑鄙，下流。比喻人下流，無恥。貶義。例我看，這種行爲是腳板底下打火罐——下作（著），不值得提倡。
【腳板上釘釘——寸步難行】
形容走路困難。多用以比喻處境艱難，無法開展工作。例在這裏人生地不熟，工作起來就像腳板上釘釘——寸步難行。也作「**腳上拖磨盤——寸步難行**」、「**腿肚子上抽筋——寸步難行**」、「**瞎子丟拐棍——寸步難**

行」。

【腳綁石頭走路——求穩不圖快】

指做事力求穩妥，不講速度。例「你爲什麼工作老是慢吞吞的，不講效率？」「腳綁石頭走路——求穩不圖快呀！」

【腳脖子上把脈——瞎摸】

把脈：〈方〉診脈，中醫用手按在病人手腕動脈上，根據脈搏的變化來診斷病情。比喻做事無目的。有時指缺乏經驗。例工作既要有長期的目標，也要有近期的打算，還需有切合實際的計畫，不能腳脖子上把脈——瞎摸。也作「盲人看書——瞎摸」、「吹燈抓虱子——瞎摸」。

【腳不纏不小，官不纏不大】

舊時女人的小腳是用布條纏出來的，大官是小官奉承上司得來的。例過去那句俗話，「腳不纏不小，官不纏不大」，眞說到點子上，一個「纏」字，可謂維妙維肖了。

【腳不點地】

形容走路極快，好像腳尖都沒有著地一樣。《古今小說》卷二七：「七八個老嫗丫鬟，扯耳朵，拽胳膊，好似六賊戲彌陀一般，腳不點地，擁到新人面前。」

【腳踩糍粑——站得穩】

糍粑：ㄘˊ ㄅㄚ，糯米蒸熟搗碎後製成的食品，黏性大。雙關語。比喻立場堅定，毫不動搖。例他在重大的原則問題上，總是腳踩糍粑——站得穩，不是風吹兩面倒的人。也作「腳上綁碓窩——站得穩」。

【腳踩兩隻船——三心二意】

形容拿不定主意。有時指意志不堅定。例你願意同我們一起到西藏高原去工作的話，請快下決心，別腳踩兩隻船——三心二意，不做決斷。也作「腳踩兩隻船——二心不定」。

【腳踩棉花堆——不踏實】

指浮躁而不紮實。例他的性格浮躁又不安心於現實，工作就像腳踩棉花堆——不踏實，要想法幫幫才好。

【腳踩蹺蹺板——一上一下】

蹺蹺板：一種兒童遊戲用具，在狹長而厚的木板中間裝上軸，再裝在支柱上，兩端坐人，一起一落遊戲。比喻搖搖晃晃或一起一落，不穩定。例小嚴自從服完兵役以後，情緒老是腳踩蹺蹺板——一上一下，沒有穩定過。

【腳踩石灰路——白跑】

比喻空走一趟，毫無收穫。例像你這樣毛裏毛躁，情況還沒有搞清楚，條件也沒有談妥，就急急忙忙去同人家搞合夥，到頭來還不是腳踩石灰路——白跑？也作「腳底下抹石灰——白跑」、「腳底下灑石灰——白跑」、「腳板上抹石灰——白跑」、「石灰墊跑道——白跑」、「城隍老爺戴孝——白跑（袍）」、「薛仁貴不叫薛仁貴——叫白跑（袍）」。

【腳踩彈花槌——滾來滾去】

彈花槌：用彈花弓彈棉花時用的木槌，兩頭粗中間細。比喻反來覆去，左右搖擺，辦事無主見。例昨天一個意見，今天又一個意見，像腳踩彈花槌——滾來滾去，沒完沒了，叫我們這些執行者如何工作呢？

【腳踩西瓜皮——滑到哪裏算哪裏】

比喻敷衍了事，混一天算一天。例自從受到那次打擊之後，他思想消沈極了，對生活的態度是腳踩西瓜皮——滑到哪裏算哪裏。

【腳踩西瓜皮，手裏抓把泥——一溜二抹】

比喻逃避鬥爭，調和矛盾。例這場原則性的爭論，是對方挑起來的，我們不能採取腳踩西瓜皮，手裏抓把泥——一溜二抹的態度。也作「腳踩西瓜皮，兩手抓著泥——一溜二抹」。

【腳踩西瓜皮，手抓兩把泥——滑的滑，溜的溜】

有的耍滑，有的偷偷走開。比喻人心渙散。例自從老總走了之後，這裏的人就像腳踩西瓜皮，手抓兩把泥——滑的滑，溜的溜，再也不想搞好工作了。

【腳踩西瓜皮，手抓兩把泥——能滑就滑，能溜就溜】

形容爲人狡猾，作壞事而又讓人抓不到把柄。例這一幫强盜，眞是腳踩西瓜皮，手抓兩把泥——能滑就滑，能溜就溜，只有動員羣衆，才能搞到眞憑實據，並把他們緝拿歸案。

【腳登擀麵杖——不穩當】

擀麵杖：擀麵用的圓柱形木棍。比喻辦事不穩重，不牢靠。例我看換一個老成持重的人去吧！幹這件事，小黃可是腳登擀麵杖——不穩當，讓人不放心。也作「腳登擀麵杖——不穩」、「三條腿的桌子——不穩當」。

【腳登黃山，眼看峨嵋——這山望著那山高】

黃山：在安徽南部，最高處蓮花峯海拔一八六〇公尺；峨嵋：即峨嵋山，在四川中部偏西南，主峯萬佛頂海拔三〇九九公尺。參見「到了泰山想黃山——這山望著那山高」。

【腳底板上綁大鑼——走到哪裏響到哪裏】

見「大腿上掛銅鑼——走到哪裏哪裏響」。

【腳底踩擀杖——站不穩】

擀杖：即擀麵杖，擀麵用的圓柱形木棍。比喻說話理虧，立不住腳。例我看你剛才說的一番話，是腳底踩擀杖——站不穩，明明私分隊裏的東西是一個錯誤，怎麼會變成優點了呢？

【腳底下抹石灰——白跑】

見「腳踩石灰路——白跑」。

【腳底下抹油——溜啦】

比喻偷偷地走開或逃避某種工作、責任。例昨天的報告會非常重要，你怎麼中途腳底下抹油——溜啦？也作「荷葉包鱔魚——溜之大吉」、「荷葉包鱔魚——溜了」、「鞋底子打蠟——溜啦」、「螃蟹脫殼——溜之大吉」、「屬黃鱔的——溜了」、「鞋底兒抹油——溜啦」、「油手攥泥鰍——溜啦」、「腳底板上抹黃油——溜之大吉」、「腳板塗油——開溜了」、「爛糞箕撈泥鰍——溜了」。

【腳底下長瘡，頭頂上冒膿——壞冒了尖啦】

比喻壞透了。例在這一條街上，誰不知道王小四胡作非爲，就像腳底下長瘡，頭頂上冒膿——壞冒了尖啦。

【腳跟朝前走——倒退】

比喻走回頭路。例吃慣了大魚大肉的人提倡健康素食，這種類似腳跟朝前走——倒退的主張，獲得許多人的支持。

【腳後跟朝北——難（南）走】

難：「南」的諧音。比喻路不好走或行動不便。例雪山草地，的確是腳後跟朝北——難（南）走啊！

【腳後跟打後腦勺】

形容跑得太快，腳後跟都碰著後腦勺了。也比喻事情忙得不可開交。老舍《春華秋實》一幕三場：「于大璋：你知道在機關裏做事有多忙嗎？管淸波：連我都一天到晚腳後跟打後腦勺嘛，不用說你啦！」

【腳後跟抹黃油——想溜】

比喻打算偷偷地跑掉。例哼，你腳後跟抹黃油——想溜！就是跑到天涯海角，我們都將把你捉拿歸案。

【腳後跟拴繩子——拉倒】

拉倒：算了，作罷。比喻事情不再進行。例這件事還辦不辦聽你一句話，你說不辦，咱就腳後跟拴繩子——拉倒。也作「快鋸伐大樹——拉倒」。

【腳後跟扎刀子——離心遠著哩】

比喻沒有抓住關鍵，離解決問題還有相當距離；或所做的事情跟對方的心願、希望相差很遠。例你以爲多投入點資金，工廠的生產就搞上去了？不那麼簡單，腳後跟扎刀子——離心遠著哩，關鍵在於領導班子的團結和幹勁。也作「屁股上長瘡——離心遠」。

【腳忙手亂】

形容人動作忙亂，沒有條理。《朱子語類》卷一四：「若是不先知道這道理，到臨事時，便腳忙手亂，豈能慮而有得？」也作「手忙腳亂」。

【腳面砌鍋——踢倒就走】

比喻無牽無掛，沒有拖累。例參軍報國，對我這個無家無業的人來說，有何困難，腳面砌鍋——踢倒就走。

【腳面上長眼睛——自看自高】

比喻自以爲高明，了不起。例「我是副隊長嘛，我的意見你得尊重點。」「哼！腳面上長眼睛——自看自高。」也作「腳背上長眼睛——自看自高」。

【腳面深的水——平蹚】

蹚：從淺水裏走過去。比喻很容易地通過。例這點困難算什麼，對我們來說，不過是腳面深的水——平蹚。

【腳盆裏洗澡——小人】

雙關語。比喻人格卑鄙低下。例「我們交個朋友吧？」「哼，腳盆裏洗澡——小人，毫不知羞恥。」也作「袖子裏翻跟斗——小人」、「酒杯裏洗澡——小人」。

【腳盆洗臉——沒上沒下】

雙關語。①比喻對長者不尊敬，言行沒有禮節。有時比喻不分地位、級別、輩分上的高低。例許多青少年，缺乏嚴格的教育，對師長好比腳盆洗臉——沒上沒下，一點禮貌也沒有。②比喻頭腦糊塗，顚三倒四。例這個人有點腳盆洗臉——沒上沒下，談起事來，誰都聽不明白。也作「腳盆洗臉——沒個上下」、「拿鞋當帽子——上下不分」、「三歲小孩貼對聯——上下不分」、「襪子頭上戴——上下不分」、「娃娃貼對聯——不分上下」。

【腳上的泡，自己走的；身上的瘡，自己惹的】

比喻毛病是由自己造成的。例常言說：「腳上的泡，自己走的；身上的瘡，自己惹的」。事情都是他自己惹出來的，自作自受，活該！

【腳上綁碓窩——站得穩】

碓（ㄉㄨㄟˋ）窩：石臼，舂米工具。見「腳踩糍粑——站得穩」。

【腳上的泡——自己走的】

比喻不良後果是自己造成的。例活該，腳上的泡——自己走的，誰叫你不遵守操作規程呢？

【腳上抹石灰——處處留跡】

形容到處留下痕跡。例你別自以爲手法高明，實際上是腳上抹石灰——處處留跡，羣衆早已掌握了你貪污受賄的證據。

【腳上拖磨盤——寸步難行】

見「腳板上釘釘——寸步難行」。

【腳踏擀麵杖——立場不穩】

擀麵杖：擀麵用的圓柱形木棍。比喻思想動搖，猶豫不定。例在這場大是大非的辯論中，他認爲，公說公有理，婆說婆有理。所以一會兒支持這個，一會兒又支持另一個，表現出腳踏擀麵杖——立場不穩。也作「陀螺屁股——立場不穩」。

【腳踏兩隻船】

比喻兩邊都想占便宜，舉棋不定。康濯《春種秋收・災難的明天》三：「祥保這傢伙，老是腳踏兩隻船，動不動爲難。」也作「腳踩兩隻船」。老舍《正紅旗下》三：「他覺二哥是腳踩兩隻船，有錢就當兵，沒有錢就當油漆匠，實在不能算個地道的旗人。」也作「腳踩兩邊船」。

【腳踏兩隻船——進退兩難】

也作「腳踏兩隻船——左右爲難」。見「光腳丫走進蒺藜窩——進退兩難」。

【腳踏實地】

謂做事認眞，實事求是。《邵氏聞見錄》卷一八：「公（司馬光）嘗問康節（邵雍）曰：『某何如人？』曰：『君實（司馬光字）腳踏實地人也。』公深以為知言。」

【腳踏虛地】
形容做事漂浮，不認眞。元·關漢卿《調風月》一折：「至如那『村』字兒有甚辱家門，更怕我腳踏虛地難安穩。」

【腳踢拳打】
同「拳打腳踢」。愛新覺羅·溥儀《我的前半生》八章一〇節：「……被輔導警看見，當時把我母親揪著頭髮，腳踢拳打了一頓。」

【腳丫子上長蒺藜——站不住了】
腳丫子：指腳；蒺藜：一年生草本植物，莖平鋪在地上，羽狀複葉，小葉長橢圓形，開黃色小花。這裏指這種植物的果實，有尖刺。比喻堅持不下去了。例小汪體弱多病，這樣繁重的體力勞動，我看他是腳丫子上長蒺藜——站不住了。

【腳魚照鏡子——龜相】
腳魚：〈方〉鱉，也叫甲魚或團魚，俗稱王八；龜：烏龜。比喻醜態或怪相。貶義。例你看，鳩山那樣子，是不是腳魚照鏡子——龜相？實在令人噁心。

【腳長雞眼臀生瘡——坐立不安】
雞眼：腳掌或腳趾上長的小圓硬塊，樣子像雞的眼睛，有壓痛。坐著站著都不安寧。形容心情煩躁或緊張驚慌的樣子。例你看他那腳長雞眼臀生瘡——坐立不安的樣子，心裏一定有鬼。也作「竹刺扎著猴屁股——坐立不安」、「熱鍋上的螞蟻——坐立不安」。

【腳正不怕鞋歪】
比喻為人光明磊落，作風正派，不怕別人說三道四。馮德英《山菊花》八章：「出來怎麼樣？我腳正不怕鞋歪，有什麼怕的？」

【腳趾縫裏長草——慌(荒)了腳】
慌：「荒」的諧音。比喻驚慌失措，不知如何是好。例他預先沒有估計到，村民在會上會提出這樣多的棘手問題，一時腳趾縫裏長草——慌（荒）了腳，不知如何回答是好。也作「腳板上長草——慌（荒）丫子了」、「鞋裏長草——慌（荒）了腳」。

【攪拌機裏的石子——翻上倒下】
攪拌機：攪拌材料用的機器，一般指建築工程上攪拌混凝土的機器。比喻心裏不踏實，不平靜。有時指局勢動蕩，變化無常。例司令員雖然口頭上答應了組織敢死隊，讓他們去搶占敵人的制高點，心裏卻像攪拌機裏的石子——翻上倒下。

【攪海翻江】
攪：攪亂。形容力量、聲勢的巨大。元·馬致遠《薦福碑》三折：「他那裏撼嶺巴山，攪海翻江，倒樹摧崖。」也作「翻江攪海」、「倒海翻江」。

【攪混水】
比喻搞亂事情，混淆是非。例你別想利用我和主任之間一時的矛盾來攪混水。

【攪屎的棍棒——文（聞）不能文(聞)，武(舞)不能武(舞)】
見「狗屎做的鋼鞭——文(聞)不能文(聞)，武(舞)不能武(舞)」。

【剿撫兼施】
剿滅和安撫的手段同時施展。例宋代統治者對農民起義採取了剿撫兼施的策略。

ㄐㄧㄠˋ

【叫花子挨罵——淘（討）氣】
淘：「討」的諧音。形容頑皮或惹氣。例這孩子不是存心害人，只不過是叫花子挨罵——淘（討）氣罷了。

【叫花子拜年——窮講究】
指沒有條件而勉強做華而不實的事。含有圖虛榮的意思。例「你們的新房佈置得眞漂亮！」「唉，只不過是叫花子拜年——窮講究罷了，時俗如此，沒辦法。」也作「賣了褲子買鐲子——窮講究」。

【叫花子搬家——一無所有】
見「翻白眼看青天——一無所有」。

【叫花子不留隔夜食——一頓光】
比喻不留餘地，不作長遠打算。有時表示一次要把事情做完。例要有計畫有步驟的使用資金，不能叫花子不留隔夜食——一頓光。

【叫花子炒三鮮——要一樣沒一樣】
比喻窮困極了，要啥沒啥。例你們要到我家作客？可我家是叫花子炒三鮮——要一樣沒一樣，無法招待呀！

【叫花子吃狗肉——塊塊好】
比喻到處都不錯。例在我們家鄉，無論是山區、半山區，還是平原，就像叫花子吃狗肉——塊塊好，都有豐富的物產。

【叫花子吃肉——討得的】
比喻東西是乞求得來的。例這些家用電器是叫花子吃肉——討得的，不值得驕傲。見「叫花子吃餿飯——自討的」。

【叫花子吃餿飯——自討的】
比喻自己招惹麻煩。例我告訴你不要去捅那個馬蜂窩，你不信，現在招架不住了吧，眞是叫花子吃餿飯——自討的。也作「叫花子背米——自討的」、「鴨子吃蟛蟹——自找的」。

【叫花子吃鮮桃——個個好】
比喻全部都好。例你問我對全班組工友的評價，我只有一句話：叫花子吃鮮桃——個個好。也作「叫花子吃鮮桃——只只好」、「叫花子吃死蟹——只只好」。

【叫花子吹觱篥——窮嘟嘟】
觱篥：ㄅㄧˋ ㄌㄧˋ，古代管樂器，用竹做管，用蘆葦做嘴；嘟嘟：吹觱篥的聲音。比喻說話嘮嘮叨叨，沒完沒了。例他張家長，李家短，叫花子吹觱篥——窮嘟嘟，大家實在膩味透了。

【叫花子打狗——邊打邊走】

比喻一邊招架，一邊逃走。例這個狂妄而虛弱的傢伙，眼看不是中國武士的對手，只好叫花子打狗——邊打邊走，鑽入人羣中躲藏起來。

【叫花子打狗——窮凶惡（餓）極（急）】

惡、極：「餓、急」的諧音。形容極端凶惡。例集中營中的劊子手，個個是叫花子打狗——窮凶惡（餓）極（急），他們殺人從來不眨眼的。

【叫花子打官司——口袋空】

打官司：進行訴訟；口袋空：沒有錢。舊時打官司，要對官吏行賄，沒有錢是不能進衙門並打贏官司的。形容手頭無錢或經濟困難。例我目前是叫花子打官司——口袋空，不能同你們一道去旅遊。

【叫花子打架——窮橫】

形容極端粗暴，蠻不講理。例精神文明建設的當務之急，是應當治一治街道上那些小霸王，他們簡直是叫花子打架——窮橫得很。也作「要飯的打狗——窮橫」。

【叫花子打算盤——窮有窮打算】

見「要飯的借算盤——窮有窮打算」。

【叫花子的餅子——沒一塊好的】

形容支離破碎，不完整。例眞奇怪，山貨店的涼席，就像叫花子的餅子——沒一塊好的。

【叫花子的打狗棒——窮棍】

指窮無賴。例牛二無所事事，到處賴吃賴喝，是個十足的叫花子的打狗棒——窮棍。

【叫花子的米——不多】

比喻數量有限。例我們的資產是叫花子的米——不多，在經營上還有些困難。

【叫花子的衣服——破爛不堪】

指東西破爛得不成樣子。例你們的辦公室，就像叫花子的衣服——破爛不堪，應該翻修了。

【叫花子掉醋罈——窮酸】

也作「叫花子賣醋——窮酸」。見「背著醋罐子討飯——窮酸」。

【叫花子丟棍子——受狗欺】

比喻處於某種不利情況下，受到小人或壞人的欺侮。例自從丈夫去世之後，她常常受到鎮上流氓的敲詐勒索，這眞是叫花子丟棍子——受狗欺。也作「叫花子丟了棒——受狗的氣」、「叫花子手裏無棒——受狗欺」。

【叫花子過年——窮快樂】

比喻苦中作樂。例以前，我們每當飢寒交迫的時候，不是唱歌，就是跳舞，我們對此叫做叫花子過年——窮快樂。也作「叫花子擂鼓——窮快樂」、「叫花子過年——窮作樂」、「叫花子登戰場——窮快活」、「討飯的吹喇叭—窮快活」。

【叫花子過煙癮——討厭（煙）】

厭：〈方〉「煙」的諧音。雙關語。比喻使人厭煩，不喜歡。例這人說話總是這麼囉嗦，眞是叫花子過煙癮——討厭（煙）。

【叫花子嫁長工——一對窮】

長工：舊社會長年出賣勞力，受地主、富農剝削的貧苦農民。比喻窮到一塊了。例我們是叫花子嫁長工——一對窮，今後就有苦同吃，有福同享吧。

【叫花子嫁女——只圖吃】

比喻一切爲了貪嘴。例要明確生活的目的和意義，不能是叫花子嫁女——只圖吃。也作「叫花子嫁女—光講吃」。

【叫花子撿油渣——死煉】

雙關語。比喻刻苦鍛煉。例這批新隊員爲了奪取錦標賽的冠軍，就像叫花子撿油渣——死煉。

【叫花子看戲——窮開心】

①比喻人處境不好或不利，強尋快活。例陳蘭亭：「袁兄，貴部軍官教導隊畢業典禮啥時候舉行啊？」袁品文：「還舉行什麼畢業典禮！簡直是叫花子看戲——窮開心。」②比喻人無聊，用戲弄別人來使自己高興。例幹點正經活吧，別挖苦人了。眞是叫花子看戲——窮開心。也作「叫花子唱山歌——窮開心」、「叫花子吃生薑——窮開胃」、「敲著空碗唱大戲——窮開心」。

【叫花子烤火——只往自己懷裏扒】

比喻只想自己，不顧別人。例當幹部是爲大家謀福利，而不是叫花子烤火——只往自己懷裏扒，只考慮自個發家致富。也作「叫花子烤火——各扒各的堆」、「叫花子烤火——只往自己胯裏扒」。

【叫花子誇祖業——自己沒出息】

祖業：祖宗傳下來的產業。比喻自己沒志氣，不思進取。例工作沒成就，生活有困難，怎麼能怨天尤人呢？只怪叫花子誇祖業—自己沒出息。

【叫花子拉二胡——窮扯】

比喻沒完沒了地說閒話。例你們不願去聽報告，卻在這裏叫花子拉二胡——窮扯，哪像個幹部的樣子！也作「叫花子買布——窮扯」。

【叫花子起五更——窮忙】

起五更：舊時一夜分爲五更，每更大約兩小時，起五更，即五更天（拂曉）就起床幹活。比喻瞎忙一氣或沒忙到點子上。例叫花子起五更——窮忙什麼？上級早已做了決定，到時公布就知道了，托人情，走後門不管用。

【叫花子請客——窮湊合】

比喻因陋就簡或辦事將就。例到我們山村來生活，要吃沒吃，要玩沒玩，只好叫花子請客——窮湊合。

【叫花子娶親——窮張羅】

比喻忙忙碌碌，疲於應酬。例我目前的工作狀況是叫花子娶親——窮張羅，根本談不到科研的問題。

【叫花子娶媳婦——沒挑的】
比喻無可挑剔。有時指無挑選的餘地。例這個小伙子德才兼備，的確是叫花子娶媳婦——沒挑的。

【叫花子曬太陽——享天福】
比喻享受意外的福分。戲謔的話。例閣下是命好福大，這次又得到特別的照顧，眞是叫花子曬太陽——享天福啊！

【叫花子上墳——哭窮】
比喻裝窮叫苦。例「書價漲得太快太高，實在是買不起呀！」「你買不起還有誰能買得起呢？叫花子上墳——哭窮。」

【叫花子燒石灰——一窮二白】
形容基礎差，底子薄。例這是一個新辦的集體小廠，資金、技術和勞力都非常缺乏，可以說是叫花子燒石灰——一窮二白。

【叫花子拾到金磚——心裏樂滋滋的】
形容心裏滿意而興高采烈的樣子。例他得到兒子要從海外回國定居的消息，就像叫花子拾到金磚——心裏樂滋滋的。

【叫花子同龍王比寶——輸定了】
比喻失敗無疑或敗局已定。例這場球賽甲隊是叫花子同龍王比寶——輸定了，對方的實力和士氣都要高出一籌。也作「窮人告狀——輸定了」、「下棋丟了帥——輸定了」、「老奶奶的鬏髻——輸（梳）定了」。

【叫花子嫌糯米——可憐不得】
比喻人不明事理，不識好歹，不能給以憐惜。例我們無償地給予援助，他們反而恩將仇報，眞是叫花子嫌糯米——可憐不得。

【叫花子想公主——一廂情願】
一廂：一邊，單方面；公主：君王的女兒。比喻只是單方面的願望。例合夥做生意是雙方面的需要和意願，叫花子想公主——一廂情願是搞不成功的。也作「對著舞台搞對象——一廂情願」。

【叫花子也有三個朋友】
意謂人人都有朋友。例俗話說：「叫花子也有三個朋友。」我在這裏生活了幾十年就連一個朋友也沒有？

【叫花子照鏡子——窮相】
比喻一副窮樣子。例叫花子照鏡子——窮相，在我們這個社會裏是得不到同情的，按勞取酬，不勞動不得食，是公認的原則。

【叫花子走親戚——兩手空】
比喻人窮手空，拿不出東西。例目前，我的狀況是叫花子走親戚——兩手空，要啥沒啥。

【叫花子住破廟——戶大家虛】
比喻徒有其表，實則空虛。例據知情人說，這家公司是叫花子住破廟——戶大家虛，並沒有什麼經濟實力。

【叫街的牛犢——懵門了】
牛犢：小牛；懵：糊塗。比喻昏頭昏腦，辨不清方向。例在這次黑夜裏行軍，一個掉隊的也沒有，更沒有像叫街的牛犢——懵門了的人。也作「牛犢子叫街——懵門了」。

【叫苦不迭】
不迭：不停止。形容連聲叫苦。《水滸傳》二〇回：「黃安聽得說了，叫苦不迭。便把白旗招動，教衆船不要去趕，且一發回來。」

【叫苦連天】
謂不停地大聲叫苦。《古今小說》卷三六：「[石崇]用杖一擊[珊瑚樹]，打爲粉碎。王愷大驚，叫苦連天。」也作「叫屈連天」。屈：冤枉。《醒世恆言》卷四；「[衆人]遂齊走上前亂摘[花朵]。把那老兒急得叫屈連天，捨了張委，拚命去攔阻。」

【叫你上坡，你偏下河——有意搗亂】
比喻存心擾亂或故意找麻煩。例爲什麼自作主張，不按上司的意圖辦事，這不是叫你上坡，你偏下河——有意搗亂嗎？也作「叫你上坡，你偏下河——有意別扭」、「叫你抓雞，你偏捉鵝——有意搗亂」。

【叫親了的娘，住親了的房】
謂對熟悉的事物感到親切。李英儒《上一代人》三八：「現在她家東大院半個院四大間，比她家寬多了，但她忽然改口說：『叫親了的娘，住親了的房，窄就窄點吧，不挪動了。』」

【叫屈連天】
見「叫苦連天」。

【校場壩的土地——管得寬】
校場壩：舊時操練或比武的場地，一般很寬敞；土地：土地爺，迷信傳說中指管一個小地區的神，是最低一級的神。見「和尚訓道士——管得寬」。

【較短量長】
比較和衡量長短。指比較和衡量人或事物的優劣。《新唐書・韓愈傳》：「校（較）短量長，惟器是適者，宰相之方也。」後多用以比喻斤斤計較。宋・朱熹《答王才臣》：「而較短量長，非人是己之意實多。」也作「較短論長」。明・徐有貞《水龍吟慢》詞：「盡開懷抱，又何須較短論長，此生心應自有天知道。」

【較短論長】
見「較短量長」。

【較如畫一】
見「較若畫一」。

【較若畫一】
較：明顯。指規章制度明顯一致。漢・荀悅《漢紀・惠帝紀》：「民歌之曰：蕭何爲法，較若畫一。曹參代之，守而勿失。」也作「較如畫一」。《梁書・武帝紀上》：「懷柔萬姓，經營四方。舉直措枉，較如畫一。」

【較時量力】
較：比較，衡量。指權衡時機和實力。宋・朱熹《答張敬夫書》：「又須審度彼己，較時量力，定爲幾年之規，若孟子大國五年，小國七年之說。」

【較武論文】

評論武藝，論說文章。《野叟曝言》四七回：「此書講道學，籌經濟，談天測地，較武論文，無不原原本本，窮極要妙，此其本領之大也。」

【教不嚴，師之惰】

教育不嚴格，是老師的懶惰。謂教師對學生要嚴格教育，精心栽培。華琪《說理的藝術》：「人們歷來推崇『嚴師』，『教不嚴，師之惰』，應該承認《三字經》中的這句話是深有道理的。但是能否嚴得合理，嚴得得法，卻是具有決定意義的事。」

【教婦初來，教兒嬰孩】

教導好媳婦，要在剛娶進門的時候；教育好兒子，要在幼小時期做起。北齊・顏之推《顏氏家訓・教子》：「孔子云：『少成若天性，習慣如自然』是也。俗諺曰：『教婦初來，教兒嬰孩。』誠哉斯語。」孫犁《書林秋草》：「最古的時候，有所謂『胎教』一說，乍一聽好像很神秘，從科學上研究起來，恐怕也有一定的道理吧？古時候還有句諺語：『教婦初來，教兒嬰孩』。從這句話可以知道，教育工作，在人的幼年這一階段最爲重要。」

【教無常師】

教：受教育；常：固定。接受教育，增長知識，沒有固定不變的老師。意指凡有長處可學者，都是自己值得師法的人。晋・潘岳《歸田賦》：「教無常師，道在則是。」

【教學相長】

長：促進。教與學互相促進。指教師和學生通過教學，學生得到進步，教師自己也得到提高。《禮記・學記》：「雖有至道，弗學，不知其善也。是故學然後知不足，教然後知困。知不足，然後能自反也；知困，然後能自强也。故曰教學相長也。」

【教者，效也：上爲之，下效之】

教導人的人，就是讓人仿效，因此，教人者怎麼做，被教的人就會跟著模仿、學習。指爲人師表，要注意言傳身教。漢・班固《白虎通・三教》：「教者何謂也？教者，效也：上爲之，下效之。民有質樸，不教不成。」

【噍類靡餘】

噍：咀嚼，吃東西；噍類：指能吃東西的動物，特指活著的人；靡：ㄇㄧˇ，無，沒有。謂沒有剩下活著的人。南朝梁・任昉《策梁公九錫文》：「含冤抱痛，噍類靡餘。」也作「**噍類無遺**」。《清史稿・廓爾喀》：「天兵至此，本應滅爾部落，噍類無遺。」

【噍類無遺】

見「噍類靡餘」。

ㄐㄧㄡ

【糾纏不清】

形容很多問題攪在一起，分不清楚。《花月痕》一回：「今日到這裏，明日到那裏，說說笑笑，都無妨礙，只不要拖泥帶水，糾纏不清才好呢！」

【糾合之衆】

指糾集起來的老百姓。《史記・酈生傳》：「足下起糾合之衆，收散亂之兵，不滿萬人，欲以徑入强秦，此所謂探虎口者也。」

【糾繆繩違】

繆：通「謬」，錯誤。糾正謬誤，對違法者依法制裁。《舊五代史・崔沂傳》：「入梁，爲御史司憲，糾繆繩違，不避豪右。」

【鳩奪鵲巢】

見「鳩居鵲巢」。

【鳩工飭材】

見「鳩工庀材」。

【鳩工庀材】

庀：ㄆㄧˇ，準備。招聚工匠，籌備器材。指土木工程施工前的準備工作。唐・李方郁《修中岳廟記》：「爾宜専其事……豈可不成耶？遂鳩工庀材，四旬而就。」也作「**鳩工飭材**」。飭：備。清・方苞《弦歌台記》：「祠屢修屢廢，客以告余；因遣人鳩工飭材，營葺俾復其舊。」

【鳩集鳳池】

鳩：斑鳩，比喻才行凡庸之人；鳳池：鳳凰池的省稱。唐以前指中書省，唐以後指宰相之職。比喻庸劣之才竊居要位。《資治通鑑・唐則天后聖曆二年》「有大臣之節」注引《朝野僉載》：「王及善才學庸猥，風神鈍濁，爲內史時，人號爲『鳩集鳳池』。」

【鳩僭鵲巢】

見「鳩居鵲巢」。

【鳩居鵲巢】

《詩經・召南・鵲巢》：「維鵲有巢，維鳩居之。」後以「鳩居鵲巢」比喻坐享其成或强占他人居所。唐・劉知幾《史通・表曆》：「且其書上自庖犧，下窮嬴氏，不言漢事而編《漢書》，鳩居鵲巢，蔦施松上。」也作「**鳩僭鵲巢**」。《醒世恆言》卷一七：「若是小婿承受，外人必有逐子愛婿之誘。鳩僭鵲巢，小婿亦被人談論。」也作「**鳩占鵲巢**」。清・紀昀《閱微草堂筆記・如是我聞四》：「我自出錢租宅，汝何得鳩占鵲巢？」也作「**鳩奪鵲巢**」。《三國演義》三三回：「今袁熙、袁尚兵敗將亡，無處依栖，來此相投，是鳩奪鵲巢之意也。」也作「**鵲巢鳩居**」。

【鳩形鵠面】

鳩：鳥名，黃鵠。形如鳩，面如鵠。形容面容憔悴，身體瘦削不堪。《隋唐演義》四四回：「老兒見說，忙去喚這些婦女來，可憐個個衣不蔽體，餓得鳩形鵠面。」也作「**鵠面鳩形**」、「**鳥面鵠形**」。

【鳩占鵲巢】

見「鳩居鵲巢」。

【究天人之際，通古今之變，成一家之言】

究：探究；天人：自然和社會。探究自然和社會之間的道理，通達古今的變化，寫出自成體系的著作。指完成博大精深，獨樹一幟的偉大著作。漢・司馬遷《報任安書》：「爲十表、本紀十二、書八章、世家三十、列傳七十、凡百三十篇，亦欲以究天人之際，通古今之變，成一家之言。」

【赳赳武夫】

赳赳：矯健勇敢。武夫：武士，武人。形容矯健威武的軍人。《二十年目睹之怪現狀》八三回：「看不出這麼一個赳赳武夫，倒是一個旖旎多情的男子。」

【揪辮子】

比喻抓住別人的缺點錯誤作爲要挾的把柄。例處理這類問題一定要多加小心，別叫人家揪辮子才好。

【揪耳朵擤鼻涕——勁兒使得不是地方】

擤：ㄒㄧㄥˇ，按住鼻孔，使鼻涕排出。比喻做事掌握不住要領，抓不住關鍵。例你這是揪耳朵擤鼻涕——勁兒使得不是地方，怎麼能把工作做好呢？

【揪下茄子拔了秧——連根收拾】

比喻害人不淺。也指徹底消滅。例胡二炮在舊社會是一霸，窮人得罪了他，他就揪下茄子拔了秧——連根收拾。

【揪著鬍子過河——謙虛(牽鬚)】

見「打架揪鬍子——謙虛(牽鬚)」。

【揪著馬尾巴賽跑——懸乎】

見「脖子上掛雷管——懸乎」。

【揪尾巴】

比喻抓住已經暴露出來的問題。例我們不怕別人揪尾巴，只要自己依法辦事，沒什麼可怕的。

ㄐㄧㄡˇ

【九層雲外】

見「九霄雲路」。

【九點六——差點事（四）】

事：「四」的諧音。九點六相差點四就滿十。比喻不太中用，比不上。例他是一介書生，若論吃大苦耐大勞，掄鍬舞鎬，挖土推車，那就是九點六——差點事（四）了。

【九鼎大呂】

九鼎：傳說夏禹時所鑄的九個鼎，象徵九州；大呂：周代大鐘。二者均爲傳國之寶。比喻非常寶貴。借指地位、作用異常重要。《史記・平原君傳》：「毛先生一至楚，而使趙重於九鼎大呂。」

【九格加一格——失（十）格】

格：標準，人格。比喻喪失原則或人格。例頭可斷，血可流，不能九格加一格——失（十）格。

【九攻九距】

九：指多次；距：通「拒」，抗拒，抵禦。多次進攻，多次禦禦。形容攻守之戰極其激烈。《墨子・公輸》：「公輸盤九設攻城之機變，子墨子九距之。」

【九股繩扭成死疙瘩——難解難分】

形容雙方關係非常親密，不易分開。有時比喻矛盾和糾葛很深或鬥爭激烈，不易解決和處理。例他們是多年的老朋友，志同道合，好比九股繩扭成死疙瘩——難解難分。也作「**老鷹抓住鷂子腳——難解難分**」、「**青藤纏枯樹——難解難分**」。

【九合一匡】

匡：匡正，扶正。《史記・管晏傳》：「齊桓公以霸，九合諸侯，一匡天下。」意思是春秋時齊桓公多次會合諸侯，成爲霸主，結束了當時天下的混亂局面。後用「九合一匡」指糾正混亂局勢，使天下安定。漢・崔寔《答譏》：「……及其規合策從，勛績克章，撥亂夷險，九合一匡，聖人大寶，唯斯爲光。」

【九河盈溢，非一塊所防；帶甲百萬，非一勇所抗】

一小小土塊無法防堵浩浩九河的暴漲；一個勇敢的士兵不能抵禦百萬雄師的進攻。比喻寡不敵衆。今常用以比喻歷史發展的潮流不可阻擋。《後漢書・蔡邕傳》：「且用之則行，聖訓也；舍之則藏，至順也。夫九河盈溢，非一塊所防；帶甲百萬，非一勇所抗。今子責匹夫以淸宇宙，庸可以水旱而累堯、湯乎？怯煙炎之毀熠，何光芒之敢揚哉！」。

【九迴腸】

漢・司馬遷《報任少卿書》：「是以腸一日而九迴，居則忽忽若有所亡。」後以「九迴腸」形容憂慮、愁苦到了極點。唐・唐彥謙《離鸞》：「下疾不成雙點淚，斷多難到九迴腸。」也作「**九迴腸斷**」。元・無名氏《玩江亭》三折：「盼望的我九迴腸斷，思量的我兩眉僝僽。」也作「**九曲迴腸**」。劉復《讀蘇眇公簡劍俠詩次韻作》：「花前樽酒樽前淚，九曲迴腸百感并。」也作「**迴腸九轉**」。

【九迴腸斷】

見「九迴腸」。

【九斤老太的口頭禪——一代不如一代】

九斤老太：魯迅小說《風波》中人物，她厭世疾俗，對現實不滿。他的口頭禪「一代不如一代」是對她的家庭及當時社會的寫照。見「近視眼生瞎子——一代不如一代」。

【九京可作】

見「九原可作」。

【九九八十二——算錯帳】

「九九」應該是「八十一」，說成「八十二」是算錯帳了。比喻盤算得不對，或打錯了主意。例哼，你這老奸巨滑的東西，一毛不拔的鐵公雞，這回，你可是九九八十二——算錯帳。等著吧，有你哭的時候。

【九九歸一】

歸：珠算的一種除法。九除以九，商

爲一。比喻轉來轉去最後又還了原。引申爲歸根結蒂一句話。張恨水《八十一夢》楔子：「到了這裏，我對太太說：『九九歸一，可以收筆了。』」也作「**九九歸原**」。《海上花列傳》三四回：「雖然沈小紅性命也無啥要緊，九九歸原，終究是爲仔耐，也算一樁罪過事體。」

【九九歸原】

見「九九歸一」。

【九兩紗織十匹布——休想】

匹：舊時一般爲五十尺，也有一百尺的。比喻不要幻想那些辦不到的事情。例學習是循序漸進的，要求兩三年內從初中水準提高到博士後，眞是九兩紗織十匹布——休想。也作「**九兩紗織十匹布——莫想**」、「**老虎嘴裏討脆骨——休想**」、「**鐵公雞身上拔毛——休想**」。

【九烈三貞】

三、九：極言其甚；貞、烈：封建禮教所規定的寧死不失身、不改嫁的道德規範。舊時用以讚譽婦女的貞節。明・無名氏《女姑姑》二折：「這妮子好大膽也，全不學九烈三貞、三從四德。」也作「**三貞九烈**」。

【九流百家】

泛指各種學術流派。唐・韓愈《毛穎傳》：「陰陽、卜筮、占相、醫方、族氏、山經、地志、字書、圖畫九流百家天人之書，乃至浮圖、老子、外國之說，皆所詳悉。」

【九流十家】

漢・劉歆《七略・諸子略》中把諸子思想分爲十家：即：儒家、道家、陰陽家、法家、名家、墨家、縱橫家、雜家、農家、小說家。前九家也稱九流。九流十家爲先秦到漢初各種思想派別的總稱。例戰國時期，九流十家競相爭鳴。

【九流賓客】

泛指各種學術流派的人物。《梁書・蕭子顯傳》：「子顯性凝簡，頗負其才氣，及掌選，見九流賓客，不與交談，但舉扇一撝（揮）而已。」也作「**九流人物**」。唐・薛逢《送西川杜司空赴鎭》詩：「莫遣洪爐曠眞宰，九流人物待陶甄。」

【九流人物】

見「九流賓客」。

【九流三教】

九流：指儒家、道家、陰陽家、法家、名家、墨家、縱橫家、雜家、農家；三教：指儒教、道教、佛教。泛指宗教、學術領域中的各種流派。元・無名氏《孟母三移》一折：「想老姑娘九流三教，那一件兒不曉的也。」也作「**三教九流**」。

【九毛加一毛——時髦（十毛）】

時髦：「十毛」的諧音。見「雞毛撣沾水——時髦（濕毛）」。

【九牛二虎之力】

比喻極大的力量。《二十年目睹之怪現狀》七七回：「費了九牛二虎之力，把這件事弄妥了，未曾涉訟。」也比喻氣力極大。元・鄭德輝《三戰呂布》楔子：「兄弟，你不知他靴尖點地，有九牛二虎之力，休要放他小歇。」

【九牛拉不轉】

形容意志堅強或犟頭犟腦。梁斌《翻身記事》七：「李固死了，李固大嫂橫下一條心，打下九牛拉不轉的主意，決心完成李固沒有完成的革命事業。」

【九牛去得一毛】

九：指多數。從好多牛身上只拔去一根毛。比喻十分微小，不值一提。《二刻拍案驚奇》卷四二：「張廩生自道算無遺策，只費五百金，鉅萬家事一人獨享，豈不是『九牛去得一毛』，老大的便宜了，喜之不勝。」也作「**九牛亡一毛**」、「**九牛身上拔了一根毛**」。

【九牛失一毛——無關緊要】

比喻對全局沒有關係或影響，不值得重視。例對抗賽只輸了一盤，對整個比賽還是九牛失一毛——無關緊要。也作「**九牛失一毛——無關大局**」、「**九牛失一毛——無足輕重**」、「**鷯哥落在牛背上——無足輕重**」、「**駱駝身上拔根毛——無足輕重**」、「**癬疥之疾——無關緊要**」。

【九牛一毛】

九頭牛身上的一根毛。比喻微不足道，不值一提。宋・釋惠洪《石門文字禪・題輔教編》：「凡所著集，雖不欲傳，其在四方好事者之所錄，殆九牛一毛耳。」

【九曲迴腸】

見「九迴腸」。

【九曲橋上散步——拐彎抹角】

比喻說話繞彎子，不直爽。有時形容道路非常曲折。例你需要我做什麼就直接說好了，不要九曲橋上散步——拐彎抹角。也作「**九曲橋上拖毛竹——轉彎抹角**」、「**走路繞磨道——拐彎抹角**」。

【九曲橋上散步——走彎路】

比喻工作、學習不得法，冤枉花費功夫。例早知你會安裝室外天線，也省得我九曲橋上散步——走彎路，到處求人了。

【九泉無恨】

指死無遺恨。《宋書・徐湛之傳》：「冀幽誠丹款，儻或昭然，雖復身膏草土，九泉無恨。」也作「**無恨九泉**」。

【九泉之下】

九泉：地下最深處，也稱「黃泉」。喻指人死後埋葬的地方，迷信的人稱爲「陰間」。元・關漢卿《竇娥冤》四折：「替你孩兒，盡養生送死之禮，我便九泉之下，可也瞑目。」

【九儒十丐】

儒：舊指讀書人。元代統治者分人爲十等，將讀書人列爲第九等，位於末等第十的乞丐之上。元・謝枋得《送方伯載三山序》：「我大元典制，人有十等，一官二吏，先之者貴之也，貴之者謂有益於國也：七匠八娼九儒十丐，後之者賤之也，賤之者謂無益於國也。」

【九十老翁學武術——心有餘力不足】

比喻力不從心。例對這些新鮮玩意，我樣樣都想學，可是眼花耳聾，九十老翁學武術——心有餘力不足呀。

【九十其儀】

九十：極言其多；儀：儀表舉止。舊指女子出嫁時，父母對其反覆叮囑要注意儀表舉止。也用以形容禮節、儀式之多。《詩經・豳風・東山》：「親結其縭，九十其儀。」

【九世同居】

九世：九代。九代人同住在一起。《新唐書・孝友傳序》：「張公藝九世同居，北齊安東王永樂、隋大使梁子恭躬慰撫，表其門。」

【九世之仇】

九世：九代。《公羊傳・莊公四年》載：齊哀公因紀侯進讒言，被周天子處死。經過九代，齊國國君襄公滅紀國，報了九世之仇。後以「九世之仇」指世代結下的深仇大恨。《漢書・匈奴傳上》：「高皇帝遺朕平城之憂，高后時單於書絕悖逆。昔齊襄公復九世之仇，《春秋》大之。」

【九死不悔】

指經歷多次死亡的危險，也不動搖。形容意志堅定。宋・黃庭堅《徐氏二子祝詞》：「躬此盛德，其在有功，遭世險傾，九死不悔。」

【九死一生】

見「九死餘生」。

【九死餘生】

指經歷多次的極大的死亡危險而倖存下來。金・元好問《秋夜》：「九死餘生氣息存，蕭條門巷似荒村。」也作「**九死一生**」。《水滸全傳》九三回：「我本鄆城小吏，身犯大罪，蒙眾兄弟於千槍萬刃之中，九死一生之內，屢次捨著性命，救出我來。」也作「**百死一生**」、「**萬死一生**」。

【九天九地】

傳說天有九重，地有九重。比喻天上地下，相距懸殊。《孫子・形篇》：「善守者，藏於九地之下；善攻者，動於九天之上。故能自保而全勝也。」《後漢書・皇甫嵩傳》注引《玄女三宮戰法》：「行兵之道，天地之寶。九天九地，各有表裏。九天之上，六甲子也。九地之下，六癸酉也。子能順之，萬全可保。」

【九天攬月】

九天：指極高的天空；攬：採取，採摘。到天上採下月亮。形容豪放雄偉的氣魄。唐・李白《宣州謝朓樓餞別校書叔雲》詩：「俱懷逸興壯思飛，欲上青天覽明月。」覽：通「攬」。

【九五之位】

見「九五之尊」。

【九五之尊】

九五：《易經》中的卦爻位名，術數家認為是人君的象徵。指帝王的尊位。《封神演義》六三回：「接成湯之胤，位九五之尊，承帝王之統。」也作「**九五之位**」。《宋書・武帝紀》：「夫或躍在淵者，終饗九五之位。」

【九溪十八澗的山水——沖來的】

溪、澗：都是山裏的水溝。比喻來自四面八方。例農場的工人都不是當地的人，而是九溪十八澗的山水——沖來的，來自全國各地的中學生。

【九霄雲路】

九霄：指九重天外。形容極高遠的地方。唐・李翱《贈毛仙翁》詩：「從此便教塵骨貴，九霄雲路願追攀。」也作「**九層雲外**」。唐・劉禹錫《同樂天登栖靈寺塔》詩：「步步相攜不覺難，九層雲外倚闌干。忽然笑語半天上，無限遊人舉眼看。」也作「**九霄雲外**」。元・馬致遠《黃粱夢》二折：「恰便似九霄雲外，滴溜溜飛下一紙赦書來。」

【九霄雲外】

見「九霄雲路」。

【九朽一罷】

謂人物畫的一種筆法。宋・鄧椿《畫繼・岩穴上士》：「畫家於人物，必九朽一罷。謂先以土筆捕取形似，數次修改，故曰九朽；繼以淡墨一描而成，故曰一罷，罷者，畢事也。」

【九原可作】

九原：也作「九京」，春秋時晉國卿大夫的墓地，泛指墓地；作：起。《國語・晉語八》：「趙文子與叔向遊於九原，曰：『死者若可作也，吾誰與歸？』」後以「九原可作」指古人再世，死而復生。唐・杜牧《長安雜題長句》詩：「九原可作吾誰與？師友琅玡邴曼容。」也作「**九京可作**」。元・薩都剌《經姑蘇與張雨天、楊廉夫、鄭明德、陳敬初同遊虎丘山，次東坡舊題韻》：「蹤跡留雪泥，宇宙寄泡影；九京倘可作，當為折簡請。」

【九月初八問重陽——不久(九)】

重陽：我國傳統節日，農曆九月初九；久：「九」的諧音。比喻時間不遠。例「何時舉行開幕典禮？」「九月初八問重陽——不久（九）了，等著通知吧！」

【九月的茭白——灰心】

茭白：菰的嫩莖經黑粉菌寄生後基部膨大形成茭白。九月茭白長老，裏面呈黑灰色。雙關語。比喻因遭到困難或失敗而意志消沉。

【九月的柿子——軟不拉耷】

農曆九月柿子早已熟透，如不收摘，要逐漸變軟。形容沒有勁頭，無精打彩的樣子。例他平常總是生龍活虎的，今天怎麼像九月的柿子——軟不拉耷的，發生了什麼事情？也作「**霜打的柿子——軟不拉耷**」、「**霜後的小蔥——軟不拉耷**」。

【九月菊花逢細雨——點點人心】

比喻能理解體諒別人，句句話說到心

坎上。例婦女主任一番話，的確是九月菊花逢細雨——點點人心，使她激動萬分。也作「**十冬臘月喝涼水——點點人心**」。

【九原之下】

九原：山名。春秋時晉卿大夫埋葬於此，後以之作爲墓地的代稱。猶九泉之下。蘇雪林《玉溪詩謎・引論》：「我們既不能起義由於九原之下而問之，只好付之闕疑了。」

【九州生氣恃風雷，萬馬齊喑究可哀】

九州：指中國；恃：依仗；風雷：喻劇烈的社會變革；喑：ㄧㄣ，沉默不語；究：到底。全國上下要有蓬勃的生氣，必須依仗疾風迅雷般的變革，無聲無息、死氣沉沉的局面畢竟是可悲的。比喻希望改革，改變現狀，出現生氣勃勃、萬馬奔騰的新局面的情懷。清・龔自珍《己亥雜詩》：「九州生氣恃風雷，萬馬齊喑究可哀。我勸天公重抖擻，不拘一格降人才。」

【九轉丹】

見「九轉功成」。

【九轉丹成】

見「九轉功成」。

【九轉功成】

道家修仙煉丹，分一轉至九轉。轉，指循環變化，轉越多，丹的功能越高。晉・葛洪《抱朴子・金丹》：「其一轉至九轉……其轉數少，其藥力不足，故服之用日多，得仙遲也；其轉數多藥力成，故服之用日少而得仙速也。」後以「九轉功成」比喻經過艱苦磨煉，達到很高的境地。唐・呂岩《漁父・朝帝》詞：「九轉功成數盡乾，開爐撥鼎見金丹。餐餌了，別塵寰。足躡青雲突上天。」也作「**九轉丸成**」。五代・王定保《唐摭言》卷一五：「三條燭盡鍾初動，九轉丸成鼎未開。殘月漸低人擾擾，不知誰是謫仙才。」也作「**九轉丹成**」。唐・趙嘏《喜張濆及第》：「九轉丹成最上仙，青天暖日踏雲軒。」也作「**九轉丹**」。唐・呂溫《同恭夏日題尋眞觀李寬中秀才書院》：「願君此地攻文字，如煉仙家九轉丹。」

【九轉金丹】

轉：ㄓㄨㄢˋ，循環變化之意。道家燒煉丹藥，以九轉爲貴，即反覆經過燒煉，如把丹砂燒成水銀，將水銀又煉成丹砂。燒煉時間越久，轉數越多，效能越高。見晉・葛洪《抱朴子・金丹》。比喻文章等經過反覆提煉加工而達到很高的境界。唐・呂溫《同恭夏日題尋眞觀李寬中秀才書院》詩：「願君此地攻文字，如煉仙家九轉丹。」

【九轉丸成】

見「九轉功成」。

【久安長治】

安：安定；治：太平。指長期安定太平。清・汪琬《堯峯文鈔・兵論》：「而其道遂出于萬全，此漢宋之所以久安長治與？」也作「**長治久安**」。

【久別重逢】

指長久分別後重新相遇。《孽海花》三回：「好多年不見了，說了幾句久別重逢的話，招呼大家坐下，書僮送上茶來。」

【久別當新婚】

見「久別勝似新婚」。

【久別勝似新婚】

夫妻久別重逢比新婚更加恩愛。茅盾《腐蝕》：「雖說久別勝似新婚，難道離開半天就不成麼？——你說不成，我就放你走。」也作「**久別當新婚**」。《施公案》七一回：「這一夜被底情柔，枕邊私語，自然說不盡那千般恩愛，萬種綢繆，常言道：『久別當新婚』。」

【久病成醫】

指人長期患病，因而懂得一些藥性和醫療方法。清・查愼行《初夏園居》：「長年因病醫方熟，小草隨時藥料增。」也作「**久症行醫**」。症：疾病。《金瓶梅詞話》卷七〇：「隔靴空癢揉，久症卻行醫。」

【久病無孝子】

父母臥病時間太久，即使是親生子女也會產生厭煩情緒，無心侍候。《活地獄》二二回：「此次到蘇州，太太是不曾回來，所跟來的就是三個長隨，還有在亳州得用的兩個護勇，見了這個情形，也覺得光景不好，俗話說得好，久病無孝子。況且又是這般做長隨的人，哪裏還有十分有良心的，看見大勢不妙，早已這個裝病，那個告假，陸續地走了。」

【久賭無勝家】

賭博成性，日久必輸。比喻長期做冒險勾當，終究要失敗。例這夥毒品犯，儘管手段狡詐，多次得逞，但正如俗話所說的，久賭無勝家，最終還是失了手，被捕歸案。

【久而久之】

表示經過了相當長的時間。《二十年目睹之怪現狀》一回：「久而久之，凡在上海來來往往的人開口便講應酬，閉口也講應酬。」

【久負盛名】

負：承擔，引申爲享有。指長期享有好的名聲。例山東的泰山久負盛名，有時間定去遊覽一番。

【久旱的莊稼——蔫了】

蔫：ㄋㄧㄢ，枯萎，精神不振。雙關語。比喻人情緒低落，精神不振。例田小虎經過那次挫折後，就像久旱的莊稼——蔫了，至今還沒有恢復過來。也作「**秋後的茄子——蔫了**」、「**霜打的黃瓜——蔫了**」、「**卸架的黃煙葉兒——蔫了**」、「**打了霜的煙葉——蔫了**」、「**拉了架的瓜秧——蔫下來了**」。

【久旱逢甘雨】

天旱已久，突然遇到一場好雨。比喻渴望的事情終於實現。《醒世恆言》卷二〇：「分明久旱逢甘雨，賽過他鄉遇故知。莫問洞房花燭夜，且看金榜掛名時。」

【久旱逢甘雨——人人喜歡】

甘雨：即甘霖，久旱以後所下的雨。指大家都很高興。例一場大雪之後，農民送來了一車鮮嫩的蔬菜，居民就像久旱逢甘雨——人人喜歡。也作「洛陽的牡丹——人人喜歡」。

【久旱逢甘雨，他鄉遇故知】

久遭乾旱，喜得甘甜的雨水；身在他鄉，遇見知己的老朋友。比喻人們最得意的事及殷切希望的事終於實現時的無比喜悅的心情。宋·洪邁《容齋四筆》卷八《得意失意詩》：「舊傳有詩四句，誦世人得意者云：『久旱逢甘雨，他鄉遇故知。洞房花燭夜，金榜題名時。』」

【久假不歸】

假：借。長期借用而不歸還。《二刻拍案驚奇》卷二〇：「商功父正氣的人，不是要存私，都只趁著興頭，自做自主，像心像意，那裏分別是你的我的，久假不歸。」也指沉溺於某種境地，迷而不返。《兒女英雄傳》三〇回：「你我若不早為之計，及至他久假不歸，有個一差二錯，那時，就難保不被公婆道出個不字來責備你我幾句。」

【久假當還】

長時間借用，應當歸還了。《輟耕錄·錢唐懷古》：「勢不成三，時當混一，過唐之數不為難。陳橋驛、孤兒寡婦，久假當還。」

【久經風霜】

經：經歷；風霜：比喻艱難困苦。長期地經歷過風吹霜打。形容經歷過很多艱難困苦的磨煉。例他奔波半世，久經風霜，養成了一種堅韌的性格。

【久客思歸】

客：旅居他鄉。長年客居在外而想回到家鄉。例老人自念半生飄流海外，久客思歸，不禁潸然淚下。

【久煉成鋼】

鐵經過長時間的鍛煉能成為鋼。比喻人經過長期的磨煉，才能成長為有用之材。例他雖資質平庸，但久煉成鋼，終於成為一名出色的企業管理人才。

【久夢初醒】

形容從長時間不明事理中開始醒悟。《歧路燈》八六回：「王氏久夢初醒之人，極口贊成。」

【久慕大名，如雷應鼓】

見「久聞大名，如雷灌耳」。

【久違謦欬】

謦欬：ㄑㄧㄥˇ ㄎㄞˋ，咳嗽聲。引申指談笑。很久沒有聽到對方的談笑聲。指很久不通音問。例久違謦欬，不勝思念之至。

【久聞大名】

聞：聽見；大名：盛名（指名聲很大）。早已聽到盛名。常用於初見時的客氣話。《兒女英雄傳》一五回：「晚生久聞大名，如雷貫耳。」

【久聞大名，如雷灌耳】

舊時交際中的套語。謂對方名氣很大，久已聽說。《續孽海花》三六回：「『這位曹夢蘭女士，就是狀元夫人。』勝佛笑道：『久聞大名，如雷灌耳，今天眞用得著這二句了。』」也作「久慕大名，如雷應鼓」。清·哀于令《西樓記》五齣：「久慕穆素徽之名，不得一見，今特請他去玄墓探梅。此間已是，快去通報。[丑通報相見介]久慕大名，如雷應鼓。[丑代答介]幸辱寵愛，似漆投膠。」

【久懸不決】

懸：掛；決：決定。指事情長時間拖延不作決定。例此人遇事當斷不斷，久懸不決，難當重任。

【久要不忘】

要：「約」的借字，窮困之意；久要：經受長時間的困苦。指做人須講信義，不忘舊交。《論語·憲問》：「見利思義，見危授命，久要不忘平生之言。」也作「不忘久要」。

【久戰沙場】

沙場：平沙曠野。古代多指戰場。比喻在戰爭中久經鍛煉。《景德傳燈錄》卷一一：「久戰沙場，為什麼功名不就？」。

【久症行醫】

見「久病成醫」。

【久住令人賤】

在別人家裏住久了，會被人家看不起。例他想起「久住令人賤」這句俗話，心裏盤算，人家嘴裏不說，眉宇之間可顯出不大愉快，得趕快搬走才好。

【韭菜拌豆腐——一清(青)二白】

清：「青」的諧音。雙關語。①比喻純潔，關係清白。例你打聽打聽，咱家世世代代住在這個村裏，韭菜拌豆腐——一清（青）二白。②比喻清楚，明白。例我做會計工作十多年，從來帳目都是韭菜拌豆腐——一清（青）二白的。也作「小蔥拌豆腐——一清（青）二白」。

【韭菜炒蒜苗——清（青）一色】

清：「青」的諧音。比喻全部一個樣子，或全部由一種成分構成。例啊！韭菜炒蒜苗——清（青）一色，這個會議怎麼一個男同胞都沒有？

【韭菜打湯——滿鍋泡】

比喻言行輕浮，好吹噓。例對這種韭菜打湯——滿鍋泡的人，不宜派做公關工作，換一個人吧！

【韭菜下鍋——一撈就熟】

比喻人性情隨和，適應性強，容易與人熟悉，搞好關係。例他倆是韭菜下鍋——一撈就熟，很快就成為朋友了。

【酒杯裏落蒼蠅——掃興】

見「八月十五雲遮月——掃興」。

【酒杯裏洗澡——小人】

見「腳盆裏洗澡——小人」。

【酒杯量米——小氣（器）】

氣：「器」的諧音。見「筆筒吹火——小氣（器）」。

【酒杯碰酒壺——正好一對】

見「蓮花並蒂開——正好一對」。

【酒不醉人人自醉，色不迷人人自迷】

謂酗酒、縱慾都是自作自受，並非酒和色本身的過錯。《初刻拍案驚奇》卷二五「爭奈『酒不醉人人自醉，色不迷人人自迷』，才有歡愛之事，便有迷戀之人；才有迷戀之人，便有坑陷之局。」也作「**酒不醉人人自醉，花不迷人人自迷**」。

【酒腸寬似海】

形容酒量大。元・無名氏《碧桃花》三折：「[眞人云]那秀才只憑的戀酒貪花也！[正旦唱]可便酒腸寬似海，端的是色膽大如天。」

【酒池肉林】

以酒爲池，懸肉爲林。形容生活極其奢侈、靡爛。《史記・殷本紀》：「[帝紂]大聚樂戲於沙丘，以酒爲池懸肉爲林，使男女倮（裸）相逐其間，爲長夜之飲。」也用以形容酒肉極多。《漢書・張騫傳》：「大角氐出奇戲諸怪物，多聚觀者，行賞賜，酒池肉林，令外國客遍觀各倉庫府藏之積，欲以見漢廣大，傾駭之。」也作「**肉林酒池**」、「**肉圃酒池**」、「**肉山酒海**」。

【酒到散筵歡趣少，人逢失意嘆聲多】

形容事情不如意，情緒不好，心緒不寧。例事情談不成，越喝越沒勁，草草散了席。正是：酒到散筵歡趣少，人逢失意嘆聲多。

【酒地花天】

原指在美好的環境中飲酒作樂。清・魏源《江南吟十首》：「桃花浪至鯉魚好，酒地花天不知老。」後多用以形容沉迷在酒色之中的腐朽生活。《孽海花》一回：「[洋行買辦]馬龍車水，酒地花天，好一派昇平景象。」也作「**酒海花天**」。清・趙翼《甌北詩鈔・前輩商寶意、嚴海珊、袁簡齋諸公詩久已刊佈……足資欣賞，率題四律》：「論交竊幸及諸賢，酒海花天共擘箋。」也作「**花天酒地**」。

【酒逢知己千杯少，話不投機半句多】

指與知心朋友在一起可以開懷暢飲，碰到談不攏的人懶得開口。《飛龍傳》三回：「正飲之間，匡胤又把在大名府結納了韓素梅，打走了韓通，及竇溶相待之情，前前後後許多事端，細細的說了一遍。二人也把別後之事談了一番。三人俱各大悅。正是：酒逢知己千杯少，話不投機半句多。」也作「**酒逢知己頻添少，話若投機不厭多**」。

【酒蓋三分羞】

面帶酒色，可以掩蓋幾分內心的羞愧。例要不是「酒蓋三分羞」，他那些傾慕的話也吐不出口。

【酒鬼喝汽水——不過癮】

見「餓漢嗑瓜子——不過癮」。

【酒海花天】

見「酒地花天」。

【酒酣耳熱】

酒酣：飲酒最痛快的時候。形容酒興正濃，痛快淋漓。三國魏・曹丕《與吳質書》：「每至觴酌流行，絲竹並奏，酒酣耳熱，仰而賦詩，當此之時，忽然不自知樂也。」也作「**酒後耳熱**」。《漢書・楊惲傳》：「奴婢歌者數人，酒後耳熱，仰天拊缶而呼烏烏。」

【酒後耳熱】

見「酒酣耳熱」。

【酒後失言】

指醉酒後，說了些不該說的話。例朋友們歡聚在一起，有說有笑。但由於小李酒後失言，使大家很掃興。

【酒後吐眞言】

酒喝醉了，控制不住，說出了眞心話。曹禺《王昭君》四幕：「王龍喝醉了，酒後吐眞言。他說，三個月前單于在長安求親的時候，長安朝廷原來是想扣押單于的。」

【酒後無德】

指飲酒過度，喪失禮節。《紅樓夢》四五回：「平姑娘，過來，我當著你大奶奶姑娘們替你賠個不是，擔待我酒後無德罷。」

【酒壺裏吵架——胡（壺）鬧】

胡：「壺」的諧音。比喻無理取鬧。有時指行動沒有道理或根據。例夏老頭嚴厲地說：「你們這是酒壺裏吵架——胡（壺）鬧，再不停止，我就把你們通通趕出家門。」

【酒荒色荒，有一必亡】

荒：放縱。縱酒貪色必然身敗名裂。例古往今來，有多少君王將相，縱酒貪色，亡國亡家。可謂「酒荒色荒，有一必亡」。

【酒闌賓散】

闌：盡。指飲宴完畢，賓客散席。唐・蔣防《霍小玉傳》：「時春物尚餘，夏景初麗，酒闌賓散，離思縈懷。」也作「**酒闌客散**」。明・張岱《祭秦一生文》：「至夜靜燈殘，酒闌客散，其於楹礎之間，兩目爛爛如岩下電者，非他人必一生也。」也作「**酒闌人散**」。《兒女英雄傳》一八回：「及至到了酒闌人散，對著那燈火樓台，靜坐著一想。」

【酒闌燈灺】

灺：ㄒㄧㄝˋ，燈燭熄滅。形容酒宴散場的情景。清・梁紹壬《兩般秋雨庵隨筆》卷一：「每當酒闌燈灺，縷述舊情，未始不淚涔涔也。」也作「**酒闌燭跋**」。燭跋：燭跟，指蠟燭已點完。清・汪琬《與周漢紹書・附記》：「今聞遠近傳某語以爲笑，甚至從未見某原書，而酒闌燭跋，輒有增删字句，借作談資以獻媚者，故復檢此稿付梓。」

【酒闌客散】

見「酒闌賓散」。

【酒闌人散】

見「酒闌賓散」。

【酒闌興盡】

酒已喝完，興趣已盡。形容宴飲接近散席。《孽海花》二〇回：「大家又與雯青談了些海外的事情，彼酬此酢，不覺紅日西斜，酒闌興盡，諸客中有醉眠的，也有逃席的，紛紛散去。」

【酒闌燭跋】

見「酒闌燈灺」。

【酒裏頭放蒙汗藥——存心害人】

蒙汗藥：戲曲、小說中所說的能使人暫時失去知覺的藥。比喻有意殘害人。例你引誘青年人看黃色書刊和錄影帶，是地地道道的酒裏頭放蒙汗藥——存心害人。也作「跑馬使絆子——存心害人」、「爛膏藥往別人臉上貼——存心害人」。

【酒令大如軍令】

酒令：舊時飲酒人所玩的可以爲輸贏的遊戲，輸的人罰飲酒。謂酒令之嚴，如同軍令，必須遵守。《紅樓夢》四〇回：「[鴛鴦]也吃了一盅酒，笑道：『酒令大如軍令，不論尊卑，唯我是主，違了我的話，是要受罰的。』」也作「酒令嚴於軍令」。

【酒龍詩虎】

見「酒聖詩豪」。

【酒綠燈紅】

指尋歡作樂及娛樂場所的繁華景象。清・查慎行《喬侍讀席上贈歌者六郎》：「青衫憔悴無如我，酒綠燈紅奈爾何！」也作「燈紅酒綠」。

【酒亂性，色迷人】

縱酒會喪失理智，迷戀女色會意志消沉。《水滸傳》四五回：「那婦人一者有心，二乃酒入情懷，自古道：『酒亂性，色迷人。』那婦人三杯酒落肚，便覺有些朦朦朧朧上來。」

【酒囊飯袋】

見「酒甕飯囊」。

【酒能成事，酒能敗事】

酒可以幫助人把事辦成，也可以使人把事弄壞。例酒有兩面性，這就是俗話說的「酒能成事，酒能敗事」。

【酒能壯膽】

酒裏的酒精使人精神興奮，膽子變大。王厚遠《古城青史》二一回：「宋二虎端起一碗酒，咕嘟灌了一口，巴答著嘴唇，說：『沒事，沒事。俗話說：『酒能壯膽。』武二郎不喝十八碗酒，興許還打不了景陽崗上的大蟲哩！』」

【酒濃詩冷】

指酒味濃厚，詩情冷淡。唐・姚合《西亭秋日即事》詩：「酒濃杯稍重，詩冷語多尖。」

【酒朋詩侶】

指喝酒做詩的朋友們。宋・李淸照《永遇樂》：「來相召，香車寶馬，謝他酒朋詩侶。」

【酒肉朋友】

只在吃喝玩樂方面來往的朋友。《二刻拍案驚奇》卷二四：「[丘俊]終日只是三街兩市，和著酒肉朋友串哄，非賭即嫖，整個月不回家來。」

【酒肉朋友，難得長久】

吃喝玩樂，胡混日子，是建立不起長久的友情的。例俗話說：「酒肉朋友，難得長久。」見了面就是吃吃喝喝，從來不談正事，更說不上談心交心，這算甚麼朋友？

【酒肉朋友的交情——吃吃喝喝】

指只顧吃喝。例這種酒肉朋友的交情——吃吃喝喝，既敗壞了風氣，又浪費了國家資財損害了個人身體，有百害而無一利。

【酒肉兄弟千個有，落難之中無一人】

得意時三朋五友，吃吃喝喝；倒霉時，顧影自憐，無人答理。謂酒肉朋友成不了知交。例酒肉朋友，難得長久。這些人，三日一小宴，五日一大宴，把個「大哥」捧得忘乎所以。一旦事發連個鬼影也沒了。這正合上了一句俗話：「酒肉兄弟千個有，落難之中無一人。」

【酒入舌出】

酒一入口，舌頭就活動。指酒後話多。漢・劉向《說苑・敬慎》：「桓公曰：『期而後至，飲而棄酒，於禮可乎？』管仲對曰：『臣聞酒入舌出，舌出者言失。』」

【酒色財氣】

指嗜酒、好色、貪財、逞氣等四種不良習氣。元・馬致遠《黃粱夢》四折：「一夢中十八年，見了酒色財氣，人我是非，貪嗔痴愛，風霜雨雪。」

【酒色之徒】

指喜愛吃喝玩樂，貪圖女色的人。《紅樓夢》二回：「那政老爺便不喜歡，說將來不過酒色之徒，因此便不甚愛惜。」

【酒社詩壇】

指文人相約在一起飲酒作詩的場所。元・無名氏《劉弘嫁婢》三折：「當日個紋寒溫了無一字，與長者又不曾相會在酒社詩壇。」

【酒聖詩豪】

指善於飲酒、作詩之人。宋・辛棄疾《沁園春・再到期思卜築》：「酒聖詩豪，可能無勢，我乃而今駕馭卿。」也作「酒龍詩虎」。淸・西溪山人《吳門畫舫錄・序》：「夫揚逸釆於彤奩，則舞繡歌雲，春生著手；緬瑰聞於紫曲，則酒龍詩虎，聽到低頭。」

【酒食地獄】

酒食：指宴會。形容終日忙於宴會應酬，苦況如下地獄。宋・朱彧《萍州可談》卷三：「東坡（蘇軾）倅杭，不勝杯酌……疲於應接，乃號杭倅爲酒食地獄。」

【酒食徵逐】

徵：召喚；逐：追，跟隨。頻繁相邀，宴飲玩樂。形容酒肉朋友之間的交往。淸・淮陰百一居士《壺天錄》卷中：「公子性灑落，好交遊，顧酒食徵逐，從未破慳囊。」

【酒爲色媒，色爲酒媒】

酒和色互爲觸媒。謂好色和貪杯往往連在一起。《唐史演義》一四回：「古人說得好：『酒爲色媒，色爲酒媒。』

楊氏入席時，尚不免有三分靦腆，乃至酒過數巡，漸把那一種羞澀態度，撇在腦後。」

【酒甕飯囊】

囊：口袋。比喻只會吃飯喝酒，不會做事的人。南朝梁・蕭繹《金樓子・立言》：「禰衡云：『苟彧強可與言，餘人皆酒甕飯囊。』」也作「**酒囊飯袋**」。宋・曾慥《類說》卷二二引陶岳《荊湖近事》：「馬氏（馬殷）奢僭，諸院王子仆從烜赫；文武之道，未嘗留意。時謂之酒囊飯袋。」也作「**飯囊酒甕**」。

【酒言酒語】

醉漢之言。形容語無倫次，胡說八道。例那個男人跌跌撞撞地走著，口中的那些酒言酒語，盡是些不著邊際的話。

【酒釅春濃】

釅：ㄧㄢˋ，濃，味厚。酒味醇厚，春意盎然。形容美好的時節。唐・曹唐《小遊仙》：「酒釅春濃瓊草齊，眞公飲散醉如泥。」也作「**酒釅花濃**」。元・無名氏《雲窗夢》二折：「你則待酒釅花濃，月圓人靜。」

【酒釅花濃】

見「酒釅春濃」。

【酒要少吃，事要多知】

出外辦事要少喝酒，多了解情況。明・湯顯祖《南柯記》三一齣：「［生］出周弁，你去時俺怎生說來，『酒要少吃，事要多知』，你都不在意，一定要正軍法。［周］哎，從古來誰不飲酒？天若不愛酒，天應無酒星；地若不愛酒，地應無酒泉。」

【酒飲席面，話講當面】

指有話擺到桌面上說。例「酒飲席面，話講當面。」大家都是志同道合，獻身共同事業的人，說話不要吞吞吐吐，拐彎抹角的。

【酒餘飯飽】

見「酒醉飯飽」。

【酒在肚裏，事在心頭】

見「酒在心頭，事在肚裏」。

【酒在心頭，事在肚裏】

指喝酒不忘事。《醒世恆言》卷三六：「常言說得好，酒在心頭，事在肚裏。難道眞個單吃酒不管正事不成？」也作「**酒在肚裏，事在心頭**」。《金瓶梅詞話》八六回：「我酒在肚裏，事在心頭。俺丈母聽信小人言語，罵我一篇是非。」

【酒糟鼻不吃酒——空背虛名】

酒糟鼻：也叫紅鼻子，慢性皮膚病，鼻子尖和兩側出現紅色斑點，同喝酒過量時面部發紅的現象相似。比喻徒有虛名，實際並非如此。例過獎了，我是酒糟鼻不吃酒——空背虛名，在科研戰線上，還是一名新兵，談不上什麼成就。也作「**酒糟鼻不吃酒——枉擔虛名**」。

【酒糟炒雞蛋——吵（炒）個稀巴爛】

酒糟：釀酒剩下的渣滓；吵：「炒」的諧音；稀巴爛：極爛，破碎到極點。比喻爭吵得難解難分。例這兩家鄰居，昨天又是酒糟炒雞蛋——吵（炒）個稀巴爛，鬧得四鄰不安。

【酒中不語眞君子】

喝酒時不亂說話才算有修養。明・徐霖《繡襦記》一一齣：「［淨］鄭兄，你道酒中不語眞君子。是我席上多言了。［生］樂兄善戲謔，何必計較。」

【酒盅雖小淹死人】

指沉湎在吃喝中，最後必然毀了自己。例天天喝，頓頓喝，喝得不知天南地北，結果恐怕是眞要應了「酒盅雖小淹死人」那句老話了。

【酒盅子搬家——離壺了】

酒盅子：小酒杯。比喻離開中心或主體。例你是個莊稼人，丟下農活不管，又想進城搞點什麼小買賣，這不是酒盅子搬家——離壺了嗎？

【酒足飯飽】

見「酒醉飯飽」。

【酒醉飯飽】

酒已盡量，飯已吃飽。元・高文秀《襄陽會》一折：「俺這裏安排一席好酒……我著他酒醉飯飽，走不動。」也作「**酒餘飯飽**」。《紅樓夢》一二〇回：「既是『假語村言』，但無魯魚亥豕以及背謬矛盾之處，樂得與二三同志，酒餘飯飽，雨夕燈窗，同消寂寞。」也作「**酒足飯飽**」。姚雪垠《李自成》卷一：「我方才被楊公館堅留，已經喝得酒足飯飽。」

【酒醉靠門簾——靠不住】

門簾：門上掛的簾子。見「低欄杆——靠不住」。

ㄐㄧㄡˋ

【舊愛宿恩】

指以往的恩愛和情感。《三國志・吳書・孫皓傳》：「休以舊愛宿恩，任用興、布，不能擬進良才。」

【舊病復發】

見「舊疢復發」。

【舊病難醫】

老病醫治很困難。比喻已形成習慣的缺點錯誤難以改正。明・無名氏《三化邯鄲》三折：「則待作抱官囚，覓不著逃生計，急回頭待悔來應遲，又不將心猿意馬牢拴繫，也不是你本性難移，舊病難醫。」

【舊疢復發】

疢：ㄔㄣˋ，病。比喻老毛病又犯了。《晉書・郭舒傳》：「敦曰：『平子以卿病狂，故招鼻灸眉頭，舊疢復發邪！』」也作「**舊病復發**」。《紅樓夢》四八回：「寶釵笑道：『哥哥果然要經歷正事，倒也罷了；只是他在家裏說著好聽，到了外頭，舊病復發，難拘束他了。』」

【舊仇宿怨】

宿：素有的，舊有的。指很久以前就結下的怨仇。例他一貫仗勢欺人，舊仇宿怨很多。

【舊愁新恨】

久積心頭未得排遣的憂愁和新有的怨恨。形容愁恨積在一起之多。宋・舒氏《點絳唇》：「獨自臨池，悶來强把闌杆憑。舊愁新恨，耗卻年時興。」也作「**舊恨新愁**」。明・范受益《尋親記・詐妻》：「傷心處，提起舊恨新愁，多少淚滴。」也作「**新愁舊恨**」。

【舊地重遊】
指重新來到曾經居住、工作或遊覽過的地方。例高雄是我工作多年的地方，今日舊地重遊，倍感親切。

【舊調重彈】
指說、唱都是老曲調。比喻把過去的主張和觀點重新搬出來。朱自清《回來雜記》：「北平早被稱爲『大學城』和『文化城』，這原是舊調重彈，不過似乎彈得更響了。」

【舊恨新仇】
舊日的和新近的仇恨。例面對匪徒的暴行，舊恨新仇充滿了鄉親們的胸膛。

【舊恨新愁】
見「舊愁新恨」。

【舊皇曆】
皇曆：曆書、日曆。比喻老一套、過時的事物。例排版要半年，那是舊皇曆囉！現在用激光照排快得很，有兩個禮拜就夠了。

【舊皇曆——翻不得】
見「老皇曆——翻不得」。

【舊家行徑】
指舊時的行爲。明・梅鼎祚《玉合記・逃禪》：「向雞園托跡，虎口逃生，眉愁翠斂，容羞紅潤，怕難藏舊家行徑。」

【舊念復萌】
萌：萌發。舊時的念頭又重新萌發。明・汪廷訥《獅吼記・攝對》：「此婦今雖放回，恐其舊念復萌，爲害不少。」也作「**舊態復萌**」。《隋唐演義》一七回：「只是齊國遠、李如珪兩個粗人，舊態復萌，以膂力方剛，把些人都挨倒，擠將進去，看圓情頑耍。」也作「**故態復萌**」。

【舊瓶新酒】
見「舊瓶裝新酒」。

【舊瓶裝新酒】
原意爲新原理與舊形式格格不入。後反其意而用之。比喻用舊的形式表現新的內容。老舍《我怎樣寫通俗文藝》：「這八篇東西，都是用舊瓶裝新酒的辦法寫成的。」

【舊榮新辱】
從前的榮譽和現在的恥辱。元・王實甫《麗春堂》三折：「感今懷古，舊榮新辱，都裝入酒葫蘆。」

【舊時風味】
指昔日的風情和滋味。明・陳汝元《金蓮記・外謫》：「懷金黛，想玉鬟，舊時風味尚依然，雲籠寶髻憑誰掠，月覷紗窗只自眠。」

【舊時王謝堂前燕，飛入尋常百姓家】
王、謝：六朝時期兩大世族。從前在王、謝兩家廳堂前飛來飛去的燕子，如今卻飛進普通老百姓家裏築窩了。感慨滄海桑田，世事變化極大。孫遜《靜謐安詳的秦淮河》：「站在巷口，頗領略了一番『烏衣巷口夕陽斜』的意境。但也正如劉禹錫在這首詩裏所感嘆的：『舊時王謝堂前燕，飛入尋常百姓家。』今天，王謝宅第早已灰飛煙滅，唯有尋常百姓代代相傳，歷盡人世滄桑。」

【舊識新交】
老相識，新相交。喻指朋友衆多。清・黃遵憲《鄉人以余遠歸爭來詢問》詩：「舊識新交遍天下，可如親戚話依依。」

【舊式窗戶——條條框框多】
比喻清規戒律多，工作受束縛。例聽說那是個百年老廠，舊式窗戶——條條框框多，嚴重束縛了工人和技術人員的創造性，很少出現新產品。

【舊事重提】
昔日的事情現又重新提起，多因某種事情而觸發。例幾年過去了，舊事重提，不禁感慨萬分。

【舊書不厭百回讀，熟讀深思子自知】
舊書讀一百遍也不厭倦，只要熟讀深思，就自可知道其中的道理了。宋・蘇軾《送安惇秀才失解西歸》詩：「舊書不厭百回讀，熟讀深思子自知。他年名宦恐不免，今日栖遲那可追。」

【舊態復萌】
見「舊念復萌」。

【舊物青氈】
青氈：青色的毛毯。爲故家舊物的代詞。語出《晋書・王羲之傳》：「夜臥齋中，而有人入其室，盜物都盡。獻之徐曰：『偷兒，青氈我家舊物，可特置之。』」宋・周必大《謝復益國公表》：「舊物青氈，從天而下。」

【舊學商量加邃密，新知培養轉深沉】
邃密：深遠精密；轉：更加。對於已掌握的知識，共同再作研討，以求更加精密充實；對於新的知識，努力鑽研，以求更加深刻完備。宋・朱熹《鵝湖寺和陸子壽》詩：「舊學商量加邃密，新知培養轉深沉。卻愁說到無言處，不信人間有古今！」

【舊雅新知】
見「舊雨今雨」。

【舊燕歸巢】
從前的燕子又飛回老窩來了。比喻遊子回歸故土。明・顧大典《青衫記・裴興歸裔》：「似舊燕歸巢，雙語檐前。」

【舊雨重逢】
舊雨：昔日的朋友。指老朋友又相會了。清・尹會一《健余尺牘・與王罕皆太史》：「比想舊雨重逢，促膝談心，亦大兄閒居之一快也。」

【舊雨今雨】
唐・杜甫《秋述》：「秋，杜子臥病長安旅次，多雨生魚，青苔及榻。常時車馬之客，舊，雨來，今，雨不來。」意即舊時每逢下雨賓客也來，而現在遇雨就不來了。喻指人情變化無常。後以「舊雨今雨」借指新老朋友。宋・范成大《題清息齋六言十首》：「冷暖舊雨今雨，是非一波萬波。」也作「舊雅新知」。雅：交情。明・袁宏道《與羅雲連書》：「致聲元定諸公，舊雅新知，快晤一堂，人間第一樂也。」也作「舊雨新知」。清・張集馨《道咸宦海見聞錄》：「十年不踏軟紅塵上，舊雨新知，履舄交錯，宴會幾無虛夕。」

【舊雨新知】
見「舊雨今雨」。

【臼頭花鈿】
花鈿：以翠寶等製成的花朵形首飾。形容醜女濃妝。宋・葉廷珪《海錄碎事・文學・賦》：「蔣凝應宏詞爲賦，止四韻遂出，頃刻傳播，時謂臼頭花鈿滿面，不若徐妃半妝。」

【臼頭深目】
臼頭：頭部凹下。形容相貌極醜。漢・劉向《新序・雜事二》：「齊有婦極醜無雙，號曰無鹽女，其爲人也，臼頭深目，長壯大節，昂鼻結喉，肥項少髮，折腰出胸，皮膚若漆。」

【臼灶生蛙】
被大水淹沒的臼灶裏生了青蛙。形容水災給人帶來的災難。《戰國策・趙策一》：「今城不沒者三板，臼灶生蛙，人馬相食。」也作「沉灶產蛙」。

【咎皆自貽】
見「咎由自取」。

【咎由自取】
咎：過失，災禍。罪過、災禍是自己招來的。《二十年目睹之怪現狀》七〇回：「然而據我看來，他實在是咎由自取。」也作「咎皆自貽」。宋・陳亮《謝汪侍郎啟》：「孝敬之道素虧，罹親非罪；營救之誠不至，有枉莫伸。咎皆自貽，情將誰恤！」

【咎有應得】
罪過是自己應得的報應。《宦海》七回：「雖然李德標一時冒犯，觸犯烏紳，咎有應得，但是領取人口要繳領狀，是警局的向章，求大人的明鑑。」

【疚心疾首】
疚：長期患病。內心痛苦，頭痛腦脹。形容憂愁苦悶。《魏書・顯祖紀》：「朕思百姓病苦，民多非命，明發不寐，疚心疾首，是以廣集良醫，遠採名藥，欲以救護兆民。」

【救兵如救火】
救兵：援軍。援軍的行動像救火一樣緊急。明・張伯起《墨憨齋定本傳奇》一一折：「葉軍校，就此紮營，再不前進了。[衆]呀！將軍，自古道：『救兵如救火』，爲何不要進兵？」

【救焚益薪】
見「救火投薪」。

【救焚拯溺】
焚：燒；溺：落水。援救困於火災和落入水中的人。形容救助陷入困境的人。宋・宗澤《遺表》：「命將出師，大震雷霆之怒；救焚拯溺，出民水火之中。」也作「拯溺救焚」。

【救過補闕】
闕：同「缺」，不足。挽救不足，彌補欠缺。《晉書・潘岳傳》：「故箴規之興，將以救過補闕，然獨依違諷喻，使言之者無罪，聞之者足以自誡。」

【救過不遑】
見「救過不贍」。

【救過不給】
見「救過不贍」。

【救過不贍】
救：止；贍：ㄕㄢˋ，足。制止過錯的發生唯恐來不及。形容懼怕獲罪的惶恐心態。《史記・酷吏傳論》：「九卿碌碌奉其官，救過不贍，何暇論繩墨之外乎！」也作「救過不給」。給：足。《史記・李斯傳》：「羣臣百姓救過不給，何變之敢圖？」也作「救過不暇」。不暇：忙不過來。宋・蘇舜欽《上三司副使段公書》：「而又符檄督責，終日憔悴，而救過不暇，惘然自疑，何智於前而愚於此？」也作「救過不遑」。清・黃宗羲《南雷文案・子劉子行狀上》：「上方綜核名實，分別功罪，羣臣救過不遑。」

【救過不暇】
見「救過不贍」。

【救寒莫如重裘，止謗莫如自修】
禦寒最好是穿厚皮衣，制止誹謗最好是加强自我修養。《資治通鑑・魏明帝青龍四年》：「人或毀己，當退而求於身。若己有可毀之行，則彼言當也；若己無可毀之行，則彼言妄也。當則無怨於彼，妄則無害於身，又何反推焉！諺曰：『救寒莫如重裘，止謗莫如自修』，斯言信矣！」

【救患分災】
幫助他人分擔其憂，共同解救災難禍患。《左傳・僖公元年》：「凡侯伯救患分災討罪，禮也。」

【救火沒水——乾著急】
見「狗等骨頭——乾著急」。

【救火投薪】
救：止。爲了滅火，卻向火中投入柴草。比喻措施錯誤，使問題不能解決。《鄧析子・無厚篇》：「不治其本而務其末，譬如拯溺而硾之以石，救火而投之以薪。」也作「救焚益薪」。益：增加。清・劉坤一《書牘・復李少荃制軍》：「所派之營務處何道台，則人更陰狡，以之自輔，是猶救焚而益薪，將來非導春霆爲不義，即背春霆而自爲不義，而終爲春霆之累。」

【救火揚沸】
救：止。爲了滅火卻往沸開的水上倒水，火熄滅不了，水依然會沸騰。喻指治標而不治本。《史記・酷吏傳序》「當是之時，吏治若救火揚沸，非武健嚴酷，惡能勝其任而愉快乎！」

【救火追亡】

亡：逃跑。像救火或追趕逃犯那樣。比喻急迫的事情。《國語・越語下》：「臣聞從時者，猶救火追亡人也，蹶而趨之，唯恐弗及。」

【救經引足】

救上吊的人卻去拉他的腳。《荀子・仲尼》：「志不免乎奸心，行不免乎奸道，而求有君子、聖人之名，辟之是猶伏而咶天，救經而引其足也；說必不行矣，愈務而愈遠。」後以「救經引足」比喻行為與目的相反。

【救苦救難】

指拯救他人脫離痛苦與災難。《初刻拍案驚奇》卷八：「焚香頂禮已過，就將分離之事，通誠了一番，重復叩頭道：『弟子虔誠拜禱，伏望菩薩大慈大悲救苦救難。』」

【救困扶危】

見「救危扶傾」。

【救亂除暴】

救：救治。救治混亂局面，除掉強暴勢力。《三國志通俗演義・曹公分兵拒袁紹》：「蓋救亂除暴，謂之義兵。」

【救民濟世】

指拯救百姓，挽救國家。《紅樓夢》一一八回：「堯、舜、禹、湯、周、孔，時刻以救民濟世為心。」

【救民水火】

謂拯救百姓於苦難之中。《孟子・滕文公下》：「救民於水火之中。」例李自成為實現其遠大的政治目的而在生活上竭力做到艱苦樸素，對軍隊要求甚嚴，時時不忘記救民水火。

【救人救徹】

指幫人要幫到底。《老殘遊記續集》五回：「俏逸雲除欲除盡，德慧生救人救徹。」

【救人如救火】

救人像救火一樣刻不容緩。例「救人如救火」，電話筒放下沒幾分鐘，救護車就開到了門口。

【救人須救急，施人須當厄】

施：施捨，用財物救濟人；厄：困苦。救人應當在人危急的時候，施捨應當在人困難的時候。《醒世恆言》卷一〇：「劉公又盛過兩碗飯來，道：『一發吃飽了好上路。』……父子二人正在飢餒之時，拿起飯來，狠飡虎嚥，盡情一飽。正是：救人須救急，施人須當厄。」

【救人須救急時無】

幫助人應當在人家最需要的時候。《金瓶梅詞話》五六回：「如今又是秋涼了，身上皮襖兒又當在典舖裏。哥若有好心，常言道，救人須救急時無，省的他嫂子日夜在屋裏絮絮叨叨。」

【救人一命，勝造七級浮屠】

浮屠：也作浮圖，梵語「佛陀」的舊譯，指佛塔。救人一條性命，比建造一座七層佛塔的功德還要重大。《三寶太監西洋記》二〇回：「老猴道：『你到洞裏取出那些藤葛來，揀選幾根長大的，又要堅韌的，接續了放將下去，救他上山來，我自有個道理。常言道：『救人一命，勝造七級浮屠。』你與我快去快來。』」

【救死扶傷】

指搶救生命垂危的人，治療、照顧受傷的人。宋・蘇軾《宋襄公論》：「襄公行王者之師，猶足以當威、文之師，一戰之餘，救死扶傷不暇，此獨妄庸耳。」也作「救死扶危」。唐・張鷟《龍筋鳳髓判・左右驍衛》：「重人賤畜，往哲之嘉猷；救死扶危，明王之盛事。」

【救死扶危】

見「救死扶傷」。

【救亡圖存】

指拯救國家危亡，謀求民族生存。清・王無生《論小說與改良社會之關係》：「夫欲救亡圖存，非僅恃一二才士所能為也；必使愛國思想，普及於最大多數之國民而後可。」

【救危扶傾】

指救濟幫助陷於危難的人。漢・劉向《新序・善謀上》：「齊桓公方存亡繼絕，救危扶傾，尊周室，攘夷狄。」也作「救困扶危」。元・無名氏《來生債》四折：「則為我救困扶危，疏財仗義，都做了注福消愆。」

【救災恤患】

見「救災恤鄰」。

【救災恤鄰】

恤：救濟。指解救他人的災難禍患。《左傳・僖公十三年》：「晉薦飢，使乞糴於秦……謂百里：『與諸乎？』對曰：『天災流行，國家代有。救災恤鄰，道也。行道，有福』」也作「救災恤患」。《東周列國志》三九回：「今楚戍谷伐宋，生事中原，此天授我以救災恤患之名也。」

【就地取材】

指就在所在地選取中意的人才或物品。清・李漁《手足》：「噫，豈其娶妻必齊之姜，就地取材，但不失立言之大意而已矣。」

【就地正法】

正法：對判死罪者依法處決。在罪犯犯罪的現場對其執行死刑。清・劉坤一《書牘・稟張中丞》：「且地方紳民，因受該逆之害，伏轅固請將該逆就地正法，以快人心。」

【就棍打腿】

隨手拾取棍子就打。比喻趁機行事。《三俠五義》四〇回：「聽他之言，話內有因。他別與都堂有什麼拉攏罷？我何不就棍打腿探探呢！」

【就熱鍋炒熱菜】

比喻趁熱打鐵，一鼓作氣。例這夥年輕人幹起活來勁頭十足，不怕苦，不怕累，連續作戰，真有「就熱鍋炒熱菜」的氣勢。

【就日瞻雲】

就：接近；日：比喻帝王。《史記・五帝本紀》：「就之如日，望之如雲。」《索隱》：「如日之照臨，人咸依就之，若葵藿傾心以向日也。」原指賢明的國君恩澤施及百姓。後以「就日瞻雲」比喻謁見帝王。唐・李邕《日賦》：「披雲睹日兮目則明，就日瞻雲兮心若驚。」

【就事論事】

指按照事情的實際情況來評論。明・沈德符《萬曆野獲編・詞臣論劾首揆》：「奪情大事，有關綱常，且就事論事，未嘗旁及云。」也指只談事情的表象，迴避本質。《歧路燈》六四回：「不如就事論事，單著管九兒一人承抵。」

【就湯下麵】

比喻趁機行事。例《駱駝祥子》中劉四爺大辦喜事，虎妞也想就湯下麵，舉行她和祥子的婚禮。

【就湯下麵——隨機應變】

比喻隨著時機或情況的變化而靈活機動地應付。例你離開集體而單獨去敵後工作，屆時孤立無援，全靠自己就湯下麵——隨機應變，獨自應付。也作「孫行者的毫毛——隨機應變」。

【就虛避實】

虛：空虛，力量小的部分；實：力量強大的部分。指攻擊對方虛弱的地方，躲避對方的主力。《清史稿・洪秀全傳》：「尤喜用間諜，混入敵營，又能取遠勢，聲東擊西，就虛避實。」也作「避實就虛」。

【就著豬肉吃油條——膩透了】

膩：本指油膩，此指厭煩。雙關語。比喻使人厭煩極了。例各行各業都有一本難念的經，就以寫作和編輯工作來說吧，整天爬格子，單調而枯燥，好像就著豬肉吃油條——膩透了。

【就正有道】

就正：請求指正；有道：指有學問有道德的人。請品德高尚、學問精深的人加以指正。《論語・學而》：「就有道而正焉。」疏：「言學業有所未曉，當就有道德之人正定其是之與非。」

【就職視事】

視事：任職，治事。指官吏到職工作。例任命下達的次日，他開始就職視事。

ㄐㄧㄢ

【尖擔擔柴——兩頭脫】

尖擔：兩頭尖而無絆繩索栓的扁擔；脫：脫空。見「河心裏擱跳板——兩頭脫空」。

【尖酸克薄】

見「尖酸刻薄」。

【尖酸刻薄】

尖酸：說話帶刺，使人難受；刻薄：冷酷不厚道。形容為人苛刻，冷酷無情。《鏡花緣》六六回：「舜英姐姐安心要尖酸刻薄，我也不來分辯，隨他說去。」也作「尖酸克薄」。《紅樓夢》五五回：「你多給二三十兩銀子，難道太太就不依你？分明太太是好太太，都是你們尖酸克薄。」

【尖嘴薄舌】

嘴、舌：指說話。形容說話言辭尖酸刻薄。《鏡花緣》三回：「話說麻姑聞百花仙子之言，不覺笑道：『你既要騙我酒吃，又鬥我圍棋，偏有這些尖嘴薄舌的話說！』」

【尖嘴猴腮】

腮：面頰。尖嘴巴窄面頰。形容人面頰瘦削，像猴子一樣難看。《儒林外史》三回：「像你這尖嘴猴腮，也該撒拋尿自己照照！不三不四，就想天鵝屁吃。」也作「尖嘴縮腮」。《說唐》三三回：「這李元霸方十二歲，生得尖嘴縮腮。面如病鬼，骨瘦如柴，力大無窮。」

【尖嘴騾子賣驢價——全壞在嘴上了】

見「豁唇騾子賣了個驢價錢——吃虧就吃在嘴頭子上了」。

【尖嘴縮腮】

見「尖嘴猴腮」。

【奸不廝欺，俏不廝瞞】

雖然奸狡機靈，也不欺瞞人。指眞人面前不說假話。《水滸全傳》二回：「王進笑道：『好不廝欺，俏不廝瞞。小人不姓張，俺是東京八十萬禁軍教頭王進的便是。』」

【奸骨百年塵共朽，忠名千古日月光】

奸賊死後不久就灰飛煙滅，而忠良千古流芳，光耀日月。元・王旭《讀〈離騷〉》詩：「詩到東周《雅》《頌》亡，詞興南國自流芳。天門日暮靈修遠。瑤草春深佩服香。奸骨百年塵共朽，忠名千古日月光。呼兒掩卷還倚枕，風雨無邊夜正長。」

【奸官污吏】

利用職權貪贓枉法，欺壓百姓的官吏。清・林覺民《絕筆書》：「第以今日事勢觀之，天災可以死，盜賊可以死，瓜分之日可以死，奸官污吏虐民可以死。」也作「貪官污吏」。

【奸狼下了個賊狐狸——準不是個好種】

奸：詭詐；賊：狡猾。比喻不是好東西。例我看這小子賊眉鼠眼，鬼鬼祟祟，奸狼下了個賊狐狸——準不是個好種。

【奸人之雄】

奸人：狡詐之人；雄：魁首。本指極狡詐的辯士。《荀子・非相》：「聽其言則辭辯而無統，用其身則多詐而無功，上不足以順明王，下不足以和齊百姓；然而口舌之均，噡唯則節，足以為奇偉偃卻之屬；夫是之謂奸人之雄。」後多指用奸詐手段取得高位大權之人。漢・荀悅《漢紀・哀帝紀下》：「孫寵、息夫躬，辯足以移眾，權足以獨立，奸人之雄，宜時罷退。」

【姦淫擄掠】

強姦婦女，燒殺掠奪。形容胡作非為，無惡不作。方志敏《死》：「『呸！發什麼狗威！殺人放火，奸淫擄掠，正是你們的拿手戲！』我說。」也作「擄掠奸淫」。

【殲一警百】

殺掉一個人以警戒其他許多人。清．夏燮《中西紀事．後序》：「殲一警百，消其觀望。」也作「殺一儆百」。

【堅壁清野】

堅：加固；壁：古代軍營的圍牆，泛指營壘；堅壁：加固防禦工事；清野：將四野的財物收藏起來。加固防禦設施，將周圍的居民和財物轉移或隱藏起來，使敵人空無所得。一種對付優勢入侵之敵的作戰方法。《三國志．魏書．荀彧傳》：「今東方皆以收麥，必堅壁清野以待將軍。將軍攻之不拔，略之無獲，不出十日，則十萬之衆未戰而自困耳。」也作「堅城清野」。《北史．來護兒傳》：「諸將咸懼，護兒笑謂副將周法尙及軍吏曰：『吾本謂其堅城清野以待王師，今來送死，當殄之而朝食。』」也作「固壁清野」、「清野堅壁」。

【堅不可摧】

堅：堅固；摧：摧毀。形容非常堅固，摧毀不了。清．葉燮《原詩．內篇上》：「惟力大而才能堅，故至堅而不可摧也。」《歧路燈》八二回：「二十年閨閣，養成拘墟罵時之見，牢不可破，堅不可摧。」

【堅城清野】

見「堅壁清野」。

【堅城深池】

堅固的營壘，很深的護城河。形容防守堅固。唐．李翺《楊烈婦傳》：「厥自兵興，朝廷寵旌守御之臣，憑堅城深池之險，儲蓄山積貨財自若，冠冑服甲弓矢而馳者，不知幾人。」也作「高城深池」、「高城深溝」。

【堅持不懈】

懈：鬆懈。堅持到底，毫不鬆懈。他自從被譏笑爲瘦皮猴之後，就天天運動，堅持不懈地鍛鍊身體，現在身材變得壯碩多了。

【堅持不渝】

渝：改變，堅持到底，始終不變。例想要成功，唯有堅持不渝地奮鬥，才能有所成功。

【堅定不移】

移：改變，變動。形容意志堅定，決不動搖。《資治通鑑．文宗開成五年》：「推心委任，堅定不移，則天下何憂不理哉！」

【堅甲利兵】

堅固的鎧甲，鋒利的武器。形容軍隊裝備精良，戰鬥力强。《墨子．非攻下》：「今王公大人……於此爲堅甲利兵，以往攻伐無罪之國。」也作「甲堅兵利」。

【堅甲利刄】

堅固的鎧甲，銳利的兵刄。《漢書．鼂錯傳》：「堅甲利刄，長短相雜。」

【堅苦卓絕】

卓絕：達到極點，無可比擬。形容極其堅忍刻苦。魯迅《未有天才之前》：「泥土和天才比，當然是不足齒數的，然而不是堅苦卓絕者，也怕不容易做。」

【堅明約束】

堅守同盟，按信約行事。《史記．藺相如傳》：「［相如］謂秦王曰：『秦自繆公以來二十餘君，未嘗有堅明約束者也。』」

【堅忍不拔】

堅忍：堅强並持之以恆；不拔：不可改變。形容意志堅强，在任何艱難的環境下都堅持不渝，決不動搖。宋．周密《浩然齋雅談》：「呂伯恭亦云：『君子必有堅忍不拔之操，然後小人不能犯吾之所忌。』」也作「堅忍不撓」。清．譚嗣同《仁學》：「西人之喜動，其堅忍不撓，以救世爲心之耶教使然也。」也作「堅忍不懈」。清．劉坤一《覆呂道生孫子揚》：「時局艱危，必須膽識俱優，堅忍不懈，軍事庶有起色。」也作「堅韌不拔」。例爲實現奮鬥目標，他幾十年來一直是堅韌不拔，孜孜以求。

【堅忍不撓】

見「堅忍不拔」。

【堅忍不懈】

見「堅忍不拔」。

【堅韌不拔】

見「堅忍不拔」。

【堅如磐石】

磐石：大而厚的石頭。像大石頭一樣堅固。比喻不可動搖，不可改變。《玉臺新咏．古詩爲焦仲卿作》詩：「君當作磐石，妾當作蒲葦。蒲葦紉如絲，磐石無轉移。」

【堅守不渝】

堅持原則，決不改變。例既定方針，堅守不渝。

【堅臥煙霞】

臥：躺下；煙霞：山間的雲氣。比喻隱逸山林之中，過隱居生活。《儒林外史》三五回：「小弟堅臥煙霞，靜聽好音。」

【堅心守志】

常指封建社會女子堅定不移地恪守不再改嫁的心志。元．岳伯川《鐵拐李》二折：「孔目，你則將息你那病，休胡說，假如有些好歹，我堅心守志。」

【堅貞不屈】

堅貞：堅定，有氣節；屈：屈服。形容保持氣節，絕不屈服。唐．張巡《守睢陽作》詩：「忠信應難敵，堅貞諒不移。」例民族英雄文天祥，抗元失敗後，雖經敵人威脅利誘，始終堅貞不屈。

【堅執不從】

固執己見，不聽從別人意見。元．無名氏《隔江鬥智》一折：「小官勸他且待兵戈稍定，再做商量，爭奈元帥堅執不從。」

【肩膀窄】

比喻能力小，負擔不起。例安裝集團程控電話，費用太高，咱們單位小，肩膀窄，實在安不起。

【肩膀上扛柴火——不知倒順】

柴火：木柴；倒順：順序，規矩或底細，頭緒。比喻對人沒有禮貌；或不了解情況，摸不著頭緒。例這小子肩膀上扛柴火——不知倒順，對長輩和師長也不知道尊敬。

【肩膀頭扛大梁——壓趴架了】

大梁：架在屋架上最高處的一根橫木，也叫正梁或脊檁，一般都比較粗；趴架：塌架。比喻負擔重，勝任不了。例對年青人擔子不能壓得過重，否則，肩膀上扛大梁——壓趴架了，對國家，對他們自己的前途都沒有好處。也作「千斤重擔一肩挑——壓趴了」。

【肩背相望】

肩：肩膀；背：背脊。形容人多擁擠。《清史稿・疇人傳序》：「一時承學之士，蒸蒸向化，肩背相望。」也作「項背相望」。

【肩不能挑，手不能提】

形容不會幹體力活。例他是個學生出身的人，肩不能挑，手不能提，在幹校吃盡了苦頭。也作「肩不能挑擔，手不能提籃」、「肩不能挑，背不能負」。

【肩摩轂擊】

轂：車輪中心的圓木，借指車子。肩摩肩，車碰車。形容行人與車子很多，相互擁擠。《梁書・武帝紀上》：「媒孽跨衖，利盡錐刀，遂使官人之門，肩摩轂擊。」也作「轂擊肩摩」、「擊轂摩肩」、「摩肩擊轂」。

【肩摩踵接】

踵：腳跟。肩挨肩，腳碰腳。形容人多擁擠。郭沫若《革命春秋・創造十年》：「在那電光輝煌的肩摩踵接的上海市上，就好像只有他和我兩個孤零零的人一樣。」也作「摩肩接踵」。

【肩上戴帽子——矮了一頭】

形容低人一等。例你有自己的長處和優點，同別人比較，並不是肩上戴帽子——矮了一頭

【肩上戴帽子——差著一頭呢】

比喻相差懸殊。例在教學質量上，我們同這個學校比較起來，是肩上戴帽子——差著一頭呢。也作「肩上戴帽子——差一頭」。

【艱苦創業】

艱苦奮鬥，開創事業。例我們要繼續發揚艱苦創業的精神。

【艱苦奮鬥】

不怕艱難困苦，進行堅持不懈、英勇頑強的鬥爭。例艱苦奮鬥的精神不丟，我們的事業才能取得大的進步。

【艱苦樸素】

形容吃苦耐勞、勤儉樸實的生活作風。例我們要繼承老一輩艱苦樸素，勤儉節約的優良傳統。

【艱苦卓絕】

卓絕：超出一般，不可比擬。十分艱苦，達到了非凡的程度。清・方苞《刁贈君墓表》：「習齋遭人倫之變，其艱苦卓絕之行，實衆人所難能。」

【艱難竭蹶】

竭蹶：枯竭，指資財匱乏。形容生活十分貧困。例他於艱難竭蹶之中，常存卒歲之想。

【艱難困苦】

重重困難種種痛苦。《歧路燈》八六回：「這日子窮了，受過了艱難困苦，也就漸漸的明白過來。」

【艱難曲折】

各種各樣的困難和波折。例任何新生事物的成長，都要經過一段艱難曲折的道路。

【艱難險阻】

指在前進道路上所遇到的各種艱苦、困難、危險和障礙。《周書・梁御傳論》：「史臣曰：『梁御等負將率之材，蘊驍銳之氣，遭逢喪亂，馳騖干戈，艱難險阻備嘗，而功名未立。』」也作「險阻艱難」。

【艱深晦澀】

形容文章詞句深奧難懂。例這篇論文並不艱深晦澀，寫得還是不錯，較為通俗易懂。

【艱食鮮食】

艱食：由人力艱苦耕作獲得的糧食；鮮食：漁獵獲得的魚蝦鳥獸等。指通過艱辛獲得的五穀和魚鮮等食物。《尚書・益稷》：「暨稷播奏庶艱食鮮食。」

【監臨自盜】

見「監守自盜」。

【監貌辨色】

見「鑑貌辨色」。

【監門之養】

監門：守裏門之人。像把守裏門之人那樣，過節儉的生活。形容生活艱苦。《史記・李斯傳》：「然則夫所貴於有天下者，豈欲苦形勞神，身處逆旅之宿，口食監門之養，手持臣虜之作哉？」

【監市履豨】

監市：市場管理人員；履：鞋，借指踩；豨：ㄒㄧ，豬。《莊子・知北遊》：「正獲之問於監市履豨也，每下愈況。」市場管理人員踩一下豬的腿部便知肥瘦。因以「監市履豨」比喻善於觀察事物。宋・黃庭堅《寄上叔父夷仲》詩：「少年有功翰墨林，中歲作吏幾陸沉。庖丁解牛妙世故，監市履豨知民心。」

【監守自盜】

指盜竊自己所負責經管的公家財物。《歧路燈》九四回：「總之少了穀石，卻無案卷可憑，這就是監守自盜的匱空。」也作「監主自盜」。《舊唐書・楊炎傳》：「杞怒，謫晉衡州司馬，更召他吏繩之，曰：『監主自盜，罪絞』」也作「監臨自盜」。《宋史・薛嗣昌傳》：「監公使庫皇置坐獄，嗣昌奏請之，遂以監臨自盜責安化軍節度副使，安置郢州。」

【監獄門口的匾——後悔遲】

匾：匾額，題字的橫牌，掛在門、牆上邊。舊時監獄門口的匾上常題「後悔遲」的字樣，用以警戒犯人。比喻事到臨頭，就後悔不及了。例當初向

你提出警告，你不以爲然，如今果然出了事故，這眞是監獄門口的匾——後悔遲。

【監主自盜】

見「監守自盜」。

【兼包並蓄】

包：包容，包括。同「兼收並蓄」。郭沫若《稷下黃老學派的批判》：「這樣（『爲我』之說）便能夠兼包並蓄，以成其大。」

【兼程並進】

兼程：一天走兩天的路途。幾方面同時以加倍速度趕路。例爲了搶送救災物資，各路援軍兼程並進。

【兼程而進】

兼程：一天走兩天的路程。以加倍速度不停地趕路。《紅樓夢》一六回：「賈璉這番進京，若按站走時，本該出月到家，因聽見元春喜信，遂晝夜兼程而進，一路俱各平安。」也作「兼程前進」。明・王守仁《奉聞益王助軍餉疏》：「掌印官親自統兵，毋分日夜，兼程前進，期本月十五、十六日俱赴軍門。」

【兼程前進】

見「兼程而進」。

【兼而有之】

兼：所具有的不只一個方面。同時具備或占有幾個方面。《墨子・法儀》：「奚以知天兼而愛之，兼而利之也？以其兼而有之，兼而食之也。」

【兼覆無遺】

兼：全面，所有。原指上天覆蓋萬物，沒有遺漏。後多用於比喻恩澤廣大。《荀子・王制》：「五疾，上收而養之，材而事之，官施而衣食之，兼覆無遺。」

【兼功自厲】

加倍用功，對自己嚴格要求。《後漢書・王丹傳》：「每歲農時，輒載酒餚於田間，候勤者而勞之，其惰懶者恥不致丹，皆兼功自厲。」

【兼年之儲】

兼年：兩年以上。指有兩年以上的儲備。《三國志・魏書・胡質傳》：「廣農積穀，有兼年之儲。」

【兼權熟計】

權：衡量，比較；熟：深入；計：考慮。多方面地衡量比較，反覆地深入考慮。《荀子・不苟》：「見其可欲也，則必前後慮其可惡也者；見其可利也，則必前後慮其可害也者；而兼權之，熟計之，然後定其欲惡取捨。」

【兼人好勝】

指總想超過別人。《兒女英雄傳》一七回：「你看十三妹那俠氣雄心，兼人好勝的一個人。」

【兼人之材】

形容才能超過一般人。《官場現形記》四八回：「一天到晚，忙了東又忙西，就是有兼人之材，恐怕亦辦不了。」

【兼人之量】

指食量極大。例舉重運動員力氣超人，但吃起飯來也有兼人之量。

【兼人之勇】

形容勇敢過人。《隋唐演義》一五回：「欲差官齎禮前去，天下荒亂，盜賊生發，恐中途疏虞；你卻有兼人之勇，可當此任麼？」

【兼容並包】

容：容納；包：包含。把有關方面全都容納和包括進來。也指人的氣度恢弘。《史記・司馬相如傳》：「必將崇論閎議，創業垂統，爲萬世規。故馳騖乎兼容並包，而勤思乎參天貳地。」也作「並包兼容」。

【兼弱攻昧】

兼：並吞；弱：弱小；昧：昏亂。兼並弱小、攻取政治昏亂的國家。《周書・長孫儉傳》：「荊州軍資器械，儲積已久，若大軍西討，必無匱乏之慮。且兼弱攻昧，武之善經。」

【兼善天下】

兼善：都得到好處。謂使天下人都得到好處。《孟子・盡心上》：「窮則獨善其身，達則兼善天下。」

【兼收並容】

見「俱收並蓄」。

【兼收並蓄】

見「俱收並蓄」。

【兼聽則明，偏聽則暗】

明：清楚；暗：糊塗。廣泛聽取意見，才能明智通達；聽信一面之辭，就會昏昧糊塗。《資治通鑑・唐太宗貞觀二年》：「上問魏徵曰：『人主何爲而明，何爲而暗？』對曰：『兼聽則明，偏聽則暗』。」

【兼制生死】

制：掌握。形容權力極大。明・彭大翼《山堂肆考》：「世人不知史官之權重於宰相，宰相能制生人，史官兼制死人。」

【兼資文武】

資：資質。兼有文武兩方面的資質。謂文武全才。《漢書・朱雲傳》：「平陵朱雲，兼資文武。」

【漸仁摩義】

漸：浸潤，漸染；摩：摩擦，接觸。《漢書・董仲舒傳》：「漸民以仁，摩民以誼（義），節民以禮。」後以「漸仁摩義」謂使人們慢慢接受仁義的教化。

【緘口不言】

緘口：閉口。閉住嘴巴，不說話。《明史・何遵傳》：「正德間，給事、御史挾勢凌人，趨權擇便，凡朝廷大闕失，羣臣大奸惡，緘口不言。」

【緘口藏舌】

猶「緘口結舌」。元・宮大用《死生交范張雞黍》二折：「如今那蕭丞相爭頭鼓腦，便有那魯諸生也索緘口藏舌。」

【緘口結舌】

緊閉著嘴不敢言語。魯迅《墳・文化偏至論》：「聰明英特之士，雖摘發新理，懷抱新見，而束於教令，胥緘口結舌而不敢言。」也作「鉗口結舌」、「箝口結舌」。

【緘口如瓶】

嘴巴像瓶口被塞住了一樣。形容嚴守秘密。《羣音類選〈無名氏・閨怨〉》：「想你掩耳偷鈴，為你緘口如瓶。」也作「守口如瓶」。

【緘舌閉口】

緘舌：舌頭不能動；閉口：封住嘴巴。指說不出話來。元・元文苑《一枝花・為玉葉兒作》：「別看人苫眼鋪眉，笑自己緘舌閉口。」

【蒹葭伊人】

蒹葭：蘆葦；伊人：那個人。《詩經・秦風・蒹葭》：「蒹葭蒼蒼，白露為霜。所謂伊人，在水一方。」本指尋求的那個戀人。後泛指思念非常嚮慕而不曾見過面的人，明・徐世溥《寄侍御李匡山先生書》：「奉教忽焉經歲，蒹葭伊人，自是朋輩相懷，終以一水為恨；若不肖於先生，直高山仰止耳。」

【蒹葭倚玉】

蒹葭：沒有長穗的蘆葦；玉：玉樹，傳說中的仙樹。蘆葦靠在玉樹旁。比喻兩個品貌高下懸殊，極不相稱的人在一起。南朝宋・劉義慶《世說新語・容止》：「魏明帝使後弟毛曾與夏侯玄共坐，時人謂蒹葭倚玉樹。」後簡作「蒹葭倚玉」。《二刻拍案驚奇》卷一七：「今幸結此良緣，蒹葭倚玉，惶恐惶恐。」

【蒹葭之思】

《詩經・秦風・蒹葭》：「蒹葭蒼蒼，白露為霜。所謂伊人，在水一方。」詩中借蒹葭起興，表現一種懷人情緒，後以「蒹葭之思」表示對人的懷念，常用作書信中的套語。

【湔腸伐胃】

湔：洗；伐：整理。洗淨整理腸胃。比喻茅塞頓開，像換了一套新的器官一樣，由原來的愚鈍一下子變得聰明了。《聊齋志異・陸判》：「湔腸伐胃，受賜已多。尚有一事相煩，不知可否？」

【煎餅吃不了——貪（攤）多了】

貪：「攤」的諧音。雙關語。比喻追求的數量很多。例我們最大的教訓是煎餅吃不了——貪（攤）多了，嚴重忽視了質量，生產出的東西多半是廢品，消費者拒絕購買，使工廠陷入絕境。

【煎膏炊骨】

煎炸肉脂，焚燒骨頭。比喻殘酷的壓榨。明・王世貞《鳴鳳記・鄢趙爭寵》：「監司昨日興常例，煎膏炊骨民無計。」

【煎過三遍的藥——該倒了】

比喻已無價值或失去了作用，不再需要了。例事業已興旺發達了，我們這些始作俑者，好似煎過三遍的藥——該倒了。

【煎水作冰】

想把冷水煎煮成冰。比喻行動和目的相反。《三國志・魏書・高堂隆傳》：「以若所為，求若所致，猶緣木求魚，煎水作冰，其不可得，明矣。」

【煎鹽疊雪】

煎鹽：再加工而成的白色精鹽；疊雪：一層一層的白雪。像潔白的鹽和雪。形容奔騰翻滾的浪花。《儒林外史》四三回：「這日將到大姑塘，風色大作……那江裏的白頭浪茫茫一片，就如煎鹽疊雪的一般。」

【韃櫜干戈】

韃櫜（ㄍㄠ）：藏箭和弓的器具，引申為收藏。謂收起兵刃，平息戰亂。唐・元稹《對才識兼茂明於體用策》：「昔我高祖武皇帝撥去亂政，我太宗文皇帝韃櫜干戈。」

ㄐㄧㄢˇ

【繭絲牛毛】

繭絲：繭中抽出的絲。形容非常細密。清・黃宗羲《答萬充宗質疑書》：「吾兄經術，繭絲牛毛，用心如此，不僅當今無與絕塵，即在先儒，亦豈易得！」

【揀佛燒香】

揀：挑選。按著佛的大小燒不同的香。比喻因人而異，給予不同的待遇。明・吳炳《療妒羹・遊湖》：「青娘可謂揀佛燒香矣。」也作「擇佛燒香」。

【揀精揀肥】

見「揀精擇肥」。

【揀精擇肥】

揀：挑選；精：瘦肉；肥：肥肉。比喻苛刻地挑選。清・李漁《風箏誤・糊鷂》：「又不要他花錢費鈔，他偏會得揀精擇肥。」也作「揀精揀肥」。《儒林外史》二七回：「像娘這樣費心，還不討他說個是，只要揀精揀肥，我也犯不著要效他這個勞。」

【揀了芝麻，丟了西瓜——因小失大】

比喻因貪圖小利而造成重大的損失。例這個一向精於算計的人，這次可是揀了芝麻，丟了西瓜——因小失大。也作「殺雞取蛋——因小失大」、「金彈打麻雀——因小失大」。

【揀麥穗打火燒——乾賺】

打火燒：做燒餅。比喻不花本，淨得利。例你既不投資，也不出力，想在這次買賣中揀麥穗打火燒——乾賺，鄉親們是不會贊同的。

【揀便宜】

比喻不花力氣或代價而得到利益。例這不是你準備搞的課題嗎？怎麼叫他揀便宜，當成了他的成果。

【揀日不如撞日】

揀：挑選。挑選一個好日子，不如隨便碰上一個日子來得方便。《何典》一回：「形若鬼道：『且待你逢好日子出門時，我來奉陪不遲。』活鬼：『揀日不如撞日，就是明日便了。』」

【儉存奢失】

節儉能得以生存，奢侈必然衰亡。唐・白居易《新樂府・杏為梁》：「儉存奢失今在目，安用高牆圍大屋。」

【儉故能廣】

廣：宏大，指富足。平時善於節儉，日子越過越富裕。《老子》六十七章：「慈故能勇，儉故能廣。」

【儉可養廉】

見「儉可助廉」。

【儉可助廉】

節儉可以培養廉潔的美德。《宋史·范純仁傳》：「惟儉可以助廉，惟恕可以成德。」也作「儉可養廉」。明·周順昌《第後柬德升諸兄弟》：「又謂惟淡可以從儉，惟儉可以養廉。」

【儉以養德】

生活上的節儉可以培養思想上公正廉潔的作風。例儉以養德，我們幹部一定要繼承和發揚戰爭年代艱苦樸素的優良傳統。

【撿破爛】

原指撿拾別人扔掉的廢舊物品。比喻接受別人挑剩下的人或物。例做妹妹眞吃虧，老是撿破爛，穿姐姐的舊衣服。

【撿洋撈】

原指拾取外國人不要的東西。①比喻意外收獲。例我今天在小攤上買了個小玩意兒，回家細看，竟是一個小古董，這下叫我撿洋撈了！②比喻拾取別人丟棄的東西。例你這些書全不要啦？讓我挑挑，撿撿洋撈行嗎？

【撿芝麻，丟西瓜】

比喻抓了小的，丟掉大的。李英儒《野火春風鬥古城》七章一：「萬一耽誤了他的事，撿芝麻，丟西瓜更不合算。」

【剪不斷，理還亂】

想剪斷它，卻剪不斷；整理它，還是亂。比喻情絲愁結縈繞心頭，無法排解。也比喻問題難以解決。五代·李煜《烏夜啼》詞：「剪不斷，理還亂，是離愁，別是一般滋味在心頭。」陳祖芬《經濟和人》：「也有人否認它的存在，想剪斷和它的一切聯繫，結果是剪不斷，理還亂。」

【剪草除根】

剪草：割草。除草要除根，使草不能再生。《左傳·隱公六年》：「爲國家者，見惡如農夫之務去草焉，芟夷蘊崇之，絕其本根，勿使能殖，則善者信矣。」因以「剪草除根」比喻徹底除去禍根，以免後患。元·無名氏《賺蒯通》三折：「此人與韓信最是契交，必須一併殺害，方才剪草除根。」也作「翦草除根」。北齊·魏發《爲侯景叛移梁朝文》：「抽薪止沸，翦草除根。」也作「斬草除根」。

【剪惡除奸】

惡、奸：邪惡，指壞人壞事。鏟除邪惡和奸惡。《七俠五義》六〇回：「似你我行俠尚義，理應濟困扶危，剪惡除奸。」

【剪髮披緇】

剪掉頭髮，披上黑色僧衣。謂出家爲僧。唐·蔣防《霍小玉傳》：「妾便捨棄人事，剪髮披緇，夙昔之願，於此畢矣。」

【剪開個鷺鷥貼在眼上——滿眼都是私（絲）】

見「秋後的絲瓜——滿肚子私（絲）」。

【剪毛山羊遭雨淋——渾身打哆嗦】

見「黃鼠狼抽了筋——渾身打哆嗦」。

【剪鬚和藥】

《新唐書·李勣傳》：「勣既忠力，帝謂可托大事，嘗暴疾，醫曰：『用鬚灰可治。』帝乃自剪鬚以和藥，及瘉入謝，頓首流血。帝曰：『吾爲社稷計，何謝爲！』」比喻爲上者關心體恤下屬。

【剪枝竭流】

剪斷樹的分岔，竭涸河的支流。比喻沒有從根本上解決問題。《魏書·高閭傳》：「堰水先塞其源，伐木必拔其本，源不塞，本不拔，雖剪枝竭流，終不可絕矣。」

【剪燭西窗】

唐·李商隱《夜雨寄北》詩：「何當共剪西窗燭，卻話巴山夜雨時。」原意思念遠方的妻子，盼望相聚夜語。後泛指親友相聚暢談。《聊齋志異·連瑣》：「今視之殆如夢寐，與談詩文，慧黠可愛。剪燭西窗，如得良友。」也作「西窗剪燭」。

【減衣節食】

猶「節衣縮食」。例父親病倒後，生活陷於困境，全家人減衣節食也難以維持。

【簡斷編殘】

形容書籍磨損殘破的樣子。宋·陸游《冬夜讀書示子聿》：「簡斷編殘字欲無，吾兒不負乃翁書。」也作「斷簡殘編」。

【簡截了當】

形容說話、行文清楚明白，沒有多餘的話。朱自清《論通俗化》：「描寫差不多沒有，偶然有，也只就那農村生活裏取喻，簡截了當，可是新鮮有味。」

【簡練揣摩】

簡：揀，選擇；練：練習；揣：思索，揣度；摩：研究探討。指在技藝上多方鑽研，刻苦磨練。清·黃宗羲《柳敬亭傳》：「敬亭退而凝神定氣，簡練揣摩。」

【簡明扼要】

形容說話、寫文章簡單明瞭，能抓住要點。例他寫人物栩栩如生；寫事件簡明扼要，生動活潑。

【簡能而任之，擇善而從之】

簡：選擇。選擇有才能的人加以任用，擇取正確的意見照著實行。唐·魏徵《諫太宗十思疏》：「簡能而任之，擇善而從之，則智者盡其謀，勇者竭其力，仁者播其惠，信者效其忠。」

【簡要不煩】

抓住要領，不瑣碎累贅。例這篇論文寫得簡要不煩，並很有哲理。

【簡在帝心】

指被皇帝所瞭解的人。《官場現形記》二四回：「他老大人官聲甚好，早已簡在帝心，將在潤翁引見之後，指日就要放缺的。」

【翦草除根】

見「剪草除根」。

【蹇諤之風】

敢於直言，毫無忌諱的作風。《晉書·王雅傳論》：「史臣曰：『爰在中興，玄風滋扇，溺王綱於拱默，撓圓步於清虛，骨鯁蹇諤之風蓋亦微矣。』」也作「謇諤之風」。《晉書·裴秀傳》：「騫素無謇諤之風，然與帝語傲。」

【蹇蹇諤諤】

見「謇謇諤諤」。

【蹇人上天】

蹇人：跛子。《後漢書·五行志一》：「王莽末，天水童謠曰：『出吳門，望緹羣，見一蹇人，言欲上天。令天可上，地上安得民。』時隗囂初起兵於天水，後意稍廣，欲爲天子，遂破滅。囂少病蹇。」後以「蹇人上天」比喻不可能實現的事情。《梁書·武帝紀上》：「始安欲爲趙倫，形跡已見，蹇人上天，信無此理。」

【謇諤自負】

謇諤：正直敢言；自負：自以爲了不起。正直敢言而態度驕傲。《明史·夏言傳》：「性警敏，善屬文。及居言路，謇諤自負。」

【謇諤之風】

見「蹇諤自負」。

【謇謇諤諤】

謇謇：正直、忠貞的樣子；諤諤：ㄜˋ ㄜˋ，直言敢辯的樣子。形容人忠正不阿、伏義直言。清·汪琬《廣西巡撫右副都御史郝公墓志銘》：「顯允郝公，謇謇諤諤。迅擊亂臣，如鸇如鶚。」也作「蹇蹇諤諤」。蹇蹇：同「謇謇」。宋·楊萬里《浯溪賦》：「欻兩峯之際天，儼離立而不倚……其一蹇蹇諤諤，毅然若忠臣之蹈鼎鑊也。」

【劗髮文身】

劗：剪。見「斷髮文身」。

ㄐㄧㄢˋ

【見鞍思馬】

看到馬鞍就想起馬。比喻見物思人。《初刻拍案驚奇》卷一九：「[小娥]看見舊時船中掠去錦繡衣服、寶玩器皿等物，都在申蘭家裏。正是：見鞍思馬，睹物傷情。」

【見不盡者天下之事，讀不盡者天下之書，參不盡者天下之理】

參：檢驗。比喻人的認識永無止境。例古人說：「見不盡者天下之事，讀不盡者天下之書，參不盡者天下之理。」我們對世界的認識，永遠沒有終結的時候，所以要活到老，學到老。

【見財起意】

看見別人的錢財，就起了歹心。元·無名氏《朱砂擔》四折：「剛道個一聲兒惡人迴避，早激的他惡噥噥鬧是非，那裏也見財起意。」

【見出知入】

比喻見其發端，可以判斷其趨向。《列子·說符》：「聖人見出以知入，觀往以知來。」

【見雌雄】

指分高低、上下。例甲、乙兩隊，將在冠軍賽上見雌雄。

【見彈求鴞】

見「見彈求鴞炙」。

【見彈求鴞炙】

只要看到彈丸，就想到烤鳥肉。比喻對事情的考慮過早。《莊子·齊物論》：「且汝亦大早計，見卵而求時夜，見彈而求鴞炙。」也作「見彈求鴞」。清·顧炎武《答原一公肅兩甥書》：「因罽覓菟，見彈求鴞。」

【見到鬍子就是爹——不辨眞假】

比喻分不清眞的和假的。例大春是個糊塗人。見到鬍子就是爹——不辨眞假，讓他擔任採購任務容易上當受騙。也作「戲台上打架——不辨眞假」。

【見德思齊】

見「見賢思齊」。

【見毒蛇就打，遇狐狸就抓——爲民除害】

指替老百姓清除禍害。例他雖然是一介平民，可是見毒蛇就打，遇狐狸就抓——爲民除害的事跡不少，頗有中國古代俠客之風。

【見多識廣】

形容閱歷深，經驗豐富。《官場現形記》一四回：「到底他是老州縣，見多識廣，早有成竹在胸。」

【見風使舵】

見「見風使帆」。

【見風使帆】

看風向轉動帆蓬。比喻爲人圓滑，能隨機應變。《官場現形記》一九回：「幸喜寫了憑據的二萬頭，中丞已允，卸了我的干係。別事見風使帆，再作道理。」也作「見風轉蓬」。茅盾《子夜》八回：「那也不是眞心替我們辦事，還是見風轉蓬的自私，我有錢不給這等人！」也作「見風轉舵」。茅盾《腐蝕》：「萬一上面再傳我問話的時候，我也好見風轉舵，別再那麼一股死心眼兒賣傻勁！」也作「見風使舵」。朱自清《論且顧眼前》：「誰都貪圖近便，貪圖速成，他們也就見風使舵，凡事一混了之。」

【見風是雨】

才看到刮風，就認爲要下雨。比喻只看到一點跡象，就輕率地信以爲眞。例他處理問題往往見風是雨，不進行周密調查，所以總把事情辦糟。

【見風轉舵】

見「見風使帆」。

【見風轉蓬】
見「見風使帆」。
【見縫插針】
比喻抓緊時機，盡量利用一切可以利用的時間和空間。例他利用業餘時間，見縫插針，把曠的課補上了。
【見縫下蛆】
比喻一有空子就破壞搗亂，製造矛盾、埋下禍根。例我們要加强團結，防止敵人見縫下蛆。
【見高就拜，見低就踩——勢利眼】
見「看人下菜碟——勢利眼」。
【見怪不怪】
遇到怪異的事物或現象，而不以爲奇怪。指應採取鎮定不驚的態度對待之。多與「其怪自壞」、「其怪自敗」連用。《平妖傳》三回：「此必山魈野魅所爲。常言道：其怪自壞。莫睬便了。」《紅樓夢》九四回：「賈政道：『見怪不怪，其怪自敗。』不用砍他，隨他去就是了。」
【見官三分災】
舊謂老百姓被傳到官府，多半要倒霉。例封建時代，老百姓最怕見官，有兩句俗話說得好：「見官如見虎」、「見官三分災」。
【見慣不驚】
指某事常見，就不覺得驚奇了。朱自清《笑的歷史》：「但婆婆勤過我兩回，我到底不曾都改了；他們見慣不驚，也就只好由我了。」
【見慣司空】
形容經常看到，不足爲奇。清・孔尚任《桃花扇・媚座》：「妙部新奇，見慣司空自品題。」也作「**司空見慣**」。
【見虎一毛，不知其斑】
斑：斑紋。只看見老虎的一根毛，不知道牠的斑紋是什麼樣子。比喻只見樹木，不見森林。例你剛知道一點點情況，就以爲掌握了全局，豈不是「見虎一毛，不知其斑」。
【見虎一文，不知其武；見驥一毛，不知善走】
文：花紋；武：威武。只看到虎身上的一道花紋，不知道牠的勇猛；只見到駿馬身上的一根毫毛，無法了解牠一日能行千里。比喻對事物如果只有點滴了解，就不能作出正確的判斷。《淮南子・說林訓》：「見虎一文，不知其武；見驥一毛，不知善走。水蠆爲蟌，孑孓爲蚊，兔齧爲蟹。」
【見幾而作】
幾：指事物細微的動向。察覺到事物細微的動向，就抓緊時機採取行動。宋・張表臣《珊瑚鉤詩話》卷三：「天寶十三載，先生始得官，時上荒淫，天下且亂，故有虞舜之思，周滿之戒，且嘆識者見幾而作，吾人懷祿未決也。」
【見機而行】
見「見機而作」。
【見機而作】
機：時機，機會；作：行動。見到適當的時機，立即行動。《周書・齊煬王憲傳》：「兵者詭道，去留不定，見機而作，不得遵常。」也作「**見機而行**」。《說岳全傳》四九回：「元帥喚過張保來吩咐道：『你可獨自前去，見機而行。倘有意外之變，可將流星放起，自有救應。』」也作「**見機行事**」。《紅樓夢》三二回：「因而悄悄走來，見機行事，以察二人之意。」
【見機行事】
見「見機而作」。
【見雞而捉，見鴨擒腦殼——見事做事】
腦殼：〈方〉頭。稱讚人勤勞。含有能幹的意思。例這個小青年，見雞而捉，見鴨擒腦殼——見事做事，大家都喜歡他。
【見驥一毛】
驥：好馬。比喻只知道事物的局部，無法判斷全局情況。《淮南子・說林訓》：「見虎一文，不知其武；見驥一毛，不知善走。」
【見見聞聞】
看所能看到的，聽所能聽到的。形容看與聽都能得到滿足。《莊子・則陽》：「舊國舊都，望之暢然，雖使丘陵草木之緡，入之者十九，猶之暢然，況見見聞聞者也。」
【見景生情】
看見眼前的景象而引起某種感觸。元・無名氏《鄭月蓮秋夜雲窗夢》三折：「臨風對月，見景生情。」後也指隨機應變。《鏡花緣》三二回：「海外賣貨，怎肯預先開價，須看他缺了那様，俺就那様貴，臨時見景生情，卻是俺們飄洋討巧處。」
【見可而進，知難而退】
可：許可，允許。謂見機行事。《左傳・宣公十二年》：「見可而進，知難而退，軍之善政也。」
【見了蒼蠅都想扯條腿——貪得無厭】
也作「**見了蒼蠅都想扯條腿——貪心不足**」。見「當了皇帝想成仙——貪心不足」。
【見了面，分一半】
熟人見面，有吃的東西要各分一半。例我們按照俗話說的「見了面，分一半」，不客氣地吃吧！
【見了霜的叫蟈蟈——快完啦】
叫蟈蟈：即蟈蟈兒，昆蟲，身體綠色或褐色，腹部大，翅膀短，善於跳躍，雄的前翅有發音器，能發出清脆的聲音。下了霜以後的蟈蟈，生命就快結束了。比喻延續不了多久。例我們這輛破汽車，好像見了霜的叫蟈蟈——快完啦，說不定哪天拋錨在途中，還得靠人來推它呢！
【見了壽衣也想要——貪心鬼】
壽衣：裝殮死人的衣服。指貪得無厭的人。例你說他是大公無私的人？這完全錯了，實際上是見了壽衣也想要——貪心鬼。也作「**躺在棺材裏想金條——貪心鬼**」。

【見了王母娘娘喊岳母——想娶個天仙女】
王母娘娘：西王母的通稱。中國古代神話中的女神，住在崑崙山的瑤池，她園子裏種有蟠桃，人吃了能長生不老；岳母：妻子的母親。比喻想娶個美麗非凡的妻子。例你挑來選去，哪一個也不中意，是不是見了王母娘娘喊岳母——想娶個天仙女！

【見了王母娘娘叫大姑——攀高親】
比喻巴結比自己地位高和富有的人。例他想擠入上流社會，總是見了王母娘娘叫大姑——攀高親，哪裏看得起咱們這些無錢無勢的老百姓。

【見了蚊子就拔劍——大驚小怪】
形容過分驚慌或詫異。例何必見了蚊子就拔劍——大驚小怪呢！這不過是孩子在做軍事遊戲罷了。也作「踩著麻繩當毒蛇——大驚小怪」、「螢火蟲當月亮——大驚小怪」。

【見了岳母叫大嫂——昏了頭】
見「背仔找仔——昏了頭」。

【見了岳母叫大嫂——亂了輩分】
比喻不分老少，沒大沒小。例他自幼缺乏家教，不懂得尊敬長輩和師長，見了岳母叫大嫂——亂了輩分的事時有發生。

【見了岳母叫大嫂——沒話拉呱話】
拉呱：閒談，閒扯。比喻沒話找話。例為了穩住那個老狐狸，小三子見了岳母叫大嫂——沒話拉呱話，天南海北，上下古今，一談就是兩三個鐘頭，警員早已埋伏四面了。也作「見了丈母娘叫大嫂子——沒話答拉話」。

【見利思義，見危授命】
看到利益便想到道義，遇到危險肯付出生命。《論語・憲問》：「子路問成人。子曰：『若臧武仲之知，公綽之不欲，卞莊子之勇，冉求之藝，文之以禮樂，亦可以為成人矣。』曰：『今之成人者何必然？見利思義，見危授命，久要不忘平生之言，亦可以為成人矣。』」

【見利忘義】
見到有利可圖，就忘掉了道義。《三國演義》三回：「某與呂布同鄉，知其勇而無謀，見利忘義。」

【見獵心喜】
喜歡打獵的人，只要看見別人在打獵，就動心，總想試一試。宋・程顥、程頤《二程全書・遺書七》：「明道（程顥）年十六七時，好田獵，十二年，暮歸，在田野間見田獵者，不覺有喜心。」後以「見獵心喜」比喻舊習難忘，觸其所好，便躍躍欲試。清・梁紹壬《兩般秋雨庵隨筆・陶篁村》：「乾隆甲寅，春田以新補弟子員入場，先生見獵心喜，意欲重攜鉛槧。」

【見卵而求時夜】
時夜：即夜間報時，指雞鳴。見了雞蛋即希求蛋化為雞，司晨報曉。比喻求之過早，希望離現實過遠。《莊子・齊物論》：「長梧子曰：『汝亦大早計，見卵而求時夜，見彈而求鴞炙。』」

【見貌辨色】
見「鑑貌辨色」。

【見苗就有三分收】
種莊稼能抓住秧苗，就能保住幾分收成。例「見苗就有三分收」，當然不錯，但如不加强田間管理，收成也仍然有問題。

【見溺不救】
溺：落水者。看見有人落水而不去救援。指看到他人面臨危難而不去幫助。唐・皇甫枚《王知古》：「夫人傳語：『主與小子，皆不在家，於禮無延客之道，然僻居於山藪接軫，豺狼所嗥，若固相拒，是見溺不救也。請舍外廳，翌日可去。』」也作「見死不救」。《文明小史》一三回：「我受了上帝的囑咐，怎麼可以見死不救呢？」

【見貧休笑富休誇，誰是長貧久富家】
謂貧與富不是永遠不變的。元・王實甫《破窰記》一折：「我輩今日之貧，豈知他日不富。爾等今日之富，安知他日不貧乎？古語有云：見貧休笑富休誇，誰是長貧久富家。」

【見棄於人】
被別人遺棄。例她早年喪母，中年又見棄於人，人間之不幸倍嘗矣。

【見錢如命】
愛惜錢財如同生命一樣。形容極為吝嗇。《兒女英雄傳》四回：「那傻狗本是個見錢如命的糊塗東西。」也作「愛財如命」。

【見錢眼紅】
見「見錢眼開」。

【見錢眼開】
看見錢財就眉開眼笑。形容貪財愛錢。《老殘遊記》一八回：「老哥沒有送過人的錢，何以上台也會契重你？可見天下人不全是見錢眼開的喲。」也作「見錢眼紅」。《鏡花緣》五八回：「其中最易辨的，就是那雙賊眼；因他見錢眼紅，所以易辨。」

【見牆睹羹】
《後漢書・李固傳》：「昔堯殂之後，舜仰慕三年，坐則見堯於牆，食則睹堯於羹。」後用「見牆睹羹」比喻對先賢不忘的感情。

【見雀張羅】
羅：捕鳥的網。比喻設圈套使人上當。《紅梨記・踏月》：「則怕他指山賣磨，見雀張羅，滿口兒如蜜缽，心如逝波。」

【見人說人話，見鬼說鬼話】
指圓滑世故，能隨機應變地同各種人打交道。李英儒《野火春風鬥古城》四章二：「金環作為地下工作的交通員，登山渡水，登城上府，跨封溝鑽炮樓，來往穿梭，出生入死，廢寢忘食，見人說人話，見鬼說鬼話，她是多麼不容易喲！」

【見人下菜碟】

形容為人勢利，欺下媚上。例有一種人，待人接物完全以對方的地位高低作為依據，對上唯唯諾諾，對下頤指氣使，一幅「見人下菜碟」的醜樣。

【見仁見智】

指對待同一問題，其見解因人而異，各有道理。《周易·繫辭上》：「仁者見之謂之仁，知（智）者見之謂之知（智）。」朱自清《燕知草序》：「至於這種名士風是好是壞，合時宜不合時宜，要看你如何著眼；所謂見仁見智，各有不同。」也作「見智見仁」。清·紀昀《閱微草堂筆記·灤陽消夏錄六》：「《易》道廣大，無所不包，見智見仁，理原一貫。」

【見啥菩薩念啥經——到哪說哪】

菩薩：泛指佛和某些神；經：佛教經典。比喻根據不同的情況，採取不同的對策。例不用做準備，見啥菩薩念啥經》——到哪說哪，到時再想辦法好了。也作「上山砍柴，過河脫鞋——到哪說哪」。

【見善若驚】

看到好人好事就像受驚一樣激動。意謂極力向善看齊。《三國演義》二三回：「忠果正直，志懷霜雪；見善若驚，嫉惡如仇。」也作「見善若渴」。唐·韓愈《舉張正甫自代狀尚書兵部》：「嫉惡如仇讎，見善若饑渴。」

【見善若渴】

見「見善若驚」。

【見善則遷，有過則改】

見到別人有好的品行，就學習；自己有了過錯，就改正。指能正確對待別人和自己，學習好的，改正錯的。例我們不能嫉人之長，護己之短，而應該「見善則遷，有過則改」。

【見蛇不打三分罪】

比喻見到壞人不檢舉，就有罪責。羅旋《南國烽煙》一部一回：「他暗暗想道：『是這樣逃去呢，還是懲罰一下敵人再走？『見蛇不打三分罪』，幹他一傢伙再走也不遲！』」

【見神見鬼】

形容疑心病重，毫無根據地胡亂猜想。《水滸全傳》三九回：「叵耐那廝見神見鬼，白日把鳥廟門關上。」也作「疑神疑鬼」。

【見食不搶，到老不長】

搶：搶奪，爭先。看見現成飯不爭著吃，一輩子長不壯。謂吃飯不必推讓，得吃就吃。明·周履靖《錦生箋》五齣：「[丑]小弟不該。也罷，常言道：『見食不搶，到老不長』。若固辭，似不流利了，叨擾了。」也比喻見了錢財就動心。《醉醒石》一一回：「已兩年進士，一年推官，只得這樣。見食不搶，到老不長，任你仔麼，我只要這宗銀子。」

【見世面】

世面：社會上各個方面的情況。比喻在外面經歷各種事情，長見識。例讓學生暑假出去打工，多見見世面，增長知識與才幹。

【見事風生】

形容遇事處理得果斷迅速。《漢書·趙廣漢傳》：「見事風生，無所迴避。」

【見勢不妙】

看到勢頭不好，情況對自己不利。例見勢不妙，他趕緊溜了。

【見死不救】

見「見溺不救」。

【見似目懼】

見到類似的東西而產生恐懼的心態。《禮記·曲禮》：「見似目瞿（懼），聞名心瞿（懼），有所感觸，惻愴心眼。」

【見所未見】

見到了從未見過的事物。形容事物很奇特。《文明小史》一五回：「于世路上一切事情，都是見所未見，聽了這個，甚是稀奇。」

【見所未見，聞所未聞】

從來沒有看見過、聽見過。《前漢通俗演義》五回：「臣想從古到今，帝王雖多，要像陛下的威德，實是見所未見，聞所未聞。」

【見台階就下】

比喻碰到機會，不可錯過。老舍《四世同堂·惶惑》六：「小崔也知道自己得罪了兩個——冠先生和大赤包——照顧主兒，那麼，既得到桐芳的同情與照應，也該見台階就下。」

【見天日】

比喻脫離黑暗、災難。例人在逆境中千萬不可氣餒，黑夜再長也有天亮的時候，相信咱們總有見天日的時候。

【見兔放鷹】

看見兔子才放鷹。比喻不見實利決不行動。《石點頭》卷一二：「當今世情，何人不趨炎附勢，見兔放鷹，誰肯結交窮秀才。」

【見兔顧犬】

顧：回頭看。看見野兔，再回頭喚狗去追。比喻事情雖緊急，如果及時想辦法還來得及。《戰國策·楚策四》：「見兔而顧犬，未為晚也；亡羊而補牢，未為遲也。」

【見橐駝謂馬腫背】

橐駝：駱駝；看見駱駝認為是馬的背腫了。比喻少見多怪，不懂裝懂。《聊齋志異·唐夢賚序》：「諺有之云：『見橐駝謂馬腫背』。此言雖小，可以喻大矣。夫人於目所見者為有，所不見者為無。曰：此其常也；倏有而倏無則怪之。」

【見危授命】

授命：獻出生命。在危難當頭的時候不惜付出自己的生命。《論語·憲問》：「見利思義，見危授命。」也作「見危致命」。宋·蘇東坡《謝除侍讀表》：「臣敢不溫故知新，有司之職；見危致命，更輸異日之忠。」

【見危致命】

見「見危授命」。

【見微知萌】
微：小；萌：萌發。見到微小的一點苗頭，就能知道事情的實質和發展的趨勢。《韓非子·說林上》：「聖人見微而知萌，見端以知末，故見象箸而怖，知天下不足也。」也作「見微知著」。漢·班固《白虎通義·情性節》：「智者知也，獨見前聞，不惑於事，見微而知著也。」

【見微知著】
見「見微知萌」。

【見物思人】
看到與某人有關的東西，就想起這個人來。《古今小說》卷一：「樓上細軟箱籠，大小共十六隻，寫三十二條封皮，打叉封了，更不開動……見物思人，何忍開看。」也作「睹物思人」。

【見惡，如農夫之務去草焉】
見到醜惡的事情，要像農夫除草那樣堅決果斷地鏟除掉。《左傳·隱公六年》：「《商書》曰：『……』周任有言曰：『為國家者，見惡，如農夫之務去草焉，芟夷蘊崇之，絕其本根，勿使能殖，則善者信矣。』」

【見賢不隱】
指不埋沒有才能、有道德的人。漢·桓寬《鹽鐵論·刺權》：「見賢不隱，食祿不專，此公叔之所以為文，魏成子所以為賢也。」

【見賢思齊】
見到有才能、有道德的人，就想要趕上他。晉·常璩《華陽國志·南中志》：「知足天下追踵古人，見賢思齊。」也作「見德思齊」。《隋書·李德林傳》：「有教無類，童子羞於霸功；見德思齊，狂夫成于聖業。」

【見賢思齊焉，見不賢而內省也】
齊：學習，趕上；省：檢查，反省。看到賢士美德就想到與之看齊；看到壞人惡習就反省自己，引以為戒。《論語·里仁》：「子曰：『見賢思齊焉，見不賢而內自省也。』」

【見笑大方】
見笑：被人譏笑；大方：指學識淵博或有某種專長的人。比喻被內行人所譏笑。《莊子·秋水》載：河伯以江河之大而驕傲，後來看到浩瀚無邊的大海，才嘆息曰：「今我睹子之難窮也，吾非至於子之門，則殆矣！吾長見笑於大方之家。」也作「貽笑大方」。

【見性成佛】
禪宗認為只要能見識到自己的本心本性，就可以成佛。《續傳燈錄·令滔首座》：「潭因問：『祖師西來單傳心印直指人心，見性成佛，子作麼生會？』師曰：『某甲不會。』」

【見性明心】
佛教用語。指態度虔誠，即可恢復，顯現人們因私念而迷失了的本心與「佛性」。《西遊記》二回：「但到了五百年後，天降雷災打你，需要見性明心，預先躲避。」也作「明心見性」。

【見閻王】
閻王：佛教傳說中主管陰曹地府的神。婉語稱死亡。例你們別逼我了，乾脆送我去見閻王吧！反正你們要的情報我不知道。

【見陽光】
比喻把見不得人的言行說出來，讓大家知道。例你那些陰暗的思想，該見陽光了，不然一輩子也改不了。

【見堯於牆】
堯：傳說中的上古帝王。《後漢書·李固傳》：「昔堯殂之後，舜仰慕三年，坐則見堯於牆，食則睹堯於羹。」後以「見堯於牆」比喻思慕之極，念念不忘。

【見噎廢食】
噎：ㄧㄝ，食物卡在喉嚨裏；廢：停止。怕吃飯卡了喉嚨，就不再吃飯。比喻偶然受到一次挫折，或在某方面出了一點小問題，就索性不幹了。清·李漁《閒情偶寄·種植》：「人皆畏凍而漏水不澆，是以枯死，此見噎廢食之法，有避嘔逆而經時絕粒，其人尚存者乎？」也作「因噎廢食」。

【見一半，不見一半】
謂睜一隻眼，閉一隻眼。例他兒子幹的事他不知道，那才叫怪，不過是採取「見一半，不見一半」的態度罷了。

【見一葉落而知歲之將暮】
看見一片樹葉凋落，就知道一年快到盡頭。比喻能由小而見大，由細微的跡象而看到事物的發展趨向和變化。華琪《說理的藝術》：「小中見大，選『點』須有代表性。《淮南子·說山訓》中說：『見一葉落而知歲之將暮。』」

【見義不為無勇也】
指不能見義勇為就是懦夫。《石點頭》卷六：「在下收留此女，見他有些志氣，愛護勝於親生。方欲與他擇配，不道三位先生有此義舉。自古道見義不為無勇也，在下當薄治妝奩，以嫁此女。」

【見義勇為】
看到正義的事，就奮勇地去做。《東周列國志》一四回：「見義勇為真漢子，莫將成敗論英雄。」

【見異思遷】
遷：變動，改變。看到別的事物就想改變原來的主意。指意志不堅定，喜愛不專一。清·黃小配《大馬扁》七回：「因此滿胸抑鬱，終不免宗旨不定。見異思遷，是個自然的道理。」

【見著禿子不講瘡，見著瞎子不講光】
謂對人要有禮貌，不當面談論人家的生理缺陷。例「見著禿子不講瘡，見著瞎子不講光」，這是尊重人的一種美德。

【見著先生說書，見著屠夫說豬】
謂見什麼人說什麼話，投其所好。例他就是那種油嘴滑舌，八面玲瓏，「見著先生說書，見著屠夫說豬」的人。

【見智見仁】

見「見仁見智」。

【建功立事】

建立功勳，開創事業。晉·常璩《華陽國志·巴志》：「桂陽太守李溫等，皆建功立事，有補於世。」也作「建功立業」。宋·蘇軾《上兩制書》：「古之聖賢建功立業，興利捍患，至于百工小事之事皆有可觀。」

【建功立業】

「建功立事」。

【建國君民，教學爲先】

治：治理。建設國家，治理百姓，首先要做的一件事是進行教育和學習。謂教化的重要。《禮記·學記》：「建國君民，教學爲先。」

【建瓴高屋】

建：通「瀽」，傾到；瓴：水瓶。把瓶水從高屋上傾倒下來。形容居高臨下，其勢不可阻擋。南朝梁·簡文帝《彈棋譜序》：「觀兵棋之式道，上升則博藝穹天，赴下則建瓴高屋。乘危則棧山航海，歷險則束馬懸車。」也作「高屋建瓴」。

【建瓴之勢】

建：傾倒；瓴：盛水的瓶子。形容形勢很好，像站在房頂上傾倒水瓶一樣居高臨下，壓倒一切。例萬炮齊放，坦克轟鳴，我軍以建瓴之勢衝向敵人的陣地。

【間不容髮】

間：空隙；容：容納；髮：頭髮。兩物之間容不下一根頭髮。①比喻不容有絲毫的差誤。《大戴禮記·曾子天圓》：「律居陰而治陽，曆居陽而治陰，律曆迭相治也，其間不容髮。」②比喻情勢異常危急，沒有喘息的餘地。漢·枚乘《上書諫吳王》：「夫以一縷之任繫千鈞之重，上懸無極之高，下垂不測之淵……繫絕於天，不可復結；墜入深淵，難以復出。其出不出，間不容髮。」也作「間不容縷」宋·蘇軾《奉詔禱雨諸廟》：「民之禍福，間不容縷。今不愍救，後訴無所。」也作「間不容穟」。穟同「穗」，借指絲線。宋·宗澤《條畫四事札子》：「成敗之機，間不容穟。」也作「間不容息」。息：喘一口氣。《文子·道原》：「時之變則間不容息，先之則太過，後之則不及。」

【間不容縷】

見「間不容髮」。

【間不容穟】

見「間不容髮」。

【間不容息】

見「間不容髮」。

【健步如飛】

健步：腳步穩健而有力。形容步伐矯健，行走速度極快。《聊齋志異·鳳陽士人》：「麗人牽坐路側，自乃捉足，脫履相假，女喜著之，幸不鑿枘，復起從行，健步如飛。」

【揵門退掃】

揵：閉；退掃：卻掃。見「閉門卻掃」。

【薦紳先生】

薦紳：同「搢紳」。猶「搢紳先生」。《史記·五帝本紀贊》：「百家言黃帝，其文不雅訓，薦紳先生難言之。」

【薦賢舉能】

薦舉品德高尚有才能的人。例薦賢舉能，內不避親，外不避仇。

【賤不害智，貧不妨行】

行：品行。地位低下並不妨礙人們成爲聰明之人，生活貧苦並不妨害人們成爲有德之士。謂人的才智和品行不是由社會地位和經濟狀況所決定的。漢·桓寬《鹽鐵論·地廣》：「夫賤不害智，貧不妨行。顏淵屢空，不爲不賢；孔子不容，不爲不聖。」

【賤骨頭】

比喻不知好歹、不知自重的人。例「這個賤骨頭，放著鐵飯碗不端，非要去做工！」

【賤斂貴出】

見「賤買貴賣」。

【賤斂貴發】

見「賤買貴賣」。

【賤買貴賣】

低價買進，高價賣出。《漢書·景帝紀》：「受財物，賤買貴賣，論輕。」也作「賤斂貴出」。唐·韓愈《曹成王碑》：「王始政于溫，終政于襄，恆平物估，賤斂貴出。」也作「賤斂貴發」。《新唐書·鄭珣瑜傳》：「既至河南，清靜惠下，賤斂貴發，以便民。」

【賤陀螺——不打不轉】

陀螺：兒童玩具，圓錐形，多用木頭製成。玩時需用繩子纏繞，使其直立旋轉，然後不停地用繩子抽打，方能旋轉不倒。①比喻不施加壓力，就不老實招認。例他惱羞成怒，罵道：「你不識舉，還敢取笑於我，賤陀螺——不打不轉，給我拉下去打！」②比喻不施加壓力，就不積極主動。例這小子，你不逼著點他，他就是不幹活，眞是賤陀螺——不打不轉。

【劍拔弩張】

弩：古時一種用簡單機械力量射箭的弓。劍已拔出，弓已上弦。形容書法雄健。南朝梁·袁昂《書評》：「梁鵠書如龍威虎振，劍拔弩張。」現多形容形勢緊張，有一觸即發之勢。例徐鵬飛連忙插身於劍拔弩張的局勢中，揮手斥退了魯莽的部屬和沈養齋。

【劍膽琴心】

以劍爲膽，以琴爲心。琴劍是古時文人出遊時隨身攜帶的東西，撫琴怡心，倚劍仗膽。比喻既有情致，又有膽識，剛柔相濟。清·子山《乙亥冬日重抵白下集聽春樓有懷亡弟子固》：「玉樓天已徵才子，金屋誰曾貯美人；劍膽琴心狂似昔，花魂月魄豔猶新。」也作「琴心劍膽」。

【劍及屨及】

見「屨及劍及」。

【劍戟森森】

劍、戟（ㄐㄧˇ）：古代兵器；森森：一排排地矗立著。劍戟林立，寒光逼人。比喻為人陰險，心機深密。《北史·李義深傳》：「義深有當世才用，而心胸險峭，時人語曰：『劍戟森森李義深。』」

【劍履上殿】

佩帶寶劍穿著鞋子出入朝廷。形容破格的特殊待遇。《史記·蕭相國世家》：「於是乃令蕭何劍履上殿，入朝不趨。」

【劍首一吷】

見「劍頭一吷」。

【劍樹刀山】

指佛教所說的地獄酷刑之一。《五燈會元·灌州羅漢和尚》：「曰：『如何是法？』師曰：『劍樹刀山。』」後也用以指十分艱險的境地。元·無名氏《朱砂擔》三折：「早來到這奈河兩岸，兀的不是劍樹刀山。」也作「刀山劍樹」。

【劍頭一吷】

劍頭：劍環頭小孔；吷：ㄒㄩㄝˋ，很小的聲音。《莊子·則陽》：「夫吹管也，猶有嗃也；吹劍首者，吷而已矣。堯舜，人之所譽也；道堯舜於戴晉人之前，譬猶一吷也。」後以「劍頭一吷」比喻無足輕重的言論。宋·蘇軾《再遊徑山》詩：「榻上雙痕凜然在，劍頭一吷何須角。」也作「劍首一吷」。宋·鄧牧《逆旅壁記》：「計萬物之在天地間，隨世隨化，乃如劍首一吷，子謂足以久居乎哉？」

【諫鼓謗木】

相傳堯時設鼓於庭；舜時豎立木牌，鼓和木牌世稱諫鼓謗木。方便民眾進諫、廣泛聽取民眾意見的設施。《後漢書·楊震傳》：「臣聞堯舜之時，諫鼓謗木，立之於朝。」

【諫爭如流】

爭：通「諍」；諫、爭：規勸。謂進諫的話滔滔不絕。明·無名氏《東籬賞菊》二折：「從父令是何由，從君令是何由，冒斧當戈，諫爭如流。」

【漸仁摩誼】

漸：浸潤；摩礪；誼：通「義」，仁義。指以仁義道德教育民眾。《漢書·董仲舒傳》：「立大學，以教於國，設庠序，以化於邑，漸民以仁，摩民以誼。」

【漸入佳境】

佳境：美好的境界。《晉書·顧愷之傳》：「愷之每食甘蔗，恆自尾至本，人或怪之。云：『漸入佳境。』」後比喻興味逐漸濃厚或境況逐漸好轉。《西遊記》八二回：「長老攙著那怪，步賞花園，看不盡的奇葩異卉。行過了許多亭閣，真個是漸入佳境。」《鏡花緣》三八回：「今日忽然現出『若花』二字，莫非從此漸入佳境？」也作「漸至佳境」。南朝宋·劉義慶《世說新語·排調》：「顧長康啖甘蔗，先食尾，人問所以，云：『漸至佳境。』」

【漸至佳境】

見「漸入佳境」。

【踐冰履炭】

踩冰踏炭。比喻患難與共，同甘共苦。《三國志·陳思王植傳》：「今臣與陛下踐冰履炭，登山浮澗，寒溫燥濕，高下共之，豈得離陛下哉？」

【踐墨隨敵】

踐：履行；墨：計畫。謂履行作戰計畫，要隨著敵情的變化採取相應措施。《孫子·九地》：「踐墨隨敵，以決戰爭。」

【毽子上的雞毛——鑽進錢眼裏了】

毽子：遊戲用具，用布將銅錢或金屬片包紮好，然後插上雞毛。遊戲時，用腳連續向上踢，不讓落地。比喻財迷心竅。例你怎麼像毽子上的雞毛——鑽進錢眼裏了？辦任何事情都要計較報酬。

【鑑毛辨色】

見「鑑貌辨色」。

【鑑貌辨色】

鑑：審察；貌、色：臉色。指根據對方的表情而行事。南朝梁·周興嗣《千字文》：「聆音察理，鑑貌辨色。」也作「鑑毛辨色」。明·湯顯祖《還魂記·道覡》：「把俺做新人嘴臉兒一寸寸鑑毛辨色，將俺那寶妝奩一件件都寓目囊箱。」也作「見貌辨色」。《醒世恆言》卷九：「朱世遠終是男子之輩，見貌辨色，已知女孩兒心事。」也作「鑑貌辨色」。《野叟曝言》三三回：「那知烏龜鴇子，是世上第一等精明不過的東西，鑑貌辨色，早已猜透了九分。」

【鑑往知來】

根據審察過去的情況，可以推測未來。例你在這方面走了彎路，鑑往知來，以後就可避免了。

【鑑影度形】

鑑：審察；度：ㄉㄨㄛˊ，揣測。謂審察人的形跡。《歧路燈》一〇二回：「這三人將籃子內物件，一齊擺出來仔細瞧看，或者寸紙，或者隻字，鑑影度形，一概俱無，又仍一件一件裝入籃內。」

【鑑於水者見面之容，鑑於人者知吉與凶】

鑑：指照鏡子。以水為鏡子，可以看到自己面容美醜；以人為鏡子，可以推斷出行事的吉凶。《史記·范雎蔡澤列傳》：「秦之欲得矣，君之功極矣，此亦秦之分功之時也。如是而不退，則商君、白公、吳起、大夫種是也。吾聞之，『鑑於水者見面之容，鑑於人者知吉與凶』，書曰，『成功之下，不可久處。』四子之禍，君何居焉！君何不以此時歸相印，讓賢者而授之。」

【鑑真和尚東渡——傳經送寶】

鑑真是唐朝的高僧，公元七四二年（天寶元年）應日本僧人的邀請東渡傳教，經過十二年的奮鬥，先後六次東渡，終於在公元七五三年到達日本。他在日本十年，不僅傳教，還把中國的佛寺建築、雕塑、繪畫藝術等介紹給日本。指傳授經驗。例「這次來打擾你們了！」「不，是鑑眞和尚東渡——傳經送寶來了，我們平時求之不得呢！」

【檻猿籠鳥】

檻：關獸類的柵欄。柵欄中的猿，籠中的鳥。比喻被人制約，沒有自由的人。明・張鳳翼《紅拂記・相公完偶》：「聽他言詞多慨慷，想他不甚提防，只是檻猿籠鳥難親傍。」

【僭賞濫刑】

僭：過分；濫：不切實際。過分的獎賞，過寬而不切實際的刑罰。《左傳・襄公二十六年》：「善爲國者，賞不僭，刑不濫。」後以「僭賞濫刑」比喻賞罰不明。

【箭不虛發】

虛：空。形容射箭技術極高，每發必中。《晉書・陶侃傳》：「朱伺與賊水戰，左右三人上弩給伺，伺望敵射之，箭不虛發。」也作「弓不虛發」。

【箭在弦上】

箭已搭在弦上。常與「不得不發」連用。比喻事情到了不得不做或話不得不說的時刻。清・陳康祺《郎潛紀聞・士大夫之諂媚》：「余之紀此，將使干鑽千拜之流，稍自顧其名節；而才士之筆端剽悍者，亦當稍留地步，勿謂箭在弦上，不得不發也。」

【箭在弦上——一觸即發】

形容事態發展到嚴重地步，稍被觸犯就要發作。例兩人積怨已久，近來矛盾加劇，大有箭在弦上——一觸即發之勢。也作「炮筒子脾氣——一觸即發」、「大海裏的水雷——一觸即發」。

【箭豬遇刺蝟——刺對刺】

箭豬：豪豬，全身黑色，自肩部以後長著許多長而硬的刺；刺蝟：哺乳動物，頭小，四肢短，身上有硬刺。指難對付的人之間針鋒相對，互不相讓。例這兩人可是箭豬遇刺蝟——刺對刺，看他們誰鬥過誰？例這兩人可是箭豬遇刺蝟——刺對刺，看他們誰鬥得過誰。

ㄐㄧㄣ

【巾幗豪傑】

見「巾幗英雄」。

【巾幗奇才】

婦女中的特殊人才。《鏡花緣》一回：「據這景象，豈但是一二閨秀，只怕盡是巾幗奇才哩！」

【巾幗鬚眉】

見「巾幗丈夫」。

【巾幗英雄】

巾幗：古時女子的頭巾和髮飾，借指婦女。婦女當中的傑出人物，即女英雄。清・湘靈子《軒亭冤・賞花》：「新世界，舊乾坤，巾幗英雄叫九閽。」也作「巾幗豪傑」。《兒女英雄傳》一七回：「我尹其明今日無意中，見著這位脂粉英雄，巾幗豪傑，眞是人生快事。」

【巾幗丈夫】

指性格豪爽，具有男子氣概的女子。清・梁紹壬《兩般秋雨庵隨筆》卷三：「[謝]道韞嫠居一室，節終其身，智勇堅貞，巾幗丈夫。」也作「巾幗鬚眉」。鬚眉：鬍鬚和眉毛，借指男子。《孽海花》一四回：「如今且說筱亭的夫人，是揚州傅蓉傅狀元的女兒，容貌雖說不得美麗，卻氣概豐富，倜儻不羣，有巾幗鬚眉之號。」

【斤半鍋餅——夠嗆】

鍋餅：一種較硬較大的烙餅。一斤半鍋餅，吃下去夠受的。見「雞吃蠶豆——夠嗆」。

【斤斤計較】

《詩經・周頌・執競》：「自彼成康，奄有四方，斤斤其明。」斤斤：看得淸楚的樣子，後引申爲瑣屑細小。形容過分計較無關緊要的小事。清・劉坤一《書牘・覆吳淸臣》：「該鎭以專閫大員，於一利字，斤斤計較，不勝糾纏，頗有逼人難堪之處。」也作「斤斤較量」。《官場現形記》四二回：「至於文理浮泛些，或是用的典故不的當，他老人家卻也不甚斤斤較量。」

【斤斤較量】

見「斤斤計較」。

【斤斤自守】

斤斤：拘謹的樣子。形容事事小心謹愼。《聊齋志異・錦瑟》：「生斤斤自守，不敢少致差跌。」

【今不如昔】

現實不如以往，今天不如過去。多用以表示對時事的感慨。宋・吳曾《能改齋漫錄・冷齋不讀書》：「洪覺范《冷齋夜話》，謂山谷謫宜州，殊坦夷，作詩曰：『老色日上面，歡悰日去心。今既不如昔，後當不如今。』」

【今愁古恨】

恨：遺憾的情緒。形容愁恨感慨極多。唐・白居易《題靈岩寺》詩：「今愁古恨入絲竹，一曲涼州無限情。」

【今非昔比】

現在遠不是以往可以相比的了。形容變化很大。《封神演義》三八回：「『勝敗兵家常事』，何得爲愧。今非昔比，不可欺敵！」

【今來古往】

從古到今。元・無名氏《粉蝶兒・閱世》曲：「說今來古往非和是，講滄海桑田廢與興。」也作「古往今來」。

【今美於昨，明日復勝於今】

今天比昨天美好，明天又要勝過今天。指事物總是不斷發展，後來者居上。清・李漁《〈笠翁全集〉自序》：「今日之世界，非十年前之世界；十年前之世界，又非二十年前之世界，如三月之花，九秋之蟹，今美於昨，明日復勝於今矣。」

【今年歡笑復明年，秋月春風等

閒度】
今年歡笑地度過去了，明年又如此，美好的光陰就這樣隨便地空度而去了。謂人不要沉迷於歡樂而虛度年華。唐・白居易《琵琶行》詩：「今年歡笑復明年，秋月春風等閒度。弟走從軍阿姨死，暮去朝來顏色故。」

【今年竹子來年筍——無窮無盡】
筍：竹的嫩牙，也叫竹筍。形容沒有止境，看不到盡頭。例我們的事業，就像今年竹子來年筍——無窮無盡，一代一代的搞下去。也作「山間泉水——無窮無盡」、「黃河裏的水——無窮無盡」。

【今日不知明日事】
未來的事情很難預料。元・張國寶《羅李郎》一折：「假若便功名成就，算來總是搶官囚，掙閫的封妻蔭子，拜相封侯，可正是：今日不知明日事，前人田土後人收，到頭來只落得個難消受。」也作「今朝不知明朝」。

【今生今世】
指人的一生，一輩子。清・洪昇《長生殿・復召》：「自恨愚昧，上忤聖心，罪應萬死。今生今世，不能夠再睹天顏。」

【今是昨非】
現在做的對了，過去做的錯了。含有悔悟的意思。宋・辛棄疾《新年團拜後和主敬韻並呈雪平》詩：「今是昨非當謂夢，富妍貧醜各爲容。」也作「昨非今是」。

【今天脫下鞋和襪，不知明天穿不穿】
今天上床睡覺，不知明天還活不活。謂過一天，算一天。老舍《鼓書藝人》一九：「隨他們去，他厭煩地想，沒個安生時候！他一天一天混日子，有時拿句俗話來寬寬心：『今天脫下鞋和襪，不知明天穿不穿。』」

【今夕何夕】
今天的夜晚是哪一天？表示因興奮而忘卻了日期。《詩經・唐風・綢繆》：「綢繆束薪，三星在天。今夕何夕，見此良人！」

【今昔之感】
因現在和過去人事發生了變化而產生的感慨。《歧路燈》一四回：「諸舊好俱在，譚孝老已作古人。今昔之感，淒愴莫狀。」

【今月古月】
唐・李白《把酒問月》詩：「今人不見古時月，今月曾經照古人。」後以「今月古月」指古今月亮一樣，而人事代謝無常。

【今朝有酒今朝醉，明日愁來明日愁】
今天有酒先醉個痛快，明天發愁的事明天再說。指只圖眼前享樂，不管來日生活。也指苟且度日。明・范受益《尋親記》五齣：「何必憑過憂，論爲財主須用機謀。當今時世，使不得良善溫柔。今朝有酒今朝醉，明日愁來明日愁。勸伊且開懷暢飲歌謳。」也作「今朝有酒今朝醉，明日愁來明日當」。元・無名氏《桃花女》一折：「我勸你開著懷抱，那陰陽則不要信他。便准殺也是後日的事。常言道，今朝有酒今朝醉，明日愁來明日當。你到後日再看如何？且管今日吃個醉去也。」

【今朝有酒今朝醉，明日愁來明日當】
見「今朝有酒今朝醉，明日愁來明日愁」。

【金榜掛名】
見「金榜題名」。

【金榜題名】
金榜：科舉時代通過殿試而入選揭曉的榜。名字寫在金榜上。泛指考試被錄取。五代・王定保《唐摭言・今年及第明年登科》：「金榜題名墨尚新，今年依舊去年春。」《兒女英雄傳》三八回：「天從人願，實係洞房花燭夜，金榜題名時，眞乃可喜可賀之至。」也作「金榜掛名」。宋・洪邁《容齋四筆・得意失意詩》：「久旱逢甘雨，他鄉見故知。洞房花燭夜，金榜掛名時。」

【金棒槌敲門——富啦】
比喩變得富有了。例山村人民經過幾年的奮鬥，現在是金棒槌敲門——富啦。

【金碧輝煌】
金碧：金黃色和綠色；煌：輝煌。形容建築物裝飾華麗，光彩奪目。《醒世恆言》卷三七：「進了門樓，只見殿宇廊廡，一劃的金碧輝煌，耀眼奪目，儼如天宮一般。」也作「金碧熒煌」。宋・羅大經《鶴林玉露》補遺：「開寶塔成，田錫上疏曰：『衆以爲金碧熒煌，臣以爲涂膏釁血。』」也作「金璧輝煌」。《儒林外史》二九回：「琉璃塔金璧輝煌，照人眼目。」也作「金碧輝映」。清・淮陰百一居士《壺天錄》卷下：「廟貌巍峨，金碧輝映。」

【金碧輝映】
見「金碧輝煌」。

【金璧輝煌】
見「金碧輝煌」。

【金碧熒煌】
見「金碧輝煌」。

【金鑣玉絡】
鑣：馬具，即俗稱嚼子；絡：籠頭。使用金的馬嚼，玉的籠頭。比喩高官所享有的奢侈待遇。《金史・趙質傳》「僻性野逸，志在長林豐草，金鑣玉絡非所願也。」

【金波玉液】
指美酒。《三國演義》三六回：「今聞老母被囚，雖金波玉液不能下嚥矣。」也作「瓊漿玉液」。

【金帛珠玉】
黃金，絹帛，珍珠，美玉。指非常珍貴的東西。漢・韓嬰《韓詩外傳》卷八：「然身何貴也，莫貴於氣。人得氣則生，失氣則死，其氣非金帛珠玉也，不可求於人也。」

【金釵十二行】
釵：女子別在髮髻上的一種首飾。①形容女子的首飾很多。南朝梁・武帝《河中之水歌》：「頭上金釵十二行，足下絲履五文章。」②指姬妾衆多。元・鄭德輝《王粲登樓》一折：「你看爲官的列金釵十二行。」

【金蟬脫殼】
蟬：知了。金蟬變蟲需脫去原來的外殼。比喩用計脫逃。元・無名氏《朱砂擔》一折：「他倒做個金蟬脫殼計去了。」也作「**脫殼金蟬**」。

【金城千里】
金城：用金屬鑄造的城牆。形容國土遼闊，堅不可摧。漢・賈誼《過秦論》上：「天下已定，始皇之心，自以爲關中之固，金城千里，子孫帝王萬世之業也。」

【金城石室】
像用金屬鑄造一樣堅固的城牆，用石砌的房屋。比喩地勢險要，防禦堅固，不易攻破。《三國志・吳書・賀邵傳》：「近劉氏據三關之險，守重山之固，可謂金城石室，萬世之業。」

【金城湯池】
金：金屬；湯：開水；池：護城河。用金屬鑄造的城牆，流動著開水的護城河。形容城防堅固。《漢書・蒯通傳》：「皆爲金城湯池，不可攻也。」也比喩學術根柢很深，無懈可擊。《隋書・辛彥之傳》：「吳興沈重名爲碩學，高祖嘗令彥之與重論議，重不能抗，於是避席而謝曰：『辛君所謂金城湯池，無可攻之勢。』」

【金翅擘海】
金翅：傳說中的大鳥名；擘：分開。《大方廣佛華嚴經》卷三六：「譬如金翅鳥王，飛行虛空，安住虛空，以清淨眼觀察大海龍王宮殿，奮勇猛力以左右翅搏開海水，悉令兩辟，知龍男女有命盡者而撮取之。」後以「金翅擘海」比喩詩文雄健有力，語意精深。宋・嚴羽《滄浪詩話・詩評》：「李杜數公如金翅擘海，香象渡河，下視郊島輩，直蛩吟草間耳。」

【金彈打麻雀——因小失大】
見「揀了芝麻，丟了西瓜——因小失大」。

【金貂取酒】
見「金貂換酒」。

【金貂換酒】
金貂：漢以後皇帝左右侍臣的冠飾。以金貂換酒喝。形容名士放蕩不羈，恣情縱酒。《晉書・阮孚傳》：「[阮孚]遷黃門侍郎、散騎常侍。嘗以金貂換酒，復爲所司彈劾，帝宥之。」也作「**金貂取酒**」。宋・毛滂《感皇恩・鎭江待聞》：「銀字吹笙，金貂取酒，小小微風弄襟袖。」也作「**金龜換酒**」。金龜：唐代官員的一種佩飾。唐・李白《對酒憶賀監詩序》：「太子賓客賀公，於長安紫極宮一見余，呼余爲謫仙人，因解金龜換酒爲樂。」

【金釘朱戶】
見「金門繡戶」。

【金飯碗】
比喩待遇豐厚的工作。例你兒子分配在銀行嗎？這可眞是端上了金飯碗啊！

【金粉豪華】
金粉：婦女妝飾用的鉛粉；豪華：奢侈闊綽。形容奢華柔靡的生活。例《紅樓夢》裏的太太、小姐們都過著金粉豪華的生活。

【金風玉露】
金風：指秋風，因以陰陽五行解釋四季，秋屬金，故稱秋風爲金風；玉露：潔白如玉的露珠。形容秋天的自然美景。唐・李商隱《辛未七夕》詩：「由來碧落銀河畔，可要金風玉露時。」

【金剛努目】
金剛：佛教稱佛敎徒因手持金剛杵而得名；努目：凸起眼睛。形容容貌威武。《太平廣記》卷一七四引《談藪》：「金剛努目，所以降伏四魔；菩薩低眉，所以慈悲六道。」也作「**金剛怒目**」。魯迅《我的第一個師父》：「不料他竟一點不窘，立刻用『金剛怒目』式，向我大喝一聲。」也作「**努目金剛**」。

【金剛怒目】
見「金剛努目」。

【金剛掃地——勞神】
金剛：佛的侍從力士，因手拿金剛杵而得名。見「扛撈絞進廟——勞(撈)神」。

【金剛石鑽大缸——用處可大呢】
金剛石：最硬的礦物，炭的結晶體，也有人工製成的，是高級的切削和耐磨材料。比喩起的作用很大。例你對我們的工作，就像金剛石鑽大缸——用處可大呢！誰說過不起作用？

【金剛石做鑽頭——無堅不摧】
形容力量非常強大，或指任何困難都可以克服。例這個敢死隊是金剛石做鑽頭——無堅不摧，可以深入敵後直搗敵人司令部。

【金剛鑽對合金刀——硬碰硬】
金剛鑽：用金剛石鑲嵌成的鑽孔工具；合金刀：用碳化鎢和鈷或鈦熔合而製成的金屬切削刀具，硬度很高。也作「**金剛鑽碰上合金刀——硬靠硬**」。見「鋼釺打石頭——硬碰硬」。

【金剛鑽雖小，能鑽瓷器】
比喩年輕人或平常人能幹出驚人的業績。例「金剛鑽雖小，能鑽瓷器。」別看他才十六歲，在世界跳台跳水賽中，超過好幾名成年名將，奪得第一名。

【金剛鑽頭——過得硬】
比喩經得起嚴格考驗。例李勇操作機床的技術是全廠最拔尖的，在人們的心目中，就是金剛鑽頭——過得硬。也作「**金剛鑽頭——過硬**」、「**高級合金鋼——過得硬**」。

【金剛鑽鑽瓷器——一個硬似一

個】

比喻性格一個比一個更剛强，或態度一個比一個强硬。例「主任，他兩人吵起架來了。」「唉，兩個青年人互不相讓，好似金剛鑽鑽瓷器——一個硬似一個，眞沒辦法！」也作「**鐵錘砸鐵砧——一個硬似一個**」。

【金剛鑽鑽瓷器——硬過硬】

比喻功夫堅實可靠，經得住考驗。例他的射門技術是金剛鑽鑽瓷器——硬過硬，在足球界是少有的。也作「**鋼板上釘釘子——硬過硬**」、「**鐵打鐵——逗硬**」。

【金戈鐵馬】

金戈：用青銅或鐵製成的兵器，上有橫刃，裝在長柄上；鐵馬：配有鐵甲的戰馬。①形容將士躍馬作戰的戎馬生涯。宋・辛棄疾《永遇樂・京口北固亭懷古》：「想當年金戈鐵馬，氣吞萬里如虎。」也作「**金戈鐵騎**」。清・汪琬《苑西集序》：「至於平沙廣漠，崇岩窮障，我太祖太宗發祥之地，與夫金戈鐵騎，百戰創業之區，皆所跋涉而導從。」②指威武雄壯的軍隊。明・王世貞《鳴鳳記・文華祭海》：「貔貅百萬雄驍，雄驍；轅門號令聲高，聲高；金戈鐵馬出王朝。」

【金戈鐵騎】

見「金戈鐵馬」①。

【金革之患】

金革：指刀劍盔甲等；患：禍害，災難。指戰爭之禍患。漢・揚雄《長楊賦》：「永亡（無）邊城之災，金革之患。」

【金革之難】

金革：兵刃和鎧甲。指戰爭帶來的災難。《後漢書・宋意傳》：「光武皇帝躬服金革之難，深昭天地之明，故因其來降，羈縻畜養，邊人得生，勞役休息，于茲四十餘年矣。」

【金革之聲】

兵器與鎧甲相碰撞的聲響。意指爆發戰爭。唐・韓愈《上巳日燕太學聽彈琴詩序》：「四方無鬥爭金革之聲，京師之人既庶且豐。」

【金革之世】

世：時代，年月。指戰爭年月。南朝梁・庾信《爲杞公讓宗師驃騎表》：「當今玉燭調和，既非金革之世。」

【金谷酒數】

金谷：晋代石崇所建花園的園名；酒數：罰酒的數量。晋・石崇《金谷詩序》：「遂各賦詩，以敍中懷，或不能者，罰酒三斗。」後泛指宴會上依例罰酒三杯。唐・李白《春夜宴從弟桃花園序》：「不有佳咏，何伸雅懷？如詩不成，罰依金谷酒數。」也作「**金谷舊例**」。清・王韜《淞隱漫錄・陳霞仙》：「對此名花，不可無佳作。詩如不成，自有金谷舊例在。」

【金谷舊例】

見「金谷酒數」。

【金鼓連天】

金、鼓：指鐙和鼓，古代行軍作戰時所用的打擊樂器，用以壯聲勢、助軍威。金鐙和戰鼓一齊敲起來，響聲震雲霄。明・陳汝元《金蓮記・焚券》：「金鼓連天，喊聲震地，不是赤眉嘯聚，定爲碧眼橫行，待我出門一看，便知端的。」也作「**金鼓喧天**」。《東周列國志》一七回：「公子偃命軍中舉火，一時金鼓喧天，直前沖突。」

【金鼓齊鳴】

金鉦和戰鼓一齊敲起來。形容軍威盛大或戰鬥激烈。《三國演義》一二回：「州衙中一聲炮響，四門烈火，轟天而起；金鼓齊鳴，喊聲如江翻海沸。」

【金鼓喧天】

見「金鼓連天」。

【金光燦爛】

燦爛：鮮明，耀眼。形容光芒四射。《鏡花緣》二二回：「只見城門石壁上鐫著一副金字對聯，字有斗大，遠遠望去，只覺金光燦爛。」

【金光閃閃】

閃閃：光亮閃爍。金色的光芒閃爍耀眼。形容金光閃耀。《新編五代史平話・唐史》：「面上金光閃閃，手中雪刄輝輝。」

【金龜換酒】

見「金貂換酒」。

【金匱石室】

匱：ㄍㄨㄟˋ，同「櫃」。指古代朝廷收藏重要文書的處所。《漢書・高帝紀下》：「[帝]又與功臣剖符作誓，丹書鐵契，金匱石室，藏之宗廟。」也作「**石室金匱**」。

【金壺墨汁】

金壺：指黃金製墨壺。泛指最珍貴的書畫用品。晋・王嘉《拾遺記・周靈王》：「周靈王時，浮提之國獻神通善書二人，乍老乍少，隱形則出聲，聞聲則隱形，出肘間金壺四寸，上有玉龍之檢，封以青泥，壺中有墨汁如淳漆，灑地及石，皆成篆隸科斗之字。」

【金華殿語】

金華殿：漢殿名。漢成帝曾在金華殿聽鄭寬中、張禹說《尚書》、《論語》。後以金華殿的講學轉義爲儒生常談。南朝宋・劉義慶《世說新語・言語》：「劉[尹]曰：『此未關至極，自是金華殿之語。』」

【金徽玉軫】

徽：繫琴弦的絲繩；軫：轉動琴弦的軸。美好的琴徽和琴軸。晋・劉妙容《宛轉歌二首》：「低紅掩翠方無色，金徽玉軫爲誰鏘。」後用「金徽玉軫」形容清脆悅耳的琴聲，或比喻不凡的韻調。唐・吳仁璧《秋日聽僧彈琴》：「金徽玉軫韻冷然，言下浮生指下泉。恰稱秋風西北起，一時吹入碧湘煙。」宋・龔明之《中吳紀聞・郟子高》：「道人道人聽我語，紛紛世俗誰師古？金徽玉軫方步武，虛堂榜名無自苦。」

【金雞獨立】

指單腿站立的一種武術姿勢。《鏡花緣》七四回：「我是金雞獨立，要一足微長。」後也泛指一條腿站立。茅盾《子夜》一七：「你站在這桌子上，金雞獨立，那一條腿不許放下。」

【金雞消息】

金雞：古代頒布大赦令時，設金雞於竿，以示吉辰。雞以黃金飾首，故名金雞。指朝廷頒布赦令的消息。《水滸傳》七二回：「六六雁行連八九，只等金雞消息。」

【金枷玉鎖】

枷、鎖：刑具，借指負擔。比喻子女既是父母的寶貝，又是負擔。元·馬致遠《馬丹陽三化任風子》二折：「兒女是金枷玉鎖，歡喜冤家，我都割捨了也。」

【金漿玉醴】

漿：酒；醴：甜酒，甘泉。舊指仙藥，今指美酒。晉·葛洪《抱朴子·內篇》：「朱草生名山岩石中，汁如血，以金玉投其中，立便可丸如泥，久則成水。以金投之，名為金漿，以玉投之，名爲玉醴，服之皆長生。」晉·傅玄《七謨》：「金漿玉醴，雲沸淵亭。」

【金將火試方知色，人用財交始見心】

金子用火試才知道成色，人們交往要經過錢財往來才知道品質。例「金將火試方知色，人用財交始見心。」二哥與我這般親厚，今日就見他的眞心了。

【金戒指上鑲寶石——錦上添花】

見「花綢上繡牡丹——錦上添花」。

【金盡裘敝】

金：錢財；裘：皮衣；敝：壞。錢財用盡了，皮衣也穿破了。形容窮困之極。《戰國策·秦策一》：「[蘇秦]說秦王書十上而說不行。黑貂之裘敝，黃金百斤盡，資用乏絕，去秦而歸。」清·王韜《海陬冶遊錄》卷下：「狹邪之遊，以歡娛始者，必以怨恨終，金盡裘敝，遂爲此輩所白眼耳。」也作「裘敝金盡」。

【金精玉液】

金精：仙藥名，黃金之膏。亦指珍貴的飲料。《漢武帝外傳》：「太上之藥，有風實雲子，金精玉液。」

【金科玉律】

見「金科玉條」。

【金科玉條】

科、條：指法律條文。形容法律條文完善。漢·揚雄《劇秦美新》：「懿律嘉量，金科玉條。」後用以比喻必須遵守，不能變更的信條。《舊五代史·晉書·高祖紀四》：「莫不悉稽前典，垂范後昆，述自聖賢，歷于朝代，得金科玉條之號，設亂言破律之防，守而行之，其來尚矣。」也作「金科玉律」。《二十年目睹之怪現狀》二〇回：「或是古人這句話是有所爲而言的，後人就奉了他做金科玉律，豈不是誤盡了天下女子麼？」也作「玉律金科」。

【金口木舌】

以木爲舌的銅鈴，即木鐸。古代宣布政教法令時所用。後用以比喻傳道的人。唐·劉軻《與馬植書》：「邇來數年，精力刓竭，希金口木舌，將以卒其業。」

【金口玉言】

舊指封建時代皇帝所說的話。《醒世恆言》卷二：「拜舞已畢，天子金口玉言，問道：『卿是許武之弟乎？』晏、普叩頭應詔。」後也泛指說出的話不可改變。《何典》七回：「小姐金口玉言，教我怎敢不依頭順腦。」

【金蘭之契】

金：金屬；蘭：蘭草，花清香；契：投合。比喻朋友間意氣相投，交情深厚，牢不可破。《晉書·苻生載記》：「晉王思與張王齊曜大明，交玉帛之好，兼與君公同金蘭之契，是以不遠而來，有何怪乎！」也作「金蘭之友」。南朝梁·劉峻《廣絕交論》：「自昔把臂之英，金蘭之友，曾無羊舌下泣之仁，寧慕郈成分宅之德。」也作「契若金蘭」。

【金蘭之友】

見「金蘭之契」。

【金馬玉堂】

金馬：指漢代未央宮的門名。玉堂：古代官署名。因才學卓著者被進擢爲金馬、玉堂，後多指翰林院或翰林學士，也作爲高官顯爵的代稱。漢·揚雄《解嘲》：「今吾子幸得遭明盛之世，處不諱之朝，與羣賢同行，歷金門上玉堂有日矣。」宋歐陽修《會老堂致語》：「欲知盛集繼荀陳，請看當筵主與賓；金馬玉堂三學士，清風明月兩閒人。」也作「玉堂金馬」、「玉堂金門」。

【金門繡戶】

形容富貴人家的房舍。《紅樓夢》四一回：「怨不得姑娘不認得，你們在這金門繡戶裏，那裏認的木頭？」也作「金釘朱戶」。元·無名氏《抱妝盒》二折：「端的個金釘朱戶，玉砌瑤階。」

【金迷紙醉】

形容豪華奢靡的享樂生活。宋·陶谷《金迷紙醉》：「癰醫孟斧，昭宗時常以方藥入侍。唐末，竄居蜀中，以其熟於宮故，治居宅法度奇雅。有一小室，窗牖煥明，器皆金紙，光瑩四射，金采奪目。所親見之，歸語人曰：『此室暫憩，令人金迷紙醉。』」也作「紙醉金迷」。

【金母木公】

金、木：按我國古代的「五行」說，東方屬木，西方屬金，因分別指東、西。指傳說中的仙人東王公和西王母。比喻年高有才德者。清·閒齋老人《〈儒林外史〉序》：「《西遊》元虛荒緲，論者謂爲談道之書，所云意馬心猿，金母木公，大抵心即是佛之旨，予弗敢知。」

【金甌無缺】

金甌：金質的盛酒器，借指國土。比喻國土完整。《南史・朱异傳》：「我國家猶若金甌，無一傷缺。」明・徐宏祖《徐霞客遊記・黔遊日記一》：「但各州之地，俱半錯衛屯，半淪苗孽，似非當時金甌無缺矣。」

【金盆盛泔水——可惜了材料】

泔水：淘米、洗菜、洗刷鍋碗等用過的水。比喻浪費財物或人才。例這個原子技術專家怎麼長期在農場飼養雞鴨？眞是金盆盛泔水——可惜了材料。

【金盆打水銀盆裝——原諒（圓亮），原諒（圓亮）】

原諒：「圓亮」的諧音。比喻請求對方寬恕自己的過失。例昨天，我說話粗魯，冒犯了先生，希望先生金盆打水銀盆裝——原諒（圓亮），原諒（圓亮）。

【金瓶素綆】

金瓶：汲水器；素綆：吊桶的繩索。指井上打水的用具。《古樂府・淮南王篇》：「後園鑿井銀作床，金瓶素綆汲寒漿。」

【金漆的馬桶——外面光，裏面髒】

馬桶：大小便用的有蓋的桶。比喻人外表不錯，心裏很骯髒；或虛有其表。例劉家大少爺念過幾年書，表面斯斯文文，實際上是金漆的馬桶——外面光，裏面髒，滿腦子的壞水。也作「**金漆馬桶——外頭好看，裏面臭**」、「**油漆馬桶鑲金邊——外面光，裏面髒**」、「**描金的馬桶——外面光**」。

【金漆飯桶】

見「金漆馬桶」。

【金漆馬桶】

描金漆飾的漂亮馬桶。常用以諷刺服飾華麗而無眞才實學的人。《兒女英雄傳》三四回：「一個個不管自己肚子裏是一團糞草，只願外面打扮得美服華冠，可不像個金漆馬桶。」也作「**金漆飯桶**」。《官場現形記》二七回：「他背後說老師是個金漆飯桶。」

【金人緘口】

金人：銅鑄之人像；緘口：閉著嘴，不說話。封口銅人。指古時候的愼言之人。現用來形容說話特別愼重的人。《孔子家語・觀周》：「孔子觀周，遂入太祖後稷之廟，廟堂右階之前，有金人焉，三緘其口，而銘其背曰：『古之愼言人也。』」

【金人之箴】

金人：銅鑄之人像；箴：勸戒。比喻因有顧慮而閉口不說話。《官場現形記》二四回：「說了非但無益，反怕賈禍，所以兄弟只得謹守金人之箴，不敢多事。」

【金舌弊口】

金舌：比喻能說會道；弊：破。能言善道的人講破了口。指好話說盡也無用。《荀子・正論》：「夫今子宋子不能解人之惡侮，而務說人以勿辱也，豈不過甚矣哉？金舌弊口，猶將無益也。」

【金聲玉振】

金：指鐘；玉：指磬。《孟子・萬章下》：「孔子之謂集大成；集大成也者，金聲而玉振之也。金聲也者，始條理也；玉振之也者，終條理也。」意思是說孔子是諸聖人中的集大成者，好像奏樂一樣，開始以鐘發聲，末尾擊磬收韻，從始至終，有節奏有條理。後以「金聲玉振」比喻人的知識淵博，才學精到。北齊・邢子才《廣平王碑文》：「我有徽猷，金聲玉振，志猶學海，業比登山。」也作「**玉振金聲**」。

【金石不渝】

像金石那樣不可改變。形容堅守信約或節操。宋・歐陽修《除許懷德制》：「享爵祿之崇高，荷寵靈之優渥，挺金石不渝之操。」

【金石交】

見「金石之交」。

【金石交情】

見「金石之交」。

【金石可開】

見「金石爲開」。

【金石良言】

見「金玉之言」。

【金石爲開】

金石：金屬和石頭。像金石一類的堅硬之物也會裂開。常用以形容眞誠的態度所產生的極大感染力。《後漢書・廣陵思王荊傳》：「精誠所加，金石爲開。」也作「**金石可開**」。

【金石之計】

金石：金屬和石頭，比喻堅硬的東西；計：計策。比喻最安全的計策。漢・陸賈《新語・資執》：「欲辭晋獻公璧馬之賂，而不假之夏陽之道，豈非金石之計哉？」

【金石之交】

交：交情。像金石般堅固的交情。比喻牢不可破的友情。宋・邵雍《把手吟》：「金石之交，死且不朽；市井之交，自難長久。」也作「**金石交情**」。《羣音類選〈葛衣記・到溉渝盟〉》：「絲蘿契合原非强，爲甚把金石交情一旦忘。」也作「**金石至交**」。清・洪楝園《後南柯・招駙》：「卑人與令兄金石至交，今與娘子又琴瑟永好，想是前緣分定呢。」也作「**金石交**」。

【金石絲竹】

金石：鐘磬之類樂器；絲竹：琴瑟簫笛之類管弦樂器。泛指各種樂器。晋・左思《魏都賦》：「金石絲竹之恆韻，匏土草木之常調。」也泛指各種音樂。《東周列國志》六八回：「手捧雕盤玉斝，唱郢歌勸酒，金石絲竹，紛然響和。」

【金石之堅】

比喻堅如金石。漢・枚乘《七發》：「雖有金石之堅，猶將銷鑠而挺解也。」

【金石之言】

見「金玉之言」。

【金石至交】

見「金石之交」。

【金屎蟲拖糞——越拖越重】

金屎蟲：屎殼郎。比喻做事越來越吃力，或包袱越背越重。例我們工廠的人一天比一天增多，經濟效益一天比一天減少，的確是金屎蟲拖糞——越拖越重。

【金書鐵券】

封建王朝頒給功臣世代享受優待和免罪的契券。唐·羅隱《代武肅王錢鏐謝賜鐵券表》：「恩旨賜臣金書鐵券一道，恕臣九死，子孫三死者……鐫金作字，指日成文。」

【金湯之固】

金：指金屬造的城；湯：指滾水的湯池，護城河。形容像金城湯池那樣堅固的防禦設施。明·張岱《龍山文帝祠募疏》：「右並城隍，賴有金湯之固。」

【金淘沙揀】

淘：選；揀：挑，取。比喻像從沙裏淘、揀金子一樣精選。多指寫作時遣詞煉句，反覆推敲。清·孔尚任《桃花扇·偵戲》：「新詞細寫烏絲闌，都是金淘沙揀。」

【金題玉躞】

金題：泥金書寫的題簽；玉躞：繫縛卷軸用的玉製插籤。形容書畫或書籍裝潢得極爲精美。明·方以智《通雅·器用》：「《書史》云：『隋唐藏書，皆金題玉躞。』」

【金童玉女】

神話傳說供仙人役使，生有慧根的童男童女。唐·徐彥伯《幸白鹿觀應制》詩：「金童擎紫藥，玉女獻青蓮。」元·李好古《張生煮海》一折：「金童玉女意投機，才子佳人世罕稀。」也借指嬌生慣養的寶貝兒女。茅盾《子夜》一：「剛一到上海這『魔窟』，吳老太爺的金童玉女就變了！」

【金窩銀窩，不如自己的草窩】

見「金窩銀窩，不如自己的窮窩」。

【金窩銀窩，不如自己的老窩】

見「金窩銀窩，不如自己的窮窩」。

【金窩銀窩，不如自己的窮窩】

別的地方再好，也沒有自己的家鄉好。梁斌《播火記》二七：「常說的話，『金窩銀窩，不如自己的窮窩』呀！自個兒身上流出的血汗，難離難捨呀！」也作「金窩銀窩，不如自己的草窩」。羅旋《梅》一：「那時娘的心不開竅，捨不得丟下那個家，總以爲『金窩銀窩，不如自己的草窩』。」也作「金窩銀窩，不如自己的老窩」。姜樹茂《漁島怒潮》一四章：「我說咱也跟著轉移走吧，你偏說『金窩銀窩，不如自己的老窩』，到哪兒也不如在家好。」

【金烏玉兔】

指太陽和月亮。相傳太陽中有三足烏，月中有白兔，故得名金烏玉兔。借指時光。宋·張掄《阮郎歸·詠夏十首》：「金烏玉兔最無情，驅馳不暫停。春光才去又朱明，年華只暗驚。」

【金屋藏嬌】

嬌：阿嬌，漢武帝劉徹姑母（長公主劉嫖）的愛女。漢·班固《漢武故事》：「[膠東王]數歲，長公主嫖抱置膝上，問曰：『兒欲得婦不？』膠東王曰：『欲得婦。』長公主指左右長御百餘人，皆云不用。末指其女問曰：『阿嬌好不？』於是乃笑對曰：『好！若得阿嬌作婦，當作金屋貯之也。』」原指漢武帝劉徹要用金屋接納阿嬌作婦。後以「金屋藏嬌」指納妾。《廿載繁華夢》二三回：「所以當時佘老五戀著雁翎，周庸祐也戀著雁翎，各有金屋藏嬌之意。」也作「金屋貯嬌」。清·程允升《幼學故事瓊林·婚姻》：「漢武對景帝論婦，欲將金屋貯嬌。」也作「藏嬌金屋」、「嬌藏金屋」。

【金屋貯嬌】

見「金屋藏嬌」。

【金無足赤，人無完人】

黃金沒有百分之百的純，人沒有完美無缺的。比喻要正確對待人的缺點和錯誤。《蔡鍔集·前言》：「『金無足赤，人無完人』，同歷史上任何一個傑出人物難免有這樣那樣的缺點錯誤一樣，蔡鍔自然也有失誤的時候。」

【金吾不禁】

金吾：古代官名，掌管京城的防務治安；不禁，開放禁令。唐·韋述《西都雜記》：「西都京城街衢，有金吾曉暝傳呼，以禁夜行；惟正月十五日夜敕許金吾弛禁前後各一日。」古代特指元宵佳節三日解除宵禁。《三國演義》六九回：「至正月十五夜，天色晴霽，星月交輝。六街三市，競放花燈。眞個金吾不禁，玉漏無催。」

【金鄉鄰，銀親眷】

謂鄰居比親屬更可貴。《武松演義》三回：「原來是高鄰，失敬失敬。俗話說的：『金鄉鄰，銀親眷。』兄嫂在此居住，全仗王乾娘照顧了。」

【金相玉質】

相：外表；質：內裏。比喻詩文的形式和內容都很完美。漢·王逸《離騷序》：「所謂金相玉質，百世無匹，名垂罔極，永不刊滅者矣。」也比喻人才英俊，秀外慧中。唐·李華《唐揚州功曹蕭穎士文集序》：「班彪識理，張衡宏曠，曹植豐贍，王粲超逸，嵇康標舉，此外皆金相玉質，所尚或殊，不能備舉。」也作「玉質金相」。

【金鑰匙】

比喻解決某個疑難問題的最佳方案及手段。例這套兒童百科全書是送給孩子們打開知識寶庫的金鑰匙。

【金也空，銀也空，死後何曾在手中】

指爲人不要把金錢看的過重。明·悟

空《萬空歌》：「金也空，銀也空，死後何曾在手中！妻也空，子也空，黃泉路上不相逢！權也空，名也空，轉眼荒郊土一封！」

【金衣公子】

黃鸝鳥的別稱，也叫黃鶯。因唐明皇每於禁苑中看見黃鶯，常呼之爲金衣公子，故得名。元·王惲《錢舜舉桃花黃鶯圖》：「金衣公子絳桃芳，飛下喬林過錦江。」

【金印紫綬】

金印：用黃金鑄造的官印，是古代最高一級的官印；紫綬：繫印鈕的高級紫色絲帶。《史記·蔡澤傳》：「[蔡澤]謂其御者曰：『吾……懷黃金之印，結紫綬於要，揖讓人主之前，食肉富貴，四十三年足矣。』」後以「金印紫綬」爲高官位尊之人的代稱。《後漢書·竇憲傳》：「乃拜[竇]憲車騎將軍，金印紫綬。」也作「**金章紫綬**」。《晉書·張華傳》：「及[楚王]瑋誅，華以首謀有功，拜右光祿大夫，開府儀同三司、侍中、中書監，金章紫綬。」

【金友玉昆】

昆：兄弟。指一門的親兄弟都才德兼備。北魏·崔鴻《十六國春秋·前涼錄·辛攀》：「辛攀，字懷遠，隴西狄道人也。兄鑒曠，弟寶迅，皆以才識著名。秦雍爲之諺曰：『三龍一門，金友玉昆。』」也作「**玉昆金友**」、「**玉友金昆**」。

【金魚餵貓——划不來】

見「豆腐盤成肉價錢——划不來」。

【金玉貨賂】

金玉：珍寶的通稱；貨賂：珍寶財富。指金銀美玉等貴重的珍寶。《史記·高祖本紀》：「大破楚軍，盡得楚國金玉貨賂。」

【金玉良言】

見「金玉之言」。

【金玉滿堂】

形容財富極多。《老子》九章：「金玉滿堂，莫之能守。」也比喻人學識淵博。南朝宋·劉義慶《世說新語·賞譽》：「眞長（劉惔）可謂金玉滿堂。」

【金玉其外，敗絮其中】

敗絮：破棉絮。外表如金玉，內裏一團糟。比喻人或物表裏不一。明·劉基《賣柑者言》：「觀其坐高堂，騎大馬，醉醇醴而飫肥鮮者，孰不巍巍乎可畏，赫赫乎可象也？又何往而不金玉其外，敗絮其中也哉？」歐陽山《三家巷》一：「難怪人說長皮不長肉，中看不中吃，這才眞是金玉其外，敗絮其中呢！」

【金玉其質】

質：品質。比喻人的品質如金似玉，非常高尚。《鏡花緣》一回：「不惟金玉其質，亦且冰雪爲心。」

【金玉有餘，買鎭宅書】

金錢用不完，買書來鎭守房屋，裝點門面。指有錢的人假充斯文。元·辛文房《唐才子傳》卷八：「汪遵，宣州涇縣人，幼爲小吏，晝夜讀書良苦……與夫朱門豪富，積書萬卷，束在高閣，塵暗簽軸，蠹落帙帷，網好學之名，欺盲聾之俗，非三變之敗，無一展之期。諺曰：『金玉有餘，買鎭宅書。』嗚呼哀哉！」

【金玉之言】

比喻眞誠的勸告或有益的教誨。元·王實甫《西廂記》四本三折：「小姐金玉之言，小生一一銘之肺腑。」也作「**金石之言**」。《隋唐演義》一一回：「兄長金石之言，小弟當銘刻肺腑。」也作「**金玉良言**」。《官場現形記》一一回：「老哥哥教導的話，句句是金玉良言。」也作「**金石良言**」。《二十年目睹之怪現狀》九九回：「叔公教你的，都是金石良言，務必一一記了，不可有負栽培。」

【金針度人】

唐·馮翊《桂苑叢談·史遺》載：「鄭侃女采娘，七夕夜陳香筵，祈於織女。是夕，雲輿雨蓋蔽空，駐車，命采娘曰：『吾織女，祈何福？』[采娘]曰：『願乞巧耳。』[織女]乃遺一金針，長寸餘，綴於紙上，置裙中，令三日勿語，汝當奇巧。」從此她刺繡的技巧就非常出色。金·元好問《論詩》詩：「鴛鴦繡了從敎看，莫把金針度與人。」後以「金針度人」比喻把某種秘訣傳授給別人。魯迅《懷舊》：「用筆之活可作金針度人。」

【金鑄的鞋模——好樣子】

雙關語。比喻人的模樣很好。例這批百裏挑一的小演員，的確是金鑄的鞋模——好樣子。

【金章紫綬】

見「金印紫綬」。

【金枝玉葉】

唐·王建《宮中調笑》詞：「蝴蝶，蝴蝶，飛上金枝玉葉。」原形容花木嬌嫩的枝葉，後比喻出身高貴的人。《三國演義》一三回：「張飛聽了，瞋目大叱曰：『我哥哥是金枝玉葉，你是何等人，敢稱我哥哥爲賢弟？』」也作「**玉葉金枝**」。

【金裝玉裹】

形容衣著華貴漂亮。《好逑傳》一五回：「鐵中玉在縣堂看見冰心小姐時，雖說美麗，卻穿的是淺淡衣服；今日所見，卻金裝玉裹，打扮得與天仙相似。」

【金字招牌】

原指用金粉刷寫的店鋪名字牌匾。①比喻商店資本雄厚、貨眞價實、信譽良好。例同仁堂可是塊金字招牌，素以選用藥材講究，製作得法，藥效顯著聞名。②比喻用以向人炫耀的名義或稱號。例有些人出國留學，並不是爲學到多少先進的科技知識，而是爲掙回一塊金字招牌，作爲改變境遇的資本。

【金字招牌——有名無實】

用金粉塗字的商店招牌。比喻徒有虛名。例這個外國某名牌大學的博士生，在工作中證明，似乎是金字招牌——有名無實，本領也不怎麼樣。也作「雷聲大，雨點小——有名無實」。

【金子當成黃銅賣——屈才(財)】
才：「財」的諧音。比喻不重視人才。例人才屬於單位所有制，容易造成金子當成黃銅賣——屈才（財）。也作「夜明珠埋在糞坑裏——屈才（財）」。

【金子終得金子換】
比喻交易雙方必須價值相當，引申爲以心換心。《紅樓夢》四六回：「你比不得外頭新買的，你這一進去了，進門就開了臉，就封你姨娘，又體面，又尊貴。你又是個要強的人，俗語說的『金子終得金子換』，誰知竟被老爺看中了。如今這一來，你可遂了素日志大心高的願了，也堵一堵那些嫌你的人的嘴。」

【津關險塞】
津：渡口；關：關隘；險：險要；塞：要塞。指水陸交通中的險要關口。《史記・秦始皇本紀》：「[賈誼]曰：『秦兼並諸侯山東三十餘郡，繕津關，據險塞，修甲兵而守之。』」

【津津樂道】
津津：興味很濃的樣子；樂道：喜歡談論。指很感興味地談論。清・錢泳《履園叢話・蠶精》：「世傳盲詞中有白蛇傳，雖婦人女子皆知之，能津津樂道者，而不知此種事，世間竟有之。」茅盾《憶冼星海先生》：「要是他不死，他一定津津樂道這一番的遭遇，覺得何幸而有此罷？」

【津津有味】
形容特別感興趣，有滋味。《好逑傳》七回：「你道我說的好，我讚你講的妙，彼此津津有味。」

【矜才使氣】
自誇有才能，好意氣用事。清・昭槤《嘯亭雜錄・黃雅林》：「先生學問淵博，矜才使氣，醫卜藝術之書，無不周覽。」

【矜功不立】
矜：自誇。自以爲能立大功，實則不成。《戰國策・齊策四》：「故曰：『矜功不立，虛願不至。』此皆幸樂其名，華而無其實德者也。」

【矜功伐能】
矜：自尊自大；伐：自誇。好誇耀自己的功勞和才能。三國魏・劉劭《人物志・釋爭》：「彼小人則不然，矜功伐能，好以陵人。」

【矜功伐善】
矜功：自以爲有功勞；伐善：自己誇耀自己的長處。自己誇耀自己的功勞和長處。形容自我吹噓。《周書・王勇傳》：「勇性雄猛，爲當時驍將。然矜功伐善，好揚人之惡，時論亦以此鄙之。」

【矜功負氣】
謂憑藉自己的功勞而賭氣。形容恃功傲物。《晋書・王渾王濟傳論》：「二王屬當戎旅……或矜功負氣，或恃勢驕陵，競構南箕，成茲貝錦。」

【矜功負勝】
自以爲戰績顯著，有取勝的把握。《魏書・崔延伯傳》：「醜奴置營涇州西北七十里，當原城，時或輕騎暫來挑戰，大兵未交，便示奔北。延伯矜功負勝，遂唱議先驅。」

【矜功恃寵】
憑借有功，依仗恩寵。《魏書・衛王儀傳》：「太祖以儀器望，待之尤重，數幸其第，如家人禮。儀矜功恃寵，遂與宜都公穆崇謀爲亂。」

【矜功自伐】
自伐：自我誇耀。指自我誇耀自己的功績。《晋書・陸機傳》：「冏（齊王冏）既矜功自伐，受爵不讓，機惡之，作《豪士賦》以刺焉。」

【矜己任智】
誇耀自己，顯示自己多才多能。晋・陸機《丞相箴》：「矜己任智，是蔽是欺。」

【矜己自飾】
自飾：自我誇耀。指自己讚美自己。《後漢書・鄭興傳》：「囂（隗囂）矜己自飾，常以爲西伯復作，乃與諸將議自立爲王。」

【矜糾收繚】
矜糾：急躁；收繚：凶暴。形容性格急躁暴戾。《荀子・議兵》：「矜糾收繚之屬爲之化而調。」清・王念孫《讀書雜志・荀子》：「矜糾收繚，皆急戾之意。」

【矜矜業業】
形容小心謹愼的樣子。《三國志・魏書・高堂隆傳》：「是以古先哲王，畏上天之明命，循陰陽之逆順，矜矜業業，惟恐有違。」

【矜名妒能】
矜：自尊自大；名：名聲；妒：嫉妒；能：賢能。誇耀自己的名聲而嫉賢妒能。《後漢書・崔駰傳》：「其達者或矜名妒能，恥策非己，舞筆奮辭，以破其義。」

【矜名嫉能】
指誇耀自己的名聲而嫉妒別人的才能。漢・崔寔《政論》：「其達者或矜名嫉能，恥善策不從己出，則舞筆奮辭，以破其義。」

【矜能負才】
自誇很有才能。《晋書・唐彬傳》：「鄧艾忌克詭狹，矜能負才，順從者謂爲見事，直言者謂之觸迕。」

【矜貧救厄】
矜：憐憫；厄：災難，困苦。憐憫賑濟遭受貧窮困苦的人。《雲笈七籤》卷四〇：「與窮恤寡是一藥，矜貧救厄是一藥。」

【矜貧恤獨】
恤：周濟；獨：年老無子女的人。憐憫周濟貧窮和孤獨的人。《魏書・高閭傳》：「甄忠明孝，矜貧恤獨，開納讜言，抑絕讒佞。」

【矜奇立異】
讚賞新奇，標新立異。郭沫若《論古代文學》：「我現在說這個話，或許有人以爲矜奇立異。但不管大家承認不承認，而我的見解並不是信口開河。」

【矜奇炫博】

炫：誇耀。謂顯示自己標奇立異，誇耀自己學識淵博。清・王士禛《帶經堂詩話・遺跡類下》：「王子年著書皆杜撰，韓[定辭]、馬[彧]特引此以矜奇炫博，非事實也。」

【矜智負能】

自誇有智慧和才能。宋・陸九淵《與包顯道書》：「含哺而嬉，擊壤而歌，耕田而食，鑿井而飲者亦無一毫自慊之意。風化如此，豈不增宇宙之和哉！此理苟明，則矜智負能之人，皆將失其窟宅。」

【襟懷磊落】

見「襟懷坦白」。

【襟懷灑落】

見「襟懷坦白」。

【襟懷坦白】

襟懷：胸懷；坦白：開朗，不隱瞞。形容心地純正，光明磊落。清・陳文述《放牛行同前韻》：「董君性仁慈，胸懷亦坦白。」也作「襟懷坦夷」。坦夷：胸襟寬暢。宋・黃幹《祭李貫之》：「貫之性質粹美，襟懷坦夷，凝靜有常。」也作「襟懷坦易」。宋・韓琦《祭少師歐陽公永叔文》：「[永叔]襟懷坦易，事貴窮理，言無飾僞。」也作「襟懷磊落」。宋・胡夢昱《象州祭弟利用行十八文》：「弟之襟懷磊落，交遊敬之。」也作「襟懷灑落」。灑落：蕭灑坦率。宋・周必大《益公題跋・三・跋唐子西帖》：「不妄與人交，而襟懷灑落，人自愛之。」

【襟懷坦夷】

見「襟懷坦白」。

【襟懷坦易】

見「襟懷坦白」。

【襟江帶湖】

襟：衣襟；帶：衣帶子。形容江河湖泊的回互縈繞，就如同衣襟和衣帶一樣。唐・王勃《滕王閣序》：「襟三江而帶五湖。」

【襟裾馬牛】

襟：衣襟；裾：衣服的前後部分；襟裾：借指衣服。馬牛穿上人的衣服。比喻可笑無知。元・汪元亨《朝天子・歸隱》曲：「厭襟裾馬牛，笑衣冠沐猴。」也作「裾馬襟牛」。

【筋疲力弊】

見「筋疲力盡」。

【筋疲力竭】

見「筋疲力盡」。

【筋疲力盡】

形容極度疲乏，一點力氣也沒有了。《醒世恆言》卷二二：「我已筋疲力盡，不能行動。」也作「筋疲力弊」。宋・司馬光《道傍田家》：「筋疲力弊不入腹，未議縣官租稅足。」也作「筋疲力竭」。唐・元稹《有酒十章》：「精衛銜蘆塞海溢，枯魚噴沫救池燔。筋疲力竭波更大，鰭燋甲裂身已乾。」

ㄐㄧㄣˇ

【僅容旋馬】

旋：轉動。僅僅能容納下一匹轉動的馬。形容地方狹窄。《宋史・李沆傳》：「治第封丘門內，廳事前僅容旋馬。或言其太隘，沆笑曰：『居第當傳子孫，此爲宰相廳事誠隘，爲太祝、奉禮廳事已寬矣。』」

【僅識之無】

僅識：只認識。只認識「之」、「無」二常用字。形容學識淺薄。《聊齋志異・醫術》：「張曰：『我僅識之無耳，烏能是？』道士笑曰：『迂哉，名醫何必多識字乎？但行之耳！』」

【僅以身歸】

見「僅以身免」。

【僅以身免】

僅：只；身：自身；免：免於難。指在危難中隻身逃脫，免於一死。《史記・樂毅傳》：「齊王遁而走莒，僅以身免。」也作「僅以身歸」。歸：逃回。《魏書・蕭衍傳》：「又寶炬、河陰之北，黑獺、芒山之走，衆無一旅，僅以身歸。」

【緊打慢敲】

比喻用各種辦法催迫。例在同事們的緊打慢敲下，他終於拿錢買西瓜請了客。

【緊箍咒】

原指《西遊記》中唐僧用來管束孫悟空時念的一種咒語。比喻束縛人思想行爲的某種東西。例要眞正調動廣大羣衆的積極性，首先必須去除戴在他們頭上的一道道緊箍咒。

【緊急關頭】

緊急：必須立即採取行動，不容許拖延的；關頭：起決定作用的時機或轉折點。緊急而重要的關鍵時刻。例掃雷戰士在緊急關頭，沉著冷靜地排除了地雷，防止了一場爆炸事故。

【緊口罈兒盛檐水——樂（落）在肚裏頭】

樂：「落」的諧音。雙關語。比喻心裏高興。例別看他表面若無其事，實際上是緊口罈兒盛檐水——樂（落）在肚裏頭哩！

【緊鑼密鼓】

鑼聲敲得急，鼓點打得密。比喻大型活動前的緊張輿論準備。例爲召開十一屆亞運會，全國上下，緊鑼密鼓，進行了多方面的準備工作。

【緊行無好步】

走得太快了，步子就會不穩。比喻過於著急，事情辦不好。例俗話說：「緊行無好步」心一急，就沒主意，怎麼能辦好事？

【錦被蓋雞籠，外頭霍顯裏頭空】

霍顯：漂亮。比喻外表美觀，裏面空虛。《綴白裘〈鮫綃記・草桐〉》：「銀子是會賺的，只是東手接來西手去，弗聚財。俗語云：『錦被蓋雞籠，外頭霍顯裏頭空。』」

【錦腸繡舌】

見「錦心繡口」。

【錦簇花團】

簇：叢聚，聚成一團。形容五色繽紛，十分華麗的形象。也指這樣美麗精緻之物。《兒女英雄傳》三三回：「縱然文章作的錦簇花團，終爲無本之學。」

【錦地繡天】

形容環境裝飾點綴得十分華麗美觀。宋・范成大《清明日試新火作牡丹會》：「那得青煙穿御柳，且將銀燭照京花……錦地繡天春不散，任教檐雨卷泥沙。」也作「**錦天繡地**」。明・李翠微《元宵艷曲》：「燈如晝，人如蟻，總爲賞元宵，妝點出錦天繡地。」

【錦囊佳句】

見「錦囊妙句」。

【錦囊佳制】

見「錦囊妙句」。

【錦囊妙計】

錦囊：用錦做成的袋子。《三國演義》五四回：「汝保主公（劉備）入吳，當領此三個錦囊。囊中有三條妙計，依次而行。」錦囊中裝有神妙的計策。比喻能及時解救危急的好辦法。《兒女英雄傳》二六回：「她的那點聰明，本不在何玉鳳姑娘以下，況又受了公婆的許多錦囊妙計，此時轉比何玉鳳來的氣壯膽粗。」

【錦囊妙句】

唐・李商隱《李賀小傳》：「每旦日出……背一古破錦囊，遇有所得，即書投囊中。」後以「錦囊妙句」比喻優美的詩文。宋・鄧肅《醉吟軒》：「長鯨渴興沈江海，錦囊妙句生風雷。」也作「**錦囊佳制**」。元・王實甫《西廂記》二本一折：「昨宵個錦囊佳制明勾引，今日個玉堂人物難親近。」也作「**錦囊佳句**」。清・沈復《浮生六記・閨房記樂》：「詢其故，笑曰：『無師之作，願得知己堪師者敲成之耳。』余戲其簽曰：『錦囊佳句。』不知夭壽之機此已伏矣。」

【錦片前程】

錦片：精緻鮮美的絲織品。比喻前途無限美好。元・賈仲名《對玉梳》四折：「想著咱錦片前程，十分恩愛。」後多作「錦繡前程」。例現代化建設爲我國展現出繁花盛開的錦繡前程。

【錦瑟華年】

見「錦瑟年華」。

【錦瑟年華】

錦瑟：裝飾漂亮的瑟；年華：指青春時代。比喻美好的青春時代。唐・李商隱《錦瑟》詩：「錦瑟無端五十弦，一弦一柱思華年。」宋・賀鑄《青玉案》詞：「錦瑟年華誰與度。」也作「**錦瑟華年**」。明・湯顯祖《紫釵記・花朝合巹》：「喜才子佳人，雙雙錦瑟華年。」

【錦上添花】

在美麗的絲織品上再繡上花。比喻美上加美，好上加好。宋・黃庭堅《了了庵頌》：「方廣庵名了了，了了更著菴遮；又要涪翁作頌，且圖錦上添花。」

【錦上繡花——好上加好】

錦：有彩色花紋的絲織品。見「俏媳婦戴鳳冠——好上加好」。

【錦堂客至三杯酒，茅舍人來一盞茶】

錦堂：指高貴人家；茅舍：指窮苦人家。高貴客人來了，設酒宴款待；普通人來訪，給他一杯清茶。謂爲人勢利。元・鄭德輝《王粲登樓》一折：「［蔡相雲］說此人矜驕傲慢，果然。學士在此，下不得一拜。學士無罪，可不道錦堂客至三杯酒，茅舍人來一盞茶。我偌大個相府，王粲遠遠而來，豈無一種酒受待，令人將酒過來！」

【錦天繡地】

見「錦地繡天」。

【錦心繡腸】

見「錦心繡口」。

【錦心繡腹】

見「錦心繡口」。

【錦心繡口】

唐・李白《冬日於龍門送從弟京兆參軍令問之淮南覲省序》：「常醉目吾曰：『兄心肝五臟皆錦繡耶？不然，何開口成文，揮翰霧散？』」後以「錦心繡口」形容優美的文思和文辭。唐・柳宗元《乞巧文》：「駢四儷六，錦心繡口。」也作「**錦心繡腹**」。元・喬夢符《玉簫女兩世姻緣》二折：「想著他錦心繡腹那才能，怎教我月下花前不動情。」也作「**錦心繡腸**」。《警世通言》卷一七：「聞知異鄉公子如此形狀，必是個浪蕩之徒，便有錦心繡腸，誰人信他，誰人請他？」也作「**錦繡心腸**」。元・鮮于必仁《折桂令・李翰林》小令：「珠璣咳唾，錦繡心腸。」也作「**錦腸繡舌**」。宋・劉子翬《聽詹溫之彈琴歌》：「號宮韻角可聽不可狀，錦腸繡舌空吟哦。」

【錦繡河山】

「錦繡山河」。

【錦繡湖山】

見「錦繡山河」。

【錦繡江山】

見「錦繡山河」。

【錦繡前程】

見「錦片前程」。

【錦繡山河】

形容國土如錦繡那樣美麗。宋・楊萬里《寄賀建康留守范參政端明》：「春生錦繡山河早，秋到江淮草木遲。」也作「**錦繡湖山**」。宋・俞德鄰《癸未遊杭，因事懷舊，雜以俚語，不復詮擇四首》：「十年南國足風埃，錦繡湖山得再來。」也作「**錦繡江山**」。元・白樸《梧桐雨》二折：「統精兵直指潼關，料唐家無計遮攔。單要搶貴妃一個，非專為錦繡江山。」也作「**錦繡河山**」。朱德《寄南征諸將》詩：「錦繡河山收拾好，萬民盡作主人翁。」

【錦繡心腸】

見「錦心繡口」。

【錦衣還鄉】

錦：有彩色花紋的絲織品；衣；衣裳。穿著錦繡衣裳回到故鄉。舊指得志後回到故鄉。元・無名氏《九世同居》四折：「這位兄弟張英，俺二人到的帝都闕下，一舉狀元及第，又蒙王伯清保奏，著俺錦衣還鄉。」也作「**衣錦還鄉**」。

【錦衣紈袴】

紈袴：細絹製的褲子，多為貴戚子弟所穿。指富貴人家子弟穿的華美衣著。借指富貴人家的子弟。《紅樓夢》一回：「當此日，欲將已往所賴天恩祖德，錦衣紈袴之事，飫甘饜肥之日，背父母教育之恩，負師友規訓之德，以致今日一技無成。」

【錦衣玉帶】

身著精美的服飾，腰繫玉帶。指顯貴者的華麗裝束。清・張問陶《醉後口占》詩：「錦衣玉帶雪中眠，醉後詩魂欲上天。」

【錦衣玉食】

精美的衣著和飲食。形容豪華的生活。清・沈復《浮生六記・坎坷記愁》：「況錦衣玉食者未必能安於荊釵布裙也，與其後悔，莫若無成。」也作「**玉食錦衣**」。

【謹毛失貌】

謹：慎重，小心；毛：細小的地方；貌：整體。比喻過分地注意細節，而忽略整體。《淮南子・說林》：「畫者謹毛而失貌。」注：「謹悉微毛，留意於小，則失其大貌。」

【謹身節用】

約束自身，節儉用度。《孝經・庶人章》：「謹身節用，以養父母。」

【謹小慎微】

見「敬小慎微」。

【謹行儉用】

謹：小心謹慎；儉：儉省。謹慎行事，儉省用錢。形容人安分節儉。元・馬致遠《任風子》三折：「可不道個謹行儉用，十年不富，天之命也。」

【謹言慎行】

說話和行動都小心謹慎。《禮記・緇衣》：「故言必慮其所終，而行必稽其所敝，則民謹于言，而慎于行。」《宋史・李穆傳》：「質厚忠恪，謹言慎行，所為純至無有矯飾。」

【謹終追遠】

終：指父母喪；遠：指祖先。謂居父母喪要盡禮節，祭祀祖先一定要虔誠。宋・蘇軾《母蒲氏王氏秦國太夫人外制》：「謹終追遠，仁也；顯親揚名，孝也。」也作「**慎終追遠**」、「**慎終思遠**」、「**追遠慎終**」。

【瑾瑜匿瑕】

瑾瑜：美玉；匿：隱藏；瑕：玉上的斑點。美玉也難免含有斑點。原比喻國君的氣度大，可以含垢忍辱。《左傳・宣公十五年》：「諺曰：『高下在心，川澤納污，山藪藏疾，瑾瑜匿瑕。』國君含垢，天之道也。君其待之。」後泛指本質好的事物也會有缺點。」

ㄐㄧㄣˋ

【盡誠竭節】

節：氣節，節操。竭盡忠誠和氣節。《三國志・魏書・夏侯尚傳》「尚薨謚曰悼侯」裴松之注引《魏書》載詔曰：「尚自少侍從，盡誠竭節，雖云異姓，其猶骨肉，是以入為腹心，出當爪牙。」也作「**盡節竭誠**」。《魏書・呂羅漢傳》：「自非盡節竭誠，將何以垂名竹帛？」

【盡瘁鞠躬】

見「鞠躬盡瘁」

【盡瘁事國】

盡瘁：竭盡心力。謂竭盡全部力量，報效國家。《詩經・小雅・北山》：「或燕燕居息，或盡瘁事國。或息偃在床，或不已於行。」

【盡付東流】

把事物交給往東流去的水，不再回來。比喻希望等落空或完全喪失。《醒世姻緣傳》七九回：「便就是有緣法的，那緣法盡了，往時的情義盡付東流，還要變成了仇怨。」也作「**付之東流**」。

【盡公者，政之本也；樹私者，亂之源也】

治國施政，一心為公是根本之道；結黨營私，則是禍亂之源。《晉書・劉頌傳》：「重臣假所資以樹私，任臣因所藉以盡公。盡公者，政之本也；樹私者，亂之源也。」

【盡歡而散】

謂盡情歡暢之後，彼此離去。《兒女英雄傳》三二回：「他還吃了封頂大杯，才盡歡而散。」

【盡節竭誠】

見「盡誠竭節」。

【盡力而為】

《孟子・梁惠王上》：「以若所為，求若所欲，盡心力而為之，後必有災。」後以「盡力而為」指用全部力量來做。清・張集馨《道咸宦海見聞錄》：「一萬米，須四萬腳價，只好盡力而為耳。」

【盡盤將軍】

盡盤：盤中的食品全部吃光。比喻十分貪吃貪喝的人。元・蕭德輝《殺狗勸夫》一折：「他兩個把盞兒吞，直吃的醉醺醺，吃的來東倒西歪，盡盤將軍。」也作「**淨盤將軍**」。元・無名氏《小尉遲》一折：「將各樣好下飯，狠餐虎噬，則一頓都噇了，方才吃酒，以此號為淨盤將軍。」

【盡其所長】

長：特長。把所擅長的東西全部發揮出來。例在春節聯歡晚會上，演員們盡其所長，表演各種節目，受到觀衆們的好評。

【盡其在我】
謂盡自己最大的力量去做好自己應該做的事情。清・王韜《書重刻弢園尺牘後》：「夫今時之所急，亦惟輯強鄰禦外侮而已，二者要惟先盡其在我耳。」

【盡情盡理】
謂完全符合人情事理。郭沫若《高漸離》三幕：「廷尉，你的推測盡情盡理。這案件實在太離奇。」

【盡人皆知】
皆：都。指事情爲衆人所知。例這件事盡人皆知，你還想瞞我？

【盡人事聽天命】
謂對事情已經絕望，只能再盡點責任，以求良心上得到安慰。例病人只剩一口氣，組織搶救不過是「盡人事聽天命」罷了！

【盡日窮夜】
從早到晚，通宵達旦，不分白天黑夜。《南史・袁顗傳》：「[顗]與鄧琬款狎過常，每淸閒必盡日窮夜。」

【盡如人意】
盡：完全；完全符合人的心意。茅盾《子夜》十：「他稍稍感到天下事不能盡如人意了。」

【盡如所期】
盡：完全；期：希望。完全同所希望的那樣。指事情的結果和所意料的完全相符。例盡如所期，十一屆亞運會圓滿地結束。

【盡入彀中】
彀（ㄍㄡˋ）中：弓箭射程以內。五代・王定保《唐摭言・述進士》：「[唐太宗]嘗私幸端門，見新進士綴行而出，喜曰：『天下英雄入吾彀中矣！』」後以「盡入彀中」喩指網羅人才。《民國通俗演義》二二回：「在老袁的意思，無非是籠絡人才，欲使天下英雄，盡入彀中，可以任所欲爲。」

【盡善盡美】
盡：達到極限。《論語・八佾》：「子謂《韶》，盡美矣，又盡善也；謂《武》，盡美矣，未盡善也。」後以「盡善盡美」形容事物達到最美好的境地，完美無缺。《隋書・文學傳序》：「若能掇彼淸音，簡茲累句，各去所短，合其兩長，則文質斌斌，盡善盡美矣。」

【盡態極妍】
盡、極：達到最高限度；態：姿態；妍：美麗。指女子各種嫵媚的姿態非常漂亮。唐・杜牧《阿房宮賦》：「一肌一容，盡態極妍。縵立遠視，而望幸焉。」也指把美的情態全部表現出來。朱自淸《短詩與長詩》：「這裏必有繁音複節，才可盡態極妍，暢所欲發；於是長詩就可貴了。」也作「窮態極妍」。

【盡心竭誠】
謂竭盡眞摯誠懇。唐・歐陽詹《泉州席史君宴秀才序》：「公斯宴則風移教行其間矣，眞盡心竭誠奉主化民之宰也。」

【盡心竭力】
見「盡心盡力」。

【盡心盡力】
費盡心思，使出全力。形容做事十分認眞負責。《晉書・王坦之傳》：「且受遇先帝，綢繆繾綣，並志竭忠貞，盡心盡力，歸誠陛下，以報先帝。」也作「盡心竭力」。《封神演義》八五回：「卿當盡心竭力，務在必退周兵，以擒罪首。」

【盡心圖報】
謂誠心報答他人。《紅樓夢》三回：「因向蒙教誨之恩，未經酬報，遇此機會，豈有不盡心圖報之理？」

【盡信書，則不如無書】
書：指《尙書》。完全相信《尙書》中記載的事情，就不如沒有《尙書》。原指《尙書》記史實不確切，不能完全相信。後指要正確對待書本知識，不可盲從。《孟子・盡心下》：「孟子曰：『盡信書，則不如無書。吾於《武成》，取二三策而矣。仁人無敵於天下，以至仁伐至不仁，而何其血之流杵也？』」《老殘遊記》九回：「『盡信書，則不如無書』，鄙人遊戲筆墨耳。」

【盡忠報國】
謂竭盡忠心，報效國家。《北史・顏之儀傳》：「公等備受朝恩，當盡忠報國，奈何一旦欲以神器假人！」也作「精忠報國」。《說岳全傳》二二回：「安人取筆先在岳飛背上正脊之中寫了『精忠報國』四字，然後將繡花針拿在手中……就咬著牙根而刺。」

【盡忠拂過】
拂：ㄅㄧˋ，通「弼」，匡正。謂竭盡忠心，勸勉帝王改正過失。《史記・秦始皇本紀》：「當此時也，世非無深慮知化之士也，然所以不敢盡忠拂過者，秦俗多異諱之禁，忠言未卒於口而身爲戮沒矣。」

【盡忠不能盡孝】
要爲國家效忠，就不能留在家裏伺候父母。元・秦簡夫《剪髮待賓》三折：「母親，今學士大人要領您孩兒上京應舉去，怎奈母親年高，孩兒盡忠不能盡孝，孩兒去好，不去好？」

【盡忠竭力】
竭盡忠誠，用盡智力，報效國家或君王。《水滸全傳》五六回：「專待朝廷招安，盡忠竭力報國，非敢貪財好殺，行不仁不義之事。」也指使出全部心思和力氣爲他人作事。《醒世姻緣傳》一六回：「所以凡百的事，眞眞是盡忠竭力，再沒有個不盡的心腸。」

【進讒害賢】
讒：讒言；賢：賢良。用壞話陷害好人。指奸人挑撥離間，陷害賢良的行徑。例他是個公平正直的人，最厭惡進讒害賢的壞人。

【進寸退尺】

進一寸，退一尺。指逆流而進，阻力極大。唐・盧仝《蛺蜓歌》：「處處鷩波噴流飛雪花，篙工楫師力且武，進寸退尺莫能度。」也用以比喻得少失多。唐・韓愈《上兵部李侍郎書》：「薄命不幸，動遭讒謗，進寸退尺，卒無所成。」

【進德修業】

增進道德修養，擴大功業建樹。《周易・乾・文言》：「君子進德修業。」孔穎達疏：「欲進益道德，修營功業。」後也用以指勉力進步，進修學業。清・朱彝尊《與查韜荒弟書》：「不審別後，進德修業，能直詣古人堂奧否？」

【進墳地吹口哨——自己給自己壯膽】

見「過墳場吹口哨——給自己壯膽」。

【進可替不】

見「進可替否」。

【進可替否】

替：代替；否：惡，喻指不好的。謂進用好的替換不好的。《藝文類聚》卷四八「吏部尚書」引《魏志》曰：「官人秩才，聖帝所難，必須良佐，進可替否。」也作「**進可替不**」。晉・葛洪《抱朴子・外篇自敍》：「正色弼違，進可替不，舉善彈枉，軍國肅雍。」

【進了港灣的船——遇不到風浪了】

比喻再不會有什麼挫折和風險，從此太平無事了。例你現在回到了故鄉，就像進了港灣的船——遇不到風浪了，鄉親們會無微不至地照顧你的。

【進了套的黃鼠狼——跑不了】

見「斷了腿的青蛙——跑不了」。

【進了網的大鰉魚——拼命地亂撞】

鰉魚：魚類的一種，大的體長可達五公尺，有五行硬甲，嘴很大，呈半月形。比喻垂死掙扎。例被包圍的敵人，就像進了網的大鰉魚——拼命地亂撞，妄圖逃命，比登天還難。

【進旅退旅】

旅：衆人，引申爲共同。和衆人共進共退。《禮記・樂記》：「今夫古樂，進旅退旅。」也作「**旅進旅退**」。

【進門一把火，出門一把鎖】

一把火：指生火做飯。回家做飯，出門上鎖。形容單身漢過日子。例談了好幾個對象，都吹了台，到今天四十好幾了，依然是「進門一把火，出門一把鎖」。

【進銳退速】

銳、速：形容快。前進過於迅速，計畫不周，會很快造成挫折或失敗。比喻急於求成，容易失敗。《孟子・盡心上》：「於不可已而已者，無所不已。於所厚者薄，無所不薄也。其進銳者，其退速。」宋・陸游《上殿札子己酉四月十二日》：「若夫進銳退速，能動耳目之觀聽，而無至誠惻怛之心以終之。」

【進身之階】

指擢升的憑藉或途徑。元・胡只遹《禮論》：「殊不察自即位以來，所聞之言無大利害，適足以爲口舌者進身之階，虛失待大臣之體，瀆上下之分。」

【進退存亡】

前進、退縮、生存、死亡。泛指各種處境。清・朱彝尊《杭州洞霄宮提舉題名記》：「君子所貴乎知進退存亡，而不失其正也。」

【進退出處】

處：退隱。指做官歸隱，進退去就。清・朱彝尊《程職方詩集序》：「南海多騷雅之士，其尤傑出者，處士屈大均翁山、陳恭尹元孝，其進退出處不同，而君皆與交莫逆。」

【進退狼狽】

見「進退維谷」。

【進退兩難】

既不能前進，也後退不得。形容處境很困難。《水滸傳》三五回：「花榮與秦明看了書，與衆人商議道：『事在途中，進退兩難，回又不得，散了又不成，只顧且去。』」

【進退履繩】

履：踩，指遵循；繩：木工用的墨線，比喻規矩、法則。進和退都要遵循規矩而行。《列子・湯問》：「進退履繩，而旋曲中規矩。」也作「**進退中繩**」。《莊子・達生》：「東野稷以御見莊公，進退中繩，左右旋中規，莊公以爲文弗過也，使之鉤百而返。」

【進退失據】

前進或後退都失去依據、憑藉，以致進退兩難。《金史・武仙傳》：「九月，至黑谷泊，進退失據，遂謀北走，行部尚書盧芝、侍郎石玠不從。」也作「**進退無據**」。清・紀昀《閱微草堂筆記・灤陽消夏錄二》：「余謂再嫁，負故夫；嫁而有貳心，負後夫也，此婦進退無據焉。」

【進退首鼠】

首鼠：躊躇。前進，還是退卻，拿不定主意。形容猶豫不決。宋・陳亮《與應仲實書》：「又思此別相見定何時，進退首鼠，卒以其所欲求正於仲實者而寓之書。」

【進退維谷】

維：文言虛詞，相當於「是」；谷：山谷，比喻困境。進和退都陷於困難的境地。《詩經・大雅・桑柔》：「人亦有言，進退維谷。」也作「**進退狼狽**」。狼狽：困頓窘迫的樣子。《三國志・蜀書・馬超傳》：「[馬]超出攻之，不能下，[梁]寬、[趙]衢閉冀城門，超不得入。進退狼狽，乃奔漢中依張魯。」

【進退無恆】

恆：持久。謂進和退沒有一定。《周易・乾》：「進退無恆，非離羣也。」

【進退無據】
見「進退失據」。

【進退無路】
見「進退無門」。

【進退無門】
門：出路。進和退都沒有出路。形容處境非常困難。元・蕭德輝《殺狗勸夫》一折：「俺哥哥眼內無珍，看的我做各姓他人，動不動棍棒臨身，直著我有口難分，進退無門。」也作「**進退無路**」。明・鄭若庸《玉玦記・投賢》：「小生囊篋罄然，家園迢遞，進退無路，特問公公指引，再去尋他。」

【進退盈縮，與時變化，聖人之常道也】
盈：圓滿，豐滿；縮：由大變小，由長到短，收縮。進與退，圓滿與收縮，要隨時勢而變化，這是賢明者遵循的常規。指爲人做事，要適應客觀環境的變化。《史記・范雎蔡澤列傳》：「語曰：『日中則移，月滿則虧。』物盛則衰，天地之常數也；進退盈縮，與時變化，聖人之常道也。」

【進退有常】
謂進和退都有一定的自然規律。《鶡冠子・泰鴻十》：「日信出信入，南北有極，度之稽也；月信死信生，進退有常，數之稽也。」

【進退中度】
謂進和退都要合於法度。《呂氏春秋・士容論》：「被服中法，進退中度。」

【進退中繩】
見「進退履繩」。

【進屋跳窗戶——沒門】
比喻沒有門路，或不得要領。例我也想參加這個巡回演出劇團，活動了幾天，仍然是進屋跳窗戶——沒門。也作「**進屋跳窗戶——無門**」、「**圓頂帳子——沒門**」、「**駱駝進雞窩——無門**」、「**老鼠鑽牛角——沒有門路**」、「**城牆上掛簾子——沒門**」。

【進賢任能】
見「舉賢使能」。

【進在手裏，吃在肚裏】
謂掙多少，吃多少，花個淨光。例從前是「進在手裏，吃在肚裏」，今天是收入稍多，略有節餘。

【進站的火車——叫得凶】
比喻光說不做。例他做事常像進站的火車——叫得兇，從來不身體力行。也作「**六月裏的老鴰——叫得凶**」。

【進站的火車頭——窩火又洩氣】
雙關語。比喻既憋氣又洩勁。例我們高高興興地來參加車站的義務勞動，卻被拒之於大門之外，實在是進站的火車頭——窩火又洩氣。

【近火先焦】
離火近的先被烤焦。比喻不避災禍，則一定先遭殃。《水滸全傳》四九回：「如今朝廷有甚分曉，走了的倒沒事，見在的便吃官司。常言道：『近火先焦。』」

【近奸近殺古無訛，惡人自有惡人磨】
奸情引起凶殺，從來如此；惡人幹盡壞事，自有報應。謂幹壞事無好下場。《西湖二集》卷三三：「江虎棍活人活證，怎生抵賴？一一招承，遂一刀決了，方才出脫了羅長官之罪。果是：『近奸近殺古無訛，惡人自有惡人磨。』」

【近鄰比親】
近鄰好像親友。謂鄰里的重要。例鄰居們的照顧使我解除後顧之憂。「近鄰比親」，讓人感動。

【近路不走走遠路】
比喻辦事不得法，多餘費工夫。例有人認爲，要辦事順利最好找點關係，即使讓人說「近路不走走遠路」也認了。

【近路不走走遠路——彎彎繞】
比喻說話不直截了當，拐彎抹角。例你說聽不懂他的意思，這不奇怪，他是我們單位有名的近路不走走遠路——彎彎繞。

【近人不說遠話】
親近的人不必說客氣話。例大家都是自己人，說話不用拐彎，直來直去，開門見山最好。「近人不說遠話」嘛。

【近視眼】
比喻目光短淺。例一個優秀的企業家決不能犯近視眼，一定要敢於創新，敢於冒風險，爲長遠利益著想。

【近視眼打靶——目的不明】
比喻沒有明確的奮鬥目標。例有人說他工作是爲了混飯吃，有人又說是爲了消磨時間，總之，近視眼打靶——目的不明。也作「**瞎子放槍——目的不明**」。

【近視眼過獨木橋——光顧眼前】
見「火燒眉毛——只顧眼前」。

【近視眼過獨木橋——小心在意】
見「光腳丫子走刺蓬——小心在意」。

【近視眼看麻子——觀點模糊】
見「瞎子看鐘——觀點不明」。

【近視眼看斜紋布——思（絲）路不對】
思：「絲」的諧音。比喻思考的線索與事實不符。例你的文章與編輯部的要求差距太大，主要問題是近視眼看斜紋布——思（絲）路不對。

【近視眼配眼鏡——解決眼前問題】
雙關語。比喻處理當務之急。例我們當前的主要任務是近視眼配眼鏡——解決眼前問題，能源上不去，生產不可能有很大的增長。

【近視眼生瞎子——一代不如一代】
比喻每況愈下，一輩不如一輩或景況越來越不好。例班子走馬燈似的掉換，可領導生產就像近視眼生瞎子——一代不如一代。也作「**瘸娘生個癱娃娃——一代不如一代**」、「**九斤**

老太的口頭禪——一代不如一代」、「麻袋換草袋——一代（袋）不如一代（袋）」、「近視眼生瞎子——一輩不如一輩」、「老雕變夜貓子——一輩不如一輩」、「野雞窩裏抱家雀——一輩不如一輩」、「獾狼下耗子——一輩兒不如一輩兒」。

【近視眼捉螞蚱——瞎撲打】
螞蚱：〈方言〉蝗蟲。比喻毫無目的的亂折騰。例你們把這台機器拆了又裝，裝了又拆，我看不是什麼革新研究，而是近視眼捉螞蚱——瞎撲打。也作「盲人救火——瞎撲打」。

【近水樓台】
見「近水樓台先得月」。

【近水樓台先得月】
比喻仗著某些方便條件得到某些好處。宋·俞文豹《清夜錄》：「范文正公鎮錢塘，兵官皆被薦，獨巡檢蘇麟不見錄，乃獻詩云：『近水樓台先得月，向陽花木易為春。』公即薦之。」明·湯顯祖《紫釵記》一五齣：「聽分付，說與禮部，凡天下中式士子，都要參謁太尉府，方許注選。正是近水樓台先得月，向陽花木易為春。」也作「近水樓台」。茅盾《腐蝕》：「哦——畢竟舜英他們是個中人，是一條線上的，參預密勿，得風氣之先，近水樓台。

【近水惜水】
近：近處、鄰近；惜：愛惜，珍惜。近鄰水雖然用水方便，但也應珍惜水。形容不浪費。例今年雖然豐收，但農民們還是近水惜水，爭取顆粒還家。

【近水知魚性，近山識鳥音】
比喻對經常接觸的事物，了解最深。例他們在此住了幾十年，對這個地區的地形地貌、風土人情了解得比誰都深，眞是「近水知魚性，近山識鳥音」了。

【近悅遠來】
鄰近的人由於受到恩惠而喜悅，遠方的人也會聞風趕來歸附。《孔子家語·王言解》：「故令則從，施則行，民懷其德，近者悅服遠者來附，政之致也。」

【近在眉睫】
眉、睫：眉毛和睫毛。形容事情十分緊急，已迫在眼前。《慈禧太后演義》三八回：「奈天心總未悔禍，西藏事尚遠隔天涯，遼東事卻近在眉睫。」也作「迫在眉睫」。

【近在咫尺】
咫：古代長度單位，周制八寸，合今市尺六寸二分二釐。形容距離很近。《鏡花緣》一七回：「那馬明明近在咫尺，卻誤為喪失不見，就如『心不在焉，視而不見』之意。」

【近朱者赤，近墨者黑】
靠近朱砂的易染成紅色，靠近墨的就會染上黑色。比喻人因環境的影響而改變其習性、觀點。也比喻接近好人可以變好，接近壞人可變壞。明·無心子《金雀記·臨伍》：「近朱者赤，近墨者黑。老爺既能作賦，小人豈不能作歌。」劉紹棠《瓜棚柳巷》：「『近朱者赤，近墨者黑』，倭瓜茄子一鍋煮，也就變了味了。」

【浸明浸昌】
謂由逐漸明顯而達到昌盛。《漢書·董仲舒傳》：「上嘉唐虞，下悼桀紂，浸微浸滅浸明浸昌之道，虛心以改。」

【浸潤之譖】
譖：ㄗㄣˋ，誣陷，中傷，泛指讒言。《論語·顏淵》：「浸潤之譖，膚受之訴，不行焉，可謂明也已矣。」後以「浸潤之譖」指讒言逐漸起了作用。《三國志·吳書·張溫傳》：「怨積之聲憤積，浸潤之譖行矣。」

【浸微浸滅】
謂從逐漸衰微達到消失。《漢書·董仲舒傳》：「上嘉唐虞，下悼桀紂，浸微浸滅浸明浸昌之道，虛心以改。」也作「浸微浸消」。宋·蘇洵《審勢》：「浸微浸消，釋然而潰。」

【浸微浸消】
見「浸微浸滅」。

【禁暴靜亂】
見「禁暴正亂」。

【禁暴正亂】
禁：禁止；正：糾正。抑制暴力，治理混亂局面。《戰國策·秦策一》：「故撥一國，而天下不以為暴，利盡四海，諸侯不以為貪。是我一舉而名實兩附，而又有禁暴正亂之名。」也作「禁暴止亂」。《漢書·嚴助傳》：「然自五帝三王禁暴止亂，非兵，未之聞也。」也作「禁暴誅亂」。漢·賈誼《過秦論》：「其强也，禁暴誅亂而天下服」也作「禁暴靜亂」。《隋書·經籍志三》：「兵者，所以禁暴靜亂者也。」也作「禁亂除暴」。清·汪琬《復仇或問》：「諸凡國法所不及加，與有司所不得而執者，不許其復仇，則無以禁亂除暴也。」

【禁暴止亂】
見「禁暴正亂」。

【禁暴誅亂】
見「禁暴正亂」。

【禁而不止，則刑罰侮】
侮：輕慢，欺負。禁令雖有，卻不能制止，刑罰就會被輕視。謂有禁令就要實行，執法要嚴。《管子·法法》：「禁而不止，則刑罰侮；令而不行，則下凌上。」例有的幕僚對林則徐說：「大帥，過去鴉片煙之所不能禁止，是因為執法不嚴。古人說：『禁而不止，則刑罰侮。』只要嚴格執行法令，使百姓知法，使煙犯畏法，煙是能禁止的。」

【禁奸除猾】
禁止、鏟除奸險狡猾的人。《隋書·酷吏傳序》：「無禁奸除猾之志，肆殘虐幼賤之心。君子惡之，故編為酷吏傳也。」

【禁亂除暴】
見「禁暴正亂」。

【禁網疏闊】
禁網：法網。指法律不嚴，不能禁奸。漢·荀悅《漢紀·哀帝紀上》：「及漢興，禁網疏闊，未之匡正。」

【禁微則易，救末者難】
微：細小；末：最後，終了。不好的事情剛露苗頭的時候，就容易禁止；等它日益發展，最後再來糾正它，可就難了。謂人們要從小事情注意，不要等問題成堆才去處理。《後漢書·丁鴻傳》：「夫壞崖破岩之水，源自涓涓；乾雲蔽日之木，起於蔥青。禁微則易，救末者難。人莫忽於微細，以致其大。」

【禁止令行】
命令一下達，立即執行；禁令一下達，馬上停止。形容紀律嚴明。清·魏源《聖武記序》：「五官強，五兵昌，禁止令行，四夷來王。是之謂戰勝於廟堂。」也作「令行禁止」。

【噤若寒蟬】
噤：閉口不作聲；蟬：俗名「知了」。像寒天的知了，一聲不響。比喻有所顧忌，不敢說話。《後漢書·杜密傳》：「劉勝位爲大夫，見禮上賓，而知善不薦，聞惡無言，隱情惜己，自同寒蟬，此罪人也。」梁啟超《上鄂督張制軍書》：「而閣下顧噤若寒蟬，未聞一伸前後。」

【搢紳先生】
搢：插；紳：古代士大夫束在腰間的大帶子；搢紳：插笏於大帶子和革帶之間，古時高官的裝束，借指官員。搢紳先生，即高官或做過官的先生們。《莊子·天下》：「其在於詩書禮樂者，鄒魯之士，搢紳先生多能明之。」也作「搢紳之士」。《新五代史·一行傳序》：「當此之時，臣弒其君，子弒其父，而搢紳之士安其祿而立其朝，充然無復廉恥之色者皆是也。」

【搢紳之士】
見「搢紳先生」。

ㄐㄧㄤ

【江邊插楊柳——落地生根】
比喻做事可靠，踏實。有時指說話算數，絕不反悔。例沒有錯，小周是江邊插楊柳——落地生根，把任務交給她完全放心。

【江邊賣水——多此一舉】
見「白天點燈——多此一舉」。

【江邊上洗蘿蔔——一個個來】
比喻有次序地進行。例這次打預防針，人人有份，一個不落，請排好隊，別亂了，咱們江邊上洗蘿蔔——一個個來。也作「罈子裏餵豬——一個個來」、「筷子夾豌豆——一個個來」、「老姐仨要過獨木橋——一個一個地來」。

【江邊水碓——舂穀舂米又舂糠】
水碓（ㄉㄨㄟˋ）：利用水力搗米的器具，用木，石製成；舂：把東西放在碓，石臼或其他用具裏去皮殼或搗碎。比喻什麼事都做。含有不計大小的意思。例做事情就要像江邊水碓——舂穀舂米又舂糠，對工作不能挑挑揀揀。

【江東獨步】
江東：即江左，古指長江下游蕪湖以下地區；獨步：指超羣出衆，獨一無二。泛指某人在某一地區才能出衆。《晉書·王坦之傳》：「坦之字文度，弱冠與郗超俱有重名，時人爲之語曰：『盛德絕倫郗嘉賓，江東獨步王文度。』」

【江東父老】
江東：古指長江下游蕪湖以下地區。《史記·項羽本紀》：「項王笑曰：『籍以江東子弟八千人，渡江而西，今無一人還，縱江東父兄憐而王我，我何面目見之？』」因以「江東父老」謂故鄉父兄之輩。多用在有愧而無顏相見的情形之下。《石點頭·盧夢仙江上尋妻》：「若盧夢仙不得金榜題名，絕不見江東父老。」

【江翻海倒】
見「江翻海沸」。

【江翻海沸】
大江翻倒，海水沸騰。形容威力或聲勢極大。明·無名氏《哪吒三變》頭折：「瞅一眼江翻海沸，喝一聲地慘天昏。」《三國演義》一二回：「金鼓齊鳴，喊聲如江翻海沸。」也作「江翻海倒」。《說岳全傳》二九回：「虎踞深林，頃刻裏江翻海倒；蜂屯三澨，一霎時火烈煙飛。」

【江海不逆小流】
大江大海能容納若干細小的河流。比喻成就大的事業，要善於團結人民大衆。漢·劉向《說苑·尊賢》：「太山不辭壤石，江海不逆小流。」

【江海混魚龍——貴賤不分】
比喻沒有高貴，低下之分。例我們這裏沒有剝削，壓迫，自然是江海混魚龍——貴賤不分，人人平等。也作「江海混魚龍——不分貴賤」。

【江海所以能爲百谷王者，以其善下之】
江海之所以能成爲百川所匯集的地方，是因爲它處於最低下的優越位置。用以讚揚人虛懷若谷，學識淵博。《老子》六六章：「江海所以能爲百谷王者，以其善下之。是以欲上民必以言下之，欲先民必以身後之。」

【江海同歸】
大江大海同歸於大洋。比喻不同的途徑達到同一個目的。宋。錢易《南部新書》乙：「貞元十二年天子降誕日，詔儒官與緇黃講論。初若矛楯相向，後類江海同歸。三殿談經，自此始也。」

【江海之士】
指不肯做官的隱士。《莊子·刻意》：「就藪澤，處閒曠，釣魚閒處，無爲而已矣。此江海之士，避世之人，閒暇之所好也。」

【江海之學】

形容學識淵博。明・無名氏《女貞觀》二折：「先生江海之學，小道是井底之蛙，焉敢班門弄斧。」

【江漢朝宗】

江：長江；漢：漢水；朝宗：諸侯朝見天子。長江和漢水流入大海，就像諸侯臣服天子一樣。《尚書・禹貢》：「江漢朝宗於海。」後用以比喻小道理服從大道理，這是人心所向。

【江漢之珠】

江：長江；漢：漢水。長江和漢水所產的珍珠。形容珍貴的東西。《淮南子・說山訓》：「不愛江漢之珠，而愛己之鉤。」

【江河發大水——後浪推前浪】

比喻新生的事物替換陳舊的事物，不斷前進。例青年人代替老年人，推動老年人，就像江河發大水——後浪推前浪，這是不以人們意志爲轉移的客觀規律。也作「江河發大水——一浪高一浪」，「錢塘江漲大潮——一浪高一浪」。

【江河日下】

江河的水一天天地向下流。比喻事物日趨衰落。清・王士禎《鬲津草堂詩集序》：「二十年來，海內賢知之流，矯枉過正，或乃欲祖宋而祧唐，至於漢，魏樂府古選之遺音，蕩然無復存者，江河日下，滔滔不返。」

【江河行地】

江河奔流在大地上。比喻自然規律如此，不可變更。清・鄭燮《焦山別峯庵雨中無事書寄舍弟墨》：「豈得爲日月經天，江河行地哉！」

【江湖佬賣假藥——招搖撞騙】

江湖佬：舊時指各處流浪靠賣藝，賣藥等生活的人。比喻假借名義，到處炫耀，進行欺詐矇騙。例他爲人極不忠誠老實，江湖佬賣假藥——招搖撞騙成爲了他生活的重要部分。

【江湖佬耍猴子——名堂多】

江湖佬：舊時四處流浪，靠賣藝，賣藥等爲生的人。比喻花樣很多。例馬三豹這個人邪門歪道，投機鑽營，的確是江湖佬耍猴子——名堂多。也作「江湖佬耍猴子——名堂可多啦」。

【江湖滿地】

到處都是江河湖泊。形容水域分布極廣。清・孔尚任《桃花扇・聽稗》：「俺們一葉扁舟桃源路，這才是江湖滿地，幾個漁翁。」

【江郎才盡】

江郎：即江淹，南朝文學家，晚年詩文無佳句，時人認爲「才盡」。南朝梁・鍾嶸《詩品・齊光祿江淹》：「初，淹罷宣城郡，遂宿冶亭，夢一美丈夫，自稱郭璞，謂淹曰：『我有筆在卿處多年矣，可以見還。』淹探懷中，得五色筆以授之。爾後爲詩，不復成語，故世傳江郎才盡。」後用以比喻才思減退或文思枯竭。《鏡花緣》九一回：「如今弄了這個，還不知可能敷衍交卷。我被你鬧的眞是江郎才盡。」也作「江郎才掩」。《隋唐演義》三六回：「煬帝好大喜功，每事自恃有才，及至征蠻草詔，便覺江郎才掩。」

【江郎才掩】

見「江郎才盡」。

【江裏的木偶——隨大流】

木偶：木頭做的人像。見「黃河水上的尿泡——隨大流。」

【江流之勝】

勝：勝景。遍覽長江水流的勝景。宋・蘇轍《黃州快哉亭記》：「江出西陵，始得平地。其流奔放肆大，南合湘沅，北合漢沔，其勢益張，至於赤壁之下，波流浸灌，與海相若。清河張君夢得，謫居齊安，即其序之西南爲亭，以覽觀江流之勝，而余兄子瞻之曰快哉。」

【江南海北】

泛指地域廣闊。魏・明帝《赦遼東吏民公文》：「書傳所載也，江南海北有萬里之限，遼東君臣，無怵惕之患。」

【江山半壁】

江山：國土；半壁；國土的一部分。指殘存下來的部分國土。清・筱波山人《愛國魂》：「難怪他江山半壁且因循，究何曾臥薪嘗膽，起一度風雲陣。」也作「半壁江山」。

【江山不老】

江山永存。常用爲祝壽之辭。宋。林外《洞仙歌》詞：「今來古往，物是人非，天地裏，唯有江山不老。」

【江山代有才人出，各領風騷數百年】

風騷：《詩經》中的〈國風〉，《楚辭》中的〈離騷〉。每個時代都有卓越的人才出現，各自開創一代新風。形容文苑繁榮，人才輩出。清・趙翼《論詩絕句》：「李杜詩篇萬口傳，至今已覺不新鮮。江山代有才人出，各領風騷數百年。」

【江山如故】

江河山嶺依舊。多用以比喻世事變化極大。明・胡文煥《泰和記・蘇子瞻泛舟遊赤壁》：「嘆興亡，江山如故，何處覓曹郎。」

【江山如畫】

江山：江河，山嶺，泛指國土。形容中國的山川河流像畫一般美麗。宋・蘇軾《念奴嬌・赤壁懷古》：「江山如畫，一時多少豪傑。」

【江山入畫，萬里非遙】

在風景如畫的江山之中行進，千里萬里也不覺路長。清・黃向堅《黃孝子尋親紀程・神留宇宙》：「昔武侯南征至盤山，即此地也。夏秋水溢，其色江綠，奔湧有轟雷轉石聲……語云：『江山入畫，萬里非遙。』因憶當日之出險入險，幾忘行路之難，竟不知誰爲之賜也。」

【江山易改，稟性難移】

江山：泛指國土；稟性：生長的性情，氣質。江山的改朝換代容易，人的本性要改變卻很難。明・徐畛《殺狗記》二齣：「奈他性多執拗，才欠圓通，胸中之學，或者有餘：戶外之事，全然未曉。每每觸忤卑人，屢加訓責，他縱無怨恨之心，奈絕無順從之美。正所謂江山易改，稟性難移。」也作「**江山好改，秉性難移**」、「**江山可改，本性難移**」。

【江山之恨】
指國土淪亡的仇恨。唐·陳熙晋《駱侍御傳》：「萬里煙波，舉目有江山之恨。」

【江山之異】
指國土落入敵手，山河變色。《晋書·王導傳》：「周顗中坐而嘆曰：『風景不殊，舉目有江山之異。』」

【江山之助】
指自然景觀常常可以啟發詩人的創作興致。南朝梁·劉勰《文心雕龍·物色》：「然屈平所以能洞鑑[風][騷]之情者，抑亦江山之助乎？」也作「**江山助人**」。唐·駱賓王《初秋登王司馬樓宴序》：「物色相召，江山助人。」

【江山助人】
見「江山之助」。

【江水三千里】
原指長江水流三千里。後比喻遠行在外思念故鄉。明·袁凱《京師得家書》詩：「江水三千里，家書十五行。行行無別語，只道早還鄉。」

【江灘上的石頭——有的是】
見「河灘的沙子——有的是」。

【江天一色】
江水和天空一個顏色，難以分辨。形容水域遼闊，天水相接。唐·張若虛《春江花月夜》：「空里流霜不覺飛，汀上白沙看不見。江天一色無纖塵，皎皎空中孤月輪。」

【江頭未是風波惡，別有人間行路難】
江面上風高浪急，還算不上險惡；人世間的道路，那才更加艱難凶險呢！比喻人生道路坎坷艱難。宋·辛棄疾《鷓鴣天·送人》詞：「今古恨，幾千般。只應離合是悲歡。江頭未是風波惡，別有人間行路難。」黃京堯《意志的鍛煉》：「可是，『江頭未是風波惡，別有人間行路難』。生活的大海總有波濤，成材的道路也絕不會是平川縱馬。坦途漫步，你有信心，勇氣和毅力走到底嗎？」

【江心補船——不濟事】
比喻不能成事或不中用。例你所採取的措施，都像江心補船——不濟事，無法挽救失敗的命運。

【江心補漏】
船到江心才補漏洞。比喻補救的措施爲時過晚，無濟於事。元·關漢卿《救風塵》一折：「恁時節船到江心補漏遲，煩惱怨他誰。」

【江心裏的鯉魚——油(游)慣了】
油：「游」的諧音，指油滑。雙關語。比喻人很滑頭或懶散慣了。例這個人就像江心裏的鯉魚——油（游）慣了，誰也摸不準他說話的意思。

【江淹才盡】
江淹：南朝考城人，字文通，善詩文，人稱「江郎」。見「江郎才盡」。

【江洋大盗】
指在江河海洋上搶劫行凶的强盗。《初刻拍案驚奇》卷一九：「小婦人父及夫，俱爲江洋大盗所殺。」

【江雲渭樹】
唐·杜甫《春日憶李白》詩：「渭北春天樹，江東日暮雲。何時一樽酒，重與細論文。」後以「江雲渭北」比喻離別之情。《羣音類選·念奴嬌》：「依然遼絕千山萬水天一方，使我江雲渭樹空懷仰。」

【江左夷吾】
江左：江東；夷吾：管仲的字，春秋時齊國的名相。江東有可與管仲相比的宰相。《晋書·溫嶠傳》：「元帝初鎮江左，於時江左草創，綱維未舉，嶠殊以爲憂。及見王導共談，歡然曰：『江左自有管夷吾，吾復何慮？』」後以「江左夷吾」指能夠掌握危局的政治家。清·魏源《金焦行》：「酒酣走上妙高台，江左夷吾安在哉！」

【薑桂之性，老而彌辣】
薑桂：生薑，桂圓。生薑肉桂的特點是，愈老其味愈辣。比喻人的性格愈老愈剛强。《宋史·晏敦復傳》：「況吾薑桂之性，老而彌辣。」秦牧《中國紅場的旗幟》：「他們是『薑桂之性，老而彌辣』，蒼松翠柏，屹立長青。」

【薑還是老的辣】
比喻老年人經驗豐富。金敬邁《歐陽海之歌》四章一九：「觀戰的同志也跟著叫：『薑還是老的辣！』」也作「**薑是越老越辣**」。歐陽山《苦鬥》六一：「何不周告辭回家。對於當老子的那種老謀深算，洞察世情，何守仁佩服得五體投地，心裏想；『薑就是越老越辣，一點不假！』」

【姜太公釣魚——願者上鈎】
姜太公：周初的呂尚，即姜子牙。《武王伐紂平話》裏說：姜太公在渭水邊上，用無餌的直鈎放在距水面三尺的地方釣魚，說：「負命者上來！」比喻心甘情願地上圈套。有時指自覺自願地做某件事。例咬金說：「我這個做買賣的與別人不同，我是姜太公釣魚——願者上鈎。誰看我的笆子編得結實，他自然就買。就算我三天不開張，我也不著急。」也作「**太公釣魚——願者上鈎**」。

【姜太公封神——自己沒有份】
《封神演義》故事：姜子牙助武王伐紂，終於完成興周大業，發榜封神。姜子牙封了三六五位正神，但沒有封到自己。比喻做了工作，自己沒有得到好處。常含有委屈，牢騷或戲謔的意思。例唉！他爲公司立下汗馬功勞，公司開始盈利了，他人也走了，眞是姜太公封神——自己沒有份。

【姜太公說書——神聊】
見「八仙聚會——神聊」。

【姜太公算卦——好準】
《封神演義》中說，姜子牙料事如神，能招會算。他曾在朝歌城開算命館，算卦很准，生意興隆。比喻判斷準確，預言靈驗。例去年，這位經濟學家曾預測今年物價指數將上浮百分之十，的確是姜太公算卦——好準啊！

【姜太公在此——百無禁忌】
《封神演義》中說姜太公足智多謀，法術無邊。比喻有能者作靠山，什麼都不用忌諱，不用擔驚受怕。例有主管坐鎮，姜太公在此——百無禁忌，就放心幹吧，不要害怕承擔風險。

【姜太公在此——諸神退位】
民間傳說，姜太公足智多謀，法術無邊，只要他在場，別的神只道家只能靠邊站。舊時農村蓋新房常在房梁上貼上「太公在此」的字樣，以求降妖避邪保平安。比喻本領高强沒有對手可與之匹敵，或以壓倒一切的優勢獨占鰲頭。例這個帶頭搗亂的小夥子一見武術冠軍小張來了，就說：「快走吧，姜太公在此——諸神退位，不然，會被他打得屁滾尿流的。」也作「姜太公在此——沒有你們的位置」。

【姜子牙的坐騎——四不像】
坐騎：騎坐的馬；四不像：也作四不相，一種哺乳動物，體大如鹿，毛淡褐色，角像鹿，尾像驢，蹄像牛，頸像駱駝，但從整個來看，哪一種動物都不像。原產我國，現全世界所存極少，非常珍貴。《封神演義》中說，姜子牙騎坐的就是四不像。比喻不倫不類。貶義。例看你這一身打扮，就像姜子牙的坐騎——四不像，還敢到大庭廣衆中去丟人現眼。也作「馬長鹿角——四不像」。

【姜子牙火燒琵琶精——現了原形】
《封神演義》中的故事：琵琶精是軒轅墳中的玉石琵琶精，一天它化作女子到姜子牙的算命館算命，被姜子牙看出本相。後在紂王面前將妖精用火焚燒，它現出了玉石琵琶的原形。見「白娘子喝雄黃酒——現了原形」。

【姜子牙開算命館——買賣興隆】
比喻生意興盛。例恭喜你們姜子牙開算命館——買賣興隆，諸事如意。參見「姜太公算卦——好準」。

【姜子牙賣灰麵——背時】
比喻倒霉，運氣不好。例這幾天，他諸事不順，勞力傷財，的確是姜子牙賣灰麵——背時到頂了。參見「姜子牙賣灰麵——折了本錢」。也作「賣灰麵遇大風——背時」、「弓起腰桿淋大雨——背時」。

【姜子牙賣灰麵——折了本錢】
《封神演義》中的故事：姜子牙生活拮据，挑了一擔麵粉到城裏去賣，走東串西，無人問津，最後正在做一文錢的買賣時，擔子被驚馬拖翻，麵粉全撒在地上，不巧又遇一陣狂風吹過，把地上的麵粉吹得精光。比喻辦事吃虧，經濟上受損失。例「貴公司生意如何？」「姜子牙賣灰麵——折了本錢。」也作「姜子牙賣麵——賠本買賣」。

【姜子牙娶媳婦——老來喜】
《封神演義》中的故事：姜子牙在崑崙山修行四十年，由結義仁兄宋異人撮合，七十二歲時同馬氏洞房花燭，結爲夫妻。指晚年遇到使人高興的事。例「啊！進了敬老院，周圍兒女成羣，不再孤單了。」「可不是，姜子牙娶媳婦——老來喜嘛！」也作「年過花甲得子——老來喜」。

【將本求利】
猶「將本圖利」。張恨水《八十一夢·第八夢》：「也沒有什麼不便，我們將本求利，大小是場生意，不過錢賺得多一點罷了。」

【將本圖利】
指放債取利。元·無名氏《劉弘嫁婢》一折：「可不道吃酒的望醉，放債的圖利，也則是將本圖利來。」也指拿本錢作買賣，賺錢獲利。《兒女英雄傳》五回：「你要知我們開了這座店，將本圖利，也不是容易。」

【將差就錯】
見「將錯就錯」。

【將錯就錯】
將：順從；就：遷就。順從錯誤，遷就錯誤。指事情已經錯了，索性一錯到底。《聯燈會要·道楷禪師》：「祖師已是錯傳，山僧已是錯說，今日不免將錯就錯，曲爲今時。」也作「將差就錯」。差：差錯。《三俠五義》四二回：「以假爲眞誤拿要犯，將差就錯巧訊贓金。」

【將飛者翼伏，將奮者足跼】
伏：收斂；奮：指奮起奔跑；跼：ㄐㄩˊ，彎曲。欲要起飛，翅膀先要收縮起來；欲要奮起奔跑，腿先要收縮彎曲。意謂欲進先退的辯證道理。《古詩源·古逸·古諺古語》：「將飛者翼伏，將奮者足跼。將噬者爪縮，將文者且摸。」

【將功補過】
拿功勞補償過失。《舊五代史·錢鏐傳》：「既容能改之非，許降自新之路，將功補過，捨短從長。」也作「將功折過」。元·李直夫《虎頭牌》三折：「既然他復殺了一陣，奪的人口牛羊馬匹回來了，這等呵將功折過，饒了他項上一刀。」也作「以功補過」。

【將功贖罪】
贖：彌補，抵償。拿功勞抵銷罪過。《孽海花》六回：「我罪雖重大，將功贖罪或許我折准。」也作「將功折罪」。《西遊記》五七回：「縱是弟子不善，也當將功折罪，不該這般逐我。」也作「以功贖罪」。

【將功折過】
見「將功補過」。

【將功折罪】
見「將功贖罪」。

【將機就機】
利用可乘的機會，施展必要的計策。

元・尚仲賢《柳毅傳書》三折：「今日雖不成這樁親事，後日還要將機就機，報答他的大恩。」也作「將機就計」。元・朱凱《黃鶴樓》三折：「我如今將機就計，著這漁翁推切鱠走向前去，一劍刺了劉備，著後人便道劉備著個漁翁殺了，可也不干我事。」

【將機就計】

見「將機就機」。

【將計就計】

利用對方的計策反過來對付對方。元・無名氏《豫讓吞炭》二折：「咱今將計就計，決開堤口，引汾水灌安邑，絳水灌平陽，使智氏軍不戰自亂。」

【將酒敬人，並無惡意】

謂誠心待客。《兒女英雄傳》五回：「那和尚登時翻轉面皮，說道：『呔！我將酒敬人，並無惡意。怎麼，你把我的酒也潑了，盅子也摔了！你這個人好不懂事情！』」也作「將酒勸人，終無惡意」。《水滸全傳》六二回：「吳用起身便道：『你們都不要煩惱，我與你央給員外，再住幾時，有何不可。常言道：將酒勸人，終無惡意。』」

【將酒勸人，終無惡意】

見「將酒敬人，並無惡意」。

【將軍不下馬，各自奔前程】

①謂從此分手，各走各的路。《醒世姻緣傳》四四回：「我可也再不尋什麼老婆，你只當是死了漢子的寡婦，我只當是沒有你的一般。咱『將軍不下馬，各自奔前程！』」②謂馬不停蹄，繼續前行。元。李直夫《虎頭牌》一折：「《正末云》相公吃了筵席呵去。《使云》小官出家事忙，便索回去也。《正末送科云》相公穩登前路。《使云》請了。正是將軍不下馬，各自奔前程。」也作「將軍不下馬，急急奔前程」。

【將軍額上跑下馬，宰相肚裏行舟船】

比喻做大事的人，氣量要大。姚雪垠《李自成》一卷一五章：「常言說：將軍額上跑下馬，宰相肚裏行舟船。你這樣氣量窄，將來如何能獨當一面，肩挑五岳，胸羅百川，統帥百萬大軍！」

【將軍一去，大樹飄零】

飄零：花葉等墜落；將軍：漢代馮異被稱爲大樹將軍。將軍一離去，大樹的葉子就紛紛墜落。比喻某人逝世，國家和人民蒙受重大損失。北周・庾信《哀江南賦》：「日暮途遠，人間何世！將軍一去，大樹飄零；壯士不還，寒風蕭瑟。」

【將禮送人，殊無惡意】

比喻一片好心。《二刻拍案驚奇》六回：「汪涵於便戲著臉道：『親娘！這是我特意買來的，不多，叫我將與何人？將禮送人，殊無惡意。』」

【將勤補拙】

將：用，拿；拙：愚笨。用勤奮來彌補自己的笨拙。宋・范仲淹《與韓魏公書》：「然旨命丁寧，亦勉率成篇，並自寫上呈，所謂將勤補拙，更乞斤斧。」

【將順其美】

將順：隨順，順勢助成。謂促成好的方面。《孝經・事君》：「將順其美，匡救其惡，故上下能相親也。」

【將無作有】

把沒有當作有。清・練塘老漁《聊齋志異・跋》：「山精水怪，不妨以假爲眞；牛鬼蛇神，未必將無作有。」也作「將無做有」。元・無名氏《黃花峪》三折：「打這廝將無做有，說長道短，膽大心粗。」

【將無做有】

見「將無作有」。

【將蝦釣鱉】

比喻用小的代價換取大的利益。元・無名氏《普天樂・嘲風情》曲：「姐姐每將蝦釣鱉，哥哥每撩蜂剔蠍。」

【將小人之心，度君子之腹】

自己心術不好，以爲別人也不好。《好逑傳》九回：「叔叔此時，且不要過於取笑侄女，請再去一訪，如訪得的的確確，果是拐子，一毫不差，那時再來取笑侄女，卻也未遲。何以將小人之心，度君子之腹？」也作「以小人之心，度君子之腹」。

【將心比心】

指設身處地地爲別人設想一下。明・湯顯祖《紫釵記・計哨訛出》：「太尉不將心比心，小子待將計就計。」

【將心覓心】

以自己的心意去設想別人。宋・范成大《偶至東堂》：「饑時吃飯慵時睡，何暇將心更覓心。」

【將信將疑】

將：又。又相信，又懷疑。形容半信半疑，不敢輕信。《紅樓夢》一〇二回：「衆人將信將疑，且等不見響動再說。」

【將一軍】

本爲象棋術語，指攻擊對方的「將」或「帥」。①比喻帶有決定性的進攻。例來吧！我早就等他來將一軍了。也好教訓教訓他。②比喻出難題，使人難堪。例他自以爲什麼都知道，我要拿這問題給他將一軍。

【將欲踣之，必高舉之】

踣：仆倒。要摔破它，就一定先要把它高高舉起。意謂相反相成。《呂氏春秋・行論》：「詩曰：『將欲毀之，必重累之；將欲踣之，必高舉之。』其此之謂乎！累矣而不毀，舉矣而不踣，其唯有道者乎！」

【將欲奪之，必固與之】

奪：去掉；固：通「姑」，姑且；與：給，贊助。要想奪取它，必須暫時放棄它。謂凡事相反相成，有所失方有所得。《老子》三六章：「將欲翕之，必固張之；將欲弱之，必固強之；將欲廢之，必固興之；將欲奪之，必固與之。是謂微明。」也作「將欲取之，必姑與之」。《戰國策・魏策一》：「將欲敗之，必姑輔之；將欲取之，必姑與之。」也作「**將欲取之，必先與之**」。唐・劉知幾《史通・宋略》：「羨、亮威權震主，負芒猜忌，將欲取之，必先與之。」

【**將欲取之，必姑與之**】

見「將欲奪之，必固與之」。

【**將欲取之，必先與之**】

見「將欲奪之，必固與之」。

【**槳酒霍肉**】

霍：通「藿」，豆葉。謂以美酒為水，以肉肴當豆葉。形容飲食奢侈到極點。《漢書・鮑宣傳》：「使奴從賓客，漿酒霍肉。」也作「**槳酒藿肉**」。《宋書・周朗傳》：「塗金披繡，漿酒藿肉者，故不可稱紀。」

【**槳酒藿肉**】

見「漿酒霍肉」。

【**僵蠶作硬繭——不成功（宮）**】

功：「宮」的諧音。蠶成熟後，即吐絲作繭，有的地方把蠶繭叫做「蠶宮」。僵死的蠶是做不出繭來的。比喻事情沒有辦成或辦糟了。例這次試驗雖然是僵蠶作硬繭——不成功（宮），但積累了豐富的經驗，為最後勝利打下了基礎。

【**僵李代桃**】

僵：乾枯。宋・郭茂倩《雞鳴》：「桃生露井上，李樹生桃傍。蟲來嚙桃根，李樹代桃僵。樹木身相代，兄弟還相忘。」本指李樹代桃樹受蟲蛀。比喻兄弟間相互幫助愛護。後用以比喻互相頂替或代人受過。《聊齋志異・胭脂》：「彼逾牆鑽隙，固有玷夫儒冠，而僵李代桃，誠難消其冤氣。」也作「**李代桃僵**」。

ㄐㄧㄤˇ

【**講風涼話**】

比喻講諷刺挖苦的話。例他的實驗又失敗了，心裏夠難受的，你可不要再去講風涼話。

【**講古論今**】

從古到今無所不談。形容話題廣泛。《醒世恆言》卷七：「錢青見那先生學問平常，故意談天說地，講古論今，驚得先生一字俱無，連稱道：『奇才，奇才！』」

【**講話沒人聽，下令沒人行——光桿司令**】

指沒有助手或失去羣衆的領導人。例他的官銜不小，可是無一兵一卒，講話沒人聽，下令沒人行——光桿司令，指揮誰去完成這樣艱鉅的任務？

【**講價錢**】

比喻在接受任務時提出要求和條件。例對組織的決定，他從未打過折扣，但這一次分配工作，他卻一再講價錢，這裏面肯定有原因。

【**講經說法**】

講宗教經典，宣傳教義。《西遊記・南遊記》一回：「到今日來，靈山興旺，今十大弟子，講經說法。」

【**講課又是老一套——屢教不改**】

指多次教育，仍不悔改。例講課又是老一套——屢教不改，他三進三出派出所，至今仍操舊業，偷雞摸狗。

【**講盤子**】

比喻商談貨物的價格或做事講條件。例咱們現在就講盤子吧！你如果全部包銷，我給你打七折。

【**講情不動手，動手不講情**】

既然動手，就不講情面。例所謂：「講情不動手，動手不講情。」老吳見鄰居如此霸道，再也按捺不住肝火，猛地一拳打得對方流鼻血。

【**講台上的花盆——裝飾品**】

比喻擺擺樣子，表面美觀而並無實用價值。例你買那麼多的碗盤眞用得著嗎？我看都是講台上的花盆——裝飾品，沒有多大意思。

【**講信修睦**】

講究信用，建立睦鄰友好關係。《元史・日本傳》：「朕惟自古小國之君，境土相接，尙務講信修睦。」

【**講之功有限，習之功無已**】

習：複習，練習。講授的功效是有限的，練習的功效則是無窮的。謂教學應當注意精講多練。清・顏元《顏李遺書・總論諸儒講學》：「講之功有限，習之功無已。惟願主盟儒壇者，遠溯、孟之功如彼，近察諸儒之效如此，而垂意於『習』之一字，使為學為教，用力於講讀者一二，加功於習行者八九，則生民幸甚，吾道幸甚！」

【**獎拔公心**】

獎勵和推薦後學，出於公心。宋・王讜《唐語林・文學》：「長慶以來，李封州甘為文至精，獎拔公心，亦類數公。」

【**蔣幹盜書——聰明反被聰明誤**】

《三國演義》中的故事：在赤壁之戰時，曹操手下謀士蔣幹受曹操之命，赴東吳勸降周瑜。周瑜設下反間計，讓蔣幹偷看假書信，使曹操受騙，除掉了部下水軍首領蔡瑁、張允。指聰明的人自恃聰明，反而誤了自己。例聰明誠然可貴，但是蔣幹盜書——聰明反被聰明誤的事並不少見，聰明的人更應當虛心，自勉。

【**蔣幹盜書——上當受騙**】

比喻被欺騙，吃了虧。例兩個敵軍洋洋得意，以為得到了向上級報功領賞的情報，沒想到這個情報是假的，結果落個蔣幹盜書——上當受騙。也作「**蔣幹盜書——上了大當**」、「**林冲誤入白虎堂——上當受騙**」、「**老母雞啄瘪穀——上當**」。

ㄐㄧㄤˋ

【**匠人成棺，不憎人死**】

工匠做成棺材，就不再嫌惡人的死亡。比喻唯利是圖。《愼子・君人》：「匠人成棺，不憎人死。利之所在，忘其醜也。」

【**匠石運斤**】

匠：木匠；石：匠人的名字；斤：一種斧子。《莊子・徐无鬼》：「郢人堊慢其鼻端，若蠅翼。使匠石斫之。匠石運斤成風，聽而斫之，盡堊而鼻不傷。郢人立不失容。」後因以「匠石運斤」形容技藝精湛。

【匠心獨出】

見「匠心獨妙」。

【匠心獨妙】

匠心：精巧的構思與設計；獨妙：獨自巧妙的運用。形容巧妙而獨特的藝術構思。宋・計有功《唐詩紀事・孟浩然》：「學不考儒，務掇精華；文不按古，匠心獨妙」。也作「**匠心獨出**」。明・袁宏道《徐文長傳》：「雖其體格時有卑者，然匠心獨出，有王者氣。」也作「**匠心獨運**」。清・平步青《霞外捃屑》卷七：「文之模擬龍門，似有套話填寫者，使人厭棄，至匠心獨運之作，色韻古雅，掌故淹通，實足與荊川方駕。」也作「**匠心獨詣**」。詣：達到的程度。清・汪價《三儂贅人廣自序》：「及余提筆，匠心獨詣，其爲碰奇如故也」也作「**匠心獨造**」。清・沈德潛《說詩晬語》：「大約匠心獨造，少規往則，鈞深極微，而漸近自然。」

【匠心獨詣】

見「匠心獨妙」。

【匠心獨運】

見「匠心獨妙」。

【匠心獨造】

見「匠心獨妙」。

【匠遇作家】

行家對行家。比喻彼此的本領不相上下。元・無名氏《定時捉將》三折：「銚期，今日棋逢對手，匠遇作家也，你是好武藝爲魁，我和你再戰幾百合。」

【降格以求】

格：標準，規格。指降低標準去尋求。魯迅《墳・燈下漫筆》：「那麼到親戚朋友那裏借現錢去罷，怎麼會有？於是降格以求，不講愛國了，要外國銀行的鈔票。」

【降貴紆尊】

紆：委屈。指地位高的人放下架子與地位低的人交往。南朝梁・簡文帝《昭明太子集・序》：「降貴紆尊，躬刊手掇。」也作「**紆尊降貴**」。

【降心相從】

《左傳・僖公二十八年》：「天禍衛國君臣不協，以及此憂也；今天誘其衷，使皆降心以相從也。」後以「降心相從」指委屈自己的心願服從別人。《三國演義》三三回：「若『冀州』不弟，當降心相從。」

【降志辱身】

《論語・微子》：「不降其志，不辱其身，伯夷叔齊與？謂柳下惠，少連，降志辱身矣。」原指沒有高潔的志氣。後用以指與世俗同流合污。《痛史》二四回：「不知你肯降志辱身。做這等事，正是爲人所不能爲呢！」

【將不勇，則三軍不銳】

軍隊中的將帥不勇敢，軍隊就沒有銳氣。《六韜・奇兵》：「將不仁，則三軍不親；將不勇，則三軍不銳；將不智，則三軍大疑；將不明，則三軍大傾；將不精微，則三軍失其機；將不常戒，則三軍失其備；將不强力，則三軍失職。」

【將門出將】

見「將門有將」。

【將門有將】

將門：世代爲將之家。《史記・孟嘗君列傳》：「文聞將門必有將，相門必有相。」指將帥家門中出將帥。《南史・王鎮惡傳》：「宋武帝伐廣固，人或薦之。武帝召與語，異焉。旦謂諸將曰：『鎮惡，王猛孫，所謂將門有將。』」也作「**將門出將**」。《東周列國志》九六回：「有子如此，可謂將門出將矣。」

【將受命之日忘其家】

爲將的人，接受出征命令之後，就要把家忘掉。謂將帥身負重任，捨家報國。《尉繚子・武議》：「將受命之日忘其家，張軍宿野忘其親，援枹而鼓忘其身。」

【將帥無能，累死三軍】

比喻領導人沒有能力，使羣衆受苦受累。例俗話說：「將帥無能，累死三軍。」這話一點不假。凡是頭頭沒有才能的地方，羣衆忙死忙活也不會有好成績。

【將相本無種，標名始丈夫】

將相不是天生的，立了大功才算大丈夫。明・李素甫《元宵鬧》三折：「〔外扮宋江上〕志在拯民水火，心存伐暴除苛……從來將相本無種，銅柱標名始丈夫。」

【將相本無種，男兒當自强】

將相並不是天生的，男子漢應當發奮圖强。明・高則誠《琵琶記》一〇齣：「朝爲田舍郎，暮登天子堂。將相本無種，男兒當自强。」

【將相出寒門】

寒門：指窮苦之家。將相出身於貧寒之家。比喻一般人家也有傑出人才。元・王實甫《西廂記》五本三折：「你道窮民到老是窮民，卻不道：『將相出寒門。』」

【將相寒門出，文章可立身】

意謂靠自己的努力奮鬥，可以得到功名富貴。明・無名氏《貧富興衰》四折：「〔得勝令〕我去時路途受孤貧，歸來時皂蓋擁朱輪，方信道：『將相寒門出，文章可立身。』」

【將勇兵强】

將帥和士兵都英勇頑强。形容軍隊很有戰鬥力。元・無名氏《射柳捶丸》二折：「你道我將勇兵强有誰及，爭奈待罪犯歇馬在這雲州地，」也作「**將勇兵雄**」。元・無名氏《博望燒屯》二折：「憑著俺人强馬壯，將勇兵雄，覷劉玄德兵微將寡，一鼓而下，這一去必然平新野樊城。」

【將勇兵雄】

見「將勇兵强」。

【將遇良才】

能人遇見能人。多與「棋逢對手」連用。《水滸傳》三四回：「兩個就清風山下廝殺，乃是棋逢敵手難藏幸，將遇良才好用功。」

【將在軍，君命有所不受】

將帥身在軍營，根據戰地實際指揮作戰，對遠在宮廷的君王命令，如不符合戰爭實際的，可以不接受。《史記·孫子吳起列傳》：「孫子曰：『臣既已受命爲將，將在軍，君命有所不受。』」也作「將在外，君命有所不受」。《五代史通俗演義》二七回：「敬瑭獨自擔憂，幕僚殷希堯進言道：『將在外，君命有所不受。』……。請查出首倡，明正軍法。」

【將在謀不在勇，兵貴精不貴多】

將帥在於有智謀而不在於他勇於衝鋒陷陣，兵最可貴的在於精悍而不在乎數量多。《古今小說》卷二一：「不一日，探子報道：『黃巢兵數萬將犯臨安，望相公策應。』董昌就假錢鏐以兵馬使之職，使領兵相救。問道：『此行用兵幾何？』錢鏐答道：『將在謀不在勇，兵貴精不貴多。願得二鍾爲助，兵三百足矣。』」

【將在外，君命有所不受】

見「將在軍，君命有所不受」。

【漿糊鍋裏煮電燈泡——說他混蛋，他還一肚子邪火】

混蛋：形容糊塗，不明事理；邪火：生瞎氣。比喻自己糊塗，卻不肯接受批評指責，反而生氣。例這個人是漿糊鍋裏煮電燈泡——說他混蛋，他還一肚子邪火，由他去吧，不要多管閒事了。也作「麵湯裏煮燈泡——說他混蛋，他還一肚子邪火」、「漿糊鍋裏煮皮球——說他混蛋，他還一肚子氣」、「麵湯裏煮皮球——說他混蛋，他還一肚子氣」、「電燈泡上抹漿糊——說他混蛋，他還一肚子邪火」、「癩蛤蟆跌進粥鍋——說他混，他還一肚子氣」。

【漿糊鍋裏煮皮球——說他混蛋，他還一肚子氣】

見「漿糊鍋裏煮電燈泡——說他混蛋，他還一肚子邪火」。

【漿糊洗臉——頭腦不清】

雙關語。比喻神智模糊，思路不清。例他年才半百，可已漿糊洗臉——頭腦不清了，這種早衰現象葬送了他出衆的才華，實在令人惋惜。

【醬缸裏冒泡——生閒（咸）氣】

閒：「咸」的諧音。雙關語。比喻生於己無關的氣。例路見不平，拔刀相助，是中國人的傳統美德，並非所謂醬缸裏冒泡——生閒（咸）氣。

【醬蘿蔔——沒影（纓）了】

影：「纓」的諧音；纓：蘿蔔葉子。雙關語。比喻人已跑得無影無蹤。例小楚怎麼一轉眼就醬蘿蔔——沒影（纓）了，快把他找回來，有急事要辦。

【醬油泡稀飯——貪色水】

形容人講體面，或指做表面工作。含有諷刺意思。例這種做法，不過是醬油泡稀飯——貪色水而已，沒有多大實際價值。

ㄐㄧㄥ

【涇清渭濁】

涇：涇水；渭：渭水。涇渭兩水都發源於甘肅，流入陝西後會合流入黃河。涇河水清，渭河水濁，兩條河清濁不混。比喻界限清楚，是非分明。清·譚嗣同《石菊影廬筆識·學篇》：「湘江之淸，遘風雨而濁；黃河之濁，逢冰凌而淸；豈可據爲常淸常濁哉？涇漲渭涸，則『涇濁渭淸』，涇涸渭漲，則『涇淸渭濁』」。也作「涇濁渭清」。

【涇渭不辨】

見「涇渭不分」。

【涇渭不分】

比喻好壞不分，是非不明。唐·陸贄〈又論進瓜果人擬官狀〉：「薰獲無辨，涇渭不分，二紀於茲，莫之能整。」也作「涇渭不辨」。宋·惠洪《請藥石榜》：「王官玉石俱焚，學者涇渭不辨。」

【涇渭不雜】

見「涇渭分明」。

【涇渭分明】

涇，渭：甘肅省，陝西省境內的兩條河流。《詩經·邶風·谷風》：「涇以渭濁，湜湜其沚。」漢·毛亨《傳》：「涇渭相入，而淸濁異。」故古以爲渭水濁，涇水清。涇水流入渭水，清濁不混。比喻是非，好壞分明，界限清楚。《古今小說》一〇回：「他胸中漸漸涇渭分明，瞞他不得了。」也作「涇渭不雜」。唐·張說《玄宗御書故中書令梁國公姚文貞公神道碑銘序》：「公性仁恕，行簡易，虛懷泛愛，而涇渭不雜。」

【涇渭合流——清濁分明】

比喻好壞，是非界限清楚。例他雖然在賭場工作過，可是潔身自好，一塵不染，的確是涇渭合流——清濁分明。

【涇渭了然】

義同「涇渭分明」。了然：清楚。也指戲曲用韻清濁分明。明·沈寵綏《度曲須知·收音譜式》：「徐徐誦演，久久滑熟，入門之後，涇渭了然。」

【涇渭同流】

比喻好的與壞的，正確的與錯誤的混雜在一起。唐·李陽冰《上李大夫論古篆書》：「常痛孔壁遺文，汲冢舊簡，年代浸遠，謬誤滋多，蔡中郎以豐同豐，李丞相將束爲宋，魚魯一惑，涇渭同流。」

【涇濁渭清】

見「涇清渭濁」。

【經邦建國，教學爲先】

經：治。創建治理國家，第一件事就

是對老百姓進行教化。《晉書・孔愉傳》：「經邦建國，教學為先；移風崇化，莫尚斯矣。」

【經邦論道】

謂整治國家，談論治國之策。《羣音類選〈四德記・三元報捷〉》：「今朝喜得登廊廟，佐明君經邦論道，這都是辛苦中搏來榮耀。」

【經邦緯國】

經、緯：織物的縱線和橫線。引申為治理、規劃；邦：國。指治理國家。唐・李世民《授長孫無忌司徒詔》：「是以經邦緯國必俟蕭曹之勛，燮理陰陽允歸鍾華之望。」

【經多見廣】

經：經歷：見：見識。經歷的多。知道的廣，指閱歷深，見識廣。姚雪垠《李自成》一卷二七章：「[闖王]特別對製造兵器的知識很豐富，可說是經多見廣。」

【經風雨】

比喻經受艱難困苦的考驗。例咱們這一輩子，可沒少經風雨。

【經官動府】

經：經由。謂糾紛經由官府處理。《初刻拍案驚奇》卷一五：「這廝恁般恃強！若與他經官動府，雖是理上說我不過，未必處得暢快。」也作「**驚官動府**」。《紅樓夢》六八回：「〔鳳姐問道〕你要告訴了我，這會子不平安了？怎麼得驚官動府，鬧到這步田地？」

【經國大業】

經：治理，業：事業。治理國家的重大事業：也泛指某種事物對國家有重要作用。三國魏・曹丕《典論・論文》：「蓋文章經國之大業，不朽之盛事。」

【經國之才】

治理國家的才能。《晉書・劉琨傳》：「祖邁，有經國之才，為相國參軍，散騎常侍。」也作「**經世之才**」。元・陶宗儀《輟耕錄・御史舉薦》：「某所薦者已百有餘人，皆經世之才，其在中外，並能上裨聖治，則某之報效亦勤矣。」

【經濟之才】

謂有治國濟民的才能。元・鄭德輝《伊尹耕莘》二折：「此人察風雲以辨天時，望氣色而觀地理，有經濟之才，安天下之手。」

【經久不息】

息：停止。很長時間不停止（多用以形容掌聲或歡呼聲）。例他今天的報告，博得了聽衆經久不息的掌聲。

【經綸濟世】

經綸：整理絲縷，引申為整治國事；濟世：有益於國家。謂整治國事，挽救時局。《三國演義》三五回：「水鏡曰：『若孫乾，糜竺之輩，乃白面書生，非經綸濟世之才。』」

【經綸滿腹】

經綸：整理過的絲縷，引申為才幹、本領。滿腹的才能、本領。形容人很有學識和才幹。《歧路燈》五五回：「我看其人博古通今，年逾五旬，經綸滿腹，誠可為令婿楷模。」也作「**滿腹經綸**」。

【經綸天下】

經綸：整理蠶絲，喻政治規劃；天下：古時多指全國。比喻治理國家大事。《周易・屯》：「君子以經綸。」孔穎達疏：「言君子法此屯象有為之時，以經綸天下。」

【經明行修】

經：儒家經典：修：美好。謂經學精深，品行端正。形容德才兼備。《三國志・魏書・高柔傳》：「然今博士，皆經明行修，一國清選。」也作「**經明行著**」。著：顯著。《後漢書・班固傳》：「[固奏記說東平王蒼曰]扶風掾李育，經明行著，教授百人。」

【經明行著】

見「經明行修」。

【經目之事，猶恐未真；背後之言，豈能全信】

親眼所見的事情，尚且擔心其是否眞實；背後的說法，哪裏能讓人都信呢。謂凡事都要深入了解，不可輕信。《水滸傳》二六回：「誰想這官人貪圖賄賂，回出骨殖並銀子來，說道：『武松，你休聽外人挑撥你和西門慶做對頭。這件事不明白，難以對理。聖人云：「經目之事，猶恐未眞；背後之言，豈能全信？」不可一時造次。』」

【經年累月】

形容經歷了很長的時間。隋・薛道衡《豫章行》：「豐城雙劍昔曾離，經年累月復相隋。不畏將軍成久別，只恐封侯心更移。」也作「**累月經年**」。

【經師人師】

經師：傳授儒家經典的學者；人師：教人做人道德的師表。指教授經典學術的學者和培育人才品德的老師。晉・袁宏《後漢紀・靈帝紀上》：「蓋聞經師易遇，人師難遭。故欲以賣絲之質，附近朱藍耳！」

【經史百家】

見「經史百子」。

【經史百子】

經：經書，並指經學；史：史學，百子：諸子百家之學。舊指各方面的重要學問，即包括傳統的哲學、政治、史學、文學以及一部分自然科學在內的學問。唐・韓愈《柳子厚・墓志銘》：「子厚少精敏，無不能達……議論證據古今，出入經史百子。」也作「**經史百家**」。《孽海花》三回：「拿經史百家的學問，全納入時文裏面，打破有明以來江西派和雲間派的門戶，獨樹一幟。」

【經史子集】

我國舊時的圖書分類法，把所有圖書劃分為經、史、子、集四大類，稱為四部。經部包括儒家經傳和小學方面的書。史部包括各種歷史書，也包括地理書。子部包括諸子百家的著作。

集部包括詩、文、詞、賦等。也泛指古代典藉。《儒林外史》四七回：「他自小七八歲上，就是個神童，後來經史子集之書，無一樣不曾熟讀。」

【經始大業】

經始：原指開始營建，後泛指開創事業。指開基立國的大事業。《晉書・樂志上》：「經始大業，創造帝基。」

【經世奇才】

指具有治理天下的卓越才能。《三國演義》三八回：「玄德曰：『大丈夫抱經世奇才，豈可空老於林泉之下？願先生以下蒼生爲念，開備愚魯而賜教。』」

【經世之才】

見「經國之才」。

【經天緯地】

經、緯：織物的豎線叫經，橫線叫緯。比喻規劃、治理國家。《三國演義》一二回：「曹操雖有經天緯地之才，到此安能得脫也？」也作「**經緯天地**」。清・汪琬《王敬哉先生集序》：「人之有文，所以經緯天地之道而成之者也」也作「**天經地緯**」、「**緯地經天**」。

【經緯天地】

見「經天緯地」。

【經緯天下】

指治理天下。《史記・秦始皇本紀》：「普施明法，經緯天下，永爲儀則。」

【經緯萬端】

經緯：織物的縱線和橫線；端：頭。形容頭緒多而複雜。漢・揚雄《法言・序》：「神心忽恍，經緯萬方。」

【經文緯武】

見「經武緯文」。

【經武緯文】

指文武並重，治理國家。南朝梁・沈約《棋品序》：「若夫入神造極之靈，經武緯文之德，故可與和樂等妙。」也作「**經文緯武**」。《東周列國志》七二回：「[伍子胥]有扛鼎拔山之勇，經文緯武之才。」也作「**緯武經文**」。

【經驗之談】

以實踐爲根據進行論述的事情或結論。巴金《寒夜》：「『鍾老這是經驗之談啊！』小潘大聲笑著說。」

【經一失，長一智】

失：困難，挫折。謂受一次挫折，長一分見識。例我們要切記，不可輕易說人笑人，正所謂經一失，長一智。也作「**吃一塹，長一智**」。

【經營擘劃】

擘劃：形容處置，安排。指經營籌劃。例他年紀輕輕的，倒滿懂得經營擘劃，才接手繼承的餐館，生意好得不得了！

【荊釵布襖】

見「荊釵布裙」。

【荊釵布裙】

釵：髮髻上的一種首飾。用荊枝作釵，以粗布爲裙。指女子服飾簡樸。南朝宋・虞通之《爲江斅讓尚公主表》：「年近將冠，皆已有室，荊釵布裙，足得成禮。」也作「**荊釵布襖**」。元・汪元亨《朝天子・歸田》曲：「妻從儉荊釵布襖，子甘貧陋巷簞瓢。」也作「**荊釵裙布**」明・范受益《尋親記・剖面》：「荊釵裙布，還有甚嬌嬈？」也作「**布裙荊釵**」、「**裙布荊釵**」、「**裙布釵荊**」。

【荊釵裙布】

見「荊釵布裙」。

【荊衡杞梓】

荊：荊山，泛指湖北一帶；衡山，泛指湖南一帶；杞梓：杞樹和梓樹，優質木材，荊衡兩地的優質木材。比喻優秀的人才，《晉書・陸機陸雲傳論》：「觀夫陸機、陸雲，實荊衡之杞梓，挺珪璋之秀實，馳英華於早年。」也作「**荊南杞梓**」。《南史・庾域傳》：「域，新野人也，少沉靜，有名鄉曲。梁文帝爲郢州，辟爲主簿，嘆美其才。」曰：「荊南杞梓，其在斯乎！」

【荊棘叢生】

荊棘成堆地生長。比喻困難極大，環境艱難。《鏡花緣》六八回：「此時家難未靖，荊棘叢生，一經還鄉，存亡莫保。」

【荊棘滿地】

形容荊棘叢生，一片荒涼景象。比喻障礙重重，處境困難。唐。白居易《傷唐衢二首》：「是時兵革後，生民正憔悴……天高未及聞，荊棘生滿地。」也作「**荊榛滿地**」。宋・康與之《長安懷古》：「漢唐乘王氣，萬歲千秋計。畢竟是荒丘，荊榛滿地愁。」也作「**荊榛滿道**」。明・陳所聞《南宮詞紀》三：「嘆眼前榛滿道，寂寞誰人到。」也作「**荊榛滿目**」。《舊五代史・盧文進傳》：「文進在平州，率奚族勁騎，鳥擊獸搏，倏來忽往，燕趙諸州，荊榛滿目。」也作「**荊榛滿眼**」。宋・郭祥正《中秋登白紵山呈同遊蘇寺丞》：「荊榛滿眼世路惡，恩忘水覆終難收。」

【荊棘滿腹】

唐・孟郊《擇友》詩：「面結口頭交，肚裏生荊棘。」後用「荊棘滿腹」比喻心中盡是邪念。清・歸莊《避亂》：「世人讀詩書，荊棘滿胸懷。田父不識字，往往見天機。」

【荊棘塞途】

見「荊棘載途」。

【荊棘載途】

比喻前進的路上困難重重，障礙極多。明・周茂蘭《追和采芝歌》：「山有芝也，亦可采也。荊棘載途，何可掃也？不可掃也，吾何歸也？」也作「**荊棘塞途**」。魯迅《華蓋集・尊師》：「問什麼荊棘塞途的老路，尋什麼烏煙瘴氣的導師！」

【荊棘銅駝】

《晉書・索靖傳》：「靖有先識遠量，知天下將亂，指洛陽宮門銅駝，嘆曰：『會見汝在荊棘中耳！』」後以「**荊棘銅駝**」形容國土淪陷後的殘破景象。宋・陸游《醉題》詩：「只愁又踏關河路，荊棘銅駝使我悲！」也作「銅駝荊棘」。

【荊軻刺秦王——圖窮匕首見】

荊軻刺秦王：《戰國策·燕策三》中的故事，燕太子丹秘密派刺客荊軻刺殺秦王嬴政，荊軻在秦王面前假裝獻燕國督亢地圖時，慢慢地把地圖展開，最後露出卷藏在裏面的匕首；見：顯露。比喻終於露出凶相。例他雖然偽裝得很巧妙，和藹可親，但荊軻刺秦王——圖窮匕首見，最終仍然暴露出了他兇惡的本來面目。

【荊南杞梓】

見「荊衡杞梓」。

【荊人涉澭】

荊人：楚國人；澭：澭水。指拘泥於成例。後用以諷刺不知道根據情況的變化而變通的行爲。《呂氏春秋。察今》：「荊人欲襲宋，使人先表澭水。澭水暴益，荊人弗知，循表而夜涉，溺水者千有餘人，軍驚而壞都舍。」

【荊山之玉】

荊山：山名，相傳此山產美玉。荊山所產的美玉。比喻極爲珍貴的東西。三國魏·曹植《與楊祖德書》：「當此之時，人人自謂握靈蛇之珠，家家自謂抱荊山之玉。」

【荊室蓬户】

荊條造屋，蓬草編門。形容住房簡陋，家境貧寒。三國魏·曹植《說疫氣》：「人罹此者，悉被褐茹藿之子，荊室蓬戶之人耳。」

【荊天棘地】

天地間到處是荊棘。比喻處境艱險，行動不便。《廿載繁華夢》三六回：「周庸祐這時在上海，正如荊天棘地……關卡的吏役人員，個個當拿得周庸祐便有重賞，因此查得十分嚴密，這樣如何逃得出？」

【荊條當柱子——不是正經材料】

荊條：荊的枝條，性柔韌，可編器物。多比喻人不正派，或不能勝任工作。例胡大爺早就警告過，那小子就像荊條柱子——不是正經材料，你不相信。現在事實證明，他一貫貪污盜竊，是個可恥的罪犯。也作「豆芽菜頂門——不是正經材料」、「麻稈做扁擔——不是正經材料」。

【荊榛滿道】

見「荊棘滿地」。

【荊榛滿地】

見「荊棘滿地」。

【荊榛滿目】

見「荊棘滿地」。

【荊榛滿眼】

見「荊棘滿地」。

【京城禁珠翠，天下盡琉璃】

宋朝咸淳五年，宋宮禁戴珠翠，宮女只戴琉璃花，琉璃花隨即流行民間。比喻上行下效。例封建時代，「京城禁珠翠，天下盡琉璃」，皇宮成爲流行服飾的首倡者。

【京輦之下】

京：京城，國都；輦：古時用人拉的車，後多指皇帝所乘的車。在皇帝的車駕之下。指在京都。唐·陸贄《收復京師遺使宣慰將吏百姓詔》：「京輦之下，杼軸其空。」

【驚才絕艷】

形容才華驚人，文辭瑰麗。清·翁方綱《石洲詩話》卷二：「李長吉驚才絕艷，鏘宮戛羽，下視東野，眞乃蚯蚓竅中蒼蠅鳴耳。」也作「驚采絕艷」。沈兼士《近三十年來中國史學之趨勢》：「當戴東原倡天下學問有義理考據文章三事的時候，袁子才以文詞推爲海內祭酒，他曾寄書與孫淵如，惜其以驚采絕艷之才，從事於考據，奇才竟至不奇，有可惜一枝筆之語。」

【驚采絕艷】

見「驚才絕艷」。

【驚愕失色】

驚愕：吃驚而發愣；失色：因受驚或害怕而使面色蒼白。驚恐得改了神色。形容非常吃驚。《新編五代史平話·唐史》：「契丹以馬軍萬人拒之於前，將士皆驚愕失色。」

【驚風駭浪】

見「驚風駭浪」。

【驚弓之鳥】

被弓箭嚇怕了的鳥。《戰國策·楚策四》：「更羸與魏王處京台之下，仰見飛鳥。更羸謂王曰：『臣爲王引弓虛發而下鳥。』魏王曰：『然則射可至此乎？』更羸曰：『可。』有間，雁從東方來，更羸以虛發而下之。魏王曰：『然則，更射可至此乎？』更羸曰：『此孽也。』王曰：『先生何以知之？』對曰：『其飛徐而鳴悲。飛徐者，故瘡痛也：鳴悲者，久失羣也。故瘡未息而驚心未去也。聞弦音，引而高飛，故瘡隕也。』」後以「驚弓之鳥」比喻受過驚嚇而心有餘悸的人。《歧路燈》八一回：「紹聞是驚弓之鳥，嚇了一跳。」也作「驚弦之鳥」《隋唐演義》五回：「但唐公是驚弦之鳥，猶自不敢放膽。」也作「傷弓之鳥」。

【驚弓之鳥——心有餘悸】

悸：心跳，害怕。比喻事情雖然過去，但恐懼感還在。例雖然事隔多年，但他一說起被劫持的經過，仍然心有餘悸。也作「一朝被蛇咬，三年怕井繩——心有餘悸」。參見「驚弓之鳥」。

【驚弓之鳥——遠走高飛】

驚弓之鳥：被弓箭嚇怕了的鳥。比喻擺脫困境，尋找光明的前途。有時形容離開舊地，走向遠方。例雖然事情已經過去，可他已成驚弓之鳥——遠走高飛了，我們對他既感到惋惜，又感到高興，也作「出門坐飛機——遠走高飛」。

【驚官動府】

見「經官動府」。

【驚鴻艷影】

驚鴻：輕捷飛起的鴻雁，借指美女。

形容美女體態輕盈和艷麗的身影。清。王韜《淞隱漫錄。鵑紅女史》：「遙見樓頭有一女子憑欄臨波凝睇，素妝淡服，豐神絕世，驚鴻艷影，湖水皆香。」

【驚慌不安】
見「驚悸不安」。

【驚慌失色】
因驚恐慌亂而失去常態，《鏡花緣》五九回：「這話登時傳到宋艮箴耳內，嚇的驚慌失色，淚落不止。」

【驚惶失措】
惶：恐懼；失措：舉止失去常態。謂恐懼不安，不知如何是好。《二刻拍案驚奇》卷一一：「少卿虛心病，元有些怕見他的，亦且出於不意，不覺驚慌失措。」也作「驚慌無措」。《說唐》九回：「當時羅元帥嚇得面如土色，衆將官目瞪口呆，叔寶驚惶無措。」也作「張皇失措」、「張皇無措」。

【驚惶萬狀】
萬狀：多種樣子。形容因害怕恐懼而現出的各種情態。宋・陳亮《謝楊解元啟》：「憂患百罹而未艾，驚惶萬狀而莫支。」也作「驚恐萬狀」。曲波《林海雪原》三四：「大家定睛看時，原來是一羣野雉，像是大敵襲來，驚恐萬狀地向南飛奔。」

【驚惶無措】
見「驚惶失措」。

【驚魂不定】
驚魂：驚慌失措的神態。形容受驚之後心情一直沒有平靜下來。姚雪垠《李自成》一卷二章：「一些驚魂不定的守夜人躲在黑影中向大道上張望。」

【驚魂甫定】
甫：剛剛。受驚嚇後，心情剛剛平定。宋・魏了翁《辭免召赴行在狀》：「今驚魂甫定，若再爲萬里之役，必不能將親就養，人子之義，實非所安。」也作「驚魂稍定」。清・歸莊《上吳鹿友閣老書》：「逃竄久之乃免，迨驚魂稍定，欲求所以全身濟世之策，而一無所恃，始悔向者之溺於文章，乃大誤也。」也作「甫定驚魂」。

【驚魂稍定】
見「驚魂甫定」。

【驚魂未定】
形容因驚恐而心神不定，宋・蘇軾《謝量移汝州表》：「只影自憐，命寄江湖之上；驚魂未定，夢遊縲紲之中。」

【驚悸不安】
驚慌心跳。難以鎮靜。例她被一聲忽然的巨響嚇住了，一時間不知所措，驚悸不安。也作「驚慌不安」。楊沫《青春之歌》：「道靜驚慌不安地看著她旁邊的那個女學生，又望望凳子上的盧嘉川。」

【驚恐失色】
驚恐：驚慌恐懼；失色：因害怕而面色蒼白。恐懼得臉都變了色。例她在草叢裏看見了一條蛇，嚇得驚恐失色，拔腿就跑。

【驚恐萬狀】
見「驚惶萬狀」。

【驚蛇入草】
形容草書的筆勢矯健，放縱不羈。《宣和書譜・草書・唐・釋亞棲》：「自謂『吾書不大不小，得其中道，若飛鳥出林，驚蛇入草。』」

【驚師動衆】
形容驚動的人很多。《紅樓夢》四五回：「你才說的也是，多一事不如省一事。我明日家去，和媽媽說了，只怕燕窩我們家裏還有，與你送幾兩，每日叫丫頭們就熬了，又便宜，又不驚師動衆的。」也作「勞師動衆」。

【驚世駭俗】
指行爲或言論不合於風俗習慣，使世人驚駭。宋・王柏《朋友服議》：「子創此服，豈不驚世駭俗，人將指爲怪民矣。」清・黃宗羲《縮齋文集序》：「蓋驚世駭俗之言，非今之地上所宜有也。」也作「驚愚駭俗」。愚：無知之人。宋・梅堯臣《廟子灣辭》：「穹魚大龜非爾儔，奚必區區此汴溝，驚愚駭俗得肴饈，去就當決何遲留。」

【驚世絕俗】
指言行超絕當世，令人驚異。宋・蘇洵《上韓樞密書》：「言語樸直，非有驚世絕俗之談。」

【驚嘆不已】
嘆：感嘆；已：止。由驚異而發出的感嘆長時間不停。形容感受強烈。例工藝館中，那些精緻的藝術造型，使我們驚嘆不已。

【驚濤駭浪】
濤：大波浪；駭：使人驚懼。使人驚懼的大風浪。比喻令人震驚的大事。宋・陸游《長風沙》詩：「江水六月無津涯，驚濤駭浪高吹花。」也作「驚風駭浪」。《兒女英雄傳》一一回：「奉到憲批，批了『如詳辦理』四個大字，把一樁驚風駭浪的大案，辦得來雲過天空。」也作「駭浪驚濤」。

【驚天動地】
形容聲勢或影響巨大，使人震驚或感動。唐・白居易《李白墓》詩：「可憐荒塚窮泉骨，曾有驚天動地文。」也作「動地驚天」。

【驚喜交集】
見「驚喜交加」。

【驚喜交加】
驚異和喜悅的心情交織在一起。《兒女英雄傳》八回：「此時忽然的骨肉團圓，驚喜交加。」也作「驚喜交集」。例他意外地見到了失散多年的親人，不由得驚喜交集。

【驚喜若狂】
形容極端驚喜，難以自持。清・露園主人《夜譚隨錄・護軍女》：「少年得其應答，驚喜若狂。」

【驚喜欲狂】
驚喜：又驚又喜；欲：將要；狂：瘋

狂。高興得都要發瘋了。形容由於出於意外而喜悅到極點。宋・洪邁《夷堅志・胡氏子》：「胡驚喜欲狂，即與偕入室，夜分乃去。」

【驚弦之鳥】

見「驚弓之鳥」。

【驚心悼膽】

悼：戰慄。形容害怕到極點。章炳麟《新方言・釋言》：「今人言懼，猶曰驚心悼膽」。例當他看到這不幸的事件突然發生的時候，不由得驚心悼膽，不知所措。

【驚心掉膽】

見「驚心悼膽」。

【驚心動魄】

魄：魂魄。使人魂魄震驚。形容作品文辭優美，文筆神奇，令人感受極深，震動極大。南朝梁・鍾嶸《詩品》卷上：「文溫以麗，意悲而遠，驚心動魄，可謂幾乎一字千金。」後也用以形容驚險、緊張。《紅樓夢》八四回：「這裏趙姨娘正說著，只聽賈環在外間屋子裏，更說出些驚心動魄的話來。」也作「動魄驚心」。

【驚愚駭俗】

見「驚世駭俗」。

【驚猿脫兔】

如受驚嚇的猿猴，逃竄的兔子。形容受驚嚇而紛紛奔逃的樣子。《儒林外史》四三回：「還虧得苗子的腳底板厚，不怕巉岩荊棘，就如驚猿脫兔，漫山越嶺的逃散了。」

【驚蟄後的蜈蚣——越來越凶】

驚蟄（ㄓˊ）：二十四節氣之一，在國曆三月五、六或七日，此時漸漸有春雷，冬眠動物開始活動。比喻越來越厲害凶惡。例這幫匪徒，就像驚蟄後的蜈蚣——越來越凶，非狠狠鎮壓不可。也作「驚蟄後的青竹蛇——越來越凶」。

【旌旗蔽空】

見「旌旗蔽日」。

【旌旗蔽日】

旌旗：特指戰旗；蔽：遮蔽。戰旗遮住了太陽。形容千軍萬馬隊伍壯盛，氣勢磅礴。《戰國策・楚策一》：「楚王遊於雲夢，結駟千乘，旌旗蔽空。」也作「旌旗蔽天」。宋・周密《武林舊事・御教》：「戈甲耀日，旌旗蔽天，連亘二十餘里，粲如錦繡。」也作「旌旗蔽空」。宋・蘇軾《前赤壁賦》：「破荊州，下江陵，順流而東也。舳艫千里，旌旗蔽空，釃酒臨江，橫槊賦詩，固一世之雄也。」

【旌旗蔽天】

見「旌旗蔽日」。

【旌善懲惡】

旌：表彰。表彰善人善事，嚴懲惡人惡事。明。王世貞《鳴鳳記・封贈忠臣》：「旌善懲惡，申公匪私，生者享爵祿之榮，死者沐恩光之賁。」

【兢兢業業】

兢兢：小心謹慎的樣子；業業：畏懼的神態。形容做事小心謹慎，認眞踏實。唐・韓愈《潮州刺史謝上表》：「早朝晚罷，兢兢業業，惟恐四海之內，天地之中，一物不得其所。」也作「兢兢翼翼」。魏・陳王植《卞太后誄》：「恆勞庶事，兢兢翼翼，親桑蠶館。」

【兢兢翼翼】

見「兢兢業業」。

【精兵簡政】

縮減軍隊編制和行政機構。泛指精簡人，員緊縮機構。郭沫若《洪波曲》一四章：「只要肯認眞抗戰，這種精兵簡政，分頭並進，倒也似乎更要合理些了。」

【精兵猛將】

兵士精悍，將領勇猛。《晉書・郗鑒傳》：「使君若顧二帝，自可不行，宜急下檄文，速遣精兵猛將。」

【精彩逼人】

形容人精神煥發，神采奕奕。也用以形容文辭精彩感人。宋・洪邁《夷堅志。徐大夫》：「君精彩逼人，雖老而健。」朱自清《中國學術的大損失》：「他的《唐詩雜論》雖然只有五篇，但都是精彩逼人之作。」

【精彩秀發】

精彩：神彩；秀發：煥發。形容人精神煥發。《晉書。慕容超載記》：「精彩秀發，容止可觀。」

【精誠貫日】

見「精誠白日」。

【精誠所至】

精誠：眞誠；至：到。指只要專心誠意去做，即使是堅如金石的疑難問題，也能解決。也用於形容對人眞誠所產生的強大感染力。《莊子・漁父》：「眞者，精誠之至也，不精不誠，不能動人。」

【精誠所至，金石爲開】

只要對人對事眞心誠意，所到之處，即使金石這這樣堅硬的東西也會開裂。形容態度眞誠，能產生極大的感人力量。《初刻拍案驚奇》卷九：「精誠所至，金石爲開。貞心不寐，死後重諧。」王蒙《別依阿華》：「我沒見過世界上有這樣善於約稿組稿的編輯，隔著太平洋和大西洋還窮追不捨，精誠所至，金石爲開，我只好執筆從命。」

【精誠團結】

精誠：眞誠。眞心誠意地團結一致。例參加團體競賽的活動，團員要精誠團結才能贏得勝利。

【精打細算】

指在使用人力、物力上計算得很仔細。例他處處精打細算，從不浪費一分錢，一看就知道是個會過日子的人。

【精雕細刻】

精心細緻地雕刻。例他精雕細刻了一尊象牙佛像。也用以比喻創作文藝作品精心細緻或做事認眞，一絲不苟。例他的小說對於人物的外貌、言談舉止都進行精雕細刻，很有特色。

【精耕細作】
指對農作物精心細緻地耕作。例由於是山區，可耕地面積較少，必須精耕細作，才能提高單位面積的產量。

【精貫白日】
貫：貫通；白日：白天。形容精力極充沛。《三國志・魏書・武帝紀》：「當此之時，王師寡弱，天下寒心，莫有固志，君執大節，精貫白日，奮其武怒，運其神策，致屆官渡，大殲醜類，俾我國家拯於危墜，此又君之功也。」

【精悍短小】
形容身材矮小而精明強悍的人。宋・葉紹翁《四朝聞見錄・畢再遇》：「再遇臨安西溪人。淳熙間，以勇名於軍，精悍短小，蓋驍將也。」也作「短小精悍」。

【精甲銳兵】
甲：鎧甲；兵：武器。堅固的鎧甲，銳利的刀槍。泛指裝備精良的軍隊。《新五代史・皇甫暉傳》：「精甲銳兵，不下數十萬。」也作「堅甲利兵」。

【精金百煉】
經過百次冶煉的眞金。比喻經過各種鍛煉或考驗，才能錘煉出人才。南朝宋・劉義慶《世說新語・文學》：「精金百煉，在割能斷，功則治人。職思靖亂。」

【精金良玉】
像眞金那樣精純，像美玉那樣溫潤。比喻人品純潔，性情溫和。宋・程頤《明道先生行狀》：「先生資稟既異，而充養有道，純粹如精金，溫潤如良玉。」也作「精金美玉」。比喻人品純正或詩文精粹美好。《兒女英雄傳》三四回：「那點精金美玉同心意合，媚滋一人。」宋・蘇軾《答謝民師書》：「歐陽文忠公言文章如精金美玉，市有定價，非人所能以口舌定貴賤也。」

【精金美玉】
見「精金良玉」。

【精進不休】
精進：專心上進；不休：不停止。專心致志地不斷進取。例他是個精進不休，奮發有為的人。

【精力不倦】
謂精力充沛，毫不疲倦。《後漢書・桓榮傳》：「常客傭以自給，精力不倦。十五年不窺家園。」也作「精力不衰」。清・朱孔彰《左文襄公別傳》：「耄年精力不衰，雖兵間積苦，未嘗以況瘁形於詞色。」

【精力不衰】
見「精力不倦」。

【精美絕倫】
精美：精緻美好；絕倫：無與倫比。形容精巧美妙到了極點。例這次展品中，有不少精美絕倫的藝術珍品。

【精妙絕倫】
精細美妙到了極點。宋・周密《武林舊事・燈品》：「燈隻至多。蘇、福為冠，新安晚出，精妙絕倫。」

【精妙入神】
精彩絕妙如神化一般。《隋唐演義》卷九五：「且其藝精妙入神，不難邀知遇於君上，致感動於神仙，使其身所遭逢之事，傳為千秋佳話。」

【精明老練】
形容人機敏聰明，穩重、老成。《三俠五義》五二回：「寧媽媽是個精明老練之人，不戴頭巾的男子。」

【精明能幹】
見「精明強幹」。

【精明強幹】
謂精細明察，辦事能力強。《二十年目睹之怪現狀》一〇六回：「承輝這個人，甚是精明強幹。」也作「精明能幹」。茅盾《子夜》十：「吳為成的方臉上透露著精明能幹的神氣。」

【精疲力竭】
見「精疲力盡」。

【精疲力盡】
精：精力。形容精力和體力都已疲憊不堪。巴金《寒夜》：「我才逃到這裏來，已經精疲力盡了，還有什麼辦法呢？」也作「精疲力竭」。竭：盡。例有兩個人慢吞吞地向寨門走來，好像經過長途跋涉累得精疲力竭的樣子。也作「筋疲力盡」、「力盡筋疲」。

【精奇古怪】
形容非常奇特，不同一般。明・湯顯祖《還魂記・硬拷》：「你精奇古怪虛頭弄。」

【精禽塡海】
見「精衛塡海」。

【精神抖擻】
抖擻：振奮的樣子。形容精神振奮。《西遊記》六九回：「少頃，漸覺心胸寬泰，氣血調和，就精神抖擻，腳步強健。」也作「抖擻精神」。

【精神渙散】
渙散：散漫，分散。形容精神分散，注意力不集中。漢・焦延壽《易林・歸妹之離》：「精神渙散，離其躬身。」

【精神煥發】
形容精神振作，情緒高漲。《二十年目睹之怪現狀》四一回：「侶笙出落得精神煥發，洗絕了從前那落拓模樣。」

【精神恍惚】
恍惚：糊糊塗塗的樣子。指神思不定或神志不清。《魏書・爾朱榮傳》：「榮亦精神恍惚，不自支持，久而方悟，遂便愧悔。」

【精神滿腹】
精神：指學識、才能。形容人才智超人，滿腹經綸。《晉書・溫嶠傳》：「深結錢鳳，為之聲譽；每曰：『錢世儀精神滿腹。』嶠素有知人之稱，鳳聞而悅之。」

【精神太遒】
遒：強勁，有力。精力充沛達到極點。《北史・崔㥄傳》：「㥄有文學，偉風貌，寡言辭，端嶷如神，以簡貴自處。齊神武言：崔㥄應作令僕，恨其精神太遒。」

【精神秀朗】

精力旺盛學識博深，不同尋常。《梁書・范雲傳》：「嘗就親人袁照學，晝夜不怠，照撫其背曰：『卿精神秀朗而勤於學，卿相才也。』」

【精衛填海】

精衛：古代神話中的鳥名。《山海經・北山經》：「炎帝之少女名曰女娃，女娃遊於東海，溺而不返，故為精衛，常銜西山之木石，以堙於東海。」後以「精衛填海」比喻不畏艱難，奮鬥不懈的精神。晉・陶潛《讀山海經》詩：「精衛銜微木，將以填滄海。」也作「精禽填海」。

【精衛銜石】

比喻徒勞無益。宋・秦觀《浮山堰賦》：「螳螂臂之當車兮，精衛銜石而塡海。」參見「精衛塡海」。

【精心勵志】

指磨煉意志，使心境純正。《雲笈七籤》卷五九：「此時若能精心勵志，尚可救其一二焉。」

【精義入神】

精通事理的微義，達到神妙的境地。《周易・繫辭下》：「精義入神，以致用也；利用安身，以崇德也。」注：「精義，物理之微者也；神，寂然不動，感而遂通。」疏：「用精粹微妙之義入於神化。」

【精益求精】

精：完美；益：更加。已經很好，還要求更好。況周頤《蕙風詞話》卷一：「乃精益求精，不肯放鬆一字，循聲以求，忽然得至雋之字。」

【精詣之識】

指精闢的見解。《宋史・蔡元定傳》：「及葬，以文誄之曰：精詣之識，卓越之才。」

【精忠報國】

見「盡忠報國」。

【鯨吞蠶食】

鯨吞：像鯨吃東西一樣一大口吞下；蠶食：像蠶吃桑葉一樣一小口一小口地逐步吃掉。比喻強國侵占弱國領土時的兩種方式。梁啟超《國權與民權》：「彼歐美之虎狼國，眈眈逐逐，鯨吞蠶食，以侵我國自由權，是可忍，孰不可忍！」

【鯨吞虎據】

鯨吞：像鯨魚一樣地吞食；據：占有，盤據。比喻強者兼併弱者。《舊唐書・蕭銑等傳論》：「自隋朝維絕，宇縣瓜分，小則鼠竊狗偷，大則鯨吞虎據。」

【鯨吞虎噬】

噬：咬。像鯨魚和老虎那樣兒狠地吞噬獵物。明・張景《飛丸記・明廷張膽》：「他謀多中傷，威權明伕，鯨吞虎噬，誰敢攔擋？」

ㄐㄧㄥˇ

【井底的蛤蟆被扔了一磚——悶腔了】

比喻由於突如其來的新情況，吵吵嚷嚷的人一下子都不吭聲了。例他一出現在主席台，本來亂哄哄的會場像井底的蛤蟆被扔了一磚——悶腔了，接著，是熱烈的掌聲歡迎著我們的科技英雄。

【井底的蛤蟆——目光短淺】

比喻眼光狹窄，見識淺薄。例這項設計，不僅要考慮到現在，也要考慮到二十一世紀，井底的蛤蟆——目光短淺，會造成浪費。也作「井底的青蛙——目光短淺」、「上眼皮看下眼皮——目光短淺」、「眼睛只看到鼻子尖——目光短淺」、「抬頭只見帽沿，低頭只見鞋尖——目光短淺」。

【井底的青蛙——沒見過大世面】

比喻眼界狹小，見識有限。例他從不和外界接觸，不學習別人的優點，就像井底的青蛙——沒見過大世面，辦事能力總是沒進步。也作「井底青蛙——見識淺小」、「井底的青蛙——沒見過簸箕大的天」、「井底的青蛙——眼界不大」、「井子裏的蛤蟆——沒見過大天」、「井底的蛤蟆——沒有多少見識」、「井裏的蛤蟆——沒見過碗大的天」、「田裏的菩薩魚——沒見過大江河」、「小廟裏的菩薩——沒見過世面」。

【井底雕花——深刻】

形容感受很深。有時指接觸到問題或事物的本質。例經過一周的理論和形勢學習，大家對這一事件的認識的確是井底雕花——深刻多了。

【井底蛤蟆】

見「井底之蛙」。

【井底看書——學問不淺】

比喻學識淵博，造詣深。例聽說他二十五歲就當教授，眞是井底看書——學問不淺呀！

【井底撈月】

撈：打撈；月：月亮。從井裏打撈月亮。比喻白費力氣，根本達不到目的。元・無名氏《馬陵道》三折：「我若今日見你呵，將你活剁做兩三截，你要活時恰似井底撈明月。」

【井底行船——到處碰壁】

雙關語。比喻受阻或遭到拒絕，處處行不通。例資金吃緊，貸款又像井底行船——到處碰壁，要維持生產，只好賤價拋售產品了。也作「甕中的烏龜——到處碰壁」。

【井底銀瓶】

唐・白居易《井底引銀瓶》樂府：「井底引銀瓶，銀瓶欲上絲繩斷；石上磨玉簪，玉簪欲成中央折。」後以「井底銀瓶」比喻半途而廢，前功盡棄。梁啟超《新羅馬》三齣：「弄得千年來國威墜落，變做井底銀瓶。」

【井底栽花——根子深】

雙關語。比喻人的來歷，背景不同一般，或指基礎紮實深厚。例一個人外號叫「淘氣兒」的工人，衝著領班的背影作了個鬼臉說：「你們說話，放屁都得留神，這位領班是通天的井底栽花——根子深著呢！」也作「**井裏栽花——根子深**」。

【井底栽花——無出頭之日】

比喻永遠不能從困苦中解脫出來。例你應當振作起來，別認爲犯了一次錯誤，就是井底栽花——無出頭之日了。也作「**井底下栽花——難出頭**」、「**石盤下的竹筍——無出頭之日**」、「**死人下葬——無出頭之日**」、「**陰溝裏的磚頭——永世不得翻身**」。

【井底栽黃連——苦得深】

黃連：多年生草本植物，根莖味苦，可以入藥。比喻苦難深重。例這次颱風來襲，造成嚴重災害，尤其是山區的居民，就像井底栽黃連——苦得深啊！也作「**豬膽扔井裏——苦得深**」。

【井底之蛙】

井底下的青蛙看天，只能見到很小的一塊。比喻眼界狹隘，見識短淺。《水滸全傳》八七回：「汝小將年幼學淺，如井底之蛙，只知此等陣法，以爲絕高。」也作「**井底蛤蟆**」。明・袁宏道《與黃綺石書》：「弟生平好作迂談，此談尤迂之甚，然在弟受用如此，亦怪井底蛤蟆不得也。」也作「**井蛙之見**」。明・沈德符《萬曆野獲編・雜劇院本》：「世人未曾遍觀，逐隊吠聲，詫爲絕唱，眞井蛙之見耳。」

【井井不亂】

見「井井有理」。

【井井有方】

見「井井有理」。

【井井有理】

井井：整齊而有秩序。形容條理分明，絲毫不亂。《荀子・儒效》：「井井兮其有理也。」宋・陳亮《與周立義參政書》：「若置之繁難之地，必能隨機處置，井井有理。」也作「**井井有條**」。宋・樓鑰《通邵領判啟》：「試以劇煩，井井有條而不紊。」也作「**井然有序**」。《金史・禮志一》：「凡事物名數，支分派引，珠貫棋布，井然有序，炳然如丹。」也作「**井井有方**」。《醒世恆言》卷一七：「過善愛之如子，凡有疑難事體，託他支理，看其材幹。孝基條分理析，井井有方。」也作「**井井不亂**」。宋・朱熹《答陸子美》：「向下所說許多道理，條貫脈絡，井井不亂。」

【井井有條】

見「井井有理」。

【井臼躬操】

井臼：汲水舂米，泛指家務勞動；躬：親自。家務事都是親自操持。例王大媽年紀雖大了，但身體很好，一直井臼躬操，從未請人照顧。也作「**井臼親操**」。例因老伴長年有病，老劉只好井臼親操了。

【井臼親操】

見「井臼躬操」。

【井然有序】

見「井井有理」。

【井裏吹喇叭——低聲下氣】

形容恭順小心，或忍受屈辱的樣子。例我的上帝啊！我眞是井裏吹喇叭——低聲下氣到家了，還不能得到你的原諒嗎？也作「**床底下吹喇叭——低聲下氣**」。

【井裏打撲騰——死不死，活不活】

撲騰：在水中掙扎時發出的響聲。比喻求生不得，欲死不能的艱難處境。例在以前，我們窮人的日子，過得就像在井裏打撲騰——死不死，活不活。

【井裏打水河裏倒——瞎折騰】

比喻盲目從事，白費力氣。例快停止吧！別井裏打水河裏倒——瞎折騰啦，我眞煩死了。也作「**井裏打水河裏倒——胡折騰**」。

【井裏的吊桶——由人擺佈】

也作「**井裏的吊桶——任人擺佈**」。見「木偶表演——由人擺佈」。

【井裏的蛤蟆——沒見過碗大的天】

見「井底的青蛙——沒見過大世面」。

【井裏丟石頭——不懂（撲通）】

見「蛤蟆跳井——不懂（撲通）」。

【井裏放糖精——甜頭大家嚐】

甜頭：好處，利益。比喻好處或利益人人有份。例他說：「我要向窮哥們介紹介紹致富的經驗，井裏放糖精——甜頭大家嚐，我絕不保守秘密。」

【井裏撈起，又掉進池裏】

比喻剛遭遇一場災難，又落入另一場災難中。例他大病一場，剛出醫院不久，又被汽車撞了。眞是井裏撈起，又掉進池裏。

【井裏頭的蛤蟆——就會嚼舌頭】

比喻不會實幹，只會空喊或說閒話。例這幫人就像井裏頭的蛤蟆——就會嚼舌頭，天天叫喊大幹、苦幹，三個月了，他們爲工作做了什麼實事呢？一點沒有。

【井裏投砒霜——害人不淺】

砒霜：無機化合物，一般爲白色粉末，毒性很強，可做殺蟲或殺鼠藥，也叫紅礬。形容給人的損害非常之大。例不管你是否意識到，你的這種做法，就像井裏投砒霜——害人不淺啊！怎能輕描淡寫地檢討一番就算完事呢？也作「**煤窟窯裏放瓦斯——害人不淺**」。

【井落在吊桶裏，吊桶落在井裏】

比喻彼此抓住對方的把柄，誰制伏誰還不見分曉。《初刻拍案驚奇》卷一一：「不妨事，大頭在我手裏，且待我將息棒瘡好了，也教他看我的手段。不知還是井落在吊桶裏，吊桶落在井裏。」

【井深槐樹粗，街闊人義疏】

井旁土厚水深，槐樹長得粗壯；街道寬闊，人們往來不多，情義淡薄。明・朱國禎《涌潼小品》卷一：「王沂公曾，青州人。宋眞宗問曰：『卿鄉里諺云：井深槐樹粗，街闊人義疏何也？』沂公對曰：『井深槐樹粗，土厚水深也；街闊人義疏，家給人足也。』眞宗善其對。」

【井水不犯河水——各管各的】

比喩互不相干。例人是兩家人，事是兩碼事，井水不犯河水——各管各的，你怎麼硬要拉扯在一起呢？也作「南山不靠北山——各管各的」、「牛王爺不管驢的事——各管各的。」

【井水不犯河水，南山不靠北山——各過各的】

比喩互不干擾，互不依賴，自己只管自己。例我們井水不犯河水，南山不靠北山——各過各的，一切兩斷，絕不來往。

【井水管河水——犯不著】

比喩不値得。爲點雞毛蒜皮的事，動那麼大的肝火，的確是井水管河水——犯不著啊！也作「挖肉補瘡——犯不着」。

【井水流不到河裏邊】

比喩各幹各的，互不相犯。例「井水流不到河裏邊」你做你的，我做我的，咱們誰也別擋誰的路。

【井台上的轆轤——搖搖擺擺】

轆轤：利用輪軸原理製成的一種起重工具，通常安在井上汲水，轉動時搖搖擺擺。見「葫蘆落塘——搖搖擺擺」。

【井淘三遍吃甜水，人從三師武藝高】

三：再三，多次。多淘幾遍井，井水就好吃；多拜幾位老師，就能學到高超本領。例井淘三遍吃甜水，人從三師武藝高。練功學藝就要虛心求教，多拜能人爲師。

【井蛙不可以語於海者，拘於墟也】

拘：拘束，侷限；墟：地方，指井蛙所居之地。不能同井蛙談大海，因爲牠受所居之井侷限，根本不知道海是什麼樣子。比喩認識受到客觀條件的侷限。《莊子・秋水》：「北海若曰：『井蛙不可以語於海者，拘於墟也；夏蟲不可以語於冰者，篤於時也；曲士不可以語於道者，束於教也。』」

【井蛙醯雞】

醯（ㄒㄧ）雞：小蟲名，即蠛蠓。常用以形容細小。比喩見識淺薄。唐・劉禹錫《送惟良上人詩序》：「信神與之而不能測神之所以付，信術通之而不能知術之所以洩哉！余聞乎曾井蛙醯雞之不若也。」

【井蛙之見】

見「井底之蛙」。

【井渫不食】

渫（ㄒㄧㄝˋ）：除去污泥；食：吃，引申爲取用。井水已經整治，但仍無人飲用。比喩潔身自持，不爲人所知。《周易・井》：「井渫不食，爲我心惻。」疏：「井渫而不見食，猶人修己全潔，而不見用。」

【井要淘，人要教】

井常淘，水源才不涸竭；人要常受教育，才能學到本領。例俗話說：井要淘，人要教。「孩子從小就要注意教育，長大才能成材。」

【井中求火】

到井中找火。《戰國策・韓策三》：「今將攻其心乎，宜使如吳；攻其形乎，宜使如越，夫攻形不如越，而攻心不如吳，而君臣上下少長貴賤畢呼霸王，臣竊以爲猶之井中而謂曰：『我將爲爾求火也。』」後以「井中求火」比喩不通情理，難以達到目的。

【井中視星】

在井下看天上的星星。比喩目光狹窄。清・陳澧《東塾讀書記・諸子書》：「因井中視星，所視不過數星，自丘上以視，則見其始出，又見其入，非明益也，勢使然也。」

【景德鎭的茶壺——詞（瓷）好】

景德鎭：在江西省東北部，以產優質瓷器馳名中外；詞：「瓷」的諧音。比喩說得動聽，或文章的詞藻華麗。例他說起話來就像景德鎭的茶壺——詞（瓷）好極了，讓你聽著很舒服。

【景星鳳皇】

景星：星名，相傳常出現於有道之國；鳳皇：即鳳凰。比喩極爲珍奇之物或指傑出之人。唐・韓愈《與少室李拾遺書》：「朝廷之士，引頸東望，若景星鳳皇之始見也，爭先睹之爲快。」也作「景星麟鳳」。《元史・同恕傳》：「恕自京還，家居十三年，縉紳望之若景星麟鳳，鄉里稱爲先生而不姓。」

【景星麟鳳】

見「景星鳳皇」。

【景星慶雲】

景星：星名，不常見，故稱瑞星；慶雲：祥瑞之雲。指吉星祥雲。比喩吉祥的先兆。《四遊記・東遊記・二仙華山傳道》：「遂同二童登老君之堂。但見老君在上，毫光照耀，景星慶雲，肌膚綽約，似閨中之處子；精神充溢，猶襁褓之嬰兒。」

【景陽岡上武松遇大蟲——不是虎死就是人傷】

武松：《水滸》中的梁山好漢，景陽岡上的打虎英雄；大蟲：老虎。比喩你死我活的殘酷鬥爭。例敢死隊的任務是奪取敵人咽喉陣地，這一仗是景陽岡上武松遇大蟲——不是虎死就是人傷，誰有什麼事要向戰友和親屬交待的，可以請連部轉告。

【警察當小偷——知法犯法】

見「和尙吃葷——知法犯法」。

【警心滌慮】

警惕內心，消除邪念。《清史稿・明珠傳》：「至於緊要員缺，特令會同推舉，原期得人，亦欲令被舉者警心滌慮。恐致累及舉者，而貪黷匪類，往往敗露。」

【頸脖上擦豬血——假充挨刀鬼】

比喩裝出受害的樣子。例你現在頸脖

上擦豬血——假充挨刀鬼，沒想想過去充當打手，整人害人的情景。

ㄐㄧㄥˋ

【勁骨豐肌】
骨架强勁，字體豐滿。形容書法剛勁有力。唐。張懷瓘《書斷》中：「張芝皇像鍾繇索靖，時並號書聖。然張勁骨豐肌，德冠諸賢之首。」

【徑情而行】
謂隨心任意，一直幹下去。《鶡冠子・著希》：「夫義，節欲而治；禮，反情而辨者也。故君子弗徑情而行也。」也作「**直情徑行**」。

【徑情直遂】
徑情：任憑自己的意志；遂：滿足心願。謂隨著自己的意願做下去，就能實現願望，達到目的。梁啟超《中國之美文及其歷史》：「長篇之賦，專事鋪敘無論矣，即間有詩歌，也多半是徑情直遂的傾寫實感。」

【淨几明窗】
几：小桌子。潔淨的小桌，明亮的窗戶。形容室內陳設整潔，光線充足。宋・蘇軾《過文覺顯公房》詩：「淨几明窗書小楷，便同《爾雅》注蟲魚。」也作「**窗明几淨**」。

【淨盤將軍】
見「盡盤將軍」。

【靜觀默察】
謂態度冷靜，不動聲色，仔細觀察。魯迅《且介亭雜文末編・「出關」的「關」》：「例如畫家畫人物，也是靜觀默察，爛熟於心，然後凝神結想，一揮而就。」

【靜極思動】
靜：平靜，靜止。謂平靜到了極限，就開始向動的方面轉化。《孽海花》七回：「正是靜極思動，陰盡生陽。」也作「**靜中思動**」。《鏡花緣》二回：「一時忽然靜中思動，因命牡丹、蘭花衆仙子看守洞府，去訪百草仙子，不意適值外出。」

【靜如處女，動如脫兔】
處女：未出嫁的女子。《孫子・九地》：「是故始如處女，敵人開戶，後如脫兔，敵不及拒。」指未行動時如處女那樣嫻靜穩重，行動時如奔逃的兔子那樣迅捷。也作「**靜如處女，動如狡兔**」。

【靜如處子】
見「靜如處女，動如脫兔」。

【靜如處子，動如狡兔】
見「靜如處女，動如脫兔」。

【靜言令色】
靜言：巧飾之言；令色：討好的臉色。形容花言巧語向他人討好。《漢書・翟方進傳》：「兄宣靜言令色，外巧內嫉。」也作「**巧言令色**」。

【靜影沉璧】
水中寂靜的月影，如玉沉於其間。形容月夜水中映出的景色十分幽寂。宋・范仲淹《岳陽樓記》：「皓月千里，浮光耀金，靜影沉璧，漁歌互答，此樂何極。」

【靜中思動】
見「靜極思動」。

【競短爭長】
長，短：指正確和錯誤、是和非、優和劣。指爭論是非曲直。宋・陳亮《謝張侍御啟》：「競短爭長，無復此夢。」也作「**爭長論短**」。

【競今疏古】
重視現代的，輕視古代的。朱自清《正變》：「明白了通變的道理，便不致於一味的隆古賤今，也不至於一味的競今疏古，便能公平的看歷代，各各還給它一付本來面目。」

【競新鬥巧】
競，鬥：爭逐，比賽。比賽新穎巧妙。例一個個風箏，盤旋晴空，競新鬥巧。

【鏡不擦不明，腦不用不靈】
鏡子要常擦，腦子要常用。例老專家已經七十多歲了，仍然著書立說，發揮餘熱。眞是「鏡不擦不明，腦不用不靈」。

【鏡分鸞鳳】
見「鏡破釵分」。

【鏡花水月】
鏡中花，水中月。喻指一切虛幻的東西。《鏡花緣》一回：「小仙看來，即使所載竟是巾幗，設或無緣不能一見，豈非鏡花水月，終虛所望麼？」也作「**水月鏡花**」、「**水月鏡像**」。

【鏡裏觀花】
觀：觀看。鏡子裏面看花。比喻能看見卻得不到。元・喬夢符《兩世姻緣》三折：「我勸諫他似水裏納瓜，他看覷咱如鏡裏觀花。」

【鏡裏燒餅水中月】
比喻可望不可及。例青年人要根據客觀條件和自己的實際能力，來選擇自己的人生道路，如果好高騖遠，想入非非，那只不過是鏡裏燒餅水中月，難以實現。

【鏡破不改光，蘭死不改香】
鏡子破碎了，仍能反射光線；蘭花枯死了，仍能保持芳香。原喻友情始終不變。後比喻任何困難挫折都不能改變優良的品德和高潔的情操。唐・孟郊《贈別崔純亮》：「鏡破不改光，蘭死不改香。如知君子心，交久道益彰。」

【鏡破釵分】
釵：女子別在髮髻上的一種首飾，由兩股合成。比喻夫妻失散、離異。元・無名氏《梧桐葉》一折：「鏡破釵分，粉消香褪，縈方寸，酒美花新，總是思家恨。」也作「**鏡分鸞鳳**」。元・高則誠《琵琶記・臨妝感嘆》：「文場選士，紛紛都是才俊徒，少甚麼鏡分鸞鳳。」

【鏡中花，水中月——可望而不可及】
可以看得見，但接近不了。比喻一時還難以實現。例我們計畫中的事業，還是鏡中花，水中月——可望而不可及，得作長期的，艱苦的奮鬥。也作「峨嵋山的佛光——可望而不可及」。

【鏡中花，水中月——空好看】

比喻外表好看而不實用。例這種旗袍是鏡中花，水中月——空好看，穿起來做事，走路都不方便。也作「鏡子裏的燒餅——好看不好吃」、「花木瓜——空好看」。

【鏡中花影波中月，眞眞假假辨不清】

鏡子裏的花，水裏的月亮，看得模模糊糊。比喻對人的言行捉摸不透。例他一會兒這樣說，一會兒那樣說，沒個準譜兒。什麼心思眞難捉摸，眞像諺語說的：「鏡中花影波中月，眞眞假假辨不清。」

【鏡中人，水中月——看得見，摸不著】

比喻虛幻而不實在。例所謂理想主義就是鏡中人，水中月——看得見，摸不著，永遠無法實現的東西。也作「鏡子裏的東西——看得見，拿不來」、「鏡子裏面的錢——看得見，拿不到」。

【鏡子裏瞪眼——自己惡自己】

惡：討厭，憎恨。比喻自己捉弄或作踐自己。例你明明知道自己在這方面連起碼的知識都沒有，硬要去搞什麼科學試驗，結果弄得機毀人傷，這眞是鏡子裏瞪眼——自己惡自己。

【鏡子上抹漿糊——糊塗不明】

比喻不明事理。例快三十的人了，還是鏡子上抹漿糊——糊塗不明，應該學得更聰明點。

【敬布腹心】

謂敬重地陳述自己內心深處的話。清・多爾袞《致史可法書》：「敬布腹心，佇聞明教，江天在望，延跂爲勞。」也作「敢布腹心」。

【敬陳管見】

陳：陳述；管見：謙辭，形容所見極小。指淺陋的見解。恭敬地陳述自己淺陋的見解。例所詢數事，敬陳管見，聊供參酌。

【敬而遠之】

《論語・雍也》：「敬鬼神而遠之。」後以「敬而遠之」指對令人厭惡的人不親近，也不得罪，與其保持一定的距離。《老殘遊記》一一回：「若遇此等人，敬而遠之，以免殺身之禍，要緊，要緊。」

【敬恭桑梓】

桑梓：桑樹和梓樹，古時家宅旁邊常種植的樹木，後用以代稱故鄉。《詩經・小雅・小弁》：「維桑與梓，必恭敬止。」原意是說見到桑和梓，便想起父母，必加以恭敬。後以「敬恭桑梓」表示對家鄉及親人的熱愛與尊敬。《孽海花》七回：「富貴還鄉，格外要敬恭桑梓，也是雯青一點厚道。」也作「恭敬桑梓」。

【敬鬼神而遠之】

尊敬鬼神，但不太接近，也不過分迷信它。比喻某種事物有所畏忌，不敢去接觸。也比喻對厭惡的人保持一定距離而不得罪他。《論語・雍也》：「子曰：務民之義，敬鬼神而遠之，可謂知矣。」魯迅《怎麼寫》：「記得還是去年躲在廈門島上的時候，因爲太討人厭了，終於得到『敬鬼神而遠之』式的待遇，被供在圖書館樓上的一間屋子裏。」

【敬姜猶績】

敬姜：春秋時文伯歜的母親，早寡。據《國語・魯語下》載：當文伯歜做了魯相時，其母仍操持紡織。文伯歜問道：「以歜之家，而主猶績，懼懺季孫之怨也，其以歜爲不能事主乎？」敬姜回答說：「今我，寡也。爾又在下位，朝夕處事，猶恐忘先人之業，況有怠惰，其何以避辟！」後以「敬姜猶績」指富貴後不忘艱苦勞作，不貪求安逸。《歧路燈》三回：「婁樗道：『我爹叫我買兩件農器兒，還買一盤彈花的弓弦。』孝移道：『此敬姜猶績意也。』」

【敬酒不吃吃罰酒】

比喻好說不生效，强迫才行動，不識抬舉。洪深《五奎橋》一幕：「這叫做敬酒不吃吃罰酒。好好和他商量，再也霸住了不肯的。一定弄到這樣，他現在也服服貼貼不聲不響了。」也作「賞酒不吃吃罰酒」。司馬文森《風雨桐江》一八章二：「三福爸提高嗓子說：『不要白費心機，我什麼都不知道。』吳啟超把面孔一板：『那你是賞酒不吃吃罰酒啦？』」

【敬老慈少】

見「敬老慈幼」。

【敬老慈幼】

敬：尊敬；慈：憐愛。尊敬老人，愛護兒童。《孟子・告子下》：「敬老慈幼，無忘賓旅。」也作「敬老慈少」。宋・陳亮《蔡元德墓碣銘》：「敬老慈少，使詭猾暴橫者不得自肆，平民安之，而官事賴以省。」也作「敬老慈稚」。宋・陳亮《祭妻弟何少嘉文》：「尚賢睦族，以任門戶；敬老慈稚，爰及行路。」

【敬老慈稚】

見「敬老慈幼」。

【敬老憐貧】

指尊敬老年人，憐恤貧困之人。元・無名氏《看錢奴》一折：「修橋補路，惜孤念寡，敬老憐貧。」也作「敬老恤貧」。《東周列國志》八〇回：「於是以文種治國政，以范蠡治軍旅，尊賢禮士，敬老恤貧，百姓大悅。」也作「惜老憐貧」。

【敬老恤貧】

見「敬老憐貧」。

【敬老尊賢】

指敬重年老的和有才能、有道德的人。《東周列國志》四九回：「敬老尊賢，凡國中年七十以上，月致粟帛，加以飲食珍味，使人慰問安否。」

【敬人而不必見敬，愛人而不必見愛】

見：被。敬重別人而不必要求被人敬重，愛護別人而不必要求被人愛護。《呂氏春秋・必己》：「君子之自行也，敬人而不必見敬，愛人而不必見愛。敬愛人者，己也；見敬愛者，人也。君子必在己者，不必在人者也，必在己無不遇矣。」

【敬人者得人恆敬】

尊重別人的人，常常受到別人的尊重。明・沈鯨《雙珠記》一一齣：「〔旦〕呸！我夫婦自有別，豈與鳥獸同羣。〔丑〕你休喙硬，當念氣求聲應，你與我既為通家，不要發言太惡薄了。自古道：『敬人者得人恆敬。』」也作「**敬人者，人恆敬之**」。

【敬如上賓】

上賓：尊貴的客人。像對待尊貴的客人那樣敬重對方。《三俠五義》八四回：「北俠父子在任，太守敬如上賓。」也作「**敬之如賓**」。唐・溫畬《續定命錄》：「諫議大夫李行修娶江西廉使王仲舒女。貞懿賢淑，行修敬之如賓。」

【敬如神明】

神明：泛稱神。像對神一樣地尊崇。形容極其尊敬。《左傳・襄公十四年》：「民奉其君，愛之如父母，仰之如日月，敬之如神明，畏之如雷霆。」也作「**敬若神明**」。《舊唐書・李密傳》：「是以愛之如父母，敬之若神明，用能享國多年，祚延長世。」也作「**奉如神明**」。

【敬若神明】

見「敬如神明」。

【敬上愛下】

指尊敬位高者，愛護下屬。形容待人謙恭有禮。《漢書・王莽傳下》：「孝弟忠恕，敬上愛下，博通舊聞，德行醇備，至於黃髮，靡有愆失。」也作「**敬上接下**」。《隸釋・漢金鄉長侯成碑》：「安貧樂道，忽於時榮。敬上接下，溫故知新。」

【敬上接下】

見「敬上愛下」。

【敬時愛日】

指珍重愛惜時光。《呂氏春秋・上農》：「故敬時愛日，非老不休，非疾不息。」

【敬事不暇】

事：侍奉；暇：空閒。恭敬地為他人做事，從不偷閒。形容百依百順，不辭勞苦。《舊五代史・明宗紀》：「時議皆以為安重誨方弄國權，從榮諸王敬事不暇，獨忌從珂威名，每於帝前屢言其短，巧作窺圖，冀能傾陷。」

【敬守良箴】

箴：ㄓㄣ，規勸。恭謹地遵守良好的規勸。《鏡花緣》一回：「非素日恪遵女誡，敬守良箴，何能至此。」

【敬授民時】

見「敬授人時」。

【敬授人時】

人：泛指百姓；時：天時，時令，此借指曆書。《尚書・堯典》：「乃命羲和，欽若昊天，曆象日月星辰，敬授人時。」後指皇帝向百姓頒發曆書，使之遵行，不違農時，祈求豐年。《元史・仁宗紀一》：「今遣禮部尚書乃馬台等齎詔往諭，仍頒皇慶元年曆日一本。卿其敬授人時，益修臣職，毋替爾祖事大之誠，以副朕不忘柔遠之意。」也作「**敬授民時**」。南朝・梁元帝《慶東耕啟》：「伏惟陛下，敬授民時，造幄籍圃。」

【敬天愛民】

天：天帝，古人心目中萬事萬物的主宰者。敬重天意，愛護百姓。舊時常用作稱頌、讚美帝王之詞。《元史・丘處機傳》：「問為治之方，則對以敬天愛民為本。」

【敬賢愛士】

士：指有知識的讀書人。尊敬品德高尚的人，愛護有才能的讀書人。《晉書・張軌傳》：「實字安遜，學尚明察，敬賢愛士，以秀才為郎中。」也作「**敬賢禮士**」。明・無名氏《龐掠四郡》四折：「玄德公納諫如流，敬賢禮士。」也作「**敬賢重士**」。明・無名氏《四馬投唐》四折：「元帥寬仁厚德，敬賢重士，豈肯記舊仇，並不挾冤。」

【敬賢禮士】

見「敬賢愛士」。

【敬賢如大賓，愛民如赤子】

赤子：小孩子。敬重賢才就像尊敬貴賓，熱愛百姓就像愛護小孩。《漢書・路溫舒傳》：「文帝永思至德，以承天心，崇仁義，省刑罰，通關梁，一遠近，敬賢如大賓，愛民如赤子，內恕情之所安，而施之於海內，是以囹圄空虛，天下太平。」

【敬賢重士】

見「敬賢愛士」。

【敬小慎微】

敬：慎重；小，微：指微小的事物。指以謹慎的態度對待細小的問題，形容處世審慎。《淮南子・人間訓》：「聖人敬小慎微，動不失時，百射重戒，禍乃不滋。」也作「**謹小慎微**」。清・惲敬《卓忠毅公遺稿書後》：「其生平無不謹小慎微，事事得其所處。」也作「**慎小謹微**」。

【敬謝不敏】

謝：辭謝；不敏：不聰明，沒有才能。指謙恭地表示能力不夠。多用於婉言推辭。唐・韓愈《寄盧仝》詩：「買羊沽酒謝不敏，偶逢明月曜桃李。」

【敬業樂羣】

敬業：專心致志於學業；樂羣：樂於同朋友相切磋。《禮記・學記》：「一年視離經辨志，三年視敬業樂羣。」

【敬之如賓】

見「敬如上賓」。

ㄐㄩ

【車走直馬踏斜——各有各的路】

車走直馬踏斜：象棋術語，是「車」

和「馬」兩個棋子兒的規定走法。比喻各人有各人的門路。例你就不要管他如何尋找技術力量了，車走直馬踏斜——各有各的路，他能保證就行了。也作「馬走日字象走田——各有各的路」、「車有車道、船有航道——各有各的路」、「黃鼠狼不走大門口專鑽水溝眼兒——各有各的路」。

【拘攣補衲】
拘攣：互相牽扯；補衲（ㄋㄚˋ）：修補連綴。形容詩文亂用典章，文理不暢。南朝梁・鍾嶸《詩品・總論》：「近任昉、王元長等，詞不貴奇，競須新事，爾來作者，浸以成俗。遂乃句無虛語，語無虛字，拘攣補衲，蠹文已甚。」

【拘牽文義】
見「拘文牽俗」。

【拘神遣將】
拘：拘使。指神通廣大，能調動天兵天將。《紅樓夢》六四回：「芳官竟是個狐狸精變的，就是會拘神遣將的符咒也沒有這麼快。」

【拘俗守常】
指嚴守世俗傳統的見識。晉・葛洪《抱朴子・論仙》：「而淺識之徒，拘俗守常，咸曰世間不見仙人，便云天下必無此事。」

【拘墟之見】
指膚淺、狹窄的見解。《聊齋志異・序》：「凡爲余所習知者，十之三四，最足以破小儒拘墟之見，而與夏蟲語冰也。」

【拘文牽古】
見「拘文牽俗」。

【拘文牽俗】
指爲條文和世俗束縛，不知靈活變通。漢・司馬相如《難蜀父老》：「且夫賢君之踐位也，豈特委瑣齷齪，拘文牽俗，修誦習傳，當世取悅云爾哉！」也作「拘文牽義」。清・王塋《重刻〈兩般秋雨庵隨筆〉後序》：「世之拘文牽義者，以占畢章句爲可傳；禍棗災梨者，以敝帚享金爲能事。」也作「拘牽文義」。明・朱之瑜《墓祭議》：「唐・晉史官循行數墨，拘牽文義，不足深責。」也作「拘文牽古」。古：古訓。漢・崔寔《政論》：「俗人拘文牽古，不達權制，奇偉所聞，簡忽所見，烏可與論國家之大事哉！」

【拘文牽義】
見「拘文牽俗」。

【居安慮危】
見「居安思危」。

【居安思危】
指在安定的環境中，應想到可能出現危難禍患。晉・庾儵《安石榴賦序》：「于時仲春垂澤，華葉甚茂；炎夏既戒，忽乎零落。是以君子居安思危，在盛慮衰，可無愼哉！」也作「居安慮危」。《宋書・文五王傳》：「長江險闊，風波難期……居安慮危，不可不懼。」也作「居逸思危」。逸：安逸。晉・夏侯湛《抵疑》：「且古之君子，不知士則不明不安。是以居逸而思危，對食而肴乾。」也作「居高慮危」。高：指處在高位。《晉書・曹攄傳》：「願大王居高慮危，在盈思衝，精選百官，存公屏欲，舉賢進善，務得其才。」

【居安忘危】
指處在安定的環境裏，忘記了可能發生的危難禍患。唐・王方慶《魏鄭公諫錄・四・對「帝王有盛衰」》：「自古亡國之主，皆居安忘危，處理忘亂，所以不能久長。」

【居安資深】
資：積蓄；資深：積蓄深廣。指做學問潛心鑽研，努力積蓄學識，則造詣自深。《孟子・離婁下》：「君子深造之以道……居之安，則資之深。資之深，則取之左右逢其原。」

【居必擇鄰】
指居家必須選擇好鄰居。《晏子春秋・雜上》：「君子居必擇鄰，遊必就士。」

【居不重席】
席：鋪墊的席子。指坐臥不用雙層席子。形容節儉。《左傳・哀公元年》：「昔闔廬食不二味，居不重席，室不崇壇。」也作「居不重茵」。茵：墊褥一類的總稱。晉・陳元達《諫起鷬儀樓》：「我高祖光文皇帝靖言惟茲，痛心疾首，故身衣大布，居不重茵。」

【居不重茵】
見「居不重席」。

【居大不易】
大：大都市。指居住在大都市裏，不易維持生計。五代・王定保《唐摭言・知己》：「白樂天初舉，名未振，以歌詩謁顧況。況謔之曰：『長安百物貴，居大不易。』」

【居高臨下】
臨：俯視。站在高處，俯視下方。形容所占據的地勢極爲有利。《續資治通鑑・宋高宗紹興十一年》：「敵居高臨下，我戰地不利。」也作「居高視下」。《魏書・南安王子英傳》：「師次沮水，蕭鸞……領衆二萬，傲山立柵，分爲數處，居高視下，隔水爲營。」也作「據高臨下」。據：憑借。宋・陳亮《戊申再上孝宗皇帝書》：「其地據高臨下，東環平岡以爲固，西城石頭以爲重。」

【居高慮危】
見「居安思危」。

【居高聲自遠，非是借秋風】
蟬兒處在高樹上，鳴聲從遠處就可以聽到，並不是借助於秋風。比喻品德高尚的人，雖無權位，其影響卻很深遠。唐・虞世南《咏蟬》詩：「垂緌飲清露，流響出疏桐。居高聲自遠，非是借秋風。」

【居高視下】
見「居高臨下」。

【居功自傲】

自以爲有功勞而驕傲自大。例任何人都不能居功自傲，把自己置於國家和人民之上。也作「**居功自恃**」。恃：仗恃。例他從不居功自恃，向主管要待遇。也作「**居功自滿**」。例像他這樣的人，平時居功自滿，遇到艱難的時候又不肯同心協力，常發怨言，你度量寬，容忍了他，已經夠了。

【居功自滿】

見「居功自傲」。

【居功自恃】

見「居功自傲」。

【居官守法】

居：擔任。身居官職，必守成法。指爲官要謹慎，不能違法亂紀。《史記・商君列傳》：「常人安於故俗，學者溺於所聞。以此兩者居官守法可也，非所與論於法之外也。」

【居貨待價】

囤聚貨物，等待價高時售出。明・邱濬《大學衍義補・市糴之令》：「雖曰摧抑商賈居貨待價之謀，然貧吾民也。」

【居家之方，唯儉與約】

方：道。理家之道，只有勤儉與節約。南朝・梁元帝《金樓子・立言篇》九上：「居家之方，唯儉與約；立身之道，唯謙與學。」

【居敬窮理】

敬：嚴肅，愼重；窮：窮盡。自處要愼重嚴肅，做學問要窮極萬物之理。《朱子語類》卷九：「學者工夫，唯在居敬窮理二事。」

【居廟堂之高，則憂其民；處江湖之遠，則憂其君】

處在朝廷的高位上，就爲百姓擔憂；退居在江湖上偏遠的地方，就爲君主擔憂。謂不論在朝在野，都關心國家和百姓，愛君愛民。宋・范仲淹《岳陽樓記》：「居廟堂之高，則憂其民；處江湖之遠，則憂其君。是進亦憂，退亦憂。然則何時而樂耶？」

【居窮守約】

居窮：處於窮困的地位；守約：指生活節儉。形容窮困節儉的生活。唐・韓愈《上宰相書》：「居窮守約，亦時有感激怨懟奇怪之辭。」也作「**守約居窮**」。

【居仁由義】

指出於仁愛之心，辦遵循義理之事。宋・陸游《老學庵筆記》卷三：「居仁由義吾之素，處順安時理則然。」

【居上者不以至公理物，爲下者必以私路期榮】

期：追求。居於上位的人如果不以至公之心處理事務，那麼處在下位的人必然走歪門邪道，以求得榮耀。《晉書・文苑傳》：「居上者不以至公理物，爲下者必以私路期榮；御員者不以誠信率衆，執方者必以權謀自顯。」

【居停主人】

指寄居之處的主人，俗稱房東。《聊齋志異・桓侯》：「彭顧同席者曰：『已求此公作居停主人矣。』」

【居徒四壁】

徒：只，只有。居室內只有四面牆壁。比喻極其貧窮。《史記・司馬相如傳》：「文君夜亡奔相如，相如乃與馳歸成都。家居徒四壁立。」

【居無求安】

指居住不講究安適。《論語・學而》：「君子食無求飽，居無求安；敏於事而愼於言。」

【居下訕上】

訕：譏笑。指下屬譏諷上級。《晉書・段灼傳》：「而成帝尙復不悟，乃以爲居下訕上，廷辱保傅，罪死無赦。」

【居心不純】

見「居心不淨」。

【居心不淨】

指心地不好，存心出壞主意。南朝宋・劉義慶《世說新語・言語》：「卿居心不淨，乃復強欲滓穢太淸耶？」也作「**居心不良**」。豐子愷《口中剿「匪」記》：「詎料它們居心不良，漸漸變壞。」也作「**居心不純**」。例此人居心不純，萬不可輕信。

【居心不良】

見「居心不淨」。

【居心莫測】

見「居心叵測」。

【居心叵測】

叵：不可。謂存心險惡，不可測度。清・洪楝園《懸嶴猿・歸神》：「都是這一狗才設計騙將出來，以爲自己富貴之地，是以吾閣部爲奇貨，居心叵測，天理不容！」也作「**居心莫測**」。鄭振鐸《桂公塘》：「聽說劉百戶爲了沒有遵守上令，曾受到很重的處分。幾個色目人乘機進讒，說是中國人居心莫測，該好好的防備著。」也作「**心懷叵測**」、「**人心叵測**」。

【居心險惡】

居心：存心。指存有陰險惡毒的用心。例囤積緊俏物資，哄抬物價的奸商居心險惡，必須繩之以法。

【居逸思危】

見「居安思危」。

【居之不疑】

指對自己所處的地位或環境毫不懷疑。《官場現形記》三三回：「回回吃酒都推趙大架子爲首座，趙大架子便亦居之不疑。」

【居重馭輕】

指身居重要地位，便於指揮下屬。宋・呂祖謙《秀州陸宣公祠堂記》：「公深以根本爲慮，論居重馭輕之勢，至熟悉也。」

【居治而忘危，則治無常治】

在國治民安時，如果忽視發生危險的可能，不加預防，那就不會長治久安。《晉書・武帝紀》：「處廣以思狹，則廣可長廣；居治而忘危，則治無常治。」

【居中游】

比喻不前不後，不上不下的狀態。例你年紀輕輕的，哪能一點不要強？總是這麼不上不下甘居中游怎麼行呢？

【駒齒未落】

駒：小馬。幼馬的乳齒未換。比喻人尚在童年。《北史・楊愔傳》：「此兒駒齒未落，已是我家龍文，更十歲後，當求之千里外。」

【痀僂承蜩】

痀僂（ㄌㄡˊ）：駝背；承：黏，膠附；蜩：蟬的別名。《莊子・達生》：「仲尼適楚，出於林中，見痀僂者承蜩，猶掇之也。仲尼曰：子巧乎，有道邪！曰『……吾處身也，若厥株拘，吾執臂也，若槁木之枝，雖天地之大，萬物之多，而唯蜩翼之知。吾不反不側，不以萬物易蜩之翼，何爲而不得？』孔子顧謂弟子曰：『用志不分，乃凝於神，其痀僂丈人之謂乎！』」後以「痀僂承蜩」比喻要做好一件事必須專心致志。例痀僂承蜩，唯知蜩翼；庖丁解牛，不見全牛。

【鋸碗的戴眼鏡——沒碴兒找碴兒】

鋸碗的：即鋦碗的人，補碗的人；碴兒：這裏指器物上的破口，比喻毛病。比喻沒有毛病，故意挑毛病。例朋友們的熱情幫助，怎麼能說成是鋸碗的戴眼鏡——沒碴兒找碴兒呢？也作「鐵叉子剔牙——硬找碴」。

【鋸碗找岔兒】

比喻存心挑毛病，叫人過不去。例我們不是一切都安排好了嗎？你硬要「雞蛋裏挑骨頭」，「鋸碗找岔兒」，這不是叫人爲難又是什麼呢？

【裾馬襟牛】

見「襟裾馬牛」。

【鞠躬屏氣】

屏氣：抑制呼吸。形容小心謹愼，不敢出聲。《後漢書・李膺傳》：「自此諸黃門常侍皆鞠躬屏氣，休沐不敢出宮省。」

【鞠躬盡瘁】

鞠躬：恭敬，謹愼；盡瘁：竭盡勞苦。形容小心謹愼、不辭勞苦，竭盡全部力量。清・孔尚任《桃花扇・選優》：「臣敢不鞠躬盡瘁，以報主知。」參見「鞠躬盡力，死而後已」。

【鞠躬盡力，死而後已】

鞠躬盡力：後世多作「鞠躬盡瘁」，恭敬謹愼，竭盡勞苦。不辭勞苦地貢獻出自己的一切，到死爲止。現用以說明爲人民不辭勞苦，赤誠貢獻的精神。三國蜀・諸葛亮《後出師表》：「臣鞠躬盡力，死而後已。至於成敗利鈍，非臣之明所能逆睹也。」也作「鞠躬盡瘁，死而後已」。丁玲《我的生平與創作》：「現在我已七十七歲，我只有一點希望：爲人民繼續戰鬥，鞠躬盡瘁，死而後已。」

【鞠躬盡瘁，死而後已】

見「鞠躬盡力，死而後已」。

ㄐㄩˊ

【侷促不安】

侷促：拘謹，拘束。形容非常拘謹、不自然的神態。《官場現形記》一三回：「只見文老爺坐在那裏，臉上紅一陣，白一陣，很覺得侷促不安。」

【侷蹐不安】

見「跼蹐不安」。

【侷天蹐地】

見「跼天蹐地」。

【局內人】

比喻參與某事的人。例誰都知道你是局內人，你還能推卸責任嗎？也作「局中人」。例你想想，他若不是局中人，怎麼能掌握那麼多情況。

【局外人】

喻指與某事無關的人。例你是局外人，就請你評評理，到底誰錯誰對。

【局中人】

見「局內人」。

【跼蹐不安】

跼：彎腰；蹐：ㄐㄧˊ，小步行走。形容內心恐懼、行動拘謹、心神不安的樣子。《文明小史》二三回：「華甫弄得跼蹐不安，只得拉了定輝去咬耳朵。」也作「侷蹐不安」。《東周列國志》一二回：「昭公雖不治罪，心中怏怏，恩禮稍減於昔日。祭足亦覺侷蹐不安，每每稱疾不朝。」

【跼天蹐地】

跼：彎腰；蹐：ㄐㄧˊ，小步向前走。形容十分小心、畏懼的樣子。《三國志・吳書・步騭傳》：「無罪無辜，橫受大刑，是以使民跼天蹐地，誰不戰慄？」也作「侷天蹐地」。晉・陸機《謝平原內史表》：「感恩惟咎，五情震悼。侷天蹐地，若無所容。」也作「蹐地跼天」。唐・白居易《爲宰相〈請上尊號第二表〉》：「愚誠雖懇，聖鑑未回；蹐地跼天，不勝大願。」

【菊老荷枯】

形容女子容顏衰退。明・沈采《千金記・通報》：「辜負卻桃嬌柳嫩三春景，捱盡了菊老荷枯幾度春。」

【橘化爲枳】

《晏子春秋・雜下》：「嬰聞之，橘生淮南則爲橘，生於淮北則爲枳，葉徒相似，其實味不同。所以然者何？水土異也。今民生長於齊不盜，入楚則盜，得無楚之水土使民善盜耶？」後以「橘化爲枳」比喻人受環境影響而變壞。

ㄐㄩˇ

【矩步方行】

矩：法則，規則。走路時邁步應端方合度。指行爲舉止要合於禮儀。《歧路燈》二回：「請一個門館先生，半通不通的……這樣先生，斷不能矩步方行，不過東家西席，聊存名目而已。」

【矩矱繩尺】

矩、矱、繩、尺，均爲畫方形和直線的工具。借指規矩、法度。清・朱彝尊《沈明府不羈集序》：「分體制之正變，範圍之，勿使逸出矩矱繩尺之外。」

【舉案齊眉】
案：古時有腳的托盤。端飯時把托盤舉得和眉毛相齊。《後漢書．梁鴻傳》：「每歸妻爲具食，不敢於鴻前仰視，舉案齊眉。」後用以形容夫妻之間相敬相愛。元．王實甫《西廂記》四本三折：「若不是酒席間子母們當避，有心待與他舉案齊眉。」也作「**齊眉舉案**」。

【舉白旗】
原爲戰場上表示投降的標誌。比喻認輸、服氣。例你別逼我了，我早就向你舉白旗了，你還不饒我嗎？也作「**扯白旗**」。例經過發動政治攻勢，被包圍的敵人終於扯白旗了。

【舉步如飛】
走路如飛一樣。形容行走速度極快。《楊家將演義》四二回：「宗保舉步如飛，向馬後趕上，踴身一躍，跳上了馬，綽槍左揮右刺於殿前，往來一巡。」

【舉步生風】
走起路來如腳下生風。形容辦事效率高。《二刻拍案驚奇》卷二二：「相見了，便覺得分外高興，說話處，脾胃多燥，行事時，舉步生風，是這二種人與他說得話著。」

【舉不勝舉】
勝：盡。舉也舉不完。形容很多。魯迅《僞自由書．後記》引谷春帆《談「文人無行」》：「公開告密，賣友求榮，賣身投靠的勾當，舉不勝舉。」

【舉不失選】
指使用人材，選拔得當。《左傳．襄公九年》：「舉不失選，官不易方。」

【舉不逾等】
逾：越過，超過。指用人有序，不超越其次第。《左傳．襄公二十九年》：「舉不逾等，則位班也。」

【舉仇舉子】
舉：舉薦，推舉。意謂即令是仇人或自己的親屬，都同樣舉薦。形容辦事公正。唐．韓愈《送齊皞下第序》：「及道之衰，上下交疑，於是乎舉仇舉子之事，載之傳中而稱美之，而謂之忠。」

【舉措不定】
舉措：舉動，措施。猶舉棋不定。比喻遇事猶豫不決，拿不定主意。例舉措不定，坐失機宜。

【舉措動作】
指舉止行動。《漢書．匡衡傳》：「舉錯（措）動作，物遵其儀，故形爲仁義，動爲法則。」

【舉措失當】
措：措施。指措施不得當。《管子．禁藏》：「行法不道，衆民不能順；舉錯（措）失當，衆民不能成。」

【舉錯必當】
錯：通「措」；舉錯：措施，舉動。指措施很得體、恰當。《史記．秦始皇本紀》：「舉錯必當，莫不如畫。」畫：謀劃。

【舉鼎拔山】
能舉起重鼎，撼動高山。形容氣壯力大無比。明．無名氏《衣錦還鄉》一折：「執銳披堅領大兵，排兵佈陣任非輕，身懷舉鼎拔山力，獨占東關數百城。」

【舉鼎絕臏】
絕：斷；臏：膝蓋骨。《史記．秦本紀》載：秦武王力大，善角斗。力士任鄙、烏獲、孟說都做了大官。一次，「王與孟說舉鼎，絕臏。」後以「舉鼎絕臏」比喻力不勝任。梁啟超《論教育當定宗旨》：「然以一政府抗世界之大逆流，恐不免舉鼎絕臏之慘。」

【舉國若狂】
指全國上下盡情歡樂。《老殘遊記》二回：「爲甚一紙招貼，便舉國若狂如此？」

【舉國上下】
舉：全。指全國上上下下。梁啟超《管子傳》六章：「舉國上下，頹然以暮氣充塞之，而國事墮於冥冥。」

【舉國一致】
一致：沒有分歧。全國上下，團結一致。例建立現代化的工業體系，只要舉國一致，各行各業同心協力，就一定能實現。

【舉笏擊蛇】
笏：ㄏㄨˋ，古代大臣上朝拿著的手板。用笏板把蛇打死。形容膽量大。《宋史．孔道輔傳》：「孔道輔爲寧州軍事推官，有蛇出天慶觀真武殿中，一郡以爲神，州將帥官屬咸往拜奠，欲上其事。道輔徑前，以笏擊蛇，碎其首，觀者莫不嘆服。」

【舉酒作樂】
宴飲歡樂。表示慶賀之意。《三國志．吳書．朱然傳》：「然既獻捷，羣臣上賀，權乃舉酒作樂。」

【舉例發凡】
左丘明爲《春秋》作傳，把《春秋》書法歸納爲若干類例，加以概括說明。後以分類舉例說明一書的體例爲「舉例發凡」。南朝梁．劉勰《文心雕龍．史傳》：「按《春秋》經傳，舉例發凡。」也作「**發凡舉例**」。

【舉目千里】
抬眼即可望到很遠的地方。形容視野廣闊。宋．劉學箕《松江哨遍》：「松江太湖，舉目千里，風濤不作，水面砥平。」

【舉目無告】
見「舉目無親」。

【舉目無親】
抬起眼來，看不到一個親人。形容人地生疏。唐．薛調《劉無雙傳》：「四海至廣，舉目無親戚，未知托身之所。」也作「**舉眼無親**」。元．施惠《幽閨記．兄弟彈冠》：「興福舉眼無親，進退無門。」也作「**舉目無告**」。無告：有苦無處訴說，意即無親人。宋・范純仁《請放呂大防等逐使》：「不諳水土，氣血向衰，骨肉分離，舉目無告。」

【舉目無依】

舉：抬起。抬頭張望，看不到一個可依傍之人。形容隻身在外，孤獨無靠。元・施惠《幽閨記・逆旅蕭條》：「這幾日身子雖覺漸安，爭奈舉目無依，蕭條旅館，好生感傷人也。」

【舉偏補弊】

偏：偏差；弊：弊病。指出偏差疏漏，補救缺點弊病。《朱子語類》卷三四：「舉偏而補弊，蓋自舜之命夔已如此。」

【舉棋不定】

拿起棋子不知下哪一著才好。比喻猶豫不決，拿不定主意。《左傳・襄公二十五年》：「弈者舉棋不定，不勝其耦。」

【舉起碾盤打月亮——不知天高地厚】

碾盤：承受碾磙子的石頭底盤。見「搬起碌碡打月亮——不知天高地厚。」

【舉扇一撝】

撝：ㄏㄨㄟ，通「揮」，指揮。把手中的扇子一揮。形容傲慢的神態。《南史・蕭子顯傳》：「頗負才氣，及掌選，見九流賓客不與交言，但舉扇一撝而已，衣冠竊恨。」

【舉善薦賢】

舉：舉薦。舉薦品德高尚、有才能的人。《三國演義》一二〇回：「舉善薦賢，乃美事也。」

【舉觴稱慶】

觴：酒器；舉觴：勸飲。指舉杯慶賀。明・無名氏《三化邯鄲》三折：「我所生五子，皆有國器，並膺寵爵，每語夫人崔氏，言及於此，未嘗不舉觴稱慶。」

【舉十知九】

舉出十件事情，能通曉九件。比喻學識淵博。唐・張說《唐故豫州刺史魏君神道碑》：「聖人之所志，聞一而反三；君子之所能，舉十而知九。」

【舉世混濁】

混濁：不清明。形容社會黑暗。《史記・屈原賈生列傳》：「舉世混濁而我獨清，眾人皆醉而我獨醒。」

【舉世皆濁我獨清，眾人皆醉我獨醒】

世上的人都混濁，只有我清白；大家都醉了，只有我清醒。比喻不隨俗浮沉，潔身自好，頭腦清醒。戰國楚・屈原《漁父》：「屈原曰：『舉世皆濁我獨清，眾人皆醉我獨醒，是以見放。』」

【舉世莫比】

見「舉世無倫」。

【舉世聞名】

舉：全。全世界都知道。形容非常著名。例他是舉世聞名的球王。

【舉世無比】

見「舉世無倫」。

【舉世無敵】

全世界沒有能勝得過的。形容極強大。例號稱舉世無敵的王牌軍，終於被徹底消滅了。

【舉世無倫】

倫：倫比。人世間沒有可以倫比的。形容極稀有罕見。唐・白居易《畫竹歌序》：「協律郎蕭悅善畫竹，舉世無倫，蕭亦甚自祕重，有終歲求其一竿一枝而不得者。」也作「**舉世無比**」。宋・錢易《南部新書》庚卷：「蕭穎士，開元中，年十九，擢進士第，儒釋道三教無不該通，然性褊躁，忽忿戾，舉世無比。」也作「**舉世莫比**」。宋・錢易《南部新書》乙卷：「朱敬則，亳州永城人也。孝行忠鯁，舉世莫比。」

【舉世無雙】

世上沒有第二個，獨一無二。《英烈傳》七〇回：「歷年既久何曾老，舉世無雙莫漫誇。」也作「**蓋世無雙**」。

【舉世矚目】

矚目：注視。全世界的人都注視著。例我們在不長的時間內取得了舉世矚目的重大成就。

【舉事以為人者，眾助之；舉事以自為者，眾去之】

去：離開。為百姓辦事，百姓就會擁護，支持他；為自己著想，百姓就會反對、離棄他。《淮南子・兵略訓》：「舉事以為人者，眾助之；舉事以自為者，眾去之。眾之所助，雖弱必強；眾之所去，雖大必亡。」

【舉手不打無娘子，開口不罵賠禮人】

不打沒有母親的孩子，不罵賠禮道歉的人。李英儒《還我河山》四章三：「舉手不打無娘子，開口不罵賠禮人。賠禮人偷眼看她說話的效果，發現家喜嫂雖然沒有用言語回答她，但喬蘭弟從她烈性的面孔上看到圓滿的答案。」

【舉手加額】

見「舉手扣額」。

【舉手可採】

舉：抬起。一抬手就能拿到。比喻事情輕而易舉就可辦到。《三國志・蜀書・許慈傳》：「潛雖學不沾洽，然卓犖強識，祖宗制度之儀，喪紀五服之數，皆指掌畫地，舉手可採。」也作「**舉手之勞**」。唐・韓愈《應科目時與人書》：「如有力者，哀其窮而運轉之，蓋一舉手一投足之勞也。」

【舉手扣額】

拍打額頭，以示慶幸的樣子。宋・洪邁《夷堅丁志・永寧莊牛》：「秦氏建康永寧莊有牧童桀橫，常騎巨牛縱食人禾麥。民泣請不悛，但時舉手扣額，訴於天地。」也作「**舉手加額**」。《醒世恆言》卷三一：「張員外看罷，舉手加額道：『鄭家果然發跡變泰，又不忘故舊，遠送禮物，真乃有德有行之人也。』」

【舉手投足】

投足：踏腳。一抬手一踏腳。形容輕

而易舉，毫不費力。明・袁宏道《去吳七牘・乞改稿三》：「何惜一舉手投足，嘘將滅之寒灰，莞垂折之枯條，使得生入鄉里，免至委骸溝壑流棄道路耶？」也作「**舉手搖足**」。搖足：指腳一動。形容時間短促。明・歸有光《送太倉守熊侯之任光州序》：「若軍興之際，賞罰注措，一舉手搖足之間，而死生存亡於是焉繫。」

【舉手搖足】
見「舉手投足」。

【舉手之勞】
見「舉手可採」。

【舉枉錯直】
舉：任用；枉：邪惡；錯：廢置，罷黜。任用邪惡之人，罷黜正直的人。元・無名氏《賺蒯通》一折：「可不道舉枉錯直民不服。」

【舉無遺策】
見「舉無遺算」。

【舉無遺算】
指謀劃精密，從不失算。《晉書・袁瑰傳》：「智者了於胸心，然後舉無遺算耳。」也作「**舉無遺策**」。宋・陳亮《鄧禹》：「蓋舉無遺策，而天下皆知其不可當也。」

【舉賢任能】
見「舉賢使能」。

【舉賢使能】
指推舉賢人，任用能人。《禮記・大傳》：「三曰舉賢，四曰使能。」也作「**舉賢任能**」。《三國演義》二九回：「舉賢任能，使各盡力以保江東，我不如卿。」也作「**進賢任能**」。《東周列國志》二〇回：「治兵訓武，進賢任能，以公族屈完為賢，使為大夫。」也作「**選賢與能**」。

【舉眼無親】
見「舉目無親」。

【舉要刪蕪】
見「舉要治繁」。

【舉要治繁】
要：要領；繁：雜亂。指寫作文章當擇其要領，去掉繁瑣的部分。南朝梁・劉勰《文心雕龍・總術》：「文場筆苑，有術有門，務先大體，鑑必窮源。乘一總萬，舉要治繁。」也作「**舉要刪蕪**」。宋・王讜《唐語林・政事上》：「吾見馬周論事多矣，援引事類，揚榷古今，舉要刪蕪，會文切理。一字不可加，亦不可減。」

【舉一反三】
反：類推。比喻從一件事情類推而知道相似的許多事情。形容善於類推，由此及彼。宋・朱熹《答胡伯逢》：「今乃以為節外生枝，則夫告往知來，舉一反三，聞一知十者，皆適所以重得罪於聖人矣。」也作「**舉隅反三**」。隅：角落。宋・劉克莊《祭少奇侄》：「惟汝幼而穎悟，長而玉立，頎然秀美，見者傾挹；雅俗兼通，《詩》、《禮》早習，舉隅反三，觸類知十。」也作「**舉一明三**」。宋・重顯《碧岩錄第一則垂示》：「舉一明三，目機銖兩。」

【舉一廢百】
指固執地拘守於事情的某一方面，而廢棄許多重要的方面。形容認識片面，不知變通。清・李漁《閒情偶寄・音律第三》：「今單提某句為『務實』，謂陰陽、平仄斷宜加嚴，俊語可施於上，此言未嘗不是，其如舉一廢百，當從者寡，當違者衆。」

【舉一綱，衆目張】
綱：網上的總繩。目：網眼。提起漁網上一條總繩，所有的網眼都張開了。比喻凡事抓住主要環節，就可以帶動其他。隋・王通《中說》：「舉一綱，衆目張；弛一機，萬事隳。」

【舉一明三】
見「舉一反三」。

【舉一隅不以三隅反，則不復也】
隅：角落；反：類推。告訴他一個角落的樣子，而他不能類推其他三個角落的樣子，我就不再教他了。比喻教師應引導和要求學生能善於推理，舉一反三。《論語・述而》：「不憤不啟，不悱不發，舉一隅不以三隅反，則不復也。」

【舉隅反三】
見「舉一反三」。

【舉著棋子放不下——拿不定主意】
比喻三心二意，缺乏主見。例這位廠長候選人有長處也有短處，投贊成票還是反對票？楊師傅的確有點舉著棋子放不下——拿不定主意了。

【舉直錯枉】
選拔任用正直的人，罷黜邪惡的人。《說岳全傳》七三回：「讀孔聖之微言，思舉直而錯枉；觀王珪之確論，欲激濁以揚清。」

【舉止不凡】
指舉動不一般。《掃迷帚》五回：「昨見二君舉止不凡，詢及棧主，始知兄即吳江卞某，此弟生平最敬佩的人，敢問此位名姓？」

【舉止大方】
形容舉動自然，毫不做作。《老殘遊記》九回：「此女子舉止大方，不類鄉人。」

【舉止失措】
措：放置。形容舉動失去常態，不知該怎樣才好。《宋史・陳彭年傳》：「事務既叢，形神皆耗，遂舉止失措，顛倒冠服，家人有不記其名者。」

【舉止言談】
指行為和言論。《鏡花緣》七一回：「那做人的一切舉止言談，存心處事，其中講究，真無窮盡。」

【舉止自若】
舉止：舉動；自若：自如，如常不變。舉動如常。形容遇事鎮定，舉動不失常態。《資治通鑑・唐高祖武德六年》：「孝恭將發，與諸將宴集，命取水忽變為血，在坐皆失色，孝恭舉止自若。」

【舉重比賽——斤斤計較】

形容過分計算比較。例他既然對朋友、同事那樣吝嗇、刻薄，我們何妨也來個舉重比賽——斤斤計較，教訓教訓他。也作「**肉案上的買賣——斤斤計較**」。

【舉重若輕】

舉重物如同舉起輕的東西那樣容易。比喻輕鬆地勝任重要工作。冰心《我的學生》：「『眞好玩』三字就是她的人生觀，她的處世態度，別的女人覺得痛苦冤抑的工作，她以『眞好玩』的精神，舉重若輕的應付了過去。」

【舉足輕重】

形容所處地位重要，一舉一動都可影響到全局。《後漢書·竇融傳》：「方蜀漢相攻，權在將軍，舉足左右，便有輕重。」《民國通俗演義》四四回：「舉足輕重，功關大局。」

【鉏鋙難入】

鉏鋙：同「齟齬」。不相配合。相互牴觸不相容。形容見解、意見不投合。例雙方各執己見，爭論不已，鉏鋙難入。

【齟齬不合】

齟齬：原意是指牙齒上下對不上，後用來比喻意見不合。宋·陸游《賀吏部陳侍郎啟》：「然賢能之進，常齟齬而不合；治安之會，亦稀闊而難遭。」

【踽踽獨行】

踽踽：孤零的樣子。孤零零地獨自行走。形容孤獨無親。《詩經·唐風·杕杜》：「獨行踽踽，豈無他人，不如我同父。」宋·張栻《祭程伊川文》：「先生踽踽獨行於世，衆乃以爲迂也。」

【踽踽涼涼】

踽踽：孤獨落寞的樣子；涼涼：冷冷清清的樣子。形容人孤傲寡合。宋·王令《答劉公著微之書》：「所謂儒者，非謂踽踽涼涼者也，謂其蹈道而得德耳。」

ㄐㄩˋ

【巨鰲戴山】

鰲：ㄠˊ，傳說海中大龜；戴：頭上頂著。《列子·湯問》載：古代神話謂渤海東有大壑，爲衆水所歸。中有岱輿、員嶠、方壺、瀛洲、蓬萊五山，常隨潮波浮動。天帝命禺強以十五頭巨鰲把山背起，五山始屹立不動。晉·張湛注引《離騷》：「巨鰲戴山，其何以安也？」後詩文中常用以比喻感恩深重。

【巨奸大猾】

奸、猾：奸詐，狡猾。指非常奸詐狡猾的人。唐·韋嗣立《論刑法多濫疏》：「務於窮竟，連坐相牽，數年不絕，遂使巨奸大猾，伺隙乘間。」也作「**老奸巨猾**」。

【巨儒碩學】

巨儒：大儒；碩學：學問淵博的人。指學識淵博，造詣精深的學者。《舊唐書·禮儀志二》：「明堂之制，援自古昔。衆說舛駁，互執所見，巨儒碩學，莫有詳通。」也作「**鴻儒碩學**」。

【鉅儒宿學】

鉅：通「巨」，大；宿學：飽學之士。指學識極其淵博、在學術上有地位有威望的人。《漢書·公孫劉車王楊蔡陳鄭傳贊》：「桑大夫據當時，合時變，上權利之略，雖非正法，鉅儒宿學不能自解，博物通達之士也。」

【距諫飾非】

距：通「拒」；諫：古代指下對上的規勸；飾：掩蓋；非：過錯。拒絕直言規勸，掩飾過錯。例唐太宗李世民從不距諫飾非，而是以從善如流著稱於史。

【句斟字酌】

斟、酌：考慮，推敲。對一字一句都認眞考慮，推敲。形容寫作或講話時措詞嚴謹。《清朝野史大觀，法式善之謙下》：「抑掌故之學可以聽其出入，不若咏物詩之宜句斟字酌耶。」也作「**字斟句酌**」。

【句櫛字比】

櫛：梳理；比：比較。句句梳理，字字勘正。形容校對仔細認眞。清·李漁《覆尤展先先後五禮》：「然既委校讎，不敢以不敏二字塞責，即當句櫛字比，瑜中索瑕，以報台命。」

【具體而微】

具體：事物各部分已大體具備；微：小。事物內容大體具備，不過局面、規模較小。唐·白居易《醉吟先生傳》：「所居有池五六畝，竹數千竿，喬木數十株，台榭舟橋，具體而微，先生安焉。」

【拒虎進狼】

「前門拒虎，後門進狼」的縮語。比喻剛消除一個禍患，又一個禍患隨之而來。明·張煌言《覆郎廷佐書》：「乃拒虎進狼，既收漁人之利於河北，而長蛇封豕，復肆蜂蠆之毒於江南。則淸人果恩乎仇乎？執事亦可憬然自悟矣。」也作「**拒虎引狼**」。柳亞子《悲楊忠文烈士》：「拒虎引狼天已醉，泣麟悲鳳道全非。」

【拒虎引狼】

見「拒虎進狼」。

【拒諫飾非】

諫：規勸，特指規勸君主；飾：掩飾；非：錯誤。拒絕直言規勸，掩飾自己的錯誤。《荀子·成相》：「拒諫飾非，愚而上同，國必禍。」也作「**飾非拒諫**」。

【拒諫者塞，專己者孤】

諫：直言規勸；專己：獨斷專行。拒絕規勸的人視聽閉塞，獨斷專行的人處境孤立。漢·桓寬《鹽鐵論·刺議》：「故多見者博，多聞者智，拒諫者塞，專己者孤。故謀及下者無失策，舉及衆者無頓功。」

【拒人千里】

見「拒人千里之外」。

【拒人於千里之外】

把人擋在一千里以外的地方。形容待人態度傲慢、冷淡，置之不理。《孟子・告子下》：「訑訑之聲音顏色拒人於千里之外。」徐興業《金甌缺》：「有時甚至不顧禮貌地把面孔拉長了，拒人於千里之外。」也作「拒人千里」。嚴復《救亡決論》：「褒衣大袖，堯行舜趨。訑訑聲顏，距（拒）人。」

【俱收並蓄】

指把各種不同內容的東西全都收取保留下來。唐・韓愈《進學解》：「牛溲馬勃，敗鼓之皮，俱收並蓄，待用無遺者，醫師之良也。」也作「兼收並蓄」。清・阮葵生《茶餘客話》卷一六：「古來藏書家，亦不乏兼收並蓄。錦輻牙籤，爭長於名畫奇器間；酒闌燭跋，充為耳目之玩。此可謂之能讀乎。」

【倨傲鮮腆】

倨：傲慢；鮮：少；腆：靦腆，害羞。謂妄自尊大而不知害羞。宋・蘇軾《留侯論》：「是故倨傲鮮腆，而深折之，彼其能有所忍也，然居可以就大事，故曰孺子可教也。」

【據鞍顧眄】

顧眄（ㄇ丨ㄢˇ）：回頭看。形容年老而壯志不衰。《後漢書・馬援傳》：「[劉尚]軍沒，援因覆請行。時年六十二，帝愍其老，未許之。援自請曰：『臣尚能被甲上馬。』帝令試之。援據鞍顧眄，以示可用。帝笑曰……『矍鑠哉是翁也！』。」

【據高臨下】

見「居高臨下」。

【據理力爭】

指依據情理，盡力爭辯或爭取。《文明小史》三八回：「老兄既管了一縣的事，自己也應該有點主意。外國人呢，固然得罪不得，實在下不去的地方，也該據理力爭。」也作「據理直爭」。《官場現形記》五四回：「制台既是古板，有些性情，同洋人交涉的事件，自不免要據理直爭，不肯隨便了事。」

【據理直爭】

見「據理力爭」。

【據事直書】

據事：依據事實。指以事實為根據，真實地反映情況。《東周列國志》六五回：「[崔]杼執其簡謂季曰：『汝三兄皆死，汝獨不愛性命乎？若更其語，當免汝。』季對曰：『據事直書，史氏之職也。失職而生，不如死！』」

【據圖刎喉】

一隻手抓著占領國土的地圖，一隻手拿刀割自己的喉頭。比喻為圖虛名而喪生。《淮南子・泰族訓》：「夫知者不妄發，擇善而為之，計義而行之。故事成而功足賴也，身死而名足稱也……使人左據天下之圖而右刎喉，愚者不為也。」也作「據圖刎首」。

【據圖刎首】

見「據圖刎喉」。

【據為己有】

據：占據。占有不屬於自己的東西。《醒世恆言》卷二：「[許武道]我故介為析居之議，將大宅良田，强奴巧婢，悉據為已有。度吾弟素敦愛敬，決不爭競。」也作「攘為己有」、「占為己有」。

【據義履方】

義：義理；履：遵循。指依據道義，遵循禮法。指待人公正無私。晉・皇甫謐《高士傳・許由》：「許由，字武仲，陽城槐里人也。為人據義履方，邪席不坐，邪膳不食。」

【鋸了嘴的葫蘆——悶聲不響】

葫蘆：指葫蘆的果實，堅硬，肚大嘴小，中間纖細。葫蘆本來就不響，鋸了嘴就更不會響了。見「船底下放鞭炮——悶聲不響」。

【鋸牙鉤爪】

像鋸一樣的牙齒，鉤子般的爪子。形容牙齒和爪子的銳利。北周・庾信《哀江南賦》：「彼鋸牙而鉤爪，又循江而習流。」也作「鉤爪鋸牙」。

【踞爐炭上】

踞：蹲或坐。蹲在爐子的炭火之上。比喻處境極其危險。《晉書・宣帝紀》：「軍還，權遣使乞降，上表稱臣，陳說天命。魏武帝曰：『此兒欲踞吾著爐炭上邪！』」

【聚而殲之】

殲：殲滅，消滅。把敵人包圍起來徹底消滅。例誘敵深入，聚而殲之。

【聚會精神】

見「聚精會神」。

【聚精會神】

①指同心同意，精神一致。漢・王褒《聖主得賢臣頌》：「故世平主聖，俊乂將自至。若堯舜禹湯文武之君，獲稷契皋陶伊尹呂望之臣。明明在朝，穆穆列布。聚精會神，相得益彰。」也作「聚會精神」。明・海瑞《贈郡侯肖野郭公膺保薦序》：「二侯今日相與聚會精神一堂之上，共而為之。」②指注意力非常集中。《兒女英雄傳》二四回：「無奈她此時是凝心靜氣，聚精會神，生怕錯了過節兒，一定要答拜回禮。」

【聚斂無厭】

聚斂：重稅搜刮；厭：通「饜」。飽滿足。搜刮錢財永無滿足的時候，南朝宋・劉義慶《世說新語・規箴》：「王夷甫婦郭泰寧女，才拙而性剛，聚斂無厭。」

【聚米為山】

《後漢書・馬援傳》：「援因說隗囂將帥有土崩之勢，兵進有必破之狀。又於帝前聚米為山谷，指畫形勢，開示衆軍所從道徑往來，分析曲折，昭然可曉。帝曰：『虜在吾目中矣。』」後以「聚米為山」比喻形象地陳述軍事態勢，運籌決策。唐・元稹《授劉總守司徒兼侍中天平軍節度使制》：

「學弄之始，畫地而壁壘勢成；言兵之時，聚米而山川形具。」

【聚人易，散人難】
謂激動的人羣聚集容易，驅散困難。《東周列國志》八回：「軍士求見愈切，人越聚得多了，多有帶器械者。看看天晚，不得見太宰，吶喊起來。自古道：『聚人易，散人難。』華督知軍心已變，裹甲佩劍而出，傳令開門。」

【聚散浮生】
舊指人生如水上浮萍，漂浮不定，聚散無常。《紅樓夢》一一八回：「如今才曉得聚散浮生四字，古人說了，不曾提醒一個。」

【聚沙成塔】
把細沙聚成寶塔。比喻積少成多。隋・戴逵《貽仙城慧合禪師書》：「詎假聚沙成塔，因山構苑。」

【聚沙之年】
兒童喜玩聚沙遊戲，故稱兒童時代為「聚沙之年」。唐・于志寧《大唐西域記序》：「奇闕之歲，霞軒朋舉；聚沙之年，蘭薰桂馥。」

【聚少成多】
聚：聚集。點滴的積累，就能由少變多。例聚少成多，積小致巨。

【聚訟紛紛】
見「聚訟紛紜」。

【聚訟紛然】
見「聚訟紛紜」。

【聚訟紛紜】
聚：會合；訟：爭辯；紛紜：多而雜亂。指亂紛紛地爭辯，不能形成定論。元・黃溍《送祝蕃遠北上》：「奈何夸毗子，聚訟生紛紜。」也作「聚訟紛紛」。明・胡應麟《詩藪・雜言》：「餐秋菊之落英，談者穿鑿附會，聚訟紛紛。」也作「聚訟紛然」。梁啟超《生計學學說沿革小史》：「斯密所謂生利，與尋常所謂有用者，其意義不同，故執政官、軍人、教士、法官，皆屏之於不生利之列……此其義後賢聚訟紛然，謂其徒尚有形之利，而不數無形之。」

【聚蚊成雷】
很多蚊子聚集到一起，牠們的嗡嗡聲如響雷。比喻流言紛起，喧囂可畏。《漢書・中山靖王傳》：「夫眾煦漂山，聚蚊成雷，朋黨執虎，十夫橈椎，是以文王拘於牖里，孔子阨於陳蔡，此乃烝庶之成風，增積之生害也。」

【聚螢映雪】
聚螢：晉代車胤年少家貧，苦學不倦，夏天收集螢火蟲若干，用以照明，夜以繼日，事見《晉書・車胤傳》；映雪：晉代孫康，聰明好學，因家貧無油，冬天常映雪讀書，事見《孫氏世錄》。後以「聚螢映雪」形容刻苦攻讀。《北史・崔賾傳》：「未嘗聚螢映雪懸頭刺股，讀《論》唯取一篇，披《莊》不過盈尺。」也作「集螢映雪」、「囊螢積雪」。

【聚者易散，散者難聚】
把聚積起來的錢花掉容易，把花掉的錢再積起來可就難了。例花錢大手大腳，完全是公子哥兒的派頭，錢花光了，到處伸手，又是一副敗家子弟的可憐相。他要知道古人所說的「聚者易散，散者難聚」，何至於今日。

【屨及劍及】
屨：ㄐㄩˋ，鞋；及：趕上。《左傳・宣公十四年》：「華元曰：『過我而不假道，鄙我也。鄙我，亡也。殺其使者必伐我，伐我亦亡也。亡一也。』乃殺之。楚子聞之，投袂而起，屨及於窒皇，劍及於寢門之外，車及於蒲胥之市。秋九月，楚子圍宋。」原指楚莊王報仇之心急切。後以「屨及劍及」形容行動果斷迅速。也作「劍及屨及」。

【屨賤踊貴】
踊：受刖足者穿的鞋。謂普通的鞋便宜，而斷足者穿的鞋貴。形容統治者濫用刑法，受害者眾多。《左傳・昭公三年》：「國之諸市，屨賤踊貴，民人痛疾。」

ㄐㄩㄝ

【撧耳撓腮】
撧：揪，擰。揪耳撓腮頰。形容內心慌亂，焦急而又無法可想。元，關漢卿《蝴蝶夢》四折：「我前行，他隨後趕將來，唬的我撧耳撓腮。」也作「抓耳撓腮」。

【撅豎小人】
撅豎：行為卑劣。對無恥之徒的蔑稱。《魏書・崔浩傳》：「撅豎小人，無大經略，正可殘暴，終為人所滅耳。」

ㄐㄩㄝˊ

【決策千里】
見「決勝千里」。

【決堤的河水——擋不住】
比喻阻止不了。例青年人決心要做優質高產的實驗，應該積極支持，要知道，決堤的河水——擋不住，想阻攔也是無用的。也作「南來的燕，北來的風——擋不住」。

【決堤的河水——滔滔不絕】
比喻話多，連續不斷。例你說話就像決堤的河水——滔滔不絕，別人插嘴的機會都沒有。也作「開了閘的水——滔滔不絕」。

【決斷如流】
謂拿主意，做決定像流水般順暢。形容處理事情果斷。《南史・劉穆之傳》：「穆之內總朝政，借軍旅，決斷如流，事無壅滯。」

【決疣潰癰】
疣、癰：毒瘡的一種。毒瘡潰爛。比喻事情的癥結最終得到解決。《莊子・大宗師》：「彼以生為附贅縣疣，以死為決疣潰癰，夫若然者，又惡知死生先後之所在。」也作「決疣潰疽」。《南齊書・柳世隆傳》：「今乃擧兵內侮，奸回外熾，斯實悉熟罪成之辰，決癰潰疽之日。」

【決了堤的河水——勢不可當】

指來勢凶猛，無法抵擋。例我們連續發動的幾次反攻，就像決了堤的河水——勢不可當，敵方縱深數十里的防禦工事全被摧毀。也作「**激流出瀾——勢不可當**」。

【決勝千里】

決定勝負於千里之外，形容謀策得當，指揮若定。《史記・留侯世家》：「運籌策帷長中，決勝千里外，子房功也。」也作「**決策千里**」。唐・楊炯《瀘州都督王湛神道碑》：「蕭相立功於萬代，留侯決策於千里。」

【決勝之機】

決勝：決定勝負；機：時機。決定最後勝負的時機。《新編五代史平話・唐史》：「此天贊我決勝之機也，彼必無備。」

【決一雌雄】

雌雄：原指動物的雌性和雄性，引申指勝敗高低。指比高低，決出勝敗。《三國演義》一〇〇回：「吾與汝決一雌雄，汝若能勝，吾誓不爲大將。」也作「**決一勝負**」。《說岳全傳》四七回：「若不聽我良言，只得與你決一勝負。」

【決一勝負】

見「決一雌雄」。

【決一死戰】

作一次你死我活的戰鬥。《三國演義》二七回：「關公曰：『便是丞相鐵騎來，吾願決一死戰！』」

【決癰潰疽】

見「決疾潰癰」。

【決獄斷刑】

指受理訴訟，按罪定刑。《後漢書・郭躬傳》：「躬家世掌法，務在寬平，及典理官，決獄斷刑多依矜恕，乃條諸重文可以從輕者四十一事奏之，事皆施行，著於令。」

【抉瑕擿釁】

抉：挑出；擿：挑；釁：破綻。挑出瑕疵，找出破綻。指故意挑剔。《後漢書・陳元傳》：「遺脫纖微，指爲大尤，抉瑕擿釁，掩其弘美，所謂『小辯破言，小言破道』，者也。」

【抉瑕掩瑜】

抉：挑剔；瑜：美玉的光澤。指苛刻挑剔毛病，抹煞他人的長處。唐・嚴郢《駁議呂諲》：「今太常議荊南之政詳矣……乃抉瑕掩瑜之論，非中適之言也。」

【絕長補短】

絕：截斷。把長的部分截取下來，接補短的。比喻長短相濟，以多餘補不足，以長處補短處。《孟子・滕文公上》：「今滕，絕長補短將五十里也，猶可以爲善國。」也作「**絕長繼短**」。《墨子・非命上》：「古者湯封於亳，絕長繼短，方地百里。」也作「**絕長續短**」。《戰國策・楚策四》：「今楚國雖小，絕長續短，猶以數千里。」也作「**截長補短**」。明・朱叔《三度小桃紅》一折：「他更有截長補短的釘人釘，掂斤抹兩的稱人星。」也作「**折長補短**」、「**取長棄短**」。

【絕長繼短】

見「絕長補短」。

【絕長續短】

見「絕長補短」。

【絕塵拔俗】

塵：塵世，佛教徒或道教徒指現實世界。謂超脫塵世，不同凡俗。宋・楊萬里《朝請大夫將作少監趙公行狀》：「故其爲詩……有絕塵拔俗之逸韻，其文尤長於論事。」也作「**超塵拔俗**」、「**超塵出俗**」。

【絕處逢生】

指在絕望的困境中又有了生路。《二刻拍案驚奇》卷一一：「誰想絕處逢生，遇著這等好人。」

【絕代佳人】

佳人：美女。形容當世無雙的美女。唐・杜甫《佳人》詩：「絕代有佳人，幽居在空谷。」也作「**絕色佳人**」。元・谷子敬《城南柳》三折：「見一個龐眉老叟行在前面，見一個絕色佳人次著後肩。」也作「**絕世佳人**」。清・洪昇《長生殿・幸恩》：「以妹玉環之寵，叨膺虢國之封。雖居富貴，不愛鉛粹。敢誇絕世佳人，自許朝天素面。」

【絕渡逢舟】

比喻在絕望的困境中找到了辦法。《野叟曝言》一〇回：「天幸遇著相公，如暗室逢燈，絕渡逢舟，從此讀書作文，俱可望有門徑矣。」

【絕甘分少】

同「絕少分甘」。宋・李侗《達朱韋齋暨吳少琳書》：「老人但知絕甘分少而已，餘無他念也。」

【絕國殊俗】

指身居異國他鄉，風俗各異之地。《文子・精誠》：「天下莫不仰上之德，象主之旨，絕國殊俗，莫不重譯而至，非家至而人見之也。」

【絕後光前】

從前沒有，以後也不會有。指獨一無二，極少有。南朝梁・沈約《齊故安陸昭王碑文》：「膺期誕德，絕後光前。」也作「**光前絕後**」。

【絕戶頭得個敗家子——明看不成器，丟了捨不得】

絕戶頭：沒有後代的人；成器：成爲有用的人。比喻左右爲難。例這樁買賣，對我來說，是絕戶頭得個敗家子——明看不成器，丟了捨不得，成交與否，你拿個主意吧！

【絕裾而去】

絕裾：扯斷衣襟。扯斷衣襟毅然離去。形容決意離去。南朝宋・劉義慶《世說新語・尤悔》：「溫公初受，劉司空使勸進，母崔氏固駐之，嶠絕裾而去。」

【絕口不道】

絕口：不開口；不道：不說話。指閉

口不言。清・無名氏《杜詩言志》卷一〇：「無如當放逐之餘，絕口不道。」也作「**絕口不談**」。清・淮陽百一居士《壺天錄》卷中：「杜門息交，絕口不談天下事。」

【絕口不談】

見「絕口不道」。

【絕路逢生——破涕爲笑】

比喻轉悲爲喜。例醫生把曉芳的丈夫從死亡之神手中搶救了回來，她絕路逢生——破涕爲笑了，同事們也爲他們高興。

【絕倫逸羣】

逸：超過一般。謂高出衆人，無人與之相比。《三國志・蜀書・關羽傳》：「亮知羽護前，乃答之曰：『孟起兼資文武，雄烈過人，一世之傑。黥彭之徒，當與翼德並驅爭先，猶未及髯之絕倫逸羣也。』」也作「**超羣絕倫**」。

【絕妙好詞】

見「絕妙好辭」。

【絕妙好辭】

辭：文辭、詩文。指極爲美好的詩文或詞藻。南朝宋・劉義慶《世說新語・捷語》：「魏武嘗過曹娥碑下，楊修從。碑背上見題作『黃絹幼婦外孫齏臼』八字……修曰：『黃絹，色絲也，於字爲絕；幼婦，少女也，於字爲妙；外孫，女子也，於爲好；齏臼，受辛也，於字爲辭。所謂絕妙好辭也。』」也作「**絕妙好詞**」。清・許印芳《與李生論詩》：「文人筆端有口，能就現前眞景，抒寫成篇，即是絕妙好詞。」

【絕其本根】

本：草木的根。本根指根本。從根本上著手解決。《左傳・隱公六年》：「爲國家者，見惡如農夫之務去草焉，芟夷蘊崇之，絕其本根，勿使能殖，則善者信矣。」

【絕仁棄義】

指拋棄仁義道德。道家認爲仁義道德阻滯了人的本性。《老子》一九章：「絕聖棄智，民利百倍，絕仁棄義，民復孝慈。」

【絕色佳人】

見「絕代佳人」。

【絕少分甘】

東西少，自己不要緊，而把好的分給別人。指寧願自己受苦，而優厚待人。《孝經・援神契》：「母之於子也，鞠養殷勤，推燥居濕，絕少分甘。」也作「**絕甘分少**」。

【絕聖棄知】

聖：聰明；知：通「智」：智慧。斷絕拋棄聰慧才智，返歸於天眞純樸的境界。是老莊無爲而治的哲學思想。《莊子・胠篋》：「故絕聖棄知，大盜乃止，擿玉毀珠，小盜不起。」也作「**絕聖棄智**」。《老子》一九章：「絕聖棄智，民利百倍。」

【絕聖棄智】

見「絕聖棄知」。

【絕世超倫】

倫：類。指當世少有，出類拔萃。漢・蔡邕《陳太丘碑文》：「穎川陳君，絕世超倫，大位未躋，慚於臧文竊位之負，故時人高其德，重乎公相之位也。」也作「**絕世無倫**」。《雲笈七籤》卷四：「其第三子名玉斧，長名翽，字道翔。道德淳瑩，絕世無倫。」

【絕世出塵】

見「絕俗離世」。

【絕世獨立】

冠絕當代，亭亭玉立。形容不同凡俗。《漢書・外戚傳》：「李延年歌曰：『北國有佳人，絕世而獨立，一顧傾人城，再顧傾人國。』」

【絕世佳人】

見「絕代佳人」。

【絕世無倫】

見「絕世超倫」。

【絕世無雙】

指獨一無二，當世少有。明・吾丘瑞《運甓記・師闔賓賢》：「〔陶侃〕英姿絕世無雙，用之將帥，必能扶弱鼎於安瀾。」

【絕俗離世】

指遠離世俗之外。《漢書・王褒傳》：「何必偃印詘信若彭祖，呴噓呼吸如僑、松，眇然絕俗離世哉！」也作「**絕世出塵**」。《聊齋志異・局詐》：「〔程〕遂鼓《御風曲》，其聲泠泠，有絕世出塵之意。」

【絕無間有】

見「絕無僅有」。

【絕無僅有】

形容極其少有。宋・包恢《旌表陸氏門記》：「然則歷千餘載而下，而乃有如陸氏之門者，豈非世之寥寥乎絕無僅有，而卓卓乎光前絕後者乎？」也作「**絕無間有**」。間：偶然。明・焦竑《玉堂叢話・科試》：「欲其文可爲程式者，蓋已絕無間有。」

【絕域殊方】

指交通隔絕的遙遠地方。《晉書・裴秀傳》：「故雖有峻山巨海之隔，絕域殊方之迴，登降詭異之因，皆可得舉而定者。」也作「**絕域異方**」。宋・蘇軾《御試制科策一道》：「朝廷置靈武於度內，幾百年矣，議者以爲絕域異方，曾不敢近，而況於取之乎！」

【絕域異方】

見「絕域殊方」。

【絕子絕孫】

指沒有子孫後代。多用爲罵人的話。《官場現形記》二二回：「等他絕子絕孫之後，他祖宗的香烟都要斷了，還充哪一門的孝子？」

【掘墓鞭屍】

挖開墳墓，鞭笞屍體。形容殘忍之極。《史記・伍子胥傳》：「及吳兵入郢，伍子胥求昭王，既不得，乃掘楚平王墓，出其屍，鞭之三百，然後已。」

【掘室求鼠】

拆掉房屋捕捉老鼠。比喻因小失大。《淮南子·說山訓》：「壞塘以取龜，發屋而求狸，掘室而求鼠，割唇而治齲，桀跖之徒，君子不與。」

【崛地而起】

崛：突起，興趣。在地面上興起。多形容很快出現的某種事物和勢力。例成吉思汗在大草原上崛地而起，率兵遠征。

【厥角稽首】

厥角：叩頭；稽首：古時一種跪拜禮，叩頭到地。古時最尊敬的一種禮節。《漢書·諸侯王表》：「漢諸侯王，厥角稽首。」

【譎而不正】

譎：欺詐。指奸詐，不正派。《論語·憲問》：「子曰：『晉文公譎而不正，齊桓公正而不譎。』」

【譎怪之談】

譎怪：奇異，怪誕。指不合情理的怪誕之言。《文心雕龍·辨騷》：「康回傾地，夷羿日，木夫九首，土伯三目，譎怪之談也。」

【譎詐多端】

譎：奸詐；端：項目。狡詐的伎倆多種多樣。形容壞主義極多。例其爲人居心叵測，譎詐多端。

【嚼墨噴紙】

元·林坤《誠齋雜記》上：「班孟嚼墨一噴，皆成字，竟紙，各有意義。」後以『嚼墨噴紙』形容才思橫溢，極擅寫作。

【嚼字咬文】

嚼，咬：咀嚼，指體會、玩味。形容過細地體味，過分地斟酌字句。後多用以譏諷人只摳字眼而不領會文章實質。例讀書重在明理，不可徒事嚼字咬文。也作「咬文嚼字」。

【爝火雖微，卒能燎野】

爝火：小火星；卒：終。星星之火，雖然微小，但可以燃遍整個原野。比喻新生事物的生命力強，發展極快。《後漢書·周行傳》：「夫涓流雖寡，浸成江河；爝火雖微，卒能燎野。」

【攫金不見人】

攫：奪取。《列子·說符》：「昔齊人有欲金者。清旦衣冠而去，吏捕得之，問曰：『人皆在焉，子攫人之金何？』對曰：『取金之時不見人，徒見金。』」後以「攫金不見人」比喻爲了滿足個人欲望而不顧一切。

【攫戾執猛】

攫：抓；戾：暴戾；執：捉住。指勇敢地抓捕暴戾凶猛的敵人。漢·張衡《南都賦》：「謀臣武將，皆能攫戾執猛，破堅摧剛。」

【攫爲己有】

攫：攫取，奪取。指用非法手段強占他人之物爲自己所有。例民主社會裏絕不容許把集體財物攫爲己有。

ㄐㄩㄝˋ

【倔強倨傲】

倔強：固執，執拗；倨傲：傲慢自負。形容人性粗直執拗，態度傲慢生硬。漢·桓寬《鹽鐵論·論功》：「倔強倨敖，自稱老大。」敖，通「傲」。

【倔頭倔腦】

多指人說話態度生硬，性格粗直，處理事情簡單，不考慮後果。例他遇事總是倔頭倔腦，一些人不願與他交往。

ㄐㄩㄢ

【捐殘去殺】

捐：除去；殘：殘暴的人；殺：殺戮之刑。使殘暴的人改惡從善，廢除殺戮行爲。《漢書·李廣傳》：「夫報忿除害，捐殘去殺，朕之所圖於將軍也。」也作「勝殘去殺」、「去殺勝殘」。

【捐忿棄瑕】

捐：捨棄；瑕：玉上的裂紋，比喻裂痕。指捨棄怨恨和裂痕，重歸於好。宋·蘇軾《擬侯公說項羽辭》：「孤亦願自今日與君王捐忿棄瑕，繼平昔之歡。」

【捐華務實】

指捨棄浮華，務求樸實。南朝·宋明帝《泰始三年禁采供不時詔》：「頃商販逐末，競早爭新，折未實之果，收豪家之利，籠非膳之翼，爲童戲之資，豈所以還風尚本，捐華務實？」

【捐金沉珠】

把黃金棄於山上，寶珠沉於水底。形容不貪圖富貴。漢·班固《東都賦》：「女修織紝，男務耕耘，器用陶匏，服尚素玄，恥纖靡而不服，賤奇麗而弗珍，捐金於山，沉珠於淵。」

【捐金抵璧】

捐：擲；璧：璧玉。拋棄黃金，扔掉璧玉。指不以財寶爲重。唐·魏徵《十漸不克終疏》：「陛下貞觀之初，動遵堯舜，捐金抵璧，反樸還淳。」

【捐軀報國】

捨棄生命，報效國家。《說岳全傳》一六回：「我想做了武將，固當捐軀報國；但是我兒年幼，不曾受得朝廷半點爵祿，豈不可傷？」也作「捐軀赴難」。《西湖佳話·三生石跡》：「有一虎將，係京洛人，姓李名愷，率師拒敵，報國盡忠，捐軀赴難。」

【捐軀赴國難，視死忽如歸】

國難當頭，不惜獻身，把死看成如同回家一樣。形容高昂的愛國激情。三國魏·曹植《白馬篇》詩：「長驅蹈匈奴，左顧陵鮮卑。棄身鋒刃端，性命安所懷？父母且不顧，何言子與妻？名編壯士籍，不得中顧私。捐軀赴國難，視死忽如歸。」

【捐軀赴難】

見「捐軀報國」。

【捐軀濟難】

指獻出生命，以挽救國家的危難。《三國志·魏書·陳思王植傳》：「夫憂國忘家，捐軀濟難，忠臣之志也。」

【捐軀若得其所，烈士不愛其存】
愛：吝惜。如果為正義的事業捐軀，死得其所，那烈士就不會吝惜自己的生命。《晉書·忠義傳》：「是知隕節苟合其宜，義夫豈吝其沒；捐軀若得其所，烈士不愛其存。」

【捐軀殞首】
殞：死亡；殞首：掉腦袋。指丟棄個人的一切以至生命。元·無名氏《娶小喬》三折：「我道來不輕微，設若便捐軀殞首當出力。」

【捐生殉國】
指為國家英勇獻身。《隋書·豆毓傳》：「故大將軍，正義愍公毓，臨節能固，捐生殉國，成為令典，沒世不忘。」

【涓埃之報】
涓：細小的水流；埃：塵埃，灰塵。比喻極其微薄的報答。例涓埃之報，不足以謝深情於萬一。

【涓埃之功】
涓：小水點；埃：塵埃；功：功勞。比喻功勞很小。《三國演義》三回：「恨無涓埃之功，以為進見之禮。」

【涓埃之力】
涓：細小的水流；埃：塵埃，灰塵。比喻極其微小的一點力量。例億萬涓埃之力，足以移山。

【涓埃之微】
涓埃：小水滴和塵埃。比喻微乎其微。唐·韓愈《為裴相公讓官表》：「於裨補無涓埃之微，而讒謗有丘山之積。」

【涓滴不留】
涓滴：小水點，比喻極少或極微小。一點也不遺留。例傾囊相與，涓滴不留。

【涓滴不漏】
涓滴：小水點。比喻極少或極微小。絲毫也不遺漏。例伶牙俐齒，涓滴不漏。

【涓滴不遺】
見「涓滴不漏」。

【涓滴成河】
涓滴：小水點。一點一滴的水匯集成河流。比喻積少成多。例聚沙成塔，涓滴成河。

【涓滴歸公】
涓滴：小水點，比喻細微之物。指非應得之財物，雖極少也全部繳公。《官場現形記》三三回：「什麼馬車錢，包車夫，還有吃的香煙、茶葉，都是小侄自己貼的。眞正涓滴歸公，一絲一毫不敢亂用。」

【涓滴微利】
涓滴：小水點。比喻極微小。如同小水點一樣微小的利益。《新編五代史平話·晉史》：「貪取涓滴之微利，而自棄丘山之大功乎！」

【涓涓不絕，流為江河】
涓涓：細水慢流。細水不斷，會流成江河。比喻不防微杜漸，就要釀成大禍。《新五代史·康義誠傳論》：「是時，史弘肇為都指揮使，與宰相、樞密使並執國政，而弘肇尤專任，以至於亡。語曰：『涓涓不絕，流為江河。熒熒不滅，炎炎奈何？』可不戒哉！」

【涓滴之勞】
涓滴：小水點。比喻極少量或極微小。形容很小的一點功勞。例涓滴之勞，何足言謝。

【娟好靜秀】
娟：美好；靜：安詳，平和。形容女子容顏秀麗，性情柔順。例她的娟好靜秀，為衆姊妹所不及。

【鐫心銘骨】
鐫：雕刻；銘：在器物上刻字，喻指永不忘卻。明·陸采《明珠記·獲蔭》：「漂泊留潭府，荷深恩解衣推食，自知慚負；又荷吹噓登雲路，嬌女肯教同赴，這厚德鐫心銘骨。」

ㄐㄩㄢˇ

【捲鋪蓋】
比喻開除職務、離開工作地點。例李會計公開了頭頭們假造的帳目以後，就做好了捲鋪蓋的心理準備。

【捲旗息鼓】
捲起戰旗，停敲戰鼓。原指停戰。後也泛指停止做某事。清·孫郁《繡幃燈·公討》：「須等那不賢之婦親口道允，我等才捲旗息鼓，暫寬一時。」

【捲土重來】
捲土：形容衆多人馬奔跑，揚起塵土。形容失敗後又集聚力量力圖再起。唐·杜牧《題烏江亭》詩：「勝敗兵家事不期，包羞忍恥是男兒。江東子弟多才俊，捲土重來未可知。」

【捲土重來未可知】
捲土：捲起塵土，形容人馬奔跑，比喻失敗以後又恢復了勢力或力量。唐·杜牧《題烏江亭》詩：「江東子弟多才俊，捲土重來未可知。」例這一次的失敗算不了什麼，只要我們認眞吸取教訓，奮力拚搏，捲土重來未可知。

ㄐㄩㄢˋ

【卷帙浩繁】
卷帙（ㄓˋ）：泛指書籍或書籍的篇章。形容書籍篇幅極多。例《資治通鑑》是一部卷帙浩繁的歷史著作。

【倦鳥知還】
鳥飛疲倦了知道回巢。比喻歸隱故里。晉·陶潛《歸去來辭》：「雲無心以出岫，鳥倦飛而知還。」

【圈牢養物】
圈牢：飼養牲畜的地方。飼養在圈裏的牲畜。比喻任人驅使，沒有自由。《三國志·魏書·陳思王植傳》：「虛荷上位而忝重祿，禽息鳥視，終於白首，此徒圈牢之養物，非臣之所志也。」

【圈裏的肥豬——等著挨刀】
圈：飼養牲畜的柵欄。比喻束手待

斃，等著受懲罰。例敵人既然採取了鐵血政策，我們決不是圈裏的肥豬——等著挨刀，一定要以其人之道還治其人之身。」也作「**案板上的肉，籃子裏的魚——等著挨刀**。」

【圈裏關的豬——蠢貨】

圈：飼養牲畜的柵欄。比喻人很愚笨。例敵人是圈裏的肥豬——等著挨刀，他們不懂得，凡是侵略者都沒有好下場。

【眷眷之心】

眷：眷戀。形容依依不捨的心情。漢・荀悅《漢紀・文帝紀下》：「既定漢室，建立明主，眷眷之心，豈有異哉。」

【雋永之論】

雋永：甘美而耐人尋味。形容意味深長的談論。宋・胡繼宗《書言故事・談論類》：「談論深長有味，曰雋永之論。」

【狷介之人】

狷：潔身自愛、孤高耿直的。形容耿直，不隨俗的人。三國魏・劉劭《人物志・體別》：「狷介之人，砭清激濁……是故可與守節，難以變通。」也作「**狷介之士**」。《晉書・劉秀傳》：「以爲巢許狷介之士，未達堯心，豈足多慕。」

【狷介之士】

見「狷介之人」。

ㄐㄩㄣ

【軍不血刃】

兵器上沒有血跡。指雙方未戰即取得勝利。三國蜀・諸葛亮《爲後帝伐魏詔》：「夫王者之兵，有征無戰，尊而且義，莫敢抗也，故鳴條之役，軍不血刃，牧野之師，商人倒戈。」也作「**兵不血刃**」、「**兵無血刃**」。

【軍不厭詐】

厭：厭棄，排斥；詐：欺詐。用兵作戰不排斥使用欺詐的戰術迷惑敵人。例聲東擊西，軍不厭詐。

【軍多將廣】

兵多將多。形容兵力強大，戰鬥力強。明・無名氏《暗渡陳倉》頭折：「俺建都在這彭城郡，手下軍多將廣，人強馬壯，威鎮天下。」也作「**兵多將廣**」。

【軍法從事】

依軍法嚴懲。《明史・項忠傳》：「士卒畏敵不畏將，是以戰無成功，宜計以軍法從事。」

【軍臨城下】

臨：來到。敵軍已到城下。形容情況危急。明・無名氏《曹彬下江南》三折：「元帥軍臨城下，將至壕邊，覷南唐一鼓而下也。」也作「**兵臨城下**」。

【軍令如山】

見「軍令如山倒」。

【軍令如山倒】

軍令一下如山倒下，不可抗拒。比喻軍人應絕對服從命令。陳立德《前驅》上一〇：「『軍令如山倒』，而況紀律又是那樣的嚴，在戰場上只有『服從』啊！」也作「**軍令如山**」。《清史演義》二五回：「兵士們都怕象陣厲害，未敢前進，只因軍令如山，不得不硬著頭皮，勉強上前。」

【軍令無私親】

軍令不管是不是親人，一律對待。姚雪垠《李自成》二卷五章：「雙喜回答說：『爸爸放心，只要孩兒不陣亡，大峪谷決丢不了！』『好，軍令無私親。倘若失了大峪谷，你不要活著見我！』」

【軍馬未到，糧草先行】

軍隊未出發，糧草要準備好先行。明・無名氏《精忠記》八齣：「[生]你在那裏才來？[丑]風水不便，故此來遲。[生]軍馬未到，糧草先行。你故意來遲，依我軍法該斬。」也作「**大軍未到，糧草先行**」、「**三軍未動，糧草先行**」。

【軍棋鬥勝——紙上談兵】

比喻只會誇誇其談，不能解決實際問題。例大劉對機械學的原理，談起來一套一套的，但連對普通的車床也不會開動，工人說他是軍棋鬥勝——紙上談兵。也作「**軍棋比賽——紙上談兵**」、「**棋盤上的英雄——紙上談兵**」。

【軍勢宜集，不可以分】

謂在通常情況下，兵力宜集中，不宜分散。也指應集中力量打殲滅戰，才能做成某件事。《晉書・姚泓載記》：「軍勢宜集，不可以分。若偏師不利，人心駭懼，胡可以戰？」

【軍勢有宜緩以克敵，有宜急而取之】

作戰之方不一：有的適合於推遲攻克敵人，有的需要立即攻克下來。指處理事情，有緩有急，應根據具體情況而定。《晉書・慕容儁載記》：「軍勢有宜緩以克敵，有宜急而取之。若彼我勢均，且有強援，慮腹背之患者，須急攻之，以速大利；如其我強彼弱，外無寇援，力足制之者，當羈縻守之，以待其斃。」

【軍無習練，百無當一；習而用之，一可當百】

當：抵得上、等於。軍隊沒經過訓練，一百個抵不上一個；經過嚴格訓練，才能以一當百。三國蜀・諸葛亮《將苑・習練》：「夫軍無習練，百無當一；習而用之，一可當百。故仲尼曰：『不教而戰，是謂棄之。』又曰：『善人教民七年，亦可以即戎矣。』」

【軍有頭，將有主】

軍隊中有統帥，將領中有主將。《古今小說》卷二一：「將軍差矣，常言：『軍有頭，將有主。』尊卑上下，古之常禮。董刺史命將軍來與觀察助戰，將軍便是觀察麾下之人。況董刺史出身觀察門下，尚然不敢與觀察敵體，將軍如此倨傲，豈小覷我越州無軍馬乎？」

【軍中無戲言】
軍機大事，不能隨意開玩笑。指軍令嚴肅，令出法隨。《三國演義》九五回：「孔明曰：『軍中無戲言。』謖曰：『願立軍令狀。』孔明從之。」也作「**軍無戲言**」。

【君暗臣蔽】
暗：愚昧不明；蔽：遮掩，矇蔽。君主昏庸不明，臣下矇蔽欺瞞。例明朝末年，君暗臣蔽，內亂外禍交作，民不聊生。

【君不正，臣投國外】
國君不正直，臣子就會投奔外國。《封神演義》三一回：「我與老叔皆是一樣臣子，倘老叔被屈，必定也投他處，總是一般。從來有言『君不正，臣投國外』，理之當然。」

【君唱臣和】
和：應和。指臣下按國君意圖行事。《晏子・外篇一五》：「君唱臣和，教之隆也。」

【君明則臣直】
君主英明，臣子才敢直言。清・夏燮《明通鑑》卷三一：「古人有言曰：『君明則臣直。』今懋等敢言直諫，實由陛下賢明有以致之。既不深罪其言，而又改調外任，恐遠近流傳，非感往事也。」也作「**君聖則臣直**」。《明史紀事本末》卷五二：「古人有言：『君聖則臣直。』若震之以天威，加之以危禍，如往年楊最，言出而身即死，近日羅洪先等以言罷黜，國體治道，所損實多。」

【君命臣死，臣不敢不死；父叫子亡，子不敢不亡】
古時宣揚愚忠愚孝，臣對君，子對父必須絕對服從，叫死就得去死。《三寶太監西洋記》二二回：「三太子高聲說道：『父王差矣！君命臣死，臣不敢不死；父叫子亡，子不敢不亡。君命臣死，臣不死不忠；父叫子亡，子不亡不孝。俺這裏堂堂大國，豈可輕易自損威風。』」也作「**君要臣死，臣不敢不死**」。《說岳全傳》七四回：「自古道：『君要臣死，臣不敢不死。』你我已經吃過君祿，況爲人在世，須要烈烈轟轟做一番事業。」也作「**君要臣死，不得不死**」。《清史演義》五六回：「君要臣死，不得不死。現在撫議已成，爲了索交俘虜一事，弄得皇上爲難，做臣子們也過意不去。」

【君仁臣直】
仁：仁愛；直：正直。指君主開明，羣臣才能直言不諱。漢・劉向《新序・雜事》：「文侯問：『寡人何如君？』任座對曰：『君仁君也。』曰：『子何以言之？』對曰：『臣聞其君仁者其臣直，向者，翟黃之言直，臣是以知君仁君也。』」

【君辱臣死】
指君王受到羞恥，臣當以死去報。《三國演義》一三回：「君辱臣死，吾被李傕所殺，乃分也！」

【君聖臣賢】
君主聖明，臣子賢良。形容世道清明、太平。元・宮大用《范張雞黍》楔子：「今日君聖臣賢，正士大夫立功名之秋，爲此來就帝學。」

【君聖則臣直】
見「君明則臣直」。

【君有諫臣，父有諫子】
國君有敢於提意見之大臣，父親有敢於說話的兒子。比喻一國之主，一家之長有聽取不同意見的雅量。《三國演義》六〇回：「[劉]璋視之，乃建寧俞元人也，姓李，名恢。叩首諫曰：『竊聞君有諫臣，父有諫子。』黃公衡忠義之言，必當聽從。」

【君子愛人以德】
道德高尚的人按道德規範去愛護、幫助他人。清・李漁《慎鸞交》一七齣：「古語道得好：『君子愛人以德。』我和你相與一場，無情也有義，難道只顧私情，就忍得陷我於不義？」

【君子安貧，達人知命】
君子安於貧困生活，看透世事的人知道自己的命運。指願意順應天意安排，安於貧困，不作非分之想。唐・王勃《秋日登洪府滕王閣餞別序》：「所賴君子安貧，達人知命。老當益壯，寧知白首之心；窮且益堅，不墮青雲之志。」

【君子報仇，十年不晚】
指一個有志氣的人，報仇要等待時機，不操之過急。峻青《怒濤》：「常言道：『君子報仇，十年不晚。』看樣子，這仇也絕非一朝一夕所能報得了的。」也作「**君子報仇，三年不晚**」。周而復《上海的早晨》二部六：「你不能這樣，白送了性命，也報不了仇。君子報仇，三年不晚。」

【君子不吃無名之食】
品德高尚的人不無緣無故接受別人的吃請。例老兄，今天請我們來吃飯，總有個緣由，你得說一說，不然我們不好下筷啊，「君子不吃無名之食」。

【君子不奪人之所好】
君子不強占或索取別人愛好的東西。明・瞿汝稷《指月錄》：「秀才問趙州曰：『佛不違衆生所願，是否？』曰：『是。』曰：『某甲欲覓和尚手中拄杖，得否？』曰：『君子不奪人之所好。』」

【君子不跟牛使氣】
牛：對莽撞粗魯的人的蔑稱。品格高尚的人不跟粗魯的人鬥氣。郭明倫、張重天《鐵血丹青》六章二：「師弟，今天是大喜的日子，不要被這等小人敗興。俗話說得好：君子不跟牛使氣嘛。」也作「**君子不跟牛鬥力**」。

【君子不念舊惡】
一個正直的人不會抓住別人的過失或錯誤不放。《西遊記》二六回：「那黑熊眞個得了正果，在菩薩處鎭守普陀，稱爲大神，是也虧了行者。他只得陪笑道：『大聖，古人云：『君子不念舊惡』。只管題他怎的！菩薩著我來迎你哩。』」

【君子不器】

不器：不像器具那樣，其作用只侷限於某一方面。《論語・爲政》：「君子不器。」後以之讚美人全才。例那諸葛亮天文地理無所不通，文可安邦，武可定國，正是孔子所謂「君子不器」。

【君子不爲小人之匈匈也，輟行】

爲：因爲；匈匈：同「洶洶」；輟：停止，放棄；行：德行。有道德的人不會因宵小之徒氣勢洶洶而放棄自己美好的德行。《荀子・天論》：「天不爲人之惡寒也，輟冬；地不爲人之惡遼遠也，輟廣；君子不爲小人之匈匈也，輟行。天有常道矣，地有常數矣，君子有常體矣。」

【君子不羞當面】

指正直的人說話，不怕當面直說。明・馮惟敏《僧尼共犯》二折：「早是俺君子不羞當面，一一的與講個明白，永爲遵守。若是多收了分文禮物，卻不壞了我清名。」

【君子不以言舉人，不以人廢言】

既不能因某人話說得漂亮就加以薦舉；也不能因某人有過失或錯誤，就否定他所說過的正確的話。謂看待人的言行，必須實事求是。《論語・衛靈公》：「子曰：『君子不以言舉人，不以人廢言。』」例新廠長上任後，經常說：「君子不以言舉人，不以人廢言。」他全面地考察每個幹部的實際工作情況，因材聘用，廣泛聽取工人們的意見，包括犯過錯誤的人，擇正確的採納。幾個月後，生產直線上升。

【君子不在賞，寄之雲路長】

賞：賞賜或獎賞的東西；雲路：喻功業。人格高尚的人不在乎獎賞的多少，而渴望能有機會施展自己的才華，建功樹業。唐・韋應物《擬古詩十二首》之五：「嘉樹藹初綠，靡蕪吐幽芳。君子不在賞，寄之雲路長。路長信難越，惜此芳時歇。孤島去不還，緘情向天末。」

【君子成人之美】

賢德的人幫助成全別人的好事。多用以懇求或勸人予以幫助或諒解，成全好事；或表明自己辦事的意願。《論語・顏淵》：「君子成人之美，不成人之惡。小人反是。」《說唐》七回：「張公瑾聞言大喜，望台上叫道：『叔寶兄，請住手，豈不聞君子成人之美？』」

【君子恥其言而過其行】

賢德的人把他所說的超過他所做的看作是可恥的。指爲人要言行一致，不要言過其實。《論語・憲問》：「子曰：『君子恥其言而過其行。』」繁星《分陰集》：「『君子恥其言而過其行。』這些觀點，都是滿有道理的。可惜的是……他自己的言與行，往往不可能『一以貫之』，取得一致。」

【君子動口不動手】

品德高尚的人發生爭執，總是講道理，辨是非，絕不動手打人。魯迅《阿Q正傳》：「阿Q蹌蹌踉踉的跌進去，立刻又被王胡扭住了辮子，要拉到牆上照例去碰頭。『君子動口不動手！』阿Q歪著頭說。」

【君子斷其初】

斷：通「決」，判斷。謂有志氣的人辦事總是走好頭一步。明・無名氏《桃園結義》二折：「[關末云]習學什麼武藝？[正末唱]者莫是長槍巨斧。[關末云]學了何用也？[正末唱]尋一個安身後路。[關末云]這話有準麼？[正末唱]豈不聞君子斷其初。」

【君子防不然】

有修養的人在禍患沒有發生的時候就注意防備。《九命奇冤》一八回：「君子防不然。這件事賢侄不可要看輕了！須要預備一切。」

【君子服人之心，不服人之言】

君子要使人從內心裏佩服，而不只是使人在口頭上佩服。隋・王通《中說・立命篇》：「君子服人之心，不服人之言；服人之言，不服人之身。」

【君子計行慮義；小人計行其利，乃不利】

慮：忖度，考慮。君子必先考慮義而後行；小人則見利忘義，故陷於不利。《呂氏春秋・慎行》：「行不可不孰。不孰，如赴深谿，雖悔無及。君子計行慮義；小人計行其利，乃不利。有知不利之利者，則可與言理矣。」

【君子記恩不記仇】

道德高尚的人只記別人對自己的恩惠，不記冤仇。《岳飛傳》五一回：「二弟，君子記恩不記仇。當初張俊有權勢，誰不聽他的？此時他遇難，我們救了他，會感化他的。冤仇宜解不宜結。」

【君子忌苟合，擇交如求師】

忌：顧忌。賢良之士與人交往時最忌諱的是無原則的附和，選擇朋友就像拜師一樣要愼重。唐・賈島《送沈秀才下第東歸》詩：「曲言惡者誰？悅耳如彈絲。直言好者誰？刺耳如長錐。沈生才俊秀，心腸無邪欺。君子忌苟合，擇交如求師。」

【君子居必擇鄉，遊必就士，所以防邪僻而近中正也】

中正：正確之道。君子定居必須選擇好環境，交遊必須找有學問、道德的人，這是爲了防止邪惡的影響，而接近於正道。《荀子・勸學》：「蓬生麻中，不扶而直；白沙在涅，與之俱黑。蘭槐之根是爲芷，其漸之滫，君子不近，庶人不服。其質非不美也，所漸者然也。故君子居必擇鄉，遊必就士，所以防邪僻而近中正也。」

【君子絕交，不出惡聲】

見「君子絕交，不出惡言」。

【君子絕交，不出惡言】

絕交：與朋友斷絕關係。有修養的人絕交，不說難聽的話。郭沫若《甘願做炮灰》四幕：「田小姐：君子絕交，不出惡言。我現在恭恭敬敬地把你送給我的照片送還你。」也作「**君子絕交，不出惡聲**」。《兒女英雄傳》一八回：「不，大人，我們賓東相處多年，君子絕交，不出惡聲，晚生也不願是這等不歡而散。」

【君子千言有一失，小人千言有一當】

有身份的人說話多了，也難免有失誤的地方，地位低的人多嘴多舌，也會有正當的意見。明·黃元吉《流星馬》二折：「君子千言有一失，小人千言有一當。此人儒生的舌劍舌槍，能言快語。俺這沙漠，再得這等一個識字的人，俺這一支軍馬，便是全美了。」

【君子任職則思利民，達上則思進賢】

有道德的人就職時就想著爲百姓謀利，居於上位時就想著薦舉賢才。漢·王符《潛夫論·忠貴》：「是以君子任職則思利民，達上則思進賢，功孰大焉？」

【君子時詘則詘，時伸則伸也】

詘：屈服，冤枉。君子受到冤枉時能夠委屈忍耐，該施展才能時就大力施展。《荀子·仲尼》：「故君子時詘則詘，時伸則伸也。」

【君子愼其所立乎】

所立：所學習的內容。謂君子必須立身端正，言行謹愼。後常用以說明用其所學，修其心，正其身。《荀子·勸學》：「是故質的張而弓矢至焉，林木茂而斧斤至焉，樹成蔭而衆鳥息焉，醯酸而蜹聚焉。故言有召禍也，行有召辱也，君子愼其所立乎！」

【君子受言以達聰明】

賢明的人能接受別人的意見，使自己耳聰目明，不受矇蔽。指聽取別人的意見，尤其逆耳之言至爲重要。清·魏源《默觚·治篇十二》：「受光於隙見一床，受光於牖見室央，受光於庭戶見一堂，受光於天下照四方。君子受言以達聰明也亦然。」

【君子坦蕩蕩，小人長戚戚】

坦蕩蕩：寬廣的樣子；長戚戚：多憂。君子胸懷坦然寬廣，思想樂觀，小人總是心胸狹窄，憂愁不安。謂爲人要襟懷廣闊，不要時刻計較個人得失。《論語·述而》：「子曰：『君子坦蕩蕩，小人長戚戚』。」叢維熙《北國草》：「『君子坦蕩蕩，小人長戚戚。』盧華心胸很寬，這樣的胸襟不是任何男人都具有的。小俞，在這一點上，你不該責怪他，而應該責怪你自己。」

【君子問禍不問福】

君子占卜算命，只問凶，不問吉。《三寶太監西洋記》三回：「員外道：『勞先生再看一看。君子問禍不問福，直說不防。』」也作「**君子問災不問福**」。《王嬌梨》二回：「白公將椅子向上移了一移，轉過臉來道：『君子問災不問福，請先生勿隱。』」

【君子問災不問福】

見「君子問禍不問福」。

【君子務知大者、遠者，小人務知小者、近者】

君子力求明瞭重大、深遠的事理，小人則只求了解眼前小事。《左傳·襄公三十一年》：「吾聞君子務知大者、遠者，小人務知小者、近者。我，小人也。衣服附在吾身，我知而愼之；大官、大邑所以庇身也，我遠而慢之。微子之言，吾不知也。」

【君子相送以言，小人相送以財】

正人君子用良言贈人，庸俗的小人用財帛送人。《史記·滑稽列傳》：「傳曰：『美言可以市，尊行可以加人。君子相送以言，小人相送以財。』」

【君子協定】

原指國際上不經共同簽字正式立文書，而以口頭承諾或函件訂立的協約。比喻雙方達成的共同信守的決定和條件。例這篇文章你怎麼能不署名呢？我們不是早就訂過君子協定，我倆寫的文章都是共同署名嘛。

【君子行不改名，坐不改姓】

正人君子從來不改名換姓。《西遊記》五三回：「常言道：『君子行不改名，坐不改姓。』我便是悟空，豈有假托之理？」

【君子學以聚之，問以辯之】

君子通過學習來積累知識，通過詢問來辯別是非。謂學習和請教是充實提高自己的途徑。馬南邨《燕山夜話》：「學問之道是穿鑿附會不得的。《易傳乾卦文言》中說：『君子學以聚之，問以辯之。』可見學問是要集中大量的材料進行分析研究的結果，絕不會是穿鑿附會的產物。」

【君子一言】

指品格高尚的人說話算數，說一句，是一句，決不改變，不反悔。例君子一言，言而有信，豈有反悔之理？

【君子一言，駟馬難追】

駟馬：同拉一輛車的四匹馬。比喻君子說話算話，不會反悔。羅廣斌、楊益言《紅岩》一三章：「『哎……你們提的條件，我們完全同意。』『那你就當衆公開宣布，你們接受全部條件！』余新江斬釘截鐵地說。猩猩露出笑臉：『君子一言，駟馬難追！』」也作「**君子一言，快馬一鞭**」。老舍《四世同堂·惶惑》一九：「你什麼時候願意來，那間小屋總是你的！君子一言，快馬一鞭！」

【君子以言有物，而行有恆】

恆：常，指常理，正道。謂有德行的人，言語內容充實，行爲合乎規範。《周易·家人》：「家人女正位乎內，男正位乎外。男女正，天地之大義也。家人有嚴君焉，父母之謂也。父父、子子、兄兄、弟弟、夫夫、婦婦，而家道正。正家而天下定矣。象曰：風自火出，家人。君子以言有物，而行有恆。」

【君子以直道待人】

有修養的人以坦率的態度對待人。郭沫若《鄭成功》五章四：「那些都是往事，用不著再談了。不過，我也沒有掩飾我對征討大將軍的不滿，『君子以直道待人』嘛。」

【君子憂道不憂貧】

君子所擔心的是大道不行，而不是自己生活困頓。《論語・衛靈公》：「子曰：『君子謀道不謀食，耕也，餒在其中矣；學也，祿在其中矣。君子憂道不憂貧。』」魯迅《犧牲謨》：「你不要以為我的胖頭胖臉是因為享用好，我其實是專靠衛生，尤其得益的是精神修養，『君子憂道不憂貧』呀！」

【君子欲訥於言而敏於行】

訥：言語艱難。君子說話要謹慎緩慢，做事要勤勞敏捷。謂要少說話，多做實事。秦似《清談與漫話》：「古人云：『君子欲訥於言而敏於行。』又云：『聽其言而觀其行。』行是第一著。」

【君子喻於義，小人喻於利】

君子通曉大義，而小人只懂得小利。《論語・里仁》：「子曰：『君子喻於義，小人喻於利』。」春復《「全民從商」質疑》：「『君子喻於義，小人喻於利』的陳腐觀念已經被人們所拋棄了，賺錢將越來越成為人們所關心的事情。」

【君子遠庖廚】

庖廚：廚房。君子是遠遠離開廚房的。原指有德之人不忍觀殺生。現用以諷刺某些人假仁假義的偽善面目。《孟子・梁惠王上》：「君子之於禽獸也，見其生，不忍見其死。聞其聲，不忍食其肉，是以君子遠庖廚也。」

【君子之交】

指建立在道義基礎上的友誼。《南史・柳世隆傳》：「[世隆]與張緒、王延之、沈琰為君子之交。」

【君子之交淡如水，小人之交甘若醴】

醴：甜酒。君子之間的交誼清淡得像水一樣，小人之間的友誼美得像甜酒一樣。比喻朋友之間友誼應真誠純潔，重在志同道合，不要像酒肉朋友那樣表面親熱，以利相親。《莊子・山水》：「君子之交淡如水，小人之交甘若醴。君子淡以親，小人甘以絕。」

【君子之學，貴慎始】

君子求學之道，從一開始就謹慎從事。謂開始學習時就要養成好習慣。清・劉榕《習慣說》：「習之中人甚矣哉！足利平地，不與洼適也；及其久，而洼者若平。至使久而即乎其故，則反窒焉而不寧。故君子之學，貴慎始。」

【君子之言，信而有徵】

指一個正直的人說話，可靠而且很有根據。《左傳・昭公八年》：「君子之言，信而有徵，故怨遠於其身。」

【鈞天廣樂】

鈞天：古代神話傳說天之中央；廣樂（ㄩㄝˋ）：聲勢很大的仙樂。《列子・周穆王》：「王實以為清都紫微，鈞天廣樂，帝之所居。」原指仙境中的音樂。後形容優美雄壯的樂曲。漢・張衡《西京賦》：「昔者大帝說[悅]秦繆公而覲之，饗以鈞天廣樂。」也作「**鈞天之樂**」。清・李漁《閒情偶寄》：「雖有鈞天之樂，霓裳羽衣之舞，皆付之不見不聞。」

【鈞天之樂】

見「鈞天廣樂」。

ㄐㄩㄣˋ

【峻阪鹽車】

阪：同「坂」，山坡。《戰國策・楚策四》：「夫驥之齒至矣，服鹽車而上大行，蹄伸膝折，尾湛胕潰，漉汁灑地，白汗交流，中阪遷延，負轅不能上。伯樂遭之，下車攀而哭之，解紵衣以冪之。」原指衰老的駿馬拉著滿載食鹽的車上陡坡。後以「峻阪鹽車」比喻有才能的人，到了年邁，難負重任。茅盾《題高莽為我所畫像》：「風雷歲月催人老，峻坡鹽車亦自憐。」

【峻法嚴刑】

峻：嚴厲。指嚴厲、殘酷的刑法。《三國志・吳書・陸遜傳》：「夫峻法嚴刑，非帝王之隆業。」也作「**嚴刑峻法**」。

【峻嶺崇山】

峻、崇：高大。高大陡峭的山嶺。元・王實甫《西廂記・上國發軔》：「峻嶺崇山，半吞雲氣；黃鳥隔林啼，可愛他聲流麗。」也作「**崇山峻嶺**」。

【駿馬馱銀鞍——兩相配】

比喻雙方很般配，很相稱。例這對情侶真是駿馬馱銀鞍——兩相配，他們將來一定很幸福。

ㄐㄩㄥˇ

【迥隔霄壤】

形容相距很遠，如天上地下。《鏡花緣》七九回：「弓也易合，玄也靠懷，不但終身無病，更是日漸精熟，這與托字迥隔霄壤了。」

【迥乎不同】

見「迥然不同」。

【迥然不侔】

見「迥然不同」。

【迥然不羣】

不羣：與眾不同。形容很不平凡，超羣出眾。明・朱之瑜《與小宅生順書三十六首》：「佳作路頭醇正，氣勢沖沛，辭意雅馴，與往日所見貴國之文迥然不羣。」

【迥然不同】

迥然：距離很遠。形容差別很大。宋・張戒《歲寒堂詩話》卷上：「文章古今迥然不同，鍾嶸《詩品》以古詩第一，子建次之，此論誠然。」也作

「迥乎不同」。《野叟曝言》一〇八回：「丫環等於二十四日解到，即入監獄，夾雜在許多丫環僕婦中……今忽膏沐裝飾起來，就迥乎不同了。」也作「迥然不侔」。清・錢泳《履園叢話・水學》：「江南治江，淮北治河，同一治也，而迥然不侔。」

【炯炯發光】

炯炯：明亮的樣子。形容明亮清澈。例此公雖鬚眉皆白，然步履矯健，雙目炯炯發光。

【炯炯有神】

炯炯：明亮的樣子。形容眼睛明亮有神。姚雪垠《李自成》一卷四章：「一位三十一二歲的戰士，高個兒，寬肩膀，顴骨隆起，天庭飽滿，高鼻梁，深眼窩，濃眉毛，一雙炯炯有神的、正在向前邊凝視和深思的大眼睛。」

ㄑ

ㄑㄧ

【七病八痛】

指身體不好，經常鬧病。《歧路燈》六四回：「你看那老頭子是尋認兒女尋的急了，七病八痛的，咱不必替老九頂缸」。也作「八病九痛」。

【七步成詩】

見「七步之才」。

【七步成章】

見「七步之才」。

【七步奇才】

見「七步之才」。

【七步之才】

南朝宋・劉義慶《世說新語・文學》：「文帝嘗令東阿王七步中作詩，不成者行大法。應聲便爲詩曰：『煮豆持作羹，漉菽以爲汁。萁在釜下燃，豆在釜中泣。本自同根生，相煎何太急！』帝深有慚色。」後用以形容文思敏捷。《西湖二集・文昌司憐才慢注錄籍》：「聰明穎悟，出口成章，有曹子建七步之才，李太白百篇之賦」。也作「七步成章」。《三國演義》七九回：「七步成章，吾猶以爲遲。汝能應聲而作詩一首否？」也作「七步奇才」。清・程允升《幼學故事瓊林・文事》：「七步奇才，羨天下之敏捷」。也作「七步成詩」。朱自清《誦讀教學》：「所謂『耳治』、『口治』、『目治』這誦讀教學三部曲，日漸純熟，則古人的『一目十行』、『七步成詩』並非難事。」

【七長八短】

形容長短不一，高低不齊，不整齊。《儒林外史》二回：「申祥甫同著衆人領了學生來，七長八短幾個孩子，拜見先生。」也指說長道短或說不好聽的壞話。《二刻拍案驚奇》卷一四：「那官人慌了，脫得身子，顧不得什麼七長八短，急從後門逃了出去。」《歧路燈》五八回：「你這王八蛋子，嘴裏七長八短，好厭惡人！」

【七長八短漢，四山五岳人】

形容各種各樣的人。《水滸傳》六三回：「左有顧大嫂，右有孫二娘，引一千餘軍馬，都是『七長八短漢，四山五岳人。』」

【七尺之軀】

依古代的尺，人身長約七尺。形容成年人，特指男子的氣概。《戰國策・趙策四》：「然而不以環寸之蹯，害七尺之軀者，權也。今有國，非直七尺軀也。」南朝宋・劉義慶《世說新語・排調》：「七尺之軀，今日委君二賢。」

【七瘡八孔】

形容到處是病。也比喻欠帳太多。《歧路燈》六六回：「俗話說：『好帳不如無。』在我身上一天，就在我心裏一天，恨不得一剪剪齊。爭乃近日手窘，七瘡八孔的，難以驟完。」

【七次量衣一次裁】

做衣服要把身長、肩寬等七個部位的尺寸量好，才能裁剪。比喻做事有充份的準備，然後動手。例他這次出門旅遊，連針線都沒忘記帶上，做到了俗話所說的「七次量衣一次裁」。

【七搭八搭】

形容說話沒有條理。《說岳全傳》二一回：「你不要七搭八搭，說我曉得的，惹這些煩惱。等他吃了茶，好進去睡。」

【七大姑八大姨】

比喻衆多的親戚。例他們家的親戚眞多，什麼七大姑八大姨的一大堆，逢年過節，可熱鬧了。

【七石缸裏撈芝麻——費功夫】

石：舊制容量單位，一石爲十斗；七石缸：能盛下七石糧食的大缸。比喻費時間，費周折。例要把這個失蹤多年的人找回來，的確是七石缸裏撈芝麻——費功夫。

【七倒八歪】

形容醉後的睡態。例這些人吃沒吃相，坐沒坐相，喝醉了，七倒八歪地睡得那兒都是。

【七顛八倒】

形容事物非常紛亂，沒有條理。《水滸傳》二四回：「如今不幸他歿了，已得三年，家裏的事都七顛八倒。」也形容神魂顛倒。《水滸傳》四五回：「這一堂和尚見了楊雄老婆這等模樣，都七顛八倒起來。」

【七洞八孔】

破爛不堪。例老王的一件襯衫穿了十年，直至已經七洞八孔，才又買了一件。

【七斷八續】

形容打仗失敗，隊伍零落不齊。《秦併六國平話》上：「楚兵大敗。東砍西斫，南傾北倒；星羅雲散，七斷八續。」

【七高八低】

形容高低不平。《西遊記》三六回：「即開門，只見行者撞進來了。眞個生得醜陋：七高八低孤拐臉，兩只黃眼睛，一個磕額頭；獠牙往外生，就像屬螃蟹的，肉在裏面，骨在外面。」

【七個人睡兩頭——顛三倒四】

比喻說話、做事錯亂，沒有次序。例你今天怎麼搞的，說話總是七個人睡兩頭——顛三倒四，讓人聽不明白。

【七個人通陰溝——低三下四】

形容卑躬屈膝，沒有骨氣。例想起過去的那些七個人通陰溝——低三下四的日子，現在還感到憤恨。也作「王府的丫鬟——低三下四」。

【七個銅錢對半分——不三不四】

比喻不正派或不像樣子。例交朋友要慎重，不可與不三不四的人來往。也作「七個人站兩行——不三不四」。

【七個頭八個膽】

形容膽大包天。《金瓶梅詞話》八一回：「莫不他『七個頭八個膽』敢在太師府中尋咱們去？」

【七根扁擔扔一地——橫三豎四】

形容縱橫交錯，雜亂無章。例工地的建築材料無人管理，七根扁擔扔一地——橫三豎四，既妨礙交通運輸，又影響人身安全。

【七姑八舅抬食盒——彬彬（賓賓）有禮】

食盒：舊時的多層大盒，送禮時由人抬著；彬彬：「賓賓」的諧音。形容文雅有禮貌。例他平時是七姑八舅抬食盒彬彬有禮，今日怎麼如此粗暴，胡亂罵人。

【七鼓八鈸——不入調】

見「老鴉唱山歌——不入調」。

【七拐八彎】

陳娟《曇花夢》一七：「這個房屋的門徑相當複雜、靈活，七拐八彎的。有曲折的迴廊，有雙重的天井。」

【七行俱下】

同時讀下七行文字。形容才思過人。《南史·宋孝武帝紀》：「少機穎神明爽發，讀書七行俱下，才藻甚美。」

【七橫八豎】

形容雜亂無章。《孽海花》一一回：「滿架圖書，卻堆得七橫八豎，桌上列著無數的商彝周鼎，古色斑斕。」也作「橫七豎八」。

【七件事】

人們日常生活中的七種必需品。元·武漢臣《玉壺春》一：「早晨起來七事：柴、米、油、鹽、醬、醋、茶。」

【七斤半的苦瓜——沒見過這號種】

七斤半的苦瓜，大得出奇，沒有人看見過。比喻沒有見過這種人。含有輕蔑或憎惡的意味。例世上竟有如此自私自利的人，七斤半的苦瓜——沒見過這號種。

【七孔生煙】

見「七竅生煙」。

【七口子當家，八口子主事】

當家管事的人太多。例想不到你們單位人雖不多，卻是「七口子當家，八口子主事」官兒還不少呢。也作「七口當家，八口主事」。

【七拉八扯】

形容談話內容雜亂。《二十年目睹之怪現狀》一〇四回：「他這個裝扮，那裏是丁憂的樣子。又不便問他，不過在船上沒有伴，和他七拉八扯的談天罷了。」

【七老八十】

泛指人年紀大。《初刻拍案驚奇》卷一〇：「那些愚民，一個個信了，一時間嫁女兒的，討媳婦的，慌慌張張，不成禮體……趕得那七老八十的，都起身嫁人去了。」

【七棱八瓣】

比喻碎裂成許多部分。例一陣狂風將涼台上的君子蘭吹落地上，好端端的大紫砂花盆摔成七棱八瓣。

【七零八落】

形容雜亂不齊。《醒世恆言》卷三：「到了徽宗道君皇帝……不以朝政爲事。以致萬民嗟怨，金虜乘之而起，把花錦般一個世界，弄得七零八落。」

【七面鑼八面鼓——七想（響）八想（響）】

見「十五面銅鑼——七想（響）八想（響）」。

【七扭八歪】

形容歪歪扭扭，極不整齊。例清晨，一隊敗兵來到鎮上，七扭八歪，不成行列。

【七拼八湊】

將零碎的東西或不同的人勉強湊合在一起。《二十年目睹之怪現狀》九二回：「我才去對他說過，他也打了半天的算盤，說七拼八湊，還勉強湊得上來，三天之內，一定交到。」

【七錢銀子二分銅的銀元——假也假不了多少】

舊時一塊銀元重七錢二分。如果其中含七錢銀、二分銅，雖然摻了假，比重不大。比喻基本上可靠或可信。例這個情報是七錢銀子二分銅的銀元——假也假不了多少，不過還是進一步查對，以求準確。

【七竅生煙】

形容極度氣憤，七竅都要冒出火來。《二十年目睹之怪現狀》四四回：「他老婆聽了，便氣得三尸亂暴，七竅生煙。」《蕩寇志》七五回：「那太尉等待回來，看見兒子耳鼻俱無，又見那幾個人這般模樣，氣得說不出話來。三尸神炸，七竅生煙，忙傳軍令，叫把京城十三門儘行關閉，挨戶查拿。」

【七竅通六竅——一竅不通】

見「擀麵杖吹火——一竅不通」。

【七擒七縱】

見「七縱七擒」。

【七青八黃】

青、黃：指金子的不同成色。舊說金品有七青、八黃、九紫、十赤。泛指金錢財寶。元·王實甫《西廂記》一本二折：「量著窮秀才人情則是紙半張，又沒甚七青八黃，儘著你說短論長，一任待掂斤播兩。」

【七情六欲】
據《禮記・禮運》：七情指喜、怒、哀、懼、愛、惡、欲。佛教指喜、怒、憂、懼、愛、憎、欲。據《呂氏春秋・貴生》：六欲指生、死、耳、目、口、鼻之欲。佛教指色欲、形貌欲、威儀姿態欲、言語聲音欲、細滑欲、人想欲。泛指人的各種感情和慾望。《金瓶梅詞話》一回：「單道世上人，營營逐逐，急急巴巴，跳不出七情六欲關頭，打不破酒色財氣圈子。」

【七人站兩行——不三不四】
見「七個銅錢對半分——不三不四」。

【七日來復】
指一星期或一週。嚴夏《原强》：「今微論西洋宗教如何，然而七日來復，必有人焉聚其民而耳提面命之，而其所以爲教之術，則臨之以帝天之嚴，重之以永生之福。」

【七上八落】
見「七上八下」。

【七上八下】
形容心神不安。《水滸全傳》二六回：「那胡正卿心頭十五個吊桶打水，七上八下，暗暗地尋思道，既是好意請我吃酒，如何卻這般相待。」也作「七上八落」。《官場現形記》四八回：「蔫頭正爲太太說要拿他當窩家辦，嚇得心中十五個吊桶，七上八落。」

【七十二變】
原指《西遊記》中的孫悟空神通廣大，有七十二種變化法術。比喻爲人圓滑、詭計多端，善於變化。例這傢伙老謀深算，能七十二變。

【七十二變，本相難變】
比喻無論怎樣作虛弄假，僞裝掩護，還是不能完全掩藏自己的眞面目。例「七十二變，本相難變。」儘管他做假發票、假帳，還裝出一副清高的樣子，貪污受賄的眞相還是被知情揭了出來。

【七十二行，行行出狀元】
比喻無論那個行業，都能出優秀的人才。例俗話說：「七十二行，行行出狀元」，他就是我們這個行業做得最出色的。

【七十二行，莊稼爲王】
比喻在各行各業中，農業是根本的一行。例孫博士自小在農村長大，始終抱持著「七十二行，莊稼爲王」的想法，所以從美國留學回來後，他立即投入農業科技的研究。

【七十三八十四】
形容說話絮絮叨叨沒個完。《水滸全傳》二一回：「那婆子坐在橫頭桌子邊，口裏『七十三八十四』只顧嘈。」

【七十三，八十四，不死也是兒女眼裏一根刺】
舊時認爲七十三歲和八十四歲是老人生命的關卡。比喻老人哀嘆年老無用。例老人家看夠了兒子的臉色，夜裏躺上床喃喃地說：「七十三，八十四，不死也是兒女眼裏一根刺。」

【七世仇寇，八世冤家】
很早以前就結下的仇怨。《官場現形記》九回：「偏偏是今天接印，他今天就同我搗蛋，叫我一天安穩日子都不能過！眞正不知道我是那一門的『七世仇寇，八世冤家！』」

【七事八事】
形容事情繁雜、忙亂。《金瓶梅詞話》九一回：「家中正七事八事，聽見薛嫂兒來說此話，唬得慌了手腳。」

【七手八腳】
形容人多手雜，動作忙亂。《五燈會元・德光禪師》：「上堂七手八腳，三頭兩面，耳聽不聞，眼覷不見，苦樂逆順，打成一片。」《老殘遊記》一七回：「卻早七手八腳，把他父女手銬腳鐐，頂上的鐵鏈子，一鬆一個乾淨。」

【七死八活】
多次瀕於死亡。形容吃盡苦頭，半死不活。《紅樓夢》六二回：「你病的七死八活，一夜連命也不顧，給他做了出來，這又是什麼緣故？」

【七損八傷】
形容傷勢嚴重。例秀姑趕到，見水生躺在地板上，七損八傷，鮮血淋漓。她一邊哭著，一邊匆忙向醫院跑去。

【七停八當】
一切準備停當。形容各種事情都已辦妥。《何典》二回：「活鬼隨同衆鬼，將許多家私什物，忙忙的搬回家去，幸虧人多手雜，一霎時都已七停八當。」也作「七了八當」。

【七通八達】
形容什麼都懂，樣樣精通。例古人說，聖人七通八達，事事說到極致處。對此，我們應採取分析態度，千萬不可泥古非今。

【七推八阻】
形容執意推脫，故意爲難。元・高則誠《琵琶記・蔡公逼試》：「我教你去赴選，也只要你顯親揚名，你卻七推八阻，有這許多說話，是何道理？」

【七歪八扭】
形容不工整，不整齊。《老殘遊記》一二回：「〔老殘〕也就站上炕去，將筆在硯台上蘸好了墨，呵了一呵，就在牆上七歪八扭的寫起來了》。」

【七夕乞巧】
七夕，農曆七月七日。指舊時婦女向織女星乞求技藝。南朝梁・宗懍《荊楚歲時記》：「七月七日爲牽牛、織女聚會之夜。是夕，人家婦女結彩縷，穿七孔針，或以金銀鍮石爲針，陳瓜果於庭中以乞巧。」五代・和凝《宮詞》：「闌珊星斗合珠光，七夕宮嬪乞巧忙。」

【七仙女走娘家——雲裏來，霧裏去】
七仙女：神話傳說中玉皇的女兒，因嚮往人間生活，私自下凡，與勤勞忠厚的董永結爲夫妻。比喻行蹤忽不定，難以捉摸。例這個人恐怕難以找到，他是七仙女走娘家——雲裏來，霧裏去，沒有一個固定的落腳處。

【七言八語】

見「七嘴八舌」。

【七月的荷花——一時鮮】

比喻時興一陣子，但好景不長。例流行歌曲在這裏是七月的荷花——一時鮮，青年們現在也不感興趣了。

【七月十五日進廟——撞鬼】

迷信習俗，農月七月十五日為鬼節，這一天，要進廟祭鬼。比喻遇見倒霉的或古怪的事情。例今天乘坐公共汽車時被扒，連身分證也丟了，眞是七月十五日進廟——撞鬼。也作「**七月半進廟——撞鬼**」、「**出門遇城隍——撞鬼**」。

【七折八扣】

大幅度打折扣，不按足數付款。《民國通俗演義》一二七回：「除了財、交兩部是闊衙門，月月有薪水可領外，其他各部都是七折八扣，還經年累月的，不得發放。」

【七子八婿】

形容家中子女多，家業興旺。元·高則誠《琵琶記·蔡公逼試》：「太公，你且不知我家中，又無七子八婿，只有恁一個孩兒，如何去得？」

【七字頭上加兩點——抖（斗）出彎來了】

「七」字左角加兩點，類似「斗」字，只是豎筆變成豎彎鉤；抖：「斗」的諧音。比喻人因升官或發財，得意極了。有時指某種出格行為會產生某種惡果。例這個人很淺薄，升了個小官，就像七字頭上加兩點——抖（斗）出彎來了。也作「**七字兩點——抖（斗）出彎來了**」。

【七縱七擒】

比喻有收有放的策略，使對方眞正心服。《三國志·蜀書·諸葛亮傳》裴松之注引《漢晋春秋》：「亮至南中，所在戰捷。聞孟獲者，為夷、漢所服，募生致之。既得，使觀於營陣之間，問曰：『此軍何如？』獲對曰：『向者不知虛實，故敗……』亮笑，縱使更戰，七縱七擒，而亮猶遣獲，獲止不去。」也作「**七擒七縱**」。《三國演義》九〇回：「孟獲垂淚言曰：『七擒七縱，自古未嘗有也。吾雖化外之人，頗知禮義，直如此無羞恥乎……丞相天威，南人不復返矣！』」

【七嘴八舌】

形容你一句，我一句，人多語雜。《好逑傳》五回：「衆人正跑得有興頭上，忽被鐵公子攔住，便七嘴八舌的亂嚷。」也作「**七嘴八張**」。《古今小說》卷四〇：「老門公攔阻不住，一時間家中大小都聚集來，七嘴八張，好不熱鬧。」也作「**七言八語**」。《鏡花緣》二六回：「那些人聽了，仍是七言八語，不肯散去。」

【七嘴八舌，遇事沒轍】

轍：《方》辦法，主意。比喻人多嘴雜，意見難於統一，辦不成事。例這麼多人瞎議論，什麼計畫也定不了。「七嘴八舌，遇事沒轍」這可是說在點上了。

【七嘴八張】

見「七嘴八舌」。

【妻離子散】

形容一家人被迫離散。《孟子·梁惠王上》「彼奪其民時，使不得耕褥以養其父母。父母凍餓，兄弟妻離子散。」宋·辛棄疾《美芹十論·致勇第七》：「不幸而死，妻離子散，香火蕭然，萬事瓦解，未死者見之，誰不生心？」

【妻是枕邊人，十事商量九事成】

妻子與丈夫商量的事大都能成。明·徐畛《殺狗記》六齣：「兄弟，你不曉得，那孫大嫂是極賢慧的，他見大哥疏薄了孫榮，必然勸諫，常言道，『妻是枕邊人，十事商量九事成。』萬一大哥醒悟了，他們弟兄親的只是親的，我和你疏的只是疏的。」

【妻賢夫禍少】

妻子賢慧，可以使丈夫減少禍事。《紅樓夢》六八回：「自古說：『妻賢夫禍少，表壯不如裏壯。』你但凡是個好的，他們怎得鬧出這些事來。」

【妻賢夫禍少，子孝父心寬】

妻子賢慧，可以使丈夫減少的禍事，子女孝順，做父親的覺得寬慰。《古今小說》三九：「大抵婦人家勤儉惜財，固是美事，也要通乎人情。比如細姨一味吝嗇，不存丈夫體面，他自躲在房室之內，做男子的免不得出外，如何做人？為此恩變為仇，招非攬禍，往往有之，所以古人說的好，道是『妻賢夫禍少，子孝父心寬。』」也作「**妻賢夫省事，子孝父心寬**」。

【妻賢夫省事，子孝父心寬】

見「妻賢夫禍少，子孝父心寬」。

【棲沖業簡】

指安於簡樸淡泊的生活。《宋書·袁粲傳》：「有妙德先生，陳國人也。氣志淵虛，姿神淸映，性孝履順，棲沖業簡，有舜之遺風。」

【棲鳥於泉】

讓鳥住在泉水之中。比喻用人不當，不能量材任用。《南史·吳慶之傳》：「後王琨為吳興太守，欲召為功曹。答曰：『走素無人世情，直以明府見接有禮，所以奔走歲時。若欲見吏，則是蓄魚於樹，棲鳥於泉耳。』」

【棲丘飲谷】

在山丘林谷之中棲息飲食。借指飲居生活。《宋書·宗炳傳》：「〔高祖〕辟炳為主簿，不起。問其故，答曰：『棲丘飲谷，』三十餘年。高祖善其對。」

【淒風苦雨】

指天氣惡劣，引申為處境悲慘。《左傳·昭公四年》：「春無淒風，秋無苦雨」。《隋唐演義》六二回：「我們住在這裏，總不了局，不如趁這顏色未衰，再去混他幾年，何苦在這裏，受這些淒風苦雨」。也作「**苦雨淒風**」。魯迅《古小說鈎沉·小說》：

「[袁]安乃推誠潔齋，引愆貶己，至誠感神，霪遂爲之沉淪，伏而不起，乃無苦雨淒風焉。」

【淒風冷雨】

見「淒風苦雨」。

【淒入肝脾】

形容非常傷心難過。三國魏・繁休伯《與魏文帝牋》：「咏北狄之遐征，奏胡馬之長思，淒入肝脾，哀感頑艷。」

【萋菲成錦】

見「萋斐貝錦」。

【萋斐貝錦】

萋斐：錯雜的花紋；貝錦：有貝殼圖案的錦緞。比喻以饞言誣陷他人。《詩經・小雅・巷伯》：「萋兮斐兮，成是貝錦。彼譖人者，亦已大甚。」也作「萋菲成錦」。清・程允升《幼學故事瓊林・人事》：「萋菲成錦，謂譖人之釀禍；含沙射影，言鬼蜮之害人。」

【欺大壓小】

對強有力者欺騙，對弱小者壓迫。元・馬致遠《漢宮秋》楔子：「爲人雕心雁爪，做事欺大壓小，全憑諂佞奸貪。」

【欺公罔法】

欺騙公衆，無視法律，爲所欲爲。《初刻拍案驚奇》卷一○：「那太守就大怒道：『這一幫光棍奴才，敢如此欺公罔法。』」

【欺君害民】

欺騙君主，殘害人民。比喻專權跋扈。《三國演義》五回：「今漢室無主，董卓專權，欺君害民，天下切齒。」

【欺君罔上】

矇蔽欺騙君主。《三國演義》二回：「四方盜賊並起，侵掠州郡。其禍皆由十常侍賣官害民，欺君罔上。朝廷正人皆去，禍在目前矣。」也作「欺主罔上」。南朝齊・沈沖《奏劾江謐》：「謂販鬻威權，奸自不露，欺主罔上，好議可掩。」

【欺君誤國】

欺騙君王，貽誤國家。《說岳全傳》七○回：「欺君誤國任專權，罪惡而今達帝天。赫濯聲靈施報復，頓教遺臭萬斯年！」

【欺瞞夾帳】

夾帳：不正當手段。以欺騙矇蔽的手段進行營私。《醒世姻緣傳》六四回：「這是衆人衆事的事，萬一有甚差池，他衆人們只說我裏頭有什麼欺瞞夾帳的勾當。」

【欺人是禍，饒人是福】

欺負別人未必是好事，寬容他人則能帶來好運。元・鄭德輝《老君堂》一折：「聖人道算什麼命！問什麼卜！『欺人是禍，饒人是福』」。

【欺人太甚】

欺負人太過份了，使人無法容忍。元・鄭廷玉《楚昭公》四折：「某想伍員在臨潼會上拳打蒯聵，腳踢卞莊……主公著他做了盟府，又與他一口寶劍，筵前舉鼎，欺人太甚！」

【欺人以方】

方：方正、正直。用合乎情理的辦法來騙人。《孟子・萬章上》：「故君子可欺以其方。難罔以非其道。」

【欺人之論】

見「欺人之談」。

【欺人之談】

騙人的話。《官場現形記》二二回：「你可曉得老爺是講理學的人，凡事有則有，無則無，從不作欺人之談的。」也作「欺人之論」。清・王昶《金石萃編》卷一五：「昔人謂褚登善書如美女簪花，或謂其出於漢隸，觀此碑知非欺人之論也。」

【欺人自欺】

既欺騙別人，又欺騙自己。《老殘遊記》一一回：「其理本來易明，都被宋以後的三教子孫挾了一肚子欺人自欺的去做經注，把那三教聖人的精義都注歪了。」

【欺軟怕硬】

欺凌軟弱的，害怕強硬的。《西湖二集・認回祿東岳帝種須》：「俗語道：『欺軟怕硬，不敢揑石頭，只敢揑豆腐』。便拿住周必大並鄰比五十餘人，單單除去王家諸人，盡數下在獄中。」

【欺三瞞四】

一次又一次欺騙隱瞞。《警世通言》卷一四：「是一是二，說得明白，還有個商量，休要欺三瞞四，我趙某不是與你和光同塵的！」

【欺善怕惡】

凌壓好人，懼怕惡人。宋・蘇軾《東坡志林》六：「水族癡暗，人輕殺之，或云不能償冤，是乃欺善怕惡》」魯迅《兩地書》十五：「……至於今之教育當局，則我不知其人……所聞的歷來的言行，蓋是一大言無實，欺善怕惡之流而已。」

【欺上罔下】

對上司欺騙，對下屬矇蔽。唐・元結《與李相公書》：「如曰不可，合正典刑，欺上罔下，是某之罪。」宋・王辟之《澠水燕談錄・盧多遜》：「盧相欺上罔下，倚勢害物。」

【欺市盜利】

進行欺騙性經營，牟取利潤。例整頓市場的主要任務之一是嚴厲打擊欺市盜利的不法行爲。

【欺世盜名】

欺騙世人，竊取名譽。《宋史・鄭丙傳》：「近世士大夫有所謂道學者，欺世盜名，不宜信用，蓋指熹也。」魯迅《花邊文學・大小騙》：「『欺世盜名』有之，盜賣名以欺世者又有之，世事也眞是五花八門。然而受損失的卻只有讀者。」也作「欺世釣譽」。《元史・隱逸傳》：「當邦有道之時，且遁世離羣，謂之隱士。世主亦苟取其名而強起之，及考其實，不如所聞，則曰『是欺世釣譽者也』。」

【欺世釣譽】

見「欺世盜名」。

【欺世惑衆】

世：世人。欺騙、迷惑世上衆人。例他編造謊言欺世惑衆得逞於一時，但很快就原形畢露，臭不可聞。

【欺世亂俗】

見「欺世罔俗」。

【欺世罔俗】

罔：禍害。欺騙世人，敗壞習俗。漢・張衡《請禁絕圖讖疏》：至於永建復統，則不能知，此皆欺世罔俗，以昧勢位，情僞較然，莫之糾禁。」也作「欺世亂俗」。宋・陳亮《吏部侍郎章公德文行狀》：「給事中王時升似樸實詐，足以欺世亂俗。」

【欺霜傲雪】

不畏霜雪。比喻堅貞不屈奮發向上的精神。明・無名氏《長生會》三折：「俺端的欺霜傲雪志清高，看岩前斗巧，不比蓬蒿。」

【欺天誑地】

見「欺天罔地」。

【欺天罔地】

欺騙天地。形容極盡欺騙之事。《三國演義》五回：「董卓欺天罔地，滅國弒君；穢亂宮禁，殘害生靈；狠戾不仁，罪惡充積！」也作「欺天誑地」。元・無名氏《看錢奴》一折：「這等窮兒乍富，瞞心昧己，欺天誑地，只要損別人，安自己，正是一世兒都不能夠發跡的。」

【欺天罔人】

欺騙上蒼，矇蔽百姓。宋・朱熹《與陳侍郎書》：「而旬日之間，又有造爲國是之說以應之者，其欺天罔人，包藏險慝，抑又甚焉！」

【欺罔視聽】

掩人耳目，恣意行騙。《南史・朱異傳》：「貪財冒賄，欺罔視聽。」

【欺心誑上】

欺心：昧心。誑：ㄎㄨㄤˊ，欺騙。編造謊言欺騙長者或上級。《西遊記》四三回：「你怎麼強占水神之宅，倚勢行凶，欺心誑上，弄玄虛，騙我師父師弟？」

【欺硬怕軟】

吃硬不吃軟，不懼怕強硬。元・王實甫《西廂記》二本楔子：「我從來欺硬怕軟，吃苦不甘，你休只因親事胡撲掩。」

【欺衆不欺一】

舊時商販行話。寧肯賺衆人的錢，也不在一個人身上多賺。《負曝閒談》一六回：「人家是什麼樣的折扣，黃兄也是什麼樣的折扣。又叫做欺衆不欺一」。也作「虧衆不虧一」。

【欺主罔上】

見「欺君罔上」。

【期期艾艾】

《漢書・周昌傳》：「昌爲人吃，又盛怒曰：臣口不能言，然臣期期知其不可，陛下欲廢太子，臣期期不奉詔」。期期：形容周昌說話口吃的樣子。南朝宋・劉義慶《世說新語・言語》：「鄧艾口吃，語稱艾艾。晉文王戲之曰：『卿言艾艾，定是幾艾？』對曰：『鳳兮鳳兮，故是一鳳』。」艾艾：形容鄧艾說話口吃的樣子。後以「期期艾艾」形容人說話結結巴巴。清・吳趼人《俏皮話・虎》；「有捐一末秩到省者，初上衙門稟到，上司偶問話，輒期期艾艾，不能出諸口，甚至顫抖不已。」

【期期不可】

《史記・張丞相列傳》：「然臣期期知其不可」。後以「期期不可」指堅持再三，絕不同意。例你來信說要定居異國他鄉，我以爲期期不可。

【期頤之壽】

期頤：百年。指百年高壽。《禮記・曲禮上》：「百年曰期頤。」《聊齋志異・席方平》：「竊疑冥王益怒，禍必更慘；而王殊無厲容，謂席曰：『汝志誠孝，但汝父冤我已爲若雪之矣。今已往生富貴家，何以汝鳴呼爲。今送汝歸，予以千金之產，期頤之壽，于願足乎？』」

【欹嶔歷落】

欹嶔：ㄑㄧ ㄑㄧㄣ，山高的樣子。形容品格特異，與衆不同。金・元好問《李進之適軒》詩：「欹嶔歷落從人笑，潦倒粗疏我自眞。」也作「欹嶔磊落」。

【漆黑一團】

形容一片黑暗，沒有光明或對事實眞相一無所知。例不到羣衆中去調查研究，不了解情況，你對這兒發生的問題就會漆黑一團。也作「一團漆黑」。

【漆身吞炭】

漆身：身上塗漆，變成癩子；吞炭；吞火炭，使聲音嘶啞。故意改變聲音容貌，使人不能認識。《戰國策・趙策一》：「豫讓又漆身爲厲，滅鬚去眉，自刑變其容……又吞炭爲啞，變其音。」唐・李翱《與本使李中丞論陸巡官狀》：「上之所以禮我者厚，則我之所以報者重。故豫讓以衆人報范中行，而漆身吞炭以復趙襄子之仇。」也作「吞炭漆身」。

【嘁嘁嚓嚓】

見「嘁嘁喳喳」。

【嘁嘁喳喳】

形容細碎雜亂的說話聲。《紅樓夢》二七回：「寶釵也無心撲了，剛欲回來，只聽那亭裏嘁嘁喳喳有人說話。」也作「嘁嘁嚓嚓」。魯迅《答徐懋庸關於抗日統一戰線問題》：「嘁嘁喳喳，招是生非，搬弄口舌，絕不在大處著眼。」

ㄑㄧˊ

【齊不齊，一把泥】

比喻幹工作不講求質量，湊和了事。例他幹活的速度倒是不慢，只可惜太粗糙了些，就如俗話所說「齊不齊，一把泥」，最後還是得別人替他返工。

【齊大非偶】

見「齊大非耦」。

【齊大非耦】

耦：同「偶」，配偶。對方地位高，勢力大，不敢高攀。《左傳．桓公六年》：「齊侯欲以文姜妻鄭太子忽。太子忽辭，人問其故。太子曰：『人各有耦，齊大，非吾耦也』」也作「齊大非偶」。陳娟《曇花夢》二：「我雖家道寒微，但總算是書香門第，詩禮之家。不過齊大非偶，古有銘訓，怪我空讀詩書不自量力，一味高攀，所以你把我當做路柳牆花。」

【齊得醉醒，便可一得生死】

齊：同等。若將醉與醒同等看待，那麼將會同等看待生死。清．鄒兌金《空堂話》：「我曉得了，俺相公醒的時節，也說的是醉的，醉的時節，也說的是醒的。常說道：『齊得醉醒，便可一得生死』。又何論天涯海角。」

【齊東野語】

齊東：齊國東部，即今山東北部；野語：齊國東部鄉下人講的粗野的話。泛指粗野的話或荒誕無稽的話。比喻種種不可信之言。《孟子．萬章上》：「此非君子之言，齊東野人之語也。」魯迅《兩地書》二六：「聽說明的方孝儒，就被永樂皇帝滅十族，其一是『師』，但也許是齊東野語，我沒有考查過這事的眞僞。』」

【齊后破環】

《戰國策．齊策六》：「秦始皇嘗使使者遺君王后（齊襄王后）玉連環，曰：『齊多智，而解此環不？』君王后以示羣臣，羣臣不知解。君王后引椎椎破之，謝奉使曰：『謹以解矣。』」後以「齊后破環」或「解連環」比喻聰慧過人，魄力過人，能解決似乎不能解決的問題。宋．黃庭堅《次韻郭明叔長歌》：「詩書自可老斫輪，智略足以解連環。」

【齊桓公的老馬——迷途知返】

《韓非子．說林上》說：春秋時期，管仲跟隨齊桓公去打仗，回來時迷路，放老馬在前，找到了歸路。比喻犯了錯誤能夠覺察，願意改正。例犯錯誤不要緊，只要是齊桓公的老馬——迷途知返就好了。

【齊家治國】

整治家庭和治理國家。《禮記．大學》：「所謂治國必先齊其家者。其家不可教，而能教人者，無之。故君子不出家而成教於國。」明．馮惟敏《仙呂點絳唇．改官謝恩》：「君臣父子全忠孝，齊家治國諳經略。」

【齊梁世界】

齊、梁兩個王朝在六朝時期偏安南方，時間短暫。後以「齊梁世界」比喻國家政治腐敗、國力衰弱。《儒林外史》二九回：「王朝若不是永樂振作一番，信著建文軟弱，久已弄成個齊梁世界了。」

【齊眉舉案】

案：古代木盤，端飯用具。形容夫妻恩愛，相敬如賓。明．吾丘瑞《運甓記．官誥榮封》：「今日佩簪裾，叐叐重效鴛鴦戲，歡諧伉儷，唱隨永娛，齊眉舉案，偕老永隨。」也作「舉案齊眉」。

【齊名並價】

兩者的聲望和地位完全相等。明．李東陽《懷麓堂詩話》：「太白天才絕出，眞所謂秋水出芙蓉，天然去雕飾』詩皆信手縱筆而就。前代傳子美『桃花細逐楊花落』，手稿有改定字。而二公齊名並價，莫可軒輊，詩豈以遲速論哉！」

【齊驅並駕】

幾匹馬共同駕著車奔跑。比喻彼此不分上下。宋．張戒《歲寒堂詩話》下卷：「氣象廓然，可與《兩都》、《三京》齊驅並駕矣。」也作「齊趨並駕」。《老殘遊記》一一回：「甲寅以後爲文明華敷之世，雖燦爛可觀，尚不足與他國齊趨並駕。」也作「齊驅並驟」。宋．王安石《上邵學士書》：「則韓、李、蔣、邵之名，各齊驅並驟，與此金石之刻不朽矣。」也作「並駕齊驅」。

【齊驅並驟】

見「齊驅並駕」。

【齊趨並駕】

見「齊驅並駕」。

【齊人攫金】

《呂氏春秋．去宥》：「齊人有欲得金者，淸旦被衣冠，往鬻金者之所，見人操金，攫而奪之。吏搏而束縛之，問曰：『人皆在焉，子攫人之金，何故？』對吏曰：『殊不見人，徒見金耳』」。後以「齊人攫金」比喻利欲薰心，不擇手段。例發財的思想迷住了他的心竅，坑朦拐騙，無所不用其極，甚至到了齊人攫金的地步。

【齊天大聖】

《西遊記》中孫悟空的稱號。《西遊記》四回：「鬼王聽言，又奏道：『大王有此神通，如何與他養馬？就做個齊天大聖有何不可？』猴王聞說，歡喜不勝。」因孫悟空本領大、善變，引申爲神通廣大。《冷眼觀》一七回：「主考的車子一過了蘆溝橋，就送關節的送關節，交條子的交條子，一個個齊天大聖，大聖齊天了。」

【齊天洪福】

洪：大。人的福氣大，與天同高。明．無名氏《獻蟠桃》四折：「衆羣仙都來祝壽，金鸞殿樂奏簫韶，願聖主齊天洪福，祝延齡萬國來朝。」也作「洪福齊天」。

【齊頭並進】

形容幾件事同時進行。例發展現代科學技術事業，在人才培養、技術引進、協同攻關等方面應齊頭並進，不斷總結經驗。

【齊紈魯縞】

紈：ㄨㄢˊ，指精巧細緻的絲織品；縞：ㄍㄠˇ，白絹。齊國和魯國生產的白絹。泛指名貴質高的絲織品。唐．杜甫《憶昔》詩：「齊紈魯縞車班班，男耕女桑不相失。」

【齊心並力】
見「齊心同力」。
【齊心的螞蟻能吃虎】
比喻團結一心，就可以以弱勝強。例「人心齊，泰山移。」齊心的螞蟻也能把老虎吃掉，這並非浪漫的比喻。
【齊心合力】
見「齊心同力」。
【齊心戮力】
戮力：合力。大家一條心，共同努力。《三國志・魏書・臧洪傳》：「凡我同盟，齊心戮力，以致臣節，殞首喪元，必無二志。」《三國演義》五回：「紹等懼社稷淪喪，糾合義兵，共赴國難。凡我同盟，齊心戮力，……有渝此盟，俾墜其命，無克遺育。」
【齊心同力】
大家一條心，共同努力。《後漢書・王常傳》：「[王常]即引兵與漢軍及新市、平林合。於是諸部齊心同力，銳氣益壯，遂俱進，破殺甄阜、梁丘賜。」也作「齊心並力」。《水滸傳》六七回：「盧俊義拜謝道：『上托兄長虎威，深感衆頭領之德，齊心並力，救拔賤體，肝腦塗地，難以報答。』」也作「齊心合力」。《野叟曝言》一一〇回：「如今幸得文爺夢中指示，正該齊心合力，了他心事。」也作「齊心協力」。《初刻拍案驚奇》卷二四：「過不多時，衆人齊心協力，山嶺廟也自成了。」也作「齊心一力」。《後漢書・臧洪傳》：「凡我同盟，齊心一力，以致臣節，隕首喪元，必無二志。」
【齊心協力】
見「齊心同力」。
【齊心一力】
見「齊心同力」。
【齊煙九點】
齊：齊州，指中國。俯瞰九州，像九個小煙點。唐・李賀《夢天》詩：「黃塵清水三山下，更變千年如走馬。遙望齊州九點煙，一泓海水杯中瀉。」也作「齊州九點」。清・張素《渤海中口占》詩：「海日三更曉，齊州九點蒼。」
【齊整如一】
形容特別整齊。《三國志・魏書・鄭渾傳》：「入魏郡界，村落齊整如一，民得財足用饒。」
【齊州九點】
見「齊煙九點」。
【齊足並馳】
共同前進，不分前後，並駕齊驅。三國魏・曹丕《典論・論文》：「斯七子者，於學無所遺，於辭無所假，咸以自騁驥騄於千里，仰齊足而並馳。」也作「齊足並驅」。《三國志・蜀書・彭羕傳》：「卿才具秀拔，主公相待至重，謂卿當與孔明、孝直諸人齊足並驅。」
【齊足並驅】
見「齊足並馳」。
【祁寒溽暑】
祁：大；溽：ㄖㄨˋ，潮濕。冬天特別寒冷，夏天又潮又熱。比喻生活條件極端艱苦。《舊五代史・唐書・郭崇韜傳》：「陛下頃在河上，汴寇未平，廢寢忘食，心在戰陣，祁寒溽暑，不介聖懷。」也作「祁寒暑雨」。《明史・陸崑傳》：「陛下廣殿細旃，豈知小民窮檐蔀屋風雨之不庇；錦衣玉食，豈知小民祁寒暑雨凍餒之弗堪。」
【祁寒暑雨】
見「祁寒溽暑」。
【祁奚舉子】
見「祁奚之舉」。
【祁奚之舉】
春秋時晉國人祁奚先後推薦仇人解狐和自己的兒子祁午爲他的後任，人稱「外舉不隱仇，內舉不隱子。」見《左傳・襄公三年》。後以「祁奚之舉」指爲人光明坦蕩，不懷私心，辦事公平。唐・姚元崇《答張九齡書》：「歷官三期，年逾一紀，凡所稱薦，罕避嫌疑，實有祁奚之舉。」也作「祁奚舉子」。《太平廣記》卷一八六引《玄宗實錄》：「中書舍人張均知考，父左相張說知京官考，特注曰：父教子忠，古之善訓，祁奚舉子，義不務私。」
【祈晴禱雨】
向上蒼祈求晴天或降雨。例每年春季，村裏都要隆重祭天，祈晴禱雨，希望能有一個風調雨順的好年景，但災情仍常發生。後來興修水利，才改變了這一情況。
【歧路亡羊】
歧路：岔路；亡：丢失。《列子・說符》：「楊子之鄰人亡羊，既率其黨，又請楊子之豎追之。楊子曰；『嘻！亡一羊，何追之衆？』鄰人曰：『多歧路』。既反，問『獲羊乎？』曰：『亡之矣。』曰：『奚亡之？』曰：『歧路之中又有歧焉，吾不知所之，所以返也。』」岔道太多，無法找到羊。比喻事情複雜多變，迷失方向就會誤入歧途。明・馬中錫《中山狼傳》：「然嘗聞之，『大道以多歧亡羊』。」
【祇樹有緣】
祇樹：祇園，釋迦牟尼往舍衛國說法時曾在此居住停留，後引申爲佛法的同義語。與佛法有緣分。明・陳汝元《金蓮記・郊遇》：「自家叫做佛印，生來有些靈性，只爲了悟一心，因此削光兩鬢。漫言只樹有緣，落得浮萍無定。」
【跂行喙息】
跂行：蟲爬行，引申爲有足能行者之稱；喙（ㄏㄨㄟˋ）息：用口呼吸。指人和各種動物。《史記・匈奴傳》：「跂行喙息蠕動之類，莫不就安利而避危殆。」《淮南子・天文訓》：「或死或生，萬物乃成，跂行喙息，莫貴於人。」《漢書・公孫弘傳》：「舟車所至，人跡所及，跂行喙息，咸得其宜。」

【奇才異能】
傑出的才能。唐・吳兢《貞觀政要・擇官》：「臣愚豈敢不盡情，但今未見奇才異能。」魯迅《中國小說史略》二篇：「傳說之所道，或爲神性之人，或爲古英雄，其奇才異能神勇爲人所不及。」也作「**奇材異能**」。《孽海花》一三回：「韻高原是熟人，眞算得是奇才異能了……一坐下來，提起筆如飛的只是寫，好像抄舊作似的。」

【奇材異能】
見「奇才異能」。

【奇恥大辱】
奇：罕見的，異常的。極大的恥辱。歐陽山《三家巷》一七：「我們和帝國主義結下了深仇大恨，我們忘記不了那些奇恥大辱，他們欠下來的血債，必須用血來償還！」

【奇辭奧旨】
形容文章詞句奇麗，立意深刻。例這是一篇多年不曾見到的好文章，奇辭奧旨，反映了青年知識分子的心聲。

【奇風異俗】
奇異的風尚和習俗。例有些人出國回來，恨不能將在國外看到的奇風異俗，一股腦兒說給朋友聽，興奮得很。

【奇光異彩】
光：光亮；彩：色彩。指光亮的色彩明快動人。《孽海花》一一回：「向裏一望，只見是個窈窕洞房，滿堂奇光異彩，也不辨是金是玉，是花是繡，但覺眼花撩亂而已。」

【奇花名卉】
見「奇花異卉」。

【奇花異草】
見「奇花異卉」。

【奇花異卉】
卉：草的總稱。珍奇罕見的花草。元・白樸《牆頭馬上》一折：「奉命前往洛陽，不問權豪勢要之家，選揀奇花異卉和買花栽子。」李大釗《遊碣石山雜記》：「奇花異卉，鋪地參天，驟見驚爲世外桃源。」也作「**奇花異草**」。《初刻拍案驚奇》卷三一：「走得數十步，豁然清朗，一路奇花異草，修竹喬松。」也作「**奇葩異卉**」。元・施惠《幽閨記・少不知愁》：「春名苑，奇葩異卉。」也作「**奇花名卉**」。明・馮惟敏《桂枝香・贈人》：「月中丹桂，天花香細，熬盡了萬紫千紅，占斷了奇花名卉。」

【奇花異木】
珍奇的花草樹木。《舊五代史・唐史・王鎔傳》：皆雕靡第舍，崇飾圓池，植奇花異木，遞相夸尚。」

【奇貨可居】
居：囤積。將珍奇的貨物囤積起來，等待高價出售。《史記・呂不韋列傳》：「子楚，秦諸庶孽孫，質於諸侯，車乘進用不饒。居處困，不得意。呂不韋賈邯鄲，見而憐之，曰：『此奇貨可居。』」《聊齋志異・酒友》：「異日，謂生日：『市上蕎價價廉，此奇貨可居。』從之，收蕎四十餘石。」也指倚仗某種專長或東西圖謀私利。明・沈德符《萬曆野獲編・龍君楊少參》：「維時又有無賴青衿王制者，同一斥吏。僞造海中丞瑞疏，醜詆江陵，刻印遍售。此不過欲博酒食耳。時操江湖都御史櫝得之，大喜，以爲奇貨可居。」《老殘遊記》一四回：「此種人不宜過於爽快：你過爽快，他就覺得奇貨可居了。」

【奇伎淫巧】
見「奇技淫巧」。

【奇技淫巧】
淫：過甚，過度。指非常奇巧的技藝或極端精緻的器物。《尚書・泰誓下》：「郊社不修，宗廟不享，作奇技淫巧，以悅婦人。」清・黃宗羲《明夷待訪錄・財計三》：「今夫通都之市肆，十室而九，有爲佛而貨者，有爲巫而貨者，有爲倡優而貨者，有爲奇技淫巧而貨者，皆不切於民用。」也作「**奇伎淫巧**」。唐・張庭珪《請勤政崇儉約疏》：「去奇伎淫巧，損和璧、隋珠，不見可欲，使心不亂，自然波清四海，塵消九域。」

【奇葩異卉】
見「奇花異卉」。

【奇龐福艾】
龐：大。舊時形容人身材魁偉，有福之相。《新唐書・李勣傳》：「臨事選將，必訾相其奇龐福艾者遣之。」

【奇樹異草】
珍奇的樹木花草。晋・葛洪《西京雜記》卷三：「奇樹異草，靡不具植。」

【奇思妙想】
奇妙的思路和聯想。例文章首先要立意深刻，否則盡是些奇思妙想，也不能爲文章增色。

【奇談怪論】
使人無法理解的奇怪的言論。清・錢泳《履園叢話・耆舊・仲子教授》：「乾隆戊申歲，余往汴梁，遇[凌仲子]於畢秋帆中丞幕中，兩眼若漆，奇談怪論，咸視爲異物，無一人與言者。」鄧友梅《那五》五：「這《紫羅蘭畫報》專登坤伶動態，後台新聞，武俠言情，奇談怪論。」

【奇文共賞】
共同欣賞新奇的文章。現多用於貶意，指把荒謬的文章拿出讓大家識別、批判。晋・陶潛《移居》詩：「鄰曲時時來，抗言談在昔。奇文共欣賞，疑義相與析。」

【奇文瑰句】
文章奇妙，詞句優美。《元史・胡長孺傳》：「卓行危論，奇文瑰句，端平、嘉定間，士大夫皆自以爲不可及。」

【奇想天開】
天開：空想的事情。形容難以實現的空想。清・周春《〈紅樓夢〉約評》：「寶玉天地靈淑之氣，只鍾於女子一論，奇想天開。」

【奇形怪相】
見「奇形怪狀」。
【奇形怪狀】
形容千奇百怪的形狀。唐・吳融《太湖石歌》：「鐵索千尋取得來，奇形怪相誰能識？」也作「奇形異狀」。《晉書・溫嶠傳》：「至牛渚磯，水深不可測，世云其下多怪物，嶠遂燃犀角而照之，須臾見水族覆火，奇形異狀，或乘馬車，著赤衣者。」也作「奇形怪相」。
【奇形異狀】
見「奇形怪狀」。
【奇形極枉】
極大的冤枉。例老陸被判十年徒刑，實在是奇冤極枉了。經過上訴和複審，終被無罪釋放。
【奇珍異寶】
奇異的不可多得的珍寶。《聊齋志異・羅剎海市》：「維舟而入，見市上所陳，奇珍異寶，光明射目，多人世所無。」也作「奇珍異玩」。《隋唐演義》二七回：「邊遠地方，無不來進貢奇珍異玩，名馬美姬，盡將來進獻。」
【奇珍異玩】
見「奇珍異寶」。
【奇正相生】
奇：奇襲；正：正面交鋒。奇襲和正面作戰交互運用。《孫子・勢》：「戰勢不過奇正，奇正之變，不可勝窮也。奇正相生如循環之無端，孰能窮之？」《宋史・郭逵傳》：「逵慷慨喜兵學，神宗嘗訪八陣遺法，對曰：『兵無常形，是特奇正相生之一法爾。』因爲帝論其詳。」
【奇裝異服】
式樣奇特，與衆人不同的服裝。戰國楚・屈原《涉江》：「余幼好此奇服兮，年既老而不衰。」
【崎嶇不平】
地面高低不平。《兒女英雄傳》五回：「安公子見那路漸漸的崎嶇不平，亂石荒草，沒些村落人煙，心中有些怕將起來。」羅廣斌、楊益言《紅岩》三〇章：「腳下沒有路，岩石崎嶇不平，劉思楊心情有些緊張。」
【騎到老虎脖子上——下不來】
比喻遇到困難，欲罷不能。例力量不夠，不要接受這樣重大的任務，否則就會騎到老虎脖子上——下不來。
【騎鶴揚州】
南北朝・梁・殷芸《小說》：「有客相從，各言所志，或願爲揚州刺史，或願多貲財，或願騎鶴上升。其一人曰：『腰纏十萬貫，騎鶴上揚州。』欲兼三者」。後以「騎鶴揚州」指貪得無厭和想入非非的人。宋・辛棄疾《滿庭芳・和章泉趙昌父》詞：「屈指人間得意，問誰是，騎鶴揚州。」
【騎虎難下】
《晉書・溫嶠傳》：「今之事勢，義無旋踵，騎猛獸（唐人避諱『虎』，將『虎』改爲『獸』）安可中下哉！」騎上猛虎，中途無法下來。比喻遇到困難中途不能停止，只能硬著頭皮幹下去。唐・李白《留別廣陵諸公》詩：「騎虎不敢下，攀龍忽墮天。」《近十年之怪現狀》三回：「這件事都是仲英鬧出來的，此刻騎虎難下。」
【騎虎之勢，必不得下】
比喻事情遇到麻煩，不得不繼續做。《資治通鑑・陳宣帝太建十二年》：「獨孤夫人亦爲堅曰：『大事已然』，『騎虎之勢，必不得下』，勉之！」也作「騎在老虎背上，身不由己」。
【騎老虎背——沒有好下場】
見「當著閻王告判官——沒有好下場」。
【騎老牛攆兔子——有勁使不上】
見「大象逮老鼠——有勁使不上」。
【騎了個駱駝，趕了個豬——可把事情做了個苦】
駱駝身體高大，豬矮胖，騎在駱駝身上趕豬，是件苦事。比喻苦差事。例這件工作的確是騎了個駱駝，趕了個豬——可把事情做了個苦，累得我吃無味，睡不香。
【騎驢吃豆包——樂顛了餡】
比喻非常高興。例節日大家都過得很愉快，特別是孩子，簡直是騎驢吃豆包——樂顛了餡。
【騎驢吃燒雞——骨頭還不知道扔到哪兒】
比喻今後不知死在什麼地方。例流落江湖數十年，四海爲家，騎驢吃燒雞——骨頭還不知道扔到哪兒呢？也作「騎著驢吃燒雞——這把骨頭還不知道扔在哪兒」。
【騎驢的不知趕腳苦】
比喻境況好的體察不到境況不好的難處。例他在那裏沒日沒夜的幹，你卻站在一旁淨說風涼話，眞是騎驢的不知趕腳苦。
【騎驢看唱本——看多少算多少】
比喻不受拘束，不做硬性規定。例這是試產，暫時不規定定額，騎驢看唱本——看多少算多少。也作「騎驢看唱本——看幾多算幾多」。
【騎驢看唱本——走著瞧】
比喻是非成敗，結局如何，以後再見分曉。有時含有不甘心的意思。例我說話是算數的，如不相信，騎驢看唱本——走著瞧吧！也作「騎著毛驢看唱本——走著瞧」、「騎驢看書——走著瞧」、「騎驢看《三國》——走著瞧」、「瘸子穿花鞋——走著瞧」、「騎毛驢觀山景——走著瞧」、「騎馬觀燈——走著瞧」、「騎驢看皇曆——走著瞧」、「騎驢看帳本——走著瞧」、「張果老騎驢——走著瞧」。
【騎驢扛布袋——白搭】
也作「騎馬扛布袋——白費力」、「騎驢背口袋——白搭」。見「白天打燈籠——白搭」。
【騎驢扛布袋——蠢人蠢事】
比喻愚蠢的人幹愚蠢的事。例你辦的這件事，就像騎驢扛布袋——蠢人蠢事，換個別人，事情的結局可能完全是另一個樣子。

【騎驢覓驢】

騎著這頭驢還找這頭驢。比喻東西在自己手中，還去尋找，也比喻不滿足現有的工作還要去找更稱心的。宋・黃庭堅《寄黃龍清老》詩：「騎驢覓驢但可笑，非馬喻馬亦成痴。」也作「騎馬尋馬」。《官場現形記》二一回：「彼時騎馬尋馬，只要弄到一筆很大的銀款，賺上百十兩扣頭，就有在裏頭了。」也作「騎牛覓牛」。《景德傳燈錄・福州大安禪師》：「問曰：『學人欲求識佛，何者即是？』百丈曰：『大似騎牛覓牛』。」

【騎驢拿拐杖——多此一舉】

見「白天點燈——多此一舉」。

【騎驢瞧帳本——走著看，到了算】

比喻行動沒有明確目標，走一步算一步。例這個所謂的調查參觀團沒有目的和計畫，完全是騎驢瞧帳本——走著看，到了算。

【騎駱駝背大刀——大馬金刀】

比喻辦事聲勢大，有氣魄。例這個慶祝大會，好比騎駱駝背大刀——大馬金刀，眞有點派頭啊！

【騎駱駝不備鞍——現成的】

比喻東西已經準備好，隨時可用。例你想買一部《紅樓夢》，甭用了，騎駱駝不備鞍——現成的，我借給你。

【騎駱駝攆兔子——白費功夫】

見「擔沙塡海——白費勁」。

【騎馬不撞著親家公，騎牛便就撞著親家公】

比喻榮耀時無人知道，窘迫時偏被人撞上。《三寶太監西洋記》二九回：「有底洞心裏道：『騎馬不撞著親家公，騎牛便就撞著親家公』方才打得一個盹，惹得師父說了這許多嘮叨。」

【騎馬吃豆包——露餡兒】

也作「騎馬吃豆包——撒了餡兒」。見「餃子破皮——露了餡」。

【騎馬扶牆——求穩】

比喻說話、做事力求穩妥。例文大叔言行謹慎，不輕易表態，問他爲什麼這樣，他說，騎馬扶牆——求穩嘛。也作「走路拄雙拐——求穩」。

【騎馬觀燈——走著瞧】

見「騎驢看唱本——走著瞧」。

【騎馬逛草原——沒完】

雙關語。比喻事情不算完，或沒有了結。含有不服氣，以後再較量的意思。例「這次知道我們少林武功的厲害了吧！」「騎馬逛草原——沒完，我們下次再較量。」

【騎馬逛公園——走馬觀花】

多比喻粗略地觀察事務。例這次到外國考察，只是騎馬逛公園——走馬觀花，來不及仔細調查研究。

【騎馬過獨木橋——難回頭】

也作「騎馬過獨木橋——回頭難」。見「碼頭工人扛麻包——回頭難」。

【騎馬見判官——馬上見鬼】

判官：迷信傳說中閻王手下管生死簿的官。比喻很快會死亡。例再不投降，我們將要你們騎馬見判官——馬上見鬼。

【騎馬上山——步步登高】

比喻人的地位不斷提高，境況越來越好。例他這幾年是騎馬登山——步步登高。也作「騎馬上山——步步高昇」、「矬子爬山——步步登高」、「抬腿上樓梯——步步高昇」。

【騎馬上天山——回頭見高低】

比喻事情過後才分出好壞優劣。例現在不同你多爭論了，騎馬上天山——回頭見高低，讓事實來證明吧。

【騎馬尋馬】

見「騎驢尋驢」。

【騎馬一世，驢背上失了一腳】

比喻一輩子未受挫折，一時不愼造成失誤。例眞沒想到，多少大城市都去過，也從未丟過錢，如今卻在這小鎭上被人偷了，眞是「騎馬一世，驢背上失了一腳」。

【騎馬找馬——昏了頭】

見「背仔找仔——昏了頭」。

【騎馬坐船三分險】

比喻無論幹什麼事，都免不了擔當風險。姚雪垠《李自成》一卷八章：「俗話說，『騎馬坐船三分險』，何況打仗。捨不得娃子逮不到狠，該下狠心就得下狠心。」

【騎毛驢不用趕——道熟】

見「閨女回娘家——熟路」。

【騎毛驢觀山景——走著瞧新鮮的】

雙關語。比喻等著事情的發展。有時含有看熱鬧或笑話的意思。例還有好戲在後頭呢，咱麼騎毛驢觀山景——走著瞧新鮮的吧！

【騎牛覓牛】

見「騎驢覓驢」。

【騎牛攆火車——差得遠】

也作「騎牛攆火車——差遠了」。見「狗咬雲雀——差得遠」。

【騎牛追馬——趕不上】

比喻來不及或跟不上形勢的發展。例明天代表團就要出發了，我還沒有作任何準備，騎牛追馬——趕不上了。也作「騎著毛驢追火車——不趕趟了」、「烏龜攆兔子——趕不上」、「老牛趕汽車——趕不上」、「瘸腿驢追兔子——趕不上」、「乘火車誤了點——不趕趟」。

【騎牛追馬——望塵莫及】

比喻遠遠落後於人。例他是個技術尖子，同他比，我們是騎牛追馬——望塵莫及。也作「兔子跟著汽車跑——望塵莫及」。

【騎牆兩下】

比喻站在兩者之間，採取中間立場。宋・陳亮《覆呂子約》：「謝國昌忽有此除，何哉？騎牆兩下，自今可以信其不足爲智矣。」

【騎牆派】

比喻站在中間，左搖右擺，兩面沾光，立場不明確。例誰也不知道他贊成哪一派，他是中間派，騎牆派。

【騎兔子拜年——寒磣】

寒磣（ㄔㄣ）：醜陋，難看。比喻丟臉、不體面。例這點禮物就像騎兔子拜年——寒磣得很，只不過表示點心意罷了。

【騎在房脊上吹喇叭——名（鳴）聲在外】

房脊：〈方〉屋脊。見「隔門縫吹喇叭——名（鳴）聲在外」。

【騎在老虎背上——身不由己】

見「斷了線的風箏——不由自主。」

【騎在老虎背上——欲罷不能】

比喻儘管事情棘手，還非幹下去不行。例工程早已上馬，困難很多，但是，騎在老虎背上——欲罷不能了。

【騎在老虎脊梁上——怕下也得下】

脊梁：脊背。指雖然並不甘心情願或有難處，也不得不同意或勉强去做。例這是命令，要無條件執行，騎在老虎脊梁上——怕下也得下。

【騎者善墮】

《淮南子・原道訓》：「夫善游者溺，善騎者墮。」善於騎馬的人往往容易摔傷。比喻自恃有本事，容易招致失敗。《聊齋志異・念秧》：「旨哉古言，騎者善墮。」

【騎著脖子拉屎——欺人太甚】

比喻把人欺負的太過份了。例你別騎著脖子拉屎——欺人太甚了，物極必反，人家也會對你不客氣的。也作「頭上拉屎——欺人太甚」、「踩住肩頭往頭上拉屎——硬欺負人」、「踩著鼻子上臉——欺人太甚」。

【騎著驢騾思駿馬】

比喻貪得無厭。《西遊記》一回：「爭名奪利幾時休？早起遲眠不自由！騎著驢騾思駿馬，官居宰相望王侯。」

【騎著駱駝趕著雞——高的高來低的低】

雙關語。比喻高低不平，參差不齊。例總得有一些人先富起來，別害怕騎著駱駝趕著雞——高的高來低的低，富的可以帶動窮的。也作「騎著駱駝看著雞——高的高來低的低」、「牽著駱駝數著雞——高的高，低的低」。

【騎著駱駝舞門扇——闊馬大刀】

比喻辦事果斷，有魄力。例新官上任三把火。新廠長一來就騎著駱駝舞門扇——闊馬大刀，解決了幾個老大難問題。

【騎著毛驢追火車——不趕趟了】

見「騎牛追馬——趕不上」。

【耆老久次】

耆老：年老的人；次：停留。直到年老也沒有升官，仍居卑位。《漢書・揚雄傳贊》：「及莽篡位談說之士用符命稱功德獲封爵甚衆，雄復不侯，以耆老久次轉爲大夫，恬於勢利乃如是。」

【耆年碩德】

耆：古代稱六十歲爲「耆」。指德高望重的老人。《周易・于謹傳》：「及謹以耆年碩德，譽重望高，禮備上庠，功歌司樂。」

【耆儒碩德】

年老德高有學問的人。唐・張九齡《論教皇太子狀》：「必使耆儒碩德，爲之師保。」也作「耆儒碩老」。漢・揚雄《劇秦美新》：「是以耆儒碩德搶其書而遠遜。」也作「耆儒碩望」。《元史・崔彧傳》：「宜擇有聲望者爲長貳，庶幾好令明而賞罰當。四曰翰院亦頌阿合馬功德，宜博訪南北耆儒碩望，以重此選。」

【耆儒碩老】

見「耆儒碩德」。

【耆儒碩望】

見「耆儒碩德」。

【畦宗郎君】

宋・陶谷《清異錄・文用・畦宗郎君》：「歐陽通善書，修飾文具，其家藏遺物尚多，皆就刻名號，芒筆曰：畦宗郎君。」後便以「畦宗郎君」作筆的別稱。

【其來有自】

指事出有其緣由，不是偶然的。宋・歐陽修《瀧岡阡表》：「俾知夫小子修德薄能鮮，遭時竊位，而幸全大節，不辱其先者，其來有自。」清・李慈銘《越縵堂詩話》卷上：「豈知逾歲，遂離大憂，乃悟爾日之悲，其來自有。」也作「有自來矣」。

【其樂不窮】

對某件事或某項工作非常感興趣，其中的快樂沒有窮盡。晉・葛洪《抱扑子・暢玄》：「故玄之所在，其樂不窮。」也作「其樂無窮」。魯迅《花邊文學・安貧樂道法》：「還有一種是極其徹底的，說是大熱天氣，闊人還忙於應酬，汗流浹背，窮人卻挾了一條破席，鋪在路上，脫衣服，浴涼風，其樂無窮，這叫作『席捲天下。』」吳伯簫《北極星集・記一輛紡車》：「跟困難作鬥爭，其樂無窮！」

【其樂無窮】

見「其樂不窮」。

【其貌不揚】

不揚：不好看。形容人的容貌不漂亮。《左傳・昭公二十八年》：「今子少不颺，子若無言，吾幾失子矣。」杜預注：「顏貌不揚顯。」宋・孫光憲《北夢瑣言》卷二：「日休先字逸少，後字襲美……榜末及第，禮部侍郎鄭愚以其貌不揚，戲之曰：『子之才學甚富，如一目何』。」

【其命維新】

命：舊指「天命」。承受的「天命」完全是新的。指國家興旺，氣象一新。《詩經・大雅・文王》：「周雖舊邦，其命維新。」鄭玄箋：「大王……國於周，王跡起矣，而未有天命。至文王而受命，言『新』者，美之也。」

【其奈我何】

反問，能把我怎麼樣呢？《官場現形記》一七回：「不錯，是我的本事敲來的，爾將其奈我何？」

【其難其慎】

事情很困難，必須特別謹慎。《尚書・咸有一德》：「臣為上為德，為下為民，其難其慎，惟和惟一。」疏：「臣之所職，其事甚難，無得以為易；其事須慎，無得輕忽。」

【其人如玉】

人的品德如玉一樣美好，也指女子貌美如玉。《詩經・小雅・白駒》：「皎皎白駒，在彼空谷。生芻一束，其人如玉。毋金玉爾音，而有遐心！」

【其人無一善言，終非良士】

如果人從未說過一句有用的話，他肯定不是好人。例我看他從早說到晚，卻全是些廢話。「其人無一善言，終非良士」，他就屬於這類人吧？

【其身正，不令而行；其身不正，雖令不從】

統治者本身行為正當，不發命令，百姓也會跟著行動；統治者本身行為不正當，即使三令五申，百姓也不會聽從。《論語・子路》：「子曰：『其身正，不令而行；其身不正，雖令不從。」

【其勢洶洶】

形容來勢凶猛。《荀子・天論》：「君子不為小人之匈匈也輟行。」匈匈：同「洶洶」。郭沫若《洪波曲》一五章：「這時三五成羣的警備隊更多了，有的其勢洶洶走來干涉我們，問我們是什麼機關？」

【其誰與歸】

將以誰為依歸。祭文、悼文中用語。《禮記・檀弓下》：「趙文子與叔譽觀乎九原，曰：『死者如可作也，吾誰與歸』」宋・王安石《祭歐陽文忠文》：「念公之不可復見，而其誰與歸！」

【其所善者，吾則行之；其所惡者，吾則改之】

人們所稱讚的事情，我就實行；人們所厭惡的事情，我就改正。《左傳・襄公三十一年》：「鄭人遊於鄉校，以論執政。然明謂子產曰：「毀鄉校何如？」子產曰：『為何？夫人朝夕退而遊焉，以議執政之善否，其所善者，吾則行之；其所惡者，吾則改之：是吾師也。若之何毀之。』」

【其味無窮】

形容含意深刻，使人回味不盡。宋・朱熹《四書集注・中庸》：「放之則彌六合，卷之則退藏於密；其味無窮，皆實學也。」

【其驗如響】

見「其應若響」。

【其益如毫，其損如刀】

比喻貢獻極小而損失極大。《冊府元龜・諫諍部・諷諫》：「諺亦有云：『其益如毫，其損如刀。』言所益者，不亦寡乎？言所失者，不亦夥乎？」

【其應如響】

見「其應若響」。

【其應若響】

應：反應，回應；響：回聲。反應就如回聲那樣快。形容反應敏捷。《莊子・天下》：「其動若水，其靜若鏡，其應若響。」也作「**其應如響**」晉・程本《子華子・晏子》：「如以匙勘鑰也，如以璽印塗也，必以其類，其應如響。」也作「**其驗如響**」。清・紀昀《閱微草堂筆記・灤陽消夏錄五》：「趙鹿泉前輩有一符，傳自明代。曰：『高行眞人精練剛氣之所化也。試之，其驗如響。』鹿泉非妄語者，是則吾無以測之矣。」

【騏驥一毛】

騏驥：千里馬。從千里馬身上得到一毛。比喻得到珍品中的一部分。宋・黃伯思《記石經與今文不同》：「古經與今文不同，此石刻在洛陽，本在洛官前御史台中，年久摧散，洛人好事者時時得之，若騏驥一毛，虬龍片甲。」

【騏驥一躍，不能十步；駑馬十駕，功在不捨】

駑：劣馬；十駕：十天的行程；捨：停止。千里馬一次跳躍，沒有十步遠；劣馬拉車走十天，中途不停，也能成功。比喻治學貴在堅持。即使基礎很差，只要努力不懈也能夠取得成功。《荀子・勸學》：「騏驥一躍，不能十步；駑馬十駕，功在不捨。鍥而捨之，朽木不折，鍥而不捨，金石可鏤。」

【琪花瑤草】

琪、瑤：美玉。古代傳說中仙境裏的花草。《西遊記》九八回：「果然西方佛地，與他處不同，見了些琪花瑤草，古柏、蒼松。」

【綦谿利跂】

綦谿：特別高深；利：同「離」。故作高深奇奥，離羣而自異。《荀子・非十二子》：「忍情性，綦谿利跂，苟以分異人為高，不足以合大衆，明大分。」

【期逢敵手難相勝，將遇良才不敢驕】

比喻水平相當，相互不敢輕視。《三國演義》一〇一回：司馬懿仰天長嘆曰：『孔明效虞詡之法，瞞過吾也！其謀略吾不知之！』遂引大軍還洛陽。正是：『期逢敵手難相勝，將遇良才不敢驕。』」

【棋布星羅】

像天上的星星和棋盤上的棋子那樣分布。形容數量多，分布廣。明・沈德符《萬曆野獲編・內市日期》：「但內府二十四監棋布星羅，所設工匠廚役隸人閽人，以及諸璫僮奴親屬，不下數十萬人。」也作「**星羅棋布**」。

【棋逢敵手】

見「棋逢對手」。

【棋逢對手】

比喻雙方本事差不多。元・無名氏《百花亭》二折：「哎！高君也，咱兩個棋逢對手。」明・馮惟敏《仙呂點絳唇・李中麓歸田》：「說什麼琴遇知音，再休提棋逢對手。」也作「**棋**

逢敵手」。《說唐》六三回：「〔叔寶〕也把槍相迎。正是棋逢敵手，將遇良才，兩人大戰三十餘合。」

【棋逢對手難摘離】

摘離：分開。比喻彼此本領相當，難分勝負。元・無名氏《飛刀對箭》三折：「兩員將各施武藝，兩員將比並高低。他兩個『期逢對手難摘離』，兩員將費心機，好蹺蹊。」

【棋高一著，縛手縛腳】

棋藝高。比喻一方本領高強，使對手有顧慮。《二刻拍案驚奇》卷二：「心裏先自慌亂了，正所謂『棋高一著，縛手縛腳』，況兼是心意不安的，把平日的力量一發減了，連敗了兩局。」

【棋看三步才落子】

下棋時要多看幾步，不能盲動。比喻做事要慎重、穩妥，要有預見性。例下棋的人講究胸有成竹，『棋看三步才落子』。我們辦事不能心血來潮，也得有個計畫，做到深思熟慮。

【棋盤上的英雄——紙上談兵】

見「軍棋鬥勝——紙上談兵」。

【棋輸一著】

比喻一步出錯將釀成嚴重後果。陳娟《曇花夢》三五：「幾年闖江湖，沒有碰到敵手，贏得這個稱號也是不容易的。只恨棋輸一著，怪我太輕敵，才有此厄。」

【棋無一著錯】

比喻緊要關頭不得失誤半點。《明史演義》二一回：「偏學士劉三吾，請立太孫，乃勉徇所請。俗語說得好，『棋無一著錯』，為這一著，遂釀成骨肉相戕的禍祟，以致兵戈疊起，殺運侵尋。」

【棋要一步一步地走，事要三思而後行】

比喻做事如同下棋，應該反覆考慮後再行動。例你不要著急，等大家都來了，一起商量商量再說，俗話說：「棋要一步一步地走，事要三思而後行。」

【旗桿頂上拉胡琴——起高調】

見「飛機上吹喇叭——高調」。

【旗桿上的燈籠——高明】

見「半天雲裏打燈籠——高明」

【旗桿上的燈籠——照遠不照近】

見「竹竿上掛燈籠——照遠不照近」。

【旗桿上的猴子——到頂了】

見「高粱開花——到頂了」。

【旗桿上放爆竹——想(響)得高】

見「飛機上吹喇叭——想（響）得高」。

【旗桿上敲鑼——名(鳴)聲遠揚】

見「高山上吹喇叭——名（鳴）聲遠揚」。

【旗桿上紮雞毛——好大的膽(撣)子】

也作「**旗桿上綁雞毛——膽（撣）子不小**」。見「電線桿上綁雞毛——好大的膽（撣）子」。

【旗鼓相當】

作戰雙方勢均力敵，不相上下。《三國志・魏書・管輅傳》裴松之注引《管輅別傳》：「【管輅】問子春曰：『今欲與輅為對者，若府君四座之士邪？』子春曰：『吾欲自與卿旗鼓相當。』《後漢書・隗囂傳》：「如令子陽到漢中，三輔，願因將軍兵馬，旗鼓相當。」陳娟《曇花夢》三七：「趁此機會一擒一縱，使他們感恩圖報，鍾情於你。況且你們兩人，旗鼓相當，可算天生一對。」

【旗鼓相望】

軍旗、戰鼓前後相連。形容軍隊行進有秩序，有威風。《魏書・苻堅傳》：「堅南伐司馬昌明，戎卒六十萬，騎二十七萬，前後千里，旗鼓相望。」

【旗開得勝】

比喻事情一開始便獲得成功。元・關漢卿《五侯宴》楔子：「俺父親手下兵多將廣，有五百義兒家將，人人奮勇，個個英雄，端的是旗開得勝，馬到成功。」《封神演義》九四回：「旗開得勝姜文煥，一怒橫行劈董忠。」也作「**旗開取勝**」。明・無名氏《聚獸牌》頭折：「臨陣曾經惡戰場，兩軍挑戰敢英昂。旗開得勝敵兵怕，英雄敢戰鐵衣郎。也作「**旗開馬到**」。元・無名氏《射柳捶丸》一折：「某今下將戰書去，單搦大宋家名將出馬，與某交戰……旗開馬到施驍勇，大宋英雄拱手降。」也作「**旗開得勝，馬到成功**」。

【旗開得勝，馬到成功】

見「旗開得勝」。

【旗開馬到】

見「旗開得勝」。

【旗開取勝】

見「旗開得勝」。

【旗幟鮮明】

旗幟色彩鮮艷明麗。《三國演義》二五回：「曹操指山上顏良排的陣勢，旗幟鮮明，槍刀森布，嚴整有威。」現多指態度明確，立場堅定。例我們應旗幟鮮明地反對黃色書刊和黃色音像製品。

【麒麟角，蛤蟆毛——天下難找】

麒麟：古代傳說中形狀像鹿，頭上有角，全身有鱗甲的動物。比喻珍貴的東西極難得到。例這樣的人才眞是麒麟角，蛤蟆毛——天下難找，怎能棄之不用呢？

ㄑㄧˇ

【乞哀告憐】

乞：ㄑㄧˇ，乞討；哀：憐憫；告：請求。乞求別人哀憐和幫助。例荒時暴月，向親友乞哀告憐，借得幾斗米，勉强敷衍三日五日。

【乞寵求榮】

乞求恩寵和榮華。例劉欣向占領軍乞寵求榮，雖紅極一時，但最終仍受到人民的嚴懲。

【乞兒不辱馬醫】

乞兒、馬醫：舊時都被視為卑賤的人。貧賤的人互不相欺。三國魏・嵇康《難張遼叔自然好學論》：「洪荒之世，大樸未虧，君無文於上，民無競於下，物全理順，莫不自得，飽則安寢，餓則求食，怡然鼓腹，不知為至德之世也……俗語曰：『乞兒不辱馬醫。』」

【乞丐比神仙——比不上】

見「孔雀遇鳳凰——比不上」。

【乞丐身，皇帝嘴——不相稱】

見「狗尾續貂——不相稱」。

【乞丐玩鸚哥——苦中作樂】

也作「乞丐玩鸚哥——苦中取樂」。見「黃連樹下彈琴——苦中取樂」。

【乞漿得酒】

漿：普通飲料。想要點水喝，卻得了酒。比喻所得高於所求。晉・李石《續博物志》卷一：「太歲在丑，乞漿得酒。」唐・張文成《遊仙窟》：「乞漿得酒，舊來伸口打兔得獐，非意所望。」

【乞憐搖尾】

狗為討主人歡喜搖著尾巴取寵。形容奴顏媚骨、諂媚討好。明・王錂《春蕪記・構釁》：「你無知小輩，胡言亂語，休在人前乞憐搖尾。」

【豈不爾思】

怎麼能不想念你。形容極其思念。《詩經・衛風，竹竿》：「籊籊竹竿，以釣于淇。豈不爾思？遠莫致之。」《論語・子罕》：「唐棣之華，偏其反而。豈不爾思，室是遠而。子曰：『未之思也，夫何遠之有？』」

【豈有此理】

豈：哪裏，表示反問。哪裏有這樣的道理。對無理的事表示憤慨。唐・張彥遠《法書要錄・右軍書記》：「知足下以界內有此事，便欲去縣，豈有此理！此縣弊久，因足下始有次第耳，必無此理，便當息意。」元・王實甫《西廂記》五本四折：「今日一旦置之度外，卻於衛尚書家作婿，豈有此理。」

【豈有他哉】

除此之外，難道還有別的道理？《孟子・梁惠王下》：「以萬乘之國伐萬乘國，簞食壺漿，以迎王師，豈有他哉，避水火也。」宋・王安石《誡勵諸道轉運使經畫財利寬恤民部》：「彼前世良吏，能紓其民，而官事亦不耗廢者，豈有他哉！」

【杞國憂天】

見「杞人憂天」。

【杞人憂天】

杞：周朝分封的諸侯國，在今河南杞縣一帶。《列子・天瑞》：「杞國有人，憂天地崩墜，身亡所寄，廢寢食者。」比喻沒有根據的或沒有必要的憂慮。《孽海花》六回：「一面又免不了杞人憂天，代為著急，只怕他們紙上談兵，終無實際，使國家吃虧。」也作「杞人之憂」。《孽海花》二七回：「我料太后雖有成竹，絕不敢冒昧舉行。這是賢弟關心太切，所以有此杞人之憂。」也作「杞國憂天」。宋・胡仔《苕溪漁隱叢話後集・本朝雜記下》：「李誠之才致高妙，守邊有威信。熙寧初，荊公用事，議論不合，退居汝上……嘗作《昭陵挽詞》云：『堯民喪考無生意，杞國憂天有壞時。』」

【杞人憂天——擔心過分了】

比喻不必要的或無根據的憂慮。例我們已採取許多安全措施，不會出事故的，別杞人憂天——擔心過分了。

【杞人之憂】

見「杞人憂天」。

【杞宋無征】

杞、宋：春秋時期的兩個諸侯國；征：證明，驗證。比喻事情缺乏確鑿的證明。《論語・八佾》：「子曰：『夏禮吾能言之，杞不足征也；殷禮吾能言之，宋不足征也。文獻不足故也。』」

【杞梓連抱】

粗大的杞梓樹。指良材。《孔叢子・居衛》：「子思曰：『夫聖人官人，猶大匠用木，取其長，棄其短，故杞梓連抱，而有數尺之朽，良工不棄。』」

【起兵動衆】

出動大批人馬。《三國志・吳書・華覈傳》：「不可以興土功，不可以會諸侯，不可以起兵動衆，舉大事，必有大殃。」也作「起師動衆」。《晉書・呂纂傳》：「夫起師動衆，必參之天人，苟非其時，聖賢所不為。」

【起承轉合】

舊時文章佈局的次序。起：文章開頭；承接上文展開論述；轉：轉折，從側面或反面進行論述；合：結束全文。有時也指寫作時呆板的公式。元・范梈《詩法》：「作詩有四法：起要平直，承要舂容，轉要變化，合要淵永。」《歧路燈》八回：「論起八股，甚熟於『起、承、轉、合』之律；說起五經，極能舉《詩》、《易》、《禮》、《春秋》之名。」也作「起承轉結」。元・楊載《詩法家數》：「一篇之中，先立大意，起承轉結，三致意焉，則工致矣。」

【起承轉結】

見「起承轉合」。

【起鳳騰蛟】

鳳凰起舞，蛟龍翻騰。比喻才思橫溢，文詞神巧。例他的文章如起鳳騰蛟，使人讀畢拍案叫絕，激動不已。

【起高調】

指提高聲調說話。例你怎麼說著說著就起高調呀？這樣還怎麼商量事兒？

【起哄架秧子】

比喻藉著理由大開玩笑、擾亂秩序。例他們哥兒幾個就愛起哄架秧子，窮開心，但並沒有什麼壞心眼兒。

【起火上房檐——勁兒使到頂】

起火：帶著葦子桿的花炮，點著後可以升得很高。雙關語。比喻力量或辦法用盡了。例你說我努力還不夠？說實話，我是起火上房檐——勁兒使到頂啦！也作「起火射房檐——藥料使盡啦」。

【起居無時】
比喻閒適安逸的生活。唐·韓愈《送李願歸盤谷序》「窮居而野處，升高而望遠，坐茂樹以終日，濯清泉以自潔。采於山，美可茹；釣於水，鮮可食。起居無時，惟適之安。」

【起了風，少不得要下點雨】
比喻別人已經提出要求，總得多少滿足一些。《二刻拍案驚奇》卷三六；「而今說不得了。他『起了風，少不得要下點雨』。既沒有鏡子，須得送些什麼與他，才熄得這火。」

【起了個五更，趕了個晚集】
比喻雖行動很早，但辦的事落了空。例他雖然起得早，等到了學校，講座已經完了。這可眞是「起了個五更，趕了個晚集」。

【起師動衆】
見「起兵動衆」。

【起死回生】
把瀕於死亡的人救活。形容醫術高明，或使死人或死去的東西復活。元·無名氏《諸葛亮博望燒屯》一折：「此人才欺管樂，智壓孫吳，論醫起死回生，論卜知凶定吉。」朱自清《文第一三》：「桐城文的病在弱在窄，他卻能以深博的學問，弘通的見識，雄直的氣勢、使它起死回生。」

【起死人而肉白骨】
起：站起；興起。使死人復活，使白骨長出肉來。比喻給人很大的恩惠。《國語·吳語》：「君子之於越也，緊起死人而肉白骨也。」《東周列國志》八一回：「先生之來，實出天賜。如起死人而肉白骨，孤敢不奉教。」

【起頭容易結梢難】
結梢：結尾。指做事情有好結尾不容易。《西遊記》九六回：「老師，放心住幾日兒。常言道：『起頭容易結梢難。』只等我做過了圓滿，方敢送程。」

【起頭易，到底難】
比喻做事情能善始善終很不容易。《初刻拍案驚奇》卷三四：「若如今世上，小時憑著父母蠻做，動不動許在空門。那曉得『起頭易，到底難』，到得大來，得知了這些情欲滋味，就是強制得來，原非他本心所願。」

【起五更，趕晚集——落後啦】
比喻跟不上客觀情勢的發展。例起五更，趕晚集——落後啦。儘管你們籌劃很早，但是別人已跑在你們前面，新產品已經應市了。也作「烏龜賽跑——落後啦」、「一斤麵團擀張餅——落後（烙厚）」。

【起五更，睡半夜】
形容非常勤勞。例自從他當上了主任，每日「起五更，睡半夜」，人都累瘦了。

【起早貪黑】
形容不怕吃苦。例這一年，王二起早貪黑，拚命地幹，總算還淸了舊帳，並略有剩餘。

【起重機弔雞毛——輕拿】
見「老鷹抓小雞——輕拿」。

【起重機弔竹籃——不值一提】
形容沒有談的價值。有時含謙虛或客氣的意思。例幫了一點小忙，起重機吊竹籃——不值一提，更談不上道謝了。

【啟航趕上順船風——機不可失】
見「過了這個村，沒有這個店——機不可失」。

【綺羅粉黛】
綺羅：有花紋的精細絲織品；黛：畫眉用的黛墨。指青年女子。明·徐復祚《紅梨記·訴衷》：「不減少君德耀，絕無綺羅粉黛之態。」

【綺襦紈絝】
綺襦：絲織品製成的短襖；紈絝：細絹做的褲子。指富貴人家的子弟。《漢書·敍傳上》「出與王、許子弟爲羣，在於綺襦紈絝之間，非其好也」。

【綺紈之歲】
綺紈：精細講究的絲織品。指少年時代。北周·庾信《慕容寧神道碑》：「歧嶷表羈貫之年，通禮稱綺紈之歲。」

【棨戟遙臨】
棨戟：有繒衣或油漆的木戟，古代官吏出行時作前導的一種儀仗。引申爲高官貴人。指高官顯貴從遠方而來。《紅樓夢》九九回：「只因調任海疆，未敢造次奉求，衷懷歉仄，自嘆無緣。今幸棨戟遙臨，快慰平生之願。」

ㄑㄧˋ

【企者不立，跨者不行】
企：抬起腳跟；跨：邁大步。抬起腳跟不能長久站立，邁大步不能行遠路。比喻做事應腳踏實地，不能急於求成。《老子》二四章：「企者不立，跨者不行。自見者不明，自是者不彰，自伐者無功，自矜者不長。」

【企足而待】
抬起腳跟來等待。形容急切盼望的心情。例秋遊的計畫已上報兩天了。人們企足而待，希望能實現。

【企足矯首】
抬起腳跟，昂起頭。比喻殷切地盼望。宋·呂祖謙《東萊博議》四：「巍然被袞，號稱天子，顧乃企足矯首待晉之予奪以爲輕重，何其衰也。」

【氣傲心高】
心氣高傲，志向遠大。《二刻拍案驚奇》卷二二；「自家想著些當年的事，還有些氣傲心高。只得作一長歌，當做似《蓮花落》，滿市唱著乞食。」

【氣包子】
比喻愛生氣的人。例你別跟他開玩笑，他可是氣包子。

【氣不忿】

見「氣不公」。

【氣不公】

指見到不公平的事，心裏生氣、不服氣。例他竟敢明目張膽地以權謀私，羣衆氣不公，把他告了。也作「氣不忿」。例他這樣作威作福，大伙兒早就氣不忿了。

【氣充志定】

精力充沛，志向堅定。《明史・范濟傳》：「磨礱砥礪，使其氣充志定，卓然成材，然後舉而用之，以任天下國家事無難矣。」

【氣沖斗牛】

見「氣沖牛斗」。

【氣沖牛斗】

牛：牽牛星；斗：北斗星。牛斗：泛指天際。形容怒氣特別大，直沖雲霄。唐・崔融《咏寶劍》詩：「匣氣沖牛斗，山形轉轆轤。」魯迅《兩地書》五十一：「從前是氣沖牛斗的害馬，現在變成童養媳一般。」也作「氣沖斗牛」。宋・陸游《客談荊渚武昌慨然有作》詩：「豐城寶劍已化久，我自吐氣沖牛斗。」《三國演義》八三回：「[關興]見馬忠是害父仇人，氣沖斗牛，舉青龍刀望忠便砍。」也作「氣貫斗牛」。宋・岳飛《題青泥石壁》詩：「雄氣堂堂貫斗牛，誓將眞節報君仇。」

【氣沖霄漢】

見「氣凌霄漢」。

【氣喘如牛】

形容呼吸急促。《兒女英雄傳》三九回：「臉是喝了個漆紫，連樂帶忙，一頭說著，只張著嘴，氣喘如牛的拿了條大毛巾擦那腦門子上的汗。」

【氣喘吁吁】

吁吁：大口喘氣的聲音。形容呼吸緊迫急促。魯迅《阿Q正傳》：「『他只說沒有沒有。』鄒七嫂氣喘吁吁地說。」

【氣得志滿】

洋洋自得，不思進取。唐・韓愈《荊潭唱和詩序》：「是故文章之作，恆發於羈旅草野，至若王公貴人，氣得志滿，非性能而好之，則不暇以爲。」

【氣憤填膺】

膺：胸。胸中充滿了憤怒。形容極其氣憤。陳娟《曇花夢》一三：「頓時，羣情激昂，個個氣憤填膺，唾罵之聲，響如春雷。」也作「氣夯胸脯」。明・無名氏《寶光殿天眞祝萬壽》頭折：「你是個朽木之材，在人前强做支吾。有什麼眞實的肺腑，不由人氣夯胸脯。」

【氣蓋山河】

見「氣壓山河」。

【氣管炎】

醫學名詞，氣管發炎。因與「妻管嚴」諧音，用來比喻怕妻子的男子。例老王是個氣管炎，什麼事也不敢作主。

【氣貫長虹】

氣：氣勢，精神。《禮記・聘義》：「氣白如虹。」後以「氣貫長虹」指氣勢盛壯，足以貫穿長虹。老舍《老張的哲學》：「酒菜上來，先猜拳行令，迎面一掌，聲如獅吼；入口三杯，氣貫長虹。」

【氣冠三軍】

三軍：古代軍隊分上、中、下三軍。此處泛指全軍。勇敢在全軍名列首位。《後漢書・高彪傳》：呂尙七十，氣冠三軍，詩人作歌，如鷹如鸇。」

【氣夯胸脯】

見「氣憤填膺」。

【氣急敗壞】

形容上氣不接下氣、慌亂、羞怒的樣子。《水滸傳》六七回：「且說關勝等軍馬回到金沙灘邊，水軍頭領棹船接濟軍馬陸續過渡，只見一個人，氣急敗壞跑將來。」也作「氣急敗喪」。茅盾《子夜》一五：「桂長林臉上掛了彩，氣急敗喪地跑來，那邊廠門口，一羣人扭作一團。」

【氣急敗喪】

見「氣急敗壞」。

【氣驕志滿】

氣勢凌人，自高自大。《兒女英雄傳》二九回：「就未免氣驕志滿，一天一天地放蕩恣縱起來了。」也作「氣滿志驕」。《水滸全傳》八六回：「他打了俺三個大郡，氣滿志驕，必然想著幽州」。

【氣竭形枯】

比喻病人垂危或事情失敗已成定局，沒有挽回的可能。例當我趕到醫院去看李先生時，他已氣竭形枯，昏迷多日了。

【氣克斗牛】

見「氣吞牛斗」。

【氣凌霄漢】

霄漢：長空。形容氣勢渾翰壯闊，也指人志向遠大，志趣高潔。唐・范攄《雲溪友議・苗夫人》：「韋郎比雖貧賤，氣凌霄漢，每以相公所談，未嘗一言屈媚，因而見憂，成事立功，必此人也。」也作「氣逾霄漢」。《南史・齊本紀上》：「公受命宗祊，精貫朝日，擁節和門，氣逾霄漢。也作「氣沖霄漢」。元・陳以仁《存孝打虎》二折：「便有那吐虹霓志氣沖雲霄。」

【氣滿志驕】

見「氣驕志滿」。

【氣球上天——吹起來的】

比喻靠別人吹捧，並非名副其實。例這個人的名氣確實不小，全是靠抬轎人捧上天的，沒有一點眞才實學，功績更談不上。

【氣忍聲吞】

受了氣還不敢申辯。元・張國賓《合汗衫》一折：「你道他一世兒爲人，半世兒孤貧，氣忍吞聲，何日酬恩。」也作「忍氣吞聲」。

【氣殺鍾馗】

據清・樵玉山人《鍾馗捉鬼傳》載：唐代鍾馗原是秀才，後考取狀元，皇帝因其面醜，準備另選，鍾馗氣憤至極，自刎而死。後以「氣殺鍾馗」比喻滿臉怒氣。魯迅《離婚》：「他們就是專和我作對，一個個像個『氣殺鍾馗』。」

【氣生氣死】

氣得死去活來。形容極氣憤。《金瓶梅詞話》二回：「原來武松去後，武大每日只是晏出早歸，到家便關門。那婦人氣生氣死，和他合了幾場氣。」

【氣勢磅礴】

磅礴：廣大，沒有邊際。形容氣勢雄偉。羅廣斌、楊益言《紅岩》二一章：「葉挺將軍就是關在這裏，寫下那氣勢磅礴，充滿革命英雄氣概的詩篇的。」秦牧《古戰場春曉》：「這是中國近代史上氣勢磅礴的第一頁。」

【氣勢洶洶】

洶洶：聲勢很大。形容人或動物凶猛或大怒時的樣子。吳玉章《從甲午戰爭前後到辛亥革命前後的回憶》一九：「他氣勢洶洶，談完就坐下了。過了許久，沒有一個人敢起來發言。」

【氣勢熏灼】

熏：煙熏；灼：火灼。任憑氣粗勢大對他人進行威逼欺凌。《清史稿・索額圖等傳論》：「康熙中，滿州大臣以權位相尚者，惟索額圖、明珠，一時氣勢熏灼。然不能終保令名，卒以貪侈敗。」

【氣數已盡】

指生命垂危，即將死亡，或指某件事即將失敗。例張財主橫行鄉里，無法無天。革命爆發後，他自知氣數已盡，開始變賣家產，準備出逃。

【氣死牛】

形容力氣很大。例他能吃也能幹，長著一身氣死牛的力氣，是一把幹重活的好手。

【氣死周瑜去弔孝——虛情假意】

《三國演義》故事；諸葛亮三氣周瑜，周瑜因此而死在蘆花蕩，諸葛亮前去弔喪。也作「氣死周瑜去弔孝——假情假義」。見「木偶流眼淚——虛情假義」。

【氣吐虹霓】

虹霓：彩虹。吐一口氣即可形成彩虹，形容氣魄大。元・無名氏《百花亭》三折：「有一日功成，功成名遂，那時節耀武，耀武揚威。雲路鵬程九萬里，氣吐虹霓，志逞風雷。」

【氣吐眉揚】

心中十分愉快，怨氣全部吐出。形容擺脫壓迫與奴役後的興奮心情。明・無名氏《雷澤遇仙》四折：「殿角東，龍墀上，烈烈轟轟做一場，氣吐眉揚。」也作「揚眉吐氣」。

【氣吞河山】

見「氣吞山河」。

【氣吞牛斗】

形氣魄大、氣勢猛。《羣音類選〈蟠桃記・誕孫相慶〉》：「看蘭孫，氣吞牛斗，知不是等閒人。」也作「氣克斗牛」。《羣音類選・千金記・受辱胯下》：「俺自有翅排雲，氣克斗牛，怎肯與他年少成仇。」

【氣吞山河】

形容特別有氣魄。元・金仁杰《追韓信》二折：「背楚投漢，氣吞山河，知音未遇，彈琴空歌」。殷夫《夜的靜》詩：「我頹衰不如感傷的詩人，我勇猛不及氣吞山河的戰將。」也作「氣吞河山」。姚雪垠《李自成》一卷一一章：「稱頌他神機妙算……還稱頌他如何在戰場上橫刀躍馬，氣吞河山。」

【氣味相投】

比喻雙方思想、愛好、興趣等方面都合得來。《鏡花緣》六二回：「前者妹子同表妹舜英進京，曾與此女中途相遇，因他學問甚優，兼之氣味相投，所以結伴同行。」

【氣息奄奄】

呼吸微弱，生命垂危，或比喻一事物即將崩潰或正在消亡。晉・李密《陳情表》：「但以劉日薄西山，氣息奄奄，人命危淺，朝不慮夕。」《魯迅書信集・致章廷謙》：「據我所見，則昔之稱爲戰士者，今已蓄意險仄，或則氣息奄奄，甚至舉止言語，皆非常庸鄙可笑。」

【氣象萬千】

氣象：景象。形容景象千變萬化，十分壯觀。宋・范仲淹《岳陽樓記》：「予觀夫巴陵勝狀，在洞庭一湖，銜遠山，吞長江，浩浩蕩蕩，橫無際涯，朝暉夕陰，氣象萬千。」清・趙翼《甌北詩話〈蘇東坡詩・八〉》：「如少陵《登慈恩寺塔》云：『俯視但一氣，焉能辨皇州？』以十字寫塔之高，氣象萬千。」

【氣消膽奪】

氣勢和膽魄一點兒也沒有了。形容膽怯到極點。《南史・侯景傳》：「初，景之圍台城，援軍三十萬，兵士望青袍則氣消膽奪。」

【氣血方剛】

氣血：即血氣，精力。形容年輕人精力旺盛。元・鄭德輝《伊尹耕莘》一折：「莫張慌，等的他那氣血方剛，那其間著志求賢將師道訪，習練的才高智廣，文強武壯。」也作「血氣方剛」。

【氣壓山河】

氣：氣勢，氣魄。氣勢雄盛可以壓倒山河。形容氣勢大。元・王實甫《四丞相高會麗春堂》一折：「可正是氣壓山河百二雄，元也波戎，將軍校統，宰臣每爲頭兒又盡忠。」也作「氣蓋山河」。《中國現在記》六回：「怎當是一個是氣沖牛斗，一個是氣蓋山河。」

【氣陷熏天】

熏天：熏炙至天空。形容氣勢和威風之盛。《羣音類選〈雙忠記・巡守雍丘〉》：「獨不見氣陷熏天誰敢當。」《文明小史》四一回：「此時康太守正是氣陷熏天，尋常的候補道都不在他眼裏，這位因為是親戚，所以還時時見面。」

【氣咽聲絲】

呼吸困難，聲音微弱。形容人非常衰弱。元·鄭德輝《㑳梅香》二折：「上覆你個氣咽聲絲張京兆，他待填還你枕剩衾薄，待著你帽兒光光過此宵。」

【氣噎喉堵】

悲痛過分，喘不過氣來。《紅樓夢》三四回：「此時黛玉雖不是嚎啕大哭，然越是這等無聲之泣，氣噎喉堵，更覺厲害。」

【氣義相投】

比喻志趣相同，關係密切。金·王若虛《林下四友贊》：「吾四人者，臭味相似而氣義相投也，故不結而合，既合而歡。」也作「氣誼相投」。《三國演義》一一回：「某太史慈，東海之鄙人也。與孔融親非骨肉，比非鄉黨，特以氣誼相投，有分憂共患之意。」

【氣誼相投】

見「氣義相投」。

【氣湧如山】

憤怒到極點。《三國志〈吳書·孫權傳〉》：「權大怒，欲自征淵」裴松之注引《江表傳》：「朕年六十，世事難易，靡所不嘗，近為鼠子所前卻，令人氣湧如山。不自截鼠子頭以擲於海，無顏復臨萬國」。

【氣逾霄凌】

見「氣凌霄漢」。

【氣宇昂昂】

氣宇：氣度，氣概；昂昂：氣度不凡。精神飽滿，氣慨不凡。《隋唐演義》四六回：「西南板凳上，坐著一大漢，身長九尺，膀闊二停，滿部髭鬚，面如鐵色，目若朗星，威風凜凜，氣宇昂昂。」

【氣宇不凡】

指人的儀表、風度不俗，精神飽滿，落落大方。《西湖二集·寄梅花鬼鬧西閣》：「妾見郎君氣宇不凡……願托終身，不知可否？」《三俠五義》二二回：「聖上見他有三旬以內年紀，氣宇不凡，舉止合宜。」

【氣宇軒昂】

見「器宇軒昂」。

【氣炸了肺】

形容異常氣憤。例這孩子這麼沒大沒小，出口傷人，眞叫人氣炸了肺。

【氣壯河山】

氣：氣概。英雄氣概像高山大河那樣雄壯。唐·張說《孔補闕集市》：「族高辰象，氣壯河山，神作銅鈎，天開金印」。也作「氣壯山河」。梁信《從奴隸到將軍》四章：「郝軍非常感動：『又聽到了你的樸樸實實、氣壯山河的言談了！』」

【氣壯理直】

理由充份，說話語言凌厲，有氣勢。義俠《為滇越鐵路告成警告全滇》：「法人無端廢約於先，吾滇人要求廢約於後，氣壯理直，諒法人不復狡焉思逞。」也作「理直氣壯」。

【氣壯山河】

見「氣壯河山」。

【汽車按喇叭——靠邊站】

汽車司機按喇叭示意行人靠邊站或走開。見「馬路上的電線桿——靠邊兒站」。

【汽車走進死胡同——走錯了道】

比喻走上錯誤的道路。例他受了投機份子的影響，結果是汽車走進死胡同——走錯了道。也作「火車開上爛泥路——走錯了道」。

【汽車開在柏油路上——穩穩當當】

見「老牛拉車——穩穩當當」。

【汽車頭上的大眼睛——顧前不顧後】

見「光屁股穿圍裙——顧前不顧後。」

【汽錘打樁——紮紮實實】

比喻做事踏實。例趙老師作學生的思想工作，就像汽錘打樁——紮紮實實，學校、家長都很滿意。

【汽槍打飛機——差一大截子】

汽槍打不著飛機。見「狗咬雲雀——差得遠」。

【迄未成功】

迄：最終。最後也沒能成功。《後漢書·孔融傳》：「融負其高氣，志在靖難。而才疏意廣，迄未成功。」

【棄暗投明】

背棄黑暗，投奔光明。走上光明大道。《封神演義》五六回：「今將軍既知順逆，棄暗投明，俱是一殿之臣，何得又分彼此？」也作「背暗投明」。

【棄本逐末】

不從根本上，而是從枝節上考慮問題。《漢書·食貨志下》：「富人臧錢滿室，猶無厭足。民心動搖，棄本逐末，耕者不能半，奸邪不可禁，原起於錢。」也作「捨本逐末」。

【棄短取長】

漢·王符《潛夫論·實貢》：「智者棄其短而採其所長，以致其功，明君用士亦猶是也。」後以「棄短取長」指避免自己的缺點，發揮自己的優點。

【棄過圖新】

過：過失，錯誤。改正錯誤，致力於新的開端。例對於犯錯誤的人，除不可救藥者外，都應滿腔熱情地去幫助他們，使之翻然悔誤，棄過圖新。

【棄甲倒戈】

倒戈：臨陣叛逃對方，攻擊己方。《三國演義》四六回：「若是這個月破不得，只可依張子布之言，棄甲倒戈，北面而降之耳！」

【棄甲曳兵】

曳兵：拖著兵器。形容戰敗時逃跑的樣子。《孟子·梁惠王上》：「孟子對曰：『王好戰，請以戰喻。塡然鼓之，兵刃既接，棄甲曳兵而走，或百步而後止，或五十步而後止』。」

【棄舊開新】

拋棄舊的，開創新的。宋・蘇軾《刑賞忠厚之至論》：「有一不善，從而罰之，又從而哀矜懲創之，所以棄其舊而開其新。」後以「棄舊開新」指不墨守陳規，因循守舊。例王廠長到任後，嚴格科學管理，棄舊開新，很快就扭虧爲盈。

【棄舊憐新】
憐：寵愛，喜愛。即喜新厭舊。元・關漢卿《望江亭》二折：「他心兒裏悔，悔。你做的個棄舊憐新，他則是見咱有意，使這般巧謀奸計。」

【棄舊圖新】
圖：謀求。拋棄舊的錯誤的道路，謀求新的正確的道路。多指從錯誤向正確轉變。唐・韓愈《上宰相書》：「忽將棄其舊而新是圖，求老農老圃而爲師。」宋・陸九淵《與鄧文范書》之一：「昨晚得倉台書，謂別後稍棄舊而圖新，了然未有所得。」

【棄逆歸順】
放棄錯誤，歸順正確的正義的事業。例對於一切棄逆歸順的人，政府都熱烈歡迎，妥善安排。

【棄如弁髦】
弁：ㄅㄧㄢ，古代貴族戴的一種帽子，髦：童子的垂髮。古代貴族子弟行加冠禮時，用弁束垂髮，三次後即不再用。指毫不可惜地丢棄。例張教授視名利如過眼雲煙，棄如弁髦，從不放在心上，深受師生愛戴。

【棄若敝屣】
敝屣：破舊的鞋。像扔掉破鞋一樣將其拋棄，比喻毫不顧惜。語本《孟子〈盡心上〉》：「舜視棄天下，猶棄敝蹝（屣）也。」清・趙翼《甌北詩鈔・五言古二・扈從木蘭雜詩》：「日暮就帳宿，臥席暖方始；又欲爭前途，棄之若敝屣。」

【棄文就武】
放棄文化學習或文職而改習武藝。《水滸傳》一二回：「［林沖］如今也新到這裏。卻才制使要上東京勾當，不是王倫糾合制使，小可兀自棄文就武，來此落草。制使又是有罪的人，雖經赦宥，難復前職。」

【棄武修文】
放棄習武，改習文職。例張團長進城後立即買了一套西裝換上，彷彿這套衣服就能證明他已經棄武修文了似的。

【棄瑕錄用】
瑕：玉石上的小瑕疵斑。不計較以往的錯誤而予以任用。南朝梁・丘遲《與陳伯之書》：「聖朝赦罪責功，棄瑕錄用，推赤心於天下，安反側於萬物，將軍之所知，不假僕一二談也。」也作「棄瑕取用」漢・陳琳《爲袁紹檄豫州》：「於是提劍揮鼓，發命東夏，收羅英雄，棄瑕取用。」

【棄瑕取用】
見「棄瑕錄用」。

【棄邪從正】
離開邪路，走上正道。《三國志〈蜀書・後主傳〉》：「五年春，丞相亮出屯漢中，營沔北陽平石馬」裴松之注引《諸葛亮集》載後主劉禪詔曰：「有能棄邪從正，簞食壺漿以迎王師者，國有常典，封寵大小，各有品限。」也作「棄邪歸正」。《水滸傳》一〇七回：「盧俊義慰撫勸勞，就令武順鎮守城池，因此賊將皆感泣，傾心露膽，棄邪歸正。」

【棄邪歸正】
見「棄邪從正」。

【棄信忘義】
不守信用，拋棄道義。例王敏不止一次棄信忘義，使她的老師深深地陷入苦惱之中。

【棄之可惜】
留著用處不大，扔掉又覺得可惜。《三國志〈魏書・武帝紀〉》：「備因險拒守」裴松之注引《九州春秋》：「夫雞肋，棄之如可惜，食之無所得，以比漢中，知王欲還也。」

【棄重取輕】
捨棄重要的，而要次要的。《三國演義》八二回：「中原乃海內之地，兩都皆大漢創業之方，陛下不取而但爭荊州，是棄重而取輕也。」

【棄子逐妻】
丢掉兒子，送走妻子。形容百姓妻離子散，生活困苦。唐・韓愈《御史台上論天旱人飢狀》：「上恩雖宏，下困猶甚，至聞有棄子逐妻以求口食。」

【泣不成聲】
泣：抽泣，低聲。哭得哽咽不出聲音。形容特別悲痛。《吳越春秋・越王無余外傳》：「晝哭夜泣，氣不屬聲。」成仿吾《長征回憶錄》一八〇：「每當我們陳述抗日救亡的道理，或高唱『我的家在東北松花江上……』的時候，他們都是低聲配合，直至泣不成聲。」

【泣下如雨】
痛哭不語，淚如雨下。形容極度悲傷。《聊齋志異・封三娘》：「十一娘因述病源，封泣下如雨。」也作「泣涕如雨」。《詩經・邶風・燕燕》：「燕燕于飛，差池其羽。之子于歸，遠送于野。瞻望弗及，泣涕如雨。」

【泣下沾襟】
淚水不止沾濕了前襟。形容特別悲痛。《五代史・伶官傳》：「至於誓天斷髮，泣下沾襟，何其衰也！」明・歸有光《與徐殷陸三子書》：「少時讀書，見古節義事，莫不慨然嘆息，泣下沾襟。」

【泣涕如雨】
見「泣下如雨」。

【泣血椎心】
不斷捶擊胸脯，眼中哭出血來。形容悲痛到極點。例九一八事變後，中國所發生的泣血椎心的變亂，在千百萬熱血青年的心中，激起了狂暴的波濤。也作「椎心泣血」。

【泣血漣如】
漣：流淚不止。哭泣出血不止。形容

特別悲傷。《後漢書・劉瑜傳》：「臣在下土，聽聞歌謠，驕臣虐政之事，遠近呼嗟之音，竊爲辛楚，泣血漣如，幸得引錄備答聖問，洩寫至情不敢庸回。」

【泣血捶膺】

膺：胸。形容悲痛到極點。例一週之內，父母雙亡。蘭英躺在床上，泣血捶膺的，一直哭到半夜。

【泣血稽顙】

稽顙：ㄑㄧˇ ㄙㄤˇ，古代跪拜禮。屈膝下拜，額頭觸地。居喪答拜賓客時行此禮，以示極度悲哀，並表示感謝。《儀禮・士喪禮》：「弔者致命，主人哭拜，稽顙成踊。」後以「泣血稽顙」表示以極其悲痛的心情向弔唁者哭拜致謝。巴金《家》三五：「至于做承重孫和孝子的那幾個人，雖然『報單』上說過『泣血稽顙』的話，但是他們整天躲在靈幃裏，既不需要哭，又不必出來答禮。」

【泣血枕戈】

因悲痛，眼睛裏流著血；睡覺時頭枕著武器。形容刻苦自勵，發憤復仇。《梁書・敬帝紀》：「朕心荒幼，所屬艱難，泣血枕戈，志復仇逆，大恥未雪。」

【契合金蘭】

契合：投合。金蘭：朋友交情。指朋友之間友誼深厚。《周易・繫辭上》：「二人同心，其利斷金；同心之言，其臭如蘭。」也作「**契若金蘭**」。南朝宋・劉義慶《世說新語・賢媛》：「山公與嵇、阮一面，契若金蘭。」

【契若金蘭】

見「契合金蘭」。

【砌牆的磚頭——後來居上】

見「青出於藍而勝於藍——後來居上」。

【器二不匱】

匱：缺少，缺乏。器物有二件，可以更迭使用，不至匱乏。《左傳・哀公六年》：「然君異于器，不可以二。器二不匱，君二多難。」

【器滿則傾】

器：欹器，古代盛酒用的祭器之一。欹器中裝滿了就要傾倒。比喻人自滿就會帶來損失、《荀子・宥坐》：「孔子觀於魯桓公之廟，有欹器焉。孔子問於守廟者曰：『此爲何器？』守廟者曰：『此蓋爲宥坐之器。』孔子曰：『吾聞宥坐之器者，虛則欹，中則正，滿則覆。』」

【器鼠難投】

躲在器具後邊的老鼠不好打。比喻壞人有人包庇，難以揭露。明・鄭若庸《玉玦記・投賢》：「君言且莫讎，他轍魚方困，器鼠難投，小哥不要反了面。」

【器小易盈】

器物小，很容易裝滿。比喻人器量小，稍有所得即自滿。梁啟超《十種德性相反相成義》：「彼故步自封，一得自喜者，是表明器小易盈之跡於天下。」

【器宇軒昂】

器宇：人的儀表、氣質；軒昂：精神飽滿。比喻人氣度不凡。《歧路燈》九二回：「靠背一倚，夢見回到家鄉，只見一人器宇軒昂走來，卻是孝移族叔。」也作「**氣宇軒昂**」。《三俠五義》三回：「包公見此人年紀約有二十上下，氣宇軒昂。」

ㄑㄧㄚ

【招尖落鈔】

招尖：掐去尖端。比喻經手錢財時，乘機取利，落入個人腰包。元・武漢臣《老生兒》楔子：「我那伯伯與我二百兩鈔。我那伯娘當住，則與我一百兩鈔。著我那姐夫張郎與我，他從來有些招尖落鈔，我數一數……則八十兩鈔。」

【招尖子】

①比喻把高高在上的人拉下來。例他歷來騎在羣衆頭上，這回大夥團結一心要招尖子。②比喻迫害出衆的人才。例這些忌賢妒能的傢伙，到底把小周擠兌走了，到了他們招尖子的目的。

【招了頭的蒼蠅——亂撞】

見「盲人騎瞎馬——亂闖」。

【招了頭的螞蚱——無頭蹦】

螞蚱：〔方〕蝗蟲；蹦：蹦跳。雙關語。比喻垂死掙扎。例潰敗的敵人驚慌無措，就像招了頭的螞蚱——無頭蹦。

【招頭蒼蠅——不知死活】

見「買乾魚放生——不知死活」。

【招頭去尾】

去掉開頭和末尾。比喻除去無用的部分或作較大的壓縮刪減。例平均主義傷害了農民的積極性，一年招頭去尾，頂多幹兩百天活。

ㄑㄧㄚˇ

【卡脖子】

卡：ㄑㄧㄚˇ，比喻抓住要害或在關鍵處進行刁難、要挾。例計畫批下來管什麼用？管經費的故意卡脖子，什麼也做不了。

ㄑㄧㄚˋ

【洽聞博見】

見「洽聞强記」。

【洽聞强記】

洽：多，博。形容知識面廣，記憶好。《晉書・葛洪傳》：「景純篤志綈緗，洽聞强記，在異書而畢綜，瞻往滯而箴釋。」也作「**洽聞博見**」。北魏・楊衒之《洛陽伽藍記・景明寺》：「子才洽聞博見，無所不通，軍國制度，罔不訪及。」也作「**博聞强識**」。

【恰到好處】

說到最恰當的地步。況周頤《蕙風詞話》卷一：「『恰到好處，恰夠消息。

毋不及，毋太過。』半塘老人論詞之言也。」

【恰如其分】

分：分寸。辦事說話恰好適合分寸。《傅雷家書》：「詼諧、俏皮，譏諷等等，你倒也很能體會，所以能把莫札特表達得恰如其分。」

ㄑㄧㄝ

【切菜刀剃頭——危險】

也作「切菜刀剃頭——冒險」、「切菜刀剃頭——好險」、「切菜刀剃頭——真玄乎」、「切菜刀剃頭——玩兒懸的事」、「切菜刀剃頭——不保險」、「切菜刀刮臉——危險」。見「刀口舔糖——危險」。

【切磋琢磨】

《詩經．衛風．淇奧》：「有斐君子，如切如磋，如琢如磨。」原指對獸骨、玉石、石頭等加工，後引申為互相研究、取長補短。漢．王充《論衡．量知》：「切磋琢磨，乃成寶器。人之學問，知能成就，猶骨象玉石切磋琢磨也。」宋．蘇軾《講田友直字序》：「誠得直士與居，彼不資吾子之過，切磋琢磨，成子金玉，使子日知不足。」

【切糕棍兒——白扔的貨】

日時吃切糕，用細棍挑著吃，吃完就把棍子扔掉。比喻毫無價值、毫無用處的東西。例什麼寶貝？切糕棍兒——白扔的貨，送我也不要。

【切磨箴規】

切：切磋；磨：磨練；箴規：規勸。指互相批評，互相幫助。南朝梁．周興嗣《千字文》：「交友投份，切磨箴規。」

ㄑㄧㄝˊ

【茄子開黃花——變了種】

茄子本開紫花，開黃花，就成了番茄。比喻人或事物發生了本質的變化。例這個青年原來的品質很好，在外來思想的影響下，茄子開黃花——變了種，竟走上了墮落的道路。

【茄子棵上結黃瓜——雜種】

也作「茄子上面生苦瓜——雜種」。見「高粱撒在麥子地——雜種」。

【茄子也讓三分老】

比喻對待老年人要謙遜、禮讓。《醒世恆言》卷三四：「你這蠻子，眞個憊懶！自古道：『茄子也讓三分老』，怎麼一個老人家，全無些尊卑，一般樣與他爭嚷？」

ㄑㄧㄝˇ

【且戰且走】

原指一邊作戰一邊撤退。後引申為一邊應付眼前局面，一邊另作其他打算。《三國演義》九九回：「如來日魏兵到，銳氣正盛，不可便迎，且戰且走。只看關興引兵來掠陣之時，汝等便回軍趕殺，吾自有兵接應。」

【且住為佳】

暫住下為好。常用以勸人安頓下，其餘事再從長計議。宋．辛棄疾《霜天曉角．旅興》：「玉人留我醉，明日落花寒食，得且住為佳耳。」

ㄑㄧㄝˋ

【切齒拊心】

切齒：咬牙切齒；拊心：用手拍胸。形容十分痛恨。《戰國策．燕策三》：「此臣之日夜切齒拊心也，今乃得聞教。」也作「切齒腐心」。《史記．刺客列傳》：「此臣之日夜切齒腐心也，乃今得聞教！遂自剄。」

【切齒腐心】

見「切齒拊心」。

【切齒痛恨】

形容憤恨、仇恨到極點。例他從小對橫行霸道、無惡不作的地痞流氓切齒痛恨，盼望著有人來幫助他對付這些傢伙。

【切膚之痛】

切膚：親身，切身。親身受到的痛苦。比喻感受直接。魯迅《阿Q正傳》五：「他起來之後，也仍舊在街上逛，雖然不比赤膊之有切膚之痛，卻又漸漸的覺得世上有些古怪了。」

【切切私語】

切：同「竊」，形容聲音微細。指背地裏低聲說話。唐．白居易《琵琶行》：「大弦嘈嘈如疾雨，小弦切切如私語。」也作「竊竊私語」。《東周列國志》四六回：「［商臣］又故意與行酒侍兒竊竊私語，芈氏兩次問話，俱失應答。」也作「竊竊偶語」。《金史．唐括辯傳》：「旦夕相與為謀，護衛將軍特思疑之，以告悼後曰：『辯等因間每竊竊偶語，不知議何事？』」也作「切切細語」。唐．韓愈《順宗實錄》卷五：「雖判兩使事，未嘗以簿書為意，日引其黨，屏人切切細語。」

【切切細語】

見「切切私語」。

【切問近思】

誠懇詢問自己不懂的事，認眞思考自己還沒辦到的事。形容虛心學習。《論語．子張》：「博學而篤志，切問而近思。」

【切中時弊】

切中：正好擊中。指非常中肯的對社會弊病進行批評。《宋史．陳彭年傳論》：「趙安仁言事，切中時弊。」也作「切中時病」。《新五代史．唐本紀六》：「當是時，大理少卿康澄上疏言時事……識者皆多澄言切中時病。」明．焦竑《玉堂叢語．獻替》：「聖諭諄諄，俱切中時病，明見萬里之外。」

【切中時病】

見「切中時弊」。

【怯防勇戰】

怯：膽小，引申為謹慎小心。謹慎地設防，勇敢地作戰。《梁書・馮道根傳》：「初到阜陵，修城隍，遠斥候，有如敵將至者，衆頗笑之。道根曰：『怯防勇戰，此之謂也』」。

【怯木匠——就是一句（鋸）】

怯木匠：北京方言稱不高明的木工；言不高明的木匠只會用鋸，不會使用其他工具；句：「鋸」諧音。比喻說話不多，只有一句。例不管問她什麼問題，她的回答都像怯木匠——就是一句（鋸）：「不知道」。

【竊鈇之疑】

鈇：ㄈㄨˇ，斧。《呂氏春秋・有始覽・去尤》：「人有亡鈇者，意其鄰之子。視其行步，竊鈇也；顏色，竊鈇也；言語，竊鈇也，動作態度，無為而不竊鈇也。搰其谷而得其鈇。他日復見其鄰之子，動作態度，無似竊鈇者。」搰：古「掘」字。後以「竊鈇之疑」比喻毫無事實懷疑人。宋・張守《再乞罷言職求外狀》：「身自貽於吏議，雖丹書倖免，寧無竊鈇之疑？」也作「**竊斧生疑**」。

【竊鉤竊國】

鉤：腰帶鉤。指小偷小盜被重懲，篡國者反獲富貴。《莊子・胠篋》：「彼竊鉤者誅，竊國者為諸侯；諸侯之門而仁義存焉。」《史記・遊俠列傳》：「由此觀之，『竊鉤者誅，竊國者侯，侯之門仁義存』非虛言也。」

【竊齧鬥暴】

竊齧：偷著咬東西；鬥暴：激烈地爭鬥打架。形容喧囂打鬥非常厲害。唐・柳宗元《三戒・永某氏之鼠》：「某氏室無完器，椸無完衣，飲食，大率鼠之餘也。晝累累與人兼行，夜則竊齧鬥暴，其聲萬狀，不可以寢。」

【竊弄威權】

指玩弄權術。宋・蘇舜欽《火疏・時年二十一登聞獻此疏》：「居左右竊弄威權者去之，精心念政刑之失。」

【竊竊偶語】

見「切切私語」。

【竊竊私議】

背著人小聲議論。形容私下議論。郭沫若《南京印象・秦淮河畔》：「因而，衆口鑠金，一般愛戴任老的人也每竊竊私議，認為任老或許可能動搖。」

【竊竊私語】

見「切切私語」。

【竊位素餐】

素餐：白吃白喝。指竊據高位，無功受祿，終日無所作為。《漢書・楊惲傳》：「惲家方隆盛時，乘朱輪者十人，位在列卿，爵為通侯，總領從官，與聞政事，曾不能以此時有所建明，以宣德化，又不能與羣僚同心並力，陪輔朝廷之遺忘，已負竊位素餐之責久矣。」《後漢書・梁竦傳》：「竦作《七序》，而竊位素餐者慚。」

【竊幸乘寵】

竊取和利用皇帝的寵信以營私。《三國志・魏書・董卓傳》：「靈帝崩，少帝即位。大將軍何進與司隸校尉袁紹謀誅諸閹官。太后不從，進乃召卓使將兵詣京師，並密令上書曰：『中常侍張讓等竊幸乘寵，濁亂海內。』」

【竊玉偷香】

偷香：據《晉書・賈充傳》記載：西晉時賈充的女兒賈午與韓壽私通，將其父珍藏的西域奇香私贈韓壽，後賈充發覺，韓壽與賈午結為夫妻。後以「竊玉偷香」指男女私情，也指男子在外勾搭婦女。元・王實甫《西廂記》一本二折：「雖不能勾竊玉偷香，且將這盼行雲眼睛兒打當。」《警世通言》卷三四：「滿身竊玉偷香膽，一片撩雲潑雨心。」也作「**偷香竊玉**」。

【竊簪之臣】

據《淮南子・道應訓》載：春秋時楚國有一善於偷東西的人，為楚將子發所禮遇。當齊國進攻楚國時，該人陸續將齊將的幬帳、枕、簪等偷去，子發派人將這些東西——歸還。齊將害怕楚人不知何時會將他們的頭顱取走，便撤軍回齊。後以「竊簪之臣」比喻有小技可解危難的人。漢・王充《論衡・逢遇》：「亦有以遇者，竊簪之臣，雞鳴之客是也。」

【竊鐘掩耳】

《呂氏春秋・自知》：「百姓有得鐘者，欲負而走，則鐘大不可負，以椎毀之，鐘況然有音，恐人聞之而奪己也，遽掩其耳。」後以「竊鐘掩耳」比喻自欺欺人，意同《呂氏春秋・贊能》中的「掩耳盜鈴」。《晉書・宣帝紀》：「亦猶竊鐘掩耳，以衆人為不聞・銳意盜金，謂市中為莫睹。」

【挈婦將雛】

挈、將：帶領；雛：幼小的子女。帶著妻子和孩子。柳亞子《關於我的名號》：「在四十一歲那年，我亡命走嵎夷，當時挈婦將雛而外，和我們同伴去的，還有同鄉女畫家唐蘊玉女士。」

【挈榼提壺】

榼：ㄎㄜ，古代酒器；壺：泛指酒器。形容嗜酒成性。晉・劉伶《酒德頌》：「止則操卮執觚，動則挈榼提壺，唯酒是務，焉知其餘。」

【挈瓶小智】

見「挈瓶之知」。

【挈瓶之知】

挈瓶：汲水用的瓶子；知：「智」的古字。容量不大。只有挈瓶取水這樣的小本領。比喻知識淺薄。《左傳・昭公七年》：「人有言曰：雖有挈瓶之知，守不假器，禮也。」也作「**挈瓶之智**」。《三國志・魏書・田豫傳》：「公孫瓚使豫守東州令。瓚將王門叛瓚，為袁紹將萬餘人來攻。豫登城謂門曰：『夫挈瓶之智，守不假器。吾既受之矣，何不急攻乎？』也作「**挈瓶小智**」。《南齊書・劉善明傳》：「徒以挈瓶小智，名參佐命，常恐朝露一下，深恩不酬。」

【挈瓶之智】
見「挈瓶之知」。
【愜當之論】
愜當：恰如其分。指恰到好處的言論。例這篇文章提出加强史學理論方法論的研究，這對於提高史學研究的理論水平，確實是愜當之論。
【愜心貴當】
愜心：稱心滿意，此處指說理透闢。要讓人心情愉快同意你所講的道理，應注意用詞確切。晉·陸機《文賦》：「故夫夸目者尚奢，愜心者貴當。」
【鍥而不捨】
鍥：刀刻；捨：停止。本意是指不停地鏤刻，比喻堅持不懈。《荀子·勸學》：「鍥而捨之，朽木不折；鍥而不捨，金石可鏤。」章炳麟《菌說》：「夫固謂一人鍥而不捨，則行美於本性矣。」

ㄑㄧㄠ

【蹺腳驢子跟馬跑——一輩子落後】
驢比馬跑得慢，蹺腳驢子跑得就更慢了。比喻永遠落在後面。例你如果不痛下決心，奮起直追，眞要成爲蹺腳驢子跟馬跑——一輩子落後了。
【蹺蹊作怪】
奇怪多變，令人生疑而不得其解。《清平山堂話本·簡帖和尚》：「只因這封簡帖兒，變出一本蹺蹊作怪底小說來。」
【蹺足而待】
抬起腳跟等待。形容時間很短即可實現。三國蜀·諸葛亮《勸將士勤攻己闕教》：「自今已後，諸有忠慮於國，但勤攻吾之闕，則事可定，賊可死，功可蹺足而待矣。」
【敲邊鼓】
比喻從旁幫腔，鼓動別人。例他說得夠多了，用不著你再敲邊鼓。也作「打邊鼓」。
【敲冰戛玉】
戛：ㄐㄧㄚˊ，輕輕敲打。比喻樂音清脆，彷彿敲擊冰玉一樣。宋·楊無咎《垂絲釣·鄧端友席上贈呂倩倩》：「聽敲冰戛玉，恨雲怨雨，聲聲總在愁處。」也作「敲金戛玉」。《歧路燈》三三回：「磕碗撞盤，幾上奏敲金戛玉之韻；淋湯漓汁，桌頭寫秦籀漢篆之形。」
【敲冰求火】
敲開冰去找火。比喻不可能辦到的事。例宋廷雖成了萬元戶，卻惜金如命，你去向他借錢無異於敲冰求火。
【敲不響的木鼓——心太實】
雙關語。比喻心眼實在，不會弄虛作假。例他是敲不響的木鼓——心太實，從不偷奸耍滑，虛報數字。
【敲對台鑼鼓】
比喻採取針鋒相對的行動反對對方。例這個事你辦得不地道，別怪我要和你敲對台鑼鼓了。
【敲釘錘】
比喻詐詐錢財。例你想到這兒敲釘錘，可是找錯了地方。
【敲骨剝髓】
見「敲骨吸髓」。
【敲骨吸髓】
髓：骨髓。比喻殘酷的剝削和攫取。《景德傳燈錄·第二十八祖菩提達摩》：「昔人求道，敲骨吸髓，刺血濟饑。」清·湯斌《米色難期純一，謹請紅白兼收，以恤災黎疏》：「今歲被災最重，汪洋千頃，今時已歲暮，即敲骨吸髓，亦艱副冬兌冬開之限。」也作「敲骨剝髓」。《封神演義》二九回：「未有身爲大臣逢君之惡，蠱惑天子，殘虐萬民，假天子之命令，敲骨剝髓，盡民之力肥潤私家，陷君不義，忍心喪節，如令兄者。」
【敲金擊石】
金：鐘；石：磬。鐘、磬均爲古代樂器。比喻樂音或音韻鏗鏘。唐·韓愈《代張籍與李浙東書》：「籍又善於古詩……閣下憑幾而聽之，未必不如聽吹竹彈絲，敲金擊石也。」也作「敲金擊玉」。明·無名氏《漁樵閒話》一折：「我聽的朱門裏奏笙歌，相府內夜排筵宴，炰龍烹鳳，敲金擊玉。」
【敲金擊玉】
見「敲金擊石」。
【敲金戛玉】
見「敲冰戛玉」。
【敲警鐘】
比喻對可能發生的意外或危險事先提出警告。例他對交通法規掉以輕心，一定要給他好好敲警鐘，免得出事。
【敲鑼緊跟打鼓的——想（響）到一個點上去了】
想：「響」的諧音。比喻想法一樣。例關於明年工作的設想，我們是敲鑼緊跟打鼓的——想（響）到一個點上去了。也作「錘子打釺——想（響）到一個點子上」、「敲鑼打鼓——想（響）到一個點子上」、「銅鑼對大鈸——想（響）到一個點子上去了」。
【敲鑼賣糖——各幹一行】
也作「敲鑼賣糖——各管一行」、「敲鑼賣糖——各有各行」、「敲鑼賣藥——各幹一套」。見「打鐵放羊——各幹一行」。
【敲鑼捉麻雀——枉費心機】
見「燈草織布——枉費心機」。
【敲門磚，不值錢】
比喻謀取名利的手段，目的一達到就拋棄。《聊齋志異·於去惡》：「得志諸公，目不睹墳、典，不過少年持敲門磚，獵取功名，門既開，則棄去。」呂注：「古諺語：敲門磚，不值錢。」
【敲山震虎】
指製造聲勢，使對手害怕。《兒女英雄傳》三一回：「這要不用個敲山震虎的主意，怎的是個了當……·他便把那袖箭，從窗洞兒裏對了房上那賊。」

【敲山鎮虎——瞎咋呼】

咋呼：〈方〉吆喝。山是搖不動、敲不響的，更鎮不了老虎。比喻不明情況，亂吆喝。例王二心驚膽戰：難道他眞的知道了自己的秘密？又一轉念：不會，這是敲山鎮虎——瞎咋呼。也作「敲山震虎——瞎咋唬」。

【敲山鎮虎——虛張虛勢】

見「乾打雷不下雨——虛張虛勢」。

【敲木魚】

木魚：僧尼念經時所敲打的魚形鏤空木製響器。比喻經常提醒、督促別人。例已經囑咐過你多少次了，難道你眞要我天天敲木魚嗎？

【敲牛宰馬】

敲：同「宰」。泛指屠宰家畜牲口。元・無名氏《黃花峪》二折：「俺這裏敲牛宰馬，做個慶喜的筵席。」明・無名氏《桃園結義》三折：「俺如今敲牛宰馬將蒼天告，則願的共死同生未爲老。」

【敲喪鐘】

西方風習。教堂在宣告本區教徒死亡或爲死者舉行宗教儀式時均敲鐘。比喻死亡或滅絕的信號。例這一事件敲響了舊制度的喪鐘。

【敲沙罐】

比喻敲碎腦袋，處死。例對罪大惡極的法西斯份子的最好處置，就是把他們全部敲沙罐。

【敲下去的釘子——定了】

比喻已經決定，不再改變，或很難改變。例這條制度是敲下去的釘子——定了，必須執行。也作「死魚的眼睛——定了」、「上銹的釘子——吃定了」。

【敲小鼓】

形容心情緊張、不安。例我一想到自己要上台講演，心裏就直敲小鼓。

【敲詐勒索】

依仗權勢，敲詐錢財。葉君健《姐姐》：「這個城市，在英國人統治的殖民地時期，是一些冒險家、走私販子和敲詐勒索的一類人物出沒的地方。」

【敲戰鼓的槌兒——一對子】

比喻兩人關係親密，配合默契。例這兩位朋友，就像敲戰鼓的槌兒——一對子，在事業上從來不願意分開。

【敲著空碗唱大戲——窮開心】

敲著空碗：說明窮得沒飯吃。見「叫花子看戲——窮開心」。

【敲竹槓】

借故欺詐、要挾、騙取財物。例假借種種名目，要求贊助，其實就是敲竹槓。

ㄑㄧㄠˊ

【喬龍畫虎】

指假意獻殷勤。《金瓶梅詞話》二四回：「在他跟前那等花麗胡哨，喬龍畫虎，兩面刀哄他，就是千好萬好了。」

【喬遷之喜】

《詩經・小雅・伐木》：「伐木丁丁，鳥鳴嚶嚶。出自幽谷，遷於喬木。」鳥兒離開幽谷，遷到大樹上去。後以「喬遷之喜」指祝賀他人遷入新居或榮升高職。例王老師搬進新宿舍樓，好多同事都去慶賀他們喬遷之喜。

【喬喬畫畫】

喬：改換；畫：修飾。指化裝打扮。《水滸傳》六六回：「初更左右，王矮虎、一丈青、孫新、顧大嫂、張青、孫二娘三對兒村里夫妻，喬喬畫畫，裝扮做鄉村人，挨入在人叢裏，便入東門去了。」

【喬松之壽】

喬、松：古代傳說中的仙人王喬和赤松子。指像仙人一樣長壽。《戰國策・秦策三》：「君何不以此時歸相印，讓賢者授之，必有伯夷之廉；長爲應侯，世世稱孤，而有喬松之壽。孰與以禍終哉！」

【喬裝打扮】

改變服飾，修飾容貌，使人不認識自己。比喻隱蔽眞面目，給人以假象。《痛史》二三回：「我並不出家修道，不過是喬裝打扮，掩人耳目，借著賣藥爲名，到處訪求英雄，以圖恢復中國。」也作「喬裝改扮」。《三俠五義》七七回：「只得自己喬裝改扮成了一位斯文秀才模樣。」也作「喬裝假扮」。明・屠隆《彩毫記・羅襪爭奇》：「有多少喬裝假扮逞歡樂，豈知憂患娛朝暮。」

【喬裝改扮】

見「喬裝打扮」。

【喬裝假扮】

見「喬裝打扮」。

【僑終蹇謝】

僑：公孫僑，即子產；蹇：ㄐㄧㄢˇ，蹇叔，兩均是春秋時政治家；終、謝：死亡。感嘆賢才謝世常用語。南朝梁・沈約《齊故安陸昭王碑文》：「豈唯僑終蹇謝，興謠輟相而已哉。」

【蕎麥堆裏紮錐子——尖對棱】

得好好學習。也作「屁股坐竹凳——底子空」。見「菱角碰粽子——尖對尖」。

【蕎麥粒兒——有棱有角】

比喻人鋒芒顯露或嶄露頭角。例這個人性格倔强，有魄力，在工作中就像蕎麥粒兒——有棱有角，人們非常敬畏。也作「青芭蕉——有棱有角」。

【蕎麥麵肉包子——皮黑一兜肉】

比喻人或物外表不好看，但內裏好。例不要以貌取人，他是蕎麥麵肉包子——皮黑一兜肉，品德好，有學問，是不可多得的人才。

【蕎麥皮打糨糊——不粘板】

蕎麥皮沒有黏性，用它打糨糊，粘不住東西。比喻不能勝任。例做記者編輯工作，在文學上缺乏基本功，那是蕎麥皮打糨糊——不粘板。

【蕎麥皮打糨糊——兩不沾(黏)】

見「豆腐渣糊牆——兩不沾(黏)」。

【蕎麥皮打糨糊——粘不到一起】

見「穀糠蒸窩頭——難捏合」。

【蕎麥皮裏擠油——死摳】

形容非常吝嗇或過於苛求。例在生活上，他是蕎麥皮裏擠油——死摳，以致營養不良，骨瘦如柴。

【蕎麥去了皮——棱沒棱，仁沒仁】

蕎麥去了皮，棱沒有了，仁也破碎了。形容壞到了極點。例這個人是蕎麥去了皮——棱沒棱，仁沒仁，什麼壞事都幹得出來。

【橋倒壓不死鮮魚】

比喻自己靈巧機智，就不會在壓力面前退卻。例「橋倒壓不死鮮魚」。只要機智勇敢，再大的壓力也是壓不垮的。

【橋孔裏插扁擔——擔不起】

見「扁擔插進橋洞裏——擔不起」。

【橋上起塔——底子空】

比喻基礎不紮實。例咱鄉人民文化程度低，是橋上起搭底子空，還得好好學習。也作「屁股坐竹凳——底子空。」

【橋是橋，路是路——一清二楚】

比喻很明白，透徹。例當時把問題交待得橋是橋，路是路——一清二楚，怎麼會搞錯呢？也作「橋是橋，路是路——清清楚楚」、「楚河漢界——一清二楚」、「手上的皺紋——清清楚楚」、「泉水裏看石頭——一清二楚」。

【樵蘇不爨】

樵：打柴；蘇：割草；爨：ㄘㄨㄢˋ，做飯。打柴割草卻不做飯。形容隱士高逸的生活。一說因家境貧困無米下鍋做飯。三國魏・應璩《與待郎曹長思書》：「悲風起於閨闥，紅塵蔽於幾榻，幸有袁生，時步玉趾，樵蘇不爨，清淡而已，有似周黨之過閔子」。

【樵語牧唱】

樵語：打柴人的話語；牧唱：放牧者的歌聲。形容純樸親切的鄉音。例劉老從海外回到了闊別了半個世紀的故鄉，處處喜聞樵語牧唱，彷佛一下子變得年輕了。

ㄑㄧㄠˇ

【巧不可階】

階：台階，引申爲趕上。巧妙之極，誰也趕不上。清・紀昀《閱微草堂筆記・如是我聞四》：「其推步星象，製作器物，實巧不可階。」

【巧不若拙】

巧：巧捷，巧僞，拙：樸拙。巧僞奸詐不如樸拙誠實。《淮南子・人間訓》：「事有所至，而巧不若拙。」也作「巧不勝拙」。《清史稿・江之桐傳》：「以力爲本，以技濟之，謂之練士；作其勇者，謂之選鋒。世之便騎射、習火器，以爲士卒程，事取捷速，恆不能持久。洎乎接刃，則霍然而去。故曰：『巧不勝拙。』」

【巧不勝拙】

見「巧不若拙」。

【巧奪天工】

奪：勝過；天工：自然形成的。形容技藝精妙絕倫。元・伊士珍《嫏嬛記》卷上引《采蘭雜志》：「甄后既入魏宮，宮庭有一綠蛇，口中恆有赤珠……每日后梳妝則盤結一髻形於后前，后異之，因效而爲髻，巧奪天工。」

【巧發奇中】

射箭技巧高超，每發必中。比喻善於發言，能切合實際，適合人意。《史記・孝武本紀》：「少君資好方，善爲巧發奇中，嘗從武安侯飲，坐中有年九十餘老人，少君乃言與其大父遊射處，老人爲兒時從其大父行，識其處，一座盡驚！」

【巧立名目】

在法定項目之外，又定出若干種名目。《清史稿・諾岷傳》：「上屢飭各省督察有司，耗羨既歸公，不得巧立名目，復有所取於民。」

【巧取豪奪】

巧取：騙取；豪奪：用蠻橫手段搶奪。指用欺詐或憑强力掠奪。聞一多《關於儒、道、土匪》：「『巧取豪奪』這成語，不正好用韓非的名言『儒以文亂法，俠以武犯禁』來說明嗎？」也作「巧偷豪奪」。宋・周煇《清波雜志》五：「老米酷嗜書畫，嘗從人借古畫自臨拓，拓竟，並與眞贋本歸之，俾其自擇而莫辨也。巧偸豪奪，故所得爲多。」

【巧舌如簧】

見「巧言如簧」。

【巧他爹打巧他娘——巧極(急)了】

極：「急」的諧音。雙關語。比喩事情非常湊巧。有時指心靈巧手，技藝很高。例今天在旅遊聖地山遇著你，眞是巧他爹打巧他娘——巧極（急）了。

【巧同造化】

巧：技巧，技藝；造化：天地宇宙的造物能力。形容人的創造力可與天地相比，即人的創造力及其偉大。《列子・湯問》：「穆王始悅而嘆曰：人之巧乃可與造化者同功乎！」

【巧偷豪奪】

見「巧取豪奪」。

【巧媳婦做不出沒米的粥來】

比喻雖有才能，但無必要條件，才能也發揮不出來。《紅樓夢》二四回：「難道舅舅就不知道的，還是有一畝地兩間房子，如今在我手裏花了不成？『巧媳婦做不出沒米的粥來』，叫我怎麼樣呢？」也作「巧婦難爲無米之炊」、「巧媳婦做不出沒米的飯」。

【巧言不如直道】

說話兜圈子，不如直來直去明說。《三刻拍案驚奇》二六回：「『巧言不如直道』，你畢竟要了落老牌，屋裏碗、碟，昨日打得粉碎，令正沒好氣，也不肯替你安排，倒不如在這邊酒店裏坐一坐罷！」

【巧言利口】
利口：鋒利的口辯。指能言善辨。漢・東方朔《非有先生論》：「三人皆詐僞，巧言利口以進其身。」

【巧言令色】
巧言：好聽的虛僞的話；令色：：討好別人的表情。指花言巧語，討好別人。《論語・學而》：「巧言令色，鮮矣仁。」宋・蘇轍《論語拾遺》：「巧言令色，世之所說也；剛毅木訥，世之所惡也」。元・馬致遠《薦福碑》三折：「抵死待要屈脊低腰，又不會巧言令色。」

【巧言亂德】
巧僞騙人的話，可敗壞道德。《論語・衞靈公》：「子曰：『巧言亂德』。」

【巧言偏辭】
浮華動聽的假話。例不管怎樣的巧言偏辭，終究騙不了人。

【巧言如簧】
簧：樂器中可發聲音的簧片。指很動聽的假話、虛僞的話。郭沫若《屈原》四幕：「你這無恥的讕言，你這巧言如簧的挑撥離間，虧你還戴著一個人的面孔。」也作「**巧舌如簧**」。唐・劉兼《戒是非》詩：「巧舌如簧總莫聽，是非多自愛憎生。」

【巧言如流】
用虛僞的好話迷惑人，如水一樣流暢。《詩經・小雅・雨無正》：「巧言如流，俾躬處休。」

【巧語花言】
指虛僞動聽的謊言。元・王實甫《西廂記》三本二折：「對人前巧語花言，沒人處便想張生，背地裏愁眉淚眼。」《西遊記》二七回：「還打的是！就一棍子打殺，師父念起那咒，常言道：『虎毒不吃兒』。憑著我巧語花言，嘴伶舌便，哄他一哄，好道也罷了。」

【巧詐不如拙誠】
智巧而奸詐不如笨拙而誠實。漢・劉向《說苑・叢談》：「智而用私，不如愚而用公。故曰：巧詐不如拙誠。」

【巧者多勞拙者閒】
精明能幹的人多辛苦，反使拙笨的人得以清閒自在。《西遊記》四六回：「行者望見，心疑道：『那呆子笑我哩！『正是巧者多勞拙者閒』。老孫這般舞弄，他倒自在。等我作成他捆一繩，看他可怕。』」

【巧拙有素】
舊時認爲人有靈巧、笨拙，生來就如此。三國魏・曹丕《典論・論文》：「至於引氣不齊，巧拙有素，雖在父兄，不能以移子弟。」

【愀然變色】
臉色立刻改變。《史記・蘇秦列傳》：「齊王愀然變色曰：『然則奈何？』」清・昭槤《嘯亭雜錄》卷六：「是夜，余聞變，亦愀然變色，賴慶公撫御士卒，列隊以待。」

【愀然不樂】
愀然：面色嚴肅。形容面無笑容，心中不快。《三國演義》一一六回：「[鄧]艾聞言，愀然不樂，忽鍾會檄文至，約艾起兵，於漢中取齊。」

ㄑㄧㄠˋ

【俏大姐的頭髮——波濤滾滾】
俏：漂亮。比喻事物一浪高一浪地迅猛發展。常用於戲謔。例你們校辦工業就像俏大姐的頭髮——波濤滾滾，誰說臭老九只會說不會幹？

【俏大姐的頭髮——輸（梳）得光】
輸：「梳」的諧音。比諭失敗慘重。例狗强盜，來進攻吧，咱們定叫你俏大姐的頭髮——輸（梳）得光。

【俏大姐坐飛機——美上天了】
比喻得意極了。例這孩子受到老師的表揚，就像俏大姐坐飛機——美上天了。

【俏媳婦戴鳳冠——好上加好】
鳳冠：古代后妃所戴的帽子。形容極好。例展覽會上陳列的展品，件件都很精美，眞是俏媳婦戴鳳冠——好上加好。也作「**錦上繡花——好上加好**」。

【翹辮子】
比喻人死亡。例他信迷信，病得很厲害，就是不去看大夫，請巫婆到家來裝神弄鬼，喝神水，沒想到幾天以後就翹辮子了。

【翹領企踵】
見「翹足引領」。

【翹首企足】
見「翹足引領」。

【翹首引領】
見「翹足引領」。

【翹尾巴】
比喻驕傲自大。例有了成績，獲得了榮譽，不要翹尾巴。

【翹足而待】
抬起腳跟來等待。形容時間很短即可實現。《史記・高祖本紀》：「大臣內叛，諸侯外反，亡可翹足而待也。」三國魏・何晏《景福殿賦》：「彼吳、蜀之湮滅，固可翹足而待之。」也作「**翹足可期**」。唐・陸贄《奉天奏李建徽楊惠元兩節度兵馬狀》：「滅亡之禍，翹足可期。」也作「**蹺足而待**」。

【翹足企首】
見「翹足引領」。

【翹足引領】
翹足：舉起腳跟；領：頸。抬起腳後跟，伸著脖子。形容熱切盼望。漢・陳琳《檄吳將校部曲文》：「是以立功之士，莫不翹足引領，望風響應。」也作「**翹足企首**」。清・汪琬《送王進士之任揚州序》：「吾友王子貽上，出爲推官揚州，將與吾黨別。吾見憾者方在燕市，而慶者已翹足企首相望江淮之間矣。」也作「**翹首企足**」。梁啟超《英雄與時勢》：「今日禹域之厄運，亦已極矣……斯乃舉天下翹首企足喁喁焉望英雄之時也。」也作「**翹首引領**」。晉·封抽《上疏陶侃府請封慕容廆爲燕王》：「廆雖限以山海，隔以羯寇，翹首引領，繫心京師。」也作「**翹領企踵**」。梁啟超《讀宣統二年十月三日上諭感言》：「旬日以來，舉國士輟誦，農釋耜，工商走於市，婦孺語於閭，咸喁喁焉翹領企踵。」

【蹺足可期】
見「翹足而待」。

ㄑㄧㄡ

【丘八爺】
「兵」字分割成「丘」、「八」二字。舊社會對士兵的諷稱。即士兵。例那年月，老百姓最害怕的就是那些穿二尺半的丘八爺。

【丘壑涇渭】
丘壑：小山、山溝；涇：涇水，水流清澈；渭：渭水，水流混濁。涇水渭水在今陝西省境內。原指山水高低清濁分明，後比喻人心裏的各種主意打算。《紅樓夢》七九回：「原來這夏家小姐今年方十七歲……若論心裏的丘壑涇渭，頗步熙鳳的後塵。」

【丘里之言】
丘里：四邑爲丘，五鄰爲里。泛指大衆的言論。《莊子·則陽》：「少知問太公調曰：『何謂丘里之言？』太公調曰：『丘里者，合十姓百名，以爲風俗也。』」

【蚯蚓變蛟——縱變不高】
蛟：蛟龍，古代傳說能興風作浪、發洪水的龍。比喻變化不大，長進不多。例大家都取得了長足的進步，只有你是蚯蚓變蛟—縱變不高。

【蚯蚓打呵欠——土里土氣】
比喻沒有見過世面，不合潮流。例在社交場合，要落落大方，別像蚯蚓打呵欠——土里土氣。也作「**蚯蚓打呵欠——土氣大**」。

【蚯蚓釣鯉魚——以小引大】
比喻代價小收穫大。例這小子是個精靈鬼，特別工於計算，常常是蚯蚓釣鯉魚——以小引大。

【蚯蚓爬石板——無地自容】
多形容羞愧到了極點。例小王今天的競技賽很反常，三次失敗，感到有點像蚯蚓爬石板——無地自容。

【蚯蚓刨地——費力不小，收穫不大】
比喻事倍功半，收效甚微。例這種工作坊式的作業形態，就像蚯蚓刨地——費力不小，收穫不大，必須徹底改變。

【蚯蚓走路——伸伸縮縮】
比喻猶豫不決，縮手縮腳。例工作就要大膽，潑辣，蚯蚓走路——伸伸縮縮，是絕對幹不出什麼名堂來的。也作「**蚯蚓走路——伸一下，縮一下**」、「**烏龜的腦袋——伸伸縮縮**」。

【蚯蚓走路——以曲求伸】
比喻以彎曲求得伸展。例抗日戰爭時期，一些漢奸頭目就像蚯蚓走路——以曲求伸，提出了所謂「曲線救國」的謬論，爲自己的賣國行徑辯護。也作「**秤鈎打針——以曲求伸**」。

【秋草人情】
秋天一到，草逐漸枯黃。比喻人情日益冷落疏遠。元·關漢卿《魯齋郎》三折「浮雲世態紛紛變，秋草人情日日疏。」

【秋蟬落地——啞了】
秋天的蟬掉到地上，說明快要死了，不能再發出鳴聲。比喻啞口無言，默不作聲。例你在這樣重要的會議上不發言，爲什麼？秋蟬落地——啞了！

【秋風過耳】
比喻對事情漠不關心，猶如秋風從耳邊吹過一樣。《西遊記》七七回：「行者笑道：『莫說是麻繩捆的，就是碗粗的棕纜，只也當秋風過耳，何足罕哉！』」

【秋風落葉】
秋風將落葉一掃而光。比喻將沒落衰亡的東西迅速摧垮。宋·洪邁《夷堅乙志·齊先生》：「諸公見其高門華屋，上干霄漢，三年之後無一瓦蓋頭矣……雖蹇驢亦無有矣，人言秋風落葉，此眞是也。」

【秋風團扇】
見「秋扇見捐」。

【秋高馬肥】
秋天水清氣爽，馬匹上膘，變得肥壯。《元史·世祖本紀》：「今遷王道貞往諭，卿等當整爾士卒，礪爾戈矛，矯爾弓矢，約會諸將，秋高馬肥，水陸分道前進，以爲問罪之舉。」

【秋高氣爽】
形容秋季天空晴朗明淨，氣候涼爽宜人。唐·杜甫《贈特進汝陽王二十二韻》詩：「披霧初歡夕，高秋爽氣澄。」《孽海花》一九回：「那時秋高氣爽，塵軟蹄輕，不一會兒，已到了門口。」也作「**秋高氣肅**」。宋·張掄《醉落魄·咏秋》：「秋高氣肅，西風又拂盈盈菊，挪金弄玉香芬馥。」

【秋高氣肅】
見「秋高氣爽」。

【秋毫不犯】
見「秋毫無犯」。

【秋毫無犯】
秋毫；入秋後，動物新換上的絨毛，喻指十分細微的東西。形容軍隊紀律嚴明，絲毫不騷擾侵犯老百姓。《後漢書·岑彭傳》：「持軍整齊，秋毫無犯。」也作「**秋毫不犯**」。唐·李白《永生東巡歌》：「秋毫不犯三吳悅，春日遙看五色光。」

【秋毫之末】
比喻十分細微的東西。《孟子·梁惠王上》：「明足以察秋毫之末。」《淮南子・原道訓》：「神托於秋毫之末，而大宇宙之總，其德優天地而和陰陽，節四時而調五行。」

【秋後的芭蕉——一串一串的】

見「冰糖葫蘆——一串一串的」。

【秋後的蒼蠅——翅膀都搧不動了】

見「斷了翅膀的蒼蠅——嗡嗡不了幾天」。

【秋後的鋤——掛起來】

見「架上的葫蘆——掛著」。

【秋後的蟈蟈——沒幾天吱吱頭了】

吱吱；蟈蟈的鳴聲。見「斷了翅膀的蒼蠅——嗡嗡不了幾天」。

【秋後的核桃——滿人（仁）】

人；「仁」的諧音。雙關語。比喻人員已滿，沒有餘地。例請改日再來買票吧，今天是秋後的核桃——滿人（仁）了。也作「山裏的核桃——滿人（仁）」、「八月的核桃——滿人（仁）兒」。

【秋後的螞蚱——蹦達不了幾天】

螞（ㄇㄚˇ）蚱：蝗虫；蹦達；蹦跳，此指掙扎。比喻掙扎不了多久，離死不遠。例別看敵人氣勢洶洶，其實是秋後的螞蚱——蹦達不了幾天。也作「秋後的螞蚱——跳不長了」、秋後的螞蚱——日子長不了」、「秋後的螞蚱——等著伸腿吧」、「無頭的螞蚱——蹦達不了幾天」、「上了坡的蝦仔——跳不了幾天啦」、「霜降後的螞蚱——蹦到頭了」。

【秋後的茄子——蔫了】

見「久旱的莊稼——蔫了」。

【秋後的青蛙——銷聲匿跡】

銷：消失；匿：隱藏。比喻不聲不響地隱藏起來，不露踪跡。例猖狂一世的小霸王，現在，怎麼成了秋後的青蛙——銷聲匿跡。也作「秋後的蚊蟲——銷聲匿跡」。

【秋後扇子——無人過問】

見「冬天賣扇子——無人過問」。

【秋後的樹葉——黃了】

見「大秋的莊稼——黃了」。

【秋後的絲瓜——滿肚子私（絲）】

私；「絲」的諧音。比喻私心很重。例誰都知道，他是秋後的絲瓜——滿肚子私（絲）。也作「屬蜘蛛的——滿肚子私（絲）」、「老蜘蛛——一肚子私（絲）」、「秋後的絲瓜——一肚子私（絲）」、「蠶肚子——盡是私（絲）」、「剪開個蠶繭貼在眼上——滿眼都是私（絲）」。

【秋後的兔子——跑過幾壟地，聽過幾聲響】

比喻見過一些世面，有一定的社會經驗。例他的確是秋後的兔子——跑過幾壟地，聽過幾聲響，在這樣複雜的環境中，還能應付自如。

【秋後的蚊子——嗡嗡不了幾天】

也作「秋後的蚊子——沒幾天嗡嗡頭了」、「秋後的蚊子——神氣不了幾天啦」、「秋後的蚊子——日子長不了」。見「斷了翅膀的蒼蠅——嗡嗡不了幾天」。

【秋後的知了——沒幾天叫頭】

比喻活不了多久。例這老頭眞可憐，辛苦一世，眼看就是秋後的知了——沒幾天叫頭。也作「秋後的蛤蟆——沒幾天叫頭」、「秋後的山蟬——叫不了幾聲啦」、「霜降後的蟈蟈——沒幾天叫頭」。

【秋後上地——專找茬兒】

秋後收割完莊稼，地裏剩下的是農作物的茬兒。雙關語。比喻故意挑毛病。例既要看到問題，也要看到成績，秋後上地——專找茬兒的作法是片面的，不利於調動大家的積極性。也作「秋後到地裏——專門找茬兒」。

【秋後算帳】

指日後算總帳，即報復。例只要我們把產量搞上去了，就不怕他秋後算帳。

【秋韆頂上曬衣服——好大的架子】

見「扛牌坊賣肉——好大的架子」。

【秋茄晚結，菊花晚發】

比喻人到老年仍有作爲。明・高則誠《琵琶記》三齣：「卻不道『秋茄晚結，菊花晚發』，我雖然老便老，似京棗，外面皺，裏面好。」

【秋去冬來——年年都一樣】

見「花開花落——年年都一樣」。

【秋扇見捐】

漢・班婕好《怨歌行》：「裁爲合歡扇，團團似明月。出入君懷袖，動搖微風發。常恐秋節至，涼飆奪炎熱。棄捐篋笥中，恩情中道絕」。捐：棄置一旁。後以「秋扇見捐」比喻婦女年老色衰被丈夫遺棄。也作「秋風團扇」。淸・洪昇《長生殿・獻發》：「秋風團扇原吾分，多謝連枝特遇存。」

【秋收冬藏】

秋季收割，冬季貯藏。泛指農事。《史記・太史公自序》：「夫春生夏長，秋收冬藏，此天道之大經也。」

【秋水芙蓉】

芙蓉：荷花。明麗的荷花在清澈的秋水中開放。形容詩文清新可愛。明・袁宏道《敍吳氏家繩集》：「吳川自出機軸，氣雋語快，博於取材而藻於屬辭。比之遂溪，蓋由淡而造於色態者，所謂秋水芙蓉。」

【秋水伊人】

秋水：比喻清澈的眼波，引申爲盼望；伊人：那個人，指意中人。指思念好友或意中人。淸・龔萼《雪鴻軒尺牘・答許葭村》：「登高望遠，極目蒼涼，正切秋水伊人之想，適接瑤章，如同晤對，即滿浮三大白，不負茱萸令節也。」。」

【秋天剝黃麻——扯皮】

見「活剝兔子——扯皮」。

【秋天的苞穀粑——外行（黃）】

苞穀粑：玉米麵做的餅類食物。行：「黃」的諧音。見「和尚拜堂——外行」。

【秋天的高粱——紅到頂了】

見「戴紅纓帽上樹——紅到頂了」。

【秋天的黃瓜棚——空架子】

比喻只有形式，沒有實際內容。例他家原來是大富翁，後來逐漸衰落，現在已變成了秋天的黃瓜棚——空架子。也作「豬標本——空架子」。

【秋天的螞蚱——不長久】

也作「秋天的螞蚱——難長久」。見「風裏點燈——不長久」。

【秋天的棉桃——咧開了嘴】

也作「秋天的棉桃——合不攏嘴」。見「和尚的木魚——合不攏嘴」。

【秋天的嫩冬瓜——胎毛還沒退】

胎毛：初生的哺乳動物身上的毛。比喻人很幼稚。例別在衆人面前逞能了，你是秋天的嫩冬瓜——胎毛還沒退，人家會笑話的。

【秋荼密網】

荼：茅草和蘆上的白花，到秋天最繁盛；密網：細密的漁網。漢・桓寬《鹽鐵論・刑德》：「昔秦法繁於秋荼，而網密於凝脂。」後以「秋荼密網」比喻刑法苛刻繁多。南朝齊・王融《永明九年策秀才文》：「傷秋荼之密網，惻夏日之嚴威。」

【秋夜的蟬——自鳴得意】

比喻自以爲了不起。例看你那一付秋夜的蟬——自鳴得意的樣子，似乎天下就數你能了。

【秋月春風】

指自煞界美妙的景色，也指人生中美好的歲月。唐・白居易《琵琶行》：「今年歡笑復明年，秋月春風等閒度。」也作「秋月春花」。明・王世貞《鳴鳳記》一齣：「秋月春花易老，賞心樂事難憑。」

【秋月春花】

見「秋月春風」。

【秋月寒江】

秋夜皎潔的月光，冬天清澈的江水。比喻品德高尚的人，心地純潔。宋・黃庭堅《贈別李次翁》：「德人天游，秋月寒江。」

ㄑㄧㄡˊ

【囚犯解解差——倒過來】

解差：舊時稱押送財物或犯人的人。比喻是非顚倒。例兒女長大成人，不侍候父母，反而要父母照料，眞是囚犯解解差——倒過來。

【囚首喪面】

像囚徒般不梳頭，如居喪不洗臉。形容儀容不整，污穢不堪。宋・蘇洵《辨奸論》：「今也不然，衣臣虜之衣，食犬彘之食，囚首喪面，而談詩書，此豈其情也哉。」

【求備一人】

備：完備。要求一個人完美無缺。比喻對人過分苛求。《論語・微子》：「周公謂魯公曰：『君子不施其親，不使大臣怨乎不以。故舊無大故，則不棄也。無求備於一人！』」

【求不厭寡】

求來的東西不能嫌少。《淮南子・泰族訓》：「功不厭約，事不厭省，求不厭寡。功約易成也，事省易治也，求寡易澹也。」

【求道於盲】

向盲人問路。比喻向無知的人求教。多用於謙詞。唐・韓愈《答陳生書》：「足下求速化之術，不於其人，乃以訪愈，是所謂借聽於聾，求道於盲。」

【求佛求一尊】

比喻求人時眞心眞意地求一位有用的就行了，不可亂求。例俗話說：「求佛求一尊」。求一個頂用，比求十個都不頂用强！

【求福禳災】

禳：ㄖㄤˊ，古代以祭禱消災的一種迷信活動。祈求神靈降福於世，消除災害。漢・荀悅《漢紀・武帝紀》：「若夫神君之類精神之異，非求請所能致也，又非可以求福而禳災矣。」

【求劍刻舟】

比喻辦事不知變通，拘泥固執。宋・嚴仁《歸朝歌・南劍雙溪樓》詞：「變化往來無定所，求劍刻舟應笑汝。」參見「刻舟求劍」。

【求漿得酒】

漿：普通的飲料。比喻得過於求。唐・張鷟《朝野僉載》：「歲在申酉，求漿得酒。」

【求馬唐肆】

唐肆：也作「廣肆」，市集，不能停留馬的地方。比喻索取東西走錯了地方。《莊子・田子方》：「彼已盡矣，而女（汝）求之以爲有，是求馬於唐肆也。」

【求名奪利】

見「求名求利」。

【求名求利】

追求名利。宋・孫惟信《水龍吟・除夕》詞：「禱告些兒，也都不是，求名求利。」也作「求名奪利」。明・沈受先《三元記・空歸》：「求名奪利誇得意，勝似狀元及第。」

【求名責實】

按照名稱查考內容，看是否名副其實。唐・劉知幾《史通・本紀》：「霸王者，即當時諸候。諸侯而稱本紀，求名責實，再三乖謬。」

【求木之長者，必固其根本；欲流之遠者，必浚其泉源】

浚：ㄐㄩㄣˋ，疏通。要想讓樹木長得高，一定要加固它的根基；要想讓河水流得遠，一定要疏通它的泉源。比喻做事應打好基礎，抓住根本。唐・魏徵《諫太宗十思疏》：「求木之長者，必固其根本；欲流之遠者，必浚其泉源；思國之安者，必積其德義。」

【求其友聲】

朋友因志趣相投而結交，如鳥鳴聲同相應。《詩經・小雅・伐木》：「嚶其鳴矣，求其友聲。相彼鳥矣，猶求友聲；矧伊人矣，不求友生？」唐・楊炯《爲薛令祭劉少監文》：「言念平生，求其友聲，適我願兮，共得朋從之道。」

【求親靠友】

求助於親戚朋友，多指借貸。《紅樓夢》四二回：「這兩包，每包五十兩，共是一百兩，是太太給的，叫你拿去，或者做個小本買賣，或者置幾畝地，以後再別求親靠友的。」

【求籤向卜】

見「求神問卜」。

【求全責備】

責備：要求完備。比喻過於挑剔。《西湖二集・胡少保平倭戰功》：「正要諒他那種不得已的苦心，隱忍以就功名，怎麼絮絮叨叨，只管求全責備！」

【求全之毀】

力求完美無缺，反而遭到詆毀。《孟子・離婁上》：「有不虞之譽，有求全之毀。」朱熹注：「求免於毀而反致毀，是爲求全之毀。」《紅樓夢》五回：「如今與黛玉同處賈母房中，故略比別的姊妹熟慣些。既熟慣，便更覺親密；既親密，便不免有些不虞之隙，求全之毀。』

【求人不如求己】

凡事若依賴別人，不如自己努力。張恨水《金粉世家》三二回：「看她的樣子，更是不行，心想，求人不如求己，我自己去吧。」

【求人須求大丈夫，濟人須濟急時無】

求人要求樂於助人的人，助人要在最需要的時刻。《金瓶梅詞話》六○回：「西門慶看了文契，還使王經：『送與你常二叔收了。』不在話下。正是：『求人須求大丈夫，濟人須濟急時無。』」

【求仁得仁】

《論語・述而》：「［子貢］入曰：『伯夷叔齊何人也？』曰：『古之賢人也。』曰：『怨乎？』曰：『求仁而得仁，又何怨？』出曰：『夫子不爲也。』」後以「求仁得仁」指正如心願，心滿意足。唐・白居易《答戶部崔侍郎書》：「退思此語，撫省初心；求仁得仁，又何不足之有也？」

【求容取媚】

希望得到容納，諂媚討好。《三國志・蜀書・法正傳》：「旦夕偷幸，求容取媚，不慮遠圖，莫肯盡心獻良計耳。」

【求榮賣國】

爲個人榮華富貴不惜出賣國家利益。《說岳全傳》二六回：「兀術暗想：『康王用的俱是奸臣。求榮賣國之輩，如何保守得江山？』一面與軍師哈迷蚩商議發令，準備明日行事。」也作「**賣國求榮**」。

【求三拜四】

形容到處求情，請別人盡力幫忙。《紅樓夢》一○○回：「眞正俗語說的，『寃家路兒狹』，不多幾天就鬧出人命來了！媽媽和二哥哥也算不得不盡心的了；花了銀錢不算，自己還求三拜四的謀幹。」

【求善不厭】

主動做好事，從不厭倦。《左傳・昭公十三年》：「施捨不倦，求善不厭。」

【求神拜佛】

向神仙。佛祖祈求保佑。《初刻拍案驚奇》卷一三：「有一富民姓嚴，夫妻兩口兒過活，三十歲上無子，求神拜佛，無時無處不將此事掛在念頭上。」

【求神問卜】

求助於神只，求決於占卜，以求避災得福。《醒世姻緣傳》四二回：「雖然擎了邪神，誰就好來他家求神問卜？」《西湖佳話・南屏醉跡》：「皇上不知原由，叫馮太尉去取，馮太尉走去取時，已不見了，心上著忙，不敢覆旨，故自出來求神問卜。」也作「**求籤問卜**」。《隋唐演義》一○回：「又常聞得官府要拿他家屬，又不知生死存亡，求籤問卜，越望越不回來，憂出一場大病，臥在床上，起身不動。」

【求生不生，求死不死】

處境艱難，生死都由不得自己。《金瓶梅詞話》五回：「一日，武大叫老婆過來吩咐他道：『你做的勾當，我親手又捉著你姦，你倒挑撥姦夫踢了我心。至今求生不生，求死不死，你們卻自去快活。』」也作「**求生不得，求死不能**」、「**求生不能生，求死不能死**」。

【求生害義】

爲保全生命，不惜損害道義公理。《晉書・孝愍帝紀》：「故其民有見危以授命，而不求生以害義，又況可奮臂大呼，聚之以干紀作亂乎。」

【求死不得】

形容異常痛苦，想以死解脫，但辦不到。明・李贄《焚書・何心隱論》：「百憂愴心，萬事瘁形，以至五內分裂，求死不得者，皆是也。人殺鬼殺，寧差別乎！」

【求索不止】

見「求索無厭」。

【求索無厭】

求索：討取；無厭：沒有止境。貪求永無滿足的時候。《呂氏春秋・懷寵》：「徵斂無期，求索無厭。」也作「**求索不止**」。漢・韓嬰《韓詩外傳》卷一：「嗜欲無厭，求索不止者，刑共殺之。」

【求田問舍】

購置田產房舍。形容人無大志。宋・陸游《大聖樂》：「又何須著意，求田問舍，生須宦達，死要名傳。」《初刻拍案驚奇》卷一八：「如今這些貪人，擁著嬌妻美妾，求田問舍，損人肥已，搬斤播兩，何等肚腸。」

【求同存異】

保留不同意見。指不以個別的分歧影

嚮在主要方面求得一致的意見。例中國代表團提出的求同存異的方針爲與會各國代表所接受，爲會議的成功奠定了基礎。

【求賢如渴】
見「求賢若渴」。

【求賢若渴】
如口渴想喝水那樣急切的訪求賢士。形容求賢的心情十分迫切。《隋書・韋世康傳》：「朕夙夜庶幾，求賢若渴，冀與公共治天下，以致太平。」也作「求賢如渴」。唐・魏徵《十漸不克終疏》：「貞觀之初，求賢如渴。善人所舉，信而任之。取其所長，恆恐不及。」

【求賢下士】
見「求賢用士」。

【求賢用士】
廣泛招求人才。元・白樸《博望燒屯》二折：「兄弟，俺求賢用士哩，你依著師父出去。」也作「求賢下士」。《隋唐演義》八二回：「乞陛下特恩，賜以冠帶，更使一朝臣往宣，乃見聖主求賢下士之至意。」

【求新立異】
力求新奇，與衆不同。《隋唐演義》三三回：「衆美人亦因煬帝留心裙帶，便個個求新立異蠱惑他，博片刻之歡。」

【求爺爺，告奶奶】
形容低聲下氣地向他人求助。例你可眞沒良心！爲了你的事，我四處「求爺爺，告奶奶」，好不容易才有些眉目，可你卻還說我的壞話！

【求益反辱】
想得到好處，結果反受到侮辱。《史記・張儀傳》：「張儀之來也，自以爲故人，求益，反見辱，怒。」

【求益反損】
想得到好處，結果反受到損害。宋・魏慶之《詩人玉屑・野人趣》：「『燒葉爐中無宿火，讀書窗下有殘燈』。有嫌『燒葉』貧寒太甚，改『葉』爲『藥』，不唯壞此一句，並下句亦減氣味，所謂求益反損也。」

【求魚緣木】
緣木：爬樹。爬到樹上找魚。比喻方法不對，白費力氣。明・鄭若庸《王玦記・博弈》：「終朝糊口無恆計，求魚緣木竟何濟。」參見「緣木求魚」。

【求則得之】
只要努力追求，目的就能實現。《孟子・告子上》：「故曰：『求則得之，捨則失之。』」

【求之不得】
指盡力尋求而得不到。《詩經・周南・關雎》：「求之不得，寤寐思服。悠哉悠哉，輾轉反側。」《魏書・羯胡石勒傳》：「御史因之，擅作威福，民有美女，好牛馬，求之不得，便誣以犯獸論，民死者相繼，海岱、河濟之間，民無寧志矣。」也指求還求不到，形容正尋求的某事物或某一願望終於實現了。宋・文天祥《正氣歌》：「楚囚纓其冠，傳車送窮北。鼎鑊甘如飴，求之不得。」

【求之有道】
以正當的方法謀取名利，而不可不擇手段。《論語・里仁》：「子曰：富與貴，是人之所欲也，不以其道得之不處也。」《孟子・盡心上》：「求之有道，得之有命，是求無益於得也，求在外者也。」

【求只求張良，拜只拜韓信】
求人幫忙要挑選管用的。《金瓶梅詞話》七回：「這婆子守寡了三四十年，男花女花都無，只靠侄男侄女養活。今日已過，明日我來會大官人：咱只倒在身上求他，『求只求張良，拜只拜韓信』。」

【虬躍龍騰】
虬：古代傳說中的一種龍。如龍在雲霄中跳躍翻騰。形容矯健有力，生機勃勃。唐・韋執誼《市駿骨賦》：「當不遇其知，乃負車而伏櫪；苟應乎其感，必虬躍而龍騰。」

【遒文壯節】
遒：遒勁。指文章剛勁有力，節奏鮮明。宋・胡仔《苕溪漁隱叢話・杜子美四》：「曹氏父子鞍馬間爲文，往往橫槊賦詩，故其遒文壯節，抑揚怨哀悲離之作，尤極千古。」

【裘敝金盡】
皮衣穿破，金錢用光。形容生活窘困，貧窮潦倒。《戰國策・秦策一》：「[蘇秦]說秦王，書十上而說不行，黑貂之裘弊，黃金百斤盡。資用乏絕，去秦而歸。」也作「金盡裘敝」。

【裘葛之遺】
遺：ㄨㄟˋ，贈送。引申作「接濟」。形容冬贈皮衣，夏贈單衣，贈禮四季適時，或接濟適時。明・宋濂《送東陽馬生序》：「今諸生學於太學，縣官日有廩稍之供，父母歲有裘葛之遺，無凍餒之患矣。」

【裘馬輕肥】
《論語・雍也》：「子曰：『赤之適齊也，乘肥馬，衣輕裘，吾聞之也，君子周急不繼富。』」朱熹注：「乘肥馬，衣輕裘，言其富也。」後以「裘馬輕肥」形容生活豪華。南朝梁・范雲《贈張徐州謖》：「儐從皆珠玳，裘馬悉輕肥。」

ㄑㄧㄢ

【千百爲羣】
成千成百地聚集在一起。形容很多人聚集在一起。明・余繼登《典故記聞》卷一四：「景泰以來近畿民畏避差徭，希圖富貴者，往往自宮赴禮部求進，自是以後，千百爲羣，禁之不能止。」

【千變萬變，官場不變】
舊時官場中的種種壞規矩壞作風已經根深蒂固，是不會改變的。田漢《琵琶行》五八場：「有道是，『千變萬變，官場不變。』沒有這個規矩，怎樣顯得做官的威風殺氣？」

【千變萬化】

形容變化無窮。《列子・湯問》：「穆王驚視之，趨步俯仰，信人也。巧夫，鎮其頤，則歌合律；捧其手，則舞應節。千變萬化，唯意所適。王以爲實人也。」《二十年目睹之怪現狀》七回：「官場中的事，千變萬化，哪裏說得定呢。」也作「**千變萬狀**」。唐・白居易《廬山草堂記》：「陰晴顯晦，昏旦含吐，千變萬狀，不可殫紀。」

【千變萬狀】

見「千變萬化」。

【千兵萬馬】

見「千軍萬馬」。

【千不如人，萬不如人】

指處處不如他人。例他雖然有缺點，有錯誤，即使是「千不如人，萬不如人」，可他也是人，也有做人的權利呀。

【千部一腔，千人一面】

見「千人一面」。

【千倉萬箱】

糧食儲備特別多。形容內容特別豐富。晉・葛洪《抱朴子・極言》：「凌霄之高，非一簣之積……千倉萬箱，非一耕所得；干天之木，非旬日所長。」

【千差萬別】

形容品類多並且各不相同。朱自清《「海闊天空」與「古今中外」》：「而身心所從來，又有遺傳、時代、周圍、教育等等，尤其五花八門千差萬別。」

【千尺有頭，百尺有尾】

比喻凡事都有其產生及存在的原由。例我不相信他會無緣無故罵你，俗話說：「千尺有頭，百尺有尾」，你肯定什麼地方得罪了他。

【千仇萬恨】

指仇很多，仇恨深。例南京大屠殺已過去半個世紀了，但這千仇萬恨，中國人民永記心頭。

【千愁萬恨】

憂愁多，怨恨多。形容心胸狹窄，多愁善感。明・陸采《懷香記・佳會贈香》：「受盡了千愁萬恨廢眠餐，捱至此夕償心愿」。

【千瘡百孔】

比喻被破壞得非常嚴重或弊病很多。梁斌《紅旗譜》四九：「讓他們都顯顯身手，誰能把這個千瘡百孔的中國從熱火裏救出來，算誰有本領。」也作「**千孔百瘡**」。《歧路燈》七五回：「實在此時，千孔百瘡，急切周章不開。」

【千錘百鍊】

千百次錘鍊。比喻撰寫詩文反覆推敲，精益求精。也指經歷過多次艱苦的鬥爭和考驗。清・趙翼《甌北詩話，李青蓮詩四》：「詩家好作奇句警語，必千錘百鍊而後能成。」馮雪峯《論〈保衛延安〉》：「這是眞正的人民戰士和英雄，是千錘百鍊出來的英雄，而不是僅僅立了一兩次功的英雄。」

【千錘打鑼，一錘定音】

比喻不論衆人怎麼爭論，最後還是得聽一個人的。例衆人七嘴八舌爭得面紅耳赤，也沒定出個條條，千錘打鑼，一錘定音，最後還是秘書長三言兩語作出了決定。

【千湊萬挪】

從四面八方湊集挪借。比喻費盡心思集攢一筆錢。《紅樓夢》七二回：「通共一二十兩銀子，還不夠三五天使用的呢，若不是我千湊萬挪的，早不知過到什麼破窰裏去了！」

【千村萬落】

許許多多的村莊。唐・韓偓《自沙縣抵龍溪縣……一絕》：「水自潺湲日自斜，盡無雞犬有鳴鴉；千村萬落如寒食，不見人煙空見花。」

【千刀萬剁】

見「千刀萬剮」。

【千刀萬剮】

極端殘酷地殺戮。表示無比仇恨《水滸傳》三八回：「千刀萬剮的黑殺才，老爺怕你的不算好漢，走的不是好男子！」也作「**千分萬剁**」。元・無名氏《爭報恩》三折：「我可便項戴著沉枷……乾著你六回三推，生將我千刀萬剁。」

【千叮萬囑】

反覆叮囑，表示對所托辦的事特別重視。《水滸傳》三六回：「臨行之時，又千叮萬囑，教我休爲快樂，苦害家中，免累老父愴惶驚恐。」

【千端萬緒】

端：頭；緒：絲頭。形容事物繁雜，頭緒特別多。梁啟超《商會議》：「夫所以自保之法，千端萬緒。其事既繁，則其費亦鉅。」也作「**千緒萬端**」。《晉書・陶侃傳》：「侃性聰敏，勤於吏職，恭而近禮，愛好人倫。終日斂膝危坐，閫外多事，千緒萬端，罔有遺漏。」也作「**千頭萬緒**」。宋・葛長庚《永遇樂・寄鶴林靖》詞：「尋思往事，千頭萬緒，回首消如夢裏。」

【千朵桃花，一樹所生】

比喻母親與兒女們之間血肉相連。《施公案》七六回：「賢臣坐下發怒，大罵：『富仁奴才！全不思千朵桃花，一樹所生』。你的用心，本府如一時心粗，用嚴刑拷問你兄弟，豈不寃枉了他！』」也作「**千朵鮮花一樹開**」。

【千恩萬謝】

再三表示感謝。《水滸傳》一〇四回：「李助是個星卜家得了銀子，千恩萬謝的辭了范全、王慶，來到段家莊回覆。」

【千帆競發】

競：競爭。數以千計的船只競相開發，形容事物充滿生機。例新春剛過，工業戰線便出現了千帆競發，萬馬奔騰的大好形勢。

【千方百計】
想盡一切辦法。《紅樓夢》六七回：「這裏老太太們爲姑娘的病體，千方百計請好大夫配藥診治，也爲是姑娘的病好。」也作「千方萬計」。《敦煌變文集·降魔變文》：「若論肯賣，不諍價之高低……千方萬計，不得不休。」

【千方萬計】
見「千方百計」。

【千夫所指】
受衆人的指責。形容觸犯衆怒，不得人心。章炳麟《聯省自治虛置政府議》：「千夫所指，其傾覆可立而期。」《魯迅書信集·致李秉中》：「今幸無事，可釋遠念。然而三告投杼，賢母生疑。千夫所指，無疾而死。生於今世，正不知來日如何耳。」也作「千人所指」。唐·柳澤《論時政書》：「不節之以禮，不妨之以法，終轉吉爲凶，變福爲禍，千人所指，無病自死，不其然歟！」

【千個師傅千個寶】
比喻每個師傅都有自己的一套絕招。例「千個師傅千個寶」。能人好手各有一套，誰也以爲自己是天下第一。

【千個師傅千個法——各有各的門道】
比喻各自都有自己的竅門和辦法。例千個師傅千個法——各有各的門道，要解決這個大難題，只有依靠羣衆，大家出主意想辦法。也作「豬往前拱，雞往後刨——各有各的門道」。

【千個屠戶一把刀】
比喻大家做法相同。例我原以爲所做的不過是點心而已，肯定是「千個屠戶一把刀」。不料做出來竟有這許多不同的品種。

【千古不磨】
千古：時間長久；磨：磨滅。流傳千年萬世也不會被磨滅。郭沫若《革命與文學》：「周代的變風、變雅和屈子的《離騷》，都是在革命時期中所產生的千古不磨的文學。」

【千古獨步】
見「千載獨步」。

【千古絕唱】
自古以來舉世無雙的佳作。形容作品水平極高。《鏡花緣》四一回：「蘇氏以閨中弱質，意欲感悟其夫，一旦以精意聚於八百言中，上陳天道，下悉人情，中稽物理，旁引廣譬，興寄超遠，此等奇巧，眞爲千古絕唱。」

【千古奇聞】
古往今來，使人感到少有的新鮮事。老舍《神拳》二幕：「敢說拿孔門弟子開刀，眞乃千古奇聞！」

【千古興亡】
古往今來歷代的興衰更迭。例登上長城難免發懷古之幽情，千古興亡多少事，思緒萬千。

【千古卓識】
從沒有的高明見識。明·胡應麟《詩藪·內編》卷二：「何仲默云：『陸（機）詩體俳語不俳，謝（靈運）則體語俱俳。』可謂千古卓識。」

【千紅萬紫】
原形容百花齊放。引申爲豐富多彩，繁榮興旺。魯迅《玄武湖怪人》：「該處湖光山色，更覺幽雅宜人，風景出自天然；值此春夏陽和，千紅萬紫，遊人如織。」

【千呼萬喚】
反覆呼喚邀請。唐·白居易《琵琶行》：「移船相近邀相見，添酒回燈重開宴。千呼萬喚始出來，猶抱琵琶半遮面。」也作「千喚萬喚」。《五燈會元·智門祚禪師法嗣》：「師曰：『卻須吃棒，上堂口羅古沸，千喚萬喚露柱因甚麼不回頭？』良久曰：『美食不中飽，人吃便下座。』」

【千歡萬喜】
形容特別高興。明·范受益《尋親記·報捷》：「二十年沒了父親，今日見說爹在他鄉，孩兒千歡萬喜。」《醒世恆言》卷二五：「相見之間，千歡萬喜。」

【千喚萬喚】
見「千呼萬喚」。

【千迴百折】
見「千迴萬轉」。

【千迴百轉】
見「千迴萬轉」。

【千迴萬轉】
迴：旋轉。迂迴反覆，旋繞不斷。《紅樓夢》九八回：「自此，寶釵千迴萬轉，想了一個主意。」也作「千迴百折」。《老殘遊記》二回：「那王小玉唱到極高的三四迭後，陡然一落，又極力騁其千迴百折的精神，如一條飛蛇在黃山三十六峯半中腰裏盤旋穿插。」也作「千迴百轉」。元·范居中《秋思》：「我這裏千迴百轉自彷徨，撇不下多情數樁。」

【千嬌百媚】
形容女子姿色情態美麗動人。魯迅《關於翻譯的通訊》：「這兩部小說，雖然粗製，卻並非濫造，鐵的人物和血的戰鬥，實在夠使描寫多愁善感的才子和千嬌百媚的佳人的所謂『美文』，在這面前淡到毫無蹤影。」

【千斤擔子一人挑——肩負重任】
見「螞蟻背螳螂——肩負重任」。

【千斤擔子衆人挑】
比喻大家同心協力，才可能完成重大任務。例獨力難撐大廈，一人豈可回天？要辦好這件事，就得千斤擔子衆人挑。

【千斤磨盤——無二心】
見「獨根蠟燭————無二心」。

【千斤重擔】
沉重的負擔。指擔負特別重大的責任。《孽海花》六回：「[庄]樵自到福建以後……把督撫不放在眼裏。閩督吳景，閩撫張昭同，本是乖巧不過的人，落得把千斤重擔，卸在他身上。」

【千斤重擔一肩挑——壓趴了】
見「肩膀頭扛大梁——壓趴架了」。

【千金弊帚】

自家的舊掃帚也值千金。比喻對自己的東西非常珍惜。宋・蘇軾《次韻秦觀秀才……》詩：「千金弊帚那堪換，我亦淹留豈長算（算）。」

【千金不換】

形容非常寶貴。例這幾塊古墨是千金不換的傳家寶。

【千金貴體】

貴：尊貴，嬌貴。多指富貴人家的女孩子。《紅樓夢》一一三回：「姑娘這樣千金貴體，綾夢裏大了的，吃的是好東西；到了我們那裏，我拿什麼哄他玩，拿什麼給他吃呢？」

【千金買賦】

用重金請人代寫文章。漢・司馬相如《長門賦序》：「孝武皇帝陳皇后，時得幸，頗妒；別在長門宮，愁悶悲思。聞蜀郡成都司馬相如天下工爲文，奉黃金百斤，爲相如、文君取酒，因於解悲愁之辭，而相如爲文，以悟主上，陳皇后復得親幸。」宋・辛棄疾《摸魚兒・更能消幾番風雨》詞：「娥眉曾有人妒，千金縱買相如賦，脈脈此情誰訴。」

【千金買骨】

見「千金市骨」。

【千金買笑】

以極高的代價博得美女的歡心。《東周列國志》二回：「幽王曰：『愛卿一笑，百媚俱生，此虢石父之力也！』遂以千金賞之。至今俗語相傳『千金買笑』，蓋本於此。」

【千金難買】

形容用極高的價錢也買不到。明・馮惟敏《商調集賓・題長春園》：「好弟兄宦業成，老夫妻福壽全，喜的是千金難買子孫賢。」

【千金難買回頭看】

回頭看：指反思。過去的經驗教訓是金錢買不來的。例「千金難買回頭看」幹什麼工作不能一個勁只往前衝，一定的時候得集思廣益，總結一下。

【千金難買老來瘦】

老年人希望瘦一點，免得胖了增加內臟負擔。例我天天鍛鍊，就是瘦不下來，千金難買老來瘦啊！也作「**有錢難買老來瘦**」。

【千金難買兩同心】

指二人同心很難。《醒世恆言》卷九：「相愛相憐相殉死，千金難買兩同心。」

【千金難買一句話】

關鍵的意見，千金難求。例隊長一句話解開了大家的思想疙瘩，眞是「千金難買一句話」。

【千金諾】

比喻珍貴信實的許諾。例臨別時他許下千金諾，說是不做出一番事業決不回來見我。

【千金市骨】

《戰國策・燕策一》：「郭隗先生曰：『臣聞古之君人，有以千金求千里馬者，三年不能得；涓人言於君曰：請求之。君遣之。三月得千里馬，馬已死，買其首五百金，返以報君。』君大怒曰：『所求者生馬，安事死馬而捐五百金？涓人對曰：死馬且買之五百金，況生馬乎？天下必以王爲能市馬，馬今至矣。於是不能期年，千里之馬至者三。』」後以「千金市骨」比喻招納賢才的迫切心情。陳娟《曇花夢》三三：「古人『千金市骨』，他買的只是馬骨，我買的是艷骨，有何不值得？」也作「**千金買骨**」。姚雪垠《李自成》二卷三七章：「闖王同咱們談過到河南後要如何網羅人才的話，眞是站得高，看得遠！他談了個千金買馬骨的故事，你們忘了？」

【千金一刻】

短暫的時間價值千金。比喻時間極寶貴，多用於男女戀情。元・楊景賢《劉首行》二折：「休辜負值千金一刻春宵」。

【千金一諾】

諾：應允，許諾。形容誠實可信。《歧路燈》三八回：「惠養民道：『道義之交，只此已足，何必更爲介。』孔耘軒離座一揖道：『千金一諾，更無可移。』」

【千金一笑】

一笑價值千金。指美人一笑十分難得。明・湯顯祖《紫釵記・墮釵燈影》：「道千金一笑相逢夜，似近藍橋那般歡愜。」也作「**一笑千金**」。

【千金一擲】

一擲：賭徒一次賭注下千金。形容揮霍無度。宋・李清照《打馬賦》：「歲令雲徂，盧或可呼。千金一擲，百萬十都。」也作「**一擲千金**」。

【千金之家】

舊指豪富人家。宋・蘇轍《晋論》：「譬如千金之家，居於高堂之上，食肉飲酒，不習寒暑之勞。」

【千金之裘，非一狐之皮】

見「千金之裘，非一狐之腋」。

【千金之裘，非一狐之腋】

裘：皮衣；腋：指野獸腋窩下的皮毛。比喻要想成功，還須衆人同心合力。《史記・劉敬叔孫通列傳》：「太史公曰：語曰：『千金之裘，非一狐之腋』也；台榭之榱，非一木之枝也：三代之際，非一士之智也。信哉！」也作「**千里之裘，非一狐之皮**」。

【千金之子】

舊時指富貴人家的子弟。《史記・越王句踐世家》：「朱公曰：『殺人而死，職也。然吾聞千金之子不死於市。』」章炳麟《與吳君遂書》：「向在張園，嘗以千金之子坐不垂堂昭示大衆。」

【千軍萬馬】

形容兵馬多，聲勢大。《水滸傳》七回：「休說你這三二十個人，直什麼？便是千軍萬馬隊中，俺敢直殺的入去出來。」也作「**千兵萬馬**」。《南史・陳慶之傳》：「洛中謠曰：名軍大將莫自牢，千兵萬馬避白袍。」

【千軍易得，一將難求】

千軍之衆容易得到，要得一位將才，那就難了。指人才的難得。元．關漢卿《尉遲恭單鞭奪槊》二折：「可不道『千軍易得，一將難求』，怎做的蕭何智謀？」

【千鈞一髮】

《漢書．枚乘傳》：「夫以一縷之任繫千鈞之重，上懸無極之高，下垂不測之淵，雖其愚之人猶知哀其將絕也。」鈞：古代重量單位。一鈞等於三十斤。千鈞重的東西繫在一根毛髮上。比喻情況十分緊急、危險。朱自清《執政府大屠殺記》：「但仍是一味的靜；大家在這千鈞一髮的關頭，那有閒心情和閒工夫來說話呢？」

【千鈞重負】

比喻肩負著沉重的負擔或十分重要的任務。例王排長化裝成商人潛入敵後。他感到這是千鈞重負，就是拼命也要把情報拿到手。

【千孔百瘡】

見「千瘡百孔」。

【千里不同風，百里不同俗】

指地域不同，風俗各異。例俗語說：「千里不同風，百里不同俗。」到了少數民族衆多的地區，你就可以眞正體味到這句話的意思了。

【千里蒓羹】

千里：湖名；蒓：ㄔㄨㄣˊ，蒓菜，可做湯。南朝．劉義慶《世說新語．言語》：「陸機指王武子，武子前置數斛羊酪，指以示。陸曰：『卿江東何以敵此？』陸云：『有千里蒓羹，但未下盤豉耳。』」後以「千里蒓羹」指家鄉特產，或比喻思念故鄉。宋．蘇軾《江南寄純如五首》詩之二：「若問三吳勝事，不惟千里蒓羹」。

【千里搭長棚，沒個不散的筵席】

比喻有相聚必有分離。《紅樓夢》二六回：「也犯不上氣他們。俗語說的：『千里搭長棚，沒個不散的筵席。』誰守一輩子呢？不過三年五載，各人幹各的去了，那時誰還管誰呢！」也作「千里長篷，也沒個不散的筵席」、「千里搭涼篷，終無不散的筵席」。

【千里鵝毛】

比喻禮物雖輕，情意深厚。宋．歐陽修《梅聖俞寄銀杏》詩：「鵝毛贈千里，所重以其人。」《金瓶梅詞話》五五回：「孩兒沒恁孝順爺爺，今日華誕，家裏備的幾件菲儀，聊表千里鵝毛之意。」

【千里馬常有，而伯樂不常有】

伯樂：姓孫名陽，秦穆公時人，善於相馬。比喻傑出的人才雖然很多，但眞正能夠識別人才的人卻不多。唐．韓愈《雜說》四：「世有伯樂，然後有千里馬。千里馬常有，而伯樂不常有。」

【千里馬拉犁耙——大材小用】

見「大炮打麻雀——大材小用」。

【千里命駕】

命駕：命令車夫駕車出行。指好友不怕路遠，驅車造訪。形容情深誼長。《晉書．嵇康傳》：「東平呂安服康高致，每一相思，輒千里命駕，康友而善之。」

【千里能相會，必是有緣人】

緣：緣分。山遙路遠還能一齊相聚，必然是有緣分了。例你我相隔幾千里，今天相會眞不容易。正如俗話說的：「千里能相會，必是有緣人。」也作「有緣千里來相會」。

【千里送鵝毛——禮輕仁義重】

比喻禮物雖然輕微，但情意很深厚。例俗話說『千里送鵝毛——禮輕仁義重』，這點微薄的禮物，略表我們的敬意。也作「千里送鵝毛——禮輕人意重」、「千里送鵝毛——禮薄情意重」、「千里寄鵝毛——禮輕情意重」、「千里送鵝毛——禮輕情意重」、「千里敬鵝毛——禮輕人意重」。

【千里迢迢】

迢迢；遙遠。形容路途遙遠。《孽海花》六回：「李少荃要講和，曾國荃只主戰，派了唐景崧，千里迢迢把將軍見。」也作「千里迢遙」。《羣音類選〈桃園記．獨行千里〉》：「不憚千里迢遙，尋兄長，存節孝。」

【千里迢遙】

見「千里迢迢」。

【千里通電話——遙相呼應】

比喻互相照應。例我們雖然天各一方，但心靈相通，在工作上總是千里通電話——遙相呼應。

【千里投名，萬里投主】

不遠萬里，慕名相投。《水滸傳》一一回：「三位頭領容覆：小人『千里投名，萬里投主』。憑托柴大官人面皮，徑投大寨入夥。林沖雖然不才，望賜收錄。」

【千里爲官只爲財】

舊時認爲，千里迢迢去做官，爲的就是發財。《活地獄》一回：「『千里爲官只爲財。』官不爲財，誰肯拿成萬銀子，捐那大八成的花樣呢？」也作「千里做官，爲的吃和穿」。

【千里相送，終於一別】

一送再送，終究要分別。例俗話說：「千里相送，終於一別」。請不要再送了，來日方長，我們以後還會有機會見面的。也作「千里相送，歸於一別」。

【千里一曲】

《公羊傳．文公十二年》：「曷爲以水地？河曲疏矣，河千里而一曲也。」指黃河流千里便有一大彎曲。比喻賢者也難免有缺點。南朝宋．劉義慶《世說新語．任誕》：「有人譏周僕射，與親友言戲，穢雜無檢節。周曰：『吾若萬里長江，何能不千里一曲。』」

【千里姻緣使線牽】

只要有做夫妻的緣份，無論相距多遠，仍會匹配成婚。《西遊記》九三回：「國王道：『你乃東土聖僧，正是『千里姻緣使線牽』。寡人公主，今登二十歲未婚，同樣今日年月日時俱利。』」也作「**千里婚姻，牽於一線**」、「**千里姻緣似線牽**」。

【千里猶面】
遠隔千里來信，猶如當面說話。形容情意眞摯。《舊唐書・房玄齡傳》：「高祖嘗謂侍臣曰：『此人深識機宜，足堪委任，每爲我兒陳事，必會人心，千里之外，猶對面語耳。』」

【千里之駒】
駒：壯的小馬。比喻英俊少壯年。《梁書・劉杳傳》：「僧紹見之撫而言曰：『此兒實千里之駒。』」

【千里之堤，潰於蟻穴】
潰：堤防決口。千里長的大堤，由於有一個小小的螞蟻洞而崩潰。比喻小處不愼，就會釀成大禍。《韓非子・喩老》：「千丈之堤，以螻蟻之穴潰。」

【千里之行，始於足下】
千里的行程是從腳下第一步開始的。比喩事情的成功是由小到大逐漸積累的。《老子》六四章：「合抱之木，生於毫末。九層之台，起於累土。千里之行，始於足下。」

【千了百當】
形容一切都妥貼停當。宋・朱熹《朱子全書・論語十六》：「聖人發憤便忘食，樂便忘憂，直是一刀兩斷，千了百當。」

【千慮一得】
《晏子春秋・內篇雜下》：「嬰聞之：聖人千慮，必有一失；愚人千慮，必有一得。」後以「千慮一得」指平庸人的意見也有可取的地方。多用作謙詞。《宋史・許忻傳》：「欲採千慮一得之說，以廣聰明。」

【千慮一失】
聰明人的意見，有時也有疏漏的地方。唐・李觀《弔韓弇沒胡中文》：「嗚呼！有備無患，軍志也，戎人安所暴其詐？千慮一失，聖人也，韓君是以爲虜。」

【千賣萬賣，折本不賣】
無論怎麼賣都可以，就是不要賠本。例俗話說：「千賣萬賣，折本不賣」。可是這次實在不行了，東西快要壞了，若不賤賣，連一半的本錢也收不回來。

【千門萬戶】
形容人家衆多或房屋稠密、深廣。《史記・孝武本紀》：「勇之乃曰：『越俗有火災，復起屋必以大，用勝服之』。於是作建章宮，度爲千門萬戶。」《金瓶梅詞話》七九回：「看看到年除之日，窗梅表月，檐雪滾風，竹爆千門萬戶，家家貼春勝，處處掛桃符。」朱自清《匆匆》：「在逃去如飛的日子裏，在千門萬戶的世界裏的我能做些什麼呢？只有徘徊罷了，只有匆匆罷了。」

【千磨萬擊還堅勁，任爾東西南北風】
經歷無數次的磨難和打擊，任憑東西南北風的襲擊。形容不怕磨難，堅韌不拔。清・鄭燮《題竹石》詩：「咬定青山不放鬆，立根原在破岩中。千磨萬擊還堅勁，任你東西南北風。」

【千難萬難】
形容面臨著許多的困難或經歷了許多困難。《敦煌變文集・卷五・維摩詰經講經文》：「辭居士兮千難萬難。」元・貫雲石《一枝花・離悶》：「常言道好事多慳，陡恁的千難萬難。」《水滸傳》五三回：「教我兩個走了許多路程，千難萬難尋見了。」

【千難萬險】
形容困難和危險非常多。元・楊景賢《西遊記》五本一八：「……火焰山千難萬險，早求法力到西天。」

【千年的大路走成河】
比喻任何事物年深日久，總是要變樣的。例「千年的大路走成河」，我們少小出門老大回，今天幾乎找不出故鄉的老面貌，那是一點不奇怪的。

【千年的王八，萬年的龜】
王八：龜或鱉的俗稱。烏龜是長壽動物。比喻長壽。多用於開玩笑。浩然《艷陽天》一卷一四章：「大伙都願意你多活幾年，千年的王八，萬年的龜，好給我們多發展幾頭壯牲口。」

【千年鐵樹開了花——枯木逢春】
比喻瀕於絕境或歷經摧殘的事物又獲得生機。例孫大爺說：「我被地主老爺逼債，搞得家破人亡，新社會才使自己千年鐵樹開了花——枯木逢春。」

【千年鐵樹開了花——難得】
比喻稀少或難能可貴。例在你最倒霉的時候，她同情和支持你，的確是千年鐵樹開了花——難得。也作「**針尖上削鐵——難得**」。

【千年萬載】
形容年代久遠。元・無名氏《求生債》三折：「我則待顯名兒千年萬載。」

【千年文約會說話】
文約：指契約。文書契約始終是解決糾紛的憑證。李准《八十畝地》：「你把文約拿出來嘛，千年文約會說話！咱們去請個人來當面看看，究竟是怎麼說的？」也作「**千年紙墨會說話**」。

【千篇一律】
南朝梁・鍾嶸《詩品》中：「謝康樂云：『張公雖復千篇，猶一體耳。』」指撰寫文章公式化概念化，固定不變，也指某一事情或言語沒有變化，多次重複。魯迅《老調子已經唱完》：「宋朝的讀書人，講道學，講理學，尊孔子千篇一律。」

【千奇百怪】
許許多多奇怪的事物和現象。《初刻拍案驚奇》卷一一：「死者生者，怨氣沖天，縱然官府不明，皇天自然鑑察。千奇百怪的，生出機會來了此公案。」

【千千萬萬】
數目極多，數量極大。巴金《雨》五：「假若有一天由我的手印出來千千萬萬本的書，流傳出去，流傳在全中國，全世界，許多人都熱心讀它們，被它們感動，那是多美麗的事。」

【千錢買鄰，八百買舍】
指選擇好鄰居非常重要。明·高則誠《琵琶記》四齣：「秀才不必憂慮，自古道：『千錢買鄰，八百買舍。』老漢既忝在鄰居，你但放心前去。」也作「**千貫治家，萬貫結鄰**」。

【千錢賒不如八百現】
一千元欠帳不如八百元現金。比喻重要的是要有實惠。《醒世恆言》卷二○：「常言道，靠山吃山，靠水吃水，做公的買賣，千錢賒不如八百現。我們也不管你冤屈不冤屈，也不想甚重報，有，便如今就送與我們，凡事自然看顧十分。」

【千秋萬代】
秋：年。世世代代。例勤勞勇敢的中國人民所創造的燦爛的物質文明，千秋萬代，永放光芒。

【千秋萬古】
秋：年。經歷年代極久。唐·杜牧《悲吳王賦》：「千秋萬古無消息，國作荒原人作灰。」

【千秋萬世】
千年萬年。經歷年代久遠。《藝文類聚》卷四四引《說苑》：「千秋萬世之後，宗廟必不血食，高台既已壞，曲池既已漸。」姚雪垠《李自成》一卷二章：「象升……來京勤王，能夠戰死沙場，於願已足，絕不會貪生怕死，不敢力爭，致負京師士民之望，為千秋萬世所不齒！」也作「**千秋萬代**」。

【千秋萬歲】
形容歲久遠。①指年代久遠。《梁書·蕭恭傳》：「下官歷觀世人，多有不好歡樂，乃仰眠床上，看屋梁而著書，千秋萬歲，誰傳此者？」②對帝王死亡的婉轉說法。《史記·梁孝王世家》：「上與梁王燕歡，嘗從容言曰：『千秋萬歲後，傳於王。』王辭謝。」祝賀他人長壽。《韓非子·顯學》：「今巫祝之祝人曰：『使若千秋萬歲。』千秋萬歲之聲聒耳，而一日之壽無征於人，此人所以簡巫祝也。」魯迅《補救世道文件四種》：「邪說立辟，浩劫潛銷。三祖六宗，千秋萬歲。」

【千人大合唱——異口同聲】
形容所有的人說法一致。例接受這項硬任務，工人們是千人大合唱——異口同聲，表現出了工人階級的英雄氣概。

【千人千脾氣——萬人萬模樣】
各人脾氣各不相同，就跟人的長相各有特點一樣。形容一塊共事要互相尊重，彼此諒解。王厚選《古城青史》：「俗話說，『千人千脾氣，萬人萬模樣』，趙、錢、孫、李擾到一塊，日子長了，誰也難免有個言高語低。」

【千人所指】
見「千夫所指」。

【千人一面】
形容千篇一律，沒有變化。《紅樓夢》一回：「至於才子佳人等書，則又開口『文君』，滿篇『子建』，千部一腔，千人一面。」也作「**千部一臉，千人一面**」。

【千仞無枝】
仞：古代長度單位，一仞等於七尺或八尺；千仞：泛指特別高。北魏·酈道元《水經注·汶水》：「松樅高千仞而無枝，非憂王室之無柱也。」後以「千仞無枝」比喻人品正直，正派。

【千日吃了千升米】
形容開銷很大。《西遊記》四八回：「師父啊，常言道：『千日吃了千升米。』今已托賴陳府上，且再住幾日，待天晴化凍，辦船而過。」

【千日斧子百日錛——苦學苦練】
錛：ㄅㄣ，削平木料的工具。要掌握好使用斧子和錛的手藝，需要經過長時間的鍛鍊。比喻刻苦鍛鍊。例千日斧子百日錛——苦學古練，要熟練掌握一種技術，非下苦功夫不行。

【千山萬壑】
見「千山萬水」。

【千山萬水】
比喻路途遙遠、艱苦、危險。《兒女英雄傳》一六回：「她強煞究竟是個女孩兒，千山萬水，單人獨騎，就輕輕兒的說到去報仇，豈不覺得孟浪些？」也作「**千山萬壑**」。元·楊景賢《西遊記·海棠傳耗》：「自從那日著簡書去約朱生，誰想被這妖魔化作朱生模樣，將我攝在這裏，千山萬壑，不知是那裏。」也作「**萬水千山**」。

【千乘萬騎】
乘（ㄕㄥˋ）、騎：車、馬。形容車馬特別多。唐·白居易《長恨歌》：「九重城闕煙塵生，千乘萬騎西南行。翠華搖搖行復止，西出都門百餘里。」

【千絲萬縷】
千條絲萬條線在一起，多形容關係密切，無法割斷。宋·戴石屏《憐薄命》：「道旁楊柳依依，千絲萬縷，擰不住一分愁緒。」明·王玉峯《焚香記·陳情》：「可惜你千絲萬縷，織成一段離愁。」

【千思萬慮】
見「千思萬想」。

【千思萬想】
反覆考慮，一再思索。明·袁宏道《去吳七牘·乞歸稿一》：「千思萬想，惟有乞休歸田一節，可以慰此朝夕懸望之情而已耳。」《紅樓夢》一二○回：「千思萬想，左右為難。真是一縷柔腸，幾乎牽斷。」也作「**千思萬慮**」。梁啟超《節本明儒學案·姚江學案》：「千思萬慮，只是要致良知，良知愈思愈精明。」

【千死萬死，左右一死】
比喻走投無路，乾脆一死了事。《警世通言》卷二一：「似此薄命，不如死於清油觀中，省了許多是非，倒得乾淨，如今悔之無及。『千死萬死，左右一死』，也表奴貞節的心跡。」也作「千死萬死，無過一死」、「千死萬死，終須一死」。

【千隨百順】

見「千依百順」。

【千歲一時】

見「千載一時」。

【千淘萬漉雖辛苦，吹盡狂沙始到金】

漉：ㄌㄨˋ，過濾。經過千萬遍的淘漉，嘗盡辛勞，吹盡了大量泥沙之後才出現眞金。比喻遭受誣陷，終究大白於天下。也以比喻寶貴的東西得來不易，必經一番艱苦的磨難。唐・劉禹錫《浪淘沙》詩之八：「莫道讒言如浪深，莫言遷客似沙沉。千淘萬漉雖辛苦，吹盡狂沙始到金。」

【千條江河歸大海——大勢所趨】

比喻事物發展的趨向。例改革是一種潮流，是千條江河歸大海——大勢所趨，不可阻擋。也作「條條小溪流大江——大勢所趨」。

【千條萬端】

形容頭緒繁雜：《後漢書・吳漢傳》：「逼進成都，去城十餘里，阻江北爲營，作浮橋，使副將威武將軍劉尙將萬餘人屯於江南，相去二十餘里。帝聞大驚，讓漢曰：『比敕公千條萬端，何意臨事勃亂？』」

【千條竹篾編花籃——看著容易做著難】

比喻事情看起來很簡單，動起手來卻不那麼容易：例這種手藝活的確是千條竹篾編花籃——看著容易做著難，只有長期實踐，才能熟練地掌握。

【千頭橘奴】

《三國志・吳書・三嗣主傳》裴松之注引《襄陽記》：「衡每欲治家，妻輒不聽，後密遣客十人於武陵龍陽氾洲上作宅，種甘橘千株。臨死，敕兒曰：『汝母惡我治家，故窮如是。然吾州里有千頭木奴，不責汝衣食，歲上一匹絹，亦可足用耳。』」「奴」是擬人化的說法，即許多橘樹，後泛指維持生活的家業。唐・杜甫《驅豎子摘蒼耳》詩：「加點瓜薤間，依稀橘奴跡。」明・湯顯祖《牡丹亭》一二折：「家徒四壁求楊意，樹少千頭愧木奴。」

【千頭萬緒】

見「千端萬緒」。

【千推萬阻】

形容極力推辭和阻止。明・朱權《荊釵記・責婢》：「鄧尙書說親，直憑千推萬阻；見王太守樂意，卻不顧五典三綱。」

【千妥萬當】

各方面都十分妥當。《兒女英雄傳》二回：「辦工首在得人，兄弟這裏卻有一個千妥萬當的人」。也作「千妥萬妥」。《紅樓夢》四六回：「到底是太太有智謀，這是千妥萬妥。」

【千妥萬妥】

見「千妥萬當」。

【千萬買鄰】

《南史・呂僧珍傳》：「初，宋季雅罷南康郡，市宅，居僧珍宅側。僧珍問宅價，曰：『一千一百萬。』怪其貴。季雅曰：『一百萬買宅，一千萬買鄰。』後用「千萬買鄰」形容有好鄰居是多麼不容易。例我這次出國，家中事情您多加照料。古人說千萬買鄰，我沒有什麼不放心的，只是給您添麻煩了。

【千聞不如一見】

耳聞千次，不如親眼看見一回。比喻要重視實踐。《警世通言》卷五：「王氏想到：『千聞不如一見。』雖說丈夫已死，在幾千里外，不知端的。央小叔呂珍是必親到山西，問個備細。」也作「千聞不如一看，千看不如一煉。」

【千斜不如一直】

比喻正道一條勝過任何旁門左道。《五燈會元・淨源眞禪師》：「僧問：『達摩未來時如何？』師曰：三家村里，兩兩三三。』曰：『來後如何？』師曰：『千斜不如一直。』」

【千辛百苦】

見「千辛萬苦」。

【千辛萬苦】

特別辛苦。明・李開先《林冲寶劍記》八齣：「你我十載邊關，千辛萬苦，都是這幾個奸黨撥置，把汗馬功勞，都做了一場春夢。」也作「千辛百苦」。《警世通言》卷三一：「如今說一個妓家故事，雖比不得李亞仙、梁夫人恁般大才，卻也在千辛百苦中熬煉過出來，助夫成家，有個小小結果，這也是千中選一。」

【千形萬態】

見「千狀萬態」。

【千虛不如一實】

千方百計弄虛作假，不如老老實實。《警世通言》卷三：「［東坡］沉吟了一會，又想道：『不要惹言老頭兒。千虛不如一實。』答應道：『晚學生不知。』」也作「千虛不博一實」。

【千緒萬端】

見「千端萬緒」。

【千崖萬壑】

見「千岩萬壑」。

【千言萬語】

形容話特別多。唐・鄭谷《燕》詩：「無人會，又逐流鶯過短牆。」宋・徐寶之《鶯啼序》：「寄么弦，千言萬語，悶滿眼，卻彈難徹。」宋・胡宏《胡子知言・大學》：「千言萬語，必有大體，必有要妙。」

【千岩競秀】

無數山崖競相比美。形容山景秀美。南朝宋・劉義慶《世說新語・言語》：「顧長康從會稽還，人問山川之美。顧云：『千岩競秀，萬壑爭流，草木蒙蘢其上，若雲興霞蔚。』」

【千岩萬谷】

見「千岩萬壑」。

【千岩萬壑】

壑：深谷。形容山巒重疊，連綿不

斷。唐・皮日休《河橋賦》：「分其注使不可瀆，修其流使不可吞，然後千岩萬壑，雷吼電奔，抉逆流而並瀉入渤海。」也作「千崖萬壑」。陳毅《樂安宜黃道中聞捷》詩：「千崖萬壑供野宿，羊腸鳥道笑津迷。」也作「千岩萬谷」。宋・吳自牧《夢粱錄》一一：「宮有五洞交扃，九峯回抱，千岩萬谷，秀聚其中。」

【千羊之皮，不如一狐之腋；千人之諾諾，不如一士之諤諤】
一狐腋下毛皮可抵千張羊皮，千人之唯命是聽不如正直之士一人的直言相勸。《史記・商君列傳》：「趙良曰：『千羊之皮，不如一狐之腋；千人之諾諾，不如一士之諤諤。武王諤諤以昌，殷紂墨墨以亡。君若不非武王乎，則僕請終日正言而無誅，可乎？』」也作「千羊之皮，不若一狐之腋；衆人之唯唯，不若直士之諤諤」。

【千依百順】
形容一切都順從。《孽海花》一六回：「加克新婚燕爾，自然千依百順。」也作「千隨百順」。元・楊景賢《劉行首》一折：「先受些千隨百順，早則不冷清清和月伴荒墳。」也作「千依萬順」。《西遊補》六回：「忽有一對侍兒跪在面前，『請大王娘娘赴宴』。行者暗想道：『我還不要千依萬順他。』」

【千依萬順】
見「千依百順」。

【千鎰之裘，非一狐之白】
鎰：ㄧˋ，古代重量單位，合二十兩（一說合二十四兩）；白：狐狸腋下的白毛皮。價值千金的皮衣，不是用一隻狐狸腋下的白毛製成的。比喻治理好國家需要依靠衆多賢士的力量。《墨子・親士》：「是故江河之水，非一源之水也；千鎰之裘，非一狐之白。」

【千災百病】
形容病特別多。例王老師決心徒步考察長城。他在思想上物質上都做了充分的準備。即使用掉全部存款，身患千災百病，也決不半途而廢。

【千載獨步】
獨步：獨一無二，古往今來沒有第二個。唐・李陽冰《草堂集序》：「自三代已來，風騷之後，馳驅屈宋，鞭撻揚馬，千載獨步，唯公一人。」也作「千古獨步」。《鏡花緣》九三回：「並非我要自負，實係前無古人，後無來者，竟可算得千古獨步。」

【千載流芳】
千載：千年，指時間很長遠。好的名聲永遠流傳。例爲民族自由而英勇獻身的將領和戰士千載流芳。

【千載難逢】
載：年。一千年難遇到一次。形容機會難得。《鏡花緣》四一回：「天下竟有如此奇事！怪不得叔叔說是我們閨中千載難逢際遇，眞是曠古少有。」

【千載一逢】
見「千載一遇」。

【千載一合】
見「千載一遇」。

【千載一會】
見「千載一遇」。

【千載一時】
千年才有的好時機。比喻機會特別難得。唐・韓愈《潮州刺史謝上表》：「當此之際，所謂千載一時，不可逢之嘉會。」宋・蘇軾《田表聖奏議敍》：「自太平興國以來至於咸平，可謂天下大治，千載一時矣。」也作「千歲一時」。《晉書・慕容雲載記》：「機遠難邀，千歲一時，公焉得辭也。」

【千載一遇】
形容機會十分難得。《舊唐書・李襲志傳》：「今江都篡逆，四海鼎沸，王號非止一人，公宜因此時據有嶺表，則百越之心皆拱手向化，追蹤尉佗，亦千載一遇也。」也作「千載一會」。《魏書・薛安都傳》：「安都今者求降，千載一會，機事難遇，時不可逢。」也作「千載一逢」。《梁書・任昉傳》：「顧已循涯，實知塵忝，千載一逢，再造難答。」也作「千載一合」。《漢書・王褒傳》：「上下俱欲，歡然交欣，千載一合，論說無疑。」

【千招要會，一招要好】
招：指技藝。比喻技藝要多學幾樣，但要精通一門，即一專多能。蕭軍《五月的礦山》一一章：「老人古語說得好，『做到老，學到老，千招要會，一招要好。』」

【千眞萬確】
形容事實絕對可靠，沒有出入。《儒林外史》一九回：「匡超人大驚道：『那有此事……』景蘭江道：『千眞萬確的事。』」老舍《趙子曰》一九：「兩相比較，千眞萬確和歐陽天風的話一個樣。」也作「千眞萬眞」。《紅樓夢》三五回：「千眞萬眞，從我們家四個女孩兒算起，都不如寶丫頭。」

【千眞萬眞】
見「千眞萬確」。

【千狀萬端】
見「千態萬狀」。

【千狀萬態】
形容形態多種多樣。《宣和畫譜・道釋》：「至於鷹犬馳突，雲龍出沒，千狀萬態，勢若飛動。也作「千態萬狀」。清・紀昀《閱微草堂筆記・槐西雜志二》：「陰晴早暮，千態萬狀，雖一鳥一花，亦皆入畫。」也作「千形萬態」。梁啟超《慧觀》：「各自占一世界，而各自謂世界之大，已盡於是，此外千形萬態，非所見也。」也作「千狀萬端」。宋・王安石《與孫侔書》：「某憂痛愁苦，千狀萬端，書所不能具，以此思足下，欲飛去，可以言吾心所欲言者，唯正之，子固耳。」

【千枝萬葉】
形容樹高葉茂，枝葉很多。例一場暴風雨毀壞了果園，隨著千枝萬葉急劇搖擺，一些沒成熟的果實都掉下來了。

【遷客騷人】
遷：貶謫；騷人：詩人。指被貶謫流放到外地的官吏和懷才不遇的詩人，泛指失意的文人。宋．范仲淹《岳陽樓記》：「遷客騷人，多會於此；覽物之情，得無異乎？」

【遷喬之望】
遷喬：高昇。希望能夠高昇。晉．桓溫《薦譙之彥表》：「中華有顧瞻之哀，幽谷無遷喬之望。」

【遷善改過】
改正錯誤，向好的方面努力。清．錢泳《履園叢話．臆論．不足畏》：「余謂譬如父母教子，繼之以怒，將鞭撻之，亦可云不足畏乎？是必當遷善改過，方可以為人子。」

【遷善遠罪】
向好的方面發展，遠離罪惡。唐．呂溫《廣陵陳先生墓表》：「吾里嘗有陳融，孝慈仁信，不學不仕。鄉人見也，皆自欲遷善遠罪，亦不知其所以然。」

【遷思回慮】
反覆考慮，周密思考。漢．司馬相如《封禪文》：「乃遷思回慮，總公卿之議，詢封禪之事。」

【牽鼻子】
比喻控制人。例他可不願叫人牽鼻子，所以刻苦學習，努力工作，力求自力更生。

【牽腸割肚】
見「牽腸掛肚」。

【牽腸掛肚】
牽：拉。形容特別掛念，放心不下。《醒世恆言》卷一六：「為了你，日夜牽腸掛肚，廢寢忘餐。」《紅樓夢》二六回：「人家牽腸掛肚的等你，你且高樂去！也到底打發個人來給個信兒！」也作「牽腸割肚」。元．無名氏《冤家債主》三折：「可怎生將俺孩兒一時勾去，害的俺張善友牽腸割肚。」

【牽船作屋】
拉住一小船作居室。形容生活貧困，沒有固定的住所。《南史．張融傳》：「武帝問融何處住？答曰：『臣陸處無屋，舟居無水。』後上問其從兄緒，緒曰：『融近東出未有居止，權牽小船於岸上住。』」

【牽合附會】
見「牽強附會」。

【牽合傅會】
見「牽強附會」。

【牽紅線】
指作媒人。介紹對象。例我看你對他很有點意思，要不要我給你們牽紅線？

【牽蘿補屋】
蘿：女蘿，爬蔓的植物。牽蘿藤上房補房屋的漏洞。形容生活窮困。《聊齋志異．紅玉》：「遂出金治織具，租田數十畝，雇傭耕作。荷鑱誅茅，牽蘿補屋，日以為常。」

【牽牛鼻子】
比喻抓住事情的關鍵。例牽住牛鼻子，就抓住了要害，解決問題就容易了。

【牽牛花當喇叭——鬧著玩的】
見「雞毛做毽子——鬧著玩的」。

【牽牛花攀到鑽塔上——好大的架子】
也作「牽牛花攀到鑽塔上——架子不小」。見「扛牌坊賣肉——好大的架子」。

【牽牛牽鼻子——抓住了要害】
也作「牽牛牽鼻子——抓住了關鍵」。見「打蛇打到七寸上——抓住了關鍵」。

【牽牛上獨木橋——難過】
見「獨木橋——難過」。

【牽牛下井】
比喻很難辦到的事情。《黑冤魂》一五回：「至於負販經商，登山涉水，吃煙的人更是牽牛下井。」

【牽牛下水——六腳齊濕】
牽著牛下水，人的兩隻腳，牛的四隻腳，無一不沾上水。比喻全都陷進去了。例敵人戒備嚴密，我們不能全去，萬一出了事，就像牽牛下水——六腳齊濕。

【牽牛以蹊人之田，而奪之牛】
蹊：踐踏。牽牛踏了他人的田，被人把牛奪去。比喻懲罰太重。《左傳．宣公十一年》：「抑人亦有言曰：『牽牛以蹊人之田，而奪之牛。』牽牛以蹊者，信有罪矣，而奪之牛，罰已重矣。」也作「牽牛徑人田，田主取其牛」、「牽牛蹊人田，田主奪之牛」。

【牽強附會】
勉強將不相干的事湊合在一起，把沒有聯繫的事情拿來比較。郭沫若《古代研究的自我批判》：「我以前根據鄭玄『石所以為鍛質』的解釋認為鐵礦，那完全是出於牽強附會。」也作「牽合附會」。宋．鄭樵《通志總序》：「董仲舒以陰陽之學，倡為此說，本於《春秋》，牽合附會。」也作「牽合傅會」。明．余繼登《典故紀聞》卷四：「小人善於逢迎，彼知人主所樂為者，不顧非議，乃牽合傅會曰：『是不可不為』。」

【牽瘸驢上窟窿橋】
比喻辦事困難多，動作慢。《醒世姻緣傳》四三回：「卻說那刑房書手張瑞風，起先那縣官叫他往監裏提牢，就是『牽瘸驢上窟窿橋』的一樣，推故告假，攀扯輪班。」

【牽絲攀藤】
比喻拉關係。例他幹的盡是拉關係，走後門，「牽絲攀藤」的事，還頗為得意。

【牽四掛五】
指許多人或許多事相互牽連。例王五屈打成招，牽四掛五，使不少無辜者也紛紛下獄。

【牽線人】

比喻介紹人或在背後操縱的人。例這件事一定要弄清楚，誰是牽線人。

【牽羊擔酒】

牽著羊，挑著酒。形容熱烈慶祝或慰問。元・無名氏《舉案齊眉》四折：「老夫如今牽羊擔酒與孩兒慶喜。」

【牽一髮而動全身】

比喻動一個小小的部位，就會影響整體。比喻不可輕視局部的工作。清・譚嗣同《以太說》：「牽一髮而全身為動，傷一指而終日不適。」也作「牽動樹枝連著根」、「牽動荷花帶動藕」。

【牽衣頓足】

扯著衣服，跺著腳。形容特別悲痛。唐・杜甫《兵車行》詩：「爺娘妻子走相送，塵埃不見咸陽橋。牽衣頓足攔道哭，哭聲直上干雲霄。」

【牽著鼻子走】

形容沒有主意，跟著別人跑。艾蕪《暮夜行》：「自己多麼不中用啊！只會給人家牽著鼻子走，一點也不能堅決執行自己的主張。」也作「牽著鼻子走」、「牽著鼻子」。

【牽著不走打著走】

形容好說不依，用強硬手段才聽話。例好話說了一籮筐，不生一點作用，給他兩個巴掌，他倒老實起來了。

【牽著腸子掛著肚——不放心】

也作「牽著腸子掛著肚——放心不下」。見「馬虎看孩子——不放心」。

【牽著鬍子過馬路——謙虛（牽鬚）】

見「打架揪鬍子——謙虛（牽鬚）」。

【牽著蝦子過河——謙虛（牽鬚）過度（渡）】

見「拉鬍子過河——謙虛（牽鬚）過度（渡）」。

【牽隻羊全家動手——人浮於事】

比喻人員過多。例提高工作效率的關鍵在於精簡機構和人員，牽隻羊全家動手——人浮於事，發展下去，必然是和尚多了無水喝，連飯也會吃不上。

【鉛刀一割】

鉛刀不鋒利，但也可割斷東西。比喻只要使用得當，平庸之才也有用處。清・紀昀《閱微草堂筆記・姑妄聽之四》：「有道士招之曰：『君氣色凝滯，似有重憂，道家以濟物為念。盍言其實，或一效鉛刀之用乎？』」章炳麟《革命之道德》：「幸而時濟，庶幾比於鉛刀一割。」

【謙卑自牧】

卑：謙虛恭敬；牧：修養。以謙遜的態度來修養自己的品德。明・焦竑《玉堂叢語》卷三：「惟讓謙卑自牧，簡默寡言。每進規諷，亦委曲切中事情。」

【謙恭下士】

下士：降抑身分，與地位比自己低的人交往。形容謙遜有禮，尊重有知識的人。《宋史・符彥卿傳》：「[彥卿]性不飲酒，頗謙恭下士，對賓客終日談笑，不及世務，不伐戰功。」也作「謙遜下士」。《漢書・韋玄成傳》：「少好學，修父業，尤謙遜下士。」也作「謙以下士」。唐・李白《上安州裴長史書》：「白不知君侯何以得此聲於天壤之間？豈不由重諾好賢，謙以下士得也。」也作「謙謙下士」。明・葉憲祖《鸞鎞記・挫權》：「縱是當朝元宰，也須要謙謙下士為嘉。」

【謙謙君子】

指謙遜又能嚴格要求自己的人。也引申指故作謙虛的偽君子。元・無名氏《漁樵記》一：「俺這等謙謙君子，須不比泛泛庸徒。」馮玉祥《我的生活》三一章：「此時我滿腦子裏裝著一套『謙謙君子』的道理，覺得高揖羣公，急流勇退，是最好的風度。」

【謙謙下士】

見「謙恭下士」。

【謙讓未遑】

遑：閒暇。來不及謙讓。不好意思接受別人的推崇。《漢書・賈誼傳》：「誼以為漢興二十餘年，天下和洽，宜當改正朔，易服色制度，定官名，興禮樂。事草具其儀法，色上黃，數用五，為官名悉更，奏之。文帝謙讓未皇（遑）也。」

【謙虛謹慎】

為人謙遜虛心，辦事慎重小心。例每一個幹部都必須提高自己的覺悟性，去掉盲目性，謙虛謹慎，戒驕戒躁。

【謙遜下士】

見「謙恭下士」。

【謙以下士】

見「謙恭下士」。

【搴旗虜將】

見「搴旗取將」。

【搴旗取將】

搴：拔。拔取敵旗，殺死敵將。形容作戰勇敢。《吳子・料敵》：「然則一軍之中必有虎賁之士，力輕扛鼎，足輕戎馬，搴旗取將，必有能者。」也作「搴旗虜將」。虜：俘虜。宋・崔伯易《感山賦》：「乘間薄人，肝腦塗地，以搴旗虜將而為樂。」

【搴旗斬馘】

馘：ㄍㄨㄛˊ，古時割取所殺敵人左耳計功，比喻作戰勇猛，大量殺傷敵人。唐・陳子昂《為建安王誓眾詞》：「今日之伐，須如雷霆之震，虎豹之系，搴旗斬馘，掃孽除凶。」

【褰裳躩步】

褰：提起；躩：ㄐㄩㄝˊ，跳，疾行。提起衣服，大步疾走。《莊子・山木》：「目大不睹，褰裳躩步，執彈而留之。」

ㄑㄧㄢˊ

【前跋後疐】

跋：ㄅㄚˊ，踩；疐：ㄓˋ，絆倒。形

容進退兩難。《詩經・豳風・狼跋》：「狼跋其胡，載疐其尾。」朱熹注「跋，躐；疐，跲也。老狼有胡，進則躐其胡，退則跲其尾。」

【前不巴村，後不巴店】
巴：挨著。比喻無處投宿。《二刻拍案驚奇》卷一一：「而今除夕在近，前路已去不迭，眞是『前不巴村，後不巴店』，沒奈何了。」也作「**前不巴村，後不著店**」、「**前不著村，後不著店**」。

【前不見古人，後不見來者】
往古的賢人已經逝去，後世的賢人還未到來。原表達胸懷大志但無人賞識，遺世獨立的感慨。後用以感嘆人或事物空前絕後。唐・陳子昂《登幽州台歌》：「前不見古人，後不見來者，念天地之悠悠，獨愴然而涕下。」

【前不算，後要亂】
過日子如果沒有個打算，後頭就可能沒錢花了。例過日子跟幹工作一樣，前不算，後要亂。

【前車覆，後車誡】
後人應接受前人的教訓。《資治通鑑・漢文帝前六年》：「鄙諺曰：『前車覆，後車誡』秦世之所以亟絕者，其轍跡可見也；然而不避，是後車又將覆也。」也作「**前車覆而後不誡，是後車覆也**」、「**前車覆，後車鑑**」、「**前車既覆，後車當戒**」。

【前車可鑑】
見「前車之鑑」。

【前車之鑑】
比喻後人可從前人的失敗中得到教訓。《荀子・成相》：「患難哉！阪為先，聖知不用愚者謀。前車已覆，後未知更何覺時！」漢・賈誼《治安策》：「諺曰：『前車覆，後車誡。』」淸・沈復《浮生六記》卷三：「語云：『恩愛夫妻不到頭』，如余者，可作前車之鑑也。」也作「**前車可鑑**」。《清史稿・劉韻珂傳》：「洋人在粵，曾經就撫，迨給銀後，滋擾不休，反覆性成，前車可鑑。」

【前塵影事】
塵：蹤跡，痕跡。以前經歷過的事。田漢《影事追懷錄・引言》：「中國文人談到往事歡喜叫它『前塵影事』，意思是這些事像影子似的過去了。」

【前程似錦】
前程像錦繡一樣美好。例青年們在良好的教育環境下茁壯成長，前程似錦。

【前程萬里】
形容前途遠大。《三國演義》一九回：「嚴氏泣曰：『……妾昔在長安，已為將軍所棄，幸賴龐舒私藏妾身，再得與將軍相聚；孰知今又棄妾而去乎？將軍前程萬里，請勿以妾為念！』」

【前度劉郎】
據南朝宋・劉義慶《幽明錄》記載：「東漢時劉晨、阮肇二人，在天台山曾遇兩女子，並結為夫妻。歸家後知女子是神仙，二人再去天台山，已不見兩女子。」後以「前度劉郎」比喻離去了又回來的人。宋・周邦彥《瑞龍吟》：「前度劉郎重到，訪鄰尋里，同時歌舞。唯有舊家秋娘，聲價如故。」

【前赴後繼】
赴：奔赴。前面的人衝上去，後面的緊跟上。形容勇往直前去參加戰鬥。例中國青年不怕吃苦，敢於犧牲，前赴後繼，終於勝利完成了長江飄流考察。

【前歌後舞】
《尚書大傳・太誓》：「惟丙午，王逮師，前師乃鼓鼗噪，師乃慆，前歌後舞。」原指武王伐紂時軍心齊，鬥志旺盛。後多用以歌頌正義之師或形容歡快熱烈的場面。《白虎通義・禮樂》：「樂所以必歌者何？夫歌者口言之也。中心喜樂，口欲歌之，手欲舞之，足欲蹈之，故《尚書》曰：『前歌後舞，假於上下。』」

【前功皆棄】
見「前功盡棄」。

【前功盡滅】
見「前功盡棄」。

【前功盡棄】
以前的功勞或努力全部廢棄。《史記・周本紀》：「今破韓、魏，撲師武，北取趙藺、離石者，公之功多矣。今又將兵出塞，過兩周，倍韓，攻梁，一舉不得，前功盡棄。公不如稱病而無出。」魯迅《犧牲漠》：「因為一個人最緊要的是『晚節』，一不小心，可就前功盡棄。」也作「**前功盡滅**」。《戰國策・西周策》：「公之功甚多，今公又以秦兵出塞，過兩周，踐韓，而以攻梁，一攻而不得，前功盡滅，公不若稱病不出也。」也作「**前功皆棄**」。《新唐書・李德裕傳》：「觀者曰：不如少息，若弓拔矢鈎，前功皆棄。」

【前古未有】
見「前所未有」。

【前合後偃】
見「前仰後合」。

【前合後仰】
見「前仰後合」。

【前後相悖】
悖：矛盾，衝突。前後不一致。《韓非子・定法》：「晉之故法未息，而韓之新法又生；先君之令未收，而後君之令又下。申不害不擅其法，不一憲其令，則奸多。故利在故法、前令則道之，利在新法、後令則道之。故新相反，前後相悖，則申不害雖十使昭侯用術，而奸臣猶有所譎其辭矣。」

【前後相隨】
隨：呼應。前後相呼應。《老子》二章：「音聲相和，前後相隨。」

【前呼後擁】
前面吆喝開道，後面簇擁保護。形容達官顯貴外出時的排場、聲勢。《警世通言》卷六：「[俞良]又將百金酬謝孫婆，前呼後擁，榮歸故里。」《歧路燈》六一回：「恰好有西路一位知府進省，前呼後擁，一陣轎馬過去。」

【前護後擁】

護：保護。形容官員外出時，前後有多人簇擁保護。姚雪垠《李自成》一卷五章：「他穿著文官便服，騎著馬，雜在一大羣騎馬的幕僚中間。在數百親信的將校和衛士的前護後擁中突然而至。」

【前腳不離後腳——緊相連】

形容交往密切。例我們不僅相識，而且是老朋友，多年來一直「前腳不離後腳——緊相連」。

【前街後巷】

泛指各處大街小巷。元·李致遠《還牢末》一折：「僧住，你將著這環子，不論前街後巷，尋著交與他去」元·無名氏《飛刀對劍》一折：「前街後巷，不問哪裏，尋將薛驢哥來，說他父親尋他哩。」

【前襟後裾】

襟：前襟；裾：衣服的大襟。前面抱著，後面領著幼兒。形容撫養幼兒。北齊·顏之推《顏氏家訓·兄弟》：「方其幼也，父母左提右挈，前襟後裾。食則同案。衣則傳服，學則連業，遊則共方。」

【前倨後卑】

見「前倨後恭」。

【前倨後恭】

倨：傲慢，怠慢。開始傲慢而後恭敬。形容前後態度截然不同。《史記·蘇秦列傳》：「蘇秦笑謂其嫂曰：『何前倨而後恭也？』」也作「前倨後卑」。《戰國策·秦策一》：「嫂蛇行匍伏，四拜自跪而謝。蘇秦曰：『嫂何前倨而後卑也』。」也作「前慢後恭」。梁啟超《王荊公傳》一六章：「知制誥與翰林學士，相去幾何？此而謂其前慢後恭見利忘義，何深文之甚也！」

【前留三步好走，後留三步好行】

列隊走路，前後要保持一定的距離，才好行走。比喻做事要留有餘地，顧及左鄰右舍。《新兒女英雄傳》十四章：「我們不要占便宜，前留三步好走，後留三步好行。」

【前慢後恭】

見「前倨後恭」。

【前門不進師姑，後門不進和尚】

比喻作風正派、品行端方。《醒世恆言》卷四：「老娘人便不像，卻替老公爭氣。『前門不進師姑，後門不進和尚』；拳頭上立得人起，臂膊上走得馬過。」

【前門方拒虎，後户又進狼】

比喻惡人或災禍去了一個又來了一個。《西湖二集》卷一七：「楊完者生性殘刻，專以殺掠爲事，駐兵城東菜市橋外，淫刑以逞，雖假意尊重丞相，而生殺予奪一意自專。丞相無可爲計，只得聽之而已。正是『前門方拒虎，後戶又進狼』。」也作「前門拒虎，後門進狼」。

【前面挨一槍，後面挨一刀——腹背受敵】

形容前後夾攻。例不能孤軍深入，否則，易處於前面挨一槍，後面挨一刀——腹背受敵的境地。

【前冥後明】

冥：昏暗不清；明：明朗，清楚。先虛後實，古代兵法之一。《淮南子·兵略訓》：「用兵之道，示之以柔，而迎之以剛；示之以弱，而乘之以強；爲之以歙，而應之以張；將欲西而示之以東；先忤而後合；前冥而後明……故所鄉非所之也，所見非所謀也，舉措動靜莫能識也。」

【前目後凡】

目：條目，細目；凡：概括。《春秋》記事筆法之一。如同一事件在一篇文章中出現兩次，第一次詳述，第二次簡括。《公羊傳·僖公五年》：「秋五月，諸侯盟於首戴。諸侯何以不序？一事而再見者，前目而後凡也。」

【前怕狼，後怕虎】

比喻做事顧慮太多。例做事要愼重、小心，但也要果斷、乾脆，千萬不能「前怕狼，後怕虎」的。也作「前怕虎，後怕狼」。

【前仆後繼】

前面的倒下了，後面的緊跟著前進。指不怕流血犧牲，勇敢戰鬥。清·秋瑾《弔吳烈士樾》詩：「前仆後繼人應在，如君不愧軒轅孫！」也作「前仆後起」。清·黃遵憲《近世愛國志士歌》：「黨獄橫興，株連甚衆，而有志之士，前仆後起。」

【前仆後起】

見「前仆後繼」。

【前人吃跌，後人把滑】

前面的人摔倒了，後面的人就要當心。比喻後人應借鑑前人的經驗教訓。清·金埴《不下帶編》卷四：「長安一雨，則泥淖盈街，與人畀平肩輿者，恆慮吃跌，數唱聲曰：『把滑！』蓋諺云：『前人吃跌，後人把滑。』乃彼此相警之詞也。」也作「前人失腳，後人把滑」。

【前人灑土，迷了後人的眼睛】

比喻前人做事糊塗，給後人帶來麻煩。《紅樓夢》七二回：「我因爲想著後日是（尤）二姐的周年，我們好了一場，雖不能別的，到底給他上個墳、燒張紙，也是姊妹一場。他雖沒個兒女留下，也別『前人灑土，迷了後人的眼睛』才是。」也作「前人撒土瞇後人眼」。

【前人栽樹，後人乘涼】

比喻前人創業後人享受。《黃繡球》一回：「俗語說得好：『前人栽樹，後人乘涼。』我們守著祖宗的遺產，過了一生，後來兒孫，自有兒孫之福。」也作「前人種樹，後人乘涼」。

【前生注定】

封建宿命論認爲人一生已由前世所

定，不可改變。《醒世姻緣傳》六一回：「這分明是前生注定，命合使然。」

【前事不忘，後事之師】

師：榜樣。記住以前的經驗教訓。作爲以後借鑑。《戰國策・趙策一》：「臣觀成事，聞往古，天下之美同，臣主之權均之能美，未之有也。前事之不忘，後事之師。」

【前思後想】

形容再三思考，探究緣由。《鏡花緣》六六回：「舜英道：『他既得失心重，未有不前思後想：一時想自己文字內中怎樣鍊句之妙，如何摛藻之奇，不獨種種超脫，並且處處精神，越思越好，愈想愈妙。』」。

【前所未聞】

從來沒聽說過。宋・周密《齊東野語・黃婆》：「此事前所未聞，是知窮荒絕徼，天奇地怪，亦何所不有，未可以見聞所未及，遂以爲誕也。」

【前所未有】

從來不曾有過的。宋・周密《武林舊事》卷二：「戈甲耀目，旌旗蔽天，連亙二十餘里，燦如錦繡，都人縱觀，以爲前所未有。」也作「前古未有」。魯迅《吾國征俄戰史之一頁》：「只能摘抄：『……太祖長子朮赤遂於其地即可汗位。可謂破前古未有之記載矣。』」

【前庭懸魚】

《後漢書・羊續傳》：「續敝衣薄食，車馬羸敗，府丞嘗獻生魚，續受而懸於庭，丞後又進之，乃出前所懸者，以杜其意。」後以「前庭懸魚」表示拒絕賄賂。

【前頭勾了，後頭抹了】

指將所有積怨一起抹掉。《三俠五義》九四回：「皆因大哥應了個買賣頗有油水，叫我來找你來，請兄弟過去。『前頭勾了，後頭抹了。』任什麼不用說，哈哈兒一笑就結了。張羅買賣要緊。」

【前無古人】

前人從沒這樣做過的，空前未有的。宋・洪邁《容齋四筆・有美堂詩》：「二者皆句語雄峻，前無古人。」參見「前不見古人，後不見來者」。

【前言不答後語】

比喻說話先後自相矛盾。《紅樓夢》五四回：「奶媽子丫頭伏侍小姐的人不少，怎麼這些書上，凡有這樣的事，就只小姐和緊跟的一個丫頭知道？你們想想，那些人都是管做什麼的，可是『前言不答後語』了不是。」也作「前言不接後語」、「前言不搭後語」。

【前言往行】

以往聖賢的言行。《周易・大畜》：「君子以多識前言往行，以蓄其德。」孔穎達疏：「多記識前代之言，往賢之行，使多聞多見，以蓄其德。」

【前仰後合】

仰：仰面朝天；合：曲身俯地。形容身體晃動的樣子。《金瓶梅詞話》四一回：「把李瓶兒笑的前仰後合。」《紅樓夢》四一回：「劉姥姥又驚又喜……便一屁股坐在床上，只說歇歇，不承望身不由己，前仰後合的，朦朧兩眼，一歪身，就睡倒在床上。」也作「前合後仰」。元・無名氏《蘇子瞻醉寫赤賦》一折：「可惜玉山頹，盡教恁金波漾，拚了個前合後仰，終夜勞神是下央。」也作「前合後偃」。元・關漢卿《竇娥冤》三折：「則被這扭紐的我左側右偏，人擁的我前合後偃。」

【前因後果】

原因和結果，指事情的全部過程。《南齊書・褚伯玉等傳論》：「儒家之教。憲章祖述，引古證今，於學易悟，今樹以前因，報以後果，業行交酬，連瑣相襲。」《紅樓夢》一一六回：「轉過牌坊，便是一座宮門……又有一副對聯，大書云：過去未來，莫謂智賢能打破；前因後果，須知親近不相逢。」

【前有虎後有狼——進退兩難】

見「光腳丫走進蒺藜窩——進退兩難」。

【前園後圃】

園：泛指花園、果園等；圃：菜地。前面是花園，後面有菜地。比喻清逸、雅致、和諧。《隋書・王貞傳》：「前園後圃，從容丘壑之情；左琴右書，蕭散煙霞之外。」

【前遮後擁】

遮：通庶，衆多。形容擁擠、喧嘩的樣子。《三國演義》一〇九回：「少時朝退，師昂然下殿，乘車出內，前遮後擁，不下數千人馬。」《水滸傳》一二回：「梁中書早飯已罷，帶領楊志上馬，前遮後擁，往東郭門來。」

【前奏曲】

原指大型器樂的序曲。比喻事情的前兆、先聲。例殘冬是春天的前奏曲，改革是經濟起飛的前奏曲。

【鉗口不言】

《莊子・田子方》：「吾形解而不欲動，口鉗而不欲言，吾所學者，直土梗耳！」後以「鉗口不言」指閉著嘴，不願意講話。漢・賈誼《過秦論》：「秦俗多忌諱之禁，忠言未卒於口而身戮沒矣。故使天下之士，傾耳而聽，重足而立，拑口而不言。」拑：通「鉗」。

【鉗口撟舌】

鉗口：閉著嘴不講話；撟舌：翹著舌頭。形容因突然受驚講不出話的樣子。《清史稿・朱琦傳》：「一旦遇大利害，搶攘無措，鉗口撟舌而莫敢言。」

【鉗口結舌】

緊閉著嘴不敢說話或不願意說話。漢・王符《潛夫論・賢難》：「此智士所以鉗口結舌，括囊共默而已者也。」《魯迅書信集・致李秉中》：「國內頗紛紜多事，簡直無從說起，生人鉗口結舌，尚虞禍及，讀明末稗史，情形庶幾近之。」也作「箝口結舌」。宋·司馬光《乞議求諫詔書札子》：「臣恐天下之士益箝口結舌，非國家之福也。」《宋史·葉淸臣傳》：「宰相所惡，則捃以微瑕，公行擊博；宰相所善，則從而唱和，爲之先容。中書政令不平，賞罰不當，則箝口結舌。」

【鉗口吞舌】
閉住嘴，什麼話也不說。南朝梁·江淹《詣建平王上書》：「若使下官事非其虛」，罪得其實，亦當鉗口吞舌，伏匕首以殞身。」

【鉗馬銜枚】
鉗馬：鉗住馬口，不能鳴叫；銜枚：士兵將枚含於口中，行軍時不致出聲。形容行軍肅靜異常，無馬的嘶叫聲和人的喧嘩聲。南朝宋·袁淑《防禦索虜議》：「宜選敢悍數千，鶩行潛掩，偃旗裹甲，鉗馬銜枚。」

【箝口結舌】
見「鉗口結舌」。

【錢財如糞土，仁義值千金】
指仁義重於金錢。《警世通言》卷二五：「後人評論世俗倚富欺貧，已定下婚姻猶有圖賴者，況以宦家之愛女下贅貧友之孤兒，支翁眞盛德之人也！這才是：『錢財如糞土，仁義值千金』」。

【錢串子】
比喻過分看重金錢。例這人長著一個錢串子腦袋，渾身銅臭。

【錢串子腦袋——見縫就鑽】
錢串子：舊時指穿銅錢的繩子。比喻自私自利，到處鑽營。例有的人在改革開放的過程中，像錢串子腦袋——見縫就鑽，發不義之財。也作「錢串子腦袋——見窟窿就鑽」、「錢串子腦袋——光鑽空子」、「織布梭子——見縫就鑽」、「牆上的壁虎——見縫就鑽」。

【錢串子腦袋——見錢眼開】
形容愛錢入迷。例他是一個錢串子腦袋——見錢眼開的人，不給好處是不辦事的。

【錢過北斗】
北斗：星宿名。形容錢特別多。《儒林外史》六回：「趙氏在家掌管家務，眞是：錢過北斗，米爛成倉，僮僕成羣，牛馬成行，享福度日。」

【錢會擺，銀會度】
度：同「踱」。錢會搖動，銀會行走。比喻金錢有莫大的威力。明·王世貞《鳴鳳記》七齣：「你不曉得，如今的世界，錢會擺，銀會度，有了金子豈不跳將起來？」

【錢盡情義絕】
錢財用盡，情誼也就完了。比喻重財輕義。例他原以爲「錢盡情義絕」是指古代的事，不曾想如今也有，且正發生在他身上。

【錢聚如兄，錢散如奔】
有錢時稱兄道弟，無錢時見面就躲。指輕義重利。元·無名氏《來生債》一折：「誰待殷勤，頗奈錢親。『錢聚如兄，錢散如奔。』」

【錢可通神】
比喻有錢可買通一切，極言金錢力量無比。唐·張固《幽閒鼓吹》卷五二：「唐張延賞判一大獄，召吏嚴緝。明旦見案上留小帖云：『錢三萬貫，乞不問此獄。』。張怒擲之。明旦復帖云：『十萬貫』。遂止不問。子弟乘間偵之。張曰：『錢十萬，可通神矣！無不可回之事。吾懼禍及，不得不止。』」元·無名氏《鴛鴦被》四折：「大小荊條，先決四十，再發有司，從公擬罪，錢可通神，法難縱你。」

【錢是人之膽，財是富之苗】
苗：原因，端倪。有錢膽壯，有錢才能發財。例他跑單幫賺了不少錢，錢多膽大，信息又靈通，不幾年就成了富翁。眞是「錢是人之膽，財是富之苗」。

【錢是人之膽，口是禍之門】
有了錢，人的膽子就大，招災惹禍，往往是說話不愼的結果。元·鄭庭玉《後庭花》一折：「你休惱犯那女魔君，可知道錢是人之膽，則你那口是禍之門。」

【錢塘江漲大潮——來勢凶猛】
錢塘江每月朔、望，海潮倒灌，形成大潮。形容氣勢凶險。例別看敵人像錢塘江漲大潮——來勢凶猛，其實是紙老虎，一頂就穿，經不住反擊。

【錢塘江漲大潮——一浪高一浪】
也作「錢塘江漲大潮——後推前浪」。見「江河發大水——後浪推前浪。」

【錢爲人之膽】
比喻金錢可使人增加膽量。《三俠五義》九六回：「眞是『錢爲人之膽』，他有了銀子，立刻精神百倍，好容易趕赴長沙，寫了一張狀子，便告到邵老爺台下。」

【錢無耳，可暗使】
形容金錢的魔力廣大。晉·魯褒《錢神論》：「諺曰：『錢無耳，可暗使。』又曰：『有錢可使鬼』，而況於人乎？」

【錢要用在刀口上】
比喻把錢用在最需要的地方。例俗話說：「錢要用在刀口上。」掙錢不是件容易的事，因此，不要把辛辛苦苦掙來的錢胡亂花掉。

【錢在手頭，食在口頭】
形容一有錢就下館子吃喝。淸·石天基《傳家寶》卷九：「俗謂『錢在手頭，食在口頭』，可知如非大有主見之人，現錢在手，未有不浪費而致害者。」

【乾端坤倪】
乾、坤：天，地；端、倪：事物的開端。指天地萬物各種微妙的跡象。唐·韓愈《南海神廟碑》：「穹龜長魚，踴躍後先。乾端坤倪，軒豁呈露。」

【乾坤再造】

乾坤：《周易》中的兩個卦名，指陰陽兩種對立勢力。引申爲天地。比喻指重整江山。《東周列國志》一〇六回：「然後連合楚魏，共立韓趙之後，並力破秦，此乾坤再造之時也。」

【乾乾翼翼】

乾乾：勤勉狀；翼翼：恭敬，謹慎的樣子。勤勤懇懇，小心謹慎。《資治通鑑・唐則天后天册萬歲元年》：「伏願陛下乾乾翼翼，無戾天人之心而興不急之役。」

【潛遁幽抑】

指隱姓埋名，隱居避世。宋・曾鞏《寄歐陽舍人書》：「潛遁幽抑，其誰不有望於世。」

【潛骸竄影】

指隱匿躲藏，不敢拋頭露面。《魏書・劉昶傳》：「劉昶猜疑懼禍，蕭釁亡破之餘，並潛骸竄影，委命上國。」

【潛蛟困鳳】

蛟龍深潛水中，鳳凰處於困境。比喻精英不被重視，不能有所作爲。明・王世貞《鳴鳳記・鄒慰夏孤》：「有日皇風動，黎民歡頌，那時呵，看潛蛟困鳳，終須騰踴。」

【潛龍伏虎】

隱伏的龍和虎。比喻沒有得到重用的人才。明・胡文煥《雙珠記・西市認母》：「今日裏筆生香，冠禮闈，似潛龍伏虎際卻風雲會。」

【潛龍勿用】

《周易・乾》：「初九，潛龍勿用。」蛟龍潛息不爲世人所知。比喻人才不爲人所識別，而被埋沒。《藝文類聚》卷四六引職官部二《太傅》：「函崤重險，鐘鼎淪覆，潛龍勿用，瞻烏在室。」

【潛氣內轉】

原指唱歌時運氣自如，流暢。後引申爲形容文章運筆工麗自然。漢・繁欽《與魏文帝箋》：「潛氣內轉，哀音外激。」

【潛山隱市】

潛身於山林，隱跡於市井。指隱居埋名，不爲世人所知。唐・杜牧《送薛處士序》：「處士之名，何哉？潛山隱市，皆處士也。」

【潛身縮首】

首：頭。指不能出頭露面，只可隱居。《三國演義》九二回：「汝既爲諂諛之臣，只可潛身縮首，苟圖衣食。」

【潛身遠禍】

隱藏起來，逃避災禍。《兒女英雄傳》一六回：「再讓她就如妙手空空兒一般報了仇，竟有那本領潛身遠禍，她又是個女孩兒家，難道還披髮入山不成？」

【潛身遠跡】

隱居，行蹤不爲人所知。漢・賈逵《上書請宥劉愷》：「見居巢侯劉般嗣子愷，素行孝友，謙讓絜清，讓封弟憲，潛身遠跡，有司不原樂善之心。」

【潛神默記】

精神特別集中，默默記誦。漢・班固《答賓戲》：「獨攄意乎宇宙之外，銳思於毫芒之內，潛神默記，緪以年歲。」

【潛神默思】

指專心致志地苦苦思索。《三國志・魏書・蔣濟傳》：「臣竊亮陛下潛神默思，公聽並觀，若事有未盡於理而物未周於用，將改曲易調，遠與黃唐角功，近昭武文之跡，豈近習而已哉。」

【潛水艇下水——深入淺出】

雙關語。比喻闡述的道理很深刻，使用的語言卻通俗淺顯。例這本小冊子就像潛水艇下水——深入淺出，人人看得懂，可以從中得到教益。

【潛台詞】

比喻不明說的言外之意。例你不用解釋了，你話中的潛台詞，我全知道。

【潛圖問鼎】

《左傳・宣公三年》：「楚子伐陸渾之戎，遂至於雒，觀兵於周疆。定王使王孫滿講勞楚子，楚子問鼎之大小輕重焉。」楚子向王孫滿問鼎，有覬覦周室之意，後以「潛圖問鼎」比喻企圖暗中篡奪君位。南朝・齊武帝《誅張敬兒詔》：「假託妖巫，用相震惑，妄設徵祥，潛圖問鼎。」

【潛形匿跡】

躲藏起來，不公開露面。宋・王讜《唐語林・豪爽》：「持法清峻，犯之者無宥，有嚴張之風也。狡吏奸豪，潛形匿跡。」

【潛移暗化】

見「潛移默化」。

【潛移默奪】

原狀在暗中已變，不露任何痕跡。《明史・李東陽傳》：「其潛移默奪，保全善類，天下陰受其庇，而氣節之士多非之。」也作「**潛移默運**」。清・魏源《老子本義注》：「蓋潛移默運」。銷之於未然，轉之於不覺，救人而無救之跡，豈非重襲不露之天明乎？」

【潛移默化】

潛：暗中，不露形跡。人的思想性格，長期受到外來影響，在不知不覺中發生了變化。清・龔自珍《與秦敦夫書》：「士大夫多瞻仰前輩一日，則胸中長一分丘壑；長一分丘壑，則去一分鄙陋。潛移默化，將來或出或處，所以益人家邦與移人風俗不少矣。」朱自清《民衆文學的討論》：「我的意思，民衆文學當有一種『潛移默化』之功，以純正的博大的趣味，替代舊有讀物、戲劇等底不潔的、偏狹的趣味。」也作「**潛移暗化**」。北齊・顏之推《顏氏家訓・慕賢》：「人在少年，神情未定，所以款狎，薰漬陶染，言笑舉動，無心於學，潛移暗化，自然擬之。」

【潛移默運】

見「潛移默奪」。

【潛蹤隱跡】
潛藏起來，或不公開出頭露面，讓人找不到蹤跡。例戰爭結束後，他便脫離軍界，在海外潛蹤隱跡，一過就是三十年。

【黔虎吃驢——繞了個大圈子】
黔：指現在貴州一帶。唐・柳宗元《三戒・黔之驢》載：「貴州一帶原先沒有驢，有人從外地帶來一頭放在山下。老虎見驢個子很大，叫聲很響，老遠就躲開，更不敢吃牠。後來逐漸接近，驢踢老虎一腳。老虎見驢的本事不過如此，終於把它吃了。」比喻說話拐彎抹角，不直截了當。例他見對方對這筆生意不感興趣，很難談下去，便來了黔虎吃驢——繞了個大圈子。最後引上正題，達到了目的。

【黔驢技窮】
比喻有限的一點淺薄的本領已經用完。陳娟《曇花夢》二：「她開始還有顧忌，現在大概認為我們這批酒囊飯桶，已經是『黔驢技窮』了，雖身在囹圄，其思想戒備一定比前鬆懈得多。」也作「**黔驢之技**」。宋・李胃伯《代襄閫回陳總領賀轉官》：「雖長蛇之勢若粗雄，而黔驢之技已盡展。」參見「黔虎吃驢——繞了個大圈子」。

【黔驢之技】
見「黔驢技窮」。

【黔突暖席】
突：灶突，指煙筒；席：坐席。形容公務繁忙，四出奔走。《淮南子・修務訓》：「孔子無黔突，墨子無暖席。」

ㄑㄧㄢˇ

【淺嘗輒止】
輒：就，便。稍稍嘗試一下便停住了。比喻學習或工作不能深入。例在科學研究中如果不肯下苦功夫，淺嘗輒止，那是不會有收穫的。

【淺碟子盛水——一眼看透】
見「清水潭裏扔石頭——一眼望到底」。

【淺見薄識】
見「淺見寡聞」。

【淺見寡識】
見「淺見寡聞」。

【淺見寡聞】
見識短淺，孤陋寡聞。形容知識淺薄。《史記・五帝本紀贊》：「非好學深思，心知其意，固難為淺見寡聞道也。」也作「**淺見寡識**」。魯迅《阿Q正傳的成因》：「在這事實發生以前，以我的淺見寡識，是萬萬想不到的」也作「**淺見薄識**」。《平妖傳》二回：「此詩淺見薄識，乃荒唐之說，不知此乃坐井觀天，淺見薄識之輩。」

【淺淺水，長長流】
比喻過日子，精打細算。例過日子應該「淺淺水，長長流」，不要月頭亂花，月尾伸手借錢。

【淺水翻船——打濕一雙鞋】
比喻損失不大。例這次事故，僅僅是淺水翻船——打濕一雙鞋，但我們仍應從中取得教訓。

【淺水養不住大魚】
比喻條件不好，留不住能人。例住房、職稱、實驗室，各個方面都是問題，而又久久不能解決，難怪有路子的紛紛走了，「淺水養不住大魚」嘛！

【淺灘上放木排——一拖再拖】
淺灘上放木排，水流沖不走，必須靠人拖走。雙關語。比喻一再拖延時間。例我們送上去的報告，淺灘上放木排——一拖再拖，老是批不下來。

【淺聞小見】
學疏才淺，見解不高。明・王守仁《尊紀閣記》：「習訓詁，傳記誦，沒溺於淺聞小見，以塗天下之耳目，是謂侮經。」

【淺希近求】
沒有遠大的目標，不要求高的標準。《雲笈七籤》卷六五：「是以太眞夫人猶語馬君云：『與安期相隨少久，其術可得而傳。如淺希近求，則房戶幽徑。』」

【淺斟低唱】
慢慢地喝著酒，低聲地歌唱。形容消閒享樂，悠悠自得。明・張岱《西湖七月半》：「名妓閒僧，淺斟低唱，弱管輕絲，竹肉相發。」也作「**淺斟低謳**」。明・無名氏《東籬賞菊》頭折：「我則待休休遊遊，他道是御酒金甌，淺酌低謳，錦袋吳鈎，拜相封侯。」

【淺斟低謳】
見「淺斟低唱」。

【淺斟低酌】
慢慢地喝著酒。形容消閒享樂，悠然自得。朱自清《懷魏握青君》：「一是北方的佳人，一是關西的大漢，都不宜於淺斟低酌。」

【遣兵調將】
調動兵力，派遣將領。也指部署工作，安排人力。《孽海花》二四回：「我國嚴詞駁斥了幾回，日本就日日遣兵調將，勢將與我國決裂。」也作「調兵遣將」。

【遣辭措意】
遣辭：措辭。指寫文章或講話注意措辭，使之含義深廣，用詞準確。宋・吳曾《能改齋漫錄・細數落花因坐久緩尋芳草得歸遲》：「前輩讀詩與作詩既多，則遣辭措意，皆相緣以起，有不自知其然者。」也作「**遣詞立意**」。《隋唐演義》三〇回：「你這小妮子，學得幾時唱，就曉得遣詞立意」。

【遣詞立意】
見「遣辭措意」。

【遣將不如激將】
比喻用激將法更能激發人的鬥志和勇氣。《三寶太監西洋記》四三回：「王神姑看見祖師爺是個不肯下山去的意思，心裏想道：『遣將不如激將』，待我把幾句話兒來激他一激，看他如何。」也作「**請將不如激將**」、「**勸將不如激將**」。

【遣興陶情】

排遣興致，陶冶性情。《初刻拍案驚奇》卷二五：「然不過是侍酒陪飲，追歡買笑，遣興陶情，解悶破寂，實是少不得的。」

【繾綣羨愛】

形容情意綿綿，相互愛戀。《紅樓夢》九回：「如今秦寶二人一來了，見了他倆也不免繾綣羨愛」。

ㄑㄧㄢˋ

【倩女離魂】

據唐・陳玄祐《離魂記》記載：「衡州張鑑的女兒倩娘與其外甥王宙相戀，後被張許配給他人。倩娘抑鬱成病臥床不起，王宙被遣往四川。半夜，倩娘的魂趕到船上。五年後兩人歸家，臥病在床的倩娘聞聲而動，兩女合成一體。」後以「倩女離魂」指少女因愛情而死或精神失常。元・鄭德輝《倩女離魂》四折：「那一個跟他取應，這一個淹煎病損，母親，則這是倩女離魂。」明・馮惟敏《集賢賓・閨思》：「因他，悄一似倩女離魂，病染沉疴。」

【倩人捉刀】

倩：請。《三國志・魏書・陳思王植傳》：「[植]善屬文。太祖嘗視其文，謂植曰：『汝倩人邪？』植跪曰：『言出爲論，下筆成章，顧當面試，奈何倩人？』」南朝宋・劉義慶《世說新語・容止》：「魏武將見匈奴使，自以形陋，不足雄遠國，使崔季珪代，帝自捉刀立床頭。既畢，令間諜問曰：『魏王何如？」匈奴使答曰：『魏王雅望非常，然床頭捉刀人，此乃英雄也』。魏武聞之，追殺此使。」後以「倩人捉刀」指請別人代寫文章。

【欠火候】

比喻修養、功夫不夠。例你的畫還欠火候。

ㄑㄧㄣ

【欽差大臣】

明清時皇帝親自派遣並代表皇帝外出的官員，權力極大。《孽海花》九回：「雯青因是欽差大臣，上海道特地派了一隻官輪來接，走了一夜，次早就抵埠頭。」現多諷刺上級派到下面工作，不瞭解實際情況，不負責任地主觀發號施令的人。

【欽佩莫名】

心中無比欽佩。例王教授通過示範和講演，把小齊說得五體投地，欽佩莫名。

【欽賢好士】

崇敬賢才文士，《雲笈七籤》卷一〇九：「聞王欽賢好士，吐握不倦，苟有一介，莫不畢至。」

【嶔崎磊落】

嶔崎：山高狀。形容人品奇特，與衆不同。《儒林外史》一回：「元朝末年，也曾出了一個嶔崎磊落的人。這人姓王，名冕，在諸暨縣鄉村裏住。」也作「**嶔嶔歷落**」。

【親不敵貴】

貴：權貴。親戚之情也不能越過職位的尊卑。形容人情淡薄。清・孔尚任《桃花扇》二一：「[馬]我道是誰？楊妹丈是咱內親，爲何也不竟進？[楊]如今親不敵貴了。」

【親不隔疏】

親：親近的人；疏：疏遠的人。彼此親近的人不會被一般的人所隔開。指兩人關係密切。《紅樓夢》二〇回：「寶玉聽了忙上前稍稍的說道：『你這麼個明白人，難道連『親不隔疏，後不僭先』也不知道？』」

【親不親，故鄉人；美不美，故鄉水】

見「親不親，故鄉人；美不美，鄉中水」。

【親不親，故鄉人；美不美，鄉中水】

形容人們對故鄉的深情，一切都是家鄉的好。《金瓶梅詞話》九二回：「常言『親不親，故鄉人；美不美，鄉中水』。雖然不是我兄弟，也是我女婿人家。」也作「**親不親，故鄉人；美不美，故鄉水**」。

【親操井臼】

井臼：提水舂米，泛指家務勞動。親自操持家務。清・紀昀《閱微草堂筆記・姑妄聽之一》：「遂留爲夫婦，親操井臼，不異貧家。」《兒女英雄傳》二七回：「整理門庭，親操井臼，總說一句，便是『勤儉』兩個字。」

【親當矢石】

當：阻擋。親自去阻攔敵人的箭、石。形容戰鬥中捨身忘我，不怕犧牲。唐・白居易《贈陣亡軍將等刺史札》：「王師問罪，至於淄青，爾等同執干戈，親當矢石，忠而盡瘁，勇以亡身。」

【親骨肉】

指有血緣關係的父母兄弟子女等。例她這後媽對前房留下的孩子像親骨肉一樣親。

【親極反疏】

特別親近時，往往表面顯得疏遠。《紅樓夢》八九回：「寶玉欲將實言安慰，又恐黛玉生嗔，反添病症，兩人見了面只得用浮言勸慰，眞是『親極反疏』。」

【親離衆叛】

大家都反對，連親信也離去。形容極端孤立。《晉書・呂隆傳》：「尋而耄及政昏，親離衆叛，瞑目甫爾，衅發蕭牆。」也作「**衆叛親離**」。

【親密無間】

《漢書・蕭望之傳》：「蕭望之歷位將相，藉師傅之恩，可謂親暱亡（無）間。」後以「親密無間」指人與人之間關係密切，毫無隔閡。馮德英《迎春花》一九：「老東山和未過門的兒媳婦，父女般的談著，似乎他們之間，過去沒有發生什麼糾紛和不愉快，從來就是親密無間的。」

【親戚遠來香】

遠方來的親戚受到特殊熱情的款待。例「親戚遠來香」，天天見面就不香了。

【親仁善鄰】

親近有道德有學問的人，和友鄰搞好關係。《左傳・隱公六年》：「親仁善鄰，國之寶也。」

【親如骨肉】

親：親密，親近；骨肉：父母子女兄弟姐妹等親人。指關係親密，如同一家人一樣。例老丁和老姜在前線經歷了生與死的考驗，結下了親如骨肉的深厚友誼。

【親如手足】

手足：喻指兄弟。親密無間如兄弟一樣。吳玉章《從甲午戰爭到辛亥革命前後的回憶》三：「覺得革命既是大仁大義的崇高事業，而革命同志又復親如手足，因此便要求加入同盟會。」

【親上成親】

原來就是親戚，又結姻親。元・關漢卿《調風月》一折：「兼上親上成親好對門，覷了他兀的模樣。」也作「**親上加親**」。巴金《憶・做大哥的人》：「姑母卻以『自己已經受夠了親上加親的苦，不願意讓女兒再來受一次』這理由拒絕了。」也作「**親上做親**」。

【親上加親】

見「親上成親」。

【親是親，財是財】

親人之間，經濟上也要分明，免得發生糾紛。老舍《四世同堂・偷生》五八：「我是基督徒，作事最清楚公道，親是親，財是財，要分得明明白白！」也作「**親雖親，財帛分**」、「**親兄弟，明算帳**」。

【親手足】

指嫡親的兄弟姐妹。例爲了爭奪遺產，親手足也反臉無情了。

【親疏貴賤】

指社會生活中親密、疏遠、富貴、貧賤諸種關係，形容社會關係和社會地位不相同的許多的人。《史記・樂書》：「廣其節奏，省其文采，以繩德厚也。類小大之稱，比終始之序，以象事行，使親疏貴賤長幼男女之理皆形見於樂，故曰。樂觀其深矣。」

【親痛仇快】

使自己人感到痛心，使敵人高興。漢・朱浮《與彭寵書》：「凡舉事無爲親厚者所痛，而爲見仇者所快。」也作「**親者痛，仇者快**」。姚雪垠《李自成》一卷一五章：「他如今離開咱們，並非前去投敵，豈可因此互相殘殺，使親者痛，仇者快，白白地便宜了朝廷！」

【親無怨心】

親人之間可以彼此理解、體諒。明・徐畛《殺狗記》一七齣：「官人，兄弟乃同胞之親，手足之義，自古道『親無怨心』，官人早早回心，二官人必然感激。」

【親賢遠佞】

親近有德有才的人，疏遠阿諛奉承的小人。唐・韓愈《順宗實錄》卷三：「爾其尊師重傅，親賢遠佞，非禮勿踐，非義勿行。」

【親者割之不斷，疏者續之不堅】

關係親密割也割不斷，關係疏遠則拉也拉不到一起。《明史・高巍傳》：「燕舉兵兩月矣，前後調兵不下五十餘萬，而一矢未獲，謂之國有謀臣可乎……彼其勸陛下削藩國者，果何心哉？諺曰：『親者割之不斷，疏者續之不堅』，殊有理也。」

【親者痛，仇者快】

見「親痛仇快」。

【親自出馬】

親自辦的事。例這回可要動眞格的了，院長親自出馬了。

【侵肌裂骨】

肌：肌膚。形容天氣十分寒冷。例一到冬季，北大荒狂風怒號，侵肌裂骨。

【衾寒枕冷】

被子寒冷，枕邊冷清。形容夫妻或情人離別後的孤寂生活。元・石子章《竹塢聽琴》三折：「我爲你呵捱了些更長漏永，受了些衾寒枕冷。」.

【衾影無慚】

不做壞事，任何時候心中都不會感到不安。北齊・劉晝《新論・愼獨》：「故身恒居善，則內無憂慮，外無畏懼。獨立不慚影，獨寢不愧衾。」《官場現形記》一九回：「我們講理學的人，最講究的是『愼獨』工夫，總要能夠衾影無慚，屋漏不愧。」

ㄑㄧㄣˊ

【琴斷朱弦】

比喻喪偶。多指女子喪夫。清・洪昇《長生殿・幸恩》：「奴家楊氏，幼適裴門，琴斷朱弦，不幸文君早寡；香含青瑣，肯容韓掾輕偷？」

【琴歌酒賦】

彈琴、唱歌、飲酒、賦詩。舊時文人認爲的風雅之事。宋・韓元吉《武夷書院記》：講書肄業，琴歌酒賦，莫不在是。」宋・葉廷珪《海錄碎事・人事・隱逸》：「琴歌酒賦，皆逸人之事。」也作「**琴棋詩酒**」。

【琴劍飄零】

古代文人隨身攜帶琴劍。琴劍飄零比喻文人流落四方，混跡於江湖之中。《羣音類選〈南西廂記・紅娘請生〉》：「可憐我琴劍飄零無厚聘，感不盡姻親事有成。」

【琴棋詩酒】

彈琴、下棋、賦詩、飲酒。舊時文人認為的風雅之事。清・翟灝《通俗編・藝術・琴棋詩酒》：「琴棋詩酒，客因與談笑，戲成一詩。」

【琴棋書畫】

指彈琴、下棋、寫字、繪畫。泛指各種文藝特長或各種文化娛樂用品。唐・張彥遠《法書要錄》卷三引何延之《蘭亭記》：「辯才博學工文，琴棋書畫皆得其妙。」元・無名氏《玩江亭》二折：「你看那前堂後閣，東廊西舍，走馬門樓，琴棋書畫。」

【琴瑟不和】

見「琴瑟不調」。

【琴瑟不調】

以琴瑟兩種弦樂器演奏不協調。比喻政令不當或夫妻感情不好。漢・荀悅《漢紀・武帝紀一》：「夫秦滅先聖之道，為苟且之治，故立十四年而亡，其遺毒餘戾至今未滅，琴瑟不調。」《漢書・董仲舒傳》：「竊譬之琴瑟不調，甚者必解而更張之。」《太平廣記》卷四〇九二引《靈應傳》：「涇陽君與洞庭外祖世為姻戚，後以琴瑟不調，棄擲少婦，遭錢塘之一怒，傷生害稼，懷山襄凌。」也作「**琴瑟不和**」。元・尚仲賢《柳毅傳書・楔子》：「俺父親、母親將我嫁與涇河小龍為妻。頗奈涇河小龍為婢僕所惑，日見厭薄，因此上俺兩個琴瑟不和。」也作「**琴瑟失調**」。《歧路燈》九九回：「所可惜者，塤篪和鳴，卻又琴瑟失調。」

【琴瑟和好】

見「琴瑟和諧」。

【琴瑟和調】

見「琴瑟和諧」。

【琴瑟和同】

見「琴瑟和諧」。

【琴瑟和諧】

琴和瑟配合協調。比喻夫妻感情和美協調。明・沈受先《三元記・團圓》：「夫妻和順從今定，這段姻緣夙世成，琴瑟和諧樂萬春。」也作「**琴瑟和調**」。元・石君寶《秋胡戲妻》一折：「琴瑟和調花燭夜，鳳凰匹配洞房春。」也作「**琴瑟和好**」。《聊齋志異・孫生》：「孫由是琴瑟和好。生一男兩女，十餘年從無角口之事。」也作「**琴瑟和同**」。《羣音類選〈諸腔類・點絳唇〉》：「願心兒折桂乘龍，怎能勾魚水相逢，琴瑟和同。」

【琴瑟靜好】

見「琴瑟之好」。

【琴瑟失調】

見「琴瑟不調」。

【琴瑟調和】

見「琴瑟相調」。

【琴瑟相調】

《詩經・小雅・棠棣》：「妻子好合，如鼓瑟琴。」後用「琴瑟相調」比喻夫妻感情和諧，生活愉快。元、王子一《誤入桃源》四折：「今日也魚水和諧，燕鶯成對，琴瑟相調。」也作「**琴瑟相諧**」。《誤入桃源》二折：「我等本待和他琴瑟相諧，松蘿共倚，爭奈塵緣未斷，驀地思歸。」也作「**琴瑟調和**」。《醒世姻緣傳》五二回：「若是少年夫婦，琴瑟調和，女貌郎才，如魚得水，那孫蘭姬就鎮日矗在面前，也未免日疏日遠。」

【琴瑟相諧】

見「琴瑟相調」。

【琴瑟之好】

比喻夫妻感情和諧融洽。《聊齋志異・邵九娘》：「柴始悟其奸，因復反目，永絕琴瑟之好。」也作「**琴瑟靜好**」。清・朱彝尊《石園集序》：「且與郡主朱夫人琴瑟靜好，門內唱隨，所傳《石園集序》附著於錄者是也。」

【琴挑文君】

見「琴心相挑」。

【琴心劍膽】

以琴為心，以劍為膽。比喻文人剛柔相濟。元・吳萊《去歲留杭德興傅子建夢得句，語予及其鄉人為續此詩卻寄董詩》：「小榻琴心展，長纓劍膽舒。」

【琴心相挑】

《史記・司馬相如傳》：「酒酣，臨邛令前奏琴曰：『竊聞長卿好之，願以自娛。』相如辭謝，為鼓一再行。是時卓王孫有女文君新寡，好音，故相如繆與令相重，而以琴心挑之。」後以「琴心相挑」或「琴挑文君」指用琴聲表達愛情。唐・羅虬《比紅兒詩》：「料得相如偷見面，不應琴裏挑文君。」

【秦檜殺岳飛——罪名莫須有】

比喻憑空捏造罪名，致人於死地。例歷史往往是要重演的，秦檜殺岳飛——罪名莫須有的事並沒有絕跡。

【秦檜奏本——進讒言】

比喻毀謗別人或挑撥離間。例害人之心不可有，防人之心不可無，在任何時候，秦檜奏本——進讒言的人或事都會有的。

【秦晉之好】

春秋時，秦、晉兩國的國君多代通婚。指兩姓聯姻。《三國演義》一六回：「公主仰慕將軍，欲求令嬡為兒婦，永結秦晉之好。」也作「**秦晉之緣**」。《金瓶梅詞話》一八回：「倘蒙娘子垂憐，肯結秦晉之緣，足稱平生之願，學生雖銜環結草，不敢有忘。」也作「**秦晉之匹**」。《梁書・侯景傳》：「方為秦晉之匹，共成劉范之親。」也作「**秦約晉盟**」。《剪燈餘話・鳳尾草記》：「兼之秦約晉盟，遽然斷絕。淒涼憔悴，踽踽無聊。」

【秦晉之匹】

見「秦晉之好」。

【秦晉之緣】

見「秦晉之好」。

【秦鏡高懸】

漢・劉歆《西京雜記》卷三：「高祖初

入咸陽宮，周行庫府，金玉珍寶不可稱言，其尤驚異者……有方鏡廣四尺、高五尺九寸，表裏有明，人直來照之，影則倒見，以手捫心而來，則見腸骨五臟，歷然無硋；人有疾病在內，則掩心而照之，則知病之所在。又有女子有邪心，則膽張心動，秦始皇常以照宮人，膽張心動者則殺之。」後以「秦鏡高懸」比喻判案公正官吏清明。也作「**秦庭朗鏡**」。《初刻拍案驚奇》卷一：「負屈寒儒，得遇秦庭朗鏡；行凶詭計，難逃蕭相明條。」

【秦樓楚館】

秦秋時秦穆公築鳳樓，爲其女吹簫處，後人稱「秦樓」。楚靈王築章華宮，選細腰美女居住，稱「楚館」。後以「秦樓楚館」泛指歌舞場所或妓院。張恨水《八十一夢・第三十六夢》：「那人笑道：『這地方是秦樓楚館的地帶。』」也作「**秦樓謝館**」。李邦祐《轉調・淘金令》：「花衢柳陌，恨他去胡沾惹，秦樓謝館，怪他去閒遊冶。」

【秦樓謝館】

見「秦樓楚館」。

【秦瓊的殺手鐧——一輩傳一輩】

秦瓊：唐初名將，字叔寶。有祖傳鐧法五十六路，練就絕招「殺手鐧」。指代代相傳。例我們好的思想作風，道德傳統，應該像秦瓊的殺手鐧——一輩傳一輩，不能中斷和背棄。也作「**師傅收兒當徒弟——一輩傳一輩**」。

【秦瓊馬——沒膘】

膘：ㄅㄧㄠ，肥肉（用於牲畜）。比喻人沒有多少油水。罵人的話，有時表示戲謔。例別敲榨小秦了，他是秦瓊馬——沒膘。

【秦瓊賣馬——背時】

唐初名將秦瓊窮困潦倒，連自己的瘦馬都賣掉了。見「賣鹽逢雨，買麵遇風——背時」。

【秦瓊賣馬——窮途末路】

形容面臨絕境，走投無路。例他現在已是秦瓊賣馬——窮途末路了，大家應該幫一把。

【秦瓊賣馬——忍痛割愛】

比喻忍痛放棄心愛的東西。例你既然喜歡這幅畫，我只好秦瓊賣馬——忍痛割愛了。也作「**楊志賣刀——忍痛割愛**」、「**黛玉焚稿——忍痛割愛**」。

【秦失其鹿】

比喻失去帝位。《史記・淮陰侯傳》：「秦之綱絕而維弛，山東大擾，異姓並起，英俊烏集；秦失其鹿，天下共逐之，於是高材疾足者先得焉。」《史記集解》引張晏說，「以『鹿』喻帝位也」。明・無名氏《暗渡陳倉》頭折：「自因秦失其鹿，天下大亂，高才疾足者先得之。」

【秦始皇修長城——功過後人評】

事業的功過是非，後來人自然會評論。例不要自己評功擺好。秦始皇修長城——功過後人評。

【秦庭朗鏡】

見「秦鏡高懸」。

【秦庭之哭】

《左傳・定公四年》：「申包胥如秦乞師……秦伯使辭焉，曰：『寡人聞命矣，子姑就館，將圖而告。』對曰：『寡君越在草莽，未獲所伏，下臣何敢即安。』立，依於庭牆而哭，日夜不絕聲，勺飲不入口七日，秦哀公爲之賦《無衣》，九頓首而坐，秦師乃出。」後以「秦庭之哭」比喻向別國哀求援兵。北周・庾信《哀江南賦》：「鬼同曹社之謀，人有秦庭之哭。」唐・李白《流夜郎半道承恩放還兼欣克復之美書懷示息秀才》：「悲作楚地囚，何日秦庭哭。」

【秦約晋盟】

見「秦晋之好」。

【秦越肥瘠】

秦越：古代秦國和越國。秦處西北，越在東南。兩國相距甚遠。比喻疏遠隔膜，彼此之間沒有關係。《宋史・食貨志上》：「願陛下課官吏，使之任牛羊芻牧之責；勸富民，使之無秦越肥瘠之視。」

【螓首蛾眉】

螓：蟬的一種，身有花紋；螓首：方頭廣額；蛾眉：細而長的眉毛。形容女子貌美。《詩經・衛風・碩人》：「手如柔荑，膚如凝脂，領如蝤蠐，齒如瓠犀，螓首蛾眉，巧笑倩兮，美目盼兮。」

【禽奔獸遁】

遁：逃遁，躲避。比喻人奔波不停。宋・蘇洵《審勢》：「及其後世失德，而諸侯禽奔獸遁，各固其國，以相侵擾，而其上之人卒不悟。」

【禽困覆車】

困在籠中的禽獸也可使車翻倒。比喻不可逼人太甚。《史記・甘茂傳》：「向壽爲秦守宜陽，將以伐韓。韓公仲使蘇代謂向壽曰，禽困覆車。」

【禽息鳥視】

像禽鳥一樣生活。比喻對社會沒有貢獻，養尊處優，無大志向。三國魏・曹植《求自試表》：「沒世無聞，徒榮其軀，而豐其體。生無益於事，死無損於數，虛荷上位，而忝重祿，禽息鳥視，終於白首，此徒圈牢之養物，非臣之所志也。」《三國志・魏書・陳思王植傳》：「虛荷上位而穩重祿，禽息鳥視。」

【擒虎拿蛟】

見「擒龍捉虎」。

【擒奸討暴】

捉拿壞人、制伏土豪惡霸。漢・曹操《舉泰山太守呂虔茂才令》：「夫有其志必成其事，蓋烈士之所徇也。卿在郡以來，擒奸討暴，百姓獲安，躬蹈矢石，所征輒克。」

【擒奸擿伏】

擿：ㄊㄧˋ，揭發。捉拿歹徒，揭發暗藏的壞人。《太平廣記》卷一七一引《紀聞・蘇無名》：「無名歷官所在，擒奸擿伏有名。每偷，至無名前，無得過者。」也作「**擒奸摘伏**」。《續古文苑・無名氏〈唐莫州唐興軍都虞侯鄭府君墓志銘〉》：「擒奸摘伏，撫弱遏强，井邑肅然。」

【擒奸摘伏】
見「擒奸擿伏」。

【擒龍縛虎】
見「擒龍捉虎」。

【擒龍捉虎】
擒住蛟龍和猛虎。比喻戰勝强大凶惡的敵人。《說岳全傳》一七回：「宗澤寫下一封書札，差人星夜往湯陰縣，去請岳飛同衆弟兄前來助戰。正是：要圖定國安邦計，預備擒龍捉虎人。」也作「**擒龍縛虎**」。明・沈璟《義俠記・秘計》：「定下擒龍縛虎萬全計，看他遭羅網怎生避？」也作「**擒虎拿蛟**」。元・無名氏《暗渡陳倉》二折：「準備擒虎拿蛟計，銀山鐵壁撞將來。」

【擒賊定須擒賊首】
打敗敵人必先抓住頭領。《三國演義》五回：「拍馬上關，來擒董卓。正是：『擒賊定須擒賊首』，奇功端的待奇人。」也作「**擒賊必先擒王**」、「**擒賊先擒王**」。

【擒賊擒王】
捉賊見捉賊首。比喻作事要抓住要害、關鍵，也比喻作戰要先除首惡。唐・杜甫《前出塞》詩之六：「挽弓當挽强，用箭當用長。射人先射馬，擒賊先擒王。」

【噙齒戴髮】
指作風正派的男子漢。《金瓶梅詞話》一回：「武松睜起眼來說道：『武二是個頂天立地的噙齒戴髮的男子漢！』」

【勤穿勤脫，勝於吃藥】
比喻要隨著季節的變化加減衣服，就可以少生病。例勤穿勤脫，勝於吃藥。」這是老人的經驗之談，也是人們的養生之道。

【勤工儉學】
邊學習邊工作。生活節儉，利用勞動收入助學。吳玉章《回憶五四前後我的思想轉變》：「我這時一面在交涉條約的事情，一面又進行第二個任務，就是辦留法勤工儉學，設立一個留法預備學校。」

【勤儉持家】
操持家務勤勞節儉。例他雖然收入少，孩子多，負擔重，但女主人勤儉持家，省吃儉用，所以日子還過得去。

【勤儉治家】
治理家業時勤勞節儉。梁斌《紅旗譜》卷一：「你老輩爺爺都是勤儉治家，向來人能吃的東西不能餵牲口，直到如今我記得結結實實。」

【勤能補拙】
勤奮可以彌補自己的笨拙。唐・白居易《呈吳中諸客》：「救煩無若靜，補拙莫如勤。」李欣《業精於勤》：「辛勤是才能的基礎。熟能生巧，勤能補拙，就說明了這個道理。」

【勤勤懇懇】
勤奮，踏實，待人忠誠熱心。漢・司馬遷《報任少卿書》：「曩者辱賜書，教以愼於接物，推賢進士爲務，意氣勤勤懇懇，若望僕不相師，而用流俗人之言。」明・歸有光《與潘子實書》：「足下獨卓然不惑，痛流俗之沉迷，勤勤懇懇，欲追古賢人志士之所爲，考論聖人之遺經於千百載之下。」

【勤愼肅恭】
勤奮、謹愼、恭敬、謙遜是做人的美德。《紅樓夢》十八回：「貴妃切勿以政夫婦殘年爲念，更祈自加珍愛，惟勤愼肅恭以侍上，庶不負上眷顧隆恩也」。

【勤學好問】
學習勤奮，不懂就問。元・王公孺《後澗先生大全文集・後序》：「先考文定公人品高古，才氣英邁，勤學好問，敏於制作。」

【勤學苦練】
勤奮學習，刻苦地練習。例張林上次比賽失利後，勤學苦練，虛心學習，終於在今年的春季運動會奪了金牌。

【勤有功，嬉無益】
勤奮努力，才有成績；嬉歡玩樂，沒有好處。例古人說：「勤有功，嬉無益」這無論對於大人、孩子都應該是一條座右銘。

【勤則不匱】
匱：缺乏。只要勤勞就不會匱乏。《左傳・宣公十二年》：「民生在勤，勤則不匱。」

ㄑㄧㄣˇ

【寢不安席】
睡覺時不能安於枕席。形容有心事睡不著覺。《史記・司馬穰苴列傳》：「今敵國深侵，邦內騷動，士卒暴露於境，君寢不安席，食不甘味，百姓之命皆懸於君。」

【寢不成寐】
見「寢不安席」。

【寢不遑安】
不能安心睡覺。形容終日忙碌，過於緊張。宋・司馬光《進五規狀》：「躬擐甲胄，櫛風沐雨，東征西伐，掃除海內。當此之時，食不暇飽，寢不遑安。」

【寢饋不安】
見「寢食不安」。

【寢饋難安】
寢：睡眠；吃飯。吃不好睡不好。指心神不定，憂心忡忡。例畢業考試沒有通過使他寢饋難安，眼看著一天天瘦了下去。

【寢饋其中】
寢：睡覺；饋：吃飯。睡覺吃飯不離其中。指對某件事著了迷，連吃飯睡覺也離不開了。例他爲了完成學位論文，寢饋其中已經半年多了。

【寢寐求賢】

寢寐：躺在床上睡覺。比喻尋求有才能的人的心情十分迫切。《儒林外史》三五回：「十月初二日，內閣奉上諭：『朕承祖宗鴻業，寢寐求賢，以資治道。』」

【寢皮食肉】
形容極其仇恨。清・洪昇《長生殿・罵賊》：「縱將他寢皮食肉也恨難劚。」

【寢丘之志】
寢丘：地名，故址在今河南沈丘縣東南。《呂氏春秋・異寶》：「楚孫叔敖戒其子曰：『荊楚間有寢之丘者，前有妒谷，後有戾丘，其名惡，可長有也。』」楚令尹孫叔敖死前告誡其子，要他請封於條件最差的寢丘，可長保不失。後以「寢丘之志」比喻安於貧窮。不放棄其志向。南朝齊・王儉《褚淵碑文》：「既秉辭粱之分，又懷寢丘之志。」

【寢苫枕草】
見「寢苫枕塊」。

【寢苫枕塊】
苫：ㄕㄢ，草薦；塊：土塊。睡草薦上，枕著土塊。古代居父母之喪的禮節。《儀禮・既夕禮》：「居倚廬寢苫安枕塊。」唐・劉禹錫《唐邠寧節度使史孝章神道碑》：「迎柩於路，仰天長號，因葬於洛陽之邙山，冀國夫人祔焉。寢苫枕塊，以所仇同天爲大酷。」明・歸有光《書家廬燕卷後》：「按古廬居之制，在中門之外，寢苫枕塊。」也作「寢苫枕草」。《左傳・襄公十七年》：「齊晏桓子卒，晏嬰……居倚廬，寢苫枕草。」

【寢食不安】
睡不好覺，吃不好飯。形容十分憂慮多愁。《三國演義》四三回：「孫權退入內宅，寢食不安，猶豫不決。」也作「寢饋不安」。《孽海花》二六回：「從他受事到今，兩三個月裏，水陸處處失敗，關隘節節陷落，反覺得憂心如搗，寢饋不安。」

【寢食俱廢】
不吃不睡。形容心裏十分焦灼或專心致力於某件事，極其緊張。宋・洪邁《夷堅丙志・沈見鬼》：「夏六月，眞苦赤目，腫痛特甚，寢食俱廢。」《警世通言》卷二：「每想著莊生生前恩愛，如痴如醉，寢食俱廢。」

ㄑㄧㄣˋ

【沁人心肺】
見「沁人心脾」。

【沁人心腑】
見「沁人心脾」。

【沁人心脾】
沁：滲入，吸入；脾：脾臟。滲入人的內臟。形容吸入涼爽的空氣或可口的飲料，感到十分舒服，也形容美好的詩文歌賦給人以美好的感受。清・趙翼《甌北詩話》卷四：「眼前景，口頭語，自能沁人心脾，耐人咀嚼。」也作「沁入心脾」。《蕙風詞話》：「此等詞一再吟誦，輒沁入心脾，畢生不能忘。」也作「沁入心腑」。明・沈德符《萬曆野獲編》卷二五：「嘉靖間乃興《鬧五更》、《寄生草》……舉世傳誦，沁入心腑。」也作「沁人心肺」、「沁入肺腑」。清・張岱《陶庵夢憶・乳酪》：「玉液珠膠，雪腴霜膩；吹氣勝蘭，沁入肺腑。」

【沁入肺腑】
見「沁人心脾」。

【沁入心脾】
見「沁人心脾」。

ㄑㄧㄤ

【搶地呼天】
呼喚蒼天，用頭撞地。形容極度悲傷。《官場現形記》一四回：「老板奶奶見媳婦已死，搶地呼天，哭個不了。」

【搶風揚穀，秕者先行】
搶風：迎風。迎風揚穀，秕子先刮到外面。比喻沒能耐的人往往先得到任用。例古人說：「搶風揚穀，秕者先行。」老張就是這樣，什麼本事沒有，倒先當了官。

【槍對槍，刀對刀】
比喻公開進行對抗或較量。例這是一場「槍對槍，刀對刀」的鬥爭，鹿死誰手，還難預料。

【槍林彈雨】
形容戰鬥激烈。馮玉祥《我的生活》三九章：「官兵們正在槍林彈雨之中……我們能有這樣的住處還不滿意麼？」老舍《老張的哲學》三八：「人們在槍林彈雨之中不但不畏縮而且是瘋了似的笑。」

【羌無故實】
羌：文言語助詞，沒有實義；故實：典故。指詩文不用典故或沒有出處。也引申爲沒有根據。清・方東樹《昭昧詹言》卷二：「自成一體……大約此體但用敍事，羌無故實，而所下句字必樸質沉頓，感慨深至，不雕琢字法。」清・沈德潛《說詩晬語》卷下：「援引典故，詩家所尚，然亦有羌無故實而自高，臚陳卷軸而轉卑者。」

【將伯之助】
將：請求；伯：長者。請求長者的幫助。《詩經・小雅・正月》：「載輸爾載，將伯助予。」也指請別人幫忙。《聊齋志異・連瑣》：「將伯之助，義不敢忘。」

ㄑㄧㄤˊ

【戕害不辜】
戕：殺害。殘殺沒有任何罪行的善良百姓。宋・蘇舜欽《上集賢文相書》：「故大上欽愼，不敢自專，豈容有司自爲輕重，苟快己志，以隳舊典，污辱善士，戕害不辜。」

【强本節用】

本：農業。加强農業，節約用度。《荀子·天論》：「强本而節用，則天不能貧。養備而動時，則天不能病。」《史記·太史公自序》：「墨者儉而難遵，是以其事不可遍循；然其强本節用，不可廢也。」

【强本弱末】

弱：抑制；本：農業；末：商業。我國春秋時期李悝、管子等提出的政策。加强農業，削弱或抑制手工業、商業。《史記·劉敬列傳》：「此强本弱末之術也。」

【强本弱枝】

見「强幹弱枝」。

【强賓不壓主】

比喻客人再有能耐，也要讓主人幾分。《三國演義》一三回：「布乃佯笑曰：『量呂布一勇夫，何能作州牧乎？』玄德又讓。陳宮曰：『强賓不壓主。請使君勿疑。』」

【强兵不壓主】

比喻外來人仗勢欺壓主人。《水滸傳》二〇回：「自古『强兵不壓主』。晁蓋强殺，只是個遠來新到的人，安敢便來占上？」

【强兵足食】

加强國防，發展生產。《三國志·魏書·武帝紀》裴松之注引《魏書》：「夫定國之術，在於强兵足食。秦人以急農兼天下，孝武以屯田定西域，此先代之良式也。」

【强盜念經——冒充好人】

見「猢猻戴帽子——想充個好人」。

【强盜怕照相——賊相難看】

形容邪惡、狡詐，或不正派、卑劣的神情。例「你看到了那幾個被俘的洋鬼子軍官嗎？」「看到了，强盜怕照相——賊相難看。」

【强盜收心做好人】

比喻惡人改邪歸正，爲善從良。例有人說，他是「强盜收心做好人」，我不相信，昨天我還看見他欺負人呢！

【强盜照鏡子——賊頭賊腦】

形容鬼鬼祟祟，非常狡猾的樣子。例那小子强盜照鏡子——賊頭賊腦，準不是個好東西，得提防著點。也作「小偷盯秏子——賊眉鼠眼」。

【强幹弱枝】

加强樹幹，削弱枝葉。比喻加强中央集權，削弱地方勢力。《史記·漢興以來諸侯王年表序》：「而漢郡八九十，形錯諸侯間，犬牙相臨，秉其厄塞地利，强本幹，弱枝葉之勢，尊卑明而萬事各得其所矣。」《三國演義》二四回：「幕府惟强幹弱枝之義，且不登叛人之黨，故復援旌擐甲，席卷起征，金鼓響振，布衆奔沮」。也作「强本弱枝」。《晋書·明帝紀》：「改荊湘等四州，以分上流之勢，撥亂反正，强本弱枝。」

【强姦民意】

統治階級將自己的意志强加於人民頭上，反說是人民的本意。例在位執政者要以人民的意見爲意見，不可以爲所欲爲，强姦民意。

【强將手下無弱兵】

比喻能力强的人，下屬的能力也不會低。《金瓶梅詞話》五四回：「自古道：『强將手下無弱兵。』畢竟經了他們，自然停當。」也作「强將手須無弱兵」、「强將下無弱兵」。

【强龍不壓地頭蛇】

比喻外來勢力再强也難敵當地勢力。《西遊記》四五回：「你也忒自重了，更不讓我遠鄉之僧。——也罷，這正是『强龍不壓地頭蛇』。先生先去，必須對君前講開。」也作「强龍不鬥地頭蛇」。

【强媒硬保】

强迫做媒，包辦成婚。《水滸傳》三回：「此間有個財主，叫做鎮關西鄭大官人，因見奴家，便使强媒硬保，要奴作妾。」

【强弩之末】

弩：古代射箭的弓。强弩射出的箭，已飛行到了最後。比喻强大的力量已經衰竭，沒有多大力量了。《史記·韓長孺傳》：「强弩之極，矢不能穿魯縞；沖風之末，力不能飄鴻毛，非初不勁，末力衰也。」《三國演義》四三回：「曹操之衆，遠來疲憊；近追豫州，輕騎一日夜行三百里，此所謂『强弩之末，不能穿魯縞』者也。」

【强人背後有强人】

見「强中自有强中手」。

【强中更有强中手】

見「强中自有强中手」。

【强中自有强中手】

能人之外還有能人。《西遊記》四五回：「行者聞言，將金箍棒往上一指。只見霎時，雷收風息，雨散雲收。國王滿心歡喜，文武盡皆稱讚道：『好和尚！這正是『强中自有强中手。』」也作「强中背後有强人」、「强中更有强中手」。

【强宗右姓】

宗：宗族；右姓：古代以右爲上，「右姓」即世家大族。指有權有勢的豪門大族。《後漢書·郭伋傳》：「强宗右姓，各擁衆保營，莫肯先附。」

【蘠倒衆人推】

比喻衆人對失勢或處境艱難的人趁機打擊。例他得志時，這些人成天圍著他轉；如今不得志了，這些人反過來排擠他，是「蘠倒衆人推」。

【蘠風壁耳】

蘠間穿風，隔壁有耳。比喻機密易被洩漏。清·華偉生《開國奇冤·逮捕》：「你想蘠風壁耳，萬一傳了出去，說我窩藏徐錫麟的黨羽，叫我如何吃罪得起！」

【蘠縫的蠍子——螫人不顯身】

蠍子：節肢動物，後腹末端有毒鈎，用來禦敵或捕食；螫：有毒腺的蟲子刺人或牲畜。比喻暗中搗鬼，暗箭傷人。例人人都說那個財主是蘠縫的蠍子——螫人不顯身，我們得防備著點。

【蘠高基下】

比喻有名氣，地位高，但才疏學淺，品德平庸。《北史・序傳》：「時鄭子默有名於世，僧伽曰：『行不適道，文勝其質，郭林宗所謂牆高基下，雖得必喪，此之徒也。』」

【牆花路草】

見「牆花路柳」。

【牆花路柳】

喻指娼妓。元・高則誠《二郎神・秋懷》：「風流，恩情怎比，牆花路柳？記待月西廂，和你攜素手。」也作「牆花路草」。明・高濂《玉簪記・詞媾》：「奴本是柔枝嫩條，休比做牆花路草。」

【牆角開口——邪（斜）門】

邪：「斜」的諧音。雙關語。比喻不正當的辦法和途徑。例這個個體倒爺竟搞到大批國家控制物質，眞是牆角開口——邪（斜）門。也作「牆角開口——邪（斜）門歪道」、「歪牆開旁門——邪（斜）門歪道」。

【牆裏的柱子——暗裏吃勁】

比喻暗中出力。例他表面不動聲色，卻是牆裏的柱子——暗裏吃勁，對我們的事業支持可大哩！也作「牆裏的柱子——暗使勁」、「水底推船——暗裏使勁」、「鴨子鳧水——暗中使勁」。

【牆裏開花牆外紅——美名在外】

比喻好名聲已傳揚出去。例先生是牆裏開花牆外紅——美名在外，學術界都很敬仰。

【牆面而立】

面對牆壁站著，什麼也見不到。《論語・陽貨》：「人而不爲《周南》、《召南》，其猶正牆面而立也與？」後以「牆面而立」比喻不學無術。南朝梁・簡文帝《誡當陽公大心書》：「若使牆面而立，沐猴而冠，吾所不取。」

【牆上的壁虎——見縫就鑽】

也作「牆上的壁虎——光鑽空子」。見「錢串子腦袋——見縫就鑽」。

【牆上的草兩邊倒】

比喻看風使舵，哪邊勢大就投向哪邊。例爲人處世要做到正直、誠實，不能「牆上的草兩邊倒」，否則連基本的人格都丟掉了。

【牆上的冬瓜——兩邊滾】

比喻沒有主見，搖擺不定。例你是牆上的冬瓜——兩邊滾，究竟是贊成還是反對？也作「牆頭上的草——搖搖晃晃」、「瓦背上的胡椒子——兩邊滾」、「房頂上的冬瓜——兩邊滾」。

【牆上的麥子——野種】

比喻人的根底不正。罵人的話。例怎麼張口就罵人是牆上的麥子——野種，太粗俗了。也作「羊羣裏跑出山兔子——野種」。

【牆上的日曆——一天比一天少】

比喻逐漸漸少。例外語補習班的學生，好像牆上的日曆——一天比一天少。是什麼原因？

【牆上耳朵——聽不進】

見「耳朵漏風——聽不進」。

【牆上掛甲魚——四腳無靠】

也作「牆上掛烏龜——四爪沒抓拿」、「牆上掛著的王八——上不著天，下不著地」。見「壁頭上掛團魚——四腳無靠」。

【牆上掛門簾——沒門】

也作「牆上掛簾子——沒門兒」。

【牆上畫的餅——好看不中吃】

也作「牆上畫大餅——中看不中吃」、「牆上畫餅——不充飢」。見「紅蘿蔔雕花——中看不中吃」。

【牆上畫的美人兒——你愛她不愛】

比喻一廂情願。例你應當現實點，不能太痴情了，牆上畫的美人兒——你愛她不愛，又有啥辦法呢？

【牆上畫老虎——樣子凶】

也作「牆上畫老虎——吃不了人」。見「哼哈二將——樣子凶」。

【牆上畫烙餅——饞人不解餓】

比喻想法不現實，做不到。例你的計畫很美，可是牆上畫烙餅——饞人不解餓，這一輩子是實現不了的。

【牆上蘆葦——根底淺】

見「盤子裏生豆芽——根底淺」。

【牆上蘆葦——頭重腳輕】

比喻頭腦膨脹空虛，腿腳軟弱無力。例他幻想多，但基礎差，沒有紮實的本領，就像牆上蘆葦——頭重腳輕，成不了大事。

【牆上泥皮】

比喻廢棄的物品或卑微的人。元・鄭廷玉《楚昭公》四折：「可正是堂上的糟糠，休猜作牆上泥皮。」

【牆上栽蔥——扎不下根】

比喻工作、學習沒有基礎。有時比喻人的蹤跡不定。含有不牢靠、靠不住的意思。例他已在農村三年了，仍是牆上栽蔥——扎不下根，總想回到城市裏去。也作「石板上栽花——根難落」、「罈子裏種豆子——扎不下根」、「盤子裏生豆芽兒——扎不下根」。

【牆頭草——順風倒】

比喻投機取巧，看風使舵；或立場不堅定，思想容易動搖。例在政治鬥爭中，他總是牆頭草——順風倒，沒有堅定的立場。也作「牆頭草——兩邊倒」。

【牆頭馬上】

女子從牆頭向外張望，男子騎馬路過此地遇到。比喻男女互相愛慕。宋・柳永《少年遊》：「牆頭馬上初相見，不準擬，恁多情。」元・白仁甫《牆頭馬上》一折：「今夜裏早赴佳期，成就了牆頭馬上。」

【牆頭跑馬——好險】

也作「牆頭跑馬——冒險」、「牆頭跑馬——危險」。見「刀口舔糖——危險」。

【牆頭上的草——搖搖晃晃】

見「牆上的冬瓜——兩邊滾」。

【牆頭上的鴿子——東張西望】

形容左顧右盼，思想不集中。有時形容等待和盼望。例小紅在課堂上像個牆頭上的鴿子——東張西望，沒有專心聽老師的講課。也作「**出洞的老鼠——東張西望**」。

【牆頭上睡覺——想得寬】

見「扁擔上睡覺——想得寬」。

【牆頭上種白菜——難交（澆）】

交：「澆」的諧音。雙關語。比喻爲人孤僻或傲慢，很難和別人做朋友。例他儘管有學問，有能力，可是性情古怪，牆頭上種白菜——難交（澆），至今一個知心朋友也沒有。

【牆頭栽菜，壞名在外】

比喻壞名聲人人皆知。例「牆頭栽菜，壞名在外」，誰不知道他？

ㄑㄧㄤˇ

【搶吃弄破碗——欲速則不達】

比喻性急求快，反而達不到目的。例俗語說：「搶吃弄破碗——欲速則不達。」學習沒有捷徑可走，必須紮紮實實，穩步前進。也作「**開飛車拋錨——欲速則不達**」。

【搶飯碗】

指爭奪、競爭就業機會。例你幹活這麼鬆鬆垮垮的，當心被人搶飯碗。

【搶劫一空】

將全部財產搶走。例日本鬼子進村後，將全村搶劫一空，然後又放火燒房。火被撲滅後，全村已是一片灰燼。

【强不知以爲知】

强：勉强。硬要裝作早已知道的樣子。例有些人壞就壞在「强不知以爲知」，弄得笑話百出。

【强詞奪理】

强：勉强。明明無理卻硬說有理。例林美珠講話喜歡强詞奪理，從來不認錯也不服輸。

【强飯廉頗】

《史記·廉頗藺相如列傳》：「趙以數困於秦兵，趙王思復得廉頗，廉頗亦思復用於趙。趙王使使者見廉頗尚可用否。廉頗之仇郭開多與使者金，令毀之。趙使者既見廉頗，廉頗爲之一飯斗米，肉十斤，被甲上馬，以示尚可用。趙使還報王曰：『廉將軍雖老，尚善飯，然與臣坐，頃之三遺矢（屎）矣。』趙王以爲老，遂不召。」後以「强飯廉頗」比喻報國心切，未得知遇或老當益壯。宋·陸游《親舊見過多見賀强健戲作此篇》詩：「據鞍馬援雖堪笑，强飯廉頗亦未非。」也作「**廉頗强飯**」。

【强飯自愛】

强：勉强。勉强加飯，愛惜自己。五代·王定保《唐摭言·師友》：「……然朝臣如足下寡矣，明王豈當不察之耶！惟强飯自愛自愛，珍重，珍重！」也作「**强食自愛**」。

【强聒不捨】

聒：嘈雜。別人已經不願意聽了，仍沒完沒了的說。《莊子·天下》：「以此周行天下，上說下教，雖天下不取，强聒而不捨者也。」魯迅《關於翻譯的通信·回信》：「『强聒不捨』雖然是勇壯的行爲，但我所奉行的，卻是『不可與言而與之言，失言』這一句古老的話。」

【强記博聞】

形容記憶力好，知識豐富。《周書·斛斯征傳》：「兒字若汗，性機辯，强記博聞，雅重賓游，尤善談論。」也作「**强記洽聞**」。晉·潘岳《楊荊州誄》：「多才豐藝，强記洽聞。」也作「**博聞强識**」。

【强記洽聞】

見「强記博聞」。

【强拉聖人成親——難爲人】

聖人：舊時指品格最高尚的人。比喻故意讓人做力所不能及或不願做的事，使之難堪。例人家沒有那樣高的水平，趕著鴨子上架，不是强拉聖人成親——難爲人嗎？也作「**秀才推磨——難爲聖人**」。

【强扭的瓜兒——不香甜】

比喻條件不成熟不能勉强去幹。有時比喻人家不願做的事不要勉强人家去做。例羣衆如果沒有改革的要求，要耐心地啟發、等待，不能强迫命令，强扭的瓜兒——不香甜啊！也作「**强摔的瓜兒——不甜**」。

【强人所難】

勉强讓人去做不願做或辦不到的事。《兒女英雄傳》九回：「凭他什麼人主兒，難道還能强人所難不成？」

【强死强活】

强迫他人去做某事。《紅樓夢》六三回：「大家來敬探春，探春哪裏肯飲，卻被湘雲、香菱、李紈等三四個人，强死强活，灌了一鍾才罷。」

【强顏歡笑】

見「强顏爲笑」。

【强顏爲笑】

勉强在臉上裝出笑容。《聊齋志異·邵女》：「『汝狡兔三窟，何歸爲？』柴俯不對。女肘之；柴始强顏爲笑。」也作「**强顏歡笑**」。清·李玉《一捧雪·勢索》：「曲背逢迎，强顏歡笑。」

【强作解人】

解人：通達事理，對詩詞曲語造詣較深的人。南朝宋·劉義慶《世說新語·文學》：「謝安年少時，請阮光祿道《白馬論》，爲論以示謝。於時謝不即解阮語，重相咨盡。阮乃嘆曰：『非但能言人不可得，正索解人亦不得。』」後以「强作解人」指妄發議論的人。例對這個問題我沒有研究，不能强作解人。

ㄑㄧㄥ

【青芭蕉——有棱有角】

芭蕉：果實同香蕉相似，成熟前棱角明顯。見「蕎麥粒兒——有棱有角」。

【青弁使者】

弁：ㄅㄧㄢˋ，古代的一種帽子。指蜻蜓。宋・葉廷珪《海錄碎事・鳥獸・雜蟲》：「青弁使者，蜻蜓也。」

【青出於藍】

青：靛青；藍：蓼藍，可作藍色染料的草。靛青從蓼藍之類的草中提煉出，色比藍更深。比喻後人超過前人，學生勝過老師。《荀子・勸學》：「青，取之於藍，而青於藍；冰，水爲之，而寒於水。」《鏡花緣》八四回：「但果蒙不棄收錄門牆之下，不消耳提面命，不過略爲跟著歷練歷練，只怕還要『青出於藍』哩。」也作「青過於藍」。宋・胡仔《苕溪漁隱叢話後集・山谷下》：「東坡蓋學徐浩書，山谷蓋學沈傳師書，皆青過於藍者。」也作「青勝於藍」。況周頤《蕙風詞話》卷二：「陳夢弼和石湖《鷓鴣天》云：『時逢細把銀釭照，猶恐今宵夢似眞。』歇拍用晏叔原『今宵賸把銀釭照，猶恐相逢是夢中』句。恐夢似眞，翻新入妙，不特不嫌沿襲，幾乎青勝於藍。」

【青出於藍而勝於藍——後來居上】

比喻後來的人或事物勝過先前的。例你們後生一定賽過我們這些老頭兒，青出於藍而勝於藍嘛！也作「磚頭砌牆——後來居上」、「砌牆的磚頭——後來居上」。

【青春兩敵】

敵：匹敵。兩人都年輕，年齡相當。《東周列國志》七一回：「妾承兄命，適事君王，妾自以爲秦楚相當，青春兩敵。」

【青春難再】

青春易逝，一去不返。形容人的青春時期極爲寶貴。明・馮惟敏《黃鐘醉花陰，酬金白嶼》：「自古道青春難再，喜相逢笑口齊開。」

【青春如不耕，何以自結束】

如果不在年輕時努力耕耘，到了晚年怎麼過日子呢？唐・孟郊《贈農人》「勸爾勤耕田，盈爾倉中粟……青春如不耕，何以自結束！」

【青燈古佛】

青燈：燃植物油的油燈；古佛：年代久遠的佛像。形容出家人修行生活的孤寂。《紅樓夢》五回：「可憐繡戶侯門女，獨臥青燈古佛旁。」

【青燈黃卷】

黃卷：書卷，書籍。古代書籍多用黃紙。比喻書生文人的苦讀生活。元・葉顒《冬景十絕・書寒舍燈》：「青燈黃卷伴更長，花落銀釭午夜香。」元・武漢臣《玉壺春》一折：「赴瓊林飮宴，不枉了青燈黃卷二十年。」

【青峯獨秀】

青翠的山峯異常秀麗，其他諸山無法與其相比。例武夷山的玉女峯，青峯獨秀，成爲武夷的象徵。也比喻人才出衆。例近年畢業的研究生中，小王成就突出，青峯獨秀，被破格晋升副教授。

【青棡木做楨子——硬邦邦】

青棡：槲櫟，落葉喬木，木質堅硬結實。比喻人性格剛强，意志堅定；或本領過硬。有時也形容態度或言語生硬。例他是一個有骨氣的漢子，在敵人面前就好比青棡木做楨子「硬邦邦」的。

【青棡木做扁擔——硬槓子】

比喻明確規定的不可更改的界線。例這幾條原則是青棡木做扁擔——硬槓子，誰都不得逾越和違反。

【青過於藍】

見「青勝於藍」。

【青紅皂白】

皂：黑色。四種顏色。比喻事情的是非曲直。《古今雜劇・無名氏〈梁山七虎鬧銅台〉》三折：「也不管他青紅皂白，左右！且拿一面大枷來，把他枷著送在牢中再做計較。」

【青黃不變】

見「青黃不接」。

【青黃不接】

青：青苗；黃：已成熟的穀物。舊糧已吃完，新糧還未成熟。比喻物力人力接續不上。《元典章・戶部・倉庫》：「即日正是青黃不接之際，各處物斛湧貴。」清・顧炎武《病起與薊門當事書》：「請舉奏明之夏麥、秋米及豆草，一切徵其本色，貯之官倉，至來年青黃不接之時而賣之。」也作「青黃不交」。宋・蘇軾《奏浙西災傷第一狀》：「來年青黃不交之際，常平有錢無米。」

【青黃無主】

臉色忽青忽黃，不知如何是好。形容受了驚嚇，神色不定。清・天花藏主人《玉友磯》：「四個侍妾見管小姐說的言語利害，驚得青黃無主，沒話答應，走了出來。」

【青臉獠牙】

見「青面獠牙」。

【青林黑塞】

青林：楓林，也泛指樹林；黑塞：景色黯然的關塞。指遙遠的地方或指懷念遠隔關山的友人。唐・杜甫《夢李白》詩：「魂來楓林青，魂返關塞黑。」《聊齋志異・聊齋自志》：「知我者，其在青林黑塞間乎！」

【青林音樂】

指蟬。宋・陶谷《清異錄・蟲・青林音樂》：「唐世京城游手，夏月採蟬貨之。唱曰：只賣青林音樂。婦妾小兒爭買，以籠懸窗戶間，亦有驗其聲長短爲勝負者，謂之仙蟲社。」

【青樓楚館】

指妓院。清・淮陰百一居士《壺天錄》卷上：「青樓楚館，騷人詞客，雜沓其中，投贈楹聯，障壁爲滿。」

【青梅拌醋——酸上加酸】

比喻十分悲痛，有時也指寒酸、迂腐極了。例小楊正處於悲痛之中，你這樣不近情理，使她恰如青梅拌醋——酸上加酸。也作「青梅煮浙醋——好酸」。

【青梅竹馬】

青梅：青色的梅子；竹馬：兒童將騎竹竿當作騎馬。形容男女幼童天眞無邪，在一起玩耍，後也以「青梅竹馬」指兒時就相識的伴侶。唐・李白《長干行》詩：「郎騎竹馬來，繞床弄青梅。同居長干里，兩小無嫌猜。」也作「竹馬之交」。

【青面雞——反臉快】

①比喻臉色很快變壞。例她是青面雞——反臉快，心中稍有不悅，立刻就表現出來。②比喻一反常態。例他性格溫和，平易近人，今天卻青面雞——反臉快，粗暴得出奇。

【青面獠牙】

青面：青色的面孔；獠牙：露在嘴外的長牙。形容貌凶惡醜陋。《紅樓夢》八一回：「我記得得病的時候兒，好好的站著，倒像背地裏有人把我攔頭一棍，疼的眼睛前頭漆黑，看見滿屋子裏都是些青面獠牙、拿刀棒的惡鬼。」也作「青臉獠牙」。《西遊記》六回：「那眞君抖擻神威，搖身一變，變得身高萬丈，兩隻手舉著三尖兩刃神鋒，好便似華山頂上之峯，青臉獠牙，朱紅頭髮，惡狠狠，望大聖著頭就砍。」

【青囊秘學】

青囊：古代裝書或盛藥的黑色口袋；秘學：秘傳的學識。比喻秘傳的醫術。清・無名氏《春柳鶯》二：「久仰青囊秘學，未得識顏，今日賤恙得叨妙劑，舟底不堪便飯，望寬坐少敍。」

【青鳥傳信】

神話傳說中的西王母青鳥爲其傳信。比喻使者傳遞消息。唐・殷堯藩《宮詞》：「天遠雖通青鳥信，風寒欲動錦花茵。」

【青女素娥】

青女：神話中的霜雪之神；素娥：嫦娥。泛指美麗純潔的仙女。唐・李商隱《霜月》詩：「青女素娥俱耐冷，月中霜裏鬥嬋娟。」《紅樓夢》九七回：「更兼他那容貌才情，眞是寡二少雙，惟有青女素娥可以彷彿一二。」

【青錢萬選】

萬選：指萬選萬中。比喻文才出衆，每試必中。《新唐書・張薦傳》：「員外郎員半千數爲公卿，稱鷟文辭猶青銅錢，萬選萬中。時號鷟『青錢學士』。」明・阮大鋮《燕子箋・拾箋》：「春闈刻日青錢選，把偸香手好生磨練。」

【青染缸洗澡——一身輕（青）】

輕：「青」的諧音。見「豆腐渣下水——一身鬆」。

【青山不老】

比喻永存或來日方長。《三國演義》六〇回：「玄德拱手謝曰：青山不老綠水長存。他日事成，必當厚報」。

【青山繚繞疑無路，忽見千帆隱映來】

行舟江上，青山迂迴盤繞，前面似乎無路可行，忽然一轉，江面開闊，隱約可見從遠方駛來的點點白帆。原比喻在山窮水盡時忽然有了轉機。宋・王安石《江上》詩：「江北秋陰一半開，曉雲含雨卻低迴。青山繚繞疑無路，忽見千帆隱映來。」

【青山綠水】

形容山川景色十分秀麗。《西遊記》二三回：「自跳出性海流沙，渾無掛礙，徑投大路西來，歷遍了青山綠水，看不盡野草閒花。」也作「綠水青山」。

【青山是處可埋骨】

處處青山都可以埋葬自己的屍骨。比喻有志者志在四方。宋・陸游《醉中出西門偶書》詩：「青山是處可埋骨，白髮向人羞折腰。」

【青山一髮】

一髮：一根頭髮。遠望青山，狀如一根細髮。形容距離遙遠。宋・蘇軾《澄邁驛通潮閣》詩：「餘生欲老海南村，帝遣巫陽招我魂。杳杳天低鶻沒處，青山一髮是中原。」

【青山依舊】

指自然界變化極小，而人世間卻已發生翻天覆地的變化。《三國演義》一回：「滾滾長江東逝水，浪花淘盡英雄。是非成敗轉頭空。青山依舊在，幾度夕陽紅。」

【青山遮不住，畢竟東流去】

青山雖能遮住人遠望的視線，但阻擋不了東流的江水。比喻客觀事物的發展趨勢，是任何力量都無法改變的。宋・辛棄疾《菩薩蠻・書江西造口壁》詞：「鬱孤台下淸江水，中間多少行人淚。西北望長安，可憐無數山。青山遮不住，畢竟東流去。江晚正愁予，山深聞鷓鴣。」

【青勝於藍】

見「青出於藍」。

【青石板上雕花——硬功夫】

青石：石灰石。比喻過得硬的眞本事。例玩這種雜技，全靠青石板上雕花，稍有差失，就會出現傷亡事故。也作「石板上雕花——硬考硬」、「石板上耍瓷罈——硬功夫」。

【青石板上釘釘——不動】

比喻不會變動。例計畫既經決定，就是青石板上釘釘。除非發生嚴重問題，不能改變。

【青石板上過日子——只有出項，沒有進項】

比喻只有付出，沒有收入。例他這些年來是在青石板上過日子——只有出項，眼看坐吃山空，生活很難維持下去了。

【青石板上摔烏龜——硬碰硬】

也作「青石板上甩烏龜——硬碰硬」。見「鋼釺打石頭——硬碰硬」。

【青石板做中堂——實話（石畫）】

中堂：懸掛在客廳正中字畫；實話：「石畫」的諧音。比喻眞實的話。例你的話雖然很尖銳，但是青石板做中堂——實話（石畫），應當受到尊敬和採納。也作「牆上掛磨扇——實話

（石畫）·」、「堂屋裏掛碾盤——實話（石畫）」。

【青石進了石灰窰——要留清白在人間】

比喻願給人留下純潔，沒有污點的形象。例我別無他求，只想青石進了石灰窰——要留清白在人間，不讓後人咒罵而已。

【青石上釘釘子——硬鑽】

見「牛角裏的蛀蟲——硬鑽」。

【青史傳名】

見「青史流芳」。

【青史流芳】

青史：史書。在歷史上留下美名。元·沈禧《一枝花·題張思恭望雲思親卷》套數：「看古來孝諸賢俊，到如今青史流芳世不湮。」也作「青史傳名」。《三國演義》九回：「[王允]見其意已決，便說之曰：『將軍若扶漢室，乃忠臣也，青史傳名，流芳百世。』」也作「青史留名」。《水滸傳》七一回：「同心報國，青史留名，有何不美。」也作「青史名留」。

【青史留名】

見「青史流芳」。

【青秫秸打箔——一路貨】

箔：ㄅㄛˊ，秫秸或葦子編成的簾子。見「婊子罵娼——一路貨」。

【青苔黃葉】

滿地青苔和枯黃的落葉。比喻山裏的貧困人家。唐·劉長卿《酬李穆見寄》詩：「孤舟相訪至天涯，萬轉雲山路更賒。欲掃柴門迎遠客，青苔黃葉滿貧家。」

【青藤纏枯樹——難解難分】

也作「青藤纏老樹——難解難分」。見「九股繩扭成死疙瘩——難解難分」。

【青天白日】

指青天白晝。比喻事情明白，人人知道。宋·朱熹《答魏元履書》：「其爲漢復仇之志，如青天白日，人人得而知之。也作「清天白日」。

【青天霹靂】

霹靂：炸雷。晴天裏響起了炸雷。比喻突然發生了令人震驚的事。《文明小史》六〇回：「叫他們議奏，正如青天霹靂，平地風波，這卻怎麼好呢？」也作「晴天霹靂」。

【青蛙吃豇豆——懸弔弔的】

見「癩蛤蟆吃豇豆——懸弔弔的」。

【青蛙鼓噪——不成調】

比喻聲音或言辭難聽。例這幾個傢伙的談話，庸俗不堪，眞是青蛙鼓噪——不成調。也作「烏鴉高歌——不成調」。

【青蛙鬧塘——吵鬧不休】

比喻沒完沒了的爭吵、鬧騰。例這幫人爲了點蠅頭小利，就青蛙鬧塘——吵鬧不休，可笑可悲。

【青蛙鬧塘——鬧翻了】

①見「青蛙鬧塘——吵鬧不休」。②比喻因爭吵而翻臉。例他們因爲在一些原則問題上的分歧和爭論，青蛙鬧塘——鬧翻了，彼此不再往來。

【青蛙跳秤盤——自稱】

見「蛤蟆跳進秤盤裏——自稱自」。

【青蛙跳井——不懂（撲通）】

不懂：「撲通」的諧音。見「蛤蟆跳井——不懂（撲通）」。

【青蛙遇田雞——難兄難弟】

田雞：青蛙的通稱。見「跛腳馬碰到瞎眼騾——難兄難弟」。

【青蛙找田雞——難兄碰難弟】

比喻處於同樣困境的人碰在一起，誰也幫不了誰。例青蛙找田雞——難兄碰難弟。我的日子也難過哩！再找別人吧。

【青蛙走路——連蹦帶跳】

見「熱鍋裏爆蝦米——連蹦帶跳」。

【青鞋布襪】

平民的服裝。比喻過隱居的生活。唐·杜甫《奉先劉少府新畫山水障歌》：「吾獨胡爲在泥滓？青鞋布襪從此始。」清·汪琬《布政使司參政丘公墓誌銘》：「間出遊阡陌間，青鞋布襪。」

【青蠅點白】

見「青蠅點素」。

【青蠅點素】

青蠅：蒼蠅；素：白色的生絲絹。蒼蠅糞玷污了潔白的絲絹。比喻小人中傷陷害好人。漢·王充《論衡·累害》：「青受塵，白取垢，青蠅所污，常在練素。」《後漢書。楊震傳》：「故太尉震，正直是與，俾匡時政，而青蠅點素，同茲在藩。」也作「青蠅染白」。三國魏·丁儀《歷志賦》：「疾青蠅之染白，悲小弁之靡托。」也作「青蠅點白」。唐·李德裕《蚍蜉賦》：「今願悔過，戢於垣牆，豈同青蠅之點白，污君子之衣裳。」

【青蠅弔客】

弔客：來弔唁的客人。指人生前沒有知己，死後只有青蠅來憑弔。《唐·詩紀事》卷七二：「《謫汀州》云：『青蠅爲吊客，黃犬寄家書。』」明·張岱《祭周戩伯文》：「昔虞翻放棄海南，恨無交際，思以青蠅爲吊客。」

【青蠅染白】

見「青蠅點素」。

【青雲得路】

見「青雲直上」。

【青雲得意】

見「青雲直上」。

【青雲干呂】

青雲：晴空，比喻時令；干呂：調和；「呂」，古代樂律中的陰律。形容時令溫順調合，太平。漢·東方朔《海內十洲記》：「武帝時，西域遠夷來貢云：『常占東風入律，百旬不休，青雲干呂，連日不散。』意中國有好道之君。」

【青雲萬里】

青雲：青天，高空。比喻前程無量。明·高則誠《琵琶記·高堂稱壽》：「論做人要光前耀後，勸我兒青雲萬里，早當馳驟。」

【青雲直上】

青雲：青天。衝著青天一直上升。比喻人的地位直線上升，官運亨通。《史記・范雎蔡澤列傳》：「[須賈]不意君能自致于青雲之上。」南朝齊・孔稚圭《北山移文》：「度白雪以方潔，干青雲而直上。」也作「**青雲得意**」。宋・辛棄疾《沁園春》：「況白頭能幾，定應獨往；青雲得意，見說長存」。也作「**青雲得路**」。元・施惠《幽閨記・兄妹籌咨》：「一躍過龍門，當此青雲得路。」也作「**直上青雲**」。

【青州從事】

青州：古州名，今山東省東部和東北部；從事：古代官名。南朝宋・劉義慶《世說新語・術解》：「桓公有主簿，善別酒，有酒輒令先嘗，好者謂『青州從事』，惡者謂『平原督郵』。青州有齊郡，平原有鬲縣。從事言到臍；督郵言在鬲（膈）上住。」後以「青州從事」指美酒。唐・皮日休《醉中寄魯望一壺並一絕》詩：「醉中不得親相倚，故遣青州從事來。」《鏡花緣》九六回：「信步走進酒肆，只見上面有一副對聯，寫著『盡是青州從事，那有平原督郵。』」

【青竹攪糞缸——越搞越臭】

見「六月的糞缸——越搞越臭」。

【青磚白瓦共窰燒——同樣的來路】

來路：來歷。比喻不同的人或事物，來歷相同，根源相同。有時含有是一路貨色的意思。例你別以爲自己高人一等，青磚白瓦共窰燒——同樣的來路，並無高低貴賤之分。

【青紫被體】

青紫：古代公卿的服飾；被：披。比喻官位顯赫，身居要職。唐・杜甫《夏夜嘆》詩：「青紫雖被體，不如早還鄉。」

【清白之人】

品行端正，身世清白的人。《莊子・漁父》：「行不清白，羣下荒息，丈夫之代也。」《清會典事例・吏部・書吏・承充》：「俱令確查身家清白之人充補。」

【清蹕傳道】

清蹕（ㄅㄧˋ）：帝王外出時開路清道，嚴禁一般百姓通行。指帝王、大官出巡時護衛吆喝清道。唐玄宗《早登太行山中言志》詩：「清蹕渡河陽，凝笳上太行。」《金瓶梅詞話》六六回：「兩街儀衛喧闐，清蹕傳道，人馬森列，多官俱上馬遠送，太尉悉令免之，舉手上轎而去。」

【清曹峻府】

曹：古代分科辦事的官署；府：官署。泛指肅穆嚴峻的官府。宋・王讜《唐語林・方正》：「崔祐甫素公直，因於衆中言曰：『朝廷上下相蒙，善惡同致。清曹峻府，爲鼠輩養資，豈所以裨政邪。』」

【清茶淡飯】

粗茶淡飯。形容飲食簡單。《警世通言》卷二四：「三叔，你今到寒家，清茶淡飯，暫住幾日。」

【清茶淡話】

淡話：閒話。形容招待客人眞誠隨和。清・翟灝《通俗編・言笑・清茶淡話》：「司馬溫公題趙舍人庵曰：『清茶淡話難逢友，濁酒狂歡易得朋。』」

【清晨的太陽——滿紅火】

形容日子過得非常興旺或事情辦得很熱鬧。例小倆口的日子過得就像清晨的太陽——滿紅火。也作「**三套鑼鼓娶媳婦——滿紅火**」。

【清塵濁水】

清塵：比喻人；濁水：比喻自己。比喻相互隔絕，相會無期。三國魏・曹植《七哀》詩：「君行逾十年，孤妾常獨棲。君若清路塵，妾若濁水泥。浮沉各異勢，會合何時諧！」

【清詞麗句】

辭章清新，文句華麗。形容詩文有文采。《宋書・謝靈運傳》：「雖淸詞麗句，時發乎篇，而蕪音累氣，固亦多矣。」也作「**清辭妙句**」。漢・陳琳《答東阿王箋》：「清辭妙句，焱絕煥炳。」

【清辭妙句】

見「清詞麗句」。

【清耳悅心】

形容聲音動聽。宋・張耒《鳴蛙賦》：「春露初靄，朝華始敷。文羽清喙，飛鳴自如，若奏琴箏而和笙竽，清耳悅心，聽者爲娛。」

【清風高節】

見「清風峻節」。

【清風高誼】

高尚的風格，深厚的友誼。《剪燈餘話・兩川都轄院志》：「百需所出，皆自復卿，並召僧建水陸齋三晝夜，以薦冥福，清風高誼，傳播江湖間。」

【清風勁節】

見「清風峻節」。

【清風峻節】

清正的風範，高尚的節操。宋・蘇舜欽《朝奉大夫尚書度支郎中充天章閣待制王公行狀》：「是時上方登用俊良，鏟革夙弊。公雍容侍從之列，以清風峻節，爲一時所畏。」也作「**清風高節**」。明・沈德符《萬曆野獲編補遺》卷三：「嘉言善行，照耀簡編，清風高節，爭光日月。」也作「**清風勁節**」。明・朱有燉《賽嬌客》二折：「我有清風勁節之際，戛玉鳴金之韻，用分一半，少答殷勤。」

【清風朗月】

見「清風明月」。

【清風兩袖】

比喻爲官清廉。《官場現形記》：「可憐他半世爲官，清風兩袖，只因沒有銀兩孝敬，致被掛誤在內，大約至少也要個革職處分。」

【清風兩袖朝天去，免得閭閻話短長】

閭閻：指老百姓。只帶兩袖清風去朝見天子，免得讓老百姓說長道短。比喻爲官清正廉潔。明・于謙《入京》詩：「絹帕麻菇與線香，本資民用反爲殃。清風兩袖朝天去，免得閭閻話短長。」

【清風明月】

形容自然界美景，也比喻文人雅士清閒無事。南朝梁・劉勰《文心雕龍・物色》：「況清風與明月同夜，白日與春林共朝哉。」明・無名氏《女眞觀》楔子：「每值良美景，淸風明月之下，焚一炷香，操一曲琴。」也作「**清風朗月**」。唐・皇甫枚《非煙傳》：「每至淸風朗月，移玉柱以增懷。」

【清歌妙舞】

歌聲淸亮，舞姿美妙。形容歌舞優美動人。宋・楊萬里《謝建州茶使吳德華送東坡新集》：「黃金白璧明月珠，淸歌妙舞傾城姝。」明・湯顯祖《邯鄲記・極欲》：「步寒宮出落的紫霓裳，一個個淸歌妙舞世上無雙。」也作「**輕歌妙舞**」。

【清宮除道】

宮：房屋。淸掃房屋和道路，迎接賓客。《戰國策・秦策一》：「[蘇秦]將說楚王，路過洛陽，父母聞之，淸宮除道，張樂設飲，郊迎三十里。」

【清官難斷家事】

指家庭內部的糾紛，就是再淸正、廉潔的官員也不好處理。《古今小說》卷一〇：「大尹道：『常言道：『淸官難斷家事』。我如今管你母子一生衣食充足，你也休做十分大望。』」也作「**清官難斷家務事**」。

【清官難逃猾吏】

舊時的官吏，不論多麼淸正，也很難不受下屬的蒙蔽。淸・汪輝祖《佐治藥言》：「諺云：『淸官難逃猾吏。』蓋官流覃吏，而覃吏各以其精力相與乘官之隙。官之爲事甚緊，勢不能一一而察之。」也作「**清官出不得吏人手**」、「**清官難出猾吏手**」、「**任你官清似水，難逃吏猾如油**」。

【清規戒律】

原指佛敎、道敎的規戒和戒條。現泛指束縛人的不合理的規章或慣例。茅盾《夜讀偶記》四：「表面看來，反對的焦點卻是那些束縛寫作自由的古典主義詩學的淸規戒律」。

【清和平允】

淸和：溫和；平允：平易近人，態度謙和。形容性情特別好。《晉書・齊獻王攸傳》：「少而岐嶷。及長，淸和平允，親賢好施。」

【清簡寡欲】

見「淸心寡欲」。

【清淨寂滅】

道家的淸淨無爲與佛家的涅槃寂滅。《史記・太史公自序》：「李耳無爲自化，淸淨自正。」唐・韓愈《原道》：「今其法曰，必棄而君臣，去而父子，禁而相生相養之道，以求其所謂淸淨寂滅者。」

【清淨無爲】

順其自然，無所作爲。一種消極的出世思想。淸・鄭方坤《鄭燮小傳》：「世方以武健嚴酷爲能，而板橋以一書生，欲淸淨無爲，坐臻上理，聞者實應且憎，否則怒罵譏訶至矣。」也作「**清靜無爲**」。唐・賈至《虙子賤碑頌》：「鳴琴湯湯，虙子之堂。淸靜無爲，邑人以康。」

【清靜寡欲】

見「淸心寡欲」。

【清靜無爲】

見「淸淨無爲」。

【清酒紅人面，財帛動人心】

酒可醉人，錢財能使人動邪念。《說岳全傳》八回：「不要吃了。古人說得好：『淸酒紅人面，財帛動人心。』這裏是荒僻去處，倘有疏失，如之奈何？」也作「**清酒紅人面，白財動人心**」、「**清酒紅人面，黃金黑世心**」。

【清君側】

《公羊傳・定公十三年》：「晉趙鞅取晉陽之甲，以逐荀寅與士吉射。荀寅與士吉射曷爲者也？君側之惡人也，此逐君側之惡人。曷爲以叛言之？無君命也。」後以「淸君側」指淸除諸侯或皇帝身邊的親信。唐・李商隱《有感》之二：「古有淸君側，今非乏老成。」也作「**君側之惡**」。《晉書・謝鯤傳》：「及[王]敦將爲逆，謂鯤曰：『劉隗奸邪，將危社稷，吾欲除君側之惡，匡主濟時，何如？』」

【清恐人知】

不願意人們知道自己的淸廉。《晉書・胡威傳》載：「晉初，胡質、胡威父子都以淸廉著名。武帝謂威曰：『卿孰與父淸？對曰：『臣不如也。』帝曰：『卿父以何爲勝耶？』對曰：『臣父淸恐人知，臣淸恐人不知，是臣不及遠也。』」

【清麗俊逸】

見「淸新俊逸」。

【清廉正直】

官吏廉潔公正，不貪贓枉法。元・孫仲章《勘頭巾》三折：「親自問殺人賊，全不論淸廉正直，倒不如懵懂愚痴。」也作「**清正廉明**」。《歧路燈》六五回：「忽的雲板響亮，皂役高喝，一位淸正廉明的邊公，又坐到暖閣內邊了。」

【清廉自守】

爲官廉潔，不與貪官合流。淸・錢泳《履園叢話・耆舊・子居明府》：「其爲官也，剛方正直，淸廉自守，而訟斷如流，雖老吏莫能窺其奧，一時有神君之目。」

【清明節的竹筍子——節節高】

淸明時節，雨水較多，竹筍長得很快。比喻不斷地提高、進步。例經過各種競技比賽，全組的技術就像淸明節的竹筍子——節節高。也作「**芝麻開花——節節高**」、「**伏天的高粱——節節上升**」、「**矮子放風箏——節節高**」。

【清明在躬】
清明：思維清晰；躬：自身。形容心地開闊，頭腦清楚。宋・呂祖謙《左氏博議懿氏卜妻敬仲》：「清明在躬，志氣如神，嗜欲將至，有開必先，仰而觀之，榮光德星，欃槍枉矢，皆吾心之發見也。」
【清貧寡欲】
生活清寒貧困，各種欲念很少。宋・吳曾《能改齋漫錄・周顒宅作阿蘭若》：「淸貧寡欲，終日長蔬，雖有妻子，獨處山舍。」
【清貧如洗】
生活淸貧，一無所有。形容生活特別窮困。清・李心衡《金川瑣記・示夢托生》：「淸貧如洗，無以爲殮，龔爲經理其喪，復資助旅費，其家始得扶櫬而歸。」
【清平世界】
形容社會安定、繁榮。元・蕭德祥《殺狗勸夫》四折：「這廝可也無禮，淸平世界，怎敢便殺人？」
【清聖濁賢】
漢末因年荒禁止釀酒。飲酒的人避諱酒字，所以稱酒淸者爲聖人，酒濁者爲賢人。以後「淸聖濁賢」便成爲淸酒和濁酒的別稱。《三國志・魏書・徐邈傳》：「平日醉客謂酒淸者爲聖人，濁者爲賢人。」宋・陸游《沂溪》詩：「閒攜淸聖濁賢酒，重試朝南莫北風。」
【清水拌鐵砂——合不到一塊】
也作「**清水拌鐵砂——合不攏**」。見「牛蹄子兩瓣——合不攏」。
【清水染白布——空過一場】
比喻白費功夫。例政府提倡的環保政策，全民應徹底實施，不能淸水染白布——空過一場。也作「**清水染白布——空過一水**」。
【清水燒豆腐——淡而無味】
見「冷水泡茶——無味」。
【清水潭裏扔石頭——一眼望到底】
比喻對某人或事很快就有一個透徹了解。常含有瞞不住、騙不過的意思。例別要小聰明了，你的鬼花招，就像淸水潭裏扔石頭，我算是一眼望到底了。也作「**淺碟子盛水——一眼看透**」。
【清水下雜麵——你吃我看】
雜麵：用綠豆、小豆等的粉製成的麵條，煮時須多加油和佐料，味才不澀。比喻你吃你的苦頭，我在一旁冷眼相看。例咱們應當同甘共苦，現在遇上困難，不能淸水下雜麵。也作「**清水下雜麵——我看你怎樣吃**」。
【清水衙門】
衙門：舊時政府辦公機關。原指沒有什麼油水好撈。現指沒有額外的好處。例我們這裏是淸水衙門，除了工資外，沒有別的什麼收入。
【清水衙門——無懈可擊】
形容十分嚴密，沒有可以攻擊和指責的漏洞。例讓他們去鬧騰吧，咱們是淸水衙門，可以安穩地幹自己的工作。
【清水煮白菜——一清（青）二白】
見「菠菜煮豆腐——淸淸（青青）白白」。
【清談霸業】
霸業：一統天下的事業。空談闊論統一天下大業。清・孔尚任《桃花扇・聽稗》：「歌聲歇處已斜陽，剩有殘花隔夜香；無數樓台無數草，淸談霸業兩茫茫。」
【清談高論】
言談空泛，不切實際。《後漢書・鄭太傳》：「孔公緒淸談高論，噓枯吹生，並無軍旅之才，執銳之幹，臨鋒決敵非公之儔。」
【清湯寡水——淡而無味】
見「冷水泡茶——無味」。
【清天白日】
意同「青天白日」。《兒女英雄傳》緣起首回：「醒來！醒來，淸天白日，卻怎的這等酣睡？」
【清天濁地】
淸天：淸氣；濁地：濁氣。古代常比喻陰陽二氣。《大戴禮・小聞》：「先淸而後濁者天地也。」《列子・天瑞》：「夫有形者，生於無形，淸輕者上爲天，濁重者下爲地也。」
【清渭濁涇】
《詩經・邶風・谷風》：「涇以渭濁，湜湜其沚。」孔穎達疏：「言涇水以有渭水淸，故見涇水濁。」渭、涇是甘陝境內的兩條河。渭水淸，涇水濁。比喻兩者相比較，好壞分明。晉・潘岳《西征賦》：「北有淸渭濁涇，蘭池周曲。」
【清閒自在】
淸靜閒暇，悠然自得。《隋唐演義》四三回：「賈兄如今不開行業了，也淸閒自在，但恐消磨了丈夫氣概。」
【清心寡欲】
心地寧靜，不胡思亂想。明・章懋《謝存問恩疏》：「伏願陛下淸心寡欲，以養聖躬。」也作「**清靜寡欲**」。《後漢書・任隗傳》：「隗字仲和，少好黃老，淸靜寡欲。」也作「**清簡寡欲**」。《晉書・張協傳》：「協字景陽，少有俊才，與載齊名……轉河間內史，在郡淸簡寡欲。」
【清心省事】
心境淸靜淡泊，政務雜事簡省。《淸史稿・馮溥傳》：「比將歸，詣闕謝，賜遊西苑，內侍攜酒果，所至坐飲三爵。臨發，疏請淸心省事，與民休息。言甚切，溫旨報聞。」
【清新俊逸】
形容詩文淸麗俊秀，飄逸新奇。例林同學這篇文章，內容詞通達意，風格淸新俊逸，值得大家閱讀欣賞。也作「**清麗俊逸**」。《元史・儒學二》：「吳師道正傳，婺州蘭溪人。自羈丱知學，即善記覽。工詞章，才思湧溢，發爲詩歌，淸麗俊逸。」
【清信男女】

在家奉佛的人。南朝梁・慧皎《高僧傳・釋超信》：「於是停止浙東，講論相續，邑野僧尼，清信男女，並結菩薩因緣，伏膺戒范。」

【清雅絕塵】

潔淨高雅，一塵不染。例書房雖不大，但卻清雅絕塵，四壁書櫥裏的書籍擺放的整整齊齊，屋中的硬木大寫字台光可鑑人。

【清夜捫心】

夜深人靜時按摸著胸口，作自我檢查。形容自我反省。明・茅維《鬧門神》：「倘清夜捫心，原無芥蒂。」

【清一色】

原爲打麻將用語。指某一家由一種花色組成的一副牌。比喻由同一種成分或觀點構成。例生活是豐富多采的，絕非如清一色般單調。

【清議不容】

清議：公正的輿論。官吏的行爲爲公正的輿論所不容許。宋・蘇舜欽《杜公求退第一表》：「當一人側席於上，多士建議於下，臣若肆然自處，默無所爲，清議不容，素履將喪。」

【清音幽韻】

形容文章清新幽遠，意味無窮。宋・王安石《祭歐陽文忠公文》：「其清音幽韻，淒如飄風急雨之驟至。」

【清瑩透澈】

見「清瑩秀澈」。

【清瑩秀澈】

瑩：光結明亮；秀：秀美；澈：清澈。形容詞文意境清新，文詩雋美。唐・柳宗元《愚溪詩序》：「溪雖莫利於世，而清瑩秀澈，鏘鳴金石。」也作「清瑩透徹」。例王先生善賦詩塡詞，作品甚多，意新語工，清瑩透徹。

【清油炒菜——各有所愛】

清油：素油。炒菜可以用素油，也可以用葷油，各人根據自己的愛好而定。見「蘿蔔青菜——各人所愛。」

【清原正本】

從根本上清理，查明原委，以求徹底解決問題。《漢書・刑法志》：「豈宜惟思所以清原正本之論，刪定律令。」也作「正本清原」。

【清早走進剃頭鋪——挨刀】

剃頭鋪：理髮店。比喻找死，送死；或倒霉。例看你這萎靡、頹喪的樣子，就像清早走進剃頭鋪——挨刀的貨，爲什麼不能振作起來？

【清蒸鴨子——身子爛了嘴還硬】

見「鹵水煮鴨頭——腦袋軟了嘴還硬」。

【清正廉明】

見「清廉正直」。

【清濁難澄】

清水和髒水混在一起，難於澄清。比喻好壞或好人壞人混在一起，很難分清。例對人的處理要愼之又愼。有些問題一時清濁難澄，不妨先放一放，待搞清楚事實眞相後再說。

【清濁同流】

清水與濁水在一渠同流。比喻善惡不分，良莠混淆。《晉書・劉毅傳》：「今之九品，所下不彰其罪，所上不列其善，廢褒貶之義，任愛憎之斷，清濁同流，以植其私。」

【清酌庶羞】

酌：酒的代稱；羞：美好的食品。提供奠祭用的美酒佳餚。宋・歐陽修《祭蘇子美文》：「維年月日，具官歐陽修謹以清酌庶羞之奠祭於亡友湖州長史蘇君子美之靈。」

【蜻蜓吃尾巴——自咬自】

見「大拇指頭捲煎餅——自個嚼自個」。

【蜻蜓闖著蜘蛛網——有翅難飛】

見「籠子裏的鳥——有翅難飛」。

【蜻蜓點水】

唐・杜甫《曲江二首》詩之二：「穿花蛺蝶深深見，點水蜻蜓款款飛。」蜻蜓在水面上飛，尾部觸水而過。比喻不深入實際。老舍《四世同堂》二八：「他原諒了自己，那點悔意像蜻蜓點水似的輕輕的一挨，便飛走了。」

【蜻蜓點水——浮在面上】

比喻辦事不深入，不紮實。例看起來，你們是下基層了，實際上是蜻蜓點水——浮在面上，不了解具體情況，更談不到解決問題了。也作「水裏的浮萍——浮在面上」、「水裏的油——漂在上面」。

【蜻蜓撼石柱——毫不動搖】

比喻主意已定，決不改變。例一個人的奮鬥目標既然確定，不論有多少艱難險阻，都應當像蜻蜓撼石柱——毫不動搖。也作「蜻蜓撼樹——紋絲不動」。

【蜻蜓撼樹——紋絲不動】

比喻絲毫不動。例敵人數次向我陣地發動進攻，結果都是蜻蜓撼樹——紋絲不動。

【蜻蜓咬尾巴——一連串】

見「架上的葡萄——一連串」。

【氫氣球上天——不翼而飛】

比喻言語、信息流傳得極快，或東西突然不見了。例他關於繼承和發揚中國傳統文化的言論，就像氫氣球上天——不翼而飛，在全國學術界引起強烈的反響。

【輕薄少年】

生活放蕩，行爲不檢點的年輕人。《漢書・尹賞傳》：「雜舉長安中輕薄少年惡子，無市籍商販作務，而鮮衣被鎧扞持刀兵者，悉籍記之，得數百人。」

【輕薄無行】

無行：沒有品行。作風輕佻，道德敗壞。《晉書・華表傳》：「初，恒爲州大中正，鄉人任讓輕薄無行，爲恒所黜。」

【輕薄無知】

作風輕佻，無知無識。《雲笈七籤》卷七〇：「即輕薄無知泛濫之徒，豈可見天地之心乎？」

【輕財貴義】

見「輕財重義」。

【輕財好施】
輕視錢財，喜歡施捨。《新五代史·唐明宗家人傳·明宗侄》：「從璨爲人剛猛，不能少屈，而性倜儻，輕財好施，重誨忌之。」

【輕財好士】
見「輕財重士」。

【輕財好義】
見「輕財重義」。

【輕財敬士】
見「輕財重士」。

【輕財任俠】
不重視聚斂個人錢財，專行俠義之事。明·梅鼎祚《玉合記·詞約》：「想起那浮生易往……輕財任俠，也屬微塵。」

【輕財重士】
輕視錢財，尊重有知識的人。《三國志·吳書·張溫傳》：「父允，輕財重士，名顯州郡，爲孫權東曹掾。」也作「**輕財敬士**」。《三國志·吳書·甘寧傳》：「寧雖粗猛好殺，然開爽有計略，輕財敬士，能厚養健兒，健兒亦樂爲用命。」也作「**輕財好士**」。《清史稿·蘇元春傳》：「元春軀幹雄碩，不治生產，然輕財好士，能得人死力。」

【輕財重義】
輕視錢財，重視道義。明·沈受先《三元記·慶緣》：「輕財重義人怎知？德行兩堅持，仁心合天理。」也作「**輕財貴義**」。《三國志·吳書·朱恆傳》：「然輕財貴義，兼以強識，與人一面，數十年不忘。」也作「**輕財好義**」。《聊齋志異·邵士梅》：「先是，高東海素無賴；然性豪爽，輕財好義。有負租而鬻女者，傾囊代贖之。」

【輕車簡從】
從：隨從。車上行李簡單，隨從人員不多。《老殘遊記》八回：「他就向縣裏要了車，輕車簡從的向平陰進發。」也作「**輕騎簡從**」。《鏡花緣》六二回：「閨臣笑道：『紫菱姐姐，這才算得輕騎簡從哩！』」也作「**輕騎減從**」。清·昭槤《嘯亭續錄》卷四：「聞櫟州有虧空，輕騎減從，自省馳五日至。」也作「**輕裝簡從**」。

【輕車介士】
古代戰車和披甲的戰士。《漢書·張安世傳》：「安世復強起視事，至秋薨，天子贈印綬，送以輕車介士。」

【輕車熟路】
駕著輕裝的車，行走在很熟悉的路上。比喻從事很熟悉的事，不費大的氣力。唐·韓愈《送石處士序》：「若駟馬駕輕車就熟路，而王良、造父爲之先後也。」

【輕刀臠割】
臠（ㄌㄨㄢˊ）割：將肉切成小塊。比喻刑輕。《隋書·刑法志》：「若隋高祖之揮刃無辜，齊文宣之輕刀臠割，此謂匹夫仇。」

【輕動干戈】
輕：輕率；干戈：兩種兵器，引申爲戰鬥，指輕率地挑起戰鬥。《西遊記》三七回：「我徒弟縱有手段，絕不能輕動干戈。」

【輕動遠舉】
輕動：輕舉妄動；遠舉：遠征。比喻輕易出兵，征討遠方。《三國志·魏書·常林傳》：「方今大軍在遠，外有強敵，將軍爲天下之鎮也，輕動遠舉，雖克不武，文帝從之。」

【輕而易舉】
舉：向上托。形容不費力，很容易做到。《詩經·大雅·烝民》：「人亦有言，德輶如毛，民鮮克舉之。」朱熹注：「言人皆言德甚輕而易舉，然人莫能舉也」。魯迅《論人言可畏》：「自殺其實是不很容易，絕沒有我們不預備自殺的人們所渺視的那麼輕而易舉。」

【輕歌慢舞】
見「輕歌曼舞」。

【輕歌曼舞】
輕柔的歌聲，美妙的舞蹈。魯迅《法會和歌劇》：「梵唄圓音，竟將爲輕歌曼舞所『加被』豈不出於意表也哉！」也作「**輕歌慢舞**」。

【輕歌妙舞】
意同「清歌妙舞」。明·馮惟敏《黃鶯兒韻仙》：「音律壓齊城，更妖嬈體態輕，輕歌妙舞都相稱。」

【輕骨頭】
指舉止輕浮的人。例我最討厭他那輕骨頭的樣子。

【輕雞愛鶩】
鶩：鴨。捨雞圖鴨。比喻貴遠賤近。《晉書·庾翼傳》：「庾翼善書，與王羲之齊名，後學輒宗羲之，翼不平，嘗與都下人書曰：『兒輩輕家雞愛野鶩。』」

【輕腳輕手】
見「輕手輕腳」。

【輕舉妄動】
不經慎重考慮而魯莽行動。《韓非子·解老》：「衆人之輕棄道理而易忘（妄）舉動者，不知其禍福之深大而道闊遠若是也。」宋·李心傳《建炎以來繫年要錄·趙鼎與劉光世書》：「固不可輕舉妄動，重貽朝廷之擾；亦安忍坐視不救，滋長賊勢，留無窮之患。」

【輕口薄舌】
見「輕嘴薄舌」。

【輕浪浮薄】
形容人品行不端，輕浮浪蕩。《兒女英雄傳》三五回：「論他的才情，塡詞覓句，無所不能，便是弄管調弦，也無所不會，是個第一等輕浪浮薄子弟。」

【輕憐痛惜】
輕柔的疼愛。比喻對意中人的關懷、憐愛。《紅樓夢》三四回：「寶玉聽得這話如此親切，大有深意；忽見他又咽住，不往下說……那一種軟怯嬌羞，輕憐痛惜之情，竟難以言語形容，越覺心中感動。」也作「**痛惜輕**

憐」。

【輕攏慢撚】

攏、撚：彈奏樂器的不同指法。形容彈奏樂曲輕鬆自如的神態。唐・白居易《琵琶行》詩：「輕攏慢撚抹復挑，初爲霓裳後六么。大弦嘈嘈如急雨，小弦切切如私語。」

【輕慮淺謀】

指思慮不深，謀略不遠。《史記・越王句踐世家》：「小人有欲，輕慮淺謀，徒見其利，而不顧其害。」《資治通鑑・秦始皇二十五年》：「臣光曰：『燕丹不勝一朝之忿，以犯虎狼之秦，輕慮淺謀，挑怨速禍。』」

【輕描淡寫】

原指繪畫時用淺淡色輕輕描繪。後引申爲寫文章或說話時對某事輕輕帶過，有意地淡化。《兒女英雄傳》八回：「安公子說道：『方才我看那些和尚，都來得不弱，那個頭陀尤其凶横異常，怎的姑娘你輕描淡寫的就斷送了他？』」

【輕諾寡信】

輕易許下諾言，不守信約。《老子》六三章：「夫輕諾必寡信，多易必多難。」《聊齋志異・鳳仙》：「但緩時日以待之，吾家非輕諾寡信者。」也作「輕言寡信」。元・賈仲名《昇仙夢》三折：「你不要非眞當假，大丈夫言出無差。輕言寡信，休要耍。」

【輕騎減從】

見「輕車簡從」。

【輕騎簡從】

見「輕車簡從」。

【輕裘大帶】

見「輕裘緩帶」。

【輕裘肥馬】

裘：皮襖。穿著皮襖，騎著肥壯的駿馬。形容生活優裕，豪華。《論語・雍也》：「赤之適齊也，乘肥馬，衣輕裘。」元・張國賓《合汗衫》四折：「你奪下的是輕裘肥馬，他這不公錢；俺如今受貧窮，有如那范丹、原憲。」

【輕裘緩帶】

緩：寬鬆。穿皮襖，繫寬帶。形容態度閒適從容，文雅大方。清・汪琬《資政大夫駐防京口協領祖公墓誌銘》：「輕裘緩帶，以儒將名。」也作「輕裘大帶」。《太平廣記》卷四九二引《靈應傳》：「輕裘大帶，白玉橫腰，而森羅於階下者，其數尤多。」

【輕裘朱履】

朱履：紅色的鞋。形容衣著豪華，生活富裕。清・孔尚任《桃花扇・媚座》：「朝罷袖香微，換了輕裘朱履；陽春十月，梅花早破紅蕊。」

【輕若鴻毛】

見「輕於鴻毛」。

【輕衫涼笠】

輕薄的衣衫，遮陽的斗笠。泛指夏天的衣著。清・孔尚任《桃花扇・孤吟》：「流光箭緊，正柳林蟬噪，荷沼香噴。輕衫涼笠，行到水邊人困；西窗驚連夜雨，北里重消一枕魂。」

【輕身徇義】

不怕死，爲正義事業獻出生命。漢・申屠蟠《爲緱氏女玉奏記外黃令》：「當時聞之人，人無勇怯，莫不强膽增氣，輕身徇義，攘袂高談稱羨。」

【輕生重義】

不怕死，將正義的事業看得更重要。《晉書・周訪傳》：「周子隱以跅弛之材，負不羈之行，比凶蛟猛獸縱毒鄉閭，終能克己厲精，朝聞夕改，輕生重義，殉國之軀，可謂志節之士也。」

【輕世傲物】

輕慢世俗，對人高傲，一切都不放在眼中。《警世通言》卷七：「[唐伯虎]爲人放浪不羈，有輕世傲物之志，」

【輕事重報】

將小事當作大事去報告。指小題大作。元・鄭廷玉《忍字記》一折：「過來，我看去，這廝輕事重報。」

【輕手輕腳】

形容手腳動作輕，聲響小，不驚動他人。《西遊記》七七回：「你看他輕手輕腳，走到金鑾殿下。」《醒世恆言》卷二七：「一日，正在檻上悶坐，忽見那禁子輕手輕腳走來。」也作「輕腳輕手」。例小敏從到婆家的第一天起就小心翼翼，輕腳輕手，從不出聲。

【輕死得生】

不怕死反而能死裏逃生。《淮南子・人間訓》：「或貪生而怕死，或輕死而得生。」

【輕呑慢吐】

唱歌時輕鬆緩慢地吐詞。《隋唐演義》三〇回：「妥娘唱畢，大家又稱讚了一會，朱貴兒方在輕呑慢吐，嘹嘹嚦嚦，唱將起來。」

【輕偎低傍】

輕偎：親密地緊挨著；低傍：緊緊地靠著。形容兩人親密相依。清・洪昇《長生殿・定情》：「庭花不及嬌模樣，輕偎低傍，這鬢影衣光，掩映出豐姿千狀。」

【輕迅猛絕】

輕迅：輕快；猛絕：凶猛。形容鷹、虎的特性。晉・傅玄《走狗賦》：「輕迅者莫如鷹，猛絕者莫如虎。」

【輕言細語】

形容說話時態度溫和，聲音輕柔。例丁教授溫文爾雅，爲同事或學生解答疑難問題時，從來都是輕言細語，使人們感到極其和藹可親。

【輕傜薄賦】

減輕傜役，減輕賦稅。清・王夫之《讀通鑑論・隋文帝》：「唯輕傜薄賦，擇良有司以與之休息，漸久而自得其生，以相忘而輯寧爾。」也作「輕傜薄稅」。元・武漢臣《生金閣》三折：「願黎民樂業，做官的皆如卓魯，令史每盡壓蕭曹，輕傜薄稅，免受塗炭者。」

【輕傜薄稅】

見「輕傜薄賦」。

【輕於鴻毛】
鴻毛：大雁的毛。如大雁的毛一樣輕。比喻微不足道或毫無價值。漢．司馬遷《報任安書》：「人固有一死，或重於泰山，或輕於鴻毛。」也作「輕若鴻毛」。《晉書．皇甫謐傳》：「輕若鴻毛，重若泥沈，損之不得，測之愈深。」也作「輕如鴻毛」。

【輕於去就】
去就：去留。指反覆無常，沒有一定之規。《三國演義》十六回：「呂布豺狼也，勇而無謀，輕於去就，宜早圖之。」

【輕重倒置】
將輕重、主次的位置擺顛倒了。《明史．孫磐傳》：「夫女誣母僅擬杖，哲等無罪反加以徒，輕重倒置如此，皆東廠威劫所致也。」也作「輕重失宜」。

【輕重緩急】
區別事情的主次、輕重。宋．朱熹《歐陽子》：「其師生之間傳授之際，蓋未免裂道與文以為兩物，而於其輕重緩急、本末賓主之分，又未免於倒懸而逆置之也。」

【輕重疾徐】
疾徐：快、慢。指彈奏樂器的四種基本手法。《紅樓夢》八九回：「若必要撫琴，先須衣冠整齊……身心俱正。還要知道輕重疾徐，卷舒自若，體態尊重方好。」

【輕重失宜】
宜：合適，相稱。指對重要的和不重要的處置不當。宋．蘇舜欽《論宣借宅事》：「若死行陣之家與伎術之輩，均用此賞，臣竊恐輕重失宜矣。」

【輕重之短】
短：不足之處。對事情的輕重考慮不周全。《史記．齊悼惠王世家》：「上書言偃受金及輕重之短。」

【輕舟便楫】
輕快的小船，使用起來很靈便的槳。比喻條件優越，得心應手。《韓非子．奸劫弒臣》：「治國之有法術賞罰，猶若陸行之有犀車良馬也，水行之有輕舟便楫也。」

【輕妝薄粉】
形容女子淡妝輕抹。南朝梁．蕭綱《東飛伯勞歌》：「誰家妖麗鄰中止，輕妝薄粉光閭裏。」

【輕裝上陣】
原指古代作戰時行動靈活，不披鐵甲上陣。現比喻放下各種思想包袱，積極投身於工作中去。例犯了錯誤不應該諱疾忌醫。應該歡迎大家的幫助，認眞吸取教訓，輕裝上陣，在實踐中改正錯誤。

【輕卒銳兵】
輕卒：不披鎧甲的士兵。身著輕裝的精銳部隊。《戰國策．燕策二》：「濟上之軍，奉令擊齊，大勝之。輕卒銳兵，長驅至齊。」

【輕嘴薄舌】
形容說話輕率、刻薄。《古今小說》卷五：「叵耐鄰里有一班浮薄子弟，平日見王媼是個俏麗孤孀，閒常時倚門靠壁，不三不四，輕嘴薄舌的狂言挑撥。」也作「輕口薄舌」。《二刻拍案驚奇》卷四〇：「痴妮子！只知與那酸子相厚。這酸子輕口薄舌，專會做詞，今日你去送別，曾有詞否？從實奏來。」

【傾腸倒腹】
將心裏話全部講出來。《五燈會元．烏巨行禪師法嗣》：「唯孤膂興化，亦乃克賓受辱，若是臨濟兒孫，終不依草附木，資福喜見，同參今日，傾腸倒腹。」

【傾巢出動】
見「傾巢而出」。

【傾巢而出】
比喻出動全部力量。多含貶義。端木蕻良《曹雪芹》一二章：「平日不大出門的人，這兩天也都傾巢而出。」也作「傾巢出動」。

【傾巢來犯】
出動全部人馬進犯。例敵軍此次可是傾巢來犯，想要徹底攻佔我方領土。

【傾城傾國】
傾：傾覆；城：城邑，指國家。《漢書．孝武李夫人傳》：「延年侍上起舞，歌曰：『北方有佳人，絕世而獨立，一顧傾人城，再顧傾人國。寧不知傾城與傾國，佳人難再得。』」形容女子極其美貌。《西遊記》七九回：「呆子忍不住手，舉鈀往頭一筑，可憐把那個傾城傾國千般笑，化作毛團狐狸形！」也作「傾國傾城」。《古今小說》卷三四：「霧鬢雲鬟，柳眉星眼，有傾國傾城之貌，沉魚落雁之容。」

【傾耳戴目】
戴目：仰視。形容遙望遠處，心中有所期待的樣子。南朝齊．王融《畫漢武北伐圖上疏》：「北地殘氓，東都遺志，莫不茹泣吞悲，傾耳戴目。」

【傾耳而聽】
傾：斜，側。側著耳朵仔細聽，注意聽取。《戰國策．秦策一》：「妻側目而視，傾耳而聽。」《史記．淮南衡山列傳》：「政苛刑峻，天下熬然若焦，民皆引領而望，傾耳而聽，悲號仰天，叩心而怨上，故陳勝大呼，天下響應。」

【傾耳拭目】
見「傾耳注目」。

【傾耳注目】
認眞聽，用心看。形容權勢大，使人因敬畏而集中精神注目恭聽。唐．元稹《論教本書》：「今陛下以上聖之資肇臨海內，是天下之人傾耳注目之日也，」也作「傾耳拭目」。宋．陸游《上殿札子》：「恭惟陛下龍飛御極之初，天下傾耳拭目之時，所當戒者，惟嗜好而已。」

【傾蓋之交】
傾蓋，短暫。很短即熟識，指一見如故的友人。《聊齋志異．念秧》：「誤認傾蓋之交，遂罹喪資之禍。」

【傾國傾城】

見「傾城傾國」。

【傾家蕩產】

把全部家產敗光。《初刻拍案驚奇》卷二五：「所以弄得人傾家蕩產，敗名失德，喪軀隕命。」也作「傾家竭產」。《三國志・蜀書・董和傳》：「蜀土富實，時俗奢侈，貨殖之家，侯服玉食，婚姻葬送，傾家竭產。」也作「傾家盡產」。《三國志・魏書・明帝紀》裴松之注引《魏略》：「又詔書所得以牲口年紀、顏色與妻相當者自代，故富者則傾家盡產，貧者舉假貸貰，貴買牲口以贖其妻。」也作「傾家破產」。姚雪垠《李自成》一卷二五章：甚至為著打救親人，不惜傾家破產。」

【傾家竭產】

見「傾家蕩產」。

【傾家盡產】

見「傾家蕩產」。

【傾家破產】

見「傾家蕩產」。

【傾筐倒庋】

庋：ㄍㄨㄟˇ，放東西的木板或架子。比喻所有的東西或心裏話徹底倒出。南朝宋・劉義慶《世說新語・賢媛》：「王右軍郗夫人，謂二弟司空、中郎曰：『王家見二謝，傾筐倒庋；見汝輩來，平平爾；汝可無煩復往。』」也作「傾箱倒篋」。《古今小說》卷一：「急得陳大郎性發，傾箱倒篋的尋個遍，只是不見。」也作「傾筐倒篋」。梁啟超《美術與生活》：「把苦痛傾筐倒篋吐露出來。」也作「傾囊倒篋」。《警世通言》卷二四：「不上一年，傾囊倒篋，騙得一空。」

【傾筐倒篋】

見「傾筐倒庋」。

【傾囊倒篋】

見「傾筐倒庋」。

【傾囊相助】

傾：倒出來。把口袋裏的錢全部拿出來幫助人。《聊齋志異・青梅》：「青梅聞之，泣數行下，但求憐拯。女思良久曰：『無已，我私蓄數金，當傾囊相助。』」也作「傾囊以助」。

【傾盆大雨】

傾盆：大雨傾注，彷彿盆裏的水直往下倒。形容雨勢急驟。《官場現形記》三一回：「其時外邊正下傾盆大雨，天井裏雨聲嘩喇嘩喇鬧的說話都聽不清楚。」

【傾危之士】

傾危：險詐。險詐的人。《史記・張儀傳贊》：「太史公曰：『張儀之行事甚於蘇秦，然世惡蘇秦者，以其先死，而儀振暴其短以扶其說，成其衡道。要之，此兩人眞傾危之士哉。』」

【傾箱倒篋】

見「傾筐倒庋」。

【傾心吐膽】

比喻沒有任何保留講出心裏話。《紅樓夢》六八回：「今兒有幸相會，若姐姐不棄寒微，凡事求姐姐的指教，情願傾心吐膽，只伏侍姐姐。」

【傾搖懈弛】

心緒不定，精神懈怠不振。宋・曾鞏《送李材叔知柳州序》：「傾搖懈弛，其憂且勤之心。」

【卿卿我我】

南朝宋・劉義慶《世說新語・惑溺》：「王安豐婦常卿安豐。安豐曰：『婦人卿婿，於禮為不敬，後勿復爾。』婦曰：『親卿愛卿，是以卿卿，我不卿卿，誰當卿卿？』遂恆聽之。」卿卿：前一個「卿」是動詞，是「稱呼」的意思，後一個是代詞，指王安豐。後泛指夫婦或相愛男女間的親暱稱呼。指男女相親相愛。魯迅《男人的進化》：「它們在春情發動期，雌的和雄的碰在一起，難免『卿卿我我』的來一陣。」

ㄑㄧㄥˊ

【情不可卻】

卻：拒絕。盛情不好推卻或情面上無法拒絕。《鏡花緣》六○回：「閨臣、紅蕖衆姊妹也再再相留，紫菱情不可卻，只得應允。」

【情不自禁】

禁：抑制。控制不住自己激動的感情。唐・徐堅《初學記》卷四引南朝梁・劉遵《七夕穿針》詩：「步月如有意，情來不自禁。」《紅樓夢》一五回：「寶玉情不自禁，然身在車上，只得眼角留情而已。」

【情不自堪】

見「情不自勝」。

【情不自勝】

勝：承擔，忍受。過於悲傷，感情無法忍受。南朝・宋明帝《罪始安王休仁詔》：「追尋悲痛，情不自勝，思屈法科，以伸矜悼。」也作「情不自堪」。唐・李公佐《南柯記》：「生捧書悲哀咽，情不自堪。」

【情長紙短】

紙：信箋。指要說的話太多了，情感深長在紙上寫不完。例在國外已經三十年，每提起筆來都感到情長紙短。

【情痴情種】

痴：入迷。指迷戀於情愛的人。《紅樓夢》二回：「其乖僻邪謬不近人情之態，又在千萬人之下。若生於公侯富貴之家，則為情痴情種；若生於詩書清貧之族，則為逸士高人。」

【情竇初開】

男女愛情的萌動。宋・郭印《次韻正紀見貽之什》詩：「情竇欲開先自窒，心田已淨弗須鋤。」清・李漁《蜃中樓・耳卜》：「我和你情竇初開之際，就等到如今了。」

【情孚意合】

見「情投意合」。

【情根愛胎】

男女情愛深固長遠。清・孔尚任《桃花扇・逃難》：「情根愛胎，何時消散。」

【情好日密】

感情日益親密。《三國志・蜀書・諸葛亮傳》：「先主曰：『善！』于是與亮情好日密，關羽、張飛等不悅，先主曰：『孤之有孔明，猶魚之有水，願勿復言。』」

【情急智生】

情況緊急時突然想出聰明的對策。《官場現形記》二〇回：「俗話說得好：『情急智生。』」

【情堅金石】

感情像金石一樣堅貞不移。元・宮大用《范張雞黍》一折：「情堅金石，始終不改。」

【情景交融】

文藝作品中環境的描寫與人物的感情抒發自然融合在一起。例這篇作品著意地描寫了環境，渲染了氣氛，情景交融，使讀者如身臨其境。

【情禮兼到】

感情和禮儀都恰如其分。晋・袁宏《三國名臣序贊》：「敬愛既同，情禮兼到。」

【情理難容】

從人情和事理兩方面都不能寬容。《水滸傳》一〇回：「潑賊！我自來又和你無甚麼冤仇，你如何這等害我！正是殺人可恕，情理難容。」

【情面難卻】

礙於情面不好推卻。指有些勉强。《官場現形記》三六回：「湍制台情面難卻，第二天就把話傳了藩台，不到三天，牌已掛出去了。」

【情人眼裏出西施】

西施：春秋時越國的美女，用作美女的代稱。情人眼裏的女子總是最美的。也用以嘲諷與某人或某種事物接觸時間長了，有所偏愛，發現不了其缺點和危害。《金瓶梅詞話》三七回：「自古道，情人眼裏出西施，一來也是你緣法湊巧。」也作「**情人眼裏有西施**」。

【情人眼裏出西施——各對各眼】

在情人的心目中，即使女方長相平常，也是最美的。見「轆轤串當眼鏡——各對各眼」。

【情若手足】

見「情同手足」。

【情善跡非】

跡：道路，多指生活道路、人生的道路。友情雖在，但所選擇的道路卻不一樣。例我與他斷絕往來並無他因，主要是志趣不同，在一些問題上格格不入，情善跡非，勉强不得。

【情深骨肉】

見「情逾骨肉」。

【情深如海】

見「情深似海」。

【情深似海】

情愛或友情如同海一樣深。形容感情極其濃厚。明・崔時佩《西廂記・許婚借援》：「自那日忽睹多才，不覺每上心來，春悶好難捱，畢竟情深似海。」也作「**情深如海**」。明・高濂《玉簪記・詞媾》：「堪愛堪愛眞堪愛，鸞鳳情深如海，攜手上陽台，了卻相思債。」

【情深友于】

友于：兄弟之間相親相愛，後作「兄弟」的代稱。情長誼深勝過兄弟。唐・張說《會諸友詩序》：「谷子者，昔與說聯務蓬山，出入三載，事志相得，情深友於。」

【情恕理遣】

遣：放在一邊。按照常情給以寬恕，根據事理，不予計較。指以寬厚態度對待別人。《晋書・衛玠傳》：「玠嘗以人有不及，可以情恕；非意相干，可以理遣，故終身不見喜愠之容。」

【情絲割斷】

情絲：情意。形容戀情徹底斷絕。清・孔尚任《桃花扇・選優》：「想起那拆鴛鴦，離魂慘，隔雲山，相思苦，會期難拿。倩人寄扇，擦損桃花。到今日情絲割斷，芳草天涯。」

【情思纏綿】

纏綿：情意深厚。指男女愛情綢繆。《紅樓夢》一二〇回：「所以崔鶯蘇小，無非仙子塵心；宋玉相如，大是文人口孽。但凡情思纏綿，那結局就不可問了！」

【情隨境變】

見「情隨事遷」。

【情隨事遷】

思想感情隨著情況的變化而變化。魯迅《爲了忘卻的紀念》：「因爲這是三十年前，正當我熱愛彼得斐的時候，特地托丸善書店從德國買來的……只是情隨事遷，已沒有翻譯的意思了。」也作「**情隨境變**」。明・袁宏道《敍小修詩》：「或者猶以太露病之。曾不知情隨境變，字逐情生，但恐不達，何露之有？」

【情天愛海】

形容青年男女深深沉溺於愛情之中。老舍《老張的哲學》一二：「他們的幽深的心香，縱隔著三千世界，好像終久可以聯成一線，浮泛在情天愛海之中的。」

【情天孽海】

孽：罪孽。指青年男女沉溺於愛情，造下種種罪孽。《紅樓夢》一二〇回：「老先生莫怪拙言！貴族之女，俱屬從情天孽海而來。」

【情同骨肉】

骨肉：親人。感情深厚如親人一樣。南朝梁・王筠《與雲僧正書》：「弟子宿值善因，早蒙親眷，情同骨肉，義等金蘭。」《兒女英雄傳》一九回：「只是安某要算他老人家第一個得意學生，分雖師生，情同骨肉。」

【情同手足】

手足：比喻兄弟。友情深厚，如兄弟一樣。《封神演義》四一回：「辛環曰：『名雖各姓，情同手足。』」也作「**情若手足**」。明・邵景詹《覓燈因話・貞烈墓記》：「欲以情感之，乃顧視其卒，周其飲食，寬其桎梏，情若手足，卒感激入骨。」

【情同一家】

情誼深厚，如一家人一樣。《梁書・蕭子恪傳》：「齊業之初，亦是甘苦共嘗，腹心在我，卿兄弟年少，理當不悉。我與卿兄弟，便是情同一家。」

【情同魚水】

形容彼此情誼，不可分離。宋・無名氏《異聞總錄・房州司理男》：「郎君幽婚，情同魚水。豈不念父母追悼乎？」

【情投意合】

投：相合，契合。彼此感情十分融洽，心意相通。《紅樓夢》六〇回：「只因他雖說和黛玉一處長大，情投意合，又願同生同死，卻只心中領會，從來未曾當面說出。」也作「情孚意合」。《金瓶梅詞話》六回：「我如今卻和娘子眷戀日久，情孚意合，拆散不開。」也作「情投意洽」。《歧路燈》九回：「此下山珍海錯全備，不必瑣陳，二公情投意洽，也都有了三分酒意。」

【情投意洽】

見「情投意合」。

【情文並茂】

形容文章感情眞摯，又有文采。清・珠泉居士《續板橋雜記・二湯》：「桐邑楊米人曾爲二姬作《雙珠記傳奇》，情文並茂。惜尙秘之枕函，余未得而讀之。」

【情文相生】

南朝宋・劉義慶《世說新語・文學》：「孫子荊除婦服，作詩以示王武子。王曰：『未知文生於情，情生於文，覽之悽然增伉儷之重。』」後以「情文相生」形容詩文纏綿悱惻，婉轉沉郁，感情和文字交相輝映。

【情見乎辭】

眞摯的感情表現在言語之中。《周易・繫辭下》：「爻象動乎內，吉凶見乎外，功業見乎變，聖人之情見乎辭。」孔穎達疏：「辭則言其聖人所用之情，故觀其辭而知其情也。是聖人情見乎爻象之辭也。」宋・陸九淵《孝文大功數十篇》：「蓋聖愚邪正雖異，而情見乎辭則同。」也作「情見於詞」。宋・魏泰《臨漢隱居詩話》：「詩者述事以寄情，事貴詳，情貴隱，及乎感，會於心，則情見於詞，此所以入人深也。」也作「情見乎言」。《三國志・蜀書・諸葛亮傳》「謂爲信然」裴松之注：「夫其高吟俟時，情見乎言，志氣所存，既已定於其始矣。」

【情見乎言】

見「情見乎辭」。

【情見力屈】

見「情見勢屈」。

【情見勢竭】

見「情見勢屈」。

【情見勢屈】

見：同「現」。眞情日益顯露，聲勢日見衰竭，受到挫減。《史記・淮陰侯傳》：「今將軍欲舉倦弊之兵，頓之燕堅城之下，欲戰恐久，力不能拔，情見劫屈，曠日糧竭，而弱燕不服，齊必距境以自強也。」也作「情見力屈」。《漢書・韓信傳》：「今足下勢倦敝之兵，頓燕堅城下，情見力屈，欲戰不拔，曠日持久，糧食單竭。」也作「情見勢竭」。《三國志・魏書・荀彧傳》：「公以十分居一之衆，畫地而守之，扼其喉而不得進，已半年矣！情見勢竭，必將有變，此用奇之時，不可失也。」

【情見於詞】

見「情見於辭」。

【情有可原】

從情理上還有可原諒的地方。魯迅《孤獨者》：「原因大概是一半困爲忘卻，一半則他自己竟也被『天眞』的孩子所仇視了，於是覺得我對孩子的冒瀆的話倒也情有可原。」

【情逾骨肉】

逾：超過。感情深厚超過自己的親人。《聊齋志異・王六郎》：「如是半載。忽告許曰：『拜識清揚，情逾骨肉，然相別有日矣。』」也作「情深骨肉」。《周書・於謹傳》：「夙蒙丞相殊眷，情深骨肉。今日之事，必以死爭之。」

【情欲寡淺】

情欲：泛指各種欲望；寡淺：少。《莊子・天下》：「以禁攻寢兵爲外，以情欲寡淺爲內。」

【情越疏，禮越多】

感情越疏遠，禮節越周到。《民國演義》一二六回：「又道：『情越疏，禮越多。』從前曹、吳情好有逾父子，誰也用不著客氣。如今感情既虧，互相猜疑，猜疑之甚，自然要互相客氣起來。」

【情眞罪當】

當：適合，得當。情節屬實，應該判罪。《二十年目睹之怪現狀》四八回：「起先是百計出脫，也不知費了多少錢，無奈證據確鑿，情眞罪當，無可出脫，就定了個斬立決，通詳上去。」

【情之所鍾】

鍾：專注。指情愛十分專注。《晋書・王衍傳》：「衍嘗喪幼子，山簡弔之。衍悲不自勝，簡曰：『孩抱中物，何至於此！』衍曰：『聖人忘情，最下不及情，然則情之所鍾，正在我輩。』」

【情至意盡】

已經盡到全部心意。《詩經・大雅・板》「老夫灌灌，小子蹻蹻」孔穎達疏：「我老夫教諫汝，其意乃款款然，情至意盡，何爲汝等而未知，幼弱之小子，反蹻蹻然自驕恣而不聽用我之言乎！」

【晴初霜旦】

晴初：早晨天晴；霜旦：早晨有霜。

清晨天氣晴朗，遍地白霜。北魏·酈道元《水經注·江水》：「每至晴初霜旦，林寒澗肅。」

【晴帶雨傘，飽帶乾糧】

比喻有備無患。例「晴帶雨傘，飽帶乾糧」，並不是杞人憂天，而是有備無患。

【晴空萬里】

形容天氣晴朗，藍天沒有一絲雲彩。例國慶節前後，北京的天氣最好，秋高氣爽，晴空萬里。

【晴天打雷——罕見】

比喻很少看到。例這種生產工藝很新鮮，的確是晴天打雷——罕見。也作「下大雪找蹄印——罕見」。

【晴天打雷——空叫喊】

比喻叫得凶，做不到。例今年的生產指標，大大超過往年，恐怕是晴天打雷——空叫喊。

【晴天打傘——有備無患】

也作「晴天帶傘——有備無患」。見「飽帶乾糧晴帶傘——有備無患」。

【晴天帶雨傘——多此一舉】

也作「晴天送傘——多此一舉」。見「白天點燈——多此一舉」。

【晴天霹靂】

猶「青天霹靂」。《孽海花》一七回：「猝聞此信，眞是晴天霹靂，人人裂目，個個摧心。」

【晴天送雨傘——空頭人情】

比喻虛情假意。例人家需要的是實實在在的援助，這種毫無用處的支援，無異於晴天送雨傘——空頭人情。

【晴天下雨——沒指望】

也作「晴天盼下雨——沒指望」。見「老寡婦死兒——沒指望」。

【晴雲秋月】

晴空飄動的白雲，秋夜的明月。比喻人的胸懷高潔爽朗。《宋史·文同傳》：「操韻高潔，自號笑笑先生，善詩文、篆隸、行草、飛白。文顏博守成都，奇之，致書同曰：『與可襟韻灑落，如晴雲秋月，塵埃不到。』司馬光、蘇軾尤敬重之。」

【綮天架海】

見「擎天架海」。

【擎蒼牽黃】

蒼：打獵時用的蒼鷹；黃：泛指獵犬。指出外打獵，又指出獵時神態。宋·蘇軾《江城子·密州出獵》：「老夫聊發少年狂，左牽黃，右擎蒼。」《宣和畫譜·畜獸二·張及之》：「張及之《騎射圖》擎蒼牽黃，挽強馳驅，筆力豪逸極妙。」

【擎天駕海】

見「擎天架海」。

【擎天架海】

擎天：托著天；架海：超越海洋。形容本領非凡。多指歷代君王及傑出人才。元·秦簡夫《趙禮讓肥》四折：「多謝你個架海梁，擎天柱，生死難忘，今古誰如。」也作「擎天駕海」。《三國演義》三回：「肅曰：『賢弟有擎天駕海之才，四海孰不欽敬？功名富貴，如探囊取物，何言無奈而在之下乎？』」也作「綮天駕海」。明·無名氏《大劫牢》頭折：「我端的便到灤州有義方，我是個出水金精獸，穩情取綮天架海梁。」

【擎天玉柱】

見「擎天之柱」。

【擎天之柱】

撐天的柱子。古代神話傳說崑崙山有八柱擎天。比喻擔負天下重任的人。宋·袁說友《送城齋》詩：「只今小試回天力，他日擎天看柱臣。」也作「擎天玉柱」。《野叟曝言》五二回：「敝省有一位參戎，叫做林士豪，文武全才，也算一根擎天玉柱。」

ㄑㄧㄥˇ

【請從隗始】

見「請自隗始」。

【請功受賞】

請求評定功績，論功行賞。《隋唐演義》二三回：「叔寶兄，請這一杯酒，明日與令堂拜壽之後，就有陳達、牛金與兄長請功受賞」。

【請將不如激將】

有時正面勸說往往不如從反面激勵更有效。例對於小陳，若要激發他的鬥志，「請將不如激將」，最好多對他說說反面的話。

【請君入甕】

《資治通鑑·唐則天皇后授二年》：「或告文昌右丞周興與丘神績通謀，太后命來俊臣鞫之。俊臣與興方推事對食，謂興曰：「囚多不承，當爲何法？」興曰：「此甚易耳！取大甕，以炭四周炙之，令囚入中，何事不承！」俊臣乃索大甕，火圍如興法，因起謂興曰：『有內狀推兄，請君入此甕。』興惶恐叩頭伏罪。」後用「請君入甕」比喻用某人整人的方法來整他自己。淸·紀昀《閱微草堂筆記·槐西雜志三》：「彼致人之疾，吾致其疾；彼戕人之命，吾戕其命。皆所謂請君入甕，天道宜然。」

【請人哭爹媽——假傷心】

見「貓哭耗子——假傷心」。

【請神請到鬼——瞎了眼】

比喻不辨是非好歹，看不淸事物的眞相。例請人傳經送寶，找錯了人，被人家奚落了一頓，眞是「請神請到鬼——瞎了眼」。也作「蝙蝠看太陽——瞎了眼」。

【請修鎖的補鍋——找錯人啦】

見「拉和尚認親家——找錯了人」。

【請自隗始】

隗：ㄨㄟˇ，姓。《史記·燕召公世家》：「[燕昭王]謂郭隗曰：『齊因孤之國亂而襲破燕，孤極知燕小力少，不足以報。然誠得賢士以共國，以雪先王之耻，孤之願也。先生視可者，得身事之。』郭隗曰：『王必欲致士，先從隗始，況賢於隗者，豈遠千里哉！』」原意以自己做榜樣，來吸引其他賢者。後指自我推薦，自告奮勇，自願帶頭。唐・韓愈《與於襄陽書》：「愈雖不才，其自處不敢後於恆人，閣下將求之未得歟？古人有言，請自隗始。」也作「**請從隗始**」。明・張岱《普同塔碑》：「恆河沙布施，請從隗始。」

ㄑㄧㄥˋ

【慶弔不通】
見「慶弔不行」。

【慶弔不行】
慶：賀喜；弔：弔唁。紅白喜事都不去。比喻與親戚朋友的關係疏遠，或不相往來。《後漢書・荀爽傳》：「太尉杜喬見而稱之，曰：『可為人師。』爽遂耽思經書，慶弔不行，征命不應。」也作「**慶弔不通**」。

【慶父不死，魯難未已】
慶父是春秋時魯莊公的弟弟。《左傳・閔公元年》、《史記・魯周公世家》載：莊公死後，子般立。慶父派人殺子般，立閔公。齊大夫仲孫湫去魯弔問，回來報告齊桓公說：「不去慶父，魯難未已。」第二年，慶父殺害閔公，逃往莒國。魯僖公即位，賄賂莒國送回慶父，回魯途中，慶父自殺。後以「慶父不死，魯難不已」比喻不把製造內亂的罪魁禍首清除，就不能平息禍患。《晉書・李密傳》：「[密]出為溫令，而憎疾從事。嘗與人書曰：『慶父不死，魯難未已。從事白其書司隸，司隸以密在縣清慎，弗之劾也。」

【磬槌兒打在石板上——沒多大響聲】
磬槌敲在磬上聲音響亮，打在石板上響聲不大。比喻反響不大。例他的論文發表之後，在學術界就像磬槌兒打在石板上——沒多大響聲，這是他所沒有想到的。

【磬控縱送】
磬：放開馬跑；控：讓奔馬止住；縱：射箭；送：射飛鳥。《詩經・鄭風・大叔於田》：「叔善射忌，又良御忌，抑磬控忌，抑縱送忌。」後以「磬控縱送」形容善騎射，操作自如。

【罄竹難書】
罄：盡，完；竹：古人寫字的竹簡。《呂氏春秋・明理》：「此皆亂國之所生也，不能勝數，盡荊越之竹，猶不能書。」把竹簡用光了都寫不完。形容罪行多，難以盡述。清・昭槤《嘯亭雜錄》卷三：「負恩之罪，罄竹難書，伏祈霆威，立加嚴譴。」孫中山《歷年政治宣言》：「自滿清盜竊中國，於今二百六十有八年，其間虐政，罄竹難書。」

ㄑㄩ

【區區此心】
見「區區之心」。

【區區小事】
不值一提的事情。也指瑣碎微小之事。常用作謙詞。例病人脫離危險就好了，我捐兩百毫升的血，區區小事，不足掛齒。

【區區之見】
狹隘的見解。清・葉燮《原詩・外篇下》：「若腐儒區區之見，句束而字縛之，援引以附會古人，反失古人之真矣。」

【區區之心】
微不足道的一點心意或想法。漢・李陵《答蘇武書》：「昔范蠡不殉會稽之恥，曹沫不死三敗之辱，卒復句踐之仇，報魯國之羞，區區之心，竊慕此耳。」也作「**區區此心**」。《民國通俗演義》一四回：「況區區此心，不為諸公所諒乎？」

【區區之衆】
區：小，少。很少的人。《孔叢子・論勢》：「區區之衆，居二敵之間。」

【區聞陬見】
區：小屋；陬：ㄗㄡ，角落。比喻見聞不多，學識膚淺。清・江藩《國朝漢學師承記・朱筠》：「後學小生，區聞陬見，不得而妄議已。」

【區宇一清】
區宇：即區域，泛指疆域或天下。國泰民安，天下太平。《元史・伯顏傳》：「始干戈之援及，迄文軌之會同，區宇一清，普天均慶。」

【曲而不屈】
彎曲而不折。比喻表面服從，心中卻不服。《江傳・襄公二十九年》：「直而不倨，曲而不屈。」

【曲肱而枕】
肱：手臂從肘到腕的部分。枕著彎曲的胳膊睡覺。形容恬淡清靜，無憂無慮。《論語・述而》：「飯疏食飲水，曲肱而枕之，樂亦在其中矣。不義而富且貴，于我如浮雲。」明・馮惟敏《中呂粉蝶兒・五岳遊囊雜咏》：「歸來飯飽黃昏後，曲肱而忱，鼓腹而遊。」

【曲盡其妙】
形容文筆委婉細膩地將微妙意境全部表達出來。也形容技巧高明。晉・陸機《文賦序》：「故作《文賦》，以述先士之盛藻，因論作文之利害所由，他日殆可謂曲盡其妙。」《初刻拍案驚奇》卷一三：「至於擊踘彈棋博弈諸戲，無不曲盡其妙。」也作「**曲盡其巧**」、「**曲極其妙**」。

【曲盡人情】
曲：彎曲，引申為細緻入微。指說話辦事完全符合對方的想法或需要。明・王世貞《鳴鳳記・嚴嵩慶壽》：「又訪得他新造一所萬花樓，極其華采，至少一條鋪單，被我買囑匠人，量了他尺寸，前往松江打一條五彩大絨單，鋪在他樓上，實為曲盡人情。

【曲徑通幽】
彎曲小徑通向深邃僻靜之處。形容圓林曲折幽雅。清・余樾《曲園楹聯》：

「曲徑通幽處，園林無俗情。」也作「小徑通幽」。

【曲眉豐頰】

眉毛彎彎，面龐秀美豐潤。形容貌美。唐．韓愈《送李願歸盤谷序》：「曲眉豐頰，淸聲而便體，秀外而惠中。」

【曲木惡直繩，重罰惡明證】

比喻惡人最懼怕有確鑿證據而遭受嚴厲的懲罰。漢．王符《潛夫論．考績》：「聖漢踐祚，載祀四八，而猶未者，教不假而功不考，賞罰稽而赦贖數也。諺曰：『曲木惡直繩，重罰惡明證。』此羣臣所以樂總猥而惡考功也。」

【曲木忌日影，纔人畏賢明】

彎曲不成材的樹怕太陽照出自己的影子，說壞話的人害怕正直的人。比喻自身淸正，不怕奸佞詆毀。唐．孟郊《古意贈梁肅補闕》詩：「曲木忌日影，纔人畏賢明。自然照燭間，不受邪佞輕。」

【曲身小子】

蝦的別名，因其形得名。淸．厲荃《事物異名錄．水族．蝦》：「《事物紺珠》：蝦名長鬚公、虎頭公、曲身小子。」

【曲突徙薪】

曲：使彎曲；突：煙囪。把煙突改彎，搬開灶旁柴薪。比喻防患於未然。《漢書．霍光傳》：「客有過主人者，見其灶直突，傍有積薪，客爲主人更爲曲突遠徙其薪，不者，且有火患。主人嘿然不應。俄而家果失火。」梁啟超《上粵督李傅相書》：「今不爲曲突徙薪之計，後必有噬臍無及之憂。」

【曲學詖行】

曲：彎曲；詖：ㄅㄧˋ，歪斜。做學問不入正道，爲人處世奸詐狡猾，既缺德又少才。宋．陸九淵《與張輔之書》：「古之所謂曲學詖行者，不必淫邪放僻，顯顯狼狽，如流俗人不肖子者也。」

【曲學阿世】

曲：彎曲不正；阿：ㄜ，迎合。以被歪曲的荒誕不經的東西去迎合世俗的風俗。《史記．儒林傳》：「固之徵也，薛人公孫弘亦徵，側目而視固。固曰：『公孫子，務正學以言，無曲學以阿世。』」

【曲意承奉】

見「曲意逢迎」。

【曲意逢迎】

違心地迎合別人。比喻委曲己意，獻媚取寵。《三國演義》八回：「董卓自納貂蟬後，爲色所迷，月餘不出理事。卓偶染小疾，貂蟬衣不解帶，曲意逢迎，卓心愉喜。」也作「曲意逢承」。明．焦竑《玉堂叢語．方正》：「有曲意承奉者．未嘗喜，不見者，未嘗怒也。」

【曲則全，枉則直】

枉：彎曲。委曲就能保全，能彎就直。比喻鬥爭中暫時的忍耐和退讓，是保全自己，戰勝敵人的重要策略。《老子》二二章：「曲則全，枉則直；洼則盈，敝則新；少則得，多則惑。是以聖人抱一爲天下式。」

【曲渚回灣】

渚：ㄓㄨˇ，水中小塊陸地。彎曲的水中小塊陸地和河灣。宋．葉廷珪《海錄碎事．地．陂澤》：「曲渚回灣鎖鈎舟」。

【詘寸伸尺】

見「詘寸信尺」。

【詘寸信尺】

詘：屈；信：ㄕㄣ，通「伸」。屈折一寸可伸張一尺。比喻小處受委屈，可獲取更大利益。南朝梁．劉勰《文心雕龍．附會》：「銳精細巧，必疏體統。故宜詘寸以信尺，枉尺以直尋。」也作「詘寸伸尺」。《淮南子．泛論訓》：「詘寸而伸尺，聖人爲之；小枉而大直，君子行之。」

【驅羊鬥虎】

比喻自不量力，必然失敗。唐．王睿《將略論》：「今之將帥，多不自量其才器，又不知彼之短長，率爾合戰，卒然求勝，猶聚卵以擊石，驅羊而鬥虎，欲期弭兵靜亂，不亦難哉。」也作「驅羊拒狼」。《明史．劉定之傳》：「一旦率以臨敵，如驅羊拒狼，幾何其不敗也！」也作「驅羊攻虎」。

【驅羊入虎口】

比喻自尋死路。《說岳全傳》一六回：「妾聞孫浩提兵殺入番營，以他這樣才能武藝，領五萬人馬，擋兀朮五十餘萬之番兵，猶如『驅羊入虎口』耳。」

【屈打成招】

用嚴刑拷打，逼使無辜者承受不白之冤而招供。《西湖二集．馬神仙騎龍上天》：「從來捶楚之下，何求不得，屈打成招妄害平人，那冤魂……少不得要報仇索命。」

【屈高就下】

見「屈尊降貴」。

【屈谷巨瓠】

屈谷：古代宋國人；瓠：ㄏㄨˋ，瓠瓜，葫蘆。《韓非子．外儲說左上》：「齊有居士田仲者，宋人屈谷見之，曰：『谷聞先生之義，不恃仰人而食。今谷有巨瓠，堅如石，厚而無竅，願獻之先生。』仲曰：『夫瓠所貴者，謂其可以盛也。今厚而無竅，則不可剖以盛物；而重如堅石，則不可以剖而以斟，吾無以瓠爲也。』曰：『然，谷將欲棄之。』今田仲不恃仰人而食，亦無益人之國，亦堅瓠之類也。」後以「屈谷巨瓠」比喻沒有用的廢物。《後漢書．孔融傳》：「至於屈谷巨瓠，堅而無竅，當以無用罪之耳。」

【屈己下人】

見「屈尊降貴」。

【屈死鬼進衙門——鳴冤叫屈】

衙門：舊時官員辦公的機關。訴說所

受冤屈。例你別屈死鬼進衙門——鳴冤叫屈了，應反省反省自己做了些什麼孽。

【屈天屈地，有口難分】
受了極大冤枉卻又不能為自己申辯。例那台機器本不是他弄壞的，可是當時只有他在場，因此大家都認為是他幹的。他想辯解，卻又苦於無人為他作證。眞是「屈天屈地，有口難分」。

【屈艷班香】
屈：屈原，戰國時期楚國詩人；班：班固，漢代史學家文學家；艷、香：文辭艷麗而華美。指詞藻華麗，兼有《楚辭》和《漢書》等的優點。唐・杜牧《冬至日寄小侄阿宜》詩：「高摘屈宋艷，濃薰班馬香。」

【屈一伸萬】
屈身於一人之下，凌駕於萬人之上。比喻能屈能伸。《吳越春秋・王僚公子光傳》：「專諸者，堂邑人也。伍子胥亡楚如吳時，遇之於途，專諸方與人鬥。將就敵，其怒有萬人之氣，甚不可當。當妻一呼即還。子胥怪而問其狀，……專諸曰：『子視吾之儀，寧類愚者也，何言之鄙夫。夫屈一人之下，必伸萬人之上。』」

【屈指可數】
扳著手指頭就能數清楚。形容數量很少。宋・歐陽修《集古錄跋尾・唐安公美政頌》：「今文化之盛，其書屈指可數者，無三四人。非皆不能，蓋忽不為爾。」也作「屈指而數」。

【屈尊降貴】
放下架子，與一般的人交往。《兒女英雄傳》一八回：「一個小小中軍，得這等一位晃動乾坤的大上司，屈尊降貴，和他作親家，豈有不願之理？」也作「屈高就下」。元・關漢卿《單刀會》四折：「猥勞君侯屈高就下，降尊臨卑。」也作「屈己下人」。老舍《四世同堂》七二：「我活了快八十歲了，永遠屈己下人，先磕頭，後張嘴。」

【屈尊敬賢】
放下架子，恭敬地對待有才學有道德的人。《儒林外史》一回：「老師敬他十分，我就該敬他一百分。況且屈尊敬賢，將來志書上少不得稱讚一篇。」

【祛病延年】
除去病而延長壽命。《西遊記》七九回：「那國王又近前跪拜壽星，求祛病延年之法……行者道：『陛下，從此色欲少貪，陰功多積，凡百事將長補短，自足以祛病延年，就是教也。』」

【祛蠹除奸】
除去邪害奸詐小人。《二刻拍案驚奇》卷二六：「且說李御史到了福建，巡歷地方，祛蠹除奸，雷厲風行，且是做得利害。」

【祛衣受業】
祛：撩起，舉起。比喻虛心好學。漢・韓嬰《韓詩外傳》卷三：「孟嘗君請學閔子，使車往迎閔子。閔子曰：『禮，有來學無往教。致師而學不能學，往教則不能化君也……，於是孟嘗君曰：「敬聞命矣。」明日祛衣請受業。』」

【蛆蠅糞穢】
泛指各種污物，引申為各種卑劣委瑣的惡人。宋・蘇軾《論商鞅》：「二子之名在天下如蛆蠅糞穢也，言之則污口舌，書之則污簡牘。」

【蛐蛐兒鬥公雞——不是對手】
蛐蛐兒：〈方〉蟋蟀。見「雞蛋碰石頭——不是對手。」

【蛐蛐兒鬥公雞——各有一技之長】
見「短的當棒槌，長的做房梁——各有一技之長。」

【蛐蟮掉在漿糊裏——糊塗蟲】
蛐蟮：〈方〉蚯蚓。比喻不明事理、不辨是非的人。例蛐蟮掉在漿糊裏——糊塗蟲，他幹什麼工作都不成。也作「粥鍋裏煮蚯蚓——糊塗蟲」。

【趨吉避凶】
趨向平安，避開災禍。《紅樓夢》四回：「門子聽了冷笑道：『老爺說的自是正理，但如今世上是行不去的！豈不聞古人說的大丈夫相時而動，又說趨吉避凶為君子。』」也作「趨吉逃凶」。明・張鳳翼《灌園記・田單鐵籠》：「即墨近城東，不須憂恐，趨吉逃凶，仗劍當陪奉，管取平安保我宗。」

【趨吉逃凶】
見「避吉避凶」。

【趨利避害】
趨向有利的一面，躲開有害的一面。《明史・徐學詩傳》：「而精悍警敏，揣摩巧中，足以趨利避害。」

【趨利若鶩】
比喻爭先恐後追逐名利。清・紀昀《閱微草堂筆記・姑妄聽之一》：「人情漸薄，趨利若鶩。」也作「趣利若鶩」。趣：同「趨」。

【趨前退後】
形容欲進又退，猶豫不決。元・曾瑞卿《留鞋記》楔子：「我見他趨前退後，待言語卻又早緊低頭。」

【趨權附勢】
見「趨炎附勢」。

【趨舍指湊】
指湊：行止。指進退行止。《淮南子・厚道訓》：「然而趨舍指湊，日以月悔也。」

【趨舍異路】
見「趣舍異路」。

【趨舍有時】
趨：趨向；舍：捨棄。指人或進或退均合時宜。《史記・伯夷叔齊列傳》：「伯夷叔齊雖賢，得夫子而名益彰，顏淵雖篤學，附驥尾而行益顯，岩穴之士，趨舍有時若此，類名煙滅而不稱，悲夫。」也作「趣舍有時」。

【趨勢附熱】
見「趨炎附勢」。

【趨數煩志】

趨：急促；煩志：煩躁。形容音調又高又急，使人煩躁不安。《禮記・樂記》：「文侯曰：『敢向溺音何從出也？』子夏對曰：『鄭音好濫淫志，宋音燕女溺志，衛音趨數煩志，齊音敖辟喬志，此四者皆淫於色，而害於德，是以祭祀弗用也。』」

【趨翔閒雅】

形容人的步履和舉止自然得體，莊重大方。《呂氏春秋・士容》：「趨翔閒雅，辭令遜敏。」

【趨炎奉勢】

見「趨炎附勢」。

【趨炎附熱】

見「趨炎附勢」。

【趨炎附勢】

炎：比喻有權有勢的人。討好、投靠有權勢的人。《兒女英雄傳》一六回：「無奈他父親又是個明道理尚氣節的人，不同那趨炎附勢的世俗庸流。」也作「**趨炎附熱**」。《宋史・李垂傳》：「今已老大，見大臣不公，常欲面折之，焉能趨炎附熱，看人眉睫，以冀推挽乎？」也作「**趨炎奉勢**」。《紅樓夢》一〇七回：「且說外面這些趨炎奉勢的親戚朋友，先前賈宅有事都遠避不來，今兒賈政襲職，知聖眷尚好，大家都來賀喜。」也作「**趨權附勢**」。明・楊珽《龍膏記・羅織》：「我只要趨權附勢，那裏管殺人媚人。」也作「**趨勢附熱**」。明・李贄《答耿司寇》：「為弟子者亦忘其為趨勢附熱而至也。」

【趨之若鶩】

鶩：野鴨。像野鴨子一樣爭先恐後跑去。比喻成羣的人爭著去，或許多人追逐某種東西。《明史・蕭如薰傳》：「如薰亦能詩，士趨之若鶩，賓座常滿。」清・袁枚《隨園詩話》卷一一：「畢尚書弘獎風流，一時學士文人，趨之若鶩。」

【趨利若鶩】

見「趨利若鶩」。

【趣熱之士】

熱中於權勢的人。《晉書・王沈傳》：「融融者，皆趣熱之士，其得爐冶之門者，唯挾炭之子・苟非斯人，不如其已。」

【趣舍異路】

趣舍：進退，趣向或捨棄。指選擇的道路不同，或指興趣愛好不同。漢・司馬遷《報任少卿書》：「夫僕與李陵俱居門下，素非相善也，趣舍異路，未嘗銜杯酒，接殷勤之餘歡。」也作「**趣舍異路**」。宋・周輝《清波別志》卷中：「而安石暮爾衰疾，將待盡於山林，趣舍異路，則相煦以濕，不如相忘之為愈也。」

【趣舍有時】

見「趣舍有時」。

ㄑㄩˊ

【劬勞顧復】

劬勞：辛勞，勞累；顧復：顧視撫育。指操勞撫育。《元史・后妃傳》：「欽為光皇太后，夙明壼則，克嗣徽音，輔佐先朝，有恭儉節用之實，誕育眇質，有劬勞顧復之恩。」

ㄑㄩˇ

【曲不離口，拳不離手】

形容學習技藝要經常練習。例學習任何技藝都要勤學苦練，做到「曲不離口，拳不離手」。也作「**拳要打，字要寫**」。

【曲高和寡】

和：隨著別人一起唱。戰國楚・宋玉《對楚王問》：「客有歌於郢中者，其始曰《下里巴人》，國中屬而和者數千人……其為《陽春白雪》，國中屬而和者不過數十人；引商刻羽，雜以流徵，國中屬而和者不過數人而已。是其曲彌高，其和彌寡。」比喻樂曲格調或才智越高，知音愈難得；也比喻作品或言論故作艱深，脫離羣眾，為廣大羣眾所不能理解。

【曲終人散】

樂曲演奏完畢，聽眾紛紛散去。比喻世間萬事萬物終有結束的時候。宋・葛立方《韻語陽秋》卷一九：「又有《招屈亭》詩，所謂『曲終人散空愁暮，招屈亭前水東注。』是也。」

【曲終奏雅】

雅：雅樂。比喻文學作品或藝術表演到結束時愈加精采動人。《史記・司馬相如傳贊》：「揚雄以為靡麗之賦，勸百諷一；猶馳騁鄭、衛之聲，曲終而奏雅，不已虧乎？」清・袁枚《隨園詩話》卷一三：「[豫長清]詩宗溫、李，其秦淮曲云：『燈船歌吹酒船遲，天鼓聲閒唱柘枝。石上暗潮嗚咽語，無人解拜侍中祠。』可謂曲終奏雅矣。」

【曲子好唱起頭難】

比喻萬事起頭難。例什麼事都難在開頭這一步，難怪人們常說「曲子好唱起頭難」。

【取長補短】

吸取他人的長處，以彌補自己的短處。《呂氏春秋・孟夏紀》：「物固莫不有長，莫不有短，人亦然。故善學者假人之長以補其短。」

【取長棄短】

吸取他人長處，捨棄其短處。清・李漁《閒情偶寄・結構第一》：「並前人已傳之業，亦為取長棄短，別出瑕瑜，使人知所以違，而不為誦讀所誤。」

【取而不貪】

可以適量取用，但不可貪心。《左傳・襄公二十九年》：「施而不費，取而不貪。」

【取而代之】

《史記・項羽本紀》：「秦始皇遊會稽，渡浙江，梁與籍俱觀。籍曰：『彼可取而代也。』」後泛指奪取別人的權利地位，自己掌權。元・俞德鄰

《佩事齋輯聞》卷一：「始皇南巡會稽。高帝時年二十有七，項籍才十二三耳，已有取而代之之意。」也指用此事代另一事。

【取法乎上】

將最好的奉為學習楷模。清・袁枚《小倉山房尺牘》一二九首：「詩宗韓、杜、蘇三家，自是取法乎上之意，然三家以前之源流不可不考。」

【取法於上，僅得其中】

取法：效法，學習。向上好的學習，也僅僅能得到中等的。指學習應選擇高的標準，這樣才能有所成就。唐・李世民《帝范》：「取法於上，僅得其中；取法於中，不免為下。」

【取精用弘】

《左傳・昭公七年》：「蕞爾國，而三世執其政柄，其用物也弘矣，其取精也多矣。」原意是居官年久，享用既多又精。後引申為從占有的豐富資料中吸取精華。況周頤《蕙風詞話》卷一：「尤必印證於良師益友，庶收取精用弘之益。」

【取青妃白】

妃：ㄆㄟˋ，通「配」。用青色配白色。比喻文字對仗工整。清・沈德潛《說詩晬語》卷上：「後人只於全篇中爭一聯警拔，取青妃白，有句無章，所以去古日遠。」也作「**取青媲白**」。清・張士元《〈震川文鈔〉序》：「王元美斥熙甫之文為庸，其後乃卒深服之，此豈苟然者哉？而今之剽竊補綴，肥皮厚肉，取青媲白，而自詡為工者，輒敢薄熙甫為不足學，又元美之徒所竊笑者已。」

【取青媲白】

見「取青妃白」。

【取轄投井】

轄：古代車上的零件，多用青銅製造。《漢書・陳遵傳》：「遵嗜酒，每大飲，賓客滿堂，輒關門，取客車轄投井中，雖有急，終不得去。」將車轄投入井中。比喻挽留客人誠心誠意。

【取義成仁】

《論語・衛靈公》：「志士仁人，無求生以害仁，有殺身以成仁」《孟子・告子》：「生，亦我所欲也；義，亦我所欲也。二者不可得兼，舍生而取義者也。」後以「取義成仁」指為維護正義，不惜獻出生命。《宋史・文天祥傳》：「孔曰成仁，孟曰取義。惟其義盡，所以仁至。」

【取之不竭】

形容非常豐富。老舍《劇本習作的一些經驗》：「每天都有千萬樣新事體出現，我們的素材是取之不竭的。」

【取之不盡，用之不竭】

形容非常豐富。《朱子語類・孟子・離婁下》：「源頭便是那天之明命，滔滔汩汩底，似那一池有源底水。他那源頭只管來得不絕，取之不盡，用之不竭。」也作「**取之無禁，用之不竭**」。宋・蘇軾《前赤壁賦》：「惟江上之清風，與山間之明月，耳得之而為聲，目遇之而成色，取之無禁，用之不竭，是造物者之無盡藏也！而吾與子之所共適。」

【取之無禁，用之不竭】

見「取之不盡，用之不竭」。

【娶了媳婦忘了娘——白疼一場】

比喻對人的疼愛和關切毫無效果。例娶了媳婦忘了娘——白疼一場，他就是這樣一個人。

【娶了媳婦忘了娘——無情無義】

見「露水夫妻——無情無義」。

【娶親碰上送殯的——掃興】

見「八月十五雲遮月——掃興」。

【娶媳婦死老娘——哭笑不得】

見「紅白喜事一起辦——哭笑不得」。

【娶媳婦遇上送殯的——有哭有笑】

也作「**娶媳婦遇上送殯的——哭的哭，笑的笑**」。見「劉海兒拉著孟姜女——哭的哭，笑的笑」。

【娶媳婦坐抬筐——缺覺（轎）】

覺：「轎」的諧音。雙關語。比喻睡眠不足，精神不振。例我這幾天是娶媳婦坐抬筐——缺覺（轎），今天的晚會只好不去了。

ㄑㄩˋ

【去粗取精】

去掉其粗糙的部分，而留取精華。例我們要徹底革新，就必須去粗取精，摒除一切不好的事物。

【去官留犢】

《晉書・王遜傳》：「王遜……為吏部令史轉殿中將軍，累遷上洛太守，私牛馬在郡生駒犢者秩滿悉以付官，云是郡中所產也。」後因王遜離任時能將自家牛馬在任期間所生牛犢馬駒全部交公，便以「去官留犢」指為官清廉。

【去就之分】

去就：進退取捨；分：分寸。指對進退取捨應持的態度。《漢書・楊惲傳》：「夫西河魏土，文侯所興，有段干木、田子方之遺風，漂然皆有節概，知去就之分。」也作「**去就之際**」。南朝梁・丘遲《與陳伯之書》：「尋君去就之際，非有他故，直以不能內審諸己，外受流言，沈迷猖獗，以至於此。」

【去就之際】

見「去就之分」。

【去末歸本】

末：工商業；本：農業。指棄商歸農。《漢書・地理志下》：「信臣勸民農桑，去末歸本，郡以殷富。」

【去逆效順】

逆：對君主或國家的悖逆；順：對君主或國家的忠順。脫離逆子貳臣，學習忠君愛國的人。唐・陸贄《招諭淮西將吏詔》：「如能去逆效順，因事建功，明設科條，以示褒勸。」

【去年的皇曆——今年看不得】

見「老皇曆——翻不得」。

【去殺勝殘】

殺：死刑；殘：殘暴的不法之徒。使凶殘的人離惡從善，即可廢除死刑。《梁書・武帝紀中》：「思所以振民育德，去殺勝殘，解罔更張，置之仁壽。」也作「**勝殘去殺**」。

【去甚去泰】

見「去泰去甚」。

【去食存信】

《論語・顏淵》：「子貢問政。子曰：『足食足兵，民信之矣。』子貢曰：『必不得已而去，於斯三者何先？』曰：『去兵。』子貢曰：『必不得已而去，於斯二者何先？』曰：『去食，自古皆有死，民無信不立。』」後以「去食存信」指寧肯沒糧食而餓死，但也要堅守信義。《梁書・侯景傳》：「或殺身成名，或去食存信，比性命於鴻毛，等節義於熊掌。」

【去時留人情，轉來好相見】

比喻不要把事情做絕了，留得人情在，以後好見面。《隋唐演義》一四回：「古人說盡了，『去時留人情，轉來好相見』。當初我叫你不要這等炎涼，你不肯聽。如今沒面目見他，你躲了吧。」

【去泰去甚】

泰、甚：過分。作事不能太過分。晉・左思《魏都賦》：「匪樸匪斫，去泰去甚。」也作「**去泰去甚**」。《韓非子・揚權》：「故去甚去泰，身乃無害。」唐・姚元崇《口箴》：「惟靜惟默，澄神之極；去甚去泰，居物之外，多言多失，多事多害。」

【去梯之言】

《後漢書・劉表傳》：「琦不自寧，嘗與琅邪人諸葛亮謀自安之術。亮初不對，後乃共升高樓，因令去梯，謂亮曰：『今日上不至天，下不至地，言出子口，而入吾耳，可以言未？』」後以「去梯之言」指極其機密的話。《南史・蔡興宗傳》：「此萬世一時，機不可失，僕荷眷深重，故吐去梯之言，公宜詳其禍福。」也作「**去梯言**」。唐・韓偓《玉山樵人集・感事三十四韻》：「去梯言必盡，仄席意彌堅。」

【去天尺五】

天：指宮廷、皇帝。比喻與宮廷相近。唐・杜甫《贈韋七贊善》詩：「時論同歸尺五天。」自注引俚語云：「城南韋、杜，去天尺五。」宋・曾慥《類說・麗情集》：「韋曲杜鄠，去天尺五。」韋曲、杜鄠在漢代京城長安附近，是貴族豪門居住的地方。

【去危就安】

逃離危險，要求安全。《魏書・慕容白曜傳》：「夫見機而動，《周易》所稱；去危就安，人事常理。」

【去僞從眞】

見「去僞存眞」。

【去僞存眞】

去掉虛假的，保存眞實的。《續傳燈錄・褒禪傳禪師》：「權衡在手，明鏡當台，可以摧邪輔正，可以去僞存眞。」也作「**去僞從眞**」。唐・殷璠《〈河岳英靈集〉序》：「實由主上惡華好樸，去僞從眞，使海內詞人，翕然尊古，有周風雅，再闡今日。」

【去邪歸正】

離開邪路，歸於正道。元・劉唐卿《降桑椹》三折：「哥哥你說的是壯士言，到京師見帝王，則要你去邪歸正爲良將，治國安邦萬人講。」

【去住兩難】

漢・蔡琰《胡笳十八拍》：「十有二拍兮哀樂均，去住兩情兮難俱陳」。指在離去和留下之間左右爲難。《東周列國志》二九回：「意欲轉回秦國，再作商量。又念其子豹在絳城：『我一走，必累及豹。』因此去住兩難，躊躇不決。」

ㄑㄩㄝ

【缺吃少穿】

見「缺衣少食」。

【缺角屏風——擋不住門】

比喻某件事遮不住或敷衍不了。例缺角屏風——擋不住門，既然幹錯了事，就不要遮掩了。

【缺口的鑷子——一毛不拔】

見「玻璃耗子琉璃貓——一毛不拔」。

【缺了耳的瓦罐——沒法提】

見「馬尾穿豆腐——提不得」。

【缺心眼】

指人不夠聰明機智。例大老王有點缺心眼，常受他愚弄。

【缺牙巴念文章——含糊其辭】

缺牙巴：口中缺門牙（多指小孩）。見「豁牙子說話——含含糊糊」。

【缺牙棒吃麵條——拉出扯進】

缺牙棒：〈方〉沒有牙齒（多指小孩）。比喻說話、做事不乾脆，反反覆覆。有時指有某種關係牽扯不清。例老黎有一個大毛病，就是辦事像缺牙棒吃麵條——拉出扯進。

【缺牙婆穿針——不咬線】

比喻說話、做事沒準兒。有時比喻與某件事不沾邊。例別太死心眼了，他這個人是缺牙婆穿針——不咬線，說變就變，不可信賴。

【缺月重圓】

見「缺月再圓」。

【缺月再圓】

比喻夫妻離散後重新團聚。元・無名氏《連環計》二折：「說甚麼單絲不線，我著你缺月再圓。」也作「**缺月重圓**」。明・熊龍峯《張生彩鸞燈傳》：「二人缺月重圓，斷弦再續，大喜不勝。」

【缺食無衣】

見「缺衣少食」。

【缺衣少食】

缺少衣服和食物。比喻生活窮困。明・李贄《焚書・覆李漸老書》：「即此衣食之賜，既深以爲喜，則缺衣少食之煩惱不言而知也。」也作「缺吃少穿」。《老舍選集・自序》：「拿我自己來說，自幼過慣了缺吃少穿的生活，一向是守著『命該如此』的想法。」也作「缺食無衣」。明・無名氏《貧富興衰》一折：「先主在獨樹樓桑受困危，織履編席，缺食無衣，到處尋覓，挽菜挑虀。」

ㄑㄩㄝˊ

【瘸和尚說法——能說不能行】
說法：宣講教義。比喻會說不會做。例烹調的藝術，我是瘸和尚說法——能說不能行，講點理論是可以的，實際操作就不行了。也作「老和尚丟了棍——能說不能行」、「鐵嘴豆腐腳——能說不能行」、「坐而論道——能說不能行」。

【瘸娘生個癱娃娃——一代不如一代】
瘸：跛足，腿或腳有毛病。也作「近視眼生瞎子——一輩不如一輩」。見「近視眼生瞎子——一代不如一代」。

【瘸腿驢追兔子——趕不上】
見「騎牛追馬——趕不上」。

【瘸腿兔子——跳不了多高】
見「斷了腿的蛤蟆——跳不了多高」。

【瘸腿鴨子——上不了架】
見「笨鴨子——上不了架」。

【瘸子爬山——步步難】
瘸子：腿或腳有毛病的人。比喻前進的道路上困難重重。例要辦成一件大事不是容易的，但也不是瘸子爬山——步步難。也作「小腳女人上樓梯——步步難」。

【瘸子騎瞎馬——各顯所長】
瘸子腿有毛病但眼睛好，瞎馬腿跑得快但眼睛看不見。比喻取長補短，各自發揮所能。例你兩人一個有理論，一個有經驗，相互配合，眞是瘸子騎瞎馬——各顯所長。也作「跛子騎瞎馬——各顯所長」。

ㄑㄩㄝˋ

【卻病延年】
除去疾病，延長壽命。《東周列國志》八三回：「修眞養性，服食導引，卻病延年，沖舉可俟。」

【卻扇之夕】
卻扇：古代行婚禮時，新娘以扇子遮面。交拜以後去掉扇子。比喻新婚之夜。清・王韜《淞隱漫錄・玉簫再世》：「[翁]竟許之，送女至任成婚。卻扇之夕，女見生如舊相識。」

【卻行求前】
漢・韓嬰《韓詩外傳》卷五：「夫明鏡者所以照形也，往古者所以知今也。夫知惡往古之所以危亡，而不襲蹈其所以安存者，則無以異乎卻行而求逮於前人也。」後以「卻行求前」指退著走路，卻想走到前面去。比喻基本方法和大方向錯了，不可能實現既定的目的。《後漢書・周舉傳》：「陛下所行，但務其華，不尋其實，猶緣木希魚，卻行求前。」

【卻之不恭】
《孟子・萬章下》：「卻之卻之爲不恭，何哉？」後以「卻之不恭」指拒絕別人的贈禮或邀請是不恭敬的。《魯迅書信集・致高良富子》：「如此厚贈，實深惶悚，但來從遠道，卻之不恭，因即拜領。」

【卻之不恭，受之太過】
指盛情之下謝絕不禮貌，接受又覺得過分。《水滸傳》七二回：「李師師接著，拜謝道：『員外識荊之初，何故以厚禮見賜？卻之不恭，受之太過。』」

【卻之不恭，受之有愧】
謝絕人家的盛情，就顯得不恭敬；接受下來，又覺得很慚愧。常用來作待人接物時的客套語。例望著房東大娘手裏提著的那一籃子雞蛋，李老師猶豫了一會兒說：「眞是卻之不恭，受之有愧呀！」。

【雀兒參政】
《金史・斜卯愛實傳》：「合周者，一名永錫……爲參知政事。性好作詩詞，語鄙俚，人采其語以爲戲笑，因自草括粟榜文，有『雀無翅兒不飛，蛇無頭兒不行』等語，以『而』作『兒』，掾史知之不敢易也。京師目之曰：『雀兒參政。』哀宗用而不悟，竟至敗事。」後以「雀兒參政」轉指位居高官，喜好詩詞，卻無文采。

【雀兒腸肚】
比喻人的度量特別小。宋・陳師道《後山談叢》卷四：「王師既平蜀，詔昶赴闕。曹武肅王密奏曰：『孟昶王蜀三十年，而蜀道千餘里，請擒孟氏而赦其臣以防變。』太祖批其後曰：『你好雀兒腸肚。』」

【雀兒揀著旺處飛】
比喻人趨炎附勢。例他如今升了官，發了財，自然有許多人來巴結他。就如俗話「雀兒揀著旺處飛」嘛。

【雀角鼠牙】
《詩經・召南・行露》：「誰謂雀無角，何以穿我屋？誰謂女無家，何以速我獄？雖速我獄，室家不足。誰謂鼠無牙，何以穿我墉？誰謂女無家，何以速我訟？雖速我訟，亦不女從。」陳奐傳疏：「雀、鼠，喻強暴之男也；穿屋、穿墉，喻無禮也。」後以「雀角鼠牙」比喻強暴侵凌而引起爭訟。宋・胡繼宗《書言故事・獄訟類》：「言人遭訟，有雀角鼠牙之撓。」

【雀屏中選】
雀屏：繪有孔雀的門屏。《舊唐書・高祖太穆皇后竇氏傳》：「[竇毅]聞之，謂長公主曰：『此女才貌如此，不可妄以許人，當爲求賢夫。』乃於門屏畫面二孔雀，諸公子有求婚者，輒與兩箭射之，潛約中目者許之。前後數十輩莫能中，高祖後至，兩發各中一目，毅大悅，遂歸於我帝。」後以「雀屏中選」指擇婿中選或求婚被接受。明·唐玉《翰府紫泥全書·婚禮·聘定》：「幸雀屏之中選，宜龜筮之葉謀。」

【雀頭擺碟子——盡是嘴】

見「螞蚱頭炒碟子——光嘴了」。

【確鑿不移】

確鑿：確實可靠。形容事情眞實可靠，不容懷疑。例沒有陳老師的諄諄敎誨，就沒有今天的我，這是確鑿不移的眞理。

【鵲巢鳩居】

《詩經·召南·鵲巢》：「維鵲有巢，維鳩居之。」朱熹注：「鵲善爲巢，其巢最爲完固。鳩性拙不能爲巢，或有居鵲之成巢者。」原比喻女子出嫁後以夫家爲家。後以「鵲巢鳩居」比喻壞人强占他人住所。淸·紀昀《閱微草堂筆記·灤陽續錄二》：「宗室敬亭先生，有《拙鵲亭記》曰：『鵲巢鳩居，謂鵲巧而鳩拙也』」。也作「鵲巢鳩據」。淸·紀昀《閱微草堂筆記·如是我聞二》：「夫鵲巢鳩據，事理本然。」也作「鵲巢鳩占」。

【鵲巢鳩據】

「鵲巢鳩居」。

【鵲巢鳩占】

見「鵲巢鳩居」。

【鵲巢知風】

喜鵲在巢裏便知道將要刮風。比喩人有預見性。《淮南子·繆稱訓》：「鵲巢知風之所起，獺穴知水之高下，暉目知晏，陰諧知雨，爲是謂人智不如鳥獸則不然。」

【鵲笑鳩舞】

喜鵲歡叫，斑鳩飛舞。舊時喜慶之日時常用作頌辭。漢·焦延壽《易林·噬嗑之離》：「鵲笑鳩舞，來遺我酒。」

ㄑㄩㄢˊ

【權變鋒出】

權變：靈活。隨機應變，鋒芒畢露。形容思維敏捷，言詞尖刻。漢·王充《論衡·答佞》：「此在其術中，吾不知也，此吾所不及蘇君者，知深有術，權變鋒出，故身尊崇榮顯，爲世雄傑。」

【權豪勢要】

指有權有勢的豪門顯貴。元·宮大用《范張雞黍》一折：「只隨朝小小的職名，被這大官人家子弟都占去了，赤緊的又有權豪勢要之家，三座衙門，把的水洩不通。」

【權衡輕重】

權：秤砣；衡：秤桿。稱量輕重。比喩分淸主次得失。《商君書·弱民》：「戰不勝，守不固，此無法之所生也，釋權衡而操輕重者。」《淸史稿·世宗孝敬憲皇后傳》：「權衡輕重，如何使情文兼盡，其具議以聞。」

【權鈞力齊】

鈞：同「均」，平等；力齊：齊心協力。指不專制擅權。《後漢書·竇融傳》：「今天下擾亂，未知所歸。河西阨絕在羌胡中，不同心戮力則不能自守；權鈞力齊，復無以相率。」

【權傾天下】

權力之大可以使天下傾覆。形容權力極大。《舊唐書·郭子儀傳》：「校中書令考二十有四，權傾天下而朝不忌，功蓋一代而主疑。」

【權傾中外】

形容權大勢盛。《東周列國志》一〇二回：「不韋父死，四方諸侯賓客，弔者如市，車馬塡塞道路，視秦王之喪，愈加衆盛，正是『權傾中外，威振諸侯。』」

【權宜之計】

爲了應付某種情況而暫時採取的變通辦法。《淸朝野史大觀》卷四：「是建議推奕訢爲議政王，總理軍機大臣。此本爲權宜之計，非永遠定制也。」姚雪垠《李自成》二卷一五章：「自成心中議爲成立娘子軍只是一時權宜之計，往後怎麼個辦法，他還沒有想妥當。」

【權尊勢重】

形容權力高勢力大。例袁世凱竊取中華民國臨時大總統職位，權尊勢重，解散國會，篡改約法，實行獨裁專制，企圖稱帝，後在全國人民的聲討聲中憂懼而死。

【全家福】

指一家老少合拍的照片。例你是不是想家了，成天對著那張全家福發愣。

【全軍覆沒】

整個軍隊被消滅。也比喻事情徹底失敗。《水滸全傳》一〇一回：「童貫、蔡攸奉旨往淮西征討，全軍覆沒。」《封神演義》九三回：「海山七怪化成人形，與周兵屢戰，俱被陸續誅滅，復現原形，大失朝廷體會，全軍覆沒。」

【全力以赴】

把全部的力量都投進去。例這次考試對我學期成績影響很大，我一定會全力以赴，努力讀書。

【全盤托出】

比喻一點兒沒有保留，全部都拿出來或講出來。《文明小史》四四回：「洋人見他們有點肯的意思了，便將蕪湖道的說話全盤托出。」

【全身遠害】

保全自己的性命，遠離災害、危險。《梁書·處士傳序》：「或裸體佯狂，盲暗絕世，棄禮樂以反道，忍孝慈而不恤。此全身遠害，得大雅之道。」也作「全身遠禍」。《兒女英雄傳》一九回：「把你尊翁的骸骨，遣人送到故鄉，你母女自去全身遠禍。」

【全身遠禍】

見「全身遠害」。

【全神貫注】

形容專心致志，精力高度集中。例陳大同工作時那種全神貫注的認眞態度，常令女孩們爲他痴狂。也作「**全神傾注**」。

【全神傾注】

見「全神貫注」。

【全始全終】

事情從開頭到圓滿結束。《水滸後傳》三九回：「自今以後，各供其職，務要全始全終，方不至貽國人之笑。」

【全無忌憚】

忌憚：顧忌，害怕。指行爲極其粗暴放肆，無所顧忌和畏懼。《封神演義》三四回：「紂王荒淫……不以社稷爲重，殘害忠良，全無忌憚，施木木陷害萬民。」也作「**肆無忌憚**」。

【全無心肝】

沒有良心，沒有羞恥之心，或殘忍狠毒。《南史・陳後主紀》：「後監者奏言：『叔寶云，既無秩位，每預期集，願得一官號。』隋文帝曰：『叔寶全無心肝。』」魯迅《臉譜臆測》：「富貴人全無心肝，只知道自私自利，吃得白白胖胖，什麼都做得出，於是白就成了奸詐。」

【全心全意】

一心一意，沒有絲毫其他雜念和私欲。例爲儘快改變貧窮落後的面貌，我們應積極投身建設事業中去，全心全意爲人民服務。

【全須全尾】

比喻事物完好無損。例老舍《四世同堂》：「爲什麼不乘著全須全尾的時候死去……呢！」

【泉石膏肓】

喜愛山林泉石成癖，如病入膏肓一般。宋・胡仔《苕溪漁隱叢話前集・王摩詰》：「余頃年登山臨水，未嘗不讀王摩詰詩，固知此老胸次，定有泉石膏肓之疾。」也作「**膏肓泉石**」。

【拳打腳踢】

形容任意毆打。《三俠五義》七二回：「且說翟九成因庇護錦娘，被惡奴們拳打腳踢，亂打一頓，仍將錦娘搶去，只急得跺腳捶胸，嚎啕不止。」也作「**拳撞腳踢**」。元・李壽卿《伍員吹簫》一折：「我便拳撞腳踢，也不怕他不死。」也作「**拳頭腳尖**」。《水滸傳》五回：「我卻不提防，揭起帳子摸一摸，吃那廝揪住一頓拳頭腳尖，打得一身傷損。」

【拳打南山猛虎，腳踢北海蛟龍】

形容武藝高强、身手不凡。例比武的擂台上有一副對聯：「拳打南山猛虎，腳踢北海蛟龍。」

【拳拳服膺】

拳拳：緊握不鬆手的樣子，引申爲特別誠懇，懇切；膺：胸；服膺：記在心中。牢牢的銘記在心。梁啟超《新民說》一八：「其拳拳服膺者，始終仍此一義，更無他也。」

【拳頭不認人】

打起架來，拳頭不分對象，不分輕重。姚雪垠《李自成》二卷三章：「你們還要擋老子的駕，休怪老子的拳頭不認人。」

【拳頭打跳蚤——有勁使不上】

也作「**拳頭打跳蚤——有力無處使**」。見「大象逮老鼠——有勁使不上」。

【拳頭搗鑼——沒音】

見「棉花卷打鑼——沒有音」。

【拳頭搗蒜——辣手】

比喻事情不好對付。例這可是一件拳頭搗蒜——辣手的事。也作「**拳頭舂海椒——有點辣手**」。

【拳頭腳尖】

見「拳打腳踢」。

【拳頭上立得人，胳膊上走得馬】

形容光明正大，行爲端正。《水滸傳》二四回：「我是一個不戴頭巾的男子漢，叮叮噹噹響的婆娘：『拳頭上立得人，胳膊上走得馬』，人面上行的人！不是那等搠不出的鱉老婆！」也作「**拳頭上立得人起，臂膊上走得馬過**」、「**拳頭上站得人，胳膊上走得馬**」。

【拳中揞沙】

揞：ㄋㄨㄛˋ，捏著或握著。手裏捏著一把沙。比喻彼此合不來。元・張國賓《合汗衫》二折：「好家私水底納瓜，親父子在拳中的這揞沙。」

【拳撞腳踢】

見「拳打腳踢」。

【惓惓之意】

惓惓：懇切的樣子，同「拳拳」。誠懇，深切之意。《隋唐演義》八二回：「知章奉旨，到家宣諭李白，且備述天子惓惓之意。」

ㄑㄩㄢˇ

【犬不夜吠】

夜間聽不見狗叫聲。形容社會秩序良好。《老殘遊記》一二回：「起初也還有一兩起盜案，一月之後，竟到了犬不夜吠的境界了。」

【犬吠之盜】

指小偷。《史紀・酷吏傳》：「奏行不過二三日，得可事。論報，至流血十餘里。河內皆怪其奏，以爲神速。盡十二月，郡中毋聲，毋敢夜行，野無犬吠之盜。」

【犬吠之警】

狗叫報警。比喻盜賊驚擾。《漢書・匈奴傳贊》：「是時邊城晏閉，牛馬布野，三世無犬吠之警，黎庶亡干戈之役。」

【犬馬齒窮】

見「犬馬齒索」。

【犬馬齒索】

齒索：牙齒掉光了。自謙年老體弱。《後漢書・班超傳》：「迫於歲暮，犬馬齒索。」也作「**犬馬齒竊**」。《後漢書・皇甫規傳》：「臣素有固疾，恐犬馬齒窮，不報大恩，願乞冗官，備單車一介之使，勞來三輔，宣國威澤。」

【犬馬戀主】

犬馬對飼養牠的主人的眷戀。比喻臣子對君主的眷戀之情。三國魏・曹植《上責躬應詔詩表》：「瞻望反側，不勝犬馬戀主之情。」也作「**犬馬之戀**」。唐・劉禹錫《蘇州謝上表》：「江海遠地，孤危小臣。雖雨露之恩，幽遐必被；而犬馬之戀，親近爲榮。」

【犬馬之報】

像犬馬忠於主人那樣報答恩人。元・無名氏《連環計》二折：「呂布至死也不忘大德，當效犬馬之報。」

【犬馬之誠】

如犬馬對主人的忠誠一樣。多作謙稱。南朝齊・謝朓《拜中軍記室辭隋王箋》：「悲來橫集，不任犬馬之誠。」宋・文彥博《請繼上奏封細陳事理》：「犬馬之誠，堅於報主。」

【犬馬之齒】

見「犬馬之年」。

【犬馬之疾】

對自己的疾病的謙稱。清・姚鼐《覆汪進士輝祖書》：「足下書來久矣，有犬馬之疾，今始閒，輒作記一首，寄請觀之。」

【犬馬之勞】

願像犬馬那樣爲君主奔走效勞。後泛指心甘情願受人驅使，爲別人效勞。《水滸全傳》六三回：「李某不才，食祿多矣，無功報德，願施犬馬之勞。」也作「**犬馬之力**」。《說岳全傳》一三回：「岳大爺弟兄五個逃出了校場門，一竟來到留守府衙門前……『我岳飛等今生不能補報，待轉世來效犬馬之之力罷。』說完，就上馬回到寓所。」

【犬馬之力】

見「犬馬之勞」。

【犬馬之戀】

見「犬馬戀主」。

【犬馬之命】

生命如同犬馬一樣卑微。對自己生命的謙稱。《三國志・魏書・華歆傳》：「老病日篤，犬馬之命將盡。」

【犬馬之年】

對自己年齡的謙稱。三國魏・曹植《黃初五年令》：「將以全陛下厚德，究孤犬馬之年，此難能也。」也作「**犬馬之齒**」。《漢書・趙充國傳》：「臣得蒙天子厚恩，父子俱爲顯列，臣位至上卿，爵爲列侯，犬馬之齒七十六，爲明詔填溝壑，死骨不朽，亡所顧念。」

【犬馬之心】

形容臣下對君主的絕對忠誠。《史記・三王世家》：「臣竊不勝犬馬心，昧死願陛下詔有司，因盛夏吉時定皇子位。」宋・劉攽《知襄州謝上表》：「犬馬之心以勞力，故能有養桑榆之景。」

【犬馬之養】

《論語・爲政》：「今之孝者，是謂能養。至於犬馬，皆能有養；不敬何以別乎？」後以犬馬之養指供養父母，盡孝道。宋・王安石《上相府書》：「故輒上書闕下，願殯先人之丘塚，自托於管庫，以終犬馬之養焉。」

【犬守夜，雞司晨——各盡其責】

狗管守夜看門，公雞負責凌晨報曉，各負其責。也作「**犬守夜，雞司晨——各盡其職**」。見「公雞打鳴，母雞下蛋——各盡其責。」

【犬兔俱斃】

《戰國策・齊策三》：「齊欲伐魏，淳于髡謂齊王曰：『韓子盧者，天下之疾犬也；東郭逡者，海內之狡兔也。韓子盧逐東郭逡，環山者三，騰山者五，兔極於前，犬廢於後，犬兔俱罷，各死其處。田父見之，無勞倦之苦而擅其功。』」後以「犬兔俱斃」比喻無益之爭使雙方同歸於盡。《新五代史・四夷附錄一》：「德鈞父子握强兵，求大鎭，苟能敗契丹而破太原，雖代予亦可。若玩寇要君，但恐犬兔俱斃。」

【犬牙差互】

差：ㄘ，參差不齊，比喻如犬牙相互交錯，參差不齊。唐・柳宗元《至小丘西小石潭記》：「潭西南而望，斗折蛇行，明滅可見，其岸勢犬牙差互，不可知其源。」

【犬牙錯互】

見「犬牙交錯」。

【犬牙交錯】

像狗牙那樣上下交錯。比喻交界地帶交差不齊。也泛指形勢錯綜複雜。《清史稿・土司一》：「而苗疆多與鄰省犬牙交錯，又必歸並事權，始可一勞永逸。」也作「**犬牙相錯**」。《漢書・中山靖王傳》：「諸侯王自以骨肉至親，先帝所以廣封連城，犬牙相錯者，爲盤石宗也。」也作「**犬牙相接**」。唐・陳子昂《爲喬補闕論突厥表》：「甘州諸屯，犬牙相接。」也作「**犬牙錯互**」。清・黃宗羲《張南垣傳》：「其石脈之所奔注，伏而起，突而怒，犬牙錯互。」

【犬牙盤石】

《史記・孝文本紀》：「高帝封王子弟，地犬牙相制，此所謂盤石之宗也。」後以「犬牙盤石」指分封宗室，加强統治。唐・元稹《論教本書》：「出則有晋、鄭、魯、衛之盛，入則有東牟、朱虛之强，蓋所謂宗子維城，犬牙盤石之勢。」

【犬牙相錯】

見「犬牙交錯」。

【犬牙相接】

見「犬牙交錯」。

【犬牙相臨】

見「犬牙相制」。

【犬牙相制】

兩地交界處，如犬牙上下交錯，互相牽制。《史記・孝文本紀》：「高帝封王子弟，地犬牙相制，此所謂磐石之宗也。」司馬貞索隱：「言封子弟，境土交接，若犬之牙，不正相當而相銜入也。」《警世通言》卷二一：「唐初府兵最盛，後變為藩鎮，雖跋扈不臣，然犬牙相制，終借其力。」也作「犬牙相臨」。《史記・漢興以來諸侯年表》：「漢郡八九十，形錯諸侯間，犬牙相臨，秉其厄塞地利。」

【犬牙鷹爪】
指奴才、走卒。清・李漁《比目魚・徵利》：「我這生財妙手，從來會抓。豈仗你犬牙鷹爪，才能做家？」

【畎畝下才】
畎畝：田地。指平庸無能之才。《舊唐書・楊收傳》：「臣畎畝下才，謬當委任。」

【畎畝之中】
畎畝：田間，田地。指民間。《孟子・萬章上》：「帝使其子九男二女，百官牛羊廩備，以事舜於畎畝之中。」《莊子・讓王》：「舜以天下讓其友北人無擇，北人無擇曰：『異哉，後之為人也，居於畎畝之中，而遊堯之門。』」宋・蘇軾《范文正公文集序》：「其王伯之略，皆定於畎畝中。」

ㄑㄩㄢˋ

【勸百諷一】
勸：鼓勵。《漢書・司馬相如傳贊》：「揚雄以為靡麗之賦，勸百而諷一。」顏師古注：「奢靡之辭多，而節儉之言少也。」指司馬相如作賦，雖意在諷諫，但因過分講究辭藻鋪張過多，結果適得其反。朱自清《經典常談・辭賦》：「『賦』本是『鋪』的意思，鋪張倒是本來面目。可是鋪張的作用原在諷諫；這時候卻為鋪張而鋪張，所謂『勸百而諷一』。」

【勸君莫作虧心事，古往今來放過誰】
指惡人必有惡報。《古今小說》卷二六：「次日沈昱提了畫眉，本府來銷批，將前項事情，告訴了一遍。知府大喜道：『有這等巧事。』正是：『勸君莫作虧心事，古往今來放過誰。』」

【勸善懲惡】
鼓勵善良，懲罰壞人。明・趙弼《效顰集後序》：「其於勸善懲惡之意，片言隻字之奇，或可取焉。」也作「勸善戒惡」。《藝文類聚》卷四〇引《五經通義》曰：「謚者死後之稱，累生時之行而謚之。生有善行，死有善謚，所以勸善戒惡也。」也作「勸善規過」。清・劉開《問說》：「朋友之交，至於勸善規過足矣。」

【勸善黜惡】
黜：貶斥。鼓勵賢良，貶斥邪惡。《漢書，武帝紀》：「夫附下罔上者死，附上罔下者刑，與聞國政而無益於民者斥，在上位而不能進賢者退，此所以勸善黜惡也。」

【勸善戒惡】
見「勸善懲惡」。

ㄑㄩㄣˊ

【裙布釵荊】
見「裙布荊釵」。

【裙布荊釵】
布製的裙，以荊代釵。形容女子服飾樸素。明・朱權《荊釵記・議親》：「貢元乃豐衣足食之家，老身乃裙布荊釵之婦，惟恐見誚。」也作「裙布釵荊」。明・高明《琵琶記・散髮歸林》：「夫人是香閨繡閣之名姝，奴家是裙布釵荊之貧婦。」

【裙帶風】
比喻靠妻女姊妹的關係而得官職的風氣。例應該根絕裙帶風這種醜惡現象。

【裙帶關係】
宋・周輝《清波雜志》卷三：「蔡拜右相，家宴張樂，伶人揚言曰：『右丞今日大拜，都是夫人裙帶。』後以「裙帶關係」指利用姻親關係相互勾結提攜。

【裙屐少年】
只知穿著打扮，卻沒有任何真正本領的富家子弟。清・王韜《瀛壖雜志》卷一：「門外細車駢溢，飛坐散香，裙屐少年，洋舶大賈，輒墜鞭留宴。」

【羣策羣力】
策：謀劃。大家出主意，出力氣。《民國通俗演義》四四回：「至於自強之道，求其在我，禍福無門，唯人自召。羣策羣力，庶有成功。」

【羣雌粥粥】
雌：雌鳥；粥粥：鳥兒相互呼叫聲。一羣雌鳥在呼叫。比喻婦女聚在一起，聲音嘈雜。唐・韓愈《琴操・雉朝飛操》：「當東而西，當啄而飛，隨飛隨啄，羣雌粥粥。」

【羣而不黨】
結羣相處，但不結黨營私，搞宗派集團。《論語・衛靈公》：「子曰：『君子矜而不爭；羣而不黨。』」唐・權德輿《唐丞相太保至仕歧國公杜公墓志銘》：「公所樞梶，喜士容物，羣而不黨。」

【羣居和一】
人們和諧一致地相處。《荀子・榮辱》：「故先王案為之制禮義以分之，使有貴賤之等，長幼之差，知（智）愚、能不能之分，皆使人載其事而各得其宜，然後使慤祿多少厚薄之稱，是夫羣居和一之道也。」

【羣居穴處】
原指人類原始生活狀況。後比喻粗野無知，見識不廣。《後漢書・隗囂傳》：「王之將吏，羣居穴處之徒，人人抵掌，欲為不善之計。」

【羣居終日，言不及義】
《論語・衛靈公》：「羣居終日，言不及義。好行小惠，難矣哉！」整天聚集閒聊，沒有一句正經話。比喻無所事事，追求低級趣味。魯迅《在鐘樓上》：「但是四萬萬男女同胞，僑胞，異胞之中，有的是『飽食終日，無所用心』，有的是『羣居終日，言不及義』。怎不造出相當的文藝來呢？」

【羣口鑠金】

鑠金：將金屬熔化。許多人異口同聲可使金融熔化。比喻輿論力量特別大。宋・李綱《謝親筆札子》：「陛下察其心於羣口鑠金之際，薄其罪於衆人欲殺之時。」

【羣龍無首】

比喻人多沒有一個領頭的人。梁啟超《論宗教家與哲學家之長短得失》：「今日世界衆生，根器薄弱，未能有一切成佛之資格，未能達羣龍無首之地位。」

【羣魔亂舞】

成羣魔鬼張牙舞爪。形容壞人作惡多端。例在腥風血雨，羣魔亂舞的日子裏，他用自己的行動，爲人們樹立了革命者的光輝榜樣。

【羣起攻之】

《論語・先進》：「季氏富於周公，而求也爲之聚斂而附益之。子曰：『非吾徒也，小子鳴鼓而攻之可也。』」後以「羣起攻之」指遭到衆多人的指責和反對。

【羣輕折軸】

輕物堆積多了，也可以壓斷車軸。比喻小問題積壓在一起，也會出大災禍。《戰國策・魏策一》：「臣聞積羽沉舟，羣輕折軸，衆口鑠金，故願大王之熟計之也。」

【羣威羣膽】

羣衆的威力和膽識。形容大家團結一致將產生無比的威力。例儘管資金少，設備差，但大家想辦法，出主意，不怕吃苦，羣威羣膽，終於按期打通了隧道。

【羣賢畢集】

見「羣賢畢至」。

【羣賢畢至】

畢至：全部到來。指才德出衆者濟濟一堂。晉・王羲之《蘭亭集序》：「永和九年……會於會稽山陰之蘭亭，修禊事也。羣賢畢至，少長咸集，此地有崇山峻嶺，茂林修竹。」也作「羣賢畢集」。《歧路燈》五回：「今日羣賢畢集，正當『所言公則公言之』。」

【羣雄逐鹿】

比喻爭奪王位。《漢書・蒯通傳》：「秦失其鹿，天下共逐之。」顏師古注引張晏曰：「以鹿喻帝位。」孫中山《第二次討袁宣言》：「今日爲衆謀救國之日，決非羣雄逐鹿之時。」

【羣言堂】

比喻能夠充分發揚民主，大家都可以暢所欲言的地方。例但願我們的公共論壇能變成羣言堂，而不是一言堂。

【羣疑滿腹】

許多人都感到疑惑不解。三國蜀・諸葛亮《後出師表》：「劉繇、王朗、各據州郡，論安言計，動引聖人，羣疑滿腹，衆難塞胸。」

【羣蟻附羶】

羶：羊肉的氣味。《莊子・徐无鬼》：「羊肉不慕蟻，蟻慕羊肉，羊肉羶也。舜有羶行，百姓悅之，故三徙成都。」原指羣衆仰慕而追隨清明的君王，後比喻依附權貴。唐・盧坦《與李渤書》：「今之人奔分寸之祿，走絲毫之利，如羣蟻之附腥羶，聚蛾之投爝火，取不爲醜，貪不避死。」

【羣蟻潰堤】

成羣的螞蟻可使大堤潰決。比喻對小事不防範將釀成大禍。例別忽視他們那一小羣人的力量，只要他們團結，羣蟻潰堤沒有什麼不可能。

【麕集蜂萃】

麕：成羣，聚在一起；萃：草叢生。指聚集。清・薛福成《書沔陽陸帥失陷江寧事》：「甲戌，大隊悉到，聯營二十四座，賊船自新州大勝關至七里洲，麕集蜂萃，莫紀其數。」

【麇至沓來】

麇：衆多成羣；沓：ㄊㄚˋ，多次重複。形容許多人不斷到來。《花月痕》一回：「讀書人做秀才時，三分中卻有一分眞面目，自登科甲，入仕版，蛇神牛鬼，麇至沓來。」

ㄑㄩㄥˊ

【窮幫窮，富幫富，米糠不能做豆腐】

比喻窮富之間難於相通，就像米糠做不出豆腐一樣。例「窮幫窮，富幫富，米糠不能做豆腐」。窮要窮得有志氣，自己奮鬥，才有出路。也作「窮找窮親，富找富鄰」、「窮人幫窮人」。

【窮本極源】

見「窮源推本」。

【窮兵黷武】

窮：用盡；黷：ㄉㄨˊ，輕率。動用全部兵力，任意發動戰爭。《三國志・吳書・陸抗傳》：「今不務富國強兵，力農蓄谷……而聽諸將徇名，窮兵黷武，動費萬計，士卒雕瘁，寇不爲衰，而我已大病矣。」唐・陳子昂《爲喬補闕論突厥表》：「夫以漢祖之略，武帝之雄，謀臣勇將，勢盛雷電，窮兵黷武，傾天下以事之，終不能屈一王，服一國。」也作「窮兵極武」。唐・狄仁傑《請罷百姓西戍疏勒等四鎮疏》：「昔始皇窮兵極武，以求廣地，男子不得耕於野，女子不得蠶於室。」

【窮兵極武】

見「窮兵黷武」。

【窮不失義】

雖窮困，但不失禮義。《孟子・盡心上》：「故士窮不失義，達不離道。窮不失義，故士得己焉；達不離道，故民不失望焉。」

【窮不與富鬥，富不與官鬥】

無錢的鬥不過有錢的，有錢的鬥不過當官的。《隋唐演義》五回：「自古道：『窮不與富鬥，富不與官鬥。』況在途路之中，衆人只得隱忍。」也作「窮不與富敵」、「窮不與富鬥，富不與官爭」。

【窮池之魚】
窮池：乾枯的水池。比喻處境十分困難，危險。《隋唐演義》三回：「何萬進不偶用，退不獲安，呼吸若窮池之魚，行止比失林之鳥，憂傷之心，不能亡已！」

【窮愁潦倒】
見「窮困潦倒」。

【窮愁著書】
窮困憂愁發憤著書，以自慰自勵。例中國古代不少著名文學家坎坷多難，玉成了他們的事業，窮愁著書，爲後人留下了寶貴的文化遺產。

【窮處之士】
處境貧窮的文人。《史記・主父偃傳》：「故曰：天下之患不在瓦解，由是觀之，天下誠有土崩之勢，雖布衣窮處之士，或首惡而危海內」。

【窮村僻壤】
見「窮鄉僻壤」。

【窮措大】
對窮苦知識分子的蔑稱。例大伙兒不能小視這幫窮措大，善待他們，讓他們各盡其才，將有利可圖。

【窮達有命】
窮：窮困；達：顯達。舊指貧窮或顯貴都是命中註定的。《南史・沈攸之傳》：「早知窮達有命，恨不十年讀書。」也作「窮通皆命」。元・馬致遠《殘曲・女冠子》：「若論才藝，仲尼年少，便合封侯，窮通皆命也。」也作「窮通有命」。唐・白居易《諭友》詩：「窮通各有命，不繫才不才，推此自裕裕，不必待安排。」

【窮大失居】
《周易・序卦》：「窮大者必失其居。」指大官揮霍昏庸，必身敗家破。後指繁雜，多而無用。清・魏源《國朝古文類鈔序》：「誠能以昭代之典章文字讀《六經》，而又能以《六經》讀昭代之典章文字，其於是編也，又何窮大失居之有。」

【窮當益堅】
處境越窮困，意志應當越堅定。《後漢書・馬援傳》：「轉遊隴漢間，嘗謂賓客曰：『丈夫爲志，窮當益堅，老當益壯。』」也作「窮且益堅」。唐・王勃《滕王閣序》：「老當益壯，寧知白首之心；窮且益堅，不墜青雲之志。酌貪泉而覺爽，處涸轍以猶歡。」也作「窮乃益堅」。五代・王定保《唐摭言》卷四：「窮乃益堅，達以胡有！無得無喪，天長地久。」

【窮當益堅，老當益壯】
處境窮困，意志應當更堅定；年紀老了，志氣應當更豪壯。《後漢書・馬援傳》：「丈夫爲志，窮當益堅，老當益壯」。

【窮兒乍富】
窮人突然成爲富翁。多指以不正當的手段變富。元・無名氏《看錢奴》一折：「尊神，這等窮兒乍富……只要損別人、安自己，正是一世兒不能勾發跡的。」

【窮而後工】
工：精巧，美好。文人處境越困難，詩文便寫得越好。宋・歐陽修《梅聖俞詩集序》：「予聞世謂詩人少達而多窮，夫豈然哉！蓋世所傳詩者，多出於古窮人之辭也，蓋愈窮則愈工。然則非詩之能窮人，殆窮者而後工也。」

【窮富極貴】
極其富貴。唐・李翱《韓吏部行狀》：「父子皆授旌節，子與孫雖在幼童者亦爲好官，窮富極貴，寵榮耀天下。」也作「窮貴極富」。《宋史・文彥博傳》：「彥博雖窮貴極富，而平君接物謙下，尊德樂善，如恐不及。」

【窮根究底】
探尋根源，追究底細。搞清事物的起始本末。巴金《秋》：「淑華窮根究底地問道：『三爸跟你談過什麼事嗎？』」也作「窮根尋葉」。唐・杜牧《上李太尉論江賊書》：「凡是平人，多被恐脅……追逮證驗，窮根究底，狠虎滿路，狴牢充塞。」也作「尋根究底」。

【窮根尋葉】
見「窮根究底」。

【窮工極巧】
形容做工精緻、巧妙。《說唐》六五回：「正因昇仙閣造得窮工極巧，十分齊整，那些百姓，都去看昇仙閣。」

【窮貴極富】
見「窮富極貴」。

【窮光蛋】
指窮人。例我的閨女自願選窮光蛋。也作「窮精光」。例他們兩個窮精光誰也不怕，窮橫窮橫的，眞不好管教。

【窮漢下飯館——肚裏空嘩啦，兜裏光打打】
肚裏飢餓但身邊無錢。比喻境遇極其困難。例從前當流浪漢，經常是窮漢下飯館——肚裏空嘩啦，兜裏光打打。

【窮極其妙】
見「窮極要妙」。

【窮極無聊】
窮極：到了極點；無聊：無所憑藉，沒有依托。形容困窘到了極點，無所依靠。南朝梁・費昶《思公子》詩：「虞卿亦何命，窮極若無聊。」《歧路燈》四四回：「先二日還往街頭走走，走的多了，亦覺沒趣。窮極無聊，在店中結識了弄把戲的滄州孫海仙。」

【窮極凶惡】
見「窮凶極惡」。

【窮極要妙】
極其精妙，多用於形容音樂。漢・荀悅《漢紀・元帝紀下》：「孝元皇帝多才藝，善史書，鼓琴吹洞簫，自度聲曲，分別節度，窮極要妙。」也作「窮極其妙」。唐・無名氏《巴西侯傳》：「又美人十數，歌者舞者，絲竹既發，窮極其妙。」也作「**窮妙極巧**」。漢・馬融《長笛賦》：「窮妙極巧，曠以日月，然後成器，其音如彼。」

【窮極則變】

見「窮則思變」。

【窮急生瘋】

窮困時不思正路，爲擺脫困境不擇手段。例王志和今天會犯下搶劫銀行這樣的大案子，都是因爲他窮急生瘋，一時喪失理智所致。

【窮家富路】

在家裏節儉，出門時宜多備盤纏。《三俠五義》二三回：「再者銀子雖多，賢弟只管拿去。俗語說的好：『窮家富路。』」

【窮家難捨，故土難離】

家庭故鄉雖然貧窮，卻捨不得離開。例多少人離國幾十年，總是常常思掛著家鄉的父老兄弟、山山水水。「窮家難捨，故土難離」啊！

【窮居野處】

窮人在荒野居住。引申遠離城鎮，過隱居生活。唐・韓愈《送李愿歸盤谷序》：「窮居而野處，升高而望遠，坐茂樹以終日，濯清泉以自潔。」

【窮開心】

比喻苦中作樂。例你別在這兒窮開心好不好？

【窮坑難滿】

原指貪心不足，後也指食欲極大，能吃能喝。清・翟灝《通俗編・地理・窮坑難滿》引《復齋漫錄》：「劉幹爲豐城尉，性不飲酒，時推官某善飲啖，抵邑公會，以諺語戲曰：『小器易盈眞縣尉。』劉答曰：『窮坑難滿是推官。』」

【窮寇勿追】

窮寇：瀕於絕境的敵人。對陷於絕境的敵人不要追擊，否則敵人拚死反撲，造成自己的損失。《孫子・軍爭篇》：「餌兵勿食，歸師勿遏，圍師必闕，窮寇勿追。此用兵之法也。」《楊家將演義》三五回：「兵書云：窮寇勿追。且宋營中人口有千餘之多，雖奪二十車糧車而去，能支幾日之用。」

【窮困潦倒】

潦倒：頹喪，失意。貧窮困苦，頹傷消沉。姚雪垠《李自成》二卷二三章：「破了房縣，又有一些窮困潦倒而沒有出路的讀書人，參加了他的義軍。」也作「**窮愁潦倒**」。《孽海花》三五回：「我從此認得笑庵，不是飯顆山頭窮愁潦倒的詩人，倒是瑤台桃樹下玩世不恭的奇士了。」

【窮老盡氣】

年老了，氣力也用盡了。形容把一生精力用在事業上。清・錢謙益《葛端調編次諸家文集序》：「九經三史之學，專門名家，窮老盡氣，苟能通其條貫，窺其指要，則亦代不數人矣。」

【窮理盡性】

徹底推究天地萬物的奧秘及特性。《周易・說卦》：「和順於道德而理於義，窮理盡性以至於命。」清・昭槤《嘯亭雜錄・崇理學》：「仁皇夙好程、朱，深談性理，所著《幾暇餘編》，其窮理盡性處，雖夙儒耆學，莫能窺測。」

【窮妙極巧】

見「窮極要妙」。

【窮木匠開張——只有一句(鋸)】

句：「鋸」的諧音。比喻沒有多的話講。例我是窮木匠開張——只有一句（鋸），那就是請「關心一下羣衆的生活」。

【窮乃益堅】

見「窮當益堅」。

【窮年累世】

窮年：年初到年終。指接連不斷，時間久遠。《荀子・榮辱》：「人之情，食欲有芻豢，衣欲有文繡，行欲有輿馬，又欲夫餘財蓄積之富也，然而窮年累世，不知不足，是人之情也。」也作「**窮年累月**」。清・袁枚《小倉山房尺牘》一七八首：「自覺窮年累月，無一日敢廢書不觀。」也作「**窮年累歲**」。宋・陳亮《傳注策》：「與夫伏生、孔安國之徒，其於六經之義，窮年累歲不遺餘力矣。」

【窮年累歲】

見「窮年累世」。

【窮年累月】

見「窮年累世」。

【窮鳥入懷】

無處可逃的鳥，飛入人的懷中。比喻因處境困窘而投靠他人。《三國志・魏書・邴原傳》：「政（劉政）窘極，往投原。」裴松之注引《魏氏春秋》：「政投原曰：『窮鳥入懷』。原曰：『安知斯懷之可入耶？』」唐・溫庭筠《上相公啟》：「窮鳥入懷，靡求他所；羈禽繞樹，更托何枝。」

【窮且益堅】

見「窮當益堅」。

【窮且益堅，不墜青雲之志】

處境窮困，意志更加堅定，不放棄高遠的志向。唐・王勃《滕王閣序》：「老當益壯，寧知白首之心；窮且益堅，不墜青雲之志。」

【窮人告狀——輸定了】

在舊社會，「衙門八字開，有理無錢莫進來」，窮人是打不贏官司的。比喻一定失敗。見「叫花子同龍王比寶——輸定了」。

【窮人骨頭金不換】

比喻人窮志不窮。例「窮人骨頭金不換」。要我幹那種昧良心事，你是夢想。

【窮人賣兒女——迫不得已】

也作「**窮人賣仔——迫不得已**」。見「諸葛亮用空城計——迫不得已」。

【窮人逃債——躲過初一，躲不過十五】

比喻怎麼也擺脫不了困境。例你還是直接找他談談，協商解決糾紛，迴避不是辦法，窮人逃債——躲過初一，躲不過十五。

【窮日落月】

白天接上夜晚。形容日夜不停地工作。明・高攀龍《光州學正薛公以身墓志銘》：「研經訂史，未嘗不窮日落月。」

【窮日之力】

窮：竭盡。用盡一天的力量去從事某件事。《孟子・公孫丑下》：「予豈若是小丈夫然哉？諫於其君而不受，則怒，悻悻然見於其面，去則窮日之力而後宿哉！」

【窮腮乞臉】

按迷信說法，人有「窮相」、「富相」。此泛指窮相。《醒世姻緣傳》八回：「曲九州道：『沒的是和尚，有這麼白淨，這麼富態。』珍哥道：『若黑黝黝的窮腮乞臉，倒不要他了。』」

【窮山惡水】

形容自然條件惡劣。例雖然是窮山惡水，但還是得生活下去啊！

【窮山僻壤】

見「窮鄉僻壤」。

【窮奢極侈】

見「窮奢極欲」。

【窮奢極欲】

窮、極：盡，極端；奢：奢侈。形容奢侈揮霍到了極點。《漢書・谷永傳》：「失道妄行，逆天暴物，窮奢極欲，湛湎荒淫。」《資治通鑑・漢武帝后元二年》：「臣光曰：『孝武窮奢極欲，繁刑重斂，內侈宮室……其所以異於秦始皇者無幾矣。』」也作「窮奢極侈」。《後漢書・陸康傳》：「末世衰主，窮奢極侈，造作無端。」

【窮神觀化】

見「窮神知化」。

【窮神知化】

指探究事物的精細道理。《周易・繫辭下》：「窮神知化，德之盛也。」《南齊書・高帝紀上》：「窮神知化，億兆所以歸心。」也作「窮神觀化」。晉・陸機《漢高祖功臣頌》：「永言配命，因心則靈。窮神觀化，望影揣情。」

【窮生虱子富生瘡】

窮人沒有衣服換洗，容易生虱子；富人驕奢淫逸，容易生病長瘡。例舊話說：「窮生虱子富生瘡」，窮富生活懸殊，沒有什麼奇怪的。

【窮鼠嚙狸】

嚙：咬；狸：一種貓。被追得走投無路的老鼠也會掉回頭來與貓拚殺。比喻弱者受欺壓太甚，也會拚力反抗。漢・桓寬《鹽鐵論・詔聖》：「死不再生，窮鼠嚙狸。」

【窮思畢精】

用盡全部精力去思考去工作。唐・韓愈《湖州刺史謝上表》：「窮思畢精，以贖罪過。」

【窮思極想】

形容費盡心思，苦苦思索探求。清・吳趼人《俏皮話・捐軀報國》：「而投閒置散之員，更於此時窮思極想，務陳聚斂之法。」

【窮斯濫矣】

斯：就；濫：放任，無所不爲。小人窮到無路可走時就無所不爲了，後形容人貧窮到了極點。《論語・衛靈公》：「君子固窮，小人窮斯濫矣。」

【窮酸餓醋】

比喻寒酸迂腐不得志的文人。《水滸傳》三三回：「近日除將這個窮酸餓醋來做個正知寨：這廝又是文官，又沒本事；自從到任，只把鄉間些少上戶詐騙；亂行法度，無所不爲。」

【窮算命，富燒香】

窮人算命，禱望生活好一點；富人燒香拜佛，希望保住富貴，富上加富。清・嘿生《玉佛緣》二回：「常言道：『窮算命，富燒香。』窮人指望富，誰知富人還想再富。」

【窮天極地】

極爲遙遠的地方。明・謝肇淛《五雜俎・地部二》：「元之盛時，外夷朝貢者千餘國，可謂窮天極地，罔不賓服。」

【窮通得失】

逆境與順境，利益的得與失。形容人生道路複雜，有好有壞的際遇。例李教授終生獻身科學，窮通得失，從不改變對科學的執著追求。也作「窮通榮辱」。

【窮通皆命】

見「窮達有命」。

【窮通榮辱】

窮通：坎坷與順利；榮辱：光榮與恥辱。泛指人生的各種好壞際遇。《兒女英雄傳》二回：「況這窮通榮辱的關頭，我還看得清楚，太太也不必介意。」

【窮通有命】

見「窮達有命」。

【窮途潦倒】

形容處境困窘，無路可走。《鄭板橋集・前言》：「他的一生，儘管夠得上是盤根錯節，窮途潦倒的一生，而思想深處一種比較積極的因素卻始終是存在著的。」參見「窮困潦倒」。

【窮途落魄】

比喻處境窘困，潦倒失意。清・陳熙晉《臨海集序》：「臨海窮途落魄，幕府草檄，非必出於本心。」

【窮途末路】

窮途：絕路；末路：路盡頭。形容面臨絕境，無路可走。《兒女英雄傳》五回：「你如今是窮途末路，舉目無依。」也作「末路窮途」。

【窮途之哭】

《晉書・阮籍傳》：「[籍]時率意獨駕，不由徑路，車跡之所窮，輒痛哭而返。」因無路可走而痛哭傷心，也形容因處境困窘而感到悲傷。唐・王勃《滕王閣序》：「孟嘗高潔，空懷報國之情；阮籍猖狂，豈效窮途之哭。」宋・胡繼宗《書言故事・貧乏類》：「貧乏曰窮途之哭」。

【窮纖入微】
見「窮幽極微」。
【窮鄉僻壤】
荒遠偏僻落後的地方。清・周永年《儒藏說》：「窮鄉僻壤，寒門窶士。」《儒林外史》九回：「四公子向三公子道：『窮鄉僻壤有這樣讀書君子，卻被守錢奴如此凌虐，令人怒髮衝冠，我們可以商量個道理，救得此人麼？』」也作「窮山僻壤」。宋・朱熹《條奏經界狀・貼黃》：「故州城縣郭所在之鄉，其產不甚重，與窮山僻壤至有相倍蓰者，此逐鄉產錢租額，所以本來已有輕重之所由也。」也作「窮村僻壤」。清・汪琬《工部尚書充經筵講官湯公墓志銘》：「雖窮村僻壤，莫不感頌其政。」
【窮巷陋室】
見「窮閻漏屋」。
【窮相骨頭】
舊時迷信說法，認爲某種相貌註定要貧困。五代・王定保《唐摭言・輕佻》：「鄭光業常言，及策之歲，策試夜，有一同人突入試舖，其人復曰：『必先、必先，諮仗取一勺水。』光業爲取。其人再曰：『便十托煎一碗茶否？』光業欣然，與之烹煎。居二日，光業狀元及第，其人首貢一啟，頗敍一宵之素。略曰：『既取水，更煎茶，當時之不認貴人，凡夫肉眼；今日之俄爲後進，窮相骨頭。』」
【窮心劇力】
竭盡全力去做。宋・王令《答劉公著微之書》：「今夫窮心劇力，茫然日以雕刻爲事，而不暇外顧者，其成何哉？」
【窮形極相】
見「窮形盡相」。
【窮形極狀】
見「窮形盡相」。
【窮形盡相】
形容藝術作品形象逼眞，細膩生動。晉・陸機《文賦》：「雖離方而遁員，期窮形而盡相。」唐・盧照鄰《益州長史胡樹禮爲亡女造畫贊》：「窮形盡相，陋燕壁之含丹；寫妙分容，嗤吳屛之墜筆。」也作「窮形極狀」。《歧路燈》二二回：「若是將這些牙酸肉麻的情況，寫得窮形極狀，未免蹈小說家窠臼。」也作「窮形極相」。《二十年目睹之怪現狀》四一回：「破資財窮形極相，感知己瀝膽披肝。」也作「窮形盡致」。《官場現形記》三一回：「田小辮子道：『任他缺分如何壞，做官的利息總比做生意的好。』衆人見他說的窮形盡致，也不理他。」
【窮凶極惡】
形容極端凶惡殘暴。《漢書・王莽傳贊》：「滔天虐民，窮凶極惡，毒流諸夏，亂延蠻貉。」《三國志・吳書・吳主傳》：「天降喪亂，皇綱失序，逆臣乘衅，劫奪國柄，始於董卓，終於曹操，窮凶極惡，以覆四海。」也作「窮極凶惡」。章炳麟《爲辛亥同志俱樂部糾正段祺瑞廢止法統令通電》：「雖守府之身，未能窮極凶惡，而一言壞法，實能馴至亂流。」也作「窮凶極虐」。南朝宋・文帝《誅徐羨之等詔》：「窮凶極虐，荼酷備加。」
【窮凶極虐】
見「窮凶極惡」。
【窮閻漏屋】
閻：里巷。偏僻狹小的住處。《荀子・儒效》：「彼大儒者，雖隱於窮閻漏屋，無置錐之地，而王公不能與之爭名；用百里之地，而千里之國莫能與之爭勝。」也作「窮巷陋室」。漢・韓嬰《韓詩外傳》卷五：「雖隱居窮巷陋室，無置錐之地，而王公不能與爭名矣。」
【窮幽極微】
指探求深奧的學問。《雲笈七籤》卷一〇二：「窮幽極微，至纖無際。」也作「窮纖入微」。三國魏・劉徽《九章算術注序》：「雖曰九數，其能窮纖入微，探測無方，至於以法相傳。」
【窮猿奔林】
無處藏身的猿猴進入樹林。比喻人在困境中，無暇挑選棲身之地，只求存身即可。《晉書・李充傳》：「殷揚州謂李充曰：『君能屈志百里否？』答曰：『窮猿奔林，豈暇擇木！』遂就剡縣令。」也作「窮猿投林」。宋・蘇軾《與王定國書》：「近在常置一小莊子，歲可得百石，似可足食。非不知揚州之美，窮猿投林，不暇擇木也。」
【窮猿失木】
木：樹。比喻流離失所，無處棲身。唐・杜甫《寄杜位》詩：「寒日經檐短，窮猿失木悲。」參見「窮猿奔林」。
【窮猿投林】
見「窮猿奔林」。
【窮源竟委】
源：水源，引申爲事情的起源；委：水流的末尾，引申爲事情的結尾。比喻查清事情的始末。《禮記・學記》：「三王之祭川也，皆先河而後海，或源也，或委也，此之謂務本。」《明史・徐貞明傳》：「又遍歷諸河，窮源竟委，將大行疏浚。」
【窮源溯流】
溯：ㄙㄨˋ，逆著水流向上走。比喻追究事物發展的過程及根源。清・何世璂《燃燈記聞》一七：「爲詩要窮源溯流，先辨諸家之派。」
【窮源推本】
盡力推究出事的本源。明・沈鯨《雙珠記，賣兒繫珠》：「明珠懸項，窮源推本應根究。」也作「窮本極源」。
【窮則獨善其身，達則兼善天下】
窮：困窘，無出路；達：通達，顯貴。在不得意時搞好自身的品德修養，在通達顯貴時就施惠於天下。舊時知識分子立身處世的準則。《孟子・盡心上》：「古之人得志，澤加於民；不得志，修身見於世。窮則獨善其身，達則兼善天下。」

【窮則思變】

事物發展到了頂點就要發生變化，也指在困難面前找出路，改變現狀。《周易・繫辭下》：「神農氏沒，黃帝、堯、舜氏作，通其變，使民不倦。神而化之，使民宜之。窮則變，變則通，通則久。」《資治通鑑・唐紀德宗貞元十年》：「凡人之情，窮則思變。」也作「**窮極則變**」。《野叟曝言》三一回：「天下事惟陷之深者，其出愈速，窮極則變，理有固然。」

【窮債户過年——躲躲閃閃】

比喻遇事膽怯，掩飾、迴避矛盾。例要勇敢地面對現實，戰勝困難，不能窮債戶過年——躲躲閃閃。

【窮遮不得，醜瞞不得】

貧窮、醜事都是瞞不住別人的。《歧路燈》六六回：「譚紹聞道：『窮遮不得，醜瞞不得。我近來負欠頗多，不過是典莊賣地，一時卻無受主，心裏急，事體卻不湊手。』」

【窮追苦克】

苦克：竭力攻打。指一追到底，竭力鬥爭。《紅樓夢》五五回：「若按私心藏奸上論，我也太行毒了，也該抽回退步，回頭看看；再要窮追苦克，人恨極了，他們笑裏藏刀，咱們兩個才四個眼睛兩個心，一時不防，倒弄壞了。」

【窮追猛打】

窮追：追到底，不半途而廢。對於潰逃的敵人追擊到底，徹底消滅。例我部執行「窮追猛打，不殲不止」的戰術指導思想，發揚堅韌頑強的戰鬥作風，徹底消滅了盤踞在深山中的殘匪。

【煢獨無依】

見「煢煢孑立」。

【煢煢孤立】

見「煢煢孑立」。

【煢煢孑立】

煢煢：孤單沒有依靠；孑立：孤立。形容一個人孤苦伶仃。漢・張衡《思玄賦》：「何孤行之煢煢兮，孑不羣而介立。」晉・李密《陳情表》：「外無期功強近之親，內無應門五尺之僮，煢煢孑立，形影相弔。」也作「**煢煢孤立**」。唐・柳宗元《寄許京兆孟容書》：「煢煢孤立，未有子息，荒陬中少士人女子，無與為婚。」也作「**煢煢無倚**」。清・錢泳《履園叢話・景賢》：「[士選]向母曰：『父病危，隔二千里煢煢無倚，有子不得侍，何以立天地間，兒今日行矣。』」也作「**煢獨無依**」。《清朝野史大觀》卷三：「以故老幼婦女煢獨無依之人，迫欲就養，竟致鋌而走險，畢命波濤。」

【煢煢無倚】

見「煢煢孑立」。

【瓊廚金穴】

瓊廚：貯存寶玉的櫃子；金穴：藏金的洞窟。比喻豪門巨富的極端奢侈。晉・王嘉《拾遺記》：「郭況，光武皇后之弟也。累金數億，家僮四百餘人，以黃金為器……其寵者皆以玉器盛食。故東京謂郭家為瓊廚金穴。」

【瓊堆玉砌】

如同白玉堆集在一起。《隋唐演義》四七回：「時煬帝與蕭后才轉過後殿，早望見高台上瓊堆玉砌，一片潔白，異香陣陣，撲面飄來。」

【瓊閨秀玉】

富貴人家的女兒。《紅樓夢》三五回：「只因那寶玉聞得傅試有個妹子，名喚傅秋芳，也是個瓊閨秀玉，常聽人說，才貌俱全，雖自未親睹，然遐思遙愛之心，十分誠敬。」

【瓊花片片】

形容雪花飛舞。《金瓶梅詞話》一回：「萬里彤雲密布，空中祥瑞飄簾。瓊花片片舞前檐。剡溪當此際，濡滯子猷船。頃刻樓台都壓倒，江山銀色相連。」

【瓊漿金液】

瓊：美玉。指美酒或珍貴的飲料。晉・王嘉《拾遺記・洞庭山》：「來邀採藥之人，飲以瓊漿金液，延入璇室。」也作「**瓊漿玉液**」。《孽海花》一〇回：「忽然一滴楊枝水，劈頭灑將來，正如鮮露明珠，瓊漿玉液，哪一個不喜讚嘆！」

【瓊漿玉液】

見「瓊漿金液」。

【瓊林滿眼】

瓊林：落滿白雪的樹林。形容樹林落滿雪花，枝條如玉。唐・劉禹錫《和樂天洛下雪中宴集寄汴洲李尚書》詩：「遙想兔園今日會，瓊林滿眼映旗竿。」

【瓊林玉樹】

瓊、玉：美玉，寶玉，比喻相貌美好漂亮，氣質高貴。《金瓶梅詞話》七二回：「打扮的如瓊林玉樹一般，比在家出落，自是不同，長大了好些。」

【瓊林玉質】

比喻高貴純美。明・康海《王蘭卿》三折：「他小哩怎的便知，根科兒是月窟仙枝，胎胞兒是瓊林玉質，胚團兒是俊才英氣。」

【瓊樓金闕】

見「瓊樓玉宇」。

【瓊樓玉宇】

華麗精美的建築物。舊指神仙所居之地。後多指仙界樓台和月中宮殿。宋・蘇軾《水調歌頭・丙辰中秋兼懷子由》詞：「我欲乘風歸去，又恐瓊樓玉宇，高處不勝寒。」也作「**瓊台玉宇**」。元・無名氏《登瀛洲》四折：「遙望見寶殿珠樓，瓊台玉宇見，鳳翥鸞飛又，不比那龍蟠虎踞。」也作「**瓊台玉閣**」。元・無名氏《長生會》五折：「你看這椒壁宮牆，瓊台玉閣，堪比天宮之處也。」也作「**瓊樓**

金闕」。唐・段成式《酉陽雜俎》前集卷二：「[翟天師]與弟子數十玩月，或曰：『此中竟何有？』翟笑曰：『可隨吾指觀。』弟子中兩人見月規半天，瓊樓金闕滿焉。」

【瓊樹生花】

形容樹上落滿雪花。《金瓶梅詞話》七二回：「瓊樹生花，玉龍脫甲，銀河剪凍，瑞雪舞回風。碧落無塵，淡月窺檐，彤雲接棟，白茫茫巨闕珠宮。」

【瓊台玉閣】

見「瓊樓玉宇」。

【瓊台玉宇】

見「瓊樓玉宇」。

【瓊枝玉樹】

掛上冰凌，落滿雪花的樹。比喻志趣高潔的人。宋・柳永《尉遲杯》詞：「綢繆，鳳枕鴛被，深深處，瓊枝玉樹相依。」

【瓊枝玉葉】

舊時對帝王或顯宦子孫的頌稱。唐・蕭穎士《爲揚州李長史賀立皇太子表》：「瓊枝挺秀，玉葉資神，允厘監撫，儀形稚頌。」也作「金枝玉葉」。

【跫然足音】

跫：腳步聲。比喻寂寞中有客來訪，十分難得。《聊齋志異・胡相公》：「張肅衣敬入，見堂中幾榻宛然，而闃寂無人……忽聞空中有人言曰：『勞君枉駕，可謂跫然足音矣。請坐賜教。』」

ㄒ

ㄒㄧ

【西北風颳蒺藜——連諷（風）帶刺】

蒺藜：一年生草本植物，果實有尖刺，可以入藥；諷：「風」的諧音。比喻用冷嘲熱諷的尖刻語言來諷刺別人。例他這一番話就像西北風颳蒺藜——連諷帶刺，使小李受不了，傷心得哭起來了。

【西除東蕩】

謂出兵四處征討。元・李壽卿《伍員吹簫》一折：「俺也曾西除東蕩，把功勞立下幾樁。」

【西窗剪燭】

唐・李商隱《夜雨寄北》詩：「何當共剪西窗燭，卻話巴山夜雨時。」後用「西窗剪燭」比喻傾心交談。明・陳汝元《金蓮記・使省》：「待歸來細問當年事，有誰念殘香冷膩，共話卻潦倒西窗剪燭時。」也作「剪燭西窗」。

【西方淨土】

淨土：佛教語，指極樂世界。因佛祖在西方，故也稱西方淨土。明・湯顯祖《紫簫記・皈依》：「至期身心歡喜，吉祥而逝，還生西方淨土。」

【西方日出水倒流——不可思議】

見「公雞下蛋鼠咬貓——不可思議」。

【西風殘照】

秋風蕭瑟，落日餘光。形容秋日黃昏的淒涼景象。也比喻衰敗的事物和淒苦的心情。唐・李白《憶秦娥》詞：「樂遊原上清秋節，咸陽古道音塵絕。音塵絕，西風殘照，漢家陵闕。」也作「西風斜陽」。元・無名氏《千里獨行》三折：「則你那途路迢遙，趁西風斜陽古道。」

【西風貫驢耳】

比喻對別人的話無動於衷。清・翟灝《通俗編》卷一：「李白答王去一詩『有如東風射馬耳』，按宋元人又有『西風貫驢耳』語，當即因此轉變。」

【西風落葉】

唐・賈島《憶江山吳處士》詩：「秋風吹渭水，落葉滿長安。」因以「西風落葉」形容秋季的蕭條景象。比喻衰敗的事物。例由於時代的變遷，原本繁華熱鬧的廟口夜市，現在已如西風落葉般蕭條沒落。

【西風斜陽】

見「西風殘照」。

【西瓜地裏落冰雹——砸啦】

見「雞蛋掉在馬路上——砸啦」。

【西瓜地裏散步——左右逢源（圓）】

源：「圓」的諧音，水源。比喻做事得心應手，非常順利。例他在那裏工作，就像西瓜地裏散步——左右逢源，不會輕易放棄而到貴公司任職的。

【西瓜繫在鱉腿上——滾不了西瓜，也跑不了鱉】

比喻雙方的命運緊密聯繫在一起，誰也跑不了。例兩家公司的命運就像西瓜繫在鱉腿上——滾不了西瓜，也跑不了鱉，一家倒閉，另一家也必然垮台。

【西瓜落在油簍裏——又圓又滑】

見「西瓜抹油——圓滑」。

【西瓜門墩——軟胎子】

門墩：托住門上轉軸的墩子，一般用木頭或石頭做成。比喻軟弱的無能之輩。例在困難面前，他的確是西瓜門墩——軟胎子，一點自強不息的精神也沒有。

【西瓜抹油——圓滑】

比喻爲人世故、滑頭。例他即使在原則問題上，也不得罪人，面面討好、賣乖，職員們說他是西瓜抹油——圓滑得很。也作「西瓜掉進油缸裏——又圓又滑」、「西瓜落在油簍裏——又圓又滑」、「油缸裏的西瓜——又圓又滑」、「竹簍裏的泥鰍——滑得很」。

【西瓜皮擦屁股——不乾不淨】

比喻不講衛生，骯髒。例看，你這裏就像西瓜皮擦屁股——不乾不淨，不生病才怪呢？

【西瓜皮擦屁股——沒完】

比喻事情沒完沒了，沒有個結束的時候。例爲了點鷄毛蒜皮的事，吵吵嚷嚷，就像西瓜皮擦屁股——沒完啦。

【西瓜皮打鞋掌——不是這塊料】
也作「西瓜皮打鞋掌——不是那塊料」、「西瓜皮打掌子——不是這塊料」。見「痲袋做龍袍——不是這塊料」。

【西瓜皮打鞋掌——不是正料】
①比喻人專搞歪門邪道，不正派。例這個人好比西瓜皮打鞋掌——不是正料，不可錄用。②見「痲袋做龍袍——不是這塊料」。

【西瓜皮釘鞋掌——料子太嫩】
比喻人缺乏經驗和才幹，挑不起重擔。例我是西瓜皮釘鞋掌——料子太嫩，要完成這樣的任務，請另找有經驗的人吧。

【西瓜皮揩屁股——一塌糊塗】
形容非常糟，不可收拾。例眞亂彈琴，把工作搞得像西瓜皮揩屁股——一塌糊塗，看你如何收場？

【西瓜皮舀水——裂了幫】
西瓜皮是脆的，容易裂開。比喻關係破裂。例他們是西瓜皮舀水——裂了幫，現在已分道揚鑣了。

【西瓜瓤裏加糖精——甜透心】
也作「西瓜瓤裏加糖精——甜到心上」。見「冬月裏的甘蔗——甜透心」。

【西瓜淌水——壞東西】
比喻壞人。例「你知道他是什麼人嗎？」「那還用問，西瓜淌水——壞東西。」

【西瓜淌水——壞透了】
見「冬瓜瓤裏生蛆——壞透了」。

【西瓜甜不甜——看心】
比喻觀察人是眞誠還是虛僞。例俗話說：「西瓜甜不甜——看心」，這就要從行動上去考察，不要光看嘴皮子。

【西湖的鴨子——一對兒】
見「廟門前的石頭獅子——一對兒」。

【西鄰責言】
《左傳・僖公十五年》：「西鄰責言，不可償也。」原指位於晉國西邊的秦國向晉國問罪，後泛指他人的指責。清・黃遵憲《番客篇》：「西鄰方責言，東市又相斫。」

【西眉南臉】
西：指西施，春秋時越國的美女；南：指南威，春秋時晉國的美女。眉毛像西施，臉龐像南威。形容女子姿容美麗。唐・李咸用《巫山高》詩：「西眉南臉人中美，或者皆聞無所利。」

【西抹東塗】
提起筆來隨意塗抹。對自己賦詩作畫或寫字的謙辭。宋・樓鑰《催老融戲墨》詩：「筆端膚寸今何如？西抹東塗應略定。」也作「東塗西抹」。

【西舍東鄰】
指周圍的鄰居。宋・汪元量《曉行》詩：「一家骨肉正愁絕，四海弟兄如夢同。西舍東鄰今日別，北魚南雁幾時通。」也作「東鄰西舍」。

【西山餓夫】
據《史記・伯夷列傳》載：商末孤竹君遺命立次子叔齊爲繼承人。孤竹君死後，叔齊讓位給哥哥伯夷，伯夷不受。二人先後逃至周國。周武王伐紂，他們曾叩馬諫阻。周武王滅商後，他們逃進首陽山，不食周粟，採薇充饑，最後雙雙餓死。舊時把他們視爲志節高尙的典範。後用「西山餓夫」指伯夷、叔齊。《梁書・劉顯傳》：「之遴嘗聞夷、叔、柳惠，不逢仲尼一言，則西山餓夫、東國黜士，名豈施於後世。」

【西山日薄】
薄：迫近。太陽將要落山。比喻事物趨向衰亡或人年老多病，死期不遠。宋・洪咨夔《風流子》詞：「世事幾番新局面，看底欲高三著。況轉首，西山日薄。」也作「西山日迫」。元・張公芝《九世同居》一折：「堪嘆的是西山日迫桑榆暮，喜的是高堂月旦芝蘭聚。」也作「日薄西山」。

【西山日迫】
見「西山日薄」。

【西施捧心】
《莊子・天運》：「故西施病心而矉其里，其里之醜人見而美之，歸亦捧心而矉其里。」後用「西施捧心」比喻優秀的藝術作品有時存在不足，但瑕不掩瑜，甚至更顯出其高妙之處。宋・黃庭堅《跋東坡水陸贊》：「或云東坡作戈多成病筆……此又見其管中窺豹，不識大體。殊不知西施捧心而顰，雖其病處，乃自成妍。」也作「西子捧心」。清・賀裳《載酒園詩話又編・盛唐・杜甫》：「杜詩惟七言古終始多奇……雖大家縱筆成趣，無所不可，如西子捧心，更益其妍。」

【西施禿頂——美中不足】
西施：春秋末年越國的美女。西施禿頂是一種假說。比喻總的來說很好，但還有不足之處。例不要把他說得十全十美。西施禿頂——美中不足，不重視羣衆的創造性，就是一大缺點。

【西食東眠】
《孽海花》三一回：「別人知道是性命交關的事，又誰敢多嘴，倒放驥東兼收並蓄，西食東眠，安享一年多的豔福了。」後用「西食東眠」比喻兩方周旋，兼得利益。也作「東食西宿」。漢・應劭《風俗通義・兩袒》：「俗說：齊人有女，二人求之。東家子醜而富，西家子好而貧。父母疑不能決，問其女：『定所欲適，難指斥言者，偏袒令我知之。』女便兩袒。怪問其故，云：『欲東家食西家宿。』」

【西市朝衣】
西市：指北京菜市口，明、淸時作爲處決犯人的刑場；朝衣：官員上朝的官服。謂忠臣受冤被殺。《續孽海花》五二回：「我們看歷史上像明朝的楊椒山、楊大洪、袁崇煥等許多忠臣，都在菜市口冤殺的……正是：西市朝衣悲鶴唳，東林將錄混魚珠。」

【西歪東倒】
形容無力支撐身體，行走不穩或坐著站著姿勢不正。《羣音類選〈劉郎中粉蝶兒一套〉》：「杜肚撐腸酒力催，西歪東倒腳高低。」也作「**東倒西歪**」。

【西夕之景】
黃昏日落的景象。比喻晚年。唐·劉禹錫《爲裴相公讓官第一表》：「西夕之景，豈能久留。」

【西學東漸】
漸：流入。謂西方的自然科學和社會科學流傳到東方來。例清朝末年，西學東漸，知識分子受到西方新思想的影響，樹立了富國强兵的意識，於是發生了戊戌變法。

【西洋鏡】
一種裝在暗箱內的幻燈片，觀衆通過一放大鏡頭觀看，內容多爲異國風景，故又稱西洋景。北方叫拉洋片。比喻故弄玄虛以矇騙人的事物或手段。例這神漢利用迷信坑害人，咱們一定要拆穿他的西洋鏡，使羣衆不再上當受害。

【西裝革履】
革履：指皮鞋。身著西裝，腳穿皮鞋。形容衣著考究，風度瀟灑。鄭逸梅《南社叢談·南社社友事略·朱謹侯》：「古直爲作《朱鶱小傳》，南社十三集且載其遺照，西裝革履，狀頗英俊。」有時含有嘲諷意味。例他今天來，西裝革履，神氣得很。

【西子捧心】
見「西施捧心」。

【西子之顰】
顰：皺眉。《莊子·天運》：「故西施病心而矉其里，其里之醜人見而美之，歸亦捧心而矉其里。其里之富人見之，堅閉門而不出；貧人見之，挈妻子而去亡走。」矉：同「顰」。後用「西子之顰」比喻自身獨有的他人難以仿效的特點。清·周亮工《書影》卷一：「若使但求諧於《房中》《鐃吹》之調，取其字句斷爛者而模範之，以爲樂府如是，豈非西子之顰，邯鄲之步哉！」

【犧牲品】
古代祭祀時宰殺的牲畜謂之犧牲。比喻爲某事而作出犧牲的人或物。例婦女要學會用法律保護自己，絕不能成爲封建傳統的犧牲品。

【吸風飲露】
謂仙人以清風露水爲飲食。《莊子·逍遙遊》：「藐姑射之山，有神人居焉……不食五穀，吸風飲露。」比喻不吃不喝。魯迅《僞自由書·後記》：「好像他們的一羣倒是吸風飲露，帶了自己的家私來給社會服務的志士。」

【吸盡西江】
《唐詩紀事》卷四九：「[龐蘊]後之江西，參問馬祖云：『不與萬法爲侶者，是什麼人？』祖云：『待汝一口吸盡西江水，即向汝道。』居士言下頓領玄要。」原比喻一舉領悟佛法，後比喻氣勢豪壯。宋·呂本中《寄老商》詩：「雙鬢只期他日白，千花猶是去年紅。須君吸盡西江水，不假扶搖萬里風。」

【吸髓吮脂】
吮：ㄕㄨㄣˇ，吮吸。比喻不擇手段地敲榨剝削。清·陸隴其《禁重利示》：「或放債盤占，吸髓吮指，爲富不仁。」

【吸鐵石吸芝麻——見利就沾】
吸鐵石吸芝麻是一種假想。比喻愛占便宜，連小利也不放過。例他說得好聽，大公無私，實際上是吸鐵石吸芝麻。

【吸西北風】
比喻挨餓，沒有東西吃。《魯迅書信集·致章廷謙》：「他頗有願在浙江謀事之口風，但我則主張其先將此間聘書收下。因爲浙江大學，先就渺茫，他豈能吸西北風而等候哉？」

【吸新吐故】
吸進新氣，吐出廢氣。謂人呼吸。《漢書·王吉傳》：「吸新吐故以練臧，專意積精以適神，予以養生，豈不長哉！」

【吸血鬼】
比喻榨取人民血汗，過寄生蟲生活的人。例今天的貪污盜竊份子是新的吸血鬼，應該對他們繩之以法。

【希寵市愛】
希：企求；市：購買。指希望得到別人的寵愛。《金瓶梅詞話》一八回：「每日抖擻著精神，妝飾打扮，希寵市愛。」

【希里馬哈】
即馬馬虎虎，不認眞。例這件事你可不能交給他辦，他這個人幹什麼都是希里馬哈，沒一樣幹好的。

【希奇古怪】
稀少而奇特，令人驚異。《二刻拍案驚奇》卷二〇：「還有好些希奇古怪的事，做一回正話。」也作「**稀奇古怪**」。《老殘遊記》一三回：「這也罷了，只是你趕緊說你那稀奇古怪的案情罷。」

【希世奇寶】
見「希世之寶」。

【希世之寶】
世間極少有的寶物。三國魏·曹丕《與鍾繇書》：「寶玦初至，捧跪發匣，爛然滿目。猥以蒙鄙之姿，得觀希世之寶。」也作「**希世之珍**」。《東周列國志》九六回：「秦王展開錦袱觀看，但見純白無瑕，寶光閃爍，雕鏤之處，天成無跡，眞希世之珍矣。」也作「**希世奇寶**」。元·鄭廷玉《楚昭公》一折：「此劍乃五金之英，太陽之精，帶之有威，用之無敵，眞希世奇寶。」

【希世之才】
世間罕見的卓越人才。元·無名氏《射柳捶丸》一折：「欲解倒懸之厄，須仗希世之才。」

【希世之珍】

見「希世之寶」。

【希顏候意】

希顏：迎合別人的臉色；候意：揣測別人的意圖。指察顏觀色以討得別人的歡心。《北齊書・陳元康傳》：「元康便辟善事人，希顏候意，多有進舉，而不能平心處物。」

【欷歔流涕】

欷歔：抽噎聲；流涕：流著眼淚。形容十分悲痛。《三國演義》四一回：「[文聘]對曰：『爲人臣而不能使其主保全境土，心實悲慚，無顏早見耳。』言訖，欷歔流涕。」也作「**嘘唏流涕**」。《史記・留侯世家》：「歌數闋，戚夫人噓唏流涕。」

【稀飯拌漿糊——糊里糊塗】

見「棒子麵煮葫蘆——糊糊塗塗」。

【稀飯鍋裏下鐵球——混蛋到底】

見「米湯裏煮壽桃——混蛋出尖了」。

【稀飯泡米湯——親（清）上加親（清）】

見「吃稀飯泡米湯——親（淸）上加親（淸）」。

【稀泥巴糊牆——扶不上去】

比喻基礎太差，難以扶持。例對這孩子；我花了幾年功夫培育，最終還是稀泥巴糊牆——扶不上去，未能成才。也作「**豬大腸——扶不住**」。

【稀泥蛋子——軟貨】

稀泥蛋子：稀泥球。見「爛柿子上船——軟貨」。

【稀奇古怪】

見「希奇古怪」。

【析辯詭辭】

析辯：分析論辯。謂花言巧語，進行詭辯。《漢書・揚雄傳下》：「雄見諸子各以其知桀馳，大氐詆訾聖人，即爲怪迂，析辯詭辭，以撓世事，雖小辯，終破大道而或衆，使溺於所聞而不自知其非也。」也作「**析辨詭詞**」。宋・曾鞏《上歐陽學士第一書》：「仲尼既沒，析辨詭詞，驪駕塞路。」

【析辨詭詞】

見「析辯詭辭」。

【析肝劌膽】

見「析肝吐膽」。

【析肝吐膽】

比喻坦露至誠之心。明・高以儉《〈太師張文忠公集〉跋》「受顧命，輔沖聖，秉國十年，乃舉其生平，析肝吐膽獻之天子。」也作「**析肝劌膽**」。劌：划破。明・袁宏道《乞進〈大學衍義〉疏》：「其當上指與否，俱且和顏受之。有不析肝劌膽者，非夫也。」

【析骨而炊】

見「析骸以爨」。

【析圭擔爵】

析圭：古代封侯時，按爵位高低，分授圭玉；擔：得到。指被授給爵位。《明史・倪岳傳》：「命將徂征，四年三舉，絕無寸功。或高臥而歸，或安行以返。析圭擔爵，優游朝行，輦帛輿金，充牣私室。」也作「**析圭儋爵**」。儋：通擔。明・宋濂《葉秀發傳贊》：「當金人陷蘄，士大夫析圭儋爵者，或納款賣降之不暇，有若秀發者僅一丞耳，則不顧妻子，嬰城固守。」

【析土儋爵】

見「析圭擔爵」。

【析圭分組】

析圭：古代帝王按官爵高低分賜玉圭；組：組綬。謂分賜官爵。唐・王維《魏郡太守河北採訪處置使上黨苗公德政碑》：「至於析圭分組，跨壞連州，懷四朮而自疑，見九重而失望。」

【析珪判野】

判：分；野：田野，指土地。指任官受爵，分封土地。《陳書・虞寄傳》：「今將軍以藩戚之重，東南之衆，盡忠奉上，戮力勤王，豈不勛高竇融，寵過吳芮，析珪判野，南面稱孤？」

【析珪胙土】

胙：ㄗㄨㄛˋ，賞賜。指任官受爵，分賜土地。清・鈕琇《觚賸・圓圓》：「今我王析珪胙土，威鎮南天，正宜續鸞戚里，諧鳳侯門。」

【析骸以爨】

骸：骨頭；爨：ㄘㄨㄢˋ，燒火做飯。剖開死人的骨頭當柴燒。形容荒年或戰亂時人們難以爲炊的慘景。《新唐書・李翰傳》：「巡握節而死，非虧教也；析骸以爨，非本情也。」也作「**析骨而炊**」。《史記・宋微子世家》：「王問：『城中何如？』曰：『析骨而炊，易子而食。』」

【析骸易子】

剖開死人的骨頭當作柴，彼此交換自己的孩子當作食物。形容荒年或戰亂時人們掙扎求生的慘景。《魏書・廣陽王傳》：「前留元標據於盛樂，後被重圍，析骸易子，倒懸一隅，嬰城二載。」也作「**易子析骸**」。

【析毫剖釐】

毫、釐：計量長度的單位，十毫等於一釐。在很細小的物體上再加解析。形容十分精細。《雲笈七籤》卷一〇二：「窮幽極微，至纖無際，析毫剖釐，刀鋏鋒銳，不足言其細也。」也作「**析毫剖芒**」。芒：植物的芒刺。《文子・道原》：「夫道者陶冶萬物，終始無形，寂然不動，大通混冥。深閎廣大，不可爲外，析毫剖芒，不可爲內。」

【析毫剖芒】

見「析毫剖釐」。

【析交離親】

析：劈開；交：交情。謂挑撥離間，使親友關係破裂。《莊子・漁父》：「析交離親謂之賊。」唐・成玄英疏：「人有親情交故，輒欲離而析之，斯賊害也。」

【析精剖微】

剖析精深微妙的道理。清・惲敬《讀〈大學〉一》：「蓋知者至廣極大，析精剖微不可端倪者也。」

【析縷分條】

縷：線。逐根逐條地分解開來。比喻很有條理地仔細分析。清・平步青《霞外捃屑》卷五：「說經之書甚多，以及文集說部，皆有可採。竊欲析縷分條，加以剪裁。」

【析律貳端】

律：條律，法律條文；貳端：指罪名的兩端，即或重或輕。謂任意分析解釋法律條文，誇大或減輕罪名。《漢書・宣帝紀》：「用法或持巧心，析律貳端，深淺不平，增辭飾非，以成其罪。」

【析律舞文】

舞文：指書寫罪狀。謂任意分析歪曲法律條文，構人罪狀。宋・蘇舜欽《論五事・景祐四年五月七日閣門下》：「貪婪者則啗利以制之，然後析律舞文，鬻獄市令，上下其手，輕重厥刑。」

【析微察異】

精細地觀察和辨析。明・何景明《結腸賦》：「有本連理，草交莖兮；烈魂潔魄，孚女貞兮；析微察異，實此類兮；附物著靈，見胸臆兮。」

【析言破律】

指花言巧語，歪曲律令。《禮記・王制》：「析言破律，亂名改作，執左道以亂政，殺。」

【析疑匡謬】

匡：糾正。分析疑義，糾正錯誤。清・王琦《李太白全集序》：「惜李集無有斐然繼起者，爰合三家之注訂之，芟柞繁蕪，補增闕略，析疑匡謬，頗有更定。」

【栖栖惶惶】

見「栖栖遑遑」。

【栖栖遑遑】

栖栖：忙碌不安的樣子；遑遑：驚懼不安的樣子。形容忙碌奔波，心神不安。漢・班固《答賓戲》：「是以聖哲之治，棲棲遑遑。孔席不暖，墨突不黔。」也作「栖栖惶惶」。晉・葛洪《抱朴子・正郭》：「及至衰世，栖栖惶惶，席不暇溫。」

【奚可端倪】

奚：何，怎麼；端倪：事情的頭緒。謂變化莫測，難以把握。宋・袁甫《跋慈湖先生廣居賦》：「夫妙於此者，其變動不居，其出入如神，闔辟無常，奚可端倪！」

【奚去奚從】

奚：何。何去何從。指對重大問題抱什麼態度。清・譚嗣同《壯飛樓治事十篇・治事篇第三・學會》：「挈其短長，權其利弊，孰得孰失，奚去奚從，菁華薈萃，終朝可定。」也作「何去何從」。

【奚足爲怪】

奚：何。哪裏值得奇怪。清・馬位《秋窗隨筆》九六：「蓋養之得其宜則繁茂，花開雙頭，間爲異品，理之必然，奚足爲怪？」

【溪光山色】

溪：小河。水波閃閃，山巒青蔥。形容風景秀美。宋・朱翌《題翠亭》詩：「更看溪光山色裏，紅霞蒸起萬株桃。」

【溪壑難滿】

溪壑：兩山間的小河深溝。比喻貪欲極大，難以滿足。唐・魏徵《周書皇后傳論》：「宣皇外行其志，內逞其欲，溪壑難滿，採擇無厭。」也作「溪壑無厭」。厭：滿足。宋・邵伯溫《聞見前錄》卷九：「契丹既平，仁宗深念富公之功，御史中丞王拱辰對曰：『富弼不能止夷狄溪壑無厭之求。念陛下止一女，若虜乞和親，弼亦忍棄之乎？』」也作「溪壑無饜」。饜：滿足。明・葉盛《水東日記・陸放翁家訓》：「世之貪夫，溪壑無饜，固不足責。」

【溪壑無厭】

見「溪壑難滿」。

【溪壑無饜】

見「溪壑難滿」。

【蹊田奪牛】

蹊：踐踏。《左傳・宣公十一年》：「抑人亦有言曰：『牽牛以蹊人之田，而奪之牛。』牽牛以蹊者，信有罪矣，而奪之牛，罰已重矣。」後用「蹊田奪牛」比喻懲罰過重。《東周列國志》五三回：「申叔對曰：『王聞蹊田奪牛之說乎？』」

【悉索敝賦】

悉：全部；索：索求，搜尋；敝：自稱的謙詞；賦：古代按田賦徵兵，指兵力。指將本國的兵力搜羅淨盡。《左傳・襄公八年》：「敝邑之人，不敢寧處，悉索薄賦，以討於蔡。」也作「悉索薄賦」。《淮南子・要略》：「武王繼文王之業，用太公之謀，悉索薄賦，躬擐甲冑，以伐無道而討不義。」

【悉索薄賦】

見「悉索敝賦」。

【悉心畢力】

悉、畢：全，盡。費盡心機，耗盡力量。漢・蔡邕《楊太尉碑銘》：「乃及伊公，克光前矩。悉心畢力，胤其祖武。」也作「悉心竭力」。宋・司馬光《應詔言朝廷闕失》：「執政者亦悉心竭力，以副陛下之欲，恥爲碌碌守法循故事之臣。」

【悉心竭力】

見「悉心畢力」。

【悉心竭慮】

悉、竭：盡；慮：思慮，謀劃。費盡心機，竭力謀劃。《古今小說》卷五：「原來那時正值天旱，太宗皇帝詔五品以上官員，都要悉心竭慮，直言得失，以憑採用。」

【悉心戮力】

悉：全，盡；戮：合，並。盡心合力。《晉書・孝武紀》：「其內外眾官，各悉心戮力，以康庶事。」

【悉心雪恥】

雪：洗掉。一心一意洗刷恥辱。《史記・秦本紀》載：秦繆公派孟明視、西乞術和白乙丙率軍襲鄭，晉軍在殽伏擊秦軍，大破之，俘孟明視、西乞術、白乙丙。後晉將此三將歸還秦國，秦繆公「素服郊迎，向三人哭曰：『……子其悉心雪恥，毋怠。』遂復三人官秩如故，愈益厚之。」

【犀牛望月】

犀牛角長在鼻子上，影響自己的視線。比喻觀察事物不得全貌。《關尹子・五鑑》：「譬如犀牛望月，月形入角，特因識生，始有月形，而彼眞月，初不在角，胸中之天地萬物亦然。」

【熙來攘往】

形容人來人往，十分熱鬧。《官場現形記》八回：「只見這弄堂裏面，熙來攘往，轂擊肩摩；那出進的轎子，更覺絡繹不絕。」也作「**熙往攘來**」。清・王韜《淞隱漫錄》卷二：「其地固南北通衢，峨冠博帶者，熙往攘來，日凡數十輩。」

【熙往攘來】

見「熙來攘往」。

【熙熙攘攘】

熙熙：和樂的樣子；攘攘：紛雜的樣子。《史記・貨殖列傳》：「天下熙熙，皆爲利來；天下攘攘，皆爲利往。」後用「熙熙攘攘」形容人來人往，十分熱鬧。明・袁宏道《登晴川閣望武昌》詩：「百里帆檣千里水，一層城郭幾層山。遙知鬱鬱葱葱地，只在熙熙攘攘間。」

【熙熙融融】

形容和睦安樂的樣子。梁啟超《劫灰夢・獨嘯》：「今値大難已平，回鑾已達，滿目熙熙融融，又是一番新氣象了。」

【嘻皮涎臉】

見「嘻皮笑臉」。

【嘻皮笑臉】

形容嘻嘻哈哈，不嚴肅的樣子。《紅樓夢》三〇回：「你要仔細！你見我和誰玩過！有和你素日嘻皮笑臉的那些姑娘們，你該問他們去！」也作「**嬉皮笑臉**」。魯迅《兩地書》一一三：「我在船上用各種方法拒斥，至於惡聲厲色，令他不堪，但是不成功，他終於嬉皮笑臉，謬托知己，並不遠離！」也作「**嘻皮涎臉**」。《官場現形記》二九回：「糖葫蘆嘻皮涎臉的答道：『我不到你那裏去，我到我相好的家裏去！』」也作「**嬉皮賴臉**」。《孽海花》二三回：「我只恨我一時糊塗，上了人家的當，只當嬉皮賴臉一會兒不要緊，誰知道害了你一生一世受苦了。」

【嘻天哈地】

形容大聲癡笑的樣子。《紅樓夢》一一九回：「但見寶玉嘻天哈地，大有瘋傻之狀，遂從此出門而去。」

【嘻笑怒罵】

見「嬉笑怒罵」。

【嬉皮賴臉】

見「嘻皮笑臉」。

【嬉皮笑臉】

見「嘻皮笑臉」。

【嬉笑怒罵】

指嬉耍、歡笑、憤怒、叫罵等各種情感表現。形容寫作不拘一格，隨意揮灑。宋・黃庭堅《東坡先生眞贊》：「東坡之酒，赤壁之笛，嬉笑怒罵，皆成文章。」也作「**嘻笑怒罵**」。清・李漁《閒情偶寄・詞曲上・詞采》：「照此法塡詞，則離合悲歡，嘻笑怒罵，無一語、一字，不帶機趣而行矣。」也作「**喜笑怒罵**」。《歧路燈》七九回：「既已成竹在胸……票擬之下，便不免蘇東坡喜笑怒罵之文章矣。」

【膝步而前】

見「膝行而進」。

【膝蓋上打瞌睡——自靠自】

見「胳膊當枕頭——自靠自」。

【膝蓋上釘馬掌——不對題（蹄）】

也作「**膝蓋上釘掌——離題（蹄）太遠**」。見「馬掌釘在屁股上——離題（蹄）太遠」。

【膝蓋頭穿襪子——不是那一角（腳）】

角：「腳」的諧音。比喻不是那種人，或那種角色。例你說，要我也給他進點貢，膝蓋頭穿襪子——不是那一角（腳），永遠休想。

【膝下承歡】

謂小孩依偎在父母膝前，以博得父母的歡心。也謂子女盡心侍奉父母，使其歡樂。明・梁辰魚《浣紗記・寄子》：「年還幼，髮覆眉，膝下承歡無幾，初還認落葉歸根，誰道做浮花浪蕊。何日報雙親恩義？」也作「**承歡膝下**」。

【膝下尚虛】

見「膝下猶虛」。

【膝下猶虛】

膝下：指幼兒經常在父母跟前；猶：還；虛：空著。謂還沒有子女。例他倆結婚十多年了，可是膝下猶虛，雖然彼此感情如舊，但總覺得家裏缺少了什麼，顯得冷冷清清。也作「**膝下尚虛**」。清・李伯元《中國現在記》一二回：「安太太便對他說道：『你的年紀也有這麼大了，膝下尚虛，我想把那個大丫頭鳳搖先給你收了房。』」

【膝行而進】

跪著往前移動。形容非常敬畏恭謹。《莊子・在宥》：「廣成子南首而臥，黃帝順下風，膝行而進，再拜稽手而問曰：『聞吾子達於至道，敢問治身奈何而可以長久？』」也作「**膝行而前**」。《史記・項羽本紀》：「項羽召見諸侯將，入轅門，無不膝行而前。」也作「**膝步而進**」。漢・王褒《四子講德論》：「陳丘子見先生言切，恐二客慚，膝步而進曰：『先生詳之。』」

【膝行而前】

見「膝行而進」。

【膝行蒲伏】

見「膝行肘步」。

【膝行肘步】
匍匐爬行。形容非常敬畏。唐・王勃《山亭思友人序》：「……雖陸平原、曹子建，足可以車載斗量；謝靈運、潘安仁，足可以膝行肘步。」也作「**膝行蒲伏**」。蒲伏：同「匍匐」。《資治通鑑・秦始皇帝二十五年》：「臣光曰：『夫其膝行蒲伏，非恭也；覆言重諾，非信也；靡金散玉，非惠也；刎首決腹，非勇也。』」

【膝癢搔背】
膝蓋發癢，卻去搔脊背。比喻說話辦事抓不住關鍵。漢・桓寬《鹽鐵論・利議》：「諸生無能出奇計……不知趨舍之宜，時世之變。議論無所依，如膝癢而搔背。」

【羲皇上人】
羲皇：伏羲氏，傳說中的古帝。伏羲氏以前的人。謂遠古時代的人。古人認爲他們生活閒適，無憂無慮。晉・陶潛《與子儼等疏》：「常言五六月中，北窗下臥，遇涼風暫至，自謂是羲皇上人。」

【醯雞甕裏】
醯（ㄒㄧ）雞：蠓，一種小飛蟲；甕：一種盛東西的陶器。謂生長在甕中的小蟲。《莊子・田子方》：「孔子見老聃……孔子出，以告顏回曰：『丘之於道也，其猶醯雞與！微夫子之發吾覆也，吾不知天地之大全也。』」後用「醯雞甕裏」比喻見聞狹窄的人。宋・黃庭堅《演雅》詩：「老蚌胎中的珠是賊，醯雞甕裏天幾大？」也作「**甕裏醯雞**」。

【攜兒帶女】
見「攜男挈女」。

【攜老扶弱】
見「攜幼扶老」。

【攜老扶幼】
見「攜幼扶老」。

【攜老挈幼】
見「攜幼扶老」。

【攜男抱女】
見「攜男挈女」。

【攜男挈女】
指帶著兒女，全家逃難出走。《楊家將演義》五一回：「懷玉領兵，約行六七十里，只見道路之中，大隊小隊攜男挈女而來。」也作「**攜男抱女**」。《七俠五義》九四回：「攜男抱女，攙老扶幼，全都在張立家會齊。」也作「**攜兒帶女**」。巴金《談〈春〉》：「有時候一天中間謠言四起，居民攜兒帶女搬進租界。」

【攜手並肩】
手牽著手，肩挨著肩。形容關係親密，行動一致。例築路工人和當地山民攜手並肩，共同努力，終於修好了這條公路。

【攜手接武】
武：腳步。手牽著手，腳跟著腳。比喻完全照搬別人的做法。宋・胡仔《苕溪漁隱叢話後集・回仙》：「傳吾之法，不若傳吾之行……爲人若反是，雖攜手接武，終不成道。」

【攜手入林】
手牽著手進入山林。謂一同歸隱。《晉書・劉伶傳》：「澹默少言，不妄交遊，與阮籍、嵇康相遇，欣然神解，攜手入林。」

【攜幼扶老】
帶著小的，扶著老的。謂全家出門聚會或逃難。《淮南子・詮言訓》：「泰王亶父處邠，狄人攻之，事之以皮幣珠玉而不聽，乃謝耆老，而徙岐周，百姓攜幼扶老而從之，遂成國焉。」也作「**攜老扶弱**」。《晉書・劉琨傳》：「臣自涉州疆，目睹困乏，流移四散，十不存二，攜老扶弱，不絕於路。」也作「**攜老扶幼**」。《新唐書・魏徵傳》：「貞觀初，頻年霜旱，畿內戶口並就關外，攜老扶幼，來往數年，卒無一戶亡去。」也作「**攜老挈幼**」。挈：帶領。《說岳全傳》五九回：「但見朱仙鎮上的百姓，一路攜老挈幼，頭頂香盤，挨挨擠擠，衆口同聲攀留元帥，哭聲震地。」

【攜雲挈雨】
見「攜雲握雨」。

【攜雲握雨】
戰國楚・宋玉《高唐賦》：「昔者先王嘗遊高唐，怠而晝寢，夢見一婦人，曰：『妾，巫山之女也，爲高唐之客，聞君遊高唐，願薦枕席。』王因幸之。去而辭曰：『妾在巫山之陽，高丘之阻，旦爲朝雲，暮爲行雨。朝朝暮暮，陽台之下。』」後用「**攜雲握雨**」比喻男女合歡。元・秦簡夫《東堂老》三折：「你往常時，在那鴛鴦帳底，那般兒攜雲握雨。」也作「**攜雲挈雨**」。元・曾瑞《青杏子・騁懷》套曲：「攜雲挈雨，批風切月，到處綢繆。」也作「**握雨攜雲**」。

ㄒㄧˊ

【息兵罷戰】
息：止息；罷：停止。停止作戰。《古今小說》卷二二：「宋朝南渡以後，紹興、淳熙之間，息兵罷戰，君、相自謂太平，縱情佚樂。」也作「**休兵罷戰**」。元・孔文卿《東窗事犯》楔子：「只不過休兵罷戰還朝呵，是我暗暗地自思尋。」

【息鼓偃旗】
偃：放倒。停敲軍鼓，放倒戰旗。謂將軍隊隱蔽起來。明・何良臣《陣紀・奇正虛實》：「乃息鼓偃旗，反前爲後，似奔不奔，似驟不驟。」也作「**偃旗息鼓**」。

【息肩弛擔】
息肩、弛擔：皆指放下肩上的擔子。比喻辭去官職。宋・陳亮《與應仲實書》：「去年秋，羣試監中，有司以爲不肖，始決意爲息肩弛擔之計。」

【息交絕遊】
息：止息；絕：斷絕。停止交結親

友。謂隱居不出。晉・陶潛《歸去來辭》：「歸去來兮，請息交以絕遊。世與我而相違，復駕言兮焉求？」宋・王明清《揮麈後錄》卷八：「劉斯立……屏居東平，杜門卻掃，息交絕遊，人罕識其面。」

【息軍養士】
息：休息，休整；養：供養，訓練。謂休整、訓練軍隊，準備再戰。《三國演義》六六回：「按甲寢兵，息軍養士，待時而動。」

【息怒停嗔】
嗔：ㄔㄣ，發怒，生氣。平息怒火，不再生氣。元・王實甫《西廂記》四本二折：「夫人休閃了手，且息怒停嗔，聽紅娘說。」

【息黥補劓】
黥：ㄑㄧㄥˊ，在臉上刺字；劓：ㄧˋ，割掉鼻子。比喻恢復本來面目。《莊子・大宗師》：「許由曰：『而奚為來軹？夫堯既已黥汝以仁義，而劓汝以是非矣，汝將何以遊夫遙蕩恣睢轉徙之塗乎？』意而子曰：『庸詎知夫造物者之不息我黥而補我劓，使我乘成以隨先生邪？』」後泛指改正錯誤。宋・蘇軾《登州謝兩府啟》：「軾敢不服勤簿領，祇畏簡書。策蹇磨鉛，少答非常之遇；息黥補劓，漸收無用之身。過此以還，未知所措。」

【息壤在彼】
息壤：地名。《史記・甘茂列傳》載：戰國時秦武王派甘茂約魏國伐韓國，甘茂擔心秦武王聽信讒言而翻悔，秦武王即同甘茂在息壤訂立誓約，卒使丞相甘茂將兵伐宜陽。五月而不拔，樗里子、公孫奭果爭之。武王召甘茂，欲罷兵。甘茂曰：『息壤在彼。』王曰：『有之。』因大悉起兵，使甘茂擊之。斬首六萬，遂拔宜陽。」後因以「息壤在彼」謂信誓尚存，不可改變。

【息事寧人】
平息爭端，求得安寧。《後漢書・章帝紀》：「其令有司，罪非殊死，且勿案驗，及吏人條書相告，不得聽受，冀以息事寧人，敬奉天氣。」後亦指少惹麻煩，以求安寧。《魯迅書信集・致黎烈文》：「《自由談》上的文字，……應加以蒲鞭者不少，但為息事寧人計，不如已耳。」

【息息相關】
息息：一呼一吸，相互關連。比喻關係十分密切。朱自清《三祝報章文學》：「現在無線電網繁密而敏捷，世界的每一角落息息相關，眞是個『天下一家』。」也作「**息息相通**」。《官場現形記》二六回：「劉厚守是何等樣人，而且他這店就是華中堂的本錢，他們裏頭息息相通，豈有不曉之理。」

【息息相通】
見「息息相關」。

【息心靜氣】
使心情平和，保持冷靜。清・朱庭珍《筱園詩話》二：「學者宜沉潛反覆，息心靜氣，探討於神味意境之間，以求換骨，不可以字句聲調，襲其面目也。」也作「**平心靜氣**」。

【息偃在床】
息偃：躺臥休息。形容懶散惰怠，無所事事。《詩經・小雅・北山》：「或息偃在床，或不已於行。」《後漢書・陳蕃傳》：「今帝祚未立，政事日蹙，諸君奈何委荼蓼之苦，息偃在床！」

【息影家園】
息影：停止活動，指棄職歸隱。晉・謝靈運《遊南亭》詩：「逝將候秋水，息景偃舊崖。」景：同「影」。後用「息影家園」指離職回家閒居。例在歷史上，由於朝廷昏庸，奸佞當道，有許多賢才能士不是被橫遭殺戮，就是被迫息影家園，了此一生。

【惜衣有衣，惜食有食】
指衣食財物要非常愛惜，才能吃穿不愁。《警世通言》卷三：「怎麼說福不可以享盡？常言道：『惜衣有衣，惜食有食。』又道：『人無壽夭，祿盡則亡。』晉時石崇太尉，與皇親王愷鬥富。……後來死於趙王倫之手，身首異處。此乃享福太過之報。」

【惜孤念寡】
惜：愛憐，愛護；念：憐念。指憐憫、幫助孤兒寡婦。元・無名氏《看錢奴》一折：「我賈仁也會齋僧布施，蓋寺建塔，修橋補路，惜孤念寡，敬老憐貧，我可也捨的。」

【惜老憐貧】
愛護老人，憐憫窮人。《歧路燈》七四回：「我就中吃些餘光。是叫你惜老憐貧，與我開一條活路的意兒。」

【惜墨如金】
珍惜筆墨，如同珍惜黃金一樣。形容作畫時不輕易落筆用墨。元・陶宗儀《輟耕錄》卷八引元・黃公望《畫山水訣》：「作畫用墨最難。但先用淡墨，積至可觀處，然後用焦墨濃墨，分出畦徑遠近，故在生紙上有許多滋潤處。李成惜墨如金是也。」後謂寫作嚴謹，不輕易動筆或不隨意揮灑，以求凝煉。魯迅《「題未定」草・八》：「那些了不得的作家，謹嚴入骨，惜墨如金，要把一生的作品，只刪存一個或三四個字，刻之泰山頂上。」也作「**惜墨若金**」。明・張岱《又枯木竹石臂閣銘》：「運筆如鐵，惜墨若金。」

【惜墨若金】
見「惜墨如金」。

【惜香憐玉】
香、玉：指女子。比喻男子對女子的溫存、愛戀。《醒世恒言》卷三：「以後相處的雖多，都是豪華之輩，酒色之徒，但知買笑追歡的樂意，那有惜香憐玉的眞心。」也作「**惜玉憐香**」。《孽海花》一六回：「雖說血風肉雨的精神，斷無惜玉憐香的心緒，然雄姿慧質，日與神交，也非一日了。」也作「**香憐玉惜**」。清・陳裴之《香畹樓憶語》三五：「堪羨爾一堂寵愛，都作香憐玉惜。」也作「**憐香惜玉**」。

【惜玉憐香】

見「惜香憐玉」。

【惜指失掌】

惜：吝惜。捨不得手指頭，卻失去了手掌。比喻因小失大。《南史·阮佃夫傳》：「又廬江何恢有妓張耀華，美而有寵；爲廣州刺史將發，要佃夫飲，設樂，見張氏，悅之，頻求。恢曰：『恢可得，此人不可得也。』佃夫拂衣出戶，曰：『惜指失掌邪？』遂諷有司以公事彈恢。」

【習常見慣】

見「習以爲常」。

【習而不察】

見「習焉不察」。

【習非成是】

見「習非勝是」。

【習非勝是】

習慣於某種錯誤的東西，反以爲是正確的。漢·揚雄《法言·學行》：「一哄之市，必立之平；一卷之書，必立之師。習乎習，以習非之勝是，況習是之勝非乎？」也作「**習非成是**」。梁啟超《論權利思想》：「中國數千年來，誤此見解，習非成是，並爲一談，使勇者日即於銷磨，怯者反有所藉口。」

【習慣成自然】

形成習慣之後，就變爲自然平常的事情。漢·賈誼《新書·保傅》：「孔子曰：『少成若天性，習貫（慣）如自然。』此殷周之所以長有道也。」《孽海花》一四回：「筱亭礙著丈人面皮，凡事總讓她幾分，誰知習慣成自然，脅肩諂笑，竟好像變了男子對婦人的天職了。」也作「**習慣自然**」。《紅樓夢》八〇回：「那時金桂又吵鬧了數次……如今已成習慣自然，反使金桂越長威風。」也作「**習如自然**」。北齊·顏之推《顏氏家訓·序致》：「少知砥礪，習如自然。」

【習慣自然】

見「習慣成自然」。

【習久成性】

見「習與性成」。

【習如自然】

見「習慣成自然」。

【習俗移性】

習俗：習慣和風俗。風俗習慣的影響可轉變人的習性。《晏子春秋·內篇雜上》：「汩常移質，習俗移性。」

【習爲故常】

見「習以爲常」。

【習武千條戒，最戒嫉妒心】

指習武的人嫉妒是失敗的根源。例習武千條戒，最戒嫉妒心，一旦爲嫉妒心左右，離失敗也就不遠了。

【習武有三貴；貴博貴精尤貴通】

指學習武藝一定要到博、精、通。例「俗話說：『習武有三貴；貴博貴精尤貴通。』學習文化科學知識也是同樣的道理。」

【習以成風】

見「習以成俗」。

【習以成俗】

經常做的事情，日子一長，就形成了習俗。《魏書·高允傳》：「雖條旨久頒，而俗不革變。將由居上者未能悛改，爲下者習以成俗，教化陵遲，一至於斯。」也作「**習以成風**」。風：風習，風氣。《金史·蒲察合住傳》：「高琪用事，威刑自恣。南渡之後習以成風，雖士大夫亦爲所移。」

【習以成性】

見「習與性成」。

【習以爲常】

經常這樣做，就會看作常事。《儒林外史》四八回：「余大先生在虞府坐館，早去晚歸，習以爲常。」也作「**習常見慣**」。《聊齋志異·蓮香》：「生聞其語，始知鬼、狐皆眞。幸習常見慣，頗不爲駭。」也作「**習爲故常**」。明·沈德符《萬曆野獲編·沈祿》：「蓋承成化以來，濫授冗員，俱從中旨批出，遂習爲故常，不以爲怪也。」也作「**循以爲常**」。循：沿襲。《新唐書·楊國忠傳》：「至國忠時，韋見素代［陳］希烈，循以爲常。」

【習焉不察】

習慣於某種事物，就覺察不出其中的問題。《孟子·盡心上》：「行之而不著焉，習矣而不察焉，終身由之而不知其道者，衆也。」清·梁紹壬《兩般秋雨庵隨筆》卷一：「尋常之字，本有專音，古昔之文，或多假借，而習焉不察，信口訛傳，未免……貽譏大雅。」也作「**習焉不覺**」。覺：覺察。清·沈德潛《說詩晬語》九九：「改漫爲熳，不知起於何時？焉烏成馬，習焉不覺，殊可怪也。」也作「**習焉弗察**」。弗：不。清·梁章鉅《浪跡叢談·續談六》：「此實傳庭，又或誤以爲『傳庭』，耳食之徒，遂習焉弗察耳。」也作「**習而不察**」。明·朱國楨《湧幢小品·士戲》：「楚成得臣，與晋文公遇曰：『請與君之士戲，戲者兵也，三軍之號……。』［林堯］便解作戲弄之戲，學者習而不察，以爲實然。」

【習焉不覺】

見「習焉不察」。

【習焉弗察】

見「習焉不察」。

【習與性成】

習：習慣；性：性格。長期的習慣會養成相應的性格。《梁書·王筠傳》：「余少好讀書，老而彌篤，雖偶見瞥觀，皆即疏記，後重省覽，歡興彌深，習與性成，不覺筆倦。」也作「**習久成性**」。清·李漁《閒情偶寄·授曲第三》：「習久成性，一到場上，不知不覺而以曲隨簫、笛矣。」也作「**習以成性**」。《晋書·王導傳》：「故聖王蒙以養正，少而教之，使化霑肌骨，習以成性，遷善遠罪而不自知，行成德立，然後裁之以位。」

【席不及暖】

見「席不暇暖」。

【席不暇暖】

席：坐席；暇：空閒。坐席還沒坐熱就離開了。形容非常忙，不得一點空閒。漢·班固《答賓戲》：「是以聖哲之治，栖栖遑遑。孔席不暖，墨突不黔。」《官場現形記》五一回：「一霎時又是外國人來，一會又要出門謝步；一回又是那裏有信來，有電報來；一回忙著回那裏信，那裏電報：眞正忙得席不暇暖，人仰馬翻。」也作「**席不暇溫**」。晉·葛洪《抱朴子·正郭》：「及至衰世，栖栖惶惶，席不暇溫」。也作「**席不及暖**」。北齊·劉晝《劉子·惜時》：「仲尼棲棲，突不暇黔；墨翟遑遑，席不及暖，皆行其德義，拯世危溺。」

【席不暇溫】

見「席不暇暖」。

【席地而坐】

古人將席子鋪在地上，坐在上面。後泛指就地坐下。《舊五代史·李茂貞傳》：「但御軍整衆，都無紀律，當食則造庖廚，往往席地而坐。」

【席地幕天】

以地爲席，以天爲幕。形容心胸曠達。唐·韓渥《惆悵》詩：「何如飲酒連千醉，席地幕天無所知。」也作「**幕天席地**」。

【席豐履厚】

席：坐席；履：鞋子。形容家境富裕，生活奢侈。《二十年目睹之怪現狀》一四回：「南洋兵船雖然不少，叵奈管帶的一味知道營私舞弊，那裏還有公事在他心上，你看他們帶上幾年兵船，就都一個個的席豐履厚起來，那裏還肯去打仗。」也作「**席履豐厚**」。清·馮桂芬《薄斐君遺文序》：「君少穎悟，美風儀，席履豐厚。」此爲家庭條件好。

【席捲八荒】

見「席捲天下」。

【席捲天下】

席捲：像捲席一樣全部捲了進去。形容力量强盛，占有了全國。漢·賈誼《過秦論》：「[秦]有席捲天下、包舉宇內、囊括四海之意，並吞八荒之心。」也作「**席捲八荒**」。八荒：八方荒遠的地方，指天下。《三國志通俗演義》卷一九：「我太祖武皇帝掃清六合，席捲八荒，萬里傾心，四方仰德。」也作「**席捲宇內**」。宇內：天下。梁啟超《意大利建國三傑傳》一二節：「俄皇尼古拉第一，亦抱非常之遠略，思繼大彼得之志，席捲宇內。」

【席捲宇內】

見「席捲天下」。

【席履豐厚】

見「席豐履厚」。

【席門蓬巷】

見「席門窮巷」。

【席門窮巷】

《史記·陳丞相世家》：「家乃負郭窮巷，以弊席爲門，然門外多有長者車轍。」後因以「席門窮巷」形容貧寒簡陋的居處。唐·高適《行路難》詩：「東鄰少年安可知？席門窮巷出無車。」也作「**席門蓬巷**」。蓬巷：以蓬柴爲牆形成的小巷。唐·王勃《夏日諸公見尋訪詩序》：「席門蓬巷，佇高士之來游；叢桂幽蘭，喜王孫之相對。」

【席上之珍】

坐席上的珍寶。比喻優美的才能。《禮記·儒行》：「儒有席上之珍以待聘，夙夜强學以待問，懷忠信以待舉，力行以待取，其自立有如此者。」

【席勢凌人】

席：倚仗，憑藉；凌：欺侮。倚仗權勢，欺侮別人。《新唐書·房玄齡傳》：「治家有法度，常恐諸子驕侈，席勢凌人，乃集古今家誡，書爲屛風。」也作「**挾勢凌人**」。挾：倚仗。宋·朱熹《答何叔京》：「不聞君子之大道者，肆情妄作，無所不至，不但挾勢凌人而已。」也作「**仗勢欺人**」。

【席薪枕塊】

將薪草當作舖席，將土塊當作枕頭。古時居喪者以此表示哀痛之情。《荀子·禮論》：「齊衰苴仗，居廬食粥，席薪枕塊，是君子之所以憛詭其所哀痛之文也。」

【席珍待聘】

《禮記·儒行》：「儒有席上之珍以待聘。」原謂儒者舖陳美善的道理，等待君王任用，後用「席珍待聘」比喻恃才待用。

【襲蹈前人】

襲蹈：沿襲，沿用。沿襲前人，拘於舊習。唐·韓愈《南陽樊紹述墓志銘》：「然而必出於己，不襲蹈前人一言一句。」也作「**蹈襲前人**」。

【襲故安常】

見「襲故守常」。

【襲故蹈常】

見「襲故守常」。

【襲故守常】

襲、守：沿襲，遵循；故、常：指陳規舊習。照搬老一套，墨守陳規。宋·司馬光《與王安石書》：「使上自朝廷，下及田野，內起京師，外周四海，士、吏、兵、農、工、商、僧、道，無一人得襲故而守常者，紛紛擾擾，莫安其居。」也作「**襲故安常**」。清·劉坤一《籌辦農工商務分門實學片》：「無如農氓椎魯，襲故安常，驟語以耕植新法，疑信參半。」也作「**襲故蹈常**」。例一個只知襲故蹈常，安於現狀，而不圖創新，不思進取的人，必將一事無成。

【襲謬沿訛】

謬、訛：錯誤。沿襲前人的錯誤。清·周棠《顧誤錄序》：「他若梨園腳本，襲謬沿訛，莿野土風，偸腔換氣，求其聲聲合拍，不愧古人者，能幾何耶？」也作「**沿訛襲謬**」。

【襲人故伎】
襲：因襲，沿襲；伎：伎倆，花招。沿襲別人用過的伎倆。例他的這套把戲，只不過是襲人故伎，根本騙不了人。也作「**襲人故智**」。智：計謀。例別看他說得頭頭是道，可那是襲人故智，明眼人一下子就可看穿。所以我懷疑他的這個作戰方案未必能夠奏效。

【襲人故智】
見「襲人故伎」。

【襲人牙後】
見「襲人牙慧」。

【襲人牙慧】
牙慧：牙齒後的智慧，指他人的言辭。襲用別人說過或寫過的言辭。清・馮鎮巒《讀聊齋雜說》：「語言超妙，不襲人牙慧一語。」也作「**襲人牙後**」。清・孔尚任《桃花扇・凡例》：「曲名不取新奇……而詞必新警，不襲人牙後一字。」也作「**拾人牙慧**」。

【襲以成俗】
長期襲用舊的事物，就會形成習俗。明・朱彝尊《曝書亭集・朱右傳》：「世代沿革，襲以成俗，無復古意。」

ㄒㄧˇ

【洗菜切葱——各管一工】
也作「**洗菜剁葱——各管一工**」。見「燒火剁葱——各管一工」。

【洗耳恭聽】
形容恭敬而認眞地聽人講話。元・鄭廷玉《楚昭公》四折：「請大王試說一遍，容小官洗耳恭聽。」也作「**洗耳拱聽**」。拱聽：拱手而聽，表示恭敬。元・宮大用《范張雞黍》一折：「哥哥才學，與在下不同，有甚麼名人古書，前皇後代，哥哥講說些兒，小官洗耳拱聽。」

【洗耳拱聽】
見「洗耳恭聽」。

【洗耳投淵】
《孟子・盡心上》：「古之賢士，何獨不然。」漢・趙岐注：「樂道守志，若許由洗耳。」晉・皇甫謐《高士傳・許由》：「堯又召爲九州長，[許]由不欲聞之，洗耳於潁水濱。」《莊子・讓王》：「舜以天下讓其友北人無擇，北人無擇曰：『異哉後之爲人也，居於畎畝之中，而遊堯之門，不若是而已，又欲以其辱行漫我，吾羞見之，因自投淸冷之淵。』」後以「洗耳投淵」比喻隱士不願聽政事。晉・桓溫《薦譙元彥表》：「故有洗耳投淵，以振玄邈之風。」

【洗耳之士】
晉・皇甫謐《高士傳・許由》：「堯讓天下於許由……[許]由於是遁耕於中岳潁水之陽，箕山之下，終身無經天下色。堯又召爲九州長，由不欲聞之，洗耳於潁水濱。」因以「洗耳之士」比喻離世脫俗，志行高潔的隱士。三國魏・曹植《七啟》：「河濱無洗耳之士，喬岳無巢居之民。」

【洗垢匿瑕】
匿：隱藏；瑕：美玉上的斑點。淸洗玉上的污垢，掩飾其斑點。比喻待人寬容體諒。宋・朱熹《與宰執札子》：「緣年及禮合告休，又蒙某官特爲開陳，即賜兪允，所以上昭聖明伏老念舊，洗垢匿瑕之美意，下使衰朽捐棄之人，得托退休之號，除廢錮之籍，而少慰其出身。」

【洗垢求瘢】
淸洗污垢，尋找疤痕。比喻設法挑別人的毛病。《後漢書・趙壹傳》：「所好則鑽皮出其毛羽，所惡則洗垢求其瘢痕。」也作「**洗垢求痕**」。北齊・劉晝《劉子・傷讒》：「是以洗垢求痕，吹毛覓瑕，揮空成有，轉白爲黑。」也作「**洗垢索瘢**」。《新唐書・魏徵傳》：「好則鑽皮出羽，惡則洗垢索瘢。」也作「**洗垢尋痕**」。元・孔文卿《東窗事犯》四折：「不想他苦懨懨痛遭危困，只因笑吟吟陷平人洗垢尋痕。」

【洗垢求痕】
見「洗垢求瘢」。

【洗垢索瘢】
見「洗垢求瘢」。

【洗垢尋瘢】
見「洗垢求瘢」。

【洗腳盆裏游泳——撲騰不開】
比喩人活動能力差，工作打不開局面。例那裏的局面複雜，他的能量有限，恐怕洗腳盆裏游泳——撲騰不開。也作「**夜壺裏洗澡——撲騰不開**」。

【洗舊翻新】
洗：洗刷，除去；翻：重做。去掉舊的，換上新的。《紅樓夢》一回：「只願世人當那醉餘睡醒之時，或避事消愁之際，把此一玩，不但是洗舊翻新，卻也省了些壽命筋力，不更去謀虛逐妄了。」

【洗臉盆裏摸魚——手背上的活】
比喩非常容易。例這對他來說，不過是洗臉盆裏摸魚——手背上的活，一點也不困難。

【洗臉盆扎猛子——不知深淺】
扎猛子：〈方〉游泳時頭朝下鑽到水裏。見「黑夜過河——不知深淺」。

【洗泥接風】
洗泥：洗塵。謂設宴款待遠道而來的客人。《水滸傳》二五回：「小人們都不與都頭洗泥接風，如今倒來反擾。」

【洗手不幹】
比喩不再做某種事情（多指不正當的）。《兒女英雄傳》一一回：「小人從前原也作些小道兒上的買賣，後來洗手不幹，就在河工上充了一個夫頭。」也作「**洗手不做**」。《施公案》

二五○回：「離此約有百里，名叫褚家莊。有一人姓褚，名標，從前也是綠林出身，江湖上很有名聲，早已洗手不做。」也作「**洗手不作**」。魯迅《集外集・序言》：「我其實是不喜歡做新詩的，——但也不喜歡做古詩，——只因那時詩壇寂寞，所以打打邊鼓，湊些熱鬧；待到稱爲詩人的一出現，就洗手不作了。」

【洗手不作】
見「洗手不幹」。

【洗手不做】
見「洗手不幹」。

【洗手奉職】
指廉潔奉公，盡職盡責。唐・韓愈《胡良公墓神道碑》：「薦公爲監察御史，主饋給渭橋以東軍，洗手奉職，不以一錢假人。」

【洗髓伐毛】
伐：削除；毛：毛髮。洗滌骨髓，削去舊髮。比喻脫胎換骨，面貌一新。清・魚翼輯《海虞畫苑略・王翬》：「復從太常煙客遊，太常精繪事，收藏名跡，甲於吳郡，盡出而令其揣摩，於是洗髓伐毛，鈎深致遠，擷唐、宋之菁英，漱元、明之芳潤，卓然獨絕，遂集大成。」也作「**伐毛洗髓**」。

【洗心滌慮】
洗濯邪心，滌除妄念。謂改變舊的思想和意願。《西遊記》八回：「他洗心滌慮，再不傷生，專等取經人。」也作「**洗心滌意**」。金・譚處端《踏莎行》詞之八：「忍辱常餐，永除濁酒，洗心滌意忘諸有。」也作「**洗心易慮**」。易：改變。《宋史・汪應辰傳》：「望發英斷，賞善罰惡，使人人洗心易慮，以聽上命，然後號令必行矣。」

【洗心滌意】
見「洗心滌慮」。

【洗心改過】
洗滌邪心，改正過錯。謂棄惡從善。《金瓶梅詞話》六九回：「我把你這起光棍，我道饒出你去，都要洗心改過，務要生理。」

【洗心革面】
洗濯邪心，改變面貌。《周易・繫辭上》：「聖人以此洗心，退藏於密。」《周易・革》：「君子豹變，小人革面。」後以「洗心革面」比喻改過自新。宋・辛棄疾《淳熙己亥論盜札子》：「自今以始，洗心革面，皆以惠養元元爲意。」也作「**洗心回面**」。回面：歸順。清・錢謙益《王淑士墓誌銘》：「楚士聞其公而喜，睹其明而服，習其反覆教誨，出於至誠，莫不洗心回面。」

【洗心革意】
見「洗心革志」。

【洗心革志】
洗濯心胸，改變志願。比喻改變舊的思想和願望。《晉書・潘尼傳》：「皆延頸以視，傾耳以聽，希道慕業，洗心革志。」也作「**洗心革意**」。意：意願。《周書・蘇綽傳》：「凡諸牧守令長，各宜洗心革意，上承朝旨，下宣教化矣。」

【洗心換骨】
謂摒除塵俗之念，換掉凡骨肉胎，從而成仙成聖。《雲笈七籤》卷一○三：「爲吾洗心復換骨，背凡入聖奔長生。」

【洗心回面】
見「洗心革面」。

【洗心易慮】
見「洗心滌慮」。

【洗心自新】
滌除邪心妄念，悔過重做新人。謂痛改前非。《雲笈七籤》卷九三：「追悔既往，洗心自新，雖失之於壯齒，冀收之於晚節。」

【洗舋滌瑕】
舋：裂痕。洗滌玉上的裂痕和斑點。比喻消除人的缺點過失。《舊唐書・韋處厚傳》：「李紳是前朝任使，縱有罪愆，猶宜洗舋滌瑕，念舊忘過，以成無改之美。」

【洗削更革】
謂洗滌積弊，削除陳規，大興變革。唐・杜牧《罪言》：「洗削更革，罔不順適，唯山東不服，亦再攻之，皆不利以返。」

【洗雪逋負】
逋（ㄅㄨ）負：拖欠的債款，泛指未報的冤仇。指報仇雪恨。《後漢書・段熲傳》：「［竇太后詔］：『洗雪百年之逋負，以慰忠將之亡魂，功用顯著，朕甚嘉之。』」

【洗衣不用搓板——就憑兩手】
比喻辦事全靠自己的能力和本事。例 家鄉的建設，鄉親們洗衣不用搓板——就憑兩手，現在已有相當的成就。

【洗盞更酌】
盞：小酒杯；酌：飲。洗淨酒杯，添酒再飲。謂主賓相歡，酒興不減。宋・蘇軾《前赤壁賦》：「客喜而笑，洗盞更酌。肴核既盡，杯盤狼藉。相與枕藉乎舟中，不覺東方之既白。」

【徙木之信】
徙：遷動。《史記・商君列傳》：「令既具，未布，恐民之不信，已乃立三丈之木於國都市南門，募民有能徙置北門者予十金。民怪之，莫敢徙。復曰『能徙者予五十金』。有一人徙之，輒予五十金，以明不欺，卒下令。」後用「徙木之信」比喻必定做到的諾言。唐・劉禹錫《答饒州元使君書》：「徙木之信必行，則民不惑，此政之先也。」

【徙日移天】
比喻玩弄騙術，暗中改變事物的眞相。《魏書・元匡傳》：「若恃權阿黨，詐托先詔，將指鹿爲馬，徙日移天，即是魏之趙高，何以宰物？」也作「**移天徙日**」。

【徙善遠罪】
徙：遷移。指從善去惡，學好不學

壞。《禮記・經解》：「故禮之教化也微，其止邪也於未形，使人日徙善遠罪而不自知也。」

【徙薪曲突】

曲：彎曲；突：煙囪。搬走灶邊的柴火，把煙囪改成彎曲的。漢・桓譚《新論・見徵》：「淳于髡至鄰家，見其灶突之直，而積薪在旁，曰：『此且有火災。』即教使更為曲突，而遠徙其薪，灶家不聽。後災，火果及積薪，而燔其屋。」後以「徙薪曲突」比喻預先採取措施，防患於未然。《漢書・霍光傳》：「唯陛下察之，貴徙薪曲突之策，使居焦發灼爛之右。」

【徙宅忘妻】

搬家忘記將妻子一同帶走。比喻辦事荒唐，主次顛倒。漢・劉向《說苑・敬慎》：「魯哀公問於孔子曰：『予聞忘之甚者，徙而忘其妻，有諸乎？』」

【徙宅之賢】

漢・劉向《列女傳・母儀》載：孟子幼時，其母很重視教子，為使兒子得到良好的環境，曾三次搬家。後用「徙宅之賢」比喻重視教育孩子。唐・白居易《制誥》：「秩貴冬官，以表過庭之訓；封榮石窌，用旌徙宅之賢。」

【喜不自持】

見「喜不自勝」。

【喜不自勝】

勝：承受。高興得控制不自己。形容特別高興。金・董解元《西廂記諸宮調》卷二：「生喜不自勝，整衣而待。」也作「**喜不自持**」。自持：自我克制。清・陳確《答陸麗京書》：「故向嘗以社事薄有陳請，過蒙採納，喜不自持。」也作「**喜之不勝**」。《醒世恆言》卷三五：「阿寄得了這個消息，喜之不勝，星夜趕到慶雲山。」

【喜出非望】

見「喜出望外」。

【喜出望外】

指遇到意料之外的事，非常高興。《警世通言》卷二五：「桂生喜出望外，做夢也想不到此。」也作「**喜出非望**」《聊齋志異・巧娘》：「時傅父覓子不得，正切焦慮，見子歸，喜出非望。」也作「**喜出意外**」。《聊齋志異・俠女》：「女忽回首，嫣然而笑，生喜出意外，趨而從諸其家。」

【喜出意外】

見「喜出望外」。

【喜從天降】

形容遇到想不到的喜事。《儒林外史》九回：「鄒吉甫望見兩位公子，不覺喜從天降。」

【喜地歡天】

形容高興到了極點。《西遊記》四回：「打開酒瓶，同眾盡飲。送星官回轉本宮，他才遂心滿意，喜地歡天，在於天宮快樂，無掛無礙。」也作「**歡天喜地**」。

【喜動顏開】

見「笑逐顏開」。

【喜功好大】

謂貪求大功，喜做大事。含有貶義。清・平步青《霞外捃屑・彭尚書奏摺》：「喜功好大，妄逞材能。」也作「**好大喜功**」。

【喜見樂聞】

見「喜聞樂見」。

【喜鵲登枝喳喳叫——無喜樂三分】

喜鵲：鳥，叫聲嘈雜，民間傳說聽見牠叫將有喜事來臨，故叫喜鵲，也叫鵲。形容人在舒適美好的環境中，心情很愉快。例我們是文化單位，人與人的關係好，在這裏工作，就像喜鵲登枝喳喳叫——無喜樂三分。

【喜鵲回窩鳳還巢——安居樂業】

見「三十畝地一頭牛，老婆孩子熱炕頭——安居樂業」。

【喜鵲落滿樹，烏鴉漫天飛——吉凶未卜】

迷信傳說，喜鵲飛來會帶來喜慶，烏鴉飛來則是不祥之兆。比喻禍福成敗還難以預料。例孩子年紀還小，獨自到社會這個大海洋中去奮鬥、拼搏，眞是喜鵲落滿樹，烏鴉漫天飛——吉凶未卜哩！

【喜鵲落頭上——鴻運將至】

比喻好運氣即將來臨。例別愁眉苦臉的了，我看你喜鵲落頭上——鴻運將至，光明的前途正等著你呢！也作「**門口喜鵲叫——鴻運將至**」。

【喜鵲窩裏掏鳳凰——找錯了地方】

鳳凰：古代傳說中的百鳥之王，羽毛美麗，雄的叫鳳，雌的叫凰。常用來象徵祥瑞。比喻門路沒有找對。例你們到這裏來請求技術援助，是喜鵲窩裏掏鳳凰——找錯了地方，我們正缺乏的就是技術力量。也作「**爺爺墳頭哭媽——找錯了地方**」。

【喜懼參並】

參並：各占一半。謂既高興，又害怕。晉・陸機《謝平原內史表》：「非臣毀宗夷族所能上報，喜懼參並，悲慚哽結。」

【喜懼交集】

喜悅和恐懼在心中同時湧現。晉・陸雲《與兄平原書》之二二：「比聞兄此誨，若有喜懼交集。」

【喜怒哀懼】

見「喜怒哀樂」。

【喜怒哀樂】

指人的各種感情。《禮記・中庸》：「故君子愼其獨也，喜怒哀樂之未發謂之中，發而皆中節謂之和。」也作「**喜怒哀懼**」。清・夏敬渠《野叟曝言・凡例》：「藝之兵詩醫算，情之喜怒哀懼……無一不臻頂壁一層。」

【喜怒不形於色】

內心的喜悅和惱怒都不在臉上流露出來。形容人深沉而有涵養。《三國演義》一回：「那人不甚好讀書；性寬和，寡言語，喜怒不形於色。」也作

「**喜慍不形於色**」。慍：怒。《資治通鑑·唐紀·文宗開成五年》：「詔立潁王瀍爲皇太弟……瀍沈毅有斷，喜慍不形於色。」

【喜怒失常】

見「喜怒無常」。

【喜怒無常】

一會兒高興，一會兒氣惱，情緒變化不定。《紅樓夢》二七回：「他兄妹間多有不避嫌疑之處，嘲笑不忌，喜怒無常。」也作「**喜怒失常**」。《三國志·魏書·陳思王植傳》裴松之注引《[曹]志別傳》：「志遭母憂，居喪盡哀，因得疾病，喜怒失常。」也作「**喜怒無處**」。處：常，定。《呂氏春秋·誣徒》：「若晏陰，喜怒無處，言談日易，以恣自行。」也作「**喜怒無度**」。度：常。《管子·七臣七主》：「振主喜怒無度，嚴誅無赦。」

【喜怒無處】

見「喜怒無常」。

【喜怒無度】

見「喜怒無常」。

【喜怒之節】

節：節度，分寸。謂控制情緒，掌握好感情的分寸。《莊子·漁父》：「子審仁義之間，察同異之際，觀動靜之變，適受與之度，理好惡之情，和喜怒之節。」

【喜眉笑眼】

喜悅從眉毛和眼睛表露出來。形容滿面笑容。柳青《銅牆鐵壁》一〇章：「人們都出來站在埝畔上，好像迎接貴客一樣，喜眉笑眼朝著溝裏張望。」

【喜氣沖沖】

見「喜氣洋洋」。

【喜氣洋洋】

喜氣：歡樂的神色；洋洋：得意的樣子。形容特別高興的神情。《水滸傳》一三回：「楊志喜氣洋洋，下了馬，便向廳前來拜謝恩相。」也作「**喜氣揚揚**」。揚揚：得意的樣子。唐·司空圖《障車文》：「滿盤羅餡，大榼酒漿，兒郎偉總，擔將歸去，教你喜氣揚揚。」也作「**喜氣沖沖**」。沖沖：情緒激昂的樣子。《官場現形記》四五回：「此時合衙門的人因爲老爺得了保案，都是喜氣沖沖的。」

【喜氣揚揚】

見「喜氣洋洋」。

【喜容可掬】

見「笑容可掬」。

【喜上眉梢】

眉梢：眉毛的末端。滿心的喜悅流露在眉毛上。形容非常愉快的神色。《兒女英雄傳》二三回：「[張金鳳]思索良久，得了主意，不覺喜上眉梢。」

【喜深生懼】

高興得太過分會轉而產生恐懼的心情。唐·劉禹錫《蘇州謝恩賜加章服表》：「詔書加臣賜紫金魚袋，余如故者，恩降重霄，榮霑陋質，虛黷陟明之典，恐興彼己之詩，寵過若驚，喜深生懼。」

【喜談樂道】

喜歡隨便議論。清·陳確《辰夏雜言·不亂說》之二：「蓋道路之言，多虛少實，一味喜談樂道而傳說之恐後，則其人之浮躁淺露，概可見矣。」

【喜聞樂道】

喜歡聽，樂意談。謂非常吸引人。明·王守仁《答王亹庵中丞》：「僕誠喜聞而樂道，自顧何德以承之。」也作「**喜聞樂誦**」。誦：念、說。清、趙翼《甌北詩話·白香山詩三》：「[長恨歌]以易傳之事，爲絕妙之詞，有聲有情，可歌可泣，文人學士既嘆爲不可及，婦人女子亦喜聞而樂誦之。」

【喜聞樂見】

喜歡聽，樂意看。謂非常吸引人。也作「**喜見樂聞**」。茅盾《夜讀偶記》三：「就其形式來說是羣眾性的（爲人民大眾所喜見樂聞的）。」

【喜聞樂誦】

見「喜聞樂道」。

【喜見於色】

見「喜形於色」。

【喜笑花生】

滿心喜悅，臉上樂開了花。形容非常高興。《西遊記》七四回：「長老聞言，喜笑花生，揚鞭策馬而進。」

【喜笑怒罵】

見「嬉笑怒罵」。

【喜笑顏開】

形容滿心歡喜，滿臉笑容的樣子。《醒世恆言》卷三〇：「又行了兩日，方到常山，徑入府中，拜謁顏太守。故人常見，喜笑顏開，遂留於衙署中安歇。」

【喜笑盈腮】

盈：充盈，充滿；腮：臉頰。滿面笑容。形容非常高興。元·關漢卿《蝴蝶夢》四折：「這場災，一時間命運衰，早則解放愁懷，喜笑盈腮。」

【喜笑自若】

自若：不變常態。形容在逆境中仍泰然處之，無憂無慮。《三國志·蜀書·後主傳》南朝宋·裴松之注引《漢晉春秋》：「司馬文王與[劉]禪宴，爲之作故蜀技，旁人皆爲之感愴，而禪喜笑自若。」

【喜新厭常】

見「喜新厭舊」。

【喜新厭故】

見「喜新厭舊」。

【喜新厭舊】

喜歡新的，厭棄舊的。謂愛情不專一。《兒女英雄傳》二七回：「不怕你有喜新厭舊的心腸，我自有移星換斗的手段。」也作「**喜新厭常**」。宋·朱熹《答王欽之》：「人情喜新厭常乃如此，甚可嘆！」也作「**喜新厭故**」。

【喜形於色】

形：顯露，流露；色：臉色。喜悅的表情流露在臉上。形容滿心歡喜抑制不住。《魏書・高允傳》：「允喜形於色，語人曰：『天恩以我篤老，大有所賚，得以贍客矣。』」也作「**喜形於顏**」。《南齊書・柳世隆傳》：「而[沈]攸之始奉國諱，喜形於顏。」也作「**喜見於色**」。《北齊書・張華原傳》：「高祖以華原久而不返，每嘆息之，及聞其來，喜見於色。」

【喜形於顏】

見「喜形於色」。

【喜慍不形於色】

見「喜怒不形於色」。

【喜躍抃舞】

躍：跳躍；抃：鼓掌。形容高興得手舞足蹈起來。《列子・湯問》：「[韓]娥還，復為曼聲長歌，一里老幼喜躍抃舞，弗能自禁，忘向之悲也。」

【喜之不勝】

見「喜不自勝」。

【喜逐顏開】

見「笑逐顏開」。

【屣履出迎】

屣履：穿鞋沒有提上鞋跟。拖著沒有穿好的鞋急忙出來迎客。形容看重來客，熱情迎接。《後漢書・王符傳》：「[鄉人]書刺謁[皇甫]規。規臥不起……有頃，又白王符在門。規素聞符名，乃驚遽而起，衣不及帶，屣履出迎，援符手而還。」也作「**屣履起迎**」。《漢書・雋不疑傳》：「[暴]勝之開閣延請，望見不疑容貌尊嚴，衣冠甚偉，勝之躧履起迎。」躧：同「屣」。也作「**屣履迎門**」。《後漢書・崔駰傳》：「駰由此候[竇]憲。憲屣履迎門。」

【屣履起迎】

見「屣履出迎」。

【屣履迎門】

見「屣履出迎」。

【屣履造門】

屣履：穿鞋未提上鞋跟。趿拉著鞋匆忙上門拜訪。形容急切相見。《後漢書・鄭玄傳》：「國相孔融深敬於玄，屣履造門。告高密縣為玄特立一鄉。」

ㄒㄧˋ

【夕不謀朝】

謀：謀劃，打算。晚上不能籌劃明早的事。形容時間短促，情況危急。《宋書・范泰傳》：「臣疾患日篤，夕不謀朝，會及歲慶，得一聞達，微誠少亮，無恨泉壤。」也作「**朝不謀夕**」。

【夕寐宵興】

寐：睡；宵：夜晚；興：起來。睡得晚，天未亮就起來。形容勤奮不怠。《南史・宋本紀上・武帝》：「是故夕寐宵興，搜獎忠烈；潛構崎嶇，過於履虎；乘機奮發，義不圖全。」

【夕死之心】

《論語・里仁》：「朝聞道，則夕死可矣。」因以「夕死之心」表示追尋眞理，死而無憾的意願。唐・黃滔《刑部鄭郎中》：「伏惟特固朝暾之旨，俯憐夕死之心，薦賜發言，重將辯惑。」

【夕惕乾乾】

乾乾：ㄑㄧㄢˊ ㄑㄧㄢˊ，勤奮不息的樣子。《周易・乾》：「君子終日乾乾，夕惕若厲，無咎。」後用「夕惕乾乾」形容整天勤奮謹慎，不能懈怠。《晉書・石季龍載記》：「君臨萬邦，夕惕乾乾，思遵古烈。」也作「**夕惕朝乾**」。明・張居正《考滿謝手敕加恩疏》：「日申月飭，特祖宗已試之規；夕惕朝乾，乃臣子本然之分。」

【夕惕若厲】

惕：警惕，戒懼；厲：危險。指從早到晚戒懼謹慎，如入危境，不敢懈怠。《周易・乾》：「君子終日乾乾，夕惕若厲，無咎。」《三國演義》七三回：「常恐殞越，辜負國恩；寤寐永嘆，夕惕若厲。」

【夕惕朝乾】

見「夕惕乾乾」。

【夕陽古道】

夕陽：傍晚的太陽；古道：古老的道路。元・馬致遠《天淨沙・秋思》散曲：「枯藤老樹昏鴉，小橋流水人家，古道西風瘦馬。夕陽西下，斷腸人在天涯。」後以「夕陽古道」比喻淒慘冷落的處境。例由於一連串的挫折和打擊，她十分悲觀，彷彿走入了夕陽古道的境地，難以出現新的轉機。

【夕陽無限好，只是近黃昏】

夕陽的景色無限美好，只是已近黃昏，黑夜就將來臨。比喻表面上很興旺，但很快就要衰落下去。也用以形容人到晚年，對生命衰老的感傷和對美好人生的留戀。唐・李商隱《登樂遊原》詩：「向晚意不適，驅車登古原。夕陽無限好，只是近黃昏。」

【夕陽西下】

謂黃昏日落的景象。冰心《兩個家庭》：「夕陽西下，一抹晚霞，映著那燦爛的花，青綠的草。」也比喻晚年。例和你們年輕人相比，我已是夕陽西下了。

【細不容髮】

細小得容不下一根頭髮。形容非常細小。《晉書・衛瓘傳》：「鳥跡之變，乃惟佐隸……其大徑尋，細不容髮。」

【細大不捐】

捐：捨棄。小的大的都不捨棄。謂無論大小都兼收並蓄，沒有遺漏。唐・韓愈《進學解》：「記事者必提其要，纂言者必鉤其玄，貪多務得，細大不捐。」也作「**細大不遺**」。元・蘇天爵《元朝名臣事略・左丞姚文獻公》：「各疏施張之方其下，本末兼該，細大不遺。」也作「**細大無遺**」。宋・曾鞏《祭亡妻晁氏文》：「我扶我翼，共處窮羈。鋤荒補漏，細大無遺。嗚呼！天禍我家。」

【細大不遺】

見「細大不捐」。

【細大不逾】

逾：逾越，超越。小的大的都不越過。《國語・周語下》：「物得其常曰樂極，極之所集曰聲，聲應相保曰和，細大不逾曰平。」

【細大無遺】

見「細大不捐」。

【細故末節】

細故：細小的事情；末節：小節。謂微不足道的事。《苦學生》三回：「黃孫想文琳倒還是個中人之材，只有衣服飲食，是他眞正講究的。膏粱子弟，原比不得我輩食貧茹苦，習慣自然，並且細故末節，盡可各適其適，也就不肯十分深究了。」也作「細故小節」。宋・韓淲《澗泉日記》中：「近時汪玉山是正討論而已，頗切切於細故小節，甚微密矣。」也作「細枝末節」例這些問題都只不過細枝末節，不要纏住不放。

【細故小節】

見「細故末節」。

【細嚼爛嚥】

謂食物嚼得稀爛才嚥下去。也形容讀書時細心領會。例學習功課要細嚼爛嚥，牢牢掌握，不能囫圇吞棗。

【細筋入骨】

比喻作品描寫細膩，意味深長。清・謝鴻申《答周同甫》：「《紅樓夢》事跡本來平淡無奇，令笠翁爲之，不知作無限醜聲惡態，乃偏能細筋入骨，寫照如生，筆力心思，無出其右。」

【細毛線比套牛索——差點勁】

套牛索：套牛的大繩子。形容力氣能耐有差距。例小李要與大明比武，我看是細毛線比套牛索——差點勁，人家是全區武術冠軍。

【細批薄抹】

細、薄：仔細；批：批改；抹：塗抹，指修改。謂精心推敲，認眞修改。《聊齋志異・八大王》：「細批薄抹，低唱淺斟。」

【細皮白肉】

形容皮膚細膩白嫩。魯迅《這個與那個》：「丈母老太太出過天花，臉上有些缺點的，令夫人卻種的是牛痘，所以細皮白肉。」也作「細皮嫩肉」。

【細皮嫩肉】

見「細皮白肉」。

【細聲細氣】

形容聲音輕柔。老舍《小坡的生日》：「南星細聲細氣，學著貓的腔調。」

【細水長流】

①比喻一點一滴地做下去，長久不懈。老舍《我怎樣寫〈火葬〉》：「不過，這細水長流的辦法也須在身體好，心境好的時候才能行得通。」也作「細水長流」。清・翟灝《通俗編・地理》引《遺教經》：「汝等常勤精進，譬如小水長流，則能穿石。」②比喻節省使用錢物，不致短缺。梁斌《紅旗譜》卷四六：「他搖搖頭，想不出辦法，又絕望地走到廚房裏，告訴老王說，要多吃野菜樹皮，少吃米麵，細水長流呀！」

【細雨和風】

細雨：毛毛雨；和風：輕微的風。謂春季宜人的氣候。唐・韋莊《登咸陽縣樓望雨》詩：「亂雲如獸出山前，細雨和風滿渭川。」也作「和風細雨」。

【細雨斜風】

見「斜風細雨」。

【細針密線】

比喻精細周密。清・延君壽《老生常談》：「以工部（杜甫）之才爲律詩，其細針密線有如此，他可類推。」也作「細針密縷」。《兒女英雄傳》二六回：「這位姑娘雖是細針密縷的一個心思，卻是海闊天空的一個性氣。」

【細針密縷】

見「細針密線」。

【細枝末節】

見「細故末節」。

【鬩牆禦侮】

鬩：爭吵。《詩經・小雅・常棣》：「兄弟鬩於牆，外禦其務。每有良朋，烝也無戎。」務：通「侮」。意指兄弟之間雖然互相爭鬥，但一遇外侮，就會轉而一致對外。後以「鬩牆禦侮」比喻內部不和的各方求同去異，團結起來，一致抵禦外侮。《民國通俗演義》一二回：「凡我國民，務念鬩牆禦侮之忠言，懷同室相戈之大戒。」

【鬩牆之爭】

鬩：爭吵。《詩經・小雅・常棣》：「兄弟鬩於牆，外禦其務。」後用「鬩牆之爭」指兄弟之間的紛爭。也泛指內部的不和。例在外來的侵略面前，各個派別應捐棄舊嫌，停止鬩牆之爭，把槍口一致對外。

【烏烏虎帝】

謂文字形體相近，輾轉傳抄，造成訛誤。宋・陸佃《埤雅・釋鳥鵲》：「舄九寫而爲烏，虎三寫而爲帝，言書之轉易如此。」

【隙大牆壞】

隙：裂縫。裂縫大了，牆壁就會倒塌。比喻小害發展下去，就會釀成大禍。《商君書・修權》：「諺曰：『蠹衆而木折，隙大而牆壞。』故大臣爭於私而不顧其民，則下離上，下離上者，國之隙也。」

【隙過白駒】

隙：縫隙；白駒：白馬。像縫隙中看見白馬飛馳而過。《莊子・知北遊》：「人生天地間，若白駒之過卻（隙），忽然而已。」後以「隙過白駒」比喻時間過得很快。宋・蘇軾《送表弟程六知楚州》詩：「健如黃犢不可恃，隙過白駒那暇惜？」也作「白駒過隙」。

【隙駒難駐】

隙駒：指時間，時光；駐：停留。比

喻時光易逝。宋．李覯《處士陳君祭文》：「薤露易干，隙駒難駐。彭殤一揆，瞬息千古。」也作「隙駟不留」。駟：同駕一車的四匹馬。南朝梁．劉峻《重答劉秣陵沼書》：「雖隙駟不留，尺波電謝，而秋菊春蘭，英華靡絕。」

【隙駟不留】
見「隙駒難駐」。

【隙末凶終】
見「凶終隙末」。

【隙中觀鬥】
從隙縫中觀看相鬥的場面。比喻不見全貌。宋．蘇軾《超然臺記》：「如隙中之觀鬥，又烏知勝負之所在。」

【戲蝶遊蜂】
遊玩嬉戲，飛來飛去的蝴蝶和蜜蜂。也比喻四處遊逛，不務正業的浪蕩男子。唐．岑參《山房春事》詩之一：「風恬日暖蕩春光，戲蝶遊蜂亂入房。」

【戲場裏頭打瞌睡——圖熱鬧】
比喻貪圖熱鬧的景象或場合。有時指愛講排場。例婚喪嫁娶大辦宴席，只是戲場裏頭打瞌睡——圖熱鬧，沒有什麼意思。也作「豬八戒投胎——圖熱鬧」。

【戲法人人會變，各有巧妙不同】
指同樣是變戲法，但各有不同的巧妙手法。比喻處理同一件事，方法都很巧妙，但有高下之分。魯迅《現代史》：「俗語說：『戲法人人會變，各有巧妙不同。』其實是許多年間，總是這一套。」也作「戲法人人都會，各有巧妙不同」。例咱們班這次命題作文成績不錯，題材多樣，風格各異，眞是戲法人人都會，各有巧妙不同。

【戲台後頭的鑼鼓——沒見過大場面】
比喻經歷淺，見識不廣。例我從鄉村師範畢業，一直從事基層教育，是戲台後頭的鑼鼓——沒見過大場面，如有失禮之處，還望多多包涵。

【戲台上打出手——花招多】
花招：本指好看而變化多端的武術動作，此指騙人的手段計策等。比喻手段和計謀很多。例這個小青年爲人處事就像戲台上打出手——花招多，如果走上邪門歪道，將會嚴重危害社會。

【戲台上打架——不辨眞假】
見「見到鬍子就是爹——不辨眞假」。

【戲台上打架——沒事】
見「夫妻倆吵架——沒事」。

【戲台上的夫妻——假的】
見「大花臉的鬍子——假的」。

【戲台上的官——做不長】
也作「戲台上的皇帝——做不長久」。見「荷葉上的露珠——長不了」。

【戲台上跑龍套——走過場】
跑龍套：在戲曲中扮演隨從或兵卒，隨主要演員上下場走動或站立台上。見「唱戲的轉圈圈——走過場」。

【戲台上討老婆——假過場】
假過場：即走過場，指敷衍了事。比喻應付、敷衍。例你別太以爲眞了，我了解他的爲人，他所做的一切，十有八九是戲台上討老婆——假過場。

【戲台上著火——熱鬧加熱鬧】
比喻景象非常繁盛活躍。例市場蕭條的景象早已過去，現在是戲台上著火——熱鬧加熱鬧。

【戲子穿龍袍——假的】
見「大花臉的鬍子——假的」。

【戲子沒卸粧——油頭粉面】
形容打扮得妖艷輕浮。例穿著打扮可以入時些，但要樸素雅致，不要搞得像戲子沒卸粧——油頭粉面。

【繫此一舉】
繫：關係到，決定於；舉：舉動，行動。謂生死成敗，就決定於這一次行動。《舊五代史．唐莊宗紀》：「及滄州劉守文爲梁朝所攻，其父仁恭遣使乞師，武皇恨其翻覆，不時許之，帝白曰：『此吾復振之道也……賊所憚者，唯我與仁恭爾，我之興衰，繫此一舉，不可失也。』」也作「在此一舉」。

【繫而不食】
繫：掛，懸。掛在那兒卻不能吃。比喻貌似可觀，卻沒有用處。《論語．陽貨》：「吾豈匏瓜也哉！焉能繫而不食。」宋．邢昺疏：「言孔子欲不擇地而治也。」

【繫肚牽腸】
繫：連結，牽掛。形容心中一直惦念著。清．無名氏《定情人》三回：「欲待相親，卻又匆匆草草，無計相親，欲[待]放下，卻又繫肚牽腸，放他不下。」也作「懸腸掛肚」。《水滸傳》四二回：「宋江道：『小可兄弟，只爲父親這一事懸腸掛肚，坐臥不安。』」也作「牽腸掛肚」、「割肚牽腸」。

【繫風捕景】
比喻說話辦事沒有實際根據。南朝宋．謝惠連《秋胡行》：「繫風捕景，誠知不得，念彼奔波，意慮回惑。」也作「繫風捕影」。宋．蘇軾《答謝民師書》：「求物之妙，如繫風捕影，能使是物了然於心者，蓋千萬人而不一遇也。」也作「繫影捕風」。晉．釋道恆《釋駁論》：「聽其言，則洋洋而盈耳；觀其容，則落落而滿目。考現事以求徵，並未見其驗，眞所謂繫影捕風，莫知端緒。」

【繫風捕影】
見「繫風捕景」。

【繫頸以組】
組：絲帶。將絲帶束在脖子上。謂伏罪請降。《史記．高祖本紀》：「秦王子嬰素車白馬，繫頸以組，封皇帝璽符節，降軹道旁。」

【繫影捕風】
見「繫風捕景」。

ㄒㄧㄚ

【蝦兵蟹將】
神怪故事中海龍王手下的兵將。《西遊記》三回：「東海龍王敖廣即忙起身，與龍子龍孫、蝦兵蟹將出宮迎道：『上仙請進，請進。』」也比喻惡人手下的嘍囉。《醒世姻緣傳》二〇回：「晁思才這兩個歪人……邀了那一班蝦兵蟹將，帶了各人的婆娘，瘸的瘸，瞎的瞎，尋了幾個頭口，豺狗陣一般趕將出去。」

【蝦公掉進燙鍋裏——落個大紅臉】
蝦公：蝦。見「大蝦掉進油鍋裏——鬧了個大紅臉」。

【蝦公頭戴的槍——沒人怕】
蝦公：（方）蝦；槍：指蝦頭部的長短觸角。比喻無人畏懼。例你別氣勢洶洶、張牙舞爪了，蝦公頭戴的槍——沒人怕，用理才能服人。

【蝦荒蟹亂】
謂蝦蟹過多而成災，糟害稻穀。舊時以為是戰亂兵禍的徵兆。宋・傅肱《蟹譜・兵證》：「吳俗有蝦荒蟹亂之語，蓋取其被堅執銳，歲或暴至，則鄉人用以為兵證也。」也作「蟹荒蟹亂」。元・高德基《平江紀事》：「大德丁未，吳中蟹厄如蝗，平田皆滿，稻穀蕩盡。吳諺有蟹荒蟹亂之說，正謂此也。」

【蝦子掉在大麥上——忙（芒）上加忙（芒）】
芒：針狀物；忙：「芒」的諧音。見「瞎子背瞎子——忙（盲）上加忙（盲）」。

【蝦子過河——謙虛（牽鬚）】
蝦過河好像牽著鬚向前游進。見「打架揪鬍子——謙虛（牽鬚）」。

【蝦子撞在橋樁上——忙（芒）壞了】
芒：這裏指蝦頭上的兩對觸角。雙關語。比喻因事多而忙得叫人吃不消。例我看你近來是蝦子撞在橋樁上——忙（芒）壞了，要勞逸結合，注意休息。

【瞎白貨】
比喻東拉西扯胡說八道。例誰愛聽他瞎白貨，讓他該幹啥就幹啥去吧！也作「瞎白話」。例他太愛瞎白話了，真叫人受不了。

【瞎點子】
指脫離實際的錯誤主張。例你怎麼盡出瞎點子，害我們白跑腿。

【瞎狗吃屎——碰上的】
比喻事情是由於偶然的機會獲得成功。例我這次能進入表演藝術系深造，完全是瞎狗吃屎——碰上的。也作「瞎貓逮個死老鼠——碰對啦」、「瞎驢碰槽——碰對了」、「瞎貓捉死魚——碰得湊巧」。

【瞎了眼】
比喻看不清楚人的本質或事物的真相。例當初真是瞎了眼，找了這麼個女婿。

【瞎騾子打裏——亂套】
打裏：牲口拉車，在駕轅的之外，還有正套和偏套，也叫裏套和外套。裏套比外套重要，能調整前進的方向。打裏，就是拉裏套。見「放羊的去圈馬——亂套了」。

【瞎馬臨池】
南朝宋・劉義慶《世說新語・排調》：「桓南郡（桓溫）與殷荊州（殷仲堪）語次……次復作危語……殷有一參軍在坐云：『盲人騎瞎馬，夜半臨深池。』」後用「瞎馬臨池」比喻身臨危境而渾然不覺。例歷史上的末世帝王往往是在國難當頭之際，仍然貪圖安逸，醉生夢死，致使國事荒廢，動亂紛起，猶如瞎馬臨池，毫無察覺。

【瞎貓碰死耗子】
耗子：鼠。比喻僥倖得到的收穫或成功。老舍《四世同堂・飢荒》七七：「這麼一想，他決定去見東陽。他覺得瞎貓碰死耗子是最妥當的辦法。」

【瞎貓遇上死老鼠——碰巧】
也作「瞎貓遇上死老鼠——湊巧」、「瞎貓遇上死老鼠——正巧」、「瞎貓捉死老鼠——碰巧」、「瞎貓逮個死老鼠——湊巧」。見「過河碰上擺渡人——巧極了」。

【瞎貓遇上死老鼠——碰運氣】
比喻不思進取，或沒有十分把握，存有僥倖心理。例這次考試，就要憑真才實學，不能瞎貓遇上死老鼠——碰運氣。也作「瞎子摸魚——碰運氣」。

【瞎貓遇上死老鼠——運氣好】
比喻人遇得意事，很幸運。有時表示戲謔。例這次足球錦標賽，有的隊因別的隊棄權，也進入了前八名，真是瞎貓遇上死老鼠——運氣好。

【瞎貓抓住死老鼠——咬住不放】
見「屬豬的——咬住不放」。

【瞎娘抱著禿娃娃——人家不誇自己誇】
見「王婆婆賣香瓜——人家不誇自己誇」。

【瞎七搭八】
亂說。例弟弟在外邊受了人家欺負，你不幫著出出氣，反而囉哩囉嗦，瞎七搭八。

【瞎說八道】
沒有根據地信口亂說。例你可別聽他瞎說八道，他只是要挑撥你們的友誼，別上當了。也作「瞎說白道」。

【瞎說白道】
見「瞎說八道」。

【瞎眼跛腳驢——顧（雇）不得】
跛腳驢：腿或腳有毛病的驢子；顧：「雇」的諧音。雙關語。比喻事務繁忙，對某些工作照顧不到。例「你太不修邊幅了，頭不理，鬍子也不刮。」「瞎眼跛腳驢——顧（雇）不得啊！」

【瞎咋呼】
指不了解情況而胡亂吆喝。例你別在

這兒瞎咋呼，這兒沒你的事。

【瞎指揮】
指不合實際亂指揮。例他就會瞎指揮，把人弄得精疲力盡不說，任務也沒完成。

【瞎子熬糖——亂攪】
比喻胡攪和，搗亂。例事情夠複雜的了，你又來瞎子熬糖——亂攪些什麼？

【瞎子背瞎子——忙（盲）上加忙（盲）】
忙：「盲」的諧音。形容非常繁忙。例近來他的公事私事都很多，就像瞎子背瞎子——忙（盲）上加忙(盲)。也作「蝦子掉在麥上——忙（芒）上加忙（芒）」。

【瞎子背著拐子走——各盡其能】
比喻各自把自己所有的能力都使出來。例我們這裏人才多，技術力量强，只要大家瞎子背著拐子走——各盡其能，生產一定能提升上去。

【瞎子背著瘸子走——取長補短】
見「矮子踩高蹺——取長補短」。

【瞎子背著拐子走——由你指點】
比喻請人提醒或引導。例對我來說，這是項新的工作，經驗不足，你是行家，瞎子背著拐子走——由你指點。

【瞎子奔南牆——不碰不回頭】
比喻固執，不碰釘子不悔悟。例大家苦口婆心勸你不要幹這種蠢事，你總是堅持己見，難道眞的要瞎子奔南牆——不碰不回頭嗎？

【瞎子不叫瞎子——忙（盲）人】
忙：「盲」的諧音。比喻某人事情多，不得空。例他是瞎子不叫瞎子——忙（盲）人，不要占他過多的時間。

【瞎子踩高蹺——盲目冒險】
高蹺：民間舞蹈，表演者裝扮戲劇或傳說中的人物，踩著有腳踏裝置的木棍，邊走邊表演。見「閉著眼睛跳崖——盲目冒險」。

【瞎子吃糍粑——只管軟的壓】
糍粑：ㄘˊ ㄅㄚ，把糯米蒸熟搗碎後做成的食品。見「老太太吃桃子——揀軟的捏」。

【瞎子吃湯圓——心裏有數】
也作「瞎子吃餛飩——心中有數」。見「吃了算盤珠——心中有數」。

【瞎子吃西瓜——紅白不分】
比喻混淆黑白，是非不分。例怎麼能各打五十大板呢？這是瞎子吃西瓜——紅白不分。也作「瞎子吃西瓜——不分紅白」。

【瞎子吃蟹，隻隻好的】
比喻不辨好壞。例現在有不少冒牌產品流入市場，如果不提高警惕，不加辨別，認爲凡購買的東西是「瞎子吃蟹，隻隻好的」，那就很可能會吃虧上當。

【瞎子穿針——對不上眼】
比喻做事不順暢，很難達到預想的目的或結果。例你們連完成任務的計畫也沒有，其結果必定是瞎子穿針——對不上眼。

【瞎子穿針——沒門】
見「搬起梯子上天——沒有門」。

【瞎子吹簫——莫（摸）管】
莫：「摸」的諧音。比喻不要過問。例手不要伸得太長，非自己職責範圍的事，你最好瞎子吹簫——莫（摸）管。

【瞎子打靶——沒指望】
見「老寡婦死兒——沒指望了」。

【瞎子打靶——沒準】
見「三眼槍打兔子——沒準兒」。

【瞎子打靶——無的放矢】
也作「盲人放槍——無的放矢」、「瞎子打鳥——沒目標」。見「射箭沒靶子——無的放矢」。

【瞎子打燈籠——借不著光】
借光：請人給自己方便的客氣話。比喻得不到別人的關照。含有不滿或牢騷的意思。例他有錢又怎麼樣？咱們是瞎子打燈籠——借不著光。

【瞎子打燈籠——照亮别人】
比喻做某件事只給別人好處或方便。例他捐資給家鄉修橋補路，完全是瞎子打燈籠——照亮別人，自己並不享受其好處。

【瞎子打燈籠——只照別人，不照自己】
也作「瞎子打燈籠——照見別人，照不見自己」。見「鍋底笑話缸底黑——只見人家黑，不見自己黑」。

【瞎子打飛機——亂放炮】
見「垃圾堆裏安雷管——亂放炮」。

【瞎子打架——揪住不放】
也作「瞎子打人——抓到不放」。見「螞蟥叮住螺螄腳——揪住不放」。

【瞎子打瞌睡——不顯眼】
見「牛身上爬螞蟻——不顯眼」。

【瞎子打牌——死輸一個眼】
比喻事情肯定不能成功。例如果我們一定要與全國甲級足球隊比賽，那不是瞎子打牌——死輸一個眼嗎？

【瞎子打銅鑼——敲不到點子上】
比喻辦事抓不住要害。例我看你工作就像瞎子打銅鑼——敲不到點子上，成了一個辛辛苦苦的官僚主義者。

【瞎子逮蟈蟈——暗中聽著】
逮：捉；蟈蟈兒：昆蟲，身體綠色或褐色，雄的能發出清脆的聲音。比喻暗暗地注意或觀察。例這個陌生人一進村，李大爺就瞎子逮蟈蟈——暗中聽著，聽他究竟在說些什麼。

【瞎子逮蟈蟈——先聽聽音】
比喻辦一件事先聽聽各方面的反應。例這項水利工程有利也有害，瞎子逮蟈蟈——先聽聽音，多收集各方面專家、羣衆的意見，再研究決定。

【瞎子戴眼鏡——多一層不如少一層】
比喻辦事要簡便，不應增添不必要的手續或程序。例應方便羣衆，規章制度必須精減，瞎子戴眼鏡——多一層不如少一層，節省他們來辦事的時間和手續。

【瞎子戴眼鏡——多餘】

見「教猴子爬樹——多餘」
【瞎子戴眼鏡——多餘的框框】
框框：本指框子，這裏指固有的格式或傳統的做法。比喻不必要的清規戒律。例規章制度一定要有利於工作，否則，就成了瞎子戴眼鏡——多餘的框框，束縛人們的手腳。也作「瞎子戴眼鏡——多餘的圈圈」。
【瞎子戴眼鏡——裝模作樣】
也作「瞎子戴眼鏡——裝樣子」。見「木偶做戲——裝模作樣」。
【瞎子擔水上井台——幹熟了】
比喻對某項工作很熟悉，幹起來很順手。例「你的工作效率眞高！」「年頭多了，瞎子擔水上井台——幹熟了。」
【瞎子當嚮導——摸不清方向】
比喻暈頭轉向。例向村民們問問路吧，我現在是瞎子當嚮導——摸不清方向了，不知道鄉辦工廠的位置所在啦。
【瞎子的拐杖——帶路人】
比喻做事帶頭，指引方向。例他對我們來說，是瞎子的拐杖——帶路人，時時都離不開他。
【瞎子點燈——白費蠟】
比喻不起作用或白費力氣。例治山治水是百年大計，也是眼前生產的急需，怎麼能說是瞎子點燈——白費蠟呢？也作「瞎子打燈籠——白費蠟」、「瞎子吹燈——白費力」。
【瞎子丟拐棍——寸步難行】
見「腳板上釘釘——寸步難行」。
【瞎子丟拐杖——無依無靠】
見「沒有根的浮萍——無依無靠」。
【瞎子丟了棍——沒靠頭】
比喻沒有可依賴或可指望的東西。例小張和父親相依爲命，父親一死，她就像瞎子丟了棍——沒靠頭了。也作「椅子斷了背——沒靠頭」。
【瞎子放驢——不撒手】
瞎子放驢，怕驢跑了找不見，不敢放手。比喻緊緊抓住不放。例他有了這點權力，就瞎子放驢——不撒手，誰也別想過問他的事。也作「瞎子放驢——不鬆手」。
【瞎子放炮——沒目標】
比喻對想要達到的境地或標準，心中無數。例工作就像瞎子放炮——沒目標，整天忙忙碌碌，糊裏糊塗，怎麼能搞好呢？也作「盲人打靶——沒目標」。
【瞎子放槍——目的不明】
見「近視眼打靶——目的不明」。
【瞎子放羊——由牠去】
比喻撒手不管，任其發展。例對正在成長中的孩子，應當嚴格管理訓練，不能瞎子放羊——由牠去。
【瞎子趕集——湊熱鬧】
也作「瞎子趕集——湊湊熱鬧」。見「抬轎吹喇叭——湊熱鬧」。
【瞎子趕集——目空一切】
見「頭頂上長眼睛——目空一切」。
【瞎子趕街——莫（摸）去】
莫：「摸」的諧音。雙關語。比喻不要去幹某種事。例天氣這麼熱，那個城市又是著名的「火爐」，我勸你還是瞎子趕街——莫（摸）去。
【瞎子跟著繩子走——摸索前進】
比喻試探著往前走。例這是前人沒幹過的事業，誰也沒有現成的經驗，只能瞎子跟著繩子走——摸索前進。
【瞎子過獨木橋——危險】
見「刀口舔糖——危險」。
【瞎子過河，不摸水深淺】
比喻不知內情，摸不淸底細。例大家聽了，都有點瞎子過河，不摸水深淺。誰也鬧不淸班長打的是什麼主意。
【瞎子過河，摸不著邊】
見「老虎吃天——摸不著邊」。
【瞎子過索道——提心弔膽】
見「大街上提雜碎——提心弔膽」。
【瞎子害爛眼病——根底壞】
見「疤上生瘡——根底壞」。
【瞎子害眼——豁出去了】
見「打破腦袋叫扇子扇——豁出去了」。
【瞎子害眼——也就是這回事】
比喻無所謂，沒有什麼關係。例至於職位的高低，瞎子害眼——也就是這回事，絕不計較。
【瞎子擠到三岔口——不知走哪條路】
三岔口：不同去向的三條路交叉的地方。比喻失去了方向。例在那風雲突變的日子裏，他好像瞎子擠到三岔口——不知走哪條路，思想非常苦悶。
【瞎子夾豆腐——不爛搞到爛】
比喻事情辦糟了，搞壞了。有時指有意搗亂。例不應派他去辦那件事，瞎子夾豆腐——不爛搞到爛，現在很難收拾殘局了。
【瞎子揀馬鐙——套在腳上了】
馬鐙（ㄉㄥˋ）：掛在馬鞍兩邊供騎馬人踏腳用的東西，上面有套腳的鐵圈。比喻做成某事是由於偶然機會碰上的。例這次考試，成績全班第一，不過是瞎子揀馬鐙——套在腳上了，我還得努力學習。
【瞎子叫好——隨聲附和】
也作「瞎子跟人笑——隨聲附和」。見「唱戲的演雙簧——隨聲附和」。
【瞎子接親——難見人】
接親：〈方〉結婚。見「新娘拜堂——難見人」。
【瞎子進花園——沒什麼好看的】
比喻不值得看。例「今晚的電影怎樣？」「瞎子進花園——沒什麼好看的。」
【瞎子進學堂——不認輸（書）】
輸：「書」的諧音。雙關語。比喻不承認失敗。例這場足球賽，咱們是瞎子進學堂——不認輸（書），下次再決高低。
【瞎子敬神——盲目崇拜】
比喻不問是非、糊糊塗塗地尊敬欽佩別人。例你對他只知其名，毫無了解，就瞎子敬神——盲目崇拜，很危險。也作「瞎子作揖——盲目崇拜」。

【瞎子開鎖——碰巧】

也作「瞎子開鎖——湊巧」。見「過河碰上擺渡人——巧極了」。

【瞎子看報——一字不見】

比喻沒有信息，沒見到一個字。例「你孩子出國後常來信嗎？」「至今還是瞎子看報——一字不見。」

【瞎子看皇曆——不識今兒幾明兒幾】

皇曆：曆書，排列月、日、節氣等供查考的書，也叫黃曆。比喻知識淺薄，見識不廣。例誰說他是教授，實話告訴你吧，他是一個瞎子看皇曆——不識今兒幾明兒幾的人哩！

【瞎子看西洋景——白熬工夫】

西洋景：西洋鏡，民間文娛活動的一種裝置，若干幅畫片左右推動，周而復始，觀衆從透鏡中看放大的畫面，畫片多是西洋畫，故叫西洋景；白熬工夫：白費時間、精力。見「擔沙填海——白費勁」。

【瞎子看戲——飽耳福】

比喻只圖聽得痛快。例咱是瞎子看戲——飽耳福，有收音機就行了，電視機有無兩可。也作「瞎子看戲——只飽耳福」。

【瞎子看洋片——白花錢】

洋片：〈方〉西洋景。比喻毫無效果地破費錢財。例這場電影實在不值一看，大家都認爲是瞎子看洋片——白花錢。

【瞎子看鐘——觀點不明】

雙關語。比喻對事物的看法模糊，態度不明朗。例你說了半天，還是瞎子看鐘——觀點不明，能否打破顧慮，表述淸楚點。也作「近視眼看麻子——觀點模糊」。

【瞎子拉二胡——瞎扯】

二胡：胡琴的一種，比京胡大。見「盲人撕布——瞎扯」。

【瞎子拉二胡——心裏有譜】

二胡：胡琴的一種，比京胡大；譜：本指曲譜，這裏指大致的標準，把握。比喻已知道大致情況。例他雖然沒有講話，可瞎子拉二胡——心裏有譜啊！對我們這裏的情況不能說不了解。

【瞎子拉胡琴——沒譜兒】

見「亂彈琴——沒譜」。

【瞎子買鍋——摸底】

比喻了解底細。例「這次下鄉有何公幹？」「快人口普查了，自然是瞎子買鍋——摸底。」也作「小河裏撈石頭——摸底」。

【瞎子摸牆——找門道】

比喻尋找處事的訣竅或解決問題的途徑。有時用於戲謔。例我們存在的問題長期得不到解決，得派人去領導機關，瞎子摸牆——找門道。

【瞎子摸團魚——摸是摸了，可是摸不著】

團魚：鱉，俗稱王八。比喻某件事做是做了，可是沒有達到目的。例你們是讀書看報了，可是瞎子摸團魚——摸是摸了，可是摸不著，對天下大事仍然一無所知，糊里糊塗。

【瞎子摸象】

據《大般涅槃經》三二載：幾個盲人各自觸摸到大象身體的一部分，都認爲自己所摸到那一部分就是大象了。後用「瞎子摸象」比喻只知事物的個別情況，而不知其全貌。例如果只從某個方面了解情況，並以爲由此掌握了全盤，那就會重現瞎子摸象的笑話。

【瞎子摸象——各說各有理】

比喻各持己見，爭論不休。例你們是瞎子摸象——各說各有理，意見很難統一，還是照領導的意見辦吧！

【瞎子摸象——各執一端】

比喻看問題主觀片面，各持己見。例處理問題，要多作調查研究，全面分析，不能瞎子摸象——各說各有理。

【瞎子摸象——亂猜】

比喻缺乏事實根據，胡亂猜測。例對別人的思想，採取瞎子摸象——亂猜的態度，然後又加以罪名，是十分錯誤的，違反了以事實爲根據，以法律爲準繩的原則。

【瞎子摸象——自以爲是】

比喻總認爲自己正確。例不虛心，瞎子摸象——自以爲是，是阻礙你進步的主要原因，要下決心克服這個毛病。

【瞎子摸魚】

比喻不切實際地盲目行事。例我們幹工作要有個長遠目標，不能像瞎子摸魚，今天幹幹這，明天幹幹那，到頭來什麼也幹不好。

【瞎子摸魚——碰到什麼抓什麼】

比喻辦事無計畫，不分輕重緩急，瞎幹一氣。例他缺乏思考，只有蠻勁，幹工作就像瞎子摸魚——碰到什麼抓什麼。

【瞎子摸魚——碰運氣】

也作「瞎子摸魚——靠碰機會」。見「瞎貓遇上死老鼠——碰運氣」。

【瞎子摸魚——枉費心機】

見「燈草織布——枉費心機」。

【瞎子磨刀——快了】

雙關語。比喻事情進展速度快，短時間內可見效果。例「什麼時候大學畢業？」「瞎子磨刀——快了，還有半年。」

【瞎子拿報——你看】

表示感到驚異或成了事實。例瞎子拿報——你看，他們就是以這種態度來對待工作，毫不負責任！

【瞎子鬧眼睛——沒治了】

也作「瞎子害眼病——沒治了」。見「犯了克山病，又得了虎林熱——沒治」。

【瞎子撲螞蚱——抓不住】

螞蚱：〈方〉蝗蟲。比喻沒有或無法掌握在手。例你自作聰明，認爲自己的問題，別人是瞎子撲螞蚱——抓不住，結果怎樣呢？不是落了個「抗拒從嚴」嗎！也作「瞎子撲螞蚱——有你也抓不住」。

【瞎子騎驢——一條道走到黑】
比喻在一條絕路上走到底。例我們希望你早日悔悟，不要瞎子騎驢——一條道走到黑。
【瞎子騎馬——專摸沒有疤的欺（騎）】
欺：「騎」的諧音。比喻專找好人或好說話的人欺侮。例我警告你，別瞎子騎馬——專摸沒有疤的欺（騎），物極必反，一切後果將由你負責。
【瞎子牽驢——放不得手】
比喻不能放手。例這些鄉辦企業，是窮人的命根子，經濟上翻身全靠它們，瞎子牽驢——放不得手啊！
【瞎子牽著盲人走——方向不明】
比喻目標不明確。例我看你們對工作是瞎子牽著盲人走——方向不明，所以，幹起來勁頭不足。
【瞎子敲鐘——莽（盲）撞】
莽：「盲」的諧音。比喻魯莽冒失。例這個小伙子是瞎子敲鐘——莽（盲）撞得很，幹不了那種細活。
【瞎子染布——不知深淺】
見「黑夜過河——不知深淺」。
【瞎子上墳——估堆】
見「賣菜的不用稱——估堆」。
【瞎子上轎——摸不著門道】
雙關語。比喻找不到門路或辦法。例我初來乍到，對這裏的工作還是瞎子上轎——摸不著門道。也作「夜裏進城——不知哪頭是門」。
【瞎子上街——摸出來的】
比喻某種事業或經驗是經過探索獲得或下苦功磨練獲得的。例他豐富的管理經驗，不是生就的，是在實踐中，瞎子上街——摸出來的。
【瞎子上樓梯——不知高低】
比喻說話或做事不知深淺輕重。例你對專家就用這種態度講話，我看你是瞎子上樓梯——不知高低。也作「瞎子下樓梯——不知高低」、「瞎子爬樹——不知高低」、「小巴狗咬月亮——不知高低」。
【瞎子上樓梯——有步數】
比喻辦事穩重，有計畫，有步驟，或心中有數。例他辦任何事情，都按部就班，有條有理，就像瞎子上樓梯——有步數。也作「瞎子過橋——有步數」。
【瞎子燒香——摸錯了廟門】
見「拜佛走進呂祖廟——找錯了門」。
【瞎子說鬼——不可言狀】
比喻沒法用言語來形容。例遊園晚會節目的精彩，的確是瞎子說鬼——不可言狀。
【瞎子死了兒子——沒指望了】
瞎子走路靠兒子指引，兒子死了就沒有人指引了。見「老寡婦死兒——沒指望了」。
【瞎子算命——胡言亂語】
也作「瞎子算命——胡說八道」。見「痴人說夢——胡言亂語」。
【瞎子算命——直言開談】
算命：一種迷信活動，憑人的生辰八字，用陰陽五行推算人的命運，斷定人的吉凶禍福。舊時，不少瞎子以算命爲職業，並標榜自己「直言開談」，不討好算命的人。比喻直截了當地說。例我就瞎子算命——直言開談，你們工廠管理不善，供、產、銷各個環節都存在著問題。
【瞎子彈琴——熟手】
比喻辦事內行，技術熟練。例叫他修理汽車，可是瞎子彈琴——熟手。也作「瞎子彈琴——手熟」。
【瞎子蹚水——試著來】
蹚水：從淺水裏走過去。比喻摸索著幹。例這完全是新的工作，誰都沒有經驗，咱們就瞎子蹚水——試著來吧。
【瞎子跳高——凶多吉少】
見「洞庭湖上踩鋼絲——凶多吉少」。
【瞎子跳舞——盲目樂觀】
比喻無根據地充滿信心。例今年氣候條件不如去年，在農業問題上不能瞎子跳舞——盲目樂觀。也作「瞎子打哈哈——盲目樂觀」。
【瞎子貼符——倒貼】
符：舊時道士畫的用來驅鬼避邪的圖形或線條，迷信的人貼在牆上或門上以驅鬼鎮妖。也作「娃娃粘對子——倒貼」。見「老鼠偷秤砣——倒貼（盜鐵）」。
【瞎子望天窗——不明不白】
見「初二三的月亮——不明不白」。
【瞎子尋針——摸不著】
見「半夜捉虱子——摸不著」。
【瞎子站櫃台——死等買賣】
瞎子站在櫃台裏，看不見顧客，不能主動兜攬買賣，只能坐在那裏死等。比喻做事不主動。例做計畫生育工作，要主動到羣衆中去，到青年中去，不能瞎子站櫃台——死等買賣。
【瞎子照鏡子——看不到自己的醜處】
見「烏鴉笑豬黑——不知醜」。
【瞎子抓雞——毛也沒摸到】
比喻什麼也沒有得到。含有不滿或牢騷的意思。例他想趁驗收的機會撈一把，結果是瞎子抓雞——毛也沒摸到，反而受到了警告的處分。
【瞎子捉鬼——沒影的事】
見「白天捉鬼——沒影的事」。
【瞎子走進自家巷——門路熟】
比喻熟悉辦某事的途徑和辦法。例你去辦這件事最合適，瞎子走進自家巷——門路熟嘛！
【瞎子走路——一步步的來】
見「老太太上台階——一步步的來」。
【瞎子走夜路——分不出東南西北】
比喻暈頭轉向。例經過幾天夜以繼日的苦幹，頭腦已經昏昏然，就像瞎子走夜路——分不出東南西北了。
【瞎子坐上席——目中無人】
見「天靈蓋上長眼睛——目中無

人」。

【瞎字不識】

指一字不識。宋．馬永卿《嬾眞子》：「魯威武仲名紇，孔子之父鄹人紇，乃叔梁紇也。皆音恨發反，而世人多呼爲核。有一小說，唐蕭穎士輕薄，有同人誤呼武仲名，因曰：『汝紇字也不識！』或以爲瞎字不識，誤矣！」

ㄒㄧㄚˊ

【匣劍帷燈】

匣劍：匣中的寶劍；帷燈：帷幕中的燈光。晉．葛洪《西京雜記》卷一：「高帝斬白蛇劍，劍上有七彩珠，九華玉以爲飾，雜廁五色琉璃爲劍匣，劍在室中，光景猶照於外，與挺劍不殊。」指劍光燈影，若隱若現。後比喻詩文創作中含而不露，隱中有顯的表現手法。也比喻事情已露馬腳或故透消息引人注意。唐．文治《國文經緯貫通大義》：「匣劍帷燈法。」

【匣裏龍吟】

晉．王嘉《拾遺記》卷一：「[帝顓頊]有曳影之劍……未用之時，常於匣裏如龍虎之吟。」本指寶劍的神通，後用以比喻人雖隱居不仕，卻聲望很高，名揚天下。

【狹路相逢】

見「相逢狹路」。

【狹路相逢，冤家路窄】

冤家：指仇人。比喻仇人相見，不能放過。也比喻不願見到的人，偏偏碰見了。《醒世姻緣傳》六五回：「狄希陳道：『苦哉！狹路相逢，冤家路窄！原來吃的是這裏虧！若不是老白透漏消息，就是純陽老祖也參不透這個玄機。』」也作「狹路逢冤家」。

【遐邇聞名】

遐邇：遠近。遠近都很有名。形容名氣大。《南齊書．高帝紀上》：「上流聲議，遐邇所聞。」例清華大學是一所遐邇聞名，學子仰慕的重點高等學府。也作「遐邇知名」。《聊齋志異．細柳》：「時福爲中丞所寵異，故遐邇皆知其名。」也作「遐邇著聞」。唐．玄奘《大唐西域記．尼波羅國》：「近代有王，號鴦輸代摩，碩學聰睿，自制《聲明論》，重學敬德，遐邇著聞。」

【遐邇一體】

遐邇：遠近。遠近合爲一體。形容團結一致。《史記．司馬相如列傳》：「以偃甲兵於此，而息討伐於彼，遐邇一體，中外禔福，不亦康乎？」

【遐邇知名】

見「遐邇聞名」。

【遐邇著聞】

見「遐邇聞名」。

【遐方絕壤】

見「遐方絕域」。

【遐方絕域】

遐方：遠方；絕域：極僻遠的區域。指邊遠地區。宋．李清照《金石錄後序》：「後二年，出任宦，便有飯蔬衣練，遐方絕域，盡天下古文奇字之志，日就月將，漸益堆積。」也作「遐方絕壤」。宋．陸游《上殿札子三首》：「皇祐之盛，復見於今，雖遐方絕壤，皆當梯航而至矣。」

【遐情逸韻】

高遠飄逸的情韻。清．翁方綱《石洲詩話》卷五：「顧仲瑛《玉山璞稿》……自具淸奇之氣。其一段遐情逸韻，飄飄欲仙，乃有楊鐵崖所不能到者。」

【遐思遙愛】

遐、遙：遠。對遠方的意中人或所敬仰的人的思戀和愛慕。《紅樓夢》三五回：「只因那寶玉聞得傳試有個妹子，名喚傅秋芳，也是個瓊閨秀玉，常聽人說，才貌俱全，雖自未親睹，然遐思遙愛之心，十分誠敬。」

【遐陬僻壤】

陬：ㄗㄡ，角落。偏遠荒僻的地方。清．顧炎武《錢糧論上》：「今若於通都大邑行商麕集之地，雖盡徵之以銀，而民不告病；至於遐陬僻壤，舟車不至之處，即以什之三徵之而猶不可得。」

【瑕不掩瑜】

瑕：玉的斑點；掩：掩蓋；瑜：玉的光彩。玉上的斑點掩蓋不了它的光彩。比喻缺點抹煞不了優點。明．張岱《又與毅儒八弟》：「有鍾[惺]譚[元春]之不好處，仍有鍾譚之好處，彼蓋瑕不掩瑜，更不可盡棄爲瓦礫。」也作「瑕不揜瑜」。《禮記．聘義》：「瑕不揜瑜，瑜不揜瑕，忠也。」

【瑕不揜瑜】

見「瑕不掩瑜」。

【瑕不自揜】

揜：ㄧㄢˇ，通「掩」。比喻對自己的缺點毛病，不加以掩飾。唐．劉禹錫《明贄論》：「淸越而瑕不自揜，潔白而物莫能污，內堅剛而外溫潤，有似乎君子者，玉也。」

【瑕瑜不掩】

玉上的斑點和光彩都自然顯露出來。比喻胸懷坦蕩，對自己的缺點和優點都不加以掩蓋。淸．袁枚《隨園詩話》卷八：「[楊萬里]一代作手，談何容易！後人嫌太雕刻，往往輕之。不知其天才淸妙，絕類太白，瑕瑜不掩，正是此公眞處。」

【瑕瑜錯陳】

見「瑕瑜互見」。

【瑕瑜互見】

玉上的斑點和光彩互存，爲人所見。比喻人或事物的缺點和優點同時存在。《明史．王彰等傳贊》：「綜其生平，瑕瑜互見。」也作「瑕瑜錯陳」。錯陳：交錯存在。淸．李慈銘《越縵堂詩話》卷上：「元[稹]白[居易]二集，瑕瑜錯陳，持擇須慎。」

【霞光萬道】

形容淸晨和傍晚時陽光透過雲層，光

芒四射，大地生輝的絢麗景象。例清晨之際，紅日東升，霞光萬道，大地披上了一層金裝。也形容珍寶放射出的奇光異彩。《兒女英雄傳》三一回：「但見個東西映著日光，霞光萬道，瑞氣千條，從門裏就衝著他懷裏飛來。」

ㄒㄧㄚˋ

【下巴底下支磚——張不開口】
下巴：下頷的通稱。見「落雨天的芝麻——難開口」。

【下坂走丸】
坂：斜坡；走：滾動；丸：彈丸。從斜坡上滾下彈丸。比喻順暢無阻。漢・荀悅《漢紀・高祖紀一》：「君計莫若以黃屋朱輪以迎范陽令，使馳鶩乎燕趙之郊，則邊城皆喜，相率而降。此猶以下坂而走丸也。」五代・王仁裕《開元天寶遺事・走丸之辯》：「張九齡善談論，每與賓客議論經旨，滔滔不竭，如下坂走丸也，時人服其俊辯。」

【下炮捻子】
比喻設法使對方發火。例他把全班人都叮囑好了，先下炮捻子，只等易進回來氣他個半死。

【下本錢】
指為達目的付出時間、精力、錢財等代價。例他對孩子的學習眞捨得下本錢，不光花了幾千元擠進了重點學校，又請了幾位家庭教師作課餘輔導。

【下筆便成】
見「下筆便就」。

【下筆便就】
就：完成。一動筆就寫成文章。形容文思敏捷，擅長寫作。《北史・魏收傳》：「詔試收為封禪書，收下筆便就，不立稿草，文將千言，所改無幾。」也作「**下筆便成**」。《晉書・應詹傳》：「[王]澄使詹為檄，詹下筆便成，辭義壯烈，見者慷慨。」也作「**下筆輒成**」。《梁書・范雲傳》：「少機警，有識具，善屬文，便尺牘，下筆輒成，未嘗定稿，時人每疑其宿構。」

【下筆不休】
下筆：落筆。形容才思敏捷，運筆如風。宋・岳珂《寶眞齋法書贊》二：「維唐二臣，一唱一酬；節物感懷，下筆不休。」

【下筆成篇】
見「下筆成章」。

【下筆成咏】
見「下筆成章」。

【下筆成章】
一落筆就寫成文章。形容才華出衆，文思敏捷。《三國志・魏書・文帝紀》：「文帝天資文藻，下筆成章。」也作「**下筆成篇**」。三國魏・曹植《王仲宣誄》：「文若春華，思若湧泉；發言可咏，下筆成篇。」也作「**下筆成咏**」。咏：詩歌。《太平廣記》卷二七三引《唐闕史》：「唐中書舍人杜牧，少有逸才，下筆成咏。」

【下筆千言】
形容文思敏捷。《醒世恆言》卷七：「下筆千言立就，揮毫四坐皆驚。」也作「**下筆萬言**」。魯迅《小說舊聞鈔・二十年目睹之怪現狀》：「[吳趼人]每有所著述，下筆萬言，不加點竄，然恆以靜夜為之，昧爽乃少休。」

【下筆如神】
形容寫作時文思湧流，辭意俱佳，如神力所為。《舊唐書・陸贄傳》：「其於議論應對，明練理體，敷陳部判，下筆如神，當時名流，無不推挹。」也作「**下筆如有神**」。唐・杜甫《奉贈韋左丞丈二十二韻》詩：「讀書破萬卷，下筆如有神。」也作「**下筆有神**」。明・范受益《尋親記・應試》：「勸君此行赴南宮，文場戰敵，下筆有神，頃刻賦日華五色。」

【下筆如有神】
見「下筆如神」。

【下筆萬言】
見「下筆千言」。

【下筆有神】
見「下筆如神」。

【下筆輒成】
見「下筆便就」。

【下筆有餘】
謂同小的或差的相比要強些。晉・張華《鷦鷯賦》：「鷦螟巢於蚊睫，大鵬彌乎天隅，將以上方不足，而下筆有餘，普天壤以遐觀，吾又安知大小之所如。」

【下不了台】
比喻處境尷尬，難以收場。《紅樓夢》一〇七回：「那知道家運一敗，直到這樣！若說外頭好看，裏頭空虛，是我早知道的了，只是『居移氣，養移體』，一時下不了台就是了。」

【下不為例】
謂這次予以原諒，下次不能照此辦理。例你今天晚回家卻沒有告訴父母親的行為，只此一次，下不為例。

【下車搏虎】
《孟子・盡心下》：「晉人有馮婦者，善搏虎，卒為善士。則之野，有衆逐虎。虎負嵎，莫之敢攖。望見馮婦，趨而迎之。馮婦攘臂下車。衆皆悅之，其為士者笑之。」意謂不再打虎的馮婦又下車打虎。後用「下車搏虎」比喻再任舊職。宋・葛勝仲《再任湖州謝表》：「動而有礙，豈能游刃以解牛；去已復來，徒類下車而搏虎。」也作「**下車馮婦**」。明・王世貞《鳴鳳記・夏公命將》：「向因桑榆暮景，蘭桂無芽，乞骸骨於江西，樂優遊於林下。何期薦章累上，豈容臥謝安於東山；詔命頻加，終至召寇老於南海。遂至作下車之馮婦，竟忘解組之兩疏。」也作「**下馬馮婦**」。《兒女英雄傳》三三回：「都因我無端的官興發作，幾乎弄得家破人亡……

如今要再去學那下馬馮婦，也就似乎大可不必了。」

【下車泣罪】

漢・劉向《說苑・君道》：「禹出見罪人，下車問而泣之。左右曰：『夫罪人不順道，故使然焉，君王何爲痛之至於此也？』禹曰：『堯舜之人皆以堯舜之心爲心，今寡人爲君也，百姓各自以其心爲心，是以痛之也。』」後用「下車泣罪」比喻爲政寬仁，不忍施用刑罰。《梁書・王僧孺傳》：「幸聖主留善待德，紓好生之施，解網祝禽，下車泣罪。」

【下車未幾】

見「下車伊始」。

【下車伊始】

伊：助詞。《禮記・樂記》：「武王克殷，反商，未及下車，而封黃帝之后於薊。」後用「下車伊始」謂官吏剛剛上任。清・百一居士《壺天錄》卷上：「寧波宗太守湘文，律己愛民，政聲卓著，當下車伊始，即自撰一聯，懸於頭門。」也作「下車未幾」。未幾：不久。宋・陸佃《適南亭記》：「公吏師也，所至輒治，故其下車未幾，弗出庭戶之間，而政成訟清。」也作「下車之初」。唐・杜甫《說旱》：「自中丞下車之初，軍郡之政，罷弊之俗，已下手開濟矣。」也作「下車之始」。《隋書・劉行本傳》：「然臣下車之始，與其爲約。此吏故違，請加徒一年。」

【下車之初】

見「下車伊始」。

【下車之始】

見「下車伊始」。

【下車作威】

見「下馬威」。

【下大雪找蹄印——罕見】

見「晴天打雷——罕見」。

【下蛋雞】

比喻能掙錢的人。例他可是隻「下蛋雞」，你別想把他調走。

【下刀子】

比喻遇到嚴重的困難或危險。例你放心，我一定準時赴約。就是下刀子，也準時到達！

【下回分解】

分解：解說。章回小說用於每回末尾的套語。後比喻事情發展的結果。老舍《四世同堂》二一：「他既然惹了冠曉荷，他就須挺起腰板等著下回分解。」

【下架的黃瓜——蔫頭了】

比喻精神不振。例他連續受到上司的嚴厲批評，好像下架的黃瓜——蔫頭了。

【下腳料】

原指製作成品剩下的邊角材。比喻沒有什麼用處的人或物。例不應該把高考落榜的學生當下腳料，應該對他們進行培訓，使他們能在適當的崗位上發揮所長。

【下了鍋的麵條——軟了下來】

也作「下了鍋的麵條——硬不起來」。見「皮球上扎一刀——軟了下來」。

【下了山的老虎——不如狗】

比喻失去了當年的威勢。例他異常懷念過去的權威，常常嘆息說，下了山的老虎——不如狗。

【下井投石】

看見人落入井裏，不但不救，反而往井裏投石頭。唐・韓愈《柳子厚墓志銘》：「一旦臨小利害，僅如毛髮比，反眼若不相識，落陷阱，不一引手救，反擠之，又下石焉者，皆是也。」因以「下井投石」比喻乘人之危加以陷害。《官場現形記》一二回：「他一見憲眷比從前差了許多，曉得其中一定有人下井投石，說他的壞話。」也作「落井下石」。

【下里巴人】

戰國時楚國的民間通俗歌曲。戰國楚・宋玉《對楚王問》：「客有歌於郢中者，其始曰下里巴人，國中屬而和者數千人。」後泛指通俗的文藝作品。《歧路燈》一〇回：「所以雲岫說請看戲，潛齋便慫恿。及見了戲，卻也有些意外開豁。譚、婁純正儒者，那得動意於下里巴人。」也作「下里巴音」。清・袁枚《小倉山房尺牘》一八三首：「雖枚之下里巴音，亦若有所愜於心而不能自已。」也作「巴人下里」。

【下里巴音】

見「下里巴人」。

【下臨無地】

臨：從上往下看。朝下看去深不見底。形容高峭險峻。唐・王勃《滕王閣序》：「飛閣流丹，下臨無地。」也作「下臨無際」。際：邊。清・百一居士《壺天錄》卷下：「山上之路有二：北道距廟較近，徑逼仄，下臨無際。」

【下臨無際】

見「下臨無地」。

【下陵上替】

陵：通「凌」，凌駕；替：廢棄。臣下凌駕於上，朝政廢弛失威。指上下失序，法度崩壞。《左傳・昭公十八年》：「於是乎下陵上替，能無亂乎？」

【下馬馮婦】

見「下車馮婦」。

【下馬看花】

比喻深入實際，認眞調查研究。例當領導的要經常下馬看花，沉到基層，解決實際問題。

【下馬威】

謂官吏剛上任就借故處罰下屬，顯示威風。後也泛指一開頭就給對方一點厲害，以壓倒對方。《孽海花》五回：「依著兄弟，總要好好兒給他一個下馬威，有錢也不給他。」也作「下車作威」。《漢書・敍傳上》：「定襄聞伯素貴，年少，自請治劇，畏其下車作威，吏民竦息。」

【下埋伏】

指秘密策劃，伺機暗算。例你以爲可以算計我，我爲人光明正大，不怕你下埋伏！

【下毛毛雨】

比喻就某事先透露一點風聲，讓人有思想準備。例這件事情要嚴格保密，誰也不能隨便下毛毛雨。

【下民惟草】

下民：百姓，平民；惟：是。百姓如草隨風倒伏，聽從在上者的敎化。《尙書・君陳》：「爾惟風，下民惟草。」

【下棋丟了帥——輸定了】

見「叫花子同龍王比寶——輸定了」。

【下氣柔聲】

形容態度恭順，說話輕柔。《官場現形記》三四回：「花媛媛的娘本來要同他拼命的，禁不起他花言巧語，下氣柔聲，一味的軟纏。」

【下氣怡色】

見「下氣怡聲」。

【下氣怡聲】

怡：和悅。形容態度恭順，言語和悅。《禮記・內則》：「及所，下氣怡聲，問衣燠寒。」也作「下氣怡色」。怡色：面色和悅。《朱子語類》卷七四：「且如孝子事親，須是下氣怡色，起敬起孝。」

【下喬遷谷】

見「下喬入幽」。

【下喬入幽】

喬：喬木，高大的樹木；幽：幽暗的山谷。從高大的樹木上下來，走入幽暗的山谷。比喻棄明投暗或由良好的處境轉入惡劣的處境。《孟子・滕文公上》：「吾聞出於幽谷遷於喬木者，未聞下喬木而入於幽谷者。」也作「下喬遷谷」。淸・陳康祺《郎潛紀聞》卷一：「部院庶僚亦自以下喬遷谷爲恥。」

【下情陪告】

下情：恭順小心。謂恭順地向人央求。金・董解元《西廂記諸宮調》卷二：「那法聰和尙對將軍下情陪告：『念本寺裏別無寶貝，敝院又沒糧草。將軍手下有許多兵，怎地停泊？』」

【下情上達】

將下面的情況或意見轉達給上面。《宋書・索虜傳》：「雖盡節奉命，未能令上化下佈，而下情上達也。」

【下軟蛋】

指表現軟弱無能。例你要堅强點，可別下軟蛋！

【下塞上聾】

下面阻塞不通，上面失聰不聞。比喻下面的情況或意見不能轉達到上面。唐・韓愈《子產不毀鄉校頌》：「川不可防，言不可弭，下塞上聾，邦其傾矣。」

【下三爛】

①比喻不成器的人。例這夥下三爛，走哪兒吃哪兒，還偸雞摸狗。②指不光彩的事。例別提那些下三爛的事兒，提起就叫人生氣。

【下山丟拐棍——忘恩負義】

見「過河拆橋——忘恩負義」。

【下士竊名】

下士：才德平庸的人。才德差的人竊取聲名。北齊・顏之推《顏氏家訓・名實》：「上士忘名，中士立名，下士竊名。」

【下水船】

順流而下的船，船行迅速。①比喻才思敏捷。例一旦靈感來潮，下筆千言，好像行下水船。②比喻工作、生活順利。例祝你事事如意，一輩子走下水船。

【下水船走不動——風頭不順】

比喻形勢發展不順利。例公司生意蕭條，銷售旺季也虧了本，眞是下水船走不動——風頭不順。

【下水道裏安燈——照管】

形容不受任何阻礙，照常行使管理職權。例這是經理工作範圍內的事，我當然是下水道裏安燈——照管，不得有誤。也作「竹筒裏點火——照管」。

【下水拖人】

比喻引誘人一同幹壞事或設計陷害人。明・孫傳庭《恭聽處分兼瀝血忱疏》：「督察謬誤，當自有因，乃無端相尤，執定沙偶之言，爲下水拖人之計，督察即思陷臣。」也作「拖人下水」。

【下水行船】

船順流而下。比喻順暢無礙。淸・李漁《風箏誤・議婚》：「這等說起來，是順風吹火，下水行船，極省力的事了。」

【下台階】

比喻擺脫困境、窘境。例你識相點，人家給了你面子，還不乘勢下台階！

【下塘挖藕——追根到底】

比喻查淸底細，弄個水落石出。例對這次事故的責任者，一定要下塘挖藕——追根到底。也作「抓住荷葉摸到藕——追根到底」。

【下學上達】

謂學習人情事理方面的基本知識，卻能從中領悟出精微的道理。《論語・憲問》：「子曰：不怨天，不尤人，下學而上達。」三國魏・何晏《集解》引孔安國：「下學人事，上知天命。」《後漢書・張衡傳》：「蓋聞前哲首務，務於下學上達，佐國理民，有云爲也。」

【下眼相看】

形容看不起人。《警世通言》卷一：「［伯牙］手下人哪知言談好歹，見是樵夫，下眼相看。」

【下一肩】

比喻次一等。例古師傅比單師傅的技術，可就下一肩了。

【下一痛砭】

砭：ㄅㄧㄢ，古代用以治病的石針。比喻尖銳而中肯地指出錯誤，以便改正。淸・葉燮《原詩・外篇下》：「『奇過則凡』一語，尤爲學李賀者下一痛砭也。」也作「**痛作針砭**」。

【下油鍋】

原指陰間的油鍋地獄。傳說人活著時作惡，死後要下油鍋。比喻沒有好下場，不得好死。例你作孽吧！有你下油鍋的一天！

【下愚不移】

移：改變。《論語・陽貨》：「唯上智與下愚不移。」後用「下愚不移」謂極愚蠢而不開竅。《醒世姻緣傳》五〇回：「無奈那下愚不移的心性，連自己竟忘記了那秀才是別人與他掙的，居之不疑。」也指不思上進。《紅樓夢》一二〇回：「奈鄙人下愚不移，致有今日。」

【下雨背蓑衣——越背越重】

蓑衣：用草或棕製成的披在身上的防雨用具。比喻把榮譽或錯誤當作思想包袱來背，越背越沉重。有時也指負擔或工作任務越來越重。例得了一次獎勵，覺得了不起啦，如今思想包袱就像下雨背蓑衣——越背越重。也作「**下雨天背稻草——越背越重**」、「**陰雨天披蓑衣——越背越重**」。

【下雨不打傘——吝嗇（淋濕）】

吝嗇：「淋濕」的諧音。比喻過分愛惜財物，當用的捨不得用。例他在我們這裏，是以下雨不打傘——吝嗇（淋濕）出名，連對災民也捨不得捐一分錢。

【下雨不打傘——輪（淋）着】

輪：「淋」的諧音。比喻輪流到了。例今晚的夜班，下雨不打傘——輪（淋）著咱了。也作「**下雨不撐傘——輪（淋）着啦**」、「**下雨不戴帽——輪（淋）到咱頭上了**」、「**下雨不打傘——臨（淋）着**」。

【下雨送蓑衣，飢餓送口糧——幫了大忙】

比喻協助別人解決了大問題。例你對我們眞好，下雨送蓑衣，飢餓送口糧——幫了大忙，使我們渡過了艱難的歲月。

【下雨天出太陽——假情（晴）】

情：「晴」的諧音。比喻感情虛僞。例對人應當眞心實意，下雨天出太陽——假情（晴）可要不得。

【下雨天出太陽——陰不陰陽不陽】

比喻不倫不類，陰陽怪氣。例看他那下雨天出太陽——陰不陰陽不陽的樣子，就知道他不是一個正派人。

【下雨天打麥子——難收場】

比喻局面難以收拾。例你把公司搞得一場糊塗，弄得天怒人怨，現在是下雨天打麥子——難收場了。也作「**下雨天打麥子——收不了場**」、「**老虎演戲——難收場**」、「**一鍋粥打翻在地——收不了場**」。

【下雨往屋裏跑——輪（淋）不到】

比喻輪不上，或排不上。例「今天你該進學校短訓班學習了吧？」「下雨往屋裏跑——輪（淋）不到。」也作「**落雨躲進山神廟——輪（淋）不着**」。

【下寨安營】

寨：營地周圍的柵欄。豎起柵欄，安好營帳。謂軍隊駐紮下來。元・無名氏《黃鶴樓》二折：「下寨安營依三略，赤心敢勇保皇朝。」也作「**安營下寨**」、「**安營紮寨**」。

【下戰書】

古時交戰雙方在戰前要派人給對方送作戰通牒，稱下戰書。比喻競賽雙方互送挑戰書。例走！咱們給他們下戰書去！明天就正式開賽！

【下治上通】

謂奉上治理下方，民情通達君上。漢・韓嬰《韓詩外傳》卷五：「澤流羣生則下安而和，福歸王公則上尊而榮，百姓皆懷安和之心而樂戴其上，夫是之謂下治而上通。下治而上通，頌聲之所以興也。」

【下逐客令】

據《史記・李斯列傳》載：秦始皇曾下逐客令，將各國來的客卿驅逐出秦國，李斯因此寫下《諫逐客書》。後用「下逐客令」指主人趕走不受歡迎的來客。老舍《二馬》：「馬老先生看出伊牧師是已下逐客令，心中十二分不高興的站起來。」

【夏蟲不可語冰】

語：談論。對只生活在夏天的蟲子不能同牠談冰。《莊子・秋水》：「夏蟲不可以語於冰者，篤於時也。」後比喻見識淺薄，難以領悟所見所聞的東西。《二刻拍案驚奇》卷三七：「美人撫掌大笑道：『郎如此眼光淺，眞是夏蟲不可語冰，我教你看著。』」也作「**夏蟲不可與語寒**」。《淮南子・原道訓》：「夫井魚不可與語大，拘於隘也；夏蟲不可與語寒，篤於時也。」也作「**夏蟲疑冰**」。晉・孫綽《遊天台山賦》：「哂夏蟲之疑冰，整輕翮而思矯。」也作「**夏蟲語冰**」。清・王韜《六合將混爲一》：「不審倚伏之機，不明順逆之故，是猶醯雞處甕，別有一天，夏蟲語冰，莫知其候也。」

【夏蟲不可語寒】

見「夏蟲不可語冰」。

【夏蟲疑冰】

見「夏蟲不可語冰」。

【夏蟲語冰】

見「夏蟲不可語冰」。

【夏蟲朝菌】

《莊子・秋水》：「夏蟲不可以語於冰者，篤於時也。」又《逍遙遊》：「朝菌不知晦朔。」意謂生在夏天的蟲子，在冬天來之前就死去了；菌類植物早上生，到晚上就枯死了。後用「夏蟲朝菌」比喻生命十分短促。晉・葛洪《抱朴子・勤求》：「諦而念之，亦無以笑彼夏蟲朝菌也。」

【夏鼎商彝】

鼎：古代的炊器；彝：ㄧˊ，古代宗廟裏的禮器。夏代的鼎，商代的彝器。泛指老古董。元・湯式《一枝花・贈王馬杓》套曲：「縱然道夏鼎商彝休將做寶貝呫，也不似他情飲。」

【夏葛冬裘】

夏天穿葛衣，冬天穿皮袍。比喻合乎時宜。唐・韓愈《原道》：「帝之與王，其號名殊，其所以爲聖一也，夏葛而冬裘，渴飲而飢食，其事殊，其所以爲智一也。」也作「冬裘夏葛」。

【夏爐冬扇】

比喻辦事不合時宜。漢・王充《論衡・逢遇》：「作無益之能，納無補之說，以夏進爐，以冬奏扇，爲所不欲得之事，獻所不欲聞之語，其不遇禍幸矣。」

【夏日可畏】

比喻待人嚴厲，令人生畏。《左傳・文公七年》：「酆舒問於賈季曰：『趙衰、趙盾孰賢？』對曰：『趙衰，冬日之日也；趙盾，夏日之日也。』」晉・杜預注：「冬日可愛，夏日可畏。」

【夏日之裘】

比喻不合時宜，或指沒用的東西。《淮南子・精神訓》：「知冬日之箑，夏日之裘，無用於己。」

【夏日之陰】

夏天太陽下的陰涼地方。比喻受人歡迎的事物。《逸周書，大聚》：「王若欲求天下民，先設其利而民自至，譬之若冬日之陽，夏日之陰，不召而民自來。」

【夏天穿皮襖——不是時候】

見「大熱天穿棉襖——不是時候」。

【夏天穿皮襖——反常】

見「六月裏下大雪——反常」。

【夏天的烘籠——無用】

烘籠：用竹子、柳條等編成的籠子，罩在爐子或火盆上，用來取暖或烘乾衣物。也作「夏天的烘籠——沒用處」。見「冬天的扇子——沒用處」。

【夏五郭公】

《春秋・桓公十四年》：「春正月，公會鄭伯於曹，無冰。夏五。」晉・杜預注：「不書月，闕文。」意謂「夏五」後缺一「月」字。《春秋・莊公二十四年》：「冬，戎侵曹，曹羈出奔陳，赤歸於曹。郭公。」杜預注：「無傳，蓋經闕誤也。」意謂「郭公」後缺有關記事。後因以「夏五郭公」比喻書中文字有缺漏。

【夏夜的螢火蟲——若明若暗】

形容模糊不清。例我對這件事是夏夜的螢火蟲——若明若暗，不便過早地發表意見。

【夏雨雨人】

雨人：雨水落在人身上，消熱解暑，令人快意。夏天的雨落在人身上。比喻及時地給人幫助。漢・劉向《說苑・貴德》：「管仲上車曰：『嗟茲乎！我窮必矣！吾不能以春風風人，吾不能以夏雨雨人，吾窮必矣！』」

ㄒㄧㄝ

【蠍虎子打噴嚏——滿嘴臊】

蠍虎子：壁虎，有臊味。比喻語言污穢，盡說下流話。例這小子不懂得文明禮貌，蠍虎子打噴嚏——滿嘴臊，人人厭惡與他交談。

【蠍虎子掀門簾——露一小手】

比喻本事不大，也要顯示一下。例在昨天的聯歡晚會上，你也蠍虎子掀門簾——露一小手，還有幾個人爲你捧場鼓掌哩！也作「袖裏伸爪爪——露一小手」。

【蠍蠍螫螫】

謂在無關緊要的事情上過分地表示關注、憐惜。《紅樓夢》五一回：「晴雯忙回身進來，笑道：『那裏就唬死他了？偏慣會這麼蠍蠍螫螫老婆子的樣兒。』」

【蠍子背仔——毒上加毒】

蠍子：節肢動物，身體多爲黃褐色，末端有毒鉤，用來禦敵或捕食，可以入藥。比喻非常狠毒。例這幫匪徒十分狠毒，匪首獨眼龍，更是蠍子背仔——毒上加毒。也作「蠍子背蜈蚣——毒上加毒」、「蠍子馱馬蜂——毒上加毒」、「蠍子蜈蚣拜把子——毒上加毒」。

【蠍子不咬——這（螫）就是了】

這：「螫」的諧音。表示肯定的判斷。比喻這就是你所希望或要求的事物。例你說要一部關於中國近代通史的書，眞湊巧，蠍子不咬——這（螫）就是了。

【蠍子的屁股——獨（毒）門兒】

比喻一人或一家獨有的某種技能或秘訣。例你用的治療黃癬病的藥，聽說是蠍子的屁股——獨（毒）門兒，對嗎？

【蠍子的屁股——摸不得】

見「老虎的屁股——摸不得」。

【蠍子的尾巴後媽的心——最毒不過】

蠍子的尾巴有毒鉤，但後媽的心不一定都毒，這是舊時的一種帶有偏見的說法。參見「伏天的太陽——毒極了」。

【蠍子的尾巴——碰不得】

見「馬蜂的屁股——碰不得」。

【蠍子掉到磨眼裏——一蜇一磨】

蜇：螫。蠍子掉到磨眼裏，蠍子用毒鉤螫磨，磨轉動後磨碎蠍子。比喻雙方各施本領爭鬥。例兩個流氓團伙械鬥，就像蠍子掉到磨眼裏——一蜇一磨，都想置對方於死地。

【蠍子放屁——毒氣大】

比喻人很毒辣，狠毒。例他到處坑人、害人，眞是蠍子放屁——毒氣大。也作「蠍子的尾巴——太毒」。

【蠍子拉屎——獨（毒）一份】

獨：「毒」的諧音。比喻獨一無二。例這種工藝品，在全國還是蠍子拉屎——獨（毒）一份，沒有超過它的。也作「蠍子拉屎——獨份（毒糞）」。

【蠍子甩尾巴——毒汁四濺】

比喻到處施展陰險毒辣的手段。例他

的確是蠍子甩尾巴——毒汁四濺，走到哪裏，哪裏遭殃。

【蠍子螫腚眼——裏外上下處處疼】

腚：ㄉㄧㄥˋ，[方]臀部。比喻渾身都感到疼痛。貶義。例敵司令得知自己的王牌軍全部被殲滅，就像蠍子螫腚眼——裏外上下處處疼。

【蠍子螫蜈蚣——以毒攻毒】

蜈蚣：節肢動物，軀幹由許多環節構成，每個環節有一對足。第一對足呈鉤狀，有毒腺，能分泌毒液。可入藥。多比喻利用對方使用的狠毒手段來制服對方。有時也指利用壞人打擊壞人。例對敵人不能心慈手軟，可採取蠍子螫蜈蚣——以毒攻毒的手段來對付他們。

【蠍子螫胸口——鑽心痛】

比喻疼痛難忍。例小楊好似蠍子螫胸口——鑽心痛，快送她進醫院吧。

ㄒㄧㄝˊ

【協德同心】

協：同。團結一致，思想統一。唐·吳兢《貞觀政要》卷五：「[太宗手詔]斯蓋股肱罄帷幄之謀，爪牙竭熊羆之力，協德同心，以致於此。」也作「**同心同德**」。宋·陸游《德勳廟碑》：「不如有公者，協心同德，均禍福，共安危……則天下之心，將以誰諉。」也作「**同心同德**」。

【協和萬邦】

萬邦：萬國。指與各國和睦相處。《尚書·堯典》：「百姓昭明，協和萬邦。」

【協力齊心】

見「協力同心」。

【協力山成玉，同心土變金】

比喻只要同心協力，就會幹出大事業來。例俗話說：「協力山成玉，同心土變金。」只要我們大家結成一條繩，就一定能完成這項重點工程的設計任務。

【協力同心】

共同努力，團結一心。《三國演義》一回：「明日當於園中祭告天地，我三人結爲兄弟，協力同心，然後可圖大事。」也作「**協力齊心**」。清·林則徐《密陳以重賞鼓勵定海民衆誅滅敵軍片》：「吾民協力齊心，殲除非種，斷不至於誤殺。」也作「**協心同力**」。清·汪琬《孝陵於役詩後序》：「凡所簡任，必極一時人才之選，故能協心同力，以左右太平之治。」也作「**協心戮力**」。宋·周密《齊東野語·嘉定寶璽》：「我輩當念祖父淪亡之痛，協心戮力，仰扣廟堂。」也作「**同心協力**」。

【協私罔上】

協：通「挾」，抱；罔：矇騙。心懷私欲，矇騙君主。《南史·何尚之傳》：「御史中丞張緒奏敬容協私罔上，合棄市。」

【協心戮力】

見「協心同力」。

【協心同德】

見「協德同心」。

【協心同力】

見「協力同心」。

【協心效力】

團結一致，盡力效勞。明·唐順之《閱視軍情首疏》：「皆因文武職官、水陸兵將，不肯協心效力，以致日久財費。」

【脅肩諂笑】

脅肩：聳起肩膀；諂笑：裝出獻媚的笑臉。形容奉承討好別人的醜態。《初刻拍案驚奇》卷二二：「那些人讓他是個現任刺史，脅肩諂笑，隨他怠慢。」也作「**脅肩獻笑**」。

【脅肩低眉】

聳著肩膀，低著眉頭。形容謙卑恭順的樣子。晉·葛洪《抱朴子·逸民》：「雖器不益於旦夕之用，才不周於之朝立俊，不亦愈於脅肩低眉，諂媚權右。」

【脅肩累足】

脅肩：聳起肩膀；累足：兩足相疊。形容畏怯的樣子。《史記·吳王濞列傳》：「吳王身有內病，不能朝請二十餘年，嘗患見疑，無以自白，今脅肩累足，猶懼不見釋。」

【脅肩獻笑】

見「脅肩諂笑」。

【脅肢裏扎上一指頭】

脅肢：胳肢窩。比喻塞腰包，暗中給好處。元·秦簡夫《東堂老》一折：「李永叔人不肯呵，脅肢裏扎上一指頭，便了。」

【邪不敵正】

見「邪不伐正」。

【邪不伐正】

伐：侵害。指邪氣壓不倒正氣，邪惡戰勝不了正義。漢·王符《潛夫論·巫列》：「妖不勝德，邪不伐正，天之經也。」也作「**邪不敵正**」。清·和邦額《夜譚隨錄》卷三：「蘭岩曰『邪不敵正』，理固然也。」也作「**邪不干正**」。干：干犯，侵害。唐·韋絢《劉賓客嘉話錄》：「此邪法也。臣聞邪不干正，若使咒臣，必不能行。」也作「**邪不侵正**」。侵：侵害，損害。《三俠五義》二一回：「且說邪吉正在作法，忽感到腦後寒光一縷，急將身體一閃，已然看見展爺目光炯炯，殺氣騰騰，一道陽光直奔瓶上。所謂邪不侵正，只聽得拍的一聲響亮，將個瓶子炸爲兩半。」也作「**邪不勝正**」。勝：壓倒。《野叟曝言》五〇回：「素臣太息道：『邪不勝正，理所固然；幻術愚人，事所恆有。』」

【邪不干正】

見「邪不伐正」。

【邪不侵正】

見「邪不伐正」。

【邪不勝正】

見「邪不伐正」。

【邪不勝正，陰不抵陽】
邪：邪氣，邪惡；正：正氣，正義；陰：鬼神；陽：人間。指邪惡勢力敵不過正義力量。鬼神抵擋不住人力。《歧路燈》七〇：「我若是個正人君子，那邪不勝正，陰不抵陽，就是鬼見我，也要欽敬三分。」

【邪門歪道】
指不正當的途徑或辦法。例無論招生徵才，都應通過考試擇優錄取，不能搞拉關係、送禮物、遞條子之類的邪門歪道。

【邪門外道】
見「邪魔外道」。

【邪魔外道】
原為佛家語，指妨害正道的邪說和行為。《藥師經》：「又信世間邪魔外道、妖孽之師，妄說禍福。」後亦指①妖魔鬼怪。元・無名氏《碧桃花》三折：「不料孩兒染病在身，醫藥無效，老夫想來必有邪魔外道迷著，不得痊可。」也作「**邪魔外祟**」。《紅樓夢》一〇九回：「你只管睡去，我們攔你作什麼？但只別胡思亂想招出些邪魔外祟來。」②指不正當的門徑或事物。《儒林外史》一回：「若是八股文欠講究，任你做出什麼來，都是野狐禪，邪魔外祟。」也作「**邪門外道**」。清・翁方綱《石洲詩話》卷二：「顧逋翁歌行，邪門外道，直不入格。」

【邪魔外祟】
見「邪魔外道」。

【邪神野鬼】
見「閒神野鬼」。

【邪書僻傳】
傳：泛指書籍。指內容淫穢怪僻的圖書。《紅樓夢》二九回：「原來寶玉自幼生成來的有一種下流痴病，況從幼時和黛玉耳鬢廝磨，心情相對，如今稍知些事，又看了些邪書僻傳所以早存一段心事，只不好說出來。」

【邪說異端】
邪惡的言論，怪誕的主張。謂違背正統思想而有嚴重危害的學說、主張。《野叟曝言》一一八回：「素臣道：『鵬兒開口，即為高蹈之路。孩兒正惱著他入於邪說異端，母親怎反獎起他來？』」也作「**異端邪說**」。

【挾冰求溫】
胳膊夾著冰塊去求得溫暖。比喻辦事方法不當，結果適得其反。《三國志・魏書・高柔傳》「殯斂於宅」裴松之注引孫盛曰：「況信不足焉而祈物之必附，猜生於我而望彼之必懷，何異挾冰求溫，抱炭希涼者哉？」

【挾筴讀書】
筴：ㄘㄜˋ，同「策」，指古代用竹、木片編連而成的書籍。帶著書籍，專心研讀。謂抓緊時間刻苦學習。《莊子・駢拇》：「臧與谷二人相與牧羊而俱亡其羊。問臧奚事？則挾筴讀書；問谷奚事？則博塞以遊。」

【挾貴倚勢】
見「挾權倚勢」。

【挾朋樹黨】
朋、黨：因利益相合而結成的小集團。謂拉幫結夥，形成勢力。《梁書・武帝紀論》：「然朱異之徒，作威作福，挾朋樹黨，政以賄成。」

【挾權倚勢】
謂據有和倚仗權勢。元・孔文卿《東窗事犯》二折：「他本是個君子人則待挾權倚勢，吹一吹登時教人煙滅飛灰。」也作「**挾貴倚勢**」。清・陳夔龍《夢蕉亭雜記》卷一：「端邸挾貴倚勢，盛氣凌人，漢大臣中，稍有才具者，必遭忌克。」

【挾人捉將】
挾：挾制。指制伏敵軍，生擒敵將。元・李文蔚《蔣神靈應》楔子：「挾人捉將千般勇，武藝精熟敢戰爭。」也作「**捉將挾人**」。

【挾山超海】
挾：用胳膊夾住；超：超越，跨越。《孟子・梁惠王上》：「挾泰山以超北海，語人曰：『我不能。』是誠不能也。」後因以「挾山超海」比喻無法辦到的事情。梁啟超《少年中國說》：「於此人也，而慫望拿雲之手段，回天之事功，挾山超海之意氣，能乎不能？」

【挾勢凌人】
見「席勢凌人」。

【挾勢弄權】
依仗勢位，玩弄權術。清・洪昇《長生殿・情海》：「況且弟兄姊妹，挾勢弄權，罪惡滔天，總皆由我，如何懺悔得盡。」

【挾泰山以超北海】
挾：挾持；超：跨越。比喻極難作到的事情。《孟子・梁惠王上》：「挾泰山以超北海，語人曰：『我不能。』是誠不能也。」

【挾天子而令諸侯】
見「挾天子以令諸侯」。

【挾天子令諸侯】
見「挾天子以令諸侯」。

【挾天子以令諸侯】
挾：挾制。挾制皇帝，以其名義號令各方諸侯。《戰國策・秦策一》：「挾天子以令天下，天下莫敢不聽。」《三國志・蜀書・諸葛亮傳》：「今[曹]操已擁百萬之眾，挾天子以令諸侯，此誠不可與爭鋒。」也比喻借有聲望者的名義發號施令。宋・嚴羽《滄浪詩話・詩評》：「論詩以李、杜為準，挾天子以令諸侯也。」也作「**挾天子而令諸侯**」。《後漢書・袁紹傳》：「今州城粗定，兵強士附，西迎大駕，即宮鄴城，挾天子而令諸侯，畜士馬以討不庭，誰能御之。」也作「**挾天子令諸侯**」。《三國演義》六一回：「此言豈不羞乎？天下豈不知你挾天子令諸侯？」

【挾細拿粗】
比喻招惹是非，挑起事端。元・關漢卿《魯齋郎》三折：「倚仗著惡黨凶徒，害良民肆生淫欲，誰敢向他行挾細拿粗。」也作「拿粗挾細」。

【挾長挾貴】

挾：挾持，指憑藉，倚仗；長：年長，年齡大；貴：顯貴，指權重位高。《孟子・萬章下》：「不挾長，不挾貴，不挾兄弟而友，友也者，友其德也。」後用「挾長挾貴」指倚仗自己的年長和勢位，強使別人服從。例在眞理面前人人平等，不能挾長挾貴，就可以壓服別人。

【挾主行令】

挾制君主，發號施令。《南齊書・劉善明傳》：「魏挾主行令，實逾二紀；晋廢立持權，遂歷四世。」

【偕老百年】

形容夫妻恩愛相處，一直到老。《西湖二集》卷二七：「但以異日得諧秦晋，終身爲箕帚之妾，偕老百年，乃妾之願。」也作「百年偕老」。

【偕生之疾】

生下來就有的疾病。即先天性疾病。《列子・湯問》：「今有偕生之疾，與體偕長，今爲汝攻之何如？」

【斜風細雨】

微風輕拂，小雨濛濛。形容風雨宜人。唐・張志和《漁歌子》詞：「青箬笠，綠蓑衣，斜風細雨不須歸。」也作「細雨斜風」。宋・辛棄疾《西江月・三山作》詞：「城鴉喚我醉歸休，細雨斜風時候。」

【鞋幫子做帽沿——高升到頂了】

見「包腳布當頭巾——高升到頂了」。

【鞋幫子做帽沿——能到頂了】

比喻逞能極了。例你現在是鞋幫子做帽沿——能到頂了，小心摔倒爬不起來。也作「包腳布當孝帽——能到頂了」。

【鞋底兒抹油——溜啦】

也作「鞋底擦油——溜了」。見「腳底下抹油——溜啦」。

【鞋底子打蠟——溜啦】

也作「鞋底兒抹蠟——溜啦」、「鞋底抹油——溜之大吉」。見「鞋底下抹油——溜啦」。

【鞋殼簍裏跑馬——沒幾步跑頭】

鞋殼簍：〈方〉鞋窩，鞋筒。比喻前途暗淡。例我看他思想已經僵化，很難有所創意，在科研上是鞋殼簍裏跑馬——沒幾步跑頭了。

【鞋裏長草——慌（荒）了腳】

也作「鞋裏邊長草——慌（荒）了腳」。見「腳趾縫裏長草——慌（荒）了腳」。

【鞋面布做帽子——高升了】

見「臭襪子改短褲——高升了」。

【鞋上繡鳳凰——能走不能飛】

鳳凰：古代傳說中的百鳥之王，羽毛美麗，雄的叫鳳，雌的叫凰。比喻本事有限。例別把他吹得太玄乎了，他的確是鞋上繡鳳凰——能走不能飛。

【鞋子布做帽子——高升得過分】

過分：說話、做事超過一定的程度或限度。比喻官運亨通，爬得很高，出人意料。例他德才有限，而又鞋子布做帽子——高升得過分了，隨時有摔下來的危險。

ㄒㄧㄝˇ

【寫字不在行——出格】

見「腦袋上長角——出格」。

【寫字出了格——不在行】

比喻外行。例這個游泳池是誰設計的沒有淺水、深水區之分，換水管道也沒有，簡直是寫字出了格——不在行。

ㄒㄧㄝˋ

【洩了氣的皮球——跳不起來】

比喻失去信心和幹勁。例他這次高考又落榜了，就像洩了氣的皮球——跳不起來了。

【洩漏風光】

比喻透露了秘密的事情。元・馮子振《鸚鵡曲・泣江婦》詞：「夏侯瞞智肖楊修，强說不多來去。怕文章洩漏風光，謎語到難開口處。」

【洩漏天機】

天機：指神秘的天意。比喻暴露了不可告人的秘密。元・王伯成《貶夜郎》三折：「往常恐東風吹與外人知，怎想這裏洩漏天機。」

【洩氣的皮球——癟了】

見「車胎放炮——癟了」。

【瀉肚吃人參——無補】

人參是强壯、興奮藥，能大補元氣，瀉肚時吃人參，不但無補，反而有害。比喻沒有什麼用處。例你們不針對實際情況採取安全指施，就像瀉肚吃人參——無補。也作「瀉肚子吃補藥——白費」。

【瀉水懸河】

見「懸河瀉水」。

【卸包袱】

比喻解脫負擔。例孩子參加工作，我就卸包袱了，可以鬆口氣了。

【卸擔子】

比喻放下、解脫責任和負擔。例你暫時可不能卸擔子，得等到接手的人來了再說。

【卸架的黃煙葉兒——蔫了】

卸架的黃煙葉兒：指把已晒過或烤過的煙葉從架上取下。見「久旱的庄稼——蔫了」。

【卸磨殺驢】

把拉完磨的驢卸下來殺掉。比喻拋棄曾爲自己出力效勞的人。例這位老先生辛辛苦苦爲公司幹了幾十年，可到頭來老闆來了個卸磨殺驢，將他解雇，眞叫人心寒！

【卸磨殺驢——恩將仇報】

也作「卸磨殺驢——以怨報德」。見「狗咬屙屎人————恩將仇報」。

【卸磨殺驢——忘恩負義】

見「過河拆橋——忘恩負義」。

【屑屑計較】

屑屑：瑣碎；形容在微不足道的小事

上過分計較。清・吳雷發《說詩菅蒯》一八：「詩須論其工拙，若寓意與否，不必屑屑計較也。」

【屑榆為粥】

將榆樹磨成碎末，作為粥食。指荒年時的艱苦生活。《新唐書・陽城傳》：「歲飢，屏跡不過鄰里，屑榆為粥，講論不輟。」

【謝賓客】

比喻逝世、死亡。例我昨天才得知令堂已謝賓客，恕我晚來一步，一點忙也未幫上。

【謝館秦樓】

舊謂歌舞場所或妓院。元・劉庭信《雙調新水令・春恨》曲：「想俺那多才，柳陌花街，莫不是謝館秦樓，多應在走馬章台。」也作「秦樓謝館」。

【謝天謝地】

舊時認為事情順利同天地神靈的佑護有關，因而感謝天地。泛指感激或慶幸。《初刻拍案驚奇》卷二二：「虧得兒子崢嶸有日，奮發有時，眞是謝天謝地。」

【邂逅相逢】

見「邂逅相遇」。

【邂逅相遇】

指沒有約定而意外地見面。《詩經・鄭風・野有蔓草》：「有美一人，清揚婉兮，邂逅相遇，適我願兮。」也作「邂逅相逢」。《鏡花緣》一〇回：「今日又去打虎，誰知恰好遇見賢侄。邂逅相逢，眞是『萬里他鄉遇故知』，可謂三生有幸！」

【蟹荒蟹亂】

見「蝦荒蟹亂」。

【蟹匡蟬緌】

蟹匡：蟹的背殼；蟬緌（ㄖㄨㄟˊ）：蟬的針吻。《禮記・檀弓下》：「成人有其兄死而不為衰者，聞子皐將為成宰，遂為衰。成人曰：『蠶則績而蟹有匡，范則冠而蟬有緌；兄則死而子皐為之衰。』」原謂蠶績（蠶繭）同蟹匡、范冠（蜂的觸角）同蟬緌外貌相似，而實非一類，以喻成人貌似為兄服衰，而實是為子皐。後以「蟹匡蟬緌」比喻似是而非，互不相關。《東坡志林》卷二：「蔡延慶所生母亡，不為服久矣，聞李定不服所生母，為台所彈，乃乞追服。乃知蟹匡蟬緌，不獨成人之弟也。」

【燮和天下】

燮和：調和，協調。使國家協調和順。《尚書・顧命》：「燮和天下，用答揚文武之光訓。」

【燮和之任】

《尚書・顧命》：「燮和天下，用答揚文武之光訓。」因宰相的職責是使整個國家協調和順，故後用「燮和之任」謂宰相的職務。唐・韓愈《為裴相公讓官表》：「豈意陛下擢臣於傷殘之餘，委臣以燮和之任。」

【燮理陰陽】

燮理：協調治理；陰陽：指天地、日月等對立之物，借喻國家大事。謂大臣輔佐君主協調治理國家大事。《尚書・周官》：「立太師、太傅、太保，茲維三公，論道經邦，燮理陰陽。」

ㄒㄧㄠ

【梟鏡其心】

梟：鳥名，即貓頭鷹，舊時認為是惡鳥，生而食母；鏡：同「獍」，傳說中的惡獸，生而食父。比喻不孝或忘恩負義的狠毒心腸。《魏書・蕭寶夤傳》：「寶夤背恩負義，梟鏡其心。」也作「梟獍之心」。北齊・魏收《後漢孝靜帝伐元神和等詔》：「[元神和等]了無犬馬之識，便有梟獍之心。」

【梟獍之心】

見「梟獍其心」。

【梟鸞並集】

見「梟鸞並棲」。

【梟鸞並棲】

梟：鳥名，即貓頭鷹，舊時認為是惡鳥；鸞：傳說中鳳凰之類的神鳥。比喻惡人和善人或小人和君子在一起共事。宋・蘇轍《論呂惠卿》：「今朝廷選用忠信惟恐不及，而置惠卿於其間，譬如薰蕕雜處，梟鸞並棲不惟勢不兩立，兼亦惡者必勝。」也作「梟鸞並集」。清・紀昀《閱微草堂筆記・如是我聞四》：「洛閩諸儒，無孔子之道德，而亦招聚生徒，盈千累百，梟鸞並集，門戶交爭，遂良為朋黨，而國隨以亡。」

【梟首示眾】

砍下人頭懸掛高處，讓眾人都看到，以示懲戒。《古今小說》卷三九：「汪革照例該凌遲處死，仍梟首示眾，決不待死。」

【梟雄之姿】

英雄豪傑的威武姿態。《三國志・吳書・周瑜傳》：「劉備以梟雄之姿，而有關羽、張飛熊虎之將，必非屈為人用者。」

【枵腸轆轆】

枵：空虛；轆轆：車行時輪子的聲音。肚子餓得咕咕叫。形容非常飢餓。《聊齋志異・西湖主》：「忽僮僕肢體微動，喜而捫之。無何，嘔水數斗，豁然頓蘇。相與曝衣石上，近午始燥可著。而枵腸轆轆，飢不可堪。」

【枵腹從公】

枵：空虛。空著肚子辦理公務。梁啟超《駁某報之土地國有論》：「則彼共和政府上自大統領、國會議員，下之未入流之小吏，除枵腹從公外更無他術。」

【枵腹重趼】

重趼：手足因長期磨擦而生成的老繭。形容遠程步行，忍飢挨餓的艱辛。《清史稿・方觀承傳》：「觀承尚少，寄食清涼山寺。歲與兄觀永徒步至塞外營養，往來南北，枵腹重跰。」

【削尖了腦袋往裏鑽】

指不擇手段鑽營名利。例為了達到個人目的，他削尖了腦袋往裏鑽。

【鴞心鸝舌】

鴞：即貓頭鷹，舊時認為是惡鳥；鸝：黃鸝，一種鳴禽，其叫聲婉轉動聽。比喻內心歹毒而說話動聽。《歧路燈》七二回：「這紹聞當不住鴞心鸝舌的話。眞乃是看其形狀，令人能種種不樂；聽其巧言，卻又掛板兒聲聲打入心坎。」

【嘵嘵不休】

嘵嘵：亂吵亂嚷的樣子。形容沒完沒了的爭論。《鏡花緣》八八回：「若再參商，嘵嘵不休，豈非前因未了，又啟後世萌芽？」

【驍勇善戰】

驍勇：勇猛；善：擅長。形容作戰勇猛而又善於用兵。《南齊書·戴僧靜傳》：「其黨輔國將軍孫曇瓘驍勇善戰，每蕩一合，輒大殺傷，官軍死者百餘人。」

【逍遙法外】

犯罪的人逃脫於法律制裁，仍然自由自在。孫伏園《長安道上》：「此種案件如經法庭之手，還不是與去年某案一樣含糊了事，任凶犯逍遙法外嗎？」

【逍遙區外】

見「逍遙物外」。

【逍遙事外】

見「逍遙物外」。

【逍遙物外】

逍遙：無拘無束，自由自在；物外：世外。指無拘無束，不理世事。南朝梁·蕭統《錦帶書十二月啟·林鐘六月》：「敬想足下，藏形月府，遁跡冰床，披莊子之七篇，逍遙物外；玩老聃之兩卷，恍惚懷中。」也作「逍遙區外」。區外：世外。《太平御覽》卷一引《詩》：「焉得松齊，頤神太素；逍遙區外，登我年祚。」也作「逍遙事外」。唐·朱慶餘《和劉補闕秋園寓興之什》詩之三：「逍遙人事外，杖屨入杉夢。」

【逍遙自得】

形容毫無拘束，自由自在。晉·潘岳《閑居賦》：「於是覽止足之分，庶浮雲之志，築室種樹，逍遙自得。」也作「逍遙自在」。《儒林外史》三五回：「你只去權坐幾天，不到一個月，包你出來，逍遙自在。」也作「消遙自在」。明·謝讜《四喜記·親憶瓊英》：「你看那人踏雪尋梅，那人寒江獨釣，何等消遙自在。」也作「自在逍遙」。

【逍遙自娛】

指毫無拘束，自得其樂。唐·李珏《唐丞相太子少傅贈太尉牛公神道碑銘》：「池台琴酒，逍遙自娛，賢士大夫，尚其軌躅。」

【逍遙自在】

見「逍遙自得」。

【消愁解悶】

消除憂愁，排解煩悶。《古今小說》卷三六：「宋四公且入酒店裏去，買些酒消愁解悶則個。」也作「消愁破悶」。破：破除，消除。《紅樓夢》一回：「但觀其事跡原委，亦可消愁破悶。」也作「消愁遣悶」。遣：排遣，排解。清·梁廷柟《曲話後記》：「予幼喜讀曲，今成癖矣，消愁遣悶，殆勝小說。」也作「消愁釋憒」。憒：昏悶。北齊·顏之推《顏氏家訓·雜藝》：「彈棋亦近世雅戲，消愁釋憒，時可為之。」也作「消愁釋悶」。《敦煌變文集·降魔變文》：「三春㝠柳，周青翠而垂條；九夏名花，遍池亭而照灼。足可消愁適（釋）悶，悅暢心神。」也作「消閒遣悶」。消閒：消除閒愁。《醒世恒言》卷四：「小子就將這話勸他，惜花起來；雖不能得道成仙，亦可以消閒遣悶。」

【消愁破悶】

見「消愁解悶」。

【消愁遣悶】

見「消愁解悶」。

【消愁釋憒】

見「消愁解悶」。

【消愁釋悶】

見「消愁解悶」。

【消患未形】

在禍患還沒有形成之前就將其消除。清·黎庶昌《上沈相國書》：「必有消患未形，而為朝野所利賴、遠人所折服者。」

【消磨歲月】

消磨：度過（時間）。謂度過時光。《兒女英雄傳》二四回：「再說那舅太太只和姑娘這等消磨歲月，轉瞬之間，早度過殘歲，又到新年。」

【消聲滅跡】

見「銷聲匿跡」。

【消聲匿跡】

見「銷聲匿跡」。

【消釋前嫌】

消釋：消除；嫌：怨，怨仇。消除過去結下的怨仇。例台兒莊大戰時，張自忠和龐炳勛兩位將軍以抗戰為重，毅然消釋前嫌，並肩殺敵，沈重打擊了日本侵略軍。

【消閒果子】

比喻消磨時光，排遣閒愁的對象。《孽海花》三〇回：「老實說，也不過像公子哥兒嫖姑娘一樣，吃著碗裏瞧著碟裏，把我當做家常便飯的消閒果子吧咧！」

【消閒遣悶】

見「消愁解悶」。

【消遙自在】

見「逍遙自得」。

【消災解厄】

厄：厄運。消除災禍，擺脫厄運。《西遊記》一八回：「燒了些平安無事的紙，念了幾卷消災解厄的經。」

【消災延福】

延：引來。消除禍患，引來福氣。

元·無名氏《硃砂擔》楔子：「只不如在家裏謹謹慎慎的消災延福倒好。」

【宵旰焦勞】

見「宵旰憂勞」。

【宵旰勤勞】

見「宵旰憂勞」。

【宵旰圖治】

宵旰（ㄍㄢˋ）：指宵衣旰食。天未亮就起床，到天黑才吃飯，日夜操勞，力圖治好國家。《明史·羅僑傳》：「願陛下慎逸游，屏玩好，放棄小人，召還舊德，與在廷臣工，宵旰圖治，並敕法司慎守成律。」

【宵旰憂勞】

天未亮就起床，到天黑才吃飯，日夜憂思操勞。形容君王勤於政事。《明史·吳時來傳》：「若不去嵩父子，陛下雖宵旰憂勞，邊事終不可為也。」也作「**宵旰憂勤**」。《官場現形記》二〇回：「本署院任京秩時，伏見朝廷崇尚節儉，宵旰憂勤，屬在臣工，尤宜惕厲。」也作「**宵旰焦勞**」。《明史·章懋傳》：「此正陛下宵旰焦勞，兩宮母后同憂天下之日。」也作「**宵旰勤勞**」。清·蔣士銓《冬青樹·柴市》：「囑，囑，囑，囑咐他宵旰勤勞。」

【宵旰憂勤】

見「宵旰憂勞」。

【宵寢晨興】

宵：夜晚；興：起來。睡得晚，起得早。形容日夜辛勞。漢·蔡邕《讓高陽侯印綬符策表》：「臣是以宵寢晨興，叩膺增嘆，心煩慮亂，喘呼息吸。」

【宵衣旰食】

宵：夜晚；旰：天色很晚。天不亮就穿衣起床，到天色很晚才吃飯。形容君王政務繁忙，日夜辛勞。唐·劉蕡《賢良方正直言極諫對策》：「若夫任賢惕厲，宵衣旰食，宜黜左右之女織佞，進股肱之大臣。」也作「**旰食宵衣**」。

【硝酸加鹽酸——放到哪，爛到哪】

一份濃硝酸加上三份濃鹽酸混合起來，就成了王水。王水腐蝕性極強，能溶解金、鉑和某些在一般酸類中不能溶解的金屬。比喻壞人或品質不好的人，每到一處都會給周圍帶來損害。例事實已證明，這個人是硝酸加鹽酸——放到哪，爛到哪，堅決不能招聘他來公司工作。

【硝煙彈雨】

硝：火藥。硝煙滾滾，彈發如雨。形容戰場上戰鬥十分激烈。《孽海花》三三回：「那些日軍官剛離了硝煙彈雨之中，倏進了酒綠燈紅之境，沒一個不興高采烈。」也作「**硝雲彈雨**」。梁啟超《新民說》一〇節：「然則豈特與西人相遇於硝雲彈雨之中，而後知其勝敗之數也。」

【硝煙瀰漫】

瀰漫：充滿，佈滿。形容戰火激烈。例第二次世界大戰爆發後，歐洲變成了硝煙瀰漫的戰場。

【硝雲彈雨】

見「硝煙彈雨」。

【銷患於未然】

銷：消除。在禍害還沒有發生之前就設法予以消除。漢·劉向《極諫用外戚封事》：「夫明者起福於無形，銷患於未然。」也作「**防患於未然**」。

【銷毀骨立】

銷毀：消瘦；骨立：瘦得如一副骨架立在那兒。形容十分消瘦。《梁書·武帝紀下》：「高祖形容本壯，及還至京都，銷毀骨立，親表士友，不復識焉。」也作「**形銷骨立**」。《聊齋志異·葉生》：「生嗒喪而歸，愧負知己，形銷骨立，痴若木偶。」

【銷魂奪魄】

形容受外界事物的強烈吸引或刺激而無法自控，失去了常態。《儒林外史》四一回：「鹽商富貴奢華，多少士大夫見了就銷魂奪魄；你一個弱女子，視如土芥，這就可敬的極了。」

【銷難解紛】

銷：消除；紛：紛爭。消除危難，排解紛爭。宋·汪藻《吳仟莫儔散官安置制》：「苟捐軀徇國之無人，則銷難解紛之奚賴？」也作「**排難解紛**」。

【銷聲避影】

見「銷聲匿跡」。

【銷聲割跡】

見「銷聲匿跡」。

【銷聲晦跡】

見「銷聲匿跡」。

【銷聲斂跡】

見「銷聲匿跡」。

【銷聲匿跡】

銷：消除；匿：隱藏。沈默不語，掩藏行蹤。形容隱伏起來，無人知曉，或不再出現，影響消失。《官場現形記》二八回：「他平生最是趨炎附勢的，如何肯銷聲匿跡。」也作「**銷聲避影**」。《太平廣記》卷四九二引《靈應傳》：「妾以夫族得罪於天，未蒙上帝昭雪，所以銷聲避影，而自困如是。」也作「**銷聲割跡**」。清·朱彝尊《〈劉介于詩集〉序》：「劉君石齡，以高才不試於有司，銷聲割跡，恆以吟咏自娛。」也作「**銷聲晦跡**」。《太平廣記》卷八二引《廣異記》：「今生不遇時而應此常調，但銷聲晦跡而已。」也作「**銷聲斂跡**」。宋·孫光憲《北夢瑣言》卷一一：「宗生避地，亦到錦江，然畏潁川（陳敬瑄）知之，遂旅遊資中郡，銷聲斂跡，惟恐人知。」也作「**銷聲匿影**」。梁啟超《中國專制政治進化史論》：「其暗潮波折，屢起屢伏，更歷千年，然後銷聲匿影以至於盡也。」也作「**消聲滅跡**」。《藝文類聚》卷三六引北周·庾信《五月披裘負薪畫贊》：「披裘當夏，俗外為心。雖逢季子，不拾遺金。禽巢欲遠，魚穴惟深。消聲滅跡，何必山林！」也作「**消聲匿跡**」。

【銷聲匿影】
見「銷聲匿跡」。
【銷鑠縮栗】
銷鑠：毀滅；縮栗：畏縮。謂意氣衰頹，畏怯避讓。唐・韓愈《與少室李拾遺書》：「强梁之凶，銷鑠縮栗，迎風而委伏。」
【虓虎之勇】
虓虎：咆哮的老虎。像發怒的老虎一樣勇猛。《三國志・魏書・呂布傳論》：「呂布有虓虎之勇，而無英奇之略，輕狡反覆，唯利是視。自古及今，未有若此不夷滅也。」
【蕭艾敷榮】
見「蕭敷艾榮」。
【蕭敷艾榮】
蕭、艾：艾蒿，蒿草，舊時認爲是惡草；敷、榮：豐茂，繁茂。比喻小人得勢，飛黃騰達。南朝宋・劉義慶《世說新語・言語》：「毛伯成（玄）既負其才氣，常稱：寧爲蘭摧玉折，不作蕭敷艾榮！」也作「**蕭艾敷榮**」。宋・劉克莊《留山間種藝十絕・蘭》：「蕭艾敷榮各有時，深藏芳潔欲奚爲？」
【蕭斧之誅】
蕭斧：利斧，用以處決罪犯；誅：誅殺，處死。形容處決罪大惡極的犯人。唐・孔穎達《春秋正義序》：「一字所嘉，有同華袞之贈；一言所黜，無異蕭斧之誅。」
【蕭規曹隨】
蕭：蕭何，漢初丞相；曹：曹參，繼蕭何之後任丞相。蕭何制定的一套法規政令，曹參接任後全都承襲下來，繼續執行。比喻按照前人的成規舊制辦事。漢・揚雄《解嘲》：「夫蕭規曹隨，留侯畫策，陳平出奇，功若泰山，響若坻隤。」
【蕭何月下追韓信——連夜趕】
據《史記・淮陰侯傳》記載：韓信爲漢初諸侯王。他出身貧賤，不受重用。漢丞相蕭何很器重他，雖多次向漢王劉邦薦舉，終不被理睬。韓信一氣之下悄悄出走，蕭何聞訊後連夜追趕，說服韓信回歸漢營。後劉邦採納蕭何建議，拜韓信爲大將軍。比喻不誤時機，加快行動。例爲了保證今年任務的完成，各工廠就像蕭何月下追韓信——連夜趕，歇人不歇機器。
【蕭何追韓信——識人才】
比喻善於發現人才。例工廠人才濟濟，主要是廠長蕭何追韓信——識人才，善於關心團結他們，使他們克服重重困難安心廠內工作。
【蕭郎陌路】
蕭郎：泛指女子所戀的男子；陌路：指路上見到的素不相識的人。指女子把曾相愛的男子當作陌生人看待，不再接觸。唐・崔郊《贈去婢》：「侯門一入深如海，從此蕭郎是路人。」
【蕭牆禍起】
蕭牆：宮室內當門的小牆，指內部。《論語・季氏》：「吾恐季孫之憂，不在顓臾，而在蕭牆之內也。」後用「蕭牆禍起」比喻內部發生禍患。《警世通言》卷三八：「蕭牆禍起片時間，到如今反爲難上難。」也作「**蕭牆釁起**」。釁：爭端。宋・陳亮《酌古論三・諸葛孔明上》：「魏明[帝]即世，齊王踐位，上下相疑，蕭牆釁起。引兵合進，可以一舉而覆其巢穴。」也作「**禍起蕭牆**」、「**釁起蕭牆**」。
【蕭牆釁起】
見「蕭牆禍起」。
【蕭牆之變】
見「蕭牆之患」。
【蕭牆之禍】
見「蕭牆之患」。
【蕭牆之患】
《論語・季氏》：「吾恐季孫之憂，不在顓臾，而在蕭牆之內也。」後用「蕭牆之患」比喻內部潛在的禍害。《韓非子・用人》：「不謹蕭牆之患，而固金城於遠境；不用近賢之謀，而外結萬乘之交於千里。」也作「**蕭牆之變**」。變：變亂。《金史・熙宗悼平皇后傳》：「海陵本懷覬覦，因之疑畏愈甚，蕭牆之變，從此萌矣。」也作「**蕭牆之禍**」。《三國志通俗演義》卷一：「速提雄虎之師，克定蕭牆之禍。」也作「**蕭牆之危**」。《三國志・蜀書・先主傳》：「朝廷有蕭牆之危而禦侮未建，可爲寒心。」
【蕭牆之危】
見「蕭牆之患」。
【蕭然塵外】
見「蕭然物外」。
【蕭然物外】
蕭然：淸閒冷寂的樣子；物：世外。謂超逸脫俗，不理世事。《晉書・單道開傳》：「後至南海，入羅浮山，獨處茅茨，蕭然物外。」也作「**蕭然塵外**」。淸・李慈銘《越縵堂詩話》卷下之上：「又詩中多言梅花及山林閒適之趣，故筆墨間時覺蕭然塵外。」
【蕭行范篆】
南朝宋・羊欣以擅長隸書而聞名一時，蕭思話、范曄同師羊欣而自成一格，蕭善行書，范精小篆，後世並稱爲「蕭行范篆」。唐・張彥遠《法書要錄》卷二「袁昂古今書評」：「羊眞孔草、蕭行范篆，各一時絕妙。」
【簫韶九成】
簫韶：虞舜時的樂曲名；九成：九章。簫韶樂曲演奏了九章。比喻優美典雅的樂章。《尚書・益稷》：「簫韶九成，鳳凰來儀。」元・馬致遠《漢宮秋》四折：「猛聽得仙音院鳳管鳴，更說甚簫韶九成。」
【瀟灑風流】
舉止大方，風度灑脫。明・謝讜《四喜記・詩禮趨庭》：「幾年蹤跡嘆江湖，瀟灑風流人怎如，花錦爛春衢，惹動心猿不住。」也作「**風流瀟灑**」。
【霄壤之別】
見「霄壤之隔」。
【霄壤之隔】

霄：雲，指天；壤：指地。形容相距很遠或差異極大。宋·樓鑰《上蔣參政書》：「子于蔣公之門，無一日之舊，而勢位如霄壤之隔。」也作「霄壤之別」。魯迅《肥皂》：「比起先前用皂莢時候的只有一層極薄的白沫來，那高低眞有霄壤之別了。」也作「霄壤之殊」。殊：不同，差異。宋·胡仔《苕溪漁隱叢話後集·醉吟先生》：「善惡智愚，相背絕遠，何啻霄壤之殊。」也作「天壤之別」、「天壤之隔」。

【霄壤之殊】

見「霄壤之隔」。

ㄒㄧㄠˇ

【小巴狗咬月亮——不知高低】

小巴狗：狗的一個品種，體小，毛長，腿短，供玩賞，也叫哈巴狗或獅子狗。見「瞎子上樓梯——不知高低」。

【小把戲】

①指小孩子。例這個小把戲眞可愛。②喻小計謀、小手段。例你別耍這些小把戲了，人人都看得出你是陽奉陰違。

【小白長紅】

大的小的，紅的白的。指各色各樣的花。唐·李賀《南園》詩之一：「花枝草蔓眼中開，小白長紅越女腮。」

【小白臉】

指皮膚白晳、年輕漂亮的小伙子。例他妹妹找了個小白臉，得意得很吶！

【小本經紀】

經紀：經營。指小本生意。也比喻小規模地做某事。《初刻拍案驚奇》卷一一：「我們小本經紀，如何打短我的？」也作「小本經營」。魯迅《域外小說集·略例》：「於是又自然而然的只能小本經營，姑且嘗試，這結果便是譯印《域外小說集》。」

【小本經營】

見「小本經紀」。

【小辮子】

比喻某人某事的把柄。例他的小辮子不少，隨便一抓就是幾條。

【小不忍而大亂大謀】

見「小不忍則亂大謀」。

【小不忍亂大謀】

見「小不忍則亂大謀」。

【小不忍則亂大謀】

大謀：大的計畫。小的方面不能容忍，就會打亂全盤的計畫。《論語·衛靈公》：「巧言亂德，小不忍則亂大謀。」《三國演義》一一七回：「子鄧忠勸曰：『小不忍則亂大謀』父親若與他不睦，必誤國家大事。望切容忍之。」也作「小不忍而亂大謀」。唐·陳子昂《諫靈駕入京書》：「夫小不忍而亂大謀，仲尼之至誡，願陛下察之。」也作「小不忍亂大謀」。《漢書·外戚傳下》：「夫小不忍亂大謀，恩之所不能已者義之所割也。」

【小才大用】

指才能低的人擔當重任。也用作自謙之詞。唐·白居易《常樂里閒居偶題十六韻》詩：「小才難大用，典校在秘書。」例如果讓一個音感遲鈍的人擔任樂隊指揮，那未免是小才大用了。

【小草魚趕鴨子——找死】

小草魚：生活在河溝、池塘裏的專吃水草的小魚。見「耗子舔貓鼻子——找死」。

【小車不倒只管推】

比喻一定要把工作堅持到底。例雖然他已經筋疲力盡，但仍然咬牙挺住，小車不倒只管推。

【小車不抹油——乾叫喊】

小車：此指獨輪車，一種用硬木製造的手推單輪小車。車軸與車耳的接觸部分要常塗潤滑油，否則車輪轉動時因摩擦常發出「吱吱哇哇」的叫聲。比喻毫無意義的空喊。例要腳踏實地工作，小車不抹油——乾叫喊，並不能提高生產效率。

【小車兒不拉——忒（推）行】

忒：「推」的諧音，〈方〉太，很。比喻太合適不過了。例「用無記名投票選舉工會主席，好嗎？」「小車兒不拉——忒（推）行。」

【小懲大戒】

見「小懲大誡」。

【小懲大誡】

誡：警告。謂給予小的懲罰，使其受到警告，吸取教訓，不至犯大的過失。《周易·繫辭下》：「小人不恥不仁，不畏不義，不見利不勸，不威不懲；小懲而大誡，此小人之福也。」也作「小懲大戒」。《糊塗世界》卷一一：「至於那六百兩銀子，我是並不稀罕，不過借此小懲大戒，也叫你東家曉得點輕重，你們要告儘管去上告。」

【小丑打擂——胡鬧台】

小丑：指戲曲中的丑角或雜技中做滑稽表演的人，小丑一般只能逗樂；打擂：上擂台比武。見「二楞子當演員——胡鬧台」。

【小丑陸梁】

見「小丑跳梁」。

【小丑跳梁】

小丑：微賤的小人；跳梁：亂蹦亂跳。指受人鄙視的小人上竄下跳，惹事搗亂。《宋史·張景憲傳》：「元豐初年，知河陽。時方討西南蠻。景憲入辭，因言：『小丑跳梁』殆邊吏擾之耳。」也作「小丑陸梁」。陸梁：跳躍的樣子。《元史·元明善傳》：「明善固爭，以爲王者之師，恭行天罰，小丑陸梁，戮其渠魁可爾，民何辜焉！」

【小蔥拌豆腐——一清（青）二白】

也作「大蔥拌豆腐——一清（青）二白」。見「菠菜煮豆腐——清清（青青）白白」。

【小挫之後，反有大獲】

挫：挫折。人經受了小的挫折之後，

往往會發憤努力，而有較大的收穫。《續孽海花》四三回：「子珮道：『不然，或者小挫之後，反有大獲，也未可知。仲濤的話很有道理。』」

【小大由之】

《論語・學而》：「禮之用，和爲貴。先王之道，斯爲美；小大由之。」原指無論小事大事都合乎禮，後指可大可小，不加計較。

【小刀子哄孩子——不是玩的】

比喻不是兒戲，有危險。例搞這種惡作劇，就像小刀子哄孩子——不是玩的，傷了人怎麼辦？

【小道消息】

從非正式渠道得來的，往往不大可靠的傳聞。巴金《小騙子》：「不用說，這些都是小道消息，不可靠。」

【小德出入】

小德：指小節；出：指超出禮法的約束；入：指遵守禮法。謂在小節上不大注意。《論語・子張》：「大德不逾閑，小德出入可也。」《兒女英雄傳》三〇回：「有時到了興會淋漓的時節，就難免有些小德出入。」

【小動作】

比喻暗中偷偷摸摸做的不正當的活動。例他們搞小動作也沒有用，大局早已定了。

【小豆干飯——悶（燜）起來】

也作「小豆做乾飯——總悶（燜）著」。見「塌鍋乾飯——悶（燜）著」。

【小肚雞腸】

比喻心胸狹窄，眼光短淺。例他就是一點小事也十分計較，要是不稱心，還得生半天的悶氣，眞是個小肚雞腸。

【小兒造化】

小兒：對人的蔑稱；造化：世界萬物的創造者。對命運或自然規律的風趣說法。元・薩都剌《連夜雨晴》詩：「小兒造化多戲人，世上俗子徒勞神。」也作「小兒造物」。造物：造物主，天神。元・薩都剌《高郵阻風》詩：「小兒造物不可測，昨日南風今日北。」也作「造化小兒」。

【小兒造物】

見「小兒造化」。

【小兒嘴裏出眞言】

見「小孩兒嘴裏討實話」。

【小而聰了】

見「小時了了」。

【小耳朵】

指暗地裏偷聽的人。例最近走漏消息不少，要提防小耳朵。

【小恩小惠】

謂給人一點好處，以籠絡人心。《東歐女豪傑》三回：「偶有一個狡猾的民賊出來，略用些小恩小惠來撫弄他，他便歡天喜地感恩戴德。」也作「小惠小恩」。

【小哥倆出師——各奔前程】

出師：學徒期滿，可以獨立工作。見「相逢不下鞍——各奔前程」。

【小鴿子餵飽——忘了本啦】

小鴿子吃飽就飛走了，忘記是誰餵它的。見「木頭人鋸樹——忘本」。

【小公雞吹喇叭——連喔喔帶哇哇】

喔喔：象聲詞，雞叫聲；哇哇：象聲詞，喇叭聲。形容嘰嘰喳喳，說個不停。例隔壁宿舍的女同學就像小公雞吹喇叭——連喔喔帶哇哇，吵鬧得四鄰不安，無法睡覺。

【小狗落屎缸——有得吃】

形容不愁沒吃的。貶義。例鄰居二小子送給李老財作乾兒子了，從今後小狗落屎缸——有得吃了。

【小姑獨處】

小姑：指年輕女子。南朝樂府《青溪小姑曲》：「小姑所居，獨處無郎。」後用「小姑獨處」指年輕女子還未出嫁。

【小姑娘梳頭——自便（辮）】

便：「辮」的諧音。比喻盡自己的方便行事。例「我有急事，想提前離開會場。」「小姑娘梳頭——自便（辮）。」

【小廣播】

指私下傳播不可靠的或不應該傳播的消息。例有些人就喜歡做小廣播，也不管會造成什麼影響。

【小鬼拜見張天師——自投羅網】

張天師：東漢末年，張道陵創立道教，後世信奉道教的人奉他爲天師，俗稱張天師。傳說張天師能施展法術，擒拿鬼怪。見「飛蛾撲蜘蛛——自投羅網」。

【小鬼吹火——扇陰風】

比喻暗地裏散佈不滿情緒，造謠惑衆。例這個老巫婆除裝神弄鬼外，就是小鬼吹火——扇陰風，搞得四鄰不安，人心惶惶。也作「閻王爺的扇子——扇陰風」。

【小鬼跌金剛】

金剛：佛的侍從力士。比喻在一定的條件下，小能勝大，弱能勝強。清・范寅《越諺》卷上：「小鬼跌金剛，要謹細行。」

【小鬼看見鍾馗像——望而生畏】

小鬼：迷信的人指神鬼的差役；鍾馗：民間傳說中專捉鬼的神，舊時民間有懸掛鍾馗像以驅除邪惡的風俗。見「山羊見了老虎皮——望而生畏」。

【小鬼拉風箱——來回圪搗】

風箱：壓縮空氣而產生氣流的裝置，這裏指一種用木箱、活塞、活門構成的風箱，用以使爐火旺盛；圪（ㄍㄜ）搗：〈方〉調皮搗蛋。多比喻小孩頑皮。例趕快回教室上課，小鬼拉風箱，你們在外面來回圪搗些什麼？

【小孩拉屎——挪個窩】

比喻離開原來居住或工作的地方。例你有什麼關係和門路，我想小孩拉屎——挪個窩，幫忙介紹介紹。

【小鬼夢裏做皇上——痴心妄想】

也作「小鬼夢裏做皇上——妄想」。見「癩蛤蟆想吃天鵝肉——痴心妄想」。

【小鬼面前告閻王——找錯了對象】
閻王：佛教稱管地獄的神，也叫閻羅王，閻王爺。也作「小鬼面前告閻王——投錯衙門了」。見「蚊子叮木偶——找錯了對象」。

【小鬼敲門——要命】
比喻要喪失生命。有時指人遇到麻煩時所表現出來的煩躁情緒。例這項工程的後遺症，越發現越多，修補起來沒有個完，眞是小鬼敲門——要命得很。也作「閻王爺發令箭——要命」。

【小鬼升城隍——小人得志】
城隍：迷信傳說中指主管某個城的神。見「娃娃當家——小人得志」。

【小國寡民】
國家小，人民少。《老子》八〇章：「小國寡民，使有什伯之器而不用，使民重死而不遠徙……鄰國相望，雞犬之聲相聞，民至老死不相往來。」

【小過門】
原爲演唱中由樂器演奏的一段曲子，以承前啟後。比喻一個小過程，小手段。例暫時停一下工作是正常的，這不過是一個小過門。例這些小過門，明眼人一看就知道是怎麼回事。

【小孩兒不識葵花秸——麻木】
葵花秸：向日葵的莖，表面不光滑，有麻點。雙關語。比喻喪失感覺，反應遲鈍。例他與從前大不一樣，呆頭呆腦，小孩兒不識葵花秸——麻木了。

【小孩吃甘蔗——越嚼越有味兒】
見「口吃青果——越嚼越有味」。

【小孩吃黃瓜——咯崩脆】
咯崩：象聲詞，形容吃脆瓜的聲音。比喻說話做事爽快俐落。例他做事素來是小孩吃黃瓜——咯崩脆，絕不拖泥帶水。

【小孩吃泡泡糖——吞吞吐吐】
見「老牛吃草——吞吞吐吐」。

【小孩吹喇叭——口氣不大】
形容說話的氣勢小，或要求不高。例看來，對方的力量並不雄厚，說起話來就像小孩吹喇叭——口氣不大。

【小孩打哇哇——說了不算】
小孩用手在嘴上打「哇哇」玩兒，說的不算數。比喻說話不兌現，食言。例小孩打哇哇——說了不算，今後，我們再也不相信你的話了。

【小孩的屁股，醉漢的嘴巴——難控制】
比喻約束或掌握不了。例連人影兒也找不著，這個人眞是小孩的屁股，醉漢的嘴巴——難控制。

【小孩放鞭炮——新鮮】
比喻少見、稀罕。例「她對開卡車很有興趣？」「小孩放鞭炮——新鮮，我看堅持不了幾天。」

【小孩放炮——又愛又怕】
也作「小娃兒放火炮——又愛又怕」。見「囡囡看雜技——又愛又怕」。

【小孩過年——全不操心】
比喻一點也不用費心思。例這件事交我辦吧，一定讓你小孩過年——全不操心。也作「娃娃過年——全不操心」。

【小孩喝燒酒——夠嗆】
燒酒：白酒。見「雞吃呑豆——夠嗆」。

【小孩兒見了娘——有事無事哭一場】
比喻無理取鬧。例蠻橫、無知，小孩兒見了娘——有事無事哭一場，這個人的素質太差勁了。

【小孩沒娘——說來話長】
見「孩子沒娘——說來話長」。

【小孩爬在井台上——懸乎】
見「脖子上掛雷管——懸乎」。

【小孩上樓梯——上下兩難】
也作「小孩子上樓梯——上下爲難」、「小娃娃上樓梯——上下兩難」。見「矮子騎大馬——上下兩難」。

【小孩玩的皮球——一肚子氣】
見「低頭吹火——一肚子氣」。

【小孩兒嘴裏討實話】
指小孩子能說眞話。《三俠五義》七九回：「俗語說的好：『小孩兒嘴裏討實話。』小侄要到開封府舉發出來，叫別人再想不到這樣一宗大事，卻是個小孩子作個硬證，此事方是千眞萬眞，的確無疑。」也作「小兒嘴裏出眞言」。

【小孩坐飛機——抖起來】
見「老太太坐飛機——抖起來了」。

【小和尚看供獻——有股沒份兒】
供獻：敬奉神佛的祭品。敬神後的供獻，小和尚本應有一股，老和尚往往不分給他一份。比喻名義上占有某種東西，實際上沒有份。例「農場又送給你們公司全體職工許多土特產。」「唉，我們普通職工是小和尚看供獻——有股沒份兒。」

【小和尚念經——肚肚裏有甚就往出倒甚】
比喻心裏有什麼就說什麼，毫不保留。例我知道多少就跟你們講多少，就像小和尚念經——肚肚裏有甚就往出倒甚，絕不留一手。

【小和尚念經——有口無心】
念經：誦讀佛教經典。小和尚對佛教經典是口頭上念誦，心裏並不了解它的意義。見「白瓷壺好看——有口無心」。

【小河溝裏撐船——一桿子插到底】
形容做事深入、徹底。例上級機關派出的工作組，小河溝裏撐船——一桿子插到底，直接到鄉村基層政權中工作。

【小河溝裏練不出好艄公，驢背上練不出好騎手】
比喻在狹小的環境裏培養不出人才來。王厚選《古城青史》二七回：「俗語說：『小河溝裏練不出好艄公，驢背上練不出好騎手。』革命戰士只有在大風大浪中，才會眞正得到鍛鍊和改造。」

【小河裏撈石頭——摸底】

見「瞎子買鍋——摸底」。

【小河漲水大河滿，小河沒水大河乾】

比喻部份和全局的關係，只有全局富裕了，才有部份的富裕；部份貧窮了，全局也富裕不起來。例「小河漲水大河滿，小河沒水大河乾」，我們應正確處理國家、集體和個人的關係，不能只強調個人致富。

【小胡同裏趕豬——直來直去】

也作「小胡同裏趕豬——直進直出」、「小胡同裏趕豬——直出直入」。見「胡同裏扛竹竿——直來直去」。

【小胡同裏扛竹竿——直出直入】

見「胡同裏扛竹竿——直來直去」。

【小戶人家】

謂門第微賤的人家。《古今小說》卷一〇：「小戶人家，備不出甚麼好東西，只當一茶奉獻。」

【小彙報】

指從個人目的出發，暗中向領導反映不確切的情況。例他又借口走了，準是作小彙報去了。

【小慧私智】

小慧：小聰明；私智：個人的智慧。《論語・衛靈公》：「好行小慧，難矣哉！」《管子・禁藏》：「吏多私智者，其法亂。」後用「小慧私智」謂識見不廣，僅一知半解而又自以爲是的小聰明。清・章學誠《文史通義・答問》：「夫方氏（方苞）不過文人，所得本不甚深……小慧私智，一知半解，未必不可攻古人之間，拾前人之遺。」也作「私智小慧」。

【小惠小恩】

見「小恩小惠」。

【小雞扒糞堆——找口護命食】

比喻完全是爲掙錢糊口而奔波忙碌。例王先生拖著病身每天到三所學校兼課，只是小雞扒糞堆——找口護命食罷了。

【小雞不帶籠頭——散逛】

籠頭：套在騾馬等大牲畜頭上的繫韁繩的東西，用皮條麻繩做成；散逛：到處遊逛。比喻無羈無絆，四處遊逛。例「您到此有何貴幹？」「小雞不帶籠頭——散逛嘛」。

【小雞不撒尿——自有便道】

見「雞不撒尿——自然有一便」。

【小雞踩鍵盤——亂彈琴】

見「貓兒扒琵琶——亂彈琴」。

【小雞吃黃豆——夠嗆】

見「雞吃蠶豆——夠嗆」。

【小雞吃黃豆——難嚥】

比喻心中有氣，難以忍受。例這種窩囊氣對他來說，是小雞吃黃豆——難嚥，他一定會報復的。

【小雞吃豌豆——漲紅了脖子】

形容人著急的樣子。例這是逗著玩的，你就信以爲眞，像小雞吃豌豆——漲紅了脖子。

【小雞啃碗碴兒——一口一個詞（瓷）】

詞：「瓷」的諧音。比喻說話有板有眼兒，咬字清楚。例他的發言就像小雞啃碗碴兒——一口一個詞（瓷），大家聽得淸楚明白。

【小雞碰上鷹——喜的喜，憂的憂】

有的歡喜，有的憂愁。比喻各人的境遇不同，心情不一樣。例高考錄取名單一公佈，考生就像小雞碰上鷹——喜的喜，憂的憂，表情截然不同。也作「小雞碰上鷹——一個喜來一個憂」、「豬八戒結親——喜的喜，憂的憂」。

【小己得失】

小己：小我，個人。指個人的得失。《史記・司馬相如列傳》：「《小雅》譏小己之得失，其流及上。」

【小家碧玉】

小家：小戶人家；碧玉：女子的名字。晋・孫綽《情人碧玉歌》：「碧玉小家女，不敢攀貴德。感郎意氣重，遂得結金蘭。」後用「小家碧玉」謂平民百姓家的美貌少女。明・范文若《鴛鴦棒》二齣：「小家碧玉鏡慵施，趙婷停燈臂支粟。」

【小家子氣】

小家子：指小戶人家。形容氣派小，不大方。《紅樓夢》三七回：「若題目過於新鮮，韻過於險，再不得好詩，倒小家子氣。」也作「小家子相」。《初刻拍案驚奇》卷一一：「我們小本經紀，如何打短我的？相公放寬洪大量些，不該如此小家子相！」也作「小家子樣」。《西遊記》三九回：「嘴臉！小家子樣！那個吃你的哩！能値幾個錢！虛多實少的。在這裏是不是？」

【小家子相】

見「小家子氣」。

【小家子樣】

見「小家子氣」。

【小腳穿大鞋——前緊後鬆】

比喻事情開始抓得緊，後來放鬆。例我們在工作上小腳穿大鞋——前緊後鬆的現象，幾乎成爲了規律，何時能改變呢？

【小腳女人】

原指裹了小腳的女人。比喻思想保守，行動遲緩的人。例你一個男子漢，怎麼跟小腳女人似的，做事一點也不痛快。

【小腳女人的腳趾頭——受窩囊】

比喻因受委屈而心情不舒暢。例什麼事都是副主任說了算，主任倒是小腳女人的腳趾頭——受窩囊，眞是反常啊！

【小腳女人走路——東搖西擺】

比喻不堅定，無主見。例你到底是什麼看法，不能小腳女人走路——東搖西擺。

【小腳女人走路——慢騰騰】

見「老牛拉破車——慢騰騰」。

【小節目】

比喻生活細節、瑣事。例夫妻吵嘴不過是生活中的小節目，不值得大驚小怪，多爲對方著想，矛盾就解決了。

【小徑通幽】

一條小路，通向幽深僻靜的地方。形容環境幽靜。清・王韜《淞濱瑣語・燕台評春錄下》：「所居幽邃，曲折迴廊，環植紫竹，淸風徐來，韻如戛玉，深閨密室，小徑通幽。」

【小九九】

原指乘法口訣九九歌。①比喻心中有數。例誰好誰壞，誰關心羣衆疾苦，人們心中都有個小九九。②比喻個人的打算和計畫。例婚後怎樣過日子，他們心裏早有了自己的小九九。

【小康人家】

見「小康之家」。

【小康之家】

指經濟狀況處於中等水準的人家。老舍《四世同堂》三五：「這些人起碼都是小康之家，家裏有房子有地。」也作「小康人家」。魯迅《吶喊・自序》：「有誰從小康人家而墜入困頓的麼，我以爲在這途路中，大概可以看見世人的眞面目。」

【小老鼠掉進鐵桶裏——無縫可鑽】

見「老鼠跌進罈子裏——無縫可鑽」。

【小老鼠鑽進水壺裏——光顧了游湖（壺），忘了受水災】

湖：「壺」的諧音。比喻只知道眼前高興一時，不知大難即將臨頭。例唉，這些達官貴人還在尋歡作樂，小老鼠鑽進水壺裏——光顧了游湖（壺），忘了受水災，眼看敵人就要打進關內了，還不採取禦敵措施。

【小利害信】

貪求小便宜會有損於自己的信義。《管子・問》：「小利害信，小怒傷義。」

【小廉大法】

廉：廉潔；法：執法。指小臣廉潔守職，大臣執法盡忠。《禮記・禮運》：「大臣法，小臣廉，官職相序，君臣相正，國之肥也。」清・陳康祺《燕下鄉脞錄》：「天下之大，百官之衆，小廉大法，豈繄無人。」也作「大法小廉」。

【小廉曲謹】

曲：細瑣小事。在小事情上講究廉潔，過分謹愼。指拘於小節而不識大體。宋・朱熹《答或人書》：「鄉愿是一種小廉曲謹、阿世徇俗之人。」

【小兩口觀燈——又說又笑】

見「八仙聚會——又說又笑」。

【小爐匠打鍘刀——幹的大活】

比喻做重活，幹起來要花大力氣。例我們現在是小爐匠打鍘刀——幹的大活，絕不能等閒視之，要全力以赴。

【小爐匠的家什——破銅爛鐵】

比喻破爛貨。例你這批貨物就像小爐匠的家什——破銅爛鐵，我們才不買哩！

【小鹿撞心】

心臟急劇跳動。形容非常緊張或恐懼。《歧路燈》七一回：「在譚紹聞聽來，早已小鹿撞心，只是低頭不語。」

【小馬駒跟車——跑跑顚顚】

母馬拉車時，小馬常隨在車後跟著跑。形容忙碌奔走。例他一天到晚就像小馬駒跟車——跑跑顚顚，累得要死。

【小馬拴在大樹上——穩妥】

也作「小馬拴在大樹上——保險得很」。見「老牛拉車——穩穩當當」。

【小貓吃小魚——有頭有尾】

比喻辦事有始有終。例他辦事總是小貓吃小魚——有頭有尾，很少半途而廢的。

【小毛驢戴耳環——累贅】

比喻多餘或麻煩的事物。例遠足旅行帶這樣多的東西，是小毛驢戴耳環——累贅。

【小毛驢馱磨盤——直打戰】

比喻因力不能支而發抖。例修水庫全靠肩挑背扛，老教授們就像小毛驢馱磨盤——直打戰。

【小門小戶】

指地位微賤的人家。《紅樓夢》二九：「快帶了那孩子來，別唬著他。小門小戶的孩子，都是嬌生慣養慣了的，那裏見過這個勢派？」

【小米熬紅薯——糊糊塗塗】

也作「小米熬紅薯——糊里糊塗」。見「棒子麵煮葫蘆——糊糊塗塗」。

【小廟供不下大菩薩】

比喻小地方容不下大人物。也指接待不起貴客。例「你是名牌學校的高材生，到基層工作，怕是『小廟供不下大菩薩』呀！」

【小廟裏的和尚——沒見過大香火】

也作「小廟裏的神——沒見過大香火」。見「深山小廟的菩薩——沒見過大香火」。

【小廟裏的菩薩——沒見過世面】

見「井底下的青蛙——沒見過大世面」。

【小廟裏的神——沒有大道行】

道行：僧道修行的功夫。比喻沒有大的技能、本領。例別認爲小廟裏的神——沒有大道行，來自山溝裏的人才多著哩！他就是傑出的一個。

【小廟著火——慌了神】

見「廟裏著火——慌神了」。

【小鳥依人】

據《舊唐書・長孫無忌傳》載：唐太宗評論功臣，謂「褚遂良學問稍長，性亦堅正，既寫忠誠，甚親附於朕，譬如飛鳥依人，自加憐愛。」後用「小鳥依人」比喻少女或孩童的嬌稚可愛。蕭乾《栗子》：「一見面不再那麼小鳥依人地笑了，第一句話總脫不了：『看報沒有？』讀書時期嘛，幹麼過問政治！」

【小牛吃奶——碰一碰】

比喻試探一下。例能否攻占這個城市，咱們先來個小牛吃奶——碰一碰，然後做出最後的決策。

【小牛駕大轅——光蹦得歡，拉不上去】

轅：車前駕牲畜的兩根直木。拉車的牲畜有轅、套之分，駕轅的爲主，拉套的爲輔。駕大轅：駕著車轅拉車。比喻光急得跳來跳去，但力不從心，辦不成事。例眼看年終了，生產完不成，廠長就像小牛駕大轅——光蹦得歡，拉不上去，急得要死。

【小牛撅尾巴——上勁】

見「頂風划船——上勁」。

【小爬蟲】

比喻跟在別人後頭幹壞事的小丑。例他不是首惡分子，不過是一條小爬蟲而已。

【小朋友唱歌——同（童）聲同（童）調】

同：「童」的諧音。雙關語。比喻異口同聲，說法一致。例在涉及對外事務時，我們要小朋友唱歌——同(童)聲同（童）調，不能各唱各的調，更不能唱反調，亂了自己的陣腳。

【小器易盈】

器物小，容易裝滿。比喻酒量小，容易喝醉。三國魏・吳質《在元城與魏太子箋》：「前蒙延納，侍宴終日……小器易盈，先取沈頓。醒寤之後，不識所言。」後比喻心胸狹小，易於自滿。清・紀昀《閱微草堂筆記・灤陽續錄五》：「與邵二雲所言木偶，其事略同，均可爲小器易盈者鑑也。」也作「器小易盈」。

【小錢不去，大錢不來】

比喻捨不得花小錢，就賺不來大錢。清・李漁《十二樓・萃雅樓》：「小錢不去，大錢不來。領官府的銀子就像燒丹煉汞一般，畢竟得銀母才變化得出，沒有空燒白煉之理。門上不用個紙包，他如何肯替你著力。」也作「小錢不去，大不來」。《三刻拍案驚奇》一六回：「『小錢不去，大不來。』……今日被我翻了轉來，還贏他許多銀子。」

【小巧別致】

形容形體小而精巧，樣式新奇獨特。《紅樓夢》三回：「悉皆小巧別致，不似方才那邊軒峻壯麗。」

【小巧玲瓏】

形容形體小而精緻靈巧。例打開禮物，發現大家送我一對小巧玲瓏的耳環，心中十分感動。

【小怯大勇】

怯：膽怯，害怕。指敵方兵少，則心懷疑懼，不敢貿然出擊；敵方兵多，則敵情明朗，故放心勇猛衝殺。《東觀漢記・世祖光武皇帝》：「劉將軍（光武帝劉秀）平生見小敵怯，今見大敵勇，甚可怪也。」

【小屈大申】

謂先受點小委屈，日後則大有作爲。《三國志・蜀書・郤正傳》：「小屈大申，存公忽私，雖尺枉而尋直，終揚光以發揮也。」也作「小屈大伸」。《歧路燈》九六回：「聞已中副車，小屈大伸，將來飛騰雲路。」

【小屈大伸】

見「小屈大申」。

【小圈子】

比喻狹小的活動範圍或小集團。例他老毛病又犯了，又開始搞小圈子了，應該提醒他，別重蹈覆轍。

【小人得志】

謂人格卑鄙的人得到重用或受寵。唐・陸贄《請許台省長官舉薦屬吏狀》：「計不定則理道難成，言不實則小人得志，國家所病，恒必由之。」

【小人得志便顛狂】

指人格卑劣的人，一旦得勢就會狂妄放肆。例王保長一升官就作威作福，眞是小人得志便顛狂。

【小人得志，君子道消】

道：法力。指壞人得勢，好人被壓。宋・何承天《爲謝晦檄京邑》：「若使小人得志，君子道消。」也作「小人道長，君子道消」。

【小人物】

比喻地位低又無名氣的下層人物。例別小看了這個小人物，他的能量可不小，爲單位辦了不少大事。

【小人之過也必文】

文：掩飾。品質不好的人，對自己的錯誤必定加以掩飾。《論語・子張》：「子夏曰：『小人之過也必文。』」

【小人之勇】

謂只憑個人意氣用事，不識大體的勇敢。《荀子・榮辱》：「輕死而暴，是小人之勇也。」

【小日子】

比喻人口不多，經濟小康的家庭生活。例過小日子嘛，當然要精打細算，這沒有什麼可害羞的。

【小阮賢於大阮】

小阮：指晉朝人阮咸；大阮：指阮籍。阮籍和阮咸是叔侄關係，均以才學聞名於世，一同躋身於「竹林七賢」之列。後以大阮、小阮爲叔侄的通稱；「小阮賢於大阮」比喻侄子超過叔父或伯父。《二十年目睹之怪現狀》一二回：「[苟才]又扭轉頭來，對著我伯父道：『子翁，你不要見棄的話，怕還是小阮賢於大阮呢！』」

【小善寸長】

善：指優點；長：長處。形容很小的優點和長處。元・陶宗儀《南村輟耕錄》卷九：「善爲文者，宜如古詩雅頌之作，行實之作，當取其人平生忠孝大節，其餘小善寸長，書法宜略，爲人立傳之法亦然。」也作「寸長片善」、「寸善片長」。

【小時了了】

了了：聰明伶俐。小時候很聰明伶俐。南朝宋・劉義慶《世說新語・言語》：「孔文舉年十歲，隨父到洛……[李]元禮及賓客莫不奇之。太中大夫陳韙後至，人以其語語之。韙曰：『小時了了，大未必佳。』文舉曰：『想君小時，必當了了。』踧大踧踖。」也作「小而聰了」。《後漢書・孔融傳》：「小而聰了，大未必奇。」

【小時了了，大未必佳】

見「小時了了」。

【小事糊塗，大事不糊塗】

指小事情上馬虎，大是非上清醒。《宋史・呂端傳》：「時呂蒙正為相，太宗欲相端，或曰：『端為人糊塗。』太宗曰：『端小事糊塗，大事不糊塗。』」

【小試鋒芒】

比喻稍微顯露一下本領。例他大學一畢業就小試鋒芒，完成了一項發明，贏得了人們的讚賞。

【小試割雞】

見「小試牛刀」。

【小試牛刀】

晉・楊泉《物理論》：「夫解小而引大，了淺而伸深，猶以牛刀割雞，長殳刈薺。」原比喻大材小用，後用「小試牛刀」比喻傑出人物先在小事情稍稍施展一下自己的才幹本領。明・馮惟敏《雙調新水調・賀鳳渚公鎮易州・折桂令》曲：「一處處邊塵盡掃，一家家民病都消。當日個小試牛刀，至如今大展龍韜。」也作「小試割雞」。明・海瑞《復王七峯瓊山知縣》：「執事滿懷經濟，小試割雞，顧此敝邑，何幸！何幸！」

【小手小腳】

①形容做事不敢大膽放手。例看到你平日做事這麼小手小腳的，就可以知道你大概不會有什麼大作為。②形容小氣，不大方。例他這個人小手小腳，吝嗇得很，大家都不願和他交往。

【小受大走】

《孔子家語・六本》：「小棰則待過，大杖則逃走。」指孝子受到父母責罰時，輕打就承受，重打就逃掉，不因受重傷而使父母背上不慈不義的罪名。後用「小受大走」指子女受父母責罰時所抱的孝順態度。《聊齋志異・馬介甫》：「小受大走，直將代孟母投梭。」也作「小杖則受，大杖則走」。宋・陸九淵《經德堂記》：「舜小杖則受，大杖則走，妻帝二女，不待瞽瞍之命」。也作「大走小受」、「大杖則走，小杖則受」。

【小樹招尖——盡出岔子】

比喻經常發生事故、錯謬。例近來，你思想不集中，工作就像小樹招尖——盡出岔子。也作「竹枝掃帚——盡出岔子」。

【小水長流】

見「細水長流」。

【小算盤】

比喻為自己或局部利益打算。例你那小算盤也太精了，光肥自己，不管衆人。

【小題大作】

見「小題大做」。

【小題大做】

明清時科舉考試的命題，有小題、大題之分。以「四書」文句命題的叫做小題，以「五經」文句命題的叫做大題。用做「五經」文的章法來做「四書」文的，就稱做「小題大做」。後比喻將小事情看得很重，當作大事來辦。《紅樓夢》七三回：「迎春笑道：『沒有什麼，左不過他們小題大做罷了，何必問他？』」也作「小題大作」。《二十年目睹之怪現狀》六三回：「他用了多少本錢，費了多少手腳，只騙得七千銀子，未免小題大作了。」

【小天地】

比喻個人活動的小範圍。例這是他倆的小天地，甜蜜的小天地，咱們不要去打擾他們。

【小天下】

比喻自己管轄的小地方。例我就負責這個研究室，管這三五個人的小天下。

【小鐵錘敲銅鐘——噹噹響】

見「飯勺敲鐵鍋——響噹噹」。

【小偷盯耗子——賊眉鼠眼】

見「強盜照鏡子——賊頭賊腦」。

【小偷進牧場——順手牽羊】

比喻不費力氣，乘便拿走別人的東西。例公家的財物損失很多，有的人就像小偷進牧場——順手牽羊，毫無公與私的界線。

【小偷進衙門——沒理】

衙門：舊時官員辦公的機關。比喻理虧心虛。例我看你是小偷進衙門——沒理，就不要再堅持自己的主張了。

【小偷偷瓜——不管生熟】

見「急性子吃熊掌——不管生熟」。

【小頭銳面】

尖頭尖臉。形容形象猥瑣，心地不良。清・鄭燮《寄弟墨書》：「其不發達者，鄉里作惡，小頭銳面，更不可當。」

【小腿扭不過大腿】

見「胳臂扭不過大腿」。

【小碗吃飯——靠天（添）】

天：「添」的諧音。雙關語。比喻聽天由命。例要植樹造林，興修水利，改造大自然，不能小碗吃飯——靠天（添）。

【小碗蓋大碗——管不攏】

攏：合上。雙關語。比喻管不住。例你要我對你的孩子多管一管，他們都有自己的主見，小碗蓋大碗——管不攏啊！

【小枉大直】

謂小的方面可以屈就，大的方面則保持正直。《尸子》卷下：「孔子曰：『詘寸而信尺，小枉而大直，吾弗為也。』」漢・桓寬《鹽鐵論・論儒》：「故小枉大直，君子為之。」

【小往大來】

①謂陰暗面逐漸消逝，光明面逐漸增長。《周易・泰》：「泰，小往大來，吉、亨……君子道長，小人道消也。」②謂以小利牟取大利。《官場

現形記》三七回：「後來他自己也急了，便去同朋友們商量。就有同他知己的勸他走門路，送錢給制台用，將本求利，小往大來，那是再要靈驗沒有。」

【小巫見大巫】

巫：巫師，舊時裝神弄鬼替人祈禱的人。小巫師見到大巫師，自認法術不及。比喻相比之下，兩者的高下優劣十分懸殊。《太平御覽》卷七三五引《莊子》：「小巫見大巫，拔茅而棄，此其所以終身弗如。」三國魏・陳琳《答張紘書》：「今景興在此，足下與子布在彼，所謂小巫見大巫，神氣盡矣。」

【小巫見大巫——矮一截子】

也作「小巫見大巫——矮半截」，見「高粱地裏栽葱——矮一截子」。

【小媳婦】

舊時代年輕女子出嫁後，總是要受公婆的氣。比喻在別人手下工作穿小鞋受委屈。例這個地方沒法兒待了，一天到晚做小媳婦還沒做出個名堂來！

【小媳婦——難當】

比喻工作不好幹，受壓受委屈。例「工作順心吧？」「小媳婦——難當啊，整天看人臉色辦事，不是滋味。」也作「王府的差事——難當」。

【小媳婦見了惡婆婆——心裏直撲騰】

比喻擔驚受怕，心神不寧。例他見了上司就像小媳婦見了惡婆婆——心裏直撲騰，有事也不敢請示彙報。

【小媳婦拿鑰匙——當家不作主】

也作「小媳婦拿鑰匙——有職無權」。見「大姑娘掌鑰匙——當家不作主」。

【小隙沉舟】

隙：縫隙，裂縫。小小的裂縫可以使船沉沒。比喻小的失誤能夠釀成大的災難。《關尹子・九藥》：「勿輕小事，小隙沉舟；勿輕小物，小蟲毒身。」

【小蝦皮跳浪——阻擋不住潮流】

小蝦皮：指海中的小毛蝦。比喻小小力量阻止不了事物向前發展的趨勢。例讓他們搗亂吧，小蝦皮跳浪——阻擋不住潮流，我們照樣闊步前進。

【小瞎磨刀——透亮了】

比喻心明眼亮，前途光明。例你們第一年在工作和學習上都取得優異的成績。人家都稱讚你們是小瞎磨刀——透亮了。

【小黠大痴】

黠：聰明而狡猾。小的方面很有心計，大的方面卻愚笨無知。唐・韓愈《送窮文》：「子知我名，凡我所爲，驅我令去，小黠大痴」。

【小巷子扛竹竿——轉不過彎來】

也作「小弄堂裏扛竹竿——拐彎難」。見「牯牛掉在水井裏——轉不過彎來」。

【小小不言】

謂微不足道。《官場現形記》四四回：「我同你老實說：彼此顧交情，留個臉，小小不言的事情，我也不追究了。」

【小心謹慎】

說話辦事十分愼重。《漢書・霍光傳》：「出入禁闥二十餘年，小心謹愼，未嘗有過，甚見親信。」也作「小心敬慎」。《周書・王懋傳》：「懋性溫和，小心敬愼。宿衛宮禁，十有餘年，勤恪當官，未嘗有過。」

【小心敬慎】

見「小心謹愼」。

【小心天下去得】

見「小心天下去得，大膽寸步難移」。

【小心天下去得，大膽寸步難移】

比喻做事應小心謹愼，切忌粗心大意。明・沈受先《三元記》一四折：「今夜店中人雜，不免解開了包，把銀子袋兒放在枕頭底下睡。小心天下去得，大膽寸步難移。」也作「小心天下去得」。《說岳全傳》八回：「自古道：『小心天下去得。』……有這許多行裝，倘然稍有疏失，豈有不被人恥笑的。」

【小心眼】

比喻心地狹小，多疑，愛生小氣。例瞧你那小心眼兒，針尖大點事兒都容不下。

【小心翼翼】

翼翼：嚴肅恭敬的樣子。形容一舉一動都十分恭敬謹愼。《詩經・大雅・文王》：「維此文王，小心翼翼。昭事上帝，聿懷多福。」也作「小心在意」。《水滸傳》八〇回：「蔡京分付道：『小心在意，早建大功，必當重用。』」也作「翼翼小心」。

【小心在意】

見「小心翼翼」。

【小學大遺】

謂只學習零碎瑣細的知識，卻疏忽了要旨精義。唐・韓愈《師說》：「小學而大遺，吾未見其明也。」

【小言不廢】

小言：有關細小事情的看法。謂對細小事情的看法也予以重視。唐・柳宗元《爲京兆府請復尊號表》之一：「臣又伏以陛下賞功與能，舉賢出滯，小言不廢，片善是褒，豈可使臣子之效雖微而必旌。」

【小眼薄皮】

形容眼光短淺，愛貪小便宜。《金瓶梅詞話》七八回：「你娘與我些什麼兒？他還說我小眼薄皮愛人家的東西。」

【小妖精】

比喻姿色迷人、巧笑顧盼的年輕女子。例這個老頭兒被小妖精迷得昏頭昏腦的，你們做小輩的應該提醒他，不要再滑下去了。

【小意思】

比喻微薄的心意、小禮物等。例一點小意思，不成敬意，還望笑納！

【小異大同】

小部分不同，大部分相同。魯迅《通訊》：「到現在，我倒只希望這類的小刊物增加，只要所向的目標小異大同，將來就自然而然的成了聯合戰線。」也作「大同小異」。

【小油嘴兒】

指巧言令色、油腔滑調的年輕人。例你這張小油嘴兒眞貧，沒有一個人不討厭的，年輕人別這麼不正經。

【小蜘蛛待在房子裏——自私（織絲）】

自私：「織絲」的諧音。比喻只顧自己的利益。例「他的人品怎樣？」「小蜘蛛待在房子裏——自私（織絲），常常爲點蠅頭小利，與人爭得面紅耳赤。」也作「蜘蛛拉網——自私（織絲）」。

【小中見大】

從小的方面可看出大道理。例所謂小中見大也就是指見微知著，我們要留心身旁周遭的小事物，一定會有不同的意義與啓發。

【小忠小信】

指表露個人的忠心和信義。《清史稿・世祖紀》：「小忠小信，固結主心；大憝大奸，潛持國柄。」

【小杖則受，大杖則走】

見「小受大走」。

【小豬鑽灶——碰一鼻子灰】

見「老鼠跌香爐——碰一鼻子灰」。

【小爪子抓撓——直癢癢】

比喻思想上不平靜，躍躍欲試。例看著兩個足球隊龍爭虎鬥，小楊心裏就像有個小爪子抓撓——直癢癢，非常想參加進去一顯身手。

【小子後生】

謂年少晚輩。清・袁枚《寄稽黼庭相國》：「札中有稱名過拙之慮，不知白也微之，古朋友敵體以下，時時稱焉。而況公以兩朝元老稱小子後生乎？未免慮非所宜，謙之過當。」

【小字輩】

比喻年輕的晚輩。例不要輕視小字輩，他們在教學和科研中所起的作用越來越大。

【小卒子過河——頂條車】

按照象棋規則，卒子在過界河前只能往前走，過河後既可以往前走，也可以往左右走。車是既可以前後走又可以左右走的重要棋子。比喻力量雖小，關鍵時刻卻可以起大作用。例別小看咱們，俗語說：「小卒子過河——頂條車。」在這次大會戰中，就要幹出點名堂來。

【小卒過河能吃車馬炮】

比喻在一定條件下，力量小的可以起大作用。例只要認眞對付，小卒過河能吃車馬炮，不見得就勝不了他們。

【曉風殘月】

拂曉的清風，曙色中隱約可見的月亮。形容黎明時淒清冷落的意境。宋・柳永《雨霖鈴》詞：「多情自古傷離別。更那堪，冷落清秋節。今宵酒醒何處，楊柳岸，曉風殘月。」也作「曉星殘月」。唐・杜常《華清宮》詩：「行盡江南數十程，曉星殘月入華清。」也作「曉月殘星」。《兒女英雄傳》四回：「一天曉月殘星，滿耳蛩聲雁陣。」

【曉星殘月】

見「曉風殘月」。

【曉行夜宿】

清晨上路，入夜投宿。形容旅途的勞頓艱辛。《儒林外史》三四回：「莊紹光從水路過了黃河，雇了一輛車，曉行夜宿，一路來到山東地方。」也作「曉行夜住」。《兒女英雄傳》一九回：「那沿途的曉行夜住，擺渡過橋，豈是一人能夠照料？」

【曉行夜住】

見「曉行夜宿」。

【曉以大義】

曉：使知道；大義：大道理。對人講清大道理。吳玉章《從甲午戰爭前後到辛亥革命前後的回憶》一四：「再返出衙門，恰遇敵人的大隊人馬。林時爽誤信其中頗有黨人，便欲曉以大義。」

【曉以利害】

曉：使知道。對人講清利害關係。《北齊書・薛修義傳》：「修義以[陳]雙熾是其鄉人，遂輕詣壘下，曉以利害，熾等遂降。」

【曉月殘星】

見「曉風殘月」。

【謏聞淺說】

謏：小；謏聞：指寡聞。指見聞不廣，立論膚淺。《雲笈七籤》卷七〇：「凡我同志，庶幾於此者，要在細求眞訣，務以師授，不可以謏聞淺說，多言或中之義所希企及矣。」

【謏聞之陋】

謏聞：指寡聞。指見聞不廣，學識淺陋。《明史・王鏊傳》：「數年之後，士類濯磨，必以通經學古爲高，脫去謏聞之陋。」

ㄒㄧㄠˋ

【孝經起序】

《孝經・序》：「具載則文繁，略之則義闕。」後因以「孝經起序」比喻遇事左右兩難，無從下手。《陽春白雪・小令二・壽陽曲》：「淚點兒多如秋夜雨，煩惱如孝經起序。」

【孝思不匱】

匱：缺乏，窮盡。指孝敬父母的心願從不背棄。《兒女英雄傳》三回：「公子說道：『……老人家弄得如此光景，我還要這舉人何用？』程師爺道：『這是你的孝思不匱，原該如此。但此刻正是沿途大車，車斷走不得。』」

【孝悌忠信】

孝順父母，敬愛兄長，忠於君主，取信於朋友。舊時倡導的道德規範。《醒世姻緣傳》二三回：「人以孝悌忠信是教，家惟禮義廉恥是尚。」

【孝子慈孫】

奉行孝道的兒孫。《孟子・離婁上》：「暴其民甚，則身弒國亡；不甚，則身危國削。名之曰幽、厲，雖孝子慈孫，百世不能改也。」也作「**孝子順孫**」。《孔子家語・致思》：「子曰：吾欲言死之有知，將恐孝子順孫，妨生以送死。」

【孝子順孫】
見「孝子慈孫」。

【孝子賢孫】
有孝心、有德行的兒孫。《鏡花緣》五一回：「我死後別無遺言，惟囑後世子孫，千萬莫把綠林習氣改了，那才算得孝子賢孫哩。」後比喻反動勢力或腐朽思想的忠實繼承者。例劉福是個滿腦子充滿腐朽思想的「孝子賢孫」，一點也跟不上潮流。

【俏成俏敗】
俏：通「肖」，似，象。指似成非成，似敗非敗。《列子・力命》：「佹佹成者，俏成也，初非成也。佹佹敗者，俏敗者也，初非敗也。」盧重玄解：「已欲成而不成者，似於成而非成也；垂欲敗而不敗者，似於敗而非敗也。」

【笑比河清】
河：指黃河。黃河水混濁，古有千年一清之說。比喻態度嚴肅穩重，難露笑容。《宋史・包拯傳》：「拯立朝剛毅，貴戚宦官，爲之斂手，聞者皆憚之，人以包拯笑比黃河清。」也作「**笑如河清**」。宋・范成大《雪後守之家梅未開，呈宗偉》詩：「官居苦無賴，一笑如河清。」

【笑不可仰】
笑得伸不起腰來。《兒女英雄傳》三七回：「金玉姊妹合丫頭們已經笑不可仰，便是安太太那等厚道人也就撐不住要笑。」

【笑掉大牙】
形容所作所爲令人恥笑。例小劉上次在尾牙餐會上喝醉酒，失態的舉動讓人笑掉大牙。

【笑多了沒喜】
比喻事情做得過分，就沒有好結果。例依我看，別幹那些沒把握的事。笑多了沒喜，咱們見好就收吧！

【笑而不答】
只是微笑，而不正面作答。唐・李白《山中問答》詩：「問余何意棲碧山，笑而不答心自閒。」

【笑歸地下】
地下：指陰間。笑著回到陰間。謂死而無憾。清・吳嘉椿《題李貞母像及祠堂碑記卷》詩：「守貞三十七年久，笑歸地下同白首。」也作「**含笑入地**」。

【笑間藏刀】
見「笑裏藏刀」。

【笑裏藏刀】
形容外表和善而內心險惡。元・孟漢卿《魔合羅》二折：「他把我丕的來藥倒，煙生七竅，冰浸四稍，誰承望笑裏藏刀，眼見得喪荒郊。」也作「**笑中有刀**」。唐・白居易《新樂府・天可度》詩：「君不見：李義府之輩笑欣欣，笑中有刀潛殺人。」也作「**笑間藏刀**」。宋・李新《上皇帝萬言書》：「笑間藏刀，杯酒殺人者，累累皆是也。」

【笑駡從汝】
任人譏笑嘲駡，不加理睬。《宋史・鄧綰傳》：「鄉人在都者皆笑且駡，綰曰：『笑駡從汝，好官須我爲之。』」也作「**笑駡由人**」。《醉醒石・假虎威古玩流殃》：「笑駡由人，只圖一時快意。騙得頂紗帽，不知是甚麼紗帽，便認作詐人樁兒。」

【笑駡由人】
見「笑駡從汝」。

【笑駡由他笑駡，好官我自爲之】
指不顧人們的不滿和譴責，仍然我行我素。《石點頭》卷八：「可見貪婪的人落得富貴；清廉的，枉受貧窮。因爲有這些榜樣，所以見了錢財，性命不顧，總然被人恥笑鄙薄，也略無慚色。笑駡由他笑駡，好官我自爲之。」

【笑貌聲音】
歡笑的表情，說話的聲音。指人的舉止言談。清・淮陰百一居士《壺天錄》卷下：「女輾轉床席，絕而復蘇者數次，迨至轉危爲安，笑貌聲音，不殊常度，而言動舉止，如出兩人。」也作「**聲音笑貌**」。

【笑面虎】
比喻外表裝得善良而心地凶狠的人。例你別看他對人笑咪咪的，其實是隻笑面虎，專門幹那些害人的勾當。

【笑面夜叉】
夜叉：佛教語，指一種形象凶惡的鬼。比喻面帶笑容而內心惡毒的人。宋・陸游《老學庵續筆記》：「蔡元慶對客喜笑，溢於顏面，雖見所甚憎者，亦親厚無間，人莫能測，謂之笑面夜叉。」

【笑容可掬】
可掬：雙手捧起。形容臉上堆滿笑容的樣子。《三國演義》九五回：「果見孔明坐於城樓之上，笑容可掬，焚香操琴。」也作「**喜容可掬**」。《聊齋志異，鳳仙》：「攬鏡視之，見畫黛彎長，瓠犀微露，喜容可掬，宛在目前。」

【笑容滿面】
形容心中歡悅，臉上充滿喜色的神情。《古今小說》卷一六：「張劭笑容滿面，再拜於地。」

【笑如河清】
見「笑比河清」。

【笑啼不敢】
既不敢笑，又不敢哭，十分作難。宋・趙彥端《念奴嬌・建安錢交代沈公雅》詞：「眷戀無因，笑啼不敢，那忍傷輕別。」

【笑靨承顴】
笑靨：含笑時顯露在臉頰上的酒窩；顴：ㄑㄩㄢˊ，顴骨，指兩頰。形容女子含笑時漾起兩個酒窩的嫵媚神態。

《冷眼觀》四回：「始見那引路的人，確是一個嬌好的女子，長眉掩鬢，笑靨承顴，身上披了一領大紅斗篷。」

【笑髒拙不笑補，笑饞懶不笑苦】

指又髒又笨被人恥笑，而穿打補丁的衣服則無人笑；貪吃懶做被人恥笑，而家道貧苦則無人笑。例俗語說：「笑髒拙不笑補，笑饞懶不笑苦。」人窮志不短，不能低三下四去聽人擺佈。

【笑中有刀】

見「笑裏藏刀」。

【笑逐顏開】

逐：隨；顏：面容。形容滿面喜色，眉開眼笑的神情。《水滸傳》四二回：「宋江見了，喜從天降，笑逐顏開。」也作「**喜逐顏開**」。《儒林外史》七回：「忙把已取的十幾卷取了，對一對號簿，頭一卷就是荀玫，學道看罷，不覺喜逐顏開，一天愁都沒有了。」也作「**喜動顏開**」。《品花寶鑑》五二回：「田老夫人見新婦這般天姿國色，不覺喜動顏開。」

【嘯傲風月】

嘯：撮口吹出聲音。向著清風明月放聲長嘯，傲然自得。形容狂放不羈，自由自在的隱居生活。茅盾《夜讀偶記》五：「他們都是些逃避現實的無病呻吟的夢想家，或者是嘯傲風月的隱士。」

【嘯傲湖山】

形容浪跡江湖，無拘無束。例古代許多俠士希望一生光明磊落嘯傲湖山。

【嘯聚山林】

嘯聚：互相招喚而聚集起來。指在山林中結夥爲盜或聚衆結義，反抗統治者。《三國演義》一三回：「那李樂亦是嘯聚山林之賊，今不得已而召之。」《說唐》一〇回：「只因奸臣當道，我們沒奈何，只好嘯聚山林，待時而動。」

【嘯侶命儔】

嘯：呼喚；侶、儔：伴侶。指呼喚招引同伴。三國魏·嵇康《贈兄秀才入軍》詩：「鴛鴦于飛，嘯侶命儔。朝遊高原，夕宿中洲。」也作「**命儔嘯侶**」。

【嘯月吟風】

謂以清風明月爲題，咏詩抒懷。清·陳璧《花朝栽松賦得新松恨不高千尺二律》之二：「朋梅偕竹逃人伐，嘯月吟風伴我逋。」

【嘯吒風雲】

嘯吒：同「叱吒」。一聲怒吼，風起雲湧。形容聲勢威力極大。《南史·陳紀上·武帝》：「公龍驤虎步，嘯吒風雲，山靡堅城，野無强陣。」也作「**嘯咤風雲**」。南朝陳·徐陵《司空徐州刺史侯安都德政碑》：「公亦觀時佇聖，嘯叱風雲，跪開黃石之書，高咏玄池之野。」

【嘯咤風雲】

見「嘯吒風雲」。

【效顰學步】

顰：皺眉。《莊子·天運》：「故西施病心而矉其里，其里之醜人見而美之，歸亦捧心而矉其里。其里之富人見之，堅閉門而不出；貧人見之，挈妻子而去亡走。」矉：同「顰」。《莊子·秋水》：「且子獨不聞夫壽陵余子之學行於邯鄲與？未得國能，又失其故行矣，直匍匐而歸耳。」後用「效顰學步」比喻生硬模仿別人，結果適得其反。梁啟超《保教非所以尊孔論》：「而我今日乃欲摹其就衰之儀式，爲效顰學步之下策，其毋乃可不必乎！」

【效死弗去】

效死：盡力效勞，不惜生命；弗：不。寧可效力至死，也不離去。《孟子·梁惠王下》：「效死而民弗去。」《北洋軍閥統治時期史話》七〇章：「在信陽沿城掘下了縱一道橫一道的戰壕，大有效死弗去之心。」也作「**效死勿去**」。清·顧炎武《郡縣論五》：「一旦有不虞之變……於是有效死勿去之守。」

【效死疆場】

疆場：邊境。以死效力，保國守邊。明·張居正《再乞休致疏》：「倘未即填溝壑，國家或有大事，皇上幸而召臣，朝發命而夕就道，雖執殳荷戈，效死疆場，亦所弗避。」

【效死勿去】

見「效死弗去」。

【斆學相長】

斆：教。教和學相互促進。明·王守仁《教條示龍場諸生·責善》：「使吾而是也，因得以明其是；吾而非也，因得以去其非，蓋斆學相長也。」也作「**教學相長**」。

ㄒㄧㄡ

【休兵罷戰】

見「息兵罷戰」。

【休道黃金貴，安樂最值錢】

指人的安定康寧比黃金還寶貴。元·關漢卿《裴度還帶》二折：「花有重開日，人無再少年。休道黃金貴，安樂最值錢。」

【休明盛世】

休明：美好清明。指美好清明、興旺昌盛的時代。晉·潘岳《西征賦》：「當休明之盛世，托菲薄之陋質。」

【休牛放馬】

休牛：指歸還打仗徵用的牛。比喻戰事停止，天下太平。《抱朴子·釋滯》：「今喪亂即平，休牛放馬，烽燧滅影。」也作「**休牛歸馬**」。宋·和峴《開寶元年南郊鼓吹歌曲三首·六州》：「混並間宇，休牛歸馬，銷金偃革，蹈咏慶昌期。」也作「**休牛散馬**」。《隋書·薛道衡傳》：「於是八荒無外，九服大同，四海爲家，萬里爲宅，仍休牛散馬，偃武修文。」

【休牛歸馬】

見「休牛放馬」。

【休牛散馬】

見「休牛放馬」。

【休戚共之】

休：歡樂；戚：憂愁。歡樂共同享受，憂愁共同承當。形容彼此同甘共苦。《三國志·顧雍傳》裴松之注引《吳書》：「公笑曰：『孤與孫將軍一結婚姻，共輔漢室，義如一家，君何爲道此？』徽曰：『正以明公與主將義固磐石，休戚共之，必欲知江表消息，是以及耳。』」也作「**休戚是同**」。《晉書·王導傳》：「南蠻校尉陶稱，間說[庾]亮當舉兵內向，或勸導密爲之防。導曰：『吾與元規（庾亮）休戚是同，悠悠之談，宜絕智者之口。』」也作「**休戚與共**」。孫中山《同盟會宣言》：「一切平等，無有貴賤之差，貧富之別，休戚與共，患難相救。」

【休戚是同】

見「休戚共之」。

【休戚相關】

形容彼此同呼吸，共命運，關係非常密切。《鏡花緣》六回：「今日大家即來祖餞，都是休戚相關之人，將來設有危急，豈有袖手之理。」也作「**相關休戚**」。清·金埴《不下帶編》卷三：「夫人子於親，相關休戚；[蕭]后有疾痛，而杲（隋煬帝少子）求分痛，眞孝子之用心也。」

【休戚與共】

見「休戚共之」。

【休聲美譽】

休：美好。美好的聲譽。《三國演義》四回：「陳留王協，聖德偉懋，規矩肅然，居喪哀戚，言不以邪；休聲美譽，天下所聞；宜承洪業，爲萬世統。」

【休休有容】

休休：寬容的樣子。《尚書·泰誓》：「其心休休焉，其如有容。」後以「休休有容」形容人寬容而有氣度。明·李贄《大臣總說》：「但能忍辱，亦妙於趨時；務結主者，尤貴於含垢。此非休休有容者不能也。」

【休養生息】

生息：繁殖人口。指大動亂之後，減輕人民負擔，鼓勵生產，穩定社會，使國力得到恢復和發展。唐·韓愈《平淮西碑》：「高祖、太宗，既除既治；高宗、中[宗]、睿[宗]，休養生息；至於玄宗，受報收功，極熾而豐。」

【修邊保境】

修固邊防，保衛國境。《宋史·許翰傳》：「爲書抵時相，謂百姓困弊，起爲盜賊，天下有危亡之憂。願罷雲中之師，修邊保境，與民休息。」

【修辭立誠】

《周易·乾》：「修辭立其誠，所以居業也。」原指整理文教，樹立誠信，後多指文章要表現作者的眞情實意，不可矯揉造作。宋·朱熹《答鞏仲至》：「所謂修辭立誠以居業也，欲吾之謹夫所發以致其實，而尤先於言語之易放而難收也。」

【修德愼罰】

修養德行，愼於刑罰。指執政要寬仁待民。《三國演義》一○二回：「且勸吳主修德愼罰，以安內爲念，不當以黷武爲事。」

【修德行善】

修養德行，施行善事。指重仁德，行仁政。《史記·殷本紀》：「西伯歸，乃陰修德行善，諸侯多叛紂而往歸西伯。西伯滋大，紂由是稍失權重。」

【修短隨化】

修短：長短；化：造化，萬物的主宰者。壽命的長短，由造化而定。晉·王羲之《蘭亭集序》：「況修短隨化，終期於盡。」也作「**修短有命**」。命：命運，命數。《三國演義》五七回：「奈死生不測，修短有命。」

【修短有命】

見「修短隨化」。

【修房子不請掌墨師——沒規沒矩】

掌墨師：建築師或設計師，舊時多爲木匠自己兼任。不請掌墨師，就沒有畫圓形和方形的工具。比喻沒有或不遵守規章制度。例工廠生產秩序紊亂，廢品多，完不成任務，重要原因之一是修房子不請掌墨師——沒規沒矩。

【修鍋匠補碗——自顧自（吱咕吱）】

見「二愣子拉胡琴——自顧自（吱咕吱）。

【修己安人】

加强自我修養，又使他人安分。《論語·憲問》：「子路問君子，子曰：『修己以敬。』曰：『如斯而矣乎？』曰：『修己以安人。』」

【修己治人】

加强自我修養，治理教化他人。宋·朱熹《〈大學章句〉序》：「然於國家化民成俗之意，學者修己治人之方，則未必無小補云。」

【修舊起廢】

修：恢復。恢復舊的，興建已廢棄的。《漢書·司馬遷傳》：「幽、厲之後，王道缺，禮樂衰，孔子修舊起廢，論《詩》《書》，作《春秋》，則學者至今則之。」

【修舊利廢】

將舊的修理好，將廢物利用起來。例這個工廠十分重視修舊利廢的工作，每年都要節省一大筆開支。

【修理地球】

比喻務農，幹田間活。例在農村修理地球有什麼不好？不然，糧食蔬菜從哪裏來？

【修鱗養爪】

比喻修整保養，積蓄力量。鄒魯《浙江光復》：「處州黨員極多，因該處崇山峻嶺，可爲修鱗養爪之用。」

【修齊治平】

《禮記·大學》：「古之欲明明德於天下者，先治其國；欲治其國者，先齊其家；欲齊其家者，先修其身。」後用「修齊治平」指儒家的政治倫理思想。傅抱石《鄭板橋試論》：「我以爲他始終沒有脫盡儒家思想的浸淫和幻想，即所謂『修齊治平』的那一套。」

【修橋補路】

興建橋梁，修補道路。指熱心助人，行善積德。元·無名氏《看錢奴》一折：「但有些小富貴，我也會齋僧佈施，蓋寺建塔，修橋補路，惜孤念寡。」

【修仁尚義】

見「修仁行義」。

【修仁行義】

建立仁政，施行正義。《史記·秦楚之際月表》：「湯、武之王，乃由契、后稷修仁行義十餘世，不期而會孟津八百諸侯，猶以爲未可，其后乃放弒。」也作「**修仁尚義**」。尚：崇尚。《孔叢子·陳士義》：「當今所急，在修仁尚義，崇德敦禮，以接鄰國而已。」

【修身潔行】

行：操行，操守。加强自身修養，保持高潔操守。漢·劉向《列女傳·齊田稷母》：「吾聞士修身潔行，不爲苟得，竭情盡實，不行詐僞，非義之事，不計於心；非理之利，不入於家。」

【修身立節】

節：節操，氣節。加强自身修養，樹立高尚節操。唐·韓愈《與汝州盧郎中論薦侯喜狀》：「士之修身立節，而竟不遇知己，前古已來，不可勝數。」

【修身齊家】

《禮記·大學》：「身修而後家齊，家齊而後國治，國治而後天下平。」後以「修身齊家」指修養自身，管好家事。元·無名氏《九世同居》一折：「父親，有甚麼修身齊家的事，訓教你兒者。」也作「**修身齊家治國平天下**」。

【修身齊家治國平天下】

見「修身齊家」。

【修身如玉】

形容加强修養，使自己的品行像美玉一樣高潔。《玉嬌梨》一九回：「我看柳生才貌，自不必言，只說他氣宇溫和，言詞謹愼，眞是修身如玉，異日功名必在玉堂金馬之內。」

【修身愼行】

修養自身，謹愼行事。漢·王符《潛夫論·實質》：「夫修身愼行，敦方正直，清廉潔白，恬淡無爲。」

【修身養性】

見「修心養性」。

【修飾邊幅】

邊幅：布帛的邊緣。比喻僅注重修飾表面。《後漢書·馬援傳》：「天下雄雌未定，公孫不吐哺走迎國士，與圖成敗，反修飾邊幅，如偶人形，此子何足久稽天下士乎？」

【修文地下】

《太平御覽》卷三一九引晋·王隱《晋書》載，晋代蘇韶死後現形，對其兄弟說：「顏淵、卜商，今見在爲修文郎，修文郎凡有八人，鬼之聖者。」後以「修文地下」指文人才士死去。唐·杜甫《哭李常侍嶧》詩之一：「一代風流盡，修文地下深。斯人不重視，將老失知音。」也作「**地下修文**」。

【修文演武】

修明文教，演練武功。指文武兼重。《說岳全傳》一五回：「終日修文演武，講論兵機戰法。」

【修文偃武】

偃：ㄧㄢˇ，停止，停息。修明文教，停息武備。指重文治，去戰事。《三國演義》九八回：「陛下初登寶位，未可動兵，只宜修文偃武，增設學校，以安民心。」也作「**偃武修文**」。

【修心養性】

陶冶心靈，涵養性情。謂學道修行，也泛指精神方面的修養。元·吳昌齡《東坡夢》二折：「則被這東坡學士相調戲，可著我滿寺裏告他誰，我如今修心養性在廬山內，怎生瞞過了子瞻，賺上了牡丹，卻敎誰來替？」也作「**修身養性**」。身：身心。元·無名氏《博望燒屯》一折：「貧道本是南陽一耕夫，豈管塵世之事，只可修身養性。」也作「**修眞養性**」。眞：純眞的本心。《西遊記》五五回：「一生只愛參禪，半步不離佛地。那裏會惜香憐玉，只曉得修眞養性。」也作「**修眞煉性**」。《初刻拍案驚奇》卷一七：「其次者修眞煉性，吐故納新，築坎離以延年，煮鉛汞以濟物。」

【修學好古】

鑽研學問，酷愛古籍。《漢書·河間獻王傳》：「修學好古，實事求是。從民得善書，必爲好寫與之，留其眞，加金帛賜以招之。」

【修眞煉性】

見「修心養性」。

【修眞養性】

見「修心養性」。

【羞共戴天】

以和對方同在一個天底下生活而感到羞恥。形容怨仇極深。《太平廣記》卷四九二引《靈應傳》：「妾之先宗，羞共戴天，慮其後患，乃率其族，韜光滅跡。易姓變名，避仇於新平眞寧縣安村。」也作「**不共戴天**」。

【羞花閉月】

花兒見了含羞，月亮見了躲避。形容女子容貌極美。明·湯顯祖《牡丹亭·驚夢》：「不提防沉魚落雁鳥驚喧，則怕的羞花閉月花愁顫。」也作「**閉月羞花**」。

【羞見江東】

《史記·項羽本紀》：「項王笑曰：『天之亡我，我何渡爲！且籍與江東子弟八千人渡江而西，今無一人還，縱江東父兄憐而王我，我何面目見之？縱彼不言，籍獨不愧於心乎！』」後用「羞見江東」比喻心中羞愧，沒臉去見家人或故鄉的人。《野叟曝言》

五二回：「衆婦女中，也有出於無奈的，巴不得插翅回去……也有羞見江東，怕受公姑丈夫淩辱的。」

【羞愧難當】

當：承受。羞愧得難承受。形容十分羞愧。《紅樓夢》五八回：「那婆子羞愧難當，一言不發。」

【羞面見人】

因羞愧而不願見人。《南齊書・劉祥傳》：「[祥]輕言肆行，不避高下。司徒褚淵入朝，以腰扇鄣日。祥從側過，曰：『作如此舉止，羞面見人，扇鄣何益？』」

【羞惱成怒】

因羞愧怨恨而發怒。《紅樓夢》七一回：「這婆子，一則吃了酒，二則被這丫頭揭著弊病，便羞惱成怒了。」也作「**惱羞成怒**」。

【羞人答答】

答答：害羞的樣子。形容十分難爲情。元・王實甫《西廂記》四本楔子：「這小賤人倒會放刁，羞人答答的，怎生去！」也作「**羞羞答答**」。元・曾瑞卿《留鞋記》三折：「見母親哭哭啼啼，卻教我羞羞答答。」

【羞澀囊空】

宋・陰時夫《韻府羣玉・陽韻・一錢囊》：「阮孚持一皂囊，遊會稽。客問：『囊中何物？』曰：『但有一錢看囊，恐其羞澀。』」後用「羞澀囊空」指自己生活貧困，手中無錢。宋・歐陽澈《遣興示子賢》詩：「安貧萬事只隨緣，羞澀囊空乏一錢。」也作「**阮囊羞澀**」。

【羞手羞腳】

形容因羞怯而不敢上前。《紅樓夢》五三回：「賈母也曾差人去請衆族中男女，奈他們有年老的，懶於熱鬧……更有羞手羞腳，不慣見人，不敢來的。」

【羞惡之心】

謂做了壞事或錯事而感到羞恥和嫌惡的心理狀態。《孟子・公孫丑上》：「無側隱之心，非人也；無羞惡之心，非人也；無辭讓之心，非人也；無是非之心，非人也。」

【羞羞答答】

見「羞人答答」。

【羞以牛後】

牛後：牛的肛門。《戰國策・韓策一》：「蘇秦爲楚合從說韓王曰：『……臣聞鄙語曰：「寧爲雞口，無爲牛後。」今大王西面交臂而臣事秦，何以異於牛後乎？』」後以「羞以牛後」比喻以在人之下，受其控制而感到恥辱。漢・阮瑀《爲曹公作書與孫權》：「大丈夫雄心，能無憤發？昔蘇秦說韓，羞以牛後；韓王按劍，作色而怒。雖兵折地割，猶不爲悔，人之情也。」

【羞與爲比】

見「羞與爲伍」。

【羞與爲伍】

爲伍：爲伴，在一起。《史記・淮陰候傳》：「[韓]信嘗過樊將軍噲，噲跪拜送迎，言稱臣，曰：『大王乃肯臨臣！』信出門，笑曰：『生乃與噲等爲伍！』」後用「羞與爲伍」指鄙視或厭惡某人，以同他在一起或相提並論爲羞恥。《後漢書・黨錮傳序》：「逮桓、靈之間，主荒政繆，國命委於閹寺，士子羞與爲伍，故匹夫抗憤，處士橫議。」也作「**羞與爲比**」。比：並列。《後漢書・左雄傳》：「桀、紂貴爲天子，而庸僕羞與爲比者，以其無義也；夷、齊賤爲匹夫，而王侯爭與爲伍者，以其有德也。」

ㄒㄧㄡˇ

【朽木不雕】

腐朽的木頭不可雕刻。比喻事情已到無法收拾的地步或人壞到無法挽救。《論語・公冶長》：「子曰：朽木不可雕也，糞土之牆不可圬也。」《周書・楊乾運傳》：「今大賊初平，生民離散，理宜同心戮力，保國寧民。今乃兄弟親尋，取敗之道也。可謂朽木不雕，世衰難佐。」也作「**朽棘不雕**」。《魏書・趙脩傳》：「小人難育，朽棘不雕，長惡不悛，豈容撫養。」

【朽木糞牆】

腐朽的木頭，髒土臭泥堆的牆。比喻局勢無法挽回。《漢書・董仲舒傳》：「今漢繼秦之後，如朽木糞牆矣，雖欲善治之，亡可奈何。」

【朽木糞土】

糞土：髒土。比喻不堪造就的人或毫無用處的事物。《論語・公冶長》：「朽木不可雕也，糞土之牆不可圬也。」宋・周密《齊東野語》卷一七：「杜牧有睡癖，夏侯隱號睡仙，其亦知此乎？雖然，宰予晝寢，夫子有朽木糞土之語。」

【朽木架橋——難過】

見「獨木橋——難過」。

【朽木架橋——一踩兩斷】

見「快刀斬亂麻——一刀兩斷」。

【朽木枯株】

見「朽株枯木」。

【朽木死灰】

腐爛的木頭，冷卻的灰燼。比喻心境冷漠，毫無生氣。元・石君寶《曲江池》四折：「小官已爲朽木死灰，若非你拯救吹噓，安能到此。」

【朽木之才】

比喻不堪培養或毫無用處的人。元・無名氏《認金梳》三折：「量你何足道哉，斗宵之器，糞土之牆，朽木之才，精狗兒之人。」

【朽棘不雕】

見「朽木不雕」。

【朽索充羈】

見「朽索馭馬」。

【朽索枯樁】

腐爛的繩索，乾枯的樹樁。比喻局勢已壞到不可救藥的地步。清・王夫之《讀通鑑論・隋煬帝》三：「迨及兵之已加，則惴惴然而莫知所應……朽索枯椿，雖繫之，其將何濟焉。」

【朽索馭馬】
用腐爛的繩駕狂奔的馬。形容情勢非常危險。《尚書·五子之歌》：「予臨兆民，懍乎若朽索之馭六馬。」也作「朽索充羈」。羈：韁繩。唐·王勃《上劉右相書》：「朽索充羈，不收奔馬之逸；輕絡振網，或隨吞舟之勢。」

【朽株枯木】
腐爛的樹樁，乾枯的木頭。比喻年老體弱或毫無用處的人。宋·陸游《謝黃參政啟》：「斷港絕潢，徒有朝宗之願；朽株枯木，何施造化之功。也作「朽木枯株」。明·康海《中山狼》三折：「俺道您瓊材玉樹，卻元是朽木枯株。」

ㄒㄧㄡˋ

【秀才背書——出口成章】
秀才：泛指讀書人。見「孔夫子講演——出口成章」。

【秀才不出門，能知天下事】
秀才：明清兩代稱府、州、縣學的生員，後泛指讀書人。指只要閉門苦讀，就可以知道天下大事。清·王有光《吳下諺聯》卷二：「『秀才不出門，能知天下事。』秀才以天下爲己任，自應日新其德，知能並進……必也杜門不出，十年讀書，十年養氣，如董江都下帷不輟，一旦出身任事，乃無所不知，無所不能。」

【秀才打架——講禮】
雙關語。比喻言行有禮貌，交往有禮節。例秀才打架——講禮，這是老班長所以受到大家愛戴的原因。

【秀才打擂——招架不住】
打擂：上擂台比武。比喻抵擋不了，難以對付。例任務一件一件壓下來，我們實在是秀才打擂——招架不住了。也作「豆腐擋刀——招架不住」。

【秀才當兵——文武雙全】
見「孔夫子掛腰刀——文武雙全」。

【秀才當文書——字字推敲】
推敲：斟酌字句，反覆琢磨。形容寫文章態度認眞，文風嚴謹。例我們應向讀者負責，發表的文章一定要像秀才當文書——字字推敲，絕不允許弄虛作假，華而不實。

【秀才的手巾——包輸（書）】
見「孔夫子的手巾——包輸（書）」。

【秀才看榜——又驚又喜】
形容驚喜交集的複雜心情。例離別數十年的兒子，突然回到了老大娘的身邊，她眞是秀才看榜——又驚又喜啊！

【秀才看熱鬧——袖手旁觀】
形容置身事外，不參與，不過問。例人家遭此大難，你怎能秀才看熱鬧——袖手旁觀呢？一點同情心也沒有！

【秀才落陷阱——埋沒人才】
陷阱：爲捉野獸或敵人而挖的坑，上面浮蓋僞裝的東西，踩在上面就掉到坑裏。比喻有德有才的人沒有被發現和任用。例竟然有這樣的專家閒著沒事幹，這不是秀才落陷阱——埋沒人才嗎？

【秀才拿笤帚——斯文掃地】
笤帚：除去塵土、垃圾等的用具，用去粒的高粱穗、黍子穗等綁成，比掃帚小；斯文：舊指文化或文人。比喻文人不受尊重，或自甘墮落。例在那特殊的年代裏，到處都是秀才拿笤帚——斯文掃地，中國的文化遭到了浩劫。也作「秀才偷書——斯文掃地」。

【秀才人情】
元·王實甫《西廂記》一本二折：「小生特謁長老，奈路途奔馳，無以相饋。量著窮秀才人情只是紙半張。」後用「秀才人情」謂讀書人所贈送的微薄禮物。《鏡花緣》三一回：「些須微物，不過略助雅興，敝處歷來猜謎都是如此，秀才人情，休要見笑。」

【秀才跳井——明白人辦糊塗事】
見「聖人喝鹵水——明白人辦糊塗事」。

【秀才推磨——難爲聖人】
秀才：原是明清兩代生員的通稱，後泛指讀書人。見「強拉聖人成親——難爲人」。

【秀才遇到老虎——再吟詩也跑不脫】
比喻努力完全落空；或事情、責任推脫不掉，逃避不了。例要考慮當時的具體環境和條件，即使本領更大些，也是秀才遇到老虎——再吟詩也跑不脫。

【秀才遇見兵——有理說不清】
比喻講道理的人遇見蠻不講理的人，無法與之評理，或有理也無法申辯。例「同他交涉的結果如何？」「唉，秀才遇見兵——有理說不清。」也作「啞巴打官司——有理說不清」。

【秀才造反，三年不成】
指讀書人優柔寡斷，膽小怕事，往往幹不成大事。錢谷風《清王朝的覆滅》：「老話說：『秀才造反，三年不成。』這是說封建時代讀書人多無實學，且帶有極大的依附性和軟弱性，議論多而成不了大事。」

【秀出班行】
班行：同輩，同列。指才識優異，超過同輩。唐·韓愈《唐故江南西道觀察使洪州刺史太原王公神道碑銘》：「秀出班行，乃動帝目。」

【秀而不實】
秀：禾類植物吐穗開花。光開花而不結果。《論語·子罕》：「子曰：『苗而不秀者有矣夫！秀而不實者有矣夫！』」原指孔子哀嘆顏淵早逝，後來比喻才質高的人不幸早亡。唐·楊炯《從弟去盈墓誌銘》：「豈期數有迍否，天無皂白，苗而不秀，秀而不實，蓋有是夫！」也比喻學無成就。元·無名氏《舉案齊眉》一折：「便道是秀才而秀而不實有矣夫，想皇天既與他十分才，也注還他一分祿。」

【秀幹終成棟，精鋼不作鉤】

秀幹：好的樹木。好的樹木終將會成爲棟梁之材，精良的鋼不會用來製鉤。比喻傑出的人才有建功立業的宏偉志向，不願做微不足道的事物。宋・包拯《書端州郡齋壁》詩：「清心爲治本，直道是身謀。秀幹終成棟，精鋼不作鉤。」

【秀色可餐】

形容女子姿色非常美麗。晉・陸機《日出東南隅行》：「鮮膚一何潤，秀色若可餐。」《鏡花緣》六六回：「武后閃目細細觀看，只見個個花能蘊藉，玉有精神，於那娉婷嫵媚之中，無不帶著一團書卷秀氣，雖非國色天香，卻是斌斌儒雅。古人云：『秀色可餐。』觀之眞可忘飢。」也形容自然景色的秀美。宋・王明清《揮麈後錄》卷二引李質《艮岳賦》：「森峨峨之太華，若秀色之可餐。」

【秀水明山】

山水秀麗，風光明媚。《紅樓夢》一八回：「秀水明山抱復回，風流文采勝蓬萊。」也作「山明水秀」。

【秀外慧中】

外貌秀美，內心聰明。唐・韓愈《送李願歸盤谷序》：「曲眉豐頰，清聲而便體，秀外而慧中。」也作「秀外惠中」。惠：通「慧」。《聊齋志異・香玉》：「生握腕曰：『卿秀外惠中，令人愛而忘死，顧一日之去，如千里之別。』」

【秀外惠中】

見「秀外慧中」。

【秀靨承顴】

靨：酒窩；顴：顴骨，指臉頰。謂秀美的臉頰上漾起酒窩。清・王韜《淞濱瑣話・畫舫紀艷》：「中有二女，裝束艷冶……遁叟視其一，豐福淡遠，態度娉婷，秀靨承顴，長眉入鬢。」

【繡佛長齋】

繡佛：刺繡的佛像；長齋：長年吃素。在佛像前長年吃齋。指修行信佛。清・百一居士《壺天錄》卷中：「過與娥話別，娥曰：『君來，固可圖白頭偕老，否則，繡佛長齋以了餘生。』」也作「長繡齋佛」。

【繡閣香閨】

見「香閨繡閣」。

【繡虎雕龍】

宋・曾慥《類說》卷四引《玉箱雜記》：「曹植七步成章，號繡虎。」《史記・孟子荀卿列傳》：「齊人頌曰：『談天衍，雕龍奭，炙轂過髡。』」裴駰集解引劉向《別錄》：「騶奭修衍之文，飾若雕鏤龍文，故曰『雕龍』。」後因以「繡虎雕龍」比喻文章寫得好，富有文采。明・單本《蕉帕記・尋春》：「學富三餘，才雄七步，體誇繡虎雕龍，那值時危國破。」

【繡戶珠簾】

繡戶：雕繪華美的門戶；珠簾：飾有珍珠的簾子。謂富貴人家（多指女子所居）。宋・李覯《燕雀》詩之二：「繡戶珠簾見最頻，暖來寒去但安身。」也作「繡簾朱戶」。繡簾：刺繡的簾子；朱戶：紅漆的大門。清・吳秉仁《解連環・落花》詞：「看滿徑、撲蝶迎蜂，被銜送天涯，旅懷堪訴。細點苔茵，盡飄墜、繡簾朱戶。」。

【繡花針沉海底——無影無蹤】

見「天上的浮雲地下的風——無影無蹤」。

【繡花針戳烏龜殼——穿不過去】

比喻阻力大，過不去。例敵人防禦工程堅固，只能智取，強攻恐怕是繡花針戳烏龜殼——穿不過去。

【繡花針打鞋底——頂不過】

打鞋底：納鞋底，在鞋底上密密地縫，使它結實耐磨。見「高粱稈當柱子——頂當不起」。

【繡花針當車軸——細心】

比喻考慮問題周詳、細密。例他一向繡花針當車軸——細心，這次怎麼會如此疏忽，辦公室不鎖門就下班回家了。

【繡花針對鐵梁——大小各有用場】

比喻物不分大小，人不論貴賤，各有自己的長處。例別那麼自卑，繡花針對鐵梁——大小各有用場，應當揚長避短，發揮自己的優勢，準能做出成績來。

【繡花枕頭】

比喻虛有外表而無眞才實學的人。《黑籍冤魂》六回：「頂冠束帶，居然官宦人家，誰敢說他是個繡花枕頭，外面繡得五色燦爛，裏面卻包著一包稻草？」

【繡花枕頭塞糠殼——顧面不顧裏】

見「拆襪子補鞋——顧面不顧裏」。

【繡花枕頭——一包草】

比喻人徒有其表，實際上沒有才能。有時指講究穿著打扮而內心卻很醜惡。例你別把他當成神了，他是繡花枕頭——一包草，什麼本事也沒有。

【繡花枕頭——一對兒】

見「廟門前的石頭獅子——一對兒」。

【繡花枕頭裝秕糠——外光裏不光】

秕糠：秕子和糠。也作「繡花枕頭——外面光」、「繡花枕頭裝秕糠——外面光」。見「驢糞蛋——外面光」。

【繡口錦心】

唐・李白《冬日於龍門送從弟京兆參軍令問之淮南覲省序》：「常醉目吾曰：『兄心肝五臟皆錦繡耶？不然，何開口爲文，揮翰霧散？』」後用「繡口錦心」比喻文思優美，辭采華麗。明・陸采《明珠記・送愁》：「俺小姐花容月貌，王解元繡口錦心，正是一對夫妻。」

【繡簾朱户】
見「繡戶珠簾」。
【繡球配牡丹——正好一對】
也作「繡球配牡丹——天生的一對」。見「蓮花並蒂開——正好一對」。
【繡闥雕甍】
闥：ㄊㄚˋ，門樓上的小屋；甍：ㄇㄥˊ，屋脊。描金繪彩的門樓，精雕細刻的屋脊。形容建築物精緻華美。唐・王勃《滕王閣序》：「披繡闥，俯雕甍。」例北京是一座歷史悠久的古都，繡闥雕甍的古建築物到處可見。
【臭味相投】
臭味：氣味；相投：互相投合。形容彼此志趣、性情相同，非常合得來。《醒世恆言》卷二六：「這二位官人，爲官也都清正，因此臭味相投，每遇公事之暇，或談詩，或弈棋，或在花前竹下，開樽小飲，彼來此往，十分款洽。」也作「臭味相與」。相與：交好。漢・蔡邕《玄文先生李休碑》：「年既五十，苗胤不嗣，以永壽二年夏五月乙未卒。凡其親昭朋徒、臭味相與，大會而葬之。」
【臭味相依】
臭味：氣味；依：依傍。形容彼此風格體制相同。唐・劉知幾《史通・六家》：「自秦以上，皆以《史記》爲本……兩漢以還，則全錄當時紀、傳，而上下通達，臭味相依。」
【臭味相與】
見「臭味相投」。
【袖短怪罪胳膊長——錯怪】
見「不恨繩短，只怨井深——錯怪。」
【袖裏藏刀——不露風（鋒）】
風：「鋒」的諧音。雙關語。比喻不洩漏秘密或不走漏消息。例這是絕密的經濟情報，你們得袖裏藏刀——不露風（鋒），外商知道了，就會造成損失。
【袖裏藏刀——鋒芒不露】
鋒芒：刀劍等的刃口或尖端，比喻人的銳氣、才幹。比喻人有才華，藏而不露。含有謙虛，不愛自我表現的意思。例你的畫畫得眞好，可平時卻袖裏藏刀——鋒芒不露，誰都不知道你有這一手。也作「袖裏藏刀——不露鋒」。
【袖裏藏刀——殺人不露鋒】
見「二把刀的大夫——殺人不見血」。
【袖裏揣刀子——暗藏殺機】
見「保險櫃裏安雷管——暗藏殺機」。
【袖裏來袖裏去】
比喻辦事暗中進行。《石點頭》卷六：「這聘禮也不過鄧元龍三人袖裏來袖裏去，所以外人並不知道。」
【袖裏來，袖裏去——沒根沒據】
舊時經紀人，往往在買賣人的袖筒裏用伸手指的動作示意價格，從中撮合，進行討價還價的交易。比喻說話或做事缺乏依據。例沒有調查研究，袖裏來，袖裏去——沒根沒據，你的計畫是不可靠的。也作「袖裏來，袖裏去——何憑何據」。
【袖裏伸出一隻腳——誇大手】
比喻炫耀自己的本事大。例完成區區一件任務，還不圓滿，卻袖裏伸出一隻腳——誇大手，眞好意思！
【袖裏伸爪爪——露一小手】
袖裏伸爪爪：鳥獸的腳從袖裏伸出，彷彿是小手。見「蠍虎子抓門簾——露一小手」。
【袖手旁觀】
把手放進袖子裏，在一旁觀看。形容對事情不介入，當局外人。唐・韓愈《祭柳子厚文》：「巧匠旁觀，縮手袖間。」宋・蘇軾《朝辭赴定州論事狀》：「弈棋者勝負之形，雖國工有所不盡，而袖手旁觀者常盡之。」也作「袖手傍觀」。明・湯顯祖《紫釵記・劍合釵圓》：「想起黃衫豪客也，女伴們袖手傍觀，英雄拔刀相濟。」也作「束手旁觀」、「縮手旁觀」。
【袖手傍觀】
見「袖手旁觀」。
【袖手無策】
把手放進袖子裏，不知如何才好。形容遇事無法處理。宋・張元幹《陪李仲輔昆仲宿惠山寺》詩：「相看炯不寐，袖手了無策。」也作「束手無策」。
【袖筒裏入棒槌——直出直入】
也作「袖筒裏袖棒棰——直來直去」、「袖口裏褪棒槌——直出直入」、「袖口裏揣棒槌——直來直去」、「袖筒裏插棒棰——直出直入」。見「胡同裏扛竹竿——直來直去」。
【袖子裏翻跟斗——小人】
跟斗：跟頭。見「腳盆裏洗澡——小人」。
【袖子裏冒火——著手】
雙關語。比喻開始著手工作。例「你的文章寫了沒有？」「袖子裏冒火——著手了，兩天後交稿。」
【袖子裏起火——燒手】
燒手：〈方〉棘手。見「兩手托刺蝟——棘手」。
【袖子裏著火——抖落不下】
比喻無法擺脫。例「你們工廠還沒有走出困境？」「措施採取不少，可困難就像袖子裏著火——抖落不下。」

ㄒㄧㄢ

【仙塵路隔】
仙：仙境；塵：塵世。指仙境和塵世道路遠隔，難以通達。《聊齋志異・羅刹海市》：「仙塵路隔，不能相依。」也作「仙凡路隔」。凡：凡世，塵世。《紅樓夢》一〇九回：「寶玉醒來，見衆人都起來了，自己連忙爬起來，揉著眼睛，細想昨夜又不曾夢見，可是『仙凡路隔』了。」

【仙凡路隔】
見「仙塵路隔」。
【仙風道格】
見「仙風道骨」。
【仙風道骨】
骨：指氣質神采。仙人的風度，得道者的神采。形容人氣度非凡，神采飄逸。唐・李白《大鵬賦序》：「余昔於江陵，見天台司馬子微，謂余有仙風道骨，可與神遊八極之表。」也作「**仙風道格**」。格：骨格，指氣質風格。宋・蘇舜欽《朝奉大夫天章閣待制王公行狀》：「公襟上高爽，有仙風道格，日與二三逸人，放意於江山之間。」也作「**仙風道貌**」。《飛龍全傳》四三回：「見了苗光義仙風道貌，柴榮先已歡喜，欠身相迎。」也作「**仙風道氣**」。明・屠隆《彩毫記・泛舟採石》：「老爺身著宮錦袍，頭戴華陽巾，仙風道氣，軒軒霞舉。」
【仙風道貌】
見「仙風道骨」。
【仙風道氣】
見「仙風道骨」。
【仙姑思凡——心野了】
仙姑：神話或童話指長生不老，並具有神通的女仙人；思凡：仙人想到人間來生活。比喻心緒不定或欲望過高。例這孩子是仙姑思凡——心野了，不安心學習，把精力都用在唱歌跳舞和遊山玩水上去了。
【仙鶴打架——繞脖子】
仙鶴：即白鶴，也叫丹頂鶴，羽毛白色，頸和腿都很長。比喻不直截了當，令人費思索。例你說話總像仙鶴打架——繞脖子，讓別人聽不懂。
【仙李蟠根】
蟠根：盤曲的樹根。《太平廣記》卷一引晉・葛洪《神仙傳・老子》：「老子之母，適至李樹下而生老子，生而能言，指李樹曰：『以此爲我性。』」後因以「仙李蟠根」謂李姓宗族興旺昌盛。宋・無名氏《醉蓬萊・壽李侍郎》詞：「慶長庚協夢、仙李蟠根，挺生名世。」
【仙露明珠】
仙露：露珠；明珠：珍珠。露珠圓潤，珍珠晶瑩。形容人風姿秀逸不羣。唐太宗《三藏聖教序》：「有玄奘法師者，法門之領袖也，幼懷貞敏，早悟三空之心；長契神情，先包四忍之行。松風水月，未足比其清華；仙露明珠，詎能方其朗潤。」
【仙女散花——天花亂墜】
見「麻子跳傘——天花亂墜」。
【仙山樓閣】
《史記・封禪書》：「自威（齊威王）、宣（齊宣王）、燕昭使人入海求蓬萊、方丈、瀛洲。此三神山者，其傳在勃海中……蓋嘗有至者，諸仙人及不死之藥皆在焉。其物禽獸盡白，而黃金銀爲宮闕。」唐・白居易《長恨歌》：「忽聞海上有仙山，山在虛無縹緲間。樓閣玲瓏五雲起，其中綽約多仙子。」後以「仙山樓閣」謂傳說中神仙居住的地方。也比喻幻想中的美妙境界。清・龔自珍《己亥雜詩》之二六八：「仙山樓閣尋常事，兜率甘遲十劫生。」也作「**仙山瓊閣**」。瓊閣：美玉築成的樓閣。
【仙山瓊閣】
見「仙山樓閣」。
【仙姿佚貌】
佚：美。仙女的風姿，秀美的容貌。形容女子姿容俊逸。清・洪昇《長生殿・彈詞》：「那娘娘生得來仙姿佚貌，說不盡幽閒窈窕。」
【仙姿玉色】
玉色：姣好的容貌。形容女子十分出色的姿容。明・謝讜《四喜記・巧夕宮筵》：「宮中鄭娘娘，乃是鄭參政之女，數月前選入宮中，仙姿玉色，世上無雙。」
【仙姿玉質】
形容風姿俊逸，品格高潔。《白雪遺音・馬頭調・梅雪爭艷》：「梅愛雪白，雪愛梅香，配合正相當。他兩家仙姿玉質從無上，壓倒羣芳。」
【先吃皮後吃餡——老一套】
見「和尚念經——老一套」。
【先穿靴後穿褲——亂套了】
也作「**先穿靴後穿褲——亂了套**」。見「放羊的去圈馬——亂套了」。
【先得我心】
謂前人所論與自己所思正相契合。《孟子・告子上》：「心之所同然者何也？謂理也，義也。聖人先得我心之所同然耳。故理義之悅我心，猶芻豢之悅我口。」
【先斷後聞】
斷：決斷。謂先自行處理，後向上奏聞。《北史・宇文護傳》：「護第屯兵禁衛，盛於宮闕，事無巨細，皆先斷後聞。」也作「**先舉後聞**」。《宋史・高宗紀》：「如遇警急調發不及申奏，則令宣、制司隨宜措置，先舉後聞。」
【先睹爲快】
睹：看見。以先看到爲快樂。形容急切看到的心情。唐・韓愈《與少室李拾遺書》：「朝廷之士，引頸東望，若景星鳳凰之始見也，爭先睹之爲快。」《孽海花》三二回：「人人懷著先睹爲快的念頭，不到天黑，陸陸續續的全來了。」
【先發制人】
謂先動手掌握主動，以制伏對方。《漢書・項籍傳》：「方今江西皆反秦，此亦天亡秦時也。先發制人，後發制於人。」也作「**先即制人**」。即：就，便。《史記・項羽本紀》：「吾聞先即制人，後則爲人所制。」
【先公後私】
先處理公事，然後處理私事。《三國演義》四三回：「孔明曰：『弟既事劉豫州，理宜先公後私。公事未畢，不敢及私，望兄見諒。』」
【先國後己】

先處理國家的大事，然後處理自己的事情。《左傳・昭公二年》：「辭不忘國，忠信也；先國後己，卑讓也。」

【先國家之急而後私仇】

在國家危難的時刻，置國家的利益於個人的恩怨之上。《史記・廉頗藺相如列傳》：「相如曰：『……顧吾念之，强秦之所以不敢加兵於趙者，徒以吾兩人在也。今兩虎共鬥，其勢不俱生。吾所以爲此者，以先國家之急而後私仇。』」

【先號後慶】

見「先號後笑」。

【先號後笑】

號：號哭。《周易・同人》：「同人先號咷而後笑，大師克相遇。」後用「先號後笑」比喻開頭遭凶後來逢吉的命運。南朝梁・劉孝標《辯命論》：「然命體周流，變化非一，或先號後笑，或始吉終凶；或不召自來，或因人以濟。」也作「**先號後慶**」。《後漢書・申屠剛鮑永等傳贊》：「鮑永沈吟，晚來歸正，志達義全，先號後慶。」

【先河後海】

《禮記・學記》：「三王之祭川也，皆先河而後海，或源也，或委也，此之謂務本。」因以「先河後海」比喻分清事物發展的源流。清・陳康祺《郎潛紀聞》卷九：「大毛公之詩其源出於子夏，鄭康成本之而爲箋，孔穎達因之而爲正義，乃文廟從祀有小毛公萇而無大毛公亨，非先河後海之義，宜增入者。」

【先河之導】

先河：本源，源頭；導：導引。謂新事物的創導者。清・薛福成《代李伯相覆黎參贊書》：「然此事實係富强要訣，總當徐圖設法，隨時提倡，遇有機會，自必漸試其端，以爲先河之導。」

【先後緩急】

謂主要與次要、急迫與和緩。宋・呂陶《蜀州重修大廳記》：「凡爲此者，蓋政有餘力而及之，非先後緩急之不序也。」也作「**輕重緩急**」、「**緩急先後**」。

【先花後果】

比喻先生女後生男。《醒世恆言》卷二七：「夫妻十分恩愛，生下三男一女：兒子名曰承祖，長女名玉英，次女名桃英，三女名月英。原來是先花後果的，倒是玉英居長，次即承祖。」

【先即制人】

見「先發制人」。

【先計後戰】

計：謀劃。先謀劃，後用兵。《漢書・藝文志》：「權謀者，以正守國，以奇用兵，先計而後戰，兼形勢包陰陽，用計巧者也。」

【先見敗徵】

徵：徵兆，徵象。事先已看到失敗的徵象。《史記・項羽本紀》：「宋義論武信君之軍必敗，居數日，軍果敗。兵未戰，而先見敗徵，此可謂知兵矣。」

【先見之明】

預先洞察事物發展的眼力。《後漢書・楊彪傳》：「後子修爲曹操所殺，操見彪曰：『公何瘦之甚？』對曰：『愧無日磾先見之明，猶懷老牛舐犢之愛。』」

【先舉後聞】

見「先斷後聞」。

【先覺先知】

見「先知先覺」。

【先君子，後小人】

君子：正直寬容的人；小人：斤斤計較的人。指先講道理，行不通再採用强制手段。例對於小王這種人，你就採取先君子後小人的手段，趁機好好的教訓他一下。

【先來後到】

按來到的先後而確定次序，《水滸傳》三五回：「那漢嗔怪呼他做上下，便焦躁道：『也有個先來後到。甚麼官人的伴當，要換座頭！老爺不換！』」

【先禮後兵】

先以禮貌相待，達不到目的再用强硬手段。《三國演義》一一回：「郭嘉諫道：『劉備遠來救援，先禮後兵，主公當用好言答之，以慢備心；然後進兵攻城，城可破也。』」也作「**先文後武**」。《三國志・魏書・賈詡傳》：「昔舜舞干戚而有苗服，臣以爲當今宜先文後武。」

【先禮後刑】

先用禮法教化人民，達不到目的再施用刑罰。晋・傅玄《傅子・法刑》：「治世之民，從善者多，上立德而下服其化，故先禮而後刑也。」

【先路之導】

戰國楚・屈原《離騷》：「乘騏驥以馳騁兮，來吾導夫先路。」後因以「先路之導」謂居先帶路的人。清・王韜《淞隱漫錄・徐麟士》：「彼貴客者，乃女君之所使也，特爲先路之導耳。」也比喻新事物的開創和倡導。例一九一九年，中國爆發了「五四」運動，而《新青年》雜誌的創辦，可謂是先路之導。

【先難後獲】

難：指勞苦。先辛勤勞作，而後才有收穫。指要有所得，就要先付出代價。《論語・雍也》：「仁者先難而後獲，可謂仁矣。」

【先驅螻蟻】

螻蟻：螻蛄、螞蟻。《戰國策・楚策一》：「大王萬歲千秋之後，願得以身試黃泉，蓐螻蟻。」《藝文類聚》卷三三引作「驅螻蟻」。意謂願先人死去，在黃泉之下替人驅除螻蟻。後用「先驅螻蟻」比喻甘願先死以效忠盡力。《南史・王琨傳》：「順帝遜位，百僚陪列。琨攀畫輪獺尾慟泣曰：『人以壽爲歡，老臣以壽爲戚。既不能先驅螻蟻，頻見此事。』嗚噎不自勝，百官人人雨淚。」

【先人後己】
先替別人考慮，然後才想到自己。《禮記·坊記》：「君子貴人而賤己，先人而後己，則民作讓。」《三國志·蜀書·許靖傳》：「自流宕以來，與羣士相隨，每有患急，常先人後己。」也作「**先物後己**」。物：指衆人。南朝梁·徐勉《與大息山松書》：「凡爲人長，殊復不易，當使中外諧緝，人無間言，先物後己，然後可貴。」

【先入爲主】
《漢書·息夫躬傳》：「唯陛下觀覽古戒，反覆參考，無以先入之語爲主。」後以「先入爲主」謂以先接受的說法或印象爲準，形成自己的成見，很難再接受別的說法。梁啟超《墨學微》三章：「墨子之以兼愛立教，稍通國學者皆能言之矣。雖然，以孟、荀排斥之說，先入爲主，一概抹煞，故於兼愛主義之眞相蓋晦焉。」

【先入之見】
謂了解情況之前就已形成的認識。魯迅《且介亭雜文二集·論諷刺》：「我們常不免有一種先入之見，看見諷刺作品，就覺得這不是文學上的正路，因爲我們先就以爲諷刺並不是美德。」

【先聲奪人】
謂作戰時先大造聲勢以挫傷敵方的士氣。《左傳·昭公二十一年》：「軍志有之：先人有奪人之心，後人有待其衰。」也謂先張揚聲威以制伏人。茅盾《子夜》十二：「他這眼光是有魔力的，他這眼光是他每逢定大計，決大疑，那時候兒的先聲奪人的大炮！」

【先聲後實】
謂先張揚聲勢挫敵士氣，然後動用武力戰勝敵方。《史記·淮陰侯傳》：「兵固有先聲而後實者，此之謂也。」《三國志·魏書·劉曄傳》：「其威名足以先聲後實，而服鄰國也。」

【先聖先師】
原指聖賢和可師法的人。《禮記·文王世子》：「凡始立學者，必釋奠於先聖先師。」漢魏之後，以孔子爲先聖，顏淵爲先師。唐初改周公爲先聖，孔子爲先師。不久又恢復舊稱。

【先識遠量】
識：見識；量：度量，謀劃。謂遇事有預見性，考慮長遠。《晉書·索靖傳》：「靖有先識遠量，知天下將亂，指洛陽宮門銅駝，嘆曰：『會見汝在荊棘中耳！』」

【先事後得】
先去做而後才有所得。《論語·顏淵》：「先事後得，非崇德與？」宋·朱熹《答林退思書》：「故夫子嘗以先難後獲爲仁，又以先事後得爲崇德。」

【先事慮事】
先事：指事前。指事先就考慮好如何處理事情。《荀子·大略》：「先事慮事，謂之接，接則事優成。」

【先說斷，後不亂】
斷：決斷。事先把條件講明白，以後辦事就少麻煩。《金瓶梅詞話》七回：「這老虔婆黑眼睛珠見了二三十兩白晃晃的官銀，滿面堆下笑來，說道：『官人在上，不當老身意小，自古先說斷，後不亂。』薛嫂在旁插口說：『你老人家忒多心，哪裏這等計較？我大的老爹，不是那等人。』」

【先天不足】
先天：指人或動物的胚胎時期。謂人或動物生下來就體質貧弱。《鏡花緣》二六回：「小弟聞得仙人與虛合體，日中無影；又老人之子，先天不足，亦或日中無影。」也比喻事物的基礎差，條件不好。老舍《我怎麼寫的〈春華秋實〉劇本》：「但是，劇本中若只出現幾個店員，總顯得有些先天不足。」

【先天下憂】
見「先憂後樂」。

【先天下之憂而憂，後天下之樂而樂】
見「先憂後樂」。

【先爲之容】
容：修飾。《史記·鄒陽列傳》：「蟠木根柢，輪囷離詭，而爲萬乘器者，何則？以左右先爲之容也。」後比喻事先替人美言或通融。

【先文後武】
見「先禮後兵」。

【先我著鞭】
見「先吾著鞭」。

【先吾著鞭】
著鞭：指揮鞭催馬。比喻比自己搶先一步。《晉書·劉琨傳》：「吾枕戈待旦，先梟逆虜，常恐祖生先吾著鞭耳。」也作「**先我著鞭**」。《孽海花》一八回：「我國若不先自下手，自辦銀行，自築鐵路，必被外人先我著鞭，倒是心腹大患哩！」

【先物後己】
見「先人後己」。

【先務之急】
先務：首先要辦的事務。《孟子·盡心上》：「堯舜之知，而不遍物，急先務也。」後用「先務之急」指最先急於處理的事務。例當前的先務之急，是要解決交通運輸緊張，產品出不去，原材料進不來的問題。

【先下手爲强，後下手遭殃】
先動手的可占上風，動手晚了就要吃虧。元·紀君祥《趙氏孤兒》四折：「那穿紅的想道：先下手爲殃，後下手遭殃。暗地遣一刺客，喚做鉏麑，藏著短刀，越牆而過，要刺殺這穿紫的。」也作「**先下手爲强**」。元·楊梓《豫讓吞炭》二折：「魏公子，我想來若智氏平了趙子，禍必及咱二家，莫若先下手爲强。」也作「**早下手爲强**」。

【先小人，後君子】
指先直來直去地講好價錢和條件，然後再以禮相待。《西遊記》八四回：

「如今，先小人，後君子，先把房錢講定後，好算帳。」

【先笑後號】

號：號咷，號哭。《周易・同人》：「九五，同人先號咷而後笑，大師克相遇。」後用「先笑後號」比喻先逢吉後遭凶。《後漢書・崔琦傳》：「不相率以禮，而競獎以權。先笑後號，卒以辱殘。」唐・李賢注：「言初雖恃權執而笑，後竟罹禍而號哭也。」

【先行官】

比喻走在前面爲後來者開闢道路，開展工作的人或物。例他既然自告奮勇當先行官，肯定他有路子。

【先行後聞】

見「先斬後奏」。

【先言往行】

往：以往；行：行爲。謂聖賢、前輩的言論或行爲。南朝梁・任昉《爲蕭揚州薦士表》：「先言往行，人物雅俗，甘泉遺儀，南宮故事，畫地成圖，抵掌可述。」也作「前言往行」。

【先意承顏】

見「先意承志」。

【先意承欲】

見「先意承志」。

【先意承旨】

見「先意承志」。

【先意承指】

見「先意承志」。

【先意承志】

謂能事先覺出父母的心意並照著去辦。《禮記・祭義》：「君子之所爲孝者，先意承志，諭父母於道。」後泛指揣摩別人的意圖並極力迎合。魯迅《華蓋集續編・海上通信》：「我不是別人，那知道別人的意思呢？『先意承志』的妙法，又未曾說過。」也作「先意承顏」。北齊・顏之推《顏氏家訓・勉學》：「未知養親者，欲其觀古人之先意承顏，怡聲下氣。」也作「先意承欲」。《鬼谷子・權篇》：「先意承欲者，諂也；繁稱文辭者，博也。」也作「先意承旨」。《韓非子・八姦》：「此人主未命而唯唯，未使而諾諾，先意承旨，觀貌察色，以先主心者也。」也作「先意承指」。《三國志・吳書・賀邵傳》：「是以正士摧方而庸臣苟媚，先意承指，各希時趣。」也作「先意希旨」。希：迎合。唐・陳鴻《長恨歌傳》：「蓋才智明慧，善巧便佞，先意希旨，有不可形容者。」

【先意希旨】

見「先意承志」。

【先憂後樂】

先苦心焦慮，然後得到安樂享受。《大戴禮記・曾子立事》：「先憂事者後樂事，先樂事者後憂事。」也作「先憂後喜」。元・賈仲名《蕭淑蘭》二折：「您穩放著個先憂後喜，我空懷著個有苦無甘。」也作「先天下之憂而憂，後天下之樂而樂」。憂慮在天下人之前，享樂在天下人之後。宋・范仲淹《岳陽樓記》：「先天下之憂而憂，後天下之樂而樂歟！」也作「先天下憂」。宋・陸游《溪上作》詩：「戇愚酷信紙上語，老病猶先天下憂。」

【先憂後喜】

見「先憂後樂」。

【先有親，後有鄰】

指親戚和鄰里關係同等重要。清・金恭溥《朱子家訓說略》：「鄉鄰猶如唇齒，彼此相依……所以俗語云：『先有親，後有鄰。』恰是至信。」

【先斬後聞】

見「先斬後奏」。

【先斬後奏】

奏：奏聞，向皇帝報告。先將罪犯處死，然後再上報皇帝。《漢書・申屠嘉傳》：「吾悔不先斬[鼂]錯乃請之，爲錯所賣。」唐・顏師古注：「言先斬而後奏。」後比喻自己先將事情處理，然後再報告。老舍《駱駝祥子》九：「這個事非我自己辦不可，我就挑上了你，咱們是先斬後奏。」也作「先斬後聞」。元・無名氏《十探子》三折：「今奉聖人的命，敕賜勢劍金牌，敎小官便宜行事，先斬後聞。」也作「先行後聞」。行：行刑，處決。《後漢書・酷吏傳序》：「故臨民之職，專事威斷，族滅奸軌，先行後聞。」

【先張聲勢】

謂事先張揚聲勢，以威懾對方。《三國志・魏書・曹休傳》：「賊實斷道者，當伏兵潛行。今乃先張聲勢，此其不能也。」

【先之則太過，後之則不及】

（時機）抓早了就超過了，抓晚了就趕不上了。指做事要善於把握時機，才能取得成功。唐・李筌《太白陰經・作戰篇》：「時之至間不容息。先之則太過，後之則不及。見利不失，遭時不疑；先利後時，反受其害。」

【先知先覺】

知：知曉；覺：覺悟。《孟子・萬章上》：「天之生此民也，使先知覺後知，使先覺覺後覺也。」後用「先知先覺」指對事物發展的認識早於常人的人。孫中山《民權主義》第三講：「先知先覺的是發明家，後知後覺的是宣傳家，不知不覺的是實行家。」也作「先覺先知」。宋・陳亮《謝陳同知啟》：「古心古貌，讀前輩未見之書；先覺先知，得累聖不傳之學。」

【先自隗始】

《戰國策・燕策一》：「郭隗先生曰：『……今天誠欲致士，先從隗始，隗且見事，況賢於隗者乎。』」後因以「先自隗始」比喻自我推薦，以招攬才德更高的人。

【纖塵不染】

纖塵：細小的灰塵。一點灰塵也沒有沾染上。比喻人品高潔。元・夏庭芝《青樓集・賽天香》：「善歌舞，美風度，性嗜潔，玉骨冰肌，纖塵不染。」

【纖毫畢現】
纖毫：細小的毫毛。比喻非常細微的東西全都顯露出來。例這幅人物畫每個細節都描繪得纖毫畢現，十分逼真。

【纖毫不爽】
纖毫：細小的毫毛，指非常細微；爽：差錯。形容一點差錯也沒有。《宋書・律曆志下》：「凡此四蝕，皆與臣法符同，纖毫不爽。」也作「**纖毫無爽**」。《魏書・律曆志下》：「歲星行天，伺候以來八九餘年，恆不及二度。今新曆加二度。至於夕伏晨見，纖毫無爽。」

【纖毫無爽】
見「纖毫不爽」。

【纖毫之惡】
惡：罪過，過失。形容極微小的過失。《三國志・魏書・武帝紀》：「君秉國之鈞，正色處中，纖毫之惡，靡不抑退。」

【纖介不遺】
見「纖悉無遺」。

【纖介之禍】
纖介：細微。形容很小的災禍。《戰國策・齊策四》：「孟嘗君爲相數十年，無纖介之禍者，馮諼之計也。」

【纖介之間】
間：嫌隙，隔閡。形容極小的隔閡。《後漢書・明德馬皇后紀》：「時后前母姊女賈氏亦以選入，生肅宗。帝以后無子，命令養之……后於是盡心撫育，勞悴過於所生。肅宗亦孝性淳篤，恩性天至，母子慈愛，始終無纖介之間。」

【纖芥無遺】
見「纖悉無遺」。

【纖芥之失】
纖芥：指細微。形容極微小的過失或差錯。漢・董仲舒《春秋繁露・王道》：「《春秋》紀纖芥之失。」

【纖悉必具】
纖悉：細微詳盡；具：開列，記錄。指細微詳盡地開列或記錄。明・歸有光《上宋明府書》：「律於發塚之條，如知情買賣器物磚石、薰狸平園之類，纖悉必具。」

【纖悉不遺】
見「纖悉無遺」。

【纖悉無遺】
纖悉：細微詳盡。一點也沒有遺漏掉。宋・朱熹《監潭州南岳廟劉君墓志銘》：「搜集先世遺文軼事，纖悉無遺。」也作「**纖悉不遺**」。清・方苞《周官辨僞二》：「余嘗病班史於[王]莽之亂政奸言，纖悉不遺，於義爲疏，於文爲贅。」也作「**纖介不遺**」。宋・胡仔《苕溪漁隱叢話後集・本朝雜紀下》：「[孔傳]取唐以來至於吾宋詩頌銘贊，奇編奧錄，窮力討論，纖介不遺。」也作「**纖芥無遺**」。唐・劉知幾《史通・內篇・二體》：「故論其細也，則纖芥無遺；語其粗也，則丘山是棄。」

【掀不開鍋】
形容窮困得無米下鍋。例他們孤兒寡母的，快掀不開鍋了，咱快把救濟糧給送去吧！

【掀翻了抱雞窠——弄出許多謊（黃）來】
抱雞窠：孵小雞的窩；謊：「黃」的諧音。比喻編了許多瞎話、謊言。例他爲了升官發財，掀翻了抱雞窠——弄出許多謊（黃），僞造了自己的學歷、履歷和社會關係。

【掀風作浪】
見「興風作浪」。

【掀雷決電】
掀：翻騰；決：決開，衝開。雷聲震蕩，電光閃閃。比喻筆力剛健，氣魄雄偉。唐・司空圖《題柳柳州集後》：「愚嘗覽韓吏部歌詩累百首，其驅駕氣勢，若掀雷決電，撐抉於天地之垠。」

【掀天動地】
見「掀天揭地」。

【掀天揭地】
形容氣勢壯偉。宋・辛敷《寇宗愍詩集後序》：「萊公兩朝大臣，勛業之盛，掀天揭地。」也作「**掀天動地**」。梁啟超《王荊公傳》一四章：「罷政後，日徜徉此間，借山水之勝以自娛，悠然如一野人。讀其詩詞，幾不復知爲曾造作掀天動地大事業開拓千古者也。」也作「**掀天卷地**」。宋・吳潛《八聲甘州・和魏鶴山韻》詞：「點檢人間今古，問誰爲贏局，底是輸局？謾區區成敗，蟻陣與蝸圍，便掀天卷地勛業。怕山中、拍手笑希夷。」也作「**掀天斡地**」。斡：旋。宋・馮時行《遺夔門故舊》詩：「蜀江迸出岷山來，翻濤鼓浪成風雷。掀天斡地五千里，爭赴東海相喧豗。」

【掀天卷地】
見「掀天揭地」。

【掀天撲地】
形容權重勢大，不可一世。宋・陳亮《與章德茂侍郎》之二：「老秦[檜]，掀天撲地，只享十六年之安，通不過二十二年。」

【掀天事業】
形容氣勢磅礡的壯偉事業。明・李開先《殘菊歌》：「逝水光陰留不住，掀天事業杳難期。」

【掀天斡地】
見「掀天揭地」。

【鮮車怒馬】
鮮：鮮麗；怒：指氣勢强盛。裝飾華麗的車子，强壯雄健的駿馬。形容生活豪華奢侈。《後漢書・第五倫傳》：「蜀地肥饒，人吏富實，椽史家貲多至千萬，皆鮮車怒馬，以財貨自達。」也作「**鮮衣怒馬**」。鮮衣：華貴的衣服。《醉醒石》一四回：「得資產的，買了個兩院書辦缺。一年升參，兩年討缺，三年轉考，俱得個好房科。鮮衣怒馬，把個寒儒不放在眼裏。」

【鮮冠利劍】

頭戴華貴的帽子，身佩鋒利的寶劍。形容身居高位。漢·王充《論衡·程材》：「一旦在位，鮮冠利劍；一歲典職，田宅並兼。」

【鮮花插在牛屎上——不配】

也作「鮮花插在牛屎上——配不上」。見「毛驢備上銀鞍韂——不配」。

【鮮血淋漓】

淋漓：往下滴的樣子。指鮮血流淌。《鏡花緣》一二回：「吾聞尊處向有婦女纏足之說。始纏之時，其女百般痛苦，撫足哀號，甚至皮腐肉敗，鮮血淋漓。」

【鮮衣好食】

見「鮮衣美食」。

【鮮衣美食】

華麗的衣服，精美的食物。形容生活闊綽。《警世通言》卷一七：「德稱此時雖然借寓僧房，圖書滿案，鮮衣美食，已不似在先了。」也作「鮮衣好食」。清·汪婉《顧徐赤墓志銘》：「諸子以鮮衣好食進者，輒屏不御。」

【鮮衣怒馬】

見「鮮車怒馬」。

【鮮衣凶服】

凶服：喪服。以鮮艷的衣料作喪服。形容輕佻放蕩，不合時俗的裝束。《漢書·尹賞傳》：「雜舉長安中輕薄少年惡子，無市籍商販作務，而鮮衣凶服，被鎧捍、持刀兵者，惡籍之。」

【鮮艷奪目】

鮮明而美麗，惹人注目。例台上模特兒所穿著的鮮艷奪目的禮服，立刻吸引了會場中所有人的目光。

ㄒㄧㄢˊ

【閒愁萬種】

閒愁：難以言狀的憂愁；萬種：言其多。形容心靈空虛，無端地憂愁纏身。元·李好古《張生煮海》一折：「眞乃是消磨了閒愁萬種。」

【閒非閒是】

見「閒是閒非」。

【閒官清，醜婦貞，窮吃素，老看經】

清：廉潔；貞：貞節；看經：念佛。比喻客觀條件決定了人的行爲和品德。元·楊景賢《劉行首》二折：「你不知道『閒官清，醜婦貞，窮吃素，老看經』，我如今青春之際，我怎生出的家！」

【閒花野草】

野生的花草。《歧路燈》九〇回：「東面一座花園……滿院濕隱隱綠苔遍佈，此外更無閒花野草。」也比喻妓女或與男人有不正當關係的女子。明·朱權《荊釵記·分別》：「捧觴低勸，好將心事拘拑，到京師閒花野草，愼勿沾染。」

【閒話少提】

見「閒話休題」。

【閒話休題】

題：提說。章回小說中的套語。無關正文的話不要再說了。也謂說話寫東西不要扯遠了，應緊扣正題。《古今小說》卷四〇：「閒話休題。到了浙江紹興府，孟春元領了女兒孟氏，在二十里外迎接。」也作「閒話少提」。《歧路燈》六五回：「閒話少提，只以辦事爲妙。」

【閒靜少言】

閒靜：安閒寧靜。好淸靜，少說話。晉·陶潛《五柳先生傳》：「閒靜少言，不慕榮利。」

【閒居非吾志，甘心赴國憂】

在家過淸閒的日子不是我的志向，我寧願爲國家的憂患而赴湯蹈火。指不甘閒居，願爲國擔憂效力。三國魏·曹植《雜詩六首》之一：「閒居非吾志，甘心赴國憂。」

【閒磕牙】

即閒聊、談天。例誰有功夫在這兒閒磕牙，我要回去看書了。

【閒情逸趣】

見「閒情逸致」。

【閒情逸興】

見「閒情逸致」。

【閒情逸志】

見「閒情逸致」。

【閒情逸致】

閒適的情懷，超逸的興致。《兒女英雄傳》三八回：「老爺這趟出來，更是閒情逸致，正要問問沿途的風物。」也作「閒情逸趣」。茅盾《幻滅》一〇：「他們都是兒女成行，並且職務何等繁劇，尙復有此閒情逸趣，更無怪那班青年了。」也作「閒情逸興」。明·陳與郊《商調黃鶯兒》之八：「歌送《竹枝》愁，楚雲台榭月樓，閒情逸興吾何有？」也作「閒情逸志」。《鏡花緣》一〇〇回：「此時四處兵荒馬亂，朝秦暮楚，我勉强做了一部舊唐書，那裏還有閒情逸志弄這筆墨。」

【閒神野鬼】

閒散遊蕩的鬼神。比喻不務正業，整日東遊西逛，惹事生非的人。《古今小說》卷三九：「有我們這樣老無知老禽獸，不守本分，慣一招閒神野鬼，上門鬧吵！」也作「邪神野鬼」。《醒世姻緣傳》七六回：「你不來家，不著我破死拉活把攔著這一點家事，邪神野鬼都要分一股子哩！」

【閒時不燒香，急來抱佛腳】

比喻平時不作好準備，事到臨頭才慌忙設法應付。明·沈景《一種情傳奇·香兆》：「[外]『如今事已急矣，且燒起香來，看神仙有何判斷？』[老旦]『有理，這樣叫閒時不燒香，急來抱佛腳。』」

【閒時學得忙時用】

指平時學習到的東西，急需時能用得上。《西湖二集》卷二五：「子不識時務，天下正要多事，不多幾時，北方便有兵起，不可不預先練習以救日後之急。俗語道：『閒時學得忙時用。』」

【閒是閒非】
指無端地挑起口舌，惹事生非。宋．曹冠《鳳棲梧．會於秋香閣，適令丞有違言，賦此詞勸之》詞：「閒是閒非知幾許，物換星移，風景都如故。耳聽是非縈意緒，爭如揮塵談千古。」也作「閒非閒是」。宋．沈瀛《水調歌頭》詞之三：「留君且住，聽我一曲楚狂吟。枉了閒煩閒惱，莫管閒非閒是，說甚古和今。」

【閒邪存誠】
閒：防範，約束。防範邪念，保持誠心。《周易．乾》：「閒邪存其誠。」唐．孔穎達疏：「閒邪存其誠者，言防閒邪惡，當自存其誠實也。」

【閒言淡語】
見「閒言閒語」。

【閒言潑語】
見「閒言閒語」。

【閒言散語】
見「閒言閒語」。

【閒言剩語】
見「閒言閒語」。

【閒言碎語】
見「閒言閒語」。

【閒言閒語】
指表示不滿意的話語。《醒世恆言》卷七：「若得賢弟親迎回來，成就之後，不怕他閒言閒語。」也作「閒言淡語」、「閒言潑語」。潑語：胡說。宋．郭應祥《鵲橋仙．丁卯七夕》詞：「獨憐詞客與詩人，費多少、閒言潑語。」也作「閒言散語」。《後西遊記》二七回：「太后心知落套，悔恨無及，又聽見這些閒言散語，不勝憤怒。」也作「閒言剩語」。《歧路燈》三三回：「那一班人，也就有因閒言剩語爭吵起來，要打起架來的意思。」也作「閒言碎語」。明．馮惟敏《正宮端正好．徐我亭歸田》曲：「一個道稽遲糧餉賚飛票，一個道緊急軍情奉火牌，閒言碎語須擔待。」

【閒雲孤鶴】
見「閒雲野鶴」。

【閒雲野鶴】
自由飄蕩的雲，野生無拘的鶴。比喻超凡離俗，逍遙自在的人。《紅樓夢》一一二回：「獨有妙玉如閒雲野鶴，無拘無束。」也作「閒雲孤鶴」。宋．尤袤《全唐詩話．僧貫休》：「錢鏐，自稱吳越國王，休以詩投之曰：『貴逼身來不自由，幾年勤苦踏林丘。滿堂花醉三千客，一劍霜寒十四州……，鏐諭改為四十州，乃可相見。曰：『州亦難添，詩亦難改，然閒雲孤鶴，何天而不可飛。』遂入蜀。」

【閒雜人等】
指與某事無關或沒有任職的人。《大唐秦王詞話》一三回：「齊王吩咐把門官校，一應閒雜人等，不許放進。」

【賢才濟濟】
賢才：有德行和才能的人；濟濟：眾多的樣子。指有德行和才能的人很多。明．李賢《論太學疏》：「果能此道，將見數年之後，賢才濟濟，文風大振。」也作「人才濟濟」。

【賢才君子】
指有德行、有才幹的人。《三國志．魏書．陳思王植傳》裴松之注引《魏略》曰：「當今天下之賢才君子，不問少長，皆願從其遊而為之死。」也作「賢人君子」。唐．陳子昂《明必得賢科》：「凡賢人君子，未嘗不思效用，但無其類獲進，所以堙沒於時。」

【賢才難得】
指品德高尚、有才能的人不容易得到。《資治通鑑．齊明帝建武三年》：「[帝謂劉昶曰]：若得其人，可起家為三公。正恐賢才難得，不可止為一人渾我典制也。」

【賢而多財，則損其志；愚而多財，則益其過】
益：增加。賢良的人財產多了，就會消磨他的意志；愚笨的人財產多了，就會增加他的過失。指人不可過分地追求物質享受。《漢書．疏廣傳》：「賢而多財，則損其志；愚而多財，則益其過。」

【賢良方正】
賢良：指有德行有才能；方正：正直不阿。漢代地方向朝廷薦舉人才，分孝廉、賢良方正二科。《漢書．文帝紀》：「及舉賢良方正能直言極諫者，以匡朕之不逮。」後作為一種修養的標準。《鏡花緣》二三回：「門首都豎著金字匾額，也有寫著『賢良方正』，也有寫著『孝悌力田』的。」

【賢母良妻】
見「賢妻良母」。

【賢能不待次而舉】
次：官職的等級次序。有德有才的人，不能等著按官職的等級次序提拔。指應破格提拔任用有德才的人。《荀子．王制》：「賢能不待次而舉，罷不能不待須而廢。」

【賢否不明】
賢否：好與壞。好和壞分不清楚。《儒林外史》三二回：「雖說施恩不望報，卻也不可這般賢否不明。」

【賢妻良母】
對丈夫是賢慧的妻子，對兒女是善良的母親。朱自清《房東太太》：「道地的賢妻良母，她是；這裏可以看見中國那老味兒。」也作「賢母良妻」。魯迅《墳．寡婦主義》：「在女子教育，則那時候最時行；常常聽到嚷著的，是賢母良妻主義。」

【賢人君子】
見「賢才君子」。

【賢師良友】
賢明的老師，知心的朋友。漢．劉向《說苑．說叢》：「賢師良友在其側，詩書禮樂陳於前，棄而為不善者，鮮矣。」

【賢賢易色】

賢賢：尊重賢人的人；易色：輕視女色。看重人才，不近女色。《漢書·李尋傳》：「聖人承天，賢賢易色，取法於此。」

【賢相良將】

賢明的丞相，忠良的將軍。《史記·太史公自序》：「國有賢相良將，民之師表也。」

【賢者不悲其身之死，而憂其國之衰】

品德高尚的人不爲自己將要死去而悲哀，而爲自己國家的衰敗而憂愁。宋·蘇洵《管仲論》：「夫國以一人興，以一人亡。賢者不悲其身之死，而憂其國之衰。」

【賢者在位，能者在職】

賢明人處在掌權的地位，有能力、有本領的人擔任一定的官職。指舉用有德有才的人。《孟子·公孫丑上》：「賢者在位，能者在職，國家閒暇，及是時，明其政刑。雖大國，必畏之矣。」

【弦歌不輟】

弦歌：以琴瑟伴奏而歌誦；輟：停止，中止。古代教育將音樂作爲課目之一，故「弦歌不輟」也泛指讀書或教學活動沒有間斷。《莊子·秋水》：「孔子遊於匡，宋人圍之數匝，而弦歌不惙。」惙：通「輟」。也作「**弦歌不衰**」。《史記·孔子世家》：「陳、蔡大夫謀曰：『……今楚，大國也，來聘孔子。孔子用於楚，則陳、蔡用事大夫危矣。』於是乃相與發徒圍孔子於野。不得行，絕糧。從者病，莫能興。孔子講誦弦歌不衰。」也作「**弦歌不絕**」。老舍《趙子曰》八：「在舉國鬧學潮的期間，只有神易大學的師生依然弦歌不絕的修業樂道。」

【弦歌不絕】

見「弦歌不輟」。

【弦歌不衰】

見「弦歌不輟」。

【弦歌之聲】

以琴瑟伴奏而歌誦的聲音。泛指讀書或教學活動。《論語·陽貨》：「子之武城，聞弦歌之聲。」也作「**弦歌之音**」。《史記·儒林列傳》：「高皇帝誅項籍，舉兵圍魯，魯中諸儒尚講誦習禮樂，弦歌之音不絕。」

【弦歌之音】

見「弦歌之聲」。

【弦上箭】

箭在弦上，不得不發。①比喻身不由己。例他現在已是弦上箭，不去也得去了。②比喻迅疾。例這事兒快解決了，已經是弦上箭了。

【弦外有音】

見「弦外之意」。

【弦外餘韻】

見「弦外之意」。

【弦外之響】

見「弦外之意」。

【弦外之意】

琴瑟停奏後的餘音。比喻言外之意，即含蓄而沒有明白表露的意思。南朝宋·范曄《獄中與諸甥侄書》：「吾於音樂，聽功不及自揮，但所精非雅聲爲可恨。然至於一絕處，亦復何異耶！其中體趣，言之不盡。弦外之意，虛響之音，不知所從而來。」也作「**弦外有音**」。清·張謙宜《絸齋詩談·韋蘇州》：「《司空主簿琴席》，弦外有音。」也作「**弦外餘韻**」。宋·黃庭堅《跋贈元師此君軒詩》：「蜀人由是有《醉翁操》，然詞中之微旨，弦外之餘韻，俗指塵耳，豈易得之！」也作「**弦外之響**」。王國維《人間詞話》：「惜不於意境上用力，故覺無言外之味，弦外之響，終不能與於第一流之作者也。」也作「**弦外之音**」。老舍《四世同堂》三：「老太爺馬上聽出來那弦外之音。『怎麼？你不願意聽我們說話，把耳朵堵上就是了！』」

【弦外之音】

見「弦外之意」。

【鹹菜拌豆腐——那還用言（鹽）】

言：「鹽」的諧音。雙關語。比喻那還用得著說。例既然要你盡責任、義務，就必須給你權利，鹹菜拌豆腐——那還用言（鹽），請放心。也作「**鹹菜煮豆腐——還用言（鹽）**」、「**豆腐乳做菜——哪還要言（鹽）**」。

【鹹菜缸裏養田螺——難養活】

田螺：淡水螺，軟體動物，生活在淡水中。比喻生活艱辛，難以養家糊口。有時指生命力不强，難以餵養長大。例妻子快臨盆了，大趙愁上加愁，兩口子生活無著，再添人進口，實在是鹹菜缸裏養田螺——難養活。

【鹹菜燒肉——有言（鹽）在先】

也作「**鹹菜燒豆腐——有言（鹽）在先**」。見「臘肉湯裏煮豆腐——有言（鹽）在先」。

【鹹菜蘸大醬——嚴（鹽）重】

嚴：「鹽」的諧音。雙關語。比喻形勢危急。例「二大媽的病情怎樣？」「鹹菜蘸大醬——嚴（鹽）重，還沒脫離危險期。」

【鹹酸苦辣】

謂各種味道。比喻人生中的各種遭遇。明·張岱《老饕集序》：「蓋鹹酸苦辣，著口即知。」也作「**酸甜苦辣**」。

【鹹魚下水——假新鮮】

比喻並不新奇而冒充新聞。有時指表面看來新鮮其實已變質的食物。例你所說的最新消息，是鹹魚下水——假新鮮，早已是衆所周知的事了。

【鹹嘴淡舌】

形容胡言亂語，惹是生非。《紅樓夢》五八回：「這一點子小崽子，也挑幺挑六，鹹嘴淡舌，咬羣的騾子似的！」

【咸陽一炬】

咸陽：秦朝的國都；一炬：一把火。

《史記·項羽本紀》：「項羽引兵西屠咸陽，殺秦降王子嬰，燒秦宮室，火三月不滅。」後用「咸陽一炬」泛指一把火全都燒掉。明·張岱《與祁世培》：「張鍾山欲借咸陽一炬，了此業障。」

【咸與惟新】

咸：全，都；惟：語助詞；新：革新。全都要更新改革。《尚書·胤征》：「殲厥渠魁，脅從罔治，舊染污俗，咸與惟新。」也作「**咸與維新**」。魯迅《吶喊·狂人日記》七章：「這是『咸與維新』的時候了，所以他們便談得很投機。」

【咸與維新】

見「咸與惟新」。

【涎臉涎皮】

見「涎皮賴臉」。

【涎皮賴臉】

形容厚著臉皮一味糾纏，令人生厭的樣子。《紅樓夢》三〇回：「一天大似一天，還這麼涎皮賴臉的，連個理也不知道。」也作「**涎臉涎皮**」。《金瓶梅詞話》二一回：「你眞個憑涎臉涎皮的，我叫丫頭進來。」

【涎言涎語】

形容厚著臉皮，纏著人說話。《紅樓夢》四四回：「那賈璉撒嬌撒痴，涎言涎語的還只管亂說。」

【銜哀茹痛】

銜：含；茹：吃。指懷著哀痛的心情。宋·范成大《館娃宮賦》：「方其銜哀茹痛，抆淚飲血。」也作「**銜悲茹痛**」。清·王韜《淞隱漫錄·三夢橋》：「抵家，妻固病沒，一一如夢中所見，銜悲茹痛，幾不欲生。」

【銜哀致誠】

懷著哀痛的心情，表達誠摯的意願。唐·韓愈《祭十二郎文》：「乃能銜哀致誠，使建中遠具時羞之奠，告汝十二郎之靈。」

【銜悲茹恨】

銜：含；茹：吃。形容懷著悲痛和仇恨的心情。宋·李昉《太平廣記·還冤記》：「元崇母陳氏夢元崇還，具敘父亡及身被殺委曲，屍骸流漂，怨酷無雙，奉違累載，一旦長辭，銜悲茹恨，如何可說，歔欷不能自勝。」也作「**銜悲蓄恨**」。《樂府詩集·蔡琰〈琴曲歌辭三·胡笳十八拍〉》：「傷今感昔兮三拍成，銜悲蓄恨兮何時平！」

【銜悲茹痛】

見「銜哀茹痛」。

【銜悲蓄恨】

見「銜悲茹恨」。

【銜膽棲冰】

銜：含；棲：停留，居住。含著苦膽，置身冰上。形容忍受各種艱辛和磨難，以成大志。《晉書·武帝紀》：「以大恥未雪，銜膽棲冰，勉從羣議。」

【銜恨黃泉】

恨：遺憾；黃泉：地下的泉水，指人死後埋葬的地方。指懷著遺憾的心情離開人間。《後漢書·劉强傳》：「臣內自省視，氣力羸劣，日夜浸困，終不復望見闕庭，奉承帷幄，孤負重恩，銜恨黃泉。」也作「**銜恨入地**」。《舊唐書·房玄齡傳》：「主上含怒意決，臣下莫敢犯顏；吾知而不言，則銜恨入地。」

【銜恨蒙枉】

銜：含；蒙：蒙受，遭受；枉：冤枉，冤屈。心懷怨恨，身蒙冤屈。漢·孔僖《上書自訟》：「臣之所以不愛其死，猶敢極言者，誠爲陛下深惜此大業……恐有司卒然見構，銜恨蒙枉，不得自述，使後世論者，擅以陛下有所方比，寧可復使子孫追掩之乎！」

【銜恨入地】

見「銜恨黃泉」。

【銜華佩實】

銜：包含；華：同「花」；佩：佩戴，懸掛；實：果實。指草木開花結果。《藝文類聚》卷八一引南朝梁·沈約《愍衰草賦》：「昔時兮春日，昔日兮春風。銜華兮佩實，垂綠兮散紅。」也比喻文章的內容和形式都很完美。南朝梁·劉勰《文心雕龍·征聖》：「然則聖文之雅麗，固銜華而佩實者也。」

【銜環結草】

銜環：銜來玉環，據《後漢書·楊震傳》「父寶」李賢注引《續齊諧記》載：楊寶幼時救了一只黃雀，夜間有黃衣童子銜四枚白玉環相報；結草：指將草打成結，據《左傳·宣公十五年》載，晉大夫魏顆在父親死後，未按遺囑將父親的愛妾殉葬，而是讓她改嫁。後魏顆與秦國杜回打仗，見一老人結草絆倒杜回，魏因而俘獲杜回。夜裏夢見老人自稱是改嫁婦人的父親，特來報恩。後以「銜環結草」比喻感恩報德，至死不變。《鏡花緣》三六回：「倘脫虎穴，自當銜環結草，以報大恩。」也作「**結草銜環**」。

【銜橛之變】

銜、橛（ㄐㄩㄝˊ）：馬嚼子，馬口所銜的橫木。指馬倒車翻的危險。《漢書·司馬相如傳》：「且夫道淸而後行，中路而馳，猶時有銜橛之變。」也比喻突然發生的事變。《明史·趙佑傳》：「萬一有銜橛之變，豈不爲兩宮憂。」也作「**銜橛之虞**」。橛同「橛」；虞：憂慮。明·何景明《功實篇》：「夫利猛獸之樂者忘銜橛之虞。」

【銜橛之虞】

見「銜橛之變」。

【銜口墊背】

銜口：給死者嘴裏含上珠、玉或米；墊背：在死者墊褥下放錢。指古代殮葬時的一種習俗。比喻死亡。《紅樓夢》七二回：「鳳姐道：『我又不等著銜口墊背，忙甚麼呢！』」

【銜口結舌】

銜口：如口中含物說不出話來；結

舌：指舌頭不能活動。形容因驚恐而說不出話來。清・李伯元《南亭筆記》卷一三：「迨袁[太常]被禍，諸人皆銜口結舌，不敢一言。」也作「鉗口結舌」。

【銜枚疾走】
枚：古代行軍時，士卒銜在嘴裏防止出聲的器具，形如筷子。形容悄悄地迅速行進。宋・歐陽修《秋聲賦》：「又如赴敵之兵，銜枚疾走，不聞號令，但聞人馬之行聲。」

【銜泣吞聲】
銜泣：忍住眼淚，不使流出；吞聲：憋著話不說。形容將悲痛或委屈強壓在心裏，不使表露出來。《陳書・徐陵傳》：「兼年累載，無申元直之祈；銜泣吞聲，長對公閭之怒。」

【銜沙填海】
見「銜石填海」。

【銜聲茹氣】
銜聲：有話憋著不說；茹氣：將受的氣強忍著。形容受了氣強自忍耐，而不發作。《宋書・顏延之傳》：「人見棄於衆視，則慌若迷塗失偶，壓如深夜撤燭，銜聲茹氣，腆默而歸。」也作「忍氣吞聲」。

【銜石填海】
《山海經・北山經》：「炎帝之少女名曰女娃。女娃游於東海，溺而不返，故爲精衛，常銜西山之木石，以堙於東海。」後因以「銜石填海」比喻意志堅定，不畏艱難。《鏡花緣》九回：「小弟向來以爲銜石填海，失之過痴……但如此難爲之事，並不畏難，其志可嘉。」也作「銜沙填海」。明・何景明《送呂子遷右給事中》詩：「銜沙填海志，煉石補天情。」

【銜尾相屬】
見「銜尾相隨」。

【銜尾相隨】
銜：馬銜。形容馬一匹跟著一匹地向前行進。也泛指一個緊跟一個。《漢書・匈奴傳》：「如遇險阻，銜尾相隨。」也作「銜尾相屬」。宋・錢易《南部新書》：「前馬已進，後馬續來，相似不絕者，古人謂之銜尾相屬，即其義也。」

【銜勇韜力】
銜：含；韜：隱藏。隱含勇氣，暗藏力量。比喻掩藏實力，不露鋒芒。唐・柳宗元《獻平淮夷伯雅表》：「銜勇韜力，日思予殛。」

【銜冤抱恨】
形容懷著冤屈和怨恨。清・紀昀《閱微草堂筆記・槐西雜志四》：「彼皆死於非命，銜冤抱恨，固宜未散。」

【銜冤負屈】
銜：含；負：背著，承受。謂心懷冤苦，身蒙屈辱。元・高文秀《遇上皇》二折：「我雖是鰥寡孤獨，對誰人分訴，銜冤負屈，因此上氣塡胸雨淚如珠。」也作「含冤負屈」、「負屈銜冤」。

【銜之次骨】
銜：指銜恨，懷恨；次：及，到。形容痛恨到了極點。猶「恨之入骨」。清・歸莊《楊忠烈公傳》：「而羣小忌之，目爲貪功。至二十四大罪之疏上，而[魏]忠賢，銜之次骨，不殺公不止。」

【嫌長道短】
見「嫌好道歹」。

【嫌寒道熱】
一會兒嫌冷，一會兒叫熱。形容女子扭捏作態，賣弄風情。《警世通言》卷二一：「夜宿又嫌寒道熱，央公子減被添食，軟香溫玉，豈無動情之處。」

【嫌好道歹】
嫌：嫌惡；歹：壞。謂這也不是，那也不是。形容百般挑剔。《古今小說》卷二四：「老媳婦沒興，嫁得此畜生，全不曉事；逐日送些茶飯，嫌好道歹，且是得人憎。」也作「嫌好道惡」。《儒林外史》五二回：「小弟生性喜歡養幾匹馬，他就嫌好道惡的，說作蹋了他的院子。」也作「嫌長道短」。《兒女英雄傳》二六回：「姐姐有這些人給辦妝奩，還嫌長道短，這話怎麼講？」也作「嫌好道歉」。《初刻拍案驚奇》卷二四：「左近人家，有幾家來說的，兩個老人家嫌好道歉；便有數家像意的，又要娶去，不肯入贅。」

【嫌好道惡】
見「嫌好道歹」。

【嫌好道歉】
見「嫌好道歹」。

【嫌貧愛富】
嫌惡貧窮的人，喜愛富足的人。指對人或親或疏，只根據錢財的多少而定，而不問品行的優劣。元・關漢卿《裴度還帶》二折：「有那等嫌貧愛富的兒曹輩，將俺這貧傲慢、把他那富追陪，那個肯恤孤念寡存仁義。」也作「愛富嫌貧」。

【嫌人易醜，等人易火】
指厭惡某人，就覺得他醜；等候他人，就覺得時間長。《隋唐演義》七回：「自古道：『嫌人易醜，等人易火。』望到夕陽時候……那裏有樊建威的影兒？」

ㄒㄧㄢˇ

【顯拔榮進】
指提拔推舉，使居高位。《後漢書・任延傳》：「又造立校官，自掾子孫，皆令詣學受業，復其徭役。章句既通，悉顯拔榮進之。」

【顯處視月】
比喻治學涉取廣泛而不能深入鑽研。南朝宋・劉義慶《世說新語・文學》：「支道林聞之曰：『聖賢固所忘言，自中人以還，北人看書，如顯處視月；南人學問，如牖中窺日。』」

【顯而易見】
事情、道理淺顯，容易看出來。宋・王安石《洪範傳》：「在我者，其得失微而難知，莫若質諸天物之顯而易見，且可以爲戒也，故『次八曰念用庶證』。」

【顯赫一時】
顯赫：指權大勢大。《後漢書・鄧騭傳》：「既至，大會羣臣，賜束帛乘馬，寵靈顯赫，光震都鄙。」後用「顯赫一時」指在一個時期內權勢或名氣極大。例王家祖輩曾顯赫一時，但子孫不肖，很快坐吃山空，窮困潦倒。

【顯露端倪】
端倪：頭緒，線索。指事情的頭緒或線索已經暴露出來。例根據我方得到的信息，對方急於購貨的意圖已顯露端倪，我們要及早做好準備。

【顯親揚名】
顯：顯耀；親：指父母雙親。《孝經・開宗明義》：「立身行道，揚名於後世，以顯父母，孝之終也。」後用「顯親揚名」謂獲取功名，使父母榮耀，名聲遠揚。《鏡花緣》一〇回：「既不能顯親揚名，又不能興邦定業，碌碌人世，殊愧老大無成。」也作「顯姓揚名」。元・鄭德輝《㑳梅香》一折：「那裏也齊家治國，顯姓揚名。」

【顯身手】
指顯示才能、本領。例這次智力競賽，就靠你們顯身手了。

【顯威風】
指顯示聲勢和氣派。例這次運動會上，我國排球運動員再顯威風。

【顯微鏡下看細菌——一目了然】
見「獨眼龍看告示——一目了然」。

【顯姓揚名】
見「顯親揚名」。

【顯祖榮宗】
見「顯祖揚宗」。

【顯祖揚宗】
使祖先顯耀，使宗族揚名。明・無名氏《魏徵改詔》一折：「博得個官高祿重，都則要敬於事上要攄忠，咱人要立身行道，顯祖揚宗。」也作「顯祖榮宗」。榮：榮耀。明・王玉峯《焚香記・離間》：「這求官是一件大事，倘得一舉成名，不惟帶挈我夫妻二人享用不盡，在你身上顯祖榮宗，封妻蔭子，所繫不小。」

【險道神賣豆腐，人硬貨不硬】
險道神：舊時出殯用的開路神。比喻人模樣凶狠，但本事不大。明・無名氏《漢姚期大戰邳仝》一折：「你自家忖量，你怎麼近的那邳仝，一了說的『險道神賣豆腐，人硬貨不硬』。」

【險象環生】
險象：危險的現象；環生：一個接一個地發生。指險情不斷出現。《民國通俗演義》一四回：「乃險象環生，禍機迫切。」

【險遭不測】
險：差一點；不測：不能預計，意外。指差一點遭受到危險。例在一次事故中，他險遭不測。

【險阻艱難】
指道路上險山惡水的阻隔，旅途中歷經的艱辛和危難。比喻生活中的種種危險和困難。《左傳・僖公十三年》：「晋侯在外十九年矣；而果得晋國，險阻艱難備嘗之矣。」也作「艱難險阻」。

【跣足科頭】
跣足：光著腳；科頭：不戴帽子。形容舉止散漫放縱。《醒世恆言》卷二九：「盧柟飲了數杯，又討出大碗，一連吃上十數多碗，吃得性起，把巾服都脫去了，跣足科頭，踞坐於椅上。」也作「科頭跣足」。

【鮮乎爲繼】
鮮：少；繼：接續，繼續。很少能夠接續下去。清・陳僅《竹林問答》：「煉虛字難，煉半虛半實字及煉疊字更難，此事盛唐以後，尠乎爲繼矣。」尠：同「鮮」。

【鮮可救藥】
鮮：少；救藥：用藥醫治。比喻很少能夠挽回。明・沈寵綏《度曲須知・收音問答》：「種種訛舛，鮮可救藥。」

【鮮克有終】
鮮：少；克：能。《詩經・大雅・蕩》：「靡不有初，鮮克有終。」後以「鮮克有終」謂沒有一個好的終結。明・余繼登《典故紀聞》卷二：「後世中才之主，當天下無事，侈心縱欲，鮮克有終。」

【鮮廉寡恥】
缺廉潔，不知恥。指沒有操守，不知羞恥。宋・陳亮《辨士傳序》：「一時鮮廉寡恥之徒往往來乎其間，搖吻鼓舌，劫之以勢，誘之以利。」也作「寡廉鮮恥」。

【鮮有其比】
鮮：少。很少有與之相比的。清・錢泳《履園叢話・畫學・畫中人》：「餘嘗乞其畫佛像一幅，絕似丁南羽，近時鮮有其比。」

【癬疥之疾】
癬、疥：兩種皮膚病。比喻危害不大的禍患。《三國演義》六〇回：「張魯犯界，乃癬疥之疾；劉備入川，乃心腹之大患。」也作「疥癬之疾」。

【癬疥之疾——無關緊要】
也作「癬疥之疾——無關大局」。見「九牛失一毛——無關緊要」。

ㄒㄧㄢˋ

【縣太爺唱小曲——官腔官調】
縣太爺：舊時指縣長。比喻打官腔，推托、敷衍。例「我公事很多，有事找文書去吧。」「喲，鄉長，咱們天天見面，兩句話就解決問題了，何必縣太爺唱小曲——官腔官調的呢？」

【縣太爺放屁——官氣臭人】
比喻官僚主義作風使人厭惡。例老丁官不大，架子可不小，羣衆說他是縣太爺放屁——官氣臭人，有事都不願找他。

【現成飯】
指未經自己勞動而獲得的成果。例這人吃現成飯吃滑嘴了，這次得讓他付出點勞動了。
【現成話】
站在第三者立場說的冠冕堂皇的空話。例現成話誰不會說？問題是具體怎麼做。
【現官不如現管】
指官職大的比不上具體管事的人。《濟公全傳》一七五回：「皇上他沒我大，大凡現官不如現管，我要放賽永衡，皇上他管不了我。」也作「縣官不如現管」。
【現錢買的手指肉】
手指：用手指著的。比喻有錢財或權力就可以隨意得到想要的東西。《施公案》一二八回：「俗語說：『現錢買的手指肉。』再者，古人留下斗和秤，爲的是公平。……在我們德州，別說饒油，就是白要，還得給一塊呢！」
【現錢買現貨】
指當面兌現，一方交錢，一方交貨。《二刻拍案驚奇》卷二八：「現錢買現貨，願者成交。若不肯時，也只索罷了，我怎好强得你。」
【現身說法】
佛教語。據傳佛能現出種種身形，宣講佛法。《楞嚴經》卷六：「我與彼前，皆現其身，而爲說法，令其成就。」後用「現身說法」比喻以親身經歷爲例，講解道理，勸導別人。清．孔尚任《桃花扇．聽稗》：「敬亭才出阮家，不肯別投主人，故此現身說法。」
【現世寶】
比喻出乖露醜的、不體面的人。例小進吃喝嫖賭樣樣會，活是個現世寶，他爹媽要是還不加强教育，肯定會越來越墮落。
【現世現報】
佛教語。謂無論行善作惡，在今生今世就得到報應。後指幹了壞事將受到應有的懲罰。《紅樓夢》七四回：「王家的無處煞氣，只好打著自己的嘴罵道：『老不死的娼婦，怎麼造下孽了？說嘴打嘴，現世現報。』」
【現下雞蛋——沒空】
剛剛下的雞蛋裏面的蛋清是滿的，沒有空的地方。雙關語。比喻沒有空閒的時間。例工作總是幹不完，娛樂活動自然是現下雞蛋——沒空。
【現鐘不打打鑄鐘】
現鐘：現有的鐘；鑄鐘：待鑄造的鐘。比喻捨近就遠或捨現求賒。《西遊記》六八回：「說甚麼亂話！『現鐘不打打鑄鐘』？你現揭了榜文，教我們尋誰！不管你！扯了去見主上！」也作「現鐘不打去煉銅」。《綴白裘〈孽海記．下山〉》：「[貼]你在廟前過水，我在廟後過山，約定夕陽西下相會。[付]現鐘不打去煉銅？[貼]我不哄你便了。」
【線抽傀儡】
傀儡：木偶戲中的木頭人。比喻受人操縱的人。《花月痕》四八回：「那淮南江水左右官軍，被奸婦駕雲踏水，叫住就住，叫行就行，恰似線抽傀儡一般。」
【線斷風箏】
比喻一去不見蹤影。《醒世恆言》卷三一：「鄭信打扮了，坐在籃中，轆轤放將下去。鈴響絞上來時，不見了鄭信，那井中黑氣也便不起。大尹再教放下籃去取時，杳無蹤跡，一似石沉大海，線斷風箏。」也作「斷線風箏」。
【線頭落針眼——碰巧】
也作「線頭落針眼——湊巧」。見「過河碰上擺渡人——巧極了」。
【陷阱抓狍子——跑不了】
陷阱：爲捉野獸或敵人而挖的坑，上面浮蓋著僞裝的東西，踩在上面就掉到坑裏；狍子：鹿的一種，肉可食用，毛皮可做褥子等。也作「陷阱裏逮狍子——手拿把招」。見「斷了腿的青蛙——跑不了」。
【陷堅挫鋭】
陷堅：衝入敵陣；挫鋭：打掉敵人的氣焰。指作戰勇猛向前，令敵膽寒。例這支部隊歷經百戰，陷堅挫鋭，立下了赫赫戰功。
【陷堅破陣】
見「陷陣摧鋒」。
【陷人於危】
使人落入危險的境地。《後漢書．公孫瓚傳》：「關靖見瓚敗，嘆恨曰：『前若不止將軍自行，未必不濟。吾聞君子陷人於危，必同其難，豈可以獨生乎！』乃策馬赴[袁]紹軍而死。」
【陷人於罪】
指羅織罪名，陷害別人。《史記．汲黯列傳》：「而黯常毀儒，面觸[公孫]弘等徒懷詐飾智以阿人主取容，而刀筆吏專深文巧詆，陷人於罪，使不得反其眞，以勝爲功。」
【陷身囹圄】
囹圄：監牢。指落入監牢。例南宋名將岳飛精忠報國，屢建奇功，卻遭奸臣秦檜的諂害，陷身囹圄，最後被害。
【陷身之阱】
危害自己的陷阱。比喻對自己有危害的事物。明．王禕《華川卮辭》：「財者，陷身之阱；色者，戕身之斧；酒者，毒腸之藥；人能於斯三者致戒焉，災禍其或寡矣！」
【陷於縲紲】
縲紲：束縛犯人的繩索，指監牢。謂被關進監牢。《水滸傳》四一回：「若非二哥衆位把船相救，我等皆被陷於縲紲。」
【陷陣摧鋒】
攻入敵人陣地，摧毀敵人前鋒。形容作戰勇猛。宋．張擴《劉彭年贈遙郡刺史制》：「披堅執鋭，陷陣摧鋒，卒殞其身。」也作「陷堅破陣」。《宋書．蒯恩傳》：「每有危急，輒率先諸將。常陷堅破陣，不避艱險。」

【陷之死地】

使人落入死亡的境地。《史記・淮陰侯傳》：「兵法不曰：『陷之死地而後生，置之亡地而後存？』且信非得素拊循士大夫也，此所謂『驅市人而戰之』，其勢非置之死地，使人人自為戰；今予之生地，皆走，寧尚可得而用之乎！」

【餡餅抹油——白搭】

餡餅：帶餡兒的餅，在鍋或鐺上烙熟。餡餅在鍋或鐺上烙時，從餡兒裏滋出油，如果再抹油就浪費了。見「白天打燈籠——白搭」。

【獻醻交錯】

獻：指主人向賓客敬酒；醻：同「酬」，指主人覆答賓客敬酒。賓主相互敬酒。形容宴飲歡樂的場面。《詩經・小雅・楚茨》：「為賓為客，獻醻交錯。」

【獻可替不】

見「獻可替否」。

【獻可替否】

獻：提出；可：可行的；替：廢棄；否：不可行的。《左傳・昭公二十年》：「君所謂可，而有否焉，臣獻其否，以成其可；君所謂否，而有可焉，臣獻其可，以去其否。」後用「獻可替否」指臣下向君主直言進諫，勸善規過。《後漢書・胡廣傳》：「臣聞君以兼覽博照為德，臣以獻可替否為忠」。也作「獻可替不」。不：通「否」。《藝文類聚》卷二六引梁簡文帝《答徐摛書》：「山濤有云：『東宮養德而已。』但今與古殊，時有監撫之務，竟不能黜邪進善，少助國章，獻可替不，仰裨聖政。」也作「獻替可否」。《元史・陳顥傳》：「臣願得朝夕左右，獻替可否，庶少裨萬一，亦以全臣愚忠。」

【獻替可否】

見「獻可替否」。

【獻殷勤】

指為博取歡心而熱情周到為人做事。例你不必瞎獻殷勤，他不吃這一套，你還是按規章辦事吧！

ㄒㄧㄣ

【心安理當】

見「心安理得」。

【心安理得】

認為自己做得合乎情理，因而心中坦然而自得。魯迅《病後雜談》：「撒一點小謊，可以解無聊，也可以消悶氣，到後來，忘卻了眞，相信了謊，也就心安理得，天趣盎然了起來。」也作「心安理當」。清・陳確《與沈朗思書》：「昔賢所謂坐下功夫，在家言家，在館言館，各求心安理當。」

【心安茅屋穩】

指心情安適，住茅舍也感到安樂。明・楊愼《升庵經說》卷四：「諺云：『心安茅屋穩』也……邵子安樂窩，義取於此。」

【心安神泰】

心神安定平靜。《醒世姻緣傳》一〇〇回：「誦得久了，狄希陳口內常有異香噴出，惡夢不生，心安神泰。」

【心謗腹非】

謂表面上不說什麼，內心裏卻在責罵反對。《史記・魏其武安侯列傳》：「魏其、灌夫日夜招聚天下豪傑壯士與論議，腹誹而心謗。」《魏書・太祖紀二》：「已而慮羣下疑惑，心謗腹非。丙申復詔曰：『上古之治，尙德下名，有任而無爵，易治而事序。』」

【心比天高】

形容性情孤高自傲。《紅樓夢》五回：「霽月難逢，彩雲易散。心比天高，身為下賤。」

【心病從來無藥醫】

指思想上、精神上有病不是醫藥可以治得了的。元・無名氏《碧桃花》二折：「元來是風月上留情，全不是寒熱間害疾。你則待送雨行雲，那些兒於家為國。常言道心病從來無藥醫，這等乾相思不似你。空則想夢裏佳人，做了個色中餓鬼。」

【心病還須心上醫】

指思想上、精神上的負擔還得從思想上、精神上來解決。《初刻拍案驚奇》卷二五：「如此三年，司戶不遂其願，成了相思之病。自古說得好：『心病還須心上醫，眼見得不是盼奴來，醫藥怎得見效？」

【心病難醫】

形容心中的疑慮或憂愁難以消除。《景德傳燈錄》卷二九：「若與空王為弟子，莫教心病最難醫。」《兒女英雄傳》三七回：「心病難醫，自己洗一回，又叫人聞一回，總疑心手上還有那股子氣息。」

【心不兩用】

不能把心思同時用在兩件事上。北齊・劉晝《劉子・專學》：「使左手畫方，右手畫圓，令一時俱成，雖執規矩之心，回剟劂之手，而不能者，由心不兩用，則手不並運也。」

【心不應口】

心裏想的不同於嘴上講的。謂口是心非，表裏不一。《羣音類選〈淸腔類・步步嬌〉》曲：「恨他心不應口，把歡娛翻成僝愁。情兒泛泛，渾如江水流。」

【心不由主】

謂失去理智，在意念情感上無法控制自己。《慈禧太后演義》二回：「那蘭兒幾疑身入廣寒，弄得神思恍惚，心不由主。」

【心不在焉】

焉：在這裏。心思沒在這裏。指注意力不集中，心神不定。《禮記・大學》：「心不在焉，視而不見，聽而不聞，食而不知其味。」

【心纏幾務】

幾務：指政務、政事。指心中思慮衆

多的政事，不勝煩累。南朝梁・劉勰《文心雕龍・情采》：「志深軒冕，而泛咏皋壤；心纏幾務，而虛述人外。」

【心顫魂飛】

形容內心非常恐懼不安。蘇雪林《玉溪詩謎・附錄》：「是心顫魂飛時的言語，是腸回氣蕩時的哀音。」

【心長才短】

形容人用心深遠而才力不足。即力不從心。唐・符載《上西川韋令公書》：「亦嘗有意竊佐王治國之術，思樹勛不朽之事，心長才短，難進易退。」也作「心長力短」。

【心長髮短】

髮短：指人年老而頭髮稀疏。形容年事雖高而謀慮深遠。元・無名氏《小尉遲》二折：「雖然我六旬過，血氣衰，我猶敢把三五石家硬弓開，便小覷的我心長髮短漸斑白，我可也怎肯伏年高邁。」也作「髮短心長」。

【心長力短】

見「心長才短」。

【心腸鐵石】

心腸像鐵石一樣堅硬。形容性格剛毅，難以被感情所打動。宋・司馬光《涑水記聞》卷九：「[种]世衡徙知環州，將行，別龐公，拜且泣曰：『世衡心腸鐵石，今日爲公下淚也。』」也作「鐵石心腸」。

【心馳神往】

見「心往神馳」。

【心馳魏闕】

見「心在魏闕」。

【心奓體忲】

奓：ㄔˇ，通「侈」，放縱；忲：ㄊㄞˋ，安泰。指家境優裕的人心意放縱，身體安泰。漢・張衡《西京賦》：「有憑虛公子者，心奓體忲，雅好博古。」

【心傳口授】

謂不寫文字，僅是口耳相傳，用心揣摩領會。宋・陳楠《眞珠簾・贈海南子白玉蟾》詞：「金丹大藥人人有，要須是心傳口授。」也作「口授心授」、「口傳心授」。

【心醇氣和】

醇：純樸；氣：氣質・性情。謂爲人純樸忠厚，性情溫和。唐・韓愈《答尉遲生書》：「形大而聲宏，行峻而言厲，心醇而氣和。」

【心慈好善】

心地仁慈，好行善事。元・無名氏《看錢奴》一折：「我是個心慈好善的人，現如今吃長齋哩。」

【心慈面軟】

心地仁慈，面容和善。形容感情上易被別人的言行所打動。《紅樓夢》六八回：「待要不出個主意，我又是個心慈面軟的人，憑人撮弄我，我還是一片傻心腸兒——說不得，等我應起來。」也作「心慈面善」。《飛龍全傳》一二回：「大哥生來心慈面善，易被人欺，故此叫你同行。」也作「臉軟心慈」。

【心慈面善】

見「心慈面軟」。

【心慈手軟】

指對敵人或有罪過的人不嚴加懲罰。例對那些嚴重破壞社會秩序的刑事犯罪分子必須狠狠打擊，絕不能心慈手軟。

【心粗膽大】

謂心性粗野，無所畏忌。元・石君寶《秋胡戲妻》四折：「這廝便倚强凌弱，心粗膽大，怎敢來俺莊上。不由的忿氣夯胸膛。」也作「心麄膽大」。元・無名氏《恕斬關平》頭折：「衆賊將心麄膽大，五虎將直至江夏，若拿住張虎張彪，您那其間卻來回話。」也作「心粗膽壯」。《文明小史》五五回：「這會有銀子在手裏，更是心粗膽壯。」

【心粗膽壯】

見「心粗膽大」。

【心粗氣浮】

心地粗疏，性情浮躁。淸・延君壽《老生常談》：「讀古人詩，本來不許心粗氣浮，我於陶[潛]尤覺心氣要凝煉，方能入得進去。」

【心麄膽大】

見「心粗膽大」。

【心攢百箭】

攢：ㄘㄨㄢˊ，聚集。心上就像被射進了百支箭。形容內心非常痛苦。唐・高邁《濟河焚舟賦》：「於是晉君臣聞之，心攢百箭，背負芒刺，形神無主。」

【心存芥蒂】

芥蒂：細小的梗塞物。比喻心中的積怨或不快。《民國通俗演義》一二六回：「若在平時，吳佩孚定要反對，此際卻心存芥蒂，貌爲客氣……並將親自到保祝嘏。」也作「心中芥蒂」。《東周列國志》一〇二回：「信陵君雖則於心無愧，度王心中芥蒂，終未釋然，遂托病不朝。」

【心存目識】

謂某事物在心目中的印象很深，難以忘懷。；唐・韓愈《送孟秀才序》：「退披其編以讀之，盡其書，無有不能，吾固心存而目識矣。」

【心存目想】

存：想念；想：想像。晉・陸機《贈弟士龍詩》之一〇：「企佇朔路，言送而歸心存言宴，目想容暉。」後用「心存目想」謂凝神回顧想像。唐・白居易《白蘋洲五亭記》：「予按圖握筆，心存目想，覼縷梗概，十不得其二三。」

【心膽皆碎】

見「心膽俱裂」。

【心膽俱裂】

心和膽全部碎裂。形容極度恐懼或悲痛。《古今小說》卷二二：「此時蒙古攻城甚急，鄂州將破，[賈]似道心膽俱裂，那敢上前？也作「心膽俱碎」。《續兒女英雄傳》七回：「那黃豹一見李如飛被擒，心膽俱碎，回身想跑。」也作「心膽皆碎」。《三國演義》六六回：「帝知事洩，心膽皆碎。」也作「**心碎膽裂**」。《說唐》二二回：「這一令出，嚇得濟南文武官員，心碎膽裂。」

【心膽俱碎】
見「心膽俱裂」。

【心蕩神迷】
心意搖蕩，神志迷亂。形容心神不定，無法自持。《鏡花緣》九八回：「陽衍正在心蕩神迷，一聞此語，慌忙接過芍藥道：『承女郎見愛，何福能消！但未識芳閨何處？』」也作「**心蕩神搖**」。《金瓶梅詞話》一八回：「猛然一見，不覺心蕩神搖，精魂已失。」也作「**心蕩神怡**」。《隋唐演義》三〇回：「煬帝看了這些佳人的態度，不覺心蕩神怡，忍不住立起身來，好像元宵走馬燈，團團的在中間轉。」

【心蕩神搖】
見「心蕩神迷」。

【心蕩神怡】
見「心蕩神迷」。

【心到神知】
只要誠心敬奉，神靈自然有知。比喻只要盡到心意，即使不見面，對方也能領會。《紅樓夢》一一回：「邢夫人、王夫人道：『我們來原為給大老爺拜壽，這豈不是我們來過生日來了麼？』鳳姐兒說：『大老爺原是好養靜的，已修煉成了，也算是神仙了。太太們這麼一說，就叫做心到神知了。』」

【心得意會】
見「心領神會」。

【心定自然涼】
見「心靜自然涼」。

【心動神馳】
見「心往神馳」。

【心動神疲】
謂這也動心，那也動心，欲求多了，精神上也會疲憊不堪。南朝梁・周興嗣《千字文》：「性靜情逸，心動神疲。」

【心動神移】
見「心曠神怡」。

【心多夢多】
思慮過多，做夢就多。《西遊記》三七回：「師父，夢從想中來。你未曾上山，先怕妖怪，又愁雷音路遠，不能得到；思念長安，不知何日回程；所以心多夢多。」

【心煩技癢】
技癢：想要顯示自己的技能或特長。謂具有某種技能或特長的人，遇到機會就急於表現。晉・潘岳《射雉賦》：「屏發布而累息，徒心煩而技癢。」

【心煩慮亂】
見「心煩意亂」。

【心煩意亂】
心情煩躁，思緒雜亂。形容遇事不順心，又無法解脫的情態。《三國演義》三一回：「袁紹回冀州，心煩意亂，不理政事。」也作「**心煩慮亂**」。戰國楚・屈原《卜居》：「心煩慮亂，不知所從。」也作「**心煩意悶**」。《近十年之怪現狀》一回：「紫旒只管招呼朋友，卻不見有聲，有聲卻看得他十分清楚，不過心煩意悶，懶得招呼罷了。」也作「**心煩意冗**」。明・湯顯祖《還魂記・鬧殤》：「兒啊，暫時間月直年空，反將息你這心煩意冗。」也作「**心煩意躁**」。《飛龍全傳》三四回：「時當暑熱天氣，匡胤心煩意躁，坐立不住。」

【心煩意悶】
見「心煩意亂」。

【心煩意冗】
見「心煩意亂」。

【心煩意躁】
見「心煩意亂」。

【心非口是】
心裏想的是一套，嘴上講的卻是另一套。指心口相違，表裏不一。明・徐畛《殺狗記・院君回話》：「堪恨兩人不志誠，心非口是無定準，到此方知說謊的人，糖言蜜口畜生性。」也作「**口是心非**」。

【心非木石】
人心不是木石做的。指人並非無情無義。元・鄭德輝《傷梅香》三折：「使才子佳人，臨風對月，心非木石，豈無所思！」

【心飛肉跳】
見「心驚肉跳」。

【心浮氣躁】
心性輕浮，脾氣急躁。形容接人待物不穩重、不沉著。例他這個人心浮氣躁，把這樣複雜的工作交給他，實在叫人不大放心。

【心服口服】
心裏信服，口頭上也信服。形容眞心誠意地信服。《紅樓夢》五九回：「麝月又向婆子及衆人道：『怨不得這嫂子說我們管不著他們的事，我們原無知，錯管了。如今請出一個管得著的人來管一管，嫂子就心服口服，也知道規矩了。』」

【心服情願】
見「心甘情願」。

【心腹大患】
比喻威脅極大的禍患。《孽海花》一八回：「我國若不先自下手，自辦銀行，自築鐵路，必被外人先我著鞭，倒是心腹大患哩！」也作「**心腹重患**」。《南齊書・王融傳》：「一令蔓草難鋤，涓流泛酌，豈直疥癬輕痾，容為心腹重患。」

【心腹相照】
比喻眞誠相待。《隋唐演義》四七回：「眼前這幾個，都是心腹相照的，聽憑姊妹指揮。」也作「**腹心相照**」、「**肝膽相照**」。

【心腹爪牙】
比喻親信侍衛。《三國演義》六九回：「曹氏心腹爪牙，死拒宮門。」今多比喻惡人手下的得力幫凶。例這個土匪頭子帶了幾個心腹爪牙，趁著夜色溜下了山。也作「**心膂爪牙**」。《元史・選舉志二》：「元初用左右宿衛爲心膂爪牙，故四怯薛子孫世爲宿衛之長，使得自舉其屬。」

【心腹之病】
見「心腹之疾」。

【心腹之害】
見「心腹之疾」。

【心腹之患】
見「心腹之疾」。

【心腹之疾】
體內致命部位的疾病。比喻極其危險的禍患。《左傳・哀公十一年》：「[伍子胥]諫曰：『越在，我心腹之疾也。壤地同而有欲於我，夫其柔服，求濟其欲也。』」也作「**心腹之病**」。《史記・范雎列傳》：「秦之有韓也，譬如木之有蠹也，人之有心腹之病也。也作「**心腹之害**」。《後漢書・虞詡傳》：「今羌胡所以不敢入，據三輔爲心腹之害者，以涼州在後故也。」也作「**心腹之患**」。《後漢書・陳蕃傳》：「今寇賊在外，四支之疾，內政不理，心腹之患。」也作「**心腹之憂**」。憂：憂患。《英烈傳》六九回：「我兵宜先救心腹之憂，後除手足之患。」

【心腹之交】
心腹：指極可信任的人。形容知心的朋友。《水滸傳》三九回：「通判乃是心腹之交，徑入來同坐何妨！」

【心腹之人】
謂手下的親信，得力助手。《三國演義》四二回：「孔明曰：『劉使君與孫將軍無舊，恐虛費詞說——且別無心腹之人可使。』」

【心腹之言】
謂眞心話。《三國演義》五五回：「玄德看了，急來車前泣告孫夫人曰：『備有心腹之言，至此盡當實訴。』」

【心腹之憂】
見「心腹之疾」。

【心腹重患】
見「心腹大患」。

【心甘情願】
內心十分願意，毫不勉强。例今天我對你這麼好，都是我心甘情願的，你不用覺得虧欠我什麼。也作「**心服情願**」。《老殘遊記》一六回：「如果心服情願，叫他寫個憑據來，銀子早遲不要緊的。」

【心肝掉在肚裏頭——放心】
比喻消除了憂慮或者沒有了牽掛，心情安定下來。例接到學校的錄取通知後，她才心肝掉在肚裏頭——放心了。也作「**心肝跌進肚裏頭——放下心了**」。

【心肝嘔出】
形容苦苦思索，竭盡心力。宋・李新《書梁山楊氏亭壁》詩：「滌器詎須能賦客，力書自有起家兒。心肝嘔出無空處，一宿相酬不廢詩。」也作「**嘔出心肝**」。

【心高氣傲】
心性孤高，傲氣十足。《兒女英雄傳》二五回：「安老爺這一開口，原想姑娘心高氣傲，不耐煩去詳細領會鄧九公的意思，所以先把他這三句開場話兒作一個破題。」也作「**心高氣硬**」。氣硬：因傲慢而態度生硬。明・王錂《春蕪記・反目》：「你平日裏心高氣硬，笑伊家今日無計謀生！」

【心高氣硬】
見「心高氣傲」。

【心高於天】
形容心氣高遠。魯迅《故事新編・出關》：「這傢伙眞是『心高於天，命薄如紙』，想『無不爲』，就只好『無爲』。」

【心高遮了太陽】
比喻狂妄到了極點。《金瓶梅詞話》八五回：「她大娘這般沒人心仁義，自恃她身邊養了個尿胞種，就放人躧到泥裏。李瓶兒孩子周半還死了哩，花巴痘疹未出，赤道天怎麼算計？就心高遮了太陽！」

【心高志揚】
指自視很高，意氣揚揚，元・戴表元《愛日齋記》：「方其惜陰童齔，請益觚槧，則已心高志揚，有馳裹門淩諸父之氣。」

【心貫白日】
白日：太陽。指心意至誠，可與太陽相貫通。《晉書・宣帝記》：「國家委將軍以疆埸之任，任將軍以圖蜀之事，可謂心貫白日。」

【心寬體胖】
胖：ㄆㄢˊ，舒泰安適。胸懷坦蕩，身體則舒泰安適。《禮記・大學》：「富潤屋，德潤身，心寬體胖，故君子必誠其意。」後也指心境安逸，身體發福。明・李贄《答劉晋川書》「令郎外似痴而胸中實秀穎，包含大志，特一向未遇明師友耳。自到此，笑語異常，心寬體胖矣，也作「**心平體胖**」。平：坦然。宋・李覯《廣潛書第十五篇》之一：「心平而體胖，內明而外治，憂患以除，恥辱以遠。」

【心寒齒冷】
心寒：失望而痛苦；齒冷：因張嘴不停地嘆息，使牙齒感覺到冷。形容對令人失望的事情長嘆不息。例他辛辛苦苦搞科研，不僅得不到有關方面的支持，反而被百般刁難，眞令人心寒齒冷。

【心寒膽落】
心寒：因害怕心裏打寒顫；膽落：指膽給嚇掉了。形容極爲驚恐。《英烈傳》六七回：「我意當趁此大勝之勢，盛兵而前，使敵人心寒膽落。」也作「**心寒膽碎**」。《永樂大典戲文・無名氏〈小孫屠・開封府公斷〉》：「心寒膽碎，悔之作不是。不合共它設計，都是一時情意。」也作「**心寒膽戰**」。《楊家將》五〇回：「今掌兵權、居邊鎭者，皆膏粱子弟，聞吾兵驟進攻打，心寒膽戰，望風逃竄不暇，尙敢來爭鬥耶！」

【心寒膽碎】
見「心寒膽落」。

【心寒膽戰】
見「心寒膽落」。
【心和氣平】
見「心平氣和」。
【心狠手辣】
心性凶狠，手段毒辣。例這兩個歹徒竟然對年僅二歲的小孩施以殘暴的毒打，實在是心狠手辣，泯滅人性。
【心花怒發】
見「心花怒放」。
【心花怒放】
怒放：盛開。心裏樂得像花兒盛開。形容極爲高興。《孽海花》三〇回：「孫三兒想到這裏，禁不住心花怒放。也作「心花怒發」。清・鄭燮《花間堂詩草跋》：「一旦心花怒發，便如太華峯頭十丈蓮矣。」也作「心花怒開」。清・袁枚《隨園詩話・補遺》卷五：「偶讀奇麗川方伯題盧湘艖《美人寶劍圖》一絕，不覺心花怒開。」
【心花怒開】
見「心花怒放」。
【心懷鬼胎】
鬼胎：比喻不可告人的念頭或事情。心中藏著不可告人的念頭或事情。《官場現形記》一七回：「且說周老爺自從辭別太爺出城之後，一直回到船上，畢竟心懷鬼胎，見胡統領比前反覺殷勤。」
【心懷叵測】
叵測：不可測度。用心險惡，不可推測，《三國演義》五七回：「馬岱諫曰：『曹操心懷叵測，叔父若在，恐遭其害。』」也作「居心叵測」。
【心慌意急】
見「心慌意亂」。
【心慌意亂】
心裏驚慌，思緒紛亂。形容六神無主，不知如何才好。《二十年目睹之怪現狀》一八回：「孩子自從接了電報之後，心慌意亂。」也作「心慌意急」。《醒世恆言》卷二〇：「［丫環］因睡得眼目昏迷，燈又半明半滅，又看見玉姐吊在梁間，心慌意急，撲的撞著，連機子都倒樓板上。」也作「心驚意亂」。明・朱之瑜《與吉弘元常書》之九：《鍾銘》並序稿呈覽，心驚意亂，恐不成文。也作「心意荒亂」。《法苑珠林》卷一二：「阿難心意荒亂，內自念言。」也作「心忙意亂」。《中國傳統戲曲劇本選集・取南郡》四一場：「心忙意亂向前奔！」
【心忙意急】
心情慌忙急切。元・鄭德輝《老君堂》一折：「見一人急高呼驟征駹，慌的我兜戰馬疾回還，心忙意急將人盼。」
【心忙意亂】
見「心慌意亂」。
【心灰意敗】
見「心灰意懶」。
【心灰意懶】
心灰：指灰心喪氣；懶：怠惰，消沉。心情懊喪，意念消沉。元・喬吉《玉交枝・閒適二曲》之二：「陳摶睡足西華山，文王不到磻磻溪岸，不是我心灰意懶，怎陪伴愚眉肉眼？」也作「心灰意敗」。《聊齋志異・王子安》：「初失志，心灰意敗，大罵司衡無目，筆墨無靈，勢必舉案頭物而盡炬之。」也作「心灰意冷」。老舍《老張的哲學》六：「他心灰意冷，無意再入政界。」也作「心慵意懶」。慵：懶散，不振作。《醒世恆言》卷九：「卻說那女兒雖然不讀詩書，卻也天生志氣。多時聽得母親三言兩語，絮絮聒聒，已自心慵意懶。」
【心灰意冷】
見「心灰意懶」。
【心回意轉】
謂改變以往的想法和態度。元・無名氏《殺狗功夫》四折：「因此上燒香禱告，背地裏設下機謀，才得他心回意轉，重和好復舊如初。」也作「回心轉意」。
【心活面軟】
謂容易被別人的言行所打動，產生同情或憐憫。《紅樓夢》七三回：「你這心活面軟，未必不周濟他些。若被他騙了去……看你明日怎麼過節？」也作「心軟意活」。《紅樓夢》八〇回：「金桂聽見婆婆如此說，怕薛蟠心軟意活了，便潑聲浪氣大哭起來。」
【心跡雙清】
跡：形跡，舉動。指心靈和舉動都高潔脫俗。唐・杜甫《屏迹》詩之二：「村鼓時時急，漁舟個個輕；杖藜從白首，心跡喜雙清。」清・梁章鉅《楹聯叢話・溫處道署楹聯》：「占此地荷亭竹榭，還期心跡雙清。」
【心急吃不得熱粥】
比喻心情急躁往往辦不成事情。例我們做任何事情都要循序漸進慢慢來，否則就會「心急吃不得熱粥」，什麼事也辦不好。也作「性急吃不了熱豆腐」。
【心急火燎】
見「心急如焚」。
【心急如焚】
心裏急得火燒一樣。形容十分焦急的心情。《二十年目睹之怪現狀》一七回：「我托他打聽幾時有船，他查了一查，說道：『要等三四天呢。』我越發覺得心急如焚，然而也是沒法的事，成日裏猶如坐在針氈上一般。」也作「心急如火」。元・王實甫《西廂記》一本四折：「要看個十分飽」清・金聖嘆批：「心急如火，更不能待。」也作「心燎意急」。《飛龍全傳》四回：「那管院的太監，心燎意急，一籌莫展。」也作「心急火燎」。例他心急火燎地趕到火車站，但還是晚了，火車已經開走了。
【心急如火】
見「心急如焚」。
【心記不如墨記】
指記在腦子裏的易忘，不如用筆墨記

下來可靠。周立波《暴風驟雨》二部四：「蕭隊長記性原也不壞，但遇到他所認爲要緊的事，就用筆記下。心記不如墨記，他信服老百姓的這一句老話。」

【心堅穿石】

見「心堅石穿」。

【心堅石穿】

南朝梁・陶宏景《眞誥》卷五：「昔有傅先生者，其少好道，人焦山石室中，積七年，而太極老君詣之，與之木鑽，使穿一石盤，厚五尺許，云：『穿此盤，便當得道。』其人乃晝夜穿之，積四十七年，鑽盡石穿，遂得神丹，乃升太清，爲南岳眞人。」後用「心堅石穿」比喻意志堅定，長久不懈，再大的困難也能克服。宋・陸九淵《語錄》：「俗諺云：『心堅石穿。』既是一個人，如何不打疊教靈利。」也作「**心堅穿石**」。宋・黃庭堅《兩同心》詞之三：「秋水遙岑，妝淡情深。盡道教，心堅穿石，更說，甚官不容針？」

【心焦如焚】

見「心焦如火」。

【心焦如火】

心中焦急，就像火燒一樣。形容焦躁不安的樣子。《羣音類選〈繡襦記・暫宿郵亭〉》：「爲何馬猶不至，心焦如火，怎辭勞瘁。」也作「**心焦如焚**」。

【心焦性暴】

謂脾氣急躁，遇事不冷靜。《西遊記》二二回：「卻說行者見他不肯上岸，急得他心焦性暴，恨不得一把抓來。」

【心驚膽寒】

見「心驚膽戰」。

【心驚膽裂】

見「心驚膽落」。

【心驚膽落】

膽落：膽給嚇掉了。形容心中非常驚恐。宋，歐陽修《祭蘇子美文》：「子之心胸，蟠屈龍蛇，風雲變化，雨雹交加，忽然揮斧，霹靂轟車，人有遭之，心驚膽落，震僕如麻。」也作「**心驚膽裂**」。《三國演義》四三回：「然而博望燒屯，白河用水，使夏侯惇、曹仁輩心驚膽裂。」也作「**心驚膽怕**」。元・狄君厚《介子推》三折：「受了他五七日心驚膽怕，不似這兩三程行得人力盡身乏。」也作「**心驚膽喪**」。明・張四維《雙烈記・寇逸》：「忽聽喊叫聲來，心驚膽喪，急急奔離天羅地網。」也作「**心驚膽慴**」。慴：害怕。明・孫梅錫《琴心記・夜亡成都》：「扳著花枝將身拽，呀，一聲樹拉，一聲樹拉，不覺心驚膽慴。」

【心驚膽怕】

見「心驚膽落」。

【心驚膽喪】

見「心驚膽落」。

【心驚膽慴】

見「心驚膽落」。

【心驚膽戰】

戰：發抖。形容非常驚慌害怕。元・關漢卿《魯齋郎》一折：「我恰便是履深淵，把不定心驚膽戰，有這場死罪愆。」也作「**心驚膽顫**」。清・孔尚任《桃花扇・棲眞》：「片紙飛來無人見，三更縛去無人見，三更縛去加刑典，教俺心驚膽顫。」也作「**心驚膽寒**」。寒：打寒顫，哆嗦。明・崔時佩《西廂記・飛虎授首》：「心驚膽寒，渾身上淋漓雨汗。」也作「**心搖膽戰**」。宋・袁燮《書贈吳定夫》：「今夫士大夫……一旦聞金革之事，則心搖膽戰。」也作「**心戰膽慄**」。戰慄：發抖，哆嗦。宋・陳亮《酌古論一・孫權》：諸侯觀之，心戰膽慄，始知將軍爲眞英雄，膝行而前，莫敢仰視。也作「**膽戰心驚**」。

【心驚膽顫】

見「心驚膽戰」。

【心驚肉跳】

肉跳：指身體發抖。形容預感災禍來臨而驚恐不安的樣子。《初刻拍案驚奇》卷三〇：「昨蒙君侯台旨，召陪公子之宴。初召時，就有此心驚肉跳，不知其由。」也作「**心驚肉戰**」。元・無名氏《爭報恩》四折：「不知怎麼，這一會兒心驚肉戰，這一雙好小腳兒，再走也走不動了。」也作「**心驚肉顫**」。《三國演義》八一回：「吾心驚肉顫，坐臥不安，此何意也？」也作「**心飛肉跳**」。《雲合奇蹤》四三回：「[胡楨]自要領兵出陣接應，又恐孤城失守。正在狐疑，不覺心飛肉跳起來。」

【心驚肉戰】

見「心驚肉跳」。

【心驚肉顫】

見「心驚肉跳」。

【心驚意亂】

見「心慌意亂」。

【心精手巧】

見「心靈手巧」。

【心旌搖搖】

形容心神不定，如旌旗隨風擺動。《戰國策・楚策一》：「寡人臥不安席，食不甘味，心搖搖如懸旌，而無所終薄。」也作「**心旌搖曳**」。《孽海花》五回：「雯晴在月光下留心看去，果然好一個玉媚珠溫的人物……不覺看得心旌搖曳起來。」

【心旌搖曳】

見「心旌搖搖」。

【心靜自然涼】

指心情安寧，大熱天也會覺得涼爽。比喻心裏沉著，遇事就會冷靜地對待。唐・白居易《苦熱，題恆寂師禪室》詩：「人人避暑走如狂，獨有禪師不出房。可是禪師無熱到？但能心靜即身涼。」也作「**心定自然涼**」。清・曹庭棟《老老恆言・燕居》：「濟世仁術編曰：『手心通心竅，大熱時，以扇急扇手心，能使遍俱涼。』愚謂：不若諺語云：『心定自然涼。』

心定二字可玩味。」

【心開目明】

心胸豁然開朗，眼光清晰明亮。形容對某個道理有了深入透徹的認識。明・李贄《李中丞奏議序》：「其言詞溫厚和平，深得告君之體，使人讀其言便自心開目明，惟恐其言之易盡也。」

【心開色喜】

謂滿心歡喜，滿面笑容。形容十分高興。《兒女英雄傳》一三回：「公子見老人家心開色喜，就便請示：『父親方才說到那十三妹，父親說：『得之矣，知之矣。』敢是父親倒猜著他些來歷麼？』」

【心開意適】

胸懷開闊敞亮，心情安適爽快。謂某個道理得到領悟或外界事物感染而感到輕鬆愉快。唐・蕭穎士《贈韋司業書》：「幼年方小學時，受《論語》、《尚書》，雖未能究解精微，而依說與今不異，由是心開意適，日誦千有餘言。」也作「**心寬意適**」。元・許謙《馬公嶺》詩：「熟視徐行路覺平，心寬意適步更輕。」也作「**心寬意爽**」。《文明小史》八回：「當時劉伯驥到得此處，觀看了一回景致，倒也心寬意爽。」

【心坎上掛秤砣——多累這份心】

比喻多操這份心。㊎把這些額外的工作交給你，讓你心坎上掛秤砣——多累這份心。

【心肯意肯】

謂非常願意。《兒女英雄傳》二三回：「莫若容媳婦設個法兒，先徹底澄清，把他說個心肯意肯，不叫這樁事有一絲牽强。也不枉費了公婆這片慈恩，媳婦這番答報。」

【心口不一】

心裏想的同嘴上講的不一致。形容爲人不誠實。《醒世姻緣傳》九八回：「你只不要心口不一，轉背就要變掛。」

【心口如一】

心裏想的同嘴上說的一個樣。形容爲人誠實爽快。《鏡花緣》六五回：「紫芝妹妹嘴雖利害，好在心口如一，直截了當，倒是一個極爽快的。」

【心口相商】

心和口之間互相商量。形容獨自反覆思索，再三權衡。清・李漁《閒情偶寄・脫套第五》：「故以此代心口相商。『且住』者稍遲以待，不可竟行之意也。」

【心口相應】

心裏怎麼想的，嘴上就怎麼說；嘴上說了的，心裏不能再違背。形容爲人表裏如一。《金瓶梅詞話》二回：「武松笑道：『若得嫂嫂做主最好，只要心口相應！』」

【心寬不在屋寬】

指心胸開闊與住房的大小沒有關聯。清・翟灝《通俗編》卷二四《居處》：「『心寬不在屋寬』。白居易《小宅》詩：『何勞問寬窄，寬窄在心中。』用俗諺也。」

【心寬出少年】

指心胸坦蕩豁達，人就不易衰老。《冷眼觀》二五回：「心寬出少年這句話我是相信。次丹，你不要急，我們庸亥翁醫理精道，何不順便請他進去看看呢？」

【心寬體肥】

心情開朗，身體肥胖。明・孫仁孺《東郭記・人之所以求富貴利達者》：「待雄飛海內應無幾，縱飢寒心寬體肥。」也作「**心寬體胖**」。《兒女英雄傳》四〇回：「心裏一痛快，不覺收了眼淚，嗤的一笑，立刻頭就不暈了，心寬體胖，周身的衣服也合了折兒了。」

【心寬體胖】

見「心寬體肥」。

【心寬體胖，勤勞體壯】

指心情開朗可促進健康，經常勞動能增强體質。㊎俗話說：「心寬體胖，勤勞體壯。」正是一句獲取健康體魄的至理名言。

【心寬意適】

見「心開意適」。

【心寬意爽】

見「心開意適」。

【心狂意亂】

心情狂躁，意念紛亂。金・馬珏《滿庭芳・化胡了仙兄弟》詞之二：「心狂意亂，歌迷酒惑，損傷三魂七魄。」

【心曠神恬】

見「心曠神怡」。

【心曠神怡】

曠：曠闊，開朗；怡：愉悅暢快。指心胸開闊，精神愉快。宋・范仲淹《登岳陽樓記》：「登斯樓也，則有心曠神怡，寵辱皆忘，把酒臨風，其喜洋洋者矣。」也作「**心曠神恬**」。恬：恬靜，舒適。明・無名氏《三化邯鄲》二折：「這枕抱著呵，骨清毛爽；靠著呵，心曠神恬；枕著呵，夢斷魂勞。」也作「**心曠神愉**」。清・薛福成《白雷登海口避暑記》：「於斯之際，蠲煩滌囂，心曠神愉，竊意世間所謂神仙者之樂，不是過也。」也作「**心神怡曠**」。明・屠隆《鴻苞集》卷一七：「摘取鴻士巨文數十首，披襟讀之，心神怡曠。」也作「**心爽神怡**」。爽：爽快，暢快。元・辛文房《唐才子傳・崔魯》：「魯詩善於狀景咏物，讀之如噉冰雪，心爽神怡。」也作「**心怡神曠**」。《羣音類選〈泰和記・劉蘇州席上寫風情〉》：「幸青皇肯憐，故紅妝相向，心怡神曠，愿效鸞凰。」也作「**心移神曠**」。移：廣大，闊大。元・王沂《雪溪詩序》：「覽若耶剡溪之勝……輕蓑釣舟，淡艷明滅；玉峯攢巒，環列拱向，彷徉臨望，心移神曠。」也作「**心動神移**」。《紅樓夢》七五回：「命佩風吹簫，文花唱曲，喉清韻雅，甚令人心動神移。」

【心曠神愉】
見「心曠神怡」。
【心勞日拙】
勞：勞累；日：逐日，一天天；拙：拙劣。謂用盡心機，情況卻越來越糟。《尚書・周官》：「作德，心逸日休；作僞，心勞日拙。」
【心勞術拙】
術：手法，手段。竭盡心力而手段拙劣。謂弄巧不成，反而吃虧。《二刻拍案驚奇》卷四：「張廩生沒計奈何，只得住手。眼見得這一項銀子拋在東洋大海裏了。這是張廩生心勞術拙，也不爲奇。」
【心勞意攘】
勞：憂勞；攘：紛亂。心情憂悶，思緒煩亂。元・無名氏《五馬破曹》二折：「催運到軍儲草糧，沿路上心勞意攘，則怕有伏路藏塘賊盜搶，又則怕偷營寨竊邊疆。」也作「心勞意穰」。穰：通「攘」。元・關漢卿《西蜀夢》二折：「每日家作念的如心癢，沒日不心勞意穰，常則是心緒悲傷，白晝間頻作念，到晚後越思量。」也作「心勞意冗」。冗：煩雜，煩亂。明・無名氏《女貞觀》二折：「昨夜個愁沒亂更長漏永，今日個神恍惚心勞意冗。」
【心勞意穰】
見「心勞意攘」。
【心勞意冗】
見「心勞意攘」。
【心勞意拙】
謂用盡心機，意圖落空。明・朱權《卓文君私奔相如》二折：「是何人唬鬼瞞神，教小生心勞意拙。」
【心勞政拙】
用盡心力，政績卻不佳。宋・范成大《甘棠驛》詩：「萬里三年醉嶺梅，東風刮地馬頭回。心勞政拙無遺愛，慚向甘棠驛裏來。」
【心裏不做虧心事，不怕三更鬼叫門】
不做違背良心的事情，即使深夜有鬼來敲門也不會膽驚受怕。比喻心中無愧，十分坦然。例我光明磊落，胸懷坦白，「心裏不做虧心事，不怕三更鬼叫門」，沒有什麼好害怕的。也作「日間不做虧心事，半夜敲門不吃驚」。
【心裏塞團麻——亂糟糟】
形容事物雜亂無章。有時指心裏煩亂。例這裏工作頭緒多，無規章制度，沒專人管理，簡直是心裏塞團麻——亂糟糟。
【心裏裝著長江水——平靜不了】
形容心緒不寧，無法平息。例她對這種不公平的事，非常激動，就像心裏裝著長江水——平靜不了。
【心裏裝著二十五個耗子——百爪撓心】
見「生吞蜈蚣——百爪撓心」。
【心力交瘁】
交：並，一齊；瘁：極度疲勞。指精神和身體都過度疲勞。清・百一居士《壺天錄》卷上：「由此心力交瘁患疾遂卒。」也作「心力俱殫」。殫：ㄉㄢ，耗盡。清・吳騫《拜經樓詩話》卷一：「常熟毛斧季嘗手跋趙孟奎《分類唐歌詩》殘本，自言輾轉訪購，幾於心力俱殫。」
【心力俱殫】
見「心力交瘁」。
【心燎意急】
見「心急如焚」。
【心靈福至】
謂人逢好運，心眼也變得靈巧起來。《西遊記》二回：「此時說破根源，悟空心靈福至，切切記了口訣，對祖師拜謝深恩。」也作「福至心靈」。
【心靈手巧】
謂頭腦靈活，動作精巧。多形容技藝嫻熟奇特。清・孔尚任《桃花扇・棲眞》：「香姐心靈手巧，一捻針線，就是不同的。」也作「心靈手敏」。《冷眼觀》一〇回：「誰知他心靈手敏，不到半年，已是操演純熟，上了台比那老唱手還要做得出色。」也作「心精手巧」。精：精明。明・徐光啟《禮部爲奉旨修改曆法開列事宜乞裁疏》：「若訪求草澤知曆人等，必須心精手巧，確當一臂之用者，不得過十人。」
【心靈性慧】
見「心靈性巧」。
【心靈性巧】
性：天性，天資。心眼靈活，天資聰慧。《好逑傳》八回：「今看見侄女所行之事，心靈性巧，有膽量，有俠氣，又不背情理，眞要算做賢媛淑女。」也作「心靈性慧」。
【心聆神往】
見「心往神馳」。
【心領神會】
領：領悟，領會；會：會意。指對事物有了深刻理解。明・李東陽《懷麓堂詩話》：「律者，規矩之謂，而其爲調，則有巧存焉。苟非心領神會，自有所得，雖日提耳而教之，無益也。」也作「心領神悟」。悟：領悟。朱自清《四書》七：「會讀書的，細加玩賞，自然能心領神悟，終身受用不盡。」也作「心得意會」。元・戴良《淮南紀行詩後序》：「余於先生之詩，亦惟心得意會，而莫能言其妙者焉。」
【心敏手疾】
敏：靈敏，靈活；疾：迅速。頭腦靈活，動作敏捷。形容技藝嫻熟。《太平廣記》卷二一〇引《尚書故實》：「謝赫云：江左畫人吳曹不興，運五千尺絹畫一像，心敏手疾，須臾立成。」
【心明眼亮】
形容眼光敏銳，能分清是非。老舍《四世同堂》四九：「孫七不願意去，可是老人以爲兩個人一同去，才能心明眼亮。」
【心摹手追】

見「心慕手追」。

【心摩意揣】

用心思考，反覆推敲，唐・薛逢《上中書李舍人啟》：「心摩意揣，慮計神籌。」

【心慕筆追】

見「心慕手追」。

【心慕力追】

見「心慕手追」。

【心慕神馳】

慕：仰慕；神馳：神往，心中嚮往。指心中非常仰慕嚮往。宋・韓琦《祭歐陽文忠公文》：「自公還事，心慕神馳。徒憑翰墨，莫挹姿儀。」

【心慕手追】

慕：仰慕，愛慕；追：追隨，仿效。心中愛慕，手上模仿。形容對某事物（多指藝術作品）的酷愛和仿效。《晉書・王羲之傳贊》：「玩之不覺爲倦，覽之莫識其端，心慕手追，此人而已，其餘區區之類何足論哉！」也作「**心慕筆追**」。《宣和書譜・行書・釋行敦》：「後有集王羲之書一十八家者，行敦乃其一也，是則心慕筆追，亦自可佳耳。」也作「**心慕力追**」。力追：盡力追隨效法。梁啟超《政聞時言・矛盾之政治現象》：「昔晚明悉天下之財以供遼餉，卒釀『流寇』之禍。彼之覆轍，今則心慕力追之，惟恐不肖。」也作「**心摹手追**」。摹：摹仿。清・李崧《沈莊樗古棣歌》：「一點一畫無假借，心摹手追不輕下。」也作「**心儀力追**」。心儀：嚮往。梁啟超《管子傳，自序》：百世之下，聞其風者，心儀而力追之，雖不能至，而或具體而微焉。」

【心融神會】

謂對所學的東西理解深刻，融會貫通。宋・朱熹《答廖子晦》：「卻於其中反覆涵泳，認取它做功夫處，做自己分上功夫，久之自當心融神會，默與契合。」

【心領神悟】

見「心領神會」。

【心膂股肱】

膂：脊梁骨；股：大腿；肱：胳膊。比喻得力的親信。《尚書・君牙》：「今命爾予翼，作股肱心膂。」清・王夫人《讀通鑑論・唐代宗三》：「抑考古今巨奸之在君側，大臣諫官緘默取容，小臣寒士起而擊去之，若此類者不一，夫人君亦何賴有心膂股肱之臣哉？誠足悲矣。」

【心膂爪牙】

見「心腹爪牙」。

【心亂如麻】

心緒煩亂，就像一團理不清的痲。《古今小說》卷二九：「這紅蓮聽得更鼓已是二更，心中想道：『如何事了？』心亂如痲，遂乃輕移蓮步，走至長老房邊。」也作「**心亂似麻**」。宋・王思明《山居》詩之二：「隨緣隨份是生涯，莫使身心亂似痲。」也作「**心緒如麻**」。《鏡花緣》八三回：「此刻記起了這個，忘了那個，及至想起了那個，又忘了這個，眞是心緒如痲。」

【心亂似麻】

見「心亂如痲」。

【心滿意愜】

見「心滿意足」。

【心滿意足】

合乎心意，十分滿足。《古今小說》卷一〇：「卻說倪喜繼，獨罟家私，心滿意足，日日在家中快樂。」也作「**心滿意愜**」。愜：愜意，滿足。宋・陳亮《祭薛士隆知府文》：「晚將歸休，始獲見公，握手一笑，話言從容，心滿意愜，俯首東來。」也作「**心滿願足**」。《永樂大典戲文・無名氏〈張協狀元〉》：「我們得那女兒在此，眞個心滿願足。」也作「**心愜意滿**」。宋・陳亮《經書發題，禮記》：「然讀之使人心愜意滿，雖欲以意增減，而輒不合。」

【心滿願足】

見「心滿意足」。

【心凝形釋】

凝：凝聚；釋：消釋，消散。形容用心專注，達到忘我的程度。《列子・黃帝》：「心凝形釋」，骨肉都融……竟不知乘風我邪，我乘風乎？」

【心平過的海】

心平：指不貪圖榮華富貴。比喻正直的人能順利度過凶險的境遇。明・無名氏《龐掠四郡》三折：「他則爲口是禍之門……我可甚心平過的海。」

【心平氣定】

心境平和，氣質沉靜。謂淸心寡欲，不爲外界事物所動。三國魏・阮籍《樂論》：「言至樂使人無欲，心平氣定，不以肉爲滋味也。」

【心平氣和】

心境寧靜，態度溫和。謂待人和氣，不急不躁。宋・程頤《明道先生行狀》：「荊公與先生道不同，而嘗謂先生忠信，先生每與論事，心平氣和。」也作「**心平氣舒**」。舒：舒緩，和緩。宋・曾協《左朝請大夫前知建昌軍陸公行狀》：「公醇厚端靖，內外完好，心平而氣舒，雖久處者，未嘗際其喜怒。」也作「**心和氣平**」。宋・陽枋《與趙明遠書》：「伏領賜翰，句句謙卑自牧，想判府作此書時，心和氣平，融然天理之流暢，更有甚人間富貴爵祿在方寸乎？」

【心平氣舒】

見「心平氣和」。

【心平體胖】

見「心廣體胖」。

【心虔志誠】

虔：恭敬。內心恭敬而眞誠。《西遊記》九九回：「委實心虔志誠，料不能逃菩薩洞察。」

【心愜意滿】

見「心滿意足」。

【心傾神馳】

傾心愛慕和嚮往。形容對所喜愛的事物的渴念。例這批令美術愛好者心傾神馳的古代繪畫珍品，今天終於公開展覽了。

【心去難留】

心已離去，很難再挽留。南朝梁·王僧孺《爲姬人自傷》詩：「弦斷猶可續，心去最難留。」

【心如刀刺】

見「心如刀割」。

【心如刀銼】

見「心如刀割」。

【心如刀割】

心裏就像被刀割一樣。形容內心極爲痛苦。元·秦簡夫《趙禮讓肥》一折：「待著些粗糲，眼睜睜俺子母各天涯。想起來我心如刀割，題起來我淚似懸痲。」也作「**心如刀刺**」。《東周列國志》九九回：「異人含淚對曰：『某豈望及此！但言及故國，心如刀刺，恨未有脫身之計耳。』」也作「**心如刀銼**」。元·周文質《蝶戀花·悟迷》曲：「病魔，心如刀銼，對青銅知鬢皤。」也作「**心如刀絞**」。《封神演義》一七回：「妲己聽言，心如刀絞，意似油煎，暗暗吃苦。」也作「**心如刀攪**」。《歧路燈》四七回：「休叫如此，一發叫我心如刀攪一般。」也作「**心如刀鋸**」。元·羅貫中《風雲會》二折：「不刺則俺這支名兒怎地了，驚急列心如刀鋸，顫篤速身如火燎。」也作「**心如芒刺**」。《東周列國志》二八回：「荀息心如芒刺，草草畢葬，即使二五勒兵助攻，自己奉卓子於朝堂，以俟好音。」

【心如刀絞】

見「心如刀割」。

【心如刀攪】

見「心如刀割」。

【心如刀鋸】

見「心如刀割」。

【心如古井】

古井：古老的枯井。心中就如死寂無波的枯井。比喻堅守節操，不爲欲念所動。唐·孟郊《烈女操》詩：「波瀾誓不起，妾心古井水。」魯迅《寡婦主義》：「全國受過教育的女子，無論已嫁未嫁，有夫無夫，個個心如古井，臉若嚴霜。」

【心如寒灰】

見「心如死灰」。

【心如堅石】

見「心如鐵石」。

【心如金石】

見「心如鐵石」。

【心如芒刺】

見「心如刀割」。

【心如木石】

心就像沒有知覺的木頭石塊一樣，無情無欲。清·紀昀《閱微草堂筆記·灤陽消夏錄四》：「狐女曰：『君不以異類見薄，故爲悅己者容。北室生心如木石，吾安敢近？』」

【心如泉湧】

心思像泉水一樣湧流。比喻思路敏捷靈跖。《莊子·盜跖》：「且跖之爲人也，心如泉湧，意如飄風，强足以距敵，辯足以飾非。」

【心如死灰】

心中就像熄滅的灰燼。形容心境空寞冷寂，無情無欲。《水滸傳》八五回：「出家人違俗已久，心如死灰，無可效忠，幸勿督過。」也作「**心若死灰**」。《隋書·盧思道傳》：「心若死灰，不營勢利；家無儋石，不費囊錢。」也作「**心如寒灰**」。寒灰：冷卻了的灰燼。唐·劉禹錫《上杜司徒啟》：「失意多病，衰不待年，心如寒灰，頭有白髮。」

【心如鐵石】

心就像鐵石一樣堅硬。比喻意志堅定，難以變易。《三國演義》四一回：「玄德曰：『子龍從我於患難，心如鐵石，非富貴所能動搖也。』」也作「**心如堅石**」。宋·劉隨《請皇太后專取皇帝處分》：「皇帝膺龍躍之期，年尙沖幼；太后承顧托之命，心如堅石，垂簾以對。」也作「**心如金石**」。宋·范仲淹《答趙元昊書》：「大王歸向朝廷，心如金石。」也作「**心若鐵石**」。《新唐書·唐臨傳》：「形如死灰，心若鐵石。」

【心如淵泉】

心中就像深潭裏的泉水一樣平靜。比喻心境冷寂沉靜。《列子·黃帝》：「山上有神人焉，吸風飲露，不食五穀；心如淵泉，形如處女。」

【心如止水】

心就像靜止無波的水。形容心境淡泊沉靜，無所欲求。唐·白居易《祭李侍郎文》：「浩浩世途，是非同軌；齒牙相軋，波瀾四起。公獨何人，心如止水；風雨如晦，雞鳴不已。」也作「**心同止水**」。明·張岱《祭祁文載文》：「文載心同止水，皆決層雲。」

【心軟意活】

見「心活面軟」。

【心若死灰】

見「心如死灰」。

【心若鐵石】

見「心如鐵石」。

【心神不安】

見「心神不定」。

【心神不定】

心情不平靜，神志不安定。《蕩寇志》九七回：「蓮峯心神不定，吃了夜飯，卻去燈下趕要緊筆墨。」也作「**心神不安**」。《西遊記》四〇回：「若做了皇帝，就要留長頭髮，黃昏不睡，五鼓不眠，聽有邊報，心神不安。」也作「**心神不寧**」。《紅樓夢》一一三回：「[鳳姐]便把豐兒等支開，叫劉姥姥坐在床前，告訴他心神不寧，如見鬼的樣子。」也作「**心緒不寧**」。《三國演義》八五回：「先主怒曰：『朕心緒不寧，敎汝等且退，何故又來！』」

【心神不寧】

見「心神不定」。

【心神恍惚】
恍惚：精神不集中的樣子。指心緒不定，精神渙散。《三國演義》八回：「吾前日病中，心神恍惚，誤言傷汝，汝勿記心。」也作「心緒恍惚」。《楊家將》五三回：「我今日心緒恍惚，想此水亦可治療，你可指示我去看看。」
【心神怡曠】
見「心曠神怡」。
【心神專注】
專注：專心注意。指用心專一，注意力集中。例看他那心神專注的樣子，準是叫那本書給迷住了。
【心事重重】
重重：一層接一層。指心中考慮的事很多。例他一定是遇到了什麼麻煩事，這幾天老是心事重重的。
【心手相應】
心裏怎麼想，手裏就怎麼做，配合默契。形容技藝高超，運用自如。《南史・蕭子雲傳》：「其書跡雅，為武帝所重。帝嘗論書曰：『筆力勁駿，心手相應，巧逾杜度，美過崔寔，當與元常並驅爭先。』」
【心術不定】
心術：心訣。指心計多變，難以捉摸。《水滸傳》一九回：「不想今日去住無門！非在位次低微，且王倫只心術不定，語言不準，難以相聚。」
【心術不正】
心術：居心。指居心不良。《三國演義》一九回：「[陳]宮曰：『汝心術不正，吾故棄汝！』」
【心爽神怡】
見「心曠神怡」。
【心碎腸斷】
形容極為悲痛。《紅樓夢》二八回：「試想林黛玉的花容月貌，將來亦到無可尋覓之時，寧不心碎腸斷。」
【心碎膽裂】
見「心膽俱裂」。
【心所謂危】
心中感到存在危險。指對情勢的一己之見。《左傳・襄公三十一年》：「子產曰：『人心之不同，如其面焉。吾豈敢謂子面如吾面乎？抑心所謂危，亦以告也。』」
【心泰體舒】
心境安寧，身體舒適。宋・程頤《上太皇太后書》：「主上方問學之初，宜心泰體舒，乃能悅懌。」也作「心恬體舒」。恬：恬靜，安然。宋・蘇軾《答楊君素》：「吾丈優游自得，心恬體舒，必享龜鶴之壽。」
【心恬體舒】
見「心泰體舒」。
【心甜意洽】
形容稱心如意，十分歡悅。《紅樓夢》八回：「寶玉正在這個心甜意洽之時，又兼姐妹們說說笑笑，哪裏不肯吃？」
【心同止水】
見「心如止水」。
【心頭不似口頭】
指心裏想的和嘴上說的不一樣。明・沈璟《義俠記》一〇齣：「怕你心頭不似口頭。若得依如此心堅，何須武二頻頻勸。」
【心頭火熾】
心裏就像火一樣燃燒。形容十分憤怒。《水滸傳》六〇回：「盧俊義望見，心頭火熾，提著樸刀，直赴將去。」
【心頭肉】
比喻至愛至疼的人或物。例兒子是媽的心頭肉，為了孩子，做母親的什麼不能犧牲呢？
【心頭撞鹿】
心頭像有個小鹿撞來撞去。形容心情十分激動或緊張。《西遊記》五四回：「那呆子看到好處，忍不住口嘴流涎，心頭撞鹿，一時間骨軟筋麻，好便似雪獅子向火，不覺的都化去也。」
【心往神馳】
心中嚮往，神思飛馳。形容思慕之極。宋・歐陽修《祭杜公文》：「繫官在朝，心往神馳，送不臨穴，哭不望帷。」也作「心動神馳」明・陸采《懷香記・蘭閨覆命》：「自從窺見韓生之後，心動神馳，眠思夢想，深沈朱戶，寂寂無聊，輾轉繡衾，淒淒不寐。」也作「心聆神往」。聆：細聽。明・朱之瑜《源網條字九成說》：「是故千六百年之後，猶能使聖人心聆神往，經時之久，猶忘食味。」也作「心馳神往」。例在這秋高氣爽之際，我們驅車來到嘉義，看到了我們多年來心馳神往的阿里山。
【心為形役】
謂放曠不拘的意願被衣食之需、世俗名利所牽制。晉・陶潛《歸去來辭》：「既自以心為形役，奚惆悵而獨悲？」
【心口問，口問心】
指反覆思量。《兒女英雄傳》一三回：「心口問，口問心，打算長久，連那些奇珍異寶折變了，大約也夠了，且自顧命要緊。」
【心無城府】
見「胸無城府」。
【心無二想】
見「心無二用」。
【心無二用】
心思不能同時用於兩事。指注意力不能分散。《平妖傳》五回：「卻不知酒壺已被瘸子在他手中取去，吃得罄盡了，端的是心無二用。」也作「心無二想」。《雲笈七籤》卷三七：「既心無二想，故曰一志焉，蓋上士所行也。」
【心無罣礙】
謂心裏無牽無掛。《般若波羅蜜多心經》：「心無罣礙。無罣礙故。無有恐怖。遠離顛倒夢想。」
【心無結怨】
心中沒有怨恨。《韓非子・大體》：「故致安之世，法如朝露，純樸不散；心無結怨，口無煩言。」

【心悟神解】

悟：領悟；解：理解。謂對事理有了深刻的領悟和理解。宋・樓鑰《寶謨閣待制贈通議大夫陳公神道碑》：「其於學問，心悟神解，而苦志自勉，精力亦絕人。」

【心細膽粗】

膽粗：膽量大。形容思考細密，辦事又有魄力。明・張岱《廉書小序》：「只要讀書之人，眼明手辣，心細膽粗。」

【心細如髮】

形容心思極其細密。《歧路燈》九回：「這孝移本是個膽小如芥、心細如髮之人，不敢多聽，卻又不能令其少說。」也作「**心細於髮**」。清・黃宗羲《敍陳言揚句股述》：「海昌陳言揚因余一言發藥，退而述爲句股書，空中之數，空中之理，一一顯出，眞心細於髮，析秋毫而數虛塵者也。」

【心細於髮】

見「心細如髮」。

【心閒手敏】

閒：通「嫻」，嫻熟，熟練。運思圓熟，手法敏捷。形容技藝嫻熟，運用自如。三國魏・嵇康《琴賦》：「於是器冷玄調，心閒手敏，觸批如志，唯意所擬。」

【心香一瓣】

心香：佛家語，指心中對神佛的虔誠，猶如焚香。原指對神佛的虔誠敬仰之情，後泛指對他人的敬慕之情。清・梁紹壬《兩般秋雨庵隨筆》卷二：「留幾幅殘箋兼斷楮，盡教人短誦又長謠，心香一瓣虔燒，恨不識先生貌，只識得押角的紅泥把姓名標。」

【心鄉往之】

鄉往：嚮往，想望。心中對所愛慕的人或事物十分想望。《史記・孔子世家》：「《詩》有之：『高山仰止，景行行止。』雖不能至，然心鄉往之。」也作「**心向往之**」。《聊齋志異・葛巾》：「聞曹州牡丹甲齊魯，心向往之。」

【心向往之】

見「心嚮往之」。

【心小志大】

用心細微，志向遠大。《淮南子・主術訓》：「凡人之論，心欲小而志欲大，智欲圓而行欲方，能欲多而事欲鮮。」

【心心念念】

心心：指全部的心思；念念：指所有的念頭。謂心裏總在想著某件事情。《五燈會元》卷一五：「只如諸人心心不停，念念不住。若能不停處停，念處無念，自合無生之理。」宋・程顥・程頤《二程遺書》二上：「有人遇一事，則心心念念不肯捨，畢竟何益？若不會處置了放下，便是無義無命也。」

【心心相印】

心心：指彼此的心意、思想感情；相印：相合。《黃檗傳心法要》：「自如來付法迦葉以來，以心印心，心心不異。」後用「心心相印」形容彼此情意相投。《官場現形記》五九回：「撫台看了，彼此心心相印，斷無駁回之理。」

【心雄萬夫】

雄心勝過萬人。形容志向遠大。唐・李白《與韓荊州書》：「雖長不滿七尺，而心雄萬夫。」

【心虛膽怯】

形容自覺虧心，害怕畏縮。《品花寶鑑》二九回：「［聘才］一路上說了些利害話，心虛膽怯，只得戰戰兢兢，上前見了夫人。」也作「**膽怯心虛**」。

【心緒不寧】

見「心神不定」。

【心緒恍惚】

見「心神恍惚」。

【心緒如麻】

見「心亂如麻」。

【心血來潮】

形容心裏突然出現某種念頭。《封神演義》三四回：「心血來潮者，心中忽動耳。」老舍《趙子曰》一九：「比如你去見政客偉人，一陣心血來潮，想起貴府上那位小粽子式腳兒的尊夫人，人家問東，你要不答西才怪！」

【心焉如割】

焉：語助詞。心裏就像刀割一樣。形容極爲悲痛。明・李東陽《禫祭告先考文》：「瞻望靈爽，實不知所以爲懷。俯仰覆載，心焉如割。涕淚嗚咽，哀何可窮！」

【心眼多】

形容多疑或聰明。例他心眼多，你們說話辦事要多注意些，不要讓他誤會。

【心眼像蜂窩——竅門多】

比喻辦法或主意多。例你的問題去找老黎商量，他心眼像蜂窩——竅門多，一定能得到解決辦法。

【心癢難撓】

心中的癢處難以抓撓。形容心裏出現某種欲念而按捺不住。《西遊記》二三回：「那八戒聞得這般富貴，這般美色，他卻心癢難撓；坐在那椅子上，一似針戳屁股，左扭右扭的，忍耐不住。」也作「**心癢難揉**」。元・商正權《雙調新水令》套曲：「好教我急煎煎心癢難揉，則教我幾聲長吁到的曉。也作「**心癢難撾**」。撾：同「抓」。《西遊記》五一回：「忽抬頭，見他的那金箍棒靠在東壁，喜得他心癢難撾。」也作「**心癢難抓**」。《官場現形記》一七回：「魏竹岡聽了，心癢難抓，忙問：『到底是個甚麼緣故？』」

【心癢難揉】

見「心癢難撓」。

【心癢難抓】

見「心癢難撓」。

【心癢難撾】

見「心癢難撓」。

【心搖膽戰】

見「心驚膽戰」。

【心一意專】

用心專注，注意力集中。《管子・五輔》：「夫民必知務然後心一，心一然後意專，心一而意專，然後功足觀也。」

【心儀力追】

見「心慕手追」。

【心怡神曠】

見「心曠神怡」。

【心怡神悅】

怡：愉快。形容心中非常歡喜。《醒世姻緣傳》引起：「不知君子那三件至樂的事另有心怡神悅形容不到的田地。」也作「心悅神怡」。《西湖佳話・西泠韻跡》：「只覺那茶一口口，也有美人的色香在內，吃下去甚是心悅神怡。」

【心移神曠】

見「心曠神怡」。

【心疑生暗鬼】

形容疑心太重，毫無根據地胡猜亂想。《禪宗頌古聯珠通集》卷二二：「一莖兩莖斜，疏影動龍蛇；心疑生暗鬼，眼病見空華。」也作「疑心生暗鬼」。

【心意慌亂】

見「心慌意亂」。

【心意如膠】

情意投合，如膠相粘。多形容男女歡愛。《金瓶梅詞話》四回：「每日踅過王婆家來，和西門慶做一處，恩情似漆，心意如膠。」

【心意投合】

投合：契合。指心意相通，志趣一致。《兒女英雄傳》二一回：「彼此談了半夜，心意投合，直到更深，大家才得安歇。」

【心逸日休】

逸：安逸；日：逐日，一天天；休：吉慶，順利。指心境安逸，情況也變得越來越好。《尚書・周官》：「作德，心逸日休；作僞，心勞日拙。」

【心慵意懶】

見「心灰意懶」。

【心遊萬仞】

萬仞：古時七尺或八尺爲一仞，比喻很高的地方。形容藝術構思時思路開闊。晉・陸機《文賦》：「其始也，皆收視反聽，耽思傍訊，精騖八級，心遊萬仞。」

【心有鴻鵠】

鴻鵠：天鵝。《孟子・告子上》：「使弈秋誨二人弈，其一人專心致志，惟奕秋之爲聽；一人雖聽之，一心以爲有鴻鵠將至，思援弓繳而射之，雖與之俱學，弗若之矣。」後用「心有鴻鵠」形容不專心，注意力不集中。

【心有靈犀】

見「心有靈犀一點通」。

【心有靈犀一點通】

靈犀：舊說犀牛角有條白紋直通兩端，感應靈敏，故稱靈犀。比喻男女互相愛慕，心心相印。唐・李商隱《無題二首》詩之一：「身無彩鳳雙飛翼，心有靈犀一點通。」後也比喻彼此都理解對方的心意。例我正要打電話給你，你就先打來了，我們倆眞是心有靈犀一點通。也作「心有靈犀」。

【心有餘而力不足】

心裏很想去做，卻無力辦到。《紅樓夢》二五回：「阿彌陀佛！我手裏但凡從容些，也時常來上供，只是『心有餘而力不足』。」也作「心有餘而識不足」。識：才識。《宋史・鄭文寶傳》：「久在西邊，參預兵計，心有餘而識不足。」也作「力不逮意有餘」。

【心有餘而識不足】

見「心有餘而力不足」。

【心有餘悸】

悸：因害怕而心跳。指危險雖已過去，心裏仍然害怕。例陳小姐談到在那次墜機意外中生還的經過，仍然心有餘悸的全身發抖。

【心猿意馬】

佛教語。心思像猿猴跳躍，意念如烈馬奔馳。比喻心中的欲念起伏不定，難以自持。元・王實甫《西廂記》三本三折：「只爲這燕侶鶯儔，鎖不住心猿意馬。」也作「意馬心猿」。

【心悅誠服】

眞心誠意地信服。《孟子・公孫丑上》：「以德服人者，中心悅而誠服也。」宋・陳亮《與王季海丞相》：「獨亮之於門下，心悅誠服而未嘗自言，丞相亦不得而知之。」

【心悅神怡】

見「心怡神悅」。

【心殞膽落】

殞：通「隕」，落。心和膽都給嚇掉了。形容非常驚恐。宋・邵伯溫《聞見前錄》卷四：「而又喧傳陛下決爲親征之謀，中外聞之，心殞膽落。」也作「心殞膽破」。清・薛福成《書昆明何帥失陷蘇常事》：「乃無事則籌略紛紜，臨變以張皇失指，一聞賊至，心殞膽破。」

【心殞膽破】

見「心殞膽落」。

【心宰理得】

宰：主宰。指心有主見，則理直氣壯。元・王惲《待旦軒記》：「蓋勤則爲補拙之資，公即具生明之本，無私則心宰，心宰則理得，理得則言順。」

【心在魏闕】

魏闕：古代王宮門外的高大的樓觀，是公布政令的地方，故作爲朝廷的代稱。指忠於君王，爲國分憂。《莊子・讓王》：「身在江海之上，心居乎魏闕之下。」三國魏・阮籍《達莊論》：「故公孟季子衣繡而見，墨子弗攻；中山子牟心在魏闕，而詹子不距。」也作「心馳魏闕」。馳：馳往，嚮往。宋・陸游《會慶節賀表又一表》：「斂時百福，享國萬年。臣跡滯遐陬，心馳魏闕。」也作「心瞻魏闕」。瞻：瞻望，想望。明・張景

《飛丸記・盟尋泉石》：「心瞻魏闕常意懸，游魚戀餌吞線。」

【心瞻魏闕】
見「心在魏闕」。

【心戰膽慄】
見「心驚膽戰」。

【心照不宣】
不宣：不用明說。彼此心裏清楚，不必言語相告。《孽海花》三一回：「當下繼元過船來，請示辦法。張夫人吩咐儘管照舊開輪，大家也都心照不宣了。」

【心照情交】
見「心照神交」。

【心照神交】
神交：指心意投合。形容彼此志趣一致，情意相投。晉・潘岳《夏侯常侍誄》：「人見其表，莫測其裏；徒謂吾生，文勝則史。心照神交，唯我與子。」也作「心照情交」。南朝梁・任昉《答陸倕感知己賦》：「子比我於叔則，又方余於耀卿，心照情交，流言靡惑。」

【心正筆正】
心靈純正，運筆就端正。意謂字的好壞與書寫者的人品相關。《舊唐書・柳公權傳》：「用筆在心，心正則筆正。」

【心正不怕影兒邪，腳正不怕倒蹅鞋】
蹅：踩。比喻只要行爲端正，就不怕任何流言蜚語。《兒女英雄傳》二六回：「這話若說在姑娘一頭驢兒一把刀的時候，心想著『心正不怕影兒邪，腳正不怕倒蹅鞋』，不過覷然一笑，絕不關心。」也作「身正不怕影兒斜」。

【心正氣和】
心境平正，氣質和順。指爲人處世穩重沉靜，不急不躁。唐・權德輿《叔父故朝散郎華州司士參軍府墓志銘序》：「故秘書包公謂公內外循理，心正氣和，君子以爲知言。」

【心之官則思】
心：古人認爲心是思維器官，現指大腦；官：功能。心的功能就是思考。强調大腦的思維作用。《孟子・告子上》：「心之官則思，思則得之，不思則不得也。」

【心之所感有邪正，故言之所形有是非】
思想所感受的有邪惡的和正義的東西，所以言語表現出來的也有正確的和錯誤的東西。指語言受思想支配，思想純正，語言才能完美。宋・朱熹《詩集傳・序》：「心之所感有邪正，故言之所形有是非。」

【心織筆耕】
比喻以寫作爲生。唐・李肇《翰林志》：「王勃所至，請托爲文，金帛豐積，人謂心織筆耕。」

【心折首肯】
折：折服，佩服。心中折服，點頭讚許。《歧路燈》四回：「[孔耕軒]便一五一十，把譚孝移品行端方，素來的好處，說個不啻口出，東宿聞之心折首肯。」

【心直口快】
性格耿直，說話爽快。謂有話直說，而不憋在心裏。《紅樓夢》三四回：「薛蟠本是個心直口快的人，見不得這樣藏頭露尾的事。」也作「心直嘴快」。《紅樓夢》三二回：「雲姑娘，你如今大了，越發心直嘴快了。」也作「性直口快」。清・方東樹《大意尊聞・接物》：「余性直口快，不能曲折。」也作「嘴直心快」。

【心直嘴快】
見「心直口快」。

【心志難奪】
心志：意志。《論語・子罕》：「三軍可奪帥也，匹夫不可奪志也。」後用「心志難奪」形容意志堅强，難以動搖。例文天祥被俘後，元朝統治者千方百計使他投降歸服。但文天祥心志難奪，至死不變。

【心中芥蒂】
見「心存芥蒂」。

【心中無數】
見「胸中無數」。

【心中有數】
見「胸中有數」。

【心拙口夯】
夯：同「笨」。頭腦遲鈍，口齒笨拙。《紅樓夢》三〇回：「你也試著比我利害的人了。誰都像我心拙口夯的，由著人說呢！」

【心字頭上一把刀——忍了】
「心」頭上加一把「刀」就是「忍」。比喻忍耐，或委曲求全。例考慮到兩公司今後要長期合作，對他的粗暴無理，我們只好心字頭上一把刀——忍了。

【心醉魂迷】
心神沉醉迷亂。形容敬佩仰慕之極。北齊・顏之推《顏氏家訓・慕賢》：「所值名賢，未嘗不心醉魂迷，向慕之也。」

【忻忻得意】
忻忻：同「欣欣」，高興的樣子。形容非常興奮，得意洋洋。《儒林外史》三〇回：「那些小旦，取得十名前的，他相與的大老官來看了榜，都忻忻得意。」

【欣然命筆】
欣然：高興的樣子；命筆：執筆書寫。非常高興地提筆書寫或作畫。例在校慶之日，許多老教授、老畫家欣然命筆，賦詩作畫，祝願母校爲國家培養更多的棟梁之才。

【欣然忘食】
高興得忘記了吃飯。形容歡悅之極。晉・陶潛《五柳先生傳》：「好讀書，不求甚解，每有會意，便欣然忘食。」

【欣然自得】
欣然：高興的樣子。心情喜悅而自覺得意。《後漢書・魯丕傳》：「遂杜絕交遊，不答候問之禮。士友常以此短之，而丕欣然自得。」也作「**欣欣自得**」。《醒世恆言》卷三六：「朱源在燈下細觀其貌，比前更加美麗，欣欣自得。」

【欣然自樂】

見「欣然自喜」。

【欣然自喜】

謂心情愉快，自覺歡喜。《莊子・秋水》：「秋水時至，百川灌河，涇流之大，兩涘渚崖之間，不辨牛馬，於是焉河伯欣然自喜，以天下之美爲盡在己。」也作「**欣然自樂**」。漢・王逸《漁父》：「而漁父避世隱身，釣魚江濱，欣然自樂。」

【欣生惡死】

欣：喜歡，喜愛；惡：憎惡，厭惡。愛戀人生，憎惡死亡。元・丘處機《心月照雲溪》詞：「陰陽變化，萬古同於此。得失暫時間，又何必欣生惡死。」

【欣喜雀躍】

欣喜：歡喜。高興得像小雀兒一樣跳躍。形容非常歡喜。《水滸傳》一〇八回：「宋江聞報，把那憂國家，哭兄弟的病證，退了九分九釐，欣喜雀躍，同衆將拔寨都起。」

【欣喜若狂】

高興得就像發了狂。形容歡喜之極。例當第一輛汽車沿著新修的公路開到這個偏僻的小山村時，全村人欣喜若狂，如同過節。

【欣欣向榮】

形容草木生長茂盛。晉・陶潛《歸去來辭》：「木欣欣以向榮，泉涓涓而始流。」後比喻興旺發達，蓬勃發展。《清史稿・明善傳》：「百物雕殘，此桂獨盛，願吾民復蘇，欣欣向榮，亦如此也。」

【欣欣自得】

見「欣然自得」。

【辛勤好似蠶成繭，繭老成絲蠶命休】

人辛勤勞動就如同蠶吐絲作繭，等到絲盡繭成，蠶的生命也就結束了。慨嘆人辛勤勞勞苦一生，而一無所獲。《醒世恆言》卷三五：「辛勤好似蠶成繭，繭老成絲蠶命休。又似採花蜂釀蜜，甜頭到底被人收。」

【新兵上陣——頭一回】

見「大姑娘作轎——頭一回」。

【新陳代謝】

代謝：交替，更替。本指生物體不斷用新生的物質代替衰亡的舊物質的過程。後比喻新事物取代舊事物。孫中山《心理建設（孫文學說）》四章：「由生元之始生而至於成人，經幾許優勝劣敗，生存淘汰，新陳代謝，千百萬年，而人類乃成。」

【新仇舊恨】

新近和過去結下的仇恨或仇人。《北洋軍閥統治時期史話》五七章：「此時保[定]派人物只以吳[佩孚]一人爲敵，對於其他一切新仇舊恨都願化敵爲友。」

【新愁舊憾】

見「新愁舊恨」。

【新愁舊恨】

新添的憂愁和舊有的怨恨。指愁上加愁，恨中添恨。；唐・韓偓《三月》詩：「吳國地遙江接海，漢陵魂斷草連天；新愁舊恨眞無奈，須就鄰家甕底眠。」也作「**新愁舊憾**」。憾：怨恨。《羣英類選〈牧羊記・驛館相逢〉》：「新愁舊憾不須提。」

【新出貓兒強如虎】

比喻少年氣盛，無所顧忌。清・黃漢《貓苑》卷下：「若少年勇往，則云：『新出貓兒強如虎。』夫諺雖鄙俚，皆有義理，故古今傳誦不替。」

【新大陸】

美洲的別名，因爲它是十五世紀以後才被歐洲人發現的，對於歐洲人來說是一片新大陸。比喻新的發現，新的天地。例快來呀！我們發現新大陸啦！這兒風景美極啦！

【新發於硎】

硎：ㄒㄧㄥˊ，磨刀石。剛剛在磨刀石上磨過。形容刀刃非常鋒利。《莊子・養生主》：「今臣之刀十九年矣，所解數千牛矣，而刀刃若新發於硎。」

【新翻花樣】

花樣：花紋的式樣。指變化出新的式樣。宋・譚宣子《謁金門》詞：「人病酒，生怕日高催繡。昨夜新翻花樣瘦，旋描雙蝶湊。」後比喻玩弄新的手段。用於貶義。例這犯人雖然開口說了不少，他這不過是新翻花樣，故意編了一套謊話，我們不能上當。也作「**花樣翻新**。」

【新箍馬桶三日香】

箍：用竹篾或金屬條捆紮。比喻對新的工作或剛認識的人開始時很熱情，但不能持久。《何典》五回：「形容鬼也不等斷七，就將活死人領了回去。醋八姐看見，也未免新箍馬桶三日香，『弟弟寶寶』的甚是親熱。」也作「**新開茅厠三日香**」。

【新故代謝】

代謝：交替，更替。指時序交替。漢・蔡邕《筆賦》：「上剛下柔，乾坤之位也；新故代謝，四時之次也。」

【新官上任三把火】

①指舊時新上任官兒總要辦幾件事顯示自己的權威。例陳總到任之後，立刻廢除所有的舊制，改行新措施，人說「新官上任三把火」，這是最好的寫照。②比喻開始負責某件工作時熱情高幹勁足。

【新葫蘆裝舊酒】

比喻只變換形式，不改變內容。例我們公司若不實際改革本身制度，只一味的要求員工表現，這樣只會給人們新葫蘆裝舊酒的感覺。

【新婚不如遠別】

指夫妻遠別重逢，比新婚時還要恩愛。《紅樓夢》二一回：「……賈璉仍復搬進臥室，見了鳳姐，正是俗語云：『新婚不如遠別』，更有無限恩愛，自不必煩絮。」也作「**新婚不如遠歸**」。《初刻拍案驚奇》卷二九：「俗語道：『新婚不如遠歸』。況且曉得會期有數，又是一刻千金之價。」

【新婚不如遠歸】

見「新婚不如遠別」。

【新婚燕爾】

燕爾：安樂。形容新婚快樂。多作爲對新婚者的賀辭。元・王實甫《西廂記》二本二折：「聘財爭不斷，婚姻自有成，新婚燕爾安排定。」也作「**新婚宴爾**」。清・章學誠《文史通義・文理》：「以謂凡對明月與聽霖雨，必須用此悲感，方可領略，則適當良友乍逢及新婚宴爾之人，必不信矣。」

【新婚宴爾】

見「新婚燕爾」。

【新酒舊瓶】

比喻新的內容通過舊的形式體現出來。例利用傳統戲劇形式反映社會現實生活，可謂『新酒舊瓶』，也可爲人民羣衆所接受和喜愛。

【新開茅厠三日香】

見「新箍馬桶三日香」。

【新來和尚好撞鐘】

好：喜愛。比喻新到的人總是喜愛多做事。《岐路燈》八回：「果然『新來和尚好撞鐘』，鎮日不出園門。將譚紹聞舊日所讀之書，苦於點明句讀，都叫丟卻，自己到書店購了兩部課幼時文，課誦起來。」

【新來晚到】

見「新來乍到」。

【新來媳婦三日勤】

比喻新來的人開始總很勤快。《醒世姻緣傳》八四回：「狄希陳也沒叫改姓，就收做了家人，『新來媳婦三日勤』，看著兩口子倒也罷了。」

【新來乍到】

乍：初，剛剛。剛剛來到。《紅樓夢》八一回：「各人有各人的脾氣，新來乍到，自然要有些扭彆的。」也作「**新來晚到**」。清・無名氏《娛目醒心編》卷八：「俗語說得好：『新來晚到，不知茅坑井灶。』」

【新來乍到，挨不着鍋灶】

乍：剛剛。比喻剛到一個地方，不了解情況。例我們這裏有句俗話：「新來乍到，挨不著鍋灶。」你要多呆些日子才能了解情況。

【新郎官戴孝——悲喜交集】

也作「**新郎官戴孝——又喜又悲**」。見「穿孝衣拜天地——又悲又喜」。

【新棉花網被絮——軟胎子】

比喻軟弱怕事的無能之輩。例改革就得冒風險，有勇氣，新棉花網被絮——軟胎子可不行。

【新娘拜堂——不見臉】

舊時婚禮習俗，新娘拜堂時要用紅綢巾蒙頭，入洞房後才將蒙頭巾取下。雙關語。比喻沒有見過面。例你提及的這個人，我聽說過他的名字，但是，新娘拜堂——不見臉。

【新娘拜堂——難見人】

雙關語。比喻人處境尷尬，不好意思或無面見人。例你幹出這種缺德事，換別人就會感到新娘拜堂——難見人，而你卻一點也不害羞。也作「**瞎子接親——難見人**」。

【新瓶舊酒】

比喻形式新卻體現舊內容。例一些所謂新措施，不過是新瓶舊酒，並沒什麼新東西，這對教學改革意義不大。

【新人新事】

謂順應社會發展趨勢，體現社會新氣象的人物和事情。老舍《劇本習作的一些經驗》：「每天打開報紙，我們不是馬上發現，全國各處的工廠裏、農村裏、部隊裏、學校裏、商店裏、家庭裏都有新人新事的出現麼？」

【新三年，舊三年，補補衲衲又三年】

指新衣服穿舊後，還要縫縫補補繼續穿著。形容生活節儉。清・繆艮《夢筆生花》二編卷八：「公一碗，婆一碗，姑姑嫂嫂合一碗。新三年，舊三年，補補衲衲又三年。」也作「**新三年，舊三年，縫縫補補又三年**」。例莊稼人過日子，穿衣裳，那個不是新三年，舊三年，縫縫補補又三年呢。

【新三年，舊三年，縫縫補補又三年】

見「新三年，舊三年，補補衲衲又三年」。

【新松恨不高千尺，惡竹應須斬萬竿】

惡竹：到處滋蔓的雜竹。恨不得讓新栽的小松樹一下長成高達千尺的大樹；而到處滋蔓的雜竹就是有一萬根，也要把它們除掉。比喻培養新生事物，總希望其快快成長；清除邪惡勢力，惟恐消滅不盡。唐・杜甫《將赴成都草堂，途中有作，先寄顏鄭公》詩：「常苦沙崩損藥欄，也從江檻落風湍。新松恨不高千尺，惡竹應須斬萬竿。」

【新書不厭百回看】

比喻惹人喜愛的人或物見得次數再多也看不夠。例俗語說：「新書不厭百回看。」這部影片太精彩了，再看一遍也不嫌多。

【新台之行】

《詩經・邶風・新台》諷刺了衛宣公在河上逐起新台，強娶自己尚未完婚的兒媳的醜行。後因以「新台之行」指公公占有兒媳的亂倫醜行。清・李伯元《南亭筆記》卷九：「相傳尚書有寡媳，美而艷，尚書愛戀綦切，遂成新台之行。」

【新亭對泣】

新亭：古地名，故址在今南京市南面。南朝宋・劉義慶《世說新語，言語》：「過江諸人，每至美日，輒相邀新亭，藉卉飲酒。周侯中坐而嘆曰：『風景之殊，正自有山河之異。』皆相視流淚。唯王丞相愀然變色曰：『當共戮力王室，克復神州，何至作楚囚相對。』」後因以「新亭對泣」

謂懷念故國的悲愴感情。宋・陸游《追感往事》詩之五：「不望夷吾出江左，新亭對泣亦無人。」也作「**新亭墮淚**」。清・盛本枏《念奴嬌・弔文山，用赤壁詞韻》詞：「新亭墮淚，嘆偏安江左、都無英物。砥柱中流誰倚仗？輕棄東南半壁。」也作「**新亭之淚**」。清・歸莊《上史閣學書》：「收新亭之淚，克復爲期；擊大江之楫，廓清是任。」也作「**相對新亭**」。清・顧炎武《京口》詩：「相對新亭無限淚，幾時重得破愁顏？」

【新亭墮淚】
見「新亭對泣」。

【新亭之淚】
見「新亭對泣」。

【新娘婦過門——大喜】
新娘婦由娘家娶到婆家叫過門。過門這天叫大喜的日子。比喻非常高興。例孩子經過寒窗苦讀，終於考上了第一志願，眞是新娘婦過門——大喜啊！也作「**老太太得孫子—大喜**」。

【新娘婦和麵——人生面不熟】
新娘婦剛過門，對婆家人還不熟悉；缺乏做飯的經驗，和麵也和不熟。比喻不熟悉。例對這項工作，我過去沒有接觸過，眞是新娘婦和麵——人生面不熟，還得從頭學起。

【新娘婦上花轎——忸忸怩怩】
形容不好意思，或舉止言談不大方。例大家如此熱情歡迎，你就上台表演吧，別新娘婦上花轎——忸忸怩怩了。」也作「**大姑娘上轎——忸忸怩怩**」。

【新娘婦坐花轎——任人擺佈】
花轎：舊式結婚新娘所乘坐的裝飾華麗的轎子。也作「**新娘婦坐花轎——由人擺佈**」。見「木偶表演——由人擺佈」。

【新鮮大方】
新鮮：不多見；大方：不俗氣。指新奇、脫俗。《紅樓夢》三七回：「如此，又是咏菊，又是賦事，前人雖有這麼做的，還不很落套。賦景咏物兩關著，也倒新鮮大方。」

【新硎初試】
硎：ㄒㄧㄥˊ，磨刀石；新硎：新在磨刀石上磨過。初次使用新磨好的刀。比喻初次顯示新學到的本領。《莊子・養生主》：「『今臣之刀十九年矣，所解數千牛矣，而刀刃若新發於硎。」《痛史》二五回：「這五百和尚，都是俠禪親自教出來的，操練了幾年，今日新硎初試，勇氣百倍。」也作「**硎發新刄**」。清・查愼行《趙秋谷編修見示並門集輒題其後》詩：「趙侯曠世才，硎發新刄初。十八取高第，姓名登石渠。」

【新學小生】
謂初入學業，識見不廣的小輩後生。《漢書・張禹傳》：「新學小生，亂道誤人，宜無信用，以經術斷之。」

【新衣服打補釘——多餘】
見「教猴子爬樹——多餘」。

【新淫之聲】
指新作的萎靡柔弱、淫蕩頽廢的樂曲。漢・劉向《烈女傳・孽嬖傳》：「新淫之聲，北鄙之舞。」

【新浴者振其衣，新沐者彈其冠】
沐：洗頭髮；彈冠：彈去帽子上面的塵土。剛洗完澡的人總要抖抖自己的衣服，剛洗完頭的人總要撣撣自己的帽子。比喻志向高潔的人，不肯屈處污穢的環境。《荀子・不苟》：「新浴者振其衣，新沐者彈其冠，人之情也。其誰能以己之潐潐受人之掝掝者哉！」

【新栽的楊柳——光桿一條】
比喻沒有配偶，獨身一人；或一無所有。例他是新栽的楊柳——光桿一條，四海爲家，毫無牽掛。

【新造未集】
剛剛創建，未成氣候。《漢書・陸賈傳》：「乃欲以新造未集之越，屈強於此。」

【新竹高於舊竹枝，全憑老幹爲扶持】
新長的竹子高出原來的竹枝，全都因爲依靠老的枝幹的扶持。比喻新生的一代朝氣蓬勃，雖以超過老的一代，但仍須老一代的積極扶植。清・鄭燮《新竹》詩：「新竹高於舊竹枝，全憑老幹爲扶持。明年再有新生者，十丈龍孫繞鳳池。」

【薪桂米珠】
薪：柴禾；桂：肉桂，珍貴藥材。柴禾貴得像肉桂，大米貴得像珍珠。形容柴米價格昂貴。《聊齋志異，司文郎》：「都中薪桂米珠，勿憂資斧。舍後有窖鏹，可以發用。」也作「**米珠薪桂**」。

【薪盡火傳】
薪：柴禾。柴剛燒盡，又添新柴，火種不滅。《莊子・養生主》：「指窮於爲薪，火傳也，不知其盡也。」後比喻學問或技藝代代流傳不絕。《儒林外史》五四回：「風流雲散，賢豪才色總成空；薪盡火傳，工匠市廛都有韻。」也作「**薪燼火傳**」。梁啟超《管子傳・自序》：「百世之下，聞其風者，心儀而力追之，雖不能至，而或具體而微焉，或有其一體焉，則薪燼火傳，猶旦莫也，國於是乎有與立。」

【薪燼火傳】
見「薪盡火傳」。

【馨香禱之】
見「馨香禱祝」。

【馨香禱祝】
馨香：焚香的香氣。虔誠地燒香，向神佛禱告祝願。形容眞誠地期望。章炳麟《覆蔣智由書》：「於此知君果非有異志，則僕所馨香禱祝以求之也。」也作「**馨香禱之**」。清・譚嗣同《致鄒岳生》：「依依天末，住去兩點，唯有馨香禱之而已。」

ㄒㄧㄣˇ

【伈伈俔俔】
見「伈伈睍睍」。
【伈伈睍睍】
伈伈：害怕的樣子；睍睍：ㄒㄧㄢˋ ㄒㄧㄢˋ，眼睛不敢睜大看的樣子。形容畏怯恭順的神態。唐・韓愈《祭鱷魚文》：「刺史雖駑弱，亦安肯爲鱷魚低首下心，伈伈睍睍，爲民吏羞，以偷活於此邪？」也作「**伈伈俔俔**」。俔俔：通「睍睍」。《明史・鄒智傳》：「及與議事，又唯唯惟謹，伈伈俔俔，若有所不敢，反不如一二俗吏足以任事。」

ㄒㄧㄣˋ

【信筆塗鴉】
隨意書寫，字跡就像鴉羣一樣凌亂。形容字或文章寫的很糟糕。也用以自謙字或文章寫得不好。唐・盧仝《示添丁》詩：「忽來案上翻墨汁，塗抹詩書如老鴉。」清・李漁《意中緣・先訂》：「僻處蠻鄉，無師講究，不過信筆塗鴉，怎經得大方品隲？」也用以形容隨心所欲地亂畫一氣。例兒童初學繪畫時，都要經過一個信筆塗鴉的階段。
【信不見疑】
誠實待人就不會受到猜疑。《史記・鄒陽列傳》：「臣聞忠無不報，信不見疑，臣常以爲然，徒虛語耳！」
【信不由衷】
信：指守信用；由衷：出於本心。守信用不是出於眞心。謂對約定的事勉強應付，難以置信。《左傳・隱公三年》：「君子曰：信不由中（衷），質無益也。明恕而行，要之以禮，雖無有質，誰能間之？」
【信步而行】
信步：隨意走動。謂漫無目的地隨意行走：《西湖二集。宿宮嬪情殢新人》：「話說鄒師孟不知不覺漸漸走入這個險惡山林……又無樵人可問，只得信步而行。」也作「**信足而行**」。宋・蘇軾《書李伯時山莊圖後》「龍眼居士作《山莊圖》，使後來入山者，信足而行，自得道路，如見所夢，如悟前世。」
【信而好古】
信：信奉；好：喜好，愛好。信奉而且愛好古代的典籍。《論語・述而》：「述而不作，信而好古。」
【信而有徵】
信：眞實，確實；徵：證據。眞實可靠，有根有據。《左傳・昭公八年》：「君子之言，信而有徵，故怨遠於其身。」也作「**信而有證**」漢・許愼《〈說文解字〉序》：「博采通人至於小大，信而有證，稽譔其說，將以理羣類、解謬誤、曉學者、達神恉。」
【信而有證】
見「信而有徵」。
【信耳疑目】
相信耳朵聽到的，懷疑親眼見到的。指聽信傳聞，猜疑事實。晉・葛洪《抱朴子・廣譬》：「貴遠而賤近者，常人之用情也；信耳而疑目者，古今之所患也。」
【信及豚魚】
信：信用，信義；及：達到；豚：小豬。信義能達到豬、魚等小動物身上。形容極守信義。《周易・中孚》：「豚魚吉，信及豚魚也。」于弼注：「魚者，蟲之隱者也；豚者，獸之微賤者也。爭競之道不興，中信之德淳著，則雖微隱之物，信皆及之。」前蜀・杜光庭《謝允上尊號表》：「百揆時敍，六樂克和。信及豚魚，恩加動植。」
【信口雌黃】
信口：隨口，不加思索地說出來；雌黃：礦物名，即雞冠石，色橙黃，可作顏料，古時用黃紙書寫，發生筆誤就用雌黃塗改重寫。南朝梁・劉峻《廣絕交論》「雌黃出其唇吻」李善注引《晉陽秋》：「王衍，字夷甫，能言，於意有不安者，輒更易之，時號口中雌黃。」後用「信口雌黃」形容不顧事實，隨口胡說或亂發議論。《魯迅書信集・致李秉中》：「近常從事於翻譯，間有短評，涉及時事，而信口雌黃，頗招悔尤，倘不再自檢束，不久或將不能更居上海矣。」
【信口胡說】
信口：隨口。謂不顧事實地隨意胡說八道。《朱子語類》卷一二：「若說有君、有親、有長時用敬，則無君親、無長之時，將不敬乎？都不思量，只是信口胡說！」也作「**信口胡謅**」。胡謅：胡說，編瞎話。元・康進之《李逵負荊》一折：「暫今番潑水難收，到那裏問緣由，怎敢便信口胡謅。」
【信口胡謅】
見「信口胡說」。
【信口開喝】
見「信口開合」。
【信口開呵】
見「信口開合」。
【信口開合】
沒有根據地隨意亂說。，元・關漢卿《魯齋郎》四折：「你休只管信口開合，絮絮聒聒，俺張孔目怎肯緣木求魚。」也作「**信口開喝**」。元・張養浩《新水令・辭官》曲：「非是俺全身遠害，免教人信口開喝。」也作「**信口開呵**」。元・尚中賢《氣英布》一折：「你待要著死撞活，將功折過，你休那裏信口開呵！」也作「**信口開河**」。《紅樓夢》六三回：「賈蓉只管信口開河，胡言亂道，三姐兒沉了臉，早下炕進裏間屋裏，叫醒尤老娘。」
【信口開河】
見「信口開合」。
【信口亂吹】

隨心所欲地吹牛編瞎話。例他上了火車，就天南海北地信口亂吹起來，使人十分反感。

【信馬由韁】

見「信馬遊韁」。

【信馬遊韁】

不勒繮繩，讓馬隨意行走。比喻漫無目標地四處遊蕩。《歧路燈》一四回：「原來譚紹聞，自從乃翁上京以及捐館，這四五年來，每日信馬遊韁，如在醉夢中一般。」也作「信馬由韁」。老舍《四世同堂》五二：「他氣昏了頭，不知往那裏去好，於是就信馬由韁的亂碰。走了一二里地，他的氣幾乎完全消了。」

【信人調，丢了瓢】

調：挑撥。指聽信別人調唆，自己要吃虧。《金瓶梅詞話》八一回：「如今還不得俺每一個是，說俺賺了主子的錢，架俺一篇是非。正是：割股也不知，捻香的也不知。自古信人調，丢了瓢。」

【信如尾生】

《莊子・盜跖》：「尾生與女子期於梁下，女子不來，水至不去，抱梁柱而死。」後用「信如尾生」比喻信守成約，至死不渝。《史記・蘇秦傳》：「今有孝如曾參，廉如伯夷，信如尾生，得此三人者以事大王，何苦？」也作「尾生之信」。

【信賞必罰】

信：確實。有功勞的必定獎賞，有罪過的必定懲罰。指賞罰嚴明。《韓非子・外儲說右上》：「〔晉文〕公曰：『無得不戰奈何？』孤子對曰：『信賞必罰，其足以戰。』」

【信使往還】

見「信使往來」。

【信使往來】

信使：使者，擔負使命的人。指雙方互派使者，接觸頻繁。淸・王夫之《讀通鑑論・陳宣帝一一》：「信使往來，禮文相匹，縻其主於結綺、臨春賦詩行樂之中，則席卷而收之也，易於拾芥。」也作「信使往還」。馮玉祥《我的生活》三二章：「我景仰中山先生幾已二十年，信使往還者已多年，但我一直沒有得著見他面的機會。」

【信誓旦旦】

信誓：眞誠可信的誓言；旦旦：誠懇的樣子。形容誓言非常眞誠可信。《詩經・衛風・氓》：「總角之宴，言笑晏晏；信誓旦旦，不思其反。」

【信手拈出】

見「信手拈來」。

【信手拈得】

見「信手拈來」。

【信手拈來】

信手：隨手；拈：用指頭捏取東西。隨手拿來。多形容寫詩作文時能熟練地運用材料。宋・嚴羽《滄浪詩話》：「學詩有三節：其初不識好惡，連篇累牘，肆筆而成；即識羞愧，始生畏縮，成之極難；及其透徹，則七縱八橫，信手拈來，頭頭是道矣。」也作「信手拈出」。宋・韓駒《贈趙伯魚》詩：「一朝悟罷正法眼，信手拈出皆成章。」也作「信手拈得」。宋・蘇軾《次韻孔毅甫集古人句見贈》詩之三：「前生子美只君是，信手拈得俱天成。」

【信守不渝】

渝：變。眞誠地堅守信約，絕不改變。例對我們立下的誓約，我一定信守不渝。

【信受奉行】

佛家語。指眞誠信仰，遵從實行。《仁王經・末》：「一切大衆聞佛所說，皆大歡喜，信受奉行。」後比喻忠貞不渝，堅決執行。

【信言不美，美言不信】

信：眞實。眞實的話不一定漂亮，漂亮的話不一定眞實。《老子》八一章：「信言不美，美言不信，善者不辯，辯者不善。知者不博，博者不知。」

【信以爲本】

信：誠信。以誠信作爲立身的根本。《左傳・昭公元年》：「武將信以爲本，循而行之。」

【信以爲眞】

相信是眞的。指以假當眞。《文明小說》六回：「傅知府聽了，信以爲眞，立刻就叫知會營裏，預備那日前去拿人。」

【信足而行】

見「信步而行」。

【舋發蕭牆】

舋：事端，爭端；蕭牆：古代宮內當門的小牆，指內部。謂禍事從內部發生。《後漢書・傅燮傳》：「今張角起於趙、魏，黃巾亂於六州。此皆舋發蕭牆，而禍延四海也。」也作「舋起蕭牆」。《晉書・呂光傳》：「若內相猜貳，舋起蕭牆，則晉趙之變旦夕至矣。」也作「禍發蕭牆」、「禍起蕭牆」。

【舋起蕭牆】

見「舋發蕭牆」。

ㄒㄧㄤ

【鄉里夫妻，步步相隨】

指鄉和里不可分，夫婦情不可分。明・楊愼《升庵詩話》卷一一：「俗語云：『鄉里夫妻，步步相隨。』言鄉不離里，如夫不離妻也。古人稱妻曰『鄉里』。」

【鄉里人挑大糞——前後都是死（屎）】

死：『屎』的諧音。雙關語。比喻往前往後都是死路一條，或反正都是死路一條。例我們已截斷敵人的退路，他們已處於鄉里人挑大糞——前後都是死（屎）的境地，可能要拚命掙扎。

【鄉曲之譽】

鄉曲：鄉里。指鄉里的讚譽。漢・司馬遷《報任安書》：「僕少負不羈之行，長無鄉曲之譽。」

【鄉下人穿大褂——必有正事】
大褂：長過膝的中式單衣。舊時鄉下人一般不穿大褂，多在喜慶日子才穿。比喻一定有重要的事情。例他無事不登三寶殿，這次來，我看是鄉下人穿大褂——必有正事。

【鄉下獅子鄉下跳】
比喻鄉鎮的禮俗只在鄉鎮行得通。清・翟灝《通俗編》卷三八：「俚語對句……大家馬兒大家騎，鄉下獅子鄉下跳。」也作「鄉下獅子鄉下舞」。清・孫錦標《通俗常言疏證》三：「按鄉里獅子鄉下跳，今語作鄉下獅子鄉下舞。言鄉鎮之禮，不行於城市也。」

【相安無事】
指彼此和睦相處，沒有發生衝突或糾紛。宋・鄧牧《伯牙琴・吏道》：「古者君民間相安無事者，固不得無吏，而爲員不多。」

【相差無幾】
見「相去幾何」。

【相持不決】
見「相持未決」。

【相持不下】
見「相持未決」。

【相持未決】
指雙方對立相爭，難定勝負高下。《史記・項羽本紀》：「楚漢久相持未決，丁壯苦軍旅，老弱罷轉漕。」也作「相持不決」。《漢書・酈食其傳》：「且兩雄不俱立，楚漢久相持不決，百姓騷動，海內搖蕩。」也作「相持不下」。《魏書・裴艮傳》：「時南絳蜀陳雙熾等聚衆反，自號建始王，與大都督長孫稚、宗正珍孫等相持不下。」

【相待而成】
相互配合而成功。《羣書治要》卷四七引三國魏・桓范《政要論・臣不易》：「夫治國之本有二：刑也，德也。二者相須而行，相待而成矣。」

【相待如賓】
見「相敬如賓」。

【相得恨晚】
見「相知恨晚」。

【相得歡甚】
指彼此相處非常融洽，非常歡悅。《史記・魏其武安侯列傳》：「兩人相爲引重，其遊如父子然，相得歡甚。」也作「相得甚歡」。《舊五代史・張全義傳》：「[李]罕之貪暴不法，軍中乏食，每取給於全義。二人初相得甚歡，而至是求取無厭，動加凌轢，全義苦之。」

【相得甚歡】
見「相得歡甚」。

【相得益彰】
彰：明顯，顯著。互相配合，互相協調，使各自的優點更能表現出來。漢・王褒《聖主得賢臣頌》：「若堯舜禹湯文武之君，獲稷契皋陶伊尹呂望，明明在朝，穆穆列布，聚精會神，相得益章（章：通「彰」）。」

【相對如賓】
見「相敬如賓」。

【相對無言】
彼此面對面地看著，說不出話來。《官場現形記》二〇回：「其餘的官只有相對無言，不敢回答一語。」也作「相顧無言」。宋・蘇軾《江城子・乙卯正月二十日夜記夢》詞：「夜來幽夢忽還鄉。小軒窗，正梳妝。相顧無言，唯有淚千行。」也作「相視無言」。老舍《茶館》二幕：「老陳、老林也不知如何是好，相視無言。」

【相對新亭】
見「新亭對泣」。

【相反相成】
指對立的事物互相排斥，又互相促成。《漢書・藝文志》：「仁之與義，敬之與和，相反而皆相成也。」朱自清《論嚴肅》：「一方面攻擊『文以載道』，一方面自己也在載另一種道。這正是相反相成。」

【相逢不下鞍——各奔前程】
比喻分離或分手，各走各的路。例畢業典禮後，咱們就要相逢不下鞍——各奔前程了。也作「小哥倆出師——各奔前程」、「鴨子落水——各奔前程」、「將軍不下馬——各奔前程」。

【相逢何必曾相識】
比喻只要意氣相投，處境相似，即使原不相識，也能建立友誼。唐・白居易《琵琶行》：「同是天涯淪落人，相逢何必曾相識。」

【相逢恨晚】
見「相見恨晚」。

【相逢狹路】
在狹窄的路上相遇，難以避開。古樂府《相逢狹路間》：「相逢狹路間，道隘不容車。」也比喻仇人相見，難以相容。明・屠隆《彩毫記・乘醉騎驢》：「非是我人前賣弄忒裝喬，人前賣弄忒裝喬，也只是相逢狹路難推調。」也作「狹路相逢」。《三國演義》二二回：「劉岱引一隊殘軍，奪路而走，正撞見張飛，狹路相逢，急難迴避，交馬只一合，早被張飛生擒過去。」

【相輔而成】
見「相輔相成」。

【相輔而行】
指互相關聯，互相配合，一同發生作用。《莊子・山木》：「吾願君去國捐俗，與道相輔而行。」也作「相須而行」。相須：相互配合。《後漢書・劉陶傳》：「夫天之與帝，帝之與人，猶頭之與足，相須而行也。」

【相輔相成】
兩種事物相互配合、補充，相互促成。梁啟超《初歸國演說辭》：「二派所用手段雖有不同，然何嘗不相輔相成。」也作「相輔而成」。《黃繡球》七回：「有你的勇猛進取，就不能無我的審慎周詳，這就叫做相輔而成。」也作「相須相成」。相須：互相配合。宋・張栻《答李敬修書》：

「謂工夫並進，相須而相成也。」也作「**相資相成**」。相資：互相依托，互相配合。宋・曾協《棣華堂記》：「至夫會意也，渙然而信，歡然而喜，則必相資以相成也。」

【相隔天淵】

淵：深淵。形容差異極大。清・梁紹壬《兩般秋雨庵隨筆・沒字碑》：「謝太傅墓碑無字，偉績豐功不勝記也；秦大師墓碑無字，穢德醜行不屑書也。同一事而相隔天淵若此。」也作「**相去天淵**」。去：間隔，距離。《野叟曝言》五九回：「一敬一肆，相去天淵；一聖一狂，亦判若黑白矣。」

【相顧失色】

顧：看。指由於驚懼，大家你看著我，我看著你，面色變得蒼白。《舊五代史・周書・段希堯傳》：「使於吳越，及乘舟泛海，風濤暴起，楫師僕從，皆相顧失色。」

【相顧無言】

見「相對無言」。

【相關休戚】

見「休戚相關」。

【相激相蕩】

相互衝激，相互震蕩。形容矛盾激化，鬥爭尖銳。李劼人《死水微瀾・前記》：「內容以成都城外一個小鄉鎮爲主要背景，具體寫出那時內地社會上兩種惡勢力的相激相蕩。」

【相繼而至】

一個接著一個地到來。《三國志・蜀書・王平傳》：「惟護軍劉敏與平意同，即便施行。涪諸軍及大將軍費禕自成都相繼而至。」

【相煎何急】

南朝宋・劉義慶《世說新語・文學》：「文帝（曹丕）嘗令東阿王（曹植）七步中作詩，不成者行大法，應聲便爲詩曰：『煮豆持作羹，漉菽以爲汁。萁在釜下燃，豆在釜中泣。本自同根生，相煎何太急。』帝深有慚色。」後用「相煎何急」比喻兄弟或內部之間一方對另一方的迫害或殘殺。也作「**相煎益急**」。魯迅《華蓋集・咬文嚼字三》：「這才知道我又錯了，原來都是弟兄，而且現正『相煎益急』，像曹操的兒子阿丕和阿植似的。」

【相煎益急】

見「相煎何急」。

【相見恨晚】

恨：遺憾。以相識太晚而感到遺憾。《史記・平津侯主父列傳》：「天子召見三人，謂曰：『公等皆安在？何相見之晚也！』」後以「相見恨晚」形容一結識就感到情意相投。《九命奇冤》三三回：「沛之口似懸河的談了好一會，只樂得貴興手舞足蹈，相見恨晚。」也作「**相逢恨晚**」。宋・吳儆《念奴嬌》詞：「相逢恨晚，人誰道，早有輕離輕折。」

【相見無日】

再也沒有重逢的日子。宋・洪邁《夷堅甲志・倪輝方技》：「紹興二年冬，虞之子並甫過輝，輝曰：『與君相見無日矣。』」

【相見以誠】

謂眞心誠意地和人交往。例大寶待人都是相見以誠，是個值得交往的好朋友。

【相腳色】

指盜竊者在行竊前探查虛實、路線等。例不能放了他，他是來相腳色的。

【相驚伯有】

伯有：春秋時鄭國大夫良霄的字。《左傳・昭公七年》：「鄭人相驚以伯有，曰：『伯有至矣。』則皆走，不知所往。』晉・杜預注：「《襄公三十年》：『鄭人殺伯有。』言其鬼至。」後用「相驚伯有」謂無故自相驚擾。梁啟超《談判與宣戰》：「提起『赤化』兩字，便『相驚以伯有』。」

【相敬如賓】

形容夫妻互相敬重，如和賓客相處一樣。《後漢書・龐公傳》：「龐公者，南郡襄陽人也。居峴山之南，未嘗入城府。夫妻相敬如賓。」也作『相待如賓』。《左傳・僖公三十三年》：「臼季使，過冀，見冀缺耨，其妻饁之，敬，相待如賓。」也作「**相對如賓**」。明・張岱《天保九如》：「齊眉舉案，相對如賓。」也作「**相遇如賓**」。《魏書・蕭寶夤傳》：「寶夤每入室，公主必立以待之，相遇如賓，自非太妃疾篤，未曾歸休。」

【相類相從】

類：同類；從：跟從，追隨，指感應。指事物同類相遇而相互感應。《雲笈七籤》卷六六：「物遇相類相從，此龍吟雲起，虎嘯風生，道之交感，非類不可。」

【相憐同病】

憐：同情。漢・趙曄《吳越春秋・闔閭內傳》：「子不聞河上歌乎？同病相憐，同憂相救。」後用「相憐同病」比喻有同樣不幸遭遇的人互相同情。清・閻爾梅《答單臣素》詩：「手札來相慰，苦余復苦君。相憐同病友，不作《送窮文》。」也作「**同病相憐**」。

【相罵沒好言，相打沒好拳】

在打罵中，言行不免過激，容易傷害人。《五燈會元》卷一九：「山僧入撥舌地獄去也……『相罵沒好言，相打沒好拳』。」也作「**相罵沒好口，相打沒好手**」。

【相反相生】

指不同的事物相互排斥而又相互促成。漢・荀悅《漢紀・漢成帝紀》：「雜家者流，蓋出於議官。農家者流，蓋出於農稷之官，……其言雖殊，誓猶水火相滅亦相生也。」

【相判雲泥】

判：區別。彼此的差異就如天上的雲和地上的泥一樣。形容差異極大。《歧路燈》六三回：「只因先君見背太早，耳少正訓，遂至今日與世兄相判雲泥。」

【相親相愛】

形容關係融洽，感情深篤。明・胡文煥《訪友記・又賽槐陰分別》：「相親相愛有三年，如切如磋萬萬千。」

【相慶彈冠】

彈冠：撣去帽子上的塵土。《漢書・王吉傳》：「吉與貢禹為友，世稱『王陽在位，貢公彈冠』，言其取捨同也。」王吉字子陽，故稱王陽。謂王吉在朝任官，其友貢禹也準備出來做官。後用「相慶彈冠」比喻相互慶賀即將做官。多用於貶義。明・王世貞《鳴鳳記・忠良會邊》：「追思你功非淺……喜入朝相慶彈冠，應須頌當年蓄怨，把遺忠棄節，圖繪凌煙。」也作「**彈冠相慶**」。

【相去幾何】

去：距離，差別；幾何：多少。彼此間相差有多少呢？指差異不大。《老子》二〇章：「唯之與阿，相去幾何？美之與惡，相去若何？」也作「**相去無幾**」。宋・蘇軾《乞不給散青苗錢斛狀》：「二者皆非良法，相去無幾也。」也作「**相差無幾**」。老舍《四世同堂》一五：「他覺得父母的墳頭前後左右都有些青青的麥苗或白薯秧子也就和樹木的綠色相差無幾，而死鬼們大概也可以滿意了。」

【相去天淵】

見「相隔天淵」。

【相去萬里】

形容相隔極遠，差異極大。例你說的這些只不過是道聽途說，和實際情況相去萬里。

【相去無幾】

見「相去幾何」。

【相去咫尺】

咫尺：很近的距離。形容距離極小。宋・洪邁《夷堅丙志・饒氏婦》：「有物語於空中，與人酬酢往來……相去咫尺，而莫見其形貌。」

【相忍為國】

指為了國家的利益而作出忍讓。《左傳・昭公元年》：「曾夭御季孫以勞之，旦及日中不出。曾夭謂曾阜曰：『旦及日中，吾知罪矣。魯以相忍為國也，忍其外，不忍其內，焉用之？』」

【相濡以沫】

濡：沾濕，浸潤。《莊子・大宗師》：「泉涸，魚相與處於陸，相呴以濕，相濡以沫。」原謂魚兒在水斷流的情況下互相吐沫濕潤身體，維持生命。後比喻在患難中以微薄的力量互相救助。梁啟超《外債平議》：「或低首下心，求其民之相濡以沫。」

【相生相克】

古代的陰陽五行說，認為金、木、水、火、土這五種物質相互生發又相互克制。《說岳全傳》七九回：「五色旗按金、木、水、火、土，相生相克。」也指事物之間既相互依存，又相互排斥。

【相識滿天下，知心能幾人】

指認識的人很多，真正知己的卻很少。《五燈會元》卷一五：「僧問：『佛未出世時如何？』師曰：『天。』曰：『出世後如何？』師曰：『地。』上堂：『高不在絕頂，富不在福嚴，樂不在天堂，苦不在地獄。』良久曰：『相識滿天下，知心能幾人。』」

【相視而笑】

你看著我，我看著你，臉上露出會心的微笑。指彼此知心會意。《莊子・大宗師》：「四人相視而笑，莫逆於心，遂相與為友。」《老殘遊記續集》五回：「老殘把嘴對慧生向彩綢一努，慧生說：『早領教了。』彼此相視而笑。」

【相視而笑，莫逆於心】

莫逆：彼此情投意合非常相好。互相看著，笑著，彼此情投意合，心心相印。用以形容朋友之間感情融洽，心意相通，沒有隔閡。《莊子・大宗師》：「子祀、子輿、子犁、子來四人相與語曰：『孰能以無為首，以生為脊，以死為尻，孰知死生存亡之一體者，吾與之友矣。』四人相視而笑，莫逆於心，遂相與為友。」

【相視莫逆】

莫逆：彼此情投意合。《莊子・大宗師》：「子祀、子輿、子犁、子來四人相與語曰：『孰能以無為首，以生為脊，以死為尻，孰知死生存亡之一體者，吾與之友矣。』四人相視而笑，莫逆於心，遂相與為友。」後以「相視莫逆」謂朋友間情深誼厚。例我與他相處多年，可謂相視莫逆，非同於一般的交情。

【相視無言】

見「相對無言」。

【相恃為命】

見「相依為命」

【相帥成風】

見「相習成風」。

【相思相見知何日，此時此夜難為情】

不知何日才能重逢相會，此時此夜難以表達離別的愁情。指親友遠別時的離愁別緒。唐・李白《三五言》：「秋風清，秋月明。落葉聚還散，寒鴉棲復驚。相思相見知何日，此時此夜難為情。」

【相提並論】

對不同的人或事同等看待或一概而論。章炳麟《箴新黨論》：「若與漢、唐、宋、明之黨人相提並論，不亦輕中國而羞泉下之朽骸耶？」也作「**相提而論**」。《史記・魏其武安侯列傳》：「相提而論，是自明揚主上之過。」

【相提而論】

見「相提並論」。

【相為表裏】

指彼此配合，相輔相成。《三國志・魏書・荀彧傳》：「彼懲往年之敗，將俱而結交，相為表裏。」

【相忘江湖】
《莊子・大宗師》:「泉涸,魚相與處於陸,相呴以濕,相濡以沫,不知相忘於江湖。」晉・郭象注:「與其不足而相愛,豈若有餘而相忘。」意謂魚兒在缺水時能互相吐沫,互相救助,而在江湖中倒彼此忘記了。後用「相忘江湖」比喻患難中能相互幫助,在優裕的條件下卻只顧自己,互不關心。

【相習成風】
習:沿襲。沿襲某種做法而形成風氣。明・余繼登《典故紀聞》卷四:「國初,兩浙富民畏避傜役,往往以田產詭托親鄰佃僕,謂之鐵腳詭寄,久之相習成風。」也作「相帥成風」。帥:因循,襲用。宋・蘇軾《擬進士對御試策引狀》:「臣恐自今以往,相帥成風,雖直言之科,亦無敢以直言進者。」

【相形見絀】
相形:相互比較;絀:不足。對比之下,顯出一方的不足。《二十年目睹之怪現狀》九〇回:「他一個部曹,戴了個水晶頂子去當會辦,比著那紅藍色的頂子,未免相形見絀。」

【相形失色】
相形:相互比較;失色:失去光彩。對比之下,顯得差遠了。例李如秀氣質出衆,美麗大方,讓在場的其他女孩們都相形失色。

【相須而行】
見「相輔而行」。

【相須爲命】
見「相依爲命」。

【相須相成】
見「相輔相成」。

【相呴相濡】
呴:ㄒㄩˇ,吐沫;濡:沾濕,浸潤。《莊子・大宗師》:「泉涸,魚相與處於陸,相呴以濕,相濡以沫。」謂泉水乾枯,魚兒互相吐沫濕潤身體,維持生命。後用「相呴相濡」比喻患難之中互相幫助。

【相沿成例】
見「相沿成俗」。

【相沿成俗】
沿用某種做法而形成習俗。明・沈德符《萬曆野獲編・內臣妾抗疏》:「成化十二年,太監常英,藏匿妖人侯得權妻以爲養女,後謀逆事發被誅。蓋其時內臣有妻女,相沿成俗矣。」也作「相沿成例」。例:慣例。清・林則徐《江蘇陰雨連綿田稻歉收情形片》:「近來江蘇等省,幾於無歲不緩,無年不賑,國家經費有常,豈容以展緩曠典,年復一年,視爲相沿成例。」

【相依脣齒】
比喻彼此關係密切,相互依存。宋・趙蕃《送王子遵赴衡陽丞》:「相依脣齒國,忽去馬牛風。」也作「脣齒相依」。

【相依爲命】
晉・李密《陳情表》:「臣無祖母,無以至今日;祖母無臣,無以終餘年。母孫二人,更相爲命。」後用「相依爲命」謂互相依靠著生活,不可分離。《聊齋志異・王成》:「問成曰:『鶉可貨否?』答曰:『小人無恆產,與相依爲命,不願售也。』」也作「相恃爲命」。恃:依靠。宋・陸游《留夫人墓志銘》:「[徐]賡與母氏,相恃爲命。」也作「相須爲命」。須:依靠。宋・蘇轍《爲兄軾下獄上書》:「臣早失怙恃,惟兄軾一人,相須爲命。」也作「相倚爲命」。倚:倚靠,依靠。宋・陸游《青陽夫人墓志銘》:「平生相倚爲命兮,未嘗輕去吾親之傍。」也作「相與爲命」。與:幫助。宋・陳亮《祭蔡行之母太恭人文》:「夫君既沒,整齊家道,母子相與爲命。」

【相倚爲命】
見「相依爲命」。

【相倚爲强】
倚:倚靠,依靠。互相依靠而力量强大。南朝宋・明帝《宣旨永嘉王子仁》:「正賴汝輩兄弟,相倚爲强,庶使天下不敢闚覘王室。」

【相應不理】
應:應和。謂對別人的要求或規勸不予理會。《北洋軍閥統治時期史話》二一章:「但是他比清政府要狡獪得多,並不正面拒絕段[祺瑞]的要求,卻採取了拖延的手段給他一個『相應不理』。」

【相映成趣】
映:映襯;趣:情趣。指相互映襯、對照而顯得很有情趣。朱自清《「子夜」》:「寫馮雲卿等三人作公債而失敗,那不過點綴點綴,取其與吳趙兩巨頭相映成趣,覺得熱鬧些。」

【相與爲命】
見「相依爲命」。

【相與有成】
相與:相互幫助。相互幫助而有所成就。清・李漁《覆尤展成先後五札》之三:「但願先生之校拙稿,亦猶弟之不避斧鑕,庶爲相與有成耳。」

【相遇如賓】
見「相敬如賓」。

【相知恨晚】
相知:結交;恨:遺憾。爲結交太晚而感到遺憾。謂剛相識就情意相投,如同摯交。《史記・魏其武安侯列傳》:「兩人相爲引重,其遊如父子然。相得歡甚,無厭,恨相知晚也。」例這次學術報告會上,張教授和王研究員談得十分投機,兩人都深有相知恨晚之感。也作「相得恨晚」。《聊齋志異・黃英》:「二人縱飲甚歡,相得恨晚。」

【相知有素】
相知:交好;有素:久已熟悉。指交情很深,互相了解。《民國通俗演義》四六回:「他人不必論,就是段芝泉等,隨從總統多年,相知有素,今日亦未免生疑。」

【相助爲理】

理：處理，辦理。指提供幫助，處理公務。《後漢書·嚴光傳》：「光臥不起，帝即其臥所，撫光腹曰：『咄咄子陵(嚴光字)，不可相助爲理耶？』」

【相資相成】

見「相輔相成」。

【香餑餑】

①比喻受歡迎的人。例喲，他什麼時候成了香餑餑啦？這麼多單位要他。②比喻利益和好處。例你快和他們一起去吧，要不然沒有你的香餑餑吃。

【香草美人】

漢·王逸《楚辭章句·離騷序》：「《離騷》之文，依《詩》取興，引類譬諭，故善鳥香草，以配忠貞；惡禽臭物，以比讒佞；靈修美人，以媲於君。」原指屈原在《離騷》中以香草喻忠臣，以美人喻君主，後因以「香草美人」比喻忠君愛國的思想。《孽海花》三五回：「這哄誰呢！明明是《金荃集》的側艷詩，偏要說香草美人的寄托。」也作「**美人香草**」。

【香車寶馬】

香車：裝飾華麗的車；寶馬：珍貴的名馬。形容豪華珍貴的車馬。宋·李清照《永遇樂·元宵》詞：「元宵佳節，融和天氣，次第豈無風雨？來相加，香車寶馬，謝他酒朋詩侶。」也作「**香輪寶騎**」。輪：指車；騎：坐騎。唐·駱賓王《代女道士王靈妃贈道士李榮》詩：「香輪寶騎競繁華，可憐今夜宿倡家。」也作「**寶馬香車**」。

【香閨繡閣】

形容年輕女子的居室。《紅樓夢》五回：「警幻便命撤去殘席，送寶玉至一香閨繡閣中。」也作「**繡閣香閣**」。《醒世姻緣傳》九一回：「膝多棉，性少血，氣難伸，腰易折。在繡閣香閨，令人羞絕。」

【香喉玉口】

形容女子優美的歌喉。清·洪昇《長生殿·偷曲》：「向綺窗深處，秘本翻謄，香喉玉口，親將絕調教成。」

【香花供養】

供養：獻奉。以香燭和鮮花獻佛敬神。原爲佛教的禮儀之一，後表示虔誠和感激。《金剛經·持經功德分》一五：「在在處處，若有此經，一切世家天人阿修羅所應供養……以諸花香，而散其處。」《聊齋志異·錘生》：「倘得再生，香花供養有日耳。」

【香火不斷】

見「香火不絕」。

【香火不絕】

香客獻奉的香燭源源不斷。形容敬神拜佛的人極多。《初刻拍案驚奇》卷五：「民間各處，立起個『虎媒之祠』，若是有婚姻求合的，虔誠祈禱，無有不應，至今黔陝之間，香火不絕。」也作「**香火不斷**」。《兒女英雄傳》二三回：「總之，無論怎樣，我一定還你個香火不斷的地方就是了。」

【香火兄弟】

指焚香盟誓而成的結義兄弟。唐·崔令欽《教坊記》：「坊中諸女，以氣象相似，約爲香火兄弟，每多至十四五人，少不下八九輩。」

【香火因緣】

香火：指敬神拜佛用的香燭和燈火；因緣：緣分。古人盟誓要點燃香火以告神，後以「香火因緣」謂彼此意氣相投，如前世盟誓修好。《北史·陸法和傳》：「法和是求佛之人，尙不希釋梵天王坐處，豈規王位？但於空王佛所與主上有香火因緣，見主上應有報至，故救援耳。」

【香火姊妹】

指焚香盟誓而成的結義姐妹。宋·羅燁《醉翁談錄·潘瓊兒家最繁盛》：「潘計其直，才百余緡，笑與華曰：『兒家凡遇新郎君輩訪蓬舍，曲中香火姊妹所必醵金來賀，此物粗足以爲夜來佐樽利市之費，徐設芳筵未晚。』」

【香肌玉體】

見「香溫玉軟」。

【香嬌玉嫩】

見「香溫玉軟」。

【香龕上掛糞桶——臭死祖先】

香龕（ㄎㄢ）：舊時燒香供神像或祖宗牌位的小閣子。比喻人名聲壞，對不起先人。例你先輩是忠厚、勤勞傳家，從不幹壞事，而你如此胡作非爲，眞是香龕上掛糞桶——臭死祖先了。

【香憐玉惜】

見「惜香憐玉」。

【香爐裏的紙錢——鬼用】

香爐：舊時迷信用以插香並盛香灰的器物；紙錢：迷信的人燒給死人或鬼神的銅錢形的圓紙片。比喻物品無用。有時諷刺人無用。例你弄來這麼多電扇，香爐裏的紙錢——鬼用！

【香輪寶騎】

見「香車寶馬」。

【香籤棍搭橋——難過】

香籤棍：棒香燃完後剩下的棍子（插香用的）。用香籤棍搭的橋又小又容易垮掉，很難走過去。也作「**香棍子搭橋——難過**」。見「獨木橋——難過」。

【香潤玉溫】

見「香溫玉軟」。

【香生色活】

謂畫幅書卷間香氣散發，景色如生。形容繪畫或詩文所描繪的形象生動逼眞。清·吳衡照《疏影·碧梧畫梅遺跡》詞：「香生色活，誤翠禽兩兩，飛近花缺。」也作「**活色生香**」、「**生香活色**」。

【香溫玉柔】

見「香溫玉軟」。

【香溫玉軟】

香、玉：指女子。形容年輕女子溫馨柔弱的身體。也代指美人。明·王玉峯《焚香記・設謀》：「吾家富比陶朱，獨沒個翠倚紅偎，想香溫玉軟，鳳枕鴛幃。」也作「**香溫玉柔**」。明・吳廷翰《步步嬌・秋思・園林好》：「只爲他暖融融香溫玉柔，只爲他美甘甘鸞交鳳儔。」也作「**香肌玉體**」。明・楊愼《洞天玄記》：「我這裏自揣，刮劃，移步訣，換靈胎，盡平生手段神靈大，奪了你香肌玉體卻歸來。」也作「**香嬌玉嫩**」。元・劉庭信《美色》：「恰便是落雁沉魚，羞花閉月，香嬌玉嫩。」也作「**香潤玉溫**」，明・徐復祚《紅梨記・豪宴》：「更香潤玉溫，似蘭蕙絕塵氛，繁英豈堪混。」也作「**軟玉溫香**」、「**溫香軟玉**」。

【香香手】

比喻得到一些利益和好處。例收下吧，這點小意思給你香香手，大頭還在後面哩！

【香象渡河】

大象蹚著河底過河。佛家用以比喻悟道深刻。《優婆塞戒經》卷一：「如恆河水，三獸俱渡，兔、馬、香象。兔不至底，浮水而過；馬或至底，或不至底；象則盡底。」《五燈會元》卷三：「亦如香象渡河，截流而過，更無疑（凝）滯。」也比喻詩文寫得透徹精辟。宋・嚴羽《滄浪詩話・詩評》：「李杜數公，如金鷄擘海，香象渡河，下視郊島輩，直蟲吟草間耳。」也作「**香象絕流**」。明・袁宗道《雜說類》：「至如般若緣深，靈根夙植，伽陵破卵，香象絕流。」也作「**渡河香象**」。

【香象絕流】

見「香象渡河」。

【香消玉減】

形容美女面容憔悴，身體消瘦。元・王實甫《西廂記》四本四折：「思著你廢寢忘食，香消玉減，花開花謝，猶自覺爭些。」

【香消玉碎】

見「香銷玉沉」。

【香消玉損】

見「香銷玉沉」。

【香消玉殞】

見「香銷玉沉」。

【香銷玉沉】

銷：通「消」。比喻年輕女子不幸死去。《羣音類選〈玉盒記・沙將逼柳〉》：「他怨悠悠香銷玉沉，亂紛紛碎滴珠囊進，我難主憑，蕭蕭兩鬢星。」也作「**香消玉碎**」。《羣音類選〈犀珮記・貞節自持〉》：「想虞姬忠貞可羨，又何愁香消玉碎別人間。」也作「**香消玉損**」。清・繆艮《沈秀英傳》：「乃云所不堪爲君告者，香英香消玉損，已返方諸。」也作「**香消玉殞**」。《民國通俗演義》七九回：「到了次日，鳳仙閉戶不出，至午後尚是寂然。鴇大疑，排闥入室，那知已香消玉殞。」

【香櫞的表兄——木瓜】

香櫞：果實長圓形，黃色，有香味，果皮粗而厚，供觀賞，果皮可入藥；木瓜：果實長橢圓形，黃色，有濃烈的香氣，可入藥。木瓜和香櫞很相似，故稱它爲香櫞的表兄。雙關語。比喻傻瓜或呆子。例別愚弄人了，把人家看成是香櫞的表兄——木瓜，可是大錯而特錯。

【香油拌藻菜，各人各心愛】

比喻各人有各人的愛好。《冷眼觀》二八回：「同他要好，把自己累得落花流水，不可收拾，竟沒有一絲抱怨處，眞是香油拌藻菜，各人各心愛了。」也作「**熟油拌苦菜，由人心頭愛**」。

ㄒㄧㄤˊ

【降龍伏虎】

原謂佛教故事中高僧法力高超，後比喻本領高超，力量超大，能戰勝巨大的困難或邪惡勢力。《西遊記》一五回：「三藏道：『你前日打虎時，曾說有降龍伏虎的手段，今日如何便不能降他？』」也作「**伏虎降龍**」。

【降人以心】

降：制伏，使歸順。指要使人服從聽命，必須使其心服。《三略・下略：「聖人之政，降人以心；賢人之致，降人以禮。」

【降邪從正】

降：制伏。制伏邪惡，歸隨正道。《西遊記》四四回：「望爺爺與我們雪恨消災，早進城降邪從正也。」

【降妖捉怪】

制伏妖魔，捉拿鬼怪。《醒世姻緣傳》六〇回：「狄員外合家大小沒有一個不感激相大妗子替他家降妖捉怪。」

【詳情度理】

詳：審察；度：揣測。指根據情理來估計、推測。《紅樓夢》七四回：「鳳姐詳情度理，說：『他們必不敢多說一句話，倒別委屈了他們。』」

【祥麟瑞鳳】

見「祥麟威鳳」。

【祥麟威鳳】

祥麟：吉祥的麒麟；威鳳：有威儀的鳳凰。古人認爲麒麟和鳳凰的出現，預示天下太平。是祥瑞的象徵。因此比喻難得的傑出人才。明・張岱《越絕詩小序》：「我太祖高皇帝，於元末忠義如餘闕、福壽、李黼之輩，寶恤之不啻如祥麟威鳳。」也作「**祥麟瑞鳳**」。明・沈受先《三元記・祝壽》：「未須期東海南山，願早賜祥麟瑞鳳。」也作「**威鳳祥麟**」。

【祥雲瑞彩】

見「祥雲瑞氣」。

【祥雲瑞氣】

指天上的彩色雲氣。古人認爲這種雲氣是祥瑞的象徵。明・無名氏《紫微宮》四折：「您看這祥雲瑞氣，曉日和風，端的是太平佳兆也呵。」也作「**祥雲瑞彩**」。明・無名氏《魚籃記》四折：「你看俺佛門現萬道金光，滿天現祥雲瑞彩也。」

【翔龍舞鳳】

形容字畫筆勢活潑奔放。宋．洪邁《夷堅支志丁．鍾離翁詩》：「李粹伯跋之曰：『字畫放逸，有翔龍舞鳳之勢，脫去尋常畦徑。』」

【翔泳歸仁】

翔：指飛鳥；泳：指游魚。形容仁德隆盛，萬物歸服。《舊唐書．音樂志》：「翔泳歸仁，中外禔福。」

ㄒㄧㄤˇ

【享帚自珍】

享：供奉，看重；帚：破笤帚。《東觀漢記．光武帝紀》：「家有敝帚，享之千金。」後用「享帚自珍」比喻自己的東西雖不好，但仍看得非常寶貴。唐．李賢《上文選注表》：「殺青甫就，輕用上聞，享帚自珍，緘石知謬。」也作「敝帚千金」。

【響不辭聲】

響：回音；辭：離開。回音不能離開聲音。比喻名由實而生。漢．劉向《說苑．雜言》：「曾子曰：『響不辭聲，鑑不辭形，君子正一，而萬物皆成。夫行非爲影也，而影隨之；呼非爲響也，而響和之。故君子功先成，而名隨之。』」

【響徹雲表】

見「響徹雲霄」。

【響徹雲際】

見「響徹雲霄」。

【響徹雲霄】

徹：透過；雲霄：高空。形容聲音響亮，直上高空。《隋唐演義》八六回：「這一笛兒，直吹得響徹雲霄，鸞翔鶴舞，樓下萬萬千千的人，都定睛側耳，寂然無聲。」也作「響徹雲表」。雲表：雲際，高空。清．王韜《淞濱瑣話．仙井》：「蘭香亦鼓雲和之瑟，音韻悠揚，響徹雲表。」也作「響徹雲際」。《古今小說》卷四：忽聽得街上樂聲縹緲，響徹雲際。」

【響答影隨】

響：回音。像回音相答，影子相隨。比喻所做必有所報。《雲笈七籤》卷一一七：「由是論之，罪福報應，猶響答影隨，不差毫末。」

【響噹噹】

比喻名氣大，名聲響亮。例他可是個響噹噹的萬元戶，他靠開荒種樹，一個汗珠摔八瓣，才有了今天。

【響遏行雲】

遏：阻止。形容聲音直達高空，止住了飄移的雲彩。《列子．湯問》：「薛譚學謳於秦青，未窮青之技，自謂盡之，遂辭歸。秦青弗止，餞於郊衢，撫節悲歌，聲震林木，響遏行雲。薛譚乃謝求反，終身不敢言歸。」

【響鼓不用重錘——一點就明（鳴）】

明：「鳴」的諧音。形容稍加指點就清楚明白。例他機靈得很，遇事不用多費口舌，就像俗話所說，響鼓不用重錘——一點就明（鳴），只要提醒一下就行了。

【響應空谷】

響：回音；空谷：空曠的山谷。謂聲音在山谷間迴蕩。比喻反應極快。宋．洪邁《野處類稿．送僧》：「往將妙響應空谷，一任飛錫凌蒼霞。」也作「空谷傳聲」。

【想吃羊肉，又怕挨一身臊】

比喻想占便宜，又怕惹麻煩。例他之所以遲遲下不了決心，還不是『想吃羊肉，又怕挨一身臊』。

【想當然】

根據推測，應當是這樣。《後漢書．孔融傳》：「初，曹操攻屠鄴城，袁氏婦子多見侵略，而操子丕私納袁熙妻甄氏。融乃與操書，稱『武王伐紂，以妲己賜周公』。操不悟。後問出何經典，對曰：『以今度之，想當然耳。』」

【想方設法】

反覆思索、多方謀劃所能採用的辦法。例這個方法是我想方設法之後規劃出來的，希望大家能採納。也作「想方設計」。

【想方設計】

見「想方設法」。

【想後思前】

指反覆思慮，心事重重。清．邵梅宜《薄命詞》之六：「想後思前恨轉加，誤人多是浣溪沙；既然負卻當年意，何必尋春到若耶？」也作「想前顧後」。顧：回顧，回想。巴金《春》二一：「覺民氣得沒有辦法，他不再想前顧後地思索了。」

【想前顧後】

見「想後思前」。

【想入非非】

非非：佛家語，指常人意識中所不能達到的玄妙境界。①指人的思緒進入虛幻離奇的境界。清．梁廷柟《曲話》三：「其至離奇變幻者，莫於《臨川夢》，竟使若士先生身入夢境，與四夢中人一一相見，請君入甕，想入非非；娓娓清言，猶餘技也。」②指荒唐怪誕地胡思亂想。《官場現形記》四七回：「施大哥好才情，眞要算得想入非非的了！」

【想望風采】

望想：思慕，希望見到；風采：風度神采。形容非常仰慕，希望一見。宋．蘇舜欽《上孔待制書》：「某無似者，想望風采，爲日久矣！」也作「想望風概」。風概：風度氣概。元．揭傒斯《與蕭維斗書》：「天下之士，莫不想望風概，咨嗟歎息曰：『蕭公眞賢矣哉！』」也作「想望風徽」。風徽：風範，美德。唐．慧立《大慈恩寺三藏法師傳》一：「法師理智宏才皆出其右，吳、蜀、荊、楚無不知聞，其想望風徽，亦猶古人之欽李、郭矣。」

【想望風概】

見「想望風采」。

【想望風徽】
見「相望風采」。

ㄒㄧㄤˋ

【鄉壁虛造】
鄉：通「向」；鄉壁：面對著牆壁。漢・許慎《〈說文解字〉序》：「魯恭王壞孔子宅，而得《禮記》、《尚書》、《春秋》、《論語》、《孝經》……而世人大共非訾，以爲好奇者也，故詭更正文，鄉壁虛造不可知之書，指爲古文。」原謂當時有人不相信古文經書是從孔子舊宅牆壁中發現的，而是面對孔子舊宅的牆壁虛構出來的。後用以比喻憑空捏造。嚴復《救亡決論》：「鄉壁虛造，順非而澤，持之似有故，言之若成理。」也作「**向壁虛造**」。清・譚嗣同《致劉淞芙》：「彼國作者必考證今古，然後下筆，非若今之向壁虛造，苟然而已也。」也作「**向壁虛構**」。

【鄉風慕義】
鄉：通「向」；風：風化，教化。謂向往教化，愛慕道義。《漢書・司馬相如傳》：「延頸舉踵，喁喁然，皆鄉風慕義，欲爲臣妾，道里遼遠，山川阻深，不能自致。」也作「**向風慕義**」。明・張居正《番夷求貢疏》：「因而連合西僧，向風慕義，交臂請貢，獻琛來王。」

【鄉隅而泣】
鄉：通「向」；隅：牆角。面對牆角獨自哭泣。形容因孤獨、絕望而哭泣。《漢書・刑法志三》：「古人有言：『滿堂而飲酒，有一人鄉隅而悲泣，則一堂皆爲之不樂。」也作「**向隅而泣**」。漢・劉向《說苑・貴德》：「今有滿堂飲酒者，有一人獨索然向隅而泣，則一堂之人皆不樂矣。」也作「**向隅獨泣**」。唐・杜牧《上吏部高尚書書狀》：「每遇時移節換，家遠身孤，弔影自傷，向隅獨泣。」也作「**向隅之泣**」。宋・陳亮《謝陳侍郎啟》：「寧失不經，忍視向隅之泣。」

【向壁虛構】
見「鄉壁虛造」。

【向壁虛造】
見「鄉壁虛造」。

【向風靡然】
向風：迎風，指傾慕，仰慕；靡然：朝一邊倒下的樣子。形容傾慕某人的道德學問。唐・盧照鄰《樂府雜詩府》：「於是懷文之士，莫不向風靡然。」也作「**靡然向風**」。

【向風慕義】
見「鄉風慕義」。

【向狐謀裘】
同狐狸商議，要用它的皮做裘衣。《太平御覽》卷二〇八引《符子》：「周人有愛裘而好珍饈，欲爲千金之裘，而與狐謀其皮；欲具少牢之珍，而與羊謀其饈。言未卒，狐相率逃於重丘之下，羊相呼藏於深林之中。」後因以「向狐謀裘」比喻同對方商議的事情會傷害對方的切身利益，必定行不通。清・黃景仁《八月十四日偕華峯放舟城東，醉歸歌此》詩：「三秋忽作風攀捲，萬事不異泥絮沾。向狐謀裘豈長策，歸來面目青而黔。」

【向火乞兒】
火：面朝火堆；乞兒：乞丐。圍著火堆烤火的乞丐。比喻奉承依附權貴的人。五代・王仁裕《開元天寶遺事》下：「張九齡見朝之文武僚屬趨附楊國忠，爭求富貴，惟九齡未嘗及門，楊甚銜之。九齡嘗與識者議曰：『今時之朝彥，皆是向火乞兒，一旦火燼灰冷，暖氣何在？當凍屍裂體，棄骨於溝壑中，禍不遠矣。』」

【向明而治】
向明：即將天明；治：治事，處理事務。天未大亮就開始工作。形容治事勤勉。《周易・說卦》：「聖人南面而聽天下，向明而治。」

【向平事了】
見「向平願了」。

【向平願了】
向平：向長，東漢隱士，字子平。《後漢書・向長傳》：「建武中，男女娶嫁既畢，敕斷家事勿相關，當如我死也。於是遂肆意與同好北海禽慶俱遊五岳名山，竟不知所終。」後因以「向平願了」謂子女婚嫁事已辦完。清・王韜《淞濱瑣話・劍氣珠光傳》：「世族爭欲婚之，父以年邁，思爲訂定一家……藉了向平願。」也作「**向平事了**」。清・黃景仁《水龍吟・寒夜披〈名山圖〉，獨飲，陶然竟醉》詞：「誰耐將身，死兒女手，作僵蠶臥。待向平事了，頭童齒豁，尚能遊否？」

【向平之願】
向平：向長，東漢隱士，字子平。《後漢書・向長傳》載：向長在子女婚嫁完畢後，離家漫遊五岳各山，後不知所終。後以「向平之願」指子女婚嫁事。《官場現形記》五六回：「又一封乃是他的親家，現任戶部侍郎，從前定過他的小姐做兒媳，如今兒子已經長大，擬於秋間爲之完婚，以了向平之願。」也作「**向平之事**」。清・隨緣下士《林蘭香》三：「至今親丁三口，向平之事都在未亡人了。」

【向平之事】
見「向平之願」。

【向日葵的孩子——沒數】
向日葵的孩子：指向日葵的種子。向日葵爲圓盤狀頭狀花序，每一盤上結的葵花子不計其數。比喻心裏沒譜，不知底細。例他新調來我們公司任經理，對這裏的職工和工作情況，好似向日葵的孩子——沒數。

【向若而嘆】
若：海神。《莊子・秋水》：「至於北海，東面而視，不見水端，於是焉河伯始旋其面目，望洋向若而嘆曰：『野語有之曰，聞道百以爲莫己若者，我之謂也。』」原指河伯在寬闊的大海面前，嘆息自己的渺小和膚淺，後用以比喻深爲折服，自嘆不如。清・錢謙益《汲古閣毛氏新刻十七史序》：「然後乃知夫割剝全史，方隅自命者，未有不望崖而返、向若而嘆者也。」也作「**向若之嘆**」。宋・樓鑰《跋楊伯子詩卷》：「平生未識誠齋，而多見其詩，每深向若之嘆。」

【向若之嘆】
見「向若而嘆」。

【向上一路】
佛家語，指常人識力不可達到的徹悟境界。《碧岩錄》卷二：「向上一路，千聖不傳。學者勞形，如猿捉影。」也泛指高妙的境界。清・王夫之《夕堂永日緒論外編》：「八家中，唯歐陽永叔無此三病。而無能學之者。要之，更有向上一路在。」也作「**向上一着**」。《宗論》：「向上一著，千聖不傳。」

【向上一着】
見「向上一路」。

【向聲背實】
向往虛名，背離事實。三國魏・曹丕《典論論文》：『常人貴遠賤近，向聲背實；又患暗於自見，謂己爲賢。』

【向天而唾】
面朝天吐唾沫，唾沫卻落在自己的臉上。比喻想害別人，結果害了自己。例李大同這種中傷別人的行徑，看在別人眼裏，事實上只會造成向天而唾的結果而已。

【向陽的石榴——一片紅火】
也作「**向陽的石榴——紅火**」。見「剛出的太陽——一片紅火」。

【向陽花木易逢春】
比喻得到有利條件容易成功。明・無名氏《漁樵閒話》一折：『要人人鑽入迷魂窖，使個個撞入無常圈套。哄哥哥仿效貪官暴，方才得似那向陽花木易逢春，三檐傘下官榮耀。』

【向隅獨泣】
見「鄉隅而泣」。

【向隅而泣】
見「鄉隅而泣」。

【向隅之感】
隅：牆角。獨對牆角的感覺。比喻非常失望的心情。魯迅《華蓋集續編・記「發薪」》：「我們這回「親領」的薪水……即作爲十三年二月的薪水發給。然而還有新來的和新近加俸的呢，可就不免有向隅之感。」

【向隅之泣】
見「鄉隅而泣」。

【巷尾街頭】
指市鎮里的各處街巷。《孽海花》二五回：「不論茶坊酒肆，巷尾街頭，一片聲的喊道：「戰呀！開戰呀！給倭子開戰呀！」』也作「**街頭巷尾**」。

【巷議街談】
指大街小巷裏人們的談論。宋・錢易《南部新書》丙卷：「神龍初，洛水漲。宋務光上疏曰：『巷議街談，共呼坊門爲宰相，爲節宣風雨，燮理陰陽。』」也作「**巷語街談**」。金・元好問《楊煥然生子四首》之二：「人家歡喜是生兒，巷語街談總入詩。」也作「**街談巷議**」。

【巷語街談】
見「巷議街談」。

【巷子裏趕豬—直來直去】
也作「**巷子裏扛竹篙—直出直進**」、「**巷口扛木頭—直來直去**」。見「胡同裏扛竹竿—直來直去」。

【項背相望】
項：後脖；背：脊背。《後漢書・左雄傳》：「監司項背相望，與同疾疢，見非不舉，聞惡不察。」李賢注：「項背相望謂前後相顧也。」後形容人數衆多，相繼不斷。明・劉基《宋景濂學士文集序》：「海內求文者，項背相望，碑版之鐫，照耀乎四方。」也指某一類人相繼不斷出現。宋・黃干《安慶府新建廟學記》：「千餘年間，蜀之名公項背相望。」

【項領之功】
項領：脖子，指重要。指重大的功績。《南史・樂頤之傳附樂預》：「[沈]昇之與君俱有項領之功，今一言而二功俱解，豈願聞之乎？」

【項莊舞劍】
見「項莊舞劍，意在沛公」。

【項莊舞劍，意在沛公】
項莊：項羽的部下；沛公：即劉邦。《史記・項羽本紀》：「於是張良至軍門，見樊噲。樊噲曰：「今日之事何如？」良曰：「甚急。今者項莊拔劍舞，其意常在沛公也。」後因以「項莊舞劍，意在沛公」比喻表面上是一套，實際上則另有所圖。例他說是出外考察，其實是「項莊舞劍，意在沛公」，說穿了，還不是花公款去遊山玩水！也作「**項莊舞劍**」。清・劉坤一《致張香濤》：「[定興]乃於署督篆任內，奏參銀元局及淮山鹽務，牽涉敝署，不無激射之詞，論者謂爲項莊舞劍，而弟固未嘗稍存芥蒂也。」

【相風使帆】
相：觀察。比喻根據情勢的變化而改變態度。宋・陸游《醉歌》詩：「相風使帆第一籌，隨風倒舵更何憂。」也作「**看風使帆**」。

【相機而動】
見「相機行事」。

【相機而行】
見「相機行事」。

【相機而言】
觀察適當的時機說話。明・湯顯祖《南柯記・象譴》：「倘若吾王問及，不免相機而言。」

【相機觀變】
選擇有利時機，觀察形勢變化。《東周列國志》六〇回：「元帥屯兵於郝山磯，相機觀變，可以萬全。」

【相機行事】
觀察適當時機，靈活地採取行動。《二刻拍案驚奇》卷一七：「這件事須得孩兒自去，前日魏、杜兩兄弟臨別時，也教孩兒進京去，可以相機行事。」也作「**相時而動**」。宋·洪邁《容齋續筆·鄭莊公》：「量力而行，相時而動，可謂知禮。」也作「**相機而動**」。《東周列國志》六九回：「宜剛宜柔，相機而動。」也作「**相機而行**」。《三國演義》三九回：「某當與主公同往，相機而行，自有良策。」

【相貌堂堂】

形容人的容貌莊重大方。《說岳全傳》五一回：「但見伍尚志威風凜凜，相貌堂堂。」

【相門出相】

見「相門有相」。

【相門有相】

相門：宰相的門下，指宰相家的子弟。指宰相家的子弟又出相材。《史記·孟嘗君列傳》：「[田]文聞將門必有將，相門必有相。」《梁書·王暕傳附王訓》：「[訓]十六，召見文德殿，應對爽徹。上目送久之，謂朱異曰：『可謂相門有相矣。』」也作「**相門出相**」。元·劉時中《上高監司》：「相門出相前人獎，官上加官後代昌。」

【相女配夫】

相：審視；配：匹配。謂根據女兒的自身條件，挑選合適的夫婿。《孽海花》一四回：「相女配夫，眞是天下第一難事！何況女公子這樣的才貌呢！」

【相聲表演——笑話連篇】

指供人當作笑料的事情很多。例他是一個不修邊幅的人，生活上洋相很多，就像相聲表演——笑話連篇。

【相時而動】

見「相機行事」。

【相鼠有皮】

觀察老鼠尚且有皮。借以諷刺寡廉鮮恥，無禮不義的人。《詩經·鄘風·相鼠》：「相鼠有皮，人而無儀；人而無儀，不死何爲！」也作「**相鼠之刺**」。清·程允升《幼學故事瓊林·鳥獸》：「人惟有禮，庶可免相鼠之刺；若徒能言，夫何異禽獸之心。」

【相鼠之刺】

見「相鼠有皮」。

【相體裁衣】

根據身材來裁製衣服。比喻按實際情況辦事。《品花寶鑑》四六回：「一來相體裁衣，二來是各人的性靈……正是各人自立一幟，無從評定甲乙。」

【象齒焚身】

焚：通「僨」，倒斃。大象因有珍貴的牙齒而招禍喪命。比喻財多而得禍。《左傳·襄公二十四年》：「象有齒而焚其身，賄也。」《民國通俗演義》一二一回：「正是：山木自寇，象齒焚身。惘哉李督！死不分明。」

【象簡烏紗】

簡：笏，古代臣子朝見君主時所持的狹長板子，用以記事。手持象牙笏，頭戴烏紗帽。指高官顯貴的穿戴裝束。明·馮惟敏《商調集賢賓·舍弟乞休》曲：「把象簡烏紗收拾起，打扮出村翁的風致，拜謝當今聖主賜臣歸。」

【象棋盤裏的將帥——出不了格】

中國象棋規定，雙方的將帥只能在米字格裏走動，不能出格。比喻守規矩，不做越軌的事。例我可以肯定，這個人是象棋盤裏的將帥——出不了格，只是工作能力差一點而已。

【象棋盤上打仗——沒船也要過河】

中國象棋盤上雙方對陣，是以「楚河、漢界」爲界，除將帥、士相外，其他棋子均可過「河」作戰。比喻要千方百計地創造條件完成任務。例這是死命令，象棋盤上打仗——沒船也要過河，不准討價還價，必須按時完成煉鋼爐的大修任務。

【象形奪名】

奪：定奪，決定。指根據事物的形態特徵來決定命名。《紅樓夢》一七回：「又有叫什麼綠荑的，還有什麼丹椒、蘼蕪、風蓮，見於《蜀都賦》。如今年深歲改，人不能識，故皆象形奪名，漸漸的喚差了，也是有的。」

【象牙之塔】

原是十九世紀法國文藝批評家聖佩韋批評同時代詩人維尼的話，後用來比喻「爲藝術而藝術」的文藝家個人幻想的藝術小天地。魯迅《朝花夕拾·二十四孝圖》：「但這些我都不管，因爲我幸而還沒有爬上『象牙之塔』去，正無須怎樣小心。」

【象箸玉杯】

象箸：象牙筷子。形容生活奢侈無度。《韓非子·喻老》：「昔者紂爲象箸，而箕子怖，以爲象箸必不加以土鉶，必將犀玉之杯；象箸玉杯，必不羹菽藿，則必旄象豹胎。旄象豹胎，必不衣短褐而食於茅屋之下，則錦衣九重，廣室高台。」

【像煞有介事】

像煞：極像，很像；介事：那樣的事。指裝模作樣，好像眞有那麼回事。魯迅《僞自由書·文學上的折扣》：「刊物上登載一篇儼乎其然的像煞有介事的文章，我們就知道字裏行間還有看不見的鬼把戲。」

【橡飯菁羹】

橡：橡子，可食；菁：蔓菁，草本植物，塊根可做蔬菜。拿橡子當飯，蔓菁作羹。形容食物粗劣，生活貧苦。《梁書·安成康王秀傳》：「兩韓之孝友純深，庾、郭之形骸枯槁，或橡飯菁羹，惟日不足，或葭牆艾席，樂在其中。」

【橡皮釘子】

比喻委婉的拒絕，溫和的駁斥。例我找過他，但碰了一個橡皮釘子，他不冷不熱地敷衍說：「等等再說吧！」

【橡皮棍子打人——傷了看不到印子】

橡皮棍子：外面包著橡皮的棍子；印子：痕跡。橡皮棍子外軟裏硬，能傷人筋骨，但外表上卻看不到傷痕，很難醫治。比喻傷害了人卻不露痕跡。例那是一個陰險毒辣的傢伙，整人就像橡皮棍子打人——傷了看不到印子，受害人想打官司連被告都找不著哩！

【橡皮棍子打人——外傷好治，內傷難醫】
比喻顯而易見的毛病容易克服，隱患不好治理。例橡皮棍子打人——外傷好治，內傷難醫，把人的思想搞亂了，比恢復經濟要困難得多。

【橡皮棍子作旗桿——樹（豎）不起來】
用橡皮做的棍子，質軟，豎立不起來；樹：「豎」的諧音。多比喻人的威信或某種典型樹立不起來。例此人不爭氣，儘管有後台，上司千方百計想把他扶上台，卻是橡皮棍子作旗桿——樹（豎）不起來。

【橡皮筋——越扯越長】
見「狗扯羊腸——越扯越長」。

【橡皮腦袋——不過電】
橡皮是絕緣體，電流是通不過的。見「死榆木頭——不通電」。

【橡茹藿歠】
橡：橡實；茹：吃；藿：豆葉；歠：ㄔㄨㄛˋ，吸，喝。以橡實當飯，以豆葉爲羹。形容食物粗劣。明．方孝孺《味菜軒記》：「貴而八珍九鼎之筵，賤而橡如藿歠之室，莫不有待於味。」

【橡樹上長菌——根骨不正】
橡樹：櫟樹，落葉灌木，樹皮含有鞣酸，微臭。也作「橡樹上長菌——根子不正」。見「狗尾巴草長在牆縫裏——打根上就不正」。

ㄒㄧㄥ

【興邦立國】
興：使興盛；邦：國家。建立國家，並使之興旺昌盛。元．無名氏《黃鶴樓》三折：「安排打鳳牢龍計，準備興邦立國幾。」也作「興邦立事」。立事：建立事業。《三國演義》四三回：「尋章摘句，世之腐儒，何能興邦立事？」

【興邦立事】
見「興邦立國」。

【興兵動衆】
見「興師動衆」。

【興波作浪】
見「興風作浪」。

【興詞告狀】
見「興詞構訟」。

【興詞構訟】
興詞：指寫狀紙；構訟：打官司。謂同人打官司。《說岳全傳》五回：「那麒麟村的居民，最好興詞構訟。」也作「興詞告狀」。《醒世姻緣傳》四六回：「你興詞告狀可不許你帶我一個字腳。」也作「行詞告狀」。元．無名氏《延安府》一折：「誰想俺小舅子打死兩個人的命，那苦主要行詞告狀。」

【興訛造訕】
訛：訛言，謠言；訕：ㄕㄢˋ，毀謗。製造謠言，進行毀謗。指對人中傷毀謗。唐．韓愈《送窮文》：「凡此五鬼，爲吾五患，飢我寒我，興訛造訕，能使我迷。」

【興廢存亡】
興：興盛，發達；廢：廢棄，沒落；存：活著；亡：死去。指世事變遷。明．湯顯祖《南柯記．拜郡》：「問親鄰興廢存亡，敍風煙悲楚哀傷。」

【興廢繼絕】
見「興滅繼絕」。

【興廢由人事，山川空地形】
國家的興盛和衰敗全在於人的所作所爲，山川地形的險要是不足爲恃的。指國家的興衰取決於治理的好壞。唐．劉禹錫《金陵懷古》詩：「興廢由人事，山川空地形。《後庭花》一曲，幽怨不堪聽。」

【興奮劑】
原爲一種使大腦興奮的藥物。比喻能使人振奮的措施或事物。例智力競賽是一種鼓勵求知欲的興奮劑，它能開拓思路，增長才智。

【興風作浪】
生：掀起。掀起大風大浪。比喻挑起事端，無事生非。《官場現形記》四一回：「頭兩天見姊夫同前任不對，他便於中興風作浪，挑剔前任的帳房。」也作「興波作浪」。《孽海花》二一回：「可笑那班小人，抓住人家一點差處，便想興波作浪。」也作「掀風作浪」。明．茅僧曇《醉新風．二．么》：「（指大淨）恁平白地掀風作浪，（指小淨）憑空拳頭拿三道兩。」

【興工動衆】
見「興事動衆」。

【興化致治】
振興教化，使國家得到治理。《孔叢子．執節》：「賢者所在，必興化致治。」唐．張九齡《策問一道》：「興化致治，必俟得人；求賢審官，莫先愼舉。」

【興事立業】
興建家庭，創置家業。《官場現形記》二八回：「營盤裏的錢比別處賺的容易，他就此興家立業，手內著實有錢。」

【興利除弊】
興辦有利的事情，革除有害的弊端。宋．王安石《答司馬諫議書》：「舉先王之政，以興利除弊，不爲生事，爲天下理財，不爲征利。」也作「興利除害」。《史記．酈生陸賈列傳》：「皇帝出豐沛，誅強秦，爲天下興利除害。」也作「興利剔弊」。剔：剔除，消除。《紅樓夢》五六回：「趁今日清淨，大家商議兩件興利剔弊的事情，也不枉太太委託一場。」

【興利除害】
見「興利除弊」。

【興利節用】

興辦有利可圖的事情，節省費用。《紅樓夢》五六回：「雖是興利節用爲綱，然也不可太過，要再省上二三百銀子，失了大體統，也不像。」

【興利剔弊】

見「興利除弊」。

【興廉舉孝】

興：起用；舉：推舉。起用、推舉廉潔正直和奉行孝道的人。《漢書·武帝紀》：「興廉舉孝，庶幾成風。」

【興滅繼絕】

復興滅亡了的諸侯國，接續滅絕了的世家貴族。《論語·堯曰》：「興滅國，繼絕世。」後泛指使衰亡的事物得到振興。《史記·三王世家》：「陛下奉承天統，明開聖緒，尊賢顯功，興滅繼絕。」也作「**興廢繼絕**」。漢·班固《兩都賦序》：「內設金馬、石渠之署，外興樂府，協律之事，以興廢繼絕，潤色鴻業。」也作「**興亡繼絕**」。《魏書·袁翻傳》：「然興亡繼絕，列聖同軌。」也作「**興微繼絕**」。微：衰微。《晉書·張光傳》：「光在梁州能興微繼絕，威震巴漢。」

【興滅舉廢】

復興已滅亡了的事物，重建已廢棄了的事物。明·劉基《杞子來朝》：「胥教胥誨，以引以翼，以繼武王周公興滅舉廢之心，可也。」

【興戎動衆】

見「興師動衆」。

【興師動衆】

興：發動；師：軍隊。指調動大批軍馬。《吳子·勵士》：「夫發號佈令，而人樂聞；興師動衆，而人樂戰；交兵接刃，而人樂死。」也指動用大量的人力。《紅樓夢》四七回：「今兒偶然吃了一次虧，媽媽就這樣興師動衆，倚著親戚之勢，欺壓常人。」也作「**興兵動衆**」。《漢書·王莽傳上》：「而安衆侯崇乃獨懷悖惑之心，操畔逆之慮，興兵動衆，欲危宗廟，惡不忍聞，罪不容誅。」也作「**興戎動衆**」。唐·陸贄《馬燧渾瑊副元帥招討河中制》：「興戎動衆，豈得已哉？」也作「**勞師動衆**」。

【興師見罪】

見「興師問罪」。

【興師問罪】

問罪：宣布對方罪狀。指出兵討伐有罪過的一方。宋·沈括《夢溪筆談》卷二五：「元昊乃改元，制衣冠禮樂，下令國中，悉用番書、胡禮，自稱大夏。朝廷興師問罪。」後也指召集衆人譴責對方。也作「**興師見罪**」。明·無名氏《衣錦還鄉》一折：「今有沛公無禮，他先入關中，封秦府庫，改秦苛法，某欲興師見罪。沛公盡獻秦之寶物，投吾麾下。」

【興事動衆】

指動用大量的人力興建土木工程。《呂氏春秋·制樂》：「今故興事動衆以增國城，是重吾罪也。」也作「**興工動衆**」。宋·鄭興裔《請罷建康行宮疏》：「臣愚無似，竊以爲興工動衆，有大不便於今日者。」也作「**興役動衆**」。宋·李燾《續資治通鑑長編，眞宗大中祥符二年》：「臣以爲興役動衆，尤係事機，不可不察也。」

【興亡成敗】

興盛和衰亡，成功和失敗，謂世事變遷。元·馬致遠《黃粱夢》二折：「隋江山生扭做唐世界，也則是興亡成敗。」

【興亡禍福】

興盛和衰亡，災禍和幸福。謂世事變遷，人生際遇。元·關漢卿《玉鏡台》二折：「這七條弦興亡禍福都相應，端的個聖賢可對，神鬼堪驚。」

【興世繼絕】

見「興滅繼絕」。

【興微繼絕】

見「興滅繼絕」。

【興文匽武】

匽：ㄧㄢˇ，同「偃」，偃息，止息。大興文治教化，止息軍備戰事。《漢書·禮樂志二》：「清和六合，制數以五。海內安寧，興文匽武。」

【興妖作怪】

謂妖魔鬼怪作祟害人。《剪燈新話·永州野廟記》：「應詳聞言，知爲蛇妖，乃具陳其害人禍物，興妖作怪之事。」也比喻壞人進行破壞搗亂。也作「**興妖作孽**」。《剪燈新話，永州野廟記》：「此物在世已久，興妖作孽，無與爲此。」也作「**興妖作祟**」。清·紀昀《閱微草堂筆記·槐西雜志三》：「凡興妖作祟之孤，則不敢近正人。」

【興妖作孽】

見「興妖作怪」。

【興妖作祟】

見「興妖作怪」。

【興一利不如除一害，生一事不如省一事】

指興辦一件有利的事，不如根除一件有害的事；多做一件事情不如少生一個是非。《續資治通鑑·宋理宗嘉熙三年》：「『興一利不如除一害，生一事不如省一事。』任尚以班超之言平之耳，千古之下，自有定論。後之負讀者，方知吾言之不妄也。」

【興役動衆】

見「興事動衆」。

【興雲布雨】

謂聚起陰雲，降下大雨。形容本領高强。明·無名氏《南極登山》二折：「小聖東海龍神是也，奉上帝敕令，管領著江河淮濟，溪洞潭淵，興雲布雨，降福消災，濟渡衆生。」也作「**興雲作雨**」。明·楊愼《洞天玄記》三折：「賣弄起興雲作雨機，怎提防捉虎牢龍計。」

【興雲吐霧】

指神怪法術高明。明·無名氏《哪吒三變》頭折：「此鬼興雲吐霧莫測，利害利害！」也作「**興雲作霧**」。明・楊愼《洞天玄記》三折：「量那道人，有甚麼神通，不如展吾興雲作霧之機，湧浪翻波之智，待春雷如震，正值風雲慶會之時，就將形山洗去，叫他一般皆休。」

【興雲致雨】

致：招致；致雨：指降雨。原謂神怪的法術驚人，比喻藝術作品氣勢壯闊。明・程明善《嘯余譜序》：「至於走電奔雷，興雲致雨，閉洩陰陽，役使神鬼，孰非聲爲之耶？」

【興雲作霧】

見「興雲吐霧」。

【興雲作雨】

見「興雲布雨」。

【星奔川騖】

星奔：像流星飛奔；騖：縱橫奔馳；川騖：像江河湧流。南朝梁・劉峻《廣絕交論》：「靡不望影星奔，藉響川騖。」後用「星奔川騖」形容十分迅速。《羣音類選〈八義記・平原發書〉》：「算存亡在魚箋雁書，仗雄心要星奔川騖。學秦聲賺出險途，望魏地密尋生路。」

【星陳夙駕】

陳：列；夙：早；駕：駕車。指夜間驅車急駛。《三國志・魏書・陳思王植傳》：「肅承明詔，應會皇都，星陳夙駕，秣馬脂車。」也作「**星言夙駕**」。言：語助詞，無義。《晉書・顧榮傳》：「當今衰季之末，屬亂離之運，而天子流播，豺狼塞路，公宜露營野次，星言夙駕，伏軾怒蛙以募勇士，懸膽於庭以表辛苦。」

【星馳電掣】

見「星馳電發」。

【星馳電發】

像流星飛馳，像電光閃現。形容動作十分迅疾。《周書・段永傳》：「此賊既無城柵，唯以寇抄爲資，安則蟻聚，窮則鳥散，取之在速，不在衆也。若星馳電發，出其不虞，精騎五百，自足平殄。」也作「**星馳電掣**」。《民國通俗演義》一二三回：「好容易才把貴廷拉出旅館，拖上火車……星馳電掣的趕到前方。」也作「**星馳電走**」。元・楊顯元《瀟湘雨》楔子：「腿上無毛嘴有鬆，星馳電走不違時。沿河兩岸長巡哨，以此加爲排岸司。」

【星馳電走】

見「星馳電發」。

【星多夜空亮，人多智慧廣】

指集中衆人的力量和智慧，就能解決重大問題。例常言道：「星多夜空亮，人多智慧廣。」只要我們團結一心，羣策羣力，就一定能解決這個難題。

【星飛電急】

流星飛奔，電光急馳。形容緊急傳送消息。元・施惠《拜月亮・奉使臨番》：「火速便馳驛，等回音，星飛電急。」

【星火燎原】

星火：很小的火；燎原：延燒廣闊的原野。比喻從小可發展成大。明・賀逢聖《致族人書》：「天下事皆起於微，成於愼，微之不愼，星火燎原，蟻穴潰堤。吾畏其卒，故怖其始也。」也比喻新事物發展壯大，形成十分强大的力量。也作「**星星之火，可以燎原**」。《續孽海花》五七回：「你不要輕視了，星星之火，可以燎原，不曉得怎麼結局呢！」

【星駕席卷】

星駕：星夜駕車；席卷：像卷席一樣把東西全部卷進去。指全軍迅速出動。《後漢書・袁紹傳》：「會公孫瓚師旅南馳，陸掠北境，臣即星駕席卷，與瓚交鋒。」

【星離雨散】

像流星分離，如雨點散去。形容迅速向四處散開。唐・李白《憶舊遊寄譙郡元參軍》：「當筵意氣凌九霄，星離雨散不終朝。」也作「**星落雲散**」。《水滸傳》五二回：「背後官軍協助，一掩過來，趕得林沖等軍馬星落雲散，七斷八續，呼兄喚弟，覓子尋爺。」

【星列棋布】

見「星羅棋布」。

【星羅棋布】

像星星在天空中羅列，如棋子在棋盤上分布。形容數量極多，散佈很廣。《隋唐演義》五一回：「城北十里外，有一北邙山，周圍百里，古帝王之陵，忠臣烈士之墓，如星羅棋布。」也作「**星羅雲布**」。漢・班固《西都賦》：「列卒周匝，星羅雲布。」也作「**星羅棋置**」。清・錢泳《履園叢話・藝能・彈琴》：「乃知世之能琴者，蓋星羅棋置焉。」也作「**星列棋布**」。宋・張守《論守禦札子》：「分置營寨，多設旗鼓，星列棋布。」也作「**棋布星羅**」。

【星羅棋置】

見「星羅棋布」。

【星羅雲布】

見「星羅棋布」。

【星落雲散】

見「星離雨散」。

【星滅光離】

像星火熄滅，如光亮消失。比喻關係變得冷淡。晉・傅玄《昔思君篇》：「昔君與我兮金石無虧，今君與我兮星滅光離。」

【星眸皓齒】

星眸：明亮的瞳仁；皓齒：潔白的牙齒。形容女子的美貌。也指美人。元・楊景賢《劉行首》三折：「爲錢呵撇的人爺娘恩愛忘，夫妻情分絕，典房賣地將家私捨，形消骨化皆因此。家破人亡不爲別，捨性命輕拋撇，則戀著星眸皓齒，杏臉鶯舌。」也作「**明眸皓齒**」、「**皓齒明眸**」。

【星前月底】

見「星前月下」。

【星前月下】

謂月夜下男女幽會談情的地方。《羣音類選〈玉環記・玉簫春怨〉》：「傳杯弄盞，知音品題，星前月下，青鸞共騎，好一似謫天仙子下瑤池。」也作「**星前月底**」。元・曾瑞卿《留鞋記》一折：「若能夠相會在星前月底，早醫可了這染病耽疾。」也作「**月下星前**」。

【**星橋火樹**】
形容燈燭通明，焰火燦爛的夜景。唐・蘇味道《正月十五夜》詩：「火樹銀花合，星橋鐵鎖開。」宋・張先《鵲橋仙》詞：「星橋火樹，長安一夜，開遍紅蓮萬蕊。」

【**星霜屢移**】
星霜：星辰每年運轉一周，霜凍每年因時而降，故指年歲；屢移：一年一年地循環推移。對時光推移，歲月流逝。唐・柳宗元《代柳公綽謝上任表》：「歷踐中外，星霜屢移，曾無涓塵，上答鴻造。」也作「**星霜荏苒**」。荏苒：指時間漸漸消逝。唐・溫庭筠《寄崔先生》詩：「星霜荏苒無音信，煙水微茫變姓名。」

【**星霜荏苒**】
見「星霜屢移」。

【**星星跟著月亮走——沾光**】
雙關語。比喻憑藉關係或某種勢力得到好處。例他雖當了官，可是一個鐵面無私的人，你休想星星跟著月亮走—沾光。也作「**月亮跟著太陽轉—沾光**」。

【**星星之火**】
一星半點的小火。比喻力量微弱但威脅很大或很有發展前途的事物。明・朱國楨《湧幢小品・僧道之妖》：「至癸卯妖書事發，若從歸德之言，星星之火，勺水可滅。」孫中山《中國問題的眞解決》：「只要星星之火就能在政治上造成燎原之勢。」

【**星星之火，可以燎原**】
見「星火燎原」。

【**星行電征**】
像流星閃電一樣急急趕路。形容行走迅疾。漢・應劭《風俗通義・十反》：「［但］望自劾去，星行電征，數日歸，趨詣府。」

【**星行夜歸**】
像流星一樣急急趕路，連夜返回。《晉書・夏統傳》：「幼孤貧，養親以孝聞，睦於兄弟，每採梠求食，星行夜歸，或至海邊，拘螊蟛以資養。」

【**星言夙駕**】
見「星陳夙駕」。

【**星夜兼路**】
兼路：一天走兩天的路程。連夜趕路，一天當兩天用。《三國志・吳書・呂岱傳》：「岱自表輒，行星夜兼路。」

【**星移斗換**】
見「星移斗轉」。

【**星移斗轉**】
斗：指北斗星。一夜和一年間，羣星和北斗在空中的位置不斷地移動。指時間的流逝，四季的交替。《西遊記》三〇回：「他見那星移斗轉，約莫有三更時分。」也作「**星移斗換**」。《古今小說》卷三〇：「日往月來，星移斗換，不覺又十載有餘。」

【**星移物換**】
星斗移動，景物變換。形容時序或世事的推移變遷。明・梅鼎祚《玉合記・道遘》：「千難萬難，早歸來星移物換。別鳥衣漫駕雲軒，問仙娥多奔月殿。」

【**星月交輝**】
星光和月光相交輝映。《三國演義》六九回：「至正月十五夜，天色晴霽，星月交輝，六街三市，競放花燈。」

【**猩猩戴禮帽——假裝文明人**】
猩猩：哺乳動物，兩臂長，全身有赤褐色長毛，以野果爲食。比喻裝作有道德修養的正經人。例「這小子一改常態，也衣冠楚楚了。」「猩猩戴禮帽—假裝文明人，他宣稱要擠入上流社會哩！」

【**惺惺惜惺惺**】
惺惺：聰明的人。聰明人愛惜聰明人。指性格、才能或境遇相同的人相互愛重、同情。元・王實甫《西廂記》一本三折：「方信道惺惺的自古惜惺惺。」《水滸傳》一九回：「古人有言：『惺惺惜惺惺』，好漢惜好漢。」量這一個潑男女，腌臢畜生，終作何用！」

【**惺惺作態**】
惺惺：指假惺惺，假情假意的樣子。形容態度不老實。例他在會上一把鼻涕一把淚，似乎對自己的錯誤表示悔改，但這只不過是惺惺作態。

【**腥風血肉**】
風雨中帶著血腥味道。形容殘酷鎮壓，氣氛恐怖。梁啟超《劫灰夢・獨嘯》：「俺曾見素衣豆粥陪鑾駕，俺曾見腥風血肉冬和夏，俺曾見列國屯營分占住官衙。」也作「**血雨腥風**」。梁啟超《新中國未來記》四：「血雨腥風裏，更誰信，太平歌舞，今番如此！」

【**腥聞在上**】
酒肉的腥臭味直沖上天。比喻醜名傳揚於世。《尚書・酒誥》：「腥聞在上，故天降喪於殷。」孔穎達疏：「紂衆羣臣集聚，用酒荒淫，腥穢聞在上天。」

ㄒㄧㄥˊ

【**刑不當罪**】
所受的刑罰和所犯的罪過不相稱。指刑罰或輕或重。《漢書・刑法志》：「賞不當功，刑不當罪。」

【**刑場上跳舞——死中作樂**】
見「蒼蠅耍燈草——樂而忘死」。

【**刑措不用**】
措：設置。刑罰擱置一邊而不用。形容政治清明，世道太平。《荀子・議兵》：「威厲而不試，刑錯而不用。」錯：通「措」。唐・陳子昂

《清措刑科》：「今神皇不以此時崇德務仁，使刑措不用。乃任有司明察，專務威刑，臣竊恐非神皇措刑之道。」

【刑罰不中】

中：適當，不偏不倚。指刑罰不當，或輕或重。《論語．子路》：「子曰：『禮樂不興，則刑罰不中；刑罰不中，則民無所措手足。』」

【刑過不避大臣，賞善不遺匹夫】

刑過：懲罰有罪過的人；匹夫：百姓。懲罰有罪過的人，不放過大臣；獎勵做好事的人，不漏掉平民。指賞罰嚴明，不分貴賤尊卑。《韓非子．有度》：「法不阿貴，繩不撓曲。法之所加，智者弗能辭，勇者弗敢爭。刑過不避大臣，賞善不遺匹夫。」

【刑天舞干戚，猛志固常在】

刑天：古代神話中的人物，他與天帝爭鬥，被天帝砍了頭，於是以乳為目，以臍為口，仍揮舞著盾牌和斧頭爭鬥不休；干：盾牌；戚：斧頭。刑天被砍下頭後，仍然揮動著盾牌和斧頭，勇猛的壯志始終存在。用以讚頌堅決不屈的鬥爭意志和反抗精神。晉．陶淵明《讀山海經》詩：「精衞銜微木，將以塡滄海。刑天舞干戚，猛志固常在。」

【刑一而正百，殺一而愼萬】

懲罰一個人，可以使百人走上正道；殺掉一個人，可以使萬人謹愼小心。指對少數不法之徒繩之以法，可以警誡教育大多數人。漢．桓寬《鹽鐵論．疾貪》：「刑一而正百，殺一而愼萬，是以周公誅管、蔡，而子產誅鄧晳也。刑誅一施，民尊禮義矣。」

【刑餘之人】

①指受過宮刑的人。特指太監。《續孽海花》五六回：「唐敬宗之於劉克明，未嘗欲誅之也，而克明卒弒之於飲酒滅燭時矣。刑餘之人，心狠手辣，自古然也。」②指受過其他刑罰的人。《史記．孫子吳起列傳》：「齊威王欲將孫臏，臏辭謝曰：『刑餘之人不可。』」

【行百里者半九十】

走一百里路的人，走了九十里只能算走了一半。比喻做事越是接近成功，越是艱難，越要認眞對待。《戰國策．秦策五》：「詩云：『行百里者半於九十。』此言末路之難也。」高誘注：「逸《詩》言之，百里者已行九十里，適為行百里之半耳。譬若强弩，至牙上，甫為上弩之半耳，終之尤難。故曰末路之難也。」

【行比伯夷】

伯夷：商末孤竹君長子，與其弟叔齊辭讓國君之位，雙雙出走。曾勸阻周武王伐商。商滅後，二人以食周粟為恥，最後餓死。後世稱頌其節操堅貞，品行高潔。形容品行之高潔。戰國楚．屈原《九章．橘頌》：「年歲雖少，可師長兮，行比伯夷，置以為象兮。」

【行必矩步】

行路一定合乎規矩。形容舉止行為都合乎法度，十分謹愼。《後漢書．郭鎭傳》：「汝南有陳伯敬者，行必矩步，坐必端膝。」

【行兵佈陣】

調遣軍馬，佈置陣勢。意指用兵之法。《說岳全傳》四回：「老僧有兵書一册，內有傳槍之法，並行兵佈陣妙用；今贈與令郎，用心溫習。」也作「**行兵列陣**」。《楊家將演義》四回：「有一將，名繼業，人號為令公，此人天文地理，六韜三略，無不精通，行兵列陣，玄妙莫測，乃智勇兼全之士。」

【行兵列陣】

見「行兵佈陣」。

【行兵如神】

指揮兵馬克敵制勝，如同神人。形容具有極高的軍事指揮才能。《三國志平話》中：「臥龍者諸葛也……行兵如神，動止有神鬼不解之機，可為軍師。」也作「**用兵如神**」。

【行不從徑】

見「行不由徑」。

【行不貳過】

貳：再，第二次；過：過錯。做事不重犯錯誤。《論語．雍也》：「有顏回者好學，不遷怒，不貳過。」《孔子家語．弟子行》：「子貢對曰：『夫能夙興夜寐，諷誦崇禮，行不貳過，稱言不苟，是顏回之行也。』」

【行不副言】

副：符合。做的和說的不相符合。指言行不一。金．王若虛《論語辨惑二》：「天下之人行不副言者多矣，使夫子隨聽而遽信之，所失者豈特宰予邪！」

【行不更名，坐不改姓】

指在任何情況下都不更改或隱瞞自己的姓名，以示光明磊落，無所畏懼。元．無名氏《爭報恩》一折：「行不更名，坐不改姓。某宋江哥哥手下第十二個頭領，金槍教手徐寧是也。」

【行不苟合】

苟合：隨便附和。指辦事愼重而有主見，不隨便附和別人。唐．張說《齊黃門侍郎盧公神道碑》：「清明虛受，磊落標奇，言不詭隨，行不苟合，遊必英俊，門無塵染。」

【行不苟容】

苟：苟且，得過且過；容：容身，存身。指行為愼重，不苟且處世。《戰國策．秦策三》：「言不取苟合，行不取苟容。」《晉書．劉毅傳》：「毅方正亮直，介然不羣，言不苟合，行不苟容。」

【行不顧言】

顧：顧及，顧念。所作所為不考慮自己說過的。指言行不一。《盧子．盡心下》：「言不顧行，行不顧言。」也作「**行不及言**」。《野叟曝言》一二一回：「諸兄與弟，當以行不及言為恥。」

【行不及言】

見「行不顧言」。

【行不履危】

履：踩，走。不走有危險的路。指做事避開危險。《晉書・石季龍載記上》：「臣聞千金之子坐不垂堂，萬乘之主行不履危。」

【行不期聞】

期：期望，期待；聞：指名聲揚外。指做事不圖虛名。宋・王安石《寶文閣待制常公墓表》：「學不期言也，正其行而已；行不期聞也，信其義而已。」

【行不勝衣】

走路時承受不起所穿的衣服。形容身體十分衰弱。《荀子・非相》：「葉公子高，微小短瘠，行若將不勝其衣。」例一場大病，弄得他行不勝衣，弱不禁風，身體完全垮了下來。

【行不違道】

行為舉止不違背道義。宋・蘇軾《孫覺可給事中》：「行不違道，言不違仁。處以孝聞，出以忠顯。」

【行不修飾】

行：出行。出門時不注意自己的裝束打扮。指舉止隨便，放曠不羈。晉・袁宏《三國名臣傳序》：「仁者必勇，德亦有言。雖遇履虎，神氣恬然。行不修飾，名跡無衍。」

【行不由徑】

徑：小路。①走路不抄小道捷徑。《論語：雍也》：「有澹台滅明者，行不由徑，非公事，未嘗至於偃之室也。」後比喻為人正派，辦事遵循正道。《史記・伯夷列傳》：「或擇地而蹈之，時然後出言，行不由徑，非公正不發憤，而遇災禍者，不可勝數也。」也比喻舉止端莊。《兒女英雄傳》三三回：「[安驥]站起來，就不慌不忙，斯斯文文，行不由徑的走到上房來。」②不在正道上行走。比喻辦事做學問找訣竅、求捷徑。唐・劉知幾《史通・斷限》：「凡學者必先精此書，次覽羣籍，譬夫行不由徑，非所聞焉。也作「行不從徑」。《列子・說符》：「譬之出不由門，行不從徑也，以是求利，不亦難乎？」

【行不逾方】

逾：逾越，超越；方：規矩，法度。指行為不逾越法度。《後漢書・班彪傳》：「班彪以通儒上才，傾側危亂之間，行不逾方，言不失正，仕不急進，貞不違人，敷文華以緯國典，守賤薄而無悶容。」

【行步如飛】

形容步子輕鬆，走得很快。宋・洪邁《夷堅丁志・李蘁遇仙》：「至寺門下，覺身輕神逸，行步如飛，洎歸舍，不復飲食。」也作「行步如風」。《雲笈七籤》卷七八：「服百日，雄風大至，語聲寥亮，行步如風。」也作「行疾如飛」。唐・無名氏《鄴侯外傳》：[李]泌至，宣代宗命祝酹，歌此二章。於是龍輴行疾如飛，都人睹之，莫不感涕。」也作「行走如飛」。清・李斗《揚州畫舫錄》卷九：「南無藥師琉璃光如來，高視闊步，行走如飛。」

【行步如風】

見「行步如飛」。

【行財買免】

免：免罪。指用錢財賄賂，以免去罪責。《醒世姻緣傳》六六回：「落得騙了些果子吃在肚裏，且又得了行財買免的供招。」

【行藏用捨】

行：施行；藏：隱居；用：被任用；捨：不任用。《論語・述而》：「子謂顏淵曰：『用之則行，捨之則藏，唯我與爾有是夫。』」後用「行藏用捨」謂能任用就出仕，不任用就歸隱。宋・辛棄疾《水龍吟・題瓢泉》詞：「樂天知命，古來誰會，行藏用捨。」也作「用行捨藏」。

【行成功滿】

見「行滿功圓」。

【行成於思】

事情取得成功在於認真思考。唐・韓愈《進學解》：「業精於勤，荒於嬉；行成於思，毀於隨。」

【行船靠岸——挨上邊】

比喻說話、辦事沾邊，或接近事實。例多次都沒猜中，這次是行船靠岸—挨上邊，再動動腦子，就可能完全猜著。

【行船走馬三分命】

指乘船騎馬出門都是有危險的事情。清・翟灝《通俗編・境遇》：「乘船走馬，去死一分。《北夢瑣言》引古語云云。今少變云：行船走馬三分命。」

【行詞告狀】

見「興詞構訟」。

【行道遲遲】

走在道上，步履沈重而遲緩。《詩經・小雅・采薇》：「行道遲遲，載渴載飢；我心傷悲，莫知我哀」。

【行得春風，指望夏雨】

比喻人情往來，給人恩惠，也望人有所報答。《警世通言》卷二五：「我施某也不是無因至此的，『行得春風，指望夏雨！』當初我們做財主時節，也有人求我來，卻不曾恁般怠慢！」也作「行得春風有夏雨」。宋・陳師道《後山談叢，逸文》：「諺云：『行得春風有夏雨』。春之風數為夏之雨數，小大緩急亦如之。」

【行得春風有夏雨】

見「行得春風，指望夏雨」。

【行動有三分財氣】

指只要去做總會得到好處。《西遊記》六八回：「『古人云：行動有三分財氣。早是不在館中呆坐，即此不必買甚調和；且把取經事寧耐一日，等老孫做個醫生耍耍。』」

【行短才高】

行為卑鄙而才能很高。指沒把才能用到正道上。《羣音類選〈紅拂記・英雄投合〉》：「這是負心人，行短才高，轉眼處把人嘲誚。」也作「行短才喬」。喬：高。明・張鳳翼《紅拂記・同調相憐》：「這是負心人行短才喬，轉眼處把人嘲誚，更爛翻寸舌，易起波濤。」

【行短才喬】

見「行短才高」。

【行罡佈氣】

罡：ㄍㄤ，罡風，道家稱天空極高處的風。掀起狂風，播弄雲氣。指道士施行法術。元・錢霖《哨遍・看錢奴》套曲：「忍飢寒儹得家私厚。待壘做錢山兒倩軍士喝號提鈴守，怕化做錢龍兒請法官行罡佈氣留。」

【行古志成】

志：立志，期望。遵行古道，治理今世。《逸周書・常訓》：「夫民羣居而無選，爲政以始之。始之以古，終之以古，行古志成，政之至也。」

【行鬼頭】

比喻做事鬼鬼祟祟。例你別想在我背後行鬼頭，我饒不了你！

【行號臥泣】

走著躺著都在號哭悲泣。形容極爲悲痛。南朝陳・徐陵《爲貞陽侯答王太尉書》：「自皇家禍亂，亟積寒暄，九州萬國之人，蟠木流沙之地，莫不行號臥泣，想望休平。」

【行號巷哭】

在大道上和小巷裏悲號哭叫。形容極爲悲痛。《南史・蕭昂傳》：「俄而暴卒，百姓行號巷哭，市里爲之諠沸，設祭奠於郡庭者四百餘人。」

【行好積德】

做好事，積功德。指發慈悲，寬恕或幫助別人。《紅樓夢》五九回：「那婆子又央衆人道：『我雖錯了，姑娘們吩咐了，以後改過。姑娘們那不是行好積德。』」

【行合趨同】

行：行爲；趨：旨趣，志趣。行爲和志趣相一致。《淮南子・說山訓》：「行合趨同，千里相從；行不合，趨不同，對門不通。」

【行化如神】

形容行動變化快，如同神人所爲。漢・荀悅《漢紀・武帝紀》：「當今陛下臨制海內，一齊天下，口雖未言，聲疾雷電，令雖未發，行化如神。」

【行患不能成，無患有司之不公】

行：品行；有司：古代設官分職，各有專司，故稱。只怕自己道德修養不到家，不必擔心主管官員不公正。唐・韓愈《進學解》：「諸生業患不能精，無患有司之不明；行患不能成，無患有司之不公。」

【行齎居送】

齎：ㄐㄧ，送。給途徑或停居的人贈送財物。指對過往官員進行賄賂。《漢書・食貨志下》：「干戈日滋，行者齎，居者送，中外騷擾相奉，百姓抗敝以巧法，財賂衰耗而不澹。」清・馮桂芬《崇節儉議》：「比者軍興十年，戒嚴遍天下，徵調供億，賦車籍馬，行齎居送，遠近騷然。」

【行疾如飛】

見「行步如飛」。

【行己無私】

行己：指立身行事。謂立身行事不謀私利。《晏子春秋・重而異者》：「行己而無私，直言而無諱。」

【行己有恥】

行己：指立身行事。不做自己認爲可恥的事。《論語・子路》：「子貢問曰：『何如斯可謂之士矣？』子曰：『行己有恥。』」

【行跡可疑】

見「形跡可疑」。

【行奸賣俏】

勾引婦女，賣弄風流。《醒世恆言》卷一六：「那張藎乃風流子弟，只曉得三瓦兩舍，行奸賣俏，是他的本等，何曾看見官府的威嚴？」

【行奸賣詐】

奸：奸滑；詐：欺詐，詐騙。指爲人奸滑，到處行騙欺詐。清・岐山左臣《女開科傳》三：「其人粗豪卑陋，絕無一長，終日耀武揚雄，行奸賣詐，無所不爲。」

【行監坐守】

走著就跟著監視，坐著就在旁看守。指對人嚴加看管。元・王實甫《西廂記》四本二折：「我著你但去處行監坐守，誰著你迤逗的胡行亂走？」

【行將就木】

行將：即將，就要；木：指棺材。快要進棺材了。《左傳・僖公二十三年》：「[重耳]將適齊，謂季隗曰：『待我二十五年，不來而後嫁。』對曰：『我二十五年矣，又如是而嫁，則就木焉。請待子。』」後因以「行將就木」比喻人臨近死亡。《痛史》二五回：「但老夫行將就木，只求晚年殘喘。」

【行軍動衆】

見「行師動衆」。

【行峻言厲】

行：行爲，舉止；峻：嚴峻，嚴肅。謂舉止嚴肅，說話嚴厲。唐・韓愈《答尉遲生書》：「形大而聲宏，行峻而言厲，心醇而氣和。」

【行可兼知，而知不可兼行】

行：實踐；知：理論知識。實踐可以連帶掌握理論知識，而理論知識則無法代替實踐。指實踐對於理論知識的重要性。清・王夫之《尚書引義・說命中》：「行可兼知，而知不可兼行。」

【行空天馬】

天馬：指神馬。騰空而飛的神馬。比喻才思放縱，性格奔放不拘的人。清・吳泰來《蔣紹初自蘭州歸將返吳中賦贈》：「今朝晴鵠忽大躁，見子披豁開天眞。行空天馬脫羈勒，西征浩蕩忘艱辛。」

【行虧名缺】

行：德行，品行；虧、缺：虧損，缺損。指品行和名聲都受到了損害。明・高則誠《琵琶記・丞相發怒》：「自小攻讀，從來知禮，忍使行虧名缺。」

【行樂及時】
尋歡作樂要抓緊時間。唐・杜牧《湖南正初招李郢秀才》詩：「行樂及時時已晚，對酒當歌歌不成。」也作「及時行樂」。

【行令猜拳】
行令：行酒令；猜拳：划拳。謂一邊喝酒一邊划拳行酒令。《西遊記》一〇回：「行令猜拳頻遞盞，拆牌道字漫傳鍾。」也作「猜拳行令」。

【行滿功成】
見「行滿功圓」。

【行滿功圓】
行：修行；滿：期滿，到期。舊時指修行功德圓滿，終於成仙。元・無名氏《新水令・殿前歡》曲：「要行滿功圓，跨鶴兒飛上天。」也作「行成功滿」。金・王喆《夜行船》詞：「一炷名香經十卷，三千日行成功滿。」也作「行滿功成」。明・無名氏《李雲卿》四折：「今日乃李雲卿行滿功成之日，衝霄得道之時。」

【行門戶】
指送禮，或盡禮儀。例老王的母親去世了，咱們是不是要送個花圈去行門戶？

【行眠立盹】
走著睡覺，站著打盹。形容懶散多睡或非常疲乏。元・馬致遠《陳摶高臥》二折：「若做官後，每日價行眠立盹。休休，枉笑殺凌煙閣上人。」

【行人情】
指送禮品，行喜喪之禮儀。例他最會行人情，買的禮品總那麼合適。

【行如禽獸】
行為舉動就像鳥獸一樣。形容人的行為卑劣醜惡。《荀子・修身》：「小人反是，致亂，而惡人之非己也；致不肖而欲人之賢己也；心如虎獸，行如禽獸，而又惡人之賊己也。」

【行若狗彘】
見「行同狗豨」。

【行若無事】
舉止行動就像沒有這回事似的。①形容遇事不慌，十分鎮靜。例她被敵人抓進了監牢，但她行若無事，該吃就吃，該睡就睡。②形容對不好的事情聽之任之，毫不在乎。例看著這些花巨額外匯購來的設備日曬雨淋，這個單位的主管卻行若無事，實在令人憤慨！也作「行所無事」。《官場現形記》四七回：「『我不怕！他要告，先拿他們辦了再說……』萬太尊說罷，行所無事。」

【行色匆匆】
行色：出行時的神態、情狀。指外出時舉止緊張匆忙。元・李文蔚《圯橋進履》楔子：「則我這行色匆匆去意緊，飲過這錢祖香醪杯數巡。」也作「行色怱怱」。怱：同「匆」。《蕩寇志》一〇二回：「成英拱手道：『行色怱怱，未能多敍，此後李兄如有見教，可向檢討衙門一問，便知小弟住處。」也作「行色忽忽」。清・沈復《浮生六記・坎坷記愁》：「芸念繡經可以消災降福，且利繡價之豐，竟繡焉。而春煦行色忽忽，不能久待，十日告成。」

【行色忽忽】
見「行色匆匆」。

【行善得善，行惡得惡】
指做好事得好報，做惡事得禍殃。元・關漢卿《魔合羅》二折：「身軀被病執縛，難走難逃；咽喉被藥把捉，難叫難號。托青天暗表，望靈神早報。行善得善，行惡得惡，天呵莫不是今年災禍招。」

【行商坐賈】
行商：出外經營，流動販賣的商人。坐賈：固定一處，就地販賣的商人。統稱商人。明・吳世濟《太和縣禦寇始末》下：「寇起於陝，故凡陝人之流寓四遠，行商坐賈，皆不免於天下之疑。」也作「坐賈行商」。

【行屍走骨】
見「行屍走肉」。

【行屍走肉】
行屍：能行走的屍體；走肉：能行走而沒有靈魂的肉體。指活著如同死了的人。比喻頭腦空虛，平庸無能，死氣沉沉的。晉・王嘉《拾遺記・後漢》：「[任末]臨終誡曰：『夫人好學，雖死若存；不學者，雖存，謂之行屍走肉耳。』」也作「行屍走骨」。《雲笈七籤》卷六〇：「枯木不復生，其牙葉縱遇陽和之春，長為陰冥下鬼，畢於朽腐，可謂愍嗟，雖位極人臣，皆行屍走骨矣。」也作「行屍坐肉」。《醉醒石》卷七：「養得肥頭胖臉，著錦穿綾且是好看，卻是一個行屍坐肉。」

【行屍坐肉】
見「行屍走肉」。

【行師動衆】
行師：用兵，調動軍馬。謂指揮軍馬作戰。《三國志・魏書・明帝紀》：「癸丑，葬高平陵」裴松之注引《魏書》：「即位之後，褒禮大臣，料簡功能，眞偽不能相貿，務絕浮華譖毀之端，行師動衆，論決大事，謀臣將相，咸服帝之大略。」也作「行軍動衆」。《三國志・魏書・王朗傳》：「今權之師未動，則助吳之軍無為先征。且雨水方盛，非行軍動衆之時。」

【行思坐籌】
見「行思坐想」。

【行思坐想】
走著坐著都在想。形容時刻不停地思慮或想念。元・關漢卿《雙赴夢》二折：「殿上，帝王，行思坐想正南下望，知禍起自天降。」元・鄭德輝《傷梅香》二折：「如今著小生行思坐想，廢寢忘餐，我有甚麼心腸看這經書。」也作「行思坐籌」。籌：籌謀，思考。《聊齋志異・青娥》：「生行思坐籌，無以為計。」也作「行思坐憶」。宋・袁去華《金蕉葉》詞：「行思坐憶。知他是，怎生過日。」

【行思坐憶】
見「行思坐想」。
【行隨事遷】
遷：遷動，改變。指行動隨著情況的變化而改變。明・李贄《焚書・先行錄序》：「故行隨事遷，則言焉人殊，安得據往行以爲典要，守前言以效尾生耶？是又當行之言不可以執一也。」
【行所無事】
見「行若無事」。
【行同狗豨】
豨：ㄒㄧ，豬。行爲舉止如同豬狗一般。比喻人的行爲卑鄙無恥。《墨子・耕柱》：「子夏之徒問於子墨子曰：『君子有鬥乎？』子墨子曰：『君子無鬥。』子夏之徒曰：『狗豨猶鬥，惡有士而無鬥矣。』子墨子曰：『傷矣哉！言則稱於湯文，行則譬於狗豨。』」也作「行同狗彘」。彘：豬。例對於這些行同狗彘，無惡不作的犯罪分子，必須繩之以法，絕不可姑息。也作「行同犬彘」。明・李清《三垣筆記・弘光》：他如楊文驄、劉泌、王燧、黃鼎等，或行同犬彘，或罪等叛逆，皆用之當路。」也作「行若狗彘」。漢・賈誼《漢安策》：「故此一豫讓也，反君事仇，行若狗彘，而已抗節致忠，行出乎列士，人主使然也。」
【行同狗彘】
見「行同狗豨」。
【行同犬彘】
見「行同狗豨」。
【行無越思】
行動不超出所考慮的範圍。《左傳・襄公二十五年》：「子產曰：『政如農功，日夜思之，思其始而成其終，朝夕而行之，行無越思，如農之有畔，其過鮮矣。』」
【行無轍跡】
轍跡：車輪輾出的痕跡。形容行動飄泊無定，蹤影難尋。晉・劉伶《酒德頌》：「行無轍跡，居無室廬，幕天席地，縱意所如。」
【行俠好義】
指重義氣，樂於助人。例林大光在地方上是出了名的行俠好義之人，街坊鄰居若有困難，經常會找他幫忙。
【行險僥倖】
行險：冒險。指冒險行事以求得利。《禮記・中庸》：「故君子居易以俟命，小人行險以僥幸。」《三國演義》一一九回：「匹夫行險僥倖，亦有今日耶？」也作「行嶮僥倖」。嶮：通「險」。宋・蘇軾《張文定公墓志銘》：「近歲邊臣建開拓之議，皆行嶮僥倖之人，欲以天下安危試之一擲，事成則身蒙其利，不成則陛下任其患，不可聽也。」
【行嶮僥倖】
見「行險僥倖」。
【行凶撒潑】
撒潑：無理逞蠻。打人殺人，無理逞凶。元・關漢卿《竇娥冤》二折：「浪蕩乾坤，怎敢行凶撒潑，擅自勒死平民！」也作「撒潑行凶」。
【行言自爲】
謂說話辦事都是自己作主，自己負責。《莊子・天地》：「官施而不失其宜，拔舉而不失其能，畢見其情事，而行其所爲，行言自爲而天下化。」
【行要好伴，住要好鄰】
出門要找好同伴，居住要選好鄰居。例俗語說：「行要好伴，住要好鄰。」出門有了好同伴，在家有了好鄰居，才能互相照應、互相幫助。
【行義求志】
志：志向，理想。指躬行道義，追求理想。宋・蘇軾《張氏園亭記》：「於以養生治性，行義求志，無適而不可。」
【行義忘利】
躬行仁義，不計私利。宋・蘇軾《文與可字說》：「守道而忘勢，行義而忘利，修德而忘名。」
【行易力難】
做起來容易，但要盡力做好則很困難。清・王夫之《俟解》：「學易而好難，行易而力難，恥易而知難。」
【行易知難】
做起來容易，但要知道其中的道理就很困難。孫中山《心理建設（孫文學說）》五章：「由是而知『行易知難』，實爲宇宙間之眞理。」
【行吟坐咏】
吟、咏：有節奏地誦讀。走著的、坐著的都在大聲讀書。形容學習風氣濃，到處書聲琅琅。《南史・郭祖深傳》：「陛下昔歲尙學，置立五館，行吟坐咏，誦聲溢境。」
【行有餘力】
日常的事情做完後，還有剩餘的精力可用。《論語・學而》：「弟子入則孝，出則悌，謹而信，泛愛衆而親仁，行有餘力，則以學文。」
【行於所當行，止於所不可不止】
應當走時就走下去，不可不停時就停下來。原比喻寫文章要順乎自然，可長則長，可短則短。後也用以比喻做事情要適度。宋・蘇軾《與謝民師推官書》：「大略如行雲流水，初無定質，但常行於所當行，常止於所不可不止，文理自然，姿態橫生。」
【行遠者假於車，濟江海者因於舟】
假：憑藉；因：依靠。走遠路的人借助於車子，渡江海的人依靠渡船。指做事情必須憑藉一定的客觀條件。也指做不同的事，須採取不同的方法。漢・桓寬《鹽鐵論・貧富》：「行遠者假於車，濟江海者因於舟。故賢士之立功成名，因於資而假物者也。」
【行遠自邇】
邇：近。走遠路要從近處開始。比喻學習做事要從淺入深，循序漸進。《禮記・中庸》：「君子之道，辟如行遠必自邇，辟如登高必自卑。」明・謝榛《四溟詩活》卷三：「此行遠自邇之法，俾其自悟耳。」

【行雲流水】

飄蕩的雲，流動的水。①比喻寫詩作文自然灑脫，無所拘束。宋・蘇軾《答謝民師書》：「所示書教及詩賦雜文，觀之熟矣，大略如行雲流水，初無定質，但常行於所當行，常止於所不可不止。」②比喻無足輕重。《警世通言》卷二：「今日被老子點破了前生，如夢初醒，自覺兩腋風生，有栩栩然蝴蝶之意，把世情榮枯得喪，看做行雲流水，一絲不掛。」

【行雲流水——不好捉摸】

也作「行雲流水——難捉摸」。見「六月的雲，八月的風—不好捉摸」。

【行則連輿，止則接席】

輿：車。外出時車子相連，休息時坐在一起。形容朋友之間感情融洽，關係密切。三國魏・曹丕《與吳質書》：「昔日遊處，行則連輿，止則接席，何曾須臾相失？」

【行者必先近而後遠】

行路的人必須由近到遠。指做事要立足當前，從近處抓起，然後再向深遠處發展。《墨子・經說下》：「進行者，先敷近，後敷遠。行者必先近而後遠。遠近脩也，先後久也。民行脩必以久也。」

【行者讓路】

來往的行人互相讓路。比喻彼此相互謙讓。《孔子家語・好生》：「虞芮二國，爭田而訟，連年不決，乃相謂曰：『西伯，仁人也，盍往質之？』入其境，剛耕者讓畔，行者讓路。」

【行針步線】

比喻周密策劃謀算。元・無名氏《藍采和》一折：「試看我行針步線，俺在這梁園城一交卻又早二十年。」

【行之惟艱】

惟：爲，是。做起來就很艱難。《尚書・說命中》：「非知之艱，行之惟艱。」唐・陸贄《策問識洞韜略堪任將帥科》：「即戎者不知其稼穡，力本者罕習於干戈……歷茲千年，竟莫能復。抑知者蓋寡，將行之惟艱歟？」也作「行之惟難」。唐・吳兢《貞觀政要・愼終》魏徵上疏：「非知之難，行之惟難；非行之難，終之斯難。」

【行之惟難】

見「行之惟艱」。

【行之有素】

有素：指向來有某種做法。做起來和往常一個樣。清・魏源《覆蔣中堂論南漕書》：「昔人論河海並運，比於富室別闢旁門，然必行之有素，相習爲常。」

【行之有效】

指某種方法或措施施行起來有成效。《雲笈七籤》卷三六：「導引秘經，千有餘條，或以逆卻未生之衆病，或以攻治已結之篤疾，行之有效，非空言也。」

【行住坐臥】

謂舉止行動。《兒女英雄傳》三七回：「你只看那猴兒，無論行住坐臥，他總把個腦袋扎在胸坎子上，倒把脖兒扛起來。」

【行濁言清】

濁：污濁，指卑劣。行爲卑劣，言談清高。形容爲人虛僞，言行不一。元・喬吉《揚州夢》四折：「杜牧之難折證，牛僧孺不志誠，都一般行濁言清。」

【行蹤無定】

行蹤：行動的蹤跡。指四處飄泊，沒有固定的去處。《說岳金傳》一回：「老祖道：『出家人行蹤無定，待貧道自去尋來。』」

【行走如飛】

見「行步如飛」。

【行坐不安】

走也不是，坐也不是，形容心情煩躁焦慮。《三國演義》五五回：「[周]瑜聞大驚，行坐不安。」也作「坐立不安」、「坐臥不安」。

【形不弔影】

弔：安慰。身體無法安慰影子。形容十分孤獨寂寞。《魯迅書信集・致蔣抑卮》：「爾來索居仙台，又復匝月，形不弔影，彌覺無聊。」

【形單影單】

見「形單影隻」。

【形單影隻】

形體和影子都只有一個。形容孤單寂寞，無人陪伴。唐・韓愈《祭十二郎文》：「承先人後者，在孫惟汝，在子惟吾，兩世一身，形單影隻。」也作「形單影單」。明・高濂《玉簪記・追別》：「我怎敢忘卻些兒燈邊枕邊，只愁你形單影單，只愁你衾寒枕寒，哭得我哽咽喉乾。」也作「形隻影單」。《鏡花緣》四〇回：「有夫死而孀居者，既無丈夫衣食可恃，形隻影單，飢寒誰恤？」也作「形孤影寡」。明・高則誠《琵琶記・兩賢相遘》：「他金雀釵頭雙鳳朵，奴家若帶了呵，可不羞殺人形孤影寡。」也作「形孤影孑」。孑：孤獨。唐・李商隱《爲李郎中祭舅竇端州文》：「顧後瞻前，形孤影孑。」也作「形孤影隻」。《二刻拍案驚奇》卷三：「一來家姑相留，二來小生形孤影隻，岑寂不過，貪著骨肉相傍，懶向外邊去了。」

【形端影直】

見「形正影直」。

【形槁心灰】

槁：乾枯。身體枯瘦，情緒消沈，沒有一點生氣。清・錢泳《履園叢話・舊聞・席氏多賢》：「今生已被虜，人被殺，兒孤婦寡，飢寒交迫，形槁心灰，雖生亦猶死也。」

【形格勢禁】

格：阻礙；禁：禁止，限制。指受到形勢的阻礙或限制。《史記・孫子吳起列傳》：「救鬥者不搏撠，批亢搗虛，形格勢禁，則自爲解耳。」也作

「**形格勢制**」。制：限制。《明史·賈三近傳》：「邊疆之費，雖欲損毫釐不可得，形格勢制，莫可如何。」也作「**形劫勢禁**」。劫：劫持，約束。嚴復《原强》：「夫奴虜之於主人，特形劫勢禁，無可如何已耳，非心悅誠服，有愛於其國與主，而共保持之也。」也作「**形禁勢格**」。清·徐瑤《太恨生傳》：「女非有意負生，形禁勢格，變至無如何耳。」

【形格勢制】
見「形格勢禁」。

【形孤影寡】
見「形單影隻」。

【形孤影孑】
見「形單影隻」。

【形孤影隻】
見「形單影隻」。

【形骸放浪】
形骸：形體；放浪：放縱不拘。指行爲放任，不受世俗禮法的拘束。清·姚鼐《與王禹卿泛舟，至平山堂即送其之臨安府》詩：「形骸放浪各無累，釣竿只欲垂滄洲。」也作「**形骸脫略**」。脫略：放任不拘。清·鄂爾泰《贈學使中丞法淵若》詩：「今日相逢共樽酒，形骸脫略兩無嫌。」也作「**放浪形骸**」。

【形骸土木】
形駭：形體。指人的形體就像土木一樣保持著自然本色。比喻人不作任何修飾的本來面目。宋·汪元量《寄趙青山同舍》詩之一：「六館風流不可尋，形骸土木淚痕深。」

【形骸脫略】
見「形骸放浪」。

【形跡可疑】
指舉動和神情令人懷疑。《二十年目睹之怪現狀》五八回：「連我們也不知道，只聽吩咐查察形跡可疑之人。」也作「**行跡可疑**」。吳玉章《從甲午戰爭前後到辛亥革命前後的回憶》一四：「見我的行跡可疑，便不管我同意與否，先替我買好車票，臨時騙我上車，一直把我送到上海。」

【形劫勢禁】
見「形格勢禁」。

【形禁勢格】
見「形格勢禁」。

【形具神生】
形：形體；神：精神。指人的形體具備後，精神就隨之產生。《荀子·天論》：「天職既立，天功既成，形具而神生，好惡、喜怒、哀樂藏焉，夫是之謂天情。」

【形美感目，意美感心】
外表的美只能悅目，心靈的美才能感人。例一個人談朋友，不能只注重外貌，而忽視人品的好壞，俗話說得好：「形美感目，意美感心。只有心靈上的溝通，彼此才能愛得深，愛得久遠。」

【形親之國】
指邊界接壤、關係友好的國家。《史記·張儀傳》：「今秦與楚，接境壤界，固形親之國也。」

【形容枯槁】
形容：形體和面容；枯槁：憔悴的樣子。指身體面容十分消瘦。戰國楚·屈原《漁父》：「屈原既放，遊於江潭，行吟澤畔，顏色憔悴，形容枯槁。」也作「**形容憔悴**」。憔悴：身體瘦弱，臉色難看。《三國演義》二九回：「夫人見[孫]策形容憔悴，泣曰：『兒失形矣！』」

【形容憔悴】
見「形容枯槁」。

【形如處女】
形容舉止神態像處女一樣文靜。《列子·黃帝》：「心如淵泉，形如處女。」

【形如槁木】
槁木：乾枯的木頭。形容身體瘦得像乾枯的木頭。《莊子·齊物論》：「形固可使如槁木，心固可使如死灰乎？」例孩子早夭的沉重打擊，使得她形如槁木，完全成了另外一個人。

【形如死灰】
形容舉止形貌毫無生氣。《新唐書·唐臨傳》：「形如死灰，心若鐵石。」

【形神不全】
形體和精神都有欠缺。《戰國策·齊策》：「士生乎鄙野，推選則祿焉，非不遂遵也，然而形神不全。」

【形神兼備】
形神：指藝術作品的形象和神韻。藝術作品的形象和意蘊全都具備，和諧統一。例這幅山水畫形神兼備，情景交融，令人嘆爲觀止。

【形神俱瘁】
瘁：過份勞累。身體和精神都疲勞不堪。明·張居正《答督撫吳環洲言敬事後食之義》：「僕以菲薄，待罪政府，每日戴星而入，朝不遑食，夕不遑息，形神俱瘁，心力並竭，於國家豈無尺寸效？」

【形勢逼人】
形勢的發展，催人奮進，不可懈怠。例今年的降雨量大，汛期即將來臨，形勢逼人，我們必須盡快做好防汛準備。

【形輸色授】
形：指舉止行動；輸、授：傳送，表達；色：神色表情。指通過舉止和神情表達愛慕之心。形容男女鍾情相悅。清·梁紹壬《兩般秋雨庵隨筆·無題詩》：「一日見某部某郎，不覺傾倒，形輸色授，頗難自持。」

【形束壤制】
形、壤：指山川地形；束：束縛；制：制約。謂山川阻隔，地形複雜，既便於固守，又可脅制敵方。《史記·平津侯主父傳》：「形束壤制，旁脅諸侯。」

【形枉影曲】
枉：歪斜。物體歪斜，影子也就彎曲。比喻結果由原因所決定。《列子·說符》：「形枉則影曲，形直則影正。」

【形息名彰】

形息：指人死去；彰，顯著。謂人雖死了，但名揚於世。《呂氏春秋．上德》：「故古之人，身隱而功著，形息而名彰。」

【形相雖惡，而心術善，無害爲君子也】

害：妨礙。相貌長得雖然難看，但心地善良，仍不失爲道德高尚的人。指人外形的美醜並不決定人的內在品質的好壞。《荀子．非相》：「形相雖惡，而心術善，無害爲君子也；形相雖善，而心術惡，無害爲小人也。」

【形銷骨立】

見「銷毀骨立」。

【形形色色】

《列子．天瑞》：「有形者，有形形者。……有色者，有色色者。」原指生出這種形體和顏色，後用以形容種類繁多，各式各樣。例這條街是本市最熱鬧的地方，路上形形色色的人都有。

【形影不離】

形容關係親密，無法分離。清．紀昀《閱微草堂筆記．灤陽消夏錄二》：「青縣農家少婦，性輕佻，隨其夫操作，形影不離，恆相對嬉笑，不避忌人。」

【形影相弔】

弔：安慰。身體和影子互相安慰。形容孤獨寂寞，無依無靠。三國魏．曹植《上責躬應詔詩表》：「竊感《相鼠》之篇，無禮遄死之心。形影相弔，五情愧赧。」也作「形影相對」。《廿載繁華夢》二一回：「[伍氏]鎮日只有幾個丫鬟服侍……餘外就形影相對，差不多眼兒望穿，也不得周庸祐到來一看。」也作「形影相顧」。顧：顧憐。《晉書．桓溫傳》：「省之惋愕，不解所由，形影相顧，隕越無地。」也作「形影相攜」。攜：攜帶。宋．范成大《代樂先生還鄉上季太守書》：「復自思念，方痛未定時，形影相攜，奉頭鼠竄……窮困逼迫，偷生脫死之狀，皆所備嘗而飽歷。」也作「形影相守」。三國魏．曹植《自試令》：「反旋在國，揵門退掃，形影相守，出入二載。」

【形影相對】

見「形影相弔」。

【形影相附】

見「形影相追」。

【形影相顧】

見「形影相弔」。

【形影相憐】

見「形影相追」。

【形影相守】

見「形影相弔」。

【形影相隨】

見「形影相追」。

【形影相攜】

見「形影相弔」。

【形影相依】

身體和影子互相依靠。①形容在孤寂的處境中相互陪伴。明．湯顯祖《紫釵記．托鮑謀釵》：「娘和女傳仃可嗟，形影相依，怎生撇下？」②形容孤獨無靠。清．馮桂芬《蔣孝婦傳》：「姑老病，坐臥一樓，形影相依。」

【形影相追】

影子追隨著身體。形容關係親密，無法分離。唐．張說《同趙侍御望歸舟》詩：「形影相追高翥鳥，心腸並斷北飛船。」也作「形影相附」。明．李東陽《奉謙齋徐先生書》：「今已決策於此，又念賤父子二人形影相附，別無子弟可將事者。」也作「形影相憐」。明．張岱《祭周戩伯文》：「余與戩伯結發爲知己，相與共筆硯者六十三載，婆娑二老，形影相憐。」也作「形影相隨」。明．沈受先《三元記．登科》：「止合躬耕畎畝，形影相隨，早晚相依。」

【形影自弔】

同「形影相弔」。《聊齋志異．張誠》：「父自[張]訥去，妻亦尋卒，塊然一老鰥，形影自弔。」

【形影自憐】

形影相對，自己憐惜自己。形容孤單寂寞，憂鬱失意的情態。南朝梁．蕭統《錦帶書十二月啟．夷則七月》：「俯仰興嘆，形影自憐。」

【形影自守】

形容一人獨處。《玉嬌梨》一七回：「今白小姐人琴俱亡，小弟形影自守，絕不負心而別求佳麗。」

【形於辭色】

形：顯露，流露。指心理活動透過言語和神色流露出來。《晉書．庾亮傳》：「欲以滅胡平蜀爲己任，言論慷慨，形於辭色。」也作「形於言色」。《晉書．何無忌傳》：「少有大志，忠亮任氣，人有不稱其心者，輒形於言色。」

【形於言色】

見「形於辭色」。

【形於顏色】

形：顯露，流露；顏色：臉色，面容。心理活動從面容上流露出來。宋．范祖禹《論德政》：「憂瘁泣涕，形於顏色。」

【形正影直】

身體正，影子就直。比喻爲人正直，在外的名聲就好。晉．傅玄《太子少傅箴》：「近朱者赤，近墨者黑。聲和則響清，形正則影直。」也作「形端影直」。端：端正。唐．王勃《上劉右相書》：「源潔則流清，形端而影直。」也作「形直影正」。《列子．說符》：「形枉則影曲，形直則影正。」

【形之筆墨】

見「形諸筆墨」。

【形隻影單】

見「形單影隻」。

【形直影正】

見「形正影直」。

【形諸筆墨】

形：顯示，表現；諸：之、於的合音。用筆墨表現出來。例《聊齋志異》生動地將狐精神怪的形象形諸筆墨，在思想上、藝術上都取得了很高的成就。也作「形之筆墨」。蘇雪林《玉溪詩謎·附錄》：「而兒童的顰笑，形之筆墨，每每成爲好文章。」

【硎發新刄】
見「新硎初試」。

ㄒㄧㄥˇ

【省方觀民】
省方：視察四方；觀民：觀察民情。到各地了解民情風俗。《周易·觀》：「先王以省方觀民設教。」孔穎達疏：「以省視萬方，觀看民之風俗，以設於教。」也作「省方觀俗」。《周書·竇熾傳》：「得一睹誅剪鯨鯢，廓清寰宇，省方觀俗，登岳告成，然後歸魂泉壤。」也作「省俗觀風」。《隋書·煬帝紀下》：「省俗觀風，爰屆幽朔。」

【省方觀俗】
見「省方觀民」。

【省俗觀風】
見「省方觀民」。

【醒眼看醉漢】
比喻清醒的人看沉迷不悟的人。《綴白裘·〈邯鄲夢·三醉〉》：「[淨]我每醒眼看醉漢。[副]你這醉漢不堪扶。」也作「醒眼觀醉眼」。《兒女英雄傳》二三回：「我倒是在這裏『醒眼觀醉眼』，只怕你倒有此酒不醉人人自醉那句的下句兒罷！」

ㄒㄧㄥˋ

【興不由己】
興：興致。興致正高，情緒難以控制。例今天晚上，小林在慶功宴上興不由己，讓周遭的人都感染到他的興奮心情。

【興復不淺】
興：興致；復：還。興致還很高。南朝宋·劉義慶《世說新語·容止》：「[庾太尉]俄而率左右十許人步來，諸賢欲起避之，公徐云：『諸君少住，老子於此處，興復不淺。』便據胡床，與諸人咏謔，竟坐甚得任樂。」也作「興猶不淺」。例大家雖然都很疲勞，但仍興猶不淺，提議第二天早上就去爬泰山看日出。

【興高采烈】
南朝梁·劉勰《文心雕龍·體性》：「叔夜俊俠，故興高而采烈。」原指文章旨趣高尚，言辭犀利，後用以形容興致高昂，情緒熱烈。《孽海花》三四回：「唐先生方站在台上，興高采烈，指天劃地的在那裏開始他的雄辯。」

【興觀羣怨】
興：感奮；觀：觀察；羣：合羣；怨：抱怨。《論語·陽貨》：「《詩》可以興，可以觀，可以羣，可以怨。」原指《詩經》所具有的感奮作用、觀察作用、凝聚作用和諷刺作用，後謂文學藝術的社會功用。宋·呂本中《夏均父集序》：「今之爲詩者，讀之果可使人興起其爲善之心乎？果可使人興觀羣怨乎？爲之而使人不能如此，則如勿作。」

【興會淋漓】
興會：興致；淋漓：酣暢的樣子。形容興致很高，精神飽滿。《兒女英雄傳》三〇回：「便是安老夫妻恁般嚴慈，那裏還能時刻照管的到他，有時到了興會淋漓的時節，就難免有些小德出入。」

【興會神到】
興會：指意趣因一時的靈感而觸發；神到：指將其精神付諸筆端。指藝術創作中捕捉靈感，並將其表現出來。清·王士禎《池北偶談》卷一八：「大抵古人詩畫，只取興會神到，若刻舟緣木求之，失其指矣。」

【興盡悲來】
高興過分，悲哀來臨。謂物極必反。唐·王勃《滕王閣序》：「天高地迥，覺宇宙之無窮；興盡悲來，識盈虛之有數。」

【興盡而返】
興致過去了就返回。《晋書·王徽之傳》：「嘗居山陰，夜雪初霽，月色清朗，四望浩然，獨酌酒咏左思《招隱詩》，忽憶戴逵。逵時在剡，便夜乘小船詣之，經宿方至，造門不前而反。人問其故，徽之曰：『本乘興而行，興盡而反，何必見安道邪？』」反，通「返」。

【興盡意闌】
興：興致；意：情趣；闌：盡。指興致和情趣全部消失。朱自清《「海闊天空」與「古今中外」》：「時而縱談時局。品鑑人倫；時而剖析玄理，密訴衷曲……等到興盡意闌，便各自回去睡覺。」

【興來如答】
興：意趣。形容接觸外界事物，就像回答話語一樣，會引起意趣的感發。指藝術創作中的觸景生情。南朝梁·劉勰《文心雕龍·物色》：「情往似贈，興來如答。」

【興如嚼蠟】
興：興致，興味；嚼蠟：指沒有味道。形容興致全無。明·康海《粉蝶兒·秋日閒情》套曲：「半百年華，鬓如絲，興如嚼蠟。」

【興味索然】
興味：興致，興趣；索然：沒有興趣的樣子。指興致消失，情緒低落。清·王韜《瀛壖雜志》卷一：「清晨薄暮，滿屋芳馨，觱觱襲人。卓午來遊者，絡繹不絕，溽暑蒸鬱，看花之興味索然矣。」也作「興味蕭然」。蕭然：冷落的樣子。宋·王禹偁《清明》詩：「無花無酒過清明，興味蕭然似野僧。」也作「興致索然」。《官場現形記》三二回：「又加以田小辮子同烏額拉布兩個人吃醋打架，弄得合席大衆，興致索然。」

【興味蕭然】

見「興味索然」。

【興興頭頭】

形容十分高興的樣子。《紅樓夢》六七回：「趙姨媽來時，興興頭頭，誰知抹了一鼻子灰。」

【興以情遷】

興致隨著情景的變化而改變。唐·王勃《採蓮賦》：「賞以物召，興以情遷。」

【興猶不淺】

見「興復不淺」。

【興致勃勃】

勃勃：旺盛的樣子。形容興致很高。《鏡花緣》五六回：「到了郡考，衆人以爲緇氏必不肯去，誰知他還是興致勃勃道：『以天朝之大，豈無看文巨眼？此番再去，安知不遇知音？』又進去考了一場。」也作「**興致勃發**」。《隋唐演義》八九回：「梨園子弟同宮女們，歌的歌，舞的舞，飲至半酣，興致勃發。」

【興致勃發】

見「興致勃勃」。

【興致索然】

見「興味索然」。

【杏熬倭瓜——對色】

杏：果實成熟時黃紅色；倭瓜：南瓜，成熟時赤褐色。二者顏色相似。比喻合適，稱心如意。例咱們的性格是杏熬倭瓜一對色，今後工作一定能配合好。

【杏熬倭瓜——一色貨】

倭瓜：[方]南瓜。見「黃杏熬北瓜——一色貨」。

【杏花村的酒——後勁大】

杏花村在山西省汾陽縣，所產汾酒、竹葉青等名酒醇香濃郁，享有盛名。雙關語。比喻後期力量大。例別看他年已花甲，可是杏花村的酒一後勁大，勞動一天了，年輕小伙子還喘不過氣來呢！他卻一點事也沒有。

【杏臉桃腮】

杏花般白嫩的臉龐，桃花般紅潤的雙頰。形容女子容貌艷美。元·王實甫《西廂記》四本一折：「杏臉桃腮，乘著月色，嬌滴滴越顯得紅白。」也作「**杏腮桃臉**」。宋·辛棄疾《西江月·和楊民瞻賦丹桂韻》詞：「杏腮桃臉費鉛華，終慣秋蟾影下。」

【杏腮桃臉】

見「杏臉桃腮」。

【杏眼圓睜】

杏眼：指年輕女子俊美的眼睛。謂年輕女子怒氣沖沖地瞪大眼睛。《兒女英雄傳》：那女子不聽猶可，聽了這話，只見他柳眉倒豎，杏眼圓睜，腮邊烘兩朵紅雲，頭上現一團殺氣。」

【杏雨梨雲】

杏花如雨，梨花似雲。形容春景秀美。明·許自昌《水滸記·冥感》：「慕虹霓盟心，蹉跎杏雨梨雲，致蜂戀蝶昏。」

【幸災樂禍】

幸：高興。《左傳·僖公十四年》：「秦饑，使乞糴於晉，晉人弗與。慶鄭曰：『背施無親，幸災不仁。』」《左傳·莊公二十年》：「哀樂失時，殃咎必至。今王子頹歌舞不倦，樂禍也。」後用「幸災樂禍」謂別人遭災遇禍，自己反而感到高興。《警世通言》卷二五：「每見吳下風俗惡薄，見朋友患難，虛言撫慰，曾無一毫實惠之加；甚則面是背非，幸災樂禍，此吾平時所深恨者。」

【性存薑桂】

薑桂辛辣。比喻性格倔強。清·查愼行《殘冬展假病榻消寒，聊當呻吟，語無倫次，錄存十六首》詩之一三：「性存薑桂何妨辣，味到芩連不取甘。好友勸嘗眞苦口，庸醫隔膜漫多談。」

【性靜情逸】

稟性沉靜恬淡，心情就安適舒和。南朝梁·周興嗣《千字文》：「性靜情逸，心動神疲。」

【性命交關】

交關：相關。關係到生命安危的重要事情。《老殘遊記》一回：「此時人家正在性命交關，不過一時救急，自然是我們三個人去，那裏有幾營人來給你帶去！」也作「**性命攸關**」。攸：所。例施工一定要注意安全，這可是性命攸關的事情，千萬大意不得。」

【性命攸關】

見「性命交關」。

【性如烈火】

形容性情十分暴躁。《兒女英雄傳》二一回：「一張黑油臉，重眉毛，大眼睛，頦下一部鋼鬚，性如烈火。」

【性相近，習相遠】

習：習染，影響。人的性情本來是近似的。由於後天的習染和影響不同，性格就相差很遠。指人所處的環境，所受的教育對性格的形成十分重要。《論語·陽貨》：「子曰：『性相近也，習相遠也。』」

【性直口快】

見「心直口快」。

【姓甚名誰】

姓什麼，叫什麼。指打聽別人的姓名。元·王子一《誤入桃源》三折：「你道我面生可疑，便待要揚威耀武，也合問姓甚名誰。」

ㄒㄩ

【訏謨定命】

訏：大；謨：謀劃。指運籌大計，審定政令。《詩經·大雅·抑》：「訏謨定命，遠猶辰告。」章炳麟《上李鴻章書》：「以公瞻言千里，訏謨定命，曷亦以斯入告，而妙選行理，以從事其後乎？」

【吁咈都俞】

吁咈：ㄒㄩ ㄈㄨˊ，感嘆詞，表示反對；都俞：感嘆詞，表示贊同。《尚書・益稷》：「禹曰：『都，帝，愼乃在位。』帝曰：『俞』。」《尙書・堯典》：「帝曰：『吁，咈哉。』」後用「吁咈都俞」形容共同議事時氣氛融洽。清・昭槤《嘯亭雜錄》卷九：「公（趙泰安）亦以古大臣自朝，一時吁咈都俞，朝野傳爲盛事。」也作「都俞吁咈」。

【盱衡厲色】

盱衡：揚眉舉目。橫眉豎目，神色嚴厲。《漢書・王莽傳》：「當此之時，公運獨見之明，奮亡前之威，盱衡厲色，振揚武怒。」

【鬚眉畢現】

鬚髮眉毛全都表現出來。形容藝術作品對人物的刻畫十分細膩逼眞。清・孔尙任《桃花扇・凡例》：「設科之嬉笑怒罵，如白描人物，鬚眉畢現，引人入勝者，全借乎此。」也作「鬚眉活現」。清・高奕《新傳奇品》：「吳石渠道子寫生，鬚眉活現。」也作「鬚眉欲動」。清・賀裳《載酒園詩話又編・中唐・柳宗元》：「子厚有良史之才，即以韻語出之，亦自鬚眉欲動。」

【鬚眉皓白】

皓白：雪白。鬍鬚和眉毛都白了。《史記・留侯世家》：「及燕置酒，太子侍，四人從太子，年皆八十有餘，鬚眉皓白，衣冠甚偉。」也作「鬚眉皓然」。唐・薛漁思《河東記・韋丹》：「俄而有一老人，鬚眉皓然，身長七尺，褐裘韋帶。」也作「鬚眉交白」。交：都。《莊子・漁父》：「有漁父者，下船而來，鬚眉交白，被髮揄袂。」

【鬚眉皓然】

見「鬚眉皓白」。

【鬚眉活現】

見「鬚眉畢現」。

【鬚眉交白】

見「鬚眉皓白」。

【鬚眉巾幗】

鬚眉：指男子漢；巾幗：古代女子的頭巾和髮飾，指女子。指有男子氣概的女子。形容女中英傑。例這些雄糾糾氣昂昂的女兵，英姿煥發，眞是巾幗不讓鬚眉。也作「巾幗鬚眉」。

【鬚眉男子】

鬚眉：鬍鬚和眉毛。古時男子以濃眉多鬚爲美。指有大丈夫氣概的男子。《西湖二集》卷一九：「丫鬟之中，尙有全忠全孝頂天立地之人，何況鬚眉男子。」

【鬚眉欲動】

見「鬚眉畢現」。

【鬚彌芥子】

鬚彌：佛家語，古代印度傳說中的大山；芥子：芥菜的種子。《維摩經・不思議品》：「若菩薩住是解脫者，以鬚彌之高廣，內（納）芥子中，無所增減。」後用「鬚彌芥子」謂小能容大。宋・辛棄疾《水調歌頭・題永豐楊少遊提點一枝堂》詞：「休說鬚彌芥子，看取鵾鵬斥鷃，小大若爲同？」也作「鬚彌納芥」。宋・鼂補之《敍舊感懷呈提刑毅父並再和》詩之四：「鬚彌納芥事堪驚，千歲聊堪一日評。」

【鬚彌納芥】

見「鬚彌芥子」。

【鬚髯如戟】

髯：兩腮邊的鬍子。鬍鬚像戟一樣又長又硬。形容相貌堂堂，很有男子氣。《南史・褚彥回傳》：「君鬚髯如戟，何無丈夫意？」

【虛比浮詞】

虛比：不切實的比方；浮詞：浮泛的言辭。指說話空泛。《紅樓夢》五六回：「探春笑道：『雖也看過，不過是勉人自勵，虛比浮詞，那裏眞是有的。』」

【虛詞詭說】

虛：虛假；詭：怪異。虛假的言辭，怪異的談論。唐・蔣防《霍小玉傳》：「玉自生逾期，數訪音信。虛詞詭說，日日不同。」

【虛詞濫說】

濫：不切實際。虛假的言辭，空泛的談論。《史記・司馬相如列傳》：「相如雖多虛詞濫說，然其要歸引之節儉，此與《詩》之風諫何異。」

【虛度年華】

白白耗費時光。例年青人應珍惜自己的青春，努力學習，做好工作，不能虛度年華。也作「虛擲年華」。例他整日東遊西逛，尋歡作樂，卻不知自己是在虛擲年華，到頭來只會落得個「老大徒傷悲」的結局。

【虛費詞說】

指白費口舌。《三國演義》四二回：「劉使君與孫將軍自來無舊，恐虛費詞說。」

【虛華之寵】

謂表面上受到寵信，而事實上並非如此。《三國志・蜀書・郤正傳》：「上垂詢納之弘，下有匡救之責，士無虛華之寵，民有一行之跡。」

【虛懷樂取】

虛懷：虛心。謙虛待人，樂於接受別人的意見。清・姚鼐《覆魯挈非書》：「蓋虛懷樂取者，君子之心。」

【虛懷若谷】

谷：山谷胸懷像山谷一樣深廣。形容非常謙虛，能接受別人的意見。清・陳確《覆吳裒仲書》：「讀教益，知虛懷若谷，求益無方，彌深感嘆。」

【虛晃一槍】

假裝出槍進攻，實際上意在退卻。《水滸後傳》三回：「欒廷玉抵擋不住，虛幌（晃）一槍，敗陣而走。」後比喻故意裝出某種姿態，實際上另有他圖。例他對這項工程忽然熱心起來，不過是，虛晃一槍，因爲他至今對這項計畫仍持否定態度。

【虛己而問】

問：詢問，請教。指虛心向別人請教。《漢書・五行志上》：「周既克殷，以箕子歸，武王親虛己而問焉。」

【虛己斂容】

斂容：收起笑容。指待人謙虛，態度鄭重。《漢書·霍光傳》：「光每朝見，上虛己斂容，禮下之已甚。」

【虛己納物】

見「虛己受人」。

【虛己受人】

謂非常謙虛，能接受別人的意見。《韓詩外傳》卷二：「君子盛德而卑，虛己以受人。」也作「虛己納物」。納物：指接納別人的意見。《魏書·陸子彰傳》：「子彰之爲州，以聚斂爲事，晚節修改，自行青、冀、滄、瀛，甚有時譽，加以虛己納物，人敬愛之。」也作「虛己聽受」。聽受：聽取和接受別人的意見。《陳書·後主紀》：「朕將虛己聽受，擇善而行，庶深鑑物情，匡我王度。」

【虛己聽受】

見「虛己受人」。

【虛驕恃氣】

虛驕：虛浮驕傲；恃氣：意氣用事。指態度傲慢，舉止浮躁。《莊子·達生》：「方虛憍（驕）而恃氣。」嚴復《原强續篇》：「夫所惡於虛驕恃氣者，以其果敢而窒，如醉人之勇，俟其既醒，必怯懦而不可復作也。」

【虛論浮談】

虛浮不實的言談。宋·劉顏《輔弼名對序》：「又有虛論浮談，讒言輕議，雖輔弼之士，亦不取焉。」

【虛論高議】

空洞浮泛、不切實際的議論。《六韜·上賢》：「博聞辯辭，虛論高議，以爲容美，窮居靜處而誹時俗，奸人也。」也作「虛談高論」。北魏·楊衒之《洛陽伽藍記·秦太上君寺》：「齊士之民，風俗淺薄，虛談高論，專在榮利。」

【虛美薰心】

被貌似美好的事物迷住了心竅。漢·路溫舒《尚德緩刑書》：「虛美薰心，實禍蔽塞。」

【虛名薄利】

虛浮的名聲，菲薄的利益。謂鄙薄名利。《雍熙樂府·點絳唇·顏子簞瓢》：「彼也虛名薄利，任他人祿重官高。捻指間朱顏昨日，急回頭白髮明朝。」

【虛名在外】

虛浮的名聲傳揚在外。指名不副實。《醒世姻緣傳》九四回：「不時批下狀詞，又有周相公用心料理，都應得過上司的心，倒有了個虛名在外。」

【虛名自累】

虛假的名聲將會牽累自己。《孔叢子·論勢》：「是以虛名自累，而不免近敵之困者也。」

【虛脾假意】

見「虛情假意」。

【虛氣平心】

平心靜氣，不以意氣用事。《管子·版法解》：「陳義設法，斷事以理，虛氣平心，乃去怒喜。若倍法棄令，而行怒喜，禍亂乃生。」

【虛敲傍擊】

旁敲側擊。比喻說話寫文章不從正面闡述本意，而是繞著彎子說出來。《紅樓夢》二回脂硯齋評：「此一回則是虛敲傍擊之文，筆則是反逆隱曲之筆。」

【虛情假套】

見「虛情假意」。

【虛情假意】

虛假的情意。指待人不誠，只是故作姿態，虛爲周旋。《西遊記》三四回：「那妖精巧語花言，虛情假意的笑道：『主公，微臣自幼兒好習弓馬，採獵爲生。』」也作「虛情假套」。假套：虛假的套話。明·朱載堉《山坡羊·交情可嘆》曲：「嘆世情，其實可笑。交朋友，盡都是虛情假套。」也作「虛脾假意」。脾：性情。明·周藩憲王《三度小桃紅》一折：「員外，你休將此話來認眞，那做弟子的虛脾假意，你聽我說。」

【虛生浪死】

虛生：白白地度過一生；浪死：無聲無息地死去。活著無所建樹，死了毫無價值。《舊唐書·越王貞傳》：「[趙瑰妻曰]夫爲臣子，若救國家則爲忠，不救則爲逆。諸王必須以匡救爲急，不可虛生浪死，取笑於後代。」

【虛聲恫嚇】

恫嚇：恐嚇。故意大造聲勢，恐嚇別人。《北洋軍閥統治時期史話》二八章：「張勛所謂『誰敢造反我就去打誰』的一句豪語，不過虛聲恫嚇，他未嘗不知道他的辮子軍……並不善於衝鋒陷陣。」也作「虛聲恫喝」。清·張集馨《道咸宦海見聞錄·道光二十二年》：「又諜報該逆有調廈門兵船來攻海澄之說，城中兵勇不無震恐；余約英總戎曉諭郡城士民曰：『此虛聲恫喝，萬勿輕信。』」也作「虛聲恐嚇」。明·吳世濟《太和縣御寇始末·復亳州葉發明書》：「賊不過張其數以虛聲恐嚇我耳。」

【虛聲恫喝】

見「虛聲恫嚇」。

【虛聲恐嚇】

見「虛聲恫嚇」。

【虛實盛衰】

虛實：空虛和殷實，指國家的貧弱和富强。謂國家的强弱和興衰。《呂氏春秋·決勝》：「智則知時化，知時化，則知虛實盛衰之變。」

【虛室單床】

虛室：空室，沒有飾物的房子。謂空房獨宿。《南史·到溉傳》：「所莅以清白自修，性又率儉，不好聲色：虛室單床，傍無姬侍。」

【虛室上白】

見「虛室生白」。

【虛室生白】

虛：空虛；室：指心；白：坦白。指心境清靜，則胸懷坦白。《莊子·人間世》：「瞻彼闋者，虛室生白，吉祥止止。」也作「**虛室上白**」。上：同「尚」，仍。唐・韋渠牟《商山四皓畫圖贊並序》：「虛室上白，玄門不關。」

【虛談高論】

見「虛論高議」。

【虛堂懸鏡】

虛堂：無遮掩的廳堂，喻心中不抱成見；懸鏡：懸掛明鏡，喻明察秋毫。比喻執法嚴明，斷案公正。《宋史・陳良翰傳》：「良翰獨撫以寬，催租不下文符，但揭示名物，民競樂輸，聽訟咸得其情。或問何術，良翰曰：『無術，第公此心如虛堂懸鏡耳。』」

【虛往實歸】

虛往：空著去；實歸：滿載而歸。謂虛懷求學，學成歸來。《莊子・德充符》：「常季問於仲尼曰：『王駘，兀者也。從之遊者，與夫子中分魯。立不教，坐不議，虛而往，實而歸。固有不言之教。無形而心成者邪？』」《南史・任昉傳》：「昉樂人之樂，憂人之憂，虛往實歸，忘貧去吝，行可以厲風俗，義可以厚人倫。」

【虛為委蛇】

見「虛與委蛇」。

【虛位以待】

空出位置等候。謂準備任用能人。《東周列國志》六一回：「寧可虛位以待人，不可以人而濫位。」也作「**虛席相待**」。《資治通鑑・後漢高祖天福十二年》：「[方]太自歸於晉陽，武行德使人誘太曰：『我裨校也。公舊鎮此地，今虛位相待。』太信之，至河陽，為行德所殺。」也作「**虛席以待**」。例希望你大學畢業後仍回到咱們廠裏來，我們虛位以待啊！

【虛文故事】

見「虛應故事」。

【虛文縟節】

虛文：徒具形式的制度；縟節：繁瑣的禮節。謂名目繁多而不切實際的制度和禮節。例舊時代官府中的那些虛文縟節，豈能在今天照搬照用。

【虛文套禮】

謂虛假而落俗套的言辭和禮節。《七俠五義》七六回：「只欲心眞意眞，比那虛文套禮强多了。」

【虛無縹緲】

縹緲：隱隱約約，若有若無的樣子。形容虛幻不實，無法把握。唐・白居易《長恨歌》：「忽聞海上有仙山，山在虛無縹緲間。」也作「**虛無縹渺**」。《二十年目睹之怪現狀》二五回：「這都是虛無縹渺的事，那裏有甚麼神仙鬼怪！我卻向來不信這些。」

【虛無縹渺】

見「虛無縹緲」。

【虛無恬淡】

恬淡：淡泊，不求名利。指心境空虛，對外界無所求。《莊子・刻意》：「其寢不夢，其覺無憂，其神純粹，其魂不罷，虛無恬淡，乃合天德。」

【虛席以待】

見「虛位以待」。

【虛心平意】

指心中不抱成見，判斷公平無私。《管子・九守》：「安徐而靜，柔節先定，虛心平意以待須。」

【虛心以待】

懷著謙虛的心情相對待。《韓非子・有度》：「賢者之為人臣，北面委質，無有二心，朝廷不敢辭賤，軍旅不敢辭難，順上之為，從主之法，虛心以待令，而無是非也。」

【虛行故事】

見「虛應故事」。

【虛虛實實】

眞眞假假，令人迷惑難辨。《三國演義》四九回：「孔明笑曰：『豈不聞兵法虛虛實實之論，[曹]操雖能用兵，只此可以瞞過他也。』」

【虛言巧語】

虛浮不實而又說得動聽的謊言。《古今小說》卷三八：「兒子被這潑淫婦虛言巧語，反說父親如何如何。兒子一時被惑，險些墮他計中。」

【虛壹而靜】

謂虛心、專一而冷靜的認識態度。《荀子・解蔽》：「心何以知？曰：『虛壹而靜。』」

【虛應故事】

故事：成例。按照陳規舊例辦事，敷衍塞責。《儒林外史》三四回：「近來的地方官辦事，件件都是虛應故事。」也作「**虛文故事**」。虛文：徒具形式的條文。宋・葉適《君德二》：「非徒減膳、徹樂以為是虛文故事而已也。」也作「**虛行故事**」。行：奉行，執行。明・孫傳庭《奏報賑過饑民並發牛種銀兩數目疏》：「如奉行不善，及乘機作弊者，據實參奏。仍查災重之處停徵錢糧，並飭地方有司實心拊循，不得虛行故事。」

【虛有其表】

指外表好看，卻無實用。唐・鄭處海《明皇雜錄》：「[蕭]嵩既退，上擲其草於地曰：『虛有其表耳』。左右失笑。」也作「**空有其表**」。

【虛與委蛇】

委蛇：隨順的樣子。謂假意敷衍應付。《莊子・應帝王》：「鄉吾示之以未始出吾宗，吾與之虛而委蛇。」清・譚嗣同《致汪康年》之二〇：「覆錢信，虛與委蛇，極得體。大抵貴人好以權勢迫人，而應之者惟以拖延二字，絕不與之觸迕，彼自無可如何，此官場之秘訣也。」也作「**虛為委蛇**」。孫中山《和平統一之通電》：「而冀諸公相與為實踐，以矯虛為委蛇之失。」

【虛譽欺人】

用虛假的聲譽欺騙人。《三國演義》四三回：「非比誇辯之徒，虛譽欺人。」

【虛張聲勢】

故意張揚聲勢，製造假象，以嚇唬或迷惑人。唐・韓愈《論淮西事宜狀》：

「淄青、恆冀兩道，與蔡州氣類略同，今聞討伐元濟，人情必有救助之意。然皆暗弱，自保無暇，虛張聲勢，則必有之。」也作「**虛張形勢**」。形勢：態勢。宋・鼂補之《上皇帝安南罪言》：「請以大軍當其衝，虛張形勢以疑賊。」也作「**虛作聲勢**」。明・何良俊《四友齋叢說・雜紀》：「北方士夫淳樸有古風，不虛作聲勢。」

【虛張形勢】

見「虛張聲勢」。

【虛擲年華】

見「虛度年華」。

【虛舟飄瓦】

虛舟：空船；飄瓦：房上落下的瓦片。《淮南子・詮言訓》：「方船濟乎江，有虛船從一方來，觸而覆之，雖有忮心，必無怨色。」《莊子・達生》：「雖有忮心者，不怨飄瓦。」後以「虛舟飄瓦」比喻毫無用處的人或物。明・湯顯祖《牡丹亭・謁遇》：「老大人，便眞是，饑不可食，寒不可衣，看他似虛舟飄瓦。」

【虛嘴掠舌】

虛浮不實的話。《金瓶梅詞話》六一回：「誰信你那虛嘴掠舌的？我到明日死了，你也捨不得我吧？」

【虛左以待】

左：古時以左位爲尊。空出左邊的尊位恭候來客。《史記・魏公子列傳》：「公子於是乃置酒大會賓客。坐定，公子從車騎，虛左，自迎夷門侯生。」《東周列國志》九四回：「諸貴客見公子來往迎客，虛左以待，正不知甚處有名的遊士，何方大國的使臣，俱辦下一片敬心伺候。」

【虛作聲勢】

見「虛張聲勢」。

【噓寒問暖】

噓寒：呵出熱氣爲受凍的人驅寒。形容十分關心體貼別人的生活。例王校長來到學生宿舍，噓寒問暖，鼓勵同學們努力學習。

【噓枯吹生】

枯萎的呵氣使之復活，活著的吹氣使之枯萎，比喻極有辯才。《後漢書・鄭太傳》：「孔公緒清談高論，噓枯吹生，並無軍旅之才，執銳之干。」唐・李賢注：「枯者噓之使生，生者吹之使枯。言談論有所抑揚也。」

【噓唏流涕】

見「欷歔流涕」。

【歔欷不已】

歔欷：哽咽，抽噎；已：止。抽抽噎噎地哭個不停。《晉書・左貴嬪傳》：「哀慟雷駭，流淚雨零。歔欷不已，若喪所生。」

ㄒㄩˊ

【徐德言買半鏡——破鏡重圓】

《說唐》中故事：南北朝時，徐德言與樂昌公主結爲恩愛夫妻。因當時社會動蕩不安，徐把一面銅鏡破爲兩半，並相約萬一失散，叫妻子托人於正月十五在街上叫賣半鏡。後二人果然在戰亂中失散，徐德言按照原約定的辦法買到半鏡，夫妻終於團聚。比喻夫妻關係破裂或分手後重新團聚和好。例漂流海外四十年，終於和妻子徐德言買半鏡——破鏡重圓了。參見「破鏡重圓」。

【徐娘半老】

徐娘：指南朝梁元帝妃徐氏。《南史・元帝徐妃傳》：「元帝徐妃諱昭佩，東海郯人也……季江每嘆曰：『柏直狗雖老猶能獵，蕭溧陽馬雖老猶駿，徐娘雖老猶尚多情。』」後用「徐娘半老」謂已到中年而風情仍在的婦女。魯迅《論人言可畏》：「案中的男人的年紀和相貌，是大抵寫得老實的。一遇到女人，可就要發揮才藻了，不是『徐娘半老，風韻猶存』，就是『豆蔻年華，玲瓏可愛』。」

【徐庶進曹營——一言不發】

《三國演義》中故事：徐庶爲劉備謀士，輔佐劉備對抗曹操。曹操將徐母挾持曹營，並假借徐母的名義寫信召徐棄劉奔曹。徐母以爲他背叛劉備，怒恨自縊而死。徐庶深感劉備知遇之恩，從此他在曹營對政事始終一言不發。比喻沉默不語。例近日他心情極不愉快，在開會時徐庶進曹營——一言不發。也作「**徐庶入曹營——一語不發**」。

ㄒㄩˇ

【許褚戰馬超——赤膊上陣】

《三國演義》中故事：東漢末年，馬超爲報父仇率兵攻打曹軍。曹營許褚迎戰馬超。許褚殺得性起，回陣卸去盔甲，又與馬超決戰。最後身負箭傷，只得撥馬回營。形容不講策略，不顧一切地蠻幹。有時指拚命廝殺；或毫無準備、毫無掩飾地幹。例在每次政治運動中，他都是許褚戰馬超——赤膊上陣，結果碰得頭破血流。

【許結朱陳】

唐・白居易《朱陳村》詩：「徐州古豐縣，有村曰朱陳……一村唯兩姓，世世爲婚姻。」後用「許結朱陳」謂彼此應允結爲婚姻。《紅樓夢》九九回：「仰蒙雅愛，許結朱陳，至今佩德勿諼。」

【許仙碰著白娘子——天降良緣】

《白蛇傳》中故事：白娘子本是峨嵋山上千年修煉的白蛇精，化身女子，名叫白素貞，與青蛇化身的侍女小青遊西湖，遇上忠厚勤勞的許仙，二人相愛，結爲夫妻。由天意結成的美滿婚姻。比喻出人意料的好姻緣。例「聽說他們是在比賽場上相識的？」「可不，眞是許仙碰著白娘子——天降良緣。」也作「**許仙碰著白娘子——天配良緣**」。

【栩栩如生】

栩栩：生動活潑的樣子。《莊子・齊

物論》：「昔者莊周夢為蝴蝶，栩栩然蝴蝶也。」後用「栩栩如生」形容形象十分生動逼眞，如同活的一般。《負曝閒談》二一回：「雕刻就的山水、人物、翎毛、花卉，無不栩栩如生。」也作「栩栩欲活」。清·龔煒《巢林筆談》卷四：「今夏惠顧，為予作《採藥圖》，霞思雲想，刻意經營。圖成，栩栩欲活，不知畫是我，我是畫也。」

【栩栩欲活】

見「栩栩如生」。

ㄒㄩˋ

【旭日初升】

早晨的太陽剛剛從東方升起。比喻充滿生機，蓬勃向上的景象。清·薛福成《庸庵筆記·咸豐季年三奸伏誅》：「登極之日，久陰忽霽，八表鏡清，於是權奸既去，新政如旭日初升，羣賢並進，內外協力，宏濟艱難，遂啟中興之治。」也作「旭日東升」。老舍《最值得歌頌的事》：「我描寫了她們怎麼在黑暗中掙扎和怎樣看到了旭日東升，破涕為笑。」

【旭日東升】

見「旭日初升」。

【恤孤念寡】

恤：憐憫，救濟；念：憐念。指關心和幫助孤兒寡婦。《西遊記》四四回：「他手下有個徒弟，乃齊天大聖，神通廣大，專秉忠良之心，與人間報不平之事，濟困扶危，恤孤念寡。」也作「恤孤念苦」。宋·吳自牧《夢粱錄·恤貧濟老》：「數中有好善積德者，多是恤孤念苦，敬老憐貧。」

【恤孤念苦】

見「恤孤念寡」。

【恤近忽遠】

恤：憐憫；忽：疏忽。關心照顧與自己關係親近的，疏忽怠慢與自己關係疏遠的。《三國演義》一八回：「［袁］紹恤近忽遠，公（曹操）慮無不周，此仁勝也。」

【恤老憐貧】

恤：憐憫，救濟。指憐憫照顧老人和貧民。元·劉時中《端正好·上高監司》套曲：「這相公愛民憂國無偏黨，發政施仁有激昂。恤老憐貧，視民如子，起死回生，扶弱摧强。」

【畜妻養子】

畜：養。指養活妻子兒女。《初刻拍案驚奇》卷一八：「當日純陽呂祖慮他五百年後還原質，誤了後人，原不曾說道與你置田買產，畜妻養子，幫做人家的。」

【蓄精養銳】

積蓄精力，保養銳氣。清·昭槤《嘯亭雜錄》卷五：「正值煙瘴熾發，欽奉諭旨，軫念士卒，乃令停兵，蓄精養銳。」也作「蓄力養銳」。宋·蘇軾《乞約鬼章討阿里骨札子》：「蓋是部族新破，衆叛親離，恐吾乘勝致討，力未能支，故匿情忍詬，以就大事。若得休息數年，蓄力養銳……必為中原之憂，非獨一方之病也。」也作「蓄銳養威」。《周書·韋孝寬傳》：「今若更存遵養，且復相時，臣謂宜還崇鄰好，申其盟約，安人和衆，通商惠工，蓄銳養威，觀釁而動。」也作「養精蓄銳」。

【蓄力養銳】

見「蓄精養銳」。

【蓄銳養威】

見「蓄精養銳」。

【勖以大義】

勖：勉勵；大義：正道。以正道相勉勵。孫中山《心理建設（孫文學說）》八章：「予乃招集當地華僑同志會議，勖以大義，一夕之間，則醵資八千有奇。」

【續鳧截鶴】

鳧：野鴨。截下鶴的長腿，接在野鴨的短腳上。比喻辦事違背客觀規律。唐·釋道宣《續高僧傳》卷三引釋惠淨《答太子中舍辛諝》：「續鳧截鶴，庸詎眞如；草化蜂飛，何居弱喪。」也作「斷鶴續鳧」。

【絮果蘭因】

絮果：像飛絮一樣各自飄散的結局；蘭因：據《左傳·宣公三年》載，鄭文公妾燕姞夢天使贈蘭花，因得文公寵愛而生穆公，故用「蘭因」喻美好結合的因緣。比喻婚姻以離異終結，而在開始時卻是很美滿的。《花月痕》三一回：「絮果蘭因齊悟徹，綠陰結子在斯時。」也作「蘭因絮果」。

【絮絮不休】

見「絮絮叨叨」。

【絮絮叨叨】

絮絮：說話連續不斷的樣子，形容說話囉嗦，沒完沒了。《楊家將演義》三二回：「延壽曰：『不必絮絮叨叨，請速加刑。』」也作「絮絮不休」。

ㄒㄩㄝ

【靴裏無襪自得知】

比喻自己幹的事，自己心裏最清楚。例你不要裝糊塗，靴裏無襪自得知，如果再不主動將你貪污的事交代出來，你可就要陷入被動了。

【薛仁貴不叫薛仁貴——叫白跑（袍）】

薛仁貴：名禮，唐太宗時大將，絳州龍門（今山西河津縣）人，農民出身，因有戰功，提升為右領軍中郎將，因身穿白袍，故又稱白袍將軍；跑：「袍」的諧音。見「腳踩石灰路——白跑」。

ㄒㄩㄝˊ

【學步邯鄲】

《莊子·秋水》：「且子獨不聞夫壽陵餘子之學行於邯鄲與？未得國能，又失其故行矣，直匍匐而歸耳。」比喻生硬模仿別人，結果弄巧成拙，反不如過去。《周書・趙文深傳》：「及平江陵之後，王褒入關，貴游等翕然並學褒書。文深之書，遂被遐棄。文深慚恨，形於言色。後知好尚難反，亦攻習褒書，然竟無所成，轉被譏議，謂之學步邯鄲焉。」也作「**邯鄲學步**」。

【學不可以已】

已：停止，終止。學習不可以停止。指應堅持不懈地學習。《荀子・勸學》：「君子曰：『學不可以已。』」

【學不躐等】

躐：ㄌㄧㄝˋ，超越；等：等級，次序。學習不能超越一定的步驟，應循序漸進。《禮記・學記》：「幼者聽而弗問，學不躐等。」

【學傳三篋】

篋：小箱子。《漢書・張安世傳》：「上行幸河東，嘗亡書三篋，詔問莫能知，唯安世識之，具作其事。後購求得書，以相校無所遺失。」後用「學傳三篋」比喻以淵博的學識傳授於人。元・李庭《弔郭器之》詩之一：「筆掃千軍空自負，學傳三篋竟何施！」

【學到老，不會到老】

指人生要學的東西太多，學到老也還有不會的。《金瓶梅詞話》七十回：「何太監道：『大人好道。常言學到老，不會到老，天下事如牛毛，孔夫子也識得一腿。恐有不知道處，大人好歹說與他。』」

【學到知羞處，方知藝不高】

比喻學貴有自知之明，才能有長進。例在學習上不能有半點虛假，學到知羞處，方知藝不高，承認不足才能進步。

【學而必習】

見「學而時習之」。

【學而不化】

化：融化：學了卻不能融會貫通。宋・楊萬里《庸言九》：「楊子曰：『學而不化，非學也。』」

【學而不思則罔，思而不學則殆】

罔：罔然而無所得；殆：疲憊而無所獲。只學習而不加思索，就會罔然無所得。只思索而不學，就會疲憊而無所獲。指不但要善於學習，而且要善於思索。《論語・為政》：「子曰：『學而不思則罔，思而不學則殆。』」

【學而不厭】

厭：滿足。學習從不滿足。形容非常好學。《論語・述而》：「子曰：『默而識之，學而不厭，誨人不倦，何有於我哉！』」也作「**學問不厭**」。學問：學習請教。唐・韓愈《柳子厚墓志銘》：「[盧]遵，涿人，性謹慎，學問不厭。」

【學而時習之】

時：按時。學習的內容要按時實習。《論語・學而》：「學而時習之，不亦說乎？」今謂對學過的東西要經常複習。例學而時習之，是我們學習功課的重要方法之一。也作「**學而必習**」。清・顏元《習齋言行錄》卷下：「學而必習，習又必行。」

【學而優則仕】

優：有餘力。學習了還有餘力就去做官。《論語・子張》：「子夏曰：『仕而優則學，學而優則仕。』」後指學習成績優秀，就被選拔做官。魯迅《十四年的「讀經」》：「何也？曰：『學而優則仕』故也。倘若『學』而不『優』，則以笨牛沒世。」也作「**學優而仕**」。老舍《四世同堂》三四：「我有力量釋放了你，叫你達到學優而仕的願望。」

【學非所用】

所學的不是所用的。指學了用不上。《後漢書・張衡傳》：「必也學非所用，術有所仰，故臨川將濟，而舟楫不存焉。」

【學富二酉】

見「胸羅二酉」。

【學富五車】

《莊子・天下》：「惠施多方，其書五車。」後用「學富五車」形容讀書多，學問深。《鏡花緣》一六回：「大賢世居大邦，見多識廣，而且榮列膠庠，自然才貫二酉，學富五車了。」

【學古之道，猶食筍而去其籜也】

籜：ㄊㄨㄛˋ，筍殼。學習古代的方法，就像吃筍要剝去筍殼一樣。指學習古代文化遺產，必須去其糟粕，取其精華。清・魏源《默觚・治篇五》：「《詩》曰：『蘀有樹檀，其下維萚。』君子學古之道，猶筍食而去其籜也。」

【學貫天人】

見「學究天人」。

【學貫中西】

貫：貫通。學問淵博，兼通中國和西方的各類知識。《文明小史》四三回：「我的意思，很想叫他再進來學學西文……學貫中西，豈不更好。」

【學廣聞多】

學識廣，見聞多。唐・韓愈《爭臣論》：「學廣而聞多，不求聞於人。」

【學海波瀾】

學海：晉・王嘉《拾遺記・何休》：「京師謂[鄭]康成為『經神』，何休為『學海。』」比喻學識淵博，在文壇上十分活躍。唐・崔珏《哭李商隱》詩之一：「成紀星郎字義山，適歸高壤抱長嘆。詞林枝葉三春盡，學海波瀾一夜乾。」

【學海無邊】

見「學海無涯」。

【學海無涯】

涯：邊際。指學習知識、研究學問不可窮盡，永無終結。《莊子・養生主》：「吾生也有涯，而知也無涯。」例書山有路勤為徑，學海無涯苦作舟。也作「**學海無邊**」。明・張岱《〈廉書〉小序》：「學海無邊，書囊無底，世間書怎讀得盡。」

【學際天人】

見「學究天人」。

【學究天人】
究：窮究，深究；天人：天道與人事。指精通天道與人事方面的學問。形容學識淵博。漢・司馬遷《報任安書》：「亦欲以究天人之際，通古今之變，成一家之言。」唐・李白《與韓荊州朝宗書》：「君侯制作侔神明，德行動天地，筆參造化，學究天人。」也作「學貫天人」。《孽海花》二回：「我現在認得一位徐雪岑先生，是學貫天人……的大儒。」也作「學際天人」。《舊五代史・唐書・崔協傳》：「朝廷有李琪者，學際天人，奕葉軒冕，論才校藝，可敵時輩百人。」

【學理髮碰上大鬍子——難題（剃）】
見「大鬍子——難題（剃）」。

【學淺才疏】
見「學疏才淺」。

【學拳容易改拳難】
比喻積習久了，再想糾正很難。例學外語開始就要學習正確發音，否則學拳容易改拳難，以後想改也很難改好了。

【學然後知不足，教然後知困】
學習之後，才知道自己的欠缺；教授別人，才體會到自己知識的貧乏。指學無止境，教學相長。《禮記・學記》：「雖有嘉肴，弗食不知其旨也；雖有至道，弗學不知其善也。是故學然後知不足，教然後知困。」

【學如登山】
學習就像攀登高山。比喻學習要努力向上，逐步達到高深的境界。三國魏・徐幹《中論上・治學》：「夫聽黃鐘聲，然後知擊缶之細；視袞龍之文，然後知被褐之陋；涉庠序之教，然後知不學之困。故學者如登山焉，動而益高。」

【學如弓弩，才如箭鏃，識以領之，才能中鵠】
學：學問；箭鏃：箭頭；識：見識；鵠：目標。指做學問、幹事業光有知識和才華是不夠的，必須還要有遠見卓識，才能獲得成功。清・袁枚《續詩品・尚識》：「學如弓弩，才如箭鏃，識以領之，方能中鵠。」

【學如牛毛，成如麟角】
麟角：傳說中麒麟的角，珍貴稀少。比喻學習的人雖多，能有成就的人太少了。《太平御覽》卷六〇七引《蔣子萬機論》：「諺曰：『學如牛毛，成如麟角。』言其少也。」

【學生口角——未必（爲筆）】
口角：爭吵；未必：「爲筆」的諧音。比喻不一定，不確切。例你這個消息是哪裏來的？我看是學生口角——未必（爲筆），別盲目相信。

【學生腔】
比喻內容貧乏、幼稚的文章或講演。例這篇稿子不行，通篇學生腔！

【學識何如觀點書】
點書：圈點書籍文章，即加標點句讀。指點讀書籍文章的能力，可以看出人的學識高低。唐・李濟翁《資暇集》卷上：「稷下有諺曰：『學識何如觀點書。』書之難不唯句度義理，兼在知字之正音借音……。」

【學書學劍】
指習文練武。《史記・項羽本紀》：「學書不成，去，學劍。」柳亞子《次韻分寄康弼大覺》詩：「學書學劍成何濟，閒煞屠龍倚馬才。」

【學書者紙費，學醫者人費】
比喻學習一定要勤學苦練，像學書法費紙，學醫要多體驗一樣。宋・蘇軾《墨寶堂記》：「蜀之諺曰：『學書者紙費，學醫者人費。』此言雖小，可以喻大。世有好功名者，以其未試之學，而驟出之於政，其費人豈特醫者之比乎？」

【學疏才淺】
疏：空虛。指學問不大，才能不高。《歧路燈》八六回：「雖自顧學疏才淺，而黽勉自矢，唯期無負我先人之遺規。」也作「學淺才疏」。《孽海花》一八回：「可惜小弟學淺才疏，不能替國家宣傳令德。」

【學問不厭】
見「學而不厭」。

【學問之道無他，求其放心而已矣】
放心：放失了的心。做學問的要領沒有別的，就是把那放失了的心追回來罷了。指學習要專心致志，不能三心二意。《孟子・告子上》：「人有雞犬放，則知求之，有放心而不知求。學問之道無他，求其放心而已矣。」

【學無常師】
求學沒有固定不變的老師。指善於向各種有長處的人學習請教。《論語・子張》：「夫子焉不學？而亦何常師之有？」三國魏・卞蘭《贊述天子賦》：「學無常師，惟德所在；恩無所私，唯德所親。」

【學無老少，達者爲師】
作學問不分年齡大小，能者爲師。例做學問的事，正是俗語說的：「學無老少，達者爲師。」應向一切比自己強的人虛心請教。

【學無所遺】
遺：遺漏。指學問廣博，無所不知。三國魏・曹丕《典論論文》：「斯七子者，於學無所遺，於辭無所假。」

【學無止境】
學習知識、研究學問沒有盡頭。例凡懂得學無止境這道理的人，都不會因一孔之見，而沾沾自喜，傲視他人。

【學業有成】
學習取得成就。元・陶宗儀《輟耕錄・孝感》：「今段吉父先生母夫人劉，雙目久失明，醫弗能瘉。先生中鄉舉，一目忽自見物，先生及第，一目又如之，雖夫人喜溢於中，不自知其然而然，亦先生學業有成所致與？」

【學以爲耕】
形容以做學問爲職業。唐・韓愈《祭

故陝府李司馬文》：「公學以爲耕，文以爲獲，發憤孤身，復纘厥家。」

【學以致用】

學到的東西要用到實踐中去。例如果不能做到學以致用，就是對人才的極大浪費。

【學優才贍】

贍：豐富，充足。學問好，才氣大。形容才學出衆。《元史·李冶傳》：「素聞仕卿學優才贍，潛德不耀，久欲一見，其勿他辭。」

【學優而仕】

見「學而優則仕」。

【學有專長】

指通過學習，掌握了專門的知識或技藝。例職業學校培養出大量學有專長、深受各行各業歡迎的人才。

【學語牙牙】

牙牙：象聲詞，指嬰兒學說話的聲音。形容嬰兒學說話。金·元好問《楊煥然生子》詩之四：「阿麟學語語牙牙，七歲元郎髻已丫」。也作「牙牙學語」。

【學者有兩忌，自高與自狹】

學習的人要避免兩點：驕傲自滿和心胸狹隘。清·無名氏《學忌》：「學者有兩忌，自高與自狹。自高如峭壁，雨過水不掛。自狹如甕盎，斗水難容納。」

ㄒㄩㄝˇ

【雪案螢窗】

明·廖用賢《尚友錄》：「晋·孫康，京兆人，性敏好學。家貧，燈無油，於冬月嘗映雪讀書。」《晋書·車胤傳》：「胤博學多通，家貧不常得油，夏月則練囊盛數十螢火以照書。」後用「雪案螢窗」比喻在貧寒的處境中刻苦讀書。明·徐霖《繡襦記·正學求君》：「大相公一向奮志雲程鶚薦，埋頭雪案螢窗，手不釋卷，口不絕吟。」也作「雪案螢燈」。元·鮮於必仁《折桂令·書》小令：「送朝昏雪案螢燈，三絕韋編。」也作「雪窗螢火」。元·王實甫《西廂記》一本一折：「投至得雲路鵬程九萬里，先受了雪窗螢火二十年。」也作「雪窗螢几」。宋·陸游《祭曾原伯大卿文》：「韋編鐵硯，雪窗螢几，不足以言其勤。」也作「雪牖螢窗」。唐·顧雲《上池州庾員外啟》：「披經閱史，無怠於光陰；雪牖螢窗，每加於懸刺。」

【雪案螢燈】

見「雪案螢窗」。

【雪窗螢火】

見「雪案螢窗」。

【雪窗螢几】

見「雪案螢窗」。

【雪恥報仇】

雪：洗刷。洗刷恥辱，反擊仇敵。老舍《四世同堂》六四：「假如他不敢去用自己的血去雪恥報仇，他自己的子孫將也沉淪在地獄中。」也作「雪仇報恥」。《宋書·劉劭傳》：「四郡民人，遭虜二十七年之毒，皆欲雪仇報恥。」也作「報仇雪恥」。

【雪仇報恥】

見「雪恥報仇」。

【雪地裏照臉——沒影兒】

見「黑天行路——沒影子」。

【雪地裏抓逃犯——跟蹤追擊】

見「獵犬攆兔子——跟蹤追擊」。

【雪堆的獅子——見不得太陽】

也作「雪堆的獅子——見不得陽光」。見「山洞裏的蝙蝠——見不得陽光」。

【雪膚花貌】

如雪一樣潔白的皮膚，像花一樣艷美的容貌。形容女子長得極美。唐·白居易《長恨歌》：「中有一人字太眞，雪膚花貌參差是。」

【雪海冰山】

形容天氣嚴寒，到處都是冰雪。例這裏的氣候寒冷，每入嚴冬，一片雪海冰山。

【雪恨消災】

洗刷仇恨，消除災禍。《西遊記》四四回：「望爺爺與我們雪恨消災，早進城降邪從正也。」

【雪花落進大塘裏——不聲不響】

也作「雪花落進大塘裏——無聲無息」、「雪花落房頂——不聲不響」。見「房頂落雪——無聲無息」。

【雪窖冰天】

形容天氣嚴寒。《宋史·朱弁傳》：「又以弁奉送徽宗大行之文爲獻，其辭有曰：『嘆馬角之未生，魂銷雪窖；攀龍髯而莫逮，淚灑冰天。』」清·黃遵憲《歸過日本志感》詩：「今日荷戈邊塞去，可堪雪窖復冰天。」也作「冰天雪窖」。

【雪裏埋不住死人】

比喻事情隱瞞不住。例今天不說，明天不說，「雪裏埋不住死人」，時間一長就隱瞞不住了。

【雪裏埋人——久後分明】

雪裏埋人不能長久，總有一天會暴露出來，比喻經過時間的考驗，終能明白事情的眞相。例造謠誣蔑只能得逞一時，我是什麼樣的人，雪裏埋人——久後分明。

【雪裏送炭】

見「雪中送炭」。

【雪裏送炭——暖人心】

見「懷裏揣棉花——暖人心」。

【雪裏送炭，雨中送傘——急人所急】

比喻迫不及待地幫助別人解決急需解決的問題。例老方熱心助人，常常是雪裏送炭，雨中送傘——急人所急，人家說他是現代的「及時雨宋江」。

【雪裏送炭，雨中送傘——正適時】

見「旱天逢甘霖——正適時」。

【雪泥鴻爪】

鴻雁踏過雪泥時留下的爪印。宋·蘇

軾《和子由澠池懷舊》詩：「人生到處知何似？應似飛鴻踏雪泥；泥上偶然留指爪，鴻飛那復計東西！」後用「雪泥鴻爪」比喻往事遺留下來的痕跡。清・陶曾佑《中國文學之概觀》：「雪泥鴻爪，惟留一幅悲愴之影於吾漢族歷史之中，良可慨已。」也作「**雪爪鴻泥**」。柳亞子《碧雲寺謁孫先生衣冠墓》詩：「痴兒重爲留光影，雪爪鴻泥尚無妨。」也作「**飛鴻踏雪**」。

【雪虐風饕】

虐：殘暴；饕：ㄊㄠ，貪婪。形容嚴冬酷寒，風雪交加。唐・韓愈《祭河南張員外文》：「歲弊寒兇，雪虐風饕。」也作「**雪虐霜饕**」。柳亞子《丹青引》詩：「後雕松菊入畫圖，雪虐霜饕豈沮喪？」

【雪虐霜饕】

見「雪虐風饕」。

【雪魂冰魄】

比喻心地純潔，品質高尚。宋・范成大《林元復輓詩》：「自從雪魂冰魄散，魯國今誰更服儒？」也作「**冰魄雪魂**」。

【雪人烤火——豁出去】

見「打破腦袋叫扇子搧——豁出去了」。

【雪山日出——天明地白】

比喻眞相大白。例三十年的冤情，今日才雪山日出——天明地白。也作「**五更天下雪——天明地白**」。

【雪上加霜】

比喻災禍之後，又來災禍，不斷遭受打擊。《鏡花緣》五一回：「一連斷餐兩日，並未遇著一船。正在驚慌，偏又轉了迎面大風，眞是雪上加霜。」

【雪上加霜——白上加白】

形容非常潔白。例這個小演員眞是雪上加霜——白上加白，不但思想純潔，而且人也漂亮。

【雪天過獨木橋——小心過活（河）】

活：「河」的諧音。雙關語。比喻小心過日子，不惹是非。有時含有精打細算、節約開支的意思。例我知道，這幾年他一直是雪天過獨木橋——小心過活（河），怎麼會闖下如此大禍。

【雪天行路——一步一個腳印】

見「河灘上走路——一步一個腳印」。

【雪椀冰甌】

椀：ㄨㄢˇ，同「碗」；甌：盆盂之類的器皿。形容洗筆的器具非常潔淨。也比喻詩文風格清新秀雅。宋・范成大《次韻甄雲卿晚登浮丘亭》詩：「葛巾羽扇吾方健，雪椀冰甌子句清。」

【雪壓霜欺】

比喻歷經磨難。元・馬致遠《岳陽樓》二折：「受了些風吹日炙，雪壓霜欺。」

【雪艷冰肌】

形容花卉艷美潔淨。宋・僧仲殊《念奴嬌・荷花》詞：「別岸孤梟一枝，廣寒宮殿，冷淡棲愁苦。雪艷冰肌淡泊，偷把胭脂勻注。」

【雪牖螢窗】

見「雪案螢窗」。

【雪月風花】

指四季景色。宋・邵雍《答人吟》詩之一：「四時雪月風花景，都與收來入近編。」也比喻生活風流，沉迷於酒色。宋・黃庭堅《醉落魄》詞之一：「爭名爭利休休莫。雪月風花，不醉怎生得。」也作「**風花雪月**」。

【雪朝月夕】

白雪飄飄的早晨，月光皎潔的夜晚。指景色美好而宜人的時刻。唐・白居易《醉吟先生傳》：「每良辰美景，或雪朝月夕，好事者相過，必爲之先拂酒罍，次開詩篋。」

【雪爪鴻泥】

見「雪泥鴻爪」。

【雪兆豐年】

兆：預示。冬天的瑞雪預示著來年的豐收。《鏡花緣》三回：「古人云：『雪兆豐年。』朕才登基，就得如此佳兆，明歲自然五穀豐登，天下太平了。」

【雪中送炭】

宋・范成大《大雪送炭與芥隱》詩：「不是雪中須送炭，聊裝風景要詩來。」後用「雪中送炭」比喻別人困難或急需時及時提供幫助。《初刻拍案驚奇》卷二〇：「爲此常言說道：『只有錦上添花，那得雪中送炭？』」也作「**雪裏送炭**」。《歧路燈》八七回：「那邊日子近來不行，娘的賀禮，就是雪裏送炭。」

【雪中之炭】

比喻正當困難或急需時所得到的物質幫助。清・孔尚任《答黃仙裳》：「今侄酒米之饋，來自雨天，亦雪中之炭。」

ㄒㄩㄝˋ

【穴處識雨】

見「穴處知雨」。

【穴處野居】

見「穴居野處」。

【穴處之徒】

比喻孤陋寡聞，見識淺薄的人。《後漢書・隗囂傳》：「而王之將吏，羣君穴處之徒。」李賢注：「穴處，言所識不遠也。」

【穴處知雨】

謂長期穴居的動物能預知何時有雨。比喻有經驗。《漢書・翼奉傳》：「知日蝕地震之效昭然可明，猶巢居知風，穴處知雨，亦不足多，適所習耳。」也作「**穴處識雨**」。北齊・劉晝《劉子・類感》：「天將風也，纖塵不動而鷄自鳴；旦且雨也，寸雲未佈而蟻蚓移矣，巢居知風，穴處識雨。」

【穴見小儒】

穴見：從小洞往外看。比喻見識淺陋

的學者。清・江藩《漢學師承記》卷六：「耳聽小士，穴見小儒，不知五五之開方。」

【穴居野處】

居住在洞穴裏，生活在荒野間。形容遠古人類的原始生活狀態。《周易・繫辭下》：「上古穴居而野處，後世聖人易之以宮室，上棟下宇，以待風雨。」也作「穴處野居」。唐・陳子昂《奏白鼠表》：「兇賊之徒，固合穴處野居，宵行晝伏。」也作「野居穴處」。

【穴室樞户】

穴室：打穿居室；樞戶：毀樞開門。指匪賊以強暴手段闖入民宅。《莊子・盜跖》：「盜跖從卒九千人，橫行天下，侵暴諸侯，穴室樞戶，驅人牛馬，取人婦女。」

【削草除根】

比喻徹底清除禍患。元・紀君祥《趙氏孤兒》一折：「不爭晋公主懷孕在身，產孤兒是我仇人，待滿月鋼刀鍘死，才稱我削草除根。」也作「斬草除根」。

【削髮披緇】

緇：和尚、尼姑穿的黑僧衣。剃去頭髮，身穿僧衣。指出家爲僧。《儒林外史》八回：「分別去後，王惠另覓了船入到太湖，自此更姓改名，削髮披緇去了。」

【削髮爲僧】

剃去頭髮，出家爲僧。《孽海花》一三回：「那位至交，也是當今赫赫有名的直臣，就爲妄劾大臣，丢了官兒，自己一氣，削髮爲僧，浪跡四海。」

【削方爲圓】

把方的削成圓的。比喻將個性强的人轉變爲圓滑世故的人。《野叟曝言》一一回：「要爲兒圖個出身，但怕兒性氣不好，托我相勸，若得削方爲圓，便引去拜在安相名下，不日就可進身。」也作「削觚爲圓」。觚：棱角。唐・白居易《爲人上宰相書一首》：「古之善爲宰相者……蓋在於秉鈞軸之樞，握刀尺之要；劃邪爲正，削觚爲圓：能使善之必遷，不謂善之盡有，能使惡之必改，不謂惡之盡無。」也作「刓方爲圓」。

【削觚爲圓】

見「削方爲圓」。

【削肩細腰】

隻肩下斜，腰肢纖細。形容美女的體型。《紅樓夢》三回：「第二個，削肩細腰，長挑身材，鴨蛋臉兒，俊眼修眉，顧盼神飛，文彩精華，見之忘俗。」

【削木爲兵】

砍下樹木當兵器。謂人民起義。《史記・秦始皇本紀》：「削木爲兵，揭竿爲旗，天下雲集響應，贏糧而景從，山東豪傑遂並起而亡秦族矣。」

【削木爲吏】

用木頭刻削成的獄吏。漢・司馬遷《報任安書》：「故士有畫地爲牢，勢不可入；削木爲吏，議不可對。」意謂獄吏即使是用木頭削成，也不願與之相見。形容獄吏凶殘狠毒，令人深惡痛絕。也作「刻木爲吏」。

【削鐵如泥】

切削鐵器就像切泥一樣。形容兵器十分鋒利。姚雪垠《李自成》一卷五章：「這口劍雖不能說削鐵如泥，也似花馬劍一般鋒利。」也作「砍鐵如泥」。

【削鐵無聲】

形容兵器十分鋒利。《兒女英雄傳》六回：「双兒薄，尖兒長，靶兒短，削鐵無聲，吹毛過刃。」

【削鐵針頭】

從針頭上削下鐵來。形容貪求無厭。元・無名氏《醉太平・譏貪小利者》曲：「奪泥燕口，削鐵針頭，刮金佛面細搜求，無中生有。」

【削衣貶食】

削：削減；貶：降低，減少。指吃穿用度十分節儉。唐・韓愈《清河郡公房公墓碣銘》：「時公私有餘，削衣貶食，不立資遺，以班親舊朋友爲義。」

【削職爲民】

削職：免職。免去官職，淪爲平民。《水滸後傳》一九回：「王黼大怒，將宋昭削職爲民。」

【削趾適屨】

見「削足適履」。

【削株掘根】

砍掉樹幹，掘出樹根。比喻徹底消除禍患。《戰國策・秦策一》：「削株掘根，無與禍鄰，禍乃不存。」

【削足適履】

履：鞋子。把腳削小，適應鞋子的大小。比喻不適當的遷就，結果有害無益。《淮南子・說林訓》：「夫所以養而害所養，譬猶削足而適履，殺頭而便冠。」也作「削趾適屨」。梁啟超《中國前途之希望與國民責任》：「無削趾適屨之患，而有漬鹽入水之功。」

【血光之災】

舊時指殺身之禍。《水滸傳》六一回：「吳用道：『員外這命，目下不出百日之內，必有血光之災。』」

【血海深仇】

血海：血流成海，指被殺的人極多。指深仇大恨。例小李和隔壁巷口賣麵的老趙一見面就又吵又罵，像有血海深仇似的。也作「血海冤仇」。

【血海屍山】

血流成海，屍堆成山。形容傷亡慘重。明・無名氏《五馬破曹》二折：「殺的他血海屍山人馬亡，似敗葉，狂風蕩。」

【血海冤仇】

見「血海深仇」。

【血汗錢】

比喻辛勤勞動，來之不易的報酬。例這是大伙兒的血汗錢，一定要用在最有意義的地方。

【血口噴人】

比喻用惡毒的語言誣蔑、陷害人。《歧路燈》六四回：「一向不曾錯待你，只要你的良心，休血口噴人。」

【血淚俱下】

眼淚帶著血一齊流淌下來。形容非常悲痛。《三國志·魏書·三少帝紀》裴松之注引《楚國先賢傳》：「賊便射[東裏]袞，飛矢交流。[應]余前以身當箭，被七創，因謂追賊曰：『……我以身代君，以被重創，若身死君全，隕沒無恨。』因仰天號哭泣涕，血淚俱下。」

【血淚盈襟】

眼淚帶著血，淌滿了衣襟。形容非常悲痛。唐·白居易《虢州刺史崔公墓志銘》：「遂置笏伏陛，極言是非，血淚盈襟，詞竟不屈。」

【血淚帳】

比喻悲慘的遭遇和深仇大恨。例他拐賣婦女，弄得人家破人亡，這筆血淚帳一定要清算。

【血流成川】

見「血流成河」。

【血流成河】

鮮血流成了河。形容被殺的人極多。《說唐》六四回：「可憐明州二十五萬兵馬，一時殺得天昏地暗，血流成河。」也作「**血流成川**」。《說岳全傳》四一回：「打進番營內，如入無人之境，打得屍如山積，血流成川。」也作「血流成渠」。《水滸後傳》二六回：「劉猊丟甲丟盔而走，殺得屍橫遍野，血流成渠，又折了二千多兵。」

【血流成渠】

見「血流成河」。

【血流漂杵】

杵：搗物的棒槌。血流成河，連搗物的棒槌都漂了起來。形容戰場上死傷十分嚴重。《尚書·武成》：「甲子昧爽，受率其旅若林，會於牧野，罔有敵於我師，前徒倒戈，攻於後以北，血流漂杵。」也作「**血流漂鹵**。」鹵：通「櫓」，大盾牌。《後漢書·郡國志一》：「凡具名，先書者，郡所治也。」劉昭注引《帝王世紀》：「長平之戰，血流漂鹵。」

【血流漂鹵】

見「血流漂杵」。

【血流如注】

注：噴射。血流得多而急。形容傷勢嚴重。《文明小史》一二回：「朝奉頭上被差官打了一個大窟窿，血流如注。」

【血脈相通】

比喻關係十分密切，茅盾《民間、民主詩人》：「『方言詩』的格調也和民間歌謠有血脈相通之處。」

【血盆大口】

形容野獸鬼怪或惡人兇殘貪婪的樣子。《鏡花緣》四九回：「原來身後有個山羊在那裏吃草，卻被大蟲看見，撲了過去，抱住山羊，張開血盆大口，羊頭吃在腹內，把口一張，兩隻羊角飛舞而出。」

【血氣方剛】

血氣：指精力；方：正；剛；強壯，剛烈。形容年輕人精力充沛，敢想敢幹。《論語·季氏》：「及其壯也，血氣方剛，戒之在斗。」《東周列國志》六〇回：「公子楊幹，乃悼公之同母弟，年方一十九歲，新拜中軍戎御之職，血氣方剛，未經戰陣。」也作「**血氣方盛**」。漢·楊終《戒衛尉馬廖書》：「黃門郎年幼，血氣方盛，既無長君退讓之風，而要結輕狡無行之客。」也作「**血氣方壯**」。《新唐書·張嘉貞傳》：「昔馬周起徒步，謁人主，血氣方壯，太宗用之，能盡其才，甫五十而沒。」

【血氣方盛】

見「血氣方剛」。

【血氣方壯】

見「血氣方剛」。

【血氣既衰】

血氣：指精力；既：已經。形容年老時精力已經衰退。《論語·季氏》：「及其老也，血氣既衰，戒之在得。」

【血氣之勇】

血氣：指感情衝動。謂感情一時衝動而生的勇氣。《孟子·公孫丑上》：「夫子過孟賁遠矣。」宋·朱熹《集注》：「孟賁血氣之勇。」《紅樓夢》，三六回：「那武將不過仗血氣之勇。」

【血染沙場】

沙場：戰場。指在戰場上流血犧牲。《楊家府演義》：「設將軍等今日不來，吾輩血染沙場早矣。」

【血肉橫飛】

形容死傷者遭到重創，血肉亂濺的慘狀。例看到空難現場罹難者身首異處、血肉橫飛的景象，大家都悲傷的說不出話來。

【血肉狼藉】

狼藉：凌亂的樣子。形容死傷者血出肉爛，不成人形的慘狀。《東周列國志》三二回：「[齊]桓公屍在床上，日久無人照顧……血肉狼藉。」

【血肉淋漓】

淋漓：濕淋淋往下滴的樣子。形容鮮血帶著碎肉往下掉的慘狀。宋·洪邁《夷堅甲志·高俊入冥》：「獄卒割剔其股文，血肉淋漓，形容枯瘠不類人。」

【血肉模糊】

形容死傷者的慘狀。茅盾《追求》八：「一個血肉模糊的面孔在他眼前浮出來，隨後是轟轟的聲音充滿了他的耳管。」

【血肉相連】

比喻關係非常密切，不可分割。例台灣海峽兩岸的人民都是血肉相連的同胞，共同創造了燦爛輝煌的中華文化。

【血食天下】

血食：指古時祭祀時殺牲取血。指整個國家都爲之祭祀。《史記·封禪書》：「其後二歲，或曰周興而邑邰，立后稷之祠，至今血食天下。」

【血性男兒】

品行端正，性情剛烈的男子漢。《好逑傳》六回：「你小姐乃是閨閣中的鬚眉男子，我鐵挺生也是個血性男兒。」

【血雨腥風】

見「腥風血雨」。

【血債累累】

血債：殘害人命的罪行；累累：累積很多的樣子。指殺人很多，罪大惡極。例這個土匪頭子多年來為非作歹，血債累累，今天終於將他逮捕歸案，眞是大快人心。

【血債血還】

指欠下的血債要用血的代價償還。例面對著滿街的廢墟，橫七豎八的屍體，戰士們恨透了日本鬼子，決心多殺敵人，血債血還。

ㄒㄩㄢ

【軒昂氣宇】

軒昂：精神飽滿的樣子；氣宇：氣度。形容氣度不凡，精神飽滿。明・無名氏《漁樵閒話》三折：「一個個前擁後擁，看見他呵，是好個軒昂氣宇。」也作「氣宇軒昂」、「器宇軒昂」。

【軒昂自若】

軒昂：精神飽滿的樣子；自若：不變常態。形容氣概不凡，一如常態。唐・李濬《松窗雜錄・裴休》：「中有黃衣半席，軒昂自若，指諸人笑語輕脫。」

【軒裳華冑】

軒裳：顯貴人家的車裳；華冑：世家貴族的子孫。指名門世家的子弟。唐・孫恂《獵狐記》：「秀才軒裳華冑，金玉奇標，既富春秋，又潔操履。」

【軒車載鶴】

軒車：古代一種有帷幕的車，為大夫以上所乘坐。《左傳・閔公二年》：「衛懿公好鶴，鶴有乘軒者。將戰，國人受甲者皆曰：『使鶴！鶴有祿位，余焉能戰！』」後用「軒車載鶴」比喻濫封官爵。

【軒車駟馬】

軒車：古代一種有帷幕的車，為大夫以上所乘坐；駟馬：一車所套的四匹馬。指高官顯貴乘坐的馬車。元・劉敏中《南鄉子・賀於冶泉尚書有子》詞：「千古一高門，不斷軒車駟馬塵。五色鳳毛新照眼，驚人，氣壓喧啾百鳥羣。」

【軒蓋如雲】

軒蓋：軒車的車蓋。形容車馬極多。唐・陳子昂《冬夜宴臨邛李錄事宅序》：「樓台若畫，臨故國之城池；軒蓋如雲，總名都之車馬。」

【軒冕相襲】

軒冕：古代卿大夫的軒車和冕服，指官位爵祿；襲：承襲，因襲。官位爵祿世代相傳。《晉書・應貞傳》：「自漢至魏，世以文章顯，軒冕相襲，為郡盛族。」

【軒然大波】

軒然：高高湧起的樣子。高高湧起的波濤。比喻大的糾紛或風潮。唐・韓愈《岳陽樓別竇司直》詩：「軒然大波起，宇宙隘而妨。」

【軒然霞舉】

軒然：高起的樣子。像朝霞一樣高高騰起。形容人舉止瀟灑，氣度不凡。南朝宋・劉義慶《世說新語・容止》：「海西時，諸公每朝，朝堂猶暗；唯會稽王來，軒軒如朝霞舉。」宋・王讜《唐語林・文學》：「李白名播海內，玄宗見其神氣高朗，軒然霞舉，上不覺忘萬乘之尊。」

【軒軒韶舉】

軒軒：風度瀟灑的樣子；韶舉：優美的舉止。形容風度瀟灑，舉止優美。南朝宋・劉義慶《世說新語・容止》：「林公道：王長史斂衿作一來，何其軒軒韶舉。」

【軒軒甚得】

軒軒：自得的樣子。形容揚揚自得的樣子。《新唐書・孔戣傳》：「戣自以適所志，軒軒甚得。」

【軒輶之使】

軒輶（ㄧㄡˊ）：即輶軒，古代使臣乘坐的輕車。指使臣。明・袁宏道《邑錢侯直指疏薦疏》：「軒輶之使，旁午於道。」也作「輶軒之使」。

【軒輊不分】

軒：古代車子前高後低；輊：車子前低後高。《後漢書・馬援傳》：「居前不能令人輊，居後不能令人軒，與人怨不能為人患，臣所恥也。」唐・李賢注：「軒輊，言為人無所輕重也。」後用「軒輊不分」比喻不分輕重高低。

【宣父猶能畏後生，丈夫未可輕年少】

宣父：孔子，唐貞觀年間詔尊為宣父；後生：青年人；丈夫：古時指成年男子。孔子還認為青年人值得敬畏呢！大丈夫可不要小看年輕人啊！指年輕人大有作為，不可輕視。唐・李白《上李邕》詩：「時人見我恆殊調，見余大言皆冷笑。宣父猶能畏後生，丈夫未可輕年少。」

【宣故納新】

宣：宣洩，發洩。呼出體內廢氣，吸進新鮮空氣。指道家的養生之術。宋・蘇軾《禮以養人為本論》：「平居治氣養生，宣故而納新，其行之甚易，其過也無大患，然皆難之而不為。」也作「吐故納新」。

【宣威耀武】

顯揚威風，炫耀武力。唐・陸贄《李晟鳳翔隴西節度兼涇原副元帥制》：「兼二將之甲兵，崇十連之元師，宣威耀武，罷警息兵。」也作「耀武揚威」、「揚威耀武」。

【萱草忘憂】

萱草：植物名，又叫忘憂草。《詩經・衛風・伯兮》：「焉得諼草？言樹之背。」毛傳：「諼草令人忘憂。」諼草，同「萱草」。後用「萱草忘憂」比喻某人或物能使別人忘掉心中的憂悶。唐・沈頌《衛中作》詩：「衛風愉艷宜春色，淇水清冷增暮愁。總使榴花能一醉，終須萱草暫忘憂。」

【萱花椿樹】

萱花：《詩經・衛風・伯兮》：「焉得諼草，言樹之背？」毛傳：「背，北堂也。」諼，同「萱」。北堂爲母親所居。故以萱堂作爲母親的代稱，萱花也指母親；椿樹：《莊子・逍遙遊》：「上古有大椿者，以八千歲爲春，八千歲爲秋。」後用「椿樹」作爲父親的代稱。「萱花椿樹」用以比喻父母雙親。明・湯顯祖《牡丹亭・訓女》：「祝萱花椿樹，雖則是子生遲暮，守得見這蟠桃熟。」

【揎拳擄袖】

見「揎拳捋袖」。

【揎拳捋袖】

揎：捲起袖子露出手臂。捲起袖子，亮出拳頭。形容怒氣沖沖地要動武或興致勃勃地準備幹某事。元・楊景賢《劉行首》二折：「欺良壓善沒分曉，揎拳捋袖行兇暴。」也作「揎拳擄袖」。《紅樓夢》六三回：「湘雲笑著，揎拳擄袖的伸手掣了一根出來，大家看時，一面畫著一枝海棠，題著『香夢沉酣』四字。」也作「揎拳捰袖」。捰：同「捋」。明・無名氏《臨潼鬥寶》三折：「你看我破步撩衣勇健，揎拳捰袖輕便。」也作「揎拳裸袖」。元・白仁甫《李克用箭射雙雕・粉蝶兒》：「你這般揎拳裸袖，打阿誰，我甘不過你。」也作「揎袖攘臂」。攘臂：捲袖伸臂。清・錢謙益《明故陝西按察司按察使徐公墓志銘》：「齊[應甲]故有心疾，恃閹益張，揎袖攘臂，狂易如瘈狗。」

【揎拳捰袖】

見「揎拳捋袖」。

【揎拳裸袖】

見「揎拳捋袖」。

【揎袖攘臂】

見「揎拳捋袖」。

【喧賓奪主】

喧：聲音大。客人的聲音壓倒了主人的聲音。比喻客人占據了主人的地位或外來的、次要的事物取代了原有的、主要的事物。清・阮葵生《茶餘客話》卷二〇：「余仿爲之，香則噴鼻而酒味變矣。不論酒而論香，是爲喧賓奪主。」也作「喧客奪主」。清・李慈銘《越縵堂詩話》卷下之上：「採石磯、棗陽城等，皆咏宋人勝金之事，喧客奪主，殊爲非體。」

【喧客奪主】

見「喧賓奪主」。

【喧囂一時】

叫囂喧嚷了一段時間。形容邪惡勢力在短時間內氣焰囂張。例日本法西斯因偷襲珍珠港成功而喧囂一時，但最終還是以徹底失敗而告終。

【蜎飛蠕動】

蜎：通「翾」，飛翔；蠕動：小蟲爬行。指小蟲子的飛翔和爬行。《淮南子・本經訓》：「蜎飛蠕動，莫不仰德而生。」

ㄒㄩㄢˊ

【玄關妙理】

玄關：佛家語，指入道之門。謂精深微妙的道理。元・無名氏《南極登仙》二折：「玄關妙理，世人不解其中意。」

【玄黃翻覆】

玄黃：黑色和黃色，古人認爲天玄地黃，故玄黃指天地之色。《周易・坤・文言》：「夫玄黃者，天地之雜也，天玄而地黃。」後用「玄黃翻覆」形容變化極大。

【玄黃牝牡】

玄黃：黑色和黃色；牝（ㄆㄧㄣˋ）牡：雌性和雄性。據《列子・說符》載：秦穆公使九方皋尋天下良馬，「三月而返報曰：『已得之矣，在沙丘。』穆公曰：『何馬也？』對曰：『牝而黃。』使人往取之，牡而驪。」穆公見九方皋將黑色的公馬說成黃色的母馬，很不高興，但「馬至，果天下之馬也。」此謂九方皋重視事物的本質忽視事物的表象。後用「玄黃牝牡」比喻事物的表面現象。宋・黃庭堅《跋法帖》：「魯公書，今人隨俗多尊尚之；少師書，口稱善而腹非之。欲深曉楊氏（少師）書，當如九方皋相馬，遺其玄黃牝牡，乃得之。」也作「牝牡驪黃」。

【玄機妙算】

玄機：神奇的機宜；妙算：巧妙的謀劃。形容計謀高明，料事如神。《封神演義》七九回：「運督軍需，智擒法戒，玄機妙算，奇功莫大。」也作「神機妙算」。

【玄酒瓠脯】

玄酒：指上古祭祀時當作酒的水；瓠脯：ㄏㄨˋ ㄆㄨˊ，乾瓠。形容生活清貧，飲食簡單。晉・程曉《贈傅咸》詩：「厥客伊何，許由巢父；厥醴伊何，玄酒瓠脯。」

【玄妙觀的家當——頭頭是道】

玄妙觀：道教正一派道觀之一，在江蘇省蘇州市內。形容說或寫文章有條有理。例此人有文才，寫文章就像玄妙觀的家當——頭頭是道。

【玄妙莫測】

測：揣測。指深奧微妙，難以捉摸。《楊家將演義》四回：「有一將，名繼業，人號爲令公，此人天文地理，六韜三略，無不精通，行兵列陣，玄妙莫測，乃智勇兼全之士。」也作「玄妙無窮」。《楊家將演義》二五回：「詳觀陣圖，玄妙無窮，或者三關楊郡馬識之，其他將帥，無有能識之者。」

【玄妙入神】
形容學問或技藝高妙精湛，達到了神奇的境地。元・明善《張淳傳》：「[張淳]名貫京師，凡爲調曲，盡聲韻，玄妙入神，成一家藝。」

【玄妙無窮】
見「玄妙莫測」。

【玄謀廟算】
玄謀：神奇的謀略；廟：廟堂，指朝廷。謂朝廷作出的決策和謀劃。《晋書・文帝紀》：「公躬擐甲冑，龔行天罰，玄謀廟算，遵養時晦。」

【玄圃積玉】
玄圃：傳說是崑崙山的仙境。玄圃中堆積的美玉。比喻文章寫得極美。《晋書・陸機傳》：「葛洪著書稱機文，猶玄圃之積玉，無非夜光焉。」

【玄虛套】
比喻虛情假意、虛僞的客套。例你別來那些玄虛套，來點實實在在的好不好？

【玄之又玄】
玄：奥妙，微妙。原謂道家的「道」深奥微妙。《老子》一章：「玄之又玄，衆妙之門。」後謂道理十分深奥，難以理解。唐・白居易《求玄珠賦》：「求之者剞其心，俾損之又損；得之者反其性，乃玄之又玄。」

【懸腸掛肚】
形容非常惦念。《水滸傳》四二回：「宋江道：『小可兄弟，只爲父親這一事，懸腸掛肚，坐臥不安。』」也作「牽腸掛肚」。

【懸車告老】
見「懸車致仕」。

【懸車束馬】
謂在山路行走時爲防跌滑，將車子掛牢，將馬腳裹住。形容山路險阻難行。《國語・齊語六》：「懸車束馬，逾太行與避耳之溪拘夏。」也作「束馬懸車」。

【懸車之年】
懸車：將車子掛起不用。指年老辭官家居。舊時官吏一般在七十歲退職。故以「懸車之年」指七十歲高齡。《晋書・劉毅傳》：「昔鄭武公年過八十，入爲周司徒，雖過懸車之年，必有可用。」也作「懸車之歲」。清・錢謙益《賀福清相公啟》：「未逮懸車之歲，先爲秉燭之遊。」

【懸車之歲】
見「懸車之年」。

【懸車致仕】
致仕：辭掉官職。謂告老回家。漢・班固《白虎通義・致仕》：「臣七十而懸車致仕者，臣以執事趨走爲職，七十陽道極，耳目不聰明，跂踦之屬，是以退去避賢者，所以長廉恥也。懸車，示不用也。」也作「懸車告老」。漢・蔡邕《陳寔碑》：「時年已七十，遂隱丘山，懸車告老，四門備禮，閒心靜居。」

【懸鶉百結】
懸鶉：禿尾鵪鶉；百結：打了很多結，指鵪鶉布滿斑點或條紋的毛色。形容衣服破爛不堪。北周・庾信《擬連珠》之二九：「蓋聞懸鶉百結，知命不憂；十日一炊，無時何恥。」也作「鶉衣百結」。

【懸燈結彩】
掛起燈籠，結上彩球、彩帶。形容喜慶節日時歡樂、熱鬧的場面。《紅樓夢》七一回：「至二十八日，兩府中俱懸燈結彩屏開鸞鳳，褥設芙蓉；簫笙鼓樂之音，通衢越巷。」

【懸而未決】
懸：掛起來。指事情一直拖著得不到解決。《北洋軍閥統治時期史話》七章：「這個時候，正是陸徵祥一再表示辭職，內閣總理問題懸而未決的時候。」

【懸河瀉水】
懸河：指瀑布。像瀑布一樣傾瀉而下。形容說話滔滔不絕或寫作時文思敏捷奔放。《晋書・郭象傳》：「太尉王衍每云：『聽象語，如懸河瀉水，注而不竭。』」也作「懸河注水」。《舊唐書・楊炯傳》：「楊盈川文思如懸河注水，酌之不竭。既優於盧，亦不減王。」也作「瀉水懸河」。唐・楊炯《後周明威將軍梁公神道碑》：「九歲明《詩》，七齡通《易》，……瀉水懸河之辨，背碑覆局之精，標映前哲，公實多敏。」

【懸河注火】
懸河：指瀑布；注：傾注，傾瀉。像瀑布傾瀉在火上。比喻勢力强大，不可阻擋。《梁書・武帝紀上》：「況擁數州之兵，以誅羣豎，懸河注火，奚有不滅？」

【懸河注水】
見「懸河瀉水」。

【懸弧之辰】
弧：弓。《禮記・內則》：「子生，男子設弧於門左。」後因以「懸弧之辰」謂男子的生日。清・朱彝尊《黃徵君序》：「歲在己巳八月，先生懸弧之辰，年八十矣。」也作「懸弧之慶」。《儒林外史》一〇回：「懸弧之慶，在於何日？」

【懸弧之慶】
見「懸弧之辰」。

【懸劍空壟】
壟：墳墓。《史記・吳太伯世家》：「季札之初使，北過徐君。徐君好季札劍，口弗敢言。季札心知之，爲使上國，未獻。還，至徐，徐君已死。於是乃解其寶劍，繫之徐君塚樹而去。」後因以「懸劍空壟」謂對死去友人的悼念。南朝梁・劉孝標《重答劉秣陵沼書》：「冀東平之樹，望咸陽而西靡；蓋山之泉，聞弦歌而赴節。但懸劍空壟，有恨如何！」

【懸軍深入】
懸軍：指突入敵境，沒有後援的軍隊。單獨一支軍隊進入敵方占據的區域。《資治通鑑・晋孝武帝太元八年》：「謝玄遣使謂陽平公[苻]融曰：『君懸軍深入，而置陣逼水，此乃持久之計，非欲速戰者也。』」也作「**懸軍遠入**」。《宋書·王鎮惡傳》：「鎮惡懸軍遠入，轉輸不充，與賊相持久，將士乏食。」也作「**孤軍深入**」。

【懸軍遠入】
見「懸軍深入」。

【懸梁刺股】
股：大腿。將頭髮繫於屋梁，以錐子刺大腿。《戰國策·秦策一》：「[蘇秦]讀書欲睡，引錐自刺其股，血流至足。」《太平御覽》卷三六三引《漢書》：「孫敬字文寶，好學，晨夕不休。及至眠睡疲寢，以繩繫頭，懸屋梁。後爲當世大儒。」後用「懸梁刺股」形容人發憤讀書。明·湯顯祖《牡丹亭·閨塾》：「古人讀書，有……懸梁刺股呢。」也作「**懸頭刺股**」。《北史·崔頤傳》：「未嘗聚螢映雪，懸頭刺股，讀《論》唯取一篇，披《莊》不過盈尺。」也作「**懸頭刺骨**」。《羣音類選〈龍泉記·家庭訓子〉》：「詞翰積如丘，要精通，須苦求，懸頭刺骨非虛謬。」也作「**刺骨懸梁**」。

【懸牛首於門，而賣馬肉於內】
門外掛著牛頭，而屋裏卻賣馬肉。比喻人做事名實不符，弄虛作假。《晏子春秋·內篇雜下》：「君使服之於內，而禁之於外，猶懸牛首於門，而賣馬肉於內。」

【懸磬之居】
指屋子裏空無所有，就像懸掛著的石磬。形容家境十分貧寒。三國魏·應璩《與韋仲將書》：「夫以原憲懸磬之居，而值皇天無已之雨，薪芻既盡，穀亦傾匱。」

【懸若日月】
像太陽月亮懸掛空中。形容作品的生命力經久不衰。宋·王讜《唐語林·文學》：「世人多謂李氏立意注《文選》，過於迂繁，徒自騁學，且不解文意，遂相尚習五臣者，大誤也……李氏絕筆之本，懸若日月焉，方之五臣，猶虎狗、鳳雞耳！」

【懸榻留賓】
榻：狹長矮足的床。《後漢書·徐稚傳》：「時陳蕃爲太守……在郡不接賓客；惟稚來，特設一榻，去則懸之。」後因以「懸榻留賓」謂對來客十分敬重。《孽海花》二〇回：「春秋佳日，懸榻留賓；偶然興到，隨地談宴。」

【懸頭刺股】
見「懸梁刺股」。

【懸頭刺骨】
見「懸梁刺股」。

【懸駝就石】
《法苑珠林》卷五三引《百喻經》：「昔有一人，貧窮困苦，爲王作事。日月經久，身體羸瘦。王見憐愍，賜一死駝。貧人得已，即便剝皮。嫌刀鈍故，求石欲磨。乃於樓上得一磨石，磨刀令利，來下而剝，如是數數往來磨刀，後轉勞苦，憚不能數上，懸駝上樓，就石磨刀。深爲衆人之所嗤笑。」後因以「懸駝就石」比喻辦事荒唐愚蠢，費力大而見效小。

【懸爲厲禁】
懸：公開明示；厲：嚴厲，嚴格。公開告示嚴格禁止。《續孽海花》四二回：「開會結社是違禁的。本朝自康熙以來，因爲明朝的東林及幾社、復社都是士大夫的不安分，所以懸爲厲禁。」

【懸心吊膽】
形容非常擔憂害怕。《封神演義》二三回：「爲母在家，曉夜不安，又恐你在深山窮谷被虎狼所傷，使爲娘的懸心吊膽，廢寢忘餐。」也作「**提心吊膽**」。

【懸懸而望】
懸懸：心中非常掛念的樣子。形容殷切地期待。《警世通言》卷二五：「吾憐君而相贈，豈望報乎？君可速歸，恐尊嫂懸懸而望也。」

【懸懸在念】
形容時刻想著，放不下心來。《西遊記》九二回：「因不見賢徒，懸懸在念，今幸得勝而回。」

【懸崖絕壁】
形容山勢險惡。唐·劉長卿《望龍山懷道士許法棱》詩：「心惆悵，望龍山。雲之際，鳥獨還。懸崖絕壁幾千丈，綠蘿嫋嫋不可攀。」也作「**懸崖峭壁**」。《水滸傳》八六回：「四面盡是高山，左右是懸崖峭壁，只見高山峻嶙，無路可登。」也作「**懸岩峭壁**」。《西遊記》一五回：「去的是些懸岩峭壁崎嶇路，疊嶺層巒險峻山。」

【懸崖絕壑】
絕壑：陡峭深邃的山溝。形容山勢險惡。清·錢泳《履園叢話·景賢·鄉賢二》：「前後五六載中，四次跋涉，繭足黧面，備嚐艱險，途中懸崖絕壑……水火盜賊之虞，無所不歷，瀕於死者屢矣。」

【懸崖勒馬】
比喻在危險的境地面前及時醒悟回頭。清·紀昀《閱微草堂筆記·如是我聞二》：「書生曰：『然則子仍魅我耳。』推枕遽起，童亦艴然去。此書生懸崖勒馬，可謂大智慧矣。」也作「**臨崖勒馬**」。

【懸崖峭壁】
見「懸崖絕壁」。

【懸崖上翻跟斛——兇多吉少】
見「洞庭湖上踩鋼絲——兇多吉少」。

【懸岩峭壁】
見「懸崖絕壁」。

【懸羊打鼓】
將羊吊起來，使羊蹄亂蹬擊鼓。古時打仗在空營中用這種辦法欺騙迷惑敵方。《說岳全傳》五七回：「又暗令兵士通知各位元帥，將各營虛設旗帳，懸羊打鼓。」

【懸羊賣狗】

比喻賣假貨騙人，表裏不一，名實不符。清・梁章鉅《楹聯叢話・無錫縣署楹聯》：「存一點掩耳盜鈴之私，終爲無益……做幾件懸羊賣狗的假事，總不相干。」也作「**懸羊頭，賣狗肉**」。《五燈會元・天鉢元禪師法嗣》：「有般名利之徒，爲人天師，懸羊頭，賣狗肉。」

【懸羊頭，賣狗肉】

見「懸羊賣狗」。

【懸疣附贅】

長在皮膚上的瘊子和瘤子。比喻多餘而令人感到厭煩的事物。明・胡應麟《少室山房筆叢》卷三〇：「贋書之昉，昉於西京乎？六籍既禁，衆言淆亂，懸疣附贅，假托實繁。」也作「**附贅懸疣**」。

【旋禍得福】

旋：轉變。指災禍變爲幸福。明・焦竑《玉堂叢話》卷二：「發兵之說，必不可從。不若因其請而與之，旋禍得福。」也作「**轉禍爲福**」。

【旋乾轉坤】

乾、坤：八卦中的兩卦，代表天、地。使天地顛倒。比喻給局勢帶來根本變化。唐・韓愈《潮州刺史謝上表》：「陛下即位以來，躬親聽斷，旋乾轉坤，關機闔開，雷厲風飛，日月所照，天戈所麾，莫不寧順。」也作「**旋轉乾坤**」。《續孽海花》四四回：「勝佛道：『一來自問沒有旋轉乾坤的手段；二來靠著別人的力量恐怕沒有好結果。』」

【旋轉乾坤】

見「旋乾轉坤」。

ㄒㄩㄢˇ

【選兵秣馬】

選兵：挑選兵器；秣馬：餵飽戰馬。謂做好作戰準備。宋・歐陽修《准詔言事上書》：「今若敕勵諸將選兵秣馬，疾入西界，但能痛敗吳賊一陣，則吾軍威大振而虜計沮矣。」

【選了尺碼又挑斤頭——德(得)高望重】

挑斤頭：〈方〉挑選重量重的；德：「得」的諧音。比喻品德高尚，名望很高。例這種名譽職稱，只能授予那些選了尺碼又挑斤頭——德（得）高望重的人。

【選士厲兵】

厲：磨礪。挑選士卒，磨好兵器。指準備作戰。《呂氏春秋・孟秋紀》：「天子乃命將帥，選士厲兵，簡練傑俊，專任有功，以征不義。」

【選賢進能】

見「選賢任能」。

【選賢任能】

選拔賢才，任用能人。指舉用有德行有才能的人。《舊唐書・食貨志上》：「設官分職，選賢任能，得其人則有益於國家，非其才則貽患於黎庶，此義不可不知也。」也作「**選賢進能**」。進：進薦。《晏子春秋・問上》：「選賢進能，不私乎內。」也作「**選賢與能**」。與：通「舉」，選拔。《禮記・禮運》：「大道之行也，天下爲公，選賢與能，講信修睦。」

【選賢與能】

見「選賢任能」。

【烜赫一時】

形容在一段時間裏名聲很大，氣勢很盛。清・昭槤《嘯亭續錄》卷五：「納蘭太傅明珠，康熙時烜赫一時。」

ㄒㄩㄢˋ

【泫然流涕】

泫然：水往下滴的樣子；涕：眼淚。形容淚水滴答滴答地往下掉。《聊齋志異・鄷都御史》：「念母老子幼，泫然流涕。」

【炫服靚妝】

見「袨服靚妝」。

【炫奇爭勝】

以新奇獨特相炫耀，爭勝負。崇彝《道咸以來朝野雜記》：「火神廟中玉器攤，尤炫奇爭勝，貴族婦女及富商外賈多趨之。」

【炫石爲玉】

見「衒玉賈石」。

【炫異爭奇】

炫：炫耀。誇耀怪異，競出新奇。《二十年目睹之怪現狀》一回：「環聚於四馬路一帶，高張艷幟，炫異爭奇。」

【炫玉賈石】

見「衒玉賈石」。

【炫晝縞夜】

縞：白。宋・王安石《寄蔡氏女子詩》：「積李兮縞夜，崇桃兮炫晝。」炫晝指白天桃花光彩炫目，縞夜指夜晚李花白裏透亮。後指桃李盛開。宋・楊萬里《讀退之李花詩序》：「桃李歲歲同時並開，而退之有『花不見桃惟見李』之句，殊不可解；因晚登碧落堂，望隔江桃皆暗，而李獨明，乃悟其妙，蓋炫晝縞夜雲。」

【眩目震耳】

謂所見令人眼花繚亂，所聞使人震耳欲聾。巴金《旅途隨筆・遊了佛國》：「有一些虔誠的佛教徒到了那個地方就會『眩目震耳，悖魄墮魂。』」

【袨服靚妝】

袨服：華麗的衣服；靚妝：美麗的妝飾。形容衣著妝飾十分艷麗。晉・左思《蜀都賦》：「都人士女，袨服靚妝。」也作「**炫服靚妝**」。明・袁宏道《迎春歌和江進之》詩：「鐃吹拍拍走煙塵，炫服靚妝千萬人。」

【衒材揚己】

衒：自我誇耀。誇耀自己的才能，張揚自己的聲名。唐・駱賓王《上吏部裴侍郎書》：「高談王霸，衒材揚已，歷抵公卿，不汲汲於榮名，不戚戚於卑位，蓋養親之故也。」也作「**露才揚己**」。

【衒玉賈石】

衒：誇耀；賈：賣。自己誇耀的是美玉，而實際賣的是石塊。比喻以假充眞，名不副實。漢・揚雄《法言・問道》：「衒玉而賈石者，其狙詐乎！」也作「炫玉賈石」。唐・柳宗元《故銀青光祿大夫右散騎常侍柳公行狀》：「是夫喋喋，炫玉而賈石也。」也作「炫石爲玉」。宋・程顥《論王霸札子》：「苟以霸者之心而求王道之成，是衒石以爲玉也。」

【衒玉求售】

誇耀自己的美玉，以求賣個好價錢。比喻炫耀自己的才能，以求被人看重或任用。《論語・子罕》：「子貢曰：『有美玉于斯，韞匵而藏諸，求善賈而沽諸？』子曰：『沽之哉！沽之哉！我待賈者也。』」《醒世恆言》卷一一：「今日慕小妹之才，雖然衒玉求售，又怕損了自己的名譽，不肯隨行逐隊，尋消問息。」

【旋的不圓，砍的圓】

旋；轉動。砍成的東西反倒比旋成的圓。比喻事情反常。《金瓶梅詞話》七三回：「自古旋的不圓，砍的圓。你我本等是瞞貨，應不上他的心，隨他說去罷了。」

【旋風吹到嘴裏——邪風入內】

旋風：螺旋狀運動的風，迷信的人稱之爲鬼旋風，認爲是一種邪風。形容歪風邪氣嚴重，已侵蝕到肌體。例我看你這幾年，也是旋風吹到嘴裏——邪風入內，請客送禮就是表現之一。

【絢麗多彩】

絢麗：燦爛美麗。形容色彩豐富、艷麗。例春天的花園，百花盛開，絢麗多彩，使人眼花繚亂。

【渲染烘托】

渲染：國畫的技法一種，用水墨或淡色塗抹畫面，以加强藝術效果；烘托，國畫技法之一，用水墨或淡色點染輪廓外部，使形象鮮明。指文藝創作中採用誇張和映襯的手法，使所表現的內容鮮明突出。《兒女英雄傳》三三回：「比如畫家畫樹，本幹枝節，次第穿插，佈置了當，仍須渲染烘托一番，才有生趣。」也作「烘托渲染」。

ㄒㄩㄣ

【塤唱篪和】

見「塤篪相須」。

【塤唱篪應】

見「塤篪相須」。

【塤篪相須】

塤：古代一種用陶土燒製的吹奏樂器，形如鵝蛋，有六孔；篪：ㄔˊ，古代一種竹製吹奏樂器，似笛子，有八孔；須：配合。《詩經・小雅・何人斯》：「仲氏吹壎，仲氏吹篪。」宋・朱熹《集傳》：「言其心相親愛，而聲相應和也。」壎：同「塤」。後用「塤篪相須」比喻兄弟或朋友間親密和睦，互相呼應配合。漢・禰衡《鸚鵡賦》：「感平生之遊處，若壎篪之相須；何今日之兩絕，若胡越之異區。」也作「塤篪相應」。應：呼應。宋・陳瓘《論蔡京》：「兄弟同朝，塤篪相應，事無異議。」也作「塤唱篪和」。唱、和：一唱一和，彼此呼應。宋・洪咨夔《二鍾君墓記》：「凡所規劃，兄不自謀，必以咨諸弟，弟劑度可否，聽兄決之，塤倡篪和，如出一人。」倡：通「唱」。也作「塤唱篪應」。宋・葉适《國子祭酒贈寶謨閣待制李公墓誌銘》：「公義順而理和，塤唱篪應，璋判圭合，得於自然。」

【塤篪相應】

見「塤篪相須」。

【熏腐之餘】

熏腐：閹割。閹割之後。謂宦官。宋・蘇軾《論始皇漢宣李斯》：「彼自以爲聰明人傑也，奴僕熏腐之餘何能爲。」

【熏陶成性】

熏陶：熏染陶冶，指感化、影響。指在長期的感染或影響下形成的習性。《宋史・程頤傳》：「今夫人民善教其子弟者，亦必延名德之士，使與之處，以熏陶成性。」

【熏天嚇地】

形容氣勢極盛。《初刻拍案驚奇》卷二二：「然那等熏天嚇地富貴人，除非是遇了朝廷誅戮，或是生下子孫不肖，方是敗落散場。」

【熏天勢焰】

指氣勢如火焰一樣灼燙，熏燒達天。形容氣勢極盛。清・沈德潛《閱三朝要典》詩：「茄花委鬼互糾結，熏天勢焰何披猖。」

【熏香荀令】

荀令：指東漢人荀彧，其官至尚書令。《藝文類聚》卷七〇引晋・習鑿齒《襄陽記》：「劉季和性愛香，嘗上廁還，過香爐上。主簿張坦曰：『人名公作俗人，不虛也。』季和曰：『荀令君至人家，坐處三日香，爲我如何令君，而惡我愛好也。』」後因以「熏香荀令」謂指舉止優雅，風采俊逸的大臣。唐・李端《贈郭駙馬》詩：「青春都尉最風流，二十功成便拜侯……・熏香荀令偏憐少，傅粉何郎不解愁。」

【熏香摘艷】

唐・杜牧《冬至日寄小侄阿宜詩》：「經書括根本，史書閱興亡。摘屈、宋艷，濃熏班、馬香。」後用「熏香摘艷」比喻用華美的辭藻寫詩作文。宋・劉克莊《張添敎訦啟》：「止齋之門，熏香摘艷；既笑談解褐，宜騰踏飛黃。」也作「摘艷熏香」。

【薰風解慍】

薰風：和風；慍：惱怒，怨恨。指溫和宜人的天氣可以使人消除心中的不快。《孔子家語・辯樂》：「昔日舜彈五弦之琴，造《南風》之詩，其詩曰：『南風之薰兮，可以解吾民之慍兮。』」宋・柳永《永遇樂》詞：「薰風解慍，晝景淸和，新霽時候。」

【薰梅染柳】

春風吹得梅香柳綠，就像人工薰染似的。形容春風吹遍大地，萬象更新的景象。也喻指形勢大好，各地方出現可喜的現象。宋・辛棄疾《漢宮春・立春日》詞：「卻笑東風從此，便薰梅染柳，更沒些閒。」

【薰香自燒】

薰：香草。薰草因自有香氣而被焚燒。比喻人因才智過人而招來禍患。《漢書・龔勝傳》：「薰以香自燒，膏以明自銷，龔生竟夭天年，非吾徒也。」

【薰蕕不同器】

蕕：臭草。香草和臭草不能放在同一器物中。比喻好人和壞人不能共處。《孔子家語・致思》：「顏回對曰：『回聞薰蕕不同器而藏，堯桀不共國而治，以其異類也。』」也作「薰蕕不雜」。雜：雜處。南朝梁・沈約《奏彈王源》：「且非我族類，往哲格言，薰蕕不雜，聞之前典。」也作「薰蕕有別」。淸・林則徐《覆奏曾望顏條陳封關禁海事宜折》：「與其涇渭不分，轉致無所忌憚；曷若薰蕕有別，俾皆就我範圍。」

【薰蕕不雜】

見「薰蕕不同器」。

【薰蕕錯雜】

見「薰蕕同器」。

【薰蕕同器】

香草和臭草放在同一器物中。比喻好壞相混不分。《民國通俗演義》三八回：「現自國民議員奉令取消以來，去者得避害馬敗羣之謗，留者仍蒙薰蕕同器之嫌。」也作「薰蕕無辨」。唐・陸贄《又論進瓜果人擬官狀》：「薰蕕無辨，涇渭不分，二紀於茲，莫之能整。」也作「薰蕕雜處」。宋・羅從彥《遵堯錄六・富弼》：「弼常言君子小人如冰炭，絕不可以同器，若兼收併用，則小人必勝，薰蕕雜處，終必爲臭。」也作「薰蕕錯雜」。五代・王定保《唐摭言》卷一：「玉石不分，薰蕕錯雜。」

【薰蕕無辨】

見「薰蕕同器」。

【薰蕕有別】

見「董蕕不同器」。

【薰蕕雜處】

見「薰蕕同器」。

ㄒㄩㄣˊ

【詢事考言】

詢：查詢；考：考查。指檢查所做的事和所說的話。《尚書・舜典》：「詢事考言，乃言底可績。」孔穎達疏：「我考汝言，汝所爲之事，皆副汝所謀，致可以立功。」

【詢于芻蕘】

芻：割草的人；蕘：打柴的人。指向普通人徵詢意見。《詩經・大雅・板》：「先民有言，詢于芻蕘。」

【荀令衣香】

荀令：指東漢尚書令荀彧。《藝文類聚》卷七〇引晉・習鑿齒《襄陽記》載：荀彧性愛香，常在衣服上熏香，「至人家，坐處三日香」。後用「荀令衣香」謂某大臣舉止優雅，風采俊逸。宋・劉克莊《風入松・福淸道中作》詞：「細思二十年前事，嘆人琴、已矣俱亡。改盡潘郎鬢發，消殘荀令衣香。」

【恂恂善導】

見「循循善誘」。

【恂恂善誘】

見「循循善誘」。

【尋短見】

比喻尋死、自殺。例就因爲和丈夫拌了兩句嘴，她就尋短見，也太想不開了。

【尋開心】

比喻逗樂兒，開玩笑。例你別在這兒尋開心了，幹你自己的事去吧！

【尋頭腦】

比喻找藉口。例你不必尋頭腦了，尋了也沒有用，這堆贗品是你做的，應當由你負責。

【尋相罵】

指吵嘴、互相詈罵。例這小倆口一天到晚尋相罵，這日子還怎麼過？

【尋拙志】

指自殺、尋死。例凡事要看得開，你可不能蠢到去尋拙志。死了就更說不淸楚了。

【尋瘢索綻】

尋找瘢痕，索求破綻。比喻故意挑毛病。淸・洪昇《長生殿・幸恩》：「慣使嬌憨，尋瘢索綻，一謎兒自逞心胸。」

【尋弊索瑕】

弊：弊病；瑕：疵點。尋找弊病，索求疵點。比喻故意挑毛病，找過失。明・沈德符《野獲編補遺・江陵議分祀天地》：「江陵（張居正）身後，攻之者尋弊索瑕，以功爲罪。」也作「尋瑕索瘢」。《孽海花》二七回：「太后又不好說甚，心裏卻益發憤恨，只向寶妃去尋瑕索瘢。」也作「尋瑕索垢」。垢：污垢。淸・梁紹壬《兩般秋雨庵隨筆》卷三：「雖屬翻陳出新，未免尋瑕索垢。」

【尋風捉影】

比喻說話辦事虛妄不實，沒有根據。明・李詡《戒庵老人漫筆・女辯繼母誣陷疏》：「又不曾經獲某人，乃以數句之詩，尋風捉影，陷臣死罪。」也作「捕風捉影」。

【尋根拔樹】

指將樹連根拔掉。比喻徹底消除後患。元・紀君祥《趙氏孤兒》四折：「恨只恨屠岸賈那匹夫，尋根拔樹，險送的俺一家兒滅門絕戶。」

【尋根究底】

謂尋找和追究事情發生的根源，弄淸來龍去脈。《紅樓夢》一二〇回：「似你這樣尋根究底，便是刻舟求劍、膠杜鼓瑟了。」也作「**尋根問底**」。《二十年目睹之怪現狀》四回：「至於內中曖昧情節，誰曾親眼見來，何必去尋根問底。」也作「**尋根問蒂**」。《平妖傳》八回：「常言道：『樹高千丈，葉落歸根。』這小廝怕養不大，若還長大了，少不得尋根問蒂，怕不認我作外公麼！」

【尋根問底】

見「尋根究底」。

【尋根問蒂】

見「尋根究底」。

【尋行數墨】

行：指書上一行行的字；墨：指單個的字。形容讀書作文時只知摳字句，忽視全篇要旨。宋．陳亮《壬寅答朱元晦秘書》：「某頑鈍只如此，日逐且與後生尋行數墨，正如三四十歲醜女更欲紮腰縛腳，不獨可笑，亦良苦也。」也作「**循行數墨**」。明．朱之瑜《與源光國書》之一二：「下問三事，志大而見卓，非尋文書生循行數墨、拘守章句之所及。」也作「**數墨尋行**」。

【尋行逐隊】

行：行列；隊：隊伍。形容許多人聚集在一塊，排成行，結成隊。《古今小說》卷五：「衆客人尋行逐隊，各據坐頭，討漿索酒。」

【尋壑經丘】

壑：山溝；丘，小山丘。晉．陶潛《歸去來辭》：「既窈窕以尋壑，亦崎嶇而經丘。」後因以「尋壑經丘」謂放情於大自然，遊賞山水名勝。李光《題亞子分湖舊隱圖》詩：「浮家泛宅梨川夢，尋壑經丘栗里情。」

【尋花覓柳】

見「尋花問柳」。

【尋花問柳】

①謂遊賞自然景色。《儒林外史》一七回：「這樣好天氣，他先生正好到六橋探春光，尋花問柳，做西湖上的詩。」也作「**問柳尋花**」。②舊時以花、柳喻妓女，比喻狎妓。《金瓶梅詞話》八一回：「韓道國與來保兩個且不置貨，成日尋花問柳，飲酒作樂。」也作「**尋花覓柳**」。清．李漁《閒情偶寄．詞曲．結構》：「貌雖癯而精血未耗。尋花覓柳，兒女事猶然自覺情長。」

【尋歡作樂】

尋求享樂。多含貶義。《孽海花》三〇回：「況一掛上人家的假招牌，便有許多面子來拘束你，使你不得不藏頭露尾；尋歡作樂如何能稱心適意！」

【尋流窮源】

追尋支流，探究源頭。比喻追尋探究事物發展的起因和結果。晉．支遁《大小品對比要鈔序》：「如其不悟，將恐遂其所惑，以罔後生，是故推考異同，驗其虛實，尋流窮源，各有歸趣。」也作「**尋流討源**」。討：索求。南朝齊．明僧紹《正二教論》：「孔老之純，得所學也。超宗極覽，尋流討源，以有生為塵毒。」也作「**尋源討流**」。《宋書．志序》：「百官置省，備有前說，尋源討流，於事為易。」

【尋流討源】

見「尋流窮源」。

【尋流逐末】

比喻只在枝節上下功夫，忽視根本。宋．朱熹《答呂伯恭書》：「因悟向來涵養功夫全少，而講說又多强探，必取尋流逐末之弊，推類以求，衆病非一，而其源皆在此。」

【尋螺螄羹飯吃】

比喻零敲碎打地覓取財物。清．梁同書《直語補證》：「螺螄羹飯，猥鄙之食也。俗以人瑣屑覓取財物曰『尋螺螄羹飯吃』。」

【尋奇探幽】

見「尋幽探奇」。

【尋山問水】

謂遊賞山水名勝。《隋唐演義》三三回：「每日尋山問水，種竹澆花，酒送黃昏，棋消白晝，一切英豪壯氣，盡皆收斂。」

【尋事生非】

尋找事端，製造糾紛。巴金《秋》三八：「都是我不好，把大少爺拉去料理倩兒的事情，給大少爺招麻煩，不然四太太怎麼會找大少爺尋事生非？」

【尋死覓活】

覓：尋找。一會兒要死，一會兒要活。指鬧著要自殺。①形容無法承受沉重的打擊，想以死了結。《京本通俗小說》卷一〇：「老夫妻見女兒捉去，就當下尋死覓活，至今不知下落，只憑地關著門在這裏。」②形容吵鬧不休，以死要挾。《紅樓夢》二五回：「寶玉一發拿刀弄杖，尋死覓活的，鬧的天翻地覆。」

【尋頭討腦】

形容故意挑剔毛病。《醒世恆言》卷二七：「自此日逐尋頭討腦，動輒便是一頓皮鞭，打得體無完膚。」

【尋微知著】

微：小，指事情的苗頭；著：明顯，指事情的顯著狀態。尋求事情的微小跡象，預知其發展趨向。晉．葛洪《抱朴子．嘉遁》：「昔箕子睹象箸而流泣，尼父聞偶葬而永嘆，蓋尋微以知著，原始以見終。」也作「**見微知著**」。

【尋瑕伺隙】

尋瑕：尋找毛病；伺隙：等候可利用的機會。指千方百計地刁難或打擊別人。魯迅《兩地書》四九：「每尋瑕伺隙，與辦事人作難。」

【尋瑕索瘢】

見「尋弊索瑕」。

【尋瑕索垢】

見「尋弊索瑕」。

【尋消問息】

打探消息。《醒世恆言》卷一三：「今日慕小妹之才，雖然炫玉求售，又怕損了自己的名譽，不肯隨行逐隊，尋消問息。」

【尋釁鬧事】
尋隙挑釁，製造事端。例近來有些小流氓溜進校園裏尋釁鬧事，擾亂正常的教學秩序，引起師生的義憤。

【尋幽入微】
探尋深奧的事理，達到了精微的地步。《北史・楊伯丑傳》：「時有張永樂者，賣卜京師，伯丑每從之遊。永樂爲卦有不能決者，伯丑輒爲分析爻象，尋幽入微。」

【尋幽探奇】
探尋幽深而奇特的山水勝地。宋・陸九淵《題新興寺壁》：「輕舟危檣，笑歌相聞，聚如魚鱗，列如雁行。至其尋幽探奇，更泊互進，迭爲後先，有若偶然而相從。」也作「尋奇探幽」。清・湯斌《楊彭山春望詞序》：「吾見尋奇探幽者，詫爲奇聞異跡，必將載酒登高，窮極眺望。」

【尋源討本】
探尋事物發展的起源。唐・劉知幾《史通・書志》：「如斯變革，不可勝計，或名非而物是，或小異而大同。但作者愛奇，恥於仍舊，必尋源討本，其歸一揆也。」

【尋源討流】
見「尋流窮源」。

【尋章摘句】
指讀書時只注意搜尋，摘錄其中的個別詞句，而不顧全篇大義。《三國志・吳書・吳主傳》裴松之注引《吳書》：「吳王浮江萬艘，帶甲百萬，任賢使能，志存經略，雖有餘閒，博覽書傳歷史，借采奇異，不效儒生尋章摘句而已。」也指寫作時套用前人的章法、詞句。例他寫的這篇文章不過是從別人那兒尋章摘句，拼湊而成。也作「摘句尋章」。

【尋爭尋鬧】
謂隨時有爭論、吵鬧。元・高則誠《琵琶記・再報佳期》：「我做媒婆已老，沒見這般好笑。叵耐一個書生，佳人與他不要。別的見了媒婆歡歡喜喜，他反與我尋爭尋鬧。」

【尋枝摘葉】
比喻追求事物的次要的、非根本性的方面。宋・嚴羽《滄浪詩話・詩評》：「建安之作，全在氣象，不可尋枝摘葉。」

【尋蹤覓跡】
尋找蹤跡。元・李好古《張生煮海》二折：「小生張伯騰，恰才遇著的那個女子，人物非凡，因此尋蹤問跡，前來尋他，卻不知何處去了。」也作「尋蹤問跡」。《二刻拍案驚奇》卷一：「小子不敢明說寺名，只怕有第二個像柳太守的尋蹤問跡，又生出事頭來。」

【尋蹤問跡】
見「尋蹤覓跡」。

【撏毛搗鬢】
撏：拔；搗：ㄉㄠˇ，捶打。撕扯別人的頭髮，捶打別人的耳鬢。形容蠻橫凶惡的樣子。《醒世姻緣傳》三五回：「侯小槐道：『小人也沒寫領狀。他從問了出去，只到了大門外邊，就要將人撏毛搗鬢，百般辱罵。』」

【巡警棍——東指西指】
巡警：舊時指警察。比喻說話沒有固定的語言對象，一會兒針對這，一會兒又針對那。有時指對人的責難涉及面很大。例你好像一根巡警棍——東指西指，到底對誰有意見，痛痛快快地說出來好了。

【循常習故】
遵循常規，承襲舊例。指思想守舊，照老框框辦事，沒有創造性。《晉書・張載傳》：「今士循常習故，規行矩步，積階級，累閥閱，碌碌然以取世資。」也作「循故襲常」。宋・蔡襄《明諫》：「貴乎循故襲常，無煩於更治也。」

【循次而進】
見「循序漸進」。

【循次漸進】
見「循序漸進」。

【循蹈規矩】
見「循規蹈矩」。

【循道不違】
循：遵循。遵守道義而不違背。唐・韓愈《河南府法曹參軍盧府君夫人苗氏墓志銘》：「循道不違，厥聲彌劭。」

【循分守理】
見「循理守分」。

【循故襲常】
見「循常習故」。

【循規導矩】
見「循規蹈矩」。

【循規蹈矩】
規、矩：圓規和角尺，指禮儀、法度、規則；蹈：踩。指嚴守禮法和規則，不亂說亂動。宋・朱熹《答方賓王》：「程子謂循涂守轍，不知涂、轍爲何也；張子所謂成法，不知何者爲成法，未有以見其所指之實也。循涂守轍，猶言循規蹈矩云爾。」也作「循規導矩」。導：順應。《朱子全書・論語九・子路》：「善人只循循自守……不會勇猛精進。循規導矩則有餘，責之以任道則不足。」也作「循規矩蹈」。宋・蘇軾《擬進士御試策》：「苟無知人之明，則循規矩蹈，繩墨以求寡過。」也作「循蹈規矩」。宋・朱弁《曲洧舊聞》卷九：「近歲有一二少年，雖開言有可喜者，而不肯循蹈規矩，好奇尚怪，遇事輒發。」

【循規矩蹈】
見「循規蹈矩」。

【循行數墨】
見「尋行數墨」。

【循行逐隊】
循：依照；行：行列；隊：隊伍。依從行列，追隨隊伍。形容隨大流，沒有獨創性。清・方世舉《蘭叢詩話》：「敕賜百官櫻桃，亦惟王維合局。後來韓昌黎、張文昌亦有此題七律，則寒儉粗疏，似爲長裙高屐，不屑循行逐隊者，而宗廟會同，有此五服五章哉！」

【循環反覆】

見「循環往復」。

【循環往復】

周而復始，反覆進行。唐・李華《祭亡友故楊州功曹蕭公文》：「華疇昔之歲，幸忝周旋，足下不棄愚劣，一言契合。古稱管鮑，今則蕭李，有過必規，無文不講，知名當世，實賴吾人。循環往復，何日忘此。」也作「**循環反覆**」。唐・羅隱《漢鐃歌・芳樹》詩：「春夏作頭，秋冬爲尾，循環反覆無窮已。」

【循環無端】

迴旋反覆，沒有止息。《孫子兵法・勢篇》：「循環之無端，孰能窮之？」《醒世姻緣傳》九七回：「家人媳婦、丫頭、養娘終日猴在那秋千架上，你上我下，我上你下，循環無端打那秋千玩耍。」

【循理守分】

遵從道理，安分守己。宋・司馬光《論北邊事宜》：「而朝廷至今終未省寤，猶以二人所爲爲是，而以循理守分者爲非。」也作「**循分守理**」。《兒女英雄傳》一八回：「那紀望唐自幼恪遵庭訓，循分守理，奮志讀書。」

【循名督實】

見「循名責實」。

【循名核實】

見「循名責實」。

【循名校實】

見「循名責實」。

【循名考實】

見「循名責實」。

【循名課實】

見「循名責實」。

【循名責實】

循：依照，按照；責：求。按照名義來考核內容，要求名實相符。《淮南子・主術訓》：「故有道之主，滅想去意，淸虛以待不伐之言、不奪之事，循名責實。」也作「**循名督實**」。督：督察。《鄧析子・無厚》：「上循名以督實，下奉教而不違。」也作「**循名核實**」。核：考核。淸・薛福成《應詔陳言疏》：「如是則平時無冗食之兵，臨事獲勁旅之用，循名核實，化弱爲強，計無過於此矣。」也作「**循名校實**」。校：核對，核查。《晉書・劉弘傳》：「皆功行相參，循名校實，條列行狀，公文具上。」也作「**循名考實**」。考：考核。《三國志・魏書・傅嘏傳》：「夫建官均職，淸理民物，所以務本也；循名考實，糾勵成規，所以治末也。」也作「**循名課實**」。課：考核，考查。南朝梁・劉勰《文心雕龍・章表》：「以章造闕，風矩應明；表以致禁，骨采宜耀。循名課實，以章爲本者也。」也作「**責實循名**」。

【循牆而走】

沿牆而行，不敢走在道中。形容恭謹或畏怯的樣子。《左傳・昭公七年》：「故其鼎銘云：『一命而僂，再命而傴，三命而俯，循牆而走，亦莫餘敢侮。』」

【循聲附會】

循聲：隨聲；附會：附和。指隨聲附和，沒有主見。《隋唐演義》七一回：「一日看本章內，禮部有題請建坊旌表貞烈一疏。天后不覺擊案的嘆道：『奇哉！可見此等婦人之沽名釣譽，而禮官之循聲附會也。』」

【循誦習傳】

誦：誦讀；習：襲用；傳：傳聞。依從書本上的東西，沿用傳聞中的做法。謂死摳書本，拘於舊法。《漢書・司馬相如傳下》：「且夫賢君之踐位也，豈得委瑣握躪，拘文牽俗，循誦習傳，當世取說云爾哉！」

【循途守轍】

途：道路；轍：車輪碾壓的痕跡。沿著別人走過的道路行走。比喻按老規矩行事，沒有創新。淸・歸莊《顧天石詩序》：「至近代詩家，折衷頗當，昌言正論，昭布天下，後生學子，當不至惑於歧路。然使僅僅循途守轍，不能大振《風》《雅》，服文人才士之心，將反爲趨歧路者之所借口。此不可不慮也。」

【循序漸進】

順著一定的次序或步驟逐漸深入或提高。《論語・憲問》：「不怨天，不尤人，下學而上達，知我者其天乎。」宋・朱熹集注：「但知下學而自然上達，此但自言其反己自修，循序漸進耳。」也作「**循次而進**」。唐・韓愈《答竇秀才書》：「操數寸之管，書盈尺之紙，高可以釣爵位，循次而進，亦不失萬一於甲科。」也作「**循次漸進**」。宋・朱熹《答劉仲則》：「大抵讀書唯虛心專意，循次漸進，爲可得之，如百牢九鼎，非可以一嘬而盡其味也。」

【循序致精】

順著一定的次序逐步推進，達到精深的境地。宋・朱熹《性理精義》：「讀書之法，莫貴於循序而致精；而致精之本，則又在於居敬而持志。」

【循循善誘】

循循：有步驟、有次序的樣子；誘：誘導，引導。指善於有步驟地加以引導。《論語・子罕》：「夫子循循然善誘。」南朝梁・劉孝標《辯命論》：「瓛則關西孔子，通涉六經，循循善誘，服膺儒行。」也作「**循循誘人**」。《楊家將演義》一回：「[陳拊]壯年勵志苦學，屢科不第，遂隱居教授，循循誘人。」也作「**恂恂善導**」。恂恂：同「循循」。《後漢書・郭太等傳論》：「恂恂善導，使士慕成名，雖墨、孟之徒，不能絕也。」也作「**恂恂善誘**」。漢・趙壹《報皇甫規書》：「豈悟君子，自生怠倦，失恂恂善誘之德，同亡國驕惰之志，蓋見幾而作，不俟終日。」

【循循誘人】

見「循循善誘」。

【循以爲常】

見「習以爲常」。

ㄒㄩㄣˋ

【訓兵秣馬】

訓練好士兵，餵飽戰馬。指做好出征的準備。《周書・文帝紀》：「臣自奉詔總平涼之師，責重憂深，不遑啟處。訓兵秣馬，唯思竭力。」

【訓練有素】

有素：指素來有某種做法。謂一向嚴格訓練，素質優良。清・趙翼《廿二史札記》卷三四：「兵部尚書張鏊請以列顯爲指揮僉事，專訓練。顯亦爲當時名將，所至有功，故知訓練有素。」

【迅風暴雨】

迅急而猛烈的大風大雨。宋・洪邁《夷堅丙志・舒州刻工》：「明旦，天色廓清。至午，黑雲倏起西邊，罩覆樓上，迅風暴雨隨之。」也作「**疾風暴雨**」。

【迅雷不及】

見「迅雷不及掩耳」。

【迅雷不及掩耳】

迅雷：急速震耳的雷。比喻事情突然發生，使人來不及防備。《晉書・石勒載記上》：「今段氏種衆之悍，末柸尤最出其不意，直衝末柸帳，敵必震惶，計不及設，所謂迅雷不及掩耳。」也作「**迅雷不及**」。《孽海花》一六回：「其實夏雅麗是秘密重犯，信息未露之前，早迅雷不及的押赴裁判所去。」

【迅雷烈風】

驟發的雷，猛烈的風。形容突然的大變動。《論語・鄉黨》：「迅雷風烈必變。」《續孽海花》五一回：「那時宮中一番迅雷烈風的舉動，宮外尚一點沒有知道。」

【徇公滅私】

徇：通「殉」。爲國家利益效命，不顧個人利益。唐・白居易《與薛苹詔》：「卿勤王之節，徇公滅私；事主之誠，移忠資孝。」

【徇公忘己】

見「徇國忘己」。

【徇國忘己】

徇：通「殉」。指竭力爲國家效忠，不計較個人私利。《宋書・謝晦傳》：「逮營陽失德，自絕宗廟，朝野岌岌，憂及禍難，忠謀協契，徇國忘己，援登聖朝，惟新皇祚。」也作「**徇國忘身**」。唐・白居易《贈裴垍官制》：「故太子賓客裴垍，忠正恭愼，佐予爲理，事君盡禮，徇國忘身。」也作「**徇公忘己**」。宋・吳曾《能改齋漫錄・記文》：「徇公忘已，爲國惜賢。」也作「**徇國忘家**」。宋・陸游《賀莆陽陳右相啟》：「方孤論折羣邪之鋭，蓋一身爲衆正之宗，徇國忘家，惟天知我。」

【徇國忘家】

見「徇國忘己」。

【徇國忘身】

見「徇國忘己」。

【徇情枉法】

徇：曲從；枉：歪曲。指照顧私情而違法亂紀。《紅樓夢》四回：「雨村便徇情枉法，故亂判斷了此案。」

【徇私廢公】

徇：曲從；廢：棄絕。謂照顧私情而不講公道。清・孔尚任《桃花扇・卻奩》：「官人之意，不過因他助俺妝奩，便要徇私廢公。」

【徇私舞弊】

見「徇私作弊」。

【徇私作弊】

指爲了個人私利而弄虛作假，幹出不合法的事情。《水滸傳》八三回：「誰想這夥官員，貪濫無厭，徇私作弊，克減酒肉。」也作「**徇私舞弊**」。例這個經理利用承包工程之機，徇私舞弊，依法受到嚴懲。

【殉義忘身】

爲維護正義不惜獻出生命。《陳書・魯廣達傳論》：「魯廣達全忠守道，殉義忘身，蓋亦陳代之良臣也。」也作「**殉義忘生**」。唐・陳子昂《爲蘇宏暉謝表》：「臣等殉義忘生，報恩惟死，不任感激慶戴之至。」

【殉義忘生】

見「殉義忘身」。

【殉葬品】

原指陪死人下葬的物品。比喻跟隨別人倒的人。例她可以跟你走遍天下，但是絕不能做你的殉葬品。

【遜志時敏】

遜：謙遜；敏：勤勉。指謙虛好學，時常勉勵自己。《尚書・說命下》：「惟學遜志，務時敏，厥修乃來。」宋・蔡沈集傳：「遜，謙抑下。務，專力心。時敏者，無時而不敏也。遜其志如有所不能，敏於學如有所不及，虛以受人，勤以勵己，則其所修，如泉始達，源源乎其來矣。」也作「**遜志好學**」。清・江藩《漢學師承記》卷一：「[張爾岐]少爲藩縣諸生，遜志好學，工古文詞。」

【遜志好學】

見「遜志時敏」。

【噀玉噴珠】

噀：噴。比喻談吐優雅，文辭華美。元・湯式《黃鐘・醉花陰・離思》曲：「編揑成裁冰剪字低高，言談處噀玉噴珠舌上挑。」

ㄒㄩㄥ

【凶多吉少】

危險的跡象多，吉祥的徵兆少。指前景不妙。《紅樓夢》一〇六回：「現在兒孫監禁，自然凶多吉少，皆由我一人罪孽，不教兒孫，所以至此。」也作「**多凶少吉**」。

【凶旱水溢】
指旱災和水災。《禮記・王制》：「三年耕，必有一年之食；九年耕，必有三年之食。以三十年之通，雖有凶旱水溢，民無菜色。」

【凶年饑歲】
災荒的年頭。《孟子，公孫丑下》：「凶年饑歲，子之民，老羸轉於溝壑，壯者散而之四方者，幾千人矣。」

【凶神扮惡鬼——又惡又醜】
比喻又凶狠又難看。例二癩子這個狗腿子就像凶神扮惡鬼——又惡又醜，村裏人對他又恨又討厭。

【凶神扮惡鬼——又凶又惡】
形容極其凶狠險惡。例這個特務頭子就像凶神扮惡鬼——又凶又惡，親手殺害了許多愛國志士。

【凶神惡煞】
煞：凶神。凶惡的神。元・無名氏《桃花女》三折：「遭這般凶神惡煞，必然板僵身死了也。」後指十分凶惡的人。《說岳全傳》二一回：「一聲炮響，這幾位凶神惡煞，引著那十萬八百常勝軍，蜂擁一般，殺入番陣內。」

【凶事不厭遲，吉事不厭近】
指凶險的事發生越遲越好，吉慶的事來得越早越好。《石點頭》卷六：「鄧元龍三人各出資財，賃起防舍，實辦床幃傢伙，一面教公佐選擇日期。正是：凶事不厭遲，吉事不厭近。」

【凶相畢露】
凶殘狠毒的本來面目完全暴露出來。例一到無人之處，這個男子就凶相畢露，用匕首逼迫老人把錢財交出來。

【凶終隙末】
隙：嫌隙，仇恨。《後漢書・王丹傳》：「張、陳凶其終，蕭、朱隙其末，故知全之者鮮矣。」後用「凶終隙末」謂好友交情破裂，反目結仇。清・梁章鉅《致劉玉坡督部韻珂書》：「某獲交海內賢豪，不下百十輩，周旋且數十年，從無匿怨而友其人及凶終隙末之事，尚願執事熟察此言，頓釋前疑。」

【洶湧澎湃】
洶湧：波濤翻湧的樣子；澎湃：大浪相撞的聲音。形容聲勢浩大。漢・司馬相如《上林賦》：「沸乎暴怒，洶湧澎湃。」宋・張進南《遊宦紀聞》卷六：「仰望瀑布，作三級，傾瀉於兩山之間。飛瓊濺雪，洶湧澎湃，浩浩然，聲若奔雷。」

【胸喘膚汗】
胸中大喘，渾身淌汗。形容疲勞不堪。《漢書・王褒傳》：「庸人之御駑馬，亦傷吻敝策而不進於行，匈喘膚汗，人極馬倦。」匈，同「胸」。

【胸次開闊】
胸次：胸懷。指眼光高遠，氣度博大。宋・朱熹《答呂子約》：「便自胸次開闊，黑白分明。」

【胸懷大志】
心中懷有遠大的志向。《三國演義》二一回：「夫英雄者，胸懷大志，腹有良謀，有包藏宇宙之機，吞吐天地之志者也。」

【胸懷灑落】
心地坦蕩，灑脫大方。《宋史・周敦頤傳》：「黃庭堅稱其『人品甚高，胸懷灑落，如光風霽月。』」

【胸懷坦白】
心地純潔，光明正大。《儒林外史》四八回，：「到任之後，會見大先生胸懷坦白，言語爽利，這些秀才們，本不來會的，也要來會會，人人自以為得明師。」

【胸口安雷管——心膽俱裂】
雷管：彈藥、炸藥包的發火裝置，易爆。形容極度驚恐的樣子。唐山大地震爆發時，我們在場的人，個個像胸口安雷管——心膽俱裂。

【胸口擺天秤——稱心】
比喻符合心願。你需要的東西都得到了，胸口擺天秤——稱心了吧！

【胸口揣棉花——心軟】
比喻易生憐憫或同情之心。例他這個人是胸口揣棉花——心軟，你多求求他，一定會答應你的。

【胸口掛秤砣——心裏沉重】
比喻思想負擔重。例他看到家鄉旱澇災害接連不斷，胸口掛秤砣——心裏沉重極了。

【胸口上掛鑰匙——開心】
見「燈草剖肚——開心」。

【胸口上掛笊籬——多勞（撈）這份心】
也作「胸脯子帶笊籬——勞（撈）心」、「心坎兒掛笊籬——多勞（撈）這份心」、「胸膛上掛笊籬——閒勞（撈）心」。見「懷裏揣笊籬——勞（撈）心了」。

【胸口長瘤子——生了外心】
瘤子：腫瘤。比喻有背離之心。例在戰爭進入最艱苦的階段，也有人經不起考驗，胸口長瘤子——生了外心，甚至做了叛徒。

【胸口裝馬達——熱心腸】
馬達：電動機的通稱。也作「胸口裝馬達——一片熱心腸」。見「多嘴的婆婆——熱心腸」。

【胸羅二酉】
羅：羅列，陳列；二酉：指大酉山、小酉山，在今湖南省沅陵縣西北，傳說山上石洞裏藏書千卷，為秦人所遺。形容學識淵博。明・沈寵綏《弦索辨訛・序》：「臨川（湯顯祖）胸羅二酉，筆組七襄，《玉茗四種》，膾炙詞壇。」也作「學富二酉」。清・李顒《二曲全集》卷三：「如此為學……即學富二酉，文工一世，占狀頭，躋顯要，適足以為濟惡之資而已。」

【胸羅錦繡】
羅：羅列，陳列；錦繡：精美艷麗的絲織品。形容才華出眾。《鏡花緣》五二回：「談春秋胸羅錦繡，講禮制口吐珠璣。」

【胸脯長草——心慌（荒）】
慌：「荒」的諧音。雙關語。比喻心裏驚慌。這個剛作了案的盜竊分子，一見警察進門，就胸脯長草——心慌（荒）了。也作「**胸脯上長草——荒了心**」。

【胸呑雲夢】
雲夢：古大澤名。漢．司馬相如《子虛賦》：「呑若雲夢者八九，其於胸中曾不蔕芥。」後用「胸呑雲夢」形容心胸開闊，氣度博大。元．周權《水調歌頭．慶壽》詞：「才壓建安六七，胸呑雲夢八九，餘子笑談間。」

【胸無城府】
城府：城市和官府，喻接人待物的心機。謂胸襟開朗、坦率無諱。《近十年之怪現狀》一二回：「原來陳雨堂是一個胸無城府的人，心口率直，惟有一樣脾氣，歡喜學人家的談風。」也作「**心無城府**」。《歧路燈》一〇回：「這表弟是個最好的，爲人心無城府，諸事豪爽。」

【胸無成竹】
比喻行事率性而爲，不受拘束。淸．鄭燮《板橋題畫．竹》：「文與可畫竹，胸有成竹；鄭板橋畫竹，胸無成竹。」

【胸無大志】
心中沒有遠大的志向。例一個人如果胸無大志，自然在生活上沒有目標，精神上失去支柱，也就只能渾渾噩噩，蠅營狗苟的了此一生。

【胸無點墨】
胸中沒有一點文墨。形容人讀書太少，沒有學問。《隋唐演義》一七回：「惠及是他最小兒子，倚著門蔭，少不得做了官。目不識丁，胸無點墨。」也作「**胸中無墨**」。宋．吳子良《林下偶談》：「俚俗謂不能文者爲胸中無墨，蓋亦有據，《通典》載，北齊策秀才書，有濫劣者，飲墨水一升。東坡監試呈詩試官云：『麻衣如再著，墨水眞可飲。』」

【胸無宿物】
宿物：舊物，指成見。形容胸襟開朗，不抱成見。南朝宋．劉義慶《世說新語．賞譽下》：「庾赤玉胸中無宿物。」《聊齋志異．狐夢》：「畢爲人坦直，胸無宿物，微洩之。」

【胸有成竹】
畫竹前心目中已有現成完整的竹子形象。宋．蘇軾《文與可畫篔簹谷偃竹記》：「故畫竹，必先得成竹於胸中。」後以「胸有成竹」比喻辦事前已有全面的計畫或周密的打算。《歧路燈》二九回：「豈知皮匠胸有成竹，早把火刀、火石摸在手中，一敲就著。」也作「**成竹在胸**」。

【胸有甲兵】
甲兵：披甲的士兵。《魏書．崔浩傳》：「世祖指浩以示之，曰：『汝曹視此人，尫纖懦弱，手不能彎弓持矛，其胸中所懷乃逾於甲兵。』」後以「胸有甲兵」比喻精熟兵法，善於用兵。明．沈采《千金記．遇仙》：「才兼文武，慚非伊呂之儔；胸有甲兵，頗讓孫吳之術。」也作「**胸中甲兵**」。《三國演義》三三回：「天生郭奉孝，豪傑冠羣英。腹內藏經史，胸中隱甲兵。運謀如范蠡，決策似陳平。」

【胸有涇渭】
涇渭：指涇河和渭河。古人認爲前者水濁，後者水清。比喻明辨是非，辦事有分寸。宋．饒節《送趙廉訪》詩：「趙公胸中有涇渭，愛山自得山水意。」也作「**胸中涇渭**」。《古今小說》卷一：「那平氏容貌，雖不及得三巧兒，論起手腳伶俐，胸中涇渭，又勝似他。」

【胸有丘壑】
丘：山丘；壑：山溝。比喻識見高遠，心計很深。《官場現形記》一一回：「畢竟戴大理胸有丘壑，聽了此言，恍然大悟道：『是了，是了！我好好的一個缺，就葬送在他這幾句話上了！』」

【胸中不正，則眸子眊焉】
眸子：瞳孔，指眼睛；眊：ㄇㄠˋ，眼睛昏暗無神。心地不純正，目光就昏暗無神。指眼睛是心靈的窗口，人的內心世界能從眼睛裏反映出來。《孟子．離婁上》：「孟子曰：『存乎人者，莫良於眸子，眸子不能掩其惡。胸中正，則眸子瞭焉；胸中不正，則眸子眊焉。聽其言也，觀其眸子，人焉廋哉？』」

【胸中柴棘】
棘：荊棘，帶刺的小灌木。比喻用心險毒。南朝宋．劉義慶《世說新語．輕詆》：「人謂庾元規名士，胸中柴棘三斗許。」

【胸中甲兵】
見「胸有甲兵」。

【胸中涇渭】
見「胸有涇渭」。

【胸中壘塊】
壘塊：砌成堆的土塊。比喻心中鬱結不平。南朝宋．劉義慶《世說新語．任誕》：「王孝伯問王大：『阮籍何如司馬相如？』王大曰：『阮籍胸中壘塊，故需酒澆之。』」也作「**胸中磊塊**」。明．袁宏道《上巳日柬惟長》：「自信胸中磊塊甚，開尊恨不瀉江湖。」

【胸中磊塊】
見「胸中壘塊」。

【胸中丘壑】
丘：小丘；壑：小溝。比喻心中構思的意境。宋．李彌《鷓鴣天》詞之二：「珍重高人閣右丞，胸中丘壑富丹青。」

【胸中無墨】
見「胸無點墨」。

【胸中無數】
比喻對情況沒有底，辦事無把握。例這個廠長來廠多年，但對廠裏的基本情況、發展規劃仍然胸中無數。也作「**心中無數**」。例我雖然爲了這次的考試，已經埋首苦讀了好幾個月，但是面對未知的考試題目與無數的競爭對手，我仍然是胸中無數，沒有把握。

【胸中有數】
比喻對情況熟悉，辦事有主意。例別看他整天不聲不響，可周圍發生的事情都胸中有數。也作「心中有數」。馮德英《迎春花》七章：「春玲要先同儒春談好，心中有數，再去和老東山交鋒。」

【胸中正，則眸子瞭焉】
眸子：瞳孔，指眼睛；瞭：明亮。心地純正，目光就明亮。指眼睛是心靈的窗口，人的內心世界能從眼睛裏反映出來。《孟子・離婁上》：「孟子曰：『存乎人者，莫良於眸子，眸子不能掩其惡。胸中正，則眸子瞭焉；胸中不正，則眸子眊焉。聽其言也，觀其眸子，人焉廋哉？』」

【胸中之穎】
穎：聰穎，聰明。心中的聰明才智。漢・王充《論衡・程材》：「以立難之材，含懷章句，十萬以上，行有餘力。博學覽古今，計胸中之穎，出溢十萬。」

【兄弟孔懷】
孔：很；懷：思念。非常懷念兄弟之間的親情。《詩經・小雅・常棣》：「死喪之威，兄弟孔懷。」也指兄弟深情。南朝梁・吳均《續齊諧記》：「京兆人田眞，兄弟三人，共分財各居。堂前有一株紫荊，華甚茂，共議破爲三，待明截之。忽一夕樹即枯死。眞見之，驚謂諸弟曰：『本同株，當分析便憔悴，況人兄弟孔懷，而可離異？』」

【兄弟手足】
兄弟之間，就像手足一樣不可分離。形容兄弟親密之情。唐・李華《弔古戰場文》：「誰無兄弟，如手如足。」《宋史・張存傳》：「嘗爲蜀郡，得奇繒文錦以歸，悉布於堂上，恣兄弟擇取。常曰：『兄弟手足也。』」

【兄弟鬩牆】
鬩：ㄒㄧˋ，爭吵。《詩經・小雅・常棣》：「兄弟鬩於牆，外禦其務。」漢・鄭玄箋：「兄弟雖內鬩而外禦侮也。」後用「兄弟鬩牆」比喻內部鬧矛盾。

【兄肥弟瘦】
《後漢書・趙孝傳》：「及天下亂，人相食。孝弟禮爲餓賊所得，孝聞之，即自縛詣賊，曰：『禮久餓羸瘦，不如孝肥飽。』賊大驚，並放之。」後用「兄肥弟瘦」比喻兄弟友愛情深。《南史・梁武陵王傳》：「友于兄弟，分形共氣，兄肥弟瘦，無復相代之期；讓棗推梨，長罷歡愉之日。」

【兄死弟及】
及：繼承。哥哥死去，弟弟接位。《公羊傳・昭公二十二年》：「不與當者，不與當，父死子繼、兄死弟及之辭也。」也作「兄終弟及」。明・徐宏祖《徐霞客遊記・滇遊日記》：「霑益州土知州安邊，舊土官安遠之弟，兄終而弟及者也。」

【兄友弟恭】
哥哥愛護弟弟，弟弟尊敬哥哥。謂兄弟間親密友愛。《史記・五帝本紀》：「使布立教於四方，父義母慈，兄友弟恭，子孝，內平外成。」

【兄終弟及】
見「兄死弟及」。

ㄒㄩㄥˊ

【雄辯高談】
富有說服力的辯論，豪放不拘的談吐。形容極有口才。《兒女英雄傳》一六回：「卻說安老爺的話一層逼進一層，引得個鄧九公雄辯高談，眞情畢露。」也作「高談雄辯」。

【雄辯強據】
說理充分的辯論，強有力的證據。宋・王令《代韓愈答柳宗元示浩初序書》：「聞得子厚文，皆雄辯強據，源淵衍長。」

【雄兵百萬】
雄兵：英勇善戰的軍隊。形容士兵衆多，軍力強盛。元・無名氏《博望燒屯》四折：「俺丞相手下雄兵百萬，戰將千員。」也作「百萬雄兵」、「百萬雄師」。

【雄才大略】
見「雄材大略」。

【雄才蓋世】
蓋世：當世第一。指當世最傑出的才能。三國蜀・諸葛亮《與劉巴書》：「劉公雄才蓋世，據有荊土，莫不歸德，天下去就，已可知矣。」也作「英才蓋世」。

【雄才偉略】
見「雄材大略」。

【雄才遠略】
見「雄材大略」。

【雄材大略】
卓越的才能，非凡的謀略。《漢書・武帝紀》：「如武帝之雄材大略，不改文景之恭儉以濟斯民，雖《詩》、《書》所稱何有加焉？」也作「雄才大略」。元・無名氏《射柳捶丸》二折：「久聞將軍雄才大略，弓馬熟嫻，有萬夫不當之勇。」也作「雄材偉略」。明・沈鯨《雙珠記・轅門遇友》：「王兄，你是雄材偉略，眞不忝提戈戡亂。」也作「雄才遠略」。《三國志・楊阜傳》：「曹公有雄才遠略，決機無疑，法一而兵精，能用度外之人，所任各盡其力，必能濟大事者也。」

【雄唱雌和】
和：應和。比喻互相呼應，互相配合。唐・韓愈《司徒兼侍中中書令贈太尉許國公神道碑銘》：「盜連爲羣，雄唱雌和，首尾一身。」

【雄辭閎辯】
閎：宏大，廣博。形容言辭有力，議

論風生。宋・王安石《祭歐陽文忠公文》：「其雄辭閎辯，快如輕車駿馬之奔馳。」

【雄雌未定】

比喻勝負還沒有確定。《後漢書・馬援傳》：「天下雄雌未定，公孫不吐哺走迎國士，與圖成敗，反修飾邊幅，如偶人形，此子何足久稽天下士乎？」

【雄飛雌伏】

雄鳥高飛，雌鳥伏巢。比喻入仕與歸隱，奮發上進與不圖進取。《後漢書・趙典傳》：「[趙溫]嘆曰：『大丈夫當雄飛，安能雌伏！』」

【雄飛突進】

奮然高飛，勇猛前進。形容發展迅速。孫中山《民權主義》五講：「看見了歐美近一百年來的文化，雄飛突進，一日千里。」

【雄雞斷尾】

《左傳・昭公二十二年》：「賓孟適郊，見雄雞自斷其尾。問之，侍者曰：『自憚其犧也。』」指公雞害怕被殺而做祭祀的犧牲，就自己先弄斷了尾巴。後用「雄雞斷尾」比喻害怕遭受災禍而自殘或自暴自棄。也作「**斷尾雄雞**」。

【雄雞害嗓子——不提（啼）】

雄雞：公雞；提：「啼」的諧音。比喻不要再談起。例幫做這點事，是我份內的事，今後就雄雞害嗓子——不提（啼）了。

【雄雞一聲天下白】

雄雞報曉，天色亮了，原指雞鳴天亮。後指光明戰勝了黑暗。唐・李賀《致酒行》詩：「我有迷魂招不得，雄雞一聲天下白。少年心事當拿雲，誰念幽寒坐嗚呃。」

【雄視一世】

雄視：傲視；一世：一代。指在一代中出類拔萃。清・邵長蘅《侯方域・魏禧傳》：「朝宗始倡韓歐之學於舉世不為之日，遂以古文雄視一世。」

【雄心壯氣】

見「雄心壯志」。

【雄心壯志】

遠大的理想，宏偉的抱負。姚雪垠《李自成》一卷三章：「盧象升在朝廷上的處境是困難的，楊嗣昌和高起潛會合力對付他，會使他的雄心壯志付諸東流。」也作「**雄心壯氣**」。壯氣：豪壯的氣魄。元・丘處機《水龍吟・警世》詞：「嘆深謀遠慮，雄心壯氣，無光彩，盡灰槁。」

【雄姿颯爽】

形容豪邁矯健、威武雄壯的姿態。清・趙翼《甘將軍廟神鴉歌》：「將軍生平勇絕倫，雄姿颯爽生威神。」

【雄姿英發】

姿態雄壯，英氣勃勃。宋・蘇軾《念奴嬌・赤壁懷古》詞：「遙想公瑾當年，小喬初嫁了，雄姿英發。」

【熊虎之將】

形容勇力過人的將領。《三國志・吳書・周瑜傳》：「瑜曰：『劉備梟雄之姿，而有關、張熊虎之將。』」

【熊虎之任】

形容殺敵作戰的責任。《三國志・吳書・韋曜傳》：「勇略之士則受熊虎之任，儒雅之徒則處龍鳳之署。」

【熊虎之士】

見「熊羆之士」。

【熊虎之狀】

形容十分凶猛的樣子。《左傳・宣公四年》：「楚司馬子良生子越椒。子文曰：『必殺之！是子也，熊虎之狀而豺狼之聲。弗殺，必滅若敖氏矣。』」

【熊經鴟顧】

鴟：ㄔ，鷂鷹。古代的一種養生之法。猶「熊經鳥申」。《後漢書・華佗傳》：「是以古之仙者為導引之事，熊經鴟顧。」李賢注：「熊經，若熊之攀枝自懸也；鴟顧，身不動而回顧也。」

【熊經鳥申】

古代的一種養生之術。《莊子・刻意》：「吹呴呼吸，吐故納新，熊經鳥申，為壽而已矣。」唐・成玄英疏：「吹冷呼而吐故，呴暖吸而納新，如熊攀樹而自經，類鳥飛空而伸腳，斯皆導引神氣以養形魂，延年之道，駐形之術。」

【熊據虎跱】

據：據有；跱：ㄓˋ，盤踞。比喻稱雄於一方。漢・陳琳《檄吳將校部曲文》：「其間豪傑縱橫，熊據虎跱，強如二袁，勇如呂布，跨州連郡，有威有名，十有餘輩。」

【熊羆百萬】

熊羆（ㄆㄧˊ）：兩種猛獸，喻指勇士。形容勇士眾多，軍力強盛。宋・陸游《五月十一日夜且半夢從大駕親征……》詩：「熊羆百萬從鑾駕，故地不勞傳檄下。」

【熊羆入夢】

見「熊羆之祥」。

【熊羆叶夢】

見「熊羆之祥」。

【熊羆之力】

形容非常強大的力量。《漢書・賈山傳》：「秦以熊羆之力，虎狼之心，蠶食諸侯，併吞海內。」

【熊羆之士】

比喻凶猛的勇士。《尚書・康王之誥》：「則亦有熊羆之士，不二心之臣。」也作「**熊虎之士**」。《三國志・魏書・杜畿傳》：「方今二賊未滅，戎車亟駕，此自熊虎之士展力之秋也。」

【熊羆之祥】

《詩經・小雅・斯干》：「吉夢維何，維熊維羆……大人占之，維熊維羆，男子之祥。」後因以「熊羆之祥」指生男的吉兆。《三國志・魏書・高柔傳》：「陛下聰達，窮理盡性，而頃皇子連多夭折，熊羆之祥又未感應。」也作「**熊羆入夢**」。明・趙弼《蓬萊先生傳》：「今朝歡愛……已見熊羆入夢。」也作「熊羆叶夢」。叶：通「協」。叶夢：和夢見的相符。《慈禧太后演義》五回：「不到數日，那拉貴人即懷酸作嘔，患起病來，咸豐帝命太醫診視。奏稱熊羆葉夢，龍鳳呈祥。」

【熊瞎子耍扁擔——翻來覆去就那麼一套】

熊瞎子：〈方〉黑熊，也叫狗熊。見「猴子耍把戲——翻來覆去就那麼一套」。

【熊瞎子耍叉——露一手】

耍：玩。見「王八出水——露一鼻子」。

【熊瞎子舔馬蜂窩——怕挨螫別想吃甜頭】

比喻怕冒風險就得不到好處。例要提高生產，就得進行技術改造。改造過程中也可能遇到挫折，熊瞎子舔馬蜂窩——怕挨螫別想吃甜頭，對此，我們必須作出抉擇。

【熊瞎子住小廟——硬充神像】

見「婊子立牌坊——假正經」。

【熊心豹膽】

形容膽子很大。元・紀君祥《趙氏孤兒》三折：「我有熊心豹膽，怎敢掩藏著趙氏孤兒。」

【熊腰虎背】

形容身體魁梧強壯。《三國演義》九七回：「視之，身長九尺，面黑睛黃，熊腰虎背。」也作「虎背熊腰」。

【熊掌與魚】

《孟子・告子上》：「魚，我所欲也，熊掌，亦我所欲也，二者不可得兼，捨魚而取熊掌者也。」後用「熊掌與魚」比喻兩種東西都好而不能兼得。

ㄓ

ㄓ

【之乎者也】

四字都是文言中常用的語助詞。指淺近的字或文章。《敦煌零拾・五・嘆五更》：「之乎者也都不識，如今嗟嘆始悲吟。」也形容說話、寫文章半文不白，似通不通或譏諷咬文嚼字，賣弄斯文。魯迅《孔乙己》：「他對人說話，總是滿口之乎者也，教人半懂不懂的。」也作「者也之乎」。宋・方岳《秋崖小稿》：「君不聞建隆聖人之玉音，者也之乎助何事！」也作「之乎者也語焉哉」。

【之死靡它】

之：至；靡：沒有。至死也沒有別的心。原指婦女愛情堅貞，至死不變。《詩經・鄘風・柏舟》：「髧彼兩髦，實維我儀，之死矢靡它。」後形容感情專一，至死不變。明・李贄《焚書・雜述・崑崙奴》：「忠臣挾忠，則扶顛持危，九死不悔；志士挾義，則臨難自奮，之死靡它。」也作「之死靡他」。宋・魏了翁《興元府新作張魏公虞雍公祠堂記》：「正國救民之心，之死靡他。」也作「至死靡他」。《警世通言》卷三四：「夫婦已是前生定，至死靡他。」

【之子於歸】

之子：這個人；於歸：指女子出嫁。舊時用來祝賀女子出嫁。《詩經・周南・桃夭》：「桃之夭夭，灼灼其華。之子於歸，宜其室家。」

【支離破碎】

支離：零散，殘缺。形容零散破碎，殘缺不成整體。清・汪琬《答陳靄公論文書一》：「僕嘗遍讀諸子百氏大家名流與夫神仙浮屠之書矣……而及其求之以道，則小者多支離破碎而不合，大者乃敢於披猖磔裂盡決去聖人畔岸，而剪拔其藩籬。」也作「支離繁碎」。明・朱國禎《湧幢小品・爲學兩端》：「近時爲學不過兩端，一則徑趨簡約，脫略過高；一則專務外馳，支離繁碎。」

【支手舞腳】

形容不加檢點地伸手弄腳。《醒世姻緣傳》九回：「連那些虎狼家人，妖精僕婦，也都沒個敢上前支手舞腳的。」也作「扎手舞腳」。

【支吾其詞】

見「支支吾吾」。

【支葉扶疏】

見「枝葉扶疏」。

【支葉碩茂】

舊時多用以比喻子孫興旺。《漢書・敘傳》：「侯王之祉祚，及宗子公族蕃滋，支葉碩茂。」也形容樹的枝葉碩大茂密。例夏天樹木支葉碩茂，鮮花芬芳。

【支支吾吾】

形容言詞含糊，說得不清楚。《兒女英雄傳》五回：「怎麼問了半日，你一味的吞吞吐吐，支支吾吾，你把我作何等人看待？」也作「支吾其詞」。《官場現形記》三二回：「餘藎臣見王小五子揭他的短處，只得支吾其詞。」

【支左詘右】

見「支左屈右」。

【枝詞蔓語】

枝：樹杈；蔓：藤蔓。像從主幹上派生的枝杈，像蔓延糾纏的藤蔓。形容文章煩瑣離題。清・黃六鴻《福惠全書・刑名部・立狀式》：「或代書雖據以書，不限定字格，枝詞蔓語，反滋纏繞。故狀刊格眼三行，以一百四十四字爲率。」

【枝粗葉茂】

樹枝粗壯，葉必茂盛。比喻基礎牢固，才能發展。例我們做學問要踏實，從基礎扎根，須知枝粗葉茂是發展一切事物的定律。

【枝繁葉茂】

樹枝繁密樹葉茂盛。比喻子孫眾多或事業興旺。明・孫柚《琴心記・魚水重諧》：「願人間天上共效綢繆，賀郎君玉潤冰清，祝小姐枝繁葉茂。」

【枝附葉連】

枝附於幹，葉連於枝。比喻互相攀

附，相互勾結。《三國志・蜀書・姜維傳》：「維亦疑之，故自危懼，不復還成都。」裴松之注引《華陽國志》：「維見皓枝附葉連，懼於失言，遜辭而出。」

【枝附影從】

像枝條依附樹幹，像影子跟隨物體一樣。比喻仿效或依附得很緊。南朝梁・劉勰《文心雕龍・雜文》：「自桓麟七說以下，左思七諷以上，枝附影從，十有餘家。」

【枝節橫生】

樹幹上不斷繁衍枝葉。比喻主要問題還未解決，又意外地生出別的問題。明・薛瑄《薛子道論》上：「若私意一起，則枝節橫生，而紛紜多事矣。」也作「**橫生枝節**」、「**妄生枝節**」。

【枝柯扶疏】

見「枝葉扶疏」。

【枝葉扶疏】

扶疏：枝葉繁茂。形容樹木茂盛，或比喻宗支繁衍鼎盛，也比喻作文析題有源有本，詳盡縝密。《後漢書・延篤傳》：「運取諸物，則草木之生，始於萌芽，終於彌蔓，枝葉扶疏，榮華紛縟，末雖繁蔚，致之者根也。」也作「**枝柯扶疏**」。南朝宋・劉義慶《世說新語・汰侈》：「武帝，愷之甥也，每助愷，嘗以一珊瑚樹高二尺許賜愷，枝柯扶疏，世罕其比。」也作「**枝葉扶蘇**」。例夏季，山林裏枝葉扶蘇。

【枝葉扶蘇】

見「枝葉扶疏」。

【枝葉旁牒】

牒：文書或證件，舊時宗祖裏的譜牒，皇族稱玉牒。舊指皇族裏的非嫡派子孫。清・孔尚任《桃花扇・阻奸》：「爲何明棄儲君，翻尋枝葉旁牒。」

【枝葉相持】

樹木的枝條葉子茂盛相持續。比喻子孫相助。《漢書・諸侯王表二》：「號位已絕於天下，尚猶枝葉相持，海內無主，三十餘年。」

【隻鳳孤凰】

見「隻鸞單鳳」。

【隻雞斗酒】

斗：古代盛酒器。一隻雞，一斗酒。用雞和酒表示對死者的悼念。後用作祭奠亡友之詞。宋・陳亮《祭潘叔源文》：「亮嗟跎暮景，邂逅飄零。白飯青芻，舊遊何在？隻雞斗酒，老淚如傾！」

【隻鱗片甲】

一片鱗，一片甲。比喻只是事物的一小部分或只見到零星片斷。魯迅《〈藝術論〉譯本序》：「這裏的三篇信札體的論文，便是他的這類著作的隻鱗片甲。」

【隻鸞單鳳】

鸞：傳說中鳳凰一類的鳥；鳳：鳳凰，古代傳說中的百鳥之王，羽毛美麗，雄的叫鳳，雌的叫凰。沒有配偶，孤零零地一個人。元・王子一《誤入桃源》二折：「他年不騎鶴，何日可登鰲，今夜恰乘龍，說甚的隻鸞單鳳，天與配雌雄。」也作「**隻鳳孤凰**」。元・鄭德輝《㑳梅香》三折：「如此般好天良夜，淑女才郎，相將，意廝投門廝對戶廝當，成就了隻鳳孤凰。」

【隻輪不反】

見「隻輪無反」。

【隻輪莫反】

見「隻輪無反」。

【隻輪無反】

隻輪：一隻車輪；反：同「返」。連戰車的一隻輪子也沒有返回。形容作戰慘敗，全軍覆沒。《公羊傳・僖公三十三年》：「然而晋人與姜戎要之殽而擊之，匹馬隻輪無反者。」也作「**隻輪不反**」。南朝宋・袁淑《防禦索虜議》：「命準、汝戈船，遏其還徑；兗部勁卒，梗其歸塗。必剪元雄，懸首麾下，乃將隻輪不反，戰轄無旋矣。」也作「**隻輪莫反**」。《梁書・侯景傳》：「趙超伯拔自無能，任居方伯。韓山之役，女妓自隨，裁聞敵鼓，與妾俱逝，不待貞陽，故隻輪莫反。」

【隻身孤影】

形容孤獨一人。宋・葛長庚《水龍吟》詞：「人間天上，喟然俯仰，只身孤影。」

【隻手單拳】

一隻手一個拳頭。比喻勢孤力單。明・沈璟《義俠記・委囑》：「我不在家呵，你是只手單拳，若被人欺壓遭人騙，我回來後將他消遣。」

【隻手空拳】

空著一雙手，沒拿任何武器。《野叟曝言》三回：「假如有此利器，望那鱗縫中發去，充其力量，可入數寸，使之滿身芒刺，著藥便爛，雖不能登時剁卻，任他負痛而逃，亦終創潰而死。此時隻手空拳，如何抵擋。」也作「**赤手空拳**」。

【隻手擎天】

擎：舉。一隻手舉起天。形容力大無窮，本領高超。《野叟曝言》一一一回：「前日令先生陳奏功績，朕已驚嘆爲古今未有，今觀東宮所奏，方知先生尚未道其十之一二，先生眞隻手擎天者也。」也作「**一手擎天**」。

【隻言片語】

見「隻字片言」。

【隻影單形】

形容孤身一人。《封神演義》五二回：「[聞太師]又見辛環已死，隻影單形。」也作「**隻影孤形**」。《羣音類選・無名氏〈前腔四首〉二》：「看雙飛雙倚鴛鴦鳥，我隻影孤形怎及他。」

【隻影孤形】

見「隻影單形」。

【隻字不提】

一個字也不提起。常用於有意避開某事。例若不是你今天偶爾透露，我還根本不知道呢！這幾個月，她對這一切隻字不提。

【隻字片言】

文字不多，言語很少。五代・王定保《唐摭言・怨怒》：「隻字片言曾蒙激賞。」也作「**隻字片紙**」。宋・蘇軾《石蒼舒醉墨堂記》：「胡爲議論獨見，假隻字片紙皆藏收。」也作「**隻言片語**」。例批評不應抓住作品中的隻言片語大做文章。

【隻字片紙】

見「隻字片言」。

【織布梭子——見縫就鑽】

也作「**織布梭子——光鑽空子**」。見「錢串子腦袋——見縫就鑽」。

【織當訪婢】

婢：供人役使的婢女。紡織的事情應當詢問婢女。比喻辦事應向內行人請教。《宋書・沈慶之傳》：「[慶之曰]治國如治家，耕當問奴，織當訪婢。陛下今欲伐國，而與白面書生謀之，事何由濟？」

【織錦迴文】

織錦：以五色絲紡織成錦；迴文：迴文旋圖詩。用五色絲織錦作迴文旋圖詩。《晉書・列女傳》：「竇滔妻蘇氏，始平人也，名蕙，字若蘭。善屬文。滔，苻堅時爲秦州刺史，被徙流沙，蘇氏思之，織錦爲迴文旋圖詩以贈滔。宛轉循環以讀之，詞甚淒惋，凡八百四十字，文多不錄。」後多比喻妙辭佳章。元・王實甫《西廂記》二本一折：「吟得句兒勻，念得字兒真，咏月新詩，煞强似織錦迴文。」也作「**迴文織錦**」。

【脂粉醜面】

脂粉：女人搽的胭脂、香粉；醜面：面貌醜陋。脂粉搽在醜臉上。比喻雖多無用。清・翟灝《通俗編・婦女》：「唐子引諺曰：『脂粉雖多，醜面徒加；膏澤雖光，不可潤草。』」

【脂膏不潤】

脂膏：油脂；潤：滋益。身處油脂中，卻不受滋潤。比喻爲官廉潔自守，不貪財物。北魏《元項墓志》：「脂膏不潤，貪泉必酌。」

【芝艾俱焚】

芝：靈芝，古人視爲瑞草；艾：古人視爲賤草。芝草和艾蒿都被燒毀。比喻好壞、貴賤同歸於盡。《三國志・魏書・公孫度傳》裴松之注引《魏略》：「若苗穢害田，隨風烈火，芝艾俱焚，安能白別乎？」也作「**芝艾俱燼**」。南朝梁・蕭繹《討侯景檄》：「孟諸焚燎，芝艾俱燼。」

【芝艾俱燼】

見「芝艾俱焚」。

【芝草無根】

祥瑞的草是沒有根的。比喻卓越的人才是自身努力的結果。清・李漁《巧團圓・議贅》：「自古道：芝草無根，醴泉無源。只要孩子肯學好，那些閒話聽他怎的！」

【芝焚蕙嘆】

芝草被燒，蕙草傷嘆。比喻物傷其類。北周・庾信《庾子山集・思舊銘序》：「瓶罄罍恥，芝焚蕙嘆。」

【芝蘭生於深林，不以無人而不芬】

芝蘭生長在森林的深處，不因爲那裏人跡罕至，就不散發出芳香。比喻心靈純潔，品德高尚的人，無論處在什麼樣的環境，都能保持自己的節操。《孔子家語，在厄子路》：「芝蘭生於深林，不以無人而不芬。君子修道立德，不以窮困而改節。」

【芝蘭玉樹】

芝蘭：香草名；玉樹：槐樹，一說以諸寶裝飾的樹。《晉書・謝安傳》：「[謝]玄答曰：『譬如芝蘭玉樹，欲使其生於庭階耳。』」比喻優秀的子弟。清・浩歌子《螢窗異草三編・春雲》：「前見郎君，啜茗臨風，儼然芝蘭玉樹，翹然於荊棘之中。」也作「**玉樹芝蘭**」。

【芝蘭之化】

芝：靈芝；蘭：蘭草，有香味；化：化育。靈芝和蘭草的芳香化育人。比喻受到美德的感化。《孔子家語・六本》：「與善人居，如入芝蘭之室，久而不聞其香，即與之化矣。」例良好的教育猶如芝蘭之化，陶冶了兒童的情操。

【芝蘭之交】

芝：瑞草，指靈芝；蘭：蘭草，有香味。芝草和蘭草的相交。比喻有德操的人之間的友誼。例兩位學者相互切磋，結成了芝蘭之交。

【芝蘭之室】

芝蘭：香草。栽有香草的屋子。比喻良好的環境。《孔子家語・六本》：「與善人居，如入芝蘭之室，久而不聞其香，即與之化矣。」

【芝麻地裏的黃豆——雜種】

見「高粱撒在麥子地——雜種」。

【芝麻地裏的爛西瓜——數你大】

見「羊圈裏的驢糞蛋——數你大」。

【芝麻地裏的西瓜——數它大】

見「羊圈裏的駱駝——數它大」。

【芝麻地裏種西瓜——有大有小】

形容品種、規格多。例我們這裏的商品，就像芝麻地裏種西瓜——有大有小，任顧客挑選。也作「**一棵樹上的核桃——有大有小**」。

【芝麻掉到針尖上——機會難得】

也作「**芝麻掉到針尖上——難得的機會**」。見「趕考中狀元——難得的機會」。

【芝麻官】

比喻小官兒，地位卑下的小官。例別看他只是個芝麻官，他卻敢作敢爲，敢挺身而出指正上頭的不正之風。

【芝麻黃豆分不清——眼力差】

比喻不能正確觀察事物。例連這樣明顯的是非問題也判斷不了，眞是芝麻黃豆分不清——眼力差。也作「**熟人對面不相識——眼力差**」。

【芝麻開花——節節高】

也作「**芝麻開花——節節上升**」。見

「出土筍子逢春雨——節節高」。

【芝麻落在針眼裏——巧極了】

也作「**芝麻落在針眼裏——巧得很**」、「**芝麻落在針尖上——巧啦**」。見「過河碰上擺渡人——巧極了」。

【芝麻做餅——點子多】

見「八月的石榴——滿腦袋的紅點子」。

【知白守黑】

知白：明白是非；守黑：安於暗昧，裝聾作啞。指內心雖然是非分明，但要貌似矇昧，似沉默自處。這是古代道家主張無為的消極處世態度。《老子》二十八章：「知其白，守其黑，為天下式。」也作「**知其白，守其辱**」。《莊子·天下》：「知其白，守其辱，為天下穀。」

【知彼知己】

對對方（多指敵方）和己方的情況都很了解。《孫子·謀攻》：「知彼知己，百戰不殆。」也作「**知己知彼**」。《三國演義》三五回：「兵法云：『知己知彼，百戰百勝。』」

【知必言，言必盡】

只要知道就一定要說，要說就毫無保留。《明史·羅倫傳》：「使[李]賢於天下之事，知必言，言必盡。陛下於賢之言，聞必行，行必力。」

【知表不知裏】

只看到表面現象，不了解內容和實質。例你別以為他們夫婦倆像表面上那麼恩愛，事實上你是知表不知裏，沒有發現事實的眞相。

【知不知，上；不知知，病】

知道自己無知，就很好；自己無知，卻假裝知道，就不好。《老子》七一章：「知不知，上；不知知，病。夫唯病病，是以不病。」

【知不足者好學，恥下問者自滿】

感到自己不足的人總是喜歡學習；不屑於向學識差或地位低請教的人，就會驕傲自滿，停止不前。宋·林通《省心錄》：「知不足者好學，恥下問者自滿。一為君子，一為小人：自取如何耳？」

【知臣莫若君，知子莫若父】

最了解臣子的莫過於君王，最了解兒子的莫過於父親。例古人說：「知臣莫若君，知子莫若父。」你作為父親，應積極協助學校，把你的孩子教育好。

【知恥近乎勇】

知道羞恥就敢於承認錯誤，是一種勇敢的表現。《禮記·中庸》：「好學近乎知，力行近乎仁，知恥近乎勇。」

【知錯改錯不算錯】

比喻有錯誤，改了就好。俗諺云：「知錯改錯不算錯。」你知道這個道理，就應該徹底改掉惡習。

【知底莫過當鄉人】

當鄉人：同鄉，鄉親。沒有比鄉親更知根知底的了。例知底莫過當鄉人。你縱然瞞過了我，你也瞞不過鄉親父老吧！

【知恩報德】

知道受了人家的恩惠就報答人家的恩惠。《羣音類選〈紅葉記·觸身諧配〉》：「可憐見咱魂銷盡，知恩報德情難混。」也作「**知恩報恩**」。元·王實甫《西廂記》五本三折：「俺家裏有信行，知恩報恩。」

【知恩報恩】

見「知恩報德」。

【知恩必報】

恩：恩情，恩惠；報：報答。知道受了人家的恩惠，就一定要設法報答。元·關漢卿《裴度還帶》四折：「小生我懷舊意無私志，小姐白玉帶知恩必報恩。」

【知恩不報非君子，萬古千秋作罵名】

知道別人對自己有恩情，而不報答，就不是一個人品高尚的人，就會受到後代人的唾罵。《西遊記》二七回：「幸師父救脫吾身；若不與你同上西天，顯得我『知恩不報非君子，萬古千秋作罵名』。」也作「**知恩不報非君子**」。

【知而不舉】

知：知道；舉：舉報。明知犯罪事實，而不去舉報。《史記·秦始皇本紀》：「丞相李斯曰：『有敢偶語詩書，棄市！以古非今者，族！吏見知不舉者，與同罪。』」

【知而不言，不忠】

《韓非子·初見秦》：「不知而言，不智；知而不言，不忠。」知道的事情不說，是不忠誠的表現。

【知而不用】

雖然知道他的才能，而不任用他。比喻蔑視人才。《晏子春秋·諫》：「有賢而不知一不祥，知而不用二不祥，用而不任三不祥。」

【知而故犯】

明知故犯。宋·陳世崇《隨隱漫錄》：「西山蔡先生訓子書曰：『蓋不識好惡，如童稚，如醉人，雖有罪可赦，若知而故犯，王法不可免也。』」也作「**明知故犯**」。

【知二五而不知十】

形容只知局部，不知全局；只知道片面地看問題，不知道全面地看問題。《史記·越王句踐世家》：「且王之所求者，鬥晋、楚也；晋、楚不鬥，越兵不起，是知二五而不知十也。」也作「**知二五而未識於十**」。南朝梁·劉峻《辯命論》：「固知三者，定乎造化，榮辱之境，獨曰由人，是知二五而未識於十。」

【知二五而未識於十】

見「知二五而不知十」。

【知法犯法】

明明了解法律禁止卻故意違犯。《儒林外史》四回：「何美之才開了門，七八個人一齊擁了進來，看見女人、和尚一桌子坐著，齊說道：『好快活！和尚、婦人大青天白日調情！好僧官老爺！知法犯法！』」

【知高識低】
知道高低大小。比喻說話、做事有分寸。《二刻拍案驚奇》卷六：「金生是個聰明人，在他門下知高識低，溫和待人。」
【知過必改】
知道錯了，就一定要改正。南朝梁・周興嗣《千字文》：「知過必改，得能莫忘。」也作「知過能改」。明・黃溥《閒中今古錄》：「然一詩之感動於人，而塚宰亦知過能改，皆可以示後，故錄之。」
【知過能改】
見「知過必改」。
【知幾其神】
幾：隱微，不明顯，特指事情的苗頭或預兆。《周易・繫辭下》：「子曰：『知幾其神乎。』」指人若能夠預知事情萌發的細微跡象，就能與神道相合。南朝梁・蕭綱《南郊頌》：「臣聞惟天爲大，聖人敬其德，知幾其神；聖人契其道。」
【知機識變】
了解、掌握時機，識別、適應時局的變化。比喻聰明機靈。《舊唐書・尉遲敬德等傳》：「史臣曰：『皆爲猛將謀臣，知機識變，有唐之盛，斯實賴焉。』」
【知機識竅】
掌握時機和竅門。形容人機靈。《野叟曝言》三〇回：「你又知機識竅，見景生情，這事大有可成。」
【知己知彼】
見「知彼知己」。
【知己之遇】
知己：指彼此相知、情誼深切的朋友；遇：對，對待。受到像知己一樣的對待。《東周列國志》六五回：「吾以羈旅亡命，受齊侯知己之遇，今日不能出力，反害僂堙，殆天意也！」
【知奸亦有大羅】
奸：奸邪；羅：捕鳥的網，指羅網。要知道治理奸邪就必須佈下大羅網。比喻治國除奸必須靠衆人之力。《韓非子・難三》：「宋人語曰：『一雀過，羿必得之，則羿誣矣，以天下爲之羅，則雀不失矣。夫知奸亦有大羅，不失其一而已矣。』」
【知今博古】
通曉當今，博識遠古。指知識淵博。元・趙之暉《點降唇・席上咏妓》曲：「知今博古通三教，鐵石人一見了也魂消。」
【知來藏往】
知來：知曉未來；藏往：隱藏過去。《周易・繫辭上》：「神以知來，知以藏往。」指深曉未來及過去之事。宋・朱熹《記疑》：「問：『思慮紛擾如何？』曰：『人心本無思慮，多是憶既往與未來事。』愚謂心之有思乃體之有用，所以知來藏往、周流貫徹而無一物之不該也。」
【知理不怪人，怪人不知理】
明白了事理和內情，就不會隨便責怪人；隨便責怪人是因爲不明事理和內情。例別再說了，「知理不怪人，怪人不知理」嘛！她從來沒做過這事，第一次能做成這樣，也就難爲她了！
【知名當世】
在當代享有盛名。漢・荀悅《漢紀・宣帝紀四》：「圖畫相次於未央宮，第一曰大司馬大將軍博陸侯霍光，次曰衛將軍富平侯張安世……皆有功德，知名當世。」
【知命安身】
服從命運，安於自身所處的地位。元・無名氏《誶范叔》一折：「量范雎是一愚瞽之夫，則可待時守分，知命安身，未敢希望功名也。」
【知命樂天】
命：命運；天：天意。順應天意的安排，安於自己的處境。《周易・繫辭上》：「樂天知命故不憂。」孔穎達疏：「任自然之理，故不憂也。」唐・陳子昂《無端帖》：「道既不行，復不能知命樂天，又不能隱於山藪。」
【知命之年】
指五十歲。《論語・爲政》：「五十而知天命。」晉・潘岳《閒居賦序》：「自弱冠涉乎知命之年，八徙官而一進階，再免，一除名，一不拜職，遷者三而已矣。」
【知難而進】
《左傳・定公六年》：「陳寅曰：『子立後而行，吾室亦不亡，唯君亦以我爲知難而行也。』」迎著困難而上。例他具有知難而進的大無畏精神，在他面前沒有「困難」二字。
【知難而退】
指作戰時要相機行事，不要硬做力所不及的事。《左傳・宣公十二年》：「見可而進，知難而退，軍之善政也。」後也指見困難就畏縮不前，沒有勇氣去克服。《兒女英雄傳》三一回：「你看這羣賊，要果然得著這位姑娘些底細，就此時認些晦氣走了，倒也未嘗不是知難而退。」
【知難行易】
懂得事情的道理較困難，實際去做卻很容易。孫中山《民族主義第五講》：「諸君要知道知難行易的道理，可以參考我的學說。」
【知其白，守其辱】
見「知白守黑」。
【知其不可爲而爲之】
明明知道做不到的事情卻非去做不可。比喻意志堅決或倔強、固執。茅盾《從〈風洞山傳奇〉說起》：「在明末諸忠臣中，我對於瞿式耜的評價，比史可法還高些……因爲瞿比史更富於『知其不可爲而爲之』的精神。」
【知其然而不知其所以然】
然：這樣。知道是這樣，但是不知爲什麼是這樣。指只了解表面現象，而不了解實質。也作「知其然未知其所以然」。唐・李節《送潭州道林疏言禪師太原取經詩序》：「論者之言粗矣，抑能知其然未知其所以然者也……。」

【知其然未知其所以然】

見「知其然而不知其所以然」。

【知其一不達其二】

見「知其一，未知其二」。

【知其一未睹其二】

見「知其一，未知其二」。

【知其一，不知其二】

見「知其一，未知其二」。

【知其一，未知其二】

知道事物的一方面，不知道事物還有另外的一方面。形容對事物了解的不全面。《史記・高祖本紀》：「公知其一，未知其二……此三人者（張良、蕭何、韓信），皆人傑也，吾能用之，此吾所以取天下也。」也作「**只知其一，不知其二**」。明・王錂《春蕪記・巧詆》：「主公，你只知其一，不知其二。你但曉得宋玉好人才，好學識，你還不知他的手段哩。」也作「**止知其一，不知其二**」。《三國志通俗演義，姜維長城戰鄧艾》：「賢卿止知其一，不知其二也。」也作「**只知其一，未知其二**」。茅盾《創造》：「嫻嫻，你的話，正像你的思想和行動，只知其一，未知其二。」也作「**知一而不知二**」。漢・桓寬《鹽鐵論・和親》：「知文而不知武，知一而不知二。」也作「**知其一未睹其二**」。漢・揚雄《長楊賦》：「若客所謂知其一未睹其二，見其外不識其內也。」也作「**知其一不達其二**」。宋・蘇軾《漢武帝論》：「知其一不達其二。見其利不睹其害。」也作「**得其一，不得其二**」、「**見其一，未見其二**」。

【知情不舉】

知道內情而不檢舉、揭發。《三國志・蜀書・向朗傳》：「隨亮漢中，朗素與馬謖善，謖逃之，朗知情不舉，亮恨之，免官。」

【知情不舉，罪加一等】

知道壞人作案的詳情不檢舉揭發，以包庇罪加重處罰。《三俠五義》八一回：「常聽上人說知情不舉，罪加一等，小人也不理會。後來又有人知道了，卻向小人打聽，小人也就告訴他們。」

【知情達理】

知曉人情，通達事理。《野叟曝言》四〇回：「二小姐知情達理，自有同心，當商量出一個主意來，不可徒作楚囚之泣。」

【知情識趣】

見「知音識趣」。

【知人待士】

知：了解，識別。善於識別人才，厚待賢士。《野叟曝言》七五回：「先主之弘毅寬厚，知人待士，蓋有高祖之風。」

【知人料事】

善於識別人才並能預料事情的變化。宋・胡仔《苕溪漁隱叢話前集・李謫仙》：「知人料事，尤其所難。」

【知人論世】

要了解歷史上的人物，必須研究他所處的時代背景。《孟子・萬章下》：「頌（誦）其詩，讀其書，不知其人，可乎？是以論其世也。」也指鑑別人物的好壞，議論世事的得失。清・沈德潛《說詩晬語》下：「又如題畫山水，有地名可按者，必寫出登臨憑弔之意；題畫人物，有事實可拈者，必發出知人論世之意。」

【知人難，知己更難】

正確認識自己比認識別人更不容易。例我們人活在世上，最困難的就是彼此互相了解，俗語說：「知人難，知己更難。」也就是這個道理。

【知人善察】

善於識別考察人才。《三國志・魏書・武帝紀》：「二月丁卯，葬高陵」裴松之注引《魏書》曰：「知人善察，難眩以僞。」

【知人善任】

能識別人才，並能很好地使用人才。茅盾《腐蝕》：「從前是做一天，擔一天心，現在派了我這件只要對付白紙上黑字的工作，我眞眞十分感謝咱們公正賢明的長官，知人善任！」

【知人下士】

善於識別人才，尊重人才。明・李贄《焚書・復廡城人書》：「以此見眞正高陽酒徒之能知人下士，識才尊賢又如此。」

【知人則哲】

哲：聰明，有才能。能識別人才，就是智慧。《三國志・魏書・呂布臧洪傳評》：「昔漢光武於龐萌，近魏太祖亦蔽於張邈。知人則哲，唯帝難之，信矣！」

【知人者智，自知者明】

善於認識他人的人聰明，能夠認識自己的人明智。既能認識他人，又能正確認識自己，這樣才能稱得上是明智的人。《老子》三三章：「知人者智，自知者明。勝人者有力，自勝者强。知足者富，强行者有志，不失其所者久，死而不之者壽。」

【知人之鑑】

鑑：鏡子。識別人材如同一面鏡子，一淸二楚。比喻看人看得準。《晉書・賀循傳》：「雅有知人之鑑，拔同郡楊方於卑陋，卒成名於世。」

【知人之明】

明：英明，高明。善於識別人材的本領。《後漢書・吳祐傳》：「功曹以祐倨，請黜之。太守曰：『吳季英有知人之明，卿且勿言。』」

【知人知面不知心】

了解人的外表，卻難以了解人的內心。形容眞正了解人不容易。《水滸傳》四五回：「畫龍畫虎難畫骨，知人知面不知心。」

【知善不薦】

知道有才能的人，卻不舉薦。《後漢書・杜密傳》：「密對曰：『劉勝位爲大夫，見禮上賓，而知善不薦，聞惡無言；隱情惜己，自同寒蟬，此罪人也。』」

【知時識務】

務：事務，事情。能看清時勢，了解世事，不幹違背潮流的事。《二刻拍案驚奇》卷三六：「這是佛天面上好看的事，況我每知時識務，正該如此。」

【知所趨避】

知：知道；趨：快走；避：迴避。知道如何前進和退卻。宋・蘇洵《易論》：「此雖三尺豎子，知所趨避矣。」

【知書達理】

指有文化知識，通達事理。例李大同是個品學兼優、知書達禮的小孩，大家都很喜歡他。也形容有教養。《二刻拍案驚奇》卷六：「既然知書達理，就在我門下做個記室。」也作「知書知理」。

【知書識禮】

有才學，懂禮貌。《紅樓夢》五四回：「既說是世宦書香大家子的小姐，又知禮讀書，連夫人都知書識禮的。」也作「知書知禮」。明・湯顯祖《牡丹亭・訓女》：「他日到人家，知書知禮，父母光輝。」

【知書知禮】

見「知書識禮」。

【知疼著熱】

知道如何疼愛或關心他人。形容善於關心愛護別人。《紅樓夢》六五回：「無奈二姐兒倒是個多情的人，以為賈璉是終身之主了，凡事倒還知疼著熱。」

【知往鑑今】

知曉往事用以作為今天借鑑。明・無名氏《太平宴》一折：「知往鑑今，驅曹蕩吳，非同小可也。」

【知微知章】

見「知微知彰」。

【知微知彰】

微：細微；彰：顯著。《周易・繫辭下》：「君子知微知彰，知柔知剛。」既知道事物微小的現象，又知道事物的顯著結果。南朝・梁元帝《法寶聯璧序》：「相兼二八，知微知彰。」也作「知微知章」。三國魏・劉劭《人物志・九徵》：「聖人淳耀，能兼二美，知微知章。」

【知文達禮】

知文：熟知詩文；達禮：有禮儀。有才學通禮儀。形容有教養。例林黛玉生在官宦人家，自小隨父讀書，是個知文達禮之人。也作「知書達禮」。例這少年知書達理，誠樸勤奮，鄰里無不器重。

【知無不為】

凡是了解的都盡力去做。《梁書・徐勉傳》：「勉以舊恩，越升重位，盡心奉上，知無不為。」

【知無不言，言無不盡】

知道的沒有不說的，說就沒有不說完的。宋・蘇洵《遠慮》：「聖人之任腹心之臣也，尊之如父師，愛之如兄弟，握手入臥內，同起居寢食。知無不言，言無不盡，百人譽之不加密，百人毀之不加疏。」

【知無不言，言無不聽】

說的人，凡是知道的無不說出；聽的人，沒有一句話不接受。《野叟曝言》四九回：「此時素臣正在得君，眞個知無不言，言無不聽。旬月之內，把在京在外貪官汙吏參劾殆盡。」

【知希則貴】

則：做為榜樣效法。了解自己的人稀少，效法自己的人難得。宋・計有功《唐詩紀要》卷三二：「古人云：『知希則貴』，故凡事不能強求一律。」

【知心貼意】

知心：心意相通；貼意：最親近。心意相通又親近。《五色石・二橋春》：「那拾翠是小姐知心貼意的侍兒，才貌雖不及小姐，卻也識字知書，形容端雅。」也作「貼心貼意」。

【知心著意】

著意：用心。心意相通，深切了解。《醒世恆言》卷三：「過了十年五載，遇個知心著意的，說得來，活得著，那時老身與你做媒，好模好樣的嫁去。」

【知雄守雌】

雄：剛強；雌：柔弱。雖然知道什麼是剛強，卻表現得柔弱。指人能退讓，深藏不露。《老子》二八：「知其白，守其黑，為天下式；知其雄，守其雌，為天下谿。」

【知羞識廉】

人知道廉恥。明・湯顯祖《紫釵記・玉工傷感》：「小妮子非拋閃，知羞識廉。」

【知一不知十】

指僅了解事物的一個方面而不了解全面。漢・桓寬《鹽鐵論・結和》：「秦知進取之利，而不知鴻門之難，是以知一而不知十也。」

【知一而不知二】

見「知其一，未知其二」。

【知義多情】

懂得情理而又富感情。《雙笑奇緣》一二：「你放心，小姐是個知義多情的人，她不會負心於你。」

【知易行難】

懂得道理比較容易，實際做起來很困難。《尚書・說命中》：「說拜稽首曰：『非知之艱，行之惟艱。』」魯迅《我們怎樣教育兒童的？》：「現在提出這問題，蓋亦知易行難，遂只得空口說白話，而望墾闢於健者也。」

【知音諳呂】

知：知曉；音：五音，五個音級，即宮、商、角、徵、羽，相當於現在簡譜中的1、2、3、4、5、6；諳：ㄢ，熟悉；呂：六呂，古代音樂十二律中，陽六為律，陰六為呂。知曉五音，熟悉六呂。指深通樂律。明・桑紹良《獨樂園》三折：「一個家知音諳呂，一個家唾玉噴珠。」

【知音識曲】

指通曉音樂。宋・郭茂倩《樂府詩

集・相和歌辭十一・秋胡行》：「有美一人，婉如清揚。知音識曲，善爲樂方。」

【知音識趣】

知音：知己朋友；識趣：意趣相投。指朋友之間彼此相知，意趣相投。《初刻拍案驚奇》卷一五：「你平時那一班同歡同賞，知音識趣的朋友，怎沒一個來俶倸你一俶倸？」也作「知情識趣」。《醒世恆言》卷三：「美娘哀哭之際，聽得聲音厮熟，止啼而看，原來正是知情識趣的秦小官。」

【知音說與知音聽，不是知音不與彈】

知心話只能說給知心的人聽，不是知心人就不能把心裏話說出來。例他們兩人談了半夜，越談興致越高。知音說與知音聽，不是知音不與彈。兩人還眞有點相見恨晚哩！

【知遇之恩】

知遇：得到賞識或重用。指受到賞識或重用的恩情。《三國志通俗演義》卷二三：「[譙]周叱之曰：『吾受先帝托孤之命，知遇之恩不能補報萬一，縱然國亡家破，當以盡命報本，安忍行不忠不義之事耶？』」

【知遇之感】

知遇：被賞識受優遇；感：感激，感動。得到賞識或被重用的感激之情。《三國演義》九回：「只因一時知遇之感，不覺爲之一哭。」

【知遇之榮】

受到賞識和重用而感到榮耀。《隋唐演義》七一回：「臣子遭逢明聖之主，知遇之榮，不要說六尺之軀，朝廷豢養，即彼之寸心，亦不敢忘寵眷。」

【知者不言，言者不知】

知識淵博的人不輕易說話，愛說話發言的人往往沒有多少學問。《老子》五六章：「知者不言，言者不知。」

【知者行之始，行者知之成】

認識是行動的開始，行動是認識的完成。比喻認識和實踐是密切聯繫而不可分割的。明・王陽明《傳習錄》上：「知是行的主意，行是知的功夫。知者行之始，行者知之成。」

【知之非艱，行之惟艱】

知道並不難，去做就難了。《尚書・說命中》：「[傳]說拜稽首曰：『非知之艱，行之惟艱，王忱不艱。允協於先王成德。』」唐・柳澤《論時政書》：「臣聞知之非艱，行之惟艱。」也作「知之非難，行之不易」。唐・徐賢妃《諫太宗息兵罷役疏》：「唯恐知之非難，行之不易，志驕於業泰，體逸於時安。」

【知之非難，行之不易】

見「知之非艱，行之惟艱」。

【知之爲知之，不知爲不知】

懂就說懂，不懂就說不懂。《論語・爲政》：「知之爲知之，不知爲不知，是知也。」宋・陸九淵《與朱元晦書二》：「古人質實，不尚智巧，言論未詳，事實先著。知之爲知之，不知爲不知。」

【知之者不如好之者，好之者不如樂之者】

好：喜愛。懂得它的人不如喜愛它的人，喜愛它的人又不如以它爲快樂的人。比喻求學問或從事某種專業，應該具有强烈的興趣和樂趣，這樣才有可能取得成功。《論語・雍也》：「子曰：『知之者不如好之者，好之者不如樂之者。』」

【知止不辱】

見「知足不辱，知止不殆」。

【知止不辱，知足不殆】

見「知足不辱，知止不殆」。

【知止常止，終身不恥】

知道該止步的時候就止步，一輩子也不會受到恥辱。例如果每個人都能知道「知止常止，終身不耻」的道理，人與人之間的相處，分際就可以拿捏得當。

【知子莫若父】

父親最了解自己的兒子。唐・李德裕《荀悅論高祖武宣論》：「宣帝稱：『亂吾家者太子也』，知子莫若父，信哉是言。」

【知足不辱】

見「知足不辱，知止不殆」。

【知足不辱，知止不殆】

殆：危險。知道了滿足，就不會因貪婪而受辱；懂得適可而止，就不會因貪得無厭而碰到危險。《老子》四四章：「知足不辱，知止不殆，可以長久。」《漢書・疏廣傳》：「吾聞『知足不辱，知止不殆』，『功遂身退，天之道』也。」也作「知止不辱，知足不殆」。漢・荀悅《漢紀・宣帝紀二》：「太傅疏廣謂少傅受曰：『吾聞知止不辱，知足不殆。』」也作「知止不辱」。《元史・察罕傳》：「[察罕]嘗以病請告，暨還朝，帝御萬歲山圓殿……顧李孟曰：『知止不辱，今見其人。』」也作「知足不辱」。《晉書・涼武昭王李玄盛后伊氏傳》：「知足不辱，道家明誡也。」

【知足長樂】

見「知足常樂」。

【知足常樂】

知道滿足的人經常很快樂。《老子》四六章：「禍莫大於不知足，大咎莫大於欲得，故知足之足常足矣。」況周頤《蕙風詞話》卷二：「知足常樂不願乎其外。」也作「知足長樂」、「知足常足」。

【知足心常樂，能忍身自安】

知道滿足的人，心裏經常是愉快的；能夠忍讓的人，身家自然安寧。例我們不要去和別人攀比，人家是有了一千想一萬，有了銀窩想金窩；我們還是知足心常樂，能忍身自安吧！

【知足者富】

知道滿足的人內心充實。《老子》三三章：「知足者富，强行者有志。」

【知足知止】

人要知道滿足，也要知道適可而止。

《周書・蕭大圜傳》：「況乎智不逸羣，行不高揚，而欲辛苦一生，何其僻也。豈如知足知止，蕭然無累。」

【蜘蛛拉網——自私（織絲）】

見「小蜘蛛呆在房子裏——自私（織絲）」。

【蜘蛛下井——已盡了私（絲）】

私：「絲」的諧音，指家產。比喻拿出了全部積蓄的財物。例為了辦這所學校，他是蜘蛛下井——已盡了私（絲），人們無不稱頌這種大公無私的行為。

【蜘蛛走路——私(絲)連私(絲)】

見「鈍刀切藕——私（絲）不斷」。

ㄓˊ

【執鞭隨鐙】

手執馬鞭，跟在人家的車馬旁邊。形容甘願追隨左右，盡心侍奉。《說岳全傳》二五回：「小人情願執鞭隨鐙。」也作「執鞭墜鐙」。《水滸全傳》一九回：「林沖早把王倫首級割下來，提在手裏，嚇得那杜遷、宋萬、朱貴都跪下說道：『願隨哥哥執鞭墜鐙！』晁蓋等慌忙扶起三人來。」

【執鞭墜鐙】

見「執鞭隨鐙」。

【執彈而招鳥】

手拿著彈弓子而招鳥前來。比喻絕不會成功。《淮南子・說山訓》：「執弓而招鳥，揮棁而呼狗。」

【執而不化】

執：堅持；化：變化，變通。堅持本意，不可改變。形容固執己見，不知靈活變通。《莊子・人間世》：「將執而不化，外合而內不訾，其庸詎可乎？」

【執法不阿】

執：執行；阿：迎合，偏袒。執行法律，毫不偏袒。形容執法公正，不徇私情。例當法官就得執法不阿，大公無私，堅持法律面前人人平等的原則。

【執法如山】

形容嚴格依法審理案件，毫不動搖。例王法官辦案公正廉明，執法如山，為非作歹者聞之無不喪膽。

【執干戈以衛社稷】

干戈：兵器。手拿武器來保衛國家。《禮記・檀弓》：「齊伐魯，戰於郎，魯童子汪踦往，皆死焉。魯人欲勿殤童汪踦，問於仲尼。仲尼曰：『能執干戈以衛社稷，雖欲勿殤，不亦可乎？』」

【執箕帚】

拿畚箕掃帚，做灑掃一類的事情。比喻充當臣僕或作人妻妾。例你現在就支使人家替你打掃房間呀？她還沒到給你執箕帚的時候哩！

【執經叩問】

拿著經書，向別人請教。比喻虛心向人學習。明・宋濂《送東陽馬生序》「嘗趨百里外，從鄉之先達，執經叩問。」

【執經問難】

執：拿著；經：經書；問難：詰問駁辯。手捧經書，反覆論辯其中的疑義。形容虛心求教。也指弟子從師受業。《後漢書・儒林傳序》：「饗射禮畢，[明]帝正坐自講，諸儒執經問難於前。」《古今小說》卷五：「[馬周]每遇門生執經問難，便留住他同飲。」

【執柯作伐】

執：持；柯：斧柄。《詩經・豳風・伐柯》：「伐柯如何？匪斧不克。取妻如何？匪媒不得。」後因稱給別人作媒為「執柯作伐」。《儒林外史》六回：「周親家家，就是靜齋先生執柯作伐。」

【執兩用中】

執：把握；兩：兩端。把握著過與不及兩端，取用它們的中間。比喻因時制宜，掌握分寸，不偏不倚。《禮記・中庸》：「舜其大知也與？舜好問而好察邇言，隱惡而揚善。執其兩端，用其中於民。」

【執迷不悟】

堅持錯誤而不能覺悟。《梁書・武帝紀》：「若執迷不悟，拒逆王師，大衆一臨，刑茲罔赦。」

【執牛耳】

古時諸侯訂立盟約，主盟的人親手割牛耳取血，由主盟者執盤，每人嘗之，因稱主盟者為「執牛耳」。《左傳・哀公十七年》：「諸侯盟，誰執牛耳？」後泛指在某一方面居領導地位。宋・戴復古《石屏詩》：「相與定詩盟，誰能執牛耳？」

【執一不回】

執：堅持固執；不回：不回頭，不變。堅持一己之見，絕不變更。《宋史・王安石傳》：「安石性強忮，遇事無可否，自信所見，執一不回」。

【執一而論】

執：抓住。只抓住一點或一個方面就進行評論。比喻看問題片面。請・錢泳《履園叢話・水學・三江》：「大凡治事必需通觀全局，不可執一而論。」

【執意不從】

堅持己意，不肯依從。《醒世恆言》卷三：「你若執意不從，惹他性起，一時翻過臉來，罵一頓，打一頓，你待走上天去！」

【執意抗言】

抗言：抗拒命令、要求。堅持己意，抗拒上級指令。《魏書・慕容寶傳》：「中書令眭邃，執意抗言。」

【直筆之史】

直筆：指古代史官按照事實，忠實地記載，無所避忌。按照事實進行忠實記載的歷史。《晉書・郭璞傳》：「忝荷史任，敢忘直筆，惟義是規。」《晉書・慕容超載記》：「時無直筆之史，後儒承其謬談。」

【直腸子】

比喻心直口快，有話存不住。例他是

個直腸子，有什麼說什麼，不注意方式方法，你們要多多原諒！

【直尺量曲線——沒準兒】

見「三眼槍打兔子——沒準兒」。

【直衝橫撞】

形容肆意行動，亂衝亂撞。明・李贄《與友人論文》：「凡人作文皆從外邊攻進裏去；我爲文章只就裏面攻打出來，就他城池，食他糧草，統率他兵馬，直衝橫撞，攪得他粉碎，故不費一毫氣力而自然有餘地。」也作「**橫衝直撞**」。

【直搗黃龍】

黃龍：遼、金時期的黃龍府，在今吉林一帶，爲金人的腹地。一直打到黃龍府。指搗毀敵人的巢穴。吳玉章《和印泉老兄「七七」三年抗戰紀念感賦原韻》詩：「直搗黃龍君莫懈，福星高照古神州。」參見「痛飮黃龍」。

【直道不容】

遵循正直的道理行事，卻不爲社會所容。《二刻拍案驚奇》卷四：「公祖大人直道不容，以致忤時。敝鄉士民迄今廑想明德。」

【直道而行】

直道：沒有偏私。毫無偏私地辦事。形容辦事正直公道。漢・司馬光《訓儉示康》：「君子寡欲則不役於物，可以直道而行；小人寡欲則能謹身節行，遠罪豐家。」也作「**正道直行**」。《史記・屈原賈生傳》：「屈平正道直行，竭忠盡智以事其君。」

【直道事人】

事人：對待人。比喻毫無偏私地對待人。《隋書・馮慈明傳》：「慈明直道事人，有死而已。不義之言，非所敢對。」

【直而不肆】

肆：縱恣、放肆。辦事正直並有變通。《老子》五八：「是以聖人方而不割，廉而不劌，直而不肆，光而不耀。」也作「**直而不挺**」。《漢書・蓋寬饒傳》：「君子直而不挺，曲而不詘。」

【直而不挺】

見「直而不肆」。

【直桿子】

比喻直來直去，不轉彎抹角的人。例我兄弟是個直桿子，絕不會把話存在心裏不說，也不會挑撥是非。

【直鉤釣不了魚】

比喻性格過於耿直的人辦不成事情。例眞是直鉤釣不了魚呀，你把人都得罪完了，還辦得成事情？

【直鉤釣國】

傳說姜太公在渭水磻溪直鉤釣魚，後被武王重用，伐紂滅殷，建立周朝。因以「直鉤釣國」比喻賢能執政，大業興隆。唐・羅隱《題磻溪垂釣圖》詩：「呂望當年展廟謨，直鉤釣國更誰如。」

【直諫得禍】

因直言規勸而招致禍災。《史記・晋世家》：「伯宗以好直諫得此禍。」

【直諫之臣】

直：直言；諫：舊時規勸君主、尊長，使改正錯誤。敢於直言規勸君主的官吏。例唐代的魏徵是一位直諫之臣。

【直節勁氣】

氣：人的精神狀態。有正直的氣節，有剛勁的操守。《明史・王廷傳》：「廷守蘇州時，人比之趙淸獻，直節勁氣，始終無改。」

【直捷了當】

見「直截了當」。

【直截了當】

形容說話、做事不繞彎，爽爽快快。《兒女英雄傳》八回：「安公子說：『姑娘，你若在店裏就把那騾夫要謀我資財，害我性命的話直截了當的告訴我，豈不省了你一番大事？』」也作「**直捷了當**」。也作「**簡截了當**」。

【直舉胸臆】

見「直抒胸臆」。

【直諒多聞】

諒：忠信；多聞：學識淵博。爲人正直信實，學識博大精深。《論語・季氏》：「孔子曰：『益者三友，損者三友。友直，友諒，友多聞，益矣。友便辟，友善柔，友便佞，損矣。』」清・黎庶昌《續古文詞類纂序》：「文章經國之大業，不朽之盛事；世有直諒多聞，引繩墨以糾餘不逮者，禱祀求之矣。」

【直諒之友】

直：正直；諒：忠信。《論語・季氏》：「益者三友，友直、友諒、友多聞，益矣！」正直而信實的朋友。例世風日薄，直諒之友不可多得。

【直羅鍋】

把駝背直過來。比喻糾正別人不正確的看法。例這老漢爲人耿直，最喜歡給人直羅鍋，但絕無惡意。

【直眉瞪眼】

形容發怒的樣子。《紅樓夢》六二回：「連司棋也都氣了個直眉瞪眼，無計挽回，只得罷了。」也用以形容發呆的樣子。例他直眉瞪眼地坐著，面前的飯一口也沒吃。

【直木必伐】

見「直木先伐」。

【直木先伐】

挺直的樹木先被砍伐。比喻人有才幹而招致禍患。《莊子・山木》：「直木先伐，甘井先竭。」疏：「直木有材，先遭斫伐。」也作「**直木必伐**」。《逸周書・周祝解》：「肥豕必烹，甘泉必竭，直木必伐。」

【直內方外】

直：正直；方：方正，有棱角不滑頭。內心正直無私，行爲磊落方正。三國魏・明帝《贈諡徐宣詔》：「宣體履至實，直內方外，歷在三朝，公亮正色。」

【直炮筒——一點就著】

見「硫磺腦袋——一點就著」。

【直情徑行】

徑：徑直，一直。憑著自己的意願，徑直幹下去。宋・陳亮《龍川集・謝羅尚書啟》：「直情徑行，視毀譽如風而不恤。」也作「徑情而行」、「徑情直遂」。

【直如弦，死道邊；曲如鉤，反封侯】

直如弦：直得像弓弦一樣，指正直的人；曲如鉤：腰彎得像魚鉤一樣，指趨炎附勢的人。《後漢書・五行志》載：桓帝時，權臣梁冀害死直臣李固，暴屍路邊；而趨炎附勢的胡廣等人，反倒封侯做官了。比喻正直的人沒有好下場，而邪惡的人倒升了官。漢・應劭《風俗通義・佚文》卷四：「順帝之末，京師謠曰：『直如弦，死道邊；曲如鉤，反封侯。』」

【直入雲霄】

雲霄：指天空、天際。直衝雲天。多用以形容歌聲的高亢嘹亮。《儒林外史》三〇回：「到晚上，點起幾百盞明角燈來，高高下下，照耀如同白日；歌聲縹緲，直入雲霄。」

【直上青雲】

比喻直線上升到顯要的地位。宋・樓鑰《潘大卿挽詞》：「直上青雲不作難，壯年何事掛衣冠？」也作「青雲直上」。

【直書其事】

按事實本來面目記下來。晉・杜預《春秋左氏傳序》：「四曰：『盡而不污，直書其事。』」

【直抒己見】

直率地發表自己的意見。清・方苞《與李剛主書》：「倘鑑愚誠，取平生所述訾謷朱子之語，一切薙芟，而直抒己見，以共明孔子之道。」

【直抒胸次】

見「直抒胸臆」。

【直抒胸臆】

胸臆：心意。直率地把內心的想法表達出來。明・胡震亨《唐音癸籤》一〇：「杜公七律，正以其負力之大，寄悰之深，能直抒胸臆，廣酬事物之變而無礙。」也作「直舉胸臆」。唐・呂溫《道州刺史廳壁後記》：「[元結]自作《道州刺史廳壁記》，彰善而不黨，亦指惡而不誣，直舉胸臆，用為鑑戒；昭昭吏師，長在屋壁。」也作「直寫胸臆」。清・朱彝尊《竹垞詩話・上・臣士上・舒頔》：「為苗民所苦一歌，直寫胸臆，絕少支辭。」也作「直寫胸襟」。宋・陸九淵《語錄上》：「吾自應舉，未嘗以得失為念，場屋之文，只是直寫胸襟。」也作「直抒胸次」。清・方世舉《蘭叢詩話》：「餘小言亦且有誤，或誤人，或誤題，直抒胸次而未遑檢對。」也作「直吐胸懷」。明・楊循吉《朱先生詩序》：「余觀詩不以格律體裁為論，惟求能直吐胸懷，實敍景象，讀之可以喻。」

【直筒子】

指性情直爽，有啥說啥。例他這個直筒子脾氣一點兒也沒變，我就喜歡這種痛快人。

【直吐胸懷】

見「直抒胸臆」。

【直寫胸襟】

見「直抒胸臆」。

【直寫胸臆】

見「直抒胸臆」。

【直性狹中】

狹中：心中狹隘。指性格剛直，但心胸狹窄。三國魏・嵇康《與山巨源絕交書》：「吾直性狹中，多所不堪。」

【直言不諱】

諱：避忌，隱諱。有話直說，毫不忌諱。《兒女英雄傳》三二回：「九哥你既專誠問我，我便直言不諱。」也作「直言無忌」。姚雪垠《李自成》一卷一八章：「因為咱倆是好朋友，在戰場上共過患難，所以我才這麼直言無忌。」也作「直言無諱」、「正言不諱」。

【直言讜議】

讜：ㄉㄤˇ，正直的。正直的言論和意見。宋・錢易《南部新書》甲：「每侍臣賜對，則左右悉去，故直言讜議，盡得上達。」

【直言骨鯁】

鯁：直。《新唐書・劉蕡傳》：「萬戶籍籍，嘆其誠鯁。」指為人正直，剛正不阿。唐・韓愈《爭臣論》：「官以諫為名，誠宜有以奉職，使四方後代，知朝廷有直言骨鯁直臣，天子有不僭賞從諫如流之美。」

【直言賈禍】

見「直言取禍」。

【直言極諫】

指敢於說直話，極力規勸。《史記・梁孝王世家》：「如汲黯、韓長孺等，敢直言極諫。」也作「直言切諫」。《清朝野史大觀》卷一〇：「朋友有過，則直言切諫。」

【直言盡意】

直：坦率；盡：完全，全部。坦率地說出自己全部的意思。《漢書・元帝紀》：「直言盡意，無有所諱。」

【直言取禍】

取：招來。由於說話爽直而招來災禍。明・王世貞《鳴鳳記・幼海議本》：「朝中直言之士，不知被他害了多少……下官目睹其奸，不容不奏，豈不知直言取禍？只是忠佞不兩立，甘為楊椒山的下稍耳。」也作「直言賈禍」。《野叟曝言》四一回：「文太夫人早知文郎必以直言賈禍，潛避至此。」

【直言切諫】

見「直言極諫」。

【直言危行】

直：公正，正直；危：高聳，引申為端正，正直。正直的言論和行為。唐・白居易《使百職修皇綱振》：「以直言危行者為狂愚，以中立守道者為凝滯。」

【直言無諱】

見「直言不諱」。

【直言無忌】
見「直言不諱」。

【直言無隱】
直言：直說。說話爽直，毫無隱瞞。《東周列國志》五〇回：「臣不忍坐視君國之危亡，故敢直言無隱。」

【直言正論】
爽直公正的言論。宋・邵伯溫《聞見前錄》卷一二：「王荊公始用事，公（范蜀公）以直言正論折之，不能勝。」

【直言正色】
色：神色。言辭正直，表情嚴肅。《三國志・魏書・國淵傳》：「太祖辟為司空掾屬，每於公朝論議，常直言正色，退無私焉。」

【直言者，國之良藥也】
正直的言論，是國家的良藥。清・唐甄《潛書・抑尊》：「直言者，國之良藥也；直言之臣，國之良醫也。」

【直指使者】
直指：繡衣。漢朝時朝廷的特派官員穿繡衣，持節發兵，有權誅殺不力的官員。這些特派官員叫繡衣直指，或稱直指使者。指有特殊標記管生殺大權的官吏。《漢書・武帝紀》：「遣直指使者暴勝之等，衣繡衣，仗斧，分部逐捕。」

【直壯曲老】
直：理直；壯：氣壯；曲：理曲；老：衰敗。理直則氣壯，理曲則衰敗。《左傳・僖公二十八年》：「子玉怒從晉師，晉師退，軍吏曰：『以臣辟辱也，且楚師老矣，何故退。』子犯曰：『師直為壯，曲為老，豈在久乎？』」

【直撞橫衝】
見「直衝橫撞」。

【植黨營私】
植黨：扶植小集團勢力；營私：謀取私利。組織幫派，謀取私利。清・黃宗羲《子劉子行狀上》：「其為植黨營私，欺君罔上有必至者。」也作「結黨營私」。

【跖客刺由】
跖：春秋時期魯國人，柳下惠之弟，曾因反抗諸侯，被稱為天下大盜；客：指柳下跖手下人；由：孔子的學生子路，泛指賢人。指各為其主，所傷害的雖是賢人，也不顧惜。《漢書・鄒陽傳》：「則桀之犬，可使吠堯；跖之客，可使刺由。」

【跖犬吠堯】
指各為其主效勞。《戰國策・齊策六》：「跖之狗吠堯，非貴跖而賤堯也，狗固吠非其主也。」清・邵長蘅《閻典史傳》：「夫跖犬吠堯，鄰女詈人，彼各為其主。」

【摭華損實】
摭：拾取，摘取；華：花。摘取花朵，損失果實。比喻只求浮華，忘記實質。唐・張說《大唐西域記序》：「名流先達，部執交馳，趨末忘本，摭華損實。」

【蹠穿膝暴】
蹠：腳跟，腳掌；穿：透。兩腳跟穿透了鞋底，衣褲已破損不堪，膝蓋暴露在外。形容行路的艱苦。《戰國策・楚策一》：「上峥山，逾深谿，蹠穿膝暴。」

ㄓˇ

【止謗莫如自修】
阻止誹謗，最好的方法是加強自身修養。指以實際行動來制止毀謗。《三國志・魏書・王昶傳》：「諺曰：『救寒莫如重裘，止謗莫如自修。』」也作「止謗莫若自修」。《新唐書・魏謨傳》：「諺曰：『止寒莫若重裘，止謗莫若自修。』惟陛下崇千載之盛德，去一旦之玩好。」

【止謗莫若自修】
見「止謗莫如自修」。

【止暴禁非】
止：阻止；禁；制止；暴：暴行；非：過失。指制止各種壞事。《莊子・盜跖》：「使子路去危冠，解其長劍，而受教於子。天下皆曰：『孔丘能止暴禁非。』」

【止戈散馬】
止：停止；戈：戰爭。停止用兵，解散戰馬。指戰爭結束。《北齊書・神武帝紀下》：「止戈散馬，各事家業。」

【止戈為武】
戈：古代兵器。由「止」和「戈」組成一個「武」字。指平定暴亂，不動干戈，才是真正的武功。《漢書・武五子傳贊》：「是以倉頡作書，止『戈』為『武』。聖人以武禁暴整亂，止息干戈，非以為殘而興縱之也。」也作「止戈之武」。《後漢書・光武帝紀下》：「退功臣而進文吏，戢弓矢而散馬牛……斯亦止戈之武焉。」

【止戈興仁】
停止戰爭，施行仁政。《三國志・吳書・孫皓傳》：「將欲止戈興仁，為百姓請命，故分命偏師，平定蜀漢，役未經年，全軍獨克。」

【止戈之武】
見「止戈為武」。

【止渴思梅】
見「止渴望梅」。

【止渴望梅】
以想像中的梅子來止住口渴。比喻用不切實際的想像來自我安慰。清・孫雨林《皖江血・拒敵》：「止渴望梅，究有何益？」也作「止渴思梅」。元・關漢卿《調風月》三折：「到三更四更便似止渴思梅，充飢畫餅。」也作「望梅止渴」。

【止渴飲鴆】
鴆：ㄓㄣˋ，用鴆鳥羽毛浸泡的毒酒。為了解渴而喝毒酒。比喻以有害的辦法應急而不顧及後果。清・壯者《掃迷帚》二四回：「若慮迷信一破，道德墮落，必以保存為得計，此又何異欲止渴而飲鴆，欲療瘡而剜肉？」也作「飲鴆止渴」。

【止談風月】
止：只，僅；風月：自然景色。僅談論風花雪月等無關緊要的話題。比喻少談政事，以免招引災禍。《南史・梁書・徐勉傳》：「嘗與門人夜集，客有虞暠求詹事五官，勉正色答云：『今夕止可談風月，不宜及公事。』故時人服其無私。」也作「只談風月」。明・張岱《游山小啟》：「喜作閒人，酒席間只談風月。」

【止於至善】
止：達到；至：最，極。達到最完美的境界。《禮記・大學》：「大學之道，在明明德，在親民，在止於至善。」

【止知其一，不知其二】
見「知其一，未知其二」。

【止足之分】
止足：懂得適可而止。形容沒有非分的妄想。南朝宋・劉義慶《世說新語・言語》：「孫綽賦遂初，築室畎川，自言見止足之分。」

【止足之計】
計：心計，打算。懂得如何做到不求名利。指免辱避禍的計謀。《漢書・疏廣傳贊》：「疏廣行止足之計，免辱殆之累。」

【止足之戒】
止足：知足；戒：鑑戒。要以知足為戒，不可不知滿足。南朝梁・任昉《王文憲集序》：「安以歲暮之期，申以止足之戒。」

【只愁不養，不愁不長】
生了孩子只要精心撫養、教育，一定會健康成長。《警世恆言》卷一一：「俗話道：『只愁不養，不愁不長。』那孩子長成六歲，聰明出衆，取名徐繼祖，上學攻書。」

【只吹冷風，不添熱水】
比喻只說壞話，不說好話；或只洩氣，不鼓勁。例這是成敗的關鍵時候，怎麼能只吹冷風，不添熱水呢！

【只此一家，別無分店——獨一無二】
比喻唯一的，或除此以外別無其他。含有珍奇的意思。例這種產品是我廠的專利，只此一家，別無分店——獨一無二。

【只顧眼前，日後作難】
過日子不精打細算，以後就會吃苦。例看他們那一家，恨不得有五升就要吃半斗。常言說得好：「只顧眼前，日後作難。」就這點糧食兩下吃光了，將來怎麼辦？

【只顧自己碗裏滿，不顧人家肚裏空】
比喻自私自利，不顧他人。例「只顧自己碗裏滿，不顧人家肚裏空。」這樣的人怎麼能交朋友？

【只管三尺門裏，不管三尺門外】
只管自己家裏或份內的事，不管外面或份外的事。例老馬頭一家，對村里的事，從來不大過問，和鄰居也是老死不相往來。眞是只管三尺門裏，不管三尺門外。

【只見別人眉毛短，不見別人頭髮長】
比喻只看見別人的短處，看不見別人的長處。例我們與人相處，可千萬不要「只見別人眉毛短，不見別人頭髮長」呀！

【只見樹木，不見森林】
比喻只看到個別或局部，看不到整體或全局。例在科學研究上，如果只見樹木，不見森林，那就只會鑽入死胡同，很難取得有價值的成果。

【只見一面鑼，不見兩面鼓——主觀片面】
比喻單憑自己的偏見看待問題或處理事情。例只知其一，不知其二，就哇啦哇啦發表意見，否定一切，難怪人家說他只見一面鑼，不見兩面鼓——主觀片面。

【只講過五關，不講走麥城】
過五關：《三國演義》記載，關雲長離曹[操]營去找劉備，一路上斬殺五個關卡的守將；走麥城：指關雲長敗走麥城，被東吳俘獲殺害。比喻只講成功，不講失敗；只講功勞，不講過失。例聽，老羅在那裏又吹開了，成天就只講過五關，不講走麥城。

【只解沙場為國死，何須馬革裹屍還】
沙場：戰場。只知道在戰場上為國捐軀，何必一定要用馬皮裹著屍體運回安葬呢。用以抒發愛國志士，為了保衛祖國誓與敵人血戰到底的英雄氣概。清・徐錫麟《出塞詩》：「軍歌應唱大刀環，誓滅胡奴出玉關。只解沙場為國死，何須馬革裹屍還。」

【只今掊白草，何日驀青山】
掊：ㄆㄡˊ，剋扣。驀：超越。現在還剋扣千里馬的飼草，哪一天才能讓它跨越青山？用以比喻人材得不到關心和重視，有志難酬，不能發揮其應有的作用。常用以告誡有關方面要關心、重視人才，充分調動人才的積極性。唐・李賀《馬詩》之十八：「伯樂向前看，旋毛在腹間。只今掊白草，何日驀青山。」

【只敬衣衫不敬人】
見「只重衣衫不重人」。

【只覺當初歡侍日，千金一刻總蹉跎】
蹉跎：光陰白白地過去。只覺得當初侍奉慈親的歡樂日子眞是一刻千金，可是我卻老讓那些日子白白地過去了。用以追念逝去的慈親，表達內心不勝哀痛的心情。清・袁枚《傷心》詩：「素琴將鼓光陰速，椒灑虛供涕淚多。只覺當初歡侍日，千金一刻總蹉跎。」

【只可信其有，不可信其無】
寧願相信有這件事情，做出相應的對策。例對於敵人明晨來偷襲我們村子的事，我們是只可信其有，不可信其無，一定要作好準備，給敵人以迎頭痛擊。

【只可意會，不可言傳】
只能心領神會，不能用語言來表達。清・劉大櫆《論文偶記》：「凡行文多寡短長，抑揚高下，無一定之律，而有一定之妙，只可意會，不可言傳。」

【只可智取，不可力敵】
打仗的時候，如敵衆我寡，就只能用智謀，不能拚實力。例這次作戰，敵强我弱，我們只可智取，不可力敵。

【只拉弓，不放箭】
比喻虛張聲勢，沒有實際行動。《官場現形記》一八回：「正欽差聽了，別的還不在意，倒於這個『只拉弓，不放箭』兩句話，著實心領神會。」

【只怕不做，不怕不會】
遇事只要肯做，即使不會，也能逐漸學會。《醒世姻緣傳》四二回：「大凡事體，只怕不做，不怕不會。」

【只怕睜著眼的金剛，不怕閉著眼的佛】
比喻只怕具體管事，而且態度認眞的人，不怕職位雖高而不管事的人。《金瓶梅詞話》三五回：「如今年世，只怕睜著眼的金剛，不怕閉著眼的佛！」

【只認銀錢不認人】
比喻勢利眼，只看重金錢，不講人情。例難道你不知道他向來是一個「只認銀錢不認人」的錢串子嗎？

【只是雷響，不見下雨】
見「乾打雷不下雨」。

【只談風月】
見「止談風月」。

【只聽樓梯響，不見人下來】
比喻只說要幹，卻遲遲不見行動。例公司年前所提出的這個企劃案，已經過了半年都還沒有執行的跡象，不禁讓人有「只聽樓梯響，不見人下來」之感。

【只問耕耘，不問收穫】
比喻只是埋頭苦幹，不計較報酬多少。例他的工作態度從來就是只問耕耘，不問收穫，一心一意幹工作，從不計較個人得失。

【只笑破，不笑補】
只笑話懶人，不笑話窮人。例衣服破了，只要洗得乾淨，補得平貼，是沒人笑話的。「只笑破，不笑補」嘛。

【只許州官放火，不許百姓點燈】
州官：古代一個州的長官，泛指官員。當官的可以爲非作歹，老百姓的正當言行卻要受到種種限制。《官場現形記》三七回：「『只許州官放火，不許百姓點燈。』你賣缺賣差，也賣的不少了，也好分點生意給我們做做。」也作「只准州官放火，不許百姓點燈」。

【只要船頭坐得穩，不怕浪來顚】
比喻只要自己行爲端正，就不怕造謠誣衊。例所謂「只要船頭坐得穩，不怕浪來顚」，我們爲人處世要潔身自愛，謹言愼行，才能無懼別人的中傷與批評。

【只要功夫深，鐵杵磨成針】
鐵杵：鐵棒。傳說唐代詩人李白小時候不用功讀書，有一天碰見一個老太婆在磨一根鐵棒，說要把它磨成一根針，李白深受教育，從此發憤讀書，終於成爲偉大的詩人。比喻只要有恆心，下苦功，再難的事情也能成功。也作「拚得功夫深，鐵杵磨成針」。

【只要立得正，不怕影子歪】
比喻只要自己行爲端正，就不怕別人說三道四。例你管他說什麼，「只要立得正，不怕影子歪。」咱們該怎麼幹，就怎麼幹。

【只要邁開兩腳，哪愁千里迢迢】
只要邁開雙腳往前走，多遠的路也能走完。比喻只要肯幹，就一定能夠達到目的。例去吧，我相信你一定能夠幹好。俗話說：「只要邁開兩腳，哪愁千里迢迢。」

【只要人手多，牌樓抬過河】
比喻人多力量大，再困難的事情也可以辦到。《蕩寇志》七七回：「衆莊客一齊動手，兩個包裹兩個人背上，一切零星，提的提，掮的掮，搶得罄淨。正是俗話說得好：『只要人手多，牌樓抬過河。』」

【只要人有恆，萬事都可成】
只要有恒心，做什麼事都可以成功。例俗話說得好：「只要人有恆，萬事都可成。」三天打魚兩天曬網，是什麼也幹不好的。

【只因攬勝探奇，不顧山遙水遠】
爲了遊覽，尋求天下的勝景奇觀，不怕路途的艱苦遙遠。《今古奇觀》卷一九：「羣臣直送至江頭而別。只因攬勝探奇，不顧山遙水遠。伯牙是風流才子，那江山之勝，正投其懷。」

【只有不快的斧，沒有劈不開的柴】
比喻只有沒有本領的人，沒有克服不了的困難。例這個問題是不好辦，可是世界上只有不快的斧，沒有劈不開的柴。

【只有今日苦，方有明日甜】
要享受將來的甜，必須先有今天的苦幹。例常言道：「只有今日苦，方有明日甜。」我們想要成功，就得吃苦耐勞。

【只有錦上添花，哪有雪中送炭】
比喻趨炎附勢的人多，扶危解難的人少。《初刻拍案驚奇》卷二〇：「單道世間人周急者少，繼富者多。爲此常言說道：『只有錦上添花，哪有雪中送炭？』只這兩句言語，道盡世人情態。」

【只有千日做賊，哪有千日防賊】
指賊改不了偷東西的惡習，而防賊的人總有疏忽大意的時候。茅盾《腐蝕・十二月十日》：「只有千日做賊，哪有千日防賊。我要不大意，又怎樣呢？他那一套詭計，我知道一點，然而也無從預防。」

【只有私房路，哪有私房肚】
私房：屬於個人的財物。指路可以自己尋，只管走，肚子吃飽了就不能硬塞了。《西遊記》九六回：「這一席盛宴，八戒留心，對沙僧道：『兄弟，放懷放量吃些兒。離了寇家，再沒這好豐盛的東西了！』沙僧笑道：『二哥說哪裏話！常言說：珍饈百味，一飽便休。只有私房路，哪有私房肚？』」

【只有蹚水過河，才能知道水的深淺】

只有通過實踐，才能眞正了解事物。例「只有蹚水過河，才能知道水的深淺。」重要的是親自動手。

【只有魚吃水，沒有水吃魚】

比喻辦事要合乎情理，不能違背常規。例在中國傳統的社會裏，一般人都是子女侍奉父母，很少有年邁的父母還要供養子女，就如同「只有魚吃水，沒有水吃魚」是一樣的道理。

【只有招架之功，沒有還手之力】

只能抵擋，不能還擊。《說唐》一一回：「叔寶把雙鐧使得開來，蹬蹬的有如風車一般，那人只有招架之功，沒有還手之力，漸漸抵擋不住。」

【只爭旦夕】

旦夕：早晨和晚上。力爭在最短時間內達到目的。明·徐復祚《投梭記·卻說》：「今朝寵命來首錫，掌樞衡只爭旦夕。」也作「只爭朝夕」。

【只知路上說話，不知草裏有人】

比喻說話不慎，會洩露機密。《金瓶梅詞話》二五回：「這來旺兒只知路上說話，不知草裏有人，不想被同行家人來興兒聽見。」

【只知其一，不知其二】

只知道它一個方面，而不知道另一方面。形容對事物的了解片面。《詩經·小雅·小旻》：「人知其一，莫知其它。」漢·劉向《說苑·臣术》：「子曰：『賜，汝徒知其一，不知其二。』」明·王錂《春蕪記·巧詆》：「主公，你只知其一，不知其二。你但曉得宋玉好人才，好學識，你還不知他的手段哩。」

【只知外面行狀，哪知肚內文章】

只看見表面的樣子，不知道內心的打算。例從外表上看，這人似乎也還面善，和他談了半天，卻不置可否。俗話說：「只知外面行狀，哪知肚內文章。」我們對他還要做進一步的了解。

【只重衣衫不重人】

只看重衣著，不看重人品。形容只看外表，不看人品。《五燈會元·黃龍心禪師法嗣》：「師曰：五陵公子爭誇富，百衲高僧不厭貧；近來世俗多顚倒，只重衣衫不重人。」也作「只敬衣衫不敬人」。元·高文秀《誶范叔》三折：「大夫也可知道，只敬衣衫不敬人，自古常聞。」

【枳句來巢，空穴來風】

枳：落葉灌木或小喬木，也叫枸橘；句：ㄍㄡ，同「勾」，彎曲；空穴：門上的孔穴。枳樹枝幹彎曲，容易招引飛鳥來做窩；門戶有空孔，風容易吹進來。比喻由於自身有不當之處，容易引來流言蜚語。戰國楚·宋玉《風賦》：「臣聞於師：『枳句來巢，空穴來風。』其所托者然，則風氣殊焉。」

【咫尺千里】

見「咫尺萬里」。

【咫尺天涯】

咫：古代長度單位，周代八寸叫咫；天涯：天邊。雖然距離很近，但很難相見，像遠在天邊一樣。元·關漢卿《拜月亭》楔子：「相留得半霎，咫尺隔天涯。」《二十年目睹之怪現狀》八七回：「可憐一對小夫妻，成婚不及數月，從此便咫尺天涯了。」

【咫尺萬里】

尺把長的畫幅，卻展現了萬里山河的景象。①形容畫幅雖小，但意境深遠。《南史·竟陵文宣王子良傳》：「[賁]幼好學，有文才，能書善畫，於扇上圖山水，咫尺之內，便覺萬里爲遙。」②指詩文的含義深遠。清·王闓運《湘綺樓論唐詩》：「杜甫歌行，自稱鮑、庾，加以時事，大作波濤，咫尺萬里，非虛誇矣。」③形容距離雖然很近，但很難相見，就像遠隔萬里一樣。例封建社會有情人張生和崔鶯鶯同住一個寺院，卻咫尺萬里。也作「咫尺千里」。唐·魚玄機《隔漢江寄子安》詩：「煙裏歌聲隱隱，渡頭月色沉沉。含情咫尺千里，況聽家家遠砧。」

【咫尺之功】

形容微小的功勞。《戰國策·秦策五》：「雖有高世之名，無咫尺之功者，不賞。」

【咫尺之書】

形容書信極簡短。《史記·淮陰侯傳》：「發一乘之使，奉咫尺之書。」

【咫角驂駒】

咫角：很短的角，指小牛；驂駒：指幼小的良馬。比喻年輕有爲前途無量的人才。漢·劉向《新序·雜事五》：「齊有閭丘印年十八，道遮宣王曰：『家貧親老，願得小仕。』宣王曰：『子年尚稚……未有咫角驂駒而能服重致遠者也。』」

【旨酒嘉肴】

旨酒：甘味美酒；嘉肴：上等菜肴。指美酒好菜。《禮記·投壺》：「子有旨酒嘉肴，某既賜矣，又重以樂，敢辭！」也作「嘉肴旨酒」。

【抵掌而談】

抵掌：擊掌（表示高興）。打著手勢談話。形容說話氣氛歡洽。《戰國策·秦策一》：「[蘇秦]見說趙王於華屋之下，抵掌而談。趙王大悅，封爲武安君。」

【紙包不住火】

見「紙裏包不住火，雪裏埋不住人」。

【紙筆殺人不用刀】

指用紙筆殺人在暗處，其厲害不亞於用刀。例張扒皮的一紙文書，就把桂花給霸占了。逼得桂花跳了河。眞是紙筆殺人不用刀呀！

【紙燈添油——一點就著】

見「硫磺腦袋——一點就著」。

【紙短情長】

形容簡短的言語、文字，包含著深長的情意。宋・趙蕃《閨怨四首》詩：「辭少不盡意，辭多還盡紙。紙盡意無窮，相思似流水。」例戰士小李，在戰鬥間隙，給未婚妻寫了一封紙短情長的信。也指指意深長，非筆墨、語言所能表達。例紙短情長，我對你要說的話，何止萬千。

【紙糊的大鼓——不堪一擊】

見「玻璃鋪的家當——不堪一擊」。

【紙糊的大鼓——經不起敲打】

見「屬玻璃的——經不起敲打」。

【紙糊的燈籠——一戳就穿】

比喻假的東西一經揭露，即顯本相。有時指外強中乾，容易識破或擊敗。例他的陰謀，就像紙糊的燈籠——一戳就穿。也作「紙老虎——一戳就穿」。

【紙糊的燈籠——一點就透】

也作「紙燈籠——一點心就亮」。見「窗戶紙兒——一點就破」。

【紙糊的棺材——坑死人】

見「棺材鋪偷工減料——坑死人」。

【紙糊的欄杆——靠不住】

也作「紙糊的欄杆——不可靠」、「紙糊的背牆——靠不住」。見「低欄杆——靠不住」。

【紙糊的老虎——外強中乾】

也作「紙老虎——外強中乾」。見「打腫臉充胖子——外強中乾」。

【紙糊的驢——大嗓門】

紙糊的驢：由秸稈或竹子紮成架，外面糊紙做成，口中空而無物，喉嚨顯得大。雙關語。比喻人說話聲音大。例他是個紙糊的驢——大嗓門，整天亂喊亂叫，吵得四鄰不安。

【紙糊的椅子——坐不住】

見「板凳上撒蒺藜——坐不住」。

【紙糊燈籠被雨澆——架子不倒】

也作「紙糊人馬過河——衣服濕了架子不倒」。見「童男童女跌進河裏——架子不倒」。

【紙糊燈籠——心裏明】

也作「紙糊燈籠——肚裏明」、「紙糊的燈籠——心裏透亮」。見「雞吃放光蟲——肚裏明」。

【紙糊老虎】

比喻外表強大，而實際空虛無力的人或事物。清・沈起鳳《伏虎韜》四折：「閒人閃開，紙糊老虎來了！」也作「紙老虎」。《糊塗世界》二回：「伍瓊芳聽見把他紙老虎戳破，心上大不高興。」

【紙花雖靚怕雨澆，尼龍雖好怕火燒】

靚：漂亮，好看。比喻多好的東西，也有它的缺陷或不足。例俗話說：「紙花雖靚怕雨澆，尼龍雖好怕火燒。」你不要再挑來揀去的了，世間的事，哪有十全十美的？

【紙老虎】

見「紙糊老虎」。

【紙老虎——不用怕】

比喻不要害怕外強中幹的惡勢力。例帝國主義是紙老虎——不用怕，我們團結起來，一定能打敗它。也作「紙紮老虎——不用怕」。

【紙老虎——假威風】

見「狸貓披虎皮——假威風」。

【紙裏包不住火，雪裏埋不住人】

比喻事情不可能隱瞞長久，早晚總會暴露。例關於你挪用公款的事，我想是紙裏包不住火，雪裏埋不住人，很快就會爆發出來，你還是趕快辭職吧！也作「紙包不住火」。

【紙裏裹火——包不住】

見「麝香的味兒——包不住」。

【紙鳥禁不起風吹，泥人架不住雨打】

比喻虛假的東西禁不住考驗。例俗話說：「紙鳥禁不起風吹，泥人架不住雨打。」誰是誰非，總是會搞清楚的。

【紙上陳言】

見「紙上空談」。

【紙上得來終覺淺，絕知此事要躬行】

絕知：徹底了解；躬行：親自實踐。從書本上得來的知識，終究體會不深；要徹底了解某件事，必須親身去實踐。比喻做學問光靠書本知識不行，只有親身實踐才能眞正獲得知識。宋・陸游《冬夜讀書示子津》詩：「古人學問無遺力，少壯工夫老始成。紙上得來終覺淺，絕知此事要躬行。」

【紙上畫的餅——看得吃不得】

見「紅蘿卜雕花——中看不中吃」。

【紙上畫的大炮——一輩子也打不響】

比喻某件事情永遠沒有人響應或不會成功。例你名利心切，所幻想的一切，就像紙上畫的大炮——一輩子也打不響。

【紙上空談】

晉・葛洪《抱朴子・論仙》：「[劉]向本不解道術，偶偏見此書，便謂其意盡在紙上，是以作金不成耳。」空談：不切實際的話。南朝梁・劉勰《文心雕龍・封禪》：「西鶼東鰈，南茅北黍，空談非徵，勛德而已。」後用「紙上空談」形容經不住實踐檢驗的空洞言論。明・朱之瑜《答小宅生順書十九首》：「一身親歷之事，固與士子紙上空談者異也。」也作「紙上空言」。宋・袁甫《蒙齋集》：「臣嘗讀《無逸》一書，蓋周公晚歲所作，字字眞實，吐自肺肝，非徒紙上空言而已。」也作「紙上陳言」。宋・陸九淵《語錄下》：「苟不切己觀省，與聖賢之書背馳，則雖有此文，特紙上之陳言耳。」

【紙上空言】

見「紙上空談」。

【紙上談兵】

在文字上談用兵的策略。比喻脫離實際情況，空發議論。清・湯斌《湯子遺書》：「此先生親身閱歷而言，故鑿鑿如此，非他人紙上談兵也。」也作「紙上之兵」。明・朱之瑜《孫武子像贊》：「楚亦霸國之餘烈，三戰及郢，遂無堅城，則十三篇非紙上之兵矣。」

【紙上之兵】

見「紙上談兵」。

【紙田墨稼】

把紙做良田，以墨來耕種。比喻從事寫作。宋・謝維新《古今合璧事類備要》：「蔡洪赴洛，人問關口舊業。曰：『紙為良田，筆為鋤耒，墨為稼穡，義理為豐年。』」

【紙紮靈屋——哄鬼】

靈屋：迷信的人給死者焚化、供死者在陰間居住的紙屋。也作「紙紮靈屋——騙鬼」。見「閻王爺撒謊——騙鬼」。

【紙紮鋪開張——做鬼做馬】

紙紮鋪：舊時專賣用來送鬼的紙做迷信用品。比喻暗地裏做手腳或搗鬼。有時指故弄玄虛，使人迷惑不解。例為人要光明正大，搞紙紮鋪開張——做鬼做馬，為人們所不齒。

【紙紮下巴——嘴輕】

下巴：下頷的通稱。比喻說起來輕巧，做起來並不容易。有時指隨便說話，沒有分寸。例紙紮下巴——嘴輕，做領導不能只是高談闊論，指手劃腳，要親自實踐，體會工作的艱難。

【紙折的船——下不得水】

見「玻璃棒槌——中看不中用」。

【紙醉金迷】

比喻驕奢淫逸、腐朽糜爛的生活方式。《近十年之怪現狀》三回：「說話之間，衆局陸續都到了，一時管弦嘈雜，釧動釵飛，紙醉金迷，燈紅酒綠，直到九點多鐘，方才散席。」

【指背脊】

比喻被人背後議論、指責。例做這種缺德事，你就不怕人指背脊嗎？也作「戳脊梁骨」。

【指不任屈】

見「指不勝屈」。

【指不勝屈】

扳著指頭數也數不過來。形容數量極多。清・歸莊《吳郡名賢圖像序》：「吾吳，人才之淵藪也，在前代已指不勝屈；明興三百年，人才尤盛。」也作「指不任屈」。宋・劉邠《王四十處見舅氏所錄外祖與日本國僧詩，並此僧詩書，作五言》：「書問顧已同，紙墨存落筆；俯仰六十年，舉指不任屈。」也作「指不勝數」。呂振羽《簡明中國通史》一三章：「五代、兩宋、遼、金成名的文學家、詩人指不勝數。」

【指不勝數】

見「指不勝屈」。

【指大於臂】

指：手指；臂：胳膊。手指比胳膊還粗。比喻下屬權力很大。《戰國策・秦策三》：「臣未嘗聞指大於臂、臂大於股，若有此則病必甚矣。」

【指點江山】

指點：用指頭點數、批評、評論；江山：指國家。指評論國家的事情。毛澤東《沁園春・長沙》：「指點江山，激揚文字，糞土當年萬戶侯。」

【指東扯西】

見「指東劃西」。

【指東打西】

指著東方打西方。形容真真假假，虛虛實實。《七俠五義》九二回：「哪知小俠指東打西，竄南躍北，猶如虎蕩羊羣，不大的工夫，打了個落花流水。」

【指東劃西】

劃：比劃。形容說話東拉西扯、不著邊際、不切本題。宋・朱熹《答呂伯恭別紙》：「大抵道理平鋪放著，極低平處有至高妙底道理，不待指東劃西、說南道北，然後為得不傳之妙也。」也作「指東扯西」。明・祁彪佳《遠山堂劇品・妙品・簪花髻》：「曲白指東扯西，點點是英雄之淚。曲至此，妙入神矣！」也作「指東畫西」。《五燈會元・黃龍南禪師法嗣》：不用指東畫西，實地上道將一句來。」也作「指東話西」。《醒世恆言》卷五：「[單氏]走了多時，不見虎跡。張稍指東話西，只望單氏倦而思返。」也作「指東說西」。《兒女英雄傳》二五回：「又和他鬆肉緊的說了一會子道學，又指東說西的打了會子悶葫蘆。」

【指東畫西】

見「指東劃西」。

【指東話西】

見「指東劃西」。

【指東罵西】

指著東邊罵西邊。比喻不直截了當，含沙射影。例隔壁大聲嚷嚷，又在指東罵西了。

【指東說西】

見「指東劃西」。

【指腹之約】

雙方父母為胎兒訂立婚約。《後漢書・賈復傳》：「又北與五校戰於真定，大破之，腹傷創甚。光武大驚曰：『我所以不令賈復別將者，為其輕敵也，果然失吾名將。聞其婦有孕，生女邪，我子娶之；生男邪，我女嫁之，不令其憂妻子也。』」清・徐釚《詞苑叢談》：「賈雲華之母與魏鵬母有指腹之約。」也作「指腹成親」。元・關漢卿《緋衣夢》一折：「俺兩家指腹成親，後來我家生了個女兒，喚做閏香，今年十七歲；他家得了個小廝，喚作慶安，他如今窮了也。」也作「指腹割衿」。割衿：將衣服裁為兩幅。《元史・刑法志二》：「諸男女議婚，有以指腹割衿為定者，禁之。」也作「指腹裁襟」。明・湯顯祖《牡丹亭・硬拷》：「我女已亡故三年，不說道納采下茶，便是指腹裁襟，一些沒有。」也作「**指腹爲婚**」、「**指腹爲親**」。

【指腹裁襟】

見「指腹之約」。

【指腹成親】

見「指腹之約」。

【指腹割衿】

見「指腹之約」。

【指古摘今】

指、摘：指責。謂指責古今。形容才華橫溢，議論鋒利。清・徐麟《長生殿序》：「稗畦洪先生以詩鳴長安，交遊宴集，每白眼踞坐，指古摘今，無不心折。」

【指顧之間】

指：用手指；顧：回頭看。用手一指或回頭一看的瞬間。形容時間十分短暫。明・歸有光《上總制書》：「指顧之間，勇怯立異；呼吸之際，勝負頓殊。」也作「**指顧之際**」。唐・李朝威《柳毅傳》：「俄見碧山出於遠波……指顧之際，山與舟相逼，乃有彩船自山馳來。」

【指揮若定】

若：好像；定：定局。形容指揮調度從容不迫。《史記・陳丞相世家》：「[陳平曰]誠各去其兩短，襲其兩長，天下指揮則定矣。」唐・杜甫《咏懷古迹》詩：「伯仲之間見伊呂，指揮若定失蕭曹。」

【指雞罵狗】

見「指桑罵槐」。

【指空話空】

比喻故弄玄虛。元・王曄《桃花女》四折：「非是我指空話空，做這等巧神通，也只爲結婚姻本待鸞鳳。」

【指鹿爲馬】

《史記・秦始皇本紀》：「趙高欲爲亂，恐羣臣不聽，乃先設驗，持鹿獻於二世，曰：『馬也。』二世笑曰：『丞相誤邪？謂鹿爲馬。』問左右，左右或默，或言馬以阿順趙高。或言鹿者，高因陰中諸言鹿者以法。後羣臣皆畏高。」後以「指鹿爲馬」比喻顛倒黑白，混淆是非。清・黃宗羲《子劉子行狀上》：「凡可以結人主之歡者，無所不至，使人主日視此法家弼士如仇讎，而後得以指鹿爲馬，盜陛下之威福。」也作「**指鹿作馬**」。

【指名道姓】

明確地指出名字和姓氏來。歐陽山《三家巷》一：「人家又沒有指名道姓，你動不動就東拉西扯地胡纏些什麼？」

【指南打北】

指著南方打北方。形容眞眞假假、虛虛實實。《兒女英雄傳》六回：「那女子一見，重新跳將下來，將那杠子搶到手裏，掖上倭刀，一手搶開杠子，指東打西，指南打北，打了個落花流水，東倒西歪。」

【指佞觸邪】

佞：奸巧諂諛的人；觸：衝撞。揭斥奸佞小人，抵制邪惡。唐《太和敕》：「憲官之職，在指佞觸邪。」

【指破迷津】

指：指明；破：說破；迷津：錯誤的道路。比喻爲別人指明了應該走的正道或方向。例當有的青年在前進的道路上徘徊猶疑時，魯迅的作品爲他們指破迷津，使他們走上了正確的道路。

【指破迷團】

迷團：疑團。把疑團點破。《鏡花緣》三六回：「貴人所論河道受病情形，恰中其弊……至浴盆屋脊之說，尤其對症，眞是指破迷團。」

【指親托故】

認親戚，托故舊。比喻攀附權勢。元・無名氏《漁樵閒話》二折：「指親托故廝還，趨時附勢故相干。」

【指囷相贈】

《三國志・吳書・魯肅傳》：「周瑜爲居巢長，將數百人故過候肅，並求資糧。肅家有兩囷米，各三千斛，肅乃指一囷與周瑜，瑜益知其奇也，遂相親結。」囷：ㄐㄩㄣ，一種圓形的糧倉。指著整個糧倉的穀物，全部送給朋友。後用以指慷慨相助。《黃金世界》七回：「今兄慨然將已往之事，置之不問；又復指囷相贈，盛族覺是意外之僥倖，有不感激的麼？」

【指日而待】

見「指日可待」。

【指日成功】

指日：指計算時日。形容爲期不遠，成功在即。元・高文秀《襄陽會》三折：「覷曹操易如翻掌，克日而破，指日成功。」

【指日可待】

表示不要等多久就可以達到某種目的，或看到某種情況的出現。宋・袁燮《輪對紹興十一年高宗料敵札子》：「金人之勢益蹙，其亡指日可待。」也作「**指日可期**」。宋・韓琦《韓魏公集》卷六：「疆候平謐，指日可期。」也作「**指日而待**」。《隋唐演義》七一回：「將來執掌昭陽，可指日而待，爲何夫人雙眉反蹙起來？」

【指日可期】

見「指日可待」。

【指桑罵槐】

指著桑樹罵槐樹。比喻表面罵這個，實際上罵那個。《官場現形記》一三回：「只有文七爺見了統領，聽了隔壁閒話，知道統領是指桑罵槐，已經受了一肚皮的氣。」也作「**指雞罵狗**」、「**指豬罵狗**」。

【指桑說槐】

見「指山說磨」。

【指山賣磨】

磨：石磨。指著沒有開掘的山就要預賣石磨。比喻操之過急。明・徐復祚《紅梨記》傳奇：「則亦他指山賣磨，見雀張羅。」也比喻進行誆騙。元・岳伯川《鐵拐李》一折：「想前日解來強盜，都只爲昧心錢買轉了這管紫霜毫……出來的關來節去，私多公少，可曾有一件兒合天道？他每都指山賣磨，將百姓畫地爲牢。」

【指山說磨】

比喻指此說彼。《金瓶梅詞話》一〇回：「如何遠打周折，指山說磨，拿人家來比奴一節，不是那樣人。」也作「**指桑說磨**」。《紅樓夢》六九回：「除了平兒，衆丫頭媳婦無不指桑說磨，暗相譏刺。」

【指示迷途】

指示：指點，示意；迷途：找不到路或失去方向。指明正確的作法和人生前進的方向。例通過老張指示迷途，失足青年決心棄舊圖新，重新做人。

【指手點腳】

多形容人指指點點的動作。《初刻拍案驚奇》卷二：「只是前日門前見客官走來走去，見了我指手點腳的。」

【指手頓腳】

頓腳：跺腳。手腳不停，一邊用手指著罵，一邊跺腳。多形容蠻橫潑辣之態。例你看那李家大小姐指手頓腳的樣子，多令人討厭，我們最好少去惹她。

【指手畫腳】

說話時手腳做出各種動作示意。①形容說話時放肆或得意忘形的樣子。《儒林外史》一二回：「他又不服氣，向著官指手畫腳的亂吵。」②形容輕率地指點、批評，胡亂發號施令。《紅樓夢》二二回：「一語未了，只見寶玉跑至圍屏燈前，指手畫腳，信口批評：『這個這一句不好。』、『那個破的不恰當。』」也作「**指手劃腳**」。《醒世恆言》卷一五：「看的人都擁在做一堆。問起根由，毛潑皮指手劃腳，剖說那事。」

【指手劃腳】

見「指手畫腳」。

【指水盟松】

以流水、松樹爲證，立誓盟約。形容情誼深厚。明·陳汝元《金蓮記·詬奸》：「章相與學士，初方指水盟松，後反操戈入室，不免乘此機會，嘲他幾句，有何不可？」

【指天畫地】

形容言行放縱，無所顧忌。《後漢書·侯霸傳》：「[韓]歆又證歲將飢凶，指天畫地，言甚剛切、坐免，歸田裏。」

【指天誓心】

對天發誓，以表示心地坦誠或意志堅決。唐·張說《爲郭振讓官表》：「臣與一二貞士，指天誓心，枝梧羣邪，捍城王室……艱危備嘗，幾不免禍。」

【指天說地】

從天到地，無所不談。《文明小史》一九回：「劉學深又跑了過來，指天說地，他四人聽了，都是些聞所未聞的話，倒也借此很開些知識。」

【指天誓日】

見「指天爲誓」。

【指天爲誓】

手指蒼天發誓。《新五代史·漢家人傳·劉崇》：「道揣周太祖意不在贇，謂太祖曰：『公此舉由衷乎？』太祖指天爲誓。」也作「**指天誓日**」。宋·袁采《袁氏世范·治家》：「其所以改悔自新者，指天誓日可表；至病患平寧，及脫去罪戾，則不復記省。」也作「**指矢天日**」。《聊齋志異》卷五：「女要誓；南指矢天日，以堅永約，女乃允之。」

【指瑕造隙】

瑕：玉上的斑點、毛病，比喻缺點、過失。比喻尋找事端，製造矛盾。宋·朱熹《魏國公張公行狀下》：「彼或內變既平，指瑕造隙，肆無厭之欲，發難從之請，其將何詞以對？」

【指雁爲羹】

指著天上飛的大雁當成一份美味的肉汁。比喻以不落實的事物來自我安慰。宋·方壺《黃鍾·醉花陰·趕蘇卿》曲：「當初指雁爲羹似充飢畫餅，道無情卻有情。」

【指一說十】

明明是一硬要說成十。形容不顧事實，肆意誇大。《歧路燈》三〇回：「如今把他的鎖扭開，明日未必不指一說十，講那『走了魚兒是大的』話。」

【指皂爲白】

皂：黑色。硬把黑的說成白的。形容顛倒是非，混淆黑白。元·武漢臣《玉壺春》三折：「花言巧語，指皂爲白。」也作「**指黑爲白**」。

【指掌可指】

指掌：指手心裏的東西。一伸手就可以拿到。比喻事情容易做到。《舊唐書·張濬傳》：「若能此際排難解紛……則功名富貴，指掌可指。」

【指著和尚罵禿驢】

表面上罵甲，實際上罵的是乙。《後水滸傳》五回：「你這兩個婦人，好生大膽，怎敢連枝帶葉，在我面前指罵强人，豈不是指著和尚罵禿驢的樣子！」也作「**指著禿驢罵和尚**」。

【指著禿子罵和尚——借題發揮】

禿子：頭髮脫光的人；和尚：出家修行的男佛教徒，不留髮。比喻藉談論另一題目來表達自己的眞意。例知情人一聽就知道，他今天是指著禿子罵和尚——借題發揮，目標是針對上司的官僚主義。

【指指戳戳】

在人背後評頭品足，說三道四。《三俠五義》四一回：「改扮停當，[趙虎]就從開封府角門內，大搖大擺的出來，招的衆人無不嘲笑……三三兩兩，在背後指指戳戳。」

【趾高氣揚】

趾：腳。走路時把腳抬得高高的，神氣十足。形容得意忘形，自以爲了不起。《醒世姻緣傳》卷六五：「一旦得了橫財，那趾高氣揚的態度，自己不覺，旁邊的人看得甚是分明。」也作「**足高氣揚**」。明·沈德符《萬曆野獲編·二六·術藝》：「若初進者足高氣揚，凌轢前輩，其胸必挺而高，袍須前長後短；既據要途已久，熟諳世故，驕氣漸平，將返故我，則前後如恆式。」

ㄓˋ

【至誠感天】

比喻誠心能感動任何人。《越絕書・越絕篇敍外傳記》：「子之復仇，臣之討賊，至誠感天，矯枉過直，乳狗哺虎，不計禍福。」也作「**至誠感神**」。

【至誠高節】

高節：高風高節。最誠懇的心胸，最高尚的節操。形容人的品格情操十分高尚。《魏書・徐遵明傳》：「故北海王入洛之初，率土風靡，遵明確然守志，忠潔不渝，遂與太守李湛將誅叛逆。時有邂逅，受斃凶險。至誠高節，堙沒無聞，朝野人士，相與嗟悼。」

【至誠金石爲開】

只要有眞心誠意，金子石頭也可以破開。比喻眞誠能打動人心。《恨海》一〇回：「棣華道：『論理，這等事，不是女孩兒家可以插口的；然而事至今日，也是無可如何，父親只管照此辦法。女兒想：古人有言：至誠金石爲開。到了成親之後，女兒仗著一片血誠，或者可以感動得過來，也未可定。』」也作「**至誠所感，金石爲開**」。

【至誠如神】

至誠：極其誠心的人；神：神靈。極誠心的人就如同神靈一樣，能推知萬物令人不可思議。《禮記・中庸》：「至誠之道，可以前知。國家將興，必有禎祥；國家將亡，必有妖孽。見乎蓍龜，動乎四體，禍福將至。善，必先知之；不善，必先知之，故至誠如神。」

【至誠無昧】

昧：隱蔽不明，欺瞞。極爲坦誠，毫無欺瞞之心。唐・賈曾《唐祭汾陰樂章・雍和》：「觸我漸饎，潔我膋薌。有豆孔碩，爲羞既臧。至誠無昧，精意惟芳。神其醉止，欣欣樂康。」

【至楚北行】

楚：指春秋、戰國時期的楚國；北行：向北行走，指背離目的地而行。到楚國去卻向北行走。形容行道相反，終不得至。《戰國策・魏策四》：「王之動愈數，而離王愈遠耳！猶至楚而北行。」

【至大至剛】

剛：剛强。極其正大，極其剛强。原形容人的浩然之氣。《孟子・公孫丑上》：「『我善養吾浩然之氣。』『敢問何爲浩然之氣？』曰：『難言也。其爲氣也，至大至剛，以直養而無害，則塞乎天地之間。』」後用來讚譽人的非凡氣慨和高貴品德。清・紀昀《閱微草堂筆記・姑忘聽之四》：「長姐憤怒躍起曰：『豈有神靈肯作此語？必邪魅也。啖則啖耳，長姐良家女，不能蒙面作此事。』拾石塊奮擊，一時奔散。此非其力足勝之，其氣足勝之，其貞烈之心足以帥其氣也。故曰：『其爲氣也，至大至剛。』」

【至當不易】

至：極；當：恰當，合適；易：改變，變換。形容極爲恰當，不能改變。清・李漁《閒情偶寄・教白》：「一段有一段之主客，一句有一句之主客，主高而揚，客低而抑，此至當不易之理，即最簡極便之法也。」

【至道不損】

至道：最好的道理，指眞理；損：損壞，破滅。眞理是不會破滅的。《晉書・皇甫謐傳》：「至道不損，至德不益。」

【至高無上】

沒有再高過它的了。《淮南子・繆稱訓》：「道，至高無上，至深無下，平乎準，直乎繩，圓乎規，方乎矩。」也作「**至高至上**」。

【至交契友】

契：投合，相合。交情極深而志趣相投的朋友。元・馬致遠《青衫淚》三折：「我想此處司馬白樂天，乃某至交契友，不免上岸探望他一遭。」

【至敬無文】

文：飾。最高的尊敬，不用文飾。《禮記・禮器》：「至敬無文，父黨無容。」

【至理名言】

至理：最根本的道理。最正確的道理，最精闢的言論。巴金《談自己的創作・小序》：「中外古今的文學巨匠常常苦口婆心地勸告人，盡可能少寫廢話，要寫得短，寫得深，寫得精。這些都是至理名言。」

【至戚世交】

至戚：關係最近的親戚；世交：兩代以上的交誼。形容關係極密切。《儒林外史》四六回：「愚兄老拙株守，兩家至戚世交，只和老弟氣味還投合的來。老弟的兒子，就是我的兒子一般，我怎不盡心教導？」

【至親不如好友】

好朋友之間情意相通勝過最近的親戚。例我們相交幾十年，彼此非常了解；思想上比親戚更親近。所以常言說：「至親不如好友。」

【至親骨肉】

關係最近的親人。《初刻拍案驚奇》卷二：「除是至親骨肉，終日在面前的，用意體察，才看得出來。」

【至親好友】

關係密切的親人和朋友。《玉支磯》四回：「若是不經這番，或央他的至親好友以情去求，或借在朝的權貴以勢去壓，也還有些門路。」

【至人無己】

至人：道德修養達到最高境界的；無己：無我。道德修養最高的人能做到忘我的境界。《莊子・逍遙遊》：「至人無己，神人無功，聖人無名。」

【至人無夢】

《莊子・大宗師》：「古之眞人，其寢不夢。」郭象注：「其寢不夢，神定也。所謂至人無夢是也。」形容道德高尚的人心無雜念，所以不做夢。《說岳全傳》五九回：「自古至人無夢，夢境忽來，未必無兆。」

【至人消未起之患，治未病之疾】

至人：最聰明的人。最聰明的人，在禍患還沒有萌發時就消除它，在病還沒有發生時就治療它。比喻凡事要防患於未然。晉・葛洪《抱朴子・地眞》：「民散則國亡，氣竭即身死，死者不可生也，亡者不可存也。是以至人消未起之患，治未病之疾，醫之於無事之前，不追之於既逝之後。」

【至人遺物】

遺：拋棄。道德最高尚的人不怕捨棄財物。漢・賈誼《鵩鳥賦》：「至人遺物，獨與道俱，衆人惑惑，好惡積意。」

【至仁忘仁】

至：極；仁：仁德。達到最高的仁德，反而不再懸念仁德。比喻達到最高境界反而不需要常常再想仁德的存在了。《呂氏春秋・任數》：「故至智棄智，至仁忘仁，至德不德，無言無思，靜以待時，時至而應，心暇者勝。」

【至善至美】

形容最完善最美好。茅盾《三人行》七：「他渴望著震撼著宇宙的大風暴，而且他又把這個理解作一翻掌間便立現了至善至美的世界的『奇蹟』，因而對於生活的實際的轉變——在矛盾混亂中所產生的向前進展，他就不能了解，而且反感到了醜惡。」

【至聖至明】

至：極，最；聖：最崇高的；明：賢明。最爲神聖賢明。宋・孫光憲《北夢瑣言》卷一：「相沿百世，作則千年，至聖至明，不可易也。」

【至死不變】

見「至死不渝」。

【至死不屈】

到死也不屈服。《好逑傳》二回：「韓願敦守名教，至死不屈，爲儒無愧。」

【至死不悟】

到死都不醒悟。漢・徐幹《中論・下・愼所從》：「是以至死而不悟，亦何足怪哉！」唐・柳宗元《三戒・臨江之麋》：「麋出門，見外犬在道甚衆，走，欲與爲戲。外犬見而喜且怒，共殺食之，狼藉道上，麋至死不悟。」

【至死不渝】

一直到死都不改變。梁啟超《羅蘭夫人傳》：「嗚呼！其愛人義俠之心，至死不渝，有如此者。」也作「至死不變」。《禮記・中庸》：「國無道，至死不變，强哉矯！」

【至死靡他】

見「之死靡它」。

【至纖至悉】

至：極；纖：細微；悉：詳盡。《漢書・食貨志》：「古之治天下，至纖至悉。」形容極爲細緻周詳。清・魏源《治篇》卷一：「王道至纖至悉。」

【至信辟金】

辟：排除，避絕；金：金玉之類。最大的誠摯可以排除金玉之類的信物。《莊子・庚桑楚》：「至仁無親，至信辟金。」

【至矣盡矣】

至：極；盡：盡頭；矣：文言語氣詞。指到了極限。《莊子・庚桑楚》：「古之人，其知有所至矣。惡乎至，有以爲未始有物者，至矣盡矣，弗可以加矣。」

【至意誠心】

最眞誠的心意。明・闕名《萬國來朝》二折：「則爲我至意誠心，忠肝義膽，我可也並無偏背。」

【至於此極】

到了這般絕境。形容痛苦到了極點。章炳麟《哀陸軍學生》：「誰造此軍國民之名者，如狐如祟，惑我神志，使我困苦無告至於此極也。」

【至譽無譽】

至譽：榮譽到達極點。榮譽高到極點，也就無所謂榮譽了。《莊子・至樂》：「至樂無樂，至譽無譽。」

【至再至三】

再：兩次。一而再，再而三。指屢次，多次。《後漢書・光武紀》：「秀猶固辭，至於再，至於三。」

【至治之世】

至治：天下治理得極好，指天下太平；世：社會。比喻太平盛世。《呂氏春秋・知度》：「至治之世，其民不好空言虛辭。」

【至智不謀】

至智：極高的智慧；不謀：不用謀慮。指極聰敏的人不爲自己圖謀。《莊子・庚桑楚》：「至義不物，至智不謀，至仁無親，至信辟金。」

【至尊至貴】

至：極，最。指地位高貴到極點。漢・荀悅《漢紀・宣帝紀三》：「出門則乘輧輜，下堂則從傅母，進退則鳴佩玉，內飾則結紉綢繆。此則至尊至貴所以自斂制，不自恣縱之義也。」

【志不可滿】

志：志向，引申爲成就。對於已取得的成就不能驕傲自滿。北齊・顏之推《顏氏家訓・止足》：「欲不可縱，志不可滿。」

【志不立，天下無可成之事】

志向不確立，就沒有可以做成的事。明・王守仁《敎條示龍場諸生》：「志不立，天下無可成之事。雖百工技藝，未有不本於志者。」

【志不求易，事不避難】

立志不追求容易實現的目標，做事不迴避困難。《後漢書・虞詡傳》：「志不求易，事不避難，臣之職也。」

【志不在溫飽】

一個人奮鬥的目標不在於穿衣吃飯。指還要有更大作爲。《宋史・王曾傳》：「曾曰：『自青州發解及南省廷試，皆首冠。』劉子儀爲翰林學士，戲之曰：『狀元試三場，一生吃著不盡。』公正色曰：『曾平生之志，不在溫飽。』」

【志誠君子】
志誠：志向誠篤；君子：品德高尚的人。指理想信仰專一不二的高尚之人。明・徐霖《繡襦記・姨鴇誇機》：「他是個志誠君子，與別人不同，怎麼開口起發他的？」

【志沖斗牛】
牛：牽牛星；斗：北斗星；斗牛：泛指天空。形容志氣高昂遠大。明・無名氏《趙匡胤打董達》五折：「三位將軍乃人中豪傑，志沖斗牛，氣吐凌雲。」也作「氣沖牛斗」、「氣沖斗牛」。

【志大才短】
見「志大才疏」。

【志大才疏】
目標遠大，才能不足。《宋史・王安禮傳》：「徐禧計議邊事。安禮曰：『禧志大才疏，必誤國。』」也作「志大才短」。南朝宋・劉義慶《世說新語・識鑒》：「伯仁（周顗）爲人，志大而才短。」也作「志廣才疏」、「才疏志大」、「才疏志廣」。

【志大量小】
量：度量，胸襟。志向很大，但胸襟狹小。宋・蘇軾《賈誼論》：「嗚乎，賈生志大而量小，才有餘而識不足也。」

【志當存高遠】
人應當懷有遠大的志向。三國蜀・諸葛亮《誡外甥書》：「志當存高遠，慕先賢，絕情欲，棄凝滯，使庶幾之志，揭然有所存，惻然有所感。」

【志得意滿】
見「志驕意滿」。

【志高氣揚】
志氣高昂，自滿自得。形容小人得勢，盛氣凌人。《醒世姻緣傳》六五回：「況且那小氣量的人，一旦得了橫財，那樣志高氣揚的態度，自己不覺，旁的人看得甚是分明。」

【志高山峯矮，路從腳下伸】
比喻志向要高遠，工作要踏實。例常言說得好：「志高山峯矮，路從腳下伸。」我們目標雖然遠大，一步一個腳印地幹，是會有成就的。

【志高行芳】
見「志美行厲」。

【志高行潔】
見「志美行厲」。

【志堅行苦】
意志堅強，行爲刻苦。《魯迅書信集・致李霽野》：「我想，應以你們爲中堅，大家志堅行苦，或譯或作，就可辦下去了。」

【志驕意滿】
志：志趣，願望。驕：驕橫，放縱。志趣驕橫，意願滿足。形容驕橫自滿。《古今小說》卷三七：「貴志驕意滿，不復顧忌。」也作「志盈欲滿」。《三國志・魏書・傅嘏傳》：「孫權自破關羽幷荊州之後，志盈欲滿，凶宄以極，是以宣文侯深建宏圖大舉之策。」也作「志得意滿」。宋・鄭準《昆山學租田記》：「若夫名遂身榮，志得意滿，陳食前方丈，而弗念畜鹽之憂……是之謂徇利而違義。」

【志慮忠純】
忠：忠正；純：純一。志向思慮，忠正純一。三國蜀・諸葛亮《前出師表》：「侍中、侍郎郭攸之、費褘、董允等，此皆良實，志慮忠純，是以先帝簡拔以遺陛下。」

【志滿氣得】
志：志向，願望；氣：意氣；得：得意。願望得到滿足，神氣得意的樣子。唐・韓愈《與崔羣書》：「賢者怕無以自存，不賢者志滿氣得。」

【志美行厲】
志向美好、品行端正。《後漢書・張堪傳》：「年十六，受業長安，志美行厲，諸儒號曰聖童。」也作「志潔行芳」。淸・劉師培《文說》：「雖感時撫事，亦志潔行芳。」也作「志高行潔」。梁啟超《羅蘭夫人傳》：「布列梭、布科、魯卡埃諸賢……年少氣銳，志高行潔。」

【志氣凌雲】
凌雲：直上雲霄。形容志趣高邁意氣昂揚。元・無名氏《飛刀對箭》四折：「我如今狀貌堂堂，威風赳赳，志氣凌雲。」

【志趣不凡】
謂志向興趣不尋常。例爲人慷慨豁達，志趣不凡。

【志趣相投】
志：志向；趣：興趣；相投：相同。指彼此的志向興趣相同。例他們兩人志趣相投，親密無間。

【志士不忘在溝壑，勇士不忘喪其元】
壑：山溝；元：頭顱。有志之士，顯貴後不忘貧賤患難的時候；勇敢的人不忘準備爲正義事業獻出頭顱。《孟子・滕文公下》：「齊景公田，招虞人以旌，不至，將殺之。志士不忘在溝壑，勇士不忘喪其元。」

【志士不飲盜泉之水，廉者不受嗟來之食】
盜泉：古泉名，故址在今山東泗水縣東北；盜泉之水：喻不是用正常手段得來的東西；嗟來之食：泛指帶有侮辱性的施捨。比喻有志氣的人，絕不接受不正當的東西或侮辱性的施捨。例古語云：「志士不飲盜泉之水，廉者不受嗟來之食。」我堂堂一個國家幹部，能接受你這個不義之財嗎？也作「智士不飲盜泉之水，君子不受嗟來之食」。參見「嗟來之食」。

【志士仁人】
見「志士仁人，無求生以害仁，有殺

身以成仁」。

【志士仁人，無求生以害仁，有殺身以成仁】

有志向有道德的人，不因貪生怕死而損害道義，只有犧牲自己來成全道義。《論語・衛靈公》：「子曰：『志士仁人，無求生以害仁，有殺身以成仁。』」也作「志士仁人」。漢・韓嬰《韓詩外傳》卷二：「勇士不忘喪其元，志士仁人不忘在溝壑。」

【志士惜年，賢人惜日，聖人惜時】

有志之士，珍惜一年的時間；賢明的人珍惜一天的時間；聖人則珍惜每時每刻的時間。清・魏源《默觚・學篇三》：「知過密不密之別也，復道遠不遠之別也。故志士惜年，賢人惜日，聖人惜時。」也作「志士惜日短」。金戈《琢玉篇》：「正所謂『志士惜日短』，恨不得一天幹兩天的事情。」

【志士惜日短】

見「志士惜年，賢人惜日，聖人惜時」。

【志同道合】

志向相同，信仰相合。形容彼此思想、志趣一致。明・歸有光《題仕履重光册》：「若前大司寇箬溪顧公，大司空南坦劉公，方與石翁爲湖南社會，志同道合，其稱許之固宜。」也作「志同氣合」。唐・韓愈《徐泗豪三州節度掌書記廳石記》：「蔚乎其相章，炳乎其相輝，志同而氣合，魚川泳而鳥雲飛也，愈樂是賓主之相得也。」也作「志同心合」。

【志同氣合】

見「志同道合」。

【志行萬里者，不中道而輟足】

輟：停下。有志於行萬里路的人，絕不在半途中停止不前。指有遠大志向的人，不達目的，絕不罷休。《三國志・吳書・陸遜傳》：「臣聞志行萬里者，不中道而輟足；圖四海者，匪懷細以害大。」

【志學之年】

《論語・爲政》：「吾十有五而志于學，三十而立，四十而不惑，五十而知天命，六十而耳順，七十而從心所欲，不逾矩。」志：立志。後因稱十五歲爲志學之年。現指立志學習的年齡。例在以前，窮人的孩子到了志學之年，卻不能進學校讀書。

【志盈欲滿】

見「志驕意滿」。

【志在必勝】

立志要達到某種目的。《左傳・桓公十二年》：「莫敖伐絞，大敗之，爲城下之盟而還；此次復伐羅，志在必勝，得意忘形。」

【志在千里】

志向在千里之遠。形容志向遠大。三國魏・曹操《龜雖壽》詩：「老驥伏櫪，志在千里。烈士暮年，壯心不已。」也作「志在四方」。《東周列國志》二五回：「妾聞男子志在四方，君壯年不出圖仕，乃區區守妻子坐困乎？」

【志在四方】

見「志在千里」。

【志足意滿】

志向和意願得到滿足。比喻欲望得到滿足，不再有什麼作爲。《東周列國志》三二回：「桓公雖然是個英主，卻不道劍老無芒、人老無剛，他做了多年的侯伯，志足意滿。」

【知不詐愚】

知：通「智」，智慧，指聰明人；愚：指老實愚昧的人。指聰明的人不欺詐老實愚昧的人。《武都太守李翕西狹頌》：「政約令行，强不暴寡，知不詐愚。」

【知盡能索】

知：通「智」。見「智盡能索」。

【知水仁山】

知：通「智」。有智慧的人喜歡水，有仁德的人喜歡山。也比喻不同的人有不同的愛好。《論語・雍也》：「子曰：『知者樂水，仁者樂山。』」宋・朱熹注：「知者達於事理而周流無滯，有似於水，故樂水。仁者安於義理而厚重不遷，有似於山，故樂山。」

【知小謀大】

知：通「智」。見「智小謀大」。

【知以藏往】

人的才智包藏於以往的事物中。比喻才智來源於經驗教訓。《周易・繫辭上》：「神以知來，知以藏往。」

【知者不博】

知：同「智」，智慧；博：廣博。眞正有智慧的人，並不一定有很廣博的知識。《老子》八一章：「知者不博，博者不知。」

【知者不惑】

同「智」，智慧；惑：疑惑。有智慧的人不會感到困惑。《論語・子罕》：「子曰：『知者不惑，仁者不憂，勇者不懼。』」

【知者之所短，不若愚者之所修】

聰明人的短處，還不如笨人的長處。例古人說：「知者之所短，不若愚者之所修。」我們必須放下架子，虛心學習，不能自恃聰明，否則就不會有進步了。

【智多星】

原爲《水滸傳》中梁山伯軍師吳用的別名。泛指聰明機智、善用計謀之人。例他是出版業的智多星，什麼難弄的書稿，他都有辦法使其出版。

【智貴免禍】

聰明人可貴之處在於正當使用智慧，能避免災禍。清・紀昀《閱微草堂筆記・如是我聞三》：「白崖先生曰：『居吉宅者未必吉，居凶宅則無不凶，豈不聞智貴免禍？還是遷居爲好。』」

【智過萬人】

形容才智極高。《淮南子・修務訓》：「智過萬人者謂之英，千人者謂之俊，百人者謂之豪，十人者謂之傑。」

【智盡力窮】

見「智盡能索」。

【智盡謀索】

見「智盡能索」。

【智盡能索】

索：竭盡。才智都已用盡。《史記・貨殖列傳》：「此有知（智）盡能索耳，終不餘力而讓財矣。」《民國通俗演義》一〇三回：「中國專使陸徵祥等，智盡能索，不得已再向和會中提出抗議，申明意見。」也作「**智盡力窮**」。《唐史演義》八回：「世充只有一城，智盡力窮，旦暮可克。」也作「**智盡謀索**」。漢・張奐《與延篤書》：「年老氣衰，智盡謀索，每有所處，違宜失便。」

【智均力敵】

指雙方的智略及實力相當。《三國志・魏書・王朗傳》：「假使權親與蜀賊相持，博戰曠日，智均力敵，兵不速決，當須軍興以成其勢者，然後宜選持重之將，承寇賊之要，相時而後動，擇地而後行，一舉更無餘事。」

【智名勇功】

聰明的人謀求美名，勇敢的人求取戰功。指各有所求。清・紀昀《閱微草堂筆記・如是我聞四》：「狐怫然曰『智名勇功，我輩修道人，豈干予人間瑣事？』」

【智謀短淺】

智謀：智慧，謀略；短淺：目光短，見識淺。指才智、謀略不足。常作謙語。《漢書・孔光傳》：「臣光智謀短淺，犬馬齒載，誠恐一旦顚仆報稱。」

【智窮兵敗】

智慧用盡，作戰失敗。《史記・孫子吳起傳》：「龐涓自知智窮兵敗，乃自剄曰：『遂成豎子之名。』」

【智如禹湯，不如常耕】

即使像夏禹、商湯那樣聰明，也不能脫離實踐。例古人說：「智如禹湯，不如常耕。」我們還是利用暑假到街頭去做點市場調查吧！

【智小謀大】

智力不高，計畫遠大。比喻不切實際，難以成功。才智很小卻作大的謀劃。《周易・繫辭下》：「[子曰]德薄而位尊，知小而謀大，力小而任重，鮮不及矣。」《漢書・敍傳下》：「[鼂]錯之瑣才，智小謀大。」也作「**智淺謀大**」。漢・桓寬《鹽鐵論》：「小人智淺謀大，羸弱而任重，故中道而廢。」

【智小言大】

聰明才智不濟，卻口出狂言。《舊唐書・江夏王道宗傳》：「君集智小言大，舉止不倫，以臣觀之，必爲戎首。」

【智勇兼備】

見「智勇雙全」。

【智勇兼全】

見「智勇雙全」。

【智勇雙全】

智謀和勇敢全部俱備。元・關漢卿《五侯宴》三折：「某文通三略，武解六韜，智勇雙全。」也作「**智勇兼備**」。《醒世恆言》卷三〇：「今日遇見秀才憑般魁偉相貌，一定智勇兼備。」也作「**智勇兼全**」。《說岳全傳》四四回：「我想兀術智勇兼全，今若不能擒獲，他日必爲後患。」

【智圓行方】

智：智謀；圓：圓通；行：行爲；方：方正。智謀要圓通，行爲要端正。《太平廣記》卷二一八：「唐孫思邈謂盧照鄰曰：『膽欲大，而心欲小；智欲圓，而行欲方。』照鄰曰：『何謂也？』曰：『心爲五臟之君，君以恭順爲主，故心欲小；膽爲五臟之將，將以果決爲務，故膽欲大。智者動象天，故欲圓；仁者靜象地，故欲方。』」

【智者不失時】

有智慧的人，能不失時機。《孔子家語・屈節解》：「智者不失時，義者不絕世。」

【智者不爲非其事，廉者不求非其有】

聰明的人不做不應當做的事，廉潔的人不去追求不應得到的東西。漢・韓嬰《韓詩外傳》卷一：「故智者不爲非其事，廉者不求非其有，是以害遠而名彰也。」

【智者不襲常】

襲：照樣做。聰明人不因循守舊，不死守常規。例「智者不襲常」，所以我們提倡要有創新精神，勇於開拓。

【智者見未萌】

有智慧的人，能見到事情的萌芽。《商君書・更法》：「愚者暗於成事，智者見於未萌。」

【智者舉事，因禍爲福，轉敗爲功】

聰明人做事情，能使禍轉化爲福，失敗轉化爲成功。謂做事應善於因勢利導，化不利爲有利。《史記・蘇秦張儀列傳》：「雖然，智者舉事，因禍爲福，轉敗爲功。齊紫，敗素也，而賈十倍；越王句踐棲於會稽，復殘強吳而霸天下：此皆因禍爲福，轉敗爲功者也。」

【智者千慮，必有一失】

見「智者千慮，必有一失；愚者千慮，必有一得」。

【智者千慮，必有一失；愚者千慮，必有一得】

聰明人多次謀劃，也會有失誤的時候；愚笨的人多次思考，也總會有點收穫。比喻不要迷信智謀之人，要博采衆聽，集思廣益。《史記・淮陰侯傳》：「廣武君曰：『臣聞智者千慮，必有一失；愚者千慮，必有一得。』」也作「**智者千慮，必有一失**」。魯迅《名人和名言》：「我很自歉這回時時涉及了太炎先生。但『智者千慮，必有一失』，這大約也無傷於先生的『日月之明』的。」也作「聖人千慮，必有一失」。

【智者所見略同】

有才智的人見解大致相同。用於稱讚觀點相同的雙方。《三國志・蜀書・龐統傳》：「天下智謀之士所見略同耳。」《東周列國志》五九回：「[欒書]乃使飛車二乘，分召士匄、韓厥二將。使者至士匄之家，士匄問：『主公召我何事？』使者不能答。匄曰：『事可疑矣。』即遣心腹左右，打聽韓厥行否。韓厥先以病辭。匄曰：『智者所見略同也。』」

【智者樂水，仁者樂山】

見「知水仁山」。

【智周萬物】

智：智謀；周：遍及。對世間的萬事萬物都考慮周全。指智謀無限。《周易・繫辭上》：「智周乎萬物，而道濟天下。」

【智珠在握】

智珠：佛教指本性的智慧。智慧在胸。指具有聰明才智。唐・張祜《贈志凝上人》詩：「悟色身無染，觀空事不生……願為塵外契，一就智珠明。」也比喻人有很高的智力，心中的計畫很完美，足以應付任何難辦的事。清・袁枚《與劉介石太守》：「枚不能不鄙香亭而疑閣下也……然閣下智珠在握，或小試其使貪使詐之才，而仍有毅然不惑之見，恐非香亭之所能知也。」

【智足以拒諫，言足以飾非】

形容某人的智慧足以拒絕別人的規勸；其言辭足以掩飾自己的過失。《史記・殷本紀》：「帝紂資辨捷疾，聞見甚敏，材力過人，手格猛獸，知（智）足以距（拒）諫，言足以飾非；矜人臣以能，高天下以聲，以為皆出己之下。」

【智足以周知】

智慧可以讓你懂得一切。宋・蘇軾《賀歐陽少師致仕啟》：「智足以周知，仁足以自愛，道足以忘物之得喪，志足以一氣之盛衰。」

【質而不俚】

質：樸實；俚：粗俗。樸實而不粗俗。《漢書・司馬遷傳贊》：「然自劉向、揚雄博極羣書，皆稱遷有良史之材，服其善序事理，辨而不華，質而不俚。」也作「質而不野」。漢・荀悅《漢紀・武帝紀》：「辨而不華，質而不野。」

【質而不野】

見「質而不俚」。

【質木無文】

質木：質地如木石一樣純樸；文：文飾。如木石一樣純樸。形容詩文質樸，沒有浮飾。南朝梁・鍾嶸《詩品・總論》：「東京二百載中，惟班固《咏史》，質木無文。」也作「質樸無華」。

【質難問疑】

見「質疑問難」。

【質樸守正】

守正：指行為端正。形容人樸實純厚。《漢書・夏侯勝傳》：「勝為人質樸守正。」

【質妻鬻子】

質：ㄓˋ，抵押；鬻：賣。因生活困苦把妻子抵押，兒子出賣。宋・陸子淵《與辛幼安書》：「隳家破產，質妻鬻子，僅以自免。」也作「賣妻鬻子」。

【質勝文則野，文勝質則史】

質：樸實；文：文采；野：粗糙；史：虛浮。質樸多於文采，就會顯得粗糙；文采多於質樸，就會顯得虛浮。比喻質樸的內在修養與文雅的言行舉止的相互協調，這樣才算一個完美的人。《論語・雍也》：「質勝文則野，文勝質則史。文質彬彬，然後君子。」

【質疑問難】

質疑：提出疑問；問難：反覆討論、辯論。指提出疑難問題，請人解釋或辯論。《宋史・黃灝傳》：「朱熹守南康，灝執弟子禮，質疑問難。」也作「質難問疑」。唐・慧立《大慈恩寺三藏法師傳》一：「罷講後，復北遊，詢求先德。至相州，造休法師，質難問疑。」也作「質疑問事」。《漢書・陳遵傳》：「竦（張竦）居貧，無賓客，時時好事者從之質疑問事，論道經書而已。」

【質疑問事】

見「質疑問難」。

【質直渾厚】

質直：質樸；渾厚：厚重。形容詩文質樸並有韻味。宋・胡仔《苕溪漁隱叢話・韓吏部下》：「語多質直渾厚，計應似其為人。」

【炙冰使燥】

炙：烤。把冰烤乾。比喻事與願違。晉・葛洪《抱朴子・刺驕》：「欲望肅雍濟濟，後生有式，是猶炙冰使燥，積灰令熾矣。」

【炙鳳烹龍】

形容烹調珍貴的菜肴。明・沈璟《義俠記・除凶》：「又何須炙鳳烹龍，鸚鵡杯浮，琥珀光濃。」

【炙膚皸足】

炙：曝晒；皸：ㄐㄩㄣ，凍裂。曝曬皮膚，凍裂足部。形容極度艱辛。明・宋濂《閱江樓記》：「耕人有炙膚皸足之煩，農女有捋桑行饁之勤。」

【炙雞漬酒】

《後漢書・徐稚傳》：「稚前後為州郡選舉諸公，雖不就，有死喪負笈赴弔。常於家預炙雞一隻，以一兩綿絮漬酒中，暴乾以裹雞，徑到所赴塚隧外，以水漬綿，使有酒氣，斗米飯，白茅為藉。以雞置前，醊酒畢，留謁即去，不見喪主。」後以「炙雞漬酒」表示祭品雖薄，而情意深厚。宋・羅大經《鶴林玉露》卷九：「[徐稚]炙雞漬酒，萬里赴弔，於清高不混俗之中，有忠厚不忘恩之意。」也作「隻雞絮酒」。

【炙手而熱】

見「炙手可熱」。

【炙手可熱】

被火烤過的手熱得燙人。比喻權勢很大，氣焰極盛。唐・杜甫《麗人行》詩：「炙手可熱勢絕倫，愼莫近前丞相嗔。」也作「炙手而熱」。《明史・董傳策傳》：「嵩（嚴嵩）久握重權，炙手而熱。」也作「炙手之勢」。宋・劉克莊《專壑堂記》：「半山之進也，與羣小共同其退也，炙手之勢一寒，翹材之客皆去。」也作「熱可炙手」、「勢可炙手」。

【炙手之勢】

見「炙手可熱」。

【治標不治本】

標：樹枝的末梢，指事物的表面或枝節；本：草本的莖或根，指事物的根本或本源。只從表面上、枝節上加以治理，不從根本上加以解決。例治理一個國家，如果治標不治本，那將漏洞百出，堵不勝堵。

【治兵振旅】

兵、旅：泛指軍隊。治理軍隊，振作軍威。《唐鐃歌・鼓吹曲十二篇》：「每有戎事，治兵振旅，幸歌臣詞以爲容。」

【治病救人】

原指醫生爲人治病，把人挽救過來。後比喻眞心善意地幫助別人改正缺點、糾正錯誤。《太平廣記・天仙》：「沈羲，吳郡人，學道於蜀，能治病救人，甚有恩德。」巴金《從鐮倉帶回的照片》：「他們設立這種原子病研究所，不是來治病救人，只是爲了研究病人的痛苦。」

【治病要早，除禍要了】

了：結束，徹底。有病要早治，清除禍患要徹底。例俗話說：「治病要早，除禍要了。」事情不解決乾脆，拖泥帶水的，必然後患無窮呀！

【治不忘亂】

治：治國，治道；亂：離亂。指太平的時候不能忘記戰亂。《周易・繫辭》：「子曰：『固君子安而不忘危，存而不忘亡，治而不忘亂。』」

【治得病治不得命】

病可以治，但命中注定的生死卻無法改變。《紅樓夢》一一回：「秦氏笑道：『任憑神仙也罷，治得病治不得命。嬸子，我知道我這病不過是挨日子。』」

【治國安邦】

見「治國安民」。

【治國安民】

治理國家，使人民安居樂業。《漢書・食貨志上》：「財者，帝王所以聚人守位，養成羣生，奉順天德，治國安民之本也。」元・馬致遠《陳摶高臥》二折：「幸然法正天心順，索甚我橫枝兒治國安民。」也作「治國安邦」。元・無名氏《猿聽經》一折：「不能夠治國安邦朝帝闕，常只是披霜帶月似檐中。」

【治國齊家】

齊：管理。治理好國家，管理好家庭。明・湯顯祖《牡丹亭・訓女》：「你看俺治國齊家，也則是數卷書。」也作「齊家治國」。

【治國之道，必先富民】

道：方法。治理國家的方法，首先是要使老百姓富裕起來。《管子・治國》：「凡治國之道，必先富民。民富則易治也，民貧則難治也。」

【治國之器】

器：有才能的人。指治理國家的人才。南朝宋・劉義慶《世說新語・賞譽》：「陳仲舉嘗嘆曰：『若周子居者，眞治國之器，譬諸寶劍，則世之幹將。』」

【治亂安危】

整治亂世，安定危局。宋・蘇軾《司馬溫公行狀》：「其餘非天下所以治亂安危者，皆不載。」

【治亂存亡】

指國家得到治理或混亂，存在或滅亡。《呂氏春秋・察微》：「治亂存亡，則不然，如可知，如可不知；如可見，如可不見，故智士賢者，相與積心愁慮，以求之。」也作「治亂興亡」。宋・歐陽修《朋黨論》：「嗟夫！治亂興亡之跡，爲人君者，可以鑑矣！」

【治亂世，用重典】

重典：極重的刑罰。治理混亂的天下，要用極重的刑罰。《周禮・秋官》：「大司寇之職，掌建邦之三典，以佐王刑邦國，詰四方：一曰刑新國用輕典；二曰刑平國用中典；三曰刑亂國用重典。」

【治亂興亡】

見「治亂存亡」。

【治氣養生】

治氣：修養氣度；養生：保養身心。提高道德修養，完善身心健康。《荀子・修身》：「扁善之度，以治氣養生，則彭祖；以修身自名，則名配堯、禹。」

【治世不一道，便國不必法古】

一道：一種方法；法：效法。治理天下不一定用同一種方法，只要便利國家，就不必效法古代。謂治理國家應根據具體情況採取相應的辦法，不可因循守舊。《商君書・更法》：「禮、法以時而定，制、令各順其宜；兵、甲、器備各便其用。臣故曰：治世不一道，便國不必法古。」

【治絲益棼】

治：整理；益：越發，更加；棼：ㄈㄣˊ，紛亂。整理蠶絲，不找頭緒，結果越整理越亂。比喻做事抓不住要領，方法不對頭，反而使問題更加複雜。《左傳・隱公四年》：「臣聞以德和民，不聞以亂；以亂，猶治絲而棼之也。」宋・朱熹《答嚴居厚》：「今以迫切之心求之，正猶治絲而棼之，雖欲强爲之說，終非吾心所安，穿鑿支離，愈叛於道矣。」也作「治絲而禁」。

【治席容易請客難】

置辦酒席容易，能請到尊貴的客人，或客人能到齊卻很難。姚雪垠《李自成》三卷一二章：「汝才對闖王說：『常言道，治席容易請客難。你沒有讓捷軒和明遠同來赴宴，眞是美中不足。』」也作「**辦酒容易請客難**」。

【治亦進，亂亦進】

治：治理；進：進朝做官；亂：戰亂，混亂。天下太平時固然出來做官，天下混亂也會出來做官。《孟子・萬章下》：「伊尹曰：『何事非君？何使非民？』治亦進，亂亦進，曰：天之生斯民也，使先知覺後知，使先覺覺後覺。」

【陟罰臧否】

陟罰：進用和處罰；臧否(ㄆㄧˇ)：褒獎和批評。指對人員的提拔與處罰，表揚與批評。三國蜀・諸葛亮《前出師表》：「宮中府中，俱爲一體，陟罰臧否，不宜異同。」

【陟岵瞻望】

見「陟岵陟屺」。

【陟岵陟屺】

陟：登，升；岵：ㄏㄨˋ，多草木的山，指父親；屺：ㄑㄧˇ，無草木的山，指母親。代指思念父母心切。《詩經・魏風・陟岵》：「陟彼岵兮，瞻望父兮……陟彼屺兮，瞻望母兮。」也作「**陟岵瞻望**」。《後漢書・李膺傳》：「久廢過庭，不聞善誘，陟岵瞻望，惟日爲歲。」

【陟屺望雲】

見「陟屺之望」。

【陟屺之望】

形容思念母親的迫切心情。《詩經・魏風・陟岵》：「陟彼岵兮，瞻望父兮……陟彼屺兮，瞻望母兮。」唐・慧立《大慈恩三藏法師傳》七：「歲時興感，空懷陟屺之望。」也作「**陟屺望雲**」。清・五色石主人《八洞天・補南陔》：「今不肖父遭慘變，母隔天涯，方當寢苫枕塊、陟屺望雲之時，何忍議及婚日！」

【陟遐自邇】

遐：遠，遠方；邇：近，近處。要行遠路必須從最近一步走起。比喻做事要紮紮實實，循序漸進。《尚書・太甲下》：「若升高必自下，若陟遐必自邇。」

【致命傷】

比喻足以使行動或事物遭到失敗的要害問題。例弄虛作假、報喜不報憂，是新聞報導的致命傷。

【致命一餐】

致命：捨棄生命；一餐：一頓飯。捨棄生命報答一頓飯的恩情。指捨命報恩。《後漢書・朱浮傳》：「匹夫媵母，尚能致命一餐。」

【致仕懸車】

致仕：辭官；懸車：把皇帝所賜「安車」懸掛起來，指廢車不用。比喻辭官歸家，懸掛安車表示榮耀。《漢書・敍傳下》：「身修國治，致仕懸車。」也作「**懸車致仕**」、「**懸車告老**」。

【致遠恐泥】

泥：阻滯，拘泥。意謂實現遠大目標，恐怕受到妨礙。《論語・子張》：「子夏曰：雖小道，必有可觀者焉，致遠恐泥，是以君子不爲也。」也比喻小技於大業無補。章炳麟《駁建立孔教議》：「斯豈草野之無賢才，由其不習政書，致遠恐泥，不足與世卿意爽。」

【致遠任重】

肩負重任奔向遠方。比喻能擔負重任又能進行長遠艱苦的鬥爭。宋・秦觀《賀孫中丞啟》：「恭惟中丞侍郎受天間氣，爲世眞儒，力足以扶顚持危，器足以致遠任重。」也作「**任重致遠**」。

【致知格物】

致知：獲得知識；格物：推究事物的原理。獲得知識，推究事理。《禮記・大學》：「致知在格物，物格而後知至。」

【致治之世】

致治：大治；世：社會，時代。天下大治的時代。指盛世。《史記・貨殖列傳》：「老子曰：『至治之極，鄰國相望，雞狗之聲相聞，民各甘其食。』」

【擲地金聲】

見「擲地作金石聲」。

【擲地有聲】

投擲於地，鏗鏘作響。比喻說話堅定有力，語義崇高。《鏡花緣》八一回：「斬釘截鐵，字字雪亮，此等燈謎，可謂擲地有聲了。」

【擲地之材】

形容才氣過人，能寫出文辭優美的好文章。宋・王禹偁《重修北岳廟碑奉敕撰並序》：「慚非擲地之材，有瓚他山之石。」

【擲地作金石聲】

金石：這裏指鐘磬一類的樂器，聲音清脆悅耳。扔在地上發出鐘磬般的聲音。比喻詩文作品聲調鏗鏘，文辭優美。南朝宋・劉義慶《世說新語・文學》：「孫興公（綽）作《天台賦》成，以示友人范榮期，云：『卿試擲地，要作金石聲。』」也作「**擲地金聲**」。宋・王十朋《望天台赤城山，感而有作》：「揮毫欲續孫公賦，愧無擲地金聲才。」也作「**金聲擲地**」。

【擲果河陽】

河陽：縣名，因晉潘岳曾爲此縣令，也代指潘岳。《晉書・潘岳傳》：「岳美姿儀……少時常挾彈出洛陽道，婦人遇之者，皆連手縈繞，投之以果，遂滿車而歸。」後用「擲果河陽」形容婦女對美男子的愛慕。唐・駱賓王《艷情代郭氏答盧照鄰》詩：「擲果河陽君有分，貨酒成都妾亦然。」

【擲果盈車】

投擲的果子堆滿了車。南朝宋・劉義慶《世說新語・客止》：「潘岳有姿容，好神情」注：「潘安仁至美，每行，羣嫗以果擲之，滿車。」後形容美男子爲婦女所愛慕。唐·李白《送族弟凝之滁求婚崔氏》詩：「遙知向前路，擲果定盈車。」

【擲石子】

比喻暗中打擊、敗壞。例你有意見請書面提，可別背後擲石子。

【鷙鳥不羣】

鷙鳥：凶猛的鳥，如鷹、雕一類；不羣：不合羣。凶猛的鳥不合羣。比喻忠正剛直之士不合於世俗。戰國楚·屈原《楚辭·離騷》：「鷙鳥之不羣兮，自前世而固然；何方圜之能周兮，夫孰異道而相安！」也作「鷙鳥不雙」。《淮南子·說林訓》：「猛獸不羣，鷙鳥不雙。」

【窒隙蹈瑕】

窒：塞；蹈：踩。塞入縫隙，踩住斑點。比喻利用對方的漏洞或弱點乘機謀取自己的利益。唐·王勃《平台秘略論十首·褒客七》：「矯情役智，揚逸名利之間；窒隙蹈瑕，干沒英翹之地。」也作「尋瑕伺隙」、「攻瑕蹈隙」。

【滯滯泥泥】

滯滯：不流通；泥泥：ㄋㄧˋ ㄋㄧˋ，不通暢。形容辦事不乾脆，說話不痛快。宋·陸九淵《象山集·語錄》：「凡事只過了，便不須滯滯泥泥。子淵却不如此，過了便了，常凝滯。」

【置而不問】

擱置一邊卻不加過問。清·袁枚《新齊諧·抬轎郎君》：「乃閉鎖書舍中，未幾逃出，又爲人抬轎矣。如是者再三，祖父無如何，置而不問。」

【置酒高會】

置：設；高會：盛會。設酒宴舉行盛會。《漢書·高帝紀上》：「漢王拜彭越魏相國，令定梁地，漢王遂入城，收[項]羽美人貨賂，置酒高會。」清·汪琬《贈翁君序》：「是日艤舫西泠橋，合數百十人置酒高會。」也作「飲酒高會」。

【置若罔聞】

放在一邊，好像沒聽見似的。《紅樓夢》一六回：「寧榮兩處上下內外人等，莫不歡天喜地，獨有寶玉置若罔聞。」

【置身事外】

把自己放在事情之外。指毫不關心。《文明小史》三五回：「這彭仲翔卻在背後袖手旁觀，置身事外。」

【置身無地】

沒有地方安置自己。《水滸後傳》三回：「孫統制，你當日到祝家莊假說助我，裏應外合，破了祝家莊，使我置身無地。」也指無地自容。《紅樓夢》三〇回：「襲人從來不曾受到一句大話兒的，今忽見寶玉生氣踢了他一下子，又當著許多人，又是羞，又是氣，又是疼，眞一時置身無地。」也形容處境尷尬。《官場現形記》三三回：「一句話，又把個王慕善弄得置身無地。」也作「置顏無地」。顏：臉面。清·毛祥麟《墨餘錄·五·孀妹妹遇》：「今薄具杯酌，爲戚里一申款洽，念兄素憐妹，來則愈有光，不然，則是張其賤也，妹亦置顏無地矣。」

【置水之淸】

見「置水之情」。

【置水之情】

情：深情，情意。置水於戶前的情意。舊時表示百姓對官吏勤政愛民的期望。希望官吏能像水一樣「淸」。《文選·沈約〈齊故安陸昭王碑文〉》：「盡任棠置水之情，弘郭伋待期之信。」也作「置水之淸」。唐·劉禹錫《答饒州元使君書》：「置水之淸必勵，則人知敬。」

【置死求生】

見「置之亡地而後生」。

【置顏無地】

見「置身無地」。

【置之不顧】

放在一邊，不去管它。例這個父親眞是狠心，把三個年幼的小孩丟在家中置之不顧，自己卻到外頭吃喝嫖賭，看了實在讓人寒心。也作「置之不理」。魯迅《僞自由書·後記》引《申報·自由談·谷春帆〈談「文人無行」〉》：「但，我想，『有行』的『文人』，對於這班丑類，實在不應當像現在一樣，始終置之不理，而應當振臂奮起，把他們驅逐於文壇以外，應當在污穢不堪的中國文壇，做一番掃除的工作。」也作「置之不問」、「置之不論」。

【置之不理】

見「置之不顧」。

【置之度外】

度：考慮，打算。把它放在自己的考慮範圍之外。指不放在心上。《東觀漢記·光武帝》：「天下悉定，惟獨公孫述、隗囂未平。帝曰：『取此子（指隗囂之子），兩子置度外。」魯迅《藥》：「他的精神，現在只在一個包上，彷彿抱著一個十世單傳的嬰兒，別的事情，都已置之度外了。」也作「置諸度外」、「置之膜外」。宋·葛立方《韻語陽秋》卷一七：「夫忿貪慾於指顧，爭勝負於毫釐，業棋者之常情，而坡（東坡）乃置之膜外，亦可見其胸中脩然者矣。」也作「置之腦後」。

【置之高閣】

閣：小樓，古人用以藏書。把東西放在小閣樓上。比喻棄置一旁。清·鄭觀應《盛世危言·練兵》：「縱有黃帝握奇、太公陰符、孫吳心法、諸葛八陣，或置之高閣，或視爲陳言。」也作「束之高閣」。

【置之腦後】

見「置之度外」。

【置之膜外】

見「置之度外」。

【置之死地】

見「置之死地而後快」。

【置之死地而後快】
死地：兵法中指不拚死作戰就不能生存的境地。把人逼到死亡的地步才感到痛快。形容心腸狠毒。宋·蘇舜欽《答韓持國書》：「昨在京師官時，不敢犯人顏色，不敢議論時事，隨衆上下，心志蟠屈不開，固已極矣！不幸適在疑嫌之地，不能決然早自引去，致不測之禍……被廢之後，喧然未已，更欲置之死地然後爲快。」也作「置之死地」。元·宋子貞《悟詐》：「我和你都要留心，若還尋著此人，定要置之死地而後快。」

【置之死地而後生】
指打仗時，沒有別的出路，只有決一死戰時，才能闖出一條生路。清·李漁《十二樓·鶴歸樓》四回：「世間的男子只該學他，不可像我。淒涼倒是熱鬧，恩愛不在綢繆。『置之死地而後生』，竟是風流才子之言，不是道學先生的話。」也作「置之死地而後存」。《漢書·韓信傳》：「陷之死地而後生，置之死地而後存。」也作「置死求生」。明·孫傳庭《省罪錄·崇禎十二年二月》：「反敗爲功，萬一有濟，則命尤不可不拚……即如臣議，並馬爲步，豈非置死求生！」

【置之死地而後已】
一定要害人致死才算完事。例他這個沒心肝的不孝子，非得把他的老父老母置之死地而後已嗎？

【置之亡地而後存】
見「置之死地而後生」。

【置諸度外】
見「置之度外」。

【置錐之地】
一塊能立錐子的地盤。形容地盤極小。《淮南子·氾論訓》：「舜置錐之地，以有天下。」

【秩序井然】
秩序：次序，有條理不混亂；井然：整齊。形容次序不混亂，條理分明。例雖然人多事雜，但秩序井然，絲毫不亂。

【擿埴索塗】
擿埴（ㄓˊ）：以杖點地；索：探尋；塗：道路。指盲人用手杖點地，尋求道路。比喻暗中探索，事情難以成功。章炳麟《軍人貴賤論》：「擿埴索塗，如瞽瞽之相導。」也作「冥行擿埴」。

ㄓㄚ

【扎頂門針】
頂門針：針灸自腦門（百會穴）扎下的針。比喻說話做事切中要害。例他交代問題，總是避重就輕，躲躲閃閃。有人給他扎了頂門針，點出了要害問題，他這才老實了。

【扎耳朵】
比喻言辭不堪入耳、刺耳。例他說的這些話確實扎耳朵。

【扎火囤】
比喻設騙局，詐人錢財。例見人家有錢，他就和一幫狐朋狗黨扎火囤，說是借本錢做買賣，實際是有借無還。

【扎空槍】
槍刺到空處。比喻毫無效果的行動。例他做事向來是一步一個腳印，從不做扎空槍的事。

【扎了一針的皮球——癟了】
見「車胎放炮——癟了」。

【扎窩子】
鳥兒投入窩中。比喻躲在家裏不外出。例他們天天扎窩子打牌，什麼事也不管。

【渣滓濁沫】
渣滓：廢物；濁沫：渾濁的泡沫。像廢渣和渾濁的泡沫一樣。形容無用之物或有害的人。《紅樓夢》二〇回：「他便料定天地間靈淑之氣只鍾於女子，男兒們不過是些渣滓濁沫而已。」

ㄓㄚˊ

【炸麻花的碰上搓草繩的——絞上勁兒了】
比喻意見相抵觸，擰著。例他兩個就像炸麻花的碰上搓草繩的——絞上勁兒了，相持不下，誰也不認輸。

【鍘刀剃禿頭——硬拿著腦袋瓜子玩】
腦袋瓜子：頭。比喻太冒險，拿性命開玩笑。例你膽敢鍘刀剃禿頭——硬拿著腦袋瓜子玩，既愚蠢，又無知。

ㄓㄚˋ

【乍寒乍熱】
見「乍冷乍熱」。

【乍冷乍熱】
乍：忽然。天氣忽冷忽熱。指春天常有的氣候。例剛脫下棉襖，卻又颳大風，氣溫驟降，這天氣眞是乍冷乍熱的。也比喻人的情緒變化無常。例小張剛才還笑咪咪的，怎麼這會兒又噘起嘴來，眞是乍冷乍熱的。也指生病時體溫忽高忽低。例瘧疾這種病發作起來，病人常有乍冷乍熱現象。也作「乍寒乍熱」。例今年春天氣溫變化大，乍寒乍熱的。

【乍暖還寒】
乍：剛剛開始。天氣剛剛變暖寒氣還未消除。宋·李清照《聲聲慢》詞：「尋尋覓覓，冷冷清清，淒淒慘慘戚戚。乍暖還寒時候，最難將息。三杯兩盞淡酒，怎敵他晚來風急！」

【乍入蘆圩，不知深淺】
圩：ㄨㄟˊ，防水護田的土堤；蘆圩：蘆蕩。比喻初到一個新地方，不了解情況。例咱們這是「乍入蘆圩，不知深淺」。所以首先要從摸情況入手，絕不能輕易表態，隨便發言。

【乍雨乍晴】
乍：忽然。忽雨忽晴。指天氣變化無

常。也指人的情緒變化無常。宋・歐陽修《浣溪沙》詞：「乍雨乍晴花自落，閒愁閒悶日偏長。」也作「乍晴乍雨」。例他這人乍晴乍雨的，讓人納悶兒。

【詐敗佯輸】
詐、佯：假裝。假裝敗走，引人上當。元・無名氏《誶范叔》楔子：「孫子口稱救韓，卻引兵徑去襲魏……詐敗佯輸，添兵減灶，在馬陵山下，削木爲號，衆弩俱發，射死大將龐涓。」

【詐謀奇計】
狡詐的謀劃，出人意料的計策。宋・王楙《野客叢書・韓信之幸》：「有報成安君不用詐謀奇計，而廣武君之說不行，信於是欣然大喜。」

【詐欺取財】
詐：欺騙。指通過欺騙手段騙取財物。例投機分子詐欺取財，終逃不出法律的制裁。

【詐啞佯聾】
詐、佯：假裝。假裝啞巴聾子。《羣音類選〈鄧忠記・睢陽陷守〉》：「在伍倫中，怎做得詐啞佯聾，爲官食祿。」

【榨油水】
比喻用訛詐、欺壓的手段搜刮錢財。例這個人貪婪成性，心毒手狠，想盡辦法到處榨油水。

【蚱蜢鬥公雞——送死】
也作「蚱蜢鬥公雞——找死」。見「耗子舔貓鼻子——找死」。

【蚱蜢碰上雞——在劫難逃】
比喻災難不可避免。例應積極行動起來，同自然災害做鬥爭，那種認爲蚱蜢碰上雞——在劫難逃的想法是錯誤的。

ㄓㄜ

【遮前掩後】
形容遮遮蓋蓋，不吐眞情。宋・朱熹《答葉正則》：「大家研究到底，大開眼看覷，大開口說話，分明去取，直截剖判，不須得如此遮前掩後，似說不說，做三日新婦子模樣，不亦快哉？」

【遮人耳目】
遮住別人的耳朵和眼睛。比喻掩蓋眞相。《官場現形記》三三回：「因爲幕友趙大架子被參在內，留住衙門恐怕不便；就叫自己兄弟二大人通信給他，叫他暫時搬出衙門，好遮人耳目。」也作「遮人眼目」。《紅樓夢》七五回：「這種遮人眼目兒的事，誰不會做？且再瞧就是了。」

【遮人眼目】
見「遮人耳目」。

【遮天蔽日】
遮住了天空，擋住了日光。形容數量多。也作「遮天蓋日」。郭沫若《漆園吏遊梁》：「［莊周］有時化成蝴蝶在花叢中翻飛，有時又化成大鵬展著遮天蓋日的翅膀，任一些小鳥兒們嘲笑。」也作「遮天映日」。明・無名氏《單刀劈四寇》二折：「你看那後面征塵土雨，遮天映日，不有大軍來了也。」

【遮天蓋地】
形容數量多、勢頭大。《三國演義》八四回：「吳兵見先主奔走，皆要爭功，各引大軍，遮天蓋地，往西追趕。」也作「遮天壓地」。《紅樓夢》二九回：「……車轎人馬，浩浩蕩蕩，一片錦繡香煙，遮天壓地而來。」也作「鋪天蓋地」。

【遮天蓋日】
見「遮天蔽日」。

【遮天映日】
見「遮天蔽日」。

【遮羞布】
比喻用來掩飾缺點錯誤的事物。例揭開他們的遮羞布，讓他們現出原形，也好教育大夥兒。

ㄓㄜˊ

【折臂三公】
三公：輔助君王掌握軍政大權的太師、太傅、太保三個最高官員。後達到這個等級的也叫三公。南朝宋・劉義慶《世說新語・術解》記載，晉朝的羊祜墜馬摔斷胳臂，後來做到三公等級的大官。此後就用「折臂三公」爲大官墜馬的典故。唐・劉禹錫《秘書崔少監墜馬長句因而和之》詩：「上車著作應來問，折臂三公定送方。」

【折臂折肱】
肱：胳膊由肘到肩的部分。指由於傷的次數很多，自己也成了良醫。《左傳・定公十三年》：「三折肱，知爲良醫。」戰國楚・屈原《楚辭・卜居》：「九折臂而成醫兮，吾今而知其信然。」後以「折臂折肱」比喻閱歷深，經驗多。

【折脖子】
比喻認輸。例別看他年紀小，和成人比賽起來，卻從不肯折脖子，總想超過別人。

【折長補短】
折：折斷；補足。折斷長的部分來接補短的。比喻以有餘補不足。宋・蘇軾《論綱梢欠折利害狀》：「凡三年間，共收糧綱稅錢四千七百餘貫，折長補短，每歲不過收錢一千六百貫耳。」也作「絕長補短」、「截長補短」、「絕長繼短」。

【折衝口舌之間】
折衝：擊退敵軍，借指外交談判；口舌：言語。在言談話語間擊退敵人。形容以言辭使對手折服。宋・蘇洵《送石昌言使北引》：「丈夫生不爲將，得爲吏，折衝口舌之間足矣。」

【折衝千里】
折衝：擊敗敵軍。在千里之外制敵取勝。指以智謀戰勝遠方的敵人。《後漢書・賈復傳》：「光武曰：『賈督有折衝千里之威，方任以職，勿得擅除。』」也作「折衝萬里」。清・方苞《請矯除積習興起人才札子》：「兵部之實，在輯將校之驕氣，以綏靖兵民；消禍變於無形，以折衝萬里。」

【折衝厭難】
厭：抑，壓。折退敵人的戰車，抑制困難。指抵禦敵人，克服困難，取得勝利。《漢書・辛慶忌傳》：「故賢人立朝，折衝厭難，勝於亡形。」也作「厭難折衝」。

【折衝禦侮】
擊敗敵人，抵抗外侮。宋・胡銓《上亮宗封事》：「有如虜騎長驅，尚能折衝禦侮邪。」也作「禦侮折衝」。

【折衝之臣】
勇於禦敵之臣。北齊・顏之推《顏氏家訓・慕賢》：「齊朝折衝之臣，無罪被誅，將士解體，周人始有吞齊之志。」

【折衝尊俎】
尊：同「樽」，古代盛酒的器具；俎：古代祭祀、設宴時盛肉的器物。①在宴會上採取對策，制勝對方。晉・張協《雜詩十首》之七：「何必操干戈，堂上有奇兵，折衝尊俎間，制勝在兩楹。」②泛指外交談判。魯迅《准風月談・外國也有》：「不過我還希望他們在外國買有地皮，在外國銀行裏另有存款，那麼，我們和外人折衝尊俎的時候，就更加振振有辭了。」也作「樽俎折衝」。

【折鼎覆餗】
見「折足覆餗」。

【折斷一支荷，爛掉一窩藕】
比喻部分受損，整體也就要受到損害。例俗話說：「折斷一支荷，爛掉一窩藕。」你一個人違反紀律，會給整個工作造成極大的損失。

【折槁振落】
槁：乾枯；落：落葉。折枯枝，吹落葉。比喻不費力。《淮南子・人間訓》：「於是陳勝起於大澤，奮臂大呼，天下席捲而至於戲，劉項興義兵隨而定，若折槁振落。」

【折桂攀蟾】
折月中桂花樹，攀月中的蟾宮。舊時比喻科舉應試考中。元・無名氏《三化邯鄲》二折：「折桂攀蟾姓字標，入省登台意氣豪。」也作「攀蟾折桂」、「蟾宮折桂」。

【折戟沉沙】
戟：古代的一種長柄兵器。折斷了的戟被沙埋沒。比喻激烈爭戰的歷史遺蹟，形容遭受慘重的失敗。唐・杜牧《赤壁》詩：「折戟沉沙鐵未銷，自將磨洗認前朝。東風不與周郎便，銅雀春深鎖二喬。」也作「戟折沙沉」。

【折箭爲誓】
把箭折斷以示決心。指誓言既出，絕不反悔。宋・岳珂《桯史・十四・二將失律》：「虜既得[田]俊邁，折箭爲誓，啟門以出二將。」

【折角巾】
見「折巾角」。

【折角之口】
見「折五鹿角」。

【折節待士】
折節：屈己；士：賢士。屈己待人。形容尊重有見識有能力的賢士。《周書・邵廣傳》：「廣獨率由禮則，又折節待士，朝野以是稱焉。」也作「折節禮士」。《明史・張居正傳》：「時徐階以宿老居首輔，與李春芳皆折節禮士。」

【折節讀書】
折節：改變自己的志趣和行爲。比喻改變舊習，發憤讀書。清・紀昀《閱微草堂筆記・如是我聞二》：「一故家子，以奢縱櫻法網，出獄後，折節讀書，官終戶部額外主事。」

【折節禮士】
見「折節待士」。

【折節爲儉】
儉：同「斂」。屈己下人，收斂自己。指轉變行爲。《史記・游俠列傳》：「及解年長，更折節爲儉，以德報怨，厚施而薄望。」

【折節下臣】
見「折節下賢人」。

【折節下謀士】
見「折節下賢人」。

【折節下士】
見「折節下賢人」。

【折節下賢人】
折節：降低身分，屈己待人。尊重賢德人士。《史記・越王句踐世家》：「[句踐]身自耕作，夫人自織，食不加肉，衣不重采，折節下賢人，厚遇賓客。」也作「折節下謀士」。唐・儲光羲《貽鼓吹李丞》：「折節下謀士，深心論客卿。」也作「折節下士」。《三國志・魏書・袁紹傳》：「能折節下士，士多附之。」也作「折節下臣」。《戰國策・秦策》：「王折節以下其臣，推體以下死士。」

【折節向學】
改變志向，走治學之路。《三國演義》三六回：「程昱笑曰：『……乃更姓名而逃，折節向學，遍訪名師，嘗與司馬徽談論……此人乃潁川徐庶，字元直。』」

【折巾角】
巾：頭巾。《後漢書・郭太傳》：「身長八尺，容貌魁偉，褒衣博帶，周遊郡國。嘗於陳梁間行遇雨，巾一角墊〈下折〉，時人乃故折巾一角，以爲『林宗巾』。其見慕皆如此。」原指戴巾淋雨之態。後指文士名重一時，令人欽羨，或指風流倜儻之士。《晉書・戴逵傳》：「美西施而學其顰眉，慕有道而折其巾角。」也作「折角巾」。唐・盧照鄰《咏史四首》詩：「沖情甄負甑，重價折角巾。」

【折柳攀花】
折服柳條，攀附花枝。舊指男子狎妓等放蕩行爲。元・周德清《蟾宮曲・別友》曲：「茶也無多，醋也無多，七件事尚且艱難，怎生教我折柳攀花？」

【折首不悔】

砍掉腦袋也不後悔。形容意志堅定，性格剛强。宋・李覯《袁州學記》：「草茅危言者，折首而不悔。」

【折五鹿角】

折：折斷，指挫敗；角：犄角，指鋒芒。能折斷五鹿犄角。形容口才鋒利，能把當代著名辯論家駁倒。《漢書・朱雲傳》：「是時，少府五鹿充宗貴幸……[元帝]欲考其異同，令充宗與諸《易》家論。充宗乘貴辯口，諸儒莫能與抗，皆稱疾不敢會。有薦雲者，召入……既論難，連拄五鹿君，故諸儒爲之語曰：『五鹿岳岳，朱雲折其角。』」南朝梁・王泰《答釋法雲書難范縝〈神滅論〉》：「斯人徑庭，不近人情，直以下才，未能折五鹿之角耳。」也作「**折角之口**」。宋・周邦彥《汴都賦》：「國家之盛，烏可究悉，雖有注河之辯，折角之口，終日危坐，抵掌而譚，猶不能既其萬一。」

【折脅絕脰】

脅：肋骨；脰：ㄉㄡˋ，脖子。肋骨折，頭頸斷。形容死者慘狀。唐・高適《奉和鶻賦》：「奔走者折脅而絕脰；鳴噪者血灑而毛分。」

【折脅折齒】

折斷肋骨，折斷牙齒。形容對人的嚴重摧殘。《史記・范雎蔡澤傳》：「使舍人笞擊雎，折脅折齒。」

【折腰升斗】

見「折腰五斗」。

【折腰五斗】

折腰：彎腰；五斗：五斗米，指官俸。南朝梁・蕭統《陶淵明傳》：「歲終，會郡遣督郵至，縣吏請曰：『應束帶見之。』淵明嘆曰：『我豈能爲五斗米，折腰向鄉里小兒！』即日解綬去職。」指爲謀求生計忍受屈辱。宋・辛棄疾《鵲橋仙・席上和趙晋臣敷文》詞：「嘆折腰五斗賦歸來，問走了，羊腸幾遍？」。也作「**折腰升斗**」。宋・楊澤民《六幺令・壬寅四月扶病外邑催租寄內》詞：「折腰升斗，辜負當年舊枳菊。」也作「**五斗折腰**」、「**五斗低腰**」。

【折足覆餗】

足：鼎腳；餗：ㄙㄨˋ，盛在鼎中的食物。折斷了鼎足，鼎裏的食物翻了出來。比喻力不勝任，以致壞事。《後漢書・謝弼傳》：「今之四公，唯司徒劉寵斷斷守善，餘皆素餐致寇之人，必有折足覆餗之凶。」也作「**折鼎覆餗**」。《梁書・武帝紀》：「[江]祏祛而無斷，[劉]暄弱而不才，折鼎覆餗，翹足可待。」

【折足之凶】

折足：指鼎足折斷。形容在官位時有凶險。《漢書・敍傳》：「遇折足之凶，伏斧鉞之誅。」

【折足之憂】

折足：鼎足折斷。形容對國事的憂慮。漢・桓譚《新論・均任》：「德小而任大，謂之濫也；德大任小，謂之降也；而其失也，寧降無濫，故無負山之粟，折足之憂。」

【折本買賣】

謂賠本生意。泛指吃虧的事。元・馬致遠《青衫淚》一折：「稍似間有些錢，抵死裏無多債，權做這場折本買賣。」

【折長補短】

指以己之長補己之短。《韓非子・初見秦》：「今秦地折長補短，方數千里。」

【哲人其萎】

哲人：明達而有才智的人；萎：草木枯槁。古時多用在悼詞、碑文中。漢・崔瑗《河間張平子碑》：「哲人其萎，罔不時恫。」指優秀人物死去。

ㄓㄜˇ

【者字旁邊安隻眼——有目共睹】

「者」字加「目」字爲「睹」。形容非常明顯。例他對工作忠心耿耿，是者字旁邊安隻眼——有目共睹的。

【赭繖犢車】

赭：紅褐色；繖：ㄙㄢˇ，同「傘」，此指車蓋。唐、宋時貴婦所乘的車蓋爲赤色的牛車。《宋史・蘇軾傳》：「是歲哲宗親祀南郊，軾爲鹵簿，使導駕，入太廟，有赭繖犢車，並青蓋犢車十餘爭道，不避儀仗。」

【赭衣半道】

見「赭衣塞路」。

【赭衣滿道】

見「赭衣塞路」。

【赭衣塞路】

赭衣：古代罪犯穿的紅褐色囚衣，指囚犯。囚犯堵塞了道路。形容囚犯極多。唐・白居易《止獄措刑》：「力殫財竭，盡爲寇賊，羣盜滿山，赭衣塞路。」也作「**赭衣滿道**」。《隋書・酷吏傳序》：「昔秦任獄吏，赭衣滿道。」也作「**赭衣半道**」。《漢書・食貨志》：「重以貪暴之吏，刑戮妄加，民愁亡聊，亡逃山林，轉爲盜賊，赭衣半道，斷獄歲以千萬數。」

ㄓㄜˋ

【這邊不著那邊著】

比喻幾種打算，總有一種成功。例你別急，這邊不著那邊著，總會有工作做的。

【這個耳朵進來，那個耳朵出去】

形容別人的話根本聽不進去。例跟你說了半天，你怎麼不吭一聲？是不是這個耳朵進來，那個耳朵出去了。也作「**左耳進，右耳出**」。

【這山望著那山高】

總覺得別的地方更好。比喻不安心工

作。例他這個人，總是「這山望著那山高」，幾年工夫就換了四、五個單位，現在又在聯繫調動了。也作「這山看著那山高」。

ㄓㄞ

【齋公吃羊肉——開洋（羊）葷】
齋公：泛指齋戒或在齋期內不食腥葷的人；洋：「羊」的諧音。比喻享受從未享受過的新東西。例你們住上了高級大廈，眞算是齋公吃羊肉——開洋（羊）葷啦。

【齋公丟了肉——不好聲張】
比喻不便宣揚。例他被騙去的錢來路不明，齋公丟了肉——不好聲張，連報案也不敢。也作「齋公失掉一塊臘肉——不好作聲」。

【齋居蔬食】
齋：屋舍。形容生活儉樸。《元史·劉秉忠傳》：「秉忠自幼好學，至老不衰，雖位極人臣，而齋居蔬食，終日淡然，不異平昔。」

【齋心滌慮】
齋：吃素。淸心寡欲，淸除一切雜念。宋·葉適《辯兵部郎官朱元晦狀》：「方齋心滌慮，以俟陛下反覆詰難，庶幾竭盡愚衷。」

【摘膽剜心】
用刀摘膽挖心。比喻極度的痛苦與悲哀。元·無名氏《小張屠》三折：「再休放來生債，啼哭的摘膽剜心，傷情無奈」。

【摘句尋章】
見「尋章摘句」。

【摘了奶，忘了娘】
比喻忘恩負義。例你這不是「摘了奶，忘了娘」嗎？一分到家產，就不理睬父母了！

【摘帽子】
比喻取消、解除罪名或壞名義。例開過摘帽子大會，被摘掉帽子的人，個個都如釋重負。

【摘桃子】
比喻竊取他人的勞動成果。例「摘桃子」可不光彩。明明是別人幹的，爲什麼算你的功勞？

【摘艷熏香】
摘：選取；艷：華美的文詞；熏：熏陶；香：稱美之詞。形容文章的辭藻華麗。唐·杜牧《冬至日寄小侄阿宜》詩：「高摘屈、宋艷，濃熏班、馬香。」淸·王韜生《海陬冶遊錄序》：「簇錦繡於良時，賞心樂事；悟文章於大塊，摘艷熏香。」也作「熏香摘艷」。

ㄓㄞˊ

【宅心忠厚】
宅心：居心。爲人仁愛而寬厚。宋·陸游《上趙參政啟》：「此蓋伏遇某官造德精微，宅心忠厚。」

【宅中圖大】
宅：住所，指占據的地盤；圖：企圖。指占據有利地勢，居中控制，以圖擴大地盤。漢·張衡《東京賦》：「彼偏據而規小，豈如宅中而圖大。」《舊唐書·祀五方上帝於五郊樂章》：「渺渺方輿，蒼蒼圓蓋；至哉樞紐，宅中圖大。」

【翟公冷落】
《史記·汲鄭列傳》載：翟公做廷尉官時賓客盈門，失官後門前冷落，可以張網捕雀。指世俗之人以做官和不做官作爲結交的標準，對人的態度前後迥然不同。宋·陸游《書感》詩：「翟公冷落客散去，蕭尹譴死人所憐。」

ㄓㄞˇ

【窄門窄戶】
窄小的門戶。比喻小戶人家。《金瓶梅詞話》六九回：「若是小媳婦那裏，窄門窄戶，敢招惹這個事！」

ㄓㄞˋ

【債避無台】
戰國時周赧王負債很多，無法歸還，被債主逼迫躲在台上。形容欠債很多，無處藏身。《漢書·諸侯王表序》：「分爲二周，有逃責（債）之台。」淸·趙翼《時齋付憲子枉道過存話舊》詩：「賞延任子欣傳笏，債避無台出打包。」也作「債台高築」。例他用人不當，經營不善，現在工廠是債避無台。也作「築避債台」。

【債多不愁】
欠債太多了，還也還不淸，也就麻木不仁，不急不愁了。《二十年目睹之怪現狀》二七回：「連年混戰，苛捐雜稅多如牛毛，百姓食不果腹，衣不蔽體，只能過一天算一天了。正所謂債多不愁。」也作「債多不愁，虱多不癢」。

【債台高築】
見「債避無台」。

ㄓㄠ

【招兵買馬】
招募兵士，購買馬匹。指組織武裝，擴大力量。《說唐》二〇回：「二位兄弟，可守本寨，招兵買馬，積草屯糧。」也作「招軍買馬」。元·無名氏《白兔記》：「朝廷有旨，著俺招軍買馬，積草聚糧。正是君王有難思良將，人到中年憶子孫。」

【招財進寶】
舊時指招引財氣，送上寶貝，以至發財致富。元·劉唐卿《降桑椹》二折：「招財進寶臻佳瑞，合家無慮保安存」。

【招非攬禍】
見「招災攬禍」。

【招風攬火】
比喻招惹是非。《古今小說》卷一：

「地方輕薄子弟不少，你又生得美貌，莫在門前窺看，招風攬火。」也作「**招風惹草**」。《紅樓夢》三四回：「你只會怨我顧前不顧後，你怎麼不怨寶玉外頭招風惹草的呢？」也作「**招風惹雨**」。《醒世姻緣傳》四二回：「這監生不惟遮不得風，避不得雨，且還要招風惹雨。」

【招風惹草】
見「招風攬火」。

【招風惹雨】
見「招風攬火」。

【招風之駿】
見「追風之駿」。

【招花惹草】
同：「惹草拈花」。指男子挑逗、勾引女子。《金瓶梅詞話》二回：「那一雙積年招花惹草、慣細風情的賊眼，不離這婦人身上。」

【招魂揚幡】
見「揚幡招魂」。

【招架不住】
招架：抵擋。沒有能力再堅持下去。例小李那種咄咄逼人的態度，任誰都招架不住。

【招軍買馬】
見「招兵買馬」。

【招門納婿】
把女婿招進家門，以頂門立戶。老舍《駱駝祥子》四：「劉老頭大概是看上了祥子，而想給虎妞弄個招門納婿的『小人』。」

【招親招來豬八戒——自尋難看】
《西遊記》故事：高家莊高員外之女被搶親途中，遇豬八戒搭救。高員外一方面看中豬八戒憨厚能幹，一方面爲了回報搭救之恩，便招豬八戒爲婿。見「痲婆照鏡子——自尋難看」。

【招權籠賄】
見「招權納賄」。

【招權納賄】
招權：攬權，弄權；納賄：接受賄賂。竊取權勢，接受賄賂。宋闕名《宋季三朝政要》卷一：「巨璫董宋臣迎逢上意，起梅堂芙蓉閣，豪奪民田，引倡優入宮，招權納賄，無所不至。」也作「**招權籠賄**」。清・方苞《請矯除積習興起人才札子》：「聖祖仁皇帝時，亦有以招權籠賄，家累巨萬者。」也作「**招權納賂**」。《漢書・朴不花傳》：「不花驕恣無上，招權納賂，奔竟之徒，皆出其門，駸駸有趙高、張讓、田令孜之風。」也作「**招權納賕**」。《明史・石亨傳》：「亨招權納賕，肆行無忌。」

【招權納賂】
見「招權納賄」。

【招權納賕】
見「招權納賄」。

【招惹虱子頭上撓】
比喻自找痲煩。例我跟你說了幾次，這人不能用，你偏要招惹虱子頭上撓。這回出了痲煩，你自己去解決吧！

【招是攪非】
見「招是惹非」。

【招是惹非】
招引是非，挑起事端。《京本通俗小說・志誠張主管》：「你許多時不行這條路，如今去端門看燈，從張員外門前經過，又是招是惹非。」也作「**招是攪非**」。《說岳全傳》一一回：「你又在此招是攬非了。」

【招亡納叛】
見「招降納叛」。

【招賢進能】
招聘賢才，薦進能士。漢・司馬遷《報任安書》：「次之，又不能拾遺補缺，招賢進能，顯岩穴之士。」

【招賢禮士】
《戰國策・燕策一》：「燕昭王即位，卑身厚幣以招賢者。」指招收有才能的人，以禮相待。宋・陳亮《酌古論・曹公》：「光輔漢帝，招賢禮士，修明庶政，以宰天下。」也作「**招賢下士**」。《東周列國志》八九回：「於是宣王招賢下士，疏遠嬖佞……齊國大治。」也作「**招賢納士**」。《三國演義》五七回：「聞皇叔招賢納士，特來相投。」

【招賢納士】
見「招賢禮士」。

【招賢下士】
見「招賢禮士」。

【招降納附】
見「招降納叛」。

【招降納叛】
原指招收接納敵方投降、叛變過來的人，以擴充自己的勢力。今泛指收羅壞人，結黨營私。曾異撰《與卓珂月》：「輒欲奏記自通，已又念近日時刻中諸君子，所記載交籍，不啻招降納叛，而世之附名其中者，雖不盡弭耳乞盟，然意已近之。」也作「**招降納附**」。《元史・來阿八赤傳》：「今出兵分定其地，招降納附，勿縱士卒侵掠。」也作「**招亡納叛**」。宋・俞德鄰《佩韋齋輯聞》：「漢高祖經營之初，招亡納叛。」也作「**招降納款**」。宋・何坦《西疇老人常言・明道》：「豈非招降納款，開之以自新乎！」也作「**招降納順**」。《三國演義》二回：「昔高祖得天下，蓋爲能招降納順，公何拒韓忠耶？」

【招降納順】
見「招降納叛」。

【招搖過市】
招搖：故意張揚炫耀。大搖大擺地在鬧市走過。比喻故意在衆人面前炫耀，引起別人的注意。明・許自昌《水滸記・邂逅》：「像你這樣的容貌，定有倚玉之蒹葭；你若肯行姦賣俏，何必獻笑倚門；你不惜目挑心昭，無俟招搖過市。」

【招搖撞騙】
撞騙：伺機詐騙。假借各種名義，到處炫耀張揚，進行欺詐、矇騙。《紅樓夢》一〇六回：「賈政聽了，便說道：『我這是對天可表的，從不敢起這個念頭。只是奴才們在外頭招搖撞騙，鬧出事來，我就耽不起。』」

【招災攬禍】

攬：招，引。招來災難，引起禍事。《好逑傳》一回：「只是他的對頭厲害，誰敢多嘴，管這閒事，去招災攬禍？」也作「招災惹禍」。《醒世恆言》卷六：「勸列位須學楊寶這等好善行仁，莫效那少年招災惹禍。」也作「招非攬禍」。《古今小說》卷三九：「爲此恩變爲仇，招非攬禍，往往有之。」也作「惹災招禍」、「惹禍招災」。

【招災惹禍】

見「招災攬禍」。

【招之不來，麾之不去】

麾：同「揮」。招也不來，揮也不去。形容不輕易聽命於人。《史記·汲黯傳》：「使黯任職居官，無以踰人，然至其輔少主，守城深堅，招之不來，麾之不去，雖自謂賁育亦不能奪之矣。」

【招之即來，揮之即去】

一招喚就來，一揮手就去。形容任意使用人或指揮如意。例你別以爲我可以被你招之即來，揮之即去，事實上，我只是不想和你起爭執。

【昭然可見】

昭然：明白的樣子。明明白白，可以看到。《漢書·劉向傳》：「明暗之效，葬之吉凶，昭然可見矣。」

【昭然若揭】

昭然：明白的樣子；揭：高舉。《莊子·達生》：「今汝飾知以驚愚，修身以明汙，昭昭乎若揭日月而行也。」後以「昭然若揭」形容眞相全部暴露，情況明顯。孫中山《心理建設》五章：「曠觀中國有史以來，文明發達之跡，其事昭然若揭也。」

【昭然著聞】

著：明顯，顯露。形容事情顯露，人人知道。《後漢書·光武帝紀》：「今上無天子，海內淆亂，符瑞之應，昭然著聞，宜答天神，以塞羣望。」

【昭如日星】

像太陽和星辰那樣明白、清楚。形容不平凡的事蹟記在史冊，人所共見。宋·歐陽修《祭石曼卿文》：「此自古聖賢，莫不皆然，而著在簡册者，昭如日星。」

【昭昭在目】

昭昭：明白。明明白白地擺在眼前。形容有目共睹。唐·裴度《寄李翺書》：「賈誼之文，化成之文也，鋪陳帝王之道，昭昭在目。」

【昭昭之宇】

昭昭：明亮；宇：宇宙。形容光明的世界。《淮南子·精神訓》：「甘瞑於太宵之宅，而覺視於昭昭之宇。」

【朝不及夕】

見「朝不慮夕」。

【朝不慮夕】

早晨不知道晚上怎麼樣。形容處境危急，情況難以預料。晉·李密《陳情表》：「劉（李密之祖母）日薄西山，氣息奄奄，人命危淺，朝不慮夕，」也作「朝不謀夕」。《左傳·昭公元年》：「吾儕偸食，朝不謀夕。」也作「朝不圖夕」。唐·柳宗元《上廣州趙宗儒尚書陳情啟》：「某天罰深重，餘息苟存，沉竄俟罪，朝不圖夕，伏謁無路」。也作「朝不及夕」。《左傳·襄公十六年》：「敝邑之急，朝不及夕。引領西望，曰：『庶幾乎？』」也作「朝不保夕」、「朝不保暮」。

【朝不謀夕】

見「朝不慮夕」。

【朝不圖夕】

見「朝不慮夕」。

【朝參暮禮】

早晚參拜行禮。形容虔誠。明·無名氏《洞玄昇仙》一折：「想咱人從幼年間出家，朝參暮禮，求慕至道，須有個成道的日子也。」

【朝趁暮食】

趁：追逐。白天掙到錢，晚上才有飯吃。形容窮苦。《醒世恆言》卷二七：「第三等，乃朝趁暮食，肩擔之家。」

【朝成暮遍】

早上完成，晚上就傳遍四方。形容文章傳誦很快，影響很廣。《南史·劉孝綽傳》：「辭藻爲後進所宗，每作一篇，朝成暮遍，好事咸傳誦，寫流聞河朔。」

【朝成暮毀】

早上建成，晚上毀掉。指無計畫興工，嚴重浪費。《宋書·少帝紀》：「穿池築觀，朝成暮毀，徵發工匠，疲極兆民。」

【朝出夕改】

見「朝令夕改」。

【朝楚暮秦】

見「朝秦暮楚」。

【朝穿暮塞】

早晨穿通，晚上堵塞。比喻頻繁地興建房屋。《南齊書·東昏侯紀》：「與築繕造日夜不窮，晨構夕毀，朝穿暮塞，絡以隨珠，方斯已陋，飾以璧璫，曾何足道。」

【朝打暮罵】

朝：早晨；暮：晚上。早晨打，晚上罵。形容遭受歧視和虐待。《紅樓夢》一九回：「如今幸而賣到這個地方，吃穿和主子一樣，又不朝打暮罵。」

【朝東暮西】

早晨在東，晚上在西，形容行蹤無定。明·徐霖《繡襦記·聞言增悲》：「如今他在那裏，朝東暮西，那有蹤跡。」也比喻感情不專一。《羣音類選〈玉環記·王簫春怨〉》：「花香蕊嫩風流賞，月落秋殘玩客稀。調琴弄管，持觴舉杯，吟風咏月，朝東暮西，怎能勾眞誠君子獻明珠。」也作「朝西暮東」。

【朝督暮責】

督：監督；責：負責。早晨開始監督，至夜暮督責不懈。比喻監督整治嚴謹勤奮。唐·李衛公《問對》上：

「雖朝督暮責，無益於事矣。」

【朝發暮至】

見「朝發夕至」。

【朝發夕至】

早晨出發晚上到達。形容路程不遠，旅行順利或交通方便，戰國楚・屈原《離騷》：「朝發軔於蒼梧兮，夕余至乎縣圃。」也作「**朝發暮至**」。宋・王讜《唐語林・言語》：「今所幸宮，去京三百餘里，鑾輿動軔，俄經旬日，非可朝發暮至。」

【朝歌鼓刀】

見「朝歌屠叟」。

【朝歌暮舞】

見「朝歌暮弦」。

【朝歌暮弦】

弦：指弦樂器。早晨唱歌，夜晚演奏樂器。形容沉醉於歌舞中。宋・周密《武林舊事》卷六：「羣花所聚之地……莫不靚妝迎門，爭妍賣笑，朝歌暮弦，搖蕩心目。」又作「**朝歌暮舞**」。清，錢泳《履園叢話・閱古・元石磴》：「回想當年全盛日，朝歌暮舞常經過。」也作「**朝歌夜弦**」。唐・杜牧《阿房宮賦》：「朝歌夜弦為秦宮人。」

【朝歌暮宴】

朝：早晨；暮：晚上。從早到晚不是歌舞就是宴飲。形容日夜沉醉於享樂之中。元・白樸《梧桐雨》楔子：「寡人自從太真入宮，朝歌暮宴，無有虛日。」

【朝歌屠叟】

朝歌：古都邑名，在今河南淇縣，商代帝乙、帝辛（紂）的別都；叟：古代對老人的稱呼。指姜子牙未遇時在朝歌殺牛為生。謂賢德之士尚未被賞識、任用。《尉繚子・武儀》：「太公望（姜子牙）年七十，屠牛朝歌，賣食盟津……及遇文王，則提三萬之衆，一戰而天下定。」唐・李白《梁甫吟》詩：「君不見朝歌屠叟辭棘津，八十西來釣渭濱。」也作「**朝歌鼓刀**」。唐・李白《鞠歌行》詩：「朝歌鼓刀叟，虎變磻溪中。一舉釣六合，遂荒營邱東。」

【朝歌夜弦】

見「朝歌暮弦」。

【朝更夕改】

見「朝令夕改」。

【朝耕暮耘】

耕：翻土播種；耘：除草。早上耕種，晚上除草。形容從事農業勞作非常勤奮。元・陶宗儀《輟耕錄・檢田吏》：「延祐七年三月，初賣衣買得犁與鋤，朝耕暮耘受辛苦，要還私債輸官租。」

【朝過夕改】

過：過失；改：改正。早晨的過錯，晚上就改正了。形容改正錯誤很快。《漢書・翟方進傳》：「上書謝罪，乞骸骨，上報曰：『方定侯長，已伏其辜，君雖交通，傳不云乎，朝過夕改，君子與之，君何疑焉？』」也作「**朝聞夕改**」。《晋書・周處傳》：「古人貴朝聞夕改。」

【朝華夕秀】

華：花；秀：草花，這裏泛指花。早晚新開放的花。比喻有新意的文章。晋・陸機《文賦》：「謝朝華於已披，啟夕秀於未振。」唐・張銑注：「朝華已披，謂古人已用之意，謝而去之；夕秀未振，謂古人未述之旨，開而用之。也作「**朝花夕秀**」。

【朝歡暮樂】

朝：早晨；暮：晚上。日日夜夜沉醉於尋歡作樂之中。清・洪昇《長生殿・彈詞》：「哎，只可惜當日天子寵愛了貴妃，朝歡暮樂，致使漁陽兵起。說起來令人痛心也！」。

【朝齏暮鹽】

齏：碎碎的醃菜或醬菜。早晨用鹹菜，晚上蘸鹽下飯。形容生活清苦，飲食菲薄。宋・葛立中《韻語陽秋》卷二〇：「文康公築室泛金溪上，闔門千指，朝齏暮鹽，未嘗敢以貧為病。」也作「**朝鹽暮齏**」。清・龔煒《巢林筆談・六・姊病故》：「姊一生朝鹽暮齏，曾未分夫婿祿仕之榮，竟以痢虛莫補，隕其身命，尤痛恨也。」

【朝經暮史】

從早到晚誦讀經史。形容勤奮讀書。元・無名氏《劉弘嫁婢》三折：「敢則是朝經暮史……他可便廣覽羣書，多知故事。」也作「**暮史朝經**」。

【朝兢夕惕】

見「朝乾夕惕」。

【朝開暮落】

早晨開花，傍晚落花。比喻好景不常在。唐・杜荀鶴《題花木障》詩：「由來畫看勝栽看，不見朝開暮落時。」

【朝來暮去】

傍晚黃昏過去，清晨來臨。指時光流逝。元・馬致遠《青衫淚》楔子：「妾身裴興奴，自從與白侍郎相伴，朝來暮去，又早半年光景。」

【朝梁暮陳】

見「朝梁暮晋」。

【朝梁暮晋】

梁、晋：指五代（後梁、後唐、後晋、後漢、後周）時的兩個朝代。這五個朝代彼此更迭較快，存在的時間不長。比喻世道紛亂朝代不斷更迭。《舊五代史・王彥章傳》：「晋王素聞其勇悍，欲全活之，令中使慰撫，以誘其意。彥章曰：『……令日兵敗力窮，死有常分，皇帝縱垂矜宥，何面目見人！豈有為臣為將，朝事梁而暮事晋乎！得死幸矣。』」元・劉因《靜修梁・馮道》：「亡國降臣固位難，痴頑老子幾朝官？朝梁暮晋渾閒事，更捨殘骸與契丹。」也作「**朝梁暮陳**」。明・楊慎《蕭子顯〈春別〉》：「『……昨別下淚而送歸，今已紅妝而迎新。』娼樓之本色也。六朝君臣，朝梁暮陳，何異於此？」

【朝令暮改】

見「朝令夕改」。

【朝令夕改】
早晨發布的命令，晚上就更改了。形容政令或言行時常更改，使人無所適從。宋·范祖禹《唐鑑·穆宗》：「凡用兵舉動，皆自禁中授以方略；朝令夕改，不知所從。」也作「**朝令暮改**」。漢·鼂錯《論貴粟疏》：「急政暴虐，賦斂不時，朝令而暮改。」也作「**朝更夕改**」。《隋唐演義》九回：「適來又在王伯當面前，說休做人好，怎麼朝更夕改，又說他不好？」也作「**朝行夕改**」。《晋書·趙王倫傳》：「倫之詔令，秀輒改革，有所與奪。自書青紙爲詔，或朝行夕改者數四，百官轉易如流矣。」也作「**朝出夕改**」。《周書·權景宣傳》：「而景宣以任遇隆重，遂驕傲恣縱，多自矜伐，兼納賄貨，指麾節度，朝出夕改。將士憤怒，莫肯用命。」

【朝令夜遁】
朝：早晨；令：發號施令；遁：退。早上在朝發號施令，夜晚卻隱退。形容功成身退，爲官短暫。《莊子·田子方》：「北面而問曰：『政可以及天下乎？』臧丈人昧然而不應，泛然而辭。朝令而夜遁，終身無聞。」

【朝培夕溉】
溉：澆灌。早培植，晚灌溉。元·任士林《吉祥草賦》：「朝培夕溉，十有五期，春風秋露，十日以披滋。」現多用以形容精心培育人才。例賢師嘔心瀝血，朝培夕溉，使我終成國家有用之材。

【朝氣蓬勃】
比喻人充滿青春活力，勇於向上的精神。例祖國的希望，正寄託在這些朝氣蓬勃、具有探索精神的一代新人身上。

【朝乾夕惕】
乾：ㄑㄧㄢˊ，乾乾，自強不息；惕：小心謹慎。形容從早晨到傍晚精神振作不敢懈怠。舊時多用以稱頌帝王或大臣。《紅樓夢》一八回：「惟朝乾夕惕，忠於厥職。」也作「**朝兢夕惕**」。兢：小心，謹慎。姚雪垠《李自成》三卷五〇章：「臣民盡知皇上是堯舜之君，憂國憂民，朝兢夕惕。」也作「**夕惕朝乾**」。

【朝秦暮楚】
秦、楚：戰國時對立的兩大强國。①早晨事秦，晚上投楚。比喻反覆無常。也作「**朝楚暮秦**」。宋·鼂補之《雞肋集·續楚辭序》：「與夫去君事君，朝楚而暮秦，行若犬彘者比，謂[屈]原雖與日月爭光可也。」②形容漂泊不定。宋·鼂補之《北渚亭賦》：「托生理於四方，固朝秦而暮楚。」也作「**朝吳暮楚**」。宋·吳惟信《送伯氏秋潭謀居》詩：「朝吳暮楚幾時休，未必江湖有白鷗。萬事莫如歸去好，一椽當爲老來謀。」也作「**暮楚朝秦**」。

【朝榮暮落】
早晨開花，晚上凋落。比喻人生短促，榮辱無常。五代·王定保《唐摭言，怨怒》：「朝榮暮落，始富終貧，范卷簀而後榮，鄧賜錢而餓死。」也作「**朝榮夕悴**」。《魏書·韓顯宗傳》：「然官位非常，有朝榮而夕悴。」也作「**朝榮夕滅**」。《晋書·王沈傳》：「朝榮夕滅，旦飛暮沉。」也作「**朝榮夕斃**」。晋·潘岳《朝菌賦》：「奈何兮繁華，朝榮兮夕斃。」也作「**朝榮夕死**」。

【朝榮夕斃】
見「朝榮暮落」。

【朝榮夕悴】
見「朝榮暮落」。

【朝榮夕滅】
見「朝榮暮落」

【朝三暮四】
早上三個晚上四個。原指善於使用欺騙手段。《莊子·齊物論》：「狙公賦芧，曰：『朝三而暮四。』衆狙皆怒。曰：『然則朝四而暮三。』衆狙皆悅。名實未虧，而喜怒爲用，亦因是也。」後比喻變化不定或反覆無常。魯迅《燈下漫筆》：「而且這規則是不像現在那樣朝三暮四的。」也作「**朝四暮三**」。宋·黃庭堅《再答明略二首》：「使年七十今中半，安能朝四暮三浪憂喜。」也作「**暮四朝三**」。

【朝生暮死】
早上出生，晚上死去。比喻昆蟲或植物生存期短。《淮南子·說林訓》：「鶴壽千歲，以極其游，蜉蝣朝生而暮死，而盡其樂。」也作「**朝生夕死**」。《山海經·海外東經》：「君子國有薰華草，朝生夕死。」後也用以指生命短暫。明·無名氏《騙英布》一折：「他道俺這文和武無一個有功勞，想著俺那朝生暮死生奸狡，似這般春光秋月何時了。」

【朝生夕死】
見「朝生暮死」。

【朝升暮合】
升、合：都是舊時容量單位，十合爲一升。早晨買一升，晚上買一合。形容家境貧窮，只能零零碎碎地買點糧食。《二刻拍案驚奇》卷二八：「若有得一兩二兩贏餘，便也留著些作個根本，而今只好綳綳拽拽，朝升暮合過去，那得贏餘？」

【朝施暮戮】
朝施：白天施刑；暮戮：夜晚殺人。形容刑罰嚴酷。《新唐書·柳澤傳》：「夫驕奢起於親貴，綱紀亂於寵幸。禁之於親貴，則天下從；制之於寵幸，則天下畏。親貴爲而不禁，寵幸撓而不制，故政不常，令不一，則奸詐起而暴亂生焉，雖朝施暮戮，而法不行矣。」

【朝思暮想】
白天黑夜都在想念著。形容思念心切。《警世通言》卷二四：「再說沈洪自從中秋見了玉姐，到如今朝思暮想，廢寢忘餐。」也作「**朝思夕想**」。

【朝思夕計】
早晨思考，晚上謀劃。形容極認眞地

考慮問題。南朝陳・徐陵《在吏部尚書答諸求官人書》：「僕七十三歲，朝思夕計，並願與諸賢爲眞善知識。」

【朝肆暮家】

肆：店舖。早起開店舖，傍晚成住宅。指一幢房屋兩種用途。唐・段成式《劍俠傳》：「朝肆暮家，日贏錢三百。」

【朝四暮三】

見「朝三暮四」。

【朝忘其事，夕失其功】

指工作時如果不全力以赴，就不能獲得成功。例幹什麼工作，都應該盡心盡力，否則就不會有什麼建樹。所以說：「朝忘其事，夕失其功。」

【朝餵貓，夜餵狗】

餵貓應該在早上，如果晚上餵飽了，牠就不去捉耗子了；餵狗應該在晚上，晚上吃飽了才能看家守夜。比喻幹什麼事情，都應該掌握它的規律。例「朝餵貓，夜餵狗」。幹什麼都得熟悉它的規律，不可自行其是。

【朝爲田舍郎，暮登天子堂】

田舍郎：農夫。早上還是一個農民，晚上就考中舉人當了官，登上金鑾殿朝見皇帝。形容人發迹之快。宋・汪洙《神童詩》：「別人懷寶劍，我有筆如刀。朝爲田舍郎，暮登天子堂。將相本無種，男兒當自强。」

【朝聞道，夕死可矣】

聞：聽見，得知；道：道理。早上得知眞理，當晚死去都可以。形容對眞理的追求非常迫切。漢・劉向《新序・雜事一》：「故孔子曰：『朝聞道，夕死可矣。』於以聞後嗣、覺來世，猶愈沒身不寤者也。」也作「朝聞夕死」。南朝宋・劉義慶《世說新語・自新》：「古人貴朝聞夕死，況君前途尚可，且人患志之不立，亦何憂令名不彰耶？」也作「朝聞夕沒」。三國魏・曹植《王仲宣誄並序》：「朝聞夕沒，先民所思。何用誄德？表之素旗。」

【朝聞夕改】

見「朝過夕改」。

【朝聞夕沒】

見「朝聞道，夕死可矣」。

【朝聞夕死】

見「朝聞道，夕死可矣」。

【朝吳暮楚】

見「朝秦暮楚」。

【朝夕不倦】

從早到晚・不知疲倦。形容專心而勤奮。《左傳・昭公三年》：「寡人願事君，朝夕不倦。」

【朝夕共處】

共處：一起居住交往。從早到晚都在一起。形容關係密切。郭沫若《蔡文姬》四幕：「自從文姬夫人離開匈奴龍城，我們是朝夕共處的。」

【朝新暮敝】

敝：破。早晨穿新衣，傍晚即破。形容城市車水馬龍，擁擠不堪。漢・桓譚《新論》：「楚之郢都，車轂擊，民肩摩，市路相排突，號爲朝衣新而暮衣敝。」

【朝行夕改】

見「朝令夕改」。

【朝鹽暮齏】

見「朝齏暮鹽」。

【朝一句，晚一句】

從早到晚絮絮叨叨的沒有個完。例現在問題已攤開了，看我朝一句，晚一句地跟他磨，就不信說服不了他。

【朝夷暮跖】

夷：伯夷；跖：盜跖。早上是像伯夷一樣的人，晚上就成了像盜跖一樣的人。指人品變化極大。舊時多指好人一下子變成了壞人。宋・陳亮《與應仲實》：「仁於我何常之有！朝可夷而暮可跖也；不仁於我亦何常之有！朝可跖而暮可夷也。」

【朝蠅暮蚊】

早晨被蒼蠅叮，晚上挨蚊子咬。比喻豺狠當道，壞人橫行。唐・韓愈《雜詩》：「朝蠅不須驅，暮蚊不可怕。」

【朝盈夕虛】

早晨充實，晚上變得空虛。形容對人的態度忽冷忽熱。漢・應劭《風俗通義・窮通》：「孟嘗君逐於齊反，譚子迎於晝曰：『君怨齊大夫乎？』孟嘗君曰：『有。』譚子曰：『願君勿怨，請於市論，朝而盈焉，夕而虛焉，求在故往，亡故去。』孟嘗君曰：『謹受命。』」

【朝饔夕飧】

饔：ㄩㄥ，早飯；飧：ㄙㄨㄣ，晚飯。早上吃早飯，晚上吃晚飯。形容無事可做。明・李東陽《後東山草堂賦》：「吾儕細人，朝饔夕飧，觀山而不窮其巓，望海而不極其源。」

【朝雲暮雨】

早上是雲，晚上是雨。戰國楚・宋玉《高唐賦・序》：「昔者先王嘗遊高唐，怠而晝寢，夢見一婦人，曰：『妾巫山之女也，爲高唐之客；聞君遊高唐，願薦枕席。』王因幸之。去而辭曰：『妾在巫山之陽，高丘之阻，旦爲朝雲，暮爲行雨，朝朝暮暮，陽台之下。』」後用「朝雲暮雨」表示男女歡會。唐・李商隱《楚宮》詩：「朝雲暮雨長相接，猶自君王恨見稀。」也指早晨的雲晚上的雨。形容早晚煙雨迷濛的景色。元・鄧玉賓《端正好》套曲：「青天白日，藤葛籠籠蔥蔥障。朝雲暮雨，山水崎崎嶇嶇當。」

【朝朝寒食，夜夜元宵】

寒食：節令名，農曆淸明前一或二日，禁火吃冷食；元宵：節日，農曆正月十五日夜，吃湯圓（元宵）。天天過寒食節，夜夜度元宵節。形容生活奢華，每天都像過節一樣。元・白樸《唐明皇秋夜梧桐雨》一折：「寡人自從得了楊妃，眞所謂朝朝寒食，夜夜元宵。」

【朝朝暮暮】

從早到晚，天天如此。唐・白居易

《長恨歌》：「蜀江水碧蜀山青，聖主朝朝暮暮情。」

【朝眞暮僞】

早上眞誠，晚上欺詐。比喻人心難測，人事多變。唐・白居易《放言詩》：「朝眞暮僞何人辨。」

【朝鐘暮鼓】

早晨敲鐘，晚上擊鼓。形容寺院的孤寂生活，也表示時光的推移。唐・李咸用《山中》詩：「朝鐘暮鼓不到耳，明月孤雲長掛情。」也作「晨鐘暮鼓」、「暮鼓晨鐘」。

【朝種暮穫】

早晨播種，晚上收穫。形容受益極快。《漢書・郊祀志》：「覽觀懸圃，浮游蓬萊，耕耘五德，朝種暮穫。」

【朝奏暮召】

奏：向皇帝進言或上書；召：召見。早晨上奏，晚上被召見。形容迅速聽取意見。《史記・主父偃列傳》：「乃上書闕下，朝奏暮召」。

ㄓㄠˊ

【著三不著兩】

形容做事情抓不住重點。或頭腦不夠清醒。《紅樓夢》四五回：「那珍大爺管兒子，倒也像當日老祖宗的規矩，只是著三不著兩的。——他自己也不管一管自己，這些兄弟侄兒怎麼怨的不怕他？」

ㄓㄠˇ

【爪牙之臣】

爪牙：鳥獸的爪和牙，引申爲得力的親信、黨羽。也喻指輔弼王室的忠臣。《三國志・魏書・徐奕傳》：「諷所以敢生亂心，以吾爪牙之臣，無遏奸防謀者故也。」也作「爪牙之將」。清・魏源《聖武記》卷一一：「爪牙之將，用不拘貸。」也作「爪牙之士」。唐・元稹《宋常春等內僕局令》：「蓋所以將我腹心之命達於爪牙之士也。」也作「爪牙之吏」。《漢書・貴尊傳》：「誠國之爪牙之吏，折衝之臣。」

【爪牙之將】

見「爪牙之臣」。

【爪牙之吏】

見「爪牙之臣」。

【爪牙之士】

見「爪牙之臣」。

【找岔子】

故意挑毛病，尋釁。例咱們把工作做紮實了，就不怕別人找岔子。

【找出路】

比喻尋求發展，施展才能的途徑。例他到城裏來找出路，卻發現到處人滿爲患，看來還是農村的天地廣闊。

【找墊背的】

故意拉扯別人承當責任。例好漢做事好漢當，你何必要找墊背的呢？再說他又從沒得罪過你。

【找飯碗】

指找職業。例沒有一點專長，到城裏找飯碗談何容易。

【找個虱子放在頭頂上——自討苦吃】

見「笨豬拱刺蓬——自找苦吃」。

【找和尚借梳子——不看對象】

見「對牛彈琴——不看對象」。

【找門路】

指尋找達到目的的途徑。例公司解散了，大夥正忙著找門路呐！也作「找門徑」。

【找木匠補鍋——找錯了人】

見「拉和尚認親家——找錯了人」。

【找竅門】

指想出巧妙的方法。例他最能找竅門，人稱鬼腦袋。

【找上門】

比喻有事找到頭上。例找上門的發財機會你還不抓住？

【找踏級】

比喻尋找步步高昇的道路。例現在的年輕人對自己進行生涯規劃以後，就開始替自己找門徑，找踏級。

【找小腳】

比喻故意挑人的毛病，對人報復。例你們都不敢提意見，我提！看誰敢來找小腳！

【找邪火】

①指搶劫財物。例王鬍子一輩子不幹正經事，這不就過河找邪火去了。②指故意尋釁發洩怒氣。例大家都在這兒專心工作，你就別到這兒來找邪火了。

【找野食】

撈取本分外的財物。例這條地頭蛇，現在靠找野食度日，心裏很不是滋味。長此下去，怎麼會有好下場？

ㄓㄠˋ

【兆寄熊羆】

兆：古代占卜時，觀看龜甲燒灼形成的裂紋，用來判斷吉凶，這種裂紋稱兆；寄：寄託；熊羆(ㄆㄧˊ)：即熊。《六韜・文韜・文師》：「[周]文王將田，史編布卜曰：『田於渭陽，將大得焉。非龍非彲，非虎非羆，兆得公候，無遺汝師。以之佐昌，施及三王。』文王曰：『兆比於此。』文王乃齋三日，乘田車，駕田馬，田於渭陽，卒見太公坐茅以漁。與語大悅，乃載與俱歸，立爲師。」占卜時裂紋預示將有熊羆出世。指受重用或渴求賢臣。唐・徐夤《賀淸原太保王延彬》詩：「姜牙兆寄熊羆內，陶侃文成掌握間。」

【詔書掛壁】

詔書：皇帝頒發的命令；掛壁：掛在牆上。比喻輕視君王的命令。漢・崔寔《正論》：「每詔書所欲禁絕，雖重懇惻，罵詈極筆，猶復廢捨，終無悛意；故里語曰：州郡記，如霹靂。得詔書，但掛壁。」

【趙公元帥翻臉——不認帳】

趙公元帥：即趙公明，財神。比喻對某些說法予以否認。例昨天許諾的，今天就趙公元帥翻臉——不認帳，不講信用。也作「財神爺翻臉——不認帳」。

【趙匡胤掉井裏——不敢勞（撈）駕】

趙匡胤：宋太祖。也作「趙匡胤掉井裏——勞（撈）不起大駕」。見「城隍爺掉井裏，土地爺巴頭看——勞（撈）不起你那大駕」。

【趙巧兒送燈台——一去永不來】

歐陽修《歸田錄》中有：「俚諺云：『趙老送燈台，一去不回來。』不知是何等語。天聖中，尚書郎趙世長爲留台御史，有輕薄子送以詩云『此回眞是送燈台』，其後竟卒於留台。」今湖北麻城有「趙老送燈台，自送燈台永不來」。四川酉陽有「趙老送燈台，一去永不來」。的說法。見「急水漢放鴨子——一去不復返。」

【趙五娘上京——一路辛苦】

《琵琶記》中故事：趙五娘在丈夫蔡伯喈進京趕考之後，含辛茹苦，辛勤侍奉公婆。公婆死後，五娘進京尋夫，一路彈唱琵琶詞行乞，歷盡艱辛。多用作主人對遠方來客的問候話。例這次不遠千里而來，眞是趙五娘上京——一路辛苦。

【趙五娘寫家書——難字當頭】

趙五娘在丈夫赴京趕考之後，在家中辛勤侍奉公婆，吃糠嚥菜，處境極爲困難。雙關語。比喻强調困難，把困難放在第一位。例工作應當敢想、敢幹，不能趙五娘寫家書——難字當頭。

【趙子龍出兵——回回勝】

趙子龍：即趙雲，三國蜀漢大將，被譽爲「常勝將軍」。比喻時時、處處勝過別人。例他每次任務都完成得非常出色，眞是趙子龍出兵——回回勝。

【趙子龍大戰長坂坡——大顯神威】

三國時趙雲在當陽長坂坡，隻身廝殺格鬥，衝出曹軍重圍，救出劉備的兒子阿斗。見「廟裏的金剛——大顯神威」。

【趙子龍大戰長坂坡——七出七入】

比喻捨生入死在所不辭。例同敵人決戰，必須有趙子龍大戰長坂坡——七出七入的精神，才能取得勝利。

【照本宣科】

宣：宣讀；科：條文。照著本子唸條文。比喻死板地照書本或現成的文稿宣讀，不能結合實際、創造發揮。例林同學上台報告的內容，只不過是將課本內容照本宣科的唸一次而已。

【照單全收】

比喻不分好歹，全部收下。例你倒眞省事，照單全收！他們那一堆問題你能解決嗎？

【照功行賞】

按照功勞大小給予不同獎賞。明·無名氏《英烈傳》二八回：「卿等俱宜協力同心，輔成大事，所有富貴，我當照功行賞。」

【照葫蘆畫瓢】

比喻照樣子模仿，缺乏創造性。例他雖然沒有專門學過，照葫蘆畫瓢，做得還眞像個樣兒。也作「照貓畫虎」。

【照鏡子】

比喻自我檢查。例作主管的，自己也應該天天照鏡子，加强自身修養。

【照貓畫虎】

照著貓畫老虎。比喻從形式上照著樣子模仿。《歧路燈》一一回：「這大相公聰明得很，他是照貓畫虎，一見即會套的人。」

【照貓畫虎——差不離】

見「依樣畫葫蘆——差不離」。

【照松之勤】

用松樹明子照明，勤學苦讀。比喻勤奮好讀。元·陶宗儀《輟耕錄》卷一三：「顧儀隱居松江，每以筆墨自隨，思有所得，就摘樹葉記之，讀書萬卷，有照松之勤之稱。如此十年，終成大器。」

【照相底片——顛倒黑白】

比喻蓄意歪曲事實，混淆是非。例這篇文章是照相底片——顛倒黑白。

【照相館改底片——羞（修）人】

羞：「修」的諧音。比喻難爲情或羞恥。例你竟幹這種醜事，不覺得是照相館改底片——羞（修）人嗎？

【照螢映雪】

照螢：古人車胤博學多才，家貧無油點燈夜讀，夏天就把若干螢火蟲裝在白絹囊中用以照書；映雪：古人孫康家貧，常映雪讀書。後以「照螢映雪」比喻刻苦攻讀。《梁書·王僧孺傳》：「至乃照螢映雪，編蒲緝柳，先言往行，人物雅俗，甘泉遺儀，南宮故事，畫地成圖，抵掌可述。」

ㄓㄡ

【州如斗大】

州：舊時行政區劃名；斗：量器。州郡地域僅像斗一樣大。比喻地方極小。《南史·呂文顯傳》：「宗慤爲豫州，吳喜公爲典簽。慤刑政所施，喜公每多違執。慤大怒曰：『宗慤年將六十，爲國竭命，政得一州如斗大，不能復與典簽共臨！』」宋·陸游《逍遙》詩：「州如斗大眞無事，日抵年長未易消。」

【舟車勞頓】

舟：船；勞頓：辛苦疲倦。乘船坐車外出，旅途辛苦疲倦。魯迅《兩地書》四六：「現居距廈大甚遠，需受舟車勞頓之苦。」

【舟水之喻】

以船和水做比喻。指國君與人民的關係如同船與水的關係一樣，水能載船也能翻船。《三國志·魏書·王基傳》：「願陛下深察東野之弊，留意舟水之喻，息奔駟於未盡，節力役於未固。」

【舟中敵國】

同船渡河，船中的人都成了敵人。表示衆叛親離而身處危境。唐・陸贄《論關中事宜狀》：「是知立國之安危在勢，任事之濟否在人，勢苟安則異類同心也，勢苟危則舟中敵國也。」

【周而不比】

周：團結；比：勾結。團結、親近但不互相勾結。《論語・爲政》：「君子周而不比，小人比而不周。」元・馬致遠《陳摶高臥》三折：「陛下道君子周而不比，貧道呵小人窮斯濫矣。」

【周而復始】

周：循環，反覆。一次又一次地循環。《史記・武帝本紀》：「天增授皇帝泰元神筴，周而復始。」《紅樓夢》一三回：「秦氏冷笑道：『……榮辱自古周而復始，豈人力所能常保的。』」也作「終而復始」。

【周公棄餐】

見「周公吐哺」。

【周公吐哺】

周公：西周初年政治家，姓姬，名旦，曾助其兄周武王滅商，因封地在周（今陝西岐山北），故稱周公：吐哺：吐出正在咀嚼的食物。指周公爲了隨時接待賢士，在吃飯時多次吐出正在咀嚼的食物。形容求賢心切。三國魏・曹操《短歌行》：「周公吐哺，天下歸心。」也作「周公棄餐」。三國魏・曹植《誤賓賦》：「揚仁恩於白屋兮，逾周公之棄餐。」

【周急繼乏】

周：救濟；急：急難；繼：接續；乏：貧窮。救助急難，接濟貧窮。《三國志・魏書・任峻傳》：「於飢荒之際，收恤朋友孤遺，中外貧宗，周急繼乏，信義見稱。」也作「周急濟貧」。元・無名氏《看錢奴》四折：「我怎敢便忘了你那周急濟貧時。」

【周急濟貧】

見「周急繼乏」。

【周郎顧曲】

周郎：周瑜；顧：關心；曲：樂曲。《三國志・吳書・周瑜傳》：「瑜少精意於音樂，雖三爵之後，其有闕誤，瑜必知之，知之必顧。故時人謠曰：『曲有誤，周郎顧』。」後用「周郎顧曲」比喻欣賞音樂。清・余樾《余蓮村勸善雜劇序》：「誰謂周郎顧曲之場，非即生公說法之地乎！」也作「顧曲周郎」。

【周郎妙計安天下——賠了夫人又折兵】

《三國演義》故事：孫權採納周瑜的「美人計」，以將孫權的妹妹嫁給劉備爲名，讓劉備來東吳招親，想乘機扣留劉備，要挾交還荊州。最後由孫權的母親吳國太作主，招親弄假成眞。第二年當劉備帶著夫人逃出吳國時，周瑜領兵追趕，又被諸葛亮的伏軍打敗。劉備的軍士大喊：「周郎妙計安天下，賠了夫人又折兵！」比喻便宜沒撈到，反而遭受雙重損失。例他們這次是周郎妙計安天下——賠了夫人又折兵，恐怕不會甘心失敗的。也作「孫權定下招親計——賠了夫人又折兵」。

【周嫠恤緯】

嫠：ㄌㄧˊ，寡婦；恤：憂慮；緯：緯紗。《左傳・昭公二十四年》：「嫠不恤其緯，而憂宗周之隕，爲將及焉。」後以「周嫠恤緯」指守本分，不多操心。柳亞子《丹青引》：「萇弘埋碧死不朽，周嫠恤緯今猶存。」

【周貧濟老】

救濟幫助貧窮老弱的人。《紅樓夢》七一回：「我想老太太好日子，發狠的還要捨錢捨米，周貧濟老，咱們先倒挫磨起老奴才了？」

【周情孔思】

唐・李漢《韓昌黎集序》：「日光玉潔，周情孔思。」周公的感情，孔子的思想。指人具備古代聖人賢者的情感思想或讚譽詩文格調古樸淸高。唐・王貞白《白鹿洞二首》之一：「讀書不覺已春深，一寸光陰一寸金；不是道人來引笑，周情孔思正追尋。」也作「孔思周情」。

【周身是刀沒一把利】

比喻滿腦袋都是點子，卻沒有一個有用。例這人心眼活，遇事愛出個主意，可總是有點離譜，使人無法接受，正像俗話所說的：「周身是刀沒一把利。」

【周文王請姜太公——找明白人】

周文王臨終前，把兒子姬發（周武王）托給姜太公，後姜太公輔佐周武王，終於完成興周滅紂大業。見「劉備三顧茅廬——找明白人」。

【周幽王點烽火——一笑值千金】

《東周列國志》記載：「西周國君周幽王的寵妃褒姒，終日不樂。大臣虢石父獻計「烽火戲諸侯」。周幽王下令在驪山點起烽火，戲弄諸侯發來人馬。褒姒看到此情此景，終於撫掌大笑。昏庸的周幽王給虢石父賞金一千兩。」比喻珍貴的東西不易得。例周幽王點烽火——一笑值千金。你可得到重獎了。

【周瑜打黃蓋——兩廂情願】

《三國演義》故事：赤壁之戰中，東吳主帥周瑜和老將黃蓋共商「苦肉計」，讓周瑜假裝打黃蓋，黃到曹營詐降，作爲內應，曹操中計兵敗。比喻經過雙方同意，互不埋怨。例按對半分成，可是周瑜打黃蓋——兩廂情願的，怎麼又後悔了呢？也作「周瑜打黃蓋——一個願打，一個願挨」、「周瑜打黃蓋——一家願打，一家願挨」、「周瑜打黃蓋——打的願打，挨的願挨」。

【周瑜打黃蓋——裝樣子】

見「木偶做戲——裝模作樣」。

【周瑜打黃蓋——自己人打自己人】

也作「周瑜打黃蓋——自打自」。見

「哥倆打冤家——自家人整自家人」。

【譸張爲幻】

譸張：欺誑，也作「侜張」；幻：惑亂。欺騙、作僞來迷惑他人。清・頤瑣《黃繡球》五回：「幸虧我因爲省事，用了二三百吊錢，憑他打點開來，不然就不知要怎樣的譸張爲幻！」

【粥飯僧】

比喻只會吃而沒有能力的人。例這人是粥飯僧一個，眞正是飽食終日，無所用心！

【粥鍋裏煮蚯蚓——糊塗蟲】

見「蛐蟮掉在漿糊裏——糊塗蟲」。

【粥鍋裏煮鐵球——混蛋到底帶砸鍋】

雙關語。比喻不明事理的人把事情辦壞了。例就是那個渾小子，粥鍋裏煮鐵球——混蛋到底帶砸鍋，把事情弄得不可收拾。

【粥少僧多】

比喻東西少而要的人多，吳玉章《從甲午戰爭前後到辛亥革命前後的回憶》二〇：「根據臨時政府組織大綱的規定，臨時政府只要設立五個部，粥少僧多，怎能容納這麼多要做官的人呢？」也作「僧多粥少」。

【粥粥無能】

粥粥：謙卑貌，粥也作「鬻」。卑躬謙讓沒有能力。宋・方望溪《尹元孚墓志銘》：「自服官日，取漢唐以來代不數見之人以自律，故自視若粥粥無能者。」

ㄓㄡˇ

【肘後方】

見「肘後奇方」。

【肘後奇方】

《隋書・經籍志三》錄有《扁鵲肘後方》三卷、晉・葛洪《肘後方》六卷。肘後方：醫書名。指隨身攜帶的應急藥方。也指神奇有效的方略。宋・鄧深《村中病起》詩：「訪醫墟落疾難痊，肘後奇方得舊編。」也作「肘後方」。唐・白居易《贈分司東都諸公》：「每因同醉樂，自覺忘衰疾。始悟肘後方，不如杯中物。」

【肘見踵決】

見「踵決肘見」。

【肘懸金印】

晉・郭澄之《郭子》載：「周顗對左右人說：『今年殺諸賊奴，當取一金印如斗大繫肘。』」後用「肘懸金印」指官高勛殊，多作祝賀之詞。清・姚文燮《李賀送秦光祿北征詩解說》：「勇於王事，肘懸金印，口飲玉罍，萬里立勛，傾樽爲別。」

【肘腋之變】

見「肘腋之憂」。

【肘腋之患】

見「肘腋之憂」。

【肘腋之禍】

見「肘腋之憂」。

【肘腋之憂】

肘腋：胳膊肘兒和夾肢窩，指極近的地方。比喻隱藏在身邊的禍患。明・沈德符《萬曆野獲編・內臣兼掌印廠》：「世宗神聖，以至今上，俱太阿在握，可無過慮。倘此例他日踵行，亦肘腋之憂。」也作「肘腋之患」。《明史・夏良勝傳》：「邊將之屬，納於禁近，詎忘肘腋之患。」也作「肘腋之禍」。唐・杜甫《草堂》詩：「焉知肘腋禍，自及梟獍徒。」也作「肘腋之變」。變：變故。唐・于公異《破朱泚露布》：「陸梁背誕，涇原生肘腋之變。」

ㄓㄡˋ

【咒天罵地】

形容隨口亂罵。例妹妹每次生起氣來，就口無遮攔的咒天罵地，實在令人反感。

【晝伏夜動】

伏：隱藏。白天隱藏起來，夜晚出來活動。指某些動物的生活規律。《左傳・僖公二十三年》：「夫鼠晝伏夜動，不穴於寢廟，畏人故也。」

【晝伏夜行】

白天隱蔽起來，夜間行進。《元史・張晋亨傳》：「跋涉險阻，晝伏夜行，僅免於難。」也作「夜行晝伏」。

【晝伏夜遊】

遊：遊蕩。白天隱蔽，夜間活動。《隋書・高祖紀下》：「厝陽廣陵，窺覦相繼，或謀圖城邑，或劫剝吏人，晝伏夜遊，鼠竄狗盜。」

【晝錦還鄉】

見「晝錦榮歸」。

【晝錦榮歸】

白日穿著錦繡衣服榮耀地回歸。《史記・項羽本紀》載：秦末項羽攻進咸陽，有人勸其留在關中，羽見秦宮已毀，思歸江東，說：「富貴不歸故里，如衣繡夜行，誰知之者！」後用「晝錦榮歸」比喻富貴還鄉，榮耀已極。明・王彥貞《雍熙樂府・小桃紅・西廂百咏》：「承恩親自日邊來，端的喝聲彩，晝錦榮歸寵光大。」也作「晝錦還鄉」。唐・王維《送秘書鼂監還日本國詩序》：「不居一國，欲其晝錦還鄉。」也作「晝錦之榮」。

【晝慨宵悲】

日夜都在慨嘆悲哀。《宋書・魯爽傳》：「嵩霍咫尺，山河匪遙，夷庚壅塞，隔同天地，痛心疾首，晝慨宵悲。」

【晝想夜夢】

《列子・周穆王》：「晝想夜夢，神形所遇。」白天想著，夜裏夢見。指日夜盼望。梁啟超《意大利建國三傑傳》一六節：「彼其數十年來吞聲飲淚、停辛佇苦、晝想夜夢之事業，一旦湧現於眼前，英雄快心，孰有過此者耶？」

【晝夜兼程】
見「晝夜兼行」。
【晝夜兼行】
白天黑夜不停地趕路。《舊五代史‧唐書‧末帝紀上》：「明宗將前軍，帝率勁騎以從，晝夜兼行，率先下汴城。」也作「晝夜兼程」。《二刻拍案驚奇》卷三二：「范翁方才同女兒進發，晝夜兼程，行到衙中，擇吉成親。」
【晝吟宵哭】
白天悲吟，夜晚哭泣。形容極為傷感。《戰國策‧楚策》：「棼冒勃蘇，於是贏糧潛行，上峥山，逾深溪，跖穿膝暴，七日而薄秦王之朝，雀立不轉，晝吟宵哭，七日不得告。」
【晝有所思，夜有所夢】
白天想什麼，晚上就會夢到什麼。例這有什麼奇怪呢？晝有所思，夜有所夢嘛！我們這陣子，老談論回國的事，你可不就經常夢見和爸爸媽媽團聚嗎？
【皺眉蹙眼】
皺：緊鎖；蹙：ㄘㄨˋ，收縮。皺眉頭，瞇眼睛。形容不滿的神態。《兒女英雄傳》三二回：「安老爺便皺眉蹙眼的問道：『哪裏去了？』何小姐答道：『只怕在書房裏罷！』」

ㄓㄢ

【沾溉後人】
沾：浸潤；溉：灌溉。沾溉：浸潤和灌溉，比喻施與、給與，使後來人得到益處。《新唐書‧杜甫傳贊》：「他人不足，甫乃厭餘，殘膏剩馥，沾溉後人多矣。」
【沾泥絮】
沾在泥巴上的柳絮，不能再飄飛。比喻萬念俱灰，對任何事都不再感興趣。《紅樓夢》九一回：「禪心已作沾泥絮，莫向春風舞鷓鴣。」
【沾親帶故】
沾：稍微挨上；故：老朋友。彼此多少帶點親戚或朋友的關係，例我和小陳只是遠房親戚，但他總是喜歡表現出一副和我沾親帶故的樣子。也作「沾親帶友」。元‧高文秀《黑旋風》四折：「因此上裝一個送飯的沾親帶友，那一個管牢的便不亂扯胡揪。」
【沾親帶友】
見「沾親帶故」。
【沾體塗足】
沾：浸染，沾濕；塗：泥。身體被汗浸濕，雙腳沾滿泥土。形容下田勞動的辛苦。《國語‧齊語》：「沾體塗足，暴其髮膚，盡其四肢之敏，以從事於田野。」《晉書‧潘岳傳》：「沾體塗足，耕而後食。」
【沾沾自滿】
見「沾沾自喜」。
【沾沾自喜】
沾沾：得意的樣子。對自己的所做所為感到得意，而流露出輕浮的喜色。魯迅《偽自由書‧後記》引《申報‧自由談‧谷春帆〈談「文人無行」〉》：「而在另一方面自吹自擂，覥然以『天才』與『作家』自命，偷竊他人唾餘，還沾沾自喜的種種怪象，也是『無醜不備有惡皆臻？』」也作「沾沾自衒」。宋‧陸游《南唐書‧鍾謨傳》：「……而天資皆浮躁，沾沾自衒。」也作「沾沾自滿」。例小龍，你考了好成績，也不要沾沾自滿嘛！
【沾沾自衒】
見「沾沾自喜」。
【氈上拖毛】
比喻行動遲疑緩慢。元‧紀君祥《趙氏孤兒》一折：「你這其中必有暗昧：我著你去呵，似弩箭離弦；叫你回來呵，似氈上拖毛。」
【氈襪裹腳靴】
裹腳：舊時婦女裹在腳上的長布條。氈襪、裹腳、靴，三樣都是穿在腳上的東西。比喻彼此都一樣。《儒林外史》一四回：「而今這銀子我也不問是你出是他出，你們原是氈襪裹腳靴，但須要我效勞的來。」
【氈子上拔毛——不顯眼】
見「牛身上爬螞蟻——不顯眼」。
【粘皮帶骨】
粘：同「黏」。粘著皮連著骨頭。形容說話做事不爽快、不俐落。《警世通言》卷一一：「原來趙三為人粗暴，動不動自誇道：『我是一刀兩段的性子，不學那粘皮帶骨。』」
【瞻前顧後】
看看前面，再回頭看看後面。形容做事謹慎，考慮周到。戰國楚‧屈原《離騷》：「瞻前而顧後兮，相觀民之計極。」《後漢書‧張衡傳》：「向使能瞻前顧後，援鏡自戒，則何陷於凶患乎？」也作「瞻前慮後」。《官場現形記》四七回：「你們小孩子家，只顧得眼前一點，不曉得瞻前慮後，這點算盤都不會打，我看你們將來怎樣好啊！」也作「瞻前忽後」。宋‧朱熹《答廖子晦》：「以顏子之初，鑽高仰堅，瞻前忽後，亦是未見此物，故不得為實見耳。」也作「顧後瞻前」、「瞻前後慮」。也用以形容顧慮過多，猶豫不決。《朱子全書‧為學之方》：「若瞻前顧後，便做不成。」
【瞻前忽後】
見「瞻前顧後」。
【瞻前慮後】
見「瞻前顧後」。
【瞻情顧意】
看他的情面，照顧他的意願。比喻辦事看人情，顧面子。《紅樓夢》一六回：「[鬼判]反叱秦鍾道：『……我們陰間上下都是鐵面無私的，不比陽間瞻情顧意，有許多的關礙處。」
【瞻天戀闕】
闕：古代宮殿外的較高建築物；天、闕均借指帝王。崇敬地仰望與依戀帝王。形容臣下留戀朝廷。清‧洪棟園《警黃鍾》五齣：「臣無任瞻天戀闕，激切屏營之至。」

【瞻望咨嗟】

瞻：敬仰；咨嗟：讚嘆。仰慕而感嘆。宋・歐陽修《相州晝錦堂記》：「若季子不禮於其嫂，買臣見棄於其妻，一旦高車駟馬，旗旄導前，而騎卒擁後，夾道之人，相與駢肩累跡，瞻望咨嗟，而所謂庸夫愚婦者，奔走駭汗，羞愧俯伏，以自悔罪於車塵馬足之間。」

ㄓㄢˇ

【斬岸堙溪】

斬：砍；堙：ㄧㄣ，堵塞。削低高岸，塡塞河溝。形容修整與開闢道路。《呂氏春秋・權勛》：「中山之國有厹繇者，智伯欲攻之而無道也。爲鑄大鐘，方車二軌以遺之。厹繇之君，將斬岸堙溪以迎鐘。」

【斬草不除根，萌芽春再發】

比喻禍患一定要根除乾淨，不然遇著合適的條件還會復發。《初刻拍案驚奇》卷一一：「看官聽說，王生到底是個書生，沒甚見識。當日既然買囑船家，將屍首載到船上，只該聚起乾柴，一把火焚了，無影無蹤，卻不乾淨？只爲一時沒有主意，將來埋在地中，這便是斬草不除根，萌芽春再發。」也作「斬草不除根，萌芽依舊發」。

【斬草除根】

除草要連根拔掉，使它不能再生長出來。比喻徹底淸除禍根，以免後患。《左傳・隱公六年》：「爲國家者，見惡如農夫之務去草焉，芟夷蘊崇之，絕其本根，勿使能殖，則善者信矣。」《五代史平話・梁上》：「莫若傍今殺了，斬草除根，萌芽不發！斬草若不除根，春至萌芽再發！」也作「剪草除根」、「鏟草除根」、「刈草除根」、「去草絕根」、「除根剪草」。

【斬釘截鐵】

比喻說話、辦事堅決果斷。《紅樓夢》六六回：「那三姐兒果是個斬釘截鐵之人，每日侍奉母親之餘，只和姐姐一處做些活計。」也作「斬鋼截鐵」。淸・申涵光《荊園進語》：「既知有過，便當斬鋼截鐵，翻然改圖。」也作「截鐵斬釘」。

【斬鋼截鐵】

見「斬釘截鐵」。

【斬將搴旗】

見「斬將刈旗」。

【斬將刈旗】

刈：割，斬敵將之首，砍敵軍之旗，形容作戰勇猛或沙場鏖戰。《史記・項羽本紀》：「爲諸君潰圍，斬將刈旗，令諸君知天亡我，非戰之罪也。」也作「斬將搴旗」。漢・司馬遷《報任少卿書》：「攻城野戰，有斬將搴旗之功。」也作「搴旗斬將」。

【斬蛟射虎】

蛟：古代傳說中能發洪水的一種龍。斬除蛟龍，射死老虎。形容爲地方除害。南朝宋・劉義慶《世說新語・自新》：「周處年少時，凶強俠氣，爲鄉裏所患。又義興水中有蛟，山中有邅跡虎……義興人謂爲三橫，而處尤劇。或說處殺虎斬蛟，實冀三橫唯餘其一，處即刺殺虎，又入水擊蛟……經三日三夜……竟殺蛟而出。」例封建社會，一些綠林好漢斬蛟射虎，殺富濟貧，被人們擁戴。

【斬盡殺絕】

全部殺光，一個不留。指徹底消滅。郭沫若《虎符》五幕：「國王是一定要斬盡殺絕的，可他也斬不盡，殺不絕。」也比喻做事不留餘地。老舍《上任》：「睜一眼閉一眼是必要的，不能斬盡殺絕，大家日後還得見面。」也作「誅盡殺絕」、「殺盡斬絕」。

【斬木揭竿】

見「斬木爲兵，揭竿爲旗」。

【斬木爲兵，揭竿爲旗】

砍下樹枝作兵器，舉起竹竿當旗幟。原指陳勝、吳廣發動農民反秦暴政的起義，後泛指民衆起義。漢・賈誼《過秦論》：「然而陳涉……將數百之衆，轉而攻秦，斬木爲兵，揭竿爲旗，天下會合而響應，贏糧而影從。」也作「斬木揭竿」。《水滸全傳》九一回：「臣聞田虎斬木揭竿之勢，今已燎原。」也作「揭竿而起」。

【斬蛇逐鹿】

《漢書・高帝紀》：「高祖被酒，夜經澤中，有大蛇當徑，乃前拔劍斬蛇。後人來至蛇所，有一老嫗夜哭，曰；『吾子白帝子也，化爲蛇當道，今者赤帝子斬之。』」逐：角逐；鹿：古時以鹿比喻帝位。《史記・淮陰侯傳》：「秦失其鹿，天下共逐之。」後遂以「斬蛇逐鹿」指封建時代羣雄角逐，爭奪統治地位，明・單本《蕉帕記・揭果》：「耳不聞斬蛇逐鹿，口不言失馬亡羊，一任他桑田變海，海變田桑。」

【斬頭瀝血】

斬：砍斷；瀝：液體一滴滴落下。砍掉頭顱拋灑熱血。形容壯士的英雄氣概。《水滸傳》二七回：「我是斬頭瀝血的人，何肯戲弄良人？」

【展草垂韁】

展：翻滾，轉動。《搜神記・義犬塚》載：三國時，李信純養一條名「黑龍」的狗，非常喜愛。有一天李在城外醉酒，睡在草中，草燒著，黑龍叼李衣服，見李沉醉不醒，一次次跳入近旁河溝，用濕身撲滾李周圍燃草，最後累死。垂韁：傳說晉時苻堅曾騎一匹黑嘴黃馬逃跑，掉入河中，馬跪在水邊，韁繩垂在水面，使苻堅抓住，才爬上岸來，得以逃脫。後用「展草垂韁」比喻報效主人。元・姚守中《套數・粉蝶兒・牛訴寃》：「他比那圖財致命情尤重，我比那展草垂韁義有餘。」

【展翅高飛】
展：張開。張開翅膀高高飛翔。比喻施展抱負，充分發揮才幹。例二十世紀培養的知識分子正躍躍展翅高飛。

【展腳舒腰】
舒：伸展。指伸腳屈腰行禮，十分尊崇的樣子。元・睢景臣《哨遍・高祖還鄉》套曲：「衆鄉老展腳舒腰拜，那大漢挪身著手扶。」

【展土開疆】
展：擴展；疆：疆土。擴展開拓國家的疆土。元・尚仲賢《三奪槊》一折：「誰不曾忘生捨死，誰不曾展土開疆！」也作「開疆展土」。

【展眼舒眉】
眉眼都伸展開。形容舒暢、安適的樣子。元・鄭德輝《王粲登樓》三折：「空學成補天才，卻無度饑寒計，幾曾道展眼舒眉。」

【展轉反側】
見「輾轉反側」。

【展轉推托】
展轉：同「輾轉」，反覆；推托：借故推辭。指反覆地借故推托。明・翟佑《剪燈新話・三山福地志》：「展轉推托，遂及半年。」

【嶄露鋒芒】
嶄：高峻，高出；鋒芒：刀劍的尖端，多比喻事物的尖利部分。比喻人才初露，如刀鋒一樣耀目。漢・王充《論衡・超奇》：「鋒芒豪發之事，莫不記載。」例我國女子足球運動員的第一場比賽，就嶄露鋒芒。

【嶄露頭角】
頭上的角明顯地突出來。比喻顯露優異的才能或本領。唐・韓愈《柳子厚墓志銘》：「時雖少年，已自成人，能取進士第，嶄然見頭角。」

【輾轉不寐】
見「輾轉反側」。

【輾轉反側】
輾轉：翻來覆去；反側：反覆。《詩經・周南・關雎》：「悠哉悠哉！輾轉反側。」形容有所思念而難以入睡。《歧路燈》七三回：「輾轉反側眞正是明知鶯燕均堪愛，爭乃熊魚不可兼。」也作「展轉反側」。《三國志・吳書・周魴傳》：「每獨矯首西顧，未嘗不寤寐勞嘆，展轉反側也。」也作「輾轉反側」。明・陸采《懷香記・相思露意》：「日則憔悴昏沈，夜則轉輾反側。」也作「輾轉不寐」。宋・洪邁《葛師夔》：「既寢，輾轉不寐。」也作「輾轉伏枕」。《詩經・陳風・澤陂》：「寤寐無爲，輾轉伏枕。」也作「轉側不安」。漢・王充《論衡・案書》：「二語不定，轉側不安。」

【輾轉伏枕】
見「輾轉反側」。

【輾轉思念】
翻來覆去睡不著。形容思念之深。例梁三喜想到妻子玉秀即將分娩，輾轉思念，夜不能寐。

【輾轉相告】
輾轉：經過多次反覆曲折。形容經過許多人之口，互相傳遞消息。例小道消息，不脛而走，經過輾轉相告，變得越來越離奇了。

【輾轉相傳】
反覆曲折地傳播。巴金《懷念・憶施居甫》：「影響不論大小，輾轉相傳，永遠有人受益，而且生命永在，撒佈生命的人也可以不朽。」

ㄓㄢˋ

【占地盤】
指占據或控制某個地區或範圍。例我們應盡快把紡織新產品研發出來，以便在紡織系統占地盤，進一步擴大影響。

【占便宜】
①比喻不費氣力就得到額外的利益。例他就愛占便宜，也不管人家吃不吃虧。②比喻方便、優越的條件。例他是演員世家出身，登舞台上銀幕自然比別人占便宜。

【占山爲王】
占：據有。占據一座山頭，自家稱王。比喻獨霸一方，稱王稱霸。例他的先祖曾是占山爲王的人物。

【占上風】
比喻占優勢。例整場比賽，他始終占上風，終於以懸殊比分取勝。

【占爲己有】
占：據有。占據公衆或他人的東西。歸自己所有。例這是集體的東西，不可占爲己有。

【占小便宜吃大虧】
貪圖小便宜可能會受到更大的損失。例俗話說：「占小便宜吃大虧。」這事你一定要三思而後行。

【占著茅坑不拉屎】
比喻占據著職位，不幹事情。例有的人放著工作不幹，整天就是看報聊大天，「占著茅坑不拉屎」。

【戰必勝，攻必克】
見「戰必勝，攻必取」。

【戰必勝，攻必取】
每次打仗必定獲勝，每次進攻必定成功。《史記・唐祖本紀》：「連百萬之軍，戰必勝，攻必取，吾不如韓信。」也作「戰必勝，攻必克」。宋・曾鞏《元豐類稿・高論》：「躬親行陣之間，戰必勝，攻必克。」

【戰不旋踵】
旋：轉動；踵：腳後跟。打仗時腳不後轉。形容作戰勇往直前。《史記・孫子吳起列傳》：「卒有病疽者，起爲吮之。卒母聞而哭之。人曰：『子卒也，而將軍自吮其疽，何哭爲？』母曰：『非然也。往年吳公吮其父，其父戰不旋踵，遂死於敵。吳公今又吮其子，妾不知其死所矣，是以哭之。』」

【戰場上拚刺刀——不是你死，就是我亡】
比喻鬥爭非常激烈。例兩大財團爭奪

市場的鬥爭，就像戰場上拚刺刀——不是你死，就是我亡，不搞垮對方是不會罷休的。

【戰火紛飛】

戰火：指戰爭。指戰鬥正激烈地進行著。例在戰火紛飛的年代，多少青年爲了祖國義無反顧地奔赴了戰場。

【戰慄失箸】

因害怕手裏的筷子都掉在地上。形容嚇得失去常態。《三國志・蜀書・先主傳》：「先生〈劉備〉未發，是時曹公（操）從容謂先主曰：『今天下英雄，惟使君與操耳。』先主方食，失匕箸。」《三國演義》八回：「哀號之聲震天，百官戰慄失箸，董卓飲食談笑自若。」

【戰馬拴在槽頭上要掉膘，刀槍放在倉庫裏會生銹】

膘：ㄅㄧㄠ，牛胸腹間的肥肉。比喻人應該到實際生活中去鍛鍊，不然就會落後。馬憶湘《朝陽花》一六章五：「一天不動動手腳，心裏就癢癢。俗話說得好：『戰馬拴在槽頭上要掉膘，刀槍放在倉庫裏會生銹。』」

【戰如風發，攻如河決】

形容戰勢迅猛。漢・黃石公《三略・上略》：「軍議曰：『良將之統軍也，恕己而治人，推惠施恩，士力日新，戰如風發，攻如河決，故其衆可望而不可當，可下而不可勝，以身先人，故其兵爲天下雄！』」

【戰勝攻取】

每次作戰，進攻必定取勝。《戰國策・秦策五》：「武安君戰勝攻取，不知其數。」

【戰勝守固】

戰則勝利，守必鞏固。《漢書・鼂錯傳》：「故戰勝守固，則有拜爵之賞；攻城屠邑，則得其財鹵以富家室，故能使其衆，蒙矢石，赴湯火，視死如生。」

【戰天鬥地】

形容征服和改造大自然的衝天幹勁和豪邁氣概。例我們不僅要保護大自然，而且要戰天鬥地改造和建設大自然。

【戰無不捷】

見「戰無不勝」。

【戰無不克】

見「戰無不勝」。

【戰無不勝】

打仗沒有不取勝的。形容戰鬥力强，所向無不勝。《戰國策・齊策二》：「戰無不勝而不知止者，身且死，爵且後歸，猶爲蛇足也。」也作「戰無不克」。《晉書・蘇峻傳》：「東西抄掠，多所擒虜，兵威日盛，戰無不克，由是義衆沮衂，人懷異計。」也作「戰無不捷」。《宋書・劉劭傳》曰：「劭內攻外禦，戰無不捷。」

【戰戰兢兢】

戰戰：恐懼發抖的樣子；兢兢：小心謹愼的樣子。形容害怕而小心謹愼。《詩經・小雅・小旻》：「戰戰兢兢，如臨深淵，如履薄冰」。魯迅《看鏡有感》：「這一類人物總要見其衰弱的，因爲他終日戰戰兢兢，自己先已失去了活氣了。」也作「戰戰慄慄」。《淮南子・人間訓》：「戰戰慄慄，日愼一日，人莫蹪於山，蹪於垤。」也作「戰戰慄慄」。

【戰戰慄慄】

見「戰戰兢兢」。

【戰戰搖搖】

全身顫抖搖擺不止。形容非常恐懼。元・紀君祥《趙氏孤兒》三折：「見孩兒臥血泊，那一個哭哭號號，這一個怨怨焦焦。連我也戰戰搖搖，直恁般多做作。」

【戰者逆德】

逆德：違逆道德。戰爭，是與道德相違逆的。《史記・越世家》：「戰者逆德也，爭者事之末也。」

【戰陣之間，不厭詐僞】

謂在戰場上作戰，應盡可能地運用詐術迷惑敵人，克敵制勝。《韓非子・難一》：「舅犯曰：『臣聞之：繁禮君子，不厭忠信；戰陣之間，不厭詐僞。』」

【站得高，看得遠】

比喻心胸開闊，或能從原則高度看問題。例我們爲人處世要站得高，看得遠，不必汲汲營營於一些小事而影響了自己的大發展。也作「站的高，看的遠」。

【站乾岸兒】

站在乾燥的岸上，不會濕鞋。比喻袖手旁觀，看熱鬧。例你甭想求得她的同情，她素來是站乾岸兒的主兒。

【站門子】

指妓女。例她的身世苦極了，年輕時被逼站門子，賣笑爲生。

【站在岸邊看翻船——見死不救】

見「岸上看人溺水——見死不救」。

【站在岸上怕濕鞋】

比喻怕惹麻煩，擔風險。例那幾年，剛開始提出義工制度的時候，有人很積極地報名了，可是有的人站在岸上怕濕鞋，不敢行動。

【站在乾灘上看魚跳】

比喻袖手旁觀或幸災樂禍。例那天，我和孫志剛爭論了半天，仍然沒有共識，最後他把工作往我身上一推，準備「站在乾灘上看魚跳」。說實在的，當時我眞不知該如何是好。

【站在河邊不脫鞋】

比喻遇事觀望。例咱們應該甩開膀子幹。可不能站在河邊不脫鞋呀！

【站在黃河兩岸握手——差遠啦】

見「狗咬雲雀——差得遠」。

【站在雲頭吊嗓子——唱高調】

見「公雞飛到屋頂上——唱高調」。

【站著說話不害腰疼】

比喻指手劃腳不費力氣。王厚選《古城青史》一回：「這工友回了一句：『嫌慢，你來做個樣子看看！站著說話不害腰疼。』」

【站住腳】

①比喻留在某處。例他好容易才在那

個保密廠站住脚。②比喻論點理由成立。例他在論文中提出的新觀點完全站住脚了。

【棧山航海】

棧：在山岩上架木爲路。修築棧道過山，行船過海。形容跋山涉水，逾越險阻。南朝宋・顏延之《三月三日曲水詩序》：「棧山航海，逾沙軼漠之貢，府無虛月。」也作「梯山航海」。

【蘸了汽油的柴禾——一點就著】

見「硫磺腦袋——一點就著」。

【蘸水鋼筆——沒有膽】

雙關語。比喻沒有膽量。例一個人如果像蘸水鋼筆——沒有膽，是幹不出大事來的。

【蘸著細飯吃扁食——越吃越糊塗】

扁食：餃子。見「大鬍子喝麵湯——越喝越糊塗」。

ㄓㄣ

【貞夫烈婦】

貞：有節操，烈婦：堅守貞操，寧死不屈的婦女。封建時代對保持操守、貞節而寧死不屈的男子和婦女的美稱。《敦煌變文集・秋胡變文》：「我聞貞夫烈婦，自古至今耳聞，今時目前交見。」

【貞婦怕殷勤】

守節婦女，怕人獻殷勤，引來閒言碎語。例你這人眞是白活這樣一把歲數了，貞婦怕殷勤，你難道連這一句俗話都不知道？

【貞高絶俗】

貞高：節操堅貞，品德高尚；絶俗：超出世俗之上。堅貞高尚的德操遠遠超過常人。《後漢書・劉陶傳》：「竊見故冀州刺史南陽朱穆……皆履正清平，貞高絶俗。」

【貞姬守節，俠女憐才】

品行端正的婦女，願意保持貞操；有俠義心腸的婦女，愛慕有才華的男子。比喻各有各的心願。例古人說：「貞姬守節，俠女憐才。」我看，他倆倒是挺相配的，就由著他們自己去吧，咱們老人不必再過問了。

【針撥燈盞——挑明了】

比喻把事說破了，使他人了解眞相。例對這件事，乾脆來個針撥燈盞——挑明了，免得大家疑神疑鬼，亂猜一氣。也作「針尖對油捻——挑明了」。

【針大的窟窿，斗大的風】

牆上針尖大的一個洞，吹進來很大的風。比喻小毛病不改，也會鑄成大錯。浩然《車子問題》：「針大的窟窿，斗大的風，見窟窿就堵，不管大小，要不然，屋子裏就變了空氣，也得把咱們勞動者的本色、革命者的熱情消耗掉！」

【針鋒相對】

針鋒：針尖。針尖對針尖。比喻雙方策略、論點等尖銳對立。《兒女英雄傳》一二回：「方才聽你說起那情景來，他句句話與你針鋒相對，分明是豪客劍俠一流人物，豈爲財色兩字而來？」

【針鋒相投】

比喻雙方言辭、意見、情感、技法等處於相對狀態而又相互投合。《景德傳燈錄・天台山德韶國師》：「夫一切問答如針鋒相投，無纖豪參差相，事無不通，理無不備。」也作「針芥相投」。元・馬臻《送僧山雲上人》詩：「錢塘煙草無心遇，針芥相投杜德機。」

【針尖對麥芒】

形容雙方在言語、行動方面都是針鋒相對，毫不退讓。例她們妯娌倆，像是針尖對麥芒，從來誰也不讓誰。婆婆看在眼裏，痛在心頭，但也毫無辦法。

【針尖對麥芒——各不相讓】

麥芒：麥穗上的芒，細而長。見「砍刀遇斧頭——各不相讓」。

【針尖對麥芒——奸（尖）對奸（尖）】

見「縫衣針對鑽頭——奸（尖）對奸（尖）」。

【針尖對麥芒——針鋒相對】

也作「針尖對麥芒——尖頭尖」。見「縫衣針對鑽頭——針鋒相對」。

【針尖上落灰——微不足道】

見「雞毛蒜皮——微不足道」。

【針尖上落灰——微乎其微】

形容非常小或非常少。例在這個先進單位裏，不正之風就像針尖上落灰——微乎其微。

【針尖上削鐵——難得】

也作「針尖上落芝麻——難得」。見「千年鐵樹開了花——難得」。

【針尖上削鐵——有限得很】

見「沙裏淘金——有限得很」。

【針芥相投】

見「針鋒相投」。

【針挑黃連——挖苦】

比喻用尖酸刻薄的話語諷笑人。例別針挑黃連——挖苦人了，明知道他們是門外漢，還向他學習、請教什麼？也作「拿鋤頭刨黃連——挖苦」。

【針頭線腦】

指針線之類的日常用的零星東西。《歧路燈》八三回：「你開箱子，尋些針頭線腦，碎緞塊兒，小綢幅兒，葛巾涼扇，與這女兒。」

【針無兩頭尖——難得兩全】

見「依了媳婦得罪娘——難得兩全」。

【針線活計】

指刺繡、裁縫等針線活。《紅樓夢》二二回：「又一面遣人回去，將自己舊日作的，兩色針線活計取來，爲寶釵生辰之儀。」

【針眼裏看人——小瞧人】

比喻看不起人。例不要針眼裏看人——小瞧人，他幹起來不會比別人差。

【針眼裏看天——一孔之見】

比喻片面的見識。例我這是針眼裏看

天——一孔之見，只供你參考。也作「竹筒裏看天——一孔之見」。

【珍產淫貨】

珍產：珍奇的土產；淫貨：誘人的異物。泛指珍貴物品。宋・王安石《慈谿縣學記》：「慈谿小邑，無珍產淫貨，以來四方遊販之民。」

【珍禽奇獸】

珍：珍貴的；奇：特殊的。珍貴的飛禽，罕見的走獸。指貴重奇特的動物。《尚書・旅獒》：「不作無益害有益，巧乃成；不貴異物賤用物，民乃足。犬馬非其土性不畜，珍禽奇獸不育於國。」也作「珍禽異獸」。清・王韜《瀛壖雜志》：「燈作傘形，六角間有圓者，鏤人物花卉，珍禽異獸。」

【珍禽異獸】

見「珍禽奇獸」。

【珍饈百味，一飽便休】

豐盛的美味佳肴，也只能吃飽就行，不可吃得太多太飽。《西遊記》九六回：「沙僧笑道：『二哥說那裏話；常言道：「珍饈百味，一飽便休。」只有私房路，那有私房肚？』」

【珍肴異饌】

肴：做熟的魚肉葷菜；異：特別的；饌：ㄓㄨㄢˋ，飯食。珍貴而奇異的食物。《水滸傳》四一回：「當日穆弘叫莊客宰了一頭黃牛，殺了十數個豬羊，雞鵝魚鴨，珍肴異饌，排下筵席，管待衆頭領。也作「珍饈美饌」、「珍饈美味」。

【珍珠攙著綠豆賣——一樣價錢也抱屈】

比喻地位高或才能出衆的人和一般的人混在一起，感到委屈、難受。例這位才華橫溢的人被分到我們單位，好比珍珠攙著綠豆賣——一樣價錢也抱屈。

【珍珠當泥丸——不識貨】

見「紅土當朱砂——不識貨」。

【珍珠落玉盤——響噹噹】

也作「珍珠落玉盤——噹噹響」。見「飯勺敲鐵鍋——響噹噹」。

【珍珠沒眼兒——瞎寶貝】

比喻自以爲了不起，實際是不值錢的貨。例有什麼值得驕傲的，珍珠沒眼兒——瞎寶貝，送人還不要哩！

【珍珠彈麻雀——得不償失】

見「丟了西瓜撿芝麻——得不償失」。

【眞才實學】

切合實際的才能和學問。泛指眞正的本領。《水滸》二九回：「這一撲有名，喚做玉環步、鴛鴦腳，這是武松的眞才實學，非同小可。」也作「眞才實能」。

【眞的假不了，假的眞不了】

眞假不可能混淆。例鑽石這種東西，眞的假不了，假的眞不了，你不用怕大家不識貨。

【眞話好說，謊話難編】

說眞話比較容易，謊話往往不能編得很圓滿，容易被人識破。例他是個老實的人，「眞話好說，謊話難編」這句話用在不擅說謊的他身上眞是再適合不過了。

【眞貨不怕人看，眞理不怕人辯】

眞理不怕辯論，越辯越清楚，就像眞貨不怕別人看一樣。例眞貨不怕人看，眞理不怕人辯，我們歡迎大家辯論，如果怕辯，還能是眞理嗎？

【眞假難辨】

見「眞僞莫辨」。

【眞金不鍍】

眞正的黃金不必再在表面上鍍金。比喻有眞才實學的人用不著裝飾。唐・李紳《答張孝標詩》：「假金方用眞金鍍，若是眞金不鍍金；十載長安得一第，何須空腹用高心。」

【眞金不能終陷】

比喻眞正的人才不會一直被埋沒。例不要著急，耐心地等吧！古語說：「眞金不能終陷。」早晚總會有出頭之日的！

【眞金不怕火來燒】

比喻勇敢的人能禁得起任何考驗。例小王生性勇敢，面對任何困難從不懼怕，所謂「眞金不怕火來燒」，就是形容他最好的代表。也作「眞金不怕火煉」、「眞金不怕火」。

【眞金不怕火煉，樹正不怕影斜】

比喻意志堅定的人，能禁得住各種檢驗或考驗，正確的東西也不怕別人譏笑和誣衊。例我這次準備投入國家考試的心意已決，眞金不怕火煉，樹正不怕影斜，不論有什麼外力的影響，我都不會改變我的想法。也作「眞金不怕火」、「眞金不怕火來燒」。

【眞金烈火】

眞正的黃金雖經火煉，而本色不變。比喻經過嚴峻考驗而節操不變。明・徐渭《四聲猿・雌木蘭替父從軍》二：「非自獎眞金烈火，儻好比濁水紅蓮。」

【眞理越辯越明，道理越講越清】

正確的道理，經過反覆的講解、辯論，就能更加清楚、明白。例這是個民主的時代，所謂「眞理越辯越明，道理越講越清」，歡迎大家發表高見，暢所欲言。也作「眞理越辯越明」。

【眞憑實據】

眞實確鑿的憑據。《蕩寇志》一二三回：「童貫那廝是個奸臣，只是訪他不著眞憑實據。今兒我聽這珠兒口中的話，大有蹊蹺。」

【眞情實意】

沒有絲毫的虛假。《何典》五回：「幸虧形容鬼卻是眞情實意，凡事拉緊裏半爿的不許欺瞞他，因此還不曾吃足苦頭。也作「眞情誠意」。例小毛對女朋友的眞情誠意，無怨無悔的付出，讓我們都好生羨慕。也作「眞心實意」。例幫助別人要眞心實意。

【眞人不露相，露相不眞人】

眞人：道教所說修行得道的人。現在指有眞本領的人。比喻有眞才實學的人，不會隨便炫燿自己；而到處炫耀自己的人，則並非有眞才實學。《紅樓夢》一一七回：「寶玉聽來又不像有道行的話，看他滿頭癩瘡，混身腌臢破爛，心裏想道：『自古說眞人不露相，露相不眞人，也不可當面錯過，我且應了他謝銀，並探探他的口氣。』」也作「**眞人不露相**」。《兒女英雄傳》一五回：「古人云：『十室之邑，必有忠信。』又道是：『眞人不露相。』何地無才？」

【眞人面前不說假】

在誠實的人面前不弄虛作假。《五燈會元》卷四：「眞人面前不說假，佛也安，祖也安。」也指在了解情況的人面前不能說假話。例眞人面前不說假，這位師傅也是種人參的，不信，你問問他，我這參是不是優質的？

【眞人面前饒不得假話，旱地上打不得拍浮】

饒：饒舌，嘮叨；拍浮：游泳時打水的動作。在明白人面前不能撒謊，就像在地上不能打拍浮一樣。《京本通俗小說·西山一窟鬼》：「王婆道：『乾娘，眞人面前饒不得假話，旱地上打不得拍浮，你便約了一日，帶了小娘子和從嫁錦兒來梅家橋下酒店裏等。我便同教授來過眼則個。』」也作「**眞人面前說不得假話**」。

【眞神面前燒假香】

比喻在能夠鑑別眞假的人面前弄虛作假，耍花招。例林同學平日廣讀詩書，鑽研古文，就憑你這種程度想在他面前舞文弄墨，實在是眞人面前燒假香，一下就沒戲唱了。

【眞僞顚倒】

僞：假。眞的和假的混淆，位置顚倒。《老子·抱朴子》：「眞僞顚倒，玉石混淆。」

【眞僞莫辨】

眞的假的分辨不清。隋·釋眞觀《與徐僕射領軍述役僧書》：「此事誠然，而持犯難知，聖凡相濫。譬庵羅之果，生熟難分；雪山之藥，眞僞莫辨。忽使昆峯之上，玉石同焚；大澤之中，龍蛇等斃，何其惜也！」也作「**眞假難辨**」。《西遊記》五八回：「大聖道：『……我與他爭辯到菩薩處，其實相貌言語等俱一般，菩薩也眞假難辨。』」

【眞相畢露】

畢：完全。眞面目或眞實情況完全暴露出來。朱自清《經典常談·尚書第三》：「兩書辨析詳明，證據確鑿，教僞孔體無完膚，眞相畢露。」也作「**眞相大白**」。

【眞相大白】

見「眞相畢露」。

【眞心誠意】

見「眞情實意」。

【眞心實意】

見「眞情實意」。

【眞凶實犯】

眞正的凶犯。《官場現形記》一五回：「快快出去，查明受害的百姓，趕緊指出眞凶實犯，本縣立刻就要辦人！」

【眞贓實犯】

見「眞贓實證」。

【眞贓實證】

贓物和證據都確鑿無疑。《花月痕》一六回：「難爲你尋得出前人許多眞贓實證來。」也作「**眞贓實犯**」。明·無名氏《開詔救忠》三折：「你今眞贓實犯，有何理說。」

【眞知灼見】

灼：明白，透徹。正確而透徹的見解。《警世通言》卷三：「眞知灼見者尚且有誤，何況其他！」

【砧板上的螞蟻——刀下找食】

砧板：切菜用的木板。比喻爲了糊口或獲取某種利益而不顧生命危險。例爲了享樂，他參加了國際販毒集團，眞是砧板上的螞蟻——刀下找食，早晚得送命。也作「**鍘下伸驢頭——刀下找食**」。

【砧板上的肉——該剁】

比喻理所當然受懲罰。例這個流氓進了牢房，居民拍手稱快，都說砧板上的肉——該剁。

【砧板上的魚——隨人宰割】

見「案板上的肉——隨人宰割」。

【砧板上砍骨頭——乾脆】

見「快刀切蘿蔔——乾脆」。

【甄才品能】

甄：審查，鑑別；品：品評，辨別。鑑別品評才能。《南齊書·鬱林王紀》：「東西二省府國，長屯所積，財單祿寡，良以矜懷。選部可甄才品能，推校年月，邦守邑丞，隨宜量處，以貧爲先。」

【甄煩就簡】

通過鑑別，廢除繁冗的，採用簡便的。《魏書·范紹傳》：「紹量功節用，甄煩就簡，凡有賜給，千匹以上，皆別覆奏，然後出之。」

【甄奇錄異】

甄別優異，選錄出衆的人才。《三國志·吳書·步騭傳》：「騭於是條於時事業在荊州界者。」裴松之注引《吳書》：「[李肅]少以才聞，善論議，臧否得中，甄奇錄異，薦述後進，題目品藻，曲有條貫，衆人以此服之。」

【箴規磨切】

箴規：勸戒；磨：磨練；切：切磋。互相勸戒，彼此切磋。唐·韓愈《答馮宿書》：「朋友道缺絕久，無有相箴規磨切之道。」也作「**切磨箴規**」。

【斟酌損益】

仔細考慮，反覆商討，然後決定增減、興革。清·林則徐《查勘礦廠情形試行開採折》：「茲據另議章程五條，無非就自然之利斟酌損益。」

【臻微入妙】

臻：達到。達到精深微妙的境地。宋·黃庭堅《楊子建通神論序》：「天下之學，要之有所宗師，然後能臻微入妙。」也作「**造微入妙**」。宋·沈作喆《寓簡》：「書固藝事，然不得心法不能造微入妙也。」

【臻臻至至】

臻：達到美好的境地；至：最，極。形容非常周到，無可比擬。《水滸傳》三三回：「花榮夫妻幾口兒，朝暮臻臻至至，獻酒供食，伏侍宋江。」

【臻臻狉狉】

臻臻：草木叢生的樣子；狉狉：ㄆㄧ ㄆㄧ，羣獸奔跑的樣子。形容上古時代尚未開化的原始狀態。唐．柳宗元《封建論》：「草木臻臻，鹿豕狉狉。」例原始時代，臻臻狉狉；圖騰社會，渾渾噩噩。

ㄓㄣˇ

【枕邊靈】

形容妻子所說的話，易於生效。《古今小說》卷三八：「嬌妻喚做枕邊靈，十事商量九事成。」

【枕戈嘗膽】

戈：古代兵器；膽：苦膽。頭枕兵器，口嘗苦膽。形容發憤圖强，復仇心切。《明史．聊讓傳》：「陛下枕戈嘗膽之秋，可不拔賢舉能，一新政治乎？」也作「**枕戈飲膽**」。《梁書．元帝紀》：「孤以不德，天降之災，枕戈飲膽，扣心泣血。」

【枕戈待旦】

枕著兵器等待天明。形容時刻警惕敵人，隨時準備作戰。《晉書．劉琨傳》：「吾枕戈待旦，志梟逆虜。」也作「**枕戈俟旦**」。《魏書．蕭寶夤傳》：「仇恥未復，枕戈俟旦，雖無申包之志，敢忘伍胥之心。也作「**枕戈待敵**」。《南齊書．諸淵傳》：「結壘新亭，枕戈待敵，斷決之策，實有由然。也作「**枕戈待命**」。

【枕戈待敵】

見「枕戈待旦」。

【枕戈待命】

見「枕戈待旦」。

【枕戈汗馬】

枕戈：頭枕武器；汗馬，馬疾馳出汗。頭枕武器稍息，戰馬汗濕未乾。形容時刻準備出戰殺敵立功。《明史．曾銑傳》：「臣非不知兵凶戰危，而枕戈汗馬，切齒痛心有日矣。」

【枕戈泣血】

頭枕武器，眼睛哭出血來。形容哀喪至極，隨時準備殺敵雪恨。《梁書．元帝紀》：「夷狄入侵，枕戈泣血，鯨鯢未歸，投袂勤王。」

【枕戈寢甲】

枕著兵器，穿著鎧甲睡覺。形容經常處在戰備狀態。《晉書．赫連勃勃載記》：「自枕戈寢甲，十有二年，而四海未同，遺寇尚熾。」也作「**枕戈坐甲**」。《周書．文帝紀上》：「如其首鼠兩端，不時奉詔，專戮違旨，國有常刑，枕戈坐甲，指日可見。」

【枕戈俟旦】

見「枕戈待旦」。

【枕戈飲膽】

見「枕戈嘗膽」。

【枕戈坐甲】

見「枕戈寢甲」。

【枕藉經史】

見「枕經籍書」。

【枕經籍書】

籍：同「藉」，鋪墊。枕經典而臥，鋪詩書而居。形容專心一意讀書。漢．班固《答賓戲》：「徒樂枕經籍書，紆體衡門。」也作「**枕藉經史**」。清．張泰來《江西詩社宗派圖錄》：「李彭家貧績學，枕藉經史，詩文能兼諸家之長。」

【枕冷衾寒】

枕頭冷被子寒。形容因獨眠無伴而孤寂冷寞。明．朱鼎《玉鏡台記．閨思》：「看金鈿花褪，玉鏡塵滿，重門長自掩，盼薄情人遠，薄情人遠，閃得奴枕冷衾寒，影隻形單。」

【枕山棲谷】

枕：枕著，引申爲臨近、靠近；棲：鳥類停留、歇宿，泛指停留、居住。靠山而臥，身居幽谷。比喻隱居山林。《後漢書．黃瓊傳》：「誠遂欲枕山棲谷，擬跡巢、由，斯則可矣，若當輔政濟民，今其時也。」

【枕石漱流】

用石頭作枕，用流水漱口。形容隱逸的生活。三國魏．曹操《秋胡行》：「道深有可得，名山歷觀。遨遊八極，枕石漱流飲泉。」《三國志．蜀書．彭羕傳》：「伏見處士綿竹秦宓，枕石漱流，吟咏緼袍。」也作「**枕岩漱流**」。南朝宋．謝靈運《遊名山志序》：「俗議多云，歡足本在華堂，枕岩漱流者乏於大志，故保其枯槁。」

【枕頭底下放罐子——空想】

比喻想法不切實際。例你的計畫是枕頭底下放罐子——空想，根本實現不了。也作「**竹筒當枕頭——空想**」、「**枕竹筒睡覺——做空夢**」、「**狗望碗櫃——白想**」、「**和尚夢見嫁妝——空想**」、「**爬高梯摘月亮——空想**」。

【枕頭風】

指妻子對丈夫說的話。例大家放心，他不是那種被枕頭風吹得倒的人。他原則性很强，一定會秉公處理。

【枕溪靠湖】

枕：臨，靠近。挨著溪流靠近湖畔。《水滸傳》一〇回：「林沖踏著雪只顧走，看看天色冷得緊切，漸漸晚了，遠遠望見枕溪靠湖一個酒店，被雪漫漫地壓著。」

【枕席過師】

枕席：枕頭和席子，借指床舖；師：軍隊。軍隊如同在臥榻上通過。形容行軍道路平坦。《漢書．越充國傳》：「治湟陿中道橋，令可至鮮水，以制西域，信威千里，從枕席上過師。」

【枕岩漱流】

見「枕石漱流」。

【枕著扁擔睡覺——想得寬】
見「扁擔上睡覺——想得寬」。
【枕著烙餅挨餓——懶死了】
見「抄著手過日子——懶死了」。
【枕著竹筒睡覺——空頭空腦】
見「睡覺不枕枕頭——空頭空腦」。
【枕中鴻寶】
泛指稀有的珍貴書籍。《漢書・劉向傳》：「上復興神仙方術之事，而淮南有《枕中鴻寶》。」
【枕竹筒睡覺——做空夢】
見「枕頭底下放罐子——空想」。

ㄓㄣˋ

【陣馬風檣】
陣馬：衝鋒陷陣的戰馬；風檣：乘風疾駛的帆船。比喻氣勢雄壯豪邁。金・元好問《送劉子東遊》：「劉郎世舊出雄邊，生長幽、並氣質全。陣馬風檣見豪舉，雪車冰柱得眞傳。」也作「風檣陣馬」。
【振筆疾書】
揮動筆桿，迅速地寫了起來。形容文思敏捷，書寫速度快。《清朝野史大觀》卷九《學使以快短明衡文》：「題紙一下，不可構思，振筆疾書，奔往交卷。」
【振臂一呼】
揮動手臂，高聲召喚。魯迅《吶喊・自序》：「因爲這些經驗使我反省，看見了自己：就是我絕不是一個振臂一呼應者雲集的英雄。」
【振古如茲】
振：自；茲：這樣。從古以來就是這樣。《詩經・周頌・載芟》：「匪且有且，匪今斯今，振古如茲。」
【振領提綱】
振：與「挈」同，提，舉；提：提起，抓住；綱：收網的繩。挈衣之領，提綱之網。比喻抓住關鍵。《隋書・潘徽傳》：「振領提綱，去其繁雜，撮其指要，勒成一家。」也作「提綱挈領」。
【振聾發聵】
振：振動；發：開啓；聵：ㄎㄨㄟˋ，耳聾。發出很大的聲響，使耳聾的人能夠聽到。比喻用語言、文字、戲曲等給人以極大的啟發，喚醒糊塗麻木的人，使他們清醒過來。郭紹虞《中國歷代文化論選・說明》：「這種大膽的評論，打破了傳統的宗經征聖的文學觀，在當時起了振聾發聵的作用。」也作「振聾啟聵」、「發聾振聵」。
【振鷺充庭】
振鷺：振動翅膀的白鷺，比喻操作純潔的賢人。白鷺充滿廳堂。比喻賢人衆多。《後漢書・蔡邕傳》：「鴻漸盈階，振鷺充庭。」也作「振鷺在庭」。南朝梁・任昉《爲蕭揚州薦士表》：「白駒空谷，振鷺在庭。」
【振鷺在庭】
見「振鷺充庭」。
【振民育德】
振：救；育德：培養品德。救濟、幫助百姓，以培養自己的道德修養。《梁書・武帝紀中》：「雖禪代相舛，遭會異時，而微明迭用，其流遠矣。莫不振民育德，光被黎元。」
【振貧濟乏】
振：同「賑」，救濟。救濟貧窮困乏的人。晉・魯褒《錢神論》：「四時行焉，百物生焉，錢不如天；達窮開塞，振貧濟乏，天不如錢。」
【振窮恤寡】
恤：救濟；寡：這裏孤苦的人。救濟窮苦的人。《北史・魏紀四》：「壬寅，詔以旱故，命依舊雩祈，察理冤獄，掩骴埋骼，振窮恤寡。」也作「振窮恤貧」。《明史・王越傳》：「睦族敦舊，振窮恤貧，如恐不及。」
【振窮恤貧】
見「振窮恤寡」。
【振裘持領】
振：整理；裘：皮衣。要整理皮衣，必須拿著衣領。比喻做事要抓住關鍵。漢・楊倫《上書案坐任嘉舉主罪》：「臣聞春秋誅惡及本，本誅則惡消；振裘持領，領正則毛理。」也作「振衣提領」。北周・王褒《京師突厥寺碑》：「索隱窮源，振衣提領。」
【振衣提領】
見「振裘持領」。
【振衣濯足】
振：揮動，抖動；濯：滌，洗。在高山上抖衣，在長河裏洗腳。比喻摒棄榮華富貴，隱居山林。晉・左思《咏史》詩：「振衣千仞岡，濯足萬里流。」宋・吳曾《能改齋漫錄・咏題畫李白眞》引宋・饒節詩：「再拜先生淚如洗，振衣濯足吾往已。」
【振纓公朝】
見「振纓中朝」。
【振纓中朝】
振纓：彈冠，指出仕；中朝：朝中，朝廷。指入朝做官。《晉書・周馥傳》：「馥振纓中朝，素有俊彥之稱。」也作「振纓公朝」。晉・陶潛《晉故征西大將軍長史孟府君傳》：「振纓公朝，則德音允集。」
【振振有詞】
振振：理直氣壯的樣子。自以爲理由充足說個不停。鄭振鐸《書之幸遠》：「寒士無書可讀，要成一個博學者，眞是難於登天呢！他振振有詞的如此著，他的妻倒弄得沒有什麼話可說了。」
【振作有爲】
振作：振奮，奮發；有爲：有作爲，有志氣。形容奮發有爲。《官場現形記》五六回：「此時制台正想振作有爲。」
【賑窮濟乏】
賑救和幫助窮困的人。《舊唐書・李軌傳》：「李軌字處則，武威姑臧人也。有機辯，頗窺書籍，家富於財，賑窮濟乏，人亦稱之。」

【震耳欲聾】
震得耳朵都要聾了。形容聲音很大。姚雪垠《李自成》一卷三〇章：「澗水傍著右邊懸崖奔騰，沖著大小石頭，飛濺著水花和雨星，發出震耳欲聾的巨聲。」

【震風陵雨】
震風：疾風；陵雨：暴雨。疾風暴雨。漢・揚雄《法言・吾子》：「震風陵雨，然後知夏屋之為帡幪也。」

【震古鑠金】
鑠：ㄕㄨㄛˋ，也作「爍」，閃耀。震動古代，顯耀當世。形容事業偉大或功績卓著。明・史可法《覆多爾袞書》：「此等舉動，震古鑠金。」

【震撼海宇】
海宇：指國境以內。使全國受到震動。《宋史・洪咨夔傳》：「陛下親政以來，威福操柄，收還掌握，揚廷出令，震撼海宇。」

【震撼人心】
撼：動搖。指某件事對人震動很大。例這場詩歌演唱會，具有一股震撼人心的氣氛。

【震天動地】
震動了天地。形容聲勢浩大或氣勢雄偉。《三國演義》四一回：「二縣百姓號哭之聲，震天動地。」也作「震天駭地」。《晉書・孫楚傳》：「士卒奔邊，其會如林，煙塵俱起，震天駭地。也作「震天撼地」。例戰士們喊殺聲震天撼地。也作「天震地駭」。

【震天駭地】
見「震天動地」。

【震天撼地】
見「震天動地」。

【震天鑠地】
震顫天空，照亮大地。形容聲勢浩大，氣勢雄偉，令人驚駭。梁啟超《義大利建國三傑傳》一七節：「吾敢信捲土重來之機會，震天鑠地之奇觀，其絕不遠也。」

【震主之威】
有使君主感到畏忌的權勢。《史記・淮陰侯傳》：「夫勢在人臣之位而有震主之威，名高天下，竊為足下危之。」

ㄓㄤ

【張不開嘴】
指不好意思說。例她這個人做事一向公事公辦，現在為了孩子分配，要找當年的秘書開後門，實在張不開嘴。

【張敞畫眉】
張敞：漢時平陽人，宣帝時為京兆尹。張敞為妻子畫眉。比喻夫婦恩愛之情。《漢書・張敞傳》：「然敞無威儀，時罷朝會，過走馬章台街，使御史驅，自以便面拊馬。又為婦畫眉，長安中傳張京兆眉憮。有司以奏敞。上問之，對曰：『臣聞閨房之內，夫婦之私，有過於畫眉者。』」北周・庾信《謝滕王賚馬啟》：「張敞畫眉之暇，直走章台；王濟飲酒之歡，長驅金埒。也作「京兆畫眉」、「畫眉張敞」、「畫眉夫婿」。

【張大其詞】
張大：誇大。言過其實。《官場現形記》一七回：「地方文武張大其詞，稟報到省；上頭為所蒙蔽，派了胡統領下來。」

【張大其事】
把事情誇大。唐・韓愈《送楊少尹序》：「太史氏又能張大其事，為傳繼二疏蹤跡否？」

【張燈掛彩】
見「張燈結彩」。

【張燈結彩】
張：懸掛，設置；彩：彩球，彩帶。掛上燈籠，繫結彩綢。比喻熱鬧的喜慶場面。《三國演義》六九回：「告諭城內居民，盡張燈結彩，慶賞佳節。」也作「張燈掛彩」。《歧路燈》一〇〇回：「老倆口坐在張燈掛彩棚下，吃一杯鄉黨慶壽酒。」

【張飛折橋——有勇無謀】
據《三國演義》載：張飛在長坂橋喝退百萬曹軍。後下令拆了長坂橋，反而促使曹軍搭橋引兵追擊。見「徒手打老虎——有勇無謀」。

【張飛穿針——大眼瞪小眼】
張飛穿針時用如環大眼瞪著針鼻子的小眼。比喻有了困難或問題，驚訝詫異，目瞪口呆。有時形容兩人怒目相視的樣子。例這個消息使他像張飛穿針——大眼瞪小眼，不知如何是好。也作「張飛拿耗子——大眼瞪小眼」、「張飛玩刺蝟——大眼瞪小眼」、「張飛看地鼠——大眼瞪小眼」、「花和尚穿針——大眼瞪小眼」。

【張飛穿針——有勁無處使】
見「大象逮老鼠——有勁使不上」。

【張飛粗中有細，諸葛細中有粗】
比喻粗魯的人也有細心的時候；小心謹慎的人也有粗心大意的時候。例你不能用固定的眼光看人，張飛粗中有細，諸葛細中有粗。他這次一定能夠小心謹慎的。

【張飛打岳飛——亂了朝代】
張飛是三國時蜀漢大將，岳飛是南宋愛國英雄、抗金將領。兩人不可能在一起打。見「關公戰秦瓊——亂了朝代」。

【張飛戴口罩——顯大眼】
據《三國演義》描寫張飛生得「豹頭環眼」。如戴上口罩更顯出濃眉大眼，雙關語。見「窩窩頭翻個兒——顯大眼」。

【張飛放嚴顏——粗中有細】
張飛在入蜀途中，曾智擒嚴顏，又義釋嚴顏，使嚴顏折服投降。也作「張飛使計謀——粗中有細」、「張飛繡花——粗中有細」。見「棒槌拉胡琴——粗中有細」。

【張飛賣秤錘——人強貨硬】
比喻做事紮紮實實。也指能言善辯理直氣壯。例這個人是張飛賣秤錘——

人强貨硬，沒有可挑剔的。

【張飛賣刺蝟——人强貨扎手】

也作「張飛賣箭豬——人强貨扎手」。見「李逵賣刺蝟——人强貨扎手」。

【張飛賣豆腐——人强貨不硬】

見「關夫子賣豆腐——人强貨不硬」。

【張飛耍槓子——輕而易舉】

見「彎腰拾稻草——輕而易舉」。

【張飛睡覺——眼不閉】

據《三國演義》描寫：張飛睡覺常鼾聲如雷，鬚豎目張。比喻死不甘心。例「四化」大業不成功，雖死，還是張飛睡覺——眼不閉。也作「蛤蚧剝皮——眼不閉」。

【張飛繡花——粗中有細】

也作「張飛穿針——粗中有細」、「猛張飛賣針——粗中有細」。見「棒槌拉胡琴——粗中有細」。

【張飛繡花——力不從心】

見「跳蚤頂被窩——力不從心」。

【張飛遇李逵——黑對黑】

據《三國演義》、《水滸傳》描寫，張飛、李逵都是黑臉大漢。見「烏鴉落在豬身上——黑對黑」。

【張飛戰馬超——不分勝負】

《三國演義》故事：馬超被曹操戰敗後投奔張魯，張魯派他偷襲葭萌關。張飛隨劉備救援，在關下迎戰馬超。一日之間曾三戰馬超，仍不分勝負。比喻勢均力敵，旗鼓相當。例兩個突擊隊的勞動競賽，是張飛戰馬超——不分勝負，雙雙並列第一。

【張飛掌鵝毛扇——不得不充孔明】

孔明：即三國時諸葛亮，他手中常執一柄羽毛扇，更顯出他的足智多謀的形象。比喻迫不得已擔任自己不能勝任的職位或力所不及的工作。例我德才有限，大家把我推上公司領導崗位，實在是張飛掌鵝毛扇——不得不充孔明，但願不辜負衆望。

【張綱埋輪】

《後漢書·張綱傳》：「漢安元年，選遣八使徇行風俗，皆耆儒知名，多歷顯位，唯綱年少，官次最微。余人受命之部，而綱獨埋其車輪於洛陽都亭，曰：『豺狼當路，安問狐狸？』遂奏彈大將軍梁冀及其弟梁不疑，京師爲之震悚。」後以「張綱埋輪」指抨擊權貴，無所畏懼。

【張公養鳥，死多活少】

張公：指三國時張飛。比喻粗心人幹不了細活。例這幾年時興個人承包，號稱馬大哈的張彪也養起鵪來了，結果成了張公養鳥，死多活少。

【張冠李戴】

冠：帽子。姓張的帽子，姓李的戴著。比喻名實不符或弄錯了對象。清·孫承澤《天府廣記·錦衣衛》引崇禎十一年諭：「彼卑官小卒，以衙門爲活計，惟知利嗜利，鮮有艮心……甚至張冠李戴，增少爲多，或久禁暗處，或苦打屈服。」也作「李戴張帽」。

【張鬼熱】

比喻假獻殷勤。例你收起那一套張鬼熱吧！別把人當傻瓜！

【張果老撑鐵船】

張果老：傳說中倒騎毛驢的仙人，比喻不可能遇到的事情。例他們如能考取大學，那就是張果老撑鐵船了！

【張果老倒騎驢——背道而馳】

比喻彼此的方向或目的完全相反。例這兩個親密的朋友，在一場政治鬥爭中，是張果老倒騎驢——背道而馳，徹底地分裂了。

【張果老倒騎驢——朝後看】

見「拉旱船的瞧活——往後看」。

【張果老倒騎驢——有眼不見畜生面】

比喻沒有看清楚壞人的眞面目。有時也比喻對某人極端蔑視，不屑一顧。例我竟開門揖盜，把這個壞蛋招聘進廠，眞是「張果老倒騎驢——有眼不見畜生面」。

【張果老賣壽星——倚老賣老】

見「壽星佬賣媽媽——倚老賣老」。

【張果老騎驢——倒著走】

比喻倒退。例不跟上時代的潮流，就必然是張果老騎驢——倒著走。不進則退，別無選擇。

【張果老騎驢——走著瞧(趙橋)】

走著瞧：「走趙橋」的諧音。民間傳說，魯班（實際上是李春）在河北趙州洨河上一夜修起一座石橋。張果老聽說後就騎上白驢趕來，柴王爺也推著車子來，車上載著四座山，壓得橋搖搖擺擺，魯班用雙手把橋支住。見「騎驢看唱本——走著瞧」。

【張翰思歸】

張翰：張秀鷹，西晉文學家，在洛陽做齊王東曹掾。指張翰棄官歸里。指不慕名爵，思鄉歸里，以求自適。南朝宋·劉義慶《世說新語·識鑑》：「張季鷹辟齊王東曹掾，在洛，見秋風起，因思吳中菰菜羹鱸魚膾，曰：『人生貴得適意爾，何能羈宦數千里以要（邀）名爵。』遂命駕便歸。」唐·白居易《端居咏懷》詩：「賈生俟罪心相似，張翰思歸事不如。」

【張紅燃爆】

張貼紅喜報或對聯，燃放爆竹。表示祝賀。梁啟超《新民說》一一：「考選入校，則張紅燃爆以示寵榮。」

【張皇莫措】

見「張皇失措」。

【張皇失措】

張皇：慌張；失措：舉止失常。慌慌張張，不知如何是好。也作「張皇莫措」。清·紀昀《閱微草堂筆記·如是我聞一》：「里有婦人飲此者，方張皇莫措，忽一嫗排闥入曰：『可急取隔壁賣腐家所磨豆漿灌之。』」也作「張皇無措」。《官場現形記》五三回：「畢竟是賊人膽虛，終不免失魂落魄，張皇無措。」

【張皇無措】

見「張皇失措」。

【張家不就，李家不成】

比喻在婚姻上過於挑剔，總是談不成。例這幾年她挑來揀去，「張家不就，李家不成」，結果耽誤到三十八歲，還沒有結婚。

【張家長，李家短】

比喻無聊地閒扯這家或那家的瑣事。例婦女們幹完活兒，三個一堆，五個一起，總是張家長，李家短的，說起來沒個完。

【張甲李乙】

見「張三李四」。

【張口結舌】

張口：張著嘴；結舌：舌頭不能轉動。張著嘴說不出話來。形容理屈詞窮或緊張、驚恐說不出話的樣子。《兒女英雄傳》二三回：「公子被他問的張口結舌，面紅過耳。也作「張口吐舌」。《清平山堂話本・快嘴李翠蓮記》：「大家張口吐舌，忍氣吞聲，簇擁翠蓮上轎。」也作「鉗口結舌」。

【張口吐舌】

見「張口結舌」。

【張了網就走——撒手不管】

比喻不加過問。例他做主管從來是張了網就走——撒手不管，任其員工自流。

【張羅捕虎】

網：羅網。張開羅網來捕捉老虎。比喻事情難有成就。《資治通鑑・晉紀》：「願按兵息民以之化，旆之函秦，此無異解衣抱火，張羅捕虎；雖留共守之，人情未洽，趣尚不同，適足以為寇敵之資耳！」

【張驢兒上公堂——惡人先告狀】

元代雜劇《竇娥冤》中的故事：地痞無賴張驢兒湯裏投毒，欲毒死竇娥婆婆，霸占竇娥，不料反而毒死了饞嘴的父親。張驢兒惡人告狀，買通官吏，編造謊言，誣陷竇娥毒死公爹。竇娥有理難訴含冤被斬。公堂：官吏審理案件的地方。見「水鬼找城隍——惡人先告狀」。

【張脈僨興】

張：張動；張脈：血脈張動；僨：ㄈㄣˋ，動；僨興：緊張，興奮。血脈膨脹，外表緊張。《左傳・僖公十五年》：「亂氣狡憤，陰血周作，張脈僨興，外強中乾，進退不可。周旋不能。」

【張眉努眼】

張：舒展，放開；努：凸出。豎起眉毛，瞪起眼睛。形容故意做作。《朱子語類・論語二十六》：「而今人所以知於人者，都是兩邊作得來，張眉努眼，大驚小怪。」

【張三李四】

張三、李四：假設的姓名。泛稱某人或某些人。也作「張甲李乙」。《三國志・魏書・王修傳》裴松之注引《魏略》曹操與王修書：「張甲李乙，尚猶先之，此主人意待之不優之效也。」也作「李四張三」。

【張三帽子給李四——張冠李戴】

比喻弄錯了對象。例你搞錯了，張三帽子給李四——張冠李戴，我並不是你要找的人，儘管我們的名字相同。也作「張和尚的帽子李和尚戴——張冠李戴」。

【張生遇見崔鶯鶯——一見鍾情】

《西廂記》故事：書生張君瑞上朝應舉，在普救寺與相國小姐崔鶯鶯一見鍾情。見「司馬遇文君——一見鍾情」。

【張順浪裏鬥李逵——以長攻短】

《水滸傳》故事：李逵到江邊索魚，與漁民發生爭鬥，以打漁為業的張順鬥不過力大過人的李逵，便誘李逵上船並使其落水。張順善水性，有「浪裏白條」之稱，李逵水性不好，難於招架，十分狼狽。比喻用自己的長處、優勢去攻擊對方的短處或劣勢。例對方身材高大，不靈活。我們必須像張順浪裏鬥李逵——以長攻短，採取快速多變的戰術，才能取勝。

【張天師被鬼迷住——明人也有糊塗時】

張天師：東漢末年，張道陵創立道教，後來被道教徒尊為「天師」。他的後代承襲道法，也稱為「張天師」。迷信的人認為張天師作法能降鬼驅邪。比喻聰明人也有不明事理的時候。例對人不能苛求，張天師被鬼迷住——明人也有糊塗時。因為一次失誤，就全盤否定，是不公道的。

【張天師被鬼降住了——無法可使】

雙關語。比喻沒有辦法，一籌莫展。例這些難題，既然專家們也是張天師被鬼降住了——無法可使，那只好放棄做這項工程了。也作「張天師被娘打——有法難使」、「孫猴子戴上緊箍——有法難使」、「孫悟空遇到如來佛——無法可使」。

【張天師被女鬼迷住——甘受引誘】

比喻心甘情願被人勾引。例他早就希望發不義之財，這次走上犯罪的道路，是張天師被女鬼迷住——甘受引誘。

【張天師過海不用船——自有法度（渡）】

度：「渡」的諧音，雙關語。比喻言行有準則或有所遵循。例他不是一個輕舉妄動的人，所做的一切，就像張天師過海不用船——自有法度(渡)。

【張天師失去五雷印——沒法】

五雷印：據說是張天師手中的武器，能發雷鎮妖。見「狐狸遇上地老鼠——沒辦法」。

【張天師下海——莫（摸）怪】

莫：「摸」的諧音，雙關語。比喻不必責備和埋怨。例她無意中說了些傷你自尊心的話，張天師下海——莫（摸）怪。

【張天師抓妖——拿手好戲】

見「猴子爬樹——拿手好戲」。

【張王李趙】
泛指某些人或尋常人。宋・朱弁《曲洧舊聞》卷七：「俚俗有『張王李趙』之語，猶言是何等人，無足掛齒牙之意也。」

【張勳復辟——妄想】
指封建軍閥張勳擁戴清廢帝溥儀復辟，僅十二天就失敗了。也作「張勳復辟——痴心妄想」。見「癩蛤蟆想吃天鵝肉——痴心妄想」。

【張牙舞爪】
形容壞人猖狂凶惡的樣子。《初刻拍案驚奇》卷八：「有一等做公子的，依靠著父兄勢力，張牙舞爪，詐害鄉民，受投獻，窩贓私，無所不為，百姓不敢聲冤，官司不敢盤問，難道不是大盜？」也作「舞爪張牙」。

【張筵設戲】
張：陳設；筵：酒席。酒席宴上，安排唱戲。形容舖張浪費，講究排場。例為給賈母過生日，賈府張筵設戲。

【張樂設飲】
準備樂隊，擺上酒席。指設宴歡迎。《戰國策・秦策》：「蘇秦將說楚，路過洛陽，父母聞之，清宮除道，張樂設飲，郊迎三十里。」

【章甫薦履】
章甫：殷時帽子名；薦履：草鞋。帽子在腳下，鞋子在上邊。比喻上下顛倒，是非顛倒。《南史・劉虯傳》：「是以握瑜懷玉之士，瞻鄭邦而知退；章甫薦履之人，望閩鄉而嘆息。」

【章句之徒】
只知道尋章摘句，不能完整理解文章內容的人。漢・揚雄《解嘲》：「章句之徒，相與坐而守之亦無所患。」

【章決句斷】
章：篇章；決：斷。指文章層次清楚，句讀明白。《楚辭・天問敍》：「今則稽之舊章，合之經傳，以相發明，為了符驗，章決句斷，事事可曉，俾後學者永無疑焉。」

【章善癉惡】
見「彰善癉惡」。

【章台楊柳】
章台：戰國時秦渭南離宮的台名，漢代長安台下街名，舊時用做妓院所在地的代稱；章台楊柳：舊稱妓女。明・胡文煥《分釵記・分釵夜別》：「你是人間豪俊，當思顯姓揚名，須聽，再休折章台楊柳。」

【彰明較著】
彰：明；較：明顯；著：顯著。形容事理明顯，極容易看清楚。《宦海》六回：「從前還是偷偷摸摸的，如今竟是彰明較著的奉了憲諭開起賭來。」

【彰善癉惡】
彰：表揚；癉：ㄉㄢˋ，憎恨。表彰好的，震懾壞的。《晉書・徐廣傳》：「習氏、徐公俱云筆削，彰善癉惡以為懲勸。」也作「章善癉惡」。《禮・緇衣》：「有國者章善癉惡，以示民厚，則民情不貳。」也作「癉惡彰善」。

【彰往察來】
記載往事察知未來。《周易・繫辭下》：「夫《易》彰往而察來，而顯微闡幽。」也作「彰往考來」。晉・杜預《春秋左氏傳序》：「若夫制作之文，所以彰往考來，情見乎辭。」

【彰往考來】
見「彰往察來」。

【獐頭鼠目】
獐頭：獐子的頭，小而尖；鼠目：老鼠的眼睛，小而圓。舊時相術家以為寒賤之相，用來形容貧賤寒酸之態。後多用以形容相貌醜陋而神情狡猾的人。《舊唐書・李揆傳》：「初，揆秉政，待中苗晉卿累薦元載為重官。揆自恃門望，以載地寒，意甚輕易，不納，而謂晉卿曰：『龍章鳳姿之士不見用，獐頭鼠目之子乃求官。』」也作「鼠目獐頭」、「狗頭鼠腦」、「蠅頭鼠腦」。

【慞惶失次】
慞惶：慌張，忙亂；次：常態。驚慌忙亂失去常態。《雲笈七籤》卷一〇三：「守眞受教而往，方至其家，坐於官館，而岐哥已覺，慞惶失次。」

【蟑螂跌下油鍋——全身都酥了】
蟑螂：昆蟲，常咬壞衣物，並傳染疾病。見「油炸麻花——全身都酥了」。

ㄓㄤˇ

【長出翅膀的鳥兒——歡躍欲飛】
形容歡喜若狂，高興極了。例兒童節這一天，幼稚園的孩子就像長出翅膀的鳥兒——歡躍欲飛。

【長骨頭】
比喻增強意志和決心。例你見壞人行凶，撒腿就跑，也不去報警，你長骨頭沒有？

【長行市】
比喻自認為身價高了。例這個人太庸俗了，才出了一次國，就長行市，對工作挑肥揀瘦起來。

【長就的牛角——值（直）不得】
見「半山坡上彎腰樹——值（直）不得」。

【長老種芝麻——未見得】
長老：老和尚；未見得：沒有見到收穫。傳說種芝麻必須夫妻同時下種，才能豐收；否則，種下的芝麻或不結實，或結實不多。雙關語。比喻不一定。例「這場球我們贏定了。」「長老種芝麻——未見得，對方實力也不弱。」

【長了三隻手——愛偷】
三隻手：〈方〉扒手。指品質惡劣，喜歡幹偷雞摸狗的壞事。例「聽說小李子又進了少管所，為什麼？」「還不是老毛病，長了三隻手——愛偷。」

【長了兔子腿——跑得快】
形容人行動迅速。例轉眼就不見了，眞是長了兔子腿——跑得快。

【長吏食厚祿，芻蒿豐美馬】
長吏：地位較高的官員；芻蒿：野

草。高級官員優厚俸祿，生活安逸，就如同馬吃野草，膘肥體壯。例古語說：「長吏食厚祿，芻蒿豐美馬。」咱們那能和他們比呀！

【長年三老】

長年：指老年人或船工。船上使篙和掌舵的船工。唐·杜甫《撥悶》詩：「長年三老遙憐汝，捩舵開頭捷有神。」

【長他人銳氣，滅自己威風】

見「長他人志氣，滅自己威風」。

【長他人志氣，滅自己威風】

比喻抬高別人，貶低自己，使自己喪失了信心和勇氣。例每當弟弟一直羨慕隔壁的小蔡，長得帥、功課又好時，姊姊就開導他：「別只長他人志氣，滅自己威風，重要的是要知道隨時充實提昇自己。」也作「長他人銳氣，滅自己威風」。

【長禿瘡害腳氣——兩頭不落一頭】

禿瘡：即黃癬，南方叫瘌痢。見「瘌痢頭長腳癬——兩頭不落一頭」。

【長心眼】

①指變得聰明。例這孩子比以前長心眼，分得清裏外親疏了。②比喻留心、思考。例到那人生地不熟的地方，你可要多長個心眼，別讓媽擔心。

【長兄若父，長嫂若母】

父母去世以後，大哥大嫂就如同父母一樣。例人常說：「長兄若父，長嫂若母。」何況曼香從小是他嫂子一把屎一把尿拉扯大的，她能不心疼她嫂子嗎？

【長幼有序】

舊指年長者與年少者之間，應有尊卑的次序。《孟子·滕文公上》：「夫婦有別，長幼有序。」

【長者車轍】

有德行、有地位的人所乘之車壓出的痕跡。多指人有才有德，受到敬重。《史記·陳丞相世家》：「[張]負隨[陳]平至其家，家乃負郭窮巷，以敝席爲門，然門外多有長者車轍。」

【長者賜，少者不敢辭】

長輩的賞賜，晚輩應該接受，不能推辭。例古話說：「長者賜，少者不敢辭。」她雖然覺得禮物太重，也只好恭敬地接受。

【長者家兒】

舊指權勢人家的子弟。《後漢書·馬援傳》：「援謂友人曰：『吾受厚恩，恐不得死國事，今獲所願，但畏長者家兒，或在左右，或與從事，殊難得調，介介獨惡是耳。』」

【掌磅秤的報數兒——句句實話】

數兒：數目。比喻說的都是實際情況。例他語重心長，所說的眞是掌磅秤的報數兒——句句實話。

【掌舵的心不慌，乘船的才穩當】

比喻領導能夠沉著、冷靜，才能使羣衆的情緒穩定。姜樹茂《漁港之春》一〇章：「俗話說：掌舵的心不慌，乘船的才穩當。你一慌，大夥才急了，關鍵是你。」

【掌上觀紋】

紋：紋路。察看自己手掌上的紋路。比喻事情極爲容易。元·無名氏《博望燒屯》一折：「憑著您兄弟坐下馬，手中槍，萬夫不當之勇，覷那曹操，掌上觀紋。」

【掌上明珠】

指極受鍾愛的人。多指受父母喜愛的女兒。明·湯顯祖《牡丹亭·訓女》：「嬌養他掌上明珠，出落的人中美玉。」

【掌印把子】

比喻掌握政權或主持事務。例改革開放，使她這個普通農婦，一下子成了村裏掌印把子的人了。

ㄓㄤˋ

【丈八的燈台——照見人家，照不見自己】

見「鍋底笑話缸底黑——只見人家黑，不見自己黑」。

【丈八的燈台——照遠不照近】

見「竹竿上掛燈籠——照遠不照近」。

【丈二長的扁擔——摸不著頭尾】

形容辦事找不到頭緒。例你來這裏幾個月了，怎麼工作還是丈二長的扁擔——摸不著頭尾？

【丈二金剛——摸不著頭腦】

金剛：佛的侍從力士，因手持金剛杵（古代印度兵器）而得名。比喻莫名其妙，弄不清底細。例小黃對他兩人鬼鬼祟祟的行動，簡直是丈二金剛——摸不著頭腦。也作「丈二的和尚——摸不著頭腦」、「丈八和尚——摸不著腦袋」、「丈八金剛——摸不著腦袋」。

【丈二寬的長袍——大搖（腰）大擺】

搖：「腰」的諧音。見「府官進縣衙——大搖大擺」。

【丈夫非無淚，不灑別離時】

大丈夫男子漢，不是沒有感情，但是不在別離時流淚。例古語說得好：「丈夫非無淚，不灑別離時。」快別哭了，讓人笑話！

【丈夫墳前哭爹媽——上錯了墳】

比喻看錯了對象或碰了釘子。例你到這裏來搗什麼亂？丈夫墳前哭爹媽——上錯了墳，沒有便宜可占。

【丈夫流血不流淚】

大丈夫可以流血犧牲，絕不流眼淚。例日本鬼子把大虎抓走，娘哭得跟一個淚人似的，大虎卻昂著頭，一滴淚也沒有。丈夫流血不流淚。

【丈夫搧扇子——淒（妻）涼】

淒：「妻」的諧音。雙關語。形容境況淒慘悲涼。例土匪搶劫以後，村裏是丈夫搧扇子——淒（妻）涼得很。

【丈夫生世會幾時，安能蹀躞垂雙翼】

蹀躞：ㄉㄧㄝˊ ㄒㄧㄝˋ，小步行走。

大丈夫生在世上能有多少時間，怎能像邁著小步行走，垂著雙翼的鳥呢？謂比喻人生在世，應奮發有爲。南朝宋・鮑照《擬行路難》詩：「對案不能食，拔劍擊柱長嘆息。丈夫生世會幾時，安能蹀躞垂雙翼。」

【丈夫有淚不輕彈】

彈：掉落。形容男子漢剛强不屈。明・李開先《寶劍記》三七齣：「丈夫有淚不輕彈，只因未到傷心處。」

【丈母娘誇姑爺——好得很】

丈母娘：岳母；姑爺：〈方〉女婿。見「挖井碰上自流泉——好得很」。

【丈母娘瞧女婿——越看越歡喜】

形容越來越高興。例對這裏的工作，我是丈母娘瞧女婿——越看越歡喜，決心幹一輩子。

【丈母娘疼女婿——誠心實意】

比喻眞實而誠懇的心意。例他對你就像丈母娘疼女婿——誠心實意，可你卻辜負了他的一片眞誠。也作「**丈母娘疼女婿——誠心誠意**」。

【丈母娘遇親家母——婆婆媽媽】

形容人行動緩慢，語言囉嗦。例說話要乾脆、簡練，別丈母娘遇親家母——婆婆媽媽的。

【丈人行】

丈人：通稱老人；行：行輩。對長輩的尊稱。唐・杜甫《李潮八分小篆歌》：「豈知吾甥不流宕，丞相中郎丈人行。」清・汪琬《翰林院修撰繆公墓志銘》：「公每肅余輩入，必具酒炙，示殷勤，未嘗以丈人行自抗也。」

【仗馬寒蟬】

仗馬：皇帝參加祀典、朝會和出巡時作爲儀仗的馬；寒蟬：深秋的知了。像皇宮儀仗中的立馬和深秋的知了一樣不說話。比喻有所顧慮而一言不發；也指不敢說話的人。程道一《庚子事變演義》：「所以這時只有許景澄、袁昶等數人，尚敢拚死諫言，以外諸大臣明知說出是禍，都作了仗馬寒蟬。」也作「**寒蟬仗馬**」、「**噤若寒蟬**」。

【仗氣使酒】

仗氣：任氣；使酒：因酒使氣。任性發酒瘋。《北齊書・崔瞻傳》：「仗氣使酒，我之常弊，詆訶指切，在卿尤甚。」也作「**使酒仗氣**」。

【仗勢欺人】

依仗某種勢力欺壓別人。明・李開先《寶劍記》三三齣：「賊子無知，仗勢欺人敢妄爲，百樣沒仁義，一味趨權勢。」也作「**倚勢欺人**」。

【仗腰子】

指撐腰、支持。例他說話這麼霸氣，肯定有人給他仗腰子。

【仗義疏財】

仗義：主持正義；疏財：分散家財。主持正義，輕視錢財。指爲幫助別人而慷慨解囊。元・無名氏《九世同居》二折：「父親生前說有張公藝，此人平昔仗義疏財。」也作「**疏財仗義**」、「**輕財仗義**」、「**輕財重義**」。

【仗義執言】

執言：說公道話。爲了正義說公道話。《東周列國志》一四回：「若以文、武、宣、平之靈，仗義執言，四國悔罪，王室之福。也作「**仗義直言**」。《京本通俗小說・馮玉梅團圓》：「此人姓范名汝爲，仗義直言，救民水火。」

【仗義直言】

見「仗義執言」。

【杖節牧羊】

手拿使節的節杖，去放牧羊羣。形容不忘使命。《漢書・蘇武傳》：「武既至海上，廩食不至，掘野鼠，去屮實而食之，杖漢節牧羊，臥起操持，節旄盡落。」

【杖履相從】

杖履：扶杖漫步；從：跟隨。執杖漫行，追隨隱居之人。金・王若虛《滹南遺老集・茹先生道院記》：「予雖不識公，而有斯人在，會當同住，仗履相從，訪公之故居而躡其止遺蹤。」

【杖履追隨】

杖履：扶杖漫步，指受尊敬的老者。追隨退居的尊長。王文濡、王有珩《聯對大全・唁衰》四：「平時杖履追隨，陪侍竹林叨訓誨。」也作「**追陪杖履**」。宋・蘇軾《與王慶源書》：「日欲還鄉，追陪杖履。」

【杖莫如信】

杖：憑倚；信：信用。可仗恃的莫過於守信用。《左傳・襄公八年》：「舍之聞之：『仗莫如信。』完守以老楚，杖信以待晋，不亦可乎。」

【杖頭百錢】

南朝宋・劉義慶《世說新語・任誕》：「院宣子（阮脩）常步行，以百錢掛杖頭，至酒店，便獨酣暢，雖當世貴盛不肯詣也。」後以「杖頭百錢」指沽酒的錢，也作「**杖頭錢**」。宋・王十朋《與鄭時敏登樓把酒書二絕》之二：「千里相從文子飲，不辭費盡杖頭錢。」也作「**杖頭資**」。《儒林外史》一八回：「謹擇本月十五日，西湖宴集，分韻賦詩，每位各杖頭資出二星。」

【杖頭傀儡】

傀儡：用土木製成的偶像。杖頭木偶，指木偶戲中的一種。比喻受人指使，被人操縱而不能自主。宋・孟元老《東京夢華錄》卷五：「般雜劇：杖頭傀儡任小三。」

【杖頭錢】

見「杖頭百錢」。

【杖頭資】

見「杖頭百錢」。

【張筋努脈】

張：膨脹；努：通「努」，用力。筋脈膨脹、突出。比喻勉强支持。《朱子語類・輯略》卷四：「湖南一派，譬如燈火要明，只管挑，不添油，便明得也即不好，所以氣局小，長汲汲然張筋努脈。」

【瘴鄉惡土】
瘴：瘴氣和瘴癘。舊指瘴氣、瘴癘流行的地方和荒涼貧瘠、文化落後的地區。元・無名氏《猿聽經》三折：「有知己者薦爲端州巡官，念瘴鄉惡土，實不願行。」

【瘴雨蠻煙】
瘴雨：舊時形容南方邊遠地區惡劣的自然環境；蠻：古代稱南方的民族，這裏指荒無人煙的地區。形容荒無人煙的地方惡劣的自然環境。宋・辛棄疾《滿江紅・送湯朝美自便歸》詞：「瘴雨蠻煙，十年夢，尊前休說。」也作「**瘴雨蠻雲**」。宋・陸游《涪州》詩：「使君不用勤留客，瘴雨蠻雲我欲愁。」也作「**蠻煙瘴雨**」、「**蠻風瘴雨**」。

【瘴雨蠻雲】
見「瘴雨蠻煙」。

ㄓㄥ

【正月初一賣門神——過時貨】
舊俗門神應在春節前張貼。見「少時衣裳老來穿——過時的貨」。

【正月初一賣門神——無人過問】
見「冬天賣扇子——無人過問」。

【正月裏穿單衣——爲時過早】
見「吃過午飯打更——爲時過早」。

【正月裏生，臘月裏死——兩頭忙】
見「上吐下瀉——兩頭忙」。

【正月盼著桃花開——沒到時辰】
比喻時機不成熟。例「爲什麼還不發動進攻？」「正月盼著桃花開——沒到時辰，等著吧。」

【正月十五打燈籠——年年都一樣】
見「花開花落——年年都一樣」。

【正月十五的龍燈——隨人耍】
也作「**正月十五的龍燈——由人玩耍**」。見「龍燈的腦殼——隨人耍」。

【正月十五放起火——一冒幾丈高】
起火：帶著葦子桿的花炮，點著後射高空。形容熱情高。有時也形容火氣大。例他做起工作來很熱情，就像正月十五放起火——一冒幾丈高，廢寢忘食是常有的事。

【正月十五趕廟會——隨大流】
見「河裏潑水——隨大溜」。

【正月十五觀燈——眼花撩亂】
見「劉姥姥進大觀園——眼花撩亂」。

【正月十五貼門神——晚了半月】
門神一般在春節前夕同春聯一起張貼。比喻事情時機早已過去。有時泛指不合時宜。例我們早把事情做完了，你現在來，已是正月十五貼門神——晚了半月。也作「**正月十五貼春聯——晚了半月**」。

【正月十五雲遮月——不露臉】
見「冬天的螞蟻——不露頭」。

【正月十五煮元宵——紛紛落水】
比喻紛紛墮落。例一些意志不堅定的人，在金錢物質的引誘下，像正月十五煮元宵——紛紛落水。

【爭長競短】
爲了自己的利益，跟人爭論利害得失，計較非原則性的是非。元・無名氏《凍蘇秦》二折：「但凡人家不和，皆起於妯娌爭長競短，分門各戶。」也作「**爭長爭短**」。明・無名氏《漁樵閒話》二折：「爲利圖名呵如燕雀營巢，爭長爭短如狼虎競食。」也作「**爭長論短**」、「**爭長絜短**」。清・吳璇《飛龍全傳・序》：「茲顧孜孜焉亟爲編葺者，不過自抒其窮愁閒放之思，豈眞欲與名人著作爭長而絜短乎哉！」也作「**競短爭長**」。

【爭長論短】
見「爭長競短」。

【爭長絜短】
見「爭長競短」。

【爭長爭短】
見「爭長競短」。

【爭得貓兒丟了牛】
比喻因小失大，得不償失。例他到處請客送禮，爭到了多少呢？最後準是爭得貓兒丟了牛。

【爭多競少】
形容斤斤計較。《醒世恆言》卷三五：「昔日公公吩咐莫要分開，還是二位伯伯總管在那裏，扶持小兒女長大了，但憑胡亂分些便罷，絕不敢爭多競少。」

【爭分奪秒】
珍惜一分一秒的時間。指抓緊時間。例這是個爭分奪秒的時代，每個人都要把握時間，創造佳績。也作「**分秒必爭**」。

【爭風吃醋】
風：風韻，多指女子。比喻因嫉妒而明爭暗鬥。《醒世恆言》卷一：「那時我爭風吃醋便遲了。」也作「**爭鋒吃醋**」。《紅樓夢》六九回：「鳳丫頭倒好意待他，他倒這樣爭鋒吃醋，可知是個賊骨頭！」

【爭功諉過】
功：功勞；諉：推諉。把功勞歸於自己，把過錯推給他人。例有些人爭功諉過，事事爲自己打算，因而被人們所鄙棄。

【爭光日月】
與日月比光輝。比喻人的精神、事業的偉大。《史記・屈原賈生傳》：「推此志也，雖與日月爭光可也。」清・汪琬《砥齋集・序》：「使王子得給筆札，則身玉堂之中，發凡起例，是是非非，必不苟同流俗，雖以之爭光日月不難。」

【爭紅鬥紫】
形容百花爭艷。宋・無名氏《張協狀元》一齣：「陌上爭紅鬥紫，窗外鶯啼燕語，花落滿庭空。」

【爭雞失羊】
比喻貪小失大。漢・焦延壽《易林》卷八：「爭雞失羊，亡其金囊。」

【爭口氣】

指奮發圖强，給自己和親人增添光彩。例即使你不想出人頭地，你也要爲媽爭口氣呀！

【爭面子】
比喻爭取榮譽。例他爲給自己爭面子，連命都不顧了。其實這並未增加他的光彩，反落下個死要面子活受罪的名聲。

【爭名奪利】
指爭奪個人的名位和利益。元・馬致遠《黃粱夢》一折：「想世人爭名奪利，何苦如此。」也作「爭名逐利」。宋・劉克莊《去華侄墓志銘》：「未嘗爲高世絕俗之行，治其身而已；未嘗有爭名逐利之事，修於家而已。」也作「爭名攫利」。清・毛奇齡《打虎兒行》：「男兒七尺縱復橫，爭名攫利萬里行。」也作「爭名求利」。唐・章孝標《駱谷行》：「若比爭名求利處，尋思此路卻安寧。」也作「爭名爭利」。唐・駱賓王《帝京篇》：「春去春來苦自馳，爭名爭利徒爾爲。」

【爭名競利】
見「爭名奪利」

【爭名攫利】
見「爭名奪利」。

【爭名求利】
見「爭名奪利」。

【爭名於朝，爭利於市】
朝：朝廷，泛指官場；市：市場。《戰國策・秦策一》：「臣聞爭名者於朝，爭利者於市。」在官場上爭奪名譽地位，在市場上爭奪錢財利益。宋・陳亮《孫天誠墓志銘》：「夫爭名於朝，爭利於市，而善致富者則曰：人棄我取，人取我與。」

【爭名爭利】
見「爭名奪利」。

【爭名逐利】
見「爭名奪利」。

【爭奇鬥艷】
形容百花競放，十分艷麗。也比喻陳設、服飾很講究，競相比美。例在今晚的生日舞會裏，每個女孩子都打扮的光鮮耀人，爭奇鬥艷。

【爭奇鬥異】
標奇立異，競相爭鬥，以求勝過他人。《初刻拍案驚奇》卷二五：「吟壇才子爭奇鬥異，各獻所長。」

【爭氣不爭財】
爭氣比爭財重要。《醉醒石》四回：「爭氣不爭財。只要事成，便是百金，家父不出我出。」

【爭强鬥勝】
見「爭强賭勝」。

【爭强賭勝】
賭：打賭輸贏。形容非常要强，處處都想勝過別人。《鏡花緣》三二回：「諸樣奇巧，百般技藝，無一不精。並且彼此爭强賭勝，用盡心機，苦思惡想，愈出愈奇，必要出人頭地。」也作「爭强顯勝」。《羣音類選〈海神記・王魁訴神〉》：「恐怕他褒貶村，爭强顯勝各過俊，惟求鴇兒心內喜。」也作「爭勝要强」。《紅樓夢》五二回：「寶玉是偏在你們身上留心用意，爭勝要强的。」也作「爭强好勝」。《兒女英雄傳》三五回：「只看世上那般分明造極登峯的，也會變生不測：任是爭强好勝的，偏逢用違所長。」也作「爭强鬥勝」。

【爭强好勝】
見「爭强賭勝」。

【爭强顯勝】
見「爭强賭勝」。

【爭權奪利】
互相爭奪權勢利益。例古代朝廷之中，官吏們爲求得君王重用，彼此攻訐中傷、爭權奪利，目的只是要打擊對方，鞏固自己地位。也作「爭權攘利」。李大釗《大哀篇》：「鑽營運動、爭權攘利之不暇，奚暇計及民生哉？」

【爭權攘利】
見「爭權奪利」。

【爭權天下】
天下：全國。爭奪控制全國的權力。《史記・淮陰侯傳》：「今東鄉爭權天下，豈非項王耶。」

【爭榮誇耀】
爭得榮耀並在人前顯示。《紅樓夢》三一回：「襲人見了自己吐的鮮血在地，也就冷了半截。想著往日常聽人說：『少年吐血，年月不保；縱然命長，終是廢人了。』想起此言，不覺將素日想著後來爭榮誇耀之心，盡皆灰了。」

【爭上游】
比喻爭取領先地位或優異成績。例逆水行舟，不進則退。只有爭上游，才能有出息。

【爭勝要强】
見「爭强賭勝」。

【爭先恐後】
爭著搶先，恐怕落在他人後邊。例每次公車一來，大家都爭先恐後的想擠上車。

【爭先士卒】
士卒：士兵。作戰勇敢，衝在士兵前面。形容奮不顧身，衝在前面。戰國楚・屈原《九歌・國殤》：「旌蔽日兮敵若雲，矢交墜兮士爭先。」例老廠長爭先士卒，第一個衝到火場，在他的帶領下，員工們個個奮勇，大火很快就被撲滅了。

【爭閒氣】
比喻無意義地爭論、爭吵。例現在我工作很忙，沒有工夫和你爭閒氣。

【爭妍鬥奇】
妍：美麗。形容百花盛開，競相逞美。宋・吳曾《能改齋漫錄・方物・芍藥譜》：「名品相壓，爭妍鬥奇，故者未厭，而新者已盛。州人相與驚奇，交口稱說。」也作「爭妍鬥艷」、「爭妍競艷」。明・朱之瑜《遊後樂園賦》：「轉落英之曲徑，經臥波之長橋。爭妍競艷，目炫心招。」也作「爭妍鬥艷」。例暮春，公園裏的花爭妍鬥艷。

【爭妍鬥豔】

見「爭妍鬥奇」。

【爭妍競艷】

見「爭妍鬥奇」。

【爭魚者濡】

濡：潮濕，沾濕。打魚的人爲了收穫，不避沾濕之苦。指爲了某種利益，甘願吃苦。《列子・說符》：「爭魚者濡，爭獸者趨，非樂之者。」

【爭長黃池】

爭長（ㄓㄤˇ）：爭爲盟主；黃池：春秋地名，在今河南省封丘西南。春秋時，吳王夫差會晉定公於黃池，吳、晉爭爲盟主。晉，左思《吳都賦》：「勝强楚於柏舉，棲勁越於會稽。闕溝乎商魯，爭長於黃池。」後引申爲比較高低，爭占上風。清・黃宗羲《稱心志序》：「夫[趙]禹功以燕、許廟堂之筆，而沾沾卷石之菁華，一花之開落，與桑經酈注，爭長黃池，則是獅象搏兔，皆用全力爾。」

【爭朝夕】

比喻爭分奪秒，珍惜時間。例人生幾何？不爭朝夕，就是浪費生命。

【爭著不夠吃，讓著吃不了】

互相謙讓都有益處。例人多糧少，爭著不夠吃，讓著吃不了。

【徵風召雨】

徵：徵召；召：呼喚。呼風喚雨。形容神通廣大。晉・桓驎《西王母傳》：「而蚩尤幻變多方，徵風召雨，吹煙噴霧，師衆大迷。」

【徵斂無度】

斂：收，聚。無限度地徵收錢糧財物。《左傳・昭公二十年》：「布常無藝，徵斂無度，宮室日更，淫樂不違。」也作「徵斂無期」。《呂氏春秋・懷寵》：「徵斂無期，求索無厭。」

【徵斂無期】

見「徵斂無度」。

【徵名責實】

徵：證驗，證明；責：責問。驗證其名，責問其實，以求名實相符。《陳書・宣帝紀》：「方欲仗茲舟楫，委成股肱，徵名責實，取寧多士。」參見「循名責實」。

【崢嶸歲月】

崢嶸：山勢高峻奇特的樣子，引申爲不平凡。形容不平凡的年月。宋・廖行之《沁園春・和蘇宣教韻》：「算如今蹉過，崢嶸歲月，分陰可惜，一日三秋。」

【崢嶸軒峻】

崢嶸：深險的樣子；軒峻：高大陡峭。又深又險，高而陡峭。形容氣象宏偉，氣派很大。《紅樓夢》二回：「大門外雖冷落無人，隔著圍牆一望，裏面廳殿樓閣，也還都崢嶸軒峻。」

【睜眼打呼嚕——昏了頭】

見「背仔找仔——昏了頭」。

【睜眼說瞎話】

比喻不顧事實眞相，當面瞎說。例明明就是你讓我這麼做的，爲什麼老闆問起你來，你卻睜眼說瞎話的一再否認，還把責任都推到我身上。

【睜眼瞎】

比喻不識字的人，文盲。例他家祖祖輩輩都是睜眼瞎，就他一個大學生，鄉親們都說他是「雞窩裏飛出的鳳凰」。

【睜眼瞎看告示——兩眼墨黑】

見「老鼠鑽煙囪——兩眼墨黑」。

【睜一隻眼，閉一隻眼】

明明看見了，假裝沒看見，故意敷衍了事。例對那些偷雞摸狗的事，他睜一隻眼，閉一隻眼的，倒眞看得下去！也作「睜隻眼，閉隻眼」。

【睜著眼睛不見賊】

比喻看不清壞人。例眞是睜著眼睛不見賊！他是甚麼人你還看不清楚？

【睜著眼睛尿床——明知故犯】

明知不對而又故意去做。例不准以公款請客，已經三令五申，有的人卻睜著眼睛尿床——明知故犯。

【錚錚不屈】

錚錚：金屬相撞的聲音。比喻人剛正不屈。《說岳全傳》四五回：「那四個俱是鐵漢，錚錚不屈。」

【錚錚有聲】

比喻爲人剛正不阿。清・孔尚任《桃花扇・辭院》：「[侯方域]在復社中錚錚有聲，豈肯爲此？」

【猙獰面目】

猙獰：凶惡之貌。形容凶惡的面目。例白骨精在孫悟空的火眼金睛下，露出猙獰面目，但她終究不是孫悟空的對手，敗下陣來。也作「面目猙獰」。

【蒸不熟，煮不爛】

比喻很不好對付。例這些傢伙，都是些蒸不熟，煮不爛的，你要把他們逼急了，他們眞會跟你拚命的！

【蒸酒打豆腐——要辦喜事】

比喻籌辦值得慶賀的事。有時特指辦婚事。例如此興師動衆，是不是「蒸酒打豆腐——要辦喜事？」

【蒸籠蓋子——受不完的氣】

比喻接二連三地出現不順心的事，心裏老憋氣，或連續不斷地受人欺侮。例他近來事事不如願，每天都有蒸籠蓋子——受不完的氣。也作「竹子做笛——受不完的氣」、「鑽進風箱的老鼠——受不完的氣」。

【蒸籠裏的饅頭——自大】

也作「蒸籠裏的饅頭——自我膨脹」。見「水泡豆子——自我膨脹」。

【蒸籠裏伸出個頭——熟人】

見「炒麵捏娃娃——熟人」。

【蒸籠漏了風——好大的氣】

見「冬天進豆腐房——好大的氣」。

【蒸籠冒氣再揭蓋——到時候看】

比喻辦事到有了某種結果的時候再看。例別著急，蒸籠冒氣再揭蓋——到時候看，我相信這次試驗一定成功。

【蒸魚不沾水——憑著一口氣】

比喻全靠志氣和勇氣。例我們兩手空空，要幹一番事業，蒸魚不沾水——憑著一口氣。

【蒸沙爲飯】
見「蒸沙作飯」。

【蒸沙作飯】
把沙子蒸成飯。比喻事情不可能成功。《楞嚴經》卷六：「若不斷淫，修禪定者，如蒸沙石，欲其成飯，經千百劫，只名熱沙。何以故，此非飯本，沙石成故。」也作「蒸沙爲飯」。明·趙弼《覺壽居士傳》：「口中喃喃，心中忽忽，以此爲修，欲求成道，何異蒸沙爲飯，煮泥作羹，畢竟難得。」

【蒸蒸日進】
見「蒸蒸日上」。

【蒸蒸日上】
蒸蒸：原作「烝烝」，上升、興盛的樣子。日益興盛。形容一天天興旺發達。魯迅《燈下漫筆》：「有一時，就是民國二三年時候，北京的幾個國家銀行的鈔票，信用日見其好了，眞所謂蒸蒸日上。」也作「蒸蒸日盛」。秋瑾《中國女報發刊辭》：「自茲以後，行見東瀛留學界，蒸蒸日盛矣。」也作「蒸蒸日進」。

【蒸蒸日盛】
見「蒸蒸日上」。

【癥結所在】
癥結：肚子裏結塊的病。指問題的關鍵所在。清·江藩《漢學師承記·閻若璩》：「年二十，讀《尚書》至古文，即疑二十五篇之訛。沈潛二十餘年，乃盡得其癥結所在。」

ㄓㄥˇ

【拯民水火】
拯：拯救；水火：指水深火熱的災難。把百姓從危難中解救出來。《孟子·梁惠王下》：「孟子曰：『今燕虐其民，王往而征之，民以爲將拯己於水、火之中也。』」

【拯溺扶危】
見「拯危扶溺」。

【拯溺救焚】
溺：被水淹沒的人；焚：困於火中的人。形容救人於危難之中。《舊唐書·陸贄傳》：「從容拯溺，揖讓救焚。」《舊五代史·晋書·高祖紀一》：「況萬幾不可以暫廢，大寶不可以久虛，拯溺救焚，當在此日。」

【拯危扶溺】
危：危險，危難；溺：落水。拯救處於水深火熱和危難中的人們。《說岳全傳》七三回：「豈有論道經邦之志，全無拯危扶溺之心。」也作「拯溺扶危」。金·馬鈺《戰掉丑奴兒》詞：「人人正好修功德，當起慈悲，拯溺扶危。」

【整躬率物】
整：整飭；躬：自身；率：表率，榜樣；物：指人。整飭自身做出表率，以作爲下屬的榜樣。《官場現形記》六〇回：「爲此拿定了主意，想把這些做官的先陶熔到一個程度，好等他們出去，整躬率物，出身加民。」

【整襟危坐】
見「正襟危坐」。

【整舊如新】
修整陳舊、破損之物，如同新的一樣。《西遊記》六三回：「行者卻將芝草把十三層塔層層掃過……這才是整舊如新，霞光萬道，瑞氣千條，依然八方共睹，四國同瞻。」

【整軍經武】
經：治理。整頓軍隊，治理武備。《晋書·文帝紀》：「以庸蜀未賓，蠻刑作猾，潛謀獨斷，整軍經武；簡練將帥，授以成策。」

【整筐丟西瓜，滿地撿芝麻——大處不算小處算】
見「捨得買馬捨不得置鞍——大處不算小處算」。

【整瓶不搖半瓶搖】
比喻有眞才實學的人，總是很謙遜，不愛表現自己，而才疏學淺的人，則愛在人前炫耀自己。《鏡花緣》二三回：「你是酒保，你臉上戴著眼鏡，已覺不配；你還滿嘴通文，這是甚意？剛才俺同那些生童講話，倒不見他有甚通文，誰知酒保倒通起文來，『眞是整瓶不搖半瓶搖』。」

【整衣斂容】
斂容：臉色肅敬的樣子。整理衣裳，端正儀容。宋·洪邁《夷堅丁志·孫士道》：「及孫至，邀婦人使出，王曰：『病態若此，呼者必遭咄罵，豈有出理！』孫曰：『試言之。』婦欣然應曰：『諾，少須盥洗即出矣。』良久，整衣斂容如平時。」

【整衣危坐】
見「正襟危坐」。

ㄓㄥˋ

【正本澄源】
見「正本清源」。

【正本清源】
從根本上整頓，從源頭上清理。指從根源上整頓清理，以求徹底解決。《晋書·武帝紀》：「思與天下式明王度，正本清源，於置胤樹嫡，非所先務。」也作「正本澄源」。《舊唐書·高祖本紀》：「欲使玉石區分，薰蕕有辨，長存妙道，永固福田，正本澄源，宜從沙汰。」也作「清源正本」、「澄源正本」。

【正本溯源】
從根本上尋求原因，解決問題。清·戴震《孟子字義疏證·序》：「孔子既不得位，不能垂諸制度禮樂，是以爲之正本溯源，使人於千百世治亂之故，制度禮樂因革之宜，如持權衡以御輕重，如規矩準繩之於方圓平直，言似高遠而不得不言。」

【正大高明】
正直無私，才德高尚。形容人學問、

道德的高尚境界。《論語・先進》：「由也升堂矣，未入於室也。」集注：「言子路之學，已造乎正大高明之域，特未深入精微之實耳，未可以一事之失而遽忽之也。」

【正大光明】

心地坦蕩光明，言行正派無私。明・呂坤《呻吟語・應務》：「雖以至公無私之心，行正大光明之事，亦須調劑人情，發明事理」

【正大堂皇】

見「正大堂煌」。

【正大堂煌】

正大：言行正當；堂煌：官署的大堂。引申爲公正無私。形容說話、辦事堂堂正正，不偏不向。洪仁玕《英傑歸眞》：「其名銜之正大堂煌，尊榮已極，何謂名銜太新。」也作「**正大堂皇**」。

【正擔好挑，偏擔難挨】

兩頭重量相等的擔子好挑，一頭重一頭輕的擔子不好挑。《西遊記》三三回：「我的兒，你使甚麼重身法來壓老孫哩？這個倒也不怕，只是『正擔好挑，偏擔難挨』。」

【正道坦途】

筆直而又平坦的道路。比喻方向正確，前途光明。《歧路燈》九六回：「總之，再不走荊棘，這邊就是茂林修竹；再不踏確犖，這邊便是正道坦途。」

【正點背畫】

元時的供狀文書上，主管者用朱筆在書首作點，在書尾作鈎，表示無增減僞造，然後令供狀人在書背畫押。也指民間訂立文書契約時，有關人士簽字畫押。元・秦簡夫《東堂老》楔子：「揚州奴你近前來，這紙上你與我正點背畫個字者。揚州奴云：『你看著我正點背畫，我又無罪過！』」

【正法眼藏】

正法：佛門弟子以釋迦牟尼的全部佛法爲「正法」；眼：以佛法普照宇宙爲「眼」；藏：以包含萬物爲「藏」。佛家至高無上的眞諦妙旨。相傳釋迦牟尼用「以心傳心」之法授於大弟子摩訶迦葉以正法眼藏。原泛指佛教的正法，後也指學術上的正確標准或模式。《釋氏稽古略》卷一：「世尊曰：『吾有正法眼藏，涅槃妙心。』」清・徐增《而庵詩話》卷六二：「向來論詩，皆屬野狐，正法眼藏，畢竟在此不在彼也。」

【正法以齊官，平政以齊民】

正法：嚴正法紀；齊：一致。嚴正法紀以整頓官吏，達到上下一致；改進政治，使百姓行動趨於一致。比喻當政者應注意嚴明法紀，改進政治。《荀子・富國》：「必將修禮以齊朝，正法以齊官，平政以齊民，然後節奏齊於朝，百事齊於官，衆庶齊於下。」

【正法直度】

正：端正；直：糾正。端正法制，嚴明法度。《管子・版法》：「正法直度，罪殺不赦。殺僇必信，民畏而懼。」

【正骨大夫——拿捏人】

拿捏：〈方〉刁難，要挾。雙關語。比喻刁難、要挾。例行就行，不行就不行，別正骨大夫——拿捏人。

【正冠李下】

見「正冠納履」。

【正冠納履】

正冠：整理帽子；納：使之進入；履：鞋。李子樹下端正帽子，瓜田裏提鞋子。比喻易誤會，有嫌疑。《樂府詩集・相和歌辭七・君子行》：「君子防未然，不處嫌疑間。瓜田不納履，李下不整冠。」也作「**正冠李下**」。《梁書・王僧孺傳》：「下官不能避溺山隅，而正冠李下，既貽疵辱，方致徽纆。」

【正鍋配好灶，歪鍋配蹩灶】

蹩：不好。比喻夫妻往往按人品才貌的好壞來配對。例別說什麼好呀壞呀的了，常言道：「正鍋配好灶，歪鍋配蹩灶。」你們這一隊就很不錯了。

【正己守道】

正己：端正自己；守道：遵守道德準則。遵守道德準則，加强自我修養。宋・莊季裕《雞肋編》卷上：「以此明陰陽家不足深泥，唯正己守道爲可恃耳。」

【正襟危坐】

襟：衣襟；危：端正。整理好衣服，端端正正地坐著。形容嚴肅而拘謹。宋・蘇軾《前赤壁賦》：「蘇子愀然，正襟危坐而問客曰：『何爲其然也。』」也作「**正襟安坐**」。宋・邵伯溫《聞見前錄》卷一〇：「昔貶涪州，過漢江，中流船幾覆，舉舟之人皆號泣，伊川但正襟安坐，心存誠敬，已而船及岸。」也作「**整衣危坐**」。《周書・蘇綽傳》：「太祖乃起，整衣危坐。」也作「**整襟危坐**」。《宋史・李道傳傳》：「道傳少莊重，稍長讀河南程氏書。玩索義理，至忘寢食，雖處暗室，整襟危坐，肅如也。」

【正經八百】

正經：態度莊重、正派的樣子。形容態度莊重，嚴肅認眞。例小李要回老家探親去，我不大相信，但後來一看她正經八百的在準備東西，就相信了。

【正經善道】

眞正的經典，正確的道理。例人若不學正經善道，而治乎異端之書，斯則爲害之甚也。

【正理平治】

正理：正道，正義；平治：太平。以合乎正道的規範，使社會安定而有秩序。《荀子・性惡》：「凡古今天下之所謂善者，正理平治也；所謂惡者，偏險悖亂也。」

【正名責實】

正：使之端正；責：要求做成某事或行事達到一定標準。辨正名稱以求得符合實際。宋・岳飛《乞改襄陽路仍作京西南路札子》：「庶得路分速歸舊制，以稱朝廷正名責實不忘中原之意。」

【正其誼不謀其利】

誼：合宜；謀：圖謀。謂言行合乎正義，不謀個人私利。《漢書・董仲舒傳》：「夫仁人者，正其誼不謀其利，明其道不計其功，是以仲尼之門，五尺之童，羞稱五霸，爲其先詐力而後仁義也。」

【正氣高，邪氣消】

正氣占了上風，歪風邪氣自然就會消失。例常言說正氣高，邪氣消。對刑事犯罪分子打擊得力，小偷、流氓少多了。

【正氣凜然】

正氣：正直的氣節和光明正大的作風；凜然：令人敬畏而不可侵犯的樣子。形容正大光明，例文天祥面對敵人的威脅利誘，正氣凜然。

【正氣能驅魅，無私可服神】

魅：鬼怪。一身正氣可以趕走妖魔鬼怪，大公無私可以折服神靈。比喻正氣一定可以壓倒邪氣。《大紅袍全傳》一回：「海瑞便向店主人問明那裏是土地廟，並張家的住址。用了早飯，便望著那土地廟而來。正是：正氣能驅魅，無私可服神。」

【正人君子】

正直無私而有道德的人。今多用來諷刺假裝正經的人。明・朱國楨《涌幢小品・武而能文》：「定襄武而能文，又敬重正人君子，宜其享名，爲勛臣之冠也。」

【正人先正己】

要想別人行爲端正，首先自己要行爲端正。例哼，正人先正己嘛！你自己經常遲到早退，還說別人！

【正入萬山圈子裏，一山放出一山攔】

正進入萬座高山的圈子裏面，一座山剛把人放過，又一座山在前面阻攔。形容前進的道路不平坦，還有千難萬險。宋・楊萬里《過松源晨炊漆公店》詩：「莫言下嶺便無難，賺得行人錯喜歡。正入萬山圈子裏，一山放出一山攔。」

【正色敢言】

見「正色直言」。

【正色立朝】

正色：面色端莊、嚴肅；朝：朝廷。莊重嚴肅地立於朝廷之中。指一身正氣，心胸坦蕩。《公羊傳・桓公二年》：「孔父正色而立於朝，則人莫敢過而致難於君者，孔父可謂義形於色矣。」

【正色危言】

見「正色直言」。

【正色直言】

態度嚴肅，言語正直，使人望而生畏。《晋書・王恭傳》：「恭每正色直言，道子深憚而念之。」也作「**正色危言**」。《宋史・杜衍傳論》：「廸、曾正色危言，能使宦官近習，不敢窺覦。」也作「**正色敢言**」。《明史・王竑傳》：「十一年授戶科給事中，豪邁負氣節，正色敢言。」

【正身明法】

端正自身，嚴明法紀。指從政者律己嚴，不徇私。《晋書・元帝紀》：「二千石令長當只奉舊憲，正身明法，抑齊豪强，存恤孤獨，隱實戶口，勸課農桑。」

【正身清心】

自身端正，淸除邪念，使心地純潔。比喻修身養性。《明史・丘濬傳》：「願陛下體上天之仁愛，念祖宗之艱難，正身清心以立本而應務，謹好尚不惑於異端。」

【正身率下】

端正自身，作部下的表率。漢・荀悅《漢紀・武帝紀三》：「仲舒正身率下，所居而治。」

【正聲雅音】

正聲：純正的聲音；雅音：優雅的樂曲。純正優雅的音樂。唐・皮日休《通玄子棲賓亭記》：「其正聲雅音，笙師之吹竽，邠人之鼓籥，不能過也。」

【正視繩行】

繩：糾正。形容言行正直。清・龔自珍《送廣西巡撫梁公序三》：「公有矩德，以蒞其外，正視繩行，無間其裏，必能正其人心矣。」

【正頭夫妻】

指正配的夫妻。《紅樓夢》四六回：「想著老太太疼他，將來外邊聘個正頭夫妻去。」

【正頭香主】

嫡傳的子孫。也稱事物的正主。《醒世姻緣傳》七二回：「這魏大哥是正頭香主，指望著娶個媳婦去，侍奉婆婆，生兒種女。」

【正心誠意】

《禮記・大學》：「欲正其心者，先誠其意。」使己心端正，意念誠實。古代儒家所提倡的一種個人修養方法。《元史・烏古孫良楨傳》：「立詹事院，驛召爲副詹事，每直端本堂，則進正心誠意之說，親君子遠小人之道，皇太子嘉納焉。」

【正言不諱】

見「直言不諱」。

【正言厲色】

話語嚴正，態度嚴肅。《紅樓夢》一九回：「黛玉見他說的鄭重，又且正言厲色，只當是眞事，因問：『什麼事？』」

【正言直諫】

用正義的言辭向皇帝忠言進諫。三國魏・桓范《諫爭》：「今正言直諫，則近死辱而遠榮寵，人情何好焉，此乃欲忠於主耳！」。

【正顏厲色】

顏：臉、臉上的表情。表情嚴正，態度嚴肅。曹禺《日出》四幕：「一向與胡四這樣慣了的，現在無法和他正顏厲色。」

【正義凜然】
凜然：令人敬畏的樣子。形容為了正義，態度嚴峻。例多爾袞想用高官厚祿收買史可法，都被史正義凜然地拒絕了。

【正正堂堂】
正正：整齊的樣子；堂堂：壯盛的樣子。形容陣容整齊威壯。後指光明正大。陳天華《猛回頭》：「他强占了我們的國，我們自己想恢復起來，是正正堂堂的道理。」也作「堂堂正正」。

【正正之旗】
排列整齊的軍旗。比喻强盛整肅的軍隊。《封神演義》五三回：「話說鄧九公看子牙兵按五方而出，左右顧盼，進退舒徐，紀律嚴肅，井井有條，兵威甚整，眞堂堂之陣，正正之旗。」

【正枝正葉】
指樹的正枝條正枝葉。比喻嫡系子孫。宋・孟元老《東京夢華錄》卷七：「此翁係高祖正枝正葉，現淪落酒肆，著實可悲！」

【正直公平】
公正不偏，處事公道。元・關漢卿《王閏香夜月四春園》二折：「我平日所行正直公平，所斷之事並無冤枉。」

【正直無私】
見「正直無邪」。

【正直無邪】
公正不偏，沒有私心。漢・劉保《會葬宋漢策》：「太中大夫宋漢清修雪白，正直無邪。也作「正直無私」。《警世通言》卷二四：「且喜有個刑房吏，姓劉名志仁，為人正直無私。」

【正中己懷】
見「正中下懷」。

【正中其懷】
見「正中下懷」。

【正中下懷】
正好符合自己的心意。《金瓶梅詞話》五〇回：「不想他那裏來請，正中下懷。」也作「正中其懷」。《東周列國志》八七回：「孝公聞『伯術』二字，正中其懷。」也作「正中己懷」。《紅樓夢》六〇回：「夏婆子聽了，正中己懷，忙問：『因什麼事？』」

【證龜成鱉】
龜：烏龜；鱉：甲魚，俗稱王八。把龜說成鱉。指被眾口迷惑，顛倒黑白。宋・蘇軾《賈氏五不可》：「然至其惑於眾口，則顛倒錯繆如此，俚語曰：證龜成鱉，此未足怪也。」

【證據確鑿】
證據確實可靠。《二十年目睹之怪現狀》四八回：「起先是百計出脫，也不知費了多少錢，無奈證據確鑿，情眞罪當，無可出脫。」

【鄭人買履】
鄭：春秋時諸侯國名；履：鞋。《韓非子・外儲說左上》：「鄭人有置履者，先自度其足而置之其坐。至之市而忘操之，已得履，乃曰：『吾忘持度。』反歸取之，及反，市罷，遂不得履。人曰：『何不試之以足？』曰：『寧信度，無自信也。』」後因用「鄭人買履」諷刺只信教條，不顧客觀實際的人。

【鄭人買履——生搬硬套】
見「馬籠頭給牛戴——生搬硬套」。

【鄭人爭年】
年：年齡。鄭人爭論誰的年齡大。《韓非子・外儲說左上》：「鄭人有相與爭年者，一人曰：『吾與堯同年。』其一人曰：『我與黃帝之兄同年。』訟此而不決，以後息者為勝耳。」後用「鄭人爭年」比喻既無根據又無意義的爭論。

【鄭衛桑間】
鄭衛：春秋時鄭、衛二國；桑間：在濮水之上。《禮記・樂記》：「鄭衛之音，亂世之音也，比於慢矣，桑間濮上之音，亡國之音也。」指淫穢的亂世亡國之音。秦・李斯《上書秦始皇》：「鄭衛桑間，韶虞武象者，異國之樂也。」也作「鄭衛之曲」。漢・荀悅《漢紀・帝紀三》：「聞秦王好淫聲，華陽后為之不聽鄭衛之曲。」

【鄭衛之曲】
見「鄭衛桑間」。

【鄭衛之聲】
見「鄭衛之音」。

【鄭衛之音】
春秋時鄭、衛兩國的民間音樂，因其活潑清新，與孔子提倡的雅樂相背，故受儒家排斥，作為「淫靡之樂」或「靡麗文風」的代稱。北齊・顏之推《顏氏家訓・文章》：「吾家世文章，甚為典正，不從流俗。梁孝元在藩邸時撰《西府新文史》訖，無一篇見錄者，亦以不偶於世，無鄭衛之音故也。」也作「鄭衛之聲」。明・歸有光《沈次谷先生詩序》：「孔子論樂，必放鄭衛之聲。」

【鄭重其辭】
指說話十分嚴肅認眞。《兒女英雄傳》三六回：「他才恭肅其貌，鄭重其辭說道：『年兄！……你這舉人不是我薦中的，並且不是主司取中的，竟是天中的。』」

【鄭重其事】
形容說話做事態度嚴肅認眞。魯迅《為了忘卻的紀念》：「所以還鄭重其事，托柔石親自送去。」

【政成人和】
見「政通人和」。

【政出多門】
政令由許多部門發出。指政令不統一，使人無所適從。《梁書・武帝紀上》：「政出多門，亂其階矣。《詩》云：『一國三公，吾誰適從？』況今有六，而可得乎！」

【政荒民弊】
弊：勞困。指政治荒亂，百姓困疲。南朝宋・劉義慶《世說新語・規箴》：「陸曰：『君賢臣忠，國之盛也；父慈子孝，家之盛也。今政荒民弊，覆亡是懼，臣何敢言盛。』」

【政簡刑清】
見「政簡獄簡」。
【政令不一】
發布的命令不統一。形容指揮混亂。《三國志・魏書・武帝紀一》：「兵多而分亘不明，將驕而政令不一。」
【政令無常】
頒布法令沒有一定的準則。《左傳・襄公二十二年》：「以大國政令之無常，國家罷病，不虞薦至，無日不惕，豈敢忘職。」
【政龐土裂】
政：政策，政令；龐：龐雜；土：國土；裂：分裂。政出多門，國家分裂。即政令不一，地方割據。唐・劉禹錫《柳河東集序》：「夫政龐而土裂。」
【政平訟理】
政平：政治平允；訟理：訟案得到及時合理的處理。舊指政治清明。《漢書・循吏傳》：「庶民所以安其田里而亡嘆息愁恨之心者，政平訟理也。」也作「**政平訟息**」。宋・陳亮《與韓子師侍郎彥古》：「因勢順導，殆如反掌，不出一月，政平訟息，必將有自達於天聽者。」
【政平訟息】
見「政平訟理」。
【政清獄簡】
政治清明，刑獄簡省。《清史稿・黎士弘傳》：「裁缺，改授永新知縣。政清獄簡，與民休息。」也作「**政簡刑清**」。《野叟曝言》七四回：「貞觀之治，君明臣直，政簡刑清，致治等於成康。」
【政通人和】
政務貫徹通暢，百姓安居樂業。宋・范仲淹《岳陽樓記》：「越明年，政通人和，百廢俱興。」也作「**政修人和**」。唐・獨孤及《丞相故江陵尹兼御史大夫呂諲諡議》：「自至德已來，荷推轂受脤之寄，處方面者數十輩，而將不驕卒不惰，政修人和，如諲者蓋鮮矣。」也作「**政成人和**」。宋・范成大《雙瑞堂記》：「是歲秋，大熟，政成人和，庭訟稀簡。」
【政修人和】
見「政通人和」。
【政以賄成】
政事的實施全憑賄賂。形容政權腐敗混亂。《左傳・襄公十年》：「今自王叔之相也，政以賄成，而刑放於寵。」
【政由己出】
政令由一己發出。形容把持政權，獨斷專行。《史記・項羽本紀》：「三年，遂將五諸侯滅秦，分裂天下，而封王侯，政由羽出，號爲『霸王』。」章炳麟《爲民報被封禁事移讓日本內務大臣平田東助書》三：「獨有爲貴大臣告者，台閣之上，政由己出，龍行虎步，高下在心，欲將《民報》永遠禁止。則直令永遠禁止耳。」

ㄓㄨ

【朱陳之好】
唐・白居易《朱陳村》：「徐州古豐縣・有村曰朱陳……一村唯兩姓，世世爲婚姻。」後用「朱陳之好」指兩家結成姻親。清，隨緣下士《林蘭香》三：「兩家爰親作親，男家是衣冠望族，女家是列宿名卿，既無齊鄭之嫌，必契朱陳之好。」
【朱唇粉面】
朱紅的嘴唇，粉白的面孔。形容容貌美麗。也指美麗的女子。明・高則誠《琵琶記・牛氏規奴》：「繡屏前品竹彈絲，擺列的是朱唇粉面。」
【朱唇皓齒】
皓：潔白。紅紅的嘴唇，潔白的牙齒。形容容貌美麗。戰國楚・屈原《大招》：「魂乎歸徠，聽歌譔只。朱唇皓齒，嫭以姱只。」也作「**朱口皓齒**」。無名氏《雜事秘辛》：「目波澄鮮，眉撫連卷，朱口皓齒・修耳懸鼻，輔靨頤頷・位置均適。」
【朱唇榴齒】
朱紅的嘴唇，像石榴籽兒般整齊的牙齒。形容容貌美麗。《大唐三藏取經詩話》卷一〇：「兩行盡是女人，年方二八，美貌輕盈，星眼柳眉，朱唇榴齒，桃臉蟬發。」
【朱丹其轂】
轂：車輪的中心部分。朱紅色的車轂。指古代高官顯貴所乘的車。漢・揚雄《解嘲》：「[客嘲揚子曰]吾聞上世之士，人綱人紀，不生則已，生必上尊人君，下榮父母，析人之珪，儋人之爵，懷人之符，分人之祿，紆青拖紫，朱丹其轂。」
【朱干玉戚】
干：盾牌；戚：大斧。赤色盾牌，玉飾大斧。古代武舞所執的兵器。後作爲儀仗用。《禮記・明堂位》：「朱干玉戚，冕而舞大武。」《東周列國志》四一回：「朱干玉戚，森聳以相參；龍旗豹韜，抑揚而相錯。」
【朱閣青樓】
朱紅翠綠漆飾的樓閣。形容建築富麗。宋・蘇轍《黃樓賦》：「戰馬成羣，猛士成林；振臂長嘯，風動雲興；朱閣青樓・舞女歌童；勢窮力竭，化爲虛空。」也作「**朱樓翠閣**」。元・無名氏《九世同居》三折：「他親的是朱樓翠閣風流子，他敬的是白馬紅纓衫色新。」
【朱口皓齒】
見「朱唇皓齒」。
【朱樓翠閣】
見「朱閣青樓」。
【朱輪華轂】
轂：ㄍㄨˇ，車輪中心的圓木，中有圓孔，可以插軸。紅漆的車輪，彩繪的車轂。指古代王侯貴族所乘的華麗車子。《史記・陳餘傳》：「[蒯通曰]令范陽令乘朱輪華轂・使驅馳燕、趙郊。」
【朱門酒肉臭，路有凍死骨】

朱門：紅漆大門，此指貴族官僚的豪華府第。原指封建統治集團生活極端奢侈浪費，而貧苦人民在路旁凍餓而，死後常用來形容貧富懸殊。唐・杜甫《自京赴奉先咏懷五百字》：「朱門酒肉臭，路有凍死骨。榮枯咫尺異，惆悵難再述。」

【朱門生餓殍，白屋出公卿】

餓殍（ㄆㄧㄠˇ）：餓死的人；白屋：窮人家。富貴人家的子孫因坐享其成，最後會家道衰落而餓死；貧窮人家的子孫在困難環境中，奮發圖强，最後會出人頭地。明・戚繼光《練兵實紀・練將篇》：「況天地間運氣流行，未有富而不貧，盛而不衰者。諺云：朱門生餓殍，白屋出公卿。」

【朱門繡户】

朱門：紅漆的大門；繡戶：雕繪華麗的居室。指富貴人家婦女的華美居室。也借指富貴人家。《聊齋志異・封三娘》：「[封曰]娘子朱門繡戶，妾素無葭莩親，慮致譏嫌。」

【朱甍碧瓦】

甍：ㄇㄥˊ，屋脊，朱紅的屋脊，青綠的瓦片。指帝王權貴的豪華宅第。清・洪昇《長生殿・疑讖》；「可知他朱甍碧瓦，總是血膏塗。」

【朱文之軫】

軫：ㄓㄣˇ，車後橫木。有著朱紅色美麗紋飾的車軫。指高官顯貴所乘的車。《後漢書・張皓王龔傳論》：「長門有抱關之夫，柱下無朱文之軫也。」

【朱弦疏越】

朱弦：樂器上的紅色絲弦；疏越：疏導流暢。《禮記・樂記》：「清廟之瑟，朱弦而疏越，壹倡而三嘆，有遺音者矣。」後用「朱弦疏越」形容詩文質樸而有餘意。宋・許顗《彥周詩話》：「其他古體，若朱弦疏越，一倡三嘆，讀者當以意求之。」

【朱弦玉磬】

磬：ㄑㄧㄥˋ，古代的一種打擊樂器。朱紅的絲弦，玉製的磬。指用樂器演奏的優美音樂。唐・劉禹錫《彭陽唱和集引》：「鏘然如朱弦玉磬，故名聞於世間。」

【朱榭雕闌】

榭：ㄒㄧㄝˋ，台上的房子，也指水上的小亭；朱紅漆飾的屋亭，雕刻精美的欄杆。形容建築豪華富麗。《聊齋志異・絳妃》：「埋香瘞玉，殘妝卸而翻飛；朱榭雕闌，雜珮紛其零落。」

【朱顏粉面】

紅潤的臉色，粉白的面孔。指塗脂傅粉的女子。《羣音類選〈八義記・駙馬賞燈〉》：「金鼎爇鳳腦龍肝，花燭映朱顏粉面。」

【朱顏鶴髮】

紅潤的臉色，像白鶴羽毛般的銀髮。形容人年歲大而身體好。元・陶宗儀《輟耕錄・道士壽函》：「一老道士者，朱顏鶴髮。延至其室。」

【朱顏綠鬢】

綠鬢：烏亮的鬢髮。紅潤的臉色，烏亮的鬢角。形容青春年少。宋・辛棄疾《洞仙歌・壽葉丞相》詞：「見朱顏綠鬢，玉帶金魚。」

【朱衣點額】

見「朱衣點頭」。

【朱衣點頭】

明・陳耀文《天中記》卷三八引《侯鯖錄》：「歐陽修知貢舉日，每遇考試卷，坐後常覺一朱衣人時復點頭，然後其文入格……始疑侍吏，及回顧之，一無所見。因語其事於同列，爲之三嘆。嘗有句云：『唯願朱衣一點頭。』」指爲考官看中。後用來指科舉中選。也作「朱衣點額」。《警世通言》卷一八：「年年科舉，歲歲觀場，不能得朱衣點額，黃榜標名。」

【朱紫難別】

朱：大紅色，古代稱爲正色；紫：藍紅合成的顏色，古人以爲間色。大紅色藍紅色難以分別。形容善惡不辨。《三國志・蜀書・董允傳》：「丞相亮將北伐，住漢中，慮後主富於春秋，朱紫難別，以允秉心公亮，欲任以宮省之事。」

【侏儒觀戲】

侏儒：身材特別矮小的人。矮子擠在人羣中看戲。比喻所見不廣，盲從附和，人云亦云。宋・朱弁《曲洧舊聞》七：「有蹈前人舊轍而不討論所來者，譬侏儒觀戲，人笑亦笑。」

【誅暴討逆】

討伐凶惡叛逆的人。三國蜀・諸葛亮《便宜十六策・治軍》：「治軍之政，謂治邊境之事，匡救大亂之道，以威武爲政，誅暴討逆，所以存國家安社稷之計。」也作「誅凶討逆」。明・無名氏《精忠記・勝敵》：「身爲上將，統領大軍，奮武揚威，誅凶討逆。」也作「誅凶殄逆」。殄：滅絕。唐・陳子昂《清措刑科》：「聖人誅凶殄逆，濟人寧亂，必資刑殺，以靖天下。」

【誅不避貴】

誅：懲罰；貴：權貴。懲辦罪行不避忌權貴。指法律面前人人平等。《晏子春秋・內篇問上》：「誅不避貴，賞不遺賤，不淫於樂，不遁於哀，盡智導民而不伐焉。」

【誅鋤異己】

異己：同一集體中跟自己有嚴重分歧或敵對的人。除去反對自己或與自己意見不合的人。《梁書・陶季直傳》：「齊武帝崩，明帝作相，誅鋤異己，季直不能阿意，明帝頗忌之。」

【誅盡殺絕】

誅：殺。殺得一個不留。元・李壽卿《伍員吹簫》一折：「今有讒臣費無忌，將你父兄並滿門親屬，誅盡殺絕，則留得你在樊城。」也作「斬盡殺絕」。

【誅求不已】

見「誅求無已」。

【誅求無度】

見「誅求無已」。

【誅求無時】

誅求：勒索。無時：沒有一定的時間。形容隨時勒索。《左傳・襄公三十一年》：「以敝邑褊小，介於大國，誅求無時，是以不敢寧居。」

【誅求無厭】

勒索、榨取沒有滿足的時候。《元史・烏古孫澤傳》：「湖廣平章政事要束木貪縱淫虐，誅求無厭。」

【誅求無已】

無已：不止。勒索榨取，沒完沒了。漢・董仲舒《春秋繁露・王道》：「誅求無已，天下空虛，羣臣畏恐，莫敢盡忠。」也作「**誅求不已**」。宋・包拯《請出內庫錢帛往逐路糴糧草》：「若誅求不已，則大本安所固哉！」也作「**誅求無藝**」。無藝：沒有限度。宋・張守《又論軍期科率札子》：「加以州縣貪吏，誅求無藝，費出無節。」也作「**誅求無度**」。無度：沒有限度。章炳麟《革命之道德》：「誅求無度，則亦起而爲變。

【誅求無藝】

見「誅求無已」。

【誅心之律】

見「誅心之論」。

【誅心之論】

誅：推究；誅心：推究居心蓄意。指著重推究人行爲動機的論斷。唐弢《短長書・濆羽再記》三：「古人有誅心之論，我想作惡原無區分，竟還有『赦事誅意』之別，大概也正是爲此輩而設的。」也作「**誅心之律**」。律：法律。魯迅《忽然想到》：「心的反抗，那時還不算什麼犯罪，似乎誅心之律，倒不及現在之嚴。」也作「**赦事誅意**」。

【誅凶討逆】

見「誅暴討逆」。

【誅凶殄逆】

見「誅暴討逆」。

【誅一警百】

誅：殺戮；警：警戒。殺掉或懲罰一個人以警戒衆人。宋・蘇軾《論河北京東盜賊狀》：「其間凶殘之黨，樂禍不悛，則須敕法以峻刑，誅一以警百。」也作「**殺一儆百**」。

【珠璧相映】

見「珠聯玉映」。

【珠寶商店——八面玲瓏】

見「平光鏡——八面光」。

【珠璧相照】

見「珠聯玉映」。

【珠箔銀屏】

箔：簾子；屏：屏風。珠綴的簾子，銀製的屏風。形容陳設華美。唐・白居易《長恨歌》：「攬衣推枕起徘徊，珠箔銀屏迤邐開。」

【珠殘玉碎】

比喻珍貴物品殘破損壞。明・諸聖鄰《大唐秦王詞話》三卷二一回：「想當年珍寶滿堂，宮殿林立，到如今只落得珠殘玉碎，敗壁殘垣。」

【珠沉璧碎】

見「珠沉玉沒」。

【珠沉滄海】

滄海：大海。珠寶沉沒在大海裏。比喻人才被埋沒，不聞於世。明・吾邱瑞《運甓記・師闈賓賢》：「珠沉滄海，玉韞荊山，劍穢黃埃，奇韜遠略運靈台，長狐封豕誰無賴。」

【珠沉玉沒】

珠、玉：比喻女子；沉、沒：比喻死亡。對美貌女子死亡的哀傷。唐・秦貫《唐故滎陽鄭府君夫人博陵崔氏合祔墓志銘》：「珠沉玉沒兮，人誰靡傷。桂殞蘭凋兮，共泣摧香。」亦作「**珠沉玉碎**」。《兒女英雄傳》一八回：「說著，把左手自身後一綽，便要綽起那把刀來，就想往項下一横，拚這副月貌花容，作一團珠沉玉碎。」也作「**珠沉璧碎**」。《剪燈餘話・鳳尾草記》：「余聞女死，托以省姑，走弔焉。至則珠沉璧碎，玉殞花飛，將入木矣。」

【珠沉玉碎】

見「珠沉玉沒」。

【珠翠羅綺】

珠翠：珍珠翡翠；羅綺：華麗的絲織品。形容婦女華麗的衣飾。也指盛裝的婦女。清・無名氏《四望亭》一八回：「只見滿目珠翠羅綺，恍如夢境。」

【珠翠之珍】

珠：珠蚌；翠：翠鳥。蚌肉翠鳥肉之類的珍味。指水陸所產的美味食物。三國魏・曹植《七啟》：「山鵽斥鷃，珠翠之珍。」

【珠宮貝闕】

闕：古代宮殿、祠廟和陵墓前的高建築物。用珍珠寶貝綴砌而成的宮殿。指水神的宮殿。形容房屋華麗。元・張埜《玉漏遲・和人中秋韻》詞：「空對珠宮貝闕，恍夜色，明於晴晝。」

【珠光寶氣】

形容婦女佩帶的首飾光彩奪目。魯迅《難得糊塗》：「那大概像古墓裏的貴婦人似的，滿身都是珠光寶氣了。」也形容陳設裝飾燦爛華麗。姚雪垠《李自成》二卷三〇章：「……在三天前紮好了彩牌坊，頭兩天晚上就掛著許多華貴的燈籠，珠光寶氣，滿院暖紅照人。」

【珠光劍氣】

珍珠和寶劍的光芒。比喻隱約外露的才華。清・汪由敦《甌北初集序》：「昔歐陽公一見蘇子瞻，即許以出一頭地……蓋珠光劍氣，一見自有不能掩者。」

【珠光玉氣】

比喻詩文、藝術作品等表現出的光彩。清・錢謙益《與黃庭表》：「往從行卷中，得見新篇，珠光玉氣湧現於行墨之間。」

【珠還合浦】

合浦：漢代郡名，在今廣西。《後漢書・孟嘗傳》載：合浦沿海出珍珠，官吏貪穢，採求無度，珠蚌都遷走了，孟嘗到任後，「革易前敝，求民病利。曾未逾歲，去珠復還」。後用「珠還合浦」比喻人去而復還或物失而復得。《古今小說》卷一：「珠還合浦重生采，劍合豐城倍有神。」也作「珠歸合浦」。唐・王維《送邢桂州》詩：「明珠歸合浦，應逐使臣星。」也作「珠去復旋」。明・湯顯祖《牡丹亭》四八齣：「腸斷三年，怎墜海明珠去復旋？」

【珠輝玉麗】

像珍珠的光輝，似美玉的明麗。比喻膚色潔白瑩潤。清・洪昇《長生殿・窺浴》：「妃子，只見你款解雲衣，早現出珠輝玉麗，不由我對你、愛你、扶你、覷你、憐你。」

【珠輝玉映】

珍珠美玉的光彩相互輝映。形容容光煥發，光彩耀目。《儒林外史》二九回：「小弟雖年少，浪遊江湖，閱人多矣，從不曾見先生珠輝玉映，眞乃天上仙班。」

【珠璣咳唾】

璣：不圓的珠子。漢・趙壹《刺世疾邪賦》：「勢家多所宜，咳唾自成珠。」後用「珠璣咳唾」比喻人文詞美如珠玉。宋・陳師道《嘲秦觀》：「若爲借與春風看，無限珠璣咳唾中。」

【珠淚偷彈】

形容暗自悲傷而流淚。唐・無名氏《王昭君變文》上卷：「明妃遠嫁蕃王，終日鬱鬱不樂，珠淚偷彈。」

【珠簾繡户】

珠窗：珍珠綴飾的簾子；繡戶：雕繪華麗的居室。指貴族婦女華美的居室。唐・韓翃《漢宮曲二首》之二：「家在長陵小市中，珠簾繡戶對春風。」也作「繡户珠帘」。

【珠聯璧合】

璧：扁平、圓形，中間有孔的玉。珍珠聯成一串，璧玉合在一塊兒。比喻人才或美好的事物聚攏在一起。北周・庾信《周兗州刺史廣饒公宇文公神道碑》：「發源纂冑，葉派枝分，開國承家，珠聯璧合。」

【珠聯玉映】

映：映照，映襯。珍珠玉石聯綴在一起，光芒相互映照。比喻傑出的人才或美好的事物聚集在一起。宋・范晞文《對床夜語》三：「余則珠聯玉映，尤未易遍述也。」也作「珠璧相映」。宋・劉克莊《丁元有墓志銘》：「君兄弟競爽，珠璧相映，人謂如荀八龍矣。」也作「珠璧相照」。清・徐釚《稼軒融化晋人語》：「晋人語本入妙，而詞又融化之如此，可謂珠璧相照耳。」

【珠履三千】

履：鞋。穿著珍珠綴飾的鞋的有三千人。形容門客衆多而且穿著豪華。唐・武元衡《送裴戡行軍》：「珠履三千醉不歡，玉人猶若夜冰寒。」

【珠穆朗瑪峯上點燈——高招（照）】

招：「照」的諧音。見「雲彩裏擺手——高招」。

【珠去復旋】

見「珠還合浦」。

【珠繞翠圍】

見「珠圍翠繞」。

【珠圍翠繞】

形容豪華富貴。元・魏初《清平樂・祖母夫人壽》詞：「珠圍翠繞，塵土知音少。」也形容裝飾華麗的衆多婦女。《紅樓夢》三九回：「彼時大觀園姐妹們都在賈母前承奉，劉姥姥進去，只見滿屋裏珠圍翠繞，花枝招展的，並不知都係何人。」也作「珠圍翠擁」。明・高則誠《琵琶記・强就鸞鳳》：「畫堂中珠圍翠擁，妝台對月。」也作「珠繞翠圍」。清・洪昇《長生殿・禊游》：「繡幕雕軒，珠繞翠圍，爭妍奪俊。」

【珠圍翠擁】

見「珠圍翠繞」。

【珠玉買歌笑，糟糠養賢才】

用珠寶美玉買取歌妓的一笑，用粗劣的食物去養活賢德的人。比喻當政者昏庸無道，沉溺於聲色，不重視人才。唐・李白《古風》之十五：「珠玉買歌笑，糟糠養賢才。方知黃鵠舉，千里獨徘徊。」

【珠玉在側，覺我形穢】

珠玉：喻卓異的人物。形穢：形態鄙俗。比喻在卓異的人物面前，自愧不如。常用作自謙之辭。《晋書・衛玠傳》：「玠風神秀異。驃騎將軍王濟，玠之舅也，每見異輒曰：『珠玉在側，覺我形穢。』」

【珠玉之論】

如同珍珠美玉般的言論。形容精當的言論，卓越的見解。《書言故事・談論類》：「不聆珠玉之論。」

【珠圓玉潤】

像珠子那樣渾圓，像玉石那樣光潤。形容文辭、書法或歌聲等流暢明快，優美宛轉。清・周濟《詞辨》：「北宋詞多就景敍情，故珠圓玉潤，四照玲瓏。」

【珠子串斷了線——全散了】

見「豆腐渣下水——全散了」。

【諸惡莫作】

佛家語，凡是壞事都不要做。《醒世恆言》卷一八：「多少惡念轉善，多少善念轉惡，勸君諸善奉行，但是諸惡莫作。」

【諸葛亮草船借箭——有把握】

《三國演義》故事：赤壁之戰時，周瑜設計陷害諸葛亮，要求十天造箭十萬支，諸葛亮答應三日完成。第三日夜，諸葛亮以小船二十艘，兩旁各豎草人千餘個，趁霧夜去曹操水寨，擂鼓叫戰。小船排滿箭弩返回。見「笋子上取窩窩頭——十拿九穩」。

【諸葛亮草船借箭——有借無還】

見「黃鼠狼借雞——有借無還」。

【諸葛亮當軍師——名副其實】

比喻名義和實際相稱。例諸葛亮當軍

師——名副其實，我們的總工程師的確是有兩下子啊！

【諸葛亮當軍師——足智多謀】

形容見識高明，善於謀劃、算計。例這些難題都被總工程師解決了，他眞是諸葛亮當軍師——足智多謀。

【諸葛亮的鵝毛扇——神妙莫測】

諸葛亮不管春夏秋冬，常手執鵝毛扇，指揮從容，料事如神。比喻奇異巧妙，不平凡。例我們司令員的指揮藝術，就像諸葛亮的鵝毛扇——神妙莫測。

【諸葛亮的錦囊——用不完的計】

諸葛亮常用紙條寫好計策裝在錦囊裏，以備部屬臨危時依照執行。比喻善於籌劃謀算，辦法很多。例他的腦袋瓜眞好用，鬼點子多極了，就像諸葛亮的錦囊——用不完的計。

【諸葛亮弔孝——虛情假意】

諸葛亮三氣周瑜，當周瑜氣死在蘆花蕩後，他又假惺惺地前去弔喪。也作「諸葛亮弔孝——假仁假義」。見「木偶流眼淚——虛情假意」。

【諸葛亮焚香操琴——故弄玄虛】

蜀將馬謖失守街亭後，魏將司馬懿率兵直逼西城，諸葛亮無兵迎戰，巧設「空城計」靜坐城樓焚香彈琴。司馬懿怕中埋伏，引兵退去。見「巫婆跳神——故弄玄虛」。

【諸葛亮揮淚斬馬謖——執法如山】

蜀將馬謖高傲自恃，獨斷專行，失守街亭後被諸葛亮斬首。比喻執行法紀很堅決，毫不動搖。例治亂世，更需要諸葛亮揮淚斬馬謖——執法如山的法官。

【諸葛亮會】

比喻大家出點子、獻計獻策的會議。例今天這個諸葛亮會開得不錯，大家拿出了不少辦法，可以解決生產中的一些難題。

【諸葛亮借東風——將計就計】

《三國演義》載：赤壁之戰時，孫、劉聯軍主帥周瑜決定用火攻擊曹軍的計策，而當時正値隆冬，只欠東風，憂鬱成病。諸葛亮借探病獻計，自稱能在南屏山祭借東風。周瑜欲等東風一起，殺掉諸葛亮。兩軍交戰之時，果然東風大作，火燒赤壁，大敗曹軍。當周瑜派人到南屏山殺諸葛亮時，趙子龍早已按照諸葛亮預先佈置好的計畫，把諸葛亮用快船接走了。赤壁一戰，諸葛亮既利用周瑜的「火攻計」破了曹兵，又使周瑜想乘機殺害自己的圖謀落了空。見「蔣幹盜書——將計就計」。

【諸葛亮空城樓上彈琴——樂若平常】

比喻不慌不忙，鎭定自若的樣子。例在敵人大軍壓境的情況下，他就像諸葛亮空城樓上彈琴——樂若平常，對穩定軍心、民心起了很好的作用。參見「諸葛亮焚香操琴——故弄玄虛」。

【諸葛亮彈琴退仲達——臨危不亂】

仲達：即司馬懿。形容遇到危急情況毫不慌亂。例山洪暴發後，村長是諸葛亮彈琴退仲達——臨危不亂，指揮搶險救人，避免了大的損失。也作「捨身崖邊彈琵琶——臨危不亂」。參見「諸葛亮焚香操琴——故弄玄虛」。

【諸葛亮用兵——出奇制勝】

比喻用別人意想不到的策略取勝。例對手的實力並不比我們弱，這場球賽要取得勝利，必須像諸葛亮用兵——出奇制勝。

【諸葛亮用兵——神出鬼沒】

見「廟裏趕菩薩——神出鬼沒」。

【諸葛亮用兵——神機妙算】

見「土地爺打算盤——神機妙算」。

【諸葛亮用兵——虛虛實實】

《三國演義》故事：諸葛亮施計到魏國屬地隴西割麥，以補充軍糧。他令姜維等三人都扮成自己模樣，各帶一隊人馬，分多路向魏營進發，四個眞假諸葛亮神出鬼沒，虛虛實實，搞得司馬懿神魂顚倒，不知所措。比喻時隱時現，變化莫測，難以捉摸。例對手棋藝高超，戰術就像諸葛亮用兵——虛虛實實，難以制勝。

【諸葛亮用空城計——迫不得已】

比喻做某件事極不願意，出於無奈。例他與你斷絕關係，並非本意，是諸葛亮用空城計——迫不得已啊。也作「窮人賣兒女——迫不得已」。參見「諸葛亮焚香操琴——故弄玄虛」。

【諸葛亮皺眉頭——計上心來】

諸葛亮經常眉頭一皺，計上心來。形容他一下子就想出了辦法。比喻想出了主意。例正當我們束手無策的時候，小靳突然諸葛亮皺眉頭——計上心來，提出了擺脫困境的辦法。

【諸葛亮做丞相——鞠躬盡瘁，死而後已】

諸葛亮自做丞相直到終年，始終忠心耿耿。死前嘔血不止，仍抱病理政。比喻盡心竭力地貢獻自己的一切，到死爲止。例做人民的公僕，就應當像諸葛亮做丞相——鞠躬盡瘁，死而後已。

【諸葛一生惟謹慎，呂端大事不糊塗】

諸葛：諸葛亮，一生做事謹愼；呂端：北宋大臣，太宗稱他「小事糊塗，大事不糊塗」。比喻一個人做事謹愼，是非淸楚，能夠堅持原則。陳昊蘇《題〈遠望〉》：「丹心慧眼破奸計，傳訊從容危難紓。諸葛一生惟謹愼，呂端大事不糊塗。」

【諸侯稱王——各自爲政】

諸侯：古代帝王統轄下的列國君主的統稱。比喻各人按自己的主張辦事，互不配合。例幾個頭頭諸侯稱王——各自爲政，大家無不感到不知所從。

【諸如此類】

諸：衆多；此：這，這樣。許多像這一類的。表示與此相似的種種事物。

《抱朴子・辨問》：「諸如此類，不可具舉。」《紅樓夢》一六回：「自此鳳姐膽識愈壯，往後所作所爲，諸如此類，不可勝數。」

【諸如此例】
諸：凡。許多像這樣的事例。《梁書・武帝紀中》：「凡後宮樂府，西解暴室，諸如此例，一皆放遣。」

【諸色人等】
色：品類、種類；諸色：各種。各種各樣的人。《花月痕》三一：「舜美因試來汴梁，正逢著上元佳節，諸色人等聚集東京，十分富盛。」

【諸子百家】
百家：舉其成數。先秦時代學術思想派別的總稱。《史記・賈生列傳》：「賈生年少，頗通諸子百家之書。」也作「**百家諸子**」。

【銖寸積累】
見「銖積寸累」。

【銖寸累積】
見「銖積寸累」。

【銖分毫析】
銖：古代重量單位，十六兩制的二十四分之一兩；毫：一釐的十分之一。一銖一毫的分析。形容極爲細緻的分析。《朱子語類・學二》：「學問須嚴密理會，銖分毫析。」

【銖積寸累】
一銖一寸地積累。形容事物完成的艱難。宋・蘇軾《裙靴銘》：「寒女之絲，銖積寸累。」也作「**銖累寸積**」。清・朱彝尊《羣雅集序》：「顧世之作譜者，類從《歸字謠》銖累寸積，及於《鶯啼序》而止。」也作「**銖寸累積**」。清・汪琬《鄉飲大賓周翁墓志銘》：「翁削衣縮食，銖寸累積，以謀復故第。」也作「**銖寸積累**」。宋・劉克莊《弟婦林氏墓志銘》：「孺人持家儉，銖寸積累，稍廣新畬，故居士無鄙事之累。」也作「**銖積絲累**」。宋，朱熹《答辥士龍》之一：「方將與同志一二友朋，並心合力，以從事於其間，庶幾銖積絲累，分寸躋攀，以幸其粗知理義之實。」

【銖積絲累】
見「銖積寸累」。

【銖累寸積】
見「銖積寸累」。

【銖兩分寸】
指極輕微的分量。比喻輕微細小的事。宋・王安石《上皇帝萬言書》：「其財可以具，而命不得爲之者，不使有銖兩分寸之加焉。」

【銖兩悉稱】
銖兩：極輕微的量；悉稱：都相稱。形容兩下相比，輕重相當或優劣相等。清・王應奎《柳南隨筆》二：「律詩對偶，固須銖兩悉稱，然必看了上句，使人想不出下句，方見變化不測。」

【銖銖較量】
見「錙銖必較」。

【豬八戒敗了陣——倒打一耙】
豬八戒使用九齒釘耙作武器，常以「倒打一耙」的戰術打敗對手。也作「**豬八戒發威——倒打一耙**」、「**豬八戒過火焰山——倒打一耙**」、「**豬八戒耍把戲——倒打一耙**」、「**豬八戒的戰術——倒打一耙**」。見「賊喊捉賊——倒打一耙」。

【豬八戒扮新娘——好歹不像】
常比喻無論如何是不像的。例看你的言行舉止，要混入大學生的隊伍中去，豈不是豬八戒扮新娘——好歹不像。也作「**豬八戒扮姑娘——好歹不像**」。

【豬八戒背稻草——要人無人，要才（財）無才（財）】
才：「財」的諧音。比喻人既無好人品，又缺乏本事。例你忽視了對兒子的教育，他現在是豬八戒背稻草——要人無人，要才（財）無才（財），很難在社會上立足。

【豬八戒背媳婦——出力不落好】
見「頂石臼做戲——吃力不討好」。

【豬八戒搽粉——遮不了醜】
比喻醜陋東西總要暴露，無法掩蓋。例別爲自己辯護了，豬八戒搽粉——遮不了醜。

【豬八戒搽粉——自以爲美】
也作「**豬八戒戴花——自覺美**」。見「老鴰身上插花翎——自以爲美」。

【豬八戒吃大肉——忘本】
大肉：豬肉。見「木頭人鋸樹——忘本」。

【豬八戒吃人參果——不知貴賤】
《西遊記》載：唐僧師徒路過五莊觀，豬八戒見觀內童子吃人參果，垂涎三尺，便與孫悟空一起偷來人參果。豬八戒迫不及待地張口就囫圇吞下肚裏，沒有嘗出味道。比喻分不清事物的好壞、價值。例怎麼隨便糟蹋這些科研試劑，簡直是豬八戒吃人參果——不知貴賤。

【豬八戒吃人參果——全不知味】
也作「**豬八戒吃人參果——食而不知其味**」。見「水牛吃荸薺——食而不知其味」。

【豬八戒吃碗碴——滿嘴詞（瓷）】
見「狗啃碗片——滿嘴詞（瓷）」。

【豬八戒吃鑰匙——開心】
見「燈草剖肚——開心」。

【豬八戒吃棗子——囫圇吞】
見「沒牙婆吃湯圓——囫圇吞」。

【豬八戒吃豬肉——忘了自己的姓名】
比喻因驕傲自大而忘乎所以。例你剛入門，別豬八戒吃豬肉——忘了自己的姓名，世上能人多著哩！也作「**關夫子門前耍大刀——忘了自己的姓名**」、「**班門弄斧——忘了自己的姓名**」。

【豬八戒吃豬蹄——自殘骨肉】
比喻親屬之間的自相殘殺、迫害。例他們父子之間經常是豬八戒吃豬蹄——自殘骨肉，對外人怎能友好相處？

【豬八戒初進高家莊——假裝好

漢】
《西遊記》故事：豬八戒初進高家莊被高太公招爲婿。他耕田耙地，割稻刈麥，樣樣都行，是個身粗力大，很能幹活的好漢子。比喻喬裝打扮，冒充英雄。例凡事都要量力而行，別豬八戒初進高家莊——假裝好漢。
【豬八戒吹牛——大嘴說大話】
見「老虎誇海口——大嘴說大話」。
【豬八戒戴花——不知自醜】
見「烏鴉笑豬黑——不知醜」。
【豬八戒戴花——越多越醜】
比喻做出某種自以爲得計的蠢事，不知做得越多越是丟醜。例讓那些打、砸、搶的人去表演吧，豬八戒戴花——越多越醜，人們越來越認清了他們的醜惡面目。
【豬八戒的脊梁——無（悟）能之輩（背）】
脊梁：〈方〉脊背；無：「悟」的諧音；輩：「背」的諧音。豬八戒的法名叫「悟能」。雙關語。比喻沒有本事的人。例我了解那些人，都是豬八戒的脊梁——無(悟)能之輩(背)，沒多大出息。
【豬八戒的嘴——貪吃貪喝】
比喻嘴饞，吃喝無度。例這幫人是豬八戒的嘴——貪吃貪喝，糟蹋人民的血汗。
【豬八戒讀詩文——假充聖人】
比喻言行虛僞，冒充品德高尚、智慧高超的人物。例表裏應當如一，豬八戒讀詩文——假充聖人，早晚會露餡兒的。
【豬八戒喝了磨刀水——心裏秀（鏽）】
也作「豬八戒喝磨刀水——內秀（鏽）」、「豬八戒吃胰子——秀（鏽）氣在內」。見「吃了磨刀水的——秀（鏽）氣在」。
【豬八戒結親——喜的喜，憂的憂】
豬八戒同高太公的三女兒翠蘭成婚，由於豬八戒現出原形，翠蘭整天啼哭，攪得高太公一家不得安寧。也作「豬八戒結親——一個喜來一個憂」。見「小雞碰上鷹——喜的喜，憂的憂」。
【豬八戒看唱本——假斯文】
也作「豬八戒磨墨——假斯文」、見「貓不吃魚——假斯文」。
【豬八戒啃地梨——什麼仙人給什麼果】
地梨：多年生草本植物，地下莖像荸薺，野生在濕地裏，可以吃。豬八戒是被人瞧不起的「仙人」，只能給吃地梨這種野生水果。比喻不同身分的人給予不同的待遇。例他是個勢利眼，看人辦事，我們對他也來個豬八戒啃地梨——什麼仙人給什麼果，這叫做以其人之道還治其人之身。
【豬八戒挎腰刀——邋遢兵】
挎：ㄎㄨㄚˋ，掛在肩膀上。邋遢：不整齊，俐落。比喻衣冠不整、不修邊幅。例看你這模樣，眞是豬八戒挎腰刀——邋遢兵，還去參加隆重的交際晚會！
【豬八戒犂地——嘴硬】
也作「豬八戒犂地——好硬的嘴」。見「狗咬稱砣——嘴硬」。
【豬八戒賣涼粉——人醜名堂多】
豬八戒豬首人身，相貌醜陋，賣涼粉要有名目繁多的、各種各樣的作料，故稱「人醜名堂多」。比喻人好表現自己，但又沒有什麼本事，不知自醜。例又在衆人面前搞什麼鬼花樣，人家說你豬八戒賣涼粉——人醜名堂多，果然名副其實。
【豬八戒散夥——不幹了】
豬八戒隨唐僧去西天取經的途中，經常耍小心眼、戀家，動不動就要分行李散夥不幹。也作「豬八戒甩耙子——不幹了」。見「廚子解圍裙——不幹了」。
【豬八戒耍大刀——不順手】
豬八戒善使九齒釘耙，耍大刀並不在行。比喻做事遇到阻礙，辦得不順利。例這裏的人互相牽制，做起事來就像豬八戒耍大刀——不順手。
【豬八戒摔耙子——不伺候（猴）】
候：「猴」的諧音。豬八戒一生氣就摔掉釘耙，表示不再伺候孫猴子了。比喻不願供人使喚或不幹。例你把我逼急了，我就豬八戒摔耙子——不伺候（猴）你了。
【豬八戒聽天書——一竅不通】
天書：迷信指天上神仙寫的書或信，泛指難懂的文章。見「擀麵杖吹火——一竅不通」。
【豬八戒投胎——圖熱鬧】
投胎：迷信的人認爲人和動物死後，靈魂投入母胎，轉生世間。見「戰場裏頭打瞌睡——圖熱鬧」。
【豬八戒投胎——走錯了門】
《西遊記》中故事：豬八戒本是天上的天蓬元帥，因調戲嫦娥，被玉帝貶謫下凡，誤投豬胎成妖。見「拜佛進了呂祖廟——找錯了門」。
【豬八戒西天拜佛——禪心不穩】
禪心：佛教徒虔誠的信仰。《西遊記》載：豬八戒隨唐僧赴西天取經途中，每遇困難或與孫悟空發生爭執時，便思想動搖，嚷著散夥，要回高家莊同媳婦團圓。比喻一遇挫折便灰心喪氣，思想動搖。例他看到我們的事業碰上了困難，似乎是豬八戒西天拜佛——禪心不穩，願留則留，願去則去，不强求他。
【豬八戒下凡——惡相】
也作「豬八戒下凡——惡模樣」。見「貓吃螃蟹——惡相」。
【豬八戒照鏡子——當面給他個難看】
比喻當面給人不好的臉色。例有問題可以慢慢商量解決，不能豬八戒照鏡子——當面給他個難看。
【豬八戒照鏡子——裏外不是人】
雙關語。比喻各方面都沒落好，夾在中間受氣。也指處境困難，處處受到指責和埋怨。例這件事把他弄得像豬八戒照鏡子——裏外不是人，狼狽不堪。也作「豬八戒照鏡子——裏外不像人」、「豬八戒照鏡子——裏裏外外不是人」。

【豬八戒照鏡子——自我欣賞】
見「搽粉照鏡子——自我欣賞」。

【豬板油掛頸——膩了】
豬板油：豬的體腔內壁上呈板狀的脂肪；膩：厭煩，討厭。比喻對某人或某事物表示厭煩。例今天怎麼破天荒地沒去參加宴會？看來是豬板油掛頸——膩了。

【豬鼻子插大蔥——裝相（象）】
見「狗鼻裏插葱——裝相（象）」。

【豬標本——空架子】
標本：供學習和研究用的動物、植物、礦物等實物樣本。見「秋天的黃瓜棚——空架子」。

【豬大腸——扶不住】
見「稀泥巴糊牆——扶不上去」。

【豬膽泡黃連——苦上加苦】
見「黃蓮拌苦瓜——苦上加苦」。

【豬狗不如】
①形容人格低下品行惡劣，連豬狗都不如。《北洋軍閥統治時期史話》七〇章：「你當了總理還想攝政，眞是豬狗不如！」
②形容生活條件極差，連豬狗也比不上。例在災難深重的舊中國，勞苦大衆過著豬狗不如的生活。

【豬籠落水——孔孔都是入口】
豬籠：裝豬的籠子，多用竹子或木料做成，四周有孔。多比喻路子多，財源廣進。例這個公司潛力大，就像豬籠落水——孔孔都是入口，很快就發展起來了。

【豬籠落水——四處漏】
比喻到處出錯，漏洞百出。有時指處境艱難，多災多難。例這項工程就像豬籠落水——四處漏，根本不合質量要求，不能驗收。

【豬玀生天花——肉麻】
豬玀：〈方〉豬。雙關語。比喻由輕佻、虛僞或諂媚的言語、舉動所引起的不舒服的感覺。例這種妖艷風騷的舉止，眞是豬玀生天花——肉麻得很，叫人受不了。

【豬腦袋——死不開竅】
豬是愚笨的象徵，人們常用「笨豬」或「蠢豬」來諷刺愚蠢的人。比喻思想僵化，始終搞不通。例怎麼敎也不會，眞是豬腦袋——死不開竅。

【豬婆龍爲殃，癩頭黿頂缸】
豬婆龍：鼉，也叫揚子鰐；癩頭黿（ㄩㄢˊ）：大鱉；頂缸：甲做的壞事，乙替他承擔責任。揚子鰐闖的禍，大鱉替他承擔責任。比喻代人受過。明·江盈科《雪濤小說》：「金陵人乃作語：『豬婆龍爲殃，癩頭黿頂缸。』言嫁禍也。」

【豬肉青菜一鍋炒——難免要給別人沾點油水】
比喻免不了要分給別人某種好處。例勞力有强弱，一起勞動，就像豬肉青菜一鍋炒——難免要給別人沾點油水，就不必斤斤計較了。

【豬肉台上的秤砣——又黑又亮】
比喻鮮亮的黑色。例這隻小貓就像豬肉台上的秤砣——又黑又亮，眞好看。

【豬拾柴，狗燒火，野狐掃地請客坐】
比喻不安好心的人獻殷勤。例常言道：「豬拾柴，狗燒火，野狐掃地請客坐。」這兩天刁三、王老歪這些人怎麼見人就笑嘻嘻地打招呼，不知安的啥心？

【豬屎夾敲腦殼——連挨兩下子】
豬屎夾：拾糞時夾豬屎的夾子；腦殼：頭。見「糞夾子敲腦袋——連挨兩下子」。

【豬尿脬打人——打不死，臊也臊死了】
尿脬：〈方〉膀胱。雙關語。比喻雖不能置之於死地，但也羞恥或羞辱極了。例那個潑婦要是一口咬定他跟這個騷貨有什麼不正當關係，那可眞是豬尿脬打人——打不死，臊也臊死了。

【豬尿脬上扎一刀——氣消了】
比喻心情恢復平靜，不再生氣了。例經過耐心地解說，他才豬尿脬上扎一刀——氣消了。也作「皮球上戳一刀——氣消了」。

【豬尿脬上扎一刀——洩氣了】
也作「豬尿脬捅了一刀——全放了氣」。見「皮球穿眼——洩氣」。

【豬蹄子不放鹽——旦角（淡腳）】
旦角：「淡腳」的諧音，戲曲中扮演婦女的角色，有時特指青衣和花旦。①表明其職業身分。例「在戲團裏擔任什麼角色？」「豬蹄子不放鹽——旦角（淡腳）。」②比喻性格或某種行事像旦角表演。常含貶義。例這個人怎麼言行舉止像豬蹄子不放鹽——旦角（淡腳），缺少男子漢氣概。

【豬頭做枕心——昏（葷）頭昏（葷）腦】
昏：「葷」的諧音。比喻頭腦迷糊，神志不清。例連續工作兩晝夜，現在已是豬頭做枕心——昏（葷）頭昏（葷）腦了。也作「豬油倒進水缸裏——昏（葷）啦」。

【豬往前拱，雞往後刨——各有各的門道】
豬覓食用嘴向前拱，雞覓食用爪往後扒。見「千個師傅千個法——各有各的門道」。

【豬血李子——好看不好吃】
豬血李子：像豬血一樣顏色的李子。見「玻璃棒槌——中看不中用」。

【豬血煮豆腐——黑白分明】
見「白紙寫黑字——黑白分明」。

【豬血煮豆腐——混淆黑白】
也作「豬血煮豆腐——黑白不分」。見「石灰攙墨——混淆黑白」。

【豬油倒進水缸裏——昏（葷）啦】
見「豬頭做枕心——昏（葷）頭昏

（葷）腦」。

【豬油抹鼓面——昏（葷）冬冬】

見「肉骨頭打鼓——昏(葷)冬冬」。

【蛛絲塵網】

到處是灰塵與殘破的蛛網、掛著的蛛絲。形容生活窮困窘迫。《雍熙樂府》卷五：「窮不窮甑有蛛絲塵網亂，窘不窘爐無煙火酒瓶乾。」

【蛛絲蟲跡】

見「蛛絲馬跡」。

【蛛絲馬跡】

蛛絲：蜘蛛絲；馬跡：馬蹄印跡。順著蜘蛛的絲尋找蜘蛛的所在，按照馬蹄的痕跡可以尋到馬的去向。比喻隱約可尋的線索和跡象。魯迅《送灶日漫筆》：「只因爲公論和請帖之間看不出蛛絲馬跡，所以議論便堂哉皇哉了。」也作「蛛絲蟲跡」。《野叟曝言》七九回：「蛛絲蟲跡，屋漏蝸涎，不即不離，有意無意，其妙何如。」也作「蛛絲鼠跡」。《野叟曝言》九〇回：「七絕一詩，拖起婚姻，有蛛絲鼠跡之妙。」

【蛛絲鼠跡】

見「蛛絲馬跡」。

【蛛網塵封】

上邊結滿蜘蛛網，下邊被塵土所封蓋。形容房屋長期無人打掃，居室和器物長期無人使用。清・袁枚《隨園詩話補遺》卷三：「余錄其（指司馬章）《浪淘沙》云：『春到鳳城中，遊運方通，閒來指點過橋東。記得當時心醉處，蛛網塵封。』」

ㄓㄨˊ

【竹苞松茂】

苞：叢生而繁密。像竹子和松樹那樣叢生而繁茂。比喻家門興盛。舊時也用作對長壽或新屋落成的頌詞。明・范世彥《磨忠記・楊漣家慶》：「親壽享，願竹苞松茂，日月悠長。」

【竹報平安】

唐・段成式《酉陽雜俎》續集卷一〇：「衞公言北都惟童子寺有竹一窠，才長數尺，相傳其寺綱維，每日報竹平安。」後用「竹報平安」指平安家書。

【竹帛之功】

竹帛：竹簡和白絹，古代供書寫的用品。能夠寫於竹簡白絹之上的功績。指名垂史册的功績。《後漢書・鄧皇后紀》：「書功於竹帛，流音於管弦。」

【竹刺扎著猴屁股——坐立不安】

見「腳長雞眼臀生瘡——坐立不安」。

【竹竿打鑼——有節奏】

比喻工作、生活有步驟、有規律。例搞生產，必須竹竿打鑼——有節奏地進行，不能一哄而上。

【竹竿頂天——差一截子】

也作「竹竿頂天——差得遠」、「竹竿勾月亮——差得遠」。見「戴著斗笠親嘴——差著一帽子」。

【竹竿敲竹筒——空想（響）】

見「二踢腳下天——空想（響）」。

【竹竿上掛燈籠——照遠不照近】

雙關語。比喻只觀察或評論遠處的、過去的事物，而不著眼於當前。有時也指嚴以待人，寬以待己。例這篇文章是竹竿上掛燈籠——照遠不照近，迴避了現實，缺乏指導意義。也作「丈八的燈台——照遠不照近」、「旗桿上的燈籠——照遠不照近」。

【竹竿捅馬蜂窩——亂套了】

也作「竹竿捅馬蜂窩——亂了套」。見「放羊的去圈馬——亂套了」。

【竹篙撐排——一通到底】

排：指木排或竹排。形容辦事徹底。有時指徹底揭露出來。例這件事不辦則已，一辦就竹篙撐排——一通到底。也作「竹篙撐排——一捅到底」。

【竹管開花】

五代・王仁裕《開元天寶遺事・夢筆頭生花》：「李太白少時，夢所用之筆頭上生花，後天才瞻逸，名聞天下。」後用「竹管開花」比喻才思大進。清・蒲松齡《二月爲螽斯復仇七宅啟》：「非是柳條灑汁，不沾處士之衣；只緣竹管開花，未入書生之夢。」

【竹節命——吃一節算一節】

見「甘蔗命——吃一節算一節」。

【竹筐打水】

見「竹籃打水」。

【竹筐挑水——兩頭空】

也作「竹筐挑水——兩落空」、「竹筒做枕——兩頭空」。見「飛了鴨子打了蛋——兩落空」。

【竹籃打水】

用竹籃子打水，一場空。比喻勞而無功。《金瓶梅詞話》九一回：「閃的我樹倒無蔭，竹籃打水。」也作「竹筐打水」。《飛龍全傳》四三回：「我指望養老送終，披麻帶孝，誰知白白的空養一場，好似竹筐打水只落了空。」

【竹籃打水網攔風——全落空】

見「炭篩子篩芝麻——全落空」。

【竹籃裝筍——娘伴女】

比喻長輩和小輩或老的和新的在一起。例在這次晚會上，竹籃裝筍——娘伴女，共同歡慶公司成立三周年。

【竹籬茅舍】

竹子籬笆，茅草房舍。形容農村的簡陋住房或田園風光。《古今小說》卷二二：「那個家竹籬茅舍，甚是荒涼。」

【竹林笑傲】

見「竹林之遊」。

【竹林之遊】

晉代「竹林七賢」的遊樂，比喻無視名利的莫逆友情或指放任不羈的飲宴遊樂。《晉書・嵇康傳》：「所與神交者，惟陳留阮籍、河內山濤，豫其流者河內向秀、沛國劉伶，籍兄子咸、琅邪王戎，遂爲竹林之遊，世所謂『竹林七賢』也。」也作「竹林笑傲」。沈約之《覆挽於湖居士》詩：「竹林笑傲今陳跡，撫梓江臯涕泫然。」

【竹籠抬豬——露蹄】

見「半天雲裏跑馬——露了馬腳」。

【竹簍裏的泥鰍——滑得很】

見「西瓜抹油——圓滑」。

【竹簍裏捉螃蟹——手到擒拿】

見「罈子裏捉烏龜——手到擒來」。

【竹簍裏捉螃蟹——穩拿】

見「箅子上取窩窩——十拿九穩」。

【竹馬之好】

竹馬：小孩當馬騎的竹竿。騎著竹竿當馬遊戲時的好友。指孩童時的朋友。南朝宋・劉義慶《世說新語・方正》：「卿故復憶竹馬之好不？」也作「竹馬之友」。例林姍姍和王曉華是從小就認識的竹馬之友。也作「竹馬之交」。

【竹馬之交】

見「竹馬之好」。

【竹馬之友】

見「竹馬之好」。

【竹門對竹門，木門對木門】

比喻在婚姻上門當戶對。例衆人都誇他們兩人簡直是竹門對竹門，木門對木門，天生的一對！

【竹膜做面子——臉皮薄】

竹膜：竹莖裏面的一層極薄的膜。形容害羞或拉不開情面。例別逗她了，小姑娘是竹膜做面子——臉皮薄。

【竹棄柯亭】

晉・干寶《搜神記》卷一三：「蔡邕嘗至柯亭，以竹爲椽。邕仰眄之，曰：『良竹也。』取以爲笛，發聲遼亮。」後用「竹棄柯亭」比喻良才不得其用。唐・顧雲《上翰林劉侍郎啟》：「以爲蔡中郎之末顧，則竹棄柯亭；張司空之見知，則劍辭豐室。」

【竹篩子盛水——漏洞百出】

見「魚籃子打水——無處不是漏洞」。

【竹絲背簍——眼眼兒又細又多】

比喻細緻認眞，考慮問題周到。例他看問題就像竹絲背簍——眼眼兒又細又多，向他請教準沒錯。

【竹筍出土——節節高升】

見「出土筍子逢春雨——節節高」。

【竹筒沉水——自滿自足】

沉水：落入水中。竹筒沉入水中，自己會灌滿水。比喻滿足於自己已有的成績或自負。例千萬不能竹筒沉水——自滿自足，要繼續不斷地前進。

【竹筒當枕頭——空想】

見「枕頭底下放罐子——空想」。

【竹筒倒豆——不藏不掖】

比喻做事光明磊落，不遮遮蓋蓋。例咱做事就像竹筒倒豆——不藏不掖，讓他去嚼舌吧！

【竹筒倒豆子——爽快】

①比喻說話直爽，毫無隱諱。例這個人說話一向是竹筒倒豆子——爽快，絕不隱瞞自己的觀點。見「快刀切蘿蔔——乾脆」。

【竹筒倒豆子——一個不留】

也作「竹筒倒豆子——一乾二淨」、「竹筒倒豆子——全抖出來」、「竹筒倒豆子——一嘩啦」、「竹筒倒豆子——利利索索」，見「三下五去二——一個不留」。

【竹筒倒水——一咕咚到底】

指一口氣把水喝完。比喻把心裏話全說出來。例他滿肚子意見，今天終於來了個竹筒倒水——一咕咚到底，似乎心情舒暢多了。

【竹筒裏點火——照管】。

見「下水道裏安燈——照管」。

【竹筒裏看天——一孔之見】

見「針眼裏看天——一孔之見」。

【竹筒裝狗蚤——這頭入那頭出】

狗蚤：寄生在狗身上的跳蚤。①比喻聽不進勸告或管轄不住。例老師批評了半天，他是竹筒裝狗蚤——這頭入那頭出，一句話也沒聽進去。②形容隨得隨失。例他工資高，開支大，就像竹筒裝狗蚤——這頭人那頭出，一點積蓄也沒有。

【竹筒子吹火——只有一個心眼】

比喻一心一意。有時也指心眼，死不靈活。例辦好這件事的一個重要經驗，就是竹筒子吹火——只有一個心眼。

【竹頭木屑】

竹子木頭的碎片細末。指可以利用的下腳料。比喻小而有用之才和細微小事。宋・陳亮《祭妹夫周英伯》：「時節相存問，緩急相周致，雖竹頭木屑亦有以應吾之須者，篤吾妹之分義於我也。」

【竹外一枝】

竹叢之外的一枝梅花。比喻突出於人羣之外的人。宋・蘇軾《和秦太虛梅花詩》：「江頭千樹春欲暗，竹外一枝斜更好。」

【竹有節，人有志】

人要有氣節，有志氣。例有德行的人，即使處在艱困的環境中，也能竹有節，人有志，不會迷失方向。

【竹枕頭——空的】

形容無實際內容。有時指事情落空了。例這篇文章內容是竹枕頭——空的，沒啥價值。也作「荒年旱月的笆米樓子——空的」、「棉花槌打鐵——空的」。

【竹杖成龍】

晉・葛洪《神仙傳・壺公》：「公以一竹杖與之曰：『但騎此得到家耳。』[費長]房騎竹杖辭去，忽如睡覺，已到家……所騎竹杖棄葛陂中，視之，乃青龍耳。」後用「竹杖成龍」比喻得道仙。唐，駱賓王《代女道士王靈妃贈道士李榮》詩：「蘋風入馭來應易，竹杖成龍去不難。」

【竹枝掃帚——盡出岔子】

見「小樹掐尖——盡出岔子」。

【竹子扁擔挑竹筐——碰上自家人】

見「毛豆燒豆腐——碰上自家人」。

【竹子當吹火筒——兩頭不通】

見「擀麵杖吹火——兩頭不通」。

【竹子長杈——節外生枝】

也作「竹子長杈——橫生枝節」。見

「手長六指頭——橫生枝節」。

【竹子做簫——生就的材料】

見「癩子做和尚——生成的」。

【軸轤千里】

見「舳艫千里」。

【逐臭之夫】

追逐臭氣的人。比喻有怪癖的嗜好，與常人不同。三國魏・曹植《與楊德祖書》：「人各有好尚・蘭茝蓀蕙之芳，衆人所好，而海畔有逐臭之夫。」

【逐電追風】

見「追風逐電」。

【逐句逐字】

見「逐字逐句」。

【逐浪隨波】

見「隨波漂流」。

【逐利爭名】

見「爭名奪利」。

【逐鹿中原】

逐：追趕；鹿：指獵取的對象，比喻政權、天下；中原：古時指我國中部地區。比喻羣雄競起，爭奪天下。《兒女英雄傳》一回：「暴秦無道，羣雄並起，逐鹿中原。」也作「**中原逐鹿**」。

【逐末捨本】

追逐末節而捨棄根本。指做事只在枝節上下功夫，而不從根本上著手。《隋書・禮儀志四》：「四曰，長吏華浮，奉客以求小譽，逐末捨本，政之所疾，宜謹察之。」也作「**捨本逐末**」。

【逐日千里】

逐日：追趕太陽。追趕太陽，日行千里。形容馬跑得極快。南朝陳・江總《度支尚書陸君誄》：「昂昂逸驥，逐日千里。」

【逐日追風】

見「追風逐電」。

【逐影追月】

逐：追趕；影：日影。趕上太陽，追上月亮。形容行動迅速。南朝齊・張融《海賦》：「越湯谷以逐影，渡虞淵以追月。」

【逐字逐句】

依照先後次序，一字一句。形容閱讀或講解極爲細緻。宋・劉克莊《詩話前集》二：「蓋逐字逐句銖銖而較者，絕不足爲大家數。」也作「**逐句逐字**」。宋・劉克莊《江咨龍注梅百咏跋》：「君相去千里，未嘗款接緒言，乃能逐句逐字箋其所本，凡余所欲言而辭不能發者，往往中其微隱，若筆研素交者。」

【築室道謀】

修築屋室去向過路人求取主意。比喻人多口雜，意見不一致而自己沒有主見，一定辦不成事。《詩經・小雅・小旻》：「如彼築室於道謀，是用不潰於成。」《歧路燈》五回：「這宗事，若教門生們議將起來，只成築室道謀，不如二老師斷以己見。」

【築室反耕】

反耕：歸田耕作。建築屋室與歸田事耕。指長期屯兵沒有去意。《三國志，魏書・臧洪傳》：「況僕據金城之固，驅士民之力，散三年之畜，以爲一年之資，匡困補乏，以悅天下，何圖築室反耕哉！」

【築壇拜將】

《史記・淮陰侯傳》載：劉邦聽從蕭何建議，選擇良日齋戒，設立壇場，以隆重的儀式拜韓信爲大將軍。後用「築壇拜將」比喻敬重能人。元・王實甫《西廂記》二本四折：「計將安在？小生當築壇拜將。」

【燭盡光窮】

窮：終極，引申爲消逝。蠟燭燒完，燭光隨著熄滅。比喻人死了，思想意識也就隨著消滅了。《北史・杜弼傳》：「神之在人，猶光之在燭，燭盡則光窮，人則神滅。」

【燭影斧聲】

原指宋太宗趙匡義殺兄趙匡胤而篡位，後泛指政變。《水滸後傳》一回：「黃袍加身御海宇，五代紛爭從此止……燭影斧聲垂青史，那堪再誤傷天倫。」

【燭照數計】

數：算術，數理；計：計算。用燭光照明，用數理計算。比喻料事準確。唐・韓愈《送石處士序》：「與之語道理，辨古今事當否，論人高下，事後當成敗，若河決下流而東注，若駟馬駕車就熟路・而王良造父爲之先後也，若燭照數計而龜卜也。」

【舳艫千里】

舳：船尾；艫：船頭。首尾相接的大船很多。《漢書・武帝紀》：「五年冬，行南巡狩，自潯江浮江，親射蛟江中，獲之；舳艫千里，薄樅陽而出。」也作「**軸轤千里**」。

【舳艫相繼】

見「舳艫相接」。

【舳艫相接】

船尾船頭相互銜接。形容船多。《隋書・食貨志》：「帝御龍舟，文武官五品以上給樓船，九品以上給黃篾舫，舳艫相接，二百餘里。」也作「**舳艫相繼**」。唐・韓偓《開河記》：「時舳艫相繼，連接千里，自大梁至淮江，聯綿不絕，錦帆過處，香聞百里。」也作「**舳艫相屬**」。晉・郭璞《江賦》：「舳艫相屬，萬里連檣。」

【舳艫相屬】

見「舳艫相接」。

【劚龍泉】

劚：掘取；龍泉：寶劍名。《晉書・張華傳》載：晉尚書張華見斗牛間常有紫氣，請教於雷煥，雷煥說是寶劍的精氣，並在豐城獄底掘出盛在玉匣中的寶劍。後以「劚龍泉」比喻起用或發掘被埋沒的人才。也指發掘、光大被埋沒的事物。唐・杜甫《所思》詩：「徒勞無牛斗，無計劚龍泉。」

ㄓㄨˇ

【主不吃，客不飲】
比喻對主人的尊重。《鏡花緣》七八回：「史幽探道：『今日紫芝妹妹在母舅府上也有半主之分。俗語說的：「主不吃，客不飲。」就請先出一令。』」也作「**主不請，客不飲**」。

【主過一言而國殘名辱】
君主一句話的過失，就會使國家殘破、聲名受辱。《呂氏春秋・慎小》：「將失一令，而軍破身死；主過一言而國殘名辱，爲後世笑。」

【主觀臆斷】
臆斷：憑臆想來斷定。不依據實際情況，只憑主觀臆測對事物做出判斷。例只憑主觀臆斷，在工作中往往要碰釘子。

【主敬存誠】
敬：尊敬，不怠慢。指自身要謹慎、誠實。《歧路燈》九○回：「我如今老而無成，雖說挨了貢，不過是一個歲貢頭子，兒子又是個平常秀才，還敢滿口主敬存誠學些理學話，討人當面的厭惡，惹人背地裏笑話迂腐麼？」

【主明臣直】
見「主聖臣直」。

【主情造意】
出謀劃策。也指爲首的、主謀的人。《水滸全傳》一八回：「把白勝押到廳前，便將索子捆了，問他主情造意，白勝抵賴，死不肯招鼂保正等七人。」

【主辱臣死】
主：君主。君主蒙辱受難時，臣子當以死報效。宋・張孝祥《代諸父祭伯父文》：「忠憤激發，肝膽輪囷。主辱臣死，臣敢愛身。」

【主少國疑】
新登位的君主年紀小，國家疑懼不安定。《史記・孫子吳起傳》：「主少國疑，大臣未附，百姓不信。」

【主聖臣良】
君主聖明，臣子才能忠良。唐・白居易《敢諫鼓賦》：「聲聞於外，以彰我主聖臣良；道在其中，以表我上忠下敬。」

【主聖臣直】
君主聖明，臣子就正直。《漢書・薛廣德傳》：「臣聞主聖臣直。」也作「**主明臣直**」。《唐史演義》一七回：「妾聞主明臣直，今朝有直臣魏徵，就是陛下的聖明呢。」

【主文譎諫】
主文：以比喻來規勸；譎諫：委婉地規諫。通過吟咏詩歌，委婉地規勸。《毛詩・序》：「上以風化下，下以風刺上，主文而譎諫，言之者無罪，聞之者足以戒。」

【主心骨】
①比喻可以依靠信託的人或事物。例自從丈夫去世，她就像失去了主心骨，感到無依無靠的。②比喻主見、主意。例你原先那麼果斷，怎麼突然失去了主心骨啦？是不是發生了什麼事情？

【主雅客來勤】
主人好客有禮，客人就會經常來拜訪。《紅樓夢》三二回：「湘雲笑道：『主雅客來勤，自然你有些驚動他的好處，他才要會你。』」

【主憂臣辱】
君主有憂患，臣子如不能分憂就是恥辱。明・無名氏《伐晋興齊》一折：「晋兵侵於阿甄之地，燕兵侵於河上，主公甚是懷悶。便好道主憂臣辱，教某展轉疑慮，無計可施。」

【拄拐棍上煤堆——倒霉(搗煤)】
倒霉：「搗煤」的諧音。見「煤球搬家——倒霉（煤）。」

【拄拐棍上煤堆——尋著倒霉（搗煤）】
倒霉：「搗煤」的諧音。比喻自找麻煩或不順利的事。例誰叫他不老實，拄拐棍上煤堆——尋著倒霉（搗煤），活該。

【拄棍要拄長的，結伴要結强的】
結交朋友應選擇能力强的，就像拄拐棍要挑長的一樣。柳青《創業史》一部二六章：「拄棍要拄長的，結伴要結强的！他認爲姚士傑的指頭比他梁生寶的胳膊粗。」

【拄笏看山】
拄：支撑；笏：ㄏㄨˋ，古代大臣上朝時拿的手板。用笏皮支撑臉頰，觀望小景。比喻爲官而有高潔的情趣，或比喻清高脫俗。《晋書・王徽之傳》：（徽之爲桓沖參軍）「沖嘗謂徽之曰：『卿在府日久，比當相料理。』徽之初不酬答，直高視，以手版柱頰云：『西山朝來，致有爽氣耳。』」

【拄著拐棍走泥路——步步有點】
見「穿釘鞋走泥路——步步有點」。

【煮出飯來炒著吃——沒事找事】
見「老鼠逗貓——沒事找事」。

【煮豆燃豆萁——自家人整自家人】
見「哥倆打寃家——自家人整自家人」。

【煮豆燃萁】
萁：豆秸。南朝宋・劉義慶《世說新語・文學》載：「魏文帝曹丕令其弟東阿王曹植於七步內作詩，不成則行大法。曹植應聲爲詩曰：『煮豆持作羹，漉菽以爲汁。萁在釜下燃，豆在釜中泣。本是同根生，相煎何太急。』」後以「**煮豆燃萁**」比喻骨肉相殘或內部自相迫害。

【煮鶴焚琴】
把仙鶴煮著吃，把琴當柴燒。比喻魯莽庸俗，把美好的事物糟蹋了。唐・李商隱《義山雜纂》：「殺風景：花間喝道，背山起樓，煮鶴焚琴，清泉濯足。」也作「**焚琴煮鶴**」。

【煮夾生飯】
比喻工作做得不夠專業，就像煮飯不到火候，仍有不熟的米粒。例做工作哪能光憑興趣？冷一陣，熱一陣，那還不煮夾生飯呀？

【煮弩爲糧】

弩：古代兵器，利用機械力量射箭的弓。煮弓臂作爲餐食。比喻被困極度缺糧的情景。《後漢書・耿恭傳》：「耿恭以單兵固守孤城，鑿山爲井，煮弩爲糧，出於萬死，無一生之望。」

【煮熟的紅棗——虛胖】

比喻空虛，不實在。例這家公司善於造聲勢，做宣傳，了解內幕的人說它是煮熟的紅棗——虛胖，沒有實力。

【煮熟的鷄爪子——往裏拐】

也作「煮熟的豬爪子——往裏彎」。見「胳膊肘——往裏拐」。

【煮熟的鴨子——飛不了】

也作「煮熟的鴨子——飛不起來」、「蒸熟的鴨子——飛不了」。見「麻雀入籠——飛不了」。

【煮熟的鴨子飛上了天——怪事一樁】

見「六月飛霜——怪事」。

【煮熟的鴨子又飛了】

比喻能夠到手的東西卻失去了。例臨上場時，主力隊員卻扭傷了腳，眼看著穩拿的金牌得不到了。這不是煮熟的鴨子又飛了嗎？

【煮熟的豬血又轉紅——回生】

豬血本爲紅色，煮熟後應爲黑褐色。比喻死而復生。例在全體職工的努力下，這座搖搖欲墜的工廠，就像煮熟的豬血又轉紅——回生了。

【煮粥焚鬚】

煮粥時火燒著了鬍鬚。《新唐書・李勣傳》：「其姊病，嘗自爲粥而燎其鬚。姊戒止。答曰：『姊多病，而勣且老，雖欲數進粥，尙幾何。』」後以「煮粥焚鬚」比喻手足情深。

【煮字療飢】

指以賣字來維持生活。形容讀書人的窮困潦倒。宋・黃庚《雜咏詩》：「耽書自笑已成癖，煮字原來不療飢。」

【屬辭比事】

屬：連綴；比：排列。連綴文辭，排列史事。也泛稱撰文記事。唐・劉知幾《史通・忤時》：「屬辭比事・勞逸宜均。」

【屬毛離裏】

屬：連續；離：附著。《詩經・小雅・小弁》：「靡瞻匪父，靡依匪母。不屬於毛，不離於裏。」後用「屬毛離裏」比喻子女與父母的關係極爲密切。清・葉廷琯《鷗陂漁話》：「滴血入骨骨欲活，屬毛離裏何奇哉！」

【屬人耳目】

屬：專注。引人注意。《左傳・成公二年》：「師有功，國人喜以逆之，先入，必屬耳目焉。」

【屬托不行】

屬托：同「囑托」。叮囑托付別人，爲自己謀利，行不通。形容爲官清正，公而無私。漢・劉向《說苑・政理》：「前臣之治東阿也，屬托不行。貨賂不至。」

【屬垣有耳】

屬垣：以耳附牆偷聽。有耳貼著牆偷聽。指隔牆有耳，說話要注意。《九命奇冤》二九回：「屬垣有耳，阿七聽私言。」

【褚小懷大】

褚：口袋；懷：容納。口袋很小而要裝大東西。比喻能力不能勝任。《莊子・至樂》：「褚小者不可以懷大，綆短者不可以汲深。」

ㄓㄨˋ

【助桀爲暴】

見「助桀爲虐」。

【助桀爲虐】

桀：相傳爲夏朝末代暴君；虐：暴行。幫助桀去做殘暴的事。比喻幫助壞人作壞事。《史記・留侯世家》：「[張良曰]夫秦爲無道，故沛公得至此……今始入秦，即安其樂，此所謂『助桀爲虐』。」也作「助桀爲暴」。《史記・田單傳》：「今又劫之以兵爲君將，是助桀爲暴也。」也作「助紂爲虐」。紂：相傳爲商朝末代暴君。南朝宋・謝靈運《晉書武帝紀論》：「昔武王伐紂，歸傾宮之女，不可助紂爲虐；而世祖平皓，納吳妓五千，是同皓之弊。」

【助天爲虐】

虐：殘暴狠毒，指壞事。趁著天災做壞事。《國語・越語下》：「王孫雒曰：『子苑子，先人有言曰：『無助天爲虐，助天爲虐者不祥。』今吳稻蟹不遺種，子將助天爲虐，不忌其不祥乎？』」

【助我張目】

張目：睜大眼睛，指助長聲勢。別人贊助自己的主張或行動，從而壯大了自己的氣勢。章炳麟《東京留學生歡迎會演說辭》：「留學生中助我張目的人，較從前增加百倍，才曉得人心進化，是實有的。」

【助紂爲虐】

見「助桀爲虐」。

【住山邊，燒好柴；住海邊，吃活蟹】

不同的地方有不同的優越性。例你們農村的蔬菜就是新鮮呀！眞是「住山邊，燒好柴；住海邊，吃活蟹」，那是一點也不假。

【住在狼窩邊，小心不爲過】

比喻周圍壞人多，或經常和壞人打交道，應該特別小心謹慎。例「住在狼窩邊，小心不爲過」。既然在敵人心臟地帶工作，就得步步小心，絕不能輕舉妄動。

【住著瓦房，望著高樓——好了還要更好】

多比喻進取心强，永不自滿。例俗話說：「住著瓦房，望著高樓——好了還要更好。」小康之後，我們還要趕上或超過先進國家的生活水平。

【杼柚其空】

杼：織布機上的梭子；柚：ㄓㄨˊ，滾筒，捲織物的軸；杼柚：泛指紡織。織布的原料空缺。後也指生活貧困或生產不濟。《詩經・小雅・大東》：「小東大東，杼柚其空。」也作「**杼軸其空**」。清・淮陰百一居士《壺天錄》卷上：「屆天中節，杼軸其空，幾不能舉火。」

【杼軸其空】

見「杼柚其空」。

【柱石之臣】

見「柱石之士」。

【柱石之寄】

如同柱石般的寄託。比喻委以國家重任，寄託極大希望。《後漢書・朱浮傳》：「委以大郡，任以威武，事有柱石之寄。」

【柱石之堅】

比喻擔負國家重任的人。漢・袁康《越絕書・越絕外傳・紀策考》：「內無柱石之堅，外無斷割之勢。」

【柱石之士】

比喻擔當國家重任的人。《三國志・魏書・蔣濟傳》：「當今柱石之士雖少，至於行稱一州，智效一官，忠信竭命，各奉其職，可並驅策，不使聖明之朝有專吏之名也。」也作「**柱石之臣**」。《後漢書・伏湛傳》：「柱石之臣，宜居首弼。」

【柱下期信】

期：約會；信：守信用。《莊子・盜跖》：「尾生與女子期於梁下，女子不來，水至不去，抱梁柱而死。」後用「柱下期信」指堅守信約。唐・駱賓王《代女道士王靈妃贈道士李榮》詩：「只言柱下留期信，好欲將心學松蕣。」

【祝髮文身】

祝髮：斷發；文身：在身上刺花紋。把頭髮截短，在皮膚上刺花紋。指古代吳越的風俗。例古代吳越人祝髮文身，是當時的一種風俗。

【祝哽祝噎】

祝：禱告；噎、哽：食道被食物堵塞。古時表示對老人的尊敬。老人進食時多哽噎，常由專人在旁進食前後祝禱。《漢書・賈山傳》：「天子之尊，四海之內其義莫不為臣。然而養三老於大學，親執醬而饋，執爵而酳，祝噎在前，祝哽在後。」

【祝禽疏網】

祝：祝禱。疏開網罟，祝禱飛禽飛去。《呂氏春秋・異用》載：商湯見捕鳥人張網四面，於是收其三面，置其一面，只捕那些不聽敎命的鳥。後用「祝禽疏網」比喻政仁法寬或指給一條生路。唐・駱賓王《兵部奏姚州破賊設蒙儉等露布》：「祝禽疏網，徒開三面之恩；毒虺挺妖，逾肆九頭之暴。」也作「**祝網三驅**」。明・詹同《出獵圖》詩：「馬知祝网三驅意，但醉氍毹紫塞間。」

【祝融為虐】

祝融：相傳為黃帝的戰將之一，死後為火神；虐：肆虐。指火災嚴重，肆虐侵害而不可阻。例天時不利，林區祝融為虐，毀林上千畝。

【祝壽延年】

祝壽：老年人過生日時向他祝賀；延年：延長壽命，增加歲數。祝老人長命百歲之辭。明・無名氏《紫微宮》三折：「上帝命金母開筵，羣仙會集，都要您祝壽延年，供奇進美。」

【祝網三驅】

見「祝禽疏網」。

【著乎竹帛】

見「著於竹帛」。

【著書等身】

見「著述等身」。

【著書立說】

寫文章，表達自己的主張。《紅樓夢》一一五回：「便是著書立說，無非言忠言孝，自有一番立德立言的事業。」也作「**著書立言**」。唐・陳黯《詰鳳》：「揚雄亦慕仲尼之敎者，以著書立言為事，得自易哉！」也作「**立說著書**」。

【著書立言】

見「著書立說」。

【著述等身】

形容人的著述很多，積疊起來的高度可與身高相等。《宋史・賈黃中傳》：「黃中幼聰悟，方五歲，玭（黃中之父）每旦令正立，展書卷比之，謂之等身書，課其誦讀。」清・紀昀《閱微草堂筆記・灤陽消夏錄一》：「自是以外，雖著述等身，聲華蓋代，總聽其自貯名山，不得入此門一步焉，先聖之志也。」也作「**著作等身**」。黃侃《訓詁筆記》：「凡輕改古籍者，非愚則妄，即令著作等身，亦不足貴也。」也作「**著書等身**」。例老先生桃李滿天下，著書等身。

【著有成效】

見「卓著成效」。

【著於竹帛】

著：寫作，編著；竹：竹簡；帛：絲織物的總稱。寫在竹簡和白絹上。舊指著書立說。漢・許愼《說文解字敍》：「著於竹帛謂之書。」也作「**著乎竹帛**」。《呂氏春秋・情欲》：「荊莊王功跡著乎竹帛，傳乎後世。」也作「**著之竹帛**」。章炳麟《與龔未生書》：「所欲著之竹帛者，蓋尙有三四種。」

【著之竹帛】

見「著於竹帛」。

【著作等身】

見「著述等身」。

【蛀蟲咬黃連——自討苦吃】

見「笨豬拱刺蓬——自找苦吃」。

【鑄成大錯】

錯：銼刀，借用為錯誤。《資治通鑑・唐昭宣帝天祐三年》載：羅紹威請朱全忠軍入魏殺盡驕橫的牙軍，而被朱凌制，致使蓄積一空，兵力衰弱，非常悔恨，對人說：「合六州四十三縣鐵，不能為此錯也。」後用「鑄成大錯」指造成重大錯誤或錯誤重大。清·黃遵憲《逐客篇》詩：「噫嘻六州鐵，誰實鑄大錯。」姚雪垠《李自成》一卷一五章：「倘若我晚回一步，豈不鑄成大錯！」也作「**鑄此大錯**」。陶菊隱《北洋軍閥統治時期史話》三〇章：「今鑄此大錯，其心可佩，其愚可憫。」

【鑄此大錯】
見「鑄成大錯」。

【鑄鼎象物】
鼎：古代三足兩耳的炊器，後也作爲傳國重器。鑄造大鼎，並在上面鑄上各種物品的圖象。舊時以此稱頌君王有德。《左傳·宣公三年》：「昔夏之方有德也，遠方圖物，貢金九牧，鑄鼎象物，百物而爲之備，使民知神、奸。」

【鑄山煮海】
《史記·吳王濞傳》：「吳有豫章郡銅山，濞則招致天下亡命者盜鑄錢，煮海水爲鹽，以故無賦，國用富饒。」後用「鑄山煮海」指開發與利用自然資源。宋·蘇軾《表忠觀碑》：「鑄山煮海，象犀珠玉之富，甲於天下。」

【箸長碗短】
箸：筷子。比喻食用短少缺乏。《初刻拍案驚奇》卷一六：「燦若自王氏亡後，日食用度，箸長碗短，十分的不像意。」

ㄓㄨㄚ

【抓把柄】
比喻抓住可以用來要挾的過失或錯誤。例要幹出一番事業來，就不能怕人抓把柄。只要是一心爲公，犯點小毛病也沒關係，最終會讓人理解。

【抓辮子】
比喻抓住別人的缺點、過失，爲難、要挾人。例一心投入工作的人，難免不被人抓辮子。人非聖賢，誰能十全十美？

【抓不住老虎，在貓身上出氣】
比喻鬥不過厲害的，就拿弱小的出氣。例哼，我又沒招惹您，您對我發什麼脾氣。您這不是抓不住老虎，在貓身上出氣嗎？

【抓大頭】
①指欺負容易吃虧上當的人。例你別想抓大頭，這些活兒是派給你的，甭想往別人身上推！②指把某人當作敲詐的對象。例走，去老苑那兒抓大頭去！讓他請客！也作「**捉大頭**」。例捉大頭，就得找這些暴發戶。

【抓耳撓腮】
抓抓耳朵，撓撓腮幫子。①形容喜得不知如何是好。《西遊記》二回：「孫悟空在旁聞講，喜得他抓耳撓腮，眉花眼笑。」也作「**撾耳搔腮**」。《說岳全傳》七三回：「自此時時刻刻叫家人出去打聽，已知朝廷驚恐，饋送犒軍錢糧許多，許他十日內送出秦檜，喜得他撾耳搔腮。」②形容焦急慌亂而又毫無辦法。《二刻拍案驚奇》卷一一：「大郎聽罷，氣得抓耳撓腮，沒個是處。」也作「**抓耳搔腮**」。《鏡花緣》一八回：「多九公只急得抓耳搔腮，不知怎樣才好。」

【抓耳搔腮】
見「抓耳撓腮」。

【抓蜂吃蜜——恬（甜）不知恥（刺）】
恬：「甜」的諧音，安然；恥：「刺」的諧音。形容人做了壞事不以爲恥，滿不在乎。例你看他那抓蜂吃蜜——恬（甜）不知恥（刺）的樣子，臉皮眞比城牆還厚。

【抓綱帶目】
綱：提網的總繩，引申爲事物的主要環節；目：提網上的眼，引申爲次要部分。提起總繩子來，一個個網眼就都帶起來了。比喻辦事或做工作，只要能抓住主要環節，就可以帶動一般。例要想做好領導工作，必須善於「抓綱帶目」，否則就會撿了芝麻丟了西瓜。

【抓乖賣俏】
抓住機會賣弄乖俏。指表現自己，討人歡心。《紅樓夢》六九回：「秋桐正是抓乖賣俏之時，他便悄悄的告訴賈母、王夫人等，說：『他專會作死，好好的成天喪聲嚎氣。』」

【抓雞不到——倒蝕一把米】
比喻不但沒有獲得好處，反而遭受損失。含有嘲諷意思。例敵人這次沒有劫掠到財物，反而丟了人馬槍枝，眞是抓雞不到——倒蝕一把米。

【抓尖要强】
抓尖：搶先。形容爭强好勝，處處搶先冒尖。《紅樓夢》七四回：「天天打扮的像那西施樣子，在人跟前能說慣道，抓尖要强。」

【抓迷糊】
比喻用虛僞的手段或假象騙人。例他故意把情況說得不清不楚，是想抓迷糊，保他的朋友過關。

【抓破臉】
比喻撕破情面，公開爭吵，感情破裂。例我看這事你再通融一下，抓破臉就不好辦了。也作「**撕破臉**」。

【抓起紅土當朱砂——做了糊塗事】
朱砂：也叫丹砂，紅色或棕紅色，是煉汞的主要礦物。見「魯肅上了孔明船——盡辦糊塗事」。

【抓舌頭】
比喻活捉敵方人員以取得情報。例當偵察兵的，當然要學格鬥、擒拿、抓舌頭等基本功。

【抓手脖子】
比喻當場抓住罪證。例你還不快去自首呀，要等著人抓手脖子還是怎麼的？

【抓頭挖耳】
抓抓腦袋，挖挖耳朵。形容盡力思索。《花月痕》一七回：「謖如見大家都不依，只得抓頭挖耳的思索。」

【抓一把】
比喻撈取一點好處和利益。例他是塡

不滿的無底洞，見什麼都要抓一把，最後到底觸犯了刑律。

【抓住耳朵過河——操多餘的心】

見「樹葉掉下來捂腦袋——多加一分小心」。

【抓住鼓槌子不鬆手——老敲打】

比喻總是用言語來刺激人。例他是個聰明人，問題點到了就行，不要抓住鼓槌子不鬆手——老敲打。

【抓住荷葉摸到藕——追根到底】

見「下塘挖藕——追根到底」。

【抓住山羊當牛使，拉著黃牛當馬騎】

比喻用人不當。例我是一個工人，哪能做設計的工作呀！你這不是抓住山羊當牛使，拉著黃牛當馬騎嗎？

【撾耳撓腮】

見「撾耳揉腮」。

【撾耳揉腮】

撾：敲。敲敲耳朵，揉揉臉頰。形容窘迫的樣子。元・無名氏《女姑姑》二折：「撾耳揉腮，羞答答的半晌怎把頭抬。」也作「撾耳撓腮」。《歧路燈》一〇回：「這個豬八戒的科渾排場，言語挑逗，故作撾耳撓腮之狀，這衆人的笑法，早已個個捧腹。」

【撾耳搔腮】

見「抓耳撓腮」。

ㄓㄨㄛ

【捉鵪鶉還要個穀穗兒】

比喻幹什麼事情都得付出代價。例世上沒有不勞而獲的事，所謂「捉鵪鶉還要個穀穗」，爲了目標，努力一點吧！

【捉班作勢】

擺架子，裝腔作勢。《醒世恆言》卷三：「只是尋得主顧來，你卻莫要捉班作勢。」

【捉鱉不在水深淺】

比喻做事能否成功，全在於是否有機緣。例反正捉鱉不在水深淺，就看我今天能不能碰上這小子了。

【捉鱉的下了塘——嚇壞了王八，也急壞了黃鱔】

鱉：甲魚，團魚，俗稱王八。比喻要抓的壞人害怕，同夥也跟著著急。例打擊經濟領域犯罪分子的命令一下，就像捉鱉的下了塘——嚇壞了王八，也急壞了黃鱔，貪污盜竊犯，窩藏銷贓犯等等，都害怕、緊張起來。

【捉不著狐狸——惹一身臊】

見「狐狸打不著——空惹一身臊」。

【捉刀代筆】

南朝宋・劉義慶《世說新語・容止》：「魏武將見匈奴使，自以形陋不足雄遠國，使崔季珪代，帝自捉刀立床頭。既畢，令間諜問曰：『魏王何如？』匈奴使答曰：『魏王雅望非常，然床頭捉刀人，此乃英雄也。』魏武聞之，追殺此使。」後以「捉刀代筆」指代人出力或寫文章。例前幾年，他不過做些捉刀代筆的事而已，沒有什麼創作問世。也作「捉刀人」。例他的作文怎麼一下子寫得這樣好了？是不是背後有捉刀人代筆幫忙？應該當面試他一次。參見「代人捉刀」。

【捉刀人】

見「捉刀代筆」。

【捉鵝頭】

鵝頭即訛頭，因鵝、訛諧音。比喻故意找人差錯，借以敲詐勒索。例你想上他那兒捉鵝頭，可是要冒大風險。

【捉風捕影】

見「捉影捕風」

【捉蛤蟆買煙抽——水裏來，火裏去】

見「打魚得錢抽大煙——水裏來，火裏去」。

【捉虎擒蛟】

捉虎：捕捉老虎；擒蛟：擒住蛟龍。上山捉住老虎，下海擒住蛟龍。比喻本領高強，能制服強敵。元・無名氏《大劫牢》三折：「捉虎擒蛟眞壯士，好漢名聲播四方。」

【捉雞罵狗】

捉住雞罵狗。比喻明指甲暗罵乙。與「指桑罵槐」、「指東罵西」等意義相同，《醒世恆言》卷九：「把一團美意，看做不良之心，捉雞罵狗，言三語四，影射的發作一場。」

【捉雞也要一把米】

比喻幹什麼事都得付出代價。例捉雞也要一把米，做買賣當然少不了一筆本錢。咱們一家人幫他湊湊吧！

【捉姦見雙，拿賊要贓】

見「捉姦見雙，捉賊見贓，殺人見傷」。

【捉姦見雙，捉賊見贓】

見「捉姦見雙，捉賊見贓，殺人見傷」。

【捉姦見雙，捉賊見贓，殺人見傷】

比喻捉拿壞人，辦案定罪，都必須有眞憑實據。《水滸傳》二六回：「武松，你也是個本縣都頭，不省得法度。自古道：『捉姦見雙，捉賊見贓，殺人見傷。』你那哥哥的屍首又沒有了，你又不曾捉得他姦；如今只憑這兩個言語，便問他殺人公事，莫非忒偏向麼？」也作「捉姦見雙，拿賊要贓」。《三俠五義》一〇二回：「俗言道：『捉姦見雙，拿賊要贓。』必是孤家聲勢大了，朝廷有些知覺。孤家只要把盟書放好，嚴加防範，不落他人之手，無有對證，如何誣賴孤家呢！」也作「捉賊見贓，捉姦見雙」。明・洪楩《清平山堂話本・簡貼和尙》：「『捉賊見贓，捉姦見雙』，又無佐證，如何斷得他罪？」也作「捉賊要贓，捉姦要雙」、「捉姦見雙，捉賊見贓」。《古今小說》卷三八：「你且忍耐，此事須要三思而行。自古道：『捉姦見雙，捉賊見贓。』倘或不了事，枉受了苦楚。」也作「捉姦要雙，抓賊要贓」。

【捉姦要雙，抓賊要贓】
見「捉姦見雙，捉賊見贓，殺人見傷」。

【捉姦在床，捉賭在場】
場：賭場。指在作案現場捉拿犯罪分子，他們就無法抵賴。

【捉姦捉雙】
捉拿姦情必須同時抓住姦夫淫婦。《初刻拍案驚奇》卷一七：「況且『捉姦捉雙』，我和你又無實跡憑據，隨他說長道短。」

【捉衿見肘】
捉衿：整頓衣襟；見：同「現」，露出來；肘：上下臂相接的關節的外部。整一下衣襟，胳膊肘就露出來了。原指衣服破爛，生活困難。也用以比喻顧此失彼，窮於應付。宋．陸游《衰疾》詩：「捉衿見肘貧無敵，聳膊成山瘦可知。」也作「**捉衿肘見**」。《莊子．讓王》：「曾子居衛……十年不製衣，正冠而纓絕，捉衿而肘見。」也作「**捉襟見肘**」。唐．李商隱《上尚書范陽公啟》之三：「捉襟見肘，免類於前哲；裂裳裹踵，無取於昔人。」也作「**捉襟肘見**」。《歧路燈》七七回：「只為一向窘迫，捉襟肘見，便東塗西抹不來，所以諸事膽怯。」也作「**捉襟露肘**」。清．薛雪《一瓢詩話》：「分題招韻，詩家之厄也，題與詩必須相配，才有好詩，一遇牽合，未免捉襟露肘。」

【捉襟見肘】
見「捉衿見肘」。

【捉襟露肘】
見「捉衿見肘」。

【捉襟肘見】
見「捉衿見肘」。

【捉冷眼】
指趁人家沒看見就採取行動。例今天的會議冗長，我剛才捉冷眼跑了出來，要不然就遲到了。

【捉迷藏】
原為一種兒童遊戲，又叫「藏貓貓」、「躲貓貓」。比喻言語、行為迷離恍惚，難以捉摸。例你有什麼意見就快說吧，別想跟我們捉迷藏。

【捉摸不定】
捉摸：猜測。猜不出來，拿不準。形容變化無常，無法猜測預料。例大寶的性格乖僻，喜怒哀樂經常讓我們捉摸不定。

【捉蛇打螞蜗——不務正業】
螞蜗：ㄇㄚ ㄍㄨㄞˇ，（方）青蛙。比喻不從事正當的職業。有時指幹與本職工作無關的事情。例他成天搞邪門歪道，捉蛇打螞蜗——不務正業。

【捉生替死】
捉來活人替受死刑。元．王仲文《救孝子》三折：「官人每枉請著皇家祿，都只是捉生替死，屈陷無辜。」

【捉蝨子上頭——自尋煩惱】
比喻自找煩悶和苦惱。例在這件事情上，你是捉蝨子上頭——自尋煩惱，還能怪誰呢？也作「**作繭自縛——自尋煩惱**」。

【捉鼠拿貓】
捉：捉拿，捕捉；拿：擒捉，逮捕。捉住老鼠擒住貓。比喻擒捉和降服敵手。元．無名氏《射柳捶丸》一折：「若論我腹中的兵書，委的有神鬼不測之機，有捉鼠拿貓之法。」

【捉影捕風】
比喻既無佐證，又無其事，完全靠不住。《金瓶梅詞話》九二回：「他許人話如捉影捕風，騙人財似探囊取物。」也作「**捉影追風**」。明．鄭若庸《玉玦記．博弈》：「許人話捉影追風，騙人財探囊取物。」也作「**捉風捕影**」。《清朝野史大觀．曾靜呂留良文字之獄》：「若以捉風捕影之語，指為災異，傳諸後世……其罪可勝言乎？」也作「**捕風捉影**」、「**繫風捕影**」、「**捕影撈風**」、「**望風捕影**」。

【捉影追風】
見「捉影捕風」。

【捉賊見贓，捉姦見雙】
見「捉姦見雙，捉賊見贓，殺人見傷」。

【捉賊要贓，捉姦要雙】
見「捉姦見雙，捉賊見贓，殺人見傷」。

【捉豬上凳】
比喻強制他人服從。例他不願意去，我有什麼法兒？總不能捉豬上凳吧？等我再說服說服他，讓他心甘情願就好辦了。

【捉住和尚要辮子】
比喻無理取鬧。例你看她那蠻橫勁兒，豈不是捉住和尚要辮子，無理也要攪三分嗎？

【捉住菩薩，不怕金剛不服】
菩薩：泛指佛；金剛：佛教的護法力士，因為手拿一根金剛杵而得名。比喻只要抓住首領，下面的隨從部屬自然就會降服。即擒賊先擒王的意思。《後西遊記》一七回：「那三個苦苦的廝殺，他坐在馬上端然不動，定是個貴重之人。我們只拿了他正主僧人，那三個跟隨和尚，狠到那裏去？俗話說得好，捉住菩薩，不怕金剛不服。」

【桌單布做被子——露頭角(腳)】
角：「腳」的諧音。見「水牛過河——露頭角」。

【桌上的油燈——不點不明】
見「屬蠟燭的——不點不明」。

【桌子底下放風箏——上不去】
見「老熊爬桿——上不去」。

【桌子底下揚場——碰上碰下】
揚場：用機械、木鍬等揚起豆類或穀物殼子和塵土，留下籽粒。也作「**桌子底下揚場——礙上礙下**」、「**桌子底下揚場——擲不開**」，「床底底下使斧子——碰上碰下」。

【桌子縫裏舔芝麻——窮相畢露】
見「吃飯舔碗邊——窮相畢露」。

【桌子光剩四條腿——失面子】
也作「**桌子光剩四條腿——丟面子**」。

見「泥菩薩洗臉——失（濕）面子」。

ㄓㄨㄛˊ

【灼艾分痛】
灼艾：用火燒艾蒿灸病；分痛：分擔疼痛。《宋史·太祖紀》：「太宗嘗病亟，帝往視之，親爲灼艾，太宗覺痛，帝亦取艾自灸。」後用「灼艾分痛」比喻兄弟友愛。

【灼見眞知】
灼：明白透徹。明白透徹而正確的見解。清·盛觀應《盛世危言·吏治下》：「平素具有灼見眞知，臨時乃能因材器使。」也作「**眞知灼見**」。

【茁壯成長】
茁壯：生長旺盛。健壯地成長。例我們在祖國母親的哺育下茁壯成長。

【斫雕爲樸】
斫：砍削；雕：雕飾過的東西；樸：未經雕琢的原坯。去掉雕琢裝飾，恢復本來的面貌。形容杜絕浮華，注重實際。《梁書·武帝本紀一》：「[高祖下令曰]孤忝荷大寵，務在澄清……解而更張，斫雕爲樸。」

【斫方爲圓】
斫：用刀斧砍削。把方的東西砍削成圓的。比喻人變方正爲圓滑。漢·荀悅《漢紀·成帝紀二》：「撓直爲曲，斫方爲圓，穢素絲之潔，推亮直之心。」

【斫輪老手】
砍木造輪的工匠能手。《莊子·天道》：「斫輪徐則甘而不固，疾則苦而不入，不徐不疾，得之於手，而應於心……是以行年七十而老斫輪。」後用「斫輪老手」指具有豐富的經驗，技藝高超的人。也指精湛的技藝。宋·蘇軾《嘲子由》詩：「妙哉斫輪手，堂下笑桓公。」

【拙口鈍辭】
見「拙口鈍腮」。

【拙口鈍腮】
拙：笨；鈍：不靈活。形容人嘴笨，不善於言辭。《西遊記》八八回：「師父，我等愚魯，拙口鈍腮，不會說話。」也作「**拙口鈍辭**」。元·高文秀《誶范叔》楔子：「須賈平日拙口鈍辭，猶恐應對有誤，家中有一辯士，名曰范雎……」也作「**拙嘴笨舌**」。例我這個拙嘴笨舌的，說什麼呢，也作「**拙嘴笨腮**」。例好兄弟，我是拙嘴笨腮，可不能一套一套地同你聊。也作「**鈍口拙腮**」。

【拙嘴笨腮】
見「拙口鈍腮」。

【拙嘴笨舌】
見「拙口鈍腮」。

【卓爾不羣】
卓爾：特殊的樣子；不羣：與衆不同。《漢書·景十三王傳贊》：「夫唯大雅，卓爾不羣，河間獻王近之矣。」異常特殊，超出尋常。晉·李興《故使持節侍中太傅巨平成侯羊公碑》：「其器量宏深，容度廣大，浩浩乎固不可測已，其志節言行，卓爾不羣。」也作「**卓然不羣**」。《後漢書·劉虞公孫瓚傳論》七三：「自帝室王公之胄，皆生長脂腴，不知稼穡；其能厲行飭身，卓然不羣者，或未聞焉。」也作「**卓立不羣**」。明·李開先《李崆峒傳》：「夫二張八黨，勢焰熏天，立能禍福人，朝士無不趨附奉承者；崆峒獨能明擊之，助攻之，可謂威武不屈，卓立不羣者。」也作「**卓犖不羣**」。元·劉壎《滕元發墓銘》：「因其文，想其人，眞卓犖不羣者也。」也作「**卓爾出羣**」。《陳書·陸瑜傳》：「晚生後學，匪無牆面，卓爾出羣，斯人而已。」也作「**卓犖不凡**」。《洪秀全演義》一五回：「君家兄弟皆卓犖不凡，正合用著，尋人實在不難。」也作「**卓逸不羣**」。卓逸：超過一般。漢·蔡邕《薦邊讓書》：「才藝言行，卓逸不羣。」

【卓爾出羣】
見「卓爾不羣」。

【卓絕千古】
卓絕：達到極點，超過尋常。自古以來的頂點。梁啟超《近世第一大哲康德之學說》：「故必以道學爲之本，然後哲學有所附麗，此實康氏卓絕千古之識，而其有功於人道者亦莫此爲巨也。」

【卓立不羣】
見「卓爾不羣」。

【卓立雞羣】
見「鶴立雞羣」。

【卓犖不凡】
見「卓爾不羣」。

【卓犖不羈】
卓犖：超絕，特出；羈：拘束。才能超絕，不受拘束。形容人才智特殊，性格豪放。《晉書·郗超傳》：「少卓犖不羈，有曠世之度。」宋·王安石《泰州海陵縣主簿許君墓志銘》：「君既與兄元相友愛稱天下，而自少卓犖不羈。」

【卓犖不羣】
見「卓爾不羣」。

【卓犖超倫】
卓犖：超絕；倫：類。超出同輩。形容超羣出衆。《三國志·蜀書·秦宓傳》：「夫欲救危撫亂，修己以安人，則宜卓犖超倫，與時殊趣，震驚鄰國，駭動四方。」

【卓犖英姿】
卓犖：超絕。英俊威武，超絕出衆的儀態。《儒林外史》二九回：「風流高會，江南又見奇蹤；卓犖英姿，海內都傳雅韻。」

【卓然不羣】
見「卓爾不羣」。

【卓逸不羣】
見「卓爾不羣」。

【卓有成效】
見「卓著成效」。

【卓著成效】
卓：卓越，突出。有突出顯著的成績或效果。梁啟超《王荆公傳》一〇章：「則知當時青苗法，實卓著成效，而民之涵濡其澤者既久，雖欲强沒其美而有所不可得也。」也作「卓有成效」。例這幾年我國在開展對蘇聯的貿易往來上，下了很大功夫，卓有成效。也作「著有成效」。明・王守仁《申行十家牌法》：「若巡訪勸諭著有成效者，縣官備禮親造其廬，重加獎勵。」

【濁骨凡胎】
見「凡夫俗子」。

【濁河清濟】
黃河濁而濟水清。比喻渾濁污染了清白。南朝齊・謝朓《始出尚書省》詩：「紛紅亂朝日，濁河穢清濟。」

【濁涇清渭】
涇：涇河，發源甘肅，流入陝西，與渭水會合；渭：渭河，發源甘肅，流入陝西，與涇河會合。渾濁的涇水和清澄的渭水（古人認爲涇濁渭淸而現實相反）。比喻是非、好壞的界線非常明顯。唐・杜甫《秋雨嘆》詩：「去馬來牛不復辨，濁涇淸渭何當分。」也作「淸渭濁涇」。

【濁酒菲肴】
渾濁的酒，微薄的菜肴。主人款待客人時常用的謙辭。元・無名氏《黃鶴樓》三折：「今具濁酒菲肴……枉駕來臨，誠爲周瑜幸也。」

【濁醪粗飯】
濁醪（ㄌㄠˊ）：濁酒。渾濁的酒，粗劣的飯。指簡單粗糙的飯食。宋・陸游《秋夜》詩：「老病龍鍾不入城，濁醪粗飯餞餘生。」

【濁水清塵】
濁水：比喻自己；淸塵：比喻對方。比喻彼此相距太遠，無法溝通。三國魏・曹植《七哀》詩：「君若淸路塵，妾若濁水泥。浮沈各異勢，會合何時諧！」也作「淸塵濁水」。

【濁質凡姿】
濁質：素質愚鈍；姿：容貌。素質愚鈍，容貌平凡。用作謙詞。清・洪昇《長生殿・聞樂》：「想我濁質凡姿，今夕得到月府，好僥倖也。」

【酌古御今】
酌：斟酌；御：駕馭。斟酌古時的成例，衡量現今的作法。南朝梁・劉勰《文心雕龍・奏啟》：「夫奏之爲筆……酌古御今，治繁總要，此其體也。」也作「酌古准今」。明・瞿式耜《佐邊儲疏・本集》一：「務要酌古准今，求一確然可行之法。」

【酌古准今】
見「酌古御今」。

【酌泉表潔】
見「酌泉勵心」。

【酌泉勵心】
《晉書・吳隱之傳》載：吳隱之操守清廉，飲了貪泉水而操守更加清廉。後用「酌泉勵心」指節操高尚。唐・王維《爲薛使君謝婺州刺史表》：「謹當閉閤以思政，酌泉以勵心。」也作「酌泉表潔」。清・趙翼《賦得賢不家食》詩：「酌泉逾表潔，宰肉故能公。」

【酌盈劑虛】
以多餘補不足。《清會典事例・戶部積儲》：「以別州縣穀價之贏餘，添補採買，爲酌盈劑虛，挹彼注茲之計。」

【啄木鳥死在樹窟窿裏——吃了嘴的虧】
也作「啄木鳥死在樹窟窿裏——全壞在嘴上」。見「豁唇騾子賣了個驢價錢——吃虧就吃在嘴頭子上了」。

【啄木鳥找食——全憑嘴】
見「狗掀門簾——全憑一張嘴」。

【啄木鳥治樹——全仗著嘴硬】
也作「啄木鳥治樹——嘴上功夫」。見「口技表演——嘴上功夫」。

【啄木鳥治樹——入木三分】
見「王羲之寫字——入木三分」。

【着手成春】
着手：觸手，開始進行，「着」也作「著」。一動手接觸就成了春天的景象。①比喻才思高雅，詩歌或書畫創作得心應手，風格自然清新。唐・司空圖《詩品・自然》：「俯拾即是，不取諸鄰，俱道適往，着手成春。」也作「觸手生春」。②比喻醫術高明，一動手就把重病治好了。也泛指成就美事。清・龔自珍《己亥雜詩》三一一：「百里畿南風雪路，我來着手竟成春。」也作「着手回春」。姚雪垠《李自成》一卷十三章：「他想起來高一功的情況不妙，尙恫回來也許會着手回春。」

【着手回春】
見「着手成春」。

【著糞佛頭】
在佛頭上放置糞便。比喻玷污美好的東西，有褻瀆之意。有時用作謙語。例他的文章字字珠璣，我怎敢著糞佛頭，爲他寫序。也作「佛頭著糞」。

【著屐登山】
著：穿；屐：木屐，底有二齒。穿著木頭鞋爬山。《南史・謝靈運傳》：「尋山陟嶺，必造幽峻，岩嶂數十里，莫不備盡登躡，常著木屐，上山則去其前齒，下山去其後齒。後用以比喻歷盡辛苦。」

【著先鞭】
《晉書・劉琨傳》：「[劉琨]與范陽祖逖爲友，聞逖被用，與親故書曰：『吾枕戈待旦，志梟逆虜，常恐祖生先吾著鞭。』」後以「著先鞭」比喻搶先一步，首先立功。

【著繡晝行】
穿著錦繡衣服在白天行走。《史記・項羽本紀》載項羽的話：「富貴不歸故鄉，如衣繡夜行，誰知之者！」後用「著繡晝行」指炫耀華貴。宋・陳師道《贈鄭戶部》詩：「著繡晝行眞細事，下車磬折得深衷。」

【著衣吃飯】

著：穿。穿衣吃飯。比喻最平常的事。元・陶宗儀《輟耕錄》：「諺云：三代仕宦，學不得著衣吃飯。」

【著意栽花花不發，等閒插柳柳成蔭】

著意：用心；等閒：尋常，隨便。用心栽種的花沒有開，隨便插下的柳卻成了一片綠蔭。比喻有意追求的沒有結果，無心去做的卻意外地取得很大收穫。元・關漢卿《魯齋郎》二折：「著意栽花花不發，等閒插柳柳成蔭」。也作「**著意栽花花不發，無意插柳柳成蔭**」。

【著意栽花花不發，無意插柳柳成蔭】

見「著意栽花花不發，等閒插柳柳成蔭」。

【琢玉成器】

琢：把玉石雕刻成器物。比喻經過修磨鍛鍊，方能成器成才。《舊唐書・經籍志上》：「琢玉成器，觀古知今，歷代哲王，莫不崇尚。」

【擢髮抽腸】

擢：拔。拔下頭髮，抽出肚腸。形容認罪服罪，悔恨莫及，以求寬恕。《梁書・伏暅傳》：「豈有人臣奉如此之詔而不亡魂破膽，歸罪有司，擢髮抽腸，少自論謝？」

【擢髮莫數】

見「擢髮難數」。

【擢髮難數】

拔下頭髮難以數清。形容罪行太多，無法數清。《唐大詔令集・會昌四年・平潞州德音》：「脅從百姓，殘忍一方，積惡成殃，擢髮難數。」也作「**擢髮莫數**」。宋・蘇軾《到惠州謝表》：「方尙口乃窮之時，蓋擢髮莫數其罪。」也作「**擢髮數罪**」。宋・柳元景《討臧質檄》：「質生與釁俱，不可詳究，擢髮數罪，曾何足言！」也作「**拔髮數罪**」。

【擢髮數罪】

見「擢髮難數」。

【濯污揚清】

洗滌污濁，揚起清水。比喻除惡揚善。《南史・范泰傳》：「臣昔謬得待罪選曹，誠無以濯污揚清。」

【濯纓滄浪】

濯：洗；纓：ㄧㄥ，帽帶子。在清水中洗滌冠纓。比喻超塵脫俗，操守高潔。晉・葛洪《抱朴子・釋滯》：「濯纓滄浪，不降不辱。」

【濯纓彈冠】

洗滌帽帶子，撣去帽子上的灰塵。比喻準備去做官。《藝文類聚》卷三五引魏陳王曹植釋愁文曰：「今大道既隱，子生末季，沉溺流俗，眩惑名位，濯纓彈冠，諮諏榮貴」。

【濯纓洗耳】

用水洗滌帽帶子，沖洗耳朵。比喻避開世俗。《魏書・劉獻之傳》：「吾常謂濯纓洗耳，有異人之跡；哺糟歠醨，有同物之志。」

【濯纓濯足】

水清則洗帽纓，水濁則洗雙腳。比喻好壞善惡由人自取；又比喻能順應自然，超塵脫俗。《孟子・離婁上》：「有孺子歌曰：『滄浪之水清兮，可以濯我纓；滄浪之水濁兮，可以濯我足。』」

【踔厲風發】

踔厲：精神振奮；風發：比喻奮發。形容所發議論，氣勢頗爲豪邁。唐・韓愈《柳子厚墓志銘》：「議論證今據古，出入經史百家，踔厲風發，率常屈其座人。」

ㄓㄨㄞˋ

【拽布披麻】

布、麻：布製、麻製的孝服。指兒孫穿孝服，行喪禮。元・武漢臣《老生兒》一折：「但得一個生忿子拽布披麻扶靈柩，索强似那孝順女羅裙包土築墳台。」也作「**拽布拖麻**」。元・張國賓《合汗衫》二折：「倘或間俺命掩黃沙，則將這衫兒半壁匣蓋上搭。哎！兒也，便當的你哭啼啼，拽布拖麻。」

【拽布拖麻】

見「拽布披麻」。

【拽大拳】

比喻擺闊氣。例那人就會拽大拳，大把耍錢，就是有一座金山也會被他耍掉了，現在他已債台高築。

【拽拳丟跌】

打拳摔跤。元・無名氏《打韓通》二折：「俺是韓通的徒弟，今日拽拳丟跌已罷，師父吃酒去了，我兩個無甚事。」

【拽象拖犀】

拉住大象拖走犀牛。形容勇氣過人，力氣極大。元・無名氏《大戰邳彤》一折：「憑著我拽象拖犀膽氣雄，更那堪武藝精，怕什麼奸賊巨鹿狠邳彤。」

【拽著鬍子過馬路——謙虛（牽鬚）】

見「打架揪鬍子——謙虛（牽鬚）」。

【拽著樹葉打滴溜——危險】

滴溜：手抓著東西使身體旋轉晃動。見「刀口舔糖——危險」。

【拽住大嫂叫姑姑——拉扯不上】

見「手長衣袖短——拉扯不上」。

ㄓㄨㄟ

【追奔逐北】

奔、北：指戰敗奔逃的敵人。《管子・兵法》：「器成教施，追亡逐遁若飄風。」形容作戰大捷，乘勝追擊。漢・揚雄《諫不受單于朝書》：「破實顏，襲王庭，窮極其地，追奔逐北。」也作「**追亡逐北**」。亡：逃跑。《史記・陳涉世家》：「秦有餘力而制其敝，追亡逐北，伏屍百萬，流血漂櫓。」

【追本窮源】

見「追本求源」。

【追本求源】
本：樹根。比喻追索事情的根源。《洪秀全演義》二回：「（林則徐）便把那鴉片當作仇人一般，把洋商恨得要不得。追本求源，於是想嚴查鴉片，禁止入口。」也作「追本窮源」。梁啟超《王荊公傳》九章：「公凡事都必追本窮源。」也作「追本溯源」。例他歷引「淸官」兩字的史籍出處，追本溯源，極爲詳盡。也作「探本窮源」、「反本溯源」。

【追本溯源】
見「追本求源」。

【追風捕影】
見「追風覓影」。

【追風覓影】
追趕、尋覓風、影一類虛空的東西。明・無名氏《三化邯鄲》四折：「跋涉滄溟，才度蓬瀛，眞乃是追風覓影。」也作「追風捕影」。《羣音類選〈五子登科記・祭頭巾〉》：「祭遇者拾芥拈芹，似我時追風捕影。」

【追風躡景】
躡：追隨；景：同「影」。能追趕風和影。形容速度極快。比喻才力超越前人。晉・葛洪《抱朴子・內篇序》：「洪體乏超逸之才，偶好無爲之業；假令奮翅則能凌厲玄霄，騁足則能追風躡景。」也作「追風躡影」。明・梅鼎祚《玉合記・贈處》：「是好馬，那竹批雙耳，鏡夾雙瞳，滅沒權奇，追風躡影，小生雖乏鴻章，敢揚駿騎。」也作「躡影追風」。

【追風逐電】
逐：追趕。南朝梁・劉勰《知人》：「故九方諲之相馳，雖未追風逐電，絕塵滅影，而迅足之勢固已見矣。」追得上風趕得上電。形容馬跑得非常快。也比喻迅捷、奔放。宋・朱熹《跋朱元章帖》：「米老書，如天馬脫銜，追風逐電，雖不可范以馳驅之節，要自不妨痛快。」也作「逐電追風」。宋・范浚《送徐履之倅南昌》：「看君逸足展夷路，逐電追風萬里餘。」也作「追風逐日」。唐・楊炯《後周明威將軍梁公神道碑》：「勵銜策而追風逐日，加剪拂則絕電奔星。」也作「逐日追風」。《梁書・元帝紀》：「騎則逐日追風，弓則吟猿落雁。」

【追風逐日】
見「追風逐電」。

【追根究底】
追：追究，追索；究：追查，仔細推求。追求根源，窮究底細。指追問事情的原由。姚雪垠《李自成》二卷二章：「他拔出寶劍也好，罵你也好，踢你也好，據我看，都是做的樣子。他罵你是奸細，卻不追根究底，也不送你去老營請功，輕輕把你放過……這，難道不是把後門掩一半，開一半，不完全關嚴麼？」也作「尋根究底」、「追根究柢」。

【追歡買笑】
追歡：尋求歡樂。唐・白居易《追歡偶作》：「追歡逐樂少閒時，補帖平生得事遲。」買笑：指狎妓。唐・劉禹錫《泰娘歌》：「自言買笑擲黃金，月墮雲中從此始。」四字成文指憑藉金錢狎妓尋歡。宋・柳永《傳花枝》詞：「遇良辰，當美景，追歡買笑。」也作「買歡追笑」。

【追歡取樂】
見「追歡逐樂」。

【追歡逐樂】
追：追逐。追求尋取聲色的快樂。唐・白居易《追歡偶作》詩：「追歡逐樂少閒時，補帖平生得事遲。」也作「追歡取樂」。元・白仁甫《梧桐雨》四折：「本待閒散心追歡取樂，倒惹的感舊恨天荒地老。」

【追悔不及】
見「追悔莫及」。

【追悔何及】
見「追悔莫及」。

【追悔莫及】
追悔：追溯往事，感到悔恨；莫及：來不及。《左傳・昭公二十年》：「既而悔之，亦無及已。」悔恨過去的往事，卻已經無法挽回了。《西湖二集》卷一四：「小姐一死，書生追悔莫及，也想以死殉情，無奈……」也作「追悔無及」。明・歸有光《禦倭議》：「今日啟戎召釁，實自中國，奸氏冒禁闌出，失於防閑，事今已往，追悔無及。」也作「追悔何及」。《雲笈七籤》卷六〇：「訣曰：世上之人，多嗜欲傷生伐命，今古共焉，不早自防，追悔何及。」也作「追悔不及」。《封神演義》八回：「黃妃言罷，殷郊與殷洪追悔不及。」也作「悔之無及」、「悔之何及」、「後悔無及」、「懊悔無及」等。

【追悔無及】
見「追悔莫及」。

【追魂奪魄】
見「追魂攝魄」。

【追魂攝魄】
攝：吸引。追回攝取人的魂魄。①形容繪畫、詩文等筆意神妙，扣人心弦，清・方薰《山靜居詩話》：「造句須有追魂攝魄之妙爲工。」②形容使人非常驚駭。《平妖傳》二回：「兩壁雖鐫著一百單八條變化之法，仔細參求，都是偷天換日，追魂攝魄的伎倆。」也作「追魂奪魄」。《英烈傳》五二回：「文忠凜然端坐，階前如狠如虎的將官，排列兩行，就如追魂奪魄的一般。」也作「攝魄追魂」。

【追名逐利】
名利：名位和利益。一味追求個人的名位和利益。《二十年目睹之怪現狀》八九回：「那些封疆大臣，整日追名逐利，那管百姓死活。」

【追亡逐北】
見「追奔逐北」。

【追遠慎終】
遠：指遠祖、祖先；終：指父母喪亡。指居父母喪要盡禮節，祭祀祖先要虔誠。唐・玄奘《大唐西域記・印度總述》：「出家僧衆，制無號哭，父母亡喪，誦念酬恩，追遠愼終，寔資冥福。」也作「愼終追遠」、「愼終思遠」、「謹終追遠」。

【追蹤覓影】
蹤：行蹤，蹤跡。指順著蹤跡去尋追。《隋唐演義》一八回：「惹得長安城中王孫公子，遊俠少年，丟眉做眼，輕嘴薄舌的，都在燈市裏穿來插去，尋香哄吃，追蹤覓影，調情綽趣，何嘗眞心看燈。」也作「追蹤問跡」。《羣音類選〈陳秋碧梧桐樹〉》：「陽台夢杳，苦追蹤問跡，似無還有。」

【追蹤問跡】
見「追蹤覓影」。

【椎輪大輅】
椎輪：沒有輻條的原始車輪；大輅：古代華美的大車。南朝梁・蕭統《〈文選〉序》：「若夫椎輪爲大輅之始，大輅寧有椎輪之質。」比喻事物的進化由簡到繁，由粗到精，逐步完善。後也用來稱「創始者」。茅盾《重印〈中國神話研究ABC〉感賦二絕》：「病眼迷離感慨多，椎輪大輅竟如何。」也作「大輅椎輪」。

【椎牛飨士】
椎牛：殺牛；飨（ㄙㄨㄣ）士：犒勞軍士。殺牛宰羊，犒勞軍隊將士。元・無名氏《百花亭》四折：「如今西涼平定，軍中舊例，合該椎牛飨士，做個慶賞的筵席。」

【椎心泣血】
椎：以拳捶胸，哭得眼中流血。形容極度哀傷。唐・李商隱《祭裴氏姨文》：「不幸不祐，天實爲之；椎心泣血，孰知所訴！」

【椎鼓鳴鐘】
椎：敲打。擊鼓撞鐘。指奏樂。也指寺院的晨鐘暮鼓聲。唐・杜甫《黃河》詩：「黃河北岸海西軍，椎鼓鳴鐘天下聞。」

【錐出囊中】
見「錐處囊中」。

【錐處囊中】
處：放置；囊：口袋。《史記・平原君傳》：「夫賢士之處世也，譬若錐之處囊中，其末立見。」錐子放在口袋中，錐尖立刻就顯露出來。比喻有才能的人終能顯露頭角。《東周列國志》九九回：「夫賢士處世，譬如錐之處於囊中，其穎立露。」也作「錐出囊中」。明・徐禎卿《談藝錄》：「思王《野田黃雀行》，譬如錐出囊中，大索露矣。」

【錐刀之利】
見「錐刀之末」。

【錐刀之末】
末：梢，尖端。《左傳・昭公六年》：「民知爭端矣，將棄禮而徵於書，錐刀之末，將盡爭之。」錐子小刀的尖端。比喻細微的小事情或微小的利益。《梁書・任昉傳》：「競毛羽之輕，趨錐刀之末。」也作「錐刀之利」。《後漢書・輿服志上》：「爭錐刀之利，殺人若刈草然。」

【錐刀之用】
錐子、小刀的功用。比喻微小的用處。三國魏・曹植《求自試表》：「若使陛下出不世之詔，效臣錐刀之用。」

【錐子上抹油——又奸(尖)又滑】
見「玻璃碴子掉在油缸裏——又奸（尖）又滑」。

【錐子扎不出一聲來】
形容人不愛說話。例這人眞是「錐子扎不出一聲來」，也有點太悶兒了！

【錐子裝在口袋裏——露了鋒芒】
比喻才幹顯露出來了。例在這次足球賽中，他獨進三球，眞是錐子裝在口袋裏——露了鋒芒。

ㄓㄨㄟˋ

【綴辭之士】
見「綴文之士」。

【綴文之士】
綴文：組合字句篇章以成文。《漢書・劉向傳》：「自孔子後，綴文之士衆矣。」連綴字句的人。指著述者。晉・皇甫謐《三都賦序》：「自時厥後，綴文之士，不率典言。」也作「綴辭之士」。晉・潘岳《馬汧督誄》：「然則忠孝義烈之流，慷慨非死而死者，綴辭之士，未之或遺也。」

【綴玉聯珠】
唐・李悅《弔白樂天》詩：「綴玉聯珠六十年，誰教冥路作詩仙。」彷佛美玉、珍珠聯綴在一起。比喻詩詞創作的優美。也指優美的詩作。宋・楊萬里《和李天麟秋懷五絕句》之四：「綴玉聯珠辱見投，要知詞客解悲秋。」

【惴惴不安】
惴惴：恐懼、擔憂的樣子。《詩經・秦風・黃鳥》：「臨其穴，惴惴其慄。」形容因害怕或擔憂而心神不安的樣子。清・湯斌《在內黃寄上孫徵君先生書》：「窺管之見，不敢不竭，但學識疏淺，錯謬恐多，爲惴惴不安耳。」

ㄓㄨㄢ

【專房之寵】
專房：獨一寵幸。指獨得男人的寵愛。《晉書・胡貴嬪傳》：「胡貴嬪名芳，最蒙愛幸，殆有專房之寵焉，侍御服飾亞於皇后。」

【專橫跋扈】
專橫：專斷强橫，任意妄爲；跋扈：霸道，不講理。指獨斷專行，任意妄爲，蠻不講理。《北洋軍閥統治時期史話》一章：「後來張鳴岐一步步升到兩廣總督，曾將龍濟光調爲廣東提督，以抵制專橫跋扈的廣東水師提督李准。」也作「專恣跋扈」。《舊五代史・梁書・田頵傳》：「頵以行密專恣跋扈，嘗移書諷之。」也作「專權跋扈」。《清朝野史大觀》卷一：「惟載垣等前後一切專權跋扈情形，謀危社稷，是皆列祖列宗之罪人。」

【專己任殘】
見「專己守殘」。

【專己守殘】
一味拘執己見，抱守殘規。多指深執門戶偏見，保守而不肯接受新事物。清・章學誠《文史通議・朱陸》：「而來自門戶之交攻，俱是專己守殘，束書不觀，而高談性天之流也。」也作「專己任殘」。清・譚嗣同《致劉松芙》：「竊見古人爲學，雖師授不同，家法異尙，猶不欲專己任殘，暖暖昧昧，墨守一先生之說，以自旌異，故必問難往復，出以相質。」

【專精覃思】
覃：ㄊㄢˊ，深廣的。專心研究，細緻思考。《北齊書・馮偉傳》：「不問生產，不交賓客，專精覃思，無所不通。」

【專美於前】
專美：獨享美名。在別人之前獨享美名。例我們班在整潔比賽中已經連續三個月沒有拿到冠軍了，反觀隔壁班名次愈來愈好，我們可要努力加油，不能讓別班專美於前。

【專權跋扈】
見「專橫跋扈」。

【專權擅勢】
專權：獨攬大權。獨攬大權，獨斷專行。《戰國策・趙策》：「先王之時，奉陽君相，專權擅勢，蔽晦先王，獨制官事。」也作「專擅權勢」。《漢書・蕭望之傳》：「毀離親戚，欲以專擅權勢。」

【專權誤國】
獨攬大權，貽誤國家。《古今小說》卷四○：「朕久聞其專權誤國，今仙機示朕，朕當即爲處分，卿不可洩於外人。」

【專權恣肆】
專權：獨攬大權；恣肆：放縱。獨攬大權，任意胡爲。《三國演義》一一八回：「鄧艾專權恣肆，結好蜀人，早晚必反矣。」

【專擅權勢】
見「專權擅勢」。

【專心向公】
全心全意爲公家服務。《三國志・魏書・杜畿傳》：「不結交援，專心向公。」

【專心一意】
見「專心致志」。

【專心一致】
見「專心致志」。

【專心致志】
形容一心一意集中精神。《孟子・告子下》：「今夫弈之爲數，小數也；不專心致志，則不得也。」《魯迅書信集・致山本初枝》：「我想如現在就專心致志做起來，一定能夠成功。」也作「專心一致」。《荀子・性惡》：「今使途之人伏術爲學，專心一致，思索熟察，加日懸久，稱善而不息，則通於神明，參於天地矣。」也作「專心一意」。例上課要專心一意，才能收到好的效果。也作「摶心揖志」。

【專欲難成】
專欲：個人的欲望。專權欲爲難以成功。也指個人的願望難以達到。《左傳・襄公十年》：「衆怒難犯，專欲難成，合二難以安國，危之道也。」

【專恣跋扈】
見「專橫跋扈」。

【磚頭砌牆——後來居上】
見「青出於藍而勝於藍——後來居上」。

【磚頭瓦塊成不了精】
比喻能力差的人做不成大事。例每天工作態度都極爲懶散的小陳，看在老闆眼裏，只對他下了一句「磚頭瓦塊成不了精」的評語，讓其他的同事都爲他感到汗顏。

【磚窰裏失火——謠言（窰煙）】
謠言：「窰煙」的諧音。見「肚臍眼說話——謠（腰）言」。

ㄓㄨㄢˇ

【轉靶子】
比喻改變對象，改變主意。例事到臨頭，他又轉靶子了，弄得同行的人無所適從。

【轉敗爲功】
功：成功。變失敗爲成功。形容人機智、靈活，善於扭轉敗局，獲得成功。《史記・蘇秦傳》：「智者舉事，因禍爲福，轉敗爲功。」也作「轉禍爲功」。《戰國策・齊策三》：「孟嘗君可謂善爲事矣，轉禍爲功。」

【轉敗爲勝】
扭轉敗局，變爲勝利。姚雪垠《李自成》一卷三章：「他善於用兵，常能化險爲夷，轉敗爲勝。」也作「反敗爲勝」。

【轉悲爲喜】
由悲哀變爲喜悅。《紅樓夢》三回：「熙鳳聽了，忙轉悲爲喜道：『正是呢！我一見了妹妹，一心都在她身上，又是喜歡，又是傷心，竟忘了老祖宗了，該打，該打！』」

【轉側不安】
見「輾轉反側」。

【轉嗔爲喜】
嗔：生氣。由生氣轉爲喜歡。《官場現形記》二九回：「徐大軍機一看，數目卻比別的門生不同，因此方轉嗔爲喜，解釋前嫌。」

【轉愁爲喜】
由憂愁轉爲喜悅。《官場現形記》四八回：「如今見刁大人這番說話，不但轉愁爲喜，立刻爬在地下替大人、太太磕了幾個響頭。」也作「轉憂爲喜」。《野叟曝言》一○○回：「岑濬方始轉憂爲喜。」

【轉門千里】

見「轉戰千里」。

【轉凡為聖】

平凡的人轉化為聖人。舊指修養功夫深，進入聖賢境界。宋・釋延壽《宗鏡錄》：「還丹一粒，轉鐵為金；至理一言，轉凡為聖。」

【轉禍為福】

把災禍轉變成幸福；把危難的境況變為順利的境況。形容把壞事變成好事。《北齊書・張華原傳》：「明公不以此日改圖，轉禍為福，乃欲賜脅，有死而已。」也作「**轉災為福**」。明・汪廷訥《獅吼記・賞春》：「轉災為福吾緘舌，倚翠偎紅你小心。」

【轉禍為功】

見「轉敗為功」。

【轉盼流光】

盼：顧盼，看；流光：飄忽不定，光彩閃耀。形容美女靈活而多情的眼情。《紅樓夢》六五回：「本是一雙秋水眼，再吃了幾杯酒，越發橫波入鬢，轉盼流光。」

【轉日回天】

轉：移動；回：掉轉。移動日頭掉轉天空。形容力量極大。明・高則誠《琵琶記・官媒議婚》：「他勢壓領班，威傾京國，你卻與他相別。只怕他轉日回天，那時節須有個決裂。」

【轉瞬之間】

轉瞬：轉眼。轉動眼珠兒的時間。形容極為短暫的時間。《兒女英雄傳》二四回：「轉瞬之間，早度過殘歲，又到新年。」也作「**轉眼之間**」。《羣音類選〈葛衣記・薦之知信〉》：「無端平地起波濤，轉眼之間忘久要。」

【轉死溝壑】

輾轉他鄉，棄屍溝壑。形容百姓被迫背井離鄉，四處逃亡，最後在荒野中凍餓而死。《墨子・兼愛下》：「萬民多有勤苦凍餒，轉死溝壑中者。」也作「**轉於溝壑**」。《孟子・公孫丑下》：「凶年飢歲，子之民老羸轉於溝壑。」也作「**轉死溝渠**」。南朝梁・沈約《為梁武帝除東昏制令》：「徵發閭左，以充繕築，流離寒曝，繼以疫厲，轉死溝渠，曾莫收恤。」

【轉死溝渠】

見「轉死溝壑」。

【轉彎抹角】

抹角：緊挨著犄角兒繞過。①形容道路曲折很多，或不走直道，走曲折的路。《水滸傳》二四回：「武松替武大挑了擔兒，武大引著武松轉彎抹角，一徑望紫石街來。」②形容說話繞彎子，不直截了當。例林美麗每次和別人講話，總是喜歡轉彎抹角，不直接講重點，讓聽者得自己去推敲思考。也作「**抹角轉彎**」、「**拐彎抹角**」。

【轉彎子】

比喻改變立場、觀點。例這人慣會見風使舵，轉彎子特快，所以哪次運動也整不到他頭上。

【轉危為安】

由危急轉化為平安。《戰國策・敍》：「戰國之時，君德淺薄，為之謀策者，不得不因勢而為資，據時而為畫……度時君之所能行，出奇策異智，轉危為安，運亡為存，亦可喜，皆可觀。」

【轉眼之間】

見「轉瞬之間」。

【轉益多師】

見「轉益多師是汝師」。

【轉益多師是汝師】

不斷地多方面地請益於他人，拜他人為老師。謂應廣泛學習各家之長，這樣才能有所成就。唐・杜甫《戲為六絕句》之六：「未及前賢更勿疑，遞相祖述復先誰？別裁偽體親風雅，轉益多師是汝師。」

【轉憂為喜】

見「轉愁為喜」。

【轉於溝壑】

見「轉死溝壑」。

【轉災為福】

見「轉禍為福」。

【轉輾反側】

見「輾轉反側」。

【轉戰千里】

轉：輾轉；千里：此處指極廣闊的區域。在極為廣闊的區域裏輾轉對敵作戰。《後漢書・吳漢傳》：「吾共諸君逾越險阻，轉戰千里。」也作「**轉鬥千里**」。《漢書・李陵傳》：「轉鬥千里，矢盡道窮。」

【轉轉相因】

傳來傳去，遞相因循。《漢書・成帝紀》：「傳以不知，周行天下」如淳注曰：「在位者皆不知陰陽時政，轉轉相因，故令後人遂不知也。」

ㄓㄨㄢˋ

【轉磨磨】

①形容著急，拿不定主意，想不出對策。例你看他又在那兒轉磨磨了，準是遇到難題了。②比喻說話做事不爽快。例你有話直說吧，誰有功夫跟你轉磨磨？

【轉腰子】

比喻一時想不出辦法，事情棘手，急得轉來轉去。例這事兒夠他轉腰子的，你搭把手幫幫忙好嗎？

【饌玉炊金】

饌：飯食；炊：燒火做飯。彷彿把美玉金子烹調成飯食。形容飲食極為豪奢。明・湯顯祖《牡丹亭・勸農》：「焚香列鼎奉君王，饌玉炊金飽即妨。」也作「**饌玉炊珠**」。清・趙翼《余既答稚存黃金之嘲，乃又有詩來索戰，再作長句報之》：「更置循王田租六十四萬斛，聽君饌玉炊珠果其腹。」也作「**炊金饌玉**」。

【饌玉炊珠】

見「饌玉炊金」。

ㄓㄨㄣ

【迍邅之世】

迍邅（ㄓㄢ）：難以行進的樣子，喻處境不順。世道困難、混亂。《晉書·張軌傳》：「今事未靖，不可以拘係常言，以太平之理責人於迍邅之世。」

【諄諄不倦】
諄諄：懇切耐心的樣子。《詩經·大雅·抑》：「誨爾諄諄，聽我藐藐。」懇切耐心地教誨，不知疲倦。宋·程頤《程歸淳行狀》：「先生從容告語，諄諄不倦，在邑三年，百姓愛之如父母，去之日，哭聲震野。」

【諄諄告戒】
諄諄：教導懇切的樣子；告戒：規勸。《詩經·大雅·抑》：「誨爾諄諄，聽我藐藐。」懇切耐心地教導、勸告。宋·費袞《梁溪漫志·開樂異事》：「命諸子子婦皆坐，置酒，諄諄告戒，家人見公無疾而遽若是，愕眙不知所答。」也作「諄諄告誡」。明·余繼登《典故紀聞》六：「臨遣之際，諄諄告誡，務要安民。」

【諄諄告誡】
見「諄諄告戒」。

【諄諄教誨】
教誨：教導，教訓。《詩經·大雅·抑》：「誨爾諄諄，聽我藐藐。」懇切耐心地教導。例畢業典禮當天，所有畢業生對於師長的諄諄教誨，一輩子也不會忘記。

【諄諄善誘】
誘：勸導。《詩經·大雅·抑》：「誨爾諄諄，聽我藐藐。」懇切耐心地引導、教育人。宋·劉摯《請重修太學條例》：「昔之設學校，教養之法，師生問對，憤悱開發，相與曲折反覆，諄諄善誘。」例大明的老師教學一向秉持諄諄善誘的態度。

ㄓㄨㄣˇ

【準情酌理】
準：依據，依照；酌：斟酌，考慮。依據情況，考慮事理。指處理事情要合乎情理。《官場現形記》五六回：「這些事情，只要準情酌理，大致不錯，也就交代過去，沒有什麼煩難的。」也作「酌理準情」。

ㄓㄨㄤ

【莊戶人辦事——以實來】
莊戶人：農民。淳樸的農民辦事，講求實際，實事求是。比喻實實在在，無虛假，不空談。例咱是莊戶人辦事——以實來，不會講客套的話。

【莊稼地裏耍大刀——嚇唬割草的】
比喻虛張聲勢，沒有什麼可怕的。例別來這一套，這不過是莊稼地裏耍大刀——嚇唬割草的，我們並不是沒見過世面的人。

【莊稼過了白露——一天不如一天】
見「白露過後的莊稼——一天不如一天」。

【莊稼佬不識桂圓——外行(黃)】
桂圓：龍眼，果皮黃褐色，果肉白色，味甜可食，也可入藥；行：「黃」的諧音。見「和尚拜堂——外行」。

【莊稼人點豆子——一步兩埯子】
埯：點豆時挖的小坑。比喻實實在在，不弄虛作假。例他辦事是莊稼人點豆子——一步兩埯子，完全可以信賴。

【莊稼人看天，打漁人看潮】
比喻幹那一行，就會注意和那一行密切相關的事。例俗話說：「莊稼人看天，打漁人看潮」，你想做點小買賣，就必須隨時注意行情。

【莊稼人種豆子——步步有點】
見「穿釘鞋走泥路——步步有點」。

【莊稼人走親戚——實來實去】
舊時農民走親戚，不空手，要互贈禮物。比喻待人接物很實在，不搞客套。有時也指以實對實，實事求是。例咱們之間是莊稼人走親戚——實來實去，沒有任何虛僞的東西。

【莊叟悲雁】
莊叟：莊子；雁：鵝。莊子悲嘆鵝無用被殺。《莊子·山木》：「夫子出於山，舍於故人之家，故人喜，命豎子殺雁而烹之。豎子請曰：『其一能鳴，其一不能鳴，請奚殺？』主人曰：『殺不能鳴者。』」後用「莊叟悲雁」形容無才而蒙禍。唐·李商隱《寄太原盧司空三十韻》：「莊叟虛悲雁，終童漫識鼮。」

【莊舄思歸】
見「莊舄越吟」。

【莊舄越吟】
《史記·張儀列傳》載：越人莊舄在楚國當了大官，雖然他在越國身分低微，但在生病時仍發出越國的吟聲。後用「莊舄越吟」指不忘故鄉、愛國懷家之情。宋·陸游《雜題》詩之一：「賀公在朝雅吳語，莊仕楚猶越吟。」也作「莊舄思歸」。唐·王維《送秘書晁監還日本國》詩序：「莊舄既顯而思歸，關羽報恩而終去。」也作「莊舄之吟」。北周·庾信《小園賦》：「屢動莊舄之吟，幾行魏顆之命。」也作「莊舄吟」。唐·李白《贈崔侍御》詩：「笑吐張儀舌，愁爲莊舄吟。」

【莊舄之吟】
見「莊舄越吟」。

【莊嚴寶相】
佛教稱莊嚴的佛像。也比喻某種人的眞面目。《孽海花》四回：「既然現了莊嚴寶相，自然分外綢繆。從此月下花前，時相往來。」

【莊周蝴蝶】
見「莊周夢蝶」。

【莊周化蝶】
見「莊周夢蝶」。

【莊周夢蝶】
莊周：戰國時代思想家、散文家；夢蝶：做夢幻化爲蝴蝶。《莊子·齊物論》：「昔者莊周夢為蝴蝶，栩栩然蝴蝶也，自喻適志與，不知周也。俄然覺，則蘧蘧然周也。不知周之夢為蝴蝶與，蝴蝶之夢為周與？周與蝴蝶，則必有分矣，此之謂物化。」莊子夢中幻化為栩栩如生的蝴蝶。比喻人生虛幻，變化無常。元·王實甫《西廂記》四本四折：「驚覺我的是顫巍巍竹影走龍蛇，虛飄飄莊周夢蝴蝶。」也作「**莊周蝴蝶**」。宋·陸游《冬夜》詩：「一杯罌粟蠻奴供，莊周蝴蝶兩俱空。」也作「**莊周化蝶**」。宋·黃庭堅《次韻石七二七首》詩之六：「看著莊周枯槁，化為蝴蝶翾輕。」也作「**蝴蝶莊周**」、「**蝶化莊生**」。

【妝嫫費黛】

嫫：嫫母，傳說中的醜女人名；黛：古時女子畫眉用的青黑色顏料。妝飾嫫母這樣的醜女，並不能增其美，徒費畫眉的顏料而已。比喻幫助人不看對象，白費氣力。唐·白居易《渭邨退居寄禮部崔侍郎翰林錢舍人一百韻詩》：「妝嫫徒費黛，磨甋詎成璋。」

【妝未梳成不見客，不到火候不揭鍋】

比喻時機不成熟，就不能透露風聲。例我們這次的計畫，一定要做到天衣無縫，滴水不漏，所謂「妝未梳成不見客，不到火候不揭鍋」，徹底的保守秘密非常重要。

【樁頭上的烏龜——一碰就跌】

比喻身體病弱，禁不住挫折。例他現在的身體很強壯，已改變了過去那種樁頭上的烏龜——一碰就跌的狀況。

【裝點門面】

裝點：裝飾點綴；門面：商店沿街的鋪面房屋，引申為外觀、外表。裝飾點綴店鋪的門面房子。比喻把外表裝飾漂亮，做給人看。清·馮舒《擬寒山詩三首》其一：「裝點門面好，云為兒孫計。」也作「**裝點著門面**」。元·秦簡夫《東堂老》一折：「止則有這兩件兒衣服，裝點著門面。」也作「**裝著門面**」。《紅樓夢》一〇六回：「不過是裝著門面，過到哪裏是哪裏罷咧。」也作「**裝潢門面**」。章炳麟《論教育的根本要從自國自心發出來》：「裏面用了佛說，外面排斥佛說，不過是裝潢門面，難道有識的人，就被他瞞過麼？」

【裝點一新】

裝飾點綴使事物顯現出嶄新的面貌。宋·周密《武林舊事》卷二：「凡諸苑亭榭花木，裝點一新。」

【裝點著門面】

見「裝點門面」。

【裝瘋賣傻】

見「裝瘋作痴」。

【裝瘋作痴】

裝：也寫作「妝」、「粧」，假作。故意裝成痴呆瘋傻的樣子。《儒林外史》二九回：「你好好脫了這些衣服，坐著吃酒，不要裝瘋作痴，惹人家笑話！」也作「**裝瘋作傻**」、「**裝瘋賣傻**」。例這傢伙不老實交代，反而裝瘋賣傻，企圖逃避法律制裁。

【裝瘋作傻】

見「裝瘋作痴」。

【裝鬼臉】

比喻譏諷嘲笑。例你別裝鬼臉好不好？笑話他的人夠多了，你還火上澆油！

【裝糊塗】

指故作無知，不知情。例這假帳是你造的，你還想裝糊塗嗎？白紙黑字是你的筆跡，裝糊塗也不行了。

【裝潢門面】

見「裝點門面」。

【裝幌子】

①比喻出乖露醜。例分遺產的事緩一步再說，你別在這兒給死者裝幌子了。②指裝樣子給別人看。例他拿別人的作品裝幌子，也不怕被人識破了，告他冒名或抄襲。

【裝進魚筐的螃蟹——橫行不了幾時】

見「籠屜裏的螃蟹——橫行不了幾天」。

【裝聾賣傻】

見「裝聾作痴」。

【裝聾賣啞】

見「裝聾做啞」。

【裝聾推啞】

見「裝聾做啞」。

【裝聾裝啞】

見「裝聾做啞」。

【裝聾作痴】

痴：傻。假裝聾子傻子。形容故意不理或置身事外。例他為了怕洩漏秘密，乾脆故意裝聾作痴，轉移大家的注意力。也作「**裝聾賣傻**」。

【裝聾作啞】

見「裝聾做啞」。

【裝聾做啞】

裝：也寫作「妝」、「粧」，假作。假裝聾啞。形容故意不理睬或置身事外，不聞不問。元·王實甫《西廂記》三本三折：「叉手躬身，裝聾做啞。」也作「**裝聾作啞**」。魯迅《在酒樓上》：「於是只好襲用仙傳的古法，裝聾作啞，置之不問不聞之列。」也作「**裝聾裝啞**」、「**裝聾賣啞**」。明·王九思《贈隱者》散曲：「指功名風掃殘花，恨殺韓、彭做作差，因此上妝（裝）聾賣啞。」也作「**裝聾推啞**」。《西遊記》七五回：「更無一人答應。又問，又無人答，都是那裝聾推啞。」也作「**作啞裝聾**」、「**推聾裝啞**」。

【裝門面】

①比喻粉飾、點綴表面。例他學英語不過是為了裝門面。②比喻裝模作樣、擺架子。例為了裝門面，他不惜借債去買高級服飾。

【裝模作樣】

形容裝出某種樣子給人看，故作姿態。老舍《駱駝祥子》：「虎姑娘……今天頭上腳下都打扮著，而且得裝模作樣的應酬客人，既爲討大家的稱讚，也爲在祥子面前露一手兒。」也作「**裝模做樣**」。《隋唐演義》二六回：「自此許庭輔所過州縣，愈加裝模做樣，要人家銀子，千方百計，點選了許多繡女，然後起身。」

【裝模做樣】
見「裝模作樣」。

【裝孬種】
比喻表現怯懦、無能。例平時他說話慷慨激昂，事到臨頭他又裝孬種，一點責任也不肯承擔。

【裝腔作勢】
裝出某種腔調，作出某種姿態。形容故意做作。魯迅《一件小事》：「我眼見你慢慢倒地，怎麼會摔壞呢，裝腔作勢罷了。」也作「**裝腔做勢**」。《糊塗世界》卷二：「既是他不要，就是了，還要裝腔做勢，勒令他三天要把小姐醫得全好。」也作「**裝腔作態**」。

【裝腔做勢】
見「裝腔作勢」。

【裝腔作態】
見「裝腔作勢」。

【裝怯作勇】
怯：害怕，膽小。本來膽怯卻裝作勇敢。魯迅《論「費厄潑賴」應該緩行》：「我以爲『打死老虎』者，裝怯作勇，頗含滑稽，雖然不免有卑怯之嫌，卻怯得令人可愛。」

【裝神扮鬼】
見「裝神弄鬼」。

【裝神弄鬼】
裝神裝鬼地騙人。比喻故弄玄虛，玩弄花招。《紅樓夢》三七回：「你們別和我裝神弄鬼的，什麼事我不知道！」也作「**裝神扮鬼**」。明・張岱《答袁籜庵》：「今人於開場一出，便欲異人，乃裝神扮鬼，作怪興妖。」也作「**裝神做鬼**」。《野叟曝言》二八回：「還說是看漏哩，裝神做鬼的裏應外合，還叫他啥仔張老實、李老實哩。」

【裝神做鬼】
見「裝神弄鬼」。

【裝孫子】
①形容做出一副可憐的樣子。例那陣兒他多神氣，這陣兒怎麼又裝孫子了？②指裝糊塗。例這事你從頭至尾都參與了，怎麼說你什麼也不知道，眞會裝孫子！

【裝套子】
比喻編出成套的假話。例不能相信他們說的話，他們早就裝套子了，要想辦法打破他們的攻守同盟。

【裝兔子】
比喻膽小怕事。例你害怕啦？乾脆裝兔子跑吧！要不你就勇敢點，該承擔什麼就承擔什麼。

【裝一佛，像一佛】
比喻裝扮什麼，就像什麼；學哪一行，就像哪一行。《醒世恆言》卷三八：「鋪內一應什物傢伙，無不完備，眞個裝一佛，像一佛，自然像個專門的太醫起來。」

【裝洋蒜】
①比喻假裝糊塗。例看他那張口結舌的樣子，裝洋蒜裝得眞像。其實他是很會說話的。②比喻假正經，故作姿態。例別裝洋蒜了，再裝就露餡兒了！也作「**裝蒜**」。例你的車剛才還好好兒的，怎麼突然就開不了了呢？你別裝蒜了，還是去跑一趟吧！

【裝著門面】
見「裝點門面」。

ㄓㄨㄤˋ

【壯士解腕】
見「蝮蛇螫手，壯士解腕」。

【壯心不已】
已：停止。豪壯的心氣沒有止息。指年紀雖老志氣不衰。漢・曹操《步出夏門行》：「老驥伏櫪，志在千里；烈士暮年，壯心不已。」

【壯心未與年俱老，死去猶能作鬼雄】
年紀雖然老了，但豪壯奮發之心沒有老；就是死了，也要作鬼中雄傑。用以表示年紀雖老，雄心尚在，奮鬥不已的鬥爭精神永不泯滅。宋・陸游《書憤》詩：「細雨春蕪上林苑，頹垣夜色洛陽宮。壯心未與年俱老，死去猶能作鬼雄。」

【壯心欲塡海，苦膽爲憂天】
塡海：即典故「精衛塡海」，《山海經・北山經》載：炎帝之少女，名曰女娃，淹死在東海，後變成鳥，名精衛，常銜西山之石，欲塡平東海；苦膽：即典故「臥薪嘗膽」，春秋時越王句踐敗於吳，臥薪嘗膽，勵志復國，後果滅吳。有精衛塡海的雄心壯志，有臥薪嘗膽的不屈精神。用以表示不屈不撓，矢志復仇的鬥爭精神。宋・文天祥《指南錄・赴闕》：「楚月穿春袖，吳霜透曉韉。壯心欲塡海，苦膽爲憂天。」

【壯元痘兒灌的漿——滿是喜事】
壯元痘兒：天花痘兒疹的諱稱。據說如豆疹發出灌漿飽滿，生命即可保全，所以稱爲「喜事」。比喻都是喜慶之事。例今年你家新房落成，兒子結婚，眞是壯元痘兒灌的漿—滿是喜事。

【壯志飢餐胡虜肉，笑談渴飲匈奴血】
胡虜：對金人女眞族入侵者的蔑稱；匈奴：我國古代北方的一個民族，此處借指金人侵略者。滿懷殺敵報國的壯志，飢餓時就吃入侵之敵的肉，談笑間渴了就喝他們的血。今用以表達對入侵之敵的痛恨和爲國殺敵的決心。宋・岳飛《滿江紅》詞：「靖康恥，猶未雪；臣子恨，何時滅？駕長車、踏破賀蘭山缺。壯志飢餐胡虜肉，笑談渴飲匈奴血。」

【壯志凌雲】
凌：高出。《漢書・揚雄傳》：「往時

武帝好神仙，相如上《大人賦》，欲以風，帝反縹縹有凌雲之志。」宏大的志向直上雲霄。形容志向宏偉遠大。宋・京鏜《定風波・次韻》詞：「莫道玉關人老矣，壯志凌雲，依舊不驚秋。」

【壯志難酬】

見「壯志未酬」。

【壯志未酬】

酬：實現。宏偉的志願還沒有實現。明・尹耕《白楊口》詩：「壯志未酬人欲老，寒林落霧心茫然」。也作「**壯志難酬**」。元・無名氏《千里獨行》二折：「他端的忠直慷慨，壯志難酬。」

【狀元府內吃蟠桃——貴人吃貴物】

狀元：科舉時代的一種稱號，元代以後指殿試一甲（第一等）第一名；蟠桃：仙桃。比喻尊貴的人可以盡情享受。含有譏諷之意。例你們的宴會眞豐盛啊！眞正是狀元府內吃蟠桃——貴人吃貴物。

【撞倒南牆】

宋・陶谷《清異錄》載：有田老者，不爲欺心事，出言鯁直，諢名撞倒牆。比喻言行生硬，態度固執，不善變通。《醒世姻緣傳》八〇回：「我看這位老爺子也是年高有德的人，你兩句濁語喪的去了。你就撞倒南牆罷！」

【撞釘子】

即碰釘子。指遇到障礙、困難。例要做好工作，哪能怕撞釘子，多撞幾次釘子才對個人增長才幹有好處哩！

【撞府衝州】

府、州：舊時的行政區域。撞到府裏，衝到州裏。指爲了謀生而到處奔走。元・無名氏《劉千病打獨角牛》一折：「我與你便畫尊神軸，背著案拜岳朝山，撞府衝州。」也作「**撞府穿州**」。明・湯顯祖《牡丹亭・訣謁》：「咳，你費工夫去撞府穿州，不如依本分登科及第。」也作「**衝州撞府**」。

【撞府穿州】

見「撞府衝州」。

【撞警鐘】

即敲警鐘。比喻引起警惕、警覺。例我可給你撞警鐘了，你再不注意惹出麻煩來，就不能怪我沒事先提醒你了。

【撞碼頭】

比喻到社會上闖蕩、磨練。例年輕人出去撞撞碼頭，見見世面，只會有好處。

【撞門羊】

指舊時男方迎娶新娘時送的禮品單。例現在的撞門羊可值大錢了，沒有三萬五萬不行，這種不良風氣應制止。

【撞木鐘】

①比喻做沒有效果、沒有用處的事。例讓他去撞木鐘吧！看他一無所獲怎麼辦。②比喻到處伺機行騙。例他的本事不小，到處撞木鐘，弄了不少錢。怕只怕最後會撞到牢裏去。

【撞破煙樓】

撞壞了灶上的煙囱。指躍起很高。比喻兒子勝過父親或後輩超過前人。宋・蘇軾《答陳季常書》：「在定日作《松醪賦》一首，今寫寄擇等，庶以發後生妙思，著鞭一躍，當撞破煙樓也。」

【撞太歲】

太歲：傳說中值年的神。太歲有凶有吉。比喻碰運氣。例這事成與不成，就只有撞太歲了。運氣好可能一說就成，運氣不好就吹燈了。

【撞頭磕腦】

《五燈會元・慈濟聰禪師》：「［僧］曰：『如何是道中人？』師曰：『撞頭磕額。』」磕碰了頭腦。形容阻礙很多，處處碰壁，難於順利進行。《朱子語類・論語》三一：「政如義理，只理會得三二分，便道只憑地得了，卻不知前面撞頭磕腦。」

【撞頭撞腦】

撞：碰。形容說話、舉動過分生硬。《歧路燈》三二回：「大相公休與那不省事的一般見識，他說話撞頭撞腦的，我沒一日不勸他，理他做什麼？」

【撞陣衝軍】

衝撞敵軍和敵陣。形容作戰勇敢，奮不顧身。元・無名氏《暗渡陳倉》一折：「俺端的是身懷武藝，膂力過人；坐下馬撞陣衝軍，手中槍無人敢近。」

【撞鐘吹螺】

撞響大鐘，吹起法螺。形容做佛事。唐・韓愈《華山女》：「街東街西講佛經，撞鐘吹螺鬧宮廷。」

【撞鐘伐鼓】

見「撞鐘擊鼓」。

【撞鐘擊鼓】

指奏樂或寺院的晨鐘暮鼓。宋・蘇軾《自金山放船至焦山》：「金山樓觀何眈眈，撞鐘擊鼓聞淮南。」也作「**撞鐘伐鼓**」。柳亞子《論詩五絕答鵷雛》：「撞鐘伐鼓幾人知？玉麈清言世已非。」也作「**槌鼓撞鐘**」、「**椎鼓鳴鐘**」。

【撞鐘舞女】

撞鐘：指奏樂。鐘鼓齊鳴，舞女翩翩起舞。形容恣意行樂。《韓非子・說疑》：「爲人主者，誠明於臣之所言，則雖單戈馳騁，撞鐘舞女，國猶且存也。」

ㄓㄨㄥ

【中飽私囊】

中飽：中間獲取；囊：口袋，腰包。侵吞經手的財物，裝入個人的腰包。從中獲利。《歧路燈》七回：「小人貪利，事本平常，所可恨者，銀兩中飽私囊，不曾濟國家之實用耳。」

【中道而廢】

中道：半途，半道。半途而止。指沒有恆心和毅力，使事情進行了一半，就停止了。《禮記・表記》：「《小雅》

曰：『高山仰止，景行行止。』子曰：『詩之好仁如此，鄉道而行，中道而廢，忘身之老也，不知年數之不足也。』」

【中分天下】

從中劃界，瓜分天下。《史記·項羽本紀》：「項王乃與漢約，中分天下，割鴻溝以西者為漢，鴻溝以東者為楚。」

【中冓之丑】

見「中冓之言」。

【中冓之言】

中冓（ㄍㄡˋ）：指宮中深密之處，引申為內室，閨門之內。內室私房話，多指有傷風化的言語。《詩經·鄘風·牆有茨》：「中冓之言，不可道也。」也作「**中冓之丑**」。清·趙翼《廿二史札記·二八·海陵荒淫》：「海陵之惡，固不足道，然著其大者可矣；此等中冓之醜，亦瑣瑣書之，毋乃穢史乎！」

【中看不中吃】

光好看，不好吃。比喻沒有實用價值。《紅樓夢》三五回：「怪道有人說他們家的寶玉是相貌好，裏頭糊塗，中看不中吃。」

【中饋乏人】

中饋：指婦女在家所主管的飲食等事。指男子尚無妻室。《金瓶梅詞話》一七回：「不瞞娘子說，小人內為失助，中饋乏人，鰥居已久，子息全無。」也作「**中饋尚虛**」。《古今小說》卷一七：「實不相瞞，幼時曾定下妻室，因遭擄亂，存亡未卜，至今中饋尚虛。」也作「**中饋之思**」。

【中郎有女】

中郎：指後漢蔡邕，蔡曾任左中郎將，人尊稱蔡中郎。因同情董卓而獲罪，最後死於獄中。遺有一女，名琰，字文姬，即《文姬歸漢》中的才女蔡文姬。蔡中郎只有一才女。後常用來指沒有兒子只有女兒的情況。清·淮陰百一居士《壺天錄》卷上：「天津呂某婦某氏……相夫子，事事盡禮。中郎有女，年十四，已字人。」

【中立不倚】

中正獨立，而不偏斜。指正直不偏不倚。唐·白居易《除裴度中書舍人制》：「況中立不倚，道直氣平，介然風規，有光進侍。」

【中留不報】

中間扣留，不上報下傳。明·張岱《家傳》：「是冬文恭以星變上疏觸忌諱，人皆危之。安人笑曰：『兒能效忠，吾何憂？』已而疏中留不報，安人乃雪涕謂文恭曰：『汝父母老矣，奈何出位言以冒不測耶？』」

【中流砥柱】

中流：指河流中間；砥柱：山名，在河南省三門峽東北，屹立於黃河急流之中，形狀像柱子。比喻能在艱難的環境中擔當重任、支撐危局。《晏子春秋·內篇諫下》：「以入砥柱之中流。」清·朱彝尊《史館上總裁第六書》：「郭文毅公遺先公書，以先公議禮……疏闇闇侃侃，百折不迴，比之中流砥柱。」也做「**砥柱中流**」。

【中流擊楫】

船到中流時敲著船槳發誓。《晉書·祖逖傳》：「帝以逖為豫州刺史，逖仍將本流徙部曲百餘家渡江，中流擊楫而誓曰：『祖逖不能清中原而復濟者，有如大江！』」後以「中流擊楫」比喻收復失地的決心。清·陳確《與吳裒仲書》：「憶壬辰春與仲木令兄往返錢塘，兩人中流擊楫莫肯以千秋讓人。」也作「**中流擊枻**」。明·何景明《滹沱河上》：「未識臨河意，中流擊枻歸。」也作「**中流誓**」。宋·陳亮《念奴嬌·登多景樓》詞：「正好長驅，不復反顧，尋取中流誓。」也作「**擊楫中流**」。

【中流擊枻】

見「中流擊楫」。

【中流誓】

見「中流擊楫」。

【中流失船，一壺千金】

壺：指葫蘆，可繫在腰上，用以涉水。如果船出了事故，一個葫蘆就價值千金。比喻不值錢的東西，到關鍵時刻，也會很有用處。例俗話說：「中流失船，一壺千金。」別看這些草袋現在是個累贅，可一旦來了洪汎，就能派上大用場了。

【中秋節的月亮——光明正大】

也作「**中秋節的月亮——正大光明**」。見「八月十五的月亮——光明正大」。

【中人以上，可以語上也；中人以下，不可以語上也】

水平在中等以上的，可以講比較深的道理；水平在中等以下的，就不能講太深了。指在教學中應因材施教。《論語·雍也》：「子曰：『中人以上，可以語上也；中人以下，不可以語上也。』」例古人說：「中人以上，可以語上也；中人以下，不可以語上也。」這班學生程度參差不齊，一鍋燴的效果實在不行。

【中山狼】

明·馬中錫《中山狼傳》（一說為宋·謝良作）寫戰國時趙簡子在中山打獵，追狼甚急，狼遇東郭先生得以脫險，却反過來要吃掉東郭先生。後以「中山郎」比喻忘恩負義、恩將仇報的人。《紅樓夢》五回：「子係中山狼，得志便猖狂。」

【中山狼出了書袋子——凶相畢露】

墨家信徒東郭先生到中山國謀職，途中將被獵人追趕的負傷的中山狼藏入書袋裏。獵人一過，中山狼便從書袋裏鑽出來，凶相畢露，要吃東郭先生。比喻凶惡的面目完全暴露。例這個人平時溫文爾雅，在關鍵時刻，卻中山狼出了書袋子——凶相畢露。

【中書君】

唐代韓愈著《毛穎傳》，用毛筆比擬人，叫做毛穎，又稱中書君。後以

「中書君」代毛筆之名。宋・蘇軾《自笑》詩：「多謝中書君，伴我此幽棲。」

【中堂夾條幅——話（畫）裏有話（畫）】

中堂：懸掛在客廳正中的尺寸較大的字畫；條幅：長條的字畫。見「門神裏捲灶神——話（畫）裏話(畫)」。

【中天婺煥】

中天：天空正中；婺：古星名，即「女宿」，舊時用作對婦人的頌辭；煥：鮮明，光亮。天空中婺女星光彩四射。用作壽誕的賀辭。明・邱濬《故事成語考・老壽幼延》：「賀女壽曰：『中天婺煥。』」

【中通外直】

通：指蓮梗中間貫通；外直：指蓮梗直立。蓮梗中間空，外面直。形容人心胸通達，正直不曲。宋・周敦頤《愛蓮說》：「中通外直，不蔓不枝。」

【中途而廢】

廢：廢棄，停止。走了一半就停止了。做事沒恆心，有頭無尾。《北史・景穆十二王傳》：「願聞朝廷，特開遠略，少復賜寬，假以日月，無使爲山之功，中途而廢。」

【中外馳名】

馳名：名聲傳播得很遠。名聲傳遍國內外。例秦朝時，勞動人民用智慧和血汗築起的萬里長城中外馳名。也作「**馳名中外**」。

【中外古今】

總括從國內到國外，從遠古到如今。多表示無一例外，普遍存在。例這本名人百科，舉凡中外古今的名人都收錄在內。也作「**古今中外**」。

【中外合璧】

見「中西合璧」。

【中西合璧】

合璧：兩個半璧合成一個圓形的璧。中國的和外國的事物相互配合映襯，十分得宜。茅盾《子夜》八章：「她轉過臉去看牆壁上的字畫：那也是『中西合璧』的張大千的老虎立軸旁邊陪襯著兩列五彩銅板印的西洋畫。」也作「**中外合璧**」。《官場現形記》三一回：「這長苗子是我們中國原有的，如今攙在這德國操內，中又不中，外又不外，倒成了個中外合璧。」

【中心藏之，何日忘之】

中心：內心；藏：懷念。心裏常常想念，一天也不能忘。比喻時刻想念著自己懷念的人。或比喻永誌不忘對自己有恩的人。例我對於陳老師的教誨，一刻也不會忘記，「中心藏之，何日忘之」是我秉持的態度。

【中心如醉】

內心深處像酒醉了一樣。形容過度的憂思和哀傷，不能自持。《詩經・王風・黍離》：「行邁靡靡，中心如醉。」《北史・王肅傳》：「帝手詔曰：『不見君子，中心如醉。』」

【中藥店裏的揩台布——揩來揩去都是苦】

比喻人到了哪裏也是過窮苦日子。例他東奔西跑，改不了遊手好閒，不願勞動的毛病，結果還是像中藥店的揩台布——揩來揩去都是苦。

【中藥鋪的抹布——嘗盡了酸甜苦辣】

見「灶上的炒勺——嘗盡了酸甜苦辣」。

【中庸之道】

中：折中；庸：平庸；道：學說，主張。待人處世不偏不倚，調和、持平、折衷。指儒家的一種主張。《論語・雍也》：「中庸之爲德也，其至矣乎。」明・歸有光《亡友方思曾墓表》：「是以不克安居徐行，以遽入於中庸之道。」

【中原板蕩】

中原：古指我國中部地區，後泛指天下；板蕩：《詩經》中《大雅》裏的篇名，內容說是周厲王昏庸無道，後用來比喻亂世。天下動亂不安，時局危急。宋・岳飛《五岳祠盟題記》：「自中原板蕩，夷狄交侵。」

【中原得鹿】

鹿：指獵取的對象，比喻政權、天下。借喻取得天下。唐・溫庭筠《過五丈原》詩：「下國臥龍空寤主，中原得鹿不由人。」

【中原逐鹿，捷足先得】

比喻衆多英雄豪傑起來爭奪天下時，強者得勝。《史記・淮陰侯傳》：「秦失其鹿，天下共逐之，高材疾足者先登焉。」

【中正街的驢子——誰有錢誰騎】

比喻對人或物，誰有錢誰就可以占有。例你信奉的是中正街的驢子——誰有錢誰騎，在我們這裏卻辦不到。

【中正無私】

中正：正直。端莊正直，不存私心。《管子・五輔》：「爲人君者中正而無私，爲人臣者忠信而不黨。」也作「**中正無邪**」。《禮記・樂記》：「中正無邪，禮之質也。」

【中正無邪】

見「中正無私」。

【忠不可兼】

兼：同時進行幾件事或具有幾樣東西。不可能同時作兩國的忠臣。即所謂忠臣不事二主。《呂氏春秋・權勛》：「利不可兩，忠不可兼。」

【忠臣不怕死，怕死不忠臣】

忠臣耿耿的臣子是不怕死的，怕死的絕不可能是忠心耿耿的臣子。《說唐》六〇回：「自古道：『忠臣不怕死，怕死不忠臣。』我今奉聖上旨意，豈可不赤心盡力？若然私自回家，豈是忠臣所爲？」

【忠臣不事二君，烈女不更二夫】

見「忠臣不事二君，貞女不更二夫」。

【忠臣不事二君，貞女不更二夫】

封建社會的禮教，指忠義之臣，不奉事兩個朝代的君主；貞節之女，不再嫁第二個丈夫。《史記・田單列傳》：

「王蠋曰：『忠臣不事二君，貞女不更二夫。齊王聽吾諫，故退而耕於野。』」也作「**忠臣不事二君，烈女不更二夫**」。《東周列國志》九五回：「蠋仰天嘆曰：『忠臣不事二君，烈女不更二夫。齊王疏斥忠諫，故吾退而耕於野。』」

【忠臣烈士】
爲國家盡忠，爲正義殉身的人。《隋書・李文博傳》：「至治亂得失，忠臣烈士，未嘗不反覆吟玩。」

【忠臣孝子】
忠於國家，孝順父母的人。唐・楊炯《高君神道碑》：「金友玉昆，忠臣孝子，窮號積於心髓，創鉅纏於肌骨。」

【忠臣義士】
原指忠正的官吏和守義的人。現指忠誠而有操守的人。宋・蘇軾《大臣論上》：「天下不幸而無明君，使小人執其權，當此之時，天下之忠臣義士莫不欲奮臂而擊之。」

【忠肝鐵石】
忠誠的肝膽如鐵石。《宋史・王應麟傳》：「是卷古誼若龜鑑，忠肝如鐵石。」

【忠肝義膽】
忠義的血性、膽略。形容人忠誠、正直。《封神演義》二回：「丞相金鑾直諫君，忠肝義膽孰能羣。」

【忠告善道】
道：同「導」。眞誠的勸告，耐心的引導。《論語・顏淵》：「忠告而善導之，不可則止，毋自辱焉。」

【忠貫白日】
貫：通；白日：指太陽。忠誠之心可以上通白日。形容極度的忠誠。《宣和書譜・正書・顏眞卿》：「惟其忠貫白日，識高天下，故精神見於翰墨之表者，特立而兼括。」也作「**忠心貫日**」。《東周列國志》一七回：「鬻拳曰：『王幸聽臣言，楚國之福。然臣而劫君，罪當萬死，請伏斧鑕！』楚王曰：『卿忠心貫日，孤不罪也。』」

【忠厚是無用的別名】
忠厚：忠實厚道。舊謂忠實厚道的人無用，容易被人欺侮。魯迅《論「費厄潑賴」應該緩行》：「俗語說：『忠厚是無用的別名。』也許太刻薄一點罷，但仔細想來，卻也覺得並非唆人作惡之談，乃是歸納了許多苦楚的經歷之後的警句。」

【忠厚長者】
忠：忠誠；厚：厚道；長者：年長之人。忠實厚道、年高望重的人。例時人都稱讚張老是一位忠厚長者。

【忠君愛國】
忠於君主，熱愛祖國。《東周列國志》四四回：「此人雖則商賈之流，倒也有些忠君愛國之心，排患解紛之略。」

【忠君報國】
忠於國君，報效國家。元・鄭德輝《伊尹耕莘》二折：「大丈夫生於天地之間，濟世安民，忠君報國，乃是男兒所爲。」

【忠孝不並】
見「忠孝不能兩全」。

【忠孝不能兩全】
爲國盡忠和對父母盡孝，常常會發生矛盾，不能兩者兼顧。例現在國難當頭，我是「忠孝不能兩全」了，就請你們多照顧一下二老吧！也作「**忠孝不並**」。唐・封演《封氏聞見記・定謚》：「姑處事殊，忠孝不並。已爲孝子，不得爲忠臣；爲忠臣，不得爲孝子。」

【忠孝節烈】
見「忠孝節義」。

【忠孝節義】
對國家盡忠，對父母盡孝，對夫妻盡節，對朋友盡義。泛指封建統治者提倡的道德準則。《封神演義》二四回：「民知有忠孝節義，不知妄作邪爲。」也作「**忠孝節烈**」。清・邵長蘅《侯方域魏禧傳》：「其爲文主識議，凌厲雄健，不屑撫擬如世之貌似大家者。遇忠孝節烈事，則益感慨激昂。」

【忠孝兩全】
對國家忠誠和對父母孝道，能兩全其美。南宋・徐度《卻掃編》：「進取在于止足，寬祿不可過益，年若至六十，可以退身，謝世歸守父母墳墓，則是忠孝兩全矣。」也作「**忠孝雙全**」。老舍《趙子曰》二一：「老人撅著鬍子告訴他『忠孝雙全，才是好漢！』」

【忠孝雙全】
見「忠孝兩全」。

【忠心赤膽】
赤：忠誠。形容非常忠誠。《紅樓夢》六五回：「那平姑娘又是個正經人，從不會挑三窩四的，倒一味忠心赤膽服侍他，所以才容下了。」也作「**赤膽忠心**」。

【忠心耿耿】
耿耿：忠誠的樣子。形容十分忠誠。多用來讚揚人對事業，對組織或對主人忠貞不貳的品德。《鏡花緣》五七回：「當日令尊伯伯爲國捐軀，雖大事未成，然忠心耿耿，自能名垂不朽。」

【忠心貫日】
見「忠貫白日」。

【忠信篤敬】
篤：全心全意；敬：愼重。說話要守信用，做事要謹愼。《論語・衛靈公》：「子曰：『言忠信，行篤敬，雖蠻貊之邦行矣！』」

【忠信樂易】
忠：忠厚；信：誠實；樂：愉快；易：平易。待人誠實、和藹，平易近人。明・王守仁《教條示龍場諸生》：「忠信樂易，表裏一致。」

【忠言讜論】
忠言：忠誠的言語；讜（ㄉㄤˇ）論：正直的話。說話忠誠正直。宋・趙育

《經進東坡文集序》：「故贈太師諡文忠蘇軾，忠言讜論，立朝大節，一時廷臣無出其右。」

【忠言嘉謨】

見「忠言奇謀」。

【忠言逆耳】

誠懇勸告的話不中聽。《韓非子・外儲說左下》：「夫良藥苦於口，而智者勸飲之，知其入而已己疾也；忠言拂於耳，而明主聽之，知其可以致功也。」漢・司馬遷《史記・留侯世家》：「且忠言逆耳利於行，毒藥苦口利於病，願沛公聽樊噲言。」元・孫仲章《勘頭巾》二折：「常言道：『飽食傷心，忠言逆耳。』」

【忠言逆耳，惟達者能受之】

忠告聽起來刺耳，只有明白事理的人才能接受。《三國志・吳書・孫奮傳》「良藥苦口，惟疾者能甘之；忠言逆耳，惟達者能受之。」

【忠言奇謀】

忠言：忠誠的進言；奇謀：出衆的謀略。形容人有德有才。《後漢書・王良傳》：「女友不肯見，曰：『不有忠言奇謀而取大位，何其往來屑屑不憚煩也。』」也作「**忠言嘉謨**」。宋・陳亮《謝何正言啓》：「舉一世之端人正士，莫之或先；合二百年之忠言嘉謨，於斯並建。」

【忠勇絕世】

絕世：世上獨一無二。忠誠勇敢世間無雙。《晉書・安帝紀》：「鎭軍將軍裕，英略奮發，忠勇絕世。」

【忠貞不二】

忠貞：忠誠而堅定不移；不二：專一、一心一意。忠誠堅貞而不三心二意。例李逵平時愛發牢騷，善使性子，但他對宋江則是忠貞不二。

【忠貞不渝】

貞：堅定，有操守；渝：改變。忠誠堅定，永不改變。例美麗的愛情通常都是對另一半忠貞不渝，至死方休。

【終而復始】

終：終點；始：開始。到終點後再從頭開始。指循環往復。《孫子・勢篇》：「終而復始，日月是也。」也做「**周而復始**」。

【終非池中物】

池中物：比喻蟄伏尙未出人頭地的人。指總有一天會出人頭地。《三國志・吳書・周瑜傳》：「劉備以梟雄之姿，而有關羽、張飛熊虎之將，恐蛟龍得雲雨，終非池中物也。」

【終非了局】

見「終無了局」。

【終軍請纓】

終軍：人名；纓：長纓，指縛敵的長繩。《漢書・終軍傳》：「南越與漢和親，乃遣[終]軍使南越，說其王，欲令入朝，比內諸侯。軍自請：『願受長纓，必羈南越王而致之闕下。』軍遂往說越王，越王聽許，請舉國內屬。」終軍向朝廷請求給他一根縛敵長繩。原比喻立下降服強敵、建功報國的大志。後指投軍或出使。

【終軍意氣】

終軍：人名。《漢書・終軍傳》：「從濟南當詣博士，步入關，關吏予軍繻。軍問：『以此爲何？』吏曰：『爲復傳，還當以合符。』軍曰：『大丈夫西遊，終不復傳還。』棄繻而去。軍爲謁者，使行郡國，建節東出關，關吏識之，曰：『此使者乃前棄繻生也。』」後用「終軍意氣」比喻年少有志求取功名。唐・黃滔《段先輩第二啟》：「來則無終軍意氣，動則有楊朱歧路。」

【終老之計】

見「終焉之志」。

【終南捷徑】

終南：終南山，在陝西省西安市西南。《新唐書・盧藏用傳》：「〔盧藏用〕始隱山中時，有意當世，人目爲隨駕隱士，晚乃徇權利，務爲驕縱，素節盡矣。司馬承禎嘗召至闕下，將還山，藏用指終南山曰：『此中大有嘉處。』承禎徐曰：『以僕視之，仕宦之捷徑耳。』」後以「終南捷徑」指謀求官職或名利的捷徑。清・秋瑾《中國女報發刊辭》：「然而吾又見多數學生，以東瀛爲終南捷徑，以學堂爲改良之科舉矣。」

【終其天年】

終：竟，盡；天年：指自然的壽數。年老而善終。《莊子・山木》：「莊子行於山中，見大木枝葉盛茂，伐木者止其旁而不取也。問其故，曰：『無所可用。』莊子曰：『此木以不材得終其天年。』」

【終身不齒】

終身：一生，一輩子；齒：指錄用。終生不被錄用。指看不起。《禮記・王制》：「屛之遠方，終身不齒。」

【終身不仕】

一輩子也不出來做官。《史記・孟子荀卿傳》：「梁惠王欲以卿相位待之，髡因謝去。於是送以安車駕駟，束帛加璧，黃金百鎰，終身不仕。」

【終身大事】

人一生中極重要的事。多指婚姻。《紅樓夢》五四回：「只見了一個清俊男人，不管是親是友，想起他的終身大事來，父母也忘了，書也忘了，鬼不成鬼，賊不成賊，哪一點像個佳人。」

【終身讓路，不枉百步】

枉：白白地，冤枉。一輩子給人讓路，總計起來，也不會多走一百步冤枉路。比喻對人謙讓不會有什麼損失。《新唐書・朱敬則傳》：「敬則兄仁軌……嘗誨子弟曰：『終身讓路，不枉百步；終身讓畔，不失一段。』」

【終身之計，莫如樹人】

樹人：培養人才。一生最重要計畫莫如教育和培養人才。《管子・權修》：「一年之計，莫如樹穀；十年之計，莫如樹木；終身之計，莫如樹人。」

【終始不渝】

渝：變。自始至終，一直不變。《舊唐書・姚璹傳》：「卿早荷朝恩，委任斯重。居中作相，弘益已多；防邊訓兵，心力俱盡。歲寒無改，終始不渝。」也作「終始弗渝」。《新唐書・魏徵傳》：「儉約樸素，終始弗渝。」也作「始終不渝」。

【終始弗渝】
見「終始不渝」。

【終始若一】
從開始到結束完全一樣。指一貫堅持，從不間斷。《荀子・禮論》：「禮者，謹於治生死者也，生，人之始也。死，人之終也，終始俱善，人道畢矣。故君子敬始而愼終，終始若一，是君子之道，禮義之文也。」也作「終始一貫」、「始終如一」。

【終天抱恨】
終天：終生，終身。終身的遺憾。《羣音類選・玉玦記・自經反魂》：「只怕從前玉玦無憑，眞成薄命，也落得個不虧名行，淚盈盈，料此身終天抱恨幽冥。」也作「抱恨終天」。

【終天之別】
永遠的離別。唐・白居易《祭微之文》：「然以我爾之身，爲終天之別。」

【終天之恨】
一生之中最大的恨事。清・江藩《洪亮吉》：「乾隆四十一年，母猝病卒，時在浙江學使王端公傑幕中，得病耗，馳歸里門，有以死告者，大慟失足落水，遇汲者救蘇，以不得視含斂，爲終天之恨。」

【終天之慕】
終天：終生，終身。一生思慕之情。南朝梁・沈約《爲齊竟陵王講解疏》：「終天之慕，不續於短年；欲報之誠，恩隆於永劫。」

【終無了局】
了局：結局，定局，指長久之計。終究不是長久之計。《說岳全傳》三三回：「這綠林中買賣，終無了局。」也作「終非了局」。《隋唐演義》一六回：「想我在此奉侍，終非了局。」

【終虛所望】
終：結果；虛：白白地。結果是白白地盼望了半天。《鏡花緣》一回：「豈非鏡花水月，終虛所望麼？」

【終焉之計】
見「終焉之志」。

【終焉之心】
見「終焉之志」。

【終焉之志】
一直到老死的志願。指對選定的生活環境或方式做長遠規劃。《國語・晉語四》：「子犯知齊之不可以動，而知文公之安齊而有終焉之志也。」也作「終焉之計」。明・袁宏道《瓶花齋集》：「將亦卜居秦淮，爲終焉之計。」也作「終老之計」。宋・蘇軾《遷居》詩：「今年復東徙，舊館聊一憩。已買白鶴峯，規作終老計。」也作「終焉之心」。《三國志・魏書・陳思王植傳》：「植登魚山，臨東阿，喟然有終焉之心。」

【終養天年】
終養：養老送終；天年：自然的壽數。古人辭去官職以奉養父母或祖父母，直到壽終爲止。晉・李密《陳情表》：「烏鳥私情，願乞終養。」

【鍾馗打飽嗝——肚裏有鬼】
鍾馗：傳說中專能捉鬼吃鬼之神，舊時民間常掛鍾馗的像，認爲可以驅除邪祟。見「夜叉懷胎——肚裏有鬼」。

【鍾馗嫁妹——鬼混（婚）】
混：「婚」的諧音。比喻糊裏糊塗混日子。例認認眞眞的工作，別鍾馗嫁妹——鬼混（婚）了。

【鍾馗開店——鬼不上門】
見「閻羅王開飯店——鬼不上門」。

【鍾馗爺站十字路口——四下拿邪】
比喻敢於發揚正氣，抗拒邪惡勢力。例要有鍾馗爺站十字路口——四下拿邪的精神，敢於與不正之風做鬥爭。

【鍾離委珠】
鍾離：指後漢人鍾離意，曾任尚書之官；委珠：拋棄珍珠。《後漢書・鍾離意傳》：「時交阯太守張恢，坐臧千金，徵還伏法，以資物簿入大司農，詔班賜羣臣。意得珠璣，悉以委地而不拜賜。帝怪而問其故，對曰：『臣聞孔子忍渴於盜泉之水，曾參回車於勝母之閭，惡其名也。此臧穢之寶，誠不敢拜。』帝嗟嘆曰：『清乎尙書之言！』」後以「鍾離委珠」比喻拒收不義之財。例爲官就應清政廉潔，做到鍾離委珠。

【鍾靈毓秀】
鍾：積聚，集中；毓：養育。指美好的自然環境產生優秀的人物。《紅樓夢》三六回：「不想我生不幸，亦且瓊閨秀閣中亦染此風，眞有負天地鍾靈毓秀之德了。」

【鐘不打不響，話不說不明】
話要講淸楚，別人才能明白。《兒女英雄傳》五回：「那女子見了不覺呵呵大笑起來，說：『這更奇了！鐘不打不響，話不說不明。有話到底說呀，怎麼哭起來了呢？』」

【鐘不扣不鳴，鼓不打不響】
比喻已做過的事情，無法隱瞞下去。《二刻拍案驚奇》卷三八：「鐘不扣不鳴，鼓不打不響；欲人不知，莫若不爲。你做的事，外邊那一個不說的？你瞞則甚！」

【鐘鼎人家】
鐘：古代樂器；鼎：古代炊器，多是三足兩耳。吃飯時奏樂、列鼎的人家。指富貴人家。《兒女英雄傳》一回：「雖然算不得簪纓門第，鐘鼎人家，卻倒過得親親熱熱，安安靜靜。」也作「鐘鼎之家」。《紅樓夢》二回：「雖係鐘鼎之家，卻亦是書香之族。」

【鐘鼎山林】
鐘鼎：「鐘鳴鼎食」的略語，指貴族們的生活；山林：深山老林，指隱士居處。泛指出仕和隱退兩種生活。宋・陸游《自咏》詩：「鐘鼎山林俱不遂，聲名官職兩無多。」也作「**山林鐘鼎**」。

【鐘鼎之家】
見「鐘鼎人家」。

【鐘樓上的麻雀——耐驚耐怕】
鐘樓上的麻雀，聽慣了鐘聲，鐘聲再響，也不害怕。比喻見過世面的人膽大不怕事。例經歷過數次水災，他已是鐘樓上的麻雀——耐驚耐怕。也作「**鐘樓上的麻雀——早就驚嚇出來了**」。

【鐘樓上的麻雀——嚇破了膽】
麻雀膽小，聽到鐘聲，更嚇壞了。也作「**鐘樓上的麻雀——驚破了膽**」。見「老鼠見了貓——嚇破了膽」。

【鐘鳴鼎食】
鐘：古代樂器；鼎：古代炊器；鼎食：列鼎而食，吃飯時排好幾個鼎盛食物。吃飯時奏樂、列鼎。形容富貴人家生活豪華奢侈。唐・王勃《滕王閣序》：「閭閻撲地，鐘鳴鼎食之家。」

【鐘鳴漏盡】
漏：滴漏，古代計時器。晨鐘已經敲響，漏壺的水將滴進。①形容清晨。漢・崔寔《政論》：「鐘鳴漏盡，洛陽城中，不得有行者。」②比喻人已到了晚年，壽命不長。《魏書・游明根傳》：「臣桑榆之年，鐘鳴漏盡。」也作「**漏盡鐘鳴**」。

【鐘山之玉】
鐘山：古指崑崙山。崑崙山所產的玉。比喻寶物的珍貴。《淮南子・俶眞訓》：「譬若鐘山之玉。」

【鐘儀操樂】
鐘儀：春秋時楚國大夫，相傳討伐鄭國時被俘，拘囚在晉國，讓他彈琴，他仍奏楚國的樂調。見《左傳・成公九年》。後以「鐘儀操樂」指不改舊調。唐・溫庭筠《上首座相公啟》：「成鐘儀操樂之規，寬願悌拜書之戀。」

【鐘儀楚奏】
鐘儀：春秋時楚國的樂官。《左傳・成公九年》：「晉侯觀於軍府，見鐘儀，問之曰：『南冠而縶者誰也？』有司對曰：『鄭人所獻楚囚也。』……公曰：『能樂乎？』對曰：『先父之職官也，敢有二事。』使與之琴，操南音。」後比喻思念故國，懷念鄉土。三國魏・王粲《登樓賦》：「鐘儀幽而楚奏兮，莊舄顯而越吟。人情同於懷土兮，豈窮達而異心！」

【鐘在寺裏，聲在外邊】
比喻事情發生在內部，外邊總會知道，或比喻外邊名聲很大。《石點頭》卷八：「汪商合該晦氣，接口道：『常言鐘在寺裏，聲在外邊。又道路上行人口是碑，好歹少不得有人傳說，如何禁得人口嘴呢？』」

【螽斯衍慶】
螽斯：昆蟲名，產卵多；衍：延續。螽斯子孫多是喜慶的事。舊時用以祝頌子孫衆多。《詩經・周南・螽斯》：「螽斯羽，詵詵兮，宜爾子孫，振振兮。」也作「**螽斯之慶**」。宋・劉克莊《轉對札子（十月一日）》：「陛下春秋鼎盛，螽斯之慶未艾，椒聊之實必蕃。」以作「**螽斯之徵**」。《三國志・魏書・高柔傳》：『〔柔上疏曰〕且以育精養神，專靜爲寶。如此，則螽斯之徵，可庶而致矣。」

【螽斯之慶】
見「螽斯衍慶」。

【螽斯之徵】
見「螽斯衍慶」。

ㄓㄨㄥˇ

【種火又長，拄門又短】
種火：引火；拄門：撐門。用來引火嫌長，用來作頂門棍又太短。比喻人不成材，沒有用處。例你不看看你這個人，眞是種火又長，拄門又短。只有別人挑你的份兒，你還能挑肥揀瘦的？依我看，有個活兒幹就行了。

【塚中枯骨】
塚：墳墓。墳墓中乾枯的骨頭。比喻毫無生氣、平庸無能、無所作爲的人。《三國志・蜀書・先主傳》：「北海相孔融謂先主曰：『袁公路豈憂國忘家者邪？塚中枯骨，何足介意！』」也指埋葬已久的死人。宋・劉克莊《觀元祐黨籍碑》：「嶺外瘴魂多不返，塚中枯骨亦加刑。」

【踵接肩摩】
踵：腳跟。腳碰腳，肩挨肩。形容人多擁擠。清・金棒閣《守一齋筆記・蘆花會》：「忽金鼓喧闐，儀衛甚盛，觀者踵接肩摩。」

【踵決肘見】
踵：腳後跟，引申爲鞋後跟；決：裂開穿的鞋露出腳後跟，穿的衣服露出胳膊肘。形容衣履破爛，極端貧困。《莊子・讓王》：「捉襟而肘見，納履而踵決。」也作「**肘見踵決**」。《歧路燈》八一回：「綢帛降而爲布，那肘見踵決之狀，也就不遠了。」

【踵事增華】
踵：追隨，繼續；華：益處，光彩。繼續前人的事業，使它更加美好完善。南朝梁・蕭統《昭明文選・序》：「蓋踵其事而增華，變其本而加厲。物既有之，文亦宜然。」明・張岱《與張噩仍》：「有所作好，則踵事增華；有所作惡，則變本加厲。」

【踵武前賢】
踵：追隨；前賢：前代聖賢。繼承前人的足跡。比喻繼承前人的事業或效法前人。戰國楚・屈原《離騷》：「忽奔走以先後兮，及前王之踵武」。

ㄓㄨㄥˋ

【中暗箭】
比喻受到別人暗中的傷害。例這一生他什麼都受過，中暗箭，頂明槍，全捱過來了。

【中肯綮】

中：正對上；肯綮（ㄑㄧㄥˋ）：筋骨結合的地方，比喻關鍵的地方。觸到筋骨連結處。比喻擊中要害。《元史・王都中傳》：「都中遇事剖析，動中肯綮，〔僚吏〕皆腭眙不敢欺。」

【中了狀元招駙馬——好事成雙】

見「兒子成親父做壽——好事成雙」。

【中狀元】

狀元：古代科舉考試得殿試的第一名。比喻取第一名或取得優異成績。例小淘氣居然中狀元了，眞不簡單，這是他暗暗用功得到的好成績。

【衆川赴海】

川：河流。許多河流流向大海。比喻各種力量匯聚在一處。《隋書・音樂志中》：「羣星拱極，衆川赴海。」

【衆寡不敵】

寡：少；敵：對抗，抵擋。人少抵擋不住敵人。《三國志・魏書・郭淮傳》：「諸將議衆寡不敵，備便乘勝，欲依水爲陣拒之。」《三國演義》四七回：「用江東六郡之卒，當中國百萬之師。衆寡不敵，海內所共見也，」也作「**衆寡莫敵**」。《周書・李賢傳》：「彼既同惡相濟，理必總萃於我，其勢不分，衆寡莫敵。」也作「**衆少不敵**」。《晉書・李特傳》：「連戰二日，衆少不敵。」也作「**衆寡難敵**」。明・沈采《千金記・招集》：「選下精兵八千，遠渡江東，誠恐衆寡難敵，爲此又行出榜。」

【衆寡莫敵】

見「衆寡不敵」。

【衆寡難敵】

見「衆寡不敵」。

【衆寡勢殊】

勢殊：勢力差別很大。多與少勢力相差懸殊。晉・桓沖《上言吉挹忠節》：「襄陽失守，邊情沮喪，加衆寡勢殊，以至陷沒。」也作「**衆寡懸殊**」。《隋書・楊善會傳》：「每恨衆寡懸殊，未能滅賊。」

【衆寡懸殊】

見「衆寡勢殊」。

【衆虎同心】

比喻許多有才能、武藝高強、勇猛威武的人同心同德，緊密團結。明・無名氏《鬧銅台》五折：「我想俺這一起人，英雄並轃，衆虎同心，好一般人物也呵。」

【衆毀所歸】

毀：毀謗；所歸：歸於一處。衆人的毀謗歸於一處。形容被大衆所不齒。漢・楊惲《報孫會宗書》：「糴賤販貴，逐什一之利，此賈豎之事，污辱之處，惲親行之。下流之人，衆毀所歸，不寒而慄。」

【衆喙一辭】

見「衆口同聲」。

【衆口嗷嗷】

嗷嗷：哀號聲。形容人們因饑餓而嗷嗷哀號。元・秦簡夫《趙禮讓肥》二折：「說什麼貧不憂愁富不驕，赤緊的衆口嗷嗷。」

【衆口成虎】

《戰國策・魏策二》：「龐葱與太子質於邯鄲，謂魏王曰：『今一人言市有虎，王信之乎？』王曰：『否。』『二人言市有虎，王信之乎？』王曰：『寡人疑之矣。』『三人言市有虎，王信之乎？』王曰：『寡人信之矣。』龐葱曰：『夫市之無虎明矣，然而三人言而成虎。』」比喻流言蜚語可以惑衆，能以假亂眞。宋・陳師道《送楊侍禁兼寄顏黃二公》詩：「相逢今已晚，同府尙經年。衆口不成虎，諸公更薦賢。」

【衆口紛紜】

紛紜：多而雜亂。指人多嘴雜，議論很多。《聊齋志異・阿纖》：「女曰：『君無二心，妾豈不知？但衆口紛紜，恐不免秋扇之捐，』」

【衆口交攻】

大家都用話語攻擊。指對某人一致的批評指責。《明史・王應熊傳》：「言陛下召應熊，必因其秉國之日，衆口交攻，以爲孤立無黨，孰知其同年密契，肺腑深聯。」

【衆口交薦】

大家一致推薦。《隋唐演義》八二回：「玄宗見衆口交薦李白之才，便傳旨賜李白以五品冠帶朝見。」

【衆口莫調】

見「衆口難調」。

【衆口難齊】

見「衆口難調」。

【衆口難調】

調：調配，協調。指吃飯的人多，菜餚很難適合每個人的口味。宋・歐陽修《歸田錄》卷一：「丁晉公之南遷也，行過潭州，自作《齋僧疏》云：『和傳說之羹，實難調於衆口。』」《五燈會元》卷四二：「問：『一雨所潤，爲什麼萬木不同？』師曰：『羊羹雖美，衆口難調。』」也比喻意見分歧，很難協調一致。《封神演義》一六回：「比干見衆口難調，又見子牙拿住婦人的手不放，比干問曰：『那姜尙，婦人已死，爲何不放他手，這是何說？』」也作「**衆口莫調**」。宋・陳亮《謝梁侍郎啟》：「重以當塗之切齒，加之羣小之鑿空。衆口莫調，但承虛而接響；十目共睹，嘆因誤以成訛。」也作「**衆口難齊**」。宋・袁采《袁氏世範》卷二：「人之出言至善，而或有議之者；人有舉事至當，而或有非之者。蓋衆心難一，衆口難齊如此。」

【衆口爍金】

見「衆口鑠金」。

【衆口鑠金】

鑠：熔化。衆人同聲，足以熔化金屬。比喻輿論的力量極大。《戰國策・魏策一》：「羣輕折軸，衆口鑠金。」《魯迅書信集・致李小峯》：「其實此乃一部分人所作之小說，願我如此，以自快慰，用洩其不欲我

『所作之《吶喊》，銷行至六七萬本』之恨耳。然衆口鑠金，危邦宜愼，所以我現在也不住在舊寓裏了。」也作「**衆口銷金**」。漢・焦延壽《易林・十二・巽》：「衆口銷金，愆言不驗。」也作「**衆口爍金**」。漢・荀悅《漢紀・景帝紀》：「衆口爍金，積毀銷骨。」

【衆口同聲】
大家都發出同樣的聲音。指意見一致。《野叟曝言》一一八回：「水夫人慨然道：『上既難抗君命，下又重違諸媳，中復朝紳滿座，衆口同聲。加以成命實難收回，公主何肯多配，雖欲守硜硜之見，豈可得哉？吾兒速出應允，勿久稽君命也。』」又作「**衆口同音**」。淸・梁章鉅《歸田瑣記・縫人》：「縫人通稱裁縫，以能裁，又能縫也。而吾鄉之學操官音者，因縫與房音近，訛而爲裁房，衆口同音。」也作「**衆口一詞**」。《好逑傳》一三回：「邊帥惱他，暗暗將前後左右的兵將俱撤回，使他獨力無援，苦戰了一日，不曾取勝，因衆口一詞，報他失機，竟拿了下獄。」也作「**衆喙一辭**」。王應奎《柳南隨筆》四・五節：「次年早晨復行殿試，而〔陳見復〕足疾已愈，親知力權其入都，衆喙一辭，見復不聽。」也作「**萬口一詞**」。

【衆口同音】
見「衆口同聲」。

【衆口銷金】
見「衆口鑠金」。

【衆口囂囂】
囂：喧囂，吵嚷。大家都吵吵嚷嚷地說著。唐・韓愈《子產不毀鄉校頌》：「遊於鄉之校，衆口囂囂。」

【衆口熏天】
衆人的言論可以動天。比喻羣衆輿論力量的強大。《呂氏春秋・精論》：「毀譽成黨，衆口熏天。」

【衆口一詞】
見「衆口同聲」。

【衆口之辯】
衆人的辯論。指學派之間的爭辯。《莊子・秋水》：「公孫龍問於魏牟曰：『龍少學先王之道，長而明仁義之行，合同異，離堅白，然不然，可不可，因百家之知，窮衆口之辯，吾自以爲至達已。』」

【衆口之毀譽，浮石沉木】
衆人的毀譽能使石頭浮在水面上，木頭沉到水底下。謂謠言可以惑衆，流言蜚語多了能夠混淆是非，顚倒黑白。漢・陸賈《新語・辨惑》：「讒口之相譽，無高而不上，無深而不可往昔……衆口之毀譽，浮石沉木；羣邪所抑，以直爲曲。」

【衆裏尋他千百度，驀然回首，那人卻在燈火闌珊處】
驀然：猛然；闌珊：形容燈火稀落。在人羣裏尋找她千百次也沒找到，猛回頭卻見她站在那燈火稀落的地方。原表現無意中突然發現久尋不到的意中人時的喜悅心情。後常用以比喻研究學問，追求眞理，經過艱苦的努力，突然有所領悟，有所突破，做出了成績。王國維《人間詞話》：「古今之成大事業、大學問者，必經過三種之境界：『……衆裏尋他千百度，回頭驀見，那人正在燈火闌珊處。』此第三境也。」

【衆盲摸象】
許多盲人摸大象，各人按各自摸的形狀形容大象，其說不一。比喻看事物以點代面，一葉障目，不見泰山。宋・朱熹《答潘叔度》：「衆盲摸象，各說異端。」也作「**盲人摸象**」。

【衆毛攢裘】
攢：聚；裘：皮衣。聚集許多小塊皮毛，可以縫製成一件皮襖。比喻積少成多。《西遊記》六九回：「常言道：『衆毛攢裘。』」

【衆目共睹】
大家都看見了。《古今小說》卷二：「那客人脫了銀子，正在茅廁邊抓尋不著，卻是金孝自走來承認了，引他回去還他。這是小人們衆目共睹。」也作「**衆目共視**」。宋・歐陽修《論台諫官唐介等宜早牽復札子》：「言一出則萬口爭傳；衆目共視，雖欲爲私，其勢不可。」

【衆目共視】
見「衆目共睹」。

【衆目具瞻】
瞻：瞻仰。很多人都去瞻仰。朱自淸《「海闊天空」與「古今中外」》：「況內地更有好處，爲五方雜處、衆目具瞻的上海等處所不及的。」

【衆目睽睽】
睽睽：睜大眼睛，注視的樣子。表示大家都在注視著。朱自淸《槳聲燈影裏的秦淮河》：「在衆目睽睽之下，這兩種思想在我心裏最爲旺盛。」也作「**萬目睽睽**」。

【衆目所歸】
大家的眼光都集中到一處。形容一致讚賞。《宣和畫譜・道釋二・辛澄》：「澄嘗於蜀中大聖寺畫僧伽及諸變相・仕女傾城邑往觀焉……玆乃衆目所歸，不待較而可得矣。」

【衆目昭彰】
昭彰：明顯。大家都看得很淸楚。《初刻拍案驚奇》卷一五：「在你家搜出人腿來，衆目昭彰，一傳出去，不到得輕放過了你。」

【衆難塞胸】
衆難：難處很多；塞：阻塞。許多的困難，使人難以解脫出來。比喻困難重重。《三國志・蜀書・諸葛亮傳》注：「羣疑滿腹，衆難塞胸。」

【衆怒難犯】
衆人的憤怒不可侵犯。指不能違背多數人的意願。《左傳・襄公十年》：「衆怒難犯，專欲難成，合二難以安國，危之道也。」《老殘遊記》一回：「你們來意甚善，只是衆怒難犯，趕快回去罷！」

【衆怒難犯，專欲難成】
衆人的憤怒不可觸犯，個人的私欲難以實現。語出《左傳・襄公十年》陳谷《曉風殘月》：「『衆怒難犯，專欲難成。』他不顧羣衆反對，一意孤行，必定很快垮台！」

【衆怒難任】
任：抵擋。衆人的憤怒難以抵擋。唐・陸贄《請不置瓊林大盈二庫狀》：「衆怒難任，蓄怨終洩，其患豈徒人散而已。」

【衆怒如水火】
衆人的憤怒像水火一樣難以遏止。《左傳・昭公十三年》：「衆怒如水火焉，不可爲謀。」

【衆叛親離】
衆人反對，親信背離。形容不得人心。極端孤立。《左傳・隱公四年》：「夫州時阻兵而安忍，阻兵無衆，安忍無親，衆叛親離，難以濟矣！」

【衆輕易舉】
見「衆擎易舉」。

【衆擎易舉】
擎：向上托。許多人一起用力，就容易把重物舉起來。比喻人多心齊，容易把事情辦成。《歧路燈》七八回：「咱商量個衆擎易舉，合街上多鬥幾弔錢，趁譚宅這樁喜事，唱三天。」也作「**衆輕易舉**」。衆輕：把責任分攤到許多人身上，使每人所負的責任輕微。清・陳確《寄劉伯繩書》：「後有嫁事，各輪流相助，略如今之義會；婚喪亦然。毋論衆輕易舉，而一家血脈亦得時相灌輸。」

【衆曲不容直】
都是彎曲的，不容許筆直的，比喻心地歪斜的人心裏不能容納正直的人。《淮南子・說山訓》：「季孫氏劫公家，孔子說之，先順其所爲，而後與之入政，曰：『舉枉與直，如何而不得；舉直與枉，勿與遂枉。此所謂同污而異途者，衆曲不容直，衆枉不容正。』」

【衆人的嘴——捂不住】
比喻事實眞相遮蓋不了。例衆人的嘴——捂不住，既然怕人議論，就別幹壞事。也作「**鑽出土的筍——捂不住**」。

【衆人國士】
衆人：普通人；國士：國中傑出的人物。《戰國策・趙策一》：「豫讓曰：『臣事范、中行氏，范、中行氏以衆人遇臣，臣故衆人報之；知伯以國士遇臣，臣故國士報之。』」當權者待我如普通人，我就以普通人身份對待他；當權者待我如國士我就以國士身份報答他。舊指因知遇不同，而對當權者的態度也不同。《三國演義》二五回：「豈不聞豫讓『衆人國士』之論乎？劉玄德待雲長不過恩厚耳。」

【衆人拾柴火焰高】
比喻大家一齊動手力量大。例別坐在那裏，趕快一起來動手幫忙，你們沒聽過「衆人拾柴火焰高」嗎？

【衆人是聖人】
聖人：指品德高尚，智慧最高的人。比喻人多智慧多，人多辦法多。馬烽、西戎《呂梁英雄傳》五三回：「老武聽著，心中已經有了個底子，說道：『眞是衆人是聖人！我看明天……咱們再詳細商量個步數，就好動手了。』」

【衆人一條心，黃土變成金】
比喻只要大家齊心協力，就能創造奇蹟。例一個團體中每個人都要有強大的向心力，所謂：「衆人一條心，黃土變成金。」團結的力量是很可觀的。

【衆人重利】
凡俗的人看重利益。《莊子・刻意》：「野語有之，曰：『衆人重利，廉士重名；賢士尚志，聖人貴精。』」

【衆散親離】
衆人散夥，親信離去。形容仍極其孤立的處境。《晉書・慕容垂傳》：「淮南之敗，衆散親離，而垂侍衛聖躬，誠不可忘。」

【衆少不敵】
見「衆寡不敵」。

【衆少成多】
許多小量的聚集起來就能變成大量的。《漢書・董仲舒傳》：「臣聞衆少成多，積小致鉅。」

【衆生好渡人難渡】
衆生：指人以外的動物；渡：超渡，佛教指引導人脫離苦難，超越苦海。舊時認爲一般動物好超渡，只有人心不善，所以難超渡。《水滸傳》三〇回：「衆軍漢把箱子抬出廳外前，張都監看了大罵道：『賊配軍，如此無禮，贓物正在你箱子裏搜出來，如何賴得過！常言道『衆生好渡人難渡！』原來你這厮外貌像人，倒有這等賊心賊肝！』」

【衆矢之的】
矢：箭；的：靶心。許多箭射擊的靶心。比喻大家共同攻擊的目標。魯迅《朝花夕拾・瑣記》：「那時爲全城所笑罵的是一個開得不久的學校，叫做中西學堂，漢文以外，又教些洋文和算學。然而已經成爲衆矢之的了。」

【衆豕之言】
豕：豬。比喻平庸、世俗之人的言語。漢・袁康《越絕書・越絕德序外傳》：「王不親輔弼之臣，而親衆豕之言，是吾命知也。」

【衆士之諾諾，不如一士之諤諤】
諾諾：答應的聲音，表示順從；諤諤：形容直話直說。很多人唯唯諾諾隨聲附合，不如一個人坦誠直說有意義。比喻不要只喜歡聽順從自己的話，要善於聽取與自己的觀點不相同的意見。《史記・商君傳》：「千羊之皮，不如一狐之腋；衆士之諾諾，不如一士之諤諤，武王諤諤以昌，殷紂墨墨以亡。」

【衆說紛紜】
見「衆口紛紜」。

【衆所共知】

見「眾所周知」。

【眾所同感】

眾人有共同的感覺。《南齊書・鬱林王紀論》：「鬱林王風華外美，眾所同感，伏情隱詐，難以貌求。」

【眾所瞻望】

大家所仰望的。形容威望高，受到大家的景仰。宋・蔡襄《答趙內翰書》：「足下語論，眾所瞻望。」

【眾所周知】

大家都知道。范文瀾《中國近代史》上冊八章：「康格說：『眾所周知，海軍示威，能使他們（指清政府）立刻屈服。』」也作「**眾所共知**」。《醒世恆言》卷三：「說話的……要復本性，或具札子奏過朝廷，或關白禮部、太學、國學等衙門，將册籍改正，眾所共知。」

【眾望所歸】

見「眾望攸歸」。

【眾望所積】

眾望：眾人的希望；積：聚積。大家所一致希望的。《晉書・賀循傳》：「循可尚書郎，訥（郭訥）可太子洗馬、舍人。此乃眾望所積。」

【眾望所集】

見「眾望攸歸」。

【眾望所依】

見「眾望攸歸」。

【眾望所屬】

見「眾望攸歸」。

【眾望攸歸】

眾望：眾人的希望；攸：所；歸：歸向。大眾所一致希望的。多指受羣眾擁護或用於勸說別人承擔某項任務。《晉書・閻鼎等傳論》：「於時武皇之胤，惟有建興，眾望攸歸，曾無與二。」也作「**眾望所歸**」。宋・陳亮《覆陸伯壽》：「舍試揭榜，伏承遂釋褐於崇化堂前，眾望所歸，此選增重，凡在友朋之列者，意氣為之光鮮。」也作「**眾望所集**」。唐・趙元一《奉天錄》一：「〔朱〕泚自謂眾望所集，於是以源休為京兆尹。」也作「**眾望所屬**」。宋・張耒《賀錢內翰啟》：「雖眾望所屬，理固當然，而成命既行，士以相賀。」也作「**眾望所依**」。《晉書・張華傳》：「賈謐與后共謀，以華庶族，儒雅有籌略，進無逼上之嫌，退為眾望所依，欲倚以朝綱，訪以政事。」也作「**眾望有歸**」。《隋書・高祖紀上》：「周帝以眾望有歸，乃下詔。」也作「**民望所歸**」、「**人望所歸**」。

【眾望有歸】

見「眾望攸歸」。

【眾惡之，必察焉；眾好之，必察焉】

惡：厭惡；好：喜愛。大家厭惡他，一定要去考察；大家喜愛他，也一定要去考察。凡事應調查研究，獨立思考，不可盲目接受別人的觀點和意見。《論語・衛靈公》：「子曰：『眾惡之，必察焉；眾好之，必察焉。』」

【眾心成城】

眾人同心協力，就能結成堅固的城堡不可摧毀。比喻大家團結一致，力量就無比強大。《國語・周語下》：「故諺曰：『眾心成城，眾口鑠金。』」也作「**眾志成城**」。清・梁章鉅《歸田瑣記・炮說》：「而虛炮一轟，全軍皆潰，又何說乎？故曰兵無常形，地無常勢，果能眾志成城，則又何炮之不可用乎！」

【眾心如城】

眾人一心，堅固如城。唐・獨孤及《洪州大雲寺鍾銘》：「弘誓既遠，昏疑皆破，故眾心如城，施者成市。」

【眾星拱北】

見「眾星拱辰」。

【眾星拱辰】

拱：拱衛，環繞；辰：北極星。許多星星圍繞著北極星。比喻許多東西圍繞著一個中心或許多人簇擁著一個被他們尊重的人。《論語・為政》：「為政以德，譬如北辰，居其所而眾星共（拱）之。」唐・李德裕《唐武宗皇帝眞容贊》：「四瀆宗海，眾星拱辰，億萬斯年，藻朗日新。」也作「**眾星拱北**」。元・王實甫《麗春堂》一折：「都一時向御苑來供奉，恰便似眾星拱北，萬水朝東。」

【眾星拱月】

見「眾星捧月」。

【眾星捧月】

許多星星襯托著月亮。比喻許多人簇擁著一個人或許多方面共同擁戴一個中心。老舍《四世同堂》七：「咱們得眾星捧月，把他抬出去。」也作「**眾星拱月**」。例亭子是雙層跳角亭，兩層靠近頂端的部分，各朝下垂以七個金瓜，中間一個略大，周圍六個較小，有如眾星拱月。」

【眾喣漂山】

喣：ㄒㄩˇ，吹氣；漂：ㄆㄧㄠ，飄動。眾人吹氣就可以使山飄動。比喻人多力量大，也比喻眾人的讒言能產生很大影響。《漢書・中山靖王勝傳》：「眾喣漂山，聚蚊成雷，朋黨執虎，十夫橈椎。」元・王惲《哀挽亡友中丞王兄》詩：「眾喣漂山不易安，勢張那復挽狂瀾。」也作「**眾喣飄山**」。《後漢書・馮衍傳》：「眾喣飄山，當為灰土。」

【眾喣飄山】

見「眾喣漂山」。

【眾議成林】

眾人的議論，可以形成林木。比喻無稽謠言經多人議論，也能被人相信。也指輿論力量大。《淮南子・說山訓》：「眾議成林，無翼而飛。」

【眾議紛紜】

紛紜：多而雜亂。各種各樣的說法都有。例公司上下都對這次總經理突然離職眾議紛紜，並感到錯愕不已。

【重財輕義】

看重錢財而輕視道義。唐・韓愈《論捕賊行賞表》：「重財輕義，不能深遠事體。」

【重錘打鑼——響噹噹】
也作「重錘打鑼——噹噹響」。見「飯勺敲鐵鍋——響噹噹」。

【重錘打在鋼板上——落地有聲】
見「秤砣掉在鋼板上——落地有聲」。

【重此抑彼】
重：重視；抑：壓制，貶低。重視這個，壓制那個。形容待人或處事不平等。例當主管的應一碗水端平，秉公辦事，不能重此抑彼，也不能有親有疏。

【重厚少文】
重厚：持重敦厚；文：指文采，才華。形容人穩重敦厚，質樸平淡。《史記・高祖本紀》：「周勃重厚少文，然安劉氏者必勃也。」也作「厚重少文」。

【重利盤剝】
重利：放高利貸；盤剝：放債輾轉剝削。用高利貸的方式進行殘酷剝削。《紅樓夢》一〇六回：「你父親所為，固難諫勸，那重利盤剝，究竟是誰幹的？」

【重賂輕賢】
重視賄賂財物而輕視有才有德的人。《說岳全傳》五四回：「我想那秦太師，亦是十載寒窗，由青燈而居相位，怎麼重賂輕賢！」

【重男輕女】
重視男子，輕視女子。指輕視婦女的封建思想。例現代社會仍然存在著重男輕女的觀念，平時從很多方面都可以看得出來。

【重氣輕身】
見「重義輕身」。

【重若丘山】
見「重於泰山」。

【重賞之下，必有勇夫】
賞賜重金，必定有人拚死效力。例這個企劃案很艱鉅，大部分同仁都不願意接手，不過「重賞之下，必有勇夫」，如果提高酬勞，相信大家就會踴躍起來了。也作「重賞之下無懦夫」。

【重賞之下無懦夫】
見「重賞之下，必有勇夫」。

【重身子】
比喻懷孕或懷孕的人。例她是重身子，請給她讓個座兒。

【重頭戲】
原為唱工、做工很重的戲劇。比喻艱鉅繁重的任務。例我們不能鬆勁兒，重頭戲還在後頭哩！

【重義輕生】
重節義而輕生命。《樂府詩集・雜曲歌辭六・結客少年場行》：「重義輕生一劍知，白虹貫日報仇歸。」也作「重氣輕身」。氣：氣節。唐・張說《巡邊在河北作》詩：「沙場磧路何為爾，重氣輕身知許國。」

【重於泰山】
比泰山還重。比喻意義非常重大。漢・司馬遷《報任少卿書》：「人固有一死，或重於泰山，或輕於鴻毛，用之所趨異也。」

【種不好莊稼一季子，娶不上好媳婦一輩子】
婚姻大事關係到一輩子的幸福，應該特別慎重。例吳先生見老婆發脾氣，急急的安撫道：「種不好莊稼一季子，娶不上好媳婦一輩子。你相夫教子，勤儉持家，是標準的賢妻良母，我能娶你，是修來的福氣呢！」

【種地要知地性，用人要知人心】
使用人一定要有全面的了解，才能用得恰到好處。例我覺得老王最懂得種地要知地性，用人要知人心這個道理，他派給每個人的任務，都適合他們的口味。

【種地在人，長苗在地，收成在天】
地種得好不好在人為，苗長得壯不壯在地利，收成好不好在天。指種莊稼或辦事情，都需要主觀或客觀兩方面的條件。例種地在人，長苗在地，收成在天。光咱們窮折騰，老天爺不長眼也沒辦法呀！就是幹別的事，不是也得講個天時、地利，人和嗎？

【種瓜得瓜，種豆得豆】
原為佛教語，比喻因果報應關係。後比喻做什麼樣的事情就有什麼樣的結果。《古今小說》卷二九：「假如種瓜得瓜，種豆得豆，種是因，得是果。不因種下，怎得收成？好因得好果，惡因得惡果。」也作「種麥得麥」。《呂氏春秋・用民》：「夫種麥而得麥，種稷而得稷」。

【種花一年，看花十日】
看花容易種花難。也比喻享受成果易，做出成果難。《醒世恆言》卷四：「自古道：種花一年，看花十日。那看的但覺好看，讚聲好花罷了，怎得知種花的煩難。只這幾朵花，正不知費了許多辛苦，才培植得恁般茂盛。」

【種麥得麥】
見「種瓜得瓜，種豆得豆」。

【種牡丹者得花，種蒺藜者得刺】
比喻做好事有好結果，幹壞事沒有好下場。魯迅《答有恆先生》：「我先前弄『刀筆』的罰，現在似乎降下來了。種牡丹者得花，種蒺藜者得刺，這是應該，我毫無怨恨。」

【種樹者必培其根，種德者必養其心】
種樹的人必然要培固樹的根基，培養品德的人，必然要修養自己的內心。謂培養高尚的道德品質，首先應從思想修養這一根基入手。明・王守仁《傳習錄》上：「種樹者必培其根，種德者必養其心。欲樹之長，必於始生時刪其繁枝；欲德之盛，必於始學時去夫外好。」

【種田不熟不如荒，養兒不肖不如無】
不肖：品行不好。種莊稼不收，不如讓地荒著；兒女品行不好，還不如不養。《醒世恆言》卷一七：「過善被官府斷了，怎敢不依。只得逐一清楚，心中愈加痛恨。到以兒子死在他鄉爲樂，全無思念之意。正是種田不熟不如荒，養兒不肖不如無。」

ㄔ

ㄔ

【吃八方】
八方：四方（東、南、西、北）和四隅（東南、東北、西南、西北）的總稱。靠各方養活，自己不從事生產。《黃繡球》一二回：「如何還有這些做尼姑、當道姑的，索性連女子的職分一概也拋棄乾淨，學那沒出息的男人，吃起八方來？」

【吃霸王飯給劉邦幹事——不是眞心】
霸王：指楚霸王項羽；劉邦：即漢高祖，西漢王朝的建立者。參見「吃曹操的飯，幹劉備的事——人在心不在」。

【吃白飯】
指只吃飯不幹活。例主任，你無論如何得分配我一份工作，要我一天到晚吃白飯，我可受不了。

【吃白食】
不務正業、騙吃騙喝爲生。例這個吃白食的光棍咱可惹不起，快設法把他打發出去工作吧！

【吃閉門羹】
比喻被人拒之門外。例得知廠長今天休息在家，一些人紛紛前去送禮套交情，沒想到個個吃了閉門羹。

【吃癟子】
受挫折，爲難，碰釘子。例要辦執照，你可不能得罪他，要不他會叫你吃癟子。

【吃菠蘿問酸甜——明知故問】
比喻明明知道，卻故意問人。例這筆交易必須在限期以內完成，你卻吃菠蘿問酸甜——明知故問，絕對不能拖延，違者嚴懲不貸。

【吃不飽】
比喻任務不足，不能滿足需要。例現在許多工廠任務少，吃不飽。我們要利用這段休閒時間，加强職工教育，提高工人素質，同時抓產品更新換代，爭取自己找飯吃。

【吃不開】
①比喻不受歡迎。例想當年她唱紅歌壇，到哪兒都有人捧場。現在人老了，嗓子也倒了，到哪兒也吃不開了。②比喻行不通。例別翻你那老黃曆啦，你那套老辦法早就吃不開了！

【吃不了包著走】
見「吃不了兜著走」。

【吃不了兜著走】
比喻擔待不了，不下了台或苦頭吃不消。《紅樓夢》六三回：「他兩個雖小，到底是姨娘家；你太眼裏沒有奶奶了！回來告訴爺，你吃不兜著走。」也作「吃不了包著走」。《金瓶梅詞話》一三回：「你安下人摽住他漢子在院裏過夜，這裏要他老婆，我教你吃不了包著走。」

【吃不窮，穿不窮，打算不到就受窮】
比喻過日子要有安排，有計畫。例「吃不窮，穿不窮，打算不到就受窮」，這話有道理。居家過日子就要量入爲出，精打細算，否則就要寅吃卯糧了。

【吃不透】
比喻不理解，或理解不深。例這位首長的講話，我怎麼也吃不透，你能給我講解嗎？

【吃不著羊肉，反惹得一身的膻氣】
比喻事情沒辦成，反而招來別人的怨恨或意見。《續孽海花》五〇回：「你們倆不必去鬧意見，也不必去鬧虛文客套，再把進行的事情細細研究一下，這是關係很大的。不要吃不著羊肉，反惹得一身的膻氣。」

【吃不住】
受不了，頂不住。例上面給他們的壓力夠大了，我們就不能再加碼了，眼看他們要吃不住了。也作「吃不消」。例這會要是老沒完沒了地開下去，我這腰可眞吃不消了。

【吃不準】
摸不準情況，沒有把握。例這事能不能替你辦成我還吃不準，不過我已經盡了力了。

【吃蒼蠅】
比喻受埋怨而陷入尷尬境地，像吃了蒼蠅一樣難受。例老王到現在還沒來，這次談判還靠他當主角吶！這一下倒好，我們又得吃蒼蠅！

【吃曹操的飯，幹劉備的事——吃裏爬外】
《三國演義》中的故事：漢獻帝建安五年，曹操攻打徐州，劉備兵敗逃亡，關羽爲保護劉備眷屬暫屈曹營，但仍念念不忘劉備，千方百計攜劉備眷屬逃歸劉備。比喻受著一方的好處，暗地裏卻爲另一方盡力，幹著對這一方不利的事。例公司經理指摘他吃曹操的飯幹劉備的事——吃裏爬外，把公司的利益出賣給工廠了。也作「吳三桂引清兵——吃裏爬外」、「紅眼老鼠出油缸——吃裏爬外」。

【吃曹操的飯，幹劉備的事——人在心不在】
①比喻工作不安心或學習不專心。例到了這兒就要好好幹，不要吃曹操的飯，幹劉備的事——人在心不在。②比喻虛情假意。例吳長海過去幹過僞事，別看他現在表現挺積極，恐怕是吃曹操的飯，幹劉備的事——人在心不在，你們千萬要注意點。也作「强拉媳婦成親——人在心不在」。

【吃穿用度】
用度：費用。吃的穿的及各種生活費用。《紅樓夢》三回：「他近日所見的這幾個三等的僕婦，吃穿用度，已是不凡。」

【吃刺扎嗓子——自找】
見「打腫臉充胖子——自找罪受」。
【吃醋拈酸】
多指在男女關係上產生嫉妒情緒。明・王錂《春蕪記・宴賞》：「奴家生得好儀容，月殿姮娥也賽不過儂。嘴兒搽得紅，眉兒畫得濃，只要吃醋拈酸打老公。」
【吃醋爭風】
吃醋：產生嫉妒情緒（多指在男女關係上）；爭風：爭鬥。在男女關係上因嫉妒而爭鬥。例熱戀中的男女朋友，吃醋爭風，是時有所聞的事。也作「爭風吃醋」。
【吃錯藥】
比喻做事糊塗，不講道理。例剛才你不是說得好好的嘛。怎麼說翻臉就翻臉啦？別是吃錯藥了吧？
【吃大鍋飯】
大鍋飯：許多人一起吃一個鍋的飯。比喻不按勞取酬，幹好幹壞一個樣。例我們應該堅持按勞分配的原則，不搞吃大鍋飯。
【吃大戶】
舊時遇荒年，飢民成羣結夥到地主富豪家吃飯或奪取糧食，謂之吃大戶。後也指侵吞集體財產的行爲。例跟會要小心，先摸清楚會頭的底細，免得讓他吃大戶捲款潛逃，可就得不償失了。
【吃得耳朵都動——味道好極了】
形容某種食物特別好吃。例新疆的羊肉串眞好，保證你吃得耳朵都動——味道好極了，不信，可以試一試。也作「吃得耳朵都動——味道好爽」。
【吃得開】
比喻行得通、受歡迎。例別看他那一套在咱們這兒吃不開，在他家卻很吃得開哩！
【吃得苦中苦，方爲人上人】
謂只有特別刻苦努力的人，才能功成名就或獲得出衆的才能，而爲大家所尊敬。《官場現形記》一回：「這才合了俗語說一句話，叫做『吃得苦中苦，方爲人上人』……不是你老人家一番閱歷，也不能說得如此親切有味。」
【吃得虧，做一堆】
能吃虧，才能和睦相處。清・林伯桐《古諺箋》：「吃得虧，做一堆。」箋曰：「吃得虧，存恩也。常見人之不是，不能同處也。」
【吃的不是河水——何必管這麼多】
根據俗話「吃河水長大的，管得寬」之說引申而來。比喻不該多管閒事。例吃的不是河水——何必管這麼多的說法不對，豈有見死不救之理。
【吃的河水，管得寬】
諷刺愛管閒事。例你是吃的河水，管得寬。自己家裏的事還沒管好，倒來指手劃腳，亂說亂講，也不找面鏡子照照。
【吃的鹹鹽眞不少——淨管閒（鹹）事】
閒：「鹹」的諧音。比喻光過問與自己不相干的事。例別人穿件花衣服，你也大驚小怪，眞是吃的鹽眞不少——淨管閒（鹹）事。也作「鹽場的伙計——盡管閒（鹹）事」。
【吃燈草放屁——輕巧】
燈草：燈心草的莖的中心部分，用做油燈的燈心，非常輕。比喻不知輕重高低，把事情或問題看得太簡單、太容易。例你把這項繁重的任務說得如此簡單，眞是吃燈草放屁——輕巧。
【吃等食】
比喻等吃現成飯。例咱們快自己動手吧！想吃等食可不成！
【吃地面兒】
指地痞流氓在地方上稱王稱霸，以敲詐勒索爲生。例這幫流氓惡棍無惡不作，吃地面兒，令當地的居民深惡痛絕。
【吃地皮】
指靠買賣房地產或靠房租生活。例他們家原是吃地皮的出身，對做買賣並不陌生。
【吃釘子】
比喻遭到拒絕或受斥責。例這時候去向他要錢？肯定讓你吃釘子。
【吃定心丸】
定心丸：治心悸、心動過速的中藥丸。比喻得到許諾或安慰，思想情緒穩定。例聽了你這麼一分析，我可就吃定心丸啦，光等著住新房。
【吃豆腐】
①比喻逗樂、調情、尋開心。例這人老沒正經，就愛吃豆腐。②比喻軟弱無能。例你別欺他忠厚老實，惹急了，他也不是吃豆腐的。
【吃獨食】
比喻獨占好處或利益。例這人占有欲强，什麼都吃獨食，沒人願意與他共事。
【吃斷根菜——一回過】
斷根：連根拔掉，不留種。比喻一次做絕，不圖第二次。有時也指做事乾脆、徹底。例做生意應該與顧客搞好關係，不能吃斷根菜——一回過。也作「殺雞要蛋，乾塘打魚——一回過」。
【吃飯不知飢飽】
謂不懂爲人處世的道理或生活的艱難。《後水滸傳》二回：「你這個吃飯不知飢飽的，倒會說大話，怪不得恃强打壞了人家兒子。」
【吃飯防噎，走路防跌】
比喻要謹愼處事，防止發生意外。《水滸傳》一〇回：「林沖聽了大驚道：『這三十歲的正是陸虞侯。那潑賤賊，敢來這裏害我！休要撞著我，只敎骨肉爲泥！』李小二道：『只要提防他便了，豈不聞古人言：吃飯防噎，走路防跌」。也作「吃飯防噎，行路防跌」。
【吃飯館，住旅店——啥事不管】
見「甩手掌櫃——啥事不管」。
【吃飯舔碗邊——窮相畢露】

比喻貧窮可憐的樣子完全顯露出來。例我們不隱諱自己的窮，但是，窮要窮得有志氣，吃飯舔碗邊——窮相畢露，有損人格，我們可不做。也作「桌子縫裏舔芝麻——窮相畢露」。

【吃蜂蜜說好話——甜言蜜語】
見「口含蜂蜜——甜言蜜語」。

【吃乾飯】
比喻什麼也不去做或不會做。例可笑你還當過會計員，連個利息都不會算，純粹是個吃乾飯的！

【吃隔了年的陳醋】
比喻不聽陳詞濫調。錢鍾書《圍城》八：「她嫌不夠，鴻漸像被强盜拷打招供資產的財主，又陸續吐露些。她還嫌不詳細，說：『你這人眞不爽快！我會吃這種隔了年的陳醋嗎？』」

【吃瓜莫吃蒂，做官莫作卑】
卑：低下。謂做官就要做大官，不可做小官。明·全懷玉《望雲記》一九齣：「吃瓜莫吃蒂，做官莫作卑；瓜蒂十分苦，官卑萬樣虧。」

【吃寡醋】
比喻毫無理由的妒忌情緒。例他和女秘書同進同出，完全是工作需要，你竟然吃寡醋，太可笑了。

【吃掛落兒】
指受牽連。例你再不懸崖勒馬，誰也救不了你不說，家裏還要跟你吃掛落兒。也作「吃瓜絡」、「吃鍋烙」。

【吃掛誤】
受連累，被貽誤之意。例你既然同他們合夥做生意，就不能怕吃掛誤，所謂有福同享，有難同當嘛！

【吃官司】
指被控告、受處罰或關在監獄裏。例①他正在吃官司，這個事就不要找他了。②這小子把吃官司當兒戲，等到銀鐺下獄，才清醒過來。

【吃慣屎的狗，不知糞臭】
比喻在壞人堆裏混久了，不能分辨好壞。例眞是「吃慣屎的狗，不知糞臭」，他的父母給他講了許多道理，他仍然對那個小團伙下不了決裂的決心。

【吃過午飯打更——爲時過早】
打更：舊時把一夜分爲五更，每到一更，巡夜的人打梆子或敲鑼報時，叫打更。吃過午飯離巡夜打更還有一段時間。比喻離行動的時間尚早。例你到公司工作沒幾天，就想當主管，根據我們的條件，是吃過午飯打更——爲時過早。也作「正月裏穿單衣——爲時過早」。

【吃喝拉撒睡，紙筆墨硯鐙】
鐙：ㄉㄥˋ，馬鐙，掛在馬鞍子兩旁的鐵製腳踏。謂人的日常活動。《兒女英雄傳》三四回：「那號舍，立起來直不得腰，臥下去伸不開腿；吃喝拉撒睡，紙筆墨硯鐙，都在這塊地方。」

【吃喝玩樂】
指無所事事，一味追求各種物質享受。老舍《上任》：「吃喝玩樂的慣了，再天天啃窩窩頭？受不了。」

【吃河水長大的——管得寬】
也作「吃的河水——管的寬」、「吃海水長大的——管得寬」。見「和尚訓道士——管得寬」。

【吃黑棗】
黑棗：指槍彈。比喻被槍殺。例這羣亡命徒無惡不作，終於落入法網，有的判了有期徒刑坐牢，有的判了死刑吃黑棗，羣衆拍手稱快。

【吃後悔藥】
指事後懊悔。例我是「好漢做事好漢當」，從不吃後悔藥。

【吃回頭草】
做完事後悔恨，比喻再去做曾被自己放棄過的事情。例我既然調這兒來了，就準備安家落戶，我是絕不吃回頭草的。

【吃幾碗乾飯】
指有多大本事。常用作反語。例你才練了幾天拳腳，就敢尋釁動手！你還知道自己能吃幾碗乾飯嗎？

【吃酒不言公務事】
衆人聚飲時莫談公事。《說岳全傳》四八回：「今日奉屈，不過爲昔日之情，聚談聚談。古云：『吃酒不言公務事。』非是爲兄的阻攔賢弟之口，因我帳下皆是忠義之將，恐有唐突，倒是愚兄的不是了。」

【吃酒圖醉，放債圖利】
謂人辦事都有所圖謀，不得利的事不會做。明·范受益《尋親記》六齣：「〔旦〕他道利錢並不收。〔生〕自古道：『吃酒圖醉，放債圖利。』那有不要利錢的？」也作「吃酒的望醉，放債的圖利」。

【吃糠咽菜】
菜：野菜。吃穀糠和野菜。形容生活貧困。例過去，我家生活很苦，一年到頭吃糠咽菜。

【吃苦耐勞】
耐勞：禁得起勞累。指人肯於吃苦，不怕勞累。朱自清《新中國在望中》：「新中國雖然已在望中，可是得吃苦耐勞，才能到我們手裏。」

【吃苦頭】
指遭受痛苦、折磨。例要想練出眞本事，先得準備吃苦頭。

【吃苦在前，享受在後】
吃苦在別人前面，享受在別人後面。例我們要發揚那種「吃苦在前，享受在後」、「先天下之憂而憂，後天下之樂而樂」的精神。也作「吃苦在先」。例父母爲家庭的付出，處處吃苦在先，看著小孩享用，心裏也舒坦。

【吃苦在先】
見「吃苦在前，享受在後」。

【吃寬心丸】
寬心丸：喻安慰人的話。給人以安慰。老舍《神拳》一幕：「二叔，你可眞會給自己寬心丸兒吃！唉！說的好聽，傳教是爲勸善行好，可怎麼霸占咱們的地，還放閻王債呢？」

【吃辣的送海椒，吃甜的送蛋糕

——投其所好】
海椒：〈方〉辣椒。見「爛肉餵蒼蠅——投其所好」。

【吃老本】
老本：最初、最老的本錢，喻原有的資歷、成績、能力等。比喻只靠原有的資歷、本事工作，沒有新的成就貢獻。例我們都忙於應付手頭的工作，根本沒時間進修、學習，只有靠吃老本過日子。

【吃了豹子膽——好大的膽子】
見「餓狼口裏奪脆骨——好大的膽子」。

【吃了豹子心肝熊的膽】
比喻膽子大，無所畏懼。也作「吃了虎心豹膽」。

【吃了扁擔——橫了心】
比喻決心很大，不顧一切。例這個輸紅了眼的賭徒，吃了扁擔——橫了心，把房屋、土地都典當了，企圖用以作爲撈本的賭注。也作「吃了扁擔——橫了腸子」、「跳河閉眼睛——橫了心」。

【吃了秤砣——鐵了心】
心硬似鐵，不爲感情或言語所動。比喻主意已定，不可改變。例咱們是吃了秤砣——鐵了心的！無論是誰，拿刀攔不住咱們，端個金山也收買不了咱們！也作「烏龜吞秤砣——鐵了心」、「烏龜吃秤錘——鐵了心」、「王八吃秤砣——鐵了心」。

【吃了對門謝隔壁——不當】
比喻不恰當，不對頭或不正確。例昨天你母親病倒，是小紅把她送進醫院的，你怎麼來感謝我！這實在是吃了對門謝隔壁——不當。也作「吃了對門謝隔壁——弄差了」。

【吃了對門謝隔壁——暈頭轉向】
見「狗戴沙罐——暈頭轉向」。

【吃了二十五隻老鼠——百爪撓心】
見「生吞蜈蚣——百爪撓心」。

【吃了飯不挺屍，肚裏沒板脂】
挺尸：身子躺直睡下；板脂：脂肪。謂飯後睡一覺，才能身體好。《西遊記》九四回：「沙僧笑道：『二哥忒沒修養。這氣飽飫，如何睡覺？』八戒道：『你那裏知，俗語云：『吃了飯不挺屍，肚裏沒板脂』哩！』」

【吃了麩子糟了麵——省的沒有費的多】
比喻節省下來的抵不上浪費的。例時間就是金錢，花幾天功夫撿回來點破爛，實在是吃了麩子糟了麵——省的沒有費的多。

【吃了耗子藥——盡搬家】
比喻經常挪動地方。例呵，你一年搬了三次家，眞是吃了耗子藥——盡搬家。

【吃了河豚，百樣無味】
河豚：魨的一種，肉味鮮美，但肝臟、生殖腺、血液有毒。比喻得到了最好的，其他的都不在話下。《孽海花》二一回：「俗話說得好：『吃了河豚，百樣無味』。若是做上了河道，也是百官無味的了。」

【吃了雞下巴——愛答嘴】
答嘴：〈方〉接著別人的話說話，也作「搭嘴」。俗語有「接雞下巴」之說。比喻喜歡插別人的話。例你眞是吃了雞下巴——愛答嘴，我的話還沒說完哩！等我說完後你再說好不好？

【吃了橘子忘了洞庭山】
洞庭山：在太湖中，盛產橘子。比喻事過後就忘了本。《品花寶鑑》五一回：「二喜瞅了他一眼道：『好良心！吃了橘子忘了洞庭山了。』」

【吃了醪糟穿皮襖——周身都熱火了】
醪糟：糯米加酒麴釀造的食品，水分多，有酒味，也叫江米酒；熱火：熱，發熱。吃了醪糟後發熱，再穿皮襖，就更加熱了。比喻感到非常溫暖。例對你們的關懷和慰問，我們災民就像吃了醪糟穿皮襖——周身都熱火了。也作「吃了甜酒穿皮襖——周身都熱火了」、「圍著火爐喝白乾——周身火熱」。

【吃了靈芝草——長生不老】
靈芝草：蕈的一種，菌蓋腎臟形，中醫入藥，有滋補作用。吃靈芝草可以長生不老是神話傳說。比喻永遠年輕。例呵，二十年沒見，你還是老樣子，眞是吃了靈芝草——長生不老啊！

【吃了蒙汗藥——動彈不得】
蒙汗藥：舊戲曲小說中指能使人暫時失去知覺的藥。比喻受到束縛和限制。例公司規定了這麼多的條條框框，我們這些實際工作的人，就像吃了蒙汗藥——動彈不得。也作「烏龜肚子朝天——動彈不得」。

【吃了磨刀水的——秀（銹）氣在內】
磨刀水裏有刀銹，喝了磨刀水，肚裏便有「銹氣」。秀：「銹」的諧音。比喻外表雖然粗俗，內心卻很聰慧，有眞實本領。例別看這個孩子膀大腰圓的，他可是吃了磨刀水的——秀（銹）氣在內哩！也作「豬八戒喝了磨刀水——心裏秀（銹）」。

【吃了木炭——黑了心腸】
雙關語。比喻陰險狠毒，做出昧良心的事。例我們辦的是慈善事業，那種吃了木炭——黑了心腸的人是不能來參加工作的。也作「吃了火炭——黑了心腸」、「吃了木炭——黑了良心」、「口吞墨水——黑了心」、「蠶豆開花——黑了心」。

【吃了砒霜藥老虎】
比喻辦事不計後果，十分愚蠢。清·翟灝《通俗編·識餘》：「古籍之語，今多有祖其意而變其文者……《抱朴子》：『食毒中蚤虱，則愚甚也。』今變之曰：吃了砒霜藥老虎。」

【吃了人嘴短，拿了人手軟】
比喻吃請受賄就不能理直氣壯地辦事。例他看了看同事送的禮物，腦子裏想起「吃了人嘴短，拿了人手軟」

的一句話，就委婉的拒絕了。也作「吃了人家的嘴軟，拿了人家的手軟」、「吃人嘴軟，拿人手短」。

【吃了三碗紅豆飯——滿肚子相思】

紅豆：也叫「相思子」，文學作品中常用它作爲互相思念的象徵。比喻非常思戀。例新郎出國之後，新娘就像吃了碗紅豆飯——滿肚子相思，日夜盼望他早日歸來。

【吃了算盤珠——心中有數】

比喻對事情心裏有底，或有所打算。例對這件事的來龍去脈，她就像吃了算盤珠——心中有數，你騙不了她。也作「吃了算盤珠——肚裏有數」、「口呑賬本——心中有數」、「啞巴吃餃子——心中有數」、「瞎子吃湯圓——心裏有數」、「管家婆的雞蛋——有數」、「一肚子加減乘除——心中有數」。

【吃了五穀思六穀】

五穀：五種穀物，說法有二：①麻、菽、麥、稷、黍；②黍、稷、菽、麥、稻。後成爲穀物的統稱；六穀：五穀之外，加菰（菰米）。形容貪欲無止境。明・楊珽《龍膏記》二八齣：「好笑人心忒不足，吃了五穀思六穀。」也作「吃了五穀想六穀，做了皇帝想登仙」。

【吃了西瓜喝涼水——冷冰冰】

形容態度冷漠。例她對人一向像吃了西瓜喝涼水——冷冰冰，你別見怪。也作「菩薩的心——冷冰冰」。

【吃了一盒回形針——滿肚子委屈（曲）】

屈：「曲」的諧音。比喻受到不應有的指責或待遇。例弟弟打破了茶壺，媽媽卻把她大罵一頓，她好像吃了一盒回形針——滿肚子委屈（曲）。

【吃了芋頭不下肚——頂心頂肺】

芋頭：多年生草本植物，塊莖橢圓形或卵形，含澱粉很多，供食用；頂：抵住。比喻心中忿忿不平，忍受不了。例他感到對方處處都比自己強，好像吃了芋頭不下肚——頂心頂肺，就產生了搗亂、破壞的邪念。

【吃裏爬外】

享受著這一方的好處，暗地裏卻爲另一方效勞。程道一《消閒演義》：「噯，朝臣都不一心，總是吃裏爬外，恐怕將來鬧糟了算呀！」

【吃力不討好】

費了很大力氣，也還是收不到好的效果。形容工作難度大或好心不得好報。《二十年目睹之怪現狀》一八回：「有了錢，與其這樣化的吃力不討好，我倒不如拿來孝敬點給叔公了。」

【吃糧不管事】

只管吃飯，不辦事。例整天東遊西蕩，吃糧不管事，這哪裏像個人民的公僕？

【吃柳條，拉筐子——肚子裏編】

拉：俗稱排泄。比喻無根據地編造。例「他這些調查材料是哪裏來的，我們怎麼一點也不知道？」「這不明白，吃柳條，拉筐子——肚子裏編。」也作「吃柳條子抓笊籬——肚裏編的」、「吃柳條屙笊籬——在肚裏現編的」、「王八吃柳條子——嘴能編」。

【吃麻油唱曲子——油腔滑調】

麻油：芝麻油，也叫香油。形容語言輕浮油滑，不眞誠。例這小子從來沒個正經相，說起話來就像吃麻油唱曲子——油腔滑調。

【吃貓食】

比喻吃飯不定時，吃得又少。例她是個吃貓食的，別管她，咱們接著吃，別剩下浪費了。

【吃迷魂藥】

比喻被人迷惑而昏頭昏腦做錯事。例這老頭兒怎麼這樣糊塗，竟想出這種餿主意？別是吃迷魂藥了吧？也作「吃迷魂湯」。

【吃麪條找頭子——多餘】

頭子：麪條的頂端。見「教猴子爬樹——多餘」。

【吃明不吃暗】

謂寧吃明虧，不吃暗虧。元・秦簡夫《東堂老》一折：「你孩兒商量做買賣，到那榻房裏，不要黑地裏交與他鈔。黑地裏交鈔，著人瞞過了。常言道：『吃明不吃暗』。」也作「吃的明，吃不的暗」。

【吃奶像三分】

吃誰的奶長大，就多少有點像誰。茅盾《霜葉紅似二月花》九：「他說，要人家扔下自己的孩子來餵別人的，不論怎的總不會處處留心。他又說，吃奶像三分，奶媽總是出身低微，小家氣，說不定還有暗病。」

【吃排骨】

比喻挨批評，受責備。例你花公家的錢也太大方了，小心吃排骨啊！

【吃偏飯】

比喻受到特殊照顧。例不要以爲你是老闆的朋友，就可以吃偏飯。

【吃槍藥】

比喻態度蠻橫、出言火爆。例你哪來這麼大火氣呀？說話這麼橫！是不是吃槍藥啦？

【吃敲才】

指行爲不端，遊手好閒以敲竹槓爲生的人。例我打你這吃敲才，看你還敢不敢騙吃騙喝了！

【吃秦椒長大的水晶猴子——不光刁滑，肚裏還辣】

秦椒：一種細長的辣椒。比喻人陰險狡猾，手段很毒。例這個人是吃秦椒長大的水晶猴子——不光刁滑，肚裏還辣，許多不了解他的人都深受其害。也作「吃秦椒長大的水晶猴子——外面光滑肚裏辣」。

【吃拳何似打拳時】

挨人一拳不如打人一拳痛快。宋・羅大經《鶴林玉露》卷二：「豈有己則能攻人，而人則不欲其攻己哉！諺云：『吃拳何似打拳時』。此言雖鄙，實爲至論。」

【吃人不吐骨頭】

比喻陰險毒辣，貪婪凶殘。田漢《阿Q正傳》五幕：「吳之光……那些魔鬼是吃人不吐骨頭的。你的老婆你的孩全要給他們吃了的。你快去救救他們吧。」

【吃人飯不拉人屎】

比喻表面上裝得老實，背地裏專做壞事。例有的人吃人飯不拉人屎，表面上一本正經，腦子裏盡是壞主意。稍不小心，就要上當。

【吃人家酒飯，聽人家使喚】

吃了人家的東西，受人家支配。例他才在朋友家住了幾天，就被使喚來使喚去，「吃人家酒飯，聽人家使喚」只好耐心承受，心裏另盤算著獨立租屋的事。

【吃軟不吃硬】

態度溫和的可以接受，態度強硬的予以拒絕。例他就是那種吃軟不吃硬的人，好說好依，若態度蠻橫，他可連理都不理。

【吃上辣椒屙不下——兩頭難受】

屙：排泄；不下：排泄不暢。辣椒吃多了易引起便秘。雙關語。比喻感到兩頭爲難，或兩方面哪一方面都過不去。例這樣做你不同意，那樣做他又不同意，眞是叫我吃上辣椒屙不下——兩頭難受，雙方都得罪了。

【吃燒餅掉芝麻——免不了】

比喻不可避免。例工作中的失誤，不能認爲是吃燒餅掉芝麻——免不了的，首先應從思想上查找原因。

【吃燒餅還要賠唾沫】

比喻辦什麼事都要付出一定的代價。《醒世姻緣傳》八〇回：「吃燒餅還要賠唾沫，你和人打官司，就不使個錢兒？」

【吃生活】

指受苦難、被折磨。例事情已經眞相大白，你坦白招供，還有可能從寬判決，要不然抓進去吃生活，後悔就晚了。

【吃生米】

人一般都吃熟食，只有禽獸才生吞活剝。比喻辦事爲人十分厲害不講道理，不循常規，如同禽獸一般。例碰上吃生米的，除了忍讓，就只有據理力爭，繩之以法了。

【吃生米的碰到磕生穀的——惡人遇惡人】

吃生米的：舊時江湖隱語，多指江湖上專行詐騙的歹徒。比喻壞到一塊了。例這幫傢伙糾集在一起，就像吃生米的碰到磕生穀的——惡人遇惡人，往後有熱鬧好瞧。

【吃剩飯長大的——盡出餿主意】

餿主意：壞的或不高明的主意。也作「吃餿飯長大的——出不了好主意」。見「狗頭軍師——出不了好主意」。

【吃蝨子落不下大腿】

形容對某人十分疼愛，哪怕是吃蝨子也要給他留條大腿。《三俠五義》四一回：「你老人家只是最疼愛我的，眞是吃蝨子落不下大腿，不亞如父子一般，誰不知道呢！」

【吃十方】

十方：東、西、南、北、東南、西南、東北、西北、上、下。泛指四面八方。謂什麼也不做，到處混吃混穿。《石點頭》卷三：「只說做和尙的吃十方，看這個人倒是要吃二十四方的，莫理他。」

【吃石頭拉硬屎——頑固不化】

見「花崗岩腦袋——頑固不化」。

【吃屎狗難斷吃屎路——本性難移】

見「狗走千里吃屎——本性難移」。

【吃柿子——挑軟的】

也作「吃柿子——揀軟的捏」。見「老太太吃桃子——揀軟的捜」。

【吃水忘源】

喝水時忘了水的源頭。比喻人在處於優越條件時忘記了其所由來。《春柳鶯》九回：「我今日雖非拋桃尋棗之境，卻作了吃水忘源之事了。」也作「飲水忘源」。

【吃順不吃强】

强：固執，倔强。喜歡別人恭敬柔順，不喜歡別人强硬固執。《小五義》三二回：「媽媽一見鳳仙說話恭敬，人品又端方，說：『我這個人吃順不吃强。有了你這話，哪怕我的屋子讓與你，我都願意。』」也作「吃軟不吃硬」。

【吃死飯】

比喻不從事工作生產增加收入，光吃喝耗費。例那一家子就會吃死飯，那還不坐吃山空嗎？

【吃死老公睡塌床——懶婆娘】

老公：〈方〉丈夫；婆娘：已婚婦女。泛指好吃懶做的、不勤快的婦女。例哼，孫二嫂，吃死老公睡塌床——懶婆娘，還能當婦女會會長？

【吃太平飯】

指過安靜、和平的生活。例這一對小冤家總算分家另過了，咱老兩口兒可以吃太平飯了。

【吃天鵝肉】

比喻辦不到的事。《老殘遊記·附錄》六回：「夫人道：『別想吃天鵝肉了，大約世界上沒有能中他意的了。』」

【吃甜頭】

比喻占了便宜、得到好處。《七俠五義》三三回：「雨墨道：『這個得了！他是吃甜頭。但只一件，我們出錢，他出主意，未免太冤。』」

【吃瓦片】

指靠出租房屋爲生。例他們家原是吃瓦片的，後來破敗了，才開始做點小買賣。

【吃西瓜】

地雷狀似西瓜。指踩中地雷。例抗日那會兒，游擊隊可沒少讓鬼子吃西瓜。

【吃稀飯泡米湯——親（清）上加親（清）】

親：「清」的諧音。雙關語。比喻親戚間的聯姻。有時也泛指關係非常密切。例他奉父母之命，同表妹結婚，據說這是吃稀飯泡米湯——親（清）上加親（清）。也作「**甜酒裏兌水——親（清）上加親（清）**」、「**稀飯泡米湯——親(清)上加親(清)**」。

【吃閒飯】
指無業、失業，沒有工作。例朱師傅退休後，不願在家吃閒飯，還是工作去了。

【吃閒話】
指遭人諷刺挖苦或受人指責。例我就不怕吃閒話，只要不是當面說的話，我只當沒聽見。

【吃鹹魚蘸醬油——多此一舉】
見「白天點燈——多此一舉」。

【吃現成飯】
比喻坐享其成。例等吃現成飯的人太多，要是人人都等著不動手，這現成飯又從哪裏來呢？也作「**吃現成**」。例咱可不是那種吃現成的人。

【吃香的，喝辣的】
形容生活優越，吃好喝好。例最近股市大漲，小陳所投資的股票，讓他大賺一筆，近來天天吃香的，喝辣的，好不快樂啊！也作「**吃香喝辣**」。

【吃小灶】
小灶：指中國大陸集體伙食中最豐盛的菜色。比喻享受特殊待遇。例他雖然是吃小灶的，學業成績卻恰成反比，老是吊車尾。

【吃鴨蛋】
比喻考試成績得零分。例小學生上課不聽講，下課又總貪玩，考試一定沒少吃鴨蛋。

【吃啞巴虧】
吃了虧不敢聲張或無處申訴。老舍《四世同堂．惶惑》六：「小崔一點也不怕他，不過心中可有點不大好受，因為他知道假若大赤包眞動手，他就免不了吃啞巴虧。」

【吃眼前虧】
比喻馬上、現在就會受損失。例為長遠著想，就不要怕吃眼前虧。

【吃洋飯】
指為外國人做事或出國謀生。例他爹原是在上海租界吃洋飯的，現在他又通過了「托福」，馬上就要到美國留學去了。

【吃藥不瞞郎中】
郎中：醫生。比喻對有所求的人要講眞話。《蕩寇志》九九回：「烏何有坐在王三上首，便將兩臂撲在茶几上，對王三耳朵悄悄的從頭至尾說個明白，又道：『吃藥不瞞郎中，這些都是實情，總要先生做主。』」

【吃藥用個冰糖引兒——有苦也有甜】
引兒：中藥藥劑中另加的一些藥物，也叫藥引子。比喻生活中有煩惱，也有歡樂。例高中三年，就像吃藥用個冰糖引兒——有苦也有甜，值得回憶的東西不少。

【吃夜草】
比喻背著人兼職撈取外快。例現如今有幾個不吃夜草的？物價波動這麼大，不吃夜草不夠開支呀！

【吃一行，怨一行】
謂對自己所從事的行業不滿意。例人就是這樣，吃一行，怨一行，永遠不滿足現狀。

【吃一塹，長一智】
塹：壕溝，引申為挫折。受一次挫折，長一分見識。明．王陽明《與薛尚謙》：「經一蹶者長一智，今日之失，未必不為後日之得。」

【吃衣著飯】
著：穿。指生活上的反常安排。也比喻怪異的醫療方法。清．潘永因《宋稗類鈔》：「米穀登場，則去米製衣，及至後來糧竭，便典衣而食，謂之著飯吃衣。或傳食絹方為神仙上藥；又寒疾者蓋稻席常癒。人嘲曰：『君吃衣著飯，大是奇方。』」

【吃螢火蟲——肚裏明白】
見「雞吃放光蟲——肚裏明」。

【吃贏不吃輸】
比喻好勝心强。例好勝心强不是壞事，但是若人人一味只追求吃贏不吃輸，社會上的紛爭就不斷。

【吃硬不吃軟】
態度强硬才起作用，態度軟弱不起作用。

【吃魚不吐骨頭——帶刺兒】
比喻說話尖刻或諷刺。例王小明吃魚不吐骨頭——帶刺兒，說起話來誰都受不了。

【吃冤枉飯】
比喻不會幹活沒有本事。例這些吃冤枉飯的傢伙留他們做什麼？趁早讓他們散了吧！

【吃著甘蔗爬梯田——一磴比一磴高，一節比一節甜】
磴：石頭台階。見「吃著甘蔗上台階——步步高，節節甜」。

【吃著甘蔗上台階——步步高，節節甜】
吃甘蔗一節比一節甜，上台階一步比一步高。比喻人的境況或社會地位不斷上升，生活越來越幸福美滿。例受苦受難的陳伯伯一家人苦盡甘來，他們的確是吃著甘蔗上台階——步步高，節節甜。也作「**吃著甘蔗爬梯田——一磴比一磴高，一節比一節甜**」、「**登著梯子吃甘蔗——步步高，節節甜**」。

【吃著生薑喝著醋——從酸辣中過來的】
比喻經歷過辛酸痛苦。例這些人來，我們也是吃著生薑喝著醋——酸辣中過來的，對你們的痛苦，深深理解。

【吃著碗裏，看著鍋裏】
形容貪得無厭的樣子。《金瓶梅詞話》七二回：「罷么，你還哄我哩。你那吃著碗裏，看著鍋裏的心兒，你說我不知道嗎？」也作「**吃著碗裏，瞧著鍋裏**」。

【吃著朝頓無夜頓】

形容生活困難，有早飯無晚飯。《何典》五回：「雌鬼是做過財主婆的，向常錢在手頭，食在口頭，穿軟著軟，呼女使婢慣的，如今弄得吃著朝頓無夜頓，怎受得這等淒涼？」

【吃著滋味，賣盡田地】

貪吃美味食物，把田地都賣光了。《何典》六回：「倒弄得吃只兜弗盡。正是：吃著滋味，賣盡田地。」

【吃著自己的飯，替人家趕獐子】

獐：獸名，似鹿而比鹿小，沒有角。謂白白爲別人做事。《紅樓夢》一〇一回：「我可不『吃著自己的飯，替人家趕獐子』呢！我這裏一大堆的事，沒個動秤兒的，沒來由爲人家的事，瞎鬧了這些日子。」

【吃紂王俸祿，不說紂王無道】

紂王：商朝末代君主。比喻袒護自己的主人。例他是因爲吃紂王俸祿，不說紂王無道，你和他談論，就別想談出個公正的道理了。

【吃豬血屙黑屎——當面見效】

比喻效果明顯。例針灸止痛眞靈，就像吃豬血屙黑屎——當面見效。也作「打針拔火罐——當面見效」。

【吃豬血屙黑屎——往後見效】

比喻不久將見到功效，或得到效果。例建資料庫確實花了不少人力和錢財，不過你儘管放心，正像俗話說的吃豬血屙黑屎——往後見效哩！

【吃著不盡】

吃不完，穿不盡。形容生活條件憂裕。宋・魏泰《東軒筆錄》卷一四：「中山劉子儀爲翰林學士，戲語之曰：『狀元試三場，一生吃著不盡。』沂公正色答曰：『曾平生之志，不在溫飽。』」

【吃子孫飯】

比喻做事不爲後人著想，累及子孫。例人們不保護植被，對森林濫砍濫伐，這是吃了祖宗飯，又吃子孫飯啊！也作「吃兒孫飯」。

【吃自來食】

比喻不勞而獲。例他在家裏什麼事也不幹！掃帚倒了都不扶，就會等著吃自來食。

【吃罪不起】

承受不起罪責。例我可不敢騎車帶你，萬一把你摔了，我可吃罪不起。

【吃罪不輕】

承受了很重的罪責。例他把老廠長撞傷了，這下可吃罪不輕。

【絺句繪章】

見「摛藻雕章」。

【絺章繪句】

見「摛藻雕章」。

【笞杖徒流】

笞：用竹板或荊條打人的刑罰；杖：用木棍打人的刑罰；徒：徒刑，即服勞役；流：流刑，即流放充軍。指舊時死刑以外的四種刑罰。泛指因罪受刑。元・喬孟符《金錢記》三折：「本是些風花雪月，都做了笞杖徒流。」

【鴟目虎吻】

鴟：鷂鷹，一種猛禽；吻：嘴唇。鷹一樣的眼，虎一樣的嘴。形容相貌凶狠。《漢書・王莽傳》：「或問以莽形貌，待詔曰：『莽所謂鴟目虎吻豺狼之聲者也，故能食人，亦當爲人所食。』」

【鴟鴉嗜鼠】

嗜：非常喜歡；鴟鴉：貓頭鷹、烏鴉之類的鳥。貓頭鷹、烏鴉之類的鳥最愛吃老鼠。語本《莊子・齊物論》：「民食芻豢，麋鹿食薦，蝍且甘帶，鴟鴉嗜鼠，四者孰知正味。」後比喻人品各異，愛好也大不相同。例別人養鳥，養畫眉，他偏養了一隻烏鴉，還當成寶貝，眞可謂鴟鴉嗜鼠，各有所好了。

【摛翰振藻】

摛：舒展；翰：毛筆，引申指文詞；振：揮動，抒發；藻：詞藻。充分施展文才，激揚文字。《南齊書・丘巨源傳》：「又爾時顚沛，普喚文士，黃門中書，靡不畢集，摛翰振藻，非爲乏人。」也作「摛文掞藻」。掞：鋪陳。南朝齊・謝朓《齊敬皇后策文》：「托乘同舟，連輿接席，摛文掞藻，飛觴泛醳。」

【摛文掞藻】

見「摛翰振藻」。

【摛藻雕章】

舖張辭藻，雕琢章句。指刻意修飾辭句，增添文采。唐・楊炯《〈王勃集〉序》：「君以爲摛藻雕章，研幾之餘事；知來藏往，探賾之所宗。」也作「摛章繪句」。繪：修飾。宋・王讜《唐語林・文學》：「當時輕薄之徒，摛章繪句，聱牙崛奇，譏諷時事，爾後鼓扇名聲，謂之『元和體』。」也作「絺章繪句」。絺：細葛布，指像織細葛布一樣組織。宋・魏了翁《鎭江府教授徐君墓志》：「士之學道，貴於自得，豈徒以絺章繪句爲事。」也作「絺句繪章」。《新唐書・文藝傳・上・序》：「高祖、太宗大難始夷，沿江左餘風，絺句繪章，揣合低卬；故王〔勃〕、楊〔炯〕爲之伯。」

【摛章繪句】

見「摛藻雕章」。

【嗤纓子】

比喻巴結、奉承。例一級薪資不就多幾千塊錢嗎？你爲加點薪資就去嗤纓子低三下四，太不值得了！

【嗤之以鼻】

嗤；譏笑。用鼻吭氣，表示非常看不起。梁啓超《與上海某某等報館主筆書》：「吾知公等聞吾此言，必嗤之以鼻。」

【痴呆懵懂】

懵懂：糊塗；不明事理。形容人資質低下，愚蠢無知。元・無名氏《誶范叔》一折：「倒不如痴呆懵懂，甘守著陋巷的這簞瓢。」

【痴兒騃女】

騃：ㄞˇ，愚，呆。指天眞無知的少男少女。宋・宋自遜《賀新郎・七夕》詞：「巧拙豈關今夕事，奈痴兒騃女流傳謬。」也作「痴男騃女」。唐・無名氏《分柑子歌示諸小》：「痴男騃女愁殺人，偏呼小者大者嗔。」也作「痴兒嬌女」。清・黃景仁《踏莎行・十六夜憶內》詞：「今夜蘭閨，痴兒嬌女，那知阿母銷魂極。」

【痴兒嬌女】

見「痴兒騃女」。

【痴肥臃腫】

形容肥胖得很難看。例我這痴肥臃腫的樣子，哪個女人看得上呀？

【痴男騃女】

見「痴兒騃女」。

【痴男怨女】

指沉迷於戀情之中不能自拔的男女。《花月痕》四三回：「因數十年前，誤辦一宗公案，害許多痴男怨女，都湮埋在這恨水愁山，泉淚冤海。」

【痴貓等死鼠】

比喻不調查研究，一味等死。例你都被別人誣賴偷竊了，還在這兒痴貓等死鼠，悶不吭聲。

【痴人痴福】

傻人有傻人的福氣。例我那二小子平常少言寡語的，可偏偏找了個好媳婦，眞是痴人痴福。

【痴人說夢】

宋・耐得翁《就日錄》：「陶淵明有云：『痴人前不可說夢，而達人前不可言命。』」指對傻人不可說夢話，因為他會信以為眞。後以「痴人說夢」諷刺他人說些不可能實現的荒唐話。《鏡花緣》一八回：「今大賢說他注的為最，甚至此書一出，羣書皆廢，何至如此？可謂痴人說夢！」

【痴人說夢——胡言亂語】

指愚昧的人說荒唐話。比喻說胡話。例他的話你可不要相信，他慣於痴人說夢——胡言亂語。也作「痴人說夢——胡說八道」、「瞎子算命——胡言亂語」。

【痴人囈語】

囈語：夢話。傻人說夢話。比喻瞎說一氣。例他說的這些話純粹是痴人囈語，毫無用處。

【痴鼠拖薑】

笨老鼠拖生薑。比喻徒勞無益。《兒女英雄傳》二二回：「按俗語說便叫做『賣盆的自尋的』；掉句文便叫做『痴鼠拖薑，春蠶自縛』。」

【痴心妄想】

痴心：沉迷不能自解的心思；妄想：虛妄而不可能實現的想法。形容一心想著毫無希望實現的事。魯迅《二十四孝圖》：「我於高興之餘，接著就是掃興……對於先前痴心妄想，想做孝子的計劃，完全絕望了」

【魑魅魍魎】

《左傳・宣公三年》：「螭魅罔兩，莫能逢之。」晉・杜預注：「螭：山神，獸形；魅：怪物；罔兩：水神。」後以「魑魅魍魎」指各種各樣的壞人。例在日趨複雜的現代社會裏，我們身邊出沒著各種魑魅魍魎的不法之人，要懂得自保才是生存之道。

ㄔˊ

【池塘邊洗藕——吃一節洗一節】

比喻事情難辦，只能走一步算一步。例如今遭逢家變，父母留下的龐大債務，我只有池塘邊洗藕——吃一節洗一節，慢慢還了。

【池塘的泥鰍——掀不起大浪】

也作「池塘的泥鰍——翻不了浪」。見「牛蹄窩裏的水——翻不了大浪」。

【池塘裏的風浪——大不了】

見「花瓶裏栽樹——大不了」。

【池塘裏的荷葉——隨風擺】

見「風車腦袋——隨風轉」。

【池塘裏的癩蛤蟆——叫起來沒有個完】

雙關語。比喻吵吵嚷嚷，沒完沒了。例這羣姑娘就像池塘裏的癩蛤蟆——叫起來沒有個完，讓人煩死了。

【池塘裏的鯉魚——沒見過大風浪】

見「深山裏的麻雀——沒見過大風浪」。

【池魚林木】

《淮南子・說山訓》：「楚王亡其猿而林木為之殘；宋君亡其珠池中魚為之殫。」後以「池魚林木」比喻無辜受牽連，遭禍害。明・沈采《千金記》二一折：「小人本非池魚林木之罪，老爹，上帝且有好生之德，公相豈無救死之心。」

【池魚籠鳥】

池中之魚，籠中之鳥。比喻被束縛而失去自由的人。晉・潘岳《秋興賦》：「譬猶池魚籠鳥，有江湖山藪之思。」

【池魚堂燕】

池中之魚，堂上之燕。比喻無辜受牽連，遭到災禍。清・孔尚仁《桃花扇・歸山》：「俺來此携琴訪友，並不曾流連夜曉，無端的池魚堂燕一時燒。」

【池魚遭殃】

見「池魚之禍」。

【池魚之禍】

《呂氏春秋・必己》：「宋桓司馬有寶珠，抵罪出亡。王使人問珠之所在，曰：『投之池中。』於是竭池而求之，無得，魚死焉。」《太平廣記》卷四六六引《風俗通》：「舊說池仲魚，人姓字也，居宋城門，城市失火，延及其家，仲魚燒死。又云：宋城門失火，人汲取池中水，以沃灌之，池中空渴，魚皆露死。」後以「池魚之禍」比喻無辜受牽連遭禍患。《二刻拍案驚奇》卷二四：「道士道：『不出三年，世運變革，地方將有兵戈大亂，不是這光景了。你快擇善地而居，免受池魚之禍。』」也作「池魚之殃」。《剪燈新話・三山福地志》：「汝宜擇地而居，否則恐預池魚之殃。」也作「池魚遭殃」。清・孫雨林《皖江血》上卷：「黨禍起中江，正士寒心，連袂長往，俺事外人也池魚遭殃。」

【池魚之殃】

見「池魚之禍」。

【池魚追火——找死】

見「耗子舔貓鼻子——找死」。

【池中撈藕——拖泥帶水】

見「泥水塘裏洗蘿蔔——拖泥帶水」。

【池中之物】

《三國志·吳書·周瑜傳》：「劉備以梟雄之姿……恐蛟龍得雲雨，終非池中物也。」後用「池中之物」比喻胸無大志，滿足於狹小天地的人。《晉書·姚興傳》：「休之既得濯鱗南翔，恐非復池中之物，可以崇禮，不宜放之。」

【遲回觀望】

遲疑不作決定，等待觀望事情的發展變化。《清史稿·李森先傳》：「上孜孜圖治，求言詔屢下；而諸臣遲回觀望者，皆以從前言事諸臣，一經懲創，服流徙永錮，相率以言爲戒耳。」

【遲暮之年】

遲暮：黃昏。指晚年。《清朝野史大觀·兩大文章》：「痛思臣母遲暮之年，不幸身嬰殘疾。」

【遲是疾，疾是遲】

遲：慢；疾：快。事情順利，雖慢也快；事情不順利，表面快，實際慢。宋·王鞏《聞見近錄》：「文定嘗曰：『事不可竟，古諺曰：遲是疾，疾是遲，斯甚有理。當其盛衰之際，不勞力而成，不勞慮而敗，理之常也。』」

【遲疑不決】

遲疑猶豫，不能做出決斷。《宋史·侯益傳》：「侯益貌順朝廷，心懷携貳。爾往至彼，如益來，即置勿向，苟遲疑不決，即以便宜從事。」也作「遲疑未決」。《三國演義》三〇回：「〔曹操〕意欲棄官渡退回許昌，遲疑未決。」

【遲疑未決】

見「遲疑不決」。

【馳騁疆場】

騎馬奔馳在戰場上。形容作戰英勇，所向無敵。例老將軍馳騁疆場幾十年，現在退休在家也不甘清閒。

【馳風掣電】

像風吹電閃一樣快速。《舊五代史·晉少帝紀》：「犯露蒙霜，度雁門之險，馳風掣電，行中冀之誅。」也作「風馳電掣」。

【馳馬試劍】

跑馬演試劍術。指講習武事。《孟子·滕文公上》：「吾他日未嘗學問，好馳馬試劍。」

【馳馬思墜】

騎馬飛奔時，要想到摔下來的危險。比喻在順利時，要對可能出現的困難和挫折有足夠的思想準備。例我們要馳馬思墜，居安思危，不能被一時的勝利沖昏頭腦。

【馳名當世】

聲名在當代傳播得很遠。晉·常璩《華陽國志·後賢志》：「莅以弟階字達芝……皆辭章燦麗，馳名當世。」也作「馳名於世」。例我國的唐三彩，馳名於世，深受各國遊客的歡迎。

【馳名天下】

指人或物的好名聲廣爲傳播，各地都知道。北魏·酈道元《水經注·涑水》：「十年之間，其息不可計，資擬王公，馳名天下。」也作「馳名中外」。中外：指國內外。例那位老將軍，鞍馬勞頓，功勛卓著，馳名中外。也作「馳譽中外」。譽：聲譽。例貴州茅台，酒味醇厚，馳譽中外。

【馳名於世】

見「馳名當世」。

【馳名中外】

見「馳名天下」。

【馳檄可定】

見「馳檄而定」。

【馳譽中外】

見「馳名天下」。

【持籌握算】

籌、算：古代計數和計算的用具。漢·枚乘《七發》：「孔、老覽觀，孟子持籌而算之，萬不失一。」原指籌劃，後稱管理財務爲「持籌握算」。《聊齋志異·雲蘿公主》：「婦持籌握算，日致豐盈，可棄仰成而已。」

【持刀動杖】

杖：木棒。拿刀動棍。指械鬥。《紅樓夢》三四回：「寶釵道：『誰鬧來著？你先持刀動杖的鬧起來，倒說別人鬧。』」

【持刀弄棒】

拿刀動棍。形容練習武藝。《野叟曝言》八八回：「小女自幼亦喜持刀弄棒。」

【持法森嚴】

森嚴：整齊嚴肅。執行法律非常嚴肅。例張院長外號「黑老包」，一貫持法森嚴，不徇私情。

【持法有恆】

堅持依法辦事並有恆心。晉·傅玄《傅子》：「傅嘏爲河南尹，治以德教爲本，然持法有恆，簡而不可犯。」

【持衡擁璇】

衡、璇：北斗七星中的二星名。比喻掌握國家權柄。《北齊書·文宣帝紀》：「昔放勛馭世，沉璧屬子；重華握歷，持衡擁璇。」

【持己端方】

端方：端正，正派。謂持身端正。例老先生一向持己端方、爲人耿直，絕不會縱容兒子去幹那樣的壞事！

【持戒見性】

佛教語，謂固守戒律，祛除妄念，見眞佛性。唐·白居易《律大德湊公塔碣銘》：「如來災後，後五百年有持戒見性者。」

【持久之計】

長久的謀略。《三國志·蜀書·法正傳》：「固守要害，爲持久之計。」

【持蠡測海】
蠡：匏，對半剖開即瓢，瓢可做舀水用具。拿瓢來測量大海。比喻見識短淺。例《紅樓夢》博大精深，你馬馬虎虎看上一遍，就說懂了，這不是持蠡測海嗎。也作「**以蠡測海**」。

【持粱刺肥】
粱：精美的主食；肥：肥肉。指享受美食佳肴。金・趙秉文《學道齋記》：「聲勢振耀，持粱刺肥，頤指氣使。」

【持祿保位】
祿：俸祿，古代官吏的薪給。只圖保持住自己的俸祿和職位。《明史・解一貫傳》：「夫朝廷有紀綱，大臣重進退，宏、璁、萼皆不可不去，宏不去，則有持祿保位之誚。」

【持祿固寵】
保住目前的祿位，鞏固上司對自己的寵信。宋・胡仔《苕溪漁隱叢話後集・本朝雜記上》：「世稱太學聚天下士，既知道理，又無持祿固寵之累，故其品藻人物，皆合公議。」

【持祿取容】
取容：取悅。保持祿位，取悅權貴。宋・秦觀《李固論》：「其大臣如張禹、孔光輩皆持祿取容，偷爲一切之計。」

【持祿養交】
爲保持住自己的祿位而去結交權貴。《管子・明法》：「小臣持祿養交，不以官爲事，故官失其能。」

【持祿養身】
保持住目前的祿位，以頤養自身爲滿足。《清史稿・熊賜履傳》：「部院臣工大率緘默瞻顧，外托老成愼重之名，內懷持祿養身之念。」

【持滿保泰】
見「持盈保泰」。

【持滿戒盈】
拿著盛滿水的器物時，警戒不要使水外溢。比喻居高位而能約束自己，不驕傲不放縱。《南齊書・豫章方獻王傳論》：「蕃輔貴盛，地實高危，持滿戒盈，鮮能全德。」

【持平之論】
公平的議論、意見，或調和折衷的言論。《官場現形記》三四回：「這些做大善事的人，一年到頭，捐了人家多少銀錢，自己吃辛吃苦，畢竟那些被災戶口也著實沾光……此乃做書人持平之論；若是一概抹煞，便不成爲恕道了。」

【持槍鵠立】
鵠：天鵝。手持鋼槍，像天鵝一樣挺直頸項肅立。形容軍容嚴整。鄒韜奮《患難餘生記》一章：「近別墅及別墅內武裝保衞森嚴，持槍鵠立。」

【持槍實彈】
手持鋼槍，槍膛裏裝著子彈。形容部隊處於高度戒備狀態。鄒韜奮《抗戰以後・筆桿暴動》：「我們的門口……以及後門，都有好幾位持槍實彈的武裝同志防守著。」也作「**荷槍實彈**」。

【持人長短】
持：掌握；長短：指過失缺點。謂抓住別人的過失缺點不放。《雲笈七籤》卷三九：「第二十九戒，不得持人長短，更相嫌恨。」

【持危扶顛】
持：支撐；顛：傾倒。支撐扶持住將要傾倒的危險局面。漢章帝《賜東平王蒼書》：「公卿駁議，今皆並送，及有可以持危扶顛，宜勿隱。」

【持疑不定】
見「遲疑不決」。

【持疑不決】
持：懷有。心懷疑慮，不能做出決斷。《周書・薛善傳》：「善密謂崇禮曰：『……不如早歸誠款，雖未足以表奇節，庶獲全首領。』而崇禮猶持疑不決。」也作「**持疑不定**」。《楊家將演義》一四回：「衆人持疑不定，六郎亦悶悶不樂。」

【持盈保泰】
盈：滿；泰：平安。謂處於富貴極盛的時候要小心謹愼，以保守成業，平安無事。郭沫若《少年時代・反正前後》：「他自己的官階也已經達到了應該持盈保泰的時候了。」也作「**持滿保泰**」。明・朱之瑜《元旦賀源光國書八首》之六：「今乃怡怡然亦步亦趨，恐非持滿保泰之道也。」

【持盈守成】
處於富貴極盛之時，要謹愼行事，以守住成業。《詩經・大雅・鳧鷖》小序：「太平之君子，能持盈守成。」

【持盈守虛】
謂處於富貴極盛之時，仍要謙虛謹愼。《藝文類聚》卷四七引漢・杜篤《大司馬吳漢誄》：「勛業既崇，持盈守虛。功成即退，挹而損諸。」

【持齋把素】
齋：齋戒，吃素食；把：遵守。謂信佛者堅持吃素的戒律。明・無名氏《鎖白猿》三折：「俺也曾看經念佛，俺也曾持齋把素。」也作「**把素持齋**」。

【持正不阿】
堅持正義，不阿諛曲從。《明史・徐溥等傳贊》：「王鏊、劉忠持正不阿，奉身早退。」

【持正不撓】
堅持正義，不屈不撓。《明史・蔣冕傳》：「冕當正德之季，主昏政亂，持正不撓，有匡弼功。」

【持之以恆】
恆：長久。長久不懈地堅持下去。例努力學習，持之以恆，數年之後，必有精進。也作「**持之以久**」。宋・樓鑰《雷雨應詔封事》：「凡應天下之事，一切行之以誠，持之以久。」

【持之有故】
故：根據。提出的見解或主張有一定根據。指所持論點站得住。《荀子・非十二子》：「然而其持之有故，其言之成理，足以欺惑愚衆。」

【持之有故，言之成理】
持：主張；有故：有根據。所持的見

解、主張有根據，所說的話合乎情理。《荀子・非十二子》：「然而其持之有故，其言之成理足以欺惑愚衆。」

【持重待機】

持重：穩重，不輕舉妄動。沉着謹愼，等待時機。《晋書・宣帝紀》：「時朝廷以（諸葛）亮僑軍遠寇，利在急戰，每命帝持重以候其變。」例在各種條件沒有充分成熟，尙無確勝把握的時候，我軍寧可暫時退讓一下，以持重待機。

【匙大碗小】

謂家庭中的瑣事。《西遊記》四七回：「他把我們這人家，匙大碗小之事，他都知道。老幼生時年月，他都記得。」

【踟躕不前】

《詩經・邶風・靜女》：「愛而不見，搔首踟躕。」後以「踟躕不前」形容猶豫、徘徊、不敢向前的樣子。例我們要迎著困難上，而不應該猶豫徘徊，踟躕不前。也作「踟躇不前」。例那姑娘主動和你約會，你怎麼反倒踟躇不前了？

【踟躇不前】

見「踟躕不前」。

ㄔˇ

【尺板斗食】

尺板：古代官吏上朝或晋見高級官員時用的手板，可記事；斗食：俸祿爲五斗米，指小官。地位低下，俸祿甚微。《梁書・王僧孺傳》：「久爲尺板斗食之吏，以從皂衣黑綬之役。」

【尺壁寸陰】

見「寸陰尺璧」。

【尺壁非寶】

直徑一尺的璧玉也不算寶貴。意謂還有比尺璧更爲寶貴的。南朝梁・周興嗣《千字文》：「尺璧非寶，寸陰是竟。」

【尺波電謝】

尺波：不大的水波；電謝：電閃。時光如水波閃電般迅速逝去。謂時光易逝，人生苦短。南朝梁・劉峻《重答劉秣陵沼書》：「雖隙駟不留，尺波電謝，而秋菊春蘭英華靡絕。」

【尺布斗粟】

①《史記・淮南衡山王列傳》記載：「漢文帝之弟淮南厲王劉長謀反失敗後，在被流放蜀郡嚴道途中絕食而死。民間作歌曰：「一尺布，尙可縫；一斗粟，尙可舂。兄弟二人不能相容。」後以「尺布斗粟」比喻兄弟間不能相容。《隋書・文四子傳論》：「俄屬天步方艱，讒人已勝，尺布斗粟，莫肯相容。」②指少量的布帛糧食。宋・王禹偁《濟州龍泉寺修三門記》：「吾粗衣糲食，往來竹山上庸間，得尺布斗粟負荷而歸，積毫累銖以至百萬。」

【尺步繩趨】

尺、繩：木匠的校量工具，引申爲準則、法度。謂言行舉止循規蹈矩，合乎法度。清・馮桂芬《復莊衞生書》：「以彼其文，豈不周規折矩，尺步繩趨。」

【尺椽片瓦】

指房屋被毀後，木料磚瓦所剩無幾。宋・陳亮《重建紫霄觀記》：「盜平，無尺椽片瓦可爲庇依，道士結茅以居。」也作「寸椽片瓦」。明・沈德符《萬曆野獲編・賜百官食》：「至二十二年遂命毀之，寸椽片瓦亦不存。」也作「寸椽只瓦」。宋・劉克莊《虛齋資政趙公神道碑》：「俄爲眞郡焚毀，無寸椽只瓦，僅存夫子廟殿。」

【尺寸可取】

比喩尙有可取之處。常作自謙之詞。《三國演義》八三回：「今蒙主上托以重任者，以吾有尺寸可取，能忍辱負重故也。」

【尺寸千里】

指登高遠望，千里之景猶在咫尺。唐・柳宗元《始得西山宴遊記》：「其高下之勢，岈然洼然，若垤若穴，尺寸千里，攢蹙累積，莫得遁隱。」

【尺寸之柄】

柄：權柄，權力。指統治不大的一塊地方的權力。《史記・魏豹彭越列傳贊》：「魏豹、彭越雖故賤，然已席捲千里……得攝尺寸之柄。」

【尺寸之地】

指面積很狹小的一塊地方。宋・蘇洵《六國論》：「暴霜露，斬荊棘，以有尺寸之地。」

【尺寸之功】

指微小的功勞或成效。《史記・淮陰侯列傳》：「一日數戰，無尺寸之功。」也作「尺寸之效」。效：功效。宋・李覯《上吳舍人書》：「其志幸一試用，就尺寸之效，以章其身。」也作「尺功寸效」。唐・蘇頲《諫鑾駕親征第二表》：「乃至紫衣塞路，朱服滿朝，皆能侵國害人，未見尺功寸效。」

【尺寸之效】

見「尺寸之功」。

【尺短寸長】

由於用處不同，一尺有時嫌短，一寸有時嫌長。比喩人或事物都有自己的長處或短處。宋・蘇軾《定州到任謝執政啓》：「燕南趙北，昔稱謀帥之難；尺短寸長，今以乏人而授。」也作「寸長尺短」。宋・秦觀《與蘇公先生簡》：「比迫於衣食，强勉萬一之遇，而寸長尺短，各有所施，鑿圓枘方，卒以不合。」

【尺二秀才】

尺二：「尽」字的拆讀。宋・孫奕《履齋示兒編・聲畫押韵貴乎審》：「初，誠齋先生楊公考校湖南漕試，同寮有取《易》義爲魁。先生見卷子上書『盡』字作『尽』，必欲擯斥。考官乃上庠人，力爭不可。先生云：『明日揭榜，有喧傳以爲場屋取得個尺二秀才，則吾輩將胡顏？』後以「尺二秀才」譏諷舊時寫俗體字的讀書人。

【尺二冤家】

尺二：一尺二寸，爲當時通行的畫軸高度；冤家：稱似恨而實愛，給自己帶來苦惱而又捨不得的人。指畫家因求畫者衆多而發出的感嘆。宋・陶谷《清異錄・文用》：「少師楊凝式書畫獨步，一時求畫者紙軸堆疊若垣壁。少師見則浩嘆曰：『無奈許多債主，眞尺二冤家也。』」

【尺幅千里】

唐・徐安貞《題襄陽圖》詩：「圖書空咫尺，千里意悠悠。」「尺幅千里」謂一尺長的畫幅，畫進千里之闊的景象。比喻圖畫或詩文篇幅雖小，展示的空間所包含的內容卻極爲廣闊豐富。清・何紹基《與汪菊士論詩》：「然未嘗無短篇也，尺幅千里矣。」也作「尺幅萬里」。例看著這《江山如此多嬌》的山水畫，眞有尺幅萬里之慨。

【尺幅萬里】

見「尺幅千里」。

【尺功寸效】

見「尺寸之功」。

【尺蠖之屈】

尺蠖：一種小蟲，行動時身向上彎成弧狀，一屈一伸地前進。《周易・系辭下》：「尺蠖之屈，爲求信（伸）也。」比喻人爲了達到某種目的，採用先屈後伸，以退爲進的策略。郭沫若《李白與杜甫・李白在政治活動中的第一次大失敗》：「這在李白看來，也彷彿是『尺蠖之屈』……是必不可少的歷程。」

【尺山寸水】

指不大的一片山水。清・張問陶《青神舟中不得見峨嵋山與亥白兄飲酒排悶》詩：「曾向華嚴頂上來，尺山寸水皆能說。」

【尺水丈波】

一尺水湧起一丈高的波瀾。①比喻讒言引起了極大禍害。宋・孫光憲《北夢瑣言・孟弘微躁妄》：「乃致書告親友曰：『懸身井半，風言沸騰；尺水丈波，古今常事。』」②比喻能說會道，善於添油加醋，誇大其詞。《醒世恆言》卷三：「若還都像虔婆口，尺水能興萬丈波。」例他那張嘴，尺水丈波的，能把雞蛋說成方的。

【尺枉尋直】

枉：彎曲；尋：古代八尺爲尋。彎曲一尺是爲一尋伸直。比喻小的讓步，是爲求得大的利益或發展。《三國志・蜀書・郤正傳》：「小屈大申，存公忽私，雖尺枉而尋直，終揚光以發輝也。」

【尺有所短】

見「尺有所短，寸有所長」。

【尺有所短，寸有所長】

尺雖比寸長，但和更長的東西相比，就顯得短；寸雖比尺短，但與更短的東西相比，就顯得長。謂事物各有長短，要善於棄其所短，用其所長。戰國楚・屈原《卜居》：「夫尺有所短，寸有所長；物有其不足，智有所不明；數有所不逮，神有所不通。」也作「尺有所短」。南朝梁・鍾嶸《詩品・齊寧朔將軍王融齊中庶子劉繪》：「元長、士章，並有盛才，詞美英淨，至於五言之作，幾乎尺有所短，寸有所長。」清・劉獻延《廣陽雜記》卷四：「惜其專攻考訂，而不切實用，尺有所短，寸有所長，無可如何。」

【尺澤之鯢】

澤：積水的窪地；鯢：小魚。小水窪地裏的小魚。比喻見識短淺的人。戰國楚・宋玉《對楚王問》：「夫尺澤之鯢，豈能與之量江海之大哉？」

【尺之木必有節目，寸之玉必有瑕讁】

節目：樹枝幹交接處紋理糾結不順的地方；瑕讁：玉上斑痕。尺長的樹木必定長節，寸大的玉石定有瑕疵。謂萬事萬物不能十全十美；也比喻人無完人。《呂氏春秋・舉難》：「自責以人則易爲，易爲則行苟……尺之木必有節目，寸之玉必有瑕讁；先王知物之不可全也，故擇務而貴取一也。」

【齒白唇紅】

白牙齒紅嘴唇。形容人長得俊美。《說岳全傳》四九回：「燕必顯虎頭豹眼，韓彥直齒白唇紅。」也作「唇紅齒白」。《二十年目睹之怪現狀》九六回：「和尚抬起頭，知縣把他仔細一端詳，只見他生得一張白淨面孔，一雙烏溜溜的色眼，倒也唇紅齒白。」

【齒敝舌存】

見「齒亡舌存」。

【齒豁頭童】

齒豁：牙齒殘缺不全；頭童：老人禿頂。齒缺頭禿。形容衰老的樣子。宋・陸游《落謝職表》：「命之多艱，動輒爲累，强起僅餘數月，退歸又閱於六年。齒豁頭童，心剿形瘵。」也作「頭童齒豁」。

【齒頰回甘】

宋・蘇軾《橄欖》詩：「待得微甘回齒頰，已輸崖蜜十分甜。」「齒頰回甘」原指吃了橄欖等食物後，牙齒和兩頰回味香甜。後比喻詩文耐人尋味。例讀了小戴的抒情詩，眞覺齒頰回甘，餘味無窮。

【齒頰生香】

嘴裏生出香氣。比喻美好的事物讓人談起來就津津有味。《儒林外史》三四回：「這些事我還不愛，我只愛駝夫家的雙紅姐，說著還齒頰生香。」

【齒如含貝】

見「齒如編貝」。

【齒如齊貝】

見「齒若編貝」。

【齒若編貝】

編：排列起來；貝：貝殼。牙齒像整齊排列的貝殼。形容人牙齒整齊潔白。《漢書・東方朔傳》：「目若懸珠，齒若編貝。」也作「齒如含貝」。戰國楚・宋玉《登徒子好色賦》：「東家之子……眉如翠羽，肌如白雪，腰如束素，齒如含貝。」也作「**齒如齊貝**」。《莊子・盜跖》：「身長八尺二寸，面目有光，脣如激丹，齒如齊貝。」

【齒亡舌存】
牙齒掉光了，舌頭卻還存在。漢・劉向《說苑・敬慎》：「老子曰：『夫舌之存也，豈非以其柔耶？齒之亡也，豈非以其剛耶？』」後以「齒亡舌存」比喻剛硬者易遭摧折，柔弱者易得保全。例我雖懂齒亡舌存之理，卻絕不肯奴媚事主。也作「**齒敝舌存**」。敝：損壞、敗落。北齊・顏之推《顏氏家訓・勉學》：「素暴悍者，欲其觀古人之小心黜己，齒敝舌存，含垢藏疾，尊賢容衆，薾然沮喪，若不勝衣也。」

【齒危發秀】
齒危：指年高；發秀：指眉秀。謂年老者常有一二眉毫特長，舊說以爲長壽的徵象。南朝梁・任昉《〈王文憲集〉序》：「至若齒危發秀之老，含經味道之生。」

【齒牙春色】
形容歡顏大笑。宋・陶谷《清異錄・作用》：「類師德位貴而性通豁，尤善捧腹大笑。人謂師德笑爲齒牙春色。」

【齒牙爲猾】
齒牙：指言語；猾：禍亂。謂言語造成禍亂。《國語・晉語》：「獻公卜伐驪戎，史蘇占之，曰：『勝而不吉。』公曰：『何謂也？』對曰：『遇兆，挾以銜骨，齒牙爲猾。』」也作「**齒牙爲禍**」。《史記・晉世家》：「初，獻公將伐驪戎，卜曰：『齒牙爲禍。』」

【齒牙爲禍】
見「齒牙爲猾」。

【齒牙餘惠】
見「齒牙餘論」。

【齒牙餘論】
口頭順帶的褒獎之辭。《南史・謝朓傳》：「〔謝朓〕謂〔孔〕珪曰：『士子聲名未立，應共獎成，無惜齒牙餘論』。」也作「**齒牙餘惠**」。惠：指能給人好處的話。《聊齋志異・公孫九娘》：「令女甥寡居無偶，僕欲得主中饋……幸無惜齒牙餘惠。」也作「**齒牙餘慧**」。慧：通「惠」。清・袁枚《隨園詩話》卷七引：「齒牙餘慧雖偸拾，那識雷同轉可羞。」

【恥居人下】
形容持才自傲，以地位在別人之下爲恥辱。《東周列國志》六七回：「圍乃共王之庶子，年齒最長，桀驁不恭，恥居人下，恃其才器，陰畜不臣之志。」

【恥辱者，勇之決也；立名者，行之極也】
如何看待恥辱，是判斷一個人是否勇敢的標準；樹立好的名聲，是品行最高的準則。漢・司馬遷《報任安書》：「僕聞之：修身者，智之符也；愛施者，仁之端也；取予者，義之表也；恥辱者，勇之決也；立名者，行之極也。」

【恥言人過】
指自尊自重，以背後談論別人的缺點、過錯爲可恥。宋・蘇軾《司馬溫公神道碑》：「薄夫鄙人皆洗心易慮，務爲忠厚，人人自重，恥言人過。」

【侈言無驗不必用，質言當理不必違】
侈：誇大；質：樸素、質樸。謂花言巧語，不切實際，不應聽信；言辭樸實，符合道理，則應採納。《資治通鑑・唐德宗建中四年》：「侈言無驗不必用，質言當理不必違，辭拙而效速者不必愚，言甘而利重者不必智。是皆考之以實，慮之以終，其用無他，唯善所在。」

ㄔˋ

【叱嗟風雲】
見「叱咤風雲」。

【叱咤風雲】
叱咤：大聲怒喝。《梁書・元帝紀》：「虎賁緹騎之夫，叱咤則風雲興起，鼓動則嵩華倒拔。」怒喝一聲就使風雲變色。形容聲威極大。秦牧《長街燈語》：「又有多少自以爲叱咤風雲，睥睨不可一世的橫行人物，到頭來爲時代的怒濤所捲沒，變成垃圾一堆。」也作「**叱嗟風雲**」。宋・陸游《鍾離眞人贊》：「五季之亂，方酣於兵。叱嗟風雲，卓乎人莫。」也作「**風雲叱咤**」。

【叱咤喑嗚】
喑嗚：怒喝。謂大聲怒喝，先聲奪人。宋・陸游《雨夜不寐觀壁間所張魏鄭公砥柱銘》詩：「世間豈無一好漢，叱咤喑嗚氣呑虜。」

【赤壁鏖兵】
赤壁：地名，在今湖北省蒲圻縣西北；鏖兵：激戰。指東漢建安十三年，孫權、劉備聯軍採用火攻，在赤壁大破曹操的著名戰役。《三國演義》四七回：「赤壁鏖兵用火攻，運籌決策盡皆同。」後用「赤壁鏖兵」泛指激烈的戰鬥或比賽。

【赤膊上陣】
赤膊：光著上身。①光著上身，不顧一切地出陣交戰。梁斌《漫談〈紅旗譜〉的創作（代序）》：「朱老玩是赤膊上陣，拿起鍘刀拚命。」也作「**赤體上陣**」。魯迅《空談》：「許褚赤體上陣，也就很中了好幾箭。而金聖嘆還笑他道：『誰叫你赤膊？』」②比喻全力以赴地從事某項活動。曹靖華《智慧花開燦如錦》：「只得赤膊上陣，邊學邊教。」③指壞人脫下僞裝，公開跳出來幹壞事。例那老傢伙再也沉不住氣，終於赤膊上陣，親自出馬了。

【赤膊捅馬蜂窩——不惜血本】

馬蜂：胡蜂的通稱，尾部有毒刺，能螫人；血本：舊指經營的老本兒。雙關語。比喻願付出一切代價，毫不顧惜。例他上回投資股票賠慘了，這次他準備赤膊捅馬蜂窩——不惜血本，再大舉進場，把錢賺回來。

【赤誠相待】

見「赤心相待」。

【赤膽忠肝】

見「赤膽忠心」。

【赤膽忠心】

忠誠也。《封神演義》五二回：「當今失政，致天心不順，民怨日生，臣空有赤膽忠心，無能回其萬一。」也作「赤膽忠肝」。《封神演義》九五回：「這個丹心碧血扶周主，那一個赤膽忠肝助紂王。」也作「赤心忠膽」。明・無名氏《精忠記・赴難》：「主人，你秉赤心赤心忠膽，殺金苗金苗百萬」。也作「忠心赤膽」。

【赤地千里】

寸草不生的千里地面。形容遭受嚴重的災荒之後，廣大地區寸草不生的荒蕪淒涼景象。《官場現形記》三四回：「齊巧那兩年，山東、河南接連決口，京、津一帶，赤地千里。」

【赤腳的和尚——兩頭光】

赤腳：光腳；和尚：出家修行的男性佛教徒。和尚不留髮。比喻處世圓滑，兩面討好。例他是一個赤腳的和尚——兩頭光，既不誠心待人，也不得罪任何人。也作「禿子打赤腳——兩頭光」。

【赤腳蓬頭】

光著腳，散亂著頭髮。形容貧窮或生活散漫，放縱不羈的樣子。元・陳孚《思明州五首》詩之二：「赤腳蓬頭無鉛粉，只有風吹錦帶開。」也作「科頭跣足」。

【赤腳人趁兔，著靴人吃肉】

趁：追逐。赤腳的人打兔，穿鞋的人吃肉。比喻窮人出力，富人享受。《五燈會元・風穴延沼禪師》：「僧問：『大衆雲集，請師說法。』師曰：『赤腳人趁兔，著靴人吃肉。』」也作「赤腳的趕鹿，著靴的吃肉」。

【赤口白舌】

①指口舌是非，招惹禍災。宋・吳泳《贈星翁郭若水》詩：「片文只字不經世，赤口白舌空招尤。」②指說話或賭咒不知輕重，觸犯了忌諱。《野叟曝言》二八回：「今日要祭祖哩，休得赤口白舌的，發那毒誓！」

【赤口毒舌】

形容說話或咀咒時言辭惡毒。唐・盧仝《月蝕》詩：「行赤口毒舌，毒蟲頭上吃却月，不啄殺。」

【赤貧如洗】

窮得一無所有，彷彿遭受過洗劫似的。形容貧窮之極。《儒林外史》三一回：「他老人家兩個兒子，四個孫子，家裏仍然赤貧如洗。」

【赤舌燒城】

赤舌：指讒言。讒言能燒毀一座城。比喻讒言的嚴重禍害。漢・揚雄《太玄・干》：「赤舌燒城，吐水於瓶。」唐・陸龜蒙《雜諷》詩之四：「赤舌可燒城，讒邪易爲伍。」

【赤身露體】

裸露著身體。《說岳全傳》七一回：「河內許多鬼犯，盡是赤身露體。」也作「赤身裸體」。《三國演義》八四回：「多有解衣卸甲，赤身裸體，或睡或坐。」

【赤身裸體】

見「赤身露體」。

【赤繩罣足】

見「赤繩繫足」。

【赤繩繫足】

唐・李復言《續玄怪錄・定婚店》記載：有個叫韋固的少年孤兒，在路上遇到一老人倚囊而坐，向月檢書。老人自稱是管天下婚姻的月老，囊中的赤繩「以繫夫妻之足」。後以「赤繩繫足」指婚姻由月下老人確定或命中注定。宋・王之道《勝勝慢・和劉春卿有懷金溪》詞：「須信赤繩繫足，朱衣點額終在，休嘆淹徊。」也作「赤繩罣足」。罣：同「掛」，牽連。清・王夫之《後愚鼓樂・譯夢十六闋寄調漁家傲・虎吸龍精》：「沉水烟清長夜永，相偎並，赤繩罣足三生證。」也作「赤繩綰足」。明・張景《飛丸記・盟尋泉石》：「想赤繩綰足再難逃，只願得同諧到老，歷天長地久，永把瑟琴調。」

【赤繩綰足】

見「赤繩繫足」。

【赤手空拳】

形容兩手空空，一無所有。①在爭鬥場合，手中沒有任何武器。《西遊記》二回：「他也沒什麼器械，光著個頭……不僧不俗，又不像道士神仙，赤手空拳，在門外叫哩。」②指空無所有，沒有任何憑藉。元・白仁甫《樂墻記》楔子：「我如今赤手空拳百事無，父喪家貧不似初，囊篋盡消疏。」

【赤手起家】

赤手：空手。比喻在條件很差的情況下，艱苦創業。宋・文天祥《鄒仲翔墓志銘》：「君雖亦赤手起家歲飢……發粟給其比鄰二百戶，能損殖以自損。」也作「白手起家」。

【赤體上陣】

見「赤膊上陣」。

【赤縣神州】

中國的別稱。《史記・孟子荀卿列傳》：「騶衍……以爲儒者所謂中國者，於天下乃八十一分居其一分耳。中國名曰赤縣神州。」清・梁啓超《論小說與羣治之關係》：「此天下萬國凡有血氣者莫不皆然，非直吾赤縣神州之民也。」

【赤心報國】

懷著耿耿忠心來報效國家。《說唐》五七回：「如今歸順萬歲，就是唐家的臣子，自當要赤心報國。」也作「**赤心奉國**」。奉：奉獻。《資治通鑑·陳天嘉元年》：「尊天子，削諸侯，赤心奉國，何罪之有！」

【赤心奉國】

見「赤心報國」。

【赤心耿耿】

耿耿：一直存在心裏不忘懷。形容非常赤誠忠實的心懷。元·薩都剌《回風坡弔孔明先生》詩：「赤心耿耿天必從，烈火回風山亦赭。」也作「**忠心耿耿**」。

【赤心相待】

赤心：至誠之心。以最眞誠的心來待人。元·武漢臣《玉壺春》二折：「俺兩個赤心相待，他是李玉壺，我是素蘭，畫了一軸畫兒，畫著玉壺裏面，插著一朶素蘭花兒。」也作「**赤誠相待**」。例我們下鄉工作隊來到農村，老鄉把我們當做最親的親人赤誠相待。

【赤心忠膽】

見「赤膽忠心」。

【赤子之心】

赤子：初生的嬰兒。比喻天眞純潔的心。《孟子·離婁下》：「大人者，不失其赤子之心者也。」例他懷著一顆對祖國母親的赤子之心。

【翅膀硬了】

鳥的翅膀硬了就可以飛了。比喻有了獨立生活或工作的能力。例你不要以爲自己的翅膀硬了，就不把師傅放在眼裏，這樣終究要跌跤的。

ㄔㄚ

【叉手不離方寸】

方寸：心。雙手交叉，放在胸前。表示敬意。《水滸全傳》二七回：「張青」看著武松，叉手不離方寸，說道：『願聞好漢大名。』」也作「**叉大拇指不離方寸**」。

【叉手萬言】

五代·孫光憲《北夢瑣言》卷四：「溫庭筠……才思豔麗，工於小賦。每入試，押官韻作賦，凡八叉手（兩手相拱）而八韻成。」後以「叉手萬言」形容才思敏捷。明·高啓《送張貢士祥會試京師》詩：「入場叉手萬言就，衆目一葉驚先穿。」

【差肩接跡】

差：錯開；跡：腳印。肩錯肩，腳接腳。形容許多人依次緊接而行的樣子。《太平廣記》卷四九二引靈應傳：「次命女客五六人，各有侍者十數輩，差肩接跡，累累而進。」

【差堪告慰】

堪：可以，能。尚可作爲安慰。例兒爲國爭光，奪得一項世界冠軍；雖長年在外，不能侍奉父母於膝前，亦差堪告慰。

【差可人意】

尙能適合人的心意，使人感到安心。明·李開先《雪蓑道人傳》：「作半筆片紙小畫，亦差可人意。」也作「**差快人意**」。快：快慰。明·海瑞《治安疏》：「邇者嚴嵩罷黜，世蕃極刑，差快人意，一時稱淸時焉。」也作「**差適人意**」。適：適合。宋·樓鑰《延慶月堂講師塔銘》：「自爾每見之，師不以語人，然自以差適人意也。」也作「**差慰人意**」。慰：慰藉。宋·蘇軾《答范夢得二首》之二：「得此數公無恙，差慰人意。」

【差快人意】

見「差可人意」。

【差强人意】

差：稍微；强：振奮。①指很能振奮人的意志。《後漢書·吳漢傳》：「〔光武〕乃嘆曰：『吳公差强人意，隱若一敵國矣！』②指人體上還能使人滿意。《老殘遊記》一二回：「算來還是張翰風的《古詩錄》差强人意。」

【差若毫釐，繆以千里】

毫釐：小的計量單位，形容極小或極少；繆：同「謬」，錯誤的，差錯。開始差錯極小，到了千里之外，錯誤就很大了。比喻小錯不改，將鑄成大錯。《禮記·經解》：「易曰：『君子愼始。差若毫釐，繆以千里。此之謂也。』」也作「**差之毫釐，失之千里**」。明·張岱《一卷冰雪文序》：「蓋詩文只此數字，出高人之手，遂現空靈；一落凡夫俗子，便成臭腐。此其間眞有差之毫釐，失之千里。」也作「**差之毫釐，謬以千里**」。明·陸采《懷香記·鞫詢香情》：「差之毫釐，繆（謬）以千里，倘有後悔，噬臍莫及。」也作「**差以毫釐，謬以千里**」。《漢書·司馬遷傳》：「察其所以，皆失其本已。故《易》曰：『差以豪（毫）氂（釐），謬以千里。』」也作「**差以毫釐，失以千里**」。例大雪山以東，爲涪江流域，山以西爲岷江流域，分水處不過十數丈，而兩河愈去愈遠，——誠所謂差以毫釐，失以千里。

【差若天淵】

差別像高天和深潭一樣。形容差別之大。例他二人雖是一母同胞，性格卻差若天淵。

【差三錯四】

形容顚倒錯亂。元·無名氏《合同文字》四折：「這小廝本說的丁一確二，這婆子生扭做差三錯四。」

【差適人意】

見「差可人意」。

【差慰人意】

見「差可人意」。

【差以毫釐，謬以千里】

見「差若毫釐，繆以千里」。

【差以毫釐，失以千里】

見「差若毫釐，繆以千里」。

【差之毫釐，謬以千里】

見「差若毫釐，繆以千里」。

【差之毫釐，失之千里】

見「差若毫釐，繆以千里」。

【插插花花】

謂人花言巧語，輕佻地吹哨子。元·

無名氏《漁樵記》二折：「不要你插插花花認我來，哭哭啼啼淚滿腮，你這般怨怨哀哀磕著頭拜。」

【插翅難飛】
即使插上翅膀也難飛走。比喻無法逃脫。明・周楫《胡少保平倭戰功》：「王直細細叫人探視，見四面官兵圍得鐵桶一般，插翅難飛。」也作「插翅難逃」。《說岳全傳》三七回：「康王見兀朮將次趕上，眞個插翅難逃，只得束手就擒。」

【插翅難逃】
見「插翅難飛」。

【插槓子】
槓子：抬東西的木棍。本指別人抬運東西抬得好好的，第三者又插進來抬。比喻干擾正在進行的工作。也作「插一槓子」。例本來他們做得好好的，誰叫你橫插一槓子，把他們都得罪了，撒手不幹了。

【插花美人】
比喻書法秀麗多姿。南朝梁・袁昂《古今書評》：「衛常書，如插花美人，舞笑鏡台。」也作「美女簪花」。

【插架萬軸】
架：書架；軸：古代書卷中的桿，借指書籍。形容藏書極富。宋・秦觀《掩關銘》：「插架萬軸兮星宿懸，口吟目披兮游聖賢。」

【插科打諢】
科：古典戲曲中演員的表情動作；ㄏㄨㄣˋ，詼諧戲謔的話。指穿插在戲曲裏各種能使人發笑的表演和對白。也泛指逗樂取笑。明・高則誠《琵琶記・副末開場》：「休論插科打諢，也不尋官數調，只看子孝共妻賢。」也作「撮科打諢」。清・黃旛綽《王大梁詳論角色》：「撮科打諢，醜態百出，故曰丑。」也作「攙科撒諢」。攙：攙雜；撒：發出，說出。明・李開先《詞謔・題副淨》：「粉嘴叉鬍腮，墨硃臉上排，戲衫加上香羅帶……攙科撒諢，笑口一齊開。」

【插蠟燭】
蠟燭插好後就固定不動了。比喻停止不動。例本來應該白天到的，誰知汽車壞了，半路上插蠟燭插了半天，所以半夜才到。

【插圈弄套】
指擺弄圈套，陰謀陷害人。例那壞小子一天到晚不琢磨別的，就琢磨怎麼插圈弄套讓人鑽。

【插楔子】
比喻有意在別人中間製造隔閡。例他倆已經和解了，再也不怕有人在他倆之間插楔子了。

【插一槓子】
見「插槓子」。

【插一腳】
比喻硬性插手他人正在進行的工作。例人家做什麼他都愛插一腳，做成了有他的功勞，做不成他說他是半路參與的，不了解情況。

ㄔㄚˊ

【茶杯蓋上放雞蛋——靠不住】
見「低欄杆——靠不住」。

【茶杯飲駱駝——無濟於事】
比喻不解決問題，對事情沒有幫助。例他在罪惡的泥坑裏已經陷得很深，你以爲僅用眼淚就能讓他轉變，其實對他來說，就好比茶杯飲駱駝——無濟於事。也作「茶杯飲駱駝——不濟事」、「蒼蠅給牛犢抓癢——無濟於事」。

【茶飯無心】
不想吃飯、喝茶。形容心情不好，有很重的心事。《官場現形記》四四回：「眼看著一份節禮要被人奪去，更是茶飯無心，坐立不安。」

【茶館搬家——另起爐灶】
見「飯館喬遷——另起爐灶」。

【茶館裏不要的伙計——哪壺不開提哪壺】
伙計：舊時稱店員。①比喻做事不能幹，老出差錯。例這麼重要的工作，不能交給他，他是茶館裏不要的伙計——哪壺不開提哪壺，什麼也做不好。②指故意揭人的短處。例今天算我倒霉，碰上了他，他是茶館裏不要的伙計——哪壺不開提哪壺，盡出我的洋相。也作「茶館裏不要了的伙計——哪一壺不開你偏要提哪一壺」。

【茶壺吊在屋梁上——懸乎(壺)】
乎：「壺」的諧音。見「脖子上掛雷管——懸乎」。

【茶壺裏泡豆芽——受不完的勾頭罪】
比喻遭受許多折磨。例在監獄裏，他像茶壺裏泡豆芽——受不完的勾頭罪，經過朋友們多方營救，才脫離了苦海。

【茶壺裏下元宵——有進無出】
把元宵下在茶壺裏去煮，壺嘴小，倒不出來。見「大船漏水——有進無出」。

【茶壺裏煮湯圓——肚裏有貨】
也作「茶壺煮湯圓——肚裏有貨」。見「大肚羅漢寫文章——肚裏有貨」。

【茶壺裏煮餃子——肚裏有貨倒不出】
比喻心中有話，嘴上說不出來或有學識，卻不善於用口頭表達出來。例①張教授講課，是茶壺裏煮餃子——肚裏有貨倒不出，你除了聽課，還必須看他的著作。②你看他那副模樣，光會紅脖子，不會說話，眞是茶壺裏煮餃子——肚裏有貨倒不出。也作「茶壺裏裝餃子——倒不出來」、「茶壺煮湯圓——有貨倒不出」、「茶壺煮餃子——肚裏有，嘴上倒不出」、「茶壺裏裝餃子——倒不出來」。

【茶壺沒肚兒——光剩嘴】
比喻光說不做。例這個人什麼本事也沒有，就會耍嘴皮子，眞正是茶壺沒肚兒——光剩嘴。也作「茶壺打掉把——只剩一張嘴了」、「沒有把的茶壺——光剩嘴」、「夜壺打掉把——

光剩嘴」。

【茶瓶上繫繩子——水平（瓶）有限（線）】

限：「線」的諧音。雙關語。比喻自己水平不夠。多用作謙詞。例文章已經發表了，可我是茶瓶上繫繩子——水平（瓶）有限（線），缺點錯誤在所難免，希望大家批評指正。

【茶鋪裏招手——胡（壺）來】

見「喝酒不拿盅子——胡(壺)來」。

【茶鋪子的水——滾開】

雙關語。比喻離開，走開。斥責或罵人的話。例他在這兒討了個沒趣後，倒還識相，來了個茶鋪子的水——滾開了。

【茶餘飯飽】

喝完茶吃飽飯。泛指閒暇無事的時光。元·關漢卿《鬥鵪鶉·女校尉》曲：「茶餘飯飽邀故友，謝館秦樓，散悶消愁。」

【茶餘飯後】

泛指閒暇之時。多指晚飯後的一段空閒休息時間。例許多演藝明星的事，一經報導出來以後，成了人們茶餘飯後談天的資料。也作「茶餘酒後」。魯迅《考場三丑》：「最壞的是瞎寫……給人尋出許多笑話來。人們在茶餘酒後作爲談資的，大概是這一種。」

【茶餘酒後】

見「茶餘飯後」。

【查無實據】

經調查，沒有什麼確實的證據。舊時官場中用來搪塞了事的常用語。《歧路燈》一〇一回：「那兩個差頭，白白的又發了一注子大財，只以『查無實據』稟報縣公完事。」

【搽粉進棺材——死要面子】

死了還要打扮。比喻不顧情理，過份維護本人自尊。例家裏窮得揭不開鍋了，可他就是怕人看不起，硬不願向別人借錢，眞是搽粉進棺材——死要面子。也作「搽粉上吊——死要臉」、「搽粉進棺材——死要臉」、「睡棺材搽粉——死要臉」。

【搽粉照鏡子——自我欣賞】

比喻自以爲美，洋洋自得。例你別對自己的畫搽粉照鏡子——自我欣賞了，還沒掌握基本的技法哩！也作「自己演戲自己看——自我欣賞」、「豬八戒照鏡子——自我欣賞」。

【搽油抹粉】

見「擦脂抹粉」。

【搽脂抹粉】

見「擦脂抹粉」。

【察察而明】

謂在小事情上十分精細以顯示自己精明。《舊唐書·張蘊古傳》：「勿渾渾而濁，勿皎皎而清，勿沒沒而暗，勿察察而明。」也作「察察爲明」。明·李開先《送平岡陳大參升任雲南憲長序》：「平岡素不以察察爲明，赫赫炫能。」也作「察察爲智」。智：明智。明·高啓《跋眉庵記後》：「世方以僕僕爲忠，察察爲智，安重而爲國之望者，則以爲無用。」

【察察爲明】

見「察察而明」。

【察察爲智】

見「察察而明」。

【察見淵魚】

見「察見淵魚者不祥，智料隱匿者有殃」。

【察見淵魚者不祥，智料隱匿者有殃】

能看清深水中的魚，會碰上不祥的事；能猜出別人的隱私，會遭到不祥。比喻過分精明可能招災引禍。《列子·說符》：「文子曰：『周諺有言：察見淵魚者不祥，智料隱匿者有殃。』」《東周列國志》五六回：「同諺有云：察見淵魚者不祥，智料隱匿者有殃。『恃郤雍一人之察，不可以盡羣盜，而合羣盜之力，反可以制郤雍，不死何爲？』」也作「察見淵魚」。宋·劉克莊《貴溪縣繳到進士翁雷龍公札訴熊大乙將父死尤賴子》：「以昔人察見淵魚爲戒，姑寢勿問。」

【察三訪四】

到處調查打聽別人的事情。《紅樓夢》七二回：「饒這樣，天天還是察三訪四。自己再不看破些，且養身子！」

【察言觀色】

《論語·顏淵》：「夫達也者，質直而好義，察言而觀色，慮以下人，在邦必達，在家必達。」謂觀察言語臉色以揣摸對方的心意。《紅樓夢》三二回：「寶釵見此景況，察言觀色，早知覺了七八分。」

ㄔㄚˋ

【姹紫嫣紅】

姹：美麗；嫣：嬌豔。形容各種好看的花。明·湯顯祖《牡丹亭·驚夢》：「原來姹紫嫣紅開遍，似這般都付與斷井頹垣，良辰美景奈何天，賞心樂事誰家院。」

ㄔㄜ

【車把式扔鞭子——不敢（趕）】

車把式：精通趕車技術的人；敢：「趕」的諧音。雙關語。比喻沒有勇氣或膽量。例「你說他會不會跑進城裏謀生去了？」「我看，他從沒單獨出過門，車把式扔鞭子——不敢（趕）」。

【車塵馬跡】

見「車轍馬跡」。

【車殆馬煩】

殆：通「怠」，疲乏；煩：煩躁。馬疲勞煩躁。形容旅途勞頓。三國魏·曹植《洛神賦》：「日既西傾，車殆馬煩。」南朝宋·鮑照《代白紵舞歌辭》之一：「車怠（殆）馬煩客忘歸，蘭膏明燭承夜輝。」

【車到山前必有路】

比喻事情總會有辦法解決。例你就不要再爲這事煩惱了，「車到山前必有路」，想開一點。

【車道溝裏的泥鰍——掀不起大浪】

也作「車道溝裏的泥鰍——翻不了大浪」。見「牛蹄窩裏的水——翻不了大浪」。

【車工三班倒——連軸轉】

見「火車的輪子——連軸轉」。

【車攻馬同】

謂戰車戰馬動作整齊。形容軍容盛大，軍紀嚴明。漢・馬融《廣成頌》：「車攻馬同，教達戒通。」

【車溝裏翻船——沒有的事】

車溝：車輪壓出的小溝。見「扁擔開花——沒有的事」。

【車軲轆放炮——氣炸了】

車軲轆：車的輪子；放炮：車輪的內胎爆裂，響聲如炮，故有此說。雙關語。比喻生氣和惱怒過度，使人無法忍受。例大媽一聽說二小子又偷了隔壁的錢，眞是車軲轆放炮——氣炸了。也作「車軲轆放炮——氣崩了」、「燒乾的鍋爐——氣炸了」。

【車軲轆活】

車軲轆：車輪。比喻絮叨、重複的話。例人一上年紀，就愛嘮叨，說來說去都是些車軲轆活。

【車輪戰】

原爲古代的一種戰術，即幾個人輪番跟一個人鬥，使對方疲於應付而屈服。現常用來指一種輪番折磨人的方法。例老廠長實在支持不住了，他被他們的車輪戰搞得疲備不堪了。

【車馬輻輳】

輻輳：車輻聚於車轂，喻聚集。形容車馬聚集擁擠。《兒女英雄傳》一回：「兩旁歧途曲巷中，有無數的車馬輻輳，冠蓋飛揚，人往人來，十分熱鬧。」

【車馬駢闐】

駢闐：羅列，連續，盛多貌。形容車馬很多的熱鬧場景。元・無名氏《鯁直張千替殺妻》一折：「綺羅交錯，車馬駢闐。」

【車馬盈門】

盈：充滿。車馬充滿門庭。比喻賓客很多。《官場現形記》四回：「從前黃道台才過班的時候，那一天不是車馬盈門，還有多少人要見不得見。」

【車如流水馬如星】

星：指流星。形容車馬成羣結隊，來往疾馳。明・邵璨《香囊記》二九齣：「車如流水馬如星，南北紛紛走不停。落日長途天欲曙，行人翹首望郵亭。」

【車水馬龍】

《後漢書・明德馬皇后紀》：「前過濯龍門上，見外家問起居者，車如流水，馬如游龍。」後以「車水馬龍」形容車馬往來，繁華熱鬧的景象。《負曝閒談》一二回：「看見馬路上的車水馬龍的光景，已覺得心曠神怡。」也作「馬龍車水」。

【車胎放炮——癟了】

放炮：車輪的內胎爆裂，響聲如炮，故有此說。形容泄氣，無精打彩的樣子。例青年足球隊輸了一球，就像車胎放炮——癟了，看來還要對他們加强心理訓練才行。也作「洩氣的皮球——癟了」、「扎了一針的皮球——癟了」。

【車無退表】

表：標誌。戰車沒有後退的標誌。意謂軍隊絕不退卻。《國語・晉語五》：「三軍之心在此車矣，其耳目在於旗鼓，車無退表，鼓無退聲，軍事集矣。」

【車有車道，船有航道——各有各的路】

見「車走直馬踏斜——各有各的路」。

【車轄鐵盡】

轄：安在車軸末端的擋鐵，用以擋住車輪，不使脫落。形容經歷長途跋涉。宋・葉廷珪《海錄碎事・服用車》：「越裳來貢，忘其歸途，周公與指南車，及到，車轄鐵皆盡。」

【車胤盛螢】

車胤：晉朝人名。《晉書・車胤傳》：「幼恭勤博覽，貧不常得油。夏月以練囊盛數十螢火，照書讀之，以夜繼日，後官至尚書郎。」後用「車胤盛螢」比喻家貧苦學。例我們現在條件好了，無須車胤盛螢，但那種刻苦好學的精神是值得稱讚的。

【車載斗量】

用車裝，用斗量。形容數量很多。《三國志・吳書・孫權傳》注引《吳書》：〔趙咨答魏文帝問〕「如臣之比，車載斗量，不可勝數。」也作「斗量車載」。

【車在馬前】

大馬拉車在前，馬駒繫在車後，慢慢學習拉車。比喻初學見習的情況。《禮記・學記》：「始駕馬者反之，車在馬前。」

【車轍馬跡】

轍：車輪輾過的痕跡。車和馬走過的痕跡。比喻人的遊蹤行跡。《左傳・昭公十二年》：「昔周穆王欲肆其心，周行天下，將皆必有車轍馬跡焉。」也作「車塵馬跡」。宋・朱熹《臥龍閣記》：「余既惜其出於荒煙廢壞之餘，而又幸其深阻夐絕，非車塵馬跡之所能到。」

【車走車道，馬走馬道——各不相干】

見「風馬牛——各不相干」。

【車走車路，馬行馬道】

比喻各做各的，誰也不要管誰。例咱們是車走車路，馬行馬道，自己管好自己這一攤，不要對別人的事說三道四。

ㄔㄜˇ

【扯把子】

指吹牛扯謊。例你別跟我扯把子了，

你當我不知道你有幾斤幾兩嘛！

【扯簸箕】

嘴巴扯咧得如簸箕那麼大。比喻扯閒話，搬弄是非。例于媒婆雖然伶牙俐齒，倒不是那種扯簸箕的，這事或許不是她挑唆的。

【扯底線】

比喻暗中來往，聯繫。例你想調動工作？正好有個單位要人，我跟他們熟，先給你扯底線，然後你再去毛遂自薦。

【扯反鋸】

即唱反調。例別看他表面上跟你扯反鋸，其實心裏是向著你的。

【扯鼓奪旗】

繳獲敵人的戰鼓和軍旗。形容作戰英勇，大獲全勝。元・無名氏《慶賀端陽》三折：「我和他一個本對，試看捉將挾人，扯鼓奪旗。」

【扯橫筋】

指胡說八道，强詞奪理。例這裏是爹說了算，你莫想扯橫筋！哪個也不信服你。

【扯後腿】

比喻利用感情或關係悄悄牽制別人的行動。例別去爲難二哥了，二嫂子扯後腿扯得厲害，二哥哪敢跟我們走？

【扯架子】

見「擺架子」。

【扯開頭的線團子——牽扯很遠】

線團子：線纏成的球。雙關語。比喻與之有瓜葛的人或事很多。例案情非常複雜，就像個扯開頭的線團子——牽扯很遠，要搞清楚並做出正確處理，非下大決心不可。

【扯空砑光】

扯空：說假話；砑（ㄧㄚˋ）光：用石碾磨紙、皮、布帛等物，使之密實光澤，喻沾別人的光。謂花言巧語，騙人錢財。例自從這一帶開闢爲旅遊區，許多扯空砑光的人也跑來了。

【扯爛污】

見「拆爛污」。

【扯亂了的線軸——找不著個頭】

線軸：纏著線的軸形物。線軸上的線一旦被扯亂，很難找到線頭兒。比喻事情複雜，理不出頭緒，一時找不到解決問題的辦法。例看來，這又是一個老、大、難問題，幾個月了，還像是扯亂了的線軸——找不著個頭，解決它，恐怕是遙遙無期了。

【扯牛尾巴】

跟在牛後面幹活。比喻幹農活。例這次要再考不上大學，我爹就讓我回鄉下扯牛尾巴。我也想通了，扯牛尾巴就扯牛尾巴吧！

【扯篷拉縴】

篷：船上的篷帆；縴：拉船前進的縴繩。比喻爲謀取利益而從中撮合、介紹、調停、說情等。《紅樓夢》一五回：「我比不得他們扯篷拉縴的圖銀子。這三千兩銀子，不過是給打發說去的小廝們作盤纏，使他賺幾個辛苦錢兒。」

【扯皮絆】

皮絆：麻煩。形容引起麻煩或找麻煩。例那些年輕人愛逞凶鬥狠，你可別招惹他們，免得有人扯皮絆！

【扯皮子】

比喻無原則的爭論或推諉。例爲了防止扯皮子，咱們分工要明細，各負其責，各立軍令狀。

【扯順風旗】

比喻順著情勢改變態度。含貶義。例有些幹部不敢說眞話，隨大溜，扯順風旗，這是很不好的。

【扯尾巴】

比喻向後拉，向下拉，阻礙別人前進。例要做，咱們就得擰成一股繩，齊心協力的做，可不興互相扯尾巴。

【扯下水】

比喻拉攏人幹壞事。《金瓶梅詞話》八六回：「平空留著他在屋裏做什麼？到明日，沒的把咱們也扯下水去了。」

【扯閒篇】

說與正事無關的話。例大家討論完正事，又扯了一會兒閒篇，才分頭散去。又作「扯閒盤兒」。例我還有點事，不跟你們扯閒盤兒了，就此告辭。

【扯著耳朵腮頰動】

比喻互相牽扯。《兒女英雄傳》二三回：「這樁套頭裹腦的事，這段含著骨頭露著肉的話，這番扯著耳朵腮頰動的節目，大約除了安老爺和燕北閒人兩個心裏明鏡兒似的，此外就得讓說書的還知道個影子了。」

【扯著耳朵腮也動——互相牽連】

互相牽扯、制約。比喻事物的雙方有密不可分的聯繫。例這幾個案子是扯著耳朵腮也動——互相牽連，解決了一個，其他就迎刃而解了。也作「扯著骨頭帶著筋——互相牽連」。

【扯著耳朵擤鼻涕——不對路數】

見「大腿上把脈——不對路數」。

【扯著老虎尾巴抖威風】

比喻仗勢欺人。例你不要以爲比別人多了靠山，就可以扯著老虎尾巴抖威風，我可不是好欺負的！

ㄔㄜˋ

【徹底澄清】

①澄淸：淸亮。水淸徹見底。比喻人十分廉潔。元・高則誠《琵琶記・牛氏規則奴》：「今後，方信你徹底澄淸。我好沒來由。」②澄淸：肅淸，弄淸。謂徹底淸查。淸・夏綸《杏花村・代狩》：「著即巡按浙江等處地方，克期赴任，務期徹底澄淸，以昭平允。」

【徹裏徹外】

從裏到外的一切方面。例他被好人的善舉深深地感動了，從此以後處處嚴格要求自己，徹裏徹外變了樣。

【徹桑未雨】

徹桑：剝下桑樹皮（捆扎門窗）。在天還沒下雨前，就剝下桑樹皮來捆扎門窗。比喻事先做好準備。宋・程公許《滄州塵缶編・東川節度歌》：「徹桑未雨，寧過計，路旁築屋難爲功。」也作「未雨綢繆」。

【徹上徹下】
徹：通，透。貫通上下。宋・朱熹《近思錄集注》卷四：「居處恭，執事敬，與人忠，此是徹上徹下語。」

【徹首徹尾】
見「徹頭徹尾」。

【徹頭徹尾】
從頭到尾，貫徹始終，完完全全。宋・朱熹《答胡季隨書》：「近日學者說得太高了，意思都不確實，不曾見理會得一書一事；徹頭徹尾。」也作「徹首徹尾」。宋・朱熹《答陳安卿書》：「信道篤然，後可與立，且篤信是好學以前事，既篤信而後能好學也。今此於既學適道之後卻言篤信何也？恐信字徹首徹尾不可分先後。」

【徹心徹骨】
通心透骨。形容疼痛到了極點。例他昨天喝醉酒，下樓梯時滾下來，摔得徹心徹骨的痛，大聲哀叫，現在還躺在醫院呢！

【掣襟露肘】
掣：拉，拽。拉一下衣襟，胳膊肘兒就露出來。形容衣服破爛，處境窘迫。《醒世姻緣傳》三五回：「宗昭原是寒素之家，中了舉，百務齊作的時候，去了這四十兩銀，弄得手裏掣襟露肘。」也作「掣襟肘見」。《明史・劉應節傳》：「邊長兵寡，掣襟肘見。」

【掣襟肘見】
見「掣襟露肘」。

【轍鮒之急】
轍：車轍；鮒：鯽魚。《莊子・外物篇》：「車轍中有鮒魚焉，曰：『我東海之波臣也，君豈有斗升之水而活我哉！』後以「轍鮒之急」比喻處於困境。

【轍環天下】
轍環：乘車環遊。乘車環遊天下。唐・韓愈《進學解》：「昔者孟軻好辯，孔道以明，轍環天下，卒老於行。」

【轍亂旗靡】
靡：倒下。車轍錯亂，旗子倒伏。形容軍隊潰敗逃跑。《左傳・莊公十年》：「吾視其轍亂，望其旗靡，故逐之。」

ㄔㄞ

【拆白道字】
把一個字拆開，變成一句話說出來，然後讓人猜出所拆的字。指宋、元時代的一種文字遊戲。多用於詞曲中。例如黃庭堅的〈兩同心〉詞中，「你共人女邊著子，爭知我門裏桃心」兩句，就是拆的「好」「悶」兩字。元・關漢卿《救風塵》一折：「俺孩兒拆白道字，頂眞續麻，無般不曉，無般不會。」也作「拆牌道字」。《西遊記》十回：「行令猜拳頻遞盞，拆牌道字慢傳鐘。」

【拆壁腳】
見「拆牆腳」。

【拆的東牆補西牆】
同「拆東補西」。《何典》四回：「急賴鬼道：『二位有所不知，我如今西牆倒壞，我是拆的東牆補西牆，豈是有奈何的麼？』」也作「拆東牆補西牆」。

【拆東補西】
拆掉東邊的牆，以修補西邊的牆。比喻財匱力絀，挪借變通，勉強維持。宋・陳師道《次韻蘇公西湖徙魚》詩：「小家厚歛四壁立，拆東補西裳作帶。」也作「拆西補東」。唐・寒山子《詩集》之一七二首：「雖乃得如斯，有爲多患累；與道殊懸遠，拆西補東爾。」

【拆東牆補西牆——堵不完的窟窿】
見「借新債還陳債，堵不完的窟窿」。

【拆東牆補西牆——顧此失彼】
顧了這個，丟了那個。形容照顧不過來。例做一件事必須考慮全局，周密安排，千萬不能拆東牆補西牆——顧此失彼。也作「顧了翻鍋忘了燒水——顧此失彼」、「挖肉補瘡——顧此失彼」。

【拆東牆補西牆——窮折騰】
比喻翻過來倒過去地做某件事，徒勞無益。例房子剛刷好，又要改貼牆紙，眞是拆東牆補西牆——窮折騰。

【拆了房子搭雞窩——划不來】
見「豆腐盤成肉價錢——划不來」。

【拆冷台】
比喻破壞別人熱鬧歡樂的場面，使其變得冷冷清清。例這人就會拆冷台，只要是讓人高興的熱鬧事，他都搗亂。

【拆廟打泥胎——順手殺一刀】
比喻順便給予打擊。例我們原本是奉命去參加集訓的，不料在路上遇上了當地賊寇，欺壓百姓，就來了個拆廟打泥胎——順手殺一刀，爲百姓除了害。

【拆廟趕菩薩——沒有神】
雙關語。比喻無精打采，沒有精神。例他這兩天不知怎麼搞的，整天像拆廟趕菩薩——沒有神。也作「火燒寺廟——沒有神」。

【拆廟散和尚——各奔東西】
比喻各走各的路，互不相干。例這兩個頂要好的朋友，在這次選舉中，因觀點的不同，鬧了個拆廟散和尚——各奔東西。

【拆廟堂種燈草——有心無神】
廟堂：廟，供奉神的房屋；燈草：燈心草，多年生草本植物，莖細長，莖的中心部分用做油燈的燈心。形容注意力不集中，心不在焉的樣子。例你看你對著書發楞，就像拆廟堂種燈草——有心無神。

【拆爛污】
拆：排泄；爛污：稀屎。拉稀屎，比喻不負責任，搞壞了事情。例這事全憑自願，要做就好好做，可不能拆爛污。也作「扯爛污」。例這人原先工作挺負責任，就因爲那次年終考績對他不公正，就開始拆爛污了。
【拆牌道字】
見「拆白道字」。
【拆破西洋鏡】
西洋鏡：民間文娛活動中的一種活動畫片，可以左右推動，畫片多爲西洋畫。比喻故弄玄虛的騙人手法被揭穿。錢鍾書《圍城》六：「鴻沖……回到臥室，猜疑種種，韓學愈一定在暗算自己，就不知道他怎樣暗算，明天非公開拆破他的西洋鏡不可。」
【拆牆腳】
拆掉牆的基礎，比喻從旁破壞事物的基礎，阻止事情順利進行。例有意見可以提，採不採納是他們的事。但我們絕不可以搞拆牆腳的事。也作「拆壁腳」。茅盾《子夜》：「我的好姊妹，我一心只想幫助你，怎麼你倒疑心我來拆你的壁腳呢？」
【拆散的鴛鴦——難成雙】
比喻不能圓滿結合。多指男女婚姻。例小王與秀英從小一塊兒長大，現在小王一家去海外定居，他倆可就眞成了拆散的鴛鴦——難成雙。
【拆散的鴛鴦——十分孤單】
比喻單身無靠，非常寂寞。例常大爺無兒無女，老伴又去世了，眞是拆散的鴛鴦——十分孤單。
【拆台子】
原指演出完畢拆掉戲台子，比喻用某種手段進行破壞，使事情不能順利進行，或比喻收攤不幹了。例民衆的眼睛是雪亮的，你要是爲他們做好事，做實事，他們就尊敬你。要是你專門以權謀私，他們就會拆台子。
【拆襪子補鞋——顧面不顧裏】
比喻只注重表面，不講究實際內容。例你的房子粉刷得夠新潮的，可是裏頭卻亂七八糟，枕頭底下還有臭襪子，眞是拆襪子補鞋——顧面不顧裏。也作「繡花枕頭塞糠殼——顧面不顧裏」。
【拆屋檐賣柴——窮思竭想】
比喻想盡一切辦法。對於這次任務，我可是拆屋檐賣柴——窮思竭想仍然完不成，實在遺憾得很。也作「拔屋檐賣柴——窮思竭想」。
【拆西補東】
見「拆東補西」。
【拆魚頭】
比喻爲方便他人而自找麻煩事來做。例這事兒太麻煩，你摸不著頭緒，還是讓我來拆魚頭吧！

ㄔㄞˊ

【柴毀骨立】
柴：像木材一樣；毀：哀毀；骨立：彷彿只立著一副骨架子一樣，形容因居喪而哀傷過度，身體消瘦，面色憔悴的樣子，唐·無名氏《唐吳郡張常洧紀孝行銘碑》：「及父母既歿，居憂泣血，柴毀骨立，躬自建塚，高數尋。」
【柴毀滅性】
形容因居父母喪，過度悲痛而身體消瘦，精神呆滯。唐·趙儋《右拾遺陳公旌德碑》：「文林卒，公至性純孝，遂廬墓側，杖而徐起，柴毀滅性，天下之人，莫不傷嘆。」
【柴立不阿】
形容操守廉潔，立身正直，如枯木獨立，絕不阿諛附著於某人或集團。《清史稿·魏裔介熊賜履李光地傳論》：「裔介久官台諫，數進讜言，爲憂盛危明之計；自登政府，柴立不阿，奉身早退，有古大臣之風。」
【柴米油鹽】
泛指各種生活必需品。例公司負責人非常關心員工的生活，住宿、交通、柴米油鹽等各種問題都妥善解決了。
【柴無一根，米無一粒】
形容貧困到極點。例他想起以前經歷過的那種柴無一根，米無一粒的日子，覺得現在的生活好多了。
【豺虎肆虐】
比喻壞人像豺狼虎豹一樣爲所欲爲，橫行不法。漢·張衡《南都賦》：「方今天地之睢剌，帝亂其政，豺虎肆虐，眞人革命之秋也。」
【豺狼成性】
比喻壞人像豺狼一樣凶殘成性，唐·駱賓王《代李敬業以武后臨朝移諸郡縣檄》：「加以虺蜴爲心，豺狼成性，近狎邪佞，殘害忠良。」
【豺狼當道】
見「豺狼橫道」。
【豺狼當路】
見「豺狼橫道」。
【豺狼當塗】
見「豺狼橫道」。
【豺狼橫道】
豺狼橫在路中間。比喻壞人當政掌權。《漢書·孫寶傳》：「〔侯〕文曰：『豺狼橫道，不宜復問狐狸。』」也作「豺狼當道」。清·梁啓超《責任內閣釋義》：「而今者豺狼當道，寒蟬俱噤。」也作「豺狼當路」。《後漢書·張綱傳》：「余人受命之部，而〔張〕綱獨埋其車輪於洛陽都亭。曰：『豺狼當路，安問狐狸！』」也作「豺狼當塗」。塗：道路。《晉書·熊遠傳》：「孝懷皇帝梓宮未反，豺狼當塗，人神共忿。」也作「豺狼塞路」。《北史·隋本紀下》：「史臣曰……一人失德，四海土崩，羣盜蜂起，豺狼塞路，南巢遂往，流彘不歸。」
【豺狼請客——不是好事】
比喻來頭不好，災難即將來臨。例這個惡霸今天爲什麼如此客氣，還送來了禮物，我看是豺狼請客——不是好事。也作「豺狼請客——沒好事」、「夜貓子報喜——沒好事」。

【豺狼塞路】
見「豺狼橫道」。
【豺狼野心】
豺狼具有凶殘的本性。比喻壞人像豺狼一樣，用心狠毒。漢·陳琳《爲袁紹檄豫州》：「而〔曹〕操豺狼野心，潛包禍謀，乃欲撓折棟梁，孤弱漢室，除滅中正，專爲梟雄。」
【豺羣噬虎】
感羣的豺敢與老虎咬鬥。比喻弱小者聚集起來可以打敗强者。宋·陸佃《埤雅·釋獸》：「豺虎以殺爲性。俗云『豺羣噬虎』，言其健猛且衆，可以窘虎也。」

ㄔㄠ

【抄靶子】
搜身、抄身。魯迅《抄靶子》：「這在香港，叫做『搜身』。倒也還不算失了體統，然而上海竟謂之抄靶子。」
【抄舊文章】
比喻只會抄襲，沒有新意。《三寶太監西洋記》四八回：「王蓮英又尋著王鳳仙，草草撕殺。殺了一回，也拿出個葫蘆，朝著太陽晃一晃，就爆出十萬道的金光來。王鳳仙看見笑了笑，說道：『這是我老娘多年不用的，你敢抄這舊文章來哄我麼？』」
【抄小路】
即爲圖近便不走大路走小路。比喻圖省事的做法。例誰叫你放著正門不走走後門？放著大道不走抄小路？怎麼樣，這回碰壁了吧？
【抄著手過日子——懶死了】
抄著手：兩手插在袖筒裏。形容不幹活。比喻懶惰到了極點。例他是村裏著名的懶鬼，每天抄著手過日子——懶死了，全靠父母養活著。也作「枕著烙餅挨餓——懶死了」。
【鈔票洗眼——見錢眼開】
形容貪財，有錢就高興。例你想辦成這件事，非送禮不可，他是一個鈔票洗眼——見錢眼開的人。也作「眼睛瞪著孔方兄——見錢眼開」。
【超超玄著】
超超：高超；玄著：言論深妙。形容議論高妙、脫俗。南朝宋·劉義慶《世說新語·言語》：「我與王安豐說延陵、子房，亦超超玄箸（著）。」清·袁枚《隨園詩話》卷一：「余戊申，游廬山，紫亭之子靜夫明府適宰昭文，以《來鶴堂詩》見示。如《題畫》云……皆超超玄著，不食人間煙火。」也作「超然玄著」。《晉書·王戎傳》：「〔王〕濟曰：『張華善說《史》《漢》；裴頠論前言往行。袞袞可聽；王戎談子房、季札之間，超然玄著。』」
【超塵拔俗】
超出塵世，不同凡俗。茅盾《虹》：「讓全國瀘州城開開眼界，知道新人物的行徑是怎樣的超塵拔俗，能夠異想天開尊重女性的。」也作「超塵出俗」。《東周列國志》四七回：「孟明登太華山，至明星岩下，果見一人羽冠鶴氅，玉貌丹唇，飄飄然有超塵出俗之姿。」
【超出三界外，不在五行中】
三界：佛教將人世間分爲欲界、色界、和無色界三個界；五行：同「五常」。指仁、義、禮、智、信。謂超世脫俗，與世無爭。《封神演義》二六回：「妹妹既系出家，原是超出三界外，不在五行中，豈得以世俗男女分別而論。」
【超凡出世】
出脫塵世，超越凡俗。元·馬鈺《清心鏡·嘆世》：「斷是非，講閑氣。豈悟修行，超凡出世。」也作「出世超凡」。元·馬致遠《黃粱夢》一折：「你有那出世超凡神仙分，係一條一抹絛，帶一頂九陽巾，君敢鑑著你做眞人。」
【超凡入妙】
見「超凡入聖」。
【超凡入聖】
超越凡人，進入聖賢境界。謂修養極高。《景德傳燈錄·福州鼓山興聖神晏國師》：「定袪邪行歸眞見，必得超凡入聖鄉。」後世多用來指學術、技藝等達到登峯造級的境地。元·楊維禎《圖繪寶鑑序》：「無論侯王貴戚，軒冕山林，道釋女婦，苟有天資，超凡入聖，即可冠當代而名後世矣！」也指超脫塵世，入道成仙。《鏡花緣》四五回：「孽龍業已覓了仙草，百花服過，不獨起死回生，並可超凡入聖。」有時也比喻超脫現實。《紅樓夢》一一五回：「今日弟幸會芝范，想欲領教一番超凡入聖的道理，從此可以洗淨俗腸，重開眼界。」也作「出凡入聖」。《雍熙樂府》卷三《端正好·我才出塵寰》：「點化的十長生出凡入聖，這便是俺仙家百世功能。」也作「超凡入妙」。宋·朱敦儒《減字木蘭花》詞：「超凡入妙、遊戲神通隨意到。」也作「超凡越聖」。《景德傳燈錄·福州玄沙宗一大師》：「所以道超凡越聖·出生離死，離因離果，超毗盧，越釋迦。不被凡聖因果所漫。」也作「入聖超凡」。
【超凡越聖】
見「超凡入聖」。
【超階越次】
階：等次；次：次序。多指跨越原來的等級次序，越級提升官職。《晉書·越五論傳》：「其餘同謀者咸超階越次，不可勝記，至於奴卒廝役亦加以爵位。」
【超今冠古】
見「超今絕古」。
【超今絕古】
絕：獨一無二的，沒有人能趕上的。形容超越古今。明·李贄《焚書·與管登之書》：「細讀佳刻，字字句句皆從神識中模寫，雄健博達，眞足以超今絕古。」也作「超今冠古」。冠：超出衆人，位居第一。唐·韓愈

《賀册尊號表》：「衆美備具，名實相當，赫赫巍巍，超今冠古。」也作「**超今越古**」。明·無名氏《桃園結義》二折：「憑著我壯志能，膽氣粗，博一個黄閣標名，超今越古。」也作「**越古超今**」。

【越今超古】

見「超今絕古」。

【超類絕倫】

超過衆人，同輩中無人能比。形容人才出類拔萃。明·李贄《焚書·書答·答耿司寇》：「故使克明即不中舉，即不中進士，即不做大官，亦當爲天地間有數其品，超類絕倫，而可以公開眼前蹊徑限之歟？」也作「**超世絕倫**」。漢·蔡邕《陳寔碑》：「羣僚賀之，皆擧手曰：『穎川陳君，超世絕倫。』也作「**超羣絕倫**」。例《三國演義》中刻劃的關羽形象：臥蠶眉，單鳳眼，面如重棗；坐下馬，掌中刀，長髯飄洒……眞超羣絕倫也。」也作「**超倫軼羣**」。軼：超越。清·丘逢甲《鍾髯歌贈鍾生》詩：「世間不見虬髯公，扶余坐失無英雄。超倫軼羣有髯在，令我神往滄溟東。」

【超倫軼羣】

見「超類絕倫」。

【超邁絕倫】

邁：老的；倫：同輩。超過前輩，同輩中也無人比得上。南朝齊·謝赫《毛惠遠》：「出入窮奇，縱橫逸筆，力遒韵雅，超邁絕倫。」也作「**超然邁倫**」。宋·許顗《彥周詩話》：「東坡《海南詩》，荊公《鍾山詩》。超然邁倫，能追逐李杜陶謝。」

【超前絕後】

超過前人，後來者也沒有比得上的。《野叟曝言》六九回：「飛娘咋舌驚嘆道：『天下有這等奇烈女子，守節不變，猶人所能，至寧死而不顯婆婆之失，則眞可超前絕後矣。』」

【超羣拔類】

拔：拔尖兒。謂超出衆人和同輩。茅盾《無題》：「你想，不是一個超羣拔類的美中之后的女主角活現在你眼前麼！」也作「**超羣軼類**」。《野叟曝言》一三八品：「這驢郎文藝固是超羣軼類，恰與素臣天生力彷彿。」也作「**超羣越輩**」。唐·陳子昂《爲程處弼辭流表》：「臣以何功，謬以天，超羣越輩，顯赫明朝。」

【超羣出衆】

超出一般人。《初刻拍案驚奇》卷十：「你道生得如何……即非傾國傾城色，自是超羣出衆人。」

【超羣絕倫】

見「超類絕倫」。

【超羣軼類】

見「超羣拔類」。

【超羣越輩】

見「超羣拔類」。

【超然不羣】

謂超脫世俗之外，不與衆人相同。《清史稿·吳方溥傳》：「其爲人有韜略，超然不羣，能做蘇門長嘯。」

【超然獨處】

謂不介入世事，離羣獨居。戰國楚·宋玉《對楚王問》：「夫聖人瑰意琦行，超然獨處，世俗之民又安知臣之所爲哉！」也作「**超然獨立**」。《淮南子·脩務訓》：「君子……超然獨立，卓然離世。」

【超然獨立】

見「超然獨處」。

【超然絕俗】

謂人才、詩文等不同凡俗，遠遠超出尋常。宋·陸游《與姜特立書》：「《繭庵記》及《初營》、《落成》二詩，大老手筆，超然絕俗。」

【超然邁倫】

見「超邁絕倫」。

【超然物外】

超然：脫離不介入的樣子；物外：世外。謂超脫於塵世之外。宋·葉夢得《石林詩話》：「〔陶〕淵明正以脫略世故，超然物外意，顧區區在位者何足累其心哉！」引申爲逃避現實，置身事外。魯迅《而已集·談所謂大內檔案》：「這一種儀式既經擧行，即倘有後患，各部都該負責，不能超然物外，說風涼話了。」也作「**超然象外**」。象：物象、自然界。魯迅《華蓋集續編·馬上支日記》：「人倘能『超然象外』，看看報章，倒也是一種清福。」

【超然象外】

見「超然物外」。

【超然玄著】

見「超超玄著」。

【超然遠擧】

見「超然遠引」。

【超然遠引】

引：躲避開。脫離世俗，遠遠避開。清·姚鼐《伍子胥論》：「昔者嘗怪樂毅之於燕，伍子胥之於吳，皆以受任於先君之時，以及嗣子棄之，於是毅遂超然遠引，而子胥乃戀戀不去，終以諫死於吳。」也作「**超然遠擧**」。擧：起身（避開）。宋·蘇舜欽《答韓持國書》：「偷俗如此，安可久居其間，遂超然遠擧，羈泊於江湖之上，不惟衣食之累，實亦少避其機阱也。」

【超然自得】

超脫俗事，自覺快意和舒適。《五燈會元·東土祖師》：「光自幼志氣不羣，博涉詩書，尤淸玄理而不事家產，好遊山水，後覽佛書，超然自得。」

【超然自逸】

謂脫離世事，安閒自在，漢·袁紹《與公孫瓚書》：「故爲薦書懇惻，冀可改悔，而足下超然自逸，矜其威詐，謂天罔可吞，豪雄可滅。」

【超然自引】

引：引退。謂脫離世事，自動引退。晋·陸機《豪士賦序》：「借使伊人，頗覽天道。知盡不可益，盈難久持。

超然自引，高揖而退。」

【超人意表】

見「出人意表」。

【超神入化】

見「出神入化」。

【超世拔俗】

見「超世絕俗」。

【超世絕倫】

見「超類絕倫」。

【超世絕俗】

超出當代，冠絕塵俗。形容當世罕見。《宣和書譜・送先輩詩》：「及乘興一寓予揮灑，自然有超世絕俗之態矣。」也作「超俗絕世」。漢・趙壹《非草書》：「夫杜崔張之，皆有超俗絕世之才，博學餘暇游手於斯。」也作「超世拔俗」。宋・黃庭堅《與王周彥長書》：「蓋登泰山而小天下，觀於海者難爲水也。企而慕者，高而遠雖其不逮，猶足以超世拔俗矣。」也作「逸世超羣」。

【超世之才】

出世人的才能。宋・蘇軾《晁錯論》：「古之大事者，不唯有超世之才，亦必有堅忍不拔之志。」

【超俗絕世】

見「超世絕俗」。

【超以象外】

超脫於物象之外。形容詩文的意境雄渾、超逸。唐・司空圖《詩品・雄渾》：「超以象外，得其環中。」

【超軼絕塵】

超軼：超車，也泛指超越；絕塵：腳不沾一點兒塵土，形容神速。爲俊馬飛奔，超越一切。《莊子・徐无鬼》：「天下馬有成材，若恤若失，若喪其一，若是者超軼絕塵，不知其所。」也比喻遠遠超過一般。宋・張孝祥《吳尉》：「執事潛心正學，志其遠大，至於翰墨餘事，猶超軼絕塵如此，眞吾黨之士所敬畏者。」

【超逸絕塵】

超逸：超然物外；絕塵：超絕塵俗。謂超脫塵世，不爲世俗所拘滯。《宣和書譜・空艙帖》：「往昔字學之流，其初筆法安在？惟其胸次筆端超逸絕塵，暗合法度，則其草創便爲一物之宗。」

【超載的火車——任重道遠】

比喻擔負著重大的責任，要經歷長期艱苦的奮鬥。例在此時此地接受這樣的任務，眞是超載的火車——任重道遠啊！不能辜負大家的期望。

ㄔㄠˊ

【巢毀卵破】

《後漢書・孔融傳》載；孔融被曹操逮捕時，有女七歲，子九歲，二人正在下棋，聞訊安坐不動。左右問：「父執而不起，何也？」答曰：「安有巢毀而卵不破乎！」意謂整個鳥窩都傾覆了，難道其中還有完整的鳥蛋嗎？父親被害，子女還能倖免嗎？後用「巢毀卵破」比喻整體遭到毀滅，其中的每個個體也不能倖存。例敵軍大舉入侵，全國人民面臨巢毀卵破、亡國滅種的危機。在這危急存亡的時刻，我們青年學生還談什麼個人的安寧呢？也作「巢傾卵覆」。清・黃遵憲《五禽言》詩：「一身網羅不敢惜，巢傾卵覆將奈何！」

【巢居穴處】

像鳥獸一樣，居住在樹上或岩洞裏。又指遠古人類的生活狀況。宋・王禹偁《譯對》：「古者巢居穴處，茹毛飲血，無君臣父子、夫婦長幼之制，無道德仁義、禮樂刑政之法。」

【巢居知風寒，穴處識陰雨】

巢：棲息在樹上。巢居在樹上的鳥兒最知道何時起寒風；棲息在洞穴裏的虫類最了解何時下雨。比喻親臨其境，才會有眞實體會。也比喻要善於根據不同條件，察微知著。晋・張華《情詩五首》之五：「巢居知風寒，穴處識陰雨。不曾遠別離，安知慕儔侶。」

【巢林一枝】

占樹林的一根樹枝築窩。比喻滿足於自己小小的一片存身之地。《宋史・李沆傳》：「巢林一枝，聊自足耳，安事豐屋哉？」也作「鷦鷯一枝」。

【巢傾卵覆】

見「巢毀卵破」。

【朝裏無人莫做官】

朝：朝廷，比喻官府。舊稱在官裏若沒有後台，就不要去當官。《檮杌閒評》三十回：「俗話說得好：『朝裏無人莫做官』。你到京師，舉目無親，沒人照應，我想這裏的崔呈秀老爺，現在京做官，你去求他家一封家書去，請他照看一二。」

【朝裏一點墨，侵早起來忙到黑，朝裏一張紙，天下百姓忙到死】

朝：朝廷；一點墨：寫幾個字。朝廷一道命令，老百姓就得從早忙到晚，累個要死。《三寶太監西洋記》一七回：「即使發下了幾十面虎頭牌，仰各省直府、州、縣、道、召集鐵行匠作，星夜前赴鐵錨廠應用，毋違。這叫作是個『朝裏一點墨，侵早起來忙到黑；朝裏一張紙，天下百姓忙到死』。」

【朝裏有人好做官】

朝：指朝廷，比喻官府。舊稱官府裏有後台，當官就容易。《醒世姻緣傳》九四回：「常說：『朝裏無人莫做官』；又說：『朝裏有人好做官』。大凡做官的人，若沒有個依靠，居在當道之中，與你彌縫其短，揄揚其長，黃綠干升，出書推薦，任你是龔遂黃霸這等的循良，也沒處顯你的善政。」

【朝遷市變】

朝廷改換了，市肆變樣了。形容改朝換代，社會變更。唐・王績《重答杜君書》：「雖國破家亡，朝遷市變，譜牒存錄，宗次可推。」

【朝山的人不全是爲了敬神】
比諭大方向一致，但具體的目標不同。柳青《創業史》二部八：「你簡單？世情可不簡單呢！這個革命可和土改有些不同。『朝山的人不全是爲了敬神』！」
【朝山進香】
至名山大寺拈香禮佛。《平妖傳》一二回：「華州是大州大府，須不是三家村，獨腳鎮。兩個婦人去朝山進香，那承局那裏便睬他來！」
【朝天放槍——空想（響）】
見「二踢腳上天——空想（響）」。
【朝天椒——又奸（尖）又辣】
朝天椒：一種向上生長的小而尖的辣椒，味極辣；奸：「尖」的諧音。比喻又奸詐又毒辣。例他是一個朝天椒——又奸（尖）又辣，人們見到他就像躲避瘟神一樣，趕快走開。
【朝廷不可一日無君】
國家不可一日沒有做主的人。《西遊記》四十回：「且教到人過來，摘下包巾，戴上沖天冠，脫了布衣，穿上赭黃袍；解了絛子，繫上碧玉帶；褪了僧鞋，登上無憂履；教太子拿出白玉珪來，與他執在手裏，早請上殿稱孤。正是自古道：『朝廷不可一日無君』。」也作「國不可一日無君」。
【朝廷的太監——後繼無人】
太監：宦官，君主時代宮廷內侍奉帝王及其家屬的人員，由閹割後的男子充任。比喻沒有繼承人。例這門手藝是國粹，但眼看就將成爲朝廷的太監——後繼無人了，要趕快培養接班人。
【朝廷爺吃煎餅——均（君）攤】
朝廷爺：對封建時代君主，皇帝的俗稱；煎餅：用小麥、高粱或小米等浸水磨成糊狀，在鏊子上攤勻烙熟的薄餅；均：〔君〕的諧音。雙關語。比喻平均攤派，或平均分擔。例這次會議的費用，採取朝廷爺吃煎餅——均（君）攤的辦法，由參加會議的各單位承擔。也作「朝廷吃煎餅——均（君）攤」。
【朝野側目】
朝野：舊指朝廷和民間；側目：不敢從正面看，斜著眼睛看。形容權勢極大，不論官吏還是平民都既畏懼又憤恨，不敢正眼相看。《古今小說》卷四十：「那奸臣是誰？」姓嚴名嵩……權尊勢重，朝野側目。」
【朝野上下】
從中央到地方，從當官的到老百姓。章炳麟《〈正學報〉緣起》：「若其棟梁方頹，樽俎猶昔，朝野上下，猶嚶鳴娛樂，顏色無改，斯非意重辟復，難可曲喻。」
【朝衣朝冠】
舊時高級官員上朝時所穿的衣服，載的帽子。《孟子・公孫丑上》：「伯夷立於惡人之朝，與惡人言，如以朝衣朝冠坐於塗炭。」
【嘲風弄月】
見「嘲風咏月」。
【嘲風咏月】
嘲：嘲弄、戲謔；咏：吟頌。指僅描寫風花雪月而思想內容貧乏的作品。宋・曾慥《類說》卷一九引胡訥《見聞錄》：「太宗幸翰苑……見江南臣在上而故主（李煜）在下位，侍臣曰：『不能修霸業，但嘲風咏月，今日宜矣。』也作「嘲風弄月」。《警世通言》卷三二：「生性風流，慣向青樓賣笑，紅粉追歡，若嘲風弄月。倒是個輕薄的頭兒。」也作「嘲弄風月」。宋・阮閱《詩畫總龜》後集卷七引《丹陽集》：「蓋摛章繪句，嘲弄風月，雖工亦何補！」
【嘲弄風月】
見「嘲風咏月」。

ㄔㄠˇ

【吵蛤蟆坑】
比喻令人厭惡而嘈雜的聲音。例發言請一個個說，別吵蛤蟆坑，什麼也聽不清楚。
【吵窩子】
指一家人自相爭吵。例隔壁那家，一到休息日就大喊小叫吵窩子，眞煩死人了。
【炒菜不放鹽——乏味】
見「白乾兌涼水——乏味」。
【炒菜要油，耕田要牛】
比喻不可少的條件。例俗話說：「炒菜要油，耕田要牛。」做好什麼事，都得具備不可少的條件。
【炒豆大伙吃，砸鍋一人兜——不公平】
兜：承擔。比喻辦事不公道。例小章幫宿舍粉刷牆壁，因爲沒經過舍監同意，就大膽的在牆壁上作畫，不料卻遭到處分，這眞是炒豆大伙吃，砸鍋一人兜——不公平。
【炒豆大家吃，砸鍋一人兜——豈有此理】
兜：承擔。指哪有這個道理。對不合情理的事表氣憤。例小章，你就委屈點吧！炒豆大家吃，砸鍋一人兜——豈有此理的事到處都有，別想不開了。
【炒豆發芽——好事難盼】
見「鐵樹開花——好事難盼」。
【炒黃豆——乾撈】
比喻淨得某種利益，或不付代價，白白的得到某種利益。例既不投資，也不出力，到時分紅，這種炒黃豆——乾撈的事，在某些掌握實權的人中，時有發現。
【炒了一盤麻雀腦袋——多嘴多舌】
見「螞蚱頭炒碟菜——多嘴多舌」。
【炒冷飯】
比喻重複已經說過的話或已經做過的事，並無新內容新觀點。例有些出版社專門炒香港台灣的冷飯，更有互相炒冷飯的，以致形成大量重複出版，既坑害了讀者，也影響了自己的聲釁。也作「**炒剩飯**」。

【炒冷飯——淡而無味】

見「冷水泡茶——淡而無味」。

【炒栗子崩瞎眼睛——看不出火候來】

見「磨刀師傅打鐵——看不出火候來」。

【炒麵捏娃娃——熟人】

炒麵：炒熟了麵粉。多用做乾糧。雙關語。比喻熟悉的人。例你猜他是誰？他可是炒麵捏娃娃——熟人。也作「**炒麵捏的——熟人**」。

【炒下豆子自己吃——打破砂鍋讓人賠】

比喻將好事攬給自己，壞事推給別人。例做為一個高級主管，必須給下邊承擔責任，下邊的員工往後才敢大膽工作。不能炒下豆子自己吃——打破砂鍋讓人賠。

【炒魷魚】

魷魚下鍋熱炒即成捲筒狀，比喻打行李捲。即比喻解雇、開除。例在香港謀職不易，大伙兒都怕炒魷魚，對老板的挑剔也只好耐心忍受。

ㄔㄡ

【抽抽搭搭】

形容低聲哭泣。例勸了半天，那婦人還是抽抽搭搭地哭。也作「**抽抽噎噎**」。《紅樓夢》三四回：「半天方抽抽噎噎的道：『你可都改了罷。』」

【抽抽噎噎】

見「抽抽搭搭」。

【抽刀斷水水更流，舉杯消愁愁更愁】

抽出刀來要把水斬斷，水卻依然流淌；舉起杯子想以酒解愁，心頭更增加愁情。形容愁思不斷，無從排遣。唐・李白《宣州謝朓樓餞別校書叔雲》詩：「抽刀斷水水更流，舉杯消愁愁更愁。人生在世不稱意，明朝散髮弄扁舟。」

【抽刀斷絲】

《北史・齊本紀・顯祖文宣帝》：「〔高歡〕又嘗令諸子，各使理亂絲，帝（高洋）獨抽刀斷之，曰：『亂者須斬。』後以「抽刀斷絲」比喻做事堅決果斷。例既已知道他不是好人，就應抽刀斷絲，和他斷絕一切往來。

【抽釘拔楔】

抽去釘子，拔出木楔。比喻徹底解決疑難。《五燈會元・雲門偃禪師法嗣・襄州洞山守初宗惠禪師》：「他後向無人煙處，不蓄一粒米，不種一莖菜，接待十方往來，盡與伊抽釘拔楔，拈卻炙脂帽子，脫卻鶻臭布衫，教伊灑灑地作個無事衲僧，豈不快哉！」

【抽肥補瘦】

從有餘的地方抽出一些來，補到不足的地方。指適當調配。例為貫徹勤儉節約精神，辦公用品的分配，還是各科室協商一下，採取抽肥補瘦的方法好。

【抽風攥拳頭——手緊】

抽風：手腳痙攣、口眼歪斜的症狀。攥：ㄘㄨㄢˋ，捏緊。雙關語。比喻經濟拮据。有時指不隨便花錢。例我現在是抽風攥拳頭——手緊，不打算買這種非生活必需品。

【抽功夫】

指擠出時間、抽空。例小于住院了，咱們得抽功夫去看看他才好。

【抽黃對白】

稱駢文對偶工巧。唐・柳宗元《乞巧文》：「眩耀為文，瑣碎排偶；抽黃對白，啽哢飛走。」

【抽簡祿馬】

簡：占卦算命用的竹籤兒。祿馬：指舊時算命用的術語。指替人算命。《二刻拍案驚奇》三三回：「因為能與人抽簡祿馬，川中起他一個混名叫做『楊抽馬』。」

【抽筋剝皮】

形容極其殘酷的壓榨勒索。《老殘遊記續集》二回：「遇見馴良百性，他治死了還要抽筋剝皮，銼骨揚灰。」

【抽了脊梁骨的癩皮狗——扶不上牆】

比喻提攜不得、成不了氣候。例別再花精力去幫助了，他是一個抽了脊梁骨的癩皮狗——扶不上牆的人。

【抽冷子】

比喻乘人不備突然動作。例你別高興太早，說不定他抽冷子就把你叫去訓一頓。

【抽梁換柱】

比喻玩弄手法，暗中改變事物的內容或性質。例他來了個抽梁換柱，讓老婆頂替自己的名字去開會。也作「**偷梁換柱**」。

【抽青配白】

取青色配白色。比喻文辭講究對偶工整。金・元好問《送詩人秦略簡夫婦蘇墳別業》詩：「昨朝見君臨水句，乃知抽青妃（配）白非詩人。」也作「**抽青配白**」。

【抽胎換骨】

原指修煉，脫凡胎，換凡骨，才能得道成仙。後謂進行一番徹底的改造。《金瓶梅詞話》六七回：「你也嘗嘗，吃了牙老重生，抽胎換骨。」也作「**脫胎換骨**」。

【抽梯子】

抽走梯子使人無法上下，比喻中途拆台。例他這個人太不地道了，合作共事這麼久，眼看事情就要成了，他卻來了個抽梯子，真氣人。

【抽薪止沸】

《呂氏春秋・季春紀・盡數》：「夫以湯止沸，沸愈不止：去其火，則止矣。」謂抽去鍋底下的柴火，就止住了水的沸騰。比喻從根本上解決問題或消除禍患。北齊・魏收《為侯景叛移梁朝文》：「授柄奸回，欲求肝膽之誠。更啓危亡之兆，智者不為，迷者遂去，若抽薪止沸，剪草除根。」

【抽煙燒枕頭——怨不著別人】

比喻自己做錯了事，不怪別人。例誰叫你老想占小便宜，現在好了，吃了大虧，這可是抽煙燒枕頭——怨不著別人。

ㄔㄡˊ

【仇人打擂——有你無我】
打擂：上擂台參加比武。比喻仇恨很深，誓不兩立。例你們並無根本利害衝突，爲什麼鬧得像仇人打擂——有你無我呢？

【仇人相見——分外眼明】
分外：格外、特別。仇人見面，怒火燃燒。吳璇《飛龍全傳》三六回：「此時韓通……撲到楊樹眼前，正見兒子被那黑漢毒打，心中十分暴怒。舉眼把黑漢一看，原來就是鄭恩，正是仇人相見——分外眼明。」也作「**仇人相見——分外眼睜**」〈何典〉九回：「催命鬼看見，因他曾打死兄弟破面鬼，正是仇人相見，分外眼睜，便近上前來提他。」也作「**仇人見面，分外眼紅**」。例敵人剛一出現，仇人相見，分外眼紅，楊排長就衝上前去予以迎頭痛擊。也作「**冤家狹路相逢——分外眼紅**」。

【仇深似海】
比喻有極大的仇恨。例那狗官將我父親剖腹挖心，我和他仇深似海。

【綢繆束薪】
綢繆：緊密纏繞；束薪：捆起來的柴火。比喻男女婚嫁之事。《詩經・唐風・綢繆》：「綢繆束薪，三星在天。今夕何夕，見此良人。」毛傳：「男女待禮而成，若薪芻待人事而後束也。」

【疇昔之夜】
疇：助詞，無義；昔：往日。指前一日的夜裏。宋・蘇軾《後赤壁賦》：「疇昔之夜，飛鳴而過我者，非子也。」

【疇咨之憂】
《尚書・堯典》：「疇咨若時登庸？」蔡沈集傳：「疇，誰；咨，訪問也。若，順；庸，用也，堯言誰爲我訪問能順時爲治之人而登用之乎？」後以「疇咨之憂」比喻人才難以訪求到的憂慮。《後漢書・崔駰傳》：「人有昏墊之厄，主有疇咨之憂。」

【酬功報德】
酬謝功勞，報答恩德。《說岳全傳》八〇回：「嗚呼！酬功報德，率由舊章。」

【愁布袋】
指惹麻煩，讓人犯愁的事物。例你做了虧心事，卻把這愁布袋甩給別人背，這怎麼行？

【愁腸百結】
愁悶的心情纏繞縮結在腹中。形容憂愁鬱結，難以解脫。《王昭君變文》：「日月無明照覆盆，愁腸百結虛成著。」也作「**愁腸九轉**」。明・邵璨《香囊記・得書》：「我終日裏愁腸九轉，到如今尺素空傳，越教人中心慘然。」

【愁腸寸斷】
愁得腸子一寸寸斷開。形容非常憂愁苦惱。唐・張鷟《遊仙窟》：「涕血流襟。」

【愁腸九轉】
見「愁腸百結」。

【愁腸殢酒】
殢（ㄊㄧˋ）酒：病酒，困酒。指心中愁悶，更易於困醉在酒中。宋・辛棄疾《木蘭花慢・滁州送范倅》詞：「長安故人問我，道愁腸殢酒只依然。」

【愁城兀坐】
愁城：憂愁困苦的境地；兀坐：獨自呆坐。形容處於憂愁困苦的境地而又無力擺脫。清・梁紹壬《致趙秋舲書》：「當局者既費遠籌，旁觀者亦難借箸，愁城兀坐，樂境全非。」也作「**坐困愁城**」。

【愁紅慘綠】
形容經風雨摧殘的殘花敗葉，多用以感嘆身世坎坷，心境悲涼。宋・辛棄疾《鷓鴣天・賦牡丹》詞：「愁紅慘綠今宵看，恰似吳官教陣圖。」也作「**慘綠愁紅**」。

【愁眉不展】
憂愁得眉頭緊鎖，不得舒展。形容心事重重。《西遊記》九四回：「觀見那唐僧在國王左邊繡墩上坐著，愁眉不展，心存焦燥。」也作「**愁顏不展**」。明・沈采《千金記・省女》：「奈我丈夫每日只是攻文習武，衣食艱苦，頗覺失望，以此愁顏不展。」

【愁眉苦臉】
皺著眉頭，哭喪著臉。形容滿臉憂鬱愁苦的神情。《儒林外史》四七回：「成老爹氣的愁眉苦臉，只得自己走出去回那幾個鄉里人去了。」

【愁眉苦目】
見「愁眉苦眼」。

【愁眉苦眼】
眉頭緊皺，眼神愁苦。形容憂鬱愁苦的神態。《兒女英雄傳》四〇回：「安學海」只擎著酒杯，愁眉苦眼，一言不發的在座上發愣。」也作「**愁眉苦目**」。《二十年目睹之怪現狀》一〇二回：「只見一個人在那裏和亮臣說話，不住的唉聲嘆氣，滿臉的愁眉苦目。」也作「**愁眉鎖眼**」。例這意外的喜訊，使大家興奮起來，愁眉鎖眼的姿態一掃而空。

【愁眉淚睫】
見「愁眉淚眼」。

【愁眉淚眼】
憂愁的雙眉緊鎖，兩眼含淚。《紅樓夢》六二回：「那媳婦愁眉淚眼，也不敢進廳來，到階下便朝上跪下磕頭。」也作「**愁眉淚睫**」。睫：眼睫毛。例那少婦愁眉淚睫，憔悴可掬。

【愁眉鎖眼】
見「愁眉苦眼」。

【愁眉啼妝】
愁眉：用筆畫眉，使眉細而曲折；啼妝：輕輕擦去眼下的粉飾，裝作啼痕。形容婦女容貌的妖媚。《後漢書・五行志一》：「桓帝元嘉中，京都婦女作愁眉、啼妝、墮馬髻、折要步、齲齒笑……」《後漢書・梁冀傳》：「梁冀妻孫壽」色美而善爲妖態，作愁眉嗁（啼）粧（妝）……以爲媚惑。

【愁人莫向愁人說，說起愁來愁殺人】
謂憂愁的事不要向心懷愁悶的人訴說，免得引起更多的悲愁。《鍾馗傳・斬鬼傳》二回：「二神又問鍾馗始末，鍾馗從頭至尾，一一說了，二神不勝嘆惜。正是：愁人莫向愁人說，說起愁來愁殺人。」也作「**愁人莫向愁人說，說與愁人轉轉愁**」。

【愁容滿面】
滿臉愁容。形容愁苦不堪的樣子。例此次颱風過境災情嚴重，農作物大面積枯死，村民們一個個愁容滿面。

【愁山悶海】
憂愁像山一樣沉重，苦悶像海一樣深廣。形容憂愁苦悶十分深重。元・無名氏《爭報恩》二折：「俺又不曾弄月嘲風，怎攬下這場愁山悶海。」

【愁緒如麻】
憂愁的思緒像麻團一樣亂糟糟的。形容愁思難以解脫。《三遂平妖傳》三回：「心兒裏愁緒如麻，把個活動動的人兒，都困做了籠中之鳥。」

【愁煙苦霧】
見「愁雲慘霧」。

【愁顏不展】
見「愁眉不展」。

【愁雲慘霧】
形容愁苦、沉悶而淒慘的景象、氣氛。元・武漢臣《生金閣》四折：「我則見黯黯的愁雲慘霧迷。」也作「**愁雲毒霧**」。清・陳鵬年《江幹》詩：「愁雲毒霧瑣江幹，院落沉沉書景寒。」也作「**愁煙苦霧**」。宋・朱熹《梅》詩：「年年一笑相逢處，長在愁煙苦霧中。」

【愁雲毒霧】
見「愁雲慘霧」。

【稠人廣衆】
形容人多密集。《初刻拍案驚奇》卷三二：「每每花期月夕，士女喧闐，稠人廣衆，挨肩擦背，目挑心招，恬然不以爲意。」也作「**稠人廣坐**」。《三國志・蜀書・關羽傳》：「而稠人廣坐，侍立終日，隨先主周旋，不避艱險。」

【稠人廣坐】
見「稠人廣衆」。

【籌謀帷幄】
籌：指策劃；帷幄：軍中帳幕。在軍帳中策劃謀略。泛指策劃重大機密。《舊唐書・房玄齡傳》：「今計功行賞，玄齡等有籌謀帷幄，定社稷之功。也作「**遠籌帷幄**」。

【籌添海屋】
籌：計數和計算的器具。宋・蘇軾《東坡志林》卷二：「嘗有三老人相遇，或問之年……一人曰：『海水變桑田時，吾輒下一籌，爾來吾籌已滿十間屋。』」後因以「籌添海屋」作爲祝人長壽之辭。明・吳廷翰《駐雲飛・一百二十自壽・山花子》詞：「壽杯壽酒稱壽高，願籌添海屋，樂壽滔滔。」也作「**海屋添籌**」。

【躊躇不決】
見「躊躇未決」。

【躊躇不前】
躊躇：遲疑，徘徊。形容想走不走的樣子。例大家都想爬到山上去，可是又怕坡陡路滑，容易摔倒，因此躊躇不前。

【躊躇滿志】
躊躇：自得的樣子。形容對自己的成就心滿意足，洋洋得意。例一想到出國唸書的計畫即將實現，他就躊躇滿志的露出滿意的笑容。

【躊躇未定】
見「躊躇未決」。

【躊躇未決】
躊躇：遲疑猶豫。遲疑猶豫，不能做出決斷。《隋唐演義》八三回：「但恐貴妃與虢夫人不舍他，因此躊躇未決。」也作「**躊躇不決**」。《東周列國志》七一回：「景公口雖唯唯，終以田陳同族爲嫌，躊躇不決。」也作「**躊躇未定**」。例他想調工作，可是又怕到了新環境人生地不熟，因此一直躊躇未定。

ㄔㄡˇ

【醜表功】
不知羞恥的吹噓、表白自己做的事。例你不過做了點雞毛蒜皮的事，就別到外面醜表功啦！

【醜惡嘴臉】
醜陋惡劣的面孔。例揭露敵人的醜惡嘴臉。

【醜婦家中寶】
謂醜媳婦安心治家，不招惹是非。元・秦簡夫《東堂老》一折：「我爲甚叮嚀勸叮嚀道，你有禍根有禍苗，你拋開了這醜婦家中寶，挑剔著美女家生哨。」也作「**醜婦良家之寶**」、「**醜陋夫人家中寶，美貌佳人惹禍端**」。

【醜類惡物】
指幹壞事的醜惡人物。《左傳・文公十八年》：「醜類惡物，頑嚚不友。」

【醜劣不堪】
醜陋、低劣到了極點。例絕不允許醜劣不堪的黃色書刊充斥市場。

【醜聲遠播】
謂不好的名聲傳得很廣。《宋書・盧陵孝獻王義眞傳》：「案車騎將軍義眞，凶忍之性，爰自稚弱，咸陽之酷，醜聲遠播。」

【醜態百出】
各種令人厭惡的醜樣子都做出來了。《鏡花緣》六六回：「不過因明日就要放榜，得失心未免過重，以致弄得忽哭忽笑，醜態百出。」

【醜態畢露】
畢：完全。醜陋的樣子完全暴露。清．錢泳《履園叢話．裹足》：「總之，婦女之足，無論大小……若行步蹣跚，醜態畢露，雖小亦奚以爲！」也作「**醜態盡露**」。明．唐順之《答茅鹿門知縣》之二：「如貧人借富人之衣，莊農作大賈之飾，極力裝做，醜態盡露。」

【醜態盡露】
見「醜態畢露」。

【醜媳婦見公婆——遲早有一回】
比喻免不了或躲不過的事情。例該輪到你上台表演了，你不要再推了，反正醜媳婦見公婆——遲早有一回。

【醜媳婦總要見翁姑】
兒媳婦要侍候公婆，遲早得見公婆的面。比喻有缺點、錯誤的人總要與人相見的。《二十年目睹之怪現狀》一八回：「我要出去，母親道：『你且不要露面。』我道：『不要緊，醜媳婦總要見翁姑的。』說著出去。」也作「**醜媳婦少不得要見公姑**」、「**醜媳婦免不得堂上見公姑**」、「**醜媳婦少不得見公婆**」。

【醜小鴨】
醜小鴨：安徒生童話裏的一隻未變成天鵝的雛鵝。比喻尚未出人頭地、被人們小看的天才人物。例你別老瞧不起他，看他那鑽研勁兒，說不定是一隻未變成天鵝的醜小鴨哩！

ㄔㄡˋ

【臭不可當】
臭得使人無法忍受。唐．柳宗元《東海苦》：「刳而振其犀以嬉，取海水染糞壤蟯蚘而實之，臭不可當也。」也比喻文章、名聲等極差。《孽海花》五回：「原來公坊那年自以爲臭不可當的文章，竟被霞郎估著，居然攝了巍科。」也作「**臭不可聞**」。《三國演義》九〇回：「大半被鐵炮打的頭臉粉碎，皆死於谷中，臭不可聞。」

【臭不可聞】
見「臭不可當」。

【臭蟲咬人——出嘴不出身】
比喻光說不幹。例別光說大話了，也來試一試吧，臭蟲咬人——出嘴不出身，不算能耐。

【臭豆腐——聞著臭，吃著香】
臭豆腐：發酵後有臭味的豆腐。比喻明知是缺點，卻又挺欣賞，不願改正。有時又指某人名聲不太好，但還有專長或工作能力，人們很想用他。例對於崇尚名牌、出手闊氣這種行爲，小陳是臭豆腐——聞著臭，吃著香，雖然口頭上批評，但實際上卻又是這種行爲的實踐者。

【臭腐神奇】
化臭腐爲神奇。形容把壞的、毫無用處的東西變爲十分美好的東西。例一片片碎布，經她一剪，成了美麗的貼畫；一塊塊頑石，經她一粘，成了精妙的盆景，我眞對她這臭腐神奇、點石成金之功佩服極了。

【臭架子】
形容自高自大，裝腔作勢的樣子。例愛端臭架子的人，大伙都敬而遠之。

【臭名遠揚】
壞名聲傳得很遠。例他是個臭名遠揚的貪官。

【臭名昭彰】
見「臭名昭著」。

【臭名昭著】
昭著：顯著。壞名聲人人皆知。例他們軍紀很壞，在前方打狗吃，臭名昭著。也作「**臭名昭彰**」。例北洋軍閥是中國近代史上罪行累累、臭名昭彰的一個封建軍事政治集團。

【臭牛皮——不消（硝）了】
見「老鼠皮——不消（硝）了」。

【臭肉來蠅】
臭肉引來蒼蠅。比喻壞人臭味相投。例他出獄後，幹起了投機買賣的勾當。臭肉來蠅，交了不少狐朋狗友。

【臭屎殼郎——沒人理】
屎殼郎：蜣螂。見「老虎的頭髮——沒人理」。

【臭襪子當手帕——虧你做得出】
比喻做了不該做的事情。例這種投機取巧的事，爲一般人所不恥，臭襪子當手帕——虧你做得出來。

【臭襪子改短褲——高升了】
比喻飛黃騰達。含有譏諷意思。例眞沒想到，這種人也當了什麼中心經理，眞是臭襪子改短褲——高升了。也作「**鞋面布做帽子——高升了**」、「**蛤蟆跳到腳面上——高升了**」。

【臭味相投】
指有同樣的壞思想、壞習氣，就互相投合得來。例那兩個人吃喝嫖賭，臭味相投，所以總是混在一起。

【臭秀才擺步——把穩】
秀才：漢以後薦舉統治人才的科目之一。明清兩代院試錄取後稱生員，通稱秀才。比喻非常穩當可靠，或不會產生任何差錯。例這件事關係人民生活，一定要臭秀才擺步——把穩，不能讓其失敗。

【臭豬頭，自有爛鼻子聞】
比喻壞人彼此臭味相同。例他和這些狐羣狗黨的朋友整天吃喝嫖賭，不務正業，眞是臭豬頭，自有爛鼻子聞，都是一丘之貉。

【臭嘴子】
指好罵大街的人。例犯不上跟他生氣，他是出了名的臭嘴子，什麼難聽的話都罵得出來。

ㄔㄢ

【摻沙子】
泥中摻些沙子能使土質疏鬆通氣。中共「文化大革命」時派工人進駐上層建築領域和知識分子成堆的地方叫「摻沙子」。例董事長決定對於無法適應加班的員工，將實施「摻沙子」計畫，派人輔導他們。

【摻行奪市】
摻：摻和，攪亂。意謂攪混在裏邊，搶別人生意。元・無名氏《大戰邳彤》一折：「這先鋒合當我做，你怎麼來摻行奪市的。」
【摻科撒渾】
見「插科打諢」。
【摻水的老白乾——沒衝勁兒】
老白乾：白酒；衝勁兒：勁頭很足。比喻做事缺乏幹勁。例你這個當年猛打猛衝的突擊隊員，怎麼幾年工夫成了摻水的老白乾——沒衝勁兒。

ㄔㄢˊ

【讒口嗷嗷】
嗷嗷：象聲詞，叫喊的聲音。形容讒言詆毀既多且烈。《漢書・劉向傳》：「無罪無辜，讒口嗷嗷。」
【讒慝之口】
讒：讒言；慝：ㄊㄜˋ，邪惡。專進讒言的惡人的嘴。《晉書・王濬傳》：「樂羊既反，謗書盈篋，況臣頑疏，能免讒慝之口！」
【讒言佞語】
讒言：毀謗的話；佞語：諂媚取悅的花言巧語。毀謗中傷他人和諂媚討好的話語。元・施惠《幽閨記・文武同盟》：「怨著大金主上，信讒言佞語，殺害我忠良。」
【讒言三及】
曾子母親因曾參殺人的謠言接連傳至，心中害怕，放下織布梭子逃走。後以「讒言三至」、「三至之讒」等比喻受誣陷。唐・李白《答王十二寒夜獨酌有懷》詩：「曾參豈是殺人者，讒言三及慈母驚。」
【讒言三至，慈母不親】
惡意中傷的話聽多了，連慈母也會不相信兒子。謂讒言可畏。三國魏・曹植《當牆欲高行》詩：「龍欲升天須浮雲，人之仕進待中人。衆口可以鑠金，讒言三至，慈母不親，憒憒俗間，不辨僞眞。願欲披心自說陳，君門以九重，道遠河無津。」
【讒言誤國，妒婦亂家】
讒言：毀謗的話：妒婦：妒忌心强的女人。謂讒言損害國家，妒婦攪亂家庭。《萬花樓》三回：「聖上未及開言，寇公怒曰：『讒言誤國，妒婦亂家，信有之矣！爾憑拯不過以文章耀世，軍國大事，非爾所知也。如再沮疑君心。所誤非淺。』」
【饞大嫂種瓜——揀著吃】
饞大嫂種瓜，不等瓜熟就想吃，只好揀快熟的先吃。比喻擇優選用。例這次我們工廠徵人應當是饞大嫂種瓜——揀著吃，不能來一個要一個。
【饞狗等骨頭——急不可待】
見「三月栽薯四月挖——急不可待」。
【饞鬼搶生肉——貪多嚼不爛】
饞鬼：貪嘴的人。比喻做事貪大求多，超過自己的負擔能力，反而沒有好的效果。例接受任務要量力而行，不要像饞鬼搶生肉——貪多嚼不爛，於公於私都沒有好處。
【饞口流涎】
見「饞涎欲滴」。
【饞獠生涎】
獠：露在嘴外的長牙。形容人貪食的醜態。《宣和畫譜・龍魚》：「袁義，河南登封人，爲侍衛親軍，善畫魚，窮其變態，得噞喁游泳之狀，非若世俗所畫，作庖中物，特使讒獠生涎耳。」
【饞貓鼻子尖——吃腥嘴了】
鼻子尖：鼻子嗅覺靈敏，善聞香味。比喻吃饞了嘴，更加貪得無厭。例這樣高格調的宴會還不滿足，眞是饞貓鼻子尖——吃腥嘴了。
【饞涎欲垂】
見「饞涎欲滴」。
【饞涎欲滴】
饞得口水都快要流下來了。形容極其貪吃或貪得的樣子。清・姬文《市聲》：「此時聽得蕭說有那樣好煙，不覺饞涎欲滴。」艾蕪《我詛咒你那麼一笑》：「然而凡是遇著盤毛辮子的少女的頭，我就很快地把電光擺開，不讓這位饞涎欲滴的紳士瞥見，只是半帶報告半似鄙夷地說一聲。」也作「饞涎欲垂」。宋・蘇軾《將之湖州戲贈莘老》詩：「吳兒鱠縷薄欲飛，未去先說饞涎垂。」也作「垂涎欲滴」。例看到媽媽做好的道道佳餚，我們已經垂涎欲滴，忍不住食指大動了。也作「饞口流涎」。清・陶元藻《越畫見聞・楊之范》：「又畫《百果圖》，一一逼肖，使人充飢止渴，饞口流涎。」
【纏夾不清】
許多問題糾纏夾雜在一起，分不清楚。魯迅《不懂的音譯》：「凡有一件事，總是永遠纏夾不清的，大約莫過於在我們中國了。」
【纏麻頭，續麻尾】
比喻說話東拉西扯。元・無名氏《神奴兒》一折：「〔正末云〕兄弟，你恰才入門來，說你嫂嫂不曾還你的禮，如今可要分家私。〔唱〕你打破盆則論盆，休的要纏麻頭，續麻尾。」
【纏綿床褥】
纏綿：猶綿頓。疾病糾纏，久病不癒。形容身患重病，不能起床。《宋宮十八朝演義》二〇回：「偏李妃生起病來，纏綿床褥，一病不起，竟爾去世。」
【纏綿床第】
纏綿：猶綢繆；第：ㄗˇ，竹篾編的席。多指沈溺於夫婦之事。梁啓超《新民說》一七節：「翩翩少年，弱不禁風……弱冠而後，則又纏綿床第，以耗其精力。」
【纏綿悱惻】
纏綿：情感縈繞、糾纏，不能解脫；悱惻：內心悲苦。形容悲苦情感鬱結心頭而無法排遣。也指詩文情調淒惻、婉轉。梁啓超《屈原研究》：「有許多話講了又講，正見得纏綿悱惻，一往情深。」清・沈祥龍《論詞隨筆》：「須得屈子之纏綿悱惻，又須得莊子之超曠空靈。」

【纏綿幽怨】

幽怨：內心深處的怨恨。形容隱藏在內心的怨恨難以排遣的樣子。茅盾《從牯嶺到東京》：「他們都是愛我的……不大願意我有這種纏綿幽怨的調子。」

【纏綿蘊藉】

蘊藉：含蓄不露。形容詩文風格情調委婉細膩，含蓄而有節制。清・劉熙載《藝既・詞曲概》：「觀彼所制，圓溜瀟灑。纏綿蘊藉，於此事固若有別材也。」

【蟬不知雪】

漢・恒寬《鹽鐵論・相刺》：「通一孔，曉一理，而不知權衡，以所不睹不信人，若蟬之不知雪。」後以「蟬不知雪」嘲諷人見聞不廣。例我長這麼大，連海都沒見過，眞可說是「蟬不知雪」了。

【蟬腹龜腸】

像蟬的肚子，龜的腸子，只以飮露、喝水充飢。比喻人缺食挨餓，腹內空空。《南史・檀珪傳》：「〔檀珪〕與僧虔書曰：『僕一門雖謝文通，乃忝武達。羣從姑叔，三嬪帝姻，而令子侄餓死，遂不荷潤。蟬腹龜腸，爲日已久。』」

【蟬衫麟帶】

像蟬翅一樣又輕又薄的衣衫，像麟甲般的彩色絲帶。形容服裝輕柔華貴。唐・溫庭筠《舞衣曲》詩：「夜向蘭堂思夢舞，蟬衫麟帶壓愁香。」

【蟾宮折桂】

蟾宮：月宮，舊時傳說月亮上有蟾蜍，故稱蟾宮；折桂：《晋書・郤詵傳》載：「郤詵舉賢良對策，爲天下第一，自稱猶桂林之一枝，昆山之片玉。」宋・葉夢得《避暑錄話》卷下：「世以登科爲折桂，此謂郤詵對策東堂，自云桂林一枝也，自唐以來用之。」後便以折桂稱科舉應試得中。《紅樓夢》九回：「〔黛玉〕因笑道：『好！這一去，可是要蟾宮折桂了！我不能送你了。』」

ㄔㄢˇ

【諂詞令色】

令色：向人討好、獻媚的面容。說著奉承人的話，裝出討好的樣子。《東周列國志》八〇回：「句踐爲人機險，今爲釜中之魚，命制庖人，故諂詞令色，以求色刑誅。」

【諂上傲下】

見「諂上驕下」。

【諂上驕下】

漢・楊雄《法言・修身》：「上交不諂，下交不驕，則可以有爲矣。」「諂上驕下」謂對上奉承，對下驕横。《歧路燈》五一回：「凡是這一號鄉紳，一定是諂上驕下，剝下奉上的。」也作「諂上傲下」。

【諂上欺下】

見「諂上抑下」。

【諂上抑下】

抑：壓制。討好上司，壓制下級。《北史・安同傳》：「〔安同〕性平正柔和，未嘗有喜怒色，忠篤愛厚，不諂上抑下。」也作「諂上欺下」。欺：欺壓。例對於那種慣於諂上欺下的人，我們絕不能放鬆警惕，委以重任。

【諂諛取容】

取容：取悅於人。靠奉承拍馬以討取別人的歡心。《史記・平準書》：「……不入言而腹誹，論死。自是之後，有腹誹之法，而公卿大夫多諂諛取容矣。」

【囅然而囅】

見「囅然而笑」。

【囅然而笑】

囅：笑貌。高興地一笑。《東周列國志》二一回：「〔齊〕桓公囅然而笑，不覺起立曰：『此正寡人之所見也！』」也作「囅然而囅」。囅：ㄏㄞ，嗤笑，歡喜的樣子。晋・左思《吳都賦》：「東吳王孫，囅然而囅。」也作「囅然一笑」。清・汪琬《〈漁樵耕牧圖〉序》：「及其時日稍暇，則人憑欄而望，擁膝而吟，然後徐展此圖，以校其人物風景相似與否，夫亦將爲之囅然一笑也。」

【囅然一笑】

見「囅然而笑」。

ㄔㄣ

【抻牛筋】

抻：拉、扯。牛筋有彈性，可以拉長。比喻故意拖拉，消極怠工。例這工作伸縮性很大，要是抻牛筋，十天半月也幹不完，控制點兒，一個禮拜應該足夠。

【嗔拳不打笑面】

嗔：怒，生氣的樣子；嗔拳：因憤怒而揮拳。即使非常生氣，也不會揮拳去打笑臉相迎的人。《何典》七回：「師姑大怒道：『嗔拳不打笑面』我好意勸你，怎倒這等不受人抬舉。」也作「嗔拳輸笑面」。《水滸傳》二七回：「自古嗔拳輸笑面，從來禮數服奸邪。只因義永眞男子，降伏兇頑母夜叉。」

【嗔拳輸笑面】

見「嗔拳不打笑面」。

【瞋目切齒】

瞋目：瞪大眼睛；切齒：咬緊牙齒。形容極端憤怒、無比痛恨的樣子。《史記・張儀列傳》：「是故天下之游談士莫不日夜扼腕瞋目切齒以言從（縱）之便，以說人主。」

ㄔㄣˊ

【塵飯塗羹】

塵：土；塗：泥。用塵土做的飯，用稀泥做的羹。比喻無用之物。《韓非子・外儲說左上》：「夫嬰兒相與戲也，以塵爲飯，以塗爲羹——然至日晚必歸餉者，塵飯塗羹可以戲而不可食也。」後用來比喻不中用或不中意的詩文。清・納蘭性德《通志堂集・淥水亭染識》：「宋人專意於詞，實爲精絕，詩其塵飯塗羹，故遠不及唐人。」也作「**塵羹土飯**」。清・黃宗羲〈李杲堂文鈔〉序》：「舉世䁖目於塵羹土飯之中，本無所謂古文，而緣飾於應酬者，則又高自標致。」

【塵羹土飯】

見「塵飯塗羹」。

【塵垢秕糠】

塵垢：灰塵和污垢；秕糠：秕子和穀殼。比喻久棄無用的東西。《莊子・逍遙遊》：「其是塵垢秕糠，將猶陶鑄堯舜者也。」

【塵頭大起】

謂一團團的灰塵高高揚起。《三國演義》一一一回：「忽前軍來報：『山後塵頭大起，必有伏兵。』」

【塵消煙滅】

灰塵消散，煙也飄失乾淨。比喻人或事物蹤跡全無，不復存在。南朝梁・劉昭《後漢書注補志序》：「初平、永嘉圖籍焚喪，塵消煙滅，焉識其限，借南晉之新虛，爲東漢之故實，是以學者亦無取焉。」也作「**灰飛煙滅**」。

【塵魚甑釜】

甑、釜：古代炊具。《後漢書・范冉傳》：「閭里歌之曰：『甑中生塵范史雲，釜中生魚范萊蕪。』」後因以「塵魚甑釜」形容生活貧困，久已斷炊。宋・范成大《次韻虞子建見咍𩔰帶作醮》詩之二：「塵魚甑釜時相厄，微汝誰能爲解圍？」也作「**甑塵釜魚**」。

【沈博絕麗】

沈：深沈；博：廣博；絕：獨特。指文章含意深遠，內容廣博，文亂絕妙華麗。漢・揚雄《答劉書》：「少不得學，而心好沈博絕麗之文。」

【沈厚寡言】

沈厚：穩重樸實。謂樸實穩重而話語不多。金・元好問《續夷堅志》卷四：「四五歲能說前生事，沈厚寡言，人傳爲異事。」也作「**沈重寡言**」。明・朱國禎《涌幢小品・陳同甫談兵》：「同甫夜思，幼安沈重寡言，因酒誤發，若醒而悟，必殺我滅口。」也作「**沈重少言**」。《魏書・河南王傳》：「少有父風，頗覽書傳。沈重少言，寬和好士。」

【沈幾觀變】

沈：沈著；幾：通「機」，機智。沈著機智，隨機應變。《民國通俗演義》二回：「沈幾觀變，前事可師。」

【沈漸剛克】

見「沈潛剛克」。

【沈靜寡言】

見「沈靜少言」。

【沈靜少言】

性格沈穩文靜而話語不多。《周書・王盟兄子顯傳》：「盟兄子顯，幼而敏悟，沈靜少言。」也作「**沈靜寡言**」。巴金《寒夜》：「現在他比平日講話多，他卻較以前沈靜寡言。」

【沈疴宿疾】

沈疴：長久而嚴重的病；宿疾：一向就有的病。指老病重病。比喻長期以來爲害甚大的弊病。清・秋瑾《精衛石》五回：「美雨歐風，頓起沈疴宿疾；發聾振聵，造成兒女英雄。」

【沈李浮瓜】

指熱天用冷水浸涼後食用的瓜果，形容夏天的生活景象。宋・柳永《女冠子》：「以文會友，沈李浮瓜忍輕諾。」元・馬致遠《新水令・題西湖》曲：「恁般樓台正宜夏，卻輸他沈李浮瓜。」

【沈湎淫逸】

沈湎：沈溺。爲沈溺於酒色，極度荒淫。宋・楊萬里《宋故龍圖閣學士張公神道碑》：「太康敗於甘酒，桀敗於酒池，厲王敗於荒酒，幽王敗於沈湎淫逸。」

【沈默寡言】

謂默默無語，不苟言笑。《元史・太祖》：「勃端叉兒狀貌奇異，沈默寡言，家人謂之癡。」

【沈潛剛克】

沈潛：深沈而不外露；剛克：以剛強制勝。謂深沈含蓄，內蘊剛強。《尚書・洪範》：「沈潛剛克，高明柔克。」也作「**沈漸剛克**」。《左傳・文公五年》：「及溫而還，其妻問之，贏曰：『以剛。商書曰：沈漸剛克，高明柔克。』」

【沈思默想】

深沈地思索。例他坐在那裏沈思默想了好久。

【沈香木當柴燒——用材不當】

沈香：常綠喬木，莖很高，木材重而堅硬，黃色，有香味，可入藥。見「棺材當馬糟——用材不當」。

【沈雄悲壯】

謂雄渾、悲壯。清・王國維《人間詞話》：「白仁甫秋夜梧桐雨劇，沈雄悲壯爲元曲冠冕。」

【沈雄古逸】

謂書畫風格沈穩雄健，古樸飄逸。《清史稿・王時敏傳》：「與時敏砥礪畫學，以董源、巨然爲宗，沈雄古逸，雖青綠重色，書味盎然。」

【沈吟不決】

指遇到複雜或疑難之事，沈思自語，難做決斷。三國魏・曹操《秋胡行》：「沈吟不決，遂上升天。」也作「**沈吟未決**」。《三國演義》四三回：「孫權沈吟未決。」

【沈吟不語】

沈思吟味不說話：遲疑猶豫難表態。《今古奇觀》卷二七：「錢萬選聽了，沈吟不語。欲待從他，不是君子所爲；欲待不從，必然取怪……事在兩難。」

【沈吟未決】
見「沈吟不決」。
【沈魚落雁】
《莊子．齊物論》：「毛嫱、麗姬，人之所美也。魚見之深入，鳥見之高飛，麋鹿見之決驟，四者熟知天下之正色哉？」後以「沈魚落雁」形容女子容貌美麗。多與「閉月羞花」運用。元．戴善夫《風光好》三折：「我看此女有沈魚落雁之容，閉月羞花之貌」也作「落雁沈魚」、「魚沈雁落」。
【沈鬱頓挫】
謂文辭深沈抑鬱，音調停頓轉折。唐．杜甫《進雕賦表》：「臣之述作，雖不足以鼓吹六經，先鳴數子至於沈鬱頓挫，隨時敏捷，而揚雄、枚皋之流，庶可跂及也。」
【沈冤莫白】
沈冤：長期得不到申雪的冤屈；莫白：沒有弄明白。指多年的冤屈，沒有能夠辯白。得不到昭雪。《中國現在記》一一回：「案關出入，豈容蒙混。仰再研詢，務得確情，不得含糊了事，以致沈冤莫白。」也作「沈冤莫雪」。《太平廣記》卷四九二引《靈應傳》：「潛遁幽岩，沈冤莫雪。」
【沈冤莫雪】
見「沈冤莫白」。
【沈灶產蛙】
爐灶沈沒在水下，蛙生其中。比喻洪水為害，造成極大災禍。元．楊梓《豫讓吞炭》二折：「智伯攻圍甚急，某避走晉陽，今又引水圍灌城，不浸者三版，沈灶產蛙，看看淹倒城牆。」也作「沈灶生蛙」。晉．成公綏《陰霖賦》：「百川泛濫，橫潦橫流，沈灶生蛙，中庭運舟。」
【沈灶生蛙】
見「沈灶產蛙」。
【沈渣泛起】
沈渣：沈下去的渣滓；泛：漂。沈在水底的渣滓又飄浮起來。比喻已為陳跡的醜惡東西重新出現。例要加强圖書市場的管理，對誨淫誨盜的壞書要堅決查禁，絕不允許沈渣泛起。
【沈重寡言】
見「沈厚寡言」。
【沈重少言】
見「沈厚寡言」。
【沈舟側畔千帆過，病樹前頭萬木春】
沈船旁邊千萬隻帆船照舊過往；枯樹前面千萬棵樹木綻青吐綠，春意正濃。原喻自己坎坷失意，但為友人奮發向上感到欣慰，現比喻腐朽事物終將滅亡，而新生事物欣欣向榮，蓬勃發展。也比喻個別的停滯無礙於歷史的進程。唐．劉禹錫《酬樂天揚州初逢席上見贈》詩：「沈舟側畔千帆過，病樹前頭萬木春。今日聽君歌一曲，暫憑杯酒長精神。」
【沈舟破釜】
把船弄沈，把鍋打破，以示決一死戰。比喻下決心不顧一切地幹到底。清．黃宗羲《移史館熊公雨殷行狀》：「欲令諸師畢渡，沈舟破釜，為不返之計。」也作「破釜沈舟」。
【沈著痛快】
著實流暢。形容文章、書法深厚穩健，氣勢毫放流暢。宋．黃庭堅《與宜春朱和叔書》：「古人論書，以沈（沉）著痛快為善。」
【臣門如市】
臣：封建時代官吏對君主的自稱；市：交易場所。形容官家門前車水馬龍如鬧市，求訪者很多。《漢書．鄭崇傳》：「崇對曰：『臣門如市，臣心如水。』」《二十年目睹之怪現狀》九二回：「京官的奉祿有限，他便專靠這個營生，居然臣門如市起來。」
【臣心如水】
謂自己的心地潔白如水。形容為官廉潔。《漢書．鄭崇傳》：「崇對曰：『臣門如市，臣心如水。』」
【陳蔡之厄】
厄：災難。《孟子．盡心下》：「君子之厄於陳蔡之間，無上下之交也。」「陳蔡之厄」本指孔子及其弟子從陳國到蔡國的途中被圍困，斷絕食糧的事。後用以比喻旅途中遇到食宿上的困難。例山洪暴發，河水猛漲，很快淹沒了橋面，幸虧一輛卡車開來，把我們帶到對岸，脫離了洪水包圍的危險，否則眞有陳蔡之厄。也作「在陳之厄」。
【陳倉暗渡】
楚漢相爭，劉邦聽從張良之計，燒掉棧道。做出不再返回關中的姿態以打消項羽的疑慮，隨後率兵偷渡陳倉，又回到咸陽，後用「陳倉暗渡」比喻用表面的行動作掩護來迷惑對方，而暗地裏卻採取出人意外的行動。明．孟稱舜《鄭節度殘唐再創》三折：「蒺藜沙上野花稀，落日大荒西，陳倉暗渡軍聲疾，托賴著社稷神祇。」也作「暗渡陳倉」。
【陳陳相因】
陳：陳舊；因：沿襲。原指京城倉庫裏的糧食逐年增加，陳糧上又堆陳糧。《史記．平準書》：「太倉之粟，陳陳相因，充溢露積於外，至腐敗不可食。」後用來比喻因循守舊，毫無改進或創新。
【陳詞濫調】
濫：空泛，失眞。毫無新意的言詞，不切實際的論調。老舍《人物、語言及其他》：「一千字的文章，我往往寫三天，第一天可能就寫成，第二天、第三天加工修改，把那些陳詞濫調和廢話都刪掉。」也作「陳言腐語」。宋．呂祖謙《乾道六年輪對札子二首》之一：「臣不復舉陳言腐語，姑以目前事言之。」
【陳腐不堪】
見「陳舊不堪」。
【陳穀子爛芝麻】
比喻陳舊的無關緊要的話或事物。例老爺子越來越閉塞了，除了那些陳穀子爛芝麻的事，他什麼也不懂。

【陳穀做種子——難發芽】

陳穀：存放多年的穀子。見「斷根的香椿——難發芽」。

【陳規陋習】

陋：不文明，不合理。指陳舊的規章制度或不文明不合理的習俗。例破除一切陳規陋習，樹立新的社會風尚。

【陳皇曆——看不得】

陳：舊。見「隔年的皇曆——翻不得了」。

【陳舊不堪】

不堪：表示程度很深。形容事務或觀念早已過時，非常陳舊腐朽。《二十年目睹之怪現狀》七二回：「那新擺出來的燒餅，更是陳舊不堪，暗想這種燒餅，還有什麼人要買呢？」也作「陳腐不堪」。例打破陳腐不堪的傳統觀點。

【陳雷膠漆】

《後漢書・雷義傳》：「義歸，舉茂才，讓於陳重，刺使不聽，義遂陽狂被發走，不應命。鄉里爲之語曰：『膠漆自謂堅，不如雷與陳。』後以「陳雷膠漆」比喻彼此友誼極深。元・無名氏《鯁直張千替殺妻》楔子：「咱便以陳雷膠漆，你兄弟至死呵不相離。」

【陳力就列】

陳力：貢獻才力；就列：擔任職位或官職。謂獻出自己的才力，充任相應的官職。《論語・季氏》：「周任有言曰：『陳力就列，不能者止。』」

【陳貓古老鼠】

比喻過時的、不合時宜的老一套。例別找他約稿，他懶得體驗生活，只會寫些陳貓古老鼠的文章。

【陳善閉邪】

陳：陳述；善：善法美政；閉：堵塞。謂臣子對君主陳述善道。以堵塞君主的邪心妄念。《孟子・離婁上》：「責難於君謂之恭，陳善避邪謂之敬，吾君不能謂之賊。」

【陳師鞠旅】

陳師：排列軍隊；鞠（ㄐㄩˊ）旅：誓告師旅。謂集合軍隊，進行戰鬥動員。《詩經・小雅・采芑》：「方叔率止，證人伐鼓，陳師鞠旅。」

【陳世美當駙馬——喜新厭舊】

陳士美：戲劇故事人物，考中狀元後，拋棄前妻秦香蓮，受招爲駙馬；駙馬：皇帝的女婿。雙關語。比喻歡喜新的，厭棄舊的。例這自行車買來不容易，多騎些日子吧，別又像陳世美當駙馬——喜新厭舊，騎兩天又扔了。

【陳言腐語】

見「陳詞濫調」。

【陳言務去】

務：務必。唐・韓愈《答李翊書》：「惟陳言之務去，戛戛乎其難哉！」陳舊的言詞一定要去掉。指說話作文不要重覆囉嗦，說些沒用的舊話。例詩人更應當在「煉字」上下功夫，要尋找最簡捷最富有表現力的詞語，做到陳言務去。

【晨參暮禮】

參：參拜，問候；禮：禮儀。清晨省視問安，晚上侍候就寢，舊指子女日常服侍雙親的禮節。明・無名氏《薛苞談母》二折：「自從父母趕遣我院外另住，我這孝心也不變，每日家晨參墓禮。」也作「晨參暮省」。《敦煌變文集・歡喜國工緣變文》：「夫人既去，王乃難留。便使嬪妃，相隨至舍。莫不晨參暮省，送藥送茶。」

【晨參暮省】

見「晨參暮禮」。

【晨炊星飯】

星：星星，指夜晚。清晨燒早飯，天很黑了才吃晚飯。形容早出晚歸，終日辛勞。《舊唐書・張廷珪傳》：「通計工匠、率多貧寠，朝驅暮役，勞筋苦骨，簞食瓢飲，晨炊星飯，饑渴所致，疾疹交集。」

【晨風零雨】

晨風：鸇，一種猛禽。《詩經・秦風・晨風》：「鴥彼晨風，鬱彼北林，林未見君子，憂心欽欽。」此詩描寫女子懷人；零雨；零零落落的雨。《詩經・豳風・東山》：「我來自東，零雨其蒙。」以零雨象徵纏綿情思。後用「晨風零雨」表示關係親密的親友望洋興嘆散後分隔兩地，清・王士禎《將出都與〔汪〕苕文》：「天涯兄弟，晨夕過從，誼同手足，一旦晨風零雨，人孰無情，能不蘊結？」

【晨光熹微】

熹微：天色微明。晋・陶潛《歸去來辭》：「問征夫以前路，恨晨光之熹微。」「晨光熹微」謂早上天色微明。《民國通俗演義》二十回：「未幾雞聲報曉，晨光熹微，當即飭人至照相館，邀兩伙到來。」

【晨昏定省】

指舊時子女早晚問安，服侍二老雙親的日常禮儀。例與年邁的父母同住，若要盡一份孝道，晨昏定省的工夫不可少。也作「昏定晨省」。

【晨乾夕惕】

乾：乾乾，勤奮的樣子；惕：謹慎。謂終日勤奮謹慎，不敢稍有懈怠。清・王夫之《讀四書大全說・論語爲政四》：「蓋自孝子而言，則所當致於親者——晨乾夕惕以赴之，盡心竭力以幾之。」也作「朝乾夕惕」。

【晨霧炊煙——一吹就散】

比喻一遇波折極易散伙。例這支隊伍是烏合之衆，缺乏凝聚力和戰鬥力，就像晨霧炊煙——一吹就散。也作「天上的浮雲——一吹就散」。

【晨興夜寐】

興：起。早起晚睡。形容終日辛勤勞苦。《三國志・吳書・書曜傳》：「故勉精厲操，晨興夜寐不遑寧息，經之以歲月，累之以日力。」

【晨鐘暮鼓】

早撞鐘、晚擊鼓，以報時。後亦形容寺院的孤寂或時光推移。宋・孫吳會

《摸魚兒・題甘露寺多景樓》詞：「但目斷，煙蕪莽蒼運平楚，晨鐘暮鼓。」宋・陸游《短歌行》：「百年鼎鼎世共悲，晨鐘暮鼓無休時。」也作「晨鐘暮磬」。磬：佛教用的一種打擊樂器。宋・宋祁《秋日與天章侍講……三學士集光普院》：「晨鐘暮磬無時歇，翠竹黃花相間明。」也作「暮鼓晨鐘」。

【晨鐘暮磬】
見「晨鐘暮鼓」。

ㄔㄣˋ

【疢如疾首】
疢：熱病；疾首：頭痛。謂內心又急又煩，頭痛腦脹。形容憂煩成疾。《詩經・小雅・小弁》：「心之憂矣，疢如疾首。」

【稱家有無】
稱：相稱，適合。謂辦事所費應與家庭經濟狀況相符。明・趙弼《新繁胡大尹傳》：「乃遺書喻其子曰『爾當營治喪具，稱家有無。』」

【稱心滿意】
見「稱心如意」。

【稱心如意】
完全合乎心意。例他的一雙兒女都負笈國外唸書，是他最稱心如意的事。也作「趁心如意」。《紅樓夢》五七回：「倘或老太太一時有個好歹，那時雖也完事，只怕耽誤了時光，還不得趁心如意呢。」也作「稱心滿意」。例今天能得到這個獎，日後回想起來必定讓自己稱心滿意。也作「暢心適意」。元・袁桷《書潞公帖》：「方家居無事，暢心適意，莫過於窮極山水之樂。」

【趁波逐浪】
見「趁浪逐波」。

【趁火打劫】
趁人家失火時去搶劫。比喻在別人危難時，趁機撈取好處。清・頤瑣《黃繡球》三回：「這一天見來的很是不少，黃通理更代爲躊躇，怕的是越來越多，容不下去，而且難免有趁火打劫，順手牽羊的事。」也作「趁火搶劫」。例在火災發生時，常常有圍觀者趁火搶劫搜括現場散落的財物。

【趁火搶劫】
見「趁火打劫」。

【趁浪逐波】
趁著波浪飄流，比喻沒主見，隨大流。元・關漢卿《魯齋郎》四折：「不是我自間闊，趁浪逐波，落落托托。」也作「趁波逐浪」。明・無名氏《鎖白猿》四折：「師父也，我再也不想趁波逐浪利名牽。」

【趁熱打鐵】
趁著鐵燒紅的時候鍛打。比喻趁時機或條件有利趕緊進行。老舍《四世同堂》一九：「他覺得老大實在有可愛的地方；於是，他決定趁熱打鐵，把話都說淨。」

【趁熱打鐵——正在火候上】
比喻正處於關鍵時刻。例報考外文系對你來說，目前是趁熱打鐵正在火候上，只要口試過了關，考上就沒問題。

【趁熱灶】
趁：借著。利用熱灶，生火就容易多了。比喻充分利用有利的時機和條件。例今天的活兒快幹完了，天公作美，今天很涼快，咱們趁熱灶一口氣幹完吧！

【趁熱灶火】
比喻趕在點兒上，來得的不是時候。《紅樓夢》七五回：「尤氏忙笑道：『我今兒是那裏來的晦氣？偏都碰著你姐兒們氣頭上。』探春道：『誰叫你趁熱灶火來了？』也作「趁熱火」。例這孩子缺心眼兒，專門趁熱火，要不怎麼老挨罵呢？

【趁勢落篷】
比喻趁有利時機歇手不幹。《孽海花》三一回：「如今果然半途解纜，這明明是預定的布置，他也落得趁勢落篷，省了許多周折。」

【趁水和泥】
比喻利用現成的有利條件辦事。明・劉效祖《沈醉東風》詞之九：「心腸內猥做作，嘴臉上喬張致，都只要趁水和泥。」

【趁水踏沈船——助人爲惡】
趁發洪水時把人家的船搞沈。比喻幫助別人幹壞事。例他趁水踏沈船——助人爲惡的行徑，引起了公憤，受到了懲罰。

【趁台階下驢】
趁著某種機會不幹某件事。例你不想爲他效勞就要趕緊說明，否則最好找機會趁台階下驢，免得拖延他另找適合人選的時間。

【趁心如意】
見「稱心如意」。

【趁虛而入】
見「乘虛而入」。

ㄔㄤ

【昌言無忌】
昌言：原指善言、正確的話，引申爲直言。仗義直言，無所顧忌。《民國通俗演義》四五回：「組織籌安會……主張變更國體，昌言無忌。」也作「出言無忌」。例小張血氣方剛、出言無忌，把自己對公司領導的意見一股腦兒講出來。

【菖蒲花兒——難見面】
菖蒲：多年生草本植物，生在水邊，地下有根莖，花穗像棍棒，不易認出，故說「難見面」。比喻很難見到。例我們雖然居住在同一城市裏，但也是菖蒲花兒——難見面。

【猖獗一時】
形容壞人或反動勢力一時之間顯得特別兇猛和放鬆。例猖獗一時的敵人，終究被我們打敗了。

【娼不笑人娼，盜不罵人盜】

娼妓不笑娼妓，强盜不罵强盜。謂自己行爲不正，也就忌諱去嘲罵別人所幹的同樣事情。例現在的社會風氣不比過去，功利當道，造成人們「娼不笑人娼，盜不罵人盜」的變態心理。

ㄔㄤˊ

【長安道上】

長安：古都，在今陝西省西安市西北。曾爲西漢、隋、唐等朝的都城。舊詩文中比喻追逐名利的場所。五代·無名氏《賀聖朝》詞：「長安道上行客，依舊利深名切。」

【長安居大不易】

唐代大詩人白居易初至京城長安，謁見當時的著作朗顧況，顧先仔細看了白居易的名字，說「長安米貴，居大不易。」這原是顧況就白居易的名字開了一句玩笑。後用「長安居大不易」比喻在大城市裏生活不易。淸·宣鼎《夜雨秋燈錄·記李三三逸事》：「惟是長安居大不易，乃知囊內錢空，始覺舊遊如夢。」

【長安雖好，不是久戀之家】

比喻不可留戀繁華的都市。《西遊記》九六回：「三藏罵道：『潑孽畜，又來報怨了！常言道：長安雖好，不是久戀之家。待我們有緣拜了佛祖，取得眞經，那時回轉大唐，奏過主公，將那御廚裏飯憑你吃上幾年。』」也作「梁園雖好，不是久戀之家」。

【長不滿七尺，而心雄萬夫】

身高不滿七尺，雄心壯志卻勝過千千萬萬的人。唐·李白《與韓荊州書》：「白，隴西布衣，流淚楚漢……雖長不滿七尺，而心雄萬夫。」

【長城萬里】

比喻保衛國家安全的軍隊將士。淸·徐本立《賀新郎·泊舟滬瀆》詞：「盡道諸戎掎鹿，倚作長城萬里。」也作「萬里長城」。

【長蟲吃扁擔——直棍一條】

比喻性格直爽，有啥說啥。例他這個人一向是個直爽人，不會耍心眼，難怪大伙說他是長蟲吃扁擔——直棍一條。也作「長蟲吃扁擔——直通通的」、「長蟲吃扁擔——直槓一條」、「長蟲吃棒槌——直了脖子啦」、「南天門的旗桿——直槓一條」。

【長蟲吃扁擔——值（直）了】

長蟲：蛇；值：「直」的諧音。雙關語。比喻值得、合算。例這次技術新，投資不多，生產效率提高幾十倍，眞是長蟲吃扁擔——值（直）了。

【長蟲吃高粱——順杆爬】

見「老母豬吃秫黍——順杆子上來了」。

【長蟲吃雞蛋——一段粗一段細】

蛇吞食雞蛋後，部分身體變粗。比喻粗細不勻。例小英初學紡線，媽媽說她紡出的線，就像長蟲吃雞蛋——一段粗一段細。

【長蟲戴草帽——細高挑兒】

形容人身材瘦長。例說起我大哥的身材，那可眞是長蟲戴草帽——細高挑兒。

【長蟲碰壁——莽（蟒）撞】

長蟲：蛇，蟒；莽：「蟒」的諧音。比喻魯莽冒失。例事情還沒有搞淸楚，你千萬不要長蟲碰壁——莽（蟒）撞，更不能隨便打人。

【長蟲蛻皮——悄悄溜走】

蛇在生長期內的表皮脫落，由新長出的皮代替，通常脫一次皮長大一些。比喻不聲不響地偸偸走開。例今天工作多，人又少，可不能讓他長蟲蛻皮——悄悄溜走。

【長蟲吞筷子——回頭難】

見「碼頭工人扛麻包——回頭難」。

【長蟲咬一口，十年怕井繩】

被蛇咬過，看見井邊的繩子也感到害怕。比喻膽小怕事。例曾經被自己的好朋友設計陷害過，現在的我是長蟲咬一口，十年怕井繩。也作「曾被毒蛇咬一口，看見繩子也害怕」。例他小時候曾溺水過，因此現在看到水，心中都會生起恐懼感，眞可說是曾被毒蛇咬一口，看見繩子也害怕。

【長蟲鑽竹筒——沒有迴旋的餘地】

比喻已經定局，沒有絲毫可進退或可商量的。例他們倆已經鬧得撕破了臉，各人都把話說絕了，看來是長蟲鑽竹筒——沒有迴旋的餘地啦。

【長蟲鑽竹筒——硬逼著走這條路】

竹筒：把竹子裏的節打通而成的細長圓筒。蛇鑽進竹筒裏，既不能拐彎，又不能後退，只得在竹筒裏爬行。比喻迫於形勢，不得不作出某種決定或採取某種措施。例我們從東、西、北三面發動進攻，敵人明知南邊山區崎嶇，可能遭到伏擊，但長蟲鑽竹筒——硬逼著走這條路，仍會從那裏逃竄，結果將被一網打盡。

【長此以往】

老是這樣下去。多指不好的情況。魯迅《友邦驚詫論》：「說是『友邦人士，莫名驚詫，長此以往，國將不國』了！」

【長惡不悛】

悛：ㄑㄩㄢ，悔改。長期作惡，不思改悔。《晉書·劉毅傳》：「安帝下詔曰：『劉毅傲狠凶戾……而長惡不悛，志爲奸宄，凌上虐下，縱逸無度。』」

【長風破浪】

見「乘風破浪」。

【長風破浪會有時，直掛雲帆濟滄海】

長風破浪：指有抱負，想幹一番事業；會：應當；濟：渡。乘著長風破浪前進的時候一定會有的，到那時將掛起風帆一直橫渡大海。比喻宏大的抱負和强烈的自信心。也用以指崇高的理想一定會實現。唐·李白《行路難》詩：「多岐路，今安在？長風破浪會有時，直挂雲帆濟滄海。」

【長歌代哭】

見「長歌當哭」。

【長歌當哭】

漫長而悲壯的歌咏或詩文可當作哭泣。指用詩歌、文辭抒發胸中的悲憤感情。魯迅《紀念劉和珍君》：「四十多個青年的血，洋溢在我的周圍，使我難於呼吸視聽，那裏還能有什麼言語？長歌當哭是必須在痛定之後的。」也作「**長歌當泣**」。宋・黃庭堅《和答莘老見贈》詩：「長哥可當泣，短生等蜉。」也作「**長歌代哭**」。清・秋瑾《挽故人陳闕生・序》：「手挽一章，亦長歌代哭之意。」

【長歌當泣】

見「長歌當哭」。

【長工血汗錢，上水頂風船——來之不易】

長工：指以前長年出賣勞動力，受地主、富農剝削的貧苦農民；血汗錢：用血和汗換來的工錢。比喻頗費周折，來得不容易。例這是我們奮鬥半年的成果，眞是長工血汗錢，上水頂風船——來之不易啊！

【長恨人心不如水，等閒平地起風波】

謂江水遇到險灘大石才發出吼聲，而有人卻無事生非，掀風作浪。唐・劉禹錫《竹枝詞》：「瞿塘嘈嘈十二灘，此中道街路古來難；長恨人心不如水，等閒平地起風波。」

【長話短說】

因故把很長的話往短裏說。簡短截說。《歧路燈》三六回：「張繩祖道：『長話短說，你與譚與學生是同盟兄弟，他贏了俺一百多銀子。』」

【長駕遠馭】

見「長轡遠馭」。

【長江後浪催前浪，一替新人換舊人】

比喻歷史的潮流不斷前進，新人換舊人，一代一代接替下去。元・楊景賢《西遊記》一本三出齣：「一住金山十數春，眼前景物逐時新。長江後浪催前浪，一替新人換舊人。」也作「**長江後浪推前浪，一代新人換舊人**」、「**長江後浪催前浪，世人新人換舊人**」、「**長江後浪催前浪，一輩新人趕舊人**」。

【長頸鹿的腦袋——頭揚得高】

見「空心穀子——頭揚得高」。

【長頸鳥喙】

喙：鳥的嘴。長脖子，尖嘴巴。形容陰險狠毒者的相貌。《史記・越王勾踐世家》：「〔范蠡遺大夫文種書曰〕越王爲人長頸鳥喙，可與共患難，不可與共樂。子何不去？」

【長久之計】

長遠的計謀和打算。《西遊記》一六回：「卻把那袈裟留下。以爲傳家之寶，豈非子孫長久之計耶？」

【長林豐草】

長林：很深的樹林；豐草：茂盛的野草。晉・嵇康《與山巨源絕交書》：「此猶禽鹿少見馴育……雖飾以金鑣，饗以嘉肴，逾思長林而志在豐草也。」「長林豐草」原指禽獸棲息的地方，後借指隱居之地。《金史・趙質傳》：「〔趙質〕固辭曰：『臣僻性野逸，志在長林豐草，金鑣玉絡非所願也。』」

【長眠不起】

比喻死亡。《民國通俗演義》六五回：「過了一夕，竟爾長眠不起。」

【長命百歲】

壽命長，活到一百歲。多用於祝福長壽。有時也用於諷刺。《紅樓夢》四二回：「〔劉姥姥說〕這一回去，沒別的報答，惟有請些高香，天天給你們念佛，保佑你們長命百歲的，就算我的心了。」又二〇回：「〔黛玉道〕你怕死，你長命百歲的活著！好不好？」

【長命富貴】

祝福人既長壽又富貴。元・鄭庭玉《後庭花》四折：「原來一根桃符，上寫著長命富貴，這殺人賊有了也。」元・無名氏《爭報恩》一折：「姐夫趙通判，姐姐李千嬌……印在我這心上，則願得姐姐長命富貴。」

【長木匠，短鐵匠】

木軟鐵硬，木匠幹活，劉得長些，鐵匠幹活，留得較短。比喻幹什麼事都要留有餘地。清・阮葵生《茶餘客話》卷一八：「韓非子言：『爲土木耳鼻欲大，口目欲小。』蓋耳鼻大，則可載削；口目小，則可開鑿。此爲建事制度之法，可通於吾鄉俗語：『長木匠，短鐵匠』，即是意。」

【長年累月】

長年：一年到頭，整年；累月：月復一月。形容經歷很多年月，很長時間。例經過全體員工長年累月的努力，公司名聲也慢慢的響亮起來。

【長轡遠馭】

轡：繮繩；馭：駕御，趕車。用長繮繩遠遠地駕馭著拉車的馬匹。多用以比喻能居高臨下，遠距離操縱、控制某事物。南朝梁・劉勰《文心雕龍・通變》：「是以規略文統，宜宏大體，先博覽以精閱，總綱紀而攝契；然後拓衢路，置關鍵，長轡遠馭，從容按節。」也作「**長轡遠御**」。晉・孫楚《遺孫皓書》：「主上欽明。委以萬機，長轡遠御，妙略潛授，偏師同心，上下用力。」也作「**長駕遠馭**」。清・梁章鉅《浪跡叢談・三保太監》：「前明三保太監下西洋，至今濱海之區，熟在人口，不知何以當日能長駕遠馭、陸、讐水慄如是。」

【長轡遠御】

見「長轡遠馭」。

【長篇大論】

指篇幅冗長的文章或滔滔不絕的言論。《紅樓夢》七九回：「〔黛玉道〕原稿在那裏？倒要細細的看看，長篇大論不知說的是什麼。」葉聖陶《一個青年》：「這個人引起了一點端緒，那個人就長篇大論地談起來了。」也作「長篇大套」。《官場現形記》五五回：「他又自己愛上稟帖，長篇大套的，常常寫到制台那裏去。」《紅樓夢》七回：「周瑞家的輕輕掀簾進去，見王夫人正和薛姨媽長篇大套的說些家務人情話。」

【長篇大套】

見「長篇大論」。

【長篇累牘】

累：重疊，堆積；牘：古代寫字用的木簡。指篇幅冗長的文章。《兒女英雄傳》三七回：「那知一想，才覺長篇累牘，不合體裁；三言五語，包括不住，一時竟大爲起難來。」

【長驅而入】

見「長驅直入」。

【長驅徑入】

見「長驅直入」。

【長驅深入】

見「長驅直入」。

【長驅直入】

策馬長奔，一直往前。形容軍隊勢不可擋，迅速而順利地挺進。《水滸全傳》一○七回：「自此，盧俊義等無南顧之憂，兵馬長驅直入。」也作「長驅而入」。《醒世恆言》卷一九：「未到漢口，傳說元將兀良哈歹統領精兵，長驅而入，勢如破竹。」也作「長驅徑入」。三國魏・曹操《勞徐晃令》：「吾用兵三十餘年，及所聞古之善用兵者，未有長驅徑入敵圍者也。」也作「長驅深入」。《新唐書・李德裕傳》：「至元穎時，遇隙而發，故長驅深入，蹂剔千里，蕩無孑遺。」也作「長驅直突」。突：猛衝。南朝宋・袁淑《大蘭王九錫文》：「有敵必攻，長驅直突，陣無全鋒，此君之勇也。」

【長驅直突】

見「長驅直入」。

【長衫改夾襖——取長補短】

見「矮子踩高蹺——取長補短」。

【長舌婦】

長舌：指伶牙俐齒能說會道的人。比喻喜搬弄是非的女人。例她們那些挑撥是非的話你可不能信，要知道她是咱村遠近聞名的長舌婦。

【長舌亂家，大斧破車】

長舌：搬弄是非。婦人搬弄是非，使家庭破裂，就像大斧破車一樣。漢・焦延壽《易林》卷二：「長舌亂家，大斧破車。陰陽不順，姬姜衰處。」姬姜：大國之女。

【長舌頭】

泛指愛說閒話、撥弄是非的人。例這話準是小古告訴你的吧？他的話聽不得，他是有名的長舌頭。

【長舌之婦】

《詩經・大雅・瞻仰》：「婦有長舌，維厲之階。」指多嘴多舌。愛撥弄是非的女人。唐・李復言《續玄怪錄・杜子春》：「同鄉有進士盧珪者，聞其容而慕之，因媒氏求焉。其家以啞辭之。盧曰：『苟爲妻而賢，何用言矣。亦足以戒長舌之婦。』」

【長蛇封豕】

封豕：大豬。長蛇和大豬。比喻貪婪橫暴的人或集團。宋・劉一止《夜起觀雪》詩：「長蛇封豕欲薦食，執筆固陋慚書生。」柳亞子《咏史四首》：「長蛇封唐藩鎮，社鼠城狐漢宦官。」也作「封豕長蛇」。

【長蛇陣】

原指古代布陣法之一，形如長蛇。《孫子・九地篇》：「故善用兵者，譬如率然；率然者，常山之蛇也。擊其首則尾至，擊其中則首尾俱至。」比喻行進中的長形縱隊或排成的長隊。例聽說新落成的音樂廳有名曲音樂會，我們馬上趕去買票，只見售票處已排起了長蛇陣。

【長身鶴立】

形容身材又高又瘦的男人。《孽海花》三二回：「就在這一陣笑語聲中，有一個長身鶴立的人……七跌八撞的衝進房來。」

【長生不老】

生命長存，不老不死。指人長壽。元・馬致遠《黃粱夢》一折：「出家人長生不老，煉藥修真，降龍伏虎，到大來悠哉也呵。」也作「長生不死」。晉・葛洪《抱朴子・辨問》：「長生不死，以此責聖人，何其多乎？」也作「長生不滅」。元・賈仲文《金童玉女》一折：「你二人跟我出家，長生不滅。」也作「長生久視」。視：活。《雲笈七籤》卷一○○：「黃帝以天下既理，物用具備，乃尋眞訪隱，問道求仙，冀獲長生久視。」

【長生不滅】

見「長生不老」。

【長生不死】

見「長生不老」。

【長生久視】

見「長生不老」。

【長繩繫景】

見「長繩繫日」。

【長繩繫日】

用長繩子拴住太陽。比喻想把時光留住。五代：王定保《唐摭言・海敍不遇》：「對酒詩曰：『……長繩繫日未是愚，有翁臨鏡捋白鬢，飢魂吊骨吟古書，馮唐八十無高卓。』」也作「長繩繫景」。《周書・蕭大圜傳》：「嗟呼！人生若浮雲朝露，寧俟長繩繫景，實不願之。」

【長算遠略】

長期打算，深遠謀略。宋・洪邁《容齋續筆・名將晚謬》：「〔吳〕明徹不聽，曰：『搴旗陷陳（陣），將軍事也；長筭(算)遠略，老夫事也。』」

【長太息以掩涕兮，哀民生之多艱】

太息：嘆息。長聲嘆息而掩面垂淚啊，爲老百姓的生活多災多難而悲痛不已。戰國楚・屈原《離騷》：「長太息以掩涕兮，哀民生之多艱；余雖好修姱以鞿羈兮，謇朝誶而夕替。」

【長天大日】
見「長天老日」。
【長天老日】
謂夏至期間晝長夜短，太陽老不落下去。《紅樓夢》二九回：「賈母因向寶釵道：『你也去，連你母親也去；長天老日的，在家裏也是睡覺。』」也作「**長天大日**」。《老殘遊記》一回：「這兩人……一齊說道：『這們長天大日的，老殘，你蹲在家裏做甚？』
【長添燈草滿添油——早作準備】
比喻提前安排或籌劃。例據預測，今夏雨水偏多。咱們可要長添燈草滿添油——早作準備，把防洪工作做好。
【長亭短亭】
亭：指古時設在城外路邊，供行人歇腳或送行話別的亭子。十里一長亭，五里一短亭。唐・李白《菩薩蠻》詞：「何處是歸程？長亭連短亭。」後用「長亭短亭」比喻旅途遙遠，一程接一程。《羣音類選〈升仙記・行程傷感〉》：「長亭短亭，衰草西風景。」
【長痛不如短痛】
謂忍受一時的痛苦，以避免長期的痛苦。例長痛不如短痛。你就下決心開刀吧！何況這種病開刀是有把握的。
【長途跋涉】
長距離的爬山蹚水。形容旅途長而艱苦。巴金《沈默集・附錄三》：「我背痛腰酸，眞像經過了長途跋涉似的，我倦得厲害。」也作「**跋涉長途**」。
【長尾巴蠍子——毒極了】
蠍子：節肢動物，身體多爲黃褐色，口部兩側有一對螯，胸部有四對腳，前腹部較粗，後腹部細長，末端有毒鈎，用來禦敵或捕食。也作「**長尾巴蠍子——最毒**」。見「**伏天的太陽——毒極了**」。
【長線放遠鷂】
鷂：ㄧㄠˋ，風箏。比喻老謀深算。茅盾《子夜》八：「馮雲卿是有名的『笑面虎』，有名的『長線放遠鷂』的盤剝者，『高利貸網』布置得非常嚴密，恰像一隻張網捕捉飛蟲的蜘蛛。」
【長袖善舞】
長衣袖便於舞蹈。比喻所憑藉的資本雄厚，則事情容易成功。《韓非子・五蠹》：「鄙諺曰：『長袖善舞，多錢善賈。』此言多資之易爲工也。」後用來形容有財勢有手腕，善於鑽營。清・張集馨《道咸宦海見聞錄》：「慶陽糧台，聞派楊簡候，糧台老手也，無米爲炊，不比江南之長袖善舞。」
【長袖善舞，多錢善賈】
善：擅長；賈（ㄍㄨˇ）：做買賣。穿長袖衣服，容易翩翩起舞；有很多錢財，便於做買賣。比喻做事有所憑藉，條件優越，事情容易成功。姚雪垠《〈李自成〉創作餘墨》：「古話說：『長袖善舞，多錢善賈。』生活知識就是本錢，本錢愈多愈容易運籌經營。」
【長吁短嘆】
吁：嘆息。長一聲短一聲不住地嘆氣。形容心情煩悶、鬱結不舒服的樣子。《官場現形記》三八回：「瞿耐庵望子心切，每逢提起沒有兒子的話，總是長吁短嘆。」也作「**短嘆長吁**」。
【長夜漫漫】
漫長的黑夜沒有盡頭。多用來比喻黑暗的歲月漫長不見光明。《古詩源・寧戚〈飯牛歌〉》：「生不逢堯與舜禪，短布單衣才至骭，從昏飯牛薄夜半，長夜漫漫何時旦？」也作「**長夜難明**」。例屋子漏著雨，孩子凍得哭哭啼啼。這喪亂的年月呀，眞是長夜難明。
【長夜難明】
見「長夜漫漫」。
【長夜如小年】
長夜：漫長的夜；小年：時間長，近似一年。形容徹夜不眠，時光難挨。《白雪遺音・馬頭調・獨坐黃昏》：「長夜如小年。念情人縱有書信，不如人見面，一陣痛心酸。」
【長夜之飲】
通宵達旦宴飲作樂。《史記・殷本紀》：「〔帝紂〕以酒爲池，懸肉爲林，使男女裸相逐其間，爲長夜之飲。」
【長揖不拜】
揖：拱手禮。謂相見時只彎腰行拱手禮而不行跪拜禮。形容態度不卑不亢。《史記・高祖本紀》：「沛公方倨床，使兩女子洗足，酈生長揖不拜。」
【長齋禮佛】
見「長齋繡佛」。
【長齋繡佛】
齋：信教者所吃的素食。長年吃素食，在繡成的佛像前打坐。指崇信佛教。清・余懷《板橋雜志・麗品・卡賽》：「築別館以居，長齋繡佛，持戒律甚嚴。」也作「**長齋禮佛**」。例郭媽媽自從兒子在車禍中死裏逃生之後就發願長齋禮佛，感謝佛祖。
【長枕大被】
漢・蔡邕《協和婚賦》：「長枕橫施，大被竟床。」原表示夫婦和諧，情愛綢繆。後多用「長枕大被」表示兄弟或朋友間親密友愛。宋・王讜《唐語林・德行》：「玄宗諸王友愛特甚，常思作長枕大被，與同起臥。」清・閻爾梅《祝陽城郭母廉氏夫人序》：「或身處貧賤而剪髮以延過客；或製長枕大被，以歡其交游。」
【長治久安】
《漢書・賈誼傳》：「建久安之勢，成長治之業。」謂國家、社會能長久的安定太平。《明史・謝鐸傳》：「願陛下以古證今，兢兢業業，然後可長治久安，而載籍不爲無用矣。」
【長竹竿戳住水道眼——通到底】
水道眼：排水溝通過牆壁等障礙時留的孔眼。雙關語。比喻辦事徹底，或思想徹底打通了。例他的公關工作做得不錯，各個關鍵環節，就像長竹竿戳住水道眼——通到底，再也沒有障礙了。

【長竹竿進城門——轉不過彎來】
見「牯牛掉在水井裏——轉不過彎來」。

【萇弘化碧】
萇弘：春秋時周敬王大夫，受冤爲周人所殺，傳說其血三年化爲碧玉。《莊子·外物》：「萇弘死于蜀，藏其血三年而化爲碧。」後以「萇弘化碧」形容精誠、忠貞，無辜蒙冤。元·關漢卿《竇娥冤》三折：「我不要半星熱血紅塵灑，都只在八尺旗槍素練懸。等他四下裏皆瞧見，這就是咱萇弘化碧，望帝啼鵑。」

【嘗膽臥薪】
形容刻苦自勵。明·朱鼎《玉鏡台記·新亭流涕》：「列位大人，我自願漆身吞炭，嘗膽臥薪，同心協力期雪恥，須歃血爲誓，歃血爲誓。」參見「臥薪嘗膽」。

【嘗鼎一臠】
臠：ㄌㄨㄢˊ，同「脟」，切成塊兒的肉。《呂氏春秋·察今》：「嘗一脟肉，而知一鑊之味一鼎之調。」意思是嘗嘗鼎中一塊肉的味道，就可以知道整個鼎中食物的滋味。後用「嘗鼎一臠」比喻由一部分，可以推斷全體。宋·王安石《回蘇子膽簡》：「得秦君詩，手不能捨……嘗鼎一臠，旨可知也。」

【嘗湯戲】
明代習俗宴會上演正戲需在上過湯以後才演，故開鑼戲又名嘗湯戲。例這種小折子戲，做嘗湯戲比較合適，做壓軸戲份量不夠。

【嘗甜頭】
比喻得到了好處。例玩股票讓他嘗到了賺錢的甜頭，他興趣更大了。

【嘗一脟肉，而知一鑊之味】
脟（ㄌㄨㄢˇ）肉：塊肉；鑊：ㄏㄨㄛˋ，釜類炊具。嘗了一塊肉，就知一鍋的味道了。比喻知其一點，便可推及其餘。《呂氏春秋·察今》：「見瓶水之水，而知天下之寒、魚鱉之藏也；嘗一脟肉，而知一鑊之味，一鼎之調。」

【常備不懈】
懈：鬆懈。時刻準備，毫不鬆懈。例咱們印刷廠到處是紙，消防工作更要常備不懈。

【常常坐首席，漸漸入祠堂】
首席：酒宴時年高的人的座位；祠堂：舊時祭祀祖宗的廟堂。經常被請坐首位，離進祠堂也就不遠了。意謂死期不遠了。清·程世爵《笑林廣記·避首席》：「諺云：『常常坐首席，漸漸入祠堂』。此言齒愈尊死愈速也，故首座一席，人人讓之。」

【常將冷眼觀螃蟹，看你橫行到幾時】
冷眼：冷靜的態度；螃蟹：比喻橫行霸道的惡人。謂橫行霸道的惡人，終究會有受到懲罰的那一天。明·王錂《春蕪記》二一齣：「〔外〕景大夫，不要與他纏，我們且去看。正是常將冷眼螃蟹，〔末〕看你橫行到幾時。」也作「嘗將冷眼觀螃蟹，看你橫行得幾時」。

【常將有日思無日，莫待無時思有時】
有錢的時候要常想想沒錢的時候，莫要等到沒錢的時候才後悔。意謂生活要節儉，不可揮霍無度。明·徐畛《殺狗記》六齣：「自古道：『常將有日思無日，莫待無時思有時。』我家全賴祖宗勤勞，積攢致富。」也作「常將有日思無日，莫到無時盼有時」。

【常鱗凡介】
鱗：借代魚類；介：借代貝類。平常的魚類、貝類。比喻很平凡的人。唐·韓愈《應科目時與人書》：「蓋非常鱗凡介之品匯匹儔也。」

【常人安於故俗，學者溺於所聞】
常人：平常的人；溺：陷入。平常的人安於老的習俗，有學問的人沈溺舊的見聞。後用以謂思想守舊，不求革新。《史記·商君列傳》：「常人安於故俗，學者溺於所聞。以此兩者居官守法可也，非所與論於法之外也。」

【常勝將軍】
常常打勝仗的指揮官。例自古以來很少有每戰必勝的常勝將軍。

【常使的驢——摸脾氣】
雙關語。比喻經常接觸，對一個人的性情非常熟悉，非常了解。例老同事在一起工作，就像常使的驢——摸脾氣，配合默契。

【常在河邊走，難免不濕鞋】
比喻常在惡劣環境中活動，難免不受到影響。例不要總爲自己的壞習慣辯解，說什麼常在河邊走，難免不濕鞋。走得穩，站得直，常在河邊走，鞋子也不會濕的。

【腸肥腦滿】
形容大腹便便，肥頭肥腦，飽食終日，無所用心的庸人形象。《北齊書·琅邪王儼傳》：「淸帝曰：『琅邪王年少，腸肥腦滿，輕爲舉措，長大自不復然，顧寬其罪。』」也作「腦滿腸肥」。

【腸迴氣蕩】
迴：迴旋；蕩：搖蕩。形容感情充沛強烈。蘇雪林《玉溪詩謎·乙》：「這一首眞是心顫魂飛、腸迴氣蕩時做出來的好詩。」

ㄔㄤˇ

【場面人】
場面：戲劇舞台上的佈景、道具以及演出時的情景。比喻有一定身分，見過一定世面，擅長交際的人。例叫二弟搞公關沒錯，他是個場面人，長於社交。

【惝然若失】
見「悵然若失」。

ㄔㄤˋ

【倡而不和】
謂有人提倡而無人應和。《淮南子．繆稱訓》：「倡而不和，意而不戴。」宋．李覯《袁州州學記》：「倡而不和，教尼不行。」

【倡條冶葉】
倡：通「娼」；冶：通「野」。舊時多借指妓女。宋．歐陽修《玉樓春》詞：「倡條冶葉恣留連，飄蕩輕於花上絮。」清．毛先舒《詩辨坻，詞曲》：「刻本附單詞小令頗多，間雜淫褻，倡條冶葉之氣，大家非宜。」

【倡業垂統】
見「創業垂統」。

【唱白臉】
比喻裝惡化，做得罪人的事。例為管好孩子，父母應該商量好，一個唱白臉，一個唱紅臉，也就是所謂嚴父慈母嘛！

【唱籌量沙】
籌：用以記數的籌碼。《南史．檀道濟傳》記載：檀道濟與魏軍作戰，軍糧已盡，士卒憂懼。道濟設計夜間唱籌量沙，使魏軍以為資糧有餘，不敢再追。後以「唱籌量沙」，比喻製造假象，安定軍心，迷惑敵人。《蕩寇志》七二回：「且疏了他的防備，那時同你高飛遠走，他怎生奈何？這叫唱籌量沙的計。」

【唱獨角戲】
只有一角色表演的戲劇。比喻一個人獨當一面，無人協助。例他這個人唱獨角戲唱慣了，給他派來個助手，他反而覺得礙手礙腳的。

【唱對台戲】
對台戲：指兩個戲班同時演出相同的戲。比喻雙方發表相對立的文章或採取針鋒相對的行動。例只要我們內部團結，又都相信自己的力量，就不怕

【唱反調】
比喻持相反的意見，採取相反的措施或行動。例有幾個人唱反調有什麼不好？正好可以聽聽各種不同的意見嘛！

【唱高調】
比喻講不切實際的的大話，或光說得漂亮而不去做。例現在救人要緊，你別在這兒唱高調了，趕快想法子把病人送醫院。

【唱高和寡】
曲調高深，知音很少。比喻高雅深奧的詩文和其他藝術品難於為大眾理解接受。晉．支敏度《合維摩詰經序》：「其文微而婉，厥旨幽而遠，可謂唱高和寡，故舉世罕覽。」也作「**曲高和寡**」。

【唱紅白臉】
紅白臉：我國古典戲劇中的臉譜，紅臉代表忠貞，白臉表示奸詐。比喻又裝好人又做壞人，有作好作歹之意。例為教育好小孩子，紅白臉都得唱。光唱白臉，小孩怕而遠之，光唱紅臉又沒有一點威信，都達不到教好的目的。

【唱紅臉】
比喻做好人，做使人高興的事。例就讓他這回唱紅臉吧！不然他會不高興的。

【唱花臉】
花臉：京戲臉譜，代表性情剛烈、脾氣暴躁的人物。比喻做突顯自己的事。或逞強撒潑的舉動。例二嫂子昨天唱了一齣大花臉，把全家人都鎮唬住了。

【唱叫揚疾】
唱：叫喚；揚疾：罵人。形容吵鬧、謾罵的樣子。元．李潛夫《灰闌記》四折：「氣的個親男兒唱叫揚疾。」

【唱空城計】
空城計：《三國演義》故事。失街亭之後，司馬懿大軍直逼諸葛亮駐地西萬不得已的情況下，故意大開城門，絕不設防，以迷惑敵軍。小心謹慎的司馬懿素知諸葛亮用兵如神，怕遭伏擊而退兵。後用「唱空城計」來比喻故弄玄虛迷惑他人，或真正空虛。例唱空城計只能唱一回，你這回又唱，我可不上當了。

【唱老調】
比喻重複講過多次的話或沒有新內容的、使人厭煩的文章或議論。例他爸爸就會唱些老調子，什麼「害人之心不可有，防人之心不可無之類的」。

【唱驢皮影——耍人的】
驢皮影：皮影戲，因劇中人物剪影用驢皮做成而得名。演皮影戲時，用燈光把剪影照射在幕上，藝人在幕後一邊操縱剪影，一邊演唱，並配以音樂。參見「木偶戲——幕後操縱」。

【唱雙簧】
雙簧：曲藝的一種。由一人在前面表演動作，另一人藏在後面或說或唱，二人緊密配合。現在常把兩人一唱一和，或彼此一明一暗相互勾結叫做唱雙簧。例嘿！收起你們那套唱雙簧的本事，從暗處走出來吧！

【唱戲的吹鬍子——假生氣】
吹鬍子：表示生氣的動作，俗語有「吹鬍子瞪眼」。比喻假裝不高興。例別看爺爺對小孫子又吹鬍子又瞪眼，那是唱戲的吹鬍子——假生氣。

【唱戲的喝彩——自吹自擂】
見「癩蛤蟆敲大鼓——自吹自擂」。

【唱戲的鬍子——假的】
「見「大花臉的鬍子——假的」。

【唱戲的瞞不過打鑼的】
比喻彼此關係密切，用不著隱瞞。例你別在我面前搞花樣，我們倆是唱戲的瞞不過打鑼的，彼此已十分的了解對方了。

【唱戲的沒主角——胡鬧台】
見「二楞子當演員——胡鬧台」。

【唱戲的演雙簧——隨聲附和】

一人藏在後面或說或唱，互相配合。別人說什麼就跟著說什麼。比喻沒有主見。例你在會上的發言，全沒有自己的思想，完全是唱戲的演雙簧——隨聲附和，重複主講人的話。也作「瞎子叫好——隨聲附和」。

【唱戲的轉圈圈——走過場】
走過場：戲劇用語，指劇中角色上場後，不多停留，就穿過舞台從另一側下場。雙關語。比喻辦事圖形式，敷衍了事。例你辦事一點也不認眞，完全是唱戲的轉圈圈——走過場。也作「戲台上跑龍套——走過場」。

【唱戲還要有個過場】
比喻辦事要一步一步走。例做任何事情都要按照次序來，連唱戲還要有個過場，更何況是關係重大的事呢？

【唱主角】
唱戲演劇中扮演主人翁。比喻在某事中充當主要人物。例這件事由你唱主角，我保證當個好配角。

【悵然若失】
悵然：悵惘失意的樣子。形容迷惘不如意，好像失掉了什麼。《聊齋志異・牛成章》：「忠泣訴父名，主人悵然若失，久之，問曰：『而母無恙乎？』」也作「悵然自失」。《古小說鉤沈・裴子語林》：「乃命取珊瑚，有三尺，光采溢目者六十七枚，愷悵然自失。」也作「惝然若失」。清・陳確《自盜說・自盜招詞》：「主人惝然若失，默然良久，曰：『磋乎！傷哉！』」

【悵然自失】
見「悵然若失」。

【暢所欲言】
暢：暢快、痛快。盡情地說出心裏想說的話。老舍《我怎樣寫〈劍北篇〉》：「爲了韻，每每不能暢所欲言，時有呆滯之處；爲了韻，乃寫得很慢，費力而不討好。」

【暢通無阻】
見「暢行無阻」。

【暢心適意】
見「稱心如意」。

【暢行無阻】
毫無阻礙地順利通行或通過。例汽車一路上暢行無阻，僅用了十分鐘就到了飛機場。也作「暢通無阻」。例自從這條公路開闢通車了之後，我們開車到市區上班變得暢行無阻，十分便利。

【暢敍幽情】
盡情地敍說內心深遠的感情。晉・王羲之《蘭亭集序》：「一觴一咏，亦足以暢敍幽情。」

ㄔㄥ

【稱不絕口】
不停地稱讚。明・李開先《江峯呂提學傳》：「意將薦君於朝，乞大用之，以遷官，疏不果上，而稱不絕口，數蒙彩幣白金之賜。」也作「讚不絕口」。

【稱不容舌】
稱：稱讚；容舌：允許舌頭稍停。不停地讚美。明・袁宏道《錦帆集・尺牘・陳志寰》：「徽州治行，卓絕乃爾，往來談者，稱不容舌。」

【稱柴而爨】
見「稱薪而爨」。

【稱臣納貢】
指弱國向强國臣服並交納貢品。《東周列國志》一七回：「凡漢東小國，無不稱臣納貢。」

【稱貸無門】
稱貸：告貸，請旁人借給自己錢。向人借錢都找不到門路。指生活陷入困境。明・瞿式耜《表急公紳士疏》：「各勛之索米索餉，刻不可遲，稱貸無門，征催莫濟。」也作「告貸無門」。

【稱分量】
比喻掂量輕重，有自知之明。例人家聘請你，你張口就提這麼多條件，我看你還是先自己稱稱份量再提不遲。

【稱功頌德】
稱頌、讚美功績和恩德。宋・闕名《宋季三朝政要・度宗咸淳七年》：「門客朝士稱功頌德，誦說太平。」也作「稱美頌德」。《漢書・諸侯王表》：「漢諸王厥角稽首，奉上璽韍，惟恐在後，或乃稱美頌德，以求容媚，豈不哀哉！」也作「歌功頌德」。

【稱孤道寡】
孤、寡：封建時代帝王的自稱。比喻自封爲王，稱霸一方。《古今小說》卷二一：「像錢王生於亂世，獨霸一方，做了一十四州之王，稱孤道寡，非同小可。」

【稱斤注兩】
比喻只重小節，斤斤計較，沒有氣魄。《朱子語類・論取士》：「那時士人所做文字極粗，更無委曲柔弱之態，所以亦養得氣宇，只看如今稱斤注兩，作兩句破頭，如此是多少衰氣！」

【稱量而出】
用秤稱過，用斗量過，經過仔細測定才拿出來。比喻用詞造句經過認眞考慮，恰如其分，朱自清《中國學術的大損失——悼聞一多先生》：「我聽他近來的演說，有兩三回也是這麼精悍，字字句句好似稱量而出。」

【稱美頌德】
見「稱功頌德」。

【稱奇道絕】
不停地誇說某事物的奇妙。《紅樓夢》五八回：「寶玉聽了這呆話，獨合了他的呆性，不覺又喜又悲，又稱奇道絕。」

【稱四兩棉花——訪訪（紡紡）】
訪訪：「紡紡」的諧音。比喻進行調查了解。例我的過去是一淸二白，你可以稱四兩棉花——訪訪（紡紡）。

【稱王稱霸】
三國魏・曹操《讓縣自明本志令》：

「設使國家無有孤，不知當幾人稱帝，幾人稱王。」後以「稱王稱霸」指自稱為帝王或霸主。宋·汪元量《湖山類稿·讀史》：「劉項稱王稱霸，關張無命無功。」也比喻專橫跋扈，胡作非為。例絕不能對民眾稱王稱霸。

【稱物平施】
根據物品的份量，公平分配。比喻同等對待，不分厚薄。宋·陳亮《謝胡參政啟》：「稱物平施，出一代經綸之手；議獄緩死，佐九重斷制之仁。」

【稱賢薦能】
謂敬重人才，推薦賢能。唐·白居易《有唐善人墓碑》：「接士，多可而有別，稱賢薦能，未嘗倦。」

【稱薪而爨】
薪：柴火；爨：ㄘㄨㄢˋ，燒火煮飯。把柴火過了秤，而後才燒火煮飯。比喻過分注意小事。《淮南子·泰族訓》：「稱薪而爨，數米而炊，可以治小而未可治大也。」後也形容貧窮或吝嗇。例自從父親去世後，全家人失去了收入來源，只得過著「稱薪而爨」的貧困生活。也作「稱柴而爨」。《警世通言》卷五：「積柴聚谷，日不暇給，真個是數米而炊，稱柴而爨。」

【稱薪量水】
比喻精心算計、節儉處理各種日常生活瑣事。《兒女英雄傳》三三回：「安老爺雖是研經鑄史的通品，卻是個稱薪量水的外行。」

【稱兄道弟】
互相以兄弟相稱，表示同輩之間很隨便，很密切。《官場現形記》一二回：「見了同事周老爺一班人，格外顯得殷勤，稱兄道弟，好不熱鬧。」

【撐腸拄肚】
肚腸撐拄得鼓鼓的。形容吃得很飽。唐·盧仝《月蝕詩》：「撐腸拄肚壘塊如山丘，自可飽死更不偷。」也作「撐腸拄腹」。《二刻拍案驚奇》卷二二：「這家子將甌下的杜茅柴不住的蕩來，吃得東倒西歪，撐腸拄腹。」

【撐腸拄腹】
見「撐腸拄肚」。

【撐場面】
維持某種局面排場。例這公司看起來有模有樣，其實早就背負了龐大債務，全靠幾個人在那裏撐場面。

【撐船就岸】
比喻主動湊過去和別人搭關係。《水滸傳》二一回：「只見說撐船就岸，幾曾有撐岸就船？你不來睬我，老娘倒落得！」也作「移船就岸」。

【撐牢篙子搖船——動不動】
撐：用篙使船前進；篙子：撐船用的竹竿。使勁定住竹篙，用槳划船，船不能行進。比喻不說話、不動聲色或不行動。例孩子在打架，你卻在一旁撐牢篙子搖船——動不動，哪像個做父親的。

【撐眉努目】
撐起眉稜，瞪大眼睛。形容强橫嚴厲的樣子。宋·克勤《圓悟佛果禪師語錄》：「或撐眉努目，或說心說性。」也作「撐眉努眼」。宋·朱熹《與劉子澄（七月九日）》：「近日建昌說得動地，撐眉努眼，百怪俱出，甚可憂懼。」

【撐眉努眼】
見「撐眉努目」。

【撐門面】
勉强維持外表的體面和排場。《大馬扁》五回：「因自己雖然求名緊要，畢竟外面要撐個門面，要為聖為賢的。」也作「撐門户」、「撐架子」。

【撐上水船】
上水船：逆水上行的船債。謂撐船上行。比喻學習如逆水行舟，不進則退。《宋四子抄釋·朱子抄釋》：「為學正如撐上水船，一篙不可放緩。」也作「逆水行舟」。

【撐天柱地】
頂天立地。①形容極其高大。《封神演義》一三回：「嘗聞龍會變化，要大便撐天柱地，要小便芥子藏身。」②比喻一力支撐，使局面穩定。清·李漁《笠翁文集·壽序》：「跡公所生之辰，先與凡民異矣，安得不撐天柱地而為當代偉人者哉！」

【撐霆裂月】
霆：雷霆。比喻詩文很有氣勢，不同凡響。清·黃宗羲《陳子文再遊燕中詩序》：「世自有急子文者，子文藏聲匿影以待之；撐霆裂月之作，夫亦可以銷磨其歲月矣。」

【撐歪牆的木柱——死頂】
比喻思想僵化，態度固執。例有了錯誤就得改正，不能像撐歪牆的木柱死頂——也作「烏龜墊床腳——死頂」、「蛤蟆墊桌腿——死頂」。

【撐下水船】
順水推舟。比喻辦事順利，不費力氣。例咱們這個科研項目經歷了許多磨難，現在撐下水船了，大家要齊心協力、一鼓作氣把這個項目搞上去。

【撐著陽傘戴涼帽——多此一舉】
見「白天點燈——多此一舉」。

【瞠乎其後】
瞠：瞪著眼睛。瞪著眼，落在人家後面。《莊子·田子方》：「夫子奔逸絕塵，而回瞠若乎後矣！」後以「瞠乎其後」指落後趕不上。元·王惲《創建伊洛五賢祠堂記》：「若扳援昔賢，則不肖年迫衰老，懶於筆研，又瞠乎其後。」

【瞠目而視】
瞪大眼睛看著，形容非常驚訝或恐懼。《歧路燈》一四回：「王春宇聽衆人說話，也不甚解，只是瞠目而視，不敢攙言。」

【瞠目結舌】
瞪著眼睛說不出話來。形容窘迫或驚呆的表情。例每個人看到這個嬰兒從二樓掉下來卻毫髮無傷的景象，都瞠目結舌的說不出話來。

【瞠目伸舌】
瞠著眼睛伸著舌頭，形容驚呆了的樣子。《民國通俗演義》一六回：「嚇得瞠目伸舌，險些幾成了痴呆病。」

ㄔㄥˊ

【成敗得失】
指事業或工作上的成功或失敗，所得或所失。《三國志・吳書・步騭傳》：「女配太子，受禮若吊，慷愾之趨，惟篤之物，成敗得失，皆如所慮，可謂守道見機，好古之士也。」
【成敗利鈍】
利鈍：刀刃鋒利或不鋒利，引申爲順利或不順利。指事業的成功或失敗，順利或挫折。三國蜀：諸葛亮《後出師表》：「臣鞠躬盡瘁，死而後已，至於成敗利鈍，非臣之明所能逆睹也。」
【成敗論古人，陋識殊未公】
殊：實在。根據成功或失敗來評價古人，這種狹隘淺陋的見識實在不公正。謂不應以成功或失敗來評價古人。清・沈德潛《咏史》詩：「成敗論古人，陋識殊未公。鄙哉孫仲謀，降曹拜下風。彼亦豚犬流，烏足稱英雄！」
【成敗論人】
以成功或失敗來評論人物。多含不分是非曲直的意思。《儒林外史》八回：「成敗論人，固是庸人之見；但本朝大事，你我做臣子的，說話須要謹慎。」
【成敗是蕭何】
見「成也蕭何，敗也蕭何」。
【成敗蕭何】
見「成也蕭何，敗也蕭何」。
【成敗興廢】
指事業的成功與失敗，振興與衰落。宋・朱熹《牧齋記》：「古今之成敗興廢之故，考之有不得其詳矣。」
【成大功者不小苛】
苛：苛求。對建立奇功大勛的人，不必苛求其細枝末節。漢・劉向《說苑・政理》：「夫吞舟之魚不游淵，鴻鵠高飛不就污池，何則？其志極遠也。黃鐘、大呂，不可從繁奏之舞，何則？其音疏也。將治大者不治小，成大功者不小苛，此之謂也。」
【成大業者不修邊幅】
邊幅：布帛的邊緣，喻儀容、衣著。謂幹大事的人往往不大注意自己的儀容、衣著。茅盾《創造》一：「最近的半年來，她不但思想變化，甚至舉止也失去了優美細膩的常態，衣服什物都到處亂丟，居然是『成大業者不修邊幅』的氣派了。」
【成工不毀】
已經完成的東西，不可輕易損毀。《三刻拍案驚奇》卷四：「汪涵宇看了簪，甚是歡喜，接過戥子來一稱，倒反多了三釐。汪涵宇便疑心道：『式樣不好，另打做（個）頭吧！』銀匠道：『成工不毀』這樣極時的！』」
【成功不居】
取得了成就，卻不把功勞歸於自己。《民國通俗演義》一〇四：「固不獨成功不居，其高尚純潔之風，爲斯世矜式已也。」也作「功成不居」。
【成功無難事，只怕心不專】
成功並不難，問題在於是不是專心致志。例世界上許多科學家的偉大成就證明：成功無難事，只怕心不專。
【成何世界】
算個什麼社會！多用以指斥社會狀況很不正常，很不像樣。明・張岱《石匱書後集・乙酉殉難傳總論》：「馬士英之在南郡，賄賂公行……鬻爵賣官，成何世界！」
【成何體面】
見「成何體統」。
【成何體統】
體統：指體制、格局、規矩等。算個什麼樣子！意謂很不像話。例你這麼沒大沒小的亂鬧，讓人看見，成何體統！也作「成何體面」。《醒世恒言》卷一〇：「常言說得好，無婦不成家……沒有個客人到來，中饋無人主持，成何體面？」
【成家立計】
見「成家立業」。
【成家立業】
指男子結了婚，有職業，能獨立生活。老舍《駱駝祥子》一〇：「他以爲拉車是他最理想的事，由拉車他可以成家立業。」也作「成家立計」。計：計簿，指家業。元・劉時中《紅繡鞋・勸收心》套曲：「不指望成家立計，則尋思賣笑求食。」
【成家子，糞如寶；敗家子，錢如草】
成家立業的人視糞如寶，敗家子視錢如草。清・石天基《傳家寶》卷七：「成家子，糞如寶；敗家子，錢如草。財穀費許多辛勤掙來，若看很容易，只說不打緊，任意浪費花銷，即是趨窮之根。」
【成精作怪】
變成精怪，興亂作祟。明・無名氏《哪吒三變》二折：「他五個鬼王手下，還有許多邪魔，山魈魍魎，都會成精作怪。」也比喻挑頭兒破壞搗亂搔擾，妨礙事情順利進行。明・湯顯祖《還魂計・硬拷》：「陳先生教的好女學生，成精作怪哩。」也作「成妖作怪」。《平妖傳》二二回：「似此成妖作怪，決留他不得了，只教他離了我家便了。」
【成立之難如升天，覆墜之易如燎毛】
成立：成功、功成名就；燎：焚燒。比喻成功困難，失敗容易。明・龐尚鵬《龐氏家訓・序》：「古稱：『成立之難如升天，覆墜之易如燎毛』。我祖宗既身任其難，爲後世計，咨爾子孫，毋蹈其易，爲先人羞。」
【成龍配套】
指經過調配，成爲完整的體系。例我

廠計畫在三年之內，實現印刷機械與裝訂設備成龍配套。

【成名成家】

指因某種成就而有了名聲，成為專家。例不經過自己的刻苦努力，就想成名成家，這簡直是痴心妄想。

【成年累月】

年復一年，月復一月。形容時間很長。例如果你再不注重自己身體，成年累月的這樣操勞下去，過去的宿疾一定會再犯的。

【成氣候】

比喻做出成就或發展前途。例這個年輕人肯幹肯拚又有目標，相信不久的將來一定可以在工作崗位上成氣候的。

【成千成萬】

形容數量非常多。例國際巨星到訪，成千成萬的民衆爭相目睹巨星。也作「**成千累萬**」。《孽海花》二六回：「再者我的手頭散漫慣的，從小沒學過做人家的道理，到了老爺這裏，又由著我的性兒，成千累萬的花。」也作「**成千上萬**」、「**成千論萬**」。論：按某種單位計量。《鏡花緣》七一回：「你的女兒國酒樓戲館去看，只怕異姓姐妹聚在一處的，成千論萬哩。」

【成千累萬】

見「成千成萬」。

【成千論萬】

見「成千成萬」。

【成千上萬】

見「成千成萬」。

【成羣打伙】

見「成羣結伙」。

【成羣結隊】

形容同行的人很多，自然結合成一羣羣一隊隊。《三國演義》九五回：「忽然山中居民，成羣結隊，飛奔而來，報說魏兵已到。」也作「**成羣作隊**」。《警世通言》卷二三：「看潮人成羣作隊，不待中秋，相隨相趁，盡往江邊游戲。」也作「**成羣逐隊**」。例人們成羣逐隊地順著河堤走去，觀看那邊盛開的櫻花。

【成羣結黨】

見「成羣結伙」。

【成羣結伙】

謂許多人聚集在一起，結成一羣一伙一塊行動。《金瓶梅詞話》一回：「客商過往，好生難走，必須要成羣結伙而過。」也作「**成羣結黨**」。黨：團伙。茅盾《子夜》一八：「只有張素素似笑非笑地露一露牙齒，就皺了眉頭問道：『你們成羣結黨的來這裏幹什麼？』也作「**成羣打伙**」。打伙：合伙。《醒世姻緣傳》五四回：「在下的和光同塵，成羣打伙，他就有什麼不好，狐兔相為，怎得吹到主人耳朵？」

【成羣逐隊】

見「成羣結隊」。

【成羣作隊】

見「成羣結隊」。

【成人之美】

成全別人的好事或好的名聲、願望等。《論語・顏淵》：「好子成人之美，不成人之惡。」

【成仁取義】

《論語・衛靈公》：「志士仁人無求生以害仁，有殺身以成仁。」《孟子・告子上》：「生亦我所欲也，義亦我所欲也。二者不可得兼，舍生而取義者也。」後以「成仁取義」指為正義而獻出生命。《羣音類選〈玉玦記・自經反魂〉》：「念修短榮枯皆已定，要成仁取義，鴻毛視死何輕。」

【成如容易卻艱辛】

做成它好像很容易，實際上卻辛苦艱難。謂成就來之不易。余心言《科學、信仰、道德》：「白居易詩的平易自然之處，正顯出他的功夫厚。王安石說過：『成如容易卻艱辛。』一切眞正想要有所成就的人，都是不會害怕這種艱辛的。」

【成身莫大於學】

成身：育人成為賢良。把人培養成為賢德善良的最根本途徑就是學習。說明學習是培育人才的最主要途徑。《呂氏春秋・尊師》：「知之盛者，莫大於成身。成身莫大於學。」

【成始善終】

指從頭到結尾都很好。宋・魏了翁《趙大使督府書》：「至如扶持區處，成始善終，則惟執事是望。」也作「**善始善終**」。

【成事不說】

說：解釋。指既成事實，無須解釋。《論語・八佾》：「子聞之曰：『成事不說，遂事不諫，既往不咎。』」後謂事情已過，不必再去計較。《魏書・高閭傳》：「太和三年，出師討淮北，閭表曰：『伏見廟算有事淮海，雖成事不說，猶可思量。』」

【成事不足，敗事有餘】

不能把事情辦成，反而把事情弄糟，指辦事拙劣或把本可辦成的事有意破壞不讓事情辦成。例這次他能把一件事做到成功實在令人難以置信，過去他大都只有成事不足，敗事有餘的份。也作「**成事不足，壞事有餘**」。《歧路燈》一〇五回：「部裏書辦們，成事不足，壞事有餘；勝之不武，不勝為笑」。

【成事不足，壞事有餘】

見「成事不足，敗事有餘」。

【成雙作對】

配成一對兒。多指夫妻或情侶。元・無名氏《百花亭》三折：「假若是怨女曠夫，買吃了成雙作對。」

【成算在心】

成算：早已做好的打算。謂心中早有打算。宋・孔平仲《續世說・巧藝》：「存進曰：『吾成算在心，必有所立。』」

【成天平地】

謂天和地都平靜。比喻一切安排得都很妥善，萬事如意。晉・葛洪《抱朴子・外篇・接疏》：「明者舉大略細，不忮不求，故能取威定功，成天平地。」也作「地平天成」。

【成王敗寇】

見「成王敗賊」。

【成王敗賊】

「成者王侯敗者賊寇」的簡略。成功的爲帝王，失敗的被稱爲賊寇。謂以成敗論英雄。明・張岱《脊令操》附燕客《和操》：「成王敗賊，史能飾詞。」也作「成王敗寇」。柳亞子《題〈太平天國戰史〉》詩：「成王敗寇漫相呼，直筆何人繼董狐？」

【成蹊桃李】

蹊：小路。指桃李結滿果實，引人採摘，以至樹下形成小路。比喻品格高尙，很有感召力的人。宋・黃庭堅《渴金門・戲贈知命》詞：「書似成蹊桃李，入我草堂松桂。莫厭歲寒無氣味，餘生今已矣。」也作「桃李不言，下自成蹊」。

【成妖作怪】

見「成精作怪」。

【成也蕭何敗也何】

見「成也蕭何，敗也蕭何」。

【成也蕭何，敗也蕭何】

蕭何：漢高祖劉邦的丞相，曾輔佐劉邦奪取天下。宋・洪邁《容齋續筆》：「[韓]信之爲大將軍，實蕭何所薦，今其死也，又出其謀。故俚語有『成也蕭何，敗也蕭何』之語。」後用來指成功或失敗，好事或壞事都由於同一人或同一事。元・馬致遠《蟾宮曲・嘆世》：「韓信功兀的般證果，蒯通言那裏是風魔。成也蕭何，敗也蕭何，醉了由他。」也作「成也蕭何敗也何」。《警世通言》卷三四：「始終一幅香羅帕，成也蕭何敗也何！」也作「成敗是蕭何」。明・馮惟敏《雙調・對玉環帶過淸江引・悼世》曲之二：「成敗是蕭何，英雄無結果。」也作「成敗蕭何」。明・無名氏《宋公明鬧元宵》七折：「道一聲赦也歡交集，詞來詞去還則是詞上力。可正是成敗蕭何一笑値。」

【成一家言】

漢・司馬遷《報任安書》：「亦欲以究天人之際，通古今之變，成一家之言。」後以「成一家言」謂學問自成體系或自成一派。《新唐書・韓愈傳》：「每言文章自漢司馬相如；、太史公、劉向、揚雄後，作者不世出，故愈深探本元，卓然樹立，成一家言。」

【成陰結子】

綠葉成蔭，結滿果實，樹已長成。比喻早先結識的女子已婚配且有了孩子。元・薩都剌《贈歌者號梅芳二首》詩之一：「春酸一點留不住，卻是成陰結子時。」也作「綠葉成陰」。

【成則爲王，敗則爲賊】

成功的人就稱帝王，失敗的人就被稱爲賊寇。原指帝王與寇賊僅憑成敗來論定。今常比喻成功了一切都好，失敗了就一切都壞，沒有是非道理可言。元・紀君祥《趙氏孤兒》五折：「我成則爲王，敗則爲虜，事已至此，惟求早死而已。」

【成正果】

原爲佛教稱修行得道。後比喻在事業上有成果、有建樹。例老焦雖然有點呆氣，但幾十年如一日精心鑽研遲早必成正果。

【成竹在胸】

宋・蘇軾《文與可畫篔簹谷偃竹記》：「故畫竹，必先得成竹於胸中，執筆熟視，乃見其所欲畫者。」「成竹在胸」指畫竹子時，胸中必須有竹子的完整形象。比喻處理事情之前胸中已先有主意。茅盾《過年》：「老趙也早有成竹在胸，如果小李這話兌現，他就讓老婆帶了孩子去代表自己。」也作「胸有成竹」。

【誠惶誠懼】

見「誠惶誠恐」。

【誠惶誠恐】

謂小心謹愼，惶恐不安。舊時臣下給君主上奏中所用的套語。《楊家將演義》九回：「臣楊景誠惶誠恐，稽頓首具疏，不勝戰栗死罪之至。」後也泛指心中惶恐不安。也作「誠惶誠懼」。例三頭對案，他的謠言被揭穿，只好誠惶誠懼，賠罪不已。也作「誠恐誠惶」。明・湯顯祖《南柯記・朝議》：「念臣棼誠恐誠惶，塹江城遭寇與攔當。」

【誠恐誠惶】

見「誠惶誠恐」。

【誠無不動者，修身則身正，治事則事理】

誠實可以打動一切，用在修身上，則可以使道德高尙；用在治事上，則可以把事情辦好。謂爲人直誠老實，是修身和辦好事情的基本條件。宋・楊時《二程粹言・論道篇》：「誠無不動者，修身則身正，治事則事理。臨人則人化，無往而不得志之正也」。

【誠心誠意】

極眞誠的心意。《紅樓夢》六回：「大遠的誠心誠意來了，豈有個不叫你見個眞佛兒去的呢？」也作「誠心正意」。明・無名氏《孟母三移》二折：「則爲他治國齊家存妙策，誠心正意請賢臣。」

【誠心敬意】

形容對人十分眞誠和尊敬。明・無名氏《下西洋》三折：「你道是誠心敬意親呈進，俺那裏知重知輕在您行。」

【誠心正意】

見「誠心誠意」。

【誠於中，形於外】

內心的眞誠的感情一定會表現出來。《禮記・大學》：「小人閒居爲不善，無所不至，見君子而後厭然，掩其不善，而著其善。人之視己，如見其肺肝然，則何益矣？此謂誠於中，形於外，故君子必愼其獨也。」

【承訛踵謬】

見「承訛襲舛」。

【承訛襲舛】
訛：錯誤；舛：ㄔㄨㄢˇ，差錯。承襲依從別人不正確的說法。明・蔣一葵《長安客話・皇都雜記・碣石宮》：「燕時故客疑在斯地，後人承訛襲舛，遂主其說。」也作「**承訛踵謬**」。踵謬：跟隨、沿襲以前的錯誤。宋・王柏《大學沿革論》：「於是隨文釋義，而不知其綱目之相統；承訛踵謬，而不問其血脈之不通。」

【承恩邀寵】
舊指受到皇帝的恩惠和寵愛。現指求得上司的青睞。例老王一向仗義直言，從不會承恩邀寵。

【承風希旨】
承風：順從風向；希旨：迎合上司的意旨。指善於觀察風向，迎合上司意圖。《文明小史》六〇回：「那時的長安縣姓蘇，名又簡，是個榜下即用，爲人卻甚狡猾，專門承風希旨。」

【承歡膝下】
膝下：原指人幼年時，常依於父母膝旁，後用作對父母的尊稱。迎合父母，使其歡悅。唐・駱賓王《上廉使啟》：「糞塵跡丘中，絕漢機於俗網；承歡膝下，馭潘輿於家園。」也作「**承膝下歡**」。唐・駱賓王《疇昔篇》詩：「既托寰中賞，方承膝下歡。」

【承歡獻媚】
謂迎合人意，做出討人歡心的姿態或舉動。《孽海花》三回：「四圍小花，好像承歡獻媚，服從那大花的樣子。」

【承命惟謹】
謂接受命令，非常小心謹慎地去執行。元・倪瓚《答張藻仲書》：「瓚比承命俾畫陳子桱剡源圖，敢不承命惟謹。」也作「**奉命惟謹**」。

【承前啟後】
啟：開創，引出。繼承前人的，開創今後的。魯迅《兩地書・許廣平〈致魯迅一一〉》：「至於青年之急待攻擊，實較老年爲尤甚，因爲他們是承前啟後的橋梁。」也指承接前面的，引出後面的。多用於詩文。清・薛雪《一瓢詩話》七〇：「大凡詩中好句，左瞻右顧，承前啟後，不突不纖。」也作「**承先啟後**」。《兒女英雄傳》三六回：「且喜你我二十年教養辛勤今日功成圓滿，此後這副承先啟後的千斤擔兒，好不輕鬆爽快呀！」

【承上接下】
見「承上起下」。

【承上啟下】
見「承上起下」。

【承上起下】
承接上面的，引出下面的，多用於文章內容的轉折。《禮記・曲禮上》「故君子戒愼」唐・孔穎達疏：「故，承上起下之辭。」也作「**承上接下**」。宋・張炎《詞源・制曲》：「最是過片不要斷了曲意，須要承上接下。」也作「**承上啟下**」。例這段文字很重要，擔負著承下啟下的作用。

【承天之祜】
祜：福。舊指承受天、神賜予的福分和保佑，使人身平安，百事順遂。例母親感念子孫健康平安，全是承天之祜。

【承膝下歡】
見「承歡膝下」。

【承先啟後】
見「承前啟後」。

【承顏候色】
看人臉色行事，不敢表示不同意見。《魏書・寇治傳》：「張避勢家，承顏候色，不能有所執據。」

【承顏順旨】
觀察臉色，順從其意，以討歡心。《初刻拍案驚奇》卷三三：「女兒女婿也自假意奉承，承顏順旨，他也不作生兒之望了。」

【城北徐公】
《戰國策・齊策一》：「城北徐公，齊國之美麗者也。」後以「城北徐公」作美男子之代稱。例像她這樣的窈窕淑女，當然要嫁個城北徐公。

【城吃鎮，鎮吃鄉，鄉人吃到老荒莊】
從上到下，一層剝削一層。例在這個地方，有個不成文的傳統，從上層到下層，城吃鎮，鎮吃鄉，鄉人吃到老荒莊，窮人沒有什麼翻身的機會。

【城府深密】
心機深沉隱密。謂很有心計，令人難以揣測。含貶義。《資治通鑑・唐玄宗開元二十四年》：「[李]林甫城府深密，人莫窺其際。」也作「**城府甚深**」。例那個人城府甚深，很難摸透他的心思。

【城府甚深】
見「城府深密」。

【城狐社鼠】
城狐：城牆洞裏的狐狸；社鼠：土地廟裏的老鼠。比喻有所依恃的壞人。《晉書・謝鯤傳》：「[王敦]謂鯤曰：『劉隗奸邪，將危社稷。吾欲除君側之惡，匡主濟時，何如？』對曰：『隗誠始禍，然城狐社鼠也。』」魯迅《「公理」的把戲》：「以事論，則現在的教育界中實無豺虎，但有些城狐社鼠之流，那是當然不能免的。」

【城隍丟斗笠——冒（帽）失鬼】
城隍：迷信傳說中指主管某個城的神；斗笠：遮陽光和雨的帽子，有很寬的邊，用竹篾夾油紙或竹葉等製成；冒：「帽」的諧音。比喻說話、做事魯莽的人。例你可眞是城隍丟斗笠——冒（帽）失鬼，怎麼不問淸楚就把他接來了，他不是我們要請來做報告的人。也作「**一頭撞倒閻王爺——冒失鬼**」。

【城隍講故事——鬼話連篇】
形容大量說謊或一派謊言。例他的文章你用不著看，那是城隍講故事——鬼話連篇。也作「**閻王爺拉家常——鬼話連篇**」、「**閻王爺的布告——鬼話連篇**」。

【城隍老爺出天花——鬼點子多】
天花：急性傳染病，病原體是一種病毒，症狀是先發高燒，繼而身上出現丘疹、疱疹、膿疱，後結痂，留下麻點。多比喻壞主意多。有時指人機靈，辦法多。例這傢伙是城隍老爺出天花——鬼點子多，你聽他的話，會走上邪路的。也作「閻王辦事——鬼點子多」、「孫猴子他媽——一肚子鬼眼子」。

【城隍老爺戴孝——白跑（袍）】
跑：「袍」的諧音。見「腳踩石灰路——白跑」。

【城隍老爺嫁女兒——鬼打扮】
比喻人裝扮得妖里妖氣。例孫仙姑，你這身打扮眞是城隍老爺嫁女兒——鬼打扮，誰見了都噁心。

【城隍廟的鼓槌——一對】
比喻思想、性格、行爲或技能很相似、很一致的兩個人；或配偶很合適、很相當。例你們兩個人很相配，眞是城隍廟的鼓槌——一對。

【城隍廟裏打官司——死對頭】
比喻誓不兩立、不可調和的仇敵。例這件事不能把他們兩人拉到一塊幹，他們是城隍廟裏打官司——死對頭。

【城隍廟裏的匾額——有求必應】
城隍廟：供奉城隍的廟宇，多掛書有「有求必應」字樣的匾額。比喻只要有請求，就一定答應。例譚先生熱心助人，人家說他是城隍廟裏的匾額——有求必應。也作「土地廟的橫批——有求必應」。

【城隍廟裏的菩薩——不怕鬼】
比喻勇敢無畏，不怕邪惡。例他一生正直，無私無畏，就像城隍廟裏的菩薩——不怕鬼。也作「城隍廟裏的菩薩——連鬼都不怕」。

【城隍廟裏的菩薩——站就站一生，坐就坐一世】
廟裏的菩薩站著坐著的永不會改變。比喻事情一成不變，總是老樣子。例「你近來的情況怎樣？」「城隍廟裏的菩薩——站就站一生，坐就坐一世，沒有變化。」

【城隍廟裏的算盤——不由人算】
雙關語。比喻某種情況或事情出人意外或非人所能控制。例旱、水災、地震等自然災害，過去是城隍廟裏的算盤——不由人算，現在逐步有了改變，可以預報了。

【城隍廟裏的豬頭——有受主的】
見「廟裏的豬頭——各有主」。

【城隍廟裏拉弓——色（射）鬼】
色：「射」的諧音。比喻專門玩弄女性的歹徒。例他是城隍廟裏拉弓——色（射）鬼，這次受到了法律的嚴厲制裁。也作「墳地裏拉弓——色（射）鬼」、「土地爺拉弓——色（射）鬼」。

【城隍廟裏冒煙——點鬼火】
比喻暗中挑撥是非，製造事端。例人家剛剛和好如初，別再城隍廟裏冒煙——點鬼火了，這是不道德的行爲。也作「閻王爺燒山——點鬼火」。

【城隍廟裏內訌——鬼打鬼】
見「地府裏打冤家——鬼打鬼」。

【城隍廟裏玩魔術——鬼花招】
比喻陰險的手段或計謀。例我完全看穿了，你這不過是城隍廟裏玩魔術——鬼花招，我才不會跟著你跑哩！也作「閻王爺玩戲法——鬼花招」。

【城隍奶奶燒柴灶——鬼火直冒】
城隍奶奶：城隍夫人。比喻莫名其妙地亂發脾氣。例誰都沒惹你，你爲啥城隍奶奶燒柴灶——鬼火直冒？也作「城隍爺抽煙——鬼火直冒」。

【城隍娘娘懷孩子——心懷鬼胎】
城隍娘娘：城隍夫人。比喻人居心不良，心術不正。例他這幾天總是鬼鬼祟祟的，可能是城隍娘娘懷孩子——心懷鬼胎，要幹什麼壞事。也作「城隍娘娘懷孕——出了鬼胎」、「城隍奶奶害喜——懷的鬼胎」。

【城隍菩薩拉二胡——鬼扯】
比喻無人相信的胡言亂語。例你的文章是城隍菩薩拉二胡——鬼扯，使人看了又好笑又生氣。也作「陰曹地府掛日曆——鬼扯」。

【城隍爺不穿褲子——羞死鬼】
比喻羞恥到了極點。例你怎麼在大庭廣衆中出這樣的醜，眞是城隍爺不穿褲子——羞死鬼，大家都爲你難過，你還不以爲然。

【城隍爺掉井裏，土地爺巴頭看——勞（撈）不起你那大駕】
土地：迷信傳說中指管一個小地方的神，也叫土地佬，土地爺；巴頭：伸著頭；勞：「撈」的諧音；駕：對人的敬辭。比喻不敢麻煩別人幫助自己做事。例「我幫你扛一扛行李？」「張生生，城隍爺掉井裏，土地爺巴頭看——勞（撈）不起你那大駕。」也作「趙匡胤掉井裏——不敢勞（撈）駕」、「城隍爺掉井裏，土地爺巴頭看——不敢勞（撈）駕」。

【城隍爺躲債——窮鬼】
比喻窮苦人。含輕蔑的意思。例你這點錢還掏不出來，眞是城隍爺躲債——窮鬼。

【城樓上的衛兵——高手（守）】
手：「守」的諧音。見「砍柴刀刮臉——高手」。

【城門洞裏的磚頭——踢進踢出】
比喻受人欺侮，任人擺布。例田二嫂在家裏是城門洞裏的磚頭，被人踢進踢出，一點個人自由和權利都沒有。

【城門口的磚頭——踢出來的】
比喻被遺棄的人或物。例聽說這傢伙在公司表現不好，是城門口的磚頭——踢出來的，可不能隨便錄用。

【城門裏扛竹竿——直進直出】
見「胡同裏扛竹竿——直來直去」。

【城門樓上搭腳手——好大的架子】
腳手：指鷹架，爲了建築工人在高處操作而搭的架子。見「扛牌坊賣肉——好大的架子」。

【城門樓上吊大鐘——聳衆觀點】

雙關語。比喻做事或考慮問題要從羣衆利益出發，爲羣衆著想。例辦這件事不能只想到少數人，更需要城門樓上吊大鐘——羣衆觀點。

【城門失火，殃及池魚】

城門失火，取護城河裏的水救火，結果水被淘乾，河中的魚也連帶遭殃。比喻無緣無故地受牽連，遭受損失。北齊・杜弼《檄梁文》：「但恐楚國亡猿，禍延林木；城門失火，殃及池魚。」

【城牆上的草，風吹兩面倒】

城牆上的草根底淺，地勢高，東吹西倒，西吹東倒。比喻學識差，閱歷淺，沒有定見，風大隨風，雨大隨雨。例沒見過這樣的學者，哪種看法占上風就附和哪種看法，眞可以說是「城牆上的草，風吹兩面倒」了。

【城牆上掛簾子——沒門】

也作「城牆上掛簾子——無門」。見「進屋跳窗戶——無門」。

【城牆上拉屎——出臭風頭】

比喻顯示和賣弄自己，不以爲恥。例他愛城牆上拉屎——出臭風頭，人人對他討厭極了。

【城頭上跑馬——兜圈子】

古代城牆四面連接，在上面跑馬，只好轉圈子。見「毛驢子拉磨——兜圈子」。

【城牆上跑馬——扭不轉啦】

比喻已成定局，不可挽回。有時指思想不通，轉不過彎來。例計畫已開始實施，這個建議儘管可以節約資金，但爲時已晚，的確是城牆上跑馬——扭不轉啦。

【城峭則崩，岸峭則陂】

峭：高陡；陂：ㄆㄛ，傾斜。城牆太陡峭了，就會崩塌；河岸太陡峭了，就會傾倒。原比喻法令太苛刻，百姓就會亂。後比喻凡事太過分，就會適得其反。漢・韓嬰《韓詩外傳》卷一：「水濁則魚喁，令苛則民亂，城峭則崩，岸峭則陂」。

【城頭上放風箏——出手就不低】

見「山頂上放風箏——出手高」。

【城外擺攤——外行】

見「和尚拜堂——外行」。

【城下之盟】

敵國之兵到了城下，因不能抵抗而被迫簽訂的屈辱性盟約。《左傳・桓公十二年》：「楚人伐絞……大敗之，爲城下之盟而還。」

【城中好高髻，四方高一尺】

城中：指統治者；四方：指臣民。謂統治者有所好，臣民們就紛紛仿效，變本加厲。《後漢書・馬援傳附馬廖傳》：「城中好高髻，四方高一尺；城中好廣眉，四方且半額；城中好大袖，四方全匹帛。」

【乘奔逐北】

追逐敗逃的敵軍。漢・桓寬《鹽鐵論・誅秦》：「故先帝興義兵以征厥罪，遂破祁連天山……乘奔逐北，斬首捕虜十餘萬。」也作「追奔逐北」。

【乘長風破萬里浪】

乘：趁，就著；破：劈開。趁著長風劈開萬里浪。比喻胸懷大志，乘時而起，去建功立業。《宋書・宗慤傳》：「慤年少時，炳問其志，慤答曰：『願乘長風破萬里浪。』」

【乘車戴笠】

笠：斗笠。《越謠歌》：「君乘車，我戴笠，他日相逢下車揖；君擔簦，我跨馬，他日相逢爲君下。」比喻地位、身分很不相同的人。友情卻很深厚，不因彼此富貴貧賤的變化而改變。唐・元稹《酬東川李相公十六韵啟》：「昔楚人始交，必有乘車戴笠不忘相揖之誓，誠以爲富貴不相忘之難也。」

【乘肥衣輕】

肥：指肥壯的馬。謂騎肥壯的馬，穿輕暖華貴的衣服。形容生活奢侈。《舊五代史・梁書・劉鄩傳》：「鄩曰：『未受梁王舍釋之旨，乘肥衣輕，非敢聞命。』」

【乘風破浪】

船乘風勢，破浪前進。比喻有遠大的志向。不畏艱險，奮勇前進。《宋書・宗慤傳》：「叔父問所志，慤曰：願乘長風，破萬里浪。」也作「長風破浪李」。唐・李白《行路難》詩之一：「長風破浪會有時，直掛雲帆濟滄海。」

【乘高臨下】

乘：憑藉。憑借高地，俯視下方，指處於有利的形勢。《魏書・安同傳》：「姚興來，必從汾西，乘高臨下，直至柴壁。」也作「居高臨下」。

【乘火車誤了點——不趕趟】

見「騎牛追馬——趕不上」。

【乘機抵巇】

抵巇（ㄒㄧˋ）：鑽空子。謂投機鑽營。唐・韓愈《釋言》：「弱於才而腐於力，不能奔走乘機抵巇，以要權利。」也作「乘間抵巇」。宋・魏了翁《跋任諫議帖》：「一小人乘間抵巇，引用非人，遂能轉移人主爲崇觀政宣，以貽後日無窮之禍。」也作「投間抵隙」。

【乘機應變】

趁有利時機靈活應付。明・許自昌《水滸記・謀成》：「乘機應變，料難逃漫天圈套，管教似探囊取寄，使人絕倒。」也作「隨機應變」。

【乘堅策肥】

乘坐堅固的車，駕馭肥壯的馬。形容生活奢侈。《漢書・食貨志上》：「千里遊遨，冠蓋相望，乘堅策肥，履絲曳縞。」也作「乘堅驅良」。驅良：趕著好馬。《後漢書・和熹鄧皇后紀》：「今末世貴戚食祿之家，溫衣美飯，乘堅驅良，而面牆術學，不識臧否，斯故禍敗所從來也。」也作「乘輕驅肥」。輕：輕捷的車。《晋書・傅咸傳》：「古者大夫乃不徒行，今之賤隸乘輕驅肥。」

【乘堅驅良】

見「乘堅策肥」。

【乘間抵巇】

見「乘機抵巇」。

【乘間而入】

見「乘虛而入」。

【乘間竊發】

趁機會暗地裏發動。例只要我們稍一放鬆警惕，壞人就會乘間竊發，進行破壞搗亂。

【乘間伺隙】

利用疏漏或空隙，以伺機一逞。宋・范祖禹《論聽政》：「陛下初攬政事，乃小人乘間伺隙之時也。」

【乘間投隙】

乘機挑撥離間，以謀私利。宋・辛棄疾《九議》其一：「然而特恍於天下之士不樂於吾之說，故切切然議之，遂使小人乘間投隙，持一偏可喜之論以謀己私利。」也作「乘瑕蹈隙」。瑕：缺點，毛病；蹈：投。明・胡應麟《少室山房筆叢・大顛書》：「世人多不成人之美，雖心知其非，乃乘瑕蹈隙而擠之。」

【乘理雖死而匪亡，違義雖生而匪存】

匪：通「非」。堅持眞理，雖死猶生；違背道義，雖生猶死。漢・趙壹《刺世疾邪賦》：「……寧飢寒於堯舜之荒歲兮，不飽暖於當今之豐年。乘理雖死而匪亡，違義雖生而匪存。」

【乘流得坎】

乘流：趁著流勢；坎：八卦中第三卦；得坎：遇險。趁著流勢進，遇到險難止。比喻順利時就出仕，做一番事業；遇到坎坷就退隱，不惹禍災。宋・趙善括《送外舅杜侍御使陝西》：「平生經國有雅意，乘流得坎惟所値。」也作「流行坎止」。

【乘龍貴婿】

見「乘龍快婿」。

【乘龍佳婿】

見「乘龍快婿」。

【乘龍快婿】

《初學記》卷三〇：「黃尚爲司徒，與李元禮俱娶太尉桓焉女，時人謂桓叔元兩女俱乘龍，言得婿之如龍。」快婿：稱意的女婿。後來用「乘龍快婿」作爲女婿的稱譽之詞。明・湯顯祖《紫釵記・回求僕馬》：「待做這乘龍快婿，騏驥才郎，少的駟馬高車。」也作「乘龍佳婿」。郭沫若《南冠草》三幕：「我有你這樣一位坦腹東床的、乘龍佳婿，我是光榮得很啦。」也作「乘龍貴婿」。明・湯顯祖《還魂記・鬧宴》：「你是老爺跟馬賤人，敢辱我乘龍貴婿，打不的你！」

【乘其不意】

趁對方沒料到的時候採取行動。《後漢書・馮異傳》：「異乘其不意，卒擊鼓建旗而出。」

【乘輕驅肥】

見「乘堅策肥」。

【乘人之厄】

見「乘人之危」。

【乘人之急】

見「乘人之危」。

【乘人之危】

趁別人失利或有危難的時候去要脅、侵害對方。《後漢書・蓋勛傳》：「謀事殺良，非忠也；乘人之危，非仁也。」也作「乘人之厄」。厄：災難、困苦。《聊齋志異・神女》：「子誠敝人也！不念疇昔之義，而欲乘人之厄，予過矣！予過矣！」也作「乘人之急」。宋・李覯《國用第九》：「買賤賣貴，乘人之急，必劫倍蓰之利者，大賈蓄家之幸也。」

【乘勝逐北】

逐北：追逐敗軍。乘勝追擊潰敗的敵軍。《戰國策・中心策》：「魏軍既敗，韓軍自潰，乘勝逐北，以是之故能立功。」

【乘危下石】

趁人（落井）危難時，往下扔石頭。比喻乘人之危加以打擊陷害。明・李清《三垣筆記・崇禎》：「今乘危下石，非君子所爲。」也作「落井下石」。

【乘僞行詐】

利用假象進行欺騙。漢・劉向《列女傳・晋范氏母》：「夫伐功施勞，鮮能布仁，乘僞行詐，莫能長久。」

【乘興而來】

晉・裴啟《裴子語林》：「王子猷居山陰，大雪夜，眠覺……忽憶戴安道（逵），時戴在剡溪，即便夜乘輕船就戴。經宿方至，既造門，不前便返。人問其故，王曰：『吾本乘興而行，興盡而返，何必見戴？』」趁著一時的興致而來。常與「興盡而返」或「敗興而返」連用。宋・范成大《巾子山又雨》詩：「如今只憶雪溪句，乘興而來興盡還。」

【乘興說話，最難檢點】

乘興：趁興致好的時候。興致好的時候說話，最不容易斟酌是否說得對。謂人在興頭上說話容易離譜，應當愼於言語。清・申居鄖《西岩贅語》：「乘興說話，最難檢點。」例尤其領導者，說話一定要謹愼，「乘興說話，最難檢點」，話說到興頭上，更要仔細斟酌一番，不要信口開河，以免造成不好的影響。

【乘隙而入】

見「乘虛而入」。

【乘瑕蹈隙】

見「乘間投隙」。

【乘虛而入】

乘著對方空虛、虛弱或缺少準備的時候侵入。宋・王十朋《論用兵事宜札子》：「萬一金人乘虛而入，使川、陝隔絕，則東南之勢孤矣。」也作「趁虛而入」。《三俠五義》四〇回：「如今百病趁虛而入。」也作「乘隙而入」。明・劉基《郁離子・麋鹿》：「才不自來，因疑而來，間不自入，乘隙而入，由其明之先蔽也。」也作「乘間而入」。間：空隙，虛弱的地方。唐・參寥子《闕史》：「筋衰骨弱，風氣因得乘間而入。」

【乘輿播遷】

乘輿：皇帝、諸侯乘坐的車子；播遷：流離遷徙。指帝王流亡在外。《明史・王竑傳》：「向使乘輿播遷，奸黨猶在，國之安危殆未可知。」也作「乘輿播越」。播越：離散，流亡。《晉書・苻丕載記》：「慕容垂爲封豕於關東，泓沖繼兇於京邑，致乘輿播越，宗社淪傾。

【乘輿播越】

見「乘輿播遷」。

【乘衆人之智，則無不任也】

發揮衆人的智慧，就無不成功。《淮南子・主術訓》：「文王智而好問，故聖；武王勇而好問，故勝。夫乘衆人之智，則無不任也，用衆人之力，則無不勝也。」

【乘字底下丟了人——眞乖】

「乘」字去掉下面的「人」就成了乖字。多比喻孩子聽話、溫順或伶俐、機警。例這孩子可眞是乘字底下丟了人——眞乖，大家都非常喜歡他。

【盛水不漏】

盛水：盛器中的水。容納的水一點兒也不外漏。比喻理論、思想、言談話語等非常嚴密，無懈可擊。清・梁啟超《霍布士學案》：「霍氏之哲學，理論極密，前後呼應，幾有盛水不漏之觀。」

【程門立雪】

程：指宋朝著名學者程頤。《宋史・楊時傳》：「見程頤於洛，時蓋年四十矣。一日見頤，頤偶瞑坐，[楊]時與[宋]游酢侍立不去。頤既覺，則門外雪深一尺矣。」後用「程門立雪」指尊師重道。元・謝應芳《楊龜山祠》詩：「卓彼文靖公，早立程門雪；載道歸東南，統緒賴不絕。」例小張很有程門立雪的精神，聽說王教授在鄰縣講課，他走了一百多里山路趕去請教。

【程咬金拜大旗——運氣好】

比喻人遇得意事，很幸運。有時表示戲謔。例他也獲得了晉升，眞是程咬金拜大旗——運氣好。

【程咬金拜大旗——衆望所歸】

比喻爲羣衆所推崇、擁護。例別再推辭了，你是程咬金拜大旗——衆望所歸，請坐上主席台吧！參見「程咬金拜大旗——運氣好」。

【程咬金的斧頭——就那麼幾下子】

程咬金：隋末起義軍的將領。傳說他在作戰中使用斧子，頭三斧非常厲害，以後就沒有勁了。比喻本領不強，沒有幾招。例我知道他的本事，程咬金的斧頭——就那麼幾下子。

【程咬金的斧頭——頭三下厲害】

比喻做事起初聲勢很大，後來不能堅持下去；或虎頭蛇尾，有始無終。例新廠長一上任又改制度，又訂紀律，沒幾個月又走老廠長的老路了，眞是程咬金的斧頭——頭三下厲害。也作「程咬金的斧頭——頭三下」、「程咬金的斧子——砍三下就不管用了」、「程咬金的斧子——虎頭蛇尾」。參見「程咬金的斧頭——就那麼幾下子」。

【程咬金做皇帝——不耐煩】

比喻性情急躁，做事缺乏耐心。例這是一項很重要的工作，無論如何要堅持下去，很好地完成，別程咬金做皇帝——不耐煩。

【程嬰捨子救孤兒——大義凜然】

春秋故事：晉靈公的大臣趙盾一家三百餘人，被武將屠岸賈殺害，只剩下剛出生不久的孤兒。程嬰爲保全趙家後代，暗中把親生兒子同趙氏孤兒調換。最後程嬰的兒子被當成趙氏孤兒殺害。形容爲了維護正義而無私無畏的莊嚴神態。例近百年來，爲了抵禦外敵侵略，我們的國家出現了千百個程嬰捨子救孤兒——大義凜然的英雄人物。

【懲病克壽，矜壯死暴】

懲病：警戒疾病；克：能；矜：自恃；暴：突然。警惕疾病，能夠長壽；自恃强壯，可能暴死。指生活應有規律，防治疾病，不能放縱。唐・柳宗元《敵戒》：「懲病克壽，矜壯死暴；縱欲不戒，匪愚伊耄。」

【懲惡勸善】

勸：勸勉。懲戒邪惡，勸勉向善。唐・李白《比干碑》：「且聖人立教，懲惡勸善而已矣。」也指懲罰壞人壞事，獎勵好人好事。漢・荀悅《漢紀・元帝紀上》：「賞罰者，國家之利器也，所以懲惡勸善，不以喜加賞，不以怒增刑。」

【懲忿窒欲】

懲：警戒，制止；窒：阻塞，堵死。謂克制激動不滿情緒，抑止各種欲念。《周易・損》：「損，君子以懲忿窒欲。」宋・朱熹《寄陳同甫書》：「絀去義利雙行、王霸並用之說，而從事於懲忿窒欲、遷善改過之事。」

【懲羹吹齏】

羹：熱湯；齏：ㄐㄧ，冷菜。由於被羹燙過，存了戒心，所以吃冷菜時也要吹一下。比喻吃了大虧而心懷戒懼，遇事過分小心。戰國楚・屈原《九章・惜誦》：「懲於羹者而吹虀（齏）兮，何不變此志也。」宋・陸游《謝梁右相啟》：「刻舟求劍・固匪通材；懲羹吹齏，已消壯志。」

【懲前毖後】

毖：ㄅㄧˋ，謹愼。謂吸取以前犯錯誤的教訓，以後小心謹愼，不再重犯。《詩經・周頌・小毖》：「予其懲而毖後患。」宋・朱熹《詩集傳》注：「懲，有所傷而知戒也。毖，愼。」例對犯錯誤的人，要堅持「懲前毖後，治病救人」的方針。

【懲一戒百】

見「懲一警百」。

【懲一警百】

警：警戒。謂懲罰一人或極少數人，借以警戒衆人。《漢書・尹翁歸傳》：

「其有所取也，以一警百，吏民皆服，恐懼改行自新。」例他違反勞動紀律，造成嚴重事故，我們要對他進行處分，並通告全廠，以懲一警百。也作「懲一儆百」。儆：讓人自己覺悟而不犯過錯。《官場現形記》五六回：「兄弟今天定要懲一儆百，讓衆人當面看看，好叫他們有個怕懼。」也作「懲一儆衆」。《清史稿・谷際岐傳》：「若得懲一儆衆，自可羣知洗濯。」也作「懲一戒百」。明・沈采《千金記・仰役》：「故依法律明憔，懲一戒百難容忍。」也作「創一警百」。創：懲。明・徐光敵《欽奉明旨條畫屯田疏》：「不於此輩創一警百，而懲噎廢食，亦復何官不可廢，何事不可已邪？」

【懲一儆百】

見「懲一警百」。

【懲一儆衆】

見「懲一警百」。

【橙黃桔綠】

橙子黃燦燦的，桔子綠油油的。形容南方秋色。宋・蘇軾《贈劉景文》詩：「一年好景君須記，最是橙黃桔綠時。」

【澄江如練】

澄：清澈，明淨；練：潔白的熟絹。清澈的江水，像一條白絹。形容遠看的江流。南朝齊・謝朓《晚登三山還望京邑》詩：「餘霞散成綺，澄江淨如練。」唐・李商隱《和書潘前輩七月十二日夜泊池州城下》詩：「正是澄江如練處，玄暉應喜見詩人。」

【澄清天下】

謂整肅政治，除邪扶正，使天下復歸清平。《後漢書・范滂傳》：「滂登車攬轡，慨然有澄清天下之志。」

【澄思寂慮】

沈靜專心地思索考慮。《宣和畫譜・花鳥敍論》：「乾暉常於郊居畜其禽鳥，每澄思寂慮，玩心其間，偶得意即命筆。」也作「澄思靜慮」。宋・魏了翁《坐忘居士房公文集序》：「讀孔孟書・超然有見，謂窮性之道，不外乎一心。於是澄思靜慮而求其自得者。」

【澄心滌慮】

澄清思想，清除雜念，使意念純正。元・王丹桂《滿庭芳・示衆》詞：「吾曹，聽勸化，休生懈怠，道念堅牢。在澄心滌慮，勿犯天條。」也作「澄心清意」。《淮南子・泰族訓》：「凡學者能明於天人之分，通於治亂之本・澄心清意以存之，見其終始，可謂知略矣。」也作「澄心淨意」。《敦煌變文集・廬山遠公話》：「善慶既歸房中，澄心淨意，直至天明，更無睡眠。」

【澄心淨意】

見「澄心滌慮」。

【澄心清意】

見「澄心滌慮」。

【澄源節流】

澄源：澄清財政收入。查清各種收入來源，節省各方面開支。清・林則徐《會奏各州縣墊完民欠銀米請豁折》：「加意徵儲，倍嚴稽核，不任稍涉虛懸，庶幾澄源節流。」也作「開源節流」。

【澄源正本】

以根本上進行治理整頓。宋・陳亮《附朱熹〈寄陳同甫書〉》：「而其所以培壅本根，澄源正本，爲異時發揮事業之地者，益光大而高明矣。」也作「正本清源」。

ㄔㄥˇ

【逞己失衆】

逞己：顯示自己的才能、威風等。一味顯示自己就會脫離羣衆，失去衆人支持。《隋唐演義》五六回：「蓋驕則恃己輕人，驕則逞己失衆，失衆無以御人，那得不敗。」

【逞強稱能】

賣弄本領，顯示自己能力強。例如果你想睡覺，就別逞強稱能地要和別人一樣熬夜唸書了。

【逞異誇能】

顯示自己奇異的本領，誇耀自己高超的才能。《封神演義》九二回：「梅山七怪阻周兵，逞異誇能苦戰爭。」

【騁懷遊目】

敞開胸懷，縱情觀覽。元・王惲《扶疏軒記》：「任衰榮之無定，樂閒身於茲時，騁懷遊目，極夫吾之所好。」也作「遊目騁懷」。

ㄔㄥˋ

【秤不離砣，公不離婆，扁擔不離筐和籮——各有各的搭檔】

搭檔：〈方〉合作共事的人。比喻各有各的合作共事的人或伙伴。例秤不離砣，公不離婆，扁擔不離筐和籮——各有各的搭檔，我自然有同伴共同來承擔這項任務，你別操心了。

【秤錘掉在井裏——不懂(撲通)】

見「哈蟆跳井——不懂（撲通）」。

【秤錘掉在井裏——不（撲）通】

不：「撲」的諧音。也作「秤錘掉在水池裏——不（撲）通」。見「甘蔗當吹火筒——不通」。

【秤錘落井】

金屬稱錘，掉在井裏，立刻沉底。比喻不見蹤影，沒有消息。宋・釋曉瑩《羅湖野錄》卷一：「福州資福善禪師：自此一別，秤錘落井。」

【秤錘小，壓千斤】

比喻年紀輕、個子小也能發揮重要作用。例別看他年紀小、個頭不高，其實他是個秤錘小，壓千斤的人可別忽視他喲！也作「秤砣小，能吊千斤」。

【秤桿打人——有斤兩】

稱桿上刻有表示斤、兩的星符。雙關語。比喻說話有見地，有分量，觸及問題的實質或要害。例今天王老師在批評會上的發言，可眞叫秤桿打人

——有斤兩。

【秤桿與秤砣——密不可分】
見「麵粉攙石灰——密不可分」。

【秤桿子安在茅坑裏——過分】
過：用秤稱，這裏指超過；分：「糞」的諧音。雙關語。比喻超過一定的程度或限度。例對孩子的要求，一定要適當，決不要秤桿子安在茅坑裏——過分了。也作「**秤桿插到茅廁頭——過分（糞）**」。

【秤鉤打針——以曲求伸】
見「蚯蚓走路——以曲求伸」。

【秤砣掉糞坑——又臭又硬】
見「茅坑裏的石頭——又臭又硬」。

【秤砣掉進大海裏——永世也浮不起來】
比喻永遠消逝，不會重現。例他已遁入空門，就像秤砣掉進大海裏——永世也浮不起來，別想再見到他了。

【秤砣掉在櫥櫃裏——砸人飯碗】
雙關語。比喻迫使別人失業，使人無法生活下去。例他在那兒擺攤又沒礙你什麼事，你幹嗎去轟他，你這是秤砣掉在櫥櫃裏——砸人飯碗。

【秤砣掉在鋼板上——落地有聲】
比喻說話很有分量。例老師的話就那麼幾句，可句句都像秤砣掉在鋼板上——落地有聲。也作「**重錘打在鋼板上——落地有聲。**」

【秤砣掉在雞窩裏——搗蛋】
見「雞窩裏擺棒槌——搗蛋」。

【秤砣掉在雞窩裏——雞飛蛋打】
比喻全部落空，一無所得；或事情徹底失敗。例他倒賣國家統購統銷物資，被政府查獲，受到嚴懲，落得個秤砣掉在雞窩裏——雞飛蛋打。

【秤砣落水——一落到底】
比喻做工作踏實。有時也指遭到最大的貶降或處於極不利的地位。例做領導要像秤砣落水——一落到底，多做調查研究工作，聯繫羣衆，解決他們的疾苦。

【秤砣落在棉絮上——沒有回音】
見「石沉大海——無回音」。

【秤砣下河——非沉不可】
比喻事情一定要失敗。例隊員鬧情緒，這場球賽，我看是秤砣下河——非沉不可。

【秤砣砸核桃——看他硬到幾時】
比喻在沉重的打擊下，頑固堅持不了多久。例他們還不投降？下令炮兵轟擊，秤砣砸核桃——看他硬到幾時。

ㄔㄨ

【出榜安民】
榜：官府的告示。貼出告示，安撫百姓。《洪秀全演義》三二回：「胡林翼大慮，只得出榜安民，居民一概免罪。」

【出不得手】
謂不敢公開拿出來。《二刻拍案驚奇》卷二〇：「官宦人家，怕不會喚銀匠傾銷物件，卻自家動手？必是礙人眼目的，出不得手，所以如此。」

【出岔子】
比喻出現差錯、事故。例這事馬虎不得，萬一出岔子就難收拾了。

【出巢的蜂子——亂哄哄】
形容聲音嘈雜，嚷成一片。例你們這一幫人，就像出巢的蜂子——亂哄哄，一點紀律也沒有。

【出巢的蜜蜂——滿天飛】
見「開春的柳絮——滿天飛」。

【出塵不染】
見「出塵離染」。

【出塵離染】
比喻身處污濁的環境而不被污染，仍能保持自身的純潔。唐·崔融《為百官賀千葉瑞蓮表》：「夫蓮花者，出塵離染，清淨無瑕。」也作「**出塵不染**」。清·陳裴之《香畹樓憶語》一五節：「秋影主人，中年卻掃，爐熏茗碗，擁髻微吟，花社靈光，出塵不染。」

【出塵之表】
見「出塵之姿」。

【出塵之想】
指超出塵世凡俗的思想境界。南齊·孔稚珪《北山移文》：「夫以耿介拔俗之標，蕭灑出塵之想，度白雪以方絜，干青雲而直上，吾方知之矣。」也指詩文字畫的風格、意境不同凡俗。清·周亮工《讀畫錄·王子京》：「王子京不以畫名，偶然落筆，便有出塵之想。」

【出塵之姿】
指姿態仙風道骨，蕭灑自如，不同凡俗。宋·鄧椿《畫繼·賀源》：「嘗見《看雲圖》，畫一高僧，抱膝而坐石岸，昂首佇目，蕭然有出塵之姿，使人敬仰不暇。」也作「**出塵之表**」。表：儀表。《醒世恆言》卷二九：「生得豐姿蕭灑，氣宇軒昂，飄飄有出塵之表。」

【出處進退】
指出仕、隱居、當官、退休諸事。明·歸有光《上瞿侍郎書》：「士之出處進退，遲速有幾。」

【出得龍潭，又入虎穴】
比喻險情接連不斷，剛從險境中逃脫出來，又落入另一個險境。《警世通言》卷一九：「正說之間，林子裏搶出十餘個人來，大喊大叫，把衙內簇住。衙內道：『我好苦！出得龍潭，又入虎穴！』」

【出點子】
即出主意、想辦法。例要他實幹不行，但他腦子靈活，能出點子。

【出東門，往西拐——糊塗東西】
比喻人不明事理。罵人的話。例連這樣簡單的事也不會辦，眞是出東門，往西拐——糊塗東西。

【出洞的黃鼠狼——又鬼祟又狠毒】
鬼祟：偷偷摸摸。比喻手段兇狠毒辣而又隱蔽。例這個惡霸是出洞的黃鼠狼——又鬼祟又狠毒，許多人都不明不白地死在他手裏。

【出洞的老鼠——東張西望】
見「牆頭上的鴿子——東張西望」。

【出爾反爾】
原指你如何對待別人，別人也如何對待你。《孟子・梁惠王下》：「出乎爾者，反乎爾者也。」後多用來指反覆無常，言行前後矛盾。《官場現形記》五九回：「我已經答應他了……他肯自然極好；倘若不肯，也只好由他。我不能做出爾反爾的事。」也作「**出乎反乎**」。《封神演義》一一回：「王曰：『詔赦已出，衆臣皆知，豈有出乎反乎之理。』」

【出凡入聖】
見「超凡入聖」。

【出風頭】
比喻出頭露面，表現自己。例年輕人愛出風頭有什麼不好？讓他們充分表現自己的才能嘛！也作「**出鋒頭**」。例這次運動會上，小王得了好幾個名次，眞是出足了鋒頭。

【出谷遷喬】
谷：幽谷；喬：喬木。《詩經・小雅・伐木》：「出自幽谷，遷於喬木。」意爲鳥飛出幽暗的山谷，遷居高大的喬木。後用「出谷遷喬」祝賀人遷居或官職高升。例祝賀你出谷遷喬，升官發財，三喜臨門啊！

【出故典】
故典即典故。比喻出花樣，給人留下話把。例這位老先生眞會出故典，總是讓人琢磨不透。

【出乖丟醜】
見「出乖露醜」。

【出乖露醜】
乖：荒謬，違背常理。指在衆人面前出醜。《儒林外史》一四回：「像我婁家表叔結交了多少人，一個個出乖露醜，若聽見這樣話，豈不羞死！」也作「**出乖弄醜**」。金・董解元《西廂記諸宮調》卷六：「已恁地出乖弄醜，潑水再難收。」也作「**出乖丟醜**」。例你們非讓我表演節目，我哪裏會！破鑼嗓子，唱個歌吧，出乖丟醜了。

【出鬼入神】
指變化多端，難以捉摸。《三國演義》三九回：「孔明有經天緯地之才，出鬼入神之計，眞當世之奇才。」也作「**神出鬼沒**」。

【出鍋的大蝦——卑躬（背弓）屈膝】
見「笸籮裏睡覺——卑躬（背弓）屈膝」。

【出鍋的熱糍粑——軟作一堆】
糍粑：把糯米蒸熟搗碎後做成的食品。也作「**出鍋的熱糍粑——軟癱了**」。見「爛柿子落地——軟作一堆」。

【出何典記】
出於何典？有何記載？指無稽之談。《後漢書・邊韶傳》：「寐與周公通夢，靜與孔子同意，師而可嘲，出何典記？」

【出乎反乎】
見「出爾反爾」。

【出乎預料】
見「出人意料」。

【出疆載質】
疆：國界；質：見面禮。帶著見面禮到國外去。《孟子・滕文公下》：「孔子出疆必載質。」後指出賣民族利益，投靠外國。例他滿以爲出疆載質，會受到外國主子的賞識，那知道人家並未看重他。

【出將入相】
出則爲將，入則爲相。指文武兼備的人物。也指高官顯爵。《舊唐書・李德裕傳》：「出將入相，三十年不復重遊。」《兒女英雄傳》七回：「漫說出將入相，八座三台，大約立刻叫他登聖坐殿，成佛升天，他也不換。」也作「**出入將相**」。唐・張說《兵部尚書國公贈少保郭公行狀》：「偉才生代，宏量匡時，經論文武，今之王佐，出入將相，古之人杰。」

【出警入蹕】
指帝王出行時，所經路途嚴加警戒，開道清路，杜絕行人等。《三國演義》一一九回：「可戴十二旒冠冕，建天子旌旗，出警入蹕，乘金根車，備六馬……」

【出口成章】
話出口即成文章。形容口才好。也形容學問淵博，文思敏捷。《三國演義》七九回：「人皆言子建出口成章，臣未深信。主上可召入，以才試之。」也作「**出言成章**」。《淮南子・修務訓》：「舜二瞳子，是謂重明，作事成法，出口成章。」

【出口入耳】
《左傳・昭公二十年》：「言出於於口，入於爾耳，誰告建也？」後以「出口入耳」指兩人私下談論。《後漢書・張玄傳》：「且出口入耳之言，誰今知之？」

【出口傷人】
說出的話污辱傷害人，有損人的尊嚴。《封神演義》四八回：「好妖道！焉敢如此出口傷人，欺吾太甚！」

【出了燈火錢，坐在暗地裏——明吃虧】
比喻明顯地吃了虧。有時指受了損失要說在明處。例他賣給你的東西，比市價高出一倍，這不是出了燈火錢，坐在暗地裏——明吃虧嗎？

【出了靈山也有寺】
見「除了靈山別有佛」。

【出了氣的尿泡】
比喻失去靠山，威風不起來了。《醒世姻緣傳》四三回：「如今比不得往時，有錢送人，有勢壓人；自從官人沒了，就如那出了氣的尿泡一般，還有誰理？」

【出了芽的蒜頭——多心】
見「蘿蔔長了叉——多心」。

【出類拔萃】
萃：草叢生的樣子，喻聚集在一起的人或物。超出同類，高於一羣。形容人的品德、才華出衆，或事物超出一般之上。《孟子・公孫丑上》：「出於其類，拔乎其萃，自生民以來，未有盛於孔子也。」《三國志・蜀書・蔣琬傳》：「琬出類拔萃，處羣僚之右。」也作「**出類拔羣**」。《梁書・劉顯傳》：「竊痛友人沛國劉顯，韞櫝藝文，研精覃奧，聰明特達，出類拔羣。」也作「**出羣拔萃**」。宋・黃庭堅《與王觀復書》：「但當以理爲主，理得而辭順，文章自然出羣拔萃。」也作「**出類超羣**」。明・無名氏《誤失金環》四折：「兩個夫榮妻貴，一雙出類超羣。」也作「**拔萃出類**」。

【出類拔羣】

見「出類拔萃」。

【出類超羣】

見「出類拔萃」。

【出冷門】

冷門：賭博時很少有人下注的一門。比喻出人意料。例競技場上常出冷門，令觀衆又驚又喜。

【出林乳虎】

走出叢林的小老虎。比喻勇猛的小將。例他如何敵得住這三個出林乳虎，直殺得兩肩酸麻，渾身流汗。

【出林之中不得直道】

走出樹林不會是一條筆直的路。比喻人生的道路上不可能一帆風順。《淮南子・泰族訓》：「夫聖人之屈者，以求伸也，枉者，以求直也。故雖出邪僻之道，行幽昧之塗，將欲以直大道，成大功，猶出林之中不得直道，極溺之人不得不濡足也。」

【出籠的鳥兒——放得出，收不回】

比喻一旦放鬆或撤手，就再也無法控制。例資金問題，就像出籠的鳥兒——放得出，收不回，如果投放過多，再回籠就困難了。

【出籠的鳥兒——要飛了】

比喻要遠走高飛了。例「張伯母，我看你的兒媳婦是出籠的鳥兒——要飛了。」「青年人應當出去闖一闖嘛，我絕不拉她後腿。」

【出漏子】

比喻發生差錯，出事故。例快派人去制止他，不然會出漏子的！發生事故就糟了。

【出亂子】

發生麻煩、事故。例聽說那邊出漏子了，咱們快去看看是怎麼回事。

【出毛病】

出現故障、差錯。例現在人們的責任心不夠，難免這兒那兒出毛病，所以要加强教育。

【出門帶條狗——隨人走】

也作「**出門兩條腿——隨人走**」。見「身後的影子——隨人走」。

【出門逢債主，回家難揭鍋——內外交困】

難揭鍋：因斷炊而揭不開鍋。比喻內部外部都遇到困難。例他正處於出門逢債主，回家難揭鍋——內外交困的境地，你別再去增加他的麻煩了。

【出門逢債主——盡遇到敗興事】

也作「**出門逢債主——悶捐人**」。見「癩蛤蟆上餐桌——盡遇到敗興事」。

【出門弗認貨】

貨物賣出去，就一概不承認。謂不負責任。《何典》一〇回：「且說那臭鬼，自從活死人起身之後，也便收拾些出門弗認貨，各處去做那露天生意。」

【出門見狐狸——晦氣】

神話傳說中多有狐狸成精之說，迷信的人認爲碰見狐狸是不吉利的。比喻倒霉，不吉利。例剛出門就把汽車月票丟了，眞是出門見狐狸——晦氣。也作「**抬頭望見掃帚星——晦氣**」。

【出門看天色，進門看臉色】

出門看天氣好壞，進門看主人臉色如何。比喻替人做事，處處受限制，沒有自由。例他從小給人做長工，一熬就熬了十幾年，那眞是把脊梁骨壓弓拉！出門看天色——進門看臉色。

【出門遇城隍——撞鬼】

城隍：迷信傳說中指主管某個城市的神。也作「**出城隍廟進土地廟——鬧神又鬧神**」。見「七月十五日進廟——撞鬼」。

【出門在外，不要露白】

白：指銀子。謂出門在外時，不要將攜帶的錢財顯露給別人，否則就會給自己帶來危險。元・無名氏《朱砂擔》四折：「我想這一晚既然要躲那賊，只該悄悄的睡罷了，還要點著燈，數這朱砂顆兒做什麼？自古道出門在外，不要露白，可知被那賊瞧破了也。」

【出門坐飛機——遠走高飛】

見「驚弓之鳥——遠走高飛」。

【出門子】

即出嫁。例等丫頭出門子以後，就剩咱老倆口相依爲命了。

【出蘑菇】

指發生糾紛、麻煩。例什麼事都應該抓緊時間辦事，時間拖長了容易出蘑菇。

【出沒無常】

出現和隱沒沒有規律，變化不定。《野叟曝言》六六回：「倭奴肆毒，出沒無常，沿海州縣，草木皆兵。「也作「**出入無常**」。《史記・天官書》「以處熒惑」唐・司馬貞《索隱》：「常以十月入大微，受制而出行列宿，司無道，出入無常。」

【出謀畫策】

見「出謀劃策」。

【出謀劃策】

出主意，謀畫策略。《興唐傳》四回：「明著是此處的觀主，出家的道士，暗地裏幫著給單家弟兄出謀劃策，調度五路的綠林人衆，就如同是個軍師一般。」也作「**出謀畫策**」。例一定是有人替你出謀畫策，讓你這樣做的。也作「**出奇畫策**」。奇：奇計。

《東周列國志》六九回：「汝依違觀望其間，並不見出奇畫策，無非因人成事。」

【出難題】

比喻提出使人爲難、不好辦的事情。例這傢伙討厭極了，他以給人出難題爲樂事。

【出奴入主】

唐·韓愈《原道》：「其言道德仁義者，不入於楊，則入於墨；不入於老，則入於佛；入於彼，出於此，入者主之，出者奴之，入者附之，出者污之。」意謂接受某種觀點，就要排斥另一種觀點。以自己所接受的爲主，以自己所排斥的爲奴。後因以「出奴入主」指學術上的門戶之見。明·沈德符《萬曆野獲編·考察脅免》：「近日癸卯甲辰間，徑路已分，彈擊四起，出奴入主，暗避明攻。」也作「**入主出奴**」。

【出其不意】

原指在作戰中，乘對方意料不到時採取行動。《孫子·計篇》：「攻其無備，出其不意。」後泛指出乎別人意料。《警世通言》卷一八：「今日出其不意，考個案首，也自覺有些興頭。」

【出奇畫策】

見「出謀畫策」。

【出其取勝】

見「出其制勝」。

【出奇制勝】

用奇兵或奇計戰勝敵人。《孫子·勢篇》：「凡戰者，以正合，以奇勝。故善出奇者，無窮如天地，不竭如江河。」《明史·王鏊傳》：「分兵掩擊，出奇制勝，寇必不敢長驅直入。」現也指用別人想不到的辦法取勝。例廣東隊派兩名不見經傳的新手上場，出奇制勝，取得比賽的勝利。也作「**出奇取勝**」。《資治通鑑·後唐莊宗同光元年》：「今用兵歲久，生民疲弊，苟非出奇取勝，大功何由可成！」也作「**出奇致勝**」。致：取得。《老殘遊記》七回：「學了些時，覺得徒有虛名，無甚出奇致勝處。」

【出奇致勝】

見「出奇制勝」。

【出氣多，進氣少】

形容病得厲害，快斷氣了。也比喻支出多，收入少。《石點頭》卷七：「除了讀書的吃死飯，一家之中，出氣多，進氣少，日窮一日。」

【出氣筒】

比喻無故受氣的人。例他在外面受了氣，回家就拿妻子當出氣筒，眞不像話。

【出羣拔萃】

見「出類拔萃」。

【出人頭地】

宋·歐陽修《與梅聖俞四十六首》之三一：「老夫當避路，放他[蘇軾]出一頭地也。」意爲讓他高出一頭。後用「出人頭地」形容高人一等。《古今小說》卷三〇：「勉强送他學堂攻書，資性聰明，過目不忘，吟詩作賦，無不出人頭地。」

【出人意表】

指出乎人們意料之外。《南史·袁憲傳》：「憲常招引諸生與之談論，新義出人意表，同輩咸嗟服焉。」也作「**出人意外**」。《二十年目睹之怪現狀》七二回：「拉攏得那麼親熱，眞是出人意外。」也作「**出於意表**」。《太平廣記》卷二二六引《大業拾遺記》：「其妓航水飾，亦雕裝奇妙，周旋曲池，同以水機使之，奇幻之異，出於意表。」也作「**超人意表**」。宋·胡仔《苕溪漁隱叢話》後集卷三；「[東坡]至其晚年，所見益高，超人意表。」也作「**出於意外**」。魯迅《關於中國的兩三件事》：「被了災還要來表感謝之意，雖然未免有些出於意外，但若不祭，據說是第二回還會燒，所以還是感謝了安全。」

【出人意料】

與人料想不符合。明·無名氏《贈書記·奉詔團圓》：「才貌卻相當，緣合未堪奇賞，出人意料，在那錯聯鸞凰。」也作「**出乎預料**」。例我原以爲考不好的，誰知竟出乎預料地考個第一。也作「**出人豫料**」。豫：同「預」。例紅隊平時戰績不佳，這次能拿冠軍，眞有些出人豫料。

【出人意外】

見「出人意表」。

【出人豫料】

見「出人意料」。

【出入將相】

見「出將入相」。

【出入無常】

見「出沒無常」。

【出色當行】

當行：內行，精通本行。形容對本行很精通，做得非常好。《官場現形記》一回：「王鄉紳叔侄兩個講到今年那省主考放的某人，中出來的，『闈墨』，一定是淸眞雅正，出色當行。」也作「**當行出色**」。

【出神入化】

神：神奇；化：化境，極其高超的境界。形容技藝達到極其神奇高超的境界。《隋唐演義》四九回：「虧得其子羅成，年少英雄，有萬夫不當之勇，其父授的一條羅家槍。使得出神入化。」也作「**超神入化**」。明·高棅《〈唐詩品匯〉總序》：「觀者苟非窮精闡微，超神入化，玲瓏透徹之梧，則莫能得其門，而臻其壺奧矣。」也作「**出神入妙**」。《品花寶鑑》一九回：「[聘才]便在旁幫起腔來，五音不亂，唇齒分明，竟唱得出神入妙。」

【出神入妙】

見「出神入化」。

【出生入死】

原意爲從出生到死去。《老子》五〇章：出生入死，生之徒十有三，死之徒十有三。」後用來形容冒著生命危險。宋·孫光憲《北夢瑣言逸文》卷二：「我與爾累年戰鬥，出生入死。」也作「**出死入生**」。清・管世銘《昭陵石馬歌》詩：「百戰未嘗輕失利，出死入生憑一騎。」

【出世超凡】

見「超凡出世」。

【出手不凡】

剛開始做某事就表現出不同一般的本領。例我剛跟他下了幾著，就覺得他「出手不凡」。

【出手得盧】

盧：古代賭博中的一種勝子。一伸手就拿到勝子。比喻剛一開始做，就獲得勝利。《南齊書・張瓌傳》：「瓌以百口一擲，出手得盧矣！」

【出水的芙蓉——一塵不染】

芙蓉：荷花。見「高山上的雪蓮——一塵不染」。

【出水的蝦子——連蹦帶跳】

見「熱鍋裏爆蝦米——連蹦帶跳」。

【出水芙蓉】

剛剛露出水面的荷花。多比喻天然艷麗的女性。宋・王洋《明妃曲》詩：「大明宮內宴呼韓，出水芙蓉鑑裏看。」也比喻詩文清新可愛。例李白詩如出水芙蓉，天然去雕飾。也作「**初發芙蓉**」。《南史・顏延之傳》：「謝〔靈運〕五言如初發芙蓉，自然可愛。」也作「**芙蓉出水**」。

【出死入生】

見「出生入死」。

【出頭的椽子——先爛】

出頭：露出頭的；椽子：放在房屋檁子上架著屋面板和瓦的木條。露出頭的椽子，常受風吹雨淋，最先腐爛。比喻經常出頭露面的人，容易受到損害或攻擊。例有人想出頭的椽子——先爛，還是讓別人去帶頭吧，如果都存在著這種思想，人類社會就不會進步。也作「**出頭的釘子——先挨砸**」。

【出頭露面】

①露出頭。《西遊記》四四回：「眾僧們聽說認親，就把他圈子陣圍將上來，一個個出頭露面，咳嗽打響，巴不得要認出去。」②指婦女在公衆場合出現。《醒世恆言》卷二七：「姊妹此時也難顧羞恥，只得出頭露面。」也作「**出頭露相**」。《醒世姻緣傳》卷一九：「從晁大舍到了莊上，那唐氏起初也躲躲藏藏，不十分出頭露相。」③在人多的場合出現。有時有出風頭表現自己的意思。丁玲《太陽照在桑乾河上》三九：「他比張裕民會說話，一到出頭露面的時候，他總是走在張裕民頭裏，接著他便當了治安員。」

【出頭露相】

見「出頭露面」。

【出頭鳥】

指在某方面表現突出的人。例你們別把我推到前面，我不願當出頭鳥，不願做被攻擊的目標。

【出頭有日】

出頭：從困苦處境或屈辱的地位擺脫出來；有曰：指時日屈指可數。不久就能擺脫困苦的處境或屈辱地位。例你的寃情上級已經知道，很快就會做出結論，你出頭有日了。

【出頭之日】

指脫離困境或從屈辱地位擺脫出來的時刻。《東周列國志》七二回：「異日倘有出頭之日，定當重報。」

【出土的筍子——露頭】

見「破帽子——露頭」。

【出土的陶俑——總算有了出頭之日】

陶俑：古代殉葬的陶制偶像。比喻終於到了出人頭地的時候。例他想：奮鬥了二十年，事業剛剛有所成就，出土的陶俑——總算有了出頭之日，應當珍惜這來之不易的榮譽。

【出土甘蔗——節節甜】

見「熱透的甘蔗——節節甜」。

【出土筍子逢春雨——節節高】

筍子：竹的嫩芽，也叫竹筍。春雨過後，竹筍蓬勃生長。比喻社會地位和生活水平日益提高。有時也指長勢越來越好。例在現代，人民過上了揚眉吐氣的日子，眞好比出土筍子逢春雨——節節高。也作「**出土筍子逢春雨——節節上升**」、「**春天的竹筍——節節高**」、「**山間的竹筍——節節高**」、「**雨後的竹筍——節節高**」、「**芝蔴開花——節節高**」、「**竹筍出土——節節高升**」。

【出土文物——老古董】

比喻頑固守舊的人，或陳舊過時的東西。例這個人思想不開化，對新事物很反感，人家說他是出土文物——老古董。也作「**老奶奶的嫁妝——老古董**」。

【出外一里，不如屋裏】

謂外出即使很近，也不如呆在家裏。《水滸傳》六一回：「自古道：『出外一里，不如屋裏』。休聽那算命的胡說，撇下海闊一個家業，耽驚受怕，去虎穴龍潭裏做買賣。」也作「**出外一里，不如家裏**」。

【出位僭言】

僭：越。指越級進言，說些不合自己身分的話。唐・柳宗元《上裴晋公度獻唐雅詩啓》：「出位僭言，惶戰交積。」

【出位之謀】

謂超出職責範圍來出謀獻策。清・方苞《與顎張兩相國論制馭西邊書》：「苞聞出位之謀，先聖所戒。然古者國有大事，謀及庶人。」

【出窩老】

原指剛出窩的鳥就變老成了。比喻少年老成、年輕而保守的人。例你可眞是出窩老哇！年紀輕輕的，就有這麼多陳腐的觀點。

【出污泥而不染】

從污泥裏長出來卻不被污染。原贊美蓮花潔身自愛，後比喻人處於污濁的環境中，仍能保持純眞的品質、高尚的節操。宋・周敦頤《愛蓮說》：「予獨愛蓮之出污泥而不染，濯清漣而不妖。」

【出鬚的蘿蔔——腹內空】

蘿蔔出鬚後，裏面逐漸失去水分而變空。比喻虛有其表，而無眞才實學。例別看他誇誇其談，能說會道，其實是出鬚的蘿蔔——腹內空，淺薄得很。也作「**出鬚的蘿蔔——肚裏空空**」。

【出鬚的蘿蔔——心裏虛】

見「屬竹子的——心裏虛」。

【出血筒子】

出血：出錢。比喻拿得出錢的人。例我又不是出血筒子，你們怎麼總是要我贊助呀？

【出衙門罵大街——沒事找事】

衙門：舊時官員辦公的機關。見「老鼠逗貓——沒事找事」。

【出言不遜】

遜：謙讓，恭順。說話傲慢、不客氣。《古今小說》卷三一：「因出言不遜，衝突了試官，打落下去。」

【出言成章】

見「出口成章」。

【出言無忌】

見「昌言無忌」。

【出言無狀】

說話沒有樣子。指說話放肆，沒禮貌。魯迅《阿Q正傳》：「這個滿臉鬍子東西，也敢出言無狀麼？」

【出洋相】

①作滑稽動作逗笑。例有他在場就熱鬧了，他特別愛出洋相，總是逗得大家哈哈大笑。②比喻出醜。例這人自不量力，咱們就等著看他出洋相吧！

【出窰的磚——定型了】

也作「**出窯的磚——定了型**」。見「百年的歪脖樹——定了型」。

【出一惡，長十善】

除掉一個惡人，等於做了十件好事。《宋史・華仲衍傳》：「邑子馬宏以口舌橫閭裏……[仲衍]會攝縣事，即逮捕驗活，五日得其奸，流宏於鄧州，一縣相賀。給事中張問居裏中，謂仲衍曰：『諺云：出一惡，長十善，君之謂也。』」

【出以公心】

指考慮事情以國家和集體利益爲出發點。例只要替大家辦事的人出以公心，所有問題都是容易解決的。

【出於水火】

水火：水火之中，喻危難。從危難中被解救出來。例多謝恩人搭救，使我出於水火。

【出於無奈】

無奈：無可奈何，沒有辦法。指做某事是由於迫不得已。元・無名氏《冤家債主》楔子：「我是個男子漢家，也則出於無奈，學做些兒賊。」

【出於一轍】

一轍：同一車轍，喻相同的趨向。形容先後出現的情況、人與人的言或行很相似。宋・朱熹《答陳明仲》之一：「程子之書，司馬張揚之說，不知其果皆出於一轍耶？」抑有所不同也？」也作「**如出一轍**」。

【出於意表】

見「出人意表」。

【出於意外】

見「出人意表」。

【出自幽谷，遷於喬木】

幽：暗；喬：高。鳥兒從昏暗的山谷中飛出來，落在高大的樹上。原指從低處飛往高處求伴侶。比喻爲人求上進，不甘落後。也用於祝賀他人遷入新居或晉升官階。《孟子・滕文公上》：「吾聞『出自幽谷，遷於喬木』者，未聞下喬木而入於幽谷者。」

【出作入息】

「日出而作，日入而息」的簡略。太陽一出來就開始工作，太陽一落山就休息。泛指日常生活規律。例那些年，我在農村勞動，出作入息，無憂無慮。

【初出茅廬】

原指諸葛亮剛剛出山。三國故事：劉備三顧茅廬，請諸葛亮幫助打江山。諸葛亮剛離茅屋，就在博望坡設下埋伏，以火攻曹軍，使曹軍大敗。《三國演義》三九回：「後人有詩曰：『博望相持用火攻，指揮如意笑談中。直須驚破曹公膽，初出茅廬第一功！』」後稱第一次做某事或剛參加工作，缺乏經驗爲初出茅廬。《官場現形記》五六回：「傅二棒錘雖然是世家子弟，畢竟是初出茅廬，閱歷尚淺，一切都虧王觀察指教。」

【初二三的夜晚——處處不明】

農曆每月初三的的月亮爲朔月，形如鈎，月光微弱。比喻什麼情況都不明。例我新調來這裏工作，就像初二三的夜晚——處處不明，還沒有發言權，過些日子再說吧。

【初二三的月亮——不明不白】

①比喻無緣無故或憑白無故。例他爲什麼送進監獄，的確是初二三的月亮——不明不白。②比喻態度含糊，不明朗。例你究竟是贊成還是反對，總該表個態，不要你初二三的月亮——不明不白。③比喻糊里糊塗，很不清楚。例你們隊裏有多少人，至今你還像初二三的月亮——不明不白。④比喻關係或行爲不光明、不正常。例你們到底是啥關係，你總不交代清楚，就像初二三的月亮——不明不白。也作「**瞎子望天窗——不明不白**」。

【初發芙蓉】

見「出水芙蓉」。

【初嫁從親，再嫁由身】

過去女子出嫁由父母作主，以後改嫁，自己可以作主。《水滸傳》二五回：「自古道：『嫂叔不通問』。『初嫁從親，再嫁由身』，阿叔如何管得？」

【初露鋒芒】

鋒芒：刀劍的刃和尖。比喻初次顯示出力量或才能。例小鷹隊初露鋒芒，第一仗就戰勝老牌勁旅黑豹隊。

【初露頭角】

比喻剛顯露出某種才華。例這次通俗

歌曲演唱會，表演者大多是初露頭角的青年歌手。

【初入蘆葦，不知深淺】

比喻剛剛介入，還不了解情況。《金瓶梅詞話》七一回：「何大監道：『我與大人遞一盅兒。我家做官的初入蘆葦，不知深淺，望乞大人凡事扶持一二，就是情了。』」

【初生之犢不畏虎】

犢：小牛。比喻年青人敢想敢幹，無所畏懼。茅盾《色盲》二：「自然李惠芳也不是淺淺者。性格是活潑的，勇氣是有的，野心而且樂觀，但好像初生之犢不畏虎，因爲她是未經艱苦罷了。因爲他是新興資產階級的女兒。」也作「**初生牛犢不怕虎**」、「**初生之犢**」。例這些小伙子，個個都是初生之犢，天不怕地不怕，再大的困難也不放在眼裏。

【初寫黃庭】

黃庭：指王羲之所書道家經典《黃庭經》書帖，爲後世學寫小楷的範本。評論書法有「初寫黃庭，恰到好處」之語。後以「初寫黃庭」比喻做事或寫詩文恰到好處。清・王士禛《帶經堂詩話》卷八：「元倡如初寫黃庭，恰到好處，諸名士和作皆不能及。」

【初一吃十五的飯——前吃後虧空】

比喻過日子不精打細算，支出超過了收入。例你們的日子是怎麼過的？初一吃十五的飯——前吃後虧空，一點計畫也沒有。

【初一晚上走路——一片漆黑】

農曆每月初一，月球運行到太陽和地球之間，地球上看不見月亮，行路困難。見「滿天飛烏鴉——一片漆黑」。

【初試啼聲】

比喻首次顯露才能技藝。多用來表示讚揚他人的詞語。例吳遠維和唱片公司的製作人計畫於年底前，在大安森林公園舉辦大型的戶外歌友會，這次是他自美國歸台後，初試啼聲的演唱活動，大家莫不寄以厚望，期盼能一炮而紅。

【初唐四傑】

唐初詩壇的四大詩人，包括：王勃、楊炯、盧照鄰、駱賓王。其四人的詩文齊名，盧照鄰和駱賓王各著有「盧昇之集」、「駱賓王文集」。例白老師的詩詞造詣登峯造極，遠近馳名，好比初唐四傑般耀眼。

ㄔㄨˊ

【芻蕘之言】

芻蕘：割草打柴的人，指草野鄙陋之人。草野之人的粗陋言論。常用於自謙。宋・蘇舜欽《火疏》：「精心念政刑之失，虛懷收芻蕘之言。」

【除暴安良】

鏟除暴虐，安撫良民。《鏡花緣》六〇回：「俺聞劍客行爲莫不至公無私，倘心存偏袒，未有不遭惡報；至除暴安良，尤爲切要。」

【除殘去暴】

見「除殘去穢」。

【除殘去穢】

除去殘暴醜惡的勢力。《三國志・吳書・周瑜傳》：「割據江東，地方數千里，兵精足用，英雄樂業，尙當橫行天下，爲漢家除殘去穢。」也作「**除殘掃穢**」。宋・陳亮《酌古論三・呂蒙》：「關將軍以律行師，爲漢家除殘掃穢。」也作「**除殘去暴**」。《今古奇觀》卷一六：「聞得義士，素抱忠義，專一除殘去暴，濟困扶危，有古烈士之風。」

【除殘去亂】

清除兇殘的壞人，消除混亂的局面。《後漢書・梁統傳》：「仁者愛人，義者政理，愛人以除殘爲務，政理以去亂爲心。」例人民要安寧，社會要發展，除殘去亂是最重要的。

【除殘掃穢】

見「除殘去穢」。

【除惡務本】

指一定要從根本上鏟除邪惡。《明史・吳時來傳》：「臣竊謂除惡務本。」

【除惡務盡】

鏟除邪惡務必要乾淨徹底。《野叟曝言》七一回：「唐以屢赦而成藩鎮之禍，蔓草難圖，除惡務盡。」

【除根剪草】

比喻徹底清除，不留後患。元・無名氏《抱妝盒》四折：「他不合意狠腸毒，則待要除根剪草，不肯著開花滿樹。」也作「**斬草除根**」。

【除害興利】

革除社會弊端，興辦有利的事業。《管子・治國》：「先王者，善爲民除害興利，故天下之民歸之。」也作「**除患興利**」。《三國志・魏書・陳思王植傳》：「夫君之寵臣，欲以除患興利。」

【除患寧亂】

除掉禍患，平息戰亂。《三國志・蜀書・後主傳》裴松之注引諸葛亮《後主出軍詔》：「除患寧亂，克復舊都。」

【除患無至，易於救患】

無至：未到。禍患在發生前就消除它，比在禍患發生了再去補救要容易得多。謂要防患於未然。將隱患消除在萌芽狀態中。《戰國策・燕策二》：「除患無至，易於救患。」例在生產中，要把安全放在首位。發現不安全因素要及時制止，「除患無至，易於救患」，這樣，就能避免事故的發生。

【除患興利】

見「除害興利」。

【除疾遺類】

《左傳・哀公十一年》：「使醫除疾，而曰『必遺類焉』者，未之有也。」意謂讓醫生治病，卻說一定要留下病根的人，恐怕是沒有的。後以「除疾遺類」比喻去患不盡，留下禍根。例這個販毒集團作惡多端，一定要調查清楚，一網打盡，決不能除疾遺類。

【除奸革弊】

除掉奸臣，改革弊端。元・無名氏《延安府》一折：「小官職居清廉，理當正直，除奸革弊也呵。」

【除舊布新】

廢除舊的，建立新的。《隋書・薛道衡傳》：「懸政教於魏闕，朝羣後於明堂，除舊布新，移風易俗。」也作「除舊更新」。例翻天覆地乾坤變，除舊更新又一年。

【除舊更新】

見「除舊布新」。

【除了靈山別有佛】

靈山：相傳釋迦牟尼講經的地方。比喻天外有天。《後西遊記》三九回：「『師父，還有話說。這是靈山，不見佛卻到那裏去見佛？』那笑和尚又笑嘻嘻說道：『你豈不聞俗語說，除了靈山別有佛，不要遲疑，快跟我來。』」也作「出了靈山也有寺」。

【除了死法，還有活法】

比喻遇事要靈活對待多想辦法。《何典》一回：「方知天底世下，除了死法，還有活法。」也作「除了死法有活法」。

【除死無大災】

意謂大不了一死罷了。元・無名氏《開詔救忠》一折：「我說老楊，屈千屈萬，則屈了你三個人。古人云『除死無大災』，順受吃了一刀，把頭丟在一邊，可也省的吃飯。」

【除邪懲惡】

淸除邪惡，懲處壞人。魯迅《集外集編校後記》：「他愛看俠士小說，因此發了游俠狂，硬要到各處去除邪懲惡，碰了種種釘子。」

【除邪去害】

淸除邪惡，去掉禍害。元・無名氏《謝金吾》四折：「長國姑除邪去害，保忠良重鎭關津。」

【除莠務盡】

莠：ㄧㄡˇ，狗尾草，喻品質壞的人。鏟除莠草務必乾淨。比喻淸除壞人一定要徹底、乾淨。例對那些危害青少年的壞人，一定要嚴加懲處除莠務盡。

【鉏麑之悔】

鉏麑：ㄋㄧˊ，人名。《左傳・宣公二年》載：晉靈公討厭大臣趙盾，派鉏麑去殺他。鉏麑淸晨來到趙盾住宅，見寢門大開，趙盾盛服將朝，因時間尙早，坐而假寐。鉏麑深受感動，認爲刺殺這樣的大臣是不忠，而棄君之命，又是不信，於是，觸槐而死。後用「鉏麑之悔」指意識到自己不對而產生的悔改念頭。明・敖英《東谷贅言》上：「幸而賊有鉏麑之悔，不然武元衡之禍作矣。」

【廚房裏的貓——記吃不記打】

比喻只顧貪圖便宜，忘記了經驗教訓。例他過去就因貪污受過處分，時間長了，就像廚房裏的貓——記吃不記打，這次又犯了，看來會加重懲罰。也作「屬狗的——記吃不記打」、「屬耗子的——記吃不記打」、「屬小雞子的——記吃不記打」。

【廚缸裏的王八——隨吃隨宰】

廚缸：廚房裏的水缸；王八：鱉的俗稱。比喻敵人已在掌握之中，隨時都可以消滅它。例暫時不要驚動他們，反正他們已經是廚缸裏的王八——隨吃隨宰，讓他們把陰謀全都暴露出來。

【廚師打蛋——各個擊破】

比喻有重點地一個個地解決問題。例問題如此多，眉毛鬍子一把抓怎麼行？要像廚師打蛋——各個擊破。

【廚師的肚子——油水多】

見「綿羊的尾巴——油水多」。

【廚子罷工——不想吵（炒）】

吵：「炒」的諧音。雙關語。比喻無意同人爭執吵架。例隨她怎麼鬧，我反正是廚子罷工——不想吵（炒），是非曲直羣衆自會有評說。

【廚子解圍裙——不幹了】

廚子解圍裙，表示不再工作了。雙關語。比喻撂挑子。有時指工作結束。例小陳工作一直不安心，動不動就揚言要廚子解圍裙——不幹了，你們得多做點思想工作。也作「豬八戒散伙——不幹了」。

【櫥窗的擺設——樣子貨】

比喻只是擺擺樣子，並不實用。例他們搞的那些花架子，就像櫥窗的擺設——樣子貨，實際上一點用處也沒有。

【鋤强扶弱】

鋤：鏟除；扶：幫助。鏟除强暴，扶助弱者。《二刻拍案驚奇》卷一二：「此等鋤强扶弱的事，不是我，誰人肯做？」

【鋤頭鉤月亮——夠不著】

見「搬石頭砸天——夠不著」。

【鋤頭雨】

鋤地前莊稼正需要雨水時下的雨。比喻及時雨。例正當咱們急著追肥的時候，供銷社送來了化肥，這可眞是下了鋤頭雨呀！

【雛鳳淸於老鳳聲】

幼鳳的聲音要比老鳳的聲音洪亮淸脆，悅耳動聽。比喻後來者居上，年輕的超過年老的。唐・李商隱《韓冬郎即席爲詩相送……因成二絕寄酬，兼呈畏之員外》詩之一：「十歲裁詩走馬成，冷灰殘燭動離情。桐花萬里丹山路，雛鳳淸於老鳳聲。」

【雛鳳聲淸】

唐・李商隱《韓冬郎即席爲詩相送……因成二絕寄酬，兼呈畏之員外》詩：「桐花萬里丹山路，雛鳳淸於老鳳聲。」意謂子女的才華更勝過父母。後以「雛鳳聲淸」比喻年輕人才華橫溢，更勝前人。淸・王韜生《海陬冶遊錄・續錄下》：「黃寶卿，雛鳳聲淸，可人如玉。」

【雛鷹展翅】

幼鷹展開翅膀翱翔。比喻青年人在生活和工作中將大有作爲。例他十幾歲就奪得全國業餘圍棋比賽冠軍，眞是雛鷹展翅，前途無量啊！

ㄔㄨˇ

【儲精蓄銳】
保存精力，積蓄力量，以利再戰。唐·符載《上巳日陪劉尙書宴集北池序》：「觀夫水嬉之倫，儲精蓄銳，天高日晏，思奮餘勇。」也作「**養精蓄銳**」。

【處安思危】
處於安定環境要經常想到可能會發生的危難。例處安思危，有所準備，才能從容應付各種突然發生的複雜局面。也作「**居安思危**」。

【處繁理劇】
處：處理；劇：艱難，困苦。處理繁重而困難的各種事物。唐·吳兢《貞觀政要·任賢》：「［王珪對曰］處繁理劇，衆務必擧，臣不如戴胄。」也作「**撥煩理劇**」。

【處家人情，非錢不行】
謂居家生活，人情往來，幹什麼都離不了錢。淸·沈復《浮生六記·坎坷記愁》：「余夫婦居家，偶有需用不免典質，始則移東補西，繼則左右支絀。諺云：『處家人情，非錢不行』，先起小人之議，漸招同室之譏。」

【處褌之虱】
褌：ㄎㄨㄣ，古時稱褲子。比喩甘受世俗拘束的庸人。也指眼界狹隘的人。淸·賀裳《升庵詩話》：「『三百篇』皆民間士女所作，何嘗撚鬚！今不讀古而徒事苦吟，撚斷筋骨亦何益哉！眞處褌之虱也。」也作「**虱處褌中**」。

【處理品】
指降價出售的次級商品。比喩不受重視的人或物。例怎麼把老弱病殘都分到我們隊？這裏又不是處理品收集站。

【處難處之事，可以長識】
處理難於處理的事情，可以增長見識。明·徐禎稷《恥言二》：「處難處之事，可以長識；調難調之人，可以練性，學在其中矣。」

【處囊之錐】
放在口袋中的錐子（錐尖戳破會露出）。比喩將嶄露頭角的有才智的人。淸·陳康祺《郎潛紀聞三筆·郝浴出處之恢奇》：「亦何怪少年英邁，早如處囊之錐，躍冶之金耶？」

【處女地】
比喩未經開墾的園地、荒地。例她把弱智兒童的心靈當作一片未經開墾的處女地，傾注自己的全部心血，辛勤耕耘。

【處女作】
指第一次發表的文章，初次創作的作品。例我的處女作是一篇幾百字的通訊，稿酬是兩百元。

【處身涉世】
處身：置身，安身；涉世：涉足世間，活在世上。謂立身處世。例他把忠誠謙虛做爲自己處身涉世之本。

【處實效功】
處理事情從實際出發，講究功效。漢·桓寬《鹽鐵論·非鞅》：「言之非難，行之爲難，故賢者處實而效功，亦非徒陳空文而已。」例今年，我們出版社要處實效功，努力做到社會效益、經濟效益雙豐收。

【處士橫議】
沒有做官的士人任意議論時政。《後漢書·申屠蟠傳》：「昔戰國之世，處士橫議。」

【處世還須稱晚來，逢人且莫誇疇昔】
疇昔：往日，以前。爲人一生應時刻想到今後將會怎麼樣，而不應當盡對別人誇耀過去如何如何。謂爲人處世要從長遠看，不可站在功績之上沾沾自喜。明·吳承恩《射陰先生存稿·憶昔行贈汪雲嵐分教巴陵》：「處世還須稱晚來，逢人且莫誇疇昔。」例老先生退休後，仍然熱心於各種社會活動，從來不向別人談自己過去的赫赫戰功，常咏著「處世還須稱晚來，逢人且莫誇疇昔」的詩句以自勵。

【處世爲人，信義爲本】
與人交往要講信用重道義。老舍《四世同堂·偸生》：「『唉！唉！年輕輕的，可不能不講信義！』亦陀差不多是苦口婆心地講道了。『處世爲人，信義爲本！人而無信，不知其可也！』」

【處事不可任己見，要悉事之理】
處置事情絕不能單憑自己的主觀意見來斷定，而要了解事理後再辦。明·呂坤《呻吟語·識見》：「處人不可任己意，要悉人之情；處事不可任己見，要悉事之理。」

【處事識爲先，斷次之】
處理事情必須首先取得對事物的認識，然後再作出判斷。謂對事物不了解，就不要急於下定論。明·薛瑄《薛文淸公從政錄》：「處事識爲先，斷次之」。例「處事識爲先，斷次之」是我們處理問題時應該記取的一個原則，尤其執法人員更應如此。

【處順安常】
處於順利的局面，可慣於平安的生活。明·張煉《正宮端正好，壽母太夫人七十》曲：「羨年來體健身强，也全憑處順安常。」也作「**安常處順**」。

【處堂燕雀】
住在著了火的房子裏的燕雀，大禍臨頭而不自知。比喩安居而失去警惕的人。明·李贄《忠義水滸傳序》：「一時君相猶然處堂燕雀，納幣稱臣，甘心屈膝於犬羊已矣。」也作「**燕雀處堂**」。

【處窩子】
指在外人面前不敢說話的人。例他這個人是處窩子，在家裏說個沒完，一出來就不言語了。

【處降納叛】

處：安頓；叛：指叛變對方的人。謂安頓、接納敵方投降歸順的人。也指網羅壞人，擴充勢力。明·張居正《與王鑑川議堅封貢之事》：「僕受國厚恩，死無以報，況處降納叛，既以身任之，今日之事，敢復他諉！」也作「招降納叛」。

【處心積慮】

處心：存心；積慮：長時間的思慮。謂存心已久，費盡心機，反覆謀算。多含貶義。《穀梁傳·隱公元年》：「何甚乎鄭伯？甚鄭伯之處心積慮，成於殺也。」也作「措心積慮」。措心：留心，用心。宋·何坦《西疇老人常言·應世》：「措心積慮，甘心爲小人而不以爲病，玆非惑歟！」

【處之綽然】

見「處之泰然」。

【處之泰然】

泰然：毫不在意的樣子。對待不利或異常情況，能沉著應付，安然自得，毫不在乎。也指對事情無動於衷。魯迅《華蓋集·通訊》：「一到全敗，則又有『命運』來做話柄，縱爲奴隸，也處之泰然，但又無往而不合於聖道。」也作「處之綽然」。綽然：寬綽的樣子。宋·程頤《明道先生行狀》：「人皆病於拘礙，而先生處之綽然；衆憂以爲甚難，而先生爲之沛然。」也作「處之坦然」。坦然：心中平靜無慮的樣子。宋·劉克莊《祭亡室文》：「蓋艱難險阻，悲憂恐怖，余不能不動於詞色者，君處之而坦然。」也作「處之恬然」。恬然：滿不在乎的樣子。《明史·葉廷秀傳》：「[廷秀]與[黃]道周未相識，冒死論救，獲重罪，處之恬然。」也作「處之宴然」。宴然：平靜安閒的樣子。宋·秦觀《圓通禪師行狀》：「事雖交至錯出，處之晏（宴）然。」也作「處之夷然」。夷然：平靜的樣子。《晉書·王承傳》：「是時道路梗澀，人懷危懼，承每遇艱險，處之夷然。」也作「處之怡然」。怡然：安適的樣子。南朝宋·劉義慶《世說新語·任誕》：「征西密遣人察之。至日，乃往荊州門下書佐家，處之怡然，不異勝達。」也作「泰然處之」。

【處之坦然】

見「處之泰然」。

【處之恬然】

見「處之泰然」。

【處之晏然】

見「處之泰然」。

【處之夷然】

見「處之泰然」。

【處之怡然】

見「處之泰然」。

【處中之軸】

處於車輪正中的軸。比喻官居要職，主持朝政。明·海瑞《啟閣老徐存翁》：「然公以身任天下重，天下亦以天下重責之……處中之軸，其可使少有不盡之分。」也作「當軸處中」。

【處尊居顯】

處於尊貴顯赫的地位。漢·王充《論衡·逢遇》：「處尊居顯，未必賢，遇也。」

【杵臼之交】

杵：用來搗糧食的圓木棒；臼：搗糧食時用的凹形石器。《後漢書·吳祐傳》載：吳祐舉孝廉後，有一個叫公沙穆的人來遊太學，由於錢糧俱盡，被迫改換服裝，請求爲人幫佣。吳祐雇他舂米，和他交談，覺得談吐不凡，很是驚異。兩人在杵臼之間就交上了朋友。後以「杵臼之交」指不計較地位低賤而結成的友誼。《聊齋志異·成仙》：「文登周生與成生少共筆研，遂訂爲杵臼之交。」例張先生在市場賣雞蛋，和張部長一番閒聊後，兩人竟成杵臼之交。

【礎潤而雨】

礎：柱子底下的石墩子；潤：濕。《淮南子·說林訓》：「山雲蒸，柱礎潤。」謂柱下的石墩一濕潤，就預示要下雨。比喻從預先顯露出的徵兆可以推測事情的發生。宋·蘇洵《辨奸論》：「事有必至，理有固然。惟天下之靜者，乃能見微而知著。月暈而風，礎潤而雨，人人知之。」

【楚霸王舉鼎——勁大】

楚霸王：項羽，秦末農民起義領袖。他身材高大，力能扛鼎；鼎：古代煮東西用的器物，三足兩耳。也作「楚霸王舉鼎——勁不小」、「楚霸王舉鼎——好大的力氣」。見「魯智深倒拔垂楊柳——好大的力氣」。

【楚霸王困垓下——四面楚歌】

垓（ㄍㄞ）下：古地名，在今安徽靈璧縣東南。比喻多方受敵，陷入孤立無援的困境。例你們現在的處境，就像楚霸王困垓下——四面楚歌，還是趕快投降爲妙。參見「四面楚歌」。

【楚霸王種蒜——栽到家了】

楚霸王：即項羽，秦末農民起義軍領袖。楚霸王種大蒜，栽到自己的家裏。雙關語。比喻失敗慘重，或當衆出醜。例這次一連被對方踢進三個球，鐵大門可算楚霸王種蒜——栽到家了。

【楚材晉用】

楚國的人才被晉國所用。比喻本國人才被外國使用。《二十年目睹之怪現狀》三○回：「我花了錢，教出了人，卻叫外國人去用，這才是『楚材晉用』呢？」

【楚楚不凡】

楚楚：鮮明、瀟脫的樣子。形容人才出衆，不同凡俗。清·袁枚《與何獻葵明府書》：「幸爲小女擇得一婿，楚楚不凡，差強人意。」

【楚楚動人】

楚楚：柔弱嫵媚的樣子。多形容女子柔弱嫵媚，惹人愛憐。例門開了，進來一個小女孩，長得眉清目秀，楚楚動人。

【楚楚可觀】

齊整、嬌媚，很值得看。清・顧復《平生壯觀・朱熹》：「晦翁諸札皆小行書，楚楚可觀。」

【楚楚可憐】

楚楚：淒楚、嬌弱的樣子；可憐：可愛。形容嬌弱淒楚，令人愛憐。《民國通俗演義》一二七回：「陸錦一面說，一面瞧喜奎神色十分慌張，大非平時飛揚跋扈能說慣話的情形，便覺得楚楚可憐，再不能多說一句。」

【楚楚可人】

楚楚：風流灑脫的樣子。風流，灑脫，合人心意。清・無名氏《人中畫，風流配》：「司馬玄看見新婿風流年少，楚楚可人，將他初來詣考一片驕矜不服之氣，先消了八九。」

【楚楚有致】

鮮明整潔，饒有情趣。清・趙知希《涇川詩話》上：「[林乾維]善畫山水蘭竹，並楚楚有致。」

【楚得楚弓】

見「楚弓楚得」。

【楚弓楚得】

楚人的弓仍爲楚人所得。比喻雖有所失，但只是落入本地或本國的人手中。也比喻自己失卻的東西又回到自己手裏。漢・劉向《說苑・至公》：「楚共王出獵而遺其弓，左右請求之。共王曰：『止！楚人遺弓，楚人得之，又何求焉。』」《兒女英雄傳》一七回：「一張弓，原是她刻不可離的東西……這個東西送上門來，楚弓楚得，豈有再容它已來復去的理？」也作「楚得楚弓」。明・蘇復之《金印記》一二齣：「喜楚得楚弓，免被傍人笑。」

【楚館秦樓】

舊指歌舞場所。也指妓院。元・張國賓《薛仁貴》三折：「也不知他在楚館秦樓貪戀著誰，全不想養育的深恩義。」也作「秦樓楚館」。

【楚河漢界】

楚（項羽）、漢（劉邦）相爭時，雙方對峙的河界。後來中國象棋盤的雙方分界處寫有「楚河漢界」。也比喻兩軍對壘的分界線。例公園的那一角兒，是老年人的天地，有唱戲的，有遛鳥的，有楚河漢界殺棋的，我眞羨慕他們這無憂無慮的生活。也作「楚界漢河」。《民國通俗演義》一六回：「霎時間煙焰沖霄……彷彿槍林彈雨，依稀楚界漢河。」

【楚河漢界——一清二楚】

下象棋時雙方對陣，以河爲界，棋盤的中間多寫「楚河漢界」。對弈雙方，界線分明。也作「楚河漢界——清清楚楚」。見「橋是橋，路是路——一淸二楚」。

【楚界漢河】

見「楚河漢界」。

【楚靈王好細腰而國中多餓人】

楚靈王愛好苗條的美人，楚國就有很多人爲了使腰變細而忍飢挨餓。謂上面喜愛什麼，下面就會迎合著去做。《韓非子・二柄》：「越王勇而民多輕死，楚靈王好細腰而國中多餓人。」也作「楚王好細腰，宮中多餓死」。

【楚幕有烏】

幕：軍帳；烏：烏鴉。楚軍帳幕上落著烏鴉。謂軍營空虛無人。《左傳・莊公二十八年》：「諸侯救鄭，楚師夜遁，鄭人將奔桐邱，諜告曰楚幕有烏，乃止。」

【楚囚對泣】

楚囚：被俘的楚國人，喻處於危難窘迫境地的人。謂處境危難窘迫，卻又束手無策，只是相對悲泣。《左傳・成公九年》：「晉侯觀了軍府，見鍾儀，問之：『南冠而縶者誰也？』有司對曰：『鄭人所獻楚囚也。』」宋・楊萬里《新亭送客》詩：「柏壁置人添一笑，楚囚對泣後千年。」也作「楚囚相泣」。宋・朱敦儒《沙塞子・大悲・再作》詞：「莫作楚囚相泣，傾銀漢，洗瑤池。」也作「楚囚相對」。清・陳康祺《郎潛紀聞》卷一二：「今日之行，榮於登仙，諸君何至作楚囚對耶？」

【楚囚相對】

見「楚囚對泣」。

【楚囚相泣】

見「楚囚對泣」。

【楚雖三户，亡秦必楚】

比喻必將報仇雪恨。漢・應劭《風俗通義・六國》：「[楚懷]王因爲張儀所欺，客死於秦。到王負芻，遂爲秦所滅。百性哀之，爲之語曰：『楚雖三戶，亡秦必楚。』」田漢《麗人行》一場：「古人說：『楚雖三戶，亡秦必楚』……我們的抗戰已經和世界反法西斯戰爭合流了。只要我們大家一條心，最後勝利一定是我們的。」

【楚水吳山】

湖北、江浙一帶的山和水。泛指長江中下游地區。唐・白居易《江南送北客因憑寄徐州兄弟書》詩：「故園望斷欲何如，楚水吳山萬里餘。」

【楚王拿晏子開心——自討辱】

《東周列國志》載：春秋時代，齊國大夫晏子出使楚國，驕橫自恃的楚靈王有意侮辱戲弄個子矮小的晏子，拿晏子開心，結果弄巧成拙，反被晏子戲弄。比喻自找沒趣，或自找氣受。例叫你別去惹他，你不相信，果然是楚王拿晏子開心——自討辱吧！以後要識相點。

【楚尾吳頭】

今江西省北部地區，位於當時吳國上游，楚國下游，如首尾銜接，故稱楚尾吳頭。《水滸》一一〇回：「地分吳楚，江心有兩座山……正占著楚尾吳頭。」也作「吳頭楚尾」。

【楚莊王理政——一鳴驚人】

比喻平時沒有特殊的表現，突然做出了驚人的成績。例他長期以來工作上表現一般，最近連續三次創造發明，獲得國家優秀獎，眞是楚莊王理政

——一鳴驚人。也作「立春響雷——一鳴驚人」。參見「一鳴驚人」。

ㄔㄨˋ

【怵目驚心】
怵：恐懼。目光觸到恐怖景象，內心感到極大震驚。形容極其驚恐。秦牧《花蜜和蜂刺》：「在花花綠綠、紙醉金迷的世界中，這裏面有多少的虛僞、欺詐、兇殘、掠奪，揭開來看眞是令人怵目驚心。」

【觸而即發】
一觸動就立刻發作，迅速作出反應。明・李開先《原性堂記》：「予方有意，觸而即發，不知客何所見，適投其機乎」也作「一觸即發」。

【觸機便發】
見「觸機即發」。

【觸機即發】
一觸動弓弩上的扳機，箭就發出去。後指觸動某一點，就立即發作或作出反應。多用於感情方面。例他正有氣沒處撒，現在是觸機即發，上去就給了那人兩拳。也作「觸機便發」。《舊唐書・韋思謙傳》：「吾狂鄙之性，假以雄權，觸機便發，固宜爲身災也。」

【觸機落阱】
觸動機關，落入陷阱。比喻遭受困厄。明・沈景《義俠記・奇功》：「我遭逢時乖運梗，你爲甚也觸機落阱？」

【觸禁犯忌】
謂觸犯禁忌。《雲笈七籤》卷四〇：「夫立功德者，不得觸禁犯忌，當與身神相和。」

【觸景傷情】
見「觸景生情」。

【觸景生懷】
見「觸景生情」。

【觸景生情】
觸：接觸。受到眼前景物的觸動而生發某種感情。清・趙翼《甌北詩話》卷四：「坦易者多觸景生情，因事起意，眼前景、口頭語，自能沁人心脾，耐人咀嚼。」也作「觸景生懷」。明・楊愼《洞天玄記》三折：「與人爲主氣中和，觸景生懷變態多。」也作「觸景傷情」。傷情：使情緒傷感。《古今小說》卷一：「三巧兒觸景傷情，思想丈夫，這一夜好生淒楚！」也作「觸物傷情」。《紅樓夢》六七回：「惟有黛玉看見他家鄉之物，反自觸物傷情。」

【觸類而通】
見「觸類旁通」。

【觸類而長】
意謂接觸懂得了某一事物的知識或規律，就能類推貫通同類事物的知識或規律。《周易・繫辭上》：「引而伸之，觸類而長之。」唐・權德輿《唐御史大夫李栖筠文集序》：「言公事上奉，則切劘端正觸類而長，皆文約旨明，昭昭然足以激衰薄而申矩度。」

【觸類可通】
見「觸類旁通」。

【觸類旁通】
指接觸、掌握了某一事物的知識或規律，對同類其他事物就能類推和貫通。朱自清《「海闊天空」與「古今中外」》：「我眞高興，得著兩個新鮮的意思，讓我對於生活的方法，能觸類旁通的思索一回。」也作「觸類而通」。清・方苞《古文約選・序》：「學者能切究於此，而以求《左》、《史》、《公》、《穀》、《語》、《策》之義法，則觸類而通，用爲制舉之文，敷陳論策，綽有餘裕矣。」也作「觸類可通」。宋・朱熹《答何叔京》之四：「昔聞之師以爲當於未發已發之幾，默識而心契焉，然後文義事理觸類可通。」

【觸靈魂】
很深刻地觸動心靈、思想。例你這個檢查太不深刻了，一大堆空話，一點沒觸靈魂。

【觸蠻交戰】
《莊子・則陽》：「有國於蝸之左角者曰觸氏，有國於蝸之右角者曰蠻氏，時相與爭地而戰，伏屍數萬，逐北旬有五日而後反。」後以「觸蠻交戰」比喻因細微末節而引起爭端。宋・程珌《賀新郎・壽李端明》詞：「袖手雲溪畔，看人間、紛紛飢鳥腐鼠，觸蠻交戰。」也作「蠻觸之爭」。

【觸霉頭】
比喻碰到麻煩、倒霉事。例你要不想觸霉頭，就趕快離開這是非之地。也作「觸楣頭」。例人活一輩子，哪能那麼順利，觸楣頭是難免的。

【觸目崩心】
崩：裂，破。謂一看到就非常哀痛傷心《南齊書・豫章文獻王傳》：「緬尋遺烈，觸目崩心。」也作「觸目慟心」。南朝・梁武帝《追贈張弘籍詔》：「朕少離苦辛，情地彌切，雖宅相克成，輅車靡贈，興言永往，觸目慟心。」

【觸目成誦】
眼睛看過一遍就能背誦出來。形容記憶力極強。《陳書・陸瑜傳》：「論其博綜子史，諳究儒墨，經耳無遺，觸目成誦。」也作「過目成誦」。

【觸目駭心】
見「觸目驚心」。

【觸目皆是】
目光觸到的都是。形容非常多。唐・朱敬則《五等論》：「故魏太祖曰：『若使無孤，天下幾人稱帝，幾人稱王！』明竊號議者觸目皆是。」

【觸目驚心】
目光接觸到的情景，引起內心巨大震動。《檮杌閒評》四〇回：「次日，禮科給事中彭汝南也上一本，爲天災人災，同時互見，觸目驚心。」也作「觸目駭心」。清・黃宗羲《陳葵獻偶刻詩文序》：「觸目駭心，動成篇什，素所蓄積，于此焉發之，所見者與人同，所得者固與人異也。」

【觸目警心】

看到眼裏，就引起內心的警惕。清．李顒《關中書院會約》：「俾學者觸目警心，有當於古人銘戒箴規之義焉。」

【觸目琳琅】

觸目：視線碰到的，所見到的；琳琅：美玉。滿眼都是珍寶。也比喻所見都是杰出的人才。宋．朱敦儒《好事盡．子權攜酒與弟侄相訪作》詞：「驚見老仙來，觸目琳琅奇絕。」也作「琳琅滿目」。

【觸目如故】

眼睛所見還和以前的一樣。宋．李昌令《樂善錄．洪州劉生》：「未周歲，公主忽告殂，國主不勝其哀，怒曰；『吾不欲復見劉生，其官物一不與，遣歸洪州。』生恍疑夢覺，觸目如故。」

【觸目傷懷】

見「觸目傷心」。

【觸目傷心】

雙目一接觸到就悲痛難過。《隋唐演義》九八回：「這些餘蹤剩跡，一發使人觸目傷心。」也作「觸目傷懷」。朱自清《背影》：「他觸目傷懷，自然情不能自已。」

【觸目慟心】

見「觸目崩心」。

【觸目興嘆】

看到某種事物就發出感嘆。明．李贄《焚書．雜述．雜說》：「一旦見景生情，觸目興嘆。」

【觸事面牆】

觸事：遇到事；面牆：面對牆壁。謂遇到事情後，就像面對一堵牆壁一樣，全然不知如何辦。晉．姚興《重答安成侯嵩》：「吾常近之才，加以多事昏塞，觸事面牆，不知道理安在。」

【觸手礙腳】

形容處處受阻，不便行動，難以成事。清．范寅《越諺．借喻之諺》：「捱肩擦背，觸手礙腳。」也作「礙手礙腳」。

【觸手生春】

用手一碰就生出春暉。比喻手法極高，一動筆就呈現出清新美妙的意境。清．趙翼《甌北詩話》卷一：「然以杜[甫]、韓[愈]與之[李白]比較，一則用力而不免痕跡，一則不用力而觸手生春：此仙與人之別也。」也作「着手成春」。

【觸物傷情】

見「觸景生情」。

【觸物興懷】

謂接觸到眼前的景物而生發出某種情懷。明．李詡《戒庵老人漫筆》卷六：「觸物興懷言不盡，春來非是愛吟詩。」

【黜惡若仇】

黜：罷免，指懲治。指懲治邪惡的官吏就像對待仇人一樣。漢．桓寬《鹽鐵論．除狹》：「舉善若不足，黜惡若仇讎。」

【黜陟幽明】

黜：罷免；陟：升遷；幽：昏暗；明：賢明。謂罷免昏官，晋升良臣。唐．陳子昂《上軍國利害事》：「昔堯舜氏不下席而天下理者，蓋黜陟幽明能折中爾。」

ㄔㄨㄛ

【戳壁腳】

比喻在背後揭短中傷。例做人要光明正大，不要總在人家背後戳壁腳。

【戳鍋漏】

比喻愛惹禍的人。例那楞小子是個戳鍋漏，專門給他家裏找麻煩。

【戳脊梁骨】

比喻在背後議論、責罵人。例你就積點德吧！你就不怕人家在後面戳脊梁骨嗎？也作「戳脊背」。例你爸當了廠長後，咱們各方面都要注意點兒，省得讓人戳脊背。也作「戳人背脊骨」。

【戳破了的燈籠——冒火】

雙關語。比喻動怒，發脾氣。例眞不像話，誰碰到這種人，也會像戳破了的燈籠—冒火的。也作「濕柴禾燒鍋——又冒煙又冒火」。

【戳傷疤】

比喻故意提起令別人傷心難堪的往事。例他最怕別人提受處分的事，你怎麼還一個勁兒地問這個呢？這不是故意戳傷疤嗎？

ㄔㄨㄛˋ

【啜菽飲水】

菽：豆類。吃豆子，喝清水。形容生活清貧。《禮記．檀弓下》：「孔子曰：『啜菽飲水盡其歡，斯之謂孝。』也作「歠菽飲水」。歠：ㄔㄨㄛˋ，吸、喝。《晋書．戳莊傳》：「晚節亦不復釣，端居篳門，歠菽飲水。」

【惙怛傷悴】

惙怛：憂愁；傷悴：悲傷。形容非常憂愁悲傷。《後漢書．梁鴻傳》：「心惙怛兮傷悴，志菲菲兮升降。」

【輟食吐哺】

輟：停止；吐哺：吐出正嚼的東西。停止吃飯，吐出正吃的食物。《史記．留侯世家》：「漢王輟食吐哺，罵曰：『豎儒，幾敗而公事。』」

【綽綽有餘】

形容十分寬裕，用不完。《三俠五義》三回：「若論令郎刻下學問，慢說是秀才，就是舉人進士，也是「綽綽有餘」的了，將來不可限量。」也作「綽綽有裕」。《詩經．小雅．角弓》：「此令兄弟，綽綽有裕；不令兄弟，交相爲瘉。」也作「綽有餘地」。餘地：可以充分回旋的地步。清．趙翼《檐曝雜記．大戲》：「高下分九層，列坐幾千人，而台仍綽有餘地。」

【綽綽有裕】

見「綽綽有餘」。

【綽有餘地】

見「綽綽有餘」。

【綽綽有暇】

見「綽有餘裕」。

【綽有餘妍】

妍：美麗。形容女子或字畫等很是秀美。唐・孟棨《本事詩・情感・博陵崔護》：「[女子]獨倚小桃斜柯佇立，而意屬殊厚，妖姿媚態，綽有餘妍。」

【綽有餘裕】

形容時間、人力、財力等很富裕。也指從容自如。漢・王粲《爲劉荊州與袁尚書》：「仁君智數弘大，綽有餘裕，當以大包小，以優容劣。」也作「綽有餘暇」。暇：空閒的時間。《北齊書・魏收傳》：「愔從容曰：『我綽有餘暇，山立不動；若遇當涂，恐翩翩遂逝。」

【綽約多姿】

綽約：姿態柔美的樣子。形容女子或花木等很是秀美，極具風韻。唐・蔣防《霍小玉傳》：「年可四十餘，綽約多姿，談笑甚媚。」

【歠菽飲水】

見「啜菽飲水」。

ㄔㄨㄞ

【揣奸把猾】

揣：藏著；把：握著。謂心藏奸詐，行爲狡猾。元・無名氏《十樣錦》二折：「因某生前揣奸把猾，死後永做餓鬼。」

【揣了二十五隻老鼠——百爪撓心】

見「生吞蜈蚣——百爪撓心」。

【揣歪捏怪】

藏著歪心，行爲怪誕。明・無名氏《拔宅飛升》楔子：「自小裏偷東摸西，揣歪捏怪，胡行亂走，不老實。」

ㄔㄨㄞˇ

【揣骨聽聲】

原爲一種相術，蒙目摸人身體，聽人聲音，然後根據骨骼、聲音附會人事禍福。後來指牽强附會的考證研究。清・紀昀《沈氏四聲考後序》：「因吾書而考見今韻之由來，不至揣骨聽聲，自生妄見。」

【揣合逢迎】

揣：揣測，揣摩；逢迎：故意迎合。揣摩別人心思，有意去迎合。《儒林外史》五五回：「就是那貧賤儒生，又不過做的是些揣合逢迎的考校。」也作「揣摩迎合」。《民國通俗演義》三七回：「他是揣摩迎合的聖手，敏達圓滑的智囊。」

【揣摩迎合】

見「揣合逢迎」。

ㄔㄨㄞˋ

【踹兩腳船】

踹：踩。腳踩兩條船。比喻投機取巧，兩方面都占著。明・李贄《藏書・名臣傳・荀彧》：「世間道學，好騎兩頭馬，喜踹兩腳船，專欲無厭，思惟兼得，而不知人之不可欺，卒之俱不能得而反以兩失也。」

ㄔㄨㄟ

【吹大法螺】

法螺：即螺貝，圓錐形，磨去尖頂可吹得很響，古時做佛事時用來做樂器，故稱法螺。佛家說法時吹響大的法螺。《妙法蓮華經・序品》：「今佛世尊欲說大法，雨大法雨，吹大法螺，擊大法鼓，演大法義。後多用作空口說大話的諷刺語。例他又一通地吹大法螺，好像眞見過太空人一樣。

【吹大氣】

即誇口、說大話。例他就會[吹大氣]，讓他幹幹試試，他什麼也不會！也作「吹大炮」。例你別聽他吹大炮，等他做一陣子，你就知道他是個什麼角色了。

【吹吹打打】

各種吹奏樂器、打擊樂器一起響起來。形容著意喧染、十分熱鬧。清・孔尚任《桃花扇・聽稗》：「俺倒去吹吹打打伏侍著他聽。」

【吹吹拍拍】

指吹牛拍馬的不良行爲。例革命隊伍中不興吹吹拍拍那一套。

【吹唇唱吼】

吹口哨亂唱亂吼。形容喧鬧起哄的樣子。《南史・侯景傳》：「醜徒數萬，同共吹唇唱吼而上。」

【吹唇沸地】

吹唇：吹口哨。吹一聲口哨就使大地沸騰起來。形容聲威級大。清・查愼行《黔陽雜詩》之四：「吹唇沸地勢縱橫，約束人稱峽路兵。」

【吹燈打哈欠——暗中消氣】

比喻心中有氣，隱而不露，稍稍地發洩。例他挨了主管的批評，心懷不滿，就在工作中刁難我們，眞是「吹燈打哈欠——暗中消氣」。

【吹燈講故事——瞎說】

見「神婆子念咒——瞎說」。

【吹燈抓虱子——瞎摸】

見「腳脖子上把脈——瞎摸」。

【吹燈作揖——沒人領情】

作揖：兩手抱拳高拱，彎身行禮。見「隔黃河送秋波——沒人領情」。

【吹笛的會摸眼，打牌的會摸點——各有各的本領】

比喻各有各的絕竅、方法或長處。例我會剪紙，可你捏小泥人的活我怎麼就學不到家，眞是吹笛的會摸眼，打牌的會摸點——各有各的本領。也作「吹笛的會摸眼，打牌的會摸點——

各靠各的本事」、「吹笙的會摸眼，打牌的會摸點——幹哪行有哪行的門道」。

【吹鼓手】

原指婚喪禮儀中吹打樂器的人。比喻專門爲人捧場的人。例他那張畫眉子嘴，給人當吹鼓手，再合適不過了。

【吹鼓手辦喜事——自吹】

吹鼓手：舊式婚禮或喪禮中吹奏樂器的人。見「街上賣笛子——自吹」。

【吹鼓手抱公雞——嘀嘀咕咕】

嘀嘀：吹鼓手吹嗩吶的聲音；咕咕：公雞的低叫聲。比喻心裏打不定主意。有時比喻私下裏小聲談話。例組長擔心做了周邊產品是否會被人扣上破壞「斂財」的帽子，心中總是吹鼓手抱公雞——嘀嘀咕咕，不敢作出決定。

【吹鼓手的媽媽——氣還不小哩】

比喻因某事而大爲生氣。例我看你眞是吹鼓手的媽媽——氣還不小哩，輸一場球算什麼，勝敗乃兵家常事嘛，何必放在心上。

【吹鼓手赴宴——吃的脹氣飯】

比喻日子過得不舒心，很憋氣。例當童工，不是挨打，就是挨罵，眞是吹鼓手赴宴——吃的脹氣飯。

【吹鼓手仰脖——起高調】

也作「吹喇叭仰脖——起高調」。見「飛機上吹喇叭——高調」。

【吹鼓手坐宴席——顧吃不顧吹】

比喻只顧貪嘴，顧不得幹正經事。有時也指做事考慮不周，顧此失彼。例連值班的人也沒有，都參加婚禮去了，眞是吹鼓手坐宴席——顧吃不顧吹。也作「吹鼓手吃飯——顧吃不顧吹」。

【吹灰之力】

只耗費吹灰塵的力氣。形容極其小的力量。《西遊記》四四回：「我師父卻又好道愛賢，只聽說個『道』字，就也接出大門。若是我兩個引進你，乃吹灰之力。

【吹糠見米】

把穀皮一吹就現出米粒。比喻立即就看到效果。例這個買賣可是吹糠見米的好買賣，你做不做啊？

【吹糠見米——本小利大】

吹開糠，見到米。比喻用的力氣小，收到的利益大；或用小的代價換取大的、長遠的收益。例訂計畫的著眼點應當是吹糠見米——本小利大，得不償失的事不辦。

【吹口哨過墳場——自己給自己壯膽】

見「過墳場吹口哨——給自己壯膽」。

【吹拉彈唱】

泛指演奏各種樂器和演唱各種歌曲。例他是歌舞團的台柱子，吹拉彈唱都在行。

【吹喇叭】

比喻吹捧。例他給了你多少好處？你到處給他吹喇叭。

【吹喇叭、打鼓——各有各的調門】

調門：音調的高低。比喻人的性情、作風不相同。例吹喇叭、打鼓——各有各的調門，這是很自然的事，何必強求一律呢！

【吹喇叭的分家——挨不上號】

號：軍隊或樂隊裏所用的西式喇叭。吹喇叭的分家，只能分到喇叭，分不到號。雙關語。比喻輪不上，沒有份兒。例這次選拔校排球隊員，我因個子矮小，肯定是吹喇叭的分家——挨不上號。

【吹冷風】

比喻散布消極言論，打擊別人熱情。例別指望王主任來支持我們的試驗，只要他不吹冷風就行了。

【吹毛覓瑕】

見「吹毛求疵」。

【吹毛求疵】

疵：小毛病。故意挑剔找毛病，尋差錯。《漢書・中山靖王劉勝傳》：「有司吹毛求疵，笞服其臣，使證其君，多自以侵冤。」也作「吹毛求瑕」。瑕：比喻缺點。《三國志・吳書・步騭傳》：「伏聞諸典校擿抉細微，吹毛求瑕，重案深誣，輒欲陷人以成威福。」也作「吹毛索疵」。索：求。《後漢書・杜林傳》：「及至其後，漸以滋章，吹毛索疵，詆欺無限。」也作「吹毛覓瑕」。南朝梁・劉勰《劉子・傷讒》：「是以洗垢求痕，吹毛覓瑕，揮空成有，轉白爲黑。」

【吹毛求瑕】

見「吹毛求疵」。

【吹毛索疵】

見「吹毛求疵」。

【吹滅燈擠眼——看不見的勾當】

擠眼：做眼色；勾當：壞事情。比喻偷偷地幹壞事。例聽說他在外面盡搞吹滅燈擠眼——看不見的勾當，還被警察局收審過哩！也作「半夜偷雞——看不見的勾當」。

【吹牛大王】

特別愛誇口、說大話的人。例對付吹牛大王的最好辦法是讓他兌現他誇下的海口。

【吹牛拍馬】

吹牛：說大話，誇口；拍馬：指諂媚奉承。謂吹噓奉承。例此人正經本事沒有，卻是個吹牛拍馬的好手。

【吹牛皮】

比喻誇口、說大話。例這人倒沒什麼大缺點，就是平日愛吹牛皮。

【吹牛皮賺錢——無本生意】

吹牛皮：說大話。比喻不花本錢的買賣。例「貴公司資金一定很雄厚？」「哼，別提了，吹牛皮賺錢——無本生意。」

【吹氣滅火——口氣不小】

比喻說話氣勢大或吹牛皮。例他一再表示要包銷我廠的全部產品，吹氣滅火——口氣不小，不知有多少資金和銷售點？也作「一口吞個豬頭——口氣不小」。

【吹氣若蘭】
戰國楚・宋玉《神女賦》：「陳嘉辭而云對兮，吐芬芳其若蘭。」後用「吹氣若蘭」形容美女的呼吸如蘭花一樣芳香。也作「**吹氣勝蘭**」。宋・晁載之《續談助》引漢・郭憲《洞冥記》：「[漢武帝]所幸宮人，名曰麗娟，年始十四，玉膚柔軟，吹氣勝蘭。」

【吹氣勝蘭】
見「吹氣若蘭」。

【吹沙走石】
形容風力大，吹得沙子飛揚，石頭翻滾。宋・范成大《次韻李子永雪中長句》詩：「黃昏苦寒鳥鳥稀，吹沙走石交橫飛。」也作「**飛沙走石**」。

【吹嗩吶上街——沒事找事】
也作「**吹喇叭下鄉——沒事找事**」、「**吹鼓手趕集——沒事找事**」、「**吹著喇叭攪買賣——沒事找事**」。見「老鼠逗貓——沒事找事」。

【吹彈得破】
吹口氣或是指頭輕輕地彈一下就破。形容面部皮膚極其細嫩。《歧路燈》七七回：「果然白雪團兒臉，泛出桃花瓣兒顏色，眞乃吹彈得破。」

【吹彈歌舞】
演奏管弦樂器，唱歌跳舞。泛指音樂舞蹈活動。元・無名氏《來生債》二折：「居士，如今那高樓上吹彈歌舞，飲酒歡娛，敢管待那士大夫哩。」

【吹糖人的改行——不想做人】
比喻缺乏做人應有的品質或勇氣。例他呀，在腐化墮落的路上越走越遠，還不想回頭，看來，是吹糖人的改行——不想做人了。

【吹糖人兒出身——口氣怪大】
吹糖人兒：舊時小商販用麥管插入麥芽糖稀，邊吹氣邊捏成各種人形或動物形食品。見「癩蛤蟆打哈欠——好大的口氣」。

【吹影鏤塵】
《關尹子・一宇》：「言之如吹影，思之如鏤塵，聖智造迷，鬼神不識。」後用「吹影鏤塵」比喻看不見絲毫形跡或白費功夫。例一去黃鶴不復返，吹影鏤塵空思念。

【吹圓的豬尿泡被戳了一刀——洩氣了】
尿泡：膀胱。見「皮球穿眼——洩氣」。

【吹皺一池春水】
宋・馬令《南唐書・馮延巳傳》：「延巳有『風乍起，吹皺一池春水』之句，元宗嘗戲延巳曰：『吹皺一池春水，干卿何事？』後與「干卿底事」連用，比喻事不關己而好管閒事。

【吹竹彈絲】
見「吹竹調絲」。

【吹竹調絲】
竹：指管樂；絲：指弦樂。泛指演奏樂器、音樂娛樂。清・紀昀《閱微草堂筆記・灤陽續錄》：「吹竹調絲，行炙勸酒，極蝶狎冶蕩之致。」也作「**吹竹彈絲**」。唐・韓愈《代張籍與李浙東書》：「未必不如吹竹彈絲，敲金擊石也。」

【炊金饌玉】
炊：燒火做飯；饌：飯食。形容宴飮極端奢侈。唐・駱賓王《帝京篇》詩：「平台戚裏帶崇墉，炊金饌玉待鳴鐘。」

【炊臼之戚】
唐・段成式《酉陽雜俎・夢》：「賈客張瞻將歸，夢炊於臼中，問王生。生言：『君歸，不見妻矣。臼中炊，固無釜也。』賈客至家，妻果卒已數月。」「無釜」與「無婦」諧音。後以「炊臼之戚」指喪妻的不幸。明・李東陽《與顧天錫書》：「令兄太守公行，不及躬送，聞有炊臼之戚。」也作「**炊臼之痛**」。清・查爲仁《蓮坡詩話》卷中：「辛丑仲春，余遭炊臼之痛，同人和悼亡詩甚多。」

【炊臼之痛】
見「炊臼之戚」。

【炊瓊爇桂】
炊：燒火做飯；爇：燒。所做飯菜如美玉，所燒柴草如桂木。形容物價昂貴。唐・林寬《獻同年孔郎中》詩：「炊瓊爇桂帝關居，賣盡寒衣典盡書。」

【炊沙成飯】
見「炊沙作飯」。

【炊沙鏤冰】
鏤：雕刻。燒火煮沙當飯食，鏤刻冰塊當器物。比喻白費力氣。宋・張淏《雲谷雜記・書侍郎徐公帖後》：「絕編壞簡徒自苦，炊沙鏤冰初何功？」

【炊沙作飯】
燒火煮沙作爲飯食。比喻做徒勞無功、白費力氣的蠢事。唐・顧況《行路難》詩：「君不見擔雪塞井空用力，炊沙作飯豈堪吃？」也作「**炊沙成飯**」。宋・朱熹《答陳齊仲》：「如此而望有所得，是炊沙而欲其成飯也。也作「**炊沙作糜**」。糜：粥。宋・黃庭堅《送王郎》詩：「炊沙作糜終不飽，鏤冰文章費工巧。」

【炊沙作糜】
見「炊沙作飯」。

ㄔㄨㄟˊ

【垂範百世】
範：典範，榜樣。留下光輝的榜樣永世流傳。宋・陸游《跋李莊簡公家書》：「雖徙海表，氣不少衰，丁寧訓戒之語，皆足垂範百世。」

【垂芳千載】
芳：香，喻好名聲。好名聲千古流傳，爲人稱頌。《晉書・苻堅載記》：「今匈奴既平，易若摧朽，雖勞師遠役，可傳檄而定，化被昆山，垂芳千載，不亦美哉！」也作「**流芳百世**」。

【垂拱而治】
《尚書・武成》：「惇信明義，崇德報功，垂拱而天下治。」後用「垂拱而治」稱頌帝王無爲而治。指垂衣拱手不做什麼而使天下太平。《元史・成宗紀四》：「成宗承天下混一之後，垂拱而治，可謂善於守成者矣。」

【垂簾聽政】

垂簾：古時太后或皇后臨朝聽政，殿上放下簾子遮隔。指女后掌握朝政。宋・王偁《東都事略・韓琦》：「英宗暴得疾，慈聖后垂簾聽政。」

【垂名青史】

在史册上留下英名。例為人民利益而死，垂名青史；替敵人賣命，遺臭萬年。也作「**垂名竹帛**」。竹帛：古代書寫用的竹簡和白絹，借指典籍、史册。《封神演義》五七回：「大丈夫先立功業，共扶明主，垂名竹帛。」

【垂名竹帛】

見「垂名青史」。

【垂暮之年】

垂暮：天將晚的時侯。指老年。例雖是垂暮之年，仍然壯心不已。

【垂磬之室】

磬：用石、玉製成的曲尺狀打擊樂器。像垂磬一樣空無所有的房屋。形容十分貧困。《宋史・喬行簡傳》：「今百姓多垂磬之室。」

【垂紳正笏】

紳：古代朝廷大臣束衣的大帶；笏：ㄏㄨˋ，古代臣子面君時所拿的狹長板子。低垂著束衣的大帶，端正地捧著笏板。謂朝臣莊重嚴肅的樣子。宋・歐陽修《相州晝錦堂紀》：「至於臨大事，決大議，垂紳正笏，不動聲色，而措天下於泰山之安。」

【垂世不朽】

永遠留下不可磨滅的名字。魯迅《反對「含淚」的批評家》：「『然而歌德所以垂世不朽者，乃五十歲以後懺悔的歌德……』這可奇特了。」

【垂手而得】

形容毫不費力就可得到。《歧路燈》三八回：「那個資性，讀不上三二年，功名是可以垂手而得的。」

【垂手恭立】

垂著手，恭敬地站著。例縣官帶領著全縣紳士，在路旁垂手恭立，等待著欽差大臣的到來。也作「**垂手侍立**」。侍：伺候。《紅樓夢》一四回：「院中許多小廝垂手侍立，伺候燒紙。」

【垂手侍立】

見「垂手恭立」。

【垂首帖耳】

低著頭，耷拉著耳朵。形容十分恭順的樣子。元・陶宗儀《輟耕錄》卷一五：「稍遇貶抑，遽若喪家之狗，垂首帖耳，搖尾乞憐，惟恐人不我恤。」

【垂死掙扎】

垂；接近。臨死時的最後掙扎，也比喻滅亡前的孤注一擲。例不要做垂死掙扎了，放下武器投降才是唯一生路。

【垂涕而道】

涕：眼淚。流著眼淚說話。形容沉痛陳詞。例他因為犯下殺人罪，事後垂涕而道，懇求被害人的家屬原諒。

【垂頭喪氣】

耷拉著腦袋，哭喪著臉，形容沮喪失意的樣子。《紅樓夢》三三回：「好端端的，你垂頭喪氣的做什麼？」

【垂頭塞耳】

耷拉著腦袋，堵著耳朵。指故意不聞不問。《後漢書・孝殤帝紀》：「而郡國欲獲豐穰虛飾之譽，遂覆蔽災害……貪苛慘毒，延及平民。刺史垂頭塞耳阿私不比。」

【垂頭塌翼】

耷拉著腦袋，低垂著翅膀，形容失去銳氣，頹廢不振的樣子。唐・于邵《與常相公書》：「今相公宰平天下，而鄙夫拘束邊外……是以垂頭塌翼，不敢思奮。」

【垂涎三尺】

口水流下來三尺長。①形容嘴饞，非常想吃。老舍《趙子曰》三：「對面坐著一個垂涎三尺的小黑白花狗，擠眉弄眼的希望吃些白薯鬚子和皮。」②比喻非常眼紅，妄圖得到。姜樹茂《漁港之春》：「見此情景，小販們不禁垂涎三尺，只要把這樣的貨弄到手……到什麼地方賣都是『薄本厚利』的買賣。」

【垂涎欲滴】

見「饞涎欲滴」。

【垂裕後昆】

垂裕：指留下豐厚的家底；後昆：後嗣。給後代子孫留下豐厚的基業。《梁書・侯景傳》：「垂裕後昆，流名竹帛，此實生平之志也。」

【垂朱拖紫】

朱：朱紱，古代系印章的紅色絲繩；紫：紫色印綬。借指高官顯宦。唐・崔顥《江畔老人愁》詩：「自言家代仕梁陳，垂朱拖紫三十人。」

【捶床搗枕】

用拳頭擊打床和枕頭。形容焦慮不安、難以入眠。《捉鬼傳》七回：「風流鬼無奈……這一晚捶床搗枕，翻來覆去，如何睡得著。」也作「**捶床拍枕**」。《孽海花》三回：「他脾氣越發壞了，不是捶床拍枕，就是咒天罵地。」

【捶床拍枕】

見「捶床搗枕」。

【捶胸跌腳】

見「捶胸頓足」。

【捶胸跌足】

見「捶胸頓足」。

【捶胸頓腳】

見「捶胸頓足」。

【捶胸頓足】

拍打著胸脯，跺著腳。形容痛不欲生，焦急無奈，恨天怨地的樣子。明・李開先《昆侖張詩人傳》：「有告之者，殊不之信也；已而知其實然，捶胸頓足，若不欲生。」也作「**捶胸跌足**」。元・蕭德祥《殺狗勸夫》二折：「我衷腸，除告天，奈天高，又不知，只落的捶胸跌足空流淚。」也作「**捶胸頓腳**」。《兒女英雄傳》一九回：「說完了，拍著那棺材捶胸頓腳，放聲大哭。」也作「**捶胸跌腳**」。《儒林外史》六回：「[趙氏]數了又哭，哭了又數，捶胸跌腳，號做一片。」也作「**頓足捶胸**」。

【捶胸拍臆】

用手拍打自己的胸脯。形容悲傷或悔恨時的情態。《敦煌變文集・燕子賦》：「婦聞雀兒被杖，不覺精神沮喪，但知捶胸拍臆，發頭憶想。」

【錘砸鐵砧——響當當】

鐵砧：鐵製的，砸東西時墊在底下的器具。見「飯勺敲鐵鍋——響當當」。

【錘子炒菜——砸鍋】

比喻辦事失敗或闖了禍。例包家小子跑江湖，做買賣，這次又是錘子炒菜——砸鍋了，欠了一屁股債。也作「**灶倒屋塌——砸鍋**」、「**灶膛裏掄錘——砸鍋**」。

【錘子打釺——想（響）到一個點子上】

想：「響」的諧音。比喻想法一樣。例既然大家錘子打釺——想（響）到一個點子上了，就一齊動手做起來吧！

【搥骨瀝髓】

搥：敲打；瀝：滴落。敲折骨頭，瀝淨骨髓。形容極其殘酷的剝削壓榨。宋・陸九淵《與宋漕》：「貪吏并緣，侵欲無藝，搥骨瀝髓，民不聊生。」

ㄔㄨㄢ

【川廣自源，成人在始】

寬闊的江河來自淺小的源頭，事業上有成就的人，是因爲從一開始就紮實用功。晉・張華《勵志詩》：「高以下基，洪由纖起。川廣自源，成人在始。累微以著，乃物之理。纆牽之長，實累千里。」

【川流不息】

像河裏的水流一樣連續不斷。比喻來往行人、車馬很多。《官場現形記》四七回：「三個隨員，雖不戴大帽子，卻一齊穿了方馬褂上來，圍著爐子，川流不息的監察。」

【川渟岳峙】

渟：水停滯。河水停滯，山岳聳立。比喻人品端莊凝重，才德深厚。《晉書・隱逸傳序》：「玉輝冰結，川渟岳峙。」

【穿板鞋上摩天嶺——好險】

板鞋：木板鞋。見「刀口舔糖——好險」。

【穿壁引光】

晉・葛洪《西京雜記》卷二：「匡衡勤學而無燭。鄰舍有燭而不逮。衡乃穿壁引其光，以書映光而讀之。」後以「穿壁引光」做爲勤學苦讀的典故。例聽了張教授一番演講，使我體會到，只要有古人穿壁引光的精神，就能學有所成。

【穿草鞋戴禮帽——土洋結合】

禮帽：在莊重的場合或舉行儀式時戴的帽子，通行的禮服、禮帽由西洋國家傳入。比喻傳統的土辦法和現代化的技術結合起來。例要加快生產發展的速度，必須採取穿草鞋戴禮帽——土洋結合的辦法進行生產。

【穿釘鞋撐拐棍——好穩重】

比喻言語、舉動沉著，有分寸。例你說話滴水不漏，眞是穿釘鞋撐拐棍——好穩重啊！

【穿釘鞋上瓦屋——一片瓦全無】

形容窮得一無所有。例他在舊社會是穿釘鞋上瓦屋——一片瓦全無，現在則豐衣足食，要啥有啥。

【穿釘鞋拄拐棍——步步紮實】

釘鞋：舊式雨鞋，用布做幫，用桐油油過，鞋底釘上大帽釘；拐棍：走路時拄的棍子，也叫枴杖。穿釘鞋走路很穩，再拄上拐棍就更加可靠。比喻辦事情每走一步都穩妥可靠，實實在在。例他辦事就像穿釘鞋拄拐棍——步步紮實，保險不會出差錯。也作「**穿釘鞋走泥路——步步把實**」、「**穿釘鞋走泥路——步步落實**」。

【穿釘鞋拄拐棍——穩上加穩】

比喻做事情穩當可靠。例放心吧，把任務交給他，是穿釘鞋拄拐棍——穩上加穩。也作「**穿釘鞋拄拐棍兒——把穩行事**」、「**穿釘鞋拄拐杖—把穩著實**」。

【穿釘鞋走泥路——步步有點】

比喻穩紮穩打，每走一步都有周密的安排和打算。有時也指會想辦法，能出點子。例他做事深謀遠慮，細致周到，眞是穿釘鞋走泥路——步步有點。也作「**莊稼人種豆子——步步有點**」、「**拄著拐棍走泥路——步步有點**」。

【穿短褲，套短襪——相差一大截】

也作「**穿了短褲套襪子——相差一大段**」。見「短褲子塞襪統——相差一大截」。

【穿房入户】

通過房間，進入門戶。謂熟識的人或不正經的人隨意出入人家的門戶。《三國演義》六一回：「吾有一人，姓周，名善，最有膽量。自幼穿房入戶，多隨吾兄，今可差他去。」也作「**穿堂入舍**」。《歧路燈》五三回：「今日這個東西，咱平素吃過他的虧，我明白，奶奶再不知道怎的叫他穿堂入舍。」

【穿汗衫戴棉帽——不協調】

也作「**穿著汗衫戴棉帽——不相稱**」。見「手長袖短——不協調」。

【穿汗衫戴棉帽——不知春秋】

也作「**穿冬衣戴夏帽——不知春秋**」。見「六月的斑鳩——不知春秋」。

【穿黑衣，保黑主】

見「穿青衣，抱黑柱」。

【穿紅著綠】

形容穿著十分鮮艷。《紅樓夢》三回：「台階上坐著幾個穿紅著綠的丫頭。」

【穿花蛺蝶】
蛺蝶：蝴蝶的一類。往來於花叢之間的蝴蝶。比喻尋花問柳，迷戀女色的人。明・陳太乙《紅蓮債》二折：「穿花蛺蝶，暫奪了座右鸚哥；戲水鴛鴦，權當了佛前獅子。」
【穿節的竹筒——靈通起來了】
竹筒穿破了節，就通暢了。比喻思想變得靈活、反應變得敏捷了。有時指消息或門路廣，來得快。例在節骨眼上，她像穿節的竹筒——靈通起來了，巧妙地避開了敵人，搶救了傷員的性命。也作「一敲頭頂腳底響——靈通起來了」。
【穿坎肩打躬——露兩手】
坎肩：穿在外面的不帶袖子的上衣；打躬：彎身行禮。雙關語。比喻顯示或賣弄自己的本事。例今天要請你們吃飯，我想穿坎肩打躬——露兩手，親自做幾樣菜讓你們嘗嘗。也作「穿背心作揖——露兩手」、「穿著坎肩作揖——露兩手兒」。
【穿連襠褲】
見「穿一條褲子」。
【穿棉衣搖扇子——不知冷熱】
見「抱著火爐吃西瓜——不知冷熱」。
【穿木屐上高牆——戰戰驚驚】
木屐：木板拖鞋。也作「穿木屐上高牆——膽戰心驚」。見「綿羊走到狼羣裏——膽戰心驚」。
【穿青衣，抱黑柱】
比喻人各為其主。《金瓶梅詞話》八五回：「他怎的倒弄主子？自古穿青衣，抱黑柱。這個使不的。」也作「穿黑衣，保黑主」。趙樹理《小經理》：「不過生意是張太的，沒有他的股本，他也只是穿黑衣，保黑主，跟著張太得罪了許多人，自己也沒落下個什麼。」
【穿青衣騎叫驢——一色】
青衣：黑衣；叫驢：公驢，一般為黑色。①完全一樣，不摻雜別的。例每個隊伍著裝應當是穿青衣騎叫驢——一色，不能五花八門。②比喻某些人是一路貨色。例這幾個人都是穿青衣騎叫驢——一色貨，沒有一個好東西。
【穿山甲過路——空空洞洞】
穿山甲：哺乳動物，全身有角質鱗甲，沒有牙齒，爪銳利，善於掘土，挖洞。比喻說話、寫文章沒有內容。例有人評論你的文章，是穿山甲過路——空空洞洞，讀起來乏味得很，也作「穿山甲過路——空洞」、「無蜜的蜂窩——空空洞洞」。
【穿濕布衫】
形容渾身不舒服，心裏不痛快。魯迅《兩地書》九五：「就是辦也辦不好，放也放不下，不爽快，也並不大苦痛，只是終日渾身不舒服，那種感覺，我們那裏有一句俗話，叫作『穿濕布衫』，就是恰如將沒有曬乾的小衫，穿在身體上。」
【穿是穿，吃是吃】
謂生活過得像個樣子。《紅樓夢》二四回：「你小人兒家很不知好歹，也到底立個主見，賺幾個錢，弄得穿是穿，吃是吃的，我看著也喜歡。」
【穿堂入舍】
見「穿房入戶」。
【穿襪子沒底——裝面子】
比喻只顧外表愛虛榮。例做事要講實際，重內容，不要穿襪子沒底——裝面子。
【穿小鞋】
比喻暗中耍手腕，使人受刁難、遭打擊而無法明說。例為了堅持眞理，我就是要說幾句公道話，即使有人因此給我穿小鞋，我也不在乎。
【穿孝衣拜天地——又悲又喜】
孝衣；舊時死去長輩後一段時期內所穿的白衣或麻衣；拜天地：一種舊式婚禮，新郎新娘一起參拜天地和拜見公婆，比喻悲喜交集。例弟兄倆在落難中相遇，眞是穿孝衣拜天地——又悲又喜。也作「新郎官戴孝——悲喜交集」、「耗子跌米缸——又喜又悲」。
【穿孝衣道喜——胡來】
見「大腿上把脈——胡來」。
【穿新鞋走老路——因循守舊】
因循：沿襲。比喻按老一套辦事，不求革新。例我們做工作，必須要因時制宜，因地制宜，隨客觀變化而變化，不能穿新鞋走老路——胡來。
【穿靴戴帽】
原指官員打扮，現多比喻文章的開頭結尾生硬地加上一些公式化的套語。例年終總結要有一說一有二說二，不能寫成穿靴戴帽的官樣文章。
【穿楊百步】
百步之外射穿楊柳葉子，形容射技高超。宋・王十朋《泮宮杏花乃閻紫微為教官時所植，復用前韻》詩：「穿楊百步間，妙不毫厘差。」也作「百步穿楊」。
【穿一條褲子】
比喻相互勾結、串通一氣。例你想從他那兒了解小胡的底細？那你是找錯人了。你不知道他們倆好得穿一條褲子嗎？也作「穿連襠褲」。
【穿衣戴帽——各有所好】
也作「穿衣戴帽——各人所好」。見「姑娘愛花，小子愛炮——各有所好。」
【穿衣戴帽——各有一套】
比喻每人都有自己的一套本領和辦法。例「他倆的技術誰高？」「工種不一樣，穿衣戴帽——各有一套，難比高下。」
【穿窬之盜】
穿窬（ㄩˊ）：鑽洞或爬牆。指爬牆鑽洞偷東西的盜賊。《論語・陽貨》：「色厲而內荏，譬諸小人，其猶穿窬之盜也與！」
【穿雲裂石】
衝穿雲霄，震裂山石。形容歌聲或笛音高亢嘹亮。宋・蘇軾《李委吹笛引》：「既奏新曲，又快作數弄，嘹然有穿雲裂石之聲。」

【穿雲破霧】

穿過雲層，突破迷霧。比喻衝破阻力，戰勝困難，勇敢向前。例老李帶領我們科研小組穿雲破霧，攻克一道道難關。

【穿著蓑衣救火——引火燒身】

蓑衣：用草或棕製成的、披在身上的防雨用具。見「稻草人救火——引火燒身」。

【穿著靴子搔癢癢——麻木不仁】

比喻不敏銳，反應遲鈍。例再三啟發，他對這件事還是穿著靴子搔癢癢——麻木不仁，眞沒辦法。也作「**穿著靴子搔癢癢——木滋滋的**」、「**隔靴抓癢——麻木不仁**」、「**花椒木雕孫猴——麻木不仁（人）**」。

【穿針引線】

比喻為男女婚事從中撮合作媒。清・鄭志鴻《常語尋源》：「世謂媒介為引線人，為人牽說事情者曰穿針引線。」

【穿鑿附會】

牽強地解釋，把沒有這種意思硬說成有這種意思。宋・朱熹《答江德功》之一〇：「自己分上更不曾實下功夫，而窮日夜之力以為穿鑿附會之計，此是莫大之害。」宋・陸九淵《與孫季和書》：「學不至道，而日以規規小智，穿鑿傳（附）會。」

ㄔㄨㄢˊ

【傳杯弄斝】

見「傳杯弄盞」。

【傳杯弄盞】

形容酒宴上交杯換盞的熱鬧情景。明・無名氏《浣花溪》四折：「俺這裏暢飲開杯，傳杯弄盞，情歡心樂，半醉把詩嘲。」也作「**傳杯送盞**」。清・洪昇《長生殿・驚變》：「喜孜孜駐拍停歌，笑吟吟傳杯送盞。」也作「**傳杯弄斝**」。斝：ㄐㄧㄚˇ，古代青銅酒器。元・無名氏《符金錠》四折：「投至得今日開筵，傳杯弄斝。」

【傳杯送盞】

見「傳杯弄盞」。

【傳家寶】

家庭世代相傳的珍貴物品。比喻應發揚光大、世代相傳的寶貴的精神財富。例我們應該把大公無私、助人為樂作為一種傳家寶，世世代代傳下去。

【傳神阿堵】

阿堵：六朝人口語，指「這個」。南朝宋・劉義慶《世說新語・巧藝》載，顧愷之畫人有時數年不點睛，人問其故，他說「傳神寫照，正在阿堵中」。後以「傳神阿堵」指某文藝作品生動逼眞。例站在北海公園的九龍壁前，他連聲讚嘆：傳神阿堵！傳神阿堵！

【傳聲筒】

傳聲筒：話筒、麥克風。比喻毫無主見、人云亦云的人。例別看他又升遷了，他仍然是個上傳下達的傳聲筒。

【傳誦不絕】

長期不斷地為人傳揚稱誦。例文天祥的《正氣歌》，數百年來為廣大人民傳誦不絕。

【傳誦一時】

在一個時期內，到處傳揚、稱誦。例這個英雄故事頗為傳誦一時。

【傳為佳話】

佳話：人們樂於談論的好事、趣事。成為人們樂於談論和稱道的好話題。例民警小王救助危病女青年，二人終成百年之好的故事，一時傳為佳話。也作「**傳為美談**」。美談：人們樂於談論的美好話題。明・張岱《募造無主祠堂疏》：「元旦昧爽，復衣冠送出，蕭人至今傳為美談。」

【傳為美談】

見「傳為佳話」。

【傳為笑柄】

笑柄：可以拿來取笑的資料。流傳開來，成為人們取笑的話料。《二十年目睹之怪現狀》一〇〇回：「總辦倒也拿他無可如何，從此外面便傳為笑柄。」

【傳聞不如親見】

謂傳聞不如親眼所見可靠。《後漢書・馬援傳》：「臣愚以為傳聞不如親見，視景不如察形。」

【傳聞異辭】

指輾轉相傳，各種說法頗多差異。元・陶宗儀《南村輟耕錄》卷二二：「志河源者，道路遼阻，所傳聞異辭，莫能究河之源也。」

【傳檄而定】

只要把檄文傳布開來，就可以平定天下。形容威力極大，不戰而勝。《三國演義》四一回：「獲操則威震天下，中原雖廣，可傳檄而定。」也作「**馳檄可定**」。馳：跑馬快傳。《周書・武帝紀下》：「若攻拔河陰，兗、豫則馳檄可定。」

【傳之不朽】

永遠流傳，不會磨滅。《官場現形記》一七回：「大人能夠如此，包管大人的名聲格外好，也同古人一樣，傳之不朽。」

【傳宗接代】

指生兒子，使家世宗譜一代代傳接下去。《官場現形記》四九回：「自己辛苦了一輩子，掙了這分大家私，死下來又沒有個傳宗接代的人，不知當初要留著這些錢何用！」

【船板做的棺材——漂流了半輩子啦】

比喻飽經風霜，見多識廣。含有自吹自擂的意思。例你別在我面前倚老賣老，咱是船板做的棺材——漂流了半輩子啦，什麼事情沒見過。

【船板做的棺材——漂流了半輩子，現在才成（盛）人】

成：「盛」的諧音。比喻飽經風霜，終於成才。有時比喻境況或地位終於改善。含有感嘆或戲謔的意思。例年已不惑，才被評上一講師，眞是船板做的棺材——漂流了半輩子，現在才成（盛）人。也作「船板做棺材——漂流了半輩子，到老來才成（盛）人」。

【船不離舵，客不離貨】
比喻關係十分密切。《歧路燈》六六回：「船不離舵，客不離貨，只因向舍弟備這宗銀了，少不得落後兩日。」

【船不漏針】
船底構造嚴密，連一根針都不會漏下去。比喻人或東西跑不了。《醒世姻緣傳》六〇回：「相大妗子道：『船不漏針。一個男子人，地神就會吞了？拚我不著，惡人做到底吧！等我問他要去！』」也作「船裏不走針，甕裏不走鱉」。《三寶太監西洋記》：「元帥，你不得知這個法是掩眼法兒，他走到那裏去也。正叫做船裏不走針，甕裏不走鱉。只好在這些船上罷。你不信之時，且待我吹陰了他的燈，你看他在那裏出來。」

【船到江心補漏遲】
船已經行駛到江的中心再修補漏洞就太晚了。比喻對問題沒有及早解決，已無法挽救了。張笑天《沒畫句號的故事》：「想不到……一個小小的處長竟然明目張膽公報私仇……現在怎麼辦？『船到江心補漏遲』啊。」

【船到江心才補漏——遲了】
也作「船到江心才補漏——晚了」。見「八十歲學吹打——遲了」。

【船到碼頭車到站——停止不前】
見「火車到站，輪船靠岸——停止不前」。

【船到橋門自會直】
比喻事先不必多慮，到時自有解決辦法。茅盾《賽會》二：「阿虎輕聲兒對自己說：『算了罷！船到橋門自會直！忘八才去趕他媽媽的夜市！打碎了吃飯傢伙可不是玩的！』」也作「船到橋頭自會直」、「船到橋頭自然直」。

【船底下放鞭炮——悶聲不響】
比喻心裏煩悶，沉默不語。例這幾天，她老是船底下放鞭炮——悶聲不響，你陪她到公園散散心，聊聊天。也作「鋸了嘴的葫蘆——悶聲不響」。

【船多不礙港，車多不礙路】
車船多不一定妨礙通行。比喻誰也不妨礙誰。《金瓶梅詞話》七四回：「你主子既愛你，常言船多不礙港，車多不礙路，那好做惡人。你只不犯著我，我管你怎的？」也作「船多不礙路」、「船多不礙江」。

【船堅炮利】
兵艦堅固，火炮殺傷力大。形容海軍強盛。孫中山《上李鴻章書》：「歐洲富強之本，不盡在於船堅炮利……而在於人能盡其才，地能盡其利。」

【船裏不走針，甕裏不走鱉】
見「船不漏針」。

【船上打傘——沒天沒地】
比喻忘乎所以，不知天高地厚。例在這個圈子裏，你可別船上打傘——沒天沒地，誰都比你強。

【船上跑馬——走投無路】
也作「船上跑馬——無前途」。見「熱鍋上的螞蟻——走投無路。」

【船上人打醮——沒得談（壇）】
打醮：舊時道士設壇念經做法事；談：「壇」的諧音。船上念經做法，無法設壇。雙關語。比喻很好，無可挑剔。有時指彼此之間無話可說。例你的爲人處事大家都清楚，眞是船上人打醮——沒得談（壇），好極了。也作「四兩棉花——沒得談（彈）」、「濕水棉花——沒得談（彈）」。

【船上人下船——不（步）行】
見「官老爺下轎——不（步）行」。

【船上人笑犁頭——沒得用】
犁頭：犁，耕田的農具。也作「船老大的犁頭——無用」。見「冬天的扇子——沒用處」。

【船頭上散步——路子窄】
比喻前途暗淡，出路不大。有時指辦法不多。例在這裏工作，我看是船頭上散步——路子窄，還是換個地方爲好。也作「船頭上邁步——路子越走越窄」。

【船頭上燒紙錢——爲何（河）】
紙錢：迷信的人燒給死人或鬼神的銅錢形的圓紙片，中間有方孔，也有用較大的紙片，上面打出一些錢形做成；何：「河」的諧音。比喻爲什麼。例你昨天不辭而別，引得大家非常不滿，到底是船頭上燒紙錢——爲何（河）呀？也作「船家敬神——爲何（河）」。

ㄔㄨㄢˇ

【喘息未定】
急促的呼吸尚未平靜。形容時間很緊，不容人片刻歇息。《東周列國志》七回：「立寨甫畢，喘息未定，忽聞寨後一聲炮響，火光接天。」

【喘月吳牛】
吳牛：吳地（江、淮一帶）的牛。因南方天氣極熱，吳牛畏熱，所以見到月亮也疑爲是太陽，嚇得喘起來。比喻因曾受其苦，所以一見到與之相似的事物就產生疑懼的人。宋·辛棄疾《雨中花慢·吳子似見和，再用韻爲別》詞：「心似傷弓寒雁，身如喘月吳牛。」

ㄔㄨㄢˋ

【串鼻子】
比喻拉關係、聯絡通氣。例我勸你別再跟那些人串鼻子了。小心捅出漏子來。

【串成一氣】
見「串通一氣」。

【串街走巷】
在大街小巷走來轉去。《今古奇觀》卷

二三：「況且日逐串街走巷，那一家不認得？」

【串馬尥蹶子——亂了套】

串馬：拉車時拴連在一起的馬；尥蹶子：騾、馬等跳起來用後腿向後踢。也作「串馬尥蹶子——亂套了」。見「放羊的去圈馬——亂套了」。

【串門子】

指到別人家作客閒聊。例她現在忙得很，根本沒有閒工夫串門子。

【串起來的螃蟹——橫行不了啦】

見「籠屜裏的螃蟹——橫行不了幾天」。

【串親訪友】

走親戚，看朋友。例一到春節假期，多數人趁此節慶四處拜年，串親訪友，連絡感情。

【串親戚】

指走訪、看望親戚。例逢年過節，人們總是打扮得漂漂亮亮的，提著各種禮品去串親戚。

【串通一氣】

暗中勾結，互相配合，採取一致言行。《紅樓夢》四六回：「鴛鴦聽了，便紅了臉，說道：『怪道，你們串通一氣來算計我！』」也作「串成一氣」。《官場現形記》二三回：「這個侄兒想家當，搶過繼；家當想不到手，所以勾通了張先生同衙門裏的人，串成一氣，陷害小女人的。」

ㄔㄨㄣ

【春冰虎尾】

如涉春冰，若蹈虎尾。比論處境險惡，心懷憂懼。宋・孫光憲《北夢瑣言》卷二〇：「［范］延光等深言『邪蒿』、『春冰虎尾』之戒，欲驚悟上意也。」也作「虎尾春冰」。

【春蠶抽絲】

形容思緒綿長，言談牽涉無盡。例他們兩個在學校時是好朋友，如今，畢業兩年後再見面，自然是春蠶抽絲，言無盡意了。

【春蠶到死絲方盡，蠟炬成灰淚始乾】

淚：指蠟油。春蠶直到死，才把絲吐盡；蠟炬直到燒成灰，才把淚流乾，比喻對愛情堅貞不渝，至死不變。現用來讚揚爲國家、爲人民鞠躬盡瘁，死而後已的崇高品質，或對事業堅持不懈的精神。唐・李商隱《無題》詩：「相見時難別亦難，東風無力百花殘。春蠶到死絲方盡，蠟炬成灰淚始乾。」

【春蠶吐絲——自纏身】

見「篾條捆竹子——自纏身」。

【春蠶自縛】

像春天的蠶一樣作繭把自己束縛起來。《兒女英雄傳》二二回：「掉句文，便叫作『痴鼠拖薑，春蠶自縛。』」

【春茶尖兒——又鮮又嫩】

見「剛冒尖的竹筍——又鮮又嫩」。

【春到人間草木知】

春天一來到人間，花草樹木立刻就知道了。原指春天一到花草樹木就變得青翠可愛了。現也比喻凡是有好消息，一些人總是先知道。宋。張栻《立春偶成》詩：「律回歲晚冰霜少，春到人間草木知。」

【春風不入驢耳】

比喻聽不進善意的勸告。《醒世姻緣傳》九四回：「若監生是個有心路的人，聽的吳氏這一席的言語，斷該毛骨悚然，截然中止才是。誰知『對牛彈琴』，『春風不入驢耳』。口裏陽爲答應，背後依舊打點要做滑家的新郎。」也作「春風過馬耳」。《冷眼觀》四回：「誰知他夫人如春風之過馬耳，佯爲不知。」

【春風得意】

見「春風得意馬蹄疾」。

【春風得意馬蹄疾】

春風滿面，得意洋洋地騎起馬來，那馬蹄飛奔，跑得特別快。原形容新中進士後的得意心情。現比喻事情成功後得意、欣喜的心情、神態。唐・孟郊《登科後》詩：「昔日齷齪不足誇，今朝曠蕩思無涯；春風得意馬蹄疾，一日看盡長安花。」例他近來升官了，逢人就是眉開眼笑，春風得意的樣子，講起話來，自是愉悅而幽默。

【春風風人】

風人：吹人。和煦的春風吹人。比喻及時給人以良好的教育和幫助。漢・劉向《說苑・貴德》：「管仲上車曰：『嗟茲乎！我窮必矣！吾不能以春風風人，吾不能以夏雨雨人，吾窮必矣。』」

【春風過馬耳】

見「春風不入驢耳」。

【春風浩蕩】

春風吹拂大地。多用來形容一個新的風貌或景象已開始呈現。宋・晁補之《贈許體之》詩：「詩來正值花如雪，心事春風浩蕩中。」也作「東風浩蕩」。

【春風和氣】

形容態度祥和、慈善。明・無名氏《四馬投唐》二折：「既唐公不念前仇，你放些個春風和氣將他來待，免得咱一度可喜兩度醜。」

【春風化雨】

春風：意爲春風風人，喻給人以良好的教育或幫助；化雨：出自《孟子・盡心上》：「有如時雨化之者。」意思是君子之教像及時的春雨一樣滋潤大地。後用「春風化雨」比喻潛移默化的良好教育或對師長教誨的稱頌。《兒女英雄傳》三七回：「驥兒承老夫子的春風化雨，遂令小子成名，不惟身受者心感終身，即愚夫婦也銘佩無既。」

【春風滿面】

形容滿臉流露著和藹喜悅、親切宜人的笑容。宋・劉克莊《笑花》詩：「春風滿面喜津津，縱有嗔時不忍嗔。」也作「滿面春風」。

【春風夏雨】
春風風人，夏雨雨人。比喻給人以及時、良好的教誨和幫助。例在老教授九十華誕，學生們敬上一幅「春風夏雨，滿園桃李」的匾額。

【春風一度】
①比喻領略了一番美妙的生活情趣。元・王實甫《麗春堂》三折：「可不道呂望、嚴陵自千古、這便算得我春風一度。」②借指男女合歡。《聊齋志異・落花三娘子》：「[宗湘若]詰其姓氏，[女]曰：『春風一度』，即別東西，何勞審究？』」

【春風沂水】
《論語・先進》：「[曾皙曰]莫春者，春服既成，冠者五六人，童子六七人，浴於沂，風乎舞雩，咏而歸。」後以「春風沂水」形容縱情大自然，不圖名利，曠達超逸的生活情趣。明・歸有光《道難》：「先生獨常從容於吏治之外，有春風沂水之趣。」

【春風又綠江南岸】
春風又吹綠了長江的南岸。形容初春江南景色宜人。也比喻社會變革給某些人或地方、行業等帶來了生機。宋・王安石《泊瓜洲》詩：「春風又綠江南岸，明月何時照我還。」

【春風雨露】
比喻恩澤廣被。宋・王清惠《滿江紅・題驛壁》詞：「曾記得，春風雨露，玉樓金闕。」

【春光漏洩】
唐・杜甫《臘月》詩：「侵陵雪色還萱草，漏洩春光有柳條。」謂柳條泛綠，洩漏了春天將到的消息。後用「春光漏洩」比論男女私情或某種隱密被洩露出來。清・洪昇《長生殿・絮閣》：「呀，這春光漏洩，怎地開交？」

【春光明媚】
形容春天的風光艷麗多彩，鮮明可愛。《醒世恒言》卷一三：「時值春光明媚，景色撩人，未免恨起紅茵，寒生翠被。」

【春光如海】
見「春深似海」。

【春歸人老】
春：春光，喻人的青春時代。謂女人青春已過，年齡已大，失去容顏。例可嘆你春歸人老無人愛，樹到根摧怎安排？

【春寒料峭】
料峭：微寒。指早春天氣尚寒。《五燈會元・潭州大溈佛性法泰禪師》：「春寒料峭，凍殺年少。」

【春和景明】
春天風和日麗，景色明媚。宋・范仲淹《岳陽樓記》：「至若春和景明，波瀾不驚，上下天光，一碧萬頃。」

【春華秋實】
春天開鮮花，秋天結碩果。多用來比喻文采、學問和品德情操。北齊・顏之推《顏氏家訓・勉學》：「夫學者猶種樹也，春玩其華，秋登其實。講論文章，春華也；修身利行，秋實也。」清・汪熖《長生殿序》：「春華秋實，未有相兼；樂旨潘辭，尤難互濟。」

【春花秋月】
春天的花朵，秋天的月色。指春秋佳景。南唐・李煜《虞美人》詞：「春花秋月何時了，往事知多少！」也比喻人生的美好時光。《醒世恒言》卷一三：「將來嫁得一個良人……也不辜負了春花秋月，說什麼富貴榮華。」

【春暉寸草】
見「寸草春暉」。

【春回大地】
嚴冬已過，春回人間。比喻生機勃勃的新時期到來了。宋・李昭玘《道中書懷》詩之一：「綠變春回地，寒生雨後天；前途盡佳境、得意且留連。」清・梁章鉅《楹聯叢話・應制・養性殿》：「[養心殿隔扇雲]廣樂奏鈞天，萬國衣冠，同瞻旭日；陽春回大地，四時橐籥，首協溫風。」

【春回寒谷】
春天回到寒冷的山谷。比喻處境或心境由壞變好。宋・魏了翁《代謝劉制置舉狀》：「得劉公一紙書，春回寒谷。」也作「**寒谷回春**」。

【春回臘盡】
臘月過完，春天回來了。宋・王炎《次韻答簡簿》詩：「春回臘盡亦何好，但為浮生添一年。」也作「**臘盡春回**」。

【春江水暖鴨先知】
鴨游於江中，通過水的冷暖，最先知道春天的到來。後比喻敏銳地發現新生事物。宋・蘇軾《惠崇春江晚景》詩之一：「竹外桃花三兩枝，春江水暖鴨先知。蔞蒿滿地蘆芽短，正是河豚欲上時。」

【春韭秋菘】
春天的韭菜，秋天的白菜。泛指時新蔬菜。例莊戶人家，雞鴨魚肉吃得少春韭秋菘卻是不缺的。

【春來遍是桃花水，不辨仙源何處尋】
仙源：指陶淵明《桃花源記》所寫的避世隱居的世外桃源。春天來了，到處漲起桃花水，無法辨認，更難以尋到桃花源了。比喻各種事物糾纏在一起，錯綜複雜，難以明察。唐・王維《桃源記》：「自謂經過舊不迷，安知峯壑今來變。當時只記入山深，青溪幾曲到雲林。春來遍是桃花水，不辨仙源何處尋。」

【春來秋去】
見「春去秋來」。

【春蘭秋菊】
戰國楚・屈原《九歌・禮魂》：「春蘭兮秋菊，長無絕兮終古。」洪興祖補注：「春蘭秋菊各一時之秀」，後用「春蘭秋菊」比喻各有優長，各擅其美。唐・石貫《和主司王起》詩：「絳帳青衿同日貴，春蘭秋菊異時榮。」

【春露秋霜】
①《禮記・祭義》：「霜露既降，君子

履之，必有淒愴之心，非其寒之謂也；春，雨露既濡，君子履之，必有怵惕之心，如將見之。」謂子孫在春秋兩季，因感於時令而祭祀祖先，以示悼念。南朝陳・徐陵《陳九公錫文》：「春露秋霜允恭粢盜。」也作「**春霜秋露**」。②比喻恩澤與威嚴。例春露秋霜，恩威並施。

【春滿人間】

春色充滿人間。謂整個社會充滿和睦友好、生機勃勃的氣氛。宋・曾鞏《班春亭》詩：「春滿人間不知主，誰言爐冶此中開？」

【春夢秋屁】

比喻空虛不實，不足爲憑的東西。宋・洪邁《夷堅三志・李三夫妻豬》：「夢豬來，作人言泣告……李驚覺，告其妻。妻曰：『春夢秋屁，何足爲憑！』」

【春夢無痕】

宋・蘇軾《正月二十日與潘郭二生出郊尋春》詩：「人似秋鴻來有信，事如春夢了無痕。」「春夢無痕」比喻世事變遷，如春夜之夢，只留下空虛和惆悵。例走在家鄉的小路上，想起青梅竹馬、一塊兒長大的她，不由感嘆一聲：春夢無痕啊！

【春夢一場】

春夢：春宵好夢。比喻人生短暫世事變遷，一切皆空。清・趙翼《青山莊歌》詩：「春夢一場那可再，祇今惟有青山在。」也作「**一場春夢**」。

【春苗得雨——正逢時】

比喻遇到了好機會。例大學又恢復招生考試了，你可是春苗得雨——正逢時，前途有望了。

【春暖花開】

春天和暖，百花盛開。指春色宜人。《歧路燈》四〇回：「春暖花開，我好引著孩子們園裏做活。」也作「**春暖花香**」。明・無名氏《打韓通》一折：「春暖花香，和風淡蕩。我則見東郊上，男女成行，處處閒遊賞。」

【春暖花香】

見「春暖花開」。

【春祈秋報】

春祈：春耕時祈禱豐年；秋報：秋收後報答神功。指春秋兩季的鄉里社祭。唐・孔穎達《詩經・周頌譜》疏：「既謀事求助，致敬民神，春祈秋報，故次《載芟》、《良耜》也。」

【春秋筆法】

春秋：春秋時魯國的一部編年史，相傳爲孔子所著，常寓褒貶於一字一語中；筆法：作文之特色。謂文筆曲折而意含褒貶的特色。魯迅《反對「含淚」的批評家》：「我在這文章裏正用君，但初意卻不過貪圖少寫一個字，並非有什麼春秋筆法。」

【春秋鼎盛】

春秋：指年齡；鼎盛：正當興盛或强壯。指正當壯年。漢・賈誼《新書・宗首》：「天子春秋鼎盛，行義未過，德澤有加焉，獨尚若比，況莫大諸侯，權勢十此者乎？」

【春秋望田頭——專門找差（茬）兒】

茬：ㄔㄚˊ，作物收割後留在地裏的莖和根；差「茬」的諧音。春天或秋天都是農作物收割季節，這時望田頭，到處是莊稼收割後留在田間的茬子。比喻故意挑毛病。例人家有缺點，也有優點，別春秋望田頭——專門找差（茬）兒，否定一切。

【春秋無義戰】

春秋：時代名，指公元前七二二年至前四八一年間。春秋時代沒有正義的戰爭。後謂彼此爭奪勢力範圍和霸主地位的戰爭是非正義戰爭。《孟子・盡心下》：「「孟子曰：『春秋無義戰。』」例民國初期，不同派系的軍閥互相爭奪，不斷開戰，正應了古人所云：春秋無義戰。

【春秋責備賢者】

《春秋》一書責備有才德的人，原指孔子修《春秋》，對賢者要求嚴格。今指對人批評是出於愛護；也指史書對人物有嚴格的評論。《新唐書・太宗紀贊》：「然《春秋》之法，常責備於賢者。」清・李汝珍《鏡花緣》十二回：「據小子愚見，『春秋責備賢者』，其罪似應全歸賣肉之人。」

【春去冬來】

見「春去秋來」。

【春去秋來】

形容歲月流逝。明・劉基《大堤曲》：「春去秋來年復年，生歌死哭長相守。」也作「**春去冬來**」。《新編五代史平話・周史》：「厲兵秣馬，春去冬來，使賊兵疲於奔命，俟其勢衰，收之未晚。」也作「**春來秋去**」。《羣音類選・〈清腔類・山坡羊〉》：「春來秋去泉東瀉，芳顏不似前瀟灑。」

【春色撩人】

撩：撩撥，挑逗。美麗春色撩撥起人們的興致。宋・陸游《山園雜咏》詩之三：「桃花爛漫杏花稀，春色撩人不忍違。」也作「**春色惱人**」。惱：引逗。宋・王安石《夜直》詩：「春色惱人眠不得，月移花影上欄干。」

【春色滿園關不住，一枝紅杏出牆來】

宋・葉紹翁《游園不值》詩：「應憐屐齒印蒼苔，小扣柴扉久不開，春色滿園關不住，一枝紅杏出牆來。」滿園春色，一道園牆是關不住的，一枝紅色的杏花越牆而出。形容生機勃勃的春色。現用以比喻新生事物的發展壯大，是無法遏制的。例春色滿園關不住，一枝紅杏出牆來。經濟改革的春色是關不住的，別看咱們這窮鄉僻壤之地，也興建了工廠，產品還遠銷世界各地哩！

【春色惱人】

見「春色撩人」。

【春山八字】

謂雙眉宛如春天的美麗山峯。形容女性修眉的美。《剪燈餘話・江廟泥神記》：「春山八字爭妍媚，姨姨妹妹皆殊麗。」

【春山如笑】

形容春天的嫵媚山色。例古人云：「春山如笑，夏山如滴，秋山如妝，冬山如睡。」這眞是對四時山景的高度概括。

【春深似海】

春光像海一樣深廣。形容春意濃重，樂趣無窮。《兒女英雄傳》三〇回：「這屋裏那塊四樂堂的匾，可算掛定了！不然，這春深似海的屋子，也就難免欲深似海。」也作「**春光如海**」。葉聖陶《春光不是她的了》：「不知什麼地方送來蜜蜂的嗡嗡聲，似乎帶著花和香氣，正所謂春光如海呢。」

【春生秋殺】

春無萬物生長，秋天萬物蕭殺。謂春秋兩季不同的自然景象。唐·白居易《賀殺賊表》：「君臨八表，子育羣生，合天覆地載之德，順春生秋殺之令。」

【春事闌珊】

見「春意闌珊」。

【春樹暮雲】

唐·杜甫《春日憶李白》詩：「渭北春天樹，江東日暮雲。」意思是一個在渭北，一個在江東，一個看到的是春樹，一個看到是暮雲。後以「春樹暮雲」描寫親友之間天各一方，遙相思念的境況。例他在信中寫詩一首，其中有「北京東北千里長，春樹暮雲遙相望」句，我記憶猶深。

【春霜秋露】

見「春露秋霜」。

【春誦夏弦】

春誦：春天只用口來朗誦；夏弦：夏天用弦樂伴奏吟誦。本指古代因時而異的習詩方式，後泛指讀書。《禮記·文王世子》：「春誦夏弦，大師詔之。」唐·劉禹錫《許州文宣王新廟碑》：「入於門牆，如造闕里。春誦夏弦，載揚淑聲。」

【春筍破土——天天向上】

見「入伏的高粱——天天向上」。

【春天的雷，漲潮的水——留不住】

比喻無法挽留。有時指保留不了。例你堅持要走，眞是春天的雷，漲潮的水——留不住，我們感到非常難過，希望今後還有見面的機會。

【春天的毛毛雨——貴如油】

俗語有「春雨貴如油」之說。比喻非常寶貴。例在這節骨眼上，你們對我們的支援，眞像春天的毛毛雨——貴如油啊！

【春天的夢，秋天的屁】

比喻事情的虛妄不實。元·無名氏《盆兒鬼》一折：「[店小二云]一了說春天的夢，秋天的屁，有什麼準繩在那裏，怕做什麼？」

【春天的蜜蜂——閒不住】

見「螞蟻的腿——閒不住」。

【春天的樹尖——一天一個樣】

形容事物發展變化很快。例這個村子的建設，就像春天的樹尖——一天一個樣，可以和城市媲美了。也作「**五月的麥子——一天一個樣**」。

【春天的楊柳——分外親（青）】

親：「青」的諧音。雙關語。比喻格外親熱。例老同學三十年後重相聚，眞是春天的楊柳——分外親（青）。

【春天的竹筍——節節高】

見「出土筍子逢春雨——節節高」。

【春蛙秋蟬】

春天的蛙叫，秋天的蟬鳴。比喻空話連篇，誇誇其談。晉·楊泉《物理論》：「夫虛無之談，尚其華藻，此無異於春蛙秋蟬，聒耳而已。」

【春宵一刻】

宋·蘇軾《春夜》詩：「春宵一刻值千金，花有清香月有陰。」後以「春宵一刻」稱歡樂的美好時刻。《羣音類選〈完扇記·攜美遊春〉》：「春宵一刻價難求，莫將春誤，徒爲春愁。」

【春宵一刻值千金】

春天夜裏短短一刻，也值得上千兩黃金。形容良宵美景的短暫和寶貴。也指時間寶貴，應加倍珍惜。宋·蘇軾《春宵》詩：「春宵一刻值千金，花有清香月有陰。」謝瑞元《早逢春》：「今年茶樹長得旺，得雞叫采到鬼叫。『春宵一刻值千金』，我們要趕製一批早逢春出口吶！」

【春心莫共花爭發，一寸相思一寸灰】

春心：愛慕異性的心情。唐·李商隱《無題》詩：「賈氏窺帘韓掾少，宓妃留枕魏王才。春心莫共花爭發，一寸相思一寸灰。」春心不要跟著春花開放吧！有多少火熱的相思，到頭來化作冰涼的灰燼。形容相思之情的破滅。

【春意盎然】

盎然：形容氣氛、趣味洋溢的樣子。謂春天的氣氛很濃，萬物欣欣向榮。例外面是隆冬大雪，花房中卻春意盎然。

【春意闌珊】

闌珊：將盡，衰落。指春色將盡。南唐·李煜《浪淘沙》詞：「帘外雨潺潺，春意闌珊。」也作「**春事闌珊**」。元·方伯成《端正好，憶別》套曲：「柳飛綿花飄瓣，又一番春事闌珊。」

【春蚓秋蛇】

筆跡蜷曲，筆鋒無力，如春天的蚯蚓、秋天的長蟲。《晉書·王羲之傳》制曰：「子雲近出，擅名江表，然僅得成書，無丈夫之氣，行行若縈春蚓，字字如綰秋蛇。」後用以：①比喻書法拙劣。宋·蘇軾《和流杯石上草書小詩》詩：「蜂腰鶴膝嘲希逸，春蚓秋蛇病子云。」②形容草書筆法神奇多變。清·顧復《平生壯觀·懷素》：「《千文自敍》若《筍帖》，有春蚓秋蛇之意，變化不可端倪，險絕也。」

【春雨貴如油】

形容春雨的可貴。清・李光庭《鄉言解頤・天部》：「春雨貴如油，如膏雨也，曰好雨正是當兒，知時節也。」也作「**春雨貴似油**」。

【椿庭萱堂】

《莊子・逍遙遊》：「上古有大椿者，以八千歲爲春，八千歲爲秋。」後以椿象徵父親。《詩經・衛風・伯兮》：焉得諼草，言樹之背。」諼：即萱。後以萱象徵母親。「椿庭萱堂」比喻父母雙親。例不幸椿庭萱堂相繼殞喪，深賴嫂娘訓誨成人。

【椿萱並茂】

椿：長壽的大椿，用以象徵父親；萱：種在北堂使不忘憂的萱草，用以象徵母親。椿萱都很茂盛。比喻父母健在。《玉嬌梨》一一回：「[白公]因問：『高居何處？椿萱定然並茂』」。

ㄔㄨㄣˊ

【純綿裹鐵】

純：純淨。比喻書法或詩文柔中有剛，外似平緩，內藏銳氣。清・盛大士《溪山卧遊錄》卷一：「故必於平中求奇，純綿裹鐵，虛實相生。」也作「**純綿裹針**」。清・沈德潛《說詩晬語》上：「歌行轉韻者，可以雜入律句，借轉韻以運動之，純綿裹針，軟中自有力也。」也作「**綿裏裹針**」。

【純綿裹針】

見「純綿裹鐵」。

【純一不雜】

純粹單一無雜質。魯迅《「題未定」草・九》：「東林黨也有小人，古今來無純一不雜的君子羣。」

【純眞無邪】

純潔天眞無絲毫邪念。例決不允許黃色書籍污染孩子們純眞無邪的心靈。

【蒓羹鱸膾】

蒓：蒓菜，可做湯；鱸膾：切細的鱸魚肉。南朝宋・劉義慶《世說新語・識鑑》：「張季鷹辟齊王東曹掾，在洛，見秋風起，因思吳中菰菜；蒓羹、鱸魚膾，曰：『人生貴得適意爾，何能羈宦數千里以要名爵！』遂命駕便歸。俄而齊王敗，時人皆謂爲見機。」後用「蒓羹鱸膾」表思鄉之情或辭官歸隱之意。宋・辛棄疾《沁園春・帶湖新居將成》詞：「意倦須還，身閒貴早，豈爲蒓羹鱸膾哉！」也作「**蒓鱸之思**」。張恨水《八十一夢・第五十五夢》：「一個來四川多年的人，對於這些食物都不免有點蒓鱸之思的。」

【蒓羹千里】

蒓羹：蒓菜做的湯；千里：千里湖，在江蘇溧陽。晉・郭澄子《郭子》載：陸機去拜見武子，武子指著羊酪問陸機：「卿東吳何以敵此？」陸機回答：「有千里蒓羹，未下鹽豉。」意思是：千里湖的蒓菜羹不下鹽豉味道就很美。後用「蒓羹千里」泛指家鄉十分可口的風味食品。明・湯顯祖《柬徐觀我》：「緬邈伊人，安得純羹千里，奉陪調鼎之餘也。」也作「**千里蒓羹**」。

【蒓鱸之思】

見「蒓羹鱸膾」。

【唇不離腮】

比喻關係十分親近，總在一塊兒。《金瓶梅詞話》七六回：「你不去卻怎樣兒的，少不得唇不離腮，還在一處兒。」

【唇齒相濟】

見「唇齒相依」。

【唇齒相須】

見「唇齒相依」。

【唇齒相依】

比喻像嘴唇和牙齒一樣，關係密切，互相依存。《三國志・魏書・鮑勛傳》：「[勛面諫曰]王師屢征而未有所克者，蓋以吳、蜀唇齒相依，憑阻山水，有難拔之勢故也。」也作「**唇齒相須**」。須：依賴，需要。南朝宋・劉義慶《世說新語・排調》：「[謝萬曰]唇齒相須，不可以偏亡。」也作「**唇齒相濟**」。濟：成全，幫助。《三國志・吳書・陸瑁傳》：「若淵狙詐，與北未絕，動衆之日，唇齒相濟。」

【唇紅齒白】

見「齒白唇紅」。

【唇焦口燥】

嘴和嘴唇都乾極了。形容費盡口舌。唐・杜甫《茅屋爲秋風所破歌》詩：「唇焦口燥呼不得，歸來倚杖自嘆息。」

【唇焦舌敝】

焦：乾；敝：破。嘴唇乾燥，舌頭破裂。形容說話過多，非常乾渴。《東歐女豪傑》二回：「菲亞又往各處村落，迎人說項，唇焦舌敝，語不離宗。」也作「**舌敝脣焦**」。

【唇槍舌劍】

唇舌如槍似劍。形容爭辯時，言辭尖刻鋒利，針鋒相對。金・丘處機《神光燦》詞之一：「不在唇槍舌劍，人前鬥，惺惺廣學多知。」

【唇亡齒寒】

嘴唇沒有了，牙齒就感到冷。比喻兩者相互依存，利害相關。《左傳・僖公五年》：「晉侯復假道於虞以伐虢。宮之奇諫曰：「虢，虞之表也。虢亡，虞必從之……諺所謂輔車相依，唇亡齒寒者，其虞、虢之謂也。』」

【淳于棼享富貴——南柯一夢】

比喻空歡喜一場。例這次以爲榜上有名，結果又是淳于棼享富貴——南柯一夢。參見「南柯一夢」。

【鶉居鷇食】

鶉：鵪鶉；鷇：ㄎㄡˋ，初生小鳥。像鵪鶉那樣不擇居處，像雛鳥那樣不擇食物。比喻生活簡單，隨遇而安。《莊子・天地》：「夫聖人，鶉居而鷇飲食，鳥行而無彰。」也作「**鶉居鷇飲**」。《隋書・薛道衡傳》：「至於入穴登巢，鶉居而鷇飲，不殊於羽族，取類於毛羣，亦何貴於人靈，何用於心識？」
【鶉居鷇飲】
見「鶉居鷇飲」。
【鶉依百結】
唐・白行簡《李娃傳》：「被布裘，裘有百結，襤褸若懸鶉。」後用「鶉衣百結」形容衣衫補丁又補丁，破爛不堪。
【醇酒婦人】
《史記・魏公子傳》：「［公子］乃謝病不朝，與賓客爲長夜飲，飲醇酒，多近婦女，日夜爲樂飲者四歲，竟病酒而卒。」後用「醇酒婦人」指頹廢失意，沉溺於美酒和女色之中。清・錢泳《履園叢話・紀存》：「古英雄不得志，輒以醇酒婦人爲結局者，不一其人。」

ㄔㄨㄣˇ

【蠢蠢欲動】
蠢蠢：爬蟲蠕動的樣子。①形容像蟲子蠕動樣開始動彈。明・張岱《陶庵夢憶・金山競渡》：「金山上人團簇，隔江望之，蚊附蜂屯，蠢蠢欲動。」②比喻敵人或壞人陰謀活動，準備進攻或搗亂。例敵軍經過兩天的埋伏，現在已蠢蠢欲動，準備向我方展開攻擊行動。
【蠢若木雞】
愚笨的像一隻木雕雞。形容呆笨或發愣的樣子。《聊齋志異・促織》：「小蟲伏不動，蠢若木雞。」也作「呆若木雞」。
【蠢頭蠢腦】
神情、相貌痴呆遲鈍的樣子。例夫妻兩人那麼精明，生下個兒子卻「蠢頭蠢腦」。也作「呆頭呆腦」。

ㄔㄨㄤ

【創巨痛仍】
見「創巨痛深」。
【創巨痛深】
創傷大，痛苦深。比喻遭受到巨大的令人沉痛的損失。南朝宋・劉義慶《世說新語・紕漏》：「司空流涕曰：『臣父遭遇無道，創巨痛深，無以仰答明詔。』」也作「創巨痛仍」。仍：多、重。唐・柳宗元《壽洲安豐縣孝門銘》：「惟時高高，曾不是聽。創巨痛仍，號於窮旻。」
【瘡好忘痛】
好了瘡疤忘了痛。比喻情況剛好轉，就忘記了先前的痛苦和教訓。《金瓶梅詞話》一四回：「你今日了畢官司出來，兩腳踏住平川地，得命思財，瘡好忘痛。」
【瘡痂之嗜】
食瘡痂的嗜好。形容個人獨特的癖性。明・袁宏道《瀟碧堂集・袁無涯》：「不肖詩文多信腕信口，自以爲海內不復賞音者，兄丈爲之梓行，此何異瘡痂之嗜。」
【瘡痍滿道】
見「瘡痍滿目」。
【瘡痍滿目】
瘡痍：創傷。比喻滿眼所見是一片遭受破壞或災害後的景象。《清史稿・王騭傳》：「且四川禍變相踵，荒煙百里。臣當年運糧行間，瘡痍滿目。」也作「瘡痍滿道」。道：道路。宋・王安石《祭范穎州仲淹文》：「昔也始至，瘡痍滿道；藥之養之，內外完好。」也作「瘡痍彌目」。彌：滿，遍。李大釗《大哀篇》：「大亂之後，滿地兵燹，瘡痍彌目，民生凋敝，亦云極矣。」
【瘡痍彌目】
見「瘡痍滿目」。
【窗戶紙兒——一點就破】
雙關語。比喻經人稍加指點就明白。例他非常聰明，即使碰到不懂的問題，就像窗戶紙兒——一點就破。也作「窗戶紙兒——一戳就透」、「窗戶上的紙——一捅就破」、「紙糊的燈籠——一點就透」。
【窗間過馬】
日月像馬從窗間跑過一樣，形容時光易逝。元・吳弘道《醉高歌・嘆世》曲：「風塵天外飛沙，日月窗間過馬，風俗掃地傷王化，誰正人倫大雅。」
【窗口敲大鑼——裏外都響噹噹】
在窗口上敲鑼，屋裏屋外響成一片。比喻名聲高，海內外知名，影響大。例茅台酒獨一無二，世界著名，眞是窗口敲大鑼——裏外都響噹噹。
【窗明几潔】
見「窗明几淨」。
【窗明几淨】
几：小桌子。窗子明亮，几案潔淨。形容室內十分整潔。《孽海花》三五回：「他那邊固然窗明几淨，比我這裏精雅，而且還有兩位三唐正統的詩王，早端坐在寶座上，等你們去朝參哩。」也作「窗明几潔」。金・元好問《密公寶章小集》：「密公書院無絲簧，窗明几潔凝幽香。」

ㄔㄨㄤˊ

【床單布洗臉——大方】
見「包袱皮當手巾——大方」。
【床底破柴——撞大板】
比喻遭到拒絕或受到斥責。例你不了解這個人的脾氣，冒冒失失去找他，可是床底破柴——撞大板了吧？
【床底下吹喇叭——低聲下氣】
也作「床底下吹號——低聲下氣」。見「井裏吹喇叭——低聲下氣」。
【床底下放風箏——不見起】
雙關語。比喻成不了什麼氣候。有時指不見得，不一定。例他這個人不學無術，在科研上，我看是床底下放風箏——不見起。
【床底下放風箏——飛不高】
比喻受到環境和條件的限制，不會有

什麼大的作爲或出息。例既然他們斷定我們是床底下放風筝——飛不高，我們就一定要奮發圖强，做出點成績來給他們看看。也作「床底下放鴿子——飛不高」、「斷了翅膀的鳥——飛不高」、「床底下的竹筍——長不高」。

【床底舉斧頭——有力使不出】
見「大象逮老鼠——有勁使不上」。

【床底下的夜壺——離不得又見不得】
夜壺：尿壺。雙關語。比喻既離不開又不想看見。例你們在一起就吵，分開了又想，眞是床底下的夜壺——離不得又見不得。

【床底下的夜壺——難登大雅之堂】
夜壺：尿壺。比喻庸俗粗魯的人難以進入高尚優雅之所。例那個小青年流里流氣，就像床底下的夜壺——難登大雅之堂，不要讓他去參加招待會了。

【床底下躲雷公——不頂用】
雷公：神話中管打雷的神。也作「床底下躲雷公——不頂事」。見「短板搭橋——不頂事」。

【床底下起塔——縱高也有限】
比喻不怎麼高明。例這個人的本領好比床底下起塔——縱高也有限，稱不上「能人」。

【床底下使斧子——碰上碰下】
比喻不是這方面有阻礙，就是那方面有阻礙，不能放開手腳工作或左右爲難。例這裏的人際關係複雜，就像床底下使斧子——碰上碰下，不是得罪這個，就是得罪那個，眞難辦！也作「床底下翻跟頭——礙上礙下」、「床底下打斧頭——不礙上就礙下」、「桌子底下揚場——碰上碰下」。

【床底種竹——一樣高低】
比喻不分高低，地位一樣。例別叫什麼經理了，我們是床底種竹——一樣高低，只是分工不同罷了。

【床上安床】
比喻事物奉複累贅。魯迅《熱風·估〈學衡〉》：「姑且不論其『能』『健』『談』『稱』，床上安床」『扶噬之狀』終於未記。」也作「床上施床」。施：加。唐·劉知幾《史通·斷限》：「班書《地理志》，首遂全寫《禹貢》一篇，降爲後書，持續前史，蓋以水濟水，床上施床，徒有其煩，竟無其用，豈非惑乎？」也作「床下安床」。宋·邵伯溫《聞見前錄》卷一九：「經意自明，苦人不知耳。屋下蓋屋，床下安床，滋惑矣。」

【床上放枕頭——置之腦後】
見「後腦勺掛笊籬——置之腦後」。

【床上施床】
見「床上安床」。

【床上失火——燒著屁股燎著心】
比喻心急如火，坐臥不寧。例大夫，你還在磨蹭什麼，病人家屬可像床上失火——燒著屁股燎著心哩！

【床頭金盡】
所存錢財全都用完。形容陷入貧困窘迫的境地。宋·陸游《夜從父老飲酒村店作》詩〉：「床頭金盡何足道，肝膽輪囷橫九區。」

【床頭千貫，不如日進分文】
貫：古時一千文錢稱一貫。積蓄再多，總有花完的時候，不如每天有些收入，細水長流。明·徐畛《殺狗記》六齣：「汝合往外州經營，求取利息，可見富足，免致坐吃山崩，古人云：床頭千貫，不如日進分文。」

【床頭有穀人爭哭】
床頭有穀：指家中富有。有錢人死了，人們爭相哭祭。諷刺有些人的勢利眼。清·李漁《重義奔喪奴僕好，貪財殞命子孫愚》：「有子無兒總莫嗟，黃金不盡便傳家。床頭有穀人爭哭，俗語從來說不差。」也作「床頭有籮穀，勿怕無人哭」。清·范寅《越諺》卷上：「警世之諺……床頭有籮穀，勿怕無人哭。越風仮佛，鰥夫寡婦往往親僧尼而疏侄族，財罄身盡，無肯爲後者，此深警之。」

【床頭有籮穀，勿怕無人哭】
見「床頭有穀人爭哭」。

【床下安床】
見「床上安床」。

【床笫之私】
笫：ㄗˇ，竹篾編的席。指夫妻間的私事。《孔叢子·答問》：「凡若晋候驪姬床笫之私，房中之事，不得掩焉！」

ㄔㄨㄤˇ

【闖蕩江湖】
江湖：指四方各地。謂奔走在外，流浪四方，靠算卦、賣藝、賣藥等職業謀生。例像他那樣的三腳貓，也想闖蕩江湖？

【闖禍生非】
引起禍端，惹出是非。《飛龍全傳》二回：「公子在此過宿無妨，只不要闖禍生非，怕總帥老爺得知，叫小的帶累受苦。」

【闖江湖】
指四處流浪，從事各種雜藝爲生。例回想當年闖江湖的生活苦雖苦，卻長了不少見識和本事。

【闖開臉兒】
比喻豁出臉面，不怕羞恥。例剛當服務員時，總覺得低人一等，臊得不敢見人，現在闖開臉兒了，誰也不怕了。

【闖牌子】
指搞出名氣，經受實際檢驗或鍛練。例爲了讓咱們廠的產品在社會上站住腳，一定要嚴格規章制度，從嚴把關，狠抓質量，眞正闖出牌子出來。

ㄔㄨㄤˋ

【創業垂統】

垂統：流傳給後代。謂創建功業，傳給子孫。《孟子・梁惠王下》：「君子創業垂統，為可繼也。」也作「倡業垂統」。倡：發起。《三國志・蜀書・彭羕傳》：「昔高宗夢傳說，周文求呂尚，爰及漢祖，納食其於布衣，此乃帝王之所以倡業垂統，緝熙厥功也。」也作「創制垂基」。創制：創建；基：基業。晉・陸機《五等論》：「夫體國經野，先王所慎；創制垂基，思隆後葉。」

【創業難，守成難，知難不難】

開創基業困難，保住它更難，既然知道它困難，就可以克服了。謂能正視創業、守業的艱難，就可以化難為易。《儒林外史》二二回：「當下走進了一個虎座的門樓，過了磨磚的天井，到了廳上，舉頭一看，中間懸著一個大匾，金字是『慎思堂』三字，傍邊一邊：『兩淮鹽運使司鹽運史荀玫書；兩邊金箋對聯，寫：『讀書好，耕田好，學好便好；創業難，守成難，知難不難。』」

【創業守成】

開創帝王基業，保住已有的地位。宋・李新《武侯論》：「人才之難，創業守成之君念之哉！」

【創一警百】

見「懲一警百」。

【創意造言】

開拓新的意境，創造新的語言。唐・李翱《答朱載言書》：「創意造言，皆不相師。」

【創制垂基】

見「創業垂統」。

【愴然淚下】

愴然：悲傷的樣子。形容悲傷流淚的樣子。例聽到兒子英年早逝的消息，老人不禁愴然淚下。

【愴地呼天】

見「愴天呼地」。

【愴天呼地】

愴：悲傷。悲痛得呼天喊地。形容悲痛欲絕。《隋唐演義》九〇回：「生逼他出兵進城，以致墮敵人之計中，喪師敗績，害他不得為忠臣義士，真可嘆息痛恨，愴天呼地而不已也！」也作「愴地呼天」。《醒世恆言》卷一〇：「又延兩日，夫妻相繼而亡，二子愴地呼天，號啕痛哭，恨不得以身代替。」

ㄔㄨㄥ

【充棟汗牛】

唐・柳宗元《陸文通先生墓表》：「其為書，處則充棟宇，出則汗牛馬。」意思是如果把書堆起來，就充滿整個屋子；如果把書運出去，牛馬都累得出汗。後以「充棟汗牛」形容書多。明・張岱《與周戩伯》：「廣收十七年朝報，充棟汗牛。」也作「汗牛充棟」。

【充棟折軸】

書籍堆滿屋子，搬動時壓斷了車軸。形容書籍極為豐富。清・平步青《霞外攟屑・汪茘侈文》：「夫古今文章，充棟折軸，即擇其近道之作，亦不勝僂指。」也作「汗牛充棟」。

【充耳不聞】

充：塞住。塞住耳朵聽不見。形容聽不進或存心不聽別人的意見。例他這個人叛逆得很，跟他說什麼，他都充耳不聞，甚至還擺出不屑的臉！

【充飢畫餅】

比喻空虛的毫無實惠的名聲、願望等。元・劉時中《端正好・上高監司》曲：「無實惠盡是虛粧，充飢畫餅誠堪笑。」也比喻聊以自慰的空想。明・孟稱舜《桃源三訪》四折：「兀記他去年此日，花前笑語明，今都做充飢畫餅。」也作「畫餅充飢」。

【充類至盡】

充類：依類推論；至盡：到頭。指就事理作最充分的推論。《孟子・萬章下》：「夫謂非其有而取之者，盜也，充類至義之盡也。」清・葉廷琯《鷗波漁話・楊碩甫事陸顧二公論辭》：「使高士處此雖當，而尚有幾微之未盡善，則公當直指其非，或充類至盡，以見吾儒玉精微處，非二氏所及，示後學以正大之軌，不得謂之刻也。」

【充閭之慶】

閭：里巷的門。指光大門庭的喜慶事。《晉書・賈充傳》：「逵晚始生充，言後當有充閭之慶，故以為名字焉。」後多用來賀人添丁生子。宋・胡繼宗《書言故事・子孫類》：「賀生子，云充閭之慶。」

【充實之謂美】

（優點）充實叫作美。常用來評價人的品德、人格。《孟子・盡心下》：「可欲之謂善，有諸己之謂信，充實之謂美，充實而有光輝之謂大，大而化之謂聖。」

【充箱盈架】

盛滿書箱，擺滿書架。形容書箱很多。清・孔尚任《桃花扇・逮社》：「你看十三經、廿一史、九流三教、諸子百家、腐爛時文、新奇小說，上下充箱盈架，高低列肆連樓。」

【沖冷水】

比喻說掃興話、壞話。例這人慣會給人沖冷水，你不必生氣，他並不是光對你這樣。

【衝鋒陷堅】

見「衝鋒陷陣」。

【衝鋒陷陣】

迅猛前進衝入敵陣。形容英勇作戰。王西彥《活的傳統》：「魯迅，經歷了多次革命巨變，始終代表著中國被壓迫的人民羣衆，向舊勢力、舊傳統、舊倫常衝鋒陷陣。」也作「衝鋒陷堅」。堅：指堅固的陣地。三國魏・桓範《世要論・簡騎》：「夫騎者，軍之鋒銳也。臨敵則衝鋒陷堅，退則鶻下鷹擊。」也作「衝堅陷陣」。《梁書・曹景宗傳》：「景宗為偏將，每衝堅陷陣，輒有斬獲，以勛除游擊將軍。」也作「**摧鋒陷陣**」。《晉書·景帝紀》：「[文鴦]乃與驍騎十餘摧鋒陷陣，所向皆披靡。」也作「**摧堅陷陣**」。《南齊書·桓康傳》：「[桓康]隨世祖起義，摧堅陷陣，膂力絕人。」

【衝溝裏放牛——兩邊吃】
衝溝：〈方〉山溝。比喻兩面受益，好處很多。例小趙希望在兩個公司都擔任職務，他認為兼職是「衝溝裏放牛——兩邊吃」。

【衝冠怒髮】
憤怒得頭髮直立，簡直要把帽子頂起來。形容憤怒到了極點。梁啟超《新中國未來記》：「昨日個個都是衝冠怒髮，戰士軍前話死生；今日個個都是酒落歡腸，美人帳下評歌舞。」也作「**怒髮衝冠**」。

【衝昏頭腦】
因某種得意之事而興奮，以至頭腦發熱，不再冷靜謹慎地思考和處理問題。例我們千萬不能被這一時的勝利衝昏頭腦。

【衝堅毀銳】
衝破敵方的堅固陣地，摧毀敵軍的精銳部隊。形容英勇善戰。《孫臏兵法·威王問》：「錐行者，所以衝堅毀銳也。」也用以形容攻克難關。例所長親自上陣，帶領研究小組衝堅毀銳，攻克難關。

【衝堅陷陣】
見「衝鋒陷陣」。

【衝口而出】
順口說出。指所說的話沒經思索。《兒女英雄傳》三七回：「無如他此時是滿懷的遂心快意，滿面的吐氣揚眉，話擠話不由得衝口而出。」也作「**衝口而發**」。明·李贄《焚書·李溫陵傳》：「滑稽排調，衝口而發，既能解頤，亦可刺骨。」

【衝口而發】
見「衝口而出」。

【衝雲破霧】
衝破雲霧。指飛行物在高空疾速飛行。例戰鷹騰空而起，衝雲破霧向敵機進攻。也比喻突破重重艱難險阻。宋·僧兒《滿庭芳》詞：「應相許，衝雲破霧，一到洞中天。」

【衝州撞府】
衝、撞：向前直闖；州、府：泛指大城市、大地方。指奔走各地，闖蕩江湖，到處飄泊。《水滸傳》二七回：「他們是衝州撞府，逢場作戲，陪了多少小心得來的錢物。」也作「**撞府衝州**」。

ㄔㄨㄥˊ

【蟲臂鼠肝】
《莊子·大宗師》：「偉哉造化，又將奚以汝為？將奚以汝適？以汝為鼠肝乎？以汝為蟲臂乎？」意思是形體很大的人難道不會化為很小的東西嗎？後以「蟲臂鼠肝」比喻微小卑賤之物。唐·白居易《老病相仍以詩自解》詩：「蟲臂鼠肝猶不怪，雞膚鶴髮復何傷。」也作「**鼠肝蟲臂**」。

【蟲吃沙梨——心裏肯（啃）】
肯：「啃」的諧音。比喻從心眼裏願意。例你介紹的這個小伙子，她是蟲吃沙梨——心裏肯（啃），只不過害羞不說出來罷了。

【蟲兒鑽進桃核——混充好人（仁）】
人：「仁」的諧音。也作「**蟲子鑽進桃核裏——冒充好人（仁）**」。見「猢猻戴帽子——想充個好人」。

【蟲沙猿鶴】
《太平御覽》卷九一六引《抱朴子》：「周穆王南征，一軍盡化，君子為猿為鶴，小人為蟲為沙。」因以「蟲沙猿鶴」比喻陣亡將士。

【蟲魚之學】
唐·韓愈《讀皇甫湜公安園池詩書其後》詩：「《爾雅》注蟲魚，定非磊落人。」「蟲魚之學」指考據訂正的繁瑣工作。例過去，人們把編辭典稱為蟲魚之學，其實，它對文化教育事業，是一項很有意義的工作。

【蟲蛀的扁擔——經不住兩頭壓】
比喻不堅定，經受不住外界的壓力。例他就像俗話所說，蟲蛀的扁擔——經不住兩頭壓，社會上一有風吹草動，就迷失了方向。

【重操舊業】
見「重溫舊業」。

【重打鼓，另開張】
比喻重新從頭做起。老舍《趙子曰》一七：「重打鼓，另開張，賣什麼吆喝什麼！你說是不是？」也作「**重起爐灶另開張**」。

【重蹈覆轍】
蹈：踏上；轍：車輪輾出的軌跡。再走翻過車的老路。比喻不吸取失敗的教訓，重犯過去的錯誤。《後漢書·竇武傳》：「今不慮前事之失，復循覆車之軌。」例上次考試沒考好，因為馬虎錯了三道題，這次可不能再重蹈覆轍。

【重睹天日】
見「重見天日」。

【重逢舊雨】
唐·杜甫《秋述》：「秋，杜子臥病長安旅次，多雨生魚，青苔及榻。常時車馬之客，舊，雨來，今，雨不來。」意謂舊時下雨天也有友朋來訪。因以「舊雨」指老朋友，老朋友再次相遇。清·毛祥麟《墨餘祿·冊歸記》：「詩固無足言，倘他日重逢舊雨，此冊仍歸，或可於畫志中增段佳話耳。」也作「**舊雨重逢**」。

【重光累洽】
光：光明，溫和；洽：融洽。謂上下和悅融洽。唐·崔融《嵩山啟母廟碑》：「重光累洽，下武嗣文，負扆而化，垂衣以君。」也作「**重熙累洽**」。明·韓昂《圖繪寶鑑·皇明》：「宣廟臨御，當重熙累洽，四海無慮，萬幾之暇，留神詞翰。」

【重規疊矩】

規：圓規；矩：曲尺。規與規相重，矩與矩相疊，度數相同，完全符合。比喻上下相合，效果相同。三國魏·明帝《改元景初以建丑月為正月詔》：「乃上與先聖合符同契，重規疊矩者也，今遵其義。」也比喻因襲、重複。梁啟超《治標財政策》：「例如於民政司外，又設巡警道，此皆重規疊矩，毫無所取。」也作「重規累矩」。累：重疊。晉·王廙《白兔賦序》：「今在我王，匡濟皇維，而有白兔之應，可謂重規累矩，不忝先聖也。」也作「重規襲矩」。漢·王符《潛夫論·思賢》：「是故雖相去百世，縣年一紀，限隔九州，殊俗千里，然其亡征敗跡，若重規襲矩，稽節合符。」

【重規累矩】

見「重規疊矩」。

【重規襲矩】

見「重規疊矩」。

【重見天日】

比喻擺脫了黑暗、困苦的環境，重新見到光明。《三國演義》二八回：「倉乃一粗莽之夫，失身為盜；今遇將軍，如重見天日，豈忍復錯過。」也作「重睹天日」。《聊齋志異·龍飛相公》：「戴曰：『如有萬分之一，此更何難？但深在九地，安望重睹天日乎？』」

【重金兼紫】

重、兼：重複，加倍，表示多；金、紫：金印、紫綬的簡稱。指全家有好幾份金印紫綬。形容高官倍出，門庭顯赫。《資治通鑑·漢靈帝光和二年》：「又並及家人，重金兼紫。」

【重廊複閣】

見「重樓複閣」。

【重理舊業】

見「重溫舊業」。

【重樓疊閣】

見「重樓複閣」。

【重樓飛閣】

見「重樓複閣」。

【重樓複閣】

重重疊疊的樓台高閣。形容建築物富麗堂皇。宋·蘇泂《金陵雜興》詩之二四：「重樓複閣參天起，不見佳人張麗華。」也作「重樓疊閣」。晉·陸機《浮雲賦》：「有輕虛之艷象，無實體之眞形……若層台高觀，重樓疊閣。」也作「重廊複閣。」廊：廊子，有頂的過道。《太平廣記》卷四八引《尚書故實》：「韋下馬，趨走入門，則峻宇雕牆，重廊復閣。」也作「重樓飛閣」。北魏·楊衒之《洛陽伽藍記·城內瑤光寺》：「在城內作光極殿，因名金墉城門為光極門，又作重樓飛閣，遍城上下，從地望之，有如雲也。」

【重巒疊嶂】

見「層巒疊嶂」。

【重門擊柝】

柝：打更用的梆子。門戶重重，敲梆聲聲。比喻防衛嚴密。《三國志·吳書·薛綜傳》：「夫帝王者……居則重門擊柝以戒不虞，行則清道案節以養威嚴，蓋所以存萬安之福，鎮四海之心。」

【重起爐灶】

比喻重新做起或另搞一套。例這次試驗失敗了不要緊，咱們重起爐灶，從頭再來。也作「另起爐灶」。

【重泉之下】

重泉：也稱「黃泉」。迷信人所指的「陰間」。舊指人死後所在的地方。清·王夫之《黃書·大正》：「錮石槨，簪翁仲，梵唄雲潮，以榮施於重泉之下。」也作「九泉之下」。

【重山複水】

重疊起伏的山巒，曲折環繞的河流。多形容阻隔重重。宋·黃庭堅《南樓畫閣觀方公悅二小詩戲次韻》詩之二：「重山複水繞幽深，不見高賢獨倚樓。」也作「山重水複」。

【重山峻嶺】

層層山峯高大險峻。形容山多而高。例看著這幅山水畫，使我不禁聯想起家鄉的重山峻嶺。

【重生父母】

指對自己有重大恩情的人。多指救命恩人。《警世通言》卷二一：「今日蒙恩人拔離苦海……。此恩如重生父母，無可報答。」也作「再生父母」。

【重溫舊夢】

謂重新回憶或再次經歷舊日的美事。例十年前，他倆旅遊結婚就住在這所賓館，今天又重溫舊夢。

【重溫舊業】

又做起過去曾做過的事。宋·陳亮《謝留丞相啟》：「亮青年立志，白首奮身，敢不益勵初心，期在重溫舊業。」也作「重理舊業」。《孽海花》三〇回：「她徹底的想來想去，終於決定了公開的去重理舊業。」也作「重操舊業」。例劉老師退休後，在家閒不住，又重操舊業，辦起一所補習班。

【重熙累洽】

見「重光累洽」。

【重見疊出】

見「層見疊出」。

【重新做人】

指罪犯認識、改悔過去所犯罪行，再開始新的生活。例可以考慮給他一個重新做人的機會。

【重修舊好】

恢復以往的交誼。例誤會消除了，二人又重修舊好。

【重裀列鼎】

裀：ㄧㄣ，夾層床墊。層層床墊，排排銅鼎。形容養尊處優，生活富裕。元·關漢卿《拜月亭》三折：「忒心偏，覷重裀列鼎不值錢，把黃齏淡飯相留戀。」

【重張旗鼓】

見「重整旗鼓」。

【重振旗鼓】
見「重整旗鼓」。

【重整旗鼓】
旗鼓：古時軍中發號令的用具。重新整理軍旗和戰鼓。比喻失敗後重新整頓力量，準備再幹。徐遲《牡丹》：「重要的是漢劇藝術有了重整旗鼓的機會。」也作「**重振旗鼓**」。也作「**重張旗鼓**」。《民國通俗演義》四八回：「至清室已覆，袁爲總統，他自然重張旗鼓，又復上台。」

【重足而立】
雙腳相並而站，不敢移動。形容非常恐懼。《史記・秦始皇本紀》：「故使天下之士，傾耳而聽，重足而立，拑口而不言。」也作「**重足一跡**」。一跡：一個印跡。《漢書・石顯傳》：「自是公卿以下畏顯，重足一跡。」

【重足一跡】
見「重足而立」。

【重作馮婦】
《孟子・盡心下》載：晋人馮婦善於打虎，後不再幹此行。一次在野外看見一羣人逐虎，虎負嵎頑抗，他又忍不住衝了上去。後用「重作馮婦」比喻又幹起舊行業。例我已多年不拿筆桿了，現在，也實在不願重作馮婦。

【崇本棄末】
見「崇本抑末」。

【崇本抑末】
崇：重視；本：根本，古代指農業；抑：限制；末：末節，古代指手工業商業。指重視農業，限制手工業商業。《三國志・魏書・司馬芝傳》：「王者之治，崇本抑末，務農重穀。」也作「**崇本棄末**」。《宋書・王韶之傳》：「方今聖化惟新，崇本棄末，一切之令，宜加詳改。」

【崇德報功】
尊崇有德行的人，酬報有功勞的人。《尚書・武成》：「惇信明義，崇德報功，垂拱而天下治。」

【崇論宏議】
崇：高；宏：大。指與衆不同的高超言論。宋・陸九淵《與符舜功書》：「下問之及，時薦其愚，非能有崇論宏議驚世駭俗之說。」也作「**崇論閎議**」。《史記・司馬相如列傳》：「必將崇論閎議，創業垂統，爲萬世規。」

【崇論閎議】
見「崇論宏議」。

【崇山峻嶺】
高大而陡峭險峻的山嶺。晋・王羲之《〈蘭亭集〉序》：「此地有崇山峻嶺，茂林修竹。」

【崇洋媚外】
媚：諂媚，奉承。崇拜外國的一切，巴結奉承外國人。指沒有民族自尊心的洋奴思想。茅盾《向魯迅學習》：「那時清王朝以及當權的洋務派崇洋媚外，出賣國家主權。」也作「**崇洋迷外**」。例我勸青年人要有民族自信心，不要一味的崇洋迷外。

【崇洋迷外】
見「崇洋媚外」。

ㄔㄨㄥˇ

【寵了媳婦得罪娘——好一個，惱一個】
比喻好了這個，得罪了那個，難得兩全。例這批貨物究竟給誰，你們意見不一致，咱就不好辦了，寵了媳婦得罪娘——好一個，惱一個，還是希望協商解決吧！

【寵了媳婦得罪娘——左右爲難】
見「公要抄手婆要面——左右爲難」。

【寵辱不驚】
對受寵或受辱都無動於衷。指能置得失於度外。《楊家將演義》四八回：「吾輩持戟負戈，吃驚受恐，有甚好處。倒不如此輩，寵辱不驚，理亂不聞。」也作「**寵辱無驚**」。《警世通言》卷一：「子期寵辱無驚，伯牙愈加愛重。」也作「**寵辱何驚**」。元・尹志平《臨江仙・示衆》詞：「物外清吟唯獨樂，人間寵辱何驚！」

【寵辱何驚】
見「寵辱不驚」。

【寵辱皆忘】
把受寵和受辱完全忘懷。宋・范仲淹《岳陽樓記》：「登斯樓也，則有心曠神怡，寵辱皆忘，把酒臨風，其喜洋洋者矣。」

【寵辱若驚】
對受寵或受辱都驚惶不安。形容過於計較自己的得失。《老子》一三章：「得之若驚，失之若驚，是謂寵辱若驚。」

【寵辱無驚】
見「寵辱不驚」。

ㄔㄨㄥˋ

【銜著窗户吹喇叭——名（鳴）聲在外】
見「隔門縫吹喇叭——名（鳴）聲在外」。

【銜著和尚罵禿子——惹事】
和尚：出家修行的佛教徒，不留髮。對著和尚罵禿子，會引起和尚的反感。比喻自找麻煩。例你說話要當心點，不要銜著和尚罵禿子——惹事。

尸

ㄕ

【尸居龍見】
居：靜居；見：同「現」，出現。指靜如停屍，動如龍騰。《莊子・在宥》：「故君子苟能無解其五藏，無擢其聰明，尸居而龍見，淵默而雷聲。」

【尸居餘氣】
人像屍體一樣躺著，僅存一點氣息。形容人即將死去。《晋書・宣帝紀》：

「司馬公尸居餘氣，形神已離，不足慮矣。」也形容人暮氣沉沉，無所作爲。唐・杜光庭《虯髯客傳》：「彼尸居餘氣，不足畏也。諸妓知其無成，去者衆矣。」

【尸祿害政】
指空受俸祿，妨害政事。《晉書・劉頌傳》：「賢能常居位，以善事暗劣，不得以尸祿害政。」

【尸祿素餐】
見「尸位素餐」。

【尸祿素食】
見「尸位素餐」。

【尸位素餐】
尸位：空占位置而不做事；素餐：白白地吃飯。本指官吏空占職位白吃飯而不做事。後也用作謙辭，指未盡職守。《漢書・朱雲傳》：「今朝廷大臣，上不能匡主，下亡以益民，皆尸位素餐。」也作「尸祿素餐」。《後漢書・五行志一》：「尸祿素餐，莫能據正持重。」也作「尸祿素食」。三國魏・曹丕《上書三禪讓》：「昔有蘧敖逃祿，傳載其美，所以濁世，勵貪夫，賢於尸祿素食之人也，故可得而小。」

【尸鳩之平】
尸鳩：也作「鳲鳩」，即布穀鳥。傳鳲鳩哺育羣雛能平均如一。《詩經・曹風・鳲鳩》：「鳲鳩在桑，其子七兮」毛亨傳：「鳲鳩之養其子，朝從上下，暮從下上，平均如一。」後以「鳲鳩之平」喻指君主、上司公平對待臣民、下屬。《後漢書，袁紹傳上》：「唯陛下垂尸鳩之平，絕邪諂之論。」也作「尸鳩之仁」。《三國志，魏書，任城威王彰傳》：「七子均養者，尸鳩之仁也。」

【尸鳩之仁】
見「尸鳩之平」。

【屍肉未寒】
屍體還沒完全僵冷。指人死亡不久。明・何良俊《四友齋叢說》：「其主既死，屍肉未寒，而新主即招之使來，任以家政。」通常作「屍骨未寒」。

【屍山血海】
形容被殺的人特別多。《說唐》四二回：「[五虎大將]殺得曹州人馬，屍山血海。」

【屍橫遍野】
屍體佈滿荒野。形容激戰後或大屠殺後的慘狀。《三國演義》七回：「不到數合，蔡瑁敗走。堅驅大軍，殺得屍橫遍野。」

【失敗乃成功之母】
母：根源。謂失敗往往是成功的先導。例這次試驗雖然失敗了，但取得了可貴的數據，對今後研究工作有很大價值。失敗乃成功之母，只要繼續努力，試驗是一定會成功的。也作「失敗者成功之母」。

【失晨之雞】
忘記報曉的雄雞。比喻偶爾失職或偶有過錯的人。三國魏・曹操《選舉令》：「諺曰：『失晨之雞，思補更鳴。』」也作「失旦之雞」。《三國志・吳書・周瑜傳》：「使失旦之雞，復得一鳴，抱罪之臣，展其後效。」

【失晨之雞，思補更鳴】
錯過了報曉的雞，爲了想補救會叫得更響。比喻想彌補自己過失的人會付出更多的努力。例高考落榜之後，他沒有消沉、頹唐，學習反而更加勤奮刻苦了。眞是「失晨之雞，思補更鳴」。參見「失晨之雞」。

【失措張惶】
形容因害怕驚慌而失去常態。金・馬鈺《滿庭芳》詞：「覺從前爲作，盡是刀槍，唬得心驚膽顫……人向著，覺渾身汗流，失措張惶。」也作「張皇失措」。

【失旦雞】
旦：早晨。比喻失職的人。例這工作交給你，你可不能當失旦雞噢！

【失旦之雞】
見「失晨之雞」。

【失道寡助】
指違背道義不得人心者，很少能得到別人的幫助。《孟子・公孫丑下》：「得道者多助，失道者寡助。」

【失舵的小舟——隨波逐流】
失舵：方向失去控制。見「發大水放竹排——隨波逐流」。

【失而復得】
指失去後又重新得到。例經過朋友的遊說拉攏，他們重修舊好，對於這失而復得的感情，相當珍惜。

【失魂蕩魄】
見「失魂喪魄」。

【失魂落魄】
見「失魂喪魄」。

【失魂喪魄】
失落了魂魄。形容人因驚慌或憂愁而心神不寧、舉止失常。元・無名氏《看錢奴》二折：「餓的我肚裏飢失魂喪魄凍的我身上冷無顏落色。」也作「失魂落魄」。《初刻拍案驚奇》卷二五：「做姊妹的，飛絮飄花，原無定主；做子弟的，失魂落魄，不惜餘生。」也作「失魂蕩魄」。蕩：失散。《二刻拍案驚奇》卷一二：「[嚴蕊]行事最有義氣，待人常是眞心。所以人見了的，沒一個不失魂蕩魄在他身上。」也作「失魄亡魂」。元・張國賓《合汗衫》一折：「你道他一世兒爲人，半世兒孤貧，氣忍聲吞。何日酬恩，則你也曾舉目無親、失魂亡魂。」也作「失神落魄」。茅盾《虹》：「怎麼我近來變了呀！這樣失神落魄，沒有一點精密的計算？」也作「丟魂落魄」。

【失驚打怪】
指大驚小怪。《三國演義》四九回：「不許擅離方位，不許交頭接耳，不許失口亂言，不許失驚打怪，如違令者，斬！」

【失馬亡羊】
「塞翁失馬、亡羊補牢」的縮略語。泛指禍福得失。明・單本《蕉帕記・

揭果》：「耳不聞斬蛇逐鹿，口不言失馬亡羊，一任他桑田變海，海變桑田。」

【失魄亡魂】

見「失魂喪魄」。

【失羣的大雁——孤孤單單】

見「離羣的羊羔——孤孤單單」。

【失身匪人】

失身：喪失節操；匪人：行爲不正、品行不端的人。喪失操守而依附於邪惡的人。也特指女子失節於品質惡劣的人。明・吳廷翰《翁記・蔡邕》：「夫等死耳，不死於闕廷而死於囹圄，不死於潔身而死於黨逆……然則失身匪人，而懷其豢養之恩者，可不以邕爲戒乎！」

【失神落魄】

見「失魂喪魄」。

【失所流離】

失所：失去安身的地方。指到處流浪，無處安身。清・湯斌《飢民望賑甚迫，先動帑買米疏》：「起瘡痍於衽席，不致失所流離。」也作「**流離失所**」。

【失羊修圈——有備無患】

見「飽帶乾糧晴帶傘——有備無患」。

【失意人逢得意事——一番歡喜一番愁】

失意人：不得志的人；番：回，次。形容時而高興，時而憂慮的複雜心情。例楊三姐經過長期的掙扎，終於在困境中站起來了，可是她擔心著等待自己這孤弱女子的前途和命運又是怎樣的？眞是失意人逢得意事——一番歡喜一番愁。也作「**又辦喪事又嫁女——一番歡喜一番愁**」。

【失張失志】

見「失張失智」。

【失張失智】

指心神不定，舉樣子。《初刻拍案驚奇》卷二九：「只見楊老媽走來慌張道：『孺人知道麼？小官人被羅家捉奸，送到牢中去了。』張媽媽大驚道：『怪道他連日有些失張失智，果然做出來，』」也作「**失張失志**」。《警世通言》卷二〇：「娘見那女孩兒前言不應後語，失張失志，道三不著兩，面上忽青忽紅。」

【失之東隅，收之桑榆】

東隅：東方，日出處，指早晨，桑榆：落日所照處，指日暮。在早晨失掉的，在日暮時又得到了。比喩開始在這一方面失敗了，最後在另一方面又獲得了成功。《後漢書・馮異傳》：「始雖垂翅回溪，終能奮翼黽池，可謂失之東隅，收之桑瑜。」

【失之毫釐，差以千里】

毫、釐：計量單位。十毫爲一釐。指很小的長度單位。形容有很小的偏差，就會造成嚴重後果。《漢書・東方朔傳》：「失之毫釐，差以千里。」

【失之交臂】

交臂：胳膊碰胳膊，相互擦肩而過。指錯過時機。梁啟超《民國初年之幣制改革》：「這個千載一時的機會，便失之交臂。」也作「**失諸交臂**」。例他滿腦的鬼點子，是做創意活動的高手，和咱們是同行，這樣的人才，可不能失諸交臂。

【失支脫節】

見「失枝落節」。

【失枝落節】

落：脫落。比喩照應不周而出現失誤或差錯。宋・陸九淵《語錄》：「要常踐道，踐道則精明。一不踐道，便不精明，便失枝落節。」也作「**失支脫節**」。《水滸傳》三一回：「從你去後，我只怕你有些失支脫節，或早或晚回來，因此上分付這幾個男女，但凡拿得行貨，只要活的。」

【失諸交臂】

見「失之交臂」。

【師表萬世】

指千秋萬代爲人尊崇的表率。明・葉子奇《雜制篇》：「先孔子而聖者，非孔子無以明；後孔子而聖者，非孔子無以法。所謂祖述百王，師表萬世者也。」也作「**萬世師表**」。

【師出無名】

師：軍隊。指沒有正當理由而發兵打仗。《初刻拍案驚奇》卷四：「師出無名，也會調來將家實用。」後也泛指做事無正當理由。

【師出有名】

指有正當理由出兵打仗。《陳書・後主紀論》：「智勇爭奮，師出有名，揚旆分麾，風行電掃。」後也泛指辦事有正當理由。

【師道尊嚴】

見「師嚴道尊」。

【師傅不明弟子拙】

謂師傅沒什麼本事，帶出的徒弟自然不行。例並不是你的兒子不努力，而是你沒有給他找一個好師傅。師傅不明弟子拙，他再努力也是白搭。也作「**師傅不明弟子濁**」。

【師傅當丈人——親上加親】

比喩關係非常親密。例我們的關係沒得說的，師傅當丈人——親上加親，從來沒鬧過意見。

【師傅領進門，修行在各人】

修行：佛教用語，指依佛教教義去實行。謂師傅只能傳授給徒弟一些基本的要領，進一步提高還要靠徒弟自己去實踐、鑽研。例不要以爲你們進了高等學府，出去就自然學富五車了。常言道：師傅領進門，修行在各人，大學裏老師授課，主要是起個引路的作用，大量的知識還要靠你們通過自學來取得。

【師傅收兒當徒弟——一輩傳一輩】

見「秦瓊的殺手鐧——一輩傳一輩」。

【師公吹牛角——無路，無路（嗚嚕，嗚嚕）】

師公：男巫師；嗚嚕，嗚嚕；象聲詞，吹牛角的聲音；無路，無路：

「嗚嚕，嗚嚕」的諧音。雙關語。①比喻沒有門路，不得要領。例要給你介紹一個更適合的工作，我確實是師公吹牛角——無路，無路（嗚嚕，嗚嚕）。②比喻沒有生路。例在以前窮人，絕大多數是師公吹牛角——無路，無路（嗚嚕，嗚嚕），吃糠咽菜都難以爲繼。

【師老兵疲】
指軍隊長期在外作戰，兵馬疲備不堪，戰鬥力不强。《北齊書·王琳傳》：「琳遣將討之，不克，又師老兵疲不能進。」也作「**師老氣衰**」。氣衰：士氣低落。《梁書·陳慶之傳》：「［慶之］與魏軍相持。自春至冬，數十百戰，師老氣衰，魏之援兵復欲築壘於軍後。」也作「**師老力屈**」。屈：竭，盡。《南史·虞寄傳》：「至於師老力屈，懼誅利賞，必有韓、智晋陽之謀，張、陳井陘之勢。」

【師老力屈】
見「師老兵疲」。

【師老氣衰】
見「師老兵疲」。

【師心自任】
見「師心自是」。

【師心自是】
師心：以己意爲師；自是：自以爲是。指固執己見。北齊·顏之推《顏氏家訓·勉學》：「見有閉門讀書，師心自是，稠人廣坐，謬誤差失者多矣。」也作「**師心自任**」。任：用。北齊·顏之推《顏氏家訓·文章》：「學爲文章，先謀親友……愼勿師心自任，取笑旁人也。」也作「**師心自用**」。唐·陸贄《奉天請數對羣臣兼許令論事狀》：「又況不及中才，師心自用，肆於人上，以遂非拒諫，孰有不危者乎？」

【師心自用】
見「師心自是」。

【師嚴道尊】
指老師受到尊敬，他所傳授的知識才能得到尊重。《禮記·學記》：「凡學之道，嚴師爲難。師嚴然後道尊，道尊然後民知敬學。」也作「**師道尊嚴**」。《元史·劉因傳》：「家居教授，師道尊嚴，弟子造其門者，隨材器教之，皆有成就。」

【師友淵源】
指求教或傳授學問有師承關係。《漢書·董仲舒傳贊》：「仲舒遭漢承秦滅學之後……潛心大業，令後學者有所統壹，爲羣儒首；然考其師友淵源所漸，猶未及乎（子）游、（子）夏，而曰管（仲）、晏（嬰）弗及，伊（尹）、呂（望）不加，過矣。」

【師直爲壯】
師：軍隊。直：正義。指爲正義出兵作戰，士氣旺盛，戰鬥力强。《左傳·僖公二十八年》：「師直爲壯，曲爲老，豈在久乎？」

【師字去了橫——眞帥】
「師」字去了一橫，成爲「帥」字。雙關語。比喻人長得英俊，或事情做得漂亮。例小伙子長得像師字去了橫——眞帥，是不是一個武術運動員？

【獅威勝虎】
獅子的威力勝過老虎。舊時比喻婦人悍妒過甚。宋代陳季常之婦柳氏，每當季常宴客召有歌妓時，她便以棍敲壁，大聲呼喝，客人都被嚇跑了。蘇軾曾贈詩曰：「忽聞河東獅子吼，拄杖落地心茫然。」清·孔尚任《桃花扇·逢舟》：「獅威勝虎，蛇毒如刄。」

【獅子搏兔】
比喻辦小事情也竭其全力。清·李重華《貞一齋詩說·詩談雜錄》：「或謂絕大題一首了卻，固是高手；些小題偏作長篇大幅，尤屬才人手法奇變。余曰：獅子搏兔用全力，終屬獅子之愚。」

【獅子大開口】
比喻漫天要價。例你們隊眞行，剛問你們需要什麼補貼，你們就獅子大開口，這怎麼行呢？

【獅子吼】
佛教徒指佛祖講經，如雷聲震天動地。《維摩詰經·佛國品》：「演法無畏，猶獅子吼。其所講說，乃如雷震。」

【獅子滾繡球——大頭在後面】
見「老鼠拉木鍁——大頭在後面」。

【獅子尾巴搖銅鈴——熱鬧在後頭】
比喻更大的鬥爭、更大的喧鬧還在後面。多含貶義。例這幾個自私、兇狠的人搞在一塊了，獅子尾巴搖銅鈴——熱鬧在後頭，等著瞧吧。

【詩腸鼓吹】
鼓吹：樂器合奏，借指鳥鳴。鳥鳴叫聲悅耳，可引發人的詩興與靈感。唐·馮贄《雲仙雜記》卷二：「戴顒春攜雙柑斗酒，人問何之？曰：『往聽黃鸝聲。此俗耳針砭，詩腸鼓吹，汝知之乎！』」

【詩酒朋儕】
見「詩朋酒友」。

【詩禮傳家】
指世代都讀書習禮。明·朱權《荊釵記·會講》：「詩禮傳家忝儒裔，先君不幸早傾逝。」

【詩禮人家】
見「詩禮之家」。

【詩禮之家】
詩：《詩經》；禮；《周禮》、《儀禮》、《禮記》。指世代讀書，講究詩書和封建禮教的人家。明·郎瑛《七修類稿》卷一六：「因仍苟且，多爲惜財之小而忘大義，奈何詩禮之家亦如是耶！」也作「**詩禮人家**」。《二十年目睹之怪現狀》九一回：「好個葉太太，到底是詩禮人家出身，知道規矩禮法。」

【詩朋酒侶】
見「詩朋酒友」。

【詩朋酒友】

指一起吟詩飲酒的朋友。元・不忽木《辭朝・村里迓鼓》曲：「尋幾個詩朋酒友，向塵世外消磨白晝。」也作「**詩朋酒侶**」。明・無名氏《小孫屠》二齣：「且乾杯，共詩朋酒侶歡宴。」也作「**詩酒朋儕**」。儕：輩。明・葉憲祖《鸞鎞記・論心》：「同逍遣，詩酒朋儕盡堪盡日盤桓。」

【詩情畫意】

形容詩歌繪畫中所蘊含的美好情感、意境。也指自然景色的幽美，耐人尋味。清・毛祥麟《還山圖》：「詩情畫意，尚可言傳，惟此一片深情，當於言外領味。」

【詩人墨客】

墨客：文人。指單純從事文學創作的文人。唐・韓愈《祭薛中丞文》：「詩人墨客，爭諷新篇。」

【詩書勤乃有，不勤腹空虛】

詩書：指《詩經》、《尚書》。讀詩書要勤奮，才能有收穫，不勤奮肚子裏就會空虛。用以勸勉人要勤奮讀書。唐・韓愈《符讀書城南》詩：「人之能為人，由腹有《詩》《書》。詩書勤乃有，不勤腹空虛。」

【詩以道志】

指用詩歌表達作者的感情和志向。《莊子・天下》：「詩以道志，書以道事，禮以道行。」也作「**詩以言志**」。《宋書・謝靈運傳》：「詩以言志，賦以敷陳，箴銘誄頌，咸各有倫。」

【詩以言志】

見「詩以道志」。

【詩云子曰】

詩：《詩經》；子：孔子。指儒家經典。《醒世姻緣傳》一六回：「那晁老一個教書的老歲貢，剛才擦吊了詩云子曰，就要叫他戴上紗帽……也是『莊家老兒讀祭文——難。』」也作「**子曰詩云**」。

【詩中有畫】

形容詩歌描寫自然景物具體、生動，使讀者如置身圖畫之中。《鏡花緣》九〇回：「道姑道：『鬥草蜂聲鬧。』春輝道：『昨日我們在百藥圃摘花折草，引的那些蜂蝶滿園飛舞，眞是蝶亂蜂狂。今觀此句，古人所謂詩中有畫果眞不錯。』」

【虱處褌中】

虱：虱子；褌：褲子。晉，阮籍《大人先生傳》：「汝獨不見夫虱之處於褌之中乎！逃乎深縫，匿乎壞絮，自以為吉宅也。行不敢離縫際，動不敢出褌襠，自以為得繩墨也。飢則嚙人，自以為無窮食也。然炎丘火流，焦邑滅都，羣虱死於褌中而不能出。汝君子之處寰區之內，亦何異夫虱之處褌中乎？」後以「虱處褌中」比喻世俗生活的拘窘局限或見識狹隘。

【虱多不癢，債多不愁】

如同虱子多了反而不覺癢一樣，債欠得多了，也就不去為它發愁。例眼看著就到畢業的日子了。他默默一算，自己還差二十多個學分，怎麼也補不回來了。他也就破罐破摔，反正虱多不癢，債多不愁，樂得逍遙自在。

【虱子躲在皮襖裏——有住的，沒吃的】

比喻不能雙全。例這家合資公司待遇高，但沒有學習的時間或機會，虱子躲在皮襖裏——有住的，沒吃的，只能擇其一。

【施不望報】

指給別人恩惠，並不指望得到報答。《兒女英雄傳》一九回；「至於施不望報，原是盛德。」

【施丹傅粉】

見「施朱傅粉」。

【施恩布德】

見「施仁布德」。

【施恩望報】

指給別人恩惠時，期望得到報答。《兒女英雄傳》一九回：「可都是那個甚麼施恩望報不望報的這個脾氣兒鬧的！」

【施而不費】

指給人以恩惠，自己又耗費不多，無所損失。《史記・吳太伯世家》：「廣而不宣，施而不費，取而不貪，處而不底。」也作「**惠而不費**」。

【施教因材】

指針對不同的對象，進行不同的教育。宋，朱熹《論語集注・雍也》：「中人以上，可以語上也；中人以下，不可以語上也」注引張敬夫曰：「聖人之道，精粗雖無二致，但其施教，則必因其材而篤焉。」也作「**因材施教**」。

【施謀設計】

見「施謀用計」。

【施謀用計】

指施展計謀或策略。明・黃元吉《流星馬》一折：「憑著您孩兒舌劍唇槍，施謀用計，我穩情取進貢到來。」也作「**施謀設計**」。明・無名氏《下西洋》四折：「誰想太監三保，施謀設計，乘舟騙海，取了許多寶物。」也作「**施謀用智**」。明・無名氏《智降秦叔寶》四折：「徐懋功施謀用智，一封書拱手來降。」

【施謀用智】

見「施謀用計」。

【施仁布德】

指實行仁義，給人以恩德。元・無名氏《看錢奴》楔子：「也曾將釋典儒宗細講習，無非是積善修心為第一，則俺這家豪富祖先積，他為甚施仁布德，也則要博一個孝子和賢妻。」也作「**施恩布德**」。明・無名氏《魏征改詔》頭折：「我言語可便無虛謬，不脫空，元帥你施恩布德可便相知重。」也作「**施仁布恩**」。明・無名氏《太平宴》頭折：「劉皇叔施仁布恩，愛惜軍卒養下民。」也作「**施仁布澤**」。明・沉受先《三元記・格天》：「馮商的，馮商的，積功累德，馮商的，馮商的，施仁布澤。」

【施仁布恩】

見「施仁布德」。

【施仁布澤】

見「施仁布德」。

【施藥不如施方】

送給別人藥物，不如送給他藥方。比喻教別人做某事的方法比僅僅幫助做成其事更有用。例這次捐款的使用，一定要保證用在幫助貧困戶掌握脫貧的手段上。俗話說：施藥不如施方，只有這樣，才能徹底擺脫貧困。

【施朱傅粉】

搽粉抹胭脂。指修飾打扮。宋・柳永《少年遊》：「施朱傅粉，豐肌清骨，容態盡天真。」也作「施丹傅粉」。明・無名氏《八仙過海》一折：「更勝似施丹傅粉，果然是萬花中惟此特尊。」

【溼布衫】

溼衣服穿在身上。比喻難以忍受而又難以擺脫的負擔。例自從他接管一家貨運公司，他就等於穿上了溼布衫，每天爲那些層出不窮的小事故疲於奔命。

【溼柴禾燒鍋——憋氣又窩火】

見「秏子掉灰堆——連憋氣帶窩火」。

【溼柴禾燒鍋——又冒煙又冒火】

見「戳破了的燈籠——冒火」。

【溼柴怕猛火】

只要火燒得旺，哪怕是溼柴也能燃燒。比喻有利因素極多，則不利因素的影響便可以被抵銷、克服。例這個課題確實有一定的難度，但溼柴怕猛火，只要有精良的設備，完善的人員配備，再加上高昂的士氣，就一定會取得成功。

【溼木頭——點不起火】

比喻死氣沉沉，別人再鼓動也沒有勁頭，振作不起精神。例如果你老是溼木頭——點不起火，我們就不再歡迎你在這裏工作了。

【溼肉伴乾柴】

比喻蒙受杖笞之苦。例他被幾個大漢摁倒在地，不由分說，溼肉伴乾柴，挨一頓痛打，皮開肉綻，昏死了過去。

【溼手捏了乾麵粉】

比喻棘手的事纏身，擺脫不掉。例他悔不該當初接手這攤事，到如今好像是溼手捏了乾麵粉，再也脫身不得。

【溼手抓石灰——甩不脫手】

比喻陷入某種困境，難以擺脫。例悔不該接收這個爛攤子，現在是溼手抓石灰——甩不脫手，既不能扔掉不管，又不能理順關係，處於狼狽的境地。也作「溼手抓麵——摔也摔不掉」、「溼手捏乾麵——粘纏極了」、「溼手抓麵粉——要甩甩不掉」、「溼手抓麵粉——甩不脫」、「溼手扒石灰——脫不了手」、「溼手抓灰麵——脫不了手」、「又抓糍粑又抓麵——脫不了手」、「溼手捏乾麵——沾上了」。

【溼水爆竹——點不響】

爆竹被水打溼後，點不燃，放不響。比喻顧慮重重的人，雖經啟發，也不開口講話。例他餘悸在心，就像溼水爆竹——點不響，再費口舌也沒有用。

【溼水棉花——沒得談（彈）】

棉花溼了就不能彈了。談：「彈」的諧音。也作「溼水棉花——無得談（彈）」。見「船上人打醮——沒得談（壇）」。

【溼水棉花——談（彈）不得】

見「破琵琶——談（彈）不得」。

【溼水棉花——無得談（彈）】

談：「彈」的諧音。①比喻好得沒法形容。例一提起小杜，他便豎起大拇指說：「她的品德和學識是溼水棉花——無得談（彈）。」②比喻彼此間無話可說。例他們兩人矛盾很深，誰也不理誰，簡直是溼水棉花——無得談（彈）。

【溼灶燒溼柴——有火發不出】

比喻滿腔怒火，無處發洩。例他遭此不白之冤，投訴無門，眞是溼灶燒溼柴——有火發不出。也作「溼灶燒溼柴——有火沒處發」、「罐子裏燃木炭——有火發不出」。

ㄕˊ

【十八般武藝，件件精通】

十八般武藝：刀、槍、劍、戟、棍、棒、槊、鏜、斧、鉞、鏟、鈀、鞭、鐧、錘、叉、戈、矛十八般；一說是弓、弩、槍、刀、劍、矛、盾、斧、鉞、戟、鞭、鐧、撾、殳、叉、耙頭、緜繩套索、白打十八般。謂各種兵器都精通。也比喻精通各種技能。例他號稱十八般武藝，件件精通，也不知是眞是假。何不令他當著衆人的面演練一番，我們也好開開眼界。

【十八層地獄】

佛家認爲，人活著時作惡，死後論罪行罰，將被打入地獄，最底層爲十八層地獄。比喻受壓迫，永無出頭、解脫之處。例就因爲那點錯誤，他被打入了十八層地獄，從此就在農場勞動，苦苦掙扎。

【十八里地保——管得寬】

地保：舊時在地方上爲官府辦差的人。見「和尚訓道士——管得寬」。

【十八隻嗩吶齊奏——全吹啦】

嗩吶：一種民族管樂器，管身正面有七孔，背面一孔。見「風掃落葉——全吹了」。

【十病九痛】

指身體不好，經常有這樣那樣的病痛。《水滸傳》二四回：「便是老身十病九痛，怕有些山高水低，預先要製辦些送終衣服。」

【十步芳草】

見「十步香草」。

【十步九回頭——難捨難分】

形容雙方捨不得離開。例送君千里終有一別，可他們在送行的路上仍然是十步九回頭——難捨難分，希望永不分離。

【十步香草】
漢·劉向《說苑·談叢》：「十步之澤，必有香草；十室之邑，必有忠士。」後以「十步香草」比喻到處都有人才。也作「**十步芳草**」。《隋書·煬帝紀上》：「方今宇宙平一，文軌攸同，十步之內，必有芳草，四海之中，豈無奇秀！」

【十步之詩】
指行走十步之內，即可做成詩。《北史·魏獻文六王彭城王勰傳》：「吾作詩，雖不七步，亦不言遠，汝可作之，比至吾間令就也。時勰去帝十步，遂且行且作，未至帝所而就，詩曰：『問松林，松林經幾冬。山川何如昔，風雲與古同。』」後以「十步之詩」形容人才思敏捷。

【十成九穩】
見「十拿九穩」。

【十蕩十決】
蕩：掃蕩，衝殺；決：水衝破堤防，引申爲衝破敵陣。形容每次衝殺都能攻破敵陣。《樂府詩集·隴上歌》：「隴上壯士有陳安，軀乾雖小腹中寬，七尺大刀奮如湍，丈八蛇矛左右盤，十蕩十決無當前。」

【十冬臘月】
農曆十月、十一月，稱冬月；十二月稱臘月。指天氣嚴寒的季節。例他一年四季堅持體育鍛煉，不論酷暑夏日，還是十冬臘月，從不間斷。

【十冬臘月吃冰棍——透心涼】
天氣寒冷的季節。見「褡褳背水——涼透心」。

【十冬臘月喝涼水——點點入心】
十冬臘月：農曆十月、十一月、十二月，正是天氣寒冷的時候。見「九月菊花逢細雨——點點入心」。

【十冬臘月生的——動（凍）手動（凍）腳】
見「三九天出門——動（凍）手動（凍）腳」。

【十惡不善】
指罪大惡極的壞人。例他爸爸雖是個十惡不善的罪犯，但是他對父親並未失望。

【十惡不赦】
十惡：中國古代刑律規定的不可饒恕的十種重大罪名，即：謀反、謀大逆、謀叛、惡逆、不道、大不敬、不孝、不睦、不義、內亂；赦：赦免，饒恕。形容罪大惡極，不可饒恕。元·關漢卿《竇娥冤》四折：「這藥死公公的罪名，犯在十惡不赦。」

【十二道金牌】
宋代，凡赦書及有緊急軍事情況，均用金牌，由內侍省派人遞送。後以「十二金牌」或「十二道金牌」指緊急命令。《宋史·岳飛傳》：「[秦檜]而後言飛孤軍不可久留，乞令班師，一日奉十二金字牌。飛憤惋泣下，東向再拜曰：『十年之力，廢於一旦！』」《孽海花》三〇回：「巧了景王府裏堂會戲，貞貝子貞大爺一定要叫他和數二爺合串《四傑村》，十二道金牌似的把他調了去。」

【十二級颱風】
風力最大的颱風。比喻來勢猛烈的鬥爭。例這一生他什麼都經歷過，連刮十二級颱風都沒翻過船，還怕這點小風浪嗎？

【十二歲進敬老院——莫把福享早了】
比喻不要貪圖安逸、消磨意志，而應奮發圖強、努力上進。例十二歲進敬老院——莫把福享早了，年紀輕輕，就過如此奢侈豪華的生活，這很可能是走向墮落、毀滅前途的開始。

【十二月穿綢衣——也怪不得他有】
怪不得：難怪，不能責備。比喻大手大腳，不該花的錢隨便花。這是說反話，表示嘲諷。例這個暴發戶，講排場、擺闊氣，婚禮一花數萬元，的確是十二月穿綢衣——也怪不得他有。

【十二月的白菜——動(凍)了心】
見「臘月的蘿蔔——動(凍)了心」。

【十二月的石板凳——冷凳】
比喻受到冷遇，被人輕視。例由於穿著寒磣，在舞會上，女主人給了他一個十二月的石板凳——冷凳。

【十二月裏吃了冰水——從頭涼到腳跟】
見「光腳丫進冰窖——涼到底」。

【十二月賣扇子——不識時務】
務「六月裏戴棉帽——不識時務」。

【十二月說夢話——夜長夢多】
農曆十二月，北半球日短夜長。比喻時間久了，麻煩事就會多。例這個協議快簽訂吧，拖下去，十二月說夢話—夜長夢多。

【十二月天找楊梅——難上難】
楊梅：楊梅樹的果實，表面有粒狀突起，紫紅色或白色，味酸甜。楊梅五、六月間成熟，冬季樹上是找不到的。見「趕鴨子上架——難上難」。

【十發十中】
形容箭術高超，每射必中。《南史·王鏗傳》：「乃取甘蔗插地，百步射之，十發十中。」也作「**百發百中**」。

【十分惺惺使五分】
惺惺：聰明。謂不可把聰明使盡。元·李文蔚《燕青博魚》二折：「可不道這姐姐今年個斷童，休將你那精神來使盡。[帶雲]常言道：十分惺惺使五分。」

【十風五雨】
十日一風，五日一雨。形容風調雨順。宋·陸游《子聿至湖上待其歸》：「十風五雨歲則熟，左餐右粥身其康。」

【十個光棍九個倔】
光棍：獨身的男子。謂獨身男子大都性情古怪。例常言道：十個光棍九個倔，果然不假。你瞧他這個牛脾氣，誰能勸得動他？

【十個明星當不的月】
星星再多，加在一起也比不過月亮。比喻事物各有一定的檔次，低檔次的東西再多再好，也比不過高檔次的。例您犯不著跟他們生氣。他們再紅也紅不過您去，也得當您的配角。俗話說：十個明星當不的月。

【十個便宜九個愛】

謂人大都愛貪便宜。例都說是十個便宜九個愛，可這些稅務局的人，對送禮的人硬是高低不買帳。

【十個手指按跳蚤——一個也捉不住】

比喻由於方法不當，一事無成。例工作要抓重點，抓關鍵，全面鋪開，分散力量，就像十個手指按跳蚤——一個也捉不住。也作「**十個指頭捉跳蚤—一個捉不住**」。

【十個銅錢丟一個——久聞（九文）】

銅錢：舊時銅質貨幣，圓形，中有方孔，價值最小。一個銅錢就是一文錢；久聞：「九文」的諧音。比喻早就知道大名。初次見面時的客套話。例您的大名，我是十個銅錢丟一個——久聞（九文）了，相見恨晚。也作「**十個銅板少一文——久聞（九文）**」、「**十個銅錢掉了一個——久聞（九文）**」、「**十文錢掉一個——久聞（九文）**」、「**十個小錢丟一個——久聞（九文）**」。

【十個銅錢四人分——三三兩兩】

形容三人一羣兩人一伙地聚在一塊。有時指零零散散，爲數很少。例散會後，大家在禮堂或走廊裏，十個銅錢四人分——三三兩兩，敍述闊別之情，不願離開。

【十個指頭不一般齊】

比喻人或事物彼此間總會有差異，不會完全一樣。例總的來講，這裏的工作做得是好的。但十個指頭不一般齊，個別單位也出現了一些問題，需要認眞加以解決。也作「**十個手指有長短**」。

【十個指頭搔癢——加倍奉承】

見「六個指頭撓背——加一奉承」。

【十個指頭伸開——沒把握】

見「斷柄鋤頭——沒把握」。

【十個指頭咬著都疼】

比喻骨肉之情，無論哪一個受到傷害，都會感到心疼。例你們兄弟姐妹，哪一個不是娘的心頭肉？十個指頭咬著都疼，我怎麼會偏心眼兒呢？

【十個指頭捉跳蚤——一無所獲】

見「聾子聽戲，瞎子觀燈——一無所獲」。

【十根指頭連在一起——笨得不能再笨了】

比喻很不靈巧。例他是一個書呆子，幹家務就像十根指頭連在一起——笨得不能再笨了。

【十寒一暴】

凍十天，曬一天。比喻接觸時間少，間隔時間長。宋·葛洪《涉史隨筆》：「況人君與宦官宮妾相處之時多，與士大夫相接之時少，十寒一暴，其能自免於過耶？」後也指學習、做事沒有恆心，不能持久。也作「**一暴十寒**」。

【十行俱下】

一眼可同時看十行書。形容讀書敏捷。《北齊書·河南康舒王孝瑜傳》：「兼愛文學，讀書敏速，十行俱下。」也作「**十行一目**」。元·方回《癸巳元日年六十七》：「百歲三分新過二，十行一目舊無雙。」也作「**一目十行**」。

【十行一目】

見「十行俱下」。

【十斛量珠】

宋·樂史《綠珠傳》載：綠珠者，姓梁，白州人……綠珠生雙角山下，美而艷。越俗以珠爲上寶，生女名珠娘，生男名珠兒。綠珠之字，由此而稱。晉石崇爲交趾採訪使，以珍珠三斛致之。唐·喬知之《綠珠篇》：「石家金谷重新聲，明珠十斛買娉婷。」後以「十斛量珠」指用重金購買美女。清·丁兆寬《台城路》：「侯門枉說深於海，繁華此時何處？十斛量珠，千絲結網，選得閒房如許。」

【十家九空】

見「十室九空」。

【十駕難及】

駕車行走一天的路程爲一駕。用十倍於人的工夫也難於趕上別人。比喻力不勝任。宋·鄭剛中《十一月除權尙書禮部侍郎轉通直郎》：「雖有一意事君之願，而筋力向暮，實懷十駕難及之憂。」

【十里長亭】

供行人中途歇息的地方。多指作爲餞行的地點。元·王實甫《西廂記》四本三折：「今日送張生赴京，十里長亭，安排下筵席。」

【十里高山望平地——向遠處看】

比喻不要只看眼前，應從長遠考慮問題。例十里高山望平地——向遠處看，這是我們考慮問題的出發點。現在少消費點，多積累點，就是爲了將來生活得更好。也作「**十里高山望平地——看得遠**」。

【十里高山望平地——站得高，看得遠】

見「山鷹站在崖頂上——站得高，看得遠」。

【十里沒眞信】

形容傳言往往不可靠，傳來傳去就失眞了。例我看這個消息不可靠，俗話說：十里沒眞信，你先打個電話核實一下再做決定，不是更穩妥嗎？

【十里洋場】

十里：泛指面積很大；洋場：洋人居集的地方。舊時多指上海社會。朱自清《哪裏走》：「上海……所謂十里洋場，常爲人所艷稱。」

【十兩紋銀——一定（錠）】

紋銀：舊時稱成色最好的銀子；錠：錠子，舊時十兩或五十兩銀子爲一錠；定：「錠」的諧音。雙關語。比喻肯定無疑。例「明日你要按時赴會。」「放心吧，十兩紋銀——一定

（錠）。」也作「**五十兩銀子下爐——一定（錠）**」。

【**十裏挑一**】

形容從若干中挑選一個，表示人才、品德、相貌出衆難得。《紅樓夢》一二回：「像你這樣的人能有幾個呢，十個裏也挑不出一個來！」也作「**百裏挑一**」。

【**十面埋伏**】

四周佈置了重兵埋伏。元・無名氏《抱妝盒》二折：「從今後跳出了九重圍子連環寨，脫離了十面埋伏大會垓。」

【**十畝園裏一棵草——獨苗兒**】

比喻獨生子女，或對自己最喜愛的小孩的親暱稱呼。例現在提倡計畫生育，一般家庭多半是十畝園裏一棵草——獨苗兒。也作「**千頃地一棵谷——單根獨苗**」、「**十八畝地裏一棵谷——獨根苗**」、「**三畝地裏一棵苗——獨苗兒**」、「**搗蒜槌子——獨根兒**」、「**口外的蘑菇—獨根兒**」、「**廟堂裏的桅杆——獨一根**」。

【**十畝竹園一根筍——格外珍貴**】

見「戈壁灘上的泉水——格外珍貴」。

【**十目十手**】

十隻眼睛盯著，十隻手指著。形容監督的人很多。宋・陳亮《謝鄭侍郎啟》：「一死一生，足累久長之福：十目十手，具知來歷之非。」也作「**十目所指**」。宋・陳亮《謝胡參政啟》：「苟有一跡之可疑，豈逃十目之所指！」也作「**十目所視**」。《太平廣記》卷二七四《歐陽詹》：「生曰『十目所視，不可不畏。』」也作「**十手所指**」。宋・趙善括《謝大監啟》：「不舍貸以容奸，必衆口之共憎，爲十手之所指。」

【**十目所視**】

見「十目十手」。

【**十目所指**】

見「十目十手」。

【**十拿九穩**】

形容辦事有把握。《官場現形記》二四回：「自來辦大工的人都守著這一個訣竅，所以這回賈大少爺的保舉竟其十拿九穩。」也作「**十拿十穩**」。《何典》一：「既是天尊顯聖，將來生子是十拿十穩的了。」也作「**十成九穩**」。元・李潛夫《灰闌記》二折：「我則道嫁良人十成九穩，今日個越不見末尾三梢。」

【**十拿十穩**】

見「十拿九穩」。

【**十年窗下**】

見「十載寒窗」。

【**十年窗下無人問，一舉成名天下知**】

長期刻苦讀書，默默無聞；一旦考試中舉，天下人就都會知道。金・劉祁《歸潛志》卷七：「古人謂十年窗下無人問，一舉成名天下知。今日一舉成名天下知，十年窗下無人問也。」

【**十年寒窗中狀元——先苦後甜**】

十年寒窗：科舉時代，知識分子爲考取功名，終年埋頭窗下讀書，泛指閉門苦讀時間很長；狀元：科舉時代的一種稱號，唐代稱進士科舉及第的第一人，元代以後限於稱殿試一甲（第一等）第一名。見「口吃青果——先苦後甜」。

【**十年九不遇**】

形容平時很難見面，好不容易才聚到一起。例自從畢業以後，大家各奔東西。今天是十年九不遇，好不容易碰到了一起，大家要開懷暢飲，喝它個一醉方休。

【**十年九潦**】

潦：同「澇」。形容連年遭受水災。《莊子・秋水》：「禹之時，十年九潦而水弗爲加益；湯之時，八年七旱而崖不爲加損。」

【**十年磨一劍**】

花費十年功夫，磨好一口劍。比喻多年專心致志，潛心於某一方面的研究。唐・賈島《劍客》詩：「十年磨一劍，霜刃未曾試。今日把示君，誰有不平事。」

【**十年難逢閏臘月**】

在農曆中，閏臘月的時候很少。比喻機遇難得。例這麼好的機會，你哪兒找去？十年難逢閏臘月，你若不抓住時機，將來後悔也來不及了。

【**十年生聚，十年教訓**】

指長期鼓勵生育人口，積聚力量並進行教育訓練，準備復仇。《左傳・哀公元年》：「越十年生聚，而十年教訓，二十年之外，吳其爲沼乎。」

【**十年樹木，百年樹人**】

樹：培育，種植樹木十年方可成材，培養人材需要百年時間。形容人材培養非經長期而艱難的努力不可。例教育是强國富民的百年大計，必須抓緊抓好。十年樹木，百年樹人，教育工作者所肩負的責任艱巨而光榮。

【**十鳥在樹，不如一鳥在手**】

十隻鳥落在樹上，不如一隻鳥被抓到。比喻可能到手的東西再多，也比不上已經到手的一件東西。例你不要一天到晚總是想入非非的，還是做點兒實事兒吧！十鳥在樹，不如一鳥在手，有這胡思亂想的功夫，十年工作也做完了。

【**十親九故**】

故：老朋友。指親友多。元・尚仲賢《柳毅傳書》一折：「受千辛萬苦，想十親九故。」也作「**九故十親**」。

【**十全十美**】

形容完美無缺。例他是個擇善固執的人，樣樣要求十全十美，有點令人受不了。

【**十日之飲**】

指朋友相約作長時間的飲酒敍談。《儒林外史》一一回：「新年略有俗務，三四日後，自當敬造高齋，爲平原十日之飲。」

【**十色五光**】

形容色彩繽紛。《孽海花》一二回：

「好容易定睛一認，原來一輛朱輪繡幰的百寶宮車，端端正正的停在一座十色五光的玻璃宮台階之下。」也作「**五光十色**」。

【十生九死】

形容經歷了許多危險。唐・韓愈《八月十五贈張功曹》：「十生九死到官所，幽居默默如藏逃。」

【十十五五】

泛指多少不等地聚合在一起。宋・陳亮《復吳叔異》：「卒之身與事左，而後生蜂起，十十五五，如亂山之不可一。」

【十室九空】

十戶人家九戶空。形容因災荒、戰亂和暴斂使百姓破產、逃亡的慘狀。《宋史・蘇軾傳》：「掊斂民財，十室九空。」也作「**十室九虛**」。虛：空虛。明・李開先《憂旱旱》：「五年三遇歉，十室九常虛。」也作「**十家九空**」。宋・范成大《民病春疫》：「乖氣肆行傷好春，十家九空寒螿呻。」

【十室九虛】

見「十室九空」。

【十室之邑】

邑：小村鎮，古時三十家爲一邑。指很小的村鎮。漢・劉向《說苑・談叢》：「十步之澤，必有香草；十室之邑，必有忠士。」

【十室之邑，必有忠信】

邑：村鎮。即使是小村鎮也一定會有忠誠信實的人。謂忠誠信實的人處處都有。《論語・公冶長》：「子曰：『十室之邑，必有忠信如丘者焉，不如丘之好學也。』」也作「**十室之邑，必有忠士**」。漢・劉向《說苑・談叢》：「十步之澤，必有香草；十室之邑，必有忠士。」

【十手所指】

見「十目十手」。

【十鼠同穴】

十隻老鼠在同一個洞穴中。比喻壞人羣聚爭鬥。《三國志・魏書・鮑勛傳》：「勛無活分，而汝等敢縱之！收三官已下付刺奸，當令十鼠同穴。」也作「**十鼠爭穴**」。《梁書・元帝紀》：「侯景奔竄，十鼠爭穴，郭默淸夷，晋熙附義。」

【十鼠爭穴】

見「十鼠同穴」。

【十死九生】

見「十死一生」。

【十死一生】

形容經歷多次危險而倖存。《漢書・孝宣許皇後傳》：「婦人免乳大故，十死一生。」也作「**十死九生**」。《二刻拍案驚奇》卷二九：「小姐已是十死九生，只多得一口氣了。」

【十天九雨——少情（晴）】

情：「晴」的諧音。比喻缺乏情意。例這個人不會來參加今天的聯誼會，他是個十天九雨——少情（晴）的人」。也作「**一天下了三次雨——少情（晴）**。」

【十萬八千里】

比喻距離極遠。例這個人就會吹牛，不幹實事，他說的和做的相差十萬八千里。

【十萬火急】

形容情勢萬分緊急，刻不容緩。例正在探親的老張，忽然收到一封十萬火急的電報，讓他馬上歸隊。也作「**十萬火速**」。

【十萬火速】

見「十萬火急」。

【十圍五攻】

指兵力十倍於敵，可以圍城；五倍於敵，可以攻城。《孫子・謀攻》：「用兵之法，十則圍之，五則攻之。」《後漢書・袁紹傳》：「兵書之法，十圍五攻，敵則能戰。」

【十五把鍘刀鍘草——七上八下】

見「十五個吊桶打水——七上八下」。

【十五的月光——大量（亮）】

量：「亮」的諧音。農曆每月十五，月亮最圓最高。比喻氣量、酒量或飯量大。例幸虧湯大叔是十五的月光——大量（亮），換一個人是不會饒過他的。

【十五的月亮——圓圓滿滿的】

十五：指農曆每月十五日。比喻做事周到全面，無可挑剔，使人滿意。例我們的計畫，必須在調查研究的基礎上，訂得像十五的月亮——圓圓滿滿的。

【十五個吊桶打水——七上八下】

吊桶：桶梁上拴著繩子或竹竿的桶，用來從井裏打水。比喻心神不定，忐忑不安。例他接到家中發來的緊急電報，心頭像十五個吊桶打水——七上八下，不知發生了什麼事。也作「**十五個吊桶打水——七上八落**」、「**十五把鍘刀鍘草——七上八下**」。

【十五個聾子問路——七喊八叫】

形容亂喊亂嚷、混亂不堪的樣子。例窗外孩子們在幹什麼？就像十五個聾子問路——七喊八叫的，攪得人們無法休息和工作。

【十五個人當家——七嘴八舌】

形容你一句，我一句，議論紛紛。例這裏缺乏權威的領導者，遇事總是十五個人當家——七嘴八舌，形成不了統一的意見。也作「**十五個人聊天——七嘴八舌**」、「**一家十五口——七嘴八舌**」。

【十五個人爬樓梯——七高八低】

形容凹凸不平，高低不齊。例這個運動場是哪個隊修築的，簡直是十五個人爬樓梯——七高八低，怎麼使用？

【十五個人睡兩頭——七顛八倒】

形容紛亂而無條理。例工地上的建築材料，就像十五個人睡兩頭——七顛八倒，不能有秩序地進行生產作業，也作「**一堆亂樹枝——七枝八杈**」。

【十五個駝子睡一炕——七拱八翹】

見「雞爪子炒菜——七拱八翹」。

【十五塊布縫衣服——七拼八湊】

比喻把零碎的或散亂的東西勉強湊合起來。例客廳中的裝飾品就像十五塊布縫衣服——七拼八湊，一點藝術性都沒有。也作「十五塊板子做桌面——七拼八湊」。

【十五面銅鑼——七想（響）八想（響）】

想：「響」的諧音。比喻考慮來考慮去，拿不定主意；或想這想那，慾望很大。例她要求走出廚房，參加社會工作，而他卻像十五面銅鑼——七想（響）八想（響），猶豫不決，不能明確表明態度。也作「七面鑼八面鼓——七想（響）八想（響）」。

【十五條扁擔扔一地——橫七豎八】

形容縱橫雜亂，沒有條理。例這個城市的建設缺乏規劃，街道就像十五條扁擔扔一地——橫七豎八，很不美觀。

【十五隻老鼠打架——七抓八扯】

形容忙亂繁雜。例他缺乏領導藝術，事必躬親，工作就像十五隻老鼠打架——七抓八扯，職工說他是辛辛苦苦的官僚主義者。

【十旬四職】

旬：十天。十旬高升四次。形容仕途順利。《周書．唐瑾傳》：「曾未十旬，遂遷四職，搢紳以為榮。」

【十羊九牧】

十隻羊，九個人放牧。舊時以羊喻民，以牧人為官。比喻官多民少。《隋書．楊尚希傳》：「尚希時見天下州郡過多，上表曰：『所謂民少官多，十羊九牧，琴有更張之義，瑟無膠柱之理，今存要去閒，並小為大，國家則不虧粟帛。』」也比喻使令不一，無所適從。唐．劉知幾《史通．悟時》：「十羊九牧，其令難行。」

【十謁朱門九不開】

謁：拜見；朱門：古代王侯的住宅大門漆成紅色以示尊貴，故以「朱門」為貴族宅第的代稱。指向權勢者求助，往往遭冷遇。元．馬致遠《薦福碑》三折：「又不會巧言令色，況兼今日十謁朱門九不開。」

【十一個手指——節外生枝】

也作「十一個手指——節上生枝」。見「手長六指頭——橫生枝節」。

【十一路】

阿拉伯數字「11」像人的兩腿，比喻步行。例你們坐車走吧！我喜歡乘十一路，不麻煩你們了。

【十有八九】

十分之八九。比喻差不多，有八九分把握。例他一到辦公室看見文件檔案擺放得整整齊齊，地上打掃得乾乾淨淨，就想這事十有八九是小王做的。

【十語九中，不如一默】

說十句話，九句正確，也有一句不對，還不如一句不說為好。謂不說話可以免是非。例偏你嘴快！難道怕別人把你當啞巴不成！常言道：「十語九中，不如一默。」就是眞變成個啞巴，也比到處惹是生非強。

【十月的芥菜——齊心】

形容想法一致。例我們班在全年級競賽中獲得了冠軍，主要原因只有一個，那就是十月的芥菜——齊心。

【十月間的草地蔥——葉黃根枯心不死】

見「吊在房檐上的大蔥——葉黃皮乾心不死」。

【十月間的桑葉——沒人睬（采）】

十月間的桑葉：農曆十月的桑葉已經枯黃，而且過了養蠶季節，沒有人採摘；睬：「採」的諧音。雙關語。比喻不受歡迎，沒人理睬。例那個目空一切的傢伙，在羣眾中成了十月間的桑葉——沒人睬（採）。也作「十月的桑葉——誰睬（採）」。

【十載寒窗】

載：年；寒窗：指勤苦讀書的處所。形容讀書人長時間刻苦攻讀的生活。元．無名氏《醉寫赤壁賦》一折：「想伊每十載寒窗，平生指望，登春榜。」也作「十年窗下」。金．劉祁《歸潛志》卷七：「古人謂十年窗下無人問，一舉成名天下知。」

【十戰十勝】

形容每戰必勝。《管子．七法》：「以能擊不能，以教卒練士擊驅衆白徒，故十戰十勝，百戰百勝。」

【十指不沾泥，鱗鱗居大廈】

鱗鱗：房屋上蓋的層層瓦片。十指一點泥都不沾，卻住著高樓大廈。用以諷刺剝削階級不勞而獲，坐享其成。宋．梅堯臣《陶者》詩：「陶盡門前土，屋上無片瓦。十指不沾泥，鱗鱗居大廈。」

【十指連心】

十個手指與心相連。形容手指感覺靈敏，一有傷破就疼痛如同刺心。《鏡花緣》三八回：「最教俺難熬的，好好兩隻大腳，纏的骨斷筋折，只剩枯骨包著薄皮，日夜行走，十指連心，疼的要命。」

【十指頭生瘡——毒手】

比喻毒辣的手段。例男女老少都動員起來，狠狠打擊鬼子漢奸，不讓他們那十指頭生瘡的毒手，再加害於我們。

【十指纖纖】

十指：指手；纖纖：細巧，柔美。形容女子的手細巧而柔美。唐．張祜《題宋州田大夫家樂丘家箏》：「十指纖纖玉筍紅，雁行輕遏翠弦中。」

【十捉九著】

比喻特別有把握。《水滸傳》二四回：「老身這條計，是個上著……端的強如孫武子教女兵，十捉九著。」

【十字街頭】

縱橫交叉的熱鬧街道。也借指現實社會、現實生活。元．無名氏《村樂堂》二折：「則這金釵兒是二人口內的招伏狀，更壓著那十字街頭犯由榜，這公事不虛誑。」魯迅《兩地書》七八：「其實世界上你所深惡的和期望的，走到十字街頭，還不是一樣麼？」也作「十字路口」。魯迅《北京通訊》：「站在歧路上是幾乎難於舉足，站在十字路口，是可走的道路很多。」也作「十字路頭」。例這家店面位在市區最繁榮的十字路頭上，想必一定吸引不少來往路人駐足購物。

【十字路口】
見「十字街頭」。

【十字路口貼告示——衆所周知】
告示：舊時官府的佈告。比喻大家全都知道。含有不講自明的意思。例這件事是十字路口貼告示——衆所周知的，還保什麼密，讓大家好好討論討論吧！

【十字路頭】
見「十字街頭」。

【什伍東西】
什：通「十」；伍：通「五」。十個在東，五個在西。原指南斗六星、牽牛六星、箕四星分佈各方。後多形容事物錯綜雜亂。唐・韓愈《三星行》詩：「名聲相乘除，得少失有餘。三星各在天，什伍東西陳。」

【什襲而藏】
見「什襲珍藏」。

【什襲珍藏】
什：同「十」，表示很多；襲：層。把珍貴的物品層層包起來。形容細心保護有價值的物品。宋・張守《跋唐千字帖》：「此書無一字刓缺，當與夏璜趙璧，十襲珍藏。」也作「什襲而藏」。《聊齋志異・雷曹》：「歸探袖中，摘星仍在。出置案上……映照四壁。益寶之，什襲而藏。」

【什一之利】
什一：即十分之一。十分之一的利潤。泛指商人獲得的利潤。《東周列國志》九〇回：「季子不治耕獲，力工商，求什一之利，乃思以口舌博富貴，並見成之業，圖未獲之利，他日生計無聊，豈不悔乎？」

【石板上插楊柳——生不出根】
把楊柳插在石板上，是不能生出根來的。比喻說話、辦事缺乏根據。例你想寃枉一個好人不是那麼容易的，石板上插楊柳——生不出根。

【石板上的泥鰍——該溜】
比喻應該悄悄地走開了。例吃飯的時間早到了，囉囉嗦嗦講個沒完，對不起，石板上的泥鰍——該溜啦。

【石板上的泥鰍——鑽不進】
也作「石板上的泥鰍——鑽不動」。見「麻繩穿針——鑽不進」。

【石板上釘釘——硬碰硬】
也作「石頭上釘釘子——硬碰硬」。見「鋼釺打石頭——硬碰硬」。

【石板上砍魚——難下刀】
石板上砍魚，容易把刀口碰壞。比喻問題棘手，不好下手或難下決心。例他再三思考，要不要碰這顆硬釘子，眞是石板上砍魚——難下刀。也作「石板上斬魚——難下刀」、「石板剖魚——難下刀」。

【石板上耍瓷壇——硬功夫】
見「青石板上雕花——硬功夫」。

【石板上甩烏龜——硬碰硬】
也作「石頭上摔烏龜——硬碰硬」、「石階上烏龜翻身——硬碰硬」。見「鋼釺打石頭——硬碰硬」。

【石板上栽花——根難落】
見「牆上栽葱——扎不下根」。

【石板上種瓜——有心難發芽】
見「斷根的香椿——難發芽」。

【石板下的筍子——受壓】
比喻才能受到壓制，無法施展。例老王是一個有才華的人，也是一個石板下的筍子——受壓的人，大家都很喜歡他、同情他。

【石盤下的竹筍——無出頭之日】
也作「石盤下的竹筍——難出頭」。見「井底下栽花——無出頭之日」。

【石碑上釘釘——硬對硬】
見「鋼釺打石頭——硬碰硬」。

【石沉大海】
像石頭掉進大海裏一樣。比喻杳無音信，不見反響。《孽海花》二五回：「不想這個電報發出去後，好像石沉大海，消息杳然。」也作「石投大海」。《封神演義》八〇回：「呂岳聞楊戩之言，如石投大海，半晌無言。」也作「石沉海底」。《古今小說》二〇回：「差人打聽孺人消息，並無蹤跡，端的：好似石沉東海底，猶如線斷紙風箏。」

【石沉大海——無回音】
比喻事情無著落，或得不到明確的回答。例我連續給他發了數封信，至今還是石沉大海——無回音。也作「雞毛掉井裏——無回信」、「秤砣落在棉絮上——沒有回音」。

【石沉大海——一落千丈】
形容地位、景況急遽下降。例她經過那次打擊之後，工作情緒就像石沉大海——一落千丈。也作「飛機上跳傘——一落千丈」、「雷雨天下冰雹——一落千丈」。

【石沉海底】
見「石沉大海」。

【石城湯池】
池：護城河。石築的城牆和護城河。形容防禦十分堅固。《三國志・魏書・辛毗傳》：「兵法稱，有石城湯池帶甲百萬而無粟者，不能守也。」

【石舂裏放雞蛋——穩穩當當】
石舂：石臼，舂米的器具。見「老牛拉車——穩穩當當」。

【石錘搗蒜臼——硬對硬】
蒜臼：搗蒜用的石臼。見「鋼釺打石頭——硬碰硬」。

【石打的鎖——沒眼】
比喻人笨，沒有心計或不開竅。例大家沒少開導他，可他就是石打的鎖——沒眼，有啥辦法！也作「石頭娃子——沒心眼」。

【石地堂，鐵掃把——硬打硬】
見「鋼釺打石頭——硬碰硬」。

【石雕的眼睛——有眼無珠】
見「廟裏的佛爺——有眼無珠」。

【石縫裏的米——生成雞啄的】

比喻天生這樣，本該如此。例石縫裏的米——生成雞啄的，很難改變這種局面。

【石斧開山——實(石)打實(石)】

見「搬起石磙砸碾盤——實（石）打實（石）」。

【石敢當搬家——挖牆腳】

石敢當：舊時人家的正門一側，正對橋梁、巷口的牆腳處常立一塊小石碑，上刻「石敢當」三字，以爲可以鎮壓不祥。比喻拆台。例工作要互相支持、幫助，不允許石敢當搬家——挖牆腳。

【石敢當砌街——正（鎮）路】

正：「鎮」的諧音。比喻路子走得對，幹的是正經事。例你改邪歸正，參加了街道的服務社，爲市民生活服務，這是石敢當砌街——正(鎮)路。

【石磙點燈——照常（場）】

石磙（ㄍㄨㄣˇ）：圓柱形石製農具，用來軋穀物，平場地，多放在翻曬、打整莊稼的場上備用。雙關語。比喻跟平常一樣。例「今年三八節婦女是否放假半天？」「石磙點燈——照常（場）。」

【石磙砸碾盤——實（石）打實（石）】

也作「石磙子砸了碾盤石——實（石）打實（石）」。見「搬起石磙砸碾盤——實（石）打實（石）」。

【石灰拌白糖——兩不分明】

比喻雙方的認識和觀點都不明朗。例這件民事糾紛目前還難調解，爭執的焦點不清楚，雙方的意見也是石灰拌白糖——兩不分明。

【石灰布袋，到處留跡】

裝石灰的布袋，到了哪裏，就會把石灰抖落到哪裏，留下痕跡。比喻人的行跡顯露。例你幹完活，順手把手邊的東西整理一下，不要石灰布袋，到處留跡，把用過的東西都放回原處。

【石灰攙墨——混淆黑白】

比喻是非不分，黑白顛倒。例石灰攙墨——混淆黑白，是他一貫的手法，這次又企圖以此來擾亂我們的視線，達到蒙混過關的目的。也作「石灰攙黑——黑白不分」、「湯圓掉煤堆——混淆黑白」、「豬血煮豆腐——混淆黑白」。

【石灰廠開張——白手起家】

比喻在一無所有或條件很差的情況下，靠自己的雙手創立新業。例我們一無資金，二無廠房，石灰廠開張——白手起家，開創了這家年利潤達百萬的工廠。

【石灰點眼——自找難看】

石灰點進眼中能將眼睛瞇瞎，破相，故說「自找難看」。見「麻婆照鏡子——自尋難看」。

【石灰墊路——白跑】

見「腳踩石灰路——白跑」。

【石灰籮筐——到一處白一處】

白：象徵叛亂、落後。比喻壞人或落後的人到哪裏，哪裏就遭殃，就受到不良影響。例這傢伙到處流竄，好比石灰籮筐——到一處白一處，人們深受其害。

【石灰籮筐——放到哪裏哪裏有印】

比喻工作踏實，富有成效，到哪裏都能做出成績來。有時也比喻做事總會留下痕跡，隱瞞不住。例這件事就讓老謝去做吧，他是石灰籮筐——放到哪裏哪裏有印，完全可以放心。

【石灰泥牆——表面光】

見「驢糞蛋——外面光」。

【石灰捏的貓——白受（獸）】

受：「獸」的諧音。比喻徒然地或平白無故地受苦、受累、受氣或挨罵等。例在舊社會，有錢有勢的人任意侮辱、殘害人，窮苦人就像石灰捏的貓——白受（獸），有冤無處伸。

【石灰水刷標語——盡是白字】

雙關語。比喻文化水平低，盡寫錯別字。例這傢子店小二寫的，石灰水刷標語——盡是白字。

【石灰遭雨淋——四分五裂】

形容分崩離析。例這個領導班子就像石灰遭雨淋——四分五裂，不改組怎能做好工作。

【石火電光】

石火：擊石時迸發出的火花；電光：雷電的閃光。形容一閃即逝，極短暫的事物。宋・朱熹《答張欽夫》：「高明之意，大抵在於施爲、運用處求之，正禪家所謂石火電光底消息也，而於優游涵泳之功，似未留意。」也作「電光石火」。

【石雞上南山——各顧各（咯咕咯）】

石雞：一種鳥，生活在岩石中，羽毛青灰色，有花紋，與石頭顏色相仿。見「母雞帶崽——各顧各（咯咕咯）」。

【石雞下蛋——各顧各(咯咕咯)】

石雞：一種鳥，生活在岩石中，羽毛青灰色，有花紋，與石頭顏色相仿；咯咕咯：象聲詞，形容石雞下蛋的叫聲。見「母雞帶崽——各顧各（咯咕咯）」。

【石匠打鐵——眞不會看火色】

見「磨刀師傅打鐵——看不出火候來」。

【石匠的鋼釺——盡挨錘】

見「生鐵進了鐵匠鋪——盡挨錘」。

【石匠的鑿子——專揀硬的克】

比喻迎著困難上，勇於挑重擔。例這個小伙子有一股牛勁，就像石匠的鑿子——專揀硬的克，把最艱巨的任務交給他吧！也作「合金剛鑽頭——專揀硬的克」。

【石匠賣豆腐——軟硬兼施】

比喻軟的和硬的手段全用上。多用作貶義。例小魯既不吃軟，又不吃硬，你別對他石匠賣豆腐——軟硬兼施。也作「甩了皮鞭拿棒槌——軟硬兼施」。

【石臼裏舂夜叉——搗鬼】

石臼：舂米的器具，中部凹下；舂：

把東西放在石臼等裏面搗去皮殼或搗碎；夜叉：迷信傳說中地獄裏一種捉鬼、叉鬼的惡鬼。比喻搗亂、破壞、搞陰謀詭計。例提高警惕，防止敵人石臼裏舂夜叉——搗鬼。也作「石臼裏裝閻羅——搗鬼」。

【石臼裏的泥鰍——只有挨捉的份】
比喻無法逃脫，只好束手就擒。例你們已成了石臼裏的泥鰍——只有挨捉的份，別妄想溜走啦，趕快繳槍投降吧！

【石臼做帽子——頂當不起】
見「高粱桿當柱子——頂當不起」。

【石枯松老】
石頭風化，松樹枯朽。形容時間久遠。金·丘處機《水龍吟·道運》詞：「海移山變，石枯松老。」

【石爛海枯】
岩石風化成土，大海枯乾。形容經歷時間久遠。表示意志堅定，永遠不改變。梁啟超《上鄂相張制軍書》：「石爛海枯，精衛之冤誠難改。」也作「石爛江枯」。《明史·王驥傳》：「[驥]誓金沙江上，曰：『石爛江枯，爾乃得渡。』」也作「海枯石爛」。

【石爛江枯】
見「石爛海枯」。

【石榔頭打石樁——實（石）打實（石）】
見「搬起石磙砸碾盤——實（石）打實（石）」。

【石榴花開——紅到底】
石榴：落葉灌木或小喬木，葉子長圓形，花紅色、白色或黃色。比喻人表現好，始終保持先進；或受到重視和尊敬。含有保持晚節的意思。例章老先生教書育人，盡心盡責，幾十年如一日，眞是石榴花開——紅到底。

【石榴腦袋——點子多】
見「八月的石榴——滿腦袋的紅點子」。

【石磨壓着手——沒有辦法】
見「狐狸遇上地老鼠——沒辦法」。

【石破天驚】
原形容箜篌的樂音高亢激越，震動了整個天界。唐·李賀《李憑箜篌引》：「女媧煉石補天處，石破天驚逗秋雨。」後多比喻詩文立意奇特驚人。《孽海花》一一回：「尚秋聽罷咋舌道：『眞是石破天驚的怪論！』」

【石上三生】
原作「三生石上」。據《太平廣記·圓觀》載：唐朝李源與僧圓觀是好友，圓觀臨死時與李源約定十二年後在杭州天竺寺重見。李源到期赴約，在天竺寺前遇一牧童，正是圓觀的托身。圓觀吟《竹枝》歌道：「三生石上舊精魂，賞月吟風不要論。慚愧情人遠相訪，此身雖異性長存。」後以「石上三生」借指前世姻緣，來世重新締結。清·查愼行《中山尼》：「幾夜新婚成永訣，旋收戰骨葬江邊；早年淪落多闕命，石上三生證眼前。」

【石獅子得病——不可救藥】
病沉重得沒法醫治。比喻人壞到無法挽救的地步。例這個犯罪分子拒絕了重新做人的最後一次機會，看來石獅子得病——不可救藥了。也作「石頭蛋生病——不可救藥」。

【石獅子的鼻子——實實的不開竅】
見「上鏽的鐵鎖——不開竅」。

【石獅子灌米湯——滴水不進】
比喻固執己見，聽不進勸告。例幾個人對他進行開導和勸告，但是，石獅子灌米湯——滴水不進，看來，和解是沒希望了。也作「實棒槌灌米湯——寸水不進」。

【石室金匱】
指國家收藏重要文獻的地方。《史記·太史公自序》：「遷爲太史令，紬史記石室金匱之書。」也作「金匱石室」。

【石鑠金流】
形容天氣酷熱。宋·樓鑰《資政殿大學士致仕贈特進婁公神道碑》：「六月出師，石鑠金流。」也作「流金鑠石」。

【石投大海】
見「石沉大海」。

【石頭打的鎖——沒眼兒】
比喻思想頑固，不開通。例他是一把石頭打的鎖——沒眼兒，思想工作做不通。

【石頭蛋子醃鹹菜——一言（鹽）難盡（進）】
言：「鹽」的諧音；盡：「進」的諧音。見「兩口子打官司——一言難盡」。

【石頭縫裏長青藤——根子硬】
見「燈心草生在石板上——根子硬」。

【石頭縫裏長青藤——兩頭受擠】
也作「石頭縫裏長青藤——兩頭受夾」。見「骨縫裏的肉——兩頭受擠」。

【石頭縫裏長竹筍——憋出來的】
比喻被迫而爲的。例在朋友的督促下，這幾年寫了幾本不像樣的書，的確是石頭縫裏長竹筍——憋出來的。

【石頭落水潭——不懂（撲通）】
不懂：「撲通」的諧音。見「蛤蟆跳井——不懂（撲通）」。

【石頭落在碓窩裏——實（石）打實（石）】
碓窩：碓臼，舂米的器具，用石頭做成，中部凹下。見「搬起石磙砸碾盤——實（石）打實（石）」。

【石頭腦瓜子——不開竅】
也作「石礅子腦袋—不開竅」。見「上鏽的鐵鎖——不開竅」。

【石頭人開口——說實（石）話】
實：「石」的諧音。比喻不說謊話或違心的話。例石頭人開口——說實（石）話吧，把底交出來，別再糊弄我們了。

【石頭人——死心眼兒】
比喻思想固執，想不開。例東方不亮

西方亮，爲什麼一定要求他，眞是石頭人——死心眼兒。

【石頭上安橛子——光鑽不進】

橛子：短木樁。比喻空費力氣，沒有效果。例你成天都在讀書學習，可考試還是不及格，眞是石頭上安橛子——光鑽不進。

【石頭上安橛子——鑽不進】

橛子：短木樁。見「麻繩穿針——鑽不進」。

【石頭上種蔥——白費功夫】

也作「**石頭上種蔥——白費勁**」。見「擔沙塡海——白費勁」。

【石頭娃子——沒心眼】

娃子：〈方〉孩子。見「石打的鎖一沒眼」。

【石心木腸】

心如石，腸如木。因石、木都是硬物，形容意思堅定，毫不動搖。宋·蘇軾《謝失察妖賊表》：「布衣蔬食，或未死於飢寒；石心木腸，誓不忘於忠義。」

【石子投進水裏——沒有回響】

見「房頂落雪——無聲無息」。

【石子下菜鍋——不進油鹽】

也作「**石子下菜鍋———油鹽不進**」。見「隔年的黃豆——不進油鹽」。

【石走砂飛】

石頭翻滾，砂子飛揚。形容狂風大作。唐·獨孤及《招北客文》：「須臾，黑風暴起，拔樹震山，石走砂飛，波騰浪翻。」也作「**飛砂走石**」。

【時變之應】

指應時而變。《呂氏春秋·簡選》：「故凡兵勢險阻，欲其便也；兵甲器械，欲其利也；選練角材，欲其精也；統率士民，欲其教也。此四者，義兵之助也。時變之應也，不可爲而不足專恃。此勝之一策也。」

【時不久留】

時機不等人。意指抓緊時機。《呂氏春秋·首時》：「天下再興，時不久留。」

【時不可失】

指時機難得，不可錯過。《東周列國志》四九回：「此天遣我以報復之機，時不可失。」

【時不我待】

不我待：即「不待我」。時間不會等待人。指時間可貴，一去不返，必須抓緊努力。例在大學讀書的時間只有幾年，時不我待，一定要爭分奪秒地刻苦鑽研。

【時不我與】

與：給與。指時間過去，永遠不再回來。三國魏·嵇康《幽憤》詩：「實恥訟冤，時不我與！」也作「**勢不我與**」。勢：時機。明·海瑞《梁端懿先生墓志銘》：「嗟，嗟！時不我爲，勢不我與，端懿先生所以抱病休歸，退隱禺山，明道見志也。」也作「**歲不我與**」。

【時不再來】

時機錯過，就不會再得到。指抓住時機果斷行事。《國語·越語下》：「臣聞之，得時無怠，時不再來；天予不取，反爲之災。」也作「**時無再來**」。宋·邵雍《不再吟》：「春無再至，花無再開；人無再少，時無再來。」也作「**時不再至**」。《史記·魯仲連鄒陽列傳》：「今死生榮辱，貴賤尊卑，此時不再至，願公詳計而無與俗同。」

【時不再至】

見「時不再來」。

【時絀卹盈】

見「時絀舉贏」。

【時絀舉贏】

絀：不足；贏：多餘。在衰敝困難之時辦鋪張奢侈的事。《史記·韓世家》：「往年秦拔宜陽，今年旱，昭侯不以此時恤民之急，而顧益奢，此謂時絀舉贏。」也作「**時絀舉盈**」。盈：滿，有餘。清·呂留良《與董方白書》：「度所費不下數千金，時絀舉盈，極爲民害。」也作「**勢絀舉贏**」。勢：情勢。清·方東樹《大意尊聞·敎家》：「若不能經理，量入爲出，勢絀舉贏，生計困乏，救死不贍，奚暇進德修業？」

【時乖命蹇】

時：時機；蹇：不順利。指時機和命運不濟，處處不順利。元·無名氏《雲窗夢》一折：「贏得腹中愁，不趁心頭願，大剛來時乖命蹇。」也作「**時乖運蹇**」。元·白仁甫《牆頭馬上》二折：「早是抱閒怨，時乖運蹇。」也作「**時乖運拙**」。元·無名氏《娶小喬》頭折：「爭奈我時乖運拙難前進，幾時能夠朝帝闕受君恩。」也作「**時乖運乖**」。明·范受益《尋親記·告借》：「念奴家時乖運乖，告求人出於無奈。」也作「**時乖運滯**」、「**時乖運舛**」。《鏡花緣》五六回：「不意時乖運舛，登時也就遇害。」

【時乖運舛】

見「時乖命蹇」。

【時乖運乖】

見「時乖命蹇」。

【時乖運蹇】

見「時乖命蹇」。

【時乖運滯】

見「時乖命蹇」。

【時乖運拙】

見「時乖命蹇」。

【時光似箭，日月如梭】

梭：織布用具，牽引緯線快速往來運動。形容時間過得飛快。《四遊記·北遊記》四回：「不覺時光似箭，日月如梭，玉帝化身在哥闍國爲王，享太平天下有十年矣。」

【時過境遷】

遷：變動。隨著時間的推移，情況發生了變化。《民國通俗演義》一〇六回：「凡我國民，應盡吾雪恥之天職，並望勿爲五分鐘之熱度，時過境遷，又復忘懷，則吾國眞不救矣。」

【時和年豐】

時：指社會現狀；和：和諧。社會安定，五穀豐登。指太平盛世。《詩經・大小雅譜》疏：「萬物盛多，人民忠孝，則致時和年豐，故次《華黍》，歲豐宜黍稷也。」也作「**時和歲豐**」。宋・蘇軾《論賞罰及修河事》：「太宗皇帝每見時和歲豐，雨雪應時，輒喜不自勝，舉酒以屬羣臣。」也作「**時和歲稔**」。明・無名氏《精忠記・賞春》：「欣遇國祚雍熙，時和歲稔，居安豈可忘危！」

【時和歲豐】

見「時和年豐」。

【時和歲稔】

見「時和年豐」。

【時艱蒿目】

蒿目：盡目力遠望。指對艱危的時局憂慮不安。清・陳康祺《郎潛紀聞・總理衙門》：「瀛懈長城，未知誰屬。時艱蒿目，退暮自傷，中夜占星，淚如鉛墮。」也作「**蒿目時艱**」。

【時來命通】

見「時來運集」。

【時來鐵也生光，運退黃金無色】

走時運的時候，連頑鐵也有光彩；背運的時候，則黃金也黯然無光。形容時運好壞主宰人生浮沉。例當年我走運的時候，趕著巴結的人不知道有多少。如今見我失勢了，一個個遇到我就像路人一般。眞是時來鐵也生光，運退黃金無色啊。也作「**時來頑鐵皆光彩，運去良金不發明**」。

【時來運集】

集：到。指時機一來，好的運氣也到了。泛指由逆境轉爲順境。《晉書・慕容暐載記》：「今秦土四分，可謂弱矣。時來運集，天贊我也。」也作「**時至運來**」。南朝宋・顏延之《大筮箴》：「時至運來，當在三五。」也作「**時來命通**」。命通：走好運。唐・羅隱《王濬墓》：「男兒未必盡英雄，但到時來即命通；若使吳都猶王氣，將軍何處立殊功？」也作「**時來運轉**」。《隋唐演義》八三回：「然後漸漸時來運轉，建立功業，加官進爵。」也作「**時來運旋**」。明・王玉峯《焚香記・相決》：「問何年是你的時來運旋？」也作「**時來運來**」。《市聲》一七回：「阿大利時來運來，首先挑著糞擔，到租界出糞。」

【時來運來】

見「時來運集」。

【時來運旋】

見「時來運集」。

【時來運轉】

見「時來運集」。

【時遷偷雞——禍從口出】

《水滸傳》載：楊雄、石秀、時遷三人同奔梁山，途中在祝家莊酒店住宿。時遷偷店家公雞與弟兄下酒，被店主捉拿，並擬當作梁山反賊押送官府。比喻言語不愼而惹事招禍。例說話要謹愼，時遷偷雞——禍從口出，是人人都應吸取的教訓。

【時窮節乃見，一一垂丹青】

時窮：國勢危難；見：通「現」；垂：留傳；丹青：繪畫。古人常把傑出人物當作繪畫題材，傳給後世。丹青此有史册之意。在國勢危難之際，忠貞之士的節操就會表現出來，他們都將名留青史。用以讚頌臨危不屈的忠貞之士的崇高品德。宋・文天祥《正氣歌》：「皇路當淸夷，含和吐明庭。時窮節乃見，一一垂丹青。」

【時人不識凌雲木，直待凌雲始道高】

時人：時俗的人。時俗的人，看不出松樹苗可以長高成材，等到長成了參天的大樹，才稱讚它的高大。比喻卓有才幹的人，往往開始不爲人所識，等到做出了驚人的成績，人們才刮目相看。唐・杜荀鶴《小松》詩：「自小刺頭深草裏，而今漸覺出蓬蒿。時人不識凌雲木，直待凌雲始道高。」

【時日曷喪】

《尚書・湯誓》：「有衆率怠，弗協，曰：『時日曷喪，予及汝皆亡！』」注：「衆下相率爲怠惰，不與上和合，比桀於日，曰：『是日何時喪，我與汝俱亡！』欲殺身以喪桀。」後以「時日曷喪」表示誓不與其共存。形容痛恨到了極點。明・張岱《石匱書後集・流寇死戰諸臣列傳・總論》：「城市村落，搜括無遺。遂使江東父老有時日曷喪之悲。武官愛錢之禍，一至於此！」

【時勢造英雄】

時勢：指某一時期的客觀形勢。時勢造就了英雄人物。謂社會發展中的某些關鍵時刻，爲英雄人物創造了顯露才華的機會，因而造就了英雄人物。例他會一炮而紅，也不過是時勢造英雄罷了！

【時殊風異】

見「時移俗易」。

【時殊勢異】

見「時移事改」。

【時談物議】

時：時人。指人們的議論。唐・劉子玄《論史上蕭至忠書》：「凡此不可，其流實多，一言以蔽：三隅自反。而時談物議焉得笑僕編次無聞者哉？」

【時望所歸】

歸：向往。指被世人所敬仰。形容威望甚高。《晉書・阮籍傳》：「卿時望所歸，今欲屈卿同受顧托。」

【時危見臣節，世亂識忠良】

在時局危難時才能顯出臣下的氣節，在社會動亂時才能識別眞正的忠臣良將。謂關鍵時刻才能看出人的眞正氣節和操守。南朝宋・鮑照《代出自薊北門行》：「時危見臣節，世亂識忠良。投軀報明主，身死爲國殤。」

【時無再來】

見「時不再來」。

【時無赭，澆黃土】

赭：赭石，一種棕黃色的顏料。沒有赭石，就用黃土來替代。比喻沒有適當的人或物，姑且用別的人或物來頂替。例老張被上級部門調走了，一時還眞難找出一個趕得上他的人來。只好「時無赭，澆黃土」，讓小李先做著，咱們再趕緊再招聘。

【時羞之奠】

羞：同「饈」，精細味美的食品。用應時的食品祭祀鬼神，指虔誠的祭奠。唐・韓愈《祭十二郎文》：「乃能銜哀致誠，使建中遠具時羞之奠，告汝十二郎之靈。」

【時移世變】

見「時移世改」。

【時移世改】

隨著時間的流逝，世道也在改變。即社會變了，時代不同了。晉・葛洪《抱朴子・鈞世》：「且夫古者事事醇素，今則莫不雕飾，時移世改，理自然也。」也作「**時移世異**」。唐・劉知幾《史通・六家》：「樸散淳銷，時移世異。」也作「**時移世變**」。唐・白居易《唐淮南節度使李公家廟碑銘序》：「朝當晏駕，時移世變，遂出掾高要，佐潯陽。」也作「**時移世易**」。《梁書・侯景傳》：「假使日往月來，時移世易，門無強蔭，家有幼孤，猶加璧不遺，分宅相濟，無忘先德，以恤後人。」也作「**時移世換**」。明・瞿佑《剪燈新話・滕穆醉遊聚景園記》：「湖山如故，風景不殊，但時移世換，令人有黍離之悲。」

【時移世換】

見「時移世改」。

【時移世異】

見「時移世改」。

【時移世易】

見「時移世改」。

【時移事改】

隨著時間的流逝，世事也隨之改變。《舊五代史・唐書・武皇紀下》：「君臣無常位，陵谷有變遷，或棰塞長河，泥封函谷，時移事改，理有萬殊。」也作「**時移事去**」。唐・陳鴻《長恨歌傳》：「時移事去，樂盡悲來。」也作「**時移事遷**」。元・施惠《幽閨記・招商諧偶》：「說甚麼宦室門楣，寒士尋常，望若雲霄；時移事遷，爲地覆天翻，君去民逃。」也作「**時異事殊**」。《金史・汝霖傳》：「然時異事殊，難同古昔。」也作「**時異勢殊**」。明・李贄《焚書・雜述・先行錄序》：「舉一人而言，在仲由則爲當行，而在冉求則爲不當行矣，蓋時異勢殊，則言者變矣。」也作「**時殊勢異**」。清・章學誠《文史通義・記與戴東原論修志》：「時殊勢異，舊志不能兼該，是以遠或百年，近或三數十年，須更修也。」

【時移事遷】

見「時移事改」。

【時移事去】

見「時移事改」。

【時移俗易】

指時代改變，社會風俗也隨之變易。漢・劉向《說苑・雜言》：「今夫世異則事變，事變則時移，時移則俗易。」也作「**時殊風異**」。《宋書・徐羨之傳》：「一國之事，本之一人，雖世代不同，時殊風異，至主運臣贊，古今一揆。」

【時移物換】

指隨著時間的推移，世間景物也改變了原樣。清・孔尚任《桃花扇・哭主》：「且說人生最難得的是亂離之後，骨肉重逢，總是地北天南，時移物換，經幾番凶荒戰鬥，怎免得梗泛萍漂。」

【時異事殊】

見「時移事改」。

【時異勢殊】

見「時移事改」。

【時隱時現】

隱：隱沒；現：出現。有時隱沒，有時出現。形容忽明忽暗或時有時無的景象。宋・邵伯溫《邵氏聞見後錄》卷二五：「其間林木蓊蔚，雲煙掩映，高樓曲榭，時隱時見（現），使畫工極思不可圖。」

【時有終始】

時節有結束有開始。指凡事都有始有終。《莊子・則陽》：「時有終始，世有變化。」

【時與願違】

見「事與願違」。

【時運不濟】

指運氣一時不好。《二刻拍案驚奇》卷一九：「寄兒蒙公公相托，一向看牛不差。近來時運不濟，前日失了兩頭牛，今蹇驢又生病，寄兒看管不來。」

【時運亨通】

指百事順利，運氣好。元・無名氏《娶小喬》二折：「要功成名就，可謁托於人，求其舉薦，待時運亨通，自有顯達之日也。」

【時者，難得而易失】

時機，難於得到卻容易失掉。《史記・淮陰侯傳》：「夫功者，難成而易敗；時者，難得而易失。」

【時至運來】

見「時來運集」。

【識才尊賢】

也唸ㄕˋ。結識並敬重人才。明・李贄《復麻城人書》：「以此見眞正高陽酒徒之能知人下士，識才尊賢又如此，故吾以爲眞正高陽酒徒可敬也。」

【識乘除】

見「識起倒」。

【識吊頭】

見「識起倒」。

【識短才長】

指人善於治學而不善於治身。元・王惲《題竹林七賢詩・嵇中散》：「識短才長蓄禍機，放懷獨惜養生嵇。」也作「**才長識寡**」。

【識多才廣】

指具有多方面的才能和知識。《東周列國志》五五回：「狐射姑奔在彼國，他是晉國勛臣，識多才廣，鄷舒還怕他三分，不敢放恣。」

【識空便】
見「識起倒」。
【識禮知書】
指熟讀詩書，通曉禮儀。《野叟曝言》五八回：「此乃罪臣家屬，籍沒入官，姓木名難兒，溫柔賢淑，識禮知書，兼通數學。」也作「知書識禮」、「知書達禮」。
【識破人情便是仙】
能洞察人心世情者便是神仙。例你雖然書本知識學了不少，但在人情世故上，還要向長輩學習。識破人情便是仙，過了這一關，你才會更加成熟起來。
【識起倒】
比喻知道進退，識時務。例這人太不識起倒，總是得罪人。也作「識吊頭」。例你要是能識吊頭，就快把他送走。也作「識空便」。例他倒是識空便。所以能得上司重用。也作「識乘除」。例虧你還識乘除，竟做出這種沒頭腦的事來。
【識竅知機】
竅、機：事情的關鍵。指說話、辦事懂得深淺輕重。《水滸後傳》八回：「樂和是做過陪堂的，不消說識竅知機，又且清曲弦管，色色過人。」
【識時達變】
見「識時通變」。
【識時達務】
指能認清形勢，通曉事物的發展趨勢。《紅樓夢》九九回：「他不多幾年，已巴到極頂的分兒，也只爲識時達務，能夠上和下睦罷了。」
【識時通變】
指能認清形勢，靈活應變。《東周列國志》六九回：「爾祖子文，爲楚名臣，識時通變，倘子非其嫡裔耶？何言之悖也。」也作「識時達變」。元·陶宗儀《輟耕錄·漢兒字聖旨》：「今遣使特旨前去，宣布大信，若能識時達變，可保富貴，應在城守御將帥同謀歸順者，意不殊此。」也作「識時知務」。明·李贄《焚書·李中丞奏議序》：「孰謂洛陽車少通達國體，識時知務如此哉！」
【識時務者爲俊傑】
時務：當前的形勢或時代潮流。能認清當前形勢和潮流的人，方爲英雄豪傑。《三國志·蜀書·諸葛亮傳》裴松之注引《襄陽記》：「儒生俗士，豈識時務？識時務者在乎俊傑。」
【識時知務】
見「識時通變」。
【識途老馬】
老馬記得走過的路。喻指年長者經驗豐富。《兒女英雄傳》一三回：「這話既承你以我爲識途老馬，我卻有無多的幾句話，只恐你不信。」也作「老馬識途」。
【識文斷字】
見「識文談字」。
【識文談字】
認識字，有文化。明·無名氏《薛苞認母》二折：「孩兒也，你是個識文談字的人。」也作「識文斷字」。《兒女英雄傳》三八回：「你老八成兒是個識文斷字的。」
【實棒槌灌米湯——寸水不進】
棒槌：捶打用的木棒，多用來洗衣服；寸水：滴水。見「石獅子灌米湯——滴水不進」。
【實逼處此】
原指迫於形勢而占其地。《左傳·隱公十一年》：「無滋他族，實逼處此，以與我鄭國爭此土也。」後多表示迫於情勢，不得不如此。宋·鄭興裔《請罷建康行宮疏》：「太上皇帝肇造中興，建都臨安，誠以邦家多難，實逼處此。」
【實痴實昏，終得保存】
又痴呆又昏聵，到頭來反而能夠保住官職與性命。《魏書·王嶷傳》：「[王]嶷性儒緩，委隨不斷，終日在坐，昏睡而已。李訢、鄧宗慶等號爲明察，勤理時務，而二人終見誅戮，餘十數人或黜或免，唯嶷卒得自保。時人爲之語曰：實痴實昏，終得保存。」
【實而不華】
指外表質樸，內容充實。晉·常璩《華陽國志·後賢志》：「聞之善志者，述而不作；序事者，實而不華。」
【實繁其徒】
見「實繁有徒」。
【實繁有徒】
實：確實；繁：多；徒：衆。這樣的人確實很多。《尚書·仲虺之誥》：「簡賢附勢，實繁有徒。」也作「實蕃有徒」。《左傳·昭公二十八年》：「惡直醜正，實蕃有徒。」也作「實繁其徒」。唐·劉知幾《史通·因習》：「觸類而長，實繁其徒，何止列女、孝子、高隱、獨行而已。」
【實蕃有徒】
見「實繁有徒」。
【實非易易】
易易：極其容易。指某事做起來實在不那麼容易。明·孫傳庭《恭聽處分兼瀝血忱疏》：「臣以各鎮新合之兵，辦敵實非易易，恐繩之太急，別致僨誤。」
【實葫蘆】
比喻心眼兒實在的人。例他是個實葫蘆，叫他辦事，從不知耍奸偷懶，你放心好了。
【實獲我心】
獲：得。眞正能體會到我心中所希求的。《詩經·邶風·綠衣》：「我思古人，實獲我心。」後指讚許別人的看法或別人所做所爲正合自己的意思。清·袁枚《隨園詩話》卷九：「余談《漢書》，雅不喜董廣川，而最喜賈太傅……二詩皆推崇太傅，實獲我心。」
【實踐出眞知】
實踐：人類改造社會和自然的活動；眞知：正確的認識。謂人的正確觀念只有通過實際活動與體驗才能獲得。例實踐出眞知是一條顚仆不破的眞理。

【實迷途其未遠，覺今是而昨非】
確實是迷了路，好在還沒有走得太遠，現在才覺悟到今天做得正確而昨天做錯了。用以表達人認識到過去的錯誤，而要痛改前非的決心。晉．陶淵明《歸去來兮辭》：「悟已往之不諫，知來者之可追。實迷途其未遠，覺今是而昨非。」

【實事求是】
依據事實，探求眞知。《漢書．河間獻王傳》：「修學好古，實事求是。從民得善書，必爲好寫與之，留其眞。」《官場現形記》七回：「老弟肚裏實在博學。但上頭的意思是要實事求是；你的文章固然很好，然而空話太多，上頭看了恐怕未必中意。」

【實心餃子——不攙假】
比喻情況眞實，沒有虛假。例他所介紹的生產情況，實事求是，不浮誇，眞是實心餃子——不攙假。

【實心實意】
指誠實，眞心眞意。《二刻拍案驚奇》卷九：「我如今只得再央龍香姐拿件信物送他，寫封實心實意的話，求他定下個佳期。」

【實心眼】
比喻忠厚老實。例他是實心眼的人，絕不會耍花招，你們千萬別委屈了他。

【實心竹竿做笛子——吹不響】
見「沒眼的笛子——吹不響」。

【實心竹子吹火——不通】
見「甘蔗當吹火筒——不通」。

【實與華違】
實：果實；華：同「花」。指結的果實和所開的花不相符合。喻指人的才華相當，而結局不同。唐．韓愈《上考功崔虞部書》：「其一人則莫之聞矣，實與華違，行與時乖。」

【實與有力】
與：參與。確實從中出了力。例他們的矛盾一直很深，現在彼此有了諒解，除雙方都有誠意外，旁人的幫助，實與有力。

【實至名歸】
實：實際的成就；歸：到來。有了實際的成就，就會有相應的聲譽。《儒林外史》一五回：「敦倫修行，終受當事之知；實至名歸，反作終身之玷。」也作「**實至名隨**」。清．查愼行《三疊前韻答程佐衡》：「談辭聽奮發，儀度看修整；實至名斯隨，有如燈取影。」

【實至名隨】
見「實至名歸」。

【拾柴打兔子——一舉兩得】
見「過河洗腳——一舉兩得」。

【拾得孩兒落的摔】
落的：樂得。撿拾來的孩子摔著了也不心疼。比喻對不是自己的東西毫不顧惜。例你別看他那麼大方，花錢如流水，那花的都是公家的錢，拾得孩兒落的摔。要是花的是他自己的錢，他比誰都摳。

【拾糞筐裏篩白麵——一光二淨】
拾糞筐眼兒大，在拾糞筐裏篩白麵，白麵全都從筐縫裏漏掉了。形容一無所剩。例這個不勞動的敗家子把父母的遺產弄得個拾糞筐裏篩白麵——一光二淨，現在就靠乞討度日。

【拾雞毛當令箭——少見多怪】
令箭：古代軍隊中發布命令時用作憑據的東西，形狀像箭。見「狂犬吠日——少見多怪」。

【拾金不昧】
金：指金錢或貴重物品；昧：隱瞞。拾到錢財不據爲己有。《歧路燈》一〇八回：「至於王中赤心保主，自始不二，作者豈可以世僕待之耶？把家人名分扯倒，又表其拾金不昧。」

【拾人殘唾】
見「拾人涕唾」。

【拾人涕唾】
涕：鼻涕；唾：唾沫。拾取別人的鼻涕和唾沫。比喻盲目因襲別人的見解。宋．嚴羽《答出繼叔臨安吳景仙書》：「僕之《詩辨》，乃斷千百年公案，誠驚世絕俗之談，至當歸一之論……非傍人籬壁、拾人涕唾得來者。」也作「**拾人唾涕**」。明．胡震亨《唐音癸籤．集錄三》：「歐、陳率是記事；司馬君實大儒，是事別論；劉貢父滑稽渠率；王直方拾人唾涕。」也作「**拾人唾餘**」。梁啟超《論內地雜居與商務關係》：事事落人之後，拾人唾餘。」也作「**拾人殘唾**」。明．朱之瑜《答奧村庸禮書十二首》：「晦庵先生力詆陳同甫，議論未必盡然。況彼拾人殘唾，亦步亦趨者，豈能有當乎？」也作「**拾人餘唾**」。例寫文章應有自己的獨立見解，不應照搬前人之見解，拾人餘唾。

【拾人唾涕】
見「拾人涕唾」。

【拾人唾餘】
見「拾人涕唾」。

【拾人牙後】
見「拾人牙慧」。

【拾人牙慧】
牙慧：喻指別人說過的話。謂重複別人說過的話。清．吳雷發《說詩菅蒯》：「余凡諸立論，斷不肯拾人牙慧。」也作「**拾人牙後**」。清．趙翼《甌北詩話》卷五：「詩家之能新，正以此耳。若反以新爲嫌，是必拾人牙後，人云亦云。」

【拾人餘唾】
見「拾人涕唾」。

【拾遺補闕】
遺：遺漏；闕：過失。指糾正過失，補救缺漏。《晉書．江統傳》：「臣聞古之爲臣者，進思盡忠，退思補過，獻可替否，拾遺補闕」。也指增補著述中資料，文辭的缺漏。明．張岱《史闕序》：「每於正史世紀之外，拾遺補闕，得一語焉，則全傳為之生動；得一事焉，則全史為之活現。」

【拾著麥子打燒餅賣——淨賺】

比喻不花本錢就獲得利潤。例你別瞧不起這個買賣，的確是拾著麥子打燒餅賣——淨賺，為什麼不做？也作「**拾麥打燒餅——純賺**」。

【拾芝麻湊斗——積少成多】

斗：容量單位，十升等於一斗，十斗等於一石。見「沙裏淘金——積少成多」。

【食檗飲冰】

檗：落葉喬木的一種，如黃檗吃樹皮喝冷水。形容生活清貧、困苦。多含安於貧困，堅守節操之意。宋・曾鞏《送關彥遠赴江西》：「食檗冰廉士操，敝衣穿履古人風。」也作「**飲冰食檗**」。

【食不充腸】

見「食不充飢」。

【食不充飢】

形容食不飽腹，勉強維持生活。南朝宋・劉彧《立晋熙王嗣詔》：「諸孫纊不溫體，食不充飢，付之姆嬭之手。」也作「**食不充腸**」。唐，元稹《同州刺史謝上表》：「臣八歲喪父，家貧無業，母兄乞丐以供資養，衣不布體，食不充腸，幼學之年不蒙師訓。」

【食不充口】

見「食不糊口」。

【食不重肉】

見「食不兼肉」。

【食不重味，衣不重采】

重味：多種菜；重采：多種衣服。形容生活樸素無華。《史記・吳太伯世家》：「子胥諫曰：『越王句踐食不重味，衣不重采，吊死問疾，且欲有所用其眾。』」也作「**食不加肉，衣不重采**」。《史記・越王句踐世家》：「身自耕作，夫人自織，食不加肉，衣不重采。」也作「**食不兼味，衣不二綵**」。《後漢書・漢帝紀》：「朝廷躬自菲薄，去絕奢飾，食不兼味，衣不二綵」。也作「**食不二味，居不重席**」。重席：雙層墊席。《左傳・哀公元年》：「昔闔廬食不二味，居不重席」。也作「**食不二味，坐不重席**」。《韓非子・外儲說左下》：「孟獻伯相魯……食不二味，坐不重席。」

【食不二味，居不重席】

見「食不重味，衣不重采」。

【食不二味，坐不重席】

見「食不重味，衣不重采」。

【食不甘味】

甘味：美味。吃飯時辨不出飯菜味道。形容過於憂慮或特別忙碌以至連吃飯也不辨滋味。《戰國策・秦策三》：「今也，寡人一城圍，食不甘味，臥不便席。」也作「**食不遑味**」。三國魏・曹植《求自試表》：「今臣居外，非不厚也，而寢不安席，食不遑味者，以二方未克為念。」也作「**食不終味**」。三國魏・曹植《釋愁文》：「坐不安席，食不終味，遑遑汲汲，或慘或悴。」也作「**食不知味**」。唐・白居易《初授拾遺獻書》：「臣所以授官以來，僅將十日；食不知味，寢不遑安；唯思粉身，以答殊寵，但未獲粉身之所耳。」

【食不果腹】

果：飽。吃不飽肚子。唐・段成式《酉陽雜俎・諾皐記下》：「和州劉錄事者，大歷中罷官居和州旁縣，食兼數人，尤能食鱠，常言鱠味未嘗果腹。」

【食不糊口】

糊口：勉強維持生活。不能吃飽飯。形容生活極困苦。唐・陳子昂《漢州雒縣令張君吏人頌德碑》：「流亡初夏，貧鞠兼半，食不糊口，力未贍農。」也作「**食不充口**」。《初刻拍案驚奇》卷三五：「眞是衣不遮身，食不充口，吃了早起的，無那晚夕的。」

【食不遑味】

見「食不甘味」。

【食不加肉，衣不重采】

見「食不重味，衣不重采」。

【食不兼肉】

吃飯沒有兩種肉食。形容生活儉省。《尹文子・大道上》：「昔晋國苦奢，文公以儉矯之，乃衣不重帛，食不兼肉，無幾時，人皆大布之衣，脫粟之飯。」也作「**食不重肉**」。《史記・管晏列傳》：「[晏嬰]既相齊，食不重肉，妾不衣帛。」

【食不兼味，衣不二綵】

見「食不重味，衣不重采」。

【食不念飽】

見「食無求飽」。

【食不求飽】

見「食無求飽」。

【食不求甘】

甘：味美。不要求飯菜味美。形容生活儉樸。《後漢書・明德馬皇后紀》：「吾為天下母，而身服大練，食不求甘，左右但著帛布，無香薰之飾者，欲身率下也。」

【食不暇飽】

暇：空閒。沒有空閒時間好好吃頓飽飯。形容終日操勞。宋・司馬光《進五規狀》：「太祖皇帝受命於上帝，起而拯之……東征西伐，掃除海內。當是之時，食不暇飽，寢不遑安。」

【食不下喉】

見「食不下咽」。

【食不下咽】

形容因極度憂愁而吃不下飯。明・焦竑《玉堂叢語・籌策》：「朝廷養兵百五十年，用在今日，無分寸效。且方出師而以招撫為計，有血氣者，宜痛心疾首而食不下咽也。」也作「**食不下喉**」。明・盧象昇《停徵修城積穀疏》：「今痛定思痛，食不下喉，謹將切近三條，下干聖聽。」

【食不厭精，膾不厭細】

厭：滿足；精：精舂過的上等好米；

膾：細切的魚肉。糧食越精越好，魚肉越細越好。形容對於烹調飲食非常講究。《論語・鄉黨》：「食不厭精，膾不厭細……割不正，不食。不得其醬，不食。」

【食不知味】

見「食不甘味」。

【食不終味】

見「食不甘味」。

【食而不化】

東西吃下去了卻不能消化。比喻學習知識僅是死記硬背，不能融會貫通。朱自清《經典常談・序》：「況且從幼童時代就開始，學生食而不化，也徒然摧殘了他們的精力和興趣。」

【食浮於人】

食：俸祿。指得到的報酬高於所做出的貢獻。宋・蘇軾《謝量移汝州表》：「伏念臣向者名過其實，食浮於人。兄弟並竊於賢科，衣冠或以爲盛事。」

【食古不化】

指學習古代的知識不求理解，只是生吞活剝，不善運用。清・李伯元《中國現在記》三：「我們這位朱老伯，一輩子就是誤在這經書上頭，以致到如今，還是食古不化。」也作「**食生不化**」。生：指不熟的東西。清・閻爾梅《破山和尚語錄序》：「驚人，恐其不根也；援古，恐其食生不化也。」

【食古而化】

學習古代知識時能吸取精華，擇優而用。清・方南堂《輟鍛錄》：「然用事之法最難，或側見，或反引，或暗用，吸精取液，於本事恰合，令讀者一見了然。是爲食古而化。」

【食盡援絕】

食：食物。食物光了，後援斷絕了。形容身處困境，形勢危急。元・蘇天爵《元朝名臣事略・平章宋公》：「食盡援絕，不攻而自潰矣。」

【食毛踐土】

毛：穀物；踐：踩、踏。《左傳・昭公七年》：「古之制也，封略之內，何非君土；食土之毛，誰非君臣？」意指封疆之內都是君主的土地，吃生長在這塊土地上穀物的人都是君主的臣民。後以「食毛踐土」表示對君主養育之恩的感激。《官場現形記》四七回：「做百姓的食毛踐土，連國課都要欠起來不還，這還得了嗎？」

【食前方丈】

吃飯時面前一丈見方的桌上都擺滿了菜肴。形容生活奢侈。《金瓶梅詞話》四九回：「湯陳桃浪，酒泛金波，端的歌舞聲容，食前方丈。」也作「**食味方丈**」。《晏子春秋・問下》：「昔吾先君桓公善飲酒窮樂，食味方丈。」

【食日萬錢】

每天的飯費要用掉成千上萬的錢。形容生活極其奢侈。《晉書・何曾傳》：「廚膳滋味，過於王者。每燕見，不食。太官所設，帝輒命取其食，蒸餅上不坼作十字不食。食日萬錢，猶曰無下箸處。」也作「**日食萬錢**」。

【食肉寢皮】

吃他的肉，剝他的皮當臥具。形容極其仇恨。《西遊記》九回：「卻說殷小姐痛恨劉賊，恨不食肉寢皮，只因身懷有孕，未知男女，萬不得已，權且勉強相從。」也作「**寢皮食肉**」。

【食少事煩】

每天吃飯很少，但處理事務非常多。形容終日忙碌，工作辛苦。《三國演義》一〇三回：「[司馬]懿顧謂諸將曰：『孔明食少事煩，其能久乎？』」也作「**食少事繁**」。魯迅《兩地書》七七：「你如來粵，我想一要比廈門忙，比廈門苦……大半是要食少事繁，像我在這裏似的。」也作「**事煩食少**」。清・錢謙益《都察院右副都御史巡撫雲南錢公神道碑銘》：「事煩食少，志決身殲。崇禎乙亥十二月十日寢疾，終於官舍。」

【食少事繁】

見「食少事煩」。

【食生不化】

見「食古不化」。

【食堂的菜鍋——油透了】

見「肉墩子——油透了」。

【食味方丈】

見「食前方丈」。

【食無求飽】

飲食有節制，不求吃飽。《論語・學而》：「君子食無求飽，居無求安；敏於事而慎於言。」也作「**食不求飽**」。《漢書・蓋寬饒傳》：「寬饒居不求安，食不求飽，進有憂國之心，退有死節之義。」也作「**食不念飽**」。《後漢書・明德馬皇后紀》：「今雖已老，而復『戒之在得』，故日夜惕厲，思自降損。居不求安，食不念飽。」

【食無求飽，居無求安】

飲食不要求飽足，居住不要求安逸。謂生活要簡樸，無過高要求。《論語・學而》：「君子食無求飽，居無求安，敏於事而慎於言，就有道而正焉，可謂好學也已。」

【食言而肥】

食言：說話不算數。《左傳・哀公二五年》載：魯哀公對掌握魯國實權的孟武伯很有意見，嫌他多次說話不守信用。一次哀公請吃飲，席間，武伯問哀公的寵臣郭重，「你爲什麼長得這麼肥？」季康子要罰武伯飲酒，認爲郭重隨哀公遠行歸來很辛苦，不宜說郭重肥的壞話。哀公借機譏諷武伯說，「是食言多矣，能無肥乎？」後以「食言而肥」形容只顧自己得利而說話不算數。明・李開先《水風臥吟樓記》：「不以食言而肥，不因苦吟而瘦，試以數語爲記，請覽而教正之如何？」

【食玉炊桂】

糧食貴如玉器，柴草貴如桂木。形容物價昂貴。《陳書・後主紀》：「癸未詔曰：『空勞宵夢，屢勤史蔔，五就莫來，五能不至，豈以食玉炊桂，無因自達？將懷寶迷邦，咸思獨善？』」

【食之無味，棄之可惜】

吃起來沒有滋味，扔掉又覺可惜。形容東西沒有大用處，但又捨不得扔掉。《三國志·魏書·武帝紀》裴松之注引司馬彪《九州春秋》：「時王欲還，出令曰『雞肋』，官屬不知所謂……[楊]修曰：『夫雞肋，棄之如可惜，食之無所得，以比漢中，知王欲還也。』」

【食指大動】

《左傳·宣公四年》：「楚人獻黿於鄭靈公。公子宋與子家將見。子公之食指動，以示子家，曰：『他日我如此，必嘗異味。』及入，宰夫將解黿。」後以「食指大動」預示有美味佳肴可食。

【食指衆多】

指家中人口多。清·淮陰百一居士《壺天錄》卷上：「食指衆多，贍畜非易。」

【食租衣稅】

衣：穿。指吃穿依靠百姓繳納的租稅。《漢書·食貨志下》：「縣官當食租衣稅而已。」

【塒高一丈，牆打八尺】

塒：塒牆，即古時院落出口兩邊上方的翅牆，因其築於牆上，故有一丈八尺之說。比喻做事很難一蹴而就，往往要分階段。例你斗大的字識不了一籮筐，就想寫小說？我看你還是先把基礎打好，再寫也不遲。塒高一丈，牆打八尺，站穩了再學走，才不會摔跟頭。

ㄕˇ

【史不絕書】

書：書寫。史書上不斷有記載。指歷史上常發生此類事情。梁啟超《王荊公傳》一六章：「自古專制之國，以兄弟爭位致亂者，史不絕書。」也作「史不闕書」。闕：同「缺」。《舊唐書·祝欽明傳》：「按漢、魏、晉、宋、後魏、齊、梁、周、陳、隋等歷代史籍，興王令主，郊天祀地，代有其禮，史不闕書，並不見往代皇后助祭之事。」

【史不闕書】

見「史不絕書」。

【史無前例】

歷史上從沒有過。指前所未有。老舍《我的經驗》：「他們將來若肯動筆啊，必定會寫成出色的作品。他們有生活，而且是史無前例的新生活。我多麼羨慕他們呀！」

【史魚秉直】

見「史魚歷節」。

【史魚歷節】

史魚：春秋時衛國的大夫，以直諫著名。相傳史魚以死諫諍衛君，阻止衛君任用壞人做大臣；歷：歷盡；節：節操。喻指人保持操守，堅持正義而忠貞不渝。《三國演義》二三回：「史魚歷節，殆無以過也。」也作「史魚秉直」。明·湯顯祖《牡丹亭·道覡》：「恰正是史魚秉直。」

【矢不虛發】

箭不空發。形容射箭本領高明。《魏書·明元六王傳》：「車駕還，詔健殿後，蠕蠕萬騎追之，健與數十騎擊之，矢不虛發，所中皆應弦而斃。」也作「矢無虛發」。南朝梁·沈約《為皇太子謝賜御所射雉啟》：「輕鑾微動，密翳除張，黃間所彀，矢無虛發。」

【矢盡兵窮】

箭已射盡，兵士全部戰死。形容血戰到底。唐·孫揆《靈應傳》：「申胥乃衰楚之大夫，而以矢盡兵窮，委身折節，肝腦塗地，感動於強秦。」

【矢口否認】

矢口：立誓。指堅決不承認。例他沒有說明理由，擅自離開了學校，事後又矢口否認。

【矢如雨集】

射箭如下雨一樣。形容箭頭密集。清·林雲銘《林四娘記》：「持弓回射，矢如雨集，俱向衆兵頭面掠過。」也作「矢下如雨」。《雲笈七籤》卷七七：「卒遇虜，大戰敗績，士衆奔潰，獨為寇所圍，矢下如雨。」

【矢石之間】

矢、石：箭與石，古代的武器。比喻衝殺在戰場。《後漢書·光武帝紀上》：「天下士大夫捐親戚，棄土壤，從大王於矢石之間者，其計固望其攀龍鱗，附鳳翼，以成其所志耳。」

【矢石之難】

在戰場上受到箭和石的攻擊。《史記·晉世家》：「矢石之難，汗馬之勞，此復受次賞。」

【矢死不二】

矢：同「誓」。發誓到死沒有二心。形容意志堅定，至死不變。清·吳應逵《書鍾錫朋》：「妾今歸，為君守貞，矢死不二。」

【矢天誓日】

對著蒼天和太陽發誓。表示信念堅定，或忠誠不二。清·錢謙益《牧齋初學集·賀文司理詩冊序》：「臣等恭承明命，矢天誓日，安敢上下其手以自取罪戾。」

【矢無虛發】

見「矢不虛發」。

【矢下如雨】

見「矢如雨集」。

【矢在弦上，不得不發】

矢：箭；弦：指弓弦。比喻事情非常急迫，已經到了非做不可的地步。《太平御覽》卷五九七引《魏書》載：陳琳為袁紹寫檄文一篇，辱罵曹操的父親和祖父。袁紹敗，陳琳歸附曹操，曹問陳：「君昔為本初作檄書，但罪孤而已，何乃上及父祖乎？」陳琳曰：「矢在弦上，不得不發，不得不發。」

【矢志不屈】

發誓絕不屈服。清・顧彩《髯樵傳》：「見義必爲，矢志不屈，求之士人中，亦幾幾難之。」也作「**矢志不搖**」。《聊齋志異・仇大娘》：「仲叔尚廉利其嫁，屢勸駕，邵氏矢志不搖。」也作「**矢志不移**」、「**矢志不渝**」。例他這種奮發向上、矢志不渝的精神，值得大家學習。

【矢志不搖】

見「矢志不屈」。

【矢志不移】

見「矢志不屈」。

【矢志不渝】

見「矢志不屈」。

【矢志捐軀】

立志爲國獻身。《清史稿・尚可喜傳》：「惟知矢志捐軀，保固嶺南，以表臣始終之誠。」

【豕交獸畜】

豕：豬；畜：餵養。像對豬那樣打交道，像對禽獸一樣餵養。比喻極不尊重人，待人無禮。《孟子・盡心上》：「食而弗愛，豕交之也；愛而不敬，獸畜之也。」趙岐注：「人之交接，但食之而不愛，若養豕也；愛而不敬，若人畜禽獸，但愛而不能敬也。」

【豕突狼奔】

突：衝撞。像豬一樣亂竄，像狼一樣奔跑。比喻壞人亂衝亂闖或逃跑時的驚慌狀態。例整整一天，敵人在我們的包圍圈中豕突狼奔，想衝開一個口子，但都失敗了。也作「**狼奔豕突**」。

【使絆子】

原爲格鬥時出其不意伸腿將對手絆倒。比喻蓄意破壞或害人。例他是個陰陽怪氣的人，我看他約你去不懷好意，當心他使絆子。

【使臂使指】

臂：臂膀；指：手指。讓臂膀指使手指。比喻運用自如或指揮如意。《管子・輕重乙》：「請與之立壤，列天下之旁。天子中立，地方千里。兼霸之壤，三百有餘里，佌諸侯度百里，負海子男者度七十里。若此，則如胸之使臂，臂之使指也。」

【使促狹】

指用狡猾手段捉弄人。例這小壞蛋，使促狹，害我滑了一跤。也作「**使促招**」。例他太壞了，對有缺陷的人也使促招。

【使低嘴】

比喻說人壞話。例他儘管使低嘴，我們不聽他的就是了。

【使功不如使過】

使用居功自傲的人不如使用想將功補過的人。《後漢書・索盧放傳》：「夫使功不如使過，願以身代太守之命。」

【使花招】

即耍花招。比喻用詭計，耍滑頭。例只要我們心明眼亮，任憑他怎麼使花招，也無濟於事。

【使壞水】

比喻出壞主意。例你不要老給孩子使壞水，把孩子教壞了。

【使機關】

指使計謀，耍花招。例如果他還使機關，咱們就不跟他合作了。

【使見識】

指用計謀，耍手段。例要不是我使見識，你能出來嗎？

【使酒罵座】

酗酒無度，辱罵同座的人，指撒酒瘋。清・薛雪《一瓢詩話》：「[許渾詩]雖只平平八句，卻用無限躊躇，絕非使酒罵座者可比。」也作「**使氣罵坐**」。明・姜紹書《無聲詩史・文伯仁》：「畫山水，名不在衡山下。好使氣罵坐，人多不能堪。」

【使酒仗氣】

仗氣：使氣，任性。指借酒發瘋。《南史・沈慶之傳》：「昭略字茂陵，性狂雋，不事公卿，使酒仗氣，無所推下。」

【使口如鼻，至老不失】

使口像使鼻子一樣沉默無語，到老也不會闖禍。謂慎言保身。例從來是禍從口出，所以才有「使口如鼻，至老不失」的古訓。

【使民以時】

時，農時。指使用民力當注意農時。《論語・學而》：「道千乘之國，敬事而信，節用而愛人，使民以時。」

【使篷須看風色】

篷：船帆；風色：刮風的狀況。操縱船帆，一定要觀風向。比喻做事要見機而行，因勢利導。例領導如同駕船，使篷須看風色。

【使氣罵坐】

見「使酒罵座」。

【使手畫腳】

以手和腳的動作示意。形容說話放任不拘，或輕率地指點、批評。清・吳璇《飛龍全傳》九：「[鄭恩]復往板縫裏一張，燈火之下，看見董達在那裏使手畫腳，道長說短。」也作「**指手畫腳**」。

【使他的拳，搗他的眼】

謂借用對方力量打擊對方。例這傢伙假仁假義，到處宣揚做人應該如何如何行善積德。那麼好，我們就使他的拳，搗他的眼，把他如何靠坑蒙拐騙發家的歷史給揭出來，讓他欺世盜名的野心徹底暴露在光天化日之下。

【使貪使愚】

貪：愛財；愚：愚昧。指善於使用貪婪和愚蠢之人，而發揮其所長。《宋史・掌禹錫傳》：「舊法，薦舉邊吏，貪贓皆同坐。禹錫奏謂：『使貪使愚，用兵之法也。若舉邊吏必兼責士節，則莫敢薦矣。材武者孰從而進哉？』後遂更其法。」也作「**使愚使過**」。宋・范仲淹《讓觀察使第一表》：「前春延安之戰，大挫國威，朝廷有使愚使過之議，遂及於臣。」

也作「**使貪使詐**」。清・陳康祺《郎潛紀聞・諭旨前軍機署名之例》：「可見高宗之於和珅，不過使貪使詐，如古之俳優弄臣，遠不逮文成諸公，眞倚爲股肱心腹也。」

【使貪使詐】

見「使貪使愚」。

【使蚊負山】

負：背。讓蚊蟲背山。比喻力小難以勝任。《莊子・應帝王》：「其於治天下也，猶涉海鑿河，而使蚊負山也。」

【使心用心，反害其身】

謂費盡心機坑害他人，到頭來卻害了自己。例爲了自己能當廠長，他寫了好幾封誣告廠長的匿名信。到頭來使心用心，反害其身，他不僅廠長沒當成，反而因此犯了誣陷罪，鋃鐺入獄。

【使羊將狼】

使：派遣；將：統率。派羊去統率狼。比喻讓力弱者指揮勢強者，必然不會成功。《史記・留侯世家》：「今諸將皆陛下故等夷，乃令太子將此屬，無異使羊將狼，莫肯爲用。」

【使愚使過】

見「使貪使愚」。

【使智量】

比喻暗用計謀。例他每日使智量，把頭髮都累白了。

【使智使勇】

發揮智者勇者的長處，以取得成功。《新唐書・侯君集傳》：「軍法曰：『使智、使勇，使貪、使愚。故智者樂立其功，勇者好行其志』……必收所長而棄所短。」

【始料所及】

料：料想，估計；及：到。指當初就已經料想到。例大自然的諸多變化，往往非始料所及。

【始亂終棄】

從淫亂開始，以遺棄告終。多指男子玩弄女性的不道德行爲。清・紀昀《閱微草堂筆記・槐西雜志二》：「始亂終棄，君子所惡，爲人言之，不爲爾曹言之也。」

【始末不渝】

見「始終不渝」。

【始末根由】

指事情的全過程和原由。《古今小說》卷二八：「兩人對坐了，善聰將十二歲隨父出門始末根由，細細述了一遍。」也作「**始末因由**」。《兒女英雄傳》一八回：「等我把始末因由細演一番，你聽了才知我說的不是夢話。」

【始末因由】

見「始末根由」。

【始終不懈】

懈：鬆懈。自始至終，堅持不鬆懈。例無論天寒酷暑，他都始終不懈地堅持工作，從不叫苦。

【始終不易】

見「始終不渝」。

【始終不渝】

渝：改變。自始至終，一直堅持不變。《舊唐書・姚璹傳》：「歲寒無改，始終不渝。」也作「**始終不易**」。《周書・蘇湛傳》：「臣自惟言辭不如伍被遠矣，然始終不易，竊謂過之。」也作「**始末不渝**」。《晉書・謝安傳》：「安雖受朝寄，然東山之志始末不渝，每形於言色。」

【始終如一】

自始至終，一貫如此，沒有變化。《北齊書・封隆之傳》：「自出納軍國垂二十年，契闊艱虞，始終如一。」也作「**始終若一**」。《周書・于謹傳》：「故功臣之中，特見委信，始終若一，人無間言。」

【始終若一】

見「始終如一」。

【始作俑者】

俑：殉葬用的木製或陶製的偶人。最初製俑殉葬的人。比喻開創惡例的人。清・張潮《虞初新志・姜貞毅先生傳》：「北鎮撫司獄廷杖立枷諸制，此秦法所未有，始作俑者，罪可勝道哉！」

【屎到了門口才來挖茅厠】

比喻做事無計畫，事到臨頭才匆忙應付。例他平日不努力，屎到了門口才來挖茅厠，所以這次考試成績上不去。

【屎滾尿流】

形容驚恐萬分，狼狽不堪之狀。梁啟超《新中國未來記》：「這些柔順良民，卻有什麼法兒抵抗他呢？急得屎滾尿流，典衣服，賣兒女的將錢湊出繳去。」多作「**屁滾尿流**」。

【屎棍搭戲台——臭架子】

屎棍：攪屎的棍子。也作「**屎棍搭戲台——擺臭架子**」、「**屎巴巴棍子搭戲台——臭架子**」。見「糞桶掉了底——臭架子」。

【屎急挖茅坑——來不及】

茅坑：簡易厠所。見「臨渴挖井——來不及」。

【屎急挖茅厠——手腳搞不贏】

茅厠：厠所；搞不贏：〈方〉忙不過來，應付不了。見「臨拉屎挖茅坑——手忙腳亂」。

【屎殼郎搬家——走一路，臭一路】

比喻名聲不好的人，處處惹人討厭。例此人經常跳槽，屎殼郎搬家——走一路，臭一路，在任何地方都待不了多久。也作「**屎殼郎搬家——走到哪，臭到哪**」。

【屎殼郎搬泰山——自不量力】

見「雞蛋碰石頭——自不量力」。

【屎殼郎變知了——一步登天】

知了：蟬，雄的腹部有發音器，叫的聲音像「知了」，因此得名。見「高俅當太尉——一步登天」。

【屎殼郎出國——臭名遠揚】

見「糞堆上吹喇叭——臭名遠揚」。

【屎殼郎傳宗接代——遺臭萬年】

傳宗接代：同一父系家族的成員世世

代代相傳下去。比喻臭名一直流傳，永遠受人唾罵。例做漢奸不但不得好死，而且會像屎殼郎傳宗接代——遺臭萬年。

【屎殼郎打哈欠——臭不可聞】

見「老太太的裹腳布——臭不可聞」。

【屎殼郎打噴嚏——滿嘴噴糞】

比喻盡說些低級下流的話。有時指滿口胡說八道。例他外表文質彬彬，說起話來像屎殼郎打噴嚏——滿嘴噴糞。也作「屎殼郎打呵欠——滿嘴噴糞」、「屎殼郎打飽嗝兒——滿嘴噴糞」。

【屎殼郎戴花——臭美】

比喻人過分講究，打扮得使人厭惡。例她長相不漂亮，過分講究穿著打扮，許多小青年都說她是屎殼郎戴花——臭美。也作「糞筐插花——臭美」、「廁所裏照鏡子——臭美」、「屎殼郎擦粉——自覺美」。

【屎殼郎戴墨鏡——昏天黑地】

墨鏡：用墨晶製成的眼鏡，泛指用黑色或墨綠色等鏡片做的眼鏡。比喻社會黑暗、環境惡劣。例在日僞統治時期，大上海就像屎殼郎戴墨鏡——昏天黑地，正派人生活是很艱難的。

【屎殼郎掉在白麵裏——顯不出黑白】

屎殼郎本來是黑的，掉在白麵裏就渾身蒙上一層白，不容易分辨出來。比喻分不清眞僞。例你別以爲屎殼郎掉在白麵裏——顯不出黑白，裝正面人物是裝不像的，我一眼就看出你是個狗特務。

【屎殼郎掉在驢槽裏——混充大料豆】

料豆：餵牲口用的黑豆、黃豆等。屎殼郎比豆粒大。比喻壞人假裝好人。例你又在發表什麼高論，誇誇其談。我看你是屎殼郎掉在驢槽裏——混充大料豆，以爲別人不了解你的底細！也作「屎蜣螂鑽進驢槽裏——假充大黑豆」。

【屎殼郎飛到車道溝裏——充硬骨頭】

車道溝：車輪壓出的轍印。屎殼郎飛到車道溝裏，車子一過，即將被輾得粉身碎骨。見「屎殼郎支桌子——充硬漢」。

【屎殼郎飛到麵笸籮裏——充小白人】

笸籮：用柳條或竹篾編成的器物，可以盛裝米麵等糧食。屎殼郎全身黑色，飛到麵笸籮裏，沾了一身麵，變成白色。比喻冒充明白人。例不懂就說不懂，不要屎殼郎飛到麵笸籮裏——充小白人，鬧出大笑話。

【屎殼郎和蛆交朋友——臭到一塊了】

蛆：蒼蠅的幼蟲。見「糞坑倒馬桶——臭味相投」。

【屎殼郎叫門——臭到家了】

比喻使人厭惡到了極點。例你們的那位同事，到我們這裏工作沒有半年，就像屎殼郎叫門——臭到家了。

【屎殼郎捏喇叭——臭吹】

比喻竭力吹噓誇口，使人厭惡。例有的商業廣告，就像屎殼郎捏喇叭——臭吹，效果適得其反。也作「茅坑裏響笛子——臭吹」。

【屎殼郎爬鞭梢——光知騰雲駕霧，不知死在眼前】

鞭梢：驅遷牲畜用的鞭子的末梢，揮鞭時，鞭梢擺動大，著力强。比喻只顧眼前，不顧後患。例在這國難當頭的時，你們花天酒地，醉生夢死，就像屎殼郎爬鞭梢——光知騰雲駕霧，不知死在眼前。

【屎殼郎配臭蟲——臭味相投】

見「糞坑倒馬桶——臭味相投」。

【屎殼郎騰空——硬充戰鬥機】

比喻自不量力。例他根本不具備承包企業的條件和能力，難怪別人說他參加投標是屎殼郎騰空——硬充戰鬥機。

【屎殼郎推蛋蛋——滾的滾、爬的爬】

比喻狼狽逃竄的慘狀。例敵軍潰敗時，就像屎殼郎推蛋蛋——滾的滾、爬的爬，與平時耀武揚威的樣子形成了鮮明對比。也作「屎殼郎推蛋蛋——連滾帶爬」、「王八吃西瓜——滾的滾，爬的爬」、「螃蟹夾雞蛋——連滾帶爬」、「烏龜馱西瓜——滾的滾，爬的爬」。

【屎殼郎支桌子——充硬漢】

比喻沒有本事的人冒充强手或好漢。例你想動手打人麼？別屎殼郎支桌子——充硬漢，小心你的狗命。也作「屎殼郎飛到車道溝裏——充硬骨頭」、「屎殼郎上鍋台——假充大芸豆」。

【屎殼郎鑽糞坑——死（屎）裏求生】

死：「屎」的諧音。雙關語。比喻經過極其危險的境遇，才倖免一死。例被圍困的敵軍，可能拼命掙扎，瘋狂突圍，屎殼郎鑽糞坑——死（屎）裏求生嘛！

【屎殼郎鑽灶堂——拱火兒】

比喻故意挑動別人發怒。例矛盾已夠深的了，你還在屎殼郎鑽灶堂——拱火兒，簡直是唯恐天下不亂。也作「屎殼郎鑽灶膛——轉著遭兒地拱火兒」、「灶坑裏埋王八——拱火兒」。

【屎殼郎做不出蜜來】

比喻壞人幹不出好事來。例大家不要被他的花言巧語迷惑住。屎殼郎做不出蜜來，他一貫就是好話說盡，壞事做絕。

【屎殼郎坐飛機——臭氣熏天】

見「空中倒馬桶——臭氣熏天」。

ㄕˋ

【士飽馬騰】

騰：跳躍。士兵吃得飽，戰馬也歡

騰。形容軍中兵強糧足。唐·韓愈《平淮西碑》：「士飽而歌，馬騰於槽。」

【士別三日，即更刮目相待】

刮目：擦眼睛；待：看待，對待。人相別三天，就不能用老眼光去看待他。形容人的進步、變化之快。《三國志·吳書·呂蒙傳》裴松之注：「肅拊蒙背曰：『吾謂大弟但有武略耳，至於今者，學識英博，非復吳下阿蒙。』蒙曰：『士別三日，即更刮目相待。』」

【士可殺不可辱】

讀書人可以被殺掉，但不能接受恥辱。表示人的寧死不屈的節操。《禮記·儒行》：「儒有可親而不可劫也，可近而不可迫也，可殺而不可辱也。」《明史·王鏊傳》：「士可殺不可辱。今辱且殺之，吾尚何顏居此。」

【士窮見節】

士：讀書人；節：節操。指讀書人在困窘之中才能顯現出氣節來。唐·韓愈《柳子厚墓志銘》：「嗚呼！士窮乃見節義。」

【士死知己】

指不惜以生命報答知己。漢·曹操《祀故太尉橋玄文》：「士死知己，懷此無忘。」

【士雖有學，而行為本焉】

行：品行。讀書人雖然很有學問，但仍以品行為根本。《墨子·修身》：「戰雖有陳，而勇為本焉；喪雖有禮，而哀為本焉；士雖有學，而行為本焉。」

【士為知己者死】

為了報答知己，可以不惜犧牲自己的生命。《戰國策·趙策一》：「士為知己者死，女為悅己者容，吾其報知氏之讎矣。」《史記·遊俠列傳》：「豫讓遁逃山中，曰：『嗟乎！士為知己者死，女為悅己者容。今智伯知我，我必報仇而死，以報智伯，則吾魂魄不愧矣！』」

【士先器識而後辭章】

器：器度；識：見識。讀書人應先注重器度和見識方面的修養，然後再講究辭賦文章的寫作。謂人的思想品德的修養比才學更為重要。《儒林外史》一六回：「學道道：『士先器識而後辭章。果然內行克敦，文辭都是末藝。』」

【仕女班頭】

仕女：美女；班頭：第一。美女中的佼佼者。元·王實甫《西廂記》四本二折：「秀才是文章魁首，姐姐是仕女班頭。一個通徹三教九流，一個曉盡描鸞刺繡。」

【世代書香】

指世世代代都是讀書人。《紅樓夢》五七回：「林家雖貧到沒飯吃，也是世代書香人家，斷不肯將他家的人丟給親戚，落得恥笑。」

【世代相傳】

指祖輩相傳下來。例他的醫術如此高明，與他世代相傳都是醫生有關。

【世代簪纓】

世代：累世；簪纓：簪和纓，達官貴人的冠飾。比喻世代都做高官。《說岳全傳》八〇回：「自此岳氏子孫繁盛，世代簪纓不絕。」

【世道不古】

感嘆社會風氣不像古代那樣樸實。元·黃溍《跋項可立序舊》：「竊獨因世道之不古，而於仲舉之事重有感也。」

【世道澆漓】

世道：社會風氣；澆漓：喻人情淡薄。指社會上人情刻薄冷淡。魯迅《隨感錄五十八·人心很古》：「慷慨激昂的人說，『世道澆漓，人心不古。』」

【世道人情】

見「世態人情」。

【世道人心】

見「世態人情」。

【世風日偸】

偸：減少。指社會風氣一天不如一天。宋·蘇舜欽《檢書》詩：「世風隨日偸，俗態逐勢熟。」也作「**世風日下**」。馮乃超《藝術與社會生活》：「封建老人不常嘆世風日下，人心澆薄麼？這就是中華民族的精神漸向市民的氣習同化了的佐證。」

【世風日下】

見「世風日偸」。

【世故人情】

指為人處世的道理或準則。清·方苞《與陳占咸》：「賢能以義制事，當其時，不以世故人情亂心曲；既事，不以成敗利鈍生恫疑。」也作「**人情世故**」。

【世濟其美】

指世代相濟，永存美德。《左傳·文公十八年》：「世濟其美，不隕其名。」

【世間沒個早知道】

謂世上事情沒法預料。例這些後悔的話，說也沒用。世間沒個早知道，事後諸葛亮好當。

【世間無兩】

世上沒有第二個。形容超羣出衆。獨一無二。清·黃呈蘭《醉春風·登羅浮飛雲頂》：「景象眞堪賞，仙蹤酬夢想……除卻蓬萊，玉樓瑤室，世間無兩。」

【世教人心】

見「世態人情」。

【世路風波】

世路：生活的道路；風波：各種矛盾。指生活中到處都有矛盾。唐·白居易《除夜寄微之》：「家山泉石尋常憶，世路風波子細諳。」

【世亂奴欺主，年衰鬼弄人】

舊謂亂世法紀廢弛，奴才敢欺凌主子；人在年老力衰時，鬼怪也來捉弄人。宋·陸游《老學庵筆記》卷四：「今世所道俗語，多唐以來人詩……『世亂奴欺主，年衰鬼弄人』，杜荀鶴

詩也。」也作「**勢敗奴欺主，時衰鬼弄人**」。

【世輕世重】

世：當世。指刑罰要根據當時社會情況確定輕重。梁武帝《祠南郊詔》：「世輕世重，隨時約法。」

【世情冷暖】

冷暖：對人態度親熱或冷淡。指社會上人情勢利，親富疏貧的世俗態度。宋・曾親觀《憶秦娥》：「世情冷暖君應識，鬢邊各自侵尋白。」

【世情如紙】

社會上的人情像紙一樣薄。《兒女英雄傳》九回：「世情如紙，只有錦上添花，誰肯雪中送炭？」

【世上難得事，子孝與妻賢】

世上最爲難得的事情是兒女孝順和妻子賢惠。例常言道「世上難得事，子孝與妻賢」，這兩樣，他都占全了。

【世上豈無千里馬，人中難得九方皋】

九方皋：春秋時善相馬的人。世上難道會沒有千里馬嗎？只不過是缺少像九方皋那樣善於識馬的人罷了。用以比喻世上並不是沒有人材，只是善於識別人才的人很少。宋・黃庭堅《過平與懷李子先時在並州》：「世上豈無千里馬，人中難得九方皋。酒船漁網歸來是，花落故溪深一篙。」

【世上萬般哀苦事，無非死別與生離】

謂生離死別是人世間最痛苦的事。例當老人知道兒子此番出門，三五年內回不了家，不覺悲從中來，老淚縱橫。家人們見此情景，也不免陪著垂淚，眞是世上萬般哀苦事，無非死別與生離。

【世上無難事，只怕有心人】

謂只要有決心，再難的事也一定能辦成。《西遊記》二回：「祖師道：『世上無難事，只怕有心人。』」

【世上知心能有幾】

謂人間知己十分難得。例你們明日就要離我而去，世上知心能有幾？今日讓我們開懷暢飲，一醉方休，以表離情。

【世世生生】

見「生生世世」。

【世事洞明皆學問，人情練達即文章】

洞明：透徹了解；練達：熟悉、通達。透徹了解世事就是學問，熟悉通達人情世故，就是文章。《紅樓夢》五回：「又有一副對聯，寫的是：『世事洞明皆學問，人情練達即文章。』」

【世殊事異】

見「世異事異」。

【世俗炎涼】

見「世態炎涼」。

【世態飽經】

經歷事情或挫折多。指對世態人情有很深刻的感受，有豐富的處世經驗。明・袁宏道《謝于楚由川入楚，將東歸歙，復北上，有姬在燕也》：世態飽經咸苦盡，爭如歸臥酒爐間。」也作「**飽經世故**」。

【世態人情】

世態：指社會風氣。泛指社會風尚和爲人處世之道。元・關漢卿《四塊玉・閒適》曲：「南畝耕，東山臥，世態人情經歷多。」也作「**世道人情**」。《紅樓夢》一一五回：「雖不敢說歷盡甘苦，然世道人情，略略的領悟了些須。」也作「**世道人心**」。明・袁宏道《李溫陵傳》：「細心讀之，其破的中窾之處，大有補於世道人心。」也作「**世教人心**」。清・黃子雲《野鴻詩的》六〇：「諛佞之章，有何裨益於世教人心？」

【世態炎涼】

炎涼：熱情和冷淡。指奉承權貴疏遠平民百姓的世俗態度。《隋唐演義》一四回：「我囊橐空虛，使你丈夫下眼相看，世態炎涼，古今如此。」也作「**世俗炎涼**」。宋・陳人杰《沁園春盧仝有詩云……因作此詞》：「風標如此淸奇。嘆世俗炎涼眞可悲。」也作「**炎涼世態**」。

【世外桃源】

晉・陶淵明在《桃花源記》中虛構了一個與世隔絕、生活安樂的美好社會。後以「世外桃源」比喻理想中的美好地方。清・袁枚《隨園詩話補遺》卷三：「余自嘉峪關外至烏魯木齊，見所屬州縣，皆淸淨無事，倉不貯糧，庫不貯銀，監獄無罪犯，眞世外桃源也。」

【世無百歲人，枉作千年調】

世上很少有活過一百歲的人，做千年的打算是白費心機。謂人生苦短，不必爲將來勞心費神。例常言道：「世無百歲人，枉作千年調。」爲了買賣上的事，你整日裏計算不休，人未到四十，頭髮已經花白了許多，這是何苦呢？

【世異時移】

指社會變了，時代不同了。《史記・太史公自序》：「夫世異時移，事業不必同，故曰：『儉而難遵』。」也作「**世易時移**」。《漢書・司馬遷傳》：「夫世易時移，事業必不同。」

【世異事異】

時代不同，處理事情的結果也不同。《韓非子・五蠹》：「故文王行仁義而王天下，偃王行仁義而喪其國，是仁義用於古而不用於今也。故曰：世異則事異。」也作「**世殊事異**」。晉・王羲之《蘭亭集序》：「雖世殊事異，所以興懷，其致一也。」

【世易時移】

見「世異時移」。

【世有伯樂，然後有千里馬】

伯樂：姓孫，名陽，戰國秦穆公時善於相馬的人。世上有了識馬的伯樂，然後才有千里馬。比喻有了慧眼識人才的人，傑出人才才會被發現。唐・韓愈《雜說》：「世有伯樂，然後有千里馬。千里馬常有，而伯樂不常

有。」

【世掌絲綸】

《禮記・緇衣》：「王言如絲，其出如綸。」絲綸：指皇帝的詔書。古代中書省代皇帝草擬詔旨，故稱世代任職中書之家爲「世掌絲綸」。唐・杜甫《奉和賈至舍人早朝大明宮》詩：「欲知世掌絲綸美，池上於今有鳳毛。」

【市不二價】

見「市無二價」。

【市菜求增】

市：買。買菜時擔心分量不足。比喻處事不從大處著眼，卻斤斤計較細節。清・章學誠《文史通義・古文十弊》：「不此之務，但知市菜求增，是之謂畫蛇添足，又文人之通弊也。」

【市道交】

比喻交朋友像做買賣一樣勢利。例他們算什麼朋友？不過是市道交罷了。

【市骨求駿】

駿：好馬，千里馬。高價購買駿馬的骨以求能買到駿馬。比喻招攬人才。宋・宋祁《上侍講孫貳卿書》：「將欲市骨求駿，得十取五。」也作「千金買骨」。

【市虎三夫】

《戰國策・魏策二》：「[龐葱]謂魏王曰：『今一人言市有虎，王信之乎？』王曰：『否。』『二人言市有虎，王信之乎？』王曰：『寡人疑之矣。』『三人言市有虎，王信之乎？』王曰：『寡人信之矣。』龐葱曰：『夫市之無虎，明矣；然而三人言而成虎。』」後以『市虎三夫」比喻謠言反覆傳播，足以惑亂視聽。《後漢書・傅燮傳》：「夫孝子疑於屢至，市虎成於三夫。若不詳察眞僞，忠臣將復有杜郵之戮矣。」

【市井無賴】

見「市井小人」。

【市井小人】

市井：做買賣的地方。指平庸、沒有文化教養的小市民。宋・王安石《答錢公輔學士書》：「況一甲科通判，苟粗知爲辭賦，雖市井小人，皆可以得之，何足道哉？」也作「市井之徒」。《東周列國志》三五回：「朝中服赤芾乘軒車者，三百餘人，皆里巷市井之徒，脅肩諂笑之輩。」也作「市井無賴」。無賴：遊手好閒之徒。清・朱庭珍《筱園詩話》四：「吳氏議論乖謬，有似市井無賴，痛毀賢士大夫，而推尊村塾學究。」

【市井之臣】

古代城市居民對君主的自稱。《孟子・萬章下》：「曰市井之臣，在野曰草莽之臣，皆謂庶人左國。」

【市井之徒】

見「市井小人」。

【市上無魚蛤蟆貴】

市面上一種東西短缺，與其相似的東西就會提高身價。例市面上常有市上無魚蛤蟆貴的現象，不少商家趁機賺大錢。

【市無二價】

買賣東西就一種價錢。指買賣公道。《晉書・陸雲傳》：「云到官肅然，下不能欺，市無二價。」也作「市不二價」。《三國志・魏書・王烈傳》「卒於海表」裴松之注引《先賢行狀》：「使遼東強不凌弱，衆不暴寡，商賈之人，市不二價。」

【柿子專撿軟的捏】

挑撿柿子，要捏一捏，軟的表明已經熟透了。比喻專門欺侮弱小。例他這個人，柿子專撿軟的捏，越是讓著他，就越覺得你軟弱可欺，也就越欺侮你。

【式好之情】

式：古發語詞；好：和睦。《詩經・小雅・斯干》：「兄及弟矣，式相好矣，無相猶矣。」後以「式好之情」指兄弟相好，情誼深厚。《儒林外史》四四回：「弟兄相助，眞耽式好之情；朋友交推，又見同聲之誼。」

【試金石】

一種能檢驗黃金純度和眞假的色黑質堅的石頭。比喻精確可靠的檢驗方法和標準。例能否抵制不正之風，是檢驗一個人能否廉潔奉公的試金石。

【試玉要燒三日滿，辨材須待七年期】

辨材：指辨別豫樹和樟樹，據說這兩種樹生長七年後才能分辨。要想驗證玉的眞假，就要用火燒它三天；要想分辨豫樹和樟樹，就要等它們長上七年。比喻只有經過長期的嚴峻考驗，才能眞正識別人的眞僞善惡。唐・白居易《放言》詩之三：「贈君一法決狐疑，不用鑽龜與祝蓍。試玉要燒三日滿，辨材須待七年期。周公恐懼流言日，王莽謙恭未篡時。」

【拭面容言】

拭：擦；容：容納。擦去別人吐在臉上的唾沫，接受別人提出的意見。原指春秋時晉襄公識賢納諫之事。後指接受別人的批評。《東周列國志》四五回：「婦人輕喪武夫功，先軫當時怒氣沖。拭面容言無慍意，方知嗣伯屬襄公。」

【拭目而待】

見「拭目以待」。

【拭目而觀】

見「拭目以觀」。

【拭目傾耳】

拭目：擦拭眼睛後再看；傾耳：側耳。擦亮眼睛看，側著耳朵聽。形容十分認眞地聽和看。《漢書・張敞傳》：「今天子以盛年初即位，天下莫不拭目傾耳，觀化聽風。」

【拭目以待】

擦亮眼睛等待。形容期待著某件事出現。宋・王十朋《送表叔賈元范赴省試序》：「某既著爲天理說，且拭目以待，欲驗斯言之不妄云。」也作「拭目而待」。《三國演義》四三回：「朝廷舊臣，山林隱士，無不拭目而待。」也作「拭目以俟」。清・汪琬《問亭詩序》：「琬雖病且衰，請拭目

以俟，願覽觀先生制作之成焉。」

【拭目以觀】

指擦亮眼睛觀看事物。宋．邵伯溫《邵氏聞見後錄》卷一五：「公既在位，中外咸喜，信在言前，拭目以觀。」也作「**拭目而觀**」。宋．楊萬里《上壽皇乞留張栻黜韓玉書》：「張栻有文武之才，有經濟之學……陛下亦駸駸用之矣，天下方拭目而觀，非觀朝廷也，觀栻也」。

【拭目以俟】

見「拭目以待」。

【勢敗奴欺主，時衰鬼弄人】

見「世亂奴欺主，年衰鬼弄人」。

【勢不並立】

見「勢不兩立」。

【勢不得已】

迫於形勢不得不這樣，漢．揚雄《解嘲》：「彼豈好爲艱難哉？勢不得已也。」也作「**勢不獲已**」。獲：得。南朝宋．劉義慶《世說新語．排調》：「謝公始有東山之志，後嚴命屢臻，勢不獲已，始就桓公司馬。」也作「**事不得已**」。《三國志．吳主傳》：「天下未定，孽類猶存，士民勤苦，誠所貫知。然勞百姓，事不得已耳。」

【勢不獲已】

見「勢不得已」。

【勢不可當】

來勢迅猛，不可抵擋。《晉書．郗鑑傳》：「羣逆縱逸，其勢不可當；可以算屈，難以力競。」也作「**勢不可遏**」。遏：阻攔。唐．裴鉶《傳奇．韋自東》：「自東不顧，仗劍奮衣而往，勢不可遏。」也作「**勢不可抑**」。抑：壓制。唐．孟棨《本事詩．情感》：「左司郎中喬知之，有婢名窈娘，藝色爲當時第一……武延嗣聞之，求一見，勢不可抑。」

【勢不可遏】

見「勢不可當」。

【勢不可爲】

大勢已去，敗局或劣勢已無能力挽回。清．全祖望《梅花嶺記》：「督相史忠烈公（可法）知勢不可爲，集諸將而語之。」也作「**事不可爲**」。《孽海花》三二回：「[唐景崧]知道事不可爲，強自鎭懾，舉案上令箭擲下。」

【勢不可抑】

見「勢不可當」。

【勢不兩存】

見「勢不兩立」。

【勢不兩立】

對立的雙方不能並存。指雙方矛盾不可調和。《戰國策．楚策一》：「楚強則秦弱，楚弱則秦強，此其勢不兩立。」也作「**勢不兩雄**」。《史記．孟嘗君傳》：「夫秦齊雄雌之國，秦強則齊弱矣，此勢不兩雄之國。」也作「**勢不兩全**」。《三國志．魏書．荀攸傳》：「今弟兄遘惡，此勢不兩全。」也作「**勢不兩存**」。《三國志．吳書．陸遜傳》：「得報懇惻，知與休久結嫌隙，勢不兩存。欲來歸附……撰衆相迎。」也作「**勢不並立**」。《晉書．劉琨傳》：「臣與二虜，勢不並立。聰、勒不梟，臣無歸志。」也作「**事不兩立**」。事：政事。《宋書．臧質傳》：「震主之威，不可持久，主相勢均，事不兩立。」

【勢不兩全】

見「勢不兩立」。

【勢不兩雄】

見「勢不兩立」。

【勢不我與】

見「時不我與」。

【勢成騎虎】

情勢就像騎在虎背上一樣。比喻做事遇到困難，但迫於形勢，又不能中途停止。例在勢成騎虎的時候，組織上給了他很大的支持和幫助，使他能繼續把這項研究工作做下去。也作「**騎虎難下**」、「**騎虎之勢**」。

【勢絀舉贏】

見「時絀舉贏」。

【勢高益危】

指權勢越高，面臨的危險性越大。《史記．日者傳》：「道高益安，勢高益危，居赫赫之勢，失身且有日矣。」

【勢孤計窮】

勢力孤單，計策用盡。形容境況困難。《三國演義》四〇回：「此是勢孤計窮，故盡帶百姓逃竄去了。」

【勢孤力薄】

勢力孤單，力量有限。例公司裏要求加薪的同事都先後離職了，只剩下勢孤力薄的我和主管繼續抗爭。

【勢過寵盛】

晉．陸機《豪士賦序》：「身危由於勢過，而不知去勢以求安；禍積由於寵盛，而不知辭寵以招福。」後以「勢過寵盛」指權勢過大，恩寵過分。

【勢合形離】

勢：形狀；形：形體。指形體各自獨立，而總體結構保持完整。三國魏．何晏《景福殿賦》：「爾其結構，則修梁彩制，下褰上奇。桁梧復疊，勢合形離。」

【勢極必反】

勢：形勢。指事物發展到頂點，就會向相反的方面轉化。清．孔尚任《桃花扇．歸山》：「門戶黨援，何代無之；總之，君子小人，互爲盛衰，事久則變，勢極必反。」也作「**物極必反**」。

【勢均力敵】

勢：勢力；均：相等；敵：匹敵。指雙方力量相等，不分強弱。《大宋宣和遺事．利集》：「自古至今，用兵者以曲直爲勝負，南北兩朝，勢均力敵，安知爾非送死哉？」

【勢可炙手】

比喻權勢極大，氣焰很盛。宋．龔明之《中吳紀聞．鄭希尹》：「時朱勔用事，勢可炙手。」也作「**炙手之勢**」。

【勢利眼】

比喻趨炎附勢，待人接物以有利可圖爲原則的人。例這人最勢利眼了！你沒當社長時，他對你理都不理，現在卻對你點頭哈腰。

【勢利之交】

勢：權勢；利：金錢財物。指以權勢和金錢爲基礎的交往。《漢書・張耳陳餘傳贊》：「勢利之交，古人羞之。」

【勢傾朝野】

勢力勝過在朝在野的任何人。形容權勢極大。《魏書・盧玄傳》：「時靈太后臨朝，黃門侍郎李神軌勢傾朝野，求結婚姻。」

【勢傾天下】

形容權勢極大，天下無人可比。《三國志・魏書・董卓傳》：「高祖父安，爲漢司徒，自安以下四世，居三公位，由是勢傾天下。」

【勢窮力極】

見「勢窮力竭」。

【勢窮力竭】

指權勢與力量都已用盡。形容大勢已去，處境困難。宋・蘇轍《黃樓賦》：「子獨不見夫昔之居此者乎？前則項籍劉戊，後則光弼建封，戰馬成羣，猛士成林，振臂長嘯，風動雲興，朱閣青樓，舞女歌童，勢窮力竭，化爲虛空。」也作「**勢窮力屈**」。屈：竭，盡。宋，陳亮《酌古論四・李愬》：「無故而降者，此未可信也，恐其謀也。至於勢窮力屈而後就縛者，蓋可保其無謀矣。」也作「**勢窮力極**」。《三國演義》三二回：「尚軍大潰，退走五十里，勢窮力極。」

【勢窮力屈】

見「勢窮力竭」。

【勢如彍弩】

勢：情勢；彍：ㄎㄨㄛˋ，拉滿弓；弩：弓。情勢如同拉滿弓一樣。形容極爲緊張。《孫子・兵勢》：「勢如彍弩」。例雙方嚴陣以待，勢如彍弩，一觸即發。

【勢如累卵】

累：堆疊。情勢如疊起的蛋。形容相當危急。例水位已超出警戒線若干，情況十分危急，勢如累卵。

【勢如劈竹】

見「勢如破竹」。

【勢如破竹】

形勢像劈竹子一樣，劈開上頭幾節，就可順著刀勢直劈到底。形容節節勝利，毫無阻礙。《水滸傳》九九回：「關勝等衆，乘勝長驅，勢如破竹，又克了大谷縣。」也作「**勢如劈竹**」。《三國演義》一二回：「曹操將得勝之兵，殺入城中，勢如劈竹。」也作「**破竹之勢**」。

【勢物之徒】

勢物：權勢和錢物。指一心追求名利的人。《莊子・徐无鬼》：「錢財不積則貪者憂，權勢不憂則誇者悲，勢物之徒樂變。」

【勢脅利誘】

勢脅：以權勢威脅。以權勢逼迫，以金錢引誘。形容軟硬兼施，迫人順從。明・朱之瑜《祭大道眞君文序》：「乃於某日夜漏下十刻，持數字來示，蓋素知余不可勢脅利誘，故假眞君之命，令余作祭文及草儀注。」也作「**威脅利誘**」。

【勢欲熏心】

勢：勢利。指貪圖勢利的慾望迷住了心竅。《紅樓夢》八二回：「黛玉從來不是這樣人，怎麼也這樣勢欲熏心起來。」也作「**利欲熏心**」。

【勢在必行】

指情況已發展到必須採取措施的程度。例爲擴大運輸能力，加強省際物資交流，修建高速公路勢在必行。

【事敗垂成】

事情失敗於即將成功之時。明・梁辰魚《浣紗記・乞降》：「凶逆不日就誅滅了，九仞爲山，功虧一簣，料想不勞而集，事敗垂成！」也作「**功敗垂成**」。

【事半功倍】

形容費力小而收效大。《官場現形記》二四回：「倘若我找著這個姑子，托他經手，一定事半功倍。」也作「**事逸功倍**」。逸：不勞。唐・李嶠《自敍表》：「用當其才，則事逸而功倍分，乘其分則形勞而績虧。」

【事倍功半】

形容費力大，收效小。清・張之洞《書目答問》：「知某書宜讀而不得精校注本，事倍功半。」也作「**力倍功半**」。

【事必躬親】

《禮記・月令》：「善相丘陵坂險原隰土地所宜，五穀所殖，以教導之，必躬親之。」躬親：親自。後以「事必躬親」指不管什麼事都親自去做。《官場現形記》五九回：「於舅太爺卻勤勤懇懇，事必躬親，於這位外甥的事格外當心。」也作「**事得躬親**」。唐・杜牧《祭城隍神祈雨文第二文》：「人戶非多，風俗不雜，刺史年少，事得躬親，疽抉其根矣，苗去其莠矣，不侵不蠹，生活自如。」也作「**事事躬親**」。《官場現形記》二回：「所以反不及他做典史的，倒可以事事躬親，實事求是。」

【事變知人心】

事情發生變化時，才能考驗出人的眞心來。例現在事到臨頭，只有你一個人肯助我，其他的人都躲得遠遠的，眞是事變知人心。

【事柄旁落】

柄：權。指處理重大事情的權力落到別人手裏。明・沈德符《萬曆野獲編・宗伯執持》：「但以朝廷極大典禮，乃不出廷議，而出宦寺建白，他日事柄旁落，且奈何？」

【事不得已】

見「勢不得已」。

【事不干己】

見「事不關己」。

【事不關己】

事情和自己沒有關係。例有這樣一種人，凡事奉行「事不關己，高高掛起，明知不對，少說為佳；明哲保身，但求無過的人生哲學。」也作「事不干己」。《老殘遊記》五回：「外人去，叫做『事不干己』，先有個多事的罪名。」

【事不關己莫多問】

謂事情與己無關，不要多去過問，免得惹麻煩。例老王這個人，平日裏就愛打抱不平，不像有些人，事不關己莫多問，心裏想的只是自己。

【事不過三】

同樣的事情發生，不能超過三次。《西遊記》二七回：「替你除了害，你卻不認得，反信了那呆子讒言冷語，屢次逐我。常言道：事不過三。我若不去，真是個下流無恥之徒。」

【事不可為】

見「勢不可為」。

【事不兩立】

見「勢不兩立」。

【事不欺心睡自安】

謂做事不違背良心，睡覺自然就會安穩。例我沒做什麼虧心事，就是天塌下來也不怕。」怕俗話說得好：事不欺心睡自安。

【事不容緩】

指事情緊迫，必須馬上去辦。宋・周密《齊東野語・紹熙內禪》：「帝王即位，即日好日。兼官歷又吉，何疑？事不容緩，宜亟行之。」也作「刻不容緩」。

【事不三思，終有後悔】

做事不反覆考慮，最終總要後悔的。《古今小說》卷二：「常言『事不三思，終有後悔。』……千不合，萬不合，教女兒出來相見。」

【事不師古】

師：效法。指做事不遵循古人的作法。《尚書・說命下》：「事不師古，以克永世，匪說攸聞。」

【事不宜遲】

宜：應當。指事情不應當拖延。形容要抓緊時間去做。《水滸傳》二回：「好計！我和你便去，事不宜遲。」

【事出不意】

指事情發生，事先沒有想到。宋・周煇《清波雜志》卷二：「京以攸被詔同至，乃置酒留貫，攸亦預焉。京以事出不意，一時失措。」也作「事出慮外」。慮：打算。唐・呂周任《泗州大水記》：「事出慮外，孰能圖之？」也作「事出望外」。望外：在預料之外。宋・程頤《上太皇太后書》：「臣於斯時，尚未有意於仕也……既而親奉德音，擢至經筵，事出望外，惘然警惕。」也作「事出意外」。明・沈德符《萬曆野獲編・安置二庶》：「或有不逞之徒，事出意外，卒難防禦。」

【事出慮外】

見「事出不意」。

【事出望外】

見「事出不意」。

【事出無奈】

事情出於無可奈何。意指迫不得已，沒有辦法。《何典》二回：「事出無奈，只得措置銀子……雖不至賣家掘產，也未免挪衣剝當。」

【事出意外】

見「事出不意」。

【事出有因】

指事情發生是有原因的。多與「查無實據」連用。《官場現形記》四回：「郭道台就替他洗刷清楚，說了些『事出有因，查無實據』的話頭，稟覆了制台。」

【事輟者無功，耕怠者無獲】

輟：中止；怠：懶惰。事情沒做完就停下的人，不會成功；種莊稼懶惰的人，不會有收穫。謂無論做什麼事都要勤勤懇懇，善始善終。漢・桓寬《鹽鐵論・擊之》：「功業有緒，惡勞而不足，猶耕者倦休而困止也。夫事輟者無功，耕怠者無獲。」

【事大事小，見官就了】

謂事情不論是大還是小，到了官府衙門，就容易了結。例有膽量，你就跟我上派出所去。事大事小，見官就了，我就不信這個世界上就沒人能管得了你。

【事到臨頭】

事情已近在眼前。形容事情急迫。《東周列國志》三六回：「今呂、郤等尚且背叛，事到臨頭，召我等何用。」

【事到其間】

指已是既成事實。《醒世恒言》卷一：「官府衙門，不是耍處，事要其間，哭也無益。」

【事到萬難須放膽】

事情到了極為難辦的時候，必須放開膽量豁出去做，或許能有轉機。例如果暴露了，敵人跟我們打起來，如何是好？「事到萬難須放膽」，我們決定利用今昨兩天被消滅和打垮的三營敵人番號，偽裝自己，欺騙敵人，大搖大擺地穿過敵人的防區。

【事得躬親】

見「事必躬親」。

【事定蓋棺】

指做事情一直到死才告終結。宋・周行己《題樂文仲憊軒》：「丈夫豈得知，事定蓋棺後；與爾同一笑，聊進杯中酒。」也作「蓋棺事定」、「蓋棺論定」。

【事煩食少】

見「食少事煩」。

【事非經過不知難】

謂事情若非親身經歷過，就不知道它的艱辛。例常言道：「事非經過不知難。」你從小是在蜜罐裏長大的，哪裏能夠體會到忍飢挨凍的滋味？

【事關重大】

指事情重要，關係到全局。《三俠五義》九〇回：「偏偏的施生忘了此扇，竟遺落在書籍之內。扇兒雖小，事關重大。」

【事過境遷】
事情過去了，環境也改變了。《黃繡球》三回：「如此歇了好幾日，黃繡球與黃通理事過境遷，已不在心上。」也作「**事過情遷**」。《近十年之怪現狀》一一回：「他只看了幾封信，那些請帖以爲都是事過情遷的了，便沒有看。」

【事過情遷】
見「事過境遷」。

【事後聰明】
指事情過後才想出辦法。多含貶義。例他總是事後聰明，事情發生時，從來拿不出辦法。

【事後諸葛亮】
指事情發生後自稱早有預見的人。例這個試驗成功與否關係重大，各位有什麼高見，儘管提，千萬不要做事後諸葛亮，那時提就太晚了。

【事急計生】
指事情到了危急關頭，猛然想起對策。《資治通鑑．後梁太祖乾化二年》：「友珪婦張氏亦朝夕侍帝側，知之，密告友珪……左右或說之曰：『事急計生，何不改圖，時不可失！』」也作「**急中生智**」。

【事急無君子】
謂事情緊急，顧不上客套。例聽到這個消息，他匆忙回家進了門，事急無君子，見客人也顧不得寒暄，拉了兄長的手到一廂，把父親病重的消息講述了一遍。

【事可一而不可再】
再：第二次。事情只能發生一次，不允許再發生第二次。例必須認眞地吸取這次事故教訓，事可一而不可再，若是再發生這類事情，對有關責任者，一定要嚴肅追究。

【事寬即圓】
見「事款則圓」。

【事寬則圓】
見「事款則圓」。

【事款則圓】
款：緩，慢。指辦事不可操之過急，從容處理，方得到圓滿的解決。《兒女英雄傳》二五回：「你老人家不要著急，這可是急不來的事，事款則圓。」也作「**事寬則圓**」。寬：緩。《蕩寇志》一三一回：「看來此事，事寬則圓，急難成效。」也作「**事寬即圓**」。《檮杌閒評》一五：「哭也沒用，事寬即圓。」

【事怕行家】
行家：內行的人。難辦的事情，經行家處理，則極易解決。例電視機的圖像不好，經他一調就清晰了，眞是事怕行家。

【事齊事楚】
事：侍奉；齊、楚：春秋時兩大強國。依附於齊國還是楚國？比喻處於兩強之間，不能得罪任何一方，左右爲難。《孟子．梁惠王下》：「滕文公語曰：『滕，小國也，間於齊楚，事齊乎？事楚乎？』」

【事窮計迫】
見「事窮勢迫」。

【事窮勢迫】
指事情陷入困境，形勢十分緊迫逼人。《三國志．蜀書．法正傳》：「若事窮勢迫，將各索生，求濟門戶，輾轉反覆，與今計異，不爲明將軍盡死難也，而尊門猶當受其憂。」也作「**事窮計迫**」。計迫：指一時難以爲計。《漢書．王莽傳下》：「莽知天下潰畔，事窮計迫，乃議遣風俗大夫司國憲等分行天下。」

【事生肘腋】
比喻事變發生在內部或身邊。《孽海花》三二回：「景崧守台的失敗，原因全在李文魁的內變。這種內變，事生肘腋，無從預防。」也作「**禍生肘腋**」、「**變生肘腋**」。

【事實勝於雄辯】
雄辯：有力的爭辯。謂比起雄辯來，事實更具說服力。例事實勝於雄辯，數百年前，羅馬教廷否認日心說，殘酷地殺害了堅持眞理的科學家布魯諾，但到今天，也不得不承認地球圍著太陽轉的事實。

【事事躬親】
見「事必躬親」。

【事事無成】
指一件事也沒辦成功。唐．白居易《醉吟》詩：「事事無成身也老，醉鄉不去欲何歸。」

【事雖易，而以難處之，未有不治之變】
事情雖容易，如用對待難事的態度來處理，就不會出現不可收拾的局面。明．王廷相《愼言．小宗篇》：「事雖易，而以難處之，未有不治之變；患雖遠，而以近處之，未有不及之謀。」

【事同虛設】
僅在形式上存在，實際上並不起任何作用。唐．李德裕《條疏太原以北邊備事宜狀》：「把頭烽內並未添兵鎮守，事同虛設。」

【事危累卵】
事情危險到像堆起的蛋一樣。形容勢態危急。《魏書．蕭寶夤傳》：「大將覆軍於外，小將懷貳於內，事危累卵，勢過綴旒。」

【事無不可對人言】
凡所做之事，沒有什麼不可以對別人說的。謂做事光明正大，無所隱瞞。例大丈夫事無不可對人言，看你吞吞吐吐的，一定是心中有鬼。

【事無常師】
辦事沒有固定的師承。指不能死守一種說法或作法。《鬼谷子．忤合》：「世無常貴，事無常師。」

【事無巨細】
巨細：大小。事情無論大小。指大大小小的各類事情。《北齊書．崔伯謙傳》：「除南鉅鹿守，事無巨細，必自親覽。」也作「**事無小大**」。《史記．秦始皇本紀》：「嫪毐封爲長信侯。予之山陽地，令毐居之，宮室車

馬衣服苑囿馳獵恣毐，事無小大皆決於毐。」

【事無三不成】
三：泛指多次。事情不經多次反覆是辦不成功的。例俗話說：事無三不成。紅藥水所以俗名叫做「二百二」，不就是爲了紀念它在試驗中失敗的次數。

【事無小大】
見「事無巨細」。

【事修而謗興，德高而毀來】
修：好；謗：毀謗。事情辦好了，誹謗也就隨之發生；品德出衆了，毀謗也就跟著來了。指社會上嫉賢妒能的不良風氣。唐・韓愈《原毀》：「是故事修而謗興，德高而毀來。嗚呼！士之處此世，而望名譽之光，道德之行，難已！」也作「事修謗興」。

【事以簡爲上，言以簡爲當】
敍事以簡明爲上乘，語言以簡練爲得當。謂寫文章應簡明扼要。宋・陳騤《文則》：「且事以簡爲上，言以簡爲當。言以載事，文以著言，則文其簡也。事簡而理周，斯得其簡也。」

【事以密成，語以洩敗】
密：保守秘密；洩：洩露秘密。謀畫事情，因爲能保守秘密，所以獲得成功；秘密若從口中洩露出去，事情必然導致失敗。謂保守秘密是事情成功的重要因素。《韓非子・說難》：「夫事以密成，語以洩敗。」

【事逸功倍】
見「事半功倍」。

【事有必至，理有固然】
至：到來，指發生；固然：本來。事情必然發生，道理本來如此。指事物按其內在規律發展，無法改變。《戰國策・齊策四》：「譚拾子曰：『事有必至，理有固然，君知之乎？」

【事有因，話有緣】
謂說話辦事總有原因。例俗話說：事有因，話有緣，我今天這樣做，自然有我的道理，只不過是現在時機未到，不便明言罷了。

【事與心違】
見「事與願違」。

【事與願違】
指事實與願望相違背。三國魏・嵇康《幽憤》詩：「事與願違，遘茲淹留。」也作「事與志違」。晉・習鑿齒《周、魯通諸葛論》：「若乃力不能合，事與志違，躬耕南畝，遁跡當年，何由盡臣禮於孫氏於漢室未亡之日耶？」也作「事與心違」。宋・葉夢得《石林詩話》卷上：「歐公嘗和公詩，有云：『貌先年老因憂國，事與心違始乞身。』」也作「時與願違」。清・陳確《與劉子本書》：「張考夫亦屢失機緣，時與願違，慚恨何如！」

【事與志違】
見「事與願違」。

【事在必行】
指事情非做不可。宋・蘇軾《東坡志林・養生說》：「如孫武令，事在必行，有犯無恕。」

【事在不疑，卜之何益】
卜：占卜，問卦。既已對所做之事的正確性堅信不移，何必去預測它的成敗兇吉。例常言道：「事在不疑，卜之何益」。既然我們的事業是正義的，就應義無反顧地去實踐，成敗利鈍，在所不計。

【事在人爲】
指事情的成敗好壞，全在於人的主觀努力。《東周列國志》六九回：「事在人爲耳，彼朽骨者何知。」

【事重身衰】
責任重大，但身體不佳。形容力不勝任。《紅樓夢》七一回：「因年景漸老，事重身衰，又近因在外幾年，骨肉離異，今得宴然復聚，自覺喜幸不盡。」

【恃才傲物】
恃：依仗；物：他人。依仗自己有才華而傲恃他人。《舊唐書・張昌齡傳》：「昔禰衡、潘岳，皆恃才傲物，以至非命。」也作「恃才驕物」。唐・王方慶《魏鄭公諫錄・對隋主博物有才》：「隋主雖有俊才，無人君之量，恃才驕物，所以至於滅亡。」也作「恃才凌物」。淩：欺侮。《宋史・曲端傳》：「端有將略，使展盡其才，要未可量。然剛愎，恃才淩物，此其所以取禍云。」

【恃才傲逸】
見「恃才倨傲」。

【恃才不學】
指依仗自己才高，便不用心學習。例他這個人很聰明，但是恃才不學，工作多年，成績不佳。

【恃才放曠】
依仗自己有才，言行放蕩不羈。《三國演義》七二回：「原來楊修爲人恃才放曠，數犯曹操之忌。」

【恃才驕物】
見「恃才傲物」。

【恃才矜己】
依仗自己有才而自傲自大。《隋書・煬帝紀下》：「恃才矜己，傲狠明德，內懷險躁，外示凝簡，盛冠服以飾其奸，除諫官以掩其過。」也作「恃才揚己」。郭沫若《從詩人節說到屈原是否是弄臣》：「有的人說：屈原那樣的人根本不值得紀念的，恃才揚己，誹謗當道，而終於獨善其身……在我們目前的中國根本不需要。」

【恃才倨傲】
倨傲：傲慢。依仗自己有才能而驕傲自大。《太平御覽・人事部・簡傲》：「趙壹字元淑，恃才倨傲，爲鄉里所擯。」也作「恃才傲逸」。傲逸：驕傲放縱。《三國志・魏書・荀彧傳》注引《平原禰衡傳》：「[衡]恃才傲逸，臧否過差，見不如己者不與語，人皆以是憎之。」

【恃才凌物】
見「恃才傲物」。

【恃才揚己】
見「恃才矜己」。
【恃功矜能】
矜：誇耀。指依仗自己有功，誇耀自己的才能。宋·洪邁《容齋續筆·名將晚謬》：「自古威名之將，立蓋世之勛，而晚謬不克終者，多失於恃功矜能而輕敵也。」
【恃功務高】
因自己有功而追求更高的目標。《三國演義》一〇五回：「魏延平日恃功務高，人皆下之。」
【恃強凌弱】
依仗強者，欺侮弱小。《警世通言》卷三：「那桀紂有何罪過？也無非倚貴欺賤，恃強凌弱，總來不過是使勢而已。」也作「恃強欺弱」。《東周列國志》一八回：「齊恃強欺弱，奪我汶陽之田，今日請還，吾君乃就歃耳！
【恃強欺弱】
見「恃強凌弱」。
【恃強倚寵】
指依仗強者和所受到的寵愛。《鏡花緣》二回：「爭奈這嫦娥恃強倚寵，賣弄新鮮題目。」
【恃人不如自恃】
恃：依靠。依靠別人不如依靠自己。謂只有靠自己的力量，事情才能辦好。《韓非子·外儲說右下》：「此明夫恃人不如自恃；明於人之爲己者不如己之自爲也。」
【恃勢怙寵】
憑借權勢、依靠寵幸而驕橫妄爲。《後漢書·朱穆傳》：「兇狡無行之徒，媚以求官，恃勢怙寵之輩，漁食百姓，窮破天下，空竭小人。」
【恃勇無謀】
指做事只憑蠻幹，沒有心計。《三國志·魏書·郭嘉傳》注引《傅子》：「昔項籍七十餘戰，未嘗敗北，一朝失勢，而身死國亡者，恃勇無謀故也。」
【恃直不戒】
只憑正直辦事，對其他沒有戒備。唐·韓愈《釋言》：「夫佞人不能遠，則有時而信之矣，今我恃直而不戒，禍其至哉！」
【飾非拒諫】
諫：勸告；飾：掩蓋。掩飾錯誤，拒絕別人的勸告。五代·孫光憲《北夢瑣言》卷五：「飾非拒諫，斷自己意。」也作「拒諫飾非」。
【飾非遂過】
指因掩飾錯誤而造成過失。《呂氏春秋·審應》：「公子食我之辯，適足以飾非遂過。」
【飾非文過】
指以各種藉口來掩飾自己的缺點和錯誤。唐·劉知幾《史通·曲筆》：「其有舞辭弄札，飾非文過……斯乃作者之醜行，人倫所同疾也。」也作「文過飾非」。
【飾非掩醜】
指掩飾缺點和錯誤的行爲。《紅樓夢》五回：「多少輕薄浪子，皆以『好色不淫』爲解，又以『情而不淫』作案，此皆飾非掩醜之語耳。」
【飾情矯行】
指以矯揉造作的行爲掩飾眞心本意。《石點頭·貪婪漢六院賣風流》：「間有廉潔自好之人，反爲衆忌，不說是飾情矯行，定指是釣名沽譽，羣口排擠。」
【飾外絮內】
表面美好，內裏卻如破絮。比喻徒有外表，實則一團糟。清·袁樹《贅言》：「少年不解事，刻意鶩華妍。服飾異常度，風致誇翩躚……飾外而絮內，於身何有焉！」
【視白成黑】
把白色看成黑色。比喻顚倒善惡，是非不分。唐·柳宗元《瓶賦》：「視白成黑，顚倒妍媸。」
【視丹如綠】
把紅色看成綠色。形容憂愁過甚，致使視覺模糊。三國魏·郭遐叔《贈嵇叔夜》詩：「心之憂矣，視丹如綠。」也作「看朱成碧」。
【視而不見】
見「視而不見，聽而不聞」。
【視而不見，聽而不聞】
雖然在看，卻跟沒看見一樣；雖然在聽，但跟沒聽見一樣。形容心不在焉或對事情不重視，不關心，漠然處之。有時也指視力、聽力不佳。《禮記·大學》：「心不在焉，視而不見，聽而不聞，食而不知其味。」也作「視之不見，聽之不聞」。《雲笈七籤》卷二：「唯吾老君猶處空玄寂寥之外，玄虛之中，視之不見，聽之不聞。」也作「視而弗見，聽而弗聞」。《禮記·中庸》：「子曰：『鬼神之爲德其咸矣乎，視之而弗見，聽之而弗聞。』」也作「視而不見」。《兒女英雄傳》三七回：「原來那位老師爺……那雙眼睛也就幾乎視而不見。」
【視而弗見，聽而弗聞】
見「視而不見，聽而不聞」。
【視茫髮蒼】
視：視覺；茫：看不淸；蒼：灰白色。唐·韓愈《祭十二郎文》：「吾年未四十，而視茫茫，而髮蒼蒼，而齒牙動搖。」後以「視茫髮蒼」形容未老先衰。
【視民如傷】
對待百姓，就像他們是傷員或病人一樣，只可撫慰，不能驚擾。指對百姓深切地體恤愛護。《左傳·哀公元年》：「臣聞國之興也，視民如傷，是其福也；其亡也，以民爲土芥，是其禍也。」也作「視人如傷」。唐·楊炯《爲梓州官屬祭陸郪縣文》：「居傳其政，愛人如子；山則有梁，鎭玆一方；君弘其道，視人如傷。」
【視民如子】
對待百姓就如對待自己的兒子一樣。形容愛民。《左傳·昭公三年》：「吳

光新得國，而親其民，視民如子，辛苦同之，將用之也。」也作「視人如子」。唐・張說《河西節度副大使鄯州都督安鄉神道碑》：「其在軍州，傾心下士，視人如子，無約而親附，不言而條理。」

【視溺不援】

看見人溺水而不去援救。泛指見死不救。清・無名氏《賽紅絲》五：「臨渴掘井，固是小弟不情；視溺不援，在吾兄亦覺太忍。」

【視人如傷】

見「視民如傷」。

【視人如子】

見「視民如子」。

【視人猶芥】

把別人當作草芥。形容高傲自大，看不起人。晉・葛洪《抱朴子・刺驕》：「器滿意得，視人猶芥。」

【視日如歲】

歲：年。過一天就像過一年那樣長。形容境況窘迫，日子很難過。明・袁宏道《請點右侍郎疏》：「雖蒙聖恩起用尚書孫丕揚，而到任無期，秣馬治裝，尚需兩月。而時喬之危迫，視日如歲。」也作「度日如歲」。

【視如秕糠】

秕糠：秕子和糠。看似秕糠一樣。比喻極其輕視。晉・釋道桓《釋駁論》：「名位財色，世情之所重，而沙門視之如秕糠。」

【視如敝屣】

敝屣：破舊的鞋子。看作破舊的鞋子一樣。形容極為輕視。《孟子・盡心上》：「舜視棄天下，猶棄敝蹝（屣）也。」章炳麟《駁康有為論革命書》：「其仁如天，至公如地，視天位如敝屣。」

【視如草芥】

見「視如土芥」。

【視如糞土】

糞土：糞便和泥土。指視同糞土一樣不值。比喻對某事物極為蔑視。《野叟曝言》七〇回：「此刀此劍，雖有優劣，皆為寶物，佳人惜紅粉，烈士愛寶劍，豈可視如糞土，為焚琴煮鶴之事乎。」也作「視若土苴」。土苴（ㄐㄩ）：糞草。清・袁枚《與林遠峯書》：「在祖父辛苦經營以貽之，在子孫視若土苴以散之。」

【視如拱璧】

拱璧：大璧。看作大璧一樣。比喻極為寶貴。《聊齋志異・珠兒》：「生一子，視如拱璧。」

【視如寇仇】

寇仇：仇敵。看作仇敵一樣。《鏡花緣》一二回：「倘明哲君子，洞察其奸，於家中婦女不時正言規勸，以三姑六婆視如寇仇。」

【視如路人】

見「視若路人」。

【視如途人】

見「視若路人」。

【視如土芥】

土芥：土和草。看作土和草一樣。形容極為輕視。《孟子・離婁下》：「君之視臣如土芥，則臣視君如寇仇。」《儒林外史》二一回：「鹽商富貴奢華，多少士大夫見了就銷魂奪魄，你一個弱女子，視如土芥，這就可敬的極了！」也作「視如草芥」。魯迅《病後雜談之餘》：「任其生死，視如草芥。」

【視如畏途】

看成是危險可怕的道路。《醉醒石》九回：「近來刑部，因批駁嚴，參罰重，縉紳中視如畏途。」也作「視為畏途」。梁啟超《駁某報之土地國有論》：「則企業家危險之程度太大，而人將視為畏途莫肯從事也。」

【視若兒戲】

見「視同兒戲」。

【視若路人】

路人：行路的人。指把親人和熟人看作路上行人一樣。《初刻拍案驚奇》卷一三：「漫然視若路人，甚而等之仇敵。」也作「視同陌路」。《野叟曝言》二〇回：「況愚兄病中，承他捨命服侍，救我殘喘，他今有病，便視同陌路，此豈稍有人心者耶？」也作「視如路人」。宋・魏了翁《朝奉郎新知邛州何君墓志銘》：「對有宗族兄弟甲富乙貧相視如路人者，秘監推產於同氣。」也作「視如途人」。元・戴良《章氏家乘序》：「而於宗人族子，相視如途之人者，又豈少哉！」

【視若神明】

視：看待，看作。對待某人如對待神靈一樣。形容對某人極端崇敬。清・葉夢珠《閱世編・宦跡・五》：「縉紳屬吏，視若神明，罔敢干以私也。」也作「奉若神明」。

【視若土苴】

見「視如糞土」。

【視若無睹】

睹：看見。看了就像沒看見一樣。形容對事物漠不關心。例清晨的大道，車輛稀少，開起車來暢快無阻，一般人對於路邊豎立的警告標示，視若無睹，一意馳騁加速。

【視虱如輪】

把虱子看成車輪那樣大。比喻全神貫注於某一事物，從而達到造詣極深的妙境。宋・劉克莊《答陳𣏌伯》詩：「聖處分明世鮮知，古人豈是異肝脾；謂鰲可釣無傳法，視虱如輪有悟時。」

【視死如歸】

把死看成像回家一樣泰然。形容不怕死。多指為正義事業，不惜獻出生命。《三國志・吳書・周瑜傳》：「身當矢石，盡節用命，視死如歸。」也作「視死若歸」。漢・劉向《新序・雜事》：「車不結軌，士不旋踵，鼓之，而三軍之士視死若歸。」

【視死如生】

見「視死若生」。

【視死如飴】

飴：糖。把死去當作像吃糖一樣。指心甘情願死去。清・徐岳《瓊枝曼仙記》：「瓊枝曼仙一娼耳，奮不顧身，視死如飴，不更賢於忠臣義士之所爲耶？」

【視死若歸】

見「視死如歸」。

【視死若生】

把死去看成像活著一樣。形容不怕死。《莊子・秋水》：「視死若生者，烈士之勇也。」也作「**視死如生**」。《漢書・晁錯傳》：「故戰勝守固則有拜爵之賞，攻城屠邑則得其財鹵以富家室，故能使其衆蒙矢石，赴湯火，視死如生。」

【視同兒戲】

把事情看成小孩子玩一樣。比喻極不嚴肅，極不認眞。《初刻拍案驚奇》卷一一：「爲官做吏的人，千萬不要草菅人命，視同兒戲。」也作「**視爲兒戲**」。清・李漁《奪錦樓》：「你夫妻兩口全沒有一絲正經，把兒女終身視爲兒戲！」也作「**視若兒戲**」。《清史稿・李振祜傳》：「劾都察院京察給事中色成額先經列入六法，自赴公堂辯論，于求改列三等，反覆視若兒戲，都御史被嚴議，色成額仍列有疾。」

【視同陌路】

見「視若路人」。

【視同秦越】

秦越：秦國和越國，兩國相距甚遠，借指關係疏遠。指把事情看得像秦越兩國那樣毫不相關。明・陳汝元《金蓮記・賜環》：「激切忠懷一生憑誰說，怎忍得視同秦越。」

【視同手足】

手足：借指親兄弟。彼此像親兄弟一樣。形容關係密切。例在共同的軍中生活，彼此視同手足，親密無間。

【視微見著】

看到事情的一點跡象，就能認識它的實質和發展趨勢。三國蜀・諸葛亮《便宜十六策・思慮》：「君子視微見著，見始知終，禍無從起，此思慮之政也。」也作「**見微知著**」。

【視爲兒戲】

見「視同兒戲」。

【視爲具文】

具文：徒有形式而無實際作用的文字。看成是一紙空文。《兒女英雄傳》四〇回：「[雍正]一登大寶，便親制聖諭廣訓十六條，頒發各省學宮……久而久之，連那些地方官也就視爲具文。」

【視爲畏途】

見「視如畏途」。

【視爲知己】

指把對方當作交情極深的朋友看待。例我一向把他視爲知己，有事總願意與他商量。

【視爲至寶】

看成最珍貴的寶物。例遠方的同學送給他一件工藝品——小熊貓，雖是普通的禮物，他卻視爲至寶，精心珍藏。

【視險如夷】

夷：平安。把危險看成平安無事。形容勇敢，本領大，對待危險鎭定自若。漢・劉協《喩郭汜詔》：「今得東移，望遠若近，視險如夷。」也作「**視險若夷**」。三國魏・吳質《與文帝書》：「雖雲幽深，視險若夷。」也作「**視嶮若夷**。」嶮：通「險」。宋・傅亮《宋公九錫策文》：「公乘轅南濟，義形於色，疑然內湛，視嶮若夷，攄略運奇，英謨不世。」

【視險若夷】

見「視險如夷」。

【視嶮若夷】

見「視險如夷」。

【視瞻不轉】

視瞻：往前看。眼珠不動地看。形容注意力高度集中。漢・嚴尤《三將軍論》：「臣察武安君小頭而面銳，瞳子白黑分明，視瞻不轉。」也作「**目不轉睛**」。

【視之不見，聽之不聞】

見「視而不見，聽而不聞」。

【是長是短】

指說長道短。《二刻拍案驚奇》卷三二：「朱景先是個無情無緒之人，見了手下舊使役的，偏喜是長是短的婆兒氣消遣悶懷。」

【是而非之，非而是之，猶非也】

應該肯定的卻否定它，應該否定的卻肯定它，這兩種做法都是不對的。《晏子春秋・不合經術者》：「是而非之，非而是之，猶非也。」

【是非不分】

指分不清正確與錯誤。漢・王褒《四子講德論》：「好惡不形，則是非不分。」

【是非得失】

正確與錯誤，所得與所失。宋・朱熹《辭免兼實錄院同修撰奏狀二》：「奉聖旨不允者瀝懇控陳，必期從欲，聞命悚惕，不知所言，重念臣愚，素無史學，然於是非得失之故，實有善善惡惡之心。」

【是非顚倒】

把對的說成錯的，把錯的說成對的。宋・曾鞏《南齊書目錄序》：「然而蔽害天下之聖法，是非顚倒而採摭謬亂者，亦豈少哉！」也作「**顚倒是非**」。

【是非分明】

清楚地區分正確與錯誤。《漢書・楚元王傳》：「故賢聖之君，博觀終始窮極事情，而是非分明。」

【是非好歹】

指正確與錯誤、好與壞。清・李漁《閒情偶寄》：「而今之梨園，不問是非好歹，開口說話即用此二字作助語詞，常有一段『賓白』之中，連說數十個『且住』者。此皆不詳字義之故。」

【是非混淆】

把正確的說成錯誤的，把錯誤的說成正確的。指故意製造混亂。例王大同這個人沒別的本事，唯獨把事情是非

混淆，是他最拿手的本領。也作「混淆是非」。

【是非坑】

指招惹是非之地。例別看門診部就那麼幾個人，卻是有名的是非坑。

【是非頗謬】

指論證對與錯的標準不正確。《漢書・司馬遷傳贊》：「又其是非頗謬於聖人，論大道則先黃老而後六經，序遊俠則退處士而進奸雄，述貨殖則崇勢利而羞賤貧，此其所蔽也。」

【是非曲直】

曲：無理；直：有理。泛指事情的正確和錯誤、有理和無理。元・無名氏《朱砂擔》三折：「我奉著玉帝天符非輕慢，將是非曲直分明看。」

【是非人我】

正確與錯誤、他人與自己。泛指世間人與人之間的複雜關係。元・谷子敬《城南柳》四折：「你做了酒色財氣，你辭了是非人我，今日個老鄉惹上仙風，和小桃都成正果。」

【是非之境】

指對與錯的界限。《莊子・秋水》：「且夫知不知是非之境，而猶欲觀於莊子之言，是猶使蚊負山，商蚷馳河也。」

【是非之心】

《孟子・告子上》：「是非之心，人皆有之。」指具有分辨正確與錯的能力。也指敢於爭辯是非曲直的心意。清・朱彝尊《跋王氏詩疑》：「世之儒者，以其淵源出於朱子，而不敢議，則亦無是非之心者也。」

【是非只爲多開口】

是非：對與錯，引指糾紛。隨便亂講話是引起糾紛、矛盾的原因。勸人少說話，免得招麻煩。《官場現形記》二七回：「老弟，這就是你的不是了。『是非只爲多開口，禍亂都因强出頭。』」

【是非只爲多開口，煩惱皆因强出頭】

是非只是因爲多說話而惹出來的，煩惱都是因爲硬要超出一般人而招來的。勸人少說話，少管閒事，不要在衆人面前顯示自己。宋・陳元靚《事林廣記》卷九《警世格言》：「是非只爲多開口，煩惱皆因强出頭。」

【是非終日有，不聽自然無】

搬弄是非的言語經常有，只要不去聽它，它自然也就沒有了。謂對付流言蜚語的最好方法是置之不理。例世上總有那麼一些人，專門到處搬弄是非，只有採取是非終日有，不聽自然無的態度，才能擺脫流言帶來的煩惱。

【是福不是禍，是禍躲不過】

本該有的福分變不成災禍，而該遭的災禍想躲也躲不過去。舊謂福禍天定，人力無法改變。例事情已經做下了，後悔又有何用？反正是福不是禍，是禍躲不過，還是靜觀其變吧。

【是古非今】

是：認爲對；非：認爲不對。指認爲古代的一切都對，現在的一切都不對。《漢書・元帝紀》：「俗儒不達時宜，好是古非今，使人眩於名實，不知所守，何足委任！」

【是灰比土熱，是鹽比醬鹹】

灰：物質燃燒後的殘留物。比喻親友同志之情，非比常人。例他是我的朋友，我當然要幫助他。是灰比土熱，是鹽比醬鹹，何況他還曾救過我的命。

【是可忍，孰不可忍】

連這樣的事都可以容忍，那還有什麼不能容忍的事呢？指絕對無法容忍。《晉書・王敦傳》：「帝大怒，下詔曰：『王敦憑恃寵靈，敢肆狂逆，方朕太甲，欲見幽囚。是可忍也，孰不可忍！』」也作「**是可忍，孰不可容**。」《梁書・元帝紀》：「華、原、酆、郇，並離禍患，凡、蔣、邢、茅，皆伏鈇鑕。是可忍也，孰不可容。」

【是可忍，孰不可容】

見「是可忍，孰不可忍」。

【是騾子是馬，拉出來遛遛】

比喻空口無憑，在大家面前展示一下，別人才會相信。例你別在這兒說大話，是騾子是馬，拉出來遛遛，大家才信服吶。

【是馬有三分龍骨】

古代認爲馬和龍有親緣關係，故稱良馬爲龍種，稱天馬爲龍媒。比喻一般的人也會有某些超出常人之處。例將羣衆看成阿斗的觀點是極端有害的。是馬有三分龍骨，羣衆中蘊藏著無窮的智慧和創造力。

【是是非非】

是是：前一「是」作「肯定」講，後一個「是」指對的；非非：前一個「非」作「否定」講，後一個「非」指「不對」或「錯誤」。①指能正確分辨是非。《荀子・修身》：「是是非非，謂之知；非是是非，謂之愚。」②指辦事公正。元・王實甫《西廂記》一本二折：「老夫人處事溫儉，治家有方，是是非非，人莫敢犯。」③指種種是非。清・李雨堂《萬花樓楊包狄演義》八：「奏知聖上，亦是公斷，是是非非，總憑公議。」

【是耶非耶】

耶：語末助詞，表示疑問。是呢？還是不是呢？多形容意境縹緲，神妙莫測。清・賀裳《載酒園詩話・晚唐・李商隱》：「長吉、義山皆善作神鬼詩，《神弦曲》有幽陰之氣，《聖女祠》多縹緲之思……眞令人可望而不可親，有是耶非耶之致。」

【是一親，掛一心】

謂事涉親友，難免心存牽掛。例叔叔讓我幫辦的事，還沒結果，總不免是一親，掛一心，心上老惦記這件事。

【是一說一，是二說二】

謂不要誇大其辭、東拉西扯。例說話要是一說一，是二說二，不能信口亂說。在法庭上說的每一句話，都要負

法律責任的。

【是眞難假，是假難眞】

謂眞假終究難於混淆。例別看他靠著欺騙得逞於一時，是眞難假，是假難眞，總有一天，他的眞面目會暴露在光天化日之下。

【是眞說不假，是假說不眞】

謂是非眞假不是僅憑嘴說就能混淆顚倒的。例別著急，讓他把話說完，是眞說不假，是假說不眞，倒要看看他的葫蘆裏到底賣的是什麼藥。

【適百里者宿舂糧】

適：去，往；宿：夜；舂：用杵臼搗去穀物的皮殼。要外出百里的人必須連夜準備糧食。比喻事先做好準備工作。《莊子・逍遙遊》：「適百里者宿舂糧，適千里者三月聚糧。」

【適當其逢】

見「適逢其會」。

【適得其反】

適：恰好。等到的結果同願望恰恰相反。魯迅《這個與那個》：「既然十之九不是好東西，則被捧而後，那結果便自然和捧者的希望適得其反。」

【適逢其會】

恰巧遇到那個時機。《兒女英雄傳》二九回：「適逢其會，順天府開著捐班例，便給他捐了個七缺後的候選未入流。」也作「適當其逢」。元・戴表元《送方中全北行序》：「有適當其逢，而不可知其然也。」

【適可而止】

到了適當的程度就應停止。指辦事不可過分，要留有餘地。《文明小史》二回：「同外國人打交道，亦只好適可而止。」

【適以相成】

恰好可以互相補充，相輔相成。老舍《趙子曰》：「他們兩個好像廟門前立著的那對哼、哈二將，唯其不同，適以相成。」

【逝者如斯】

《論語・子罕》：「子在川上曰：『逝者如斯夫，不舍晝夜。』」形容時光像河水一樣，日夜不停地流逝而去。晉・陸機《順東西門行》：「感朝露，悲人生，逝者如斯安得停。」

【誓不罷休】

發誓絕不停止，決不善罷甘休。例合理的索賠要求如果不被接受，我們就誓不罷休。

【誓不兩立】

發誓決不與對方同時存在。形容矛盾不可調和，仇恨極深。《三國演義》四四回：「孤與老賊，誓不兩立！卿言當伐，甚合孤意。」

【誓海盟山】

指訂立盟誓山海那樣重大，永久不變。多表示愛情的堅貞。明・鄭若庸《玉玦記・設誓》：「誓海盟山，金釵鈿合，相同語恩私。」也作「誓山盟海」。《羣音類選〈四塊玉・女相思〉》：「頓忘了誓山盟海，頓忘了音書不寄來。」也作「山盟海誓」。

【誓日指天】

對著太陽、蒼天發誓。形容信念堅定。清・錢泳《履園叢話・席氏多賢》：「瀝肝碎首，無以鳴寃；誓日指天，莫能伸曲。」也作「指天誓日」。

【誓山盟海】

見「誓海盟山」。

【誓身許國】

誓爲國盡忠而獻出自己的生命。宋・歐陽修《謝知制誥啟》：「敢不勉拙以勤，誓身許國，上酬天造，次答己知。」

【誓死不從】

從：服從。發誓至死也不屈服。形容堅定不移的決心。《好逑傳》一七回：「宜之子之誓死不從，而褰裳遠避也。」也作「誓死不屈」。例文天祥在獄中大義凜然，誓死不屈。

【誓死不二】

決意至死不生二心。形容忠誠、堅定。魯迅《夏三蟲》：「肚子餓了，抓著就是一口，決不談道理，弄玄虛。被吃者也無須在被吃之前，先承認自己之理應被吃，心悅誠服，誓死不二。」

【誓死不屈】

見「誓死不從」。

【誓同生死】

發誓同生死，共命運。《隋唐演義》三七回：「兩人也拜了，結爲兄弟，誓同生死。」

【誓無二心】

見「誓無二志」。

【誓無二志】

立下誓言決不變心。形容堅定不移的決心。《東周列國志》五五回：「倘蒙矜厄之仁，退師三十里，寡君願以國從，誓無二志。」也作「誓無二心」。清・洪昇《長生殿・獻飯》：「萬歲爺休出此言，臣等情願隨駕，誓無二心。」

【舐犢情深】

見「舐犢之愛」。

【舐犢之愛】

舐：以舌舔物。老牛舔小牛。比喻對子女的愛撫之情。《後漢書・楊彪傳》：「子修爲操所殺。曹見彪曰：『公何瘦之甚？』對曰：『愧無日磾先見之明，猶懷老牛舐犢之愛。』」也作「舐犢之念」。宋・張孝祥《答衢州陳守》：「子才老矣，舐犢之念切，人誰無子，惟賢史君哀憐子。」也作「舐犢之私」。《東周列國志》六回：「石碏大怒曰：『州吁之惡，皆逆子所釀成。諸君請從輕典，得無疑我有舐犢之私乎？』」也作「舐犢情深」。《兒女英雄傳》三〇回：「安老夫妻暮年守著個獨子，未免舐犢情深，加了幾分憐愛。」

【舐犢之念】

見「舐犢之愛」。

【舐犢之私】

見「舐犢之愛」。

【舐毫吮墨】

毫：毛筆。指寫作或繪畫。明・袁宏道《廣莊・大宗師》：「文章之士，以立言爲不死，是故著書垂訓，舐毫吮墨，仰面觀屋。」

【舐糠及米】

舐：舔；糠：穀皮。舔去糠皮，再舔米。比喻逐步侵蝕，得寸進尺。清・嚴復《救亡決論》：「無人才，則之數事者，雖舉亦廢故也。舐糠及米，終至危亡而已。」

【舐皮論骨】

指舔到皮膚就大談皮肉內的骨頭。比喻看到表象就妄加評論。魯迅《海上通訊》：「至於《野草》，此後做不做很難說，大約是不見得再做了，省得人來謬托知己，舐皮論骨。」

【舐痔吮癰】

舐痔：指人用舌頭舔痔瘡；吮癰（ㄩㄥ）：用口吸取瘡中的膿血。形容諂媚之徒巴結權貴的醜態。清・秋瑾《彈詞・精衛石》：「那班糊塗臣子，橫豎只要你是皇帝，不管你姓張姓李，盡可磕頭稱臣，奉承得屁滾尿流，舐痔吮癰都來的。」

【室不崇壇】

蓋房子不高壘台基。形容生活不奢侈。《左傳・哀公元年》：「昔闔廬食不二味，居不重席，室不崇壇，器不彤鏤，宮室不觀，舟車不飾，衣服財用，擇不取費。」

【室邇人遐】

見「室邇人遠」。

【室邇人遠】

邇：近。《詩經・鄭風・東門之墠》：「其室則邇，其人甚遠。」宋・朱熹《詩集傳》：「室邇人遠者，思之而未得見之詞也。」房屋很近，屋裏的那個人卻很遠。指男女思慕而無緣相見。也作「室邇人遐」。遐：遠。漢・司馬相如《琴歌二首》：「有艷淑女在閨房，室邇人遐毒我腸。何緣交頸爲鴛鴦，胡頡頏兮共翱翔？」後也指思念遠方的親友。漢・徐淑《答夫秦嘉書》：「誰謂宋遠，企予望之，室邇人遐，我勞如何。」明・朱之瑜《答木下貞干書》：「前者雖不能時接芝眉，飫承珠玉，猶自謂室邇人遠，今也相去千里，徒使人日惘惘耳！」也作「室邇人遙」。宋・戴復古《余惠淑訪舊》：「扁舟訪舊入橫塘，新柳今如舊柳長。室邇人遙春寂寂，風流雲散事茫茫。」

【室怒市色】

《左傳・昭公十九年》：「令尹子瑕言蹶由於楚子曰：『彼何罪！諺所謂室於怒，市於色者，楚之謂矣。舍前之忿可也。』」後以「室怒市色」指遷怒於人。元・郝經《居庸行》：「百年一僨老虎走，室怒市色還猖狂。」

【室人交謫】

室人：家裏人；謫：ㄓㄜˊ，責備。指受到全家人的責怪。《詩經・邶風・北門》：「我入自外，室人交遍謫我。」

【室如懸磬】

磬：古代石制打擊樂器。《國語・魯語上》：「室如懸磬，野無青草，何恃而不恐？」指屋內空無所有。後以「室如懸磬」形容極其貧窮。明・沈采《千金記・遇仙》：「室如懸磬，難堪原憲之貧；地無立錐，敢儷史魚之苦。」也作「室如懸罄」。罄：通「磬」。明・李贄《夫婦二》：「同郡范逵素知名，舉孝廉，投[陶]侃宿。於時冰雪積日，侃室如懸罄，而逵馬僕甚多。」

【室如懸罄】

見「室如懸磬」。

【室徒四壁】

室：屋子。室內只有四堵牆，其餘一無所有。形容家境貧苦。《魏書・陽固傳》：「居官清潔，家無餘財，終歿之日，家徒四壁，無以供喪，親故爲其棺斂焉。」

【室無長物】

長物：多餘的東西。指室內沒有什麼多餘的東西。形容生活貧困。金・元好問《贈答趙仁甫》：「南冠牢落坐貧居，卻爲窮愁解著書；但見室中無長物，不聞門外有軒車。」

【嗜古不化】

特別愛好古代的東西，但死記硬背，不善於吸取其精華。《聊齋志異・書痴》：「女戒其讀而導之遊藝接客，習爲倜儻，夫亦謂春秋榜上皆當出仕之人，豈嗜古不化者所得濫竽耶！」也作「食古不化」。

【嗜痂成癖】

痂：傷口表面凝結的硬殼；癖：怪癖。指人愛好某種怪誕的事物已成癖性。《南史，劉穆之傳》：「邕性嗜食瘡痂，以爲味似鰒魚。」也作「嗜痂有癖」。清・查慎行《聞同年顧書宣前輩湖廣訃音，愴懷今昔，成五十韻》：「雨雪連床數，篇章擊節頻。嗜痂良有癖，遭砭各無嗔。」也作「嗜痂之癖」。《聊齋志異・羅刹海市》：「花面逢迎，世情如鬼。嗜痂之癖，舉世一轍。」也作「嗜痂之好」。清・魏裔介《與紀伯紫》：「老社翁嗜痂之好，乃比之於昌黎，弟誠愧死矣。」

【嗜痂有癖】

見「嗜痂成癖」。

【嗜痂之好】

見「嗜痂成癖」。

【嗜痂之癖】

見「嗜痂成癖」。

【嗜殺成性】

殺人成了習性。形容極端凶殘。例侵略者是一羣嗜殺成性的劊子手。

【嗜血成性】

吸取他人血汗已成爲習性。形容兇殘地敲榨勒索。例嗜血成性的奴隸主，通過販賣奴隸，大發橫財。

【噬臍何及】

噬臍：用嘴咬肚臍。《左傳，莊公六年》：「亡鄧國者，必此人也，若不早圖，後君噬齊（臍）。」意謂後悔

時，像用嘴咬肚臍一樣，夠不著。後以「噬臍何及」比喻後悔已經晚了。《隋書·李密傳》：「今英雄競起，實恐他人我先，一朝失之，噬臍何及！」也作「**噬臍莫及**」。明·陸采《懷香記·鞫詢香情》：「差之毫釐，繆以千里，倘有後悔，噬臍莫及。」也作「**噬臍無及**」。明·朱鼎《玉鏡台記·丹陽兵報》：「事在預防，待羽翼成後，噬臍無及。」

【噬臍莫及】

見「噬臍何及」。

【噬臍無及】

見「噬臍何及」。

ㄕㄚ

【殺不得貧家，做不得富家】

舊謂若不心狠手辣地壓榨窮人，就不能發財致富。例過去有人常說：「殺不得貧家，做不得富家」，現在這種靠盤剝他人而發財致富的作法已爲政府的政策法令所不允許。也作「**殺不了窮漢，當不了富漢**」。例他財迷心竅，爲了謀取金錢，甚至不擇手段，他常說：「殺不了窮漢，當不了富漢。」結果走上了謀財害命的犯罪道路。

【殺不了窮漢，當不了富漢】

見「殺不得貧家，做不得富家」。

【殺敵致果】

致：做到；果：果敢。《左傳·宣公二年》：「殺敵爲果，致果爲毅。」孔穎達疏：「能殺敵人，是名爲果，言能果敢以除賊；致此果敢，乃名爲毅，言能強毅以立功。」後以「殺敵致果」稱勇敢殺敵以立戰功。章炳麟《十九路軍死難將士公墓表》：「自中國與海外諸國戰鬥以來，未有殺敵致果如是役者。」

【殺伐決斷】

伐：討伐；進攻；決斷；堅決，果斷。泛指處事做出決斷的能力、魄力。《紅樓夢》一一三回：「若說料理不開，從小兒大妹妹玩笑時就有殺伐決斷，如今出了閣在那府裏辦事，越發歷練老成了。」

【殺風景】

比喻在興高采烈的場合使人掃興，破壞情緒。例在這古建築羣裏豎一根煙囪，可眞是殺風景。也作「**煞風景**」。宋·樓鑰《從次韻沈使君懷浮岡梅花》詩：「毋庸高牙煞風景，爲著佳句增孤妍。」

【殺父之仇】

《禮記·曲禮上》：「父之仇，弗與共戴天。」指最大的仇恨。《說岳全傳》六六回：「柴排福道：『岳飛與孤家有殺父之仇，今日狹路相逢，要報昔日武場之恨。』」

【殺父之仇，不共戴天；殺兄之仇，不共日月】

戴：頂著。與殺害父親的仇敵，不能在同一個天底下生活；與殺害兄長的仇敵，不能在同一個日月下共存。指仇恨極深，勢不兩立。《三寶太監西洋記》二四回：「殺父之仇，不共戴天；殺兄之仇，不共日月。我怎麼與你干休！」

【殺富濟貧】

打擊富豪，救濟貧苦百姓。例父子二人一貫行俠作義，殺富濟貧。

【殺回馬槍】

原爲古代騎士使槍的一種槍法，回過馬來向追擊的人突然反擊。比喻背叛自已一方並給予攻擊。例刁閻王怎麼也沒想到，自己一手提拔器重的人竟會在關健時刻殺回馬槍，領著遊擊隊來打自己了。

【殺雞扯脖】

比喻用手在脖子上比劃。形容情急、發誓、賭咒等時候的神態和動作。《金瓶梅詞話》二一回：「那西門慶見月娘臉兒不瞧一面，折跌腿裝矮子跪在地下，殺雞扯脖，口裏姊姊長姊姊短。」

【殺雞炊黍】

見「殺雞爲黍」。

【殺雞割破膽——自討苦吃】

膽：儲存膽汁的囊狀器官，長在肝臟右葉的下前方，也稱膽囊或苦膽。見「笨豬拱刺蓬——自討苦吃」。

【殺雞給猴看】

傳說猴子怕見血，馴猴人便殺雞放血來恐嚇猴子，使其聽話。比喻懲罰一個人來警戒其他人。例他們常用開展鬥爭的辦法，殺雞給猴看，故意去尋找『鬥爭對象』，犧牲與打擊這一個或這幾個同志，以警戒他人。也作「**殺雞駭猴**」。駭：使驚恐。《官場現形記》五三回：「俗語說得好，叫做『殺雞駭猴』，拿雞子宰了，那猴兒自然害怕。」也作「**殺雞嚇猴**」。《袁世凱演義》二回：「光緒因朝廷守舊大臣抗拒他的命令……便採取『殺雞嚇猴』的手段，傳旨革去文悌的御史之職。」

【殺雞給猴看——懲一儆百】

見「打馬騾子驚——懲一儆百」。

【殺雞駭猴】

見「殺雞給猴看」。

【殺雞取蛋——因小失大】

見「揀了芝麻，丟了西瓜——因小失大」。

【殺雞取卵】

殺掉雞取出蛋。比喻只貪圖眼前好處，不顧將來利益。也比喻爲營求暴利，貪得無厭，不擇手段。呂振羽《簡明中國通史》一三章：「五代的統治者便不惜用殺雞取卵的辦法去壓榨人民，藩鎮和地方官史，都相率對人民肆行剝削。」

【殺雞爲黍】

黍：黃米。殺雞作黃米飯。引申爲盛情款待客人。《論語·微子》：「止子路宿，殺雞爲黍而食之。」也作「**殺雞炊黍**」。《三國志·魏書·田豫傳》：「豫爲殺雞炊黍，送詣至陌頭。」

【殺雞嚇猴】
見「殺雞給猴看」。
【殺雞焉用牛刀】
焉：怎麼，那裏；牛刀：殺牛用的刀。殺雞那裏用得著宰牛的刀。比喻不能大材小用或不必小題大作。《水滸全傳》八五回：「常言道：『殺雞焉用牛刀。』那裏消得正統軍自去，只賀某聊施小計，教這一伙蠻子，死無葬身之地！」
【殺雞要蛋，乾塘打魚——一回過】
乾塘：把塘水抽乾。也作「殺雞取蛋——只得一回」。見「吃斷根菜——一回過」。
【殺雞用牛刀——小題大作】
見「大炮打跳蚤——小題大作」。
【殺雞用上宰牛的勁——眞笨】
比喻非常不聰明，不靈巧。例一個簡單的道理就理解不了，殺雞用上宰牛的勁——眞笨。
【殺雞做豆腐——稱不得裏手】
比喻算不得行家。例「你認爲他提出的辦法怎樣，能不能聘請爲顧問？」「殺雞做豆腐——稱不得裏手，還得另請專家。」
【殺君馬者路旁兒】
使你的馬力竭而死的，正是路邊那些你想取悅的人們。比喻嘩衆取寵往往會給自已招致禍害。清·阮葵生《茶餘客話》卷一：「調子書：退直後，宜靜坐片刻，養身節勞，勿以膏自焚也。古樂府：殺君馬者路旁兒，謂竭馬之力，以娛道旁耳目，吾慮汝之馬力竭矣。」
【殺老牛莫之敢尸】
尸：主持。沒有人敢作主宰殺給人耕田已久的老牛。比喻沒有誰敢謀害聲望高、有貢獻的人。《左傳·成公十七年》：「公遊於匠麗氏，欒書、中行偃遂執公焉。召士匄，士匄辭。召韓厥，韓厥辭，曰：『昔吾畜於趙氏，孟姬之讒，吾能違兵。古人有言：殺老牛莫之敢尸，而況君乎？』」
【殺了頭也不過是碗大的疤】
把頭砍掉了，也不過是落下一個飯碗大小的傷疤。形容不懼怕死亡。例他是豁出去了，「殺了頭也不過是碗大的疤」，抓起手邊的小刀，往殺害家人的兇手撲過去，惡狠狠的一陣捅刺。
【殺了一隻虎，留下一隻狼】
比喻除惡未盡，留下後患。例對那些嚴重危害人民生命財產的不法之徒一定要除惡務盡，不能殺了一隻虎，留下一隻狼，讓他們繼續爲非作歹。
【殺馬毀車】
《後漢書·周燮傳》：「[馮良]出于孤微，少作縣史。年三十，爲尉從佐。奉檄迎督郵，即路慨然，恥在廝役，因壞車殺馬，毀裂衣冠，乃遁至犍爲，從杜撫學。」後以「殺馬毀車」比喻棄官歸隱。宋·蘇軾《捕蝗二首》詩：「殺馬毀車從此逝，子來何處問行藏。」
【殺牛取腸——不合算】
也作「殺牛取腸——不上算」。見「大象換老鼠——不合算」。
【殺妻求將】
《史記·孫子吳起列傳》：「齊人攻魯，魯欲將吳起。吳起取齊女爲妻，而魯疑之，吳起於是欲就名，遂殺其妻，以明不與齊也，魯卒以爲將。將而攻齊，大破之。」比喻爲追求功名利祿而不惜傷天害理。《東周列國志》八六回：「穆公謂曰：『吳起殺妻以求將，此殘忍之極，其心不可測也。』」
【殺妻求將——官迷心竅】
比喻想當官想得入痴入迷。例「他爲什麼低三下四，到處請客送禮？」「這還不明白？殺妻求將——官迷心竅啊！」也作「做夢當縣長——官迷心竅」。
【殺氣騰騰】
殺氣：凶惡的氣勢；騰騰：形容氣勢很盛。表露出要殺人或廝殺的凶狠氣勢。元·無名氏《氣英布》四折：「殺氣騰騰蔽遠空，一聲傳語似金鐘。」《前漢書平話》上：「戰塵郁郁，殺氣騰騰，遮籠四野，蔽塞五方。」
【殺千刀】
形容可恨可惡之極。例這一回村里民兵佈下了天羅地網，這個殺千刀的老賊休想逃脫。
【殺人不過頭點地】
頭點地：頭顱落在地上。把人殺了，也只不過就是讓人頭落在地上。謂對殺人滿不在乎。《醒世姻緣傳》八七回：「兩家人媳婦勸道：『奶奶罷呀，殺人不過頭點地，爺這麼認了不是，也就該將就了。』」
【殺人不見血——心狠手辣】
比喻心腸凶狠，手段毒辣。例他以前開過妓院、賭場、煙館，無惡不作，現在仍然是殺人不見血——心狠手辣，專幹壞事。也作「吃人不吐骨頭——心狠手辣」。
【殺人不用刀】
指通過口或筆達到置人於死地的目的。《五燈會元》卷一七：「問：『如何是衲僧口？』師曰：『殺人不用刀。』」
【殺人不眨眼】
形容極其凶殘。清·陳忱《水滸後傳》二四回：「楊林是個殺人不眨眼的魔頭，見了不覺毛髮直豎，身子寒抖不定。」
【殺人償命，欠債還錢】
殺人者要用性命抵償，欠債者必須要還錢。清·紀昀《閱微草堂筆記·如是我聞三》：「忽聞耳畔大聲曰：『殺人償命，欠債還錢，汝知之乎？』」也比喻犯什麼樣的過錯，就應受什麼樣的懲罰。陳立德《前驅》四章：「俗話有：殺人償命，欠債還錢。罰也要罰得本人心服口服。」
【殺人場上有偷刀賊】
殺人的刑場上也會有敢於把屠刀偷走

的人。謂世間自有無所畏懼，敢於冒險的人。清・王有光《吳下諺聯》卷二：「殺人場上有偸刀賊……斬旗高插，兵吏譙呵，鋼刀出鞘，危哉頭顱，於斯時也，惟喚奈何。突有人焉，乘此險迫，瞥然而來，閴然而集。聽之無聲，視之無跡。猛伸拿雲之手，竟作偸刀之賊……寶刀失于俄傾，賊臣見而膽寒。」

【殺人放火】
指隨便殺人，任意放火，無法無天。《說岳全傳》五五回：「他本是殺人放火爲生的主兒。」

【殺人劫財】
見「殺人越貨」。

【殺人可恕，無禮難容】
殺人有時尚可饒恕，對人沒有禮貌卻難以寬容。形容人們對不講禮貌的行爲非常憎惡。例俗話說：「殺人可恕，無禮難容。」你對老人這麼沒禮貌，是一定會受到大家的譴責的。

【殺人滅口】
殺掉同謀者或知情者，滅掉口供。指爲隱瞞事實眞相而採用的殘忍手段。《新唐書・王義方傳》：「殺人滅口，此生殺之柄，不自主出，而下移佞臣，履霜堅冰，彌不可長。」

【殺人强盜裝善人——笑裏藏刀】
形容外貌和善而內心陰險。例哼，殺人强盜裝善人——笑裏藏刀，我們才不會上當哩！

【殺人如草】
殺人如同割草。形容把殺人不當一回事。明・沈明臣《鐃歌十章》：「狹巷短兵相接處，殺人如草不聞聲。」也作「殺人如芥」。清・洪昇《長生殿・剿寇》：「不斷征云璦璦，鬼哭神號，到處裏染腥風，殺人如芥。」

【殺人如芥】
見「殺人如草」。

【殺人如麻】
殺的人如同亂麻。形容殺人極多，屍體亂堆，難以分淸。《三國演義》三九回：「兒自幼隨父出征，殺人如麻，何曾有爲禍之理？」

【殺人如蓺】
蓺：ㄧˋ，古通「刈」，割草。殺人如同割草。形容任意殺人。《新唐書・黃巢傳》：「觀察使韋岫戰不勝，棄城遁，賊入室，焚室廬、殺人如蓺。」

【殺人須見血】
比喻做事要乾脆徹底。《水滸傳》九回：「殺人須見血，救人須救徹。洒家放你不下，直送兄弟到滄州。」

【殺人須見血，斬草要除根】
殺人必須頭落見血，除草必須連根鏟除。比喻消滅敵人必須乾淨徹底，不留後患。明・李梅實《精忠旗》二七齣：「[丑]岳云、張憲懸首示衆。劉允升的屍也好生看守，敢怕丞相還要戮他的屍哩。[雜應介]正是『殺人須見血，斬草要除根』。」

【殺人一萬，自損三千】
消滅一萬敵人，自己也得損失三千人馬。謂要取得勝利，必然要付出一定的代價。《西遊記》五回：「勝負乃是兵家之常，古人云：「殺人一萬，自損三千」。況捉了去的頭目乃是虎豹、狼蟲、獾獐、狐狢之類，我同類者未傷一個，何須煩惱。」

【殺人盈野】
盈：滿。殺死的人遍滿田野。形容殺人極多。《孟子・離婁上》：「爭地以戰，殺人盈野；爭城以戰，殺人盈城。」

【殺人越貨】
越：搶劫。《尚書・康誥》：「殺越人於貨，暋不畏死。」孔安國傳：「殺人顚越人，於是以取貨利。」意爲搶劫財物，用殘忍手段謀殺人命。也作「殺人劫財」。《石點頭・侯官縣烈女殲仇》：「及海洋大盜，出沒彭湖，殺人劫財，不知壞了多少人的性命。」

【殺人賺了兩手血】
比喻做事除辛苦一場外，一無所獲。例我跟你講了半天道理，唾沫都講乾了，你卻一句也沒聽進去，我算是白講了，這眞是殺人賺了兩手血。

【殺身報國】
犧牲性命報效國家。唐・楊炯《中書令汾陰公薛振行狀》：「臣又多幸天皇任之以股肱・誓期殺身報國，致一人於堯舜。」也作「殺身救國」。《東周列國志》四四回：「夫料事能中，智也；盡心謀國，忠也；臨難不避，勇也；殺身救國，仁也。」

【殺身成名】
指爲崇高的理想捐棄生命而贏得美名。《史記・范雎蔡澤列傳》：「士固有殺身以成名，唯義之所在，雖死無所恨。」

【殺身成仁】
《論語・衛靈公》：「志士仁人，無求生以害仁，有殺身以成仁。」指用犧牲生命來成全仁德。現指爲了崇高的理想和正義事業獻出生命。聞一多《文藝與愛國——紀念三月十八》：「若得著死難者熱情的全部，便可以追著他們的蹤跡，殺身成仁了。」也作「殺身成義」。南朝梁・張纘《南征賦》：「譬彈冠而振衣，猶自別於泥滓；且殺身以成義，寧露才而揚己。」

【殺身成義】
見「殺身成仁」。

【殺身出生】
出生：出，猶「去」，去生即死亡。指捨棄生命。《呂氏春秋・忠廉》：「忠臣亦然，苟便於主利於國，無敢辭違，殺身出生以徇之。」

【殺身救國】
見「殺身報國」。

【殺身之禍】
自身性命遭殺害大禍。《老殘遊記》一一回：「若遇此等人，敬而遠之，以免殺身之禍。」

【殺生害命】

殺害生命。元・岳伯川《鐵拐李》三折：「我想這做屠戶的，雖是殺生害命，還強似俺做吏人的瞞心昧己，欺天害人也。」

【殺生不如放生】

生；生靈；放生：把捉住的小動物放歸自然。殺戮生靈，不如放生行善。謂待人要寬容。元・無名氏《馬陵道》一折：「師父殺生不如放生，怎生饒過我來，可也好那。」

【殺生與奪】

殺：處死；生：讓人活；與：給予；奪：剝奪。《荀子・王制》：「貴賤殺生與奪，一也。」喻指獨攬生死賞罰的大權。宋，蘇洵《上皇帝書》：「其一境之內，所以殺生與奪，富貴貧賤，皆自我制之。」

【殺生之柄】

柄：權力。掌握生死大權。《漢書・公孫弘傳》：「擅殺生之柄，通壅塞之塗，權輕重之數，論得失之道，使遠近情僞必見於上，謂之術。也作「**殺生之權**」。《漢書・遊俠傳》：「以匹夫之細，竊殺生之權，其罪已不容於誅矣。」

【殺生之權】

見「殺生之柄」。

【殺威棒】

古時對新入監的犯人，先打三十大棒，以壓其威風，稱殺威棒。比喻打擊別人的威風，顯示自己的手段。例你剛來，他就把一大堆問題推給你，這是打你的殺威棒哩！

【殺一儆百】

儆：ㄐㄧㄥˇ，警覺。殺一人而使多人警覺。姚雪垠《李自成》一卷一四章：「如果遇到抗拒，就殺一儆百。」也作「**殺一警百**」。

【殺一警百】

見「殺一儆百」。

【殺一利百】

殺一人以提醒許多人。《周書・蘇綽傳》：「若有深奸巨猾，傷化敗俗，悖亂人倫，不忠不孝，故爲背道者，殺一利百，以清王化，重刑可也。」

【殺彘教子】

彘：ㄓˋ，豬。指父母說話要算數，才能教育子女誠實無欺。《韓非子・外儲說左上》：「曾子之妻之市，其子隨之而泣，其母曰：『女還，顧反爲女殺彘。』妻適市來，曾子欲捕彘殺之。妻止之曰：『特與嬰兒戲耳。』曾子曰：『嬰兒非與戲也。嬰兒非有知也，待父母而學者也，聽父母之教。今子欺之，是教子欺也。母欺子，子而不信其母，非以成教也。』遂烹彘也。」

【殺豬不吹——蔫退（煺）】

蔫：ㄋㄧㄢ，悄悄；退：「煺」的諧音。殺豬煺毛，通常的做法是向豬的體內吹氣，使豬皮鼓脹，便於用刀子刮毛。否則豬皮又軟又癟，只好「蔫煺」了。比喻悄悄地溜走。例這幾個壞傢伙，見警察來了，便一個個殺豬不吹——蔫退（煺）。

【殺豬刀子刮鬍子——懸乎】

見「脖子上掛雷管——懸乎」。

【殺豬分下水——人人掛心腸】

下水：供食用的牲畜內臟，如肚子、腸子、心、肝、肺等。比喻大家都關心。例小黃因救人受傷，消息傳來，同事們眞是殺豬分下水——人人掛心腸。

【殺豬容易理臟難】

臟：內臟。殺死豬容易，清整豬的內臟卻難。比喻做事往往開頭容易，深入下去卻困難重重。例你別以爲這事容易，眼下你只不過剛開了一個頭，俗話說：「殺豬容易理臟難」，以後還有許多複雜細致的工作要做呢。

【殺豬捅屁股——各有各的殺法】

殺豬都是用刀子捅豬的喉嚨，這裏是一種假設。比喻各人有各人的做法。例至於方法問題，不作硬性規定，殺豬捅屁股——各有各的殺法，你們八仙過海，各顯神通好了。

【殺豬捅屁股——外行】

殺豬一般是用刀子捅喉部，割斷動脈血管，捅屁股是難以致命的。見「和尚拜堂——外行」。

【殺豬宰羊】

舊時形容備辦祭品求神拜佛，或準備隆重的飲宴。今也僅指宰殺牲畜。《警世通言》：「鴇兒假意從良，殺豬宰羊上岳廟，哄三嫂同去燒香，私與沈洪約定，雇下轎子抬去。」

【杉木尾子做不了正梁】

尾子：此指樹梢。比喻小材難以大用。例我沒有什麼文化，也談不上有經驗，杉木尾子做不了正梁，這麼重要的工作我可不敢承擔。

【沙罐裏炒蠶豆——扒拉不開】

扒拉：撥動。比喻應付不了。例公司應收款收不回來；應付的，討債人登上門來，經理眞有點沙罐裏炒蠶豆——扒拉不開了。也作「**沙鍋裏炒胡豆——抓不開**」、「**上了羈絆的騾子——踢打不開了**」。

【沙鍋不打不漏，話不說不透】

話不說明白，事情就不會清楚，就像沙鍋不破碎就不會漏一樣。例沙鍋不打不漏，話不說不透，今天咱們就把這件事的來龍去脈當衆說清楚，也好讓大家明白誰是誰非。

【沙鍋不打不漏，朋友不交不厚】

打：器皿等因撞擊而破碎。朋友若不彼此交心，感情就不會深厚，就像沙鍋若不打碎就不會漏一樣。例你們是朋友，你有什麼心事就應該告訴人家，俗話說得好：「沙鍋不打不漏，朋友不交不厚。」

【沙鍋炒豆子——崩了】

比喻發生分歧，關係破裂。有時指談不攏，不歡而散。例由於雙方互不讓步，這次談判變成沙鍋炒豆子——崩了。也作「**門檻角扎核桃——崩了**」。

【沙鍋搗蒜——一錘子的買賣】

沙鍋：用陶土和沙燒成的鍋。沙鍋質地很脆，用它搗蒜，一錘子就砸碎了。見「菜瓜打鑼——一錘子買賣」。

【沙鍋搗蒜——砸啦】

見「雞蛋掉在馬路上——砸啦」。

【沙鍋裏炒豆子——往外蹦】

沙鍋經火易熱，放進的豆子容易蹦到鍋外邊來，比喻不安心於某種工作，另尋出路。例這個學校留不住人，老師總像沙鍋裏炒豆子——往外蹦。

【沙鍋裏炒嫩蠶豆——又是親（青）又是熱】

親：「青」的諧音。雙關語。比喻非常親熱。例他們之間是沙鍋裏炒嫩蠶豆——又是親（青）又是熱，看來很快就要結婚了。

【沙鍋裏煮驢頭——腦袋瓜早軟了，嘴巴骨還挺硬】

也作「沙鍋裏煮羊頭——腦瓜子早軟了，嘴巴骨還挺硬」。見「鹵水煮鴨頭——腦袋軟子嘴還硬」。

【沙鍋煮牛頭——盛不下】

見「廟小菩薩大——盛不下」。

【沙裏澄金】

見「沙裏淘金」。

【沙裏淘金】

淘：用水沖洗，去除雜質。淘汰沙礫，提取金屑。比喻從大量材料中選取精華。也比喻費力很大而收效甚微。元·楊景賢《劉行首》三折：「我度你啊，恰便似沙裏淘金，石中取火，水中撈月」。也作「沙裏澄金」元·無名氏《博望燒屯》三折：「打殺了一半，水淹殺了一半，都是沙裏澄金，才逃出性命來。」

【沙裏淘金——積少成多】

比喻一點一滴地積累，就會由少變多。例別認爲浪費一點不算捨，可沙裏淘金——積少成多呀！也作「拾芝麻湊斗——積少成多」。

【沙裏淘金——沒多大一點】

比喻微乎其微，算不得什麼。例這點利益，就像沙裏淘金——沒多大一點，何必斤斤計較呢？也作「沙裏淘金——總不多」。

【沙裏淘金——有限得很】

多比喻數量很少或程度不高。例今年工廠招聘職工，沙裏淘金——有限得很，沒有特殊技能的人，錄取的可能性不大。也作「針尖上削鐵——有限得很」、「雞腸子上刮油——有限得很」。

【沙粒雖小傷人眼】

比喻有害的東西即使很微小，也會造成嚴重的惡果。例你不要忽視這車閘不靈的小毛病，俗話說：「沙粒雖小傷人眼。」你要不趕快修理，早晚會出大禍的。

【沙上建塔】

比喻基礎極不牢固。魯迅《習慣與改革》：「但倘不把這些改革，則這革命即等於無成，如沙上建塔，頃刻倒壞。」

【沙石打青石——實（石）打實（石）】

見「搬起石磙砸碾盤——實（石）打實（石）」。

【沙灘上的鱔魚——活不長】

也作「沙灘上的鱔魚——活不久」。見「罐子裏栽花——活不長」。

【沙灘上的石子——俯首皆是】

只要低頭尋找，到處都是。形容數量多，極易得到。例別自認爲了不起，天下無雙，你這種人不過是沙灘上的石子——俯首皆是。

【沙灘上蓋房子——底子差】

也作「沙灘上蓋房子——底子不行」。見「麻布袋繡花——底子太差」。

【沙灘上蓋樓——懸乎】

見「脖子上掛雷管——懸乎」。

【沙灘上蓋樓房——不牢靠】

見「豆腐架子——不牢靠」。

【沙灘行船——進退兩難】

見「光腳丫走進蒺藜窩——進退兩難」。

【沙土崗子發洪水——泥沙俱下】

比喻好壞混雜在一起。例人員要少而精，一個頂倆；多了就可能像沙土崗子發洪水——泥沙俱下，不利於開展工作。

【沙窩子想撐船——好事想絕了】

比喻儘管把事情想得非常好，但脫離實際，不能實現。例你對自己前途所抱的希望，就像沙窩子想撐船——好事想絕了，可怎麼樣去實現，想過沒有？

【沙子築壩——後患無窮】

見「放虎歸山——後患無窮」。

【沙子築壩——一沖便垮】

比喻不穩固，稍有衝擊就垮台。例他還沒有站穩腳跟，如果遭到攻擊，就像沙子築壩——一沖便垮。

【砂糖熬蜜——甜透啦】

見「冰糖蘸蜜——甜上加甜」。

【鯊魚吃蝦毛——不夠嚼】

鯊魚：也作沙魚，身體龐大，呈紡錘形，生活在海洋中，性凶猛，捕食其他魚類；蝦毛：小蝦。也作「鯊魚吃麻蝦——不夠嚼」。見「老虎吃螞蚱——不經嚼」。

【鯊魚學黃鱔——盡想滑】

鯊魚：也叫沙魚，身體紡錘形，稍扁，鱗爲盾狀，胸、腹鰭大，尾鰭發達，生活在海洋中，性凶猛，行動敏捷，捕食其他魚類；其鱔：即鱔魚，形狀像蛇，身體黃色有黑斑，表皮布滿黏液。比喻光會耍滑。例還是老老實實地幹工作別鯊魚學黃鱔——盡想滑。

ㄕㄚˇ

【傻狗不識臭】

臭：氣味。比喻人不知好歹。例我這是爲你好，你別傻狗不識臭，冤枉好人。

【傻里傻氣】

糊塗不明白。例我這個人就是有這傻點，傻里傻氣的不和別人計較。

【傻眉楞眼】

形容發呆的樣子。例才開完工作會

議，看滿桌子的文件書稿，他傻眉楞眼的站在桌前，待電話鈴聲響起，才回過神來。

【傻人有個傻人緣】

傻：老實，實心眼。謂老實人人緣好。老舍《駱駝祥子》二二：「你進去吧，回頭咱們再說話兒；我告訴太太一聲；我們全時常念道你！傻人有個傻人緣，你倒別瞧！」

【傻傻忽忽】

傻呼呼。老舍《趙子曰》二：「『也別怪李順』，莫大年傻傻忽忽的替李順解說：『八小時的工作，不是，不是通行的勞工限制嗎？』」

【傻頭傻腦】

形容糊塗不懂事或老實的樣子。《兒女英雄傳》四〇回：「眼看著這就要作哥兒的爹子，也這麼傻頭傻腦的。」

【傻小子睡涼炕——全憑火力旺】

炕：用土坯或磚砌成的睡覺的長方形的台，上面鋪炕席，下面有煙道與爐灶相通，可以燒火取暖。傻小子睡涼炕而不生病，全憑他身體健壯。比喻工作應靠滿腔熱情。例我的本事不大，幹工作就像傻小子睡涼炕——全憑火力旺，此外，沒有別的竅門可以介紹了。

【傻小子睡涼炕——全憑時氣壯】

時氣壯：走運。比喻運氣好，很幸運。例哼，他有啥本事，竟考上了技校，還不是傻小子睡涼炕——全憑時氣壯。

【傻眼了】

形容遇到意外情況，目瞪口呆的傻樣兒。例他拿了獎狀，興匆匆地回家，想讓家裏人高興高興，沒想到進家門一看，他傻眼了，家裏一個人也沒有，房間到處亂七八糟。

【傻子過年——看隔壁】

隔壁：鄰居。傻子不知道怎麼過年，看隔壁怎麼過他就怎麼過。比喻沒有主見，別人怎麼辦自已就怎麼辦。例娘，你別操這份心了，咱雖沒有出過門，坐過車船，可我知道，傻子過年——看隔壁，照著別人辦還不行嗎？也作「傻子過年——瞧街坊」、「傻子過年——看別人」。

【傻子喝蓋碗茶——四下無門】

蓋碗茶：用有蓋的茶杯泡茶。比喻完全沒有辦法和門路。例窮人要借錢，就像傻子喝蓋碗茶——四下無門。也作「井裏撐船——四下無門」。

【傻子撿柴禾——就認準這條道兒】

比喻堅持自己選擇的道路，不再三心二意。有時比喻死心眼，不知道靈活變通。例請不要囉嗦了，我是傻子撿柴禾——就認準這條道兒，決不改變主意。

【傻子扛房梁——頂在這兒】

傻子扛著房梁，以為房頂就在他的肩上。雙關語，①比喻達到最高限度。例日產已達到三十輛汽車，依我看，傻子扛房梁—頂在這兒了，不可能再提高產量了。②有時指事情陷入僵局，或遇上困難了。例兩個工廠的專利糾紛，在協商中互不讓步，傻子扛房梁——頂在這兒了。

【傻子洗泥巴——閒著沒事幹】

見「大河裏洗煤炭——閒著沒事幹」。

【傻子中狀元——難得的好處】

比喻很不容易得到的好機會。例不要輕易拒絕，傻子中狀元——難得的好處，過了這個村就沒這個店，將來會後悔莫及的。

ㄕㄚˋ

【殺衣縮食】

猶「節衣縮食」。明·宋濂《故麗水葉府君墓銘》：「家雖貧，殺衣縮食，葬宗黨十餘。」

【歃血而盟】

見「歃血為盟」。

【歃血為盟】

歃血：以牲畜的血塗於唇，表示誠意。古代舉行盟會時，以牲血塗於嘴唇上，表示信誓。形容誠心誠意地訂立盟約。唐·蘇安恒《請則天皇后復位於皇子》：「歃血為盟，指河為誓，非李氏不王，非功臣不封。」也作「歃血而盟」。《舊唐書·李道彥傳》：「諸將與之歃血為盟，赤辭信之。」也作「歃血之盟」。《穀梁傳·莊公二十七年》：「衣裳之會十有一，未嘗有歃血之盟也。」

【歃血為誓】

以牲血塗於唇上起誓，表示決心。《雲笈七籤》卷六七：「受金液，經投金人八兩於東流水中，歃血為誓，乃告之。」

【歃血之盟】

見「歃血為盟」。

【鎩羽而歸】

鎩羽：羽毛摧落。指失敗或不得志而灰溜溜地回來。清·張集馨《道咸宦海見聞錄》：「乃癸巳春榜，又落孫山，鎩羽而歸，意興潦倒。」

【煞氣騰騰】

猶「殺氣騰騰」。《三俠五義》二一回：「已然看見展爺目光炯炯，煞氣騰騰。」

【煞性子】

比喻出火、撒氣。例他在外邊受了氣，回來就拿人煞性子。

【煞費唇舌】

唇舌：比喻言辭。常用於形容為調解糾紛很費了一番解說。清·福格《聽雨叢談·軍營馬》：「兵以盜馬控民，民以縱馬踐禾控兵……從中斡旋講導，煞費唇舌。」

【煞費經營】

煞：很，極。費盡心力經營。例由於他煞費經營，生意越做越大。

【煞費苦心】

辛辛苦苦地費盡心思。例為了兒子的病，劉媽媽煞費苦心，四處打聽名醫和秘方。

【煞有介事】

原爲江浙方言。好像眞有這回事似的。多指大模大樣，好像很了不起的樣子。例小明穿起了爸爸的軍裝，煞有介事的模擬起軍人操槍的模樣。

【煞費周章】

周章：周折，苦心。形容費盡了周折。例這事總算辦妥了，可也煞費周章。

ㄕㄜ

【賒得不如現得】

賒：賒欠。謂出售貨物時，賒帳比不上收現金牢靠。又比喻未來的事難以預料，不如且圖眼前的實惠。例你們試製的新產品，能成功與否且不論，誰知道成功以後，有沒有市場？目前咱們廠的產品是供不應求，依我看，賒得不如現得，咱們還是先把人力財力用在現有產品上爲好。

ㄕㄜˊ

【佘太君掛帥——馬到成功】

《楊家將》故事：楊令公楊業之妻佘太君，精通韜略，深明大義。西夏入侵時，婦百歲掛帥，率楊家十二寡婦征西，節節取勝。比喻戰鬥迅速地取得勝利或事情一下子就獲得成功。例這次試驗，眞是佘太君掛帥——馬到成功，令人興奮不已。也作「岳王爺出陣——馬到成功」。

【舌敝唇焦】

敝：破；焦：乾。舌裂口，唇乾枯。形容不憚煩地勸說曉喻。《官場現形記》四四回：「那些人眞正勢利，向他們開口，說到舌敝唇焦，只有兩家，一家拿出來兩塊大洋，一共總只有四塊大洋。」也作「舌乾唇焦」。例他非常固執，大家直說得舌乾唇焦，也勸阻不住。

【舌敝耳聾】

說話人舌頭都講破了，聽衆的耳朵也都聽聾了。形容話多、囉嗦。《戰國策・秦策一》：「天下不治，舌敝耳聾，不見成功。」

【舌底瀾翻】

舌底似波濤奔騰。形容善於說話，言辭滔滔不斷。清・黃景仁《鵲踏枝・百舌》：「偏是春來干汝事。報向林間，聒耳何時已……百種新聲，舌底瀾翻起。」

【舌端月旦】

月旦：指品評人物。《漢書・許劭傳》載：東漢許劭和他的哥哥許靖好談論人物，而且每月都更換人物來品評，所以汝南俗有「月旦評」之說。後遂以「舌端月旦」指褒貶評論人物。宋・葉廷珪《海錄碎事・人事》引段成式語：「舌端月旦，皮裏陽秋。」

【舌乾唇焦】

見「舌敝唇焦」。

【舌尖口快】

尖：尖銳，鋒利；快：銳利，爽快。形容口舌伶俐，說話爽快。也形容說話尖刻，不肯讓人。元・無名氏《獨角牛》二折：「山海也似冤仇，我和他覷甚麼排，不是我舌尖口快。」

【舌劍唇槍】

舌如劍，唇像槍。形容辯論激烈，言詞鋒利。元・武漢臣《玉壺春》二折：「心猿意馬，逞舌劍唇槍。」

【舌撟不下】

撟：翹起。翹起舌頭放不下來。形容驚訝、恐懼的樣子。《史記・扁鵲倉公列傳》：「中庶子聞扁鵲言，目眩然而不瞚，舌撟然而不下。」

【舌捲齊城】

《史記・淮陰侯傳》：「蒯通說韓信曰：『酈生（酈食其）一士，伏軾掉三寸之舌，下齊七十餘城。』」後遂用「舌卷齊城」形容善於遊說，靠遊說取勝。宋・蘇軾《次韻答劉涇》：「異義蠭起弟子爭，舌翻濤瀾捲齊城。」

【舌芒於劍】

言辭比劍還鋒利。形容口才好。漢・黃憲《天祿閣外史》卷二：「一激之怒炎於火，三寸之舌芒於劍。」

【舌上有龍泉，殺人不見血】

龍泉：古代劍名，此泛指寶劍。人舌頭上就好像有一把殺人不見血的寶劍。形容讒言能夠置人於死地，比寶劍殺人還利害。宋・羅大經《鶴林玉露》卷六：「堂堂八尺軀，莫聽三寸舌，舌上有龍泉，殺人不見血。」

【舌頭打個滾，知識記一本】

謂勤於向別人求教，就能得到豐富的知識。例你到了廠裏，要好好向師傅們學習，不懂就問，別不好意思。俗話說：舌頭打個滾，知識記一本。

【舌頭打滾——含含糊糊】

比喻態度不明朗。有時比喻話說得含糊不清。例這裏牽涉到一個原則問題，你究竟是什麼意見，不能舌頭打滾——含含糊糊。也作「舌頭打滾——含糊其辭」。

【舌頭哪有不碰牙的】

比喻人常在一起，難免有鬧矛盾的時候。例他也不是有意和你爲難，你別那麼小心眼兒。常在一起工作，舌頭哪有不碰牙的。

【舌頭磨剃頭刀——好險】

見「刀口舔糖——危險」。

【舌頭繞到拴牛樁上——胡攪蠻纏】

形容不講道理，胡亂糾纏。例有理就講，大家願意聽取，可別舌頭繞到拴牛樁上——胡攪蠻纏。也作「菟絲子爬秧——胡攪蠻纏」。

【舌頭上抹膠——張口結舌】

見「雞骨頭卡在喉嚨眼裏——張口結舌」。

【舌頭是扁的，說話是圓的】

圓：形容話語婉轉、周到。謂話只要會說，總是可以說得圓滿的。例他的話不可不信，也不可全信。舌頭是扁的的，說話是圓的，什麼都可以任他說，我看我們最好還是再去調查一下。

【舌頭舔鼻尖——高攀不上】

見「手長衣袖短——高攀不上」。

【舌頭舔鼻尖——想高攀】

比喻企圖投靠權貴以便往上爬。例「他整天在總經理周圍轉來轉去，想幹什麼？」「還不是舌頭舔鼻尖——想高攀呀！」也作「舌頭舔鼻尖——高攀」、「遇見王母娘娘叫大姑——想高攀」。

【舌頭舔鼻子——差一截子】

見「戴著斗笠親嘴——差著一帽子」。

【舌頭咽進肚裏邊——大張嘴沒個說的】

形容由於緊張或理屈而說不出話來。例你的話很有理，使他就像舌頭咽進肚裏邊——大張嘴沒個說的。

【舌爲利害本，口是禍福門】

謂語言不慎，便會招惹是非，引來災禍。例你就是這張嘴不好，把人都得罪盡了，俗話說：「舌爲利害本，口是禍福門。」你就不能在嘴上加上把鎖嗎？

【舌戰羣儒】

舌戰：激烈辯論；儒：儒生，舊指讀書人。謂和大家展開激烈辯論。《三國演義》四三回：「諸葛亮舌戰羣儒，魯子敬力排衆議。」也作「舌戰羣雄」。清・孔尚任《桃花扇・修札》：「舌戰羣雄，讓俺不才。」

【舌戰羣雄】

見「舌戰羣儒」。

【舌者兵也】

比喻舌頭好比兵器，說話不當能傷人也能害已。漢・劉向《說苑・談叢》：「口者關也，舌者兵也，出言不當，反自傷也。」

【蛇吃鰻魚——比長短】

鰻魚：鰻鱺，體長，圓筒形，上部灰黑色，下部白色，也叫白鱔、白鰻。比喻人雙方較量本事、能耐大小。例你們武藝誰高誰低，可以來個蛇吃鰻魚——比長短，別在口頭上爭論不休。

【蛇逮老鼠——獨吞】

比喻企圖一個人單獨占有。例試驗是大家一起做的，成果是大家共同取得的。可他在試驗報告上卻只署上了自己一個人的名字，這不明擺著是蛇逮老鼠——獨吞嗎？

【蛇過有條路】

凡是蛇經過的地方就會壓出一條道來。比喻凡是發生過的事情都會有蹤跡可尋。例小張和小李去察看一下犯罪現場，看罪犯留下什麼沒有蛇過有條路，我就不信找不到一點蛛絲馬跡。

【蛇進叫化袋——再無出來之理】

叫化袋：乞丐使用的口袋。比喻財物得到後不肯拿出來給別人。例把東西借給他使用，就像蛇進叫化袋——再無出來之理。

【蛇進竹筒——有進無出】

見「大船漏水——有進無出」。

【蛇眉鼠眼】

見「蛇頭鼠眼」。

【蛇入筒中——曲性在】

蛇鑽入竹筒中，身子雖然直了，但其盤曲的性能依然未變。比喻本性難移。例人家有錯誤，改正就好了，蛇入筒中——曲性在的比方太絕對了，不利於團結。也作「蛇入竹筒——曲性難改」。

【蛇神牛鬼】

佛教語。「牛頭」、「鐵蛇」爲陰間鬼卒形象，後遂以形容虛幻怪誕。現指各種各樣的壞人。清・感惺《斷頭台。黨爭》：「創幾許同業聯盟、名士聯盟，一樣是蛇神牛鬼。」也作「牛鬼蛇神」。

【蛇頭鼠眼】

形容人的面貌醜惡，心術不正。《東歐女豪傑》三回：「忽聽見門聲一響，早有一個蛇頭鼠眼，滿臉鬍鬚，又矮又胖的醜漢子走進來。」也作「蛇眉鼠眼」。《三俠五義》三九回：「包公見他兔耳鶯腮，蛇眉鼠眼，已知是不良之輩。」

【蛇頭上的蒼蠅——自來的衣食】

蒼蠅飛到蛇頭上，蛇張口就能吸吃掉。比喻主動送上門來的東西。例「隊長，敵人的運糧隊今晚經過這裏。」「派人收下，蛇頭上的蒼蠅——自來的衣食，爲什麼不要！」

【蛇吞象——不識大體】

見「黃鼠狼拉駱駝——不識大體」。

【蛇吞象——自不量力】

也作「蛇吞象——不自量」。見「雞蛋碰石頭——自不量力」。

【蛇無頭不行】

蛇沒有了頭就不能爬行。比喻如果沒有領頭人，一個羣體就無法統一行動，不能成事。例依我看，咱們先派一個小部隊，去偷襲敵人的指揮部。蛇無頭不行，趁著敵人混亂的時候我們發起進攻，就一定能將其擊潰。又作「蛇無頭而不行，鳥無翅而不飛」。例咱們在這裏爭來吵去，永遠也吵不出個結果來。俗話說：蛇無頭而不行，鳥無翅而不飛。我看我們還是先推舉個頭兒出來，統一號令。

【蛇無頭而不行，鳥無翅而不飛】

見「蛇無頭不行」。

【蛇蠍其心】

見「蛇蠍心腸」。

【蛇蠍心腸】

形容人的心腸極其狠毒。元・無名氏《抱妝盒》二折：「小儲君好驚駭，劉皇后肯耽待。便是蛇蠍心腸，不似恁般毒害。」也作「蛇蠍其心」。清・昭槤《嘯亭雜錄，郭劉二疏》：「總之，高士奇、王鴻緒，陳元龍等豺狼其性，蛇蠍其心，鬼蜮其形。」

【蛇心佛口】

心地極其險惡狠毒，嘴上卻說得很好聽。形容爲人陰險。明・王玉峯《焚香記・構禍》：「他欺人也索神不佑，王魁你惡狠狠蛇心佛口。我便到黃泉，也須把你這歹魂兒勾，定與我倒斷了前番呪。」也作「**佛口蛇心**」。

【蛇咬一口，見了黃鱔都怕】

黃鱔：即鱔魚，形似蛇。被蛇咬過一口，看見了黃鱔都害怕。比喻曾經受過某種傷害，再遇到與之類似的情形就害怕。例我們還是給他調換個工作吧。他現在是蛇咬一口，見了黃鱔都怕，再讓他做原來的工作，肯定是做不好的。

【蛇影杯弓】

《晉書・樂廣傳》：「嘗有親客，久闊不復來，廣問其故，答曰：『前在坐，蒙賜酒，方欲飲，見杯中有蛇，意甚惡之，既飲而疾。』於時河南廳事壁上有角弓，漆畫作蛇。廣意杯中蛇即角影也，」後客人明白杯中蛇影乃壁上角弓倒影，病頓癒。後以「蛇影杯弓」比喻疑神疑鬼，自相驚憂。《紅樓夢》八九回：「人亡物在公子塡詞，蛇影杯弓顰卿絕粒。」也作「**杯弓蛇影**」。

【蛇有蛇路，鼠有鼠路】

比喻各自有各自的辦法。例這事兒您就交給我得了，我保證不會誤事。至於怎麼辦，您就別費心，咱們是蛇有蛇路，鼠有鼠路。

【蛇遭蠍子蜇——一個更比一個毒】

蠍子：節肢動物，身體多爲黃褐色，口部兩側有一對螯，胸部有四對腳，前腹部較粗，後腹部較細，末端有毒鉤，用來禦敵或捕食。比喻一個比一個更兇狠、毒辣。例這個流氓團伙被另一個團伙抄了老窩，眞是蛇遭蠍子蜇——一個更比一個毒。也作「**蜈蚣遇到眼鏡蛇——一個更比一個毒**」。

【蛇珠千枚，不及玫瑰】

一千枚蛇珠，也比不了一枚玫瑰珍珠。比喻品第不同，多不壓貴。南朝梁・任昉《述異記》卷上：「凡珠有龍珠，龍所吐者；蛇珠，蛇所吐者。南海俗諺云：『「蛇珠千枚，不及玫瑰』言蛇珠賤。玫瑰亦是美珠也。」

【蛇鑽草窩——無人知】

比喻行蹤詭密，沒人發覺。例這個盜竊集團作了這次大案之後，自以爲是蛇鑽草窩——無人知，正在得意之時，被警察人員團團包圍，一網打盡。

【蛇鑽到竹筒裏——只好走這條道兒】

蛇鑽進竹筒，只好沿著竹筒爬行，不能走別的路。比喻只有一條出路，沒有其他選擇。例敵人已把我們逼到這種地步，就同他們拼個你死我活，蛇鑽到竹筒裏——只好走這條道兒，也作「**蛇鑽竹筒——一條路**」。

【蛇鑽窟窿——顧前不顧後】

見「光屁股穿圍裙——顧前不顧後」。

【蛇鑽窟窿蛇知道】

比喻自己辦的事自己心裏明白。例別在那兒裝的沒事人兒似的，蛇鑽窟窿蛇知道，夜裏睡不著，問問自己的良心，做了虧心事早晚要遭報應的。

【蛇鑽竹筒——直進直出】

見「胡同裏扛竹竿——直來直去」。

ㄕㄜˇ

【捨安就危】

安：安逸；就：靠近。捨棄安逸而去靠攏危險。形容爲全大義而不顧自身安危。宋・蘇舜欽《上范希文書》：「延州逼近賊鋒，而能捨安逸以就危險，雖古人不逮也。」

【捨本即末】

見「捨本逐末」。

【捨本理末】

見「捨本逐末」。

【捨本事末】

見「捨本逐末」。

【捨本問末】

見「捨本逐末」。

【捨本務末】

見「捨本逐末」。

【捨本逐末】

捨：捨棄；本：根本；逐：追求；末：枝節。比喻做事不從根本著眼，而在枝節上下功夫。北魏・賈思勰《齊民要術序》「捨本逐末，賢哲所非，日富歲貧，饑寒之漸。」也作「**捨本事末**」。《呂氏春秋・上衣》：「民捨本而事末則不令，不令則不可以守，不可以戰；民捨本而事末則其產約，其產約則輕遷徙，輕遷徙則國家有患，皆有遠志，無有居心。」也作「**捨本問末**」。《戰國策・齊策四》：「豈捨本而問末者耶？」也作「**捨本務末**」。漢・王符《潛夫論・務本》：「人臣者，以忠正爲本，以媚愛爲末……愼本略末猶可也，捨本務末則惡矣。」也作「捨本理末」。三國魏・劉邵《人物志・材理》：「善難者，務釋事本，不善難者，捨本而理末。」也作「**捨本即末**」。《宋書・律歷志中》：「歷三年，更相是非，捨本即末，爭長短而疑尺丈，竟無時而決。」

【捨不得孩子套不住狼】

孩子：「鞋子」（鞋在方言中讀「孩」）之訛。原謂捨不得跑路費鞋就抓不到狼。訛誤成「孩子」後，比喻如果不付出代價，就無法達到一定的目的。例你這樣瞻前顧後的，怎麼成得了大事？當斷不斷，反受其亂，捨不得孩子套不住狼，是該下決心的時候了。

【捨得買馬捨不得置鞍——大處不算小處算】

比喻抓不住主要矛盾，在枝節問題上斤斤計較。例做買賣要有經濟頭腦，捨得買馬捨不得置鞍——大處不算小處算，是不會獲得好的效益的。也作「**整筐丟西瓜，滿地撿芝麻——大處不算小處算**」。

【捨得一身剮，敢把皇帝拉下馬】

捨得受剮身死，也敢把皇帝從馬上拉下來，勇於犧牲，敢於同强大勢力作抗爭。《紅樓夢》六八回：「俗語說『拼著一身剮，敢把皇帝拉下馬』，他窮瘋了的人，什麼事做不出來。」

【捨短從長】

見「捨短取長」。

【捨短錄長】

見「捨短取長」。

【捨短取長】

捨棄其短處，採取其長處。指對人對事不求全責備。宋·陸游《擬上殿札子》：「克已以來之，虛心以受之，不憚捨短而取長，求千慮之一得，庶幾下情得以畢達。」也作「**捨短用長**」。宋·司馬光《應詔言朝政缺失》：「陛下既全以威福之柄授之，使之制作新法，以利天下，是宜與衆共之，捨短用長，以求盡善。」也作「**捨短從長**」。《舊五代史·唐末帝紀中》卷四七：「獻可替否，得曲盡於討論；捨短從長，故無虞於漏泄。」也作「**捨短錄長**」。宋·劉克莊《廣東提舉到任表》：「記功忘過，捨短錄長。」

【捨短用長】

見「捨短取長」。

【捨己成人】

犧牲自己，成全他人。《三俠五義》三八回：「仁兄知恩報恩，捨己成人，原是大夫所爲。」

【捨己從人】

捨：放棄；從：順從。原指放棄個人的看法，服從大家的意見。《尚書·大禹謨》：「稽於衆，捨己從人。」後指放棄自己的利益，順從別人的意願。《孟子·公孫丑上》：「大舜有大焉，善與人同，捨己從人，樂取於人以爲善，」也作「**捨己就人**」。《藝文類聚》卷二三引三國吳·姚信《誡子》：「捨僞從實，遺己察人，可以通矣；捨己就人，去否適泰，可以弘矣。」

【捨己就人】

見「捨己從人」。

【捨己救人】

犧牲自己，援救別人。老舍《老張的哲學》：「捨己救人也要湊好了機會，不然，你把肉割下來給別人吃，人們還許說你的肉中含有傳染病的細菌。」

【捨己爲公】

爲了公共的利益而不惜犧牲自己的利益。例我們要學習高貴捨己爲公的精神。

【捨己爲人】

捨：放棄；爲：幫助。捨棄自己的利益以幫助別人。《論語·先進》：「夫子喟然嘆曰：『吾與點也。』」宋·朱熹注：「曾點之學……初無捨己爲人之意，而其胸次悠然，直與天地萬物上下同流，各得其所之妙。」

【捨己芸人】

芸：通「耘」。放棄自己的田地，卻去替別人耕耘。《孟子·盡心下》：「君子之守，修其身而天下平。人病捨其田而芸人之田；所求於人者重，而所以自任者輕。」後比喻放下自己的事不管，而去幫助別人。例其爲人重信尚義，捨己芸人，素爲人所稱道。

【捨近即遠】

見「捨近謀遠」。

【捨近謀遠】

捨棄近的，尋求遠的。多指做事迂迴繞遠走彎路。《後漢書·藏宮傳》：「捨近謀遠者，勞而無功；捨遠謀近者，逸而有終」也作「**捨近務遠**」。務：致力。《後漢書·伏湛傳》：「陛下捨近務遠，棄易求難，四方疑怪，百性恐懼。」也作「**捨近即遠**」。《孫子·九地》：「易其居，迂其途。」杜牧注：「易其居，去安從危，迂其途，捨近即遠。」也作「**捨近求遠**」。秦·孔鮒《孔叢子·論勢》：「齊、楚遠而難恃，秦、魏呼吸而至，捨近而求遠，是以虛名自累而不免近敵之困者也，」也作「**捨近圖遠**」。《明經世文編》卷一〇〇：「然理天下之事者，必須自易以及難，不可捨近而圖遠。」也作「**捨近治遠**」。三國吳·陸瑁《重諫親征公孫瀾疎》：「未有正於此時，捨近治遠，以疲軍旅者也。」

【捨近求遠】

見「捨近謀遠」。

【捨近圖遠】

見「捨近謀遠」。

【捨近務遠】

見「捨近謀遠」。

【捨近治遠】

見「捨近謀遠」。

【捨車保帥】

車、帥：中國象棋的兩種棋子，「車」代表戰車，「帥」代表軍中主將。比喻爲了保護主要的而捨棄次要的。例在動作影片中，經常看到敵人玩弄捨車保帥的把戲。

【捨命不捨財】

寧肯丟了性命，也不肯捨棄錢財。形容極端貪財。例你要是能讓他捐出一個子兒來，太陽都得從西面出來。他是個捨命不捨財的守財奴。

【捨命救人】

捨棄自己的生命以援救別人。老舍《老張的哲學》：「人家有急事，咱拉著他跑，這不是捨命救人！」

【捨命陪君子】

謂豁出性命來伴隨朋友做某件事例你爲了大夥的利益，敢於赴湯蹈火，我若是袖手旁觀，那還算個人嗎？今天我捨命陪君子，就是龍潭虎穴，我也跟你去闖上一闖。

【捨舊謀新】

《左傳·僖公二八年》：「原田每每，捨其舊而新是謀。」杜預注：「可以謀立新功，不足念舊惠。」後用以指捨棄舊的，謀求新的。清·俞樾《春在堂隨筆》卷四：「若必捨舊謀新，責人以素所不習，亦非所以順人心而服士論也。」

【捨牛相齊】

《藝文類聚》卷九四引《琴操》：「寧戚飯牛車下，叩角而商歌……齊桓公聞之，捨以爲相。」後用「舍牛相齊」表示求仕的願望得以實現。宋・陸游《飯牛歌》：「人生得飽萬事足，捨牛相齊何足言。」

【捨身成仁】

仁：仁愛，原指儒家道德的最高準則。謂用生命來成全仁德。現指爲了崇高的理想和正義的事業獻出生命。例歷代捨身成仁的英雄事蹟，被一代一代的口耳相傳下來。

【捨身求法】

捨身：捨棄身體；求法：尋求佛法。原指佛教徒不惜捨棄生命以尋求佛法。後用以指爲追求眞理而不惜犧牲自己。魯迅《中國人失掉自信力了嗎》：「我們自古以來，就有埋頭苦幹的人，有拼命硬幹的人，有爲民請命的人，有捨身求法的人……這就是中國的脊梁。」

【捨身圖報】

捨棄生命以圖謀報答。謂受人大恩，不惜以生命來報答。明・王世貞《鳴鳳記・楊公劾奸》：「剩此微軀，皆賴天恩庇；捨身圖報，如何敢逡巡迴避。」

【捨身爲國】

捨：捨棄；身：自身。爲了國家的利益而犧牲自己。例黃花崗七十二烈士捨身爲國，人民永遠懷念他們。

【捨身崖邊彈琵琶——臨危不亂】

捨身崖：泛指險峻的山崖。見「諸葛亮彈琴退仲達——臨危不亂」。

【捨身存義】

捨棄自已的生命以維護正義事業。《北齊書・孫搴等傳贊》：「贊曰：彥舉驅馳，才高行詖；元康忠甬，捨身存義。」

【捨生取義】

取：求取。爲了正義而犧牲生命。《孟子・告子上》：「生，亦我所欲也；義，亦我所欲也。二者不可得兼，捨生而取義者也。」也作「捨生取誼」。誼：合宜的行爲或道理。漢・班固《幽通賦》：「捨生取誼，亦道用兮；憂傷夭物，忝莫痛兮！」

【捨生取誼】

見「捨生取義」。

【捨生忘死】

見「捨死忘生」。

【捨實求虛】

放棄實在而去追求虛幻。《鏡花錄》三九回：「王兄本有養命金丹，今不反本求源，倒去求那服食養生之術，即使有益，何能抵得萬分之一？豈非捨實求虛麼？」

【捨死忘生】

不顧死亡，忘記生命。形容把個人的生死置之度外。元・關漢卿《單鞭奪槊》二折：「你看我驅兵領將列刀槍，捨死忘生立大唐。」也作「捨生忘死」。元・關漢卿《哭存孝》二折：「說與俺能爭好鬥的番官，捨生忘死家將。」

【捨文求質】

文：文采；質：樸實。不推崇文采，而追求樸實。例文學著作風格不一，而捨文求質的作品，尤爲羣衆所喜愛。

【捨我復誰】

見「捨我其誰」。

【捨我其誰】

除我之外還有誰呢？意謂除自己之外，沒有任何人能夠擔當。形容態度狂妄，非常自負。《孟子・公孫丑下》：「如欲平治天下，當今之世，捨我其誰也？」也作「捨我復誰」。金・段克已《臨江仙・幽懷》：「皇天如欲治，捨我復誰耶？」

【捨下灶王拜山神——捨近求遠】

捨下近處的灶王，去拜遠處的山神。比喻捨棄面前的，去找遠處的，做事不善於利用有利條件或走彎路。例你廠有的是專家，不去請教，卻不遠千里而來找我這半瓶子醋，眞是捨下灶王拜山神——捨近求遠。

【捨邪歸正】

捨：丟掉；歸：返回。拋棄邪惡，返回正路。《敦煌變文集・降魔變文》：「共汝捨邪歸正路。」

【捨正從邪】

丟掉正當的事不做，而去幹邪惡的勾當。漢・仲長統《昌言下》：「乃捨正從邪、背道而馳奸，彼獨能介然不爲，故見貴也。」

ㄕㄜˋ

【設官分職】

設立官爵或官府，分派職權。晉・左思《魏都賦》：「設官分職，營處署居。」

【設弧之辰】

弧：弓。《禮記・內則》：「子生……男子設弧於門左。」古代風俗，生了男孩，就掛一張弓在門的左首。舊時因以稱男子的生日爲「設弧之辰」。

【設計鋪謀】

鋪：鋪設。設下計謀。《鏡花緣》一二回：「……捕風捉影，設計鋪謀。」

【設圈套】

比喻安排計謀使人上當吃虧。例這事辦得過於順利了，倒讓我擔心有人設圈套。

【設身處地】

設想自身處在別人的那種境地。指從別人的角度出發，替別人的處境著想。清・魏源《治篇一》：「古今異宜，南北異俗，自非設身處地，烏能隨盂水爲方圓也！」

【設帨之辰】

帨：ㄕㄨㄟˋ，女子的佩巾。《禮記・內則》：「子生……女子設帨於門右。」古代風俗，生了女孩，就放一條佩巾在門的右首。舊時因以稱婦女的生日為「設帨之辰」。清·朱彝尊《胡母楊太君八十壽序》:「設帨之辰,子拜於前,孫拜於後。」

【設言托意】
以言語寄託心意。《紅樓夢》九回:「每日一入學中,四處各坐,卻八目勾留,或設言托意,或咏桑寓柳遙以心照,卻外面自為避人眼目。」

【設張舉措】
設張:設想主張;舉措:提出措施。指所想所為。唐·韓愈《唐故相權公墓碑》:「時天子以為宰相,宜參用道德人,因拜禮部尚書,同中書門下平章事,公既謝辭不許,其所設張舉措,必本於寬大。」

【社稷生民】
社稷:國家。謂國家與人民。傅抱石《鄭板橋集前言》:何與於社稷生民之計,三百篇之旨哉?」

【社稷為墟】
國家變為廢墟。指國家被滅亡。《淮南子·人間訓》:「重耳返國,起師而伐曹,遂滅之。身死人手,社稷為墟。」

【社稷之臣】
春秋時附庸於大國的小國,稱社稷之臣。《論語·季氏》;「夫顓臾,昔者先王以為東蒙主,且在邦域之中矣,是社稷之臣也,何以伐為?」也稱身負國家重任的大臣。《隋書·楊素傳》:「非唯廊廟之器,實是社稷之臣,若不加褒賞,何以申茲勸勵?」

【社稷之器】
國家的棟梁之材。指能擔當國家重任的人。三國蜀·諸葛亮《又稱蔣琬》:「蔣琬,社稷之器,非百里之才也。」

【社稷之役】
謂臣下對君王應盡的職責。《禮記·少儀》:「為人臣下者,有諫而無訕,有亡而無疾,頌而無諂,諫而無驕,怠則張而相之,廢則埽而更之,謂之社稷之役。」

【社鼠城狐】
社鼠:土地廟裏隱藏的老鼠;城狐:城牆上做窩的狐狸。比喻依仗別人勢力為非作歹的壞人。明·張岱《福王世家後論》:「其奈有君無臣,社鼠城狐,共亡其國,實是中興之令主,反為亡國之孱王,天道至此,顛倒極矣!」

【社燕秋鴻】
社燕:燕子,春社來,秋社去,故稱社燕;鴻:大雁,候鳥之一,每年秋分後南飛,春分後北返。二者在同一季節裏,南來北往,方向不同。比喻剛見面又分別。例他們夫妻,一個在東北工作,一個在湖南工作,這次相約在北京見面,但兩天之後又成了社燕秋鴻,各回各的單位。

【射出的箭,潑出的水——收不回來】
比喻說出的話或承諾,不能反悔。例你昨天在會上是怎麼說的,射出的箭,潑出的水——收不回來,不遵守諾言,就要失信於人。

【射虎南山】
《史記·李將軍列傳》載:李廣在藍田南山行獵,把草中之石當作老虎射之,竟將箭射入石中。又多次射殺猛虎。後遂用「射虎南山」形容功夫深湛,勇猛過人。宋·辛棄疾《水調歌頭·提干李君索余賦秀野、綠繞二詩》詞:「插架牙籤萬軸,射虎南山一騎,容我攬鬚不?」

【射箭沒靶子——無的放矢】
的:靶心;矢:箭。比喻說話做事沒有明確的目的。例學習是為了工作,射箭沒靶子——無的放矢,為學習而學習,是沒有用處的。也作「**瞎子打靶——無的放矢**」。

【射人先射馬,擒賊先擒王】
謂要消滅敵人,首先要消滅敵人的首領。也比喻解決問題要抓主要矛盾。唐·杜甫《前出塞》詩:「挽弓當挽強,用箭當用長。射人先射馬,擒賊先擒王。」

【射石飲羽】
飲:隱沒;羽:箭尾的羽毛。箭射進石頭裏,深至隱沒了箭尾。形容力量極大。後亦形容武藝高强。《呂氏春秋·精通》:「養由基射兕中石,矢乃飲羽,誠乎兕也。」

【射幸數跌,不如審發】
胡亂地放箭,只僥倖射中一兩次,多數都射不中,還不如審慎從事,瞄準了再射。比喻做事應審慎,不可輕率為之。《三國志·蜀書·譙周傳》:「諺曰:『射幸數跌,不如審發。』是故智者不為小利移目,不為意似改步,時可而後動,數合而後舉。」

【麝香的味兒——包不住】
麝香:雄麝的肚臍和生殖器之間的腺囊分泌物,有特殊的香氣。比喻遮蓋不了或隱瞞不住。例牆有縫,壁有耳,幹了壞事就像麝香的味兒——包不住,還是自己坦白交代為妙。也作「**紙裏裹火——包不住**」、「**野豬的獠牙——包不住**」、「**山豬嘴裏的齙牙——包不住**」。

【涉筆成趣】
涉筆:動筆;趣:風趣,意味。謂一動筆就能寫出或畫出意味雋永的作品。形容藝術修養高。《鏡花緣》一〇〇回:「讀了些四庫奇書,享了些半生清福。心有餘閒,涉筆成趣,每於長夏餘冬,燈前月夕,以文為戲,年復一年,編出這《鏡花緣》一百回。」也作「**涉筆成雅**」。清·毛先舒《詩辨坻》:「於物無擇,而涉筆成雅。」

【涉筆成雅】
見「涉筆成趣」。

【涉海登山】
渡過大海,登上高山。形容旅程艱苦。也形容行程漫長。唐·張說《賀示曆書表》:「奉宣聖旨,內出新撰曆書二十五卷,以示臣等,竊窺深奧,仰觀英華,涉海登山,罔知攸際。也作「**涉水登山**」。明·楊慎

《洞天玄記》一折：「假饒他升天攝地三千界，亦任他涉水登山二百州，趕將去活喇喇牽轉白牛。」

【涉海鑿河】

渡過海去開河道。比喻事情無法成功。《莊子・應帝王》：「其於治天下也，猶涉海鑿河，而使蚊負山也。」注：「以一身制天下，則功莫就而任不勝也。」

【涉艱履危】

見「涉危履險」。

【涉淺水者見蝦，其頗深者察魚鱉，其尤深者觀蛟龍】

涉淺水的人只能看到蝦，稍入深水的人可以看到魚鱉，潛入深的水中的人能看到蛟龍。比喻對事物認識了解得越深，收獲就越大。漢・王充《論衡・別通》：「人不博覽者，不聞古今；不見事類，不知然否。涉淺水者見蝦，其頗深者察魚鱉，其尤深者觀蛟龍，足行跡殊，故所見之異也。」

【涉水登山】

見「涉海登山」。

【涉危履險】

淌過危難，經歷艱險。形容闖過重重困難險阻。《後漢書・度尚傳》：「磐身嬰甲冑，涉危履險，討擊凶患，斬殄渠帥，餘盡鳥竄冒遁，還奔荊州。」也作「**涉艱履危**」。南朝齊・虞玩之《上表告退》：「經昏踐亂，涉艱履危，仰聖德以求全，憑賢輔以申節。」

【涉想猶存】

涉想：想到，念及。形容某種情景依然存在於意想之中。南朝梁・何遜《爲衡山侯與婦書》：「帳前微笑，涉想猶存。」

【赦不妄下】

赦：赦令；妄：胡亂。不亂下赦令。指有罪者當罰必罰，才能不失威信。晉・常璩《華陽國志・劉後主志》：「治世以大德，不以小惠，故亮時，軍旅屢興，赦不妄下也。

【赦過宥罪】

宥：寬容，饒恕。赦免過錯，寬恕罪行。《明史・郭楠傳》：「竊惟獻皇帝神主已奉迎入廟，正宜赦過宥罪，章大孝於天下。」

【赦事誅意】

赦：赦免；事：事實（指罪行）；誅：懲罰；意：意圖（指不良企圖）。赦免有罪行的人，懲罰只圖謀不軌但無具體行動的人。《後漢書・霍諝傳》：「《春秋》之義，原情定過，赦事誅意，故許止雖弒君而不罪，趙盾以縱賊而見書。」

【攝官承乏】

攝：代理，兼理；承乏：意指職位出缺，暫且由自己來承擔。舊時常用作官吏履任視事的謙語。《左傳・文公二年》：「敢告不敏，攝官承乏。」

【攝魄鈎魂】

攝、鈎：勾取。舊謂妖魔鬼怪或某種迷信邪術，能勾取人的魂魄害人。《野叟曝言》四三回：「這和尚法名性空，河南少林寺出身，皈依國師座下……有萬夫不當之勇，能壓生咒死，攝魄鈎魂。」也作「**鈎魂攝魄**」。

【攝威擅勢】

攝：握，執持；擅：專有，占有。握有威力，占有權勢。《淮南子・氾論訓》：「昔者齊簡公釋其國家之柄，而專任其大臣，將相攝威擅勢，私門成黨，而公道不行。」

【歙漆阿膠】

歙：縣名；阿：ㄜ，縣名，東阿。歙縣的漆和東阿的膠相粘連，比喻情投意合，心意相通。《剪燈餘話・田洙遇薛濤聯句記》：「歙漆阿膠忽紛解，清塵濁水何由逢？」

ㄕㄞ

【篩沙的篩子——全是缺點】

篩子：用竹條、鐵絲等編成的有許多小孔的器具，可以把細碎的東西漏下去，較粗的成塊的留在上頭。雙關語。比喻人或事物的毛病、缺點非常多。例要一分爲二，不要把人家看成是篩沙的篩子——全是缺點，一無是處，把優點全部抹煞了。也作「**一張篾篩子——盡是缺點**」。

【篩子當鍋蓋——渾身出氣】

比喻處處使人生氣。例「那兒的工作怎樣，你們檢查團滿意嗎？」「別提了，讓人眞像篩子當鍋蓋——渾身出氣。」也作「**篩子當鍋蓋——氣不打一處來**」。

【篩子端水——一場空】

見「狗咬尿脬——一場空」。

【篩子放哨——眼睛多】

比喻羣衆的警惕性很高。例我們是篩子放哨——眼睛多，只要敵人一有動靜，我們游擊隊便知道了。

【篩子遮不住太陽】

篩子：用竹條、鐵絲等編成的有許多小孔的器具。比喻事情的眞相是掩蓋不住的。例俗話說：「篩子遮不住太陽」，不管犯罪分子的作案手段多麼狡猾，他們所犯的罪行總有一天會暴露出來。

ㄕㄞˋ

【曬腹中書】

南朝宋・劉義慶《世說新語・排調》載：郝隆七月七日見富家曝曬衣帛，袒腹臥庭中，自稱是曬腹中之書。後遂用「曬腹中書」謂腹中裝書，富有學問。《書言故事・時令・七月》：「郝隆七月七日見富家皆曝曬衣帛，乃出日中仰臥，人問其故，曰：『我曬腹中書耳。』」

【曬乾瓢】

比喻要飯、討吃。例從前遇到災年，老鄉們就只有到各處去曬乾瓢。

【曬裂的葫蘆——開竅了】

形容思想搞通了。例對承包責任制，經過三天的學習討論，陳組長終於表示不再反對了，羣衆說他是曬裂的葫蘆——開竅了。

【曬起來】

比喻被擱置、被冷落。例這幫小青年來了以後，就把我們這幫老傢伙曬起來了。

ㄕㄟˊ

【誰打鑼、誰吃飯】

比喻誰勞動，誰享受勞動成果。例常言道：誰打鑼、誰吃飯，這樹是我種的，憑什麼不許我收果子？

【誰揮鞭策驅四運，萬物興歇皆自然】

策：馬鞭；四運：四時，即春夏秋冬；興歇：興盛和衰敗。是誰用馬鞭驅使著一年四季交替轉換？萬物的興盛和衰敗都有它自身的規律性。唐・李白《日出入行》詩：「草不謝榮於春風，木不怨落於秋天。誰揮鞭策驅四運，萬物興歇皆自然。」

【誰家頂著房子走】

謂行路人自然要走到哪裏，就投宿到哪裏。例出門在外，諸事不易，誰家頂著房子走，今天你碰巧走到我這裏，就請住下，不必客氣。

【誰家都有一本難念的經】

比喻誰家都有一堆麻煩事。例回到家裏，就管不了他那個寶貝兒子。眞是誰家都有一本難念的經。

【誰家墳裏沒兩堆牛糞】

比喻誰家都會有幾件不光彩的事。例你就知道整天張家長、王家短的，也不瞧瞧你自己。誰家墳裏沒兩堆牛糞，難道世界上就你「乾淨」？

【誰家鍋底沒有黑】

比喻誰都會有短處。例我們看一個人，要看大的方面，不能緊盯著一兩件小事不放。要是叫起眞來，誰家鍋底沒有黑？

【誰家煙筒不冒煙】

比喻誰都會有使性子發脾氣的時候。淸・李光庭《鄉言解頤・天部》：「謂作家頹惰者曰：『這早晚還不動煙火。』謂偶然詬誶者曰：『誰家煙筒不冒煙。』皆尚有含蓄之意。」

【誰能留渴須遠井】

須：等待。誰能夠口渴不飮而等待著飮遠方的井水呢？謂遠水不解近渴，緩不濟急。宋・莊季裕《雞肋編》卷下：「陳無已詩，亦多用一時俚語。如……『不應遠水救近渴，誰能留渴須遠井。』」

【誰人背後無人說，哪個人前不說人】

謂受人議論與議論別人是生活中常有的事。例俗話說：誰人背後無人說，哪個人前不說人，若是總在顧忌別人的議論，那就會謹小愼微，什麼事情也幹不成。

【誰爲爲之，孰令聽之】

能夠爲誰效命呢？又能讓誰聽取我的心聲呢？謂世無知己。《漢書・司馬遷傳》：「顧自以爲身殘處穢，動而見尤，欲益反損，是以抑鬱而無誰語。諺曰：『誰爲爲之，孰令聽之？』蓋鍾子期死，伯牙終身不復鼓琴，何則？士爲知己用，女爲悅己容。」

【誰言寸草心，報得三春暉】

三春：春季的三個月。誰說柔弱的小草能夠報答得了春日陽光的沐浴之恩？比喻兒女的心意不論如何眞摯，都不足以報答父母的養育之恩。唐・孟郊《遊子吟》：「慈母手中線，遊子身上衣。臨行密密縫，意恐遲遲歸。誰言寸草心，報得三春暉。」

【誰有閒錢補笊籬】

笊（ㄓㄠˋ）籬：用柳條、鐵絲、竹篾等編成的杓形用具，在湯中撈物時使用。謂沒有多餘的錢用在無關緊要之處。例這個月咱們廠的工資都快發不出來了，誰有閒錢補笊籬？修大門的事兒，拖拖再說吧。

【誰蒸下饅頭等著你——怕冷不成】

反問句。比喻不要擔心，不要著急。例嘮叨什麼，誰蒸下饅頭等著你——怕冷不成，到時候我自有辦法，不耽誤你的事就行了。

【誰知盤中餐，粒粒皆辛苦】

有誰知道，盤中的飯食，每一粒都凝結著辛勤和勞苦。謂糧食來之不易，應加倍珍惜。唐・李紳《古風二首》：「鋤禾日當午，汗滴禾下土，誰知盤中餐，粒粒皆辛苦。」

【誰走的路長遠，誰能到西天佛地】

西天佛地：指佛教中所指的極樂世界，古時有到西天取經之說。比喻有毅力的人終將達到目的。例俗話說，誰走的路長遠，誰能到西天佛地，在科學的領域裏，成功屬於那些勤奮者。

ㄕㄠ

【捎帶腳】

比喻順便、附帶做某事。例你進城採購時，請捎帶腳給我買點衣料。也作「捎帶手」。例你捎帶手把燈關了行嗎？

【捎帶手】

見「捎帶腳」。

【捎關打節】

打通關節。比喻耍手腕。明・朱權《卓文君》二折：「也不用蜂媒蝶使，更何須燕侶鶯儔，硬撞入鳳窟鸞穴。只消我移宮換羽，便是我捎關打節。」

【稍長的膽壯】

稍：又作「梢」，北方方言，指賭本。在賭場上，本錢多，膽量就大。又比喻做生意，資本雄厚，膽量就大。例常言說得好：稍長的膽壯，我就這麼點兒血本，哪敢和他們大公司競爭，還是瞧準機會再幹吧。

【稍勝一籌】

籌：籌碼，計數的工具。相比起來稍

微强一點。清・秋瑾《致秋譽章書其九》：「吾哥雖稍勝一籌，而無告語則同，無戚友之助亦同。」

【稍遜一籌】

遜：差，不及；籌：籌碼，計數的工具。稍微差一些。清・李漁《閒情偶寄・科渾第五》：「《粲化五種》之長，不僅在此，才鋒筆藻，可繼《還魂》，其稍遜一籌者，則在氣與力之間耳。」

【稍縱即逝】

縱：放鬆。稍微一放鬆就消失了。形容時間或機會極容易失去。《民國通俗演義》三四回：「事機萬變，稍縱即逝。」

【艄公多了打爛船】

艄公：船尾掌舵的人。掌舵的人多了，反而會把船搞壞。比喻令出多門，彼此相妨，會把事情搞壞。例大家都住嘴吧。這樣爭論不休，什麼事情也幹不成。艄公多了打爛船。我看咱們還是聽班長的吧。

【筲箕裝土地——淘神】

筲（ㄕㄠ）箕：淘米、洗菜用的竹器，形狀像簸箕。筲箕不淘米、洗菜，而用來裝土地神（俗稱土地），所以說「淘神」。見「抱菩薩洗澡——淘神」。

【燒襖滅虱子——不合算】

也作「燒襖滅虱子——不上算」、「燒屋趕老鼠——不上算」。見「大象換老鼠——不合算」。

【燒的紙多，惹的鬼多】

紙：紙錢，供焚燒以祭鬼神。比喻做事越多，惹的麻煩越多。例依我看，規章不可不有，亦不可過細，否則燒的紙多，惹的鬼多，反而不利於實施。

【燒乾的鍋爐——氣炸了】

也作「燒乾的鍋爐——氣崩了」。見「車軲轆放炮——氣炸了」。

【燒乾的鍋爐添涼水——惹氣】

雙關語。比喻自找氣受。例不該你去捅的馬蜂窩你偏要去捅，看，鬧上門來了，怎麼辦？眞是燒乾的鍋爐添涼水——惹氣。

【燒高香】

原指在神佛像前燒香，祈求或感謝其佑護。比喻十分感謝，滿意。例要是您能幫我解決房子問題，我可心甘情願爲您燒高香了。

【燒紅的烙鐵——摸不得】

烙鐵：燒熱後可以燙平衣服的鐵器。見「老虎的屁股——摸不得」。

【燒紅的烙鐵——燙手】

比喻難辦，不好下手。例這件事的確是燒紅的烙鐵——燙手，不得掉以輕心。

【燒紅的生鐵——越打越硬】

比喻越鍛鍊越堅强。例他在艱苦的環境中磨練了三年，就像燒紅的生鐵——越打越硬，現在已是一個錚錚鐵漢了。也作「窯裏的泥磚——越燒越硬」。

【燒紅了的鍋裏倒涼水——炸了】

見「滾油鍋裏添冷水——炸了」。

【燒壞的瓦——不合垛】

垛：ㄉㄨㄛˋ，莊稼、磚、瓦等堆成的堆。燒壞的瓦變形，不能與好瓦堆成垛。比喻人不合羣。有時也指辦事情不合要求。例他的性格孤僻，就像燒壞的瓦——不合垛，與同事們很少交往。

【燒火剝蔥——各管一工】

做飯時有的燒火，有的剝蔥，各管一件事。比喻各自按分工做事。例工廠實行分工負責制，所有職工，燒火剝蔥——各管一工，但又要相互支援、合作，不得以鄰爲壑。也作「洗菜切蔥——各管一工」。

【燒火棍撥火——掉不轉頭】

掉不轉：回轉不了。見「碼頭工人扛麻包——回頭難」。

【燒火棍子碰灶火門——又得碰，又離不開】

比喻兩人雖有矛盾，但又得互相依靠，誰也離不開誰。例「他倆是怎麼回事？一會兒惱，不會兒好的。」「沒有什麼奇怪，燒火棍子碰灶火門——又得碰，又離不開。」

【燒火棍子——一頭熱】

雙關語。比喻與雙方有關的事情，只有一方熱心、積極去做。有時也指思想方法片面，强調了一面而忽視了另一面。例既然是兩家企業的協作項目，只有我們一家積極主動，怎麼能搞好呢！也作「剃頭挑子——一頭熱」、「旱煙袋——一頭熱」、「屬香火兒的——一頭熱」、「野地裏烤火——一面熱」、「煙袋鍋子——一頭熱」。

【燒酒裏兑水——蔫不唧兒漲錢】

蔫不唧兒：〈方〉不聲不響，悄悄。比喻不聲不響、悄悄地漲價。例在商業這一行業中，燒酒裏兑水——蔫不唧兒漲錢的事，常有。消費者强烈希望加强市場管理。也作「壓低秤桿做生意——蔫不唧兒漲錢」。

【燒了廟的土地爺——無家可歸】

土地爺：迷信傳說中專管一個小地區的土地神。比喻無依無靠，沒有地方可以落腳。例戰爭使無數人成爲燒了廟的土地爺——無家可歸，四處流浪，忍飢挨凍。

【燒了廟的土地爺——走投無路】

見「熱鍋上的螞蟻——走投無路」。

【燒冷灶】

比喻敷衍不得勢的人。例讓他當個名譽理事吧！也好燒燒冷灶，借他一點影響。

【燒眉之急】

像火燒眉毛那樣緊急。形容十分緊迫，刻不容緩。《英烈傳》五三回：「此時正是燒眉之急，豈不用他。」也作「燃眉之急」。

【燒屋滅鼠——得不償失】

見「丟了西瓜揀芝麻——得不償失」。

【燒香不磕頭——未盡心意】

比喻待人心不誠。例是不是因爲他燒香不磕頭——未盡心意，你才發這樣大的火呢？應該開誠布公地說出來。

【燒香的少，拆廟的多】
比喻辦某事時，出力幫忙的人少，而想沾光或搗亂的人卻很多。例今天這陣勢不對。前來祝壽的，怎麼一個個都面帶敵意呀？看來是燒香的少，拆廟的多，咱們也得有所準備，別讓這些人把老爺的壽筵給攪了。

【燒香趕走和尚——喧賓奪主】
比喻客人占了主人的地位；或外來的、次要的事物占了主導地位，壓倒了原有的、主要的事物。例你事事自作主張，指手畫腳，忘記了自己的客人身分，眞是燒香趕走和尚——喧賓奪主。

【燒香看和尚——一舉兩得】
見「過河洗腳——一舉兩得」。

【燒香遇到活菩薩——求之不得】
活菩薩：借指行善事的好人。見「瞌睡碰著枕頭——求之不得」。

【燒香砸了菩薩——不識個好賴】
菩薩：泛指佛和某些神。燒香本爲表示對菩薩的虔誠，卻又砸壞了菩薩，這樣就說不清到底是好心還是壞心。比喻人不明事理，分不清哪是好哪是壞。例對你的批評，就是最好的愛護，你別燒香砸了菩薩——不識個好賴。

ㄕㄠˊ

【勺子免不了碰鍋台】
比喻人經常在一起，難免有發生不快的時候。例他只是不小心，並非存心跟你過不去。同一個宿舍住著，勺子免不了碰鍋台，事情過去了就算了，你不必往心裏去。

【勺子再大也盛不過小盆】
比喻事物各有其限度，不能無限制地擴大其範圍。例這麼大的工程，僅靠一個施工隊怎麼完成得了？勺子再大也盛不過小盆，我看咱們還是組織幾個施工隊一起上吧。

【韶光荏苒】
韶光：美好的時光。時間漸漸地過去。明・朱權《荊釵記・分別》：「韶光荏苒，嘆桑榆暮景，貧困相兼。」

【韶光淑氣】
韶光：美麗的春光；淑氣：溫和之氣。形容美好的春天景象。唐・李世民《春日玄武門宴羣臣》詩：「韶光開令序，淑氣動芳年。」

【韶光似箭】
韶光：美好的時光。美好的時光如飛箭一樣流逝。明・黃元吉《流星馬》一折：「端的是韶光似箭催人老，日月如梭趲少年。」

【韶顏稚齒】
韶顏：美麗的容貌；稚齒：指年少。比喻青春年少。唐・蔣防《霍小玉傳》：「我爲女子，薄命如斯。君是丈夫，負心若此。韶顏稚齒，飮恨而終。」

ㄕㄠˇ

【少安無躁】
少：稍微；安：徐緩，不急。稍微耐心一點，不要急躁。唐・韓愈《答呂毉山人書》：「方將坐足下三浴而三熏之，聽僕之所爲，少安無躁。」也作「少安毋躁」。毋：通「無」，不要。宋・陸游《雨》詩：「上策莫如常熟睡，少安毋躁會當晴。」也作「少安勿躁」。《孽海花》二九回：「願少安勿躁！且待千秋軍火到此，一探彼會內情，如有實際，再謀舉事。」也作「稍安勿躁」。

【少安毋躁】
見「少安無躁」。

【少安勿躁】
見「少安無躁」。

【少吃多滋味，多吃壞肚皮】
肚皮：指腸胃。美味佳肴，少吃會感到滋味無窮，過量則會吃壞腸胃。比喻凡事要適可而止，不能過分。例常言說：少吃多滋味，多吃壞肚皮。可你呢，一下棋就是一夜，第二天還得上班，你就不怕把身子累垮了？

【少吃儉用】
省著點吃，省著點用。指生活上節約、簡樸。例爲了房屋貸款，他每天少吃儉用，希望提早把貸款還清。

【少吃無穿】
缺少吃的，沒有穿的。形容生活困難。元・李潛夫《灰闌記》四折：「俺哥哥只爲一載之前，少吃無穿，向我求覓。」

【少吃鹹魚少口乾】
比喻少管閒事就能少惹麻煩。例像這種事，我看你還是少參與的好。少吃鹹魚少口乾，省下時間，幹點兒什麼不行呀！

【少吃一口，香甜一宿】
晚飯吃得稍微少一些，一整夜都會睡得香甜。謂晚飯不可多食。例別見到好吃的就不要命，你也不怕撐著了。常言說得好：「少吃一口，香甜一宿。」晚飯吃多了沒好處。

【少襠無繫】
見「少擋無繫」。

【少擋無繫】
謂缺少衣服。清・蒲松齡《窮漢詞》：「怎麼的弄的少油沒鹽，少柴無米，少擋無繫，少吃無燒？」也作「少襠無繫」。清・蒲松齡《姑婦曲》：「自從遭了官司，弄的少襠無繫，又搭上人來索債，叫花子躲亂——窮的討飯還帶著不安穩。」

【少見多怪】
見識少，碰到不常見的事物便大驚小怪。多嘲諷人見聞淺陋。清・鄭燮《與金農書》：「世俗少見多怪，聞言不信，通病也。」

【少了張屠户——不吃渾毛豬】
屠户：殺豬的人；渾毛豬：帶毛的豬。比喻少了誰，工作照樣進行。例他堅持要走就讓他走好了，少了張屠戶——不吃渾毛豬，我們的事業照樣會發展的。

【少氣無力】
沒有氣力。形容精神萎靡不振。《西遊記》一八回：「那女兒認得是他父親的聲音，才少氣無力的應了一聲。」

【少私寡欲】
寡：少；欲：欲望。指個人的慾望很少。《莊子・山木》：「南越有邑焉，名為建德之國，其民愚而樸，少私而寡欲。」

【少所見，多所怪，睹駝駝言馬腫背】
駝（ㄊㄨㄛ）駝：即駱駝；睹：看見。謂由於見聞不廣，對許多事物感到怪異，看見了駱駝卻認作是馬背腫了。漢・牟融《牟子》：「問曰：『云佛有三十二相，八十種好，何其異於人之甚也？殆富耳之語，非實之云也？』牟子云：『諺云：少所見，多所怪，睹駝駝言馬腫背。堯眉八彩，舜目重瞳子，皋陶馬喙，文王四乳，禹耳三漏，周公背僂。』」

【少所推讓】
見「少所許可」。

【少所許可】
對人對事，很少中意、讚許。常形容人眼界高。清・汪琬《敕贈裔母潘孺人墓志銘》：「舟次落筆妙天下，於人少所許可。」也作「少所推讓」。唐・劉禹錫《唐故尚書禮部員外郎柳君集紀》：「安定皇甫湜於文章少所推讓，亦以（韓）退之之言為然。」

【少條失教】
指缺乏教養，不懂規矩。《金瓶梅詞話》四〇回：「好大膽的丫頭！新來乍到，就恁少條失教的，大剌剌對著主子坐著。」也作「少調失教」。《歧路燈》三六回：「管老九那個球孩子，少調失教，橫跳黃河豎跳井，是任意的。」

【少調失教】
見「少條失教」。

【少頭無尾】
首尾不全。指不完整，不系統或辦事不周到。《歧路燈》一六回：「希僑道：『這是王賢弟你辦的事，少頭無尾的。』」

【少言寡語】
謂平時說話不多。例她溫柔嫻靜，少言寡語，待人寬厚，事事能屈己讓人。

ㄕㄠˋ

【少不更事】
更事：經歷世事。年紀輕，經歷過的事不多，缺乏經驗。《聊齋志異・青娥》：「母謂汝夫婦少不更事。」也作「少不經事」。經：經歷。《周書・達奚武傳》卷一九：「［齊王］憲欲待明更戰，武欲還，固爭未決。武曰：『……大王少年未經事，豈可將數營士眾，一旦棄之乎！』」

【少不經事】
見「少不更事」。

【少不惜力，老不歇心】
年輕人不要顧惜精力而要勤奮工作，老年人不要懶得動腦子。例你年紀輕輕的就如此懶散，將來會有什麼出息！俗話說：「少不惜力，老不歇心。」你應該振作起精神來。

【少成若性】
性：天性。從少年時養成的習慣，像天性一般再也難以改變。《大戴禮記・保傅》：「孔子曰：『少成若性，習慣之為常。』」

【少而好學，如日出之陽；壯而好學，如日中之光；老而好學，如炳燭之明】
陽：鮮明燦爛；炳：點燃。少年時期喜歡學習，像早晨鮮明燦爛的太陽；壯年時期喜歡學習，像中午熱烈旺盛的太陽；老年時期喜歡學習，像點燃的蠟燭那樣光亮。說明只要願意學習，任何時候都有可取之處。漢・劉向《說苑・建本》：「少而好學，如日出之陽；壯而好學，如日中之光；老而好學，如炳燭之明。」

【少年夫妻老來伴】
謂年輕時結成的夫妻，到了老年就成為親密的伙伴。例以前他們兩口子還不時拌兩句嘴，自打退休以後，整日同出同入，再不見有紅臉的時候了，眞是少年夫妻老來伴。

【少年老成】
指年紀雖輕，卻舉止穩重，辦事老練。明・朱權《荊釵記・團圓》：「我這公祖少年老成，居民無不瞻仰，老夫感激深恩。」今多用以形容青少年缺乏朝氣。也作「少年老誠」。《兒女英雄傳》二九回：「現在的玉郎早已不是你我在能仁寺初見的那個少年老誠的玉郎了。」

【少年老誠】
見「少年老成」。

【少年辛苦終身事，莫向光陰惰寸功】
少年時期要刻苦學習，為一生事業打下基礎，不應懶惰而浪費一寸光陰。謂人應趁年輕時努力學習進取，不可荒廢寶貴的時光。唐・杜荀鶴《題弟侄書堂》詩：「窗竹影搖書案上，野泉聲入硯池中。少年辛苦終身事，莫向光陰惰寸功。」

【少女嫩婦】
指年紀很輕的婦女。《金瓶梅詞話》九回：「他少女嫩婦的，又沒養贍過日子，胡亂守了百日孝，他娘勸他前月改嫁外鄉人。」

【少時衣裳老來穿——過時的貨】
比喻事物或話語陳舊，不合時宜。例你現在進的是少時衣裳老來穿——過時的貨，趕快停止吧。也作「少時裁衣老來穿——過時的貨」、「人老還穿兒時衣——過時貨」、「冬月賣扇子——過時貨」、「正月初一賣門神

——過時貨」。

【少小無猜】
猜：嫌疑。指男女在孩童時一起玩耍，天眞無邪，不避嫌疑。唐・李白《長干行》詩：「同居長干里，兩小無嫌猜。」

【少壯不努力，老大徒傷悲】
老大：年齡大了；徒：白白地。年輕力壯時不努力學習上進，到了老年，爲虛度年華而悲傷也沒有用了。《古樂府・長歌行》：「百川東到海，何時復西歸？少壯不努力，老大徒傷悲。」例常言道：「少壯不努力，老大徒傷悲。」年輕人風華正茂，精力充沛，應抓緊時間努力學習，不要虛度年華。

【召父杜母】
《東觀漢記》卷一五，《後漢書・杜詩傳》載：西漢召信臣和東漢杜詩，先後爲南陽太守，兩人均以善政著稱，當時有「前有召父，後有杜母」之語。後遂以「召父杜母」爲稱頌地方長官政績的套語。

【邵平瓜圃】
《史記・蕭相國世家》：「召（邵）平者，故秦東陵侯。秦破，爲布衣，貧，種瓜於長安城東，瓜美，故世俗謂之『東陵瓜』，從召平以爲名也。」後遂以「邵平瓜圃」指棄官隱居後種植的田園。宋・晁補之《摸魚兒・東臯寓居》：「弓刀千騎成何事，荒了邵平瓜圃。」也作「**邵生瓜田**」。晉・陶淵明《飲酒二十首》詩：「邵生瓜田中，寧似東陵時。」

【邵生瓜田】
見「邵平瓜圃」。

【紹休聖緒】
紹：繼續，接續。《漢書・武帝紀》：「故旅耆老，復孝敬，選豪俊，講文學，稽參政事，祈進民心，深詔執事，興廉舉孝，庶幾成風，紹休聖緒。」顏師古注：「休，美也。緒，業也。言紹先聖之休緒也。」指繼承祖先聖哲的美好事業。

ㄕㄡ

【收場鑼】
比喻事情結束，已成定局的信號。例你沒聽傳達文件嗎？那就是敲收場鑼。

【收合餘燼】
比喻收集殘餘的士卒。宋・洪適《親征詔》：「昔春秋之時，鄭小國也，介居晋、楚之間，城下之盟，君臣同恥；收合餘燼尙能成功。」

【收合餘燼，背城借一】
燼：火燒東西的剩餘，喻指殘兵剩將；借一：憑借最後一戰。集合殘存兵力，在城下與敵人做最後一戰，以決勝負。《左傳・成公二年》：「請收合餘燼，背城借一。」也作「**收拾餘燼，背城借一**」。《太平廣記》卷四九二引《靈應傳》：「將欲收拾餘燼，背城借一。」

【收回成渙】
見「收回成命」。

【收回成命】
收回已經發出的命令或指示。指撤銷原來的命令。清・黃宗羲《辭張郡侯請修郡志書》：「伏望明府，哀其弗及，收回成命。」也作「**收回成渙**」。渙：渙汗，比喻君主發號施令，如汗出於身。宋・崔與之《辭免除兼太子侍講》：「慾望朝廷，特賜敷奏，收回成渙，改畀名流。」

【收了白菜種韭黃——清（青）白傳家】
淸：「青」的諧音。比喻廉潔的家風世代相傳。例貧寒並不可怕，收了白菜種韭黃——清（青）白傳家的家風不可丟。

【收視反聽】
不看不聽。指摒棄外界事物的干擾，安心思考問題。唐・白居易《辨水旱之災，明存救之術》：「古之君人者，逢一災，偶一異，則收視反聽，察其所由。」

【收攤子】
比喻結束某種局面或工作。例那個公司早收攤子了，有問題請找主管部門。

【收之桑榆】
「失之東隅，收之桑榆」的活用。東漢初，馮異與赤眉軍作戰，先敗後勝，光武帝璽書勞異曰：「始雖垂翅回谿，終能奮翼黽池，可謂失之東隅，收之桑榆。」後以「收之桑榆」比喻在這以前遭到的損失，而後又重新得到了補償。宋・魏了翁《被召除禮部尙書內引奏事第五札》：「乃者禁衛之變，幾爲後魏李唐之失，政幸而收之桑榆，猶可以暫弭目前之憂。」

ㄕㄡˇ

【手板腳板都是油——滑手滑腳】
手板腳板：〈方〉手掌腳掌。比喻滑溜，做事不順手。有時指人圓滑，老於世故。例不知是精神不集中呢？還是事情棘手？我總感覺近來你做事手板腳板都是油——滑手滑腳，沒有從前那樣出色。

【手剝辣椒——辣豁豁】
豁豁：咧開嘴吸氣的聲音。辣得厲害，咧著嘴直吸氣。比喻某個人惹不得，或某件事很棘手，不好辦。例他這個人是手剝辣椒——辣豁豁，我才不想同他打交道呢，還是你自己去吧！

【手不輟卷】
見「手不釋卷」。

【手不麻利怨袖子——怪物】
麻利：〈方〉動作敏捷、利索。雙關語。比喻性情古怪的人。例偶然見面，你還以爲他是手不麻利怨袖子——怪物呢！其實他很懂得人情事故，非常善良、和藹。也作「**手藝不好怨工具——怪物」。

【手不釋卷】

手中的書不肯放下。形容勤奮好學。《三國志・吳書・呂蒙傳》：「光武當兵馬之務，手不釋卷。」也作「手不輟卷」。輟：停止。《晉書・皇甫謐傳》：「謐乃感激，就鄉人席坦受書，勤力不怠……後得風痺疾，猶手不輟卷。」也作「手卷不釋」。宋・樓鑰《太府寺主簿周君墓志銘》：「遂發憤進學，不半載，下筆成文，衆皆驚嘆。自爾手卷不釋，博貫經史。」

【手不停毫】

見「手不停揮」。

【手不停揮】

不停地揮筆書寫。形容文思敏捷。《警世通言》卷九：「李白左手將須一拂，右手舉起中山兔穎，向五花箋上，手不停揮，須臾，草就嚇蠻書。」也作「手不停毫」。毫：毛筆。《鏡花緣》五三回：「亭亭鋪下箋紙，手不停毫，草草寫去。」

【手不停披】

披：打開，翻開。手不停地翻閱書籍。形容學習勤奮。宋・樓鑰《龍圖閣待制趙公神道碑》：「聚萬卷書，手不停披。」

【手插魚籃——避不得腥】

腥：腥氣，魚蝦等身上發出的難聞的氣味。比喻已經插手，回避也回避不得了；或事到臨頭已躲不開了。例既然我們已參預其事，手插魚籃——避不得腥，就幹到底吧！

【手長袖短——不協調】

比喻不合適，不恰當。例這個會議廳的布置看起來不順眼，似乎是手長袖短——不協調。也作「披蓑衣戴禮帽——不協調」、「著古裝穿皮鞋——不協調」、「穿汗衫戴棉帽——不協調」。

【手長衣袖短——高攀不上】

比喻高得無法攀比。有時用作謙詞，自稱不敢有奢望。例同你交朋友？我是手長衣袖短——高攀不上。也作「短褲著短襪——高攀不上」、「舌頭舔鼻尖——高攀不上」。

【手長衣袖短——拉扯不上】

比喻沒有什麼牽扯和瓜葛。例他兩人打八輩子不相認，怎麼會狼狽為奸？眞是手長衣袖短——拉扯不上的事。也作「拽住大嫂叫姑姑——拉扯不上」。

【手大遮不住天】

比喻一個人的本事再大，終歸有限。例你要用手中的權力來堵住老百姓的嘴，那是休想。常言說得好：手大遮不住天。

【手到病除】

一經手治療，病就消除。形容醫術高明。元・無名氏《碧桃花》二折：「嬤嬤你放心，小人三代行醫，醫書脈訣，無不通曉，包的你手到病除。」也用以比喻善於解決問題。明・華陽散人《鴛鴦針》二折：「我去說這情面，包管你手到病除。」

【手到拿來】

拿：擒拿。指一出手就把敵人捉來。比喻做事毫不費力。《儒林外史》三一回：「而今你在這裏幫我些時，等秋涼些，我送你些盤纏投奔他去，包你這千把銀子手到拿來。」也作「手到擒拿」。《官場現形記》一一回：「就是上海道看我面子，肯派他事情，也有個遲早，那裏有手到擒拿的。」也作「手到擒來」。《西遊記》六二回：「趁如今酒醉飯飽，我共師兄去，手到擒來！」

【手到擒來】

見「手到拿來」。

【手到擒拿】

見「手到拿來」。

【手高眼低】

指人眼界不高，但實際能力強。況周頤《蕙風詞話》一：「余嘗謂北宋人手高眼低。其自為詞，誠敻乎弗可及；其於他人詞，凡所盛稱，率非其至者。」

【手滑心慈】

助人慷慨，心地善良。指樂於助人。清・袁枚《與林遠峯書》：「魚門當日，並不在酒場歌席妄費一錢，而手滑心慈，遂至累人累己。」

【手慌腳亂】

見「手忙腳亂」。

【手慌腳忙】

見「手忙腳亂」。

【手揮目送】

「目送歸鴻，手揮五弦」的省寫。比喻詩文書畫揮灑自如，意趣兼到。朱光潛《作文與運思》：「經過一番苦思的訓練之後，手腕便逐漸嫻熟，思路便不易落平凡，縱遇極難駕御的情境，也可以手揮目送，行所無事。」

【手疾眼辨】

見「手急眼快」。

【手疾眼快】

見「手急眼快」。

【手急眼快】

形容做事機警、靈活。《三俠五義》八回：「張爺手急眼快，斜刺裏就是一腿，道人將將躲過。」也作「手疾眼快」。《西遊記》四回：「原來悟空手疾眼快，正在那混亂之時，……趕至哪吒腦後，著左膊上一棒打來。也作「手親眼便」。親：準確；便：靈敏。宋・陳亮《又乙巳春書之一》：「御者以正，而射者以手親眼便為能，則兩不相值而終日不獲一矣。」也作「手疾眼辨」。疾：快；辨：同「便」，敏捷。金・董解元《西廂記・正宮文序子》：「果是會相持，能征慣戰，不慌不緊不忙，果手疾眼辨。」

【手腳無措】

見「手足無措」。

【手卷不釋】

見「手不釋卷」。

【手龜足胼】

龜：ㄐㄩㄣ，龜裂，指皮膚因乾燥而

裂開；趼：ㄐㄧㄢˇ，指皮膚因過度摩擦而生的厚皮。宋·蘇舜欽《黃雍於西安修水之側起佚老亭以奉親》：「君胡飄飄事遠遊，手龜面黎兩足趼。」後以「手龜足趼」指手掌乾裂，腳底磨出老繭。形容勞作極其辛苦。

【手快腳輕】

手動作快，腳走路輕。形容人動作靈活輕快。例張老雖已年高，因長年堅持鍛煉，幹起活來還是手快腳輕。

【手辣心粗】

見「手辣心硬」。

【手辣心硬】

手段毒辣，心腸凶狠。《初刻拍案驚奇》卷一四：「誰知惡人手辣心硬，一不做二不休，叫得先打後商量，不論銀錢多少，只是那斷路搶衣帽的小小強人，也必了人性命，然後動手的。」也作「**手辣心粗**」。粗：粗野。《綴白裘·諫父》：「顧不得手辣心粗斷送伊！」也作「**心狠手辣**」。

【手裏捧著個刺蝟——擺也擺不開，扔也扔不掉】

刺蝟：哺乳動物，頭小，四肢短，身上有硬刺。比喻處境困窘。不知如何是好；或遇棘手的事，丟不下，又辦不成。例看，你把這種人弄來，就像手裏捧著個刺蝟——擺也擺不開，扔也扔不掉，爲大家增添了不少麻煩。

【手零腳碎】

手腳不乾淨，指小偷小摸。元·楊顯之《瀟湘秋夜雨》四折：「我道你是聰明的卓氏，我道你是俊俏西施，怎肯便手零腳碎竊金貲，這都是崔通來妄指。」也用以形容人手腳好動，不閒。清·無名氏《豆棚閒活·虎丘山賈清客聯盟》：「因他日常手零腳碎，坐不安閒，身材短小，故有此名。」

【手榴彈搗蒜——危險】

也作「**手榴彈搗蒜——冒險**」、「**手榴彈搗蒜——好險**」。見「刀口舔糖——危險」。

【手榴彈冒煙——近不得身】

也作「**手榴彈冒煙——難近身**」。見「短棍兒打蛇——難近身」。

【手忙腳亂】

形容做事慌亂，動作毫無條理。宋·朱熹《答呂子約》：「今亦何所迫切而手忙腳亂，一至於此邪！」也作「**手忙足亂**」。《醒世恒言》卷二九：「那廚夫聽見知縣早來，恐怕臨時誤事，隔夜就手忙足亂收拾。」也作「**手慌腳忙**」。《儒林外史》一七回：「匡超人驚得手慌腳忙，說道：『這是那裏晦氣！』」也作「**手慌腳亂**」。元·關漢卿《調風月》二折：「見那廝手慌腳亂緊收拾，被我先藏在香羅袖兒裏。」

【手忙足亂】

見「手忙腳亂」。

【手拿謎語猜不出——執迷(謎)不悟】

迷：「謎」的諧音。比喻堅持錯誤而不覺悟。例放下屠刀，立地成佛，如果手拿謎語猜不出——執迷（謎）不悟，就是死路一條。

【手帕姊妹】

指結爲異姓姐妹的妓女。清·孔尚任《桃花扇·訪翠》：「這院中名妓，結爲手帕姊妹，就像香火兄弟一般，每遇時節，便做盛會。」

【手帕做床單——橫豎不夠料】

比喻不管怎樣總是不成材。例小史進步很快，你過去說他手帕做床單——橫豎不夠料，的確把人看得太死了，應改變看法。

【手胼足趼】

見「手足胼胝」。

【手胼足胝】

見「手足胼胝」。

【手起刀落】

手一提起，刀就落下。形容用刀動作迅速利索。《水滸傳》二九回：「武松道：『原來恁地，卻饒你不得。』手起刀落，也把這人殺了。」

【手親眼便】

見「手急眼快」。

【手提三尺龍泉劍，不斬奸邪誓不休】

龍泉劍：古代傳說中的寶劍。手握著龍泉寶劍，不斬盡奸邪誓不罷休。用以表現英雄志士與奸邪血戰到底的堅強決心。《水滸傳》七二回：「浩氣衝天貫斗牛，英雄事業未曾酬。手提三尺龍泉劍，不斬奸邪誓不休。」

【手提禿鎬頭——沒把握】

鎬頭：刨土用的工具。也作「**手裏提溜個禿鎬頭——沒把握**」。見「斷柄鋤頭——沒把握」。

【手頭不便】

手頭：手邊；不便：不方便。手中沒錢的一種委婉說法。《孽海花》五回：「那東西混帳極了！兄弟不過一時手頭不便，欠了他幾個臭錢。」

【手無尺鐵】

見「手無寸鐵」。

【手無寸權】

指不掌握任何權力。宋·劉克莊《祭郭子敬左司文》：「鈎鈔索纂，網羅貫穿，胸有五車，手無寸權。」

【手無寸刄】

見「手無寸鐵」。

【手無寸鐵】

寸鐵：短兵器。形容手中沒有任何兵器。《三國演義》一〇九回：「背後郭淮引兵趕來，見維（姜維）手無寸鐵，乃驟馬挺槍追之。」也作「**手無寸刄**」。寸刄：短小的刀。唐·李靖《將務兵謀》：「手無寸刄，而欲搏之，勢不可觸，其亦明矣。」也作「**手無尺鐵**」。唐·劉長卿《從軍行六首之一》：「白刄兩相向，黃雲愁不飛，手中無尺鐵，徒欲穿重圍。」

【手無縛雞之力】

縛：捆。雙手連捆一隻雞的力量也沒有。形容體弱無力或沒什麼本事。《水滸傳》六八回：「文不能安邦，武又不能附衆，手無縛雞之力，身無寸箭之功。」

【手舞足蹈】

雙手舞動，兩隻腳也跳起來。形容高興到極點。《紅樓夢》四一回：「當下劉姥姥聽見這般音樂，且又有了酒，越發喜得手舞足蹈起來。」也作「足蹈手舞」。唐·梁涉《長竿賦》：「聞之者鳧趨雀躍，見之者足蹈手舞。」

【手下留情】

指做事留有情面，不把事情做絕。《三俠五義》九三回：「沙龍道：『俺手下留情，山賊你要明白。』」

【手像蒲扇，腳像釘耙——大手大腳】

蒲扇：用香蒲葉做成的扇子；釘耙：用鐵釘做齒的耙，是碎土、平土的農具。見「樂山的大佛——大手大腳」。

【手心裏搭舞台——捧場作戰】

捧場：原指特意到劇場去贊賞演員的表演，以助聲威。後常用以指故意奉承別人，替別人吹噓。比喻有意地奉承和吹噓別人。例這根本談不上什麼成就，你別手心裏搭舞台——捧場作戰，讓人難爲情。

【手心裏的玻璃球——掌上明珠】

比喻極受父母寵愛的兒女。有時也比喻爲人所珍愛的物品。例這位千金小姐是老許的手心裏的玻璃球——掌上明珠。

【手心裏的麪糰——硬起來】

麪糰：和好了的麪塊；硬起來：指麪糰揉過之後，變得有韌性了。雙關語。比喻人的態度變得强硬了。例沒想到，這個一向軟弱的人，在這次抗爭中，忽然成了手心裏的麪糰——硬起來啦！

【手眼通天】

手眼：手段；通天：高超無比。指會耍手腕，善於鑽營。老舍《四世同堂》九：「大赤包對丈夫的財祿是絕對樂觀的，這並不是她信任丈夫的能力，而是相信她自己的手眼通天，在這幾天內，她已經和五位闊姨太太結爲乾姊妹。」

【手癢去捅馬蜂窩——想惹禍】

馬蜂：胡蜂的通稱，尾部有毒刺，能螫人。比喻企圖挑起禍端。例你怎麼又去那種是非之地，手癢去捅馬蜂窩——想惹禍，是不是？

【手澤尚存】

手澤：爲手上的汗所沾潤的痕跡。指先人或前輩的遺物。《禮記·玉藻》：「父沒而不能讀父之書，手澤存焉爾。」疏：「此孝子之情，父沒之後而不忍讀父之書，謂其書有父平生所持之潤澤存在焉，故不忍讀也。」唐·劉禹錫《唐故相國贈司空令狐公集紀》：「先正司空與大人爲顯交，撤懸之前五日，所賦詩寄友非他人也。今手澤尚存。」也作「手澤之遺」。北齊·顏之推《顏氏家訓·文章》：「潘岳《悼亡賦》，乃愴手澤之遺。」

【手澤之遺】

見「手澤尚存」。

【手掌當砧板——危險】

砧板：切菜用的木板。也作「手掌當砧板——冒險」、「手掌當砧板——好險」。見「刀口舔糖——危險」。

【手掌裏的麪糰——要圓就圓，要扁就扁】

比喻掌握大權，隨心所欲，胡作非爲。例我們這幾個人還不是你手掌裏的麪糰——要圓就圓，要扁就扁，隨意處置吧。也作「手裏的泥蛋——捏圓就圓，捏扁就扁」。

【手掌裏擱火炭——受不了】

比喻忍受不下去。例你這不是善意的批評而是惡毒的人身攻擊，人家聽了，肯定像手掌裏擱火炭——受不了。也作「眼裏插針——受不了」。

【手掌是肉，手背也是肉】

比喻二者都是親骨肉，自應一視同仁。例當父母的怎麼會厚薄不均呢？手掌是肉，手背也是肉。只是弟弟身體不好，才格外留心些罷了。

【手長六指頭——橫生枝節】

比喻意外地產生一些麻煩。例沒想到，對方又提出一些附加條件，手長六指頭——橫生枝節，合同簽不成了。也作「手長六指頭——節外生枝」、「竹子長權——枝外生枝」、「嫁接的果樹——橫生枝節」、「十一個手指——節外生枝」。

【手中沒把米，叫雞雞不來】

比喻若是不能給人實際利益，人家就不會跟著去幹。例我們廠則把培養工人的主人公精神放在首位。大家比成績，講奉獻，生產搞得熱火朝天。可見「手中沒把米，叫雞雞不來」並不是到處都適用的。

【手抓刺蝟——又刺又痛】

比喻心裏難受。例看到唐山地震的現場，就像手抓刺蝟——又刺又痛。也作「光身子鑽刺蓬——又刺又痛」。

【手追心慕】

心中愛慕而隨手模仿。元·王惲《絳州法帖歌》：「奔蛇走虺幾千丈，詭狀奇形驚戶牖；手追心慕日有得，顏氏服膺承善誘。」也作「心慕手追」。

【手足重繭】

手腳因勞累而生厚繭。《聊齋志異·勞山道士》：「凌晨，道士呼王[生]去，授以斧，使隨衆采樵。王謹受教。過月餘，手足重繭，不堪其苦，陰有歸志。」

【手足靡措】

見「手足無措」。

【手足胼胝】

手掌和腳底長滿老繭。形容長期辛勤勞動。《荀子·子道》：「夙興夜寐，耕耘樹藝，手足胼胝，以養其親。」也作「手胼足胝」。《封神演義》二三回：「我等雖肝腦塗地，手胼足胝，亦所甘心。」也作「手胼足趼」。趼：ㄐㄧㄢˇ，趼子指因長期摩擦而生的硬皮。金·王寂《留題紫岩寺》：「手胼足趼不知勞，珍重麻衣道最長。」

【手足失措】

見「手足無措」。

【手足無措】

手腳無處放。形容不知該怎麼辦才好。《陳書·後主記》：「自晝冠既息，刻吏斯起，法令滋章，手足無措。」也作「手腳無措」。《金瓶梅詞話》四八回：「府尹胡師文，見了上司批下來，慌得手腳無措。」也作「手足失措」。唐·韓愈《為韋相公讓官表》：「承命震駭，心神靡寧，顧己慚靦，手足失措。」也作「手足靡措」。靡：無。《逸周書·芮良夫解》：「下民胥怨，財單力竭，手足靡措。」

【手足異處】

手和腳不在一起。指被殺。《越絕書·內傳陳成恒》：「要（腰）領不屬，手足異處，四肢布陳。」

【手足之情】

手足：比喻兄弟。指兄弟情長誼深。宋·蘇轍《為兄軾下獄上書》：「臣竊哀其志，不勝手足之情，故為冒死一言。」

【守財虜】

見「守錢奴」。

【守殘保缺】

固守殘缺、陳舊的事物不放。形容保守、固執。明·李開先《賀東泉王二尹馬政膺獎序》：「繼今必極力拯救，方可蘇息。如但守殘保缺，則困瘁愈不可支。」也作「抱殘守缺」。

【守常不變】

指按常規辦事不變。三國魏·嵇康《養生論》：「謂商無十倍之價，農無百斛之望，此守常而不變者也。」

【守此失彼】

保住了這個，失去了那個。指戰線太長，不能全面防守。《隋書·薛道衡傳》：「西自巫峽，東至滄海，分之則勢懸而力弱，聚之則守此而失彼。」也作「顧此失彼」。

【守道安貧】

堅守正道，安於貧困。指不因貧困而改變節操。《舊唐書·王及善等傳贊》：「守道安貧，懷遠當仁。」

【守多大的碗兒吃多大的飯】

謂過日子要量入為出，不可超支。例如今家裏的進項並不多，我們還是守多大的碗兒吃多大的飯，心裏踏實些。

【守法不阿】

守法：執法；不阿（ㄜ）：不逢迎附合。指依法行事，不徇私，不偏袒。《史記·張釋之馮唐傳贊》：「張季之言長者，守法不阿意。」

【守法奉公】

遵守法令，奉行公事。元·無名氏《射柳捶丸》一折：「常則要守法奉公理庶民，屏邪除佞進忠良。」也作「奉公守法」。

【守分安常】

指人規矩老實，安守本分。《兒女英雄傳》四〇回：「那些百姓，如果要守分安常的，鑿井耕田，納有限太平租稅，又何等的不快活！」也作「安分守己」。

【守公雞下蛋——白費功夫】

也作「守公雞下蛋——枉費工」。見「擔沙填海——白費勁」。

【守節不回】

見「守節不移」。

【守節不移】

指堅守節操不變。漢·劉向《新序·節士》：「子為父死無所恨，守節不移，雖有鐵鉞湯鑊之誅而不懼也。」也作「守節不回」。《舊唐書·蕭銑等傳論》：「輔公祏竊兵為叛，王雄誕守節不回，訓子孫以忠貞，感士庶之流涕。」

【守經從權】

見「守經達權」。

【守經達權】

經：原則；權：權宜，變通。指堅持原則，靈活應付。形容堅持原則而不固執。《兒女英雄傳》一〇回：「姑娘，不必動氣了。我方才是一時迂執，守經而不能達權；恰才聽了張家姑娘這番話，心中豁然貫通。」也作「守經從權」。《隋唐演義》四〇回：「處常守經，遇變從權。」

【守經據古】

守：遵守；經：經典；古：古訓。指遵循經典，依據古訓。唐·韓愈《順宗實錄》卷三：「中樞舍人崔樞積學懿文，守經據古，夙夜講習。」

【守口如瓶】

閉著嘴不亂講話，像塞緊的瓶子一樣。形容說話謹慎，嚴守秘密。《隋唐演義》三五回：「但願陛下守口如瓶，不可提起。」

【守錢奴】

錢財的奴隸。指貪財而又特別吝嗇的人。宋·黃庭堅《四休居士》：「富貴何時潤髑髏，守錢奴與抱官囚。」也作「守錢虜」。虜：奴隸。《後漢書·馬援傳》：「凡殖貨財產，貴其能施賑也，否則守錢虜耳。」也作「守財虜」。《二十年目睹之怪現狀》四五回：「擱不住這班人都做了守財虜，年年只有入款，他卻死摟著不放出來。」

【守錢虜】

見「守錢奴」。

【守如處女，出如脫兔】

處女：未出嫁的女子。防守時如處女那樣謹慎；出擊時像逃脫的兔子那樣迅捷。《紅樓夢》七三回：「黛玉笑道：『這倒不是道家法術，倒是用兵最精的所謂「守如處女，出如脫兔」，「出其不備」的妙策。』」也作「靜如處女，動若脫兔」。

【守身如玉】

保持自身節操，像玉一樣潔白無瑕。《老殘遊記》二回：「但其中十個人裏，一定總有一兩個守身如玉，始終不移的。」也作「守身若玉」。《兒女英雄傳》二三回：「何況這位姑娘，守身若玉，勵志如冰。」

【守身若玉】

見「守身如玉」。

【守死善道】

守死：以死守護；道：思想或學說。指以生命保全道的完善。《舊唐書·褚遂良等傳論》：「而韓、來諸公，可謂守死善道，求福不回者焉。」

【守望相助】

守：防守；望：了望。為了防禦盜賊及其他意外事故，鄰近的村落之間協同看守了望，一旦有事相互幫助。《孟子·滕文公上》：「出入相友，守望相助，疾病相扶持，則百姓親睦。」

【守約居窮】

守約：保持節儉；居窮：處於窮困的境地。指生活簡樸窮困。鄧雅聲《拜先文學府君墓寫哀》：「守約居窮四十年，謂兒能讀喜沾沾。」

【守約施博】

指操守簡約而恩施普遍。《孟子·盡心下》：「言近而指遠者，善言也；守約而施博者，善道也。」

【守著駱駝不說馬】

形容愛說大話的人，從來都是撿大的說。例他這個人呀，從來都是守著駱駝不說馬，他的話，只能十成裏頭聽一成。

【守正不阿】

見「守正不撓」。

【守正不回】

見「守正不移」。

【守正不撓】

撓：彎曲，喻指屈服。指堅守正道，不肯逢迎、屈從。《周書·寇俊傳》：「孝莊帝後知之，嘉俊守正不撓，即拜司馬，賜帛百匹。」也作「**守正不阿**」。宋·陳亮《蕭曹丙魏房杜姚宋何以獨名於漢唐》：「姚崇之遇事立斷，宋璟之守正不阿，以共成明皇之治，亦不負君臣之遇合矣。」

【守正不移】

指堅守正道，決不改變。晉·常璩《華陽國志·後賢志》：「前衡陽內史楊君，忠肅貞固，守正不移。」也作「**守正不回**」。《周書·王羆傳》：「羆輕侮權勢，守正不回，皆此類也。」

【守株待兔】

株：露出地面的樹樁。《韓非子·五蠹》記載，宋國有個農夫在耕田時，看見一隻兔子撞死在樹樁上，他丟下農具，守候在樹樁旁邊，希望能再得到撞死的兔子。後以「守株待兔」比喻死守成規，不知變通。《雲笈七籤》卷九〇：「若載一時之禮，以誹無窮之俗，是刻舟而求劍，守株而待兔，故制治者為理之所由，而非所以為治也。」也比喻妄想不通過主觀努力而僥幸得到意外的收獲。《喻世明言》卷一八：「妾聞治家以勤儉為本，守株待兔，豈是良圖？」

【首倡義舉】

見「首唱義舉」。

【首唱義兵】

唱：通「倡」，發動；義：正義。指首先起兵。《三國志·魏書·荀彧傳》：「自天子播越，將軍首唱義兵……雖禦難於外，乃心無不在王室。」

【首唱義舉】

唱：同「倡」，發動；義舉：正義的舉動。指首先採取正義的行動。《晉書·劉弘傳》：「詔惟令臣以散補空缺，然洓鄉令虞潭忠誠烈正，首唱義舉，舉善以教，不能者勸，臣輒特轉潭補醴陵令。」也作「**首倡義舉**」。《東周列國志》七〇回：「公首倡義舉，奈何以王位讓人耶？」

【首當其衝】

衝：要衝。指最先受到攻擊或承受某種災難。例社會要改善不良風氣，首當其衝的便是色情行業。

【首丘夙願】

首丘：頭向著土丘。傳說狐死之時，頭向著巢穴所在的土丘；夙願：一向懷著的願望。比喻思念故鄉或死後歸葬故土的心願。戰國楚·屈原《九章·哀郢》：「鳥飛反故鄉兮，狐死必首丘。」《清史稿·孔有德傳》：「臣自念受恩至渥，必遠辟岩疆，始敢伸首丘夙願，故毅然以粵西為請。」也作「**首丘之思**」。《後漢書·班超傳》：「臣聞太公封齊，五世葬周，狐死首丘，代馬依風。夫周齊同在中土千里之間，況於遠處絕域，小臣能無依風首丘之思哉？」也作「**首丘之情**」。《後漢書·寇榮傳》：「臣功臣苗緒，生長王國，懼獨含恨以葬江魚之腹，無以自別於世，不勝狐死首丘之情，營魂識路之懷。」也作「**首丘之望**」。宋·蘇軾《惠州謝表》：「衰疾交攻，無復首丘之望。」也作「**首丘之念**」。《金史·時青傳》：「僕雖偷生寄食他國，首丘之念未嘗一日忘之。」

【首丘之念】

見「首丘夙願」。

【首丘之情】

見「首丘夙願」。

【首丘之思】

見「首丘夙願」。

【首丘之望】

見「首丘夙願」。

【首屈一指】

首：首先。彎下手指頭計算時，首先彎大拇指。表示第一，位居首位。《兒女英雄傳》二九回：「千古首屈一指的孔聖人，便是一位有號的。」也作「**首為屈指**」。清·周亮工《讀畫錄·趙文度》：「趙文度名左，華亭人。與董文敏同郡同時，筆墨亦相類，世人謂開松江派者，首為屈指。」

【首如飛蓬】

蓬：蓬草。形容頭髮像蓬草一樣紛亂。《詩經·衛風·伯兮》：「自伯之東，首如飛蓬。豈無膏沐，誰適為容。」

【首善之地】

首善：最好的。特指首都。《金史・禮志八》：「京師爲首善之地，四方之所觀仰。」也指風氣最好的地方。《續資治通鑑・宋哲宗元祐元年》：「學校爲育材首善之地，教化所從出，非行法之所。」也作「**首善之區**」。魯迅《「公理」的把戲》：「當章氏勢焰熏天時，我也曾環顧這首善之區，尋求所謂『公理』『道義』之類而不得。」

【首善之區】

見「首善之地」。

【首身分離】

頭與身子分開。指被砍頭。《戰國策・秦策四》：「夫韓魏父子兄弟，接踵而死於秦者百世矣。本國殘，社稷壞，宗廟隳，刳腹折頤，首身分離，暴骨草澤，頭顱僵仆，相望於境。」

【首施兩端】

見「首鼠兩端」。

【首鼠兩端】

首鼠：即躊躇；兩端：兩頭。指躊躇不決或搖擺不定。《史記・魏其武安侯列傳》：「武安已罷朝，出止車門，召韓御史大夫載，怒曰：『與長孺共一老禿翁，何爲首鼠兩端？』」也作「**首施兩端**」。《後漢書・鄧訓傳》：「先是小月氏胡分居塞內，勝兵者二三千騎，皆勇健富強，每與羌戰，常以少制多。雖首施兩端，漢亦時收其用。」

【首鼠模稜】

首鼠：躊躇；模稜：含糊，不明確。形容辦事猶豫不決，沒有明確的態度。明・吾丘瑞《運甓記・太眞絕裾》：「士爲知己者死，女爲悅己者容，若首鼠模稜，負恩不報，汗顏人世者，非夫矣。」

【首爲屈指】

見「首屈一指」。

【首尾共濟】

比喻相互支援。《明史・方逢時傳》：「兩人首尾共濟，邊境遂安。」

【首尾乖互】

乖互：相互違背。指前後自相矛盾。《宋書・徐諶之傳》：「賫傳之信，無有主名，所征之人，又已死沒，首尾乖互，自爲矛盾。」

【首尾貫通】

首尾：前後；貫通：貫穿前後。指前後連貫相通。宋・王觀國《學林・古賦題》：「左思作《三都賦序》曰：『余既思摹《二京》而賦《三都》。』蓋亦擬張衡《二京》而爲《三都賦》……此賦首尾貫通，亦一賦也。」

【首尾夾攻】

從前後兩個方向同時攻打。《隋唐演義》九〇回：「乾佑遣將，率精騎數萬，從山南轉出官軍之後，首尾夾攻，官軍駭亂，大敗而奔。」

【首尾狼狽】

形容處境艱難，進退拿不定主意。《晉書・劉琨傳》：「自守則稽聰之誅，進討則勒襲其後，進退唯谷，首尾狼狽。」

【首尾受敵】

前後受到敵人的攻擊。形容腹背受敵。《東周列國志》七五回：「彼水陸路絕，首尾受敵，吳君臣之命，皆喪於吾手矣。」

【首尾相赴】

見「首尾相應」。

【首尾相繼】

指前後接連不斷。《魏書・侯淵傳》：「貴平使其長子率衆攻高陽，南青州刺史茹懷朗遣兵助之。時青州城人餽糧者首尾相繼。」也作「**首尾相連**」。《資治通鑑・漢獻帝建安元年》：「黃巾來寇，融戰敗，走保都昌，時袁、曹、公孫首尾相連，融兵弱糧寡，孤立一隅，不與相通。」

【首尾相救】

指前後互相救助。《戰國策・魏策四》：「有蛇於此，擊其尾，其首救；擊其首，其尾救；擊其中身，首尾皆救。」也作「**首尾相衛**」。《晉書・溫嶠傳》：「僕與仁公當如常山之蛇，首尾相衛，又脣齒之喻也。」也作「**首尾相援**」。南朝梁・劉勰《文心雕龍・附會》：「惟首尾相援，則附會之體，固亦無以加於此矣。」

【首尾相連】

見「首尾相繼」。

【首尾相衛】

見「首尾相救」。

【首尾相應】

頭和尾互相接應。原指作戰部隊互相支援。明・焦竑《玉堂叢話・籌策》：「所領衛兵，以充國兵數斟酌損益，率五百里屯一將，布列沿邊之地，遠近相望，首尾相應。」後也用以形容詩文前後關聯，互相呼應。宋・洪邁《容齋五筆・絕句詩不貫穿》：「永嘉士人薛韶喜論詩，嘗立一說云：老杜近體律詩精深妥帖，雖多至百韻，亦首尾相應，如常山之蛇，無間斷齟齬處。」也作「**首尾相赴**」。梁啟超《論中國學術思想變遷之大勢》三：「其持論常圓滿周到，首尾相赴，而眞理愈析而愈明。」

【首尾相援】

見「首尾相救」。

【首下尻高】

尻：ㄎㄠ，屁股。頭向下，屁股翹起。形容磕頭跪拜的樣子。唐・韓愈《祭河南張員外文》：「走官階下，首下尻高。」

【首重尾輕】

上面重，下面輕。比喻基礎不牢。《宋史・霍端友傳》：「俾天下之勢如持衡，庶無首重尾輕之患。」

【首足異處】

頭和腳分離兩處。指被殺頭。元・曾先之《十八史略・春秋魯》：「孔子趨進曰：『匹夫熒惑諸侯者，罪當誅，請命有司加法焉，首足異處。』」

ㄕㄡˋ

【壽比南山】
壽命可同終南山相比。形容壽命長久。多用於祝人長壽的頌辭。《南史・齊豫章王嶷傳》：「願陛下壽比南山，或稱萬歲，此殆近貌言。」

【壽考令終】
令：善，美好。指人享有高齡，盡天年而善終。明・王錡《寓圃雜記・陳太保厚德》：「景皇帝朝，文臣爲公、孤者幾三十人，惟公一人無削奪貶竄之患，壽考令終，天之福善人從可而知也。」

【壽陵匍匐】
見「壽陵失步」。

【壽陵失步】
《莊子・秋水》：「且子獨不聞夫壽陵餘子之學于邯鄲與？未得國能，又失其故行矣，直匍匐而歸耳。」後以「壽陵失步」比喻模仿別人不成，反而連自己原有的東西也忘了。唐・李白《古風五十九首》詩：「醜女來效顰，還家驚四鄰。壽陵失本步，笑殺邯鄲人。」也作「壽陵匍匐」。南朝梁・劉勰《文心雕龍・雜文》：「杜篤、賈逵之曹，劉珍、潘勖之輩，欲穿明珠，多貫魚目。可謂壽陵匍匐，非復邯鄲之步。」也作「邯鄲學步」。

【壽滿天年】
天年：自然壽命。人活到自然壽命數而死。指長壽。《喻世明言》卷三二：「諸公皆生人道，爲王公大人，享受天祿。壽滿天年，仍還原所，以俟緣會，又復托生。」

【壽山福海】
比喻壽命長，福氣大。多用於頌祝人長壽多福。明・張鳳翼《灌園記・開場家門》：「華屋珠簾，壽山福海，別是風煙。」

【壽同松喬】
松、喬：古代傳說中的仙人赤松子和王喬。指像仙人那樣長壽。漢・蔡邕《再讓高陽侯印綬符策策表》：「謹奉章詣闕頓首，敢固以請息伏，惟留漏刻一省，僵沒之日，壽同松喬。」也作「喬松之壽」。

【壽享期頤】
見「壽越期頤」。

【壽星出點子——老主意】
壽星：指老人星，自古以來用作長壽的象徵，民間常把它畫成老人的樣子，前額突出，高而隆起，像個大肉瘤。也叫壽星佬、壽星老兒。比喻想法由來已久。有時指早已形成的想法或打算，至今不變。例這並不是急中生智，而是壽星出點子——老主意，只是沒提出來罷了。如果能解決你們目前的困難，那就謝天謝地了。」

【壽星的棉襖——老套子】
雙關語。比喻陳舊的辦法和習俗。例老鄉長，你用的管理辦法，是壽星的棉襖——老套子，青年們接受不了。

【壽星跌跟頭——老得發昏】
形容因年老而頭腦糊塗，神智不清。例他的身體健康，頭腦清楚，並不像別人所說是壽星跌跟頭——老得發昏了。

【壽星公唱曲子——老調調】
見「壽星佬彈琵琶——老生常談（彈）」。

【壽星佬的腦袋——寶貝疙瘩】
壽星佬的腦袋上凸出一塊，是長壽的象徵，所以叫寶貝疙瘩。比喻珍貴的東西。多用以比喻最喜愛的孩子。例現在實行計畫生育，一對夫婦生一個，孩子多成了壽星佬的腦袋——寶貝疙瘩，人們稱之爲「小皇帝」。

【壽星佬賣媽媽——倚老賣老】
比喻仗著年紀大、資格老要別人尊重、恭順或遷就自己。例在這裏靠本事吃飯，人人平等，壽星佬賣媽媽——倚老賣老可不行。也作「張果老賣壽星——倚老賣老」。

【壽星佬氣喘——老毛病】
見「六十歲尿床——老毛病」。

【壽星佬敲門——肉頭到家了】
比喻非常軟弱無能或傻極了。例他好像壽星佬敲門——肉頭到家了，怎能派去當經理，公司辦垮了誰負責。

【壽星佬彈琵琶——老生常談（彈）】
談：「彈」的諧音。比喻聽慣聽厭了的老話。例你別當成新理論到處宣講了，這些都是壽星佬彈琵琶——老生常談（彈）。也作「壽星公唱曲子——老調調」。

【壽元無量】
壽元：壽命；無量：沒有盡頭。祝人長壽的頌辭。元・吳昌齡《東坡夢》四折：「爇龍涎一炷透穹蒼，祝吾王壽元無量。」

【壽越期頤】
壽：壽命；期（ㄐㄧ）頤：百歲，享有百歲的壽命。指長壽。《三國志・魏書・管寧傳》注引晉・皇甫謐《高士傳》：「舍足於不損之地，居身於獨立之處，延年厲百，壽越期頤。」也作「壽享期頤」。《鏡花緣》六一回：「這是吉人天相，兼之伯伯立言垂訓，其功甚大，所以獲此善報，將來定是壽享期頤。」

【壽終正寢】
壽終：指人享盡天年而死；正寢：舊式住房的正屋，舊時人死後多停放於此。①指老年人在家安然死去。《封神演義》一一回：「紂王立身大呼曰：『你道朕不能善終，你自誇壽終正寢，非侮君而何！』」②比喻事物的消亡。《魯迅書信集・致姚克》：「《文學》第二期呈稿十篇，被抽去其半，則結果之必將奄奄無生氣可知，大約出至二卷六期後，便當壽終正寢了。」③死亡的代稱。魯迅《論「費厄潑賴」應該緩行》：「這人現在也已『壽終正寢』了，但在那裏繼續跋扈出沒著的也還是這一流人。」

【受潮的麻花——不乾脆】
比喻拖泥帶水，不爽快。例你究竟願意不願意幹這工作，爲什麼像受潮的麻花——不乾脆？明確表個態很困難嗎？也作「水泡米花糖——不乾脆」。

【受潮的米泡——皮了】
米泡：炒米；皮：酥脆的東西受潮變韌。雙關語。比喻對一切都採取無所謂的態度。有時指因屢受斥責或懲罰而變得麻木不仁。例他原本是個積極認眞的小伙子，幾年之後，成爲受潮的米泡——皮了。也作「受潮的米花糖——皮了」、「陰雨天的花生米——皮了」。

【受寵若驚】
寵：寵愛；驚：震動。指人受到過分寵愛而感到驚喜和不安。《官場現形記》一八回：「過道台承中丞這一番優待，不禁受寵若驚，坐立不安，正不知如何是好。」

【受得苦中苦，方爲人上人】
謂經得住各種苦難的磨練，方能出人頭地。例常言道：受得苦中苦，方爲人上人，你如此的自我嬌慣，吃不得半點兒苦，怎能成大事？

【受旱的苦瓜——早熟】
多比喻孩子成長快，懂事早。例無爹娘的孩子就像受旱的苦瓜——早熟，十五歲的小武就支撐著這個破碎的家，擔負起了撫養弟妹的責任。

【受夾板氣】
夾板：用來夾住物體的兩塊板子。比喻兩頭受氣。例這個差事我實在幹不了，明擺著要受夾板氣，何苦來呢？

【受驚的麻雀——膽子小】
見「屬兔子的——膽子小」。

【受命於天】
指封建帝王所宣揚的「君權神授」論。《穀梁傳・莊公元年》：「臣子大受。」疏：「上受命於天，下受命於君，是大受命也。」

【受怕擔驚】
擔：承受。形容時刻害怕遭受禍殃。元・王實甫《西廂記》三本三折：「恁的般受怕擔驚，又不圖甚浪酒閒茶。」也作「擔驚受怕」。

【受氣包】
比喻經常受埋怨、指責或作洩憤對象的人。例你們可不能拿小賈當受氣包，他工作夠認眞了。

【受賕枉法】
賕：ㄑㄧㄡˊ，賄賂。指接受賄賂，違法亂紀。《史記・優孟傳》：「又恐受賕枉法爲奸，觸大罪，身死而家滅。」也作「受賕骫法」。骫（ㄨㄟˇ）法：枉法。《宋史・趙普傳》：「會雷有鄰擊登聞鼓，訟堂後官胡贊、李可度受賕骫法及劉偉僞作攝牒得官，王洞賞納賂可度，趙孚授西川官稱疾不上，皆普庇之。」

【受賕骫法】
見「受賕枉法」。

【受屈銜冤】
指蒙受冤屈，得不到昭雪。《綴白裘初集・相罵》：「他是個有南有北的眞實漢，可憐他，受屈銜冤沒處伸。誰似他遭厄困！」也作「含冤負屈」。

【受人之託，忠人之事】
受了人家的委託，就要盡心盡力把事情辦好。用以說明人要守信義，既然接受別人的委託，就一定要替別人把事情辦好。《警世通言》卷三四：「孫九受人之託，忠人之事，伺候到次早。」

【受傷的老鴰——斜飛】
老鴰（ㄍㄨㄚ）：烏鴉；斜飛：本指老鴰受傷後身體失去平衡斜著飛。雙關語。比喻人用眼神傳情。有時指用斜眼看人，瞧不起對方。例這一對戀人，眼睛就像受傷的老鴰——斜飛，情愛盡在無言中。

【受天之祜】
祜：ㄏㄨˇ，福。指承受天、神賜予的福。意指人身平安，凡事順遂。《詩經・小雅・信南山》：「獻之皇祖，曾孫壽考，受天之祜。」

【受窩囊氣】
比喻受到難以表述的委屈或侮辱。例做家屬工作可不容易，除了受累還常常要受窩囊氣。

【受堯之誅，不能稱堯】
堯：古代傳說中的賢君；誅：懲罰。受到堯的懲處的人，不會稱頌堯的賢明。比喻再好的人，也不會受到他的敵人的頌揚。《晉書・劉毅傳》：「毅前爲司隸，直法不撓，當朝之臣，多所按劾。諺曰：『受堯之誅，不能稱堯。』直臣無黨，古今所悉。」

【受用不盡】
指永遠享用某人或某件事所給予的啟示、教育和好處。宋・張洪、齊熙《朱子讀書法・循序漸進》：「果然下工夫，句句字字涵泳，切已看得透徹，一生受用不盡。」也作「受用無窮」。明・朱之瑜《答奧村德輝書九首》：「志氣感奮，其學有不成乎？竭力二字，受用無窮。」

【受用無窮】
見「受用不盡」。

【受冤枉氣】
指原本不該受氣而受了氣。例我這個人眞倒霉，忙了半天，沒落個好，反而受冤枉氣。

【受之有愧】
指接受禮品或褒獎，內心感到慚愧。多作自謙之辭。例他不過是舉手之勞，幫了小劉的忙，卻收到精緻的金飾禮品，內心裏覺得受之有愧，卻又無法拒絕。

【受制於人】
指受別人所控制。《三國志・蜀書・諸葛亮傳》：「[孫]權勃然曰：『吾不能舉全吳之地，十萬之衆，受制於人。』」

【授命臨危】
指國家危難時，不惜獻出自己的生命。清・湯成烈《挽詞次韻》：「授命臨危日，成仁蹈義秋。」

【授人口實】
授人：給人；口實：話柄。指給別人留下話柄。王闓運《致丁親家書》：「比年頻致物論，四督失官，授人口實，寵反爲辱。」

【授人以柄】
柄：劍柄。把劍柄讓給別人。比喻把權力讓給他人。《三國志・魏書・王粲傳》：「所謂倒持干戈，授人以柄，功必不成。」

【授人以魚，不如授人以漁】
送給別人魚吃，不如教給他打漁的方法。謂給別人物品，不如給別人生產這種物品的方法。例常言道：「授人以魚，不如授人以漁」。你告訴他應該如何做，放手讓他實踐幾回，他就能夠練出來了。

【授手援溺】
溺：落水。伸手去救援落水的人。比喻援助處於困境的人。《三國志・魏書・邴原傳》：「太祖征吳，原從行，卒。」注引《邴原別傳》：「實望根矩，仁爲己任，授手援溺，振民於難。」

【授受不親】
授：給予；受：接受。指封建社會男女之間不能親手遞交和接受東西。元・鄭德輝《㑳梅香》楔子：「敢問男女授受不親，禮也，此章正意爲何而說？」

【授業解惑】
授：傳授；惑：疑難。傳授學業，解答疑難問題。唐・韓愈《師說》：「古之學者必有師。師者，所以傳道、授業、解惑也。」宋・陸游《謝曾侍郎啟》：「授業解惑，務廣先師之傳；揚善進賢，用爲聖主之報。」

【授職惟賢】
指授予官職只限於有才能和品德高尚的人。唐・薛登《請選舉擇賢才疏》：「晋、宋之後，只重門資，爲獎人求官之風，乖授職惟賢之義。」

【獸聚鳥散】
像鳥獸一樣聚散無常。形容聚散不定。《漢書・主父偃傳》：「夫匈奴，獸聚而鳥散，從之如搏景（影）。今以陛下盛德攻匈奴，臣竊危之。」

【獸惡其網，民惡其上】
惡：憎恨。謂老百姓憎恨那些壓迫他們的人，就如同野獸憎恨捕捉它們的羅網一樣。《國語・周語中》：「夫人性，陵上者也，不可蓋也。求蓋人，其抑下滋甚，故聖人貴讓。且諺曰：『獸惡其網，民惡其上。』書曰：『民可近也，而不可上也。』」

【獸心人面】
比喻人品極其卑劣，行爲極其凶殘。《石點頭・侯官縣烈女殲仇》：「方六一，我一向只道你是好人，原來是獸心人面！」也作「人面獸心」。

【瘦狗莫踢，病馬莫騎】
比喻不要欺侮身處困境的人。例他老婆剛死，孩子又生了大病，你此時又去逼債，有道是瘦狗莫踢，病馬莫騎，你還是積點德讓他先渡過這段艱難日子再說吧！

【瘦骨嶙峋】
嶙峋：山崖突兀的樣子。形容瘦弱到了極點。例可愛的故鄉的許多景物，一直留在我的記憶裏；特別是我家那頭瘦骨嶙峋的老牛，更使我不能忘懷。

【瘦骨伶仃】
伶仃：孤獨無依無靠的樣子。形容人極消瘦孤單。例你別看他長得瘦骨伶仃的樣子，他可是跑百米的選手啊！

【瘦骨如柴】
形容人消瘦到了極點。明・高則誠《琵琶記・勉食姑嫜》：「我千辛萬苦，有甚疑猜。可不道我臉兒黃瘦骨如柴。」也作「骨瘦如柴」。

【瘦驢拉重載——夠喘的了】
重載：裝載很重的車。瘦驢拉重載非常吃力，大口大口地喘氣。比喻能力小，任務重，非常吃力，不能勝任。例說實話，我在這裏，是瘦驢拉重載——夠喘的了，希望換一個輕鬆點的工作。

【瘦死的駱駝比馬大】
比喻富貴之家即便已衰敗，也比常人之家有錢勢。《紅樓夢》六回：「那劉姥姥先聽見告艱難，只當是沒有，心裏便突突的；後來聽見給他二十兩，喜的又渾身發癢起來，說道：『噯，我也是知道艱難的。但是俗語說，『瘦死的駱駝比馬大』，憑他怎樣，你老拔根寒毛比我們的腰還粗呢！』」

【瘦土出韌竹】
比喻艱苦的環境能培養出堅韌不拔的品格。例小孩子不能太嬌慣了。俗話說：「瘦土出韌竹」，得讓他多受點兒磨練，將來才會成材。

【瘦子割肥膘——辦不到】
肥膘（ㄅㄧㄠ）：即膘，肥肉。見「趕鴨子上樹——辦不到」。

ㄕㄢ

【山包海匯】
謂包羅萬象。明・胡應麟《少室山房筆叢，經籍會通》卷二：「山包海匯，各適厥用，然妍媸錯焉。」

【山包海容】
胸懷能裝下山、容下海。比喻器量宏大，胸襟開闊。宋・惠洪《潙山軾禪師贊》：「視其心胸，山包海容。」

【山奔海立】
高山似在奔馳，大海彷彿豎起。形容氣勢磅礴。明・袁宏道《徐文長傳》：「山奔海立，沙起雷行，雨鳴樹偃。」

【山崩川竭】
竭：乾涸。山岳崩塌，河川乾枯。古代認爲是重大事變的徵兆。《國語・周語上》：「夫國必依山川，山崩川竭，亡之徵也。」也作「山崩水竭」。漢・荀悅《漢紀・成帝紀四》：「蜀郡本漢所興，今所起之地山崩水竭，殆必亡矣。」

【山崩地坼】
見「山崩地裂」。
【山崩地裂】
山倒塌，地裂開。《漢書·元帝紀》：「山崩地裂，水泉湧出。天惟降災，震驚朕師。」形容劇烈的震動變化。也比喻巨大的聲勢。《金瓶梅詞話》七二回：「人喧呼海沸波翻，馬嘶喊山崩地裂。」也作「**山崩地陷**」。陷：下沉。《紅樓夢》一回：「士隱意欲也跟著過去，方舉步時，忽聽一聲霹靂，若山崩地陷。」也作「**山崩地坼**」。坼：裂。《警世通言》卷二三：「道猶未絕，耳邊如山崩地坼之聲，潮頭有數丈之高，一湧而至。」也作「**山塌地崩**」、「**山崩地塌**」。魯迅《馬上日記》之二：「這就是因為沒有新的山崩地塌般的大波，也就是因為沒有革命。」
【山崩地塌】
見「山崩地裂」。
【山崩地陷】
見「山崩地裂」。
【山崩水竭】
見「山崩川竭」。
【山崩鐘應】
南朝宋·劉敬叔《異苑》卷二：「魏時殿前大鐘無故大鳴，人皆異之，以問張華。華曰：『此蜀郡銅山崩，故鐘鳴之耳。』尋蜀郡上其事，果如華言。」後以「山崩鐘應」比喻事物的相互感應。《歧路燈》二五回：「偎紅倚翠陽台下，阿母驚魂幾欲飛；請看古來嚙指感，山崩鐘應尚無違。」
【山不礙路，路自通山】
山阻斷不了道路，自有道路通到山上。謂山再險，也有通行的路。比喻事再難，也有解決的辦法。《西遊記》八〇回：「師父這話，也不像個走長路的，卻似個公子王孫，坐井觀天之類。自古道：『山不礙路，路自通山。』何以言有路無路？」
【山不厭高，水不厭深】
山不嫌高，土石越多越好；海不嫌深，水量越多越好。比喻對賢才的渴望和求賢不厭其多。三國魏·曹操《短歌行》：「山不厭高，水不厭深。周公吐哺，天下歸心。」
【山不在高，有仙則名；水不在深，有龍則靈】
山不在於高大，只要有神仙就會出名；水不在於很深，只要有龍就會靈秀。原謂決定處所名聲的，不在處所本身，而在於有無傑出的人物。後也謂決定事物聲名的不是其外表，而是其內在的實質。唐·劉禹錫《陋室銘》：「山不在高，有仙則名；水不在深，有龍則靈。斯是陋室，唯吾德馨。」
【山長水闊】
見「山長水遠」。
【山長水遠】
形容路途遙遠，阻隔難通。宋·晏殊《踏莎行》：「當時輕別意中人，山長水遠知何處。」也作「**山長水闊**」。唐·楊衡《江陵送客歸河北》詩：「遠客歸故里，臨路結裴回；山長水復闊，無因重此來。」也作「**山重水闊**」。唐·張祜《司馬相如琴歌》：「鳳兮鳳兮非無皇，山重水闊不可量。」也作「**山遙水遠**」。《水滸》五六回：「只恨山遙水遠，不能夠相見一面。」
【山程水驛】
驛：驛站。指山路的行程，水路的轉運站。形容山路險阻曲折而又遙遠。清·吳曹直《多麗·桂花下作》詞：「知道明年，重逢此日，萍蹤飄轉在誰邊？多應向，山程水驛，茸帽控絲鞭。」
【山重水覆】
山巒重疊，河流盤曲。比喻重重阻礙。宋·陸游《遊山西村》詩：「山重水覆疑無路，柳暗花明又一村。」
【山重水覆疑無路，柳暗花明又一村】
山嶺重疊橫阻，水流交叉密布，好像前面已無去路，可是轉過去又見一個綠柳成蔭，山花爛漫的村莊。現多用以比喻事情幾乎到了山窮水盡的地步，忽然又有了轉機。宋·陸遊《游山西村》詩：「莫笑農家臘酒渾，豐年留客足雞豚。山重水覆疑無路，柳暗花明又一村。」
【山重水闊】
見「山長水遠」。
【山川表裏】
見「山河表裏」。
【山川而能語，葬師食無所；肺腑而能語，醫師色如土】
葬師：看風水的先生；食無所：沒有吃飯的地方，即失去飯碗。山川若會說話，風水先生就會失去飯碗；人的肺腑若能說話，醫生就會嚇得面如土色。謂風水先生和江湖郎中大都靠無法核實的虛妄之言混飯吃。清·林伯桐《古諺箋》卷七：「『山川而能語，葬師食無所；肺腑而能語，醫師色如土也。』核實也。天下事，蹈虛則易，責實則難。」
【山川米聚】
《後漢書·馬援傳》：「[援]又于帝前，聚米為山谷，指畫形勢，開示眾軍所從道徑往來，分析曲折，昭然可曉。」後遂用「山川米聚」指從高處下望山川起伏，如米之聚集。清·洪昇《長生殿·神訴》：「俯視塵寰，山川米聚。」
【山川相繆】
繆：依傍，糾結。山水相互交錯。宋·蘇軾《赤壁賦》：「山川相繆，鬱乎蒼蒼。」
【山川震眩】
眩：看不清。高山和大川震顫得模糊看不清了。形容鬥爭激烈。唐·李華《吊古戰場文》：「主客相搏，山川震眩。」
【山頂乘涼——占上風】
比喻處在優勢地位。例這次圍棋擂台

賽，國家隊又是山頂乘涼——占上風了。

【山頂上唱歌——高調】
見「飛機上吹喇叭——高調」。

【山頂上打井——徒勞無益】
見「買鹹魚放生——徒勞無益」。

【山頂上打鑼——名(鳴)聲遠揚】
見「高山上吹喇叭——名（鳴）聲遠揚」。

【山頂上打鑼——四方聞名(鳴)】
見「高山打鼓——四方聞名(鳴)」。

【山頂上點燈——高明】
見「半天雲裏打燈籠——高明」。

【山頂上點燈——四方有名(明)】
名：「明」的諧音。見「高山打鼓——四方聞名（鳴）」。

【山頂上吊嗓子——唱高調】
見「公雞飛到屋頂上——唱高調」。

【山頂上放風箏——出手高】
風箏：一種玩具，在竹篾做的架子上糊紙或絹，拉著繫在上面的長線，趁著風勢，可以放上天空。比喻一開始工作或做事就表現出較高的本領。例新來的大學生小傅，工作積極、能幹，同事們說她是山頂上放風箏——出手高。也作「城頭上放風箏——出手就不低」。

【山頂有花山下香，橋下有水橋面涼】
山頂上有花，山下也能聞到花香，橋底下有水，橋上也能感到涼爽。比喻能從別人那裏得到好處。例俗話說：「山頂有花山下香，橋下有水橋面涼。」只要你們村建起了小水電站，我們村不是也可以跟著沾光嗎？

【山東出相，山西出將】
戰國秦漢時稱崤山或華山以東爲山東，以西爲山西。山東民風尚文，多出宰相；山西民風尚武，多出武將。《漢書・趙充國辛慶忌傳贊》：「秦漢以來，山東出相，山西出將。」

【山洞裏的蝙蝠——見不得陽光】
蝙蝠：哺乳動物，視力極弱，只能在夜間靠自身發出的超聲波引導飛行。比喻不能公之於衆的醜惡事情或行爲。例他們背地裏幹的一些勾當，就像山洞裏的蝙蝠——見不得陽光。也作「山洞裏的蝙蝠——見不得太陽」、「草上露水瓦上霜——見不得陽光」、「雪堆的獅子——見不得太陽」、「早晨的露水——見不得太陽」。

【山風緊時蛇鼠動】
山上的風刮得猛烈時，蛇和老鼠就會蠢蠢欲動。比喻一遇適當時機，壞人就會趁機搗亂。例俗話說：「山風緊時蛇鼠動。」在抗震救災期間，犯罪分子一定會趁機作案，對此我們一定要提高警惕。

【山膚水豢】
《樂府詩集・隋元會大饗歌》：「道高物備食多方，山膚既善水豢良。」指山上水中出產的美味食物。後泛指美味。明・王志堅《表異錄・飲食》：「食之美曰山膚水豢。」

【山高不礙雲】
山再高也遮擋不了雲彩。比喻困難再大也阻擋不了有雄心壯志的人。例我們家人口多，經濟差面臨的困難很多，但是山高不礙雲，任何困難也阻擋不住我們決心改善家境的前進步伐。

【山高擋不住南來雁，牆高隔不住北來風】
山再高也阻擋不了大雁南飛，牆再高也阻隔不了北面來風。比喻客觀規律是不可抗拒的。例山高擋不住南來雁，牆高隔不住北來風，改革是大勢所趨，人心所向，是任何人也阻擋不了的。

【山高皇帝遠】
謂偏遠之地，難以管轄，不受約束。例有些人在上班時間，仗著老闆出國期間，山高皇帝遠的管不到自己，便蹺班摸魚。

【山高路險】
比喻前進路途中充滿了艱難險阻。《西遊記》二〇回：「保我這唐朝駕下的師父，上西天拜佛走遭，怕什麼山高路險，水闊波狂！」

【山高樹高，井深水涼】
比喻事物的特徵與客觀環境關係密切。例他們村的自然條件比咱們好，土質又好，灌溉又有保證，糧食生產當然容易搞上去，山高樹高，井深水涼嘛。

【山高水長】
唐・劉禹錫《望賦》：「龍門不見兮，雲霧蒼蒼；喬木何許兮，山高水長。」後多用來比喻品格高尚，影響深遠，有如山、水一樣永存於世。宋・范仲淹《桐廬郡嚴先生祠堂記》：「雲山蒼蒼，江水泱泱，先生之風，山高水長。」也比喻情誼、恩德的深厚。例她哽咽著對老人說：「您的恩情山高水長，永不敢忘！」

【山高水低】
比喻意外的災禍。多指死亡。《儒林外史》二〇回：「你若果有些山高水低，這事都在我老僧身上。」

【山高一丈，水深一尺】
山有一丈高，水就有一尺深。謂有山的地方就一定會有水。明・王士性《廣志繹》卷二：「昔人謂：『池湖積水，四世不流』。又謂：『山高一丈，水深一尺。』故壅塞各土，承受其胎，免其騰潙，非無自也。」

【山高有頂，水深有底，路長有頭】
山再高也有山頂，水再深也有水底，路再長也有盡頭。比喻凡事總會有一個結局。例你應該耐心等待，不必過分焦急，俗話說：「山高有頂，水深有底，路長有頭。」這件事也總會有結果的。

【山高有攀頭，路遠有奔頭】
攀頭：值得攀登之處；奔頭：值得行走之處。山越高越值得攀登，路越遠越值得行走。比喻事情越困難，作成後取得的成就就越大，也就越值得去做。例要想取得突出的成績，就要勇於克服巨大的困難，山高有攀頭，路遠有奔頭，克服的困難越大，取得的成績也就越大。

【山高遮不住太陽】

比喻地位低的人無論如何也不能超越地位高的人。《紅樓夢》二四回：「原來這賈芸最伶俐乖巧的，聽寶玉說像他的兒子，便笑道：『俗話說的好，搖車兒裏的爺爺，拄拐棍兒的孫子，雖然年紀大，山高遮不住太陽。』」

【山高自有客行路，水深自有渡船人】

謂山再高，水再深，也會有讓人通過的道路。《西遊記》七四回：「『你看前面這山，十分高聳，但不知有路通行否？』行者笑道：『師父說那裏話。自古道山高自有客行路，水深自有渡船人。豈無通達之理？可放心前去。』」

【山歌不唱忘記多，大路不走草成窩】

山歌若不經常唱，忘記的就多；大路若無人行走，野草就會叢生。比喻要想技藝精熟，就要勤於練習，不然就會荒廢。例俗話說：「山歌不唱忘記多，大路不走草成窩。」技術要精益求精，就要靠多練。

【山公酩酊】

《晉書・山簡傳》載：山簡嗜酒，飲輒醉，醉後常倒戴頭巾騎在馬上，醉態可掬。後遂用「山公酩酊」形容醉酒以及醉後的神態。唐・李白《魯郡堯祠送竇明府薄華還西京》詩：「高陽小飲眞瑣瑣，山公酩酊如何我。」也作「**山公倒載**」。唐・白居易《酬裴相公題興化小池見招長句》詩：「山公倒載無妨學，范蠡扁舟未要追。」

【山公啟事】

原指對晉・山濤甄拔人物所作評語。《晉書・山濤傳》：「濤再居選職十有餘年，每一官缺，輒自擬數人……濤所奏甄拔人物，各爲題目，時稱山公啟事。」後也借指舉薦人才愼重積極。

【山谷裏敲鑼——有回音】

比喻事情有反響，有結果。例籌辦文化促進會的消息傳出之後，就像山谷裏敲鑼，四處有回音，團體、個人紛紛表示願意加入。

【山谷之士】

指舊時隱士。《莊子・刻意》：「刻意尚行，離世異俗，高論怨誹，爲亢而已矣；此山谷之士，非世之人，枯槁赴淵者之所好也。」

【山光水色】

山巒清新，水色明淨。形容山水秀麗。唐・李白《魯郡堯祠送竇明府薄華還西京》詩：「笑夸故人指絕境，山光水色青於藍。」

【山海珍錯】

見「山珍海錯」。

【山和山不相遇，人跟人總相逢】

謂人與人總有相見的機會。例你也不必爲離別而傷感，山和山不相遇，人跟人總相逢，咱們遲早還會見面的。

【山河表裏】

《左傳・僖公二十八年》：「楚師背酅而舍。晉侯患之，聽與人之誦曰：『原田每每，舍其舊而新是謀。』公疑焉。子犯曰：『戰也！戰而捷，必得諸侯；若其不捷，表裏山河，必無害也。』」後以「山河表裏」形容形勢險要。元・張養浩《潼關懷古》曲：「峯巒如聚，波濤如怒，山河表裏潼關路。」也作「**山川表裏**」。唐・王勃《梓州郪縣兜率寺浮圖碑》：「爾其林泉糾合之勢，山川表裏之制。」

【山河帶礪】

山：泰山；河：黃河；帶：衣帶；礪：磨刀石。《史記・高祖功臣侯者年表序》：「封爵之誓曰：『使河如帶，泰山若厲。國以永寧，爰及苗裔。』」指封給功臣的爵祿世代永傳，即使黃河變成衣帶那樣，泰山變成磨刀石一般，也不會改變。比喻國基堅固，國祚長久。也指忠貞不移。《雍熙樂府》卷四：「山河帶礪殷富國，他則待復故邦雪舊恥，不能勾（夠）統乾坤同混一。」

【山河襟帶】

比喻地勢險固，回互縈帶，如同人身上的衣襟和腰帶一樣。唐・白居易《敍德書情四十韻上宣歙崔中丞》詩：「山河地襟帶，軍鎮國藩維。」

【山河破碎】

山河：高山大河，借指國家的疆域、國土。形容國土遭劫後，出現一片支離破碎的慘狀。宋・文天祥《過零丁洋》詩：「山河破碎風飄絮，身世浮沉雨打萍。」

【山河易改，本性難移】

改造自然界的山河並不難，而人的天賦本性卻很難改變。指人的性格極難轉變。元・無名氏《謝金吾》三折：「可不的山河易改，本性難移。」

【山洪未來先築壩】

在山洪到來之前，應先把堤壩修築好。謂應防患於未然。例俗話說得好：「山洪未來先築壩。」我們應在事故發生之前，積極作好預防工作，不要等事故發生了，再來作補救工作，那樣的話，損失就大了。

【山猴子落在水裏——不靈巧了】

比喻環境改變，就變得笨拙或無能爲力了。例到了大都市之後，他就像山猴子落在水裏——不靈巧了，幹什麼都覺得生疏、彆扭，總想回到家鄉中去。

【山猴子爬樹——拿手好戲】

見「猴子爬樹——拿手好戲」。

【山後的蠍子——餓著（惡蜇）】

山後的蠍子蜇人非常厲害；餓著：「惡蜇」的諧音。比喻挨餓。例醫院通知體檢，明晨大家要像山後的蠍子——餓著（惡蜇），嚴禁飲食。

【山呼海嘯】

山在呼號，海在咆哮。形容極爲惡劣

的自然境況。也比喻氣勢浩大。例這兒自從植樹造林、綠化山野之後，年年五穀豐收，再也不見狂風驟起，山呼海嘯的情景了。

【山呼萬歲】

山呼：臣下對皇帝高呼萬歲。舊時臣下祝頌皇帝的一種禮儀。《古今小說》卷二一：「雖受王封，其實與皇帝行動不殊，一般出警入蹕，山呼萬歲。」

【山環水抱】

環、抱：圍繞。山巒環抱，溪水圍繞。形容村莊等背山面水幽靜雅致的環境。明．王守仁《添設和平縣治疏》：「本峒羊子一處，地方寬平，山環水抱，水陸俱通。」

【山輝川媚】

山巒閃耀出光澤，河川靜謐而嫵媚。形容風景異常優美。晉．陸機《文賦》：「石韞玉而山輝，水懷珠而川媚。」

【山廻路轉】

山勢廻環，道路盤旋曲折。宋．歐陽修《醉翁亭記》：「山廻路轉，有亭翼然臨於泉上者，醉翁亭也。」

【山雞變孔雀——越變越好】

比喻事物變得越來越好。例我們的家鄉經過多年的建設，變化很大，就像山雞變孔雀——越變越好。也作「**家雀變鳳凰——越變越好**」。

【山雞飛起來好打，兔子跑起來好打】

比喻讓敵方自己暴露出來，再給予打擊，容易奏效。例俗話說「山雞飛起來好打，兔子跑起來好打」，捉姦在床，事實證據擺在眼前，還怕他抵賴啊！

【山雞舞鏡】

南朝宋．劉敬叔《異苑》卷三：「山雞愛其毛羽，映水則舞。魏武時，南方獻之，帝欲其鳴舞而無由。公子蒼舒（曹沖）令置大鏡其前，觀鑑形而舞不知止。」後以山雞對著鏡子跳舞比喻顧影自憐。清．黃遵憲《番客篇》：「山雞愛舞鏡，海燕貪棲梁。」也作「**山雞照影**」。宋．黃庭堅《睡鴨》詩：「山雞照影空自愛，孤鸞舞鏡不作雙。」也作「**山雞映水**」。南朝陳．徐陵《鴛鴦賦》：「山雞映水那自得，孤鸞照鏡不成雙。」

【山雞映水】

見「山雞舞鏡」。

【山雞照影】

見「山雞舞鏡」。

【山積波委】

山積：堆積如山；波委：波濤般層層疊疊。形容數量極多。明．何良俊《四友齋叢說．正俗》卷三四：「松江是天下大府，華亭亦是劇縣，其訟獄之繁多，錢糧之浩大，上司文移之龐雜，山積波委，日勤職業，猶懼不逮。」

【山尖上摘月亮——辦不到】

山尖：山頂。即使山很高，在山頂上也是摘不到月亮的。見「趕鴨子上樹——辦不到」。

【山間的竹筍——節節高】

也作「**山間的竹筍——節節上升**」。見「出土筍子逢春雨——節節高」。

【山間林下】

舊指隱士居住的地方。元．宮大用《范張雞黍》二折：「況兼各處山間林下，賢人君子，多有隱跡埋名，將賢門閉塞。」

【山間泉水——無窮無盡】

見「今年竹子來年筍——無窮無盡」。

【山間竹筍——嘴尖皮厚腹中空】

形容誇誇其談而無真才實學的人。例應當虛心學習，踏實工作，不要做那種山間竹筍——嘴尖皮厚腹中空的人。

【山裏的核桃——滿人（仁）】

也作「**山上的核桃——滿人(仁)**」。見「秋後的核桃——滿人（仁）」。

【山裏的石榴剝了皮——點子多】

見「八月的石榴——滿腦袋的紅點子」。

【山裏的石頭——雷打不爛】

比喻意志堅定，經得起考驗。例在殘酷的對敵抗爭中，他就像山裏的石頭——雷打不爛。

【山裏的竹筍——有股鑽勁】

比喻在學習或工作中能深入鑽研，勁頭很大。例在向科學進軍中，小斌就像山裏的竹筍——有股鑽勁，他初中畢業，很快提高到了助理研究員的水準。也作「**山裏的竹筍——鑽勁大**」。

【山裏孩子不怕狼】

比喻凡事見得多了，便不再害怕。例俗話說：「山裏孩子不怕狼。」他常年進山採藥，什麼野獸都見過，因而才不會像你這初來乍到的人那樣感到害怕。

【山裏紅——不上台盤】

山裏紅：也叫紅果、山楂，深紅色，味酸。見「狗肉——上不了案板」。

【山裏人有柴燒，岸邊人有魚吃——靠山吃山，靠水吃水】

比喻要因地制宜。例俗話說：「山裏人有柴燒，岸邊人有魚吃——靠山吃山，靠水吃水。」我們制定發展計畫，一定要從實際出發，不要去做那些做不到的事。也作「**深山裏打獵，大海裏捕魚——靠山吃山，靠水吃水**」。

【山溜穿石】

山上的水滴可以把石頭滴穿。比喻只要有恒心，有毅力，就能克服困難，把事情辦成。漢．劉向《說苑．正諫》：「泰山之溜穿石，引繩久之乃以契木。水非石之鑽，繩非木之鋸也，而漸靡使之然也。」

【山貓偷吃煲仔飯——入頭容易出頭難】

山貓：野貓；煲仔飯：用周圍陡直的鍋做的飯。比喻進得來，出不去。例「鬼子又進村了！」「哼，我看他們是山貓偷吃煲仔飯——入頭容易出頭難。」

【山眉水眼】
形容女子眉眼清秀水靈。《九尾魚》八四回：「他衙門裏頭有個通房的丫環，年紀止得十八歲，卻生得山眉水眼。」

【山盟海誓】
以山、海為誓，要像高山大海一樣永不變易。多指男女間深情相愛，永不變心。宋・趙長卿《賀新郎》：「終待說山盟海誓，這恩情到此非容易。」

【山鳴谷應】
高山上發出聲音，深谷裏便有回聲相應。形容聲音在山谷間廻盪。宋・蘇軾《後赤壁賦》：「劃然長嘯，草木震動，山鳴谷應，風起水湧。」也形容某種思潮影響巨大，此呼彼應。

【山明水秀】
山色清明，水色秀麗。形容風景優美。宋・黃庭堅《驀山溪》詞：「眉黛斂秋波，盡湖南，山明水秀。」也作「**山清水秀**」。《鏡花緣》四七回：「祥雲繚繞，紫霧繽紛，從那山清水秀之中，透出一座紅宇。」

【山木自寇】
寇：掠奪，侵犯。山間林木長得高大，便會自招砍伐。比喻因有用而不免於禍。《莊子・人間世》：「山木自寇也，膏火自煎也。」

【山南海北】
指遙遠的地方，或相隔遙遠。《紅樓夢》五七回：「薛姨媽道：『比如你姊妹兩個的婚姻，此刻也不知在眼前，也不知在山南海北呢！』」也指說話沒中心，亂扯一氣。例兩人山南海北聊了大半夜。

【山坡上燒火——就地取材(柴)】
材：「柴」的諧音。雙關語。比喻從本地或本部門選拔人才。有時比喻在本地或本部門找出解決問題的辦法。例上級確定了一條選拔幹部的原則，那就是山坡上燒火——就地取材（柴）。

【山妻獨霸蜘吞象，海賊封王蚓變龍】
山妻：生活在山野鄉村中的妻子；蜘：蜘蛛；海賊：海盜；蚓：蚯蚓。生長在山野鄉村中的妻子獨攬了大權，就像蜘蛛吞食了大象；海盜被封為王，如同蚯蚓變作蛟龍。比喻地位卑微的人竟然成了凌駕於衆人之上的人。明・湯顯祖《風流夢》一〇折：「原來軍士們都怕他哩，正是山妻獨霸蜘吞象，海賊封王蚓變龍。道猶未了，娘娘早到。」

【山棲谷飲】
居住在山裏，喝著山溪裏的水。指在深山峽谷裏過著隱居生活。《魏書・肅宗紀》：「其有懷道丘園、味跡板築、山棲谷飲、舒卷從時者，宜廣戔帛，緝和鼎飪。」

【山清水秀】
見「山明水秀」。

【山情水意】
指山水的自然景色令人產生的情感意興。唐・司馬逸客《雅琴篇》：「清音雅調感君子，一撫一弄懷知己……山情水意君不知，拂匣調弦為誰理？」

【山泉出澗——細水長流】
比喻節約使用財力或物力，使之經常不缺。有時比喻點點滴滴、不斷地做一件事。例收入不多，別大吃大喝，要像山泉出澗——細水長流，保證必需的生活費用。

【山窮水斷】
見「山窮水盡」。

【山窮水盡】
窮：盡。走到了山和水的盡頭處，前面再無路可走了。比喻陷入絕境。茅盾《秋收》：「言外之意彷彿就是：還沒有山窮水盡，何必幹那些犯『王法』的事呢！」也作「**山窮水斷**」。北周・庾信《宇文常神道碑》：「山窮水斷，馬束橋飛。」也作「**山窮水絕**」。宋・陸游《冬夜吟》：「飢鴻病鶴自無寐，山窮水絕誰為鄰。」

【山窮水絕】
見「山窮水盡」。

【山銳則不高】
銳：尖銳。比喻人不可鋒芒太露，否則成就不了大事。漢・韓嬰《韓詩外傳》卷一：「山銳則不高，水徑則不深。」

【山上的狐狸——又饞又猾】
比喻人又貪婪又狡猾。例這一幫強盜，是山上的狐狸——又饞又猾，必須認眞對待，不讓他們謀財害命的陰謀得逞。

【山上的枯藤——腐朽】
比喻思想陳腐，生活墮落，或制度敗壞。例由於驕傲自滿，貪圖享受，他已變成山上的枯藤——腐朽啦。

【山上的青松——根深葉茂】
見「百年大樹——根深葉茂」。

【山上的青松——四季長青】
見「南山上的松柏——四季長青」。

【山上的石頭，田裏的莠草——不足為奇】
莠草：狗尾草。見「黑毛烏鴉——不足為奇」。

【山上的松柏——飽經風霜】
比喻歷盡艱難困苦。例這位老頭是山上的松柏——飽經風霜的人，一點小小的挫折對他來說，是毫不在乎的。

【山上發洪水——不敢當（擋）】
當：「擋」的諧音。雙關語。比喻對別人的褒獎承當不起。例完成這項科研任務是大家的功勞，你們對我個人的崇高評價，實在是山上發洪水——不敢當（擋）。也作「**決堤的大壩——不敢當（擋）**」。

【山上滾石頭——實（石）打實（石）】
也作「**山頂滾石頭——實（石）打實（石）**」。見「搬起石碌砸碾盤——實（石）打實（石）」。

【山上有山】
為「出」字的隱語。《玉台新咏・一〇・古絕句四首》詩之一：「藁砧今何在？山上復有山；何當大刀頭？破鏡飛上天。」宋・許顗《彥周詩話》釋首句「言夫也」，次句「言出也」，三四句「言月半當還也。」後用「山上有山」多指丈夫外出不在家。唐・孟遲《閨情》：「山上有山歸不得，湘江暮雨鷓鴣飛。」

【山上找魚蝦——萬年不遇的寶貝事兒】

魚蝦都生活在水裏，如果在山上找到，那眞是稀奇的事兒。比喻很難得的事，或難得的機會。例他這個小人物也竟然撈到了一次出國的機會，眞是山上找魚蝦——萬年不遇的寶貝事兒。

【山水畫——沒有人】

山水畫：指以風景爲題材的中國畫。比喻看不到人。例昨天，到那個機關去辦事，結果是山水畫——沒有人，據說全體看電影去了。也作「山水畫——沒人」。

【山塌地崩】

見「山崩地裂」。

【山童石爛】

山童：山無草木。山上不長草，石頭也腐爛了。比喻根本不可能出現。宋・劉昌詩《蘆浦筆記・歡會誓》：「侍女之席，誓不敢即；渝盟受殃，神質於旁。山童石爛，言則可誕；山崇石堅，此言不忩。」

【山頭撮合】

舊指男女不正當的結合。明・湯顯祖《牡丹亭・圓駕》：「論臣女呵，便死葬向水口廉貞，肯和生人做山頭撮合？」

【山頭落帽】

《晉書・孟嘉傳》載：孟嘉在大宴中帽子突然被風吹落，依然風度翩翩，當人們嘲諷他時，又能從容應對使四座嘆服。後遂用「山頭落帽」指具有這種氣度的人。宋・陳師道《九日不出魏衍見過》詩：「山頭落帽風流絕，壁面稱詩語笑香。」

【山頭猛虎不咬人——有假無眞】

比喻事物都是虛假的。例他口裏說出來的話，就好比山頭猛虎不咬人——有假無眞，別人稱他爲「造謠專家」。

【山頭上打老虎——高名在外】

比喻名聲很大。例這位著名的書法家你還不認識？他山頭上打老虎——高名在外啊。

【山頭上的草——根子硬】

見「燈心草生在石板上——根子硬」。

【山頭上對歌——一唱一和】

比喻互相配合，互相呼應。常用於貶義。例在小組會上，他倆人就像山頭上對歌——一唱一和，攻擊那位主張改革的朋友。也作「演雙簧的——一唱一和」、「夫妻倆唱小調——一唱一和」。

【山頹木壞】

山：泰山；頹：倒塌；木：梁木。《禮記・檀弓上》記孔子死前，自唱挽歌：「『泰山其頹乎？梁木其壞乎？哲人其萎乎？』……蓋寢疾七日而沒。」後以「山頹木壞」比喻重要人物的死亡。

【山外青山樓外樓】

山外有山，樓外有樓。原用以描寫杭州西湖美麗的景色層出不窮。後常比喻一種境界之外還有更新的境界。宋・林升《題臨安邸》詩：「山外青山樓外樓，西湖歌舞幾時休。暖風薰得遊人醉，直把杭州作汴州。」

【山外有山，天外有天】

比喻强者之中還有更强的人，能人之外還有能人。勸戒人們要謙虛謹慎，不要自高自大。例你現在雖說有了一點成就，但一定不能驕傲自滿，要切記山外有山，天外有天，能人之外更有能人。

【山西猴子河南人耍——各有拿手戲】

比喻各自都有擅長的技術或本領。例這個小組人數不多，但山西猴子河南人耍——各有拿手戲，人人都工作得有聲有色，成績顯著。

【山杏核——苦人（仁）兒】

山杏核的仁兒是苦的。也作「土杏核兒——苦人（仁）兒」。見「黃連泡瓜子——苦人（仁）兒」。

【山崖上的野葡萄——一提就是一大串】

見「冰糖葫蘆——一串一串的」。

【山崖上滾雞蛋——沒有一個好的】

形容全都是壞的。例敵方的游擊隊，收羅的都是些牛鬼蛇神，山崖上滾雞蛋——沒有一個好的。也作「山崖上滾雞蛋——沒有一個好貨」、「挑瓦罐的摔跤——沒有一個好貨」、「一籮雞子打下地——沒有一個是好的」。

【山燕子嘴——瞎啾湫】

啾啾：象聲詞，形容山燕叫的聲音。比喻不了解情況，胡亂說。例事情根本不是這樣，你山燕子嘴——瞎啾啾些什麼。

【山羊不跟豺狼作親戚，老鼠不和貓兒打親家】

打親家：結親家。比喻弱小者不和欺凌自己的人來往。例他上回陷害你還不夠啊！「山羊不跟豺狼作親戚，老鼠不和貓兒打親家」你怎麼還幫他啊！

【山羊吃薄荷——不知其味】

薄荷：多年生草本植物，葉和莖有涼味，可以入藥。比喻對事情或學業缺乏理解。例他學習了半年，對這門功課還是山羊吃薄荷——不知其味。

【山羊抵角——對頭】

對頭：仇敵或敵對的方面。比喻敵對的方面。有時指對手。例不管是誰，甚至是山羊抵角——對頭，在傳授技術上，魏師傅都是一視同仁的。也作「公雞相鬥——對頭」、「兩個羊羔打架——對頭」、「鐵鍋遇著銅炊帚——對頭」、「鑽子遇著銼子——對頭」。

【山羊額頭的肉——沒有多少油水】

山羊額頭肉很少，煮不出多少油水。也作「**山羊額頭的肉——油水不大**」。見「雞骨頭熬湯——沒多大油水」。

【山羊駕轅——不聽那一套】

也作「**山羊拉車——不聽你那一套**」。見「老虎拉磨——不聽那一套」。

【山羊見了老虎皮——望而生畏】

形容使人一見就怕。例不要那樣凶神惡煞的，我不是膽小鬼，才不會山羊見了老虎皮——望而生畏哩！也作「**小鬼看見鍾馗像——望而生畏**」。

【山羊拉屎——稀稀拉拉】

形容稀疏的樣子。例看你們這個隊伍成啥樣子，山羊拉屎——稀稀拉拉！也作「**麻雀拉屎——稀稀拉拉**」。

【山陽舊曲】

見「山陽聞笛」。

【山陽鄰笛】

見「山陽聞笛」。

【山陽聞笛】

《晉書・向秀傳》載：向秀至交密友嵇康、呂安相繼被司馬昭殺害，秀受命赴洛，途經山陽舊居，聽到鄰人吹笛之聲，感音而悲悼亡友，於是寫了一篇《思舊賦》。後用「山陽笛聲」指沉痛懷念故友。清・秦朝釪《消寒詩話》卷一五：「念中，前村皆余同年也，書此不勝山陽聞笛之感云。」也作「**山陽夜笛**」。唐・耿湋《太原送許侍御出幕歸東都》：「荒庭增別夢，野雨失行期。莫向山陽過，鄰人夜笛悲。」也作「**山陽鄰笛**」、「**山陽舊曲**」。唐・溫庭筠《上宰相啟二首》之一：「則衛館遺孤，常聞出涕；山陽舊曲，不獨傷心。」

【山陽夜笛】

見「山陽聞笛」。

【山肴野蔌】

肴：葷菜，山肴即野味；蔌(ㄙㄨˋ)：蔬菜，野蔌即野菜。指野味野菜。宋・歐陽修《醉翁亭記》：「山肴野蔌，雜然而前陳者，太守宴也。」

【山搖地動】

高山大地都在搖晃。形容聲勢浩大。《說岳全傳》：「但見煙火騰空，山搖地動。」

【山遙水遠】

見「山長水遠」。

【山陰乘興】

南朝宋・劉義慶《世說新語・任誕》：「王子猷（王徽之）居山陰，夜大雪……忽憶戴安道（戴逵），時戴在剡，即便夜乘小船就之，經宿方至，造門不前而返。人問其故，王曰：『吾本乘興而行，興盡而返，何必見戴？』」後便以「山陰乘興」指訪友。宋・張孝祥《踏莎行》：「山陰乘興不須回，毗耶問疾難爲對。」

【山陰道上】

山陰道：浙江紹興縣城西南郊外一帶，爲遊覽勝地。南朝宋・劉義慶《世說新語・言語》：「王子敬云：『從山陰道上行，山川自相映發，使人應接不暇。』」原指一路上美景繁多，令人目不暇接。後用來泛指風景優美的江南勝地。唐・羊士諤《憶江南舊遊》詩：「山陰道上桂花初，王謝風流滿晉書；曾作江南步從事，秋來還復憶鱸魚。」也作「**山陰道中**」。明・陳繼儒《太平清話》卷二：「丙申上元，見楚中劉錦衣宋人畫册，自蕭照、馬和之、趙千里而下凡百幅，是日眞如山陰道中。」也作「**山陰道上，應接不暇**」、「**山陰道中，應接不暇**」。

【山陰道中】

見「山陰道上」。

【山陰弗管，會稽弗收】

山陰：舊縣名，地處浙江會稽山的北面，治所在今浙江紹興；弗：不；會稽：此指會稽山的南面。謂山北不管，山南也不管。比喻事情無人過問。清・范寅《越諺》卷上：「『山陰弗管，會稽弗收。』其事懸宕。」

【山陰夜雪】

猶言山陰乘興，即訪友。唐・李白《單父東樓秋夜送族弟沈之秦》詩：「卷簾見月清興來，疑是山陰夜中雪。」

【山鷹不怕峰巒陡】

比喻勇敢剛强的人不畏艱難險阻，敢於迎難而上。例面對凶猛的洪水，戰士們毫不退縮，他們說：「山鷹不怕峰巒陡，再大的困難我們也能戰勝。」

【山鷹的眼睛——尖銳】

比喻觀察事物靈敏，認識深刻。例小朱對事情的看法，就像山鷹的眼睛——尖銳極了，你休想瞞住他。

【山鷹站在崖頂上——站得高，看得遠】

比喻姿態越高眼光越遠大。例先生是山鷹站在崖頂上——站得高，看得遠，我們對此是考慮不到的，多虧指敎。也作「**泰山頂上觀日出——站得高，看得遠**」、「**十里高山望平地——站得高，看得遠**」。

【山有木，工則度之；賓有禮，主則擇之】

度：估量，計算。山上有樹木，工匠就會量材來使用它；賓客有禮節，主人就會選中他。《左傳・隱公十一年》：「君與滕君辱在寡人。周諺有之曰：『山有木，工則度之；賓有禮，主則擇之。』周之宗盟，異姓爲後。寡人若朝於薛，不敢與諸任齒。君若辱貺寡人，則願以滕君爲請。」

【山有山神，廟有廟主】

比喻任何地方都有當家主事的人。例俗話說：「山有山神，廟有廟主」，我們這兒的事情你少管，把你自己的事情管好就行了。

【山雨欲來】

暴雨即將來臨所顯示的徵兆。清・王

士禎《帶經堂詩話・序論類》：「溪水如環如玦，繞樓徐逝；每當天籟忽發，山雨欲來，飛流濺沫之聲，交集於耳畔。」今多用來比喻重大事變即將發生之前呈現出來的緊張氣氛。

【山雨欲來風滿樓】

山雨到來之前，狂風吹撼著樓宇。比喻重大事件即將發生前的緊張氣氛或表現出的徵兆。唐・許渾《咸陽城東樓》詩：「溪雲初起日沉閣，山雨欲來風滿樓。」

【山芋越冬要變心】

山芋：甘薯，也叫白薯。白薯經過一個冬天心就要變黑。比喻經不起長期的考驗而改變心志。例俗話說：「山芋越冬要變心」，經過長期考驗而能不改初衷的人，才是最可靠的人。

【山岳崩頹】

山岳：高大的山；崩頹：倒塌。高山倒塌。比喻王朝覆亡。南朝梁・庾信《哀江南賦》：「山岳崩頹，既履危亡之運。」

【山再高，沒有腳板高；浪再大，也在船底下】

山再高，人也能攀登上去把它踩在腳下；浪再大，船也能闖過去把它壓倒在船下。比喻困難不能壓倒人，而只能為人所壓倒。例要改變咱們廠的落後面貌確實困難不少，但是山再高，沒有腳板高；浪再大，也在船底下，只要大家齊心協力，任何困難都是可以克服的。

【山珍海錯】

山珍：山裏產的珍異食品；海錯：海裏出的珍貴食品。形容豐盛的菜肴。唐・韋應物《長安道》詩：「山珍海錯棄藩籬，烹犢炮羔如折葵。」也作「**山海珍錯**」。《聊齋志異・西湖主》：「美婢三五，進酒烹茗，山海珍錯，目所未睹。」也作「**山珍海味**」。《孽海花》一二回：「坐定後，山珍海味，珍果醇醪，絡繹不絕的上來。」也作「**山珍海胥**」。明・吳承恩《諼堂永日圖序》：「山珍海胥、鼎食宮居者，大夫之養也。」

【山珍海味】

見「山珍海錯」。

【山珍海胥】

見「山珍海錯」。

【山止川行】

山來之勢也可阻止，大川擋路也可通行。比喻堅不可摧，行不可阻。清・唐甄《潛書・兩權》：「誠能自固如是，是山止川行之勢也；以戰必勝，以攻必取者也。」

【山峙淵渟】

峙：聳立；渟：水積聚而不流動。像山一樣聳立，如淵一樣深沉。比如品節高尚，端莊凝重。晉・葛洪《抱朴子・審舉》：「逸倫之士，非禮不動，山峙淵渟，知之者希。」

【山中常有千年樹，世上並無百歲人】

深山中雖然常有樹齡千年的古樹，世間卻少有活到百歲的老人。《武松演義》四回：「常言道：『山中常有千年樹，世上並無百歲人。』夫妻哪能個個白頭偕老。」

【山中的瘦虎——雄心在】

比喻人雖不得志，但有遠大的理想和抱負。例他時運不佳，處境狼狽，可是山中的瘦虎——雄心在，鬥志未衰，對前途仍充滿信心。

【山中的野豬——嘴巴厲害】

見「牛角裏的蛀蟲——嘴巴厲害」。

【山中無好漢，猢猻稱霸王】

見「山中無老虎，猴子稱大王」。

【山中無好和尚，朝中無好宰相】

山中沒有不喜好榮華富貴的和尚，朝廷上沒有不爭名逐利的宰相。舊謂任何人都會受到富貴的誘惑。《西湖二集》卷七：「求子之法，須訪求深山中一個修行的老僧，至誠恭敬，與他日日相好，盤桓出入，示他以富貴華麗之果，待他紅塵念頭一動，起了一點喜好貪慕之心，他便一個筋斗翻將轉來，就在你家為子為孫，所以從來道：山中無好和尚，朝中無好宰相。」

【山中無甲子，寒盡不知年】

甲子：我國紀日、紀年的一種方法，干支相配，統稱甲子。深山之中的人連紀日、紀年的方法都不會，嚴寒的冬季了還不知道年節已到。形容與世隔絕。例在我國的一些邊遠地區，還有一些非常落後的村落，那裏山中無甲子，寒盡不知年，人們幾乎過著一種與世隔絕的生活。

【山中無老虎，猴子稱大王】

大王：大夥強盜的首領。比喻沒有強者時，弱者即可稱王稱霸。例我們那裏很窮，識字的人不多，他只是一個高中生，就要算是大知識分子了，這就叫作山中無老虎，猴子稱大王。也作「**山中無好漢，猢猻稱霸王**」。猢猻：猴子。魯迅《致母親》：「海嬰已以第一名在幼稚園畢業，其實亦不過『山中無好漢，猢猻稱霸王』而已。」也作「**山中無鳥，麻雀做王**」。例他這次得了一個第一，就一知天多高地多厚了，其實不過是山中無鳥，痲雀做王。

【山中無鳥，麻雀做王】

見「山中無老虎，猴子稱大王」。

【山中有直樹，世上無直人】

山中有筆直的樹，世上卻少有正直的人。《增廣賢文》：「莫信直中直，須防人不仁；山中有直樹，世上無直人。」

【山中宰相】

《南史・陶弘景傳》：「[景]於是止於句容之句曲山……乃中山立館，自號華陽陶隱居……後[武帝]屢加禮聘，並不出……國家每有吉凶征討大事，無不前以諮詢。月中常有數信，時人謂為山中宰相。」後用以泛指隱居不仕的高賢。元・王子一《誤入桃源》一折：「你問我甚根芽，甚生涯……端的個山中閒宰相，林下野人家。」

【山豬嘴裏的齙牙——包不住】
山豬：野豬；齙牙：突出嘴外的牙齒。見「麝香的味兒——包不住」。
【山字垛山字——請出】
垛（ㄉㄨㄛˋ）：整齊地壘疊起來。兩個「山」字垛起來，就是「出」字。見「兩個山字擱一塊兒——你給我請出」。
【山陬海澨】
山陬：山腳；海澨（ㄕˋ）：海濱。指偏僻荒遠之地。宋·劉跂《上文潞公書》：「而況處今之世，以學爲官竄名士大夫，而目不識執事，獨與武夫孺子，山陬海澨之徒，向風而斂衽焉。」
【芟繁從簡】
見「刪繁就簡」。
【芟繁就簡】
見「刪繁就簡」。
【芟夷大難】
芟夷：鏟除。鏟除大災難。《三國志·蜀書·諸葛亮傳》：「今[曹]操芟夷大難，略已平矣。」
【刪繁就簡】
刪：除去；就：趨向。刪除繁雜內容，使之趨於簡明。《鏡花緣》八九回；「青鈿道：『都像這樣，卻也不難，大約刪繁就簡，只消八百韻也就夠了。」也作「芟繁就簡」。明·焦竑《玉堂從語·纂修》：「今所定律令，芟繁就簡，使之歸一，直言其事，庶幾人人易知而難犯。」也作「芟繁從簡」。清·王夫之《夕堂永日緒論外編》三二：「言必曲暢而伸，則長言而非有餘；意可約略而傳，則芟繁從簡而非不足。」也作「刪蕪就簡」。蕪：雜亂。元·楊載《詩家法數·絕句》：「絕句之法，要婉曲回環，刪蕪就簡，句簡而意不絕。」
【刪蕪就簡】
見「刪繁就簡」。
【姍姍來遲】
姍姍：形容走路緩慢從容的樣子。《漢書·孝武李夫人傳》：「立而望之，偏何姍姍其來遲。」謂慢悠悠地來晚了。姚雪垠《李自成》二卷：「什麼事竟使你姍姍來遲？」
【珊瑚網漏】
珊瑚在網的反意用法。比喻有才華的人都沒網羅過來。清·王韜《淞隱漫錄·申江十美》：「選萃拔尤，足稱領袖；滄海珠遺，珊瑚網漏。」
【珊瑚在網】
珊瑚：比喻有才華的人；在網：都在網中。《新唐書·拂菻國傳》：「海中有珊瑚洲，海人乘大舶墮鐵網水底。珊瑚初生盤石上，如白菌，一歲而黃，三歲赤，枝格交錯，高三四尺，鐵發其根，係網舶上，絷而出之。」比喻有才華的人都被收羅進來了。《鏡花緣》四二回：「從此珊瑚在網，文博士本出宮中；玉尺量才，女相如豈遺苑外？」
【苫眼鋪眉】
瞪眼睛，豎眉毛。形容裝樣子，擺架子。元·秦簡夫《剪髮待賓》三折：「常記著禮之用和爲貴，到那裏則要你折腰叉手，休學那苫眼鋪眉。」
【扇火止沸】
沸：沸騰，指水開滾。用對火煽風使火勢更旺的辦法來停止水的沸騰。比喻採取的辦法與所希望達到的目的恰好相反。《三國志·魏書·陶謙傳》：「太祖以糧少引軍還。」裴松之注引《吳書》：「今海內擾攘，州郡起兵，征夫勞瘁，寇難未弭，或將吏不良，因緣討捕，侵侮黎民，離害者衆；風聲流聞，震蕩城邑，丘城懼於橫暴，貞良化爲羣惡，此何異乎抱薪救焚，扇火止沸哉！」
【扇惑人心】
鼓動誘惑人心，以迷亂人的心志，毒害人的思想。明·余繼登《典故紀聞》卷一三：「又有燃焚香，刺膚割股，驚駭人目，扇惑人心，不惟饕餮於民，抑且有傷風化。」
【扇冷風】
見「吹冷風」。
【扇枕溫被】
形容侍奉雙親極爲孝順，夏日炎熱，爲老人扇涼枕席；冬日嚴寒，以己身爲老人溫暖被褥。《晋書·王延傳》：「延事親色養，夏則扇枕席，冬則以身溫被。」也作「扇枕溫衾」。明·高濂《玉簪記·擢第》：「自昔年離膝下，今經三載餘，白雲回首，回首應無際。扇枕溫衾，番做個倚門倚閭；不孝兒，逆天罪，難饒恕。」也作「扇枕溫席」。《太平御覽》卷七〇七：「黃香事親，暑則扇枕，寒則以身溫席。」
【扇枕溫衾】
見「扇枕溫被」。
【扇枕溫席】
見「扇枕溫被」。
【煽風點火】
煽：煽惑，慫恿。比喻煽動和唆使人幹壞事。例對煽風點火、無事生非、唯恐天下不亂的人，我們要提高警惕，防止上當。
【潸然淚下】
潸然：流淚的樣子。形容哀傷得流淚。宋·馬廷鸞《題汪水雲詩》：「余展卷讀甲子初作，微有汗出；讀至丙子諸作，潸然淚下；又讀至《醉歌》十首，撫席慟哭，不知所云。」也作「愴然淚下」。

ㄕㄢˇ

【閃爍其辭】
閃爍：光一閃一閃。形容說話吞吞吐吐，想說而又不肯露出眞意。《痛史》二五回：「或者定伯故意閃爍其辭，更未可定。」例四處行騙的金光黨被警方逮捕後，對於所有的偵訊始終不肯配合，供詞方面也是盡量的閃爍其辭，令警方感到很棘手。

ㄕㄢˋ

【扇子雖破骨子在】
骨子：扇骨子，扇子的骨架。扇子雖然破了，但扇子的骨架還依然存在。比喻雖有損失，但無傷大體。例別看這些機器又是土，又是銹的，但是扇子雖破骨子在，只要好好擦一擦，修一修，還能派上大用場呢。

【掞藻飛聲】
掞：發舒；藻：辭藻；飛：飛揚；聲：聲譽。唐．蕭穎士《贈韋司業書》：「今朝野之際，文場至廣，掞藻飛聲，森然林植。」指施展文才，聲譽遠揚。

【善罷干休】
見「善罷甘休」。

【善罷甘休】
好好了結，甘願休止。指情願了結糾紛，不再鬧下去（多用於否定）。茅盾《蝕．動搖》：「縣長果然未必肯見機而作，農民也何嘗肯善罷甘休呢？」也作「善罷干休」。《紅樓夢》六五回：「奶奶（指尤二姐）就是讓著他（指鳳姐），他看見奶奶比他標致，又比他得人心兒，他就肯善罷干休？」

【善敗由己】
事情的成功與失敗，是由當事人的主觀因素決定的。《左傳．僖公二十年》：「善敗由己，而由人乎哉？」

【善必壽長，惡必早亡】
行善會使人長壽，作惡定使人早亡。例你如果繼續爲非作歹，將來一定不得好死，你難道沒聽到過「善必壽長，惡必早亡」這句話嗎？

【善不進不休，惡不去不止】
善：善良的人；惡：壞人，做惡的人；進：推薦，引進；去：除掉。不把善良的人引薦進來就不罷休，不把做惡的人除掉就不停止。指事物的興利除弊。《三國志．魏書．荀彧傳》注：「太祖稱荀令君之進善，不進不休；荀軍師之去惡，不去不止也。」

【善不可失，惡不可長】
善：做好事；惡：做壞事；長：滋長，發展。做好事不能放棄，壞事不能任其發展。《左傳．隱公六年》：「善不可失，惡不可長，其陳桓公之謂乎！長惡不悛，從自及也，雖欲救之，其將能乎！」

【善不由外來兮，名不可以虛作】
美德不是由外人給的，名譽不可能憑空得到。戰國楚．屈原《九章．抽思》：「夫何極而不至兮，故遠聞而難虧。善不由外來兮，名不可以虛作。孰無施而有報兮，孰不實而有獲？」

【善財難捨】
善財：愛惜錢財；捨：施捨。愛惜錢財，不肯施捨於人。形容非常吝嗇。《西遊記》四二回：「菩薩罵道：『你這猴子！你便一毛也不拔，教我這善財也難捨。』」

【善出奇者，無窮如天地，不竭如江河】
窮：盡；竭：用完。形容作戰中善於出奇制勝的人，其戰術靈活多變，像天地那樣無窮無盡，像江河那樣源源不絕。《孫子．勢篇》：「凡戰者，以正合，以奇勝。故善出奇者，無窮如天地，不竭如江河。」

【善刀而藏】
善：通「繕」，拭。《莊子．養生主》：「提刀而立，爲之四顧，爲之躊躇滿志，善刀而藏之。」把刀擦乾淨，收藏起來。後用以比喻適可而止，或自斂其才而不炫露。清．無名氏《杜詩言志》卷一：「交流空湧波，言諸名士之交接，各自炫奇而爭勝也。然則此時少陵之眞意，早已善刀而藏。」

【善惡不同途，冰炭不同爐】
好人和壞人絕不會走在一條道上，就像冰雪和煤炭不會共存於爐中一樣。謂善惡不能相容。例俗話說：「善惡不同途，冰炭不同爐。」你以後少跟他來往，他不是好人。

【善惡到頭終有報，只爭來早與來遲】
報：報應。謂行善和作惡最終都會有報應，只是時間有早有晚。《西湖二集》卷二六：「數個惡禿驢不上數年，盡數相繼而亡。報應之妙如此。果是：善惡到頭終有報，只爭來早與來遲。」

【善惡昭彰，如影隨形】
昭彰：明顯，顯露。謂做好事有好的報應，做壞事有壞的報應，天理昭彰，分毫不差。《鏡花緣》七一回：「古人說得最好，他道：「但行好事，莫問前程。」又道：『善惡昭彰，如影隨形。』無論大小事，只憑了這個『理』字做去，對得天地君親，就可俯仰無愧了。」

【善積者昌，惡積者喪】
積善的人就會發達成功，積惡的人就會短命喪生。謂人要多做好事，不做壞事。《三國志．蜀書．後主傳》裴松之注引《諸葛亮集》：「善積者昌，惡積者喪。」

【善賈而沽】
賈：ㄐㄧㄚˋ，古價字；沽：賣。《論語．子罕》：「子貢曰：『有美玉於斯，韞匵而藏諸？求善賈而沽諸？』子曰：『沽之哉！沽之哉！我待賈者也。』」意謂等有好價錢才賣。後比喻有才能的人，等待時機才肯出仕。

【善門難開】
善門：行善的門徑。舊指一旦行善助人，許多人都會來求援，以致無法應付。《官場現形記》三四回：「這太原一府正是被災頂重的地方。大善士見機，曉得善門難開。倘若再像從前耀武揚威，被鄉下那些人瞧見，一擁而前，那時節，連他的肉都被人家吃掉還不夠。」

【善門難開，善門難閉】

善門：作好事的門。舊謂行善作好事固然不容易，不過作了好事若再想不作也很難。例陳老伯這個大善人平時熱心地方公益，他面對別人的稱讚感謝總是以「善門難開，善門難閉」來自謙。

【善男信女】

舊指信仰佛教的男女。現也泛指盲目崇拜搞迷信活動的人。《金剛經六譯疏記》：「善男信女有二義，一以人稱，是四衆人也；一以法喻，以羅漢性剛直，……表爲善男子。菩薩性柔和慈悲，……表爲善女人。」姚雪垠《李自成》一卷一六章：「儘管各地都有災荒，而河南的災荒十分嚴重，但善男信女們不遠千里朝拜金頂的仍然在老河口、石花街和草店的大道上絡繹不絕。」

【善男信女拜觀音——誠心】

善男信女：佛教用語，指信仰佛教的人們；觀音：也叫觀世音、觀音大士，佛教的菩薩之一，佛教徒認爲是慈悲的化身，救苦救難之神。比喻眞誠的懇切。例他對你可說是善男信女拜觀音——誠心極了，你一點也沒有感動？也作「老婆婆燒香——誠心」。

【善氣迎人】

以和善的態度對待別人。形容和藹可親的樣子。《管子・心術下》：「善氣迎人，親如兄弟。」

【善騎者墮】

善於騎馬的人往往從馬上跌下來。比喻擅長某一技能的人，如疏忽大意，也會出現意外。《淮南子・原道訓》：「夫善游者溺，善騎者墮。」

【善人流芳百世，惡人遺臭萬年】

做好事的人，人們將永遠傳頌他的美名；做壞事的人，人們將永遠唾罵他。例俗話說：「善人流芳百世，惡人遺臭萬年」，歷史是有情的，對那些爲民造福的人，歷史將永遠銘記他們的功績；歷史又是無情的，對那些獨夫民賊，歷史將永遠把他們牢釘在恥辱柱上。

【善人相逢，惡人遠去】

去：離開。和好人相交，壞人必遠去。例俗話說得好，善人相逢，惡人遠去，你成天和那些不三不四的人在一起，哪個好姑娘能看上你？

【善人在患，弗救不祥；惡人在位，不去亦不祥】

患：災難；弗：不；去：除去。正人君子身遭災禍而不解救，邪惡小人身居要職而不罷免，這些都是國運不祥的徵兆。《國語・晋語》八：「若皆恤國如是，則大不喪威，而小不見陵矣。若是道也果，可以教訓，何敗國之有？吾聞之曰：『善人在患，弗救不祥；惡人在位，不去亦不祥。』」

【善人在座，君子俱來】

好人居於正位，君子自然都來。也比喻作詩貴在佳句。明・謝榛《四溟詩話》卷二：「詩以佳句爲主，精煉成章，自無敗句。所謂：『善人在座，君子俱來』。」

【善人者，人亦善之】

對人好的人，別人也會對他好。例你跟小王關係不好，你自己是不是也有責任呢？古人說：「善人者，人亦善之」，你如果對小王好，我想，他也一定會對你好的。

【善善從長】

善善：稱讚好事。《公羊傳・昭公二十年》：「君子之善善也長，惡惡也短；惡惡止其身，善善及子孫。」原意爲讚揚美德，源遠流長。後以之稱讚人善於取長棄短。清・毛先舒《詩辯坻》：「《春秋》，聖人之刑書也。猶且善善從長，惡惡從短。」

【善善惡惡】

惡惡：ㄨˋ ㄜˋ，憎恨壞事。稱讚善行，厭惡壞事。形容愛憎分明。《史記・太史公自序》：「夫《春秋》，上明三王之道，下辨人事之紀，別嫌疑，明是非，定猶豫，善善惡惡，賢賢賤不肖，存亡國，繼絕世，補敝起廢，王道之大者也。」

【善始克終】

見「善始善終」。

【善始令終】

見「善始善終」。

【善始善終】

謂有好的開端，也有好的結尾。多指處理重大事情自始至終堅持不懈，直到成功。《警世通言》卷二五：「不如早達時務，善始善終，全了恩人生前一段美意。」也作「善始令終」。令：美好。《三國志・魏書・韓暨傳》裴松之注引《楚國先賢》：「今司徒知命，遺言恤民，必欲崇約，可謂善始令終者也。」也作「善始克終」。克：能夠。唐・吳兢《貞觀政要・君臣鑑戒》：「太宗曰：『……朕賴公等共相輔佐，遂令囹圄空虛，願公等善始克終，恒如今日！』」

【善始者實繁，克終者蓋寡】

做事能有好的開端的人很多，但能夠堅持到底的人卻很少。謂人做事要善始善終，不能虎頭蛇尾。唐・魏徵《諫太宗十思疏》：「善始者實繁，克終者蓋寡。豈取之易守之難乎。」

【善書不擇筆】

書：書寫；擇：挑選。擅長書法的人不論筆好筆壞都能寫出好字來。謂人的技能比工具更重要。例你活沒幹好，別怪工具不好使，俗話說：「善書不擇筆。」說到底，還是你的技術不夠好。

【善說不如善做，善始不如善終】

說得好不如做得好，開端好不如結局好。例大家決心幫助鄉親們脫貧致富，不過一定要說到做到，有始有終，俗話說得好，善說不如善做，善始不如善終。

【善頌善禱】

《禮記・檀弓下》：「晋獻文子成室，晋大夫發焉。張老曰：『美哉輪焉！美哉奐焉！歌於斯，哭於斯，聚國族於斯。』文子曰：『武也，得歌於斯，哭於斯，聚國族於斯，是全要領以從先大夫於九京[原]也。』北面再拜稽首。君子謂之善頌善禱。」孔穎達疏：「張老與文子能中禮。頌者，美盛德形容；禱者，求福以自輔也。張老因美而譏之，故為善頌；文子聞過即服而拜，故為善禱也。」後用「善頌善禱」讚美能在頌揚之中隱寓規諷之意。宋・張擴《宰執賀正啟》：「雖莫陪旅進旅退之儔，竊私懷善頌善禱之請。」

【善為曲辭】

見「善為說辭」。

【善為上者不忘其下】

善於居上位的人不忘記他下面的人。謂善於當政者體恤下情。漢・韓嬰《韓詩外傳》卷四：「善御者不忘其馬，善射者不忘其弓，善為上者不忘其下。」

【善為師者，既美其道，有慎其行】

有：通「又」。善於做老師的人，既能使自己的理論完美，又能使自己的行為謹慎。謂為師者應學高身正，言行一致。漢・董仲舒《春秋繁露・玉杯第二》：「善為師者，既美其道，有慎其行。」

【善為說辭】

說辭：講話。《孟子・公孫丑上》：「宰我、子貢善為說辭。」意指很會說話。後用以指替別人說好話。例在老師面前，務必代我善為說辭，無任感謝！也作「善為曲辭」。曲：委婉。清・無名氏《定情人》一二回：「故學生只知畏朝廷之法，未計屠公之威勢也。萬望老先生善為曲辭，使我不失於義，報德自有日也。」

【善為我辭】

辭：辭謝，辭掉。《論語・雍也》：「季氏使閔子騫為費宰（費地縣長）。閔子騫曰：『善為我辭焉。』」指好好地替我辭謝掉。後多用於請人代為說好話。

【善文能武】

指文武雙全。元・王實甫《西廂記》二本楔子：「則為那善文能武人千里。」

【善學者，假人之長以補其短】

假：借用，利用。善於學習的人，能利用別人的長處來彌補自己的不足。《呂氏春秋・用衆》：「物固莫不有長，莫不有短。人亦然。故善學者，假人之長以補其短。」

【善以為寶】

善：善良。把一切美好的品德作為珍寶。《禮記・大學》：「楚國無以為寶，惟善以為寶。」

【善易者，不言易】

易：《周易》的簡稱，也叫《易經》，古代經書之一。精通《易經》的人，斷不會開口《易經》閉口《易經》來嘩衆取寵。謂有眞才實學的人，不會到處賣弄自己的學識。《痛史》一五回：「有一句古話，說的是：『善易者，不言易。』須知道實行的人，斷不肯時時掛在嘴裏說出來的。」

【善弈者謀勢，不善者謀子】

弈：下棋；謀：謀求；子：棋子。會下棋的人謀求全局的勝利，不會下棋的人計較一子的得失。比喻凡事應從大局考慮，從大處入手。例我們要做的工作很多，可以說是千頭萬緒，不過善弈者謀勢，不善者謀子，我們應該先從直接與發展生產有關的大事抓起。

【善游者溺，善騎者墮】

溺：淹死；墮：掉下來。善於游泳的人往往會淹死，騎術精湛的人往往會摔落馬下。比喻精通某事的人往往會疏忽大意，結果反而容易出差錯。《淮南子・原道訓》：「夫善游者溺，善騎者墮，各以其所好，反自為禍。」

【善有善報】

善：好地；報：報應。做好事會有好報應。清・孔尚任《桃花扇・人道》：「果然善有善報，天理昭彰。」

【善有善報，惡有惡報】

見「善有善報、惡有惡報，不是不報，日子未到」。

【善有善報、惡有惡報，不是不報，日子未到】

不論是好人行善事還是壞人做歹事，都必然會得到報應。《增廣賢文》：「『善有善報、惡有惡報，不是不報，日子未到。』人而無信，不知其可也。」也作「善有善報，惡有惡報」。《金瓶梅詞話》一回：「正是：『善有善報，惡有惡報。天網恢恢，疏而不漏！』」

【善與人交】

謂善於結交朋友。《論語・公冶長》：「子曰：『晏平仲善與人交，久而敬之。』」

【善欲人知非為善，惡恐人知是大惡】

如果做好事希望別人知道，那就不是眞正要做好事；如果做壞事唯恐別人知道，那所做的一定是大壞事。例俗話說得好，善欲人知非為善，惡恐人知是大惡，做好事不留名才能眞正體現一個人毫不利己，專門利人的崇高品德。

【善終正寢】

善終：壽終，指年老而自然死亡；正寢：指家宅的正屋。舊時人死後，靈柩一般停放在正屋。指年老在家中安然死去。《封神演義》一一回：「[姬]昌曰：『不才還討得個善終正寢。』」也作「壽終正寢」。

【善自處置】

處置：處理。自己妥善地處理安排。《新編五代史平話・唐史》卷下：「從榮負咱恩，爾曹善自處置，休驚動我百姓。」

【善自為地】

見「善自為謀」。

【善自為謀】

謀：謀劃，打算。《左傳・桓公六

年》：「齊侯欲以文姜妻鄭太子忽，太子忽辭。人問其故。太子曰：『人各有耦，齊大，非吾耦也……』君子曰：『善自爲謀。』」指善於爲自己打算。也作「**善自爲地**」。善於爲自己留有餘地。宋・陸游《跋柳書蘇夫人墓志》：「然予爲此言，非獨觸人，亦不善自爲地矣。」

【善自珍重】
珍重：保重。好好保重自己。例此去約需三年五載，望善自珍重。

【繕甲厲兵】
見「繕甲治兵」。

【繕甲治兵】
繕：修治；甲：鎧甲。《詩經・鄭風・叔于田序》：「叔處於京，繕甲治兵，以出於田。」指作好打獵的準備。後謂作軍事準備。也作「**繕甲厲兵**」。《史記・張儀列傳》：「敝邑恐懼懾伏，繕甲厲兵，飾車騎，習馳射。」

【鱔魚的腦袋——又奸(尖)又滑】
見「玻璃碴子掉在油缸裏——又奸(尖)又滑」。

【鱔魚爬犁頭——狡猾(絞鏵)】
見「黃鱔爬犁頭——狡猾(絞鏵)」。

【鱔魚遇見泥鰍——滑頭對滑頭】
見「光光筷子吃涼粉——滑頭對滑頭」。

【擅離職守】
擅：隨便。不經批准而隨便離開崗位。《官場現形記》四四回：「見面之後，不由分說，拿隨太爺一把辮子，說他擅離職守，捏稱回任，定要扭他到堂翁跟前，請堂翁稟明太尊。」

【擅自爲謀】
擅自：對不在自己的職權範圍以內的事情自作主張；爲謀：做打算。超越權限而自作主張地進行謀劃。例此事與大家有關，須與大家共同商量處理，切不可擅自爲謀。

【擅作威福】
擅：自作主張。利用權力作威作福。元・無名氏《連環計》一折：「方今漢朝獻帝在位，被那董卓專權，擅作威福，生殺由己。」

ㄕㄣ

【申旦達夕】
申：至；旦：早晨。自夜到晨，自晨至夕。形容夜以繼日。《梁書・張纘傳》：「簡憲之爲人也，不事王侯，負才任氣，見餘則申旦達夕，不能已已。」

【申公豹的腦袋——人前一面，人後一面】
申公豹：《封神演義》中人物，他用取頭幻術誘騙姜子牙，南極仙翁施法術，由童子化作白鶴將他的頭銜著飛向太空，當頭落下時，朝著脊背方向，他成了歪頭，人稱：歪頭申公豹」。比喻表裏不一，陽奉陰違。例此人就像申公豹的腦袋——人前一面，人後一面，專要陰謀權術，絕對不可相信。

【申公豹的眼睛——朝後看】
見「拉旱船的瞧活——往後看」。

【申公豹的嘴——撥弄是非】
《封神演義》中描述申公豹心胸狹窄，善於搬弄是非，處處同師兄姜子牙作對，誘使殷郊、殷洪棄正歸邪，助紂爲虐。比喻傳播流言，蓄意挑起糾紛。例團結是我們事業的保證，申公豹的嘴——撥弄是非，有害於團結，是極大的錯誤。也作「**申公豹的嘴——搬弄是非**」。

【申訴無門】
謂無處申訴自己的痛苦和冤仇。例在貪官污吏橫行的時代，百姓的冤屈與痛苦是申訴無門的。

【伸鈎索鐵】
把鈎伸直，把鐵搓成索。形容力氣極大。《太平御覽》卷八二引晋・皇甫謐《帝王世紀》：「帝桀淫虐有才，力能伸鈎索鐵，手搏熊虎。」也作「**握鈎伸鐵**」。

【伸眉吐氣】
伸展開眉毛，吐出悶氣。形容擺脫受壓抑後的心情舒暢的神態。宋・陳亮《與石天民書》：「報過二月二十七日得旨引見，竟以何日對乎？所言能開啟天聽否？當竟用三札。對後有何指揮曲折，幸一見報。士人於被召得對，遂可以伸眉吐氣，亦丈夫遇合之會也。」

【伸手不見五指】
形容一片漆黑。例這條路因沒有架設路燈，到了晚上通常是伸手不見五指，挺危險的。也作「**伸手不見掌**」。

【伸手不見掌】
見「伸手不見五指」。

【伸頭縮頸】
形容膽小窺探之狀。《初刻拍案驚奇》卷一：「衆人不進去的，個個伸頭縮頸，你三我四。」

【伸頭探腦】
躲躲閃閃伸頭張望的樣子。《平鬼傳》九回：「窮鬼忽指著那桃林內稟道：『看那林內有人伸頭探腦，此處莫非有歹人嗎？』」

【伸冤理枉】
謂洗雪冤枉。《二刻拍案驚奇》卷二一：「大略多守著現成的案，能有幾個伸冤理枉的？」

【伸嘴舔月亮——不知天高地厚】
也作「**伸嘴舔月亮——不知道自己的舌頭長短**」。見「搬起碌碡打月亮——不知天高地厚」。

【身敗名隳】
見「身敗名裂」。

【身敗名裂】
身：身分，地位；敗：毀壞；裂：破壞。地位喪失，名聲掃地。指遭到徹底失敗。《歧路燈》二三回：「看來許多舉人、進士做了官，往往因幾十兩銀子的賄，弄一個身敗名裂。」也作「**身敗名隳**」。《兒女英雄傳》三二回：「縱使才大如海，也會令名不終，否則浪得虛名，畢竟才無足取，甚而至於弄得身敗名隳的都有。」也作「身廢名裂」。朱自清《史記·漢書第九》：「他覺得自己已經身廢名裂，要發抒意中的鬱結，只有一條通路。」也作「身名並滅」。三國魏·曹植《求自試表》：「臣獨何人，以堪長久！常恐先朝露，塡溝壑，墳土未乾，而身名並滅。」

【身不由己】

由：聽從。身體不聽從自己支配。形容不由自主。《三國演義》七四回：「上命差遣，身不由己。望君侯憐憫，埶以死報。」也作「身不由主」。《說岳全傳》六六回：「今既到此間，身不由主，拚著這條命罷！」

【身不由主】

見「身不由己」。

【身不遇時】

時：時機。謂沒有遇到好時機。明·沈采《千金記·宵征》：「官人身不遇時，且自寧奈。」

【身當其境】

見「身臨其境」。

【身當矢石】

身：自身，指親自。親自抵擋敵人的進攻。《晉書·王鑑傳》：「昔漢高、光武二帝，征無遠近，敵無大小，必手振金鼓，身當矢石，櫛風沐雨，壺漿不贍，馳騖四方。」

【身非木石】

自己不是木頭、石塊。形容自己並不是沒有感情的人。漢·司馬遷《報任少卿書》：「身非木石，獨與法吏為伍，深幽囹圄之中，誰可告愬者。」

【身廢名裂】

見「身敗名裂」。

【身後的影子——寸步不離】

也作「身後的影子——形影相隨」。見「母雞帶小雞——寸步不離」。

【身後的影子——隨人走】

雙關語。比喻行動不受約束，自行其便。有時指跟著別人行動。例寫作的題材沒有規定，身後的影子——隨人走，可以寫你最熟悉的東西。也作「出門帶條狗——隨人走」。

【身後識方幹】

方幹：唐浙江桐廬人。他才學過人，但因相貌醜陋，太宗時舉進士，不第。隱居山林，貧困而死。死後朝廷追贈他爲進士及第。比喻一個人才，生前無人重用，死後才爲人賞識，可惜已爲時太晚。清·袁枚《隨園詩話》：「放眼古今多少恨，可憐身後識方幹。」

【身懷六甲】

六甲：傳說爲天帝造物之日。舊時稱婦女懷孕。《鏡花緣》一〇回：「偏偏媳婦身懷六甲，好容易逃至海外，生下紅蕖孫女，就在此處敷衍度日。」

【身寄虎吻】

吻：嘴唇。把身體置於老虎的嘴邊。比喻處境危險萬分。晉·桓彝《薦譙元彥表》：「兇命屢招，奸威仍逼，身寄虎吻，危同朝露。」

【身家性命】

身家：自己和家庭的成員。指自己和全家的性命。《水滸傳》一〇八回：「倘舉事一有不當，那些全軀保妻子的，隨而媒孽其短，身家性命，都在權奸掌握之中。」

【身價百倍】

身價：一個人的社會地位。名譽地位提高了一百倍。形容一個人的社會地位突然大大提高。例他僅僅發表了一、二篇文章，立刻就身價百倍，擺出名人架勢來。

【身教重於言教】

用自己的模範行爲去影響、教育人，比只用語言說教更爲重要。用以說明教育不能只停留在言語上，教育者應以身作則，才能收到良好的效果。例在張老師的帶動下，同學們僅用了半天，就墊好了一個籃球場，眞是「身教重於言教」啊！

【身經百戰】

親身經歷過無數次戰鬥。形容富於實戰經驗。例他身經百戰，渾身是膽。是一個不可多得的將才。

【身居矮檐下——不得不低頭】

比喻人處於不利的境地，不得已而低聲下氣地生活。例我現在是身居矮檐下——不得不低頭，聽從他們的擺布吧。也作「細高挑兒進矮門——不得不低頭」、「在人檐下過，不得不低頭」。

【身臨其境】

臨：到。親身到了那個境地。《三國志·吳書·吳主傳》：「而曹公已臨其境。」也作「身當其境」、「身親其境」。《痛史·敍》：「吾於是發大誓願，編撰歷史小說；使今日讀小說者，明日讀正史，如見故人；昨日讀正史而不得入者，今日讀小說而如身親其境。」

【身名並滅】

見「身敗名裂」。

【身名俱滅】

身：身軀；名：名譽。身軀和聲譽一齊毀滅。晉·桓玄《與劉牢之書》：「孰若翻然改圖，保其富貴，則身與金石等固，名與天壤無窮，孰與頭足異處，身名俱滅，爲天下笑哉！」。

【身名俱泰】

身份和聲譽都很安穩。《晉書·石崇傳》：「士當身名俱泰，何至瓮牖哉？」

【身貧如洗】

窮得如用水沖洗過一般。形容窮得一無所有。元·無名氏《舉案齊眉》一折：「如今梁鴻學成滿腹文章，爭奈身貧如洗，沿門題筆爲生。」也作「一貧如洗」。

【身其餘幾】

《左傳·文公十七年》：「古人有言：畏首畏尾，身其餘幾？」注：「言首尾有畏，則身中不畏者少。」後多指身子留在世間沒有多久的時間了。宋·汪藻《謝罷知鎮江府除宮觀表》：

「而臣生也有涯，身其餘幾。」

【身强力壯】

身體健壯，力氣很大。《水滸傳》一四回：「[晁蓋]最愛刺槍使棒，亦自身强力壯，不娶妻室，終日只是打熬筋骨。」

【身親其境】

見「身臨其境」。

【身輕體健】

身體輕巧靈活，體格强健。元・無名氏《貨郎旦》三折：「沿路上身輕體健，這搭兒觔乏力軟。」

【身輕言微】

地位低下，言論主張不為人所重視。《後漢書・孟嘗傳》：「臣前後七表言故合浦太守孟嘗，而身輕言微，終不蒙察。」

【身上拔寒毛——無傷大體】

見「牛身上拔根毛——無傷大體」。

【身上背篩子——滿身是窟窿】

比喻負債累累。例他經營不到一年，結果是身上背篩子——滿身是窟窿，不得不宣布公司倒閉。也作「紗窗做衣裳——滿身是窟窿」。

【身上有屎狗跟蹤】

比喻自身有毛病，才會引來壞人的糾纏。例你若是平日行得端，坐得正，那幫流氓怎會來拉你入夥？他們就是看你有手腳不乾淨的毛病，才找上門來的。這就叫做身上有屎狗跟蹤。

【身首分離】

身體與頭分開。指斬首。《三國志・魏書・鄧艾傳》：「臣以為艾身首分離，捐棄草土，宜收尸喪，還其田宅。」

【身首異處】

身首不在一處。指斬首。《封神演義》九回：「我自正位東宮，並無失德，縱有過惡，不過貶謫，也不至身首異處。」

【身死名辱】

人死了，名譽還受到玷辱。《野叟曝言》六七回：「但當以鄭忽標題，專寫三折，而末折證以魯桓之求援，而反致身死名辱。」

【身體力行】

謂親身體驗、努力實踐。《兒女英雄傳》三六回：「門生父親平日卻是認定一片性情，一團忠恕，身體力行。便是教訓門生，也只這個道理。」

【身退功成】

退隱家園之日，便是功業成就之時。《雲笈七籤》卷五六：「人生則陷身，身退功成，遂結嬰，尚未可，何況空廢棄。」

【身外之物】

自己身體以外的東西。泛指地位、財產等。意謂無足輕重。《儒林外史》一回：「不過說人生富貴功名，是身外之物。」

【身亡命殞】

殞：死。謂死亡。《紅樓夢》三三回：「寶玉素日雖然口角伶俐，此時一心卻為金釧兒感傷，恨不得也身亡命殞。」

【身微命賤】

謂身分卑微低下，命運不好。唐・韓愈《袁州刺史謝上表》：「……又蒙赦其罪累，授以方州，德至恩弘，身微命賤，無階答謝。」

【身無彩鳳雙飛翼，心有靈犀一點通】

靈犀：古代把犀牛視為靈異之獸，犀角中心的髓質像一條白線上下相通。雖然沒有生長鳳凰那樣的雙翼，不能飛到所愛慕的人身邊，但內心卻像有靈異的犀牛角一樣，息息相通，心心相印。現多用來形容相思情意的相通和對一些事情看法的不約而同。唐・李商隱《無題》詩：「昨夜星辰昨夜風，畫樓西畔桂堂東。身無彩鳳雙飛翼，心有靈犀一點通。」

【身無寸縷】

縷：線。身上沒有一寸線。形容缺衣穿，極其貧窮。宋・無名氏《張協狀元》四三齣：「大雪下身無寸縷，投古廟淚珠漣漣。」

【身無完膚】

身：軀體。身上沒有一處完整的皮膚。形容遍身創傷。宋・司馬光《涑水紀聞》卷一五：「竇平等皆朝士搒掠，身無完膚，皆銜冤自誣。」

【身無禦寒衣，家無隔夜糧】

禦：抵擋。形容家境貧寒，度日艱難。例他自從有了煙癮，整日裏與鴉片做伴，家境就開始一天天的衰敗，到如今已是身無禦寒衣，家無隔夜糧，靠討飯度日了。

【身無擇行】

一切行動都遵從法度而別無選擇。《孝經・卿大夫章》：「口無擇言，身無擇行。」

【身無長物】

長物：多餘的東西。南朝宋・劉義慶《世說新語・德行》：「[王恭]對曰：『丈人不悉恭，恭作人無長物。』」後以「身無長物」指人除自身外，東西極少。形容極其貧困。清・華偉生《開國奇冤・賸義》：「好在我身無長物，就帶了那管禿筆，跑到了上海地方，東塗西抹，藉資糊口。」

【身先士衆】

見「身先士卒」。

【身先士卒】

身：親身；先：走在前面。指作戰時將帥帶頭，衝在士兵的前面。《宋書・檀道濟傳》：「率勵文武，身先士卒，所向摧破。」也作「身先士衆」。《舊唐書・李密傳》：「公當身先士衆，早定關中，乃欲急自尊崇，何示人不廣也！」

【身先朝露】

朝露：早晨的露水，遇到陽光便會很快消失。比喻迅速死去。《元史・齊履謙傳》：「自嘆旁無期功之親，家無紀綱之僕，恐一旦身先朝露，必至累人，遂遣人於客城先人墓側，修營一舍，儻病勢不退，當居處其中以待盡。」

【身顯名揚】
身：身世。身世顯貴聲名遠揚。元・施惠《幽閨記・推就紅絲》：「所喜者志得意滿，身顯名揚。」

【身心交病】
交：並，都；病：困乏，疲勞。身體和精神都很困乏。魯迅《答有恆先生》：「我再鬥下去，也許會『身心交病』。然而『身心交病』，又會被人嘲笑的。」

【身心交瘁】
瘁：極度疲累。身體和精神都過度疲勞。例多年來生活的重擔，使她身心交瘁，鬢邊過早地出現了白髮。

【身遙心邇】
見「身遠心近」。

【身遠心近】
雙方雖然相隔很遠，但心卻貼得很近。晉・干寶《搜神記・紫玉》：「羽族之長，名為鳳凰。一日失雄，三年感傷。雖有衆鳥，不為匹雙。故見鄙姿，逢君輝光。身遠心近，何嘗暫忘。」也作「身遙心邇」元・王德信《西廂記・泥金報捷》：「小生身遙心邇，恨不得鶼鶼比翼，邛邛並軀。」

【身在曹營心在漢】
曹：指三國時的曹操；漢：指漢皇叔劉備方面。《三國演義》故事：關羽被曹軍圍困，提出了降漢不降曹，一知劉備下落便要辭曹營而去等三個投降條件。曹操接受了條件，並厚待關羽。但關羽在曹營中仍不忘舊主。後以此比喻人忠於舊主，或身在此處想的是別處。例他換另一家公司工作，實際情況是「身在曹營心在漢」，為了要得到商業機密。

【身在福中不知福】
生活在幸福當中，卻意識不到。例你整天衣來伸手，飯來張口，要什麼有什麼，還不知足？真是身在福中不知福。也作「生在福中不知福」。例你們城裏再不濟，也比我們鄉下好多了，要什麼都有。哪像我們深山溝裏呀，出門就爬山，你就別生在福中不知福啦。

【身在江海，心馳魏闕】
江海：指隱居地；魏闕：古代宮門上有巍然高出的樓觀稱魏闕，其下兩旁為懸布法令的地方，因以為朝廷的代稱。指人在野，卻仍關心朝政。有時也諷刺迷戀功名的假隱士。《莊子・讓王》：「中山公子牟謂瞻子曰：『舟在江海之上，心居乎魏闕之下，奈何？』瞻子曰：『重生，重生則輕利。』」唐・陳子昂《夏日暉上人房別李參軍崇嗣》：「余獨坐一隅，孤憤五蠹，雖身在江海，而心馳魏闕。」也作「身在江湖，心存魏闕」。《中國現在記》一回：「他此時雖然已是詿誤，然而一言一動，仍不失他『身在江湖，心存魏闕』的思想。」也作「身在江湖，心懸魏闕」。《儒林外史》一一回：「總是老先生身在江湖，心懸魏闕，故爾憂愁抑鬱，現出此症。」也作「身在林泉，心懷魏闕」。《封神演義》八回：「我老臣雖是身在林泉，心懷魏闕，豈知平地風波，生此異事。」

【身在江湖，心馳魏闕】
見「身在江海，心馳魏闕」。

【身在江湖，心存魏闕】
見「身在江海，心馳魏闕」。

【身在江湖，心懸魏闕】
見「身在江海，心馳魏闕」。

【身在林泉，心懷魏闕】
見「身在江海，心馳魏闕」。

【身正不怕影斜】
比喻只要自己行事端正，就不怕流言誹謗。例最令人討厭的，就是小人在背後的惡意中傷。雖說是身正不怕影斜，但這些流言蜚語會攪得人心神不安，給工作帶來不良影響。

【身之病待醫而癒，國之亂待賢而治】
身體患病有待良醫治癒，國家混亂需要賢才治理。漢・王符《潛夫論・思賢》：「疾者身之病，亂者國之病也。身之病待醫而癒，國之亂待賢而治。」

【身子掉進冰窖裏——一涼半截】
冰窖：貯藏冰塊的地窖。見「冷水澆頭——涼了半截」。

【身自為之】
自己去做到它。《隋唐演義》八二回：「那奚落他的人，昔日肆口亂道誹謗之言，至今日一一身自為之。」

【身做身當】
當：承當。自己做的事自己承當。例大丈夫身做身當，決不能帶累他人。

【參辰卯酉】
參、辰：星宿名；卯、酉：十二時辰之一。參星在西方，酉時（下午五時至七時）出現；辰星在東方，卯時（早晨五時至七時）出現。因此，兩星永不相見。比喻處於勢不兩立的情勢。元・王實甫《西廂記》四本一折：「不爭和張解元參辰卯酉，便是與崔相國出乖弄醜。」也作「參辰日月」。元・白仁甫《牆頭馬上》三：「總是我業徹，也强加參辰日月不交接。」

【參辰日月】
見「參辰卯酉」。

【參橫斗轉】
參斗：星宿名。參星橫斜，北斗星的杓也轉了方向。指到了午夜後的時候。宋・蘇軾《六月二十日夜渡海》詩：「參橫斗轉欲三更，苦雨終風也解晴。」

【參商之虞】
參、商：二星宿名。參在西，商在東，此出彼沒，不同時出現；虞：憂慮，比喻人分離不得相見或相處不和睦的憂慮。《紅樓夢》二一回：「彼含其功，則無參商之虞矣。」

【莘莘學子】
莘莘：衆多的樣子。指衆多的學生。例一到考季，校園裏的莘莘學子，無不是挑燈夜讀，作最後的衝刺。

【深壁而守】

見「深溝高壘」。

【深壁高壘】

見「深溝高壘」。

【深閉固距】

距：通「拒」。嚴密閉關，堅決抵拒。比喻堅決不接受新事物或他人意見。《漢書·楚元王傳》：「故下明詔，試左氏可立不……今則不然，深閉固距，而不肯試，猥以不誦絕之，欲以杜塞餘道，絕滅微學。」也作「**深辭固拒**」。三國吳·胡綜《請立諸王表》：「是以屢獻愚懷，依據典禮，庶請具陳，足寤聖心；深辭固拒，不蒙進納，恐天下有識之士，將謂吳臣暗於禮制。」

【深不可測】

水深得難以測量。比喻道理極為深奧。三國魏·卞蘭《贊述太子賦》：「天下延頸，歌頌德音。聞之於古，見之於今。深不可測，高不可尋。創法萬載，垂此休風。」也比喻人心隱晦，難以捉摸。《孅眞子》卷五：「世言魏公世居河朔，故其狀貌奇偉，而有厚重之德。然生於泉州，故爲人亦微任術數，深不可測。」

【深藏若虛】

若：如同；虛：空，沒有。深深埋藏起來，好像什麼也沒有。比喻眞正有才幹、學問的不露鋒芒。《史記·老莊申韓列傳》：「吾聞之，良賈深藏若虛。君子盛德，容貌若愚。」

【深藏遠遁】

遁：隱避；深藏：遠離人羣。指避世隱居。宋·楊萬里《論相上》：「古之君子之相其君，亦不敢犯天下之所不許，天下不許而君許之，君子有深藏遠遁，以自脫天下之譏而已。」

【深仇大恨】

形容極深極大的仇恨。例你跟他又不是有什麼深仇大恨，爲什麼不同組做事？

【深仇宿怨】

宿怨：舊有的怨恨。一直有很深的怨仇。董必武《反侵略聲中紀念錢亦石先生》：「甚至彼此之間深仇宿怨的人也在『抗日第一』的前提下，一致攜手。」

【深仇重怨】

指極深極大的怨仇。魯迅《阿金》：「在鄰近鬧嚷一下當然不會成什麼深仇重怨。」

【深刺腧髓】

腧：ㄕㄨˋ，腧穴。謂穿穴入骨。形容深透理解。宋·葉適《覆瓿集·序》：「使讀者剖幽析微，深刺腧髓，渠不開其智！」

【深辭固拒】

見「深閉固距」。

【深孚衆望】

孚：ㄈㄨˊ，爲人所信服；望：威望，聲望。在羣衆中享有威望，極爲人信服。清·劉坤一《奏疏·提臣應行陛見暫請展緩折》：「該提督老於戎事，忠愛性成……深孚衆望，其樸誠忠勇，早在聖明洞鑑之中。」

【深根固本】

見「深根固柢」。

【深根固柢】

柢：樹根。謂根基深固不可動搖。《老子》五九章：「有國之母，可以長久，是謂深根固柢，長生久視之道。」也作「**深根固蒂**」。晉·左思《魏都賦》：「劍閣雖嶛，憑之者蹶，非所以深根固蒂也。」也作「**深根固本**」。《漢書·諸侯王表序》：「關諸盛衰，深根固本，爲不可拔者也。」

【深根固蒂】

見「深根固柢」。

【深根蟠結】

蟠：盤曲而伏。深長的樹根盤繞交錯。比喻惡勢力根基深厚，勾結緊密。清·夏燮《中西紀事·管蠡一得》：「推其究竟，貴者以勢怙，富者以賂免，若其著名之窰口，則地方官之門印胥吏，無非其深根蟠結之黨羽。」

【深更半夜】

謂深夜。元·李文蔚《燕青博魚》三折：「兄弟，深更半夜，你喚我做什麼？」

【深耕易耨】

易：疾，速；耨：鋤草。深翻地，勤除草。形容耕作細致。《孟子·梁惠王上》：「省刑罰，薄稅斂，深耕易耨。」

【深溝高壁】

見「深溝高壘」。

【深溝高壘】

溝：人工挖的工事；壘：軍營的牆壁或工事。深挖壕溝，高築營壘。指構築堅固的防禦工事。《韓非子·說林下》：「將軍怒，將深溝高壘；將軍不怒，將懈怠。」也作「**深溝高壁**」。《後漢書·南匈奴傳》：「宜令續深溝高壁，以思信招降，宣示購賞，明其期約。」也作「**深溝堅壁**」。《晋書·王鑑傳》：「要害之地，勒勁卒以保之；深溝堅壁，按精甲而守之。」也作「**深溝堅壘**」。《清史稿·伊爾登傳》：「五年八月，攻大凌河城，伊爾登當城東迤南，深溝堅壘，環而守之，卒以破敵。」也作「**深壁高壘**」。漢·枚乘《上書重諫吳王》：「深壁高壘，副以城關，不如江淮之險。」也作「**深壁而守**」。《史記·絳侯周勃世家》：「太尉引兵東北走昌邑，深壁而守。」

【深溝堅壁】

見「深溝高壘」。

【深溝堅壘】

見「深溝高壘」。

【深谷爲陵】

谷：兩山中間的凹地；陵：丘陵。山谷變爲丘陵。比喻事物的巨大變化。《後漢書·左雄傳》：「及幽厲昏亂，不自爲政，褒豔用權，七子黨進，賢愚錯緒，深谷爲陵。」

【深稽博考】

稽：考證，考核；博：普遍，廣泛。

深入地考核，廣泛地考察。形容苦心鑽研。錢仲聯《黃公度先生年譜》：「逮窮年累月，深稽博考，然後乃曉然於是非得失之宜，長短取捨之要。」

【深計大慮】

見「深謀遠慮」。

【深計遠慮】

見「深謀遠慮」。

【深奸巨猾】

形容人非常奸詐，極其狡猾。《周書·蘇綽傳》：「若有深奸巨猾，傷化敗俗，悖亂人倫，不忠不孝，故爲背道者，殺一利百，以清王化，重刑可也。」

【深扃固鑰】

扃：ㄐㄩㄥ，門扇；鑰：鑰匙。牢牢關緊門、嚴密鎖上鎖。比喻把事物的眞相隱藏起來而不使之外露。明·唐順之《永州祭柳子厚文》：「竊惟山川之與人文，同於擅天地之靈秘，顧若有神物愛惜乎其間，深扃固鑰而不輕以示。」

【深居簡出】

簡：少。唐·韓愈《送浮屠文暢師序》：「夫獸深居而簡出，懼物之爲己害也。」原指野獸隱藏在深山裏，很少出來。後指人家居很少外出。宋·秦觀《謝王學士書》：「自擯棄以來，尤自刻勵，深居簡出，幾不與世人相通。」

【深厲淺揭】

厲：穿著衣服涉水；揭：撩起衣服過河。《詩經·邶風·匏有苦葉》：「深則厲，淺則揭。」意涉深水時只好連衣下水，涉淺水時可以撩起衣服過去。後以「深厲淺揭」泛指涉水過河。也比喻做事要根據不同情況採取與之相適應的妥善辦法。《後漢書·張衡傳》：「深厲淺揭，隨時爲義，曾何貪於支離，而習其孤技邪？」

【深慮遠圖】

見「深謀遠慮」。

【深明大義】

大義：大原則，大道理。深切地明白做人處事的大道理。多指人能識大體。《歧路燈》一〇八回：「豈知撫台太太乃是閥閱舊族，科第世家，深明大義，不肯分毫有錯。」

【深謀遠計】

見「深謀遠慮」。

【深謀遠慮】

謀畫周密，考慮深遠。漢·賈誼《過秦論》：「深謀遠慮，行軍用兵之道，非及曩時之士也。」也作「深圖遠慮」。漢·仲長統《昌言下》：「又況愚人之愚，而望其遵巡正路，謙虛節儉，深圖遠慮，爲國家校計者乎。」也作「深謀遠略」。《晉書·趙王倫傳》：「所共之事者，皆邪佞之徒，惟竟榮利，無深謀遠略。」也作「深謀遠猷」。猷：計謀，謀略。《晉書·元帝紀》：「陛下明並日月，無幽不燭，深謀遠猷，出自胸懷。」也作「深慮遠圖」。《後漢書·郭禹傳》：「非有忠良明智，深慮遠圖，欲尊主安民者也。」也作「深謀遠計」。《史記·蔡澤傳》：「大夫種爲越王深謀遠計，免會稽之危，以亡爲存。」也作「深計遠慮」。《漢書·食貨志上》：「[蕭望之奏言]壽昌習於商功分銖之事，某深計遠慮，誠未足任。」也作「深念遠慮」。漢·東方朔《非有先生論》：「深念遠慮，引義以正其身，推恩以廣其下……此帝王所由昌也。」也作「深計大慮」。《後漢書·王常傳》：「今南陽諸劉舉宗起兵，觀其來議事者，皆有深計大慮，王公之才，與之並合，必成大功。」

【深謀遠略】

見「深謀遠慮」。

【深謀遠猷】

見「深謀遠慮」。

【深念遠慮】

見「深謀遠慮」。

【深矉蹙頞】

見「深矉蹙頞」。

【深矉蹙頞】

矉：ㄆㄧㄣˊ，通「顰」，皺眉；蹙：皺，收縮；頞：ㄜˋ，鼻梁。皺著眉頭，縮緊鼻梁。形容愁苦的樣子。《莊子·至樂》：「髑髏深矉蹙頞曰：『吾安能棄南面王樂而復爲人間之勞乎！』」也作「深矉蹙頞」。

【深切著白】

見「深切著明」。

【深切著明】

深切：深刻切實；著明：顯明易見。常用以指敍事說理深刻明白。《史記·太史公自序》：太史公曰：「……子曰：『我欲載之空言，不如見之於行事之深切著明也。』」也作「深切著白」。宋·司馬光《與薛子立秀才書》：「觀足下之文……深切著白，使其人果舉而行之，則足下雖未得位，而澤固施於民矣。」

【深情底理】

深情：深厚的感情；底理：事情的根源或內情。事情的內裏眞情與根由。《紅樓夢》六七回：「內中深情底理，奴才不知道，不敢妄回。」

【深情厚意】

謂深厚的情意。《好逑傳》一二回：「鐵公子本不欲留，因見過公子深情厚意，懇懇款留，只得坐下。」也作「深情厚誼」。例小白生日，小榮送一件親自編織的毛衣，以表示自己的深情厚誼，也希望彼此的友誼長長久久。

【深情厚誼】

見「深情厚意」。

【深入不毛】

不毛：指不長莊稼的土地。《三國志·蜀書·諸葛亮傳》：「五月渡瀘，深入不毛。」

【深入膏肓】

膏肓：古代醫學上把心尖脂肪叫膏，心臟和膈膜之間叫肓，認爲是藥力達不到的地方。謂病情嚴重，已無可救藥。

【深入骨髓】

形容達到極深極重的程度。《水滸傳》六八回：「此仇深入骨髓，不報得，誓不還山。」

【深入淺出】

見「深入顯出」。

【深入人心】

形容思想、理論、學說等給人的影響很深，而為人所接受。《東周列國志》二〇回：「且君新得諸侯，非有存亡興滅之德，深入人心，恐諸侯之兵，不為我用。」

【深入顯出】

用淺顯易懂的語言和簡潔的文字把深刻的道理或豐富的內容表達出來。清・俞樾《湖樓筆談》六：「蓋詩人用意之妙，在乎深入而顯出。入之不深，則有淺易之病；出之不顯，則有艱澀之患。」今多作「**深入淺出**」。例劉老師在夜大講授辯證法時，深入淺出，深受學員歡迎。

【深山長谷】

見「深山窮谷」。

【深山大澤】

指深邃的山野和廣闊的湖澤。《左傳・僖公二十三年》：「深山大澤，實生龍蛇。」引申指遠離城市的窮鄉僻壤。或比喻詩文境界深遠恢宏。也作「**深山幽谷**」。梁啟超《無名之英雄》：「而動此大小車輪之水勢，又自何處來乎？今日洶洶轉磨千萬匹馬力之水，即昨日深山幽谷中流觴咽石游魚清淺之水也。」

【深山老林】

見「深山窮林」。

【深山裏的麻雀——沒見過大風浪】

比喻經歷淺，沒經過嚴重的考驗。例小鳳是深山裏的麻雀——沒見過大風浪，讓她多出去跑跑，見識見識。也作「**池塘裏的鯉魚——沒見過大風浪**」。

【深山裏的菩薩——默默無聞】

菩薩：泛指佛和某些神。比喻沒有名氣，不為人所知。例他做了四十年的編輯工作，為人作嫁，功勞不小，可至死還是深山裏的菩薩——默默無聞。

【深山裏的寺廟——沒香火】

香火：教徒或迷信的人供佛敬神時燃點的香燭和燈火。比喻不景氣。這個村子地貧人稀，就像深山裏的寺廟——沒香火。也作「**土地爺坐深山——沒香火**」。

【深山裏的小廟——冷冷清清】

形容冷落、寂寞和淒涼的樣子。例自從丈夫死後，門庭若市的小院，變成了深山裏的小廟——冷冷清清。

【深山密林】

見「深山窮林」。

【深山密林迷了路——叫天天不應，喚地地不靈】

比喻人處於孤立無援的境地。例現在，人們相互關心和照顧，像舊時那種深山密林迷了路——叫天天不應，喚地地不靈的境況，不會再出現了。

【深山窮谷】

指人不常到的荒涼偏僻的山野。宋・朱熹《乞將衢州義倉米糶濟狀》：「但緣連遭荒旱，民情嗷嗷，難得錢物，深山窮谷，僻遠小民，委是無錢糴米。」也作「**深山幽谷**」。《列子・黃帝》：「寢吾庭者，不願深山幽谷。」也作「**深山長谷**」。宋・曾鞏《南軒記》：「此吾之所以求於內者，得其時則行，守深山長谷而不出者，非也。」

【深山窮林】

與山外、林外距離遠的，人跡罕至的山嶺、森林。唐・柳宗元《零陵郡復乳穴記》：「且夫乳穴必在深山窮林，冰雪之所儲，豺虎之所廬。」也作「**深山密林**」。魯迅《彷徨・傷逝》：「我看見怒濤中的漁夫，戰壕中的兵士，摩托車中的貴人，洋場上的投機家，深山密林中的豪杰。」也作「**深山老林**」。秦牧《莽原語絲》：「還有些人，鑽到深山老林裏找人參、採木耳、摘蘑菇。」

【深山小廟的菩薩——沒見過大香火】

菩薩：泛指佛和某些神；香火：教徒或迷信的人供佛敬神時燃點的香燭和燈火。比喻孤陋寡聞或經歷淺，沒見過大世面。例請不要見笑，我是深山小廟的菩薩——沒見過大香火，有失禮之處，多包涵。也作「**小廟裏的和尚——沒見過大香火**」。

【深山野墺】

謂荒僻的大山深處。魯迅《祝福》：「倘許給本村人，財禮就不多；惟獨肯嫁進深山野墺裏去的女人少，所以她就到手了八十千。」

【深山幽谷】

見「深山窮谷」。

【深識遠慮】

深湛的見識，長遠的考慮。《後漢書・杜林列傳》：「古之明王，深識遠慮，動居其厚，不務多辟，周之五刑，不過三千。」

【深思極慮】

見「深思遠慮」。

【深思熟慮】

熟：仔細，周密。深入周密地反復思索考慮。宋・蘇軾《策別第九》：「而其人亦得深思熟慮，周旋於其間，不過十年，將必有卓然可觀者也。」也作「**深思熟詳**」。唐・李絳《李相國論事集・論鄭絪事》：「伏望陛下深思熟詳，無令人言陛下惑於讒佞也。」也作「**深惟重慮**」。《漢書・嚴助傳》：「今王深惟重慮，明太平以弼朕失。」

【深思熟詳】

見「深思熟慮」。

【深思遠慮】

想得很深，考慮得極遠。指考慮問題

周密有遠見。《後漢書・孝和孝殤帝紀》：「先帝即位，務休力役，然猶深思遠慮，安不忘危，探觀舊典，復收鹽鐵，欲以防備不虞，寧安邊境。」也作「**深思極慮**」。《明史・鄒智傳》：「願陛下以宰相爲股肱，以諫官爲耳目，以正人君子爲腹心，深思極慮，定宗社長久之計，則大綱正矣。」

【深圖密慮】
圖：謀畫；密：精密，細致。深遠的打算，周密的考慮。南朝梁・沈約《齊故安陸昭王碑》：「深圖密慮，衆莫能窺。」

【深圖遠慮】
見「深謀遠慮」。

【深惟重慮】
見「深思熟慮」。

【深文奧義】
謂言詞深奧，含義晦澀，難以理解。清・石承楣《讀呂新吾先生閨范題辭》：「深文奧義煩音釋，棘句鈎章費削除。」

【深文大義】
深文：含義很深的文辭；大義：大道理。謂深奧的大道理。葉聖陶《四三集・招魂》：「談話不敷衍，不散漫，即使並沒有什麼深文大義談出來，但靈魂與靈魂對面，總覺有古人詩句『與君一夕話，勝讀十年書』的樂趣。」

【深文傅會】
歪曲或苛刻地援引法律條文，把沒有的硬說成有，陷人以罪。《明史・仁宗記》：「吏或深文傅會，以致冤濫。」也作「**深文附會**」。《明史・徐石麟傳》：「當是時，帝以威刑馭下，法官引律，大抵深文附會，予重比。」

【深文附會】
見「深文傅會」。

【深文峻法】
峻：嚴厲，嚴酷。制定苛刻的法律條文，動用嚴酷的刑法。《北齊書・李稚廉傳》：「顯祖嘗召見，問以治方，語及政型寬猛，帝意深文峻法，稚廉固以爲非，帝意不悅。」

【深文羅織】
見「深文周納」。

【深文巧詆】
詆：詆毀。苛刻地援引法律條文，巧妙地攻擊詆毀別人。謂羅織罪名陷害人，心狠手辣。《史記・汲鄭列傳》：「刀筆吏專深文巧詆，陷人於罪，使不得反其眞，以勝爲巧。」也作「**深文巧劾**」。《周書・蘇綽傳》：「今之從政者則不然。深文巧劾，寧致善人於法，不免有罪於刑。」

【深文巧劾】
見「深文巧詆」。

【深文曲折】
謂歪曲地援引法律條文以陷人於罪，並巧妙得絲毫不露痕跡。《宦海》六回：「他卻要賣弄自己的精明，張大自家的勢焰，深文曲折的送了這個人的腦袋，方才覺得心中舒服。」

【深文周納】
深文：制定和援引法律條文苛細嚴峻；周：周密；納：使人陷入。《史記・酷吏列傳》：「[張湯]與趙禹共定諸律令，務在深文。」《漢書・路溫舒傳》：「上奏畏卻，則鍛煉而周納之。」後以「深文周納」謂給人定罪，盡量苛刻地援引法律條文。也指不根據事實而强加罪於人。魯迅《可慘與可笑》：「在『棍』『匪』字裏，就藏著可死之道的。但這也許是『刀筆吏』式的深文周納。」也作「**深文羅織**」。羅織：虛構罪名，陷害無辜。清・汪琬《〈東都事略〉跋序》：「此皆當國者深文羅織，不足爲據。」也作「**深文周內**」。內：通「納」。清・錢謙益《兵部尚書李公神道碑》：「大小之獄，必以情本倫常依法比，不爲深文周內。」

【深文周內】
見「深文周納」。

【深惡痛斥】
見「深惡痛嫉」。

【深惡痛詆】
見「深惡痛嫉」。

【深惡痛革】
見「深惡痛嫉」。

【深惡痛恨】
見「深惡痛嫉」。

【深惡痛疾】
見「深惡痛嫉」。

【深惡痛嫉】
惡：討厭；嫉：憎恨。非常討厭，極度憎恨。謂厭惡、痛恨到了極點。《野叟曝言》三八回：「汝弟平日所深惡痛嫉者，是異端惑世，宦寺擅權。」也作「**深惡痛絕**」。《老殘遊記》九回：「然宋儒固多不是，然尙有是處；若今之學宋儒者，直鄉愿而已，孔孟所深惡而痛絕者也！」也作「**深惡痛斥**」。明・袁宏道《瓶史・十一清賞》：「此花神之深惡痛斥者，寧閉口枯坐，勿遭花惱可也。」也作「**深惡痛革**」。明・張寧《齋醮進香》：「有見於此，非不欲深惡而痛革之。」也作「**深惡痛恨**」。巴金《談〈春〉》：「倘使我對剝削人，壓迫人的制度並不深惡痛恨，那麼我絕不會寫《家》《春》《秋》那樣的書。」也作「**深惡痛詆**」。

【深惡痛絕】
見「深惡痛嫉」。

【深信不疑】
完全相信，毫不懷疑。清・錢泳《履園叢話・祥異・妖言惑衆》：「因其幼本村童，忽能書畫，竟詫爲天授，深信不疑也。」

【深淵薄冰】
淵：潭。《詩經・小雅・小旻》：「戰戰兢兢，如臨深淵，如履薄冰。」面臨深潭，踏著薄冰，比喻處境很危險。宋・王安石《乞退表第三》：「聖恩所及，有隆天重地之施；私義未安，有深淵薄冰之懼。」

【深知灼見】

灼：明亮。廣博精深的知識，透徹的見解。《野叟曝言》一〇五回：「幼聞義方，長讀經傳，崇正辟邪之志，愈堅愈定，時以滅除老佛爲念，深知灼見，確然無疑。」

【深中篤行】

中：內心；篤：誠實。謂內心廉潔正直，行爲誠實樸素。《漢書·韓安國傳》：「其人[壺遂]深中篤行君子。」

【深中隱厚】

謂內心廉潔正直，忠實厚道。《史記·韓長孺列傳論》：「餘與壺遂定律厲，觀韓長孺之義，壺遂之深中隱厚。世之言梁多長者，不虛哉！」

【深自砥礪】

砥礪：磨刀石，引申爲磨練。自己刻苦地磨練。《三國志·魏書·賈詡傳》：「文帝使人問詡自固之術。詡曰：『願將軍恢崇德度，躬素士之業，朝夕孜孜，不違子道，如此而已。』文帝從之，深自砥礪。」

ㄕㄣˊ

【什麼貨賣什麼錢——按質論價】

按照東西質量商討價格。比喻公平交易，等價交換。例不論親疏，公事公辦，什麼貨賣什麼錢——按質論價，決不徇私。也作「一分價錢一分貨——按質論價」。

【神安氣定】

神色安詳，氣息平和。指內心十分安定。金·王丹桂《洞仙歌·示門人》：「下虔心，苦志挫銳摧强；忘寵辱，自得神安氣定。」

【神不知，鬼不覺】

形容行事詭密，無人知曉。《水滸傳》四二回：「那時鄉中神不知，鬼不覺，若還多帶了人伴去，必然驚嚇鄉里，反招不便。」

【神不主體】

神：知覺和理智；體：軀體。神志不能控制自己的軀體。常形容恐懼的樣子。宋·張齊賢《洛陽搢紳舊聞記·梁太祖優待文士》：「荀鶴聲諾，恐懼流汗，再拜敍謝訖，命坐。荀鶴慘悴戰栗，神不主體。」

【神采飛揚】

神采：面部表現出的神情和光采；飛揚：原爲放縱之意，引申爲興奮得意，精神煥發。茅盾《霜葉紅似二月花》四：「和光燃起一支香煙，抽了幾口，就在婉卿對面坐下，神采飛揚地笑了笑。」

【神采煥發】

臉上的神情極有光采。形容精神飽滿，生氣勃勃。《元史·趙孟頫傳》：「孟頫才氣英邁，神采煥發，如神仙中人。」

【神采奕然】

形容精神旺盛、飽滿。明·沈德符《萬曆野獲編·玩具·晉唐小楷眞跡》：「韓宗伯所藏曹娥碑，爲右軍眞跡。絹素稍黯，字亦慘淡。細視良久，則筆意透出絹外，神采奕然。」也作「神采奕奕」。《二十年目睹之怪現狀》三七回：「我在底下看著，果然神采奕奕」。

【神采奕奕】

見「神采奕然」。

【神采英拔】

謂精神氣質英武超羣。《陳書·江總傳》：「舅吳平光侯蕭勱，名重當時，特鍾愛。嘗謂總曰：爾操行殊異，神采英拔，後之知名，當出吾右。」

【神差鬼使】

差、使：指使。好像自己是在受鬼神的差使一般。比喻事出意外，不由自主。《醉醒石》九回：「總是王四窮兇極惡，天理必除，故神差鬼使，做這樣勾當。」也作「鬼使神差」。

【神愁鬼哭】

連鬼神都在發愁哭泣。形容情景極其愁苦淒慘。明·陸采《懷香記·飛報捷音》：「吳國內甚驚恐，每發兵來交鋒敗北，端的神愁鬼哭。」

【神出鬼沒】

沒：消失。《淮南子·兵略訓》：「善者之動也，神出而鬼行……發如秋風，疾如駭龍。」本指用兵神奇迅速，變化莫測。後也用以形容使用兵器的手法高超。《水滸傳》四七回：「背藏飛刀五口，百步取人，神出鬼沒。」也形容人的行動或說話變化多端，難以捉摸。唐·崔致遠《安再榮管臨淮郡》：「夙精韜略，厲試機謀，嘗犯重圍，決成獨成，實可謂神出鬼沒。」也作「神出鬼入」。三國蜀，諸葛亮《陰符經》注：「八卦之象，申而用之，六十甲子，轉而用之，神出鬼入，萬明一矣。」也作「神沒鬼出」。宋·蘇軾《玉堂鼎觀銘》：「巨源之硯，淋漓蕩潏，神沒鬼出，與可之筆。」

【神出鬼入】

見「神出鬼沒」。

【神道設教】

神道：天道。《周易·觀》：「觀天之神道，而四時不忒。聖人以神道設教，而天下服矣。」舊指按天道教化萬物。也稱按鬼神之道以行事。《後漢書·隗囂傳》：「望（方望）至，說囂曰：『足下欲承天順民，輔漢而起……其實無所受命，將何以見信於衆乎？宜急立高廟，稱臣奉祠，所謂神道設教，求助人神者也。』」

【神動色飛】

形容面部表露出的生動表情。明·王錂《春蕪記·宸游》：「妾本巫山神女，適見楚國襄王，談妾往事，遂爾神動色飛。」也作「神飛色動」。《野叟曝言》一〇九回：「素臣細說在外之事，說到危險處，三人魄戰心驚；說到爽快處，三人神飛色動。」

【神飛情越】

見「神魂飛越」。

【神飛色動】
見「神動色飛」。
【神飛色舞】
形容極其喜悅或得意的神態。《孽海花》二二回：「正想虔誦經文，卻不知怎的心上總是七上八下，一會兒神飛色舞，一會兒肉跳心驚，對著經文一句也念不下去。」
【神分志奪】
奪：失去。精神分散，志氣喪失。《元史·張楨傳》：「守京師者能聚不能散，御外侮者能進不能退，紛紛籍籍，神分志奪，國家之事能不爲閣下憂乎？」
【神佛不佑】
神佛：神仙和佛祖；佑：保佑。神佛都不保佑，形容人作惡太甚或行爲極爲惡劣。例這幫人害國害民，神佛不佑，早晚會要清算他們的。
【神工鬼斧】
《莊子·達生》：「梓慶削木爲鐻，鐻成，見者驚猶鬼神。」後以「神工鬼斧」形容技藝高超神妙，所成藝術作品，幾乎不敢相信是人力所能達到的。清·袁枚《隨園詩話》卷六：「二樹畫梅，題七古一篇，疊『須』字韻八十餘首，神工鬼斧，愈出愈奇。」也作「神工鬼力」。《英烈傳》四二回：「總有神工鬼力，那有這等奇異。」
【神工鬼力】
見「神工鬼斧」。
【神工妙力】
神仙般的功夫，奇妙的能力。謂功夫極其高超神妙，非常人所能達到。宋·李清臣《欽聖憲肅皇后哀册文》：「譬如媧皇，神工妙力，煉石補天。」
【神觀飛越】
見「神魂飛越」。
【神鬼不測】
測：揣測。神仙鬼怪也無法揣測。形容做事極其隱秘奇異。元·鄭德輝《伊尹耕莘》三折：「賢士展神鬼不測之機，興一旅之師，輔佐公子，以成大事。」也作「神鬼莫測」。《三國演義》八七回：「諸將皆拜伏曰：『丞相機算，神鬼莫測！』」也作「神鬼難測」。明·無名氏《伐晉興齊》四折：「這龍韜虎略，神鬼難測。」
【神鬼莫測】
見「神鬼不測」。
【神鬼難測】
見「神鬼不測」。
【神鬼怕楞人】
楞人：性格執拗、做事不考慮後果的人。謂神鬼也害怕性格倔強、敢作敢爲的人。例你別看他那氣勢洶洶的樣子，「神鬼怕楞人」，你眞要是豁出去跟他大幹一場，他馬上又變軟了。
【神號鬼哭】
見「神嚎鬼哭」。
【神嚎鬼哭】
神號啕，鬼哭泣。形容哭聲淒厲，氣氛陰森恐怖。元·無名氏《馬陵道》二折：「可怎生神嚎鬼哭，霧慘雲昏，白日爲幽。」也作「神號鬼哭」《水滸傳》六六回：「此時北京城內百姓黎民，一個個鼠竄狼奔，一家家神號鬼哭。」也作「鬼哭神號」。
【神乎其神】
神：神妙；乎：語氣助詞，表感嘆。謂神秘奇妙到了極點。《鏡花緣》七五回：「向日聞得古人有『袖占一課』之說，眞是神乎其神。」
【神會心契】
會：會心；契：投合。彼此之間，內心都很理解並很投合。《宣和書譜·行書六·王安石》：「京從兄襄深悟厥旨，其書爲本朝第一。而京獨神會心契，得之於心，應之於手，可與方駕。」
【神昏意亂】
神志昏昏，心煩意亂。清·李心衡《金川瑣記·陳生》：「生有事他適，旬餘始返，急往探詢，則屋宇鎖閉，蓋厥媼已於三日前挈女遷徙矣。問所往，俱無知者。神昏意亂，木立不復能動。」
【神魂蕩揚】
見「神魂搖蕩」。
【神魂顛倒】
神情恍惚，失去常態。形容對人對事過分思念入迷。《醒世恆言》卷一六：「小娘們多有愛他的，奉得神魂顛倒，連家裏也不思想。」
【神魂飛越】
精神飛出軀體之外。形容神思恍惚，心神不寧。宋·王禹偁《謝加朝請大夫表》：「涕泗縱橫，亂於縻綆，神魂飛越，若在煙霄。」也作「神觀飛越」。宋·張炎《詞源·清空》：「白石（姜夔）詞如《疏影》《暗香》……等曲，不惟清空，又且騷雅，讀之使人神觀飛越。」也作「神飛情越」。元·戴良《谷口莊記》：「釋耒而望，未嘗不神飛情越。」
【神魂恍惚】
見「神情恍惚」。
【神魂撩亂】
謂心神不寧，心緒紊亂。宋·楊澤民《夜游宮》：「致得心腸轉，教令得神魂撩亂。」
【神魂飄蕩】
見「神魂搖蕩」。
【神魂失據】
據：依托。形容神志失去常態。《紅樓夢》二一回：「是夜，多渾蟲醉倒在炕，二鼓人定，賈璉便溜進來相會，一見面，早已神魂失據。」
【神魂搖蕩】
神情恍惚，難以控制。形容被某種情緒纏繞，不能自主。《二刻拍案驚奇》卷八：「沈將仕看見李三情狀，一發神魂搖蕩。」也作「神魂飄蕩」。例她回思往事，百感交集，神魂飄蕩，夜不能寐。也作「神搖魂蕩」。《東周列國志》九九回：「喜得公孫乾和異人目亂心迷，神搖魂蕩，口中讚嘆不已。」也作「神魂蕩揚」。《二刻拍案驚奇》卷一四回：「宣教方在神魂蕩揚之際，恰像身子不是自己的。」

【神機妙策】

策：計謀，辦法。神奇的心智，巧妙的計策。元·無名氏《馬陵道》一折：「誰想哥哥神機妙策，出鬼入神。」也作「神謀妙策」。明·張鳳翼《紅拂記·天涯知己》：「元帥神謀妙策，周悉無遺。」也作「神術妙策」。明·無名氏《黃眉翁》三折：「老仙長，將你那延壽的神術妙策，說與小官聽者。」也作「神機妙術」。《封神演義》五八回：「楊戩神機妙術奇，呂岳空自費心機。」

【神機妙術】

見「神機妙策」。

【神機妙算】

神奇的心智，巧妙的籌畫。《三國演義》四六回：「[周]瑜大驚，慨然嘆曰：『孔明神機妙算，吾不如也。』」也作「神謀妙算」。《野叟曝言》一〇八回：「文爺神謀妙算，眞服死人。」也作「神機妙用」。《二刻拍案驚奇》卷三九：「只有獄卒心裏明白，伏他的神機妙用，受過重賄，再也不敢說破。」

【神機妙用】

見「神機妙算」。

【神機莫測】

神妙的計謀使人猜不著，摸不透。金·丘處機《漢宮春·苦志》：「出入銳光八表，算神機莫測，天網難籠。」

【神奸巨蠹】

神奸：魔力般的大奸；巨蠹：大蛀蟲。謂有權有勢的壞人。清·紀昀《閱微草堂筆記·姑妄聽之四》：「神奸巨蠹，莫（此）吏若矣，而爲村婦所籠絡，如玩弄嬰孩。」

【神交已久】

神交：精神之交，不涉形跡。謂雖未見過面，但彼此精神相通，傾慕已久。例彼此神交已久，書信往還不斷。

【神經病】

即精神病。比喻性格多變、多疑，好大驚小怪。例你怎麼跟神經病似的，什麼都懷疑。也作「神經過敏」。例誰也沒說你什麼，你別神經過敏好嗎？

【神經過敏】

見「神經病」。

【神龕上戳窟窿——妙(廟)透了】

神龕（ㄎㄢ）：供奉神像或祖宗牌位的小閣子；妙：「廟」的諧音，雙關語。比喻好極了。例你的講演，眞是神龕上戳窟窿——妙（廟）透了，既使人振奮，又給人知識。

【神龕上掛糞桶——糟蹋神像】

見「廟門上篩灰——糟蹋神像」。

【神來之筆】

神來：神靈到來。謂創作時筆似受神靈啟示，靈感突起，意境頓生。形容作品精彩已極。《二十年目睹之怪現狀》三七回：「這三張東西，我自己畫的也覺得意，眞是神來之筆。」

【神籟自韻】

籟：泛指聲音；神籟：天然之聲極其美妙。謂天然之聲，美妙動聽，自成韻律。漢·桓驎《西王母傳》：「瑤干千尋，無風而神籟自韻，琅琅然皆九奏八會之音也。」

【神勞形瘁】

神：精神；勞：勞累；形：軀體；瘁：過度勞累。謂精神和身體都極度疲勞。《封神演義》三一回：「治諸侯，練士卒，神勞形瘁，有所不恤。」

【神靈廟祝肥】

廟祝：廟中掌管香火的人。廟裏供的神若是有求則應的話，廟祝也會因而富足起來。比喻某人有權勢，他手下的人也能沾光。例你別看他官不大，可他是局長的秘書，誰要找局長，先得從他手下過，神靈廟祝肥，誰不巴結他？

【神龍見首不見尾】

龍在雲霧中，難見全貌。比喻神秘難測。《洪秀全演義》五三回：「左右皆諫道：『錢江本輔洪秀全，位爲軍師，且棄之而去，如神龍見首不見尾，公安得而用之？』」

【神龍失勢】

謂神龍失掉憑藉的優勢，便失掉神威，不再是神龍，而同於一般之物。比喻大人物失掉權勢，便無能爲力。《後漢書·隗囂傳》：「要之，魚不可脫於淵，神龍失勢，即還與蚯蚓同。」

【神沒鬼出】

見「神出鬼沒」。

【神謀妙策】

見「神機妙策」。

【神謀妙算】

見「神機妙算」。

【神怒鬼怨】

神惱怒，鬼怨恨。形容作惡多端，連鬼神都爲之怨憤。《封神演義》二七回：「皇后諫陛下造此慘刑，神怒鬼怨，屈魂無申。」

【神怒民痛】

天神惱怒，百姓憤恨。形容作惡太甚，已到了人神共怒的境地。《晏子春秋·外篇七》：「不思謗讟，不憚鬼神，神怒民痛，無悛於心。」也作「神怒民怨」。《東周列國志》六八回：「師曠退，謂羊舌肸曰：『神怒民怨，君不久矣！』」也作「神怒人怨」。《晉書·殷浩傳》：「神怒人怨，衆之所棄。傾危之憂，將及社稷。」

【神怒民怨】

見「神怒民痛」。

【神怒人棄】

天神憤怒，百姓唾棄。形容罪大惡極，爲人神所不能容。唐·柳澤《論時政書》：「權侔人主，威震天下，然怙侈滅慾，神怒人棄。」

【神怒人怨】
見「神怒民痛」。
【神怒天誅】
神靈震怒，天意欲誅。形容罪大惡極。唐·歐陽詹《暗室箴》：「天不長慝，神實正直，神怒天誅，未始有極。」
【神女生涯】
神女：戰國楚·宋玉《神女賦序》載：楚襄王與宋玉遊於雲夢之浦，使宋玉作《高唐賦》，賦高唐之事，當夜，襄王在夢中與神女相遇。因《高唐賦》中有「妾巫山之女也，爲高唐之客，聞君遊高唐，願薦枕席」之句，後以「神女生涯」借指妓女生活。唐·李商隱《無題》詩：「神女生涯原是夢，小姑居處本無郎。」
【神婆子念咒——瞎說】
神婆子：〈方〉舊社會裝神弄鬼替人祈禱的女巫。比喻沒有中心或沒有根據地亂說。例對那些話要作分析，其中有不少是神婆子念咒——瞎說。也作「吹燈講故事——瞎說」。
【神奇腐朽】
謂好和壞，有用和無用兩種事物。金·元好問《食榆莢》：「鼠肝蟲臂萬化途，神奇腐朽相推遷。」也作「神奇臭腐」。宋·陳亮《賀新郎·寄辛幼安和見懷韻》：「老去憑誰說？看幾番神奇臭腐，夏裘冬葛。」
【神奇荒怪】
神奇：神妙奇異；荒怪：荒誕古怪。形容事情奇異怪誕，不合情理。宋·洪邁《夷堅丁志序》：「顧以三十年之久，勞動心口耳目，瑣瑣從事於神奇荒怪，索墨費紙。」
【神氣恍惚】
見「神情恍惚」。
【神氣活現】
神氣：自以爲比人優越而表現出得意、傲慢的神情；活現：逼眞地表現出來。形容自鳴得意，目中無人的神態。茅盾《委屈》：「她悶悶地思索，漸漸覺得渾身燥熱，同時又恨警察誤了她的事。要不是他們神氣活現說『查得到』，那她乾脆就去縫製新的了。」
【神氣閒定】
見「神閒意定」。
【神氣揚揚】
神氣：精神氣色；揚揚：得意的樣子。形容精神煥發。《雲笈七籤》卷一一二：「俱見太宗不衫不履，褐衣裘而來，神氣揚揚，邈與常異。」
【神氣自如】
見「神色自若」。
【神氣自若】
見「神色自若」。
【神槍手打靶——百發百中】
神槍手：射擊特別準確的人。比喻做事有充分把握，絕不落空。例他做事穩當，技術高超，每次任務都像神槍手打靶——百發百中，沒有完不成的。也作「養由基射箭——百發百中」。
【神槍手打靶——十拿九穩】
見「箅子上取窩窩頭——十拿九穩」。
【神清骨爽】
見「神清氣爽」。
【神清骨秀】
謂神態安詳，體態秀美。形容人氣質文雅不俗。《玉嬌梨》一九回：「我看他神清骨秀，學博才高，旦暮間便當飛騰翰苑。」
【神清氣和】
見「神清氣朗」。
【神清氣朗】
形容人態度安詳，氣質爽朗。《楊家將演義》一二回：「岳勝，濟州人，生得面若凝脂，神清氣朗。」也作「神清氣和」。氣和：心情平和。宋·李覯《敍張延之字》：「張君延之，解官鉛山，遇我於葛陂。神清氣和，其言語可聽，雖一面，知其非俗子。」
【神清氣全】
神：神志；清：清醒；氣：元氣；全：充沛。謂神志清醒，精神充沛。宋·洪邁《夷堅丙志·麻姑洞婦人》：「自是神清氣全，老無疾病。」
【神清氣爽】
形容人神志清醒，氣息舒暢。《鏡花緣》四四回：「小山接過，一面道謝，一面把靈芝吃了，登時只覺神清氣爽。」也作「神清骨爽」。清·延君壽《老生常談》：「眞能於蘇、黃外，又作一種筆墨，讀之令人神清骨爽。」
【神清氣正】
神態氣色清正。明·無名氏《慶長生》一折：「則願的朱顏不更，神清氣正，萬年歡樂永長生。」
【神情恍惚】
神情：神態情緒；恍惚：不穩定，不集中。形容心神不定或神志不清。《紅樓夢》一一三回：「劉老老看著鳳姐骨瘦如柴，神情恍惚，心裏也就悲慘起來。」也作「神思恍惚」。元·楊顯之《瀟湘雨》四折：「一者是心中不足，二者是神思恍惚，恰合眼父子相逢，正數說當年間阻，忽然的好夢驚回。」也作「神氣恍惚」。神氣：神情。清·袁枚《子不語·南山頑石》：「通判亦覺神氣恍惚，責曰：『汝染邪氣，恐死在廣西之言驗矣。』」也作「神魂恍惚」。神魂：精神。《好逑傳》九回：「就是這一場大病，起於飲食不愼，卻也因神魂恍惚所致。」
【神人共憤】
神和人都很憤怒。形容罪惡深重。《石點頭·貪婪漢六院賣風流》：「冤鬼晝號，幽魂夜泣，行路傷心，神人共憤。」
【神人共悅】
神和人都高興。多形容天下太平，安居樂業。明·無名氏《羣仙朝聖》三折：「第一來聖主更仁慈，第二來羣仙添壽考，因此上神人共悅賀皇朝。」

【神人鑑知】
鑑：審察；知：知道。神和人都可以審察、知道。表白心地坦朗。明・朱鼎《玉鏡合記・新亭流涕》：「一點丹衷，神人鑑知。」

【神色不變】
見「神色不動」。

【神色不動】
神色：神情面色；不動：不變。形容遇到意外仍能保持鎮靜，不改容貌。《太平廣記》卷一六《杜子春》：「俄而猛虎毒龍，狻猊獅子，蝮蝎萬計，哮吼拏攫而爭前欲搏噬，或跳過其上，子春神色不動。」也作「**神色不變**」。清・梁紹壬《兩般秋雨庵隨筆》卷三：「明熊經略廷弼，既逮入獄，刑有日，神色不變。」也作「**神色不驚**」。例刀子從他耳旁飛過，他神色不驚。

【神色不驚】
見「神色不動」。

【神色不撓】
神色自若沒有改變。宋・李攸《纂異記・浮梁張今》：「庖人炙羊方熟，有黃衫者，據盤而坐，僕夫連叱，神色不撓。」

【神色怡然】
怡然：形容喜悅。愉快而安定的神情。例釋迦涅槃像（即臥佛像），曲肱而臥，神色怡然。

【神色自得】
臉上顯出得意的神情。例老漁翁獨釣寒江，雨雪紛飛，而神色自得。

【神色自若】
自若：自然，不變常態。神態從容自然。形容臨事鎮定。《晉書・陸機傳》：「天明而秀兵至，機釋戎服，著白帢與秀相見，神色自若。」也作「**神氣自若**」。《晉書・庾亮傳附庾冰》：「冰神氣自若，曰：『是必虛妄。』」也作「**神氣自如**」。

【神傷奉倩】
神傷：神情表現出傷感；奉倩：三國時荀粲的字。《晉陽秋・武帝》：「婦偶病亡，未殯，傅嘏往唁粲，粲不哭而神傷。」後以「神傷奉倩」指人喪妻後的悲痛。

【神施鬼設】
如同神鬼設計安排的一樣。形容技巧神妙。《新唐書・孟郊傳》：「郊爲詩神施鬼設，百見層出。」

【神術妙策】
見「神機妙策」。

【神術妙法】
術：方法，策略。謂神妙莫測的方法。明・無名氏《廣成子》二折：「師父當展神術妙法，可以立國安邦，顯耀英豪也。」

【神術妙計】
神奇的方法，巧妙的計策。明・無名氏《陰山破虜》一折：「今索請李靖軍師，至邊關用神術妙計可除番虜也。」

【神思恍惚】
見「神情恍惚」。

【神算妙計】
神奇的謀畫，巧妙的計策。例其人神算妙計，出鬼入神。

【神台上擺的灰麵水果——看得吃不得】
神台：供奉神佛的台子；灰麵：麵粉。見「紅蘿蔔雕花——中看不中吃」。

【神台上的貓屎——神憎鬼厭】
神台：放置神像的台子。比喻人卑劣可惡到極點，誰都討厭。例他現在已成了神台上的貓屎——神憎鬼厭，爲人處事到此地步，的確是可悲極了。

【神堂裏的雞子兒——寶貝蛋】
神堂：供奉神佛的地方；雞子兒：雞蛋。見「老壽星的腦袋——寶貝疙瘩」。

【神通廣大】
神通：原爲佛教用語，指具有神奇的無所不能的法術。謂法術廣大無邊。泛指本領高強。《水滸傳》九五回：「宋兵中再有手段高強，神通廣大的麼？」

【神頭鬼臉】
見「神頭鬼面」。

【神頭鬼面】
①比喻故作怪模怪樣，使人難受。元・喬夢符《兩世姻緣》一折：「這些時聒吵到三百遍……每日價神頭鬼面……怎生的將我來直恁熬煎！」也作「**神頭鬼臉**」。元・武漢臣《玉壺春》三折：「眼睛向下排，則是個敲人腦的活妖怪；動不動神頭鬼臉……張口騙舌，花言巧語，指皂爲白。」②比喻立奇造異，以示與衆不同。宋・朱熹《答鞏仲至》：「夫古人之詩，本豈有意於平淡哉。但對今之狂怪雕鎪、神頭鬼面，則見其平。」

【神媧補天】
神媧：女媧，神話傳說中的人類始祖。《列子・湯問》：「天地亦物也，物有不足，故昔者女媧氏煉五色石以補其闕，斷鰲之足以立四極。」後以「神媧補天」比喻功業奇偉，志懷洪邁，才德超拔，對社會有所匡補。元・宋無《古硯歌》：「神媧踏雲補天去，遺下一團蒼黑天。」

【神完氣足】
精神飽滿，氣力充足。常形容文章、繪畫、書法等氣勢流暢，首尾貫通。《野叟曝言》九回：「文字不相上下，神完氣足，俱是作家。」

【神武掛冠】
《南史・陶弘景傳》：「[陶弘景]家貧，求宰縣不遂。永明十年，脫朝服掛神武門，上表辭祿。詔許之。」後遂用「神武掛冠」指辭官或辭官歸隱。宋・陸游《野興》詩：「集仙院裏三題石，神武門前兩掛冠。」也作「**神武衣冠**」。宋・陸游《聞韓无咎下世》詩：「憑高老淚無揮處，神武衣冠掛已遲。」

【神武衣冠】
見「神武掛冠」。
【神仙不做做凡人——賤骨頭】
見「扶不上樹的鴨子——賤骨頭」。
【神仙打鼓有錯點】
神仙打鼓也有敲錯鼓點的時候。比喻再有本事的人也不可能把每件事都辦得完美無缺。例這項工作達到今天這樣的水準，已經相當不簡單，神仙打鼓有錯點，我們不能過於苛求了。
【神仙打架——凡人遭殃】
凡人：迷信說法指塵世間的人，泛指平常的人。比喻無辜受災。例「楊大爺，聽說軍閥又開戰了！」「唉，神仙打架——凡人遭殃，我們又要吃苦頭了。」
【神仙的茅坑——沒有份（糞）】
茅坑：廁所的糞坑；份：「糞」的諧音。雙關語。比喻排不上號或輪不上。例這些禮物是送給敬老院的，你們是神仙的茅境——沒有份（糞）。也作「新挖的茅坑——沒有份(糞)」。
【神仙屎——沒臭氣】
神話傳說，神仙不食人間煙火，故有此說。比喻人沒有臭架子。例人們都歡喜和尊敬譚大叔，雖然做了官，仍然是神仙屎——沒臭氣。
【神仙下凡，先問土地】
凡：塵世，人間；土地：神話中掌管一個小地面的土地神。比喻再有權勢的人，到了一個新的地方，也需求助於當地的官吏。例上面來人又怎麼樣？就是天王老子來，還不是得靠我引路。這就叫神仙下凡，先問土地。
【神仙中人】
形容容貌端莊，儀表不凡。《晉書・王恭傳》：「恭美姿儀，人多愛悅，嘗被鶴氅裘，涉雪而行。孟昶窺見之，嘆曰：『此眞神仙中人也。』」
【神閒意定】
神態閒適自得，意念專一。宋・郭若虛《圖畫見聞志・論用筆得失》：「夫內自足，然後神閒意定；神閒意定，則思不竭而筆不閒也。」也作「神氣閒定」。清・陳康祺《郎潛紀聞二筆・宣南話舊圖》：「作客十餘日，以封圻貴官，與鄉里通宵話舊，非神氣閒定者亦不能。」
【神搖魂蕩】
見「神魂搖蕩」。
【神搖目眩】
眩：眼花，引申爲迷亂。心神搖蕩，眼花撩亂。形容所見情景令人驚異。清・陸次雲《費宮人傳》：「每升御座，輒神搖目眩，見白衣人長數丈者在前立。」
【神搖意奪】
搖：動搖；奪：喪失。心神意念爲某種事物所吸引而心思不定。《聊齋志異・畫壁》：「東壁畫散花天女，內一垂髫者，拈花微笑，櫻唇欲動，眼波將流。朱注目久，不覺神搖意奪，恍然凝想。」也作「神移志奪」。清・王韜《淞隱漫錄・李韻蘭》：「及長，姿容秀逸，豐致娉婷，見者無不爲之神移志奪，遠近同名者踵至。」
【神怡心曠】
怡：舒暢愉快；曠：曠達，開朗。神色舒暢愉快，心胸曠達開朗。《紅樓夢》四一回：「正值風清氣爽之時，那樂聲穿林度水而來，自然使人神怡心曠。」也作「心曠神怡」。
【神怡心醉】
精神愉快，內心陶醉。形容愛好某種東西入迷。《隋唐演義》四七回：「聽到後邊，一回兒像盡是歌聲，一回兒像盡是笛聲，眞聽得神怡心醉。」
【神移志奪】
見「神搖意奪」。
【神志不清】
謂意識模糊或失去知覺。《武松演義》八回：「王婆早嚇得頭昏目眩，神志不清，沒有聽見。」
【神州赤縣】
中國的別稱。《晉書・武帝紀》：「海內版蕩，宗廟播遷。帝道王猷，反居文身之俗；神州赤縣，翻成被發之鄉。」
【神州華冑】
神州：指中國；華冑：指華夏族後代。神州華夏族的後裔，統指中國人。魯迅《忽然想到》：「況且我們是神州華冑。」
【神州陸沉】
神州：中國；陸沉：比喻國土由於禍亂而沉淪。比喻國土被敵占領。南朝宋・劉義慶《世說新語・輕詆》：「桓公[溫]入洛，過淮、泗，踐北境，與諸僚屬登平乘樓，眺矚中原，慨然曰：『遂使神州陸沉，百年丘墟，王夷甫諸人不得不任其責！』」

ㄕㄣˇ

【沈腰潘鬢】
沈腰：南朝梁・沈約《與徐勉書》：「百日數旬，革帶常應移孔；以手握臂，率計月小半分。以此推算，豈能支久？」後用「沈腰」指中年男子瘦而細的腰肢；潘鬢：晋・潘岳《秋興賦序》：「余春秋三十有二，始見二毛（黑白相間的鬢髮）」；後用「潘鬢」指中年男子斑白的鬢髮。後以「沈腰潘鬢」泛指男子早生白髮，瘦弱憔悴。南唐・李煜《破陣子》詞：「一旦歸爲臣虜，沈腰潘鬢消磨。」
【審己度人】
審：詳察；度：ㄉㄨㄛˋ，揣度。先審察自己，再估量別人。三國魏・曹丕《典論・論文》：「蓋君子審己以度人，故能免於斯累。」
【審曲面勢】
審：審察；面：仔細觀察。謂詳細審察客觀的具體情況，根據需要決定如何使用、處置。《周禮・考工記》：「審曲面勢，以飭王材，以辨民器，謂之百工。」
【審時定勢】
審：觀察；時：時勢；定：確定；

勢：形勢。觀察時局，判斷發展趨勢。唐・呂溫《諸葛武侯廟記》：「乃知務開濟之業者，未能審時定勢，大順人心，而克觀厥成，吾不信也。」

【審時度勢】

度：估量。觀察時機，估量趨勢。太平天國・洪仁玕《資政新篇》：「夫事有常變，理有窮通。故事有今不可行而可豫定者，爲後之福；有今可行而不可永定者，爲後之禍。其理在於審時度勢與本末强弱耳。」也作「審時度務」。務：勢。清・陳確《示兒帖》：「吾以爲當吾之年，處吾之世，凡事作一退步法算，然後得宜。此亦今之士人審時度務一要訣也。」也作「審形察勢」。形：形勢。清・方苞《與顧用方論治渾河事宜書》：「至於今，雖不畏難不惜費以復之，止可少獲數年之安，而終無救於十數年以後之大患；審形察勢，決然無疑。」

【審時度務】

見「審時度勢」。

【審思明辨】

《禮記・中庸》：「博學之，審問之，愼思之，明辨之，篤行之。」謂仔細地思考，明確地分辨。宋・朱熹《近思錄》卷三：「凡致思到說不得處，始復審思明辨，乃爲善學也。」

【審形察勢】

見「審時察勢」。

【嬸子大娘不是娘，糜子稗子不頂糧】

糜子：黍的一個變種，即不粘的黍；稗子：植物名，子實可做飴糖、酒或飼料。比喻替代物終究不如原物。例光澆水不施肥終究是不行，俗話說：「嬸子大娘不是娘，糜子稗子不頂糧。」這苗兒長得這麼弱小，還不是因爲缺肥嗎？

ㄕㄣˋ

【甚囂塵上】

甚囂：非常喧鬧；塵上：塵土飛揚。人聲喧鬧雜亂，塵土飛揚。《左傳・成公十六年》：「楚子登巢車以望晋軍，……曰：『甚囂，且塵上矣。』」原指晋軍中準備戰鬥時忙亂喧擾的景象。後以「甚囂塵上」形容對傳聞之事，議論紛紛。清・王韜《淞隱漫錄・徐仲瑛》：「自此功名之心頓淡，顧以逆旅甚囂塵上，非養疴所宜，適相識之友有別墅在城南，精舍數椽，頗有泉石花木之勝，堪以養靜，遂移居焉。」

【蜃樓海市】

蜃：大蛤蜊。《本草綱目・鱗部一》：「[蜃]能呼氣成樓台城郭之狀，將雨即見，名蜃樓，亦曰海市。」此係古人的誤解。實際是光線經不同密度的空氣層發生反射或折射時，把遠處景物顯示在空中或地面的奇異幻景。這種幻景常見於海邊或沙漠地區。後以「蜃樓海市」比喻虛無縹緲，實際上並不存在的事物。《聊齋志異・羅刹海市》：「嗚呼，顯榮富貴，當於蜃樓海市中求之耳！」也作「海市蜃樓」。

【愼獨則心安】

即使是獨自一人，也仍然要謹愼自己的言行，這樣心裏就踏實了。用以說明人應時刻注意自己道德品質的培養，即使是一人獨居，也應對自己嚴格要求。清・曾國藩《同治九年六月初四日將赴天津示二子》：「愼獨則心安。」例古人尚且講「愼獨則心安」，我們政黨人就更應强調加强自身的道德品質的修養，這樣才能立於不敗之地。

【愼防杜漸】

防：防止；杜：堵死；漸：逐漸，引申爲發展，蔓延。謂及時防止，杜絕發展。《明史・王邦瑞傳》：「朝廷易置將帥，必采之公卿，斷自宸衷，所以愼防杜漸，示臣下不敢專也。」

【愼始圖終】

見「愼終如始」。

【愼小謹微】

用謹愼的態度對待微小的問題，防止造成大錯。形容待人處世非常審愼。《明史・章懋傳》：「古帝王愼小謹微，必矜細行者，正以欲不可縱，漸不可長也。」

【愼終如初】

見「愼終如始」。

【愼終如始】

謹愼對待結束，也如開始一樣。謂始終如一，謹愼不懈。《老子》六四章：「愼終如始，則無敗事。」也作「愼終若始」。《孫臏兵法・將德》：「不輕寡，不劫於敵，愼終若始。」也作「愼終如初」。晋・盧諶《贈劉琨文》：「溫溫恭人，愼終如初。」也作「愼始圖終」。圖：謀劃。《宋史・張昭傳》：「伏望陛下居高慮遠，愼始圖終。」

【愼終若始】

見「愼終如始」。

【愼終思遠】

見「愼終追遠」。

【愼終於始】

謂最後時想要愼重，在開始時就須謹愼小心。《尚書・太甲下》：「無輕民事惟艱，無安厥位惟危，愼終於始。」

【愼終追舊】

見「愼終追遠」。

【愼終追遠】

終：壽終，指父母喪；遠：祖先。愼重對待父母的喪事，虔誠地祭祀祖先。《論語・學而》：「曾子曰：『愼終追遠，民德歸厚矣。』」也作「愼終追舊」。晋・潘岳《西征賦》：「觀夫漢高之興也，非徒聰明神武，豁達大度而已也，乃實愼終追舊，篤誠款愛，澤靡不漸，思無不逮。」

ㄕㄤ

【傷春悲秋】
傷春：春天到來引起的憂傷、苦悶；悲秋：對秋景而傷感。形容多愁善感。例生活在現代社會中的詩人，是不會傷春悲秋、無病呻吟的。

【傷風敗化】
見「傷化敗俗」。

【傷風敗俗】
見「傷化敗俗」。

【傷弓之鳥】
被箭射傷過的鳥。《戰國策・楚策四》：「更羸與魏王處京台之下，仰見飛鳥。更羸謂魏王曰：『臣為王引弓虛發而下鳥。』魏王曰：『然則射可至此乎？』更羸曰：『可。』有間，雁從東方來，更羸以虛發而下之。魏王曰：『然則射可至此乎？』更羸曰：『此孽也。』王曰：『先生何以知之？』對曰：『其飛徐而鳴悲。飛徐者，故瘡痛也；鳴悲者，久失群也。故瘡未息而驚心未至（謂去）也。聞弦音引而高飛，故瘡隕也。』」後以「傷弓之鳥」比喻經過禍患，遇載猶心懷餘悸的人。也作「驚弓之鳥」、「驚弦之鳥」。

【傷寒鼻塞——半通不通】
鼻塞：因鼻腔黏膜發炎，分泌物過多而造成鼻子出氣不暢。雙關語。比喻似懂非懂。有時指對某些問題還沒完全想通。例對這個問題，你還是傷寒鼻塞——半通不通，應當向老師就教，進一步弄明白。也作「蘿菜當吹火筒——半通不通」。

【傷化敗俗】
傷：損害；化：風氣；敗：敗壞。指敗壞傳統的社會風氣、禮俗。《漢書・貨殖傳》：「傷化敗俗，大亂之道也。」也作「傷風敗俗」。唐・韓愈《論佛骨表》：「傷風敗俗，傳笑四方。」也作「傷風敗化」。《紅樓夢》一一一回：「世人都把那淫欲之事當作『情』字，所以做出傷風敗化的事來，還自謂風月多情，無關緊要。」也作「傷教敗俗」。明・馬中錫《阜言》：「今諸小道家淺陋無理，葬得善地，雖殺人巨盜，亦可獲福；課得美占，雖弒父與君，亦無大害。傷教敗俗，莫過如此。」

【傷化虐民】
傷化：損害教化。破壞政教風化，殘害百姓。《三國演義》二二回：「司空曹操，祖父中常侍騰，與左悺、徐璜，並作妖孽，饕餮放橫，傷化虐民。」

【傷教敗俗】
見「傷化敗俗」。

【傷筋動骨】
指筋骨受重傷。《紅樓夢》四七回：「[薛姨媽]忙來瞧薛蟠時，臉上身上雖見傷痕，並未傷筋動骨。」也比喻事物受到重大損害。明・周朝俊《紅梅記・總評》：「此等結束甚妙，生旦相見不十分吃力，相會亦不曾吃力，到底不曾傷筋動骨。」

【傷口上灑鹽巴——痛上加痛】
比喻連續遭受痛苦。有時指痛苦不堪，非常難受。例她太不幸了，失去了丈夫，又死了兒子，眞是傷口上灑鹽巴——痛上加痛。

【傷鱗入夢】
《藝文類聚》卷九六：「昆明池人釣魚，綸絕而去。夢於漢武帝，求去其鈎。明日，帝游於池，見大魚銜索。帝曰：『昨所夢也。』取而去之。帝後得明珠。」後因以「傷鱗入夢」謂受到恩惠，不忘記報答。《宋史・外國傳》卷七：「傷鱗入夢，不忘漢主之恩；枯骨合歡，猶亢魏氏之敵。」

【傷面子】
指有損體面、有失身分。例作為領導幹部，有了錯誤也應該檢討，不能怕傷面子。

【傷腦筋】
比喻勞神費心。例這孩子老逃學，可眞讓人傷腦筋。

【傷其十指，不如斷其一指】
比喻與其使敵人全部受創，不如徹底殲滅其中一部分。因為傷可復原，斷則難續。

【傷情面】
比喻損害影響了雙方情感。例在查處違紀案件時，我們要秉公辦事，不要怕傷情面。

【傷人點水傍邊酉】
點水傍邊酉：即三點水旁邊一個「酉」，指「酒」字。損害人的健康是酒。指飲酒傷身。元・史九敬先《莊周夢》二折：「傷人點水傍邊酉，玉液瓊漿不堅久。陷入風波萬丈坑，人人送死皆因酒。」

【傷人以言，重於劍戟】
用言語傷害人比用刀劍傷害人還要厲害。例俗話說：「傷人以言，重於劍戟。」你剛才的話太過分了，刺傷了人家的自尊心，你應該向人家道歉。

【傷天害理】
指做事殘暴歹毒，喪盡天良，滅絕人性。《老殘遊記》六回：「只為過於要做官，且急於做大官，所以傷天害理的做到這樣。」也作「喪天害理」。

【傷心慘目】
形容情景極其悲慘，使人目不忍睹，心不忍思。魯迅《致曹白》：「……可惜我也無處可走，到處是傷心慘目，走起來並不使我愉快。」

【傷心蒿目】
舊時指志士仁人對危難時局的關切憂慮。《兒女英雄傳》三九回：「[孔夫子]於是乎就喟嘆曰：『吾與點也。』這句話正是個傷心蒿目之詞，不是個志同道合之語。」

【傷心疾首】
痛心疾首，形容極度痛心。《「五四」愛國運動資料・學界風潮紀》：「吾民傷心疾首之事，孰有過於是耶！」

【傷夷折衄】

傷夷：夷，即「痍」，創傷；折衄（ㄋㄩˋ）：挫敗。受到創傷，遭到挫敗。《三國演義》二二回：「至乃愚佻短略，輕進輕退，傷夷折衄，數喪師徒。」

【傷元氣】

元氣：指個人或國家、組織最基本的活力。比喻生命的活力受到根本的損傷。例一場大病之後使他傷元氣。

ㄕㄤˇ

【賞不當功】

當：相當，相稱。指獎賞和功勞不相稱。《荀子・正論》：「夫德不稱位，能不稱官，賞不當功，罰不當罪，不祥大焉。」

【賞不當功，則不如無賞；罰不當罪，則不如無罰】

當：相當，相稱。獎賞若與功勞不相當，還不如沒有獎賞；懲罰若與罪過不相當，還不如不懲罰。謂獎懲要嚴明，賞罰要得當。宋・張孝祥《繳駁成閔按劾部將奏》：「臣竊惟國家之所以懲勸天下，賞罰而已。然賞不當功，則不如無賞；罰不當罪，則不如無罰。」

【賞不論冤仇，罰不論骨肉】

冤仇：冤家仇人；骨肉：親人。不論是自己的親人，還是冤家仇人，一律論功行賞，按罪處罰。謂賞罰公正，不避親仇。例俗話說：「賞不論冤仇，罰不論骨肉。」作領導的若能賞罰分明，不徇私情，大家自然口服心服。

【賞不遺賤】

獎賞時不要遺漏了地位低下的人。《晏子春秋・內篇問上》：「誅不避貴，賞不遺賤，不淫不樂，不適不哀，盡智導民而不伐焉。」

【賞不遺疏遠，罰不阿親貴】

阿：迎合，偏袒；親貴：皇親國戚。獎賞不要漏掉關係疏遠的人，懲罰不偏袒皇親國戚。謂獎懲要嚴明，無論親疏貴賤，都一視同仁。唐・吳兢《貞觀政要・擇官》：「賞不遺疏遠，罰不阿親貴，以公平為規矩，以仁義為準繩。」

【賞不逾日】

見「賞不逾時。」

【賞不逾時】

逾：超過。及時獎賞，不拖延時日。《漢書・翟方進傳》：「賞不逾時，欲民速睹為善之利也。」也作「**賞不逾日**」。《晉書・祖逖傳》：「其有微功，賞不逾日。」

【賞賜無度】

賞賜沒有法度。《漢書・五行志》：「時賢以私愛居大位，賞賜無度，驕嫚不敬，大失臣道，見戒不改。」

【賞罰不當】

獎懲與功過不相稱。漢・賈誼《新書・過秦中》：「繁刑嚴誅，吏治刻深，賞罰不當，賦斂無度。」

【賞罰不明】

獎懲界限不清楚。該獎的不獎，該罰的不罰。例老師對犯錯的學生這種賞罰不明的態度，怎能讓平日守規矩的學生心服口服。

【賞罰不信】

賞賜與懲罰不能取信於民。《韓非子・初見秦》：「號令不治，賞罰不信，地形不便，下不能盡其民力，彼固亡國之形也。」

【賞罰黜陟】

黜陟：罷免、革除與晉升。指官吏的功過獎懲和官職升降。《晉書・摯虞傳》：「賞罰黜陟，豈或有不得其所者乎？」

【賞罰分明】

獎懲界限清楚、明瞭。該獎的獎，該罰的罰。《舊唐書・封常清傳》：「常清性勤儉，耐勞苦，出軍乘騾，私廄裁二馬，賞罰分明。」也作「**賞罰嚴明**」。漢・王符《潛夫論・實貢》：「賞罰嚴明，治之材也。」

【賞罰無章】

獎賞和懲罰沒有章程可據。《左傳・襄公二七年》：「子鮮曰：逐我者出，納我者死，賞罰無章，何以沮勸，君失其信，而國無刑，不亦難乎？」

【賞罰嚴明】

見「賞罰分明」。

【賞功罰罪】

獎勵有功之人，懲罰有罪之人。《隋唐演義》五〇回：「與死者發喪，周給其家屬，賞功罰罪，以安眾心。」

【賞花容易種花難】

比喻辛苦耕耘的果實來之不易。例俗話說：「賞花容易種花難。」你們所用的一切都是前人努力打拚用汗水換來的，不要以為用錢可以買到就不加以愛惜。

【賞爵封官】

爵：爵位，古代貴族、官僚或有功之人受封的稱號；官：官職，做官者所擔任的職務。賞賜給爵位，封給官職。指升官提級（等級）。《說唐》二八回：「將軍何不棄暗投明，歸降瓦崗，孤家自當賞爵封官，不知將軍意下如何？」

【賞面子】

指請求對方接受自己的要求或禮物。例東西已經拿來了，我總不能再拿回去，請你賞面子收下我的一點點心意。也作「**賞臉**」。例這事兒成不成，全看你肯不肯賞臉了。

【賞奇析疑】

析：分析。欣賞前所未睹的文章，分析有疑難的問題。清・王韜《淞隱漫錄・十二花神》：「[朱筱卿]喜與文士談詩論字，賞奇析疑，娓娓不倦。」

【賞善罰惡】

獎賞好的，懲罰壞的。漢・貢禹《贖罪》：「賞善罰惡，不阿親戚。」

【賞善罰淫】
善：行善；淫：作惡。舊時認爲天道的一般規律，爲善終將得到幸福而受到獎賞，作惡終將遭到禍患而受懲罰。《國語・周語中》：「先王之命有之曰：『天道賞善而罰淫。』」
【賞同罰異】
與自己意見相同的就予以賞賜，與自己意見不同的就予以懲罰。《韓非子・八經》：「故賞賢罰暴，舉善之至者也；賞暴罰賢，舉惡之至者也；是謂賞同罰異。」
【賞心樂事】
賞心：心情歡暢。歡暢的心情和愉快的事情。南朝宋・謝靈運《擬魏太子鄴中集詩八首序》：「天下良辰、美景、賞心、樂事，四者難並。」
【賞心愜目】
見「賞心悅目」。
【賞心悅目】
賞心：心情歡暢；悅目：看了舒服。指因欣賞美好的景物、詩文等而心情舒暢。例欣賞湖光山色的優美風景，是一件賞心悅目的事。也作「**賞心愜目**」。愜：快意，滿足。清・賀貽孫《詩筏》：「後代名家詩文，偶取數首誦之，非不賞心愜目，及誦全集，則漸令人厭，又使人不欲再誦。」
【賞信罰明】
信：誠實，不欺騙。該獎賞的一定獎賞，該懲罰的必定懲罰。《淮南子・兵略訓》：「平原廣澤，白刃交接，而卒爭先合者，彼非輕死而樂傷也，爲其賞信而罰明也。」
【賞一勸百】
見「賞一勸衆」。
【賞一勸衆】
勸：規勸，勸勉；引申爲激發鼓勵。獎賞一人能激勵衆多人。周・呂尚《陰謀》：「殺一以懲萬，賞一而勸衆，此明君之威福也。」也作「**賞一勸百**」。隋・王通《文中子・立命》：「賞一以勸百，罰一以懲衆，夫爲政而何有！」

ㄕㄤˋ

【上不屬天，下不著地】
形容上下沒有著落或飄忽隱密，無法捉摸。《韓非子・解老》：「上不屬天，下不著地。」也作「**上不在天，下不着地**」《兒女英雄傳》一三回：「無奈他含糊其詞，只說是上不在天，下不著地的地方住。」也作「**上不沾天，下不着地**」。例他的行蹤總是上不沾天，下不著地，讓人難以捉摸。也作「**上不沾天，下不連地**」。《平鬼傳》六回：「滑喇喇一聲風響，竟把個鍾馗和四名鬼卒，刮到半懸空中，上不沾天，下不連地，飄飄颻颻不知刮到那裏去了。」
【上不在天，下不著地】
見「上不屬天，下不著地」。
【上不沾天，下不連地】
見「上不屬天，下不著地」。
【上不沾天，下不着地】
見「上不屬天，下不著地」。
【上蔡蒼鷹】
見「上蔡逐獵」。
【上蔡逐獵】
《史記・李斯列傳》載：秦相李斯受趙高陷害，被腰斬咸陽市。用刑前，李斯「顧謂其中子曰：『吾欲與若復牽黃犬俱出上蔡東門逐狡兔，豈可得乎！』遂父子相哭，而夷三族。」後遂用「上蔡逐獵」指蒙禍受害、後悔莫及；或用以寫離開官場的自由生活。北周・庾信《哀江南賦》：「南陽校書，去之已遠；上蔡逐獵，知之何晚。」也作「**上蔡蒼鷹**」。唐・李白《行路難》詩：「華亭鶴唳詎可聞，上蔡蒼鷹何足道。」
【上諂下瀆】
諂：巴結，奉承；瀆：褻瀆，輕慢。對上奉承，對下輕慢。例衆素知其人上諂下瀆，皆恥與之交。
【上朝不帶奏折——忘本】
上朝：舊時文武大臣上朝廷拜見君主奏事或議事；奏折：寫奏章的折子，即本子。雙關語。見「木頭人鋸樹——忘本」。
【上車不落則著作，體中何如則秘書】
著作：官名，「著作郎」的省稱，掌國史資料及編撰；秘書：官名，掌圖籍。剛能爬上車而不至於下來的孩子就當了著作郎，只會寫「體中何如」之類問候話的人竟作了秘書。形容貴族子弟即便是不學無術的無能之輩，也依然能憑借門第當上官。北齊・顏之推《顏氏家訓・勉學》：「梁朝全盛之時，貴游子弟多無學術，至於諺云：『上車不落則著作，體中何如則秘書。』」
【上床脫屣，不知生死】
屣：鞋。夜晚脫鞋上了床，卻不知明天是否還能活著。指人的生死是很難預料的。明・李夢陽《族譜傳》：「李夢陽有弟曰孟章，頗好與黃冠人游，其伯氏怒罵之。弟知伯氏弗己悅也，於是間說之曰：『……長老有言曰：「上床脫屣，不知生死』，言旦暮難保也。』」
【上竄下跳】
上下奔忙，各方串連。形容上上下下到處煽動，搞不正當的活動。例他上竄下跳、大搞陰謀活動的罪行，終於暴露在光天化日之下。
【上當吃虧，只有一回】
謂上當吃虧可使人得到教訓，增長見識，就不會再上當吃虧了。例你少來這套，我再也不會聽你那些騙人的鬼話了。俗話說：「上當吃虧，只有一回。」以前上過你的當，難道我還會再上當嗎？
【上當學乖】
乖：機靈。吃一次虧，學一次乖。指雖然吃了虧但也增長了見識。《涇諺滙錄》：「上當學乖，言吃虧處，即是長見識處也。」

【上刀山】

比喻艱險、困難、痛苦的境地和道路。例這事雖困難，總不是要你上刀山吧？你怕什麼！

【上德不德】

謂具有高尚道德的人，從不誇耀自己的德行。《老子》三八章：「上德不德，是以有德；下德不失德，是以無德。」

【上等牙刷——一毛不拔】

見「玻璃耗子琉璃貓——一毛不拔」。

【上方寶劍】

上方：製作或儲藏御用器物的官署。指皇帝御用的寶劍。受皇帝賜予上方寶劍的大臣，在處理重大案件懲辦要犯時，有權先斬後奏。也作「尚方寶劍」。《漢書・朱雲傳》：「臣願賜尚方斬馬劍，斷佞臣一人以厲其餘。」

【上方不足，下比有餘】

方：比。指比不過高的，但可超越低的。例你考試成績雖然不夠理想，但上方不足，下比有餘，能考上大學，也該知足了。也作「上比不足，下方有餘」。

【上房拆梯子——不留後路】

也作「上房拆梯子——斷了後路」。見「過河拆橋——不留後路」。

【上墳不帶燒紙——惹祖宗生氣】

燒紙：一種紙錢，迷信的人上墳燒紙錢，認爲可供死者在陰間使用。比喻做了壞事或錯事，對不起死去的先輩。例你這樣胡作非爲，眞是上墳不帶燒紙——惹祖宗生氣。

【上墳船裏造祠堂】

上墳：掃墓；祠堂：家廟，同族之人祭祖的地方。已經上了前去掃墓的船，才想到建造祠堂。比喻對某一動議只作一下表面文章，而並不想眞正去做。例你以爲他眞的會幫你？他這是上墳船裏造祠堂，說說罷了。

【上墳燒紙錢——自家人哄自家人】

上墳：到墳前祭奠死者；紙錢：迷信的人燒給死人或鬼神的銅錢形紙片，中間有方孔。比喻自己人欺騙自己人。例咱們鄉辦廠的福利是大夥的，你怎麼少報收入，少交公益金呢！這不是上墳燒紙錢——自家人哄自家人嗎？

【上風官司】

指能勝訴的訴訟。《醒世姻緣傳》一〇回：「晁大舍千恩萬謝，感不盡他的指教，得打了上風官司。」

【上根大器】

佛家語。上根：上等根器，即對佛法的領悟程度屬於上等。指具上等根器者。泛指天資、才能極高的人。宋・張商英《護法論》：「在聖則爲大乘菩薩，在天則爲釋梵王，在人則爲帝王公侯。上根大器，功成名遂者，在僧俗中亦必宿有靈骨。」

【上卦不靈下卦靈】

卦：《周易》中的一套符號，被用來占卜吉兇。比喻此次或上一次不行，下次行。例別灰心，上卦不靈下卦靈，你一定會成功的。

【上軌道】

比喻事情開始正常而按部就班地進行。例爲了使工作快上軌道，大家要齊心協力加油啊！

【上和下睦】

形容上級和下級或上輩和下輩相處得很好。南朝梁・周興嗣《千字文》：「上和下睦，夫唱婦隨。」

【上肩容易下肩難】

謂辦某件事開始容易，但想要再撒手不幹就很難了。例辦這類事情可要愼重，不能草率行事，否則的話，上肩容易下肩難，將來會無法收場的。

【上交不諂，下交不瀆】

諂：諂媚，巴結；瀆：輕視，怠慢。跟上級交往不諂媚，與下屬交往不輕視怠慢。謂爲人要正直，與人打交道既不阿諛逢迎權貴，也不高傲怠慢一般人。《周易・繫辭下》：「君子上交不諂，下交不瀆。」

【上轎才扎耳朵眼】

上轎：舊時迎娶新娘都要用轎子抬，故指結婚；耳朵眼：女人在耳垂上扎洞以掛耳飾。臨上轎才想到扎耳朵眼。比喻事到臨頭才匆忙應付。例你平時不用功，現在眼看著就要考試了，才想起來看書，上轎才扎耳朵眼，能考好了才怪呢。

【上轎現扎耳朵眼兒——臨時忙】

扎耳朵眼兒：舊時風俗，姑娘從小要在耳垂扎一小孔，以備日後戴耳環、耳墜子。比喻事前不準備，事到臨頭，手忙腳亂。例旅行團就要出發了，你們才開始準備行李，眞是上轎現扎耳朵眼兒——臨時忙。也作「臨上轎才纏腳——臨時忙」。

【上炕不脫鞋，必是襪子破】

比喻人的行徑反常，遮遮掩掩，必定是有什麼事不想讓別人知道。例上炕不脫鞋，必是襪子破，他說話吞吞吐吐的，心裏頭一定有鬼。

【上了羈絆的騾子——踢打不開了】

上了羈絆：受到束縛。被籠頭韁繩束縛住的騾子，不能輕易地掙脫。見「沙罐裏炒蠶豆——扒拉不開」。

【上了坡的蝦仔——跳不了幾天啦】

蝦仔：即蝦。蝦離開水上了岸就活不長了。見「秋後的螞蚱——蹦達不了幾天」。

【上了套的猴子——隨人耍】

也作「上套的猴子——由人逗」、「上了套的猴子——由人擺佈」。見「龍燈的腦殼——隨人耍」。

【上了套的牲口——聽喝的】

見「磨道的驢——聽喝」。

【上了灶的螞蟻——生怕掉進火眼裏去】

形容神色驚慌害怕。例這個人獨自來到邊防線上，神情很不自然，好像上了灶的螞蟻——生怕掉進火眼裏去，恐怕是個逃犯。

【上梁不正下梁歪】

梁：房梁。比喻處於支配地位的人行爲不正，受其支配的人自然會跟著學壞。例也難怪，他爸爸就是個盜竊犯，從小就把他給帶壞了，這才叫上梁不正下梁歪哩。也作「上梁弗正，下梁參差」。弗：不，參差：不齊貌。例俗語講：「上梁弗正，下梁參差。」當官的都這樣貪，還能指望他手下的人廉潔麼？

【上梁弗正，下梁參差】

見「上梁不正下梁歪」。

【上梁請鐵匠——找錯了人】

上梁：柱子上安放大梁。見「拉和尚認親家——找錯了人」。

【上林鴻雁】

《漢書·蘇武傳》載：蘇武出使匈奴被扣。後匈奴與漢和親，漢求釋蘇武，匈奴謊稱蘇武已死。使者告訴匈奴單于，說漢天子打獵上林，得鴻雁，雁足繫有帛書，言蘇武等人在某澤中。匈奴不得已釋放蘇武歸漢。後遂用「上林鴻雁」指信使，亦指雁。宋·蘇軾《昔在九江與蘇伯固唱和今得來書知已在南華相待先寄此詩》：「春草池塘惠連夢，上林鴻雁子卿歸。」

【上樓去梯】

《三國志·蜀書·諸葛亮傳》：「[劉表]愛少子琮，不悅於琦。琦每欲與亮謀自安之術，亮輒拒塞，未與處畫，琦乃將亮游觀後園，共上高樓，飲宴之間，令人去梯，因謂亮曰：『今日上不至天，下不至地，言出於口，入於吾耳，可以言未？』」讓人上樓以後搬掉梯子。比喻慫恿人做某事，只能前進，無後退之路。也作「上樹拔梯」。宋·釋曉瑩《羅湖野錄》卷一：「黃太史魯直憂居里閈，有手帖與興化海老曰：『……此事黃龍興化亦當作助道之緣，共出一臂，莫送人上樹拔卻梯也。』」

【上漏下濕】

房屋又漏又潮濕，破敗不堪，不能擋風雨。形容生活貧困。《莊子·讓王》：「原憲居魯，環堵之室，茨以生草；蓬戶不完，桑以爲樞……上漏下濕，匡坐而弦。」

【上滿發條的鐘錶——分秒不息】

比喻充分利用時間，一分一秒也不停息。例半年多以來，他像上滿發條的鐘錶——分秒不息，埋頭於著書立說。

【上慢下暴】

謂如君上驕慢，則下民强暴。《周易·繫辭上》：「小人而乘君子之器，盜思奪之矣。上慢下暴，盜思伐之矣。」

【上門買賣】

買賣：指事情。比喻主動找上門，事情容易辦成。《西遊記》二八回：「老妖道：『不要出去，把前門關了。他兩個（豬八戒、沙和尚）化齋來，一定尋師父吃；尋不著，一定尋著我門上。常言道：「上門買賣好做。」且等慢慢的捉他。』」

【上門買賣——不做不成】

比喻對方已找到頭上來了，不得不應付。有時指人家已經找上門來了，切不可錯過機會。例既然人家已登門求援，上門買賣——不做不成，總得幫助解決一點問題。

【上面千條線，下面一根針】

比喻決策者政出多門，而最後都要基層實施者去執行。例辦公室的工作是千頭萬緒，上級不管在哪個部門都可以給我們下指示。上面千條線，下面一根針，你想想，我們能輕閒得了嗎？

【上明不知下暗】

謂上層人物即使再賢明也不一定能全部了解下面的不良狀況。例我們做領導的，一定要做好深入細致的調查研究工作，而不能憑想當然辦事。就是諸葛亮，也還有上明不知下暗的時候，任用馬謖，失了街亭，我們能不處處謹愼行事嗎？

【上命差遣，概不由己】

按照上面的命令行事，由不得自己做主。例我們這樣做，也是上級差遣，概不由己，有意見，找主管提去。也作「上司差遣，蓋不由己」。《水滸傳》二二回：「朱仝、雷橫二人說道：『太公休怪我們。上司差遣蓋不由己。你的兒子押司見在何處？』」

【上南落北】

猶言走南闖北。元·無名氏《朱砂擔》一折：「他又不和我一搭兒做買賣，我怎知他上南落北。」

【上娘家的路——熟路】

見「閨女回娘家——熟路」。

【上氣不接下氣】

多指因急跑或身體不適而氣喘得很厲害。例爲了趕緊告訴父母他高中金榜的喜訊，他一路奔跑回家，跑得上氣不接下氣。

【上勤下順】

勤：勤勉；順：服從。居上位的人勤奮不懈，下屬就會服從聽命。唐·韓愈《鄆州谿堂詩》：「惟所令之不亦順乎，上勤下順遂濟登茲。」

【上求材，臣殘木；上求魚，臣乾谷】

君王要木材，臣子會將樹木伐盡；君王要魚，臣子會竭澤而漁。形容上面有所要求，下邊就會極力迎合，不惜勞民傷財。《淮南子·說山訓》：「楚王亡其猿，而林木爲之殘；宋君亡其珠，池中魚爲之殫。故澤失火而林憂。上求材，臣殘木；上求魚，臣乾谷。上求楫而下倣船。上言若絲，下言若綸。」

【上求下告】

指到處求問。《朱子語類·輯略》卷七：「不自反躬窮究，只管上求下告，向他討禪，被他恣意相薄。」

【上圈套】

比喻中了預先安排好的計謀。例和那

幫傢伙打交道，可不能派他去，他心眼兒太老實，容易上圈套。

【上人不好，下人不要】

好：喜愛。上面的人不表示出某種愛好，下面的人更不會去極力搜羅。《東周列國志》二三回：「俗諺云：『上人不好，下人不要。』因懿公偏好那鶴，凡獻鶴者皆有重賞，弋人百方羅致，都來進獻。」

【上山採竹筍——拔尖】

見「破土的春筍——拔尖」。

【上山打柴，過河脫鞋】

比喻做事情要根據具體情況，靈活處置。例做事情不能死腦筋。上山打柴，過河脫鞋，只有因勢利導，才能把事情辦好。

【上山釣不著魚，下水打不著柴】

比喻方向或方法不對，勞而無功。例你病得這麼重，為什麼不趕緊去看大夫，卻在這裏燒香拜佛？上山釣不著魚，下水打不著柴，難道燒香磕頭就能把病治好？

【上山砍柴，過河脫鞋——到哪說哪】

見「見啥菩薩念啥經——到哪說哪」。

【上山砍柴賣，下山買柴燒——多一道手續】

比喻多餘的程序或辦法。例你們現行的制度和辦法，是上山砍柴賣，下山買柴燒——多一道手續，應當改革。也作「脫褲子放屁——多一道手續」。

【上山擒虎易，開口告人難】

告：請求。上山捉老虎容易，開口請求人家幫助卻很困難。用以說明給別人增添麻煩，求助於別人的幫助，是難以啟口的事。《醒世恒言》卷三三：「道不得個『上山擒虎易，開口告人難』。如今的時勢，再有誰似泰山這般憐念我的？」

【上山容易下山難】

比喻做事情往往在開始的時候容易，但越到後面就越艱難。例我們還是先研究一下這件事的可行性吧。否則的話，倉促上山容易下山難，萬一在半截卡住了，那可就慘了。

【上山下鄉】

一般指知識青年到農村、到山區、到邊疆去參加農業生產，接受勞動鍛鍊。例知識青年有必要上山下鄉，了解農村情況。

【上山捉虎，下海擒龍】

比喻勇於做危險、艱難之事。例我們的戰士，個個是身經百戰的勇士。只要上級一聲令下，上山捉虎，下海擒龍，絕無二言。

【上山捉螃蟹——難尋】

比喻不易找到或沒有地方可以尋找。例這種既能文又能武的人才，真是上山捉螃蟹——難尋。也作「上山捉螃蟹——難」、「上山捉螃蟹——無處尋」、「大海裏丟針——難尋」、「四棱子雞蛋——難尋」。

【上上下下】

對一個集體所有人的總稱。《水滸傳》四九回：「他又上上下下都使了錢物，早晚間要教包節級牢裏做翻他兩個。」或指從頭到腳。《紅樓夢》九三回：「衆人拿眼上上下下打量了他一番。」或指上下往返。《朱子語類》卷九三：「鄧子禮問：『孟子恁地，而公孫、萬章之徒皆無所得？』曰：『也只是逐孟子上上下下，不曾自去理會。』」

【上市的螃蟹——橫行不了幾天】

見「籠屜裏的螃蟹——橫行不了幾天」。

【上書言事】

原指向朝廷書面陳述政見。後也指向上級寫信提建議或意見。例他上書言事，詞意懇切。

【上樹拔梯】

見「上樓去梯」。

【上樹抽梯子——斷人後路】

比喻斷絕別人的後路，使之陷於困境。例做人要講道德、良心，上樹抽梯子——斷人後路的事不能幹。也作「送人過河拆橋板——斷人後路」。

【上司差遣，蓋不由己】

見「上命差遣，概不由己」。

【上替下陵】

在上者廢弛無所作為，在下者凌駕於上。謂上下失序，綱紀廢墜。《後漢書·禮儀志上》：「若君亡君之威，臣亡臣之儀，上替下陵，此謂大亂。」

【上剃頭刀磨石——細磨細搶】

搶：刮掉或擦掉物體表面的一層。剃頭刀磨石質地很細，磨剃頭刀時，必須要細細地磨。比喻細說細談。例今天就簡單的交換一下意見，有機會，咱們再上剃頭刀磨石——細磨細搶。

【上天入地】

上可上天堂，下可入地獄。形容意志堅決，無所畏懼。明·沈德符《萬曆野獲編·杜韋》：「韋應曰：君怯甚，不可多語傷神，我上天入地必隨君！」

【上天討價，落地還錢】

謂賣主極力開高價，而買主則極力壓價。例這兒的買賣都是上天討價，落地還錢，你不跟他討價還價，肯定會吃虧的。

【上天梯】

比喻往上爬的途徑。例他幾年之間就從無官無職變成了主管，看來他找到了上天梯。

【上天無路，入地無門】

形容身處絕境，走投無路。例土匪被團團包圍，已處於上天無路，入地無門的境地，看來全殲他們，是指日可待的事了。

【上天下地】

上至天上，下入地下。形容範圍廣闊，沒有限制。魯迅《中國小說的歷史變遷》第五講：「《西遊記》其始之放縱，上天下地，莫能禁制，而歸於緊箍一咒。」

【上天繡花——想得挺美】
見「夢裏啃甘蔗——想得倒美」。
【上天摘星星——異想天開】
見「雞窩裏飛出金鳳凰——異想天開」。
【上天摘月亮——辦不到】
見「趕鴨子上樹——辦不到」。
【上吐下瀉——兩頭忙】
比喻忙上忙下，兩頭閒不著。例工作缺乏計畫性，不是前鬆後緊，便是上吐下瀉——兩頭忙。也作「**正月裏生，臘月裏死——兩頭忙**」。
【上推下卸】
不肯承擔任務或責任，而向上級或下級推卸。例一個好的領導者，對於工作中的過錯或失誤，要善於總結經驗教訓，不能上推下卸。
【上聞下達】
聞：聽見；達：通曉，明白。使上級知道，下邊的人明白。唐．韓愈《與李翺書》：「布衣韋帶之士，談道義者多乎。以僕遑遑於其中，能上聞而下達乎。」
【上無片瓦，下無插針之地】
形容窮困到極點，連安身之處也沒有。例他上無片瓦，下無插針之地，只靠沿街乞討為生，終於在窮困潦倒中走完了餘生。也作「**上無片瓦，下無卓錐**」。卓：直立。《景德傳燈錄》卷二〇：「上無片瓦，下無卓錐，學人向什麼處立？」也作「**上無片瓦，下無立錐**」。《古今小說》卷三五：「我上無片瓦，下無立錐，丈夫又不要我，又無親戚投奔，不死更待何時？」也作「**上無片瓦遮身，下無立錐之地**」。《何典》九回：「原來劉打鬼收成結果了雌鬼，把活鬼的古老宅基也賣來餵指頭，弄得上無片瓦遮身，下無立錐之地，只得仍縮在娘身邊。」
【上無片瓦，下無立錐】
見「上無片瓦，下無插針之地」。
【上無片瓦遮身，下無立錐之地】
見「上無片瓦，下無插針之地」。
【上無片瓦，下無卓錐】
見「上無片瓦，下無插針之地」。
【上午栽樹，下午乘涼——急不可待】
見「三月栽薯四月挖——急不可待」。
【上午栽樹，下午乘涼——哪有那麼快】
比喻辦事或事物的成長要有一個過程，不能性急。例「我的報告批下來沒有？」「上午栽樹，下午乘涼——哪有那麼快，主管說還要開會研究研究哩！」
【上午栽樹，下午乘涼——太性急】
見「點火就想開鍋——太性急」。
【上西天】
指死亡。例昨晚眞險，他的汽車失控，害他差點上西天。
【上下和合】
謂上下融洽。《史記．魏世家》：「秦嘗欲伐魏，或曰：『魏君賢人是禮，國人稱仁，上下和合，未可圖也。』」
【上下交困】
上下都陷入困境。《清史稿．食貨志一》：「天府太倉之蓄，一旦蕩然，賠償兵費至四百餘兆，以中國所有財產抵借外債，積數十年不能清償。攤派加捐，上下交困。」
【上下交征】
交：互相；征：求取，奪取。上下互相爭奪私利。《孟子．梁惠王上》：「上下交征利，而國危矣。」
【上下其手】
《左傳．襄公二六年》載：楚國進攻鄭國，楚將穿封戌活捉了鄭將皇頡。楚王之弟王子圍卻冒認為已功，與穿封戌爭持不下，請伯州犁裁處。伯州犁有意偏袒王子圍，叫俘虜皇頡出來作證，卻向皇頡暗示說：「所爭，君子也，其何不知？」上其手說：「夫子為王子圍，寡君之貴介弟也。」下其手說：「此子為穿封戌，方城外之縣尹也。誰獲子？」皇頡經提示，便順著伯州犁的意思回答說：「頡遇王子，弱焉。」弱：敗。後以「上下其手」比喻暗中勾結，玩弄手法，串通作弊。《金石萃編．唐．趙思廉墓志》：「或犯法當訊，執事者上下其手。」也作「**上下之手**」。清．蒲松齡《詐欺官私取財》：「威假虎狐，肆其上下之手，眠同貓鼠，釀為表裏之奸。」也作「**高下其手**」、「**移手上下**」、「**上下手**」。
【上下同門】
舊時稱姑婿與姪婿為「上下同門」。唐．趙璘《因話錄》卷三：「楊僕射於陵在考功時，與李師稷及第。至其子相國嗣復知舉，門生集候僕射，而李公在坐，時人謂之楊家上下門生。」原注：「代有姑之婿與姪之婿，謂之上下同門，蓋以此況也。」
【上下同心】
謂上上下下一條心。《淮南子．本經訓》：「上下同心，君臣輯睦。」也作「**上下一心**」。《淮南子．兵略訓》：「上下一心，君臣同力，諸侯服其威。」
【上下同欲】
欲：願望。本指官、兵有共同的願望。《孫子．謀攻篇》：「上下同欲者勝。」現泛指領導和羣衆有共同的願望。
【上下相安】
上面和下面，相安無事。《晉書．束晳傳》：「主無驕肆之志，臣無秏纓之請，上下相安，率禮從道。」
【上下一心】
見「上下同心」。
【上下有節】
節：節度。謂不論職位高低都有法度約束。《三國演義》六五回：「恩榮並濟，上下有節。為治之道，於斯著矣。」
【上下之手】

見「上下其手」。

【上行下效】

行：做；效：仿效，模仿。上面怎麼做，下面就會學著怎麼做（多用於貶義）。宋・范仲淹《堯舜率天下以仁賦》：「殊途同歸，皆得其垂衣而治；上行下效，終聞乎比屋可封。」

【上醫醫國】

上醫：高明的醫生，比喻德才兼具的人；醫國：為國家除患祛弊。指德高而富有才能者能治國。《國語・晉語八》：「文子曰：『醫及國家乎？』對曰：『上醫醫國，其次醫人，固醫官也。』」

【上溢下漏】

《荀子・王制》：「筐篋已富，府庫已實，而百姓貧，夫是之謂上溢而下漏。」謂國富民貧。《宋史・食貨志下》：「天下財賦多為禁中私財，上溢下漏，而民重困。」

【上銹的釘子——吃定了】

釘進木頭裏的釘子，上銹以後，不易拔出，好像被木頭吃住不放。見「敲下去的釘子——定了」。

【上銹的剪刀——難開口】

見「落雨天的芝麻——難開口」。

【上銹的鐵鎖——不開竅】

比喻思想頑固，打不開思路。例在這個具體問題上，他思想成了上銹的鐵鎖——不開竅，一直持反對的態度。也作「石頭腦瓜子——不開竅」、「肚皮裏橫了根門閂——不開竅」、「石獅子的鼻子——實實的不開竅」、「榆木疙瘩——不開竅」。

【上銹的鐵鎖——打不開】

雙關語。比喻心裏愁苦，雙眉緊鎖，舒展不開。例我看你今天雙眉就像上銹的鐵鎖——打不開，有什麼心事，可以告訴我嗎？

【上眼皮看下眼皮——目光短淺】

見「井底的蛤蟆——目光短淺」。

【上眼皮長瘤子——礙眼】

比喻不順眼或嫌有人在眼前不便。例這幾個人的穿著打扮，實在是上眼皮長瘤子——礙眼得很。

【上眼藥】

比喻乘機中傷。例這傢伙總是給人上眼藥，他就不怕別人反過來給他上眼藥。

【上腰包】

比喻將錢財攫為己有。例咱們做事要光明正大，怎能把公家的錢上腰包呢？也作「入腰包」、「上荷包」、「塞腰包」。

【上有橫梁下有檻】

比喻處處受箝制，動輒得咎。例不是我沒有能耐，上有橫梁下有檻，你叫我如何施展？

【上有所好，下必甚焉】

上面的人所愛好的，下面的人就愛好得更厲害。謂居上位的人的言行好惡，對下面的人有很大的影響。《資治通鑑・唐高宗上元元年》：「人之慕名，如水趨下，上有所好，下必甚焉。」

【上有天堂，下有蘇杭】

蘇杭：蘇州、杭州。謂蘇州、杭州一帶的富饒美麗，猶如天堂一般。例我建議你們到江南去旅遊結婚。俗話說：「上有天堂，下有蘇杭，在人間天堂裏的婚旅生活一定會是很浪漫的。」

【上雨旁風】

房上面漏雨，四面透風。形容家貧屋破，不蔽風雨。唐・韓愈《南海神廟碑》：「上雨旁風，無所蓋障。」

【上賊船】

比喻誤入歧途。例對這夥人你可要防著點，他們專門搞投機買賣，你可千萬別上賊船呀！

【上賊船易，下賊船難】

比喻跟著壞人學壞容易，但再想撒手不幹就困難了。例當初叫你別和那幫傢伙來往，你不聽，現在倒好，上賊船易，下賊船難，你再想洗手不幹，他們是不會輕易放過你的。

【上烝下報】

烝：古時指晚輩男子與長輩女子通奸；報：指輩分較低的男子與輩分較高的女子通姦。謂亂倫行為。《醒世恒言》卷十五：「至如上蒸下報，同人道於獸禽。」

【上知天文，下知地理】

形容人的知識淵博。《敦煌變文集・伍子胥變文》：「吳國賢臣伍子胥，上知天文，下知地理，文經武律，以立其身。」

【上智下愚】

上智：上等的聰明人；下愚：下等的愚蠢的人。《論語・陽貨》：「子曰：『唯上知（智）與下愚不移。』」謂聰明的上等人和愚笨的下等人都是天生的，不可改變。宋・程顥、程頤《二程全書・外書六》：「性相近對習相遠而言，相近，猶相似也。上智下愚，才也；性則皆善。自暴自棄，然後不可移，不然則可移。」

【上嘴唇頂天，下嘴唇貼地——不是凡人】

比喻不平凡的或與衆不同的人。例他有異乎尋常的本領，按鄉親們的說法：他上嘴唇頂天，下嘴唇貼地——不是凡人，你得去拜會拜會。

【上嘴唇頂天，下嘴唇貼地——好大的口】

比喻人說大話，誇海口。例嗬，你上嘴唇頂天，下嘴唇貼地——好大的口，似乎想稱雄天下，得世界冠軍。也作「一嘴吞個豬頭——好大的口」。

【尚德緩刑】

崇尚德政，放寬刑罰。唐・路溫舒《尚德緩刑書》：「路溫舒上書，言宜尚德緩刑。」

【尚方寶劍】

見「上方寶劍」。

【尚慎旃哉】

尚：還；旃：之。《詩經・魏風・陟岵》：「上慎旃哉，猶來無止。」意謂還要小心謹慎。清・紀昀《閱微草堂筆記・姑妄聽之一》：「逢場作戲，勝敗何關？若當局者角爭得失，尙愼旃哉！」

【緔鞋不用錐子——眞（針）好】
緔鞋：把鞋底鞋幫縫在一起；眞：「針」的諧音。雙關語。比喩確實不錯。例這個人是緔鞋不用錐子——眞（針）好，你有眼力，選中了他，我們應向你祝賀。也作「**緔鞋不使錐子——眞（針）好**」、「**釘鞋不用錐子——眞（針）好**」、「**納鞋不用錐子——眞（針）行**」。

ㄕㄥ

【升沉榮辱】
升：上升，提升；沉：貶謫，埋沒；榮：光榮；辱：恥辱。指仕宦生涯中升官、貶官、得意、失意的遭遇。元・費唐臣《貶黃州》四折：「下官蘇軾，自被讒譖，遠貶遐荒，誰想得復天日，我想升沉榮辱，好無定啊！」也作「**升遷榮辱**」。遷：貶謫，放逐。《西湖佳話・白堤政蹟》：「樂天道：『升遷榮辱，身外事耳，吾豈爲此？所以然者，吾心自有病也。』」

【升斗之祿】
升、斗：量糧食的器具，十升爲一斗；祿：古代官吏的俸給，俸祿以米（糧）計算。一升一斗的俸祿。形容微薄的官俸。《漢書・梅福傳》：「言可採取者，秩以升斗之祿，賜以一束之帛。」

【升高必自下，陟遐必自邇】
陟：登，升；遐：遠；邇：近。比喩做事要腳踏實地，循序漸進。《尙書・太甲下》：「若升高，必自下，若陟遐，必自邇。」

【升高能賦】
登得高，見得廣，能賦詩述其所見。喩指有才能。《詩經・鄘風・定之方中》：「終然允臧」毛傳：「升高能賦，師旅能誓……可以爲大夫。」

【升山採珠】
升：登上。登山去採珍珠。比喩方向、方法不對頭，必然達不到目的。《後漢書・劉玄傳》：「興化致理，譬猶緣木求魚，升山採珠。」

【升堂拜母】
升：登上；堂：古代指宮室的前屋。謂登上廳堂，拜見對方的母親。指交深誼厚，結爲通家之好。《三國志・吳書・周瑜傳》：「[孫]堅子策，與瑜同年，獨相友善，瑜推道南大宅以舍策，升堂拜母，有無通共。」

【升堂入室】
升：登上；堂、室：古代宮室的前屋爲堂，後屋爲室。《論語・先進》：「由也升堂矣，未入於室也。」意謂由（子路）所學雖已有成就，但還不夠精深。後以「升堂入室」比喩人的學識、技能等造詣很高。《三國志・魏書・管寧傳》：「娛心黃老，游志六藝，升堂入室，究其閫奧。」

【升天入地】
升：上。上到天上，鑽入地下。形容爲達到目的，不謂艱險，決心去做。唐・白居易《長恨歌》：「排空馭氣奔如電，升天入地求之遍。」

【生搬硬套】
指不根據實際情況，照搬照抄別人的經驗或方法。例學習外國的先進經驗，不能生搬硬套，必須結合本國的實際情況。

【生別死離】
見「生離死別」。

【生剝刺蝟——難下手】
也作「**生剝刺蝟——沒有下手處**」、「**生剝刺蝟——無法下手**」。見「開水裏和麵——下不了手」。

【生不帶來，死不帶去】
謂世間利祿，既不是人出生時從娘胎裏帶來的，死的時候也無法將其帶走。意謂人在錢財方面要看得超脫些。例東西已經丟了，您再急也是沒用，白白地損害了身體。俗話說：「生不帶來，死不帶去。」還是看開些吧。

【生不逢辰】
逢：遇到；辰：時辰，日子。《詩經・大雅・桑柔》：「我生不辰，逢天僤怒。」後以「生不逢辰」指時運不濟，沒遇好的時機，久不得志。清・黃遵憲《乙丑十一月避亂大埔三河虛》：「南風不競死聲多，生不逢辰可若何？」也作「**生不逢時**」。《新唐書・魏元忠傳》：「昔漢文帝不知魏尙賢而囚之，知李廣才而不用，乃嘆其生不逢時。」也作「**生不遇時**」。《越絕書・越絕德序外傳記》：「吾先得榮后僇者，非智衰也；先遇明后遇險，君之易移也已矣，生不遇時，復何言哉！」

【生不逢時】
見「生不逢辰」。

【生不用封萬戶侯，但願一識韓荊州】
萬戶侯：指古代享有萬戶封邑的侯爵；韓荊州：指韓朝宗，唐開元間曾任荊州長史，以舉賢納士而名聞當世。唐・李白《與韓荊州書》：「[李]白聞天下談士相聚而言曰：『生不用封萬戶侯，但願一識韓荊州』。何令人景慕，一至於此耶！」後用作初見所景仰之人時的敬辭。

【生不遇時】
見「生不逢辰」。

【生財有道】
有道：有辦法。指有賺錢發財的辦法。元・錢霖《哨遍》：「乾生受，生財有道，受用無由。」也作「**生財之道**」。魯迅《且介亭雜文二集・隱士》：「雖是淵明先生，也還略略有些生財之道在，要不然……早已在東籬旁邊餓死了。」

【生財之道】
見「生財有道」。

【生成的牛角——直不了】
比喩無法校正過來。例他的煙酒嗜好

已有四十年的歷史了，看來，生成的牛角——直不了啦。

【生齒日繁】

生齒：嬰兒長出乳齒。古代凡長出乳齒的人都登籍入戶，常借指人口。形容人口日益增多。清·阮葵生《茶餘客話》卷一四：「況叢林紺宇，分養無告之民，生齒日繁，豈可泥腐儒之陳言哉！」也作「**生齒日衆**」。清·惲敬《大雲山房文稿·三代因革論》：「後世餘地日少，生齒日衆，田不敷授。」也作「**生齒日滋**」。宋·葉適《廷對》：「當天下積累之後而無根固不拔之勢，以生齒日滋之衆而有貧弱就衰之萌。」也作「**生齒日盛**」。宋·宋祁《選郡牧篇》：「夫生齒日盛，辟寓日廣。」

【生齒日盛】

見「生齒日繁」。

【生齒日衆】

見「生齒日繁」。

【生齒日滋】

見「生齒日繁」。

【生齒塗炭】

見「生靈塗炭」。

【生蟲拐杖——拄不得】

見「低欄杆——靠不住」。

【生芻一束】

芻：青草。《詩經·小雅·白駒》：「皎皎白駒，在彼空谷；生芻一束，其人如玉。」後以「生芻一束」表示微薄的禮物，寓意深厚。晉·葛洪《西京雜記·鄒長倩贈遺有道》：「公孫弘以元光五年爲國士所推，上爲賢良。國人鄒長倩以其家貧，少自資致，乃解衣裳以衣之，釋所著冠履以與之，又贈以芻一束……書題遺之曰：『夫人無幽顯，道在則爲尊。雖生芻之賤也，不能脫落君子，故贈君生芻一束。』」也指吊喪的禮物。《後漢書·徐稚傳》：「及林宗有母憂，稚往吊之，置生芻一束于廬前而去。衆怪，不知其故。林宗曰：『此必南州高士徐孺子也。《詩》不云乎，『生芻一束，其人如玉。』吾無德以堪之。』」

【生當作人傑，死亦爲鬼雄】

人傑：人中豪傑；鬼雄：鬼中英雄。活著的時候應當作人中的豪杰；就是死了，也要成爲鬼中的英雄。後多用作有志之士的豪言壯語。宋·李清照《烏江》詩：「生當作人傑，死亦爲鬼雄；至今思項羽，不肯過江東。」

【生地獄】

比喻受罪、受苦的地方。例自從丈夫被抓走，婆婆終年打罵不止，這個家對她來說變成了生地獄。

【生棟覆屋】

生棟：沒有加工過的房梁；覆：傾倒。用沒有加工過的新木爲房梁，易變形致使房屋倒塌。比喻咎由自取。《管子·形勢》：「生棟覆屋，怨怒不及，弱子下瓦，慈母操箠。」

【生奪硬搶】

形容粗暴地搶奪。《兒女英雄傳》二八回：「還虧褚一官力大，把個公子生奪硬搶的救護下來，出了房門，一溜煙跑了。」

【生非作歹】

指作各種壞事。元·楊文奎《兒女團圓》二折：「沒揣的大驚小怪，便待要生非作歹。」也作「**爲非作歹**」。

【生風作浪】

比喻煽風點火，製造事端。清·李伯元《活地獄》三五：「看了這張呈子，不禁大怒，罵道：『這班混帳東西，又來生風作浪了！』」也作「**興風作浪**」。

【生佛萬家】

衆家之活佛。舊時稱頌公正清廉的官吏。宋·戴翼《賀陳待制啟》：「福星一路之歌謠，生佛萬家之香火。」也作「**萬家生佛**」。

【生公說法】

生公：晉末高僧竺道生。傳說竺道生講佛法時，能令頑石點頭。比喻學問精通者親自講解，能令人受益極深。清·俞樾《余蓮村勸善雜劇序》：「誰謂周郎顧曲之場，非即生公說法之地乎？」

【生關死劫】

指生死關頭。《紅樓夢》五回：「這的是昨貧今富人勞碌，春榮秋謝花折磨，似這般生關死劫誰能躲。」

【生機一線】

生機：生存的機會。指生命還有延續的可能。清·沈復《浮生六記·坎坷記愁》：「妾若稍有生機一線，斷不敢驚君聽聞。今冥路已近，苟再不言，言無日矣。」也作「**一線生機**」。

【生寄死歸】

寄：寄寓；歸：歸宿。指活著是在作客，死去才是歸宿。形容把生與死看得很輕。明·徐宏祖《徐霞客遊記·續編》：「吾遊遍靈境，頗有所遇，已知生寄死歸，亦思乘化而遊，當更無所罣礙耳。」

【生薑拌辣椒——好辣】

形容人厲害。有時指壞人心狠手辣。例這姑娘是生薑拌辣椒——好辣，誰也不敢惹。

【生薑老的辣】

生薑：多年生的草本植物，它的根莖越老越有辣味。比喻人年紀越大，經歷的事越多，辦起事來就越加老練、厲害。例小伙子，服輸了吧，生薑老的辣，應當向方大伯學著點。也作「**薑是老的辣**」。

【生薑脫不了辣氣——本性難改】

也作「**生薑脫不了辣氣——本性難移**」。見「狗走千里吃屎——本性難改」

【生聚教訓】

生聚：繁殖人口，聚積物力；教訓：教育，訓練。《左傳·哀公元年》：「越十年生聚，而十年教訓，二十年之外，吳其爲沼乎！」春秋時，越國被吳國所敗，勾踐經長期生著人口，積聚資財，再教育人民、訓練軍隊，終於打敗了吳國。後以「生聚教訓」指失敗後刻苦積蓄力量，不忘報仇雪恥。《南史・司馬褧傳》：「今北邊稽服，正是生聚教訓之時，而人失安居，牧守之過。」

【生看衣衫熟看人】
人們初次相見的時候，主要靠觀察對方的著裝打扮對其下判斷，熟識之後才能觀其為人如何。例你也該穿件正規點兒的衣服才是。生看衣衫熟看人，和他初次見面，總該讓他對你有個好的印象。

【生拉硬拽】
比喻把沒有關係的事硬拉在一起。例這本來是一個小小的矛盾，可是他生拉硬拽把過去的一些小事硬攪在一起，將矛盾擴大了。

【生來不讀半行書，只把黃金買身貴】
從來就沒有好好讀過半行書，只知道用金錢來抬高自己的身價。用以嘲諷那些終日嬉游玩樂，醉生夢死，不求上進的紈袴子弟。唐・李賀《嘲少年》：「長金積玉誇豪毅，每揖閒人多意氣；生來不讀半行書，只把黃金買身貴。」

【生來死去】
有生有死，輪廻不停。佛教指人在生死世界循環不已。《敦煌變文集・破魔變文》：「君不見生來死去，似蟻修還，為衣為食，如蠶作繭。」

【生老病死】
佛教以生、老、病、死為人生「四苦」。後泛指生育、養老、醫療、殯葬等人生大事。《百喻經・治禿喻》：「世間之人，亦復如是。為生老病死之所侵惱，欲求長生不死之處。」《水滸後傳》三一回：「只是在家受不得那愛欲牽纏，生老病死，世態炎涼，人情險惡。」

【生離死別】
指活著分離，難以重見；死後永訣，永不再見。指人生最悲痛的事。《陳書・徐陵傳》：「況吾生離死別，多歷暄寒，孀室嬰兒，何可言念。」也作「生離死絕」。《晉書・殷仲堪傳》：「而一旦幽縶，生離死絕，求之於情，可傷之甚。」也作「生別死離」。明・邵璨《香囊記・尋兄》：「未亡人銜哀慘淒，念一家生別死離，衷情訴與誰！」

【生離死絕】
見「生離死別」。

【生靈塗地】
見「生靈塗炭」。

【生靈塗炭】
生靈：指百姓。形容百姓生活陷於極端困苦的境地。《晉書・譙縱傳》：「[王彌]遂使生靈塗炭，神器流離，邦國軫麥秀之哀，宮廟興黍離之痛。」也作「生人塗炭」。北周・庾信《傷心賦》：「在昔金陵，天下喪亂，王室版蕩，生人塗炭。」也作「生靈塗地」。宋・邵伯溫《邵氏聞見前錄》：「自唐季以來數十年間，帝王凡易十姓，兵革不息，生靈塗地。」也作「生齒塗炭」。宋・黃幹《覆陳師復寺丞》：「敵犯浮光，其勢甚亟，城雖未破，而四出抄掠，生齒塗炭，甚可念也。」也作「生民塗炭」。《封神演義》八回：「生民塗炭，日無寧宇，如何是好？」

【生龍活虎】
形容人生氣勃勃，充滿活力。《兒女英雄傳》一六回：「你是不曾見過她那等的光景，就如生龍活虎一般。」

【生米成炊】
炊：本指燒火做飯，借指熟飯。生米已經煮成了熟飯，比喻事情已既成事實，無法再改變。清・朱素臣《十五貫・雙圓》：「由知生米已成炊，葭莩總無棄。」

【生米做成了熟飯——改不了】
也作「生米做成了熟飯——更改不掉」。見「白紙寫黑字——改不了」。

【生面獨開】
指創立新的形式或開創新的局面。清・王尚珏《陽朔山》：「生面此獨開，窠臼眞盡脫。」

【生民塗炭】
見「生靈塗炭」。

【生命線】
比喻保證生存與發展的最基本的因素條件。例交通運輸是國民經濟發展的生命線。

【生命攸關】
關係到人的生死。形容事關重大。例安全用電是生命攸關的大事，必須引起重視。

【生男育女】
指生養子女。元・楊顯之《酷寒亭》一折：「每日價臥柳眠花，戀著那送舊迎新潑弟子，全不想生男育女舊嬌娃。」也作「生兒育女」。巴金《談〈秋〉》：「她不曾生兒育女，老太爺是她的靠山，她當然比別人更關心老太爺。」

【生氣勃勃】
生氣：活力；勃勃：精力旺盛的樣子。形容充滿生機，富有朝氣。例每次看到李小弟總是活潑開朗，生氣勃勃的樣子，讓旁人都感受到他的熱情與活力。

【生氣踢石頭——吃虧是自己】
比喻使自己處於不利地位，蒙受損失。例叫你不要那樣做，你不相信，生氣踢石頭——吃虧是自己，現在後悔不及了吧！

【生擒活拿】
指活捉。元・鄭德輝《老君堂》一折：「我追趕著一人，往這老君堂來，今在此務要生擒活拿。」也作「生擒活捉」。《說岳全傳》五四回：「若是湯南蠻轉來，須要生擒活捉，不可傷他性命。」

【生擒活捉】
見「生擒活拿」。

【生人塗炭】

見「生靈塗炭」。

【生榮死哀】

指在世時榮顯，死後被人哀悼。形容受人尊崇愛戴。《隋唐演義》八五回：「況夫人幸得善終于相公之前，生榮死哀，其福過相公十倍矣，何必多求。」

【生桑之夢】

晉・陳壽《益都耆舊傳・雜記》：「[何只]嘗夢井生桑，以問占夢趙直，直曰：『桑非井中之物，會當移植，然桑字四十下八，君壽恐不過此。』只笑言：『得此足矣！』……年四十八卒，如直所言。」後以「生桑之夢」比喻人的死期將至。宋・王銍《王公四六話》：「元之（王禹偁）自黃移蘄，臨終遺表云：『豈期游岱之魂，遂協生桑之夢。』……元之亦四十八而歿也，臨歿用事猶精當如此。」

【生殺予奪】

見「殺生與奪」。

【生殺之權】

握有讓人生死的權力，形容權力極大。明・劉基《蛇蠍》：「天生民不能自治，於是乎立之君，付之以生殺之權。」

【生生世世】

今生、來世及永世。意指世世代代，永生永世。《隋唐演義》八六回：「你我恁般恩愛，豈忍相離；今就星光之下，你我二人密相誓願，心中但願生生世世，長爲夫婦。」也作「**世世生生**」。

【生世不諧】

諧：和諧融洽。舊指命運不好。《後漢書・周澤傳》：「生世不諧，作太常妻，一歲三百六十日，三百五十九日齋。」

【生適逢辰】

適：恰好。生下來恰好遇上好的時機。舊指命好。宋・劉攽《爲趙參政謝生日禮物表》：「念昔門弧之慶，生適逢辰。」

【生事擾民】

指故意尋釁鬧事，擾亂百姓。《隋唐演義》七八回：「那班倚勢作威的小人，都要生事擾民。」

【生事微渺】

生事：謀生之計；微渺：渺茫。指謀生艱難。明・湯顯祖《牡丹亭・言懷》：「所恨俺自小孤單，生事微渺。」

【生死簿】

迷信說法，陰間有判官掌生死簿，陽壽已盡者即在此簿上把名字勾去。比喻能決定人命運的記錄、檔案等。例「你們放老實點，我手上有你們每個人的生死簿。」小王舉著一本平時記錄犯人表現的本子說。

【生死不渝】

不渝：不變。指活著或死了都不變。形容忠貞不移。巴金《還魂草》一：「這生死不渝的深厚的友情不僅使林的孩子眼裏綻出淚光，連我們也被感動到許久說不出話。」

【生死存亡】

見「死生存亡」。

【生死關頭】

指決定生死的危急時刻。明・瞿式耜《浩氣吟・庚寅年十一月初五日聞警……七首》：「已拚薄命付危疆，生死關頭豈待商！」

【生死輪迴】

佛教指衆生在生與死的世界裏循環，如車輪一樣旋轉不停。明・無名氏《李雲卿》四折：「今日到來日修，每日去頻發願，過今年捱到來年，擔閣了修行仙道遠，則這生死輪迴怎遣！」

【生死人而肉白骨】

生：使復活；肉：使長肉，也指復活。比喻起死回生。《聊齋志異・鍾生》：「是小生以死命哀舅，舅慈悲而窮於術，知卿能生死人而肉白骨也……倘得再生，香花供養有日耳。」

【生死肉骨】

使死者復活，白骨長肉。形容恩情深厚。《周書・宇文護傳》：「一得奉見慈顏，永畢生願。生死肉骨，豈過今恩，負山載岳，未足勝荷。」

【生死有命】

舊時宿命論認爲，人的生死、富貴、貧窮都由天命決定。《紅樓夢》四五回：「生死有命，富貴在天，也不是人力可强的。」

【生死予奪】

見「殺生與奪」。

【生死之交】

指同生共死的友情。形容利害一致，友誼深厚。明・無名氏《桃園結義》三折：「對天盟誓，不求同日生，只願同日死，結爲生死之交。」

【生鐵杠子掛籮筐——一點彎不打】

生鐵：鑄鐵，用鐵礦石煉成的鐵，是煉鋼和鑄造器物的原料，質地硬脆。比喻承擔起來輕而易舉，毫不吃力。例他是老把式了，把趕車的任務交給他，就像生鐵杠子掛籮筐——一點彎不打。

【生鐵換豆腐——吃軟不吃硬】

見「老太太的嘴——吃軟不吃硬」。

【生鐵進了鐵匠鋪——盡挨錘】

比喻屢遭打擊，吃盡苦頭。例在那動亂的年月中，他就像生鐵進了鐵匠鋪——盡挨錘，能有今日，確也不容易啊！也作「**石匠的鋼釬——盡挨錘**」。

【生鐵犁頭——寧折不彎】

生鐵：也叫鑄鐵，質硬而脆，用生鐵鑄成的犁頭，會折斷但不會彎曲；犁頭：翻地用的農具。比喻性格剛强，寧肯犧牲，也不委曲求全。例他是個生鐵犁頭——寧折不彎，決不會向敵人投降的。也作「**榆樹扁擔——寧斷不彎**」、「**桑木扁擔——寧折不彎**」。

【生同衾，死同穴】

衾：ㄑㄧㄣ，被子；穴：墓坑。無論是生是死，永不分離。比喻夫妻感情極爲深厚。例他倆實現了婚前的諾言，生同衾，死同穴，丈夫剛去世不久，她也離開了人間。

【生吞活剝】

唐·劉肅《大唐新語·諧謔》：「李義府嘗賦詩曰：『鏤月成歌扇，裁雲作舞衣。自憐回雪影，好取洛川歸。』有棗强尉張懷慶好偸名士文章，乃爲詩曰：『生情鏤月成歌扇，出意裁雲作舞衣。照鏡自憐回雪影，時來好取洛川歸。』人謂之諺曰：『活剝王昌齡，生吞郭正一。』」後以「生吞活剝」比喩生硬地照搬或機械地模倣。明·徐渭《奉師季先生書》：「大約謂先儒若文公（朱熹）者，著釋速成，兼欲儘窺諸子百氏之奥，是以冰解理順之妙固多，而生吞活剝之弊亦有。」

【生吞蜈蚣——百爪撓心】

生吞：活活地嚥下去；蜈蚣：節肢動物，軀幹由許多環節構成，每個環節有一對足。比喩心裏煩躁難受，極度不安。例父親被抓走，母親就像生吞蜈蚣——百爪撓心，幾天之後，就臥病不起。也作「**吃了二十五隻老鼠——百爪撓心**」、「**揣了二十五隻老鼠——百爪撓心**」、「**二十五隻老鼠落肚——百爪抓心**」、「**心裏裝著二十五個耗子——百爪撓心**」、「**一口吃了二十五隻老鼠——百爪撓心**」、「**吞下一條蜈蚣——百爪撓心**」。

【生我者父母，知我者鮑叔】

鮑叔：鮑叔牙，春秋時齊國大夫，與齊相管仲友誼深厚；知：了解。生育我的是父母，了解我的卻是鮑叔。原是管仲用來讚嘆與鮑叔的友誼深厚。《史記·管晏列傳》：「鮑叔不以我爲無恥，知我不羞小節，而恥功名不顯于天下也。生我者父母，知我者鮑叔也。」後常用以感嘆某人很了解自己。

【生息蕃庶】

蕃：繁衍。指生殖人口。《清史稿·食貨志一》：「其后土、客生息蕃庶，歲屢有秋，關內漢回挾眷承墾，絡繹相屬。」

【生相憐，死相捐】

憐：愛；捐：割捨。謂人們活著時應相互愛顧，死後則應割捨得開。《列子·楊朱》：「古語有之：『生相憐，死相捐。』此語至矣。相憐之道，非唯情也，勤能使逸，餓能使飽，寒能使溫，窮能使達也。相捐之道，非不相哀也，不含珠玉，不服文錦，不陳犧牲，不設明器也。」

【生香活色】

形容繪畫或詩文所描繪的景物生動逼眞。清·芬利它行者《竹西花事小錄》：「由於剪燈酒罷，弄筆雨余，彙記前蹤，纂成斯帙……將使生香活色，悉繪筆端。」

【生妖作怪】

妖精作怪。比喩壞人搗亂。《隋唐演義》八九回：「及至時運衰微，祿命將終之日，不但衆散親離，人心背叛，即魑魅魍魎也都來了，生妖作怪，撥弄著你，所謂人衰鬼弄人是也。」

【生也有涯，知也無涯】

涯：邊際，指事物的終極；知：知識。人的生命是有限的，知識是無限的。《莊子·養生主》：「吾生也有涯，而知也無涯；以有涯隨無涯，殆已！」

【生意經】

做生意的方法或門路。泛指一切交易的門徑和方法。例我雖不懂生意經，但誰守法，誰偸稅漏稅，我心裏還是有數的。

【生於憂患，死於安樂】

憂患：憂勞禍患，指艱苦的生活環境。意謂艱苦的生活能鍛鍊人，使人奮鬥而得以生存；安逸快樂的生活易腐蝕人，使人頹廢乃至死亡。《孟子·告子下》：「然後知生於憂患，而死於安樂也。」

【生魚釜中】

釜：鍋。鍋裏的水都生出魚蟲了。形容生活極困苦，久已斷炊。清·吳嘉紀《范公堤行·呈汪芾斯先生》：「煙火七里曰東淘，淘上儒生饑拾橡……官長自顧室何如？生魚釜中游蕩蕩。」

【生張熟李】

見「生張熟魏」。

【生張熟魏】

張、魏：指姓，這裏是泛指不同的姓。宋·沈括《夢溪筆談》卷一六：「北都有妓女，美色而舉止生硬，士人謂之『生張八』。因府會，寇忠愍令乞詩于魏處士野。野贈之詩曰：『君爲北道生張八，我是西州熟魏三。莫怪尊前無笑語，半生半熟未相諳。』」後以「生張熟魏」形容生人熟人混在一起，互不熟悉。也作「**生張熟李**」。清·王濬卿《冷眼觀》二四：「從前有個人，極喜歡吃白食，而且不問生張熟李，都是遇著了就吃，吃了就走。」

【生衆食寡】

衆：多；寡：少。創造財富的人多，消費的人少。《禮記·大學》：「生財有大道，生之者衆，食之者寡；爲之者疾，用之者舒，則財恒足矣。」後以「生衆食寡」形容財富充足。

【笙歌鼎沸】

形容歌聲樂曲聲交織在一起，喜慶熱鬧。宋·吳自牧《夢粱錄·淸明節》：「此日又有龍舟可觀，都人不論貧富，傾城而出，笙歌鼎沸，鼓吹喧天。」

【笙磬同音】

笙：簧管樂器；磬：石製打擊樂器。指笙與磬兩種樂器聲音和諧。《詩經·小雅·鼓鐘》：「鼓瑟鼓琴，笙磬同音。」也比喩情趣相投。《舊唐書·房玄齡杜如晦傳贊》：「笙磬同音，惟房與杜。」

【聲徹雲霄】

形容聲音嘹亮直達高空。晉・葛洪《西京雜記・戚夫人歌舞》:「夫人善爲翹袖折腰之舞,歌《出塞》《入塞》《望歸》之曲。侍婦數百皆習之,後宮齊首高唱,聲徹雲霄。」也作「響徹雲霄」。

【聲馳千里】

名聲遠揚。形容人的聲望極高。晉・皇甫謐《高士傳》:「段幹木賢者也,不趨勢力,懷君子之道,隱處窮巷,聲馳千里。」

【聲出金石】

金石:古代打擊樂器。漢・韓嬰《韓詩外傳》一:「原憲乃徐步曳杖,歌《商頌》而反,聲滿於天地,如出金石。」後以「聲出金石」形容歌聲宏亮,悅耳動聽。

【聲東擊西】

聲東:在東面虛張聲勢;擊西:在西面實行攻擊。《淮南子・兵略訓》:「故用兵之道……將欲西而示之以東。」唐・杜佑《通典・兵典六》:「聲言擊東,其實擊西。」後以「聲東擊西」指迷惑對方,出奇制勝的一種戰術。《水滸傳》一八回:「只好聲東擊西,等那廝們亂攛,便好下手。」也作「聲西擊東」。明・余繼登《典故紀聞》一六:「若彼聲西擊東,而我軍出大同,未免顧彼失此,須少待其定,徐議所向耳。」

【聲動梁塵】

梁塵:屋梁上的塵土。歌聲激盪,震動了屋梁上的塵土。形容歌聲嘹亮動人。漢・劉向《別錄》:「漢興,魯人虞公善雅歌,發聲盡動梁上塵。」

【聲斷衡陽】

衡陽:地名,在湖南省。古人傳說雁不過衡陽,因暮秋天寒,北雁南飛,集於衡陽一帶。也比喻因天寒而驚懼。唐・王勃《滕王閣序》:「漁舟唱晚,響窮彭蠡之濱;雁陣驚寒,聲斷衡陽之浦。」

【聲奪其先】

指先張揚聲勢以挫傷敵人的士氣。清・柳樹芳《書山東運司劉公淸擊賊事》:「事每制於後,聲貴奪其先。」

【聲遏行雲】

聲音直入高空,阻止住行雲。形容歌聲高昂嘹亮或歌唱技藝絕妙。元・夏庭芝《賽簾秀》:「珠簾秀之高弟……聲遏行雲,乃古今絕唱。」

【聲華行實】

聲:聲譽;華:顯耀;行:品行;實:樸實。指聲望顯赫,品德好,作風樸實。唐・韓愈《舉薦張籍狀》:「聲華行實,光映儒林。」

【聲價百倍】

見「聲價十倍」。

【聲價倍增】

見「聲價十倍」。

【聲價十倍】

指名氣和地位迅速提高。《歧路燈》九五回:「這大人們伯樂一顧,便聲價十倍,何愁那州縣不極力奉承。」也作「聲價百倍」。明・姜紹書《無聲詩史・董其昌》:「碑碣銘志之石,非公筆不重;斷楮殘煤,聲價百倍。」也作「聲價倍增」。宋・洪咨夔《謁莊提舉啟》:「品題一出,聲價倍增。」也作「聲譽十倍」。唐・李白《與韓荊州書》:「使海內豪俊,奔走而歸之,一登龍門,則聲譽十倍。」

【聲淚俱發】

見「聲淚俱下」。

【聲淚俱下】

聲淚:邊訴說,邊哭泣。形容極其悲痛。《晉書・王彬傳》:「[彬]因勃然數[王]敦曰:『兄抗旌犯順,殺戮忠良,謀圖不軌,禍及門戶。』音辭慷慨,聲淚俱下。」也作「聲淚俱發」。唐・裴度《唐太尉中書令西平王李公神道碑銘序》:「捐甘攻苦,皆自我始,每一言一誓,聲淚俱發。」

【聲淚俱咽】

咽:嗚咽。形容極其悲痛不能自制。《周書,王褒傳》:「子淵,子淵,長爲別矣!握管操觚,聲淚俱咽。」

【聲名赫赫】

見「聲名藉甚」。

【聲名藉甚】

指名聲顯赫,評價甚高。《史記・陸賈傳》:「陸生以此遊漢廷公卿間,聲名藉甚。」也作「聲名烜赫」。烜赫:盛大。宋・蘇舜欽《上范公參政書》:「某伏觀自唐至於本朝,賢者在下位,天下想望傾屬,期至公相,聲名烜赫,未有如閣下者。」也作「聲名赫赫」。元・戴表元《趙君理遺文序》:「獨身後聲名赫赫,能千古令人嘆仰。」

【聲名狼藉】

聲名:名譽;狼藉:亂七八糟的樣子。形容人的名聲壞到極點。《廿載繁華夢》三三回:「因汪太史平日聲名狼藉,最不見重於官場,日前新督帥參劾劣紳十七名,實以汪某居首。」

【聲名鵲起】

聲名:聲望名譽;鵲起:如鵲驚起。指名譽聲望迅速得到提高。清・李斗《揚州畫舫錄・新城北錄下》:「先在徐班,以年未五十,故無所表見。至洪班則聲名鵲起。」

【聲名烜赫】

見「聲名藉甚」。

【聲偶摘裂】

寫作詩文只追求四聲對句並列,不顧內容。宋・歐陽修《蘇氏文集序》:「見時學者,務以言語聲偶摘裂,號爲時文,以相誇尚。」

【聲氣相求】

相同的聲音可以互相應和,相同的氣息可以互相融合。比喻志趣相同的人能相互結合。《警世通言》卷一:「這相知有幾樣名色:恩德相結者,謂之知己;腹心相照者,謂之知心;聲氣相求者，謂之知音。總來叫做相知。」也作「**聲氣相投**」。《隋唐演義》八九回：「兄今因許公而識張公，自然聲氣相投，定行見用於世，各著功名，可勝欣賀。」

【聲氣相投】

見「聲氣相求」。

【聲情並茂】

茂：草木豐盛的樣子，引申爲美好。形容歌聲優美動聽，感情充沛動人。例她的演唱聲情並茂，很有藝術感染力。

【聲求氣應】

見「聲應氣求」。

【聲容笑貌】

見「聲音笑貌」。

【聲如洪鐘】

洪：大。形容聲音洪亮，如鐘聲一般。例這位老先生雖年過七旬，但講起話來聲如洪鐘，身體十分健康。

【聲色並厲】

見「聲色俱厲」。

【聲色不動】

指內心活動沒有從語言和神情上表露出來。形容態度從容自若。《隋唐演義》九回：「他見我們在此，聲色不動。」也作「**不動聲色**」。

【聲色狗馬】

聲色：指歌舞和女色；狗馬：養狗和騎馬。貪戀聲色，養狗騎馬。形容荒淫無恥的糜爛生活。《聊齋志異・續黃粱》：「聲色狗馬，晝夜荒淫，國計民生，罔存念慮。」也作「**聲色犬馬**」。《隋唐演義》九三回：「可知那聲色犬馬，奇技淫物，適足以起大盜覬覦之心。」

【聲色貨利】

指貪戀女色、錢財。明・余繼登《典故紀聞》卷一一：「工部尚書吳中，山東武城人，有才能，然惟聲色貨利是好。」

【聲色俱厲】

指說話時聲音和表情都極嚴厲。《晉書・明帝紀》：「[王敦]大會百官而問溫嶠曰：『皇太子以何德稱？』聲色俱厲，必欲使有言。」也作「**聲色並厲**」。南朝宋・劉義慶《世說新語・方正》：「[王]敦聲色並厲，欲以威力使從己，乃重問溫[嶠]：『太子何以稱佳？』」

【聲色犬馬】

見「聲色狗馬」。

【聲生勢長】

指隨著名聲提高，勢力同時變大。唐・韓愈《曹成王碑》：「法成令修，治出張施，聲生勢長。」

【聲聲口口】

形容把某事不停地掛在口頭。《醒世姻緣傳》卷六九：「別說別人，止我不知叫他數說了多少；聲聲口口的謗說我不賢良，又說我打公罵婆，欺侮漢子。」也作「**口口聲聲**」。

【聲勢浩大】

聲勢：聲威和氣勢。形容聲威和氣勢非常大。《水滸傳》六三回：「如今宋江領兵圍城，聲勢浩大，不可抵敵。」

【聲勢顯赫】

顯赫：權勢大。形容人名聲大，氣勢逼人。例他平步青雲，一時間聲勢顯赫，炙手可熱。

【聲嘶力竭】

嘶：聲音啞。聲音嘶啞，氣力用盡。形容竭力叫喊。茅盾《蝕・幻滅》一〇：「各方面的活動都是機械的，幾乎使你疑惑是虛應故事，而聲嘶力竭之態，已隨在暴露，這不是疲倦麼？」

【聲態並作】

指說話的聲音及神態都表現出來。形容文筆生動，有聲有色。魯迅《中國小說史略》二三：「凡官師，儒者，名士，山人，間亦有市井細民，皆現身紙上，聲態並作，使彼世相，如在目前。」

【聲吞氣忍】

指受了欺辱後強自忍耐。元・高則誠《琵琶記・瞯詢衷情》：「夫人，非是我聲吞氣忍，只爲你爹行勢逼臨，怕他知我要歸去，將人廝禁。」也作「**忍氣吞聲**」。

【聲威大震】

見「聲振寰宇」。

【聲威天下】

聲名和威勢震動天下。形容聲望高勢力大。《戰國策・齊策》：「我田忌之人也，吾三戰而三勝，聲威天下，欲爲大事，亦吉否？」

【聲聞過情】

聲聞：名譽；情：實際。指聲名超過了實際情況。《孟子・離婁下》：「聲聞過情，君子恥之。」也作「**聲聞過實**」。元・無名氏《射柳捶丸》一折：「正所謂聲聞過實，君子恥之。」

【聲聞過實】

見「聲聞過情」。

【聲聞九皋】

比喻人享有盛名，譽滿天下。南朝梁・蕭統《錦帶書十二月啟・中呂四月》：「敬想足下聲聞九皋，詩成七步，涵蚌胎於學海，卓爾超羣。」

【聲無細而弗聞，事未形而必彰】

弗：不；形：顯現；彰：顯著。聲音再小也會被人聽見，事情再隱秘也會被人知曉。謂說話做事，終究瞞不了世人。例他自以爲事情做得神不知，鬼不覺，沒有想到聲無細而弗聞，事未形而必彰這句老話，還暗暗得意得很。

【聲西擊東】

見「聲東擊西」。

【聲銷跡滅】

銷：消失；跡：蹤跡。指不聲不響，不露蹤跡。也指隱居生活。唐・柳宗元《謝襄陽李夷簡尚書委曲撫問啟》：「某負罪淪伏，聲銷跡滅。」也作「**銷聲匿跡**」。

【聲音笑貌】

人說話的聲音，談笑的神態。泛指人

的表情。《孟子・離婁上》：「恭者不侮人，儉者不奪人，侮奪人之君，惟恐不順焉。惡得爲恭儉，恭儉豈可以聲音笑貌爲哉！」也作「**聲容笑貌**」。清・章學誠《文史通義・說林》：「人心不同，如其面也。張甲述李乙之言，而聲容笑貌，不能盡爲李乙，豈矯異哉？」也作「**音容笑貌**」。

【聲應氣求】
應：應和，共鳴；求：尋找。形容朋友之間意氣相投，就像相同的聲音共鳴、相同的氣味融合一樣。清・袁枚《隨園詩話》卷九：「姜西溟哭徐健庵司寇詩，用張文昌哭昌黎韻，想見古人聲應氣求，後先推挽之盛。」

【聲譽十倍】
見「聲價十倍」。

【聲振寰宇】
寰宇：指天下。指聲威傳遍天下。《南史・梁本紀》：「[高祖]介胄仁義，折衝尊俎，聲振寰宇，澤流遐裔。」也作「**聲威大震**」。《三國演義》一一〇回：「將軍功績已成，聲威大震。」

【聲振林木】
振：搖動。聲音搖動了林中的樹。形容歌聲宏亮。《列子・湯問》：「撫節悲歌，聲振林木，響遏行雲。」

【聲震屋瓦】
形容呼喊聲宏大而壯猛。清・黃宗羲《子劉子行狀下》：「先生尺布裹頭，伏地而號，官吏士民和者數萬，聲震屋瓦。」

【聲罪致討】
指宣布對方的罪行並進行討伐。《三國演義》二二回：「以明公大義伐[曹]操，必須數操之惡，馳檄各郡，聲罪致討，然後名正言順。」

ㄕㄥˊ

【繩床瓦灶】
繩床：即交椅，也叫胡床；瓦灶：土坯爐灶。簡陋的生活用具。形容生活極艱苦。《紅樓夢》一回：「今風塵碌碌，一無事成……所以蓬牖茅椽，繩床瓦灶，並不足妨我襟懷。」

【繩規矩步】
比喻墨守成規，不知變通。清・鄒鎡《有學集序》：「剽竊之儒，繩規而矩步，得其象貌，失其精神。」

【繩鋸木斷】
以繩當鋸，時間久了也能鋸斷木頭。比喻雖然力量微薄，但只要堅持不懈，也能完成大業。宋・羅大經《鶴林玉露》卷一〇：「一日一錢，千日一千，繩鋸木斷，水滴石穿。」

【繩厥祖武】
見「繩其祖武」。

【繩墨之言】
指合乎道德規範的言談。《莊子・人世間》：「未達人心，而強以仁義繩墨之言，術暴人之前者，是以人惡有其美也。」

【繩其祖武】
繩：繼續；武：足跡。沿著祖先的足跡繼續前進。指繼承祖業。《詩經・大雅・下武》：「昭茲來許，繩其祖武。」也作「**繩厥祖武**」。明・汪廷訥《獅吼記・撫兒》：「他志在青雲，料非身終白屋，倘能繩厥祖武，庶幾不負慈恩。」

【繩牽羊羔——讓它往哪兒走，它就跟著往哪兒走】
羊羔：小羊。比喻馴服，順從。例他的性格軟弱，缺乏主見，就像繩牽羊羔——讓它往哪兒走，它就跟著往哪兒走，難以獨當一面。

【繩愆糾謬】
繩：糾正；愆：過失；謬：錯誤。指糾正過錯。《尚書・冏命》：「惟予一人無良，實賴左右前後有位之士，匡其不及，繩愆糾謬，格其非心，俾克紹先烈。」也作「**繩愆糾繆**」。唐・柳宗元《謝李中丞安撫崔簡戚屬啟》：「繩愆糾繆，列羣肅澄清之風。」

【繩愆糾繆】
見「繩愆糾謬」。

【繩趨尺步】
繩、尺：原指木工校正曲直、量長短的工具，引申爲準則、法度。指舉止言行都要合乎法度。《宋史・朱熹傳》：「方是時，士之繩趨尺步，稍以儒名者，無所容其身，而熹日與諸生講學不休。」也作「**尺步繩趨**」。

【繩樞甕牖】
繩樞：以繩子繫門；甕牖：以破甕做成窗戶。形容住房簡陋，生活貧困。唐・王棨《貧賦》：「共造繩樞之所，相延甕牖之前。」也作「**繩樞席牖**」。席牖：用草席做成的窗。《魏書・蕭衍傳》：「夫[侯]景繩樞席牖之子，阡陌鄙俚之夫，遭風塵之會，逢馳騖之日。」

【繩樞席牖】
見「繩樞甕牖」。

【繩樞之士】
見「繩樞之子」。

【繩樞之子】
繩樞：以繩子繫門軸；子：子弟。指出身於貧寒家庭的子弟。《史記・秦始皇本紀》：「陳涉，甕牖繩樞之子。」也作「**繩樞之士**」。南朝梁・劉峻《廣絕交論》：「則有窮巷之賓，繩樞之士。」

【繩之以法】
繩：原指工匠的墨線，引申爲約束，制裁。指以刑法制裁。《魏書・良吏傳・宋世景》：「世景繩之以法，遠莊懼，棄官亡走。」

【繩子纏雞蛋——沒頭沒尾】
見「磨道走路——沒頭沒尾」。

【繩子串豆腐——哪能掛得上】
比喻毫無牽連或聯繫不上。例此人我根本不認識，給我扣上「與他狼狽爲奸」的帽子，眞是繩子串豆腐——哪能掛得上。

【繩子總在細處斷】
比喻事情的薄弱環節最易出問題。例

這裏是黃河下游最險的地段，防汛工作一定要抓緊落實。繩子總在細處斷，萬一出了問題，後果不堪設想。

ㄕㄥˇ

【省吃儉用】
指生活節約、簡樸。《儒林外史》四七回：「虞華軒在家，省吃儉用，積起幾兩銀子」。

【省煩從簡】
以簡便的方式代替煩雜的手續。《晋書・虞預傳》：「窮奢竭費謂之忠義，省煩從簡呼爲薄俗。」

【省了鹽，酸了醬；省了柴禾，涼了炕】
爲了省鹽，卻使得做的醬變酸了；爲了省柴，卻使暖炕變成了涼坑。比喻盲目節省，結果因小失大。例現在工程到了最關鍵的地方，該把最好的材料用上去了，別爲了省那點兒錢，盡用些次級品，當心省了鹽，酸了醬；省了柴禾，涼了炕。

【省事寧人】
省：免掉，減去。指平息事端，彼此相安無事。清・王士禛《帶經堂詩話・御筆類・五》：「可仰見省事寧人之意，不唯書法之工也。」也作「息事寧人」。

【省刑薄斂】
指減輕刑法，減少賦稅。《東周列國志》七七回：「勤於國政，省刑薄斂，養士訓武，修復關隘。」

【省用足財】
指節約開支，聚積財富。《國語・晋語四》：「輕關易道，通商寬農。懋穡勸分，省用足財。」

【省油燈】
比喻好對付、可欺負的人。通常用於否定式。例他可不是盞省油燈，想整治他不容易。

【省欲去奢】
指免除過多的欲念，除去奢侈。漢・襄楷《復上書》：「又聞宮中立黃老浮屠之祠，此道淸虛，貴尙無爲，好生惡死，省欲去奢。」

ㄕㄥˋ

【聖經賢傳】
聖經：聖人手訂的著作；賢傳：賢人爲聖人經典作的注釋。指儒家的經典著作。老舍《老張的哲學》三八：「在老張的學堂裏，除了聖經賢傳亂念一氣，又無所謂體操和運動。」

【聖人盗書——文明人不做文明事】
聖人：泛指道德智能極高的人。比喻明白人幹糊塗事。例你怎麼也捲入他們的無原則糾紛中去了，眞是聖人盗書——文明人不做文明事。

【聖人肚，雜貨鋪——雜不住】
聖人：泛指道德智能極高的人。聖人滿腹經綸，向他討教問題一般難不住，雜貨鋪的東西雜而全，一般買啥有啥。見「大師傅熬粥——難不住」。

【聖人喝鹵水——明白人辦糊塗事】
鹵水：鹽鹵，有毒性，喝多了會致命。比喻聰明人做出愚蠢的事。例你這個人，是聖人喝鹵水——明白人辦糊塗事，那個吝嗇鬼要多精有多精，能讓你討著便宜？也作「聖人喝鹽鹵——明白人辦糊塗事」、「秀才跳井——明白人辦糊塗事。」

【聖人門前賣字畫】
比喻在行家面前顯示自己的本事。例在座的老先生都是這方面的專家，你這個門外漢只學了幾個名詞，就敢在聖人門前賣字畫，不是自討沒趣兒嗎？

【聖人門前賣字畫——獻醜】
見「關公面前耍大刀——獻醜」。

【聖人面前賣文章——自不量力】
也作「聖人面前賣文章——不自量」。見「孔夫子門前賣〈百家姓〉——自不量力」。

【聖人廟——供養閒（賢）人】
賢人：指才德兼備的人，略次於聖人；閒：「賢」的諧音。雙關語。比喻白白供養無事可做的人。例機構、人員都要精簡，不要把機關變成聖人廟——供養閒（賢）人的地方。

【聖人千慮，必有一失】
聖人：明達之人。聖人考慮問題很多次，總不免會有一次失誤。謂人不可能事事都考慮得很周全，難免有失誤的時候。《晏子春秋・內篇雜下》：「晏子曰：『嬰聞之，聖人千慮，必有一失；愚人千慮，必有一得。意者，管仲之失，而嬰之得者耶？故再拜而不敢受命。』」

【聖人忘情】
指聖人修養極高，對悲歡離合、喜怒哀樂漠然置之，不動感情。南朝宋・劉義慶《世說新語，傷逝》：「聖人忘情，最下不及情；情之所鍾，正在我輩。」

【聖人無常師】
聖人：指孔子。孔子沒有固定的老師。意謂人應多方面拜有學問、有經驗的人爲師，這樣才能增長知識，提高才幹。唐・韓愈《師說》：「聖人無常師。孔子師郯子、萇弘、師襄、老聃。郯子之徒，其賢不及孔子。」

【聖徒進教堂——多畫十字少說話】
聖徒：虔誠的教徒；十字：據基督教《新約全書》記載：耶穌被釘死在十字架上，後來，基督教徒用畫十字來表示虔誠。比喻要小心謹愼，多做好事，少說得罪人的話。例溫大爺教導將要走上工作崗位的兒子說：「要記住，在那裏要像聖徒進教堂——多畫十字少說話，搞好與別人的關係。」

【勝敗兵家常勢】
勢：情勢。勝或敗是打仗的人經常遇到的情況。含一時勝負不足爲怪或不足以論優劣之意。宋・尹洙《敍燕》：「勝敗兵家常勢，悉內以擊外，失則舉所有以棄之。」也作「**勝敗乃兵家常事**」。例不要太計較此次演講比賽的落敗，要知道人的一生「勝敗乃兵家常事」，想開點吧！也作「**勝負（乃）兵家之常**」。《三國演義》三一回：「昔日高祖與項羽爭天下，數敗於羽；後九里山一戰成功，而開四百年基業。勝負（乃）兵家之常，何可自隳其志！」

【勝敗兵家事不期，包羞忍恥是男兒】
不期：不可預料；包羞忍恥：忍受羞恥。勝敗是兵家難以預料的事情，能夠忍受失敗的羞辱才算得上是男子漢。謂人要經得住失敗的考驗，重新振作精神。唐・杜牧《題烏江亭》：「勝敗兵家事不期，包羞忍恥是男兒。江東子弟多才俊，捲土重來未可知。」

【勝敗論人】
指僅以勝負來評論人。多含不分是非曲直之意。宋・釋惠洪《讀〈三國志〉》：「莫將勝敗論人物，忠義千年有耿光。」

【勝敗乃兵家常事】
見「勝敗兵家常勢」。

【勝不驕・敗不餒】
餒：飢餓，引申爲喪氣。勝利時不驕傲，失敗時不喪氣。例很高興你達到自己的目標，但千萬要謹記「勝不驕・敗不餒」的道理。

【勝殘去殺】
殘：殘暴的人；殺：死刑。指以德感化殘暴的人使其不再作惡，便可廢除死刑。《論語・子路》：「善人爲邦百年，亦可以勝殘去殺矣。」

【勝殘刑措】
刑措：刑法擱置不用。指以德服人，使殘暴的人不再作惡，刑法便可擱置不用。《晉書・慕容俊載記》：「太子雖幼，天縱聰聖，必能勝殘刑措，不可以亂正統也。」

【勝負（乃）兵家之常】
見「勝敗兵家常勢」。

【勝利在望】
在望：所盼望的事就在眼前。指勝利即將到來。例這項工程即將完工，已經勝利在望。

【勝任愉快】
指有能力輕鬆地完成任務。清・徐枋《與楊明遠書》：「若此長篇大章卷册等件實尚未試筆，恐未能勝任愉快。」

【勝友如雲】
勝：才智出衆。指衆多才能高超的朋友聚集在一處。唐・王勃《滕王閣序》：「十旬休暇，勝友如雲，千里逢迎，高朋滿座。」

【盛必慮衰】
見「盛不忘衰」。

【盛不忘衰】
在興盛時期不應忘記衰敗之時。形容要深謀遠慮，居安思危。《漢書・匈奴傳》：「及孝元時，議罷守塞之備，侯應以爲不可，可謂盛不忘衰，安必思危，遠見識微之明矣。」也作「**盛必慮衰**」。漢・耿育《上書言便宜因冤訟陳湯》：「且安不忘危，盛必慮衰。今國家素無文帝累年節儉富饒之畜，又無武帝荐延梟俊禽敵之臣，獨有一陳湯耳。」

【盛德不泯】
指高尚的品德永遠不會泯滅。多指對已故傑出人物的讚頌。南朝宋・傅亮《爲宋公修張良廟教》：「綱紀，夫盛德不泯，義存祀典，微管之嘆，撫事彌深。」

【盛德遺範】
指先人的高尚美德。《新唐書・韋陟傳》：「宋璟見陟嘆曰：『盛德遺範，盡在是矣。』」

【盛服先生】
儒者頭戴儒冠，身穿儒服，衣冠整齊。故稱儒者爲「盛服先生」。《漢書・路溫舒傳》：「秦之時，羞文學，好武勇……故盛服先生不用於世。」

【盛極一時】
見「盛行一時」。

【盛集難再】
見「盛筵難再」。

【盛況空前】
指從未有過的盛大而熱烈的狀況。例由於各方面的努力，今年的花市盛況空前。

【盛名鼎鼎】
鼎鼎：盛大。形容人的名氣很大。梁啟超《新民說》一八節：「彼見夫盛名鼎鼎之先輩，明目張膽以爲鄉黨自好者所不爲之事，而其受社會之崇拜、享學界之尸祝自若也，則更必自苦以强爲禹行舜趨之容也。」也作「**大名鼎鼎**」。

【盛名難副】
盛：大；副：相稱，符合。名氣太大與實際很難相符。指名實不符。例當你看過他本人的言行舉止之後，就會發現他的大名氣和實際的形象盛名難副。

【盛年不再】
盛年：壯年；不再：一去不返。晉・陶潛《雜詩》：「盛年不重來，一日難再晨。及時當勉勵，歲月不待人。」後以「盛年不再」指要珍惜青壯年的大好時光，不可虛度。

【盛氣加人】
見「盛氣臨人」。

【盛氣臨人】
指驕橫壓人。宋・樓鑰《敷文閣學士宣奉大夫致仕贈特進汪公行狀》：「時戶部侍郎李公椿年建議行經界，選公爲龍游縣覆實官，約束嚴峻，已量之田隱藏畝步，不以多寡率至黥配，盛氣臨人，無敢忤者。」也作「**盛氣凌人**」。凌：欺凌。《兒女英雄傳》二五回：「無如他的主意是拿定個老道轉毫，不用一絲盛氣凌人。」也作「盛氣加人」。明・張岱《十叔煜芳》：「凡理部務，必力爭屈直，稍有犄角，輒以盛氣加人，為僚屬所畏。」

【盛氣凌人】

見「盛氣臨人」。

【盛情難卻】

指深厚的情意難以推卻。例今天的晚宴我本想不來了，但由於老友的一再邀請，實在盛情難卻。

【盛食厲兵】

吃飽飯，磨快兵器。形容作好戰鬥準備。《商君書・兵守》：「壯男之軍，使盛食厲兵，陳而待敵。」

【盛暑祁寒】

祁寒：嚴寒。酷暑嚴寒。指氣候條件惡劣的季節。《清史稿・聖祖本紀》：「軍興以來，將士披堅執銳，盛暑祁寒，備極勞苦。」

【盛衰利害】

興盛、衰亡、利益、損害。泛指世間人事發展的各種情況。《列子・仲尼》：「盛衰利害不能易，哀樂不能移。」

【盛衰榮辱】

興盛、衰敗、榮耀、恥辱。泛指世間人事變化的各種情況。明・方孝孺《文會疏》：「雖盛衰榮辱，所遇難齊，而道德文章，俱垂不朽。」

【盛衰相乘】

乘：比喻消長。指世事盛衰消長。宋・辛棄疾《論荊襄上流為東南重地》：「以古準今，盛衰相乘，物理變化，聖人處之，豈非栗栗危懼，不敢自暇之時乎？」

【盛衰興廢】

指事物的興盛與衰敗。宋・王安石《祭歐陽文忠文》：「嗚呼！盛衰興廢之理，自古如此。」

【盛行一時】

指在一段時期內特別興盛或流行。清・方東樹《劉悌堂詩集序》：「劉氏名弗耀於遠，而其說盛行一時。」也作「盛極一時」。

【盛筵必散】

筵：酒席。盛大的宴會最終也要散席。比喻良辰美景不會永存。《紅樓夢》一三回：「要知道也不過是瞬息的繁華，一時的歡樂，萬不可忘了那盛筵必散的俗語。」也作「盛筵易散」。

【盛筵難再】

盛大的宴會難以再得。比喻美好的時光不可多得。唐・王勃《秋日登洪府滕王閣餞別序》：「勝地不常，盛筵難再。」也作「盛集難再」。元・王惲《中秋吟》：「書來索詩敍往事，盛集難再須揄揚。」

【盛筵易散】

見「盛筵必散」。

【剩粉殘脂】

見「剩馥殘膏」。

【剩馥殘膏】

剩餘的頭油和脂粉。比喻點滴的精華。多指前人著述對他人創作的滋養作用。宋・陸游《贈邢芻甫》：「安得相從北窗下，丐君剩馥與殘膏。」也指女子所作的詩文字畫。《二十年目睹之怪現狀》四九回：「銅琶鐵板聲聲恨，剩馥殘膏字字哀。」也作「剩粉殘脂」。

【剩水殘山】

殘敗破碎的山河。形容國土淪亡或經過戰亂洗劫後的衰敗情景。宋・釋惠洪《冷齋夜話》卷三：「剩水殘山慘淡間，白鷗無事小舟閒。」也作「殘山剩水」。

ㄕㄨ

【樗櫟凡材】

樗櫟（ㄌㄧˋ）：不成材的樹木。比喻無用的器物或能力平常的人。多用於自謙。清・歸莊《上史閣學書》：「某樗櫟凡材，草茅下士，世守一經之傳，敢云投筆。」也作「樗櫟庸材」、「樗櫟散材」。

【樗櫟散材】

見「樗櫟凡材」。

【樗櫟庸材】

見「樗櫟凡材」。

【書不盡言】

見「書不盡言，言不盡意」。

【書不盡言，言不盡意】

言：言詞；意：意思。書本上寫不盡想說的話，說出的話也表達不完內心的意思。《周易・繫辭上》：「子曰：『書不盡言，言不盡意。』然則聖人之意，其不可見乎？」也作「書不盡言」。《三國演義》二六回：「書不盡言，死待來命。」後多做為書信的結束語。也作「書不盡意」。《北齊書・祖鴻勛傳》：「與陽休之書曰『……已矣哉書不盡意。』」

【書不盡意】

見「書不盡言，言不盡意」。

【書城坐擁】

比喻擁有的藏書極多。清・丘逢甲《次韻和柳汀三十感懷》詩：「斗酒歸謀延壽客，書城坐擁勝窮官。」也作「坐擁百城」。

【書痴者文必工，藝痴者技必良】

對書極度迷戀的人一定擅長寫文章，對技藝極度迷戀的人技能必定高超。謂只要專心致志，就會取得成就。《聊齋志異・阿寶》：「性痴則志凝，故書痴者文必工，藝痴者技必良。」

【書蟲子】

比喻愛好讀書的人。例要找他，上圖書館去，他是個書蟲子，只要有時間就鑽在書堆裏不出來。

【書呆子】

比喻只知死讀書、讀死書，而不知聯繫實際加以運用的人。例應該多讀書，但不能當書呆子，要注意理論聯繫實際。

【書到用時方恨少】

到了應用的時候才會感到書讀得太少了。例你現在不用功學習，將來會後悔的。書到用時方恨少，到了那個時候，再臨時抱佛腳，也來不及了。

【書讀五車】

《莊子・天下》：「惠施多方，其書五車。」後以「書讀五車」指讀書很多，知識極爲豐富。明・范受益《尋親記・局騙》：「我好痴，教孩兒學甚文章！比似我書讀五車，那曾上金馬玉堂？」也作「**書富五車**」、「**學富五車**」。

【書符咒水】

書：畫；符：符籙；咒：咒語；水：神水。泛指道士作法時畫符、念咒、灑神水等各種迷信活動。明・無名氏《獻蟠桃》二折：「我做道士忒聰明，除妖斷怪委實能。書符咒水不濟事，聽的謝將搶三牲。」

【書富五車】

見「書讀五車」。

【書功竹帛】

在竹簡帛絹上書寫功績；載入史冊。《三國志・蜀書・先主傳》：「今欲爲使君合步騎十萬，上可以匡主濟民，成五霸之業，下可以割地守境，書功於竹帛。」

【書記翩翩】

書記：記事的書面文字，如書札、奏記之類；翩翩：形容舉止灑脫。指文章詞藻優美，文風高雅。三國魏・曹丕《又與吳質書》：「公幹有逸氣，但未遒耳，其王言詩之善者，妙絕時人；元瑜書記翩翩，致足樂也。」也作「**書札翩翩**」。唐・韓愈《送靈師》詩：「鄰州競招請，書札何翩翩。」

【書劍飄零】

讀書求學，仗劍從軍，飄泊在外。指因求取功名而四處奔波，久遊未歸。元・王實甫《西廂記》一本一折：「小生書劍飄零，功名未遂，遊於四方。」

【書缺簡脫】

脫：散佚。指書簡殘缺失散。《漢書・楚元王傳》：「禮壞樂崩，書缺簡脫，朕甚閔焉。」

【書三寫，魚成魯，虛成虎】

三：泛指多次。文字轉抄多次，「魚」字會抄成「魯」字，「虛」字會抄成「虎」字。謂文字經多次轉抄，會產生訛誤。晉・葛洪《抱朴子・遐覽》：「符誤者不但無益，將能有害也。書字人知之，猶尚寫之多誤，故諺曰：『書三寫，魚成魯，虛成虎。』」

【書山有路勤爲徑，學海無涯苦作舟】

謂獲得豐富的知識只有經過辛勤的學習。例做學問哪有什麼捷徑？書山有路勤爲徑，學海無涯苦作舟。想要投機取巧，只能一事無成。

【書生常談】

指經常稱引的，大家都聽熟的老話。宋・陸九淵《與宋漕》：「『百姓足，君孰與不足。』殆不可謂書生常談而忽之也。」也作「**老生常談**」。

【書生之見】

指書呆子不切實際或不合時宜的見解。《官場現形記》三一回：「其中有些話都是窒礙難行，畢竟書生之見，全是紙上談兵。」

【書聲琅琅】

形容讀書的聲音清晰響亮。清・紀昀《閱微草堂筆記・灤陽消夏錄三》：「明季有書生獨行叢莽間，聞書聲琅琅，怪曠野那得有是。」也作「**書聲朗朗**」。《鏡花緣》二三回：「走過鬧市，只聽那些居民人家，接二連三，莫不書聲朗朗。」

【書聲朗朗】

見「書聲琅琅」。

【書通二酉】

酉：指大酉小酉二山，相傳秦人於此學習，留書千卷。指讀書極多，滿腹才學。《古今小說》卷四：「[陳宗阮]到一十六歲，果然學富五車。書通二酉。」

【書同文，車同軌】

書：公文，書籍；文：文字；軌：古代車子兩輪間的距離，有定制。指天下統一。《文選・干寶〈晉紀總論〉》：「太康之中，天下書同文，車同軌，牛馬被野，餘糧棲畝。行旅草舍，外閭不閉。故於時有天下無窮人之諺。」

【書頭教娘勤作息，書尾教娘莫瞌睡】

書：信。謂兒子寫給母親的信中，終篇都是要娘多幹活，少休息。《五燈會元》卷一九：「普融知藏，福州人也……凡有鄉僧來謁，則發閩音誦俚語曰：『書頭教娘勤作息，書尾教娘莫瞌睡。』且道中間說個什麼？僧擬對，師即推出。」

【書香門第】

指祖祖輩輩都是讀書人的家庭。《兒女英雄傳》四〇回：「如今眼看著書香門第是接下去了，衣飯生涯是靠得住了。」

【書札翩翩】

見「書記翩翩」。

【書中自有黃金屋，書中自有顏如玉】

顏如玉：面容美如玉，指美女。書裏面自然有豪華的房屋，書中自然有面容如玉的美女。舊謂讀書至上，功名利祿、美女佳人皆可由此而來。宋・趙恒《勸學文》：「讀，讀，讀！書中自有千鍾粟。讀，讀，讀！書中自有黃金屋。讀，讀，讀！書中自有顏如玉」。

【書桌上的筆筒——粗中有細】

見「棒槌拉胡琴——粗中有細」。

【樞機周密】

樞機：封建王朝的重要職務。對國家大政，考慮得十分周密。《漢書・宣帝紀》：「樞機周密，品式備具，上下相安，莫有苟且之意也。」

【菽麥不分】

連豆子、麥子也分不清。形容愚昧無知。宋・林逋《省心錄》：「後世以文章明道，其弊至於菽麥不分，豈止不知稼穡艱難哉！」

【菽水承歡】

見「菽水之歡」。

【菽水之歡】

菽水：豆子和白水。指極普通的飲食。《禮記・檀弓下》：「子路曰：『傷哉，貧也。生無以爲養，死無以爲禮也。』孔子曰：『啜菽飲水，盡其歡，斯之謂孝。』」後以『菽水之歡」謂子女奉養父母，盡孝道。元・高則誠《琵琶記・蔡宅祝壽》：「入則孝，出則弟，怎離白髮之雙親？倒不如盡菽水之歡。」也作「**菽水承歡**」。《儒林外史》八回：「晚生只願家君早歸田里，得以菽水承歡，這是人生至樂之事。」

【淑景良辰】

淑景：美景。指美好的景物和美妙的時光。元・白仁甫《董秀英花月東牆記》一折：「淸和天氣，淑景良辰，紫陌游人嫌日短，靑閨素女怕黃昏。」

【淑人君子】

指溫和善良，品德高尚的人。《詩經・曹風・鳲鳩》：「淑人君子，其儀一兮。」

【淑質英才】

《後漢書・禰衡傳》：「[禰衡]字正平，淑質貞亮，英才卓礫。」後以「淑質英才」形容人具有善良的品質和非凡的才能。例貴公子淑質英才，必成大器。

【殊方絕域】

極其遙遠的地方，多指國外。唐・呂溫《地志圖序》：「名山大川，隨顧奔走；殊方絕域，舉意而到。」也作「**殊方異域**」。《明史・西域傳四》：「自是，殊方異域鳥言侏㒧之使，輻輳闕廷。」

【殊方同致】

見「殊途同致」。

【殊方異類】

不同的地方，不同的種類。泛指各種各樣的異國事務。漢・班固《西都賦》：「其中乃有九眞之麟，大宛之馬，黃支之犀，條支之鳥，逾昆侖，越巨海，殊方異類，至於三萬里。」

【殊方異域】

見「殊方絕域」。

【殊非易易】

殊：極，很。指某事做起來決非容易。明・孫傳庭《督師謝思疏》：「然即使諸兵既合，而各兵伎倆，廟堂不知，臣甚知之，決勝殊非易易。」也作「**實非易易**」。

【殊功勁節】

特殊的功勛，堅貞的氣節。唐・陸贄《奉天遣使宣慰諸道詔》：「其殊功勁節，超越常倫，別條狀績，當待優獎。」

【殊路同歸】

見「殊途同歸」。

【殊失所望】

令人特別失望。宋・朱熹《與黃商伯書》：「石守以憂不來，殊失所望。」也作「**大失所望**」。

【殊途同歸】

選擇不同的道路，都走到同一個目的地。比喻採取不同的方法而得到相同的結果。宋・范仲淹《堯舜率天下以仁賦》：「殊途同歸，皆得其垂衣而治；上行下效，終聞乎比屋可封。」也作「**殊涂同歸**」。涂：通「途」。三國魏・陳羣《奏定曆》：「按三公議，皆綜盡典理，殊涂同歸，欲使效璇璣，各盡其法。」也作「**殊路同歸**」。漢・桓寬《鹽鐵論・利議》：「諸生對册，殊路同歸。」也作「**殊轍同歸**」。轍：指行車的路線方向。宋・朱熹《滄州精舍告先聖文》：「張爰及司馬，學雖殊轍，道則同歸。」也作「**殊致同歸**」。《隋書・五行志上》：「夫神則陰陽不測，天則教人遷善。均平影響，殊致同歸。」也作「**殊途同會**」。會：至。《後漢書・王充等論》：「如使用審其道，則殊途同會；才爽其分，則一豪以乖。」

【殊涂同歸】

見「殊途同歸」。

【殊途同會】

見「殊途同歸」。

【殊途同致】

從不同的路途同時來到一處。比喻通過不同的方法達到了同一目標。《晋書・嵇康傳》：「故君子百行，殊途而同致，循性而動，各附所安。」也作「**殊途一致**」。《晋書・刁協傳》：「夫大道宰世，殊途一致。」也作「**殊方同致**」。方：地方。《隋書・儒林傳序》：「北學深蕪，窮其枝葉，考其終始，要其會歸，其立身成名，殊方同致矣。」

【殊途一致】

見「殊途同致」。

【殊形怪狀】

各種奇特怪異的形狀。唐・竇冀《懷素上人草書歌》：「殊形怪狀不易說，就中驚燥尤枯絕。」也作「**殊形詭狀**」。詭：奇異。清・方苞《游雁蕩記》：「若茲山則浙東西山海所蟠結，幽奇險峭，殊形詭狀者，實大且多。」也作「**殊形妙狀**」。宋・周邦彥《汴都賦》：「與夫沉沙棲陸，異域所至，殊形妙狀，目不給視。」也作「**奇形怪狀**」。

【殊形詭色】

奇特的形狀，怪異的色彩。明・劉基《蜈蚾》：「凡物之殊形詭色，而無益於民用者，皆可以謂之祥，可以謂之妖者也。」

【殊形詭狀】

見「殊形怪狀」。

【殊形妙狀】

見「殊形怪狀」。

【殊勳茂績】

茂：多，大。功勳卓著，業績偉大。《魏書・裴叔業傳》：「殊勳茂績，職爾之由；崇名厚秩，非卿孰賞？」也作「**殊勳異績**」。南朝宋・何尚之

《又答問庾炳之事》：「且自非殊勳異績，亦何足塞今日之允。」

【殊勳異績】

見「殊勳茂績」。

【殊言別語】

指方言土語。章太炎《論漢字統一會》：「今者音韻雖一致，而殊言別語，終合葆存。」

【殊轍同歸】

見「殊途同歸」。

【殊致同歸】

見「殊途同歸」。

【殊滋異味】

特殊的滋味，指非比尋常的飲食。唐・白居易《策林・立制度》：「飲食不守其度，則殊滋異味攻之。」

【倏忽之間】

倏忽：很快，忽然。在極短的一瞬間。《戰國策・楚策四》：「晝遊乎茂樹，夕調乎酸鹹，倏忽之間，墜於公子之手。」

【倏來忽往】

指往來極其迅速。唐・楊炯《浮漚賦》：「合散消息，安有常則；倏來忽往，不可爲象。」

【梳辮子】

比喻把事物或問題進行整理歸納。例羣衆提了不少意見，咱們該梳梳辮子，按問題分類交有關部門處理。

【梳頭姑娘吃火腿——遊（油）手好閒（鹹）】

火腿：醃製的豬腿；遊：「油」的諧音；閒：「鹹」的諧音。比喻什麼事也不幹，成天遊蕩閒逛。例陳二就像梳頭姑娘吃火腿——遊（油）手好閒（鹹），靠父母養活著，人家稱他爲花花公子。

【梳頭照鏡子——光看見自己】

比喻目中無人。例缺乏知識的人，才會梳頭照鏡子——光看見自己，這就是俗話所說，一瓶醋不響，半瓶醋響叮噹。

【疏不間親】

關係疏遠的不應去離間關係親近的。《醒世恒言》卷二：「常言道，疏不間親。你我是外人，怎管得他家事。」也作「疏不謀親」。漢・劉向《說苑・臣術》：「臣聞之：賤不謀貴，外不謀內，疏不謀親。臣者疏賤，不敢聞命。」也作「遠不間親」。

【疏不謀親】

見「疏不間親」。

【疏財急義】

見「疏財仗義」。

【疏財尚氣】

見「疏財仗義」。

【疏財仗義】

指輕視錢財，講義氣的人。多指慷慨解囊，幫助有困難的人。《三國演義》五回：「此間有孝廉衛弘，疏財仗義，其家巨富；若得相助，事可圖矣。」也作「疏財急義」。宋・魏了翁《天台張氏端甫雙璧樓記》：「天台二張……以孝友行千家，以疏財急義聞於州。」也作「疏財重義」。五代・王仁裕《開元天寶遺事・結棚避暑》：「長安富家子劉逸、李明、衛曠，家世巨豪，而好接待四方之士，疏財重義，有難必救，眞慷慨之士，人皆歸仰焉。」也作「疏財尚氣」。尚氣：看重義氣。宋・沈俶《諧史・戴獻可仆》：「四明戴獻可者，疏財尚氣，喜從賢士大夫游處，而家世雄於財。」也作「仗義疏財」。

【疏財重義】

見「疏財仗義」。

【疏宕不拘】

疏宕：疏松拖延。謂放蕩不羈。《北史・薛憕傳》：「憕早喪父，家貧，躬耕以養祖母，有暇則覽文籍，疏宕不拘，時人未之奇也。」

【疏而不漏】

①喻指法網雖然寬大，卻不會放過一個惡人。明・無名氏《尋親記・懲惡》：「天網疏而不漏，張敏這廝呵，你爲人太不俊，從前作過，赦後結寃，萬剮凌遲誰見憐！」②指內容雖然簡要，卻沒有什麼遺漏的。唐・劉知幾《史通・補注》：「竊惟范曄之刪《後漢》也，簡而且周，疏而不漏，蓋云備矣。」

【疏懶成性】

散漫懶惰已成習慣。宋・陸九淵《與陳倅》：「平日疏懶成性，投之應酬之中，良乖所好。」

【疏謀少略】

缺少策略，拙於計謀。《紅樓夢》三六回：「那武將要是疏謀少略，他自己無能，白送了性命，這難道也是不得已麼？」

【疏影暗香】

形容梅花稀疏的枝幹和縷縷浮動的幽香。《水滸後傳》一〇回：「疏影暗香，自甘清冷。」

【疏慵愚鈍】

疏慵：懶散；愚鈍：蠢笨。指笨拙不靈活。元・馬致遠《陳摶高臥》二折：「休休休，枉笑殺凌煙閣上人，有這般疏慵愚鈍，孤陋寡聞。」

【蔬食布衣】

吃的是粗食，穿的是布衣。指生活十分儉樸。《梁書・張嵊傳》：「嵊父臨青州，爲土民所害。嵊感家禍，終身蔬食布衣，手不執刀刃。」

【蔬食飲水】

《論語・述而》：「飯疏食飲水，曲肱而枕之，樂亦在其中矣。」後以「疏食飲水」指粗茶淡飯，生活十分儉樸。《元史・范椁傳》：「椁持身廉正，居官不可幹以私，蔬食飲水，泊如也。」

【蔬水簞瓢】

簞：盛飯的竹器。《論語・雍也》：「一簞食，一瓢飲，在陋巷，人不堪其憂，回也不改其樂。」後以「疏水簞瓢」比喻安貧樂道。清・馮桂芬《似山居圖序》：「涉世處境之道，貴乎似以其近眞也，此即老氏無爲、莊氏齊物之說也，而於孔、顏蔬水簞瓢之義亦無礙焉。」

【舒吭一鳴】

（禽鳥）展開喉嚨一聲長鳴。比喻痛快淋漓地發表意見或發洩胸中鬱悶。清・王夫之《夕堂永日緒論內編》卷三七：「觀子瞻烏台詩案，其遠謫窮荒，誠自取之矣。而抑不能昂首舒吭以一鳴，三木加身，則曰：『聖主如天萬物春。』可恥孰甚焉！」

【舒眉展眼】

伸展眉毛，睜大眼睛。形容神態安逸，無憂無慮的樣子。《水滸傳》三九回：「須臾之間，只見戴宗舒眉展眼，便爬起來。」

【舒頭探腦】

伸長脖子，探出腦袋。形容鬼鬼祟祟的樣子。例屋裏沒人，你舒頭探腦地往裏面看什麼？

【攄忠報國】

攄：抒發。抒發忠誠之情，報效國家。《楊家將演義》三九回：「汝等赴任之後，各宜攄忠報國，施展奇抱，不枉爲一世之丈夫也。」

【輸財助邊】

捐獻個人財物，幫助國家加强邊防。《漢書・卜式傳》：「時漢方事匈奴，式上書，願輸家財半助邊。」

【輸得自己，贏得他人】

賭博時要敢於輸錢，才可能贏得別人的錢。比喻做事要敢於冒風險，才能終有所獲。例像你這樣遇事患得患失，斤斤計較，成得了什麼大事？輸得自己，贏得他人，沒有點兒魄力怎麼可以！

【輸肝瀝膽】

掏出瀝血的肝膽。比喻待人赤誠忠貞。宋・司馬光《辭門下侍郎第二札子》：「臣得輸肝瀝膽，極竭以聞退，就鼎鑊死且不朽，飲食寤寐不忘此志。」也作「輸肝剖膽」。宋・秦觀《代蘄守謝上表》：「復路回車，顧迷途其未遠；輸肝剖膽，庶報效之可圖。」

【輸肝剖膽】

見「輸肝瀝膽」。

【輸寫心腹】

輸寫：全部傾瀉。把心裏的想法全部抒發出來。《漢書・趙廣漢傳》：「吏皆輸寫心腹，無所隱匿。」

ㄕㄨˊ

【秫稭稈當門閂——禁不住推，也禁不住拉】

秫稭稈：去掉穗的高粱稈；門閂：門關上後，插在門內使門推不開的棍。比喻性格懦弱，禁受不住挫折和打擊。例他缺少鍛鍊，遇事就像秫稭稈當門閂——禁不住推，也禁不住拉。也作「秫稭稈當門閂——禁不住推，也擱不住撞」。

【秫稭稈兒當大梁——頂不住】

見「高粱稈當柱子——頂當不起」。

【秫稭挑水——擔不起】

見「八個麻雀抬轎——擔當不起」。

【秫稭做床腿——支撑不住】

秫稭：去穗的高粱稈。見「燈草拐杖——支撐不住」。

【孰不可忍】

《論語・八佾》：「孔子謂季氏八佾舞於庭，是可忍也，孰不可忍也。」原意爲這樣的事都可以狠心做出來，還有什麼事不能狠心做出來呢！後指這樣的事如果能夠容忍，還有什麼事不能容忍呢！表示絕不能容忍。宋・李流謙《謝張雅州啟》：「亡而爲有，此物奚爲至哉？受之不辭，是孰不可忍也。」

【孰可思議】

怎麼可以想像呢？指實在不可理解。南朝梁・劉勰《梁建安王造剡山石城寺石像碑》：「色似飛丹，圖如植璧，感通之妙，孰可思議！」也作「不可思議」。

【熟調陳言】

指重複多次的陳舊話語。清・葉燮《原詩・內篇下》：「熟調陳言，千首一律。」也作「陳詞濫調」。

【熟讀百遍，其義自見】

見：同「現」，顯露。謂讀書的遍數多了，自然能體會出其中的含義。明・張岱《與祁文載》：「古人云：『熟讀百遍，其義自見。』蓋古人正於熟讀時深思其義味耳。」

【熟讀精思】

見「熟讀深思」。

【熟讀深思】

認眞閱讀，深入思考。宋・蘇軾《送安惇秀才失解西歸》詩：「舊書不厭百回讀，熟讀深思子自知。」也作「熟讀精思」。《宋史・徐中行傳》：「[徐中行]得[胡]瑗所授經，熟讀精思，攻苦食淡。」

【熟讀唐詩三百首，不會吟詩也會吟】

把唐詩三百首讀熟了，不會吟詩的人也能吟出詩來。謂詩文讀得多，讀得熟，就能提高寫作能力。清・孫洙《〈唐詩三百首〉序》：「諺云：『熟讀唐詩三百首，不會吟詩也會吟。』請以是編驗之。」

【熟讀王叔和，不如臨症多】

王叔和：名熙，魏晋時名醫，編著有《脈經》十卷。醫書讀得再熟，也趕不上臨床經驗豐富。謂醫道重在實踐。例俗話說：「熟讀王叔和，不如臨症多。」別看你是醫學博士，眞要成爲名醫，還得加强臨床實踐才成。

【熟路輕車】

比喻有經驗，事情容易辦。明・許自昌《水滸記・縱騎》：「一任憑地網天羅，怎禁俺熟路輕車。」也作「熟路輕轍」。轍：車輪輾過的痕跡。宋・張榘《摸魚兒・爲趙孀窩壽》詞：「君看奴，世道羊腸屈折。依然熟路輕轍。」也作「輕車熟路」。

【熟路輕轍】

見「熟路輕車」。

【熟門熟路】

比喻十分熟悉了解。《官場現形記》二五回：「黑大叔那裏，我們是熟門熟路，他自然格外替我們說好話。」

【熟能生巧】

熟練了，就能從中找到巧辦法。《鏡花緣》三一回：「俗話說的『熟能生巧』，舅兄昨日讀了一夜，不但他已嚼出此中意味，並且連寄女也都聽會，所以隨問隨答，毫不費事。」

【熟思緩處】

見「熟思審處」。

【熟思審處】

審：周密，審慎。反覆思考，慎重處理。清・梁章鉅《浪跡叢談・許小琴分司》：「蓋芍友遇事必熟思審處，計出萬全而後行。」也作「熟思緩處」。清・張伯行《廣近思錄・政事》：「薛敬軒曰：『處事最當熟思緩處。』」

【熟視不睹】

見「熟視無睹」。

【熟視無睹】

雖然經常看到，卻跟沒看見一樣。指對事物毫不關心。例對於社區巷口的髒亂，大多數的居民都是熟視無睹，毫不關心。也作「熟視不睹」。晉・劉伶《酒德頌》：「靜而不聞雷霆之聲，熟視不睹泰山之形。」

【熟透的檳果——又黑又紅】

檳果：檳子樹的果實，比蘋果小，成熟後紫紅色，味酸甜，香氣較濃。多形容人臉色好，身體健壯。例這孩子服役三個月，小臉蛋就像熟透的檳果——又黑又紅。

【熟透的甘蔗——節節甜】

比喻生活得越來越幸福美好。例這個村得天時、地利、人和之便，生產一年比一年好，日子過得就像熟透的甘蔗——節節甜。也作「出土甘蔗——節節甜」。

【熟透的藕——心眼多】

藕成熟了，裏面孔眼很多。見「肚子裏揣著個漏勺——心眼太多」。

【熟透的桑葚——紅得發紫】

桑葚：桑樹的果穗，成熟時為黑紫色，味甜，可食。形容人走運，受重用到了極點或過分的程度。例「聽說小劉又連升三級？」「是呀！他像熟透的桑葚——紅得發紫。」

【熟透的石榴——合不攏嘴】

也作「熟透的石榴——咧開了嘴」。見「和尚的木魚——合不攏嘴」。

【熟油拌苦菜，由人心頭愛】

苦菜雖苦，卻有人愛吃。謂人各有志。明・徐畛《殺狗記》一五齣：「[旦]迎春，富貴不然親兄弟，貧寒親的不相親。[貼]院君，熟油拌苦菜，由人心頭愛，不知員外如何只是結義的好。」也作「熟油苦菜，各隨心愛」。例人各有志，任何事情都是熟油苦菜，各隨心愛，你就別再勉強他了。

ㄕㄨˇ

【暑來寒往】

見「暑往寒來」。

【暑天的瘟豬——死不開口】

瘟豬：得急性傳染病的豬。多比喻做了壞事，至死不肯承認。例那個竊賊被抓之後，就像暑天的瘟豬——死不開口。

【暑天借扇子——不識時務】

見「六月裏戴棉帽——不識時務」。

【暑往寒來】

熱天過去冷天到來。泛指時光流逝。宋・彭耜《喜遷鶯》詞：「細風斜雨，斷煙芳草，暑往寒來幾度。」也作「暑來寒往」。南朝梁・陸倕《石闕銘》：「暑來寒往，地久天長。神哉華觀，永配無疆。」也作「寒來暑往」。

【暑雨祁寒】

祁寒：嚴寒。夏暑的暴雨，深冬的嚴寒。指貧苦百姓生活艱難。《尚書・君牙》：「夏暑雨，小民惟曰怨咨；冬祁寒，小民亦惟曰怨咨。」

【曙後孤星】

見「曙後星孤」。

【曙後星孤】

唐・孟棨《本事詩・征咎》：「崔曙進士作《明堂火珠詩試帖》曰：『夜來雙月滿，曙後一星孤。』當時以為警句。及來年，曙卒，唯一女名星星。人始悟其自讖也。」後以「曙後星孤」指人死後僅留一孤女。清・梁紹壬《兩般秋雨庵隨筆・陳小魯》：「道光乙亥，竟以病酒，卒於友人黃山漁家……一女，曙後星孤，寄居外家。」也作「曙後孤星」。《兒女英雄傳》三九回：「十三妹者，蓋曙後孤星。」

【黍稷無成，不能為榮；黍不為黍，不能蕃廡；稷不為稷，不能蕃殖】

榮：穀類結穗；蕃廡：茂盛；蕃殖：繁殖。黍、稷長不成，便不能結穗；想收穫黍、稷，卻不種它們，怎能望它們滋長繁殖。指種黍得黍，種稷得稷。比喻施恩得報，結怨樹敵。《國語・晉語四》：「公子過鄭，鄭文公亦不禮焉……叔詹曰：『若不禮，則殺之。』諺曰：『黍稷無成，不能為榮。黍不為黍，不能蕃廡。稷不為稷，不能蕃殖。所生不疑，惟德之基。』公弗聽。」

【黍離麥秀】

黍離：黍子繁茂；麥秀：麥子結穗下垂。《詩經・王風・黍離序》：「黍離，閔宗周也。周大夫行役至於宗周，過故宗廟宮室，盡為禾黍，閔周室之顛覆，彷徨不忍去，而作是詩也。」《史記・宋微子世家》：「箕子朝周，過故殷墟，感宮室毀壞、生禾黍……乃作麥秀之詩以歌咏之。」後以「黍離麥秀」為哀傷亡國之辭。宋・王安石《金陵懷古》詩：「黍離麥秀從來事，且置興亡近酒缸。」

【黍離之悲】

黍離：《詩經》篇名，內容為哀傷周室的顛覆。指懷念故國的悲傷之情。宋・姜夔《揚州慢・序》：「千岩老人以為有黍離之悲也。」

【黍米作黃酒——後勁兒大】
黍米：黃米。用黃米釀成的酒後勁很大。比喻後一階段的力量或勁頭大。例「工作一天了，累嗎？」「不累，我是黍米作黃酒——後勁兒大。」

【屬百靈鳥的——叫得好聽】
百靈鳥：比麻雀略大，羽毛呈茶褐色，有白色斑點，叫聲婉轉動聽，是著名的鳴禽。比喻人說得好聽，只說不做。例你別看他能說會道，這個人是屬百靈鳥的——叫得好聽，就是不愛幹活。也作「屬百靈子的——哨得好聽」。

【屬刨花的——點火就著】
刨花：刨木材時刨出來的薄片，多呈卷狀，很容易引著火。見「硫磺腦袋——一點就著」。

【屬玻璃的——經不起敲打】
比喻力量薄弱，受不了打擊。例我們公司資金少，利潤不多，屬玻璃的——經不起敲打。也作「紙糊的大鼓——經不起敲打」。

【屬蒼蠅的——哪臭往哪叮】
比喻專門追逐消極落後，腐朽庸俗的東西。例這小子是屬蒼蠅的——哪臭往哪叮，吃喝嫖賭無所不為，已墮入毀滅的深淵了。

【屬長蟲的——冬天離不開洞】
長蟲：即蛇，冬天有鑽洞冬眠的習性。比喻離不開家。有時也比喻離不開暖和地方。例叫你出差就去吧，你又不是屬長蟲的——冬天離不開洞，守著家又有什麼好處？

【屬窗戶紙的——一點就透】
雙關語。比喻稍一提示，就全明白了。例他是一個聰明人，屬窗戶紙的——一點就透，不需要費多少口舌，就能提高他對這件事的覺悟。

【屬窗戶紙的——一捅就破】
雙關語。比喻稍加點，真相就會大白。例很明顯，他想隱瞞住這件事的真相，屬窗戶紙的——一捅就破，你為什麼不當場指出。

【屬大腸的——扶不直】
大腸：腸的一部分，上通小腸，下通肛門，彎曲而柔軟，是扶不直的。比喻基礎太差，或品質太壞，不爭氣，難以扶持。例我勸說過他三次，就是不回頭，的確是屬大腸的——扶不直。

【屬電筒的——只照別人，不照自己】
也作「屬電筒的——照見別人，照不見自己」、「屬手電筒的——光照人家，不照自己」、「手拿電筒——光照別人，不照自己」。見「鍋底笑話缸底黑——只見人家黑，不見自已黑」。

【屬豆餅的——上擠下壓】
豆餅：大豆榨油時經壓擠後剩下的渣子。見「骨縫裏的肉——兩頭受擠。」

【屬豆腐渣的——硬不往一起粘】
粘：黏的東西附著在物體上。豆腐渣沒有黏性，團弄不到一起。比喻不能同心協力，團結一致地做事。例這些人是屬豆腐渣的——硬不往一起粘，總是各行其是，互不買帳，工作根本無法進行。

【屬二騾子的——一不小心就咬人】
二騾子：脾氣粗暴的騾子。比喻某人或某物不注意就會傷害人。例這台機器是屬二騾子的——一不小心就咬人，誰也不願使喚，得更新了。

【屬瘋狗的——亂咬人】
比喻隨意拉扯別人擔禍，或諉過於人。例「聽說他在交代中揭發了許多人？」「誰都清楚，他是屬瘋狗的——亂咬人。」

【屬公雞的——光啼不下蛋】
比喻空嚷嚷，不實幹。例別指望他了，他是屬公雞的——光啼不下蛋，還是我們自己多加點勁吧！

【屬公雞的——好鬥】
比喻熱衷於打鬧，爭鬥。例那個長著鷹鉤鼻子的人，是屬公雞的——好鬥，人們都遠而避之，今後你也得離開他的。

【屬狗的——翻臉不認人】
見「台上握手，台下踢腳——翻臉不認人」。

【屬狗的——記吃不記打】
狗性貪吃，雖遭痛打，只要有吃的，仍然跑上去。見「廚房裏的貓——記吃不記打」。

【屬狗的——哪裏有屎往哪裏奔】
比喻人不顧一切，哪兒有利就往哪兒鑽。例他看到做買賣可賺大錢，又轉業做生意去了，人家說他是屬狗的——哪裏有屎往哪裏奔，真是一點不假。

【屬狗的——軟的欺負硬的怕】
比喻只會欺負軟弱的，而害怕強硬的。例這個人是屬狗的——軟的欺負硬的怕，你切不可退縮，應據理力爭。

【屬豪豬的——渾身是刺】
豪豬：箭豬。比喻厲害難纏，不好招惹。例「此人經常這麼胡攪蠻纏？」「可不，他是屬豪豬的——渾身是刺，無理也不讓人。」也作「花椒樹—渾身是刺」、「無花的薔薇——渾身是刺」。

【屬耗子的——放下爪兒就忘】
①見「廚房裏的貓——記吃不記打」。②比喻記性壞。例我是屬耗子的——放下爪兒就忘，你說的這件事，早忘光了。也作「屬耗子的——出門兒就忘」、「屬老鼠的——撩下爪子就忘」。

【屬耗子的——記吃不記打】
見「廚房裏的貓——記吃不記打」。

【屬耗子的——偷吃偷喝】
比喻嘴饞不擇手段。例鄭三有個大毛病，那就是屬耗子的——偷吃偷喝，在飯店廚房工作時，就常受到批評。也作「孫大聖赴蟠桃宴——偷吃偷喝」。

【屬核桃仁的——不敲不出來】
比喻不施加壓力，給點厲害，就不說實話。例這小子是屬核桃仁的——不敲不出來，不給點顏色看看，他是不會說實話的。

【屬猴的——拴不住】
比喻生性好動，在一個地方呆不住。例小龍是屬猴的——拴不住，就是不願在家老老實實地呆一會兒。

【屬狐狸的——狡猾透了】
比喻詭計多端，無以復加。例此人是屬狐狸的——狡猾透了，不可信賴。

【屬黃花魚的——溜邊】
也作「屬黃花魚的——溜著邊走」、「屬黃花魚的——一來就溜了」。見「黃花魚——溜邊兒」。

【屬黃鱔的——溜了】
黃鱔：鱔魚。見「腳底下抹油——溜啦」。

【屬雞毛的——湊膽（撢）子】
雞毛湊集在一起可以做撢子。膽：「撢」的諧音。比喻本來非常怯懦，依仗著人多勢衆才有膽量。例我們都沒有上台表演過，這次的確是屬雞毛的——湊膽（撢）子，一起來獻醜了。

【屬濟公的——瘋瘋癲癲】
濟公：又稱濟顛僧，宋朝和尚，傳說他瘋瘋癲癲，有異術，嗜酒和狗肉。形容人的精神失常，言行輕狂。例別同他一般見識，他是屬濟公的——瘋瘋癲癲，言行沒有輕重，不懂得禮貌規矩。

【屬蠟燭的——不點不明】
比喻不經提醒或點撥就不會明白。例多虧你上次的指教，我是屬蠟燭的——不點不明，不然，我至今還是糊裏糊塗的哩！也作「屬蠟燭的——不點不亮」、「桌上的油燈——不點不明」。

【屬癩蛤蟆的——不咬人煩人】
見「癩蛤蟆橫路上腳背——不咬人，咯厭人」。

【屬爛木頭的——叫個鳥就來啄兩口】
比喻人軟弱無能，誰都可以欺負他。例這種蠻橫強暴的事絕對不是他幹的，他是屬爛木頭的——叫個鳥就來啄兩口，怎麼會有如此的膽量呢？

【屬老母豬的——能吃能睡】
比喻人又饞又懶，光吃不幹。例他是屬老母豬的——能吃能睡，就是幹活差點勁。也作「屬老母豬的——吃飽就睡」。

【屬老鼠的——能吃不能拿】
老鼠能偷東西吃，但是不能拿走。比喻只會吃飯，不會幹事。例現在，屬老鼠的——能吃不能拿的人一天比一天減少，這是一件大好事，有利於生產的發展和社會的進步。

【屬雷管的——碰不得】
雷管：用雷汞等化學藥品製成的引火裝置，受衝擊或摩擦時易爆。見「馬蜂的屁股——碰不得」。

【屬犁碗子的——老往一面翻土】
犁碗子：〈方〉鏵（ㄏㄨㄚˊ），犁鏵，安在犁的下端用來翻土，因爲它斜向一邊，所以總是往一面翻土。比喻人強調一面之詞，講一面理兒。例你是屬犁碗子的——老往一面翻土，認爲理全在自己一邊，究竟誰是誰非，讓旁人來評一評。

【屬劉海兒的——淨站在錢上】
劉海兒：古代傳說中的仙童。傳統的民間吉祥畫把他畫作童子，前額蓄短髮，手戲蟾蜍，腳踏金錢。比喻一切爲了錢。例有的人是屬劉海兒的——淨站在錢上，沒錢不辦事。

【屬漏斗的——填不滿】
漏斗：把液體或顆粒、粉末灌到小口的容器裏用的器具，一般是由一個錐形的斗和一個管子構成。見「老虎嘴裏塞螞蚱——填不滿」。

【屬驢的——直腸子】
見「肚子裏吞擀麪杖——直腸子」。

【屬螞蟥的——吸血鬼】
螞蟥：水蛭，生活在池沼或水田裏，常用尾部的吸盤叮在人畜身上，吸食血液。比喻榨取他人血汗，過著寄生生活的人。例你有所誤解，開放、搞活，並不是要培養一批屬螞蟥的——吸血鬼；相反，還要杜絕這種現象的發生。

【屬螞蟥的——不按著不拉屎】
螞蟥：〈方〉蝗蟲。比喻不採取強制手段，對方就不肯屈服。例敵人是屬螞蚱的——不按著不拉屎，不狠狠打擊他們，和談是不可能的。

【屬貓的——瞇一會眼睛就頂睡一覺】
眯一會：合上眼小睡一會。比喻善於休息的人，才精力旺盛。例柏大叔是屬貓的——瞇一會眼睛就頂睡一覺，別看他起早貪黑，很少休息，他精神可足哩！

【屬木叉的——專會挑】
木叉：一種木製農具，一端有兩個以上略彎的長齒，一端有長柄，用來挑柴草等。雙關語。比喻人專會挑毛病。例做編輯的是屬木叉的——專會挑，任何書稿都能找出一大堆毛病。

【屬螃蟹的——橫著走】
見「螃蟹過街——橫行霸道」。

【屬螃蟹的——貨在裏面】
螃蟹外面是殼，裏面是肉和蟹黃。比喻聰明才幹不外露。例他是屬螃蟹的——貨在裏面，不了解的人，還認爲他平庸無能哩！

【屬炮筒子的——直來直去】
也作「屬炮筒子的——直出直入」、「屬炮筒子的——直進直出」。見「胡同裏扛竹竿——直來直去」。

【屬蚯蚓的——少露面】
蚯蚓：環節動物，生活在土壤中，能使土壤疏鬆，平時不露出地面。比喻工作踏實，不愛出頭露面。例大春不吭一聲地幹了許多鮮爲人知的好事，眞是屬蚯蚓的——少露面啊！

【屬算盤珠的——由人擺弄】

見「鳥入籠中——由人擺弄」。

【屬孫猴子的——從石頭縫裏蹦出來的】

孫猴子：孫悟空。《西遊記》中說，孫悟空是花果山上的一塊石產的卵風化而成的石猴，沒有生養的父母。用以奚落別人不是父母所生。例這個小牛倌自幼失去父母，別人挖苦他是屬孫猴子的——從石頭縫裏蹦出來的。

【屬彈簧的——能屈能伸】

見「木匠的折尺——能屈能伸」。

【屬糖稀的——愛粘人兒】

糖稀：含水份較多的麥芽糖，黃色，膠狀，有粘性。雙關語。比喻愛和人接近，也愛招人。例她是屬糖稀的——愛粘人兒，常常呼朋喚友，成羣結伴，不甘寂寞。

【屬兔子的——膽子小】

比喻膽量很小。例要他到敵後去偵察，不行，他是屬兔子的——膽子小，也作「受驚的麻雀——膽子小」、「屬老鼠的——膽子小」。

【屬兔子的——溜得快】

比喻悄悄地逃走，跑得很快。例這夥賭徒聽說警察要來，屬兔子的——溜得快極了，轉眼就無影無蹤。

【屬兔子的——鑽前鑽後】

鑽前鑽後：形容兔子行動敏捷，跳來跳去。比喻人跑前跑後，十分殷勤。例小芳熱情好客，有朋友到家，就像屬兔子的——鑽前鑽後，忙於招待照應。

【屬鴕鳥的——顧頭不顧尾】

鴕鳥：現代鳥類中最大的鳥，高可達三米。據說鴕鳥被追急時，就把頭鑽進沙裏，自以爲平安無事。也作「屬鴕鳥的——顧頭不顧腚」。見「黃鱔鑽洞——顧住頭，顧不了腚」。

【屬烏龜的——縮腦袋】

比喻十分害怕，不敢暴露目標，露出頭來。例敵人是屬烏龜的——縮腦袋，我們只放了幾槍，他們就縮在戰壕裏，再也不敢露頭了。

【屬烏龜的——縮頭縮腦】

比喻不大膽或害怕，縮手縮腳。例這次防洪搶險，個別人是屬烏龜的——縮頭縮腦，躲在後面，不敢到最危險的地方去。

【屬喜鵲的——好登高枝】

喜鵲經常停落在樹的高枝上。比喻喜歡巴結權貴，或出風頭。例哼，老跟在總經理屁股後面轉，眞是屬喜鵲的——好登高枝。

【屬香火兒的——一頭熱】

香火兒：燃著的線香、棒香或盤香上的火。見「燒火棍子——一頭熱」。

【屬小雞子的——記吃不記打】

見「廚房裏的貓——記吃不記打」。

【屬熊貓的——不合羣】

熊貓生活在高山中，喜食竹類，善於爬行，性狐獨，不羣棲。見「剛買來的馬——不合羣」。

【屬鴨子的——塡不飽肚子】

見「刨嘴吃刨花——塡不飽肚子」。

【屬牙膏的——總受排擠】

比喻老是受人排斥，使自己失去地位或利益。例老尹是個老實人，在公司是屬牙膏的——總受排擠，做了一輩子的牛馬，還是一個小小的辦事員。

【屬野雞的——吃碰頭食】

野雞：雉的通稱，也叫山雞。野雞無人餵養，沒有固定的食物，碰到什麼吃什麼。比喻人沒有固定的工作，有什麼活就幹什麼，沒有穩定的生活來源。例在舊社會，他爲地主打零工，就像屬野雞的——吃碰頭食，常常是飽一頓，餓一頓，日子眞不好過。

【屬野雞的——顧頭不顧腚】

也作「屬野雞的——顧頭不顧尾」。見「黃鱔鑽洞——顧住頭，顧不了腚」。

【屬夜貓子的——窮叫喚】

夜貓子：貓頭鷹，常在夜間發出淒慘的叫聲，令人生厭。比喻沒完沒了的喊叫。例我早就聽見了，屬夜貓子的——窮叫喚些什麼，眞討厭。

【屬珍珠魚的——渾身淨點子】

珍珠魚：金魚的一種，渾身有整齊而明顯的白點，形似珍珠。見「八月的石榴——滿腦袋的紅點子」。

【屬蜘蛛的——吃自來食】

蜘蛛從肛門周圍的突起處分泌黏液，黏液在空中凝成細絲，用以結網，捕食昆蟲。見「癩蛤蟆張口——吃自來食」。

【屬蜘蛛的——滿肚子私（絲）】

也作「屬蜘蛛的——一肚子私(絲)」。見「秋後的絲瓜——滿肚子私（絲）」。

【屬豬八戒的——好吃懶做】

比喻好吃不愛幹活。例這一幫子人，成天吃吃喝喝，什麼事也不幹，眞是屬豬八戒的——好吃懶做，新社會的寄生蟲。也作「牙長手短——好吃懶做」。

【屬豬的——咬住不放】

豬一般不咬人，一旦咬住就不放。比喻抓住了就不鬆手，或糾纏不已。例大斌有一股子頑強勁和堅持勁，認准的事情就要幹到底。工廠的同事們說他辦起事來，就像屬豬的——咬住不放。也作「瞎貓抓住死老鼠——咬住不放」、「瞎貓啃骨頭——咬住不放」。

【屬竹子的——心裏虛】

比喻心裏沒底，不踏實。例建築隊伍是新組建的，能否完成這樣大的工程，的確，我是屬竹子的——心裏虛。也作「出鬚的蘿蔔——心裏虛」。

【蜀錦吳綾】

泛指各種精美的絲織品。《西遊記》八二回：「微風初動，輕飄飄展開蜀錦吳綾；細雨才收，嬌滴滴露出冰肌玉質。」

【蜀犬吠日】

唐．韓愈《與韋中立論師道書》：「蜀

中山高霧重，見日時少；每至日出，則羣犬疑而吠之也。」後以「蜀犬吠日」比喻少見多怪。清・程允升《幼學瓊林》卷一：「蜀犬吠日，比人所見甚稀。」

【蜀日越雪】
蜀地的太陽，越地的雪。比喻少見多怪者所驚異的人或事物。清・尹會一《健余尺牘・覆蓮宇先生》：「不朽事業，無妨爲蜀日越雪，蓋怪者自怪，傳者必傳，無疑爾。」

【蜀中無大將，廖化作先鋒】
廖化：名淳，字元儉，三國蜀將，爲關羽部下。用以比喻無人才的地方，只能任用本事一般的人來擔當重任。例如今一時之間尚找不到合適的人選，這個工作又得有人去做，蜀中無大將，廖化作先鋒，沒奈何，權且讓小劉做吧。

【鼠竄狼奔】
形容壞人像老鼠野狼一般，亂衝亂竄。明・張岱《石匱書後集・馬士英傳》：「擁兵十萬，一日不守，徒收拾輜重，鼠竄狼奔。」也作「狼奔豕突」。

【鼠肚雞腸】
比喻氣量狹小，不能容人。例他這個鼠肚雞腸的人，做什麼都斤斤計較，算計別人。也作「鼠腹雞腸」。《金瓶梅詞話》三一回：「賊三寸貨強資，那鼠腹雞腸的心兒，只好有三寸大一般。」也作「鼠腹蝸腸」。《西遊記》七六回：「［二怪、三怪］哀告道：『大聖呵，只說你是個寬洪海量之仙，誰知是個鼠腹蝸腸之輩。』」

【鼠腹雞腸】
見「鼠肚雞腸」。

【鼠腹蝸腸】
見「鼠肚雞腸」。

【鼠肝蟲臂】
喻指極其微賤的人或物。宋・陸游《雨中排悶》詩：「卻慚向者力量淺，鼠肝蟲臂猶關情。」也作「蟲臂鼠肝」。

【鼠目寸光】
形容眼光短淺。例我們計畫任何事情都不能鼠目寸光，以免招致失敗。

【鼠目獐頭】
形容人長得委瑣鄙俗，賊頭賊腦。明・無心子《金雀記・擲果》：「我鼠目獐頭，強似他面如傅粉。」也作「獐頭鼠目」。

【鼠憑社貴】
社：土地廟。老鼠憑借土地廟作窩，使人不敢去挖掘。比喻壞人仗勢欺人。南朝梁・沈約《恩倖傳論》：「鼠憑社貴，狐藉虎威。」

【鼠樸自貴】
《戰國策・秦策三》：「鄭人謂玉未理者爲璞，周人謂鼠未臘者爲樸。周人懷樸，謂鄭賈曰，『欲買樸乎？』鄭賈曰：『欲之。』出其樸視之，乃鼠也。因謝不取。」後以「鼠樸爲貴」比喻雖自知某物名實不副，卻仍看得很珍貴。明・凌濛初《譚曲雜札》：「哀集故實，編造亦多，草草苟完，鼠樸自貴，總未成家，亦不足道。」

【鼠竊狗盜】
見「鼠竊狗偷」。

【鼠竊狗偷】
像老鼠和狗一樣偷偷摸摸。比喻壞人幹見不得人的勾當。《舊唐書・蕭銑等傳論》：「自隋朝維絕，宇縣瓜分，小則鼠竊狗偷，大則鯨吞虎據。」也作「鼠竊狗盜」。《史記・叔孫通傳》：「此特羣盜鼠竊狗盜耳，何足置之齒牙間。」

【鼠雀之牙】
見「鼠牙雀角」。

【鼠屎污羹】
老鼠屎壞了一鍋湯。比喻由於加進了一點點兒不好的東西而破壞了原來美好的事物。宋・孫覿《跋吳省元眞贊》：「吳公前輩盛德，予宿昔所敬慕，制一偈自贊，皆佛菩薩語，啟誦三過，欲下一句……恐得鼠屎污羹之誚。」

【鼠首僨事】、
僨事：壞了事情。像老鼠出洞時縮頭縮腦誤了事。比喻人辦事不決斷。例在球門前，足球隊員必須當機立斷，趕快起腳，絕不能鼠首僨事。

【鼠心狼肺】
指心術不正、心腸歹毒的人。清・鄭板橋《後孤兒行》詩：「丈丈翁，得錢歸。鼠心狠肺，側目呑肥，千謀萬算伏危機。」也作「狼心狗肺」。

【鼠牙雀角】
《詩經・召南・行露》：「誰謂雀無角，何以穿我屋……誰謂鼠無牙，何以穿我墉？」後以「鼠牙雀角」指恃強凌弱，引起爭訟。明・歸莊《陳君墓表》：「君爲人長厚有信義，里中人皆從而辨曲直，有鼠牙雀角之訟，往往以君一言而解。」也作「鼠雀之牙」。元・朱權《荊釵記・奸詰》：「學生失於龍蛇之辨，致有鼠雀之牙。撫己多慚，見公甚愧。」

【數白論黃】
白：白銀；黃：黃金。謂計較金錢。明・湯顯祖《邯鄲記・贈試》：「有家兄打圓就方，非奴家數白論黃。」

【數長道短】
意同說長道短、說三道四。元・王仲文《救孝子賢母不認屍》三折：「兀那婆子，數長道短，好生無禮！」也作「數短論長」。明・無名氏《九宮八卦陣》三折：「我當初梁山要強，受不的閒言剩語，數短論長。」

【數典忘祖】
春秋時，晉國大夫籍談出使周朝，周景王在宴會上拿出魯國進貢的壺來飲酒，問晉國爲何沒有貢物。籍談回答說，晉國從來沒受過周王室的賞賜，所以沒器物可獻。周景王指出從晉建國的始祖唐叔算起，不斷地接受王室的賞賜，責備籍談身爲晉國司典的後代，竟不了解這些史實。籍談走後，周景王說：「籍父其無後乎！數典而忘其祖。」後用「數典忘祖」比喻忘本，忘記了自己的本來情況或事情的本源。也比喻對本國歷史缺乏了解。清·袁枚《小倉山房尺牘·與錢竹初書》：「枚祖籍慈溪，爲兄部民，因生長杭州，數典忘祖。」

【數東瓜，道茄子】

形容說話東拉西扯，漫無邊際地閒聊。《醒世姻緣傳》二回：「那珍哥狂蕩了一日回來，正要數東瓜，道茄子，講說打圍的故事，那大舍沒投抑伏的不大做聲。」

【數短論長】

見「數長道短」。

【數核桃打棗】

比喻數落，訓斥別人。例你這個工作作風應該改一改。人有臉，樹有皮，誰經得住你這樣整天數核桃打棗的。

【數黑論黃】

數說好壞，議論是非。指不負責任地亂發議論。元·無名氏《關雲長千里獨行》四折：「他那裏說短論長，數黑論黃，斷不了村沙莽撞，你心中自忖量。」也作「數黃道黑」。《醒世姻緣傳》三回：「數黃道黑脫不了只多著我；你不如把我打發了，你老婆還是老婆，漢子還是漢子。」也作「說黃道黑」。《水滸全傳》四一回：「你這廝在蔡九知府後堂且會說黃道黑，撥置害人，無中生有攛掇他。」

【數黃道白】

花言巧語，信口亂說。《初刻拍案驚奇》卷三四：「一張花嘴，數黃道白，指東話西，專門在官宦人家打踅，那女眷們沒一個不被他哄得投機的。」

【數黃道黑】

見「數黑論黃」。

【數黃瓜，道茄子】

比喻嘮叨個不停。例你到他家以後，有事說事，沒事就趕緊回來。人家忙得很，哪有時間陪著你在那兒數黃瓜，道茄子。

【數九寒天】

數九：一般指「三九」和「四九」天氣，是一年中最寒冷的時候。例數九寒天下大雪，天氣雖冷心內熱。

【數九寒天穿裙子——抖起來了】

數九：進入從冬至開始的「九」，即從第一「九」數起，一直到九「九」爲止，是一年中最寒冷的時期。見「老太太坐飛機——抖起來了」。

【數粒而炊】

見「數米而炊」。

【數麻石片】

比喻做極簡易的工作。例你這也不會，那也不做，那你數麻石片去吧！

【數米而炊】

見「數米而炊，稱柴而爨」。

【數米而炊，稱柴而爨】

炊、爨：燒火煮飯；稱：量重量；柴：柴火。形容只關心瑣碎小事。也形容吝嗇或貧窮。《警世通言》卷五：「積柴聚谷，日不暇給，眞個是數米而炊，稱柴而爨。」也作「數米而炊」。《莊子·庚桑楚》：「簡髮而櫛，數米而炊，竊竊乎又何足以濟世哉？」也作「數米而炊，稱薪而爨」唐·張鷟《朝野僉載》：「韋莊頗讀書，數米而炊，秤薪而爨，炙少一臠而覺之。」也作「數粒而炊，析薪而爨」。南朝梁·劉勰《劉子·觀量》：「數粒而炊，析薪而爨，非苟爲艱難，由性偏吝而細碎也。」

【數米量柴】

數米下鍋，稱柴來燒。比喻過分計較瑣碎小事；亦形容生活困窘。《儒林外史》四五回：「只因這一番，有分教；風塵惡俗之中，亦藏俊彥；數米量柴之外，別有經綸。」

【數墨尋行】

逐字逐行、死板地讀書，而不求通曉義理。明·袁宏道《讀經羅漢贊爲黃竹石題》：「數墨尋行，云不了義。」也作「尋行數墨」。

【數往知來】

根據過去的推算就能預知將來。明·陸容《菽園雜記》卷一：「洪武中，朝廷訪求通曉歷數，數往知來，試無不驗者，必封侯，食祿千五百石。」

【數一數二】

①逐次數說列舉。《警世通言》卷三四：「路人爭問其故，孫老兒數一數二的逢人告訴。」②不算第一也算第二。形容突出、少有。元·戴善夫《風光好》三折：「此乃金陵數一數二的歌者，與學士遞一杯。」

ㄕㄨˋ

【束帛加璧】

束帛：五匹帛。五匹帛加上璧玉，這是古代聘請或探問時奉送的最貴重的禮物。指禮儀十分鄭重。《史記·儒林列傳》：「於是天子使使束帛加璧，安車駟馬迎申公。」

【束髮封帛】

《新唐書·列女傳》：「[賈直言]妻董。直言坐事，貶嶺南，以妻少，乃訣曰：『生死不可期，吾去，可亟嫁，無須也。』董不答，引繩束髮，封以帛，使直言署，曰：『非君手不解』直言貶二十年乃還，署帛宛然。」後以「束髮封帛」指婦女忠貞不移。

【束髮小生】

指青年男子。魯迅《碎話》：「『束髮小生』變成先生，從研究室裏鑽出來，救國的資格也許有一點了。」

【束馬懸車】

爲防止滑跌，把馬蹄包裹起來，把車子鉤牢。形容山間行走艱險。《管子·封禪》：「束馬懸車，上卑耳之山。」

【束身就縛】

見「束手就擒」。

【束身修行】

自我約束，加强品德修養。三國魏·阮籍《大人先生傳》：「心若懷冰，戰戰栗栗；束身修行，日愼一日：擇地面行，唯恐遺失。」

【束身自好】

約束自己，保持自身純潔。指不與壞人同流合污。梁啟超《中國專制政治進化史論》：「宋賢大揚其波，基礎益定，凡縉紳上流束身自好者，莫不兢兢焉。」也作「**束身自修**」。《後漢書・卓茂傳》：「前密令卓茂，束身自修，執節淳固，誠能爲人所不能爲。」也作「**束修自好**」。清・鄭燮《范縣署中寄舍弟墨第四書》：「夫束修自好者，豈無其人；經濟自期，抗懷千古者，亦所在多有。」

【束身自修】

見「束身自好」。

【束手待斃】

捆起手來等死。比喻遇到困難不積極設法解決，卻坐等失敗。《封神演義》九四回：「今天下諸侯會兵於此，眼見滅國，無人替天子出力，束手待斃而已。」也作「**束手待死**」。《三國演義》一〇回：「曹兵既至，豈可束手待死！」也作「**束手就斃**」。宋・洪邁《容齋隨筆・靖康時事》：「以堂堂大邦，中外之兵數十萬，曾不能北向發一矢、獲一胡，端坐都城，束手就斃！」也作「**束手待亡**」。清・趙翼《廿二史札記・明末書生誤國》：「自是帝不復敢言和，且亦無人能辦和事者，而束手待亡矣。」也作「**束手受斃**」。宋・汪應辰《論敵情當爲備海道未可進》：「山東之地，必有起而割據者，亦豈肯束手受斃哉！」也作「**束手待盡**」。盡：完。宋・魏了翁《故太府寺丞兼知興元府利州路安撫郭公墓志銘》：「公知不可救藥，自是兀然孤城，束手待盡矣。」

【束手待盡】

見「束手待斃」。

【束手待死】

見「束手待斃」。

【束手待亡】

見「束手待斃」。

【束手就斃】

見「束手待斃」。

【束手就縛】

見「束手就擒」。

【束手就獲】

見「束手就擒」。

【束手就虜】

見「束手就擒」。

【束手就擒】

擒：活捉。捆起手來等著被活捉。形容無力反抗或脫身。宋・李侗《吳方慶先生行狀》：「公廉得其情，前期警戒，賊計不知所出，束手就擒。」也作「**束手就縛**」。宋・陳亮《酌古論三・鄧艾》：「［劉］禪忍數日不降，則艾將束手而就縛。」也作「**束身就縛**」。晉・段灼《上疏追理鄧艾》：「艾被詔書，即遣强兵，束身就縛，不敢顧望。」也作「**束手就虜**」。虜：俘獲。宋・富弼《定州閱古堂》：「武爵斯守，束手就虜；皇帝曰：『噫，汝武曷取？』」也作「**束手就獲**」。獲：俘獲。宋・周密《齊東野語・捕猿戒》：「母［猿］既中矢……其子亟悲鳴而下，束手就獲。」也作「**束手就執**」。執：捉拿，拘捕。明・朱國禎《涌幢小品・郡王之冤》：「及祥等馳至，合兵圍王府，當沍方飲而臥，與質等皆束手就執。」

【束手就執】

見「束手就擒」。

【束手旁觀】

束手：縮手。把手縮在袖子裏在一旁觀看。比喻置身事外，看熱鬧。《歧路燈》六二回：「可恨！可惱！咱們不得束手旁觀，睜著眼叫他陷於不義。」也作「**縮手旁觀**」。宋・辛棄疾《念奴嬌・雙陸和坐客韻》詞：「少年握槊，氣憑陵，酒聖詩豪余事。縮手旁觀初未識，兩兩三三而已。」也作「**袖手旁觀**」。

【束手受斃】

見「束手待斃」。

【束手無策】

策：辦法。像手被捆住一樣，沒有一點兒辦法。形容遇到問題一點解決的辦法也沒有。《二刻拍案驚奇》卷二九：「小姐已是十死九生，只多得一口氣了。馬少卿束手無策。」也作「**束手無措**」。宋・袁甫《陳時事疏》：「大敵臨前，束手無措，則不得已而行守江之下策。」也作「**束手無計**」。《聊齋志異・鞏仙》：「遍索道人，已杳矣。束手無計，奏之魯王。」也作「**束手無謀**」。明・馮惟敏《折桂令・下第嘲友人乘獨輪車四首》詞之三：「問先生何計存身？束手無謀，舉目無親。」

【束手無措】

見「束手無策」。

【束手無計】

見「束手無策」。

【束手無謀】

見「束手無策」。

【束修自好】

見「束身自好」。

【束縕乞火】

見「束縕請火」。

【束縕請火】

縕：亂麻；請火：乞火，討火。搓亂麻當引火繩，向鄰家討火。比喻爲別人排除困難或求助於人。《漢書・蒯通傳》：「里婦夜亡肉，姑以爲盜，怒而逐之。婦晨去，過所善諸母，語以事而謝之。里母曰：『女安行，我今令而家追女矣。』即束縕請火於亡肉家，曰：『昨暮夜，犬得肉，爭鬥相殺，請火治之。』亡肉家遽追呼其婦。故里母非談說之士也，束縕乞火非還婦之道也，然物有相感，事有適可。」

【束杖理民】

束：約束；杖：刑杖。形容官員清正愛民，對百姓不濫施刑罰。元・無名氏《陳州糶米》楔子：「則要你奉公守法，束杖理民。」

【束之高閣】

捆好的東西放在高高的樓閣上。比喻放在一邊。《晉書・庾翼傳》：「京兆杜義、陳郡殷浩，並才名冠世，而翼弗之重也，每語人曰：『此輩宜束之高閣，俟天下太平，然後議其任耳。』」也作「**束置高閣**」。清・錢謙益《牧齋初學集・洪武正韻箋序》：「學士大夫束置高閣，不復省視。」也作「**置之高閣**」。

【束置高閣】

見「束之高閣」。

【束裝待命】

整理好行裝，等待出發的命令。明・朱國楨《涌幢小品・妖黨》：「喻將士已申文撤軍，束裝待命。」

【束裝盜金】

整理行裝卻被誤認爲偷了黃金。比喻無端被懷疑。《藝文類聚》卷二三引南朝宋・顏延之《庭誥》：「嫌或疑心，誠亦難分。動容竊斧，束裝盜金，又何足論也。」

【束裝就道】

見「束裝首路」。

【束裝首路】

首路：出發。整理行裝，出發上路。晉・釋慧持《與桓玄書》：「本欲棲病峨嵋之岫，觀化流沙之表，不能負其發足之懷，便束裝首路。」也作「**束裝就道**」。清・王韜《淞隱漫錄・一二・燕劍秋》：「生素聞西湖名勝，思往一遊，束裝就道。」

【漱流枕石】

以流水漱口，以石頭爲枕。喻指隱逸生活。《晉書・儒林傳論》：「文博之漱流枕石，鏟跡銷聲……斯並通儒之高尚者也。」也作「**漱石枕流**」。南朝宋・劉義慶《世說新語・排調》：「孫子荊年少時欲隱，語王武子：『當枕石漱流』，誤曰：『漱石枕流』。王曰：『流可枕，石可漱乎？』。孫曰：『所以枕流，欲洗其耳，所以漱石，欲礪其齒。』」也作「**枕石漱流**」。

【漱石枕流】

見「漱流枕石」。

【述而不作】

述：陳述；作：創作。闡述而不創作。《論語・述而》：「子曰：述而不作，信而好古，竊比我於老彭。」後泛指只重復前人的理論、學說，而自己並無創見。晉・常璩《華陽國志・後賢志》：「善志者，述而不作；序事者，實而不華。」

【樹碑立傳】

樹：樹立；碑：指歌功頌德的石碑；傳：傳記。原指對人或事進行歌頌。現多用來比喻樹立個人威信，抬高個人聲望，含貶義。例做好工作是我們的本分，絕不是爲了替自己樹碑立傳！

【樹不修不成材，兒不育不成人】

兒女不精心培養就不能成長爲有用的人，就如同樹木不經過修剪就不能成長爲有用之材一樣。例教育孩子，要捨得花功夫。樹不修不成材，兒不育不成人。做父母的只知愛，不知管，到頭來只會毀了孩子。

【樹大分叉，人大分家】

人長大了就該另立門戶，就像樹長大了就會分枝叉一樣。例俗話說：「樹大分叉，人大分家。」你們弟兄幾個也都成家立業了，還是把家分開來過好。

【樹大根深】

比喻根基牢固。例司令自恃樹大根深，哪把那個參謀長看在眼裏！

【樹大有枯枝】

比喻人數一多，其中難免夾雜著個別不良分子。例廠裏出了這樣的人，雖說是樹大有枯枝，但我們應從中找到不足，制訂出改進工作的措施來。

【樹大招風】

樹長得太大就會招致風的摧殘。比喻目標大了容易招致嫉妒。《西遊記》三三回：「這正是樹大招風風撼樹，人爲名高名喪人！」也作「**樹高招風**」。《五燈會元・太平懃禪師法嗣》：「問曰：『牛頭未見四祖時如何？』師曰：『潭深魚聚。』悟曰：『見後如何？』師曰：『樹高招風。』」

【樹倒根摧】

摧：毀壞。比喻人年老體衰。元・無名氏《度柳翠》三折：「柳翠也，只怕你春歸人老，花殘月缺，樹倒根摧。」

【樹倒猢猻散】

猢猻：猴子的別稱。比喻有權勢的人物一倒台，以其爲靠山的人就四散了。例別看他現在那麼得意，拍馬屁的一大堆，早晚有樹倒猢猻散的一天。

【樹倒猢猻散——跑的跑，溜的溜】

猢猻：獼猴的一種，身上有密毛，生活在我國北方山林中。比喻各自逃散。例匪首被擊斃之後，匪徒們就像樹倒猢猻散——跑的跑，溜的溜，各自逃命去了。

【樹倒鳥飛】

比喻爲首的一垮台，隨從各自散去。《古今小說》卷一〇：「到得樹倒鳥飛時節，他便顛作嫁人，一包兒收拾去受用。」

【樹德莫如滋，除害莫如盡】

滋：增長。培養德行最可貴的是使其不斷發揚光大；除掉禍害最要緊的是要乾淨徹底。《戰國策・秦策四》：「《書》云：『樹德莫如滋，除害莫如盡。』吳不亡越，越故亡吳；齊不亡燕，燕故亡齊。齊亡於燕，吳亡於越，此除疾不盡也。」

【樹德莫如滋，去疾莫如盡】

見「樹德務滋，除惡務本」。

【樹德務滋，除惡務本】

立德要力求不斷增多，而鏟除邪惡則求深挖其根本。《尚書・泰誓下》：「樹德務滋，除惡務本。肆予小子，誕以爾衆士，殄殲乃仇。」也作「樹德莫如滋，走疾莫如盡」。去疾：醫治疾患。《左傳·哀公元年》：「吳王夫差敗越于夫椒，報槜李也。遂入越。越子以甲楯五保于會稽，使大夫種因吳大宰嚭以行成。吳子將許之。伍員曰：『不可。臣聞之：德莫如滋，去疾莫如盡。』」

【樹高不能撐著天】
比喻本領再大也總有個限度。例縣裏不成到省裏，省裏不成到京城，一定要把你控告倒。樹高不能撐著天，我就不信沒人能治得了你。

【樹高千丈，落葉歸根】
比喻不忘其本源。多比喻旅居他鄉的人終究要返回故鄉。例人越上了年歲，越懷念兒時的一切，我現在總想著能喝上咱家鄉的小米粥。常言道：「樹高千丈，落葉歸根。」我看咱們還是回去吧。

【樹高招風】
見「樹大招風」。

【樹功立業】
建立功勛和業績。唐·杜牧《上宣州崔大夫書》：「自古雖尊爲天子，未有不用此而能得多士盡心也，未有不得多士之盡心，而得樹功立業流於歌詩也，況於諸侯哉！」

【樹功揚名】
樹功立業，傳揚名聲。《漢書·雋不疑傳》：「凡爲吏，太剛則折，太柔則廢，威行施之以恩，然後樹功揚名，永終天祿。」

【樹稼達官怕】
樹稼：又稱樹介、樹架或木稼、木介，即雨水在樹上結成的冰；達官：顯貴的官吏。舊時迷信謂出現樹稼是達官中有人死亡的凶兆。《舊唐書·五行志》：「開元二十九年十一月二十二日，雨木冰，凝寒凍冽而數日不解。寧王見而嘆曰：『諺云：「樹稼達官怕。」必有大臣當之，吾其死矣。』」

【樹堅不怕風吹動，節操稜稜還自恃】
稜稜：威嚴方正的樣子。大樹堅定地屹立著，不管狂風吹，而依靠自己貞潔不移的氣節而自負。比喻對事業有執著追求，節操堅定高尚的人。明·于謙《北風吹》：「北風吹，吹我庭前柏樹枝。樹堅不怕風吹動，節操稜稜還自恃。」

【樹荊棘得刺，樹桃李得蔭】
樹：種植；荊棘：叢生的多刺植物。比喻善有善報，惡有惡報。例他做出了如此傷天害理的事，早晚要遭報應的。樹荊棘得刺，樹桃李得蔭，他也不例外。

【樹老根多，人老話多】
人一上了年紀，說話就有些嘮嘮叨叨，就像樹老了樹根就很多一樣。例我是越老越不中用了。樹老根多，人老話多，可是孩子們整天不在家，老伴兒又不在，讓我上哪兒說去。

【樹老心半空，人老事事通】
人到了老的時候，什麼事都懂，不像樹到老了，樹心已經半空了。例老年人見多識廣，我們應該虛心向他們請教。俗話說得好：「樹老心半空，人老事事通。」

【樹挪死，人挪活】
樹挪地方就會死亡，而人要是換換環境就能得到新的機遇。謂人不必困守一地。例你那個單位還有什麼值得留戀的？樹挪死，人挪活，你換個地方，再不理想也總會比現在强。

【樹怕剝皮，人怕揭短】
人都怕自己的短處被公開出來，就像樹怕皮被剝掉一樣。例你這個人，說話一點也不給人留面子。俗話說：「樹怕剝皮，人怕揭短。」你早晚非把人得罪遍了。

【樹上的烏鴉，圈裏的肥豬——一色貨】
見「黃杏熬北瓜——一色貨」。

【樹梢吹喇叭——趾(枝)高氣揚】
趾：「枝」的諧音。形容驕傲自滿，得意忘形的樣子。例芝麻大點的成績，就值得樹梢吹喇叭——趾（枝）高氣揚嗎？別忘了，虛心才能得到進步。

【樹頭烏鴉叫——不入耳】
見「對牛吟詩——不入耳」。

【樹小扶直易】
比喻人在小的時候，管教起來比較容易。例品德教育，要從小做起，樹小扶直易，根子扎正了，樹才能不歪。

【樹要成林，人要成羣】
人應該團結起來，就像樹要組成林子一樣。例俗話說得好：「樹要成林，人要成羣。」我們大家只有團結起來，才有力量。

【樹葉掉下來捂腦袋——多加一分小心】
比喻過分小心謹慎。例他是一個樹葉掉下來捂腦袋——多加一分小心的人，這種承擔風險的事絕對不會幹。也作「走路看腳印——多加一分小心」、「抓住耳朵過河——操多餘的心」。

【樹葉落到河水裏——隨波逐流】
見「發大水放竹排——隨波逐流」。

【樹葉子掉下來都怕打了頭】
形容膽小怕事。例眞想不到，他這個人平常連樹葉掉下來都怕打了頭，可是今天就數他最勇敢。

【樹欲靜而風不寧】
見「樹欲靜而風不止」。

【樹欲靜而風不停】
見「樹欲靜而風不止」。

【樹欲靜而風不止】
樹想靜止，風卻不停地吹動它。比喻客觀情況不以人的主觀願望爲轉移。元·高則誠《琵琶記·書館悲逢》：「孔子聽得臯魚哭啼，問其故，臯魚說道：『樹欲靜而風不止』，子欲養而親不待。」也作「樹欲靜乎風不定」。漢·劉向《說苑·敬愼》：「樹欲靜乎風不定，子欲養乎親不待。」也作

「樹欲息而風不停」。宋・陳亮《祭凌存仲母夫人文》：「樹欲息而風不停，子欲養而親不待。」也作「樹欲靜而風不寧」。《二刻拍案驚奇》卷二一：「王爵道：『敢問師父法號？』尼姑道：『小尼賤名眞靜』王爵笑道：『只怕樹欲靜而風不寧，便動動也不妨。』」

【樹欲靜乎風不定】
見「樹欲靜而風不止」。

【樹欲息而風不停】
見「樹欲靜而風不止」。

【樹正不怕月影斜】
比喻坐得端行得正，就不怕別人惡意中傷或勾引挑逗。例謠言止於智者，你心中無愧，樹正不怕月影斜，不去理睬它，它便不攻自破了。

【樹之風聲】
樹：建立；風：教化；聲：風氣。建立好的教化，宣揚好的風氣。《尚書・畢命》：「彰善癉惡，樹之風聲。」

【樹樁上的鳥兒——遲早要飛】
比喻終究要遠走高飛。例孩子是樹樁上的鳥兒——遲早要飛的，何必苦苦地要把他留在身邊呢！

【豎起脊梁】
直起腰板。比喻振奮精神，有骨氣。宋・陳亮《癸卯秋答朱元晦秘書書》：「伯恭、欽夫敏妙固未易及，然正大之體，挺特之氣，豎起脊梁，當時輕重有無，獨於門下歸心而已。」

【豎子不足與謀】
豎子：小子，對人的蔑稱；謀：謀划。這小子不配和他共商大事。《史記・項羽本紀》：「亞父受玉鬥置之地，拔劍撞而破之曰：『唉！豎子不足與謀。奪項王天下者，必沛公也。』」

【恕己及人】
寬恕自己，推及到別人。唐・張說《祭崔侍郎文》：「泛交而客博，好施而能均，欲人規己，恕己及人。」也作「恕己及物」。物：指人。唐・白居易《策林一・王澤流，人心感》：「夫恕己及物者無他，以心度心，以身觀身，推其所爲以及天下者也。」

【恕己及物】
見「恕己及人」。

【庶獲我心】
如果這樣，就完全符合我的心願了。宋・孫應時《祭范致政文》：「耄期講道，師表後學，豈惟蜀人之榮，邦家實有光焉……某聞風自歸，遠莫見之。萬里西來，庶獲我心。」也作「實獲我心」。

【裋褐不完】
裋褐：古代童僕穿的粗麻布短衣。指衣服破爛不堪，生活貧苦。《漢書・貢禹傳》：「妻子糠豆不贍，裋褐不完。」也作「短褐不完」。

【數行俱下】
一眼可讀幾行。形容讀書速度很快。《梁書・昭明太子傳》：「太子美姿貌，善舉止。讀書數行俱下，過目皆憶。」

【數奇不偶】
見「數奇不遇」。

【數奇不遇】
數奇：指命運不好；不遇：生不逢時，不得志。指命運坎坷。例飛將軍李廣立下很大功勞，卻不曾受封，眞數奇不遇。也作「數奇不偶」。不偶：不遇。清・汪琬《資政大夫駐防京口協領祖公墓志銘》：「官止於協領，年止於下壽，抑何數奇不偶也？」

【數奇命蹇】
數：天數；奇：單的；蹇：不順利。指命運不佳，諸事不順。唐・楊炯《原州百泉縣令李君神道碑》：「數奇命蹇，遂無望于高門；日往月來，竟消聲于下邑。」

【數盡則窮，盛滿而衰】
天數達到極點，就要完結；事物達到最盛時，就要衰敗。謂事物發展到極限，就要向相反的方向發展。南朝齊・張融《白日歌》：「白日白日，舒天昭暉。數盡則窮，盛滿而衰。」

【數面成親舊】
數：多次。見面次數多了，便自然而然地成了親朋故舊。晉・陶潛《答龐參軍詩序》：「自爾鄰曲，冬春再交，款然良對，忽成舊遊。俗諺云：『數面成親舊。』況情過此者乎？」

【數以萬計】
數量用萬來計算，形容極多。例數以萬計的無辜百姓，被戰亂奪去生命。

ㄕㄨㄚ

【刷子沒有毛——有板有眼】
也作「刷子沒有毛——有板眼」。見「掉了毛的牙刷——有板眼」。

ㄕㄨㄚˇ

【耍把戲】
把戲：指雜技、變魔術等小技藝。比喻玩弄矇騙人的手段。例他這個人慣於耍把戲，你對他可得提高警惕。

【耍把戲的玩刺蝟——扎手】
耍把戲：玩雜技。見「刺槐做棒槌——扎手」。

【耍筆桿子】
①比喻從事文字、文化工作。例他們一家人都是耍筆桿子的。②比喻爲某種需要而用筆大做文章。例誰怕你耍筆桿子指桑罵槐呀，我們也會耍筆桿子回敬你！

【耍大刀的唱小生——改行了】
耍大刀的：指戲曲中的武生，扮演勇猛的男子，偏重開打；小生：戲曲中生角的一種，扮演文雅的青年男子。見「木匠打鐵——改行了」。

【耍骨頭】
①指玩麻將、推牌九。例現在打麻將成風，有的一耍骨頭就耍到半夜。②喻耍賴。例你別跟我耍骨頭，快去幹

活吧，免得到時候被我刮鬍子。

【耍寡嘴】

比喻說無聊的話。例我才不願和他一起說話，他光會耍寡嘴，一點意思也沒有。

【耍狐狸】

比喻玩弄狡猾的手段，搞詭計。例我什麼世面都見過，什麼人都打過交道，別以為你耍狐狸就能騙過我。

【耍花槍】

比喻玩弄詭計或狡猾的手法。例他既跟咱們耍花槍，咱們就來個將計就計，看他還有什麼花招。

【耍花腔】

比喻用花言巧語騙人。例人生在世要老老實實做人，實實在在待人，切不要處處耍花腔，哄騙人。

【耍花招】

比喻玩弄手段，賣弄小聰明。例你做什麼都耍花腔，誰敢信任你？也作「耍花樣」。例他處處耍花樣，最後一事無成。也作「耍花頭」。

【耍滑頭】

比喻玩弄狡詐、油滑的手法。例今天大伙兒約定，誰輸了罰誰唱歌，你別耍滑頭，痛痛快快的唱吧！

【耍活寶】

指出洋相、逗人樂。例這小子就會耍活寶，眞正笑死人。

【耍賴皮】

使用無賴手段，不講道理。例他明明做錯了事，卻耍賴皮，推得乾乾淨淨。也作「耍無賴」。

【耍流氓】

比喻撒潑放刁、不講信義，調戲污辱婦女等下流言行。例他老在公共汽車上耍流氓，終於被抓起來了。

【耍派頭】

指故意炫耀自己的地位、身分和氣派等。例把名牌商標縫在袖口上，這也叫耍派頭嗎？我看是為人家做廣告。

【耍貧嘴】

比喻愛說尖酸俏皮的話或愛開玩笑、愛說話。例你別成天耍貧嘴，快幹活去吧！也作「數貧嘴」。

【耍手腕】

喻玩弄手段，搞小動作。例他自以為聰明，處處耍手腕，殊不知，大家早就識破了他那一套。

【耍死狗】

比喻裝病、偷懶、耍賴。例這老無賴的絕招就是耍死狗，明明犯了事，就是不承認。

【耍態度】

指對人發脾氣，不給好臉看。例公務人員是人民的公僕，只能踏踏實實為人民服務，沒有向人民耍態度的權利。

【耍無賴】

見「耍賴皮」。

【耍心眼】

指玩弄小聰明。例你別耍心眼了，有什麼問題大家開誠布公談談，一起想辦法解決。

【耍嘴皮子】

①指賣弄口才。例眞沒想到，幾年不見你倒學會耍嘴皮子。②指光說不做。例別光耍嘴皮子，做出個樣兒來讓大伙兒瞧瞧。

ㄕㄨㄛ

【說矮話】

比喻低聲下氣、順情說好話。例我沒錯，幹嘛要我對他說矮話，我才不幹呢。

【說白道黑】

妄加評論，對人進行誹謗。《金瓶梅詞話》八八回：「小肉兒，還恁說白道黑，他一個佛家之子，你也消受不得他這個問訊。」也作「說黑道白」。《金瓶梅詞話》六〇回：「你這丫頭，也跟著他恁張眉瞪眼兒，說黑道白的，將就些兒罷了。」也作「說白道綠」。《水滸全傳》二〇回：「那婆子吃了許多酒，口裏只管夾七帶八嘈。正在那裏張家長，李家短，說白道綠。」

【說白道綠】

見「說白道黑」。

【說曹操，曹操就到】

曹操：三國時政治家、軍事家、文學家。正說某人，某人就到眼前。例我們正商量這次郊遊由你負責採購食品，沒想你正進門，眞是說曹操，曹操就到，也作「一說曹操，曹操就到」、「嘴說曹操，曹操就到」。

【說長道短】

隨便議論別人的是非好壞。冰心《我的學生》：「我們穿過這條大街的時候，男女老幼，村的俏的，都向S招呼，說長道短。」也作「說長論短」。例這一羣家庭主婦，每天下午就集合在一起，對左鄰右舍說長論短。也作「說短論長」。元・王實甫《西廂記》一本二折：「盡著你說短論長，一任待掂斤播兩。」也作「說短道長」。唐弢《〈魯迅全集・補遺〉編後記》：「一出版，就不免有人來品頭論足，說短道長。」也作「說長說短」。宋・陳亮《又乙巳春書之一（答朱元晦秘書）》：「亮舊與秘書對坐……然猶說長說短，說人說我，未能盡暢抱膝之意也。」

【說長論短】

見「說長道長」。

【說長說短】

見「說長道短」。

【說出的話牛都踩不爛——硬邦邦】

比喻人性格剛强，意志堅定。有時也指說話或態度生硬。例他是一個說出的話牛都踩不爛——硬邦邦的鐵漢子，土生土長的英雄，打起仗來是沒得說的。也作「鐵打的棒槌——硬邦邦」。

【說大話，使小錢】

形容說話氣粗，行事心虛。例和他共事這麼多年了，他是個什麼樣的人你還不知道？他就是這種說大話，使小錢的貨。

【說大口】

指誇口，說大話。例你這是去求人，可別再說大口了。

【說的比唱的還好聽】

比喻說的很動聽，但卻是騙人的空話。例他的話信不得。當著人的面，他說的比唱的還好聽，可是背地裏，卻盡可能的使壞。

【說地談天】

地下的天上的都說到了。形容話題廣泛，無所不談。元・關漢卿《望江亭》四折：「楊衙內官高勢顯，昨夜個說地談天，只道他仗金牌將夫婿誅，恰元來擊雲板請夫人見。」也作「談天說地」。

【說東道西】

隨意說這說那，談論各種事情。例愛講話的小珍一看到可以聊天的對象就說東道西的，眞是不折不扣的話匣子。也作「說東談西」。《紅樓夢》六回：「只見幾個挺胸疊肚指手畫腳的人坐在大門上說東談西的。」

【說東談西】

見「說東道西」。

【說短道長】

見「說長道短」。

【說短論長】

見「說長道短」。

【說斷頭話】

原指人臨死前說的訣別話。比喻說絕情話。例小李見他竟然說斷頭話，不覺傷心得大哭起來。

【說風便扯篷——太性急】

篷：船帆。見「點火就想開鍋——太性急」。

【說風涼話】

比喻說譏諷人的話。例發生了這麼不幸的事，他不但不幫忙，反而在旁邊說風涼話。

【說風說水】

同「說三道四」。指亂發議論。例只要你拿定主意，就不怕別人說風說水。

【說古談今】

談論從古到今的各種事情。形容話題廣泛。元・石子章《竹塢聽琴》二折：「只待要說古談今，尋山問水，傍柳穿花；那裏也修自正己，利民潤物，治國齊家。」也作「說今道古」。《說岳全傳》九回：「你們又文縐縐地說今道古，我那裏省得？」也作「論今說古」。

【說寡嘴】

指說無聊的話。例現在大家都很忙，沒有時間說寡嘴。

【說怪話】

即說不滿意的話或無原則的議論。例這件事我們處理得太隨便，沒把道理向羣衆講清楚，難怪不少人說怪話。也作「講怪話」。

【說鬼話】

指說見不得人的話或不懷好意的話。例你自己要把得住，不管那些傢伙說什麼鬼話，自己該怎麼做還是怎麼做。

【說黑道白】

見「說白道黑」。

【說話不明，猶如昏鏡】

說話：指說書。說話的人表達不清欲言之事，聽的人就會感到像面對著模糊的鏡子一般。例你還是先喝口水，定定神，再慢慢的說，說話不明，猶如昏鏡，你著急，我們也聽不明白呀。

【說話帶奶氣——幼稚得很】

比喻頭腦十分簡單或非常缺乏經驗。例別說人家說話帶奶氣——幼稚得很，年輕人也可以當領袖、做大事嘛！

【說黃道黑】

見「數黑論黃」。

【說謊亦須說得圓】

謂說謊話也要說得前後不自相矛盾。例說謊亦須說得圓，像你說的前後都不一致，讓別人怎麼相信。

【說今道古】

見「說古談今」。

【說金子晃眼，說銀子傻白，說銅錢腥氣】

形容討厭金銀錢物。例人家清高脫俗，嫌說金子幌眼，說銀子傻白，說銅錢腥氣，整天離錢遠遠的，可是清高能當飯吃嗎？

【說來話長】

事情曲折複雜，不是幾句話就能說清楚的。例這件事說來話長，待下次見面時，我再慢慢告訴你。

【說老婆舌頭】

即搬弄是非。例要不是她在這兒說老婆舌頭，你們也不會吵起來。

【說梅止渴】

說到酸梅，口舌生津而止渴。比喻藉想像以自慰。宋・李清照《打馬賦》：「說梅止渴，稍蘇奔竟之心；畫餅充飢，少謝騰驤之志。」

【說夢話】

指說不切實際或無法實現的話。例咱們不要再聽他說夢話了，趕快抓緊時間按原有計畫完成任務，這比說什麼都實在。

【說漂亮話】

比喻說好聽而不能兌現的話。例他這個人工作很不踏實，成天會說漂亮話，實際工作卻一點也不做。

【說淸話】

指說不負責任、不關痛癢的話。例現在不是說淸話的時侯，要緊的是，馬上拿出切實可行的方案，解決這個難題。

【說塞話】

指說那些阻止人發言，或搶別人說話機會的話。例你別看他老愛跟人說塞話，心眼可不壞，很愛幫助人。

【說三道四】

指亂加談論。唐・宋若莘《女論語・學禮章》：「莫學他人，不知朝暮，走遍鄉村，說三道四，引惹惡聲，多招罵怒。」

【說時遲，那時快】
指事情的發生比說它時還要快。爲舊時說書人形容發生得突然而迅速時的套話。《小五義》八一回：「徐良一罵，周瑞一瞧，他叭的一聲，正中周瑞面門之上。說時遲，那時快，徐良早就縱過去了，把刀就踹住了。」

【說事喙長三尺，判事手重千斤】
喙：鳥獸的嘴，此處借指人嘴；手重千斤：形容難以提筆下判語。形容說話誇誇其談，辦事優柔寡斷。明・馮夢龍《古今譚概》卷一二「矜嫚」：「陸余慶爲洛州長史，能言，而艱於決判。時人語曰：『說事喙長三尺，判事手重千斤。』」

【說是談非】
指評說是非。明・無名氏《騙英布》三折：「本待要說是談非，不承望走將來正逢著本對，豈不聞好鬥者必遇其敵。」

【說書人落淚——替古人擔憂】
見「看《三國》掉淚——替古人擔憂」。

【說書人刹板——且聽下回分解】
說書人：講故事的人；刹板：說書人講到一定時候（常在最驚險處），要拿木板拍一下，表示暫時止住休息。比喻事情暫告一段落，以後看情況的發展再說；或事情沒完，將來才知道結果。例討論到此爲止，是否再繼續，說書人刹板——且聽下回分解，等候通知。

【說鬆神話】
比喻說洩氣話。例大夥兒情緒夠低了，你還來說鬆神話，叫我怎麼做鼓動工作。

【說瞎話】
指說謊、說假話。例做人總得老老實實，說話也要實實在在，一是一、二是二，千萬不能說瞎話。

【說閒話】
①背後說譏諷或不滿的話。例對不起，這個後門我實在不能走，我們可不要讓別人整天在背後說閒話。②指閒聊天。例來，今天沒事，咱倆說說閒話兒。

【說小話】
指說撥弄是非的悄悄話。例誰不知道他專門到頭頭那兒說小話呀，說了這個說那個，到頭來弄得人人怨恨他，沒人理。

【說一不二】
形容說話算數，絕不更改。《兒女英雄傳》四〇回：「褚一官平日在他泰山跟前，還有個東閃西挪，到了在他娘子跟前，卻是從來說一不二。」也作「說一是一」。清・隨緣下士《林蘭香》六回：「耿姑爺與吳大人又比不得尋常中表，說一是一，豈不能早早完結？」

【說一尺不如行一寸】
謂事情貴在做而不在說。例整天光坐在這兒說有什麼用？說一尺不如行一寸，你說的十件事哪怕只辦成一件，大家也就佩服你了。

【說一是一】
見「說一不二」。

【說者無意，聽者有心】
謂說話的人漫不經意，可聽話的人卻關心其中的內容。例我當時只是隨便說說而已，誰知說者無意，聽者有心，她偏偏當了眞，才弄出這麼大一個誤會來。

【說著紅臉的，便來了關公】
關公：關羽，三國蜀漢名將，傳說其面色棗紅。謂正談論誰，誰就來了。例你說巧不巧？說著紅臉的，便來了關公。那邊穿風衣的，不就是他嗎？

【說眞方賣假藥——到底還是假】
眞方：眞的藥方。比喻假的還是假的，矇騙不了。例長期被你欺騙，現在眞相大白，說眞方賣假藥——到底還是假。

【說走嘴】
指說話不注意，說了不應該說的話。例他說走嘴了，不是故意搬弄是非，你別生氣。也作「說海嘴」。例這可是個正式場合，你千萬要正經一點，別一時又說海嘴了。

【說嘴打嘴】
說嘴：自誇，吹牛。剛吹完牛就出醜，受到報應。《紅樓夢》七四回：「老不死的娼婦，怎麼造下孽了？說嘴打嘴，現世現報。」

【說嘴郎中】
郎中：稱中醫醫生。比喻光會嘴上說，實際上沒本領的人。例他不過是個說嘴郎中，眞要讓他幹點事兒，非出醜不可。

ㄕㄨㄛˋ

【爍古炳今】
爍：光亮；炳：光明，照耀。指某種理論或功業等非常偉大，照耀古今。《楹聯叢話・廟祀下・三三節》：「百代集冠裳，爍古炳今，總不外綱常名教。」也作「震古爍今」。

【爍石流金】
能把金石熔化，形容天氣酷熱。《水滸全傳》二七回：「正是六月前後，炎炎火日當天，爍石流金之際，只得趕早涼而行。」也作「鑠石流金」。《淮南子・詮言訓》：「大熱鑠石流金，火弗爲益其烈。」也作「流金鑠石」。

【鑠石流金】
見「爍石流金」。

【碩大無朋】
碩：大；朋：比。指大得無與倫比。《詩經・唐風・椒聊》：「彼其之子，碩大無朋。」

【碩果獨存】
指終於留存下來的個別成果。清・侯方域《彭容園文序》：「今則曾未須臾，而生死聚散、升沉顯晦之變不可勝窮，而彭子獲以碩果獨存，豈非天哉！」也作「碩果僅存」。老舍《茶館》二幕：「北京城內的大茶館已先後相繼關了門。『裕泰』是碩果僅存的一家了。」

【碩果僅存】

見「碩果獨存」。

【碩果猶存】

指經過種種動亂或變遷，仍能僥倖存留下來的可貴的人或物。清・查慎行《朱乾若輓詩二章》之一：「荒榛誰與辟，碩果猶幸存。」也作「**碩果天留**」。清・趙翼《聞故將軍阿公授四川提督卻寄二首》之二：「征南幕府半凋零，碩果天留一將星。」

【碩果天留】

見「碩果猶存」。

【搠筆巡街】

搠筆：插著毛筆；巡街：在大街上遊巡。指貧窮文人在街上賣文。元・鄭廷玉《看錢奴》二折：「我則道留下青山怕沒柴，拼的個搠筆巡街」。

【數見不鮮】

數：屢次；鮮：新鮮，新奇。原意為常見面的客人不必用新宰殺的禽畜招待。後多用來指經常見到，不感覺新奇。清・洪昇《長生殿序》：「而近乃子虛烏有，動寫情詞贈答，數見不鮮。」也作「**屢見不鮮**」。

ㄕㄨㄞ

【衰當益壯】

衰：老。年紀雖老，但仍有雄心壯志。唐・李白《為趙宣城與楊右相書》：「衰當益壯，結草知歸。」也作「**老當益壯**」。

【衰態龍鍾】

龍鍾：因年紀大，行動不靈便的樣子。形容人年老體衰。宋・王之道《滿庭芳・和元發弟秋日對酒》詞：「顧我蹉跎老矣，飄素髮，衰態龍鍾。」也作「**老態龍鍾**」。

【摔跟頭】

見「摔跤子」。

【摔跤子】

比喻犯錯誤或受挫折。例像他這樣什麼都馬馬虎虎，準會摔跤子。也作「**摔筋斗**」。例但願你事事小心，一輩子不摔筋斗。也作「**摔跟頭**」。例摔跟頭怕什麼？爬起來再前進。

【摔筋斗】

見「摔跤子」。

【摔臉子】

比喻把厭煩的心情表現在臉上給人看。例他動不動就摔臉子，誰受得了。也作「**甩臉子**」。例別怕他甩臉子，他就是那種脾氣，表面上不好惹，實際上對人很實在。

【摔耙子】

比喻故意丟下自己負責的工作不做。例現在找工作不容易，你再摔耙子，人家乾脆不用你，看你咋辦？

ㄕㄨㄞˇ

【甩包袱】

比喻把被當作負擔的人或事物推給別人。例母親為你們操勞了幾十年，現在年老多病，你們應該更加體貼照顧她，可不能甩包袱，互相推卸責任。

【甩筆頭子】

比喻打官司寫狀紙。例你要寫申訴書找他去，他最愛甩筆頭子。

【甩大鞋】

比喻態度傲慢、輕浮。例他見人總愛甩大鞋，一點也不懂事。

【甩架子】

即擺架子。例剛當了幾天官，你就甩架子了，太不像話。也作「**甩牌子**」。

【甩了皮鞭拿棒槌——軟硬兼施】

棒槌：捶打用的木棍，多用來洗衣服。見「石匠賣豆腐——軟硬兼施」。

【甩臉子】

見「摔臉子」。

【甩牌子】

指擺資格、擺架子。例她把錢都花在穿衣上了，為的是甩牌子。

【甩手掌櫃】

比喻不負責任的家長或領導人。例今天布置的任務，你得好好領著一班人去件件落實，千萬不要再當甩手掌櫃。

【甩手掌櫃——啥事不管】

甩手：扔下不管；掌櫃：舊時稱商店老闆或負責管理商店的人。比喻飽食終日，無所事事。例我們的廠長成了甩手掌櫃——啥事不管，生產怎麼上得去。也作「**吃飯館，住旅店——啥事不管**」。

【甩閒話】

見「甩閒腔」。

【甩閒腔】

指有意說閒話、發牢騷給人聽。例你老甩閒腔有什麼用？有意見就正正經經地提。也作「**甩閒話**」。例他一天到晚甩閒話，也不知是甩給誰聽。

【甩袖子】

指表示生氣、決裂，扔下事情或工作不幹。例這些工作都是大夥的，誰都不應該甩袖子。

ㄕㄨㄞˋ

【率爾操觚】

率爾：貿然，隨便；操：持，拿；觚：木簡。拿起木簡就寫。形容文思敏捷。晉・陸機《文賦》：「或率爾以操觚，或含毫而邈然。」也形容寫作態度不嚴肅，隨意著筆。清・平步青《霞外攟屑・文稱南直北直非稱三司尤非》：「望溪文最講義法，而敍事頗沿俗稱，不免率爾操觚，以此為後人彈射。」

【率爾成章】

隨意下筆寫文章。形容寫文章草率粗疏。宋・胡仔《苕溪漁隱叢話後集・醉吟先生》：「人謂先生率爾成章，予謂先生的然有理。」

【率馬以驥】

驥：駿馬。駿馬帶領羣馬。比喻以品德高尚的人做爲楷模，帶動衆人。《三國志・魏書・杜畿傳》裴松之注引《杜氏新書》：「昔仲尼之於顏子，每言不能不嘆，既情愛發中，又宜率馬以驥，今吾亦冀衆人仰高山，慕景行也。」

【率獸食人】
形容虐害人民。《孟子・梁惠王上》：「庖有肥肉，廄有肥馬，民有飢色，野有餓莩，是率獸而食人也。」

【率土歸心】
率土：四海之內。指普天之下，人心歸向。《北齊書・文宣紀》：「故百僚師師，朝無秕政，網疏澤洽，率土歸心。」也作「**率土宅心**」。宅心：歸心。南朝梁・武帝《立晉安王綱爲皇太子詔》：「威惠外宣，德行內敏，羣後歸美，率土宅心，可立綱爲皇太子。」

【率土同慶】
普天之下，共同歡慶。唐・白居易《賀上尊號後大赦天下表》：「臣某言：『伏奉七月十三日制書，大赦天下，跪捧宣布，蹈舞歡呼，自天降休，率土同慶。』」

【率土宅心】
見「率土歸心」。

【率土之濱】
濱：水邊。意指四海之內，普天之下。《詩經・小雅・北山》：「普天之下，莫非王土；率土之濱，莫非王臣。」

【率性任意】
對自己不加約束，想怎麼樣就怎麼樣。《雲笈七籤》卷一一六：「或食柏葉，飲水自結，不嗜五穀。父母憐之，聽其率性任意。」

【率以爲常】
堅持下來，使之成習慣。宋・文天祥《與朱太博埴》：「騎馬囊飯，朝往夕還，率以爲常，而山外事一毫不接耳目矣。」

【率由舊典】
見「率由舊章」。

【率由舊則】
見「率由舊章」。

【率由舊章】
率由：順隨，依照。完全按照舊規矩、老辦法辦事。《詩經・大雅・假樂》：「不愆不忘，率由舊章。」也作「**率由舊則**」。則：法則，準則。《三國志・魏書・曹植傳》：「萬邦既化，率由舊則。」也作「**率由舊典**」。《晉書・禮志下》：「謀於公卿，咸以宜率由舊典。」

ㄕㄨㄟˇ

【水抱山環】
綠水環抱，青山圍繞。形容村莊、寺院等位於依山傍水的幽雅環境中。宋・朱熹《懷潭溪舊居》詩：「雖非水抱山環地，卻是冬溫夏冷天。」也作「**山環水抱**」。

【水碧山青】
碧：青綠色。形容山水艷麗，景色如畫。唐・劉禹錫《洛中逢韓七中丞之吳興口號五首》：「水碧山青知好處，開顏一笑問何人。」也作「**水綠山青**」。清・洪昇《長生殿・聞鈴》：「只是對此鳥啼花落，水綠山青，無非助朕悲懷。」

【水兵的汗衫——滿是道道】
水兵的汗衫上都是藍白相間的線條。雙關語。比喻辦法很多，或道理很多。例小斌這個人就像水兵的汗衫——滿是道道，什麼難辦的事，他都能想出解決的辦法。

【水程山驛】
見「水驛山程」。

【水池裏長草——荒唐（塘）】
唐：「塘」的諧音。見「公雞下蛋——荒唐」。

【水大漫不過鴨子去】
比喻品第、地位、水平或能力等，低的超不過高的去。例她再紅，在這部片子裏也是演配角的，你是主角，還怕她搶了你的鏡頭不成？水大漫不過鴨子去，你用不著那麼多慮。

【水大魚多】
比喻事物隨條件的變化而變化，特指向好的方向變化。漢・王充《論衡・自紀篇》：「夫形大，衣不得褊；事衆，文不得褊。事衆文饒，水大魚多。」

【水大舟高】
見「水漲船高」。

【水到渠成】
水一流到，渠道自然形成。比喻一旦條件成熟，事情自然成功。老舍《論創作》：「當然，劇本前後的安排都順理成章，劇情發展水到渠成，非此不可，改動，即使是很大的改動，也是可以的。」也作「**水到魚行**」。魚行：魚自然游過來。宋・蘇轍《龍川別志》：「諺曰：『水到魚行。』既已官之，不患其不知政也。」

【水到渠成，搭鋸見末——立竿見影】
見「搭鋸見末，水到渠成——立竿見影」。

【水到屋邊帆到瓦——水漲船高】
比喻事物隨著所憑藉的基礎的增長而增長。例只有生產發展了，生活福利才能提高，這叫做水到屋邊帆到瓦——水漲船高。

【水到魚行】
見「水到渠成」。

【水滴石穿】
水不斷滴下，日久天長能使石穿。比喻只要有恆心，事情一定成功。宋・羅大經《鶴林玉露》卷十：「乖崖援筆判云：『一日一錢，千日一千；繩鋸木斷，水滴石穿。』」

【水滴石穿，繩鋸木斷——日久見功夫】
比喻時間長了就能看出本領的大小或造詣的深淺。例下結論不能過早，水滴石穿，繩鋸木斷——日久見功夫，能否勝任，過幾天再看吧。

【水底撈月——白費心機】

見「燈草織布——枉費心機」。

【水底撈月，天上摘星——想得到，辦不到】

比喻幻想容易，但無法實現。例歷史已經證明，帝國主義想吞併中國，是水底撈月，天上摘星——想得到，辦不到。也作「**海底撈月，天上摘星——想得到，辦不到**」。

【水底撈針】

比喻極難找到或辦到。《醒世恒言》卷九：「就是小兒僥倖脫體，也是水底撈針，不知何日到手，豈可躭擱人家閨女。」也作「**海底撈針**」。

【水底摸月】

見「水中撈月」。

【水底推船——暗裏使勁】

見「牆裏的柱子——暗裏吃勁」。

【水豆腐——不經打】

水豆腐：嫩豆腐。也作「**水豆腐——不堪一擊**」。見「玻璃鋪的家當——不堪一擊」。

【水豆腐——不堪一擊】

見「玻璃鋪的家當——不堪一擊」。

【水豆腐進灰堆——沒法收拾啦】

水豆腐：嫩豆腐。見「豆渣撒在灰堆上——沒法收拾」。

【水斷陸絕】

水陸交通斷絕，彼此不能來往。宋·王令《與邵不疑書》：「窮南之珠，極西之玉，山海之犀象，蜀裏之錦，楚南荊北之材，天下之殊也，然皆水斷陸絕」。

【水復山重】

河流曲折，山巒重疊。多形容道路阻隔，困難重重。宋·曾幾《悼雲泉勤庵主》：「懸知水復山重地，難度風饕雪虐時。」也作「**水復山環**」。清·趙翼《甌北詩鈔·沖祐宮》：「水復山環處，琳宮絢彩霞。」也作「**山重水復**」。

【水復山環】

見「水復山重」。

【水覆難收】

覆：底朝上翻過來。水潑出後不能再收回來。比喻事情已成定局，無法挽回。唐·李白《妾薄命》詩：「雨落不上天，水覆最難收。君情與妾意，各自東西流。」也作「**反水不收**」。

【水缸裏的葫蘆瓢——沉不下去】

比喻工作態度不夠全心投入。例來到這裏已經一年了，他仍然是水缸裏的葫蘆瓢——沉不下去，沒什麼發展。

【水缸裏的魚兒——跑不了】

見「斷了腿的青蛙——跑不了」。

【水缸裏摸魚——穩拿】

見「箅子上取窩窩頭——十拿九穩」。

【水高船去急，沙陷馬行遲】

水位高則船順水走起來就快；沙地馬蹄易陷在沙中，則馬走起來就慢。比喻人的行爲隨條件的不同而改變。例現在市場不景氣，比不得前兩年好賺錢，因此做買賣不得不謹愼行事。常言道：水高船去急，沙陷馬行遲，蠻幹是不行的。

【水根脈絡】

①指來歷。例你對這個人的水根脈絡清楚嗎？②指事情的來龍去脈。例天下事哪能件件都弄得清水根脈絡，差不多就行了。

【水溝裏的篾片——自有翻身日】

篾片：竹子劈成的薄片。比喻人的不利處境總有一天要改變。例別悲觀失望，只要堅持奮鬥，水溝裏的篾片——自有翻身日，不會永遠窮下去的。

【水溝裏抓蝦——撈一把】

見「貓爪伸到魚池裏——撈一把」。

【水光接天】

天光水色連在一起。形容水域十分廣闊。宋·蘇軾《前赤壁賦》：「少焉月出於東山之上，徘徊於斗牛之間，白露橫江，水光接天。」

【水光山色】

宋·蘇軾《飲湖上初晴後雨》詩：「水光瀲灩晴方好，山色空濛雨亦奇。」後以「水光山色」形容山青水秀·風景如畫。明·無名氏《漁樵閒話》四折：「人情冷暖逐高低，水光山色依青翠。」也作「**水色山光**」。《儒林外史》四八回：「一路看著水色山光，悲悼女兒，淒淒惶惶。」

【水鬼找城隍——惡人先告狀】

水鬼：淹死鬼，迷信者認爲水鬼常拉人下水，是惡鬼；城隍：迷信傳說指管某城的神。比喻幹壞事的人往往先發制人，誣告別人。例別認爲告狀的人全有理，都是好人，水鬼找城隍——惡人先告狀的事多著哩！也作「**張驢兒上公堂——惡人先告狀**」。

【水過地皮濕】

水流經的地方，就會浸濕地皮。①比喻大利經手，自己也沾點光。例這筆買賣，只要你幫著說句話，水過地皮濕，自然少不了你的好處。②比喻工作不深入，只做到表面上。例辦教育不能用搞運動的方法，那樣只會水過地皮濕，收不到實效。

【水過三畝田——你來遲了】

比喻事情已成過去或某種機會已失。含有來不及或追悔不及的意思。例招聘工作已結束，水過三畝田——你來遲了，下次歡迎你再來。

【水過灘頭——勸不回】

比喻事情過去，難以挽回。例事情既然發生了，水過灘頭——勸不回，後悔無濟於事。

【水過鴨背】

比喻事過之後沒有留下一點痕跡。例這個孩子太頑皮，憑你怎地勸說，好似水過鴨背。

【水旱頻仍】

頻仍：連續不斷。水災旱災一個接著一個。《水滸傳》九一回：「又值水旱頻仍，民窮財盡，人心思亂。」

【水涸石出】

見「水落石出」。

【水壺盛餃子——有貨倒不出】

也作「水壺盛餃子——肚裏有貨倒不出」、「水壺裏煮餛飩——肚裏有貨，嘴上倒不出」。見「茶壺煮湯圓——有貨倒不出」。

【水火不辭】

指赴湯蹈火，在所不辭。《四遊記·東遊記》三三回：「大仙有命，水火不辭，斧鉞不避。」

【水火不容】

水和火不能容納在一起。比喻雙方矛盾極大，不可調和。例雙方你爭我奪，各不相讓，漸成水火不容之勢。也作「水火不投」。《古今小說》卷三〇：「聽了多遍，漸漸相習，也覺得佛經講得有理，不似向來水火不投的光景了。」

【水火不投】

見「水火不容」。

【水火深烈】

見「水深火熱」。

【水火無交】

彼此之間連喝水、借火的交往也沒有。多指居官清廉，對下屬無所取。也指相互間沒來往。清·趙吉士《寄園寄所寄·囊底寄·警敏》：「本院與屬吏水火無交，貴縣言作郡難，有說乎？」也作「水米無交」。《水滸》二二回：「他與老漢，水米無交，並無干涉。」

【水火無情】

指水和火是不講情面的，稍有不慎，便會造成嚴重災禍。元·楊梓《豫讓吞炭》二折：「你外面將堤堰來撅，俺城中把金鼓鳴，正是外合裏應，教智伯才知水火無情。」

【水激則悍，矢激則遠】

水受到阻遏，便會洶湧激盪；人在危急之時，其箭就會射得遠。比喻困阻往往反而會激發起人的鬥志。《鶡冠子·世兵》：「兵以勢勝，時不常使。早晚絀贏，反相殖生。變化無窮，何可勝言。水激則悍，矢激則遠。精神回薄，振蕩相轉。」

【水漿不入】

連流食也不能吃了。形容病重。北周·庾信《周故大將軍趙公墓志銘》：「公頓伏苫寢，水漿不入，雖王人勸奪，創巨越增。」

【水潔冰清】

像水一樣潔淨，如冰一樣清白。形容人品純潔高尚或文筆雅致。《藝文類聚》卷四八引晉·張華《魏劉驃騎誄》：「金剛玉潤，水絜（潔）冰清，郁郁文彩，煥若朝榮。」

【水借魚，魚借水】

借：憑藉。比喻彼此間互爲依存。元·鄭廷玉《金鳳釵》一折：「我且不問嫌夫窘柔新婦，我則打這恨爹窮忤逆賊。則要各東西，不肯一家一計，水借魚，魚借水。」

【水盡鵝飛】

①比喻恩情斷絕，各奔東西。元·關漢卿《望江亭》二折：「你休等的我恩斷意絕，眉南面北，憑時節水盡鵝飛。」②比喻一乾二淨，什麼也不剩。《歧路燈》三二回：「老者道：『你經的事少。我眼見多少肥產厚業比譚家強幾倍，霎時燈消火滅，水盡鵝飛，做討飯吃鬼哩。』」也作「水淨鵝飛」。元·白樸《雲窗夢》四折：「我則道地北天南，錦營花陣，偎紅倚翠，今日個水淨鵝飛。」

【水盡山窮】

山和水都到了盡頭。比喻陷入絕境。明·郝景春《寄二子二首》詩之二：「平生大節自操持，水盡山窮任所之。」也作「水窮山盡」。清·洪楝園《後南柯·情引等六》：「此編自前出辭職以後，水窮山盡，已有蜂腰之勢，下半本戲文做不下去。」也作「山窮水盡」。

【水浸老牛皮——泡不開】

老牛皮非常堅韌，用水浸泡不易泡開。比喻態度固執，性格倔强，不易改變或不開通。例我們自己做吧，別管他了，他呀，水浸老牛皮——泡不開。

【水井放糖精——甜頭大家嘗】

比喻有好處大家一起分享。例沒話說，咱們都是窮哥兒們，水井放糖精——甜頭大家嘗。

【水晶燈籠】

喻指能明察是非的人。《宋史·劉隨傳》：「隨臨事明銳敢行，在蜀人號爲水晶燈籠。」

【水晶肚皮——一眼看穿】

見「琵琶精進了算命館——一眼看穿」。

【水晶菩薩——神明】

比喻機智聰明。例這個決定的確是水晶菩薩——神明得很，讓敵人的堵截圍困遭到徹底的失敗。

【水晶球】

比喻世故圓滑的人。例你要他對兩種截然不同的觀點表態，那是太不現實了，他是有名的水晶球，才不會作這種要得罪一部分人的傻事。

【水淨鵝飛】

見「水盡鵝飛」。

【水坑裏照影子——一切顛倒】

也作「水灣裏照影子——倒過來」。見「拿大頂看世界——一切顛倒」。

【水闊山高】

指隔著高山大河，不能相通。《羣音類選〈清腔類·山坡裏羊一套〉》：「音書誰送，知隔著關山幾重，見如今水闊山高，促急裏怎覓鱗鴻。」

【水闊天空】

形容壯闊，遼遠的大自然景象。清·沈復《浮生六記·浪游記快》：「三面皆設短欄，一輪明月，水闊天空。」也作「海闊天空」。

【水來伸手，飯來張口】

形容嬌生慣養，懶惰成性。《紅樓夢》六一回：「你們深宅大院，『水來伸手，飯來張口』，只知雞蛋是平常的東西，那裏知道外頭的買賣行市呢？」

【水來土掩】

大水來了用土去擋。指事到臨頭，自有辦法。《水滸傳》一九回：「自古道水來土掩，兵來將迎。」

【水裏的浮萍——浮在面上】

浮萍：一年生草本植物，浮生在河渠、池塘中，葉子扁平，常隨風在水面上擺動。見「蜻蜓點水——浮在面上」。

【水裏的浮萍——隨風擺】

見「風車腦袋——隨風轉」。

【水裏的葫蘆——兩邊擺】

葫蘆中間細，上下成球形，放在水裏左右搖擺不定。比喻人意志不堅定，立場動搖。例在這原則問題上，你怎麼像個水裏的葫蘆——兩邊擺呢？

【水裏的油——漂在上面】

見「蜻蜓點水——浮在面上」。

【水利通，民力鬆】

謂興修水利，會減輕老百姓的負擔。明・徐光啟《農政全書・水利・東南水利上》：「周、漢、唐、宋之世，未嘗不一日用心盡力，經營水利之事，列之史傳，代不乏人。故諺曰：『水利通，民力鬆。』斯言信矣。」

【水流花落】

形容暮春凋零的景象。多含無可奈何意。元・貢師泰《玩齋集・題番易劉伯方靜觀齋二首》詩之一：「唯有道人心鏡淨，水流花落不開門」。也作「水流花謝」。唐・崔塗《春夕（旅懷）》詩：「水流花謝兩無情，送盡東風過楚城。」也作「落花流水」。

【水流花謝】

見「水流花落」。

【水流千轉歸大海】

比喻儘管過程曲折多變，但最終歸宿卻是不變的。例死有什麼可怕的？水流千轉歸大海，誰都得走這一步，何況我已是年過六旬的人了。

【水流濕，火就燥】

水往低濕處流，火向乾燥處燃。比喻性質相同的事物相互感應或志趣相同的人相互投合。《周易・乾・文言》：「同聲相應，同氣相求。水流濕，火就燥。」

【水流雲散】

像水一樣流走，像雲一般飄散。比喻飄泊流離或四散消失。宋・陸游《臨江仙・離果作》詞：「只道真情易寫，那知怨句難工。水流雲散各西東。」也作「風流雲散」。

【水陸畢陳】

見「水陸俱陳」。

【水陸並陳】

見「水陸俱陳」。

【水陸俱備】

見「水陸俱陳」。

【水陸俱陳】

水陸：指生長在水中和陸地上的時鮮；陳：陳列，擺。形容菜餚十分豐富。清・吳璇《飛龍全傳》三八回：「柴榮在帥府堂上大排筵席，請衆兄弟並趙普會飲；真的水陸俱陳，賓朋歡暢。」也作「水陸畢陳」。畢：全，都。《水滸後傳》四〇回：「敍過話，光祿寺排設筵宴，水陸畢陳，笙簧迭奏。」也作「水陸並陳」。清・胡承譜《只塵譚・齊雲與夫》：「[與人]易冠履而出，太守扶登上堂，須臾絲竹競奏，水陸並陳，飄飄乎羽氏而登仙矣。」也作「水陸俱備」。《水滸傳》二四：「當日王都尉府準備筵宴，水陸俱備。」

【水綠山青】

見「水碧山青」。

【水蘿蔔——皮紅心不紅】

水蘿蔔：一種小春蘿蔔，皮紅裏白。比喻外表假裝進步、積極，實際落後或反動。例別看他在人面前像個人樣，水蘿蔔——皮紅心不紅，背地裏卻大幹缺德的事哩！也作「水蘿蔔——皮紅肚裏白」、「胭脂蘿蔔——皮紅心不紅」。

【水落歸槽】

四溢的洪水最終流入河漕。比喻一心惦記的事有了著落。《紅樓夢》九六回：「今日聽了這些話，心裏方才水落歸槽，倒也喜歡。」

【水落石出】

水退下去，石頭從水中露出來。比喻事情的真相顯露出來。例這件事情一定會有水落石出的一天，請相信警方的辦案能力。也作「水涸石出」。宋・歐陽修《菱溪石記》：「每歲寒霜落，水涸而石出。」也作「水清石出」。明・華陽散人《鴛鴦針》一回：「在下還說個害人成己的，後來水清石出，弄得自家功名也無，險些死無葬身之地。」

【水滿則溢，月滿則虧】

謂爲人處事不能苛求，應留有餘地。例依我看，咱們做到這個地步，已經非常不容易了。俗話說：水滿則溢，月滿則虧。要是事事完滿，那就不是人幹的活了。

【水米不曾打牙】

打牙：沾牙。指還沒有吃喝。例從早晨起來我就開始幹，現在太陽已經偏西了。我整一天水米不曾打牙，又飢又渴，實在幹不動了。

【水米無交】

見「水火無交」。

【水面浮萍——沒有根基】

浮萍：一年生草本植物，浮生在河渠、池塘中。比喻基礎差，功力淺。例說實話，我是水面浮萍——沒有根基，這個工作幹不了。

【水面砍一刀——沒痕跡】

也作「水面砍一刀——無傷痕」。見「螞蟥過水——沒痕跡」。

【水面上的鴨子——表面平靜，背地不老實】

比喻事情在暗中進行。例這幫壞小子在羣衆的聲討聲中，似乎是銷聲匿跡了，其實是水面上的鴨子——表面平靜，背地不老實。

【水明木瑟】

見「水木清華」。

【水磨工夫】

水磨：摻水細磨。比喻精密細致的工夫。《官場現形記》三〇回：「要做這種事情，總得下水磨工夫。」也作「水磨功夫」。《兒女英雄傳》二五回：「這還算安老爺、安太太一年的水磨功夫，才陶熔得姑娘這等幽嫻貞靜。」

【水磨功夫】

見「水磨工夫」。

【水母目蝦】

晉・郭璞《江賦》：「璅蛣腹蟹，水母目蝦。」李善注引《南越志》曰：「海岸間頗有水母……無耳目，故不知避人；常有蝦依隨之，蝦見人則驚，此物亦隨之而沒。」後以「水母目蝦」比喻盲目追隨。梁啟超《答和事人》：「吾嘗論中國人之性質，最易為一議論所轉移，有百犬吠聲之觀，有水母目蝦之性。」

【水木本源】

見「水源木本」。

【水木明瑟】

見「水木清華」。

【水木清華】

池水清澈，花木秀麗。形容景色幽美。清・丘逢甲《嶺雲海日樓詩鈔・重過感舊園二首》詩之一：「水木清華負郭園，三年客夢此重溫。」也作「水石清華」。《宋書・隱逸傳》：「且岩壑閒遠，水石清華，雖復崇門八襲，高城萬雉，莫不蓄壤開泉，彷彿林澤。」也作「水木明瑟」。瑟：潔淨鮮明的樣子。《水經注・濟水》：「池上有客亭，左右楸桐，負日俯仰；目對魚鳥，水木明瑟；可謂濠梁之性，物我無違矣。」也作「水明木瑟」。清・金安清《水窗春囈・金陵勝地》：「最著名者隨園、陶谷……小倉山房，玲瓏宛轉，極水明木瑟之致，一榻一幾，皆具逸趣。」

【水能載舟，亦能覆舟】

覆：推翻。水可以載船，也可以把船翻沒。比喻人民可以擁戴君主，也可以推翻君主。《荀子・王制》：「君者，舟也；庶人者，水也。水則載舟，水則覆舟。」宋・陸贄《奉天論延訪朝臣表》：「故喻君為舟，喻人為水，言水能載舟，亦能覆舟也。」

【水泥樓——沒板】

沒板：指沒有木板。比喻人愚笨，沒板眼，沒辦法。例這麼點事也辦不了，我看你是水泥樓——沒板。

【水泥馬路——沒轍】

見「火車扎進高粱地——沒轍了」。

【水泥柱當頂門槓——大老粗】

頂門杠：用以頂門的較粗的木槓。比喻沒有文化的人。例我是水泥柱當頂門槓——大老粗，講不出多少道理，不要見笑。

【水牛踩漿——拖泥帶水】

漿：泥漿。見「泥水塘裏洗蘿蔔——拖泥帶水」。

【水牛吃荸薺——食而不知其味】

荸薺（ㄅㄧˊ ㄑㄧˊ）：多年生草本植物，地下莖呈扁圓形，肉白色，味甜，可以生吃。比喻生吞活剝，食而不化。例學習如果像水牛吃荸薺——食而不知其味，那就白費功夫。也作「水牛吃荸薺——全不知味」、「鴨子吞田螺——全不知味」、「豬八戒吃人參果——全不知味」。

【水牛吃活蟹——有力無處下】

見「大象逮老鼠——有勁使不上」。

【水牛吃麻雀——不好捉弄】

見「房檐上逮雞——不好捉弄」。

【水牛打架——勾心鬥角】

比喻相互之間明爭暗鬥。例這一幫政客，為了攫取權力，就像水牛打架——勾心鬥角。

【水牛的肚子——草包】

比喻沒有才能的人。例這點任務也完不成，真是水牛的肚子——草包。

【水牛過河——露頭角】

比喻初步顯露與眾不同的才能。例這個大學生，工作不久，就像水牛過河——露頭角了。也作「桌單布做被子——露頭角（腳）」

【水牛過小巷——轉不過彎來】

見「牯牛掉在水井裏——轉不過彎來」。

【水牛落井——有勁使不上】

也作「水牛落井——有力無處使」、「水牛跌進井裏頭——有力沒處使」、「水牛掉井裏——有力使不出」、「水牛掉進爛泥塘——有勁兒使不上」。見「大象逮老鼠——有勁使不上」。

【水牛長毛——徹頭徹尾】

比喻做事完全、徹底。例事情不幹則已，要幹就得水牛長毛——徹頭徹尾，不能半途而廢。

【水泡豆腐渣——鬆散】

豆腐渣：製豆漿剩下的渣滓。比喻工作鬆鬆垮垮，懶懶散散。例這個單位缺乏紀律和制度，職工就像水泡豆腐渣——鬆散得很，工作效率越來越低。

【水泡豆子——自我膨脹】

比喻自以為了不起，竭力宣揚或顯示自己。例哼，水泡豆子——自我膨脹，不知害羞。也作「水泡豆子——自大」、「蒸籠裏的饅頭——自大」、「茶杯裏的胖大海——自我膨脹」。

【水泡米花糖——不乾脆】

見「受潮的麻花——不乾脆」。

【水盆裏扎猛子——沒個深淺】

扎猛子：游泳時頭朝下鑽到水裏。見「黑夜過河——不知深淺」。

【水瓢上掛數——一概抹銷】

掛數：掛帳，即記帳。比喻某種事情或問題全部作罷，不再計較和提起。例老萬在政治上平反了，過去的所謂問題，水瓢上掛數——一概抹銷。

【水平不流，人平不語】

人心氣平和就不會再訴說，如同水沒有落差就不會流動一樣。例常言道：「水平不流，人平不語。」你處事若公道，難道還會有別人說三道四嗎？

【水淺不是泊船處】

比喻不是安身立命的理想環境。例現在這個單位條件太差，你如何施展得開？水淺不是泊船處，你還是趁早換個工作單位。

【水淺長流】

比喻供給雖不豐厚，卻可源源不斷提供。宋・范成大《與五一兄》：「兄且得一子食祿，自此可以水淺長流矣。」

【水淺魚不住】

比喻條件差的地方很難留住人。例有本事的人，誰願意到咱們這窮鄉僻壤來呀。咱們這兒是水淺魚不住，連本鄉人都惦記著往外飛呢。

【水清石出】

見「水落石出」。

【水清石自見】

比喻時機一到，眞相自會顯露出來。《古樂府・古艷歌行》：「夫婿從門來，斜柯西北眄。『語卿且勿眄，水清石自見』。」也比喻事實公開後，眞相便會自然顯露出來。例不能讓他攪渾水的陰謀得逞。我們一定要搞清楚事實，只要證據確鑿，水清石自見。

【水清無魚】

漢・東方朔《答客難一首》：「水至淸則無魚，人至察則無徒。」意爲水過於淸澈，魚就難以存活；人過於明鑑，就找不到同伴，後以「水清無魚」比喻事物不可能絕對純淨。也比喻不能對所有的人都要求過嚴。《後漢書・班超傳》：「今君性嚴急，水淸無大魚，察政不得下和，宜蕩佚簡易，寬小過，總大綱而已。」

【水窮山盡】

見「水盡山窮」。

【水泉源深，則魚鱉歸之】

水深了，魚鱉都要往那裏去。比喻當政者有高尚的品德，賢才就會紛紛歸附。《呂氏春秋・功名》：「水泉源深，則魚鱉歸之；樹木盛，則飛鳥歸之；庶草茂，則禽獸歸之；人主賢，則豪傑歸之。故聖王不務歸之者，而務其所以歸。」

【水乳不分】

見「水乳交融」。

【水乳交融】

水和乳汁自然地融合在一起。比喻關係非常融洽或結合十分緊密。《老殘遊記》一九回：「幾日工夫，和吳二擾得水乳交融。」也作「水乳不分」。例軍民一家，水乳不分。也作「水乳相和」。明・朱之瑜《與小宅生順書三十六首》詩之一：「爲文務使字字句句俱從經史古文中來，而又不見其痕跡，水乳相和，一氣沖融。」也作「水乳之合」。淸・江藩《漢學師承記・王蘭泉先生》：「壽階館於康山，蹤跡最密，談論經史，有水乳之合。」也作「水乳之契」。淸・紀昀《閱微草堂筆記・姑妄聽之一》：「至伏肘腋之間，而爲心腹之大患；託水乳之契，而藏鉤距之深謀，則不知者或多矣。」

【水乳相和】

見「水乳交融」。

【水乳之合】

見「水乳交融」。

【水乳之契】

見「水乳交融」。

【水軟山溫】

形容景色幽雅。淸・孔尚任《桃花扇・拒媒》：「老爺果肯見憐，這功德不小，保秦淮水軟山溫。」

【水色山光】

見「水光山色」。

【水上打一棒】

比喻徒勞無功。明・郎瑛《七修類稿》卷三六「水上打一棒」：「正統間，處州葉宗留謀逆，杭點民兵。有生員之父亦在點中，其子往訴於府，府主不爲之理。拂衣而出，自言：『水上打一棒』。蓋以俗云空無用也。」

【水上打一棒——沒有痕跡】

見「螞蟥過水——沒痕跡」。

【水上風行】

比喻詩文自然流暢，感情眞實。宋・舒邦佐《雙峯猥稿・寄端夫三首》詩：「庖丁妙在牛先解，水上風行自有文。」也作「風行水上」。

【水上浮萍——沒生根的】

飄在水面上的浮萍，隨波逐流，沒有固定生根的地方。比喻人性情浮躁，做事安不下心來。有時比喻時間短暫，不長久，或不可靠。例他剛才還在辦公室，怎麼轉眼又不見了，眞像水上浮萍——沒生根的。

【水上浮油——有也不多】

飄在水面上的油，有一點也不多。比喻數量有限。例「這次晚會有我們學校的票嗎？」「水上浮油——有也不多。要求參加的單位和個人太多，輪不上。」

【水上葫蘆——不成（沉）】

葫蘆：一年生草本植物，爬蔓，夏天開白花，果實像大小兩個球連在一起。見「木頭人投河——不成（沉）」。

【水筲沒梁——飯桶】

水筲：水桶，多用竹或木製成，有梁，便於手提或肩挑。無梁水筲可作飯桶用。比喻無用的人。貶義。例怎麼會讓賊人鑽進來，值班的眞是水筲沒梁——飯桶。

【水深火烈】

見「水深火熱」。

【水深火熱】

比喻人民生活極端痛苦，如在深水和熱火之中。鄒韜奮《經歷》：「違背這個標準的便是倒退文化，因爲它把中國往後拉，它使中國人民大衆陷入水深火熱的苦難中。」也作「水深火烈」。明・朱之瑜《留侯像贊三首》詩之一：「賢君仍作，善政猶存，則摧陷之者難爲功；若水深火烈，則廓清之者易爲力。」

【水深見長人】
長人：身材高大者。比喻危難之中見英雄。《金史・撒合輦傳》：「諺云：『水深見長人。』朝臣或欲我一戰，汝獨言當靜以待之，與朕意合，今日有太平之望，皆汝謀也。」

【水濕麻繩——一步緊一步】
麻繩著水後越來越緊。比喻步步緊逼，毫不放鬆。例公司經營不善，年年虧空，討債的人就像水濕麻繩——一步緊一步。

【水石清華】
見「水木清華」。

【水送山迎】
寄情山水之間，觀覽了一景又一景。也指旅途綿長。唐・吳融四《富春》詩：「水送山迎入富春，一川如畫晚晴新。」元・魏初《沁園春・留別張周卿韻》詞：「甚年來行役，交情契闊；東奔西走，水送山迎。」

【水宿風餐】
水中住宿，風中吃飯。形容旅途生活的艱苦。唐・殷堯藩《還京口》詩：「吏民莫見參軍面，水宿風餐鬢髮焦。」也作「風餐露宿」。

【水所以載舟，亦所以覆舟】
見「水則載舟，水則覆舟」。

【水獺上山——裝熊】
水獺：哺乳動物，尾巴長，四肢短，趾間有蹼，毛密而軟，穴居在河邊，略似狗熊。形容故意擺出軟弱無能的樣子。例每當有重責大任的關鍵時刻，小高就水獺上山——裝熊了，怕苦怕累的毛病總改不掉。

【水塘裏的泥鰍——光溜溜的】
見「河裏摸魚——光溜溜的」。

【水桶當喇叭——大吹】
比喻誇海口。例別在客人面前水桶當喇叭——大吹了，還是虛心聽聽人家怎麼說吧！

【水天一碧】
見「水天一色」。

【水天一色】
唐・王勃《秋日登洪府滕王閣餞別序》：「落霞與孤鶩齊飛，秋水共長天一色。」後以「水天一色」形容水域遼闊，與天際渾成一色。《文明小史》二四：「只見水連天，天連水，水天一色，四顧無邊。」也作「水天一碧」。碧：青綠色。清・陳康琪《郎潛紀聞二筆・上齋南齋故實》：「門對南湖，水天一碧，園木蒙密，到此豁然開朗。」

【水土不伏】
見「水土不服」。

【水土不服】
水土：泛指自然環境和氣候。初到一地，對該地的氣候或飲食習慣不能適應。《水滸》一〇一回：「說軍士水土不服，權且罷兵，以致養成大患。」也作「水土不伏」。《醒世恒言》卷二八：「大抵此症，起於飲食失調，兼之水土不伏，食積於小腹之中。」

【水推龍王走——自顧不暇】
龍王：神話傳說住在水裏統領水族的王，掌管興雲降雨。比喻連自己照顧自己都來不及。例水推龍王走——自顧不暇，他怎麼可能幫助我們呢？

【水窪裏的泥鰍——掀不起大浪頭來】
見「牛蹄窩裏水——翻不了大浪」。

【水甕裏的鱉——跑不了】
甕：腹大口小的陶器；鱉：甲魚，也叫團魚。也作「水缸裏逮王八——跑不了」。見「斷了腿的青蛙——跑不了」。

【水甕裏養王八——越養越骨縮】
水甕：盛水的陶器，腹部較大；王八：烏龜或鱉的俗稱；骨縮：形容因收縮而變得瘦小。比喻人或事越來越糟糕。例你怎麼搞的，就像水甕裏養王八——越養越骨縮了，從前那種魄力哪裏去了？

【水息不通】
見「水洩不通」。

【水洗玻璃——一塵不染】
見「高山上的雪蓮——一塵不染」。

【水仙不開花——裝蒜】
水仙：多年生草本植物，地下鱗莖爲卵圓形，葉子條形，花有香味，供觀賞。其鱗莖和葉子都很像大蒜。比喻假裝糊塗，或裝腔作勢。例這件事你是一清二楚的，別在這裏水仙不開花——裝蒜了。也作「黃鼠狼吊孝——裝蒜」。

【水泄不漏】
見「水泄不通」。

【水泄不通】
幾乎連水都流不出去。形容十分擁擠，也形容包圍得非常嚴密。例今天是社區購物廣場第一天開幕，前來捧場的民衆把室內擠得水泄不通。也作「水息不通」。息：停住，塞住。《西遊記》七七回：「只見那過去、未來、見在的三尊佛像與五百阿羅漢、三千揭諦神，布散左右，把那三個妖王圍住，水息不通。」也作「水泄不漏」。《東周列國志》七回：「小小國都，城不高，池不深，被三國兵車密密紮紮圍得水泄不漏，城內好生驚怕。」

【水性隨邪】
比喻自己毫無主見，相信、依靠壞人。元・關漢卿《哭存孝》：「枉了他那眠霜臥雪，阿媽他水性隨邪。」

【水性楊花】
水性流動，楊花輕飄。比喻女子作風輕浮，感情不專一。《紅樓夢》九二回：「大凡女人都是水性楊花，我要說有錢，他就是貪圖銀錢了。如今，他只爲人就是難得的。」也作「楊花水性」。

【水秀山明】
形容風景優美。宋・高觀國《風入松》詞：「紅外風嬌日暖，翠邊水秀山明。」也作「山明水秀」。

【水淹龍王廟——自家人不認自家人】
見「大水沖倒龍王廟——自家人不識

自家人」。

【水淹田園再築壩——晚啦】

見「八十歲學吹打——遲了」。

【水眼山眉】

比喻人眉清目秀，盈盈含情。清·張春帆《宦海》七回：「陸廉訪看那女子時，只見她淡妝素服，水眼山眉，紅著一個臉兒，低著個頭羞得再也抬不起來。」也作「山眉水眼」。

【水以濟水】

用清水來幫助水增加味道。比喻重覆迭加，徒勞無用。明·朱之瑜《赤林重政字尊五說》：「恐未聞君子之大道，而水以濟水。」也作「以水濟水」。

【水驛山程】

驛：驛站。一站一站的水路，一段一段的山路。形容路途遙遠崎嶇難行。清·王筠《桃源憶故人》詞：「水驛山程無限，處處回青眼。」也作「水程山驛」。清·錢之鼎《金縷曲·柳》詞：「繫馬維舟隨處好，遮遍水程山驛。」

【水銀瀉地】

比喻乾淨俐落，周密細致。例小張文思泉湧，當他靈感來的時候，寫起文章有如水銀瀉地般通順流暢。

【水銀瀉地——無孔不入】

水銀：汞的俗稱，一種白色的液態金屬，內聚力很強，比重大，瀉地呈一粒粒圓球狀，能滾動，有孔隙便滾入。比喻有空子就鑽，或利用一切機會幹壞事。例我們要提高警覺，壞人如水銀瀉地——無孔不入，稍有疏失，他們的陰謀就會得逞。也作「泥鰍遇魚網——無孔不入」。

【水源木本】

水的源頭，樹的根本。喻指事物的本源，多表示推本溯源。清·張惠言《茗柯之編·嘉善陳氏祠堂記》：「夫聚百世之主於一堂，而合子孫之屬以事之，使俱生其水源木本之思。」也作「水木本源」。明·何良俊《四友齋叢說》卷三五：「士大夫族姓蓋水木本源，所關甚重，晋唐以來專重氏族。」

【水遠山長】

形容路途遙遠，山隔水阻。宋·辛棄疾《臨江仙》詞：「憶得舊時攜手處，如今水遠山長。」也作「水遠山遙」。元·關漢卿《哭存孝》四折：「我避不得水遠山遙，須有一個日頭定到。」

【水遠山遙】

見「水遠山長」。

【水月觀音】

一幅畫中畫有觀音菩薩觀看水月之狀，故稱水月觀音。後用以形容容貌俊雅秀逸、品德高尚的人。宋·孫光憲《北夢瑣言》卷五：「蔣凝侍郎亦有人物，每到朝士家，人以為祥瑞，號水月觀音。」

【水月鏡花】

水中月，鏡中花。喻指虛幻的美好影像。也比喻詩中的空靈意境。明·謝榛《詩家直說》：「詩有可解不可解，不必解，若水月鏡花，勿泥其跡可也。」也作「水月鏡象」。唐·裴休《座賜紫大達法師玄秘塔碑銘》：「空門正辟，法宇方開。崢嶸棟梁，一旦而摧。水月鏡象，無心去來。徒令後學，瞻仰徘徊。」也作「鏡花水月」。

【水月鏡象】

見「水月鏡花」。

【水則載舟，水則覆舟】

水能夠載船，也能夠使船傾覆。比喻民心的向背決定統治者的命運。《荀子·王制》：「庶人安政，然後君子安位。傳曰：『君者舟也，庶人者水也，水則載舟，水則覆舟。』此之謂也。」也作「水所以載舟，亦所以覆舟」。《孔子家語·王儀》：「夫君者舟也，庶人者水也，水所以載舟，亦所以覆舟。君以此思懼，則懼可知矣。」

【水長船高】

見「水漲船高」。

【水漲船高】

水位上漲，船位跟著提高。比喻事物隨著它所依憑的基礎的提高而提高。例隨著公司的擴張，身為經理的他，地位也跟著水漲船高。也作「水長船高」。長：同「漲」。宋·程大昌《感皇恩·中外三人受封》：「更願天公，別施洪造。水長船高愈新好。」也作「水大舟高」。例他根本預料不到，自己買的房子價格會在商人的地皮炒作下，逐漸水大舟高。

【水漲船高，泥多佛大】

水位上漲，船自然隨之升高；用的泥多，塑的佛像自然就大。比喻事物隨其憑藉物的變化而變化。例你嫌這東西貴？水漲船高，泥多佛大。進價漲了，賣價自然也就提高了。

【水至清則無魚，人至察則無徒】

水過於清澈就養不活魚，人過於明察就會無人追隨。謂對人不應挑剔太甚，求全責備。《漢書·東方朔傳》：「『水至清則無魚，人至察則無徒。』冕而前旒，所以蔽明；黈纊充耳，所以塞聰。明有所不見，聰有所不聞。舉大德，赦小過，無求備於一人之義也。」

【水中撈月】

比喻根本做不到，白費力氣。《西遊記》三五回：「潑魔苦苦用心拿我，誠所謂水中撈月；老孫若要擒你，就好似火上弄冰。」也作「水底摸月」。明·郎瑛《七修類稿·奇謔類》：「賒酒時風花雪月，飲之時流星趕月，討錢時水底摸月，喻世之無賴者也。」也作「水中捉月」。元·王喆《浣溪沙·茲據律補》詞：「空裏追聲枉了賢。水中捉月事同然。隔靴抓癢越孜煎。」

【水中撈月——一場空】

見「狗咬尿脬——一場空」。

【水中月】

比喻虛幻不可得的事物。例我看你的

那些想法都是水中月，實現難啊！

【水中月，鏡中花——好看不好拿】

比喻不要被虛幻的東西所誘惑，不要上當受騙。有時指某種美好的東西不能得到。例純粹是花言巧語，水中月，鏡中花——好看不好拿，不要輕易相信。

【水中月，鏡中人——看得見，摸不著】

比喻人的理想或願望很渺茫，不能實現。有時也指對某件事無能為力，管不著，毫無辦法。例你的計畫是水中月，鏡中人——看得見，摸不著，還是回到現實中來，同大家一起工作吧。也作「峨眉山上的佛光——看得見，摸不著」。

【水中捉月】

見「水中撈月」。

【水煮石頭——難熬】

見「牛肉頭煮膠——難熬」。

【水轉峯迴】

形容山重水繞，路徑曲折。元・薩都剌《元統乙亥奉命入閩過建德道中》：「雞鳴犬吠人家近，水轉峯迴驛路遙。」也作「峯迴路轉」。

【水濁魚喁】

喁：ㄧㄢˇ，魚在水面張口呼吸。水太渾了，魚紛紛跑到水面，呼吸殘喘。比喻苛政使人民不得安居樂業。《文子・精誠》：「夫水濁者魚喁，政苛者民亂。」

ㄕㄨㄟˋ

【睡不著，怨床腳——錯怪】

見「不恨繩短，只怨井深——錯怪」。

【睡大覺】

①比喻停止活動。例不要以為我們在一日千里，人家就在睡大覺！②比喻被擱置，未被利用。例電腦買回來以後就睡大覺了，這不是絕大的浪費嗎？

【睡倒打架——穩跌】

比喻處於被動地位，一定碰釘子，或遭到失敗。例我可以斷定，你這次同對方的較量，是睡倒打架——穩跌。

【睡多夢長】

比喻時間拖長，事情可能會發生不利的變化。例王二郎這個為前公司作間諜的職員，我們得趕緊想法子把他開除，免得睡長夢多，造成我們機密外洩。也作「夜長夢多」。

【睡棺材搽粉——死要臉】

見「搽粉進棺材——死要面子」。

【睡覺不枕枕頭——空頭空腦】

比喻頭腦空虛，愚昧無知。例你看他那懶散無聊的樣子，眞是睡覺不枕枕頭——空頭空腦。也作「枕著竹筒睡覺——空頭空腦」。

【睡夢打更——一無所知】

打更：舊時把一夜分為五更，每到一更，巡夜人打梆子或敲鑼報時，叫打更。比喻什麼也不知道。例你們談的許多事情，我是睡夢打更——一無所知。

【睡臥不寧】

指輾轉反側，心緒煩亂。元・王實甫《西廂記》五本二折：「這幾日睡臥不寧，飲食少進，給假在驛亭中將息。」

【睡眼朦朧】

見「睡意朦朧」。

【睡眼惺忪】

剛睡醒，眼睛模糊不清的樣子。魯迅《採薇》：「所遇見的不過是睡眼惺忪的女人，在井邊打水。」

【睡意朦朧】

兩眼半開半閉，似睡非睡的樣子。例在暈黃的燈光下，父親睡意朦朧的望著窗外，等待深夜未歸的哥哥回家。也作「睡眼朦朧」。《官場現形記》八回：「魏翩仞睡眼朦朧，也沒有聽淸，只是揉眼睛。」

【睡在磨盤上——想轉了】

磨盤：〈方〉磨。見「磨子上睡覺——想轉了」。

ㄕㄨㄢ

【閂門過日子——自家知底細】

見「關門過日子——自家知底細」。

【拴馬樁】

①指能管束住丈夫的女人。例你想拉他出去跑買賣？你不知道他有一根拴馬樁嗎？②形容壯實堅强的人。例這拴馬樁般的漢子，豈肯屈居人下？

ㄕㄨㄣˇ

【吮毫舐墨】

吮毫：用口潤筆；舐墨：以舌頭舔筆上的墨。指寫作或繪畫。清・吳廷楨《試兒行為天標令子賦》詩：「乃翁雅素耽詞翰，吮毫舐墨勤咿唔。」

【吮血磨牙】

像野獸吞食獵獲物那樣殘酷、貪婪。明・鄭仲夔《耳新・經國》：「夫礦場連三省，封禁若開，利不必歸朝廷也，徒為吮血磨牙輩飽其欲耳。」也作「吮血劘牙」。劘：磨。清・侯方域《代司徒公屯田奏議》：「吮血劘牙，習為故智。」也作「磨牙吮血」。

【吮血劘牙】

見「吮血磨牙」。

【吮癰舐痔】

吮癰：用嘴嘬出毒瘡中的膿血；舐痔：用舌頭舔淨痔瘡上的膿血。比喻厚顏無恥地巴結權貴，諂媚取寵。明・王世貞《鳴鳳記・嚴嵩慶壽》：「附勢趨權，不辭吮癰舐痔；市恩固寵，那知瀝膽披肝。」

ㄕㄨㄣˋ

【順比滑澤】

順比：順乎人意；滑澤：滑溜。謂語言好聽順耳。《韓非子・難言》：「所以難言者，言順比滑澤，詳詳纚纚然，則見以為華而不實。」

【順從其美】

聽從他的意見，發揚他的長處。宋·王讜《唐語林·政事下》：「璟剛正，多所裁斷，頲皆順從其美，璟甚悅之。」

【順大流】

比喻跟隨多數人說話、行事。例你想徵求他的意見，我看沒門，他是順大流順慣了，從沒有自己的主張。也作「隨大流」。例不要盲目地隨大流，有時會犯錯誤的。

【順道者昌，逆德者亡】

見「順德者昌，逆德者亡」。

【順得姑來失嫂意】

比喻令出多門，混亂不一，使下面無所適從。例你們到底誰說了算？一個部門一個主意，我們聽命辦事的，順得姑來失嫂意，這工作讓我們怎麼幹呀。

【順德者昌，逆德者亡】

德：道德。順應道德的就昌盛，違背道德的就滅亡。《漢書·高帝紀上》：「臣聞順德者昌，逆德者亡。」也作「**順道者昌，逆德者亡**」。《三國志·魏書·鍾繇傳》裴松之注引司馬彪《戰略》：「古人有言：『順道者昌，逆德者亡。』」

【順德者吉，逆天者兇】

順應道德的就會大吉大利，違背天意的就會招來兇禍。元·楊梓《豫讓吞炭》四折：「你道順德者吉，逆天者兇，我怎肯二意三心，背義忘恩，有始無終。」

【順耳悅目】

指好聽的奉承話和好看的美色。《三國志·蜀書·法正傳》：「趨求順耳悅目，隨阿遂指，不圖遠慮為國深計故也。」

【順非而澤】

順：順從；非：不是；澤：潤色。對於錯誤言行不但依從，而且還加以潤飾。《魏書·李謐傳》：「可謂因偽飾辭，順非而澤，諒可嘆矣！」

【順風扯旗】

順著風向扯起旗幟。比喻因勢利導；乘機行事。例你何苦冒那個風險，還是順風扯旗為高。

【順風吹火】

順著風向吹火。比喻借助有利條件，不費力氣就能把事辦好。例如果你讓他助你一臂之力，要辦好這件事情，就像順風吹火一樣，輕而易舉。

【順風而呼】

順著風向呼喊。比喻憑藉外力加大聲勢。《荀子·勸學》：「順風而呼，聲非加疾也，而聞者彰。」《史記·遊俠列傳》：「比如順風而呼，聲非加疾，其勢激也。」

【順風耳】

原為神話傳說中能聽到遠距離聲音的人。比喻消息靈通的人。例我們正準備發消息，你怎麼倒先知道了？你可真是名副其實的順風耳。

【順風划船——不費力】

形容做事輕而易舉，毫不費勁。例這不過順風划船——不費力的事，甭謝了。也作「**順風划船——不費勁**」、「**順水推舟——不費力**」、「**順水人情——不費力**」、「**頭頂燈草——不費力**」、「**禿子改和尚——不費勁**」、「**引風吹火——不費力**」。

【順風划船——又快又省】

比喻辦事迅速而又省力。例要動腦子，找竅門，探索出一條順風划船——又快又省的辦法來。

【順風鑼】

比喻順勢講話幫腔。例事已至此，我不敲順風鑼，又能做什麼？

【順風旗】

比喻事情順利時便跟著表現積極熱情的投機行為。例他們慣會扯順風旗，要是逆風，他們就躲遠了。

【順風人情】

見「順水人情」。

【順風使船】

比喻順應情勢，及時改變態度。多用於貶義。《兒女英雄傳》八回：「我這個人雖是個多事的人，但是，凡那下坡走馬、順風使船，以至買好名兒、戴高帽兒的那些營生，我都不會做。」也作「**隨風駛船**」。《官場現形記》四三回：「守翁的話呢，固然不錯，然而也要鑑貌辨色，隨風駛船。」也作「**看風使帆**」。

【順風使帆】

見「順風行船」。

【順風行船】

比喻隨機應變，趁機行事。清·艾衲居士《豆棚閒話·空青石蔚子開盲》：「如今的人眼明手快，捷足高才，遇著世事，如順風行船，不勞餘力。」也作「**順風行舟**」。宋·楊萬里《蘭溪女兒浦曉寒》詩：「榮枯遲速一笑休，順風今日好行舟。」也作「**順風使帆**」。《續傳燈錄·參政錢端禮居士》：「順風使帆，上下水皆可，因齋慶讚，去留自在。」

【順風行舟】

見「順風行船」。

【順風轉舵】

比喻看情勢隨時改變自己的方向或態度。一般含貶義。魯迅《中國文壇上的鬼魅》：「於是民族主義文學家也只好順風轉舵，改為對於這事件的啼哭、叫喊了。」也作「**隨風轉舵**」。《水滸傳》九八回：「眼見得城池也不濟事了，各人自思隨風轉舵。」也作「**隨風倒舵**」。元·無名氏《賺蒯通》三折：「則落你好似披麻救火，蒯徹也不似那般人隨風倒舵。」

【順風縱火】

借助風勢放火。指故意破壞。《易林·艮》：「順風縱火，芝艾俱死。」

【順竿爬】

比喻借助別人的力量往上走，或就勢發揮。例各部門主管的意見僅供參考，大家要各抒己見，不要順竿爬。

【順溝摸魚——跑不了】
也作「順溝捉鮎魚——沒逃」。見「斷了腿的青蛙——跑不了」。
【順口開河】
不負責任地隨口亂說。《三俠五義》一〇回：「我原來是私訪，爲何順口開河？」也作「信口開合」。
【順口食】
比喻順便就能得到的東西。例咱們費了九牛二虎之力研製成功的新產品，沒想到人家不費吹灰之力就仿製了，吃了我們的順口食。
【順口談天】
聊天，隨便說閒話。朱自清《擇偶記》：「聽差原只順口談天，也說不出個所以然。」
【順理成章】
寫文章，做事情，順著條理就能夠做好。也比喻某種情況自然會產生某種結果。例林大同是家中的獨子，所有的家產順理成章的由他繼承。
【順流而下】
順著流水一直向下。指迅速前進，沒有阻礙。《三國演義》四五回：「竺領命，駕小舟順流而下，徑至周瑜大寨前。」
【順縷成帷】
把一根一根的線挨著織起來，就能成爲大的帷幕。比喻積少成多。漢・劉向《說苑・政理》：「蓋聞之也，順針縷者成帷幕，合升斗者實倉廩，並小流而成江海。」
【順毛驢】
①比喻順從他人的人。例他爲人做事像個順毛驢一樣，誰能不喜歡？②比喻只要不拂逆其意，便能聽任指使的人。例這孩子是個順毛驢，只要哄著點，可聽話能幹啦！
【順坡推碌碡——快上加快】
碌碡：石磙。也作「順坡推碌碡——飛快」。見「飛毛腿賽跑——快上加快」。
【順坡下驢】
比喻順勢、藉機擺脫窘境。例人家給你面子，你還不趕快順坡下驢嗎？
【順人應天】
見「順天應人」。
【順人者昌，逆人者亡】
順應民意的就昌盛，違背民意的就滅亡。《後漢書・申屠剛傳》：「夫聖人不以獨見爲明，而以萬物爲心。順人者昌，逆人者亡，此古今之所共也。」
【順梢吃甘蔗——一節更比一節甜】
也作「順吃甘蔗——節節甜」。見「倒吃甘蔗——節節甜」。
【順時達變】
順應時勢的發展，通達世事的變化。《文明小史》一回：「原來這位姚老先生……目下年紀雖已古稀，卻是最能順時達變，所有書院裏的學生，無有一個不佩服他的。」
【順時而動】
順應時勢而採取行動。唐・王勃《益州夫子廟碑》：「順時而動，用晦而明。」
【順手牽羊】
①指小偷小摸行爲。例昨天在閱覽室裏，他順手牽羊，把人家的鋼筆「牽」走了。②比喻順便達到某種目的。《水滸傳》九九回：「……一個胖大和尚，劈面掄來，把馬靈一禪仗打翻，順手牽羊，早把馬靈擒住。」
【順水放船】
見「順水推舟」。
【順水人情】
乘便給人的好處。《東周列國志》九九回：「守將和軍卒都受了賄賂，落得做個順水人情。」也作「順風人情」。例如果你不介意，可否讓我邀他一起來參加你的生日晚宴，做個順風人情。
【順水人情——不費力】
順水：順水划船。也作「順水人情——不費勁」。見「順風划船——不費力」。
【順水推船】
見「順水推舟」。
【順水推舟】
順著水流的方向推船。比喻順應情勢辦事。例既然老闆對小陳讚譽有加，那麼你就順水推舟力薦他到你們部門上班好了。也作「順水推船」。元・關漢卿《竇娥寃》三折：「天地也，做得個怕硬欺軟，卻原來也這般順水推船。」也作「順水行舟」。《紅樓夢》四回：「老爺何不順水行舟，做個人情，將此案了結。」也作「順水放船」。《續傳燈錄・洪州大寧道寬禪師》：「萬用自然，不勞心力，到這裏喚作順水放船，且道逆風舉棹，誰是好手？」
【順水推舟，順風扯篷——見機行事】
比喻順應趨勢或時代潮流辦事。有時指根據具體情況行動。例情況千變萬化，不能按一個模式行動，而應順水推舟，順風扯篷——見機行事。
【順水行舟】
見「順水推舟」。
【順藤摸瓜】
比喻順著已發現的線索進一步追根究底，弄淸事實眞相。例治安單位順藤摸瓜，終於查淸了他貪污三萬元的事實。
【順藤摸瓜——十拿九穩】
見「箅子上取窩窩頭——十拿九穩」。
【順天聽命】
舊指順應天意，聽天由命。《兒女英雄傳》四〇回：「君命即是天命，天命所在，便是條『意外的岔路』？順天聽命，安知非福？」
【順天恤民】
順應天意，體恤民心。《漢書・匈奴傳》：「朕與單于俱由此道，順天恤民，世世相傳，施之無窮，天下莫不咸嘉。」

【順天應人】
上順天意，下合民心。多就古代帝王創業登基而言。《周易・革》：「湯武革命，順乎天而應乎人。」唐・陳子昂《諫政理書》：「逮周文武創業，順天應人。」也作「**順人應天**」。元・楊梓《豫讓吞炭》四摺：「趙氏既昌，合當順人應天，不宜苦苦直要報仇」。

【順天應時】
順應天意，合乎時機。《晉書・羊祜傳》：「先帝順天應時，西平巴蜀，南和吳會，海內得以休息，兆庶有樂安之心。」

【順天者昌，逆天者亡】
昌：昌盛。順應天意的就能昌盛，違背天意的就會滅亡。《封神演義》五七回：「我思：『順天者昌，逆天者亡。』不若歸周，共享安康，以伐無道。」也作「**順天者存，逆天者亡**」《孟子・離婁上》：「順天者存，逆天者亡。」也作「順天者逸，逆天者勞」。逸：安逸；勞：勞苦。《三國演義》三七回：「豈不聞『順天者逸，逆天者勞』、『數之所在，理不得而奪之；命之所在，人不得而强之』乎？」

【順天者存，逆天者亡】
見「順天者昌，逆天者亡」。

【順天者逸，逆天者勞】
見「順天者昌，逆天者亡」。

【順我者吉，逆我者衰】
見「順我者生，逆我者死」。

【順我者生，逆我者死】
順從我的意志就可以生存，違背我的意志就會滅亡。《三國演義》三回「卓怒叱曰：『順我者生，逆我者死！』遂掣佩劍欲斬丁原。」也作「**順我者吉，逆我者衰**」。《雲笈七籤》卷二〇：「承玄步虛，上躡玉機。衣斗履斗，流鈴煥威。順我者吉，逆我者衰。我行天眞，萬里廓開。」

【順之者昌，逆之者亡】
之：他，它。順應他（它）就昌盛，違背他（它）就會滅亡。例他是個不折不扣的暴君，治國的態度是「順之者昌，逆之者亡」，令人生懼。也作「**順之者興，逆之者亡**」。梁啟超《國家思想變遷異同論》：「（民族主義）以萬丈之氣焰，磅礴衝激於全世界人人之腦中，順之者興，逆之者亡。」也作「**順之者成，逆之者敗**」。宋・朱熹《寄陳同甫書》：「然區區鄙意，常竊以爲亙古亙今只是一體，順之者成，逆之者敗，固非古之聖賢所能獨然。」

【順之者成，逆之者敗】
見「順之者昌，逆之者亡」。

【順之者興，逆之者亡】
見「順之者昌，逆之者亡」。

【舜日堯年】
見「舜日堯天」。

【舜日堯天】
舜、堯：古代兩位賢聖帝王。比喻太平盛世。明・王世貞《鳴鳳記・拜謁忠靈》：「百年豪傑興文獻，重新造舜日堯天。」也作「**舜日堯年**」。明・王世貞《鬧鍾馗》楔子：「正旦之節，萬國來朝，端的是勝舜日堯年也。」

【瞬息百變】
見「瞬息萬變」。

【瞬息千變】
見「瞬息萬變」。

【瞬息萬變】
一眨眼一呼吸之間就千變萬化。形容極短的時間變化特別大。例大自然的景象是瞬息萬變的，常常一眨眼的功夫就有所改變。也作「**瞬息千變**」。《孽海花》二四回：「大凡交涉的事是瞬息千變的，只看雯兄養疴一個月，國家已經蹙地八百里了。」也作「**瞬息百變**」。清・劉坤一《復鮑春霆》：「軍情瞬息百變，總祈相機宜圖之。」

【瞬息之間】
在極其短促的時間之內。例瞬息之間，千變萬化。

ㄕㄨㄤ

【雙鬢多年作雪，寸心至死如丹】
寸心：內心。兩鬢很多年以前就白得像雪了，然而一顆愛國之心到死也是紅的。用以表示熱愛國家、報效國家的堅定信念。宋・陸游《感事六言》詩：「老去轉無飽計，醉來暫豁憂端。雙鬢多年作雪，寸心至死如丹。」

【雙錘落鼓——一個音】
比喻說法相同，語調一致。例兩人是否商量過，爲什麼說法像雙錘落鼓——一個音。

【雙雕一箭】
一箭射中兩只雕。原形容射技高超，也比喻一舉兩得。宋・無名氏《慶淸朝・壽知縣》詞：「今喜重逢舊事，固宜依舊復青毯。果然是，雙雕一箭，雁塔書名。」也作「**一箭雙雕**」。

【雙豆塞耳】
兩顆豆子塞住耳朵眼兒。比喻什麼也聽不進。《陰符經注》：「雙豆塞耳，不聞雷霆；一椒驚舌，不能立言。」也作「**雙珠塡耳**」。北齊・劉晝《新論・專學》：「夫兩葉掩目，則冥然無睹；雙珠塡耳，必寂寞無聞。」也作「**兩豆塞耳**」。

【雙飛雙宿】
原指鴛鴦同飛同宿。後多用來比喻夫婦或情侶親密相守，和諧一致。元・鄭昕《白頭公》詩：「枝上雙雙老白頭，雙飛雙宿意綢繆。」也作「**雙宿雙飛**」。金・元好問《鴛鴦扇頭》詩：「雙宿雙飛百自由，人間無物比風流。」也作「**雙棲雙宿**」。明・葉憲祖《鸞鎞記・諧姻》：「雙棲雙宿比鴛鴦，女貌郎才兩頡頏。不是一番寒徹骨，爭得梅花撲鼻香。」

【雙柑斗酒】
原指春遊時攜帶的吃喝，後借指春

遊。宋·劉泰《春日湖上》詩：「明日重來應爛漫，雙柑斗酒聽黃鸝」。

【雙管齊下】

兩手各拿一枝筆，同時寫畫。比喻兩件事情同時進行。老舍《談敍述與描寫》：「練習描寫人物，似應先用寫小說的辦法，音容衣帽與精神面貌可以雙管齊下，都寫下來」。

【雙黃蛋——兩個心】

雙黃蛋：有兩個蛋黃的鳥卵。雙關語。①比喻人三心二意，工作不安心或不專注。例他對自己所擔任的工作，是雙黃蛋——兩個心，沒有長遠打算，心中老是盤算著去做生意，賺大錢。也作「雙黃蛋——一身二心」。②比喻對人態度不同，不是同等對待。例她對自己的父母和公婆是雙黃蛋——兩個心，厚此薄彼。

【雙黃蛋——有二心】

比喻不同心或不專心。例他近來神情不對，又常往敵占區跑，是不是雙黃蛋——有二心了。也作「雙黃蛋——一身二心」、「同床異夢——有二心」、「雙色圓珠筆——有二心」。

【雙肩挑】

比喻身兼兩種工作或職務。例他是個雙肩挑的幹部，既當教授，又當系主任。

【雙腳踩在棉花堆上——不踏實，也不敢邁步】

棉花堆鬆軟，雙腳踩在上面，就會陷下去，邁不開步子。比喻心中沒有把握，不敢行動。例對這件事，我情況不明，好像雙腳踩在棉花堆上——不踏實，也不敢邁步，待調查研究後，再考慮如何辦。

【雙目失明當警察——瞎指揮】

見「盲人帶路——瞎指揮」。

【雙棲雙宿】

見「雙飛雙宿」。

【雙拳不敵四手】

比喻人少難敵人多。《醒世恆言》卷二九：「常言道：『雙拳不敵四手。』鈕成獨自一個，如何抵擋得許多人，著實受了一頓拳腳。」

【雙日不著單日著】

著：挨上。謂早晚總有一天要遇上某事（如災福、報應等）。《水滸全傳》二一回：「我不看宋押司面皮，敎你這屋裏粉碎！敎你雙日不著單日著！」。

【雙手插進靛缸裏——左也難（藍），右也難（藍）】

靛：深藍色；難：「藍」的諧音。雙關語。比喻左右爲難。例如何處理這件事，的確是雙手插進靛缸裏——左也難（藍），右也難（藍），希望大家都來出主意。

【雙手是活寶，一世用不了】

謂靠雙手勞動，創造的財富自己一生也使用不完。例不要成天眼睛盯著別人，常言道：「雙手是活寶，一世用不了。」就看你勤快不勤快。

【雙宿雙飛】

見「雙飛雙宿」。

【雙瞳剪水】

形容眼睛明亮。唐·李賀《唐兒歌》詩：「骨重神寒天廟器，一雙瞳人剪秋水。」也作「雙瞳如水」。宋·程珌《喜遷鶯·壽李文昌》詞：「底事七旬，雙瞳如水，畢竟桂花方發。」

【雙瞳如豆】

雙瞳：兩個瞳人，兩眼。指眼光短淺。清·高珩《聊齋志異序》：「後世拘墟之士，雙瞳如豆，一葉迷山，目所不見。」也作「目光如豆」。

【雙瞳如水】

見「雙瞳剪水」。

【雙喜臨門】

家中同時有兩件喜事。《歧路燈》二七回：「你屋裏恭喜了，大相公也喜了，一天生的，眞正雙喜臨門。」

【雙心一意】

兩個人意願相同。南朝梁·沈約《四時白紵歌·秋白紵》：「雙心一意俱徊翔，吐情寄君君莫忘。」也作「兩心一體」。

【雙修福慧】

修：好，福氣、智慧兩樣都好。清·譚嗣同《秋雨年華之館叢脞書·戊戌北上留別內子》：「但願更求精進，自度度人，雙修福慧。」也作「福慧雙修」。

【雙珠塡耳】

見「雙豆塞耳」。

【雙足重繭】

重繭：磨起的厚厚的繭子。《淮南子·修務訓》：「昔者楚欲攻宋，墨子聞而悼之，自魯趨爾十日十夜，足重繭而不休息。」後以「雙足重繭」指奔走勞苦。例三個月來，勘探隊員們長途跋涉，雙足重繭，爲搞淸礦區情況，不辭勞苦。

【霜打的大葱——心不死】

也作「霜打的大葱——不死心」。見「蛤蟆剝皮——心不死」。

【霜打的豆莢——難見天日】

豆莢：指黃豆、黑豆、綠豆等，一般在霜期前成熟收割，如經霜打就爆不開，豆粒見不到陽光。比喻生活在黑暗之中，難以見到光明。例在舊社會，窮人就像霜打的豆莢——難見天日。

【霜打的高粱苗——抬不起頭來】

見「鼻子上掛磨盤——抬不起頭來」。

【霜打的黃爪——蔫了】

也作「霜打的草——蔫蔫了」、「霜打的麻葉——蔫蔫了」、「霜打的茄子——蔫蔫了」。見「久旱的莊稼——蔫了」。

【霜打的嫩苗——奄奄一息】

奄奄：氣息微弱的樣子。只剩下一口氣。形容生命垂危或事物臨近滅亡。例這溺水的孩子救上岸時，就像霜打的嫩苗——奄奄一息了。

【霜打的蕎麥——垂下了頭】

蕎麥經霜之後，穗子低垂。比喻人心情沮喪，無精打采。例他犯了那次錯誤之後，一直像霜打的蕎麥——垂下了頭。也作「老母豬啃槽——垂下了頭」、「老牛啃地皮——垂下了頭」。

【霜打的茄子——癟啦】

比喻理屈詞窮，啞口無言，狼狽不堪。例在大家嚴厲訓斥之下，這個小無賴就像霜打的茄子——癟啦。

【霜打的茄子——軟不拉耷】

拉耷：邋遢。見「九月的柿子——軟不拉耷」。

【霜打的柿子——甜透了】

見「冰糖蘸蜜——甜上加甜」。

【霜後的小蔥——軟不拉耷】

見「九月的柿子——軟不拉耷」。

【霜降後的蟈蟈——沒幾天叫頭】

霜降：節氣名，在每年國曆十月二十三日前後；蟈蟈：昆蟲，腹大翅短，善跳躍，雄的前翅有發音器，能發出晴脆的聲音。見「秋後的知了——沒幾天叫頭」。

【霜降後的螞蚱——蹦躂到頭了】

霜降：二十四節氣之一，在國曆十月二十三日或二十四日。霜降後天氣漸冷，螞蚱壽命不長了。見「秋後的螞蚱——蹦躂不了幾天」。

【霜降後的柿子——不懶（漤）】

霜降：節氣名，在每年公曆十月二十三日前後；懶：「漤」的諧音。漤：把柿子放在熱水或石灰水裏泡，以除去澀味。霜降後柿子熟透了，不漤就可以吃。雙關語。比喻做事勤快。例這孩子是霜降後的柿子——不懶（漤），將來一定有出息。

【霜露之病】

指因風寒侵襲而引起的疾病。《史記·公孫弘傳》：「君不幸罹霜露之病，何恙不已？」

【霜露之思】

《禮記·祭義》：「霜露既降，君子履之，必有淒愴之心。」鄭玄注：「感時念親也。」後以「霜露之思」指對雙親的哀思。元·高則誠《琵琶記·一門旌裝》：「霜露之思既極，宜沾雨露之恩。」

【孀妻弱子】

指寡婦及年幼的孩子。《列子·湯問》：「汝心之固，固不可徹，曾不若孀妻弱子。」

ㄕㄨㄤˇ

【爽然若失】

見「爽然自失」。

【爽然自失】

爽然：茫然無主見的樣子。形容心中空虛悵惘。《史記·屈原賈生列傳》：「讀《鵩鳥賦》，同生死，輕去就，又爽然自失矣。」也作「爽然若失」。若：好像。魯迅《朝花夕拾·瑣記》：「畢業，自然大家都盼望的，但一到畢業，卻又有些爽然若失。」

【爽人心脾】

吸了芳香、新鮮的空氣或喝了可口的飲料，使人感到非常舒適。也形容美好的詩文、樂曲等給人以清新、爽朗的感覺。清·王韜《淞隱漫錄·仙人島》：「澗上皆忍冬花，藤蔓糾結，黃白相間，其香紛郁，爽人心脾。」也作「沁人心脾」。

【爽心豁目】

見「爽心悅目」。

【爽心悅目】

因欣賞到美好的景物、詩文等而心情舒暢。例一早醒來，便聽到一陣陣啾啾的鳥叫聲，又看窗外晴朗的藍天白雲，教人覺得爽心悅目，精神爲之一振。也作「爽心豁目」。豁：開朗。清·趙翼《甌北詩話·查初白詩》：「故梅村詩嫌其使典過繁，翻致膩滯；一遇白描處，即爽心豁目，情餘於文。」

日

ㄖˋ

【日薄西山】

薄：逼近，迫近。太陽快要落山。比喻衰老的人或衰微的事物正接近死亡。漢·揚雄《反離騷》：「臨汨羅而自隕兮，恐日薄於西山。」晉·李密《陳情表》：「但以劉日薄西山，氣息奄奄，人命危淺，朝不慮夕。」也作「西山日薄」、「西山日迫」。

【日薄崦嵫】

薄：迫近；崦嵫：山名，古代常指太陽落下去的地方。太陽迫近崦嵫山，即太陽快要落山了。比喻人到暮年或事物已到盡頭，即將死亡。戰國楚·屈原《離騷》：「吾令羲和彌節兮，望崦嵫而勿迫。」明·蔣一葵《長安客話·黃金台》：「日薄崦嵫，茫茫落落，吊古之士，登斯台者，輒低回瞻顧。」

【日薄之年】

日薄：日暮。形容人衰老的晚年。宋·葉廷珪《海錄碎事·道釋·養生》：「閒存三氣，研諸妙精，故能回日薄之年，反爲童嬰月。」

【日不我與】

日：泛指時間；我與：即「與我」。時間不等待我。感嘆時間已逝，無可挽回。三國魏·曹植《與吳季重書》：「然日不我與，曜靈急節。」也作「時不我與」、「時不我待」、「時不再來」、「時不再至」。

【日不暇給】

暇：空閒；給：夠，足。天天沒有空閒時間。形容事務繁忙，時間不夠用。《史記·封禪書》：「治矣而日有不暇給，是以即事用希。」《漢書·高帝紀下》：「漢興，撥亂反正，日不暇給。」《老殘遊記》三回：「誰知一個傳十，十個傳百，官幕兩途拿轎子來接的漸漸有日不暇給之勢。」

【日不移晷】

晷：ㄍㄨㄟˇ，日影。日影沒有移動，謂時間極短。《漢書·王莽傳》：「人不還踵，日不移晷，霍然四除，更爲寧朝。」也作「日不移影」。元·馬致遠《薦福碑》四折：「老夫范學士，自與兄弟張鎬同到京師，見了聖人，日不移影，對策百篇，聖人見喜，加為頭名狀元。」

【日不移影】

見「日不移晷」。

【日不做，夜摸索】

白天遊手好閒，不做事情，等到了夜晚才迫不得已去做本該白天做的事情。謂不能抓緊時間把該辦的事情辦好。例你白天就知道到處閒逛，到這會兒，天都黑了，才想起來還有活要幹，現在著急了吧，眞是日不做，夜摸索。也作「**日裏沿街吃茶，夜裏點燈績麻**」、「**日裏游街走四方，夜裏熬油補褲襠**」。

【日長神倦】

指夏季白晝長，人容易困倦。《紅樓夢》三〇回：「誰知目今盛暑之際，又當早飯已過，各處主僕人等多半都因日長神倦，寶玉背著手，到一處，一處鴉雀無聲。」

【日長似歲】

歲：年。過一天像過一年那樣長。形容日子不好過。宋・陸游《秋思》詩：「日長似歲閒方覺，事大如天醉亦休。」也作「**度日如年**」、「**度日如歲**」。

【日長歲久】

見「日久天長」。

【日長一線】

指冬至以後白晝漸長。南朝梁・宗懍《荊楚歲時記》：「魏晉間，宮中以紅線量日影，冬至後日影添長一線。」《續傳燈錄》卷一八：「晷遠推移，日長一線，且道佛法長多少？」也作「**日添一線**」。宋・劉克莊《冬至四絕》詩之二：「日添一線書中見，雪染千絲鏡裏明。」

【日出冰消】

太陽一出，冰就消融。形容一下就消失了。《新編五代史平話・晉史》卷上：「石敬瑭見張守一說了這四句，心下自曉得這意義了，那病忽然蘇醒，如風行雲捲，日出冰消。」

【日出而作，日入而息】

作：勞動；息：休息。太陽出來開始勞動，日落即休息。《莊子・讓王》：「日出而作，日入而息，逍遙於天地之間，而心意自得。」

【日出三竿】

太陽升起離地面有三根竹竿那樣高。指天時不早。後多用以形容起床很晚。《歧路燈》九二回：「早晨醒時便起，不是一定要日出三竿。」也作「**日上三竿**」。《歧路燈》五一回：「直到日上三竿，不好起來見人。」也作「**日高三丈**」。《鏡花緣》六七回：「誰知自從五更放了三十七炮，等到日高三丈，並未再添一炮，眼見得竟有八位要在孫山之外。」也作「**三竿日上**」。

【日出萬言，必有一傷】

指話說多了，難免會有失當之處。例自古說：「日出萬言，必有一傷。」你今天講話太多，以後還是少說為好。

【日出西山水倒流——無奇不有】

也作「**日出西山水倒流——天下奇聞**」。見「公雞下蛋——無奇不有」。

【日出之光】

初升太陽的光輝。形容朝氣蓬勃。北齊・顏之推《顏氏家訓・勉學》：「幼而學者，如日出之光；老而學者，如秉燭夜行。」

【日蹙百里】

蹙：縮小。國土每天縮小一百里。指國土不斷喪失。《詩經・大雅・召旻》：「昔先王受命，有如召公，日辟國百里，今也日蹙國百里。」

【日東月西】

太陽在東方，月亮在西方。比喻異地遠離，難以聚首。漢・蔡文姬《胡笳十八拍》：「十六拍兮思茫茫，我與兒兮各一方，日東月西兮徒相望，不得相隨兮空斷腸。」

【日短夜修】

修：長。指冬至前後幾個月白天短黑夜長。《淮南子・天文訓》：「陽氣勝則日修而夜短，陰氣勝則日短而夜修。」

【日鍛月煉】

日月磨煉。指持久地下苦功夫鑽研探索，以求達到精熟的地步。宋・魏慶之《詩人玉屑・王平甫》：「大抵作詩當日鍛月煉，非欲誇奇鬥異，要當淘汰出合用字。」

【日復一日】

復：再，又。過了一天又一天。形容時光流逝得長久。多含時光虛度而無可挽回之意。《後漢書・光武帝紀》：「天下重器，常恐不任，日復一日，安敢遠期十歲乎？」宋・楊萬里《轉對札子》：「不然日復一日，歲復一歲，臣未知其所終也。」

【日改月化】

每天每月都有變化。形容時常有新的氣象。《莊子・田子方》：「消息滿虛，一晦一明，日改月化，有所為而莫見其功。」

【日旰忘食】

旰：天色已晚。天色已經很晚，仍然忘記吃飯。形容勤勞不息。《後漢書・伊敏傳》：「日旰忘食，夜分不寢。」也作「**日昃忘食**」。《晉書・張軌傳》：「寡君以乃祖乃父世濟忠良，未能雪天人之大恥，解衆庶之倒懸，日昃忘食，枕戈待旦。」

【日高三丈】

見「日出三竿」。

【日積月聚】

見「日積月累」。

【日積月累】

一天天、一月月地不斷積累。《醒世恆言》卷三：「日積月累，有了一大包銀子。」也作「**日累月積**」。《資治通鑑・唐文宗開成五年》：「小過皆含容不言，日累月積，以致禍敗。」也作「**日積月聚**」。《宋史・

張致遠傳》：「使州縣無妄用，歸其餘於監司；監司無妄用，歸其餘於朝廷；朝廷無橫費，日積月聚，惟軍須是慮，中興之業可致也。」

【日極則仄，月滿則虧】
見「日中則昃，月盈則食」。

【日計不足，歲計有餘】
日：天；計：計算。按天計算，數不算多；成年累計，數目就很可觀。指日積月累，聚少成多。《莊子·庚桑楚》：「今吾日計之而不足，歲計之而有餘。」宋·陳善《捫虱新話》卷四：「讀書惟在記牢，則日見進益……所謂日計不足，歲計有餘者。」

【日間不做虧心事，半夜敲門不吃驚】
白天沒做壞事，半夜有人敲門也不會因心虛而吃驚。《京本通俗小說·錯斬崔寧》：「看的人漸漸立滿，都道：『後生，你去不得！你日間不做虧心事，半夜敲門不吃驚；便去何妨？』」也作「不做虧心事，不怕鬼叫門」。

【日漸月染】
漸：浸潤。日久天長地漸漸薰染。多指人受外界環境影響逐漸發生變化。宋·程珌《丙子輪對札子》：「蓋一與之雜，則日漸月染，盡成棄甲之人，不幸有警，則彼此相持，莫肯先進。」也作「日濡月染」。清·魏祝亭《兩粵猺俗記》：「其他趙、馮、鄧、唐諸氏皆漢人，因避猺賦誅求，舉家竄入，日漸月染，凡飲食衣服器用，皆與眞猺無異。」

【日角偃月】
日角：指額骨中央突起，狀如日；偃月：像半弦的月。舊時相術稱額骨隆起入左邊髮際爲「日角」，入右邊髮際爲「月角」。後以「日角偃月」指富貴之相。晋·袁宏《後漢紀·順帝紀》：「選入掖庭，相工茅通見之，驚曰：『此所謂日角偃月，相之極貴，臣未嘗見之。』於是以爲貴人。」李善注引朱建平《相業》：「額有龍犀入發，左角日，右角月，王天下也。」

【日角珠庭】
形容人額角寬闊，天庭飽滿，容貌不凡。北周·庾信《周大將軍趙公墓志銘》：「是以維岳降神，自天生德，凝脂點漆，日角珠庭，爲子則光照千里。」

【日近長安遠】
太陽距離近，而長安距離遠。《晋書·明帝紀》：「明帝數歲，坐元帝膝上。有人從長安來……因問明帝：『汝意謂長安何如日遠？』答曰：『日遠。不聞人從日邊來，居然可知。』元帝異之。明日，集羣臣宴會，告以此意。更重問之，乃答曰：『日近。』元帝失色曰：『爾何故異昨日之言邪？』答曰：『舉目先日，不見長安。』」後借以指向往帝都而不能至。意指功名難遂。元·王實甫《西廂記》一本一折：「遊藝中原，腳根無線，如蓬轉。望眼連天，日近長安遠。」

【日進有功】
日：天；進：上進；功：成就。天天上進，就有成就。指學術、技藝的成就在於勤學苦練，持之以恆。例他十年如一日，不斷鑽研，日進有功，終於成了學有專長的人材。

【日久見人心】
相處時間長了，就能看清人是眞心還是假意。元·無名氏《爭報恩》一折：「我少不得報答姐姐之恩，可不道路遙知馬力，日久見人心。」

【日久歲深】
歲：年；深：長久。形容時間長久。《五燈會元·雲門文偃禪師》：「翻覆思量，看日久歲深，自然有個入路。」也作「日久月深」。《魏書·蕭寶夤傳》：「雖當時文簿，記其殿最，日久月深，駁落都盡，人有去留，誰復掌其勤墮？」也作「年深日久」、「年深歲久」、「年深月久」。

【日久天長】
形容經歷時間很長。《紅樓夢》六九回：「日久天長」這些奴才們跟前，怎麼說嘴呢？」也作「日長歲久」。明·邵璨《香囊記》一三齣：「難得鄰家母，不時應濟，日長歲久，難以周全。」也作「天長日久」。

【日久月深】
見「日久歲深」。

【日就月將】
就：成就；將：進步。每天都有得益，每月都在進步。《詩經·周頌·敬之》：「日就月將，學有緝熙於光明。」宋·李淸照《金石錄後序》：「日就月將，漸益堆積。」

【日居月諸】
居、諸：語氣助詞。即日月。指歲月的流逝。《詩經、邶風·日月》：「日居月諸，照臨下土。」晋·陶潛《命子》詩：「日居月諸，漸免於孩。」也作「日月居諸」。明·李開先《祭王外祖驛丞文》：「日月居諸，時序推遷。」

【日朘月削】
朘：縮小，減少。天天縮小，月月削減。形容時刻受到剝削，日益貧窮。《新唐書·蕭至忠傳》：「日朘月削，卒見凋弊。」也作「日削月朘」。《漢書·董仲舒傳》：「民日削月朘，寢以大窮。」

【日來月往】
見「日往月來」。

【日累月積】
見「日積月累」。

【日裏講到夜裏，菩薩還在廟裏】
形容空談，不務實事。例俗話說：「日裏講到夜裏，菩薩還在廟裏。」光說空話，不幹實事，就是過去一千年，也改變不了這裏的窮山惡水。

【日理萬機】
萬機：指紛繁的政務。意思是一天要

處理成千上萬的政務。多形容國家領導人爲國事繁忙。《尚書·皋陶謨》：「一日二日萬幾(幾：同「機」)。」明·余繼登《典故紀聞》卷二：「朕日理萬機，不敢斯須自逸。」

【日裏文謅謅，夜裏偷毛豆】
白天舉止文雅，夜裏卻小偷小摸。形容人的虛假僞善。例他表面上像個正人君子，其實盡幹缺德的事，是那種日裏文謅謅，夜裏偷毛豆的人，對他可不能輕信。

【日麗風和】
麗：明麗；和：和煦。陽光明麗，微風和煦。形容天氣晴好。《孽海花》七回：「這日正是清明佳節，日麗風和。」也作「日暖風和」。明·無名氏《度黃龍》一折：「日暖風和如閬苑，山明水秀勝瑤池，滿眼風光媚。」也作「風和日麗」、「和風麗日」、「風暖日麗」、「風和日美」。

【日陵月替】
陵、替：意爲頹廢、衰落。形容日漸衰落。指政局一天天衰落，綱紀一天天廢弛。唐·吳兢《貞觀政要·君道》：「日陵月替，以至危亡。」

【日落風生】
形容傍晚時分微風習習的自然景色。唐·孟浩然《采樵》詩：「日落伴將稀，山風拂羅衣。」

【日落西山】
太陽西沉。指黃昏時候。《薛仁貴征東》三〇回：「日落西山一點紅。」也用以比喻人近暮年，即將死亡。例老人已日落西山，在世無多了。也用以比喻事物臨近衰亡。例這個家族勢力日漸衰落，似有日落西山，盛況不再之態。

【日落西山——紅不過一會兒了】
雙關語。比喻神氣不了多久。例敵人即將滅亡，賣國求榮的漢奸將是日落西山——紅不過一會兒了。也作「三月的櫻桃——紅不久」、「三月裏的桃花——紅不了多久」、「早春的桃花——紅不久」。

【日邁月征】
邁、征：行走，運轉。日月不停地運轉。表示歲月流逝。《詩經·小雅·小宛》：「我日斯邁，而月斯征。」韓廷錫《山中寄衡之伯兄》：「日邁月征，所事未就，兄宜痛割俗纏可也。」

【日暮道遠】
見「日暮途遠」。

【日暮路遠】
見「日暮途遠」。

【日暮窮途】
見「日暮途窮」。

【日暮途窮】
暮：傍晚；窮：窮盡，盡頭。太陽落山了，路也到頭了。比喻計窮力盡，接近滅亡，或走投無路。唐·杜甫《投贈哥舒開府翰二十韻》詩：「幾年春草歇，今日暮途窮。」明·侯方域《癸未去金陵日與阮光祿書》：「此必日暮途窮，倒行而逆施。」也作「日暮窮途」。唐·錢起《七盤嶺阻寇》詩：「日暮窮途淚滿襟，雲天南望羨飛禽。」也作「途窮日暮」。

【日暮途遠】
天色已晚，途程還很遠。比喻計窮力盡，無可奈何。《史記·伍子胥傳》：「吾日暮途遠，吾故倒行而逆施之。」北周·庾信《哀江南賦序》：「日暮途遠，人間何世。」也作「日暮道遠」。《新唐書·白居易傳》：「日暮道遠，吾生已蹉跎。」也作「日暮路遠」。《尉繚子·兵教下》：「日暮路遠，還有挫氣。」

【日暖風和】
見「日麗風和」。

【日親日近】
見「日遠日疏，日親日近」。

【日親以察】
每日親自觀察。《漢書·禮樂志》：「象載昭庭，日親以察。」

【日清月結】
每天清帳，月底結算。常用以形容財會人員工作認眞，帳目清楚。例他主管財務後做到了日淸月結，帳目清楚。

【日求三餐，夜求一宿】
形容沒有遠大的抱負和高尚的追求，得過且過。例年輕人應該樹立遠大的理想，要有所作爲，不能日求三餐，夜求一宿，做一天和尚撞一天鐘。

【日日行，不怕千萬里】
每天不斷行進，就不怕路途遙遠。比喻只要堅持不懈，任何艱難險阻都能戰勝。例俗話說：「日日行，不怕千萬里。」只要肯下功夫，又能持之以恆，就沒有辦不到的事情。

【日日夜夜】
每天每夜連續不斷。形容持續的時間很長。例自從妹妹到國外唸書，父母就日日夜夜惦念著她。

【日濡月染】
見「日漸月染」。

【日上三竿】
見「日出三竿」。

【日涉成趣】
涉：行走，經歷；趣：通「趨」。每天到這裏走一走，因而成了散步消閒的場所。晋·陶潛《歸去來辭》：「園日涉以成趣，門雖設而常關。」元·段成已《蝶戀花》詞：「買酒酬春君有地，不妨日涉聊成趣。」

【日甚一日】
甚：加深，勝過。一天比一天厲害。形容程度逐日加重。宋·王安石《乞解機務札子》：「徒以今年以來，病疾浸加……所苦日甚一日。」明·沈德符《鄉賢》：「今鄉紳身都雄貴……而黌序中，遂借公舉以媒重賄，日甚一日。」

【日愼一日】
愼：謹愼。一天比一天小心謹愼。形容越來越謹言愼行。《後漢書·光武帝紀》：「戰戰栗栗，日愼一日。」

唐・賈至《唐册肅宗宣皇帝文》：「五聖之御宇，皆以勤儉兢業，日愼一日，故能享祚長久，垂慶無窮。」

【日升月恆】

太陽剛剛升起，月亮逐漸盈滿。比喻事業正在興旺之時。明・歸有光《少傳陳公六十壽詩序》：「德與年而俱進，如日升月恆，則諸君子之壽公者，非以公爲既老，而實以禱公將來無疆之壽也。」

【日升月轉】

形容升遷得快。《西湖拾遺》二九：「次日，教他上書改易文資，日升月轉，不上三年之間，做到戶部侍郎知臨安府。」

【日食三餐，夜眠一覺，無量壽佛】

白天吃上三頓飯，夜晚睡上一個好覺，簡直比得上無量壽佛。謂無憂無慮，能吃能睡，可以長壽。明・顧起元《客座贅語》卷一：「南都閭巷中常諺，往往有粗俚而可味者，漫記數則。如曰……『日食三餐，夜眠一覺，無量壽佛』。」

【日食萬錢】

萬錢：形容錢多。每日吃飯要花費很多的錢。形容生活奢侈浪費。《警世通言》卷一七：「有個王涯丞相，官居一品，權壓百僚，僮僕千數，日食萬錢，說不盡榮華富貴。」也作「食日萬錢」。

【日試萬言】

言：字。應試時一天寫出一萬字的文章。形容才思敏捷，才氣橫溢。唐・李白《與韓荊州書》：「請日試萬言，倚馬可待。」《舊唐書・張涉傳》：「涉……嘗請有司日試萬言，時呼張萬言。」

【日疏日遠】

見「日遠日疏，日親日近」。

【日思夜盼】

白天思念，夜晚盼望。形容懷念想望的深切。例她終於認出了這就是她的日思夜盼的人，不覺喜出望外。

【日誦五車】

五車：形容書多。意指一天看許多書。《莊子・天下》：「惠施多方，其書五車。」宋・朱熹《答陳思德》：「不然則雖廣求博取，日誦五車，亦奚益於學哉？」

【日添一線】

見「日長一線」。

【日頭從西邊出來】

比喻發生了通常不可能發生的事情。例一貫遲到的他，今天第一個到辦公室，眞是太陽從西邊出來了。

【日頭日腳】

指日子。例事情還有這麼多沒處理完，眼看日頭日腳沒剩多少了，心中實在壓力不小。

【日頭曬屁股——懶人】

指懶惰、不勤快的人。例別指望他能來參加義務勞動，日頭曬屁股的懶人不會有這種自覺性。

【日完其朔】

朔：夏曆每月初一日。太陽運行到朔日，也不見日食。比喻風調雨順，地利人和的太平盛世。南朝宋・顏延之《應詔宴曲水作》詩：「日完其朔，月不掩望。」

【日往月來】

指白天過了，黑夜又來。形容時光過得很快。《周易・繫辭下》：「日往則月來，月往則日來。」《警世通言》卷二八：「自此日爲始，夫妻二人如魚似水……日往月來，又早半年光景。」《金瓶梅詞話》一回：「情共日往而月來，誼若天高而地厚。」也作「日來月往」。《警世通言》卷一六：「不去營運，日來月往，手內使得沒了。」

【日無私照】

太陽照物沒有偏私。舊時比喻皇恩普照。清・于愼行《閩廣平賊露布》：「日無私照，南邦永以無虞；海不揚波，比戶晏而不閉。」

【日無暇晷】

暇：空閒；晷：日影，比喻時光。從早到晚，沒有空閒的時間。《二十年目睹之怪現狀》一回：「花天酒地，鬧個不休，車水馬龍，日無暇晷。」清・李伯元《南亭筆記》卷九：「時値軍書旁午，文忠日無暇晷，亦遂忘之。」

【日五色賦】

本是唐代科舉考試的試題。後因李程爲浩虛舟的文章超過自己而高興，比喻不忌賢妒能。《書言故事・不捷類・日五色賦》：「唐李程試日五色賦，破題云：『德功天監，祥開日華。』擢爲狀元。後浩虛舟應宏詞，復試此題，程虞浩愈於己，馳價取本，觀破題云：『麗日焜煌，中含瑞光。』程喜曰：『李程在裏。』」

【日夕相處】

日夜生活在一起。表示關係親密。例他倆被分配在一個部門，日夕相處，工作上互幫互助，因此成了最要好的朋友。

【日下無雙】

日下：指京城；無雙：獨一無二。京城沒有第二個。形容才華出衆。《梁書・伏挺傳》：「及長，有才思，好屬文，爲五言詩，善效謝康樂體。父友人樂安任昉深相嘆異，常曰：『此子日下無雙。』」唐・王勃《上明員外啟》：「江東第一，家傳正始之音；日下無雙，譽重名流之首。」

【日銷月靡】

見「日銷月鑠」。

【日銷月鑠】

銷、鑠：熔化、消蝕。指時光流逝。唐・韓愈《石鼓歌》：「日銷月鑠就埋沒，六年西顧空吟哦。」也作「日銷月靡」。清・王夫之《讀通鑑論・唐肅宗》：「縱遣驕橫，莫能復制，日銷月靡，志不守而神不興，不復有生人之氣。」

【日新謂之盛德】

每天都有新的進步，是最了不起的德行。指培養良好的道德品質，要不斷地學習，不斷地進步。《周易・繫辭上》：「日新謂之盛德。」孔穎達疏：「其德日日增新，是德之盛極。」

【日新月盛】

見「日新月異」。

【日新月異】

每天每月都有新的發展變化。指發展、進步很快，不斷出現新事物、新氣象。《禮記・大學》：「苟日新，日日新，又日新。」孫中山《上李鴻章書》：「此泰西各種學問所以日新月異而歲不同……者，有此鼓勵之方也。」也作「**日異月新**」。清・葉燮《原詩》：「聲律之妙，日異月新。」也作「**日新月盛**」。宋・范祖禹《論宦官》：「昔唐之時，仇士良教其黨曰：『天子不可令閒，常宜以奢靡娛其耳目，使日新月盛，無暇更及他事。』」

【日行千里】

一天能走一千里。形容行進速度極快。明・黃元吉《黃廷道夜走流星馬》：「長樂坡如腳底行，終南山似眼面前。這馬他日行千里如奔電。」

【日省月課】

見「日省月試」。

【日省月試】

省：檢查；試：考核。形容經常進行檢查考核。《禮記・中庸》：「日省月試，既廩稱事，所以勸百工也。」也作「**日省月課**」。《魏書・李彪傳》：「日省月課，實勞神慮。」也作「**日省月修**」。清・嚴有禧《漱華隨筆》：「使本官讀書進學，日省月修，待其老成，然後授以任事之職。」

【日省月修】

見：「日省月試」。

【日削月割】

削：減削；割：割讓。每天每月割讓土地。形容一味割地求和。宋・蘇洵《六國論》：「日削月割，以趨於亡。」

【日削月朘】

見「日朘月削」。

【日夜趲行】

趲：ㄗㄢˇ，趕，急行。白天黑夜地急走。《紅樓夢》一二〇回：「在道兒上又聞得有恩赦的旨意，又接著家書，果然赦罪復職，更是喜歡，便日夜趲行。」

【日以繼夜】

形容日夜不停。晉・王嘉《拾遺記》卷九：「奏金石絲竹之樂，日以繼夜。」也作「**夜以繼日**」。

【日異月新】

見「日新月異」。

【日益月滋】

益：增；滋：長。一天天地增長。唐・元稹《上令狐相公詩啟》：「閒誕無事，遂用力於詩章，日益月滋，有詩千餘首。」也作「**日滋月益**」。宋・司馬光《重微》：「凡此六者，其初甚微，朝夕狎玩，未嘗甚害，日滋月益，遂至深固，比知而革之，則用力百倍矣。」

【日引月長】

引：延伸，增加；長：增長。日增月加。指事物隨著時光的流逝而日漸增長。《國語・齊語》：「是以國家不日引，不月長。」唐・白居易《策林》：「雷動風行，日引月長，上益其侈，下成其私，其費盡出於人，人實何堪其弊？」

【日有所思，夜有所夢】

白天想什麼，夜裏就容易夢見什麼。《前漢通俗演義》七四回：「俗語說得好：『日有所思，夜有所夢。』武帝時思李夫人，遂致夢中恍惚，見李夫人贈與蘅蕪，醒後尚有遺香，歷久不散，因名臥室為『遺芳夢室』。」

【日與月與】

是語氣助詞。指日和月。形容時光流逝。晉・張華《勵志》詩：「日與月與，荏苒代謝。」

【日遠日疏】

見「日遠日疏，日親日近。」

【日遠日疏，日親日近】

疏：疏遠；近：親近。不常在一起就日益疏遠，經常在一起就日益親近。《水滸傳》二回：「自此高俅遭際在王都尉府中出入，如同家人一般。自古道：『日遠日疏，日親日近。』」也作「**日親日近**」。元・無名氏《碧桃花》一折：「則要你日親日近，俺便可相隨相趁。」也作「日疏日遠」。明・徐畛《殺狗記》四折：「官人近日心恁偏，與兄弟結冤……怕迤邐日疏日遠，長掛念。」

【日月蔽虧】

太陽和月亮被遮蔽而虧缺。指日食和月食。《史記・司馬相如傳》：「日月蔽虧，交錯糾紛。」

【日月不可逾】

逾：越過，超過。像太陽和月亮一樣的不可超越。比喻神聖不可侵犯。《後漢書・孔融傳》：「萬乘至重，天王至尊……猶天之不可階，日月之不可逾也。」

【日月重光】

重光：重放光明。太陽和月亮重放光輝。黑暗過去後，再見到光明。比喻動亂後出現穩定清明的新局面。《尚書・顧命》：「昔君文王、武王，宣重光。」《宋書・孝武帝紀》：「皇家造宋，日月重光，璇璣得序，五星順命。」

【日月蹉跎】

蹉跎：虛度時光。歲月白白地流逝，無所成就。晉・阮籍《咏懷》詩：「平生少年時，輕薄好弦歌……娛樂未終及，白日忽蹉跎。」宋・陳亮《上孝宗皇帝第一書》：「徒使度外之士，擯棄而不得聘，日月蹉跎而老將至矣。」

【日月告兇】

告兇：報告兇信。日食和月食，古代

迷信以爲是日月的災禍，主天下的兇亡，因而稱爲日月告兇。《詩經・小雅・十月之交》：「日月告兇，不用其行。」

【日月光華】
日月的光輝與華彩。《尚書大傳・虞夏傳》：「卿雲爛兮，糺縵縵兮，日月光華，旦復旦兮。」

【日月合璧】
合璧：指日、月、五星合聚。日月同時升起，出現於陰曆的朔日（陰曆初一），這種現象很少見，舊時因此附會爲國家祥瑞。《漢書・律歷志上》：「日月如合璧，五星如連珠。」清・易宗夔《新世說・紕漏》：「雍正乙巳，年羹堯以日月合璧，五星連珠奏賀。」

【日月交食】
交：相互；食：日蝕，月蝕。比喻人與人互相爭鬥，成了冤家對頭。元・康進之《李逵負荊》二折：「俺兩個半生來豈有些嫌隙，到今日卻做了日月交食。」元・陳以仁《存孝打虎》二折：「我從見日月交食，不曾見這個好爭鬥的後生，見了那大蟲，無些兒害怕。」

【日月經天】
見「日月經天，江河行地」。

【日月經天，河海帶地】
見「日月經天，江河行地」。

【日月經天，江河行地】
太陽和月亮每天經過天空，江河永遠流經大地。多用以稱頌別人言行著述歷久不衰。清・鄭畡《書寄舍弟墨》：「譬之六經，猶蒼蠅聲耳，豈得爲日月經天，江河行地哉！」也作「**日月經天，河海帶地**」。《後漢書・馬衍傳》：「其事昭昭，日月經天，河海帶地，不足以比。」也單作「**日月經天**」。《魏書・蕭衍傳》：「言之旦旦，日月經天，舉世所知，義非徒語。」

【日月居諸】
見「日居月諸」。

【日月麗天】
麗：附著。太陽和月亮附麗於天上。比喻光明照耀四方。《周易・離》：「日月麗乎天，百谷草木麗乎土。」漢書・武帝紀》：「日月麗天，高明所以表德；出岳題地，柔博所以成功。」

【日月連璧】
比喻日和月是相連的兩塊璧玉。《莊子・列禦寇》：「日月爲連璧，星辰爲珠璣，萬物爲齎物。」

【日月其除】
除：去。形容時光流逝得很快。《詩經・唐風・蟋蟀》：「蟋蟀在堂，歲聿其莫。今我不樂，日月其除。」唐・楊炯《唐昭武校尉曹君神道碑》：歲雲秋矣，日月其除。壽非金石，命也如何。」

【日月如箭】
見「日月如梭」。

【日月如流】
形容時光飛馳，過得很快。明・無名氏《三化邯鄲》二折：「日月如流不可招，富貴榮華不能保。」

【日月如梭】
梭：織布時牽引緯線（橫線）的工具。太陽和月亮的運行像穿梭似的。形容時光疾速地過去。元・高則誠《琵琶記・牛相教女》：「光陰似箭催人老，日月如梭趲少年。」也作「**日月如箭**」。《歧路燈》一八回：「俗云日月如箭……轉瞬間便隔了年頭。」

【日月入懷】
舊指生貴子的吉兆。晉・干寶《搜神記》卷一○：「孫堅夫人吳氏，孕而夢月入懷，已而生策。及權在孕，又夢日入懷，以告堅曰：『妾昔懷策，夢月入懷。今又夢日，何也？』堅曰：『日月者，陰陽之精，極貴之象，吾子孫其興乎。』」也形容心胸十分開朗。南朝宋・劉義慶《世說新語・容止》：「時人目夏侯太初，朗朗如日月之入懷。」

【日月參辰】
參（ㄕㄣ）、辰：參星和辰星，參星在東，辰星在西。太陽落，月亮出，參星隱，辰星現。比喻彼此分隔不得相見。也指彼此不和，互相作對。元・蕭德祥《殺狗勸夫》一折：「也不是我特故的把哥哥來恨，他他他不思忖一爺娘骨肉，卻和我做日月參辰。」元・關漢卿《救風塵》二折：「和爺娘結下不廝見的冤仇，恰便似日月參辰和卯酉。」也作「**參辰日月**」。

【日月逝矣，歲不我與】
逝：過去。時光一去不復返，歲月不等待人。用以感嘆時光易逝，勉勵人們珍惜時間，奮發向上。《論語・陽貨》：「謂孔子曰：『來！予與爾言。』曰：『懷其寶而迷其邦，可謂仁乎？』曰：『不可』。『好從事而亟失時，可謂知乎？』曰：『不可。』『日月逝矣，歲不我與。』孔子曰：『諾，吾將仕矣。』」

【日月跳丸】
跳丸：跳動的彈丸。日月好比跳動的彈丸交替升落。比喻日子過得很快。唐・韓愈《秋懷》詩：「憂愁費晷景（影），日月如跳丸。」唐・杜牧《寄浙東韓義評事》詩：「一笑五雲谿上舟，跳丸日月十經秋。」也作「**日月跳擲**」。唐・元稹《答姨兄胡靈之見寄五十韻序》：「舅憐，不以禮數檢，故得與姨兄胡靈之之輩十數人爲晝夜游，日月跳擲，於今餘二十年矣。」

【日月跳擲】
見「日月跳丸」。

【日月無光】
太陽和月亮都失去了光輝。比喻極其黑暗。晉・葛洪《抱朴子・內篇・登涉》：「所謂白日陸沉，日月無光，人鬼不能見也。」

【日月相推】

太陽和月亮相互交替出現。《周易・繫辭下》：「日往則月來，月往則日來，日月相推，而明生焉。」

【日月逾邁】
逾：超越；邁：跨越。日月大步前行，時光飛速流逝。《尚書・秦誓》：「我心之憂，日月逾邁，若弗雲來。」《晉書・惠帝紀》：「然日月逾邁，已涉新年，開元易紀，禮之舊章。」

【日月欲明，浮雲蔽之】
欲：想要；浮雲：游動的雲彩；蔽：遮住，遮掩。太陽和月亮想要放光輝，卻被天上的浮雲遮住。比喻光明暫時被黑暗掩蓋住。《文子・上德》：「日月欲明，浮雲蔽之；河水欲清，沙土穢之；人性欲平，嗜欲害之。」

【日仄之勞】
見「日昃之勞」。

【日旰忘食】
見「日旰忘食」。

【日昃之勞】
昃（ㄗㄜˋ）：太陽偏西。從早一直勞動到太陽偏西。形容終日辛勤勞動。《尚書・無逸》：「自朝至於日中昃，不遑暇食。」《後漢書・陳元傳》：「文王有日昃之勞，周公執吐握之恭。」也作「日仄之勞」。《漢書・薛宣傳》：「躬有日仄之勞，而亡佚豫之樂。」

【日昃之離】
離：麗，附著。《周易・離》：「日昃之離，不鼓缶而歌，則大耋之嗟，凶。」指日在西方附麗於天，不久將落。

【日增月盛】
形容事物一天比一天興旺。例農村集散市場，日增月盛，越來越興旺了。

【日增月益】
每天每月地越增越多。《明史・西域傳四》：「而四方奇珍異寶，名禽殊獸進獻上方者，亦日增月益。」

【日臻完善】
臻：達到。逐步達到完善的境地。例現代技術日臻完善，推動了生產的發展。

【日炙風吹】
炙：烤。烈日烤，疾風吹。形容長途奔波的艱辛。明・無名氏《聚獸牌》一折：「受了些眠霜臥雪，日炙風吹。」也作「日炙風篩」。元・陳以仁《存孝打虎》一折：「遙望見雁門紫塞，黃沙漠漠接天涯。看了這山遙路遠，更和那日炙風篩。一騎馬直臨蘇武坂，半天雲遮盡李陵台。」

【日炙風篩】
見「日炙風吹」。

【日中必彗】
彗：ㄏㄨㄟˋ，通「熭」，曝曬。一定要在中午陽光強烈的時候晾曬東西。比喻作事應抓緊時機。《六韜・守土》：「日中必彗，操刀必割……日中不彗，是謂失時；操刀不割，失利之期。」

【日中必昃，月滿必虧】
見「日中則昃，月盈則食」。

【日中爲市】
日中：中午。市：集市貿易，做買賣。中午趕集做買賣。《周易・繫辭下》：「日中爲市，致天下之民，聚天下之貨，交易而退，各得其所。」

【日中則移，月滿必虧】
見「日中則昃，月盈則食」。

【日中則移，月滿則虧】
見「日中則昃，月盈則食」。

【日中則昃，月滿則虧】
見「日中則昃，月盈則食」。

【日中則昃，月盈則食】
則：就；昃：太陽偏西；盈：圓滿；食：同「蝕」，虧缺。太陽到中午就開始西斜，月亮到最圓就開始虧缺。比喻事物發展到極點就會向相反的方向轉化。《周易・豐》：「日中則昃，月盈則食。」也作「日中則昃，月滿則虧」。元・無名氏《來生債》二折：「你但看日中則昃，月滿則虧，這都是無往不復。」也作「日中必昃，月滿必虧」。《二刻拍案驚奇》卷一九：「日中必昃，月滿必虧。明公功名到此，已無可加。急流勇退，此其時矣。」也作「日中則移，月滿則虧」。《戰國策・秦策三》：「語曰：日中則移，月滿則虧。物盛則衰，天之常數也。」也作「日中則移，月滿必虧」。《史記・日者列傳》：「日中則移，月滿必虧；先王之道，乍存乍亡。」也作「日極則仄，月滿則虧」。《管子・白心》：「日極則仄，月滿則虧，極之徒仄，滿之徒虧。」

【日轉千階】
轉：升遷；階：官階。一日內多次升官。形容連續很快地晉升。明・無名氏《龐掠四郡》三折：「他則落的尸橫陸地，不能夠日轉千階。」明・無名氏《單戰呂布》：四折：「因董卓專權變亂，論官爵日轉千階。」

【日轉千街】
整日裏走街串巷。形容沿街乞討。元・張國賓《合汗衫》三折：「哎！婆婆也，咱去來波，可則索與他日轉千街。」

【日滋月益】
見「日益月滋」。

【日坐愁城】
愁城：憂愁所包圍。比喻整日裏沉浸在憂愁之中。宋・范成大《次韻代答劉文潛》詩：「一曲紅窗聲里怨，如今分作兩愁城。」高詠《致顏遜甫書》：「緣貧病交侵，日坐愁城苦海故也」

【日坐針氈】
每天都像坐在針氈上。形容成天惶恐不安。明・諸聖鄰《大唐秦王詞話》卷八：「相驚共訴從前事，日坐針氈不得寧。」

ㄖㄜˇ

【惹不起】

指得罪不得或冒犯不得。《三俠五義》三〇回：「此劍卻另有個主兒，只怕大哥惹他不起。」也作「惹不得」。

【惹不起，還躲不起】

不敢招惹，難道還不能躲開嗎？例玉芬見兒子哭著跑回家來，知道他一定又受了人家的欺負，於是沒好氣地說：「李虎那孩子蠻不講理，你不要跟他一起玩，既然惹不起，還躲不起嗎？」

【惹不起甜瓜惹苦瓜】

比喻不敢觸動厲害的人，而去欺負老實人。例小王因遲到挨了批評，便發牢騷說：「遲到的又不只我一個，爲什麼只批評我？還不是看我老實，惹不起甜瓜惹苦瓜！」

【惹草拈花】

惹、拈：指勾引，挑逗；花、草：比喻婦女。多指男子挑逗和引誘婦女。明・劉兌《金童玉女嬌紅記》：「鏡台兒邊惹草拈花。」也作「惹草粘花。」元・楊立齋《哨遍》套曲：「三國志……終少些團香弄玉，惹草粘花。」也作「惹草沾花」。明・汪廷訥《獅吼記・奇妒》：「我非無斬釘截鐵剛方氣，都只爲惹草沾花放蕩情，權支應。」也作「惹草沾風」。明・馮惟敏《僧尼共犯》二折：「勾引的惹草沾風潑賴徒，辱沒殺受戒傳燈好宗祖。」

【惹草粘花】

見「惹草拈花」。

【惹草沾風】

見「惹草拈花」。

【惹草沾花】

見「惹草拈花」。

【惹草招風】

同「惹草拈花」。《金瓶梅詞話》一回：「一自父母亡後，專一在外眠花宿柳，惹草招風。」

【惹花拈草】

同「惹草拈花」。元・王實甫《西廂記》二本二折：「我從來斬釘截鐵常居一，不似任惹花拈草沒掂三。」

【惹火燒身】

惹：招引，招惹；身：本身，自身。比喻招惹災禍，害了自己。例她這一鬧可壞事了，不但惹火燒身，還連累了鄉親們。

【惹禍招愆】

見「惹禍招災」。

【惹禍招殃】

見「惹禍招災」。

【惹禍招災】

惹、招：引來，引起。引起禍事，招致災難。元・李致遠《還牢末》四折：「這一場天來大利害，則爲那匾金環惹禍招災。」也作「惹禍招殃」。明・無名氏《八仙過海》二折：「不由我惡哏哏（ㄍㄣˊ）怒氣沖天下，原來這小摩揭惹禍招殃。」也作「惹禍招愆」。元・關漢卿《普天樂・崔張十六事》曲：「鄭恆枉自胡來纏，空落得惹禍招愆。「惹災招禍」。元・無名氏《氣英布》一折：「非是咱起風波，都自己惹災招禍。」

【惹人注目】

惹：招引，引來；注目：注視，特別注意。引人特別注意。例城門口貼著一張很惹人注目的廣告。也作「引人注目」。

【惹是生非】

惹：引起，引來；是非：口舌，糾紛。招惹是非，引起爭端或糾紛。例那個頑皮的小男孩，常常在學校裏惹事生非，讓父母擔心不已。也作「惹事生非」。《古今小說》卷三六：「於今再說一個富家，安分守已，並不惹事生非。」也作「惹是招非」。《警世通言》卷一六：「如今去端門看燈……又去惹是招非。」也作「惹事招非」。

【惹事生非】

見「惹是生非」。

【惹是招非】

見「惹是生非」。

【惹災招禍】

見「惹禍招災」。

【惹罪招愆】

愆：ㄑㄧㄢ，過失。給自己招來禍害。明・無名氏《鎖白猿》四折：「則爲你昧己瞞心，因此上惹罪招愆。」

ㄖㄜˋ

【熱熬翻餅】

熬：烤乾，煎乾。翻動正烤製的餅。比喻處理事情輕而易舉。《唐宗遺史》：「太宗北征，咸云：『取幽薊如熱熬翻餅爾！』呼延贊曰：『此餅難翻。』果無功。」也作「熱鏊翻餅」。清・趙翼《德州南有地名夾馬營……詩以正之》詩：「君不見，乾柴入煙讖終驗，熱鏊翻餅語竟空。」

【熱鏊翻餅】

見「熱熬翻餅」。

【熱鏊子上螞蟻】

見「熱鍋上螞蟻」。

【熱避惡木陰，渴辭盜泉水】

見「渴不飲盜泉水，熱不息惡木陰」。

【熱不過火口，親不過兩兒】

兩口兒：夫妻。謂火口最熱，夫妻最爲親密。例人家都說：「熱不過火口，親不過兩口兒。」可是他們倆一天到晚吵架，哪裏還像一對夫妻！

【熱腸古道】

熱腸：好心腸；古道：古代淳樸厚道的風俗習慣。形容待人眞摯熱情。例這個老太太待人非常厚道，眞是熱腸古道。也作「古道熱腸」。

【熱腸冷面】

熱腸：熱心腸；冷面：外表冷漠。形容人內心熱情而面部表情卻顯得很冷漠。例他心地善良，但不善應酬，是個熱腸冷面的人。

【熱地蚰蜒】

蚰蜒：一種節肢動物。熱地上面的蚰蜒。形容惶恐不安的人。《紅樓夢》三九回：「那焙茗去後，寶玉左等也不來，右等也不來，急的熱地裏的蚰蜒似的。」

【熱飯不能熱食】

比喻凡事不可急於求成。例俗話說：「熱飯不能熱食。」學游泳可不是一朝一夕的事，你得有耐心。

【熱腹冷腸】

熱：熱情；冷：冷淡。比喻熱情的人和冷漠的人。北齊・顏之推《顏氏家訓・省事》：「墨翟之徒，世謂熱腹；楊朱之侶，世謂冷腸。腸不可冷，腹不可熱，當以仁義爲節文耳。」

【熱鍋裏爆蝦米——連蹦帶跳】

形容高興歡樂的樣子。有時指小孩活潑調皮。例年輕人最喜歡看足球比賽，每當我隊得勝時，他們就像熱鍋裏爆蝦米——連蹦帶跳。也作「**青蛙走路——連蹦帶跳**」、「**出水的蝦子——連蹦帶跳**」。

【熱鍋上螞蟻】

形容非常驚慌，坐立不安的人。《紅樓夢》一二回：「[賈瑞]溜進榮府，往那夾道中屋子裏來等著，熱鍋上螞蟻一般。」也作「**熱鏊子上螞蟻**」。《水滸傳》五六回：「徐寧娘子並兩個丫環如熱鏊子上螞蟻，走頭無路。」也作「**熱地螞蟻**」。《三俠五義》三五回：「鬧的他亡魂失魄，彷彿熱地螞蟻一般……居止不安。」

【熱鍋上的螞蟻——團團轉】

也作「**熱鏊子上的螞蟻——團團打轉**」。見「狗咬尾巴——團團轉」。

【熱鍋上的螞蟻——走投無路】

形容處境極爲困難，無路可走。例聽說匪徒已經進村，老大娘像熱鍋上的螞蟻——走投無路，慌做一團。也作「**熱鏊子上的螞蟻——走投無路**」、「**甕中之鱉——走投無路**」、「**船上跑馬——走投無路**」、「**燒了廟的土地爺——走投無路**」、「**耗子鑽牛角——走投無路**」。

【熱鍋上的螞蟻——坐立不安】

見「腳長雞眼臀生瘡——坐立不安」。

【熱鍋上的青豆——蹦得歡】

比喻因高興而蹦跳。例老年人也散發出青春活力，在運動場上就像熱鍋上的青豆——蹦得歡。

【熱鍋上的蒸籠——好大的氣】

見「冬天進豆腐房——好大的氣」。

【熱火朝天】

形容羣衆性活動或工作達到蓬勃發展、熱烈高漲的境界。例全國各地正在熱火朝天的進行抗議政府政策大遊行。

【熱極生風，樂極生悲】

炎熱到極點就會刮風，快樂到極點就會發生悲哀的事情。比喻事物發展到極端，就會走向反面。例做任何事都要恰到好處，不能太過分，你難道沒聽過「熱極生風，樂極生悲」這句話嗎？

【熱淚盈眶】

盈：充滿；眶：眼眶。激動的淚水充滿眼眶。形容非常激動的神情。例當他講到母親一人含辛茹苦把他帶大的感人之處時，聽者早已個個熱淚盈眶了。

【熱臉蛋貼人家冷屁股——奴顏媚骨】

見「挨了巴掌賠不是——奴顏媚骨」。

【熱門貨】

指吸引衆多人感興趣的貨物。例前一時期烤箱是熱門貨，這一陣子微波爐成了熱門貨了。

【熱鬧處賣母豬——盡幹些敗興事】

比喻老做使人不愉快的事情。例你是一個成年人了，還不懂得爲人處事的道理，熱鬧處賣母豬——盡幹些敗興事，有時，爲你圓場也不是很容易的。

【熱氣騰騰】

①形容熱氣上升的樣子。《西遊記》五回：「那飯熱氣騰騰的。」②比喻氣氛熱烈，情緒高漲。例工地上機聲隆隆，人聲鼎沸，到處都呈現出熱氣騰騰的景象。

【熱情洋溢】

形容言語、行動充滿熱情。例梁波熱情洋溢的儀態、笑聲和親切的語言，使她忘了周圍站滿著不相識的路人和戰士。

【熱沙鍋擺在木墩上——鍋碎了不算，還要問（璺）到底】

璺：ㄨㄣˋ，今多作「紋」；問：「璺」的諧音。比喻事情敗露或交待了還不行，還要追根究柢。例人家既然承認幹了這件事，你還熱沙鍋擺在木墩上——鍋碎了不算，還要問（璺）到底，這未免太過分了。

【熱湯泡雪花——一下子全完】

見「雞毛扔火裏——一下子全完」。

【熱蹄子馬——一天到晚總閒不住】

馬一直奔跑，蹄子即發熱，故稱熱蹄子馬。比喻整天總不休息。例這個苦命的人，就像熱蹄子馬——一天到晚總閒不住，還是得不到溫飽。

【熱天吃西瓜——一刀見紅白】

比喻問題立刻就會清楚明白。例你總認爲這個人是忠誠可靠的，事情眞相很快就要公之於衆了，那時，就會像「熱天吃西瓜——一刀見紅白」。

【熱心腸】

比喻爲人做事熱情積極。例他就是這麼個熱心腸的人，有求必應。

【熱心閒管招非，冷眼無些煩惱】

閒管：管閒事；冷眼：冷漠的神情，指袖手旁觀；些：少許。舊謂熱心去管他人之事會招惹是非，事不關己便袖手旁觀就不會心煩苦惱。明・徐畛《殺狗記》七齣：「[貼]娘行聽告，常言人道，熱心閒著招非，冷眼無些煩惱。[旦]迎春，你如今不要開口罷。[貼]奴不合口多，奴不合口多，惹得官人嗔叫，累娘焦燥。自今朝，閉口深藏舌，安身處處牢。」也作「**熱心招是非，冷眼無煩惱**」。

【熱血沸騰】
形容激情高漲的樣子，茅盾《子夜》九：「她是怎樣地受感動，怎樣地熱血沸騰。」

【熱油糕扔進冰箱裏——涼透啦】
見「光腳丫進冰窖——涼到底」。

【熱油苦菜，各隨心愛】
見「熟油拌苦菜，由人心頭愛」。

【熱蒸現賣】
形容剛學了一點東西就用來教人或在人前賣弄。例我不是科班出身，基礎知識差，每天上課都是熱蒸現賣。

【熱中名利】
熱中：急切地盼望得到。多形容個人的名利心極重。例他是個熱中名利的人，不安心本職工作，成天忙於應酬。

ㄖㄠˊ

【饒口謀衣】
爲衣食溫飽而奔忙。《紅樓夢》一二〇回：「不是建功立業的人，即係饒口謀衣之輩，那有閒情去和石頭饒舌。」也作「**糊口謀衣**」。

【饒你奸似鬼，吃了洗腳水】
饒：任憑。比喻任憑再奸猾狡詐，最終也免不了上當受騙。《水滸傳》一六回：「原來楊志吃的酒少，便醒得快，爬將起來，兀自捉腳不住。看那十四個人時，口角流涎，都動不得，正應俗語道：『饒你奸似鬼，吃了洗腳水。』」

【饒人不是痴，痴漢不饒人】
見「饒人不是痴，過後得便宜」。

【饒人不是痴，過後得便宜】
寬恕別人並不算是愚笨，以後可以得到益處。明・無名氏《樂毅圖齊》一折：「我料想咱這裏兵微將寡，不可交鋒。由他強的強，弱的弱。常言道：『饒人不是痴，過後得便宜。』」也作「**饒人不是痴，痴漢不饒人**」、「**饒人三分不爲痴**」等。

【饒人三分不爲痴】
見「饒人不十痴，過後得便宜」。

【饒人是福，欺人是禍】
寬讓待人會帶來福氣，欺侮別人會招致災禍。明・范受益《尋親記》一六齣：「自古饒人是福，欺人是禍。你幹這等的事，久後必然貽累我，你如今快寫一紙休書與我，我自出家去罷。」

【饒舌調唇】
饒舌：嘮叨，多嘴；調唇：挑撥。多嘴嚼舌，挑撥是非。明・無名氏《蘇九淫奔》一折：「我恰待饒舌調唇，怎當他撥樹尋根。」

【饒有風趣】
饒有：富有。常指幽默或詼諧的言行。例這人學識淵博，說起話來也饒有風趣。

【饒有興味】
形容事物很有趣味。例暑假期間，我們班十幾個同學到八卦山去作了一次饒有興味的旅遊。

ㄖㄠˇ

【擾擾攘攘】
擾擾、攘攘：形容紛亂的樣子。指行人來來往往，呈現出紛亂熱鬧的景象。朱自清《那裏走》：「如密雲似的，如波浪似的，如火焰似的，到處擾擾攘攘的行人。」

ㄖㄠˋ

【繞脖子】
比喻說話辦事不直接了當，讓人費解。例你有話盡可直說，不用繞脖子。也作「**繞圈子**」。例這人辦事老是繞圈子，沒一點痛快勁。也作「**繞舌頭**」。例他是個爽快人，說話從不繞舌頭。也作「**繞彎子**」。例別繞彎子了，有意見就直說吧！

【繞不過彎兒來】
①指手頭緊，銀錢周轉不過來。《紅樓夢》八三回：「況且近來你也知道，出去的多，進來的少，總繞不過彎兒來。」②也比喻人認死理轉彎不過來。例你怎麼講道理也沒有用，我還是繞不過彎兒來！

【繞梁遏雲】
繞梁：環繞屋梁；遏：阻止。形容歌聲嘹亮，高亢入雲，餘音繚繞，久久不散，給人留下深刻的印象。《歧路燈》七九回：「街上送屏的花團錦簇，廳前演戲的繞梁遏雲。」也作「**遏雲繞梁**」。

【繞梁之音】
繞梁：環繞屋梁。形容歌聲美妙動聽，給人留下難忘的印象。《隋唐演義》三〇回：「寶兒眞個是會家不忙……慢慢的把聲容鎭定，方才吐遏雲之調發繞梁之音。」

【繞圈子】
見「繞脖子」。

【繞舌頭】
見「繞脖子」。

【繞彎子】
見「繞脖子」。

【繞指柔】
晉・劉琨《重贈盧諶》詩：「何意百煉剛，化爲繞指柔。」原意自喻英雄失志，俯仰由人。後借以形容柔軟。唐・高適《咏馬鞭》詩：「珠重重，星連連，繞指柔，純金堅。」也作「**繞指柔腸**」明・張鳳翼《灌圓記・後識法章》：「終須打疊明河望，壯志由來百煉鋼，沒來由揉做繞指柔腸。」

【繞指柔腸】
見「繞指柔」。

ㄖㄡˊ

【柔腸百結】

柔腸：柔軟的心腸；百結：指鬱結很多。形容愁苦很多鬱結在心中。元・谷子敬《城南柳》三折：「柳呵！你便柔腸百結，巧計千般，渾身是眼，尋不見花枝兒般美少年。」也作「**柔腸百轉**」。《花月痕》二七回：「秋痕給跛腳提醒這一句，宋腸百轉，方覺一股刺骨的悲酸，非常沉痛，整整和跛腳對哭到天亮。」

【柔腸百轉】

見「柔腸百結」。

【柔腸寸斷】

柔軟的腸子一寸一寸地斷裂。形容極度痛苦傷心。例一想到自己悲慘的過去，他就傷心欲絕，哭得柔腸寸斷。

【柔而不犯】

性情柔和，但不容許冒犯。《後漢書・胡廣傳》：「柔而不犯，文而有禮，忠貞之性，憂公如家。」

【柔媚姣俏】

柔媚：溫柔嫵媚；姣俏：姣美俊俏。形容性格溫柔、嬌美可愛的女子。《紅樓夢》六回：「羞的襲人掩面伏身而笑。寶玉亦素喜襲人柔媚姣俏。」

【柔能克剛】

見「柔能制剛」。

【柔能制剛】

制：制服。柔弱的能制服剛強的。指採取溫和手段待人，能使對方悅服。《後漢書・臧宮傳》：「《黃石公記》曰：『柔能制剛，弱能制強。』」明・沈采《千金記・抱怨》：「看起來這兵法不過是柔能制剛，弱能勝強，以逸待勞，能勇能怯之意。」也作「**柔能克剛**」。《三國演義》六〇回：「某素知劉備寬以待人，柔能克剛，英雄莫敵。」

【柔懦寡斷】

見「柔茹寡斷」。

【柔情綽態】

柔：溫柔；綽：嬌媚。形容情態柔美的女子。三國魏・曹植《洛神賦》：「瑰姿豔逸，儀靜體閒，柔情綽態，媚於語言。」也作「**柔情媚態**」。清・李心衡《金川瑣記・陳生》：「忽憶柔情媚態，則啞然笑；又憶浮萍斷梗，何處追尋，則啜以悲。」

【柔情媚態】

見「柔情綽態」。

【柔情蜜意】

謂溫柔、細膩的情意。《紅樓夢》一一一回：「雖說寶玉仍是柔情蜜意，究竟算不得什麼。」也作「**情柔意蜜**」。

【柔情曲意】

柔：溫柔；曲：曲折。用溫柔體貼之情來表達曲折微妙的心意。《紅樓夢》一二〇回：「襲人此時欲要死在這裏，又恐害了人家，辜負了一番好意。那夜原是哭著不肯俯就的，那姑爺卻極柔情曲意的承順。」

【柔茹剛吐】

柔：軟；茹：吃；剛：硬。吃軟的，吐硬的。比喻凌弱避強，欺軟怕硬。《詩經・大雅・民》：「人亦有言：柔則茹之，剛則吐之。」也作「**茹柔吐剛**」、「**吐剛茹柔**」。

【柔茹寡斷】

形容處事軟弱不果斷。《韓非子・亡徵》：「緩心而無成，柔茹而寡斷，好惡無決而無所定立者，可亡也。」也作「**柔懦寡斷**」。宋・釋文瑩《玉壺清話・邊鎬》：「後嗣主愛其博雅，累用之，然而柔懦寡斷，惟好釋氏。」

【柔軟莫過溪澗水，不平地上也高聲】

即使是最為輕柔的山澗溪水，流經不平坦的地方時也會發出激越的聲響。比喻即使是最為軟弱的人，一旦受到欺壓，也會挺身抗爭。明・朱有燉《黑旋風仗義疏財》二折：「老漢無處告他，太僕爺爺，我這冤枉恰便似天來高，地來厚，海來深，道來長。柔軟莫過溪澗水，不平地上也高聲；懷揣萬古軒轅鏡，太僕爺爺，照察俺御冤負屈人！」

【柔軟是立身之本，寧強是惹禍之胎】

舊謂逆來順受是處世的根本，正直剛強是惹禍的根由。《金瓶梅詞話》一回：「世上唯有人心最歹，軟的又軟，惡的又怕，太剛則折，太柔則廢，古人有句格言說得好：柔軟是立身之本，寧強是惹禍之胎。無爭無競是賢才，虧我些兒何礙？」

【柔弱勝剛強】

柔和可制伏剛直，軟弱可戰勝強硬。《老子》三六章：「柔弱勝剛強；強大處下，柔弱處上；天下柔弱莫過於水，而功堅者，莫之能勝。」

【柔聲下氣】

柔：輕柔。輕聲細語地說話。形容謙卑恭順的樣子。《官場現形記》三二回：「立刻又做出一副謹慎小心的樣子，柔聲下氣地說道：『這都是大帥的恩典，堯翁的栽培。』」也作「**低聲下氣**」。

【柔心弱骨】

形容人心地善良，性格溫柔。《列子・湯問》：「人性婉而從，物不競不爭，柔心而弱骨，不驕不忌。」

【柔遠能邇】

柔：懷柔安撫；邇：近。懷柔安撫能使遠近的人都歸附。《尚書・舜典》：「柔遠能邇，惇德允元。」《南齊書・武帝紀》：「春頒秋斂，萬邦所以惟懷；柔遠能邇，兆民所以允殖。」

【柔枝嫩條】

見「柔枝嫩葉」。

【柔枝嫩葉】

柔：柔軟；嫩：嬌嫩。柔軟的枝條，嬌嫩的葉子。比喻柔弱嬌美的少女。明・謝讜《四喜記・花亭佳遇》：「溫香軟玉世應稀，柔枝嫩葉誰能比。」也作「**柔枝嫩條**」。《羣音類選〈玉簪記・詞妒私情〉》：「奴本是柔枝嫩條，休比做牆花路草。」

**【柔中有剛攻不破，剛中無柔不

爲堅】
設柔和中蘊蓄著剛强，才最爲堅强；剛强中缺乏柔和，也就不堅强。例俗話說：「柔中有剛攻不破，剛中無柔不爲堅。」爲人處世既不可過於溫和柔順，也不可過於剛强好勝，只有剛柔兼備，才能在社會上站穩腳跟。

【柔眵抹淚】
眵：ㄔ，眼屎。揉眼睛，抹淚水。形容傷心流淚。元・康進之《李逵負荊》三折：「老兒也似這般煩惱的無顛無倒，越惹你柔眵抹淚哭嚎咷。」也作「抹淚揉」、「挹淚揉」。

【揉腮撧耳】
撧：ㄐㄩㄝ，抓。摸面腮、抓耳朵。形容焦急無措的樣子。元・劉庭信《折桂令・憶別》曲：「急煎煎抹淚揉，意遲遲揉腮撧耳。」

ㄖㄡˋ

【肉案上的買賣——斤斤計較】
肉案：切肉用的木板。見「舉重比賽——斤斤計較」。

【肉包子打狗——白扔東西】
見「骨頭打狗——白送」。

【肉包子打狗——有去無回】
也作「肉包子打狗——一去不回頭」、「肉骨頭打狗——有去無回」。見「老虎借豬——有去無回」。

【肉包子開口——露餡】
見「餃子破皮——露了餡」。

【肉薄骨并】
肉與肉相搏，骨與骨相拚。比喻雙方短兵相接，戰鬥激烈。《元史・郝經傳》：「肉薄骨并而攙之，則彼委破壁孤城而去。」

【肉不臭不會招蒼蠅】
比喻自身有毛病的人容易受到壞人的拉攏和腐蝕。例俗話說：「肉不臭不會招蒼蠅。」只要我們自身保持清正廉潔，壞人就別想接近我們。

【肉吊窗】
比喻冷冰冰的面孔。例你看他那幅肉吊窗的樣，再大的困難也不敢向他開口了。

【肉墩子——油透了】
肉墩子：專供切肉用的木墩。雙關語。比喻非常世故圓滑。例何新才不會出頭露面得罪人哩，他是肉墩子——油透了，對誰都討好賣乖。也作「食堂的菜鍋——油透了」。

【肉肥湯也肥】
比喻跟著沾光。例他的錢掙多了，還少得了你的嗎？肉肥湯也肥嘛！

【肉腐出蟲】
肉腐爛則蟲生。比喻根本壞了，禍害才隨之發生。《荀子・勸學》：「物類之起，必有所始；榮辱之來，必象其德。肉腐出蟲，魚枯生蠹。怠慢忘身，禍災乃作。」也作「物腐蟲生」。

【肉骨生死】
使白骨長肉，使死人復活。比喻拯濟危難的人，使之獲得重生。明・張岱《募造無主祠堂疏》：「則此一舉，不惟上體古帝王民胞物與之盛心，抑且協士君子肉骨生死之美聽。」也作「生死肉骨」。

【肉骨頭打鼓——昏（葷）冬冬】
昏：「葷」的諧音；冬冬：敲鼓的聲音。比喻昏頭昏腦，思想不清晰。例這幾天睡眠不好，就像肉骨頭打鼓——昏（葷）冬冬的，得好好休息休息。也作「肉骨頭打鼓——昏（葷）咚咚」、「豬油抹鼓面——昏（葷）冬冬」。

【肉骨頭落了鍋——肯（啃）定了】
落：下；肯：「啃」的諧音。雙關語。比喻確定無疑。例「他畢業時的分數來了個滿堂紅，估計考大學沒問題。」「那還用說，肉骨頭落了鍋——肯（啃）定了！」

【肉可共啖】
啖：吃。有肉可以共同食用。比喻寬宏大量。《晉書・郭舒傳》：「鄉人盜食舒牛，事覺，來謝，舒曰：『卿飢，所以食牛耳，餘肉可供啖之。』世以此服其弘量。」

【肉爛骨頭在】
比喻雖有所損壞，但關鍵的東西依然存在。例雖然這輛摩托車的外殼早已破舊不堪，但是它的引擎馬力依然良好有力，可說是「肉爛骨頭在」，有空去整修一下，就像是一輛新車。

【肉爛了在鍋裏——不分彼此】
形容關係密切，交情深厚。例他們情同手足，同甘共苦，在經濟上完全是肉爛了在鍋裏——不分彼此。也作「一副碗筷兩人用——不分彼此」、「一個鍋裏吃飯——不分彼此」。

【肉爛在湯鍋裏】
肉雖煮爛了，但仍在鍋裏。比喻好處並沒有讓外人得到。例雖然我要離開這家公司了，但與我一起打拚的元老都還在，所以你放心，如果有什麼工作上的利益，一定是肉爛在湯鍋裏，少不了你一份的。

【肉爛嘴不爛】
雞肉已煮爛了，可是雞嘴卻依然如舊。比喻說話不饒人。例你這個小傢伙，得理不饒人，眞是肉爛嘴不爛的。

【肉裏有膿總要凸出來】
比喻有問題遲早會暴露出來。例肉裏有膿總要凸出來，咱們總算接受了一次大教訓。

【肉林酒池】
形容酒肉極多，窮奢極欲。《史記・殷本紀》：「大聚樂戲於沙丘，以酒爲池，懸肉爲林，使男女倮，相逐其間，爲長夜之飲。」《元史・裕宗傳》：「古有肉林酒池，爾欲吾效之耶！」也作「酒池肉林」。

【肉圃酒池】
圃：園子。形容酒肉極多，奢侈無度。《淮南子・本經訓》：「射爲肉圃酒池。」也無「肉山酒海」。《水滸傳》八二回：「廳前大吹大擂，雖無炮龍烹鳳，端的是肉山酒海。」

【肉山脯林】

脯：乾肉。積肉如山，列脯如林。原指夏桀生活荒淫奢侈。後比喻豪奢的宴會。晉・皇甫謐《帝王世紀》：「〔桀〕以人架車，肉山脯林，以酒為池，使可運舟，一鼓而牛飲者三千人。」

【肉山酒海】

見「肉圃酒池」。

【肉食者鄙】

肉食者：吃肉的人，指高官顯宦；鄙：淺陋。居高位、享厚祿的人見識淺陋。《左傳・莊公十年》：「肉食者鄙，未能遠謀。」嚴復《救亡決論》：「彼唯有見於近而無見於遠，有察於寡而無察於多，肉食者鄙，端推此輩。」

【肉袒負荊】

肉袒：裸露胸背；負荊：背著荊條。古代表示向人賠禮請罪的一種形式。《史記・廉頗藺相如列傳》：「廉頗聞之，肉袒負荊，因賓客至藺相如門謝罪。」也作「**負荊請罪**」。

【肉袒面縛】

肉袒：袒衣露出上身。袒衣露體，兩手反綁面向對方。古代表示屈服投降。《史記・宋微子世家》：「周武王伐紂克殷，微子乃持其祭器造於軍門，肉袒面縛，左牽羊，右把茅，膝行而前以告。」

【肉袒牽羊】

肉袒：袒露著上身。古代表示戰敗後向對方投降，並予以慰勞。《左傳・宣公十二年》：「楚子圍鄭……鄭伯肉袒牽羊以逆。」《東周列國志》五三回：「行至逵路，鄭襄公肉袒牽羊，以迎楚師。」

【肉湯裏煮元宵——混（葷）蛋】

混：「葷」的諧音。見「雞蛋炒鴨蛋——混蛋」。

【肉跳心驚】

形容內心驚恐不安，害怕大禍臨頭。《紅樓夢》一一二回：「今日回來。那蒲團再坐不穩，只覺肉跳心驚。」也作「**肉顫心驚**」。《三國演義》九回：「吾近日肉顫心驚，恐非吉兆。」也作「**心驚肉跳**」、「**心驚肉顫**」、「**心驚膽戰**」、「**膽戰心驚**」、「**心驚膽怕**」。

【肉頭厚】

比喻富有。例事業有成以後，他變得肉頭厚了，但仍然很節儉，樂於幫助人。

【肉丸子掉進煤堆裏——漆黑一團】

見「墨汁煮元宵——漆黑一團」。

【肉眼凡夫】

肉眼：凡俗的眼睛；凡夫：普通人。指平常的人。也用以譏諷目光短淺的庸人。《二刻拍案驚奇》卷一八：「朱舉人肉眼凡夫，那裏曉得就理。」《醒世恆言》三四回：「此時眾人聚觀者極多，一個個肉眼凡夫，誰人肯信。」也作「**肉眼凡胎**」。《西遊記》三〇回：「他都是些肉眼凡胎，卻當作好人。」

【肉眼凡胎】

見「肉眼凡夫」。

【肉眼看天】

肉眼：俗人眼睛。用平常人的眼睛來看天。比喻見識不廣。唐・王健《田侍中宴席》詩：「雖是沂公門下客，爭將肉眼看雲天。」

【肉眼愚眉】

肉眼：俗眼。俗眼笨眉。形容見識淺陋的庸人。也用作謙詞。《二刻拍案驚奇》卷四〇：「景色奇，士女齊，滿街衢游人如蟻，大多來肉眼愚眉。」也作「**愚眉肉眼**」。

【肉腰刀】

比喻玩弄陰謀誣害他人，即軟刀子殺人。例這人臉上笑嘻嘻的，卻專門會使弄肉腰刀，被他陷害的人不少。

【肉在鍋裏頭，香氣在外頭】

比喻有了好事，有關它的傳聞會隨之傳播開來，想瞞也瞞不住。例肉在鍋裏頭，香氣在外頭，你出國進修的事大家全聽說了，你就別跟我保密了。

【肉綻皮開】

綻：裂開。皮和肉都裂開了。形容被打得傷勢很重。《初刻拍案驚奇》卷一七：「打個肉綻皮開，看看氣絕。」也作「**皮開肉綻**」。

【肉顫心驚】

見「肉跳心驚」。

【肉中刺，眼中疔】

疔：ㄉㄧㄥ，疔瘡。肉中的刺，眼中的疔瘡。比喻極其痛恨厭惡的人。《紅樓夢》八〇回：「快叫個人牙子來，多少賣幾兩銀子，撥去肉中刺，眼中疔，大家過太平日子！」也作「**眼中疔，肉中刺**」、「**眼中疔**」、「**眼中釘**」、「**眼中刺**」。

ㄖㄢˊ

【然荻讀書】

然：燃的本字，燃燒；荻：蘆葦一類植物。點荻當燈，發奮讀書。形容讀書勤奮。北齊・顏之推《顏氏家訓・勉學》：「梁世彭城劉綺，交州刺史勃之孫，早孤，家貧，燈燭難辦，常買荻，尺寸折之，然明夜讀。」

【然糠照薪】

見「然糠自照」。

【然糠自照】

然：燃的本字；照：照明。燃糠當燈照明，發憤讀書。《南史・顧歡傳》：「鄉中有學舍，歡貧無以受業，於舍壁後倚聽，無遺忘者。夕則然松節讀書，或然糠自照。」也作「**然糠照薪**」。《太平廣記》卷一七五《李琪》：「明年，丁母憂，因流寓青、齊間，然糠自照，俾夜作書，覽書數千卷。」

【然然可可】

唯唯諾諾，一味順從之意。《莊子・寓言》：「惡乎然？然於然……惡乎可？可於可。」宋・辛棄疾《千年調》

詞：「卮酒向人時，和氣先傾倒。最要然然可可，萬事稱好。」

【燃膏繼晷】

膏：油脂；晷：日影。形容夜以繼日地勤奮學習或工作。《宣和書譜・草書・沈約》：「沈約……少家貧，一意書史，燃膏繼晷，晝夜不倦。」也作「焚膏繼晷」、「繼晷焚膏」。

【燃眉之急】

像火燒眉毛那樣的緊急。形容情況非常緊迫。例目前我們廠的燃眉之急，是要儘快解決原材料供應不足的問題。

【燃犀溫嶠】

燃犀：點燃犀角；溫嶠：晉山西祁縣人，官至驃騎大將軍。《晉書・溫嶠傳》：「[嶠]至牛渚磯，水深不可測，世云其下多怪物，嶠遂毀犀角而照之。須臾，見水族覆火，奇形異狀。」後以「燃犀溫嶠」比喻人能洞察事物。元・范子安《竹葉舟》三折：「你莫不是燃犀溫嶠江心裏走，你莫不是鼓瑟湘靈水面上游。」

【難柴讀書】

難：燃的古體字。燃著柴火，照明讀書。形容讀書刻苦。《後漢書・侯瑾傳》：「侯瑾字子瑜，少孤貧，依宗人居，性篤學，恆傭作爲資，暮難柴以讀書。」

ㄖㄢˇ

【染蒼染黃】

蒼：青色。《墨子・所染》：「染於蒼則蒼，染於黃則黃。所入者變，其色亦變。」比喻人的習性受社會風氣的影響很大。例舊上海像個大染缸，青年人如果意志不堅定，則染蒼染黃，前途很難預料。也作「蒼黃翻覆」。

【染房裏吹笛子——有聲有色】

染房：染綢、布、衣服等的作坊。見「畫筆敲鼓——有聲有色」。

【染房門前槌板石——見過些棒槌】

槌板石：舊時洗衣服，放在衣服下面便於用棒槌敲打的石板。比喻見過大世面。例嚇唬的辦法是沒有用處的，他是染房門前槌板石——見過些棒槌的人，反而會把問題搞得更糟。

【染風習俗】

染：沾染；習：習慣於。指受社會風氣的影響而發生變化。《雲笈七籤》卷五六：「五氣者，隨命成性，逐物意移，染風習俗，所以變化無窮，不唯百數。」

【染缸裏的白布——分外出色】

染缸：專用來染東西的大缸。雙關語。比喻格外好或非常出衆。例那個人幹活沒說的，像染缸裏的白布——分外出色。

【染缸裏拉不出白布來】

比喻人處在不良環境中必然受其影響而變壞。例他父親、哥哥都好吃懶做，不務正業，染缸裏拉不出白布來，他又怎麼能學好呢？

【染翰操紙】

翰：毛筆；染翰：給毛筆蘸上墨；操：拿；操紙：拿著紙張。指準備好筆墨紙張來寫文章。晉・潘岳《秋興賦》：「夙興晏寢……譬猶池魚籠鳥，有江湖山藪之思。於是染翰操紙，慨然而賦。」

【染匠來到糞池邊——看你怎樣擺布】

染匠：染綢、布、衣服等的工匠。雙關語。比喻看別人怎樣行動或安排。含有置身事外，冷眼旁觀的意思。例事情弄到如此糟糕的程度，染匠來到糞池邊——看你怎樣擺布，吹牛皮，說大話，是收拾不了殘局的。

【染匠提小桶——沒法擺佈】

雙關語。比喻事情無法安排。例人多嘴雜，各有各的希望和要求，做爲主管，眞有點像染匠提小桶——沒法擺佈了。

【染匠下河——大擺佈】

雙關語。比喻隆重地安排布置。例聽說王二叔的兒子辦喜事，他打算染匠下河——大擺佈一番哩！

【染絲之變】

《墨子・所染》：「見染絲者而嘆曰：『染於蒼則蒼，染於黃則黃；所入者變，其色亦變。』」後以「染絲之變」比喻事物因受環境影響而發生質的變化。《晉書・袁瑰傳》：「染絲之變，墨翟致懷；歧路之感，楊朱興嘆，況與將軍游處少長，雖世譽先後而臭味同歸也。」

【染於蒼則蒼，染於黃則黃】

蒼：青色。（絲）在青色的染料裏就染成青色，在黃色的染料裏就染成黃色。比喻環境對人的影響和薰陶。後多用於告誡結交朋友不可不愼。《墨子・所染》：「子墨子見染絲者而嘆曰：『染於蒼則蒼，染於黃則黃。』」

【染指垂涎】

染指：用手指蘸，比喻垂涎，流口水。比喻看到別人的好東西而想撈一把。宋・呂祖謙《東萊博議》卷三：「至貴之無敵，至富之無倫，染指垂涎者至衆也。」

【染指於鼎】

鼎：古代用青銅製成的炊具，多爲圓形，三足兩耳。在鼎中沾一沾指頭，嘗一嘗滋味。《左傳・宣公四年》：「楚人獻黿於鄭靈公。公子宋（子公）與子家將見，子公之食指動，以示子家，曰：『他日我如此，必嘗異味。』……及食大夫黿，召子公而弗與也。子公怒，染指於鼎，嘗之而出。」後以「染指於鼎」比喻從本分範圍之外沾取好處。

ㄖㄣˊ

【人百其身】

自身願死一百次來換取死者的復生。表示對死者的沉痛哀悼和深深的愛戀。《詩經・秦風・黃鳥》：「如可贖兮，人百其身。」

【人伴賢良智轉高】

謂與才德兼備的人交往會使人變得聰明起來。元・無名氏《飛刀對箭》一折：「[孛老幾云]孩兒也，你伴著那沙三伴哥王留，飲酒耍子，可不好。[正末唱]我可甚麼人伴賢良智轉高。」

【人背時，鬼打門】

背時：倒霉。比喻人若運氣不好，則諸事不順。例我這幾天運氣眞不好，不是丟了這個，就是沒了那個，眞是人背時，鬼打門。

【人比人，活不成】

見「人比人，氣死人」。

【人比人，氣死人】

謂若事事與人攀比，只能自尋煩惱。例人與人之間總是會有差別的。人家小李又出國深造，又當上了工程師，小王跟他是同班同學，但現在還在辦公室裏打雜呢。俗話說：「人比人，氣死人。」不想開點兒行嗎？也作「**人比人，活不成**」。例俗話說：「人比人，活不成。」你如果事事處處跟人家攀比，那你豈不是要成天煩悶苦惱嗎？

【人必自侮，而後人侮】

人總是自己先不自重，然後別人才敢於輕慢他。《孟子・離婁上》：「夫人必自侮，然後人侮之；家必自毀，而後人毀之；國必自伐，而後人伐之。」

【人不辭路，虎不辭山】

人離不開道路，就如同老虎不能離開山林一樣。謂人難免外出行路。例你就住我家裏吧。可別客氣，人不辭路，虎不辭山，誰還能沒有個出門在外的時候？

【人不犯我，我不犯人】

犯：侵犯。別人不侵犯我，我也不去侵犯別人。指不主動去侵犯別人，如果別人侵犯了自己，也絕不容忍退讓。茅盾《霜葉紅似二月花》五：「人不犯我，我不犯人；如今他既然尋我的事，我倒要告他一狀！」

【人不害人身不貴，火不燒山地不肥】

指有些人靠損害他人而獲取自身的榮華富貴，後句是陪襯。例那傢伙惡狠狠地說道：「人不害人身不貴，火不燒山地不肥，爲了我的前程，就顧不得別人了。」

【人不解甲，馬不停蹄】

甲：古時戰士的護身衣，用皮革或金屬做成。人不脫去盔甲，馬不停住歇息。形容連續作戰。例我軍攻克該城後，人不解甲，馬不停蹄，繼續追擊殘敵。

【人不可貌相】

貌：容貌，外貌；相：觀察，判斷。不能單憑外表來判斷一個人。常與「海水不可斗量」連用。《西遊記》六二回：「陛下，『人不可貌相，海水不可斗量』。若愛豐姿者，如何捉得妖賊也？」

【人不可以無恥】

人不可以沒有羞恥之心。《孟子・盡心上》：「人不可以無恥，無恥之恥，無恥矣！」

【人不虧地皮，地不虧肚皮】

謂只要人在田地上勤勞耕作，自然有飯吃。例人不虧地皮，地不虧肚皮，今年風調雨順，只要咱們在田地裏肯下功夫，一定能獲得大豐收。

【人不離鄉，鳥不離枝】

人不願意離開自己的家鄉，就像鳥兒不願意飛離枝頭一樣。例人不離鄉，鳥不離枝，這裏再苦再窮，也是生我養我的故鄉，我又怎能離它而去呢？

【人不聊生】

聊生：賴以維持生活。人民無法維持生活。《吳越春秋・勾踐陰謀列傳》：「民疲士苦，人不聊生。」也作「**民不聊生**」。

【人不留人天留人】

主人不挽留客人，老天爺卻使客人留了下來。例你剛才還非要走不可，現在下雨了，你就是想走也走不了啦，這就叫人不留人天留人。

【人不能全，車不能圓】

人不能十全十美，就像車輪不能絕對地圓一樣。例人不能全，車不能圓，你對年輕人也不能苛求。

【人不親土親，河不親水親】

謂同鄉人最爲親近，應彼此照應。例俗話說：「人不親土親，河不親水親。」都是鄰家鄰舍，一出門就見面，別爲一點小事就和鄉親們翻臉！

【人不人，鬼不鬼】

見「人不像人，鬼不像鬼」。

【人不傷心不掉淚】

人不到痛苦悲傷之時，是不會落淚的。例難怪她哭成這樣！人不傷心不掉淚，你好好勸勸她！

【人不說不知，木不鑽不透】

不經人解說，就不能明白，就像木頭不鑽就不能穿透一樣。元・無名氏《凍蘇秦》四折：「[陳用云]元帥，便好道人不說不知，木不鑽不透，冰不搭不寒，膽不嘗不苦。我如今從頭兒說破與元帥得知。」

【人不說不知，鐘不扣不鳴】

人不把話說清楚，別人就無法知曉，就像鐘不敲擊就不會發出聲響一樣。例這件事你要是不說，我還蒙在鼓裏，這可眞是人不說不知，鐘不扣不鳴。

【人不爲己，天誅地滅】

誅：懲罰。舊謂人如果不爲自己打算，則天理難容。例舊社會信奉人不爲己，天誅地滅的哲學。他就是這樣，每遇一事，先替自己打算，從不考慮他人。

【人不爲己，遇事不迷】

人如果不是一心只爲自己打算，遇事就不會感到迷惑。例人們常說：「人不爲己，遇事不迷。」我們只有事事出以公心，才能頭腦清醒，處事公正。

【人不像人，鬼不像鬼】
①形容人在困苦的境遇中被折磨得不成人樣。例他因交不起店面租金而被關進大牢，受盡虐待，被折磨得人不像人，鬼不像鬼。②形容做事偷偷摸摸，鬼鬼祟祟。例你這傢伙，半夜三更起來，人不像人，鬼不像鬼，在這裏幹什麼呢？也作「**人不人，鬼不鬼**」。例窮苦的日子把我弄得人不人，鬼不鬼的，現在經濟富裕了，我才眞正開始過人的生活。

【人不學不會，事不做不成】
人若不學習，就什麼也不懂；事情若不去做，就不可能成功。例人不學不會，事不做不成，要想獲得知識和事業上的成功，不付出辛勤的勞動是不行的。

【人不學不靈，鐘不敲不鳴】
人若不學習就不會聰明，就像鐘若不敲擊就不會鳴響一樣。例俗話說：「人不學不靈，鐘不敲不鳴。」這句話你一定要牢牢記住。你現在如果不刻苦學習，將來長大了，什麼事情都幹不好的。

【人不厭故】
故：故交，老朋友。爲人不應厭棄老朋友。意指還是老朋友好。《淮南子・泰族訓》：「帶不厭新，人不厭故。」

【人不要錢鬼都怕】
謂人若不謀私利，不貪圖錢財，壞人就會懼怕他。例俗話說：「人不要錢鬼都怕。」只要我們鐵面無私，不爲金錢所誘惑，那些想偷稅漏稅的人就沒有空子可鑽。

【人不以善言爲賢】
善言：善於言詞，能說會道。指不應該認爲能說會道的人就是賢明的人。《莊子・徐无鬼》：「狗不以善吠爲良，人不以善言爲賢。」

【人不知而不慍】
慍：惱怒。人家不知道我，我也不怨恨。《論語・學而》：「人不知而不慍，不亦君子乎。」《紅樓夢》八四回：「一個是『人不知而不慍』，一個是『則歸墨』三字。」

【人不知鬼不覺】
形容事情做得極其秘密，誰也察覺不到。元・無名氏《爭報恩》一折：「你做事可甚人不知鬼不覺。」《紅樓夢》三一回：「正經明兒你打發小子問問王大夫去，弄點子藥吃吃就好了。人不知鬼不覺的，不好嗎？」也作「**神不知鬼不覺**」。

【人不知己過，牛不知力大】
人往往看不到自己的過錯，就像牛不知道自己的力氣大一樣。例老王哇，有這麼一句俗話：「人不知己過，牛不知力大。」可見一個人要看到自己的缺點和錯誤是很不容易的。你看我有哪些地方做得不對，請你不要客氣地多多指教。也作「**人不知自醜，馬不知臉長**」。例這個人身上毛病很多，可是他自己從不作自我批評，還總是自以爲是，眞是「人不知自醜，馬不知臉長」。

【人不知親窮知親，心不知近苦知近】
謂人只有在窮困悲苦之時，才能知道誰人最爲親近。例每個人身邊有很多朋友，但當自己窮困潦倒時，才會發現人不知親窮知親，心不知近苦知近的道理。

【人不知自醜，馬不知臉長】
見「人不知己過，牛不知力大」。

【人不自安】
人心惶惶，動搖不定。《周書・宣帝紀》：「於是內外恐懼，人不自安，皆求茍免，莫有固志……。」

【人才輩出】
有才幹的人一批一批地湧現。《元史・崔彧傳》：「得如左丞許衡教國子，則人才輩出矣。」魯迅《大觀園的人才》：「於是人才輩出，各有巧妙不同。」也作「**人材輩出**」。《清朝野史大觀》卷一○：「清康、雍、乾間人材輩出。」

【人才出衆】
出衆：高出於衆人。人品才能超出一般人。《三國演義》六五回：「馬超縱騎持搶而出，獅盔獸帶，銀甲白袍；一來結束非凡，二者人才出衆。」也作「**人材出衆**」。《說唐》四五回：「尉遲恭回頭一看，見叔寶果然人材出衆。」

【人才薈萃】
薈萃：彙集，聚集。形容人才多而集中。例此地文風鼎盛山明水秀，是地靈人傑、人才薈萃之地。

【人才濟濟】
濟濟：衆多的樣子。有才幹的人很多。《鏡花緣》六二回：「閨臣見人才濟濟，十分歡悅。」《老殘遊記》三回：「幕府人才濟濟。」

【人才難得】
有眞才實學的人不容易得到。指要愛惜人才。《兒女英雄傳》一八回：「從古人才難得，我看你虎頭燕頷，封侯萬里。」

【人財兩空】
人和財物都沒有得到或全部喪失。形容損失巨大。《紅樓夢》一六回：「可憐張李二家沒趣，眞是『人財兩空』。」也作「**人財兩失**」。《警世通言》卷二四：「王三中了舉，不久到京，白白地要了玉堂春去，可不人財兩失？」

【人財兩失】
見「人財兩空」。

【人吃五穀生百病】
比喻人難免有缺點和錯誤。例勇於改正自己的缺點和錯誤，就能不斷進步。人吃五穀生百病，誰又能永遠不犯錯誤呢？

【人稠物穰】
稠：多而密；穰：豐盛。人口稠密，物產豐富。形容城市繁榮興盛的景象。明・無名氏《登瀛洲》三折：「吾神來到京華，則見人稠物穰。」《古今小說》卷二四：「走到大街上，人稠物穰，正是熱鬧。」

【人存政舉】

見「人存政舉，人亡政息」。

【人存政舉，人亡政息】

舉：推行；息：停止。《禮記·中庸》：「文武之政，布在方策。其人存，則其政舉；其人亡，則其政息。」本指爲政在人，得到賢人，政策就能推行；得不到賢人，政策就會廢棄。後用以指一個掌握政權的人，只要他活著便能推行他的政治主張，他死了，他的政治主張便不再推行了。也作「人存政舉」。宋·朱熹《四書集注》：「言人存政舉，其易如此。」

【人大分家，樹大分椏】

椏：樹枝分出的地方。兒女長大了，就要各立門戶，就像樹木長大了，就要分出椏杈一樣。例你們現在都已長大成人，到了該成家立業的時候了，俗話說：「人大分家，樹大分椏。」咱們現在就分開過日子吧！

【人大心大】

指青年人由於年齡增長，遇事有自己的主張。《紅樓夢》二八回：「如今誰承望姑娘人大心大，不把我放在眼裏。」《紅樓夢》七四回：「再如今他們的丫頭也太多了，保不住人大心大，生事作耗。」

【人單勢孤】

單：單薄，少；孤：孤單，薄弱。人少力量薄弱。例如果要和對方談判，爲避免你人單勢孤，我決定陪你前往，以壯聲勢。

【人到難處才見心】

人在遇到困難的時候，才能看出人心的眞僞善惡。例雖說她過去待我很好，可是現在我殘疾了，人到難處才見心，她會不會變心呢？

【人到難處鄰里來】

謂人在遇到困難的時候，首先會得到鄰居的幫助。例人到難處鄰里來，這回你娘生病住院，多虧了街坊鄰居的幫助。

【人到三十五，半截兒入了土】

舊謂人到中年，已如同半個死人，不可能再有大的作爲。老舍《誰先到了重慶》一幕：「吳鳳羽：『現在二哥你也並不老，才三十多歲。』章仲蕭：『差多了，差多了！人到三十五，就半截兒入了土！』」

【人到四十五，正如出山虎】

謂人到四十多歲，就如同出山的猛虎一般，正是精力充沛，大有作爲的時候。例俗話說：「人到四十五，正如出山虎。」老王今年才四十多歲，正是大顯身手的時候。

【人到中年萬事休】

感嘆人過中年，最寶貴的年華已逝，事業上不會再有什麼成就。元·關漢卿《一枝花·不服老》曲：「恰不道人到中年萬事休，我怎肯虛度了春秋。」

【人的名兒，樹的影兒】

名兒：名聲。人有名聲，就像樹有影子一樣。《後西遊記》一一回：「小行者道：『人的名兒，樹的影兒，怎遮瞞得，兄弟莫要怪他。』」也作「人有名，樹有影」。例我雖沒有見過你，但早就聽說過你，人有名，樹有影嘛。

【人地生疏】

形容初到一個地方，對一切都感到陌生。《官場現形記》六〇回：「想進去望望，究竟人地生疏，不敢造次。」

【人丁興旺】

丁：成年男子；人丁：人口。指人口多而旺盛。例他將一幅「人丁興旺，財源茂盛」的對聯貼在大門兩旁。

【人定勝天】

人定：人的主觀努力；天：泛指自然界。指人們的主觀努力可以戰勝自然。《逸周書·文傳》：「兵强勝人，人强勝天。」《古今小說》卷九：「此是人定勝天，非相法之不靈也。」

【人定亦能勝天，天定亦能勝人】

定：堅定有力；天：指自然界。人若堅定有力，就能夠戰勝自然；天若堅定有力，也能戰勝人。謂人在與自然的鬥爭中，誰最堅强有力，誰就會獲得勝利。元·劉祁《歸潛志》卷一七：「人定亦能勝天，天定亦能勝人。大抵有努力者，能不爲造物所欺；然所以有勢力者，亦造物所使也。」

【人對脾氣，貨對客】

謂人要性情投合，才能相交，就像貨物要適合顧客的需要，才能銷售出去一樣。例俗話說：「人對脾氣，貨對客。」他們倆脾氣不合，難怪總是吵架。

【人多不怕虎，狗多不怕狼】

比喻人多壯膽。例小李把胸脯一拍，說：「人多不怕虎，狗多不怕狼。」只要和你們在一起，我什麼也不怕！

【人多不洗碗，鴨多不生卵】

卵：蛋。比喻人多了，就會互相依賴，誰也不願意去幹活。例俗話說：「人多不洗碗，鴨多不生卵。」這屋裏住著七八個人，你指望我，我指望你，誰也不肯打掃一下房間。

【人多出韓信】

韓信：漢代著名將領，以足智多謀，善於用兵著稱。比喻人多智慧多。例這是一項艱鉅的工作，咱們要多找幾個人商量商量，讓大家出出點子，想想辦法，人多出韓信嘛。

【人多點子多】

點子：主意，辦法。人多主意多，例人多點子多，只要遇事多和羣衆商量，就沒有克服不了的困難。

【人多好做事】

謂人多，工作完成得就快。例俗話說得好：「人多好做事。」大家一齊動手，不一會兒功夫，整個房間就被收拾得乾乾淨淨。也作「人多好做活」。

【人多講出理，田多長出米】

謂人多講出來的道理就多，就像田多

生產出來的糧食就多一樣。例人多講出理，田多長出米。咱們讓大家評評理，看你這樣做對不對。

【人多口雜】

雜：雜亂，多種多樣。形容人多意見多，是非多。《紅樓夢》九回：「寧府中人多口雜，那些不得志的奴僕，專能造言誹謗主人。」也作「**人多嘴雜**」。《紅樓夢》五七回：「我們這裏人多嘴雜，說好話的人少，說歹話的人多。」

【人多力量大，柴多火焰高】

謂衆人團結一致，就能產生巨大的力量。例我們不可忽視人多力量大，柴多火焰高這個道理，只要人們一團結，力量就相當可觀。也作「**人多力量大，神仙也不怕**」。例俗話說：「人多力量大，神仙也不怕。」只要我們大家齊心協力，就什麼困難也不在乎。

【人多力強，羊多拖狼】

人一多，凝聚起來的力量就強，就像羊一多就可以把狠拖著跑一樣。謂衆人團結在一起，就可以由弱變強。例一個人的力量雖然微不足道，但是人多力強，羊多拖狠，只要我們大家團結起來，把力量匯集在一起，就不怕任何艱難險阻。

【人多亂，龍多旱】

人多反添忙亂，就像龍多反而天旱一樣。例人多了，亂糟糟的，反而不好辦事，你沒聽人家說嘛，人多亂，龍多旱。也作「**人多亂，龍多旱，雞多不下蛋**」。

【人多闕少】

闕：同缺。求官職的人多而空額少。即「粥少僧多」的意思。唐・趙憬《審官六議》：「人少闕多，人多闕少。」

【人多勢衆】

人多勢力大。《紅樓夢》一〇回：「話說金榮因人多勢衆，又兼賈瑞勒令賠了不是，給秦鍾磕了頭，寶玉方才不吵鬧了。」

【人多手亂】

見「人多手雜」。

【人多手雜】

大家一齊插手，因而秩序混亂。《紅樓夢》三七回：「老太太屋裏還罷了，太太屋裏人多手雜，別人還可已，那個主兒的一伙子人見是這屋裏的東西，又該使黑心弄壞了才罷。」也作「**人多手亂**」。《紅樓夢》九四回：「現在人多手亂，魚龍混雜。」

【人多眼雜】

形容在人多的場合容易引起注意。《紅樓夢》七七回：「如今白日裏人多眼雜，又恐生事，且等到晚上，悄悄的叫宋媽給他拿去。」

【人多一技有益，物裕一備有用】

裕：充裕。人多學會一種技能總有好處，物資準備得充裕一些總有用處。例爸爸常告訴我們：「人多一技有益，物裕一備有用。」所以我想多多培養自己的技能。

【人多語亂】

形容人多七嘴八舌，事情不好辦。《好逑傳》五回：「人多語亂，嘈嘈雜雜，說不分明。」

【人多智廣】

人多智慧多。例多找些人商量商量，人多智廣，也許能想出好辦法。

【人多嘴雜】

見「人多口雜」。

【人惡禮不惡】

謂對方雖不好，但禮數還應該盡到。元・鄭德輝《王粲登樓》一折：「[曹學士云]常言道人惡禮不惡，還辭一辭老丞相。[正末云]看學士分上，我辭他一辭。」

【人惡人怕天不怕，人善人欺天不欺】

謂逞兇作惡的人雖令他人懼怕，但最終難逃老天的懲罰；善良的人雖易受他人欺凌，但最終會受到老天的保護。《初刻拍案驚奇》卷一一：「殺人竟不償命，不殺人則要償命，死者生者，怨氣沖天，縱然官府不明，皇天自然鑑察。千奇百怪的，卻生出機會來了此公案。所以說道：『人惡人怕天不怕，人善人欺天不欺。』」

【人而無恆，不可以作巫醫】

恆：恆心；巫醫：古時以禳禱之術爲人治病的人。人如果沒有恆心，連巫醫都做不了。《論語・子路》：「子曰：『南人有言曰：人而無恆，不可以作巫醫。善夫！』」也作「**人而無恆，不可以爲卜筮**」。

【人而無信，不知其可】

信：信用。一個人不講信用，不知他該怎麼辦？謂人必須誠實，守信用。《論語・爲政》：「子曰：『人而無信，不知其可也。大車無輗，小車無軏，其何以行之哉？』」

【人而無義，唯食而已，是雞狗也】

人若不講信義，只知道吃喝，就如同雞狗一樣。《列子・說符》：「人而無義，唯食而已，是雞狗也。强食靡角，勝者爲制，是禽獸也。」

【人煩馬殆】

煩：煩躁；殆：怠，懈怠。人煩躁，馬懈怠。形容旅途勞累困乏的神態。唐・鄭嵎《津陽門》詩：「人煩馬殆禽獸盡，百里腥膻禾黍稀。」也作「**車殆馬煩**」、「車馬殆煩」。

【人非草木】

人不是草和木頭。意指人是有思想感情的。《初刻拍案驚奇》卷一五：「人非草木，豈得無知？」姚雪垠《李自成》卷一：「人非草木，我怎肯不說實話？」也作「**人非土木**」。宋・無名氏《張協狀元》一二齣：「謝荷公公，張協人非土木，必有報謝之期。」也作「**人非土石**」。宋・陳亮《謝陳侍郎啟》：「德邁丘山，人非土石，不敢淺量君子之識，而竟失事大夫之恭。」也作「**人非木石**」。《初刻拍案驚奇》卷二七：「承蒙相公夫人抬舉，人非木石，豈不知感？」

【人非草木，豈能無情】

見「人非草木，誰能無情」。

【人非草木，誰能無情】

人並不是草木，誰能沒有感情。謂人總是有感情的。例人非草木，誰能無情，他身患重病，還爲大家做了這麼多好事，誰能不爲之感動呢！也作「人非草木，豈能無情」。例人非草木，豈能無情。人家待你那麼好，你難道就沒有一點感激之情嗎？也作「人非木石，焉得無情」。焉：怎麼（用於反問）。明・單本《蕉帕記》六出：「龍兄，你原來是個眞誠君子。你倒無心，我卻有意。你在我家五六年來，人非木石，焉得無情。」

【人非木石】

見「人非草木」。

【人非木石皆有情】

人不是樹木石頭，都是有感情的。唐・白居易《李夫人》詩：「人非木石皆有情，不如不遇傾城色。」

【人非木石，焉得無情】

見「人非草木，誰能無情」。

【人非生而知之者，孰能無惑】

惑：疑惑，疑難；孰：誰。人不是生來就什麼都懂得的，誰能沒有疑難呢？謂人的知識、才能是後天努力學習得來的。唐・韓愈《師說》：「古之學者必有師。師者，傳道、授業、解惑也。人非生而知之者，孰能無惑？惑而不從師，其爲惑也，終不解矣。」

【人非聖賢，孰能無過】

聖賢：指智慧超羣、品德高尚的人；孰：誰；過：過錯。意思是人難免犯錯誤。《左傳・宣公二年》：「人誰無過，過而能改，善莫大焉。」《三俠五義》一一九回：「然而人非聖賢，孰能無過……所以我等略施詭計，將兄誆到此地。」

【人非土木】

見「人非草木」。

【人非土石】

見「人非草木」。

【人非物是】

指人事已變遷，而景物依舊。清・洪昇《長生殿・寄情》：「蓬萊院月悴花憔，昭陽殿人非物是。」也作「物是人非」。

【人非堯舜，誰能盡善】

一般人並不是像堯舜那樣的聖賢之人，誰能完美無缺呢？意謂對人不可求全責備。唐・李白《與韓荊州書》：「且人非堯舜，誰能盡善？白謨猷籌畫，安能自矜？」

【人逢喜事精神爽，悶上心來瞌睡多】

爽：爽快；悶：愁悶。謂人遇到喜慶之事，便會精神爽快；心中愁悶，便會無精打采。《隋唐演義》七回：「口中不言，心裏焦悶，也沒有情緒到各處玩耍，吃飽了飯，鎭日靠著炕睡兒，呆呆的望。正是：人逢喜事精神爽，悶上心來瞌睡多。」

【人扶人興】

扶：扶助；興：興致。一人興起，衆人附和。形容人們相互助興或互相起哄。《二刻拍案驚奇》卷二：「其實只是人扶人興，大家笑耍取樂而已。」

【人浮於食】

浮：超過，多餘；食：俸祿。原指人的才能超過所得的俸祿。後用以比喻人員過多或人多事少。《禮記・坊記》：「故君子與其使食浮於人也，寧使人浮於食。」也作「人浮於事」。《兒女英雄傳》二回：「如今兄弟這裏，人浮於事，實在用不開。」

【人浮於事】

見「人浮於食】」。

【人各有能有不能】

人人都有能做到的和不能做到的事情。比喻每個人都有自己的長處和短處。《左傳・定公五年》：「固辭不能，子使余也，人各有能有不能。」《晉書・袁甫傳》：「人各有能有不能。譬繒中之好莫過錦，錦不可以爲帢。」

【人各有偶】

偶：配偶。每人各自有適宜的配偶。《左傳・桓公六年》：「齊侯欲以文姜妻鄭太子忽，太子忽辭。人問其故，太子曰：『人各有偶，齊大，非吾耦也。』」耦：同「偶」。參見「齊大非偶」。

【人各有志】

每個人都各有不同的志向願望。即彼此的志向不能强求一致。《說岳全傳》二一回：「豈不聞語云：『人各有志，不可相强。』」

【人功道理】

人功：人的作爲，修養。指人的行爲所應遵循的規範，即人情事理。《紅樓夢》八二回：「你也該學些人功道理，別一味的貪玩。」

【人固有一死，或重於泰山，或輕於鴻毛】

固：本來。每個人都難免一死，有的死得比泰山還重，有的死得比羽毛還輕。謂人應正確對待生死問題。激勵人爲正義事業獻身。漢・司馬遷《報任少卿書》：「人固有一死，或重於泰山，或輕於鴻毛，用之所趨異也。」

【人貴知心】

人與人交往，可貴的是彼此互相了解。漢・李陵《答蘇武書》：「人之相知，貴相知心。」

【人過留名，雁過留聲】

人在哪裏生活過，就會在哪裏留下名聲；就像大雁從哪裏飛過，就會在哪裏留下叫聲一樣。例你知道「人過留名，雁過留聲」的道理嗎？只要是走過之處，必留下痕跡。

【人海茫茫】

人多如海，茫茫無邊。感嘆人世間人雖多而無一知己，也比喻要找的知心人很難尋覓。《兒女英雄傳》二七回：「眞覺人海茫茫，無可告語。」

【人喊馬叫】
見「人喊馬嘶」。
【人喊馬嘶】
人叫喊，馬嘶鳴。形容人聲嘈雜或紛亂擾攘的景象。《三國演義》四〇回：「至來日三更後，只聽下流頭人喊馬嘶，急取起布袋，放水淹之。」也作「人喊馬叫」。例兩軍戰況激烈，人喊馬叫，搏鬥廝殺，令人心驚膽戰。也作「人語馬嘶」。明・無名氏《五馬破曹》三折：「大小三軍，收拾什物，不許人語馬嘶。」
【人何以堪】
堪：承受，忍受。叫人怎麼承受得了。指人在感情和體力方面已到了難以忍受的地步。南朝宋・劉義慶《世說新語・言語》：「桓公……慨然曰：『木猶如此，人何以堪？』」唐・陸贄《冬至大禮大赦制》：「急賦繁役，人何以堪？」
【人歡馬叫】
人歡笑，馬嘶叫。形容農村繁榮興旺的景象。例廣大的原野上人歡馬叫，到處是一副欣欣向榮的景象。
【人活臉，樹活皮】
謂人應有羞恥心，就像樹活著，要有樹皮一樣。例王老師是一位非常重視人格尊嚴的人，他認為人活臉，樹活皮，這樣才能坦蕩蕩的生存於社會上。也作「人活面子樹活皮」。例這一科被當對我而言，實在是非常的出乎意料之外，而人活面子樹活皮，我眞不希望大家知道這件事。
【人活面子樹活皮】
見「人活臉，樹活皮」。
【人急計生】
在緊急情況下突然產生某種計謀。《醒世恒言》卷三三：「那人急了，正好沒出豁，卻見明晃晃一把劈柴斧頭，正在手邊，也是人急計生，被他綽起，一斧正中劉官人面門。」也作「人急智生」。《水滸傳》六回：「智深見了，『人急智生』，便把禪杖倚了，就灶邊拾把草，把春台揩抹了灰塵。」
【人急偎親】
偎：緊靠著，緊挨著。人到急難時就會去投靠親友。元・高文秀《襄陽會》一折：「常言道人急偎親我稍知。」元・王實甫《西廂記》二本一折：「好教我去住無因，進退無門，可著俺那堝兒裏人急偎親？」
【人急懸梁，狗急跳牆】
形容人被逼得走投無路時，什麼事情都可能幹出來。例敵人現在雖然被我軍團團圍住，已難逃被殲的下場。但人急懸梁，狗急跳牆，他們一定還會作垂死的掙扎。也作「人急造反，狗急跳牆」。《紅樓夢》二七回：「他素昔眼空心大，是個頭等刁鑽古怪東西。今兒我聽了他的短兒，一時人急造反，狗急跳牆，不但生事，而且我還沒趣。」
【人急造反，狗急跳牆】
見「人急懸梁，狗急跳牆」。
【人急智生】
見「人急計生」。
【人己一視】
人：他人；己：自己；視：看待，對待。對待他人和對待自己一樣。形容公正無私。宋・羅大經《鶴林玉露・人・論事任事》：「此正無意無我，人己一視之道。」
【人給家足】
給：富裕充足。人人飽暖，家家豐足。《史記・平準書》：「漢興七十餘年之間，國家無事，非遇水旱之災，民則人給家足。」也作「人足家給」。宋・曾鞏《監司制》：「人足家給，富饒洽于公私。」也作「家給人足」、「家給民足」、「戶給人足」。
【人跡罕至】
很少有人到來。指荒涼偏僻的地方。漢・荀悅《漢紀・孝武紀二》：「而夷狄殊俗之國，遼絕異黨之地，舟車不通，人跡罕至。」《周書・賀若敦傳》：「山路艱險，人跡罕至。」
【人家碗裏肉肥】
形容有些人總是羨慕別人的東西好，而對自己的所得不滿足。例這種人就是不知足，老看著人家碗裏肉肥。
【人間地獄】
形容極黑暗極悲慘的環境。例現代的小孩被驕寵慣了，才被責罵便大聲嚷嚷：「人間地獄啊！」聽得大人們啼笑皆非。
【人間禍福難預料】
人世間的禍福，非一般人所能預見到的。唐・白居易《戊申歲暮咏懷詩》：「人間禍福難預料，世上風波老不禁。」
【人間少平地，森聳山岳多】
森聳：森然聳立。人間平坦的地方少，森然聳立的峻嶺多。原謂社會上到處都有謗毀他人的人。現常比喻人生道路坎坷不平。唐・孟郊《君子勿鬱鬱士有謗毀者作詩以贈之》詩：「君子勿鬱鬱，聽我青蠅歌。人間少平地，森聳山岳多。折輈不在道，覆舟不在河。須知一尺水，日夜增高波。」
【人間私語，天聞若雷；暗室虧心，神目如電】
人世間私下說的話，在老天聽來就像雷聲一樣清楚；人在陰暗之處做虧心事，總難逃過神靈電光般的眼睛。指為人要光明正大。《兒女英雄傳》四回：「他兩個自己覺著這事商量了一個停妥嚴密，再不想『人間私語，天聞若雷；暗室虧心，神目如電』。」
【人間天上】
比喻雙方境遇相差極遠。元・湯式《端正好・咏荊南佳麗》曲：「眞乃是人間天上全殊。」也作「天上人間」。
【人間天堂】
指人世間極美好的地方。例南宋偏安江南，建都臨安，蘇州、杭州等地出現了畸形的繁榮局面，成了有財有勢人家的人間天堂。

【人間重晚晴】

指人們珍視暮年情操。後多用以比喻社會上尊重德高望重的老前輩。唐・李商隱《晚晴》詩：「天意憐幽草，人間重晚晴。」

【人見利而不見害，魚見食而不見鈎】

人只顧眼前的利益，而看不到有害的後果，就像魚只看見誘餌而看不見鈎鈎一樣。《鏡花緣》九二回：「每見世人唯利是趨，至於害在眼前，那裏還去管他。所以俗語說：『人見利而不見害，魚見食而不見鈎。』就如黃雀一心要捕螳螂，那知還未到口，而自己卻命喪王孫公子之手。」

【人皆可以爲堯舜】

每個人都可以成爲堯舜那樣的聖賢之人。《孟子・告子下》：「曹交問曰：『人皆可以爲堯舜，有諸？』孟子曰：『然。』」

【人皆掩鼻】

原指臭氣難聞，人人捂住鼻子快步走過。後指爲大家厭惡的醜惡行爲。《孟子・離婁下》：「西子蒙不潔，則人皆掩鼻而過之。」《兒女英雄傳》三七回：「這等的穢德彰聞，焉得不人皆掩鼻？」

【人傑地靈】

人傑：傑出的人；地靈：靈秀之地。謂傑出的人出生或到過的地方，就會因此而成爲著名的地區；也指靈秀之地能產生傑出人物。唐・王勃《滕王閣序》：「人傑地靈，徐孺下陳蕃之榻。」《鏡花緣》七一回：「古人云：『人傑地靈。』人不傑，地安得靈？」也作「**地靈人傑**」。

【人盡可夫】

人人都可以作自己的丈夫。原指夫婿沒有血緣關係。後指婦女作風隨便。《左傳・桓公十五年》：「雍姬……謂其母曰：『父與夫孰親？』其母曰：『人盡夫也，父一而已。胡可比也！』」《螢窗異草・二編・陸廚》：「良久乃曰：『婦既見逐，人盡可夫，弟娶之固無害於義。』」

【人盡其才】

盡：全部用出。每個人都能充分發揮自己的才能。《淮南子・兵略訓》：「若乃人盡其才，悉用其力。」吳晗《朱元璋》二章：「建議提拔有功和有能力的，處分不稱職的將吏，使得部下都能人盡其才，安心做事。」也作「**人盡其材**」。宋・王安石《上曾參政書》：「故人得盡其材，而樂出乎其時。」

【人盡其材】

見「人盡其才」。

【人鏡芙蓉】

舊時預兆科舉得中的典故。唐・段成式《酉陽雜俎續集・支諾皋》載：唐人李固言進京考試未中，游蜀，遇一老婦・告以明年芙蓉鏡下及第……明年果然狀元及第・試卷中有一「人鏡芙蓉」詩賦題。

【人君猶盂】

君：君主，君王；猶：如同；盂：一種盛液體的器皿。統治人民的君主如同盛水的器皿一樣。比喻人民的習俗隨執政者的好惡而改變。《韓非子・外儲說左上》：「孔子曰：『爲人君者猶盂也，民猶水也，盂方水方，盂圓水圓。』」《荀子・君道》：「君者，盂也，盂方而水方。」

【人靠人幫，花靠葉護】

謂一個人要成功，就要依靠他人的幫助，就像花朵要依靠綠葉的護持一樣。例人靠人幫，花靠葉護，我能有今天這點成績，多虧了大家的幫助。

【人狂有禍，狗狂豹子拖】

人若狂妄自大就會招致災禍，就像狗若張狂就會被豹子拖走吃掉一樣。例俗話說：「人狂有禍，狗狂豹子拖。」人還是謙虛謹慎一些好，像他這樣目中無人，將來準吃大虧。

【人困馬乏】

人馬疲乏到極點。多指旅途或行軍作戰中體力到了極度疲勞的程度。《水滸傳》三四回：「看看天色晚了，又走得人困馬乏。」《三國演義》四〇回：「到四更時分，人困馬乏，軍士大半焦頭爛額。」

【人來客去】

指應酬的客人很多。《紅樓夢》一一〇回：「一天到晚人來客去的也乏了，歇歇罷。」也作「**人來客往**」。《兒女英雄傳》四〇回：「……再加上人來客往，道乏辭行，轉眼間早已假期將滿。」

【人來客往】

見「人來客去」。

【人來人往】

來來往往的人連續不斷，也形容忙於應酬。《紅樓夢》一一〇回：「這兩三天人來人往，我瞧著那些人都照應不到，想必你沒有吩咐。」

【人老精，薑老辣】

謂人的年紀大了，經驗豐富，辦事老練精明，就像薑生長期越長就越辣一樣。例您年歲大，見識廣，俗話說：「人老精，薑老辣。」您可一定得多給年輕人出點主意。

【人老珠黃】

比喻婦女年老色衰不再受人重視，就像年久發黃而不值錢的珍珠一樣。也泛指年老無用。《金瓶梅詞話》二回：「娘子正在青年，翻身的日子很有呢，不像俺是人老珠黃不值錢呢。」曹禺《日出》三幕：「我從前在班子的時候也是數一數二的紅唱手，白花花的千兒八百的洋錢也見過。可是人老珠黃不值錢，歲數大了點，熬不出來，落到這個地方，不耐心煩受著，有什麼法子？」

【人離家散】

指一家人東離西散，無法在一起安生度日。《紅樓夢》二四回：「這三街六巷，憑他是誰，若得罪了我醉金剛倪二的街坊，管叫他人離家散。」

【人離鄉賤】
鄉：家鄉；賤：輕賤。指人離開了本鄉本土，人地生疏，就容易被人欺侮。《西遊記》三六回：「長老聞言，滿眼垂淚道：『可憐，可憐！這才是人離鄉賤！』」元・無名氏《合同文字》一折：「俺則爲人離鄉賤，強經營生出這病根源。」
【人滿爲患】
人太多，容納不下，簡直成了災難。例這家新開幕的百貨公司，最近每天都湧入大量人潮，公司爲避免人滿爲患，計畫採取限制人數進入的措施。
【人面狗心】
①指容貌美好而才學低下的人。《晉書・苻朗載記》：「朗曰：『吏部爲誰？非人面而狗心，狗面而人心兄弟者乎？』王忱醜而才慧，國寶美貌而才劣於弟，故朗云然。」②形容人非常卑鄙。魯迅《致曹靖華書》：「上海之所謂『文人』，有些眞是壞到出乎意料之外，即人面狗心，恐亦不至於此。」
【人面上人】
比喩有身分有地位的人。例他可是個人面上人，大伙兒要尊重他。
【人面獸心】
外貌似人，心腸如獸。形容人像野獸一樣狠毒。《漢書・匈奴傳贊》：「夷狄之人，貪而好利，被髮左衽，人面獸心。」《官場現形記》一六回：「你當他做了官就換了人，其實這裏頭的人，人面獸心的多得很哩。」也作「獸心人面」。
【人面桃花】
唐・孟棨《本事詩・情感》載崔護《游長安城南》詩：「去年今日此門中，人面桃花相映紅。人面不知何處去，桃花依舊笑春風。」後以「人面桃花」形容男子一往情深地愛慕著不能再度相見的年輕美貌女子。宋・柳永《滿朝歡》詞：「人面桃花，未知何處，但掩朱扉悄悄。」也作「桃花人面」。
【人面咫尺，心隔千里】
咫尺：形容距離很近。謂雖然經常相處，彼此的心靈卻無法溝通。《金瓶梅詞話》八一回：「這來保口中不言，內心暗道：『這天殺，原來連我也瞞了！嗔道路上賣了這一千兩銀子，乾淨要起毛心。正是「人面咫尺，心隔千里」。』」
【人民城郭】
郭：外城。《搜神後記》卷一：漢遼東丁令威學道成仙後，化成白鶴飛回家鄉，作歌云：「有鳥有鳥丁令威，去家千年今始歸。城郭如故人民非，何不學仙冢纍纍？」後常用「人民城郭」感嘆世事變遷，物是人非。宋・文天祥《金陵驛》詩：「山河風景原無異，城郭人民半已非。」
【人命關天】
關天：關係重大。人命的事，關係重大。《紅樓夢》八六回：「你沒有聽見薛大爺相與這些混帳人，所以鬧到人命關天！你還提那些做什麼？」
【人命危淺】
危：危險，危急；淺：不久，時間短。指壽命不長，即將死亡。晉・李密《陳情表》：「但以劉日薄西山，氣息奄奄，人命危淺，朝不慮夕。」宋・魏了翁《哭杜威州文》：「憂患摧心，精力遐漂，靡所濟集，益覺歲月遒卒，人命危淺。」
【人莫若故】
莫若：莫如；故：故交，老朋友。意思是還是老朋友親。《晏子春秋・內篇・雜上》：「衣莫若新，人莫若故。」
【人莫予毒】
予：ㄩˊ，我；毒：危害，傷害。《左傳・僖公二十八年》載：晉楚戰於城濮。楚敗，統帥子玉自殺。晉文公聞知後說：「莫予毒也已。」後以「人莫予毒」指再也沒有誰能傷害我。意謂完全沒有顧忌。章炳麟《致張繼于右任書》：「長此不悟，縱令勢力彌滿，人莫予毒，亦乃與滿洲親貴等夷。」也作「莫予毒也」。
【人莫知其子之惡】
人往往看不到自己子女的缺點和錯誤。《禮記・大學》：「故好而知其惡，惡而知其美者，天下鮮矣！故諺有之曰：『人莫知其子之惡，莫知其苗之碩。』」
【人謀不臧】
謀：謀劃；臧：善，好。人的謀劃不妥善。常用以說明事情失敗的原因。例壯士嘆曰：「此舉未成，實乃人謀之不臧。」
【人模狗樣】
身分是人，舉止卻像狗。多形容人行爲卑劣。老舍《四世同堂》四九：「他也想像到怎樣順手兒教訓教訓那些人模狗樣的科長科員們。」
【人模人樣】
形容人的行爲舉止與身份不相稱。含譏刺意味。元・無名氏《看錢奴》三折：「他也似個人模人樣。」
【人挪活，樹挪死】
挪：挪動，轉移。人換一個新環境會有好處，樹移動則容易枯死。例我看你還是調換一個工作單位吧，人挪活，樹挪死，新的環境也許對你有好處。
【人怕出名豬怕壯】
人怕出名後招致麻煩，就像豬長肥了要被宰殺一樣。多用作人遇事不願出頭露面的意思。《紅樓夢》八三回：「俗話兒說的，『人怕出名豬怕壯』，況且又是個虛名兒。」
【人怕單行，雁怕離羣】
人唯恐孤身行路，就像雁唯恐脫離雁羣一樣。指人不可脫離集體。例人怕單行，雁怕離羣，你總是這樣獨往獨來，將來會吃虧的。
【人怕丟臉，樹怕剝皮】
人害怕丟面子，就像樹害怕被剝去樹皮而枯死一樣。例人怕丟臉，樹怕剝皮，你做出這種缺德的事，讓我的臉往哪兒擱！

【人怕理，馬怕鞭，蚊蟲怕火煙】

指人服從於眞理，就像馬怕鞭子抽打，蚊蟲怕煙火薰一樣。例人怕理，馬怕鞭，蚊蟲怕火煙，只要我們把道理講淸楚，他會回心轉意，改正錯誤的。

【人怕落蕩，鐵怕落爐】

蕩：淺水湖，此處指圈套，陷阱。人怕落入圈套而難以逃脫，就像鐵怕落入熔爐中會被熔化一樣。《水滸全傳》六一回：「盧員外，你如何省得！豈不聞『人怕落蕩，鐵怕落爐』？哥哥定下的計策，你待走哪裏去！」

【人怕齊心，虎怕成羣】

指衆人齊心協力，就會像成羣的老虎，會產生强大的力量。例人怕齊心，虎怕成羣，只要咱們大家心往一塊想，勁往一塊使，就一定能改變咱們村的落後面貌。

【人怕傷心，樹怕剝皮】

人害怕心靈創傷，就像樹害怕剝掉樹皮一樣。例人怕傷心，樹怕剝皮，你的這些話刺傷了她的心，叫她怎麼能不難過呢？

【人怕生病，穀怕生蟲】

指人一旦得病，縱有抱負也難以實現。例俗話說：「人怕生病，穀怕生蟲。」我這一病，所有的寫作計畫恐怕就要落空了。

【人怕私，地怕荒】

指一個人若私心太重，待人處事就不會公正；田地若荒蕪了，莊稼就長不好。例你這當隊長的辦事要公正，人怕私，地怕荒，如果凡事都替自己打算，又怎麼能讓大夥滿意呢？

【人配衣，馬配鞍】

指人穿上好衣服會顯得更加漂亮，就像馬配上好鞍子會顯得更加好看一樣。例人配衣，馬配鞍，你看咱們虎子穿上這件西服多精神！也作「人是衣服馬是鞍」。例「人是衣服馬是鞍」，這話可一點都不假。別看淑蘭相貌平凡，可是穿上那件新的連身裙，就跟換了個人似的，眞漂亮！」

【人皮囤】

囤：ㄉㄨㄣˋ，盛米穀的器具。比喻無用的人。例你怎麼請他做公司的副總經理？誰不知道他是個人皮囤，光一張嘴能說會道，什麼本事也沒有。

【人貧智短】

指人貧窮時言行顯得笨拙不聰明。《續傳燈錄》卷二〇：「人貧智短，馬瘦毛長。」也作「人窮智短」。宋・庄季裕《雞肋編》卷下引陳無己詩：「人窮令智短。」

【人平不語，水平不流】

謂辦事公平，人們就不會說三道四，就像水平了就不會再流動一樣。例人平不語，水平不流，只要事情辦得公正，誰也不會說什麼的。

【人憑志氣虎憑威】

指人有志氣，才能有成就。例人憑志氣虎憑威，我就不信，咱們經過努力會趕不上人家！

【人棄我取】

《史記・貨殖列傳》：「白圭樂觀時變，故人棄我取，人取我與。」原指商人廉價收購滯銷物品，待時高價出售，謀取厚利。後以「人棄我取」表示自己的興趣或見解與別人不同。《鏡花緣》四五回：「『他如滿部鬍鬚，抑或絡腮，我倒喜的。』少年男妖道：『這卻爲何？』二妖道：『這叫作人棄我取。』」

【人千人萬】

形容人多。《警世通言》卷二八：「侍者看了一回，人千人萬，亂滾滾的。」參看「人山人海」。

【人前背後】

當著人，背著人。多指在各種場合。《朱子語類・論語(六)》：「君子周而不比，周是遍，人前背後都如此。」也用以指當面一套，背後一套。例這老太婆還在人前背後指指戳戳的。

【人前花一朵，背後刺一根】

形容那種當面奉承，背後搗鬼的人。例他當面說的比唱的還好聽，一到背後就給人使壞，眞是人前花一朵，背後刺一根。

【人前莫說人短長，始信人中更有人】

在人前不要隨意論人長短，要知道能人中還有更能幹的人。明・陳沂《畜德錄》：「都御史韓雍，與夏公塤飲，各出酒令，公欲一字內有大人小人，復以諺語二句證之。曰：『傘字有五人，下列衆小人，上侍一大人，所謂有福之人人服事，無福之人服事人。』夏云：『爽字有五人，旁列衆小人，中藏一大人。所謂人前莫說人短長，始信人中更有人。』」

【人强馬壯】

形容軍隊戰鬥力很强或軍容威武。元・關漢卿《單刀會》三折：「那魯子敬是個足智多謀的人，他又兵多將廣，人强馬壯。」元・武漢臣《老生兒》一折：「使不著人强馬壯，端的是鬼使神差。」也作「馬壯人强」。

【人强勝天】

人的强大力量，可以戰勝自然。《亢倉子・政道》：「故周之秩官云：人强勝天。」例人强勝天，十來年功夫，我們村就全變樣了。

【人巧不如家什妙】

家什（ㄕˊ）：器具，工具。人再靈巧也不如使用的工具好。例眞是人巧不如家什妙，過去用手工幹一天的活，現在用機器來幹只要一個鐘頭。也作「手巧不如家什妙」。

【人親骨肉香】

形容親人之間休戚與共，感情篤厚。例家人之間的感情可用「人親骨肉香」來形容，任誰也無法割捨。

【人琴俱逝】

見「人琴俱亡」。

【人琴俱亡】

俱：全，都。人死了，琴也沒有了。

形容對死者的哀悼心情。南朝宋．劉義慶《世說新語．傷逝》：「王子猷、子敬俱病篤，而子敬先亡。子猷……取子敬琴彈，弦既不調，擲地云：『子敬，子敬，人琴俱亡！』」也作「**人琴俱逝**」。清．王鵬運《彊村詞序》：「人琴俱逝，賞音闃然。」也作「**人琴兩亡**」。唐．張說《爲人作祭弟文》：「予羸老矣，傷心幾何。人琴兩亡，命也命也。」

【人琴兩亡】

見「人琴俱亡」。

【人輕權重】

身分低、資歷淺的人卻掌握著重要的權力。宋．蘇軾《上神宗皇帝書》：「夫人輕而權重，則人多不服，或致侮慢以興爭。」

【人情薄如紙】

人與人之間情誼如同紙一樣薄。形容冷漠、勢利的人際關係。例那時候，人情薄如紙，誰又肯幫助咱們窮人呢？也作「**人情薄於紙**」。清．趙翼《青山莊歌》：「平日枉使錢如水，此日人情薄於紙。」也作「**世情如紙**」。

【人情薄似秋雲】

人情的淡薄就像秋天的雲。慨嘆世態炎涼。宋．朱敦儒《西江月》詞：「世事短如春夢，人情薄似秋雲。」

【人情薄於紙】

見「人情薄如紙」。

【人情大似聖旨】

人的情面比皇帝的聖旨還重。形容人的情面大。《西遊記》五三回：「行者道：『人情大似聖旨。你去說我老孫的名字，他必然做個人情，或者連井都送我也。』」也作「**人情大於王法**」。例我們海關人員應鐵面無私，執法如山，而不能搞人情大於王法，不能講人情面子而不顧國家的政策法令。

【人情大於王法】

見「人情大似聖旨」。

【人情翻覆似波瀾】

人情翻覆不定，就像江河中的波濤一樣。感慨世態炎涼，人心莫測。唐．王維《酌酒與裴迪》詩：「酌酒與君君自寬，人情翻覆似波瀾。白首相知猶按劍，朱門先達笑彈冠。草色全經細雨濕，花枝欲動春風寒。世事浮雲何足問，不如高臥且加餐。」

【人情冷暖】

指人情薄如紙，得勢，別人就奉承；失勢，別人就不理不睬。唐．劉得仁《送車濤罷舉歸山》詩：「朝是暮還非，人情冷暖移。浮生只如此，強進欲何爲？」《二十年目睹之怪現狀》六五回：「人情冷暖，說來實是可嘆！」

【人情留一線，日後好相見】

遇事給人留一點情面，以後見面就容易相處。清．李漁《意中緣》一八齣：「自古道：『人情留一線，日後好相見。』你既不肯捨慈悲，我也不敢行方便。」

【人情世故】

人情：人之常情；世故：待人接物的處世經驗。指爲人處世的方法、道理。《醒世恆言》卷二二：「可惜你滿腹文章，看不出人情世故。」巴金《春》五：「人年紀大了，就明白一點，多懂點人情世故。」

【人情世態】

人世間的情態。多指人與人之間的交情或情義。明．陳所聞《新水令．填歸去來詞》套曲：「俺與那人情世態既相違，披襟散髮最相宜。」

【人情物理】

人情：人之常情；物理：事物的道理。指社會公認的人情和事理。宋．蘇軾《富鄭公神道碑》：「即上書數千言，雜引《春秋》、《識範》及古今傳記，人情物理，以明其決不然者。」

【人情洶洶】

洶洶：指爭辯的聲音或紛亂的樣子。形容眾人情緒激動，焦躁不安。《說岳全傳》一二回：「你看人情洶洶，眾心不服……不如先將岳飛放了，先解了眼前之危，再作道理。」也作「**人情恟恟**」。《資治通鑑．晉孝武帝寧康元年》：「是時，都下人情恟恟，或云欲誅王謝，因移晉室。」

【人情恟恟】

見「人情洶洶」。

【人情之常】

見「人之常情」。

【人情紙薄】

形容冷漠、勢利的人際關係。宋．楊萬里《誠齋詩話》：「士大夫間……如『人情似紙番番薄，世事如棋局局新。』」清．陳璧《武林道中》詩：「人情紙薄君休笑，西子無顏墮粉紅。」

【人窮斷六親】

六親：泛指親屬。人在貧困時，連親屬都會斷絕來往。例玉蓮家境不好的時候，連她的親姐妹都不願意來家坐坐，那眞叫人窮斷六親啊！

【人窮街前無人問，富人千里結賓朋】

窮人即使住在大街前也不會有人去過問他們，有錢人即使遠在千里之外也會有人去同他們結交作朋友。指嫌貧愛富的炎涼世態。例那時候越有錢越受人巴結，而窮人的死活卻沒人關心，眞是人窮街前無人問，富人千里結賓朋。

【人窮朋友少，衣破虱子多】

人窮困時，願意跟他交朋友的人就少；衣衫襤褸的人，身上的虱子就多。謂人情勢利。例俗話說：「人窮朋友少，衣破虱子多。」我現在這副窮酸相，要錢沒錢，要權沒權，有誰肯來幫助我呢？

【人窮志不窮】

謂人雖然貧窮，但是不能沒有志氣。例林志平是個人窮志不窮的人，即使在他最落魄的時候，也沒有因爲手頭拮据而向別人伸手要錢。也作「**人窮志不短**」。

【人窮志短】

短：缺少，欠缺。人在困境裏，容易做出缺乏志氣的事。《初刻拍案驚奇》卷一五：「又道是『人窮志短』，李生聽了這句話，便認爲眞。」《二十年目睹之怪現狀》四一回：「所謂人窮志短，我那裏敢和他較量，只索避了。」

【人窮志短，馬瘦毛長】

人窮了就會顯得沒有志氣，就像馬瘦了毛顯得長一樣。例你一定要隨時惕勵自己的心志節操，否則人窮志短，馬瘦毛長，當遇到挫折困境的時候，很快地就會喪失自我的堅持。

【人窮智短】

見「人貧智短」。

【人取我與】

與：給。別人要的我給他。《史記·貨殖列傳》：「故人棄我取，人取我與。」原指眼光遠大的商人的經商之道不同一般。後指人的興趣和見解與衆不同。例他爲人處事總是採取一種『人棄我取，人取我與』的態度，與一般人不一樣。

【人去不中留】

不中：不可以。人執意要離去，便不可過分挽留。《紅樓夢》四六回：「那時再和老太太說，老太太雖不依，擱不住他願意，常言『人去不中留』，自然這就妥了。」

【人去樓空】

唐·崔顥《黃鶴樓》詩：「昔人已乘黃鶴去，此地空餘黃鶴樓。黃鶴一去不復返，白雲千載空悠悠。」後以「人去樓空」表達舊地重遊時對友人的思念。巴金《隨想錄·在尼斯》：「女主人公孤零零地消失在淒淸的寒夜裏，那種人去樓空的惆悵感覺一直折磨著我。」也作「樓空人去」。

【人海人山】

見「人山人海」。

【人人得而討之】

討：討伐，聲討。任何人都可以討伐他。宋·朱熹《四書集注〈孟子·滕文公下〉》：「春秋之法，亂臣賊子，人人得而討之，不必士師也。」

【人人得而誅之】

得：能，可以；誅：殺死。指罪大惡極者，任何人都有權加以斷然處置。《莊子·庚桑楚》：「爲不善乎顯明之中者，人得而誅之。」

【人人皆知】

皆：全，都。所有的人都知道。意指事情並不稀罕。《紅樓夢》五一回：「老少男女，俗語口頭，人人皆知皆說的。」也作「盡人皆知」。

【人人握靈蛇之珠，家家抱荊山之玉】

靈蛇之珠：傳說隋侯救蛇，蛇銜一寶珠報答，後稱爲隋侯之珠，事見《淮南子·覽冥訓》及干寶《搜神記》；荊山之玉：傳說春秋時楚人卞和於荊山下得一璞玉，獻給楚厲王和楚武王，被以欺君之罪砍掉雙足，後獻於文王，始知是寶玉，事見《韓非子·和氏》。每個人都握有靈蛇的寶珠，每一家都擁有荊山的寶玉。原讚美漢末文學家王粲、陳琳等人的才能。後用以形容有才能的人很多。三國魏·曹植《與楊德祖書》：「當此之時，人人自謂握靈蛇之珠，家家自謂抱荊山之玉。」

【人人有分】

分：ㄈㄣˋ，同「份」，整體劃分後的部分。所有的人都有一份。指大家同樣享有權利或義務。《景德傳燈錄·松山和尚》：「一日命龐居士吃茶，居士舉起槖子云：『人人盡有分，因什麼道不得？』」

【人人自危】

人人都感到自己處境危險而驚恐不安。《史記·李斯傳》：「法令誅罰日益刻深，羣臣人人自危，欲畔者衆。」《三國演義》五三回：「玄德曰：『若斬此人，恐降者人人自危。望軍師恕之。』」

【人若不誇口，羞恥不臨頭】

謂人如果不自吹自擂，就不會受人恥笑。例你這樣自我吹噓，難道就不怕人家恥笑嗎？俗話說得好：「人若不誇口，羞恥不臨頭！」

【人若志趣不遠，心不在焉，雖學無成】

指人如果志向、情趣不遠大，心思不專一，即使學習也不會有成就。宋·張載《經學理窟·義理篇》：「人若志趣不遠，心不在焉，雖學無成。人惰於進道，無自得達。」

【人山人海】

形容聚集在一起的人非常多。《水滸傳》五一回：「每日有那一般打散，或是戲舞，或是吹彈，或是歌唱，賺得那人山人海價看。」《孽海花》一〇回：「連忙坐了馬車，趕到會場，只見會場中人山人海，異常熱鬧。」也作「人海人山」。淸·楊米人《都門竹枝詞》：「傳來日下舊聞多，市語方言費揣摩。人海人山圖畫好，挑燈閒寫竹枝歌。」

【人善被人欺，馬善被人騎】

人如果老實善良，就容易受人欺負，就像性情溫順的馬容易被人騎一樣。例我們做人要誠懇，但不能變成濫好人，請牢記「人善被人欺，馬善被人騎。」這句至理名言。也作「人善得人欺，馬善得人騎」。

【人善我，我亦善之；人不善我，我亦善之】

別人對我友好；我也對他友好，別人對我不友好，我照樣對他友好，謂人應與人爲善，要善於團結人，包括對待自己不好的人。漢·韓嬰《韓詩外傳》卷九：「子路曰：『人善我，我亦善之；人不善我，我不善之。』……顏回曰：『人善我，我亦善之；人不善我，我亦善之。』」

【人上一百，形形色色】

謂人一多了，就可能什麼樣的人都有。例俗話說：「人上一百，形形色色。」我們的國家這麼大，人這麼多，有幾個不法分子也是難免的。

【人涉卬否】

涉：淌水過河；卬：ㄤˊ，我；否：不同意。別人淌水過河，我卻不同意。《詩經・邶風・匏有苦葉》：「招招舟子，人涉卬否。人涉卬否，卬須我友。」後以「人涉卬否」比喻自己有自己的主張，不隨聲附和。《後漢書・張衡傳》：「雖有犀舟勁楫，猶人涉卬否，有須者也。」

【人神共憤】

人與神都憤怒。形容民憤極大。《舊唐書・于頔傳》：「肆行暴虐，人神共憤，法令不容。」《三國演義》九回：「今[董]卓上欺天子，下虐生靈，罪惡貫盈，人神共憤。」也作「人神同憤」。《魏書・道武七王列傳》：「曾不懷音，公行反噬，肆茲悖逆，人神同憤。」也作「神人共憤」。

【人神共嫉】

嫉：憎恨，厭惡。人和神都憎恨。形容壞人壞事大家都厭惡。唐・韓愈《黃家賊事宜狀》：「實由自邀功賞，造作兵端，人神共嫉，以致殃咎。」也作「人神同嫉」。例這兩個綁匪拿到家屬付的贖款卻還是殺害了肉票，這種行爲實在是人神同嫉，天理不容。

【人神同憤】

見「人神共憤」。

【人神同嫉】

見「人神共嫉」。

【人生百年如過客】

人即使活上一百年，也好像是來去匆匆的過路旅客。比喻人生短暫。明・康海《王蘭卿》四折：「人生百年如過客，難把流光挃。」

【人生百歲，難免一死】

人即使活上一百歲，最終也不免要死。明・陸采《懷香記》三〇齣：「人生百歲，難免一死。我比他人，雖有壽殀之分，生之與死，俱是紛紜之夢。」也作「人生百歲，終須一死」、「人生百歲，總有一死」。

【人生不得行胸懷，雖壽百歲，猶爲夭也】

夭：早死。人生在世如果不能實現自己的抱負，即使活一百歲，也如同早死一樣。謂人生一世，應有所作爲。《宋書・蕭惠開傳》：「每謂人曰：『人生不得行胸懷，雖壽百歲，猶爲夭也。』」

【人生不讀書，活著不如豬】

謂人活著如若不讀書學習，就會愚蠢無知。例人生不讀書，活著不如豬，要增長聰明才幹，就需要讀書學習。

【人生代代無窮已，江月年年只相似】

世上的人代代相傳，永無窮盡，而長江上的月亮卻是年年都很相似。謂人生短暫而人類長存，就如同江上的明月一樣千古永恒。唐・張若虛《春江花月夜》詩：「人生代代無窮已，江月年年只相似。不知江月待何人？但見長江送流水。」

【人生到處知何似，應似飛鴻踏雪泥】

飛鴻：天上飛的鴻雁。人生在世到處飄泊，所到之處就像飛來飛去的鴻雁停踏在積雪的土地上。形容長年在外奔波流浪的人行止無定。宋・蘇軾《和子由澠池懷舊》詩：「人生到處知何似，應似飛鴻踏雪泥。泥上偶然留指爪，鴻飛那復計東西！」

【人生地不熟】

謂人初到一個生疏的地方，對一切都會感到陌生。例王小姐是自助旅行的熱愛者，即使到了人生地不熟的地方，她也能按圖索驥，詢問相關單位，完成一次有趣又安全的旅遊。也作「人生路不熟」。《二十年目睹之怪現狀》二三回：「又丟你嬸太太和姑太太在客棧裏，人生路不熟的，又是女流，如何使得！」

【人生芳穢有千載，世上榮枯無百年】

芳：芳名，指好的名聲；穢：骯髒，指壞的名聲；榮：榮耀；枯：指窮困。一個人的名聲好壞，會流傳千載，但他在世時，榮耀或窮困，卻不會超過一百年。說明人的榮耀和享樂，只能跟隨人一輩子，而名聲卻可流傳千載。宋・謝枋得《和曹東谷韻》詩：「萬古綱常擔上肩，脊梁鐵硬對皇天。人生芳穢有千載，世上榮枯無百年。」

【人生貴相知】

人生中最值得珍視的是相互了解。例人生貴相知，只要能得到大家的理解，我再苦再累，心裏也是甜的。

【人生何處不相逢】

謂人雖離別，但總有再度相會的一天。《續孽海花》四四回：「不要客氣，人生何處不相逢，我們也許有相逢的日子哩！」

【人生結交在終始，莫爲升沉中路分】

升：指走運、得志；沉：指淪落、倒霉。人生結交要始終如一，不要因爲彼此際遇不同而半途分手。謂結交朋友貴在專一，不能喜新厭舊。唐・賀蘭進明《行路難》詩之五：「羣雁裴回不能去，一雁悲鳴復失羣。人生結交在終始，莫爲升沉中路分。」

【人生路不熟】

見「人生地不熟」。

【人生面不熟】

指彼此生疏，素不相識。《二刻拍案驚奇》卷一〇：「……只是人生面不熟，又不知娘的意思怎麼，有些不妥貼，還想要去。」《兒女英雄傳》七回：「人生面不熟的，別忙，你老等我勸勸他。」

【人生難得月當頭】

月：滿月，舊有月圓團圓的風俗。謂人們的團圓歡聚是很難得的。例他們夫妻幾十年來天各一方，一年之中也難有團圓的機會，幾十年兩地分居的煎熬，使他們充分體驗到了「人生難得月當頭」這句話裏的酸甜苦辣。

【人生七十古來稀】

稀：稀少，難得。舊謂從古以來能活到七十歲的人是很稀少的。唐·杜甫《曲江》詩：「朝回日日典春衣，每日江頭盡醉歸。酒債尋常行處有，人生七十古來稀。」後以「古稀」指七十歲。

【人生如寄】

寄：寄寓，暫住。感嘆人生的短促，三國魏·曹丕《善哉行》：「人生如寄，多憂何爲！」也作「**人生若寄**」。晉·陶潛《榮木》詩：「人生若寄，顦悴有時。」也作「**人生如寓**」。三國魏·曹植《浮萍》詩：「日月不恒處，人生忽如寓。」

【人生如夢】

指世事無定，人生就像一場春夢。宋·蘇軾《念奴嬌·赤壁懷古》詞：「人生如夢，一樽還酹江月。」

【人生如寓】

見「人生如寄」。

【人生如朝露】

朝露：早晨的露水，太陽一曬，即行消失。比喻生命的短暫。《漢書·蘇武傳》：「人生如朝露，何久自苦如此！」也作「**人生若朝露**」。晉·潘岳《內顧詩》：「獨悲安所慕，人生若朝露。」

【人生若寄】

見「人生如寄」。

【人生若朝露】

見「人生如朝露」。

【人生天地之間，若白駒之過隙】

白駒：白色的駿馬，喻指光陰；隙：空隙。比喻時光易逝，人生短暫。《莊子·知北遊》：「人生天地之間，若白駒之過隙，忽然而已。」

【人生無根蒂，飄如陌上塵】

陌：田間的小路。人生在世本沒有根蒂，就像田間小路上的塵土一樣飄蕩不定。慨嘆人生在世飄泊不定。晉·陶淵明《雜詩》：「人生無根蒂，飄如陌上塵；分散逐風轉，此已非常身。」

【人生行樂耳】

人生在世，只須尋歡作樂。這是封建士大夫消極頹廢的人生觀。漢·楊惲《報孫會宗書》：「人生行樂耳，須富貴何時？」宋·辛棄疾《洞仙歌》詞：「人生行樂耳，身後虛名，何似生前一杯酒！」

【人生一世，草木一秋】

人只能活一輩子，就像草只能生長一季一樣。比喻人生短暫，應珍惜時光有所作爲。例人生一世，草木一秋，我們就抓緊時間，奮力拼搏，爲國家的現代化多做貢獻。也作「**人生一世，草生一秋**」。

【人生在勤】

人賴以生存的條件是辛勤勞動。《宋史·辛棄疾傳》：「嘗謂『人生在勤，當以力田爲先。』」

【人生在勤，不索何穫】

人的一生貴在勤奮，如果不積極求索，就會一無所穫。《後漢書·張衡傳》：「人生在勤，不索何穫。」例如果你想出人頭地，請記住「人生在勤，不索何穫」這句話，畢竟做任何事，都是要付出，才會有收穫。

【人生在世】

人活在世上。《三國演義》一一一回：「人生在世，得死於戰場，幸耳！」《老殘遊記》一三回：「我常說，人生在世，最苦的是沒地方說話。」

【人生自古誰無死，留取丹心照汗青】

留取：留得；丹心：赤誠之心；汗青：古人用火烤竹簡，使之冒出水分，以便於書寫，此稱爲汗青，後用汗青指史册。人生自古以來，有誰不死呢？要留下一顆赤誠報國的忠心載入史册。謂死要死得有意義、有價值。宋·文天祥《過零丁洋》詩：「人生自古誰無死，留取丹心照汗青。」

【人聲鼎沸】

鼎：古代用青銅製成的炊具，圓形三足兩耳；沸：沸騰。人聲像開水在鼎裏沸騰一樣。形容人聲喧囂嘈雜。《醒世恆言》卷一〇：「一日午後，劉方在店中收拾，只聽得人聲鼎沸。」

【人事不省】

省：知覺。昏迷不醒，失去知覺。例那些一氧化碳中毒的民衆，已經昏迷且不醒人事了。也作「**人事不醒**」。例不諳水性差點溺斃在海面的小王，被救起來後，人事不醒了三天三夜。

【人事不醒】

見「人事不省」。

【人事不知】

見「人事不省」。

【人事代謝】

代謝：交替，更替。形容人世間新事物在不斷地更替舊事物。唐·孟浩然《與諸子登峴山》詩：「人事有代謝，往來成古今。」

【人事無常】

無常：沒有一定。多用於感嘆世事的變化不定。茅盾《子夜》一七：「於是在無事可爲的寂寞的微悶而外，又添上了人事無常的悲哀。」

【人事有代謝，往來成古今】

人世間的各種事情，總是有盛有衰，有起有謝；時間的往來形成了從古到今的歷史。原意用來憑吊古事，感慨當今。後多指人世間事物在不斷發展變化。唐·孟浩然《與諸子登峴山》詩：「人事有代謝，往來成古今。江山留勝跡，我輩復登臨。」

【人是地行仙】

地行仙：傳說中漫遊人間的神仙。比喻人生在世，漂泊不定，到處可去。《紅樓夢》八七回：「俗語說：『人是地行仙。』今日在這裏，明日就不知在那裏。譬如我，原是南邊人，怎麼到了這裏呢？」也作「**人是地行仙，一日走一千**」。例「人是地行仙，一日走一千」，今天我們在香港給你送行，明天這時候，你就已經踏上美國的土地了。

【人是地行仙，一日走一千】

見「人是地行仙」。

【人是鐵，飯是鋼】

比喻人不吃飽飯就沒有氣力。例俗話說：「人是鐵，飯是鋼。」今天的活這麼重，你不多吃點飯怎麼能行呢！也作「人是鐵，飯是鋼，一頓不吃餓得慌」。例人是鐵，飯是鋼，一頓不吃餓得慌。所以，無論什麼時候，我們都要重視糧食的生產。

【人是衣服馬是鞍】

見「人配衣，馬配鞍」。

【人孰無過，過而能改，善莫大焉】

哪一個人沒有犯過錯誤呢？犯了錯誤能夠改正，就是莫大的好事。用以勸慰犯了錯誤的人，要勇於改正錯誤。《左傳・宣公二年》：「曰：『吾知所過矣，將改之。』稽首而對曰：『人孰無過，過而能改，善莫大焉。』」

【人熟好辦事】

人若熟識，辦事就方便。例還是人熟好辦事，別人辦不成的事，老王就能辦成，他認識的人多嘛。

【人熟理不熟】

謂人雖熟識，但也應按理辦事。例俗話說：「人熟理不熟。」你是廠長，辦事要公道，對熟人也不能搞特殊照顧。

【人熟是個寶】

謂人熟是一個十分有利的條件。例人熟是個寶，你初來乍到，應該多認識一些人。等你和大家都熟識了，再辦什麼事就方便多了。

【人手一冊】

每人手裏都有一本。多用於形容書籍內容好，極受讀者歡迎。例這本書問世以來極受讀者歡迎，幾乎是人手一冊。

【人壽年豐】

壽：長壽；年：年成；豐：豐收。人長壽，年成好。形容太平盛世的景象。老舍《老張的哲學》：「大地回春，人壽年豐。」

【人受諫則聖，木受繩則直】

人能聽取別人的規勸，就會成爲聖賢；木頭按墨綫砍削，就會變直。指人應虛心聽取別人的意見。《孔子家語・子路語》：「人受諫則聖，木受繩則直。」

【人殊意異】

殊：不同；意：心願，心思；異：不一樣。人不同，心思也都不一樣。《三國志・魏書・董昭傳》：「此下諸將，人殊意異，未必服從。」

【人死留名】

生前建立功業，死後留下美名。多用於指人生在世，應該建立一番事業。《新五代史・周書・王彥章傳》：「彥章武人，不知書，常爲俚語謂人曰：『豹死留皮，人死留名。』」

【人死如燈滅】

人死了，就像燈熄滅了一樣。比喻人一死，就一切都不存在了。例現實是殘酷的，無論人活著時多麼的意氣風發，人死卻是亙古不變的道理。

【人隨王法草隨風】

人要服從法令，就像草要順風而倒一樣。例俗語說：「人隨王法草隨風。」要社會安定，必須要遵守法治。

【人所共知】

所：助詞；共知：都知道。指事情是明擺著的，人人都知道。《紅樓夢》五六回：「這一年間，管什麼的，主子有一全分，他們就得半分，這是每常的舊規，人所共知的。」《官場現形記》二八回：「國家養兵千日，用在一朝……這兩句話是人所共知的。」

【人天永隔】

人天：人間天上，生死的代稱。生者和死者永遠不能相見。用於懷念或哀悼死者。例從此人天永隔，再也不能看到他的音容笑貌了。

【人同此心】

對某些事情大家都有相同的感受和看法。例在這個問題上你找到了與你看法相同的人，這可以說是人同此心的道理。

【人同此心，心同此理】

謂對某事人們有大致相同的感受或想法。例別再苛責他了，今天他會這麼做，其實仔細想想，也是因爲人同此心，心同此理，我們應該可以理解的。

【人頭畜鳴】

畜：禽獸；鳴：叫。長相是人，卻像禽獸一樣鳴叫。指行爲極其惡劣的人。《史記・秦始皇紀》：「誅斯、去疾、任用趙高。痛哉言乎！人頭畜鳴。」《聊齋志異・素秋》：「公子作色曰：『是眞吾弟之亂命矣！其將謂我人頭畜鳴者耶！』」

【人頭羅刹】

羅刹（ㄔㄚˋ）：凶神惡煞。長著人頭的惡魔。比喻兇惡殘暴的人。唐・張鷟《朝野僉載》卷二：「監察御史李全交素以羅織酷虐爲業，台中號爲『人頭羅刹。』」

【人亡邦瘁】

邦：國家；瘁：病。《詩經・大雅・瞻印》：「人之云亡，邦國殄瘁。」後以「人亡邦瘁」指賢者不在位，國家因而衰落。多用於說明一個精明幹練的政治家，對於國家的重要。

【人亡家破】

親人死亡，家庭破產。形容一個家庭慘遭不幸。《花月痕》四三回：「痴珠向晴雯道：『人亡家破，教我何以爲人！』」也作「家破人亡」。

【人亡物存】

見「人亡物在」。

【人亡物在】

亡：死亡；在：存在。人死了，他的遺物還存在。用於對死者的懷念。三國魏・曹植《慰子賦》：「入空室而獨倚，對床帷而切嘆；痛人亡而物在，心何忍而復觀。」《紅樓夢》八九回：

「人亡物在公子塡詞，蛇影杯弓翆卿絕粒。」也作「**人亡物存**」。三國魏·嵇康《聲無哀樂論》：「徒以人亡而物存，痛事顯而形潛。」也作「**物在人亡**」、「**物存人亡**」。

【人亡政息】
見「人存政舉，人亡政息」。

【人往高處走，水往低處流】
人往高的地方走，而水則向低的地方流。謂人要奮發向上，追求進步。例俗話說：「人往高處走，水往低處流。」你也不小了，整天只知道釣魚、打鳥，也不知道看看書，學習學習，這樣下去，將來能有什麼出息！

【人望所歸】
望：仰望；歸：歸向。指爲衆人所敬仰。《新編五代史平話·晉史·卷上》：「切見石敬瑭以明宗之愛婿，擁節度之重權，人望所歸，天心攸屬。」也作「**衆望所歸**」。

【人微權輕】
微：卑微；權：權勢；輕：輕微。身份低，資歷淺，威望權勢不足以服衆。《史記·司馬穰苴傳》：「臣素卑賤，君擢之閭伍之中，加之大夫之上，士卒未附，百姓不信，人微權輕。」

【人微望輕】
身份低下，資望不夠。多用作自謙之詞。宋·岳飛《奏乞罷制置使職事狀》：「竊念臣人微望輕，難任斯職。」

【人微言賤】
見「人微言輕」。

【人微言輕】
微：卑微；輕：輕視。指地位低，言論主張不受人重視。《官場現形記》三五回：「你人微言輕，怎麼會做過他們。」也作「**人微言賤**」。宋·曾鞏《泰山祈雨文》：「吏思其繇，奔走羣望，而人微言賤，人能上動。」也作「**身輕言微**」。

【人爲刀俎，我爲魚肉】
刀俎：刀和砧板。謂人家如同宰割魚肉的刀和砧板，自己如同砧板上的魚肉。比喻處於受人擺佈、任人宰割的境地。《史記·項羽本紀》：「樊噲曰：『大行不顧細謹，大禮不辭小讓。如今人方爲刀俎，我爲魚肉，何辭爲！』」

【人爲財死，鳥爲食亡】
人爲獲取錢財而死，就像鳥爲得到食物而亡一樣。《濟公全傳》一七二回：「王勝仙傳話：『誰要把殺人兇手拿下來，賞銀二百兩。』人爲財死，鳥爲食亡，聽這句話，有膽子大的就往頭上衝。」

【人我是非】
是非：糾紛，爭執。人與人之間的各種糾紛和衝突。明·無名氏《度黃龍》楔子：「一夢之中，見了人我是非，得失榮枯，遂有出塵之志。」

【人無剛骨，安身不牢】
剛骨：指堅强的意志。謂人如果沒有堅强的意志，就很難容身於社會。《水滸傳》二四回：「常言道：『人無剛骨，安身不牢。』奴家平生快性，看不得這般三答不回頭，四答和身轉的人。」

【人無根本，水食爲命】
謂人必須依靠飲食來維持生命。例俗話說：「人無根本，水食爲命。」你整天不吃不喝，只是坐在這裏傷心流淚，這樣下去，身體會垮掉的。

【人無害虎心，虎無傷人意】
比喻人如果不存心去傷害別人，別人也不會有意去傷害他。明·鄭若庸《玉玦記》二九齣：「人無害虎心，虎無傷人意。咱姐夫不要惱，再吃這碗酒，教大姐陪你歇罷。」

【人無害虎心，虎有傷人意】
比喻自己雖然沒有傷害人的意思，可是別人卻一心要傷害你。多用於對壞人要提高警惕。元·無名氏《連環計》四折：「你有心，他無義。『人無害虎心，虎有傷人意』。」

【人無橫財不富，馬無夜草不肥】
橫財：指用不正當的手段得到的錢財。人沒有橫財不富，就像馬不吃夜草就不能膘肥體壯一樣。例你千萬別相信「人無橫財不富，馬無夜草不肥」這種理論，它會讓你爲達目的不擇手段，行爲產生偏差。

【人無利己，誰肯早起】
對自己沒有好處的事情，誰肯早早起來去做呢？謂人不想付出時間和精力，只是爲了多得到利益。《警世通言》卷二一：「妹子被强人劫去，家門不幸，今日跟這紅臉漢子回來，『人無利己，誰肯早起？』必然這漢子與妹子有情，千里送來，豈無緣故？」

【人無廉恥，王法難治】
人若不顧廉恥，連王法也難管束住他。例俗語說：「人無廉恥，王法難治。」對這種毫無廉恥之心的人，你講再多的道理也沒用。

【人無兩度死，樹無再剝皮】
度：次。人不能死兩次，就像樹不能剝兩次皮一樣。謂生命寶貴，應當珍惜。例這樣做太危險，而且也沒必要，常言道：「人無兩度死，樹無再剝皮。」就是死，也要死得有價值。

【人無千日好】
人不可能長期處於順境。告誡人們在平安的環境裏，要想到可能會出現的困難或危險。常跟「花無百日紅」連用。元·楊文奎《兒女團圓》楔子：「人無千日好，花無百日紅，早時不算計，過後一場空。」《兒女英雄傳》三〇回：「人情忌滿……人無千日好，花無百日紅。」

【人無千日計，老至一場空】
人如果沒有長遠打算，到了老年就會一事無成。明·徐復祚《投梭記》二四齣：「人無千日計，老至一場空。見物若不取，休嫌命裏窮。」

【人無前後眼，禍害一千年】
謂爲人處世若不考慮前因後果，就會

留下永遠也無法消除的禍害。例常言說得好：「人無前後眼，禍害一千年。」你這樣顧前不顧後，光憑意氣用事，將來會後患無窮的。

【人無頭不行，鳥無翅不騰】

見「人無頭不走，鳥無頭不飛」。

【人無頭不走，鳥無頭不飛】

人若沒有領頭的就無法前進，就像鳥若沒有帶頭的就無法高飛一樣。例俗話說：「人無頭不走，鳥無頭不飛。」既然大家信任你，你就領著大家做吧，如果你不出來領頭，這個工程恐怕就難以按期完成。也作「人無頭不行，鳥無翅不騰」。《小五義》八二回：「這些小賊，誰敢與他們爺們動手。再說人無頭不行，鳥無翅不騰，沒有周瑞，誰肯那麼捨命。」

【人無遠慮，必有近憂】

人若沒有深遠的謀劃，就會有即將到來的憂患。多用於勸勉人遇事必須三思。《論語・衛靈公》：「子曰：『人無遠慮，必有近憂』。」宋・朱熹《近思錄》卷一〇：「人無遠慮，必有近憂，思慮當在事外。」元・鄭德輝《傷梅香》一折：「非是我心多，豈不聞人無遠慮，必有近憂。」

【人五人六】

諷喻裝模作樣徒有其表的人。例別看他人五人六的，其實是只繡花枕頭，外表漂亮，內裏全是糠皮敗絮。

【人細鬼大】

形容人小計謀多。例別看他年紀輕輕，其實是人細鬼大，一肚子壞水。也作「人小鬼大」。

【人遐室邇】

遐：遠；邇：近。《詩經・鄭風・東門之墠》：「其室則邇，其人甚遠。」原指男女思慕而不得相見。後用以表示懷念遠方親友或悼念死者。例小王注視著墓碑上女友的照片，懷念著他們的過去，這種人遐室邇的心情，不知多久能平。也作「室邇人遐」、「室邇人遠」。

【人閒百日生病，水停百日生毒】

人總閒著就容易生病，就像水總不流動就會有毒一樣。例人雖退休了，也不能老閒著，應該找一些力所能及的事情做一做，這不僅可以打發時間，而且對自己的身心也有好處，人閒百日生病，水停百日生毒嘛！

【人想人，愁煞人】

煞：極度。謂對人的思念會使人陷入極度的愁苦之中。例金寶一連幾個月沒來一封信，玉蘭不知道究竟發生了什麼事，常言道：「人想人，愁煞人。」玉蘭心裏怎麼能不著急呢？

【人心不古】

今人心地不如古人厚道。多用於慨嘆世風日下。明・宋應星《野議・風俗議》：「且學問未大，功業未大，而只以名姓自大，亦人心不古之一端也。」《鏡花緣》五五回：「奈近來人心不古，都尚奢華。」

【人心不如其面】

謂人的心思往往與他在人前的表現不一致。多用以指人心難測，應加提防。例別看他當面總說你的好話，但在背後卻盡給你使壞，眞是人心不如其面。

【人心不似水長流】

人心不會像水的流動那樣始終如一。謂人心是會發生變化的。例別看他眼下對你好，可是人心不似水長流，誰能保證他以後不變心呢？

【人心不同，各如其面】

人的思想就像人的面孔一樣各不相同。謂人的思想感情千差萬別，不可能完全一致。《三國志・蜀書・蔣琬傳》：「人心不同，各如其面。」也作「人心不同，若其面焉」。三國魏・曹植《黃初五年令》：「夫遠不可知者，天也；近不可知者，人也。傳曰：『知人則哲，堯猶病諸。』諺曰：『人心不同，若其面焉。』」也作「人心不同，有如其面」。

【人心不同，若其面焉】

見「人心不同，各如其面」。

【人心不足蛇吞象】

人的貪心難以滿足，如同蛇要吞食大象一樣。形容人貪得無厭。元・無名氏《冤家債主》楔子：「人心不足蛇吞象，世事到頭螳捕蟬。」

【人心大快】

快：痛快。人們心裏感到非常痛快。常形容壞人或壞事受到懲罰或打擊，人們爲之高興的心情。例看到歹徒終究被繩之以法，實在是人心大快。也作「大快人心」。

【人心都是肉長的】

謂人都是有感情的。例人心都是肉長的，只要你勾起他的同情心，他一定會答應幫助你的。

【人心高過天，做了皇帝想成仙】

形容人的貪心很大，往往得寸進尺，難以滿足。例這種人從來沒有知足的時候，好了還想好，眞是人心高過天，做了皇帝想成仙。

【人心隔肚皮】

形容人心隔膜，別人的心思很難猜透。例俗話說：「人心隔肚皮。」我自以爲很了解他，沒想到他竟幹出這種犯法的事！

【人心隔肚皮——識不透】

比喻認識或辨別不清。例沒想到他的腐敗思想如此嚴重，眞是人心隔肚皮——識不透。

【人心隔肚樹隔皮——難相識】

比喻很難做到彼此眞正認識。例我們共事多年，對他仍是不甚了解，眞是人心隔肚樹隔皮——難相識。

【人心換人心，八兩換半斤】

八兩換半斤：舊秤一斤爲十六兩，八兩即半斤。以自己的眞心可以換得別人的誠意，就像用八兩可以換回半斤一樣。例俗話說得好：「人心換人心，八兩換半斤。」人家對咱們那麼好，現在人家有了困難，咱們能眼睜睜看著不管嗎？

【人心渙漓】

見「人心渙散」。

【人心渙散】

渙散：散漫，鬆懈。形容人心不齊。《續資治通鑑・元順帝至正二十四年》：「由是法度不行，人心渙散，遂至天下騷動。」也作「人心渙漓」。《清史稿・錫良傳》：「若敷衍掊克，似是而非，財力凋敝，人心渙漓，九年立憲，終恐為波斯之續。」

【人心皇皇】

形容人們內心驚恐不安的樣子。《東周列國志》四回：「今人心皇皇，見太叔勢大力強，盡懷觀望。」也作「人心惶惶」。《花月痕》三七回：「先是雁門郡人心惶惶，訛言四起。」也作「人心搖搖」。清・方苞《明史無任邱李少師傳》：「西寧以東，甘、涼、洮、岷，歲無寧居，關中人心搖搖。」

【人心惶惶】

見「人心皇皇」。

【人心可恕，天理難容】

謂人如果幹了傷天害理的壞事，即使人可以饒恕他，天理也難以寬容。例你做了這麼多壞事，終究是難逃懲罰的，你難道沒聽人們說過「人心可恕，天理難容」嗎？

【人心莫測】

見「人心難測」。

【人心難測】

人的心思難以揣測。多用於貶義。《鏡花緣》二五回：「宮娥面前，凡有言談，亦須仔細。誠恐人心難測，一經疏忽，性命不保。」也作「人心莫測」。清・黃宗羲《張蒼水墓志銘》：「止憑此一綫未死之人心，以為鼓蕩，然而形勢昭然者也，人心莫測者也。」也作「人心叵測」。茅盾《子夜》一九：「吳蓀甫咬牙切齒地掙出一句話來道：『眞是人心叵測！』」

【人心難測，海水難量】

人心難以猜測，就像海水難以度量一樣。《二刻拍案驚奇》卷二〇：「你道賺去商家物事的，卻是那個？眞個是人心難測，海水難量，原來就是賈廉訪。」

【人心難滿，溪壑易填】

溪壑：溝壑。溝壑容易填平，人的慾望卻難以滿足。例他的工資夠高了，但還收受賄賂，眞是人心難滿，溪壑易填。

【人心叵測】

見「人心難測」。

【人心齊，海可填，山可移】

見「人心齊，泰山移」。

【人心齊，泰山移】

泰山：山名，位於我國山東省泰安縣境內，古人常以泰山為高山峻嶺的代表。形容心齊力量大。例人心齊，泰山移，咱們村男女老少有四、五百人，大家一齊努力，一定能把村後的亂石溝變成米糧川。也作「人心齊，海可填，山可移」。例人心齊，海可填，山可移，這話一點都不錯，可是現在難就難在人心不齊上。

【人心如秤】

比喻人人心裏都有判別是非、衡量好壞的標準。例他的表現如何？那得去問問村里的人們。常言說得好，「人心如秤」嘛！

【人心如鏡】

形容對於是非好壞，每個人心裏都淸淸楚楚。宋・洪邁《夷堅志・丙志》卷一〇：「且謂人心如鏡，須管常磨，勿令塵染污，自然聰明。」

【人心如面】

人的內心像人的面貌一樣，各不相同。《左傳・襄公三十一年》：「人心之不同，如其面焉，吾豈敢謂子面如吾面乎！」《三國志・蜀書・蔣琬傳》：「人心不同，各如其面，面從後言，古人之所誡也。」

【人心似鐵，官法如爐】

官法：國家的法律。即使人的心腸像鐵一樣堅固難化，也難抵像熔爐一般的國家法律。意謂人終將在國家的法律面前屈服。明・無名氏《認金梳》二折：「似這等有勢力將人陷害，著俺這無爺兒怎生擺布。假饒他人心似鐵，豈不聞官法如爐。告他個淸耿耿無私曲廉能的大人，與俺這苦哀哀無換倚窮民做主。」也作「人心堅似鐵，官法熾如爐」。

【人心所歸】

形容某一個執政的人深得人心，被大家所擁護。《晉書・熊遠傳》：「人心所歸，惟道與義。」也作「人心所向」。《淸史稿・宣統皇帝紀》：「人心所向，天命可知。」

【人心所向】

見「人心所歸」。

【人心同一起，黃土變成金】

見「三人一條心，黃土變成金」。

【人心惟危】

指人心險惡，難以猜測。《尚書・大禹謨》：「人心惟危，道心惟微。惟精惟一，允執厥中。」

【人心未泯，公論難逃】

泯：喪失淨盡。人們的良知並未喪盡，公衆的評論也難以逃脫。指是非曲直自有公論。《明史演義》七三回：「古人說得好：『人心未泯，公論難逃。』為了居正奪情，各官受譴等事，都下人士，各抱不平。」

【人心無剛一世窮】

剛：剛強的意志。人若沒有剛強的意志，就會一輩子受窮吃苦。例不管我們有多大的抱負志向，如果沒有堅決的決心與毅力去實踐它，就會變得人心無剛一世窮。

【人心向背】

向：歸向，擁護；背：背離，反對。指人民羣衆出自內心的擁護或反對。《元史・燕木兒傳》：「人心向背之機，間不容髮，一或失之，噬臍無及。」清・王夫之《讀通鑑論・東晉元帝》一：「即此而人心向背之機可知矣。」

【人心象膽，世事獺肝】

象膽：大象的膽，據唐・段成式《酉陽雜俎・廣動植》載：「象膽隨四時在四腿，春在前左，夏在前右，如龜無定體也。」獺：水獺。謂人心和世事像象膽和獺肝那樣隨時變化。清・王士禎《香祖筆記》卷四：「獺肝凡十二析，月腐一析，則他析更新，循環歲更。故諺曰：『人心象膽，世事獺肝』。」

【人心洶洶】

洶洶：也作「訩訩」，紛擾不定的樣子。形容人心驚恐不安的情景。《舊唐書・陸贄傳》：「人心驚疑，如風濤然，洶洶靡定。」例唐山大地震後，京津地區人心洶洶，一日數驚。

【人心要公，火心要空】

人心要公正，火心要架空（才能燒得旺）。例你不要搞以權謀私，要多爲大家的利益著想，人心要公，火心要空，這樣才能受大家尊敬。

【人心搖搖】

見「人心皇皇」。

【人心專，石山穿】

只要心志專一，石山也能打穿。比喻只要專心致志，就沒有辦不到的事情。例俗話說：「人心專，石山穿。」只要我們專心致志，刻苦努力，就一定能解決這個難題。

【人興了時扁擔開花，人倒了霉生薑不辣】

興時：走運。人走運時，連扁擔都會開花；人倒霉時，連生薑都會失去辣味。比喻人走運時諸事如意，人倒霉時處處碰壁。例這幾年什麼好事都讓你趕上了，可是我連一件順心的事都沒碰上，這可眞是人興了時扁擔開花，人倒了霉生薑不辣。

【人行千里，處處爲家】

謂人遠行在外，到處都可以作爲安身之處。例俗話說：「人行千里，處處爲家。」你們探勘隊長年工作在外，該多辛苦，今天到了我這兒，不用客氣，快到屋裏坐。

【人行千里路，勝讀十年書】

形容人通過遠遊或外出考察，可以增廣見聞，得到許多從書本上無法得到的知識。例這次去南方實地考察，見識了許多新鮮事物，眞是人行千里路，勝讀十年書。

【人行有腳印，鳥過有落毛】

比喻人無論做什麼事情，總會留下痕跡。例人們常說：「人行有腳印，鳥過有落毛。」你做的那些事情，無法瞞過大家的眼睛。

【人煙稠密】

人煙：人家，住戶；稠密：多而密。聚居或聚集的人很多。形容都市的繁華。《二十年目睹之怪現狀》一回：「上海地方，爲商賈麇集之區，中外雜處，人煙稠密。」也作「人煙湊集」。明・范受益《尋親記・托夢》：「連日在途，人煙湊集，不敢下手。」也作「人煙輻輳」。《京本通俗小說・西山一窟鬼》：「人煙輻輳，車馬駢闐。」也作「人煙浩穰」。宋・耐得翁《都城紀勝・市井》：「……官巷口、棚心、衆安橋，食物店鋪，人煙浩穰。」

【人煙湊集】

見「人煙稠密」。

【人煙輻輳】

見「人煙稠密」。

【人煙浩穰】

見「人煙稠密」。

【人焉廋哉】

焉：哪裏，怎麼；廋：隱藏，隱匿；哉：語氣詞，跟疑問詞合用，表示疑問或反詰。指人的內心活動，在他的言行中會顯露出來，隱瞞不了。《論語・爲政》：「視其所以，觀其所由，察其所安，人焉廋哉，人焉廋哉。」《孟子・離婁上》：「聽其言也，觀其眸子，人焉廋哉。」

【人言不足深信】

別人的傳言不能完全相信。《三寶太監西洋記》七八回：「人言不足深信。快去禱告尉仇大王。」

【人言不足恤】

人言：別人的議論；恤：顧慮，憂慮。別人的議論不值得憂慮。指不要怕別人議論，該怎麼幹就怎麼幹。《左傳・昭公四年》：「禮義不愆，何恤於人言。」《宋史・王安石傳》：「天變不足畏，祖宗不足法，人言不足恤。」

【人言籍籍】

籍籍：雜亂的樣子。指人們議論紛紛。《警世通言》卷四：「妾亦聞外面人言籍籍，歸怨相公。」也作「人言嘖嘖」。例他不管人言籍籍的壓力，仍然要做一個改革先鋒。

【人言可畏】

人言：指流言蜚語。人們的流言蜚語是可怕的。《詩經・鄭風・將仲子》：「人之多言，亦可畏也。」

【人言落日是天涯，望極天涯不見家】

人們常說夕陽下落的地方就是天涯，而我極目遠望到天涯，仍望不見我的家。形容對故鄉親人的強烈思念之情。宋・李覯《鄉思》詩：「人言落日是天涯，望極天涯不見家。已恨碧山相阻隔，碧山還被暮雲遮！」

【人言未必眞，聽言聽三分】

謂別人的傳言未必屬實，要加以分析，不能完全聽信。明・呂得勝《小兒語》：「人言未必眞，聽言聽三分。還要虛心審察，不可聽說便行。」

【人言鑿鑿】

鑿：明確眞實。謂人們所議論的確有其事。例這件事情可說是人言鑿鑿，你還有什麼好狡辯的？

【人言嘖嘖】

見「人言籍籍」。

【人眼難哄】

哄：哄騙。謂人們善於明辨是非，難以哄騙。例你們倆誰對誰錯，大家心裏都很清楚，人眼難哄嘛！

【人眼是桿秤】
謂羣衆對事物的觀察和評價像秤一樣準確。例人眼是桿秤，大家都看出來了，這孩子將來準有出息。

【人仰馬翻】
人馬被打得仰翻在地。形容慘敗的樣子。《蕩寇志》八九回：「嘴邊咬著一顆人頭，殺得賊兵人仰馬翻。」也形容忙亂不堪的樣子。《官場現形記》一回：「趙家一門大小，日夜忙碌，早已弄得筋疲力盡，人仰馬翻。」也作「馬仰人翻」。

【人樣蝦蛆】
形容人駝背彎腰。元・高文秀《遇上皇》二折：「抬起頭似出窟頑蛇，縮著肩似水淹老鼠，躬著腰人樣蝦蛆。」

【人樣鰕朐】
鰕朐：蝦乾。形容人乾瘦猥瑣。元・王實甫《西廂記》五本四折：「俺姐姐更做道軟弱囊揣，怎嫁那不值錢人樣鰕朐。」也作「人樣蝦駒」。

【人要長交，帳要短結】
人要長期交往，帳要在短期內結清。指人要通過長期交往，才能彼此了解。例人要長交，帳要短結，你和他剛認識幾天，怎麼能了解他呢？

【人要成才全靠教，樹要成材全靠管】
人要成才全靠培養教育，就像樹要成材全靠栽培管理一樣。例人要成才全靠教，樹要成材全靠管，這些孩子是國家的未來，我們作教師的責任重大呀！

【人要煉，馬要騎】
謂人要經常磨練，才能不斷提升，就像馬要經常有人騎，才能成爲好坐騎一樣。例任何事物都必須要不斷訓練才會有進步，就好比「人要煉，馬要騎」這是不變的道理。

【人要衣裝，佛要金裝】
人要靠衣服來打扮，就如同佛像要靠貼金來裝飾一樣。例俗話說：「人要衣裝，佛要金裝。」他把新衣服一穿，顯得格外精神。

【人一己百】
見「人一能之，己百之；人十能之，己千之」。

【人一能之，己百之；人十能之，己千之】
別人用一分工夫就能做好的事，自己就用一百倍的功夫去做，別人用十分工夫就能做好的事，自己就用一千倍的功夫去做。謂即使天資差的人，做事只要有恆心，肯下功夫，也能趕上別人。《禮記・中庸》：「人一能之，己百之；人十能之，己千之。果能此道矣，雖愚，必明；雖柔，必強。」也作「人一己百」。

【人一走，茶就涼】
謂世態炎涼，人一離開，人情也就隨之不復存在。例對那些退休的老職工，我們仍然要關心他們，尊重他們，人一走，茶就涼是要不得的。

【人以羣分】
羣：聚集在一起的人。指好人常和好人相交，壞人常跟壞人結伙。《周易・繫辭上》：「方以類聚，物以羣分，吉兇生矣。」例物以類聚，人以羣分，只要看看他交的朋友，就大體上可以想見他的爲人了。參看「物以類聚」。

【人用錢試，金用火試】
要了解一個人可用金錢來考驗，就像要斷定金子的眞僞可用火來燒煉一樣。謂金錢最能考驗出人的品德。例人用錢試，金用火試，他管財務幾十年，從未拿過公司一分錢，大家都很欽佩他的高尚品德。

【人有悲歡離合，月有陰晴圓缺，此事古難全】
人生在世有悲哀、歡樂、離別、聚合，就像天上的月亮有陰、晴、圓、缺。這是自古以來就難以齊全圓滿的。用以感慨人生的曲折、坎坷，慰藉人們要以達觀的態度對待世事和人生。宋・蘇軾《水調歌頭・丙辰中秋，歡飲達旦，大醉，作此篇兼懷子由》詞：「人有悲歡離合，月有陰晴圓缺，此事古難全。但願人長久，千里共嬋娟。」

【人有不爲也，而後可以有爲】
人要有所不爲，才能有所爲。謂人做事要有所取捨，才能在某一方面取得成功。《孟子・離婁下》：「人有不爲也，而後可以有爲。」

【人有錯手，馬有失蹄】
指人難免會有失誤，就像馬難免會有失蹄一樣。例人有錯手，馬有失蹄，誰辦事能保證不出一點差錯，知道錯了，以後能改正就好。

【人有貴賤，貨有高低】
人有高貴低賤之分，就像貨物有好壞優劣之分一樣。例人有貴賤，貨有高低，這是一種封建意識。貨物雖有好壞之分，人卻是一律平等的。

【人有旦夕禍福】
旦夕：早晨和晚上，比喻短時間內。形容災禍或幸福是沒有一定的。常與「天有不測風雲」連用。《三國演義》四九回：「人有旦夕禍福，豈能自保？」《紅樓夢》一一回：「『天有不測風雲，人有旦夕禍福。』這點年紀，倘或因這病上有個長短，人生在世，還有什麼趣兒呢！」

【人有害虎心，虎有傷人意】
比喻想傷害別人的人，別人也會傷害他。《玉嬌梨》一一回：「我的事，就是神仙也不知道；他的事，誰知都在我腹中。他若有不遜處，我便將他底裏揭出，叫他置身無地！只因這一算，有分教：欲鑽無地，掬盡西江。正是：人有害虎心，虎有傷人意。」

【人有厚薄，水有深淺】
人與人的感情有厚有薄，就像水有深也有淺一樣。形容人與人的關係有親疏遠近之分。例雖然說人有厚薄，水有深淺，但作爲領導者，應該對所有的人一視同仁，這樣才能得到大家的擁護。

【人有吉凶事，不在鳥音中】

謂人的吉凶福禍自有原因，而與鳥雀的鳴叫聲沒有必然的聯繫。《紅樓夢》九一回：「只聽見檐外老鴉『呱呱』的叫了幾聲，便飛向東南上去。寶玉道：『不知主何吉凶？』黛玉道：『人有吉凶事，不在鳥音中。』」

【人有名，樹有影】

見「人的名兒，樹的影兒」。

【人有七貧八富】

謂人的貧富不是一成不變的。元・鄭廷玉《看錢奴》二折：「兀的不富貴殺我也。常言道：『人有七貧八富。』信有之也。」

【人有前後眼，富貴一千年】

謂為人處事若能瞻前顧後，考慮周全，生活就能長期美滿幸福。例俗話說：『人有前後眼，富貴一千年。』遇事多想想，多看看，這樣做只會有好處，不會有壞處。

【人有三尺長，天下沒落藏】

謂人有軀體外形，天下雖大，也難以躲藏。例那嫌犯東藏西躲，最後逃逃到南方一個小鎮，還是被警方逮著了，眞是人有三尺長，天下沒落藏。

【人有三分怕鬼，鬼有七分怕人】

人雖然害怕鬼，但實際上鬼更加懼怕人。比喻壞人懼怕好人。例大家不要害怕那些惡人，俗話說：「人有三分怕鬼，鬼有七分怕人。」別看他們表面上氣勢洶洶，內心卻害怕得很，只要我們大家敢於鬥爭，就一定能夠戰勝他們。

【人有三昏三迷】

謂人人都會有頭腦迷糊，神智不清的時候。例你今天一個不留神做錯了事情，千萬不要太難過，因為人有三昏三迷，注意力難免有不集中的時候。

【人有善願，天必從之】

舊謂人若有善良美好的願望，老天爺一定會成全他的。明・李開先《林沖寶劍記》四四齣：「花酒頓消心上恨，從今永不害相思。今日且喜與貞娘相會，才是『人有善願，天必從之』。」

【人有生死，物有毀壞】

指任何事物都不可能永遠完好無損。例俗話說：「人有生死，物有毀壞。」既然人家不是故意把東西弄壞的，就不要讓人家賠了。

【人有所優，固有所劣；人有所工，固有所拙】

固：必然；劣：指缺點；工：擅長；拙：笨拙。人有自己的優點，必然還有自己的缺點；人有自己所擅長的，必然還有自己所笨拙的。指人各有所長，也各有所短，十全十美的人是沒有的。漢・王充《論衡・書解》：「人有所優，固有所劣；人有所工，固有所拙。非劣也，志意不為也；非拙也，精誠不加也。」

【人有同貌人，物有同形物】

人中有相貌相同的人，物中有形狀相同的器物。《施公案》一四四回：「尊駕何苦只賴我是施不全？俗語說：『人有同貌人，物有同形物。』」

【人有頭，家有主】

人羣中必須有領頭的，家庭中必須有主事的。例俗話說：「人有頭，家有主。」如果沒有人領頭帶著大伙幹，恐怕人心難齊，事情難成啊！

【人有志，竹有節】

指做人要有志氣。例人有志，竹有節，只要咱們有志氣，通過自己的辛勤勞動，就一定能改變咱們村的落後面貌。

【人與財交便見心】

謂在如何對待錢財上，最能看出一個人心地的好壞。清・李漁《意中緣》六齣：「世上的人，外貌那裏看得出？須要試他心事何如。自古道：『人與財交便見心。』近日的人情，莫說十兩，就是十分十厘也要費多少躊躇，方才拿得出手。他肯把十兩銀子周濟寒儒，分明是一尊活佛了。」

【人語馬嘶】

見「人喊馬嘶」。

【人欲橫流】

人欲：人的慾望嗜好（指不好的）。橫流：泛濫，引申為放縱恣肆的意思。形容社會風氣敗壞。《朱子語類》卷九三：「世道衰微，人欲橫流。」宋・陸九淵《語錄》上：「後世人主不知學，人欲橫流，安知天位非人君所可得而私？」

【人怨天怒】

世人怨恨，天神震怒。形容作惡多端，引起公憤。《後漢書・袁紹傳》：「自是士林憤痛，人怨天怒，一夫奮臂，舉州同聲。」也作「人怨神怒」。唐・辛替否《諫造金仙玉眞二觀疏》：「奪百姓之食以養殘兇，剝萬人之衣以塗土木，於是人怨神怒，衆叛親離。」也作「神怒人怨」、「神怒民怨」、「天怒人怨」、「天怒民怨」等。

【人怨語聲高】

人若心懷怨恨，說出話來聲音就高。元・無名氏《爭報恩》一折：「似傾下一布袋野雀般喳喳的叫，大古里是您人怨語聲高。」

【人約黃昏】

宋・歐陽修《生查子》詞：「去年元夜時，花市燈如書。月到柳梢頭，人約黃昏後。」後以「人約黃昏」形容相愛的男女在晚間的約會。元・無名氏《雲窗夢》二折：「散了客賓，早教我急煎煎心困，我則怕辜負了人約黃昏。」

【人越嬉越懶，嘴越吃越饞】

嬉：玩耍。人若沉溺於玩耍游樂就會越來越懶，若熱中於吃吃喝喝就會越來越饞。例你成天除了玩就是吃，一點不思上進，難道沒聽人家說嘛，人越嬉越懶，嘴越吃越饞，這樣下去，你將來恐怕只能是一個好吃懶做的廢物！

【人云亦云】

云：說；亦：也。人家怎麼說，自己也跟著怎麼說。形容隨聲附和，沒有主見或創見。《二十年目睹之怪現狀》一○一回：「雖然是非曲直，自有公論；但是現在的世人，總是人云亦云的居多。」

【人在矮檐下——怎敢不低頭】

形容人不得志時，只好忍氣吞聲；或迫於形勢，做違心的事。例「現在爲什麼老實了？」「唉，人在矮檐下——怎敢不低頭，沒辦法呀！」

【人在人情在，人亡兩無交】

人活著的時候交情就存在，人一死，交情也就斷絕了。指世態炎涼，人情勢利。《三俠五義》一五回：「後來秦鳳自焚身死，秦母亦相繼而亡，所有子孫不知娘娘是何等人。所謂『人在人情在，人亡兩無交』。娘娘在秦宅存身不住，故此離了秦宅，無處棲身。」

【人在山外覺山小，人在山中覺山深】

比喻人未接觸某一事物時，不覺其深奧；一旦深入了解，就會覺得它深奧博大。例這個課題初看上去似乎很簡單，但經過深入研究後，就會發現要解決它卻困難重重，這正應了一句俗話：「人在山外覺山小，人在山中覺山深。」

【人在時中，船遇順風】

時：時運，運氣。人若運氣好，就會像行船遇到了順風一樣諸事順利。例他這幾年又是升職加薪，又是出國考察，事事都這麼順心，眞稱得上是人在時中，船遇順風。

【人在世間，日失一日】

人生在世，活一天就少一天。謂人生短暫，壽命有限。唐・馬總《意林・抱樸子》：「俚語云：『人在世間，日失一日。』如牛羊詣屠所，每進一步，去死轉近。」

【人在世上煉，刀在石上磨】

指人要不斷經受各種磨練才能進步，就像鋼刀要在石上反覆磨礪才能鋒利一樣。例遭受挫折並不可怕，只要能汲取經驗教訓，就能變壞事爲好事，人在世上煉，刀在石上磨嘛！

【人在事中迷】

指當事人往往迷惑不清。例人在事中迷呀！現在看來這幾天發生的事情，並不像原先設想的那樣可怕。

【人在勢在，人亡勢亡】

人活著，他的勢力就存在；人一死，他的勢力也就隨之消亡了。《清史演義》一八回：「只是人在勢在，人亡勢亡，當多爾袞在日，勢焰熏天，免不得飲恨的王大臣，此次正思乘間報復。」

【人贓並獲】

贓：貪污、受賄或盜竊得來的財物。犯人和贓物一起被查獲。《老殘遊記》四回：「于家父子方說得一聲『冤枉』，只聽堂上驚堂一拍，大嚷道：『人贓並獲，還喊冤枉！』」也作「人贓俱獲」。《初刻拍案驚奇》卷三六：「按名捕捉，人贓俱獲。」

【人贓俱獲】

見「人贓並獲」。

【人贓現獲，百喙難辭】

喙：鳥獸的嘴，借指人的嘴。人贓都已查獲，即使有一百張嘴也難以辯解。例這件事現在是人贓現獲，百喙難辭你沒什麼好狡辯的。

【人躁有禍，天燥有雨】

人一急躁就會造成災禍，天一燥熱就會產生風雨。例俗話說得好：「人躁有禍，天燥有雨。」處理這樣複雜的問題，一定要冷靜，不可急躁，否則，會把事情搞糟的。

【人爭氣，火爭焰】

謂人生在世要有志氣。例不要低三下四地去求人，這點小困難，自己能克服！俗話說：「人爭氣，火爭焰嘛！」

【人爭閒氣一場空】

指人若爲了一些無關緊要的小事與他人爭執不休，其結果只能是自尋煩惱，一無所獲。例俗話說：「人爭閒氣一場空。」爲了這點小事，不值得和人家去爭吵，也不值得生這麼大的氣。

【人爭一口氣，佛爭一爐香】

人生在世就是要爭一口氣，就像佛在寺廟裏爭享一爐香火一樣。謂人要不甘落後，勇於進取。《金瓶梅詞話》七六回：「人爭一口氣，佛爭一爐香。你去與他賠過不是兒，天大事都了了。」也作「人爭一口氣，佛受一爐香」。

【人正不怕影斜】

人走得正，就不怕影子歪斜。比喻只要爲人正派，處事公道，就不怕有人說三道四。例你不要聽那些閒話，也不必生那些閒氣，人正不怕影斜，只要你做得對，那還有什麼可怕的？

【人正壓百邪】

人只要自身正直，就能壓倒一切歪風邪氣。例人正壓百邪，只要我們每個幹部自身清白廉潔，不正之風就刮不起來。

【人之不幸莫過於自足】

人沒有比自滿自足更不幸的了。明・方孝孺《侯城雜誡》：「人之不幸莫過於自足。恆若不足故足，自以爲足故不足。」例常言道：「人之不幸莫過於自足。」我們切切不可因爲比別人多念了幾年書，就自滿自足起來。

【人之常情】

一般人通常具有的情理。明・趙弼《趙氏伯仲友義傳》：「慕富貴者，人之常情也。」也作「人情之常」。《二十年目睹之怪現狀》七四回：「年紀大的人，懶於應酬，也是人情之常。」也作「人之恆情」。

【人之初，性本善】

謂人的本性都是善良的。宋・王應麟《三字經》：「人之初，性本善。性相近，習相遠。」

【人之患，在好爲人師】

語出《孟子・離婁上》。人的毛病，在

於喜歡做別人的老師。指人應有自知之明。例自古至今，人之患，在好爲人師，因此常常只愛指導別人而忘記去看自己的缺失。

【人之將死，其言也善】
人在臨死時，所說的話都是善意的。《論語·泰伯》：「曾子言曰：『鳥之將死，其鳴也哀；人之將死，其言也善。』」《三國演義》五七回：「魯肅忠烈，臨事不苟，可以代瑜之任。『人之將死，其言也善』。倘蒙垂鑑，瑜死不朽矣。」

【人之亂也，由奪其食；人之危也，由竭其力】
食：生計。百姓之所以叛亂，是因爲奪去了他們的生計；百姓之所以冒險行事，是因爲耗盡了他們的精力。謂統治者的殘酷剝削和壓迫，終將導致人民的强烈反抗。元·鄧牧《伯牙琴·吏道》：「夫奪其食，不得不怒；竭其力，不得不怨。人之亂也，由奪其食；人之危也，由竭其力。」

【人之巧，乃可與造化者同功】
造化者：指天地，大自然。能工巧匠，甚至可與天地同功。用以讚揚技藝高超。《列子·湯問》：「穆王始悅而嘆曰：『人之巧，乃可與造化者同功乎？』」

【人之水鏡】
形容人純潔無私、清正廉明，就像淸水明鏡一般。《晉書·樂廣傳》：「此人之水鏡，見之瑩然，若披雲霧而睹靑天也。」

【人之爲善，百善而不足】
一個人做好事，就是做上一百件，也是不夠的。謂人不能做一點好事就自足起來，應多做好事。宋·楊萬里《庸言》：「人之爲善，百善而不足；人之爲不善，一不善而足。」

【人之相去，如九牛毛】
去：距離，差距；九牛毛：許多牛身上的毛。形容人與人之間的差距很大。宋·陸象山《策問》：「語有之曰：『人之相去，如九牛毛』，或者疑其言之過。晋人有解之者曰：『巢許遜天下而市道小人爭半錢之利，此其相去何啻九牛毛哉！』」

【人之相識，貴在相知】
在人與人的交往中，最可貴的是相互了解。例常言道：「人之相識，貴在相知。」同事之間應該經常交換交換意見，談談心，這樣可以加深了解，增進友情。

【人直有人合，路直有人行】
一個人正直無私，別人就願意與他結交合作，就像道路筆直，人們就願意在上行走一樣。例人直有人合，路直有人行，作領導的只要作風正派，辦事公道，就能得到廣大羣衆的擁護。

【人至察則無徒】
至：極；察：洞察，仔細看；徒：學生，門徒。人太精明就沒有同道了。意指做人宜豁達大度，不要在細節方面斤斤計較。《漢書·東方朔傳》：「水至清則無魚，人至察則無徒。」

【人中龍】
見「人中之龍」。

【人中龍虎】
見「人中之龍」。

【人中呂布，馬中赤兔】
呂布：人名，東漢末名將；赤兔：呂布騎的駿馬名。人中英俊要數呂布，馬中良駒要數赤兔。元·鄭德輝《三戰呂布》三折：「他道人中呂布，馬中赤兔，一個好呂布也。」

【人中騏驥】
騏驥：駿馬。比喻出類拔萃的人。《南史·徐勉傳》：「勉幼孤貧……及長好學，宗人孝嗣見之嘆曰：『此所謂人中之騏驥，必能致千里。』」

【人中獅子】
獅子：百獸之王。比喻出類拔萃的人才。《釋氏要覽》下引《治禪經後序》：「天竺大乘沙門佛陀斯那天才特拔，諸國獨步，內外綜博，無籍不練，世人咸曰人中師（師：通「獅」。）子。」

【人中之龍】
比喻出類拔萃的人。《晋書·宋纖傳》：「名可聞而身不可見，德可仰而形不可睹，吾而今而後知先生人中之龍也。」也作「人中龍虎」。明·張鳳翼《紅拂記·俠女私奔》：「不枉了女中丈夫，人中龍虎。」也作「人中龍」。宋·家鉉翁《過沛題旅壁》詩：「單呂早識隆準公，擇婿能得人中龍。」

【人衆勝天】
衆：多；天：泛指自然界。人多力量大，可以戰勝自然。《史記·伍子胥傳》：「吾聞之，人衆者勝天。」例我們應該發動羣衆，人衆勝天，一定會想出克服困難的辦法來。

【人住馬不住】
人想停住腳步，所騎之馬卻收不住四蹄。比喻事情一旦發生，想不讓它繼續發展也不行。《二刻拍案驚奇》卷三九：「老頭兒口裏亂叫亂喊道：『不要打，不要打，你們錯了。』衆人多是興頭上，人住馬不住，那裏聽他？」

【人自爲戰】
指人人主動奮勇作戰，也指人人能獨立作戰。《史記·淮陰侯傳》：「此所謂驅市人而戰之，其勢非置之死地，使人人自爲戰。」《後漢書·吳漢傳》：「若能同心一力，人自爲戰，大功可立。」

【人自爲政】
爲政：作主，主持。各人按自己的主張辦事。比喻各行其是，不顧整體。《左傳·宣公二年》：「疇昔之羊，子爲政；今日之事，我爲政。」《魯迅書信集·致李樺》：「現在京滬木刻運動，仍然銷沉，而且頗散漫，幾有人自爲政之慨。」

【人走時氣馬走膘，倒運人一步一趺跤】
時氣：時運；倒運：倒霉。謂人走運

時諸事如意，人倒霉時處處碰壁。例今天倒霉透了，出門就把錢給丟了，還把腳也給扭了，眞是人走時氣馬走膘，倒運人一步一跌跤。

【人足家給】

見「人給家足」。

【人嘴快如風】

指人愛傳話，傳得像風一樣快。例人嘴快如風，他陪一個女同學在街上轉了轉，人家就傳說他和人談戀愛了。

【人嘴兩張皮】

謂說話不負責任，想怎麼說就怎麼說。例人嘴兩張皮，去也是你說的，不去也是你說的，你說話到底有準數沒有？

【人作千年調，鬼見拍手笑】

謂人生短暫，卻要作千年的打算，連鬼怪都會譏笑這種人的痴傻。清·林伯桐《古諺箋》卷八：「《雞肋編》：『人作千年調，鬼見拍手笑』，警痴也。若乃知小而謀大，識短而意多，則揶揄其旁者，所在皆是。」

【仁不輕絕，知不簡功】

知：同「智」；簡：簡慢，輕慢。仁義之人不輕易與人絕交，明智之人不輕慢別人的功績。漢·劉向《新序·雜事三》：「諺曰：『仁不輕絕，知不簡功。』簡功棄大者，仇也；輕絕厚利者，怨也。仇而棄之，怨而累之，宜在遠者，不望之乎君。今寡人無罪，君豈惡之乎？」

【仁漿義粟】

漿：飲料；粟：糧食。指供救濟用的錢糧。舊時對慈善事業的頌辭。晉·干寶《搜神記·楊伯雍》：「公汲水作義漿於坂頭，行者皆飲之。」《後漢書·黃香傳》：「於是豐富之家，各出義穀，助官稟貸。」

【仁民愛物】

仁：仁愛；愛：愛惜。愛護百姓，愛惜萬物。《孟子·盡心上》：「親親而仁民，仁民而愛物。」《朱子語類·孟子》：「至於仁民愛物，莫不皆然。」也作「愛物仁民」。

【仁人君子】

仁：仁愛；君子：正派人。舊時指能熱心幫助別人的人。《晉書·刑法志》：「此乃仁人君子所不忍聞，而況行之於政乎？」宋·蘇軾《晁錯論》：「唯仁人君子豪傑之士，爲能出身爲天下犯大難，以求成大功。」《三國演義》一〇回：「陶謙乃仁人君子；非好利忘義之輩。」

【仁人義士】

有仁愛之心並能守信義的人。明·方孝孺《云敞贊》：「古之仁人義士，視刀鋸如飲食。」

【仁人志士】

原指有高尚志向和道德的人。現泛指獻身革命的愛國人士。例陳先生正在號召有理想有抱負的仁人志士，希望能爲促進社會發展一起努力。

【仁人之所以爲事者，必興天下之利，除天下之害】

道德品質高尚的人要做的事是：一定要振興對天下有利的事，消除對天下有害的事。謂道德品質高尚的人，應以天下爲己任，興利除弊。《墨子·兼愛中》：「子墨子言曰：『仁人之所以爲事者，必興天下之利，除天下之害，以此爲事者也。』」

【仁柔寡斷】

形容人柔弱而缺乏主見。例他就是這麼仁柔寡斷的一個人，做什麼事都瞻前顧後，猶豫不決。

【仁同一視】

仁：仁愛；一：同一，一律；視：看待。一樣看待，同施仁愛。舊指統治者要對老百姓同施仁愛。《元典章·詔令一·成宗立皇太子詔》：「於戲！慶衍無疆，既正名於國本；仁同一視，尚均福於黎元。」現指對人應不分親疏遠近，一樣看待。也作「一視同仁」。

【仁心仁術】

仁心：仁愛之心；仁術：施行仁愛的方法，常指醫道。懷仁愛之心行仁愛之道。常用於稱頌醫德好醫術高明。《孟子·梁惠王上》：「無傷也，是乃仁術也。」

【仁心仁聞】

仁心：仁愛之心；仁聞：仁愛的名聲。仁愛的心腸和聲譽。《孟子·離婁上》：「今有仁心仁聞而民不被其澤，不可法於後世者，不行先王之道也。」宋·朱熹注：「仁心者，愛人之心也；仁聞者，有愛人之聲聞於人也。」

【仁言利博】

仁言：仁人之言；利：利益，好處；博：大，多。有仁德的人說一句話，別人就能得到很大好處。《左傳·昭公三年》：「君子曰：『仁人之言，其利博哉！晏子一言而齊侯省刑。』」也作「仁言利溥」。清·王夫之《讀通鑑論·後漢光武》二〇：「仁人之言，其利溥如此哉！」

【仁義道德】

仁義：仁愛和正義。講求仁愛和正義的道德規範。儒家提倡的一種行爲規範。唐·韓愈《原道》：「後之人，其欲聞仁義道德之說，孰從而聽之。」例他們是一路貨色——滿嘴仁義道德，一肚子男盜女娼！

【仁義禮智】

古代儒家的倫理思想。《孟子·離婁上》：「仁之實，事親是也；義之實，從兄是也；智之實，知斯二者，弗去是也；禮之實，節文斯二者是也。」《水滸傳》二回：「若論仁義禮智，信行忠良，卻是不會。」

【仁義禮智信】

舊指三綱五常的五常。古代儒家用來配合「三綱」作爲維護封建等級制度的道德教條。《紅樓夢》一〇一回：「賈璉道：你打諒那個『王仁』嗎？是忘了仁義禮智信的那個『忘仁』哪！」

【仁義之兵】

兵：隊伍。指爲伸張正義而進行討伐

的隊伍。《荀子・議兵》：「此四帝兩王皆以仁義之兵行於天下也。」也作「仁義之師」。《說岳全傳》一五回：「因此我主興仁義之師，救百姓於倒懸。」

【仁義之師】

見「仁義之兵」。

【仁者必壽】

壽：長壽。有仁愛之心的人必定長壽。《論語・雍也》：「知者動，仁者靜，知者樂，仁者壽。」

【仁者見仁，智者見智】

同一件事，仁者認爲是仁，智者認爲是智。見「仁者見之謂之仁，知者見之謂之知」。

【仁者見之謂之仁，知者見之謂之知】

知：通「智」，聰敏。仁義的人看見仁的方面，聰敏的人看見智的方面。比喻不同的人對同一事物有不同的看法。《周易・繫辭上》：「仁者見之謂之仁，知者見之謂之知。」也作「仁者見仁，智者見智」。例若要評斷安樂死合法與否，其實是個仁者見仁，智者見智的問題。

【仁者能仁】

仁德之人能行仁愛之道。元・白仁甫《東牆記》一折：「都只爲美貌潘安，仁者能仁，一會家心中自忖，誰與俺通個殷勤。」元・王實甫《西廂記》五本三折：「偏我不如他，我仁者能仁，身裏出身的根腳，又是親上做親，況兼他父命。」

【仁者樂山】

仁德的人愛山。古時具有仁愛之心的人希望自己能像山一樣合於義理，不爲功名利祿所動。《論語・雍也》：「知者樂水，仁者樂山。」

【仁至義盡】

仁：仁愛；義：道義，情誼；至、盡：達到極點。《禮記・郊特牲》：「仁之至，義之盡也。」原指周代蠟祭極盡了仁義之道。後用以形容對人的愛護、關心和幫助已盡了最大努力，達到極限。宋・陸游《劍南詩稿・秋思》：「虛極靜篤道乃見，仁至義盡餘何憂。」

ㄖㄣˇ

【忍恥含垢】

見「忍辱含垢」。

【忍恥含羞】

見「忍辱含垢」。

【忍恥偷生】

見「忍辱偷生」。

【忍得十日破，忍不得十日餓】

衣服破爛可以忍受，連續餓肚子卻令人受不了。謂生活中以吃飯爲首要。例俗話說：「忍得十日破，忍不得十日餓。」我們首先應該提昇食生產量，只有讓全國人民吃飽飯，才能爲社會的安定和經濟的發展提供可靠的保障。

【忍得一時忿，終身無惱悶】

克制住一時的怨憤，一生都不會有煩惱和苦悶。《紅樓夢》九回：「金榮强不過，只得與秦鍾作了個揖，寶玉還不依，定要磕頭。賈瑞只要暫息此事，又悄悄的勸金榮說：『俗話說的：忍得一時忿，終身無惱悶。』」

【忍垢貪生】

垢：恥辱。爲貪圖活命而忍受恥辱。例他被俘後，忍垢貪生，一失足成千古恨。

【忍垢偷生】

見「忍辱偷生」。

【忍飢受餓】

忍受飢餓。形容極其貧困。元・關漢卿《五侯宴》四折：「做娘的忍飢受餓，爲子的富貴榮昌。」也作「忍飢受渴」。例不論怎樣忍飢受渴，流血犧牲，戰士們總是前仆後繼，勇往直前。

【忍飢受渴】

見「忍飢受餓」。

【忍俊不禁】

忍俊：含笑；不禁：不能自制，禁不住。本謂熱中於某事而不能克制自己。唐・崔致遠《答徐州時溥書》：「足下去年，忍俊不禁，求榮頗切。」後用以指忍不住發笑。《孽海花》六回：「一會豎蜻蜓，一會翻筋斗……把個達小姐看得忍俊不禁。」

【忍氣饒人禍自消】

若能克制自己的怒氣，寬恕他人的過錯，災禍自然就會消除。清・石天基《傳家寶》卷二：「一朝之忿，小而構怨於一時，大而貽害於終身，不忍之爲害，可勝言哉！昔人云：『忍字敵災星。』又曰：『忍氣饒人禍自消。』」

【忍氣吞聲】

忍氣：受了氣勉强忍耐著；吞聲：有話藏在肚子裏，不敢說出來。形容因有顧忌，受了氣也不敢發作。元・關漢卿《魯齋郎》楔子：「你不如休和他爭，忍氣吞聲罷！」《水滸傳》二四回：「武大忍氣吞聲，由他自罵。」

【忍辱負重】

爲擔負重任，而忍受屈辱。《三國志・吳書・陸遜傳》：「國家所以屈諸君使相承望者，以仆有尺寸可稱，能忍辱負重故也。」《孽海花》二七回：「以後還望中堂忍辱負重，化險爲夷。」

【忍辱含垢】

含：心裏懷著；垢：恥辱。多指在無可奈何的情況下，忍受恥辱而不發作。《後漢書・曹世叔妻傳》：「忍辱含垢，常若畏懼。」也作「忍恥含垢」。宋・蘇軾《上韓樞密書》：「好兵始禍者既足以爲後嗣之累，則凡忍恥含垢以全人命，其爲子孫之福，審矣。」也作「忍恥含羞」。宋・無名氏《錯立身》一三齣：「……身爲女婿，只得忍恥含羞。」也作「忍辱含羞」。《西遊記》七二回：「……他都忍辱含羞，不敢出頭，蹲在水中哩。」

【忍辱含羞】
見「忍辱含垢」。

【忍辱偷生】
偷生：苟且地活著。忍受恥辱，苟且求生。《三國演義》八回：「妾恨不即死，止因未與將軍一訣，故且忍辱偷生。」也作「**忍恥偷生**」。《西遊記》九回：「吾聞婦人從一而終……只因遺腹在身，只得忍恥偷生。」也作「**忍垢偷生**」。唐・陳子昂《為張著作謝父官表》：「所以忍垢偷生，克躬自勵，期效萬一。」

【忍辱至三公】
三公：官名，一般以太師、太保、太傅為三公，西漢則以丞相、太尉、御史大夫合稱三公，為朝廷的最高官職。謂能夠忍辱負重的人，才會有好的前程。《晉書・杜有道妻嚴氏傳》：「植從兄預為秦州刺史，被誣，征還。憲與預書戒之曰：『諺云忍辱至三公。卿今可謂辱矣，能忍之，公是卿坐。』預後果為儀同三司。」

【忍無可忍】
指再也忍受不下去。《官場維新記》一四回：「果然那些學生忍無可忍，鬧出全班散學的事來了。」

【忍小忿而就大謀】
忿：憤恨。忍住小的憤恨以成就大的謀劃。謂能克制自己，不為小事干擾大目標的實現。宋・蘇軾《留侯論》：「夫老人者，以為子房才有餘而憂其度量之不足，故深折其少年剛銳之氣，使之忍小忿而就大謀。」

【忍心害理】
忍心：殘忍，狠心；害理：傷害天理人情。指心地殘忍，做傷害天理人情的事。宋・朱熹《四書集注〈論語・憲問〉》：「忍心害理，不得為仁也。」《鏡花緣》一〇回：「即使女兒心如鐵石，亦不能忍心害理至此。」

【忍一時之氣，免百日之憂】
克制住一時的氣憤，可消除長久的憂患。明・無名氏《四馬投唐》二折：「王伯當，我忍不的了也，兀的不氣殺我也。[正末云]元帥息怒，可不道忍一時之氣，免百日之憂也。」

【忍尤含垢】
忍、含：容忍；尤：指責，歸罪；垢：污辱。被迫忍受著指責和污辱。例在舊社會，衙門八字開，有理無錢莫進來，她一無所有，只能忍尤含垢，到哪裏去申訴呢？

【忍尤攘詬】
尤：罪責；攘：排除；詬：恥辱。暫時容忍罪責，以待將來雪恥。戰國楚・屈原《離騷》：「屈心而抑志兮，忍尤而攘詬。」

【忍字家中寶】
謂相互忍讓是家庭和睦的保障。例俗話說：「忍字家中寶。」一家人也難免有矛盾，但只要大家能彼此寬容謙讓，就能和睦相處。

【忍字中間一把刀，不忍分明把禍招】
忍字中包含著一個刀字，遇事不能忍讓，就一定會招致禍患。清・石天基《傳家寶》卷二：「諺云：『忍字中間一把刀，不忍分明把禍招。』忍一時之氣，免百日之憂，一切諸煩惱皆從不忍生。」

【荏苒代謝】
荏苒：漸漸逝去；代謝：交替。形容光陰在漸漸消逝。晉・張華《勵志》詩：「日與月與，荏苒代謝。」也作「**荏苒日月**」。梁啟超《三十自述》：「欲草一中國通史……然荏苒日月，至今猶未能成十之二。」

【荏苒日月】
見「荏苒代謝」。

【荏弱難持】
荏弱：怯弱，柔弱；持：扶持，支持。指柔弱難以自持。戰國楚・屈原《哀郢》：「諶荏弱而難持。」

【荏弱無能】
荏弱：軟弱。軟弱無能。例他荏弱無能，當然不是你的對手。

【稔惡不悛】
稔：成熟，熟知；悛：ㄑㄩㄢ，改變，悔改。明知作惡多端而又不思悔改。《左傳・隱公六年》：「善不可失，惡不可長……長惡不悛，從自及也。雖欲救之，其將能乎！」《封神演義》九五回：「孰意紂王稔惡不悛，慘毒性成，敲骨剖胎……言之痛心切骨。」參見「怙惡不悛」、「諱惡不悛」。

ㄖㄣˋ

【刄沒利存】
刄：刀口，刀、劍等的鋒利部位；利：鋒利，鋒銳。刀口沒有了，鋒利還存在。比喻不可能的事情。南朝梁・范縝《神滅論》：「利之名非刄也，刄之名非利也；然而捨利無刄，捨刄無利。未聞刄沒而利存，豈容形亡而神在？」

【刄樹劍山】
刄：鋒利的刀。遍地都是鋒利的刀劍。佛教傳說中指地獄裏的酷刑。後用以比喻極端艱險的境地。《南齊書・高逸傳論》：「刄樹劍山，焦湯猛火。」例即使是刄樹劍山，我也敢闖。

【刄迎縷解】
刄：刀口；縷：線。一碰上刀口，線就斷了。比喻事情很容易解決。唐・韓愈《貞曜先生墓志銘》：「劌目鉥心，刄迎縷解，鉤章棘句，搯擢胃腎。」

【認錯不該死，該死不認錯】
謂知錯認錯的人應該得到原諒，知錯卻不肯認錯的人則不可寬恕。例能認識到所犯的錯誤，並決心糾正它，這就是進步的開端。認錯不該死，該死不認錯嘛！

【認敵為友】
把敵人當作朋友。例思想糊塗、警惕性不高的人，往往敵友不分，認敵為友。

【認敵爲父】

見「認賊作父」。

【認理不認人，幫理不幫親】

謂只認道理，不徇私情，不因親屬關係而放棄原則。例作領導的應該把人民的利益放在首位，要認理不認人，幫理不幫親，這樣才稱得上是人民的公僕。

【認奴作郎】

奴：奴才，僮僕；郎：郎君，主人。把奴僕當作主人。形容人昏憒糊塗。《五燈會元》卷四：「禮拜一任禮拜，不得認奴作郎。」

【認錢不認親】

辦事只看有錢沒錢，而不顧親屬關係。謂把錢看得比什麼都重要。例吳嬸是個勢利鬼，凡事只認錢不認親，絲毫沒有人情可言。

【認死扣兒】

形容固執、任性。例我這次失敗的原因，是主觀武斷，自以爲是。

【認死理兒】

比喻不聽人勸，固執己見。例你想勸他改變主意，可沒那麼容易，他幹什麼都認死理兒，你得耐著性子多說說。

【認妄爲眞】

妄：荒誕。佛教用語。把虛妄的當作眞實的。《圓覺經》：「認妄爲眞，雖眞亦妄。」例他成天夢想長生不老，盡幹求神拜佛等認妄爲眞的蠢事。

【認影迷頭】

佛教用語。形容爲人十分糊塗。《五燈會元》卷六：「不是家珍，認影迷頭，豈非大錯。」也作「迷頭認影」。

【認賊爲子】

佛教用語。把盜賊認作兒子。《楞嚴經》：「或著鬼神，或遭魑魅，心中不明，認賊爲子。」《圓覺經》卷下：「譬如有人，認賊爲子，其家財寶，終不成就。」後借喻將虛妄當作眞實，以致產生顚倒是非的惡果。清．湯斌《與田簣山書》：「今人起一念，舉一事，微細追求，未有不從功利起見者，若不細細講明，未免認賊爲子。」

【認賊作父】

把仇敵當作父親。比喻賣身投靠敵人。例他認賊作父，出賣組織，出賣同志，成了革命的叛徒。也作「認敵作父」。例汪精衛是認敵作父、賣國求榮的大漢奸。

【任拆十座廟，不破一門婚】

寧可拆毀十座廟宇，也不可破壞一門婚姻。形容破壞他人婚姻是一種極大的罪過。例爸爸是一個觀念很傳統的人，總認爲婚姻是一件神聖的大事，因此他任拆十座廟，不破一門婚。

【任達不拘】

任性放縱，不拘禮法。形容行爲放縱，不受禮法拘束。《晉書．阮咸傳》：「咸任達不拘，與叔父籍爲竹林之游，當世禮法者譏其所爲。」

【任勞任怨】

任：擔當，承擔；勞：勞苦；怨：埋怨。做事不辭勞苦，能忍受別人對自己的埋怨。《明史．王應熊傳》：「陛下焦勞求治，何一不倚信羣臣，乃羣臣不肯任勞任怨，致陛下萬不獲已，權遣近侍監理。」

【任力者故勞】

任：使用；故：所以；勞：勞累。僅用自己的力量，所以勞累。形容單槍匹馬不行。《呂氏春秋．察賢》：「任力者故勞，任人者故逸。」

【任你官清似水，難逃吏滑如油】

舊謂不管你爲官多麼清正，也難免受到奸滑的屬吏的欺蒙。《醒世恒言》卷二〇：「把糠秕木屑攙些在內，凡吃的俱各嘔吐，往往反速其死。上人只道百姓咸受其惠，那知恁般弊竇，有名無實。正是：任你官清似水，難逃吏滑如油。」

【任憑風浪起，穩坐釣魚船】

比喻不管發生什麼事，仍舊從容鎭定，泰然自若。也指不怕任何風浪，仍然鎭靜沉著。例不管形勢如何變幻，我們都要任憑風浪起，穩坐釣魚船，以不變應萬變，照著自己的既定目標去努力。

【任其自便】

自便：隨自己的方便。聽任他按自己的意思行事。《歧路燈》四四回：「次日譚紹聞要去，衆僧也不強留，任其自便。」也作「聽其自便」。

【任其自流】

任：放任。聽任它自由發展而不過問，不干預。多就壞的情況而言。例在領導工作中，對屬下工作任其自流的觀點是錯誤的。也作「任其自然」。宋．周密《齊東野語》卷七：「大要在固臟氣之外，任其自然耳。」也作「聽其自然」。

【任其自然】

見「任其自流」。

【任情恣性】

見「任性恣情」。

【任人唯親】

任：任用。任用人不問人的才德，只選用跟自己關係親密的人。例在使用幹部問題上，要搞五湖四海，切不可任人唯親。

【任人唯賢】

任：任用；賢：德才兼備的人。任用人只選用那些德才兼備的人。《尚書．咸有一德》：「任官惟賢才，左右惟其人。」例領導工作中知人善任，任人唯賢是一條重要的原則。

【任人宰割】

任：聽憑；宰割：宰殺切割。比喻不能掌握自己的命運，聽憑別人欺壓。例中國人民任人宰割的時代已經一去不復返了。

【任所欲爲】

任：聽任，任憑；所：助詞；欲：想要；爲：作爲，做。原指聽任自己做想做的事情。後指自己想怎麼幹就怎麼幹。《官場現形記》一二回：「平時魚肉鄉愚，無惡不作，到這時候有了護符，更是任所欲爲的了。」也作「爲所欲爲」。

【任它狗兒怎樣叫，不誤馬兒走正道】
比喻不管壞人如何謾罵阻撓，也阻擋不住人們沿著正確的道路前進。例任它狗兒怎樣叫，不誤馬兒走正道，雖然有壞人的搗亂，但擋不住我們經濟建設前進的步伐。

【任賢使能】
見「任賢用能」。

【任賢用能】
任用德才兼備的人。《三國演義》六〇回：「劉季玉雖有益州之地，稟性暗弱，不能任賢用能。」也作「任賢使能」。《三國演義》八二回：「吳主浮江萬艘，帶甲百萬，任賢使能，志存經略。」也作「任賢杖能」。唐・楊炎《大唐河西平胡聖德頌序》：「故大人之作必先靖難，以摧兇取暴爲治國，以任賢杖能爲建功。」

【任賢則昌，失賢則亡】
任用賢良，國家就會昌盛；失去賢良，國家就會衰亡。元・無名氏《誶范叔》一折：「你豈不聞任賢則昌，失賢則亡。故秦用百里奚而秦霸，鄭用子產而鄭强；吳去子胥而吳衰，越去范蠡而越滅。」

【任賢杖能】
見「任賢用能」。

【任性恣情】
任、恣：放縱。放任自己的性情，不加約束。晉・戴逵《釋疑論》：「任性恣情，肆行暴虐。」也作「任情恣性」。《紅樓夢》一九回：「[寶玉]近來仗著祖母溺愛，父母亦不能十分嚴緊拘管，更覺放縱弛蕩，任情恣性，最不喜務正。」也作「恣情任意」。

【任重才輕】
任：責任。責任重大而才能不高。常用作接受委任時的謙辭。表示不能勝任。三國蜀・諸葛亮《與參軍掾屬教》：「任重才輕，故多闕漏。」也作「才輕任重」。

【任重道遠】
擔子很重，路途遙遠。比喻責任重大，要經過長期的艱苦奮鬥。《論語・泰伯》：「士不可以不弘毅，任重而道遠。」《商君書・弱民》：「背法而治，此任重道遠而無馬牛，濟大川而無舡楫也。」也作「道遠任重」。

【任重致遠】
擔負重大的任務，去很遠的地方。比喻能擔當重任，達到遠大的目標。《墨子・親士》：「良馬難乘，然可以任重致遠。」例父輩們不敢相信這些語不驚人的青年能任重致遠，完成他們的歷史使命。也作「負重致遠」、「致遠任重」。

ㄖㄤˇ

【攘臂瞋目】
攘臂：捋起袖子伸出胳膊；瞋目：瞪著眼睛。形容發怒的樣子。《史記・蘇秦傳》：「於是韓王勃然作色，攘臂瞋目。」

【攘臂而起】
攘臂：捋起袖子伸出胳膊；起：站起。形容激動地站起，準備行動。魯迅《中國地質略論》五：「[列强]將來工業之盛衰，幾一繫於占領支那之得失，遂攘臂而起，懼爲人先。」

【攘臂一呼】
指揮動手臂，大聲號召。宋・辛棄疾《淳熙己亥論盜賊札子》：「而比年以來，李全之變，賴文政之變……皆能攘臂一呼，聚衆千百……是豈理所當然者哉！」也作「振臂一呼」。

【攘袂扼腕】
攘袂：捋起袖子；扼腕：用力握住手腕。形容激動和憤慨的神態。宋・王楙《野客叢書・不可爲已甚》：「神龜之間，張仲瑀銓削選格，排抑武人，不使預清品。一時武人攘袂扼腕，至無所泄其憤。」

【攘袂切齒】
切齒：咬緊牙齒。形容憤怒、激動的神情。宋・秦觀《進策・邊防上》：「吏士攘袂切齒，皆欲犁其庭而掃其閭。」

【攘人之美】
攘：搶奪；美：好，好處。把別人的美名、功勞或珍貴之物據爲己有。宋・王讜《唐語林・文學》：「與柳八、韓七詣施士丐聽《毛詩》，說……攘人之美者，如鶺在人之梁。」也作「掠人之美」。

【攘外安內】
攘：排除。抵禦外患，安定內部政局。《野叟曝言》七二回：「管仲一匡九合，攘外安內，其功甚大。」

【攘往熙來】
攘、熙：紛亂、喧鬧的樣子。形容人來人往，非常熱鬧。例百貨公司一帶攘往熙來，一片繁榮景象。也作「熙來攘往」。

【穰穰滿家】
穰穰：五穀豐饒。形容家家戶戶糧食很多。也指家中貯藏的東西很多。《史記・滑稽列傳》：「甌窶滿篝，污邪滿車，五穀蕃熟，穰穰滿家。」

ㄖㄤˋ

【讓禮一寸，得禮一尺】
謂禮讓別人一分，別人會以十倍的敬重來報答。三國魏・曹操《禮讓令》：「俚諺曰：『讓禮一寸，得禮一尺』，斯合經之要矣。」

【讓人三分不蝕本】
見「讓人三分不爲輸」。

【讓人三分不爲輸】
謂遇事忍讓一些，不會被人視爲輸理。例既然誰是誰非大家都已清楚了，你就不必再跟他計較了，俗話說：「讓人三分不爲輸」嘛！也作「讓人三分不蝕本」。蝕：虧損。例人們常說：「讓人三分不蝕本。」既然他已經認錯了，你就忍讓一些吧，這對你也不會有什麼損失。

【讓一得百，爭十失九】

謂遇事謙讓，獲益良多；遇事爭利，反受損失。唐・馬總《意林・周生烈子》：「讓一得百，爭十失九。」

【讓棗推梨】

讓棗：《梁書・王泰傳》：「年數歲時，祖母集諸孫侄，散棗栗於床上，羣兒皆競之，泰獨不取。問其故，對曰：『不取，自當得賜。』」推梨：《後漢書・孔融傳》李賢注引融《家傳》：「年四歲時，與諸兄共食梨，輒引小者。人問其故，答曰：『我小兒，法當取小者。』」後用「讓棗推梨」形容兄弟友愛。《梁書・蕭紀傳》：「兄肥弟瘦，無復相代之期；讓棗推梨，長罷歡愉之日。」也作「**推梨讓棗**」。

ㄖㄥ

【扔下鐵錘拿燈草——拈輕怕重】

燈草：照明用，極輕。比喻只揀輕活幹，怕挑重擔子。例你應當到艱苦環境中去鍛鍊，培養吃苦耐勞的精神，改掉扔下鐵錘拿燈草——拈輕怕重的毛病。也作「**鐵匠改行學彈花——拈輕怕重**」。

【扔在腦後】

比喻不放在心上或忘記了。例這些年他的心思全都放在如何致富，老少鄉親們託辦的事，都扔在腦後了。

ㄖㄨˊ

【如白染皂】

皂：黑色。像白布染成了黑色。比喻話已說出或事已確定，無法改變。《蕩寇志》八九回：「大丈夫一言既出，如白染皂，那有不信之理！」

【如臂使指】

臂：胳臂；指：手指。像胳臂支使手指一樣。比喻指揮如意，得心應手。《管子・輕重乙》：「若此，則如胸之使臂，臂之使指也。」唐・獨孤及《故江陵尹御史大夫呂諲謚議》：「諲當此時，能以慈惠易其疾苦，且訓其三軍，如臂使指，闔境無拔葵啖棗之盜。」也作「**若臂使指**」。《宋史・李邴傳》：「則其馭諸將也，若臂之使指矣。」也作「**猶臂使指**」。

【如不勝衣】

勝：承受。好像連衣服都承受不住。形容身體孱弱瘦損。《南史・周敷傳》：「敷形貌眇小，如不勝衣。」也形容謙讓，表示不敢承受。《禮記・檀弓下》：「晉人謂文子知人。文子其中退然，如不勝衣。」也作「**若不勝衣**」。南朝宋・劉義慶《世說新語・言語》：「至字景眞，長七尺三寸，潔白黑髮，閒詳安諦，體若不勝衣。」

【如蠶作繭】

像蠶作繭一樣周到緊密。形容精心創造，完美無缺。宋・李之儀《跋吳思道詩》：「東坡嘗謂余曰：『凡造語，貴成就，成就則方能自名一家，如蠶作繭，不留罅隙。』」也作「**似蠶作繭**」。

【如操左券】

見「如持左券」。

【如痴如狂】

見「如醉如狂」。

【如痴如夢】

見「如醉如夢」。

【如痴如醉】

見「如醉如痴」。

【如痴似醉】

見「如醉如痴」。

【如持左券】

持：拿著；左券：古時索債的憑證。好像手裏拿著左券。比喻事情有把握。《史記・田敬仲完世家》：「公常執左券以責於秦韓。」宋・陸游《禽言打麥作飯》詩：「人生爲農最可願，得飽正如持左券。」也作「**如操左券**」。例這事只要照我說的去做，就如操左券了。

【如出一軌】

見「如出一轍」。

【如出一口】

好像從一張嘴裏說出來的。形容衆口一詞，說法一樣。《韓非子・內儲說下》：「州侯相荊，貴而主斷，荊王疑之，因問左右，左右對曰：『無有。』如出一口也。」

【如出一轍】

轍：車轍。像出自同一車轍。形容非常相似，完全一樣。宋・洪邁《容齋續筆》卷一一：「此四人之過，如出一轍。」也作「**如出一軌**」。

【如椽大筆】

椽：椽子。像椽子一樣的大筆。《晉書・王珣傳》：「珣夢人以大筆如椽與之。既覺，語人曰：『此當有大手筆事。』俄而帝崩，哀册：謚議，皆珣所草。」後用以指特大的毛筆。宋・邵雍《大字吟》：「詩成半醉正陶然，更用如椽大筆抄。」也用以比喻大家（專家）手筆。淸・錢謙益《致龔芝麓三首》：「每有撰述，爲之心悸手戰，敢借重如椽大筆，略爲掃除。」也作「**如椽健筆**」。宋・劉過《水龍吟》詞：「想見鸞飛，如椽健筆，檄書親草。」也作「**大筆如椽**」。

【如椽健筆】

見「如椽大筆」。

【如此而已】

如此：這樣；而已：罷了。就是這樣罷了。指沒有別的。《左傳・成公五年》：「其如此而已。雖伯宗，若之何？」唐・韓愈《祭十二郎文》：「教吾子與汝子，幸其成；長吾女與汝女，待其嫁。如此而已！」也作「**如斯而已**」。南朝宋・劉義慶《世說新語・言語》：「在家思孝，事君思忠，明友思信，如斯而已。」也作

「如是而已」。例我和他的關係純粹是同事之誼如此而已，你可別想歪了。

【如蹈水火】

見「如蹈湯火」。

【如蹈湯火】

像腳踏在滾水、烈火中。比喻處境艱險。《聊齋志異·冤獄》：「自入公門，如蹈湯火。」也作「如蹈水火」。《元史·張德輝傳》：「若宰民者，頭會箕斂以毒天下，使祖宗之民如蹈水火，爲害尤甚。」也作「如赴湯火」。漢·韓嬰《韓詩外傳》卷一：「命入朝廷，如赴湯火。」

【如到寶山空手回】

見「如入寶山空手回」。

【如登春台】

春台：指美好的遊覽勝地。比喻得到極好的生活環境。《老子》二〇章：「衆人熙熙，如享太牢，如春登台。」

【如墮五里霧中】

墮：掉下。像掉進很大的煙霧裏。《後漢書·張楷傳》：「性好道術，能作五里霧。」後用以比喻對事情不明究竟，摸不著頭緒。《孽海花》三二回：「台事傳聞異辭，我們如墮五里霧中。驥兄既經參預大計，必明眞相，願聞其詳。」也作「如墜五里霧中」。例看著他們兩人沒有主題的爭吵，連想要出面和解的主管都如墜五里霧中，不知從何幫起。

【如墮煙海】

見「如墮煙霧」。

【如墮煙霧】

像掉進煙霧中。比喻摸不著頭腦，不明就裏。唐·李白《嘲魯儒》詩：「問以經濟策，茫如墮煙霧。」也作「如墮煙海」。例如果不抓住主要問題，那麼就會在紛繁複雜的事務中如墮煙海，理不出頭緒，處於被動的局面。也作「如坐雲霧」。北齊·顏之推《顏氏家訓·勉學》：「及有吉凶大事，議論得失，蒙然張口，如坐雲霧。」

【如法炮製】

如：依照；炮製：製作中藥。依照成法製作中藥。比喻按照現成的方法辦事。《兒女英雄傳》五回：「依舊如法炮製，也不怕他飛上天去。」《鏡花緣》九八回：「即如法炮製，果然把陣破了。」也作「如法包製」。《官場現形記》三〇回：「後來如法泡製，先從門口結識起，又送了許多東西。」

【如法泡製】

見「如法炮製」。

【如風過耳】

像風吹過耳邊一樣。比喻不放在心上，不當回事。《吳越春秋·吳王壽夢傳》：「富貴之於我，如秋風之過耳。」《二刻拍案驚奇》卷二二：「把好言語如風過耳，一毫不理，只依著自己性子行去不改。」也作「秋風過耳」。

【如赴湯火】

見「如蹈湯火」。

【如珪如璋】

珪（ㄍㄨㄟ）、璋：貴重的玉器。比喻人的品質高尚或儀表不凡。《詩經·大雅·卷阿》：「顒顒卬卬，如珪如璋。」《漢書·成帝紀述》：「孝成煌煌，臨朝有光，威儀之盛，如珪如璋。」

【如虎得翼】

見「如虎添翼」。

【如虎傅翼】

見「如虎添翼」。

【如虎加翼】

見「如虎添翼」。

【如虎如狼】

見「如狼如虎」。

【如虎生翼】

見「如虎添翼」。

【如虎添翼】

像老虎添上翅膀。比喻力量更强。三國蜀·諸葛亮《心書·兵機》：「將能執兵之權，操兵之勢，面臨羣下，譬如猛虎加之羽翼，而翱翔四海，隨所遇而施之。」《醒世姻緣傳》六三回：「那尤氏……教得個女兒如虎添翼一般，那裏聽薛夫人的解勸，還拿那言語衝撞薛夫人。」也作「如虎得翼」。《東周列國志》三五回：「二狐有將相之才，今從重耳，如虎得翼。」也作「如虎傅翼」。明·朱國楨《涌幢小品·妖人物》：「自此以後，水旱饑饉相仍逾年。稅使至，破壞全楚，如虎傅翼，擇人而食，爲捶死逼死者不可計。」也作「如虎加翼」。元·施惠《幽閨記·罔害忠良》：「陀滿海牙已有無君之心，又令其子出軍，如虎加翼，爲禍不淺。」也作「如虎生翼」。《三國演義》三九回：「今玄德得諸葛亮爲輔，如虎生翼矣。」

【如花美眷】

眷：眷屬。像花一樣美好的姻緣眷屬。《兒女英雄傳》二五回：「因鄧九公父女一心向熱，定要給公子聯姻成就這段如花美眷的姻緣。」

【如花如錦】

見「如花似錦」。

【如花似錦】

錦：錦緞。像花朵、錦緞一樣美艷。形容衣著華麗或前程美好。《廿載繁華夢》三回：「那香屏自從嫁了周庸佑，早卸了孝服，換得渾身如花似錦。」峻青《瑞雪圖》：「這種如花似錦的光輝前程，怎不使人歡欣鼓舞興奮不已呢？」也作「如花如錦」。《醒世恆言》卷一：「恰好湊著吉日良時，兩對小夫妻，如花如錦，拜堂合巹。」

【如花似玉】

像花和玉那樣美麗。形容女子姿色艷麗。《初刻拍案驚奇》卷二：「徽州府休寧縣蓀田鄉姚氏有一女，名喚滴珠，年方十六，生得如花似玉，美冠一方。」也作「如花似月」。《四遊記·南遊記》一二回：「鳳凰山玉環聖母，有一女兒，名叫鐵扇公主，年方二八，生得如花似月。」也作「似玉如花」。

【如花似月】

見「如花似玉」。

【如簧之舌】

簧：樂器中能振動發聲的薄片。像簧一樣的舌頭。形容能說會道。《詩經·小雅·巧言》：「巧言如簧，顏之厚矣。」唐·徐夤《楚國史》詩：「君王不剪如簧舌，再得張儀欲奈何？」常作「巧言如簧」、「巧舌如簧」。

【如火燎原】

像烈火遍燒原野。形容形勢緊迫危急，嚴重萬分。唐·白居易《博陵崔府君神道碑銘序》：「時天寶末，盜起燕薊，毒流梁宋，屠城殺吏，如火燎原。」

【如火如荼】

見「如荼如火」。

【如獲拱璧】

拱璧：平匾中有圓孔的大玉器，泛指珍寶。比喻像得到珍寶一樣的高興。宋·劉克莊《答翁仲山禮部書》：「今睹書成，如獲拱璧，即欲作數語附卷尾。」也作「如獲球璧」。《鏡花緣》八八回：「只求略略見賜一二短句，也就如獲球璧了。」

【如獲球璧】

見「如獲拱璧」。

【如獲石田】

石田：石子多而不能耕種的田。比喻到手的是無用之物。《左傳·哀公十一年》：「得志於齊，猶獲石田也，無所用之。」

【如獲異寶】

見「如獲至寶」。

【如獲珍寶】

見「如獲至寶」。

【如獲至寶】

至寶：最珍貴的寶物。好像得到了最珍貴的寶物。形容得到意想不到的可喜收穫。宋·李光《與胡邦衡書》：「忽蜀僧行密至，袖出寂照庵三字，如獲至寶。」也作「如獲珍寶」。《紅樓夢》八〇回：「那薛蟠得了寶蟾，如獲珍寶，一概都置之不顧。」也作「如獲至珍」。明·陶宗儀《吾竹房先生》：「余匀篆書，極愛先生翰墨，得一紙半幅，如獲至珍。」也作「如獲重寶」。宋·黃庭堅《書座右銘遺嚴君可，跋其後》：「眉山嚴君可，國士也……余得之，如獲重寶，相與終日，抵掌談笑。」也作「如獲異寶」。清·陳確《與吳仲木書》：「龍山諸子見之，如獲異寶，爭相持去，弟尚未得細讀。」

【如獲至珍】

見「如獲至寶」。

【如獲重寶】

見「如獲至寶」。

【如飢如渴】

見「如渴如飢」。

【如飢似渴】

見「如渴如飢」。

【如見肺肝】

肺肝：指內心世界。像看透肺肝一樣。比喻心裏想些什麼，別人看得清清楚楚。《禮記·大學》：「人之視己，如見其肺肝然，則何益矣？」

【如見其人】

見「如聞其聲，如見其容」。

【如見其人，如聞其聲】

見「如聞其聲，如見其容」。

【如箭離弦】

像箭離開弓弦一樣。形容動作迅疾。例衝鋒號吹響了，埋伏在前線的戰士們如箭離弦，向敵人陣地猛衝過去。

【如箭在弦】

像箭已搭在弦上。比喻勢在必行。《文選·陳琳〈為袁紹檄豫州〉》李善注引魏志：「琳謝罪曰：『矢在弦上，不可不發。』」姚雪垠《李自成》二卷三六章：「既然補之與漢舉二將已率兩萬人馬進駐葉縣與裕州之間，大軍繼續東進，如箭在弦。」

【如江如海】

像大江，像大海。形容才識似大江大海那樣既深且博。清·吳騫《拜經樓詩話》卷四：「所謂才子者，須是王子安弱冠之年，學問文章，如江如海，乃可稱之。」

【如膠如漆】

像膠和漆粘結在一起不可分離。比喻關係親密，感情深厚，難捨難分。多用以形容男女關係。漢·韓嬰《韓詩外傳》卷九：「夫實之與實，如膠如漆。」也作「如膠似漆」。《水滸傳》二一回：「那張三和這閻婆惜，如膠似漆，夜去明來，街坊上人也都知了。」也作「如膠投漆」。《紅樓夢》六九回：「眞是一對烈火乾柴，如膠投漆，燕爾新婚，連日那裏拆得開？」也作「似漆如膠」、「以漆投膠」。

【如膠似漆】

見「如膠如漆」。

【如膠投漆】

見「如膠如漆」。

【如解倒懸】

倒懸：頭朝下倒吊在空中。像解救倒吊的人。比喻把人民從苦難中解救出來。《孟子·公孫丑上》：「當今之時，萬乘之國行仁政，民之悅之，猶解倒懸也。」

【如今只學烏龜法，得縮頭時且縮頭】

舊謂為人處世該退讓時不妨暫且退讓。元·尚仲賢《單鞭奪槊》二折：「老三做事忒擋搜，差去爭鋒不自由。如今只學烏龜法，得縮頭時且縮頭。」

【如開茅塞】

茅塞：茅草塞住。像打開了被茅草塞住的路徑一樣。形容受到啟發後思路頓開。例對最近發生的一些現象，我一向蒙在鼓裏，經你這一提醒，使我如開茅塞，一下明白了。

【如渴如飢】

比喻要求十分迫切，渴望得到。三國魏・嵇康《贈秀才入軍五首》詩之三：「駕言出遊，日夕忘歸。思我良朋，如渴如飢。」也作「如飢如渴」。例幾年來，他如飢如渴地閱讀大量文學書籍，因而寫作大有長進。也作「如飢似渴」。《古今小說》卷一六：「吾兒一去，音信不聞，令我懸望，如飢似渴。」

【如恐不及】

及：趕上，追上。好像生怕趕不上。《宋史・歐陽修傳》：「獎引後進，如恐不及。」

【如來佛打噴嚏——非同小可】

如來佛：佛教對釋迦牟尼和其他佛的稱號之一。神話傳說釋迦牟尼神通廣大，法力無邊。比喻事關重大或情況突出，不同尋常。例這件事是如來佛打噴嚏——非同小可，你要認眞對待，不可馬虎。也作「古玩店失火——非同小可」。

【如來佛的手心——誰也甭想逃出去】

比喻任何人都無法擺脫困境。例趕快投降吧，如來佛的手心——誰也甭想逃出去，投降是你們唯一的出路。

【如來佛掌上翻跟頭——跳不出去】

比喻跑不掉。例你們休想跑，警方已佈下天羅地網，如來佛掌上翻跟斗——跳不出去。

【如狼牧羊】

像讓狼去放牧羊羣。比喻酷吏暴虐，人民遭難。《史記・酷吏傳》：「寧成爲濟南都尉，其治如狼放羊。」

【如狼如虎】

指像虎狼一樣凶狠。形容勇猛。《尉繚子・武議》：「一人之兵，如狼如虎，如風如雨，如雷如霆，震震冥冥，天下皆驚。」後多用來形容凶暴殘忍。也作「如狼似虎」。《儒林外史》三回：「兩旁走過幾個如狼似虎的公人，把那童生叉著膊子，一路跟頭，叉到大門外。」也形容動作疾猛。也作「如虎如狼」。《北堂書鈔》卷一一七引《六韜》：「大人之兵，如虎如狼，如雷如電，震震冥冥，天下盡驚。」

【如狼似虎】

見「如狼如虎」。

【如雷貫耳】

貫：貫穿。像雷聲傳進耳朵一樣。形容人的名聲很大。《水滸傳》六二回：「小可久聞員外大名，如雷貫耳。」也作「如雷灌耳」。《儒林外史》一〇回：「久仰大名，如雷灌耳，只是無緣，不曾拜識。」也作「如雷在耳」。明・孟稱舜《花前一笑》四齣：「你名兒，如雷在耳，絕勝當年杜牧之。」

【如雷灌耳】

見「如雷貫耳」。

【如雷在耳】

見「如雷貫耳」。

【如臨大敵】

臨：面對。好像面對強大的敵人。形容戒備森嚴。《二十年目睹之怪現狀》五八回：「到了撫院，又碰了止轅，衙門裏紮了許多兵，如臨大敵。」也作「如御大敵」。《太平廣記》卷二四〇《李林甫》：「家人警衛，如禦大敵，其自防也如此。」

【如臨其境】

臨：來到，到達。好像親自來到那種境界一樣。形容作品描寫生動逼眞，引人入勝。例他善於寫生，畫得生動逼眞，使人有如臨其境之感。也作「身臨其境」、「親臨其境」。

【如臨深谷】

見「如臨深淵，如履薄冰」。

【如臨深淵】

見「如臨深淵，如履薄冰」。

【如臨深淵，如履薄冰】

臨：面臨，靠近；淵：深潭；履：踩，走。好像走近深水潭的邊緣，好像踩著薄冰。形容處境危險，行事非常小心謹愼。《詩經・小雅・小旻》：「戰戰兢兢，如臨深淵，如履薄冰。」也簡作「如履如臨」。清・林則徐《答龔定庵書》：「執事……謂彼中游說多，恐爲多口所動，弟則慮多口之不在彼也，如履如臨，曷能已已？」也作「如臨深淵」。明・李贄《初潭集・君臣一》：「黃帝居人上，惴惴如臨深淵。」也作「如履薄冰」。漢・蔡邕《西鼎銘》：「於時侍從陛階，與聞公之昌言者，莫不惕勵，如履薄冰。」也作「如臨深谷」。《雲笈七籤》卷九八：「如潛有所得，專如臨深谷，戰如履薄冰，此得道之門耳。」也作「如臨淵谷」。宋・朱熹《答吳尉》：「大抵守官只要律己公廉，執事謹愼，晝夜孜孜，如臨淵谷，便自無患害。」也作「如履淵冰」。明・余繼登《典故紀聞》卷四：「每旦，星存而出，日入而休，慮患防危，如履淵冰，苟非有疾，不敢怠惰，以此自持，猶恐不及。」也作「如履春冰」。唐・劉禹錫《讓同平章事表》：「退思塵忝，如履春冰。」也作「臨深履薄」、「履薄臨深」。

【如臨淵谷】

見「如臨深淵，如履薄冰」。

【如履薄冰】

見「如臨深淵，如履薄冰」。

【如履春冰】

見「如臨深淵，如履薄冰」。

【如履平地】

履：踩，走。好像走在平坦的土地上。唐・陸暢《蜀道易》詩：「蜀道易，易於履平地。」後用以比喻暢行無阻或行事順利。《孽海花》三三回：「一個最勇敢的叫徐驤，生得矮小精悍，膂力過人，跳山越澗，如履平地。」例這事兒交給他辦，如履平地，省卻許多麻煩。也作「若履平地」。清・錢泳《履園叢話・水學》：

「其船戶俱土著之人，身家殷實，有數十萬之富者，每年載豆往來，若履平地。」

【如履如臨】

見「如臨深淵，如履薄冰」。

【如履無人之地】

見「如入無人之境」。

【如履淵冰】

見「如臨深淵，如履薄冰」。

【如芒刺背】

見「如芒在背」。

【如芒在背】

芒：芒刺。好像芒刺扎在背上一樣。形容惶恐不安之狀。《漢書・霍光傳》：「宣帝始立，謁見高廟，大將軍光從驂乘，上內嚴憚之，若有芒刺在背。」《二十年目睹之怪現狀》八二回：「我聽了這兩句話，又是如芒在背，坐立不安。」也作「**如芒刺背**」。《封神演義》七回：「[黃仲]心下躊躇，坐臥不安，如芒刺背。」也作「**芒刺在背**」。

【如夢初覺】

見「如夢初醒」。

【如夢初醒】

像從夢中剛剛醒來。比喻從迷誤中醒悟過來。《二刻拍案驚奇》卷二三：「崔生如夢初醒，驚疑了半日始定。」也作「**如夢方醒**」。《初刻拍案驚奇》卷二七：「王氏如夢方醒，不勝感激。」也作「**如夢初覺**」。《三國演義》三六回：「玄德聞徐庶之語，方悟司馬德操之言，似醉方醒，如夢初覺。」也作「**如夢忽醒**」。清・孔尚任《桃花扇・入道》：「幾句話說得小生冷汗淋漓，如夢忽醒。」也作「**如夢而覺**」。宋・王之道《上侍郎魏砿書》：「之道聞此言，如醉而醒，如夢而覺。」也作「**似夢方覺**」。

【如夢而覺】

見「如夢初醒」。

【如夢方醒】

見「如夢初醒」。

【如夢忽醒】

見「如夢初醒」。

【如夢如醉】

見「如醉如夢」。

【如鳥獸散】

像受驚的鳥獸一樣飛奔四散。形容潰散的樣子。《漢書・李陵傳》：「今無兵復戰，天明坐受縛矣；各鳥獸散，猶有得脫歸報天子者。」清・采蘅子《蟲鳴漫錄》：「粵兵素弱，見之即潰，如鳥獸散。」

【如牛負重】

像牛一樣背負著沉重的東西。比喻負擔沉重。《佛說四十二章經》：「勿起妄念，如牛負重於深泥中。」例現在小學生的功課越來越多，書包越背越大，他們如牛負重，心理上承受著極大的壓力。這種狀況應該有所改變了。

【如烹小鮮】

見「若烹小鮮」。

【如其不然】

如其：如果；其：助詞；不然：不是那樣。如果不是那樣的話。宋・汪藻《奏論金人留建康乞分張浚軍馬策應狀》：「此制敵一奇也，如其不然，八九月間氣候稍涼，彼得時矣。」

【如棄敝屣】

敝屣：破舊的鞋子。像丟掉破舊的鞋子。形容毫不顧惜。《東周列國志》四七回：「倘此時有龍鳳迎寡人，寡人視棄山河，如棄敝屣耳！」

【如泣如訴】

泣：小聲哭；訴：訴說。像在哭泣，又像在訴說。形容聲音淒涼悲切。宋・蘇軾《前赤壁賦》：「其聲嗚嗚然，如怨如慕，如泣如訴。」也作「**如訴如泣**」。《東周列國志》六八回：「師涓重整弦聲，備寫抑揚之態，如訴如泣。」

【如切如磋】

見「如切如磋，如琢如磨」。

【如切如磋，如琢如磨】

切、磋：對角、骨等進行加工；琢磨：加工玉石等。指像加工骨玉製品那樣精雕細琢。比喻共同鑽研，互相砥礪。《詩經・衛風・淇奧》：「如切如磋，如琢如磨。」也作「**如切如磋**」。端木蕻良《曹雪芹》二三章：「你們自幼就該互相砥礪，如切如磋，才能上進！」也作「**切磋琢磨**」。

【如丘而止】

如：到，往；丘：小土山，遇到小山丘就停下來。比喻見難而止，不求進取。《荀子・宥坐》：「孔子曰：『如垤而進，吾與之；如丘而止，吾已矣。』」

【如泉赴壑】

見「如水赴壑」。

【如燃犀燭】

燃犀：見「燃犀溫嶠」。後來用「如燃犀燭」比喻洞悉事物的內情。清・張新之《紅樓夢讀法》：「其鋪敍人情世事，如燃犀燭，較諸小說，後來居上。」

【如人飲水，冷暖自知】

比喻只有親身實踐，才有眞切體會。《景德傳燈錄》卷四：「某甲雖在黃梅隨衆，實未省自己面目。今蒙指受入處，如人飲水，冷暖自知，行者即是某甲師也。」也作「**如魚飲水，冷暖自知**」。魯迅《熱風・題記》：「對於周圍的感受和反應，又大概是『如魚飲水，冷暖自知』的。」

【如日方中】

像太陽正在中午。《詩經・邶風・簡兮》：「日之方中，在前上處。」後用以比喻事物正發展到興盛階段。清・袁枚《小倉山房尺牘・與沈歸愚宗伯》：「客歲在蘇，見尙書神明矍鑠，如日方中。」也作「**如日中天**」。清・丘逢甲《嶙雲海日樓詩鈔》卷八：「重提孔子尊王義，如日中天萬象看。」

【如日之升】

見「如月之恆，如日之升」。

【如日中天】

見「如日方中」。

【如入寶山空手回】

寶山：藏寶之山。好像進入了寶山卻空手而回。比喻本應大有收獲，結果卻一無所得。《儒林外史》一三回：「放著這樣一注大財不會發，豈不是如入寶山空手回？」也作「**如到寶山空手回**」。元·楊景賢《劉行首》一折：「正是遇仙不成道，如到寶山空手回。」也作「**入寶山而空回**」。

【如入鮑魚之肆，久而不聞其臭】

鮑魚：鹹魚；肆：店鋪。好像進入鹹魚店，時間一長就聞不到它的腥臭味了。比喻處於惡劣環境中，時間一久，便習以爲常了。《孔子家語·六本》：「與不善人居，如入鮑魚之肆，久而不聞其臭，亦與之化矣。」

【如入無人之地】

見「如入無人之境」。

【如入無人之境】

好像進入了沒有人的地方。形容英勇善戰或進軍順利，所向無敵。《舊五代史·杜重威傳》：「每敵騎數十驅漢人千萬過城下，如入無人之境。」也作「**如入無人之地**」。明·歸有光《備倭事略》：「彼狃於數勝，謂我不能軍，往來如入無人之地。」也作「**如履無人之地**」。宋·陳亮《上孝宗皇帝第一書》：「吳越……舉兵以臨齊、晉，如履無人之地，遂伯諸侯。」

【如入芝蘭之室，久而不聞其香】

芝、蘭：兩種香草。好像進入了滿是香草的房間，時間一長就聞不出它的香氣了。比喻美好環境對人的熏陶和良好影響，久而久之就習以爲常了。《孔子家語·六本》：「與善人居，如入芝蘭之室，久而不聞其香，即與之化矣。」

【如喪考妣】

考妣（ㄅㄧˇ）：稱已故的父親和母親。像死了父母那樣悲痛萬分。《尚書·舜典》：「二十有八載，帝乃殂落，百姓如喪考妣。」宋·王安石《本朝百年無事札子》「升遐之日，天下哀慟，如喪考妣。」也指心思專一。《景德傳燈錄·福州玄沙師備禪師》：「日夜忘疲失食，如喪考妣相似。」也作「**若喪考妣**」。魯迅《憶劉半農君》：「十多年前，單是提倡新式標點，就會有一大羣人若喪考妣。」

【如山似海】

像高山，像大海。形容人羣或事物聚集得特別多。例假日的百貨公司，人羣如山似海。

【如拾地芥】

地芥：地上的小草。像拾起地上的小草。比喻事情輕而易舉。《漢書·夏侯勝傳》：「經術苟明，其取青紫如俯拾地芥耳。」《南史·梁本紀上》：「荊州得天武至，必回遑無計，若不見同，取之如拾地芥耳。」

【如食哀梨】

哀梨：漢秣陵人哀仲所種之梨，大而味美，入口即消。好像吃哀梨一樣。比喻談吐或行文很流暢。例前天讀到一篇文章，無論敘事抑或狀物，描寫極爲細膩，而且文字如行雲流水，讀之如食哀梨，餘味津津。

【如是而已】

見「如此而已」。

【如是我聞】

如是：如此，這樣；我聞：我聽到。佛經開卷語。我聽到佛這樣說。《佛地經論》卷一：「如是我聞者謂總顯已聞，傳佛教者言如是事，我昔曾聞如是。」後泛指情況來自傳聞。清·紀昀《閱微草堂筆記》篇目：「如是我聞。」

【如釋負擔】

見「如釋重負」。

【如釋重負】

釋：放下；重負：重擔。像放下沉重的擔子。形容卸去責任、擺脫困擾後的輕鬆愉快之感。《穀梁傳·昭公二十九年》：「昭公出奔，民如釋重負。」《官場現形記》五十七回：「首縣聞言，如釋重負。」也作「**如釋負擔**」。宋·李覯《强兵策》之七：「不賢而易之，是去劇就閒，如釋負擔。」

【如手如足】

見「如足如手」。

【如數家珍】

數：點數，清點；家珍：家藏的珍寶。像清點家藏的珍寶一樣。比喻對所談到的事物或事情非常熟悉。例一說到他的收藏品，他就像如數家珍般，細心的爲大家介紹解釋。也作「**若數家珍**」。梁啟超《說常識》：「語其沿革興廢之所由，若數家珍。」

【如水滴石】

見「如水投石」。

【如水赴壑】

赴：往；壑：谷。像水奔流到山澗中去。比喻人們朝著所嚮往的目標或所仰慕的人物靠攏。唐·李觀《與處州李使君書》：「美聲溢海內，佳話滿人口，開閣延士，如水赴壑。」也作「**如泉赴壑**」。宋·陸游《上天竺復庵記》：「學者歸仰，如泉赴壑。」

【如水投石】

像水潑在石頭上，滴水不進。比喻聽而不聞或言論毫無效果。《資治通鑑·唐高祖武德二年》：「陛下創業明主，臣不才，所言如水投石。」宋·陳亮《復吳叔異》：「彼既不可曉，雖與之辯論，如水投石而又甚焉。」也作「**如水滴石**」。宋·洪邁《慶老詩》：「正如水滴石，一點入不得。」

【如斯而已】

見「如此而已」。

【如訴如泣】

見「如泣如訴」。

【如湯灌雪】

見「如湯澆雪」。

【如湯化雪】

見「如湯澆雪」。

【如湯澆雪】

湯：熱水。像熱水澆到雪上，頃刻溶化。比喻事情很容易解決。《南史．王瑩傳》：「丈人一旨，如湯澆雪耳。」也作「**如湯潑雪**」。《水滸傳》五八回：「若是拿得此人，覷此城子，如湯潑雪。」也作「**如湯化雪**」。明．馮夢龍《精忠旗》：「提刀上馬，如湯化雪，誰敢爭持？」也作「**如湯灌雪**」。《孔子家語．王言》：「則民之棄惡，如湯之灌雪焉。」也作「**如湯沃雪**」。漢．枚乘《七發》：「小飯大歌，如湯沃雪。」

【如湯潑雪】

見「如湯澆雪」。

【如湯沃雪】

見「如湯澆雪」。

【如荼如火】

荼：茅草的白花。像茅草花那樣白，像火那樣紅。形容軍容盛大威武。《國語．吳語》：「萬人以為方陣，皆白裳、白旂、素甲、白羽之矰，望之如荼……左軍亦如之，皆赤裳、赤旟、丹甲、朱羽之矰，望之如火。」清．查慎行《武陵西郊閱武》詩之二：「如荼如火望中分，鼓角鐃鉦一路聞。」後多以「如火如荼」形容氣勢旺盛，氣氛熱烈。老舍《福星集》：「如火如荼的戀愛，正像如火如荼的鬥爭，都是表現他的性格的重要情節。」

【如聞其聲，如見其人】

見「如聞其聲，如見其容」。

【如聞其聲，如見其容】

像聽到他的聲音，像看見他的面容。唐．韓愈《獨孤申叔哀辭》：「濯濯其英，曄曄其光，如聞其聲，如見其容。」後多用「如聞其聲，如見其人」來形容對人物的描寫與刻畫非常生動逼真。朱自清《經典常談．戰國策第八》：「讀這部書，眞是如聞其聲，如見其人。」也作「**如見其人，如聞其聲**」。徐遲《特寫選》序言：「特寫要精心地塑造人物，為了讓讀者看到、聽到和感覺到人物，如見其人，如聞其聲，而不是僅僅知道他的一個名字或看到他的一個影子。」也作「**如見其人**」。明．歸有光《與宣仲濟書》：「及觀足下所撰述數百言，凜然如見其人。」

【如蚊負山】

負：背。像蚊蟲背負大山一樣。《莊子．應帝王》：「其於治天下也，猶涉海鑿河而使蚊負山也。」後「如蚊負山」比喻力小難於勝任。也作「**如負山蚊**」。宋．黃庭堅《次韻答王眘中》詩：「吾欲超萬古，乃如負山蚊」。

【如無其事】

像沒有那麼回事。形容態度鎮定自如或無動於衷。《官場現形記》一八回：「統領聽不見，莊大老爺也聽不見，就作為如無其事，不去提他了。」也作「**若無其事**」。老舍《四世同堂》四四：「他必須起來，必須裝出若無其事的樣子，以無恥爭取臉面。」

【如雪逢湯】

像雪遇到熱水一樣。比喻很容易消滅。《太平御覽》卷二九五引《戰國策》：「遇我伏內，如雪逢湯也。」也作「**似雪投湯**」。

【如響而應】

響：回聲；應：應和。像回聲的應和。《莊子．天下》：「其動若水，其靜若鏡，其應若響。」後用以形容反應敏捷，對答迅速。《斬鬼傳》八回：「伏維速施豪杰之氣，漸離花柳之中。果其如響而應，尚其來格以歆！」也作「**如響應聲**」。《管子．任法》：「故下之事上也，如響之應聲也。」也作「**若響應聲**」。《史記．田敬仲完世家》：「是人者，吾語之微言五，其應我若響之應聲。」

【如響應聲】

見「如響而應」。

【如兄如弟】

像親兄弟一樣。《詩經．邶風．谷風》：「宴爾新婚，如兄弟。」原指夫婦和好，情如兄弟。後比喻彼此親密無間。清．無名氏《杜詩言志》卷一：「如此，其為同調相憐，如兄如弟者益見。」

【如塤應篪】

塤：ㄒㄩㄣ，古代土製樂器；篪：ㄔˊ，古代竹製樂器。像塤和篪一樣相互應和。比喻相互協調應和。《詩經．小雅．何人斯》：「伯氏吹塤，仲氏吹篪。」《詩經．大雅．板》：「天之牖民，如塤如篪。」後多指兄弟和睦。《舊唐書．穆寧、崔邠等傳贊》：「如塤如篪，不通不介，士行之美，崔氏諸子有焉。」也做「**如塤應篪**」。唐．錢起《京兆尹聽前甘棠樹降甘露》：「濟旱露為兆，有如塤如篪。豈無夭桃樹，灑此甘棠枝。」

【如塤應篪】

見「如塤如篪」。

【如蟻附膻】

見「如蟻慕膻」。

【如蟻慕膻】

膻：羊肉的腥臊味。像螞蟻喜愛有膻味的東西一樣。《莊子．徐无鬼》：「蟻慕羊肉，羊肉膻也。」後用以比喻趨附權勢，追逐名利的惡行。宋．劉克莊《葉寺丞墓志銘》：「士趨其門，如蟻慕膻。」也作「**如蟻附膻**」。梁啟超《變法通議．論譯書》：「商之媚西商，如蟻附膻。」

【如意算盤】

如意：符合心意。比喻一廂情願好的打算。例他自以為這次出門做生意，不光能逃過納稅，還能賺上個十萬八萬的，殊不知這只是他的如意算盤，稅務機關早注意到他的行徑了。

【如飲醍醐】

醍醐：牛奶中提煉出來的純酥油，佛

敎謂用之能使人頭腦清醒。比喻得到啟發，徹底醒悟。《儒林外史》三四回：「少卿妙論，令我聞之如飲醍醐。」

【如蠅附羶】
附：附著，依附；羶：羊肉的腥臊氣味。像蒼蠅趨附帶有腥臊氣味的東西一樣。比喻趨附權勢、追逐名利的惡劣行爲。清・張岱《陶庵夢憶・揚州瘦馬》：「牙婆駔儈，咸集其門，如蠅附羶，撩撲不去。」也作「如蠅聚羶」。明・周煇《金陵瑣事・蠅聚一羶》：「新安賈人見蘇州文人，如蠅聚一羶。」也作「如蠅襲羶」。唐・段成式《酉陽雜俎・語資》：「某少年常結豪族爲花柳之遊，竟蓄亡命，訪城中名姬，如蠅襲羶，無不獲者。」

【如蠅聚羶】
見「如蠅附羶」。

【如蠅襲羶】
見「如蠅附羶」。

【如蠅逐臭】
逐：追逐，追趕。像蒼蠅追逐帶臭味的東西一樣。形容熱心追求邪惡或趨附權勢的惡劣行爲。《紅樓夢》七七回：「那媳婦……打扮的妖妖調調，兩隻眼兒水汪汪的，招惹的賴大家人如蠅逐臭，漸漸做出些風流勾當來。」

【如影從形】
見「如影隨形」。

【如影隨形】
好像影子跟隨著形體一樣。比喻關係密切，不能分離。馬王堆漢墓帛書《經法・名理》：「形名出聲，聲實調和，禍福廢立，如景（影）之隨形，如響之隨聲。」《鏡花緣》七一回：「善惡昭彰，如影隨形。」也作「如影從形」。《管子・任法》：「故下之事上也，如響之應聲也；臣之事主也，如影之從形也。」

【如應斯響】
形容迅速得到反響。《兒女英雄傳》二九回：「那滿招損，乖致戾的道理，如應斯響。」

【如有所失】
見「若有所喪」。

【如有隱憂】
憂：憂愁。好像內心有說不出的憂愁。《詩經・邶風・柏舟》：「耿耿不寐，如有隱憂。」

【如魚得水】
像魚得到水一樣。比喻得到志同道合的人或有利於自己發展的環境。秦・李斯《用筆法》：「如游魚得水，景山興雲，或卷或舒，乍輕乍重。」《三國演義》四三回：「幸得先主，以爲如魚得水。」《紅樓夢》六六回：「二人相會，如魚得水。」也作「猶魚得水」。

【如魚似水】
像魚和水一樣相互投合。比喻夫妻或情侶之間關係親密和諧。《醒世恆言》卷三六：「且說朱源自娶了瑞虹，彼此相敬相愛，如魚似水。」《古今小說》卷二〇：「夫妻二人，如魚似水，且是說得著，不願同日生，只願同日死。」也作「似水如魚」。

【如魚飲水，冷暖自知】
見「如人飲水，冷暖自知」。

【如御大敵】
見「如臨大敵」。

【如願以償】
願：願望；償：滿足。像自己期望的那樣得到滿足。指願望得到實現。《官場現形記》四六回：「後來巴祥甫竟其如願以償，補授臨清州缺。」

【如月之恆，如日之升】
月恆：月上弦。像上弦月亮逐漸圓滿，像太陽剛剛升起。比喻正處在興盛時期，有強大的生命力。《詩經・小雅・天保》：「如月之恆，如日之升，如南山之壽。」也作「如日之升」。宋・陳亮《皇帝正謝表》：「自今以始，寧敢竊爵祿以苟歲時；如日之升，或可依風雲而效尺寸。」

【如運諸掌】
運：轉動，擺弄；諸：「之於」的合音。手掌上擺弄東西一樣。形容極其容易。《孟子・公孫丑上》：「武丁朝諸侯，有天下，猶運之掌也。」《列子・楊朱》：「楊朱見梁王，言治天下如運諸掌。」

【如之奈何】
拿它怎麼辦？元・白仁甫《梧桐雨》三折：「陛下，軍心已變，臣不能禁止，如之奈何？」

【如指諸掌】
像用手指指其掌一樣。比喻事情容易辦到。宋・蘇軾《范文正公集序》：「淮陰侯見高帝於漢中，論劉、項短長，畫取三秦，如指諸掌。」也比喻對事情很熟悉了解。宋・楊萬里《薦舉王自中曾集徐元德政績同撫司奏狀》：「壽皇論天下事，如指諸掌，風生穎脫，有過人者。」

【如錐畫沙】
像用錐子在沙子上畫一樣。形容書法筆力均勻不露鋒芒。宋・姜夔《續書譜・用筆》：「用筆……如錐畫沙……欲其勻而藏鋒。」

【如墜五里霧中】
見「如墮五里霧中」。

【如足如手】
手足：比喻兄弟。像手和腳一樣。比喻兄弟情誼或親密關係。唐・李華《弔古戰場文》：「誰無兄弟，如足如手。」也作「如手如足」。例我們之間深厚的情誼，眞是到了「如手如足」的地步。

【如醉初醒】
見「如醉方醒」。

【如醉方醒】
方：剛才。像喝醉了酒剛剛醒過來一樣。比喻剛從迷誤中醒悟過來。《西遊記》五四回：「三藏聞言，如醉方醒，似夢初覺。」也作「如醉初醒」。《東周列國志》一〇三回：「黃歇如夢初覺，如醉初醒。」也作「若醉初醒」。宋·孔平仲《清夜》詩：「此時塵慮息，豁若醉初醒。」

【如醉如痴】

形容神態失常，恍惚不能自制。明·于愼行《籌邊》：「此等見解，如醉如痴，謀國若斯，不敗爲何？」《古今小說》卷三四：「但聞異香馥郁，瑞氣氤氳，李元不知手足所措，如醉如痴。」也作「如痴如醉」。元·馬致遠《漢宮秋》二折：「自從西宮閣下，得見了王昭君，使朕如痴似醉，久不臨朝。」

【如醉如狂】

形容神智失常，不能自制。《初刻拍案驚奇》卷二五：「把一個長安子弟，弄得如醉如狂。」也作「如痴如狂」。《孽海花》七回：「傾城士女如痴如狂，一條七里山塘，停滿了畫船歌舫，眞個靚妝藻野，炫服縟川，好不熱鬧。」

【如醉如夢】

像喝醉了酒和在睡夢中。比喻神智不清，處於迷迷糊糊的狀態中。宋·朱熹《答呂子約》：「恭兄文字狀子已投之當路，如醉如夢，面前事尙不能管得，何可望以等。」也作「如夢如醉」。例聽著台上聲樂家賣力的演出，每位聽衆都陷入如夢如醉的境界。也作「如痴如夢」。明·李贄《答周二魯》：「遇眞正儒者，如痴如夢，翻令見疑。」

【如左右手】

像左右手一樣。比喻很得力的助手。《史記·淮陰侯傳》：「人有言上曰：『丞相何亡。』上大怒，如失左右手。」《後漢書，竇融傳》：「融……久專方面，懼不自安，數上書求代。詔報曰：『吾與將軍如左右手耳，數執謙退，何不曉人意？』」也比喻相互依存，關係親密。《晋書·陶侃傳》：「周訪與侃親姻，如左右手，安有斷人左手而右手不應者乎！」

【如坐春風】

像靜坐在和煦的春風中。比喻受到良好的教育。清·袁枚《答尹相國》書：「開誦之餘，如親化雨，如坐春風，墨雖盡於行間，言尙餘於札外。」

【如坐雲霧】

好像坐在雲霧之中。比喻昏庸糊塗，不能辨析事理。北齊·顏之推《顏氏家訓·勉學》：「及有吉凶大事，議論得失，蒙然張口，如坐雲霧。」

【如坐針氈】

《晋書·杜錫傳》：「屢諫愍懷太子，言辭懇切，太子患之。後置針著錫常所坐外氈中，刺之流血。」後用「如坐針氈」形容內心焦急，坐立不安。《三國演義》二三回：「[吉]平只是大罵。王子服等四人面面相覷，如坐針氈。」

【茹草飲水】

茹：吃。吃草飲水。指太古時人的原始生活。《淮南子·修務訓》：「古者民茹草飲水，采樹木之實，食蠃蚌之肉。」

【茹古涵今】

茹：包含；涵：容納。包含容納古今。形容學識淵博，通曉古今。唐·皇甫湜《韓文公墓銘》：「先生之作，抉經之心，執經之權，茹古涵今，無有端涯。」也作「涵古茹今」。

【茹苦含辛】

茹：吃。吃盡辛苦。形容忍受種種辛酸痛苦。宋·蘇軾《中和勝相院記》：「茹苦含辛，更百千萬億生而後成。」清·淮陰百一居士《壺天錄》卷上：「上有孀姑，下無遺息，煢煢孑立，茹苦含辛。」也作「茹痛含辛」。宋·范成大《相州》詩：「禿巾髽髻老扶車，茹痛含辛說亂華。」也作「茹苦食辛」。清·章大來《倘陽雜錄》三三：「余妹適錢氏六年而孀，惟存一子階五歲，茹苦食辛以守志，其叔不顧也。」也作「茹苦食酸」。宋·劉斧《瓊奴記·王平甫歌》：「飄飄散葉如之何？茹苦食酸君聽取。」也作「茹苦吞酸」。《兒女英雄傳》二七回：「請看人生在世，到了兒女傷心英雄短氣的時候，那滿杯的茹苦吞酸，眞覺人海茫茫，無可告語。」也作「茹荼吞檗」。明·瞿式耜《先妣施恭人行實》：「追念十五年茹荼吞檗光景，不知何時暗度，更泣下也。」也作「茹荼攻蓼」。清·錢謙益《中憲大夫四川敍州府知府趙君墓志銘》：「而叔度又早夭，君獨身樁柱，茹荼攻蓼，樁垂三十年。」也作「含辛茹苦」。

【茹苦食酸】

見「茹苦含辛」。

【茹苦食辛】

見「茹苦含辛」。

【茹苦吞酸】

見「茹苦含辛」。

【茹毛飲血】

茹：吃。連毛帶血地生食鳥獸。形容原始人不知用火。無熱食可吃的生活。《禮記·禮運》：「未有火化，食草木之實，鳥獸之肉，飲其血，茹其毛。」南朝梁·蕭統《文選序》：「茹毛飲血之世，世質民淳，斯文未作。」也作「飲血茹毛」。

【茹泣吞悲】

茹泣：飲泣。含泣忍悲。形容强忍住悲痛。南朝齊·王融《畫漢武北代圖上疏》：「北地殘氓，東部遺老，莫不茹泣吞悲，傾耳戴目，翹心仁政，延首王風。」

【茹柔吐剛】

柔：軟弱；剛：强硬。比喻欺軟怕硬。宋·陸游《上殿札子》：「若夫虐煢獨，畏高明，茹柔吐剛，而能使天下治者，自古未之有也！」

【茹痛含辛】

見「茹苦含辛」。

【茹荼攻蓼】

見「茹苦含辛」。

【茹荼吞檗】

見「茹苦含辛」。

【儒變醫，菜變齏】
儒：讀書人的通稱；齏：ㄐㄧ，切碎的醃菜或醬菜。讀書人學作醫生，就像把菜蔬醃製成醬菜一樣容易。形容事情容易辦到。明・湯顯祖《風流夢》四折：「有個祖父藥店，不免開張，以覓微利。自古道：儒變醫，菜變齏。」
【儒名而墨行】
名義上爲儒家學說而言行卻是墨家的一套。比喻名不副實。唐・韓愈《送浮屠文暢師序》一：「人固有儒名而墨行者，問其名則是，校其行則非，可以與之遊乎？」
【濡沫涸轍】
濡：沾濕。車轍裏的水乾竭後，其中的魚兒相互吐沫濕潤。《莊子・大宗師》：「泉涸，魚相與處於陸，相呴以濕，相濡以沫。」比喻彼此在困境中竭力互相幫助。《宣和畫譜，龍魚敍論》：「善畫魚龍海水，不爲汀濘沮洳之陋，濡沫涸轍之游。」也作「相濡以沫」。
【孺子可教】
孺子：小孩子。這小孩子還可以接受教育。指年輕人有培養前途，可以把學問傳授給他。《史記・留侯世家》載：張良少年時在下邳圯上遇一老人，命張良給他拾鞋、穿鞋，張良遵命給老人穿好鞋，老人走出一里多地後，復返回對張良說：「孺子可教矣。後五日平明，與我會此。」明・張岱《隻履研銘》：「遇黃石，授素書，孺子可教，圯橋進履。」
【孺子牛】
原指齊景公銜繩裝牛讓自己的小孩子牽著玩。後用來比喻甘當人民公僕，爲人民服務。《左傳・哀公六年》：「陳僖子欲立公子陽生，鮑牧對僖子說：『汝忘君之爲孺子牛而折其齒乎？』」魯迅《自嘲》詩：「橫眉冷對千夫指，俯首甘爲孺子牛。」
【蠕蠕而動】
蠕蠕：慢慢爬行的樣子。蚯蚓之類的蟲在慢慢地爬行。唐・李賀《感諷》詩：「越婦未織作，吳蠶始蠕蠕。」例小剛愛好昆蟲，時常捉些毛毛蟲來，放在盒子裏看著它們蠕蠕而動的樣子，開心地拍著手。

ㄖㄨˇ

【汝南月旦】
汝南：古郡名；月旦：農曆每月初一。《後漢書・許劭傳》：「初，劭與[許]靖俱有高名，好共核論鄉黨人物，每月輒更其品題，故汝南俗有月旦評焉。」後用「汝南月旦」比喻品評人物。明・顧炎武《與戴楓仲書》：「至於臧否人物之論，甚足以招尤而損德，自顧其人能如許子將方可操汝南之月旦。」
【汝無自譽，觀汝作家書】
汝：你；書：信。你不要自我誇耀，先看看你能否把家信寫好。謂家信難寫。三國魏・曹丕《典論・太子篇序》：「余蒙隆寵，忝當上嗣，憂惶踧踖，上書自陳。欲繁辭博稱，則父子之間不文也；欲略言直說，則喜懼之心不達也。裏語曰：『汝無自譽，觀汝作家書。』言其難也。」
【乳犢不怕虎】
犢：小牛。還在吃乳的小牛不怕老虎。比喻年輕人無所畏懼，敢作敢爲。魯迅《集外集》序：「這眞好像是『乳犢不怕虎』，亂攻一通，雖然無謀，但自有天眞存在。」
【乳狗噬虎】
乳狗：哺育期的母狗，母狗在哺乳期性凶狠；噬：咬。喂奶的母狗敢咬來犯的老虎。比喻弱者在危難時也會不顧一切地與强者博鬥。《淮南子・說林訓》：「乳狗之噬虎也，伏雞之博狸也，恩之所加，不量其力。」
【乳間股腳】
指豬的乳房之間和大腿、脚趾間，常爲虱類的苟安處。比喻自以爲安全的地方。《莊子・徐无鬼》：「奎蹄曲隈，乳間股腳，自以爲安室利處。」
【乳水交融】
像乳汁和水互相融合在一起。比喻關係融洽無間，端木蕻良《曹雪芹》二〇章：「他對平郡王十分信託，兩人可說是乳水交融，合作無間。」也作「水乳交融」。
【乳臭未除】
見「乳臭未乾」。
【乳臭未乾】
乳：奶腥氣。奶腥氣還沒有退盡。形容年幼無知。《漢書・高帝紀上》：「是口尚乳臭，不能當韓信。」魯迅《難行和不信》：「但萬一有誰相信了，照辦了，那就會成爲乳臭未乾的吉訶德。」也作「乳臭未除」。《二刻拍案驚奇》卷二〇：「雖有兩個外甥，不是姐姐親生，亦是乳臭未除，誰人來稽查他？」

ㄖㄨˋ

【辱國喪師】
喪：喪失。軍隊覆沒，使國家蒙受恥辱。《明史・彭澤傳》：「瓊遂劾澤妄增金幣，遺書議和，失信啟釁，辱國喪師，昆、九疇俱宜罪。」
【辱門敗户】
敗壞門風，使家庭蒙受恥辱。元・石君寶《曲江池》二折：「這等辱門敗戶羞人甚，倒也不若無兒一世孤。」
【辱身敗名】
身受恥辱，名聲敗壞。《說岳全傳》三一回：「一旦失手，辱身敗名，是爲不智。」
【入邦問俗】
見「入國問俗」。
【入寶山而空回】
寶山：藏寶之山。比喻本應大有所獲，但卻一無所得。明・文秉《先撥志始》卷下：「在婿固不敢厚望，入寶山而空回，想岳亦不能忘情。」也作「**寶山空回**」。

【入鮑忘臭】

義同「如入鮑魚之肆，久而不聞其臭」。南朝梁・蕭綱《與湘東王書》：「入鮑忘臭，效尤至禍。」

【入不敷出】

不敷：不夠。收入不夠支出。指經濟困難。《宋史通俗演義》八回：「如果入不敷出，盡可告朕，何必向民借貸哩！」也作「**入不支出**」。宋・朱熹《行宮便殿奏札三》：「本路土瘠民貧……入少出多，往往例於常賦之外，多收加耗，重折價錢，尚且入不支出，公私俱困。」

【入不支出】

見「入不敷出」。

【入城問稅，入衙問諱】

見「入國問禁，入里問俗」。

【入地無門】

形容無路可走，陷入絕境。《西遊記》五七回：「上天無路，入地無門，特來告訴菩薩。」《水滸傳》三四回：「閃得我如今有家難奔，有國難投，著我上天無路，入地無門！」

【入伏的高粱——天天向上】

入伏：進入三伏天氣。爲一年中最熱的季節，雨水也多，莊稼長勢快。比喻不斷進步，茁壯成長。多表示對少年兒童的祝願。例祝你們學業進步、身體健康，像入伏的高粱——天天向上。也作「**春筍破土——天天向上**」。

【入閣登壇】

閣：內閣；壇：指古代拜將所築的土台。指命相拜將。形容榮膺高官顯爵《兒女英雄傳》二四回：「列公，你只看他這點遭際，我覺得比入閣登壇、金閨紫誥還勝幾分。」

【入骨相思】

深刻入骨的相思之情。指感情深厚，念念不忘。唐・溫庭筠《南歌子》詞之二：「井底點燈深燭伊，共郎長行莫圍棋。玲瓏骰子安紅豆，入骨相思知不知？」

【入國問禁，入里問俗】

禁：禁忌，指法令或習俗所不允許的事情；里：鄉里。進入一個國家，要先打聽那裏有哪些禁忌；來到一處鄉里，要先了解有哪些習俗。謂每到一處新地方，首先了解有哪些習俗。謂每到一處新地方，首先要了解清楚當地的禁忌和習俗，以免有所觸犯。《後西遊記》二二回：「我就說你是遠方來的，你既敢遠來，必定也通些世務。古語說：『入國問禁，入里問俗。』你問也不問一聲，爲何就大膽走到這裏來？」也作「**入城問稅，入衙問諱**」。元・無名氏《劉弘嫁婢》一折：「你這廝好無禮。你知道入城問稅，入衙問諱。俺這裏門司有限，你知道我這裏有什麼體面。」也作「**入境問禁，入國問俗**」。

【入國問俗】

俗：風俗，習慣。到一個新的國家，首先要打聽其風俗習慣，以免觸犯。《禮記・曲禮上》：「入竟（境）而問禁，入國而問俗，入門而問諱。」也作「**入邦問俗**」。例到了印尼，不妨入邦問俗，跟著當地人一起用手代替餐具吃飯。也作「**入境問俗**」。宋・蘇軾《密州謝上表》：「入境問俗，又復過於所期。」

【入海算沙】

到大海裏去數海裏有多少沙子。比喻幹無謂的事，白費功夫。明・宋濂《杭州靈隱寺故輔良大師石塔碑銘》：「敎乘固當學，若沉溺不返，如入海算沙，徒自困耳。」也形容用力精勤。清・錢謙益《宋文憲〈護法錄〉序》：「文憲三閱《大藏》，入海算沙，有如指掌。」

【入行三日無劣把】

行：行業；把：把勢，具有某種技能的人，謂從事某個行業的工作，時間不長就可以較好地掌握所需的技能。例幹這種活雖說需要點技術，但並不難學。只要你肯下功夫，要不了多久，你就可以學會。所謂「入行三日無劣把」嘛。

【入火赴湯】

湯：開水。投入烈火滾湯。比喻不避艱險。《四遊記・老君道敎源流》：「入火赴湯，下地上天，灰身沒命，願隨大仙。」

【入境問禁】

到一個新地方，要先問明該地的禁忌，以免觸犯。《禮記・曲禮上》：「入竟（境）而問禁，入國而問俗，入門而問諱。」《孟子・梁惠王下》：「臣始至於境，問國之大禁，然後敢入。」

【入境問俗】

見「入國問俗」。

【入理入情】

見「入情入理」。

【入門問諱】

諱：忌諱，名諱。進別人家門，先要問明白人家忌諱什麼，以免冒犯。《禮記・曲禮上》：「入竟（境）而問禁，入國而問俗，入門而問諱。」《淮南子・齊俗》：「入其家者避其諱。」

【入門休問榮枯事，觀看容顏便得知】

榮枯：指得志和失意。到別人家裏，不用詢問，只要看看主人的臉色表情，就可以知道他是得志，還是失意。《初刻拍案驚奇》卷一三：「只見那作中的王三驀地走將進來，六老心頭吃了一跳，面如土色。正是：入門休問榮枯事，觀看容顏便得知。」

【入廟拜神，見面問名】

與人初次見面應先詢問對方的姓名，就像來到寺廟應先參拜神佛一樣。例入廟拜神，見面問名，你怎麼連這個規矩都不懂，和人家說了半天話，連人家姓什麼，叫什麼都沒問一聲。

【入木三分】

滲透進木板三分深。原本形容書法的

筆力很遒勁。唐・張懷瓘《書斷・王羲之》：「晉帝時，祭北郊，更祝版，工人削之，筆入木三分。」後借以比喻描寫或議論很深刻。清・趙翼《楊雲珊自長垣歸……詩以志愛》詩：「入木三分詩思銳，散霞五色物華新。」

【入幕之賓】

幕：帳幕；賓：客人。指參與幕府機要大事的人。《晉書・郗超傳》：「謝安與王坦之嘗詣溫論事，溫令超帳中臥聽之，風動帳開，安笑曰：『郗生可謂入幕之賓矣。』」後來泛指幕府中參與機要的幕僚。《隋唐演義》一六回：「承他屈尊優待，殷勤款洽，莫非要弟爲其入幕之賓否？」

【入其彀中】

見「入吾彀中」。

【入其國者從其俗，入其家者避其諱】

諱：禁忌，進入他國，要隨從當地的風俗；到了別人家裏，要避開主人的禁忌。謂每到一個新的環境，應了解其風俗習慣，以免有所違犯。《淮南子・齊俗訓》：「入其國者從其俗，入其家者避其諱。」

【入情合理】

見「入情入理」。

【入情入理】

入：合乎；情：人情；理：道理。合乎人情道理。《掃迷帚》三回：「心齋側著耳朵，覺得此段議論，入情入理，不禁連連點首。」也作「**入理入情**」。清・方南堂《輟鍛錄》：「脫口而出，自成局段，入理入情，可泣可歌也。」也作「**入情合理**」。《水滸後傳》一二回：「今蒙見召，必有所諭；若入情合理，自當拱聽。」

【入秋的高粱——老來紅】

秋天高粱成熟，穗變紅。見「雞冠花——老來紅」。

【入山不怕傷人虎，就怕人情兩面刀】

謂搞兩面三刀的人比傷人性命的老虎更令人可怕。例與人相處要謹慎小心，特別要警惕那種當面一套，背後一套的人，俗話說得好：「入山不怕傷人虎，就怕人情兩面刀。」

【入山不畏虎，當路卻防人】

進入山林不必懼怕老虎，走在路上卻必須提防壞人的暗算。謂人心難測，必須時刻提防。《五燈會元》卷一一：「楊億侍郎問曰：『入山不畏虎，當路卻防人時如何？』師曰：『君子坦蕩蕩。』」

【入山擒虎易，開口告人難】

進山捉拿老虎容易，開口求人相助卻很難。謂羞於求人。《警世通言》卷三七：「鐵僧道：『今日聽得說，萬員外底女兒萬秀娘死了夫婿，帶著一個房臥，也有數萬貫錢物，到晚歸來，卻待攔住萬小娘子，告他則個。』大官人聽得，道是：『入山擒虎易，開口告人難。』」也作「**入山擒虎易，叉手告人難**」。

【入山問樵，入水問漁】

進山要請教樵夫，渡水要請漁夫。比喻要虛心向內行人學習。明・莊元臣《叔苴子內篇》卷一：「入山問樵，入水問漁。聖人焉不學哉！若聖待勝已而友，天下無友矣。惟無不師者，乃復能爲天下師。」

【入山之前先探路，出海之前先探風】

進山之前應先查明進山的路線，出海之前應先弄清海上的風向。比喻事前要了解情況，做好準備工作。例入山之前先探路，出海之前先探風，在工作全面展開之前，必須先深入基層，深入羣衆，做細致的調查研究，把各種情況了解清楚，才能爲工作的順利開展打下個牢固的基礎。

【入少出多】

收入少，支出多。收入不夠支出。宋・朱熹《行宮便殿奏禮》：「本路土瘠民貧……入少出多，往往例於常賦之外，多收加耗。」

【入舍女婿】

男子到女家結婚而成爲女家的成員，即「贅婿」。《敦煌變文集・齖齖書一卷》：「沒處安身，乃爲入舍女婿。」

【入深水者得珍珠，涉淺水者得魚蝦】

潛入深水的人才有可能採到寶貴的珍珠，涉足淺水的人則只能撈到小魚小蝦。比喻要想多有所獲，必須付出艱苦的勞動。例要想取得比別人大的成就，必須付出比別人多的勞動，入深水者得珍珠，涉淺水者得魚蝦，說的就是這個道理。

【入神之作】

達到神妙境界的作品。形容作品出神入化，妙不可言。清・趙翼《陔餘叢考・四聲正始於沈約》：「得胸臆，窮其妙旨，自謂入神之作。」

【入聖超凡】

聖：聖人；凡：凡夫，常人。道德修養超過凡人，達到聖人的境界。《鏡花緣》九回：「服肉芝延年益壽，食朱草入聖超凡。」魯迅《論睜了眼看》：「和尚多矣，但披這樣闊斗篷的能有幾個，已經是『入聖超凡』無疑了。」也作「**超凡入聖**」。

【入世不深】

涉足社會的時間不長。例這些入世不深的年輕人，缺乏社會經驗，容易上當受騙。

【入室操戈】

操：拿；戈：古代兵器。進入對方的屋裏，拿起對方的武器攻擊對方。《後漢書・鄭玄傳》：「任城何休好《公羊》學，遂著《公羊墨守》、《左氏膏肓》、《穀梁廢疾》；玄乃發《墨守》、針《膏肓》、起《廢疾》。休見而嘆曰：『康成入吾室，操吾矛以伐我乎？』」後用以比喻引用對方的論點反駁對方。例研究學術的學者往往會引用對方的論點來入室操戈，互相攻訐。

【入室弟子】

《論語・先進》：「由也升堂矣，未入於室也。」後用「入室弟子」比喻深得師傳，達到高深造詣的人。《晋書・楊軻傳》：「雖受業門徒，非入室弟子，莫得親言。」《雲笈七籤》卷七四：「南岳眞人告曰：『吾昔有入室弟子、仙人趙成子者。』」

【入室升堂】

室：內室，即後屋；堂：廳堂，即前屋。登上廳堂，進入內室。《論語・先進》：「由也升堂矣，未入於室也。」比喻人在學識技藝等方面有高深的造詣。《孔子家語・弟子行》：「蓋入室升堂者七十有餘人，其孰爲賢？」《南史・任昉傳》：「自傅季友以來，始復見於任子。若孔門是用，其入室升堂。」

【入水問漁】

水：泛指江河湖海等水域；漁：泛指捕魚人。到了江河湖海等水域就應該向捕魚人請教。比喻幹什麼就該向這方面的內行人討教。《呂氏春秋・疑似》：「入於水而問漁師。」

【入田觀稼，從小看大】

到田間觀察莊稼，可以從禾苗的長勢看出收成的好壞。比喻事物的發展變化，都會有先兆。明・李夢陽《族譜・大傳》：「孟章弟爲兒時，業自言，火蒸蒸自丹田起，沖腦眩，乃後恆病熱，卒死。彼諺有之曰：『入田觀稼，從小看大。』言有兆必先也。」

【入鐵主簿】

入鐵：目光可以看透鐵；主簿：主管文書的官員。目光可以看透鐵的官吏。形容非常精明幹練的官員。《北齊書・許惇傳》：「惇淸識敏速，達於從政，任司徒主簿，以能判斷，見知時人，號爲入鐵主簿。」

【入土爲安】

舊時只有把死者埋到墳地，才能告慰死者，並且也讓親屬安心。例人死最好早日入土爲安，這是習俗也是對死者的尊重。

【入文出武】

在朝能爲文臣，出朝能當將帥，形容兼備文武之才。唐・張說《河西節度副大使都督安公碑》：「總軍挾郡，入文出武，三十年間，式遏戎虜。」

【入吾彀中】

彀：拉滿弓；彀中：箭的射程之內。進入我的射程之內。比喻人才落入我的掌握，爲我所支配。五代・王定保《唐摭言》卷一：「[唐太宗]嘗私幸端門，見新進士綴行而出，喜曰：『天下英雄入吾彀中矣。』」清・百一居士《壺天錄》卷中：「茲乃投其所好，榮以正位，亦安有不入吾彀哉！」也作「入其彀中」。明・沈德符《梅客生司馬》：「士大夫素以豪傑自命，不幸爲此輩所豢誘，入其彀中，究至誤身以誤天下，悲夫！」

【入鄉隨俗】

到一個地方就順應那裏的風俗習慣。《莊子・山木》：「入其鄉，從其鄉。」《續傳燈錄・大寧道寬禪師》：「雖然如是，且道入鄉隨俗一句作麼生道？」也作「入鄉隨鄉」。《敦煌變文集・王昭君變文》：「故入國隨國，入鄉隨鄉，到蕃里還立蕃家之名。」

【入鄉隨鄉】

見「入鄉隨俗」。

【入眼貨】

比喻使人中意的東西。例別看這條街很小，舖面不多，但入眼貨可眞不少。

【入於澤而問牧童，入於水而問漁師】

到了沼澤地帶就向牧童求教，到了河邊就向打魚的請教。謂要虛心向熟悉情況的人請教。《呂氏春秋・疑似篇》：「舜爲御，堯爲左，禹爲右，入於澤而問牧童，入於水而問漁師，奚故也？其知之審也。」

【入主出奴】

入主：以自己所崇信的學說爲主；出奴：以自己所排斥的學說爲奴。比喻學術上的門戶之見。唐・韓愈《原道》：「其言道德仁義者，不入於揚，則入於墨；不入於老，則入於佛。入於彼，必出於此。入者主之，出者奴之。」《明史・馬孟楨傳》：「臣子分流別戶，入主出奴，愛憎由心，雌黃信口，流言蜚語，騰入禁庭，此士習可慮也。」

ㄖㄨㄛˋ

【若敖鬼餒】

若敖：春秋時代楚國的若敖氏；餒：餓。比喻子孫斷絕，沒有後代。《左傳・宣公四年》記載，若敖氏的後代楚國令尹子文，擔心他的侄子越椒將來會使若敖氏滅宗，臨死時，聚集族人哭泣道：「鬼猶求食，若敖氏之鬼，不其餒而！」意思是若敖氏的鬼將因滅宗而無人祭祀。後來，若敖氏終因越椒叛楚而被滅絕。明・李淸《三垣筆記・弘光》：「六十老翁復何所求？而若敖已餒，何不覓千秋名，乃遺萬年臭？」也作「若敖之鬼」。淸・紀昀《閱微草堂筆記・灤陽續錄二》：「後其子冶游驕縱，竟破其家，流離寄食，若敖之鬼遂餒。」

【若敖之鬼】

見「若敖鬼餒」。

【若傍無人】

好像身旁沒有人。形容自高自大，瞧不起人。晋・左思《咏史》詩：「荊軻飲燕市，酒酣氣益震，哀歌和漸離，謂若傍無人。」也作「旁若無人」。

【若崩厥角】

好像獸角觸地崩裂。形容驚恐不安的樣子。《尚書・泰誓》：「勖哉夫子，罔或無畏，寧執非敵，百姓懍懍，若崩厥角。」

【若臂使指】

見「如臂使指」。

【若不勝衣】

見「如不勝衣」。

【若出一吻】

吻：口吻，指口氣。形容衆口一詞。梁啟超《霍布士學案》：「此其全論之條理次序，皆與霍氏若出一吻。」

【若出一轍】

轍：車轍。像出自同一車轍。形容十分相似，完全一樣。《讀通鑑論・唐中宗》：「此唐、宋之所以亡，與漢末黨錮之禍若出一轍也。」

【若存若亡】

指心中似有似無。《老子》四一章：「上士聞道，勤而行之，中士聞道，若存若亡，下士聞道，大笑之；不笑不足以爲道，故建言有之。」

【若大若小】

或多或少。《西湖佳話・放生善跡》：「這些檀越施主，若大若小，爭出錢糧。」

【若合符節】

符節：古代用於調兵遣將、傳達命令的憑證，用竹、木或銅制成，上刻文字，分成兩半，雙方各執一半，合則聽調。像符節相合一樣。戰國燕・樂毅《獻書報燕王》：「臣乃口受令，具符節，南使臣於趙。」後來用以形容兩相吻合。《孟子・離婁下》：「得志行乎中國，若合符節，先聖後聖，其揆一也。」宋・陸九淵《與曾宅之書》：「古聖賢之言，大抵若合符節。」也作「若合符契」。晉・袁宏《三國名臣序贊》：「衰世之中，保持名節，君臣相體，若合符契，則燕昭樂毅，古之流也。」

【若火燎原】

原：原野。像熊熊烈火焚燒原野。比喻局勢危急而且日益嚴重，難以阻擋。《尚書・盤庚上》：「若火之燎於原，不可向邇，其猶可撲滅。」唐・高郢《曹劌請從魯公一戰賦》：「是以揣人情，究物理，決勝則若火燎原，發言則如石投水。」

【若即若離】

若：好像，似乎；即：接近。似乎接近，又似乎不接近。形容關係不疏不密，保持一定距離。也形容內容有些相合，又有些不相合。魯迅《高老夫子》：「他的書雖然和《了凡綱鑑》也有些相合，但大段又很不相同，若即若離，令人不知道講起來應該怎樣拉在一處。」

【若將容易得，便作等閒看】

等閒：尋常，隨便。謂容易到手的東西，往往不受重視。《西遊記》二二回：「我和你只做得個擁護，保得他身在命在，替不得這些苦惱，也取不得經來；就是有能先去見了佛，那佛也不肯把經善與你我：正叫做『若將容易得，便作等閒看。』」

【若履平地】

見「如履平地」。

【若卵投石】

好像用蛋碰石頭一樣。比喻自取滅亡。《漢書・刑法志》：「以桀詐堯，若卵投石。」

【若昧平生】

昧：不認識，不了解；平生：一生，從來。好像從來不了解。宋・洪邁《容齋四筆・漢高帝祖稱豐公》：「予自少時讀班史，今六七十年，何啻百遍，用朱點句，亦須十本，初不記憶高帝之祖稱豐公，比再閱之，恍然若昧平生，聊表見於此。」

【若明若暗】

好像明朗又好像昏暗。比喻認識模糊不清。例由於平時工作不深入，我對周圍羣衆的情況若明若暗。也比喻意思似乎清楚，又似乎不清楚。也作「若明若昧」。清・吳趼人《劫餘灰》一三：「這裏以前之事，我都略略知道。不過一向若明若昧，不甚清楚罷了。」

【若明若昧】

見「若明若暗」。

【若烹小鮮】

烹：燒煮；鮮：活魚。像烹煮小魚一樣。比喻輕而易舉。《老子》六〇章：「治大國若烹小鮮。」也作「如烹小鮮」。《陳書・高祖紀上》：「戮此大憝，如烹小鮮。」

【若前若後】

指或前或後。《石點頭》卷六：「若前若後，無非荊榛草澤，並無一片閒田。」

【若喪考妣】

見「如喪考妣」。

【若釋重負】

形容卸去沉重的負擔，表示心地輕鬆。《南史・梁本紀上》：「居之如執朽索，去之若釋重負。」

【若數家珍】

見「如數家珍」。

【若說錢，便無緣】

一說到借錢，連原本親近的人也會變得陌生起來。謂人情勢利。例俗語道：「若說錢，便無緣」他一連向親友借貸多次，大家都不理他，到後來，一看到他，便都躲起來，避不見面。

【若無高山，怎顯平地】

比喻通過對比，事物的特徵才會顯現出來。《石點頭》卷八：「『爲此，客商們哪一個不稱頌他廉明。倘若在此處犯出，少不得要打個臭死，剩還你性命，便是造化了。』旁邊客商們聽見，齊道：『果然，果然，正是若無高山，怎顯平地。』」

【若無破浪揚波手，怎取驪龍頷下珠】

驪龍：黑色的龍；頷：下巴。如果沒有在大海裏乘風破浪的本領，怎麼能從黑龍下巴底下摘取寶珠呢？比喻若要承擔某事，必須具備所需的技能。例若無破浪揚波手，怎取驪龍頷下珠，這件事我既然已經答應了你，自然就有本事替你辦到。

【若無其事】

見「如無其事」。

【若無若有】

見「若有若無」。

【若無天地】

好像天地不存在了。比喻悲痛無所依靠的心情。北魏・李彪《求復修國史表》：「惟孝文皇帝，承天地之寶，崇祖宗之業，景功未就，奄焉崩殞，凡百黎民，若無天地。」

【若無漁父引，怎得見波濤】

漁父：漁夫。比喻如果沒有內行人或知情人的指點，做起事來就會不得要領。明・沈采《千金記》四〇齣：「[丑]要往江東去，那右邊有水去不得。左邊一條大路，直到江東。[淨]那田夫不要哄我。[丑]小人焉敢。[淨]既如此，放了他。正是：若無漁父引，怎得見波濤。」

【若響應聲】

見「如響而應」。

【若向鍋中添水，不如灶內無柴】

若要止息水的沸騰，與其向鍋中添加冷水，不如從灶內抽出柴火。比喻要阻止某件事情，與其治標，不如治本。《說岳全傳》五九回：「太子在上。你只想調兵復仇，終久何用？若向鍋中添水，不如灶內無柴。況自古以來，權臣在內，大將豈能立功於外？」

【若信卜，賣了屋】

卜：占卜，預測凶吉的迷信活動。如果聽信占卜的話，就會窮得把住的房屋都賣掉。謂占卜算卦純屬騙人，不可相信。《警世通言》卷一三：「押司道：『甚麼道理！我閒買個卦，卻說我今夜三更三點當死。我本身又無疾病，怎地三更三點便死。待捽他去縣中，官司究問明白。』衆人道：『若信卜，賣了屋。賣卦口，沒梁斗。』」

【若要不喝酒，醒眼看醉人】

如果想要戒酒，最好的辦法是在神志清醒時看看醉漢的醜態。比喻要想使人改正錯誤，最好讓他親眼看看錯誤造成的嚴重後果。例讓那些有經濟問題，而又不肯坦白交代的人去參觀一下反貪污展覽，這對他們一定會有好處，俗話說得好，若要不喝酒，醒眼看醉人。也作「若要斷酒法，醒眼看醉人」。例「若要斷酒法，醒眼看醉人」。聽了那個罪犯的現身說法，他幡然悔悟，決心痛改前非。

【若要不知，除非莫爲】

見「若要人不知，除非己莫爲」。

【若要弟兄賢，明算伙食錢】

如果想要弟兄們彼此友善，就必須把伙食帳目當衆算清。謂無論關係多麼親近，在經濟問題上也應分清，這樣，大家才能和睦相處。例他總是說若要弟兄賢，明算伙食錢，別看是一家人，可在錢的問題上，他從來都你是你，我是我。

【若要斷酒法，醒眼看醉人】

見「若要不喝酒，醒眼看醉人」。

【若要富，守定行在賣酒醋；若要官，殺人放火受招安】

行在：皇帝行幸所到的地方；招安：招降，勸說歸順投降。舊謂跟隨帝王巡幸的隊伍作生意可以發財，先造反爲寇後歸順朝廷可以做官。宋・張知甫《可書》：「紹興間，盜賊充斥，每招至，必以厚爵。又行在士子多鬻酒醋爲生。故諺云：『若要富，守定行在賣酒醋；若要官，殺人放火受招安。』」

【若要富，土裏做，若要饒，土裏刨】

饒：豐富，富足。謂農民要想生活富裕，就要在農業生產上用心盡力。元・無名氏《凍蘇秦》楔子：「孩兒也，俺是莊農人家，一了說：若要富，土裏做，若要饒，土裏刨。依著我，你兩個休去，則不如做莊農的好。」

【若要富，險中求】

舊謂要想發財致富，就要不怕冒風險。《大馬扁》一一回：「常言道：若要富，險中求，我們若要貴，該從險中求才做得，故除去反對之人是不可遲的。」

【若要富，男耕田，女織布】

謂要想生活富足，就要多種經營，農副業並舉。例俗話說「若要富，男耕田，女織布」，只要我們一手抓糧食生產，一手抓鄉鎮企業，通過大家的辛勤勞動，我們的生活就會一天比一天紅火。

【若要公道，打個顛倒】

謂要想辦事公道，就應該把自己擺到別人的位置上去考慮問題。例俗話說：「若要公道，打個顛倒」，遇事不能只顧自身的利益，而應該多設身處地替別人著想。

【若要好，大作小】

大作小：降低身分。要想把事情辦好，就要不惜降低身分，謙遜待人。《西遊記》八七回：「行者道：『若要好，大作小。』沙僧道：『怎麼叫做大做小？』行者道：『若要全命，師作徒，徒作師，方可保全。』」

【若要好，問三老】

要想把事情辦好，就要多向閱歷豐富的老年人請教。明・康海《中山狼》三折：「俺救了您，您倒要吃俺，世上有這奇事麼？常言道：若要好，問三老，俺與您去尋著三個老的，問他道是該吃俺也不該吃，他若道是該吃呵，俺便死也是甘心哩。」

【若要會，人前累；若要精，人前聽】

謂要想學會本領，就要不怕吃苦受累；要想辦事精明，就要多聽取別人的意見。例俗話說：「若要會，人前累；若要精，人前聽」，只有在實踐中不斷磨煉自己，並虛心向別人學習，才能不斷增長自己的聰明才幹。

【若要健，日日練】

要想健康長壽，就必須每天堅持鍛煉身體。例他已經八十多歲了，但耳不聾，眼不花，精力充沛，彷彿越活越年輕，其原因之一就在於他能持之以恆天天鍛鍊身體，他常說：「若要健，日日練。」

【若要欺心人，吃素隊裏尋】

謂自詡吃素行善的人，往往正是做事昧良心的人。《何典》四回：「眞是，若要欺心人，吃素隊裏尋……雌鬼被他纏住，只得在荷包裏挖出一只鐸頭錠來送與他。」

【若要俏，添重孝】

孝：孝服，為白色。謂婦女穿上白衣素服，常會顯得更加秀雅俏麗。《警世通言》卷三五：「少頃邵氏出來拈香，被支助看得仔細。常言：『若要俏，添重孝。』縞素裝束，加倍清雅。」也作「**若要俏，帶三分孝**」。

【若要人不知，除非己莫為】

漢·枚乘《上書諫吳王》：「欲人勿聞，莫若勿言；欲人勿知，莫若勿為。」指要想人不知道，除非自己不去做，幹了壞事終究是隱瞞不住的。《金瓶梅詞話》六九回：「伯爵道：『我猜已定還有底腳裏人兒對哥說怎得知道這等切，端的有鬼神不測之機。』西門慶道：『傻狗材，若要人不知，除非己莫為。』」《官場現形記》五三回：「常言說得好：『若要人不知，除非己莫為。』」也作「**若要不知，除非莫為**」。《三國演義》五四回：「『若要不知，除非莫為。』滿城百姓那一個不知，你倒瞞我。」

【若要人下水，自己先脫衣】

比喻要求別人做到的，自己應該先做到。例常言道：「若要人下水，自己先脫衣」，領導幹部在各方面都應嚴格要求自己，為羣衆作出表率，連自己都做不到的事情，又怎麼能說服羣衆去做呢？

【若要少莫老，切莫多犯愁】

少：年少；老：衰老。謂樂觀能使人青春長在，憂愁易使人過早衰老。例他這個人心事太重，不是愁這個，就是愁那個，才四十歲的人，就已蒼老得像個老頭子，可見「若要少莫老，切莫多犯愁」這句話是很有些道理的。

【若要事成全，張果老撐鐵船】

張果老：神仙名，傳說中的八仙之一。謂世間萬事很難十全十美，就像很難能遇見張果老撐鐵船一樣。宋·曾敏行《獨醒雜志》：「俚諺有『若要事成全，張果老撐鐵船』之語，以為難遇不復可見也。」

【若要有前程，莫做沒前程】

要想使自己前程遠大，就不要去做那些妨礙自己前程的事情。《西遊記》八回：「古人云：『若要有前程，莫做沒前程。』你既上界違法，今又不改凶心，傷生造孽，卻不是二罪俱罰？」

【若依佛法，冷水莫呷】

呷：喝。如若死守佛教法則，那麼連一口涼水也是不能喝的。謂凡事不可拘泥於教條。《醒世恆言》卷二六：「人人修善，全在自己心上，不在一張口上。故諺語有云：『佛在心頭坐，酒肉腑腸過。』又云：『若依佛法，冷水莫呷。』難道吃了這個魚，便壞了我們為同僚的心？」

【若隱若顯】

見「若隱若現」。

【若隱若現】

又像隱藏又像顯露。形容看不眞切。唐·李世民《大唐三藏聖教序》：「無滅無生，歷千劫而不古；若隱若現，運百福而長今。」也作「**若隱若顯**」。《宣和畫譜·山水三》：「[黃齊]作《風煙欲雨圖》，非陰非霽，如梅天霧曉，霏微晻靄之狀，殊有深思，使他人想像於微茫之間，若隱若顯，不能窮也。」

【若有若無】

好像有，又像沒有。形容模模糊糊，虛虛實實的狀態。例朋友傳眞過來一份文件，他拿了看，字跡若有若無，看得相當吃力，也作「**若無若有**」。清·屈大均《粵遊雜咏序》：「詩以神行，使人得其意於言之外，若遠若近，若無若有，若雲之於天，月之與水。」

【若有所喪】

好像丟失了什麼似的。形容神情恍惚或悵惘。也作「**若有所亡**」。《淮南子·原道訓》：「解車休馬，罷酒徹樂，而心忽然若有所喪，悵然若有所亡也。」也作「**若有所失**」。《紅樓夢》六回：「彼時寶玉迷迷惑惑，若有所失。」也作「**如有所失**」。《紅樓夢》三〇回：「話說林黛玉自與寶玉口角後，也覺後悔，但又無法去就他之理，因此日夜悶悶，如有所失。」

【若有所失】

見「若有所喪」。

【若有所思】

好像心裏在想什麼似的。形容陷入沉思的樣子。唐·陳鴻《長恨歌傳》：「玉妃茫然退立，若有所思。」清·秦子忱《續紅樓夢》二回：「惟有黛玉眼圈兒一紅，低頭不語，默默若有所思。」

【若有所亡】

見「若有所喪」。

【若有所悟】

好像有所領悟似的。例在他的耐心解釋下，她不再困惑了，若有所悟地連連點頭稱是。

【若遠若近】

好像在遠處，又好像在近處。形容令人捉摸不定之感。清·屈大均《粵游雜咏序》：「詩以神行，使人得其意於言之外，若遠若近，若無若有，若雲之於天，月之與水。」

【若爭小可，便失大道】

小可：尋常小事。謂如果為了尋常小事爭執不休，就會造成大的損失。例俗話說：「若爭小可，便失大道。」你們為了這點雞毛蒜皮的小事爭得臉紅脖子粗，要是由此而影響了大家的團結，那值得嗎？

【若醉初醒】

見「如醉方醒」。

【弱不好弄】

弱：年幼；好：喜好，喜愛；弄：玩弄，玩耍。年幼時不愛玩耍。《左傳·僖公九年》：「夷吾弱不好弄。」多形容少年老成。《三國志·吳書·顧邵傳》裴松之注引殷基（殷禮之子）《通語》曰：「禮字德嗣，弱不好弄，潛識過人。」

【弱不禁風】

弱：軟弱，瘦弱；禁：經受。弱得連風吹都禁受不住。形容人體質虛弱。唐·杜甫《江雨有懷鄭典設》詩：「亂波分披已打岸，弱雲狼藉不禁風。」也多用以比喻體態輕盈的女子。宋·歐陽澈《夢仙謠》詩：「明眸斜盼秋波剪，蘭柔柳弱不禁風。」魯迅《文學與出汗》：「『弱不禁風』的小姐出的是香汗。」

【弱不可以敵强，寡不可以敵衆】

弱小的無法抵擋强大的，人少的不能對抗人多的。明·朱鼎《玉鏡台記》二九齣：「主公不必多憂，自古弱不可以敵强，寡不可以敵衆。主公今日之勢，諒非溫嶠所能敵。」

【弱不勝衣】

勝：承受。身體瘦弱的連穿的衣服都承受不住。《紅樓夢》三回：「衆人見黛玉……身體面貌雖弱不勝衣，卻有一段風流態度。」

【弱冠之年】

冠：古代男子二十歲舉冠禮，表示已經成人。《禮記·曲禮上》：「二十曰弱，冠。」孔穎達疏：「二十成人初加冠，體猶未壯，故曰弱也。」後泛指男子二十歲左右的年齡。清·吳騫《拜經樓詩話》卷四：「所謂才子者，須是王子安弱冠之年，學問文章，如江如海，乃可稱之。」

【弱肉强食】

原指動物中弱者的肉是强者的食物。唐·韓愈《送浮屠文暢師序》：「夫獸深居而簡出，懼物之爲己害也，猶且不能脫焉。弱之肉，强之食。」後多借指弱者被强者欺凌，吞併。元·胡天游《聞李帥逐寇復州治》詩：「惜哉士卒多苦暴，弱肉强食鴟鴞同。」

【弱如扶病】

扶病：支撑病體。虛弱得很，像支撑著病體一樣。《紅樓夢》一七回：「大約騷人咏士以此花紅若施脂，弱如扶病，近乎閨閣風度，故以『女兒』命名。」

【弱水之隔】

弱水：古代小說、傳說中所指的不勝鴻毛，不通舟楫，不可渡越的河流。後用「弱水之隔」形容兩地阻隔，音問不通。宋·胡繼宗《書言故事·地理類》：「遠不能到，云如有弱水之隔。」

ㄖㄨㄟˋ

【枘圓鑿方】

枘：榫頭；鑿：榫眼。圓形的榫頭，方形的榫眼。比喻兩相乖忤，格格不入。《好逑傳》一五回：「不過冥冥中若無作合，則日東月西，何緣相會，枘圓鑿方，入於參差。」也作「枘鑿不入」。宋·陳亮《勉强行大道有功論》：「仲舒欲以淵源正大之理而易其膠膠擾擾之心，如枘鑿之不相入。」

【枘鑿不入】

見「枘圓鑿方」。

【銳不可當】

銳：銳利，鋒利；當：抵擋。形容來勢銳猛，無法阻擋。《史記·淮陰侯傳》：「此乘勝而去國遠鬥，其鋒不可當。」《初刻拍案驚奇》卷三一：「侯元領了千餘人，直突其陣，銳不可當。」也作「銳未可當」。《後漢書·鄧禹傳》：「赤眉新拔長安，財富充實，鋒銳未可當。」

【銳鋒產乎鈍石，明火熾乎暗木】

熾：火旺。鋒利的刀鋒是用不銳利的磨刀石磨出來的，明亮耀眼的火焰是由暗而無光的木頭產生的。比喻人的出身並不能決定他的品行才幹。晉·葛洪《抱朴子·博喻》：「銳鋒產乎鈍石，明火熾乎暗木，貴珠出乎賤蚌，美玉出乎醜璞。」

【銳未可當】

見「銳不可當」。

【瑞彩祥雲】

見「瑞氣祥雲」。

【瑞氣祥雲】

祥瑞的雲氣。比喻喜事降臨的吉兆。明·無名氏《度黃龍》一折：「今到此山之中，觀見瑞氣祥雲，氤氳于九霄之上。」也作「瑞彩祥雲」。明·無名氏《紫微宮》二折：「瑤池內瑞彩祥雲盡籠罩，總堪描。」

【瑞獸祥禽】

見「瑞獸珍禽」。

【瑞獸異禽】

見「瑞獸珍禽」。

【瑞獸珍禽】

瑞：祥瑞；珍：奇珍。泛指奇異少見的飛禽走獸。《紅樓夢》二回：「這『女兒』兩個字極尊貴極清淨的，比那瑞獸珍禽、奇花異草更覺希罕尊貴呢！」也作「瑞獸異禽」。《隋書·高祖紀》：「瑞獸異禽，游園鳴閣。」也作「瑞獸祥禽」。北周·庾信《周祀五帝歌》：「瑞獸耀霜，祥禽映雪。」

【瑞雪兆豐年】

冬天大雪預示來年農作物的豐收。指冬雪保溫殺蟲，有利於來年農作物生長發育，農民把冬雪看作來年豐收的預兆。峻青《瑞雪圖》：「我知道，『瑞雪兆豐年』並不是一句迷信的成語，而是一個有著充分科學根據的論斷。」

【瑞以和降】

瑞：祥瑞；降：降臨。舊時認爲人情

和順，則天降祥瑞。《後漢書·質帝紀》：「瑞以和降，異因逆感，禁微應大，前聖所重。」

ㄖㄨㄢˇ

【阮囊羞澀】
阮囊：晋人阮孚的錢囊；羞澀：害羞，難爲情。宋·陰時夫《韻府羣玉·陽韻·一錢囊》：「阮孚持一皂囊，游會稽，客問：『囊中何物？』曰：『但有一錢看囊，恐其羞澀』。」後借以表示貧困，身邊無錢。清·百一居士《壺天錄》卷上：「阮囊羞澀，行止兩難。」

【阮咸之縱】
阮咸：晋人；縱：放蕩不羈。《晋書·阮咸傳》：「素幸姑之婢……借客馬追婢，既及，與婢累騎而還。」後用以指私通婢女的行爲。唐·范攄《雲溪友議》卷一：「又有崔郊秀才者……與姑婢通，每有阮咸之縱。」

【軟飽黑甜】
軟飽：飲酒足；黑甜：睡得香。盡興地喝完酒，美美地睡上一覺。宋·蘇軾《發廣州》詩：「三杯軟飽後，一枕黑甜餘。」

【軟不吃，硬不吃】
謂無論是溫和的手段，還是强硬的手段，都難以奏效。老舍《龍鬚溝》二幕：「丁四：您揍我還不容易，我又不敢回手。趙老：你這個傢伙，軟不吃，硬不吃，沒法兒辦！」

【軟處好起土，硬處好打牆】
打：建造，修築。土質鬆軟的地方便於挖起泥土，土質堅硬的地方利於修築牆壁。比喻對不同的條件，應採取不同的方法，合理利用。例俗話說「軟處好起土，硬處好打牆」，條件不同，處理的方法也應有所不同，不能把一時一地的經驗到處生搬硬套。

【軟刀子】
比喻不動聲色陰險陷害他人的手段。例這個人陰得很，盡用軟刀子害人，讓你說不出道不明的。

【軟刀子割頭不覺死】
見「軟刀子殺人不見血」。

【軟刀子殺人不見血】
形容害人的手段陰險毒辣，傷害了人，還讓人不易察覺。也作「軟刀子割頭不覺死」。魯迅《墳·題記》：「木皮道人說得好，『幾年家軟刀子割頭不覺死』，我就要專指斥那些自稱『無槍階級』而其實是拿著軟刀子的妖魔。」

【軟的欺，硬的怕】
見了軟弱老實的人就欺負，見了强硬厲害的人就害怕。《紅樓夢》六八回：「我深知你們軟的欺，硬的怕，背著我的眼，還怕誰？倘或二奶奶告訴我一個『不』字，我要你們的命！」

【軟釘子】
比喻委婉的回絕。例他想走後門把他弟弟的戶口遷進城，沒想到碰了個軟釘子。人家以心有餘而力不足爲由給回絕了。

【軟耳朵】
比喻沒有定見，容易輕信讒言。例他是個軟耳朵，你找他說說情，肯定沒問題。

【軟骨病】
比喻人沒有骨氣或勇氣。例他一見了有錢有勢的人，就低三下氣，挺不起腰桿來，眞是害了軟骨病！

【軟骨頭】
比喻沒有氣節的人。例你放心，他不是個軟骨頭，任憑敵人的嚴刑拷打，他一定能挺過來的。

【軟紅塵土】
見「軟紅香土」。

【軟紅十丈】
見「軟紅香土」。

【軟紅香土】
形容都市的繁華。宋·蘇軾《次韻蔣穎叔、錢穆父從駕景靈宮》詩：「半白不羞垂領發，軟紅猶戀屬車塵。」自注：「前輩戲語：『西湖風月不如東華軟紅香土。』」也作「軟紅塵土」。清·王敬之《咏柳絮》詞：「濛濛撲面春街路，憶平分、軟紅塵土。」也作「軟紅十丈」。清·湯光啟《滿庭芳》詞：「花夢驚涼，月痕怯瘦，畫樓靜掩黃昏。軟紅十丈，何處漾纖塵？」也作「紅塵十丈」。

【軟雞蛋】
比喻膽小軟弱的人。例你呀，怎麼能派他去與那一伙人鬥，他是個軟雞蛋，不把咱們賣了就算不錯了。

【軟腳蟹】
比喻無能的人。例他是個軟腳蟹，成不了大事。

【軟口湯】
比喻爲不使人講話而用的行賄財物。例你指望他揭發問題，恐怕不可能，他吃了別人的軟口湯，哪敢說什麼。

【軟麪包餃子——任人捏】
比喻聽任別人的驅使或欺侮。例人窮志不窮，對黑暗勢力，要奮起抗爭，不能像軟麪包餃子——任人捏。

【軟麪筋】
麪筋：一種食品，麪粉加水拌和後，洗去其中的澱粉，所剩的混合蛋白即麪筋。比喻性格軟弱，易受他人指使的人。例他是個軟麪筋，說不上三句好話，他就會改變主意，滿口答應。

【軟米粥拌粉麪——愁（稠）上加愁（稠）】
軟米：黏性的米；粉麪：用馬鈴薯、白薯等澱粉製成，勾芡用。見「糯米粥裏拌芡粉——愁（稠）上加愁（稠）」。

【軟泥巴裏好插棍】
比喻軟弱老實的人容易受到欺負。例你們什麼事都讓他去幹，還不是看人家老實，眞是軟泥巴裏好插棍。

【軟軟濃濃】
形容春天的景色柔和、明媚。清·孔尚任《桃花扇·傳歌》：「你看梅錢已落，柳綫才黃，軟軟濃濃，一院春色，叫俺如何消遣也。」

【軟索能套猛虎】

柔軟的繩索能套住凶猛的老虎。比喻溫和的手段也能制服剛强的對手。例這件事可不能跟他硬碰硬，跟他軟磨準能成功，這就叫軟索能套猛虎。

【軟香溫玉】

見「軟玉溫香」。

【軟心腸】

比喻感情柔弱，心眼好，容易同情理解別人。例你別害怕，好好向她承認錯誤，這個軟心腸的人肯定會原諒你的。

【軟硬兼施】

兼施：同時施展。軟硬手段並用。含貶義。例他爲了要引導小孩多讀書，常常軟硬兼施，但最後小孩的功課還是一落千丈。

【軟玉嬌香】

見「軟玉溫香」。

【軟玉溫香】

軟：柔軟；溫：溫馨。柔軟如玉，溫馨似香。形容年輕女子的體態。元·王實甫《西廂記》一本二折：「軟玉溫香，休道是相親傍；若能夠湯他一湯，倒與人消災障。」也作「軟香溫玉」。《警世通言》卷二一：「央公子滅被添衾，軟香溫玉，豈無動情之處？」也作「軟玉嬌香」。《羣音類選·李愛山〈步步嬌〉》：「他猿乖，意馬劣，都將軟玉嬌香，嫩枝柔葉。」

【軟棗樹上結柿子——小事(柿)】

軟棗樹：即黑棗樹，用它來嫁接柿樹，結出來的柿子，個頭要小些；事：「柿」的諧音。雙關語。比喻事情不大或無關緊要。例眼光要遠大些，軟棗樹上結柿子——小事（柿）就不必計較了。

ㄖㄨㄥˊ

【戎馬間】

見「戎馬之間」。

【戎馬倥傯】

戎馬：戰馬，借指戰爭中軍旅生涯；倥傯：ㄎㄨㄥˇ ㄗㄨㄥˇ，急迫匆忙。形容軍務繁忙。《花月痕》六回：「人生蹤跡，不能預料。兩月以前，戎馬倥傯；豈知今日羣花圍繞，玉軟香溫？」也作「戎務倥傯」。宋·劉克莊《高宗宸翰》：「於時蹕無定居，戎務倥傯。」也作「軍務倥傯」。

【戎馬生郊】

戎馬：戰馬。《老子·儉欲》：「天下無道，戎馬生於郊。」後以此四字表示兵連禍結，戰亂不已。《周書·武帝紀下》：「二國爭强，戎馬生郊，干戈日用，兵連禍結。」

【戎馬生涯】

戎馬：戰馬，泛指戰爭、軍事；生涯：從事某種職業的生活。指職業軍人從軍作戰的生活。例數十年戎馬生涯從此結束了，新的離休生活即將開始。

【戎馬之間】

戎馬：戰馬，借指戰爭。指在戰爭中。北齊·顏之推《顏氏家訓·風操》：「汝曹生於戎馬之間，視聽之所不曉，故聊記錄，以傳示子孫。」也作「戎馬間」。唐·韓愈《歸彭城》詩：「歸來戎馬間，驚顧似羈雌。」

【戎務倥傯】

見「戎馬倥傯」。

【絨球打臉——不痛不癢】

見「木頭人生瘡——不痛不癢」。

【榮華富貴】

形容興旺顯赫，財多勢盛。《史記·外戚世家》：「丈夫當時富貴，百惡滅除，光耀榮華。」《初刻拍案驚奇》卷二二：「話說人生榮華富貴，眼前的多是空花，不可認爲實相。」

【榮枯得喪】

見「榮枯得失」。

【榮枯得失】

榮：繁榮；枯：枯萎。指人生的盛衰成敗。《今古奇觀》卷二〇：「把世情榮枯得失，看做行雲流水，一絲不掛。」也作「榮枯得喪」。《警世通言》卷二：「把世情榮枯得喪，看作行雲流水，一絲不掛。」

【榮枯休咎】

榮枯：盛衰；休咎：吉凶。指人生的盛衰吉凶。《兒女英雄傳》一回：「從那片光裏，現出許多離合悲歡，榮枯休咎的因緣來。」

【榮辱得失】

光榮與恥辱，成功與失敗。《後漢書·荀悅傳》：「得失一朝，而榮辱千載。」清·曾國藩《致諸弟書（道光二十二年十月二十六日）》：「世俗之榮辱得失，貴賤毀譽，君子固不暇憂及此也。」

【榮諧伉儷】

榮：光榮；諧：和諧；伉儷：配偶。光榮而又和諧地結成一對夫婦。常用作結婚賀詞。例小李和小張結婚時，村裏人請人寫了一副對聯送去。上面赫然八個大字：「永結秦晋，榮諧伉儷。」

【榮膺鶚薦】

膺：承受，承當；鶚：魚鷹；薦：推薦。原是漢代孔融推薦禰衡的用語。後常作爲賀人登科的頌詞。《後漢書·禰衡傳》：「衡始弱冠，而融年四十，遂與爲交友。上疏薦之曰：『鷙鳥累百，不如一鶚，使衡立朝，必有可觀。』」

【榮宗耀祖】

指使門庭祖宗增添榮耀。《儒林外史》一回：「做官怕不是榮宗耀祖的事，我看見這些做官的都不得有甚好收場。」

【容光煥發】

臉上光彩四射。形容人精神振奮。《聊齋志異·阿秀》：「母亦喜，爲女盥濯，竟妝，容光煥發。」

【容民畜衆】

容：容納；畜：畜養。容納畜養民

衆。《周易・師》：「象曰：『君子以容民畜衆。』」宋・龔頤正《芥隱筆記・杜子美詩》：「余以爲見此老容民畜衆之度，莫若『水深魚極樂，林茂鳥知歸。』」

【容身無地】
容：容納。沒有安身的地方。《敦煌變文集・降魔變文》：「六師聞語，唯諾依從，面帶羞慚，容身無地。」《官場現形記》五回：「如今受他這一番排揎，以爲被他看出隱情，叫他容身無地，不禁一時火起。」也作「置身無地」、「無地自容」、「無地自厝」、「無地自處」。

【容身之地】
可以勉强安身的地方。《三國演義》四三回：「乃棄新野，走樊城，敗當陽，奔夏口，無容身之地。」也作「容足之地」。唐・盧氏《逸史・李君》：「欲歸無糧食，將住，求容足之地不得。」也作「容足地」。唐・白居易《吾廬》詩：「眼下營求容足地，心中準擬掛冠時。」

【容頭過身】
容：容納。野獸鑽洞，能容下頭，身子即可過去。比喻得過且過。《後漢書・西羌傳》：「今三郡未復，園陵單外，而公卿選懦，容頭過身，張解設難，但計所費，不圖其安。」

【容膝之安，一肉之味】
形容居室狹窄，飯食單調。指生活條件不寬裕。漢・劉向《列女傳・賢明》：「今以容膝之安，一肉之味，而懷楚國之憂，其可乎？」

【容足地】
見「容身之地」。

【容足之地】
見「容身之地」。

【溶溶蕩蕩】
溶溶：寬廣的樣子；蕩蕩：蕩漾的樣子。形容水面寬廣，水波蕩漾。《紅樓夢》一七回：「只見水上落花愈多，其水愈加清溜，溶溶蕩蕩，曲折縈紆。」

【溶溶漾漾】
水波浮動的樣子。唐・杜牧《漢江》詩：「溶溶漾漾白鷗飛，綠淨春深好染衣。」

【溶今鑄古】
見「熔古鑄今」。

【溶經鑄史】
對經傳、史籍中的精華加以溶化提煉。清・朱庭珍《筱園詩話》：「然學詩者，總須溶經鑄史，以《騷》、《選》及八代、三唐爲根柢。」

【熔古鑄今】
熔化提煉古今文學藝術作品，從而創造出集大成的一代佳作。清・王士禛《池北偶談》卷一二：「竊見李滄溟先生攀龍，葆眞履素，取則先民，熔古鑄今，蔚爲代寶。」也作「熔今鑄古」。清・姜紹書《無聲詩史》卷三：「自晋唐以來，罔不傳摹，存其梗概，熔今鑄古，能集大成。」

【融會貫通】
融會：融合領會；貫通：前後貫穿。融合參考各種說法，得到系統透徹的理解。宋・朱熹《答姜叔權》：「然後能融會貫通，以至於此。」《清史稿・陳立傳》：「南歸後，乃整齊排比，融會貫通，成《公羊義疏》七十六卷。」

【融融泄泄】
融融、泄泄：表示和樂的樣子。形容大家在一起融洽愉快。《左傳・隱公元年》：「公（鄭莊公）入而賦：『大隧之中，其樂也融融。』姜出而賦：『大隧之外，其樂也泄泄。』遂爲母子如初。」

【融爲一體】
比喻關係密切，協調統一，如同一個整體。例大家相處久了，做起事來很有默契，若遇到團體活動時，就更覺得彼此是融爲一體了。

ㄖㄨㄥˇ

【冗詞贅句】
冗：繁雜；贅：多餘無用。繁雜多餘無用的詞和句。指文字不簡練。例他寫的文章不簡練，冗詞贅句較多，需要加以删節，才能發表。

ㄗ

ㄗ

【孜孜不怠】
孜孜：勤勉；怠：懶惰，鬆懈。勤奮努力，不懈怠。《梁書・何佟之傳》：「永元末，京師兵亂，佟之常集諸生講論，孜孜不怠。」

【孜孜不倦】
孜孜：勤勉；倦：疲倦，勞累。勤奮努力，不知疲倦。《三國志・蜀書・向朗傳》：「自去長史，優遊無事垂三十年，乃更潛心典籍，孜孜不倦。」也作「孳孳不倦」。《後漢書・魯丕傳》：「丕性沉深好學，孜孜不倦。」也作「孳孳不息」。郭沫若《題畫記》：「像他這樣孳孳不息，力爭精進的人，既成者業已大有可觀，將來的成就更是未可限量的。」

【孜孜矻矻】
矻矻：ㄎㄨˋ ㄎㄨˋ，勤奮不懈。極其勤奮，不知疲倦。唐・白行簡《李娃傳》：「因令生斥棄百慮以志學，俾晝作夜，孜孜矻矻。」也作「孳孳伋伋」。清・汪琬《敕授文林郎閩縣知縣劉君墓志銘》：「吾道廣大精微，方孜孜伋伋，日夜從事於此。」

【茲事體大】
茲：此；體：體制，規模。此事重大。馮雪峯《貓的大選》：「貓覺得這是未便隨意更動的，它說：『茲事體大，關係著國家制度的，假若由我自己改稱，豈不有獨裁之嫌？』」

【咨牙俫嘴】
見「齜牙裂嘴」。
【姿態橫出】
見「姿態橫生」。
【姿態橫生】
姿態：姿勢，樣子；橫生：縱橫生長。指超脫不俗的神態，層出不窮地表露出來。形容詩文、字畫超脫不俗。北周・庾信《趙國公集序》：「柱國趙國公發言爲論，下筆成章，逸態橫生，新情振起，風雨爭飛，魚龍各變。」宋・蘇軾《答謝民師書》：「所示書教及詩賦雜文，觀之熟矣。大略如行雲流水，初無定質，但常行於所當行，常止於所不可不止，文理自然，姿態橫生。」也作「姿態橫出」。宋・孫覿《內簡尺牘・一〇・與胡丞務三首》詩：「高文辱貺，亹亹千言，如行雲流水，姿態橫出。」
【資淺齒少】
資：資格，經歷；齒：人或牛馬等幼小者。資歷淺，年紀輕。宋・張孝祥《嚴守朱新仲》：「某戇愚不學，資淺齒少，而今茲除授，乃先衆俊，朝刀惴懼。」
【資淺望輕】
望：名譽聲望。資歷淺，名望小。常用於自謙。宋・朱熹《乞追還待制職名奏狀六》：「伏念臣自去歲誤蒙聖恩，擢置近列，使侍講筵，即以迂疏寡陋，資淺望輕，懇辭四五，而不獲命，遂已不敢覆辭講職。」
【資深望重】
資格老，聲望高。宋・蘇軾《答試館職人啟》：「國家求賢之道，必於閒暇無事之時；賢者報國之功，乃在緩急有爲之際……非獨使之業廣而材成，抑將待其資深而望重。」
【資怨助禍】
助長怨恨，促使禍患到來。《史記・刺客列傳》：「鞠武曰：『夫行危欲求安，造禍而求福，計淺而怨深，連結一人之後交，不顧國家之大害，此所謂『資怨而助禍』矣。』」
【諮師訪友】
諮：商量，徵詢；訪：向人詢問調查。請教老師詢訪朋友。形容多方求教，勤於詢問。《雲笈七籤》卷四〇：「他日齋靜，行來出入得誦，更不必齋時，宜諮師訪友，思而行之。」
【孳乳寖多】
孳：繁殖，生息；乳：乳汁，引申爲生子；寖（ㄐㄧㄣˋ）：同「浸」，滲透。指繁衍發展而漸漸多起來。漢・許慎《說文解字・敍》：「字者，言孳乳而寖多也。」例中國的人口若不節制，就會孳乳寖多，生存就成了問題。
【孳孳不倦】
見「孜孜不倦」。
【孳孳不息】
見「孜孜不倦」。
【孳孳汲汲】
見「孜孜矻矻」。
【滋蔓難圖】
指野草滋生蔓延，難以消除。比喻勢力擴大了再消除它就很困難。《左傳・隱公元年》：「公子呂曰：『無使滋蔓，蔓難圖也。蔓草猶不可除，況君之寵弟乎。』」《清史稿・王拯傳》：「信宜陳金釭尤爲巨憝，羣賊相爲一氣，滋蔓難圖。」
【赼趄卻顧】
卻顧：停住腳回頭看。比喻猶豫不前，不斷回頭看望。《野叟曝言》一四六回：「各國王國妃，俱貪看園中奇景，臨別時，赼趄卻顧，十步九回。」
【錙銖必較】
錙：古代重量單位，四錙等於一兩；銖：古代重量單位，二十四銖等於一兩。像錙銖那樣小的分量也要計較。①形容對細微的小事也認眞計較，不肯馬虎。宋・陳文蔚《朱先生敍述》：「先生造理精微，見於處事，權衡輕重，錙銖必較。」②形容對很少的錢或細微的事都要計較。《二刻拍案驚奇》卷三一：「就是族中支派，不論親疏，但與他財利交關，錙銖必較，一些面情也沒有的。」也作「錙銖較量」。《鏡花緣》一一回：「些許銀色小事，何必錙銖較量。」也作「銖銖較量」、「較量錙銖」。
【錙銖較量】
見「錙銖必較」。
【齜牙的不准吃人，吃人的不露兇相】
不准：不一定。比喻看人不能只看表面現象。例你別看他平常悶不吭聲的，很難說他沒有特殊的潛在能力，俗話說：齜牙的不准吃人，吃人的不露兇相。」
【齜牙裂嘴】
齜牙：露牙。張著嘴巴，露出牙齒。形容兇狠或疼痛難忍的樣子。《兒女英雄傳》三一回：「齜牙裂嘴的嚷疼。」也作「咨牙俫嘴」。《西遊記》五回：「咨牙俫嘴道：『不好吃！不好吃！』」

ㄗˇ

【子不語怪】
子：指孔子；語：說，談；怪：怪異。原指孔子不談怪異、勇力、叛亂、鬼神一類事情，泛指不談怪異。《論語・述而》：「子不語怪、力、亂、神。」《醒世恆言》卷四：「然雖如此，又道是子不語怪，且閣過一邊。」
【子承父業】
見「子繼父業」。
【子規夜半猶啼血，不信東風喚不回】
子規：杜鵑鳥；啼血：據說杜鵑啼叫時口中出血。杜鵑在半夜還不停地叫，不信春風再也呼喚不回來。比喻只要誠心誠意、堅定不移，事情就一定會成功。宋・王令《送春》詩：「三月殘花落更開，小檐日日燕飛來。子規夜半猶啼血，不信東風喚不回。」

【子繼父業】

兒子繼承父親的事業。南朝宋・劉義慶《世說新語・品藻》：「使子繼父業，弟承家祀，有何不可？」也作「子承父業」。《景德傳燈錄・利山和尚》：「僧問：『不歷僧只獲法身，請師直指。』師云：『子承父業。』」

【子午卯酉】

地支中的第一、第七、第四和第十位，用來表示方位距離的度數或時間先後的次第。通常以「子午」指半夜到次日的日中，以「卯酉」指日出到日落。後用來表示事情從頭到尾的詳細內容，源源本本。隋・蕭吉《五行大義序》：「夫五行者，蓋造化之根源……子午卯酉為經緯，八風六律為綱紀。」《歧路燈》一〇八回：「父子到了大廳，把進京以至出京，子午卯酉細陳一遍。」

【子係中山狼，得志便猖狂】

子：你；中山狼：傳說中的中山一條狼，被射傷後，東郭先生把它救出，後來反要吃掉東郭先生。比喻忘恩負義，恩將仇報。《紅樓夢》五回：「子係中山狼，得志便猖狂。金閨花柳質，一載赴黃粱。」

【子孝雙親樂，家和萬事成】

兒女孝順，雙親高興；家庭和睦，什麼事也能辦成。例瞧這一家人，子孝雙親樂，家和萬事成。誰見了，誰都誇呀！

【子虛烏有】

子虛：並非眞實；烏有：哪有此事。漢・司馬相如《子虛賦》：「楚使子虛使於齊，王悉發車騎，與使者出畋，畋罷，子虛過奼烏有先生，亡（無）是公存焉。」後以「子虛烏有」比喻不眞實的或假託的事情。清・陳康祺《郎潛紀聞二筆》卷一〇：「羅貫中《三國演義》，多取材於陳壽、習鑿齒之書，不盡子虛烏有也。」

【子曰詩云】

子：指孔子；詩：指《詩經》。泛指儒家言論和經典著作。元・宮大用《范張雞黍》一折：「我堪恨那伙老喬民，用這等小猢猻，但學得些妝點皮膚，子曰詩云。」也作「詩云子曰」。

【子子孫孫】

指子孫後代世世代代。《尚書・梓材》「惟王子子孫孫永保民。」唐・陳子昂《梓州射洪縣東山故居士陳君碑》：「嗟爾萬代子子孫孫，驕奢自咎，天道無親。」

【梓匠輪輿】

梓匠：木匠；輪：指做車輪的人；輿指做車箱的人。統稱有手藝的人。《孟子・盡心下》：「梓匠輪輿能與人規矩，不能使人巧。」唐・韓愈《符讀書城南》：「木之就規矩，在梓匠輪輿。」

【紫電清霜】

紫電：寶劍名；淸霜：即「青霜」，指劍。形容武器鋒利精良。唐・王勃《滕王閣序》：「騰蛟起鳳，孟學士之詞宗；紫電淸霜，王將軍之武庫。」

【紫陌紅塵】

紫陌：帝都的道路；紅塵：飛揚的塵土。形容繁華熱鬧。①京城的道路上塵土飛揚，非常熱鬧。唐・劉禹錫《元和十年自朗州承召至京，戲贈看花諸君子》詩：「紫陌紅塵拂面來，無人不道看花回。」②比喻虛幻的榮華。《羣音類選・胡全庵〈前腔十二首〉四》：「紫陌紅塵都是夢，溺者堪嗟。」

【紫袍玉帶】

紫袍：古代四、五品以上的官員的公服；玉帶：古代高官佩戴的玉飾的腰帶。穿著紫袍，繫著玉帶。比喻高官。明・無名氏《萬國來朝》三折：「戶列簪纓姓自香，紫袍玉帶氣昂昂。」

【紫氣東來】

紫氣：祥瑞的光氣。祥瑞的光氣從東而來。傳說老子過函谷關之前，關令尹喜見有紫氣從東而來，知道將有聖人過關。後比喻吉祥的徵兆。清・洪昇《長生殿・舞盤》：「紫氣東來，瑤池西望，翩翩青鳥庭前降。」也作「東來紫氣」。

【紫色蠅聲】

紫色：不正之色；䵷（ㄨㄚ）聲：淫邪之聲。比喻以假亂眞。《漢書・王莽傳贊》：「紫色䵷聲，餘分閏位。」

【紫綬金章】

紫綬：拴在印紐上的紫色綬帶；金章：金印。指宰相大臣的服飾。形容官高爵顯。元・關漢卿《陳母教子》三折：「俺這裏都是些紫綬金章官位。」

【紫檀木當柴燒——不識貨】

見「紅土當朱砂——不識貨」。

【紫心蘿蔔——紅透了】

見「冬月的柿子——紅透了」。

ㄗˋ

【自愛不自貴】

自己愛護自己，但不以為自己尊貴。指聖人之德。《老子》七十二章：「是以聖人，自知不自見，自愛不自貴。」

【自拔來歸】

拔：開拔，擺脫；歸：回來。自己離開敵方營壘，回到我方。指敵軍官兵投誠歸附。《新唐書・李勣傳》：「[武德]三年，自拔來歸。從秦王（李世民）伐東都，戰有功。」

【自保不暇】

見「自救不暇」。

【自暴自棄】

暴：糟蹋，損害。自己糟蹋自己，自己拋棄自己。指自甘落後，不求上進。《孟子・離婁上》：「言非禮義，謂之自暴也；吾身不能居仁由義，謂之自棄也。」宋・朱熹《近思錄・為學》：「懈意一生，便是自暴自棄。」也作「**自棄自暴**」。宋・朱熹《自論為學功夫》：「凡為血氣所移者，皆是自棄自暴之人耳。」

【自不量力】
量：估量。自己不能正確地估量自己。指過高地估計自己。《鏡花緣》一八回：「可謂『螳臂當車，自不量力！』」也作「**不自量力**」。

【自慚弗如】
見「自愧弗如」。

【自慚形穢】
見「自覺形穢」。

【自操井臼】
操：操作；井：汲水；臼：舂米的器具。自己親自打井水，舂米做飯。比喻自己動手操持家務。《後漢書・馮衍傳》：「妻悍不得畜媵妾兒女，皆常自操井臼。」

【自僝自僽】
僝：ㄔㄢˊ，煩惱；僽：ㄓㄡˋ，埋怨。自尋煩惱，自相埋怨。元・無名氏《冤家債主》二折：「到如今夫妻情，父子恩，都作了一筆勾，落得個自僝自僽。」

【自稱好，爛稻草】
比喻自己誇自己就不值錢了。例俗話說「自稱好，爛稻草」，你有什麼優點，不必自吹，還是讓別人來說吧！

【自成機杼】
見「自出機杼」。

【自成一格】
見「自成一家」。

【自成一家】
自己成為一家之言，或形成一種流派。指在某種學問上有獨特見解和風格並為世人所公認。《舊唐書・柳公權傳》：「公權初學王書，遍閱近代筆法，體勢勁媚，自成一家。」也作「**自樹一家**」。唐・杜牧《守論》：「於是乎闊視大言，自樹一家，破制削法，角為尊奢。」也作「**自成一格**」。宋・郭若虛《圖畫見聞志・五代・曹仲玄》：「始學吳[道玄]不得意，遂改跡細密，自成一格。」

【自出機軸】
見「自出機杼」。

【自出機杼】
機杼：織布機和梭子。比喻詩文、書畫立意新穎，構思巧妙，風格獨特。《魏書・祖瑩傳》：「文章須自出機杼，成一家風骨。」也作「**自成機杼**」。宋・劉子翬《次韻茂園獨速歌》詩：「自成機杼誰如君，悲歌乃有可憐色。」也作「**自出機軸**」。明・袁宏道《敘咼氏家繩集》：「吳川自出機軸，氣雋語快。」也作「**別出機杼**」。

【自出心裁】
心裁：心中的設計、籌劃。出於自己內心的創造。指不抄襲、模仿別人。《紅樓夢》八四回：「那些童生都讀過前人這篇，不能自出心裁，每多抄襲。」也作「**別出心裁**」、「**獨出心裁**」。

【自出新意】
見「自出胸懷」。

【自出胸懷】
出自於自己的心意。指與衆不同的個人見解或旨趣。《舊唐書・禮儀志二》：「苟立同異，竟為巧說，並自出胸懷，曾無師祖。」也作「**自出胸臆**」。淸・汪琬《吳道賢詩小序》：「郭恕先、米元章之流，往往於繩墨之外，自出胸臆。」也作「**自出新意**」。明・宋濂《答章秀才論詩書》：「孟東野陰祖沈、謝，而流於蹇澀。盧同則又自出新意，而涉於怪詭。」

【自出胸臆】
見「自出胸懷」。

【自出一家】
見「自成一家」。

【自吹自擂】
吹：吹喇叭；擂：打鼓。自己吹喇叭，自己打鼓。比喻自我吹嘘。魯迅《論文人相輕》：「因為除『闢謠』之外，自吹自擂是很不雅觀的。」

【自大其事】
大：誇大。自己誇大那些事情。《禮記・表記》：「是故君子不自大其事。」

【自大無衆，無衆則孤】
自以為了不起，就不會把羣衆放在眼裏；脫離了羣衆就會很孤立而得不到別人的幫助。例古人說：「自大無衆，無衆則孤。」有的人目中無人，自以為了不起，結果成了孤家寡人，無人理睬。

【自得其樂】
自己得到其中的樂趣。形容自己感到滿足，適意。元・陶宗儀《南村輟耕錄》卷二〇：「白翎雀生鳥桓朔漠之地，雌雄和鳴，自得其樂。」魯迅《「題未定」草》：「但又並不是騎牆，因為他是流動的，較為『圓通自在』，所以也自得其樂，除非你掃了他的興頭。」也作「**自樂其樂**」。

【自焚之患】
焚：燒；患：禍患。自己焚燒自己的禍患。指自己內部存在的能導致毀滅的禍患。唐・杜牧《原十六衛文》：「外不叛，內不篡，兵不離，無自焚之患也。」

【自奉菲薄】
對自己的生活享用要求不高，能夠吃苦節儉。漢・劉向《說苑・政理》：「武王問於太公曰：『賢君治國何如？』對曰：『賢君之治國，其政平，其吏不苛，其賦斂節，其自奉薄。』」明・歸有光《永平張封君墓志銘》：「君少力田，自奉菲薄，性介特，為巧黠者所嗤笑，然不為意。」

【自負不凡】
見「自命不凡」。

【自甘墮落】
自己甘心情願墮落。指不可救藥。巴金《愛的十字架》：「我確實如你所說，是一個好吃懶做自甘墮落的人，是一個神經病的人。」

【自甘落後】

自己不求上進，甘於落後。例自從聯考失敗，他就對自己失去信心，自甘落後，令他的父母看了相當痛心。

【自高自大】
自認爲了不起，傲視別人。北齊・顏之推《顏氏家訓・勉學》：「見人讀數十卷書，便自高大，凌忽長者，輕慢同列，人疾之如仇敵，惡之如鴟梟，如此以學自損，不如無學也。」李六如《六十年的變遷》一〇章：「這就是小資產階級愛面子的心理，知識分子自高自大的表現咧。」

【自告奮勇】
告：請求；奮勇：鼓起勇氣。自己主動要求承擔某項任務。《孽海花》二五回：「海軍必要個有膽識不怕死的人，何太眞既然自告奮勇，何妨利用他的朝氣？」

【自個兒拜把子——你算老幾】
見「一個人拜把子——你算老幾」。

【自功之色】
色：臉色。自己以爲有功而臉上露出得意的神色。《史記・魏公子列傳》：「意驕矜而有自功之色。」

【自古嫦娥愛少年】
嫦娥：傳說中由人間飛到天上去的仙女。比喻從來都是少女愛慕青年男子。《紅樓夢》四六回：「『自古嫦娥愛少年』，他必定嫌我老了，大約他戀著少爺們，多半是看上了寶玉，只怕也有賈璉。」也作「自是嫦娥愛少年」。

【自古紅顏多薄命】
紅顏：美麗的女子；薄命：命運不好。自古以來美麗的女子大都命運不好。例大部分的人都認爲「自古紅顏多薄命」是一個不變的定律。

【自古驅民在信誠，一言爲重百金輕】
自古以來驅使百姓在於講信用，說一句話應該看得比一百斤黃金還要重。要想得民心，就必須講信用。宋・王安石《商鞅》詩：「自古驅民在信誠，一言爲重百金輕。今人未可非商鞅，商鞅能令政必行。」

【自古饒人不是癡】
能寬容和饒恕別人的人並不傻。指待人應寬宏大度。例常言道：「自古饒人不是癡。」一個人寬宏大量一些有什麼不好呢？

【自古聖賢盡貧賤，何況我輩孤且直】
自古以來的聖賢之人，都是生活貧窮而且地位低賤，何況我們這些出身寒微，脾氣又是這樣剛直的人呢？用以表達對黑暗政治的不滿，感慨自己的不得志。南朝宋・鮑照《擬行路難》詩：「朝出與親辭，暮還在親側。弄兒床前戲，看婦機中織。自古聖賢盡貧賤，何況我輩孤且直。」

【自古雄才多磨難，紈袴子弟少偉男】
紈袴：富貴人家子弟穿的細絹做成的褲子，泛指有錢人家子弟穿的華美服裝。指有傑出才智的人往往磨難多；富貴人家子弟很少有作爲。例教授合上書本，語重心長地說：「自古雄才多磨難，紈袴子弟少偉男！」也作「自古雄才多磨難，從來紈袴少偉男」。

【自固不暇】
見「自救不暇」。

【自顧不暇】
見「自救不暇」。

【自壞長城】
自己毀壞自己修築用以禦敵的長城。比喻自己削弱自己的力量、自己的軍隊，或自己破壞自己的事業。《南史・檀道濟傳》：「濟見收，目光如炬，脫幘投地曰：『乃壞汝萬里長城。』」也作「自毀長城」。例對軍隊要關心、愛護，不能自毀長城。

【自毀長城】
見「自壞長城」。

【自己的耳朵看不見】
比喻自己做的事情自己不清楚。例你們長個嘴成天盡說別人，只不過是自己的耳朵看不見罷了。

【自己的夢自己圓】
圓：圓夢，迷信指解說夢的吉凶。比喻自己出的問題，只有自己來解決。

【自己跌了跤，埋怨門坎高】
比喻自己有過失，不去檢查，卻强調客觀原因。例唉，聽你說了半天，不是自己跌了跤，埋怨門坎高嗎？這算什麼檢查呀！也作「自己摔倒怪石頭」。

【自己堵自己的嘴】
比喻說話矛盾百出，不能自圓其說。例誰叫他不說老實話，結果是自己堵自己的嘴。

【自己掘坑自己埋】
比喻自作自受。例前些日子叫他揭發檢舉的時候，他不吭聲，結果反被人咬了一口，弄得有嘴說不清，這不是自己掘坑自己埋嗎？

【自己碰釘子——忍氣吞聲】
見「打掉門牙咽肚裏——忍氣吞聲」。

【自己演戲自己看——自我欣賞】
見「搽粉照鏡子——自我欣賞」。

【自給自足】
自給：依靠自己的力量維持生活；自足：自己滿足。依靠自己的生產，滿足自己的需要。例他自從大學畢業以後，就不再向父母伸手要求經濟援助，完全的自給自足，相當獨立。

【自家有病自家知】
比喻自己有什麼問題自己最清楚。魯迅《從鬍鬚說到牙齒》：「雖然有人數我爲『無病呻吟』黨之一，但我以爲自家有病自家知，旁人大概是不很明白底細的。」

【自見不明】
自見：自我表現。自己不能把自己看清楚。《老子》二十四章：「自見者不明，自是者不彰，自伐者無功，自矜者不長。」

【自矜得計】

見「自以爲得計」。

【自矜功伐】

矜：驕傲；伐：功勞。自己驕傲，以爲功勞很大。《史記・項羽本紀贊》：「自矜功伐，奮其私知，而不師古，謂霸王之業，欲以力征，經營天下，五年，卒亡其國。」

【自驚自怪】

自己感到又害怕又驚異，即自己嚇唬自己。《紅樓夢》五二回：「晴雯笑道：『也不用我唬去，這小蹄子已經自驚自怪的了。』」

【自救不暇】

暇：空閒。自己解救自己都沒有空閒。唐・杜甫《爲華州郭使君進滅殘寇形勢圖狀》：「今殘孽雖窮蹙日甚，自救不暇，尚慮其逆帥望秋高馬肥之便，蓄突圍拒轍之謀。」也作「自顧不暇」。《東周列國志》三回：「舅氏自顧不暇，安能顧朕？」也作「自固不暇」。宋・李燾《續資治通鑑長編・四二・至道三年》：「今則閉壁而已，自固不暇，何咽喉之有哉！」也作「自保不暇」。《資治通鑑・晉安帝義熙五年》一一五：「羌見伐齊，殆將內懼，自保不暇，何能救人耶？」

【自掘墳墓】

掘：挖。自己給自己挖墳墓。比喻爲自己的失敗或滅亡準備條件。例他們那一幫人凶狠得很，找他們麻煩，無異是自掘墳墓。

【自覺形穢】

形穢：容貌體態醜陋。形容與人相比，自愧弗如。南朝宋・劉義慶《世說新語・容止》：「珠玉在側，覺我形穢。」《儒林外史》三〇回：「小弟因多了幾歲年紀，在他面前自覺形穢。」也作「自慚形穢」。

【自覺自願】

自己認識到應該如此而心甘情願。例我們必須在人民羣衆自覺自願的基礎上推行各種改革措施。

【自絕於民】

絕：斷絕。指做了違背人民利益的事而不願悔改，因而自行脫離了人民。《尚書・泰誓》：「今商王受，狎侮五常，荒怠弗敬，自絕於天，結怨於民。」宋・唐庚《存舊論》：「自非不得已者，不宜輕有改易變制，以自絕於民也。」也作「自絕於人」。例要認眞改正錯誤，不要自絕於人。

【自絕於人】

見「自絕於民」。

【自絕於天】

絕：斷絕。自己與上天斷絕。指做出天理不容的事。《尚書・泰誓》：「自絕於天，結怨於民。」

【自君作故】

君：敬稱；作故：創始。從您創始，不效法古人。《國語・魯語上》：「哀姜至，公使大夫宗婦覿，用幣。宗人夏父展曰：『非故也。』公曰：『君作故。』」漢・張衡《西京賦》：「自君作故，何禮之拘。」

【自鄶不譏】

見「自鄶以下」。

【自鄶無譏】

見「自鄶以下」。

【自鄶以下】

鄶：ㄎㄨㄞˋ，西周時的諸侯國名。春秋時代吳國的季札在魯國觀賞周代的音樂舞蹈，對很多諸侯國的樂曲都作了評價，但對鄶國以下的沒有發表評論。比喻愈往下愈差，不屑一談。《左傳・襄公二十九年》：「使工爲之歌《周南》、《召南》，曰：『美哉！始基之矣，猶未也。然勤而不怨矣。』……爲之歌陳，曰：『國無主，其能久乎？』自鄶以下無譏焉。」清・徐夔《移居贈永天》詩：「自鄶以下皆無譏，兒子紛紛鄙紈袴。」也作「自鄶不譏」。唐・張彥遠《法書要錄・三・徐浩論書》：「近古蕭、永、歐、虞頗傳筆勢，褚、薛已降，自鄶不譏矣。」也作「自鄶無譏」。宋・陳傅良《送謝倅景英赴閩》詩：「言詩必南雅，自鄶吾無譏。」

【自愧不及】

見「自愧弗如」。

【自愧不如】

見「自愧弗如」。

【自愧弗如】

愧：慚愧；弗：不。自覺慚愧，比不上人家。《戰國策・齊策一》：「明日，徐公來。孰視之，自以爲不如；窺鏡而自視，又弗如遠甚。」《聊齋志異・邵女》：「妻亦心賢之；然自愧弗如，積慚成忌。」也作「自愧不如」。唐・元結《七不如篇》序：「元子常自愧不如孩孺。」也作「自愧不及」。宋・尹洙《故中大夫……謝公行狀》：「郡將大稱愜，吳中先生亦自愧不及。」也作「自慚弗如」。清・王士禎《帶經堂詩話・五・序論類》：「綜而論之，妙在本色，如邢夫人亂頭粗服，能令尹夫人望而泣下，自慚弗如。」

【自樂其樂】

見「自得其樂」。

【自力更生】

自力：依靠自己的力量；更生：獲得新生。比喻依靠自己的力量，使事業振興起來。例他在二十歲生日當天暗暗立誓，此後要自立更生，不再依靠父母了。

【自立而立人】

自立：依靠自己勞動而生活；立人：幫助別人。只有自己能夠獨立自主的人，才有可能幫助別人。例常言道「自立而立人」，他自己還靠他父母養活，就去奢談什麼救國救民，豈不是笑話？

【自立門戶】

比喻從總體中獨立出來，自己另搞一套或自成一派或一家。清・李斗《揚州畫舫錄・新城北錄下》：「郡城自江鶴亭徵本地亂彈，名春台，爲外江班，不能自立門戶。」

【自留地拉屎——洩私憤(糞)】
自留地:我國在實行農業集體化以後,留給農民個人經營的少量土地,產品歸個人所有;憤:「糞」的諧音。雙關語。比喻發洩個人的憤恨。例他說得好聽,什麼與人為善,不過是自留地拉屎——洩私憤(糞)罷了。

【自留地裏撒尿——肥水不落外人田】
見「田埂上修豬圈——肥水不落外人田」。

【自律甚嚴】
約束自己,極為嚴苛。《金史·楊雲翼傳》:「自律甚嚴,其待人則寬。」

【自亂其例】
例:規則,體例。自己破壞了應該遵循的規則或體例。清·梁紹壬《論交》:「論交須辨交,勿自亂其例。」清·趙翼《新[唐]書本紀書安史之亂》:「是又各書賊將之名,而不書祿山、慶緒,此又自亂其例也。」

【自賣自誇】
自己吹噓自己所賣的貨是世界上最好的。例集市上,不少小販在高聲吆喝,自賣自誇。

【自鳴得意】
對自己感到稱心如意。明·沈德符《曇花記》:「一日遇屠於武林,命其家僮演此曲,揮策四顧,如辛幼安之歌『千古江山』,自鳴得意。」清·汪價《三儂贅人廣自序》:「嘗見館孩村腐,妄為詩文,多有口自吟誦,抃手點頭,自鳴其得意者。」

【自命不凡】
自以為不平凡,或指自認為有某種獨特的品格、智慧、身分等。清·袁枚《隨園詩話·補遺九》六七:「駱佩香孀居後,《咏月》云:『不是嫦娥甘獨處,有誰領袖廣寒宮?』余喜其自命不凡,大為少婦守寡者生色。」也作「自命非凡」。清·秋瑾《精衛石》一回:「更有一班徒好虛名者,自命非凡妄驕侈。」也作「自負不凡」。《兒女英雄傳》一八回:「姑娘,你且莫自負不凡,把天下英雄一筆抹倒。」

【自命非凡】
見「自命不凡」。

【自命清高】
自以為清高。《二十年目睹之怪現狀》二二回:「還自命清高,反說富貴的是俗人。」

【自欺欺人】
欺騙自己,也欺騙別人。《朱子語類·大學五》:「因說自欺欺人曰:『欺人亦是自欺,此又是自欺之甚者。』」

【自棄自暴】
見「自暴自棄」。

【自強不息】
指自覺地努力向上,永遠不懈怠。《周易·乾》:「天行健,君子以自強不息。」唐·韓愈《答侯繼書》:「懼足下以吾退歸,因謂我不復能自強不息。」

【自輕自賤】
賤:輕視。自己看不起自己。《古今小說》卷二:「又且他家差老園公請你,有憑有據,須不是你自輕自賤。」

【自求多福】
自己不斷進德修業,不走歪門邪道,就能多得幸福。《詩經·大雅·文王》:「無念爾祖,聿修厥德,永言配命,自求多福。」南朝梁·丘遲《與陳伯之書》:「見故國之旗鼓,感平生於疇昔……將軍獨無情哉!想早勵良圖,自求多福。」也作「多福自求」。

【自取覆亡】
見「自取滅亡」。

【自取滅亡】
取:選取,招致。自己找死。唐·劉蕡《應賢良方正能直言極諫科策》:「臣謹按《春秋》書梁『亡』不書取者,梁自亡也。以其思慮昏而耳目塞……以其自取滅亡也。」《說唐》一回:「陳後主荒淫無度,自取滅亡,臣請領一旅之師,前往平陳,統一天下。」也作「自取覆亡」。宋·蘇舜欽《乞納諫疏》:「不惟虧損朝廷大政,實亦自取覆亡之道。」也作「自速滅亡」。速:招致。明·歸有光《書安南事》:「上干天討,自速滅亡,聲罪正名,可傳檄而定矣。」也作「自取夷滅」。《晉書·劉敬宣傳》:「貽敬宣書曰:『盤龍狠戾專恣,自取夷滅。』」

【自取其禍】
自己招來禍事。「新編五代史平話·唐史》卷下:「故門高之弒,樂器之焚,亦是自取其禍也。」也作「自取其殃」。元·無名氏《連環計》一折:「也終防別生事故,休遲緩自取其殃。」

【自取其咎】
見「自遺其咎」。

【自取其辱】
自己為自己招來屈辱。《醒世恆言》卷一七:「今日落於人後,何顏去見妹子;總不嫌我,倘被妹夫父母兄弟奚落,卻不自取其辱。」

【自取其殃】
見「自取其禍」。

【自取凶咎】
見「自遺其咎」。

【自取夷滅】
見「自取滅亡」。

【自取罪戾】
見「自遺其咎」。

【自然而然】
自然:不勉強,不做作;然:如此,這樣。很自然地發展。①形容毫不勉強、做作。清·李漁《閒情偶寄·詞曲部·格局第六》:「如一部之內,要緊腳色共有五人,其先東西南北,各自分開,到此(收場時)必須會合,此理誰不知之。但其會合之故,須要自然而然,水到渠成。」②表示理所當然之意。《朱子語類》卷二:

「因言古之鐘律紐算寸分毫厘絲忽，皆有定法，如合符契，皆自然而然，莫知所起。」

【自認不諱】

諱：忌諱。自己承認，毫無隱諱。多指犯罪的人承認自己的罪行。《說岳全傳》六五回：「既是岳雷自認不諱，不必審問。」

【自肉自疼】

指自己咬自己的肉，感到疼痛。比喻自己生養的兒女，自己疼愛。明・無名氏《七十二朝四書人物演義・閔子》：「撞著幼兒在中堂頑耍，正所謂自肉自疼，一個個喚到膝前，摩摩頭兒，摸摸手兒。」

【自掃門前雪——各顧各】

也作「自掃門前雪——各人管各人」。見「爹死娘嫁人——各人顧各人」。

【自身難保】

連自己都保不住。意謂對別人就更顧不上了。《警世通言》卷四〇：「我想江西不沉卻好，若沉了時節，正是『泥菩薩落水，自身難保』，還保得別人？」

【自生自滅】

滅：死。自然地發生、生長，又自然地消滅。指不經人力干預，聽其自然。唐・白居易《山中五絕句・嶺上雲》詩：「嶺上白雲朝未散，田中青麥旱將枯；自生自滅成何事？能逐東風作雨無？」

【自食惡果】

果：後果，惡果。自己做了壞事，自己承受不好的後果。比喻自作自受。孫中山《中國問題的眞解決》：「有人時常提出這樣一種……論調說：『如果外國幫助中國人民提高和開明起來，則這些國家將由此而自食惡果……最明智的政策，就是盡其可能地壓抑阻礙中國人。』」

【自食其力】

憑藉自己的力量來養活自己。《禮記・禮器》：「食力無數。」元・陳澔注：「食力，自食其力之人，農、工、商賈、庶人之屬也。」郭沫若《殘春》：「像你這樣從幼小而來便能自食其力的，我們對於你，倒是慚愧無地呢！」

【自食其言】

自己把說出的話吞食了。指不守信用，說了不算。《尚書・湯誓》：「爾無不信，朕不食言。」《醒世恆言》卷二：「我若今日復出應詔，是自食其言了。」

【自始至終】

從開頭到結尾。比喻一貫如此。《官場現形記》一五回：「捕快問他，不敢不說實話，先把怎樣輸錢，怎麼偷錢，自始至終說了一遍。」

【自視欿然】

視：看；欿：ㄎㄢˇ，本義是「欲得」，引申為不自滿。自己看得很輕淡，不自滿的樣子。《孟子・盡心上》：「如其自視欿然，則過人遠矣。」

【自視缺然】

自己看起來，還有缺點。形容人很謙虛。《莊子・逍遙遊》：「堯讓天下於許由，曰：『而我猶尸之，吾自視缺然，請致天下。』」

【自視甚高】

把自己看得很高。指把自己的身份、學識等看得過高。《二十年目睹之怪現狀》三六回：「我暗想這個人自視甚高，看來文字總也是好的，便不相強。」

【自恃其才】

依仗自己的才能。形容高傲、自負。《古今小說》卷一二：「他也自恃其才，沒有一個人看得入眼，所以縉紳之門，絕不去走，文字之交，也沒有人。」

【自恃其聰與敏而不學者，自敗者也】

仗恃自己聰明、敏捷而不學習的人，是一定要失敗的。清・彭端淑《好學》：「聰與敏，可恃而不可恃也；自恃其聰與敏而不學者，自敗者也。」

【自受自作】

見「自作自受」。

【自樹一家】

見「自成一家」。

【自私自利】

私心嚴重，只顧個人利益而不顧別人。宋・朱熹《答汪尚書》：「其所自謂有得者，適足爲自私自利之資而已。」清・湯斌《志學約會》：「蓋自私自利之心，是立人達人之障。」

【自速滅亡】

見「自取滅亡」。

【自損者益】

損：減少；益：增加。指謙虛者反能得到好處。《孔子家語・六本》：「子曰：『夫自損者益，自益者缺，吾是以嘆也。』」

【自他兩利】

見「自利利他」。

【自討苦吃】

討：招惹。自己招惹來麻煩而嘗到苦頭。明・張岱《陶庵夢憶・朱雲崍女戲》：「且聞雲老多疑忌，諸姬曲房密戶，重重封鎖……殷殷防護，日夜爲勞，是無知老賊自討苦吃者也。堪爲老年好色之戒。」

【自討沒趣】

做事不得當或不被別人理解，弄得自己難堪窘迫。例他的態度那麼冷淡，你就別再自討沒趣的約他了。

【自同寒蟬】

寒蟬：冬天的蟬。自己如同冬天的蟬一樣。比喻閉口不說話。《後漢書・杜密傳》：「密對曰：『劉勝位爲大夫，見禮上賓，而知善不薦，聞惡無言，隱情惜己，自同寒蟬，此罪人也。』」

【自投虎口】

見「自投羅網」。

【自投羅網】

羅網：捕捉鳥獸魚類的器具。自己進入到羅網裏去。比喻自己進入絕境或他人設置的圈套裏。三國魏・曹植《野田黃雀行》詩：「不見籬間雀，見鷂自投羅。」《紅樓夢》一二回：「鳳姐因他自投羅網，少不的再尋別計令他知改。」也作「**自投虎口**」。《宋書・武帝紀中》二：「吾誠鄙劣，嘗聞道於君子……未能自投虎口，比跡郗（指郗鑑）、任（指任旭）之徒明矣。」

【自完其說】

見「自圓其說」。

【自爲得計】

見「自以爲得計」。

【自我安慰】

安慰：心情安適。自己使自己心情安適。魯迅《致姚克》：「《士敏土》近日可能付印，這是自我安慰的話，實情難料！」

【自我標榜】

標榜：吹噓，誇耀。自我吹噓，自我誇耀。《魯迅書信集・致曹靖華》：「近來有人自我標榜爲婦女解放運動的先鋒。」

【自我表現】

自己的言行。也指顯示或宣傳自己的優點，達到突出自己的目的。例張明認爲歷次運動中的自我表現還是不錯的。

【自我得之，自我捐之】

捐：捨棄，拋棄。從我手裏得到的東西，又從我手裏失去。比喻興敗無常或得失相抵。《史記・魏其武安侯傳》：「魏其侯曰：『侯，自我得之，自我捐之，無所恨。』」也作「**自我得之，自我失之**」。《梁書・邵陵王綸傳》：「[侯景陷城]高祖嘆曰：『自我得之，自我失之，亦復何恨。』」

【自我解嘲】

《漢書・揚雄傳下》：「哀帝時，丁、傅、董賢用事，諸附離之者起家至二千石。時雄方草《太玄》，有以自守，泊如也。或嘲雄以玄尚白，而雄解之，號曰《解嘲》。」因受人嘲笑而自己辨解。茅盾《清明前後》：「只有一點美中不足，在碰了人家橡皮釘子而自我解嘲的時候，他那笑形，他那眼神，宛然是一個白痴。」

【自我陶醉】

陶醉：沉醉在某種事物或境界裏，以求得內心的安慰。形容盲目地自我欣賞。茅盾《雨天雜寫》之三：「不過，這種熱鬧空氣，的確容易使人醉——自我陶醉，這大概也可算是一個特點。無以名之，姑名之曰『酒囊』。」

【自我作古】

由我創始，不沿襲前人的舊例。《唐玄宗實錄》：「卿等請爲令節，上獻嘉名，自我作古，是爲美事。」也作「**自我作故**」。故：故事，成例。唐・劉知幾《史通・稱謂》：「唯魏收遠不師古，近非因俗，自我作故，無所憲章。」也作「**自我作祖**」。祖：事業或派別的首創者，也稱鼻祖。明・祁彪佳《遠山堂劇品・妙品・翠鄉夢》：「邇來詞人依傍元曲，便誇勝場。文長一筆掃盡，直自我作祖，便覺元曲反落蹊徑。」

【自我作故】

見「自我作古」。

【自我作祖】

見「自我作古」。

【自誤誤人】

自己錯了，還貽誤別人。宋・朱熹《答許順之》：「大抵本領不是，只管妄作，自誤誤人，深爲可懼耳。」

【自惜羽毛】

鳥愛自己的羽毛。比喻人要愛惜自己的名聲。章炳麟《答某書》：「苟其人自惜羽毛，又知東人非始終可保，必不輕於依附。」

【自暇自逸】

暇：空閒；逸：安樂。自己找空閒時間自己找安樂。《魯迅書信集・致曹白》：「平時倒也能自暇自逸。」

【自相殘害】

殘：傷害。自己人互相殺害。《晉書・石季龍載記下》：「季龍十三子，五人爲冉閔所殺，八人自相殘害。」也作「**自相殘殺**」。《英烈傳》三回：「賊兵自相殘殺，約折去大半。」

【自相殘殺】

見「自相殘害」。

【自相抵牾】

抵牾（ㄨˇ）：抵觸。指自己的言行前後抵觸，互不相容。章炳麟《答夢庵》：「夢庵既以聲聞緣覺與大乘菩薩有悲觀樂觀之分，而復言佛法無二，何自相抵牾至此！」

【自相矛盾】

《韓非子・難一》載：有一個人賣盾和矛，拿起盾說最堅固，什麼武器也戳不破它；拿起矛說最鋒利，什麼東西都能戳穿。旁觀者問他：「若拿你的矛來戳你的盾怎麼樣？」那個人無法回答。比喻自己說話做事前後抵觸。《梁書・韋粲傳》曰：「臣子當戮力同心，豈可自相矛盾！」

【自相水火】

自己人像水與火那樣不能相容。例在團隊裏最重要的是和諧相處，否則自相水火，只會走向解散的地步。

【自相魚肉】

魚肉：比喻用暴力欺凌、屠殺。自己人互相欺凌、屠殺。晉・殷仲堪《奏請巴西等三郡不戍漢中》：「關中餘燼，自相魚肉。」

【自新改過】

自新：自己重新作人。重新作人，改正過錯。宋・孔平仲《續世說・直諫》：「太學博士柳伉上疏：『必欲存宗廟社稷，獨斬[程]元振首，馳告天下……然後削尊號，下詔引咎曰：天下其許朕自新改過。』」也作「**改過自新**」。

【自新之路】

給罪犯以自己改正錯誤、重新做人的

出路。《三國志・魏書・田豫傳》：「豫悉見諸繫囚，慰諭，開其自新之路，一時破械遣之。」

【自信不疑】
形容自信力强，毫不三心二意。宋・蘇軾《司馬溫公行狀》：「夫[神宗]復用公者，豈徒然哉！將必行其所言，公亦識其意，故爲政之日，自信而不疑。」

【自行車下坡——不睬（踩）】
睬：「踩」的諧音。雙關語。比喻對人不理會，不答理。含有厭惡、蔑視、賭氣的意思。例他算老幾，這麼大的架子，自己不到羣衆中來，要大家去朝見他，給他來個自行車下坡——不睬（踩）。

【自行車走水泥馬路——沒轍】
見「火車扎進高粱地——沒轍了」。

【自行其是】
行：做；是：正確。自己去做自己認爲是正確的事。清・梁章鉅《歸田瑣記・年羹堯》：「時劾羹堯者紛起，然堯自行其是。」

【自尋短見】
短見：本指見識短淺，引申爲自殺。自己認爲無法活下去而尋死。《紅樓夢》六六回：「人家並沒有威逼他，是他自尋短見。」也作「自尋死路」。例他不能棄暗投明，終於自尋死路。

【自尋煩惱】
自找的煩悶苦惱。意思指本來不該有煩悶苦惱。《紅樓夢》四九回：「你還不保養，每天好好的，你必是自尋煩惱，哭一會子，才算完了這一天的事。」

【自尋死路】
見「自尋短見」。

【自崖而返】
崖：崖岸，邊際。《莊子・山木》：「君其涉於江而浮於海，望之而不見其崖，愈往而不知其所窮，送君者皆自崖而反，君自此遠矣。」到達自己所能到的邊際就返回。舊時的送行之辭。也比喻不能進入更深的境界。清・朱庭珍《筱園詩話》二：「拘於方隅。必不能高涉崑崙之顛，遠航大海之外，徒自崖而返，望洋興嘆已耳。」

【自言自語】
自己跟自己說話。《古今小說》卷一〇：「衆人見大尹半日自言自語，說得活龍活現。」

【自業自得】
自己立下善惡之業，則得到善惡之果。出自佛家之語。《正法經・七》：「非異人作惡，非人受若報，自業自得果，衆生皆如是。」

【自詒伊戚】
詒：遺留；伊：是，此；戚：ㄑㄧ，憂患。自招煩惱，自己招致禍患。《詩經・小雅・小明》：「心之憂矣，自詒伊戚。」《楊家將演義》五回：「昊天寺在幽州，與蕭后接壤境界，倘遼人知之，發兵劫駕，豈非自詒伊戚。」也作「自貽伊戚」。貽：通「詒」。《北齊書・文襄帝紀》：「得地不欲自守，聚衆不以爲强。空使身有背叛之名，家有惡逆之禍，覆宗絕嗣，自貽伊戚。」也作「自遺伊戚」。遺：同「詒」。清・紀昀《閱微草堂筆記・如是我聞二》：「若公則自遺伊戚，可無庸訴也。」也作「自貽伊咎」。宋・孔平仲《續世說・汰侈》：「郭孝恪爲虜所屠，可謂自貽伊咎耳。」也作「自詒伊阻」。《詩經・邶風・雄雉》：「我之懷矣，自詒伊阻。」也作「自貽其憂」。《梁書・武帝紀上》：「若郢州既拔，席卷沿流，西陽、武昌自然風靡，何遽分兵散衆，自貽其憂！」也作「自貽之戚」。明・吳世濟《太和縣禦寇始末・寇退安民》：「內有不聽吾言，私自出城，身爲寇所殺，妻女爲寇所掠，此皆自貽之戚之。」

【自貽其憂】
見「自詒伊戚」。

【自貽伊咎】
見「自詒伊戚」。

【自貽伊戚】
見「自詒伊戚」。

【自貽之戚】
見「自詒伊戚」。

【自遺其咎】
自己給自己招來禍害。《老子》九章：「富貴而驕。自遺其咎。」也作「自取凶咎」。漢・焦延壽《易林・未濟》：「舉事不成，自取凶咎。」也作「自取其咎」。《古今小說》卷一一：「此乃學生考究不精，自取其咎，非聖天子之過也。」也作「自取罪戾」。清・方苞《謝授禮部侍郎札子》：「其一切筋力自效之事，仍祈曲賜寬恤，庶不至顚頓失儀，自取罪戾。」

【自遺伊戚】
見「自詒伊戚」。

【自以爲得計】
自己認爲自己的計謀得逞。唐・韓愈《柳子厚墓志銘）：「此宜禽獸夷狄所不忍爲，而其人自視以爲得計，聞子厚之風，亦可以少愧矣。」《警世通言》卷一八：「那下首該貢的秀才，就來打話，要他讓貢，情願將幾十金酬謝，鮮於同又得了這個利息，自以爲得計。」也作「自爲得計」。宋・丁騭《請禁絕登科進士論財娶妻》：「不顧廉恥，自爲得計，玷辱恩命，污損名節，莫甚於此。」也作「自矜得計」。明・朱之瑜《誠二首》之一：「修身處世，一誠之外更無餘事……今人奈何欺世盜名自矜得計哉！」

【自以爲功】
自己以爲自己功勞最大。《韓非子・說難》：「貴人或得計，而欲自以爲功，說者與知焉，如此者身危。」

【自以爲能】
自己以爲自己很有才能。《三國志・魏書・明帝紀》注：「刖趾適屨，刻肌傷骨，反更稱說，自以爲能。」

【自以爲然】

然：如此，這樣。自己認爲自己是對的。形容主觀、不虛心。例他的毛病很多，但你批評他，他卻自以爲然，不肯虛心接受。

【自以爲是】

是：對。認爲自己是對的。形容主觀、不虛心。《孟子・盡心下》：「自以爲是，而不可與堯舜之道，故曰德之賊也。」《荀子・榮辱》：「凡鬥者必自以爲是，而以人爲非也。」

【自以爲知】

自己以爲自己都知道。指自作聰明《呂氏春秋・謹聽》：「不知自以爲知，百禍之宗也。」

【自益者缺】

益：增加，引申爲自滿；缺：缺損。自滿的人，必招致缺損。《孔子家語・六本》：「子曰：『夫自損者益，自益者缺，吾是以嘆曰。』」

【自用則小】

自用：自以爲是。主觀武斷，自以爲是，則辦不成大事。《尚書・仲虺之誥》：「好問則裕，自用則小。」

【自由散漫】

隨隨便便，不守紀律。例他平日自由散漫慣了，哪肯去讀軍校？

【自由市場的買賣——討價還價】

比喻接受任務或商談問題時提出種種條件，斤斤計較。例你願幹則留，不幹則去，但不能像自由市場的買賣——討價還價，提出過高的要求。

【自由自在】

不受拘束，不受限制。形容安閒舒適。《景德傳燈錄》卷二三：「問：『牛頭未見四祖時如何？』師曰：『自由自在。』曰：『見後如何？』師曰：『自由自在』。」也作「**自繇自在**」。繇：通「由」。《二刻拍案驚奇》卷二六：「索性把身邊所有，盡數分與三家，等三家輪供養了我，我落得自繇自在。」

【自繇自在】

見「自由自在」。

【自有定論】

見「自有公論」。

【自有肺腸】

肺腸：比喻心思。比喻抱有和別人截然不同的想法。《詩經・大雅・桑柔》：「自有肺腸，俾民卒狂。」漢・鄭玄箋：「自有肺腸，行其心中之所欲，乃使民盡迷惑也。」也作「**別具肺腸**」。

【自有公論】

指是非曲直自然會有公衆來評論。宋・朱熹《答李晦叔》之五：「此事不敢自分疏，後世須自有公論也。」也作「**自有定論**」。明・袁宏道《瓶花齋集・徐文長傳》：「先生詩文崛起，一掃近代蕪穢之習，百世而下，自有定論，胡爲不遇哉？」

【自圓其說】

自己說出的話自己解釋得非常周全，沒有漏洞。《官場現形記》五五回：「[史其祥]躊躇了好半天，只得仰承憲意，自圓其說道：『職道的話原是一時愚昧之談，作不得准的。』」也作「**自完其說**」。《二十年目睹之怪現狀》三七回：「果然是個說大話的人，然而卻不能自完其說。」

【自怨自艾】

艾：割，比喻改正錯誤。怨恨自己的錯誤，並要改正。現指僅悔恨自己的過錯而無改正之意。《孟子・萬章上》：「太甲悔過，自怨自艾。」《醒世恆言》卷一七：「過遷漸漸自怨自艾，懊悔不迭。」

【自在逍遙】

形容自由自在，無拘無束。金・王丹桂《武陵春・寄樂亭劉嗣昌》詞：「自在逍遙隨分過，兀兀養天眞。」《封神演義》八三回：「烏雲仙與我有緣，被我用六根淨竹釣去西方八德池邊，自在逍遙，無掛無礙。」也作「**逍遙自在**」。

【自占地步】

自己的言語行動爲爾後留下可以回旋的地盤。明・沈德符《萬曆野獲編・宰相對聯》：「先是華亭公（董其昌）罷相歸，其堂聯云：『庭訓尚存，老去敢忘佩服；國恩未報，歸來猶抱慚惶。』雖自占地步，然詞旨謙抑。」

【自知不自見】

自知：自己了解自己；見：同「現」。自己了解自己，但從不表現自己。《老子》七十二章：「是以聖人，自知不自見，自愛不自貴。」

【自知者明】

自己能了解自己的人才聰明。《老子》三十三章：「知人者智，自知者明。」也作「**自知者英**」。隋・王通《文中子・周公》：「李密問英雄，子（王通）曰：『自知者英，自勝者雄。』」

【自知者英】

見「自知者明」。

【自知之明】

明：洞察事物的能力。指對自己有正確的估價。形容能夠正確地認識自己。《老子》三十三章：「知人者智，自知者明。」明・李贄《初譚集・兄弟下》：「眞自知之明，知兄之明也。」

【自致青雲】

致：到；青雲：青天上的雲，比喻很高。自己達到了青雲高位。形容地位極高。《史記・范雎蔡澤列傳》：「須賈首言死罪，曰：『賈不意君能自致青雲之上。』」

【自鑄偉辭】

鑄：創造；辭：通「詞」。南朝梁・劉勰《文心雕龍・辨騷》：「觀其骨鯁所樹，肌膚所附，雖取熔經意，亦自鑄偉辭。」自己創造雄偉的文辭。清・馬位《秋窗隨筆》：「[李賀]《秦王飲酒》詩：『羲和敲日玻璃聲』，不知有出處不？抑自鑄偉辭？」

【自酌自飲】
酌：斟酒，引申為斟酒喝。獨自一個人自斟自喝酒。晉．陶潛《歸去來兮辭》：「引壺觴以自酌，眄庭柯以怡顏。」例老王在台灣孑然一身，每逢佳節常常自酌自飲，他多麼思念故鄉的親人啊！

【自作聰明】
自以為很聰明而作主張。形容辦事主觀，輕率逞能。《尚書．蔡仲之命》：「率自中，無作聰明亂舊章。」宋．洪邁《容齋續筆》卷一四：「嚴州分水縣故額，草書『分』字，縣令自作聰明者，謂字體非宜，自眞書三字，刻而立之。」

【自作多情】
多情：重感情，多指重愛情。自己故意裝作很有感情的樣子。丁玲《太陽照在桑乾河上》：「你這是怎麼了？人家根本沒有那個意思，你這是自作多情。」

【自作孽，不可活】
《孟子．公孫丑上》：「天作孽，猶可違；自作孽，不可活。」自己招來的罪孽、災禍，無法迴避。比喻自作自受。《醒世恆言》卷二：「惟三嫂不願，口出怨言。田三要將妻逐出。兩個哥哥再三勸住。三嫂羞慚，還房自縊而死。此乃自作孽，不可活。」

【自作之孽】
《尚書．太甲中》：「天作孽，猶可違；自作孽，不可逭。」自己招來的罪孽。意謂自己造成的罪惡應由自己承當罪責。《醒世恆言》卷七：「佳男配了佳婦，兩得其宜；求妻到底無妻，自作之孽。」

【自作主張】
見「自做主張」。

【自做主張】
不經上級或有關方面的同意，就擅自處置。元．無名氏《謝金吾》三折：「但那楊景是一個郡馬，怎好就是這等自做主張，將他只一刀哈喇了。」也作「自作主張」。《活地獄》八回：「凡事總得回過他，就是多用些，也無話說，但不可自作主張。」

【自做自當】
見「自作自受」。

【自作自受】
自己做錯了事，自己承受不好的後果。指咎由自取。《紅樓夢》五一回：「麝月笑道：『他早起就嚷不受用，一日也沒吃碗正經飯。他這會子不說保養著些，還要捉弄人。明兒病了，叫他自作自受。』」也作「自做自當」。《古今小說》卷三八：「任珪道：『不必縛我，我自做自當，並不連累你們。』」也作「自受自作」。元．李致遠《還牢末》二折：「豈不聞天網恢恢，也是我自受自作。」

【自作自受自遭殃】
自己遭的災是自己造成的。指禍由自取。例他完全是「自作自受自遭殃」，一點兒也怨不得別人，所以我並不同情他。

【字雕句鏤】
見「字斟句酌」。

【字夾風霜】
夾：夾雜，攙雜；風霜：比喻批評、批判。文章字詞裏夾雜著批評。南朝梁．吳均《西京雜記》卷三：「淮南王劉安著《鴻烈》二十一篇，鴻，大也，烈，明也，言大明禮教，號《淮南子》，一曰《劉安子》。自云：『字中皆夾風霜。』」

【字裏行間】
文章中不直接表達的某種思想感情。李大釗《文豪》：「一時文豪哲士，痛人生之困苦顛連，字裏行間，每含厭世之彩色。」也作「行間字裏」。

【字怕弔，人怕笑】
弔：懸掛。字掛起來，才能顯出功力；人被譏笑，缺點就更突出。比喻要經得起批評。例「字怕弔，人怕笑」，眞是一點也不假。怕「弔」怕「笑」是沒有出息的。

【字若塗鴉】
鴉：烏鴉，此處比喻一片漆黑；塗鴉：形容字寫得很壞，多用作謙詞。唐．盧仝《添丁詩》：「忽來案上翻墨汁，塗抹詩書如老鴉。」例這對聯您還是另請人寫吧，我字若塗鴉，拿不出手呀！

【字是黑狗，越描越醜】
字寫好以後，不能再描，越描越不好看。例小歡歡，你怎麼老描呀，你不知道字是黑狗，越描越醜嗎？

【字斟句酌】
斟、酌：反覆考慮、推敲，以決定取捨。對每一字每一句都仔細推敲。形容寫作或說話的態度慎重、措詞嚴謹。郭沫若《蘇聯紀行．七月五日》：「齊同志字斟句酌地十分認眞，有些地方我勸他馬虎一點，然而他決不馬虎。」也作「字雕句鏤」。明．祁彪佳《遠山堂曲品．艷品．鈿盒》：「所傳皆天寶以後事，縱筆於綺麗之場……但字雕句鏤，微少天然之趣。」也作「字櫛句比」。常用於整理注釋文字。明．馮夢龍《曲律敍》：「字櫛句比，則盈床無合作；敲今擊古，則積世少全才。」也作「句斟字酌」。

【字正腔圓】
字：吐字，字音；腔：行腔，腔調。吐字準確，行腔宛轉圓潤。形容演唱清晰動聽。例她那字正腔圓、樸實無華的歌聲，給人以美的享受，讓人留下無窮的回味。

【字櫛句比】
見「字斟句酌」。

【字字珠璣】
見「字字珠玉」。

【字字珠玉】
每一個字像珍珠、寶玉那樣珍貴。形容詩文字句精美，聲價很高。明．湯顯祖《邯鄲記．贈試》：「聽的黃榜招賢，盡把所贈金資，引動朝貴，則小生之文字字珠玉矣。」也作「字字珠璣」。《斬鬼傳》一回：「筆動時篇篇錦繡，墨走時字字珠璣。」《兒女英雄傳》一回：「會試了幾次，任憑是篇篇錦繡，字字珠璣，會不上一名進士。」

【恣情縱欲】
恣：放縱；欲：慾望，欲念。放縱情欲，任意胡行，無所顧忌。《明史·陸昆傳》：「江南米價騰貴，京城盜賊橫行，可恣情縱欲，不一顧念乎？」

【恣肆無忌】
恣肆：放縱；忌：顧忌。任意胡行，沒有絲毫顧忌。《明史·桂萼傳》：「其言恣肆無忌，朝士尤疾之。」也作「恣睢無忌」。恣睢：任意胡爲。《清史稿·李之芳傳》：「世祖時賞罰出至公，督撫不敢恣睢無忌。」

【恣睢無忌】
見「恣肆無忌」。

【恣睢自用】
放縱殘暴，剛愎自用。《呂氏春秋·懷寵》：「子之在上無道，据傲荒怠，貪戾虐衆，恣睢自用也。」

【恣心所欲】
恣：放縱、沒有拘束；欲：慾望。內心的慾望都能滿足。《梁書·中天竺國傳》：「其宮殿皆雕文鏤刻，街曲市里，屋舍樓觀，鐘鼓音樂，服飾香華，水陸通流，百賈交會，奇玩珍瑋，恣心所欲。」也作「恣意所欲」。意：意願。《列子·周穆王》：「遊燕宮觀，恣意所欲，其樂無比。」

【恣行無忌】
恣：任意，放縱；忌：顧忌，畏懼。任意胡爲，毫無顧忌。例他是個獨生子，由於父母不在身旁，爺爺奶奶過分地嬌慣寵愛，他越來越恣行無忌了。

【恣意所欲】
見「恣心所欲」。

【恣意妄爲】
見「恣意妄行」。

【恣意妄行】
放肆無忌，胡作非爲。《漢書·杜周傳》：「曲陽侯[王]根前爲三公輔政，知趙昭儀殺皇子，不輒白奏，反與趙氏比周，恣意妄行。」也作「恣意妄爲」。《三國演義》一二〇回：「恣意妄爲，窮兵屯戍，上下無不嗟怨。」

【眥裂髮指】
眥：眼眶。眼眶睜裂，頭髮豎起。形容憤怒到極點。《史記·項羽本紀》：「[樊噲]瞋目視項王，頭髮上指，目眥盡裂。」清·黃六鴻《福惠全書·莅任部·忍性氣》：「不勝眥裂髮指。」

【眥睚殺人】
眥：上下眼瞼的接合處；睚：眼角；眥睚：怒目而視。怒目而視，行凶殺人。形容驕橫不法。宋·王讜《新語林·政事下》：「[羅]程一日果以眥睚殺人。上大怒，立命斥出，付京兆。」

ㄗㄚ

【紮筏子】
比喻當作出氣對象。例你有氣對我來吧，千萬不要拿孩子紮筏子。也作「紮罰子」。

【咂嘴弄唇】
見「咂嘴弄舌」。

【咂嘴弄舌】
咂吧嘴唇，擺弄舌頭。形容驚訝、贊賞、自得或著急，無法可想的神態。《官場現形記》一回：「他看了又看，念了又念。正在那裏咂嘴弄舌，不提防肩膀上有人拍了他一下。」也作「咂嘴咂舌」。清·隨緣下士《林蘭香》四五：「童媽媽無日不調唆，終日家咂嘴咂舌，流眉流眼，他的鬼八卦我亦見過。」也作「咂嘴弄唇」。《儒林外史》五二回：「那一日，毛二胡子接到家信，看完了，咂嘴弄唇，只管獨自坐著躊躇。」也用以形容貪饞的樣子。《儒林外史》一〇回：「……又被兩個狗爭著，咂嘴弄唇的來搶那地下的粉湯吃。」也作「舔唇咂嘴」。

【咂嘴咂舌】
見「咂嘴弄舌」。

ㄗㄚˊ

【雜採衆說】
廣泛地採取各種學說、說法。例他們在雜採衆說的基礎上，總結出一套適合中國國情的辦法。

【雜草鏟除要趁早，孩子教育要從小】
孩子要從小開始教育，以免染上壞習慣。例你們對燕燕太嬌慣了。俗話說：雜草鏟除要趁早，孩子教育要從小。等到養成壞習慣，要糾正也來不及了。

【雜貨舖子——無所不有】
比喻什麼都有。例他是一個大學問家，肚子像個雜貨舖子—無所不有，任何問題都難不了他。

【雜交的騾子——非驢非馬】
騾子：驢和馬交配所生的雜種。比喻什麼也不像。例這幅畫畫得像雜交的騾子——非驢非馬，欣賞不了。

【雜亂無序】
序：次序。又雜又亂，沒有次序。清·章學誠《文史通義·書教上》：「漢治最爲近古，而荒略如此，又何怪乎後世之文章典故，雜亂而無序也哉？」

【雜亂無章】
章：條理。混亂而沒有條理。《魯迅書信集·致楊霽雲》：「前見其所刻書目，眞是雜亂無章，有用書亦不多，但有些書，則非傻公子如此公者，是不會刻的，所以他還不是毫無益處的人物。」

【雜牌軍】
指非嫡系部隊，非正規部隊。例這是

一幫雜牌軍，成不了什麼氣候。

【雜七雜八】

形容東西非常混雜，或事情十分雜亂。例屋子小，東西多，到處都堆得滿滿的，雜七雜八，沒有下腳的地方。

【雜然而陳】

夾雜地陳列出來。宋．歐陽修《醉翁亭記》：「山餚野蔌，雜然而前陳者，太守宴也。」

【雜然相許】

大家在雜亂之中應允了。《列子．湯問》「吾與女畢力平險，指通豫南，達于漢陰，可乎？雜然相許。」

【雜耍班子走江湖——逢場作戲】

雜耍班子：舊時指曲藝團、雜技團等；走江湖：舊指四方奔走謀生。比喻在適當場合湊湊熱鬧。例今天這個文娛晚會，我也來個雜耍班子走江湖——逢場作戲，清唱一段《霸王別姬》。

【雜沓而至】

雜沓：衆多而雜亂的樣子。形容從四面八方紛紛湧來。例他人緣好，人面廣，一生病住院，很快的就有各界的朋友雜沓而至，令他一時無法應付。

【雜學旁收】

雜學：不專主一家的學問，舊時指科舉文章之外的各種學問；旁：廣泛。多方面地、廣泛地積累知識。《紅樓夢》八回：「寶釵笑道：『寶兄弟，虧你每日家雜學旁收的，難道就不知道酒性最熱……』」

【砸斷骨頭肉連筋】

比喻骨肉之情，很不容易割斷。例王虎被日本兵抓走了，小虎撕心裂肺地哭喊著爸爸。村裏的老阿婆說：「眞是『砸斷骨頭肉連筋』呀！誰能不心疼呢！」

【砸飯碗】

比喻失去職業。例這工作得來不易，不能砸了飯碗。也作「砸飯鍋」。

【砸鍋賣鐵】

比喻不惜代價，竭盡自己所有。例這工程已進行一半，決不能半途而廢，即使砸鍋賣鐵，我們也認了。

【砸鍋賣鐵——豁出去】

見「打破腦袋叫扇子搧——豁出去了」。

【砸核桃砸出個蝦米——什麼人（仁）都有】

見「嗑瓜子嗑出個臭蟲來——什麼人（仁）兒都有」。

【砸爛了的西瓜——紅白相雜】

比喻是非混淆，黑白難分。例這裏人員複雜，就像砸爛了的西瓜——紅白相雜，要注意識別。

【砸明火】

形容公開搶劫財物。例看這架勢，他們是想砸明火哇！

【砸牌子】

比喻敗壞信譽。例雖然這批貨工期短，任務重，我們可仍要求質量第一，絕不能出劣品，砸牌子。

ㄗㄜˊ

【責躬省過】

躬：自身。檢查自身的思想行爲，反省過失。《孔叢子．連從子》：「是年夏，河南四縣，雨雹如棬杯，大者如斗，殺禽畜雉兔，折樹木，秋苗盡，于是天子責躬省過。」

【責躬罪己】

責備自身，歸罪自己。《周書．武帝紀》：「集百僚于大德殿，帝責躬罪己，問以論政得失。」也作「罪己責躬」。《朱子語類．論語（已矣乎章）》：「罪己責躬不可無，然亦不當長留在心胸爲悔。」

【責己要嚴，待人要寬】

對自己應嚴格要求，對別人則應寬容。例如果都能做到「責己要嚴，待人要寬」，社會上的糾紛就會少多了。

【責己也重以周，待人也輕以約】

重以周：嚴格而全面；輕以約：寬容而要求很少。要求自己嚴格而全面，對待別人寬容而要求很少。說明律己應嚴格，待人應寬厚。唐．韓愈《原毀》：「古之君子，責己也重以周，待人也輕以約。重以周，故不怠；輕以約，故人樂爲善。」也作「責己以周，待人以約」、「責己重，待人輕」。

【責人以詳，待己以廉】

詳：完備，指過分苛求；廉：廉潔，指要求少。對別人要求苛刻，對自己要求又少又輕。唐．韓愈《原毀》：「今之君子則不然，其責人也詳，其待己也廉。詳，故人難於爲善；廉，故自取也少。」

【責人則明，恕己則昏】

責備別人時很聰明，爲寬恕自己則就糊塗了。指嚴於對人，寬於對己。宋．朱熹《名臣言行錄．范純仁》：「戒子弟曰：『人雖至愚，責人則明，恕己則昏；雖有聰明，恕己則昏。爾曹但常以責人之心責己，恕己之心恕人，不患不到聖賢地位也。』」

【責實循名】

循：依照。考察名實是否相符。唐．元稹《唐穆宗文惠皇帝戒勵風俗德音文》：「中代以還，爭端斯起，掩抑其言則專蔽，誘掖其說則欺誣，自非責實循名，不能彰善癉惡。」也作「循名責實」。

【責無旁貸】

貸：推卸。本身負有的責任，不能推卸給別人。《兒女英雄傳》一〇回：「講到護送，除自己一身之外，責無旁貸者再無一人。」

【責先利後】

盡責任應在別人之前，得利益應在別人之後。指在好事或享樂面前，具有謙讓精神。唐．韓愈《送窮文》：「面醜心妍，利居衆後，責在人先。」

【責有攸歸】

攸：所。責任有所歸屬。指責任由誰

承擔是推卸不了的。宋・朱熹《答陳允夫》：「先有司，然後綱紀立，而責有所歸。」

【責重山岳】

責任重如山岳。形容責任重大。南朝梁・任昉《爲齊明帝讓宣城郡公第一表》：「臣知不愜，物誰謂宜，但命輕鴻毛，責重山岳。」

【擇臣莫若君】

選用臣子，沒有比君主更了解他的。《左傳・昭公十一年》：「擇子莫若父，擇臣莫若君。」

【擇地而蹈】

蹈：踩，踏。到哪兒去，要經過認眞選擇。形容做事認眞謹愼。《史記・伯夷叔齊列傳》：「若至近世，操行不軌，專犯忌諱，而終身逸樂，富厚累世不絕，或擇地而蹈之，時然後出言，行不由徑，非公正不發憤，而遇災禍者，不可勝數也。」

【擇肥而噬】

噬：咬。選取肥胖的來咬。比喻選擇富人進行敲詐勒索或搶劫。清・吳趼人《糊塗世界》卷九：「這些差役個個摩拳擦掌，擇肥而噬。到得次日一早，果然捉了七個人來。」

【擇福宜重】

《國語・晉語》：「范文子曰：『擇福莫若重，擇禍莫若輕。』」選擇福事時，應該取重的。《舊五代史・朱友謙傳》：「晉王雖推心於我，然懸兵赴援，急難相應，寧我負人，擇福宜重。」

【擇禍從輕】

當災禍或損失不可避免時，應爭取少受損失。《國語・晉語六》：「范文子曰：『擇福莫若重，擇禍莫若輕，福無所用輕，禍無所用重。』」

【擇交而友】

擇：選擇；交：結交，交往；友：朋友，相好。與人結交要有選擇，不苟且交友。《雲笈七籤》卷九四：「且卜鄰而居，猶從改操；擇交而友，尚能致益。」

【擇鄰而居】

選擇有好鄰居的地方居住。唐・白居易《與元八卜鄰先有是贈》詩：「每因暫出猶思伴，豈得安居不擇鄰。」例古時候，孟母擇鄰而居，爲的是使兒子受到好的影響。我們也應該注意這一點。

【擇木而處】

見「擇主而事」。

【擇其善者而從之】

見「擇善而從」。

【擇人而食】

擇：選擇；食：吃，指下手。選擇人而下手。《逸周書・寤儆解》：「無爲虎傅翼，將飛入邑，擇人而食。」

【擇人而事】

事：侍奉。選擇好人，侍奉終身。多指妓女選擇所嫁對象。《花月痕》七回：「其實，采秋乘此機會，要擇人而事，不理舊業。」

【擇人與交】

選擇思想品質好的人交朋友。《左傳・昭公七年》：「一曰擇人，二曰因民，三曰從時。」漢・劉向《說苑・雜言》：「是以君子擇人與交，農人擇田而耕。」

【擇善而從】

選擇好的依照著辦。康有爲《大同書》乙部：「度量權衡同者甚多，公政府擇善而從，各國漸從之。」也作「**擇其善者而從之**」。《論語・述而》：「三人行，必有我師焉：擇其善者而從之，其不善者而改之。」

【擇善而行】

選擇好的事情去做。《敦煌變文集・降魔變文》：「瞿曇何如朕六師？擇善而行應好事。」

【擇善固執】

擇：選擇；善：好的；固執：堅持。選擇好的方案并且加以堅持。《札記・中庸》：「擇善而固執之者也。」

【擇席之病】

擇席：換個睡覺的地方。換個地方就睡不著或睡不安穩的毛病。《紅樓夢》七六回：「誰知湘雲有擇席之病，雖在枕上，只是睡不著……黛玉因問道：『怎麼還睡不著？』湘雲微笑道：『我有個擇席的病，況且走了睏，只好躺躺兒罷。』」

【擇焉不精】

擇：選擇；焉：語氣詞，表示提起下文；精：精粹。經過選擇卻不夠精粹。唐・韓愈《原道》：「荀〔況〕與揚〔雄〕也，擇焉而不精，語焉而不詳。」

【擇優錄取】

擇：選擇；錄取：考取，任用。選擇優秀的錄取。例高考是統一出題考核，擇優錄取。

【擇主而事】

主：指君主、國君；事：侍奉。有賢德的人，要選擇開明國君稱臣效忠。《三國演義》一四回：「豈不聞『良禽擇木而棲，賢臣擇主而事』。」也作「**擇木而處**」。漢・崔瑗《東觀箴》：「是以明哲先識，擇木而處，夏冬殷摯，周聃晋黍，或笑或泣，抱籍遁走。」

【擇子莫若父】

選擇好兒子沒有比父親更了解的。《左傳・昭公十一年》：「擇子莫若父，擇臣莫若君。」

【澤及枯骨】

澤：恩惠。恩澤施及於死者。形容恩惠深厚。《呂氏春秋・孟冬紀・異用》：「周文王使人扣池，得死人之骸，吏以聞于文王。文王曰：『更葬之。』吏曰：『此無主矣。』文王曰：『有天下者，天下之主也；有一國者，一國之主也。今我非其主邪？』遂令吏以衣棺更葬之。天下聞之曰：『文王賢矣，澤及髊骨，又況于人乎？』」《隋書・煬帝紀下》：「恩加泉壤，庶弭窮魂之冤；澤及枯骨，用弘仁者之惠。」

【澤及萬世】

恩澤流傳萬代。《莊子・天道》：「澤及萬世，而不爲仁。」

【澤梁無禁】

澤梁：在河中攔水捕魚的設備。不禁止下河捕魚。形容當政者對羣衆的一點寬厚。《孟子・梁惠王下》：「昔者文王治岐，耕者九一，仕者世祿，關市譏而不徵，澤梁無禁，罪人不孥。」

【嘖室之議】

嘖：爭辯；室：屋子。指有爭論的會議。《管子・桓公問》：「管仲曰：『黃帝立明堂之議，堯有衢室之問。』桓公：『吾欲效之，其名云何？』對曰：『名曰嘖室之議。』」

【嘖有煩言】

嘖：爭論；煩言：責備或不滿的話。《左傳・定公四年》：「會同難，嘖有煩言，莫之治也。」後多指頻繁的抱怨，說許多不滿的話。《慈禧太后演義》三九回：「西太后批駁下來，台官雖無可奈何，總不免嘖有煩言。」

【嘖嘖稱道】

見「嘖嘖稱羨」。

【嘖嘖稱善】

見「嘖嘖稱羨」。

【嘖嘖稱羨】

嘖嘖：咂嘴讚嘆的聲音。咂著嘴不住地讚美羨慕。《醒世恆言》卷一七：「張孝基疊出兩個指頭，說將出來，言無數句，使聽者無不嘖嘖稱羨。」也作「嘖嘖稱讚」。《老殘遊記》一八回：「那知道未及一個時辰，已經結案，沿路口碑，嘖嘖稱讚。」也作「嘖嘖稱道」。清・錢泳《履園叢話・立志》：「有某富翁子最慕長隨，嘖嘖稱道；不數年間，家資蕩盡，而竟當長隨，得遂其志。」也作「嘖嘖讚美」。茅盾《想到》：「一位陶冶於『高級趣味』中的小姐本來不聽他的，但到後來也嘖嘖讚美起來。」也作「嘖嘖稱善」。例看到他肯於幫助窮苦的人，老人們無不嘖嘖稱善。

【嘖嘖稱讚】

見「嘖嘖稱羨」。

ㄗㄜˋ

【昃食宵衣】

昃：太陽西斜，指黃昏。入夜才吃晚飯，天不亮就穿衣起床。比喻勤於政務。南朝陳・徐陵《陳文皇帝哀册文》：「勤於聽政，昃食宵衣。」也作「旰食宵衣」、「宵衣昃食」。

ㄗㄞ

【災梨禍棗】

梨：梨木；棗：棗木。舊時印書的雕版，多用梨木棗木。刻印過濫，梨木棗木遭殃。形容濫印無用的書。清・趙翼《題袁子才〈小倉山房集〉》：「災梨禍棗知何限，此集人間獨不祧。」也作「禍棗災梨」。

【災難深重】

災難：天災人禍所造成的嚴重損害和痛苦。形容境況悲慘。例近來他的惡運連連，災難深重，令他覺得喪氣，做起事來毫不起勁。

【栽個花果山，强如米糧川】

在山區種植果木的收入比平原種糧食的收入高。例俗話說栽個花果山，强如米糧川，你們不妨改種果樹，三五年後，保管你們就能脫貧致富。

【栽跟頭】

比喻失敗、受挫或犯錯誤等。例人生在世難免栽跟頭，你不要氣餒，爬起來再幹。也作「栽跟斗」、「栽斤斗」、「摔筋斗」。

【栽上百棵桑，不怕年成荒】

年成：一年的收成。多栽桑可多養蠶，多養蠶經濟收入高，即使逢上收成不好，也不要緊。例「栽上百棵桑，不怕年成荒」。我們這裏氣候適宜不妨試試。

ㄗㄞˇ

【宰木已拱】

宰：冢，墳墓；拱：兩手合圍。墳墓旁邊栽的樹已有兩手合抱那麼粗了。指人已死去多年。清・汪琬《董御史文集序》：「追維往事，相去幾二十年，端毅公宰木已拱。」也作「墓木已拱」。

【宰相肚裏好撑船】

形容心胸開闊，能容人。《官場現形記》二七回：「你做中堂的是『宰相肚裏好撐船』，我生來就是這個脾氣不好。」也作「宰相腹中撑得船過」。

【宰相肚裏能撑船——寬宏大量】

也作「宰相肚裏撑船——肚量大」、「一頓能吃三升米——肚量大」。

【宰相家奴七品官】

古代官吏等級最高爲一品，最低爲九品。宰相府裏的家奴，也算得上一個七品官。比喻主子顯赫，奴才的身價也高了。《官場現形記》二四回：「自古道『宰相家奴七品官。』況且他現在又捐了署正，同是六品，一樣分印結，而且又是中堂老師的門口，尋常人那裏巴結得上。」也作「宰相家人七品官」。

【宰相須用讀書人】

宰相管理國家大事，要用知識淵博的讀書人擔任。《西湖二集》卷四：「孝宗問道：『適才有一個姓息的太守辭朝，世上怎生有這個怪異之姓？』趙雄即奏道：『春秋時有息嬀，漢時有息夫躬，此是從來所有之姓，非怪異也。』孝宗大喜道：『卿學問賅博如此，眞宰相須用讀書人也。』」

ㄗㄞˋ

【再拜稽首】

再拜：拜兩次；稽首：古代一種以頭

叩地的跪拜禮。行兩次跪拜禮。《左傳．成公二年》：「韓厥執縶馬前，再拜稽首，奉觴加璧以進。」也作「**稽首再拜**」。

【再當馮婦】

見「再作馮婦」。

【再而衰三而竭】

見「再衰三竭」。

【再顧傾人國】

顧：回頭看；傾：倒塌，覆滅。再顧盼一次，足以滅人國家。形容美人的豔媚。《漢書．外戚孝武李夫人傳》：「延年侍上起舞，歌曰：『北方有佳人，絕世而獨立。一顧傾人城，再顧傾人國。寧不知傾城與傾國，佳人難再得。』」

【再狡猾的狐狸也鬥不過聰明的獵人】

比喻壞人怎麼也鬥不過好人。例還是那句話：再狡猾的狐狸也鬥不過聰明的獵人。看吧！他還不是讓老陳抓到把柄了！

【再接再捷】

見「再接再厲」。

【再接再厲】

接：接觸，指接戰；厲：同「礪」，磨快，引申為奮勉。原指公雞相鬥，每次交鋒都把嘴磨利。唐．韓愈、孟郊《鬥雞聯句》：「一噴一醒然，再接再厲乃。」也比喻繼續奮鬥，一次比一次更英勇頑强。李六如《六十年的變遷》八章：「還是再接再厲，重振旗鼓好些。」也作「**再接再捷**」。唐．白居易《漢將李陵論》：「觀其始以步卒，深入虜庭，而能以寡擊衆，以勞破逸，再接再捷，功孰大焉？」也作「**再接再礪**」。礪：磨。例將士們決心再接再礪，贏得全勝。

【再接再礪】

見「再接再厲」。

【再平的路也會有幾塊石頭】

比喻順利的時候也難免會有困難和挫折。例這點困難算啥，俗話說再平的路也會有幾塊石頭，我們還是多動腦筋，想辦法去克服吧！

【再起東山】

《晉書．謝安傳》記載：「謝安曾因病辭官，隱居東山多年，征西大將軍桓溫請為司馬，將發新亭，朝士咸送，中丞高崧戲之曰：『卿累違朝旨，高臥東山，諸人每相與言，安石不肯出，將如蒼生何！蒼生今亦將如卿何！』安甚有愧色。既到，溫甚喜，言生平，歡笑竟日。」後用「再起東山」形容失勢之後又重新得勢。例他正在積極籌劃，準備再起東山。也作「**東山再起**」。

【再三再四】

一次又一次地。指多次。《清平山堂話本．陰騭積善》：「如此數次相推，張客見林上舍再三再四不受，免不得去寫一張領狀來，與林上舍。」

【再生父母】

指對自己有救命之恩或有極重大恩德的人。《元史．烏古孫澤傳》：「繼改興化軍為路，授澤行總管府事，民歌舞迎候於道曰：『是吾民復生之父母也。』」

【再生之德】

見「再造之恩」。

【再世之交】

兩世以上的交情。《宋史．邵伯溫傳》：「光等亦屈名位輩行，與伯溫為再世之交。」

【再衰三竭】

《左傳．莊公十年》：「既克，公問其故。對曰：『夫戰，勇氣也。一鼓作氣，再而衰，三而竭。彼竭我盈，故克之。』」後用「再衰三竭」形容力量一再消耗，漸趨衰竭。《藝文類聚》卷七四引晉．蔡洪《圍棋賦》：「再衰三竭，銳氣已朽，登軾望轍，其亂可取也。」

【再實之木，其根必傷】

再實：一年兩次開花結果。一棵樹接連地結果，樹根必定受到傷害。①比喻得到不應得的東西，必定要出毛病。《淮南子．人間訓》：「夫再實之木根必傷，掘藏之家必有殃。」②比喻外面消耗過多，根基必受損傷。《後漢書．馬皇后紀》：「常觀富貴之家，祿位重疊，猶再實之木，其根必傷。」

【再思而行】

《論語．公冶長》：「季文子三思而後行，子聞之曰：『再思可矣。』」反覆地思考之後，再採取行動。比喻辦事慎重。例對於一些重大問題的處理，領導者應該再思而行。

【再握三吐】

漢．韓嬰《韓詩外傳》卷三：「成王封伯禽（周公之子）於魯，周公誡之曰：『往矣！子其無以魯國驕士。吾，文王之子，武王之弟，成王之叔父也，又相天子，吾於天下，亦不輕矣。然一沐三握髮，一飯三吐哺，猶恐失天下之士。』」後用「再握三吐」形容求賢心切，為延攬人才而操心。南朝齊．劉孝綽《司空安成王碑》：「德大心小，居高志卑，再握不倦，三吐忘疲。」

【再造之恩】

重新給予生命的恩德。多用於感謝別人的救命之恩。《宋書．王僧達傳》：「內慮於己，外訪於親，以為天地之仁，施不期報，再造之恩，不可妄屬。」也作「**再生之德**」。例再生之德，終生不忘。

【再作馮婦】

《孟子．盡心下》：「晉人有馮婦者，善搏虎，卒為善士。則之野，有衆逐虎。虎負嵎，莫之敢攖。[衆]望見馮婦，趨而迎之。馮婦攘臂下車，衆皆悅之，其為士者笑之。」後用「再作馮婦」比喻重新從事舊行業。魯迅《反「漫談」》：「曾經有位總長，聽說，他的出來就職，是因為某公司要來立案，表決時可以多一個贊成者，所以再作馮婦的。」也作「**再當馮**

婦」、「又作馮婦」。

【在邦無怨】

邦：國家。全國的人都沒有怨恨。《論語・顏淵》：「仲弓問仁，子曰：『己所不欲，勿施於人；在邦無怨，在家無怨。』」

【在彼不在此】

責任在別人不在自己。《史記・酷吏列傳》：「漢興……網漏於吞舟之魚，而吏治烝烝，不至於奸；黎民艾安，由是觀之，在彼不在此。」

【在陳絕糧】

見「在陳之厄」。

【在陳之厄】

厄：災難。《孟子・盡心下》：「君子之厄於陳蔡之間，無上下之交也。」指孔子及其弟子從陳國到蔡國的途中被圍困，斷絕食糧的事。後以「在陳之厄」比喻旅途中遇到食宿等方面的困難。《鏡花緣》五一回：「幸虧女大王將衣箱送還；若不送還，只怕還有什麼在陳之厄。」也作「在陳絕糧」。《論語・衛靈公》：「在陳絕糧，從者病，莫能興。」

【在此存照】

在這裏存在憑證。指文書字據中的習慣語。《水滸傳》二二回：「執憑公文，在此存照。」也作「立此存照」。

【在此一舉】

決定於這一次行動。比喻對事情的成敗起決定作用的行動。《說岳全傳》五三回：「擒拿楊么，在此一舉。」也作「在斯一舉」。《晉書・苻堅載記》：「今日之事，非將軍莫可以捷。成敗之機，在斯一舉。將軍其勉之！」也作「繫此一舉」。

【在此一役】

決定於這一次戰役。比喻對事情成敗起決定作用的戰役。《舊五代史・唐莊宗紀》：「[帝乃謂將佐曰]若簡練兵甲，倍道兼行，出其不意，以吾憤激之眾，擊彼驕惰之師，拉朽摧枯，未云其易，解圍定霸，在此一役。」

【在刀刃上試脖子軟硬】

比喻用生命去冒極大的風險。例那個彭霸天，你惹得起嗎？你這不是「在刀刃上試脖子軟硬」嗎？能忍就忍了吧！

【在德不在鼎】

鼎：舊指帝王傳國的神器，是權力的象徵。作君主的資格在於他的德行如何，而不在於那傳國之鼎。《左傳・宣公三年》：「楚子問鼎之大小輕重焉，王孫滿對曰：『在德不在鼎。』」

【在德不在強】

治國在於行德政，而不在於有武力。《三國志・魏書・張范傳》：「在德不在強，夫能用德以同天下之欲，雖由匹夫之資，而興霸王之功，不足爲難；若苟僭擬，於時而動，衆之所棄，誰能興起。」

【在德不在險】

倚仗國家在於行德政，而不在於倚仗那些險要的山河。《史記・孫子吳起傳》：「魏武侯浮西河而下，中流顧謂吳起曰：『美哉！山河之固，此魏國之寶也。』起對曰：『在德不在險。』」

【在谷滿谷】

原指奏樂時聲音傳遍各地，比喻「道」的無所不在。後形容人物衆多或泛指到處都是。《莊子・天運》：「吾又奏之以陰陽之和，燭之以日月之明，其能短能長，能柔能剛，變化齊一，不主故常，在谷滿谷，在坑滿坑。」也作「在坑在谷」。宋・洪邁《夷堅志・乙志卷十八・青童神君》：「凡所經亘，室屋垣牆，山阜林木，不以巨細高卑，在坑在谷，皆爲微塵。」也作「滿坑滿谷」。

【在官言官】

在什麼職位就計議什麼職位的事情。《禮記・曲禮下》：「君命，大夫與士肄：在官言官，在府言府，在庫言庫，在朝言朝。」後用來指就所處的地位說話。《近十年之怪現狀》一八回：「薇園道：『怕職道的學殖淺薄，未必足擔此任。』中丞道：『在官言官。我們既是私宅相見，何妨脫略些，何必客氣！』」

【在光頭上鑽眼——騙人】

在光頭上鑽眼冒充和尚受戒。比喻想方設法哄騙人。例你說的是真的嗎？別在光頭上鑽眼——騙人。

【在行恨行，出行想行】

幹哪一行不喜歡哪一行，離開了哪一行，又懷念哪一行。例我當記者的時候，嫌工作太累了，現在離開了十幾年，倒時常懷念那東奔西跑的生活，眞是在行恨行，出行想行呀！

【在家不會迎賓客，出門方知少故人】

在家裏不知道接待客人的重要，出外才知道朋友少了會帶來很多不方便。比喻對待客人應該熱情周到。例過去我總嫌自己家裏客人太多了，這次出去，沒有熟人，吃了不少苦頭。現在我算眞正領會「在家不會迎賓客，出門方知少故人」的意義了。

【在家不是貧，路貧貧殺人】

在家裏生活再難也好辦，出門在外，人地生疏，遇到困難就毫無辦法了。《西遊記》三回：「古人云『在家不是貧，路貧貧殺人。』你是住家兒的，何以言貧！像我們這行腳僧，才是眞貧哩。」也作「家貧不是貧，路貧愁殺人」。

【在家出家】

出家：離開家庭，去當僧尼或道士。指雖未出家爲僧，卻能擺脫世俗欲念，如同出家一樣。《景德傳燈錄・第十七祖僧加難提》：「遂終日不食，乃許其在家出家。」

【在家敬父母，何用遠燒香】

比喻眞心孝敬父母，用不著去燒香拜佛。《兒女英雄傳》二四回：「從來說得好：『在家敬父母，何用遠燒香。』……孝順父母，不必求佛，上天自然默佑；不孝父母，天且不容，求佛豈能懺悔。」

【在家靠父母，出外靠朋友】

在家裏要靠父母照顧，出門要靠朋友的幫助。例你有什麼事需要幫忙的盡管說，俗話說：「在家靠父母，出外靠朋友」，我們給你靠！

【在家裏挺屍——裝病】

挺尸：人躺在床上。貶義。比喻僞裝生病。例「他到那裏去了？今天不來上班。」「在家裏挺屍——裝病。」

【在家千日好，出門時時難】

在家裏什麼都方便，出門在外隨時會遇到困難。指出門不如留在家裏好。例常言道：「在家千日好，出門時時難。」來到這地方，眞是吃不好，睡不好呀！也作「在家千日好，出門一時難」、「在家千日好，出門半朝難」。

【在家千日好，出門一時難】

見「在家千日好，出門時時難」。

【在家做皇帝——自個兒稱王】

也作「在家做皇帝——自封爲王」。見「孫悟空當齊天大聖——自個兒稱王」。

【在劫難逃】

劫：劫數，佛教指註定的災難。命中註定要遭受天災人禍，難以逃脫。也借指不可避免的災難。例本來好好的在家休假，突然接到電話，說是有急事找他，一大早趕飛機出去，卻碰上空難，眞是在劫難逃！也作「劫數難逃」、「大劫難逃」。

【在坑在谷】

見「在谷滿谷」。

【在人矮檐下，怎敢不低頭】

比喻處於別人勢力挾制之下，不得不服從。《水滸全傳》二八回：「古人道：『不怕官，只怕管。』『在人矮檐下，怎敢不低頭。』只是小心便是。」

【在人耳目】

表示人們都已聽到或看到。指爲人熟知的事。清・黃宗羲《再辭張郡侯修志書》：「越中數十年來人物，炳然在人耳目者，可屈指而畢。」也作「在人口耳」。清・汪琬《答王進士書》：「相距幾千百年，猶昭灼在人口耳。」

【在人口耳】

見「在人耳目」。

【在色之戒】

色：色相，色情；戒：鑑戒。色情爲害，當以爲戒。《論語・季氏》：「少之時，血氣未定，戒之在色。」

【在山泉水清，出山泉水濁】

比喻原來很好的人，因爲環境的改變而變壞了。唐・杜甫《佳人》詩：「在山泉水清，出山泉水濁。侍婢賣珠回，牽蘿補茅屋；摘花不插髮，採柏動盈掬。」

【在上不忘降】

上：指上位；降：ㄐㄧㄤˋ，指禮讓。身在上位，卻不忘禮讓別人。指爲人謙虛。《左傳・襄公二十七年》：「子展其後亡者也，在上不忘降。」

【在生一日，勝死千年】

在世上活一天，也比永久離開人世爲好。形容對人生的留戀。例自古是「在生一日，勝死千年。」又說「好死不如賴活著」你還是想開些吧！

【在水一方】

在水的那一邊。形容兩地相隔，戀人相思。《詩經・秦風・蒹葭》：「蒹葭蒼蒼，白露爲霜。所謂伊人，在水一方。」

【在斯一舉】

見「在此一舉」。

【在所不辭】

決不退縮、推辭。例我們是好朋友，有什麼事要我幫忙的，我一定在所不辭！

【在所不免】

見「在所難免」。

【在所不惜】

決不吝惜。清・金念劬《避兵十日記》：「果能攖城固守，區區民房在所不惜。」

【在所難免】

由於某種限制而難以避免。例考試嘛！開夜車K書是在所難免的。

【在所自處】

人的處境好壞在於所處的客觀環境。《史記・李斯傳》：「李斯者，楚上蔡人也。年少時，爲郡小吏，見吏舍廁中鼠食不絜，近人犬，數驚恐之。斯入倉，觀倉中鼠，食積粟，居大廡之下，不見人、犬之憂，於是李斯乃嘆曰：『人之賢不肖，譬如鼠矣，在所自處耳。』」

【在天一方】

在天的那一邊。形容極遙遠的地方。漢・蘇武《古詩四首》：「俯觀江漢流，仰視浮雲翔。良友遠別離，各在天一方。」

【在天願作比翼鳥，在地願爲連理枝】

連理枝：枝幹連在一起的兩棵樹。比喻兩人的愛情堅貞不渝。唐・白居易《長恨歌》：「在天願作比翼鳥，在地願爲連理枝；天長地久有時盡，此恨綿綿無絕期。」

【在天之靈】

靈：靈魂，精神。迷信說法，認爲人死了以後，靈魂升到天上還有靈感召應。宋・陸游《湖州常照院記》：「遺弓故劍，羣臣皆當追慕號泣，思所以報在天之靈。」後指受人敬重的人死後，他的精神仍然存在。魯迅《黃花節雜感》：「我並非說，大家都須天天去痛苦流涕，以憑弔先烈的『在天之靈』，一年中有一天記起他們就可以了。」

【在頭上拉屎】

比喻任意欺凌、侮辱。例我告訴你，我堂堂的中國人，別想在我頭上拉屎，到時你可別怪我不客氣。

【在有意無意之間】

意：意識。在有意識和無意識之間。指很微妙。南朝宋・劉義慶《世說新語・文學》：「庾子嵩作意賦成，從子文康見問曰：『若有意耶？非賦之所盡；若無意耶？復何所賦？』答曰：『正在有意無意之間。』」

【在在皆是】
在在：處處。到處都是。清・袁枚《答友人某論文書》：「僕疑足下於詩文之甘苦，尚未深歷，故覺與我爭名者在在皆是，而獨震於考訂家瑣屑斑駁以爲其傳較可必耶？」也作「比比皆是」。

【載沉載浮】
載：動詞詞頭，無實際意義。在水中上下沉浮。《詩經・小雅・菁菁者莪》：「泛泛揚舟，載沉載浮。既見君子，我心則休。」

【載馳載驅】
載：動詞詞頭，無實義。騎馬疾馳。形容放縱的神態。三國魏・曹丕《善哉行》：「載馳載驅，聊以忘憂。」

【載道怨聲】
到處充滿怨恨的言論。清・感惺《斷頭台・受讞》：「笑雌黃舌饒，黑符心驕，綠豆兒眼小，博得個載道怨聲碧漢高。」也作「怨聲載道」。

【載歌載舞】
邊唱歌，邊跳舞。形容許多人在一起歡慶的熱鬧場面。茅盾《新疆風土雜憶》：「維族之歌舞節目，男女二人，載歌載舞，歌爲維語，音調頗柔美。」也作「載歡載笑」。南朝梁・蕭統《昭明文選》卷四〇：「夫聽白雪之音，觀綠水之節，然後東野巴人，蚩鄙益著，載歡載笑，欲罷不能。」也作「式歌式舞」。

【載鬼一車】
坐了一車鬼。形容十分荒誕。《周易・睽》：「見豕負涂，載鬼一車。」

【載歡載笑】
見「載歌載舞」。

【載酒生徒】
《漢書・揚雄傳》：「[揚雄]家素貧，耆（嗜）酒，人希至其門，時有好事者載酒肴從遊學。」後用「載酒生徒」比喻投師求教的學生。清・趙翼《寄顧北墅》詩：「載酒生徒揚子宅，焚香書畫米家船。」

【載酒問字】
問字：求教學問。帶著酒去問字。指帶著禮品登門求教，以示勤奮好學。宋・陸游《小園》：「客因問字來攜酒，僧趁分題就賦詩。」清・程允升《幼學故事瓊林・飲食》：「好事之徒，載酒而問人奇字。」

【載笑載言】
邊笑邊說。漢・楊修《節游賦》：「於是回旋詳觀，目周意倦，御於方舟，載笑載言。」

【載欣載奔】
一邊歡喜，一邊奔跑。晉・陶潛《歸去來辭》：「乃瞻衡宇，載欣載奔。」

【載舟覆舟】
可以使船航行，也能使船翻沉。《孔子家語・五儀解》：「夫君者舟也，庶人者水也，水所以載舟，亦所以覆舟。」後用來作爲引起統治者注意民心向背的警戒語。唐・魏徵《論時政疏四首（其二）》：「怨不在大，可畏惟人。載舟覆舟，所宜深慎。奔車朽索，其可忽乎？」

ㄗㄟˊ

【賊被狗咬——難出口】
見「外貿商品不合格——難出口」。

【賊臣亂子】
賊臣：危害國家的官吏；亂子：忤逆之子。泛指心懷異志禍國殃民的人。《南齊書・崔偃傳》：「臣竊惟太祖、高宗之孝子忠臣，而昏主之賊臣亂子者，江夏王與陛下、先臣與鎮軍是也。」也作「賊臣逆子」、「賊子亂臣」。

【賊喊捉賊】
比喻壞人做了壞事，爲逃避罪責，故意攪混水，掩人耳目。例侵略者慣於要弄賊喊捉賊的伎倆，我們決不要上他們的當。

【賊喊捉賊——倒打一耙】
比喻明知理屈，反而倒咬一口，指責別人。例他破壞水庫，人證物證都有，不但不低頭認罪，反而賊喊捉賊——倒打一耙，誣陷好人。也作「豬八戒敗了陣——倒打一耙」。

【賊眉鼠眼】
見「賊頭賊腦」。

【賊眉賊眼】
見「賊頭賊腦」。

【賊去關門】
賊人偷去東西才關上房門。比喻出了事故才採取防備措施。《二十年目睹之怪現狀》九回：「外面看著是德政，其實骨子裏他在那裏行他那賊去關門的私政呢。」也作「賊出關門」。《古尊宿語錄・滁州琅琊山覺和尙》：「師指云：『賊出關門，家中叫屈。』」

【賊皮賊骨】
形容做賊已十分老練。《二刻拍案驚奇》卷二一：「李彪終久是衙門人手段，走到灶下取一根劈柴來，先把李旺打一個下馬威。問道：『銀子那裏去了？』李旺是賊皮賊骨，一任打著，只不開口。」

【賊人安的賊心腸，老鼠找的是米糧倉】
比喻壞人心術不正，總是想著如何害人。例俗話說「賊人安的賊心腸，老鼠找的是米糧倉」，憑他平日老愛找碴，這次居然積極的拉攏你，小心啊！

【賊人膽虛】
見「做賊心虛」。

【賊人心虛】
見「做賊心虛」。

【賊是小人，智過君子】
做賊的雖然人品不好，但智力往往超過有才學的人。例俗話說：「賊是小人，智過君子。」小偷偷皮襖，出門碰見主人，裝作小販，矇混過關。

【賊頭賊腦】

形容舉動鬼鬼祟祟，遮遮掩掩，怕人看清，也指行爲不正派。例有兩個穿著汗衫的男人在銀行門口徘徊，又相互丟眼色，賊頭賊腦的樣子，讓人很懷疑他們可能是盜匪。也作「賊眉賊眼」、「賊眉鼠眼」、「鬼頭鬼腦」。

【賊無贓，硬似鋼】

比喻做了壞事的人，如果沒有被人拿住眞憑實據，死活也不會承認。例俗話說：「賊無贓，硬似鋼。」我們應該從找證據上多下功夫！

【賊咬一口，爛見骨頭】

指被壞人誣陷，受害很深。例上回他在路上遇見一位自稱迷路的女孩，因此載她回家，沒想到被誣陷爲色狼，眞是「賊咬一口，爛見骨頭」，他暗暗立誓，再不中途隨便載送女孩了。也作「賊咬一口，入骨三分」。

【賊捉賊，鼠捕鼠】

强盜最知道强盜的底細，叫强盜去捉强盜，較有把握。比喻用知情人去解決問題，效果就好。例俗話說：「賊咬賊，鼠捕鼠。」如果知情人肯提供線索，事情就好辦了。

【賊子亂臣】

見「賊臣亂子」。

【賊子摸見水道眼——有口】

賊要偷東西，晚上在人家院牆下面摸到雨水的水道眼，以爲找到了入口。比喻辦某件事有了一點門路。例從你的口氣聽來，你已是賊子摸見水道眼——有口了。

【賊子跳進牆，先把大門敞，偷上偷不上，脫身第一樁】

指做任何事情，首先要做的，是給自己留一條退路。例人常說：「賊子跳進牆，先把大門敞，偷上偷不上，脫身第一樁。」凡事都要留點餘地，才能多有點主動。

【賊走關門——遲了】

也作「賊走關門——晚了」。見「八十歲學吹打——遲了」。

ㄗㄠ

【遭白眼】

被人看不起。例從牢獄裏出來，四處找工作那陣子，處處遭白眼。

【遭家不造】

家遇不幸。原指周成王居父喪時的哀辭。後借喻父母喪事。《詩經・周頌・閔予小子》：「閔予小子，遭家不造。嬛嬛在疚，於乎皇考！」

【遭牛踩的烏龜——不露頭】

見「冬天的螞蟻——不露頭」。

【糟鼻子不吃酒——枉擔其名】

糟鼻子：即酒糟鼻子；枉：白白地。比喻白承當某種名分，而無實際內容。例讓我擔任主管，他來負責實際工作，這叫糟鼻子不吃酒——枉擔其名。

【糟坊的姑娘——久（酒）手】

糟坊：中國土法製酒的作坊，也叫「糟房」、「燒房」、「燒坊」；久：「酒」的諧音。雙關語。比喻有經驗的老手。例這傢伙年紀輕輕，對打麻將，可以稱得上糟坊的姑娘——久（酒）手。

【糟糠不厭】

連酒糟米糠之類的食物也不厭惡。形容生活十分貧困。《史記・伯夷傳》：「仲尼獨薦顏淵（回）爲好學。然回也屢空，糟糠不厭，而卒蚤夭。」也作「不厭糟糠」。

【糟糠之婦】

見「糟糠之妻」。

【糟糠之妻】

共食糟糠的妻子。舊指共患難的妻子。《後漢書・宋弘傳》：「臣聞貧賤之交不可忘，糟糠之妻不下堂。」也作「糟糠之婦」。元・高則誠《琵琶記・一門旌獎》：「允備貞潔韋柔之德，糟糠之婦，今始見之。」

ㄗㄠˊ

【鑿壁偷光】

鑿穿牆壁借得燭光。原指西漢匡衡借鄰居燭光讀書的事，見《西京雜記》卷二。後形容刻苦夜讀。《醒世恆言》卷一一：「强爺勝祖有施爲，鑿壁偷光夜讀書。」

【鑿壁懸梁】

鑿壁：指匡衡鑿穿牆壁借鄰舍燭光讀書的事，見《西京雜記》卷二；懸梁：指孫敬把頭髮懸於屋梁以防入睡的事，見《太平御覽》卷三六三引《漢書》。形容學習刻苦。明・徐霖《繡襦記・正學求君》：「效先儒入室升堂，淑諸人鑿壁懸梁。」

【鑿骨搗髓】

鑿：穿孔，挖掘。挖出骨頭，砸出骨髓。形容十分刻毒。《醒世姻緣傳》一六回：「惹得那先生鑿骨搗髓的臭罵了一場，即刻收拾了書箱去了。」

【鑿龜數策】

鑿龜：古時鑽灼龜甲看裂紋，以推測吉凶；數策：數蓍草的莖，從分組計數中占卜吉凶。《韓非子・飾邪》：「鑿龜數策，兆曰大吉，而以攻燕者，趙也。」

【鑿空架虛】

鑿空：憑空。憑空立論，沒有事實根據。清・錢謙益《賀文司理詩册序》：「雜治再三，駁政皆鑿空架虛，一無左證。」也作「架虛鑿空」。

【鑿空立論】

鑿空：憑空，牽强附會。缺乏根據，牽强附會地做出論斷。《朱子全書・學》六：「固不可鑿空立論，然讀書有疑有所見，自不容不立論。」

【鑿空指鹿】

比喻有意顛倒黑白，混淆是非。唐・李玨《唐丞相太子少師贈太尉牛公神道碑銘序》：「上怒下詔，自旬日三貶公至循州長史，鑿空指鹿，四海之士盛冤之。」參見「指鹿為馬」。

【鑿磨匠打鐵，不會看火色】

鑿磨匠：石匠；火色：火候。比喻外行辦事。例你這樣眞可以說是鑿磨匠打鐵，不會看火色了。

【鑿枘不入】

鑿圓枘方，安不進去。比喻事情難辦或彼此意見不合。戰國楚·屈原《楚辭·九辯》：「圜鑿而方枘兮，吾固知其鉏鋙而難入。」

【鑿四方眼兒】

形容固執、拘泥，不靈活變通。《兒女英雄傳》九回：「[十三妹說道]這麼大人了，要撒溺到底說呀，怎麼愸著不言語呢？還這麼鑿四方眼兒，一定要使個淨桶！」

【鑿隧入井】

挖一條隧道入井取水。比喻費力多，收效微。《莊子·天地》：「鑿隧而入井，抱甕而出灌，搰搰然用力多而見功寡。」

【鑿圓枘方】

鑿：榫頭；枘：ㄖㄨㄟˋ，榫兒。孔是圓的，榫是方的。比喻雙方意見不合，互不相容。宋·秦觀《與蘇公先生簡》：「比迫於衣食，強勉萬一之遇，而寸長尺短各有所施，鑿圓枘方卒以不合。」

【鑿鑿可據】

見「鑿鑿有據」。

【鑿鑿有據】

鑿鑿：確實，非常確實。有事實根據，足可憑信。《掃帚迷》一〇回：「老兄六尺須眉，何苦同婦人女子一般識見，造言惑衆，說得天花亂墜，鑿鑿有據呢？」也作「鑿鑿可據」。

ㄗㄠˇ

【早採三天是個寶，晚採三天是堆草】

採茶要掌握時機，不能誤了農時。比喻時機不可錯過。例「早採三天是個寶，晚採三天是堆草」。幹什麼事都要抓緊時機，錯過時機，前功盡棄。

【早朝晏罷】

朝：朝見；晏：遲，晚。早晨上朝君臣議事，到很晚才結束。形容君臣政務繁忙。宋·陳亮《上孝宗皇帝第一書》：「陛下早朝晏罷，以冀中興日月之功。」也作「蚤朝晏退」。《墨子·非樂上》：「王公大人蚤朝晏退，聽獄治政，此其分事也。」

【早晨的露水——見不得太陽】

也作「早晨的露水——見不得陽光」。見「山洞裏的蝙蝠——見不得陽光」。

【早晨起來七件事，柴米油鹽醬醋茶】

比喻婦女早起就為一家人生活操心。元·武漢臣《玉壺春》一折：「教你當家不當家，及至當家亂如麻。早晨起來七件事，柴米油鹽醬醋茶。」

【早晨栽下樹，到晚要乘涼】

比喻急於求成，難以實現。例「早晨栽下樹，到晚要乘涼。」這能辦到嗎？咱們還是一步一個腳印地幹吧！

【早出晚歸】

早晨出去，晚上回來。形容工作辛勞。《戰國策·齊策六》：「女朝出而晚歸，則吾倚門而望；女暮出而不還，則吾倚閭而望。」

【早穿皮襖午穿紗，圍著火爐吃西瓜】

形容新疆沙漠地區早晚的溫差太大。例新疆地區早穿皮襖午穿紗，圍著火爐吃西瓜。我們剛從內地來，還眞是不能適應呢！

【早春的桃花——紅不久】

見「日落西山——紅不過一會兒」。

【早韭晚菘】

菘：蔬菜名，白色的叫白菜，淡黃色的叫黃芽菜。初春的韭菜，晚秋的菘菜。指新鮮味美的蔬菜。《南史·周顒傳》：「文惠太子問顒，菜食何味最勝，顒曰：『春初早韭，秋末晚菘。』」

【早迷晚寤】

寤：醒悟。早年迷惑，晚年醒悟。指大器晚成。北齊·顏之推《顏氏家訓·勉學》：「曾子七十乃學，名聞天下；荀卿五十始來游學，猶為碩儒；公孫弘四十餘方讀《春秋》，以此遂登丞相；朱雲亦四十，始學《易》、《論語》；皇甫謐年二十，始授《孝經》、《論語》，皆終成大儒，此並早迷而晚寤也。」

【早起三光，遲起三慌】

謂做事要早作準備。例你記住「早起三光，遲起三慌」，在談判之前，把材料先熟悉一下，到時就好對付了。

【早起三朝當一工】

三天早起所幹的工作，抵得上一個整天幹的。例「早起三朝當一工」，我這些玩意兒都是業餘時間做出來的。

【早寢晏起】

寢：睡覺；晏：晚，遲。早睡晚起。形容懶惰、懈怠。《禮記·內則》：「孺子早寢晏起，唯所欲，食無時。」

【早上不做官，晚上不作揖】

早上罷了官，晚上便沒人理睬了。形容社會上的人情冷暖，世態炎涼。例小明問：「爸爸！平常劉叔叔老遠就和你打招呼，今天怎麼溜邊兒走了？」張超說：「俗話說：『早上不做官，晚上不作揖。』這有啥奇怪的！」

【早世即冥】

見「早世殞命」。

【早世殞命】

殞：死亡。年少時就死了。《左傳·昭公三年》：「則又無祿，早世殞命。」也作「早世即冥」。宋·葉廷珪《海錄碎事·死亡》：「誰謂不痛，早世即冥；誰謂不傷，華繁中零。」

【早為之所】

為：安排；所：處所。早點安排他一個地方。指應早作預防、安排。《左傳・隱公元年》：「不如早爲之所，無使滋蔓，蔓難圖也。」

【早知今日，悔不當初】

早知道是今天這樣，當初就不那麼做了。指做錯了事後悔。《水滸傳》四一回：「晁蓋喝道：『你這廝早知今日，悔不當初。』」

【早知窮達有命，恨不十年讀書】

窮：貧窮，窮困；達：指富有。早知道窮困和富有在於天命，恨不得十年前就讀書。形容命運難料，常常捉弄於人。《南史・沈攸之傳》：「攸之晚好讀書，手不釋卷，史漢事，多所記憶。嘗嘆曰：『早知窮達有命，恨不十年讀書。』」

【早自爲圖】

圖：打算，謀劃。早點爲自己的出路計謀。《五代史・梁・家人傳》：「左右勸友珪（朱溫子），事急生計，何不早自爲圖。」

【棗核兒釘在牆上——大小是個爵（橛）兒】

橛兒：橛子，即短木樁；爵：「橛」的諧音，泛指當官的。見「公雞頭上肉疙瘩——大小是個官（冠）」。

【棗核兒解板——沒有幾句（鋸）拉頭】

解板：把木頭鋸成板；句：「鋸」的諧音。雙關語。比喻說不上幾句話，或說不到一塊去。例他兩人興趣截然不同，在一起就像棗核兒解板——沒有幾句（鋸）拉頭。也作「棗核兒解板——沒有什麼拉頭」、「棗核截板——沒幾句（鋸）」。

【棗木梆子——一對兒】

也作「棗木棒槌——一對兒」。見「廟門前的石頭獅子——一對兒」。

【棗木棍子——自來紅】

見「猴子的屁股——自來紅」。

【棗子骨頭——兩頭奸（尖）】

棗子骨頭：即棗核；奸：「尖」的諧音。比喻都虛僞詭詐，不講信用。例許多掮客都是棗子骨頭——兩頭奸（尖），靠欺騙發不義之財。

【棗子骨頭——兩頭利】

利：鋒利。比喻人鋒芒畢露。有時指不好處理或不得兩全。例這傢伙是棗子骨頭——兩頭利，誰都遠而避之，不敢招惹。

【蚤朝晏退】

見「早朝晏罷」。

【蚤子放在頭頂上——自討苦吃】

蚤子：跳蚤。見「笨豬拱刺蓬——自找苦吃」。

【澡盆洗臉——臉面不小】

見「半斤麵包個水餃——好大的麵皮」。

【澡身浴德】

澡：洗；浴：洗澡。潔身自好，沐浴在道德中。指磨練意志，修養品德，使身心純潔。《禮記・儒行》：「儒有澡身而浴德……其特立獨行有如此者。」《藝文類聚》卷三八：「劉瓛澡身浴德，修行明經，賤珪璧於光陰，競松筠於歲晚。」

【澡雪精神】

澡雪：洗滌。通過洗滌而使精神純淨。指清除思想中的庸俗卑陋的東西，使神思健康。《莊子・知北遊》：「汝齊[齋]戒，疏瀹而心，澡雪而精神。」也作「精神澡雪」。

ㄗㄠˋ

【皂白不分】

皂：黑色。黑色白色都分不清。比喻不問情由，武斷處理。李六如《六十年的變遷》六：「在另外一部分無所謂的士兵，覺得皂白不分，勢必城門失火，殃及池魚。」也作「不分皂白」、「不問青紅皂白」、「不分青紅皂白」。

【皂白須分】

是非必須分清。《舊唐書・裴寂傳》：「朕之有天下者，本公所推，今豈有二心？皂白須分，所以推究耳。」

【皂絲麻線】

皂絲：黑絲；麻線：指白色麻線。黑絲白線。比喻黑白分明。明・洪楩《錯認屍》：「在我家中，我自照著他，有甚皂絲麻線？」

【灶倒屋塌——砸鍋】

見「錘子炒菜——砸鍋」。

【灶君貼腿上——人走家搬】

灶君：即灶王爺。也作「灶王爺綁在腿肚子上——人走家搬」。見「腿肚子上貼灶王爺——人走家搬」。

【灶坑裏埋王八——拱火】

王八：鱉的俗稱。見「屎殼郎鑽灶堂——拱火兒」。

【灶裏扒出個燒饃饃——吹吹拍拍】

饃饃：〈方〉饅頭。比喻諂媚奉承。例爲人要正派，灶裏扒出個燒饃饃——吹吹拍拍的作風可不好。也作「灶裏扒出個燒饃饃——又吹又拍」、「捧著嗩吶趕毛驢——吹吹拍拍」。

【灶裏扒出個燒饃——又吹又打】

比喻大肆張揚，或大肆捧場。例「聽說張經理的生日要到了？」「可不，灶裏扒出個燒饃，早已又吹又打啦。」

【灶裏煨紅薯——不到熟透不外掏】

煨：把生的食物埋入帶灰的火裏，慢慢燒熟。比喻不考慮成熟，就不隨便說話，不輕易行動。例他從來是灶裏煨紅薯——不到熟透不外掏，絕不會輕易發表自己的看法的。

【灶門前拿竹筒——吹了】

竹筒：指吹火筒。見「風口上點油燈——吹了」。

【灶旁的風箱——搧風點火】

比喻唆使、煽動別人作某種事。例事情發展到這樣不可收拾的地步，一定有人像灶旁的風箱——搧風點火。

【灶上的炒勺——嘗盡了酸甜苦辣】

比喻嘗遍了人生辛酸。例他流落江湖

數十年，就像灶上的炒勺——嘗盡了酸甜苦辣。也作「**灶上的抹布——嘗盡了酸甜苦辣**」、「**中藥鋪的抹布——嘗盡了酸甜苦辣**」。

【灶上掃除】

見「灶上騷除」。

【灶上騷除】

騷：通「掃」。把灶上打掃乾淨。比喻輕而易舉的事。《史記・李斯傳》：「夫以秦之强，大王之賢，由灶上騷除，足以滅諸侯，成帝業，爲天下一統，此萬世之一時也。」也作「**灶上掃除**」。清・袁枚《爲尹太保賀伊里蕩平表》：「從灶上掃除瀚海，取灰盤指畫天山。」

【灶神上貼門神——話（畫）裏有話（畫）】

也作「**灶王爺捲門神——話（畫）中有話（畫）**」。見「門神捲灶爺——話（畫）裏有話（畫）」。

【灶台上的抹布——揩油】

比喻占公家或別人的便宜。例「王二又來幹什麼？」「灶台上的抹布——揩油唄！」

【灶膛裏的老鼠——灰溜溜的】

形容懊喪或消沉。例輸一場球有什麼要緊，不要像灶膛裏的老鼠——灰溜溜的。

【灶膛裏的濕柴——有煙沒火】

比喻怒氣剛消。例經過大家的勸解，他已是灶膛裏的濕柴——有煙沒火了。

【灶膛裏掄錘——砸鍋】

見「錘子炒菜——砸鍋」。

【灶王爺綁在腿肚上——四海爲家】

比喻什麼地方都可以當作自己的家。例他是孤身一人，灶王爺綁在腿肚上——四海爲家，到任何地方工作都行。參見「腿肚子上貼灶王爺——人走家搬」。

【灶王爺的橫批——一家之主】

舊時灶王爺的對聯一般是「上天言好事，下界保平安」，橫批常寫「一家之主」。比喻當家作主。例她是灶王爺的橫批——一家之主，掌握著經濟大權。

【灶王爺的仔——造（灶）孽】

仔：〈方〉兒子；造：「灶」的諧音；孽：惡因，引申爲不肖的後代。比喻做壞事或幹罪惡勾當。有時表示對人不幸處境的同情。例你這是灶王爺的仔——造（灶）孽，會遭到衆人唾罵的。

【灶王爺打飛腳——離板了】

灶王爺的神像多貼在木板上，打飛腳必然離板。比喻說話辦事離開了主題和宗旨。有時指言行喪失原則。例你昨天的發言是灶王爺打飛腳——離板了，與本會的方針任務背道而馳。

【灶王爺跌落鍋裏——精（蒸）神】

精：「蒸」的諧音。雙關語。比喻活躍，有生氣；神氣十足。例三日不見，你看他，眞是灶王爺跌落鍋裏——精（蒸）神了。

【灶王爺跌落鍋裏——眞（蒸）神】

眞：「蒸」的諧音。比喻非常神奇。例小龍一歲就會開動電視機，灶王爺跌落鍋裏——眞（蒸）神。

【灶王爺上天——神氣來了】

比喻得意忘形，非常傲慢。有時指精神振作。例他剛受到一次表揚，就灶王爺上天——神氣來了。

【灶王爺上天——有啥說啥】

舊時民間風俗，在農曆臘月二十三或二十四日夜晚，每家舉行送灶神上天的祭祀，希望他在玉帝面前說好話，祈求幸福。也作「**灶王爺上西天——有啥說啥**」、「**灶王爺上天——有一句說一句**」。見「肚裏有半斤，嘴上倒八兩——有啥說啥」。

【灶王爺伸手——拿糖】

灶王爺只要一伸手就能拿到面前上供的糖。雙關語。比喻裝模作樣或故意表示爲難，以抬高自己的身價。例這個禮物就收下吧，別灶王爺伸手——拿糖。

【灶王爺伸手——穩拿糖瓜兒】

雙關語。比喻很有把握，或穩妥可靠。例半年完成這項工程，咱們是灶王爺伸手——穩拿糖瓜兒。也作「**灶王爺吃糖瓜——穩拿**」、「**灶王爺伸手——穩拿**」。

【造謗生事】

謗：誹謗。製造誹謗他人的謠言，生出事端。《清史稿・王恕傳》：「若告貸銀米以給口食，則必計其能還而後之，狡黠之流遂謂官有偏私，不免造謗生事。」

【造次顚沛】

造次：緊迫急遽；顚沛：流離。急遽苟且之時，傾覆流離之際。形容處在生死存亡的關鍵時刻。《論語・里仁》：「君子無終食之間違仁，造次必於是，顚沛必於是。」宋・王禹偁《答鄭褒書》：「士君子立身行道是是而非非，造次顚沛不易其心。」

【造福桑梓】

桑梓：桑樹和梓樹，借指故鄉。爲故鄉謀取幸福。清・孔尚任《桃花扇》：「又好監軍防河，且爲桑梓造福，豈非一舉而三得乎？」例縣長發動居民鑿山引水，造福桑梓。

【造弓的造弓，造箭的造箭】

比喻該幹什麼就去幹什麼。《西遊記》五四回：「呆子笑道：『古人云：造弓的造弓，造箭的造箭。我們如今招的招，嫁的嫁，取經的還去取經，走路的還去走路，莫只管貪杯誤事。快早點兒打發關文。正是將軍不下馬，各自奔前程。』」

【造化弄人】

造化：自然界的造物主，指命運。命運捉弄人。《鏡花緣》六七回：「我們在坐四十五人，似乎並無一人落第，那知今日竟有八人之多，可見天道不測，造化弄人，你又從何捉摸。」

【造化小兒】
造化：自然界的造物主，指命運；小兒：對人的蔑稱。戲稱命運之神。《新唐書・杜審言傳》：「審言病甚，宋之問、武平一等省候何如，答曰：『甚爲造化小兒所苦，尚何言！』」後因稱病魔。也作「小兒造化」。
【造極登峯】
造：到；極：頂點，盡頭。達到盡頭，登上峯頂。指到達極點。《兒女英雄傳》三五回：「只看世上那班分明造極登峯的，也會變生不測，任是爭强好勝的，偏用違所長。」也作「登峯造極」。
【造就無緣】
造就：造詣，成就；無緣：沒有緣分。想有所成就卻沒有機緣。唐・駱賓王《書》：「禁門清切，造就無緣。」
【造空氣】
比喻有意製造某種氣氛或散佈消息。例你倒眞會造空氣，八字沒一撇的事，叫你說得有鼻子有眼的。
【造天立極】
指君王登上帝位，確立綱紀。唐・陳子昂《爲資州鄭使君讓官表》：「伏惟陛下，革命開基，造天立極，方且弘宣帝典。」
【造微入妙】
造：到；微：精深，精妙。達到精深微妙的境地。形容書法功力或詩文寫作達到最微妙的佳境。《宣和書譜・篆書敍論》：「昔王羲之初學衛夫人小楷，不能造微入妙，其後見李斯、曹喜篆、蔡邕隸八分，於是楷法高四海。」
【造屋請箍桶匠——找錯人啦】
見「拉和尙認親家——找錯了人」。
【造言惑衆】
見「造謠惑衆」。
【造言生事】
見「造謠生事」。
【造謠惑衆】
製造謠言，迷惑衆人。例他跟你有仇啊？幹嘛造謠惑衆的打擊他？也作「造言惑衆」。清・壯者《掃迷帚》一〇回：「老兄六尺鬚眉，何苦同婦人女子一般識見，造言惑衆，說得天花亂墜，鑿鑿有據呢！」
【造謠生事】
製造謠言，挑起事端。魯迅《致黎烈文》：「我與中國新文人相周旋者十餘年，頗覺得以古怪者爲多，而漂聚於上海者，實尤爲古怪，造謠生事，害人賣友，幾乎視若當然，而最可怕的是動輒要你生命。」也作「造言生事」。《文明小史》二回：「加以這些武童，常常都聚在一處，不是茶坊，便是酒店，三五成衆，造言生事，就是無事，也要生點事情出來。」
【造謠中傷】
中傷：暗中攻擊、陷害。製造謠言，陷害別人。例他爲了得到總經理的職位，造謠中傷別人，沒想到卻因此而被貶職。
【噪脾胃】
比喻舒服、爽快。例他這話聽了眞噪脾胃。也作「燥脾胃」。例這回雖破了點財，卻是燥盡脾胃。
【燥荻枯柴】
荻：荻草，似蘆葦。乾燥的荻草，枯乾的柴木。指易燃物品。《資治通鑑・漢獻帝建安十三年》：「黃蓋曰：『今寇衆我寡，難與持久，操軍方連船艦，首尾相接，可燒而走也。』乃取蒙衝鬥艦十艘，載燥荻枯柴，灌油其中，裹以帷幕，上建旌旗，豫備走舸，繫於其尾。」
【燥脾胃】
見「噪脾胃」。
【躁人辭多】
躁：急躁。性情急躁的人言語多。《周易・繫辭下》：「吉人之辭寡，躁人之辭多。」

ㄗㄡ

【鄒魯遺風】
鄒：周朝國名，在今山東鄒縣一帶，是孟子的故鄉；魯：周朝國名，在今山東曲阜一帶，是孔子的故鄉。孔孟遺留下來的儒家風氣。泛指儒家的思想作風。《梁書・羊侃傳》：「高祖覽曰：『吾聞仁者有勇，今見勇者有仁，可謂鄒魯遺風，英賢不絕。』」
【鄒纓齊紫】
《韓非子・外儲說左上》載：齊桓公好服紫，一國盡服紫。鄒君好服長纓，左右皆服長纓。后以「鄒纓齊紫」比喻上行下效。《南史・儒林傳論》：「語云：『上好之，下必有甚焉者。』是以鄒纓齊紫，且以移俗，況祿在其中，可無尙歟。」

ㄗㄡˇ

【走板眼】
原指演唱或演奏時亂了節拍。比喻說話離題或文不對題。例聽他說話要多留神，說不定什麼時候就走板眼了，弄得人不知所云。
【走背運】
指倒霉，交不到好運氣。例我最近怕是走背運，剛丟了月票，又被偷了錢包。
【走背字】
比喻倒霉，凡事不順。例人要是走背字，喝涼水都塞牙，沒想到走人行道還會被車撞倒。
【走筆成文】
見「走筆成章」。
【走筆成章】
走筆：筆運行很快。一動筆，很快就寫成了文章。形容才思敏捷，文章寫得很快。元・無名氏《凍蘇秦》三折：「手執著毛錐，指萬物走筆成章。」也作「走筆成文」。明・無名氏《登瀛洲》二折：「都要可便吟詩和韻，題著這新建瀛洲，則要個字意相關，走筆成文。」也作「下筆成章」。

【走筆題詩】

走筆：筆運行很快。飛快地揮筆書寫詩句。形容才思敏捷。元·馬致遠《青山淚》四折：「……愛他那走筆題詩，出口成章。」

【走邊風】

比喻利用不正當的途徑巴結權貴鑽營私利。例這位副手狡詐狠毒，是靠走邊風泚上去的，很快就把第一把手給擠下去了。也作「走偏鋒」。例他現在好像變了，不再一味地走偏鋒攀高枝，開始老老實實做工作了。

【走便門】

比喻走方便的途徑巴結權勢以謀利。例這傢伙慣會走便門，得便宜。見原單位沒什麼油水撈了，馬上就調到一個大公司去了。

【走不走留路，吃不吃留肚】

留路：留條退路。比喻說話辦事都要留有餘地。例俗話說，走不走留路，吃不吃留肚。你不能把話說得那樣死，應該留點餘地。

【走岔道】

比喻迷失方向，走上了錯誤的道路。例你已經犯過一次大錯誤，一定要認眞總結經驗教訓，不要再走岔道了。

【走大路怕水，走小路怕鬼】

比喻做事過分謹慎小心，不果斷。例不能再猶豫了，像這樣走大路怕水，走小路怕鬼的，還想把敵人趕出村去？

【走到渡口打轉身——想不過】

雙關語。比喻對某些事情或問題有意見，思想不通。例對參加捐血，他是走到渡口打轉身——想不過，還得解釋解釋。

【走道喝粥——急性子】

比喻性情急躁。例報名還沒結束哩，就來問結果，眞是走道喝粥——急性子。

【走道拾雞毛——湊膽[撣]子】

膽：「撣」的諧音。雙關語。比喻聚集許多人做某件事，以壯聲威。例實際上不需要那麼多人，他們只是走道拾雞毛——湊膽[撣]子而已。

【走得起】

比喻受歡迎，吃得開。例他不知鑽了什麼門子，居然在總經理面前很走得起了。原先他總是灰溜溜的，現在可神氣了。

【走方步】

①比喻為人方正，一絲不苟。例他爸是個走方步的角色，一點邪門歪道也沒有。②形容走路太慢。例電影都快開演了，你還在這兒走方步。

【走伏無地】

走：逃跑；伏：藏匿。逃跑躲藏都沒有容身的地方。《三國志·魏書·鍾會傳》：「蹊路斷絕，走伏無地。」

【走鋼絲】

雜技的一種。比喻做容易出錯或危險的事情。例他現在正在兩個死對頭之間走鋼絲，弄不好把雙方都得罪了，摔個鼻青臉腫。

【走骨行屍】

見「走肉行屍」。

【走過場】

過場：舞台用語，指劇中人物穿場而過。比喻敷衍、對付。例這次全市衛生大檢查不比往常，一定要認眞對待，消滅死角，決不能走過場。

【走黑道】

比喻走邪路、不光明正大的路。例孩子，你可千萬不能走黑道呀！要是上了賊船，想下來就難了。

【走黑運】

比喻機遇不好，處處倒霉。例這個暴發戶終於開始走黑運了，據說查出他偷漏大量稅收，要受到嚴懲。

【走紅運】

比喻碰到好機會，事情如意。例我看你是走紅運了，眞是要名得名，要利有利。

【走後門】

指透過不正常的關係和渠道辦事。例現在走後門成風，許多原先可以照章辦理的事，也要走後門才能辦成，這種歪風邪氣，不制止怎麼行！

【走花溜水】

溜：滑動，圓轉。比喻吹牛，說大話。《西遊記》七四回：「你莫像才來的那個和尙，走花溜水的胡纏。」

【走回頭路】

比喻倒退。例你吃的虧還少嗎？萬萬不能再走回頭路。

【走及奔馬】

跑的速度可以趕得上奔跑的快馬，形容走路飛快。《周書·達奚武傳》：「震字猛略，少驍勇，便騎射，走及奔馬，膂力過人。」

【走斝飛觥】

斝：ㄐㄧㄚˇ，古代圓口三足的酒器；觥：古代用獸角做的飲酒器。酒杯飛速移動。形容歡聚宴飲的熱烈情景。元·無名氏《鎖魔鏡》一折：「我這裏便親手高擎碧玉鍾，走斝飛觥，咱兩個興正濃。」也作「走斝飛觴」。元·張可久《塞兒令·秋日宮詞》：「泛羽流商，走斝飛觴」。

【走斝飛觴】

見「走斝飛觥」。

【走江湖】

指四方闖蕩，靠賣藝、行醫賣藥或卜卦等為主。例他又不是走江湖的，你幹嘛老要他變戲法？

【走窟窿橋】

窟窿橋：年久失修、破敗搖晃的橋。比喻走上危險的道路。例他說他情願走窟窿橋，只要能賺錢過好日子，他願意冒險。

【走老路】

比喻墨守陳規，按老一套辦事。例我看他除了走老路，不會幹別的。

【走了和尚有廟在——儘管放心】

比喻事情有保證，可以安心。例這家公司是講信用的，走了和尙有廟在

——儘管放心，一定會按時交貨。

【走了和尚走不了廟】

比喻人雖逃走，可房子土地等家產卻帶不走。多用於指罪犯或有問題的人想一走了之是不可能的。也作「跑了和尚跑不了廟」。

【走路看腳印——多加一分小心】

也作「走路看腳印——太小心了」。見「樹葉掉下來捂腦袋——多加一分小心」。

【走路看腳印——一步一回頭】

比喻每前進一步都要回顧和總結過去的工作。有時形容離別時戀戀不捨。例要做好工作，走路看腳印——一步一回頭，發揚優點，克服缺點。

【走路怕踩死螞蟻】

形容膽小怕事，過分小心。例老王自從上次犯了錯誤，就變成了一個走路怕踩死螞蟻的人了，往日的銳氣再也看不到了。

【走路繞磨道——拐彎抹角】

見「九曲橋上散步——拐彎抹角」。

【走路拄雙拐——求穩】

見「騎馬扶牆——求穩」。

【走漏風聲】

風聲：消息。洩漏消息。需要保密的情況傳播出去。《紅樓夢》九七回：「那過禮的回來，都不提名說姓，因此上下人等雖都知道，只因鳳姐吩咐，都不敢走漏風聲。」

【走漏天機】

天機：指秘密。泄漏了秘密。元・曾端卿《留鞋記》一折：「這件事，天知地知……口裏言，心中計，休得便走漏天機。」也作「洩漏天機」。

【走鸞飛鳳】

鸞：傳說中的五彩神鳥，一說爲鳳的一種，多青色；鳳：傳說中的瑞鳥。疾走的鸞，飛舞的鳳。形容建築物雕梁畫棟，堂皇富麗的樣子。元・王子一《誤入桃源》二折：「見樓台三四重，勢嵯峨走鸞飛鳳，晃分明金碧玲瓏。」

【走馬到任】

見「走馬上任」。

【走馬鬥雞】

走：跑。騎馬奔跑，逗雞爭鬥。指沉溺於賭博、打獵的遊樂之中，游手好閒，不務正業。唐・崔顥《代閨人答輕薄少年》詩：「花間陌上春將晚，走馬鬥雞猶未返。」也作「鬥雞走馬」。

【走馬赴任】

見「走馬上任」。

【走馬觀花】

見「走馬看花」。

【走馬觀花——不深入】

也作「走馬觀花——深入不下去」。見「馬勺掏耳屎——不深入」。

【走馬看花】

走：跑，騎在奔跑的馬上看花。唐・孟郊《登科後》詩：「春風得意馬啼疾，一日看盡長安花。」①形容愉快、得意的心情。明・于謙《喜雨行》：「但願風調雨順民安業，我亦走馬看花歸帝京。」也作「看花走馬」、「探花走馬」。②比喻粗略地觀察一下，不深入、不細緻。清・吳喬《圍爐詩話》三：「唐詩情深詞婉，故有久久吟思莫知其意者；若走馬看花，同於不讀。」也作「走馬觀花」。李六如《六十年的變遷》一〇章：「就只在選煤各處，走馬觀花看了一下。」

【走馬看錦】

走馬：騎馬奔馳；錦：有彩色花紋的絲織品。騎在奔跑的馬上看錦。比喻粗略地觀看。明・王驥德《曲律・雜論三九下》：「又只是無中揀有，走馬看錦，子細著針砭不得。」

【走馬上任】

走馬：使馬跑；任：任所，任職的地方。指官吏就職，或指接受新的工作。《古今小說》三四回：「李元果中高科，初任江州僉判，閭里作賀，走馬上任。」也作「走馬之任」。元・馬致遠《青衫淚》楔子：「目今主上圖治心切，不尚浮藻，將某左遷江州司馬，刻日走馬之任。」也作「走馬赴任」。《醒世恆言》卷二五：「可加兵部侍郎，領西川節度使；仍著走馬赴任，無得遲誤。」也作「走馬到任」。元・高文秀《遇上皇》三折：「御弟你聽著，聖人命加你爲東京府尹。即今走馬到任。」

【走馬行船三分險】

比喻幹什麼事都有幾分危險，絕對安全是沒有的。例俗話說：「走馬行船三分險。」何況你們還是高空作業呢，所以你們腦子裏「安全」「保險」這根弦一定要繃得緊緊的！

【走馬以糞】

走：跑；以：用；糞：施肥。善跑的馬不用它的善跑，而用來耕田。形容天下太平，沒有戰事。《老子》四六章：「天下有道，卻走馬以糞；天下無道，戎馬生於郊。」

【走馬有個前蹄失，急水也有回頭浪】

比喻辦什麼事情都難免有失誤，難免遇到挫折。例走馬有個前蹄失，急水也有回頭浪，勝敗乃兵家常事，哪有老打勝仗的常勝將軍？

【走馬章台】

章台：漢代長安章台下街名，舊時妓院的代稱。騎馬走過章台街。後比喻涉足妓館。元・劉庭信《新水令・春恨》曲：「想俺那多才，柳陌花街，莫不是謝館秦樓，多應在走馬章台。」

【走馬之任】

見「走馬上任」。

【走碼頭】

指沿江湖海岸的城市往來或做買賣。例他當了幾年採購員，渾身充滿走碼頭、闖江湖的味兒。

【走麥城】

三國時蜀將關羽敗走麥城，被東吳截獲並殺害。比喻陷入困境、絕境。例誰都喜歡誇耀自己過五關斬六將的勇武，絕不願提起走麥城時的悽惶。

【走門路】
比喻利用某種關係或途徑以達到某種目的。例你想上他那兒走門路只怕不行，這人原則性特強。也作「走門子」。例有事找他沒錯，他善於走門子。

【走南闖北】
走過南方闖過北方。形容走過的地方多，閱歷廣，見聞多。也泛指四處闖蕩。老舍《龍鬚溝》二幕：「這年月呀，女人尊貴啦，跟男人一樣可以走南闖北的。」

【走內線】
比喻利用對方的親戚、親信關係來達到目的。例這事兒他是走內線辦成的，他認識那位主管的小舅子。

【走偏鋒】
見「走邊風」。

【走平路，防摔跤，順水船，防暗礁】
比喻在順利的時候也要想到可能會遇到的困難和挫折。例常言說得好，走平路，防摔跤，順水船，防暗礁。我們還應該事事小心謹慎，想得周到一些。

【走氣門】
比喻生氣、惱怒、發火。例你冷靜一下，不要一勁兒走氣門，這樣除了氣壞身子，於事無補。

【走人情】
比喻通過送禮、說情等以達目的。例爲了大事化小，小事化了，我看還是走走人情吧！

【走肉行屍】
能走的肉，會動的屍。指沒有靈魂的肉體。比喻毫無生氣、庸碌無爲的人。清・華偉生《開國奇冤・謀擢》：「盡熱中瞞神嚇鬼，扮花面走肉行屍。」也作「走骨行屍」。元・無名氏《柳梢青》詞：「走骨行屍，貪財竟色，枉銷年月。」也作「行屍走肉」。

【走三家不如走一家】
沒有把握地到處求人，不如就求一個可靠的人幫助。《西遊記》三回：「龍王道：『煩上仙再轉一海，或者有之。』悟空又道：『走三家不如走一家，千萬告求一副。』」

【走殺金剛坐殺佛】
殺：煞，表示極甚；金剛：護衛佛的神。金剛是立像，佛是坐像。比喻忙閒不均、苦樂不等。《金瓶梅詞話》三一回：「頭裏就賴他那兩個，正是：走殺金剛坐殺佛。」

【走石飛砂】
石塊滾動，沙土飛揚。形容風力迅猛。《封神演義》八七回：「走石飛砂勢更凶，推雲擁霧亂行蹤。」也作「飛沙走石」。

【走時運】
比喻運氣好，做事順利。例他是個只能共患難的人，而今他走時運了，還能來看我？

【走順風】
比喻凡事順利，事事如意。例自從他決心與世無爭，無欲無求地度日，他就開始走順風，人也一天天發福。

【走頭無路】
見「走投無路」。

【走投無路】
投：投奔。無路可走，沒有地方可投奔。比喻處境極端困窘。元・楊顯之《瀟湘雨》三折：「淋的我走投無路，知他這沙門島是何處豐都。」也作「走頭無路」。《鏡花緣》二五回：「侄兒在此投軍，原因一時窮乏，走頭無路，暫圖糊口。」

【走彎路】
①比喻犯錯誤、受挫折。例他這一輩子走彎路不少，但最終還是成功了。②比喻因不得法而枉費功夫。例只因臨時倉促上馬，走了不少彎路。

【走下坡路】
比喻漸趨衰敗。例自從她結交了男朋友後，成績就開始走下坡路了。也作「走下坡」。例告訴你，這種產品已經沒有什麼市場了。你不怕走下坡，你繼續生產吧！

【走小路】
比喻通過不正當途徑謀利。例你幹嘛放著大道不走要走小路？你是種糧大王，完全可以勤勞致富，爲什麼要去搞投機買賣？

【走心經】
比喻動腦子，用心思。例他做事從來不走心經，哪會做得好！

【走夜路吹口哨——壯膽】
見「過墳場吹口哨——給自己壯膽」。

【走一步說一步，哪裏黑了哪裏住】
路不熟，走到哪兒算哪兒，比喻辦事心中無數，試著做做再說。例這事誰也沒幹過，大家心裏都沒底，咱們只好走一步說一步，哪裏黑了哪裏住吧！

【走冤枉路】
原本可以不走而多走了的路程。常用於比喻因方法不對而枉費功夫。例要是不受忽左忽右思潮的干擾，何至走這麼多冤枉路。

【走著瞧】
形容不甘心，不服氣。表示結果、前景不能就此定論，過一段才見分曉。例你別得意太早，咱們往後走著瞧，看誰拚到最後。

【走走看，不如親手幹】
指親身實踐的重要。例李媽媽見兒子整天閒晃，又好高騖遠，不禁責罵道：「走走看，不如親手幹，你別只會做白日夢，啥事也不管。」

ㄗㄡˋ

【奏刀騞然】
奏刀：運刀；騞（ㄏㄨㄛˋ）然：破裂聲。形容進刀極快，比喻得心應手，功效神速。《莊子・養生主》：「砉然嚮然，奏刀騞然，莫不中音。」

【奏著嗩吶趕毛驢——吹吹拍拍】
嗩吶：吹奏樂器，俗稱喇叭。也作「**奏著嗩吶趕毛驢——又吹又拍**」。見「灶裏扒出個燒餑餑——吹吹拍拍」。

【驟雨狂風】
驟：疾速，突然；狂：猛烈，聲勢大。迅猛的暴雨大風。也形容氣勢大。《宣和書譜・草書・釋懷素》：「當時名流如李白、戴叔倫、竇泉、錢起之徒，舉皆有詩美之，狀其勢以謂若驚蛇走虺、驟雨狂風，人不以爲過。」

ㄗㄢ

【簪筆磬折】
簪筆：插筆，指準備行禮；磬折：行禮作揖。形容對人恭敬，鞠躬行禮。《史記・西門豹傳》：「西門豹簪筆磬折，向河立待良久。」

【簪纓門第】
見「簪纓之族」。

【簪纓世胄】
見「簪纓之族」。

【簪纓之族】
簪纓：簪子和帽帶，古代官宦的冠飾。指世代做高官的家族。《紅樓夢》一回：「然後攜你到那昌明隆盛之邦，詩禮簪纓之族，花柳繁華之地，溫柔富貴之鄉那裏去走一遭。」也作「**簪纓世胄**」。元・鄭德輝《王粲登樓》二折：「賢士乃簪纓世胄，堪稱元戎帥首也。」也作「**簪纓門第**」。《兒女英雄傳》一回：「這安老爺家，通共算起來，內外上下，也有二三十口人，雖然算不得簪纓門第，鐘鼎人家……也算得個人生樂境了。」

ㄗㄢˇ

【攢錢好比針挑土，花錢好似浪淘沙】
攢：儲蓄，積存。比喻積錢不容易，花錢如流水。古華《芙蓉鎮》一章四：「常言道：『攢錢好比針挑土，花錢好似浪淘沙』，『坐山吃空』，幾年日子混下來，王秋赦媳婦都沒討上一個，弔腳樓裏的傢什已經十停去了八停。」

ㄗㄢˋ

【暫勞永逸】
暫：也唸ㄓㄢˋ。以短暫的勞苦，換取永久的安逸。漢・張衡《西京賦》：「高祖創業，繼體承基，暫勞永逸，無爲而治。」也作「**一勞永逸**」。

【讚不絕口】
見「讚嘆不已」。

【讚不容口】
讚美的話口中容不下了。形容極爲讚賞。《野叟曝言》一三九回：「聖公待其書完，接過諷咏，覺情文交至，於無可形容處形容出來，與歷來名人所題另是一付杼軸，不禁讚不容口。」

【讚人陷人皆是口，推人扶人皆是手】
同樣是口和手，既能給人辦好事，也能給人辦壞事。例有道是「讚人陷人皆是口，推人扶人皆是手。」我看這一讚一扶，一陷一推裏的文章大著哩。我勸你還是多說點好話，多做點好事，不要誣陷人，也不要整人害人吧！

【讚聲不絕】
見「讚嘆不已」。

【讚嘆不已】
不停地讚美。《魯迅書信集・致許壽裳》：「他那高超的演技，令人讚嘆不已。」也作「**讚嘆不置**」。置：放置，引申爲停止。清・王韜《淞隱漫錄・鵑紅女史》：「時雖隆冬，而花木綺馥，無異三春；生大奇之，讚嘆不置。」也作「**讚不絕口**」。《紅樓夢》六四回：「寶玉看了，讚不絕口。」也作「**讚聲不絕**」。例烹飪比賽時，評審對劉媽媽的手藝，讚聲不絕。

【讚嘆不置】
見「讚嘆不已」。

ㄗㄣˇ

【怎樣的模，印出怎樣的糕】
比喻什麼樣的父母，養出什麼樣的兒女；或什麼樣的師傅，帶出什麼樣的徒弟。例俗話說：「怎樣的模，印出怎樣的糕。」你這個主任經常遲到早退，工人怎能準時上下班？

ㄗㄤ

【臧谷兩亡】
見「臧谷亡羊」。

【臧谷亡羊】
《莊子・駢拇》：「臧與谷，二人相與牧羊而俱亡其羊。問臧奚事，則挾筴（鞭子）讀書；問谷奚事，則博塞以遊。二人者，事業不同，其於亡羊均也。」比喻不專心於本業，有所失誤。宋・黃庭堅《再和寄子瞻聞得湖州》詩：「公文雄萬夫，皦皦不自亂。臧谷皆亡羊，要以道湔盥。」也作「**臧谷兩亡**」。宋・蘇軾《咏史和劉道原》詩：「仲尼憂世接輿狂，臧谷雖殊竟兩亡。」也作「**亡羊臧谷**」。

【臧否人物】
臧否：褒貶，評論。評論人的好壞。《晉書・阮籍傳》：「籍雖不拘禮數，然發言玄遠，口不臧否人物。」

【臧武之智】
臧武：臧武仲，春秋時魯大夫；智：智慧。臧武仲的智慧。指智慧超羣。《漢書・宣元六王傳》：「顏冉之資，臧武之智，子貢之辯，卞莊子之勇。」

【髒水倒陰溝——同流合污】

陰溝：地下道的排水溝。比喻與不好的風俗、世道混同。也指和壞人一起做壞事。例潔身自好總比髒水倒陰溝——同流合污好。

【髒心爛肺】
形容心地不良，品質卑下。《紅樓夢》六三回：「……那樣髒心爛肺的，愛管閒事嚼舌頭的人，吵嚷到那府裏，背地嚼舌，說咱們這邊混帳。」

【贓官污吏】
貪贓枉法的官吏。《水滸傳》六二回：「誰知被贓官污吏，淫婦奸夫，通情陷害，監在死囚牢中。」

【贓污狼藉】
贓污：貪污，受賄；狼藉：散亂，引申爲破敗不可收拾。貪污、受賄，名聲敗壞，不可收拾。《三國志·魏書·武帝紀》：「長吏多阿附貴戚，贓污狼藉。」

ㄗㄤˋ

【葬身魚腹】
屍體被魚吃了。指淹死於水中。馮玉祥《我的生活》一七章：「一路上使我最放心不下的，就是想著萬一走在中途，山洪暴發下來，那這一團人都免不了要粉骨碎身或葬身魚腹。」

【葬香埋玉】
香、玉：借指美人。埋葬美女之處。例楊玉環驕奢淫逸，使天下人氣憤，最後被迫自殺。馬嵬坡成了葬香埋玉的地方。

【藏民穿皮襖——露一手，留一手】
藏族人民穿外衣，習慣將一隻胳膊露在外面。比喻不肯將全部本事拿出來。例我們是專程前來向你請教的，希望你千萬不要藏民穿皮襖——露一手，留一手，讓老朋友失望。

ㄗㄥ

【曾參殺人】
曾參：字子輿，孔子的學生，以賢孝著稱。見「曾母投杼」。

【曾母投杼】
曾母：曾參的母親；投杼：扔掉織布梭子。《戰國策·秦策二》：「昔者，曾子處費，費人有與曾子同名族者而殺人，人告曾子母曰：『曾參殺人。』曾子之母曰：『吾子不殺人。』織自若。有頃焉，人又曰：『曾參殺人。』其母尚織自若也。頃之，一人又告之曰：『曾參殺人。』其母懼，投杼踰牆而走。夫以曾參之賢與母之信也，而三人疑之，則慈母不能信也。」後以「曾母投杼」比喻流言可畏。《三國志·吳書·吳主傳》：「朕以不明，雖有曾母投杼之疑，猶冀言者不信，以爲國福。」也作「曾參殺人」。唐·韓愈《釋言》：「市有虎，而曾參殺人，讒者之效也。」

【曾子殺彘】
曾子：孔子的弟子；彘（ㄓˋ）：豬。曾子殺豬。《韓非子·外儲說左上》：「曾子之妻之市，其子隨之而泣，其母曰：『女還，顧反爲女殺彘。』妻適市來，曾子欲捕彘殺之，妻止之曰：『特與嬰兒戲耳。』曾子曰：『嬰兒非與戲也。嬰兒非有知也，待父母而學者也，聽父母之教，今子欺之，是教子欺也。母欺子，子而不信其母，非所以成教也。』遂烹彘也。」後以「曾子殺彘」指教育孩子說實話，家長就要以身作則。

【增產好似搖錢樹，節約猶如聚寶盆】
增產和節約同樣重要。例俗話說：增產好似搖錢樹，節約猶如聚寶盆。增產節約不是權宜之計，國家富強了，也要堅持下去。

【增之一分則太長，減之一分則太短】
若增加一分就嫌太長了，若減少一分又嫌太短了。原形容人長得不高不矮，恰到好處。後也用以形容事物的完美無缺。戰國楚·宋玉《登徒子好色賦》：「增之一分則太長，減之一分則太短；傅粉則太白，施朱則太赤。」

ㄗㄥˋ

【贈人以軒，不若贈人以言】
軒：車子的通稱。贈給人家車子，不如贈給人家有益的言辭。比喻有教益的贈言比財物更有價值。《晏子》：「曾子將行，晏子送之，曰：『贈人以軒，不若贈人以言。』」

【贈人以言，重於金石珠玉】
用富有教益的話贈送別人，比送給黃金、玉石、珍珠還要珍貴。比喻善言是無價的。《荀子·非相》：「贈人以言，重於金石珠玉。」

【贈粟囷指】
粟：米；囷：ㄐㄩㄣ，圓形穀倉；指：用手指。周瑜軍無糧，請魯肅資助，魯家有糧二囷，立指一囷相贈。多用來稱譽慷慨地幫助朋友。《三國志·吳書·魯肅傳》：「周瑜爲居巢長，將數百人故過候[魯]肅，並求資糧。肅家有兩囷米，各三千斛，肅乃指一囷與周瑜。」唐·杜甫《水宿遣興奉呈羣公》詩：「贈粟囷應指，登橋柱必題。」

【甑塵釜魚】
甑：瓦製煮器；釜：無腳的鍋。甑裏積了灰塵，釜中生了蠹魚。形容家境清貧，久已斷炊。也比喻官吏清廉。《後漢書·范冉傳》：「所止單陋，有時糧粒盡，窮居自若，言貌無改，閭里歌之曰：『甑中生塵范史雲，釜中生魚范萊蕪。』也作「釜魚甑塵」、「塵魚甑釜」。

ㄗㄨˊ

【足不出戶】
見「足不逾戶」。
【足不窺戶】
見「足不逾戶」。
【足不逾戶】
逾：超越；戶：泛指門。腳不跨出門檻。形容閉門自守。《南齊書·何求傳》：「[何求]居波若寺，足不逾戶，人莫見其面。」也作「足不出戶」。魯迅《漢字和拉丁化》：「據我個人的經驗，我們那裏的土話，和蘇州很不同，但一部《海上花列傳》，卻教我『足不出戶』的懂了蘇白。」也作「足不窺戶」。茅盾《子夜》一：「老太爺在鄉下是多麼寂靜！他那二十多年足不窺戶的生活簡直是不折不扣的墳墓生活。」
【足蹈手舞】
形容異常喜悅的神情。例得知自己中了頭獎，他高興得足蹈手舞起來。也作「手舞足蹈」。
【足高氣揚】
見「趾高氣揚」。
【足國之道，節用裕民，而善臧其餘】
道：方法和原則；裕民：使百姓富裕；臧：同「藏」。使國家富強的方法，在於節約國家的費用和使老百姓富裕，並且善於儲備多餘的糧食和財物。《荀子·富國》：「足國之道，節用裕民，而善臧其餘。節用以禮，裕民以政。」
【足寒傷心，民怨傷國】
腳受了寒會損害心臟，老百姓有怨氣，就會對國家不利。《資治通鑑·後晉齊王天福八年》：「今淮南爲仇讎之國，番禺懷吞噬之志，荊渚日圖窺伺，溪洞待我姑息。諺曰：『足寒傷心，民怨傷國。』願罷輸米之令，誅周陟以謝郡縣。」
【足將進而趑趄，口將言而囁嚅】
趑趄：ㄗ ㄐㄩ，躊躇不前狀；囁嚅：ㄋㄧㄝˋ ㄋㄨˊ，想講話又吞吞吐吐不敢講。剛想邁步又躊躇不前，剛想說話又吞吞吐吐不敢講。原形容仰人鼻息的勢利小人的卑劣心態。後也用以形容人說話辦事猶豫不定，顧慮重重。唐·韓愈《送李愿歸盤谷序》：「伺候於公卿之門，奔走于形勢之途，足將進而趑趄，口將言而囁嚅。」
【足履實地】
履：踩在上面。即腳踏實地。比喻做事踏實，不虛浮，實事求是。《宋史·劉甲傳》：「生平常謂，吾無他長，惟足履實地。」
【足上首下】
腳在上面，頭在下面。比喻上下顛倒。《漢書·賈誼傳》：「足反居上，首顧居下，倒懸如此，猶爲國有人乎？」
【足食豐衣】
見「足食足衣」。
【足食足兵】
足：充足；食：糧食；兵：武器。糧食充足，武備完善。《論語·顏淵》：「子貢問政。子曰：『足食足兵，民信之矣。』」
【足衣足食】
足：充足。充足的衣物食糧。形容生活富裕。《紅樓夢》一二〇回：「只等他家裏果然說定了好人家兒，我們還打聽打聽，若果然足衣足食，女婿長的像個人兒，然後叫他出去。」也作「足食豐衣」。明·無名氏《浣花溪》一折：「太平年有祥瑞，莊家每樂雍熙，端的是五穀收成，足食豐衣。」也作「豐衣足食」。
【足音跫然】
跫（ㄑㄩㄥˊ）然：腳步聲。走路的腳步聲。原指長久處於孤寂之中，聽到有人來訪就很高興。後比喻久久不來的賓客來訪。《莊子·徐无鬼》：「聞人足音跫然而喜矣。」也作「跫然足音」。
【足智多謀】
足：足夠。智慧、計謀很多。形容善於用計和料事。《水滸傳》五九回：「那人原是定遠縣人士，平生足智多謀。」也作「多謀足智」。
【呎訾栗斯】
呎訾（ㄗˇ）：阿諛逢迎；栗斯：戒懼的樣子。阿諛逢迎，謹慎小心。形容卑躬屈節向人討好獻媚的樣子。戰國楚·屈原《楚辭·卜居》：「將呎訾栗斯，喔咿儒兒，以事婦人乎？」栗：也作「慄」。
【卒歲窮年】
卒：完畢，終了；歲：年；窮：完了。終了一年。指整年。《朱子語類》卷一·一：「雖卒歲窮年，無有透徹之期。」
【卒子過河頂大車】
卒、車：均爲象棋子。比喻小人物在適當的條件下，可以頂大用。例下棋的人都知道，卒子過河頂大車。你若把小張推到廠長的位置上，我看他照樣挑大梁。
【卒子過河——難以回頭】
根據中國象棋的規則，卒子只能往前，越過河界後，不能後退。比喻事情難辦，沒有迴旋餘地。例現在他是騎虎難下，卒子過河——難以回頭，恐怕會蠻幹下去。
【卒子過河——死不回頭】
比喻固執己見，至死轉不過彎子。例他明知事情辦錯了，可還卒子過河——死不回頭。
【卒子過河，意在吃帥】
比喻小人物有大志氣。例咱們這次可是卒子過河，意在吃帥呀！小打小鬧的咱們不幹，咱們是專啃大骨頭。
【卒子過河——只進不退】
見「破釜沉舟——只進不退」。
【鏃礪括羽】
鏃：箭頭；礪：磨；括：箭尾。把箭

頭磨尖，在箭尾紮上羽毛。指把箭製得完美。比喻學習、修養是為了使人的學識、道德更臻全面、完善。漢·劉向《說苑·建本》：「子路曰：『南山有竹，弗揉自直，斬而射之，通于犀革，又何學為乎？』孔子曰：『括而羽之，鏃而砥礪之，其入不益深乎！』」。

ㄗㄨˇ

【俎上之肉】
俎：古代割肉類用的砧板。放在砧板上的肉。比喻可以任人宰割。南朝宋·劉義慶《世說新語·方正》：「今猶俎上腐肉，任人膾截耳！」

【祖龍一炬】
祖龍：指秦始皇；炬：火焚。指秦始皇焚書。比喻焚書。《野叟曝言》一四八回：「欲望老太師奏聞皇上，廢去制科，將坊間一切刻板，世上一切時文，俱付之祖龍一炬。」

【祖生之鞭】
祖生：祖逖。《晉書·劉琨傳》：「琨少負志氣，有縱橫之才……與范陽祖逖為友，聞逖被用，與親故書曰：『吾枕戈待旦，志梟逆虜，常恐祖生先吾著鞭。』其意氣相期如此。」後以「祖生之鞭」比喻首先立功。多用以勉人奮進。唐·李白《贈宣城宇文太守兼呈崔侍御》詩：「多逢剿絕兒，先著祖生鞭。」也作「**祖逖鞭**」。元·傅若金《送楊翼之還清江》詩：「已謝蘇秦印，無論祖逖鞭。」

【祖述堯舜，憲章文武】
祖述：師法前人，加以陳說；憲章：效法、學習。師法堯舜之道，效法周文王周武王之制。《漢書·藝文志》：「游文於六經之中，留意於仁義之際，祖述堯舜，憲章文武。」

【祖舜宗堯】
祖：仿效；宗：尊崇。信仰並奉行堯舜之道。明·無名氏《十樣錦》一折：「祖舜宗堯，太平之兆。」

【祖孫回家——返老還童】
形容由衰老恢復青春。例先生容光煥發，步履健壯，眞是祖孫回家——返老還童。

【祖逖之誓】
祖逖立誓。指晉祖逖率衆渡江擊石勒，立誓收復中原的事。《晉書·祖逖傳》：「元帝時藩王爭權，晉室大亂，元帝以逖為奮威將軍、豫州刺史，逖率部曲百餘家渡江中流，擊楫而誓曰：『祖逖不能淸中原而復濟者，有如大江。』辭色壯烈，衆皆慨嘆。後用「祖逖之誓」指堅決的誓言。

ㄗㄨㄛ

【作坊裏的磨子——推一下，動一下】
作坊：手工業工廠。比喻工作不積極主動。例這個人自覺性太差，工作就像作坊裏的磨子——推一下，動一下。

【作揖抓腳背——一舉兩得】
作揖：兩手抱拳高拱，彎身施禮。見「過河洗腳——一舉兩得」。

ㄗㄨㄛˊ

【昨非今是】
過去錯了，現在對了。元·喬吉《山坡羊·冬日寫懷》套曲：「朝三暮四，昨非今是，痴兒不解榮枯事。」也作「**今是昨非**」。

【昨夜西風凋碧樹，獨上高樓，望盡天涯路】
碧樹：綠樹；天涯路：通向遠方的路。昨天夜裏西風吹來，樹葉紛紛凋落，獨自登上高樓，通向遠方路徑盡收眼底。原表現對遠方親人的思念。後也指成大事業、做大學問的人必須有一個高遠的目標。宋·晏殊《蝶戀花》詞：「昨夜西風凋碧樹，獨上高樓，望盡天涯路。欲寄彩鸞無尺素，山長水闊知何處。」清·王國維《人間詞話》：「古今之成大事業、大學問者，必經過三種之境界：『昨夜西風凋碧樹，獨上高樓，望盡天涯路』。此第一境也。」

ㄗㄨㄛˇ

【左膀右臂】
比喻得力助手。例讓我當光桿司令不行，我還需要幾個左膀右臂，才能唱好這台戲。

【左抱右擁】
形容沉溺於女色，過著荒淫無恥的生活。《戰國策·楚策》：「左抱幼妾，右擁嬖女，與之馳騁乎高蔡之中，而不以國家為事。」也作「**左擁右抱**」。

【左程右準】
程：章程，規則；準：準則，標準。合乎章程準則。比喻所作合乎法度。唐·柳宗元《送呂讓序》：「呂氏子嗜儒書多文辭，上下古今，左程右準。」

【左衝右擋】
左邊衝殺，右邊抵擋。比喻能征慣戰，膂力過人，武藝高強。清·孔尚任《桃花扇·修札》：「那些隨機應變的口頭，左衝右擋的膂力，都還有些兒。」

【左衝右突】
向左邊衝擊，向右邊突擊。形容突圍時的艱苦奮戰。《三國演義》五七回：「馬休隨著馬騰，左衝右突，不能得出。」

【左道旁門】
左：旁；道：學術或宗教的思想體系；門：學術思想或宗教的派別。原指非正統的宗教派別，後用以比喻學術或其他方面的非正統的或不正派的思想或辦法。《封神演義》七三回：「他罵吾教是左道旁門。」也作「**旁**

門左道」、「傍門外道」、「歪門邪道」。

【左對孺人，右顧稚子】

孺人：封建王朝給官宦人家的母親或妻子的一種封號，後用作妻子的通稱；稚子：幼兒。左邊對著妻子，右邊看著幼兒。舊指和諧的家庭生活。清・黃宗羲《劉伯繩先生墓志銘》：「先生既絕交息遊，左對孺人，右顧稚子，鬱鬱無可告語。」也作「左對孺人，顧弄稚子」。《文選・江淹〈恨賦〉》：「至乃敬通見抵，罷歸田裏，閉關卻掃，塞門不仕，左對孺人，顧弄稚子。」也作「擁孺人，抱稚子」。

【左耳朵進，右耳朵出——耳旁風】

比喻聽了以後不放在心上的話。例這是古人留給我們的座右銘，很有哲理，應作爲行動的指南，不能把它當成左耳朵進，右耳朵出——耳旁風。

【左輔右弼】

輔、弼：古代輔佐帝王或太子的官，後世因稱宰相爲「輔弼」。指輔佐帝王左右的重臣，也指左右的輔助者。《李自成》二卷四一章：「相國寺中有一些吃江湖飯的人們暗中羨慕，說他們將來會是李闖王的左輔右弼。」

【左顧右眄】

見「左顧右盼」。

【左顧右盼】

顧、盼：看。左看看，右看看。形容洋洋自得的樣子。晉・左思《咏史》詩：「左顧澄江海，右盼無虜胡。」三國魏・曹植《與吳季重書》：「左顧右盼，謂若無人，豈非君子壯志哉。」也形容左右打量、察看的樣子。茅盾《子夜》一：「門口馬路上也有一個彪形大漢站著，背向著門，不住地左顧右盼。」也作「左顧右眄」。宋・洪邁《夷堅丁志・奢侈報》：「信自做一齋，好潔其衣服，左顧右眄，小不整，則呼匠治之。」也作「左顧右視」。《雲笈七籤》：「左顧右視，蕩蕩漭漭。」

【左顧右視】

見「左顧右眄」。

【左歸右歸】

指從多方面盤算、思索。《兒女英雄傳》二回：「老爺似乎也不以爲可，但左歸右歸，總歸不出個道理來。」

【左話右講——說反話】

比喻故意講違心的話。例這絕不是眞心話，從你的行動看，是左話右講——說反話。

【左來右去】

形容來回折騰。元・尚仲賢《單鞭奪槊》二折：「自從把尉遲下在牢裏，我則要所算了他性命，又被這不知趣的徐茂公，左來右去打攪，怎生是好？」

【左鄰右舍】

喻兄弟單位，同一行業。例先不忙發獎金，我們先了解一下左鄰右舍的情況再說，不急。

【左撇子使筷子——彆彆扭扭】

左撇子：習慣於使用左手的人。比喻意見不相投。例我看你同他的關係不太好，總像左撇子使筷子——彆彆扭扭的。

【左挈右提】

見「左提右挈」。

【左券之操】

左券：古代契約的左聯，常用作索償的憑證；操：抓在手裏。把左券抓在手中。指有把握取得勝利。李劼人《暴風雨前》四：「川中發難，必不在遠，左券之操，將無疑義！」

【左史右經】

見「左圖右史」。

【左手畫方，右手畫圓】

比喻一心二用，兩事難成。北齊・劉晝《劉子新論・專學》：「是以心駐於目，必忘其耳，則聽不聞；心駐於耳，必遺其目，則視不見也。使左手畫方，右手畫圓，令一時俱成，雖執規矩之心……由心不兩用，則手不併運也。」

【左說左有理，右說右有理】

任憑怎麼說，都有理。例你昨天是怎麼說的，怎麼今天又變了？你這不是左說左有理，右說右有理嗎？

【左思右想】

想來想去，反覆考慮。《警世通言》卷二一：「京娘想起公子之恩……左思右想，一夜不睡。」

【左提右挈】

挈：帶，扶。形容互相扶持、協助。宋・黃裳《讀王黃州遊宦篇》詩：「抗章言事來去忙，左提右挈歸之理。」也作「左挈右提」。明・朱鼎《玉鏡臺記・石勒報敗》：「將勇兵强，華夷懾服；左挈右提，東征西伐。」

【左圖右史】

左右都是圖書。形容室內藏書很多。清・龔自珍《阮尚書年譜第一敍》：「乃設精舍，顏曰『詁經』，背山面湖，左圖右史」。又作「左圖右書」明・鄭裳《長江天塹賦》：「桂楫蘭舟，左圖右書。」也作「左史右經」。明・宋濂《黃民義門銘》：「視其齋庭，左史右經，踵武繩繩。」

【左圖右書】

見「左圖右史」。

【左文右武】

文武並用。唐・李咸用《遠公亭牡丹》詩：「左文右武憐君榮，白銅鞮上慚淸明。」

【左旋右抽】

左：指在將軍左側執轡駕馭車馬的人；旋：車調頭；右：指在將軍右側手執兵刀拚殺的勇士；抽：拔刃。左邊的馭手旋回車馬，右邊的勇士拔刀奮力拚殺。形容古時與敵交戰的氣勢。《詩經・鄭風・淸人》：「左旋右抽，中軍作好。」

【左宜右宜】

宜：合適、適宜。放在哪兒都合適，幹什麼都行。形容才德兼備，多才多藝。《漢魏南北朝墓志集釋・隋趙明暨妻孫氏墓志》：「并允文允武，左宜右宜。」也作「**左右具宜**」。唐・韓愈《進學解》：「長通於方，左右具宜。」也作「**左宜右有**」。清・平步青《霞外捃屑・廣師》：「文采斐然，左宜右有，吾不如孫淵如（星衍）；議論激揚，聰明特達，吾不如惲子居（敬）。」

【左宜右有】
見「左宜右宜」。

【左縈右拂】
縈：纏繞；拂：輕擦。左邊收捲，右邊拂拭。比喻收拾對手很容易。隋・李德林《隋文帝為太祖武元皇帝行幸四處立寺建碑詔》：「懸兵萬里，直指參墟。左縈右拂，麻積草靡。」

【左右採穫】
左手右手都有收穫。泛指各方面得到收益。後也比喻研究問題時材料熟悉，引證得當。《漢書・夏侯勝傳》：「勝從父子建，字子卿，自師事勝及歐陽高，左右採穫。」

【左右逢原】
見「左右逢源」。

【左右逢源】
逢：遇到；源：水源。原指功夫深厚，自然用之不盡，取之不竭。後比喻做事得心應手，非常順利。清・趙翼《甌北詩話》卷五：「自非博及羣書，足供驅使，豈能左右逢源若是？」也作「**左右逢原**」。宋・衛宗武《張石山戲筆序》：「方其好之也，則為物所戲，久之而心與手應，手與物忘，出奇入神左右逢原，而物反為我所戲矣。」

【左右具宜】
見「左宜右宜」。

【左右開弓】
開弓：指射箭。雙手都能射箭。也比喻雙手輪流或同時做同一動作，或幾種事情同時在進行。《紅樓夢》六七回：「那興兒真個自己左右開弓，打了自己十幾個嘴巴。」

【左右兩難】
見「左右為難」。

【左右沒是處，來往做人難】
形容左右為難，不知怎樣才好。元・戴善夫《風光好》一折：「我這裏承歡奉喜兩三番，太守見我退後來早台意怒，學士見我向前去早惡心煩，好教我左右沒是處，來往做人難。」也作「**兩下裏做人難**」。

【左右便辟】
左右：近側，在身邊；便辟：逢迎諂媚的親信。在君主身旁逢迎諂媚的人。《戰國策・齊策》：「王鬥曰：『王之憂國愛民，不若王愛尺縠也。』王曰：『何謂也？』王鬥曰：『王使人為冠，不使左右便辟，而使工者何也？為能之也。』」

【左右親信】
左右：身邊跟隨的人。常在左右，親近的人。宋・蘇轍《為兄軾下獄上書》：「況立朝最孤，左右親信，必無為言者。」

【左右手】
①比喻得力的助手。例他是我的左右手，我一刻也離不開的。②比喻配合默契。例他倆是最好的搭檔，配合如左右手。

【左右為難】
怎麼做也不好辦。處在某一境地，難於作決定。《文明小史》五回：「真正弄的他左右為難，進退維谷，心上又氣又急。」也作「**左右兩難**」。《紅樓夢》一二〇回：「千思萬想，左右兩難」。

【左右枝梧】
見「左支右捂」。

【左支右絀】
支：支撐；絀：不足。應付了這方面，那方面又出了問題。形容顧此失彼的情狀。梁啟超《為學與做人》：「這樣才算頂天立地做一世人，絕不會有藏頭躲尾、左支右絀的醜態。」

【左支右調】
支：支給；調：調動。往各處調動物品。清・孔尚任《桃花扇・投轅》：「你的北來意費推敲，一封書信無名號，荒唐言語多虛冒。憑空何處軍糧到，無端左支右調。看他神情，大低非逃即盜。」

【左支右吾】
支：支撐；吾：抵御。指相互策應，兩面拒敵。《宋史・李邴傳》：「一處不支則大事去矣，願預講左支右吾之策。」也作「**左搘右捂**」。搘：ㄓ，同「支」。清・汪琬《前明提督燕門等關兼巡撫山西地方都察院右副都御史蔡忠襄公墓志銘》：「若假以便宜，資以調遣，使得左搘右捂，以捍禦西北，則天下尚可為也。」

【左支右捂】
支：支撐；捂：遮蓋。撐住左邊，遮住右邊。①形容處境困難，窮於應付。明・瞿佑《剪燈新話・令狐生冥夢錄》：「三生賤士，一個窮儒，左支右捂，未免兒啼女哭。」也作「**左右枝梧**」。宋・陸游《太息》：「春憂水潦秋防旱，左右枝梧且過年。」②形容語詞含糊，顧此失彼。清・袁枚《隨園詩話補遺》卷四：「今之描詩者，東拉西扯，左支右捂，都從故紙堆來，不從性情流出，是以手代心也。」

【左搘右捂】
見「左支右吾」。

【佐國之謀】
佐：協助；謀：計謀。輔助國家的計謀。《後漢書・第五倫傳》：「拔於囚虜之中，信其佐國之謀。」

【佐饔得嘗】
佐：幫助；饔：ㄩㄥ，古代管烹調的官。幫助饔辦事，可以得到嘗鮮的機會。比喻幫助人做好事，自己也分享光榮。《國語・周語下》：「佐饔者嘗焉，佐鬥者傷焉。」

ㄗㄨㄛˋ

【作壁上觀】
壁：營壘。在營壘上觀看。原作「從壁上觀」。《史記・項羽本紀》：「當是時，楚兵冠諸侯。諸侯軍救鉅鹿下者十餘壁，莫敢縱兵。及楚擊秦，諸將皆從壁上觀。」比喻置身事外，採取旁觀態度。清・陸玉書《諭訟師》：「可憐家業已傾敗，訟諜勾稽還未艾；訟師偏作壁上觀，心在局中身局外。」

【作瘸子】
比喻十分為難。例你這次無論如何得出席，不然我就作瘸子了，請了那麼多名人，就靠你撐門面吶！

【作歹為非】
做各種壞事。元・關漢卿《魔合羅》三折：「詳察這生分女作歹為非，更和這忤逆男隨波逐浪。」也作「為非作歹」。

【作惡多端】
惡：指極壞的行為和犯罪的事；端：項目，方面。作的壞事很多。《西遊記》四二回：「相當初作惡多端，這三四日齋戒，那裏就積得過來。」

【作筏子】
比喻抓住某事做藉口。例你不必拿他作筏子，實話實說比什麼都好。

【作法於涼】
作法：制訂法令；涼：薄。《左傳・昭公四年》：「君子作法於涼，其敝猶貪；作法於貪，敝將若之何？」在物質單薄的基礎上制訂法令。指賦稅不算重。也泛指依據的基礎薄弱。明・王驥德《曲律・雜論第三十九上》：「作法於涼，馴至今日，蕩然無復底止，則兩君不得辭作俑之罪，眞有幸不幸也。」也作「作法之涼」。清・梁章鉅《浪跡叢談・科目》：「若今之抄襲腐爛，乃是積久生弊，不思力挽末流之失，而轉咎作法之涼，不已過乎！」

【作法之涼】
見「作法於涼」。

【作法自斃】
作法：制定法令；自斃：自己受死。自己制定法令，自己受害。比喻自作自受。《二十年目睹之怪現狀》一三回：「怎奈此時官場中人，十居其九是吃煙的，那一個肯建這個政策作法自斃呢？」也作「作法自弊」。宋・莊綽《雞肋編》：「章誼宜叟侍郎，有田在明州。紹興二年出租，預買絹三匹，三年增九匹，嘆其賦重。從兄彥武在傍曰：『此作法自斃之過也。』」也作「為法自斃」。

【作法自弊】
見「作法自斃」。

【作福不如避罪】
求神保佑幸福，不如不做壞事。《初刻拍案驚奇》卷三四：「為此就有那不守分的，污穢了禪堂佛殿，正叫做作福不如避罪，奉勸世人再休把自己兒女送上這條路來。」

【作福作威】
作福：對己奢侈豪華，對人任意賞罰；作威：依仗權勢，橫行無忌。形容妄自尊大，濫用職權，縱情享樂，任意賞罰。《史記・宋微子世家》：「臣無有作福作威玉食。臣之有作福作威玉食，其害于而家，凶于而國，人用側頗辟，民用僭忒。」也作「作威作福」。魯迅《談皇帝》：「然而並不，他以為要有的，而且應該聽憑他作威作福。」

【作怪興妖】
施用妖術嚇人、害人。也比喻進行破壞、搗亂。明・張岱《答袁籜庵》：「今人於開場一出，便欲異人，乃裝神扮鬼，作怪興妖。」

【作好千日不足，作壞一日有餘】
作一千天的好事也不夠，作一天的壞事也嫌多。指只能做好事，不能做壞事。例你當了這麼多年的領導，總算沒有太大的錯誤，羣衆的反映也是好的，不過作好千日不足，作壞一日有餘。你還需要百尺竿頭，更進一步，為人民多做好事。

【作好作歹】
見「做好做歹」。

【作家的書包——裏面大有文章】
比喻含有機密，很值得深究。例他們夥同幹這件事，恐怕是作家的書包——裏面大有文章。

【作奸犯科】
作奸：做壞事；科：法律條文。做壞事，違犯法令。三國蜀・諸葛亮《出師表》：「若有作奸犯科及為忠善者，宜付有司論其刑賞，以昭陛下平明之治，不宜偏私，使內外異法也。」

【作繭自纏】
見「作繭自縛」。

【作繭自縛】
縛：束縛。蠶吐絲作繭，把自己包在裏面。比喻自己作了某事反而使自己陷入困境，或自己束縛自己。宋・陸游《書嘆》詩：「人生如春蠶，作繭自纏裹。」也作「作繭自纏」。清・紀昀《閱微草堂筆記・如是我聞四》：「此鬼沾沾於遺蛻，殊未免作繭自纏。」

【作繭自縛——自尋煩惱】
見「捉虱子上頭——自尋煩惱」。

【作金石聲】
見「擲地作金石聲」。

【作亂犯上】
進行叛亂活動，觸犯君主尊長。章炳麟《序〈革命軍〉》：「孝弟之行，華戎之辨，仇國之痛，作亂犯上之戒，宜一切習聞之。」

【作牛作馬】
被人當作牛馬來役使。例那老人涕淚縱橫，連聲謝道：「來世作牛作馬也難報明公搭救之恩。」

【作如是觀】
如是：像這樣；觀：觀點，看法。作

這樣的看法。表示對某一事物所持或應持的看法。魯迅《大衍發微》：「將冠冕堂皇的『整頓學風』的盛舉，只作如是觀，雖然大煞風景，對不住『正人君子』們，然而我的眼光這樣，也就無法可想。」

【作善降祥】

善：好事；祥：吉祥。迷信認爲，平常多做好事，上天就會降吉祥給他。魯迅《論睜了眼看》：「『作善降祥』的古訓，六朝人本已有些懷疑了，他們作墓志，竟會說『積善不報，終自欺人』的話。」

【作舍道邊】

作舍：建房子；道邊：指過路的人。即蓋房子，徵求過路人的意見。比喻人多口雜，作事難成。《後漢書・曹褒傳》：「諺言：作舍道邊，三年不成；會禮之家，名爲聚訟。」

【作事必須踏實地，爲人切莫務虛名】

做事要腳踏實地地幹，待人處世不可只圖虛名。《警世通言》卷三五；「孤孀不是好守的。替邵氏從長計較，倒不如明明改個丈夫，雖做不得上等之人，還不失爲中等，不到得後來出醜。正是：作事必須踏實地，爲人切莫務虛名。」

【作耍爲眞】

耍：戲耍。把玩笑當作眞的。《西遊記》七○回：「這才是個有分教：弄巧翻成拙，作耍卻爲眞。」

【作死馬醫】

指死馬當作活馬醫。比喻在無可奈何時作最後努力。晉・干寶《搜神記》卷三：「趙固所乘馬忽死，甚悲惜之。以問郭璞，璞曰：『可遣數十人持竹竿，東行三十里，有山林陵樹，便攪打之，當有一物出，急宜持歸。』於是如言，果得一物，似猿。持歸，入門見死馬，跳梁走往死馬頭，噓吸其鼻。頃之，馬即能起，奮迅嘶鳴，飲食如常。」宋・朱翌《猗覺寮雜記》下：「世俗無可奈何尚欲救之者，謂之作死馬醫。」

【作威作福】

見「作福作威」。

【作小伏低】

見「做小伏低」。

【作眼線】

比喻充當暗中偵察的角色。例他上這兒來哪是參加活動？分明是來作眼線的。

【作賊心虛】

見「做賊心虛」。

【作者不居，居者不作】

建造房屋的人住不上，居住的人卻不建造房屋。《兩晋演義》九二回：「……就宣德堂宴集羣僚，酒至半酣，仰視建築，很覺崇閎，便感嘆道：『古人謂作者不居，居者不作，今果然了。』」

【作作生芒】

見「作作有芒」。

【作作有芒】

作作：光芒四射的樣子。光芒四射。也比喻聲勢顯赫。《史記・天官書》：「歲陰在酉，星居午……作作有芒。」也作「**作作生芒**」。《民國通俗演義》一○五回：「張雨帥眼光奕奕，常思染指中原，擴張勢力，既得老徐密電，正好乘機展足，作作生芒。」

【坐不安席】

席：坐席。不能踏實地坐在席位上，形容心中有事，坐立不安。《史記・項羽本紀》：「且國兵新破，王坐不安席。」

【坐不重席】

席：用莞蒲編織成的座墊。座位上不用雙層的席墊。形容生活儉樸。《韓非子・外儲說左下》：「食不二味，坐不重席，內無衣帛之妾。」

【坐不垂堂】

垂堂：堂屋檐下。不坐在堂屋檐下。指怕瓦片墮落打傷。形容謹慎保身。《史記・袁盎傳》：「臣聞千金之子，坐不垂堂。」

【坐不窺堂】

窺：從小孔、縫隙或隱僻處偷看。端正地坐著，不偷看堂屋內室。形容嚴肅、規矩。《三國志・魏書・鄭渾傳》：「渾兄泰……卒」裴松之注引張璠《漢紀》：「張孟卓東平長者，坐不窺堂。」

【坐吃山崩】

見「坐吃山空」。

【坐吃山空】

指不參加勞動，只消費不生產，即使有堆積如山的財產也會消耗光。《鏡花緣》八回：「近來喜得身子强壯，販些零星貨物到外洋碰碰財運，强如在家坐吃山空。」也作「**坐吃山崩**」。《警世通言》卷一六：「早過了一月有餘，道不得坐吃山崩……不去營運，日往月來，手內沒得使了。」也作「**坐食山空**」。清・錢泳《履園叢話・臆論・所業》：「今見世家子弟……坐食山空。忽降而爲遊惰之民，自此遂不可問。」

【坐吃山空，立吃地陷】

比喻只出不進，財物即使堆積如山，也要消耗完。古華《芙蓉鎭》一章四：「常言道：『攢錢好比針挑土，花錢好比浪淘沙』，『坐吃山空，立吃地陷』。」

【坐愁行嘆】

坐著時發愁，行走時嘆息。形容終日愁嘆，鬱鬱寡歡。南朝宋・鮑照《擬行路難》：「人生亦有命，安能行嘆復坐愁。」

【坐籌帷幄】

籌：運籌、籌劃；帷幄：指軍帳。坐在軍帳中謀劃。泛指善於籌劃、指揮。《宋史・趙范傳》：「如用[劉]琸，須令親履行陣，指蹤四人，不可止坐籌帷幄也。」也作「**運籌帷幄**」。

【坐春風】

比喻舒適、輕鬆、愉快。例這一路上

眞是如坐春風，服務員態度好，旅伴也好。

【坐待焚滅】

見「坐以待斃」。

【坐待其斃】

見「坐以待斃」。

【坐待殄斃】

見「坐以待斃」。

【坐得船頭穩，不怕浪來顚】

比喻只要立場站得穩，辦事符合原則，就不怕別人的風言風語和惡意的攻擊。例俗話說：「坐得船頭穩，不怕浪來顚」，只要爲人正派，做事光明正大，就不要怕來自黑暗角落裏的流言蜚語！

【坐得正，立得正，哪怕和尚尼姑合板凳】

合板凳：合坐在一條凳子上。比喻行爲端正，就不怕別人背後議論。例我和她在一個廠裏工作，平時來往都是談工作上的問題，沒有見不得人的事。俗語說：「坐得正，立得正，哪怕和尚尼姑合板凳。」我才不怕嚼舌頭的人胡言亂語哩！

【坐地分贓】

坐地：就地。就地瓜分偷盜來的財物。現多指不自己動手的匪首、窩主坐在家裏分取贓物。明・無名氏《八義雙桂記》一六：「昨日新發下一個坐地分贓的强盜下來，至今家信未通，不免取他出來騰挪他一番，豈不是好。」也作「**坐地分賬**」。

【坐地分賬】

見「坐地分贓」。

【坐纛旗兒】

纛（ㄉㄠˋ）旗：軍中主帥的旗幟。比喻作指揮，作領導者。例這次派你去可不是去調查，而是要你去坐纛旗兒。也作「**作纛旗兒**」。例叫你作纛旗兒還不好？難道你眞願意當一輩子士兵？

【坐兒不知立兒飢】

比喻生活舒適的人體會不到生活艱難的人的苦處。例有人批評他對羣衆的疾苦不關心。批評得對。「坐兒不知立兒飢」。這些年來，他官當大了，生活優越了，越來越脫離羣衆了。

【坐而待斃】

見「坐以待斃」。

【坐而待旦】

見「坐以待旦」。

【坐而待曙】

見「坐以待旦」。

【坐而論道】

大臣陪侍帝王議論政事。《周禮・冬官・考工記》：「坐而論道，謂之王公，作而行之，謂之士大夫。」也指坐下來談論各項事理。後也常用以泛指脫離實際，空談大道理。例不接觸實際，不親身實踐，只是坐而論道，這種大道理是沒有什麼用處的。

【坐而論道——能說不能行】

坐而論道：原指大臣輔佐帝王謀劃政事。後指空談理論，不身體力行。見「瘸和尚說法——能說不能行」。

【坐飛機】

比喻被炸得飛上天。例那會兒游擊隊自造土地雷，老請鬼子坐飛機，嚇得鬼子不敢出碉堡。

【坐飛機吹喇叭——想[響]得高】

見「飛機上吹喇叭——想[響]得高」。

【坐飛機打靶——高標準】

比喻衡量事物的準則高，要求嚴。例對新學員的要求，必須坐飛機打靶——高標準，這樣才能出人才。

【坐飛機寫文章——高論】

比喻見解高明的言論。例你的發言，眞是坐飛機寫文章——高論，對我們來說，實在是振聾發聵。

【坐賈行商】

賈：ㄍㄨˇ，商人。有固定店面的商人與轉運販賣的商人。宋・范成大《題南塘客舍》詩：「君看坐賈行商輩，誰復從容唱渭城。」也作「**行商坐賈**」。

【坐賈行商，不如開荒】

坐賈：在固定地點營業的商人；行商：在路上往返販賣的商人。指經商不如種地獲利多。明・唐順之《荊川稗編》：「諺云：『坐賈行商，不如開荒。』言其獲利多也。」

【坐觀成敗】

旁觀別人爭鬥的勝敗，不插手不干預。《封神演義》二回：「吾想西伯侯姬昌自在安然，違避旨意，按兵不動，坐觀成敗，眞是可恨！」也作「**坐視成敗**」。《新五代史・唐臣傳・元行欽》：「卿等從我久，富貴急難無不同也，今茲危蹙，而默默無言，坐視成敗。」

【坐耗山空】

見「坐吃山空」。

【坐紅椅子】

舊時發榜，照例在最後一名底下打上紅鈎，表示名單到此完了。後指名列榜末爲坐紅椅子。例這次作文比賽，小明坐紅椅子。

【坐懷不亂】

亂：淫亂。女子坐在懷中也不淫亂。《荀子・大略》載：春秋時柳下惠夜宿郭門，有一女子找不到住處來求宿，柳恐她凍死，叫她坐在懷中，一夜而無非禮的行爲。後用「坐懷不亂」形容男子在男女關係方面純潔、高尚。清・李漁《蜃中樓・抗姻》：「說起俺夫家姓字香，不在梅旁在柳旁，他是那坐懷不亂的宗風倡。」

【坐火箭】

比喻升遷快。例這人肯定有兩手，不然怎麼能坐火箭，一下子當上公司副理。

【坐火箭背喇叭——吹上天了】

比喻漫無邊際地誇口。例你眞是坐火箭背喇叭——吹上天了，鬼才會相信。

【坐家虎】

指在家裏作威作福的人。例他的命眞苦，娶了一個老婆是坐家虎，他回家以後就成了小媳婦兒，連說話聲音都小。

【坐家女裁尿布——閒時備下忙時用】

坐家女：沒出嫁的姑娘。見「大閨女裁尿布——閒時預備忙時用」。

【坐江山】

①比喻掌管國家政權。例人說打江山容易，坐江山難。②比喻占有職權職位。例他別想在這兒坐江山了，快調走了。

【坐交椅】

比喻排列名次、權位。例他這麼拚命鑽營，無非是想坐交椅啊！

【坐轎不知抬轎苦，飽漢不知餓漢飢】

比喻沒有親身經歷過，就不知道其中的艱難困苦。例你說的都對，但卻是坐轎不知抬轎苦，飽漢不知餓漢飢。這事辦起來的確不是那麼容易！

【坐轎子的和抬轎子的絕不會想到一起】

比喻屬於兩個對立階級或處於利害對立地位的人不可能有共同的思想感情。例他們是分屬兩個黨派的人，當然思想、作風就不一樣，俗話說：「坐轎子的和抬轎子的絕不會想到一起。」

【坐井觀天】

坐在井裏看天。比喻眼界狹小，見識不廣。唐・韓愈《原道》：「坐井而觀天，曰天小者，非天小也。」《西遊記》八〇回：「師傅這話，也不像走長路的，卻似個王子王孫，坐井觀天之類。」也作「**坐井窺天**」。清・汪琬《畜德錄序》：「問學不徹其原，而規規焉爲耳目之所囿，辭章之所錮，此坐井窺天者耳。」

【坐井觀天——小見識】

見「螞蟻緣槐誇大國——小見識」。

【坐井觀天——只見一點】

形容觀點片面。例對一個人應當全面評價，不能坐井觀天——只見一點。

【坐井窺天】

見「坐井觀天」。

【坐困愁城】

坐困：守在一地找不到出路；愁城：愁苦的境地。宋・王應麟《困學紀聞・易》：「梁武帝不守采石，而台城坐困。」宋・陸游《山園》：「狂吟爛醉君無笑，十丈愁城要解圍。」後用「坐困愁城」形容處境愁苦，沒有出路，又無力擺脫出來。也作「**坐困窮城**」。清・劉坤一《復張香濤》：「未可徒糜巨款，轉令坐困窮城。」也作「**坐守窮城**」。《舊五代史・趙思綰傳》：「若坐守窮城，端然待斃，則何貴於智也。」

【坐困窮城】

見「坐困愁城」。

【坐冷板凳】

比喻被忽視、受冷落。例他到這個單位十多年了，由於沒有後台，自己又不會討好上級，結果一直坐冷板凳。

【坐立不安】

坐著站著都不安寧。形容心情緊張、煩躁或憂懼痛苦，坐也不是站也不是。《水滸傳》三七回：「今日天使李俊在家坐立不安，棹船出來江裏，起些私鹽，不想又遇著哥哥在此受難！」

【坐糜廩粟】

糜：浪費；廩：糧倉；粟：穀子，泛指糧食。坐著耗費倉中的糧食。諷刺官吏白吃國家俸祿而不幹事。明・劉基《賣柑者言》：「坐糜廩粟而不知恥。」也作「**坐糜廩餼**」。餼：穀物。明・歸有光《封中憲大夫興化府知府周公行狀》：「若乃反覆淹綿，坐糜廩餼，臣罪益深，亦非朝廷用人之意矣。」

【坐糜廩餼】

見「坐糜廩粟」。

【坐廟裏等雨下——依神靠天】

比喻消極等待，聽天由命；或無可奈何，沒有辦法。例我們要主動出擊，不能坐廟裏等雨下——依神靠天。

【坐南宮守北殿——不分東西】

比喻暈頭轉向。例辦這件事你是熟門熟道的，竟然會出此大錯，看來你工作忙亂得就像坐南宮守北殿——不分東西了。

【坐山觀虎鬥】

比喻對別人的爭鬥，坐在一旁觀望，等待兩敗俱傷，以便從中獲利。姚雪垠《李自成》：「宋文富兄弟『坐山觀虎鬥』，可是咱們已經斷定他們是在等待時機，觀風向……。」

【坐失機宜】

見「坐失良機」。

【坐失良機】

形容白白丟掉難得的好時機。孫中山《心理建設》七章：「若必俟我教育之普及，知識之完備，而後始行，則河清無日，坐失良機，殊可惜也。」也作「**坐失機宜**」。《清朝野史大觀》卷三：「兵宜於乘銳直進，若不審敵勢，坐失機宜，兵氣衰竭，欲復振不易也。」也作「**坐失時機**」。

【坐失時機】

見「坐失良機」。

【坐石臼撐拐杖——穩上加穩】

見「老牛拉車——穩穩當當」。

【坐食山空】

見「坐吃山空」。

【坐視不顧】

見「坐視不救」。

【坐視不救】

別人有災難不肯幫忙，袖手旁觀。《說岳全傳》一六回：「倘或有失，那奸臣必然上本，反說相公坐視不救。」也作「**坐視不顧**」。清・李漁《閒情偶寄・結構第一》：「以有疏財仗義之張大公在，受人之託，必能忠人之事，未有坐視不顧，而致其剪髮者也。」也作「**坐視不理**」。

【坐視不理】

見「坐視不救」。

【坐視成敗】

見「坐觀成敗」。

【坐守窮城】

見「坐困愁城」。

【坐守行監】

坐著守衛，巡行監管。形容時刻監管防守。《水滸傳》三六回：「方枷鐵鎖並臨頭，坐守行監不少休。」

【坐談客】

坐著清談的人。指只會空談，沒有辦事眞才的人。《三國志・郭嘉傳》「[劉]表坐談客耳。」

【坐窩子】

比喻呆在一個地方不動。例據說美國人好動喜變化，常常從這個州搬到那個州。中國人卻喜歡坐窩子，所謂熱土難離。

【坐臥不安】

見「坐臥不寧」。

【坐臥不寧】

坐不踏實，睡不安生。①形容忙亂的情景。《紅樓夢》一四回：「因此忙的鳳姐茶飯無心，坐臥不寧。」②形容憂慮恐懼、十分不安的樣子。《西遊記》一五回：「那孽龍在於深澗中，坐臥不寧。」也作「坐臥不安」。《古今小說》卷三一：「一生被曹操欺侮，膽戰魂驚，坐臥不安。」

【坐無車公】

坐：坐席；車公：晉代人車胤。坐席上沒有車公。比喻宴會時沒有嘉賓。《晉書・車胤傳》：「[胤]又善於賞會，當時每有盛坐，而胤不在，皆云：無車公不樂。」

【坐享其成】

坐著不動而安享別人的勞動成果。清・葉廷琯《鷗陂漁話・葛蒼公傳》：「欲使他人幹事，彼坐享其成，必誤公事。」

【坐薪嘗膽】

見「坐薪懸膽」。

【坐薪懸膽】

薪：柴草。坐臥在柴草上，口嘗懸掛起來的苦膽。比喻刻苦自勵，奮發圖强。《金史・木虎筠壽傳》：「陛下當坐薪懸膽之日，奈何以球鞠細物，動搖民間！」也作「坐薪嘗膽」。宋・蘇軾《富鄭公神道碑銘》：「亦願陛下思夷狄輕侮中原之恥，坐薪嘗膽，不忘修政。」也作「臥薪嘗膽」。參見該條。

【坐言起行】

坐能言，起能行。指言論切實可行。清・歐陽兆熊《水窗春囈・羅忠節軼事》：「所著不僅言理之作，凡天文、輿地、律歷、兵法，及鹽、河漕諸務，無不探其原委，眞可以坐言起行，爲有用之學者。」

【坐一條板凳】

比喻站在同一立場，持同一觀點。例他們倆坐一條板凳，你還不知道？怪不得他們都對你不滿。

【坐以待斃】

坐著等死。《水滸傳》一〇八回：「楊志、孫安、卞祥與一千軍士，馬疲人困，都在樹林下，坐以待斃。」也作「坐而待斃」。茅盾《子夜》十二：「不仰賴銀錢業的放款，就等於坐而待斃。」也作「坐以待亡」。范長江《塞上行・行紀・憶西蒙》：「坐以待亡，他們是太不幸了！」也作「坐待其斃」。《晉書・鍾雅傳》：「君性亮直，必不容於寇仇，何不隨時之宜而坐待其斃？」也作「坐待焚滅」。《三國志・吳書・張昭傳》引裴松之注引晉・習鑿齒曰：「閉戶拒命，坐待焚滅，豈不悖哉！」

【坐以待旦】

旦：天亮。坐著等待天亮。《尚書・太甲上》：「先王昧爽，丕顯，坐以待旦。」也作「坐而待旦」。《晉書・劉毅傳》：「毅夙夜在公，坐而待旦。」也作「坐而待曙」。唐・陸贄《答百寮第二表》：「坐而待曙，跂及上春。」

【坐以待亡】

見「坐以待斃」。

【坐擁百城】

百城：百座城池。《魏書・李謐傳》：「丈夫擁書萬卷，何假南面百城。」擁有萬卷書，何必身居高位，管轄百城。比喻藏書極富。

【坐擁臯比】

臯比（ㄆㄧˊ）：虎皮，也指虎皮的座席。擁有虎皮座席。指占據學師的席位。清・歸莊《與葛瑞五書》：「幸此地風俗，甚尊其師；而弟之爲師，又能自尊，坐擁臯比，儼然如馬、鄭大儒，一時遂有經師之名。」

【坐於涂炭】

涂：爛泥；炭：炭火。坐在爛泥或炭火上。比喻境遇極爲困苦或處境污濁惡劣。《孟子・公孫丑上》：「立於惡人之朝，與惡人言，如以朝衣朝冠坐於涂炭。」

【坐在轎裏翻跟頭——不識抬舉】

見「狗坐轎子——不識抬舉」。

【坐在井裏的蛤蟆——硬說天只有一個碗大】

見「蛤蟆坐井底——只見碗口大的天」。

【坐在錢眼兒裏摸錢邊——財迷心竅】

錢眼：指古代圓形銅幣的方孔。見「雁過拔根毛——財迷心竅」。

【坐著飛機吹軍號——聲震遠方】

比喻名聲傳播很遠。例他的名氣就像坐著飛機吹軍號——聲震遠方。他在我們這裏當然也是無人不知的。也作「鑽塔頂上吹喇叭——傳揚在外」。

【坐知千里】

坐著不動就能知道千里之外的情況。形容遠見卓識或消息靈通。南朝梁・任昉《奏彈曹景宗文》：「光武命將，坐知千里。」

【胙土分茅】

胙：賜。《尚書・禹貢》：「厥貢唯土五色。」孔穎達疏：「王者封五色土以爲社，若封建諸侯則各割其方色土與之，使歸國立社……四方各依其方色皆以黃土覆之，其割土與之時，苴以白茅，用白茅裹土與之」。後用「胙土分茅」指分封諸侯。清·邵長蘅《閻典史傳》：「將軍胙土分茅，為國重鎮，不能保障江淮，乃為敵前驅，何面目見吾邑義士民乎？」也作「裂土分茅」、「分茅列土」、「分茅胙土」。

【座山雕做壽——末日來臨】

長篇小說《林海雪原》中的故事：楊子榮乘匪首座山雕做壽之機，深入虎穴，大鬧威虎廳，在剿匪小分隊配合下，一舉全殲匪衆。也作「座山雕做壽——死到臨頭」。見「關雲長走麥城——末日來臨」。

【座上客】

比喻被邀請的貴賓。例在這個婚宴裏，市長是座上客，同時也是證婚人。

【座無空席】

座上沒有空著的席位。形容賓客衆多。《晉書·王渾傳》：「渾撫循羈旅，虛懷綏納，座無空席，門不停賓。」也作「座無虛席」。例這場決賽吸引了衆多觀衆，全場八萬個座位，座無虛席。

【座無虛席】

見「座無虛席」。

【做春夢】

比喻胡思亂想。例你別做春夢了，免得越做越難受，還是做幾件紮紮實實的好事吧！

【做大立櫃不安拉手——摳門】

雙關語。比喻吝嗇，捨不得破費。例有人說他做大立櫃不安拉手——摳門，我看這比大手大腳亂花錢要好。

【做大頭】

指當傻瓜。例你想以舊換新，讓他做大頭？他才不傻哩！

【做到老，學到老】

比喻學習沒有止境，幹一輩子就要學習一輩子。峻青《雄關賦，長城寄哀思》：「藝術這一門，是無止境的，做到老，學到老，我們都是在摸索中前進，在實踐中學習嘛。」也作「活到老，學到老」、「長到老，學到老」。

【做道理】

比喻打主意、想辦法。例這件無頭公案，得等化驗結果出來再做道理。

【做剛做柔】

一會兒來硬的，一會兒來軟的。形容採取各種方式使對方就範。《醒世姻緣傳》五回：「又叫宅裏再暖出一大瓶酒來與腳戶吃，做剛做柔的將腳戶打發散去。」

【做好看】

比喻粉飾外表，作面子事。例這都是衆人給我做好看的東西，我哪能隨便動用？

【做好做歹】

一會兒做好人，一會兒做惡人，好話歹話都說盡了。形容以各種理由或方式反覆勸說，求得事情的了結。《醒世恆言》卷二九：「蔡賢還要回話，有幾個老成的，將他推開，做好做歹，將盧柟進了監門，衆友也各自回去。」也作「作好作歹」。《鏡花緣》一一回：「路旁走過兩個老翁，作好作歹，從公評定，令隸卒照價拿了八折貨物，這才交易而去。」

【做幌子】

比喻做出某種姿態給別人看，以掩飾真相。例你不必再做幌子了，人家早已走了，再做也無人看了。

【做扣子】

指做成圈套，或安排計謀。例你以前做的扣子太多了，再做扣子就沒用了，還是以誠取信，以誠待人吧！

【做了皇帝想成仙，欲無止境】

比喻人的欲望永遠沒有滿足的時候。例要適可而止，不能做了皇帝想成仙，欲無止境。

【做了皇帝想登仙】

比喻貪心不足。例你這人呀，當了鄉長，還想當縣長，眞是做了皇帝想登仙，總是不知足。

【做眉眼】

指眉目傳情或示意。例你用不著對那小子做眉眼，他根本不懂，他是個二楞子。

【做眉做眼】

用眉眼作態向對方示意。《文明小史》四七回：「只見兩個小廝在廊下做眉做眼。」

【做夢變蝴蝶——想入非非（飛飛）】

非非：「飛飛」的諧音，佛家所說的非一般識力所能達到的玄虛境界。比喻胡思亂想到了入迷的程度。例你是做夢變蝴蝶——想入非非（飛飛），這種個人目的無論如何是實現不了的。

【做夢吃黃連——想得苦】

形容思念親人心切，或迫切希望得到某種東西。例她對自己離別多年的兒子，的確是做夢吃黃連——想得苦啊。

【做夢吃饅頭——夢裏見面】

雙關語。比喻思念親人心切，常常在夢中相見。有時指難以相見。例雖然只一海峽相隔，可是除做夢吃饅頭——夢裏見面外，今生今世恐怕難以重新團聚。

【做夢吃肉包——心裏美】

見「八里莊的蘿蔔——心裏美」。

【做夢吃星星——永遠沒那一天】

比喻痴心妄想，永遠不能實現。例你的計畫是做夢吃星星——永遠沒那一天，還是回到現實中來，同大家一起幹吧。

【做夢當皇帝——好景不長】

見「夢中遊西湖——好景不長」。

【做夢當縣長——官迷心竅】

見「殺妻求將——官迷心竅」。

【做夢撿金條——財迷心竅】

見「雁過拔根毛——財迷心竅」。

【做夢見閻王——死去活來】

閻王：也叫閻羅王、閻王爺，佛教稱

管地獄的神。形容極度的哀傷和痛苦。例他的胃病一發作，痛得就像做夢見閻王——死去活來。

【做夢啃豬頭——想得倒美】

也作「做夢啃豬頭——盡想好事」、「做夢娶媳婦——想得美」「做夢娶媳婦——光想美事」、「做夢吃西瓜——想得甜」。見「夢裏啃甘庶——想得倒甜」。

【做夢騎老虎——想得出奇】

比喻想法特別。例你說要把「夢」應用於政治、軍事、科技、文化領域，這不是做夢騎老虎——想得出奇嗎？

【做夢拾了個元寶——歡喜不盡】

元寶：舊時較大的金銀錠。比喻高興極了。例她獲得了縣裏的小畫家特別獎，就像做夢拾了個元寶——歡喜不盡，同學們也紛紛前來祝賀。

【做夢跳井——虛驚一場】

見「打響雷，不下雨——虛驚一場」。

【做夢挖元寶——想偏心了】

比喻心術不正，盡想歪點子。例你怎麼打算利用公家的財物去謀自己的私利？眞是做夢挖元寶——想偏心了。也作「做夢娶媳婦——想偏了心」。

【做模樣】

比喻擺架子，裝模作樣。例他怕別人看不起，當然要做做模樣，殊不知愈裝模作樣，愈讓人瞧不起。

【做牽頭】

指爲男女搞不正當關係作介紹。例這婆子不是個好東西，專門爲人做牽頭賺錢，遲早要被抓走。

【做神做鬼】

形容裝模作樣地玩弄花招，算計別人。《水滸全傳》九回：「夜間聽得那廝兩個做神做鬼，把滾湯賺了你腳。」也作「裝神弄鬼」、「裝神扮鬼」。

【做事沒計畫，盲人騎瞎馬】

做事沒計畫，就像盲人騎瞎馬一樣，肯定要摔跟頭，犯錯誤。例你這不是做事沒計畫，盲人騎瞎馬嗎？還是先做個周密的計畫，再動手也不晚。

【做事要在理，煮飯要有米】

做事要合乎情理，就像做飯要有米下鍋一樣。例俗話說：「做事要在理，煮飯要有米。」咱們買賣人是信用第一，請您相信我，下次還請您再來。

【做事在人，成事在天】

天：過去指天命，現在指自然界，自然規律，做不做事在個人，能不能成功，則在於是不是符合自然規律。例做事在人，成事在天。咱們已經盡了最大的努力，只能這樣了。

【做手腳】

暗中使手段。例這個案子牽扯到政法部門的某些要人，要警惕一些人做手腳。

【做跳板】

比喻作爲飛黃騰達的途徑。例他這個人，自認爲水平高、能力强，把我們這兒當做跳板，要到國外去工作哩！

【做尾巴】

比喻缺乏主見，跟在別人後面說話行事。例在這種大是大非的問題上，應該有自己的見解，不要做尾巴。

【做文章】

比喻借題發揮。例他怎麼突然對你這麼關心起來？是不是想在你身上做文章？

【做小動作】

背地裏搞不正當的活動。例你有什麼意見就擺到桌面上來談嘛，何必在下面做小動作。

【做小伏低】

降低身分，低聲下氣地向人討好服輸。形容卑躬屈膝，委曲求全。元・無名氏《神奴兒大鬧開封府》楔子：「我不誤間撞著你，我陪口相告，做小伏低；你就罵我做驢前馬後，數傷我父母。」也作「做小服低」。元・施惠《幽閨記・姊妹論思》：「做小服低，看看地過冬還過春。」也作「作小伏低」、「伏低做小」、「服低做小」。

【做小服低】

見「做小伏低」。

【做啞妝矬】

矬：ㄘㄨㄛˊ，短。假裝啞巴、缺心眼。形容置身事外，不聞不問。元・汪元亨《沉醉東風・歸田》曲：「虎狼分辨是非，風波海分人我。到如今做啞妝矬，著意來尋安樂窩，擺脫了名繮利鎖。」

【做一輩子狐狸，讓雞啄了眼睛】

比喻再聰明或狡猾的人，也有失誤的時候。例王麻子一輩子機關算盡，怎麼也沒想到他的寶貝女兒會跟著別人跑了！眞是做一輩子狐狸，讓雞啄了眼睛。

【做一行怨一行】

幹過那一行業之後，便知道那個行業的艱苦和困難而不想再幹。指見異思遷，不能專心從事一種事業。例青年人對自己的工作應認眞鑽研，精益求精，切不可做一行怨一行，弄得一事無成。

【做一日和尚撞一天鐘】

撞鐘是和尚每天要辦的例行公事。比喻工作中消極應付，得過且過。《西遊記》一六回：「那道人道：『拜已畢了，還撞鐘怎麼？』行者方丟下鐘杵，笑道：『你那裏曉得！我這是做一日和尚撞一天鐘的。』」也作「做一天和尚撞一日鐘」。

【做一世和尚，吃壞一餐狗肉】

當了一輩子和尚，因爲吃了一頓狗肉，壞了名聲。比喻一個人一輩子循規蹈矩，偶爾出現過失，損害了他一生的好名譽。例這個人「做一世和尚，吃壞一餐狗肉」，這陣子失業，居然去搶銀行，落到吃牢飯的地步，這下子前途全毀了。

【做圓活】

比喻圓滑周全。例這事拜託你做圓活些，盡量讓大伙兒滿意。

【做賊的遇見劫路的——壞到一

塊了】

劫路的：攔路搶劫的强盜。見「惡狠和瘋狗作件——壞到一塊了」。

【做賊瞞不了鄉里，偷食瞞不過牙齒】

比喻做了壞事瞞不過知根知底的人。例「做賊瞞不了鄉里，偷食瞞不過牙齒」。你幹了些什麼，別人不知道，我還能不知道？

【做賊人心驚，偷食人嘴腥】

比喻做了壞事的人，總會留下一些蛛絲馬跡。例常言說得好：「做賊人心驚，偷食人嘴腥。」我就不信找不出一點痕跡，破不了案！

【做賊三年，不打自招】

比喻做了壞事的人，時間長了，自己就會暴露出來，被人識破。例「做賊三年，不打自招」。剛才你那幾句話說得他坐不住了，大概正好觸到他的痛處了吧。

【做賊心虛】

做了賊心裏發慌。比喻幹了壞事提心吊膽。《二十年目睹之怪現狀》六〇回：「這個毛病，起先人家還不知道，這又是他們做賊心虛弄穿的。」也作「作賊心虛」、「賊人心虛」、「賊人膽虛」。

【做張做勢】

見「做張做智」。

【做張做致】

見「做張做智」。

【做張做智】

裝模做樣。形容故意擺出某種姿態架式表示聰明。《醒世恆言》卷三：「那些有勢有力的不肯出錢，專要討人便宜；及至肯出幾兩銀子的，女兒又嫌好道歉，做張做智的不肯。」也作「做張做致」。《儒林外史》四一回：「沈瓊枝看那兩個婦人時，一個二十六七的光景，一個十七八歲，喬素打扮，做張做致的。」也作「做張做勢」。《警世通言》卷三八：「卻這女子心性有些蹊蹺，描眉畫眼，傅粉施朱。梳個縱鬢頭兒，著件叩身衫子，做張做勢，喬模喬樣。」

【做著不避，避著不做】

做了就別怕見人，要怕見人就別做。例你成天耷拉著腦袋幹什麼？常言說做著不避，避著不做，把頭抬起來，清潔工作也是爲人民服務嘛，有啥不光彩的！

【做磚的模，插刀的鞘——框框套套】

模：指做磚坯的模子；鞘：裝刀劍的套子。雙關語。比喻工作、生活等方面的條條框框，清規戒律。例改革，重要內容之一就是要改掉這些做磚的模，插刀的鞘——框框套套。

【蓆枕圖史】

蓆：鋪墊。以圖書經史爲墊爲枕。形容沉溺於書堆裏。《新唐書·李揆傳》：「[李]揆病取士不考實，徒露搜索禁所挾，而迂學陋生，蓆枕圖史，且不能自措於詞。」

【鑿鑿可據】

鑿鑿：確實。確實而可作證。明·徐宏祖《徐霞客遊記·滇遊日記》：「龔起潛爲余談談甚晰，皆鑿鑿可據。」

【鑿鑿有據】

鑿鑿：確實。證據確鑿。《好逑傳》一七回：「衆口一詞，鑿鑿有據。」

ㄗㄨㄟˇ

【嘴巴擱在鍋台上——光等吃】

比喻不勞而獲，坐享現成。例要吃飯，大家都得動手，不論誰都不能嘴巴擱在鍋台上——光等吃。

【嘴巴兩張皮，邊說邊移】

比喻說話隨便，沒有定準兒。例他是個嘴巴兩張皮，邊說邊移的人，沒個準兒。你只能左耳朵進，右耳朵出，聽之罷了。

【嘴巴生刺——出口傷人】

比喻用惡言惡語辱罵別人。例他嘴巴生刺——出口傷人的毛病總改不了，對自己對工作都帶來了不少麻煩和損害。

【嘴巴甜如蜜，心肝黑似漆】

比喻嘴甜心黑，兩面三刀的人。例他可是遠近聞名的嘴巴甜如蜜，心肝黑似漆的傢伙，千萬不要上他的當。

【嘴巴子戲——光說不練】

見「天橋的把式——光說不練」。

【嘴裏吃了鳥槍藥——說話衝】

比喻言詞過激，說話尖刻。例小安像嘴裏吃了鳥槍藥——說話衝，但心眼好，大家還是樂於同她交往。

【嘴裏嚼大蔥——說話帶辣味】

形容語言尖刻、難聽。例語言要文雅點，嘴裏嚼大蔥——說話帶辣味，誰都不愛聽。

【嘴裏沒味吃鹹魚——正合胃口】

見「口渴遇甘泉——正合心意」。

【嘴裏念彌陀，心賽毒蛇窩】

比喻嘴裏說得好聽，心裏卻很歹毒。例對陳仁智這個人，我們太了解了，純粹是個「嘴裏念彌陀，心賽毒蛇窩」的傢伙，一定得提防著些！

【嘴裏塞棉花——憋氣】

也作「嘴裏塞棉花——憋得難受」。見「捂著鼻子閉著嘴——憋氣」。

【嘴裏吐屎還不覺得臭】

比喻滿口的髒話，自己還不覺得難聽。例你這個人說話乾淨點好不好？眞是嘴裏吐屎還不覺得臭哩！

【嘴裏銜燈草——說得輕巧】

比喻誇口，光說漂亮話。例你倒是嘴裏銜燈草——說得輕巧，你自己來試一試，比個高低。

【嘴皮碎】

比喻說話嘮叨，顛三倒四。例甭怪娘嘴皮碎，她是不放心，怕你丟三落四的，辦不成事。也作「碎嘴子」。

【嘴皮子抹白糖——說得甜】

嘴皮子：嘴唇。比喻說動聽的，或漂亮的話。例你應當看他的實際行動，光嘴皮子抹白糖——說得甜，不一定算數，這是他一貫的作風。

【嘴上戴竹筒——說直話】
比喻說話開門見山，不拐彎抹角。例請你嘴上戴竹筒——說直話，咱們也是心直口快的人，不喜歡繞來繞去，浪費時間。

【嘴上沒毛——辦事不牢】
毛：指鬍鬚。比喻年輕人因缺乏經驗，辦事不穩妥，不可靠。例嘴上沒毛——辦事不牢的說法有片面性，有的青年就很成熟，做事踏踏實實。

【嘴上抹石灰——白吃】
見「和尚化緣——白吃」。

【嘴上抹石灰——白搭】
見「白天打燈籠——白搭」。

【嘴上抹石灰——白說】
也作「**嘴上抹石灰——白講**」。見「老頭子吃小粉——白說」。

【嘴上抹豬油——油嘴滑舌】
形容人油滑，耍嘴皮，善於迎合。例你什麼時候學會了嘴上抹豬油——油嘴滑舌，眞討厭。也作「**嘴上掛油瓶——油嘴滑舌**」。

【嘴上能掛油瓶】
形容人生氣的時候，嘴唇翹得高高的樣子。例瞧，小妹這樣子，嘴上能掛油瓶了。

【嘴上貼封條——沒說的】
見「倆啞巴見面——沒說的」。

【嘴上貼封條——難開口】
也作「**嘴上貼封條——不好開口**」、「**嘴上貼封條——無話可說**」、「**嘴上貼膏藥——難開口**」、「**嘴巴上抹漿糊——不好開口**」。見「落雨天的芝麻——難開口」。

【嘴上貼封條——啞了口】
見「喉嚨長瘡——啞了口」。

【嘴是兩扇皮，反正都使得】
比喻愛怎樣說就怎樣說。例碰上這種多嘴的人，就讓他去多舌吧！「嘴是兩扇皮，反正都使得」，事後再上法院告他！

【嘴是嘴，眼是眼】
比喻是非一定要分淸，絕不能含糊。例對於王寶那種人，我們就是要和他嘴是嘴，眼是眼的，一點也不能含糊。

【嘴甜甜，腰裏掛彎鐮——心術不正】
指說得好聽，心眼不純正。例這個人是嘴甜甜，腰裏掛彎鐮——心術不正，常搞歪門邪道的事。

【嘴甜心苦】
嘴上說得好聽，用心很壞。《紅樓夢》六五回：「我告訴奶奶，一輩子不見他才好呢！『嘴甜心苦，兩面三刀』；『上頭笑著，腳底下就使絆子』；『明是一盆火，暗是一把刀』；他都占全了。」

【嘴頭短】
比喻不善於說話。例他一個莊戶人，說話喃吶，嘴頭短，也是常事，正說明他爲人本份。

【嘴頭硬】
比喻明知理虧也不肯服輸，仍然強辯。例她嘴頭硬，即使心裏服氣，嘴上也不肯認輸。

【嘴咬肚臍——夠不著】
見「搬石頭砸天——夠不著」。

【嘴直心快】
性情直爽，有話就說。《紅樓夢》一〇回：「這都是我的嘴直心快。」也作「**心直口快**」。

【嘴拙舌鈍】
拙：笨；鈍：不靈活。嘴笨舌頭不靈活。形容人不善於言辭，沒有口才。淸・隨緣下士《林蘭香》一九：「我亦並非處處都去留心，只是嘴拙舌鈍，不敢輕易開口。」

ㄗㄨㄟˋ

【最好的眼力也看不到自己的耳朵】
比喻一個人水平再高，能力再強也有他的局限性。例俗話說，最好的眼力也看不到自己的耳朵。你還是應該多想想自己還有哪些沒考慮到的地方！

【最難風雨故人來】
故人：朋友。最難得的是在刮風下雨的時候，老朋友還來拜訪。也比喻最難得的是在處於困境或落難的時候，老朋友來看望或伸出援助之手。例古人說：「最難風雨故人來。」沒想到，久未見的你會來看我，我一個人正悶得慌哩！

【罪不容恕】
罪惡極大，不容寬恕。《太平廣記・羊聃》引《還冤記》：「於是司徒王導啟聃罪不容恕，宜極重法。」也作「**罪不容宥**」。南朝宋・傅亮《爲劉毅軍敗自解表》：「稽之典刑，罪不容宥。」

【罪不容死】
罪惡大得都不容以死抵償。形容罪大惡極。《平鬼傳》一回：「倘有惡貫滿盈，罪不容死的，生擒前來，再以陰間刑法治之。」

【罪不容宥】
見「罪不容恕」。

【罪不容誅】
罪惡極大，處死都不能抵償。晉・庾亮《讓中書令表》：「事有不允，罪不容誅。」也作「**罪豈容誅**」。宋・蘇轍《謝中制科啟》：「言多迂闊，罪豈容誅。」也作「**罪不勝誅**」。明・沈德符《萬曆野獲編・鼎甲同爲庶常》：「以上各家記述中者，什僅得一二。修史之鹵莽，罪不勝誅矣。」

【罪不勝誅】
見「罪不容誅」。

【罪大惡極】
《周易・繫辭下》：「故惡積而不可掩，罪大而不可解。」罪惡大到極點。宋・歐陽修《縱囚論》：「刑入于死者，乃罪大惡極。」也作「**罪重惡極**」。明・徐復祚《紅梨記・請成》：「王黻自知罪重惡極，萬死無逃；只是尚有一言，再祈俯納。」也作「**罪盈惡大**」。《三國志・魏書・董卓傳》

裴松之注引謝承《後漢書》：「汝亂國篡主，罪盈惡大。」

【罪當萬死】

罪過太大，應受嚴厲的懲罰。《漢書·東方朔傳》：「［東方朔進諫曰］糞土愚臣，忘生觸死，逆盛意，犯隆指，罪當萬死。」也作「罪應萬死」。《晉書·苻堅載記下》：「弟沖不識義方，孤背國恩，臣罪應萬死。」也作「罪合萬死」。《魏書·房伯玉傳》：「臣既小人，備荷驅使，緣百口在南，致拒皇略，罪合萬死。」也作「罪該萬死」。《水滸傳》九七回：「孫某抗拒大兵，罪該萬死。」

【罪惡貫盈】

貫：舊時穿錢的繩子。罪惡多得像繩索上已經穿滿一樣。宋·孔平仲《續世說·黜免》：「李義府作相，罪惡貫盈。」

【罪惡如山】

形容罪行多而重，積起來像座山。《新唐書·吉頊傳》：「俊臣誣殺忠良，罪惡滔天，國蠹賊也，尚何惜？」

【罪惡深重】

見「罪孽深重」。

【罪惡滔天】

滔：漫，充滿。形容罪惡極大。劉流《烈火金鋼》一七回：「日本侵略者在中國是罪惡滔天，田大姑對他們也是恨之入骨。」也作「滔天大罪」。

【罪惡通天】

罪惡極大，上通於天。明，吳世濟《太和縣禦寇始末·擒惡安民》：「本集積惡萬增厚等，乘流寇之亂，殺良爲賊，戕害一十六名口，罪惡通天。」

【罪惡昭彰】

昭：明顯；彰：顯著。罪大惡極，盡人皆知。《娛目醒心編》二七回：「贓官罪惡昭彰，路人皆知，今爲强人所殺，人心大快。」也作「罪惡昭著」。宋·趙善括《嚴賞罰奏議》：「縱欲以害民，怙勢而貪利，罪惡昭著，無從上達。」

【罪惡昭著】

見「罪惡昭彰」。

【罪該萬死】

見「罪當萬死」。

【罪合萬死】

見「罪當萬死」。

【罪己責躬】

見「責躬罪己」。

【罪加一等】

處罰同類罪犯時，對其中明知故犯或情節惡劣者，加重處罰。《萬花樓楊包狄演義》八回：「這胡坤先有治家不嚴之罪，縱子殃民，實乃知法犯法，比庶民罪加一等。」

【罪魁禍首】

魁：爲首的。作惡犯罪的首要分子。也指壞事的根子。魯迅《新的世故》：「就是去年的和章士釗鬧，我何嘗說是自己放出批評的眼光，環顧中國，比量是非，斷定他是阻礙新文化的罪魁禍首，於是嘯聚義師，厲兵秣馬，天戈直指，將以澄清天下也哉？」

【罪莫大焉】

罪過沒有比這更大的了。形容罪惡深重。《左傳·僖公二十三年》：「保君父之命而享其生祿，於是乎得人。有人而校，罪莫大焉，吾其奔也。」

【罪逆深重】

見「罪孽深重」。

【罪孽深重】

孽：惡事。罪惡極深，過錯極重。清·洪昇《長生殿》二五齣：「念楊玉環呵，罪孽深重，罪孽深重，望我佛度脫咱。」也作「罪逆深重」。宋·歐陽修《與十四弟書》：「某罪逆深重，不自死滅。」也作「罪惡深重」。明·朱國禎《涌幢小品·流賊》：「上以其罪惡深重，非他盜比，磔於西市。」

【罪豈容誅】

見「罪不容誅」。

【罪人不帑】

見「罪人不孥」。

【罪人不孥】

孥：ㄋㄨˊ，妻室和子女。治罪只於本人，不株連妻子兒女。《孟子·梁惠王下》：「澤梁無禁，罪人不孥。」也作「罪人不帑」。帑：古同「孥」。《史記·孝文本紀》：「罪人不帑，不誅無罪。」

【罪上加罪】

舊罪未清，新罪又犯，罪惡更加嚴重。《官場現形記》一六回：「［魯總爺］口稱：『家裏還有八十三歲的老娘，曉得我做了賊，丢掉官是小事，他老人家一定要氣死的，豈不是罪上加罪。』」

【罪疑從輕】

見「罪疑惟輕」。

【罪疑惟輕】

罪行輕重可疑，應當從輕判處。《尚書·大禹謨》：「罪疑惟輕，功疑惟重。」也作「罪疑從輕」。《前漢書·于定國傳》：「其決疑平法，務在哀鰥寡，罪疑從輕，加審慎之心。」

【罪以功除】

所犯的罪行可以用功勞來抵除。意謂立功贖罪。《後漢書·馬援傳》：「臣聞《春秋》之義，罪以功除；聖王之祀，臣有五義。」

【罪應萬死】

見「罪當萬死」。

【罪盈惡大】

見「罪大惡極」。

【罪有應得】

根據所犯的罪過，理應得到的結果或下場。表示受到的懲罰一點也不冤枉。《官場現形記》二〇回：「今日卑職故違大人禁令，自知罪有應得。」也作「咎有應得」。

【罪有攸歸】

攸：ㄧㄡ，所。罪責有所歸屬。指罪犯應受到必要的處罰。《封神演義》二回：「賜爾姬昌等斧鉞，便宜行事，往懲其忤，毋得寬縱，罪有攸歸。」

【罪在不赦】

赦：赦免。罪行極重，不能得到赦免。清・黃宗羲《蔣氏三世傳》：「[王]直罪在不赦。」

【罪責難逃】

罪過、責任無法逃脫，一定要受懲罰。明・王守仁《批右江道移置鳳化縣南丹衛事宜呈》：「若其因循玩愒，隳績廢事，非獨自取敗壞，抑且罪責難逃。」

【罪重惡極】

見「罪大惡極」。

【醉倒山公】

《晉書・山簡傳》：「『山簡』優遊卒歲，唯酒是耽。諸習氏，荊土豪族，有佳園地，簡每出嬉遊，多之池上，置酒輒醉，名之曰高陽池。」後用「醉倒山公」形容醉後蕭灑之態或醉酒。宋・辛棄疾《烏夜啼・山行約范廓之不至》詞：「江頭醉倒山公，月明中。」也作「**醉酒高陽**」。元・王逢《憶舊遊二首》之一：「醉酒高陽里，題詩左氏莊。」

【醉漢過鐵索橋——上晃下搖】

見「扶著醉漢過破橋——上晃下搖」。

【醉漢騎驢——搖頭晃腦】

形容漫不經心或洋洋得意的樣子。例你看他那得意的樣子，像個醉漢騎驢——搖頭晃腦的。

【醉酒飽德】

德：指恩惠。客人酬謝主人款待優厚的話。唐・孫揆《靈應傳》：「妾以寓止郊園，綿厲多祀，醉酒飽德，蒙惠誠深。」

【醉酒高陽】

見「醉倒山公」。

【醉扣西州】

《晉書・謝安傳》載：謝安的外甥羊曇在安去世後，不走西州路，一次因酒醉誤至西州門，發覺後慟哭不已，後用「醉扣西州」指感舊興悲，悼亡懷舊的深情。沈約之《挽于湖》詩：「醉扣西州重回首，山陰鄰笛夜淒其。」

【醉雷公——胡批（霹）】

雷公：神話中指管打雷的神；批：「霹」的諧音。雷公喝醉了酒就亂打霹靂。雙關語。比喻不問原因，隨便批評人。例會議一開始，主持人就對小張來個醉雷公——胡批（霹）一通，弄得大家莫名其妙，目瞪口呆。

【醉雷公上鍋台——胡霹一鍋粥】

比喻胡鬧。例這哪裏是在工作，簡直是醉雷公上鍋台——胡霹一鍋粥。

【醉墨淋漓】

淋漓：酣暢的樣子。趁酒醉時寫詩作畫。多形容字畫詩文的筆意酣暢豪放。宋・陸游《雲安集序》：「想拾遺之高風，醉墨淋漓，放肆縱橫，實爲一代傑作。」也作「**淋漓醉墨**」。

【醉山頹倒】

南朝宋・劉義慶《世說新語・容止》載：「嵇康體態佳美，醉酒後常自傾倒。」後以「醉山頹倒」形容醉酒、醉態。宋・石孝友《滿庭芳・次范倅憶洛陽梅》詞：「當年吟賞處，醉山頹倒，飛屑成堆。」

【醉生夢死】

像醉酒和做夢一樣，昏昏沉沉糊裏糊塗地過日子。宋・程頤《明道先生行狀》：「雖高才明智，膠於見聞，醉生夢死，不自覺也。」也作「**醉死夢生**」。

【醉是醒時言】

喝醉時能口吐眞言。《水滸傳》四五回「楊雄看了那婦人，一時驀上心來——自古道：『醉是醒時言』——指著那婦人罵道：『你這賤人，賊妮子，好歹是我結果了你！』」

【醉翁之意】

見「醉翁之意不在酒」。

【醉翁之意不在酒】

南朝梁・蕭統《陶淵明集序》：「吾觀其意不在酒，亦寄酒爲跡焉。」醉翁的意趣並不在飲酒上。本意不在飲酒，而在欣賞山水景色。後用以比喻本意不在此，而另有籌劃或別有用心。宋・歐陽修《醉翁亭記》：「太守與客來飲於此，飲少輒醉，而年又最高，故自號曰醉翁也。醉翁之意不在酒，在乎山水之間也。」也簡作「**醉翁之意**」。《官場現形記》八回：「劉瞻光說：『[魏]翩仞總是叫這個小把戲。』仇五科說：『翩翁是醉翁之意不在酒罷哩。』」

【醉翁之意不在酒——另有所圖】

比喻另有二心，有別的圖謀。例你說要去國外參觀學習，我看是醉翁之意不在酒——另有所圖。

【醉舞狂歌】

醉：耽樂，沉酣；狂：縱情。形容沉迷於酒食，縱情於歌舞。元・關漢卿《魯齋郎》四折：「我這裏醉舞狂歌，繁華夢已參破。」

【醉眼蒙朧】

見「醉眼矇矓」。

【醉眼矇矓】

矇矓：模糊不清。形容醉酒後兩眼看不清楚，迷迷糊糊的樣子。宋・陸游《醉中到白崖而歸》：「醉眼矇矓萬事空，今年痛飲瀼西東。」也作「**醉眼蒙朧**」。《醒世恆言》卷三：「只見美娘吃得大醉，侍女扶將進來，到於門首，醉眼蒙朧。」

ㄗㄨㄢ

【鑽冰覓火】

鑽開冰層尋火。比喻作事背謬，勞而無獲。唐・延壽集《宗鏡錄》二：「是以若於外別求，從他妄學者，猶如鑽冰覓火，壓沙出油，以冰沙非油火之正因，欲求濟用，徒勞功力。」也作「**鑽冰求火**」。《雲笈七籤》卷一〇二：「影離響絕，雲銷霧除，鑽冰求火，探巢捕魚，不足言其無也。」也作「**鑽冰求酥**」。酥：酥油。《菩薩本緣經》卷下：「譬如鑽冰求酥，是實難得。」

【鑽冰求火】
見「鑽冰覓火」。

【鑽冰求酥】
見「鑽冰覓火」。

【鑽冰取火，軋沙求油】
比喻事情根本辦不到。例我的老祖宗，你這不是要我鑽冰取火，軋沙求油嗎？

【鑽出土的筍——捂不住】
見「衆人的嘴——捂不住」。

【鑽防空洞】
比喻進入能躲避危險、困難的地方。例他是見一點風吹草動就鑽防空洞的人，還能吃了虧？

【鑽狗洞】
比喻用卑劣手段進行鑽營。例他們要是會鑽狗洞，也到不了這步悲慘的田地。

【鑽故紙】
故紙：舊紙，泛指古書舊書，含貶意。鑽研古舊書籍。指鑽到陳舊的書籍、資料中卻不能理解和運用。宋．陳亮《與韓子師侍郎》：「僻居與諸生日鑽故紙，雖或得味，僅如嚼橄欖爾。」也作「**鑽研故紙**」。明．張岱《討蠹魚檄》：「鑽研故紙，信煮字眞可療飢。」

【鑽堅研微】
深入鑽研堅實精微的道理。《晉書．虞喜傳》：「伏見前賢良虞喜……博聞强識，鑽堅研微。」

【鑽堅仰高】
《論語．子罕》：「仰之彌高，鑽之彌堅。」原爲顏淵對於孔子之道的讚嘆。後用以指深入研究。漢．趙壹《非草書》：「博學餘暇，游手於斯，後世慕焉，專用爲務，鑽堅仰高，忘其罷（疲）勞。」

【鑽進風箱的老鼠——受不完的氣】
見「蒸籠蓋子——受不完的氣」。

【鑽空子】
利用對方的漏洞進行對自己有利的活動。例這個人眞會鑽空子，我一句話說得不合適，他馬上就抓住不放。

【鑽了腦袋不顧屁股】
比喻辦事情或考慮問題，顧頭不顧尾，顧前不顧後。例你可冤枉他了，他絕不是那種鑽了腦袋不顧屁股的人。

【鑽米籮】
比喻千方百計到條件優越的地方去。例這次下去，大家都要揀最艱苦的地方去，可不能鑽米籮，盡揀富裕的地方去。

【鑽牛角】
①比喻費神費力去解決無法解決的問題。例這事上面不點頭，靠我們幾個人鑽牛角是辦不成的。②比喻思想方法固執、認死理兒。例這人幹什麼都愛鑽牛角，眞沒辦法。也作「**鑽牛角尖**」。例問題明擺著，用不著你鑽牛角尖。又作「**鑽牛犄角**」。例苦學幾十年，越學越糊塗。我看他是鑽到牛犄角裏出不來了！

【鑽皮出羽】
鑽透皮層，使還未長出的羽毛顯出來。比喻對偏愛的人作超過實際的讚譽。《新唐書．魏徵傳》：「今之刑賞，或由喜怒，或出好惡。喜則矜刑於法中，怒則求罪於律外；好則鑽皮出羽，惡則洗垢索瘢。」

【鑽死胡同】
比喻固執，只認準一條道，不知變通。例爲人做事應該靈活點。你怎麼改不了這鑽死胡同的毛病？

【鑽天打洞】
鑽透上天，打出地洞。比喻極力鑽營，無孔不入。《孽海花》二二回：「那邊魚陽伯與郭掌櫃摩拳擦掌的時候，正是這邊莊稚燕替章鳳孫鑽天打洞的當兒。」

【鑽天入地】
能夠鑽上天空，進入地下。形容神通廣大，極有辦法。《西遊記》二二回：「他是個鑽天入地，斧砍火燒，下油鍋都不怕的好漢。」

【鑽頭就鎖】
鑽進頭去就著鎖。比喻自投羅網。元．尚仲賢《氣英布》一折：「誰著你鑽頭就鎖，也怪不的咱故舊情薄。」

【鑽頭覓縫】
鑽頭：腦袋往裏鑽；覓縫：尋找空隙。削尖腦袋往裏鑽，尋找空隙往裏擠。形容竭力鑽營，到處找門路，《醒世姻緣傳》一八回：「秦福到了武城，鑽頭覓縫的打聽，也曾問著計巴拉、高四嫂……說得那晁大官人沒有半分好處。」也作「**覓縫鑽頭**」。

【鑽隙逾牆】
見「鑽穴逾牆」。

【鑽穴逾牆】
逾：越過。鑽洞穴爬牆頭。指封建時代違背封建禮教的自由戀愛。後指男女偷情相會或偷竊行爲。清．紀昀《閱微草堂筆記．槐西雜志四》：「然則鑽穴逾牆，即地下亦尙有禍患矣。」也作「**鑽隙逾牆**」。宋．陳亮《祭潘叔度文》：「銓法非古也，而叔度不以資歷年勞從仕，此鑽隙逾牆之賤而懼行己之無恥也。」也作「**鑽穴逾垣**」。《鏡花緣》九九回：「也有鑽穴逾垣在那裏偷竊的，也有殺人放火在那裏搶劫的。」

【鑽穴逾垣】
見「鑽穴逾牆」。

【鑽研故紙】
見「鑽故紙」。

【鑽營奔競】
奔競：爭逐。找門路，巴結權貴，爭名逐利。《官場現形記》一二回：「他的功名大都從鑽營奔競而來。」

ㄗㄨㄢˋ

【鑽塔頂上吹喇叭——傳揚在外】
鑽塔：用於鑽井或鑽探的井架。見

「坐著飛機吹軍號——聲震遠方」。

【鑽塔頂上邁步——沒路走】

見「瓶子裏的蒼蠅——沒有出路」。

【鑽子頭上加鋼針——好厲害】

比喻言語犀利、尖刻，行動激烈、凶猛。例他說話好像鑽子頭上加鋼針——好厲害，批駁得對方啞口無言。

【鑽子遇著銼子——對頭】

見「山羊抵角——對頭」。

【攥緊的拳頭有力量】

比喻團結起來力量大。例俗話說，攥緊的拳頭有力量，咱們村幾百號人團結起來一條心，還鬥不過他刁三！

【攥在手裏的棍棒——隨耍】

攥：握；隨耍：任意玩弄。①比喻很有把握。例這點技術活，對王師傅來說，是攥在手裏的棍棒——隨耍。②見「龍燈的腦殼——隨人耍」。

ㄗㄨㄣ

【尊卑有倫】

見「尊卑有序」。

【尊卑有序】

尊：地位或輩分高，與「卑」相對；序：順序。舊指尊卑之間有嚴格的順序。《史記．袁盎晁錯列傳》：「臣聞尊卑有序則上下和。」也作「**尊卑有倫**」。倫：次序。《舊唐書．禮儀志一》：「制禮定名，合從事實，使名實相副則尊卑有倫。」

【尊而不親】

尊：尊敬；親：親愛，親切。令人尊敬而不感到親切。《禮記．表記》：「母，親而不尊；父，尊而不親。」例我的父親是個不苟言笑的人，我對他是尊而不親。

【尊古卑今】

重視和推崇古代的，輕視和鄙夷現代的。《莊子．外物》：「夫尊古而卑今，學者之流也。」也作「**尊古賤今**」。賤：輕視。《淮南子．修務訓》：「世俗之人，多尊古而賤今。」也作「**尊古蔑今**」。陳獨秀《文學革命論》：「此十八妖魔輩，尊古蔑今，咬文嚼字，稱霸文壇。」

【尊古賤今】

見「尊古卑今」。

【尊古蔑今】

見「尊古卑今」。

【尊官厚祿】

尊：高；祿：俸祿。職位高的官，奉祿優厚。漢．司馬遷《報任安書》：「下之不能積日累勞，取尊官厚祿，以爲宗族交游光寵。」

【尊己卑人】

抬高自己，貶低他人。明．李贄《焚書．讀史．絕交書》：「又以己爲眞不愛官，以濤爲愛官者，尊己卑人，不情實甚，則尤爲不是矣。」

【尊澆磊磈】

尊：同「樽」，古代的盛酒器皿。南朝宋．劉義慶《世說新語．任誕》：「阮籍胸中壘塊，故須酒澆之。」後用「尊澆磊磈」指心有不平借酒澆愁。唐．張孝忠《破陳子．北湖次唐教授韻》詞：「且把清尊澆磊磈，莫爲浮名愁肺腸。」

【尊酒論文】

尊：同「樽」，古代盛酒器。喝著酒談論文章。明．無名氏《渭塘奇遇》一折：「每常四方賢客，有往來者，我常會於宅第，尊酒論文。」

【尊酒相逢】

尊：同「樽」；尊酒：一杯酒；相逢：相遇。相遇時飲一杯酒以相敬。唐．韓愈《贈張籍》詩：「尊酒相逢十載前，君爲壯夫我少年；尊酒相逢十載後，我爲壯年君白首。」

【尊年尚齒】

尚：崇尚；齒：年齡。尊崇年高歲數大的人。《周書．武帝紀上》：「尊年尚齒，列代弘規，序舊書酬勞，哲王明範。」

【尊榮則逸樂】

逸：安閒，無所用心。指處於尊榮顯貴，多墮入安逸享樂。《列子．楊朱》：「有名則尊貴，亡名則卑辱，尊榮則逸樂，卑辱則憂苦，憂苦犯性者也，逸樂順性者也。」

【尊師貴道】

尊敬老師，重視應該遵循的道理。《後漢書．孔僖傳》：「臣聞明王聖主莫不尊師貴道。」

【尊聞行知】

重視所聽到的話，實行已知道的道理。《漢書．董仲舒傳》：「曾子曰：『尊其所聞，則高明矣；行其所知，則光大矣。』」

【尊無二上】

尊：尊貴；上：最高的位置或等級。至尊獨一無二，絕對至尊。《禮記．坊記》：「子云：『天無二日，士無二主，尊無二上。』」

【尊賢愛才】

尊重並愛護有道德、有才能的人。《儒林外史》三一回：「你這位貴教師總不是什麼尊賢愛才，不過想人拜門生，受些禮物。」

【尊賢愛物】

尊敬賢能的人，愛護衆人。《晉書．皇甫謐傳》：「蠶而後衣,耕而後食，先人後己，尊賢愛物，南土人士咸崇敬之。」

【尊賢使能】

尊重賢者，使用能人。《東周列國志》四七回：「夫尊賢使能，國之令典。」

【尊嚴若神】

尊嚴：尊貴嚴肅；若：像。尊貴嚴肅得像神一樣。《漢書．成帝紀贊》：「臨朝淵嘿，尊嚴若神。」

【尊主澤民】

澤：恩惠。尊崇君主，澤惠生民。宋．蘇軾《與李公擇書》：「遇事有可尊主澤民者，便忘軀爲之。」

【遵而不失】

遵守而且不違失先人的典章制度。《隋書．煬帝紀上》：「朕肅膺寶歷，纂臨萬邦，遵而不失，心奉先志。」

【遵時養晦】
見「遵養時晦」。
【遵養時晦】
身處亂世，退隱待時。《舊五代史·唐書·李琪傳》：「琪雖博學多才，拙於遵養時晦，知時不可爲，然猶多歧取進，動而見排，由己不能鎭靜也。」也作「遵時養晦」。明·湯顯祖《玉茗堂尺牘·答王宇泰太史》：「門下且宜遵時養晦，以存其眞。」
【樽俎折衝】
見「折衝尊俎」。

ㄗㄨㄣˇ

【噂沓背憎】
噂：ㄗㄨㄣˇ，議論紛紛；沓：憎；憎恨。當面張長李短議論紛紛，背後又彼此互相憎恨。《詩經·小雅·十月之交》：「噂沓背憎，職競由人。」

ㄗㄨㄥ

【宗廟丘墟】
宗廟：帝王或諸侯祭祀祖宗的地方。宗廟變爲土丘廢墟。比喻國家衰亡。元·施惠《幽閨記·罔害皤良》：「城市中喧喧嚷嚷，村野間哭哭啼啼，可惜車駕奔馳，生民塗炭，宗廟丘墟。」
【宗廟社稷】
宗廟：帝王或諸侯祭祀祖宗的地方；社稷：土神和穀神。指封建統治者掌握的最高權力。也指國家。《三國演義》三回：「天子爲萬民之主，無威儀不可以奉宗廟社稷。」
【宗慤長風】
見「宗慤之風」。
【宗慤之風】
《宋書·宗慤傳》：慤年少時，炳問其志，慤答：「願乘長風破萬里浪。」後用「宗慤之風」比喻志向遠大，奮勇向前。清·蒲松齡《擬上特簡施琅爲福建水師提督台灣蕩平羣臣賀表》：「投筆起舞，常慕宗慤之風；攬轡澄清，願效祖生之楫。」也作「宗慤長風」。唐·王勃《滕王閣序》：「有懷投筆，慕宗慤之長風。」
【蹤跡詭祕】
詭秘：怪異秘密。行蹤怪異隱秘。明·張昌祺《剪燈餘話·泰山御史傳》：「以偃蹇爲當然，率輕狂而自若，蹤跡詭祕，賄賂公行。」

ㄗㄨㄥˇ

【總而言之】
總括起來說。晋·仲長敖《核性賦》：「裸蟲三百，人最爲劣；爪牙皮毛，不足自衛；唯賴詐僞，叠相嚼嚙。總而言之，少堯多桀。」
【總角之好】
見「總角之交」。
【總角之交】
總：聚合，聚束；角：小髻；總角：古代兒童把頭髮向上梳成小髻，指童年時代。指童年時代很要好的朋友。清·無名氏《夜譚隨錄·崔秀才》：「莫逆交不足恃矣，然總角之交，應非泛泛也。」也作「總角之好」。《三國志·吳書·周瑜傳》裴松之注引《江表傳》：「周公瑾英俊異才，與孤有總角之好，骨肉之分。」

ㄗㄨㄥˋ

【縱被東風吹作雪，絕勝南陌碾作塵】
縱然被東風吹得像雪花一樣在空中飄散，也比落在道路上被碾成塵土要好得多。比喻不甘屈辱，不受玷污，潔身自愛的堅强性格。宋·王安石《北陂杏花》：「一陂春水繞花身，身影妖嬈各占春。縱被東風吹作雪，絕勝南陌碾作塵。」
【縱敵貽患】
放縱敵人而給自己留下禍患。《宋書·謝景仁傳》：「平定之後，養銳息徒，然後觀兵洛汭，修復園寢，豈有坐長寇虜，縱敵貽患者哉！」
【縱橫捭闔】
縱橫：合縱與連橫，戰國時七國爭霸，南北六國聯合抗秦叫合縱，六國分別與秦結盟，叫連橫；捭闔：開合，戰國時策士游說時使用的方法。指戰國的策士游說諸侯時的政治主張和策略。①形容在政治、外交上進行分化瓦解或拉攏的手段。章炳麟《復吳敬恆書》：「吾於是知縱橫捭闔之徒，心氣粗浮，大言無實。」②形容言論放縱，無拘束。清·汪琬《鳴道集說序》：「自唐宋以來，士大夫浸淫釋氏之學，借以附會經傳粉飾儒術者，間亦有之，然未有縱橫捭闔敢於偭聖人之規矩如屏山者。」
【縱橫馳騁】
見「縱橫馳驟」。
【縱橫馳驟】
縱：南北方向；橫：東西方向；馳驟：騎馬奔跑。形容往來奔馳，不受任何阻擋。也指英勇戰鬥，所向無敵。清·潘德輿《養一齋詩話》九：「其高才博學，縱橫馳驟，自難爲弦外音。」也作「縱橫馳騁」。
【縱橫交錯】
錯：交叉。橫一條豎一條，互相交叉。形容事物互相交叉，情況複雜。宋·呂祖謙《左氏博議·秦取梁新里·梁亡》：「縱橫交錯，舉非此理，左顧右盼，應接不暇，果何自以窺天理之眞在哉？」也作「縱橫交貫」。清·紀昀《閱微草堂筆記·姑妄聽之三》：「見《萬法歸宗》中載有是符，其畫縱橫交貫，略如小篆。」
【縱橫交貫】
見「縱橫交錯」。
【縱橫四海】
縱橫：奔馳無阻；四海：指中國四方疆域。到處往來奔馳，無所阻擋。比喻威力無敵。《三國志通俗演義‧青梅煮酒論英雄》：「得志則縱橫四海。」也作「縱橫天下」。清‧李漁《秦淮健兒傳》：「健兒擲杯砍案曰：吾縱橫天下三十年矣，未逢敵手，有能取我腰間物者，當叩首降之。」

【縱橫天下】

見「縱橫四海」。

【縱橫之氣】

縱橫馳騁的氣概。形容很有雄心壯志。《魏書‧蕭寶夤傳》：「鄉幼有周黨之心，早懷縱橫之氣。」

【縱虎歸山】

把老虎放歸深山。比喻放走已經落網的敵人，留下禍根。《東周列國志》八二回：「縱虎歸山還自噬。」

【縱虎容易擒虎難】

比喻放走壞人或敵人容易，再去捉拿就難了。例捉拿這幫人歸案不容易，俗話說縱虎容易擒虎難。你們可不能輕易放走他們。

【縱虎入室】

縱：放。把老虎放進室內。比喻把壞人或敵人放了進來，造成禍患。《三國演義》六二回：「劉備梟雄，久留於蜀而不遣，是縱虎入室矣。」

【縱馬橫刀】

放開馬繮，橫握戰刀。比喻驃悍而勇敢。元‧鄭德輝《老君堂》二折：「我與你縱馬橫刀去戰敵，殺氣騰騰映日起，助陣鼓凱春雷。」

【縱馬加鞭】

見「縱轡加鞭」。

【縱轡加鞭】

縱：放；轡：馬嚼子和繮繩。放開馬繮，加上揮鞭。形容飛快地馳過。《說唐》一〇回：「叔寶拜辭，連夜起身，出莊上馬，縱轡加鞭，如逐電追風，十分迅速。」也作「縱馬加鞭」。《三國演義》五一回：「瑜在背後縱馬加鞭，直入甕城。」

【縱情歡樂】

縱：放縱，聽任。放縱身心，盡情地尋歡作樂。例岳家軍奮戰中原，南宋君臣卻縱情歡樂，直把杭州當成汴州。

【縱情酒色】

縱：放縱。沉迷於醇酒與色欲之中。《剪燈餘話‧秋夕訪琵琶亭記》：「武弁則縱情酒色，文吏則惟事空言。」

【縱情遂欲】

見「縱情恣欲」。

【縱情恣欲】

縱恣：放縱，沒有拘束。沒有任何拘束地放縱情欲，不加抑止。晉‧葛洪《抱朴子‧微旨》：「若欲縱情恣欲，不能節宣，則伐年命。」也作「縱情遂欲」。漢‧荀悅《漢紀‧孝昭皇帝紀》：「親用讒邪，放逐忠賢，縱情遂欲，不顧禮度。」

【縱曲枉直】

枉：冤屈。放縱錯誤的，冤屈正直的。指不顧是非曲直。晉‧葛洪《抱朴子‧微旨》：「縱曲枉直，廢公爲私，刑加無辜。」

【縱死猶聞俠骨香】

俠骨：豪俠風骨。就是死了，豪俠風骨的芳香也會流傳千古的。謂戍邊衛國，即使喪生，也死得其所。唐‧王維《少年行》詩：「出身仕漢羽林郎，初隨驃騎戰漁陽。孰知不向邊庭苦？縱死猶聞俠骨香！」

【縱有百日晴，也有一日陰】

比喻形勢再好也會有陰暗面；工作再好也有不足的地方。例常言道：「縱有百日晴，也有一日陰」，當一個廠長，管幾千人的事，還能不出一點問題？

【縱有大廈千間，不過身眠七尺】

比喻一個人在生活上的需求極其有限，不必過於貪求。例爸，常言說，縱有大廈千間，不過身眠七尺，你這些田產房屋，金銀首飾，足夠您吃喝一輩子的了，你何必再東奔西跑去掙錢呢？

【縱有千年鐵門檻，終須一個土饅頭】

鐵門檻：比喻長壽；土饅頭：墳。即使能活上一千歲，最後還是要死的。這是勸人遇事不必斤斤計較。例古語說，縱有千年鐵門檻，終須一個土饅頭。人總是要死的，你應該想開些，不要太摳門。

【縱有千隻手，難捂萬人口】

即使有千隻手，也難於把衆多人的嘴捂住不讓他們說話。例讓人說話，天塌不下來。俗話說縱有千隻手，難捂萬人口，想捂也是捂不住的，還不如讓他們痛痛快快地說出來。

ㄘ

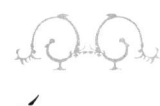

ㄘˊ

【詞不達意】

指文字、詞句不能確切表達所要表達的意思。宋‧釋惠洪《石門文字禪‧高安城隍廟記》：「蓋五百年而書功烈者，詞不達意，余嘗嘆息之。」也作「辭不達意」。魯迅《兩地書》一一：「大概學作文的，總患辭不達意。」也作「詞不逮意」。逮：及，達到。唐‧權德輿《送張僕射歸徐州序》：「德輿辱當授簡，詞不逮意，姑以掖垣所賦，類於左方云。」也作「辭不逮意」。宋‧歐陽修《送方希則序》：「操觚率然，辭不逮意。」也作「辭不逮理」。南朝梁‧王僧孺《太常敬子任府君傳》：「少孺速而未工，長卿工而未速，孟堅辭不逮理，平子意不及文。」也作「辭不意逮」。宋‧劉學箕《松江哨遍》詞序：「至欲作數語以狀風景勝概，辭不意逮，筆隨句閣，良可慨嘆。」

【詞不逮意】

見「詞不達意」。

【詞鈍意虛】

由於心虛而說話吞吞吐吐。《紅樓夢》六一回：「林之孝家的聽他詞鈍意虛，又因近日玉釧兒說那邊正房內失落了東西，幾個丫頭對賴，沒主兒；心下便起了疑。」

【詞華典贍】

華：華美；贍：充裕。遣詞華美，用典豐富。宋・周密《武林舊事・敘錄》：「今所考載，體例雖仿孟書，而詞華典贍，南宋人遺篇剩句，頗賴以存，『近雅』之言不謬。」

【詞清訟簡】

告狀、打官司的事少而簡。形容政治清明，社會安定。《初刻拍案驚奇》卷二〇：「蒞任半年，治得那一府物阜民安，詞清訟簡。」

【詞窮理盡】

無言以對，無理可講。宋・蘇軾《辯試館職策問札子》之二：「今者竊聞明詔，已察其實，而臣四上章四不允，臣子之義，身非己有，詞窮理盡，不敢求去。」也作「**辭窮理盡**」。《景德傳燈錄・懷州玄泉第二世和尚》：僧問：「辭窮理盡時如何？」師曰：『不入理豈同盡』。也作「**詞窮理絕**」。《五燈會元・羅漢琛禪師法嗣》：「師曰：『某甲詞窮理絕也』。」也作「**辭窮理極**」。宋・王安石《辭同修起居注狀七之五》：「誠願陛下日月之明，察臣之請，辭窮理極，非如向時避讓職事猶在可冒之地。」

【詞窮理絕】

見「詞窮理盡」。

【詞窮理屈】

見「辭窮理屈」。

【詞人才子】

詞人：工於文辭的人。泛指有才華的文人。南朝梁・蕭統《文選序》：「詞人才子，則名溢於縹囊；飛文染翰，則卷盈乎緗帙。」

【詞人墨客】

指從事寫作的文人。宋・朱熹《楚辭集注・大招・前言》：「凡[景]差語，皆平淡醇古，意亦深靖閒退，不爲詞人墨客浮誇艷逸之態。」也作「**騷人墨客**」。

【詞強理直】

言詞有力，道理充分。唐・吳競《貞觀政要・慎終・貞觀十三年》：「自得公疏，反覆研尋，深覺詞強理直，遂列爲屏障，朝夕瞻仰。」也作「**理直氣壯**」。

【詞無枝葉】

形容文辭十分簡練。唐・白居易《有唐善人墓碑》：「善理《王氏易》《左氏春秋》，前後著文凡一百五十二首，皆詣理撮要，詞無枝葉。」

【詞嚴理正】

見「辭嚴義正」。

【詞嚴義密】

用詞嚴謹，義理周密。《剪燈餘話・漫亭遇仙錄》：「宋朝諸儒所述，皆明白正大，詞嚴義密，無餘蘊。」

【詞嚴義正】

見「辭嚴義正」。

【詞源倒傾三峽水，筆陣獨掃千人軍】

詞源：文詞來源；筆陣：行文氣勢。形容才思泉湧，文勢浩瀚，筆力萬鈞。唐・杜甫《醉歌行》：「驊騮作駒已汗血，鷙鳥舉翮連青雲；詞源倒傾三峽水，筆陣獨掃千人軍。」

【瓷公雞——一毛不拔】

見「玻璃耗子琉璃貓——一毛不拔」。

【瓷器店裏的老鼠——打不得】

瓷器店裏打老鼠易把瓷器打碎。比喻惹不起，不要觸犯。例小伙子，不要魯莽行事，那些地雷就像瓷器店裏的老鼠——打不得，會惹禍的。也作「**瓷器店裏的老鼠——莫打**」、「**玻璃棒槌——打不得**」、「**偷來的鑼鼓——打不得**」、「**爛泥田裏的木樁——打不得**」。

【瓷窰上的瓦盆兒——一套一套的】

窰：燒製磚瓦陶瓷等的建築物。瓷窰上燒出的瓦盆很多，有大有小，可配成套。見「賣瓦盆的——一套一套的」。

【辭必高然後爲奇，意必深然後爲工】

工：巧妙。語言格調一定要高超然後才能稱得上奇，意義一定要深遠然後才稱得上工。謂作文要注重用詞造句和創意。唐・孫樵《與友人論文書》：「古今所謂文者，辭必高然後爲奇，意必深然後爲工，煥然如日月之經天地，炳然如虎豹之異犬羊也。」

【辭不達意】

見「詞不達意」。

【辭不逮理】

見「詞不達意」。

【辭不逮意】

見「詞不達意」。

【辭不獲命】

謂辭謝而未得到許可，多指對委任、饋贈等不得已而勉強受之。宋・楊萬里《宋故少保左丞相贈少師郇國余公墓銘》：「爲宗廟社稷計，非以得位爲樂，聖心所形臣實親見，君臣之間自當交修此義，豈應遽昌非常之渥，辭不獲命。」也作「**辭不獲已**」。已：可。《陳書・馬樞傳》：「每王公饋餉，辭不獲已者，率十分受一。」

【辭不獲已】

見「辭不獲命」。

【辭不意逮】

見「詞不達意」。

【辭多受少】

推辭的多，接受的少。指不輕易接受別人饋贈。《周書・裴文舉傳》：「憲矜其貧窶，每欲資給之。文舉恆自謙遜，辭多受少。」

【辭豐意雄】

辭藻豐富，意氣風發，氣魄雄偉。形容才氣縱橫。宋・歐陽修《答吳充秀才書》：「非夫辭豐意雄，霈然有不可御之勢。」

【辭簡意足】

說話不多，意思卻充分表達出來了。元・白珽《湛園靜語・葉水心》：「如此數卷，辭簡意足，一坐駭然。」

【辭淚俱下】

邊訴說邊落淚。形容極其悲痛。《北齊書・高孝珩傳》：「齊王憲問孝珩齊亡所由，孝珩自陳國難，辭淚俱下，俯仰有節。」也作「聲淚俱下」。

【辭巧理拙】

用詞浮華而文理拙劣。南朝梁・劉勰《文心雕龍・諸子》：「公孫之《白馬孤犢》，辭巧理拙，魏牟比之鴞鳥，非妄貶也。」

【辭窮理極】

見「詞窮理盡」。

【辭窮理盡】

見「詞窮理盡」。

【辭窮理屈】

無辭以對，理由不充分。《宋書・鄭鮮之傳》：「鮮之難必切至，未嘗寬假，要須高祖辭窮理屈，然後置之。」也作「詞窮理屈」。宋・蘇軾《論河北京東盜賊狀》：「切詳按問，自言皆是詞窮理屈，勢必不免。」也作「理屈詞窮」。

【辭窮情竭】

言辭和情理都已窮盡。《三國志・蜀書・李嚴傳》：「[諸葛]亮具出其前後手筆書疏本末……平[李嚴]辭窮情竭，首謝罪負。」

【辭色俱厲】

措辭和臉色都很嚴厲。明・焦竑《玉堂叢話・長厚》：「王公翶於權豪勢要有所囑，毅然拒之，辭色俱厲。」也作「聲色俱厲」。

【辭順理正】

措辭通達，道理正當。《三國志・吳書・諸葛瑾傳》：「[孫]權又有詔切磋瑾等……瑾輒因事以答，辭順理正。」

【辭微旨遠】

言辭精妙而表意深遠。《梁書・劉之遴傳》：「省所撰《春秋》義，比事論書，辭微旨遠。」

【辭嚴氣正】

見「辭嚴義正」。

【辭嚴義正】

措詞嚴正有力，說理正當公允。宋・張孝祥《明守趙敷文》：「歐公書豈惟翰墨之妙，而辭嚴義正，千載之下見者興起」。也作「詞嚴義正」。《野叟曝言》六回：「世兄侃侃而談，詞嚴義正，孩兒汗下通體。」也作「辭嚴意正」。宋・歐陽修《讀張、李二生文，贈石先生》詩：「辭嚴意正質非俚，古味雖淡醇不薄」。也作「辭嚴氣正」。《宋史・楚建中傳贊》：「建中雅卻敵，辭嚴氣正，尤爲奇偉。」也作「詞嚴理正」。宋・朱熹《跋曾南豐帖》：「熹未冠而讀南豐先生之文，愛其詞嚴而理正，居常誦習，以爲人之爲言，必當如此。」也作「義正辭嚴」、「義正詞嚴」。

【辭嚴意正】

見「辭嚴義正」。

【辭喻橫生】

生動的言辭和比喻，橫口而出。漢・王充《論衡・物勢篇》：「亦或辯口利舌，辭喻橫生爲勝，或詘弱綴跲，蹥蹇不比者爲負。」

【辭尊居卑】

謂辭謝高官厚祿而甘居卑微。形容不爲榮華富貴所動。《孟子・萬章下》：「爲貧者，辭尊居卑，辭富居貧。」《明史・彭汝實傳》「自知考察不容，乃欲辭尊居卑，不當聽其幸免。」

【慈悲勝念千聲佛，作惡空燒萬炷香】

比喻做好事要看行動而不要空話。明・范受益《尋親記》一八齣：「[外上]『慈悲勝念千聲佛，作惡空燒萬炷香』。放手，放手，你爲何扯著他？[末]李公公，這漢子領兩個人來，吃了五百文錢酒，竟沒得還我，如今扯他到官府去。」

【慈悲爲本】

佛教用語。謂佛普渡衆生以慈愛和惻隱之心爲根本。《南齊書・高逸傳論》：「今則慈悲爲本，常樂爲宗，施捨惟機，低舉成敬。」也作「慈悲爲懷」。懷：胸懷，心懷。例出家人當以慈悲爲懷。

【慈悲爲懷】

見「慈悲爲本」。

【慈眉善目】

形容慈祥和善的樣子。老舍《老張的哲學》二一：「圓圓的臉，長滿銀灰的鬍子慈眉善目的。」

【慈母手中線，遊子身上衣。臨行密密縫，意恐遲遲歸】

母親爲兒子出門趕做衣服，一針緊挨一針，擔心兒子不會早回來。形容慈母情深。唐・孟郊《遊子吟》：「慈母手中線，遊子身上衣。臨行密密縫，意恐遲遲歸，誰言寸草心，報得三春暉？」也作「臨行密密縫，意恐遲遲歸」。

【慈母有敗子】

溺愛子女的母親往往養育出敗家子來。謂對子女不能溺愛放縱。《韓非子・顯學》：「夫嚴家無悍虜，而慈母有敗子。吾以此知威勢之可以禁暴，而德厚之不足止亂也。」

【慈孫孝子】

指孝敬老人的子孫。宋・王安石《祖母誥》：「朕疏郡縣以君諸臣之母，欲以稱慈孫孝子之心」。也作「孝子慈孫」。

【慈烏反哺】

雛烏長大後，銜食餵養其母。比喻子女報答父母哺育之恩。元・無名氏《薛苞認母》二折：「常言道馬有垂韁，犬有那展草，踹踏街心，慈烏反哺。」也作「慈烏返哺」。

【慈烏返哺】

見「慈烏反哺」。

【慈禧太后聽政——獨斷專行】

慈禧太后在清同治、光緒兩朝垂簾聽

政四十餘年，爲人奸詐狡猾，獨斷專行。比喻辦事不考慮別人的意見。例要發揚民主，聽取羣衆意見，像慈禧太后聽政——獨斷專行，是做不好工作的。

【雌黃黑白】

雌黃：亂發議論。謂胡說八道，妄加指責和評論。《民國通俗演義》七九回：「雌黃黑白，旁若無人……大小官員，無不側目。」

【雌雄未決】

雌雄：借指勝負、高下。比喻勝負未定。《後漢書・竇融傳》：「今豪傑競逐，雌雄未決，當各據其土宇，與隴、蜀合從，高可爲六國，下不失尉陀。」

【糍粑心——好軟】

糍粑：糯米蒸熟搗碎後做成的食品。比喻很容易被感動或動搖。例說幾句好話，你就原諒了他？眞是糍粑心——好軟。

ㄘˇ

【此唱彼和】

這裏唱，那裏和。引申爲互相配合，彼此呼應。魯迅《孤獨者》：「大家此唱彼和，七嘴八舌，使他得不到辯駁的機會。」

【此處不留人，自有留人處】

這裏容不得人，別的地方也可以安身。清・李玉《清忠譜》二折：「[外、小生扯副介]去！去！去！我們自到寒山寺開講去。[醜扯介]我自去了，省得在這裏淘氣。[外、小生]此處不留人，[副]自有留人處。」也作「此處不留人，更有留人處」。

【此地無銀三百兩】

比喻本想隱瞞事實，無意中卻暴露了眞相。《北洋軍閥統治時期史話》三一章：「公報强調與政治無關，正是『此地無銀三百兩』的一種掩飾。」也作「此地無銀三十兩，隔壁阿二勿曾偷」。魯迅《推背圖》：「里巷間有一個笑話：某甲將銀子三十兩埋在地裏面，怕人知道，就在上面豎一塊木板，寫道：『此地無銀三十兩』。隔壁的阿二因此卻將這掘去了，也怕人發覺，就在木板的那一面添上一句道：『隔壁阿二勿曾偷。』這就是在教人『正面文章反面看』。」

【此地無銀三百兩——不打自招】

比喻不自覺地透露出自己的過失或計畫。例你說從來沒有坑害過人，這不是此地無銀三百兩——不打自招嗎？參見「此地無銀三百兩」。

【此地無銀三十兩，隔壁阿二勿曾偷】

見「此地無銀三百兩」。

【此地無銀三百兩——自欺欺人】

比喻用自己都難以相信的話或手段來欺騙別人，也欺騙自己。例至今你還堅持說自己沒貪污，這完全是此地無銀三百兩——自欺欺人。參見「此地無銀三百兩」。

【此而可忍，孰不可忍】

這如能容忍，還有什麼不能容忍呢？《晉書・解繫傳》：「[司馬倫]怒曰：『我於水中見蟹且惡之，況此人[解繫]兄弟輕我邪！此而可忍，孰不可忍！』」

【此發彼應】

這裏發動，那裏響應。指互相配合呼應。清・陳天華《警世鐘》：「各做各的，怎麼行呢？一定要互相聯絡，此發彼應才行。」

【此恨綿綿】

怨恨連綿不斷，縈繞心頭。唐・白居易《長恨歌》詩：「天長地久有時盡，此恨綿綿無絕期。」

【此呼彼應】

形容互相配合呼應。例在萬人體育館，參加歌咏比賽的各路隊伍到齊了，大家互相拉歌，此呼彼應，十分熱鬧。

【此間樂，不思蜀】

蜀：蜀漢，劉備所建。《三國志・蜀書・後主禪傳》裴松之注引《漢晋春秋》：「司馬文王與禪宴，爲之作故蜀技，旁人皆爲之感愴，而禪喜笑自若……他日，王問禪曰：『頗思蜀否？』禪曰：『此間樂，不思蜀。』後比喻樂而忘返，或樂而忘本。魯迅《月界旅行》：「那麥思敦更覺氣色傲然，或飲或食，忽誦忽歌，大有『此間樂，不思蜀』之意。」

【此疆彼界】

這個範圍，那個界限。比喻各搞一套，不相融合。《朱子語類・中庸》：「致廣大，謂心胸開闊，無此疆彼界之殊。」

【此路不通】

比喻行不通，不可能。例他想利用我給他走後門，請你告訴他：「我這兒是此路不通！」

【此起彼伏】

這裏起來，那裏下去，表示連續不斷。例秦朝末年，農民起義此起彼伏。也作「此起彼落」。

【此起彼落】

見「此起彼伏」。

【此時無聲勝有聲】

唐・白居易《琵琶行》詩：「別有幽愁暗恨生，此時無聲勝有聲。」原指琴聲雖無，但餘言繚繞，情韻悠長。後形容詩文寫得含蓄，言外之意無窮。也比喻一種態度，一種手勢比語言更能表達心意。

【此事體大】

事體：事情的體制、規模。這件事十分重大。宋・范仲淹《讓觀察使第二表》：「此事體大，乞垂聖鑑，特降中旨。」

【此問彼難】

這個質問那個責難。魯迅《送灶日漫筆》：「討論問題，研究章程，此問彼難，風起雲湧。」

【此中多有】

指心中有許多話，只是不能表達出

來。晉・葛洪《西京雜記》卷二：「[惠莊]拊心謂人曰：「吾口不能劇談，此中多有。」

【此中三昧】
三昧：佛教用語，梵文的音譯。意思是使心神平靜，雜念止息，借指事物的訣要、精義，這其中的奧妙之處。劉復《重印〈何典〉序》：「吳老丈卻能深得此中三昧，看他不費吹灰之力，只輕輕的一搭湊，便又搗了一個大鬼。」

ㄘˋ

【刺刺不休】
嘮嘮叨叨，沒完沒了。清・袁枚《續子不語》：「囈語相寒溫，或笑或泣，刺刺不休。」

【刺股懸梁】
刺股：戰國時蘇秦讀書故事，用錐刺股以警醒；懸梁：漢代孫敬故事，用繩繫頭懸於梁，以防瞌睡。形容發憤苦讀。清・袁于令《西樓記・檢課》：「一霎時啓瞶開聾，從今後刺股懸梁。」也作「刺骨懸梁」。元・王實甫《西廂記》二本三折：「可憐刺骨懸梁志，險作離鄉背井魂。」也作「懸頭刺股」。

【刺骨懸梁】
見「刺股懸梁」。

【刺拐棒作線板——難纏】
刺拐棒：彎曲帶刺的木棍；線板：纏線用的長條形小木板。見「李逵裹腳——能纏」。

【刺槐做棒槌——扎手】
刺槐：也叫洋槐，落葉喬木，枝上有刺；棒槌：捶打用的木棒，多用來洗衣服。比喻事情難辦，不好下手。例這件事就放棄了吧，實在是刺槐做棒槌——扎手，也作「耍把戲的玩刺蝟——扎手」、「刺窩裏摘花——難下手」。

【刺槐做棒槌——扎手貨】
比喻不好處理的東西。例這個人是個刺頭，人家說他是刺槐做棒槌——扎手貨，招聘來不好安排工作。

【刺蝟的腦袋——不是好剃的頭】
刺蝟：哺乳動物，頭小，四肢短，身上有硬刺。也作「刺蝟的腦袋——刺兒頭」。見「腦門上長蒺藜——不是好剃的頭」。

【刺蝟抖毛——乾乍刺】
乾：徒然，白白地；乍刺：即奓刺，張開刺。刺蝟抖動身體，奓開硬刺，本為傷害敵人，但什麼也沒有觸到。比喻想損害別人，而沒有達到目的。例鬼子到村子裏掃蕩，村民們堅壁清野，人畜財物早已轉移，他們落了個刺蝟抖毛——乾乍刺。

【刺窩裏摘花——難下手】
見「刺槐做棒槌——扎手」。

ㄘㄚ

【擦鐙時間多，騎馬時間少——本末倒置】
鐙：掛在馬鞍子兩旁供腳登的東西。比喻把主次的位置顛倒了。例學習占據了大部分的工作時間，這是擦鐙時間多，騎馬時間少——本末倒置。

【擦俊藥】
俊藥：脂粉、護膚美容膏等能使面孔漂亮好看的藥膏。比喻掩飾醜惡或吹捧美化他人。例這個人心眼太黑了！雖然有人拚命給他擦俊藥，也是越擦越黑。

【擦屁股】
比喻為別人收拾殘局，或替人做收尾工作。例分給自己的工作，一定要認眞做好，絕不要別人為我擦屁股。

【擦拳磨掌】
精神振奮，準備動手幹的樣子。巴金《死去的太陽》：「他說話時捲起袖子擦拳磨掌，好像要和誰打架似的。」也作「擦拳抹掌」。《兒女英雄傳》三五回：「場外那一起報喜的，一個個擦拳抹掌的，都在那裏盼裏頭的信。」也作「擦掌磨拳」。《西遊記》二二回：「[大聖]恨得咬牙切齒，擦掌磨拳，忍不住要去打他」。也作「擦掌摩拳」《鼓掌絕塵》七回：「這一個擦掌摩拳，也不惜斯文體面；那一個張牙努目，全沒些孔孟儒風。」也作「摩拳擦掌」、「磨拳擦掌」。

【擦拳抹掌】
見「擦拳磨掌」。

【擦眼抹淚】
擦抹眼淚，形容傷心難過的樣子。例這次沒考好，再用心複習，下次好好考就是了，別這麼擦眼抹淚的。

【擦掌磨拳】
見「擦拳磨掌」。

【擦掌摩拳】
見「擦拳磨掌」。

【擦脂抹粉】
擦胭脂，抹香粉。形容化妝打扮。《兒女英雄傳》二一回：「原來這海馬周三……便是那年被十三妹姑娘刀斷鋼鞭，打倒在地，要給他擦脂抹粉，落後饒他性命，立了罰約的那個人。」現多比喻對醜惡事物進行粉飾。例老王的錯誤行為已經給公司造成那麼大的損失，你怎麼還替他擦脂抹粉呢？也作「搽脂抹粉」明・孫仁孺《東郭記・妾婦之道》：「何妨巾幗羅襦，搽脂抹粉媚如狐。」也作「搽油抹粉」。清・秋瑾《〈精衛石〉序》：「嗚呼！尚日以搽油抹粉，評老束足……獻媚於男子之前。」也作「塗脂抹粉」。

ㄘㄜˋ

【厠身其間】
厠：夾雜在裏面，參與。指自己也夾雜、參與在那件事裏。多作自謙之辭。例這家出版社全國聞名，我能厠身其間，充當編輯，備感榮幸。

【厠所裏放屁——不知香臭】

見「捏著鼻子過日子——不知香臭」。

【厠所裏掛繡球——配不上】

見「毛驢備上銀鞍韂——不配」。

【厠所裏撿到的手帕——不好開（揩）口】

開：「揩」的諧音。雙關語。比喻有話不願意或不好意思說出來。例今天就要見到他了，我想好了許多要對他說的話，可一見到他，卻像是厠所裏撿到的手帕——不好開口。

【厠所裏灑香水——香臭不分】

見「桂花樹傍厠所——香臭不分」。

【厠所裏照鏡子——臭美】

見「屎殼郎戴花——臭美」。

【厠足其間】

厠足：置足。插足到那裏邊。指參與了那件事。魯迅《月界旅行辨言》：「……此書獨借三雄，自成組織，絕無一女子厠足其間，而仍光怪陸離，不感寂寞，大爲超俗。」

【側目而視】

斜著眼看。形容鄙視、憎恨或畏懼的樣子。《戰國策·秦策一》：「[蘇秦]妻側目而視，傾耳而聽。」《紅樓夢》二回：「[賈雨村]今已升了本縣太爺，雖才幹優長，未免貪酷，且恃才侮上，那同寅皆側目而視。」

【側足而立】

形容有所畏懼，不敢正立的樣子。《後漢書·吳漢傳》：「[吳]漢性强力，每從征伐，帝未安，恆側足而立。」

【惻怛之心】

見「惻隱之心」。

【惻隱之心】

對遭受不幸的人，懷有的憐憫同情心。《孟子·公孫丑上》：「今人乍見孺子將入於井，皆有怵惕惻隱之心。」也作「惻怛之心」。怛：ㄉㄚˊ，憂傷，悲苦。前秦·符朗《符子》：「觀刑曰樂，何無惻怛之心焉？」

【惻隱之心，人皆有之】

惻隱：見人有痛苦和不幸表示憐憫和同情。對他人的痛苦和不幸表示憐憫和同情，是人人都具有的本性。《孟子·告子上》：「惻隱之心，人皆有之；羞惡之心，人皆有之；恭敬之心，人皆有之；是非之心，人皆有之。惻隱之心，仁也；羞惡之心，義也；恭敬之心，禮也；是非之心，智也。」

ㄘㄞ

【猜枚行令】

猜枚：酒令的一種，手中握若干小物件供人猜測單雙、數目等，現也指划拳；行令：行酒令。指喝酒勸飲時的種種娛樂活動。元·無名氏《射柳捶丸》三折：「衆老大兒每，某已來了也，有酒拿來我先打三鍾，然後猜枚行令耍子。」也作「猜拳行令」。《說岳全傳》六四回：「歐陽從善與這些牢頭禁子，猜拳行令，直吃到更深。」也作「猜三划五」。《儒林外史》一三回：「差人道：『今日且吃酒，明日再說。』當夜猜三划五，吃了半夜。」

【猜拳行令】

見「猜枚行令」。

【猜三划五】

見「猜枚行令」。

【猜啞謎】

本指猜謎兒的遊戲，引申爲猜測難以捉摸的事。例有什麼事你就直說，別難爲情。叫我們猜啞謎，我們可猜不出來。

ㄘㄞˊ

【才蔽識淺】

蔽：蔽塞。才能蔽塞，見識短淺。南朝梁·江淹《蕭重讓揚州表》：「臣才蔽識淺，非集譽於鄉曲；榮降寵臻，乃假翼於皇極。」

【才長識寡】

見「才多識寡」。

【才出窩的麻雀——翅膀不硬】

比喻幼稚，不能獨立生活。例這孩子才參加工作，就像才出窩的麻雀——翅膀不硬，你們要多照顧點。也作「關在籠子裏的鳥——翅膀不硬」、「才出殼的雞崽兒——嫩得很」。

【才大難用】

有非凡才能的人反而難以得到任用。多表示懷才不遇。唐·杜甫《古柏行》詩：「志士幽人莫怨嗟，古來材（才）大難爲用。」

【才大氣高】

才學出衆而心氣高傲。《警世通言》卷九：「李白雖則才大氣高，遇了這等時勢，況且內翰高情，不好違阻。」

【才大如海】

才學像海一樣廣博。多用來稱譽別人非常博學。清·袁枚《與程原衡》：「惟足下才大如海，望爲通盤籌算。」

【才大心細】

才能大而考慮問題縝密。《民國通俗演義》一一〇回：「復親自援筆……加寫『才大心細，能負責任』兩考語。」

【才德兼備】

不但有才幹，品德也很好。元·無名氏《娶小喬》一折：「江東有一故友，乃魯子敬，此人才德兼備。」也作「才德兼全」。《鏡花緣》一三回：「他不假思索，舉筆成文，可見取參奉母，並非虛言，眞可算得才德兼全。」也作「德才兼備」。

【才德兼全】

見「才德兼備」。

【才調秀出】

才調：才情風格，多指文才；秀：特別優異。形容才幹優異出衆。《晋書·王接傳論》：「王接才調秀出，見賞知音，惜其夭枉，未申驥足，嗟夫！」

【才短氣粗】
不但缺少才能，而且言行粗魯。形容人愚蠢無知。《隋唐演義》八三回：「祿山才短氣粗，當此大鎮，深懼不能勝任。」
【才短思澀】
多指寫作時缺少才氣，思路不暢。清・薛雪《一瓢詩話》：「古人作詩到平澹處，令人吟繹不盡……今人作平澹詩，乃才短思澀，格卑調啞，無以見長，借之藏拙。」也作「思鈍才窘」。
【才短學荒】
見「才疏學淺」。
【才多識寡】
才氣很大而見識短淺。指人善治學而不善立身。三國魏・劉邵《人物志》：「[孫登謂嵇康曰]今子才多識寡，難乎免於今世矣。」也作「才長識寡」。元・王惲《孫登〈長嘯圖〉》詩：「才長識寡嵇中散，只待明言覺膽寒。」也作「識短才長」。
【才乏兼人】
兼人：一個人抵得上兩個人。指特別缺乏才能。多用於自謙。《太平廣記》卷一六六：「[保安寓書於郭仲翔曰]保安幼而嗜學，長而專經，才乏兼人，官從一尉，僻在劍外。」
【才富八斗】
見「才高八斗」。
【才高八斗】
五代・李瀚《蒙求》載：南朝宋詩人謝靈運曾說：「天下才共一石，曹子建獨得八斗，我得一斗，自古及今共用一斗。」後用「才高八斗」比喻文才極高。《平鬼傳》一回：「大唐德宗年間，有一名甲進士，姓鍾名馗，字正南，終南山人氏，才高八斗，學富五車。」也作「才富八斗」。宋・王十朋《和答張徹寄曹夢長》詩：「君才富八斗，我字識一丁。」也作「才傾八斗」。明・李贄《焚書・雨中塔寺和袁小修韻》：「才傾八斗難留客，酒賦千鍾不厭貧。」也作「八斗之才」。
【才高必狂，藝高必傲】
才華高的人必然狂妄，技藝高的人必然驕傲。《三俠五義》三一回：「哥哥久已知道此人，但未會面。今日見了，果然好人品，好相貌，好本事，好武藝；未免才高必狂，藝高必傲，竟將咱們家的湛盧劍褒貶得不成樣子。」
【才高識廣】
指人有才能、有見識。《中國現在記》六回：「撫台看了，甚是喜歡，連說：『到底世兄家學淵源，才高識廣，非但說得於理一點不錯，就是這筆仗亦十分靈敏。』」也作「才高識遠」。宋・強至《送王賓王》詩：「志節慷慨忠義俱，才高識遠器有餘。」
【才高識遠】
見「才高識廣」。
【才高行厚】
才學高深，品行端正。漢・王充《論衡・命祿》：「或時才高行厚，命惡，廢而不進；知寡德薄，命善，興而超邁。」也作「才高行潔」。漢・王充《論衡・逢遇》：「才高行潔，不可保必尊貴；能薄操濁，不可保必卑賤。」
【才高行潔】
見「才高行厚」。
【才高意廣】
見「才高志廣」。
【才高志廣】
指才氣大而意志不專。宋・魏了翁《送張匠監以秘閣知贛州》詩：「西南間氣忠獻公，一生心事天與通。才高志廣無處著，獨猗衡疑望關洛。」也作「心高意廣」。清・紀昀《閱微草堂筆記・如是我聞二》：「妖由人興，象由心造。心高意廣，翻以好異隕生。」
【才高知深】
知：通「智」。才能大而知識豐富。漢・王充《論衡・程材》：「今世之將，材（才）高知深，通達衆凡，舉綱持領，事無不定。」
【才貫二酉】
二酉：指大酉山和小酉山，傳說兩山中藏書極多，是秦人在此學習時留下的。形容讀書甚廣，富有才學。《鏡花緣》一六回：「大賢世居大邦，見多識廣……自然才貫二酉，學富五車了。」
【才廣妨身】
妨：妨害。自恃博學多才的人，有時反倒會害了自己。元・周文質《鬥鵪鶉・自悟》：「常言道：『才廣妨身，官高害己。』」
【才過屈宋】
屈宋：指戰國時楚國文學家屈原和宋玉。才能超過屈宋。形容文才極高。宋・林正大《括酹江月》詞：「道出羲黃，才過屈宋，空有名垂古。」
【才華橫溢】
才氣（多指文藝方面）從各方面顯露了出來。例李白是唐代一位才華橫溢的詩人。
【才兼萬人】
個人的才能抵得上一萬人。多用於稱頌別人。宋・李覯《上聶學士書》：「執事才兼萬人，心照億載，聲音之道，蚤所詳明。」
【才兼文武】
文才武略兼備。《三國志・吳書・朱據傳》：「[孫權]追思呂蒙、張溫，以爲據才兼文武，可以繼之。」
【才竭智疲】
竭：枯竭；疲：疲憊。才能用盡，智力衰退。漢・韓嬰《韓詩外傳》卷八：「孔子燕居。子貢攝齊而前曰：『弟子事夫子有年矣，才竭而智罷(疲)，振於學問不能復進，請一休焉。』」例老劉懇切地說：「我年過六十，才竭智疲，應該居第二線了。」
【才貌兼全】
見「才貌雙全」。
【才貌兩全】

見「才貌雙全」。

【才貌雙絕】

見「才貌雙全」。

【才貌雙全】

形容人才學高，長相好。《老殘遊記》一五回：「這賈探春長到一十九歲，爲何還沒有婆家呢？只因爲他才貌雙全，鄉莊戶下，那有那們俊俏男子來配他呢？」也作「才貌兩全」。元·白樸《牆頭馬上》一折：「七歲草字如雲，十歲吟詩應口，才貌兩全，京師人每呼少俊。」也作「才貌雙絕」《隋唐演義》一六回：「越公因有一繼女，才貌雙絕，年紀及笄；越公愛之，不啻己出。」也作「才貌兼全」。《慈禧太后演義》三三回：「那二女長名德菱，次名龍菱，妙年韶秀，才貌兼全。」

【才能兼備】

既有才智，又有辦事能力。元·無名氏《百花亭》三折：「王煥也空學的文武雙全，培養得材（才）能兼備。」

【才氣過人】

才能、氣魄勝過一般人。《史記·項羽本紀》：「籍長八尺餘，力能扛鼎，才氣過人。」

【才氣無雙】

形容才能和氣概超羣。宋·蘇泂《雨中花》詞：「世事幾如人意，儒冠還負身謀。嘆天生李廣，才氣無雙，不得封侯。」

【才輕德薄】

才能不大，德行不高。常用作謙詞。元·無名氏《衣錦還鄉》一折：「想小官生居寒門，長在白屋，才輕德薄，智窮量淺，有勞先生不棄相探也。」也作「才疏德薄」。元·無名氏《東籬賞菊》三折：「小生才疏德薄，敢勞大人下降，眞乃蓬蓽生輝也。」

【才輕任重】

見「才小任大」。

【才傾八斗】

見「才高八斗」。

【才人行短】

有才學而品行不端。《品花寶鑑》二九回：「本知道是個風流夫婿，卻不道是這樣輕薄，應著一句常說的話：『才人行短』了。」

【才如史遷】

史遷：指西漢史學家、文學家、思想家司馬遷，是《史記》作者。才能高得像司馬遷一樣。用於稱頌別人。《後漢書·孔融傳》：「融乃建議曰：『……冤如巷伯，才如史遷，達如子政，一離刀鋸，沒世不齒。』」

【才生於世，世實須才】

有才能的人是由社會中產生的，而社會確實需要有才能的人。謂有才能的人是由社會需要而造就的，不是憑空產生的。晉·劉琨《答盧諶書》：「夫才生於世，世實須才。和氏之璧焉得獨曜於郢握，夜光之珠何得專玩於隋掌，天下之寶當以天下共之；但分析之日，不能不悵恨耳。」

【才疏德薄】

見「才輕德薄」。

【才疏計拙】

才識疏淺，思慮遲鈍。元·魏初《滿江紅·寄何侍御》詞：「今老去，才疏計拙，百居人後。」

【才疏識暗】

見「才疏學淺」。

【才疏學淺】

見識不廣，學問不深。多用作謙詞。《鏡花緣》五六回：「[亭亭道]妹子固才疏學淺，然亦不肯多讓。」也作「才短學荒」。明·朱之瑜《答長崎鎭巡黑川正直書》：「台下獨不念之瑜才短學荒，體迂性拙，棓梲之材，何堪爲人作楹礎之用？」也作「才疏識暗」。宋·魏了翁《辭免兼權吏部尚書奏狀》：「重念天官之長，總領四曹……而臣才疏識暗，不善撥煩。」也作「才朽學淺」。漢·谷永《建始三年舉方正對策》：「臣材（才）朽學淺，不通政事。」也作「學疏才淺」。

【才疏意廣】

才能不高而抱負卻很大。《後漢書·孔融傳》：「融負其高氣，志在靖難，而才疏意廣，迄無成功。」

【才疏志大】

學問不深志向卻很大。宋·陸游《大風登城》詩：「才疏志大不自量，西家東家笑我狂。」也作「志大才疏」。

【才說嘴，就打了嘴】

形容自我吹噓的人自己丟醜。《紅樓夢》四〇回：「說話時，劉姥姥已爬了起來，自己也笑了，說道：『才說嘴，就打了嘴。』」

【才脫了閻王，又碰著小鬼】

閻王：即閻羅王，佛書中管地獄的主管，比喻窮兇極惡的人；小鬼：迷信傳說中爲鬼神的差役。比喻不如意的事接連發生。例昨天擠公共汽車扭了腰，今天上街又被摩托車撞倒，這眞是才脫了閻王，又碰著小鬼。

【才望高雅】

才能與聲望都很高，不同流俗。《舊唐書·陸象先傳》：「陸景初才望高雅，非常流所及。」

【才小任大】

才能小而肩負重大的責任。漢·王充《論衡·自紀》：「[充]後入爲治中，材（才）小任大，職任刺割，筆札之思，歷年寢廢。」也作「才輕任重」。《宋書·劉勔傳》：「吾執心行己，無愧幽明。若才輕任重，災眚必及，天道密微，避豈得免？」

【才朽行穢】

才能和操守都不好。常用作謙詞。漢·楊惲《報孫會宗書》：「惲材(才)朽行穢，文質無所底。幸賴先人餘業，得備宿衛。」後也指人能力低下而又行爲卑劣。例此人才朽行穢，不可信任。

【才朽學淺】

見「才疏學淺」。

【才秀人微】

秀：優異；微：低微。才能很高而地位低下。南朝梁·鍾嶸《詩品，宋參軍鮑照》：「嗟其才秀人微，故取湮當代。」

【才須學也，非學無以廣才，非志無以成學】

廣：增加。要有才幹就必須學習，不學習就不能增長才幹，而沒有堅定的志向，就不能完成學業。謂才、學、志三者的關係。三國蜀·諸葛亮《誡子書》：「夫學須靜也，才須學也，非學無以廣才，非志無以成學。」

【才學兼優】

才能和學問都很好。《隋唐演義》三六回：「恐翰林院草來不稱朕意，思卿才學兼優，必有妙論，故召卿來，為朕草一詔。」

【才學理髮就碰上個大鬍子——難題（剃）】

見「大鬍子——難題（剃）」。

【才以用而日生，思以引而不竭】

引：拉長，引申為多用。才幹愈運用則愈增長，思維愈運用則愈發達。清·王夫之《周易外傳》卷四：「人之有心，晝夜而用不息，雖人欲雜動，而所資以見天理者，捨此心而奚主？其不用而靜且輕，寤寐之頃是也……才以用而日生，思以引而不竭。」

【才藝卓絕】

才學技能超過一般人。北齊·劉晝《新論·思慎》：「人雖才藝卓絕，不能悖理成行，逆人道也。」

【才藻富贍】

藻：華麗的文辭；贍：充足。形容人富有才情和文采。《北史·魏孝文帝紀》：「帝才藻富贍，好為文章。」

【才智過人】

才能智慧勝過一般人。《宋史·李仕衡傳》：「仕衡前後管計事二十年，雖才智過人，然素貪，家貲至累巨萬。」

【才子佳人】

有才學的男子和容貌美麗的女子。多就有婚姻愛情關係和才貌相當的男女而言。例這是一齣才子佳人戲。也作「佳人才子」。

【才子佳人，一雙兩好】

才子佳人，匹配成雙。《儒林外史》一一回：「此番招贅進蘧公孫來，門戶又相稱，才貌又相當，真個是『才子佳人，一雙兩好。』」

【才子配佳人——十全十美】

形容事物完滿無缺。例這件工藝品精巧極了，什麼毛病也挑不出來，真稱得上是才子配佳人——十全十美。也作「五雙手拿花——十全（拳）十美」。

【才子配佳人——正好一對】

見「蓮花並蒂開——正好一對」。

【財便是命，命便是財】

見「財連於命」。

【財不露白】

白：指銀兩。意謂隨身攜帶的錢財不能在人前顯露，否則容易引起禍事。明·海瑞《驛傳議·無策》：「俗謂財不露白，今露白矣，孰能保羣盜不使戈奪之？」

【財成輔相】

《周易·泰》：「象曰：『天地交，泰。後以財成天地之道，輔相天地之宜。』」後用「財成輔相」指抑制其過，補救其缺，以助促成。

【財大氣粗】

仗著錢財多而氣勢凌人。例他父親是電腦公司總經理，財大氣粗，那裏把個佣人放在眼裏！

【財殫力竭】

殫：ㄉㄢ，盡；竭：完。錢財精力都消耗完了。形容人陷入困境。南朝宋·余慶《上魏獻文帝表》：「自馮氏數終，餘燼奔竄，醜類漸盛，遂見陵逼，構怨連禍，三十餘載，財殫力竭，轉自孱踧。」也作「財殫力盡」。《魏書·宋翻傳》：「當今天下黔黎，久經寇賊……孤痛靡恤，財殫力盡，無以卒歲。」也作「財殫力痡」。痡：ㄆㄨ，疲不能行之病。唐·李華《吊古戰場文》：「漢傾天下，財殫力痡。」也作「財竭力盡」。漢·谷永《黑龍見東萊對》：「百姓財竭力盡，愁恨感天。」

【財殫力盡】

見「財殫力竭」。

【財殫力痡】

見「財殫力竭」。

【財動人心】

謂錢財可以打動人心。元·石君寶《秋胡戲妻》三折：「這女子不肯，怎生是了？我隨身有一餅黃金，是魯君賜與我侍養老母的，母親可也不知。常言道：『財動人心。』我把這一餅黃金與了這女子，他好歹隨順了我。」

【財多命殆】

錢財多了，會為生命帶來危險。《後漢書·馮衍傳》：「況今位尊身危，財多命殆，鄙人知之，何疑君子？」

【財竭力盡】

見「財殫力竭」。

【財匱力絀】

匱：缺乏；絀：不足。錢財缺乏，力量不足。《明史·趙炳然傳》：「浙罹兵燹久，又當宗憲汰侈後，財匱力絀。」

【財連於命】

財富與生命息息相關。謂人生離不開錢財。《聊齋志異·死僧》：「異史氏曰：『諺有之：「財連於命。」不虛哉！』」也作「財與命相連」。明·陳子壯《昭代經濟格言》卷十二：「語曰：財與命相連。每歲大辟，以爭數錢相殺傷者，不可勝計。」也作「財便是命，命便是財」。明·徐復祚《一文錢》一齣：「我豈是看財童子守財郎，但只是來路艱難不可忘。古人云：『財便是命，命便是財。』從來財命兩相當。」

【財去身安樂】

破了財換得一點安樂。例以前人們常說，財去身安樂。其實，事實往往不是這樣。人財兩空的事難道還少嗎？

【財上分明大丈夫】
經手錢財光明磊落，一塵不染才說得上是個大丈夫。元・石君寶《秋胡戲妻》二折：「你個富家郎慣使珍珠，倚仗著囊中有鈔多聲勢。豈不聞財上分明大丈夫，不由咱生嗔怒。」

【財神廟的土地——愛財】
土地：迷信傳說中指管一個小地區的神，是最低一級的神。土地自有職守，卻跑到財神廟，故說他「愛財」。比喻貪圖錢財。例這位「父母官」是財神廟的土地——愛財的人，無錢不辦事，羣衆恨之入骨。

【財神廟的土地——愛才（財）】
才：「財」的諧音。雙關語。比喻愛惜人才。例作主管就應當像財神廟的土地——愛才（財），人才多了，我們的事業一定會興旺發達。

【財神爺】
財神：迷信的人指可以使人發財致富的神仙。比喻能使人致富或掌管錢財的人。例你們這幾位小麥專家，個個都是咱莊稼人的財神爺。

【財神爺擺手——沒錢】
比喻沒有錢用。例這微波爐確實不錯，可我現在正巧財神爺擺手——沒錢，買不了。

【財神爺發慈悲——有的是錢】
見「賣大碗茶的看河水——有的是錢」。

【財神爺放債——無利】
實際上財神爺不可能放債，更無利可圖。比喻無利可圖。例做這個買賣，依我看恐怕是財神爺放債——無利，你得愼重。

【財神爺叫門——好事臨門】
指好事情已經到來。例妻子喜氣洋洋從外面回來，準沒錯，財神爺叫門——好事臨門了，肯定給我帶了好酒。

【財神爺叫門——天大的好事】
比喻事情好極了。例為民衆修建一座活動中心，是財神爺叫門——天大的好事，功德無量。也作「**玉帝下請帖——天大的好事**」。

【財通四海，利達三江】
四海、三江：泛指全國各地。形容做買賣網絡廣泛，獲利豐厚。老舍《老張的哲學》一：「營商，為錢；當兵，為錢；辦學堂，也為錢！同時教書營商又當兵，則財通四海，利達三江矣！」

【財壓奴婢，藝壓當行】
當行：內行，行家。錢財多可以壓服奴婢，技藝高可以折服內行。《兒女英雄傳》二一回：「你看！好個擺大架子的姑娘！好一幫陪小心的强盜！這大概就叫作『財壓奴婢，藝壓當行』。；又叫作『一物降一物』了。」

【財與命相連】
見「財連於命」。

【財運亨通】
指賺錢的運氣很好。《鏡花緣》七〇回：「誰知財運亨通，飄到長人國，那酒壇竟大獲其利。」

【財主門裏餵乖狗——不說狗咬人，反說人咬狗】
乖狗：受寵愛的狗。明明是狗咬人，但財主仗勢反說是人咬狗。比喻顚倒是非，倒打一耙。例誰欺侮了你的兒子？他無理打人，還賴別人，這不是財主門裏餵乖狗——不說狗咬人，反說人咬狗嗎？

【裁縫戴眼鏡——認眞（紉針）】
認眞：「紉針」的諧音。雙關語。比喻嚴肅對待工作或學習，從不馬虎。例事情辦完之後，他總要再檢查一遍，的確是裁縫戴眼鏡——認眞（紉針）。

【裁縫的尺子——只量別人，不量自己】
量：用尺子計算長短，此處為估量的意思。比喻只要求別人，不要求自己。例這個人一貫靠耍嘴皮子過日子，從來都是裁縫的尺子——只量別人，不量自己。也作「**裁縫的尺子——量人不量己**」。

【裁縫的肩膀——有限（線）】
裁縫作衣服時，常常把線搭在肩上。限：「線」的諧音。雙關語。比喻有一定的限度，不能超越。有時指數量不多，或程度不高。例這個電腦班不是誰想去就能去，是裁縫的肩膀——有限（線），部門經理以上人員才可參加。

【裁縫的腦殼——當眞（蕩針）】
當眞：「蕩針」的諧音；蕩針：做衣服時，經常把針在頭上蕩（擦）一下，因為頭髮含有油脂，可以使針滑潤。見「裁縫店倒閉——當眞(針)」。

【裁縫店倒閉——當眞（針）】
眞：「針」的諧音。裁縫店破產了，只能把針抵押在當鋪裏。比喻確實當做眞的，認眞。例你別哄我了，你的話我從來都是裁縫店倒閉——當眞（針）的。也作「**裁縫腦殼——當眞（蕩針）**」、「**裁縫沒得米——當眞（針）**」。

【裁縫丟了剪子——只有吃(尺)了】
尺：「吃」的諧音。尺子與剪子是裁縫的主要工具，丟了剪子，就只剩下尺子。比喻不管其他事，只管吃；或人家已準備下食物，不吃不行。例這兒事情多，你愛管就去管吧，我反正是裁縫丟了剪子——只有吃（尺）了。也作「**裁縫丟了剪子——就落吃（尺）了**」、「**裁縫丟了剪子——光剩吃（尺）了**」、「**裁縫丟了剪子——落個吃（尺）**」。

【裁縫沒得米——當眞（針）】
見「裁縫店倒閉——當眞（針）」。

【裁縫做嫁衣——替別人歡喜】
裁縫為別人做嫁衣，為別人高興。比喻空歡喜；或自己勞動，別人得到好處。例高考榜單就要公布了，我滿以為能上榜，沒想到裁縫做嫁衣——替別人歡喜，自己榜上無名。

【裁縫做衣服——有尺寸】
比喻有分寸，恰到好處。例爲人處事就得像裁縫做衣服——有尺寸，過或不及都應當避免。

【裁錦萬里】
舊時用作擔任地方官的謙詞。北魏·楊衒之《洛陽伽藍記·城東》：「實答曰：『陛下渭陽興念，寵及老臣，使夜行罪人，裁錦萬里，敬奉明敕，不敢失墜。』」

【裁月鏤雲】
剪裁明月，雕鏤雲彩。比喻詩文新巧。清·薛雪《一瓢詩話》：「溫柔敦厚，纏綿悱惻，詩之正也；慷慨激昂，裁月鏤雲，詩之變也。」

ㄘㄞˇ

【采椽不斲】
采：本作「棌」，柞木；椽：屋上承接瓦的木條；斲：砍削。意謂以柞木爲椽，不加修飾。形容生活十分簡樸。三國魏·曹操《度關山》詩：「不及唐堯，采椽不斲。世嘆伯夷，欲以厲俗。」

【采風問俗】
風：民歌，歌謠；俗：風俗，習慣。採集民間歌謠，訪問民間風俗。例在科技文明的今日，若沒有民間學者藝人的采風問俗，民間早期藝術便很難流傳下來。

【采光剖璞】
光：金子的光輝；璞：含玉的石頭。採集金子，剖石取玉。比喻從衆人中選拔傑出人才。漢·荀爽《與郭叔都書》：「鹽車之驥，自非伯樂，無以顯名，采光剖璞，以獨見寶，實爲足下利之。」

【采及葑菲】
葑：ㄈㄥ，蔓菁；菲：蘿蔔之類。採擷到蔓菁、蘿蔔之類最普通的蔬菜。這是別人徵求自己意見時一種謙虛說法。《歧路燈》六三回：「弟見世兄浪滾風飄，又怕徒惹絮聒，今既采及葑菲，敢不敬獻芻蕘。」

【采蘭贈芍】
《詩經·鄭風·溱洧》：「士與女，方秉蕑兮。」又：「維士與女，伊其相謔，贈之以勺藥。」毛傳：「蕑，蘭也；勺藥，香草。」勺藥，即芍藥。後用「采蘭贈芍」指男女間私相饋贈以示相愛。《儒林外史》三四回：「怪道前日老哥同老嫂在桃園大樂！這就是你彈琴飲酒，采蘭贈芍的風流了。」

【采薪之疾】
見「采薪之憂」。

【采薪之憂】
《孟子·公孫丑下》：「昔者有王命，有采薪之憂，不能造朝。今病小愈，趨造於朝，我不識能至否乎？」意謂連打柴的勞累也支持不住了。古代自稱有病的委婉說法。《蕩寇志》七八回：「實因晚生常有采薪之憂，不能侍奉左右。」也作「采薪之疾」。宋·王安石《辭參知政事表》：「先朝備位，每懷竊食之慚，故里服喪，重困采薪之疾。」

【採得百花成蜜後，不知辛苦爲誰甜】
蜜蜂採集百花粉釀成蜜後，不知道辛苦勞動使誰甜了。比喻辛勤勞碌，自己卻一無所得。唐·羅隱《蜂》詩：「不論平地與山尖，無限風光盡被占。採得百花成蜜後，不知辛苦爲誰甜？」

【採薜荔兮水中，搴芙蓉兮木末】
薜荔：木本植物，莖蔓生，亦名木蓮；搴：ㄑㄧㄢ，摘取；芙蓉：荷花；木末：樹梢。比喻全然不顧客觀條件，任何努力都徒勞無功。戰國楚·屈原《九歌·湘君》：「採薜荔兮水中，搴芙蓉兮木末。心不同兮媒勞，恩不甚兮輕絕。」

【彩鳳隨鴉】
比喻女子嫁給才貌遠不如己的男人。《孽海花》一六回：「自從加克娶了姑娘，人人都道彩鳳隨鴉，不免紛紛議論。」也作「彩鸞逐雞」。鸞：鳳凰。宋·賀鑄《攤破木蘭花》詞：「枉是尊前調玉徽，彩鸞何事逐雞飛？」

【彩鸞逐雞】
見「彩鳳隨鴉」。

【彩雲易散】
意謂好景不長。多比喻紅顏薄命。《金瓶梅詞話》二六回：「可憐這婦人，忍氣不過，尋了兩條腳帶，拴在門楹上，自縊身死，亡年二十五歲。正是：世間好物不堅牢，彩雲易散琉璃脆。」也比喻美滿姻緣輕易被拆散。宋·晁沖之《漢宮春》詞：「回首舊遊如夢，記踏青殢飲，拾翠狂游。無端彩雲易散，覆水難收。」

【跴凳子鉤月亮——差得遠】
也作「跴凳子鉤月亮——差遠了」。見「狗咬雲雀——差得遠」。

【跴鋼絲】
比喻十分危險。例我看你這一招是跴鋼絲，一不小心就會全盤失敗。

【跴腳後跟】
比喻跟在別人後面挑剔毛病，找麻煩。例對他的工作咱們應該全力支持，可不能老跴腳後跟。

【跴死螞蟻不償命】
謂只管大步行走，不必有所顧慮。例快跑啊！跴死螞蟻不償命，趕不上這班飛機，就要等明天啦！

【跴窩子】
察看藏匿的實情。老舍《上任》：「四點多了，老劉們都沒回來，這三個傢伙是眞跴窩子去，還是玩去了？」。

【跴一頭兒，撬一頭兒】
一頭要跴，一頭要撬。比喻事情紛繁難辦。《紅樓夢》八八回：「論家事，這裏是跴一頭兒，撬一頭兒的，連珍大爺還彈壓不住，你的年紀兒又輕，輩數兒又小，那裏纏的淸這些人呢。」

【跴著麻繩當毒蛇——大驚小怪】

見「見了蚊子就拔劍——大驚小怪」。

【踩著梯子吃星星——隔天遠】

也作「踩著梯子吃星星——離天遠」。見「狗咬雲雀——差得遠」。

【踩著烏龜要腦殼出來——越逼越辦不到】

腦殼：頭。比喻不能強迫去做某件事，否則，適得其反。例既然是義務工作，就應讓人自覺自願參加，不能踩著烏龜要腦殼出來——越逼越辦不到。

【踩住肩頭往頭上拉屎——硬欺負人】

見「騎著脖子拉屎——欺人太甚」。

ㄘㄞˋ

【菜刀切藕——心眼多】

見「肚子裏揣著個漏勺——心眼太多」。

【菜碟裏的開水——幾分鐘的熱勁】

比喻做事沒有恆心，熱情與幹勁都不能持久。例這個人呀，別提啦，做什麼事，都像菜碟裏的開水——幾分鐘的熱勁。

【菜碟子舀水——一眼看到底】

菜碟子底很淺，盛的水少，一眼就看到碟底。比喻事情明擺著，一下就能看透。例大劉幹麼這麼大鬧不休？菜碟子舀水——一眼看到底，他沒安好心，想多分遺產。

【菜根滋味長】

菜根：指蔬菜；長：悠長。謂蔬菜好吃。《文明小史》八回：「我們現在只要有屋住，有飯吃，比起他們來，已經是天堂地獄，可還不知足麼？況且古人說得好：『菜根滋味長。』我正苦在城裏的時候，被肥魚大肉吃膩了肚腸，卻來借此清淡幾時也好。」

【菜瓜打鑼——一錘子買賣】

比喻事情不管成敗，就只做一次。例這個事還是請你去與他們交涉吧，效果如何，你不必負責，反正我們這次與他們打交道是菜瓜打鑼——一錘子買賣。也作「菜瓜打鑼——一錘子交易」、「沙鍋搗蒜——一錘子的買賣」。

【菜園的辣椒——越老越紅】

見「旱地的北瓜——越老越紅」。

【菜園裏的壟溝——四通八達】

形容交通非常便利。例這個城市的公路，就像菜園裏的壟溝——四通八達，來往方便極了。

【菜園裏的羊角蔥——越老越辣】

羊角蔥：蔥的一種，葉短而粗，形似羊角，我國北方多有栽種。比喻越老越厲害。例譚大老先生，你比小伙子幹得還起勁，眞是菜園裏的羊角蔥——越老越辣啊！

【菜園子長狗尿苔——不是好苗頭】

狗尿苔：眞菌的一種，生長在潮濕的地方，味臭，不能吃。雙關語。比喻預感到不祥的徵兆。例敵軍近日調動頻繁，菜園子長狗尿苔——不是好苗頭，應加强戒備。也作「眼睛上出芽子——不是好苗頭」。

ㄘㄠ

【操必勝之權】

見「操必勝之數」。

【操必勝之券】

見「操必勝之數」。

【操必勝之數】

數：權謀，方法謀略。比喻有必定成功的把握。《管子，明法解》：「故明主操必勝之數，以治必用之民；處必尊之勢，以制必服之臣。」也作「操必勝之權」。清・林則徐《覆奏永昌漢回情形片》：「務當籌畫萬全，操必勝之權，相機攻剿。」也作「操必勝之券」。

【操場上捉迷藏——無處藏身】

比喻走投無路，無處躲避。例這小子犯了罪想溜，現在被下了通緝令，他是操場上捉迷藏——無處藏身。

【操刀必割】

拿著刀一定要割東西。比喻既掌握了某種事物，就必定使其發揮作用。漢・賈誼《新書・宗首》：「黃帝曰『日中必熭，操刀必割。』」也作「操刀能割」。南朝梁・劉勰《文心雕龍・事類》：「揚、班以下，莫不取資，任力耕耨，縱意漁獵，操刀能割，必裂膏腴。」

【操刀不割】

拿著刀卻不割東西。比喻坐失時機。《資治通鑑・漢文帝前六年》注引：「太公曰：『日中不熭，是謂失時；操刀不割，是謂失利之期。』言當及時也。」

【操刀能割】

見「操刀必割」。

【操刀傷錦】

《左傳・襄公三十一年》載：「春秋時鄭國子皮喜歡少不更事的尹何，要把政事交給他，讓他摸索經驗。子產不以爲然，打比方說，你子皮有漂亮的錦緞，是不會讓人拿它練習裁剪的，如果眞要這麼辦，必會造成重大損失。」後比喻才力有限，難於承擔重任。後魏・溫子昇《爲西河王謝太尉表》：「常恐執轡輕輪，操刀傷錦。」

【操斧伐柯】

伐：砍；柯：斧柄。《詩經・豳風・伐柯》：「伐柯伐柯，其則不遠。」意謂手執斧頭砍製斧柄，其長短只要比照手裏舊斧柄就行了。比喻將前人的言行作爲鏡子。晉・陸機《文賦序》：「至於操斧伐柯，雖取則不遠，若夫隨手之變，良難以辭逮。」

【操戈入室】

《後漢書・鄭玄傳》載：「何休好《公羊》，遂著《公羊墨守》、《左氏膏肓》、《穀梁廢疾》。鄭玄找其紕漏，分別寫了反駁文章。何休見而嘆曰：『康成（鄭玄字）入吾室，操吾矛以伐我乎？』」後用「操戈入室」比喻先熟悉掌握對方論點，再找出其中毛病，進行批駁。明・陳汝元《金蓮記・詆奸》：「章相與學士，初方指水盟松，後反操戈入室，不免乘此機會，嘲他幾句。」也作「入室操戈」。

【操觚弄翰】

見「操觚染翰」。

【操觚染翰】

觚：ㄍㄨ，古人用以書寫的木簡；翰：鳥毛，藉指毛筆。拿著木簡，蘸好毛筆。意謂提筆寫作。宋・胡仔《苕溪漁隱叢話前集・李長吉》：「韓文公與皇甫湜覽賀所作；奇之，因連騎造門求見……令面賦一篇，賀承命欣然，操觚染翰，傍若無人。」也作「操觚弄翰」。宋・劉克莊《平湖集序》：「茲獲以鄙樸之詞，序巨麗之作，不亦操觚弄翰之快乎。」

【操翰成章】

拿起筆來，就成文章。形容才思敏捷。《三國志・魏書・徐幹傳》注引《先賢行狀》：「干清玄體道，六行修備，聰識洽聞，操翰成章。」

【操履無玷】

操履：手上拿的、腳下踏的，借指平日的操守。意謂操守清白。明・彭大翼《山堂肆考》：「太宗嘗謂宰相曰：『徽之操履無玷，儒雅士也。』」

【操其奇贏】

掌握奇缺貨物，牟取暴利。漢・晁錯《論貴粟疏》：「而商賈大者積貯倍息，小者坐列販賣，操其奇贏，日游都市，乘上之急，所賣必倍。」

【操千曲而後曉聲，觀千劍而後識器】

掌握上千支曲子後才會欣賞音樂，觀察上千口寶劍後才能識別劍的優劣。比喻鑑賞和評論作品必須有深廣的閱歷和廣博的知識。南朝梁・劉勰《文心雕龍・知音》：「凡操千曲而後曉聲，觀千劍而後識器。故圓照之象，務先博觀。」

【操之過急】

操：從事。指辦事或處理問題過於急躁。《漢書・五行志中之下》：「遂要崤阸，以敗秦師，匹馬觭輪無反者，操之急矣。」姚雪垠《李自成》一卷二章：「楊嗣昌和高起潛都沒生氣，勸他不要操之過急，對作戰方略需要慢慢詳議。」

【操縱自如】

形容控制或駕駛起來不受阻礙，盡如人意。《老殘遊記》一回：「若遇風平浪靜的時候，他駕駛的情狀，亦有操縱自如之妙。」

【操左券】

左券：古代契約分左右兩聯，雙方各持一聯。左券即左聯，由債權人收執，作爲索償憑證。操左券即勝券在握，比喻有成功和勝利的充分把握。例這場比賽打得勝負難分，後來因我方連連失誤，才使對方穩操左券。也作「持左券」。例昨天已拿到他們索賄受賄的證據，這場官司我們已持左券無疑。

ㄘㄠˊ

【曹操敗走華容道——兵荒馬亂】

《三國演義》故事：赤壁之戰後，曹操率殘部突圍潰逃，途經華容道，遇埋伏在此的關羽，喪魂落魄，兵荒馬亂。形容戰時動蕩不安的景象。例抗日戰爭那會兒，到處都像曹操敗走華容道——兵荒馬亂，人民生活極不安定。

【曹操敗走華容道——果然不出所料】

比喻料事準確。例我相信他今天一定會來，曹操敗走華容道——果然不出所料，他來了。

【曹操背時遇蔣幹——差點誤了大事】

背時：倒霉。比喻幾乎造成影響全局的後果。例這次貸款遲遲沒到手，曹操背時遇蔣幹——差點誤了大事，幸得配合的廠商及時送來了原材料，生產才沒有停頓。參見「曹操遇蔣幹——盡倒霉」。

【曹操吃雞肋——食之無味，棄之可惜】

《三國演義》故事：公元二一九年，曹軍攻打蜀軍受阻，進退兩難，曹操下達以「雞肋」爲口令。行軍主簿楊修，便叫士兵收拾行裝，並對部下說：「雞肋，食之無味，棄之可惜，現在我們進不能勝，退又怕人譏笑，在此無益，不如早歸。」果然，不久曹操即下令退兵。比喻棄取或進退兩難。例這塊半荒地目前的狀況是曹操吃雞肋——食之無味，棄之可惜，應下大力氣加以整建，將來才能派上用場。

【曹操的鬍子——了（燎）啦】

《三國演義》故事：在濮陽戰役中，曹操大敗，呂布估計曹操要來報復，就秘密派人到曹操軍中散布：「呂布不仁，已被趕走，城中百姓都願意歸順曹操。」呂布又在城四周布設乾柴。當曹操率軍進城後，呂布便放起大火，燒得曹軍狼狽逃竄。曹操倉皇出逃時，頭髮、鬍子等都被燒著。了：「燎」的諧音；了啦：沒有。比喻東西不見了，或不存在了。例經過兩次談心，我們之間的誤會是曹操的鬍子——了（燎）啦。

【曹操下宛城——大敗而逃】

《三國演義》故事：曹操到宛城（今湖北荊門縣）討伐張綉，張力不能敵而求和。後卻突襲曹營，操身中一箭，險被俘，狼狽逃歸。形容遭慘敗的狼狽相。例這次出擊，運氣不佳，鬧了個曹操下宛城——大敗而逃。

【曹操遇蔣幹——盡倒霉】

《三國演義》故事：赤壁之戰時，曹第一次派蔣幹過江，去東吳探聽軍情，中了周瑜的「反間計」，使曹誤殺兩名水軍都督。第二次過江當說客，又中了龐統的「連環計」。曹連遭損失，兵敗赤壁。比喻連續碰上不如意的事。例我今天上街眞是曹操遇蔣幹——盡倒霉，途中被雨淋成落湯雞，到商店又丟了錢包。也作「**曹操遇蔣幹——倒霉透了**」、「**曹操倒霉遇蔣幹——倒灶事全來了**」。

【曹操遇馬超——割鬚棄袍】
《三國演義》故事：馬超爲報父仇，曾在潼關與曹操交戰，曹大敗而逃，馬爲捉拿曹，令軍士識別曹的特徵——有鬍鬚，穿紅袍，曹得知後，即割下鬍鬚脫下紅袍，落荒而逃。形容遭慘敗後的狼狽樣子。例這一仗打下來，敵軍個個都像曹操遇馬超——割鬚棄袍。

【曹操諸葛亮——脾氣不一樣】
曹操、諸葛亮：三國時期政治家、軍事家，他們分屬不同政治集團，脾氣也不大一樣。曹操奸詐、多疑；諸葛亮忠心、豁達。比喻人不同，性格脾氣也不同。例你們倆，一個喜歡打球，一個愛聽音樂；一個愛吃辣，一個愛吃糖。眞是曹操諸葛亮——脾氣不一樣。

【曹劌論戰——一鼓作氣】
曹劌（ㄍㄨㄟˋ）：春秋時魯國人。魯莊公十年，齊國進攻魯國，曹隨莊公戰於長勺，待齊軍三通鼓後，叫莊公鳴鼓進攻，取得勝利。事後莊公問其道理，他說：「夫戰，勇氣也。一鼓作氣，再而衰，三而竭。」意思是打第一通鼓，士氣振奮，鬥志旺盛，比喻做事鼓足幹勁，一口氣幹下去。例今天挖土方任務已經完成了四分之三，咱們來個曹劌論戰——一鼓作氣，在收工前全部完成。也作「**癩蛤蟆過河——一鼓作氣**」。參見「一鼓作氣」。

【曹社之謀】
曹：周朝國名；社：社稷。《左傳·哀公七年》：「初，曹人或夢衆君子立於社宮，而謀亡曹。」後因以「曹社之謀」指滅亡他國的陰謀。北周·庾信《哀江南賦》：「鬼同曹社之謀，人有秦庭之哭。」

【槽裏吃食，胃裏擦癢】
擦癢：比喻消化。比喻只知吃飯，不願幹活。《西遊記》九六回：「你這夯貨，只知要吃……正是那『槽裏吃食，胃裏擦癢』的畜生！」

ㄘㄠˇ

【草拔了根——活不長遠】
見「罐子裏栽花——活不長」。

【草包豎大漢——能吃不能幹】
用裝著草的袋子豎起來的大漢子，只會吃草，不會幹活。比喻人無能或光吃飯不幹活。例虧你還是男子漢，這點活還幹不了，眞是草包豎大漢——能吃不能幹。也作「**鷹嘴鴨子爪——能吃不能拿**」。

【草膘料力水精神】
謂牲口吃草長膘，吃料增力，喝水有精神。例牲口受傷了尤其要照料好，常言說：「草膘料力水精神。」不能忽視。也作「**草色料力水上膘**」。

【草不謝榮於春風，木不怨落於秋天】
榮：茂盛。草木不因生長茂盛而感謝春風，也不因凋零枯落而怨恨秋天。比喻事物循著自然規律而變化，非人力所能爲。唐·李白《日出入行》詩：「草不謝榮於春風，木不怨落於秋天。誰揮鞭策驅四運，萬物興歇皆自然。」

【草草了事】
匆忙草率地把事辦完。指對工作不負責任的馬虎態度。《紅樓夢》一一〇回：「終是銀錢吝嗇，誰肯踴躍，不過草草了事。」也作「**草率了事**」。清·林則徐《請定鄉試同考官校閱章程並預防士子剿襲諸弊摺》：「該帘官受此繩束，不敢草率了事，于衡才似有裨益。」

【草草收兵】
匆匆忙忙把軍隊調回。多指事情尚未徹底辦好就馬虎結束。例因爲發生了這種特殊情況，所以這次運動會就草草收兵了。也作「**草率收兵**」。例案件剛調查出一些眉目，怎麼就草率收兵了？

【草船借箭——滿載而歸】
《三國演義》故事：在赤壁之戰中，諸葛亮利用霧天，將草紮之人放船上，佯裝攻曹操，曹軍誤爲兵勇，萬箭齊發草船，諸葛亮因而滿載曹軍之箭凱旋。比喻收穫極大。例你這次出差，轉了那麼多地方，又得了這許多特產，眞像草船借箭——滿載而歸。

【草創未就】
事業剛剛開創，尚未完成。漢·司馬遷《報任安書》：「亦欲以究天人之際，通古今之變，成一家之言。草創未就，會遭此禍。」

【草袋換布袋——一代（袋）强似一代（袋）】
代：「袋」的諧音。比喻後來居上。例看著小輩們這個是廠長，那個是教授，爺爺欣慰地說：「咱們家可眞是草袋換布袋——一代（袋）强似一代（袋）呀！」

【草甸上的葦子——靠不住】
草甸：〈方〉長滿野草的低濕地；葦子：蘆葦，多年生草本植物，莖細長而中空。見「低欄杆——靠不住」。

【草間求活】
躲避於草野之中以求得活命。比喻苟且偷生。《宋書·武帝本紀》：「公曰：『……苟厄運必至，我當以死衛社稷，橫尸廟門，遂其由來以身許國之志，不能遠竄於草間求活也。』」

【草菅人命】
菅：ㄐㄧㄢ，一種茅草。指把人命看得如同野草。指隨意殘害人。《初刻拍案驚奇》卷一一：「爲官做吏的人，千萬不要草菅人命，視同兒戲！」

【草廬三顧】

顧：光顧，拜訪。三國蜀·諸葛亮《出師表》：「先帝不以臣卑鄙，猥自枉屈，三顧臣於草廬之中。」後因以「草廬三顧」比喻多次誠心誠意地邀請。《晉書·庾闡傳》：「夷吾相桓，漢登蕭張；草廬三顧，臭若蘭芳。」也作「**三顧茅廬**」、「**茅廬三顧**」。參見「三顧茅廬」。

【草驢打滾兒——頂多瞎踢兩下子，翻不過去】

草驢：母驢。草驢打滾，一般是滾了這邊，站起來再臥倒滾那邊。比喻最多鬧騰一陣，終究翻不了天或掀不起大浪。例幾個毛孩子，鬧就讓他們鬧吧，草驢打滾兒——頂多瞎踢兩下子，翻不過去。

【草莽英雄】

指古代農民武裝中的有名人物或占山爲王的人物。例他形容她的男朋友蓄長髮、鬍鬚，很有「草莽英雄」的氣概，可是我怎麼也想像不出那個模樣。

【草茅弗去，則害禾穀】

不把有害的茅草拔除，就會妨害莊稼的生長。比喻不及時除去惡劣行爲或不及時克服缺點，就會影響人的進步。也指不懲惡，則不能揚善。《管子·明法解》：「草茅弗去，則害禾穀。盜賊弗誅，則害良民。」例「草茅弗去，則害禾穀。」不祛除小的毛病，就會習以爲常，影響你的長進。

【草茅危言】

草茅：指民間；危言：直言。指民間敢於抨擊朝政的正直言論。宋·李覯《袁州學記》：「草茅危言者，折首而不悔；功烈震主者，聞命而釋兵。」

【草茅之臣】

指在野的，失去官職的人。《儀禮·士相見禮》：「在邦則曰市井之臣，在野則曰草茅之臣。」

【草帽當鈸——沒有音】

鈸：打擊樂器，形似草帽。見「棉花捲打鑼——沒有音」。

【草帽當鍋蓋——亂扣帽子】

比喻不實事求是輕率地給別人加罪名。例對他的錯誤，應該實事求是進行分析，不要拿草帽當鍋蓋——亂扣帽子。

【草帽爛邊——頂好】

雙關語。比喻非常好，很合適。例你今晚的演出，要我說呀，是草帽爛邊——頂好。

【草靡風行】

靡：倒下。順風倒下。比喻上行下效，形成風氣。唐·白居易《請行賞罰以勸舉賢策》：「得人者，行進賢之賞，謬舉者，坐不當之罪……俾夫草靡風行，達於天下。」也作「**草偃風行**」。《官場現形記》二〇回：「居然上行下效，草偃風行。」也作「**草偃風從**」。南朝梁·任昉《天監三年策秀才文》：「上之化下，草偃風從。」

【草木皆兵】

《晉書·苻堅載記》記載：「前秦國君苻堅領兵進攻東晉，進抵淝水流域，登壽春城瞭望，見晉軍陣容嚴整，又遠望八公山，把山上的草木都當成晉軍，感到很驚懼。後以「草木皆兵」形容驚慌失措，疑神疑鬼。明·無名氏《四賢記·告貸》：「遭家不造，被寇相侵，驚心草木皆兵。」

【草木有本心，何求美人折】

本心：本性。草木鮮美芬芳，發自本性，並不是爲了招引美人前來折取。比喻品質高潔，不貪名利、不取寵於權貴。唐·張九齡《感遇十二首》詩之一：「蘭葉春葳蕤，桂華秋皎潔。欣欣此生意，自爾爲佳節。誰知林棲者，聞風坐相悅。草木有本心，何求美人折。」

【草木之人】

像草木一樣無用的人。多用作謙詞。例研究院的馬博士爲人誠懇老實，他謙虛的說自己是草木之人，還請同仁們多多指教。

【草木知春不久歸，百般紅紫鬥芳菲】

草木知道春天不久即將歸去，遂萬紫千紅，爭芳鬥豔。比喻大好時光一去不返。唐·韓愈《晚春》詩：「草木知春不久歸，百般紅紫鬥芳菲。楊花榆莢無才思，惟解漫天作雪飛。」

【草木知威】

宋·黃庭堅《送范德孺知慶州》詩：「乃翁知國如知兵。塞垣草木知威名。」比喻威名遠揚、聲威大震。

【草泥塘翻泡——發笑（酵）】

笑：「酵」的諧音。雙關語。比喻發出笑聲。笑起來。例他是一個幽默風趣的人，講起話來，常常使人草泥塘翻泡——發笑（酵）。

【草坪丟針——難尋】

比喻不容易找到或沒有地方可找尋。例你要的這件東西太希罕了，想在咱們商場買到，恐怕是草坪丟針——難尋。也作「**草坪丟針——無處尋**」。

【草入牛口——其命不久】

草入牛口，很快就會被嚼碎吃掉。比喻人陷入險境，性命難保。《古今小說》卷三六：「有三件事，你去不得……第二，東京百八十里羅城，喚做『臥牛城』。我們只是草寇，常言：『草入牛口——其命不久。』」

【草篩飲驢——人到啦】

草篩多孔，無法盛水，拿草篩去飲驢只能是做樣子。比喻事情沒辦成，但人算是到了。例「他人不在家，我們來慰問誰呢？」「管他哩，反正草篩飲驢——人到啦，也算完成上級交辦的事了。」

【草上的露水——不長久】

草上的露水，太陽一出來就乾了。見「風裏點燈——不長久」。

【草上之風必偃】

偃：伏。大風颳來，草必然伏倒。比

喻賢德能感化百姓。《論語・顏淵》：「孔子對曰：『子爲政，焉用殺？子欲善而民善矣。君子之德，風；小人之德，草；草上之風必偃。』」

【草蛇灰線】

形容文章伏筆所埋伏的線索，含蓄曲折、隱隱約約、變幻離奇。清・楊倫《杜詩鏡銓・渼陂行・評語》：「末用『哀樂』二字總束全文，章法有草蛇灰線之妙。」

【草繩子拔河——禁不住拉】

雙關語。比喻承受不住。有時指易被別人的引誘或拉攏所動。例你眞逗，拿這麼個破車子來拉煤，我看準保是草繩子拔河——禁不住拉。

【草率從事】

指做事粗枝大葉、馬虎敷衍。清・袁枚《廿二史札記・新唐書本記書法》：「歐公本記，則不免草率從事，不能爲之諱也。」也作「草率將事」。葉聖陶《葉聖陶文集自序》：「雖說不願意十分撤爛污，然而『半生不熟』、『草率將事』的毛病總不能免。」

【草率將事】

見「草率從事」。

【草率了事】

見「草草了事」。

【草率收兵】

見「草草收兵」。

【草薙禽獮】

薙：ㄊㄧㄢˋ，除去野草；獮：ㄒㄧㄢˇ，打獵，捕殺。像割除野草、捕殺禽獸一般徹底而無所顧惜。《明史・韓觀等傳贊》：「草薙禽獮，濫殺邀功。」

【草頭露】

草葉上的露水，少而易乾。比喻時間短暫，不能持久。例這種換親的把戲最要不得。這夫妻倆各懷鬼胎，肯定只能是草頭露夫妻。

【草頭天子】

舊時稱聚衆起義的造反者的首領。《京本通俗小說・馮玉梅團圓》：「蛇無頭而不行，就有個草頭天子出來。此人姓范名汝爲，仗義執言，救民水火。」

【草鞋兜不住腳跟，舊頭巾遮不了頂門】

形容窮愁潦倒。元・無名氏《替殺妻》二折：「[倘秀才]嫂嫂我往常時草鞋兜不住腳跟，到如今舊頭巾遮不了頂門。卻甚麼白馬紅纓彩色新，恰不道壁間還有伴，窗外豈無人，你待要怎生？」

【草鞋踏雪，步步成蹤】

蹤：蹤跡。草鞋踏在雪地上，一步一個腳印。比喻蹤跡明顯。《五燈會元》卷一六：「僧問：『如何是毗戶印？』師曰：『草鞋踏雪。』曰：『學人不會。』師曰：『步步成蹤。』」。

【草行露宿】

在草叢中行走，在露天裏睡覺。形容旅途的艱苦情狀。宋・文天祥《指南錄後序》：「不得已，變姓名，詭蹤跡，草行露宿，日與北騎相出沒於長淮間。」

【草偃風從】

見「草靡風行」。

【草偃風行】

見「草靡風行」。

【草要連根拔】

比喻除惡務盡。元・李壽卿《伍員吹簫》一折：「須知草要連根拔，專怕春回芽再發。我今不殺伍子胥，倒等他來把我殺。」

【草衣木食】

木：指野果。用野草編織衣服，以野果充當食物。形容衣食極其粗劣，生活極爲儉樸。元・關漢卿《望江亭》一折：「這出家無過草衣木食，熬枯受淡。」

【草螢有耀終非火，荷露雖團豈是珠】

團：圓球狀。草叢裏的螢火蟲在夜裏閃光發亮，終究不是火光；荷葉上的露水珠雖圓，又哪是珍珠呢？比喻事物外表相似，眞僞有別。唐・白居易《放言五首》詩：「草螢有耀終非火，荷露雖團豈是珠？不取燔柴兼照乘，可憐光彩亦何殊？」

【草原上的百靈鳥——一張巧嘴】

見「老鼠嗑瓜子——一張巧嘴」。

【草長鶯飛】

南朝梁・丘遲《與陳伯之書》：「暮春三月，江南草長，雜花生樹，羣鶯亂飛。」後因以「草長鶯飛」形容明媚的春景。竺可楨《大自然的語言》：「這樣看來，花春鳥語，草長鶯飛，都是大自然的語言。」

【草字不合格，神仙不認得】

草字也有一定的寫法，隨便去寫，誰也認不出來。比喻幹什麼事都得遵循一定的規矩，胡亂幹一氣，不會有什麼結果。例俗話說：「草字不合格，神仙不認得。」把一切規章制度一腳踢開，完全按主觀想像做，那不亂了套？

ㄘㄡˋ

【湊膽子】

比喻集合一些人同做某事，以壯聲勢。例你別怕，咱們一起給你湊膽子，絕不讓你單獨去。

【湊熱鬧】

①指好參與人較多的活動。例這個人有請必到，他就喜歡湊熱鬧。②形容添麻煩。例小王快讓開，別上這兒湊熱鬧，這兒夠亂的了。

【湊手不及】

見「措手不及」。

【湊現成】

即撿現成，比喻不花力氣或代價得到好處。例參與義務工作的人剛要下工，老孫連忙喊道：「請大夥先別散，讓我湊現成請大夥幫我搬幾件家具，行嗎？」

ㄘㄢ

【參天的大樹——高不可攀】
參天：高聳在天空中。比喻難以攀比或實現。例小程過去從來沒想過會讓自己擔任這個職務，認爲它是參天的大樹——高不可攀，所以這個任命決定很是出乎他的意料。也作「月亮裏的桂樹——高不可攀。」
【參透機關】
看穿了陰謀或秘密。《醒世恆言》卷八：「那知孫寡婦已先參透機關，將個假貨送來。」
【餐風沐雨】
吃的是風，洗的是雨。形容行旅或野外生活的艱苦。明・張景《飛丸記・埋輪沒產》：「餐風沐雨，枕寒戈邊疆御戎。」
【餐風宿露】
吃在風裏，睡在露天。形容行旅或野外工作的艱苦。元・楊景賢《西遊記》五本二〇齣：「師父力多般，餐風宿露忙投竄，宵衣旰食無攛斷，受驅馳百萬端。」也作「餐風宿水」。明・沈受先《三元記・斷金》：「銀子，你是天地間造化根，人爲你費盡了辛與勤，人爲你餐風宿水憂成病，人爲你戴月披星曉夜行。」也作「餐風宿雨」。清・許思湄《謝清苑縣李賀母壽並請追失銀》：「別後餐風宿雨，幾歌行路之難。」也作「露宿風餐」。
【餐風宿水】
見「餐風宿露」。
【餐風宿雨】
見「餐風宿露」。
【餐風吸露】
吃的是風，喝的是露水。形容超脫俗世的生活。明・張景《飛丸記・意傳飛稿》：「武陵津傍，藐姑山上，餐風吸露乘雲，那許塵眸相望。」
【餐松啖柏】
以松柏的果實充飢。形容超脫世俗的生活。明・無名氏《破天陣》一折：「俺奉道坐靜，遊方尋仙，餐松啖柏，玩水遊山。」
【餐松飲澗】
吃松實喝澗水。形容超脫世俗的生活。南朝梁・沈約《善館碑文》：「達人獨往之事，志非易立；餐松飲澗之情，理難輕樹。」

ㄘㄢˊ

【殘暴不仁】
兇狠毒辣，全無同情、憐憫之心。《三國演義》五三回：「韓玄殘暴不仁，輕賢慢士，當衆共殛之！」也作「殘虐不仁」。《說岳全傳》三二回：「再說那山東魯王劉豫守在山東，殘虐不仁，詐害良民，也非止一端。」也作「殘忍不仁」。《三國志・魏書・董卓傳》：「卓性殘忍不仁，遂以嚴刑脅衆。」
【殘杯冷炙】
吃剩的酒食。《孽海花》二〇回：「雯兄不嫌殘杯冷炙，就請入座。」也作「殘槃冷炙」，槃：盤。《太平御覽》卷七五八引《郭子》：「王光祿曰：『正得殘槃冷炙。』」
【殘編斷簡】
編：用來穿連竹簡的皮條或繩子；簡：竹簡，古代用來書寫的竹片。指殘缺不全的書籍。宋・張耒《柯山集・評書》：「往時蘇子美兄弟，皆以行草見稱於時，至今殘編斷簡，人間藏以爲寶。」也作「殘編墮簡」。宋・朱熹《程氏遺書後序》：「又況後此且數十年，區區掇拾於殘編墮簡之餘，傳誦道說玉石不分，而謂眞足以盡得其精微嚴密之旨，其亦誤矣。」也作「殘編落簡」。北周・庾信《謝滕王集序啓》：「某本乏材用，無多作述……至如殘編落簡，並入塵埃；赤軸青箱，多從灰燼。」也作「殘章斷稿」。宋・歐陽修《和劉原父澄心紙》詩：「子美生窮死愈貴，殘章斷藁（稿）如瓊瑰。」也作「殘章斷簡」。宋・陸游《會稽志序》：「秦漢晋唐以降金石刻，歌詩賦咏，殘章斷簡，靡有遺者。」也作「斷編殘簡」。
【殘編落簡】
見「殘編斷簡」。
【殘編墜簡】
見「殘編斷簡」。
【殘兵敗將】
戰敗後殘餘的兵將。明・無名氏《伐晋興齊》四折：「如今追擊殘兵敗將，遂收故境，引兵而回。」也比喻失勢的人。夏衍《上海屋檐下》：「可是我已經只是一個人生戰場的殘兵敗將啦。」也作「殘軍敗將」。明・無名氏《開詔救忠》二折：「看了我這些殘軍敗將，你都殺了，倒也是個乾淨。」
【殘茶剩飯】
指殘剩的飲食。元・馬致遠《黃粱夢》四折：「如今天色晚了也，有甚麼殘茶剩飯，與俺兩個孩兒些吃。」也作「殘湯剩飯」。元・關漢卿《蝴蝶夢》三折：「我三個孩兒都下在死囚牢中，我叫化了些殘湯剩飯，送與孩兒每吃走。」
【殘燈末廟】
將要熄滅的燈火和快要結束的廟會。比喻事物到了衰敗的階段。例那時清朝已是殘燈末廟，許多朝臣紛紛帶著家屬告老還鄉了。
【殘冬臘月】
臘月：陰曆十二月。指一年將盡之時。也指嚴冬時節。例已是殘冬臘月，孩子他爹出外打工該回來了。
【殘膏剩馥】
剩下來的脂膏和香氣。多比喻前人留下的優秀文學遺產。明・宋濂《梅府君墓志銘》：「府君嘆曰：『吾之文非不如今人，彼藉我殘膏剩馥者，取青紫如拾芥。』」也作「餘膏剩馥」。
【殘羹冷飯】

見「殘羹冷炙」。

【殘羹冷炙】

羹：用肉末、雞蛋等做成的糊狀食物；炙：烤肉。吃剩的酒食。比喻別人施捨的東西。魯迅《拿來主義》：「要不然，則當佳節大典之際，他們拿不出東西來，只好磕頭賀喜，討一點殘羹冷炙做獎賞。」也作「殘羹冷飯」。明·劉基《孤兒行》詩：「淸晨采薪日入歸，殘羹冷飯難充飢。」

【殘圭斷璧】

圭：上尖下方的玉器。殘缺不全的圭璧。比喻雖然殘缺卻很珍貴的東西。宋·樓鑰《跋傅夢良所藏山谷書漁父詩》：「谷之書既刊諸石，此雖僅得三分之一，殘圭斷璧，要自可寶。」也作「殘璋斷玦」。宋·陸游《跋瘞鶴銘》：「殘璋斷玦，當以眞爲貴，豈在多耶！」

【殘花敗柳】

凋零的花朵，枯槁的楊柳。多比喻生活放蕩、失去顏色的或被人蹂躪摧殘的女性。明·無名氏《女貞觀》二折：「我是個嫩蕊嬌花，不比那殘花敗柳。」也作「敗柳殘花」。

【殘局的棋盤——明擺著的那麼幾個子兒】

殘局：到了結束階段的棋局。比喻寥寥可數、一眼就能看淸的幾個人。例對方派來的打手也不過是殘局的棋盤——明擺著的那麼幾個子兒，不要驚慌失措，我們人多勢衆，怕什麼！

【殘軍敗將】

見「殘兵敗將」。

【殘民害物】

摧殘百姓，破壞財物。淸·黃宗羲《諸敬槐先生八十壽序》：「而上之所用者，莫非殘民害物之人矣。」

【殘民以逞】

殘：摧殘，傷害；逞：實現心願，達到目的。用傷害人民的手段來達到罪惡目的。《左傳·宣公二年》：「《詩》所謂『人之無良』者，其羊斟之謂乎，殘民以逞。」

【殘年暮景】

比喻人到了垂暮之年。《說唐》一〇回：「秦母見叔寶又要出門，眼中流淚道：『我兒，我殘年暮景，喜的是相逢，怕的是別離。』」

【殘年餘力】

形容年老力衰。《列子·湯問》：「以殘年餘力，曾不能毀山之一毛。」

【殘虐不仁】

見「殘暴不仁」。

【殘桮冷炙】

見「殘杯冷炙」。

【殘缺不全】

殘破，缺少，很不完整。例這套古籍，經過一再搬遷，已殘缺不全了。

【殘忍不仁】

見「殘暴不仁」。

【殘山剩水】

殘破凋零的山水景物。宋·林景熙《虛心堂記》：「而以蒼顏白髮，往來殘山剩水中。」也指經過變亂或淪亡的國土。淸·吳梅《風洞山·刺焦》：「血濺乾坤，殺氣滿關，對著這殘山剩水空長嘆。」也用來比喻前人詩文發揮未盡的意境。淸·吳喬《圍爐詩話》：「山谷（指黃庭堅）專意出奇，已得成家，終是唐人殘山剩水。」也作「剩水殘山」。

【殘湯剩飯】

見「殘茶剩飯」。

【殘垣斷壁】

殘破坍塌的牆壁。例面對圓明園的殘垣斷壁，沒有一個人不對帝國主義者的侵略罪行切齒痛恨。

【殘渣餘孽】

比喻殘存的壞人。例逃入山中的敵人，是叛軍的殘渣餘孽。

【殘章斷稿】

見「殘編斷簡」。

【殘章斷簡】

見「殘編斷簡」。

【殘璋斷玦】

見「殘圭斷璧」。

【蠶豆開花——黑了心】

蠶豆開的花，周圍白色微紅，花心有紫斑，看上去像黑色。見「吃了木炭——黑了心腸」。

【蠶肚子——盡是私（絲）】

也作「春蠶肚子——盡是私（絲）」。見「秋後的絲瓜——滿肚子私（絲）」。

【蠶姑姑作繭——自己捆自己】

蠶姑姑：即蠶。見「篾條捆竹子——自纏身」。

【蠶老不中留】

蠶吐了絲不必再留。比喻人老了就不中用了。元·康進之《梁山泊李逵負荊》一折：「［王林云］哥，是那三不留？［正末云］蠶老不中留，人老不中留，［唱］呆老子常言道女大不中留。」

【蠶食鯨吞】

像蠶啃桑葉一樣一點一點吃下，或像鯨把食物一口吞下。比喻種種不同的侵占吞併形式。淸·紀昀《閱微草堂筆記·灤陽消夏錄六》：「汝父遺一幼弟，汝兄遺二孤侄，汝蠶食鯨吞，幾無餘瀝。」

【蠶絲牛毛】

比喻多而細密。明·宋濂《答郡守聘五經師書》：「苟於孝道有關，則雖分析經義如蠶絲牛毛，徒召辱耳。」

【慚鳧企鶴】

鳧：野鴨子。鳧爲自己的短腿而羞慚，企望能有鶴那樣的長腿。比喻對自己的短處感到遺憾，而希望具有別人的優點。南朝梁·劉勰《文心雕龍·養氣》：「若夫器分有限，智用無涯，或慚鳧企鶴，瀝辭鐫思。」

【慚愧無地】

感覺羞愧而無地自容。《古今小說》卷二二：「［賈］似道得詞，慚愧無地。」

ㄘㄢˇ

【慘不忍睹】

悲慘的情景，令人不忍看下去。《魯迅書信集・致周茨石》：「災區的眞實情形，南邊的坐在家裏的人知道得很少。報上的記載，也無非是『慘不忍睹』一類的含渾文字。」

【慘不忍聞】
聲音悲慘得使人不忍聽下去。清・陳天華《獅子吼》二回：「遙見何家墳中，樹木陰森，哭聲成籟，或父呼子，或夫覓妻，呱呱之聲，草畔溪間，比比皆是，慘不忍聞！」

【慘不忍言】
悲慘的景象，使人不忍心說出來。元・陶宗儀《南村輟耕錄・志苗》：「偶獲免者，亦舉刖去兩耳。掠婦女，劫貨財，殘忍貪穢，慘不忍言。」

【慘愴怛悼】
慘、愴、怛、悼：皆爲淒楚悲傷的意思。形容極度悲傷淒楚。漢・司馬遷《報任安書》：「見主上慘愴怛悼，誠欲效其款款之愚。」

【慘淡經營】
唐・杜甫《丹青引贈曹將軍霸》詩：「詔謂將軍拂絹素，意匠慘淡經營中。」原形容苦思極慮，十分辛苦地從事文藝創作。現指在十分困難的境況中艱苦地進行某事業。

【慘礉少恩】
礉：ㄏㄜˊ，覈實；引申爲苛刻。用法苛刻，不近人情。《史記・老子韓非傳論》：「韓子引繩墨，切事情，明是非，其極慘礉少恩，皆原于道德之意。」

【慘絕人寰】
人寰：人世。人世間再沒有比這更慘了。形容慘到極點。例納粹集中營裏使用毒氣殺人等慘絕人寰的事實，許多書裏已有詳盡的敍述。

【慘綠愁紅】
遭受風雨摧殘的綠葉紅花。比喻青年女子帶有哀愁的情感。宋・柳永《定風波》詞：「自春來，慘綠愁紅，芳心是事可可。」也作「秋紅慘綠」、「綠慘紅愁」。

【慘綠少年】
慘綠：深綠。後指講究衣著打扮的青年男子。唐・張固《幽閒鼓吹》：「潘孟陽初爲戶部侍郎……客至，夫人垂簾視之。既罷會，喜曰：『皆爾之儔也，不足憂矣。末座慘綠少年何人也？』答曰：『補闕杜黃裳。』」

【慘然不樂】
形容悽楚憂愁的樣子。唐・陳鴻《東城老父傳》：「自老人居大道旁，往往有郡太守休馬於此，皆慘然不樂。」

【慘無人道】
形容狠毒、殘酷到了滅絕人性的地步。《唐史演義》五二回：「將妃、主等人一一剖心致祭，慘無人道。」

【慘雨愁雲】
形容一種淒涼的景象或心情。明・劉兌《金童玉女嬌紅記》卷下：「料得從今臨風對月，消除舊恨，慘雨愁雲。」

ㄘㄢˋ

【孱頭貨】
孱：懦弱。比喻軟弱無能的人。例你做這件事也不容易呀！像小方那樣的孱頭貨就不行。

【粲花妙舌】
見「粲花之論」。

【粲花之舌】
見「粲花之論」。

【粲花之論】
粲花：鮮豔的花朵。形容言論像花一樣的典雅雋妙。五代後周・王仁裕《開元天寶遺事》：「[李白]每與人談論，皆成句讀，如春葩麗藻，粲于齒牙之下，時人號曰：『李白粲花之論。』」也作「粲花妙舌」。舌：舌頭，借指言論。清・梁紹壬《兩般秋雨庵隨筆・周芷卿》：「運典入化，眞粲花妙舌也。」也作「粲花之舌」。

【粲然可觀】
鮮明耀眼，値得一看。後多形容成績昭著，達到很高程度。南朝梁・蕭統《（文選）序》：「故風雅之道，粲然可觀。」

【燦然一新】
燦然：光彩耀眼的樣子。形容事物給人一種全新的感覺。《宣和書譜・行書・劉正夫》：「正夫以精忠相與圖回至治，其所以持盈守成，而熙豐之盛德美意，燦然一新，正夫其有力焉。」

【燦爛炳煥】
形容潔白明淨，鮮麗輝煌的顏色。漢・張衡《東京賦》：「其西則有平樂都場，示遠之觀，龍雀蟠蛇，天馬半漢，瑰异譎詭，燦爛炳煥。」

【燦爛輝煌】
形容光彩閃射，鮮明耀眼。《鏡花緣》四八回：「只覺金光萬道，瑞氣千條，燦爛輝煌，華彩奪目。」也形容前途光明、成就巨大。徐遲《一九五六年特寫選・序言》：「特寫是報刊的文學……這種文學產生過燦爛輝煌的作品。」

ㄘㄣ

【參差不齊】
參差：長短、高低、大小不一。形容人的志向才能很不一致。《漢書・揚雄傳》：「仲尼以來，國君將相卿士名臣參差不齊。」也形容事物長短不齊、高低不等、大小不均。例那排楊柳不是同年栽的，所以長得高高低低、參差不齊。也作「參差不一」。清・梁廷楠《曲話》：「明曲齣目多四字，國朝多二字……《玉鏡台》則或二字，或三四字，參差不一，蓋變例也。」

【參差不一】
見「參差不齊」。

ㄘㄤ

【倉卒之際】
匆忙之間。《三國志・魏書・王粲傳》注引《文士傳》載：「粲曰：『天下大亂，豪杰並起，在倉卒之際，强弱未分，故人個個有心耳。』」

【倉皇失措】
倉皇：匆忙而慌張；失措：舉動失常，不知怎麼辦才好。形容極度慌張的樣子。宋・劉克莊《跋欽宗宸翰四》：「一旦胡騎奄至，京城戒嚴，謀臣武將倉皇失措。」也作「**倉忙失措**」。宋・歐陽修《論京西賊事札子》：「患到目前，方始倉忙而失措。」他作「**倉皇無措**」。明・朱國禎《涌幢小品・判土地》：「次日[劉]崇之至，値河泛漲，中流失楫，舟人倉皇無措。」

【倉皇無措】
見「倉皇失措」。

【倉老鼠問老鴰去借糧——守著的沒有，飛著的倒有】
倉老鼠：糧食中的老鼠；老鴰：烏鴉。比喻管理或握有此物人向不管或沒有此物的人借；或尋錯了門路，找錯了對象。例我的天啊，財主爺竟向咱們窮要飯的借起錢來啦，這眞是倉老鼠問老鴰去借糧——守著的沒有，飛著的倒有。

【倉忙失措】
見「倉皇失措」。

【蒼白無力】
形容人沒有血色和活力。也比喻文藝作品等單調無生氣。朱自清《歷史在戰鬥中》：「那擁抱過去的人雖不一定『蒼白無力』，可也不免外强中乾。」

【蒼蒼烝民】
烝：衆多。指廣大的人民羣衆。唐・李華《弔古戰場》文：「蒼蒼烝民，誰無父母。」

【蒼翠欲滴】
翠綠的顏色，簡直像要滴下來，形容草木鮮嫩可愛，充滿生氣。《五四歷史演義》一四回：「四圍叢樹掩日，蒼翠欲滴，大家胸襟爲之爽快。」也形容文句精彩。清・馮鎭巒《讀〈聊齋〉雜說》：「《聊齋》於粗服亂頭中，略入一二古句，略裝一二古字……斑剝陸離，蒼翠欲滴，彌見大方。」

【蒼狗白衣】
見「蒼狗白雲」。

【蒼狗白雲】
唐・杜甫《可嘆》詩：「天上浮雲如白衣，斯須改變如蒼狗。」後因以「蒼狗白雲」比喻世事變幻無常。宋・林景熙《答唐玉潛》：「黃埃赤日漫多事，蒼狗白雲能幾時？」也作「**蒼狗白衣**」。宋・楊萬里《送鄉人余文明勸之以歸》：「蒼狗白衣俱昨夢，長庚孤月自靑天。」

【蒼黃翻覆】
《墨子・所染》：「見染絲者而嘆曰：『染於蒼則蒼，染於黃則黃。』」後用「蒼黃翻覆」比喻變化無常，反覆不定。南朝齊・孔稚珪《北山移文》：「豈期終始參差，蒼黃翻覆。淚翟子之悲，慟朱公之哭。」

【蒼生塗炭】
蒼生：指老百姓；塗炭：爛泥和炭火，喻困苦的境地。形容人民的處境十分痛苦。《三國演義》九三回：「狼心狗行之輩，滾滾當道。奴顏婢膝之徒，紛紛秉政。以至社稷丘墟，蒼生塗炭。」

【蒼顏皓首】
形容老年氣衰的樣子。元・無名氏《薛仁貴》四折：「怎知道今日呵得遇這榮華，則俺個蒼顏皓首一莊家。」

【蒼蠅包網兒——好大面皮】
面皮：臉面。蒼蠅面小而包網以充大臉。比喻自以爲面子大，或沒有那麼大的面子。常用作譏諷。例「這批化肥非要總經理簽字才行，可幾次派了人去，都沒談成。」「你放心，我能行。」「你呀，眞是蒼蠅包網兒——好大面皮，一次都沒見過總經理，哪能行？」也作「**跳蚤臉兒——好大的臉皮**」。

【蒼蠅不咬人——噁心】
比喻某種行爲使人厭惡。例這傢伙是流氓加無賴，所作所爲實在是蒼蠅不咬人——噁心。也作「**蒼蠅掉進飯碗裏——噁心**」。

【蒼蠅不鑽沒縫兒蛋】
比喻如果本身沒有問題，別人也鑽不了空子。《金瓶梅詞話》八六回：「金蓮，你休呆裏撒奸，兩頭白面，說長並道短，我手裏使不的你巧語花言，幫閒鑽懶！自古沒個不散的筵席，出頭椽兒先朽爛。人的名兒，樹的影兒，蒼蠅不鑽沒縫兒蛋。」也作「**蒼蠅不抱沒縫的雞蛋**」。

【蒼蠅掉在醬盆裏——糊里糊塗】
見「棒子麵煮葫蘆——糊糊塗塗」。

【蒼蠅飛到驢腿上——抱粗腿】
比喻巴結、依仗有權勢的人。例他千方百計結識了小老闆，這可眞是蒼蠅飛到驢腿上——抱粗腿，他自以爲升遷有望了。

【蒼蠅飛進花園裏——裝瘋(蜂)】
瘋：「蜂」的諧音。見「半天雲中挂口袋——裝瘋（風）」。

【蒼蠅飛進牛眼裏——找累（淚）吃】
累：「淚」的諧音；牛眼：牛的眼睛淚液分泌多，常有淚液從眼角流出。雙關語。比喻自討累受，自討苦吃。例劉先生退休後，不好好呆在家裏，卻常到里長辦事處幫這幫那，眞是蒼蠅飛進牛眼裏——找累（淚）吃。也作「**蒼蠅飛到牛眼裏——吃累（淚）**」。

【蒼蠅附驥尾而致千里】
蒼蠅依附在千里馬的尾巴上而到達千里之外。比喻凡人因爲附於賢者而名彰。《史記·伯夷傳》：「伯夷、叔齊雖賢，得夫子而名彰；顏淵雖篤學，附驥尾而行益顯。」唐·司馬貞《索隱》：「蒼蠅附驥尾而致千里，以喻顏回因孔子而名彰也。」後也用以謙稱自己依附他人以揚名。例我並沒有多大本領，取得一些成績，完全是蒼蠅附驥尾而致千里。

【蒼蠅給牛牯抓癢——無濟於事】

牛牯（ㄍㄨˇ）：牯牛，公牛。也作「蒼蠅給牛抓癢癢」。見「茶杯飲駱駝——無濟於事」。

【蒼蠅害眼病——早晚要碰壁】

比喻事情或辦法行不通，遲早要受到阻礙。例不聽勸告，這樣胡搞下去，就像蒼蠅害眼病——早晚要碰壁。

【蒼蠅集臭，螻蟻集羶】

集：聚集；螻蟻：螻蛄和螞蟻；羶：羊臊氣。污穢成堆，蒼蠅雲集；羶味所在，螻蟻聚集。比喻人巴結權貴。含譏諷意味。《初刻拍案驚奇》卷二二：「又道是：『蒼蠅集臭，螻蟻集羶，鵓鴿子旺邊飛。』七郎在京都一向撒漫有名，一日得了刺史之職，就有許多人來鑽刺投靠他，做使令的，少不得官不威，爪牙威。」

【蒼蠅見了蜜糖】

比喻無恥追逐女人。巴金《雨》一：「我不像你們那樣，見了女人就好像蒼蠅見了蜜糖一樣，馬上盯在上面不肯離開。」

【蒼蠅見血】

蒼蠅見到血，就要拼命吸吮。比喻對錢財無比貪婪。《醒世恆言》卷二〇：「自古道：『公人見錢，猶如蒼蠅見血。』」也比喻無恥追求女人。茅盾《霜月紅似二月花》六：「聽說善堂後身那小巷子裏，一個姓郭的人家，有個女兒，城裏一些少爺就像蒼蠅見血似的，時時刻刻在那邊打胡旋。」

【蒼蠅尥蹶子——小踢蹬】

尥（ㄌㄧㄠˋ）蹶（ㄐㄩㄝˇ）子：騾馬等揚起後腿向後蹬。比喻搞小動作，要小花招。例你別耍小聰明了，先前那種種做法無非是蒼蠅尥蹶子——小踢蹬，嚇唬不了誰。

【蒼蠅落在臭蛋上——見縫下蛆】

比喻遇有機會就做壞事。例你對他，可得小心點兒，他是蒼蠅落在臭蛋上——見縫下蛆的人。

【蒼蠅爬在馬槽上——混飯吃】

馬槽：馬食槽，餵馬的器具。見「飯瓢上的蒼蠅——混飯吃」。

【蒼蠅碰巴掌】

比喻軟碰硬，自找苦吃。張恨水《丹鳳街》九章：「他大跨著步子走著，向對面牆上碰去。雖然哄通一聲響過，他倒不覺得痛，手扶了牆，他又慢慢地走了。王狗子……笑道：『這是你蒼蠅碰巴掌了。』」

【蒼蠅碰上蜘蛛網——脫不了身】

比喻陷入困境，難於擺脫。也指事務繁忙。例早知道有那麼多麻煩事，我就不該來的，現在倒好，蒼蠅碰上蜘蛛網——脫不了身。也作「蒼蠅碰上蜘蛛網——難脫身」。

【蒼蠅耍燈草——樂而忘死】

燈草：燈心草，多年生草本植物，莖細長，莖的中心部分用做油燈的燈心。燈草是易燃之物。指冒險玩火，不知死活。比喻死到臨頭，還在作樂。例敵軍司令部正在舉行跳舞晚會，眼看就要全軍覆滅了，還在尋歡作樂，眞是蒼蠅耍燈草——樂而忘死。也作「蒼蠅耍燈草——死中作樂」、「刑場上跳舞——死中作樂」。

【蒼蠅尋爛肉——臭味相投】

見「糞坑倒馬桶——臭味相投」。

【蒼蠅嘴巴狗鼻子——眞靈】

見「獵狗的鼻子——靈得很」。

【滄滄涼涼】

滄：寒冷。形容天氣清冷。《列子·湯問》：「日初中，滄滄涼涼；及其日中如探湯。」

【滄海不能實漏卮】

見「大海不禁漏卮」。

【滄海塵飛】

見「滄海桑田」。

【滄海橫流】

海水泛濫，四處奔流。漢·郭泰《答友勸仕進者》：「雖在原陸，猶恐滄海橫流，吾其魚也。」後多用以比喻社會動盪，政治混亂。《晉書·王尼傳》：「洛陽陷，避亂江夏……常嘆曰：『滄海橫流，處處不安也。』」

【滄海滉瀁，不以含垢累其無涯之廣】

滉瀁：水深廣而動蕩。茫茫無際的大海，並不因爲裏面含有髒東西，而影響它的廣大。比喻對人不要求全責備。也指幾個人的醜惡行徑，並不能損害民族或集體的形象。晉·葛洪《抱朴子·博喻》：「滄海滉瀁，不以含垢累其無涯之廣。故九德尙寬以得衆，宣尼泛愛而與進。」

【滄海桑田】

晉·葛洪《神仙傳》：「[麻姑謂王方平曰]自接待以來，見東海三爲桑田。」大海變桑田，桑田變大海。比喻世事發生巨大變化。元·許有壬《賀新郎·次呂叔泰南城懷古》詞：「長嘯罷，中天凝佇。滄海桑田尋常事，附冥鴻便欲飄飄舉。」也作「滄海揚塵」。宋·張元乾《隴頭泉》詞：「事大謬，轉頭流落，徒走出修門。三十載黃粱未熟，滄海揚塵。」也作「滄海塵飛」。元·白樸《中呂陽春曲·知幾》：「回頭滄海又塵飛。日月疾，白髮故人稀。」也作「滄桑之變」。唐·夏方慶《謝眞人仙駕還舊山》詩：「天上辭仙侶，人間憶舊山。滄桑今已變，蘿蔓尙堪攀。」

【滄海萬仞，衆流成也】

茫茫萬仞深的大海，是由許許多多的水流匯集而成的。比喻學識的淵博來自廣泛的學習和積累。《意林·唐子》：「大木百尋，根積深也；滄海萬仞，衆流成也；淵智達洞，累學之功也。」

【滄海揚塵】
見「滄海桑田」。
【滄海一粟】
宋・蘇軾《前赤壁賦》：「寄蜉蝣於天地，渺滄海之一粟。」大海裏的一粒穀子。比喻十分渺小。例我個人的貢獻和成就與整個事業相比，猶如滄海一粟。
【滄海遺珠】
遺珠，被遺失的珍珠。比喻被埋沒的人才或珍貴事物。《新唐書・狄仁傑傳》：「[閻立本]謝曰：『仲尼稱觀過知仁，君可謂滄海遺珠矣。』」也比喻人才或珍貴事物被埋沒。唐・牟融《寄永平友人二首》：「青蠅點玉原非病，滄海遺珠世所嗟。」
【滄浪之水清兮，可以濯吾纓；滄浪之水濁兮，可以濯吾足】
滄浪：古河名；濯：洗；纓：繫在頷下的帽子帶子。滄浪的水清可洗冠帶；滄浪的水濁可洗雙腳。比喻人要順應時勢，適應客觀環境，隨遇而安。戰國楚・屈原《漁父》：「漁父莞爾而笑，鼓枻而去。乃歌曰：『滄浪之水清兮，可以濯吾纓；滄浪之水濁兮，可以濯吾足！』」
【滄桑之變】
見「滄海桑田」。

ㄘㄤˊ

【藏鋒斂鍔】
鋒：鋒芒；鍔：ㄜˋ，刀劍的刃。比喻收斂銳氣，含蓄不露鋒芒。明・李開先《遵岩王參政傳》：「少年英氣太露，如太阿出匣……及遭逢挫折，而涵養深沉，如藏鋒斂鍔，乃遂棄置無用。」也作「藏鋒斂穎」。穎：細小器物的尖端。元・戴表元《送吳州判還番陽詩序》：「及乎藏鋒斂穎，韜潛謹飭……潔身寡過，而求自免也。」
【藏鋒斂穎】
見「藏鋒斂鍔」。
【藏垢納污】
《左傳・宣公十五年》：「諺曰：『高下在心，川澤納污，山藪藏疾，瑾瑜匿瑕。』國君含垢，天之道也。」原比喻居上位者應有容人之量。後多用來比喻包庇壞人壞事。清・王韜《瀛壖雜志》卷一：「今欲使其俗一變，必先鋤外誘而去內奸。蓋滬雖偏隅，久爲藏垢納污之所。」也作「藏垢納洿」。洿：通「污」。晋・郗超《奉法要》：「受辱心如地，行忍如門閫。地及門閫，蓋取其藏垢納洿，終日受踐也。」也作「藏污納垢」。
【藏垢納洿】
見「藏垢納污」。
【藏奸賣俏】
奸：奸詐；賣俏：裝模作樣，誘人上當。指面露美容，心裏卻藏著壞主意。明・沈鯨《雙珠記・劍擊淫邪》：「逞狐形狗態，忿激誠可羞……恨藏奸賣俏，眞個是人中獸！」也作「藏奸挾詐」。宋・李覯《安民策十首》之四：「然有粟腐倉而甚於飢，錢朽貫而甚於貧，藏奸挾詐，晝爭夜奪，如盜賊之爲者，有由然也。」也作「藏奸耍滑」。
【藏奸耍滑】
見「藏奸賣俏」。
【藏奸挾詐】
見「藏奸賣俏」。
【藏嬌金屋】
原指漢武帝劉徹要用金屋娶阿嬌作婦的故事。後也指納妾。清・錢泳《履園叢話・閱古・元石礎》：「結客少年曳珠履，藏嬌金屋皆綺羅。」也作「金屋藏嬌」。
【藏了和尚藏不了寺】
比喻終歸逃不脫。例唉！眞是藏了和尚藏不了寺，躲到國外了，還碰到債主。
【藏龍臥虎】
比喻潛藏著各類非凡的人才。《濟公全傳》一六四回：「再說臨安城乃藏龍臥虎之地。」
【藏器待時】
器：人的度量、才幹。暫且收斂才能，等待適宜時機再施展。明・李贄《續焚書・與焦弱侯》：「李如眞四月二十六日書到黃安，知兄已到家，藏器待時，最喜最喜。」也作「藏器俟時」。俟：等待。南朝梁・沈約《齊丞相豫章文憲王碑》：「爰初弱冠，藏器俟時，康莊廣辟，飾禮賢之館；杞梓備收，罄滋蘭之畹。」
【藏器俟時】
見「藏器待時」。
【藏巧於拙】
深懷才智而表面顯得笨拙。洪自誠《菜根譚》：「藏巧於拙，用晦而明；寓清於濁，以屈爲引。」
【藏頭護尾】
指書法用筆的逆入逆收，使之筆力勁健。漢・蔡邕《九勢》：「藏頭護尾，力在字中，下筆用力，肌膚之麗。」
【藏頭亢腦】
亢：遮蔽，庇護。比喻遮遮掩掩，閃爍其辭，不清楚不明白。《朱子語類・輯略》卷七：「鄉里諸賢文字，以爲皆不免有藏頭亢腦底意思，有學者來問，便當直說與之。」也作「藏頭伉腦」。《朱子語類・易二》：「不應恁地千般百樣，藏頭伉腦，無形無影，教後人自去多方推測。」
【藏頭伉腦】
見「藏頭亢腦」。
【藏頭露角】
見「藏頭露尾」。
【藏頭露尾】
多指遮遮掩掩、躲躲閃閃，不肯把眞實情況暴露出來。《綴白裘・琵琶記・盤夫》：「相公，我待不勸你，你只管愁悶；我問著你，你又藏頭露尾。」也作「藏頭露影」。《五燈會元・明州育王山懷璉大覺禪師》：「諸人若向明中立，猶是影響相馳；

若向暗中立，也是藏頭露影漢。」也作「藏頭露角」。《五燈會元・隆興府兜率從悅禪師》：「適來諸善知識，橫拈豎放，直立斜抛，換步移身，藏頭露角。」

【藏頭露影】

見「藏頭露尾」。

【藏形匿影】

《鄧析子・無厚篇》：「爲君者，藏形匿影，羣下無私；掩目塞耳，萬民恐震。」原指君主處於昏暗不能明察的地位。後多指隱藏形跡或不露眞相。宋・劉克莊《與游丞相書》：「伏念某粤從罷郡還里，自知罪名稍重，姑以藏形匿影爲幸，都無復玷起廢之想。」

【藏著乖的賣傻的】

比喻裝糊塗。老舍《月牙兒》：「『第一號』一半嘲弄、一半勸告的說：『已經有人打聽你，幹麼藏著乖的賣傻的呢？咱們誰不知道誰是怎麼著？』」

【藏之名山】

多與「傳之其人」運用。指把著作收藏起來，傳給志同道合者，以便將來推行。漢・司馬遷《報任安書》：「僕誠已著此書，藏之名山，傳之其人，通都大邑，則僕償前辱之責，雖萬被戮，豈有悔哉！」也作「藏諸名山」。明・袁宏道《哭江進之序》：「即君幸盡以諸稿屬我，我當爲進之删定，藏諸名山，以俟後世子之也。」

【藏諸名山】

見「藏之名山」。

ㄘㄥˊ

【層出不窮】

層出，重複出現；不窮；沒有窮盡，接連不斷地出現。清・紀昀《閱微草堂筆記・槐西雜志二》：「天下之勢，輾轉相勝；天下之巧，層出不窮。」例開展表揚活動以來，我們學校好人好事層出不窮。

【層出疊見】

見「層見疊出」。

【層出間見】

見「層見疊出」。

【層樓疊榭】

榭：建築在台上的房屋。形容房屋建築高下相見，錯落有致。例頤和園中，僅諧趣園一帶就層樓疊榭、碧瓦紅牆、風吹水皺、花草飄香，令人嘆爲觀止了。也作「層台累榭」。戰國楚・宋玉《招魂》：「高堂邃宇，檻層軒些；層台累榭，臨高山些。」

【層巒疊嶂】

形容峯巒相接，峻嶺重疊，山多而險的景象。明・袁宏道《西洞庭》：「層巒疊嶂，出沒翠濤。」也作「重巒疊嶂」。明・張岱《家傳・附傳》：「仲叔登陴死守，日宿於戍樓，夜尚燒燭爲友人畫重巒疊嶂，筆墨安詳，意氣生動，識者服其膽略。」也作「層山疊嶂」。《民國通俗演義》六六回：「但見前面層山疊嶂，險惡異常。」也作「疊嶂層巒」。

【層山疊嶂】

見「層巒疊嶂」。

【層台累榭】

見「層樓疊榭」。

【層見錯出】

見「層見疊出」。

【層見疊出】

屢次出現。清・劉熙載《藝概・文概》：「柳[宗元]文如奇峯異嶂，層見疊出。」《初刻拍案驚奇》卷一八：「滿桌擺設酒器，多是些金銀異巧式樣，層見疊出。」也作「層見錯出」。錯：交錯，錯落。宋・文天祥《指南錄後序》：「嗚呼，死生晝夜事也，死而死矣，而境界危惡，層見錯出，非人世所堪。」也作「層出疊見」。明・沈德符《萬曆野獲編補遺・場題犯諱》：「蓋上是時方修祈年永命故事，臣下爭進諛詞以求媚，故至誠無息一章，層出疊見，初不計及御名上一字也。」也作「層出間見」。宋・陸游《上執政書》：「正有出於奇，舊或以爲新，橫騖別驅，層出間見。」也作「重見疊出」。重：重複，重疊。清・黃宗羲《與友人論學書》：「用微之言不過數句而盡，而重見疊出，唯恐其不多，此是兔園老生於文義不能甚解，固無足怪。」

【曾幾何時】

曾：文言副詞，這裏相當於「才」；幾何：若干，多少。謂時間過去沒有多久。宋・趙彥端《新荷葉》詞：「回首分攜，光風冉冉菲菲。曾幾何時，故山疑夢還非。」

【曾經滄海】

滄海：大海。《孟子・盡心上》：「故觀於海者難爲水，游於聖人之門者難爲言。」比喻曾經經歷過很大的場面，眼界開闊，對較平常的事物不放在眼裏。《兒女英雄傳》三一回：「一個曾經滄海的十三妹，這些個玩意兒，可有個不在行的？」

【曾經滄海難爲水，除卻巫山不是雲】

滄海；卻，語氣助詞；巫山：山名，在湖北巫縣，上有神女峯。曾經經歷過大海的人，很難認爲其他地方的水是值得一看的水；看過巫山的雲以後，就覺得其他地方的雲都不是好看的雲。原比喻對失去的愛人的迷戀痴情，現比喻與某人的愛情極深。也比喻經歷廣、見識多。唐・元稹《離思》詩：「曾經滄海難爲水，除卻巫山不是雲。取次花叢懶回顧，半緣修道半緣君。」

【曾無與二】

無可比及，獨一無二。《晋書・賈疋傳》：「於時武皇之胤，惟有建興，衆望攸歸，曾無與二。」

【曾著賣糖君子哄，到今不信口甜人】

謂曾經輕信人言而上當，到現在再也不相信甜言蜜語的人了。《西遊記》七二回：「那些妖聞此言，魂飛魄散，就在水中跪拜道：『……望慈悲饒了我的性命，情願貼些盤費，送你師父往西天去也！』八戒搖手道：『莫說這話！俗語說得好：曾著賣糖君子哄，到今不信口甜人。是便築一鈀，各人走路！』」

ㄘㄥˋ

【蹭一鼻子灰】
比喻本想討好別人卻討了個沒趣。例我勸你別去同他拉拉扯扯，你不聽。怎麼樣，到底蹭了一鼻子灰吧？也作「**碰一鼻子灰**」。例看他那樣兒，準是在主任那兒碰一鼻子灰！

ㄘㄨ

【粗茶淡飯】
指粗糙簡單的、不講究的飲食。形容生活簡樸。宋・黃庭堅《四休居士詩序》：「[四休居士曰]粗茶淡飯飽即休，補破遮寒暖即休；三平二滿過即休，不貪不妒老即休。」

【粗瓷茶碗雕細花——困難得很】
見「戈壁灘上找泉水——困難得很」。

【粗粗咧咧】
馬虎，不細致。例那人粗粗咧咧，有點兒馬大哈。

【粗風暴雨】
指暴風雨。形容風雨很猛。《鏡花緣》八八回：「莫講粗風暴雨，不能招架，就是小小一陣涼颼，只怕也難支持了。」也比喻批評言辭粗暴激烈。例同事間的批評應該是和風細雨，不應該是粗風暴雨。

【粗服亂頭】
衣著粗劣，頭髮蓬亂。形容不修飾儀表。南朝宋・劉義慶《世說新語・容止》：「裴令公有俊容儀，脫冠冕，粗服亂頭，皆好。時人以為玉人。」

【粗具梗概】
梗概：大略的內容。指文章、計畫等有大概的輪廓。魯迅《中國小說史略》一四篇：「惟文筆則遠不逮，詞不達意，粗具梗概而已。」

【粗柳簸箕細柳斗，世上誰見男兒醜】
謂男子長相不論俊或醜。《西遊記》五四回：「驛丞道：『你雖是個男身，但只形容醜陋，不中我王之意。』八戒笑道：『你甚不通便。常言道：粗柳簸箕細柳斗，世上誰見男兒醜？』」

【粗識之無】
粗：略微。略微認識「之」「無」二字。指文化程度不高。清・雪樵居士《秦淮聞見錄・聞周介軒述壬午秋闈》：「兒乃秦淮舊人張喜林，蒙公等見招，無可迴避。但兒粗識之無，不通文藝。」也作「**不識之無**」。

【粗通文墨】
略微懂些關於寫作的知識。《醒世恆言》卷六：「有一少年，姓王名臣，長安人氏，略知書史，粗通文墨。」也作「**粗通文藝**」。明・沈德符《萬曆野獲編・乙卯應天闈中之異》：「凌應登者，不知何許人，久居京師，貧甚，專與中貴游，亦粗通文藝。」

【粗通文藝】
見「粗通文墨」。

【粗線條】
粗線條：繪畫術語。①比喻粗放的性格、作風、感情等。例別看他長得像姑娘似的秀氣，那性格卻是粗線條的。②比喻文章的構思或描述。例那篇文章的粗線條已經有了，就差細描細寫了。

【粗心大氣】
見「粗心大意」。

【粗心大意】
疏忽，不細心。例微雕可是個細活兒，一點兒也不能粗心大意。也作「**粗心大氣**」。宋・張洪、齊熙《朱子讀書法・熟讀精思》：「為學讀書，須是耐煩細意去理會……粗心大氣不得。」

【粗心浮氣】
浮氣：不踏實，浮躁。謂辦事不認真，不踏實。《鏡花緣》七〇回：「幸虧姐姐未在場裏閱卷，若是這樣粗心浮氣，那裏屈不死人。」

【粗衣淡飯】
見「粗衣糲食」。

【粗衣惡食】
見「粗衣糲食」。

【粗衣糲食】
糲：糙米。穿粗衣吃糙米。形容生活清貧。唐・李頎《分柑子歌示諸小》詩：「粗衣糲食盡須一，何況異味兼時新。」也作「**粗衣淡飯**」。宋・曹組《相思會》：「粗衣淡飯，贏取暖和飽。住個宅兒，只要不大不小。」也作「**粗衣惡食**」。惡食：很壞的飯食。清・梁啟超《羅蘭夫人傳》：「夫人在獄中，粗衣惡食，所有金錢，盡散諸貧囚。」

【粗枝大葉】
①指草木的枝粗葉大。清・夢麟《淡道人秋色梧桐圖歌》：「粗枝大葉氣橫出，披拂盡作秋聲鳴。」②比喻粗略概括，不精細。魯迅《門外文談》：「中國的言語，各處很不同，單給一個粗枝大葉的區別，就有北方話，江浙話，兩湖川貴話，福建話，廣東話這五種。」③比喻做事粗心大意，不細緻。例文章寫完後，要認真修改，可不能粗枝大葉，交差了事。

【粗製濫造】
形容只追求數量，不顧質量，產品低劣不合格。也泛指馬虎草率，不負責任。魯迅《商賈的批評》：「不過也要有一點常識，用一點苦功，要不然，就是『雜文』，也不免更進一步的『粗製濫造』，只剩下笑柄。」

【粗中有細】
形容說話做事粗魯中包含著細心之

處。例豬八戒呆頭呆腦，只知蠻幹，孫悟空卻是粗中有細，很有心計。

ㄘㄨˋ

【促膝而談】
見「促膝談心」。

【促膝談心】
促：靠近。膝蓋挨著膝蓋，坐在一起親密交談。《儒林外史》一〇回：「依弟愚見，這廳事也太闊落，意欲借尊齋，只須一席酒，我四人促膝談心，方才暢快。」也作「**促膝而談**」。例兩人促膝而談，直至深夜。

【促織不吃癩蝦蟆肉，都是一鍬土上人】
促織：蛐蛐，蟋蟀。比喻大家地位都低下，不要彼此欺負。《金瓶梅詞話》二四回：「罷了，你天生的就是有時運的爹娘房裏人，俺每是上灶的老婆來。巴巴使小廝坐名問上灶要茶，上灶的是你叫的？你我生米做成熟飯，你識我見的。促織不吃癩蝦蟆肉，都是一鍬土上人。」

【猝不及防】
猝：突然。事出突然，來不及防備。《洪秀全演義》三三回：「時清兵以林鳳翔日久不進，軍中多懈怠，忽鳳翔軍掩至，猝不及防。」

【醋罐子】
比喻男女關係上妒嫉心很強的人。例他老婆可是個醋罐子，你千萬別去跟他學英語，要不會惹風波的。

【醋泡的蘑菇——壞不了】
雙關語。比喻不會變壞。例小霍的素質好，經過嚴格的考驗，我敢保證，他是醋泡的蘑菇——壞不了。

【醋瓶子打飛機——酸氣沖天】
見「打翻了的醋瓶子——酸氣十足」。

【踧踖不安】
踧踖（ㄐㄧˊ）：恭敬而又侷促。形容侷促不安，手足無措的樣子。《論語・鄉黨》：「君在，踧踖如也。」朱自清《槳聲燈影裏的秦淮河》：「鑠鑠的燈光迫得我們皺起了眉頭：我們的風塵色全給它托出來了，這使我踧踖不安了。」

【簇錦攢花】
見「攢花簇錦」。

【蹙額攢眉】
蹙額：皺額頭；攢（ㄘㄨㄢˊ）眉：皺眉頭。縮額皺眉。形容痛苦難受或憂怨思慮的樣子。清・梁紹壬《兩般秋雨庵隨筆・檳榔》：「間一效顰，則蹙額攢眉，苦澀難忍，而甘之如飴者，其別有肺腸耶？」也作「**攢眉蹙額**」。《醒世恆言》卷二五：「只見那女郎側身西坐，攢眉蹙額，有不勝怨恨的意思。」

【蹙國百里】
蹙：縮。指縮小大片國土。《詩經・大雅・召旻》：「昔先王受命，有如召公，日辟國百里，今也日蹙國百里。」

【蹙國喪師】
蹙：緊迫。國家形勢吃緊，軍隊損兵失利。《晉書・陸曄何充等傳論》：「及其入處國鈞，未有嘉謀善政，出總戎律，唯聞蹙國喪師，是知風流異貞固之才，談論非奇正之要。」

ㄘㄨㄛ

【搓粉團朱】
揉搓香粉和胭脂。隱喻男女歡愛。明・朱權《卓文君》二折：「竊玉偷香，裁冰剪雪，搓粉團朱。」也作「**搓粉摶朱**」。元・無名氏《女眞觀》二折：「污平生冰雪玉潔，盡今宵搓粉摶朱，恐明朝怨紫啼紅。」

【搓粉摶朱】
見「搓粉團朱」。

【搓手頓腳】
形容焦急或不耐煩時的表現。《糊塗世界》五回：「悶坐在客店裏毫無聊賴，氣悶得很，曹來蘇只是搓手頓腳，沒有法子。」也作「**搓手頓足**」。《兒女英雄傳》一四回：「說著，急得搓手頓足，滿面流淚。」也作「**搓手跺腳**」。《三俠五義》二八回：「自己又不會水，急得他在亭子上搓手跺腳，無法可施。」

【搓手頓足】
見「搓手頓腳」。

【搓手跺腳】
見「搓手頓腳」。

【搓酥滴粉】
形容女子肌膚柔嫩細膩。清・彭昱堯《八寶妝》詞：「怎安排、搓酥滴粉，蛾眉樣、爲卿重掃。」也作「**滴粉搓酥**」。

【撮科打哄】
逗趣湊熱鬧，做引人發笑的動作，說引人發笑的話語。明・湯顯祖《南柯記・譾遣》：「但是晦氣的人家，便請我撮科打哄；不管有趣的子弟，都與他鑽懶幫閒。」

【撮科打諢】
見「插科打諢」。

【撮土爲香】
臨時用撮土代替燒香，向天地神靈表明心跡。《說岳全傳》四三回：「二人遂向林中去，下馬來，撮土爲香，對天八拜。」

【撮鹽入火】
撮鹽放入火內，馬上發出炸響聲。比喻性情急躁。元・王實甫《西廂記》三本二折：「小姐性兒撮鹽入火。」也比喻助長急躁情緒。《西遊記》五九回：「那羅刹聽見『孫悟空』三字，便似撮鹽入火，火上澆油。」

【撮鹽入水】
比喻馬上消逝得無影無蹤。元・關漢卿《竇娥冤》四折：「有鬼有鬼，撮鹽入水。」

【蹉跎歲月】
蹉跎：光陰白白地過去。謂荒廢時日，虛度光陰。明・張鳳翼《灌園記・君后授衣》：「倘我不能報復而死，埋沒了龍家豹韜，枉蹉跎歲月一死鴻毛。」

【蹉跎自誤】
虛度年華，自己把自己的前程耽誤了。《儒林外史》三九回：「長兄年力鼎盛，萬不可蹉跎自誤。」

ㄘㄨㄛˊ

【矬子穿長袍——拖拖拉拉】
矬子：〈方〉矮子，身材短小的人。見「螞蟻搬家——拖拖拉拉」。

【矬子裏拔將軍——短中取長】
見「矮子裏拔將軍——短中取長」。

【矬子裏拔將軍——小材大用】
比喻才幹不高的人挑重擔，受了重用。例委託我擔任這項活動的承辦人，對我來說，的確是矬子裏拔將軍——小材大用了。

【矬子爬山——步步登高】
見「騎馬上山——步步登高」。

ㄘㄨㄛˋ

【厝火積薪】
厝：放置。《漢書・賈誼傳》：「夫抱火厝之積薪之下而寢其上；火未及燃，因謂之安，方今之勢，何以異此！」後用「厝火積薪」比喻潛伏著極大的危險或禍害。清・黃宗羲《明夷待訪錄・奄宦下》：「奄人之衆多，即未及亂，亦厝火積薪之下也。」也作「厝薪於火」。《淸史稿・諸王一》：「躬蹈四罪，而猶逞志角力，謬欲收拾人心，是厝薪於火而云安，結巢於幕而云固也。」

【厝薪於火】
見「厝火積薪」。

【措手不迭】
見「措手不及」。

【措手不及】
來不及應付。形容事出意外，來不及對付。《水滸傳》七二回：「楊太尉倒吃了一驚，措手不及，兩交椅打翻地上。」也作「措手不迭」。《古今小說》卷二一：「薛明看見軍伍散敵，心中著忙，措手不迭，被鍾明斬於馬下。」也作「湊手不及」。《醒世姻緣傳》九七回：「那日經歷已是脫了衣裳睡倒了，他擠到屋裏，給了湊手不及，往那裏逃避？」

【措心積慮】
見「處心積慮」。

【措顏無地】
顏：臉面。臉沒地方放。形容極爲慚愧。明・陳汝元《金蓮記・釋憤》：「逐臣吹毛洗垢，自知積罪如山；學士排難解紛，反使措顏無地。」

【措置乖方】
乖方：不合條理。謂處置事情不合理。《淸史稿・王茂蔭傳》：「其措置乖方，人言藉藉，而無敢爲皇上言者，或慮無實據也。」

【措置有方】
安排處置很是得體，很有條理。《初刻拍案驚奇》卷一二：「女子見他措置有方，只道投著好人，亦且此身無主，放心隨他去。」

【措置裕如】
裕如：豐富充足，形容從容不費力。安排處理事務從容不迫，勝任愉快。淸・劉坤一《提督因疾出缺請旨簡放折》：「前署蘇松、福山等鎭篆務措置裕如，堪以委令置理。」

【錯彩鏤金】
錯：在凹下去的花紋中塗上或鑲上；鏤：刻。形容繪畫、雕刻華麗精致。也形容詩文詞藻華麗，刻意求工。南朝梁・鍾嶸《詩品・宋光祿大夫顏延之》：「湯惠休曰：『謝詩如芙蓉出水，顏如錯彩鏤金。』顏終身病之。」

【錯節盤根】
形容樹木枝節交錯，根鬚盤繞。比喻問題複雜繁難，不易解決。也比喻某種勢力根深蒂固，不易消除。明・王世貞《鳴鳳記・鄒慰夏孤》：「錯節盤根須利器，看冰山終怕暘光瑩。」也作「盤根錯節」。

【錯落有致】
錯落：交錯紛雜；致：興致，情趣。形容事物布局參差交錯，很有情趣。淸・張集馨《道咸宦海見聞錄》：「遍山皆青皮古松，不下數百株，太湖石亦高低錯落有致，異鳥飛翔，哢音木杪，眞蓬萊仙境也。」

【錯認定盤星】
定盤星：秤桿標志起算斤兩的星。比喻定主意失當。《何典》六回：「你今就年頭住到年尾巴，也巴不出甚麼好處，枉苦廢時失事，不可認錯了定盤星。」也作「把定盤星兒錯認了」。

【錯認顏標】
顏標：人名。將顏標認錯。嘲笑人糊塗懵懂，張冠李戴。五代・王定保《唐摭言・誤放》：「鄭侍郎薰主文，誤謂顏標乃魯公之後……尋爲無名子所嘲曰：『主司頭腦大冬烘，錯認顏標作魯公。』」

【錯上了墳】
比喻認錯了人。《金瓶梅詞話》二二回：「賊王八也錯上了墳。你問聲家裏這些小廝每，那個敢望著他齜牙笑一笑兒，吊個嘴兒？」也作「錯上墳」。例你可眞是演了一齣錯上墳呀！你找錯了關係，這禮不是白送了嗎？

【錯貼的門神——反臉】
門神：舊俗在兩扇大門上貼的神像，認爲可以驅鬼祛邪。門神二像順貼時，臉相對；反貼時，臉相背，故說「反臉」。比喻一反常態，或反目。例這兩個朋友，不知爲什麼，近來就像錯貼的門神——反臉了。

【錯誤百出】
形容錯誤率很高。例這個印刷廠排印質量很差，短短的一篇序言就錯誤百出。

【錯綜變化】

形容頭緒繁雜，變化很多。清・劉熙載《藝概・文概》：「惟能線索在手，則錯綜變化，惟吾所施。」

【錯綜複雜】

形容關係複雜，頭緒繁多。例儘管情況錯綜複雜，我們也要認眞調查研究，把問題搞淸楚。

ㄘㄨㄟ

【崔鶯鶯患病——心病還得心藥醫】

《西廂記》故事：崔鶯鶯同書生張君瑞一見鍾情，後因思念張生而患病。比喻思想問題還要從思想教育入手解決。例小錢的問題是思想問題，簡單地用懲罰的辦法是不行的，就像崔鶯鶯患病——心病還得心藥醫，你去找小錢談談吧。

【崔鶯鶯送郎——一片傷心說不出】

《西廂記》故事：崔鶯鶯在十里長亭，安排筵席，送郎君張生赴京趕考，依戀難捨，非常傷心。比喻心中非常痛苦，又不便或不能說出來。例趙二哥，二嫂子快走了，你好像是崔鶯鶯送郎——一片傷心說不出，對嗎？

【崔鶯鶯送郎——依依不捨】

形容捨不得離別。例大學畢業了，馬上就要各奔前程，同學們就像崔鶯鶯送郎——依依不捨。

【催命鬼】

催命鬼：迷信傳說中陰曹地府管勾魂的鬼。比喻逼迫、催促別人做某事的人。例這個催命鬼，硬是不讓人有一刻的消停。

【摧鋒陷陣】

見「衝鋒陷陣」。

【摧花斫柳】

斫：ㄓㄨㄛˊ，砍。比喻任意摧殘婦女。淸・嬴宗季女《六月霜・對簿》：「僵桃代李誠無與，摧花斫柳夫何取？」

【摧堅獲丑】

丑：衆，指敵人。摧破敵人堅固的防禦，俘獲大批頑寇。形容作戰英勇，戰功卓著。宋・曾鞏《折克行彭保轉官制》：「開通道途，收復賊聚，摧堅獲丑，爾功居多。」

【摧堅陷陣】

見「衝鋒陷陣」。

【摧堅殪敵】

殪：ㄧˋ，殺死。摧垮敵軍陣腳，殲滅大批敵寇。謂作戰英勇，所向無敵。宋・曾鞏《曲珍四廂都指揮使絳州防御使制》：「爾能躬將士徒，摧堅殪敵，斬捕甚衆，鼓行無前。」

【摧枯拉朽】

枯：枯草；朽：朽木。比喻輕易地摧毀腐朽的勢力或事物。《晋書・甘卓傳》：「將軍之舉武昌，若摧枯拉朽，何所顧慮乎。」也作「摧枯折腐」。《後漢書・耿弇傳》：「歸發突騎，以轔烏合之衆，如摧枯折腐耳。」

【摧枯折腐】

見「摧枯拉朽」。

【摧蘭折玉】

摧蘭：毀壞蘭花；折玉：折斷美玉。比喻摧殘傷害女子。清・余懷《板橋雜記・麗品》：「某本非風流佳客，謬稱浪子端莊，以文鴛彩鳳之區，排封豕長蛇之陣，用誘秦誆楚之計，作摧蘭折玉之謀。」

【摧眉折腰】

形容低頭彎腰、諂諛逢迎的樣子。唐・李白《夢遊天姥吟留別》詩：「安能摧眉折腰事權貴，使我不得開心顏！」

【摧山攪海】

形容有摧毀高山，攪動大海的神通。明・無名氏《齊天大聖》二折：「到來日戰鼓連天，喊聲振地，猛烈神摧山攪海，連珠炮有似轟雷。」

【摧身碎首】

身首俱碎。三國魏・曹植《謝封甄城王表》：「臣愚駑垢穢，才質疵下，過受陛下日月之恩，不能摧身碎首，以答陛下厚德。」

【摧陷廓清】

摧陷：摧毀；廓淸：肅淸，澄淸。攻破敵陣，肅淸敵人。比喻徹底破除和肅淸陳言積弊。唐・李漢《〈唐吏部侍郎昌黎先生韓愈文集〉序》：「嗚呼，先生於文摧陷廓淸之功，比於武事，可謂雄偉不常者矣！」

【摧心剖肝】

比喻心被摧壞、肝被剖開那樣大的痛苦和悲傷。《藝文類聚》卷三四引晋・潘岳《爲任子咸妻作孤女澤蘭哀辭》：「耳存遺響，目想余顏，寢食伏枕，摧心剖肝。」也作「摧胸剖肝」。宋・蘇軾《祭柳仲遠文》：「訃來逾年，一慟海徼，摧胸剖肝，痛我令妹。」

【摧胸破肝】

見「摧心剖肝」。

【摧志屈道】

毀滅自己的志向，歪曲自己的信仰。《宋書・隱逸傳論》：「夫獨往之人，皆稟偏介之性，不能摧志屈道，借譽期通。」

ㄘㄨㄟˇ

【璀璨奪目】

璀璨：珠玉等光彩鮮明。奪目：耀眼。形容光彩鮮明，燦爛耀眼。宋・周密《武林舊事》卷三：「玉山寶帶，尺璧寸珠，璀璨奪目。」

ㄘㄨㄟˋ

【脆而不堅】

易破碎不堅韌。比喻文章等虛有其表，沒有實際內容。例有人作文章，誇誇其談的一大篇，華而不實，脆而不堅。

【脆瓜打驢——去了一半】

脆瓜：黃瓜、菜瓜等的通稱。見「瓠瓜打狗——去了一半」。

【翠繞珠圍】

翠、珠：翠玉、珍珠，借指婦女華麗的裝飾或環境的點綴，也用來比喻侍女。翠玉、珍珠圍繞在四周。明・馮惟敏《月兒高・閨情》詞之四：「萬恨千愁，還不了冤業帳。多情自古多磨障，空有翠繞珠圍，總不如薄倖郎。」也作「**珠圍翠繞**」。

【翠消紅減】

翠、紅：借指女子頭上各色各樣的裝飾品。形容女子無心打扮，姿色減退。元・李子昌《梁州令》曲：「翠消紅減亂如麻，隔妝台慵梳掠，掩菱花。」

ㄘㄨㄢ

【攛哄鳥亂】

攛哄：攛掇，起哄；鳥亂：指像羣鳥一般喳喳亂叫。形容很多人瞎起哄，亂攛掇。《初刻拍案驚奇》卷一：「衆人起初吃酒寫合同時，大家攛哄鳥亂，心下還有信有不信的意思，如今見他拿出精晃晃白銀來做用錢，方知是實。」

【攛拳攏袖】

攛拳挽袖。形容準備格鬥。《醒世姻緣傳》三五回：「出到大門外邊，汪爲露還攛拳攏袖要打那侯小槐。」

【躥房越脊】

躥：向上跳；脊：房頂。舊小說中形容俠客、盜賊等跳上房頂，在上面飛快行走。例那盜賊施展輕功，躥房越脊，來到張先生住宅。

ㄘㄨㄢˊ

【攢花簇錦】

攢：湊和在一起。把鮮花美錦聚集在一塊兒。形容五彩繽紛的景象。《景德傳燈錄・洪洲雲居道膺禪師》：「若無恁麼事，饒你攢花簇錦，亦無用處。」也作「**簇錦攢花**」。唐・施肩吾《少婦遊春詞》詩：「簇錦攢花鬥勝游，萬人行處最風流。」也作「**花團錦簇**」。

【攢眉蹙額】

見「蹙額攢眉」。

【攢眉苦臉】

皺著眉，哭喪著臉。形容不滿意不痛快的表情。《官場現形記》一一回：「禁不住鄒太爺攢眉苦臉，求他多當兩個，總算當了四百五十錢。」

【攢三聚五】

三三五五，湊集在一起。《紅樓夢》五二回：「裏面攢三聚五栽著一盆單瓣水仙。」

ㄘㄨㄢˋ

【竄端匿跡】

謂變化多端，看不出事情的眞相。《淮南子・人間訓》：「夫事之所以難知者，以其竄端匿跡，立私於公，倚邪於正而以勝惑人之心者也。」

【篡位奪權】

篡位：臣子奪取君主的地位。謂用不正當手段奪取地位和權力。元・尚仲賢《三奪槊》四折：「那凶頑狠劣，奸滑僥幸，則待篡位奪權。」

【爨桂炊玉】

爨：燒火煮飯、炊煮。燒的柴像燒桂木一樣，煮的米像煮珠玉一樣。比喻物價昂貴。宋・司馬光《答劉蒙書》：「光雖竊托跡於侍從之臣，月俸不及數萬，爨桂炊玉，晦朔不相續。」

ㄘㄨㄣ

【村夫俗子】

指粗俗鄙陋之人。舊指平民百姓。《羣音類選〈賽四節記・踏雪尋梅〉》：「村夫俗子，枉營營豈知滋味。」

【村夫野老】

舊指沒有知識沒有地位的荒村山野之人。明・焦竑《玉堂叢話・行誼》：「周文襄公忱巡撫江南時，嘗去騶從入田野間，與村夫野老相語，問疾苦。」

【村筋俗骨】

形容人的品貌粗俗。明・無名氏《蘇九淫奔》四折：「不解他粉黛蛾眉心上事，這才是村筋俗骨下場頭。」

【村酒野蔬】

指農家自釀自種的酒和菜。《說唐》三回：「守幾畝田園，供養老母，村酒野蔬，亦可與知己談心。」

【村看村，戶看戶，羣衆看幹部】

形容幹部的一舉一動，對周圍羣衆會產生很大的影響。例「村看村，戶看戶，羣衆看幹部」你是鄉長，羣衆現在都等著看你拿什麼主意哩。

【村生泊長】

鄉村裏生，湖泊中長。形容出身貧賤。元・無名氏《孟母三移》一折：「他乃是公子人家子孫，强似你這等村生泊長，無指教的小廝每。」

【村野匹夫】

舊時對人表示輕蔑的稱謂，罵人出身卑賤，無學識少教養。泛指普通人。《三國演義》六五回：「吾家屢世公侯，豈識村野匹夫！」

ㄘㄨㄣˊ

【存而不論】

一時說不淸或弄不淸的問題，暫時擱下來，不加討論。《莊子・齊物論》：「六合之外，聖人存而不論；六合之內，聖人論而不議。」也作「**存而勿論**」。勿：不要。宋・李燾《續資治通鑑長編・太宗太平興國八年》：「念其種類蕃息，安土重遷，倘加攘卻，必致殺戮，所以置於度外，存而勿論也。」也作「**存而不議**」。唐・獨孤及《仙掌銘並序》：「後代揭厲於玄蹤者，聆其風而駭之，或謂詼詭不經，存而不議。」

【存而不議】

見「存而不論」。

【存而勿論】

見「存而不論」。

【存乎人者，莫良於眸子】

存：觀察。眸子：眼睛。觀察人的方法，沒有比觀察人的眼睛更好的了。眼睛是人心靈的窗戶，人的稟性、意念往往可從眼睛裏反映出來。《孟子．離婁上》：「存乎人者，莫良於眸子。眸子不能掩其惡，胸中正，則眸子瞭焉；胸中不正，則眸子眊焉。」

【存榮沒哀】

存：活著；沒：死去。活著享有崇高榮譽，死後令人分外哀痛。漢．蔡邕《陳太丘碑文》：「斯可謂存榮沒哀，死而不朽者矣。」

【存亡安危】

使國家面臨滅亡時得以生存下來，使十分危險的局勢可以安定。謂極大的功績和作用。《荀子．王制》：「功名之所就，存亡安危之所墮（隨），必將於愉殷赤心之所。」

【存亡繼絕】

使將亡之國得以生存下來，使將絕之嗣得以延續。《穀梁傳．僖公一七年》：「桓公嘗有存亡繼絕之功，故君子爲之諱也。」也作「**繼絕存亡**」。

【存亡絕續】

絕續：斷絕繼續。或是繼續生存，或是滅亡。形容局勢已到萬分危急的關頭。清．梁啟超《新中國未來記》：「這六十年中，算是中國存亡絕續的大關頭……其中可驚、可惱、可悲、可喜之事，不知多少。」

【存亡生死】

生存或死亡。比喻事關重大的抉擇。《太平廣記》卷三二五引《冥報記》：「問諸存亡生死所趣，略皆答對，具有靈驗。」也作「**生死存亡**」。

【存亡未卜】

卜：預料。或是生存或是死亡，無法預料。《古今小說》卷一七：「況宗族遠離，夫家存亡未卜，隨緣快活，亦足了一生矣。」

【存心不良】

懷著不好的念頭。《二十年目睹之怪現狀》一〇六回：「他不服查帳，非但是有弊病，一定是存心不良的了。」

ㄘㄨㄣˋ

【寸碧遙岑】

形容遙遠的小山像寸來大的碧玉一樣玲瓏可愛。宋．歐陽澈《歸自臨川途中感物遇事得八絕句寄秀美》詩：「寸碧遙岑隱半規，冰輪次第碾琉璃。」也作「**遙岑寸碧**」。

【寸兵尺劍】

兵：兵器。短小的兵器。極言很小的一點武力。《敦煌變文集．伍子胥變文》：「臣能止得吳軍，不須寸兵尺劍。」也作「**寸兵尺鐵**」。宋．蘇軾《策略五》：「王莽一豎子，乃舉而移之，不用寸兵尺鐵，而天下屏息，莫敢或爭。」

【寸兵尺鐵】

見「寸兵尺劍」。

【寸步不離】

緊緊跟隨而不離開。形容關係密切。《古今小說》卷一：「蔣興哥新娶這房娘子，不上四年，夫妻兩個如魚似水，寸步不離。」

【寸步不讓】

形容堅決不肯妥協讓步。例在一個團體裏，當意見分歧時，應該是少數服從多數，只有少部分人堅持己見寸步不讓，很令主事者頭痛。

【寸步難行】

形容走路、前進非常困難。也比喻處境非常艱難。老舍《暑中寫劇記》：「可是，我的腿疾有增無減，寸步難行，而我又不甘心四肢齊用，去爬。」也作「**寸步難移**」。《西遊記》三三回：「我二大王有些法術，遣了三座大山把他壓在山下，寸步難移。」

【寸步難移】

見「寸步難行」。

【寸步千里】

相距極近卻遠如千里。謂彼此很難見面。唐．盧照鄰《獄中學騷體》詩：「寸步千里兮不相聞，思公子兮日將曛。」

【寸草不留】

一根小草也不留下。形容斬盡殺絕或破壞殆盡，什麼也不剩。《二刻拍案驚奇》卷六：「隨順了，不去難爲你閤家老小；若不隨順，將他家寸草不留。」也作「**寸草無遺**」。元．喬夢符《玉蕭女兩世姻緣》三折：「我如今只著他片時間寸草無遺。」

【寸草不生】

連根小草也不長。形容災情十分嚴重。元．關漢卿《竇娥冤》四折：「他[竇娥]問斬之時，曾發願道：『若是果有冤枉，著你楚州三年不雨，寸草不生。』可有這件事來？」

【寸草春暉】

唐．孟郊《遊子吟》詩：「慈母手中線，遊子身上衣。臨行密密縫，意恐遲遲歸。誰言寸草心，報得三春暉？」意謂小草無論如何也報答不了春光的恩惠。比喻子女難於報答父母的養育之恩。例冬裘夏服慈母情，寸草春暉意難平。也作「**春暉寸草**」。清．黃景仁《題洪稚存機聲燈影圖》詩：「畫中咫尺逼親捨，南望白雲千里深。未能一笑酬苦節，空此春暉寸草心。」

【寸草無遺】

見「寸草不留」。

【寸長尺短】

見「尺短寸長」。

【寸長片善】

長：長處；善：優點。指很小的一點

兒長處、優點。宋・歐陽修《乞補館職札子》：「故錢谷刑獄之吏，稍有寸長片善爲人所稱者，皆已擢用之矣。」也作「**寸善片長**」。宋・陳亮《復吳叔異》：「雖然，今之君子何暇及此！寸善片長，輒欲與聖賢參列，豪傑爭長，何暇爭百世事業乎！」

【寸椽片瓦】
見「尺椽片瓦」。

【寸椽只瓦】
見「尺椽片瓦」。

【寸寸計較】
寸寸：小、瑣碎的樣子。在零星瑣碎的小事上計較算計。明・余繼登《典故紀聞》卷八：「恤民寧過厚，爲天下主可與民寸寸計較耶？」也作「**斤斤計較**」。

【寸寸山河寸寸金】
形容祖國山河的寶貴。清・黃遵憲《贈梁任父同年》詩：「寸寸山河寸寸金，侃離分裂力誰任？杜鵑再拜憂天淚，精衛無窮塡海心。」

【寸地尺天】
形容極小的一塊地方。唐・杜甫《洗兵馬》詩：「寸地尺天皆入貢，奇祥異瑞爭來送。」

【寸晷風檐】
寸晷（ㄍㄨㄟˇ）：一寸日光，指極短的時間；風檐：透風的屋檐，指不蔽風雨的場屋。形容科舉考場中困苦難熬的境況。清・鄒式金《雜劇三集・長公妹・考婚》：「恁枯腸仔細搜，寸晷風檐，要三場揮就。」也作「**風檐寸晷**」。

【寸積銖累】
見「寸累銖積」。

【寸累銖積】
銖：古代重量單位，十六兩制的二十四分之一兩。一寸一銖地積累。形容事物完成的艱辛。宋・尤袤《報恩光孝寺僧堂記》：「憔悴辛勤，寸累銖積，乃建衆寮，乃營丈室。」也作「**寸積銖累**」。明・朱國禎《涌幢小品・龍湫》：「自壬寅迄己卯四十餘年，寸積銖累，崇聖遺墟及郡中壇宇，煥然一新。」也作「**銖積寸累**」。

【寸量銖稱】
對很小的一點兒事物也要認眞衡量和計較。宋・蘇洵《史論下》：「又欲寸量銖稱，以摘其失，則煩不可舉。」也作「**寸量銖較**」。宋・楊時《寄翁好德》：「分文析字，寸量銖較，自謂得之。」

【寸量銖較】
見「寸量銖稱」。

【寸木岑樓】
岑（ㄘㄣˊ）樓：尖而高的樓。《孟子・告子下》：「不揣其本，而齊其末，方寸之木可使高於岑樓。」意爲不看基礎是否一致，只看頂端，那麼一寸見方的木頭也可高出尖頂的高樓。後以「寸木岑樓」比喻判斷事物，捨本就末，就會導致差距懸殊。明・胡應麟《詩藪・外篇》卷四：「況以甲所獨工，形乙所不經意，何異寸木岑樓、鈞金與羽哉！」

【寸男尺女】
指兒女。《二刻拍案驚奇》卷三二：「范氏做了四年夫妻，倒有兩年不同房，寸男尺女皆無。」

【寸善片長】
見「寸長片善」。

【寸絲不掛】
佛教用語。比喻不受塵俗牽累。也形容不穿衣服，赤身裸體。《景德傳燈錄・池州南泉禪師》：「南泉師問陸亘曰：『大夫十二時作什麼生？』答曰：『寸絲不掛。』」明・李贄《焚書・答陸思山》：「熱甚，寸絲不掛，故不敢出門。」也作「**一絲不掛**」。

【寸鐵殺人】
以很小的一件兵器殺人。比喻以少而精制勝。宋・羅大經《鶴林玉露・乙編》卷一：「蓋自吾儒言之，若子貢之多聞，弄一車兵器者也；曾子之守，寸鐵殺人者也。」

【寸莛擊鐘】
用寸長的草棍兒敲鐘。比喻自己的東西淺陋或以淺陋的能力勉强去做辦不到的事。清・袁枚《寄房師鄧遜齋先生》：「枚當撰成寄上，未知寸莛擊鐘，能表揚賢者千萬分之一否？」也作「**以莛撞鐘**」。

【寸土必爭】
很小的一片土地，也一定要爭奪，絲毫不讓。《新唐書・李光弼傳》：「[光弼曰]兩軍相敵，尺寸地必爭。」例我們的方針是針鋒相對，寸土必爭。也作「**寸土不讓**」。例國家的大好山河寸土不讓，豈容敵人逞凶狂！

【寸土不讓】
見「寸土必爭」。

【寸土尺地】
尺寸之地，形容土地極少。例在大都會地區，商場占地若有寸土尺地被占用了，通常會引起爭吵毆打。

【寸轄制輪】
轄：穿在大車軸頭上的大鐵棍。一寸長的轄就能管住車輪。比喻居於關鍵地位的小事物卻能夠掌握全局。南朝梁・劉勰《文心雕龍・事類》：「故事得其要，雖小成績，譬寸轄制輪，尺樞運關也」。

【寸心不昧】
寸心：內心，良心；昧：隱藏，違背。不昧良心。元・無名氏《延安府》二折：「你不將王法依，平將百姓欺，早難道寸心不昧。」

【寸心如割】
一顆心像是被刀割一樣。形容內心萬分痛苦。《古今小說》卷三八：「到房中寸心如割，和衣倒在床上，翻來覆去，延捱到四更盡了，越想越惱，心頭火按捺不住。」

【寸陰尺璧】
《淮南子・原道訓》：「故聖人不貴尺之璧而重寸之陰，時難得而易失也。」一寸光陰的價值比一尺長的璧玉還貴重。極言時間寶貴。三國魏·曹丕《典論·論文》：「故人賤尺璧而重寸陰，懼乎時之過已。」例可惜年輕時不懂得寸陰尺璧的道理，許多時間都白白浪費了。也作「**尺璧寸陰**」。宋·朱熹《汲清泉漬奇石……因作四小詩》之四：「慨然思古人，尺璧寸陰重。」

【寸陰若歲】
日影移動一寸的時間就像一年那樣長。形容時間過得太慢。多表示期待之情殷切。《隋書·韓擒虎傳》：「班師凱入，誠知非遠，相思之甚，寸陰若歲。」

【寸陰是競】
競：爭。謂極短的時間也要爭取、利用。南朝梁·周興嗣《千字文》：「尺璧非寶，寸陰是競。」

【寸指測淵】
用寸長的手指去丈量深淵。比喻學識極爲淺陋，難以深明事理。例我才疏學淺，在這裏妄談這部著作的偉大意義，實在是寸指測淵。

ㄘㄨㄥ

【從容不迫】
《莊子·秋水》：「儵魚出游從容，是魚之樂也。」後用「從容不迫」形容沈著鎮靜，不慌不忙。例林同學面對台下評審所表現出從容不迫侃侃而談的態度，得到大家一致的讚賞。

【從容就義】
鎮定自若，無懼無畏地爲正義赴死。《宋史·趙卯發傳》：「古人謂：『慷慨殺身易，從容就義難。』」

【從容應對】
不慌不忙，應付答對。明·李贄《焚書·雜述·豫約》：「有問乃答，不問即默，安閒自在，從容應對，不敢慢之，不可敬之。」

【從容自若】
自若：不變常態。謂沈著冷靜，遇事不慌。《舊唐書·劉世龍傳》：「而思禮以爲得計，從容自若，嘗與相忤者，必引令枉誅。」

【蔥蔥鬱鬱】
形容草木蒼翠茂盛。清·梁啟超《新羅馬·弔古》：「你看前面海岸，蔥蔥鬱鬱，綠楊城郭，煙雨樓台。」也作「**鬱鬱蔥蔥**」。

【蔥花拌豆腐——一清(青)二白】
見「菠菜煮豆腐——清清（青青）白白」。

【聰明才智】
聰：聽覺靈敏；明：視覺敏銳。泛指人的才能、智慧。北齊·顏之推《顏氏家訓·治家》：「如有聰明才智，識達古今，正當輔佐君子，助其不足。」

【聰明出衆】
智力超過一般人。《老殘遊記》一一回：「那些南革的首領……都是聰明出衆的人才。」也作「**聰明過人**」。例這孩子聰明過人，十二歲就上了大學。

【聰明反被聰明誤】
聰明人自恃聰明，不求上進，反而誤了前程。宋·蘇軾《洗兒》詩：「人皆養子望聰明，我被聰明誤一生」。也作「**聰明自誤**」。例我經常教育孩子要業精於勤，切莫聰明自誤。

【聰明過人】
見「聰明出衆」。

【聰明絕世】
謂聰明到了極點，無人能比。例其人聰明絕世，至於詞曲及笙笛簫管之屬，咸能通習。

【聰明伶俐】
伶俐：機靈，乖巧。又聰明又乖巧。《水滸》四九回：「原來這樂和是一個聰明伶俐的人。」

【聰明容易傻難】
謂耍小聰明容易，做老實人難。丁玲《談「老老實實」》：「老實是不是傻子？不是傻子，是絕頂聰明的人。古時候有一句話，說『聰明容易傻難』。這個所謂傻，就是有所爲而爲，有所爲而不爲的人，就是說眞正爲眞理去做事。」

【聰明睿智】
睿智：英明，有遠見。指人遠見卓識，精明强幹。《周易·繫辭上》：「古之聰明睿智，神武而不殺者夫。」

【聰明一世】
一生聰明。《今古奇觀》卷三：「『若我斷不出此事，枉自聰明一世。』每日退堂，便將畫圖展玩，千思萬想。」

【聰明一世，懵懂片時】
懵懂：糊塗。聰明人也有糊塗的時候。《醒世恆言》卷三七：「我杜子春聰明一世，懵懂片時。我家許多好親好眷，尙不禮我，這老者素無半面之識，怎麼就肯送我銀子？」也作「**聰明了一世，懵懂在一時**」、「**聰明一世，糊塗一時**」。

【聰明正直】
明察秋毫，公正坦率。形容品質優秀。《左傳·莊公三十二年》：「神，聰明正直而壹者也。」

【聰明之所貴，莫貴乎知人】
聰明人最可寶貴的品質就在於了解人。三國魏·劉劭《〈人物志〉序》：「夫聖賢之所美，莫美乎聰明；聰明之所貴，莫貴乎知人。」

【聰明智慧】
博學强記，心思敏捷。《西湖二集·灑雪堂巧結良緣》：「不覺魏鵬漸漸長大……聰明智慧，熟於經史。」

【聰明自誤】
見「聰明反被聰明誤」。

【聰者聽於無聲，明者見於未形】
聰：聽覺靈敏；明：視覺銳利。聽覺靈敏的人，人家未說之前已經耳有所聞了；目光銳利的人，在事物未出現之前，就已經察覺到了。謂智者透徹事理，能預見尚未發生的事情。《史記・淮南衡山列傳》：「臣聞聰者聽於無聲，明者見於未形，故聖人萬舉萬全。」

ㄘㄨㄥˊ

【從長計較】
見「從長計議」。
【從長計議】
計議：商議。遇事不急於作決定，放寬時間來慢慢考慮或解決。指對事情處理持慎重態度。《東周列國志》九二回：「懷王曰：『卿勿憂，容寡人從長計議。』」也作「**從長計較**」。《水滸後傳》一〇回：「今夜且盡歡吃酒，明日從長計較。」
【從惡如崩】
學壞就像山崩一樣迅速容易。清・顧炎武《顧亭林詩文集・蔣山傭殘稿三・留書與山史》：「家計漸窘，世情日薄，而烏衣子弟，若複染尋常百姓之習，則從惡如崩，不可複振矣。」參見「從善如登，從惡如崩」。
【從風而服】
見「從風而靡」。
【從風而靡】
靡：倒伏。謂順風倒伏。①比喻折服於某種勢力。宋・陸九淵《房杜謀斷如何論》：「韓信破趙之後發使使燕，而燕人從風而靡。」②形容隨波逐流，沒主見。宋・陸九淵《與徐子宜書》：「中人無以自立，皆從風而靡，隨波而流。」③比喻德行崇高，令人們折服。宋・陳亮《謝張侍御啟》：「欲使從風而靡，要當如日之升。」也作「**從風而服**」。《戰國策・秦策一》：「山東之國，從風而服。」
【從河南到湖南——難（南）上難（南）】
難：「南」的諧音。見「趕鴨子上架——難上難」。

【從誨如流】
誨：教導。聽從師長的教誨，像高山流水一樣，順乎自然而下。漢・蔡邕《袁滿來墓碑》：「明習《易》學，從誨如流，百家眾氏，過目能識，事不再舉，問一及三。」
【從諫如流】
諫：對君主、尊長直言規勸；如流：像水順流而下一樣迅速自然。指樂於聽取和接受批評意見。宋・范仲淹《答趙元昊書》：「今皇帝坐朝至晏，從諫如流，有忤雷霆，雖死必赦。」
【從井救人】
從井：跟著跳下井去。跟著跳下井去，營救落井的人。比喻做好事不講方式，既無益於人，又危害於己。《鏡花緣》七一回：「即使草木有靈，亦絕不肯自戕其生，從井救人。」
【從寬發落】
發落：處理，處置。謂放寬、從輕處理。《隋唐演義》一四回：「蔡公先問羅公起居，然後說到就是仁壽二年皂角林那樁事，我也從寬發落。」也作「**從輕發落**」。例念在他年幼無知，尚有悔意，對他可從輕發落，許其改過自新。
【從來好事天生險，自古瓜兒苦後甜】
險：少。從來好事就很少，自古以來瓜兒都是先苦後甜。說明好事難成。金・白樸《[中呂]喜春來・題情》：「從來好事天生險，自古瓜兒苦後甜。奶娘催逼緊拘鉗，甚是嚴。越間阻越情忺。」
【從來繫日乏長繩，水去雲回恨不勝】
恨：嘆惜，傷感；勝：盡。從來沒有長繩可以把太陽繫住，水流雲飛永遠不停止，令人嘆惜感傷。謂時光流逝，無法挽留。唐・李商隱《謁山》詩：「欲就麻姑買滄海，一杯春露冷如冰。」
【從來名利地，皆起是非心】
名利場所，總是充滿著勾心鬥角的。指官場的爾虞我詐。唐・于武陵《東門路》詩：「東門車馬路，此路有浮沈。白日若不落，紅塵應更深。從來名利地，皆起是非心。所以青青草，年年生漢陰。」
【從來天下士，只在布衣中】
天下士：天下英雄豪傑；布衣：普通百姓。自古以來，英雄卓絕之士，多出於平民之家。明・今種《魯連台》詩：「一笑無秦帝，飄然向海東。誰能排大難，不屑計奇功。古戍三秋雁，高台萬木風。從來天下士，只在布衣中。」
【從老虎口裏討肉吃】
比喻根本辦不到。例他的小氣是出了名的。你想要他掏錢，那還不是從老虎口裏討肉吃。
【從令如流】
比喻執行命令像水往下流那樣順從。《商君書・畫策》：「是以三軍之衆，從令如流，死而不旋踵。」
【從茅廁上過，也要拾塊乾屎】
形容貪婪到極點。例小李是一個即使從茅廁上過，也要拾塊乾屎的人，愛財貪婪的程度，無人能及。
【從門縫裏看人——把人看扁了】
也作「**從門縫裏看人——看扁了人**」。見「隔著門縫瞧人——把人看扁啦」。
【從輕發落】
見「從寬發落」。
【從善如登，從惡如崩】
學好，像登高山一樣困難；學壞，像山倒塌一樣容易。《三國志・吳書・張嚴程闞薛傳》：「夫人情憚難而趨易，好同而惡異，與治道相反。《傳》曰：『從善如登，從惡如崩。』言善之難也。」
【從善如流】
聽從好的意見和建議，就像高山流水那樣順流而自然。《左傳・成公八年》：「晉侵沈，獲沈子揖，初從知、范、韓也。君子曰：『從善如流，宜哉！』」也作「從善若流」。《新唐書・張玄素傳》：「從善若流，尚恐不逮，飾非拒諫，禍可既乎？」

【從善若流】
見「從善如流」。

【從梢開始吃甘蔗——越來越甜】
甘蔗上部不大甜，越到下部越甜。見「倒吃甘蔗——節節甜」。

【從俗就簡】
遵從通俗簡單易行的做法。宋・周煇《清波別志》卷下：「今士人有作一二十字簡帖，必旋檢本，模仿筆畫，從俗就簡。」

【從天而降】
形容意外地突然降臨、出現。《西遊記》三一回：「哥哥，你眞是從天而降也！萬乞救我一救！」也作「從天而下」。《漢書・周亞夫傳》：「諸侯聞之，以爲將軍從天而下也。」

【從天而下】
見「從天而降」。

【從頭徹尾】
見「從頭至尾」。

【從頭到尾】
見「從頭至尾」。

【從頭至尾】
事情由開始到結束或文章從開頭到結尾。指全過程。元・無名氏《劉玄德醉走黃鶴樓》二折：「兀那莊家，你這江南地面，一年四季，怎生春種夏鋤，秋收冬藏，從頭至尾，慢慢的說一遍，我試聽咱！」也作「從頭徹尾」。徹：貫通。宋・朱熹《答呂伯恭》之三三：「言事本只欲依元降指揮條具民間利病，亦坐意思過當，遂殺不住，不免索性說了，從頭徹尾，只是此一個病根也。」也作「從頭到尾」。例今天這事情，你從頭到尾都看到了。

【從吾所好】
根據我自己的愛好辦事。《論語・述而》：「富而可求也，雖執鞭之士，吾亦爲之；如不可求，從吾所好。」

【從斜門縫裏看人——怎麼看怎麼歪】
比喻帶著偏見看人，不可能看準。例他這個人並不壞，你是從斜門縫裏看人——怎麼看怎麼歪，不客觀。

【從心所欲】
隨自己的心意，想怎樣就怎樣。《論語・爲政》：「七十而從心所欲，不逾矩。」也作「隨心所欲」。

【從一而終】
本指用情專一，後引申爲一女不事二夫，夫死終身不再嫁的封建道德規範。《兒女英雄傳》二七回：「作者最講恕道話，同一個人，怎的女子就該從一而終，男子便許大妻大妾？」也作「從一以終」。宋・文天祥《劉良臣母哀辭》：「嗚呼，全而生之兮必全而歸之，從一以終兮尙得正，其何悲！」

【從一以終】
見「從一而終」。

【從灶門坎搬上鍋台——起手就到】
灶門坎：灶門口，即扒灰或燒火的洞口。形容事情很容易辦成。例這是一件從灶門坎搬上鍋台——起手就到的事，爲什麼不幫幫他，太自私了。

【從者如雲】
形容跟從的人像雲一樣多。宋・陳亮《祭陳肖夫文》：「從者如雲，得者寧幾？」

【從中漁利】
漁利：謀取不正當的利益。趁機會從中撈取好處。例這些人專幹走私電視、冰箱的勾當，從中漁利，大發不義之財。

【從中作梗】
作梗：使事情不能順利進行。謂在中間干擾破壞，使事情難以進行。清・張集馨《道咸宦海見聞錄》：「是以糧道必應酬將軍者，畏其從中作梗也。」

【叢輕折軸】
叢：集聚。很多輕東西積聚起來，也可以壓折車軸。比喻積小患可成大患，或讒言太多，給人以沈重的打擊。《漢書・景十三王傳》：「臣身遠與寡，莫爲之先，衆口鑠金，積毀銷骨，叢輕折軸，羽翮飛肉，紛驚逢羅，潸然出涕。」也作「羣輕折軸」。

【叢雀淵魚】
「爲叢驅雀，爲淵驅魚」的省略。比喻把本來應該擁護自己的人推到對立面去。常在下句出現「驅」字連用。清・鄭廉《豫變紀略・汲縣民王國寧上疏》：「平心而論之叢雀淵魚，非我驅之而誰也。」

【叢矢之的】
很多弓箭瞄準的靶子。比喻衆人攻擊的對象。清・譚嗣同《報貝元徵》：「今之原禍始者，必以合肥爲叢矢之的。」也作「衆矢之的」。

【叢至沓來】
叢：聚集。紛紛不斷地到來。宋・劉過《與許從道書》：「乃如某者，落魄不檢，諸所交游者莫不厭而惡之，怨怒嫉罵，叢至沓來。」也作「紛至沓來」。

ㄙ

ㄙ

【司號員打鼓——自吹自擂】
雙關語。見「癩蛤蟆敲大鼓——自吹自擂」。

【司機鬧情緒——想不開】
雙關語。比喻思想擺脫不了。不如意的事情或遭遇。例成功與失敗都是常有的事，別遭到一點挫折，就司機鬧情緒——想不開。

【司空慣見】
見「司空見慣」。

【司空見慣】
司空：古代官名。唐・孟棨《本事

詩・情感》載：唐朝詩人劉禹錫卸任和州刺史後回京，司空李紳設宴相邀，出歌伎勸酒。劉在席上賦詩：「司空見慣渾閒事，斷盡江南刺史腸。」意思是這種場面你看慣了，覺得很平常，而我卻頗有感慨，覺得很不一般。後用「司空見慣」形容見得次數多了不以爲奇。也作「**司空慣見**」。元・陸文圭《水龍吟・再次韻一首，寄藥房》詞：「更《韋娘》一曲，司空慣見，也應回睇。」也作「**司空經慣**」。宋・吳文英《婆羅門引・爲懷寧趙仇香賦》詞：「吹徹玉笙何處，曾說董雙成。奈司空經慣，未暢高情。」也作「**司空聽慣**」。元・張養浩《中呂・朝天子・攜美姬湖上》曲：「錦帳琵琶，司空聽慣，險教人喚小蠻。」也作「**司空眼慣**」。宋・李延忠《卜算子・篇計議席上》詞：「雅興染魚龍，妙舞回鸞鳳。莫道司空眼慣，還入清霄夢。」

【司空經慣】

見「司空見慣」。

【司空聽慣】

見「司空見慣」。

【司空眼慣】

見「司空見慣」。

【司令官】

比喻發號施令的人。例他是什麼人？在這兒大呼小叫的，誰任命他當司令官啦？

【司馬誇諸葛——甘拜下風】

《三國演義》中的故事：蜀將馬謖失守街亭後，諸葛亮巧施「空城計」，司馬懿怕中埋伏，引兵退去。當他知道中計之後，悔恨萬分，不禁仰天長嘆說：「我不如孔明矣！」比喻眞心佩服，或自認不如對方。例先生神機妙算，料事如神，我算是司馬誇諸葛——甘拜下風了。

【司馬青衫】

青衫：唐制，八品、九品文官所穿青色服裝。唐代詩人白居易曾貶官爲江州司馬，在湓浦口送客，遇到一位彈琵琶的商婦，有感於「同是天涯淪落人」而作詩《琵琶行》，其中有句「座中泣下誰最多？江州司馬青衫濕。」後用「司馬青衫」表示因遭際相似而表示的傷感和同情。也泛指極度悲傷。清・梁紹壬《兩般秋雨庵隨筆・唐公韻事》：「〔唐仲冕七律〕司馬青衫同灑淚，尚書紅杏舊題詞。」

【司馬炎廢魏主——襲用老譜】

《三國演義》載：公元二六五年，司馬昭長子司馬炎襲用曹丕篡漢的辦法，廢魏主曹奐。曹奐也仿照漢獻帝禪讓的作法，重修受禪台，行禪讓大禮，親捧國寶玉璽交司馬炎，下台稱臣。雙關語。比喻沿襲過去的老辦法，沒有新招。例談不上是什麼新的管理辦法，「司馬炎廢魏主——襲用老譜」，只不過是略加改良而已。

【司馬懿破八卦陣——不懂裝懂】

《三國演義》中的故事：諸葛亮出師北伐，魏將司馬懿率軍到祁山與蜀漢軍對抗。諸葛亮布下八卦陣，司馬懿不懂裝懂，揚言識得陣法，說要一舉攻破八卦陣。結果八卦陣未破，魏軍傷亡慘重，司馬懿只好敗退。見「南郭先生吹竽——不懂裝懂」。

【司馬遇文君——一見鍾情】

西漢著名文人司馬相如，才學出衆。一次到卓王孫家赴宴，遇其女兒卓文君，二人一見傾心，成爲知音。文君不顧家庭的反對，同司馬相如連夜私奔，後結爲夫妻。比喻男女之間一見面就產生了愛慕之情。例司馬遇文君——一見鍾情的婚姻是不宜鼓勵的，愛情需要建立在學歷、工作、感情的基礎上，才能牢固。也作「**張生遇見崔鶯鶯——一見鍾情**」。

【司馬昭之心】

見「司馬昭之心，路人皆知」。

【司馬昭之心，路人皆見】

見「司馬昭之心，路人皆知」。

【司馬昭之心，路人皆知】

《三國志・魏書・高貴鄉公傳》裴松之注引《漢晉春秋》載：魏帝曹髦對大將軍司馬昭把持朝攻，意圖篡位，非常氣憤，他對侍中王沈等人說：「司馬昭之心，路人所知也。」後用以指人所共知的陰謀或野心。《李自成》一卷一七章：「［司馬昭之心，路人皆知］，我身爲大帥軍師，豈是糊塗之人？」也作「**司馬昭之心，路人皆見**」。例陳經理對公司的陰謀詭計，可以說是「司馬昭之心，路人皆見」，大家要防著點。也作「**司馬之心，路人皆見**」。《民國通俗演義》一二九回：「吳氏練兵籌餉，目的專爲對奉，司馬之心，路人皆見。」也作「**司馬昭之心**」。《宋史・安惇傳》：「無君之惡，同司馬昭之心，擅事之跡，過趙高指鹿爲馬。」

【司馬之心，路人皆見】

見「司馬昭之心，路人皆知」。

【絲不如竹，竹不如肉】

絲：弦樂器；竹：管樂器；肉：歌喉。謂樂曲高下，弦樂不如管樂，管樂不如歌喉。明・許潮《龍山宴》：「［生令樂工奏樂侑酒］諺云：絲不如竹，竹不如肉，此言何如？［淨］蓋漸近自然爾。」

【絲恩髮怨】

恩怨像頭髮絲一樣。指極小的恩惠和仇恨。後多偏指仇恨。《資治通鑑・唐文宗太和九年》：「是時李訓、鄭注連逐三相，威震天下，於是平生絲恩髮怨無不報者。」

【絲髮之功】

功勞像頭髮絲一樣小。漢・蔡伯喈《上漢書十志疏》：「父子一門，兼受恩寵，不能輸寫心力，以效絲髮之功。」

【絲分縷解】

見「絲分縷析」。

【絲分縷析】

指分析的非常細致有條理。清・王士禎《池北偶談・談藝三・王振鵬》：

「振鵬，妙於界畫，運筆和墨，絲分縷析，左右高下，俯仰曲折，方圓平直，曲盡具體。」也作「**絲分縷解**」宋·趙令畤《侯鯖錄·辨傳奇鶯鶯事》：「嘗謂讀千載之書，而探千載之蹟，必須盡見當時事理，如身履其間，絲分縷解，始終備盡，乃可以置議論。」也作「**條分縷析**」。

【絲瓜筋打老婆——裝腔作勢】
絲瓜筋：絲瓜絡，即絲瓜成熟後肉內的網狀纖維。形容裝模作樣，不眞實。例假的就是假的，何苦絲瓜筋打老婆——裝腔作勢呢！也作「**啞巴對話——裝腔作勢**」。

【絲瓜秧攀上核桃樹——想巴結人（仁）】
人：「仁」的諧音。比喻企圖奉承和依附有權勢的人往上爬。例「你看，他對主任多麼殷勤啊！」「還不是絲瓜秧攀上核桃樹——想巴結人（仁）嘛！」

【絲毫不差】
沒有一點兒差錯或一點兒欠缺。例我數了，這是一千元，絲毫不差。也作「**絲毫不爽**」。爽：差失。《續傳燈錄·建康保寧興譽禪師》：「密遠化機，絲毫不爽。」

【絲毫不爽】
見「絲毫不差」。

【絲來線去】
①形容糾纏在一起，牽扯不清。宋·朱熹《朱子全書·論語》：「但顏子得聖人說一句，直是傾腸倒肚便都了，更無許多廉纖纏擾，絲來線去。」②形容呼吸微弱。《醒世姻緣傳》：「看那狄希陳躺在床上，只有一口游氣，絲來線去的呼吸。」③指工藝品作工精細微妙。《太平廣記·安樂公主》引唐·張鷟《朝野僉載》：「洛州昭成佛寺有安樂公主造百寶香爐……絲來線去，鬼出神入，隱起鈒鏤窈窕便娟。」

【絲連藕斷】
比喻表面上斷了聯繫，實際上雙方或一方對另一方在感情上仍有牽連。清·朱稻孫《無題和柘南四首》詩之三：「料得牆東憐宋玉，空教陌上憶羅敷；絲連藕斷渾閒事，對此踟躕計轉迂。」也作「**藕斷絲連**」。

【絲繩繫駱駝——不牢靠】
見「豆腐架子——不牢靠」。

【絲絲入扣】
扣：同「筘」，織布機上的機件。織布時每條經線都要從筘齒間穿過。比喻文章或藝術表演等做得十分細致，一一合拍。朱自清《經典常談·戰國策第八》：「蒯通那枝筆是很有力量的，鋪陳的偉麗，叱咤的雄豪，固然傳達出來了。而那些曲折微妙的聲口，也絲絲入扣，千載如出」。

【絲線纏麻線——越纏越亂】
比喻思維或方法不對，越搞越沒有條理。例要他改寫的文章，就像絲線纏麻線——越纏越亂，還得另請高手。

【絲線穿珍珠——串連起來】
比喻互相串通，加强聯繫。例對窮苦的人，我們要絲線穿珍珠——串連起來，共同改天換地，發展生產。

【絲線擰成一股繩——合在一起幹】
比喻團結起來，共同幹事。例既然我們的想法相同，那就絲線擰成一股繩——合在一起幹。

【絲竹管弦】
琴瑟簫笛等樂器的總稱。泛指音樂。晉·王羲之《蘭亭集序》：「雖無絲竹管弦之盛，一觴一咏，亦足以暢敘幽情。」

【絲竹陶寫】
陶寫：陶冶性情。用音樂來陶冶性情，排除煩悶。《晉書·王羲之傳》：「年在桑榆，自然至此。頃正賴絲竹陶寫，恒恐兒輩覺，損其歡樂之趣。」

【私恩小惠】
私下給人小恩小惠。《東周列國志》六八回：「臣下得借私恩小惠，以結百姓之心。」

【私房話】
指不願讓外人知道的話。例他倆好久不見面了，你別去打擾，讓他們好好說說私房話。

【私憑文契官憑印】
謂私事交涉以文契爲憑據，官事交涉以官印爲憑據。例常言道：「私憑文契官憑印，我這裏文契俱全，難道還怕他抵賴不成？」

【私淑弟子】
指未能親自受業，但仰慕之並以之爲師的學生。朱自清《燕知草序》：「所奇者，他的文筆，竟和[俞]平伯一樣，別是他的私淑弟子罷。」也作「**私淑門人**」。清·王應奎《柳南隨筆》：「[趙執信]嘗至吾邑謁定遠墓，遂以私淑門人，刺焚於冢前。」

【私淑門人】
見「私淑弟子」。

【私相傳授】
私下傳授本領。《鏡花緣》二八回：「他恐鄰國再把音韻學去，更難出人頭地，因此禁止國人，毋許[私相傳授]。」

【私相授受】
授受：給予和接受。私下裏交付和接受。《官場現形記》五二回：「雖然是一個願賣，一個願買，然而內地非租界可比，華商同洋商，斷不能私相授受。」

【私心妄念】
爲自己打算的不正當念頭。《兒女英雄傳》二四回：「怎禁得心裏並不曾有一毫私心妄念，不知此中怎的便如萬馬奔馳一般，早跳下炕來了。」也作「**私心雜念**」。雜念：不純正的念頭。例他一心爲集體，沒有一點兒私心雜念。

【私心雜念】
見「私心妄念」。

【私言切語】

私下裏說的貼心話。《樂府詩集·近代曲辭二·雙帶子》：「私言切語誰人念，海燕雙飛繞畫梁。」

【私智小慧】

自以爲是的小聰明。宋·趙鼎臣《竹隱畸士集·雜著三十三條》之三二：「庸人之私智小慧，小人之刻薄殘忍，無智慧而行殘忍，頃刻之間，內不自靜，天下安得而不亂？」

【思不出位】

所思所慮不超出自己職分的範圍。《魏書·任城王傳》：「故陳平不知錢穀之數，邴吉不問僵道之死，當時以爲達治，歷代用爲美談。但宜各守其職，思不出位，潔己以利時，靖恭以致節。」

【思鈍才窄】

思路遲鈍，才識短淺。明·胡震亨《唐音癸籤》卷七：「[劉]長卿自稱『五言長城』，詩格雖不新奇，甚能煉飾。大抵十首已上，語意稍同，落句尤甚，思鈍才窄也。」

【思而不學則殆】

殆：危險。只思考而不學習會誤入迷途。謝覺哉《想！》：「不『學』只『想』，離開實際事物，離開歷史經驗，『以感想代政策』，必然大碰釘子，所謂『思而不學則殆』！」

【思發泉湧】

見「思如泉湧」。

【思婦病母】

想媳婦卻以母親生病爲托辭。比喻爲達到個人目的編瞎話找藉口。《三國志·魏書·梁習傳》裴松之注引《魏略·苛吏傳》：「時有吏父病篤，近在外舍，自白求假。[王]思疑其不實，發怒曰：『世有思婦病母者，豈此謂乎？』遂不與假。」

【思過半矣】

已想過大半了，即大部分已明白了。宋·范仲淹《推委臣下論》：「孔子之辨門人，標以四科：一曰德行、二曰政事、三曰言語、四曰文學。以四科辨之，思過半矣。」

【思患預防】

《周易·既濟》：「君子以思患而豫防之。」後以「思患預防」指想到會發生禍患，事先採取預防措施。

【思念存想】

腦子裏總是想著。漢·王充《論衡·訂鬼》：「凡天地之間有鬼非人死精神爲之也，皆人思念存想之所致也。」

【思前慮後】

見「思前想後」。

【思前算後】

見「思前想後」。

【思前想後】

反覆地考慮算計。也指回憶過去考慮今後。《紅樓夢》八六回：「這是有年紀的人思前想後的心事。」也作「**思前慮後**」。《古尊宿語錄·筠州黃檗斷際禪師》：「我此宗門不論此事，但知息心即休，更不用思前慮後。」也作「**思前算後**」。宋·朱熹《答呂子約》：「如此下手，更莫思前算後，計較商量。」

【思如泉湧】

形容文思敏捷豐富，思路不斷。唐·劉肅《大唐新語·匡贊》：「中書令李嶠嘆曰：『舍人思如泉湧，嶠所不及。』」也作「**思發泉湧**」。南朝梁·費昶《贈除郎》：「皎皎名駒，昂昂野鶴。思發泉湧，紙飛雲落。」也作「**思如湧泉**」。宋·程頤《鄒德久本》：「人思如湧泉，浚之愈新」。也作「**思若湧泉**」。三國魏·曹植《王仲宣誄》：「文若春華，思若湧泉。發言可咏，下筆成篇。」也作「**思若泉湧**」。宋·王禹偁《謝賜御制月詩表》：「優惟尊號皇帝陛下精心六義，思若泉湧，銳意萬機，居多暇日。」

【思如湧泉】

見「思如泉湧」。

【思若泉湧】

見「思如泉湧」。

【思若湧泉】

見「思如泉湧」。

【思深憂遠】

指思慮深遠。例看著這滔滔河水，人們都從心裏佩服總工程師思深憂遠，去年冬季就組織施工，把大堤加固好了。

【思賢如渴】

想得到賢明人才就像口渴思飲那樣迫切。《三國志·蜀書·諸葛亮傳》：「將軍既帝室之胄，信義著於四海，總攬英雄，思賢如渴。」也作「**求賢若渴**」。

【斯事體大】

斯：這，這個；體：體制，規模。指事關重大。《史記·司馬相如列傳》：「然斯事體大，固非觀者之所覯也。」也作「**此事體大**」、「**茲事體大**」。

【斯斯文文】

形容舉止文雅，有教養。《紅樓夢》七回：「人家的孩子都是斯斯文文的慣了，乍見了你這破落戶，還被人笑話死了呢。」

【斯抬斯敬】

指雙方客客氣氣，相互尊重，很有禮貌。《紅樓夢》八九回：「要像如今這樣斯抬斯敬的，那裏能把這些東西白糟塌了呢？」

【斯文掃地】

斯文：指文化或文人；掃地：完全失去地位。指文化或文人不受尊重或文人自甘墮落、不顧名節。清·袁枚《隨園詩話》卷一三：「其子厚齋與余鄰居交好，和余《落花》云：『乍驚彼美從天降，直覺斯文掃地來。』」也作「**斯文委地**」。委地：拋棄在地上。宋·胡仔《苕溪漁隱叢話前集·杜少陵一》：「由杜子美以來，四百餘年，斯文委地，文章之士，隨世所能，杰出時輩，未有升子美之堂者，況室家之好邪！」

【斯文委地】
見「斯文掃地」。
【斯文一脈】
指屬於一個系統的文人。《官場現形記》一回：「趙世兄他目前雖說是新中舉，總是我們斯文一脈，將來昌明聖教，繼往開來，捨我其誰？」
【廝敬廝愛】
廝：互相。指互敬互愛。《二刻拍案驚奇》卷一一：「滿生與文姬夫妻二人，愈加廝敬廝愛，歡暢非常。」
【廝殺無如父子兵】
謂上陣廝殺，父子兵最肯賣命效力。喻指自己的親信辦事最可靠。例到底是廝殺無如父子兵呀。若不是你們幾個人爲我跑前跑後的，這件大事非辦砸了不可。
【撕破臉】
比喻打破情面或關係破裂。例幾十年老交情了，有什麼問題好好商量商量，幹嘛要弄得撕破臉。

ㄙˇ

【死抱葫蘆不開瓢】
瓢：舀水的用具，由葫蘆一切兩半製成。比喻認死理。例你跟他說了大半天，他還是死抱葫蘆不開瓢，這種人算是沒救了。
【死別生離】
指今後極難再見面的離別，或永久的離別。元·無名氏《包龍圖智賺合同文字》四折：「定道是死別生離，與俺那再養爹娘沒個相見之期。」也作「生離死別」。
【死不閉目】
見「死不瞑目」。
【死不瞑目】
死了也不閉眼。原指人死時心中還有放不下的事，現多形容極不甘心。《三國志·吳書·孫堅傳》：「卓逆天無道，蕩覆王室，今不夷汝三族，懸示四海，則吾死不瞑目。」也作「死不閉目」。唐·韓愈《潮州刺史謝上表》：「隸御之間，窮思畢精，以贖罪過，懷痛窮天，死不閉目。」也作「死未瞑目」。《資治通鑑·晋穆帝永和五年》：「石虎極其殘暴，死未瞑目，子孫爭國，上下乖亂。」
【死不死，活不活】
謂處在死不了又活不好的窘困狀態中。例她嫁給了一個窩囊廢，整天過的是死不死，活不活的日子，何時能解脫？
【死不旋踵】
旋踵：旋轉腳後跟，即轉向。指死也不後退、逃跑。《戰國策·中山》：「秦中士卒以軍中爲家，將帥爲父母，不約而親，不謀而信，一心同功，死不旋踵。」
【死不足惜】
死了也沒什麼值得可惜。形容不怕死。《宋史·傳》：「善用兵者使之無所顧，有所恃。無所顧則知死之不足惜，有所恃則知不至於必敗。」也指死了沒有什麼可惋惜的。例這個强盜作惡多端，死不足惜。
【死得其所】
指死得有價值，有意義。《魏書·張普惠傳》：「人生有死，死得其所，夫復何恨！」
【死的不明不白——糊塗鬼】
見「判官錯點生死簿——糊塗鬼」。
【死地求生】
在極其危險的境地求得生存。《新唐書·趙犨傳》：「士貴建功立名節，今雖衆寡不敵，男子當死地求生，徒懼無益也。」
【死店活人開】
店是死的，開店者是活的。謂事在人爲。例規定是死的，人是活的，俗話說的好：「死店活人開。」我就不信找不到一個兩全其美的辦法。
【死對頭】
①指不能和解的仇敵。例你們倆是一個戰壕裏爬出來的戰友，怎麼今天倒成了死對頭。②指難以克服的障礙。例歲月是花容月貌的死對頭，它能將婀娜倩女變成龍鍾老婦。
【死而不悔】
見「死而無悔」。
【死而不朽】
不朽：永不磨滅。謂身雖死而名聲、事業永存。《三國志·魏書·賈逵傳》：「逵存有忠勛，沒而見思，可謂死而不朽者矣。」
【死而復生】
死了之後又重新復生。例看著棺木中的好友，我們多希望他能夠死而復生，重新再活一次。也作「死而復蘇」。蘇：蘇醒。《三俠五義》二四回：「不料范生死而復蘇，一挺身跳出箱來，拿定朱履就是一陣亂打。」
【死而復蘇】
見「死而復生」。
【死而後已】
已：停止，完畢。到死才算罷休。《論語·泰伯》：「士不可以不弘毅，任重而道遠。仁以爲己任，不亦重乎？死而後已，不亦遠乎？」現多指爲正義事業奮鬥終生。例敬愛的周總裁一生爲公司，鞠躬盡瘁，死而後已。也作「死而後止」。《國語·晋語》：「夫二子之良，將勤營其君，復使立於外，死而後止，何日以來。」
【死而後止】
見「死而後已」。
【死而無悔】
死了也心甘情願，沒什麼後悔。《論語·述而》：「暴虎馮河，死而無悔者，吾不與也。」也作「死而不悔」。宋·李昌令《樂善錄·節娥》：「娥生長倡家，乃能堅白自守，死而不悔。」也作「死而無怨」。怨：怨恨，責怪。《說岳全傳》一五回：「倘若舉不起，然後殺他，也叫他死而無怨。」
【死而無怨】

見「死而無悔」。

【死告活央】

苦苦地央求哀告。《金瓶梅詞話》二一回：「當下二人死告活央，說的西門慶肯了。」

【死狗扶不上牆】

謂無能的人無論別人怎樣扶植他，也無濟於事。例為了他能考上大學，我們請家庭教師，又送他上補習班，可盡心盡力了。但他死狗扶不上牆，考了個一塌糊塗。

【死孩子——沒救】

比喻人或事物壞到無法挽救的地步。例這個廠子越辦越糟，現在問題成堆，簡直是死孩子——沒救啦！也作「死娃娃灌米湯——沒法救了」。

【死胡同】

胡同：小巷子。比喻行不通、絕路。例你這樣不聽勸告，可別走入死胡同啊！到時後悔就晚了。

【死胡同裏趕大車——拐不過彎來】

死胡同：走不通的小巷。比喻思想不能隨著客觀情況的變化而變化。例他仍然堅持工廠實行領班制，反對廠長負責制，眞是死胡同裏趕大車——拐不過彎來。

【死胡同裏趕大車——行不通】

死胡同：一條沒有進出口的小巷子。見「隔牆拉車——行不通」。

【死灰復燎】

見「死灰復燃」。

【死灰復燃】

燃燒後餘下的灰燼重新燃燒起來。比喻已經消失的惡勢力又重新活動起來。宋・陳亮《謝曾察院啟》：「劫火不燼，玉固如斯，死灰復燃，物有待爾。」也作「死灰復燎」。清・遁廬《童子軍・逼獄》：「若非斬草除根，全消禍種，定要死灰復燎，自惹飛災。」

【死灰槁木】

灰：煙灰；槁木：枯樹。形容人精神頹廢，毫無生氣。宋・蘇舜欽《上集賢文相書》：「故若死灰槁木，昏昏自放，而內實有所待也。」也作「槁木死灰」。

【死蛟龍，不若活老鼠】

形容生機的可貴。清・袁枚《隨園詩話・補遺》卷一：「凡菱筍魚蝦，從水中採得，過半個時辰，則色味俱變；其為菱筍魚蝦之形質，依然尚在，而其天則已失矣。諺云：『死蛟龍，不若活老鼠。』可悟作詩文之旨。」

【死扣子】

比喻想不通、解不開的問題或意見。例因為年度調薪的事，他和主任結下的死扣子，至今也解不開。

【死老虎】

比喻喪失原有權勢地位，不能再作威作福的人。例自從他犯了瀆職罪，他就成了死老虎，再不能頤指氣使了。

【死了沒人抹眼皮——斷子絕孫】

抹眼皮：有些地方舊習俗，老人死了如不閉眼，則要由兒子去抹眼皮，使之閉上。指沒有後代。比喻做缺德事的人，沒有好報應。例你如此殘暴地欺壓窮人，一定會死了沒人抹眼皮——斷子絕孫。

【死了張屠夫，不吃渾毛豬】

屠夫：以屠宰為業者；渾毛豬：未曾去毛的豬肉。比喻即使少了某重要人物或條件，事情仍能辦好。例別以為少了你，我們就什麼事也幹不成了。死了張屠夫，不吃渾毛豬，你難不倒我們！

【死裏來，活裏去】

在死亡的邊緣徘徊。形容生存環境極其險惡。例這些年，他當了替身演員，死裏來，活裏去，讓家裏人為他擔驚受怕不說，肋骨也摔斷了好幾根。

【死裏求生】

在絕境中求生路。例他這次能從綁匪手中全身而退，實在是死裏求生，幸運之至。也作「死中求生」。《後漢書・公孫述傳》：「岑曰：『男兒當死中求生，可坐窮乎！財物易聚耳，不宜有愛。』」

【死裏逃生】

從絕境中逃生。元・王實甫《西廂記》二本三折：「半萬賊兵，卷浮雲片時掃淨，俺一家兒死裏逃生。」

【死鯉魚——不張口】

比喻人不開口說話。例我的好話說盡，你還是死鯉魚——不張口，未免太不近人情了。也作「死鮎魚——不張嘴」。

【死馬當活馬醫】

比喻已知道事情成功的可能性很小，但仍作最後努力。例這筆買賣看來是做不成了。不過咱們還是死馬當活馬醫，再找他們談一次，碰碰運氣吧。

【死眉瞪眼】

眉毛不動，眼睛直呆呆地。形容呆頭楞腦。《紅樓夢》一一〇回：「偏偏那日人來的多，裏頭的人都死眉瞪眼的。鳳姐只得在那裏照料了一會子。」

【死模活樣】

指半死不活的樣子。《警世通言》卷一三：「你這丫頭，教你做醒酒湯，則說道懶做便了，直裝出許多死模活樣！莫做莫做，打滅了火去睡。」

【死腦筋】

比喻思想極度保守，不靈活、不開竅。例現在都八〇年代了，您還是死腦筋，想包辦孩子的婚事，這哪行呀！

【死皮賴臉】

指厚著臉皮、胡攪蠻纏的樣子。《紅樓夢》二四回：「還虧是我呢，要是別的，死皮賴臉的三日兩頭兒來纏舅舅，要三升米二升豆子，舅舅也就沒法兒呢！」也作「死皮涎臉」。例一般人最討厭死皮涎臉的人，如果你遇到別人拒絕你，可千萬別用這一招啊！

【死皮涎臉】
見「死皮賴臉」。
【死棋腹中有仙著】
著：下棋時每次落子或走步稱一著棋。找到妙著，死棋也有轉活的可能。比喻運籌之妙，在於一心。清・袁枚《隨園詩話》卷三：「諺云：『死棋腹中有仙著。』此言最有理。余平生得此益不一而足，要之能從人而不徇人，方妙。」
【死乞白賴】
死死地糾纏。例他不答應就算了，你何必這麼死乞白賴的呢！也作「**死求白賴**」。《兒女英雄傳》一六回：「只怕死求白賴，或者竟攔住他也不可知。」也作「**死氣白賴**」。《醒世姻緣傳》七四回：「你公公又叫調羹死氣白賴拉著，甚麼是肯放。」
【死氣白賴】
見「死乞白賴」。
【死氣沈沈】
①形容氣氛沈悶，壓抑。巴金《談〈寒夜〉》：「整夜停電也引起我不少的牢騷，我受不了那種死氣沈沈的陰暗環境。」②形容意志消沈，缺乏活力。瞿秋白《〈魯迅雜感選集〉序言》：「死氣沈沈的市儈，表面上往往會對所謂弱者表同情。」
【死且不朽】
人雖死但恩德卻永存。指至死不忘恩德。《晉書・庾亮傳》：「願陛下發明詔，遂先恩，則臣亮死且不朽。」
【死輕鴻毛】
鴻毛：鴻雁的毛，極輕。指死的毫無價值。唐・劉禹錫《謝中書張相公啟》：「身倖蟬翼，何以受恩？死輕鴻毛，固得其所。」
【死求白賴】
見「死乞白賴」。
【死去活來】
昏迷過去又蘇醒過來。指極度疼痛、悲傷或驚恐。《紅樓夢》一〇〇回：「便是小戶人家，還要掙一碗飯養活母親；那裏有將現成的鬧光了，反害的老人家哭的死去活來的？」
【死人臭一里，活人臭千里】
屍體腐臭味只能傳一里遠，而活人的壞名聲，會傳到千里之外。清・王有光《吳下諺聯》卷四：「死人臭一里，活人臭千里。蓋死人之臭，有臭之臭；活人之臭，無臭之臭也……・無臭之臭，鼻雖不知，而目為見之，耳為聞之，口為說之，一人傳十，十人傳百，百人傳千，奚止千里！」
【死人穿緞鞋——白糟蹋】
比喻白白浪費或損壞掉。有時指平白無故受到侮辱或蹂躪。例這種上等原料用來生產迷信用品，豈不是死人穿緞鞋——白糟蹋嗎？也作「**有油添不到軸頭上——白糟蹋**」。
【死人拍馬屁——討好鬼】
死人在陰間對閻王或小鬼拍馬屁。比喻低三下四到了極點。例要求你去求他吧，我才不做那種死人拍馬屁——討好鬼的事哩！
【死人欠帳——活該】
活著時候欠下的帳。雙關語。比喻自討沒趣，或自作自受。例誰叫他自不量力，去做明明辦不到的事，現在失敗了，完全是死人欠帳——活該。也作「**死鬼要帳——活該**」。
【死人身邊有活鬼】
舊謂人死鬼魂尚在，會向冤家索命。例你以為殺了人能夠不受報應嗎？別忘了死人身邊有活鬼，從今以後，你就別想安穩過日子！
【死人抬棺材——不曉得轉彎】
迷信說法，認為死人走路一直向前，不會轉彎。比喻固執，不知進退，不適可而止。例錯了就趕快回頭，死人抬棺材——不曉得轉彎，只會害了自己。
【死人下葬——無出頭之日】
也作「**死人下葬——難出頭**」。見「井底下栽花——無出頭之日」。
【死人抓雞蛋——死不放手】
比喻要做到底或控制到底，毫不放鬆。貶義。例他是一個政客，而且對權力是死人抓雞蛋——死不放手。
【死日生年】
雖是死的日子，也就像再生的日子一樣。多用作感恩之詞。唐・魏徵《十漸不克終疏》：「冀千慮一得，袞職有補，則死日生年，甘從斧鉞。」
【死傷相藉】
死的傷的相互枕藉而臥。形容死傷者極多。《元史・世祖紀五》：「以致師出連年，死傷相藉，繫累相屬，皆彼宋自禍其民也。」也作「**死傷相枕**」。唐・陸贄《請不置瓊林大盈二庫狀》：「六師初降，百物無儲，外扞凶徒，內防危堞，晝夜不息，迨將五旬，凍餒交侵，死傷相枕。」
【死傷相枕】
見「死傷相藉」。
【死生不二】
不管是活著還是死了，都不會改變。指友誼真誠牢固。《歧路燈》七二回：「此皆父親在世，締交的正人君子，所以死生不二。」也作「**生死不二**」。
【死生存亡】
指死與生、存與亡的道理。也指情勢已到關鍵時刻。《莊子・大宗師》：「孰知死生存亡之一體者，吾與之友矣。」也作「**生死存亡**」。《左傳・定公十五年》：「夫禮，生死存亡之體也。」
【死生契闊】
契：投合；闊：疏遠，離。指生死離合。《詩經・邶風・擊鼓》：「死生契闊，與子成說。」宋・范成大《送文處厚歸蜀類試》詩：「死生契闊心如鐵，風雨飄搖鬢欲絲。」
【死生契闊，與子成說】
契闊：合離。生死絕不分離，我和你立下誓言。原表示男女間彼此感情深厚，願意永遠在一起。後也表示朋友之間彼此情義深重，不願分離。《詩經・邶風・擊鼓》：「死生契闊，與子成說。執子之手，與子偕老。」

【死生榮辱】

指死亡和生存，榮耀與恥辱。《隋唐演義》四〇四：「死生榮辱，天心早已安排，何必此時預作楚囚相對？」

【死生未卜】

指無法預料死活。明．無心子《金雀記．投崖》：「袜淺弓鞋小，路途勞頓，死生未卜走無門。」

【死生有命】

舊時迷信認爲，死、生都是命中註定的。《論語．顏淵》：「子夏曰：『死生有命，富貴在天。』」《梁書．沈浚傳》：「沈浚六十之年，且天子之使，死生有命，豈畏逆臣之刃乎！」

【死生有命，富貴在天】

舊謂一個人的生死貴賤貧富等際遇皆由天命決定，個人不可強求。《論語．顏淵》：「子夏曰：『吾聞之矣：死生有命，富貴在天。君子敬而無失，與人恭而有禮。』」也作「**死生有命，禍福在天**」。例有道是：「死生有命，禍福在天。」他活了六十來歲也算長壽了。

【死生有命，禍福在天】

見「死生有命，富貴在天」。

【死生之地】

指生死存亡的關鍵。《孫子．始計》：「兵者國之大事，死生之地，存亡之道，不可不察也。」

【死生之說】

說：說法，道理。指對死和生的看法。宋．蘇洵《樂論》：「聖人之所恃以勝天下之勞逸者，獨有死生之說耳。」

【死聲活氣】

指要死要活的呻吟聲。《金瓶梅詞話》九六回：「鵲噪檐前不肯休，死聲活氣沒來由。」

【死聲咷氣】

咷：ㄊㄠˊ，哭喊嚎叫。元．無名氏《玉壺春》三折：「聽不得他死聲咷氣，惡叉白賴。」也作「**死聲淘氣**」。明．馮惟敏《醉太平．李中麓醉歸堂夜話》曲：「死聲淘氣叫皇天，老天公不管。」

【死聲淘氣】

見「死聲咷氣」。

【死水不藏龍】

龍不會在死水中安身。比喻有志之士不會安於閒適平庸的生活。《五燈會元．梁山緣觀禪師》：「問：『家賊難防時如何？』師曰：『識得不爲冤。』曰：『識得後如何？』師曰：『貶向天生國裏。』曰：『莫是他安身立命處也無？』師曰：『死水不藏龍。』」

【死亡線】

比喻威脅到生存的危險處境。例連年災荒，使那裏的人民掙扎在死亡線上。

【死亡無日】

無日：沒有多少日子了。指死期臨近。《舊唐書．李密傳》：「今兵衆既多，糧無所出，若曠日持久，則人馬困弊，大敵一臨，死亡無日矣！」

【死亡枕藉】

枕藉：縱橫相枕而臥。形容死亡的人極多。例這場戰爭結束之後，橫屍遍野，死亡枕藉，令人看了膽戰心驚。也作「**死相枕藉**」。《明史．李文祥等傳贊》：「抗言極論，竄謫接踵，而來者愈多；死相枕藉，而赴蹈恐後。」也作「**死者相枕**」。《魏書．苻堅傳》：「謝石乘勝追擊，至於青岡，死者相枕。」

【死未瞑目】

見「死不瞑目」。

【死無對證】

對證：核實。當事人已死，無法核對實情。元．無名氏《抱妝盒》三折：「你揀那大棒子打著，一下子打死了他，做的個死無對證哩！」

【死無遺憂】

死後沒留下擔憂的事。指死而心安。《淮南子．泰族訓》：「使其君生無廢事，死無遺憂。」

【死無葬身之地】

死後沒有埋身的地方。形容不得好死或結局悲慘。《紅樓夢》六九回：「若只管執定主意，豈不怕爺們一怒，尋出一個由頭，你死無葬身之地！」也作「**死無葬身之所**」。例這種十惡不赦的大壞蛋，再這麼頑冥不靈，不知悔改，最後一定會死無葬身之所的。

【死無葬身之所】

見「死無葬身之地」。

【死相枕藉】

見「死亡枕藉」。

【死心搭地】

見「死心塌地」。

【死心落地】

見「死心塌地」。

【死心塌地】

打定了主意，至死不變。多形容頑固，有時也形容堅決。元．喬孟符《鴛鴦被》四折：「這洛陽城劉員外，他是個有錢賊，只要你還了時，方才死心塌地。」也作「**死心落地**」。《兒女英雄傳》一〇回：「安公子這幾個頭眞是磕了個死心落地的。」也作「**死心搭地**」。元．馬致遠《青衫淚》三折：「是他拂茶客青山沽酒旗，伴著我死心搭地。」

【死心眼兒】

①固執不知變通。《紅樓夢》七〇回：「二爺也太死心眼兒了。」②一個心眼，專一不變。例她就是死心眼兒地愛著那個在山區工作的教員。也作「**死心眼**」。

【死羊不曾見，活羊見萬千】

除了死羊沒見過，活羊見過成千上萬。比喻見多識廣。例死羊不曾見，活羊見萬千，我什麼沒經過呀，你少跟我來這一套！

【死羊眼】

羊死後眼睛不閉。①形容睜著眼睛看不見。例他家的困難不是明擺著嗎？就你死羊眼看不見。②形容呆滯無神的眼睛。例這人長著一雙死羊眼，眞可怕。

【死樣活氣】

要死要活，陰陽怪氣的樣子。魯迅《「京派」和「海派」》：「我寧可向潑辣的妓女立正，卻不願意和死樣活氣的文人打棚。」

【死也瞑目】

見「死亦瞑目」。

【死亦瞑目】

死了也能閉眼了。表示意願如能實現，死也甘心。《三國演義》一二回：「萬望明公可憐漢家城池為重，受取徐州牌印，老夫死亦瞑目矣！」也作「死也瞑目」。例要是能把我這兒子管教好，我死也瞑目了。

【死猶未肯輸心去，貧亦其能奈我何】

死亡尚且不能使我屈服，貧窮又怎奈我何。明．黃宗羲《山居雜咏》：「鋒鏑牢囚取次過，依然不廢我弦歌。死猶未肯輸心去，貧亦其能奈我何！」

【死有餘辜】

辜：罪。死了還有罪。指罪惡極大，處死也不足以抵償。《漢書．路溫舒傳》：「蓋奏當之成，雖咎繇聽之，猶以為死有餘辜。」也作「死有餘罪」。《漢書．平當傳》：「當曰：『吾居大位，已負素餐之責矣，起受侯印，還臥而死，死有餘罪。』」也作「死有餘責」。《漢書．王嘉傳》：「幸得充備宰相，不能進賢退不肖，以是負國，死有餘責。」也作「死有餘咎」。咎：罪過。宋．宋祁《代陳州章相公乞致仕第一表》：「玷廊廟之儀型，被史家之貶戮，死有餘咎。」也作「死有餘僇」。僇：通「戮」，殺。明．沈德符《萬曆野獲編．世宗廢后》：「至殺無辜，污宮眷，如文臣李夢陽、內臣何文鼎輩所奏，眞死有餘僇。」

【死有餘咎】

見「死有餘辜」。

【死有餘僇】

見「死有餘辜」。

【死有餘責】

見「死有餘辜」。

【死有餘罪】

見「死有餘辜」。

【死於非命】

非命：非正常死亡，橫死。指遭受意外的災禍而死亡。元．無名氏《延安府》二折：「無罪之人，死於非命，咎將誰歸？」

【死魚的眼睛——定了】

見「敲下去的釘子——定了」。

【死榆木頭——不通電】

木質的東西都是絕緣體，不導電。比喻人不通情達理，聽不進別人的話。例我們已做到仁至義盡，你還是死榆木頭——不通電，再不醒悟，後悔就來不及了。也作「橡皮腦袋——不過電」。

【死者復生，生者不愧】

即使死了的人再生，活著的人面對他也不會感到慚愧。謂生者的所做所為對得起死者。《史記．趙世家》：「昔者王父以王屬義也，曰：『毋變而度，毋異而慮，堅守一心，以歿而世。』義再拜受命而籍之。今畏不禮之難而忘吾籍，變孰甚焉？變負之臣，不容於刑。諺曰：『死者復生，生者不愧。吾言已在前矣。』」

【死者相枕】

見「死亡枕藉」。

【死知府不如一個活老鼠】

知府：舊官名，為府一級的行政長官。一個下了台的知府比不上一隻活老鼠。形容人情勢利，世態炎涼。《儒林外史》一八回：「冢宰麼，是過去的事了！他眼下又沒人在朝，自己不過是個諸生。俗話說得好：『死知府不如一個活老鼠。』哪個理他？而今人情是勢利的！」

【死中求生】

見「死裏求生」。

【死重泰山】

漢．司馬遷《報任安書》：「人固有一死，或重於泰山，或輕於鴻毛。」後用「死重泰山」比喻死得很光榮，有意義。《東周列國志》一七回：「不畏強御，忠肝瀝血。死重泰山，名光日月。」

【死豬不怕開水燙】

比喻已身處最壞境地，索性任人擺佈。例今天讓你們抓到了，就沒打算再活著出去。死豬不怕開水燙，是殺是剮，隨你們的便。

ㄙˋ

【四不拗六】

拗：ㄠˋ，固執。指少數人違抗不過多數人。《二刻拍案驚奇》卷一：「辨悟四不拗六，抵擋眾人不住，只得解開包袱，攤在艙板上，揭開經來。」

【四不像】

一種長著鹿角、牛蹄、驢尾、駱駝頸的動物。比喻不倫不類的事物。例創作可不能拼湊，要不然會搞出個四不像來的。

【四不像裝鞍子——奇（騎）怪】

四不像：見「姜子牙的坐騎——四不像」；奇：「騎」的諧音。雙關語。比喻出乎意料，難以理解。有時指現象反常。例是誰把我們昨天剩下的工作做完了，眞是四不像裝鞍子——奇（騎）怪。也作「癩蛤蟆裝鞍子——奇（騎）怪」。

【四衝八達】

見「四通八達」。

【四衝之地】

見「四戰之地」。

【四處八方】

見「四面八方」。

【四大皆空】

四大：古代印度人認為地、水、火、風是構成宇宙的四大元素，叫做「四大」。佛教指堅、濕、暖、動四種性能。佛教用語，指宇宙間的一切，都是虛幻的。《水滸後傳》三一回：「普天游行，隨地跌坐，說不得從何處來；胞胎渾沌，四大皆空，沒甚姓名。」

【四大金剛掃地——有勞大駕】

金剛：佛教稱佛的侍從力士，因持金剛杵（古印度兵器）而得名。四大金剛指四天王。雙關語。表示請人做事或讓位時的客氣話。例請把前面的路讓開，四大金剛掃地——有勞大駕了。

【四大金剛騰雲——懸空八隻腳】

金剛：佛教稱佛的侍從力士，因手拿金剛杵（古印度兵器）而得名。也作「四大金剛上天——懸空八隻腳」。見「飛機上吊螃蟹——懸空八隻腳」。

【四德三從】

封建社會壓迫、奴役婦女的種種舊禮教。元・王實甫《西廂記》五本四折：「娶了個四德三從宰相女。」參見「三從四德」。

【四方八面】

見「四面八方」。

【四方棒槌——死笨】

棒槌：捶打用的圓木棒，多用來洗衣服。若作成四方形，則太笨，不便使用。比喻愚笨極了。例你說他很聰明，我看是四方棒槌——死笨。

【四方輻輳】

形容各地的人才或物品像車輻集中於車轂一樣匯集在一處。多形容城市盛況。《漢書・叔孫通傳》：「人人奉職，四方輻輳。」也作「四通輻輳」。《史記・張儀傳》：「地四平，諸侯四通輻輳，無名山大川之限。」

【四方木頭——踢一踢動一動】

比喻人懶，做事處於被動地位。有時指人笨，不靈活。例你對他要多督促點，他是四方木頭——踢一踢動一動。也作「三角木——碰一下動一下」。

【四方雲擾】

指全國各地騷亂像烏雲翻湧。形容局勢動盪。《三國志・吳書・魯肅傳》「今漢室傾危，四方雲擾。」

【四方雜處】

指來自不同地方的人雜居在一個區域生活。明・吳世濟《太和縣禦寇始末・復沈丘縣》：「況集名界溝，實三州縣交界之地，四方雜處，犯法即憑貴縣自治，不必分其為太和縣與非太和也。」也作「五方雜處」。

【四方之士】

指來自各地的賢士。《孔叢子・對魏王》：「國內之民將畔，四方之士不至，此乃亡國之道。」

【四方之志】

四方：指天下。指經略天下的遠大志向。《左傳・僖公二十三年》：「子有四方之志，其聞之者，吾殺之矣。」

【四分五裂】

分裂成很多塊。《戰國策・魏策一》：「張儀為秦連橫，說魏王曰：『……此所謂四分五裂之道也！』」也作「四分五剖」。漢・揚雄《解嘲》：「往者周罔解結，羣鹿爭逸，離為十二，合為六七，四分五剖，並為戰國。」也作「五裂四分」。

【四分五落】

指人羣分散，各奔東西。《水滸》一八回：「何觀察見衆人四分五落，趕了一夜，不曾拿得一個賊人。」也作「四離五散」。例一個國家若發動戰爭，往往會讓自己的人民四離五散，家庭破碎。

【四分五剖】

見「四分五裂」。

【四個菩薩三個豬頭——沒有你的份】

迷信的人要用豬頭供菩薩。也作「四個菩薩三個豬頭——沒有我的份」。見「三個菩薩兩炷香——沒有你的份」。

【四股叉子扎腳跟——不知哪股出的事】

比喻不知是哪裏出的問題。例事故發生了，可是四股叉子扎腳跟——不知哪股出的事，上級長官眞是官僚主義作風嚴重到極點啦。

【四海安危】

指天下的安危大計。唐・白居易《百煉鏡》詩：「四海安危居掌內，百王治亂懸心中。」

【四海波靜】

見「四海承平」。

【四海承風】

風：風化，教化。指政令教化通行天下。《孔子家語・好生》：「舜之為君也，其政好生而惡殺，其任授賢而替不肖，德若天地而靜虛，化若四時而變物，是以四海承風。」

【四海承平】

承平：承接平安。形容全國境內長期太平無事。元・白仁甫《梧桐雨》楔子：「四海承平無一事，朝朝曳履侍君王。」也作「四海波靜」。例建國以來，國強民富，四海波靜。

【四海鼎沸】

鼎沸：鼎水沸騰。喻指天下大亂，局勢動蕩。《晉書・祖逖傳》：「若四海鼎沸，豪傑併起，吾與足下當相避於中原耳。」也作「海內鼎沸」。

【四海橫流】

大海氾濫，海水奔流。喻指社會動蕩，政治混亂。《南史・張寶積傳》：「本朝危亂，四海橫流，既不能為比干之死，實未忍為微子之去，是以至晚。」也作「滄海橫流」。

【四海皆兄弟】

見「四海之內皆兄弟」。

【四海困窮】

天下的人民困苦貧窮。《尚書・大禹謨》：「四海困窮，天祿永終。」

【四海飄零】

比喻生活無著落，四處飄泊。《三國演義》二八回：「四海飄零，無容身之地。」

【四海昇平】

昇平：太平。天下太平。《鏡花緣》六六回：「共響四炮，這是四海昇平。外面如此熱鬧，你們二位也該升帳了。」

【四海為家】

①指帝王事業，天下一統。明・余繼登《典故紀聞》卷四：「人君以四海為家，因天下之財供天下之用，何有公私之別？」也作「**四海一家**」。唐・杜牧《長安雜題長句六首》之一：「四海一家無一事，將軍攜鏡泣霜毛。」②四處飄泊，到處為家。唐・劉禹錫《西塞山懷古》詩：「今逢四海為家日，故壘蕭蕭蘆荻秋。」

【四海五湖】

指全國或世界各地。宋・晁補之《送曇秀師歸庵山夢齋》詩：「四海五湖皆逆旅，千岩萬壑正秋風。」也作「**五湖四海**」。

【四海咸寧】

見「四海晏然」。

【四海晏然】

晏然：平靜，安定。指天下太平。元・無名氏《射柳捶丸》一折：「方今四海晏然，黎民樂業。」也作「**四海咸寧**」。咸寧：全都安寧。元・無名氏《射柳捶丸》一折：「方今聖人在位，四海咸寧，八方無事，眞乃太平之世。」

【四海一家】

見「四海為家」。

【四海之內】

指全中國境內，現也指全世界。《孟子・滕文公下》：「苟行王政，四海之內皆舉首而望之。」

【四海之內皆兄弟】

四海：指全國各地。全國的人都是親兄弟。例對國家民族意識甚強的王伯伯來說，四海之內皆兄弟是發揮同胞愛的表現。也作「**四海皆兄弟**」。元・李壽卿《伍員吹簫》三折：「你問我姓甚名誰……・可不道四海皆兄弟。」

【四荒八極】

指遼闊荒遠的國家或地區。唐・白居易《八駿圖》詩：「四荒八極踏欲遍，三十二蹄無歇時。」

【四會五達】

見「四通八達」。

【四季豆翻花——老來俏】

翻花：開二道花。比喻年事已高，卻喜歡打扮自己。多含諷刺意思。例老頭子、老婆婆穿花衣花裙也是美化生活的一種方式嘛，為什麼要罵人家是四季豆翻花——老來俏呢？

【四郊多故】

見「四郊多壘」。

【四郊多壘】

壘：營壘。四郊紮下許多營壘。形容敵軍迫近，形勢危急。《禮記・曲禮上》：「四郊多壘，此卿大夫之辱也。」也作「**四郊多故**」。故：變故，事故。明・吳世濟《太和縣禦寇始末・申報卻寇文》：「今力護祖陵，不敢離泗一步。四郊多故，奈何！奈何！」也作「**四郊多難**」。唐・耿湋《晚秋東遊寄猗氏第五明府解縣韓明府》詩：「四郊多難日，千里獨歸心。」也作「**四境盈壘**」。《國語・楚語下》：「四境盈壘，道殣相望，盜賊司目，民無所放。」

【四郊多難】

見「四郊多壘」。

【四腳朝天】

指仰面倒下，也指死亡。《說岳全傳》一回：「叫聲未絕，早被大鵬一嘴啄得四腳朝天，嗚呼哀哉。」

【四境盈壘】

見「四郊多壘」。

【四稜子雞蛋——難尋】

也作「**四稜子雞蛋——無處尋**」。見「上山抓螃蟹——難尋」。

【四稜子元宵——不是玩（丸）的】

四稜子：有稜角，不是圓的；元宵：用糯米粉等做成的球形食品，有餡，多煮著吃，也叫湯圓；玩：「丸」的諧音。比喻鄭重其事，不要隨便。例動手術關係到人的生命健康，四稜子元宵——不是玩（丸）的，你千萬不要疏忽大意。

【四離五散】

見「四分五落」。

【四兩撥千斤】

若使用巧勁，四兩的力量便能撥動千斤重物。比喻取得成功的關鍵不能光憑苦幹，而要巧幹。例做什麼事情都有竅門，掌握了它，就能四兩撥千斤。否則的話，一味蠻幹，費力不討好。

【四兩豆腐半斤鹽——賢惠（鹹燴）】

賢惠：也作「賢慧」，「鹹燴」的諧音。比喻婦女心地善良，對人和藹。例徐二嫂是一個四兩豆腐半斤鹽——賢惠（鹹燴）人，同公婆、妯娌、鄰居的關係都非常好。

【四兩紅肉】

比喻人的心臟。例我跟你賭咒發誓你還不信，難道要我把我的四兩紅肉掏出來嗎？

【四兩麻線——未探到底】

四兩麻線很長，一時找不到線頭。比喻摸不到人或事的底細。例對這個人，我是四兩麻線——未探到底，還不敢與他合作經營公司。

【四兩棉花八張弓——細談（彈）】

四兩棉花用八張弓來彈，一定彈得非常細。談：「彈」的諧音。比喻認眞詳細地交談。例關於這件事，下午可以到我辦公室，咱們來個四兩棉花八張弓——細談（彈）。也作「**四兩棉花八張弓——細談談（彈彈）**」、「**四兩棉花兩張弓——細談（彈）**」、「**四兩棉花兩張弓——細細談（彈）**」、「**三兩棉花四張弓——細細地談（彈）**」。

【四兩棉花——沒得談（彈）】

談：「彈」的諧音。四兩棉花數量太少，所以沒得彈。見「船上人打醮

——沒得談（壇）」。

【四兩棉花一張弓——慢慢地談（彈）】

談：「彈」的諧音。雙關語。比喻不著急，有話好好地說。有時指耐心地仔細地談心。例現在你已到了安全的地區，不要害怕，四兩棉花一張弓——慢慢地談（彈），把事情的經過和敵人的情況詳細地告訴我們。

【四兩棉花一張弓——談（彈）不上】

四兩棉花數量很少，用彈花弓不經彈。談：「彈」的諧音。比喻微不足道，不值得一談。例「你的外科手術眞高明！」「四兩棉花一張弓——談（彈）不上，我這是山中無老虎，猴子充霸王而已。」也作「四兩棉花——談（彈）不上」。

【四兩棉條子——訪（紡）一訪（紡）】

棉條子：棉條，舊式手工紡紗，必須先將棉花做成棉條；訪：「紡」的諧音。比喻調查調查或了解了解。例我想，四兩棉條子——訪(紡)一訪(紡)之後，再決定是否參加這個學術團體。也作「四兩棉花——訪（紡）一訪（紡）」。

【四兩豬頭——懶得刮】

四兩重的豬頭太小了，懶得去刮上面的毛。比喻懶得去做某事。例對觀看這種節目，我是四兩豬頭——懶得刮，讓別人去吧！

【四鄰八舍】

指前後左右的衆多鄰居。元・關漢卿《竇娥冤》二折：「四鄰八舍聽著，竇娥藥殺我家老子哩。」

【四路八方】

見「四面八方」。

【四馬攢蹄】

攢蹄：馬急馳時四蹄併集在一起。指把人或動物四肢捆在一起。《西遊記》四一回：「那怪自把三藏拿到洞中，洗剝了衣服，四馬攢蹄，捆在後院裏。」

【四面八方】

指各個方面或各個地方。《說岳全傳》七七回：「兀朮人馬雖多，怎禁得宋軍四面八方的殺來。」也作「四方八面」。宋・楊萬里《過百家渡四絕句》詩：「莫問早行奇絕處，四方八面野香來。」也作「四路八方」。《鏡花緣》一六回：「取其四路八方都可察看，易於防範。」也作「四處八方」。《官場現形記》四一回：「倘若一筆假帳被我查了出來，非但一個錢沒有，我還要四處八方寫信去壞他名聲的。」也作「四遠八方」。清・艾衲居士《豆棚閒話・介之推火封妒婦》：「[之推]隨了重耳，四遠八方，艱難險阻，無不嘗遍。」

【四面出擊】

同時向各個方面展開進攻或推進。形容工作不分先後，全盤展開。例搞建設不要四面出擊。四面出擊，只會分散資金、人力，建設也就搞不好。

【四面楚歌】

楚霸王項羽被漢軍和諸侯的軍隊層層圍困在垓下，入夜，聽見四面都有楚人的歌聲，疑心楚地都被漢軍占領了。比喻孤立無援，四面受敵，身陷困境。例誤入了敵軍的營地，要防止對方的埋伏，在四面楚歌的情形下，千萬要小心爲上。

【四面腦勺子——沒臉】

腦勺子：頭的後部。頭的四周全是腦勺子，則無臉的位置了。比喻喪失體面，見不得人。例經過那次失敗之後，他心有餘悸，至今還認爲自己是四面腦勺子——沒臉啦。

【四面受敵】

四面受到敵方攻擊。《史記・留侯世家》：「洛陽雖有此固，其中小，不過數百里，田地薄，四面受敵，此非用武之國也。」

【四平八滿】

見「四平八穩」。

【四平八穩】

①形容長相豐滿，儀表端莊。《水滸全傳》四四回：「戴宗、楊林看裴宣時，果然好表人物，生得面白肥胖，四平八穩，心中暗喜。」也作「四平八滿」。清・王濬卿《冷眼觀》二〇回：「先是漢陽那邊有個小叫化子，雖是身上衣履襤褸，然而一副面孔，卻生得四平八滿，不像個少飯吃的人。」②形容說話辦事平平穩穩無偏頗。茅盾《委屈》：「惡作劇的小偸居然使得張太太四平八穩的物質生活崩坍了好大的一角。」③也形容做事只求不出差錯，缺乏創新精神。例要敢想敢做，不能滿足於四平八穩，不犯錯誤。

【四清六活】

形容辦事精明靈俐。《水滸全傳》一八回：「這幾個都是慣做公的，四清六活的人，卻怎的也不曉事。」

【四扇屏裏捲灶王——話（畫）裏有話（畫）】

四扇屏：指四幅畫合成一組的屏條。見「門神卷灶爺——話（畫）裏有話（畫）」。

【四捨五入】

運算時取近似值的一種方法。比喻對人對事宜看主流。魯迅《隨感錄五十九・「聖武」》：「因爲歷史結帳，不能像數學一般精密，寫下許多小數，卻只能學粗人算帳的四捨五入法門，記一筆整數。」

【四十里地不換肩——抬槓的好手】

用肩膀抬東西時，爲使雙肩輪流休息，抬槓需經常在左右肩上輪換。雙關語。比喻善於爭辯或狡辯的人。例派小汪去爲公司打官司吧，他是四十里地不換肩——抬槓的好手，一定能把債款追回來。

【四時八節】

四時：指春、夏、秋、冬；八節：指立春、春分、立夏、夏至、立秋、秋分、立冬、冬至。泛指一年四季的節氣。唐・杜甫《短歌行贈四兄》詩：「四時八節還拘禮，女拜弟妻男拜弟。」

【四時氣備】

具備春夏秋冬四時之氣。比喻人氣度弘遠。南朝宋・劉義慶《世說新語・德行》：「謝太傅絕重褚公，常稱褚季野雖不言而四時之氣亦備。」

【四書熟，秀才足】

四書：即《大學》、《中庸》、《論語》、《孟子》，爲儒家主要經典著作。把《四書》讀熟了，考秀才便有足夠把握。清・范寅《越諺》卷上：「『四書熟，秀才足。』熟，非成誦之謂，其謂書中理解明晰，曲折周知，融諸心，達諸筆也。」

【四書五經】

四書：指《論語》、《大學》、《中庸》、《孟子》；五經：指《周易》、《尚書》《詩經》、《禮記》、《春秋》。泛指儒家經典著作。魯迅《上海文藝之一瞥》：「那時……君子是只讀四書五經，做八股，非常規矩的。」

【四水活】

比喻面面俱到。例這人腦子靈活，能隨機應變，四水活。

【四體不勤】

形容人懶惰，不愛勞動。《論語・微子》：「丈人曰：『四體不勤，五穀不分，孰爲夫子？』」唐・權德輿《數名詩》：「四體苟不勤，安得豐菽粟？」

【四體不勤，五穀不分】

四體：四肢；五穀：五種穀物。《周禮・天官・疾醫》：「以五味、五穀、五藥養其病。」鄭玄注：「五穀，麻、黍、稷、麥、豆也。」一說爲稻、黍、稷、麥、菽五種。謂不從事生產勞動，一般的常識都不懂。《論語・微子》：「子路問曰：『子見夫子乎？』丈人曰：『四體不勤，五穀不分，孰爲夫子？』植其杖而蕓。」

【四亭八當】

形容一切都很妥貼合適。宋・朱熹《答呂伯恭》：「不知如何整頓得此身四亭八當，無許多凹凸也。」也作「**四停八當**」。明・何良俊《四友齋叢說・書》：「山谷云：『古人雖顛草，皆四停八當。』。」

【四停八當】

見「四亭八當」。

【四通八達】

四面八方都有道路通達。形容交通十分便利。北魏・崔鴻《十六國春秋・南燕錄・慕容德》：「滑台四通八達，非帝王之居。」也形容能溝通各方面或各種關係。也作「**四通五達**」。《史記・酈生陸賈列傳》：「夫陳留，天下之沖，四通五達之郊也。」也作「**四會五達**」。南朝宋・鮑照《蕪城賦》：「重江復關之隩，四會五達之莊。」也作「**四衢八達**」。清・章學誠《文史通義・橫通》：「通人之名，不可以概擬也，有專門之精，有兼覽之博……然通之爲名，蓋取譬於道路，四衢八達，無不可至，謂之通也。」

【四通輻輳】

見「四方輻輳」。

【四通五達】

見「四通八達」。

【四望無際】

四周看不到邊際。形容十分遼闊。唐・權德輿《早發杭州泛富春江・寄陸三十一公佐》詩：「四望浩無際，沈憂將此同。」也作「**一望無際**」。

【四維不張】

四維：舊時稱禮、義、廉、恥爲四維；張：開展，推行。四維不能伸張。喻指綱紀廢弛，政令不行。《管子・牧民》：「四維不張，國乃滅亡。」

【四鄉八鎮】

泛指周圍衆多的村鎮。《官場現形記》一四回：「當下統率大隊走到鄉下，東西南北，四鄉八鎮，整整兜了一個大圈子。」

【四姻九戚】

形容各方面親戚很多。例他準備爲兒子辦婚事時，把三姑八姨、四姻九戚都請來。

【四遠八方】

見「四面八方」。

【四月的冰河——開動（凍）】

動：「凍」的諧音。雙關語。比喻開始行動或運行。例隊伍已經到齊，我宣布四月的冰河——開動（凍），向敵人四零五高地進攻。

【四月的花園——有理（李）有性（杏）】

理：「李」的諧音；性：「杏」的諧音。雙關語。比喻有理性，懂道理。例你直接去找老黎談談，他是四月的花園——有理（李）有性（杏），不會難爲你的。

【四月的桃花——謝了】

雙關語。表示感謝的話。例對你們的無償援助，我代表全廠職工在此表示，四月的桃花——謝了。

【四戰之地】

指四面受敵、兵家必爭的戰略要地。《後漢書・呂布傳》：「君擁十萬之衆，當四戰之地，撫劍顧眄，亦足以爲豪。」也作「**四戰之國**」。《史記・樂毅列傳》：「趙，四戰之國也，其民習兵，伐之不可。」也作「**四衝之地**」。衝；衝突，衝擊。《水滸後傳》二六回：「燕青原說四衝之地，勸我移營，悔不聽他，爲賊徒所敗，把一世英名都喪了！」

【四戰之國】

見「四戰之地」。

【寺裏的木魚——任人敲打】

木魚：僧尼念經、化緣時敲打的響器，木製中空，形狀像魚。比喻聽任別人挖苦和欺凌。例此人軟弱無能，在工廠裏，長期成了寺裏的木魚——任人敲打。

【寺裏起火——妙哉（廟災）】

妙哉：「廟災」的諧音。雙關語。比喻非常美好。表示對美好事物的讚嘆。例先生的草書，猶如龍飛鳳舞，實在是寺裏起火——妙哉（廟災）。

【寺廟裏的鐘——該打】

見「洪爐裏的料——該打」。

【寺破僧醜，也看佛面】

即便寺院再破、和尚再醜，也要看佛面。比喻條件再差、人再不濟，礙於其主人的面子也要對其有所看顧。例就算他工作能力再差，但由於他是他的老師介紹進來的，雖然是寺破僧醜，也看佛面別解雇他。

【似曾相識】

好似曾經認識。指眼前的人或物以前似曾見過。宋·晏殊《浣溪沙》詞：「無可奈何花落去，似曾相識燕歸來，小園香徑獨徘徊。」

【似懂非懂】

好像明白，其實又沒全明白。例今天我精神不濟，這堂課聽得似懂非懂。

【似箭在弦】

好像箭搭在弓弦上。指勢在必發。茅盾《子夜》八：「一句問話，似箭在弦，直衝到眉卿的臉上了。」

【似夢方覺】

像剛從睡夢中覺醒。比喻從糊塗狀態中剛剛醒悟過來。《西遊記》七六回：「老怪聞言，歡欣不已，眞是如醉方醒，似夢方覺。」也作「如夢方醒」。

【似漆如膠】

像漆和膠粘結在一起。比喻關係十分親密，難分難捨。《紅樓夢》五回：「就是寶玉黛玉二人的親密友愛，也較別人不同；日則同行同坐，夜則同止同息，眞是言和意順，似漆如膠。」也作「如膠似漆」。

【似是而非】

好像是對的，其實是錯的。晉·葛洪《抱朴子·崇敬》：「嫌疑象類，似是而非。」

【似水流年】

形容光陰一年年過去，似流水一樣，不再復返。明·湯顯祖《牡丹亭》十齣：「則爲你如花美眷，似水流年。」

【似水如魚】

比喻夫妻或情侶之間關係親密和諧。《醒世恒言》卷二五：「白氏過門之後，甘守貧寒，全無半點怨恨……眞個夫妻相得，似水如魚。」也作「如魚似水」。

【似玉如花】

形容女子姿容像鮮花和美玉那樣動人。老舍《趙子曰》一：「公寓的老板就能請出一兩位似玉如花的大姑娘作陪。」也作「如花似玉」。

【似醉如痴】

形容人像酒醉或呆傻一樣，精神恍惚不正常。明·無名氏《魏徵改詔》二折：「著人腦蓋天靈碎，唬的他似醉如痴。」也作「如醉如痴」。

【駟不及舌】

匹馬之車也追不回說出的話。指說話應愼重，否則追悔莫及。元·陶宗儀《輟耕錄·四卦》：「象曰：駟不及舌，滕口說也，一言之失，悔何追也。」

【駟馬高車】

四匹馬拉著的高蓋車，多爲顯貴者所乘。元·關漢卿《金線池》一折：「做的個五花誥夫人，駟馬高車錦繡裀。」也作「高車駟馬」。

【駟馬難追】

比喻話既說出，難以挽回。明·徐畛《殺狗記·諫兄觸怒》：「今日一語較交，他時駟馬難追。」

【駟之過隙】

比喻時間過得極快。《禮記·三年問》：「三年之喪，二十五月而畢，若駟之過隙。」

【俟河之清】

俟：等待。等待黃河由濁變清。比喻事情難以成功。《左傳·襄公八年》：「周詩有之曰：『俟河之清，人壽幾何？』」

【肆奸植黨】

縱容奸賊胡作非爲，培植黨羽勢力。《明史·馮恩傳》：「宗鎧與同官孫應奎復言，鋐肆奸植黨，擅主威福，巧庇龍等，上格明詔，下負公論，且縱二子爲奸利。」

【肆口而食】

張開嘴大吃。比喻隨意，無拘束。晉·陸機《演連珠》：「放身而居，體逸則安；肆口而食，屬厭則充。」

【肆無忌憚】

指非常放肆，毫無顧忌。《元史·盧世榮傳》：「世榮居中書數月，恃委任之專，肆無忌憚，視丞相猶虛位也。」

【肆行非度】

任意爲所欲爲，不顧禮法。《左傳·昭公二十年》：「肆行非度，無所還忌。」

【肆行無忌】

指任意胡作非爲，毫無顧忌。《民國通俗演義》一一九回：「觀其輕弄國兵，喋血畿甸，肆行無忌，但徇一黨之私。」

【肆言極罵】

見「肆言詈辱」。

【肆言詈辱】

詈：ㄌㄧˋ，罵。恣意胡說，辱罵。宋·洪邁《夷堅丙志·奉閣梨》：「或得酬謝不滿意，輒肆言詈辱。」也作「肆言極罵」。南朝宋·劉義慶《世說新語·雅量》：「〔裴景聲〕乃故詣王〔夷甫〕，肆言極罵，要王答己，欲以分謗，王不爲動色。」

【肆言如狂】

像發狂一樣胡言亂語。宋·洪邁《夷堅丙志·河北道士》：「二人墜於池，宮率急拯之，不肯上，肆言如狂。」

【肆言無憚】

見「肆言無忌」。

【肆言無忌】

忌：顧忌。毫無顧忌地信口亂說。

《明史・吳一鵬傳》：「乃謂臣等留一皇字以朏陛下，又謂『百皇字不足當父子之名』，何肆言無忌至此。」也作「**肆言無憚**」。宋・周密《齊東野語・紇石烈子仁詞》：「子仁蓋女眞之能文者，故敢肆言無憚如此。」

【肆意橫行】
隨心所欲地爲非作歹。宋・歐陽修《再論置兵御賊札子》：「數千里內，殺人放火，肆意橫行，入州入縣，如入無人之境。」

【肆意妄爲】
毫無顧忌地胡作非爲。《野叟曝言》六〇回：「然又怕他因小過不戒，而馴之大過，故令大媳管束，督做女工之事，非縱之使毫無忌憚，肆意妄爲也。」也作「**肆意妄行**」。《五代史演義・自序》：「王者不作而亂賊盈天下，其狡且黠者，挾詐力以欺凌人世，一或得志，卻肆意妄行。」

【肆意妄行】
見「肆意妄爲」。

【肆應之才】
可以隨意應對各種事情的才能。例此人能言善辯，頗具肆應之才。

ㄙㄚ

【撒巴掌】
比喻對事情放手不管。例他對主管的工作，不管大小，都一絲不苟，從來不撒巴掌。

【撒村罵街】
撒村：說粗魯話；罵街：不指名道姓地當衆謾罵。用粗魯下流的話罵大街。老舍《離婚》：「自己的妻子呢，只會趕小雞，叫豬，和大聲嚇喝孩子。還會撒村罵街呢！」

【撒大潑】
比喻不講道理，蠻橫吵鬧。例你不要怕她撒大潑，還是堅持以理服人，慢慢開導她。

【撒嬌賣俏】
撒：盡量施展出，耍出。施展嬌態，賣弄俏麗。《醒世姻緣傳》八回：「穿了極華麗的衣裳，打扮得嬌滴滴的，在那公子王孫面前撒嬌賣俏。」

【撒嬌撒痴】
撒：故意做出；痴：憨痴。仗恃寵愛故作嬌憨的姿態。《警世通言》卷二：「那婆娘不達時務，指望偎熟老公，重做夫妻，緊捱著酒壺，撒嬌撒痴，甜言美語。」

【撒科打諢】
科：古典戲曲中的表情動作；諢：有趣、引人發笑的話。指穿插在戲曲裏的各種逗引觀衆發笑的表演和道白。也泛指引人發笑的動作和言談。元・李好古《張生煮海》一折：「與你這一間幽靜的房兒，隨你自去打筋斗，學踢弄，舞地鬼，喬扮神，撒科打諢，亂作胡爲。」也作「**插科打諢**」。

【撒賴放潑】
謂耍無賴，蠻橫胡鬧。例那女孩兒自幼嬌慣成性，仗著父母寵愛，慣會撒賴放潑。

【撒靦腆】
指裝出害羞的樣子。例丟人的事你都做了，還撒靦腆做什麼？

【撒泡尿照照自己】
謂應對自己的粗鄙醜陋有自知之明。例你也不撒泡尿照照自己，像你這樣考試老不及格的人也能上大學？

【撒潑打滾】
撒潑：耍無賴。大哭大鬧，滿地打滾，蠻不講理。《紅樓夢》八〇回：「他雖不敢還手，便也撒潑打滾，尋死覓活。」

【撒潑放刁】
撒潑：耍無賴；放刁：用狡猾欺詐的態度爲難人。狡猾耍賴，故意刁難人。《紅樓夢》一〇〇回：「有時遇見也不敢周旋他，倒是怕他撒潑放刁的意思。」

【撒潑行凶】
放刁逞蠻，打人甚至殺人。《水滸》一二回：「原來這人是京師有名的破落戶潑皮，叫做沒毛蟲牛二，專在街上撒潑、行凶、撞鬧。」

【撒手閉眼】
撒手：放開手不管；閉眼：閉著眼不看。意指對事情不再負責，不再插手。例事態既然不可收拾，衆人皆無能爲力，也只好撒手閉眼了。

【撒手不爲奸】
謂男女不在一處，就不會有奸情。《三刻拍案驚奇》二九回：「自古『撒手不爲奸』，他一個在床上，一個在灶前，就難說了。」

【撒手長逝】
撒手：手指鬆散開來；長逝：死亡。形容人死亡前夕的情態。秋瑾《輓母聯》詩：「哀哉數朝臥病，何意撒手竟長逝？」

【撒丫子】
丫子：即腳丫子。形容大步奔跑。例大家一聽會後禮堂放電影，還沒等宣布散會，就撒丫子往禮堂跑了。也作「**撒鴨子**」。例汽車快進站了，撒鴨子就追，要不然快遲到了。

【撒野火】
比喻惹是非，找麻煩。例大伙兒正忙著商量正事，她卻不管三七二十一，跑來就撒野火，把大伙全惹惱了。

【撒詐搗虛】
撒詐：盡量施展欺詐；搗虛：反覆擺弄虛假。謂絞盡腦汁說謊騙人。《西遊記》一回：「祖師喝令：『趕出去！他本是個撒詐搗虛之徒，那裏修什麼道果！』」

ㄙㄚˇ

【灑淚而別】
掉著眼淚告別。《兒女英雄傳》四〇回：「鄧九公一直送到岔道口，才和安老爺灑淚而別。」

【灑掃應對】
見「灑掃應對進退」。

【灑掃應對進退】
灑掃：灑水掃地，借指家務；應對：泛指言談酬答；進退：指迎來送往的禮節。舊指青年人居家在尊長面前應有的基本的言行規範。《論語・子張》：「子夏之門人小子，當灑掃應對進退，則可矣，抑末也。」也作「**灑掃應對**」。宋・陳亮《經書發題・禮記》：「今取《曲禮》若《內則》、《少儀》諸篇，羣而讀之，其所載不過日用飲食、灑掃應對之事要，聖人之極致安在？」

【撒豆成兵】
撒出豆子能變成士兵。舊小說戲曲中所說的一種法術。《封神演義》八三回：「面如赤棗落腮鬍，撒豆成兵蓋世無。」

ㄙㄚˋ

【颯爽英姿】
颯爽：豪邁矯健；英姿：英俊威武的姿態。形容意氣風發，威武豪邁的姿態。清・黃遵憲《題黃佐廷贈尉遺像》詩：「不將褒鄂畫凌煙，颯爽英姿尚凜然。」也作「**英姿颯爽**」。

ㄙㄜˋ

【色膽大如天】
謂一旦陷入對異性的狂熱追求之中，人就會不顧一切，膽大包天。元・無名氏《替殺妻》一折：「不睹時摟抱在祭台邊，這婆娘色膽大如天，恰不怕柳外人瞧見。」也作「**色膽包天**」。

【色膽迷天】
色：女色。形容貪戀女色，不顧一切。《初刻拍案驚奇》卷一七：「吳氏經過兒子幾番道兒，也該曉得謹慎些，只是色膽迷天，又欺他年小，全不照顧。」

【色膽如天】
貪戀女色的膽量如天一般沒有邊際，形容荒淫無度。《說岳全傳》七九回：「看那瑞仙郡主，猶如酒醉楊妃……按不住心頭慾火，一時色膽如天。」

【色飛眉舞】
色：臉色。形容極其喜悅得意的樣子。清・鄭方坤《邯鄲士人小傳・劉續邵》：「尤熟於歷代史，抵掌談成敗，如親見之，間及忠孝節義事，則色飛眉舞，或泣下沾襟不自禁。」也作「**眉飛色舞**」。

【色厲膽薄】
見「色厲內荏」。

【色厲內荏】
色：神色；荏：怯弱。外表强橫，內心怯弱。漢・王充《論衡・非韓》：「奸人外善內惡，色厲內荏。」也作「**色厲膽薄**」。《三國志・魏書・魏武帝紀》：「公（曹操）曰：『吾知[袁]紹之爲人，志大而智小，色厲而膽薄。』」

【色盲看圖紙——分不清青紅皂白】
色盲：眼睛不能辨別顏色的病，由視網膜的錐狀細胞內缺少某些成分引起。比喻認識模糊，不辨是非曲直。例不弄清事實眞相，不考慮責任大小，各打五十大板，羣衆說你這個組長是色盲看圖紙——分不清青紅皂白。也作「**顏料店的抹布——分不清青紅皂白**」。

【色若死灰】
臉色慘白如死灰。形容驚懼失常的情態。《莊子・盜跖》：「目芒無見，色若死灰。」

【色色俱全】
色：種類；俱：都。指各式品種都齊全。例這家美術用品店所賣的繪畫顏料色色俱全，你只要來這裏選購就可以了。

【色是殺人刀】
謂沉迷女色會招致折壽喪生的禍患。元・楊景賢《劉行首》二折：「你道只候處官人每等待著，休辜負値千金一刻春宵。你向尊前席上逞妖嬈，妝圈套，大古里色是殺人刀。」

【色授魂與】
色：神色；授：授予；與：許，從。一方傳情，一方傾心。形容雙方心慕神交，情投意合。南朝宋・謝靈運《江妃賦》：「投明璫以申贈，覬色授而魂與。」

【色衰愛弛】
色：姿色；弛：減弱。舊指美女容顏衰老，所受的寵愛也隨之減弱。《史記・呂不韋傳》：「以色事人者，色衰而愛弛。」也作「**色衰愛寢**」。寢：停止。例古代帝王的妾妃若色衰愛弛，很容易就被打入冷宮，終老一生。

【色衰愛寢】
見「色衰愛弛」。

【色爲禍媒】
色情是引發災禍的媒介。例常言道：「色爲禍媒。」這話一點都不錯，一些青少年就是由於色情影片的毒害，才走上犯罪道路的。

【色藝絕倫】
色：美貌；藝：技藝；倫：同類。姿色和技藝都超羣拔俗，在同類中獨一無二。宋・無名氏《李師師外傳》：「師師無所歸，有倡籍李姥者，收養之。口比長，色藝絕倫，遂名冠諸坊曲。」

【色藝兩絕】
見「色藝雙絕」。

【色藝雙絕】
姿色、技藝都絕無僅有，無與倫比。宋・無名氏《李師師外傳》：「爲帝言隴西氏色藝雙絕，帝艷心焉。」也作「**色藝兩絕**」。宋・胡仔《苕溪漁隱叢話前集・〈囀春鶯〉》：「王晋卿都尉既喪蜀國，貶均州，姬侍盡逐。有一歌者，號『囀春鶯』，色藝兩絕。」

【色藝無雙】
美貌、技藝再沒第二人可比。清・李斗《揚州畫舫錄》卷五：「小旦馬大保，為美臣子，色藝無雙。」

【瑟弄琴調】

見「瑟調琴弄」。

【瑟瑟縮縮】

形容畏縮，不大膽。《二十年目睹之怪現狀》七三回：「彌軒望了他一眼，他就瑟瑟縮縮的出去了。」

【瑟調琴弄】

《詩經・小雅・常棣》：「妻子好合，如鼓琴瑟。」後即以「瑟調琴弄」比喻夫妻感情和美。《羣音類選〈紅拂記・紅拂寄訊〉》：想那日瑟調琴弄，嘆中途付與東風。」也作「瑟弄琴調」。明・汪廷訥《獅吼記》：「瑟弄琴調，好合誠堪慰。」

ㄙㄞ

【腮幫貼膏藥——不留臉面】

腮幫：腮，兩頰的下半部。比喻做事不顧情面。例公事公辦，對三親六戚也要腮幫貼膏藥—不留臉面。也作「新媳婦拜堂——不留臉面」。

【腮幫子上拔火罐——顧不得臉面】

拔火罐：中醫的一種治療關節炎、肺炎、神經痛等症的方法，在小罐內點火燃燒片刻，把罐口扣在皮膚上，造成局部瘀血，達到治療目的。腮上拔火罐，造成局部瘀血，有礙臉面。見「馬打架用嘴碰——顧不了臉面」。

【塞耳偷鈴】

塞住耳朵去偷鈴鐺。比喻自己欺騙自己。《五燈會元・雪峯存禪師法嗣》：「冥冥漠漠，無覺無知，塞耳偷鈴，徒自欺誑。」

【塞狗洞】

比喻把錢財花費在無用的或不正當的地方。例你怎麼借錢給他作投機買賣？這不是拿錢塞狗洞嗎？

【塞井夷灶】

夷：平。填平井，毀掉灶。表示決心進軍，決一雌雄。《左傳・襄公十四年》：「雞鳴而駕，塞井夷灶，唯余馬首是瞻。」

ㄙㄞˋ

【塞北江南】

塞北：舊指長城以北。泛指我國北方和南方。唐・韋蟾《送盧潘尚書之靈武》詩：「賀蘭山下果園成，塞北江南舊有名。」也作「塞北交南」。交：漢代交州的略稱。清・趙翼《六十自述》詩：「生平遊跡遍天涯，塞北交南萬里睽。」

【塞北交南】

見「塞北江南」。

【塞翁失馬】

塞：邊塞；翁：老人兒。《淮南子・人間訓》：「近塞上之人，有善術者，馬無故亡而入胡。人皆吊之。其父曰：『此何遽不為福乎？』居數月，其馬將胡駿馬而歸。」後以「塞翁失馬」比喻雖暫時受到損失，卻可能因此而得到好處。也比喻壞事不一定絕對壞，有時反而可以變為好事。宋・魏泰《東軒筆錄・曾魯公識度精審》：「塞翁失馬，今未足悲；楚相斷蛇，後必為福。」也作「塞翁失馬，安知非福」。《慈禧太后演義》二回：「今已送給溥儀，何妨將錯就錯，塞翁失馬，安知非福。」

【塞翁失馬——安知非福】

見「塞翁失馬」。

【塞翁失馬——因禍得福】

比喻雖然暫時受到損失，卻因此得到了好處。即壞事可以變成好事。例敵人的封鎖，儘管當時給我們帶來了一些困難，但是塞翁失馬——因禍得福，我們獨立自主，自力更生的精神更強了，工農業發展更迅速了。

【賽雪欺霜】

欺：賽過，超過。冷賽過雪，寒超過霜。比喻表情極為冷淡，嚴厲。《兒女英雄傳》三回：「姑娘因作了那等一個夢，這一提起兒，又把他那斬鋼截鐵的心腸、賽雪欺霜的面孔給提回來，更打了緊板了！」

ㄙㄠ

【搔耳搥胸】

摳撓耳朵，捶打胸膛。形容後悔、煩惱的神態。例看到他一副搔耳捶胸的樣子，就知道他做錯事了。

【搔首踟躕】

搔首：撓腦袋；踟躕：來回走動。形容焦急、惶惑或猶豫的樣子。《詩經・邶風・靜女》：「靜女其姝，俟我於城隅。愛而不見，搔首踟躕。」

【搔首弄姿】

見「搔頭弄姿」。

【搔頭不知癢處】

搔：撓。要撓頭止癢，卻又弄不清發癢的地方。比喻做事抓不住要害之處。例想要解決問題，卻又搔頭不知癢處，連問題的癥結在哪兒都不清楚，結果忙了半天，問題還是一大堆。

【搔頭摸耳】

抓抓頭皮，摸摸耳朵。形容一時無法可想的焦急神態。例大家苦思良久，皆搔頭摸耳，想不出更妥善的辦法來。也作「搔頭抓耳」。《官場現形記》四一回：「王柏臣那面也曉得了，急得搔頭抓耳，坐立不安。」

【搔頭弄姿】

弄：賣弄。形容故作姿態，賣弄風情。《後漢書・李固傳》：「遂共作飛章虛誣固罪曰：『大行在殯，路人掩涕。固獨胡粉飾貌，搔頭弄姿，盤旋偃仰，從容冶步，略無慘澹傷悴之心。』」也作「搔首弄姿」。例看看她那搔首弄姿的模樣，實在不太像出身於書香門第的子女。

【搔頭抓耳】

見「搔頭摸耳」。

【搔著癢處】

唐・杜牧《讀韓杜集》詩：「杜詩韓集愁來讀，似倩麻姑癢處搔。」後便以「搔著癢處」比喻言語或行動正合其心意，極爲中肯。《野叟曝言》八〇回：「聽著飛娘說話，郤反搔著他癢處，點頭自喜。」

【騷狐子見不得關二爺——邪不壓正】

騷狐子：即狐狸；關二爺：指三國時蜀漢大將關羽，他與劉備、張飛結爲異姓兄弟，排名第二，故稱他爲關二爺。比喻歪風邪氣壓不過正氣。例這幫小流氓終於在尹大伯面前低頭了，眞是騷狐子見不得關二爺——邪不壓正。

【騷人詞客】

見「騷人墨客」。

【騷人墨客】

騷人：屈原作《離騷》，其後有騷體，故稱騷體辭賦的作者爲騷人，泛指詩人；墨客：文人。指以文學創作爲己任的文人或風雅文人。宋・朱熹《答徐斯遠三首》：「昌父志操文詞，皆非流輩所及……不過欲其刊落枝葉，就日用間深察義理之本然，庶幾有所據依，以造實地，不但爲騷人墨客而已。」也作「**騷人墨士**」。明・徐復祚《曲論》：「而風教當就道學先生講求，不當責之騷人墨士也」。也作「**騷人詞客**」。宋・辛棄疾《念奴嬌・賦傅岩叟香月堂兩梅》：「未須草草，賦梅花，多少騷人詞客。」

【騷人墨士】

見「騷人墨客」。

ㄙㄠˇ

【掃除天下】

掃除：淸除，肅淸。肅淸天下邪惡，使社會趨於淸明安定。《後漢書・陳蕃傳》：「蕃年十五，嘗閒處一室，而庭宇蕪穢。父友同郡薛勤來候之，謂蕃曰：『孺子何不灑掃以待賓客？』蕃曰：『大丈夫處世，當掃除天下，安事一室乎！』」

【掃地打跟頭——成心起哄】

比喻有意聚衆鬧事，進行搗亂。例如果誰要掃地打跟頭——成心起哄，就應繩之以法，這樣才能保障社會的安寧與秩序。

【掃地打筋斗——成精作怪】

筋斗：跟頭；成精：成了妖精。形容人調皮搗蛋。貶義。例這羣青少年掃地打筋斗——成精作怪，應當嚴加管束，不然，會走上邪路的。

【掃地而盡】

見「掃地俱盡」。

【掃地焚香】

舊時形容淸幽的隱居生活。宋・陸游《北窗即事》詩：「衡芳隨力葺幽居，掃地焚香樂有餘。」

【掃地皆盡】

見「掃地俱盡」。

【掃地俱盡】

《漢書・魏豹田儋韓信傳贊》：「秦滅六國，而上古遺烈，掃地盡矣。」形容破壞得一乾二淨。《晋書・儒林傳序》：「惟懷逮愍，喪亂弘多，衣冠禮樂，掃地俱盡。」也作「**掃地皆盡**」。《晋書・律歷志上》：「及元帝南遷，皇度草昧，禮容樂器，掃地皆盡。」也作「**掃地而盡**」。宋・歐陽修《范文度模本蘭亭序三首》：「自唐末干戈之亂，儒學文章，掃地而盡。」

【掃地無遺】

見「掃地無餘」。

【掃地無餘】

如同掃地一般，毫無剩餘。《舊五代史・樂志下》：「自安史亂離，咸秦蕩覆。崇牙樹羽之器，掃地無餘。」也作「**掃地無遺**」。淸・方苞《鮑氏妹哀辭》：「仲尚能少蓄藏，及季受室，則掃地無遺。」

【掃地要掃邊，不掃掃三天】

掃地時要注意淸掃地的邊邊角角，否則，掃上幾天也掃不乾淨。比喻做事要仔細周全，乾淨徹底，否則遺留下來的問題將耗費更多的時間和精力。例幹活要仔細，不能光圖快，俗話說得好：「掃地要掃邊，不掃掃三天。」一旦由於馬虎而造成問題，做起來不是更耽誤時間嗎？

【掃地以盡】

如同掃地一樣，絲毫不留。例衆人怒斥他的無恥行徑，使他那副道貌岸然、正人君子的神氣，掃地以盡。

【掃徑相遲】

見「掃榻以待」。

【掃徑以待】

徑：小路；待：等待。謂灑掃庭院的小路，迎接客人的到來。表示熱情迎客。例他家非常好客，一聽客人要來，總是掃徑以待。

【掃眉才子】

掃眉：婦女畫眉。舊指有文學才能的女子。金・元好問《虞美人・題蘇小小圖》：「三生蝶化南華夢，只有情緣重。曲闌幽徑小簾櫳，好共掃眉才子管春風。」

【掃米郤做管倉人】

比喻原本地位卑微的人變成了身份高貴的人。《金瓶梅詞話》九〇回：「這雪娥聽了，口中只叫苦。自古世間打牆板兒翻上下，掃米郤做管倉人。既在他檐下，怎敢不低頭？」

【掃榻以待】

榻：狹長而較矮的床。掃除榻上的灰塵，等待客人來臨。表示熱情迎客。淸・張集馨《道咸宦海見聞錄・向榮來函》：「如閣下允爲留營，弟當於營中掃榻以待。」也作「**掃徑相遲**」。徑；小路。明・朱之瑜《與小宅生順書三十六首》：「明日承命垂顧，當掃徑相遲。」也作「**掃榻以迎**」。宋・陸游《寄題徐載叔秀才東莊》詩：「南台中丞掃榻見，北門學士倒屣迎。」

【掃榻以迎】

見「掃榻以待」。

【掃田刮地】

指幹零碎農活。元・秦簡夫《東堂老》三折：「我寧可與你家擔水運漿，掃田刮地，做個佣工。」

【掃穴犁庭】

犁：耕。掃蕩巢穴，犁平庭院。指徹底摧毀敵方住所。王浩元《清宮十三朝》四七回：「且說蕞爾土司，即掃穴犁庭，不足示威。」也作「**犁庭掃穴**」。

ㄙㄠˋ

【掃把成精，蝸蚆咬人——好了不起】

掃把：掃帚；精：妖精；蝸蚆（ㄍㄨㄞˇ）：〈方〉青蛙。見「貓兒披虎皮——好了不起」。

【掃把成精，蝸蚆咬人——無奇不有】

也作「**掃把成精，蝸蚆咬人——天下奇聞**」。見「公雞下蛋——無奇不有」。

【掃把戴帽子——不是人】

比喻品質惡劣，喪失了人的品格。例他人性喪盡，壞事做絕，眞是掃把戴帽子——不是人。也作「**掃把戴帽子——不算人**」。

【掃把星——敗事種】

掃把星：即掃帚星，彗星的通稱。迷信的人認爲出現掃帚星就會發生災難。因此，掃帚星也用爲罵人的話。如果認爲發生的禍害是由某人帶來的，就說某人是掃帚星。比喻某人是敗壞事情的根子。例這是不可抗拒的自然災害，怎麼說是新媳婦帶來的，把她扣上了掃把星——敗事種的帽子。

【掃把顛倒豎——沒大沒小】

見「過了篩子的黃豆——沒大沒小」。

【掃把掉了把——剩下一堆爛蘆葦】

比喻剩下的都是無用的人或物。例敵人頭頭逃跑了，掃把掉了把——剩下一堆爛蘆葦，還得我們花力氣去收拾那些殘兵敗卒！

【掃帚頂門——岔（叉）子多】

岔：「叉」的諧音。比喻人錯誤多或容易出差錯。例他負責的部門，實在是掃帚頂門——岔（叉）子多，應當調一個有能力的人去擔任主管。也作「**掃帚頂門——淨岔（叉）**」、「**掃帚頂門——盡是岔（叉）兒**」。

【掃帚寫詩——大話（畫）】

話：「畫」的諧音。雙關語。比喻不著邊際、無法實現的空話；或愛虛誇，好自我表現。例他說只要派他去，對方久欠的債馬上能還，我看他這是掃帚寫詩——大話（畫），千萬別信。也作「**掃帚寫生——大話（畫）**」、「**掃帚寫家書——大話（畫）**」。

ㄙㄡ

【搜腸刮肚】

見「搜索枯腸」。

【搜根剔齒】

指故意挑剔，找別人的錯處。《水滸全傳》四十回：「只恨黃文炳那廝搜根剔齒，幾番唆毒，要害我們。」

【搜根問底】

追究根源，查明結果。《孽海花》八回：「彩雲的大姊，正要問那位叫的，只說得半句，被彩雲啐了一口道：『蠢貨！誰要你搜根問底？』」也作「**尋根究底**」。

【搜攪枯腸】

見「搜索枯腸」。

【搜奇訪古】

搜尋訪問奇山異水、古跡名勝。《宣和畫譜・山水二，高克明》：「喜遊佳山水，搜奇訪古，窮幽探絕，終日忘歸。」

【搜奇抉怪】

抉：挑選，抉擇。形容文學創作時，爲得警言佳句而刻意雕琢。唐・韓愈《荊潭唱和詩序》：「志存乎《詩》《書》，寓辭乎咏歌，往復循環，有唱斯和，搜奇抉怪，雕鏤文字，與韋布裏閭憔悴專一之士較其毫釐分寸。」

【搜奇選妙】

搜羅和挑選最奇妙的東西。《藝文類聚》卷六九引晋・張載《扇賦》：「若乃搜奇選妙，絕色寡雙……修短雖異，而光彩齊同。」

【搜索空腹】

見「搜索枯腸」。

【搜索枯腸】

比喻苦思冥想。多指文藝創作時的構思而言。《紅樓夢》八四回：「寶玉只得答應著，低頭搜索枯腸。賈政背著手，也在門口站著作想。」也作「**搜剔枯腸**」。剔：刮下，往外挑。宋・西岩和尚《語錄・慶元府太白名山天童景德禪寺》：「夜來輾轉反覆，搜剔枯腸，逗到天明，欲覓嶄新一句，以謝諸人。」也作「**搜索空腹**」。宋・戴復古《祝二嚴》詩：「小年學父詩，用心亦良苦；搜索空虛腹，綴緝艱辛語。」也作「**搜腸刮肚**」。淸・蒲松齡《逃學記》：「似這作文，搜腸刮肚，可待寫上什麼？」

【搜剔枯腸】

見「搜索枯腸」。

【搜箱倒篋】

篋：小箱子。形容四處搜尋，徹底翻檢。淸・郭儀霄《哀鴻嘆》詩之四：「霜刀黑夜蜂入堂，搜箱倒篋誰敢藏？」也作「**翻箱倒篋**」。

【搜尋仞之壟，求干天之木；漉牛跡之中，索呑舟之鱗】

尋：古代八尺爲一尋；仞：古代七尺或八尺爲一仞；漉：使乾涸；鱗：魚。在七八尺長的田埂上察找，求取高聳入雲的大樹；淘乾了牛蹄跡中的水，索求呑舟的大魚。原比喻求訪仙師，地方不適當。後比喻做事不看條件，盲目行動。晉・葛洪《抱朴子・勤求》：「夫搜尋仞之壟，求干天之木；漉牛跡之中，索吞舟之鱗，用日雖久，安能得乎。」

【搜岩採幹】

比喻尋找、羅致各種隱逸的人才。《魏書・段承根傳》：「剖蚌求珠，搜岩採幹，野無投綸，朝盈逸翰。」

【搜揚側陋】

側陋：指出身卑微但有眞才實學的人。指認眞發現和大膽使用平民中有才能的人。《晋書・羊祜傳》：「搜揚側陋，亦臺輔之宿心也。」也作「**搜揚仄陋**」。仄陋：同「側陋」。《晋書・紀瞻傳》：「先王身下白屋，搜揚仄陋，使山無扶蘇之才，野無《伐檀》之咏。」

【搜揚仄陋】

見「搜揚側陋」。

【搜章摘句】

搜集文章，摘抄其中的好詞好句。指讀書方法不當。唐・沈亞之《省試策三道・第二問》：「是知超乘穿札，非謂武也；搜章摘句，非謂文也。」也作「**搜章擿句**」。擿：通「摘」。《新唐書・段秀實傳》：「舉明經，其友易之，秀實曰：『搜章擿句，不足以立功。』乃棄去。」

【搜章擿句】

見「搜章摘句」。

【餿飯霉饅頭——不對味】

也作「**餿飯霉饅頭——不是味兒**」。見「茅廁裏啃香瓜——不對味」。

ㄙㄡˇ

【藪中荊曲】

藪：生長著很多草的湖。比喻處於惡劣環境的人會受外界影響而變壞。例「蓬生痳中，不扶自直」和「藪中荊曲」一樣，都過分强調外界條件的重要性，顯然不妥。

ㄙㄢ

【三八式】

①指昭和三十八年日本生產的一種步槍。例抗日那時候，誰要能弄到一枝三八式，都當寶貝似的。②指一九三八年參加革命工作的幹部。例他們是三八式，人人都有一段光榮的歷史。

【三百斤重的野豬——得個大嘴】

見「螞蚱頭炒碟子——光嘴了」。

【三百六十行】

行：行業。泛指各行各業。明・無名氏《白兔記・投軍》：「左右的，與我扯起招軍旗，叫街坊上民庶，三百六十行做買賣的，願投軍者，旗下報名。」

【三百六十行，行行吃飯著衣裳】

謂不論從事什麼行業，都可以維持生活。《何典》六回：「雖然三百六十行，行行吃飯著衣裳，我卻扇不能挑擔，手不能提籃，百無一能，教我去做什麼？望師父指引一條生路。」

【三百甕齏】

齏：ㄐㄧ，鹹菜；三百甕：多得吃不完。指長期以鹹菜度日，生活很淸貧。宋・陸游《病癒看鏡》詩：「鏡中無復舊朱顏，一笑衰翁乃爾頑。三百甕齏消未盡，不知更著幾年還？」

【三班六房】

三班：皂班、壯班、快班，爲差役類；六房：吏、戶、禮、兵、刑、工，爲文書小吏類。明、淸州縣衙門中吏役的總稱。《儒林外史》二回：「想這新年大節，老爺衙門裏三班六房，那一位不送帖子來？」

【三般兩樣】

形容跟人相處有厚有薄，各不相同。《紅樓夢》六〇回：「趙姨娘拍著手道：『你瞧瞧！這屋裏連三日兩日進來唱戲的小粉頭們都三般兩樣，掂人的分量，放小菜兒了！』」

【三板斧】

原是《隋唐演義》故事，謂程咬金善使大斧，只開頭三下很厲害。比喻只有開頭幾下厲害，過後就不行了。例你們這次去整頓公司，責任大，千萬不能只是三板斧，要把工作做到底才行。

【三飽一倒，長生不老】

倒：倒在床上睡覺。每天吃好三頓飯，睡一個好覺，可以長生不老。也形容人庸碌無爲，只知吃飯睡覺。例人家都在閒暇之餘學習新知，你不能這樣成天無所事事，只知道三飽一倒，長生不老。

【三杯和萬事】

見「三杯和萬事，一醉解千愁」。

【三杯和萬事，一醉解千愁】

三杯：指喝酒；和：和解。飲酒可使人酒醉心迷，消除、解脫煩惱。元・武漢臣《生金閣》三折：「可不道『三杯和萬事，一醉解千愁』。孩兒，我且不吃，一發等了你這鍾，湊個三杯，可不好那？」也作「**三杯和萬事**」。《石點頭・侯官縣烈女殲仇》：「申屠娘子又笑道：『媽媽，常言三杯和萬事，再奉一甌。』」

【三杯兩盞】

形容喝少量酒。宋・李淸照《聲聲慢》詞：「三杯兩盞淡酒，怎敵他晚來風急。」

【三本經書掉了兩本——一本正經】

經書：指《易經》、《書經》、《詩經》、《禮記》、《春秋》、《論語》等儒家經傳，是研究我國古代歷史和儒家學術思想的重要資料。形容嚴肅莊重的樣子。例在日常生活中應當輕鬆活潑一些，不能老是三本經書掉了兩本——一本正經。

【三不管】

指無人管理的事或地區。例這裏一直是三不管的地區，環境衛生很差，必須趕快整頓，改變其面貌。

【三不歸】

原指「功不成不歸，名不立不歸，利不就不歸。」後比喻無著落，沒辦法。例他追名逐利一輩子，最後落得個三不歸。

【三不拗六】

三個拗不過六個。比喻少數人無法改變多數人的主張或習氣。明·馮惟敏《僧尼共犯》二折：「自古道：『三不拗六。』他每都是城狐社鼠，俺也革不了他的積弊。」

【三步併作兩步】

形容因急切而加快步伐前進。《官場現形記》五三回：「那巡捕得了這句話，立刻三步併作兩步，急忙跑了出來。」也作「**三腳兩步**」。《文明小史》四〇回：「逢之三腳兩步，跨進書房門。」也作「**三跨兩步**」。清·頤瑣《黃繡球》一四回：「三跨兩步，走了出去。」

【三曹對案】

三曹：指兩告（原告、被告）和見證人。原指審理案件時三方當堂對質。泛指與事情有關的雙方及中間人在一起對質，弄清眞相。《西遊記》一一回：「在森羅殿上，見涇河鬼龍告陛下許救反誅之故，第一殿秦廣大王即差鬼使催請陛下，要三曹對案。」

【三叉路口】

多指三條道路交叉的地方。元·方回《寄題休寧趙氏……》詩：「三叉路口駐車輪，莫訝知津更問津。」

【三差五錯】

泛指差錯。常指意外的變化（多指事故）。《孽海花》二二回：「要有什麼三差五錯，那事情就難說了！」

【三茶六飯】

指茶水，飲食。謂茶飯周全。《紅樓夢》六八回：「你妹妹，我也親身接了來家，生怕老太太、太太生氣，也不敢回，現在三茶六飯，金奴銀婢的住在園裏！」

【三茶六禮】

三茶：舊時習俗，娶妻常用茶為聘禮，女子受聘稱爲受茶；六禮：舊時婚制六種儀式，即納采、問名、納吉、納征、請期、親迎。指明媒正娶。清·李漁《蜃中樓》：「他又不曾有三茶六禮，行到我家來。」

【三長補一短，三勤夾一懶】

勤：勤奮的人；懶：懶惰的人。謂將懶漢置於勤奮者之中，可使其得到改造。例俗話說：「三長補一短，三勤夾一懶。」在先進的影響帶動下，後進也會變先進的。

【三長兩短】

原指議論人的是非好壞。猶「說長道短」。金·無名氏《驀山溪》詞：「不如歸去，作個清閑漢。著甚來由，惹別人，三長兩短。」後多用來指意外的變故或災禍。《二十年目睹之怪現狀》一六回：「將來我有個什麼三長兩短，侄少爺又是獨子，不便出繼，只好請侄少爺照應我的後事，兼祧過來。」也作「**三長四短**」。《說岳全傳》一三回：「你功名未遂，空手歸鄉，已是不幸；若再有三長四短，叫爲兄的回去，怎生見你令尊令堂之面？」

【三長四短】

見「三長兩短」。

【三朝元老】

元老：資格老、聲望高的老臣。指受先後三代皇帝重用的老臣。後泛指在幾個不同時期不同領導之下工作的人。《古今小說》卷二二：「天子念他是三朝元老，不忍加刑。」例他爲人處事有一套，不管是哪個主管都喜歡他，因此中間經歷三任主管，地位仍立於不敗之地，同事都稱他是三朝元老。

【三辰不軌，擢士爲相；蠻夷不恭，拔卒爲將】

三辰不軌：日月星辰的運行失去正常狀態，喻國運衰微；擢：提拔；士：古代指一般的讀書人；蠻夷：舊時指四方的少數民族。國運衰微時，可提拔士子作宰相；外族進犯時，可提拔士兵作將領。謂在非常時期，應破格錄用人才。《後漢書·陳龜傳》：「臣聞：『三辰不軌，擢士爲相；蠻夷不恭，拔卒爲將。』臣無文武之才，而忝鷹揚之任，上慚聖明，下儓素餐，雖歿軀體，無所云補。」

【三尺長的梯子——搭不上言（檐）】

言：「檐」的諧音。三尺長的梯子很短，搭不到房檐上去。雙關語。比喻插不上嘴。例你們談論的都是學術問題，我是三尺長的梯子——搭不上言（檐），只好告辭。也作「**長的梯子——答（搭）不上言（檐）**」。

【三尺喙】

喙：禽鳥的嘴。比喻長嘴，即能言善辯之嘴。例他不用請律師，用他那三尺喙足可自我辯護。

【三尺焦桐】

見「三尺之木」。

【三尺枯桐】

見「三尺之木」。

【三尺青鋒】

見「三尺青蛇」。

【三尺青蛇】

比喻劍。明·梅鼎祚《昆侖奴》二折：「腰懸著百鏈錘，胸掛著雙文鏡，袖三尺青蛇炯炯，烏太乙神名頭上頂。」也作「**三尺青鋒**」。元·無名氏《抱妝盒》三折：「劉娘娘不索把三尺青鋒賜，寇夫人他自揀一搭金階死。」也作「**三尺秋霜**」。元·谷子敬《城南柳》三折：「犯著咱三尺秋霜，管教你登時落葉黃。」

【三尺秋霜】

見「三尺青蛇」。

【三尺童兒】

指不懂事的兒童。唐·李白《醉後贈從甥高鎮》詩：「時清不及英豪人，三尺童兒唾廉藺。」也作「**三尺童子**」。宋·朱熹《近思錄》卷七：「昔曾經傷於虎者，他人語虎，則雖三尺童子皆知虎之可畏。」也作「三尺童蒙」。《三國演義》四三回：「雖三尺童蒙，亦謂彪虎生翼，將見漢室復興，曹氏即滅矣。」

【三尺童蒙】

見「三尺童兒」。

【三尺童子】

見「三尺童兒」。

【三尺之孤】

指幼小的孤兒。清・姚鼐《丹徒王氏秀山阡表》：「母吳孺人尚少，家貧乏，無族黨內外之助，撫三尺之孤，默默自守於窮巷之中。」

【三尺之木】

指琴。漢・王充《論衡・感虛》：「三尺之木，數弦之聲，感動天地，何其神也？」也作「三尺枯桐」。清・程先貞《聽張八娘彈琴》詩：「三尺枯桐七縷絲，開囊自拂秋雲帕。」也作「三尺焦桐」。唐・李洞《鷩驢》詩：「三尺焦桐背殘月，一條藜仗卓寒煙。」

【三春去後諸芳盡，各自須尋各自門】

三春：古人把春季三個月分稱為「孟春」、「仲春」、「季春」。春季三個月過後許多花都在凋謝，各自尋找各自的歸宿去了。比喻有權有勢者一垮臺，依附者也就隨之而散，各奔東西。《紅樓夢》一三回：「秦氏道：『天機不可洩漏……臨別贈你兩句話，須要記著！』因念道：三春去後諸芳盡，各自須尋各自門。」

【三從四德】

三從：此女子未嫁從父，既嫁從夫，夫死從子；四德：婦德、婦言、婦容、婦功。封建禮教束縛婦女的道德標準。元・關漢卿《救風塵》一折：「待裝個老實學三從四德，爭奈是匪妓都三心二意。」

【三寸不爛之舌】

形容人巧言善辯的口才。元・李壽卿《伍員吹簫》一折：「老兒放心，憑著我三寸不爛之舌，見了伍員，不怕他不來。」也作「三寸之舌」。《隋唐演義》四一回：「全憑弟三寸之舌，用一席話，務要說他來同事，方見平昔間交情。」

【三寸雞毛】

指毛筆。清・黃六鴻《福惠全書・蒞任・考代書》：「鄉愚孤嫠不能自寫，必倩代書，類多積年訟師，慣弄刀筆……所謂空中樓閣，只憑三寸雞毛；座上秦銅，莫辨五里昏霧。」

【三寸鳥，七寸嘴】

鳥的身子雖只有三寸長，鳥的嘴卻長達七寸。比喻什麼本事都沒有，只會多嘴多舌，搬弄是非。清・翟灝《通俗編》卷二九：「鄙俗嘲能言者曰：『三寸鳥，七寸嘴。』」

【三寸弱管】

見「三寸弱翰」。

【三寸弱翰】

舊指毛筆。漢・揚雄《答劉歆書》：「雄常把三寸弱翰，賚油素四尺，以問其異語。」也作「三寸弱管」。清・汪價《三儂贅人廣自序》：「僕所攜，三寸弱管耳。當揮斥所長律奉獻。」

【三寸轄】

見「三寸之轄」。

【三寸之舌】

見「三寸不爛之舌」。

【三寸之轄】

轄：裝在車軸兩端防車輪外脫的鍵銷，長約三寸，是車輛的重要部件。比喻事物的關鍵。《淮南子・人間訓》：「車之所以能轉千里者，以其要在三寸之轄。」也作「三寸轄」。例在急需用人之際，你把他調走，不是拔我們的三寸轄嗎？

【三代不讀書會變牛】

比喻幾代人不讀書學習，人就會變得愚蠢呆笨。例父親常告誡我們「三代不讀書會變牛」，因我們一直警惕著自己，並要求孩子們多讀書。

【三刀之夢】

三刀：古州字寫作刕。晉・王濬夜裏夢見三刀懸於梁上，霎時又益一刀，僚屬圓夢說，三刀為「州」字，「州」加一「益」，即是要遷益州的預兆，濬果遷益州刺史。後以「三刀之夢」指官吏高升的好夢。唐・李商隱《街西池館》詩：「太守三刀夢，將軍一箭歌。」

【三島十洲】

三島：傳說中的蓬萊、方丈、瀛洲三座海上仙山；十洲：道教稱大海中神仙居住的十處名山勝境。泛指仙境。元・范康《竹葉舟》二折：「你則說做官的金章紫綬，我則說出家的三島十洲。」

【三道頭】

指舊上海租界裏的外國警察頭目。因其臂章上有三道橫槓標誌而得名。例那年頭，租界裏的三道頭跟閻王爺一樣可怕。

【三等九般】

見「三六九等」。

【三等九格】

見「三六九等」。

【三迭陽關】

三迭：反覆歌唱某一句；陽關：古代關名，在今甘肅敦煌縣西南，這裏指《渭城曲》中的「陽關」句。唐・王維《渭城曲》詩：「渭城朝雨浥輕塵，客舍青青柳色新。勸君更盡一杯酒，西出陽關無故人。」原指古代送別的曲調。後亦用以比喻離別。元・王子一《誤入桃源》楔子：「我做甚三迭陽關愁不聽，也只為一段傷心畫怎成。」

【三頂帽子四人戴——難周全】

比喻難以圓滿。例要求太多，財力有限，的確是三頂帽子四人戴——難周全。

【三冬文史】

三冬：指冬季的三個月，或冬季的第三個月。利用冬季農暇時間讀書。形容家貧好學。《漢書・東方朔傳》：

「臣朔，少失父母，長養兄嫂，年十二學書，三冬文史足用。」

【三斗朝天】

唐·杜甫《飲中八仙歌》：「汝陽三斗始朝天。」描寫唐·汝陽王李璡嗜酒情態。後來比喻善飲者瀟洒不羈的性格。元·張可久《南呂罵玉郎過感皇恩採茶歌》：「君王曾賜瓊林宴，三斗始朝天。」

【三都作序】

《晉書·左思傳》載：左思的《三都賦》寫出後，豪貴之家爭相傳抄，使得洛陽紙貴。比喻文藻超人的作品。唐·李商隱《為舉人上翰林蕭侍郎啟》：「三都作序，不勞皇甫士安；萬乘為寮，只有東方曼倩。」

【三對六面】

指會合當事人對證核實，當事的雙方都有見證人在旁。《醒世姻緣傳》六二回：「既然事有實據，你越不消打了，快著人去喚了你丈母來，三對六面的審問，叫他沒有話說。」

【三番兩次】

番：回，次。形容多次，不只一次。元·張可久《天淨沙·春情》曲：「一言半語恩情，三番兩次叮嚀。」也作「**三番五次**」。《儒林外史》三八回：「三番五次，纏的老和尚急了，說道：『你是何處光棍，敢來鬧我們！快出去！我要關山門！』」也作「**三回五次**」。元·戴善夫《陶學士醉寫風光好》：「太守何故三回五次侮弄下官，是何道理？」也作「**三回兩次**」。《飛龍全傳》一一回：「求親乃是他的美意，你為何不肯？怪不得他三回兩次要與你打鬥。」也作「**三回五解**」。元·高文秀《黑旋風》楔子：「我恰才囑咐了三回五解。」也作「**三番兩復**」。《西遊記》二七回：「那大聖見長老三番兩復不肯轉意回去，沒奈何才去。」

【三番兩復】

見「三番兩次」。

【三翻四覆】

指多次反覆，或形容反覆無常，沒有定準。明·張岱《石匱書後集》卷一：「先帝焦於求治，刻於理財，渴於用人，驟於行法，以致十七年之天下，三翻四覆，夕改朝更。」也作「**三反四覆**」。清·蔣士銓《清容外集》卷一五：「這廝三反四覆可惱可惱！」

【三番五次】

見「三番兩次」。

【三反四復】

見「三翻四覆」。

【三分吃藥七分養】

要想病癒，三分靠吃藥，七分靠調養。謂對治病來說，調養比吃藥更重要。例你病了幾個月了，光靠打針吃藥恐怕不行，俗話說：「三分吃藥七分養。」你要好好休息，加强營養，病才能好得快。

【三分鼎立】

見「三分鼎足」。

【三分鼎足】

鼎：古代烹煮食物用的器皿，多為三足兩耳。《史記·淮陰侯傳》：「誠能聽臣之計，莫若兩利而俱存之，三分天下，鼎足而居，其勢莫敢先動。」後以「三分鼎足」比喻三分天下，就像鼎的三足並立對峙。《後漢書·竇融傳》：「欲三分鼎足，連衡合從，亦宜以時定。」也作「**三分鼎立**」。《魏書·匈奴劉聰等傳序》：「論土不出江漢，語地僅接褒斜，而謂握皇符，秉帝籍，三分鼎立，比蹤王者。」

【三分匠人，七分主人】

工匠雖然內行，遇事卻只能拿三分主意；雇主雖然外行，卻能拿七分主意。謂雇用的工匠要按主人的意志行事。《兒女英雄傳》二回：「那師爺見不是路，固然不願意，但是『三分匠人，七分主人』，也無法，只得含含糊糊的核了二三百金的錢糧，報了出去。」

【三分教，七分學】

謂一個人的學習好不好，老師的教育當然重要，但更重要是他自己的刻苦鑽研。例要想在學習成績上趕上大家，除了老師的幫助外，你自己也必須刻苦努力才行。三分教，七分學嘛。

【三分麵加七分水——十分糊塗】

比喻極不明事理。例從幾件事看來，這個人是三分麵加七分水——十分糊塗，不能辦事。

【三分錢的胡椒粉——一撮兒】

比喻很少的一點。例喧嚷了幾個月，救濟糧發放下來，每人三分錢的胡椒粉——一撮兒，不夠吃兩天。也作「**三錢辣椒麵——一小撮**」。

【三分錢的買賣——本小利薄】

比喻小本生意，賺不了大錢。例我們做的是三分錢的買賣——本小利薄，難以糊口。

【三分錢開店鋪——小買賣】

比喻不顯眼，小打小鬧。例我們的試驗農場很小，三分錢開店鋪——小買賣，一年也推不出幾樣新品種。

【三分錢買個鴨頭——得個嘴】

見「螞蚱頭炒碟子——光嘴了」。

【三分人才，七分打扮】

人才：指相貌。謂一個人好看不好看，他本身的相貌如何固然重要，但更重要的是衣著打扮。例現在大家的生活水準都提高了，你也該買幾件像樣的衣服穿穿了。俗話說：「三分人才，七分打扮。」你要是穿上漂亮點的衣服，一定比現在還要顯得精神。

【三分人材七分鬼——人不像人，鬼不像鬼】

比喻陰陽怪氣。例這個人是三分人材七分鬼——人不像人，鬼不像鬼，好像來自另一個世界，使人看不順眼。

【三分手藝，七分傢伙】

傢伙：工具。幹活的技術固然重要，但工具起的作用更重要。例俗話說：「三分手藝，七分傢伙。」你這裏要鋸子沒鋸子，要斧子沒斧子，你讓我怎麼給你做家具呀？

【三分天下有其二】
天下：古時多指中國範圍內的國土。指全國的三分之二。《論語・泰伯》：「三分天下有其二，以服事殷。周之德，其可謂至德也已矣。」後也泛指占有三分之二。例這個公司裏，三分天下有其二都是他家族裏的人。

【三分像人，七分像鬼】
形容人的長相或模樣非常醜陋。《水滸》二四回：「你看我那『三寸丁谷樹皮』，三分像人，七分像鬼。」

【三墳五典】
三墳、五典：均傳說中的上古書籍的名稱。《左傳・昭公十二年》：「是良史也，子善視之，是能讀三墳、五典、八索、九丘。」

【三風十愆】
三風：巫、淫、亂三種惡劣風氣；十愆：三種惡劣風氣所滋生的舞、歌、貨、色、游、畋、侮聖言、逆忠直、遠耆德、比頑童十種罪愆。舊指「三風十愆」是喪家亡國的根源。《尚書・伊訓》：「敢有恒舞於宮，酣歌於室，時謂巫風；敢有殉於貨、色，恒於游、畋，時謂淫風；敢有侮聖言、逆忠直、遠耆德、比頑童，時謂亂風。惟茲三風十愆，卿士有一於身，家必喪；邦君有一於身，國必亡。」

【三風五氣】
三風：官僚主義作風、宗派主義作風、主觀主義作風；五氣：官氣、暮氣、闊氣、傲氣、嬌氣。指有些工作人員所沾染的腐朽作風和習氣。例在工作中要時時注意避免三風五氣。

【三夫成虎】
見「三人成虎」。

【三夫之對】
見「三至之讒」。

【三夫之言】
見「三夫之讒」。

【三伏天穿皮襖——不是時候】
三伏：初伏、中伏、末伏的統稱。通常指農曆從夏至後第三個庚日起到立秋後第二個庚日前一天的一段時間。三伏天一般是一年中天氣最熱的時期。見「大熱天穿棉襖——不是時候」。

【三伏天的爆竹——一碰直炸】
三伏天：初伏、中伏、末伏的統稱。夏至後第三個庚日是初伏的第一天，第四個庚日是中伏第一天，立秋後第一個庚日是末伏的第一天。初伏、末伏各十天，中伏十天或二十天。三伏天一般是一年中天氣最熱時期。見「硫磺腦袋——一點就著」。

【三伏天的餿豆腐——變壞了】
比喻人走下坡路，向壞的方向轉化。例小張不是原來的小張了，在外來思想的影響下，已經是三伏天的餿豆腐——變壞了。也作「**夜鶯學烏鴉叫——變壞了**」。

【三伏天發抖——不寒而慄】
三伏天：一般是一年中天氣最熱時期；慄：發抖，哆嗦。比喻非常害怕。例第一次巡夜，眞有點像三伏天發抖——不寒而慄，幾次之後，就習以爲常了。

【三伏天刮西北風——莫名其妙】
我國有的地區一般是在冬天才刮西北風，三伏天是夏天最熱的時候，西北風極爲少見。比喻事情很奇怪，不合常規，使人不明白。例你昨天的發言，就像三伏天刮西北風——莫名其妙，可否向我們解釋解釋？也作「**啞巴唱戲——莫名其妙**」。

【三伏天喝了杯冰汽水——美滋滋的】
見「口渴喝了酸梅湯——美滋滋的」。

【三伏天燃著的煤爐子——可熱火了】
①比喻關係極爲密切、親熱。例這兩人的關係就像三伏天燃著的煤爐子——可熱火了，比親兄弟還親。②見「吃了醪糟穿皮襖——周身都熱火了」。

【三斧頭砍不進的臉——好厚】
見「臉皮蒙手鼓——厚臉皮」。

【三父八母】
三父：舊指同居繼父、不同居繼父、從繼母改嫁之繼父；八母：嫡母、繼母、養母、慈母、嫁母、出母、庶母、乳母。清・李漁《風箏誤・驚丑》：「人有三父八母，那乳母難道不是八母裏算的？」

【三復白圭】
三復：再三反覆；白圭：古代帝王、諸侯行隆重儀式時所持的玉製禮器。《論語・先進》：「南容三復白圭，孔子以其兄之子(女兒)妻之。」注：「詩云：『白圭之玷，尚可磨也；斯言之玷，不可爲也。』南容讀詩至此，三反覆之，是其心愼也。」形容說話做事極其謹愼。

【三復斯言】
三復：多次反覆；斯言：這句話。反反覆覆地體會這些話。唐・白居易《李諒授壽州刺史薛公干授泗州刺史制》：「《詩》云：『愷悌君子，人之父母。』朕三復斯言，往往興嘆。」

【三竿日出】
太陽升起三根竹竿那樣高。形容天時已不早。明・李開先《寶劍記》三五齣：「不做官來夢亦清，三竿日出尚難醒。」

【三告投杼】
杼：ㄓㄨˋ，織具。《戰國策・秦策二》載：曾參居費邑，有與其同姓名者殺人，有人告曾母：「曾參殺人！」母不信，織如故。至第三人來告，母恐，投杼逾牆而走。比喻流言可畏，能使人迷惑、相信。魯迅《致李秉中》：「然而三告投杼，賢母生疑；千夫所指，無疾而死。」

【三個鼻孔眼兒——多股子氣】
比喻氣上加氣，非常不滿；或對別人

多嘴，格外生氣。例本來是件別人不願幹的棘手工作，又派來一個窩囊的助手，鄭師傅眞是三個鼻孔眼兒——多股子氣。也作「三個鼻窟窿眼兒——多出你這口氣」。

【三個鼻子眼——出氣多】
比喻人愛生氣。例別對他開玩笑，他是三個鼻子眼——出氣多，鬧翻了下不了台。

【三個不開口，神仙難下手】
謂對拿定主意不開口表明態度的人，再高明的人也拿他沒辦法。例對於這件事情，只要他三個不開口，神仙難下手。也作「三個不開口，神仙都難下手」。

【三個臭皮匠，當個諸葛亮】
諸葛亮：三國時蜀國丞相。後世把他當做智慧的化身。比喻衆人獻計策，必有好辦法。例不用擔心，你們討論這個問題，三個臭皮匠，當個諸葛亮，一定可以有個結果的。也作「三個臭皮匠，合成一個諸葛亮」。例「三個臭皮匠，合成一個諸葛亮」，這就是說，人民羣衆具有偉大的創造力。也作「三個縫皮匠，比個諸葛亮」。《民國通俗演義》八二回：「三個縫皮匠，比個諸葛亮，況有二十餘人會議此事，應該想出一個絕妙的法兒。」

【三個臭皮匠，合成一個諸葛亮】
見「三個臭皮匠，當個諸葛亮」。

【三個臭皮匠，頂個諸葛亮】
見「三個臭皮匠，當個諸葛亮」。

【三個縫皮匠，比個諸葛亮】
見「三個臭皮匠，當個諸葛亮」。

【三個公章，不如一個老鄉】
老鄉：同鄉。幾個公章的作用還抵不上一個同鄉的情面。謂人熟好辦事。例不正之風盛行的時候，辦什麼事都要憑關係，眞是三個公章，不如一個老鄉。

【三個菩薩兩炷香——沒有你的份】
菩薩：泛指佛和某些神；炷：量詞，用於點著的香。比喻被別人瞧不起，好處得不到。例老實告訴你吧，這次升職名額有限，三個菩薩兩炷香——沒有你的份。也作「三個菩薩兩炷香——沒有我的份」、「四個菩薩三個豬頭——沒有你的份」。

【三個錢的灰麵——有得搞】
錢：指舊時的銅錢；三個錢：泛指錢少；灰麵：麵粉；有得搞：說的是反話。比喻事情多、任務重，一時做不完；或頭緒多，一時理不清。有時比喻糾紛、問題將擴大或持續下去。例今年我廠的產品，消費者需要量特大，供不應求，三個錢的灰麵——有得搞。

【三個錢的醪糟——一燒就熱】
醪糟：ㄌㄠˊ ㄗㄠ，糯米加酒麴釀造的食品，水分多，有酒味，也叫江米酒。三分錢的醪糟，數量微少，經火一燒很快就熱了。比喻性情爽快，幹勁和熱情很容易激發起來。有時也指很容易動感情、發脾氣。例小陳的性子是三個錢的醪糟——一燒就熱，你去鼓動鼓動，他一定會來參加抗日游擊隊的。

【三個錢買，兩個錢賣——不圖賺錢只圖快】
見「東街發貨西街賣——不圖賺錢只圖快」。

【三個人講兩句話——哪裏輪得到我】
比喻沒有自己的份。含有牢騷的意思。例中獎？名額有限，三個人講兩句話——哪裏輪得到我。

【三個手指拾田螺——穩拿】
田螺：軟體動物，殼圓錐形，生長在淡水中。也作「三個手指撿螺螄——十拿九穩」、「三個手指拾田螺——十拿九穩」、「三個手指捏田螺——穩拿了」、「三個指頭捉田螺——穩拿了」、「三個手指頭捉田螺——穩成的事兒」、「三個手指撿田螺——沒跑」、「三個手指拾田螺——篤定了」、「三個指頭捏田螺——穩穩當當」。見「箅子上取窩窩頭——十拿九穩」。

【三個銅錢放兩處——一是一，二是二】
比喻非常明確或辦事認眞，毫不含糊。例譚經理做事向來是三個銅錢放兩處——一是一，二是二，絕不馬虎，你休想糊弄他。也作「三顆釘子釘兩處——一是一，二是二」、「兩手捏三個大錢——一是一，二是二」。

【三個銅錢買個媳婦——賤人】
比喻卑劣下賤的人。例別再乞求了，人家會把你看成三個銅錢買個媳婦——賤人。

【三個土地堂——妙妙妙（廟廟廟）】
土地堂：供土地爺的廟；妙：「廟」的諧音。形容非常非常的美好。例這幅山水畫眞是三個土地堂——妙妙妙（廟廟廟），一定出自名家之手。也作「一連三座廟——妙妙妙（廟廟廟）」。

【三個秀才講書，三個屠夫講豬】
幾個讀書人聚在一起，談話的內容就離不開書；幾個殺豬的湊在一起，說話的內容就離不開豬。所謂「什麼人在一起說什麼話」。例俗話說：「三個秀才講書，三個屠夫講豬。」我們這幾個教師在一起聊天，聊的內容最後總是轉移到教學方法、學生的心理等與教學有關的話題上。

【三根纜繩拴兩邊——使偏勁】
纜繩：拴船用的粗繩，一般用很多股棕、麻、金屬等擰成。比喻力量沒有用到正經地方。有時指彼此間不合作，各做各的。例你的功夫是花了不少，可是三根纜繩拴兩邊——使偏勁，問題還是解決不了。

【三根屎棍支桌子——臭架子】
屎棍：攪屎的棍子。見「糞桶掉了底

——臭架子」。

【三更半夜】

三更：舊時一夜分爲五更，每更約二小時左右，三更爲夜間十二時左右。指深夜。《紅樓夢》二六回：「有事沒事，跑了來坐著，叫我們三更半夜的不得睡覺！」

【三更半夜出世——害死（亥時）人】

見「半夜生的娃娃——害死（亥時）人」。

【三更燈火五更雞，正是男兒讀書時】

晚上在燈火下學到三更，早上五更雞叫就起來學習。這一早一晚正是男兒讀書的好時候。意爲抓緊時間勤奮學習。唐·顏眞卿《勸學》詩：「三更燈火五更雞，正是男兒讀書時。黑髮不知勤學早，白首方悔讀書遲。」

【三公後，出死狗】

三公：朝廷最高官員的通稱；死狗：喻不肖子孫。高官顯爵的後代往往是不肖子孫。唐·張鷟《朝野僉載》卷四：「唐郝象賢，侍郎處俊之孫，頓丘令南容之子也。弱冠，諸友生爲之字曰『寵之』，每於父前稱字。……南容引生與之飲。謂曰：『諺云：三公後，出死狗。』」

【三宮六院】

泛指帝王的妃嬪。後比喻妻妾衆多。元·無名氏《抱妝盒》楔子：「兀那三宮六院，妃嬪彩女聽者：『明日聖駕親到御園，打一金彈，金彈落地，有拾得者，奏獻御前，聖駕即幸其宮。』」

【三姑六婆】

三姑：尼姑、道姑、卦姑；六婆：牙婆（買賣人口的）、媒婆、師婆（女巫）、虔婆（鴇母）、藥婆、穩婆（接生的）。後多指走門串戶的不務正業的婦女。《二刻拍案驚奇》卷九：「人人曉得他是個富室，那些三姑六婆，沒一個不來奉承他的。」

【三顧茅廬】

顧：拜訪；茅廬：草屋。東漢末年，劉備爲了請諸葛亮出山幫助自己打天下，曾三次到隆中拜訪隱居的諸葛亮。後用此典形容禮賢下士的誠意。也指誠心誠意地拜訪或邀請。三國蜀·諸葛亮《出師表》：「先帝不以臣卑鄙，猥自枉屈，三顧臣於草廬之中。」元·馬致遠《薦福碑》一折：「我住著半間兒草舍，再誰承望三顧茅廬。」

【三顧茅廬——好難請】

比喻架子大，巴結不上。有時指有本事的人很不容易請到。例我們公司希望請他做顧問，可是三顧茅廬——好難請啊！跑斷了腿，至今還沒有答應。

【三跪九叩】

三跪：跪三次；九叩：每跪一次叩三個頭。指最隆重的禮節。《三俠五義》六回：「包公……來至殿內，見正中設立寶座，連忙朝上行了三跪九叩之禮。」

【三棍子打不出屁來——老實到家了】

比喻人規規矩矩，謹小愼微，做事過分呆板。例此人是三棍子打不出屁來——老實到家了，怎能對付那一幫狡猾的傢伙。

【三過其門而不入】

傳說夏禹爲治理水患，曾三次路過自己家，卻不曾進過一次家門。後用來形容因公忘私。《孟子·離婁下》：「禹、稷當平世，三過其門而不入。」

【三好二怯】

見「三好兩歹」。

【三好兩歹】

指身體時好時壞。《儒林外史》五四回：「也時常三好兩歹的，虧的太平府陳四老爺照顧他。」也作「三好兩歉」。《野叟曝言》一三回：「文虛自奚東落水，常是三好兩歉，只可在家照料門戶。」也作「三好二怯」。例小女自幼體弱多病，至今仍是三好二怯。

【三好兩歉】

見「三好兩歹」。

【三合麵沾了麵起子——發酵了】

三合麵：一般指玉米麵、豆麵、白麵混合起來的麵粉；麵起子：含有酵母的發麵團。比喻已發作起來。例他本來就憋著一股氣，經你這一挑撥，就像是三合麵沾了麵起子——發酵了，於是，一場風波就開始了。

【三戶亡秦】

三戶：三家人，形容人少；亡：滅。雖然只有幾戶，也能消滅秦國。比喻只要決心大，力量雖小，終能取勝。《史記·項羽本紀》：「自懷王入秦不反，楚人憐之至今，故楚南公曰：『楚雖三戶，亡秦必楚也。』」

【三花臉兒】

原爲戲劇中的丑角。比喻小丑人物。例這個人壞是壞，可在那幫漢奸窩裏，只能算得上個三花臉兒，我們可以把他爭取過來。

【三槐九棘】

三槐：古代天子或諸侯在朝見羣臣的地方，植有三棵槐樹，三公面向三槐而立；九棘：用棘樹（酸棗樹）爲標誌，區分朝臣的品位，左右各九，故稱。左九棘是卿的位置，代稱九卿。後因以「三槐九棘」喻指三公九卿。《周禮·秋官·朝士》：「朝士，掌建邦外朝之法。左九卿，孤卿大夫位焉，，羣士在其後。右九棘，公、侯、伯、子、男位焉，羣吏在其後。面三槐，三公位焉，州長衆庶在其後。」《後漢書·袁紹傳》：「誠恐陛下日月之明，有所不照；四聰之聽，有所不聞，乞下臣章，咨之羣賢，使三槐九棘議臣罪戾。」

【三環五扣】

形容捆綁得很結實。《三俠五義》五一回：「四爺趕上一步，就勢按倒，解他腰帶，三環五扣的捆了一回。」

【三荒五月】
指春夏之交青黃不接的時候。例在這種三荒五月之時，氣候多變，要小心自己身體。
【三皇五帝】
傳說中最古的一些帝王，具體所指，其說不一。三皇：通常指伏羲、燧人、神農；五帝：通常指黃帝、顓頊、帝嚳、唐堯、虞舜。常借指遙遠的古代。《呂氏春秋・善學》：「夫取於衆，此三皇五帝之所以大立功名也。」
【三迴九轉】
形容聲音迴旋飄盪。清・李漁《奈何天・逃禪》：「誦眞經三迴九轉，敲鐘磬動地驚天。」
【三回兩次】
見「三番兩次」。
【三回五次】
見「三番兩次」。
【三回五解】
見「三番兩次」。
【三魂出竅】
形容喪魂落魄，害怕得不知所措。例夢中，一隻猛虎向她撲來，她嚇得三魂出竅。醒後仍心有餘悸，渾身冷汗淋漓。
【三魂七魄】
魂：舊指能離開人的軀體而存在的精神爲魂；魄：舊指不能離開軀體的精神爲魄。道家認爲人有三魂七魄。晉・葛洪《抱朴子・地眞》：「欲得通神，當金水分形，形分則自見其中之三魂七魄。」
【三擊掌】
雙方用右手手掌互相拍三下，表示信守諾言，絕不反悔。比喻拍板定案，不能反悔。例這事就算說定了，已經三擊掌了。
【三餓兩飽】
餓一頓，飽一頓，生活無保障。形容生活艱難。宋・惠洪《冷齋夜話》：「劉野夫留南京，久未入都，淵材以書督之，野夫答書曰：『跛子一生別無路，展手教，化三餓兩飽。回視雲漢，聊以自誑元神。』」
【三級跳】
指田徑運動項目之一的三級跳遠。比喻跳躍式前進，進步迅速。例服務行業正以三級跳的速度迅猛發展。
【三加二減五——等於零】
比喻沒有效果，白費力氣。例你問我們最近有多少人參加義務勞動，說實話，三加二減五——等於零，一個也沒來。
【三尖瓦絆倒人】
比喻地位卑微的小人物有時也能鬥倒有錢有勢的大人物。《歧路燈》五八回：「他休要把人太小量了。三尖瓦絆倒人，我若不把他告下，把我姚榮名字顚倒過來！」
【三緘其口】
緘：封，閉。在嘴上貼了三重封條。《孔子家語・觀周》：「孔子觀周，遂入太祖后稷之廟，廟堂右階之前有金人焉，三緘其口，而銘其背曰，古之愼言人也。」後用以形容說話極爲謹愼，不肯輕易開口。宋・尤袤《全唐詩話・姚崇》：「欽之伊何？三命而走；謹謹伊何？三緘其口。」
【三江七澤】
三江：古代各地衆多水道的總稱；七澤：泛稱楚地諸湖泊。用以泛指江河湖澤。宋・陸游《書懷絕句》詩：「朱駕青鸞返帝鄉，三江七澤路茫茫。」也作「三江五湖」。宋・孔武仲《瓜步阻風》詩：「三江五湖歷已盡，勢合平夷反齟齬。」
【三江五湖】
見「三江七澤」。
【三腳板凳——碰不得】
見「馬蜂的屁股——碰不得」。
【三腳板凳——一推便倒】
比喻經不起一點挫折和風浪。有時比喻不可靠或軟弱無力，力量薄弱。例他在公司的地位不牢靠，就像三腳板凳——一推便倒。也作「三腳板凳——一碰便倒」、「積木搭屋——一推便倒」、「尖底甕兒——一碰就倒」。
【三腳蛤蟆跳上天】
三腳蛤蟆：三隻腳的蛤蟆，傳說住在月中。比喻無處尋找。《五燈會元》卷一二：「年曰：『三腳蛤蟆跳上天。』師曰：『一任跨跳。』年乃大笑。」
【三腳兩步】
形容加快步伐往前走。《文明小史》四〇回：「逢之三腳兩步跨進書房門。」也作「三跨兩步」。《黃繡球》一四回：「三跨兩步，走了出去。」
【三腳馬——雄也跑不多遠】
雄：〈方〉稱雄，逞能。形容人沒有多少能耐。含有輕蔑的意思。例他也要參加技術比賽，我料他是三腳馬——雄也跑不多遠，等著看他出洋相吧！
【三腳貓】
比喻什麼都懂一點，但什麼也不專的人。例這樣重要的工作不能交給他，誰不知道他是個三腳貓。
【三腳灶——就地坐】
三腳灶：三腳支撐的鐵架子，下面燒火，上面放鍋。這種灶簡易輕便，隨處可放，故說「就地坐」。比喻隨和，不計較簡陋。例我廠處於草創時期，辦公、住宿條件簡陋，三腳灶——就地坐，請總工程師諒解。
【三角銼刀——面面有用】
三角銼刀：手工切削工具，主要用來對金屬、木料、皮革等表層作微量加工。比喻多用途，各方面都用得上。例這個青年是個人才，就像三角銼刀——面面有用，眞是前途無量。
【三角木——碰一下動一下】
比喻人做事不主動或不靈活。例此人自覺性差，做事不勤快，靠人督促，三角木——碰一下動一下。
【三教九流】
三教：儒教、道教、佛教；九流：儒家、道家、陰陽家、法家、名家、墨家、縱橫家、雜家、農家。後泛指宗教、學術中各種流派。宋・趙彥衛《雲麓漫鈔》卷六：「帝（梁武帝蕭衍）問三教九流及漢朝舊事，了如目前。」也泛指社會上各種行業、各色人物。《鏡花緣》九九回：「細細看去，士農工商，三教九流，無一不有。」也作「**九流三教**」。

【三街兩市】

見「三街六市」。

【三街六巷】

見「三街六市」。

【三街六市】

泛指各街市。《蕩寇志》七五回：「雖有三街六市，出門便被紗兜兒廝蒙著臉，眞是討厭。」也作「**三街六巷**」。《紅樓夢》二四回：「這三街六巷，憑他是誰，若得罪了我醉金剛倪二的街坊，管叫他人離家散。」也作「**三街兩市**」。《三刻拍案驚奇》卷二四：「終日只是三街兩市，和著酒肉朋友串哄。」

【三節兩壽】

舊時習俗，每逢端午節、中秋節、年節及孔子誕辰、私塾教師的生日，學生均各加送束脩一月，稱爲三節兩壽。也用以指節日、生辰。例他曾聽老一輩人講，那時節，當頭兒的三節兩壽，只要有一回你沒有送禮，找個詞兒，就一腳把你踢去。

【三界之外】

三界：佛教用語，指過去、現在、未來。後指超越現實。唐・孟郊《謁智遠禪師》詩：「禪心三界外，安坐天地中。」

【三斤半鴨子二斤半嘴——多嘴多舌】

見「螞蚱頭炒碟菜——多嘴多舌」。

【三斤麵粉調了七斤漿糊——糊里糊塗】

也作「**三斤灰麵攪七斤漿糊——稀里糊塗**」。見「棒子麵煮葫蘆——糊糊塗塗」。

【三九天吃冰棍——寒心】

三九：從冬至起每九天是一個「九」，從第一個「九」數起，一直數到九個「九」爲止，第三個「九」一般是最寒冷的時候。見「懷揣雪人——寒心」。

【三九天吃醋——寒酸】

見「冰塊掉進醋缸裏——寒酸」。

【三九天出門——動（凍）手動（凍）腳】

動：「凍」的諧音。比喻行爲不規矩，不莊重。有時指動武打架。例要講文明、禮貌，不准三九天出門——動（凍）手動（凍）腳。也作「**十冬臘月生的——動（凍）手動（凍）腳**」、「**臘八兒出生——動（凍）手動（凍）腳**」。

【三九天穿單衣——抖起來了】

雙關語。見「老太太坐飛機——抖起來了」。

【三九天穿裙子——美麗動（凍）人】

動：「凍」的諧音。比喻非常好看，使人動心。例許多小說一描寫女主人翁，就是三九天穿裙子——美麗動（凍）人，非常膚淺。

【三九天的叫花子——又冷又餓】

比喻挨餓受凍，困苦極了。例在以前，無數的窮人都像三九天的叫花子——又冷又餓，在死亡線上掙扎。

【三九天講故事——冷言冷語】

見「寒潮消息——冷言冷語」。

【三九天開桃花——稀奇古怪】

桃樹春天開花，三九嚴寒不可能開桃花。見「公雞下蛋——無奇不有」。

【三九天生的孩子——愣（冷）娃】

愣：「冷」的諧音。①比喻青少年魯莽冒失。例這小子到處闖禍，人們叫他三九天生的孩子——愣（冷）娃。②形容失神或發呆的樣子。例沒完沒了的考試、測驗，把孩子折磨得不成樣子，簡直像個三九天生的孩子——愣（冷）娃。

【三九之位】

三：三公；九：九卿。時代不同，歷代所指三公、九卿各異。指居於三公九卿的職位。《後漢書・郎顗傳》：「陛下踐祚以來，勤心衆政，而三九之位，未見其人。」

【三句好話不如一馬棒】

形容強硬的手段比好言好語更能奏效。馬烽、西戎《呂梁英雄傳》四回：「家裏沒飯吃？怎沒把你餓死？眞是三句好話不如一馬棒！今天誰不交也不行。」

【三句話不離本行】

行：職業。指人的言談總是涉及自己所從事的工作。《官場現形記》三四回：「每到一處，開口三句話不離本行，立刻從懷裏掏出捐册來送給人看。」也作「**三句不離本行**」。《黃繡球》一〇回：「我是行醫的，你們不要笑我三句不離本行，可是不是？」也作「**三句不離本身**」。

【三爵之罰】

三爵：三杯酒的處罰。指處罰得極輕。淸・馮桂芬《覆應方伯論淸丈第二書》：「罪止枷杖，若輩視如三爵之罰，且可代飮，毫不介懷。」

【三軍暴骨】

三軍：周制，天子建六軍，諸侯大國設三軍，也有把春秋時的步、車、騎合稱三軍，這裏泛指所有軍隊；暴：曬，引申爲暴露、露置。形容戰敗，軍士屍橫戰場。《左傳・襄公二十六年》：「今日之事，幸而集，晉國賴之；不集，三軍暴骨。」

【三軍可奪帥，匹夫不可奪志】

匹夫：普通平民。軍隊的統帥可以被奪去，普通平民的志氣卻不能奪走。形容意志堅定。《論語・子罕》：「三軍可奪帥也，匹夫不可奪志也。」何晏集解：「三軍雖衆，人心不一，則其將帥可奪而取之；匹夫雖微，苟守其志，不可得而奪也。」

【三軍易得，一將難求】
三軍：古時軍隊設上軍、中軍、下軍。泛指軍隊。招募士兵組成軍隊是容易的，但求得一員將領卻很難。比喻人才的難得與可貴。《三國演義》七〇回：「三軍易得，一將難求。張郃雖然有罪，乃魏所深愛者也，不可便誅。」
【三顆釘子釘兩處——一是一，二是二】
見「三個銅錢放兩處——一是一，二是二」。
【三顆蕎麥九道稜——一成不變】
蕎麥：一種糧食作物，瘦果呈三角形，每顆有三道稜。比喻一經形成，永不改變。例要因地、因時制宜，不能三顆蕎麥九道稜——一成不變。
【三跨兩步】
見「三腳兩步」。
【三老四少】
指老少衆人。京劇《武家坡》四場：「依我之見，去到前村大戶人家，請上三老四少同拆同觀。」
【三老五更】
三老：古代掌教化之官，鄉、縣、郡均曾先後設置；五更：古代鄉官名，用以安置年老致仕的官員。古代統治者爲了强化社會教育，表示尊養長老，設年老官員爲三老五更，以父兄師長之禮供養。《漢書·禮樂志》：「養三老五更於辟廱。」
【三良殉秦】
《左傳·文公六年》載：秦穆公死，殺死三個賢良的臣子以隨葬，百姓哀傷，作《黃鳥》詩刺秦穆公，哀悼三良臣。用以指責獨夫的殘暴，頌揚賢良的品德。晉·潘岳《寡婦賦》：「感三良之殉秦兮，甘捐生而自引。」
【三兩棉花四張弓——細細地談（彈）】
見「四兩棉花八張弓——細談（彈）」。
【三兩銀子買匹馬——自騎自誇】
比喻自我欣賞，自我吹噓。例是好是壞，應當讓人家去評說，不能三兩銀子買匹馬——自騎自誇。也作「三錢買匹馬——自誇自奇（騎）」、「三錢銀子買個老驢——自誇自奇（騎）」、「三錢銀子買個老驢——自誇騎得」。
【三令五督】
見「三令五申」。
【三令五申】
三、五：表示反反覆覆，多次；令：命令；申：陳述，說明。再三發出命令，反覆告誡。《史記·孫子吳起列傳》：「約束即布，乃設鐵鉞，即三令五申之。」也作「三令五督」。明·袁宏道《時文敍》：「是故雖三令五督，而文之趨不可止也，時爲之也。」也作「三申五令」。清·胡敬《漕船牽夫行》：「指顧叱吒何粗豪，三申五令鼓伐鼛。」
【三流子哥大流子弟——二流子】
指不務正業、遊手好閒的人。例你給人家戴上了一頂三流子哥大流子弟——二流子的帽子，人家怎麼會滿意呢？
【三六九等】
指各種等級，很多差別。《紅樓夢》七五回：「只不過這會子輸了幾兩銀子，你們就這麼三六九等兒的了！難道從此以後再沒有求著我的事了？」也作「三等九格」。《金瓶梅詞話》六二回：「李大姊倒也罷了，沒什麼倒吃了他，爺恁三等九格的。」也作「三等九般」。《金瓶梅詞話》三五回：「金蓮道：『若是這等的也罷了，我說又是沒廉恥的貨，三等兒九般使了接去。』」
【三鹿郡公】
三鹿：三鹿爲「麤」，即「粗」。形容人粗心、馬虎。唐·馮贄《雲仙雜記·三鹿郡公》卷五：「袁利見爲性頑獷，方棠謂袁生已封三鹿郡公，蓋譏其太麤疏也。」
【三馬同槽】
三馬：原隱指司馬懿及其子司馬師、司馬昭三人。《晉書·宣帝紀》載：三國魏正始後，司馬懿和他的兒子師、昭掌握軍政大權，摒除異己，圖謀篡權。後泛指陰謀篡權。《三國演義》七八回：「三馬同槽事可疑，不知已植晉根基。曹瞞空有奸雄略，豈識朝中司馬師？」
【三毛加一毛——時髦（四毛）】
時髦：「四毛」的諧音。見「雞毛撣沾水——時髦（濕毛）」。
【三毛七孔】
古人稱心重十二兩，中有七孔、三毛，盛精汁三合，主藏神。因以「三毛七孔」指心思、心機。《兒女英雄傳》二三回：「及至第二日，見著十三妹，費盡三毛七孔，萬語千言，更是不易，一樁樁，一件件，都把他說答應了。」
【三媒六證】
三媒、六證：舊時男女訂立婚約，除不止一個媒人作證外，還要有婚書、彩禮等物證，故名「三媒六證」。形容婚事鄭重，有正式的媒證。《紅樓夢》四六回：「鴛鴦紅了臉，向平兒冷笑道：『別說大老爺要我做小老婆，就是太太這會子死了，他三媒六證的要我去做大老婆，我也不能去！』」
【三面網開】
《呂氏春秋·異用》載：商湯見捕鳥人四面設網捕鳥，便命其將四面網放開三面，只留一面，而且只捕那些不聽教命的鳥。比喻政仁法寬，恩澤優厚。清·孔尚任《桃花扇》三六齣：「三面網全開，誰將秀才害。」
【三命而俯】
三命：第三次高升；俯：向下，低頭。比喻官位高升，更應該謙遜待人。《左傳·昭公七年》：「一命而僂，再命而傴，三命而俯。」
【三畝竹園一根筍——物以稀爲貴】

比喻東西越稀少，就越顯得珍貴。例小萬自然受到重用，三畝竹園一根筍——物以稀爲貴，我們這裏只有他一人懂得這門尖端的技術。

【三沐三熏】

見「三釁三沐」。

【三男兩女】

指兒女兩全，有了後代。《後漢書·方術傳》：「三男兩女，孫息盈前，何爲坐自殫竭？」

【三男四女】

指衆多子女。《說岳全傳》七回：「我掙了一份大家私，又沒有三男四女，只得這個孩兒，若得他一舉成名，祖宗面上，也有些光彩。」

【三年薄粥買頭牛】

薄：不濃，不稠。喝三年稀粥，節省下來的錢就可以買頭牛。形容長期節儉，積少成多，就能辦成大事情。例不要小看一分錢、一度電的節約，俗話說：「三年薄粥買頭牛。」只要我們每個人都能厲行節約，反對浪費，就能節省下巨大的財富。

【三年不蜚】

蜚：ㄈㄟ，同飛。比喻長期退隱，無所作爲。《史記·楚世家》：[伍舉]曰：「有鳥在阜，三年不鳴，是何鳥也？」莊王曰：「三年不蜚，蜚將沖天；三年不鳴，鳴將驚人。」

【三年不窺園】

窺：看；園：花園。《漢書·董仲舒傳》：「[仲舒]少治《春秋》，孝景時爲博士，下幃講誦，弟子傳以久次相授業，或莫見其面，蓋三年不窺園，其精如此。」三年裏連花園都沒看一眼。形容專心治學。元·馬祖常《壯遊》詩：「三年不窺園，自謂五經笥。」

【三年不上門，當親也不親】

謂若長期不來往，原本親近的人也會變得生疏起來。《西遊記》四〇回：「沙和尚笑道：『哥啊，常言道：三年不上門，當親也不親哩。你與他相別五六百年，又不曾往還杯酒，又沒有個節禮相邀，他那裏與你認什麼親耶？』」

【三年不漱口——一張臭嘴】

見「狗打呵欠——一張臭嘴」。

【三年不提筆，秀才手也生】

若長期不動筆寫文章，即便是秀才，寫起來也會感到生疏。謂任何技藝都是熟能生巧，長期不練，就會荒廢。例三年不提筆，秀才手也生，這活我已經好幾年沒幹了，現在要幹，恐怕也幹不好了。

【三年化碧】

《莊子·外物》載：「萇弘因忠貞而遭奸佞詆毀，剖腸而死，其血藏三年而變爲碧玉。後用以謂忠心不泯。」元·鄭元祐《張御史死節歌》：「孤忠既足明丹心，三年猶須化碧血。」

【三年兩頭】

指僅隔一年，或幾乎每年。《老殘遊記》一三回：「俺這黃河不是三年兩頭的倒口子嗎？張撫台爲這個事焦的了不得似的。」

【三年兩載】

見「三年五載」。

【三年清知府，十萬雪花銀】

清：清廉；知府：一府的長官；雪花銀：成色純白的銀子。即使是爲官清廉的知府，在任數年也會有大量錢財進入私囊。謂舊時標榜廉潔奉公的官員，實際上也大量搜刮民財。《儒林外史》八回：「蘧公子道：『至於處處利藪，也絕不耐煩去搜剔也；或者有，也不可知！但只問著晚生，便是問道於盲了。』王太守笑道：『可見三年清知府，十萬雪花銀的話，而今也不甚確了。』」

【三年五載】

載：年。三五年，不太長的時間。《紅樓夢》四七回：「眼前我還要出門去走走，外頭遊逛三年五載再回來。」也作「三年兩載」。例此一去何止三年兩載，在外務須勉力讀書，力求上進才是。

【三年之艾】

艾：多年生草本植物，葉製成艾絨，可供針灸用，收藏多年的陳艾效果更好。存放了三年的艾草。比喻做事應預先做好準備。《孟子·離婁上》：「今之欲王者，猶七年之病求三年之艾也。苟不爲蓄，終身不得。」

【三年之蓄】

古人認爲國家必須至少保存有三年的積蓄。《禮記·王制》：「國無九年之蓄，曰不足；無六年之蓄，曰急；無三年之蓄，曰國非其國也。」

【三朋四友】

泛指各色各樣的朋友。《醒世恒言》五回：「又且素性慷慨好客，時常引著這夥三朋四友，到家蒿惱，索酒索食。」

【三片子嘴——能說會道】

見「媒婆的嘴——能說會道」。

【三平二滿】

平、滿：古代術數家以爲天文中的十二辰，分別象徵人事上的建、除、滿、平、定、執、破、危、成、收、開、閉十二種情況，因此，觀天象便可占測人事吉凶禍福。滿日、平日主生，爲種穀佳日。比喻平穩過得去。宋·陳昉《穎川語小》卷下：「俗言三平二滿，蓋三遇平、二遇滿，皆平穩得過之日。」

【三婆兩嫂】

見「三妻四妾」。

【三妻四妾】

妾：舊指男子在妻以外娶的女子，側室。指妻妾多。《金瓶梅詞話》一回：「至如三妻四妾，買笑追歡的，又當別論。」也作「三婆兩嫂」。婆、嫂：指妻妾。宋·陸游《老學庵筆記》卷六：「吏、勛、封、考，三婆兩嫂。」

【三起三落】

三起、三落：指多次。數次被免職下台，又數次被起用。唐·裴潾《前相國贊皇公早葺平泉山居暫還憩，旋起赴詔命作鎮浙右，輒懷賦四言詩十四首奉寄》詩：「我力或屈，我躬莫污。三黜如飴，三起惟愼。」

【三千九萬】

《莊子・逍遙遊》載：鵬徙於南冥時，水擊三千里，搏扶搖而上者九萬里。後以「三千九萬」極言高遠。比喻飛黃騰達。唐・黃滔《寓題》詩：「霜雪不飛無翠竹，鯨鯢猶在有青萍。三千九萬平生事，卻恨《南華》說北溟。」

【三千六】

比喻極多極多。例好事做了三千六，只因發了一場脾氣，誰也不領情了。

【三千世界】

佛教用語。佛經《華嚴經》稱，以須彌山為中心，以鐵圍山為外圍，是一個小世界；小世界的千倍是小千世界；小千世界的千倍是中千世界；中千世界的千倍是大千世界；合起來爲三千世界。後泛指廣闊無邊的世界。唐・武元衡《春題龍門香山寺》詩：「欲盡出尋那可得，三千世界本無窮。」

【三千珠履】

珠履：綴有明珠的鞋子。形容貴賓衆多。唐・李白《寄韋南陵冰》詩：「堂上三千珠履客，瓮中百斛金陵春。」

【三錢辣椒麵——一小撮】

錢：舊制重量單位，十錢等於一兩。見「三分錢的胡椒粉——一撮兒」。

【三錢銀子買個老驢——自誇騎得】

見「三兩銀子買匹馬——自騎自誇」。

【三親六故】

親戚故舊的總稱。例他每次回到家鄉，總是要和自己的三親六故談天說地，閒話家常。也作「三親四友」。例我們的三親四友平日保持良好關係，來往密切。

【三親六眷】

泛指衆親眷。元・關漢卿《魯齋郎》一折：「只待置下莊房買下田，家私積有數千，那裏管三親六眷盡埋冤，逼的人賣了銀頭面我戴著金頭面。」也作「三親四眷」。例家計日窘，實出無奈，只得去三親四眷家借貸。

【三親四眷】

見「三親六眷」。

【三親四友】

見「三親六故」。

【三清四白】

指非常清白。茅盾《小圈圈裏的人物》：「吃公家飯的，要是三淸四白，怎樣養家活口？」

【三秋庭綠盡迎霜，唯有荷花守紅死】

三秋：深秋九月。深秋時節，庭院中的草木都迎霜變色，只有荷花至死猶紅。比喻道德品質高尚的人寧死守節，不苟且隨俗。唐・溫庭筠《懊惱曲》：「莫言自古皆如此，健劍刜鐘鉛繞指。三秋庭綠盡迎霜，唯有荷花守紅死。」

【三求四告】

指再三央告別人幫助或寬恕自己。《紅樓夢》八〇回：「嫌我不好，誰叫你們瞎了眼，三求四告的，跑了我們家做什麼去了？」

【三拳兩腳】

形容不多的幾下拳腳動作。例他猛撲過去，三拳兩腳把那企圖逃脫的肇事者打翻在地。

【三人成虎】

《戰國策・魏策二》：「龐葱……謂魏王曰：『今一人言市有虎，王信之乎？』王曰：『否。』『二人言市有虎，王信之乎？』王曰：『寡人疑之矣。』『三人言市有虎，王信之乎？』王曰：『寡人信之矣。』龐葱曰：『夫市之無虎明矣。然而三人言而成虎。』」意思是城裏本無虎，傳言有虎的人多了，聽的人就會信以為眞。比喻謠言或流言反覆傳播足以惑亂聽聞。《鄧析子・轉辭》：「古人有言，衆口鑠金，三人成虎，不可不察也。」也作「三夫成虎」。金・元好問《過希顏故居》詩：「把臂論交分最深，三夫成虎古猶今。百年唯有區區在，地下才應識此心。」也作「三人市虎」。明・李詡《戒庵老人漫筆・海山覆敗》：「怨家又起而裝誣之，以致上官亦駭於耳目，三人市虎，不能免也。」也作「三言訛虎」。淸・秋瑾《致琴文書》：「況三言訛虎，衆口鑠金；因積毀銷骨，致他方糊口。」

【三人成虎，十夫揉椎】

揉椎：拿起棒子。本來沒有老虎，若三個人說有虎，衆人就會信以爲眞，紛紛拿起棒子，準備打虎。謂謠言或訛傳一再重覆，就能弄假成眞。《戰國策・秦策三》：「聞三人成虎，十夫揉椎；衆口所移，毋翼而飛。」參見「三人成虎」。

【三人當家，七扯八拉】

形容當家的人一多，意見就會難於統一，結果誰也作不了主。例你們一人一個主意，又都要我照著辦，我到底聽誰的！眞是三人當家，七扯八拉。

【三人六樣話】

形容衆人說法不一。例關於他倆相戀的流言，沒有人去證實，三人六樣話，成了同事茶餘飯後的話題。

【三人市虎】

見「三人成虎」。

【三人抬不過個理字去】

抬：辯駁。謂人再多，也不能不講道理。《紅樓夢》六五回：「二姐笑道：『可是撒謊？這麼一個夜叉，怎麼反怕屋裏的人呢？』興兒道：『就是俗語說的：三人抬不過個理字去了。』」

【三人同心，其利斷金】

謂衆人齊心協力，就能產生強大的力量。明・許自昌《水滸記》一〇齣：「你們在此思量劫掠官物麼……實不相瞞，我們早已計定了，又得師父相助，正所謂三人同心，其利斷金。」

【三人誤大事，六耳不通謀】

六耳：三人便有六個耳朵。爲防止洩密而貽誤大事，有三人在場時便不可謀劃機密的事情。元・關漢卿《蝴蝶夢》二折：「百般的拷打難分訴，豈不聞『三人誤大事，六耳不通謀』！」

【三人行，必有我師焉】
三個人走在一起，其中必定有可以作為我的老師的人。意謂要虛心向他人學習。《論語・述而》：「三人行，必有我師焉。擇其善者而從之，其不善者而改之。」

【三人一龍】
三人組成一整體。《三國志・魏書・華歆傳》：「歆與北海邴原、管寧俱遊學，三人相善。時號三人為一龍，歆為龍頭，原為龍腹，寧為龍尾。」比喻三人友善如一體。

【三人一條心，黃土變成金】
謂只要衆人齊心協力，任何人間奇蹟都是可以創造的。例俗話說：「三人一條心，黃土變成金。」只要全國民衆團結一心，共同奮鬥，躋身已開發國家的夢想。就一定能實現。也作「人心同一起，黃土變成金」。例要完成這個任務的確困難不少，但是人心同一起，黃土變成金。只要大家心齊，就一定能克服困難，把任務圓滿完成。

【三日不彈，手生荊棘】
荊棘：泛指山野叢生的帶刺小灌木，喻技藝荒疏。指幾天不彈琴，指法就會荒疏。《鏡花緣》七二回：「不瞞姊姊說，彈是會彈兩調，但只連年弄這詩賦，把他就荒疏了，『所謂三日不彈，手生荊棘』。」

【三日不相見，莫作舊時看】
三天沒有見面，就不要再用老眼光看人。謂人的變化往往很快。《五燈會元》卷七：「會下有僧去，住庵一年後卻來，禮拜曰：『古人道：三日不相見，莫作舊時看。』」

【三日打魚，兩日曬網】
見「三天打魚，兩天曬網」。

【三日兩頭】
指僅隔一天，或幾乎每天。形容很頻繁。《紅樓夢》五九回：「襲人見他娘來了，不免生氣，便說道：『三日兩頭兒，打了乾的打親的，還是賣弄你女孩兒多，還是認眞不知王法？』」也作「三頭兩日」。例衆親友知他手頭拮据，三頭兩日送些錢財、日用品過來。

【三日繞梁】
《列子・湯問》：「昔，韓娥東之齊，匱糧，過雍門，鬻歌假食，既去，而餘音繞梁欐，三日不絕，左右以其人弗去。」歌唱或奏樂停止後，留下的餘音仍在屋梁間迴旋不散。形容歌聲、樂曲美妙動聽，久久留在人們耳中。

【三日新婦】
像結婚才三天的新娘子那樣。比喻行動拘束。清・陳維崧《酬許元錫》詩：「何肯齷齪學章句，三日新婦殊可憐。」

【三三兩兩】
三個一羣，兩個一伙。形容零零落落，為數不多。晉・無名氏《神弦歌十八首》詩：「行不獨自去，三三兩兩俱。」也作「三三五五」。唐・李白《採蓮曲》詩：「岸上誰家遊冶郎，三三五五映垂楊。」

【三三五五】
見「三三兩兩」。

【三色圓珠筆——多心】
見「蘿蔔長了叉——多心」。

【三山二水】
三山：在今南京市西南長江東岸，以有三峯得名。六朝都建康，三山為其西南江防要地，故又稱護國山；二水：白鷺洲，在今南京市西南長江之中，分江面為二。唐・李白《登金陵鳳凰台》詩：「三山半落青山外，二水中分白鷺洲。」後泛指南京的山水。《儒林外史》三四回：「莊紹光道：『少卿兄，相別數載，卻喜卜居秦淮，為三山二水生色。』」

【三山五岳】
泛指名山、羣山、各地。清・曹寅《舟中望惠山舉酒調培山》詩：「三山五岳渺何許？雲煙汗漫空詅䛇。」

【三蛇九鼠】
形容危害莊稼的東西很多。《通俗編・禽魚》：「羅願《爾雅翼》載俗諺：『一畝之地，三蛇九鼠。』」

【三申五令】
見「三令五申」。

【三生杜牧】
唐杜牧去官後，鬱鬱不得志，落魄揚州，好作青樓之遊，以風流聞名。唐・杜牧《遣懷》詩：「十年一覺揚州夢，贏得青樓薄倖名。」後以「三生杜牧」比喻出入歌舞繁華之地的風流才士。

【三生石上】
三生：佛教用語，指前生、今生、來生；也作三世：即過去世、現在世、未來世。據佛教禪宗相傳的故事稱：唐朝李源與僧圓觀友好，圓觀臨死時跟李源約定十二年後在杭州天竺寺重見。李源到期赴約，在天竺寺前見一牧童唱《竹枝》歌道：「三生石上舊精魂，賞月吟風不要論。慚愧情人遠相訪，此身雖異性長存。」牧童即圓觀的托身。後以「三生石上」借指前世因緣。元・虞堪《虞山人詩》卷三：「如何卻說心頭事，再結三生石上緣。」

【三生有幸】
三生：佛教語，指前生、今生、來生；也作三世：即過去世、現在世、未來世；幸：幸運。形容極為難得的幸運。元・無名氏《碧桃花》一折：「此一會小官三生有幸也。」也作「三生之幸」。元・宮大用《范張雞黍》二折：「老夫久聞賢士大名，如雷貫耳，今得一睹，實為三生之幸。」

【三生有緣】
三生：前生、今生、來生；緣：緣分，命裏註定的遇合機會。形容極難得的緣份。元・施惠《幽閨記・洛珠雙合》：「今日相逢，三生有緣。」也作「**三世有緣**」。《三藏法師取經記》：「法師應曰：『果得如此，三世有緣；東土衆生，獲大利益。』」

【三生之幸】
見「三生有幸」。

【三牲五鼎】
三牲：牛、羊、豬；五鼎：古代行祭禮時，大夫用五個鼎，分別盛羊、豬、膚（切肉）、魚、臘五種供品。指盛饌佳餚。也指豐厚的祭品。元・高則誠《琵琶記》四齣：「三牲五鼎供朝夕，須勝似啜菽並飲水。」

【三尸暴跳，七竅生煙】
三尸：道教謂在人體內有作祟的神，叫「三尸」或「三尸神」；七竅：指兩眼、兩鼻孔、兩耳和口。形容怒火中燒，氣憤至極。《平鬼傳》八回：「討債鬼聞聽，氣得三尸暴跳，七竅生煙。」也作「**三尸亂暴，七竅生煙**」。《二十年目睹之怪現狀》四七回：「這時一些官員，面面相覷，沒奈他何，制台是氣的三尸亂暴，七竅生煙。」也作「**三尸神暴躁，七竅內生煙**」。《官場現形記》二七回：「王博高不等他說完，早已氣得三尸神暴躁，七竅內生煙」。也作「**三尸神暴跳，七竅內生煙**」。《封神演義》四八回：「太師聞報破了兩陣，只急得三尸神暴跳，七竅內生煙。」

【三尸亂暴，七竅生煙】
見「三尸暴跳，七竅生煙」。

【三尸神暴跳，七竅內生煙】
見「三尸暴跳，七竅生煙」。

【三尸神暴躁，七竅內生煙】
見「三尸暴跳，七竅生煙」。

【三尸五鬼】
三尸：道家稱在人體內作祟的神有三，叫「三尸」或「三尸神」，每於庚申日向天帝呈奏人的過惡；五鬼：一指智窮、學窮、文窮、命窮、交窮五種窮鬼，一指同時狼狽爲奸的五個人，一指星命家所稱的惡煞之一。比喻奸佞之臣。《續資治通鑑・宋仁宗慶厲三年》：「諫官歐陽修奏事延和殿，面論淑（李淑）奸邪，退又上言：『淑朋附呂夷簡，在三尸五鬼之數，望早與一外任差遣。』」

【三十不榮，四十不富，五十看看尋死路】
舊謂人到三、四十歲若還不能得到榮華富貴，五十歲以後便全然無望了。《古今小說》卷三三：「恭人道：『也是說一個五十來歲的。』大伯又道：『老也，三十不榮，四十不富，五十看看尋死路。』」

【三十而立】
三十歲便能自立於社會。指人開始成熟。《論語・爲政》：「吾十有五而志於學，三十而立，四十而不惑。」

【三十過，四十來，雙手招郎郎弗來】
弗：不；郎：舊時婦女對丈夫或所愛的男子之稱。婦女一旦過了三十歲，進入四十歲，就再難以爲男子所愛。謂應在適當的年齡內辦好婚姻大事。清・王有光《吳下諺聯》卷三：「三十過，四十來，雙手招郎郎弗來。夫男女以正，婚姻以時，當不有此。」

【三十斤的扁魚——窄看了】
扁魚：即鯿魚，身體側扁，頭小而尖，鱗較細，生活在淡水中。例三十斤的大鯿魚，照理說不窄，可是還把它看窄了。見「隔著門縫瞧人——把人看扁啦。」

【三十里地不換肩——擔子越挑越重】
由於人的耐力有限，擔子的重量不變，挑的時間越長越感到擔子沉重。見「落雨天擔禾草——越挑越重」。

【三十六陂】
原爲地名，在今江蘇揚州市。詩文中常用來指湖泊多。宋・王安石《題西太一宮壁》詩：「三十六陂流水，白頭想見江南。」

【三十六策】
見「三十六計」。

【三十六策，走是上策】
見「三十六策，走爲上策」。

【三十六策，走爲上策】
指在敵強我弱的情況下，爲避免陷於困境而主動退卻。洪楝園《後南柯・賺書》：「連年密謀，一朝敗露，三十六策，走爲上策。」也作「**三十六策，走是上策**」。《南齊書・王敬則傳》：「檀公三十六策，走是上策。」也作「**三十六計，走爲上計**」。《老殘遊記》四回：「看這光景，恐無謂的糾纏，要越逼越緊了。三十六計，走爲上計。」也作「**三十六著，走爲上著**」。《水滸傳》二回：「我兒，三十六著，走爲上著，只恐沒處去。」參見「三十六計」。

【三十六宮】
極言宮殿之多。唐・溫庭筠《郭處士擊甌歌》：「吾聞三十六宮花離離，軟風吹春星斗稀。」

【三十六行】
行：行業。概指各種行業。清・汪輝祖《雙節堂庸言・蓄後勿慕讀書虛名》：「三十六行，行行出能人。」

【三十六計】
古語。原爲虛指，極言計策之多。後湊爲三十六數。其名目爲：瞞天過海，圍魏救趙，借刀殺人，以逸待勞，趁火打劫，聲東擊西，無中生有，暗渡陳倉，隔岸觀火，笑裏藏刀，李代桃僵，順手牽羊，打草驚蛇，借屍還魂，調虎離山，欲擒故縱，拋磚引玉，擒賊擒王，釜底抽薪，混水摸魚，金蟬脫殼，關門捉賊，遠交近攻，假道伐虢，偷梁換柱，指桑罵槐，假痴不癲，上屋抽梯，樹上開花，反客爲主，美人計，空城計，反間計，苦肉計，連環計，走爲上計。清・黃遵憲《悲平壤》詩：「三十六計莫如走，人馬奔騰相踐踩。」也作「**三十六策**」。元・方回

《記遊自次前韻》：「爾來何止師左次，三十六策走上策。」

【三十六計，走爲上計】
見「三十六策，走爲上策」。

【三十六著，走爲上著】
見「三十六策，走爲上策」。

【三十畝地一頭牛，老婆孩子熱炕頭——安居樂業】
比喻工作稱心如意，生活安定幸福。例他對自己的職業滿意，生活也達到了小康的境地，正像俗話所說：「三十畝地一頭牛，老婆孩子熱炕頭——安居樂業。」大家都很羨慕。也作「喜鵲回窩鳳還巢——安居樂業」。

【三十年的老陳帳——翻不得】
見「老皇曆——翻不得」。

【三十年風水輪流轉】
風水：指住宅地或墳地等周圍的地理形勢，迷信的人認爲風水的好壞可以影響人的吉凶禍福。舊謂風水不會一成不變，每隔三十年就會變換一次。陸地《美麗的南方》一七：「老人說話，三十年風水輪流轉，我看窮人是要交運了。」

【三十年河東，三十年河西】
三十年前好風水在河的東邊，三十年後好風水又轉到河的西邊。謂盛衰無常。例人的運勢很難講，三十年河東，三十年河西，或許過去是你發達，但現在有可能是我崛起，所以大家都不必太計較。也作「三年河東，三年河西」。

【三十年弄馬騎，今日被驢撲】
和馬打了幾十年的交道，今日反被小毛驢踢咬。比喻經驗再豐富的人，若疏於防範，也會出差錯。《五燈會元》卷一一：「師曰：『適來禮拜底。』曰：『錯。』」師曰：「禮拜底錯個什麼？」曰：『再犯不容。』師曰：『三十年弄馬騎，今日被驢撲。瞎漢參堂去！』」

【三十年夜的粑粑——人有我有】
三十年夜：指農曆除夕；粑粑：餅類食物。比喻彼此一樣，誰也不比誰差。例行動電話從這幾年開始就像三十年夜的粑粑——人有我有，不再是有錢人的專利了。

【三十年夜曬衣服——今年不幹明年幹】
比喻有的是時間，不要著急。例一定要限期完成任務，抱著三十年夜曬衣服——今年不幹明年幹的態度是錯誤的。

【三十三天】
佛教稱欲界第六天爲三十三天；梵語「忉利天」的另一譯名。「忉利天」在須彌山頂上。後用以形容極高的地方。元・石子章《竹塢聽琴》二折：「三十三天，離恨天最高。」

【三十晚上借債——年關難過】
三十晚上：指農曆臘月三十晚上，即除夕之夜。比喻過年如過關，日子過不下去。例今年公司負債累累，三十晚上借債——年關難過，有倒閉的危險。

【三十晚上看皇曆——時間有限】
皇曆：曆書，也叫黃曆，排列月、日、節氣等供查考的書，最後一天即除夕。比喻工作忙，沒功夫；或最後的機會，時間不多了。例對不起，三十晚上看皇曆——時間有限，明天我不能到車站送行。

【三十晚上看皇曆——晚了】
這一年的日曆已經用完了。比喻遲了一步，來不及了。例你是來看望小峯的嗎？三十晚上看皇曆——晚了，他剛上火車。

【三十晚上盼月亮——沒指望】
農曆三十晚上沒有月亮。見「老寡婦死兒——沒指望了」。

【三十晚上敲鑼鼓——不知窮人苦不苦】
舊時除夕放鞭炮、敲鑼鼓，慶賀春節，窮人不可能這樣做。比喻不了解別人的苦難。例朱門酒肉臭，他們眞是像俗話所說，三十晚上敲鑼鼓——不知窮人苦不苦。

【三十晚上走路——沒影子】
農曆每月三十晚上沒有月光，人走路時看不見自己的影子。比喻沒有希望，沒有期盼；或沒有頭緒，沒有跡象。例今年沒有爲員工加薪，工廠想提高產量看來是三十晚上走路——沒影子的事。也作「黑天行路——沒影子」。

【三十有室】
室：妻。舊指男子三十歲娶妻。《禮記・內則》：「三十而有室，始理男事。」

【三豕渡河】
見「三豕涉河」。

【三豕涉河】
豕：ㄕˇ，豬；涉：徒步過水。《呂氏春秋・察傳》：「子夏之晋，過衛，有讀史記者曰：『晋師三豕涉河。』子夏曰：『非也，是己亥也。』夫己與三相近，豕與亥相似。至於晋而問之，則晋師己亥涉河也。」意思是文字的訛誤造成了笑話，後用以指文字傳寫、刊印的訛誤，或傳聞失實。也作「三豕渡河」。漢・蔡邕《蔡中郎集》卷十：「經典傳記無刻木代牲之說，蓋書有轉誤，三豕渡河之類也。」也作「三豕之疑」。南朝梁・范縝《以國子博士讓裴子野表》：「且章句洽悉，訓故可傳，脫置之膠庠，以弘獎後進，庶一夔之辯可尋，三豕之疑無謬矣。」

【三豕之疑】
見「三豕涉河」。

【三矢平虜】
《舊唐書・薛仁貴傳》載：薛仁貴在天山衛戍，突厥九姓恃衆來犯，薛仁貴發三箭射殺三人，威懾敵營，使之俯首請降。後以「三矢平虜」稱頌武將的武藝高强和功勳卓著。唐・白居易《答箭簇》詩：「何不向東射，東海有長鯨。不然學仁貴，三矢平虜庭。」

【三仕三已】

仕：做官；已：止，免去。幾次做官，又幾次被罷免。形容心胸開闊，不爲官場的進退所動。《論語・公冶長》：「令尹子文三仕爲令尹，無喜色；三已之，無愠色。」

【三世同財】

指三代人和睦共居，不分家產。《南齊書・孝義傳》：「[延伯]僑居東海，遂不至京師。三世同財，爲北州所宗附。」

【三世同爨】

三世：祖孫三代；爨：ㄘㄨㄢˋ，燒火煮飯。三代人在一起吃飯，和睦共處。宋・王讜《唐語林》：「博陵崔倕，緦麻親三世同爨」。也作「三世一爨」。《新唐書・崔邠傳》：「[邠]父倕，三世一爨，當時言治家者，推其法。」

【三世一爨】

見「三世同爨」。

【三世有緣】

見「三生有緣」。

【三首六臂】

見「三頭六臂」。

【三書六禮】

三書：舊時婚俗，娶妻在行納采、問名、納吉、納徵、請期、親迎六種禮儀時，男方還要備置禮物，以書面致送女方，謂之「三書」。指隆重迎娶。《二十年目睹之怪現狀》八二回：「侯虎卻不敢怠慢，備了三書六禮，迎娶過來。」

【三思而行】

三思：再三考慮。經過反覆考慮然後再採取行動。指行事愼重。《論語・公冶長》：「季文子三思而後行。」元・關漢卿《救風塵》一折：「他也合三思而行，再思可矣。」

【三四調狙】

狙：ㄐㄩ，古書裏指一種猴子。《莊子・齊物論》載：「一個養猴子的老人在給猴子分栗子時，說早上給三個，晚上給四個，衆猴子聽了很生氣；老人改說早上給四個，晚上給三個，衆猴子聽了高興起來。」謂詐術欺人，實質不變。宋・陸游《春晚南堂晨起》詩：「青黃災斷木，三四調羣狙。」參見「朝三暮四」。

【三歲小孩貼對聯——上下不分】

見「腳盆洗臉——沒上沒下」。

【三孫子】

比喻俯首貼耳，怯弱畏縮的人。例有的人在單位頤指氣使，回到家就成了三孫子，甘願聽妻兒指使。

【三台八座】

三台：喻三公，歷朝稱爲「三公」的官各不相同；八座：八種官位的合稱，歷朝所指亦不盡相同。泛指高官重臣。《歧路燈》六〇回：「這叫做『獅象捍門』，三台八座都是有分的。」

【三台五馬】

三台：星名，指上台、中台、下台，這裏指尚書（中台）、御吏（憲台）、謁者（外台）；五馬：五匹馬駕的車，指太守。原指居三台或太守之位。後比喻達官顯宦。清・袁枚《小倉山房尺牘》二二首：「足下三台五馬，宦成之後，亟宜白首同歸，早踐結鄰之約。」

【三湯兩割】

泛指做飯做菜。《清平山堂話本・快嘴李翠蓮記》：「燒賣匾食有何難，三湯兩割我也會。」

【三湯五割】

泛指比較豐盛的飯菜。《金瓶梅詞話》八八回：「衆人祭畢，陳敬濟下來還禮，請去卷棚內三湯五割管待出門。」

【三天不唱口生，三天不做手生】

生：生疏。謂技藝應經常練習，否則就會生疏。例這幾年由於事情太多，一直沒能好好下下棋，俗話說：『三天不唱口生，三天不做手生。』現在再下恐怕下不好了。也作「三天不唱口生，三天不演腰硬」。

【三天不打，上房揭瓦】

謂對某種人若不經常管教，就會鬧翻天。例這孩子太淘氣，眞是三天不打，上房揭瓦，你可得好好管教管教。

【三天吃不完的飯——還是現的】

現的：現成的，不新鮮的。比喻沒有什麼新奇，或還是原來的樣子。例我認爲你研究出了一種什麼新的發明，沒想到三天吃不完的飯——還是現的，這種工藝早就有了，我廠不宜採用。

【三天打魚，兩天曬網】

比喻學習或做事缺乏恆心，時斷時續。例他做事的恆心毅力不夠，常常是三天打魚，兩天曬網，連他自己都快受不了了。也作「三日打魚，兩日曬網」。《紅樓夢》九回：「[薛蟠]因此也假說來上學，不過是三日打魚，兩日曬網，白送些束脩禮物與賈代儒，卻不曾有一點兒進益。」

【三天打魚，兩天曬網——磨洋工】

比喻工作消極疲憊。例你都已經是三十而立的人了，爲什麼做事情還是三天打魚，兩天曬網——磨洋工？

【三天沒吃飯——肚裏沒貨】

比喻知識貧乏，沒有眞才實學。例他的報告東拉西扯，一點內容也沒有，看來是三天沒吃飯——肚裏沒貨。也作「公雞難下蛋——肚裏沒貨」。

【三條九陌】

泛指帝都的縱橫街道。唐・駱賓王《帝京篇》：「三條九陌麗城隈，萬戶千門平旦開。」

【三條腿的毛驢——跑不了】

也作「三條腿的毛驢——沒走」、「三條腿的騾子——跑不了」。見「斷了腿的青蛙——跑不了」。

【三條腿的桌子——不穩當】

也作「三條腿的桌子——不穩」、「三根腳的板凳——不穩」。見「腳登擀麵杖——不穩當」

【三同一片】
指工作人員、知識分子和農工羣衆同吃、同住、同勞動，打成一片。例若要發展工業，推動社會進步，就必須要做到三同一片，讓大家齊心協力共創美好的未來。

【三頭不辨兩】
頭：頭緒。三個頭緒中連兩個都分辨不清。形容人愚鈍糊塗。例這事挺複雜，你就不用說給他聽了。他是個三頭不辨兩的人，肯定越聽越糊塗。

【三頭二面】
形容阿諛奉承，玩弄兩面手法。唐・李商隱《雜纂上・愚昧》：「三頭二面趨奉人。」也作「三頭兩面」。宋・曾慥《類說・談苑》：「汝對我說韓信，見韓信即當說我，此三頭兩面之人！」

【三頭兩面】
見「三頭二面」。

【三頭兩日】
見「三日兩頭」。

【三頭兩緒】
形容事情複雜，頭緒多，不易理清。宋・朱熹《答張敬夫書》：「不知以敬爲主，而欲存心，則不免將一個心把捉一個心，外面未有一事時，裏面已是三頭兩緒。」

【三頭六臂】
佛教用語，指佛的法相長有三個頭，六條臂膀。比喻有超凡的本領。《景德傳燈錄・汾陽善昭禪師》：「三頭六臂擎天地，忿怒哪吒撲帝鐘。」也作「三首六臂」。清・李斗《揚州畫舫錄》：「文殊普賢變相，三首六臂，每首三目，二臂合掌，餘四臂擎蓮花、火輪、劍杵、簡槊並日月輪、火之屬。」

【三頭六面】
指當著衆人或有關的各方面。清・李漁《風箏誤》：「究竟不得明白，方才在這邊三頭六面，認將出來，方才曉得是這本新戲。」

【三頭六證】
指很多人證。例事實確鑿，加以三頭六證，他不得不俯首認罪。

【三吐三握】
三吐：吃飯時多次吐出口中的食物；三握：洗沐時多次握住頭髮。《史記・魯世家》載：「周公告誡封在魯的兒子伯禽說，我算是夠尊貴的了，對待賢能之士卻不敢怠慢，那怕正在洗頭，正在吃飯，也要趕忙握住頭髮，吐出口中的食物，認眞接待來客。」形容思賢如渴，禮賢下士。清・魏源《默觚下・治篇七》：「周公流言東征，《詩》不頌其多才多藝之敏，三吐三握之周。」也作「三握再吐」。南朝梁・蕭繹《上忠臣傳表》：「三握再吐，夙奉紫庭之慈；春《詩》秋《禮》，早蒙丹扆之訓。」

【三推六問】
推：審問；三、六：指多次。指反覆審訊。元・關漢卿《竇娥冤》二折：「拖你到官司，把你三推六問，你這等瘦弱身子，當不過拷打。」也作「三推五問」。《萬花樓楊包狄演義》五八回：「大凡案情定有兩造對供，詢問了原告，再勘被告，又有見證推詳，反反覆覆，三推五問，自然有機竅可尋。」

【三推五問】
見「三推六問」。

【三瓦兩舍】
瓦、舍：宋元時指妓院、茶樓、酒館、賭博遊藝場所等地方。泛指娛樂場所。《水滸》二回：「[高俅]每日三瓦兩舍，風花雪月。」也作「三瓦四舍」。《蕩寇志》七三回：「衙內你不曉得，他是淸白人家女兒，那肯同那三瓦四舍的奉迎。」也作「三瓦兩巷」。《金瓶梅詞話》一九回：「平昔在三瓦兩巷行走耍子，搗子都認的。」

【三瓦兩巷】
見「三瓦兩舍」。

【三瓦四舍】
見「三瓦兩舍」。

【三位一體】
三位：基督教徒稱上帝包含有聖父、聖子、聖靈（又稱聖神）三種人格。聖父（耶和華）、聖子（基督）、聖靈雖有別，但都具有共同的聖靈，三者雖不同位，本質上合爲一體。後泛指三種人、三項內容或三個不同的方面結合成不可分割的整體。例我們三個好友，交情已超過十年，旁人看到我們，就好像是三位一體，宛如一家人。

【三窩兩塊】
指多房妻妾。《醒世姻緣傳》四四回：「膝下又沒有三窩兩塊，只有一男一女。」

【三握再吐】
見「三吐三握」。

【三無坐處】
原指唐朝中宗景龍年間以後，濫設官職，致使官員在官廳多得已無坐處。極言設官之濫。《通典・職官一》：「逮乎景龍，官紀大紊，複有斜封無坐處之誦興焉……故時人謂之『三無坐處』，謂宰相、御史及員外官也。」

【三五蟾光】
指農曆十五夜的月光。清・王士禎《敬一主人詩》：「碧天如水夜初涼，三五蟾光滿帝鄉。」

【三五成羣】
或者三個一伙，或五個一羣。也作「三五成衆」。例下課後，學生們三五成衆，在操場上高談嬉笑。

【三五成衆】
見「三五成羣」。

【三五之隆】
三、五：三謂三皇，通常指伏羲、燧人、神農；五謂五帝，通常指黃帝、顓頊、帝嚳、唐堯、虞舜。謂三皇五帝之盛世。《漢書・郊祀志下》：「夫周秦之末，三五之隆，已嘗專意散財，厚爵祿，竦精神，舉天下以求之矣。」

【三徙成都】

傳說舜很受百姓愛戴，他曾三次遷移，百姓都樂於跟從，每到一處，自然形成爲都邑。形容聖人到處都受到百姓的擁戴。《子・徐无鬼》：「舜有著重羶行，百姓悅之，故三徙成都，至鄧之虛，而有十萬家。」也作「三徙成國」。《呂氏春秋・貴因》：「舜一徙成邑，再徙成都，三徙成國。」

【三徙成國】

見「三徙成都」。

【三下五除二】

原爲珠算口訣。比喻說話做事乾脆利落。例這種婆婆媽媽的事，你可不能遷就，乾脆讓我來個三下五除二，一下給你解決。

【三下五去二——乾脆利索】

三下五去二：珠算口訣，用以比喻痛快、迅速地解決問題。也作「三下五去二——乾淨利索」。見「快刀斬亂痲——乾淨利索」。

【三下五去二——一個不留】

比喻一點不剩。含有舉止果斷，辦事徹底的意思。例這一仗打得眞痛快，敵人三下五去二——一個不留，全被我們消滅乾淨。也作「竹筒倒豆子——一個不留」、「大眼篩子盛米——一個不留」、「魚網裝豌豆——一個不留」。

【三下五去四——錯打了算盤】

珠算口訣中應當是三下五去二，三下五去四就錯了。比喻錯打了主意。例你想擺脫領導和羣衆，獨攬大權，這是三下五去四——錯打了算盤。

【三仙傳道——一人一口】

三仙：指儒、道、佛三教的得道者。比喻一個人一個說法。例那些做主管的人三仙傳道——一人一口，我們這些負責執行的人可難辦了，不知執行誰的爲好。

【三心二意】

形容遲疑，下不定決心，或心意不專一。元・關漢卿《趙盼兒風月救風塵》一折：「待妝個老實，學三從四德，爭奈是匪妓，都三心二意。」也作「三心兩意」。《文明小史》一二回：「劉伯驥也幫著，著實附合，勸大衆不可三心兩意。」

【三心兩意】

見「三心二意」。

【三衅三沐】

三：多次；衅：以香料塗身；沐：沐浴。多次沐浴並用香料塗身。古代以此表示待以優禮，對人尊重。《國語・齊語》：「莊公將殺管仲。齊使者請曰：『寡君欲以親爲戳……請生之。』於是莊公使束縛以予齊使，齊使受之而退。比至，三衅三沐之，桓公親逆之於郊，而與之坐而問焉。」也作「三熏三沐」。宋・陸游《與李運使啓》：「一琴一龜，預想鈴齋之靜；三熏三沐，尚陪藥市之游。」也作「三沐三熏」。宋・李淸照《投翰林學士綦宻禮啓》：「再見江山，依舊一瓶一鉢；重歸畎畝，更須三沐三熏。」也作「三浴三熏」。唐・韓愈《答呂毉山人書》：「方將坐足下，三浴而三熏之，聽仆之所爲，少安無燥。」

【三星在盧】

三星：指參星星座。參星照耀家門。指結婚的吉日良辰。《詩經・唐風・綢繆》：「綢繆束楚，三星在盧，今夕何夕，見此粲者。」《女兒英雄傳》一〇回：「今夜正是月圓當空，三星在盧……就對著這月光，你二人在門外對天一拜，完成大禮。」

【三星在天】

《詩經・唐風・綢繆》：「綢繆束薪，三星在天，今夕何夕，見此良人。」指結婚的好日子。唐・嵩岳《嫁女》詩：「三星在天銀河回，人間曙色東方來。」參見「三星在盧」。

【三熏三沐】

見「三衅三沐」。

【三旬九食】

旬：十天。漢・劉向《說苑・立節》：「子思居於衛，縕袍無裡，三旬而九食。」三十天只吃九頓飯。後常用「三旬九食」形容生活極端貧困。晋・陶淵明《擬古》詩：「東方有一士，被服常不完；三旬九遇食，十年著一冠。」淸・王夫之《讀通鑒論・隋煬帝》：「斂民之粟，積之窖窌……使三旬九食者茹草木而咽糠秕，睨高廩大庾以餒死，非至不仁，其忍爲此哉？」

【三言訛虎】

見「三人成虎」。

【三言兩句】

形容話很少。元・關漢卿《救風塵》二折：「我到那裡，三言兩句，肯寫休書，萬事俱休。」也作「三言兩語」。宋・吳曆《望江南》：「六字五胡生口面，三言兩語費顏情。贏得鬢星星。」也作「三言五語」。《兒女英雄傳》三七回：「那知一想，才覺長篇累牘，不合體裁；三言五語，包括不住，一時竟大爲起難來。」

【三言兩語】

見「三言兩句」。

【三言兩語成夫妻】

形容婚事辦得草率。《老殘遊記續遺稿》三回：「可是咱們究竟是孩兒家，一半是害羞，一半是害怕，斷不能像那天津人的話，『三言兩語成夫妻』，畢竟得避忌點兒。」

【三言五語】

見「三言兩句」。

【三眼銃打兔子——光有響聲】

三眼銃（ㄔㄨㄥˋ）：一種命中率很低的舊式火槍。用三眼銃打兔子，只聽見槍響，而打不中目標。比喻虛張聲勢，作作樣子，而不是眞打。例「幹什麼老聽他打孩子？」「三眼銃打兔子——光有響聲，是讓別人聽的，他才捨不得打呢。」

【三眼槍打兔子——沒準兒】
兔子靈活，跑得快，三眼槍命中率低，很難擊中目標。比喻說話、辦事經常改變，沒有一定的主意、打算。例這位工廠廠長說話就像三眼槍打兔子——沒準兒，在他領導下工作，眞是有苦難言。也作「三眼槍打兔子——沒準兒的貨」、「瞎子打靶——沒準」、「直尺量曲線——沒準兒」、「爛手錶——沒準兒」。

【三陽交泰】
見「三陽開泰」。

【三陽開泰】
三陽：春天開始；開泰：開通順暢，亨通。夏曆每年十一月冬至日，白晝最短，往後則白晝漸長，古人以爲這是陰氣漸去而陽氣始生。《周易》的卦爻，以十月爲坤卦，純陰之象；十一月爲復卦，一陽生於下；十二月爲臨卦，二陽生於下；正月爲泰卦，三陽生於下。冬去春來，陰消陽長，有吉祥亨通之象。後以「三陽開泰」表示一年之始呈現吉祥，爲稱頌歲首的吉祥話。明・張居正《賀元旦表》：「茲者，當三陽開泰之候，正萬物出震之時，氣轉鴻鈞，共樂堯天之化日。」也作「三陽交泰」。《宋史・樂志》：「三陽交泰，日新惟艮。」

【三一三十一】
平均分爲三份。泛指平分。《官場現形記》五一回：「有一個錢，大家就得三一三十一平分，如此方無話可說。」

【三餘讀書】
三餘：冬者歲之餘，夜者日之餘，陰雨者時之餘。利用一切空餘時間讀書。晉・陶潛《感士不遇賦序》：「余嘗以三餘之日，講習之暇，讀其文。」

【三語掾】
掾：ㄩㄢˋ，古代官署屬員的通稱。三個字而做官。南朝宋・劉義慶《世說新語・文學》：「阮宣子有令聞，太尉王夷甫見而問曰：『老莊與聖教同異？』對曰：『將無同。』太尉善其言，辟之爲掾。世謂三語掾。」後用「三語掾」讚美幕府官員。唐・元稹《答姨兄胡靈之見寄五十韻》詩：「官曹三語掾，國器萬尋楨。」也作「三字爲掾」。清・蒲松齡《擬上因暑熱太甚清理刑獄釋放罪人羣臣謝表》：「三字爲椽，輒以于氏之門庭自勵；一行作吏，常以義縱之毛鷙爲憂。」

【三浴三熏】
見「三衅三沐」。

【三怨成府】
成：聚。與三人結怨成仇，便會仇恨集身，難以免禍。《後漢書・蓋勛傳》：「時小黃門京兆高望爲尚藥監，幸於皇太子，太子因蹇碩屬望子進爲孝廉，勛不肯用。或曰：『皇太子副主，望其所愛，碩帝之寵臣，而子違之，所謂三怨成府者也。』」

【三月的白菜——早有心】
雙關語。比喻早就有某一種想法，或拿定某一個主意。例你沒想到她會嫁給總經理吧，人家是三月的白菜——早有心啦。

【三月的冰河——開了動（凍）】
動：「凍」的諧音。比喻感情有了波動而有所考慮。例在董事會上，胡董終於也贊成公司跨行轉投資航空業，其他股東都高興地說，他是三月的冰河——開了動（凍）。也作「四月的冰河——開了動（凍）」。

【三月的風箏——越放越高】
風箏：一種玩具，在竹篾做的骨架上糊紙或絹，拉著繫在上面的長線，趁著風勢可以放上天空。比喻官運亨通，地位不斷上升。例他這幾年就像三月的風箏——越放越高，對老朋友的關係卻越來越疏遠了。

【三月的櫻桃——紅不久】
見「日落西山——紅不過一會兒」。

【三月的櫻桃——紅透了】
見「冬月的柿子——紅透了」。

【三月的櫻桃——一片紅火】
也作「三月的櫻桃——紅火」。見「剛出的太陽——一片紅火」。

【三月間的菜苔——不論（嫩）】
菜苔：油菜莖，可食用；論：「嫩」的諧音。農曆三月間，收割油菜，這時的菜苔不嫩了。雙關語。比喻對事情不計較，不管怎樣都可以。例你不必問他歡喜飲茶還是咖啡？他是三月間的菜苔——不論（嫩）。

【三月間的芥菜——起了心】
芥菜：二年生草本植物，頭年冬天種，第二年春天開花結子。草本蔬菜開花叫起了心。比喻產生外心，另有所圖。例這個小子見楊大爺富裕起來，三月間的芥菜——起了心，想偷竊他的財物。

【三月裡的桃花——紅不了多久】
也作「三月的桃花——紅一時」、「三月的桃花——紅不了幾天」、「早春的桃花——紅不久」。見「日落西山——紅不過一會兒」。

【三月裡搧扇子——滿面春風】
春風：比喻笑容。形容高興愉快的樣子。例戰士們得勝歸來，就像三月裡搧扇子——滿面春風。也作「三月裡打扇——滿面春風」。

【三月思種桑，六月思築塘】
三月要養蠶，才想到要種植桑樹；六月要抗旱，才想到要修築水塘。謂做事只顧眼前，沒有長遠打算。宋・袁采《袁氏世范》卷三：「今人往往於亢旱之際，常思修治，至收刈之後，則忘之矣。諺所謂：『三月思種桑，六月思築塘』，蓋傷人之無遠慮如此。」

【三月忘味】
《論語・述而》：「子在齊聞韶，三月不知肉味。」指孔子被美好的虞舜時《韶》樂所陶醉，很長時間都嘗不出肉味。用以形容對某一事物的熱愛已至入迷的境地。宋・黃庭堅《次韻答堯民》：「譬如聞韶耳，三月忘味嘆。」

【三月栽薯四月挖——急不可待】

急得不能等待。形容心情急切或形勢緊迫。例趕快給災區送糧食和衣物吧，他們是三月栽薯四月挖——急不可待了。也作「**上午栽樹，下午乘涼——急不可待**」、「**饞狗等骨頭——急不可待**」。

【三月栽薯四月挖——急於求成】

比喻心情急切，想馬上把事辦成。例你這次就是犯了三月栽薯四月挖——急於求成的毛病，結果是產品報廢，造成損失。

【三災八難】

三災：佛教指水災、火災、風災爲大三災，刀兵、饑饉、疫癘爲小三災；八難：影響見佛求道的各種障礙。泛指人生的多災多難，病痛與折磨接二連三。《紅樓夢》三二回：「我想你林妹妹那孩子，素日是個有心的，況且他也三災八難的。」也作「**三災六難**」。例誰家也難免有個三災六難，應當互相幫助。

【三災六難】

見「三災八難」。

【三占從二】

占：算卦，占卜。《書經・洪範》：「三人占，從二人之言。」比喻聽從多數人意見。康有爲《上清帝第二書》：「凡內外興革大政，籌餉事宜，皆令會議於太和門，三占從二，下部施行。」

【三戰三北】

北：敗逃。打三仗，敗三次。形容屢遭敗仗。清・黃遵憲《度遼將軍歌》詩：「待彼三戰三北餘，試我七縱七擒計。兩軍相接戰甫交，紛紛鳥散空營逃。」

【三張紙畫個鼻子——面子大】

比喻名望大，身分高。例這次羣衆積極響應、支持，重要原因之一，全靠你三張紙畫個鼻子——面子大。

【三張紙畫了個驢頭——好大的臉面】

也作「**三張紙才畫了個鼻子——好大的面子**」、「**三張紙畫個鼻子——多大面子**」、「三張紙畫個人腦殼——好大的臉面」。見「半斤麵包個餃子——好大的麵皮」。

【三招兩式】

招：著數；式：把勢，均爲武術動作；三、兩：言其少。指武術幾個招式。泛指所操技藝功力不深。例我剛學武術，只會三招兩式，談不上有多少武功。

【三朝五日】

指三、五天。元・石德玉《曲江池》二折：「總饒你便通天徹地的郎君，也不夠三朝五日遭瘟。」

【三朝新婦婆引壞，月裡嘔娘引壞】

三朝：三天，指剛嫁到家中；新婦：新娘；月裡：一月之內，指剛生不久；㖞嘔：小兒語聲。媳婦不好，是剛嫁到家中時婆婆教壞的；孩子不好，是剛生不久時媽媽帶壞的。謂教育工作應及早進行。清・范寅《越諺》卷上：「『三朝新婦婆引壞，月裡嘔娘引壞。』《顏氏家訓》引諺（教婦初來，教兒嬰孩）語簡意同。」

【三折肱，成良醫】

三：言其多；肱：胳膊上從肩到肘的部分，指胳膊。多次折斷胳膊的人，親自體驗到有效的治療方法，從而能成爲好醫生。比喻失敗的次數多了，能獲得許多經驗和教訓。《左傳・定公十三年》：「三折肱知爲良醫，唯伐君爲不可，民弗與也。」例「三折肱，成良醫」，要沒有前兩次的落榜，說什麼這次我也考不上這所全國最高學府。也作「**九折臂成良醫**」、「**三折良醫**」、「**折肱良醫**」。

【三貞九烈】

貞：貞節；烈：剛直。封建時代用來贊揚婦女誓死不改嫁、不失身的節操。元・白仁甫《牆頭馬上》三折：「隨漢走，怎說三貞九烈；勸奸情，八棒十挾。」也作「**三貞五烈**」。例古時那種讚揚婦女三貞五烈的傳統觀念現在已不復存在。

【三貞五烈】

見「三貞九烈」。

【三眞六草】

眞、草：書體名；眞：眞書，即正楷；草：草書。泛指各種書體。《南史・王彬傳》：「彬字思文，好文章，習篆隸，與〔王〕志齊名。時人爲之語曰：『三眞六草，爲天下寶。』」

【三徵七辟】

三、七：形容多；徵、辟：徵召。形容多次徵聘。《晉書・王裒傳》：「於是隱居教授，三徵七辟，皆不就。」

【三隻腳的凳子——坐不穩】

也作「**三隻腳的凳子——坐不住**」。見「板凳上撒蒺藜——坐不住」。

【三隻手】

指扒手、小偷。例大家管好自己的東西，謹防三隻手。

【三隻腿的金剛，兩個觭角的象】

金剛：佛教中的護法神；觭角：犄角。比喻稀奇古怪的事物。《金瓶梅詞話》三五回：「巴巴的關著門兒寫禮帖，什麼機密謠言，什麼三隻腿的金剛，兩個觭角的象，怕人瞧見？」

【三旨相公】

指身居要職，但無所建樹，只是上傳下達的人。《宋史・王珪傳》：「〔珪〕自執政至宰相，凡十六年，無所建明，當時目爲三旨相公。」

【三至之讒】

至：到；讒：讒言，說壞話。《戰國策・秦策二》載：「曾參居費邑，有與同姓名者殺人。有人來告曾母：『曾參殺人！』母不信；第二人來告，仍不信；第三人來告，母信以爲眞，懼極。後以「三至之讒」指反覆散播起惡劣影響的流言蜚語。《後漢書・班超傳》：「〔李邑〕又盛毀超擁愛妻，抱愛子，安樂外國，無內顧心。超聞之，嘆曰：『身非曾參而有三至之讒，恐見疑於當時矣。』」也作「三至之言」。三國吳・諸葛恪《與丞相陸遜書》：「相怨一生，則小人得容其間；得容其間，則三至之言，浸潤之譖，紛錯交至。」也作「三夫之言」。《後漢書・馬援傳》：「海內不知其過，衆庶未聞其毀，卒遇三夫之言，橫被誣罔之讒，家屬杜門，葬不歸墓，怨隙並興，宗親怖栗。」也作「三夫之對」。《晉書・王濬傳》：「今臣信行，未若曾參之著；而讒構沸騰，非徒三夫之對，外內扇助，爲二五之應。」

【三至之言】
見「三至之讒」。

【三智五猜】
指絞盡腦汁，反覆猜測。《水滸傳》二四回：「老娘也不消得三智五猜，只一智便猜個十分。」

【三錐子扎不出血——皮厚】
形容臉皮厚，不知羞恥。例他利用自己的職權，到處要吃要喝要東西，人家都說他是三錐子扎不出血——皮厚。

【三錐子扎不出一滴血——老牛筋】
比喻脾氣倔強，思想頑固。例批評又有什麼用，他是三錐子扎不出一滴血——老牛筋，就是碰了南牆也不會回頭的。

【三字爲掾】
見「三語掾」。

ㄙㄢˇ

【散兵游勇】
散：分散，離散；勇：清代稱戰爭時臨時招募，不在正式編制之內的兵士。指失去統帥而逃散遊蕩的士兵。後來也比喻沒有組織到集體中來而獨自行動的人。例那時兵荒馬亂，散兵游勇到處橫行，社會秩序極不安定。也作「散兵游卒」。

【散兵游卒】
見「散兵游勇」。

【散帶衡門】
散：解開，鬆開；帶：衣帶；衡門：簡陋的門盧。《詩經・陳風・衡門》中有衡門之下，可以遊息、居住的詩句。後用以指退出官場閒居或過隱居的生活。《晉書・何準傳》：「充居宰輔之重，傾一時，而準散帶衡門，不及人事，唯誦佛經，修營塔廟而已。」

【散黃雞蛋——外頭看得裡頭臭】
散黃：雞蛋變質，蛋黃散了。比喻人外表漂亮，思想品質很壞。例他看起來是個正人君子，其實是散黃雞蛋——外頭看得裡頭臭，背地裡不知幹了多少壞事。

【散木不材】
《莊子・人間世》：「匠石之齊，至乎曲轅（即彎路），見櫟社樹。其大蔽數千牛，絜之百圍，其高臨山十仞……匠石曰：『散木也！以爲舟則沈，以爲棺槨則速腐，以爲器則速毀，以爲門戶則液樠，以爲柱則蠹。是不材之木也，無所可用。』」意謂櫟樹不能製作器材，是無用之木。後用「散木不材」比喻無用處的事物。

【散德行】
比喻出醜、丟人現眼，散布使人難堪的言行。例咱們家幾代都是正經人家，你外出，千萬不能散德行，敗壞家風。

【散花天女】
《維摩詰所說經・觀衆生品》載：「天女用天花散在諸菩薩及大弟子身上，以花著身不著身來驗證諸菩薩的向道之心。」後以「散花天女」指佛家仙女。唐・王維《能禪師碑》：「鼓枻海師，不知菩提之行；散花天女，能變聲聞之身。」

【散將容易聚將難】
將：語助詞。散伙容易，但要把人聚集在一起卻很難。《鍾馗傳——平鬼傳》一一回：「不可，散將容易聚將難，我們費了若干的氣力，才得成此犄角之勢，若是散了，如何一時聚得起來？」

【散悶消愁】
用自己感覺愉快的事來度過空閒時間，以消閑解悶。元・高安道《哨遍・嗓淡行院》套曲：「待去歌樓作樂，散悶消愁，倦遊柳陌戀煙花。」

【散攤子】
①比喻集體組織、機構、單位等解散。例叢書編完以後，編委會就散攤子了。②比喻離婚或戀愛關係破裂。例那兩個小冤家結婚沒兩年就散攤子了。

ㄙㄣ

【森林裏跑馬——施展不開】
比喻能力發揮不出來，工作施展不開。例由於受到環境和條件的限制，陳大明工作就像森林裏跑馬——施展不開，他要求調換到另一個工廠工作。也作「陰溝裏撐船——施展不開」。

【森羅寶殿】
迷信的人指陰間閻羅王所居之殿。《儒林外史》二八回：「閻王要蓋『森羅寶殿』，這四個字的匾，少不的是請我寫，至少也得送我一萬兩銀子。」

【森羅萬象】
森：衆多；羅：羅列。指紛然羅列的各種事物或現象。《五燈會元・楊岐會禪師法嗣》：「乾坤大地，日月星辰，森羅萬象。」

【森森芊芊】
芊芊：草木茂盛。草木茂盛的樣子。例這一片翠綠大地，森森芊芊，令人賞心悅目。

【森嚴壁壘】
森嚴：嚴密整飭；壁壘：古代軍營四

周的圍牆。使防禦工事嚴整不可侵犯。比喻防守嚴密。例千里防線早已森嚴壁壘，萬千戰士更加鬥志昂揚。」也作「**壁壘森嚴**」。

ㄙㄤ

【桑弧蒿矢】
見「桑弧蓬矢」。

【桑弧蓬矢】
弧：弓；矢：箭。古代諸侯生子後舉行的一種儀式：用桑木做弓，蓬梗作箭，射向天地四方，象徵男兒志在四方。《禮記・內則》：「國君世子生……以桑弧蓬矢六，射天地四方。」後也用以勉勵人應胸懷遠大志向。宋・華鎮《卜居》：「桑弧蓬矢是男兒，故國松楸亦重違。」也作「**桑弧蒿矢**」。蒿：野草名。《後漢書・儒林傳上》：「每春秋饗射，常備列典儀，以素木瓠葉爲俎豆，桑弧蒿矢，以射菟首。」

【桑弧矢志】
指壯志，大志。古代諸侯生子行桑弧蓬矢之禮，象徵男子的志向遠大。明・無名氏《金雀記・惜別》：「花姿柳眼情方吻，匆匆又在離分。桑弧矢志未全伸，惜別頗增新悶。」

【桑間濮上】
桑間：古代衛國地名；濮上：濮水。桑間在濮水之上。原指淫風流行之地。後指男女幽會的場所。《禮記・樂記》：「鄭衛之音，亂世之音也；桑間濮上之音，亡國之音也。」

【桑間之音】
指淫靡的音樂。《呂氏春秋・音初》：「世濁則禮煩而樂淫，鄭衛之聲，桑間之音，此亂國之所好，衰德之所說。」

【桑間之咏】
指描寫男女情愛的詩歌。明・楊循吉《蓬軒吳記》卷上：「其集多桑間之咏，不足傳也。」

【桑落瓦解】
桑葉枯落，屋瓦破裂。比喻事勢敗壞，不可收拾。《後漢書・孔融傳》：「桑落瓦解，其勢可見。」

【桑木扁擔——寧折不彎】
見「生鐵犁頭——寧折不彎」。

【桑葚落地——熟透了】
桑葚：桑樹的果穗，味甜，可食，熟了要落地。見「落地的桃子——熟透了」。

【桑樞韋帶】
桑樞：桑木的門軸；韋帶：無裝飾的皮革腰帶。形容貧家寒士。唐・駱賓王《上司列太常伯啟》：「某蓬廬布衣，桑樞韋帶。」

【桑樞甕牖】
樞：門軸；牖：窗戶。用桑木做門軸，用破甕做窗。形容家境貧寒。元・武漢臣《玉壺春》三折：「我便是桑樞瓮牖，他也情願的布袄荊釵。」

【桑田碧海】
見「桑田滄海」。

【桑田變海】
見「桑田滄海」。

【桑田滄海】
桑田：植桑的土地，泛指田地；滄海：大海。晋・葛洪《神仙傳・王遠》：「麻姑自說云：接待以來，已見東海三爲桑田。」桑田變成大海，大海變成桑田。後用「桑田滄海」比喻世事翻覆，變化極大，或形容年歲久遠。《西遊記》七回：「桑田滄海任更差，他自無驚無訝。」也作「**桑田成海**」。元・李好古《張生煮海》二折：「桑田成海又成田，一霎那堪過百年。」也作「**桑田變海**」。唐・元稹《青雲驛》詩：「桑田變成海，宇縣烹爲齏。」也作「**桑田東海**」。唐・張九齡《經江寧覽舊跡至玄武湖》詩：「桑田東海變，麋鹿姑蘇遊。」也作「**桑田碧海**」。碧：碧綠。唐・盧照鄰《長安古意》詩：「節物風光不相待，桑田碧海須臾改。」

【桑田成海】
見「桑田滄海」。

【桑田東海】
見「桑田滄海」。

【桑蔭不徙】
桑蔭：桑樹的陰影；徙：移動。語本《戰國策・趙策四》：「昔者堯見舜於草茅之中，席隴畝而蔭庇桑，蔭移而授天下傳。」謂時間短暫。後指人意氣相投，相知無須時間久長。宋・吳曾《能改齋漫錄・事實二》：「唐尉遲敬德贊曰：『敬德之來，太宗以赤心付之。桑蔭不徙，而大功立。』」也作「**桑蔭未移**」。《三國志・魏書・文帝紀》：「……舜受大麓，桑蔭未移而已陟帝位，皆所以只承天命，若此之速也。」

【桑蔭未移】
見「桑蔭不徙」。

【桑榆末景】
見「桑榆暮景」。

【桑榆暮景】
桑榆：桑樹，榆樹；景：日光。日暮時，落日餘暉照在桑樹、榆樹梢上。比喻人已到了垂老之年。元・尚仲賢《柳毅傳書》一折：「教子讀書志未酬，桑榆暮景且淹留。」也作「**桑榆晚景**」。宋・蘇軾《罷登州謝杜宿州啟》：「桑榆晚景，忽蒙收錄之恩；山海名邦，得竊須臾之樂。」也作「**桑榆末景**」。清・顧炎武《與李霖瞻書》：「桑榆末景，或可回三舍之戈。」也作「**桑榆暮影**」。例林老伯常感嘆自己已到了桑榆暮影之年，沒什麼指望了。

【桑榆暮影】
見「桑榆暮景」。

【桑榆晚景】
見「桑榆暮景」。

【桑榆之光，理無遠照】
落在桑樹、榆樹梢上的夕陽餘暉，照射不了多遠。比喻人到暮年，精力、體力有限，做不了多少事了。南朝宋・劉義慶《世說新語・規箴》：「遠公在廬山中，雖老，講論不輟。弟子中或有惰者，遠公曰：『桑榆之光，理無遠照，但願朝陽之暉與時並明耳。』執經登座，諷誦朗暢，詞色甚苦。高足之徒，皆肅然增敬。」

【桑榆之景】
指老年人一生中的最後一個時期。唐・劉禹錫《謝分司東都表》：「雖迫桑榆之景，猶傾葵藿之心。」

【桑榆之禮】
舊時鄉黨按年齡長幼排次序，以年長為尊的禮儀。唐・歐陽詹《泉州刺史席公宴邑中赴舉秀才於東湖亭序》：「後一日，遂有東湖亭之會。公削桑榆之禮，執賓主之儀，揖讓升堂，雍容就筵。」

【桑中之歡】
指男女幽會的歡樂。南朝宋・劉義慶《幽明錄》：「[少年]嘗行田，見一女甚麗，謂少年曰：『聞君自以柳季之儔，亦復有桑中之歡耶？』」

【桑中之譏】
指對不正當的男女關係的諷刺。《太平廣記・楊楨》引《纂異記》：「由斯而來，非敢自獻。然宵清月朗，喜覿良人，桑中之譏，亦不能恥。」

【桑中之約】
桑：桑林。指相愛男女秘密的約會。《聊齋志異・竇氏》：「女促之曰：『桑中之約，不可長也。日在帡幪之下，倘肯賜以姻好，父母必以為榮，當無不諧，宜速為計。』」

【桑梓之地】
桑、梓：古時家宅旁邊常植之樹。指故鄉。《警世通言》卷一：「那郢都乃是桑梓之地，少不得去看一看墳墓，會一會親友。」

ㄙㄤˇ

【嗓子裏塞棉花——喘不上氣】
形容病弱體虛、少氣無力的樣子。例湯大爺近來健康狀況急遽下降，走路就像嗓子裏塞棉花——喘不上氣來，需要好好療養。

【嗓子眼裏塞把胡椒麵——夠嗆】
嗓子眼：喉嚨；胡椒：調味品，味辣。見「雞吃蠶豆——夠嗆」。

【嗓子眼裏吞麵杖——直出直人】
麵杖：即擀麵杖。見「胡同裏扛竹竿——直來直去」。

ㄙㄤˋ

【喪膽失魂】
見「喪膽亡魂」。

【喪膽失魄】
見「喪膽亡魂」。

【喪膽亡魂】
喪：丟掉。形容驚慌或恐懼到了極點。元・無名氏《獨角牛》二折：「把那廝打的喪膽亡魂。」也作「**喪膽銷魂**」。元・無名氏《馮玉蘭》四折：「暗自凝睛，不由我不喪膽銷魂忽地驚。」也作「**喪膽失魄**」。例上次夜歸時碰到搶匪，破財又受傷的經驗讓他喪膽失魄、恐懼不已。也作「**喪魂落膽**」。例敵人進村燒殺搶掠，老百姓喪魂落膽，扶老攜幼，棄家而逃。也作「**喪膽失魂**」。老舍《四世同堂》八：「他有點頭疼，喪膽失魂的，他走到小羊圈的口上。」

【喪膽銷魂】
見「喪膽亡魂」。

【喪魂落魄】
見「喪膽亡魂」。

【喪家狗】
比喻失去靠山，無處投奔的人。例曾幾何時，這幫一時得勢的人，就變成了喪家狗。也作「**喪家犬**」。

【喪家之狗】
原作喪（ㄙㄤ）家之狗，指有喪事人家的狗，因主人忙於辦喪事而無暇餵養。比喻時運不濟的人。《史記・孔子世家》：「孔子適鄭，與弟子相失，孔子獨立郭東門。鄭人或謂子貢曰：『東門有人，其顙似堯，其項類皋陶，其肩類子產，然自要（腰）以下不及禹三寸，累累若喪家之狗。』」後作「喪（ㄙㄤˋ）家之狗」。喪：失去。指無家可歸的狗。比喻無處投靠，游蕩亂竄的人。清・陳忱《水滸後傳》一四回：「二人直至郊外，安道全謝了院子，背上包裹，惶惶似喪家之狗。」也作「**喪家之犬**」。《水滸》三回：「這魯提轄忙忙似喪家之犬，急急如漏網之魚。」

【喪家之犬】
見「喪家之狗」。

【喪盡天良】
天良：良心。形容心腸毒辣，毫無人性。《鏡花緣》一二回：「訟端既起，彼此控告無休。初期莫不苦思惡想，掉頭弄筆頭，不獨妄造虛言，並且毫無影響之事，硬行牽入，惟期聳聽，不管喪盡天良。」

【喪倫敗行】
喪：喪失；倫：人倫；敗：敗壞；行：品行。喪失人倫，敗壞品行。《紅樓夢》六九回：「此亦係理數應然；只因你前生淫奔不才，使人家喪倫敗行，故有此報。」

【喪門神】
迷信說法喪門神為凶煞之一。比喻可能給人帶來災禍、不祥的人。例自從她嫁過來以後，家裏接連發生了幾件不幸的事，周圍的人無端把她罵作喪門神，使她精神上受到極大壓力。

【喪明之痛】
喪明：即瞎眼。《禮記・檀弓上》：「子夏喪其子而喪其明。」後以「喪明之痛」指死了兒子。《二十年目睹之怪現狀》八七回：「誰知同寅當中，一人傳十，十人傳百，已知有了許多人知道他遭了『喪明之痛』。」

【喪氣垂頭】
有氣無力地垂著頭。《清朝野史大觀》卷九：「諸童皆喪氣垂頭而返。」也作「垂頭喪氣」。

【喪權辱國】

喪失主權，使國家蒙受恥辱。例抗日時期我們的方針，是採取一切辦法推動全國抗戰，反對喪權辱國的和平妥協。

【喪身失節】

喪：辱。身受污辱，失去節操。魯迅《小說舊聞鈔・紅樓夢》：「妙玉以看經入園，猶先生以借藏書就館相府。以妙玉之孤潔而横罹盜窟，並被以喪身失節之名；以先生之貞廉而庾死圜扉，並加以嗜利受賕之謗，作者蓋深痛之也。」

【喪師辱國】

喪師：損失部隊。因打敗仗而使國家蒙受恥辱。茅盾《我走過的道路・童年》：「清朝的以慈禧太后為首的投降派，在這一戰爭中喪師辱國，割地求和，引起了全國人民的義憤。」

【喪天害理】

指做事違背天理良心。《老殘遊記》七回：「話說老殘與申東造議論玉賢正為有才，急於做官，所以喪天害理，至於如此，彼此嘆息一回。」

【喪心病狂】

喪心：失掉正常心理。指喪失理智，如同發瘋一般。形容言行昏亂、荒謬；喪失人性，殘忍惡毒至極。《宋史・范如圭傳》：「公（秦檜）不喪心病狂，奈何為此？」

【喪言不文】

《孝經・喪親篇》：「子曰：『孝子之喪親也……禮無容，言不文。』」指孝子居喪期間，言辭要純眞、樸實。南朝梁・劉勰《文心雕龍・情采》：「喪言不文，故知君子常言未嘗質也。」

ㄙㄥ

【僧多粥薄】

見「僧多粥少」。

【僧多粥少】

僧：和尚。和尚多稀粥少。比喻人多東西少，分配不過來。《醒世姻緣傳》六二回：「師爺的席面是看得見的東西，再要來一個撞席的，便就『僧多粥少』，相公就吃不夠了。」也作「粥少僧多」、「僧多粥薄」。

【僧來看佛面】

對待外來的僧人，要看在佛的面子上，給予禮遇。比喻接待來人，要顧及其上司或有關者的情面予以關照。《官場現形記》二回：「這個人是你王公公薦來的，『僧來看佛面』，不可輕慢於他。」

ㄙㄨ

【蘇海韓潮】

蘇軾文章氣魄如海，韓愈文章聲勢如潮。比喻文章的風格明快豪放，氣勢磅礴。清・孔尚任《桃花扇・聽稗》：「早歲清詞，吐出班香宋艷；中年浩氣，流成蘇海韓潮。」

ㄙㄨˊ

【俗不堪耐】

見「俗不可耐」。

【俗不可耐】

庸俗至極，使人無法忍受。《聊齋志異・沂水秀才》：「一美人置白金一鋌，可三四兩許，秀才掇內袖中。美人取巾，握手笑出，曰：『俗不可耐！』」也作「俗不堪耐」。例看到她把名牌的服飾全穿掛在身上，眞是給人一種俗不可耐的感覺，實在不值得我們模仿。

【俗不可醫】

庸俗到極點，很難改變。宋・蘇軾《於潛僧綠筠軒》詩：「無肉令人瘦，無竹令人俗。人瘦尚可肥，士俗不可醫。」

【俗語常言】

通俗的常說的話。例這本詞典收集了許多俗語常言。也作「古語常言」。

【俗之所排】

被世俗偏見所排斥。漢・揚雄《連珠》：「明君取士，貴拔眾之所遺；忠臣薦善，不廢俗之所排。」

ㄙㄨˋ

【夙世冤家】

夙世：前世。前世結成的冤家對頭。形容積怨很深。也指似恨而實愛，給自己帶來苦惱的人。例這兩人天天打架，眞是一對兒前世注定的夙世冤家。也作「宿世冤家」。宋・洪邁《夷堅志・黃法師醮》：「便冉冉翔空，回首言：『宿世冤家皆得解脫，汝勿復悲惱。』」

【夙心往志】

平素的心願，以往的志向。《魏書・烈女傳》：「人生如白駒過隙，死不足恨，但夙心往志，不聞于沒世矣。」

【夙興夜寐】

早起晚睡。形容勤勞。《詩經・衛風・氓》：「三歲為婦，靡室勞矣。夙興夜寐，靡有朝矣。」

【夙夜不懈】

日夜勤勞，從不懈怠。《三國志・吳書・孫皓傳》裴松之注引《吳錄》：「其讀書夙夜不懈，肅奇之。」也作「夙夜匪懈」。匪：非，不。晉・司馬彪《續漢書・越熹》：「熹為衛尉，盡心事上，夙夜匪懈。」

【夙夜匪懈】

見「夙夜不懈」。

【夙夜為謀】

日夜不停地謀劃。宋・陳亮《論勵臣之道》：「今陛下概念國家之恥，勵復仇之志，夙夜為謀，相時伺隙。」

【夙夜在公】

從早到晚，忙於公務。形容盡心盡職。《晉書・劉毅傳》：「毅夙夜在公，坐而待旦。」

【肅襟危坐】

整理好衣服，端端正正地坐著。形容嚴肅、恭敬或拘謹的樣子。明・朱之瑜《安南供役紀事・試〈堅確賦〉》：「朱子肅襟危坐而答曰：『嗚呼噫嘻！客何爲而及乎此也？』」也作「正襟危坐」。

【肅然起敬】

因心中受感動而產生敬意。例對於他見義勇爲、保護弱小的行爲，我們每個人都對他肅然起敬讚譽有加。也作「肅然增敬」。南朝宋・劉義慶《世說新語・規箴》：「遠公在廬山中，雖老，講論不輟……高足之徒，皆肅然增敬。」也作「肅然生敬」。宋・張長方《步里客談・論作文》：「文字使人擊節賞嘆，不如使人肅然生敬。」也作「悚然起敬」。宋・袁燮《絜齋集・紹興府重建賢牧堂記》：「後之作牧者，登斯堂展斯像，悚然起敬曰：『是皆有德於民，爲世標準，故人心歸向如此，吾其可不自勉乎？』」也作「竦然生敬」。宋・龔明之《中吳紀聞・張子韶與周煥卿簡》：「書詞懇惻，讀之令人竦然生敬。」

【肅然生敬】

見「肅然起敬」。

【肅然增敬】

見「肅然起敬」。

【肅若嚴霜】

態度冷淡像冰霜一樣嚴肅。唐・韋應物《秋集罷還途中作謹獻壽春公黎公》詩：「溫如春風至，肅若嚴霜威。」也作「冷若冰霜」。

【素不相能】

能：親善，和睦。關係一直不和睦。《聊齋志異，小翠》：「同巷有王給諫者，相隔十餘戶，然素不相能。」

【素不相識】

從來不認識。元・尚仲賢《柳毅傳書》四折：「我與你素不相識，一旦爲你寄書，因而戲言，豈意遂爲眷屬。」也作「素未相識」。《太平廣記・唐若山》引《仙傳拾遺》：「[李紳]既及岩下，見一道士……道士笑曰：『公垂在此耶？』言語若深交，而素未相識。

【素餐尸祿】

見「素餐尸位」。

【素餐尸位】

白白接受俸祿而不理事。漢・王符《潛夫論・思賢》：「虛食主祿，素餐尸位而但事淫侈，坐作驕奢，破敗而不及傳世者也。」也作「素餐尸祿」。《漢書・貢禹傳》：「臣禹犬馬之齒八十一，血氣衰竭，耳目不聰明，非復能有補益，所謂素餐尸祿洿朝之臣也。」也作「尸位素餐」。三國魏・曹植《矯志詩》：「芝桂雖芳，難以餌魚；尸位素餐，難以成居。」

【素車白馬】

古代凶事、喪事所用的車馬。《史記・高祖本紀》：「秦王子嬰素車白馬，係頸以組，封皇帝璽符節，降軹道旁。」

【素負盛名】

歷來享有很高的名望。例商務印書館在中國出版界可謂素負盛名。

【素綆銀瓶】

指井上汲水用的繩索和器皿。宋・陸游《寄仗錫平老借用其聽琴詩韻》詩：「塞泉不食人喝死，素綆銀瓶我心惻。」也作「銀瓶素綆」。

【素口罵人】

一面吃素念佛，一面罵人。形容僞善。宋・李之彥《東谷所見・茹素》：「古語兩句甚好：『寧可葷口念佛，莫將素口罵人。』」

【素昧平生】

昧：不了解。彼此間從來不認識。《儒林外史》一五回：「學生不知先生到此，有失迎接。但與先生素昧平生，何以便知學生姓馬？」也作「素昧生平」。《官場現形記》二八回：「時筱仁因彼此素昧生平，也樂得裝作不知，以免拖累。」

【素昧生平】

見「素昧平生」。

【素門凡流】

指門第不高，才學平庸的人。南朝梁・任昉《爲范尚書讓吏部封侯第一表》：「臣素門凡流，輪翮無取。」

【素面朝天】

指婦女不施脂粉去朝見天子。宋・樂史《楊太眞外傳》：「虢國[夫人]不施妝粉，自炫美艷，常素面朝天。」

【素氣清泚】

素氣：秋氣；清泚（ㄘˇ）：清澈清爽。指秋季天氣清爽。《宋史・夏侯嘉正傳》：「秋之爲神，素氣清泚，肅肅脩脩，羣籟四起。」

【素絲羔羊】

《詩經・召南・羔羊》：「羔羊之皮，素絲五紽。退食自公，委蛇委蛇。」後以「素絲羔羊」指官吏正直清廉。《後漢書・宋弘傳》：「其令將相大夫會葬，加賜錢十萬，及其在殯，以全素絲羔羊之潔焉。」

【素絲良馬】

《詩經・鄘風・乾旄》：「素絲紕之，良馬四之。」後以「素絲良馬」爲禮遇賢士之辭。例三國時代，不僅劉備三顧茅廬，禮賢下士，曹操和孫權也同樣素絲良馬、求取人才。

【素王之業】

素王：舊稱孔丘有德無官位，故稱素王。指孔丘刪訂《春秋》的事業。漢・王充《論衡・定賢》：「孔子不王，素王之業在於《春秋》。」

【素未相識】

見「素不相識」。

【素衣化緇】

緇：ㄗ，黑色。白衣變作黑色。形容灰塵極多或原來的性質改變。晉・陸機《爲顧彥先贈婦》詩：「京洛多風塵，素衣化爲緇。」

【素以爲絢】

在白色上加彩色裝飾。《論語・八佾》：「巧笑倩兮，美目盼兮，素以爲絢兮。」

【素隱行怪】

指過隱逸生活，行爲怪異。《禮記・中庸》：「子曰：素隱行怪，後有述焉，吾弗爲之矣。」也作「索隱行怪」。清・祝德麟《甌北詩抄序》：「然其弊有二，一在好奇，一在斗靡。好奇者，索隱行怪……則失之愚也；斗靡者，飣言餖韻……則失之僞也。」

【速戰速決】

指迅速作戰，迅速解決戰鬥。比喻用最快的辦法完成某件事。例他們倆速戰速決，僅用了五分鐘就下完一盤棋。

【宿弊一清】

多年的弊病一下子就肅清了。例根絕陳規陋習是長期的事，不可能進行十天半月便宿弊一清。

【宿將舊卒】

指久經戰鬥的將士。三國魏・曹植《求自試表》：「雖賢不乏世，宿將舊卒，猶習戰也。」

【宿世冤家】

見「夙世冤家」。

【宿學舊儒】

宿學：飽學之士。學問大又老成的讀書人。宋・胡仔《苕溪漁隱叢話前集・西崑體》：「老杜詩既爲世所重，宿學舊儒猶不肯深與之。」

【粟陳貫朽】

見「粟紅貫朽」。

【粟紅貫朽】

紅：腐爛變質；貫：穿銅錢用的繩子。糧食放壞了，穿錢的線也朽壞了。形容錢糧多，生活富裕。《漢書・賈捐之傳》：「太倉之粟，紅腐而不可食；都內之錢，貫朽而不可校。」也作「粟陳貫朽」。明・范受益《尋親記・告借》：「你如今萬廩千倉，粟陳貫朽，每日勞勞碌碌，使盡機謀，如今半百之秋，又無男女，還不修善，更待何時？」

【溯流從源】

見「溯流求源」。

【溯流徂源】

見「溯流求源」。

【溯流而上】

逆著水流行進。比喻知難而上，堅持到底。清・薛雪《一瓢詩話》卷一：「有志者當自具隻眼，溯流而上，必得其源。」也作「逆流而上」。

【溯流求源】

沿著河流上溯河源。比喻追根究柢。《元史・杜瑛傳》：「夫善始者未必善終，今不能溯流求源，明法正俗，育材興化，以拯救百千年之禍，僕恐後日之弊，將有不可勝言者矣。」也作「溯流從源」。清・周亮工《唐仲言傳》：「其所掇拾古文，以爲箋注者，自習見以及秘異，溯流從源，搜羅略盡。」也作「溯流徂源」。徂：ㄘㄨˊ，往，到。宋・周密《齊東野語・道學》：「其能發明先賢旨意，溯流徂源，論著講介卓然自爲一家者，惟廣漢張氏敬夫、東萊呂氏伯恭、新安朱氏元晦而已。」

【溯流窮源】

見「溯源窮流」。

【溯源窮流】

沿河而上，搞清河流的發源地。比喻探求事情的源流始末。《清史稿・藝術・楊沂孫傳》：「世臣創明北朝書派，溯源窮流，爲一家之學。」也作「溯流窮源」。清・方苞《古文約選序例》：「俾承學治古文者，先得其津梁，然後可溯流窮源，盡諸家之精蘊耳。」

ㄙㄨㄛ

【蓑笠綸竿】

綸：釣魚用的絲線。身披蓑衣，頭戴斗笠，手持釣竿。形容漁翁垂釣的樣子。多比喻不問世事的隱逸生活。元・王伯成《貶夜郎》四折：「待教我蓑笠綸竿守自然，我比姜太公多來近遠。」

【縮脖子】

比喻害怕，畏縮不前。例有主管撐腰，咱就不必再縮脖子了。

【縮地補天】

謂改造天地。比喻改革國家大政方針。《舊唐書・音樂志一》：「高祖縮地補天，重張區宇，反魂肉骨，再造生靈。」

【縮手旁觀】

見「束手旁觀」。

【縮手縮腳】

因寒冷而四肢捲縮，不能自然舒展。《老殘遊記》六回：「喊了許久，店家方拿了一盞燈，縮手縮腳的進來，嘴裏還喊道：『好冷呀！』」多比喻做事顧慮多，不能大膽放手地幹。《武松演義》一五回：「三要家下有錢，放得開，收得攏，不是縮手縮腳，經濟拮据的。」

【縮頭縮腳】

形容畏縮、躲閃，膽小怕事的樣子。清・覺佛《女英雄》：「你想這樣縮頭縮腳，反讓金人耀武揚威，還能成爲個國度嗎？」也作「縮頭縮腦」。例他看電影又回來晚了，推開門，縮頭縮腦往裏頭看，只希望父親睡著了，免挨一頓罵。

【縮頭縮腦】

見「縮頭縮腳」。

【縮屋稱貞】

古代傳說：顏叔子於風雨之夜，接納一位因房倒而避難的鄰家寡婦。使婦執燭、薪盡，又拆取屋木以繼。後用「縮屋稱貞」稱頌婦女遇到困難時，不藉機侵害，而是真誠相助的好品德。《北齊書・廢帝紀》：「太子曰：『顏子縮屋稱貞，柳下嫗而不亂，未若此翁白首不娶者也。』」

【縮衣節口】

見「縮衣節食」。

【縮衣節食】

指省吃省用，生活節儉。宋・陸游《居室記》：「少不治生事，舊食奉祠之祿以自給，秩滿，因不敢復請，縮衣節食而已。」也作「縮衣節口」。唐・杜牧《燕將錄》：「顛玩之臣，顏齷不展，縮衣節口，以賞戰士，此志豈須臾忘于天下哉。」也作「節衣縮食」。

ㄙㄨㄛˇ

【所存無幾】

見「所剩無幾」。

【所當無敵】

見「所向無敵」。

【所得無幾】

得到的沒有多少。指收穫甚微。宋・蘇軾《送杭州杜、戚、陳三掾罷官歸鄉》：「徇時所得無幾何，隨手已遭憂患繞。」

【所費不貲】

不貲：無法計算。指開銷極大。明・沈德符《萬曆野獲編・御膳》：「聞茹蔬之中，皆以葷血清汁和劑以進，上始甘之，所費不貲。」

【所見略同】

指見解大致相同。清・方苞《與陳占咸書》之九：「國初圖大將軍海，羽檄旁午，觀書不輟；湯文正之在秦中亦然。與賢所見略同。」

【所見所聞】

指看到的和聽到的。宋・王安石《明州慈溪縣學記》：「則士朝夕所見所聞，無非所以治天下國家之道。」

【所求必應】

對他人的請求，一定答應。唐・李湮《妒神頌》：「所求必應，高山仰止。」也作「有求必應」。

【所剩無幾】

剩下來的沒多少。《鏡花緣》九〇回：「此詩虛虛實實，渺渺茫茫，貧道何能深知。好在所剩無幾，待我念完，諸位才女再去慢慢參詳。」也作「所餘無幾」。宋・趙普《雍熙三年請班師》：「蓋以暮景殘光，所餘無幾，酬恩報國，正在此時。」也作「所存無幾」。存：保留，保存。宋・王回《故跡遺文序》：「六經百氏之文皆竹帛所載，而其被於金石特以爲最壽者，所存無幾。」

【所圖不軌】

指圖謀不正當或違法的活動。《三國志・魏書・臧洪傳》：「袁氏無道，所圖不軌，且不救洪郡將。」

【所爲所作】

見「所作所爲」。

【所向摧靡】

見「所向披靡」。

【所向風靡】

見「所向披靡」。

【所向皆靡】

見「所向披靡」。

【所向披靡】

向：到；披靡：草木被風吹倒伏。比喻力量所到之處，敵人都紛紛潰敗。《梁書・蕭確傳》：「鍾山之役，確苦戰，所向披靡，羣虜憚之。」也作「所向皆靡」。《後漢書・賈復傳》：「[賈復]於是先登，所向皆靡，賊乃敗走，諸將皆服其勇。」也作「所向風靡」。《晉書・四夷傳》：「其後張駿遣沙州刺史楊宣率衆疆理西域，宣以部將張植爲前鋒，所向風靡。」也作「所向摧靡」。摧：摧毀。《宋書・孟龍符傳》：「於時逆徒實繁，控弦掩澤，龍符匹馬電躍，所向摧靡，奮戈深入，知死弗吝。」

【所向無敵】

力量所到之處，誰也不能抵擋。形容戰鬥力極强。三國蜀・諸葛亮《心書》：「善將者因天之時，就地之勢，依人之利，則所向無敵，所擊者萬全矣。」也作「所當無敵」。當：面對著，向著。《史記・項羽本紀》：「[項羽]乃謂亭長曰：『吾知公長者。吾騎此馬五歲，所當無敵，嘗一日行千里，不忍殺之，以賜公。』」

【所向無前】

無前：無敵。誰也阻擋不住。形容力量强大。《後漢書・岑彭傳》：「彭復悉軍順風並進，所向無前。」

【所行所爲】

見「所作所爲」。

【所餘無幾】

見「所剩無幾」。

【所在多有】

所在：到處；多有：有很多。指某種事物或現象到處存在。清・梁啟超《墨學微》五章：「夫是以爲家族而死、爲朋友而死者，所在多有，而爲國家而死者，曠古乃一見也。」也作「所在皆是」。《官場現形記》二二回：「有些帶的盤纏不足，等的日子又久了，當光賣絕，不能回家的，亦所在皆是。」

【所在皆是】

見「所在多有」。

【所作所爲】

所做的事情。《紅樓夢》一六回：「自此鳳姐膽識愈壯，以後所作所爲，諸如此類，不可勝數。」也作「所行所爲」。清・秦子忱《續紅樓夢》二〇回：「醒來只覺心境光明，神情氣爽，回思一往所行所爲，殊甚愧恨。」也作「所爲所作」。《太平經》：「各有短長，各有所不及，各有所失。故所爲所作，各異不同。」

【索鬥雞】

求鬥的公雞。比喻好勇鬥狠，愛尋釁的人。例這小子眞讓人擔心，他總是跟隻索鬥雞似的，到處招惹是非。

【索垢尋疵】

垢：污垢；疵：毛病。比喻故意挑毛病，無事生非。元・蕭德祥《殺狗勸夫》四折：「每日家哄的去花街酒肆，品竹調絲，被咱家說破他行止，因此上索垢尋疵。他道俺哥哥公門蹤跡何曾至，平空的揣與這個罪名兒。」

【索盡枯腸】

比喻煞費苦心，用盡心思。例爲了這次畢業聯展，我們幾個系上的主辦人索盡枯腸的想要表現出不同於以往的風格。也作「**搜索枯腸**」。

【索然寡味】

見「索然無味」。

【索然無味】

索然：沒有興致。形容枯燥乏味，使人不感興趣。魯迅《燈下漫筆》：「到中國看辮子，到日本看木屐，到高麗看笠子，倘若服飾一樣，便索然無味了。」也作「**索然寡味**」。寡：少。錢玄同《隨感錄・四四》：「我們引來當典故用，不是膚泛不切，就是索然寡味。」

【索隱行怪】

見「素隱行怪」。

【瑣碎支離】

瑣碎：細小繁多；支離：分散，零亂。指零散破碎，不成整體。宋・朱熹《答鄭仲禮（其一）》：「而其所以爲說者，則皆瑣碎支離，附會穿鑿，更無是處。」也作「**支離破碎**」。

【瑣尾流離】

瑣尾：幼小時美好；流離：梟的別名。《詩經・邶風・旄丘》：「瑣兮尾兮，流離之子。」梟小時很可愛，長大後變得凶殘醜惡。後以「瑣尾流離」比喻善始不能善終。也比喻開始生活順利，後來變得艱難困苦。

【嗩吶裏吹出笛子調——想(響)的不一樣】

嗩吶和笛子都是管樂器，但吹出的聲音不同。見「鑼鼓兩叉——想（響）的不一樣」。

ㄙㄨㄟ

【雖覆能復】

覆：翻倒；復：恢復，還原。雖翻倒了但可復原。《鬼谷子・飛箝》：「雖覆能復，不失其度。」也指反覆無常的手段。魯迅《補白》：「『雖覆能復』很有些可怕。但這一種手段，我們在社會上是時常遇見的。」

【雖然大器晚年成，卓犖全憑弱冠爭】

大器：大的器物，喻卓越的人才；卓犖：超絕；弱冠：古時男子二十歲行冠禮，此指年輕時期。雖然卓越的人才往往到了晚年才能取得成功，但是要達到很突出的水平，還要靠年輕時的努力奮鬥。謂青年人要努力進取，爲今後的事業打下良好的基礎。清・龔自珍《己亥雜詩》：「雖然大器晚年成，卓犖全憑弱冠爭。多識前言畜其德，莫拋心力貿才名。」

【雖死猶生】

雖已死了，但仍和活著一樣。指死得有價值有意義。《魏書・咸陽王禧傳》：「今屬危難，恨無遠計，匡濟聖躬，若與殿下同命，雖死猶生。」

【雖死之年，猶生之日】

見「雖死之日，猶生之年」。

【雖死之日，猶生之年】

人雖死了，卻和活著一樣。舊時多用作感念恩德的話。也指死得有意義，無遺憾。明・袁宏道《去吳七牘・乞歸稿一》：「伏乞俯賜題請，俾得照例休致，使職得早還鄉里，雖死之日，猶生之年。」也作「**雖死之年，猶生之日**」。清・淮陰百一居士《壺天錄》卷上：「想死事諸公，當亦謂雖死之年，猶生之日。」

【雖畏勿畏，雖休勿休】

畏：敬畏；休：讚美。雖然別人尊敬你，但自己切不可自以爲可尊敬；雖然別人讚美你，但自己也不要自以爲可讚美。謂應保持謙遜。《尚書・呂刑》：「爾尚敬逆天命，以奉我一人，雖畏勿畏，雖休勿休。」孔安國傳：「行事雖見畏，勿自謂可敬畏；雖見美，勿自謂有德美。」也作「**雖休勿休**」。唐・徐賢妃《諫太宗息兵罷役疏》：「古人有言：雖休勿休，良有以也。」

【雖休勿休】

見「雖畏勿畏，雖休勿休」。

【雖有神藥，不如少年；雖有珠玉，不如金錢】

雖然有醫病救命的神藥，也不如身強力壯、百病不生的少年；雖然有價值連城的珠玉珍寶，也不如可以隨意使用的金錢。南朝梁・任昉《述異記》卷下：「漢世古諺：『雖有神藥，不如少年；雖有珠玉，不如金錢。』」

【雖有忮心，不怨飄瓦】

忮：ㄓˋ，忌恨。雖然懷有忌恨之心，但並不怨恨飄落下來擊中自己的瓦片。謂不將怒怨發洩到與事無關的他人身上。《莊子・達生》：「復仇者不折鏌干，雖有忮心者不怨飄瓦。」

【雖有智慧，不如乘勢；雖有鎡基，不如待時】

鎡（ㄗ）基：鋤頭。雖然謀略過人，也不如順應事態發展的趨勢；雖然有精良的農具，也不如等待適宜的天時。謂把握時機是成事的捷徑。《孟子・公孫丑上》：「齊人有言曰：『雖有智慧，不如乘勢，雖有鎡基，不如待時。』今時則易然也。」

ㄙㄨㄟˊ

【隋侯之珠】

見「隋侯之珠，和氏之璧」。

【隋侯之珠，和氏之璧】

璧：美玉的通稱。《淮南子・覽冥訓》：「譬如隋侯之珠，和氏之璧，得之者富，失之者貧。」高誘注：「隋侯，漢東之國，姬姓諸侯也。隋侯見大蛇傷斷，以藥傅之，後蛇於江中銜大珠以報之，因曰隋侯之珠，蓋明月珠也。」《韓非子・和氏》載：春秋時，楚人卞和在山中得一璞玉，獻給厲王。王使玉工辨識，說是石頭，以欺君罪斷其左足。後武王即位，卞和又獻玉，再次以欺君罪斷其右足。及文王即位，卞和抱玉哭於荊山下，文王派人詢問並令玉工剖璞，果得寶玉。後用以指稀世珍寶。也作「**隋珠和璧**」。《漢書・西域傳贊》：「興造甲乙之帳，落以隨（隋）珠和璧。」也作「**隋侯之珠**」。《史記・魯仲連鄒陽列傳》：「雖出隋侯之珠，夜光之璧，猶結怨而不見德。」

【隋煬帝遊江南——自坐龍舟人拉縴】

隋煬帝：名楊廣，隋朝第二個皇帝，生活荒淫奢侈，為遊江南，開鑿了大運河；龍舟：裝飾成龍形的船，這裏指皇帝坐的船，封建時代用龍作帝王的象徵；拉縴：在岸上用繩子拉船前進。比喻坐享其成。例隋煬帝遊江南——自坐龍舟人拉縴，這種事情是剝削階級的行為，虧你幹得出。

【隋珠暗投】

比喻珍貴之物落到缺乏鑑賞能力的人手中。也比喻有才能的人得不到重用或誤入歧途。宋・周孚《蠹齋鉛刀編・謝端硯辛滁州幼安》詩：「隋珠暗投處，嘆息眞可弔。」

【隋珠和璧】

見「隋侯之珠，和氏之璧」。

【隋珠彈雀】

用寶珠彈射鳥雀。比喻辦事不算經濟帳，因而得不償失。漢・張安超《譏青衣賦》：「隋珠彈雀，堂溪刈葵；鴛鶵啄鼠，何異於鵄。」也作「**隨珠彈雀**」。《莊子・讓王》：「今且有人於此，以隨侯之珠彈千仞之雀，世必笑之。」

【隨波漂流】

見「隨波逐流」。

【隨波同流】

見「隨波逐流」。

【隨波逐塵】

見「隨波逐流」。

【隨波逐浪】

見「隨波逐流」。

【隨波逐流】

隨著波浪起伏，跟著流水漂盪。比喻自己沒有主見，只是隨著潮流走。《隋唐演義》三二回：「我看將軍容貌氣度非常，何苦隨波逐流，與這班虐民的權奸為伍？」也作「**隨波漂流**」。漢・陳琳《檄吳將校部曲文》：「泥滯苟且，沒而不覺，隨波漂流，與熛俱滅者亦甚衆多。」也作「**隨波逐浪**」。明・王玉峰《焚香記・讒書》：「媽媽，任你設計施謀。決不隨波逐浪。」也作「**隨波逐塵**」。明・高濂《玉簪記・詐告》：「他是冰清玉潤，怎便肯隨波逐塵。」也作「**隨波同流**」。唐・權德輿《送襄陽盧判官赴本使序》：「德蕩乎名，名與實軌矣，至有趨世徇物，隨波同流。」

【隨步換形】

隨著腳步移動，體態就會有所改變。指事物複雜，經常發生變化。宋・王柏《魯齋集・答葉通齋》：「隨步換形，各有攸當。」也作「**移步換形**」。

【隨材錄用】

按才能大小授職任用。元・蘇天爵《元朝名臣事略・平章廉文正王》：「訪逮物情，隨材錄用，人心感激。」也作「**量才錄用**」。

【隨大流】

見「順大流」。

【隨方就圓】

指辦事順應形勢不固執。元・汪元亨《雙調・折桂令・歸隱》：「安吾分隨方就圓，任他乖越後攙先。」也作「**隨圓就方**」。《南宋雜事詩》四：「野遊時到白雲堂，麈性隨圓復就方。」也作「**隨方逐圓**」。宋・僧克勤《圜悟佛果禪師語錄》四：此猶是應機接物，隨方逐圓時節。」

【隨方逐圓】

見「隨方就圓」。

【隨份子】

指跟著大伙分攤一份送人的財禮。例小唐結婚，你是單獨送禮還是隨份子？

【隨風倒】

比喻無主見，哪邊勢力大便倒向哪一邊。例面對這些不同的政治黨派，人人應該立場堅定，觀點鮮明，絕不要隨風倒。

【隨風倒舵】

見「順風轉舵」。

【隨風倒柳】

像隨風搖擺的柳枝。比喻隨勢而變，相機應付。例出頭椽子先著雨，隨風倒柳總不折。

【隨風而靡】

比喻像草木隨風倒一樣，任憑擺佈。漢・楊惲《報孫會宗書》：「下流之人，衆毀所歸，不寒而慄，雖雅知惲者，猶隨風而靡，尚何稱譽之有！」也作「**望風披靡**」。

【隨風駛船】

見「順風使船」。

【隨風轉舵】

見「順風轉舵」。

【隨高就低】

指面對各種情況，遷就應付。元・無名氏《水仙子・失題》曲：「料想來爭甚的？則爭個來早來遲。由你待誇強說會，我則待隨高就低。也作「**隨高逐低**」。清・艾衲居士《豆棚閒話・介之推火封妒婦》：「那些人家，或老或少，或男或女，或拿根凳子，或掇張椅子，或鋪條涼席，隨高逐低，坐在下面，搖著扇子，乘著風涼。」

【隨高逐低】

見「隨高就低」。

【隨機而變】

見「隨機應變」。

【隨機應變】

隨著情況變化而採取新的措施，靈活對付。《舊唐書・郭孝恪傳》：「請固武牢，屯軍汜人，隨機應變，則易為克殄。」也作「**隨時應變**」。漢・東方朔《隱眞論》：「處天地之先，不以爲長；在萬古之下，不以爲久。隨時應變，與物具化。」也作「**隨勢應變**」。南朝梁・劉勰《劉子・兵術》：「故水因地而制形，兵因敵而制勝，則兵無成勢，水無定形，觀形而運奇，隨勢而應變。」也作「**隨事應變**」。宋・朱熹《答呂子約》之一：「主一只是專一，蓋無事則湛然安靜而不鶩於動，有事則隨事應變而不及乎他。」也作「**隨機制變**」。制：制定，規定。《宋史・王之望傳》：「移攻戰之力以自守，自守既固，然後隨機制變，擇利而應之。」也作「**隨機而變**」。《敦煌變文集・韓擒虎話本》：「隨幾（機）而變，不如降他。」

【隨機制變】
見「隨機應變」。

【隨類相從】
按類歸納。《三國志・蜀書・諸葛亮傳》陳壽附言：「輒刪除復重，隨類相從，凡爲二十四篇。」

【隨情任性】
由著自己的心意和性情。指不受任何拘束，逍遙自在。宋・張掄《朝中措・漁父十首（其一）》詞：「東來西往，隨情任性，本自無機。何事沙邊鷗鷺，一聲欸乃驚飛。」也作「**隨意任情**」。例此事關係重大，怎能隨意任情！

【隨羣逐隊】
跟在大夥兒後面，隨著隊伍走。比喻缺乏獨立性，不能獨樹一幟。唐・元稹《望雲騅馬歌》：「功成事遂身退天之道，何必隨羣逐隊到死踏紅塵？望雲騅，用與不用各有時，爾勿悲。」也作「**隨行逐隊**」。《古今小說》卷一八：「楊八老雖然心中不願，也不免隨行逐隊。」也作「**隨逐羣隊**」。宋・高登《上淵聖皇帝書》：「但臣念蒙被教養十年於茲，倘亦隨逐羣隊，緘默而去，是臣重負陛下。」

【隨人步趨】
跟在別人後面。人家慢走自己也慢走，人家快走自己也快走。比喻沒有主見，只能效法別人。明・朱之瑜《答矢野保庵書》：「惟望卓然自立，奮焉獨往，萬勿隨人步趨也」。也作「**亦步亦趨**」。

【隨人穿鼻】
比喻毫無主見，任人擺佈。《歧路燈》二四回：「大凡人走正經路，心裏是常有主意的；一入下流，心裏便東倒西歪，隨人穿鼻。」也作「**聽人穿鼻**」。

【隨人俯仰】
比喻沒有主見，時時處處順從別人。宋・黃人傑《賀新郎》詞：「富貴時來應自有，豈在隨人俯仰。且共把、眉頭開放。」也作「**俯仰由人**」。

【隨人腳跟】
比喻沒有創造精神，跟在別人後面模仿。宋・陸九淵《語錄下》：「自立自重，不可隨人腳跟，學人言語。」也作「**隨人腳後**」。宋・戴復古《昭武太守王子文……十首》詩之一：「意匠如神變化生，筆端有力任縱橫。須教自我胸中出，切忌隨人腳後行。」也作「**隨人腳轉**」。宋・程珌《賀新郎・壽李端明》：「公難學處尤堪羨，衮處從來高一著，那肯隨人腳轉。」

【隨人腳後】
見「隨人腳跟」。

【隨人腳轉】
見「隨人腳跟」。

【隨聲附和】
指沒有獨立見解，別人說什麼，自己就跟著說什麼。明・朱國楨《涌幢小品・宮殿》：「世宗既改大禮，恚羣臣力爭，遂改郊廟，一切變易從新，並改殿名，大臣隨聲附和，舉朝皆震懾不敢言。」也作「**隨聲趨和**」。趨和：趨附，迎合。宋・孔煒《文安謚議》：「其學務窮本原，不爲章句訓詁；其持論雄傑卓立，不苟隨聲趨和。」也作「**隨聲響和**」。響和：響應。宋・呂祖謙《乾道六年輪對札子二首》之一：「彼隨聲響和，無所疑難者，豈所見眞如是之同哉？」

【隨聲趨和】
見「隨聲附和」。

【隨聲是非】
指沒有是非觀念，別人說對，自己也跟著說對，別人說錯，自己也跟著說錯。漢・荀悅《漢紀・哀帝紀下》：「或懷妒嫉，不考情實，雷同相從，隨聲是非，豈不哀哉。」

【隨聲響和】
見「隨聲附和」。

【隨時度勢】
從當時的實際情況出發，估計形勢的發展趨勢。《隋唐演義》九四回：「以此推之，可見凡事須隨時度勢，敢作敢爲，方可轉禍爲福。」

【隨時應變】
見「隨機應變」。

【隨時制宜】
根據當時的情況，靈活採取與之相應的措施。《晉書・周崎傳》：「州將使求援於外，本無定指，隨時制宜耳。」

【隨世沉浮】
隨著社會潮流和世俗而行動。指沒有自己的見解。《三國志・蜀書・劉巴傳》裴松之注引《零陵先賢傳》：「若令子初隨世沉浮，容悅玄德，交非其人，何足稱爲高士乎？」也作「**隨俗沉浮**」。《晉書・文苑傳》：「少有俊才，出於寒素，不能隨俗沉浮，爲時豪所抑。」也作「**隨俗浮沉**」。《元史・泰不華傳》：「泰不華尚氣節，不隨俗浮沉。」也作「**隨世俯仰**」。宋・劉克莊《黃柳州墓志銘》：「[公]剛削自立，嶷嶷有風稜，不肯隨世俯仰。」也作「**隨衆沉浮**」。《梁書・劉峻傳》：「峻率性而動，不能隨衆沉浮，高祖頗嫌之，故不任用。」

【隨世俯仰】
見「隨世沉浮」。
【隨勢應變】
見「隨機應變」。
【隨事論事】
僅就事情本身來評論這件事。清・吳趼人《糊塗世界》一〇回：「倘或一定爲著百姓，同教士斤斤較量，我們這一任就怕不得期滿。所以總要隨事論事，萬萬不可鬧脾氣。」也作「**就事論事**」。
【隨事應變】
見「隨機應變」。
【隨手拈來】
拈：用兩、三個指頭夾。意爲隨手拿來。形容輕而易舉，毫不費力。例他講話既深刻又風趣，成語、典故隨手拈來。也作「**信手拈來**」。
【隨俗沉浮】
見「隨世沉浮」。
【隨俗浮沉】
見「隨世沉浮」。
【隨文釋義】
根據一段話或前後文，對某句話或某個概念做出解釋。宋・陳亮《鄭景望書說序》：「自孔安國以下，爲之解者殆百餘家，隨文釋義，人有取焉。」也作「**隨文析義**」。宋・程頤《河南程氏遺書》二五：「聖人因事以制名，故不同若此。後之學者，隨文析義，求奇異之說，而去聖人之意遠矣。」也作「**隨語生解**」。《五燈會元・隆興府寶峯克文雲庵眞淨禪師》：「僧曰：『何哂之有？』師曰：『笑你隨語生解。』」
【隨文析義】
見「隨文釋義」。
【隨鄉入俗】
到那裏就隨從那裏的風俗習慣。比喻適應新的環境。明・湯顯祖《邯鄲記・望幸》：「則怕珍饈不齊，老皇帝也只得隨鄉入俗了！」也作「**隨鄉入鄉**」。《兒女英雄傳》一七回：「此地既然如此，我也只得是隨鄉兒入鄉兒了。」也作「**入鄉隨俗**」。
【隨鄉入鄉】
見「隨鄉入俗」。
【隨心所欲】
按著自己的心意，想幹什麼就幹什麼。例你已經長大成人了，做任何事情都不能隨心所欲，必須考量現實狀況。
【隨心所願】
順著自己的心願。《法苑珠林・懸幡篇・引證部》：「使獲福德，離八難苦，得生十方諸佛淨土，幡蓋供養，隨心所願，至成菩提。」
【隨行逐隊】
見「隨羣逐隊」。
【隨鴉彩鳳】
指女子嫁給了才貌遠不如己的男人。清・蔣士銓《四弦秋・秋夢》：「伯勞飛燕影西東，做了隨鴉彩鳳。」也作「**彩鳳隨鴉**」。
【隨意任情】
見「隨情任性」。
【隨語生解】
見「隨文釋義」。
【隨遇而安】
在任何境遇都能安然自得，感到滿足。《三俠五義》六七回：「出家人隨遇而安，並無庵觀寺院，隨方居住。」也作「**隨寓而安**」。明・李贄《續焚書・書匯・與城老》：「唯我能隨寓而安，無事固其本心，多事亦好度日。」也作「**隨寓隨安**」。宋・魏了翁《浪淘沙・劉左史之生正月十日、李夫人之生以十九日，賦兩詞寄之》詞之一：「世念久闌珊，隨寓隨安。人情猶望衮衣還。我願時淸無一事，盡使公閒。」
【隨寓而安】
見「隨遇而安」。
【隨寓隨安】
見「隨遇而安」。
【隨圓就方】
見「隨方就圓」。
【隨緣樂助】
佛教指隨著每個人的緣分深淺，願意捐助多少就捐助多少。例這座廟裏的香火錢是隨緣樂助的性質，隨便你給多少。
【隨者唱喁】
喁：ㄩㄥˊ，應和。指跟隨的人紛紛附合。《莊子・齊物論》：「前者唱于而隨者唱喁。」
【隨症用藥】
根據症狀用藥。比喻從實際出發，針對具體情況採取相應措施。明・海瑞《贈鍾從吾晋灌陽掌教序》：「事中之變，百千萬端，君子之應如之。譬之醫者，隨症用藥，而又因其一時之所傳變改方，因革損益。」也作「**對症下藥**」。
【隨踵而至】
踵：腳後跟。一個接一個的來到。形容來的人接連不斷。《戰國策・齊策三》：「子來，寡人聞之，千里而一士，是比肩而立，百世而一聖，若隨踵而至也，今子一朝而見七士，則士不亦衆乎！」
【隨衆沉浮】
見「隨世沉浮」。
【隨珠彈雀】
見「隋珠彈雀」。
【隨逐羣隊】
見「隨羣逐隊」。

ㄙㄨㄟˋ

【遂心如意】
稱心如意。《紅樓夢》四六回：「有什麼不稱心的地方兒，只管說；我管保你遂心如意就是了。」
【歲比不登】
比：挨著，靠著；不登：歉收。指連年欠收。《漢書・嚴助傳》：「數年歲比不登，民待賣爵贅子以接衣食。」也作「**比歲不登**」。

【歲不我與】
歲月再不屬於自己了。嗟嘆時光已逝，無法挽回。也指時光易失，須特別抓緊。《論語・陽貨》：「日月逝矣，歲不我與。」也作「**歲不與我**」。三國魏・吳質《答魏太子箋》：「日月冉冉，歲不與我。」也作「**時不我與**」。

【歲不與我】
見「歲不我與」。

【歲豐年稔】
稔：莊稼成熟。指莊稼長得好，糧食豐收。唐・陸長源《上宰相書》：「今歲豐年稔，穀賤傷農。誠宜出價以斂糴，實太倉之儲。」也作「**歲稔年豐**」。明・無名氏《十樣錦》四折：「今日個君聖臣賢治，化育的歲稔年豐收。」

【歲寒不凋】
見「歲寒後凋」。

【歲寒後凋】
《論語・子罕》：「歲寒，然後知松柏之後凋也。」謂嚴寒之後，松柏仍保持青翠。比喻在逆境中仍保持高尚節操。清・徐枋《懷舊篇長句一千四百字》：「歲寒後凋意自勉，碩果不食心相期。」也作「**歲寒不凋**」。《晋書・禿髮傉檀載記》：「大臣親戚者皆棄我去，終始不虧者，唯卿一人。歲寒不凋，見之於卿。」

【歲寒三友】
①三友指松、竹、梅或松、竹、菊。松竹經冬不凋，梅菊耐寒開花。人們認爲它們有骨氣，因稱「歲寒三友」。元・白樸《朝中措（其四）》詞：「蒼松隱映竹交加，千樹玉梨花。好個歲寒三友，更堪紅白山茶。」②據清・趙翼《陔餘叢考・歲寒三友》載：「三友指山水、松竹、琴酒。歲寒指濁世。」喻指濁世中的清白高潔之物。

【歲寒松柏】
終嚴寒而常青的松柏。喻指意志堅强，經過了危難環境考驗的人。唐・劉禹錫《將赴汝州途出浚下留辭李相公》詩：「後來富貴已寒落，歲寒松柏猶依然。」

【歲寒知松柏之後凋】
比喻在艱難環境下才能看出一個人的優良品格。清・章學誠《文史通義・故十弊》：「歲寒知松柏之後雕（凋），然則欲表松柏之貞，必明霜雪之厲，理勢之必然也。」也作「**歲寒松柏**」。明・王世貞《鳴鳳記・夫婦死節》：「歲寒松柏當朝選，忠臣要剖葵心獻。」

【歲久年深】
指經歷的年代十分久遠。唐・白居易《隋堤柳》詩：「隋堤柳，歲久年深盡衰朽。」也作「**歲久月深**」。《敦煌變文集・王昭君變文》：「若道一時一餉，猶可安排，歲久月深，如何可度？」也作「**年深日久**」。

【歲久月深】
見「歲久年深」。

【歲朘月耗】
朘：ㄐㄩㄢ，縮，減。年年減少，月月損耗。指耗損越來越大。宋・呂祖謙《東萊左氏博議》卷一四：「奈何子孫猶不知惜，今日割虎牢畀鄭，明日割酒泉畀虢，文武境土，歲朘月耗，至襄王之時，鄰於亡矣。」也作「**歲朘月削**」。宋・樓鑰《乞罷溫州船場》：「本司知其難辦，歲朘月削，每年止造十船。」也作「**日削月朘**」。

【歲朘月削】
見「歲朘月耗」。

【歲末的月份牌——撕一張就短一張】
歲末：年末，年底；月份牌：日曆。比喻剩下的日子不多了，過一天就少一天。例我們是歲末的月份牌——撕一張就短一張，還是讓我們多爲人民做點能力所及的事吧！

【歲暮天寒】
指年末寒冬時節。《東周列國志》四六回：「歲暮天寒，且歸休息，以俟再舉可也。」

【歲稔年豐】
見「歲豐年稔」。

【歲時伏臘】
伏：指伏天；臘：指臘月。指一年四季，節氣更換之時。《舊唐書・張九齡傳》：「又以其弟九章、九皋爲嶺南道刺史，令歲時伏臘，皆得寧覲。」

【歲尾年頭】
一年即將結束，新的一年將開始的時候。宋・戴復古《朱行父留度歲》：「梅邊竹外三杯酒，歲尾年頭幾局棋。」也作「**年頭歲尾**」。

【歲物豐成】
物：農作物；成：收成。指豐收之年。宋・歐陽修《豐樂亭記》：「又幸其民樂其歲物之豐成，而喜與予遊也。」

【歲序更新】
光陰流逝，新的一年又開始了。例歲序更新，人畜兩旺，山河巨變，國家富强。

【歲聿其暮】
聿：ㄩˋ，句中語氣詞。指年終歲晚。《詩經・唐風・蟋蟀》：「蟋蟀在堂，歲聿其莫（暮）。」也作「**歲聿雲暮**」。《詩經・小雅・小明》：「昔我往矣，日月方除。曷雲其還，歲聿雲莫（暮）。」

【歲聿雲暮】
見「歲聿其暮」。

【歲月不待人】
時光不因人而停留。多有勸人及時努力之意。晋・陶潛《雜詩》之一：「盛年不重來，一日難再晨。及時當勉勵，歲月不待人。」

【歲月不居】
居：停留。指時光流逝不停。漢・孔融《論盛孝章書》：「歲月不居，時節如流。五十之年，忽焉已至。」

【歲月蹉跎】
蹉跎：白白地耽誤時間。指虛度光

陰。明・許三階《節俠記・閨憶》：「你我蓬飄嶺南，歲月蹉跎，音書斷絕。」也作「**蹉跎歲月**」。

【歲月如流】
形容時光像流水一樣迅速逝去。《陳書・徐陵傳》：「歲月如流，平生何幾。」也作「**歲月如梭**」。宋・蘇軾《減字木蘭花・送趙令》詞：「歲月如梭，白首相看擬奈何！」

【歲月如梭】
見「歲月如流」。

【歲月崢嶸】
指不平凡的年月。宋・王珪《謝賜生日禮物表》：「歲月崢嶸，而屢更精力勤勞。」也作「**崢嶸歲月**」。

【歲在龍蛇】
舊時迷信認爲壽數當盡。宋・蘇軾《再過超然台贈太守霍翔》詩：「昔飲雩泉別常山，天寒歲在龍蛇間……重來父老喜我在，扶攜老幼相遮攀。」

【碎打零敲】
指辦事情不一次徹底辦完，而是斷斷續續。明・李開先《臥病江皋・南呂一江風》之五六曲：「病難捱，虐政狠蛇態，重賦雞豚債。上堂來，亂打胡敲，碎打零敲，巧計臨時派。」也作「**零敲碎打**」。

【碎骨粉身】
形容懲罰極重。明・于謙《咏石灰》詩：「碎骨粉身渾不怕，要留清白在人間。」也作「**碎身粉骨**」。宋・秦觀《滿庭芳》詞：「碎身粉骨，功合上凌煙。」也作「**粉身碎骨**」。

【碎了碟子又打碗——氣上加氣】
比喻非常生氣，或使人生氣的事一件接一件發生。例大楊工作上碰了釘子，回家又得到了孩子落榜的消息，眞是碎了碟子又打碗——氣上加氣。

【碎麻打成繩，能擔千斤重】
比喻人們只要團結一心，就能做出大事業。例俗話說得好：「碎麻打成繩，能擔千斤重。」只要大家團結起來，努力奮鬥，我們就能克服一切困難，取得最後的勝利。

【碎瓊亂玉】
形容雪花紛紛，潔白如玉。《水滸傳》一〇回：「雪地裏踏著碎瓊亂玉，迤邐背著北風而行。」

【碎身粉骨】
見「碎骨粉身」。

【碎身糜軀】
糜：爛。爲了報效某人不惜去死。舊時臣下報效君王多用此語。漢・賈誼《新書・諭誠》：「子不死中行而反事其仇。何無恥之甚也？今必碎身糜軀以爲智伯，何其與前導也？」也作「**碎首糜軀**」。漢・蔡邕《讓尚書乞閒冗表》：「三月之中，充厲三台，光榮昭顯，非臣愚敝不才所當盜竊，非臣碎首糜軀所能補服。」

【碎屍萬段】
形容對敵人懷有刻骨仇恨。《水滸傳》五二回：「我早晚殺到京師，把你那欺君賊高俅，碎屍萬段方是願足！」

【碎首糜軀】
見「碎身糜軀」。

【碎瓦頹垣】
頹垣：倒塌的短牆。形容房倒屋塌，一片荒涼破敗景象。例大地震過後，到處碎瓦頹垣，殘梁斷柱，毀壞了人們美好的家園。

【碎嘴子】
比喻好說話，喜歡絮叨的人。例我婆婆是個碎嘴子，一天到晚嘮叨，眞煩人。

【睟面盎背】
睟：潤澤；盎：通「泱」，盛。《孟子・盡心上》：「君子所性，仁義禮智根於心，其生色也睟然，見於面，盎於背，施於四體，四體不言而喻。」後以「睟面盎背」形容仁德者的儀態。宋・陳亮《甲辰答書》：「……以積累爲功，以涵養爲正，睟面盎背，則亮於諸儒誠有愧焉。」

ㄙㄨㄢ

【酸甜苦辣】
泛指各種味道。比喻人生中種種遭遇。例陳老伯人生經驗豐富，歷經了各種酸甜苦辣，值得我們向他多多請教。也作「**酸鹹苦辣**」。清・黃宗羲《萬悔庵先生墓志銘》：「[陸]文虎之詩以才，先生之詩以情，當其渡嶺，則酸鹹苦辣之味盡矣。」也作「**甜酸苦辣**」。

【酸文假醋】
形容扭捏作態，故作文雅的迂腐樣子。《紅樓夢》一〇九回：「大凡一個人，總別酸文假醋的才好。」

【酸鹹苦辣】
見「酸甜苦辣」。

ㄙㄨㄢˋ

【蒜瓣子頂門——頭多】
比喻當主管的多。例我們這裏是蒜瓣子頂門——頭多，十個處長，一個處員。

【蒜頭疙瘩戴涼帽——裝大頭鬼】
蒜頭疙瘩：即蒜頭；涼帽：帽子的一種，夏天戴上遮太陽。蒜頭本來不大，卻要戴涼帽裝大頭。見「戴著雨帽進廟門——冒充大頭鬼」。

【算卦先生的葫蘆——一肚子鬼】
比喻人裝著一肚子鬼主意。例王仙姑是算卦先生的葫蘆——一肚子鬼，不把你的錢算計到她的手裏，是不肯善罷干休的。

【算舊帳】
比喻清算過去的恩怨。例現在是九〇年代了，我們都應該向前看，不要再糾纏算舊帳了。

【算老幾】
比喻數不著，算不上什麼，不值得重視。例讓我代表大夥上台領獎，我算老幾呀！還是換成績突出的小王去吧。

【算盤珠】

算盤珠不撥不動。①比喻任人擺佈撥弄的人。②也比喻無主動精神的人。例這項工作關係到每一個人的切身利益，大家都應該主動積極地完成各自的任務，絕不能做算盤珠。

【算盤珠——兩頭挨磕打】

磕打：碰在硬的東西上。比喻兩頭挨批評或兩頭受氣。例唉，這個工作眞難作啊，算盤珠——兩頭挨磕打，說什麼，我也不準備再做了。

【算盤珠子——不撥不動】

比喻做事不積極主動。例算盤珠子——不撥不動，他的工作態度向來如此，打破「大鍋飯」後，有了明顯的變化。也作「算盤珠子——撥一撥，動一動」、「算盤珠子——撥一下，動一下」、「算盤珠子——撥撥動動」。

【算盤子進位——以一當十】

進位：加法中每位數等於基數時向前一位數進一，例如在十進位的算法中，個位滿十，在十位中加一，百位滿十，在千位中加一。見「孫武用兵——以一當十」。

【算破天】

指長於計算、謀劃的人。例我們年輕的會計師眞是個算破天，誰也別想占公家的一點便宜。

【算死草】

比喻斤斤計較。例這些唯利是圖、算死草的人，眞可惡！

【算無遺策】

謀算精明正確，沒有失策的地方。三國魏・曹植《王仲宣誄》：「乃署祭酒，與君行止，算無遺策，畫無失理。」

【算總帳】

比喻各種問題一起進行清算。例你不用擔心，他既然做了那麼多壞事，總有一天會被算總帳的。

ㄙㄨㄣ

【孫大聖赴蟠桃宴——偷吃偷喝】

《西遊記》中故事：孫大聖（悟空）聽說王母娘娘舉行「蟠桃盛會」沒有請他赴宴，便直奔瑤池，偷仙丹，吃仙酒，臨行還偷了一些玉液瓊漿、珍饈佳果，帶回花果山，分給衆猴吃了。見「屬耗子的——偷吃偷喝」。

【孫大聖管蟠桃園——監守自盜】

《西遊記》中故事：孫大聖（悟空）受玉皇大帝之命，代管蟠桃園，他把熟透的仙桃偷吃得乾乾淨淨，攪亂了蟠桃盛會，激怒了王母娘娘。見「耗子看糧倉——監守自盜」。

【孫大聖坐金鑾殿——坐不穩】

金鑾殿：唐朝宮內有金鑾殿，後來舊小說戲曲中泛稱皇帝受朝見的殿。孫大聖是個猴王，好動不好靜，即使讓他坐金鑾殿也坐不安穩。見「板凳上撒蒺藜——坐不住」。

【孫二娘開店——圖財害命】

孫二娘：《水滸傳》中人物，梁山泊好漢張青之妻，綽號「母夜叉」，她同張青投奔梁山前開酒店，殺害過往客商，賣人肉包子。也作「孫二娘開店——謀財害命」。見「蚌殼裏取珍珠——圖財害命」。

【孫猴子變山神廟——藏不住尾巴】

孫猴子：即孫悟空。見「孫悟空變山神廟——露了尾巴」。

【孫猴子變山神廟——一看就知道是假的】

見「孫悟空變山神廟——假的」。

【孫猴子吃抹布——開（揩）心】

開：「揩」的諧音。見「燈草剖肚——開心」。

【孫猴子的臉——說變就變】

孫悟空會七十二般變化，需要時，念個咒語，說變就變。也作「孫悟空的臉——說變就變」、「孫猴兒臉——一會一變」、「孫猴子的臉——一天三變」、「猴兒的臉——說變就變」。見「孩子的臉——一天十八變」。

【孫猴子鬥牛魔王——打你個牛角朝天】

指《西遊記》中講的唐僧師徒赴西天取經途經火焰山時，孫悟空同大力士牛魔王廝殺格鬥的故事。比喻將給予嚴厲的懲罰。例如果你不立即反悔，繼續危害人民，我將來個孫猴子鬥牛魔王——打你個牛角朝天。

【孫猴子封了個弼馬溫——不知官大官小】

弼馬溫：《西遊記》中的官名，管理天廷中御馬的官，官位很低。孫悟空被玉帝封爲弼馬溫後，不知道這官很小，自己非常得意。比喻沒有自知之明，妄自尊大。例你眞是孫猴子封了個弼馬溫——不知官大官小，到處指手畫腳，要所有的人都服從你自己。也作「孫猴子封了弼馬溫——自個兒不知道是多大的一個官兒」。

【孫猴子鬧地府——勾他的生死簿】

地府：迷信的人認爲是人死後靈魂所在的地方；生死簿：迷信指地府裏登記人的壽數的文簿，由判官掌管。《西遊記》故事，孫悟空從菩提祖師那裏學了道，回花果山後曾大鬧地府，把生死簿上猴類名字全部勾去，這樣就可以永生不死。勾他的生死簿：這裏用的是反面意思，指要他的命。比喻結果人的生命。例間諜想從這裏偷越國境，我們就來個孫猴子鬧地府——勾他的生死簿。

【孫猴子鬧天宮——得動大功夫】

鬧天宮：孫悟空藐視神的王國的權威，見了玉皇大帝只是唱個大諾，自稱爲「老孫」；當他發現「弼馬溫」的封號是個騙局，便打出南天門，豎起「齊天大聖」的旗幟；當他發現蟠桃會沒有請他，便把天宮鬧得一場糊塗，反了出去。孫悟空面對的是一切封建勢力和制度。比喻要下大的力氣。例要把這個管理不善的工廠整頓好，必須孫猴子鬧天宮——得動大功夫。

【孫猴子七十二變——神通廣大】
《西遊記》中說：孫悟空拜於菩提祖師門下學道，幾年後，學會了七十二般變化。比喻本領特別高超。例這個人就像孫猴子七十二變——神通廣大，我們想要什麼，他就可以給我們什麼。

【孫猴子上了天——忘記了自己是從哪塊石頭裏蹦出來的】
《西遊記》中說，孫悟空原是由花果山上的一塊石產的卵風化而成的石猴。比喻人缺乏自知之明。例他對誰都瞧不起，老子天下第一，眞是孫猴子上了天——忘記了自己是從哪塊石頭裏蹦出來的。

【孫猴子守桃園——自食其果】
雙關語。比喻自作自受。例你堅持與衆人爲敵，將是孫猴子守桃園——自食其果。參見「孫大聖管蟠桃園——「監守自盜」。

【孫猴子他媽——一肚子鬼眼子】
見「城隍老爺出天花——鬼點子多」。

【孫猴子跳出水簾洞——好戲在後頭】
水簾洞：花果山上的一個石洞，是孫悟空及其猴族最初居住的地方，整部《西遊記》的故事是在孫悟空走出水簾洞後發生的。比喻熱鬧的、麻煩的事還在後面。有時指精彩的部分還在後面。例楊科長，你招聘來這樣一批小流氓，光搗亂。我看，孫猴子跳出水簾洞——好戲在後頭哩！

【孫猴子壓在五行山下——背上越來越重】
孫悟空雖然神通廣大，法力無邊，但最終受制於如來，未能跳出如來的手掌。《西遊記》故事：如來「翻掌一撲，把這猴王推出西天門外，將五指化作金、木、水、火、土五座聯山，喚名『五行山』，輕輕地把他壓住」，直至五百年後唐僧取經路過五行山，才把他救出來收爲徒弟。比喻人被壓迫越來越厲害，難以翻身。例在封建制度下，農民就像孫猴子壓在五行山下——背上越來越重，難以活命。也作「孫猴子壓在五行山下——不得翻身」。

【孫猴子鑽到鐵扇公主肚皮裏——在裏頭踢蹬】
《西遊記》故事：鐵扇公主，又名羅刹女，牛魔王的妻子。唐僧取經路過火焰山，孫悟空要向她借芭蕉扇滅火，她因兒子紅孩兒曾被孫悟空降伏，懷恨在心，拒絕借給。孫悟空變成小蟲兒鑽進鐵扇公主的肚子裏去整治她。她心痛難禁，只求饒命。比喻在內部擾亂或搗亂。例派幾個偵察員打入敵軍內部去，來他個孫猴子鑽到鐵扇公主肚皮裏——在裏頭踢蹬，你看此計可行否？

【孫猴子坐天下——毛手毛腳】
孫猴子的手背、腳背上都長滿了毛，所以說毛手毛腳。比喻做事粗心大意，不沉著穩重。例此人積極肯幹，不怕困難，但做起事來像孫猴子坐天下——毛手毛腳的。也作「孫猴兒的手腳——毛手毛腳」、「猴戴皮巴掌——毛手毛腳」、「彌猴偷桃——毛手毛腳」。

【孫康映雪】
《藝文類聚》卷二：「孫康家貧，常映雪讀書。」後以「孫康映雪」形容刻苦讀書。例這孩子非常用功，很有點兒孫康映雪的精神。

【孫女穿她娘的鞋——老樣子】
比喻沒有變化，與從前一樣。例「幾年沒見面，又有長進了吧？」「孫女穿她娘的鞋——老樣子，你呢？」

【孫龐鬥智】
孫龐：指戰國時齊國軍事家孫臏和魏國將軍龐涓，二人本是同門學友。龐涓嫉妒孫臏的才能，設計陷害，使受臏刑。孫臏又裝瘋，逃到齊國，領兵擊敗魏軍，迫使龐涓自刎。後用「孫龐鬥智」比喻雙方施展計謀，較量高低。也比喻當年朋友，反目成仇。《西遊記》八一回：「寧學管鮑分金，休仿孫龐鬥智。」

【孫權殺關公——嫁禍於人】
《三國演義》故事：東吳襲取荊州，殺蜀漢大將關羽後，擔心劉備爲了報仇與曹操約和，威脅東吳，便策劃將關羽首級送予曹操，陰謀嫁禍於曹。比喻把自己的罪名、禍害、錯誤等轉嫁到別人頭上。例我們必須揭穿他這種孫權殺關公——嫁禍於人的詭計。

【孫山名落】
孫山：吳人，參加郡試，名綴榜末。名字落在孫山之後，指應考不中或落選。清・黃小配《大馬扁》三回：「康有爲那時一來向好冶遊，二來往應春闈，孫山名落，心中鬱鬱，最好借酒澆愁，尋花解悶。」也作「孫山之外」。明・無名氏《人中畫・寒徹骨》：「商春蔭又高高中了第三名，曹先生依舊孫山之外。」也作「名落孫山」。

【孫山之外】
見「孫山名落」。

【孫武訓宮女——紀律嚴明】
《東周列國志》記載：春秋時代，著名軍事家孫武善用兵法，吳王請他去訓練宮女。由於宮女不守紀律，孫武按軍紀處置，將兩名隊長斬首。後繼續操練，人人遵守紀律，服從指揮。比喻嚴格紀律，獎懲分明。例要提升工作效率，必須有正常的生產秩序，像孫武訓宮女——紀律嚴明，不能有任何姑息遷就。

【孫武用兵——以一當十】
孫武：春秋時的軍事家，齊國人，被吳王任用爲將，率吳軍攻破楚國。所著《孫子兵法》爲我國現存最早的兵書。用一個抵擋十個。多形容打仗勇敢善戰。有時指人聰明能幹，辦事效率高。例兵不在多而在精，這次我們對入侵的敵人作戰，就要像孫武用兵——以一當十。也作「算盤子進位——以一當十」。

【孫悟空變山神廟——假的】
《西遊記》中說：孫悟空與二郎神鬥法，孫悟空鬥不過，就變成一座山神廟來隱形，但尾巴無處放，就變成一根旗桿立在廟後，一下子就被二郎神所識破。也作「孫猴子變山神廟——一看就知道是假的」。參見「大花臉的鬍子——假的」。

【孫悟空變山神廟——露了尾巴】
比喻隱瞞的眞相或破綻暴露出來了。例這個竊賊自認爲高明，以爲自己的罪行掩蓋得很巧妙，誰知孫悟空變山神廟——露了尾巴，終於受到了懲罰。也作「孫猴子變山神廟——藏不住尾巴」、「狐狸鑽灶——露了尾巴」。

【孫悟空打豬八戒——倒挨一耙】
豬八戒：即豬悟能，《西遊記》中人物，善使九齒釘耙。見「螞蟻吃黃蜂——倒挨一錐」。

【孫悟空大鬧天空——慌了神】
《西遊記》故事：孫悟空曾自稱「齊天大聖」，掄起金箍棒，橫衝直闖，一路廝殺，天宮大亂，天宮諸神個個束手無策。也作「孫大聖鬧天宮——慌神」、「孫猴子大鬧天宮——慌了神」。見「廟裏著火——慌神了」。

【孫悟空當齊天大聖——自個兒稱王】
《西遊記》故事：孫悟空在花果山水簾洞，衆猴已拜他爲王，坐了小天下。後來他奉旨上天庭，玉帝封他爲「弼馬溫」，當他發現是個騙局時，便打出南天門，回到花果山，自封「齊天大聖」，與天庭抗衡。自命爲最高首領。比喻狂妄自大，忘乎所以。例在他掌握的那個小天地裏，他眞是孫悟空當齊天大聖——自個兒稱王，無法無天，沒有任何約束。也作「孫悟空當齊天大聖——自封爲王」、「在家做皇帝——自個兒稱王」。

【孫悟空到了花果山——稱心如意】
《西遊記》中說，孫悟空大鬧天宮，回到花果山後自封爲「齊天大聖」，十分得意。比喻心滿意足。例你比別人先達到了小康的水平，就像孫悟空到了花果山——稱心如意了。

【孫悟空的金箍棒——能大能小】
《西遊記》故事：金箍棒本是龍王鎭海之寶，孫悟空把它拿來作武器，口念咒語，棒則可粗可細，可大可小。比喻事情不論大小，職務不論高低，都能勝任或願意幹。有時指辦事機動靈活，適應性强。例他一再表示服從工作需要，至於個人職務，孫悟空的金箍棒——能大能小，不予計較。

【孫悟空翻跟頭——出不了如來佛的手心】
如來佛：佛教對其創始人釋迦牟尼的稱號之一。孫悟空雖然法力無邊，但最終受制於如來。據《西遊記》故事：如來反掌一撲，把一跟頭打來的猴王推出西天門外，將五指化作金、木、水、火、土五座聯山，喚名「五行山」，輕輕把他壓住，直至五百年後唐僧取經路過五行山，才把他救出來收爲徒弟。比喻本領大的人也奈何不得，難以避免某種命運。例對方力量太强大了，即使請來師傅，也是孫悟空翻跟頭——出不了如來佛的手心。

【孫悟空翻跟頭——十萬八千里】
《西遊記》故事：翻跟頭是孫悟空的拿手好戲，一個跟頭能打出十萬八千里。比喻相差很遠。例「今年的生產任務快完成了嗎？離目標也相差無幾吧？」「相差無幾？孫悟空翻跟頭——十萬八千里，要延長時間已成定局。」

【孫悟空翻跟頭——一步十萬八千里】
比喻速度非常快。例你們的工程進展太神速了，眞是孫悟空翻跟頭——一步十萬八千里，我們老是跟不上。

【孫悟空赴蟠桃會——不請自到】
比喻主動找上門。例聽說你們召開這個學術討論會，我非常有興趣，便孫悟空赴蟠桃會——不請自到了。參見「孫大聖赴蟠桃宴——偷吃偷喝」。

【孫悟空進了八卦爐——越煉越結實】
《西遊記》故事：孫悟空被推入太上老君煉金丹的八卦爐內，反而煉出一雙「火眼金睛」。比喻越鍛鍊越健壯。例我們到部隊去參加軍訓，就像孫悟空進了八卦爐——越煉越結實，這也是一種收穫。

【孫悟空七十二變——花樣多】
《西遊記》故事中，孫悟空拜於菩提祖師門下學道，幾年後，學會了七十二般變化。比喻花招不少。例你又在出餿主意！眞是孫悟空七十二變——花樣多，還有什麼高招，都使出來好了，讓我們見識見識。也作「大閨女的鞋——花樣多」、「滿姑娘的荷包——花樣多」。

【孫悟空上了花果山——稱王稱霸】
參見「關門起年號——稱王稱霸」。

【孫悟空手裏的金箍棒——隨心所欲】
《西遊記》故事：孫悟空口念咒語，手裏的金箍棒則能大能小，能粗能細。比喻隨著自己的心意，想怎麼樣就怎麼樣。例集體生活就得遵守紀律，不能像孫悟空手裏的金箍棒——隨心所欲。也作「雕塑匠手裏的泥巴——隨心所欲」。

【孫悟空聽見緊箍咒——頭痛】
緊箍咒：指《西遊記》故事中，觀音菩薩傳授給唐僧用以制伏孫悟空的咒語。比喻感到爲難或討厭。例看見那個蠻橫無理的傢伙又找上門來了，他就像孫悟空聽見緊箍咒——頭痛。也作「**腦袋生瘡——頭痛**」。

【孫悟空照鏡子——厚（猴）臉皮】

厚：「猴」的諧音。雙關語。比喻不顧羞恥。例一天三次登門要升官，要加薪，眞是孫悟空照鏡子——厚（猴）臉皮。

【孫悟空制服鐵扇公主——鑽心戰術】

《西遊記》故事：唐僧師徒赴西天取經，途遇火焰山受阻，大力牛魔王的妻子鐵扇公主有一芭蕉扇可以滅火，但她不肯借出。孫悟空使用鑽心戰術，變作蟭蟟蟲到鐵扇公主的肚子裏，終於制服鐵扇公主。比喻打入敵人內部，在敵人心臟作鬥爭。例敵人儘管防範嚴密，我們仍然可以採用孫悟空制服鐵扇公主——鑽心戰術，裏應外合，一舉消滅他們。

【孫行者的毫毛——隨機應變】

《西遊記》中描述，孫悟空（行者）在同妖魔鬼怪、天兵天將鬥爭中，除使用金箍棒外，常拔下幾根毫毛，根據需要，變成各式各樣的人、獸或物。見「就湯下麵——隨機應變」。

ㄙㄨㄣˇ

【損本逐末】

拋棄了最基本的，而追逐於枝微末節。指輕重顚倒。《隋書・李諤傳》：「故文筆日繁，其政日亂，良由棄大聖之軌模，構無用以爲用也。損本逐末，流遍華壤，遞相師祖，久而愈扇」。

【損兵折將】

兵將都有死傷。指作戰失利。元・無名氏《活拿蕭天佑》一折：「但行兵便是損兵折將，不如講和爲上。」也作「損軍折將」。元・無名氏《樂毅圖齊》一折：「不爭你和他相持，損軍折將，則不如緊守城池。」

【損多益寡】

減少多的，增加少的。指取有餘以補不足。唐・歐陽詹《棧道銘》：「大象難全，或漏或缺；損多益寡，聖賢代工。」也作「**裒多益寡**」。

【損己利人】

自己受損失，使別人得到好處。指品德高尚無私。例人，不能只顧自己，損己利人，爲別人做點兒好事，有什麼不行！也作「**損己利物**」。唐・魏徵《十漸不克終疏》：「陛下貞觀之初，損己以利物；至於今日，縱欲以勞人。」也作「**損己益人**」。宋・范祖禹《唐鑑》卷一〇：「聖王寧損己以益人，不損人而益已。」

【損己利物】

見「損己利人」。

【損己益人】

見「損己利人」。

【損軍折將】

見「損兵折將」。

【損人安己】

見「損人利己」。

【損人肥己】

見「損人利己」。

【損人利己】

損害別人，而使自己得到好處。指卑劣自私。元・無名氏《陳州糶米》一折：「坐的個上梁不正，只待要損人利已惹人憎。」也作「**損人安己**」。元・無名氏《小張屠》三折：「你那廝損人安已，惹下禍災。」也作「**損人肥己**」。《初刻拍案驚奇》卷一八：「如今這些貪人，擁著嬌妻美妾，求田問舍，損人肥已，搬斤播兩，何等肚腸！」也作「**損人利我**」。清・梁啟超《生計學學說沿革小史》：「前此之持通商政策者，以是爲損人利我之一機關。」也作「**損人益己**」。《舊唐書・陸象先傳》：「爲政者，理則可矣，何必嚴刑樹威。損人益已，恐非仁恕之道。」

【損人利我】

見「損人利已」。

【損人益己】

見「損人利已」。

【損人自益】

損害他人而使自己受益。漢・劉向《新序・雜事》：「諺曰：『厚者不損人以自益，仁者不危軀以要名。』也作「**損物益己**」。物：他人，旁人。《北齊書・幼主紀》：「前王之御時也，沐雨櫛風，拯其溺者而救其焚……後主則不然，以人從欲，損物益己。」

【損上益下】

減少統治者的奢侈行爲，就會有益於普通百姓。《晋書・江逌傳》：「損上益下，順兆庶之悅；享以二簋，用至約之義。」

【損物益己】

見「損人自益」。

【損之又損】

《莊子・知北遊》：「爲道者日損，損之又損之，以至於無爲，無爲而無不爲也。」意思是一再去其虛僞，則歸於純樸無爲。後以「損之又損」多指時刻警惕，不能有絲毫驕傲自滿。《魏書・韓顯宗傳》：「今洛陽基址，魏明帝所營，取譏前代。伏願陛下損之又損。」

【筍子變竹——節節空】

筍子：竹的嫩芽，筍長成竹子後就成多節而中空。比喻計畫或事情的每一個環節都落空了。例由於預先估計不足，客觀情況的變化，我們的計畫成了筍子變竹——節節空。

【筍子變竹子——越來越高】

比喻事物的標準或等級越來越高。例我們現在的生活水平就像筍子變竹子——越來越高，同過去有很大的差別。

【筍子脱殼——層層剝】

筍子：竹筍。比喻對壞人壞事要徹底揭露。有時比喻對事情或問題要逐層分析，弄個徹底明白。例對帝國主義的侵略陰謀，要像筍子脫殼——層層剝，讓我們的人民徹底認識他們的凶惡面目。

【筍子煮酸湯——沒多少油水】
見「雞骨頭熬湯——沒多大油水」。

ㄙㄨㄥ

【松柏本孤直，難爲桃李顏】
松柏秉性孤傲剛直，很難像桃李那樣，用豔麗的顏色去取悅於人。比喻品德端正、性格剛直的人不苟合於世俗。唐・李白《古風》詩之一二：「松柏本孤直，難爲桃李顏；昭昭嚴與陵，垂釣滄波間。」

【松柏後凋】
凋：凋謝。指經過嚴冬，方知松柏常青。比喻有堅貞氣節的人能經受嚴峻考驗。唐・于競《王審知德政碑銘》：「惟公益堅尊獎，慎守規程，松柏後凋，風雨如晦。」

【松柏之茂】
松柏經冬不衰，繁茂常青。比喻經得起考驗，永葆本色。《莊子・讓王》：「天寒既至，霜雪即降，吾是以知松柏之茂也。」

【松柏之壽】
指人身體健康，像松柏那樣長壽。例張先生心懷泰山之志，體有松柏之壽。

【松柏之姿，經霜猶茂】
松柏姿質堅貞，經過霜凍依然茂盛。比喻品格堅貞的人在嚴峻的考驗面前更加堅定。《晉書・顧愷之傳》：「顧愷之字君叔，少有義行。與簡文同年，而髮早白。帝問其故，對曰：『松柏之姿，經霜猶茂；蒲柳常質，望秋先零。』簡文悅其對。」

【松蛋包】
比喻軟弱無能膽小怕事的人。例你別看她平時好像嬌滴滴的，可是在窮凶極惡的敵人面前，她卻不是松蛋包，勇敢極了。

【松風水月】
松林間的和風，湖水中的明月。形容景色清幽。唐・李世民《聖教序》：「松風水月，未足比其清華；仙露明珠，詎能方茲朗潤。」

【松枯石爛】
松樹枯死，石頭爛掉。比喻經歷了極久的時間，發生了不可想像的變化。宋・葛長庚《賀新郎》詞：「一別蓬萊館，看桑田成海，又見松枯石爛。」也作「海枯石爛」。

【松蘿共倚】
像松樹和藤蘿一樣互相倚靠。比喻夫妻間融洽和睦。元・王子一《誤入桃源》二折：「我等本待和他琴瑟相諧，松蘿共倚。爭奈塵緣未斷，驀地思歸。」

【松喬之壽】
傳說仙人赤松子和王子喬都長壽。比喻長壽。《隋書・皇甫誕傳》：「願王奉詔入朝，守臣子之節，必有松喬之壽，累代之榮。」

【松樹料子做柴燒——大材小用】
料子：材料。見「大炮打麻雀——大材小用」。

【松筠之節】
比喻堅貞的節操。《隋書・柳莊傳》：「梁主奕葉重光，委誠朝廷，而今已後，方見松筠之節。」

【崧生岳降】
崧：指嵩山；岳：指五岳。《詩經・大雅・崧高》：「崧高維岳，駿極於天；維岳降神，生甫及申。」後以「崧生岳降」稱頌某人的天資超過常人。舊時常用作對顯貴者的諛辭。

【嵩雲秦樹】
嵩山上的雲，秦嶺上的樹。比喻相隔甚遠。唐・李商隱《寄令狐郎中》詩：「嵩雲秦樹久離居，雙鯉迢迢一紙書。」

ㄙㄨㄥˇ

【聳膊成山】
人的雙肩聳起，與頭形成一個「山」字。形成身體極其削瘦。宋・陸游《衰疾》詩：「捉襟見肘貧無敵，聳膊成山瘦可知。」

【聳動人聽】
見「聳人聽聞」。

【聳壑昂霄】
山壑聳立，高昂入雲霄。比喻出人頭地。金・元好問《送張書記子益從嚴相北上》詩：「故家人物饒奇俊，聳壑昂霄今已信。」也作「聳壑凌霄」。《舊唐書・房玄齡傳》：「僕閱人多矣，未見如此郎者，必成偉器，但恨不睹其聳壑凌霄耳。」

【聳壑凌霄】
見「聳壑昂霄」。

【聳肩縮頸】
見「竦肩縮頸」。

【聳人聽聞】
使人震驚的消息。例今天早上一到公司，就聽到老闆因財務困難而捲款潛逃的聳人聽聞消息。也作「聳動人聽」。宋・黃榦《與胡伯量書》：「此自是二陸門戶，其學者之說……誠足以聳動人聽，然久而思之，意味殊短。」

【悚然起敬】
見「肅然起敬」。

【悚若木雞】
悚：害怕。嚇得像木雞似的。《聊齋志異・黑獸》：「獮戴石而伏，悚若木雞。」也作「呆若木雞」。

【竦肩縮頸】
形容聳著雙肩、縮著脖子的樣子。唐・韓愈《送窮文》：「屏息潛聽，如聞音聲，若嘯若啼……毛髮盡豎，竦肩縮頸。」也作「聳肩縮頸」。宋・楊萬里《過胡騾坑》詩：「聳肩縮頸仍呵手，無策能溫兩腳頑。」

【竦然生敬】
見「肅然起敬」。

ㄙㄨㄥˋ

【宋畫吳冶】
冶：冶煉，鍛造。宋人之畫，吳人之冶。形容物品精巧。《淮南子・修務訓》：「夫宋畫吳冶，刻刑鏤法，亂修曲出，其爲微妙，堯舜之聖不能及也。」
【宋徽宗的鷹，趙子昂的馬——都是好話（畫）兒】
宋徽宗的鷹：宋徽宗趙佶，工於花鳥，尤以畫鷹著稱；趙子昂的馬：元代畫家趙孟頫，字子昂，擅長畫馬；話：「畫」的諧音，雙關語。比喻全是中聽的話。例你提了半天意見，宋徽宗的鷹，趙子昂的馬——都是好話（畫）兒，還是多說點缺點和工作中的失誤吧！
【宋江的綽號——及時雨】
《水滸傳》載：「宋江『濟人貧苦，賙人之急，扶人之困』，因而聞名四方，綽號叫『及時雨』。」比喻解決問題很適時，正合乎需要。例正當我們處在困難的時候，送來了溫暖，你眞是宋江的綽號——及時雨啊！
【宋江怒殺閻婆惜——逼的】
《水滸傳》載：「閻婆惜偷了宋江裝有梁山泊頭領鼂蓋的密信及黃金的袋子，乘機要挾宋江。宋江怕洩漏軍機，盛怒之下殺死閻婆惜。也作「宋江怒殺閻婆惜——逼出來的」。見「好漢上梁山——逼的」。
【宋斤魯削】
斤：斧子之類工具；削：削刻用的刀具。《周禮・考工記・國有》：「鄭之刀，宋之斤，魯之削，吳粵之劍，迁乎其地而弗能爲良，地氣然也。」後用「宋斤魯削」代指各種精良工具。
【送抱推襟】
抱：心懷；襟：胸襟。比喻推心置腹，誠摯交往。例他是一個眞誠熱情的人，總是以送抱推襟的態度和大家交朋友。也作「推襟送抱」。
【送飯罐打了耳朵——不能提】
耳朵：指送飯罐兩旁供人提的部分。見「馬尾穿豆腐——提不得」。
【送佛送到西天】
西天：佛教所說的極樂世界。比喻幫助別人就幫到底。例既然已經從劫匪手中救了他的性命，索性送佛送到西天，再給他點兒路費，送他上路。
【送故迎新】
見「送舊迎新」。
【送舊迎新】
送走舊的，迎來新的。元・無名氏《雲窗夢》一折：「我想這花門柳戶，送舊迎新，幾時是了也呵。」也作「送故迎新」。《漢書・王嘉傳》：「吏或居官數月而退，送故迎新，交錯道路。」
【送君千里，終須一別】
見「送君千里，終有一別」。
【送君千里，終有一別】
君：對對方的敬稱。送人時的惜別之辭。《水滸全傳》三二回：「自古道：『送君千里，終有一別。』兄弟，你只顧自己前程萬里，早早的到了彼處。」也作「送君千里，終須一別」。《兒女英雄傳》一〇回：「送君千里，終須一別，我也不往下送了。」
【送暖偷寒】
形容對人殷勤關切，奉承討好。元・王實甫《西廂記》三本二折：「直待我拄著拐幫閒鑽懶，縫合唇送暖偷寒。」也作「偷寒送暖」。
【送親家接媳婦——兩頭不誤】
親家：兒子的丈人、丈母或女兒的公公、婆婆，此指兒子的丈人或丈母。把親家送回家，再把兒媳婦接回來。比喻安排合理，兩方面的事都辦得妥當。例你的工作計畫得很好，解決了不少任務多的矛盾，眞是送親家接媳婦——兩頭不誤。
【送人過河折橋板——斷人後路】
見「上樹抽梯子——斷人後路」。
【送人情】
指給人好處，給人面子。例你不能拿公家的東西送人情，否則你會犯錯誤的。
【送上門】
比喻不請自到。例你不是要找我算帳嗎？今天我送上門來了，隨你處置。
【送上天】
指送死。例這幫到處爲非作歹，肆意迫害人的傢伙，別看他們現在耀武揚威，最終會被大家送上天。
【送死養生】
指子女奉養父母，直至爲父母送終。清・黃宗羲《歸途雜憶》詩：「送死養生在一身，流離贏得鬢如銀。」也作「養生送死」。
【送往勞來】
見「送往迎來」。
【送往迎來】
送別離去的人，迎接來到的人。指人事上的交往應酬。《禮記・中庸》：「送往迎來，嘉善而矜不能，所以柔遠人也。」也作「送往勞來」。勞：慰勞。《漢書・薛宣傳》：「飲食周急之厚彌衰，送往勞來之禮不行。」
【送眼流眉】
眉來眼去。指眉目傳情。《聊齋志異・段氏》：「寧絕嗣，不令送眼流眉者忿氣人也！」
【頌德歌功】
頌揚恩德，讚美功績。清・李漁《閒情偶寄・選劇第一》：「方頌德歌功之不暇，而忍以矯制責之哉！」也作「頌德咏功」。例我這首詩，是爲長年工作在邊疆的科研人員頌德咏功。也作「歌功頌德」。
【頌德咏功】
見「頌德歌功」。
【頌古非今】
非：非難。指僅讚美古代的而否定現在的。例我們尊重自己的歷史傳統，但不是頌古非今。

【頌聲載道】

處處都是頌揚讚美的聲音。《官場現形記》三四回：「不但山西百姓頌聲載道，就是山西官員……也沒有一個不感激他的。」

ㄚ

ㄚ

【阿斗的江山——白送】

阿斗：三國蜀漢後主劉禪的小名；江山：江河和山嶺，多用以指國家或國家的政權；白：空空的，無代價的。《三國演義》載：「阿斗爲人庸碌。魏將鄧艾率師攻蜀，偷度陰平小路，取得要地綿竹；阿斗驚慌失措，聽信佞臣譙周的話，雖然還有一定實力，仍決定投降。」後多以「阿斗」比喻無能、聽人擺佈的人。也比喻毫無代價地喪失某種利益。例他是一個極端忘恩負義的人，你雪裏送炭，捎去這麼多東西，仍然是阿斗的江山——白送。

【阿二吃冰糖——好煩（礬）】

阿二：民間傳說中的呆頭呆腦而又自作聰明的人物，諺語有「此地無銀三百兩，隔壁阿二勿曾偷」的說法；煩：「礬」的諧音；礬：明礬，又叫白礬，狀如冰糖，通常用來使水澄清。比喻非常煩躁不安。例全家生活無著，老母病情加重，財主又天天前來逼債，作爲一家之主的素琴，眞是阿二吃冰糖——好煩（礬）。

【阿二吹笙——濫竽充數】

笙：管樂器，常見的有大小數種，用若干根裝有簧的竹管和一根吹氣管裝在一個鍋形的座子上製成；竽：ㄩˊ，古代一種管樂器，形狀像笙。比喻沒有本領的人混在行家裏面充數。例他既不懂管理，又不懂技術，討好上級，得到了一個廠長職位還不滿足，又自封爲總工程師，整天誇誇其談，指手劃脚，實實在在是阿二吹笙——濫竽充數。參見「濫竽充數」。

【阿二釣黃鱔——不上鈎】

黃鱔：魚，身體像蛇而無鱗，黃褐色，有黑色斑點，生活在水邊泥洞裏。又叫鱔魚。比喻措置不當，沒有達到預期的目的，或不上圈套。例太陽快落山了，竟沒有看到敵人的影子，伏擊的隊伍只好撤回來，張隊長邊走邊沉思著，忽然對走在身旁的小李子說：「沒想到今天鬧了個阿二釣黃鱔——不上鈎。」

【阿婆不嫁女，哪得外孫抱】

阿婆：母親，對老年婦女的尊稱。不嫁閨女，就不能抱外孫。民間常用作催嫁的話。明・湯顯祖《紫簫記》一〇齣：「嬌女教人愛殺，恨不早嫁東家。夫人，古人說得好，阿婆不嫁女，哪得外孫抱。」

【阿Q氣】

阿Q：魯迅著名小說《阿Q正傳》中的主人翁。他身受窮困、欺壓之苦，卻又欺弱怕强。在遭受侮辱失敗時，常以「兒子打老子」的「精神勝利法」自欺自慰。後稱具有「精神勝利法」的人所表現出來的樣子爲阿Q氣。例他常在遭受失敗挫折時展現出欺弱怕强的阿Q氣。也作「阿Q相」。例小李大大咧咧的，把旅行包丢了，還是一副阿Q相。說什麼「丢了也好，省得提著怪沉的。」

【阿Q相】

見「阿Q氣」。

ㄛ

ㄛ

【喔咿嚅唲】

强笑的樣子。指爲諂媚而强迫自己向人歡笑。戰國楚・屈原《卜居》：「寧超然高舉，以保眞乎？將咒訾栗斯，喔伊嚅唲以事婦人乎？」

ㄜ

ㄜ

【阿匼取容】

見「阿諛取容」。

【阿保之功】

阿保：保護養育。護理育幼的功勞。《漢書・丙吉傳》：「掖庭宮婢則令民夫上書，自陳嘗有阿保之功。」也作「阿保之勞」。《晉書・顧和傳》：「先是，帝以保母周氏有阿保之勞，欲假其名號，內外皆奉詔。」

【阿保之勞】

見「阿保之功」。

【阿黨比周】

阿黨：循私撓法；比周：結夥營私。爲了私利勾結在一起，互相偏袒包庇。《三國志・魏書・武帝紀》：「阿黨比周，先聖所疾也。」

【阿黨相爲】

阿黨：循私，偏袒一方。循私情，互相包庇。《漢書・諸葛豐傳》：「今以四海之大，曾無伏節死誼之臣，率盡苟合取容，阿黨相爲，念私門之利，忘國家之政。」

【阿堵君】

見「阿堵物」。

【阿堵物】

阿堵：六朝人口語，這，這個。這個東西。南朝宋・劉義慶《世說新語・規箴》：「王夷甫雅尚玄遠，常嫉其婦貪濁，口未嘗言錢字。婦欲試之，令婢以錢繞床，不得行。夷甫晨起，見錢閡行，呼婢曰：『舉卻阿堵物。』」後以「阿堵物」指錢。宋・張耒《和無咎詩》之二：「愛酒苦無阿堵物，尋春奈有主人家。」也作「阿堵君」。宋・蘇過《斜川集・一・顏樂堂》詩：「恨無阿堵君，一區今尚欠。」

【阿彌陀佛】
阿彌陀：無量，梵語譯音；佛：佛陀。佛家淨土宗以阿彌陀佛爲西方「極樂世界」的教主。也譯作無量清淨佛、無量壽佛或無量光佛。念佛的人口頭誦念的佛號，表示對佛的祈禱或感激。也常泛用於表達人們的讚嘆、感謝、譴責等種種態度。《紅樓夢》八一回：「倒是這個和尚道人——阿彌陀佛！才是救寶玉性命的。」

【阿其所好】
阿：曲從，迎合；其：代詞，他。指爲取得某人的好感而迎合他的愛好，也指順從別人的私意。《孟子・公孫丑上》：「智足以知聖人，污不至阿其所好。」也作「**阿私所好**」。《民國通俗演義》九〇回：「明明是阿私所好，黨同伐異的行爲。」

【阿時趨俗】
阿：曲從，迎合；時：當時；趨：歸附；俗：習俗，風氣。迎合時尚，趨附世俗。例做人要有自己的風格與見地，千萬不能阿時趨俗、隨波逐流。

【阿世盜名】
阿：曲從，迎合；世：世上的人；盜：竊取；名：名譽。迎合世人的心意，盜取名譽。梁啟超《新民說》一八節：「才智之士，既得此以爲阿世盜名之一秘鑰，於是名節閑檢，蕩然無所復顧。」

【阿世媚俗】
阿：曲從，迎合；世：世道，當世風氣；媚：巴結，逢迎；俗：習俗，風氣。迎合當世風氣，取悅於世俗。魯迅《文化偏至論》：「如其《民敵》一書，謂有人寶守眞理，不阿世媚俗，而不見容於人羣。」

【阿順取容】
見「阿諛取容」。

【阿私所好】
見「阿其所好」。

【阿私下比】
阿：曲從，迎合；私：偏愛；下比：在下面互相勾結。一味迎合私意，互相勾結。《後漢書・殤帝紀》：「刺史垂頭塞耳，阿私下比，『不畏於天，不愧於人。』」

【阿意苟合】
阿：迎合；意：心意；苟合：隨便附合。曲從、附合他人的意願。指無原則的附合。《漢書・公孫劉車王楊蔡陳鄭傳贊》：「阿意苟合，以說（通悅）其上。」

【阿意順旨】
阿：迎合；意：心意。迎合順從他人的意旨。宋・王楙《野客叢書・漢人規戒》：「漢人於交友故舊，動存規戒，其不肯阿意順旨，以陷於非義，此風凜然可喜。」

【阿諛諂媚】
阿諛：迎合別人的意思，向人說好聽的話；諂媚：用卑賤的態度向人討好。巴結討好別人。《古今小說》卷九：「只是這般阿諛諂媚的，要博相國歡喜，自然重價購求……殷殷勤勤的送來。」

【阿諛承迎】
見「阿諛奉承」。

【阿諛奉承】
阿諛：迎合別人的意思，說好聽的話；奉承：用好聽的話恭維人。極力曲意迎合別人，拍馬討好。《醉醒石》八：「他卻小器易盈，況且是個小人，在人前不過阿諛奉承。」也作「**阿諛逢迎**」。《初刻拍案驚奇》卷二二：「其時京師有一流棍，名叫李光，專一阿諛逢迎。」也作「**阿諛承迎**」。宋・錢時《兩漢筆記》一一：「世衰道微，阿諛承迎，以苟富貴利達，乞墦間之祭，而不知恥者，比比皆是。」

【阿諛逢迎】
見「阿諛奉承」。

【阿諛苟合】
阿諛：迎合別人的意思，向人說好聽的話；苟合：苟且迎合。討好巴結，極力迎合別人。《史記・封禪書》：「怪迂阿諛苟合之徒，自此興，不可勝數也。」

【阿諛求容】
見「阿諛取容」。

【阿諛曲從】
阿諛：迎合別人的意思，說好聽的話；曲從：委曲己意，服從他人的意思。曲意迎合順從他人。《漢書・匡衡傳》：「[匡]衡、[甄]譚居大臣位……而阿諛曲從，附下罔上，無大臣輔政之義。」

【阿諛取容】
阿諛：迎合別人的意思，說好聽的話；容：臉上的神情和氣色，指好的臉色。巴結迎合以取得他人的歡容。《歧路燈》一〇回：「臣子固不可以戇言激君父之怒，若事事必度其有濟，不又爲阿諛取容輩添一藏身之窟乎！」也作「**阿匼取容**」。阿匼（ㄜˇ）：奉承迎合。《新唐書，楊再思傳》：「居宰相十餘年，阿匼取容，無所薦達。」也作「**阿諛求容**」。《孔叢子・抗志》：「不度理之所在，而阿諛求容，諂莫甚焉。」也作「**阿順取容**」。《金史・本紀第六世宗上》：「以輔朕之不逮，愼毋阿順取容。」

【阿諛人人喜，直言個個嫌】
說好話奉承，人人喜歡；直話直說，人人討厭。例一般認爲「阿諛人人喜，直言個個嫌。」其實，「聞過則喜」的人也是有的，雖然十分罕見。

【阿諛順意】
見「阿諛順旨」。

【阿諛順旨】
阿諛：迎合別人的意思，說好聽的話；旨：意旨。原指迎合、順從皇帝的旨意。後也泛指逢迎順從別人的意旨。《隋書・郭衍傳》：「衍能揣上意，阿諛順旨。」也作「**阿諛順意**」。《舊唐書・李密傳》：「今者密若正言，還恐追蹤二子，阿諛順意，又非密之本圖。」

【阿旨順情】

阿：曲從，迎合；旨：意旨。迎合帝王的旨意，順承帝王的情緒。唐·吳兢《貞觀政要·政體》：「比來惟覺阿旨順情，唯唯苟過，遂無一言諫諍者，豈是道理？」

【阿尊事貴】

阿：曲從，迎合；尊、貴：指位高爵顯的權貴。曲意迎合侍奉權貴。《漢書·楚元王傳》：「以不能阿尊事貴，孤特寡助，抑厭遂退，卒不克明。」

【婀娜多姿】

婀娜：輕盈柔美的樣子；姿：姿態，形態。多用於形容女子或花木姿態輕柔美好。例這場舞蹈表演由七個少女演出，邊舞邊唱，表達了她們期望奉獻的心聲，婀娜多姿，像田野上的小花，質樸芬芳。

【婀娜嫵媚】

婀娜：輕盈柔美的樣子；嫵媚：姿態美好可愛。多用於形容女子或花木姿態輕柔美好可愛。例那幾枝野花雖沒有撲鼻的香氣，卻也婀娜嫵媚，讓人喜愛。

【屙屎攥拳頭——勁用的不是地方】

比喻做事不得要領，抓不住關鍵。例你是屙屎攥拳頭——勁用的不是地方，怎能把事情辦好呢？一定要抓住主要矛盾，解決主要問題。也作「捏著眼皮擤鼻涕——勁用的不是地方」。

【屙血事】

比喻喪良心的事。例不要以爲你可以瞞天過海，你做的那些屙血事，我心中有數，奉勸你適可而止。

【屙一泡尿，照一照臉塊】

臉塊：臉面。用以嘲罵人沒有自知之明。例他自以爲了不起，眞想叫他屙一泡尿，照一照臉塊，仔細看看自己是個什麼料。

ㄜˊ

【訛言謊語】

訛言：謠言；謊語：假話。造謠說假話。元·無名氏《冤家債主》三折：「俺孩兒也不曾訛言謊語，又不曾方頭不律。」

【訛言惑衆】

訛言：僞言，謠言；惑：迷惑。用謠言迷惑衆人。《元史·世祖五》：「癸丑，初建東宮，甲寅，誅西京訛言惑衆者。」也作「謠言惑衆」。

【訛以傳訛】

訛：錯誤。錯誤的東西輾轉相傳，越傳越錯。明·王驥德《曲律》：「凡此類皆襯字太之故，訛以傳訛，無所底止。」也作「以訛傳訛」。

【訛以滋訛】

訛：錯誤；滋：滋長，增多。錯誤的東西輾轉傳開，滋長出更多的錯誤。清·侯方域《爲司徒公與寧南侯書》：「無如市井倉皇，訛以滋訛，幾於三人成虎。」

【峨冠博帶】

峨冠：高帽子；博帶：闊衣帶。（頭戴）高帽子，（腰繫）寬衣帶。指古代士大夫的裝束。《三國演義》三七回：「門外有一先生，峨冠博帶，道貌非常，特來相探。」也作「博帶峨冠」、「高冠博帶」、「巍冠博帶」。

【峨眉內功少林拳——練出來的】

峨眉內功：氣功的流派之一，不但能防病健身，還能發外氣，爲他人治病；少林拳：拳術的一派，因唐朝初年嵩山少林寺僧徒練習這種拳術而得名。比喻技術、本領都是在實踐中鍛鍊出來的。例要掌握或精通一門技術，偷懶是不行的，峨眉內功少林拳——練出來的嘛！

【峨眉山的佛光——可望而不可及】

峨眉山的佛光：指在峨眉山金頂日光折射在人頭上的七色光環，即爲佛光，又稱「寶光」。可以看得見，但接近不了。比喻一時還難以實現。例你描繪的光明前景，固然很好，但我認爲是峨眉山的佛光——可望而不可及，還是現實點好，把今年的產銷管道做好，改善一下目前的處境。

【峨眉山的猴——精靈得很】

峨眉山：位於四川省峨眉縣境內。林木繁茂，山多獼猴。形容聰明、機靈。有時表示戲謔。例小鄭就像峨眉山的猴——精靈得很，你鬥不過他的心計。

【娥皇女英】

傳說中堯的兩個女兒，都嫁給了舜。舊時指姊妹同嫁一人。《紅樓夢》一一六回：「此地乃上界神女之所，雖號爲蕭湘妃子，並不是娥皇女英之輩，何得與凡人有親？」

【蛾赴燭】

赴：奔赴，投入；燭：火燭。飛蛾投向火燭。比喻不惜一切地追逐私利。《新唐書·李德裕傳》：「小人於利，若蛾赴燭，向見歸眞之門，車轍滿矣。」也作「蛾投火」。晉·支曇諦《赴火蛾賦》：「悉達有言曰：『愚人貪財，如蛾投火。』誠哉斯言，信而有徵也。」參見「飛蛾撲火」。

【蛾眉本是嬋娟刃，殺盡風流世上人】

蛾眉：指美人；嬋娟：美好。謂好女色會斷送性命。《警世通言》卷三八：「於今又有個不認竅的小二哥，也與個婦女私通，日日貪歡，朝朝迷戀，後惹出一場禍來，屍橫刀下，命赴陰間；致母不得侍，妻不得顧，子號寒於嚴冬，女啼飢於永晝。靜而思之，著何來由！況這婦人不害了你一條性命了？眞個：蛾眉本是嬋娟刃，殺盡風流世上人。」

【蛾眉不肯讓人】

蛾眉：娥眉，指美人。美人之間互相嫉妒，各不相讓。明·朱國楨《涌潼小品·爋母傳》：「母有巧思，而拙於自防。後寵日甚，而後宮皆妒之，是所謂『蛾眉不肯讓人』者耶。」

【蛾眉倒蹙，鳳眼圓睜】

蛾眉：彎曲而細長的眉毛；蹙：皺；鳳眼：雙眼皮、大眼睛。眉毛皺起，眼睛睜圓。形容美貌女子發怒時的面容。《紅樓夢》五二回：「晴雯聽了，果然氣的蛾眉倒蹙，鳳眼圓睜，即時就叫墜兒。」也作「蛾眉倒豎，鳳眼圓睜」。

【蛾眉倒豎，鳳眼圓睜】

見「蛾眉倒蹙，鳳眼圓睜」。

【蛾眉皓齒】

長而美的眉毛，潔白的牙齒。形容女子的美貌。也指美女。漢·司馬相如《美人賦》：「臣之東鄰，有一女子，玄髮豐豔，蛾眉皓齒。」也作「皓齒蛾眉」。

【蛾眉曼睩】

曼睩（ㄌㄨˋ）：眼珠轉動發亮。長而美的眉毛，亮而轉動有神的眼睛。形容女子眉目秀麗有神。也指美女。清·李慈銘《越縵堂詩話》卷中：「蛾眉曼睩分明在，孤負琴心已十年。」也作「娥眉漫睩」。「漫」也寫作「矕」。唐·張說《鄴都引》：「鄴旁高冢多貴臣，蛾眉漫睩共灰塵。」

【蛾眉漫睩】

見「蛾眉曼睩」。

【蛾眉螓首】

蛾眉：眉細而長；螓：ㄑㄧㄣˊ，蟬的一種；螓首：額方而廣。形容女子的美貌。元·無名氏《漁樵記》三折：「他道你枉則有蛾眉螓首堆鴉鬢。」也作「螓首蛾眉」。

【蛾眉是伐性的斧頭】

指沈迷於女色會危害身心。《唐史演義》二三回：「太宗既幸病癒，又往那翠微宮，玩賞數日，明知病後不宜近色，但有時牽住情魔，又未免略略染指。古人說得好：『蛾眉是伐性的斧頭。』」

【蛾撲燈蕊】

燈蕊：燈花。飛蛾撲向燈花。比喻自尋死路。清·孔尚任《桃花扇·孤吟》：「笑他命薄煙花鬼，好一似蛾撲燈蕊。」

【蛾投火】

見「蛾赴燭」。

【鵝吃草，鴨吃穀——各人享各人福】

見「牛吃草，鴨吃穀——各人享各人福」。

【鵝存禮廢】

鵝存留下來，而禮已廢棄。指古禮具體形式已失，猶存實物以表其意。《兒女英雄傳》二七回：「古來卑晚見尊長都有個贄見禮……如今卻把這奠雁的古制化雅為俗，差個家人送來，叫作通信，這就叫作鵝存禮廢了。」

【鵝卵石掉進廁所——又臭又硬】

鵝卵石：卵石的一種，表面光滑而堅硬。①形容本來名聲不好或品質很壞，卻又要充做硬漢子，裝作很了不起的樣子。例盧銀寶是餓卵石掉進廁所——又臭又硬，在村裏人緣很不好，連小孩也不理他。②指强橫頑固，令人厭惡的人。例鵝卵石掉進廁所——又臭又硬，施二小就是這樣的人。誰見了他就像躲避瘟神一樣，趕快逃走。也作「糞坑裏的石頭——又臭又硬」、「茅坑裏的鵝卵石——又臭又硬」。

【鵝卵石掉進刺蓬——無牽無掛】

刺蓬：長刺的樹叢。比喻沒有任何牽累和掛記的事。例陶容是鵝卵石掉進刺蓬——無牽無掛，連行李也沒收拾，就揚長出國去了。

【鵝卵石放雞窩——混蛋】

雙關語。責罵不明事理的人。例他很懂道理，講文明，並非別人所說那樣，鵝卵石放雞窩——混蛋。也作「雞蛋炒鴨蛋——混蛋」。

【鵝卵石也有翻身日】

比喻局面終會改變。例每個人都有生命中低潮期，但你要記住，無論你現在運氣多糟，鵝卵石也有翻身日，終會有撥雲見日的一天。

【鵝毛大雪】

大如鵝毛的雪花，形容雪下得大而猛。例室外飄著鵝毛大雪，室內卻溫暖如春。

【鵝毛落水——漂浮】

比喻不踏實，不深入。例小張的工作作風就像鵝毛落水——漂浮得很，應當讓他到艱苦的環境中去鍛鍊。

【鵝毛贈千里，所重以其人】

千里贈送鵝毛，禮物雖輕，人的心意卻很重。宋·歐陽修《梅聖俞寄銀杏》：「鵝毛贈千里，所重以其人；鴨腳雖百個，得之誠可珍。」也作「千里送鵝毛，禮輕人意重」。

【鵝行鴨步】

像鵝那樣行進，像鴨子那樣走路。形容行進緩慢，搖搖擺擺。《水滸傳》三二回：「你兩個閒常在鎮上抬轎時，只是鵝行鴨步，如今卻怎地這等走的快？」也作「鵝鴨行」。唐·石抱忠《始平諧詩》：「一羣縣尉驢騾驟，數個參軍鵝鴨行。」也作「鴨步鵝行」。

【鵝行鴨步——磨蹭】

磨蹭：緩慢地向前行進。比喻做事動作遲緩。例王英做事鵝行鴨步——磨蹭得要命，連我們都替她著急！也作「鵝行鴨步——慢慢蹭」。

【鵝鴨行】

見「鵝行鴨步」。

【鵝眼睛看人——小個】

據說鵝眼看人很小。①比喻個子矮小。例「你問他的身材怎樣，告訴你吧，鵝眼睛看人——小個。」②諷刺小看人，看不起人。例別鵝眼睛看人——小個，說實在的，她的能耐比你還大。

【額手稱慶】

額手：手放額前；稱慶：說慶賀的

話。用手放在額前，表示慶幸。形容人在憂困中獲得喜訊時的神態。魯迅《「有名無實」的反駁》：「他『額手稱慶』，實在高興得太快了。」也作「額手相慶」。《民國通俗演義》一二六回：「湘、鄂人民，當水深火熱之餘，得此福音，藉息殘喘，倒也額手相慶。」也作「額手慶幸」。例抓住了這幾個殘暴的罪犯，是令人額手慶幸的。也作「額手稱頌」。《野叟曝言》五七回：「任務等喜孜孜的陸續出來，訴說所以，沒一個不咋舌驚嘆，如醉如夢，額手稱頌，欣喜欲狂。」

【額手稱頌】
見「額手稱慶」。

【額手加禮】
額手：手放額上。以手加額，表示敬禮。章炳麟《與上海國民黨函》：「外人之額手加禮者，今且相與鄙夷。」

【額手慶幸】
見「額手稱慶」。

【額手相慶】
見「額手稱慶」。

【額頭上戴毛殼刺——假充馬鹿】
毛殼刺：長有毛殼的刺叢；馬鹿：鹿的一種，雄的有角，粗大，長而有叉。比喻本來很平常，卻要裝作了不起。含有諷刺意思。例你不要額頭上戴毛殼刺——假充馬鹿了，究竟有多大本領，誰還不清楚呢！

【額頭上放炮仗——想（響）頭不低】
炮仗：爆竹；想：「響」的諧音。比喻想得很美，很難實現。例在消費萎縮的時期，促銷產品的計畫，只能說是額頭上放炮仗——想（響）頭不低。

【額頭上擱扁擔——頭挑】
頭挑：頭號，上等。雙關語。比喻名列前茅。例他的學習成績，在班裏是額角頭上擱扁擔，算頭挑了。也作「額頭上頂扁擔——頭挑」、「腦門上頂扁擔——頭挑」。

【額頭上抹肥皂——滑頭滑腦】
比喻人不老實，油滑得很。例小章雖然聰明能幹，但為人處事就像額頭上抹肥皂——滑頭滑腦，他的這個缺點影響了和朋友們的關係。也作「額頭上抹肥皂——滑頭」、「禿子頭上抹油——滑頭」、「腦殼上擦豬油——滑頭」。

【額頭上生瘡——掩蓋不住】
比喻隱瞞不住。例你的問題就像額頭生瘡，是掩蓋不住的，還是到警察局去自首為好。也作「額頭生瘡——難遮蓋」、「漁網擋太陽——難遮蓋」。

【額頭上栽牡丹——花了眼】
雙關語。比喻人的眼睛迷亂，認識模糊。例我算是額頭上栽牡丹——花了眼，長期沒有看清他的本質。

ㄜˋ

【厄鹽車】
厄：通「軛」，車轅前端駕在馬頸上的橫木。《戰國策・楚策四》：「夫驥之齒至矣，服鹽車而上太行，蹄申膝折，尾湛胕潰，漉汁灑地，白汗交流。中坂遷延，負轅不能上。」後用「厄鹽車」比喻才華遭到抑制，處境困厄。明・陳璉《驄馬賦》：「厄鹽車兮垂兩耳，歷羊腸兮空嘆息。」

【扼吭奪食】
扼：掐住；吭：ㄏㄤˊ，喉嚨。掐住喉嚨奪走吃食。比喻使人處於絕境。《元史・陳祖仁傳》：「乃欲驅疲民以供大役，廢其耕耨而荒其田畝，何異扼其吭而奪其食，以速其斃呼？」

【扼吭拊背】
見「搤肮拊背」。

【扼喉撫背】
見「搤肮拊背」。

【扼襟控咽】
扼：掐住；襟：衣服的胸前部分，指胸部。控制住胸部和咽喉。比喻控制要害地區。宋・周邦彥《汴都賦》：「扼襟控咽，屏藩表裏，名城池為金湯，役諸侯為奴隸。」

【扼腕長嘆】
扼腕：用手握腕。握住手腕發出長長的嘆息。形容激動或惋惜時發出嘆息的神態。《晉書・劉琨傳》：「臣所以泣血宵吟，扼腕長嘆者也。」也作「扼腕嘆息」。孫中山《心理建設》八章：「惟庚子失敗之後，則鮮聞一般人之惡聲相加，而有識之士，且多為吾人扼腕嘆息，恨其事之不成矣。」也作「扼腕興嗟」。《民國通俗演義》一〇一回：「於是吏民俱困，都累得扼腕興嗟，愁眉百結了。」

【扼腕嘆息】
見「扼腕長嘆」。

【扼腕興嗟】
見「扼腕長嘆」。

【惡不可積，過不可長】
壞事不可積累，過失不應滋長。《三國志・吳書・陸機傳》注引《江表傳》：「臣聞惡不可積，過不可長；積惡長過，喪亂之源也。」

【惡叉白賴】
無理取鬧，耍無賴。元・馬致遠《黃粱夢》二折：「直恁地惡叉白賴，婆娘家情性恁般乖。」也作「惡茶白賴」。元・關漢卿《金線池》三折：「那裏也惡茶白賴尋爭競……摑著手分開雲雨，騰的似斷線風箏。」

【惡茶白賴】
見「惡叉白賴」。

【惡風惡雨】
指狂風暴雨。也形容給人們帶來不便和災難的風雨。例惡風惡雨住無家，日日野轉戰車。

【惡狗戴佛珠——裝大善人】
比喻外面善良，內心凶狠。例他是一個殺人不眨眼的魔王，這次帶著狐羣狗黨來到鎮上，施捨所謂的災民活命粥。眞是惡狗戴佛珠——裝大善人。

也作「**惡狗戴佛珠——裝好人**」。

【惡貫禍盈】

見「惡積禍盈」。

【惡貫久盈】

見「惡貫滿盈」。

【惡貫滿盈】

貫：穿錢或物的繩索；盈：滿。形容罪大惡極，已到末日。《尚書．泰誓》：「商罪貫盈。」唐．孔穎達疏：「紂之爲惡，如物在繩索之貫，一以貫之，其惡貫已滿矣。」元．無名氏《朱砂擔》四折：「你今日惡貫滿盈，有何理說！」也作「**惡貫久盈**」。唐．陸贄《議汴州逐劉士寧事狀》：「伏以劉士寧昏荒暴慢，惡貫久盈。」也作「**惡貫已盈**」。《剪燈新話．牡丹燈記》：「惡貫已盈，罪名不宥。」也作「**罪惡貫盈**」。

【惡貫已盈】

見「惡貫滿盈」。

【惡鬼怕鍾馗——邪不壓正】

鍾馗：迷信傳說中能打鬼的神，舊時民間常掛鍾馗的像，認爲可以驅除邪祟。比喻歪風邪氣敵不過正氣。例他上任不久，不正之風就大爲收斂了，羣衆高興地說：「還是惡鬼怕鍾馗——邪不壓正啊！」

【惡虎難鬥肚裏蛇】

比喻內部的敵人最難對付。例敵人採用孫悟空的鑽心戰術打入內部，就是惡虎也難鬥肚裏蛇了。

【惡積而不可揜，罪大而不可解】

揜：ㄧㄢˇ，即掩。惡劣的行徑積攢起來是不能遮蓋的，罪孽成堆是解脫不了的。說明小惡不除，終成大罪，罪惡大了是無法掩蓋解脫的。《周易．繫辭下》：「小人以小善爲無益，而弗爲也；以小惡爲無傷，而弗去也。故惡積而不可揜，罪大而不可解。」

【惡積禍盈】

盈：滿。罪惡堆積，禍害達到頂點。形容罪惡極大，已到末日。南朝梁．丘遲《與陳伯之書》：「北虜僭盜中原，多歷年所，惡積禍盈，理至焦爛。」也作「**惡貫禍盈**」。唐．崔融《諫稅關市疏》：「獨有默啜，假息孤恩，惡貫禍盈，覆亡不暇。」

【惡極罪大】

罪惡大到極點。元．關漢卿《魯齋郎》四折：「老夫將此一事，切切於心，拳拳在念，想魯齋郎惡極罪大……苦害良民，強奪人家妻女，犯法百端。」也作「**罪大惡極**」。

【惡跡昭著】

昭著：明顯。罪行劣跡非常明顯。宋．鄭剛中《答潼川路於提刑》：「但先列罪人之詞，而繼之以今來勘狀，則惡跡昭著。」

【惡狼和瘋狗作伴——壞到一塊了】

比喻壞人與壞人同流合污，沆瀣一氣。例這些人結成一夥，是惡狼和瘋狗作伴——壞到一塊了，不嚴加制止，他們更將興風作浪，攪亂社會治安。也作「**作賊的遇見劫路的——壞到一塊了**」。

【惡狼專咬瘸腿豬——以強欺弱】

比喻仗勢欺人，以強凌弱。例高唱什麼人道、平等、博學，你們是惡狼專咬瘸腿豬——以強欺弱。

【惡狼裝羊——居心不良】

比喻存心不純正，出壞點子。例員工的福利工作由福委會負責，你爲什麼唆使大家都去找廠長，我看是惡狼裝羊——居心不良。也作「**惡人告狀——居心不良**」。

【惡龍不鬥地頭蛇】

地頭蛇：指地方上強橫無賴欺壓人民的壞人。指外來的惡人不觸犯本地的惡勢力。《醒世恆言》卷七：「大官人休說滿話！常言道：『惡龍不鬥地頭蛇。』你的從人雖多，怎比得坐地的，有增無減。」也作「**強龍不壓地頭蛇**。」

【惡夢初醒】

開始從惡夢中醒來。形容大難剛過，心有餘悸而又感到慶幸的心情。老舍《駱駝祥子》三章：「……好像惡夢初醒時那樣覺得生命是何等的可愛。」

【惡莫大於毀人之善】

最大的罪惡是詆毀別人的善行。清．申居鄖《西岩贅語》：「惡莫大於毀人之善，德莫大於白人之冤。」

【惡人告狀——居心不良】

見「惡狼裝羊——居心不良」。

【惡人告狀——冤枉好人】

比喻平白無故地給人加上罪名。例他爲了升官發財，不僅打擊別人，抬高自己，還經常惡人告狀——冤枉好人。

【惡人先告狀】

幹了壞事，搶先誣陷別人。魯迅《兩地書》一一：「而對於學生的質問，他又苦於質對，退而不甘吃虧，則又呼我至教務處訊問，恫嚇，經我強硬的答覆，沒法對付，便用最後的毒計，就是以退爲進，先發制人，亦即所謂『惡人先告狀』也。」也作「**壞人先告狀**」。

【惡人自有惡人磨】

磨：折磨，整治。凶惡的人自有凶惡的人來對付。《醒世恆言》卷三四：「看的人隨後跟來，觀看兩家怎地結局？銅盆撞了鐵掃帚，惡人自有惡人磨。」也作「**惡人更有惡人磨**」。

【惡稔貫盈】

稔：事物醞釀成熟；貫：穿錢與物的繩索；盈：滿。罪惡蓄積成熟，像繩索已穿滿。形容罪惡累累，壞到頭了。《梁書．侯景傳》：「而惡稔貫盈，元凶殞斃，弟洋繼逆，續長亂階。」也作「**惡稔罪盈**」。宋．王讜《唐語林．補遺一》：「主辱臣死，當臣致命之時，惡稔罪盈，是賊滅亡之日。」

【惡稔禍盈】

稔：事物醞釀成熟；盈：滿。罪惡蓄積成熟，禍害到了頂點。形容罪惡極大，無以復加。《周書．武帝紀下》：

「僞齊違信背約，惡稔禍盈。」

【惡稔罪盈】

見「惡稔貫盈」。

【惡聲惡氣】

惡：凶狠，激烈。說話沒好氣，聲音凶狠。例這幾天他說話總是惡聲惡氣的。

【惡事傳千里】

見「惡事行千里」。

【惡事行千里】

壞事、醜事傳播得很快很遠。宋・孫光憲《北夢瑣言》卷六：「好事不出門，惡事行千里，士君子得不戒之乎！」也作「**惡事傳千里**」。例我們怎麼能不知道呢？俗話說：「惡事傳千里」嘛。

【惡聲狼藉】

惡聲：惡劣的名聲；狼藉：雜亂不堪。形容名聲極壞。《史記・蒙恬傳》：「而天下非之，以其君爲不明，以是藉於諸侯。」唐・司馬貞《索隱》：「言其惡聲狼藉，布於諸國。」

【惡向膽邊生，怒從心上起】

指惡念萌發，怒氣沖沖要向自己怨恨的人逞凶。元・鄭德輝《三戰呂布》三折：「[醉春風]惱的我惡向膽邊生，不由我怒從心上起。」

【惡言不出口，苟語不留耳】

不說傷人的話，不聽胡言亂語。《鄧析子・轉辭篇》：「非所宜言勿言，非所宜爲勿爲，以避其危。非所宜取勿取，以避其咎。非所宜爭勿爭，以避其聲。一聲而非，駟馬勿追；一言而急，駟馬不及。故惡言不出口，苟語不留耳，此謂君子也。」

【惡言不出於口，忿言不返於身】

你不用惡毒的言語對待別人，別人就不會用忿怒的言語回擊你，指人們應該以禮相待，不要惡語傷人。《禮記・祭文》：「惡言不出於口，忿言不返於身，不辱其身，不羞其親。」

【惡言不出於口，邪行不及於己】

指邪惡的話不說，邪惡的事不做。漢・桓寬《鹽鐵論・毀學》：「故學以輔德，禮以文質。言思可道，行思可樂。惡言不出於口，邪行不及於己。動作應禮，從容中道。故禮以行之，遜以出之。是以終日言，無口過，終身行，無冤尤。」

【惡言惡語】

用惡毒的話罵人或說話語氣兇惡。《醒世姻緣傳》一〇〇回：「再說素姊……不惟沒有了那些凶性，且是連那惡言惡語都盡數變得沒了。」

【惡言詈辭】

詈：罵，責備。指惡毒的、辱罵人的話。宋・王觀國《學林・冰》：「愈獨判二年，日與宦者爲敵，相伺候罪過，惡言詈辭，狠籍公牒。」

【惡言潑語】

潑：蠻不講理。用惡毒的語言罵人或說話蠻橫。《西遊記》五回：「那幾個凶神，惡言潑語，在門前罵戰哩！」

【惡衣薄食】

見「惡衣菲食」。

【惡衣粗食】

見「惡衣蔬食」。

【惡衣惡食】

惡：劣。粗劣的衣服和食物。形容生活貧困或衣食節儉。章炳麟《論讀經有利而無弊》：「君子憂道不憂貧，士志於道，而恥惡衣惡食者，未足與議。」也作「**粗衣惡食**」。

【惡衣菲食】

惡：劣；菲：微薄。粗劣的衣服，微薄的食物。形容生活儉樸。唐・吳兢《貞觀政要・奢縱》：「昔唐堯茅茨土階，夏禹惡衣菲食。」也作「**惡衣薄食**」。《文中子・事君》：「惡衣薄食，少思寡欲。」

【惡衣糲食】

見「惡衣蔬食」。

【惡衣蔬食】

低劣的衣服，粗淡的食物。形容生活儉樸。《三國志・蜀書・董和傳》：「和躬率以儉，惡衣蔬食，防遏逾僭，爲之軌制。」也作「**惡衣糲食**」。糲，粗米。《元史・張懋傳》：「懋惡衣糲食，率之以儉。」也作「**惡衣粗食**」。北魏・楊衒之《洛陽伽藍記・高陽王寺》：「崇爲尚書令，儀同三司，亦富傾天下，僮僕千人，而性多儉吝，惡衣粗食，食常無肉。」

【惡盈釁滿】

盈：滿；釁，罪過。罪惡達到頂點。形容罪惡極大，已到末日。《宋書・劉義恭傳》：「況今罪逆無親，惡盈釁滿。」

【惡有惡報，善有善報；若還不報，時辰未到】

報：報應，佛家用語，指善因得善果，惡因得惡果。不論幹壞事，做好事，時候到了，都會有報應。《西湖二集》卷五：「若是受了你滿堂香燭，一壇素菜，便要來護短，與你出色，叫冤鬼不要與你討命，世上又沒有這樣不平心的佛菩薩、貪小便宜兒的金剛。這是惡有惡報，善有善報；若還不報，時辰未到。」也作「**不是不報，時辰未到**」。例那一羣作奸犯科的歹徒還在社會上欺壓百姓、逍遙法外，我想這不是不報，時辰未到！

【惡語侵人六月寒】

侵：欺負；六月寒：六月飛霜，氣溫突然變化，比喻遭冤獄。語言惡毒，有如六月飛霜。明・徐復祚《投梭記》八齣：「你看我翠鬟蓬鬆亂散，望東牆淹淹淚眼。爭奈不做媒的母親呵，終朝絮聒，教奴呆撒奸，愁無限，何時得孟光接了梁鴻案！見了他惡語侵人六月寒。」

【惡語傷人】

用惡毒的語言傷害人。《五燈會元》卷四三：「利刀割肉瘡猶合，惡語傷人恨不銷。」

【惡語相加】

把惡毒的語言加到別人身上。例他們

每次吵架的時候，總是惡語相加，互相侮辱。

【惡語中傷】

用惡毒的語言誣衊、傷害人。例同事之間如果動不動就火冒三丈，甚至惡語中傷，那是很容易把事情搞糟的。

【惡緣惡業】

緣：緣分；惡業：佛教語，指出於身、口、意三者的壞事、壞話、壞心等。指冤業，惡運。董《西廂》卷八：「思量俺好命劣，怎著恁惡緣惡業。」

【惡直醜正】

以正直爲醜惡。比喻顛倒是非。《左傳・昭公二八年》：「惡直醜正，實蕃有徒。」

【惡作劇】

比喻捉弄別人，令人難堪的行爲。例春天像一個喜歡惡作劇的孩子，剛才還晴朗朗的，這會兒又風雨驟至。

【餓出來的見識，窮出來的聰明】

指挨餓受窮的磨難使人增長見識，變得聰明起來。《歧路燈》八二回：「這王氏若不是近日受了難過，如何能知王象藎是個好人。這也是俗話說的好：『餓出來的見識，窮出來的聰明。』」

【餓得死懶漢，餓不死窮漢】

指只要辛勤勞動，就不愁沒有飯吃。例傻小子，有手有腳怕啥？自古說餓得死懶漢，餓不死窮漢。別害怕，膽子放大一些，有今天就有明天，只要活著，就有辦法。

【餓狗搶到肉丸子——獨吞】

雙關語：比喻獨自一人占有錢財或利益。例這是大夥的工作成果，你怎麼餓狗搶到肉丸子——獨吞了呢？

【餓狗下茅房——尋死（屎）】

茅房：簡陋的廁所；死：「屎」的諧音。比喻自尋死路。例敵人傾巢出動，向我軍陣地發動進攻，我看，他們是餓狗下茅房——尋死（屎）來了。也作「屎殼郎爬糞堆——尋死（屎）」、「提著燈籠拾糞——找死（屎）」、「打燈籠拾糞——找死（屎）」。

【餓狗下茅坑——飽餐一頓】

比喻飢餓或貪嘴。例「聽說他們又將用公款大擺筵席？」「是呀，他們每隔三五天就要餓狗下茅坑——飽餐一頓。」也作「母豬掉進泔水缸——飽餐一頓」。

【餓狗爭食——自相殘殺】

形容壞人內鬨。例被圍困的敵人蜂擁出動搶奪空投食物，他們互相毆打、開槍，死傷狼藉，眞是餓狗爭食——自相殘殺。也作「狐狸窩裏鬥——自相殘殺」、「二虎相鬥——自相殘殺」。

【餓鬼監廚，焉能禁口】

餓鬼看守廚房，哪有不偸吃的？比喻居心不良的人有了機會就要占便宜。明・陳汝元《紅蓮債》二折：「一個男兒乍近，好似芒硝救火，難免燒身；一個女色初侵，猶如餓鬼監廚，焉能禁口。可憐他昏慘慘自投在十八重黑獄，何殊蛾撲燈中。」

【餓鬼投胎】

比喻貪吃，舊時窮人用來指兒女對父母的拖累。例看他吃飯那狼吞虎嚥的模樣，眞像是餓鬼投胎，幾百年沒吃飯了。

【餓漢嗑瓜子——不過癮】

比喻極不滿足。例這次足球決賽，我隊僅以2比1戰勝對手，對廣大的球迷來說，是餓漢嗑瓜子——不過癮。也作「餓漢嗑幾個瓜子吃——太不過癮」、「酒鬼喝汽水——不過癮」。

【餓漢啃雞爪——解不了饞】

比喻不過癮，解決不了問題。例你們送來的支援物資，同工程的實際需要比較，是餓漢啃雞爪——解不了饞。

【餓漢跳加官——窮開心】

跳加官：舊時對戲曲開場時加演的舞蹈節目，由一個演員戴假面具，穿紅袍，手持「天官賜福」等字樣向台下展示，以表慶賀。比喻强尋快活。例在戰爭最艱難的時期，不僅戰鬥頻繁、殘酷，而且經常缺吃少喝，在這種情況下，我們就唱歌跳舞，表示不屈不撓。眞是餓漢跳加官——窮開心。

【餓虎攢羊】

攢：聚攏。像飢餓的猛虎向羊撲去。比喻動作迅速猛烈。清・無名氏《照世杯》四：「可憐歐滁山被那大漢捉住，又有許多漢子來幫打，像餓虎攢羊一般，直打得個落花流水。」

【餓虎飢鷹】

比喻凶殘貪婪。《魏韋・昭成子孫傳・常山王暉》：「[暉]再遷侍中，領右衛將軍，雖無補益，深被親寵……侍中盧昶亦蒙恩眄，故時人號曰：『餓虎將軍，飢鷹侍中。』」《活地獄・楔子》：「衙門裏的人，一個個是餓虎飢鷹，不叫他們敲詐百姓，敲詐哪個呢？」

【餓虎見羊】

像飢餓的猛虎看見了羊一樣。形容迅猛、貪婪。《醒世恆言》卷二〇：「那强盜連日沒有酒肉到口……一見了，猶如餓虎見羊，不勾（夠）大嚼，頃刻吃個乾淨。」也作「餓虎吞羊」。《清平山堂話本・五戒禪師私紅蓮記》：「一個初侵女色，由（猶）如餓虎吞羊。」

【餓虎撲食】

像飢餓的猛虎撲向食物。①比喻前衝的動作迅疾猛烈。《封神演義》一二回：「[哪吒]提起手中乾坤圈，把敖光後心一圈，打了個餓虎撲食，跌倒在地。」②形容急切、貪婪的情態。《紅樓夢》一二回：「[賈瑞]不管青紅皂白，那人剛到面前，便如餓虎撲食，貓兒捕鼠一般，抱住叫道……。」也作「飢虎撲食」、「猛虎撲食」。

【餓虎擒羊】

擒：捕捉。像飢餓的老虎撲抓羔羊。比喻動作迅速而猛烈。《說岳全傳》七回：「只聽得索郎郎的叉盤聲響，使個『餓虎擒羊』勢，叫道：『你敢來麼？』」

【餓虎吞羊】

見「餓虎見羊」。

【餓虎之蹊】

蹊：小路。飢餓的猛虎來往的道路。比喻非常危險的處所。《史記・刺客列傳》：「是謂『委肉當餓虎之蹊』也，禍必不振矣！」

【餓慌的兔兒都要咬人】

比喻逼狠了，弱者也要起來反抗。艾蕪《南行記・荒山上》：「說起來，這也怪不得，你想想看，餓慌的兔兒都要咬人，何況他們全是癟起肚皮過日子？」

【餓狼竄進羊圈——無事不來】

比喻來者不善，應予警惕。例「敵方要求派一上校參謀來我前沿陣地。」「餓狼竄進羊圈——無事不來，你們要做好充分準備。」也作「夜貓子進宅——無事不來」。

【餓狼飢虎】

飢餓的虎狼。比喻極爲貪欲的人。《後漢書・仲長統傳》：「使餓狼守包廚，飢虎牧牢豚。」例怎能讓這種餓狼飢虎般的人看守庫房呢？

【餓狼口裏奪脆骨——好大的膽子】

①比喻狂妄，不自量。例你想單槍匹馬去對付火力强大的走私集團，眞是餓狼口裏奪脆骨——好大的膽子。②比喻膽量很大，無所畏懼。例你單獨從敵陣上抓回，的確是餓狼口裏奪脆骨——好大的膽子。也作「餓狼口裏奪脆骨——膽子不小」、「老虎嘴裏討脆骨吃——好膽大」、「老虎頭上拉屎——好大的膽子」、「老虎頭上拍蒼蠅——好大的膽子」、「老虎嘴上拔毛——好大的膽」、「老虎肚裏取膽——大膽」、「虎口拔牙——好大的膽子」、「聾子不怕雷——膽大」、「老鼠舔貓鼻子——膽子不小」、「吃了豹子膽——好大的膽子」、「太歲頭上動土——好大的膽子」。

【餓狼口裏奪脆骨，乞兒碗底覓殘羹】

比喻萬分貪婪。元・無名氏《陳州糶米》一折：「你道你奉官行，我道你奉私行。俺看承的一合米關著七八人的命，又不比山麇野鹿衆人爭。你正是：餓狼口裏奪脆骨，乞兒碗底覓殘羹。」

【餓狼之口】

比喻身處險境，隨時都有性命危險。例剛逃出陷阱，又落進餓狼之口。

【餓老鷹抓驢——飢不擇食】

見「老虎餓了逮耗子——飢不擇食」。

【餓了糠如蜜，不餓蜜不甜】

見「餓咽糟糠甜似蜜，飽飫烹宰也無香」。

【餓莩遍野】

莩：同「殍」，餓死的人。田野裏到處都是餓死的人。形容戰亂或災荒嚴重，餓死的人很多。《三國演義》一三回：「是歲大荒，百姓皆食棗菜，餓莩遍野。」

【餓莩載道】

見「餓殍載道」。

【餓殍滿道】

見「餓殍載道」。

【餓殍載道】

殍：餓死的人；載：充滿。道路上滿是餓死的人。形容社會災荒禍亂嚴重，餓死的人很多。《民國通俗演義》八五回：「道德淪喪，法度凌夷，匪黨縱橫，餓殍載道」。也作「餓殍滿道」。漢・仲長統《昌言・損益篇》：「坐視戰士之蔬食，立望餓殍之滿道，如之何爲君行此政也？」也作「餓莩載道」。莩：同「殍」。清・錢泳《履園叢話・舊聞・席氏多賢》：「適當明季，蝗旱不登，餓莩載道，而齊、魯、豳、燕之區爲尤甚。」

【餓殍枕藉】

殍：餓死的人；枕藉：橫七豎八地倒在一起。餓死的人縱橫相枕地倒在一起。形容餓死的人很多。《醒世姻緣傳》三二回：「這等時候……那個莊上不餓殍枕藉？」

【餓死事大】

餓死了人是件大事。清・田北湖《與某生論韓文書》：「況貧能病人，餓死事大，不惟利祿之見，盡人難免也。」

【餓死事小，失節事大】

失節：舊指女子再嫁。飢餓而死是小事，失去節操再嫁他人是大事。原是禁錮婦女的封建禮教之言。清・方苞《岩鎭曹氏女婦負烈傳序》：「餓死事小，失節事大之言，則村農市兒皆耳熟焉。」後用來指堅貞不屈，寧肯餓死也絕不投降敵人。老舍《四世同堂》三四：「我不答應任何條件！餓死事小，失節事大！」

【餓咽糟糠甜似蜜，飽飫烹宰也無香】

飫：飽。飢餓時吃糠也覺香甜，吃飽了再吃佳餚也無味道。《濟公全傳》七六回：「工夫不大，把粥熬熟了，給華雲龍端過去。華雲龍一聞，打鼻子裏就聞見粥香。正是：餓咽糟糠甜似蜜，飽飫烹宰也無香。」也作「餓了糠如蜜，不餓蜜不甜」。

【餓著肚子造反——藉機（饑）鬧事】

機：「饑」的諧音。指尋找藉口，搗亂破壞。例把問題和產生的原因，以及我們的態度和解決的辦法，向大衆說淸楚，以防有人餓著肚子造反——藉機（饑）鬧事。

【諤諤以昌】

諤諤：直話直說；昌：興隆。臣民敢於直言爭辯，國家就昌盛。《史記・商君列傳》：「千人之諾諾，不如一士之諤諤。武王諤諤以昌，殷紂墨墨以亡。」

【諤諤之臣】

敢於直言勸諫的臣子。漢・韓嬰《韓詩外傳》卷七：「願爲諤諤之臣，墨筆操牘。」

【諤諤之友】
能夠直言相勸的朋友。《漢書・枚乘傳》：「夫無諤諤之婦。士無諤諤之友，其亡可立而待。」

【遏惡揚善】
遏：阻止；揚：傳播出去。扼制奸惡，宣揚善良。三國魏・阮籍《通易論》：「是以君子一類求同，遏惡揚善，以致其大。」

【遏漸防萌】
漸：逐漸；萌：開始，發端。阻止於最初，預防於開始。指在壞事或錯誤剛露頭時就加以扼制。漢・無名氏《冀州從事張表碑》：「貢眞絀僞，遏漸防萌，後臧其勛。」

【遏密八音】
遏密：禁絕；八音：古代對八類樂器的統稱，指金（鐘）、石（磬）、絲（琴、瑟）、竹（簫）、匏（笙、竽）、土（塤）、革（鼓）、木（柷、敔）等。禁絕音樂。舊時指皇帝死後停止舉樂。也用來形容國家元首之死。《尚書・舜典》：「帝乃殂落，百姓如喪考妣；三載，四海遏密八音。」

【遏行雲】
形容聲音響徹雲霄，把天上的行雲也止住了。宋・辛棄疾《鷓鴣天・和趙晉臣敷文韻》詞：「回急雪，遏行雲，近時歌舞舊時情。」參見「響遏行雲」。

【遏雲歌】
阻遏行雲的歌聲。唐・羅隱《春思》詩：「蜀國暖回溪峽浪，衛娘清轉遏雲歌。」也作「遏雲聲」。清・洪昇《長生殿》二四齣：「宮殿參差落照間，漁陽烽火照函關。遏雲聲絕悲風起，何處黃雲是隴山。」

【遏雲繞梁】
繞：包環。《列子・湯問》：「薛譚學謳於秦青……撫節悲歌，聲振林木，響遏行雲。」「昔韓娥東之齊，匱糧，過雍門，鬻歌假食。既去，而餘音繞梁欐，三日不絕。」後用「遏雲繞梁」比喻歌聲高亢回旋，經久不息。

【遏雲聲】
見「遏雲歌」。

【搤骯拊背】
搤：通「扼」，掐住；骯：ㄏㄤˊ，也寫作「亢」，同「吭」，喉嚨；拊：擊。掐住喉嚨，按住脊背。比喻控制要害，使對手喪失反抗能力。《史記・劉敬傳》：「夫與人鬥，不搤其骯，拊其背，未能全其勝也。」宋・魏了翁《奏繳別之杰書施行復襄事宜・貼黃》：「賊虜日夜謀據襄陽，爲扼吭拊背之計。」也作「扼喉撫背」。隋・盧思道《爲北齊檄陳文》：「巨艦高艫，順流東指江都、壽春之域；扼喉撫背之兵，飛龍赤馬絕水南越。」也作「拊背扼喉」。

【鶚心鸝舌】
鶚：魚鷹，性凶猛；鸝：黃鸝，叫的聲音很好聽。鶚的心腸鸝的唇舌。比喻嘴上說的好聽，心裏陰險狠毒。《歧路燈》七二回：「這[譚]紹聞當不住鶚心鸝舌的話。眞乃是看其形狀，令人能種種不樂；聽其巧言，卻又掛板兒聲聲打入心坎。」

【鱷魚的眼淚——假慈悲】
釋義同「鱷魚眼淚」。例你聽，那個殺人的劊子手，居然也高唱起人道主義來了，眞是鱷魚的眼淚——假慈悲。

【鱷魚的眼淚——可憐不得】
比喻不能憐憫惡人。例他是上次殺人暴行的主犯，現在卻裝出痛哭流涕的樣子，鱷魚的眼淚——可憐不得，千萬不要上他的當。

【鱷魚弔孝——假慈悲，眞凶狠】
弔孝：弔喪，到喪家祭奠死者。比喻表面上慈善憐憫，實際上兇惡狠毒。例「刁三爺爲啥要親自上咱這窮債戶家的門？」「鱷魚弔孝——假慈悲，眞凶狠，你得小心點。」

【鱷魚上岸——來者不善】
比喻來的人不懷好意。例「聽說敵方帶著大隊人馬到了鎮上。」「鱷魚上岸——來者不善，趕快做好戰鬥的準備。」也作「黃鼠狼給雞拜年——來者不善」、「狐狸進宅院——來者不善」。

【鱷魚眼淚】
鱷魚：爬行動物，性凶惡。傳說鱷魚在吞食人畜時，邊吞邊流淚。比喻惡人的假慈悲。例這幾滴鱷魚眼淚，是騙不了人的。

ㄞ

ㄞ

【哀哀父母，生我劬勞】
哀哀：恨不得終養父母，以報答養育之恩；劬勞：勞苦。父母生育、撫養子女，十分辛勞；對父母的逝去，子女也就深感哀痛了。《詩經・小雅・蓼莪》：「蓼蓼者莪，匪莪伊蒿。哀哀父母，生我劬勞。」

【哀兵必勝】
哀兵：受壓迫一方心懷義憤的軍隊。《老子》六九章：「故抗兵相加，哀者勝矣。」意謂兩軍對壘，心懷義憤而奮起抗敵的軍隊必勝。後多指受壓迫而從事正義戰爭的一方，一定會勝利。例侵略與反侵略戰爭中，被侵略者奮起作戰，哀兵必勝。

【哀而不傷】
《論語・八佾》：「《關雎》，樂而不淫，哀而不傷。」雖感情悲哀，但無害於身心。後多用來形容詩歌、音樂等優美雅致，雖含哀調但感情適度，不過分。元・陶宗儀《南村輟耕錄》一三：「先生之詩，哀而不傷，舉得性情之正，是可傳也已。」也用以形容僅流露出悲哀的神色。《二刻拍案驚奇》卷四：「王爵與王惠哭做了一團，四個婦人也陪出了哀而不傷的眼淚。」

【哀感頑豔】

頑：愚鈍，頑鈍；豔：美慧。三國魏・繁欽《與魏文帝箋》：「咏北狄之遐征，奏胡馬之長思，淒入肝脾，哀感頑豔。」原意是指音調淒惻，歌聲悲婉，使頑鈍與聰慧的人都爲之感動。後多指某些豔情作品詞旨哀怨，綺麗感人。清・徐釚《詞苑叢談・品藻》二：「苟舉當家之詞，如柳屯田[永]哀感頑豔，而少寄托。」

【哀鴻遍地】

見「哀鴻遍野」。

【哀鴻遍野】

語本《詩經・小雅・鴻雁》：「鴻雁于飛，哀鳴嗷嗷。」哀鴻：哀鳴的大雁。後比喻流離失所、痛苦呻吟的災民到處都是。例這個村莊剛剛被敵人蹂躪過，只見民不聊生，哀鴻遍野的景象。也作「哀鴻遍地」。黃侃《水龍吟・秋花》詞：「天涯吟望，哀鴻遍地，都成愁侶！」

【哀毀骨立】

毀：毀壞，指損害身體；骨立：形容極其消瘦。舊指居父母喪，因極度哀痛而瘦損異常，如僅以骨架支拄身體。《北史・趙綽傳》：「父艱去職，哀毀骨立，世稱其孝。」

【哀樂失時，殃咎必至】

殃：災殃；咎：禍害。哀傷和歡樂不加節制，一定會招來災禍。《左傳・莊公二十年》：「寡人聞之：『哀樂失時，殃咎必至。』今王子頹歌舞不倦，樂禍也。夫司寇行戮，君爲之不舉，而況敢樂禍乎！」

【哀樂相生】

指悲哀和喜樂可以互爲因果。《禮記・孔子閒居》：「樂之所至，哀亦至焉，哀樂相生。」

【哀梨並剪】

秣陵（今南京市）人哀仲所種的美味梨與並州（今山西太原、大同一帶）出產的鋒利剪刀。常用以比喻詩文語言流暢爽利。清・趙翼《歐北詩話》五：「天生健筆一枝，爽如哀梨，快如並剪。」

【哀梨蒸食】

哀梨：傳說漢代秣陵人哀仲所種之梨，實大而味美，入口即化。把哀梨蒸食，比喻不識貨，糊裏糊塗地將好東西糟塌了。南朝宋・劉義慶《世說新語・輕詆》：「桓南郡[玄]每見人不快，輒嗔曰：『君得哀家梨，當復不烝（蒸）食不？』」也作「蒸食哀梨」。

【哀莫大於心死】

哀：悲哀；心死：心灰意冷，消極到了極點。最大的悲哀莫過於感情的冷漠。《莊子・田子方》：「夫哀莫大於心死，而人死亦次之。」

【哀窮悼屈】

哀：憐憫；窮：指困厄，不得志；屈：指受冤屈。憐憫處境惡劣的人，悼念受冤屈的人。唐・韓愈《上兵部李侍郎書》：「尚賢而與能，哀窮而悼屈。」

【哀聲嘆氣】

見「唉聲嘆氣」。

【哀絲豪竹】

絲竹：琴瑟之類的弦樂器和簫笛之類的管樂器。這裏指弦樂聲和管樂聲。豪：豪壯。形容弦管樂聲悲壯動人。宋・陸游《長歌行》：「哀絲豪竹助劇飲，如鉅野受黃河傾。平時一滴不入口，意氣頓使千人驚。」

【哀天叫地】

呼天喊地地哀叫。形容因極度悲痛而嚎啕大哭。《紅樓夢》二五回：「平兒豐兒等哭得哀天叫地，賈政心中也著了忙。」

【哀痛欲絕】

欲：將要；絕：指氣絕。形容悲痛到極點。例捧著愛子的遺物，白髮蒼蒼的老母哀痛欲絕。也作「悲痛欲絕」。例當他聽到老父猝然病逝的噩耗，頓時淚如雨下，悲痛欲絕。

【挨風緝縫】

風：風聲，消息；縫：空隙，縫隙。指機會。形容善於探聽消息，尋找門路。《醒世恆言》卷七：「但有一二分才貌的，那一個不挨風緝縫，央媒說合。」也作「捱風緝縫」。《醒世恆言》卷二九：「別個秀才要去結交知縣，還要捱風緝縫，央人引進，拜在門下，請爲老師。」也作「挨絲切縫」。《何典》八回：「只是挨絲切縫，四處八路去瞎打聽。」

【挨家按户】

見「挨門逐戶」。

【挨肩擦膀】

挨：靠攏，靠近；擦：貼近，接觸。形容緊緊挨靠的樣子。《金瓶梅詞話》一八回：「或吃茶吃飯，穿房入戶，打牙犯嘴，挨肩擦膀，通不忌憚。」

【挨肩擦背】

肩碰肩，背擦背。形容人多擁擠。《金瓶梅詞話》五五回：「只見亂哄哄的挨肩擦背，都是大小官員來上壽的。」也作「挨肩疊背」。明・無名氏《蘇九淫奔》二折：「挨肩疊背人爭望，只爲我行止端莊。」也作「捱肩擦背」。例每至上元節，街巷人羣如雲，捱肩擦背，齊來觀燈。

【挨肩擦臉】

肩挨肩，臉貼臉。形容相愛的男女親熱的情狀。《脂硯齋重評石頭記》六五回：「當下四人一處吃酒……只剩小丫頭們，賈珍便和三姊挨肩擦臉，百般輕薄起來。」

【挨肩搭背】

挨肩：肩靠肩；搭背：手擱在別人背上。形容極其親暱的情狀。《官場維新記》九回：「小玉鳳見是警察局的大人到了；連忙抛了各客，溜進房間裏來，與袁伯珍挨肩搭背的坐在一塊兒。」

【挨肩疊背】
見「挨肩擦背」。
【挨肩疊足】
肩挨肩，腳碰腳。形容人多擁擠。宋·陳亮《又甲辰秋書》：「行路之人，皆得以挨肩疊足。」
【挨金似金，挨玉似玉】
挨：靠著。比喻經常接近什麼，便像什麼。意思是環境對人的影響大。《兒女英雄傳》三七回：「公子起來，又給泰水磕頭。俗話說：『挨金似金，挨玉似玉。』今番親家太太的談吐就與往日大不相同了。」
【挨門挨户】
見「挨門逐戶」。
【挨門逐户】
挨、逐：順次，逐一；戶：人家。指挨家挨戶，一家不漏。《說岳全傳》六一回：「一個不怕死的白衣，名喚劉允升，寫出岳[飛]元帥父子受屈情由，挨門逐戶的分派，約齊日子，共上萬民表，要替岳爺申冤。」也作「挨家按户」。老舍《四世同堂》七四：「自從他作了副里長，隨著白巡長挨家按戶的收銅鐵，他的美譽便降落了許多。」也作「挨門挨户」。例敵人挨門挨戶搜查，見糧食就搶，見東西就拿。
【挨三頂五】
挨：順次，依次。形容人多擁擠，接連不斷。《古今小說》卷五：「但見紅塵滾滾，車馬紛紛，許多商販客人馱著貨物，挨三頂五的進店安歇。」也作「捱三頂四」。《平妖傳》四回：「眾人捱三頂四，簇擁將來，一個個伸出手來，求太醫看脈。」也作「捱三頂五」。《醒世恆言》卷三：「覆帳之後，賓客如市，捱三頂五，不得空閒。」
【挨山塞海】
形容人多極其擁擠的樣子。《初刻拍案驚奇》卷一七：「那日觀看的人，何止挨山塞海。」
【挨絲切縫】
見「挨風緝縫」。
【唉聲嘆氣】
唉聲：嘆息聲。因傷感、悲痛或苦悶而發出的嘆息。《鏡花緣》五三回：「閨臣聽了，悶悶不樂，每日在船，唯有唉聲嘆氣。」也作「哀聲嘆氣」。《二刻拍案驚奇》卷三八：「終日價沒心沒想，哀聲嘆氣。」也作「噯聲嘆氣」。《紅樓夢》八〇回：「薛蟠急得說又不好，勸又不好，打又不好，央告又不好，只是出入噯聲嘆氣，抱怨說：『運氣不好！』」。
【捱風緝縫】
見「挨風緝縫」。
【捱肩擦背】
見「挨肩擦背」。
【捱三頂四】
見「挨三頂五」。
【捱三頂五】
見「挨三頂五」。
【噯聲嘆氣】
見「唉聲嘆氣」。

ㄞˊ

【挨板子】
比喻挨批評、遭責備、受處分。例你工作這麼馬虎，就不怕挨板子嗎？也作「挨棍子」。例堅持眞理要付出代價的，即使個人挨棍子也值得。
【挨打的狗去咬雞——拿別人出氣】
比喻損害他人，以洩私憤。例賭徒朱三輸得精光，被妻子臭罵一頓，趕出了家門。在街上，遇著正在乞討的小禿子，無名火冒三丈，向前就是一記響亮的耳光，挨打的狗去咬雞——拿別人出氣，的確如此。
【挨打的鴨子——亂竄】
見「猴子爬樹——亂竄」。
【挨打受罵】
指受人打罵。《紅樓夢》九回：「人家的奴才跟主子賺些個體面；我們這些奴才白陪著挨打受罵的。」
【挨當頭炮】
當頭炮：象棋術語。架當頭炮將軍是一步很厲害的棋。比喻受當面的嚴厲批評或首先受公開的打擊。例他嘗過挨當頭炮的滋味，從此凡事小心謹慎多了。
【挨刀的瘟雞——撲騰不了幾下】
瘟雞：能傳播瘟疫的雞，此處是虛指，表示對敵人的憎恨；撲騰：〈方〉活動。比喻敵人掙扎不了多久，快要完蛋了。例李連長滿面春風地說：「我們粉碎了敵人幾次猖狂進攻，很快就要大反攻了，敵人是挨刀的瘟雞——撲騰不了幾下啦。」
【挨凍受餓】
指無衣無食的困苦狀況。《紅樓夢》一〇〇回：「有年紀的人自己保重些，媽媽這一輩子想來還不至挨凍受餓。」
【挨了巴掌賠不是——奴顏媚骨】
賠不是：賠禮道歉。形容卑躬屈膝地奉承巴結的樣子。例他這個人最沒有骨氣，見了上司就表現出挨了巴掌賠不是——奴顏媚骨的樣子。也作「熱臉蛋貼人家冷屁股——奴顏媚骨」。
【挨了踩的羊尿泡——癟了】
尿泡：膀胱。見「車胎放炮——癟了」。
【挨悶棍】
比喻受到不明所以的打擊。例你挨悶棍的次數也不少了，怎麼就是不吸取教訓，防範那些笑裏藏刀的人呢？

ㄞˇ

【矮半截】
比喻身分、地位不如別人。例他做什麼像什麼，學什麼會什麼，哪一樣不如人？憑什麼比人矮半截？也作「矮了半截」、「矮一截」、「矮一頭」、「矮三輩」。

【矮夫矬妻——各有短處】
矬：ㄘㄨㄛˊ，〈方〉身體短小，矮。雙關語。比喻各人都有不足之處。例你們倆誰也別說誰，反正是矮夫矬妻——各有短處。
【矮個子跟著高個子走路——多跑幾步】
比喻後進的要趕上先進的，能力差的人要趕上能力强的人，就要多花一些心血，多做一些努力。例他們年年在籃球競賽中拿冠軍，要趕上他們，咱們就得矮個子跟著高個子走路——多跑幾步。
【矮觀場，嗔人長不自量】
矮觀場：矮子看台上演戲；嗔：ㄔㄣ，生氣，嫉妒。矮子在人羣裏看不清台上的演出，對長得高的人很嫉妒。比喻見識不廣的人，不檢討自己的短處，卻常常嫉妒別人的長處。清．金埴《不下帶編》卷一：「矮觀場，嗔人長不自量。」
【矮人觀場】
見「矮子看戲」。
【矮人看場】
見「矮子看戲」。
【矮人看戲何曾見，都是隨人說短長】
個子矮的人站在人羣後面看戲，什麼都沒有看見，對戲的好壞心中無數，只能人云亦云，隨聲附和罷了。比喻人的見識低下，只會隨聲附和。清．趙翼《論詩》：「隻眼須憑自主張，紛紛藝苑說雌黃。矮人看戲何曾見，都是隨人說短長。」
【矮小精悍】
形容身材矮小靈巧而為人精明幹練。《孽海花》三三回：「一個最勇敢的叫徐驤，生得矮小精悍，膂力過人。」也作「短小精悍」、「精悍短小」。
【矮檐前少不得頭彎】
人比房檐高，出入不得不彎頭。比喻人在受壓制時不得不忍氣吞聲。明．王衡《郁輪袍》四折：「自古那人胯下能興漢，矮檐前少不得頭彎。」
【矮檐之下出頭難】
受制於人，出頭困難。例在他之下工作，由於他視我為眼中釘，因此我是矮檐之下出頭難，沒什麼升遷的機會了。
【矮子踩高蹺——取長補短】
高蹺：一種民間舞蹈，表演者踩著有踏腳裝置的木棍，邊走邊表演。雙關語。比喻吸取別人的長處，彌補自己的不足。多用於戲謔。例你們倆，一個懂得理論知識，一個具有實踐經驗，應當互相幫助，就像俗話說：「矮子踩高蹺——取長補短。」也作「長衫改夾襖——取長補短」、「瞎子背著瘸子走——取長補短」。
【矮子踩高蹺——自高自大】
謂矮人踩高蹺，自以為比別人高了。比喻自己吹噓自己，自以為了不起。例不管取得多麼好的成績，都要謙虛謹慎，千萬不要矮子踩高蹺——自高自大。也作「牛鼻子上的跳蚤——自高自大」。
【矮子觀場】
見「矮子看戲」。
【矮子過河——安（淹）了心】
安：〈方〉「淹」的諧音。存心的意思。例不管他跑到那兒去，我是矮子過河——安（淹）了心，定要把他找回來。
【矮子看戲】
矮子擠在人羣中看戲，看不清楚，只能人云亦云。比喻盲從附和，毫無主見。《朱子語類》卷一一六：「如矮子看戲相似，見人道好，他也道好。及至問著他那裏是好處，元不曾識。」也作「矮子觀場」。《野叟曝言》一回：「從來解詩者，偏將此二字解錯，所以意味索然，何嘗不衆口極力舖張，卻如矮子觀場，痴人說夢。」也作「矮人看場」。明．胡震亨《唐音癸籤》卷六：「今人只見魯直說好，便都說好，如矮人看場耳。」也作「矮人觀場」。清．錢謙益《列朝詩集小傳》丁集上：「無或如今之人，矮人觀場，莠言自口，徒為後人笑端也。」
【矮子看戲——人家叫好，他也叫好】
同「矮子看戲」。例遇到什麼事，都要自己拿主意，可不能矮子看戲——人家叫好，他也叫好。
【矮子裏拔將軍——短中取長】
比喻在人才缺乏的情況下，讓才幹較差的人負責要務。例我們這兒能幹的人紛紛調走，要按標準提拔幹部就難了，只好矮子裏拔將軍——短中取長了。也作「矬子裏拔將軍——短中取長」。
【矮子裏拔將軍——小才大用】
比喻在人才缺乏的情況下，降低標準，讓才幹差的人擔負重責大任。常用作謙詞。例我確實不行，挑此重擔，實在是矮子裏拔將軍——小才大用。
【矮子裏選將軍】
在條件差的人中選好的。《小五義》五三回：「常言一句俗話說：『矮子裏選將軍。』就算他的能耐有限，與這些打手打起來，他的本領卻比打手們强勝百倍。」也作「矮子隊裏選將軍」。
【矮子爬樓梯——步步升高】
比喻人的生活品質不斷提高。例農村建設給農民帶來巨大變化，吃的、穿的就好比矮子爬樓梯——步步升高。也比喻官職、地位、成績不斷上升。例對他，你可不能小看，短短幾年工夫，他可是矮子爬樓梯——步步升高了。也作「矬子爬山——步步登高」。
【矮子騎大馬——上下兩難】
指身材矮小的人上馬下馬都困難。比喻不管怎樣做都很難。例秀英面對丈夫與婆婆爭吵，不知該怎麼勸才好，眞是矮子騎大馬——上下兩難。也作「馬高鐙短——上下兩難」、「小孩上樓梯——上下兩難」。

【藹然可親】

藹然：對人和善的樣子。形容態度和藹，使人感到親切，願意接近。《兒女英雄傳》三八回：「早有那班世誼同年，見他翩翩風度，藹然可親，都願和他親近起來。」

【藹然仁者】

藹然：和氣可親的樣子。對人和善親切的有仁德的人。例平日的他高風亮節，和藹可親，眞是一位藹然長者。

ㄞˋ

【艾髮衰容】

艾：灰白色；灰白的頭髮，衰老的面容。形容老態。例路遇一老翁，艾髮衰容，老態龍鍾，扶杖而行。

【愛八哥兒】

指可愛的東西。多用於諷刺受寵之人，意爲討厭的傢伙。《紅樓夢》六九回：「我和他『井水不犯河水』，怎麼就沖了他？好個『愛八哥兒』！在外頭什麼人不見？偏來了就沖了！」也作「愛不夠兒」。例瞧那愛不夠兒的熊樣兒！

【愛巴物兒】

指心愛的東西，可愛的物件。《紅樓夢》七三回：「這傻丫頭，又得個什麼愛巴物兒，這樣喜歡？拿來我瞧瞧。」

【愛別離苦】

愛：恩愛。佛教宣揚人有八苦，即生、老、病、死、恩愛別離、怨憎會、求不得、憂悲。指恩愛者離別的痛苦。《景德傳燈錄》卷二三：「問：『如何是至極之談？』師曰：『愛別離苦。』」

【愛博不專】

愛：愛好；博：廣泛；專：專注。指愛好太廣泛，精力不專注，缺乏特長。例學識固然要淵博，但不能愛博不專。否則，很難作出成績。

【愛博而情不專】

愛博：愛好廣泛；專：專一。人的愛好太多了，就難以對某一方面專心致志地探究。形容愛好太龐雜，對某一方面的探究就不會很深入。例韓愈曾說到：「愛博而情不專。」孩子剛這麼大，你又讓他學鋼琴，又陪他去學心算，還讓他上美術班，他能都學得好嗎？

【愛不忍釋】

見「愛不釋手」。

【愛不釋手】

釋：放下。喜愛已極，捨不得放手。《兒女英雄傳》三五回：「他看了也知道愛不釋手，不曾加得圈點，便粘了個批語。」也作「愛不忍釋」。清．王維鎏《香畹樓憶語》序一：「餘曩時曾於友人處，得見錢唐陳小云司馬《香畹樓憶語》鈔本一種，愛不忍釋，亟向假歸，手錄展玩。」

【愛才好士】

愛惜、重視人才。《晉書．殷仲文傳》：「劉毅愛才好士，深相禮接，臨當之郡，游宴彌日。」也作「愛人好士」。《三國志．蜀書．先主傳》：「聖姿碩茂，神武在躬，仁覆積德，愛人好士。」

【愛才如命】

愛惜人才如同愛惜自己的生命。指極端愛惜、重視人才。《說岳全傳》三一回：「本帥愛才如命，何必過謙？」

【愛才若渴】

愛惜人才如同口渴思飲一樣。形容極其愛重人才。《老殘遊記》六回：「宮保愛才若渴，兄弟實在欽佩的。」

【愛財如命】

愛：貪，吝惜。吝惜錢財如同吝惜自己的生命一樣。形容極端吝嗇貪財。《東歐女豪傑》四回：「我想近來世界，不管什麼英雄，什麼豪傑，都是愛財如命。」也作「愛錢如命」。明．謝讜《四喜記．大宋畢姻》：「既稱月老，又號冰人，愛錢如命，說謊通神，自家高媒婆是也。」

【愛吃醋】

吃醋：比喻嫉妒情緒。比喻好嫉妒的人（多指男女關係）。例都快二十一世紀了，你還如此閉塞，見她跟個男人說話就生氣，也太愛吃醋了！

【愛吃棗兒湯】

指女子貪愛風情。例對這娘兒們你得當心點，她可是有名的愛吃棗兒湯的。

【愛戴高帽子】

比喻喜歡別人奉承。例人老了就愛戴高帽子。

【愛而知惡，憎而知善】

對於自己所喜愛的人，要看到他的缺點；對於自己所憎惡的人，要看到他的長處。《晉書．李玄盛傳》：「節酒愼言，喜怒必思，愛而知惡，憎而知善，動念寬恕，審而後舉。」

【愛富嫌貧】

嫌：厭惡，嫌棄。喜愛富有，嫌棄貧窮。指以貧、富作爲對人好惡、取捨的標準。明．無名氏《貧富興衰》二折：「方信道貧居鬧市無人問，富在深山有遠親。如今人愛富嫌貧。」也作「嫌貧愛富」。

【愛國如家】

如同愛護自己的家一樣來愛國。常指帝王以仁愛治民、以天下爲家之意。《晉書．劉聰傳》：「臣聞古之聖王愛國如家，故皇天亦祐之如子。」

【愛鶴失衆】

《左傳．閔公二年》：「狄人伐衛，衛懿公好鶴，鶴有乘軒者。將戰，國人受甲者皆曰：『使鶴，鶴有祿位。余焉能戰？』」比喻因小失大。

【愛花花結果，愛柳柳成蔭】

比喻辦事情、做學問如能專心致志，就一定會有成果。例愛花花結果，愛柳柳成蔭。熱愛工作，熱愛事業，總是會有好結果的。

【愛花連盆愛，愛女疼女婿】

比喻喜歡一個人，對與他有密切關係

的人和物也會喜歡。例老太太很喜歡兒子的好朋友，總是像對待自己的子女一樣對待他們。眞是愛花連盆愛，愛女疼女婿。

【愛將如寶，視卒如草】

主帥把將領當作寶貝，把士兵看作草芥。《蕩寇志》九三回：「應元也嘆道：『不怕衆位見怪，若是呂方不去，公明哥哥念兄弟之情，必來相救。今呂方已去，衆位雖是他心腹體己，到底差了一層，他豈肯爲我們這三五十人興兵動衆！俗語說得好：愛將如寶，視卒如草。』」

【愛叫的麻雀不長肉】

比喻誇誇其談的人沒有眞本事。例別以爲那些平常大放厥詞的人有多厲害，其實愛叫的麻雀不長肉，還是那些有眞才實學的人值得我們崇拜。

【愛口識羞】

見「礙口識羞」。

【愛老慈幼】

愛：慈愛，愛護。愛護老人和幼兒。《紅樓夢》一三回：「家中僕從老小想他素日憐貧惜賤、愛老慈幼之恩，莫不悲號痛哭。」

【愛毛反裘】

反：翻轉；裘：毛皮的衣服。爲愛惜皮衣的毛而反過來穿（古代穿裘衣以毛朝外爲正）。漢·劉向《新序》二：「魏文侯出遊，見路人反裘而負芻，文侯曰：『胡爲反裘而負芻？』對曰：『臣愛其毛。』文侯曰：『若不知其裏盡而毛無所恃邪？』」後遂以「愛毛反裘」比喻不惜根本，輕重倒置。《魏書·高祖紀上》：「去年淫雨，洪水爲災，百姓嗷然，朕用嗟愍，故遣使者循方賑恤。而牧守不思利民之道，期於取辦，愛毛反裘，甚無謂也。」

【愛美之心，人皆有之】

人人都喜歡把自己打扮得漂亮一點。例「愛美之心，人皆有之」，不單小女生們喜歡穿新潮服裝，連老太太們也逐漸衝破世俗偏見，穿起顏色鮮豔的衣服來了。

【愛面子】

唯恐損害自己的尊嚴、體面或形象，而被人看不起。常含貶義。例楊大哥非常愛面子，凡是會傷害其自尊心的事，他一概不去做。也作「愛臉面」。例儘管放心吧，這人不會賴帳的，他是個愛臉面的人。

【愛民如子】

愛護百姓，如同愛護自己的子女一樣。《說岳全傳》七回：「這位縣主老爺，在這裏歷任九載，爲官清正，眞個『兩袖清風，愛民如子。』」

【愛莫能助】

愛：憐惜，同情。原作「愛莫助之」。《詩經·大雅·烝民》：「維仲山甫舉之，愛莫助之。」以「愛」解爲「隱蔽」。謂隱而不顯，故無法幫助。後謂雖內心同情，但無力相助。《聊齋志異·鍾生》：「叟大駭曰：『他家可以爲力，此眞愛莫能助矣。』生哀不已。」也作「愛莫之助」。宋·陳亮《喻夏卿墓志銘》：「晚雖家事不如初，而親戚故舊之急難，族人子弟之美事，愛莫之助，每致其惓惓之意，而人人常信之。」

【愛莫之助】

見「愛莫能助」。

【愛錢如命】

見「愛財如命」。

【愛親做親】

雙方互敬互愛，才能結成兒女親家。例你我愛親做親，我不要什麼財禮，你也不要什麼妝奩，只要孩子們好就行了。

【愛人好士】

見「愛才好士」。

【愛人如子，用兵如山】

形容軍令嚴明，賞罰分明。明·李梅實《精忠旗》七折：「[生]誰許你乘機搶擄，便公事也幹違法令。快綁出轅門梟首示衆。王貴約束不嚴，發軍政司捆打一百。[衆]元帥愛人如子，用兵如山，眞所謂情義兼盡也。」

【愛人以德】

德：德行，道德。按照道德標準去愛護和幫助人。《後漢書·荀彧傳》：「彧曰：『曹公本興義兵，以匡振漢朝，雖勛庸崇著，猶秉忠貞之節，君子愛人以德，不宜如此。』」

【愛人者人必從而愛之】

熱愛別人的人一定會得到別人的愛戴。《墨子·兼愛中》：「夫愛人者人必從而愛之，利人者人必從而利之，惡人者人必從而惡之，害人者人必從而害之。」

【愛人者人恆愛之，敬人者人恆敬之】

恆：經常。指愛別人的人，別人也常愛他；尊敬別人的人，別人也常尊敬他。《孟子·離婁下》：「仁者愛人，有禮者敬人；愛人者人恆愛之，敬人者人恆敬之。」

【愛日惜力】

日：光陰，時日。珍惜光陰，不使精力虛擲。《周書·蕭圓肅傳》：「朝讀百篇，乙夜乃寐，愛日惜力，寸陰無棄。」

【愛屋及烏】

因愛其人，連帶愛護停留在他屋上的烏鴉。《尚書大傳》卷三：「愛人者，兼其屋上之烏。」後以「愛屋及烏」比喻因愛其人而推愛及與其有關的人或物。《隋唐演義》八七回：「楊妃平日愛這雪花女，雖是那鸚鵡可愛可喜，然亦因是安祿山所獻，有愛屋及烏之意。」

【愛惜羽毛】

羽毛：鳥羽獸毛使鳥獸有文彩，因用以比喻人的外表、名聲。比喻像鳥獸愛惜羽毛那樣，珍惜自己的聲譽，立身處事十分謹慎。《續孽海花》四三回：「現在龔老夫子位望不遜江陵，然謹謹自守……將來結果至多成爲愛惜羽毛的清流，絕不能爲救世的宰相。」

【愛遠惡近】

愛：珍愛；惡：厭惡。珍愛與當世相隔久遠的，厭惡、輕視相隔近的。《魏書・李謐傳》：「但是古非今，俗間之長情；愛遠惡近，世中之恆事。」也作「貴遠賤近」、「貴遠鄙近」。

【愛在心裏，狠在面皮】

長輩管教孩子，心裏疼愛，表面管教卻甚嚴。《醉醒石》七回：「教子是第一件事，蓋子孫之賢否，不惟關自一生之休戚，還關祖宗之榮辱。這所繫甚重，可以不用心教誨麼？俗語道：『愛在心裏，狠在面皮。』除了虎狠，那得無父子之情。」

【愛憎分明】

憎：恨。愛什麼、恨什麼的立場和態度極其鮮明。例她的外表看起來柔弱，行事風格卻是愛憎分明。

【愛之太殷，憂之太勤】

愛得太殷切，擔憂得太過分。謂對人和事物愛護得太過分，關心得太過分。唐・柳宗元《種樹郭橐駝傳》：「愛之太殷，憂之太勤；旦視而暮撫，已去而復顧……雖曰愛之，其實害之；雖曰憂之，其實仇之。」

【愛之欲其富，親之欲其貴】

對自己所愛或所親近的人就設法使其擁有財富或地位。《史記・三王世家》：「古人有言曰：『愛之欲其富，親之欲其貴。』故王者疆土建國，封立子弟，所以褒其親，序骨肉，尊先祖，貴友體，廣同勝於天下也。」

【愛之欲其生，惡之欲其死】

愛一個人時就希望他長壽，討厭一個人時就巴不得他早死。指對人的愛憎只憑一時的感情衝動。《論語・顏淵》：「愛之欲其生，惡之欲其死，既欲其生，又欲其死，是惑也。」《三國演義》一一五回：「維叩頭奏曰：『陛下今日不殺黃皓，禍不遠也。』後主曰：『愛之欲其生，惡之欲其死。』卿何不容一宦官耶？」也作「惡欲其死而愛欲其生」。

【僾見愾聞】

僾：隱約，彷彿；愾：嘆息。彷彿看見身影，聽到嘆息。舊時形容對去世的長輩的懷念之情。《歧路燈》一二回：「人死則魂散魄杳，正人子所慕而不可得者，所以僾見愾聞，聖人之祭則如在也。」

【礙口識羞】

礙口：說不出口。由於怕羞而不肯說話。《初刻拍案驚奇》卷一：「文若虛終是礙口識羞，待說又止。」也作「愛口識羞」。例問到呂小姐的婚事，她愛口識羞，低頭不語。

【礙面子】

指怕傷情面、傷和氣。例要不是礙著面子，我就把他的老底端出來！也作「礙情面」。例你光知道礙著老一輩的情面，一味地姑息。你還有點原則性沒有？

【礙難從命】

見「礙難遵命」。

【礙難遵命】

礙：阻礙，妨礙。有所妨礙，難以遵從吩咐。表示拒絕對方要求時的客氣話。《民國通俗演義》六四回：「防務吃緊，兵不敷用，職守所在，礙難遵命。」也作「礙難從命」。例財會經理對於朋友挪借公款一事，事關逾權，礙難從命。

【礙手礙腳】

礙：妨礙，阻礙。比喻妨礙別人做事，使人感到不方便。《紅樓夢》一八回：「寶釵因說道：『咱們別在這裏礙手礙腳。』說著，和寶玉等便往迎春房中來。」也作「礙手腳」。例我們別在這裏礙手腳影響工人做工了，待下次完工時再來察看就好。也作「觸手礙腳」。

【礙手腳】

見「礙手礙腳」。

【曖昧不明】

曖昧：不明朗，含糊不清。形容態度不鮮明或關係不清楚。《兒女英雄傳》八回：「又把你姑娘一片俠腸，埋沒得曖昧不明，我安能媒眞眞的愧悔無地！」

【曖昧之情】

曖昧：隱私。①指行為不光明，內中有不可告人的隱情。《警世通言》卷一三：「做知縣時，便能剖人間曖昧之情，斷天下狐疑之獄。」②指男女間不正當的關係。《好逑傳》一七回：「而孤男寡女，並處一室，不無曖昧之情。」

【曖昧之事】

指隱秘、不正之事。清・梁紹壬《兩般秋雨庵隨筆》卷三：「朱子駁之曰：『……豈有以曖昧之事，疑其君父者！』」也作「暗昧之事」。《三俠五義》三二回：「龐吉你乃堂堂國戚，如何行此小人暗昧之事？」

ㄠ

ㄠ

【凹凸不平】

凹：低於周圍；凸：高出周圍。形容平面上有凹進和凸出的地方。例走這條路時要小心一點，因為地面上全是凹凸不平的坑洞，可別跌倒了。

ㄠˊ

【嗷嗷待哺】

嗷嗷：鴻雁哀鳴聲；哺：哺育。《詩經，小雅・鴻雁》：「鴻雁于飛，哀鳴嗸嗸。」嗸：同「嗷」。原指哀鳴的雛鳥等待母鳥餵食。多用以形容飢民求食的慘狀。姚雪垠《李自成》卷一：「玩燈的人們只知安富尊榮，何嘗知道天下小百姓嗷嗷待哺，易子而食！」也作「嗷嗷待食」。清・秋瑾《致秋譽章書》：「況家中尚不致嗷嗷待食，亦無需吾哥焦灼家用。」

【嗷嗷待食】

見「嗷嗷待哺」。

【嗷嗷無告】

指無處可以告貸求救。宋・陳亮《中興論》：「赤子嗷嗷無告，不可以不拯。」

【熬過冬，就是夏】

比喻忍住暫時困難，就有希望。劉江《太行風雲》五一：「只要有一幫人能跟咱們的舌頭轉，堵擋一陣，不大傷元氣，熬過冬，就是夏。這叫緩兵之計。」

【熬枯受淡】

熬：忍受。忍受艱難困苦，過貧窮平淡的日子。元・關漢卿《望江亭》一折：「夫人，你那裏出得家？出家無過草衣木食，熬枯受淡。」也作「熬清守淡」。清：清貧。《初刻拍案驚奇》卷一五：「陳某不肖，將家私蕩盡，賴我賢妻熬清守淡，積攢下偌多財物。」

【熬清守淡】

見「熬枯受淡」。

【熬心血】

比喻操勞辛苦，耗盡心力。例當老師眞辛苦，一天到晚爲學生熬心血，待遇又不高，有些不懂事的學生還不體諒。

【熬油費火】

指點燈。比喻夜間不歇息。《紅樓夢》二五回：「此時賈赦、賈政又恐哭壞了賈母，日夜熬油費火，鬧得上下不安。」

【鏊盤上螞蟻】

鏊盤：烙餅的平底鍋。比喻心慌意亂，坐立不安。《二刻拍案驚奇》卷二四：「自實心裏好像十五個吊桶打水，七上八落的，身子好像鏊盤上螞蟻。」也作「熬盤上蟻子」。《金瓶梅詞話》五二回：「潘金蓮在家，因昨日雪洞裏不曾與陳經濟得手，此時趁西門慶在劉太監莊與黃主事、安主事吃酒，吳月娘又在房中不出來，奔進奔出的，好像熬盤上蟻子一般。」也作「熱鍋上的螞蟻」。

【鰲頭獨步】

見「鰲頭獨占」。

【鰲頭獨占】

鰲頭：宮殿門前石階上的巨鰲浮雕。封建社會科舉進士發榜時，狀元立在巨鰲頭上迎榜。因以「鰲頭獨占」指中狀元。《三俠五義》二三回：「范兄若到京時，必是鰲頭獨占了。」也作「鰲頭獨步」。宋・趙常卿《醉蓬萊・七月命赴漕試……題於壁》：「……待看明年，彤墀射策，鰲頭獨步。」也作「獨占鰲頭」。

【鰲魚脫鈎】

比喻一旦脫離危險就迅速離開。《醒世姻緣傳》八五回：「他既然堅意不去，這就如遇了『郊天大赦』一般，還不及早『鰲魚脫鈎』，更待何時？」

【鰲魚脫卻金鈎去，擺尾搖頭更不回】

鰲：傳說中的大龜或大鱉。比喻人們一旦脫離險境，便一去不復返了。《清平山堂話本・風月瑞仙亭》：「相如與文君同下瑞仙亭，出後園而走。卻似鰲魚脫卻金鈎去，擺尾搖頭更不回。」也作「鰲魚脫卻金鈎去，擺尾搖頭再不來」。《初刻拍案驚奇》卷二〇：「那時正是清平時節，城門還未曾閉。衆人吶聲喊，一哄逃走出城。正是『鰲魚脫卻金鈎去，擺尾搖頭再不來。』」也作「鰲魚脭卻金鈎去，搖尾擺頭再不回」。《大紅袍全傳》四八回：「海瑞得了活路，謝過了余氏，便依著余氏所指的那條路飛奔而去。正是『鰲魚脭卻金鈎去，搖尾擺頭再不回。』」

ㄠˋ

【拗曲作直】

曲、直：指是、非或對、錯。顚倒是非，硬將錯的說成對的，將無理說成有理。《二刻拍案驚奇》卷三五：「方媽媽呆了半晌，開口不得。思想沒收場，只得拗曲作直說道：『誰叫你私下通奸？我已告在官了。』」

【敖不可長，欲不可從，志不可滿，樂不可極】

敖：通「傲」，驕傲；從：通「縱」，放縱；極：極點，過分。語出《禮記・曲禮》。意謂凡事不可不節制，應該適可而止。例《禮記》中講過「敖不可長，欲不可從，志不可滿，樂不可極。」爲人處事能達到此種境界，就會有長足的進步。

【敖慢不遜】

不遜：不謙讓。態度傲慢不禮貌。《漢書・蕭望之傳》：「有司奏君責使者禮，遇丞相無禮，廉聲不聞，敖慢不遜。」

【傲骨嶙嶙】

傲骨：傲世之風骨，指高傲不屈的品格；嶙嶙：形容山崖突兀。高傲不屈，如同山崖聳立。《聊齋志異・葉生》：「行蹤落落，對影長愁；傲骨嶙嶙，搔頭自愛。」

【傲雞公】

驕傲的公雞。比喻驕傲自滿的人。例胡慶自從升爲處長以後，眞是志得意滿，不可一世了。他成天高視闊步，傲雞公似的走來走去，巡視他的屬下。

【傲慢少禮】

態度高傲，不講禮節。《三國演義》五三回：「自襄陽趕劉玄德不著，來投韓玄；玄怪其傲慢少禮，不肯重用。」也作「傲慢無禮」。例他爲人桀驁不馴，傲慢無禮，朋友皆少與其往來。

【傲慢無禮】

見「傲慢少禮」。

【傲睨得志】

睨：斜視；傲睨：倨傲旁視。形容躊躇滿志，目空一切的神情。《三國演義》六〇回：「原來曹操自破馬超回傲睨得志，每日飲宴。」

【傲睨萬物】

傲睨：倨傲旁視；萬物：宇宙間的一切事物。形容高傲自負，蔑視一切事物。魯迅《文化偏至論》：「……益自尊大，寶自有而傲睨萬物。」也作「傲睨一切」。《花月痕》一回：「更有那放蕩不羈，傲睨一切，偏低首下心，作兒女之態。」

【傲睨一切】

見「傲睨萬物」。

【傲睨一世】

傲睨：倨傲旁視。對當代一切皆不放在眼裏。形容極端高傲自負，目空一切。《宋史・沈遼傳》：「幼挺拔不羣，長而好學尚友，傲睨一世。」

【傲睨自若】

睨：斜視；自若：自如，滿不在乎。形容傲慢自負，目空一切。宋・王讜《唐語林・豪爽》：「鄭太穆郎中為金州刺史，一日忽致書於襄陽於司空頔，其言懇切，而傲睨自若，似無郡僚之禮。」

【傲然矗立】

見「傲然屹立」。

【傲然屹立】

傲然：形容堅強不屈；屹立：矗立不動。形容堅固挺拔，不可動搖。例長城東起山海關，西至嘉峪關，蜿蜒萬里，傲然屹立。也作「傲然矗立」。例人民英雄紀念碑傲然矗立於天安門廣場。

【傲世輕物】

傲世：傲視當世，輕：輕視；物：他人，衆人。形容孤高自傲，目空一切。《淮南子・齊俗訓》：「傲世輕物，不污於俗。」

【傲世妄榮】

妄：虛妄荒誕。傲視當世，以榮華為荒誕。晉・成公綏《嘯賦》：「逸羣公子，體奇好異；傲世妄榮，絕棄人事。」

【傲霜鬥雪】

見「傲雪欺霜」。

【傲雪凌霜】

見「傲雪欺霜」。

【傲霜枝】

指秋菊。菊花開於秋盡冬初霜凍之時，不為寒霜所屈，故稱。宋・蘇軾《贈劉景文》詩：「荷盡已無擎雨蓋，殘菊尤有傲霜枝。」後借以比喻不畏強暴而有節操的人。例在白色恐怖中，他英勇奮鬥，無所畏懼，人稱傲霜枝。

【傲賢慢士】

賢：賢人，才德兼備之人；士：泛指有才能、有膽識之人。也指讀書人。以傲慢的態度對待有德才之人。《三國演義》六〇回：「何欺逆賊恣逞奸雄，傲賢慢士。」

【傲雪凌霜】

見「傲雪欺霜」。

【傲雪欺霜】

面對霜雪，傲然漠視。指不畏嚴寒，愈冷愈精神抖擻。比喻有節操，不屈服於強暴的威壓之下。元・武漢臣《玉壺春》二折：「則要你玉骨冰肌自主張，傲雪欺霜映碧窗，不要你節外生枝有疏放。」也作「傲雪凌霜」。宋・韓玉《臨江仙》詞：「自古佳人多薄命，枉教傲雪凌霜。」也作「傲霜凌雪」。例應學松柏梅竹志，傲霜凌雪不低頭。也作「傲霜鬥雪」。例不作遇霜枯萎的牆頭草，要學傲霜鬥雪的臘梅花。

【奧妙無窮】

奧妙：深奧微妙；無窮：無盡頭，無止境。形容奇妙深奧，難以窮盡。例他們運用奧妙無窮的游擊戰，一再重創敵軍。

【奧援有靈】

奧援：指得力靠山。多用於舊時官場。舊指官場中暗中支持的力量神通廣大。明・文秉《先撥志始》卷下：「大慝巨奸，或燕處於園亭；或潛藏於京邸，奧援有靈，朝廷無法。」

ㄡ

ㄡ

【謳功頌德】

謳：歌頌，讚美；頌：歌頌，讚揚。讚美功績，頌揚恩德。魯迅《「硬譯」與文學的階級性》：「但在我們所見的無產文學理論中，也並未見過有誰說這一階級的文學家，不該……去做謳功頌德的文章。」也作「歌功頌德」。

【甌飯瓢飲】

甌：盆盂類瓦器。用瓦盆吃飯，用瓢喝水。形容貧苦的生活。《聊齋志異・曾友于》：「……哀求寄居。叔曰：『汝父母皆不知，我豈惜甌飯瓢飲乎？』乃歸。」

【歐風美雨】

歐、美：歐美國家。指來自歐美資本主義發達國家的種種影響。孫中山《社會建設（民權初步）自序》：「其始也，得歐風美雨之吹沐……其終也，得革命風潮之震蕩。」清・秋瑾《光復軍起義檄稿》：「嗟夫！歐風美雨，咄咄逼人，推原禍始，是誰之咎？」也作「歐風墨雨」。墨：美洲舊時音譯為亞墨利加洲。

【歐風墨雨】

見「歐風美雨」。

【歐虞顏柳】

歐：歐陽詢；虞：虞世南；顏：顏眞卿；柳：柳公權。歐、虞、顏、柳他們都是唐代書法家。他們的書法具有謹嚴而骨力遒健，渾厚而筆力飽滿之特點。後用以指類似他們四人的書法特點。清・王士禛《池北偶談・唐人工書》：「唐人留意書學，即不以書名者，往往有歐虞顏柳風氣。」

【毆公罵婆】

毆：打人。毆打和謾罵公公婆婆。指

潑婦凶悍虐待公婆的行爲。《醒世姻緣傳》八九回：「這婦人的父親原是個教官，兩個兄弟多是有名的好秀才。偏她至不賢惠，毆公罵婆，打鄰毀舍，降漢子，比凡人不同。」

【鷗鳥不下】

鷗鳥不肯飛下來。比喻察覺有人在暗算自己，就提高警惕，注意防備。《列子·黃帝》：「海上之人有好漚（鷗）鳥者，每旦之海上，從漚鳥游。漚鳥之至者百住而不止。其父曰：『吾聞漚鳥皆從汝游，汝取來，吾玩之。』明日之海上，漚鳥舞而不下也。」《三國志·魏書·高柔傳》裴松之注：「……夫貞夫之一，則天地可動；機心內萌，則鷗鳥不下。」

【鷗鳥忘機】

機：機心，巧詐權謀之心。像鷗鳥一般，整日與水、沙、雲、天相伴，完全忘掉詭詐權謀的心思。指隱居自樂，不以世事爲懷。唐·李商隱《贈田叟》詩：「鷗鳥忘機翻浹洽，交親得路昧平生。」

ㄡˇ

【嘔出心肝】

形容在創作上費盡心思。宋·劉克莊《梅花十絕》之九：「嘔出心肝捻短髭，籬邊沙際動移時。」也作「**嘔肺肝**」。金·元好問《自題〈中州集〉》：「萬古騷人嘔肺肝，乾坤清氣得來難。」

【嘔肺肝】

見「嘔出心肝」。

【嘔心抽腸】

同「嘔心瀝血」。《二刻拍案驚奇》卷一：「他肯點點頭的，便差池些，也會發高科，做高官；不肯點頭的，遮莫你怎樣高才，沒處叫撞天的屈！那些嘔心抽腸的鬼，更不知哭到幾時？」

【嘔心滴血】

見「嘔心瀝血」。

【嘔心瀝血】

嘔心：形容創作上用心過度；瀝血：滴血，表示竭盡忠誠。比喻窮思苦索，費盡心思。例這幅畫作是他花費三年所完成的嘔心瀝血之作，請慢慢欣賞。也作「**嘔心滴血**」。秋瑾《精衛石·序》：「余願嘔心滴血以拜求之，祈余二萬萬女同胞無負此國民責任也。」

【嘔心吐膽】

同「嘔心瀝血」。南朝梁·劉勰《文心雕龍·隱秀》：「嘔心吐膽，不足語窮；鍛歲煉年，奚能喻苦？」

【嘔心血】

同「嘔心瀝血」。例這篇文章眞是高妙極了，肯定是作者的嘔心血之作。

【偶逢其適】

偶：偶然；逢：遇到；其：那個；適：適時。偶然遇到那個適時。唐·王績《答馮子華處士書》：「夫人生一世，忽同過隙，合散消息，周流不居，偶逢其適，便可卒歲。」

【偶一爲之】

偶：偶爾，有時候。偶爾做一次。宋·歐陽修《縱囚論》：「若夫縱而來歸而赦之，可偶一爲之爾。」《二十年目睹之怪現狀》二六回：「這個只可偶一爲之，代老人家解個悶兒；若常常如此，不怕失了規矩麼！」

【偶影獨遊】

偶：伴侶；遊：文遊，來往。以影子爲伴，獨自遊賞。指行動孤單，沒有伴侶。晋·陶潛《時運·序》：「春服既成，景物斯和，偶影獨遊，欣慨交心。」

【偶語棄市】

偶語：相對私語；棄市：古代在鬧市執行死刑，把犯人屍體暴露在街頭。指在封建暴政下，人們私下談話即遭殺害。《漢書·高帝紀》：「父老苦秦苛法久矣，誹謗者族，偶語者棄市。」《北洋軍閥統治時期史話》八〇章：「這一時期，新疆變成了一個偶語棄市，到處監獄的恐怖世界。」

【偶燭施明】

偶：雙；施：放出，發出。兩支蠟燭大放光明。原喻指古代堯、舜二帝的大仁大德。後泛喻兩種事物相得益彰。漢·王符《潛夫論》：「堯舜之德，譬猶偶燭施明於幽室也，前燭照之，後燭益明，非前燭昧，後燭彰也，乃二燭相因而成大光。」

【耦居無猜】

耦：兩者，同「偶」；猜：疑忌。指住在一起關係融洽，相互間沒有任何猜疑。清·袁枚《小倉山房尺牘》四十六首：「……得與雲、山、書、史，耦居無猜，不可謂非人生之幸。」

【耦俱無猜】

俱：都；猜：疑忌。指兩方面都不至於疑忌。《左傳·僖公九年》：「公家之利，知無不爲，忠也；送往事居，耦俱無猜，貞也。」

【藕斷絲不斷】

見「藕斷絲連」。

【藕斷絲連】

藕：被折斷時還有許多絲連著不斷。唐·孟郊《去婦》：「妾心藕中絲，雖斷猶連牽。」比喻表面上斷絕了關係，實際上仍有牽連。多指男女之間的情意。茅盾《子夜》十七：「是乾乾脆脆的『出頂』好呢，還是藕斷絲連的抵押！他愈想愈有勁兒，臉上亦紅噴噴了。」也作「**藕斷絲聯**」。宋·黃機《滿庭芳·次仁和韻，時欲之官永興》詞：「人道郴陽無雁，奈情鍾，藕斷絲聯。須相憶，新詩賦就，時復寄吳箋。」也作「**藕斷絲不斷**」。《金瓶梅詞話》四九回：「恩深似海，情重似山，佳期非偶，離別最難。常言道：『藕斷絲不斷。』」

【藕斷絲聯】

見「藕斷絲連」。

【藕絲炒豆芽——勾勾搭搭】

見「披蓑衣鑽籬笆——勾勾搭搭」。

【藕絲難殺】
藕絲：蓮（荷）的地下莖被折斷後連著的絲；殺：割斷。比喻感情纏綿，難以割斷。例彩嬌雖嫁了阿木，但與原來的情人仍是藕絲難殺。也作「**荷絲難殺**」。

ㄡˋ

【慪死人】
指說不出來的生氣、氣壞了。例想起他說的那些無情的話，眞是慪死人。

【漚爛的花生——沒有好人(仁)】
漚：長時間地浸泡；仁：果核最裏面部分；人：「仁」的諧音。雙關語。比喻淨是壞人。例那裏雖是個土匪經常活動的地區，可也不能把那兒籠統說成是漚爛的花生——沒有好人（仁）。

ㄢ

ㄢ

【安安穩穩】
形容十分安定穩當。元・無名氏《抱妝盒》四折：「小儲君倒也安安穩穩守著妝盒做護身符，則是我陳琳兢兢戰戰抱著個天大悶葫蘆。」

【安邦定國】
邦：國，國家。使國家安定、穩固。《封神演義》三回：「造出一根銀尖戟，安邦定國正乾坤。」也作「**安邦治國**」。明・無名氏《伐晋興齊》一折：「薦賢舉善是吾心，安邦治國訪知音。」也作「**濟國安邦**」。

【安邦治國】
見「安邦定國」。

【安不忘危】
危：危難。安定太平的時候，不忘記可能出現的危險或災難。《魏書・高閭傳》：「但豫備不虞，古之善政；安不忘危，有國常典。」

【安不忘危，治不忘亂】
同「安不忘危」。明・無名氏《雙紅記》八齣：「妾聞古人所云：『安不忘危，治不忘亂。』現今天下多事之秋，正主公憂勤之日，你倒恣情歡樂也呵！」

【安步當車】
安：安詳，從容；當：當作。從容步行、當作乘車。《戰國策・齊策四》：「晚食以當肉，安步以當車。」古代貴族，出必乘車，因以「安步當車」指人能安貧守賤。也作「**緩步當車**」、「**徐步當車**」。

【安常處順】
原作「安時處順」。《莊子・養生主》：「安時而處順，哀樂不能入也。」時：時運。現指習慣於正常的生活，處於順利的情況。明・朱之瑜《太廟典禮議四款》：「而且安常處順，人所優為，至於禮之變者，不可不窮而思通也。」也作「**安常履順**」。清・方苞《方任二貞婦傳》：「凡士之安常履順而自檢其身，與所以施于家者，其事未若二婦人之艱難也，而乃苟於自恕，非所謂失其本心者與？」

【安常履順】
見「安常處順」。

【安常守分】
分：本分。習慣於日常平穩的生活，安守本分。《朱子語類》卷二四：「如有一般人，只安常守分，不恁求利，然有時意思亦是求利，察其所安，又看他心所安穩處，一節深一節。」

【安常習故】
故：舊。習慣於日常的安定生活，沿襲舊的一套。宋・陸九淵《與錢伯同書》：「雖當世君子，往往不免安常習故之患。」

【安車蒲輪】
安車：用一匹馬拉著可以坐乘的小車，古時多為四馬之車立乘，此為坐乘，故稱安車；蒲輪：用蒲葉裹輪，使車不震動，為古代徵聘賢士時所用，以示禮敬。指被聘請者坐於安車上，用蒲葉包車輪，使行駛時車身平穩。《漢書・武帝紀》：「遣使者安車蒲輪，束帛加璧，徵魯申公。」

【安得廣廈千萬間，大庇天下寒士俱歡顏】
廈：高大的房子。哪裏能得到千萬間大房子，使天下寒士得到遮蔽而歡笑顏開呢？唐・杜甫《茅屋為秋風所破歌》：「安得廣廈千萬間，大庇天下寒士俱歡顏，風雨不動安如山！嗚呼！何時眼前突兀見此屋，吾廬獨破受凍死亦足！」

【安得同日而語】
見「不可同日而語」。

【安得壯士挽天河，淨洗甲兵長不用】
安得：怎麼能夠；挽：牽引、導引；天河：銀河。用以表達對制止戰爭保衛和平的強烈願望。唐・杜甫《洗兵馬》：「淇上健兒歸莫懶，城南思歸愁多夢。安得壯士挽天河，淨洗甲兵長不用。」

【安釘子】
比喻給對手設置障礙，或安插自己的人手。例不怕敵人到處給咱們安釘子，就怕咱們內部人心不齊。

【安堵樂業】
安堵：安定，安居。猶言安居樂業。三國魏・鍾會《檄蜀文》：「百姓士民，安堵樂業。農不易畝，市不回肆。」

【安堵如常】
見「安堵如故」。

【安堵如故】
安堵：安定，安居；故：原來的。相安無事，如同往常一樣。《晋書・苻堅載記上》：「徙豪右七千餘戶於關中，五品稅百姓金銀一萬三千斤以賞軍士，余皆安堵如故。」也作「**安堵如常**」。《民國通俗演義》一四三回：「到了省城時，市面竟安堵如常，大為奇異。」

【安而不忘危，存而不忘亡，治而不忘亂】
平安時不忘危險，生存時不忘死亡，安定時不忘動亂。告誡人們應提高警惕，防患於未然。《周易・繫辭下》：「是故君子安而不忘危，存而不忘亡，治而不忘亂，是以身安而國家可保也。」

【安分潔己】
見「安分守己」。

【安分守己】
分：本分，分內。安於本分、現狀，老實規矩。《紅樓夢》四四回：「賈母啐道：『下流東西，灌了黃湯，不說安分守己的挺屍去，倒打起老婆來了？』」也作「**安分守命**」。《醒世姻緣傳》六一回：「你安分守命，別要再生妄想了。」也作「**安分潔己**」。宋・秦觀《淮海集後集》六：「若夫恬於進取，安分潔己者，蓋有取焉爾。」也作「**安分守拙**」。守拙：不取巧。清・顧炎武《復智栗書》：「賢侄今日惟有善事高堂，力學不倦，安分守拙，以爲保家之計」。

【安分守理】
理：道理。安於本分，遵守事理、禮法。《紅樓夢》九回：「寶玉終是個不能安分守理的人，一味的隨心所欲。」也作「**安分循理**」。《戚蓼生序本石頭記》五八回：「因文官等一干人，或心性高傲；或倚勢凌下，揀衣挑食；或口角鋒芒，大概不安分循理者多。」

【安分守命】
見「安分守己」。

【安分守拙】
見「安分守己」。

【安分隨時】
隨：順隨；時：時尚。安於本分，順從當時的社會風氣。《紅樓夢》八回：「罕言寡語，人謂裝愚，安分隨時，自云『守拙』。」

【安分循理】
見「安分守理」。

【安分知足】
安守本分，對所得到的一切自知滿足。宋・洪邁《容齋隨筆・三筆・人當知足》：「其安分知足之意，終身不渝。」

【安富恤貧】
恤：救濟，周濟。使富者得到安定，貧者得到救濟。《周禮・地官・大司徒》：「以保息六養萬民：一曰慈幼，二曰養老，三曰振窮，四曰恤貧，五曰寬疾，六曰安富。」後用以指統治者治國安民之道。也作「**安富恤窮**」。《資治通鑑・唐德宗貞元十年》：「此乃安富恤窮之善經，不可捨也。」

【安富恤窮】
見「安富恤貧」。

【安富尊榮】
《孟子・盡心上》：「君子居是國也，其君用之，則安富尊榮。」後用以指安於富貴榮華的享樂生活。《紅樓夢》七一回：「我常勸你總別聽那些俗語，想那些俗事，只管安富尊榮才是。」

【安敢措一辭】
見「不能贊一辭」。

【安根子】
指暗中行賄，打通關節，走後門。例他這張執照來得可不易！是到處託人、安根子，才辦成的。

【安穀則昌，絕穀則亡】
安穀：病中仍能吃飯；絕穀：停止進食。病中能吃，體力就强；不能進食，就會死亡。明・李時珍《本草綱目》卷一：「五臟更相平也，一臟不平，所勝平之。故云：『安穀則昌，絕穀則亡。』」

【安國寧家】
安：安寧，安定。指治理國家。南朝宋・劉義慶《世說新語・方正》記載：「孔君平病重，庾冰去探望，難過流淚。孔慨然曰：『大丈夫將終，不問安國寧家之術，乃作兒女子相問。』」

【安魂定魄】
魂魄：舊時所說人的精神靈氣。指使人心定神安。明・湯顯祖《牡丹亭》三四：「不尋常，安魂定魄，賽過反精香。」

【安家樂業】
見「安居樂業」。

【安家立業】
業：事業。安置家庭，創立基業。也指長期在一個地方生活和勞動。例經過了幾年的漂泊，現在的他想安家立業，好好的發展一番。

【安家落户】
落戶：指定居。到一個新地方安置家業，長期居住。例這個地方地靈人傑，民風淳樸，讓他有了想安家落戶的念頭。

【安居樂業】
安居：安於所居；樂業：樂其所業。指安定地生活，愉快地工作。《儒林外史》一回：「不數年間……吳王削平禍亂，定鼎應天，鄉村人各各安居樂業。」也作「**安家樂業**」。《漢書・谷永傳》：「勿殫民財，使天下黎元，咸安家樂業。」也作「**安土樂業**」。《三國志・魏書・賈詡傳》：「若乘舊楚之饒，以饗吏士，撫安百姓，使安土樂業，則可不勞衆而江東稽服矣。」

【安可一日無此君】
晉王子猷（徽之）愛竹成癖，寄居別人空宅時，也種竹欣賞。宋・黃庭堅《寄題安福李令愛竹堂》詩：「爲官恐是陶彭澤，愛竹最知王子猷。富貴於我如浮雲，安可一日無此君。」君：對人的尊稱，這裏指竹。對自己喜好的東西，一天也離不開。也比喻文人墨客對某種事物愛好成癖。也作「**不可一日無此君**」。宋・徐度《卻掃編》：「作文當學司馬遷，作詩當學杜子美。二書亦須常讀，所謂不可一日無此君也。」也作「**何可一日無此**

君」。例從來吟詩掃愁，全賴杯中之物，眞可謂「何可一日無此君」也。

【安老懷少】

《論語・公冶長》：「老者安之，朋友信之，少者懷之。」安：安頓；懷：關懷。安頓老者，關懷少者。形容使人民生活安定。《兒女英雄傳》三五回：「誠爲枉法營私，原王章所不宥；要知安老懷少，亦聖道之大同。」

【安樂世界】

佛教指西方極樂世界。《華嚴經・壽命品》：「如此娑婆世界釋迦牟尼佛刹一劫，於安樂世界阿彌陀佛刹爲一日一夜。」也作「極樂世界」。

【安樂窩】

宋邵雍隱居於河南輝縣的蘇門山中，稱其居處爲「安樂窩」。後泛指舒適安靜的住處。宋・辛棄疾《題鶴鳴亭》詩：「疏簾竹簟山茶碗，此是幽人安樂窩。」

【安良除暴】

良：指善良的人；暴：指暴虐之徒。安撫善良百姓，鏟除暴虐之徒。魯迅《中國小說史略》二七篇：「《三俠五義》……意在敍勇俠之士，遊行村市，安良除暴，爲國立功。」也作「除暴安良」。

【安眉帶眼】

長著眉毛，生著眼睛。意思是說同樣是一個人。《水滸傳》二八回：「你也是安眉帶眼的人，直須要我開口說。」

【安民告示】

安民：安撫人民；告示：布告。舊指安定民心的布告。現借指預先把要商量的問題或要辦的事情通知大家，使有所準備。例要使會議的時間短、效果好，出好安民告示是極其重要的一環。

【安民濟物】

濟：救助，接濟；物：衆人，公衆。意謂安撫百姓。五代吳越・羅隱《讒書》卷四：「以匡國致君爲己任，以安民濟物爲心期。」

【安民可與行義，而危民易與爲非】

讓老百姓安居樂業，才可以使老百姓去從事各種正當的事情；如果危害老百姓，民不聊生，則他們各種非法的事都很容易做出來。漢・賈誼《過秦論》：「是以牧民之道，務在安之而已。天下雖有逆行之臣，必無響應之助矣。故曰：安民可與行義，而危民易與爲非。此之謂也。」

【安民則惠】

民衆安居樂業，就是給他們以恩惠。《尚書・皋陶謨》：「知人則哲，能官人。安民則惠，黎民懷之。」

【安民之本，在於足用】

百姓安定的關鍵，在於讓他們生活富足。《淮南子・詮言訓》：「爲治之本，務在於安民；安民之本，在於足用；足用之本，在於勿奪時；勿奪時之本，在於省事；省事之本，在於節欲。」

【安內攘外】

攘：抵禦，抗禦。安定內政，抵禦外患。例若要保衛一國的安全，安內攘外的工作是非常重要的。也作「外攘內安」、「內安外攘」。

【安能摧眉折腰事權貴，使我不得開心顏】

事：侍奉。怎麼能夠卑躬屈膝地侍奉權貴，使我心裏不愉快呢！唐・李白《夢遊天姥吟留別》詩：「別君去兮何時還，且放白鹿青崖間，須行即騎訪名山。安能摧眉折腰事權貴，使我不得開心顏！」

【安能已】

見「不能自已」。

【安貧樂道】

道：信念，思想，學說。安於貧窮的境遇，以守道爲樂。《晉書・劉兆傳》：「安貧樂道，潛心著述不出門庭數十年。」也作「安貧守道」。

宋・蘇軾《薦布衣陳師道狀》：「臣等伏見布衣陳師道文詞高古，度越流輩，安貧守道。」也作「樂道安貧」。

【安貧樂賤】

安於貧賤，並以此爲樂。《後漢書・蔡邕傳》：「天子生淸穆之世，稟醇和之靈，覃思典籍，韞櫝・六經，安貧樂賤，與世無營。」

【安貧守道】

見「安貧樂道」。

【安貧知命】

命：命運。安於貧困的境遇，知道自己的命運，不怨天，不尤人。唐・王勃《滕王閣序》：「君子安貧，達人知命。」

【安其所習】

見「安於所習」。

【安然如故】

故：原來的。仍如原來那樣安安穩穩。元・紀君祥《趙氏孤兒》四折：「你只看這一個、那一個，都是爲誰而卒？豈可我做兒的安然如故？」

【安然無事】

指平安無事。元・鄭廷玉《楚昭公》四折：「哥哥當日在漢江之上，情願捨了嫂嫂、侄兒，留您兄弟。豈知嫂嫂、侄兒安然無事。」

【安然無恙】

恙：疾病，災禍。指平安無事，沒有發生意外、遭受損害。淸・紀昀《閱微草堂筆記・灤陽續錄三》：「知非佳處，然業已入居，姑宿一夕，竟安然無恙。」也作「端然無恙」。

【安忍無親】

忍：殘忍。安於做殘忍之事，無所謂親人。《左傳・隱公四年》：「夫州籲阻兵而安忍。阻兵無衆，安忍無親。衆叛親離，難以濟矣。」

【安如磐石】

安：安穩，安然；磐石：厚而重的大石頭、如同磐石一樣安然不動。形容極其穩固，不可動搖。《醒世姻緣傳》七回：「況歲星正在通州分野，通州是『安如磐石』的一般。告那致仕則甚？」

【安如泰山】

安穩得如同泰山一樣。形容十分牢固，不可動搖。《洪秀全演義》三回：「第一人雖居虎口，安如泰山。」也作「**安若泰山**」。《南史・梁本紀・論》：「自謂安若泰山，算無遺策。」也作「**安於泰山**」。漢・枚乘《上書諫吳王》：「變所欲爲，易於反掌，安於泰山。」也作「**穩如泰山**」。

【安若泰山】

見「安如泰山」。

【安身立命】

安身：容身，存身；立命：精神安定。指生活和精神有所依託。《水滸傳》一一回：「林沖道：『若得大官人如此賙濟，教小人安身立命，只不知投何處去？』」也作「**立命安身**」。

【安身莫尚乎存正，存正莫重乎無私】

要安身於世，最主要的是要堅守正道；而堅守正道，最重要的是無私。《晉書・潘岳傳》：「蓋崇德莫大乎安身，安身莫尚乎存正，存正莫重乎無私，無私莫深乎寡欲。」

【安身爲樂】

安：安適；安身：指身安。身體安適是人生的樂事。《三國志・蜀書・秦宓傳》：「安身爲樂，無憂無福。」

【安身之處】

指得以立足容身的地方。《三國演義》二八回：「有此一城，便是我等安身之處，未可輕棄。」也作「**安身之地**」。《三國演義》四〇回：「近聞劉景升病在危篤，可乘此機會，取彼荊州爲安身之地。」也作「**安身之所**」。例雖然自己有了安身之所，但不知弟妹現在何方，終是放心不下。

【安身之地】

見「安身之處」。

【安身之所】

見「安身之處」。

【安神定魄】

魄：古指人身中依附形體而顯現的精神。安定心神，恢復神智。《西遊記》一一回：「自服了安神定魄之劑，連進了數次湯粥，被衆臣扶入寢室，一夜穩睡。」

【安時處順】

見「安常處順」。

【安世默識】

安世：漢張湯之子，博學多才，記憶力驚人；默識：心記，領悟。指博聞強記，過目成誦。三國魏・孔融《薦禰衡表》：「弘羊潛記，安世默識，以衡准之，誠不足怪。」

【安適如常】

安寧舒適如同往常一樣。例年高體衰，嚴冬時分難免咳喘。交春後，氣候漸暖，定會安適如常。

【安室利處】

指安全便利的地方。《莊子・徐无鬼》：「奎蹏曲隈，乳間股腳，自以爲安室利處。」

【安土樂業】

見「安居樂業」。

【安土戀本】

見「安土重居」。

【安土重居】

土：故土，故鄉；重：看重，重視；居：住處。安於故土，不願離開原來住的地方。南朝宋・范曄《後漢書・楊終傳上》疏：「安土重居，謂之衆庶。」也作「**安土戀本**」。《資治通鑑・齊明帝建武二年》：「且安土戀本，人之常情。」

【安土重遷】

遷：遷移。安於故土，不願輕易遷居他處。《東周列國志》七八回：「自古道：『安土重遷』。說了離鄉背景，哪一個不怕的？」也作「**戀土難移**」。

【安危相易，禍福相生】

易：變換。平安與危難可以互相轉化，災難與幸福可以互爲因果。章炳麟《菌說》：「安危相易，禍福相生，事之由妄想而成者，豈獨胚胎然哉？」

【安危與共】

共：共同，一道。共同享受安樂，一道承擔危難。形容關係密切，利害相關。例尾牙餐會上，總經理致詞感謝公司同仁們多年來風雨同舟，安危與共，俾使業績蒸蒸日上。

【安危在得人，國興在賢輔】

安危：指安定與否；人：指人才。國家的安定與否在於用人，國家是否興盛在於賢人輔佐。《晉書・慕容暐載記》：「夫安危在得人，國興在賢輔。若能推才任忠，和同宗盟，則四海不足圖，二虜豈能爲難哉！」

【安危之機】

機：關鍵。安全與危險的關鍵。《三國志・魏書・陳羣傳》：「今中國勞力，亦吳蜀之所願，此安危之機也。」

【安閒自得】

見「安閒自在」。

【安閒自在】

安靜閒適，自由自在。《說岳全傳》一三回：「賢契們不必介懷，只恐朝廷放不下我，若能休致，老夫倒得個安閒自在。」也作「**安閒自得**」。例老人早已年逾古稀，在家每日看書作畫，吟詩弈棋，倒也安閒自得。

【安詳恭敬】

安靜，細心，謙恭，敬畏。古代教育兒童必須達到的根本要求。《歧路燈》二回：「這譚孝移平日景仰婁潛齋爲人端方，已是十分要請；見了婁潛齋家學生安詳恭敬，又動了喬梓同往之意。」

【安心定志】

志：志趣。安定心神，確定志趣。《西遊記》四回：「又差五斗星君送悟空去到任，外賜御酒二瓶，金花十朵，著他安心定志，再勿胡爲。」

【安心樂意】

指樂於如此，心情非常愉快。《紅樓

夢》一一四回：「我看二嫂子如今倒是安心樂意，孝敬我媽媽，比親媳婦還強十倍呢。」

【安心窩】

比喻安逸舒適的家庭生活和住處。例爸爸常常告訴我們，這個家就是他的安心窩。

【安營下寨】

見「安營紮寨」。

【安營紮寨】

安：安置；紮：建立；營：營房；寨：營地周圍用作防守的柵欄。設置兵營，修起柵欄。指軍隊駐紮。《官場現形記》一四回：「……什麼地方可以安營紮寨，什麼地方可以伏埋，指手畫腳的講了一遍。」也作「**安營下寨**」。元・無名氏《千里獨行》一折：「今曹丞相……在清風嶺安營下寨。」

【安於故俗】

俗：習俗，習慣。拘泥於舊習慣。形容因循守舊，安於現狀。《史記・商君列傳》：「常人安於故俗，學者溺於所聞。」

【安於所習】

安於：習慣於；習：熟悉。習慣於自己所熟悉的東西。明・袁宏道《敍梅子馬王程稿》：「人情安於所習，故雖至美，亦以至惡掩也。」也作「**安其所習**」。《漢書・藝文志》：「安其所習，毀所不見。」

【安於泰山】

見「安如泰山」。

【安於現狀】

狀：狀況。習慣、滿足於現有的狀況，不求進取。例這種不穩定的生活方式和我安於現狀的個性大不相同，可能需要作個調整。

【安於一隅】

安：安心；隅：角落。形容苟且偷安於一角，不求進取。宋・陳亮《上孝宗皇帝第二書》：「臣恭惟皇帝陛下厲志復仇，不肯即安於一隅，是有功於社稷也。」

【安宅正路】

比喻仁義。《孟子・離婁上》：「仁，人之安宅也；義，人之正路也。曠安宅而弗居，捨正路而不由，哀哉！」指以仁居心，以義行事。

【安者非一日而安也】

太平安定並不是一天功夫就得到的，有一個漸變的過程。說明事物的變化並不是突然而就的。有一個量變積累的過程。《漢書・賈誼傳》：「安者非一日而安也，危者非一日而危也，皆以積漸然，不可不察也。」

【安枕而臥】

安枕：安睡無憂。比喻太平無事。《史記・黥布傳》：「使布出於上計，山東非漢之有也；出於中計，勝敗之數未可知也；出於下計，陛下安枕而臥矣。」

【安之若固】

見「安之若素」。

【安之若命】

命：命運。對遭遇的不幸，視為命中註定，而甘於忍受。宋・謝莊《與大司馬江夏王義恭箋》：「家素貧弊，宅舍未立，兒息不免粗糲，而安之若命。」

【安之若素】

安：安然，坦然；素：平素，往常。指對困窘遭遇或異常情況，能坦然處之，毫不在意。例身居陋室，粗茶淡飯，安之若素。也作「**安之若固**」。固：原來。清・陳確《查氏石家漾三世合葬志》：「而查伯母董碩人之行，尤非恆情所堪。以碩人之賢，而不見答於惺玄先生，碩人安之若固，無《終風》之怨。」

【安坐待斃】

斃：死。坐著等死。指遇到危難，不積極設法，坐等災難臨頭。例縱然敵兵圍困，亦應奮力突圍，絕不能安坐待斃。也作「**坐以待斃**」。

【諳練通達】

諳練：熟悉，熟練。指熟悉事務，明曉事理。例其人德高學博，諳練通達，堪當重任。

【鞍不離馬，甲不離身】

鞍：馬鞍；甲：鎧甲，古代軍人穿的護身衣。馬不離鞍，人不解甲。形容處於高度警戒狀態。《敦煌變文集》卷一：「鞍不離馬背，甲不離將身。」

【鞍甲之勞】

鞍、甲：馬鞍，鎧甲。指作戰的功勞。南朝陳・徐陵《為貞陽侯與陳司空書》：「彭都之役，得備戎昭，鞍甲之勞，庶酬無寵。」

【鞍馬勞頓】

頓：困頓，疲憊。策馬長途跋涉，勞苦疲憊。《說岳全傳》四二回：「恐王侄一路遠來鞍馬勞頓，故令王侄回營安歇。」也作「**鞍馬勞倦**」。《水滸傳》二回：「老母鞍馬勞倦，昨夜心痛病發。」也作「**鞍馬勞困**」。元・關漢卿《竇娥冤》四折：「不覺的一陣昏沉上來，皆因老夫年紀高大，鞍馬勞困之故。」也作「**鞍馬勞神**」。《水滸傳》五〇回：「眾位尊兄，鞍馬勞神不易。」

【鞍馬勞倦】

見「鞍馬勞頓」。

【鞍馬勞困】

見「鞍馬勞頓」。

【鞍馬勞神】

見「鞍馬勞頓」。

【鞍前馬後】

跑在鞍前，跟在馬後。比喻隨侍左右，以供驅使。例看到他的侍從都鞍前馬後的跟在他的左右，我就十分的討厭他。

【鵪鶉蛋澥黃——小壞蛋】

鵪鶉：一種鳥名，頭小尾巴短，卵很小，可食；澥（ㄒㄧㄝˋ）黃：蛋黃變質，由稠變稀。指品德很壞的小孩。例這孩子變了，成了個鵪鶉蛋澥黃——小壞蛋。

ㄢˋ

【岸然道貌】
岸然：高傲嚴峻的樣子；道貌：嚴肅正經的容貌。形容神態莊嚴。現常用來譏諷故作正經表裏不一之狀。《二十年目睹之怪現狀》九〇回：「那位大舅的老子……是一生講究理學的。大舅爺雖沒有老子講得厲害，卻也是岸然道貌的。」也作「**道貌岸然**」。

【岸上看人溺水——見死不救】
看到別人有急難，不予援救。形容冷酷無情。例鄰里之間也得講點情義，人家遇上了生死攸關之事，總不能岸上看人溺水——見死不救。也作「**站在岸邊看翻船——見死不救**」。

【按兵不動】
按：止住，控制。控制軍隊，使暫不行動，以待時機。《三國演義》七一回：「如將軍依時而還，某按兵不動；若將軍過時不還，某即引軍來接應。」也作「**按兵不舉**」。《封神演義》四回：「西伯侯姬昌好生可惡！今按兵不舉，坐觀成敗。」也作「**按甲不出**」。甲：鎧甲。借指士兵。宋・洪邁《容齋隨筆・五筆・蕭穎士風節》：「[源]洧欲退保江陵，穎士說曰：『襄陽乃天下喉襟，一日不守，則大事去矣！』洧乃按甲不出。」也作「**按甲不動**」。《陳書・章昭達傳》：「[陳寶應]數挑戰，昭達按甲不動。」也作「**按軍不動**」。宋・蘇軾《張文定公墓志銘》：「公即料將簡士，聲言出塞，實按軍不動。」

【按兵不舉】
見「按兵不動」。

【按步就班】
見「按部就班」。

【按部就班】
按：依照；就：歸於；部、班：門類，次序。原指寫文章時按照門類、順序安排結構，選詞、定句。晉・陸機《文賦》：「然後選義按部，考辭就班。」後指按照部署，遵循一定的程序、規矩辦事。老舍《四世同堂》三一：「只要國家一亂，他的生意就必然蕭條，而他按部就班的老實計畫與期望便全部完事。」也作「**按步就班**」。步：步驟。例做什麼事情最好按步就班有條不紊的進行，免得到最後一團亂，理不出頭緒。

【按倒葫蘆瓢又起來】
把葫蘆對半剖開去瓤即成瓢，把瓢按入水，隨即又漂起來。比喻剛解決這個問題又產生另一個問題。例這件事情眞複雜才剛解決了一個問題，按倒葫蘆瓢又起來，眞是令人煩惱。也作「**按下葫蘆瓢起來**」。例最近我眞是時運不濟，以爲問題已解決，卻又按下葫蘆瓢起來。也作「**摁倒葫蘆瓢起來**」、「**按下葫蘆浮起瓢**」。

【按定坐盤星】
坐盤星：定盤星。比喻打定主意。《醒世恆言》卷三：「有了你老人家做主，按定了坐盤星，也不容侄女不肯。」

【按堵如故】
按：按次第；堵：牆。按次排列如牆一樣。形容安定，有秩序，百姓安居樂業一如往昔。《元史・道童傳》：「凡軍民約三日入糴官米一斗，入昏鈔二貫，又……民皆便之。由是按堵如故，而賊亦不敢犯其境。」

【按方抓藥——照辦】
指照此辦理。例你放心，交給我的任務，絕不含糊，按方抓藥——照辦。

【按跡循蹤】
跡：痕跡，腳印；循：遵循，順著。指順著一定線索尋求事情的眞相。《紅樓夢》一回：「其間離合悲歡，興衰際遇，俱是按跡循蹤，不敢稍加穿鑿。」

【按甲不出】
見「按兵不動」。

【按甲不動】
見「按兵不動」。

【按甲寢兵】
按：放下，擱下；甲：鎧甲；兵：武器；寢：息，止。收拾起鎧甲、武器不用。指停止作戰。《三國演義》六六回：「且宜增修文德，按甲寢兵，息軍養士，待時而動。」也作「**按甲休兵**」。明・崔時佩《西廂記・許婚借援》：「將軍可按甲休兵，退一箭之地。」

【按甲休兵】
見「按甲寢兵」。

【按軍不動】
見「按兵不動」。

【按名責實】
按：按照；名：名稱；責：要求；實：事實，實際。按照事物的名稱，要求它符合實際。即名與實相一致。唐・陸贄《請許台省長官舉薦屬吏狀》：「求廣在於各舉所知，長吏之薦擇是也；求精在於按名責實，宰臣之敍進是也。」

【按納不下】
見「按捺不住」。

【按納不住】
見「按捺不住」。

【按捺不下】
見「按捺不住」。

【按捺不住】
按捺：抑制，忍耐。指無法抑制情緒。例聽到流言蜚語，實在按捺不住，挺身而出，義正詞嚴地予以駁斥。也作「**按捺不下**」。《醒世姻緣傳》五二回：「狄員外雖是求了聖籤，了解不出是甚意味，好生按捺不下」。也作「**按納不下**」。《水滸傳》五一回：「朱仝見了，心頭一把無名業火高三千丈，按納不下。」也作「**按納不住**」。《警世通言》卷二八：「不想遇著許官，按納不住，一時冒犯天條。」

【按牛頭吃不得草】

比喻强迫人辦事不會有好的效果。例這件事他不去辦就算了，俗話說：「按牛頭吃不得草。」就算他勉强去辦，也會辦不好的。

【按强扶弱】
見「按强助弱」。

【按强助弱】
按：抑，向下壓；助：扶助。壓制强暴，扶助弱小。《管子・霸言》：「按强助弱，圉暴止貪，存亡定威。」也作「按强扶弱」。例素尙俠義，路遇不平，拔刀相助，按强扶弱，劫富濟貧。

【按圖索驥】
圖：象；索：尋求；驥：良馬。明・楊愼《藝林伐山》卷七記載：「伯樂之子根據《相馬經》上有關馬的描述去尋良馬，結果把蟾蜍當成了馬。伯樂譏笑他：『所謂按圖索駿（今作「驥」）也。』」伯樂：古代善相馬的人。原謂按照圖象以尋求良馬，結果無所得。後以之比喻作事拘泥成法，不知變通。元・袁桷《淸容居士集》卷一〇：「隔竹引龜心有想，按圖索驥術難靈。」也用以指按照線索去尋求事物。例考古隊們按圖索驥，終於發見了古城遺址。也作「按圖索駿」。宋・周密《癸辛雜識》後集：「酒酣，劉[瑄]索觀書畫……遂按圖索駿，凡百餘品，皆六朝神品。」

【按圖索駿】
見「按圖索驥」。

【按行自抑】
按、抑：壓，抑制；行：行爲。約束自己的行爲。例爲人處世宜按行自抑，切忌驕恣放縱。

【按著葫蘆浮起瓢——顧此失彼】
顧了這個，顧不了那個。比喻事情頭緒多，無法全面照顧。例這些日子工作頭緒很多，弄得我手忙腳亂，常常是按著葫蘆浮起瓢——顧此失彼，不盡人意。

【按著葫蘆摳子兒】
比喻用强硬手段逼人講眞話。例他不想發言不成，她最會按著葫蘆摳子兒，不怕他不說。

【按著牛頭喝水——勉强不得】
比喻不能强迫別人去做不願做的事。例這種事不好做，等他想通了再說，按著牛頭喝水——勉强不得。

【按著三眼一板】
三眼一板：舊時演奏音樂的節拍，比喻有條有理。《兒女英雄傳》一九回：「當下先把鄧九公樂了個拍手打掌，他活了這樣大年紀，從不曾照今日這等按著三眼一板的說過話，此刻憋了半天，早受不得了。」

【案板上的肉——隨人割】
案板：做麵食、切菜用的木板。比喻完全沒有自主的權力，聽任別人擺佈。例我們是人，是堂堂的中國人，怎麼能做案板上的肉——隨人割？也做「砧板上的肉——隨人砍隨人剁」、「砧板上的魚——隨人宰割」。

【案板上的魚——挨刀的貨】
比喻受懲罰的人。例你作惡多端，這回可眞是案板上的魚——挨刀的貨，別想再跑掉了。也作「老肥豬上屠場——挨刀的貨」。

【案兵束甲】
案：通「按」，壓，止住；束甲：捆起鎧甲。指停止作戰。《三國志・蜀書・諸葛亮傳》：「若不能當，何不案兵束甲，北面而事之？」也作「案甲休兵」。《史記・淮陰侯傳》：「方今爲將軍計，莫如案甲休兵，鎭趙，撫其孤。」

【案兵無動】
案：通「按」，抑止，控制。止住軍隊，使暫不行動。《荀子・王制》：「殷之日，案以中立無有所偏而爲縱橫之事，偃然案兵無動，以觀夫暴國之相卒也。」

【案牘之勞】
案牘：官府文書。指辦理公文的勞累。明・李楨《長安夜行錄》：「吾徒幸無案牘之勞，且有休退之日，登高能賦，此其時乎？」

【案甲休兵】
見「案兵束甲」。

【案無留牘】
案：几案；牘：公文。桌上沒有積壓的公文。形容處理公文及時。《洪秀全演義》一回：「一應公事，張令都聽他決斷，眞是案無留牘，獄無冤刑，民心大悅。」

【案螢乾死】
案：几案；螢：螢火蟲，體有發光器，古人用以照明夜讀。桌上的螢火蟲已經乾死。比喻苦讀不休。唐・杜甫《題鄭著作虔》詩：「窮巷悄然車馬絕，案頭乾死讀書螢。」

【暗淡無光】
暗淡：昏暗，不明亮。形容沒有光彩。老舍《越子曰》一八：「越子曰確是眞生氣了，整副的黑臉全氣得暗淡無光，好像害病的印度人。」也作「黯淡無光」。《北洋軍閥統治時期史話》二四章：「但是這個電報卻又引起了張勛的不愉快，因爲，他的十三省盟主地位因此而黯淡無光。」也作「暗然無光」。秦牧《哲人・小孩》：「因爲思想水平低下，作品也就難免黯然無光。」

【暗度陳倉】
見「暗渡陳倉」。

【暗渡陳倉】
渡：越過；陳倉：古縣名。在今陝西省寶雞市東，爲關中、漢中間的交通要道。楚漢戰爭中，劉邦爲了迷惑對方，聽從韓信之計，在去漢中途中，燒毀沿路棧道，表示無意東還，圖取天下。暗地裏率兵偸渡陳倉，擊敗楚將章邯，向東重返咸陽。事見《史記・高祖本紀》。後遂以「暗渡陳倉」指正面迷惑敵人，而從側面進行突然襲擊的戰略。元・無名氏《氣英布》一折：「孤家用韓信之計，明修棧道，暗渡陳倉。攻定三秦，劫取五國。」也比喻暗中進行的機密活動。清・朱佐朝《軒轅鏡・解糧》：「軍情事，令所當，須教暗里渡陳倉。」也作「**暗度陳倉**」。梁啟超《七羊錄》：「遂於煌煌鉅典萬賓齊集之時，行明修棧道，暗度陳倉之計。」也作「**陳倉暗度**」。

【暗箭明槍】
暗中射來的箭，明處打來的槍。比喻暗地裏的中傷和公開的攻擊。巴金《憶・做大哥的人》：「祖父死後，大哥因爲做了承重孫，便成了暗箭明槍的目標。」

【暗箭難防】
從暗中放出的箭最難防備。比喻對暗中傷人的陰謀詭計，難以預防。元・無名氏《劉千病打獨角牛》二折：「孩兒也，一了說，明槍好躲，暗箭難防。」

【暗箭傷人】
暗箭：即「冷箭」，暗中放出的箭。比喻暗中用陰險毒辣的手段傷害人。《鏡花緣》五八回：「有荼毒生靈的強盜，有暗箭傷人的強盜，有借刀殺人的強盜。」也作「**暗箭中人**」。中：中傷，陰謀誣陷別人。宋・劉炎《邇言》卷六：「暗箭中人，其深次骨，人之怨也，亦必次骨，以其掩人所不備也。」

【暗箭中人】
見「暗箭傷人」。

【暗礁險灘】
暗礁：海洋江河中隱沒在水裏的岩石；險灘：江河中水流湍急、航道狹窄曲折航行困難的地方。比喻前進中遇到的困難、阻力。例在人生的航程中，難免出現暗礁險灘。但這並不可怕，關鍵在於堅定的意志，勇往直前的進取精神。

【暗裏來，暗裏去】
男女之間偷偷摸摸地往來。例這還不明擺著嗎？他倆早就暗裏來，暗裏去，好上了。

【暗昧之事】
見「曖昧之事」。

【暗門子】
即暗娼。指舊社會裏不在公開妓院而在暗地裏賣淫爲生的婦女。老舍《月牙兒》：「同學們不准我有那樣的媽媽，他們笑話暗門子；是的，他們得這樣看，他們有飯吃。」

【暗氣暗惱】
受了氣惱，憋在心裏。《金瓶梅詞話》六二回：「又著了那暗氣暗惱在心裏，就是鐵石人也禁不的。」

【暗弱無斷】
愚昧懦弱，缺乏決斷。《資治通鑑・晉文帝太興三年》：「［司馬保］好讀書而暗弱無斷，故及于難。」

【暗室不欺】
見「不欺暗室」。

【暗室逢燈】
比喻在危難之時，突遇人指點或幫助。《野叟曝言》二一回：「相公醫理，如此神明……奴雖愚暗，亦覺茅塞頓開，暗室逢燈。」

【暗室虧心】
暗中做虧心事。元・張養浩《折桂令》：「暗室虧心，縱然致富，天意何如。」

【暗室虧心，神目如電】
躲在暗室做虧心事，神的眼睛卻像閃電一樣看得很清楚。意指做壞事總瞞不了人。《初刻拍案驚奇》卷三二：「唐卿假意上岸，等船家歸來，方才下船，竟無人知覺此事。誰想暗室虧心，神目如電！」也作「**暗室欺心，神目如電**」。宋・陳元靚《事林廣記》卷九：「人間私語，天聞若雷；暗室欺心，神目如電。」也作「**暗室私心鬼神見**」。明・陸采《明珠記・卻婚》：「丈夫然諾重如山，暗室私心鬼神見。」

【暗室欺心，神目如電】
見「暗室虧心，神目如電」。

【暗室私心鬼神見】
見「暗室虧心，神目如電」。

【暗室無欺】
見「不欺暗室」。

【暗送秋波】
秋波：比喻美女的眼睛有如秋天的水波一樣清澈明亮。指女子暗中以眉目傳情。今多比喻暗中勾搭，獻媚以取寵。《民國通俗演義》一二四回：「對張［作霖］則暗送秋波，對曹［錕］尤密切勾結。」

【暗無天日】
天日：喻光明。黑暗得看不見天日。比喻黑暗而無天理。《聊齋志異・續黃粱》：「又且平民膏腴，任肆吞食；良家女子，強委禽焉；沴氣冤氛，暗無天日。」

【暗香疏影】
宋・林逋《山園小梅二首》詩之一：「疏影橫斜水清淺，暗香浮動月黃昏。」原形容梅花的幽香與姿態。後用作梅花的代稱。宋・辛棄疾《和傅岩叟梅花》詩：「月澹黃昏欲雪時，小窗猶欠歲寒枝。暗香疏影無人處，唯有西湖處士知。」

【暗約偷期】
約、期：約定，約會。多指男女間不正當的勾搭。《古今小說》卷三八：「周得與梁姐姐暗約偷期，街坊鄰里，那一個不曉得。」

【暗中摸索】
原指在黑暗中尋找識別。唐・劉餗《隋唐嘉話》卷中：「許敬宗性輕傲，見人多忘之。或謂其不聰。曰：『卿自難記。若遇何［遜］、劉［孝綽］、沈［約］、謝［脁］，暗中摸索著，亦可識之。』」後用來比喻在沒有門徑、師傅的情況下，獨自探求事理。例他彈的一手好鋼琴，是在暗中摸索，無師自通的情況下學習出來的。

【暗中傾軋】
背地裏相互排擠打擊。《民國通俗演義》一一一回：「表面上賣個虛名，粉飾大局。其實暗中傾軋，入主出奴。」

【暗中設羅網，雛鳥怎生識】
雛鳥：幼鳥，比喻初涉世事的年青人。暗中設下的圈套，年輕人難於識破。明・楊柔勝《玉環記》一六齣：「且待我慢著功夫，今日添一個箍，明日添一個箍。他是至親骨肉，料箍他不倒，只是教他一個不好過。正是『暗中設羅網，雛鳥怎生識。』」

【暗中使絆子——蔫壞】
見「糠心兒的蘿卜——蔫壞」。

【暗中作梗】
背地裏干擾、阻撓。《慈禧太后演義》一三回：「大學士倭仁、御史張盛藻等……把新政新學批駁得一錢不值，彼要奏阻，此要撤銷，暗中作梗，謠諑紛騰。」

【黯淡無光】
見「暗淡無光」。

【黯然魂銷】
見「黯然銷魂」。

【黯然神傷】
黯然：神情沮喪消沉的樣子。形容因失意而神態感傷。例想到與家人離別在即，相見無期，她不禁黯然神傷。

【黯然失色】
原指暗淡，失去固有的神色、光采，現多形容相形之下暗淡無光。例耶誕夜的台北街頭，燈光輝煌，有如白晝；禮花齊放，五彩繽紛，使天上的星光也黯然失色。也作「黯然無色」。清・鄭燮《題畫》：「昔東坡居士作枯木竹石，使有枯木而無竹，則黯然無色矣。」

【黯然無光】
見「暗淡無光」。

【黯然無色】
見「暗淡失色」。

【黯然銷魂】
銷魂：因情所感而失魂落魄。形容極度愁苦、傷感。《鏡花緣》八六回：「姐姐怎麼忽然鬧出江文通《別賦》？恰恰又飛到亭亭姐姐面前，豈不令人觸動離別之感『黯然銷魂』麼？」也作「黯然魂銷」。清・李漁《閒情偶記・授曲第三》：「悲者黯然魂銷而不致反有喜色，歡者怡然自得而不見稍有瘁容。」

ㄣ

ㄣ

【恩愛夫妻】
恩愛：情深厚愛。感情極好的夫妻。例這對恩愛夫妻令人羨慕，原本抱持獨身主義者，因他倆而紛紛改變想法。

【恩愛夫妻不到頭】
指夫妻間感情很深，卻不能善始善終，白頭到老。清・沈復《浮生六記・坎坷記愁》：「奉勸世間夫婦，固不可彼此相仇，亦不可過於情篤。語云：『恩愛夫妻不到頭。』」

【恩德如山】
見「恩重如山」。

【恩斷義絕】
恩：恩愛；義：情義。恩愛情義完全斷絕。指夫妻或親友雙方關係破裂。元・馬致遠《馬丹陽三度任風子》三折：「便當休離，咱兩個恩斷義絕；花殘月缺，再誰戀錦帳羅幃？」也作「恩絕義斷」。元・關漢卿《魯齋郎》三折：「索什麼恩絕義斷寫休書。」也作「義斷恩絕」。

【恩多成怨】
恩愛過頭，到後來反會積怨成仇。元・曾瑞卿《留鞋記》四折：「有口難言，月裏嫦娥愛少年，恩多成怨……鴛鴦深鎖黃金殿，空教我恨綿綿，當初悔不休相見。」

【恩恩愛愛】
形容夫妻感情深厚，或男女間喜樂交歡。《說岳全傳》四六回：「兩個恩恩愛愛，說了一回。」

【恩恩相報】
恩：恩德。用恩德報答別人的恩德。例他曾救助過我，這次我幫他，也算是恩恩相報吧。

【恩高義厚】
見「恩深義重」。

【恩過不相補】
恩：恩德；過：過失，錯誤。恩德和過錯不能相抵。指恩輕過重。《列子・說符》：「捕而放之，恩過不相補矣。」

【恩將仇報】
受人恩惠卻用仇恨來回報。《醒世恆言》卷三○：「虧這官人救了性命，今反恩將仇報，天理何在！」

【恩將恩報】
要用恩情報答恩情。《西遊記・附錄》：「龍王叫將屍抬來，放在面前，仔細一看道：『此人正是救我的恩人，如何被人謀死？常言道：『恩將恩報。』我今日須索救他性命，以報日前之恩。』」

【恩絕義斷】
見「恩斷義絕」。

【恩禮寵異】
異：特別的，突出的。給予的恩惠、寵幸與一般人不同。形容對部屬待遇極厚。《後漢書・魯恭王傳》：「遷侍中，數召燕見，問以得失，賞賜恩禮寵異焉。」

【恩情似海】
見「恩深似海」。

【恩人相見，分外眼明；仇人相見，分外眼睜】
恩人見面，特別親切，眼睛明亮；仇人碰面，怒氣橫生，怒目相視。《二刻拍案驚奇》卷三一：「世名打聽在肚裏，曉得在蝴蝶山下經過，先伏在那邊避處了。王俊果然搖搖擺擺獨自一人渡過嶺來。世名正是恩人相見，分外眼明；仇人相見，分外眼睜。看得明白，颼的鑽將過來，喝道：『還我父親的命來！』」也作「恩人相見，分外眼青；仇人相見，分外眼昏」。明・許自昌《水滸記》八齣：「胸中氣，胸中氣鬥牛怒憤；腰間劍，腰間劍虹霓光奮。崗轉疑村飛奔，行行未一程，相逢狹徑。[雜]恩人相見，分外眼青；仇人相見，分外眼昏。『丑拔劍介』怎顧得怒當年螳螂臂逞。」

【恩榮並濟】
見「恩威兼濟」。

【恩若再生】
見「恩同再造」。

【恩山義海】
恩愛像山一樣重，情義似海一般深。形容恩愛情義極其深厚。《初刻拍案驚奇》卷三二：「兩人恩山義海，要做到頭夫妻。」

【恩深愛重】
恩愛情義極為深重。多指夫妻。京劇《白蛇傳》一六場：「素貞與許郎恩深愛重……望求老禪師放他出來，夫妻重聚。」

【恩深法弛】
因恩情深厚關係密切而不執行法紀。《民國通俗演義》一四回：「乃恩深法弛，背道寒盟，瘏口罔聞，剖心難諒。」

【恩深似海】
恩情像大海一般深。《警世通言》卷三二：「海誓山盟，各無他志。眞個：恩深似海恩無底，義重如山義更高。」也作「**恩情似海**」。例前人開山築路，功德如山，恩情似海。

【恩深義重】
恩惠深厚情義重。唐・呂頌《代郭令公謝男尚公主表》：「事出非常，榮加望外，恩深義重，何以克堪；糜軀粉骨，不知所報。」也作「**恩高義厚**」。徽劇《贈劍》：「蒙公主不棄臣陋，恩高義厚。」也作「**情深義厚**」。

【恩甚怨生】
施恩過分，反會招致怨恨。《亢倉子・用道》：「恩甚則怨生，愛多則憎至。」

【恩同父母】
恩情深厚，像父母一樣。《水滸全傳》八三回：「今得太尉恩相，力賜保奏，恩同父母。」

【恩同再生】
見「恩同再造」。

【恩同再造】
恩惠極大，如同重新給予生命。《鏡花緣》三〇回：「求大賢細細診視，可有幾希之望？倘能救其一命，眞是恩同再造。」也作「**恩同再生**」。例陳老師對我而言，是一位恩同再生的救星，我十分的尊敬他。也作「**恩若再生**」。《東周列國志》八一回：「今吾復其社稷，恩若再生。」

【恩威並濟】
見「恩威兼濟」。

【恩威並施】
見「恩威兼濟」。

【恩威並行】
見「恩威兼濟」。

【恩威並用】
見「恩威兼濟」。

【恩威並重】
見「恩威兼濟」。

【恩威並著】
見「恩威兼濟」。

【恩威兼濟】
恩：恩惠，獎賞；威：刑罰，武力威脅；濟：利用。恩惠和刑罰同時施行。指統治者或掌權者同時採用懷柔和高壓兩種手段。清・林則徐《控制鎮篁兵勇並察看各提鎮優劣片》：「臣仍諄囑該鎮道，總須恩威兼濟，嚴而不失之刻，寬而不失之濫，始可常服其心。」也作「**恩威並濟**」。《民國通俗演義》五六回：「……以為恩威並濟，內外兼籌，布置得七平八穩，可以任所欲為了。」也作「**恩榮共濟**」。三國蜀・諸葛亮《答法正書》：「吾今威之以法，法行則知恩；限之以爵，爵加則知榮。恩榮並濟，上下有節。」也作「**恩威並施**」。例他對手下人恩威並施，寬猛並重，部下都很服他。也作「**恩威並行**」。《三國志・吳書・周魴傳》：「賞善罰惡，恩威並行。」也作「**恩威並用**」。《宋史・張咏傳》：「其為政，恩威並用，蜀民畏而愛之。」也作「**恩威並重**」。《宋景詩》一九：「我一向倒是恩威並重，以德服人的。」也作「**恩威並著**」。《隋唐演義》八二回：「詔語恩威並著，懾伏其心，務使可毒拱手降順。」

【恩有重報】
對別人給過的恩惠要重重報答。《醒世姻緣傳》八六回：「素姐道：『若得如此，恩有重報。』」

【恩逾慈母】
逾：越過。恩情超過了慈愛的母親。形容恩情極為深厚。唐・韓愈《御史台上論天旱人饑狀》：「陛下恩逾慈母。」

【恩怨分明】
恩惠和怨恨，界限分明，毫不含糊。《三國演義》五〇回：「某素知雲長傲上而不忍下，欺強而不凌弱；恩怨分明，信義素著。」

【恩怨了了】
了了：清楚。恩惠和怨恨清清楚楚。指對有恩者報了恩，對有怨者報了怨。《聊齋志異・續黃粱》：「恩怨了了，頗快心意。」

【恩重丘山】
見「恩重泰山」。

【恩重如山】
形容恩德如山一般重。《紅樓夢》一一八回：「[紫鵑道]我服侍林姑娘一場，林姑娘待我，也是太太們知道的，實在恩重如山，無以可報。」也作「**恩德如山**」。明・周楫《壽禪師兩生符宿願》：「老夫垂死之命蒙恩人救援，恩德如山，無可圖報。」

【恩重泰山】

恩義比泰山還重。宋・劉攽《次韻孫少述二首》之二：「君恩重泰山，未有毫髮酬。」也作「**恩重丘山**」。丘：大。宋・陳亮《謝曾察院啟》：「上下交攻，命危絲髮；是非隨定，恩重丘山。」

ㄤ

ㄤˊ

【卬首信眉】
卬：通「昂」；信：通「伸」。即昂首伸眉。形容振奮激昂的樣子。宋・朱熹《答汪尚書書》：「隨行逐隊，則有持祿之機；卬首信眉，則有出位之戒。」

【昂昂得意】
見「昂昂自若」。

【昂昂自若】
自若：自如，態度如常不變。形容大模大樣，旁若無人的樣子。《古今小說》卷二五：「三士帶劍立於殿下，昂昂自若。」也作「**昂昂得意**」。《警世通言》卷九：「李白此時昂昂得意，躧襪登褥，坐於錦墩。」也作「**昂然自若**」。例面對敵人的槍口，他大義凜然，昂然自若。也作「**昂然自得**」。宋・歐陽修《與高司諫書》：「今乃不然，反昂然自得，了無愧畏。」

【昂然不動】
昂然：高傲自負的樣子。形容旁若無人，極其傲慢的神態。例朋友三番兩次著人催請，他卻不瞅不睬，昂然不動。

【昂然而入】
見「昂然直入」。

【昂然挺立】
抬頭挺胸地直立著。形容無所畏懼的樣子。例在極端危險的處境中，他始終堅忍不拔，昂然挺立。

【昂然直入】
抬頭挺胸地逕直進入。例他自信滿滿、昂然直入的走進考場，相信一定會有好成績的。也作「**昂然而入**」。《三國演義》六五回：「李恢昂然而入，馬超端坐帳中不動。」

【昂然自得】
見「昂昂自若」。

【昂然自若】
見「昂昂自若」。

【昂首闊步】
昂：抬。抬起頭邁大步前進。①形容精神抖擻，意氣風發。例看到這羣年輕人昂首闊步、朝氣蓬勃的樣子，就覺得國家充滿了希望。②形容大模大樣，態度傲慢。例稍有成績，便沾沾自喜，自謂高人一頭，昂首闊步，作出一副與衆不同的姿態。

【昂首挺胸】
形容鬥志昂揚。例烈士們就義前，面對滅絕人性的敵人，一個個昂首挺胸，堅貞不屈，視死如歸。

【昂首望天】
仰起頭看天。比喻不深入基層接近羣衆，眼光只是向上看。例要眼睛向下，接近羣衆，注重實踐，不能只是昂首望天。

【昂頭天外】
仰頭望著天邊。形容態度傲慢。例有的人終日無所事事，只是昂頭天外，評東論西，指手劃腳。

ㄤˋ

【盎盂相擊】
見「盎盂相敲」。

【盎盂相敲】
盎、盂：古代兩種器皿。盎腹大斂口；盂敞口。比喻家中口角之爭。《聊齋志異・青蛙神》：「且盎盂相敲，皆臣所爲，無所涉於父母。」也作「**盎盂相擊**」。《兒女英雄傳》三一回：「只就他夫妻三個這番外面情形講，此後自然該益發合成一片性情，加上幾番伉儷，把午間那番盎盂相擊化得水乳無痕。」

ㄦ

ㄦˊ

【兒不嫌母醜，犬不嫌主貧】
比喻親骨肉之間不會互相嫌棄。明・徐畛《殺狗記》一六齣：「吳忠曾聞古人言：『兒不嫌母醜，犬不嫌主貧。』我員外不知爲何把小官人趕將出去，我聽得沒處安身，卻在城南破瓦窟中權歇。」

【兒大不由爺，女大不由娘】
兒女長大，不再聽父母的話。例王大伯想想他那不聽話的兒子，不由想起「兒大不由爺，女大不由娘」這句話。也作「**兒大不由爺**」、「**兒大不由娘**」。

【兒皇帝】
指聽命於人的傀儡皇帝。五代時，石敬瑭勾結契丹，建立後晉，對契丹主自稱兒皇帝。例溥儀在日軍侵華期間，爲僞滿洲國傀儡政權「執政」，充當日本帝國主義的兒皇帝。

【兒女成行】
兒女排成行。形容兒女多。明・袁宏道《述內》：「富貴欲來官已休，兒女成行田又少。」

【兒女多來冤業多】
冤業：冤孽。兒女多，家庭矛盾就多。元・無名氏《藍采和》三折：「[俏秀才]再不聽耳邊廂焦焦聒聒，兒女是金枷玉鎖，道不的兒女多來冤業多。閒時節手執著板，悶來時口揚著歌，誰似我快活。」

【兒女夫妻】
從小一塊長大的原配夫妻。元・無名氏《水仙子》曲：「打時節留些遊氣，罵時節存些面皮，可憐見俺是兒女夫妻。」

【兒女情長】

見「兒女情長，英雄氣短」。

【兒女情長，英雄氣短】

沉溺於男女戀情，英雄的雄心也不免被磨光。《宋史演義》四六回：「古人說得好：『兒女情長，英雄氣短。』自古以來，無論什麼男兒好漢，鋼鐵心腸，一經嬌妻美妾朝訴暮啼，無不被他熔化。」也作「**英雄氣短，兒女情長**」。

【兒女情多】

見「兒女情多，風雲氣少」。

【兒女情多，風雲氣少】

風雲：比喻變幻動蕩的局勢。①男女相愛、親情依戀的感情多，胸懷大局的氣概少。南朝梁·鍾嶸《詩品·中·晋司空張華》：「[華]巧用文字，務為妍冶。雖名高曩代，而疏亮之士，猶恨其兒女情多，風雲氣少。」也作「**兒女情多**」。唐·盧照鄰《五悲文·悲窮通》：「項羽帳中之飲，荊卿易水之歌，何壯夫之儒節，伊兒女之情多。」也作「**風雲氣少，兒女情多**」。②比喻文藝作品中愛情題材多，社會鬥爭題材少。清·劉熙載《藝概·詞曲概》：「齊、梁小賦、唐末小詩、五代小詞，雖小卻好，蓋所謂『兒女情多，風雲氣少』也。」

【兒女私情】

見「兒女之情」。

【兒女相】

小孩扭捏害羞的樣子。比喻做事不痛快果斷，如小兒女扭捏作態。例一個男子漢做事哪能這樣兒女相？讓人看不起。

【兒女心腸】

兒女：青年男女。青年男女的溫柔、善良和深情。《兒女英雄傳》緣起首回：「殊不知有了英雄至性，才成就得兒女心腸。」張恨水《啼笑姻緣》一六回：「秀娘這個人，秉著兒女心腸，卻有英雄氣概。」

【兒女英雄】

指既年輕有為又有豐富感情的英雄人物。《兒女英雄傳》緣起首回：「縱橫九萬里，上下五千年，求其兒女英雄，一身兼備的，也只見得兩個。」

【兒女之情】

男女相愛之情。《警世通言》卷一二：「孩兒今已離塵奉道，豈復有兒女之情。」也作「**兒女私情**」。《紅樓夢》五回：「幸生來，英豪闊大寬宏量，從未將兒女私情，略縈心上。」

【兒女之債】

舊稱對兒女教養、婚嫁等事所擔負的責任。元·高則誠《琵琶記·丞相教女》：「看待父母心，婚姻事，須要早諧，勸相公早畢兒女之債。」也作「**兒孫債**」。元·侯克中《艮齋詩集·自憐》：「幾時還卻兒孫債，江北江南汗漫遊。」

【兒孫債】

見「兒女之債」。

【兒孫自有兒孫福，莫與兒孫作馬牛】

子孫後代各有自己的福分，長輩不必為他們當牛作馬，操心代勞。《警世通言》卷二：「儒、道、釋三教雖殊，總抹不得孝弟二字。至於生子生孫，就是下一輩事，十分周全不得了。常言道得好：『兒孫自有兒孫福，莫與兒孫作馬牛。』」也作「**兒孫自有兒孫算，枉與兒孫作馬牛**」、「**兒孫自有兒孫計，莫與兒孫作馬牛**」。

【兒童過年——又吃又喝】

指有吃有喝，過得頂快活。例啊！你們在這裏像兒童過年——又吃又喝，完全忘記了我這個忍飢挨餓的老伙伴啦！

【兒童相見不相識，笑問客從何處來】

孩子們見了我都不認識，笑著問：「客人您那裏來？」指長期在外飄泊謀生，剛回到故鄉時抒發久客傷老之情。唐·賀知章《回鄉偶書二首》詩：「少小離家老大回，鄉音無改鬢毛衰。兒童相見不相識，笑問客從何處來？」

【兒忤逆是爺不是】

忤逆：不孝順；爺：父親。兒子不孝順是父親的過錯。元·鄭廷玉《金鳳釵》四折：「咱人家子不孝是父不慈，咱人家兒忤逆是爺不是。兒啊！我怎肯教你替死休，寧肯爺做事爺當事。」

【兒要自養，穀要自種】

兒子要親自撫育，糧食要親自栽種。比喻做事情要自己拿主意。例現在有許多父母工作忙碌，就把自己的小孩交給保母或育嬰中心照顧，殊不知「兒要自養，穀要自種」的道理，其實是非常重要的。

【兒子成親父做壽——好事成雙】

比喻好事情雙雙而至。例恭喜！恭喜，你甫榮獲傑出青年獎，又升了官，眞是俗話說的：「兒子成親父做壽——好事成雙。」也作「**中了狀元招駙馬——好事成雙**」。

【兒子打老子——情理難容】

指從人情和事理兩方面都難以寬容。例他欺侮一個孤苦伶仃的老人，眞是兒子打老子——情理難容。

【兒子娶妻女嫁人——大事完畢】

舊時納媳嫁女是做父母最重大的任務。比喻重要的事情已經了結。例今年可以說是兒子娶妻女嫁人——大事完畢了，應該坐下來學習業務、總結經驗了。

【兒作的兒當，爺作的爺當】

即使是父子之間，各人的責任各自承當。《小五義》一〇二回：「大宋的規矩，家無全犯，兒作的兒當，爺作的爺當。」

【而今而後】

而：助詞。從今以後。唐·高適《陳留郡上源新驛記》：「而今而後，吾以無事為事焉。」也作「**自從以往**」。

【而立之年】

三十歲的代稱。《論語·為政》：「子

曰：『吾十有五而志於學，三十而立，四十而不惑。』」魯迅《華蓋集・導師》：「凡自以爲識路者，總過了『而立之年』，灰色可掬了，老態可掬了，圓穩而已，自己卻誤以爲識路。」

ㄦˇ

【爾曹身與名俱滅，不廢江河萬古流】

爾曹：你們這夥人。你們這夥譏笑人的傢伙身與名俱消逝了，而他們卻像長江、黃河一樣萬古長流，永世長存。指詆毀英才的庸人，自己消失了，絲毫無礙於英才萬古流芳。唐・杜甫《戲爲六絕句》詩之二：「王楊盧駱當時體，輕薄爲文哂未休。爾曹身與名俱灰，不廢江河萬古流。」

【爾汝交】

見「爾汝之交」。

【爾汝之交】

爾汝：古人彼此以爾汝相稱，表示親暱，不拘行跡；交：交情。指不拘行跡，不拘年齡輩分的親密友誼。南朝宋・劉義慶《世說新語・言語》：「禰衡被魏武謫爲鼓吏」注引《文士傳》：「[衡]少與孔融作爾汝之交，時衡未滿二十，融已五十。」也作「**爾汝交**」。元・辛文房《唐才子傳・鮑溶》：「與李端公益少同袍，爲爾汝交。」

【爾爲爾，我爲我】

爾：你。你是你，我是我。表示彼此界限分明。《孟子・公孫丑上》：「爾爲爾，我爲我，雖袒裼裸裎於我側，爾焉能浼我哉！」

【爾雅溫文】

舉止文雅，態度溫和。明・張岱《石匱書後集・四九・張家玉》：「家玉爾雅溫文，貌若婦人，然中懷剛毅，大節不移。」也作「**溫文爾雅**」。

【爾虞我詐】

見「爾詐我虞」。

【爾詐我虞】

詐、虞：欺騙。你詐騙我，我欺騙你。指互相玩弄欺詐手段。《左傳・宣公十五年》：「宋及楚平，華元爲質。盟曰：『我無爾詐，爾無我虞。』」晉・杜預注：「楚不詐宋，宋不備楚。」例「團結必須是眞正的團結，爾詐我虞是不行的。」也作「**爾虞我詐**」。例他們這一夥人表面上親親熱熱，稱兄道弟，實際上勾心鬥角，爾虞我詐。

【邇安遠懷】

邇：近；安：安全，穩定；懷：安撫。近處得到安定，遠處得到安撫。指使遠近百姓都能安居樂業。《民國通俗演義》五五回：「至德所覆，邇安遠懷。」

【耳報神】

指通風報信的人。《紅樓夢》四七回：「這又不知是來做耳報神的，也不知是來做探子的！鬼鬼祟祟，倒唬我一跳。」

【耳邊風】

從耳邊吹過去的風。比喻聽後不放在心上的話。宋・陳亮《與鄭景元提乾》：「亮視此等事已如耳邊風。」也作「**耳邊之風**」。《醒世姻緣傳》七七回：「誰知相主事拿定主義，只是不理，憑他撒騷放屁，只當耳邊之風。」也作「**耳旁風**」。《紅樓夢》八回：「我平日和你說的，全當耳旁風；怎麼他說了你就依，比聖旨還快呢！」

【耳邊清淨】

見「耳根清淨」。

【耳邊之風】

見「耳邊風」。

【耳鬢廝磨】

鬢：鬢角，面頰兩邊近耳處；廝：互相；磨：摩擦。兩人的耳朵和鬢角相互摩擦。形容親密相處的情景。《紅樓夢》七九回：「寶玉思及當時姊妹，耳鬢廝磨，從今一別，縱得相逢，必不得似先前這等親熱了。」也作「**耳鬢撕磨**」。《孽海花》八回：「[雯青]順手拉了彩雲的手，耳鬢撕磨的端相的不了。」也作「**耳鬢相磨**」。清・沈復《浮生六記》卷一：「自此耳鬢相磨，親同形影，愛戀之情有不可以言語形容者。」

【耳鬢撕磨】

見「耳鬢廝磨」。

【耳鬢相磨】

見「耳鬢廝磨」。

【耳不旁聽】

耳朵不往旁邊聽。形容注意力集中。《紅樓夢》四八回：「因見他姐妹們說笑，便自己走到階下竹前，挖心搜膽的耳不旁聽，目不別視。」

【耳不忍聞】

聞：聽。耳朵不忍去聽。形容聲音淒慘。例那些捕狗隊的人用鐵絲綁住野狗的脖子，以致他們發出淒厲的叫聲，讓人耳不忍聞。

【耳不聞，心不亂】

不聽那些討厭的話，心裏就不會煩悶。茅盾《三人行》八：「許忍不住先開口了：『耳不聞，心不亂。惠，是麼？——這是你關門的目的。』」也作「**耳不聽爲淨**」。例如果你不想加入辦公室中任何一個小團體，當他們在對你嚼舌根時，耳不聽爲淨是最好的方法。

【耳聰目明】

聰：聽覺靈敏；明：視力好。形容頭腦清楚，眼光敏銳。漢・焦延壽《易林・臨之需》：「重瞳四乳，耳聰目明，普爲仁表，聖作元輔。」也作「**耳目聰明**」。《禮記・樂記》：「故樂行而倫淸，耳目聰明，血氣和平，移風易俗，天下皆寧。」也作「**目明耳聰**」。

【耳得之而爲聲，目遇之而成色】

耳朵聽到就成爲悅耳的聲音，眼睛看到就成爲好看的顏色。指大自然景物是很好的欣賞對象，取之不盡的創作素材。宋・蘇軾《前赤壁賦》：「惟江上之淸風與山間之明月，耳得之而爲聲，目遇之而成色。取之無禁，用之不竭。」

【耳朵不離腮】

比喻關係十分密切。《歧路燈》三〇回：「您是一城人，耳朵不離腮，他只向您，肯向我嗎？」

【耳朵漏風——聽不進】

比喻不聽勸告。例朋友們苦口婆心，再三勸告，不要重犯過去的錯誤。可是，你就是耳朵漏風——聽不進，愈演愈烈，以致鑄成今日的大錯。也作「**牆上耳朵——聽不進**」。

【耳朵起繭】

繭：趼子，硬皮。耳朵起了趼子。形容聽得次數多，極爲厭煩。魯迅《故事新編・理水》：「大家略有一點興奮，但又很淡漠，不大相信，因爲這一類不甚可靠的傳聞，是誰都聽得耳朵起繭了的。」也作「**耳朵都磨起繭了**」。

【耳朵軟】

比喻缺乏主見，容易聽信別人的話。例這人耳朵軟，別人說什麼，他信什麼。也作「**耳根子軟**」。

【耳朵塞雞毛】

形容沒聽見或聽不進話去。例你耳朵塞雞毛了？外邊吵翻了天，你倒自個兒在這兒悶頭看書！

【耳朵塞套子——裝聾】

比喻假裝聽不見。例在一些重大的問題上儘管反覆强調，你都耳朵塞套子——裝聾，難怪大家對你有意見。也作「**耳朵塞牛毛——裝聾**」。

【耳朵上掛小鼓——打聽打聽】

比喻探問消息。多指跟對方無關的事情。例聽說有人在籌辦一個文化公司，你耳朵上掛小鼓——打聽打聽去，看他們是否需要合作者。也作「**耳朵上掛板子——打聽打聽**」、「**耳朵挨板子——打聽**」。

【耳而目之】

耳朵聽見了，眼睛也看見了。形容同時聽到看到。《呂氏春秋・知度》：「吾攀登也，已耳而目之矣。登所攀，吾又耳而目之，是耳目人終無已也，遂不復問，而以爲中大夫。」

【耳根乾淨】

見「耳根淸淨」

【耳根淸淨】

耳邊沒有打擾。形容身邊安靜，聽不到嘈雜的聲音。《水滸全傳》七回：「都到外面看時，果然綠楊樹上一個老鴉巢。衆人道：『把梯子上去拆了，也得耳根淸淨。』」也作「**耳邊淸淨**」。《醒世恆言》卷九：「朱世遠與陳靑肺腑之交，原不肯退親。另爲渾家絮聒不過，所以巴不得撒開，落得耳邊淸淨。」也作「**耳根乾淨**」。淸・酌元亭主人《照世杯・百和坊將無作有》：「說一件，准一件，只圖耳根乾淨，面前淸潔便罷了。」

【耳紅面赤】

耳朵和臉都紅了。形容情緒激動、害羞或過分用力時的臉色。《說岳全傳》六一回：「倪完吃了一驚，不覺耳紅面赤。」也作「**面紅耳赤**」。

【耳後的疙瘩——沒人理會】

比喻問題小，不引起人們的注意。例關於防治污染的問題，他雖在會上大聲疾呼，仍然是被看成耳後的疙瘩——沒人理會。

【耳後生風】

形容驅馳快速或劇烈運動後的快感。《梁書・曹景宗傳》：「[景宗曰]我昔在鄉里，騎快馬如龍，與年少輩數十騎……覺耳後生風，鼻頭出火，此樂使人忘死，不知老之將至。」

【耳聾眼黑】

耳朵聽不到聲音，眼睛看不到東西。形容人受到强大的聲響震動或極大的精神刺激時的感覺。例身邊的一聲巨響，震得他耳聾眼黑，半天也無法恢復過來。

【耳聾眼花】

耳朵聽不見，看東西模糊不淸。多指年老體衰的人聽力、視力衰退。《醒世姻緣傳》九〇回：「晁夫人又不頭疼腦熱，又不耳聾眼花……喜喜笑笑，那像一個將要不好的人。」

【耳聾眼瞎】

耳朵聽不見，眼睛看不見。①指年老病殘之人失去聽覺、視覺。例他年輕時得了一場大病，才變成如今這樣耳聾眼瞎的。②形容人的知覺極爲遲鈍。《醒世姻緣傳》六回：「那個昏大官人就像耳聾眼瞎的一般。」

【耳滿鼻滿】

耳朵鼻子都滿了。形容聽得次數多，熟極了。元・關漢卿《救風塵》三折：「你在南京時，人說你周舍名字，說的我耳滿鼻滿的，則是不曾見你。」

【耳鳴目眩】

鳴：叫；眩：暈。耳朵作響，兩眼眩暈。形容病態或精神受到極大刺激時的感覺。《民國通俗演義》七八回：「忽覺耳鳴目眩，支持不住。」

【耳目聰明】

見「耳聰目明」。

【耳目導心】

耳目：視聽；導：引起，影響。指耳目的欲望可以導致心靈的善惡。《孔子家語・好生》：「小人以耳目導心。」

【耳目非是】

耳目：耳朵、眼睛，指面容、聲色；是：指示代詞，這樣。指面色、聲音變化，與正常情況不同。《漢書・南粤王傳》：「見耳目非是，即趨出。」

【耳目更新】

更：改變。聽到的和看到的都變成了新樣子。《魏書・元鑒傳》：「[高祖]下詔褒美，班之天下，一如鑑所上。齊人愛咏，咸曰耳目更新。」

【耳目股肱】

股：大腿；肱：胳膊上從肩到肘的部

分，也泛指胳膊。比喻輔佐的人，也指親近信任、辦事得力的人。唐・吳兢《貞觀政要・政體》：「然耳目股肱，寄于卿輩……事有不安，可極言勿隱。」

【耳目喉舌】

喉舌：泛指說話的器官。比喻宣傳方針政策，搜集、了解情況的工具。例報紙是黨的耳目喉舌。

【耳目濡染】

見「耳濡目染」。

【耳目所及】

所及：能夠達到之處。耳朵能聽到的，眼睛能看到的。指最切近的、最容易接觸到的。宋・歐陽修《明妃曲》：「耳目所及尚如此，萬里安能制夷狄。」

【耳目心腹】

比喻親信的人。清・紀昀《閱微草堂筆記・如是我聞一》：「如善其便捷，任以耳目心腹，未有不倒持干戈，授人以柄者。」

【耳目新】

見「耳目一新」。

【耳目一新】

聽到的和看到的都感到新鮮。《兒女英雄傳》二二回：「如今一上船，便覺得另是一般風味，耳目一新。」也作「**耳目新**」。唐・白居易《天宮閣早春》：「天宮高閣上何頻？每上令人耳目新。」也作「**一新耳目**」。

【耳目昭彰】

耳目：指視聽；昭彰：明顯。清清楚楚地看見聽到。形容事情明顯，人們了解得很清楚，無法隱藏。《好逑傳》：「卻說刑部審問過，見耳目昭彰，料難隱瞞，十分為過學士不安，只得會同禮臣復奏一本。」

【耳目之官】

官：官能。①指視聽功能。《孟子・告子上》：「耳目之官，不思而蔽於物，物交物，則引之而已矣。」②舊指君主親近侍從的臣子。後專稱御史。《尚書・冏命》：「爾無昵于憸人，充耳目之官，迪上以非先王之典。」也作「**耳目官**」。《新唐書・韓思彥傳》附韓琬：「[琬曰]御史乃耳目官，知而不言，尚何賴？」

【耳目之司】

耳目：視聽；司：主持，掌管。掌管視聽的官員。指輔佐或親信的人。《剪燈餘話・泰山御史簿》：「顧茲耳目之司，實荷聰明之寄。」

【耳目之欲】

耳朵願聽，眼睛願看的。指人在聽覺和視覺方面的慾望。漢・東方朔《非有先生論》：「務快耳目之欲，以苟客為度。」

【耳目眾多】

耳目：指刺探消息的人。探聽消息的人很多。形容容易被發覺，難於保密。《三俠五義》一六回：「只是目下耳目眾多，恐有洩漏，實屬不便。」

【耳旁風】

見「耳邊風」。

【耳熱酒酣】

酣：飲酒盡興，痛快。喝酒喝得耳朵發熱，十分暢快。宋・陸游《劍南詩稿・卷八・城東馬上作》：「手柔弓燥獵徒喜，耳熱酒酣詩興六生。」

【耳熱眼花】

耳朵發熱，眼睛發花。形容酒喝多了的感覺。南朝梁・簡文帝《箏賦》：「耳熱眼花之娛，千金萬年之壽。」

【耳濡目染】

濡：沾濕；染：沾染。耳朵聽多了，眼睛見多了，不知不覺就會受到影響。宋・朱熹《與汪尚書書》：「耳濡目染，以陷溺其良心而不自知。」也作「**耳目濡染**」。宋・樓鑰《攻媿集・二・送從弟叔韶尉東陽》：「吾家有素風，耳目久濡染。」也作「**耳習目染**」。老舍《四世同堂》一：「老人自幼生長在北平，耳習目染的和旗籍人學了許多規矩禮路。」

【耳軟心活】

形容沒有主見，容易相信別人的話。《紅樓夢》七七回：「那司棋也曾求了迎春，實指望能救，只是迎春語言遲慢，耳軟心活，是不能作主的。」

【耳塞棉花，口貼封條——裝聾作啞】

假裝耳聾口啞。比喻置身事外，不聞不問。例這樣驚天動地的大事，你竟然說不知道，我看耳塞棉花，口貼封條——裝聾作啞吧！

【耳食不化】

耳食：以耳吞食。指不加思考，就輕信聽來的話。例你不要耳食不化，這些說法都是沒有根據的。

【耳食目論】

耳食：比喻不加思考，輕信傳聞。《史記・六國年表・序》：「學者牽於所聞，見秦在帝位日淺，不察其終始，因舉而笑之，不敢道，此與以耳食無異。」唐・司馬貞《索隱》：「言俗學淺識，舉而笑秦，此猶耳食不能知味也。」目論：比喻見識短淺。《史記・越王句踐世家》：「今王知晋之失計，而不自知越之過，是目論也。」《索隱》：「言越王知晋之失，不自覺越之過，猶人眼能見豪毛而自不見其睫，故謂之『目論』也。」後用「耳食目論」比喻輕信別人的話，見解淺陋。清・王韜《淞隱漫錄・三・藥娘》：「世徒知寶宋版書，視若拱璧，空使觸手若新，曷嘗細心自校？此真耳食目論之士也，雖多，奚足貴哉！」

【耳食者流】

見「耳食之徒」。

【耳食之見】

耳食：比喻不加思考，輕信傳聞；見：看法，主張。指沒有確鑿根據，狹隘淺陋的見解。清・陳廷焯《白雨齋詞話》一四四：「只用數字盤旋唱嘆，而情事畢現，神乎技矣！世第賞其『梅子黃時雨』一章，猶是耳食之見。」

【耳食之論】
論：言論。指僅是聽來的言論，沒有確鑿根據，見解淺陋。清・趙翼《甌北詩話》卷二：「謂李太白全乎天才，杜子美全乎學力，此眞耳食之論也。」也作「**耳食之談**」。魯迅《詩歌之敵》：「如果我們能夠看見羅馬法皇宮中的禁書目錄，或者知道舊俄國教會裏所詛咒的人名，大概可以發見許多意料不到的事罷，然而我現在所知道的卻都是耳食之談，所以竟沒有寫在紙上的勇氣。」也作「**耳食之言**」。清・袁枚《隨園詩話》卷四：「今人論詩，動言貴厚而賤薄，此亦耳食之言。」

【耳食之談】
見「耳食之論」。

【耳食之徒】
指不仔細審察，輕信傳聞的人。明・沈德符《萬曆野獲編・八・籍沒古玩》：「但此後黠者，僞詐半印，以欺耳食之徒，皆出蘇人與徽人伎倆。」也作「**耳食者流**」。例他這個耳食者流，常常道聽塗說，信以爲眞。

【耳食之學】
用耳朵吃進去的學問。指道聽途說得來，沒有經過消化的膚淺見識。例這一點耳食之學，眞不該到處吹噓。

【耳食之言】
見「耳食之論」。

【耳視目食】
用耳朵看，用眼睛吃。比喻處事主次錯亂，本末倒置，所追求的不切實用。宋・司馬光《迂書・官失》：「世之人不以耳視而目食者，鮮矣……衣冠所以爲客觀也，稱體斯美矣；世人捨其所稱，聞人所尚而慕之，豈非以耳視者乎！飲食之物所以爲味也，適口斯善矣；世人取果餌而刻鏤之、朱綠之，以爲盤案之玩，豈非以目食者乎！」

【耳視目聽】
用耳朵看，用眼睛聽。指聽不一定用耳朵，看不一定用眼睛，視、聽等感覺都由精神主宰，可以不受耳、目等器官的限制，這是古代道家修養的一種境界。《列子・仲尼》：「老聃之弟子有亢倉子者，得聃之道，能以耳視而目聽。」

【耳熟能詳】
聽熟了，就能詳盡地說出來。孫中山《心理建設》四章：「近代世界新成之運河，不一而足，其最著而爲吾國人耳熟能詳者，爲蘇伊士與巴拿馬是也。」

【耳順之年】
六十歲的代稱。《論語・爲政》：「六十而耳順，七十而從心所欲，不踰矩。」《疏》：「順，不逆也。耳聞其言則知其微旨而不逆也。」《漢書・蕭望之傳》：「至乎耳順之年，履折沖之位，號至將軍，誠士之高致也。」

【耳提面誨】
見「耳提面命」。

【耳提面命】
命：命令，指示。提著耳朵叮囑，當面教導。形容教誨懇切。《詩經・大雅・抑》：「匪手攜之，言示之事；匪面命之，言提其耳。」清・李漁《笠翁劇論・結構》：「即有一種文字之法脈准繩，載之於書者，不異耳提面命，獨于塡詞制曲之事，非但略而未詳，亦且置之不道。」也作「**耳提面誨**」。明・王守仁《諫迎佛疏》：「佛能方便說法，開悟羣迷……然必耳提面誨而後能。」也作「**耳提面訓**」。也作「**提耳面命**」、「**面命耳提**」。

【耳提面訓】
見「耳提面命」。

【耳聽八方】
八方：東、西、南、北、東南、東北、西南、西北，泛指周圍、各地。耳朵能同時聽到來自八個方面的聲音。形容人機警靈敏，能夠及時了解周圍的動靜、變化。例一個優秀的偵察員，必須能夠眼觀六路，耳聽八方。也作「**耳聽八方，眼觀四面**」。

【耳聞不如目見】
聞：聽見。聽到的不如親眼看見的更眞實可靠。《魏書・崔浩傳》：「耳聞不如目見，吾曹目見，何可共辨！」也作「**耳聞不如親見**」。北魏・酈道元《水經注・江水》：「陜中水疾，悉以臨懼，相戒曾無稱山水之美，及余踐躋于此，始欣然佀之，耳聞不如親見也。」也作「**耳聞不如眼見**」。例耳聞不如眼見，我們還是先去看看再作決定吧。

【耳聞不如親見】
見「耳聞不如目見」。

【耳聞不如眼見】
見「耳聞不如目見」。

【耳聞目睹】
聞：聽見；睹：看見。耳朵聽見，眼睛看見。魯迅《一件小事》：「其間耳聞目睹的所謂國家大事，算起來也很不少。」也作「**耳聞目見**」。北齊・顏之推《顏氏家訓・歸心》：「夫信謗之徵，有如影響；耳聞目見，其事已多。」也作「**耳聞眼睹**」。元・秦簡夫《東堂老》楔子：「老夫耳聞眼睹，非止一端，因而憂悶成疾。」也作「**耳聞目擊**」。擊：接觸。宋・劉克莊《回劉汀洲書》：「……皆耳聞目擊，一旦因賢嗣顯揚之請，遂得附名驥尾，以昭不朽，豈非幸歟！」也作「**目睹耳聞**」、「**目見耳聞**」、「**目擊耳聞**」。

【耳聞目擊】
見「耳聞目睹」。

【耳聞目見】
見「耳聞目睹」。

【耳聞是虛，眼見是實】
耳朵聽見的靠不住，親眼看見才實在。清・李漁《蜃中樓》五出：「[淨]你兄弟一生不敢欺人，聽得他父親是這等講，其實不曾見過。[外冷笑介]自古道：『耳聞是虛，眼見是實。』況且爲父的，怎肯說兒子不好。」也作「**耳聽是虛，眼看爲實**」、「**耳聞是假，目見始眞**」。

【耳聞眼睹】

見「耳聞目睹」。

【耳聞則誦】

耳朵聽過就能夠背誦。形容記憶力極強。《晉書・苻融載記》：「融聰辯明慧……耳聞則誦，過目不忘。」

【耳習目染】

見「耳濡目染」。

【見下斗般牛】

見「耳虛聞蟻」。

【耳限於所聞，則奪其天聰；目限於所見，則奪其天明】

耳朵只限於所聽到的事情，天生的聽力就會減弱；眼睛只限於看眼前的事物，天生的目力就會下降。指不廣泛地接觸事物，只局限於自己的所見所聞，就會妨害本來具有的聰明才智的發展。明・王夫之《讀通鑑論》卷十：「人皆可以爲善者，性也。其有必不可使之爲善者，習也。習之於人大矣。耳限於所聞，則奪其天聰；目限於所見，則奪其天明。」

【耳虛聞蟻】

形容體虛意幻。南朝宋・劉義慶《世說新語・紕漏》：「殷仲堪父病虛悸，聞床下蟻動，謂是牛斗。」宋・蘇軾《次韻樂著作野步》：「眼暈見花眞是病，耳虛聞蟻定非聰。」也作「**耳下斗般牛**」。唐・韋莊《賊中與蕭韋二秀才同臥重疾二君尋愈余獨加焉恍惚之中因有題》詩：「胸中疑晋豎，耳下斗殷牛。」也作「**般牛在耳**」、「**床下聞牛**」、「**床頭斗蟻**」。

【耳檐兒當不的胡帽】

耳檐：冬天用的耳套；胡帽：氈帽。比喻東西各有用處，一樣代替不了另一樣。元・無名氏《漁樵記》二折：「朱買臣，巧言不如直道，買馬也索糴料，耳檐兒當不的胡帽，牆底下不是避雨處；你也養不活過我來。」

【耳之欲五聲，目之欲五色，口之欲五味，情也】

欲：慾望，欲念，需要。聽悅耳的音樂，看悅目的色彩，吃爽口的美味，是人之常情。《呂氏春秋・情欲》：「耳之欲五聲，目之欲五色，口之欲五味，情也。此三者，貴賤、愚智、賢不肖欲之若一，雖神農、黃帝，其與桀、紂同。」

【耳屬於垣】

屬：附著；於：介詞，在；垣：牆。耳朵貼在牆上偷聽。《詩經・小雅・小弁》：「莫高匪山，莫浚匪泉，君子無易由言，耳屬於垣！」也作「**屬垣有耳**」。

【餌名釣祿】

餌：引誘；釣：誘取；祿：俸祿，古代官吏的俸給。誘取名聲俸祿。形容採取某些手段謀取官職俸祿。後也形容謀取名譽和財物。《紅樓夢》七三回：「更有時文八股一道，因平素深惡，說這原非聖賢制撰，焉能闡發聖賢之奧，不過是後人餌名釣祿之階。」

【餌鼠以蟲，非愛之也】

《墨子・魯問》：「魯君謂子墨子曰：『我有二子，一人者好學，一人者好分人財，孰以爲太子而可？』子墨子曰：『未可知也。或以爲賞與爲是也。釣者之恭，非爲魚賜也；餌鼠以蟲，非愛之也。吾願主君之合其志功而觀焉。』」後以「餌鼠以蟲」指看問題不要注意表面而著眼於實質。

【珥金拖紫】

珥：插；金：金印；拖：曳引；紫：紫色綬帶。佩服金印紫綬。指高官顯宦。南朝梁・蕭統《與明山賓令》：「明祭酒雖出撫大藩，擁旄推轂，珥金拖紫，而恆事屢空。」

ㄦˋ

【二八佳人】

二八：十六歲；佳人：美女。舊指年輕美貌的女子。宋・蘇軾《李鈐轄座上分題戴花》：「二八佳人細馬馱，十千美酒渭城歌。」也作「**二八女郎**」。《聊齋志異・瞳人語》：「見車幔洞開，內坐二八女郎，紅妝艷麗。」

【二八女郎】

見「二八佳人」。

【二八月的天氣——忽冷忽熱】

二八月：指夏曆的二月和八月。比喻情緒不穩定，時而積極，時而消極。例對待工作，對待朋友，應保持一貫熱情的態度，不能像二八月的天氣——忽冷忽熱。也作「**二八月的天氣——一冷一熱**」。

【二八月的莊稼——青黃不接】

二八月：夏曆的二月和八月，陳糧多已吃完，莊稼沒有成熟，造成暫時的虧空。比喻人力、物力暫時難以爲繼。例今年南部發生了多次水災，造成農田淹水，蔬果像二八月的莊稼——青黃不接的現象。

【二把刀】

比喻學問功夫不到家。例這棘手的問題不能找他，他只不過是個二把刀。

【二把刀的丈夫——殺人不見血】

二把刀：指對某項工作知識不足、技術不高。比喻暗中用陰險殘忍的手段害人。例卜世人在地方上，稱王稱霸，施展陰險毒辣的手段，搶掠、殘害市民，是一個二把刀的丈夫——殺人不見血的壞傢伙。也作「**袖裏藏刀——殺人不露鋒**」。

【二把手】

喻指負次要責任的副手。例你別看他是個二把手，可是掌握財經大權，比一把手說話還管用。

【二百五】

過去銀子以五百兩爲一封，二百五爲半封，諧音「半瘋」。比喻爲人處事不通事理、魯莽從事。例你和他合夥做生意還能不賠嗎？他是有名的二百五！

【二鮑糾慝】

二鮑：後漢鮑永、鮑恢；糾：糾正；慝：邪惡。二鮑追究彈劾權貴的不法行徑。泛指揭發貪官污吏。《後漢書・鮑永傳》：「帝叔父趙王良尊戚貴重，永以事劾良大不敬；由是朝廷肅然，莫不戒慎。乃辟扶風鮑恢爲都官從事，恢亦抗直不避彊御。帝常曰：『貴戚且宜斂手以避二鮑。』其見憚如此。」

【二碑記功】

用兩塊碑石記載功績。指爲自己張揚聲名，樹碑立傳。《晉書・杜預傳》：「預好爲後世名，常言：『高岸爲谷，深谷爲陵。』刻石爲二碑，紀其勛績，一沈萬山之下，一立峴山之上，曰：『焉知此後不爲陵谷乎？』」

【二餅碰八萬——斜不對眼】

二餅、八萬：均麻將牌牌名，前者上有餅形的兩個圈，屬餅子類；後者上有八萬的字樣，屬萬字類，兩者不能合在一起。比喻彼此不服氣，互相看不起。例他倆多年來，一直是二餅碰八萬——斜不對眼，很難在一起工作。

【二朝廷】

比喻有權勢的地方勢力。例仰仗姑丈是個高官，他在地方上飛揚跋扈，私設公堂，魚肉鄉里，百姓怒不敢言，呼之爲二朝廷。

【二尺半】

舊時軍人穿的棉大衣長約二尺半，後以二尺半泛指軍裝。例孩子，你能穿上這二尺半可不容易呀！到部隊上一定要好好工作呀！

【二尺長的吹火筒——只有一個心眼】

吹火筒：吹氣使火燒得更旺的管狀用具，多爲竹子製成。雙關語。比喻一心一意。例聽了企畫部經理介紹之後，大家得出了這樣一個結論：她做任何事情，都是二尺長的吹火筒——只有一個心眼，向著公司，很少爲個人打算。

【二齒鉤子撓癢——是把硬手】

二齒鉤子：有兩個鐵齒的耙子。比喻是把能手。例你眞有眼力，選中了張莉，她就像二齒鉤子撓癢——是把硬手。也作「**二齒鉤撓癢癢——硬手**」、「**二齒鉤子撓癢癢——也算把硬手**」、「**二齒鉤子撓癢癢——響當當的硬手**」。

【二次三番】

番：回，次。指連續多次。《兒女英雄傳》四○回：「他二次三番的邀我去逛逛。」也作「**三番兩次**」。

【二大媽的針線籃子——雜七碎八的】

二大媽：泛指比較年長的婦女。比喻非常零亂。例你別見笑，我這間斗室，就像二大媽的針線籃子——雜七碎八的，一點也不整潔。

【二大娘腫臉——更難看】

想像中的二大娘長得醜，腫了臉就更不好看了。比喻更加丟臉。例昨天，工作會議沒參加，被點了名；今天又請假。再鬧下去的話，二大娘腫臉——更難看啦。

【二帝三王】

二帝：唐堯、虞舜；三王：夏禹、商湯、周文王（一說周文王和武王）。指古代聖明的君主。唐・韓愈《送浮屠文暢師序》：「如吾徒者，宜當告之以二帝三王之道。」

【二而一】

兩者實際是同一回事。例工作與進修可以是二而一的事情，並不矛盾。

【二分明月】

舊說天下明月有三分，揚州獨得二分。原比喻唐代揚州的繁華情況，後泛指當地月色十分明朗。唐・徐凝《憶揚州》詩：「天下三分明月夜，二分無賴（奈）是揚州。」清・袁枚《小倉山房尺牘》二七首：「近聞侍講領二分明月，作六一先生。」清・龔自珍《水龍吟・題家繡山〈停琴聽簫圖〉》：「分明不是，山重水疊，幾痕紗縵。六曲春星，二分明月，可憐齊轉。」

【二分錢的醋——又酸又賤】

雙關語。比喻人迂腐得很，分文不值。例什麼有眼不識泰山，你認爲自己是「泰山」，貴重得很，我看是二分錢的醋——又酸又賤。也作「**一分錢的醋——又酸又賤**」。

【二分錢開當鋪——周轉不開】

當鋪：收取抵押品發放貸款的店鋪。開當鋪需要較多資金，「二分錢」形容基金極少。①比喻手頭緊張，不夠支付。例我目前經濟拮据，二分錢開當鋪——周轉不開了，可否借點錢給我。②比喻工作調度不開，應付不過來。例最近，來台北的旅遊團一個接著一個，接待組人手不夠，的確是二分錢開當鋪——周轉不開了。

【二分錢買個羊蹄子——咬筋】

比喻死腦筋，不靈活。例原則性與靈活性必須結合，二分錢買個羊蹄子——咬筋，不考慮具體情況，工作也會搞糟。

【二缶鐘惑】

二：疑，不明確；缶：ㄈㄡˇ，古代容四斛的量器；鐘：古代容八斛的量器。惑：迷惑。辨不清缶與鐘的容量。《莊子・天地》：「以二缶鐘惑，而所適不得矣。」後比喻是非不明。章炳麟《駁康有爲論革命書》：「惜乎，己既自迷，又使他人淪陷，豈直二缶鐘惑而已乎？」

【二更梆子打兩下——沒有錯】

二更：舊時一夜分成五更，每更約兩小時。梆子：打更的響器，空心，一般由木頭或竹子製成。一更時敲一下，二更時敲兩下。比喻正確無誤。

例這是我親眼看到的，二更梆子打兩下——沒有錯。也作「二更梆子敲兩下——正對」。

【二鬼子】

指日本侵華時期由中國人組成的僞軍。當時稱日本兵爲「鬼子」，故稱爲日本人效忠的僞軍爲「二鬼子」。後亦用來喻指爲外國人效力的中國人。例那幫鬼子兵龜縮在據點裏，不敢輕舉妄動。倒是那班二鬼子到處亂竄，難以對付。例幫洋人做可以，但千萬不要忘了自己是中國人，千萬不能做二鬼子坑害中國人。

【二鍋頭的瓶子——嘴緊】

二鍋頭：北京出產的一種酒精含量達到60％以上的白酒；嘴緊：指瓶蓋封得嚴。雙關語。比喻嚴守秘密，不亂說。例做機要秘書的必要條件之一是，二鍋頭的瓶子——嘴緊。

【二河水】

見「二婚頭」。

【二胡琴——扯扯談談（彈彈）】

二胡琴：即二胡，胡琴的一種，有兩根弦，比京胡大；談談：「彈彈」的諧音。比喻不拘形式地閒談。例「今晚有空嗎？請到我家來。」「幹什麼？」「沒什麼，二胡琴——扯扯談談（彈彈）。」

【二虎相鬥——自相殘殺】

見「餓狗爭食——自相殘殺」。

【二虎相爭——必有一傷】

比喻兩個人或兩種勢力爭鬥，必然有一方受傷。例你們都是傑出人物，應當以大局爲重，攜起手來，爲共同的事業奮鬥，不能互相拆台，俗話說得好：「二虎相爭——必有一傷。」甚至兩敗俱傷，於私於公都是不利的。也作「二虎相鬥，必有一傷」、「兩硬相擊，必有一傷」。

【二話不說】

二話：別的話，不同的意見。任何別的話都不說。指馬上就做某件事。例他一到，二話不說，就和大家一起做起來。

【二惠競爽】

二惠：春秋時齊惠公的孫子公孫灶和公孫蠆；競爽：剛强精明。兄弟二人都很剛强精明。《左傳・昭公三年》：「齊公孫灶卒。」「晏嬰曰：『……二惠競爽猶可，又弱一個焉，姜其危哉』。」後用來稱頌別人家的兄弟優異精明。宋・劉克莊《後村全集・五六・賜寶章閣直學士王克謙辭免除寶謨閣學士……不允詔》：「爾之一門，二惠競爽，皆嘗貴近矣。」

【二婚頭】

舊指再婚婦女。例她哪點不好，你這麼作賤她？難道就因爲她是個二婚頭？也作「二河水」。

【二斤半】

指腦袋。據說一個人頭重約二斤半。例自從我參加革命那天起，就把這二斤半交出去了，我還怕什麼？

【二句三年得，一吟雙淚流】

二句：指《送無句上人》詩中：「獨行潭底影，數息樹邊身」兩句。兩句詩經過三年的醞釀和推敲才得到，自己一吟起來不禁淚水長流。說明創作過程的艱辛和創作態度的嚴肅認眞。唐・賈島《題詩後》：「二句三年得，一吟雙淚流。知音如不賞，歸臥故山秋」。

【二俱亡羊】

俱：副詞，都；亡：丢失。二人都丢失了自己的羊。比喻不專心於本業。《莊子・駢拇》：「臧與穀二人，相與牧羊，而俱亡其羊。問臧奚事，則挾筴讀書；問穀奚事，則博塞以游。二人者事業不同，其於亡羊均也。」南宋・范成大《竹下》詩：「我亦糜斗升，三年去丘壑：二俱亡羊耳，未用苦商略。」

【二郎神的狗——不認識好壞人】

二郎神：則楊二郎，神話人物。傳說二郎神的狗，兇猛異常，每隨主人出戰，不論對方是好人、壞人，一概狂咬。比喻分辨不出好人和壞人。例同不拿槍的敵人作鬥爭，情況就複雜多了，如果沒有高度的辨別能力，就會成爲二郎神的狗——不認識好壞人。也作「唐僧的眼睛——不認識好壞人」。

【二郎神縫皮襖——神聊（繚）】

繚：縫紉方法，即用針斜著縫；聊：「繚」的諧音。見「八仙聚會——神聊」。

【二愣子】

指行爲魯莽、粗憨之人。例魯軍是個二愣子，要他辦事，你得仔細囑咐他。也作「二不愣」。例這個二不愣女人，膽子眞大，一個人敢摸黑走山路。

【二愣子當演員——胡鬧台】

二愣子：指魯莽的人，含有譏諷的意思。雙關語。比喻做事不講規矩，瞎起哄。例他們不是認眞而有秩序的工作，而是二愣子當演員——胡鬧台。也作「唱戲的沒主角——胡鬧台」、「小丑打擂——胡鬧台」。

【二愣子拉胡琴——自顧自（吱咕吱）】

自顧自：「吱咕吱」的諧音；吱咕吱：琴技不高明的人拉出的胡琴聲。雙關語。比喻各人管各人的事；或只管自己，不管別人如何。例你幹你的，他幹他的，二愣子拉胡琴——自顧自（吱咕吱），有什麼可爭吵的。也作「老頭兒拉胡琴——自顧自（吱咕吱）」、「修鍋匠補碗——自顧自（吱咕吱）」。

【二愣子上擂台——找著挨揍】

擂台：爲比武所搭的台子。比喻尋著挨揍，自找罪受。例你想獨自而又公開地去敵占區探親，是二愣子上擂台——找著挨揍哩！

【二兩棉花四張弓——細談（彈）】

談：「彈」的諧音。二兩棉花，形容少；四張弓：形容多。棉花少，弓多，可以細彈。比喻詳細地說。例關於書店的事，我們找個時間，二兩棉花四張弓——細談（彈）一次。也作「二兩棉花四張弓——細細談(彈)」。

【二兩棉花一張弓——別再細談（彈）了】

談：「彈」的諧音。二兩棉花，數量太少，不值得細彈。比喻不用詳細說了。例我看，二兩棉花一張弓——別再細談（彈）了，還是長話短說，現在就開始著手進行。

【二流子】

指不務正業、遊手好閒的人。例我寧可終身不嫁，也不能嫁你這個二流子！

【二龍捧珠】

二條龍捧著寶珠。形容人或物被兩股力量托舉起來，老舍《趙子曰》三：「武端拉著趙子曰的左臂，歐陽笑了一笑拉著他的右臂，二龍捧珠似的把趙子曰腳不擦地的捧出去。」

【二龍爭珠】

兩條龍爭奪寶珠。形容兩支力量為達到某種目的而互相爭奪。例籃球賽場上，競賽雙方二龍爭珠般的精采表演，博得觀衆陣陣喝采。

【二卵棄干城】

干：盾；城：城郭；干城：比喻御敵衛城的將領。因為兩個雞蛋而捨棄能夠禦敵立功，捍衛國家的將才。《孔叢子・居衛》載：「孔門弟子子思向衛君推薦苟變，衛君說他很清楚苟變的才能，但因為苟變曾在當小吏時，借收稅之機，吃了人家兩個雞蛋，所以不能用他。」子思認為這是「以二卵棄干城之將」。後用「二卵棄干城」比喻因小的過失而捨棄大將之材。

【二滿三平】

滿、平：舊時作占卜用的建除十二辰中的兩個，滿日平日主生，為種穀佳日。形容生活平穩，過得去。宋・洪咨夔《平齋詞・柳梢青》：「二滿三平，粗衣淡飯，鐘鼎山林。」也作「三平二滿」。

【二毛潘岳】

二毛：頭髮有黑白兩種顏色；潘岳：晉文學家。晉・潘岳《秋興賦・序》：「晉十有四年，余春秋三十有二，始見二毛。」後用「二毛潘岳」感嘆時光流逝，身心漸衰，或慨嘆功業不就，無所作為。宋・李宗諤《館中新蟬》詩「八斗陳思饒賦咏，二毛潘岳易悲涼。」也作「潘岳二毛」。

【二畝地不耕——罷（耙）了】

罷：「耙」的諧音。比喻容忍，勉強放過暫不深究，或算了。例他既然不同意到我們這裏來工作，也就二畝地不耕——罷（耙）了，人才有的是，另外尋找吧！

【二人同心】

兩個人一條心。指團結緊密。《西湖二集・胡少保平倭戰功》：「如今陳東之黨本與徐海不和……若彼二人同心，非我之利也。」

【二人同心，其利斷金】

利：鋒利；金：金屬。兩人一條心，就如同鋒利的刀劍，可以切斷金屬。比喻同心協力，緊密團結，就能無堅不摧。漢・王符《潛夫論・明忠》：「二人同心，其利斷金。能知此者，兩譽俱具。」

【二三其操】

二三：時二時三，反覆無定；操：節操，品行。反覆無常，不能堅持操守。南朝梁・任昉《求為劉瓛立館啟》：「貧不隕獲其心，窮不二三其操。」也作「二三其節」。《三國志・蜀書・諸葛亮傳》裴松之注引孫盛曰：「語曰奕者舉棋不定猶不勝其偶，況量君之才否而二三其節，可以摧服強鄰，囊括四海者乎？」

【二三其德】

二三：時而二時而三，反覆無定；德：道德，品行。形容反覆無常，沒有一定操守。《詩經・衛風・氓》：「士也罔極，二三其德。」

【二三其節】

見「二三其操」。

【二三其心】

見「二三其意」。

【二三其意】

二三：時二時三，反覆無常；意：主意。心意不定，反覆無常。《東周列國志》八七回：「夫富強之術，不得其人不行；得其人而任之不專，不行；任之專而惑乎人言，二三其意，又不行。」也作「二三其心」。《三國志・魏書・袁紹傳》裴松之注引《漢晉春秋》：「是時外為御難，內實乞罪，既不見赦，而屠各二三其心，臨陳叛戾。」也作「二三其志」。明末・朱之瑜《朱舜水集・答小宅生順野傳論建聖廟書》：「且官民非能崇信聖教，特以上公諭之切，稍稍二三其志，一旦不見可悅，而徒見可畏，則事佛之心，較前益堅。」

【二三其志】

見「二三其意」。

【二十七個小錢擺三處——久聞，久聞，又久聞】

久聞：「九文」的諧音。指早就知道大名。初次會面時的客套話。例「敝姓李，賤字大明。」「二十七個小錢擺三處——久聞，久聞，又久聞，希望多多關照。」

【二十四史面前擱——不知從何說起】

二十四史：指舊時稱為正史的二十四部紀傳體史書，如《史記》、《漢書》、《後漢書》、《三國志》等。比喻心緒繁雜，茫無頭緒。例你們要我介紹經驗，我眞是二十四史面前擱——不知從何說起。

【二十五弦】

指悲愴的曲調，後泛指美妙的音樂。《史記・封禪書》：「太帝使素女鼓五十弦瑟，悲，帝禁不止，故破其瑟為二十五弦。」南宋・陳亮《賀新郎・寄辛幼安和見懷韻》詞：「二十五弦多少恨，算世間，那有平分月。」

【二十五隻老鼠落肚——百爪抓心】

見「生吞蜈蚣——百爪撓心」。

【二十一天孵不出雞——壞蛋】

雞的孵化期爲二十一天，到期孵不出雛雞，說明雞蛋壞了。指品德惡劣，心眼兒壞的人。例你怎麼會與王二交朋友，他是一個二十一天孵不出雞的壞蛋。

【二豎爲虐】

豎：小子；爲：做；虐：惡毒的侵害。兩個小人爲害。《左傳．成公十年》：「[晉景]公疾病，求醫於秦。秦伯使醫緩爲之。未至，公夢疾爲二豎子，曰：『彼，良醫也，俱傷我，焉逃之？』其一曰：『居肓之上，膏之下，若我何？』醫至，曰：『疾不可爲也，在肓之上，膏之下，攻之不可，達之不及，藥不至焉，不可爲也。』」後用「二豎」稱病魔，用「二豎爲虐」形容受疾病纏繞和折磨。也作「**二豎爲災**」。《民國通俗演義》二二回：「國勢危險，一至於此。本想與諸公同心協力，保持國家，怎奈二豎爲災，竟致不起。」

【二豎爲災】

見「二豎爲虐」。

【二豎之頑】

二豎：指病魔；頑：頑固，不易變好。形容久病不癒。清．陳宏緒《石莊文集．與楊維節書》：「而賤恙猶未見有霍然之勢，甚矣二豎之頑也。」

【二桃殺三士】

士：武士。用兩個桃子殺死了三個勇士。指用陰謀殺人。《晏子春秋．內篇諫下二》記載：「晏子爲齊景公設計除掉恃功驕傲的公孫接、田開疆、古冶子三人，『使人饋之二桃，曰：「三子何不計功而食桃？」』三人爭功，先後自殺。」三國蜀．諸葛亮《梁甫吟》：「一朝被讒言，二桃殺三士，誰能爲此謀，國相齊晏子。」

【二踢腳——兩想（響）】

二踢腳：又叫天地炮，雙響爆竹的一種；想：「響」的諧音。比喻兩人彼此思念。例他們夫妻地處天南地北，長期不能相會，眞是二踢腳——兩想（響）。

【二踢腳上天——空想（響）】

想：「響」的諧音。雙關語。比喻想法不切實際，達不到目的。例你希望單槍匹馬完成這項繁重的任務，是二踢腳上天——空想（響）。也作「**朝天放槍——空想（響）**」、「**飛機上吹喇叭——空想（響）**」、「**鐵桶裏放炮仗——空想（響）**」、「**竹竿敲竹筒——空想（響）**」。

【二天之德】

指特殊的恩德。《後漢書．蘇章傳》載：蘇章的老朋友清河太守，犯了罪，蘇章去審問，「太守設酒甚歡，曰：『人皆有一天，我獨得二天。』章曰：『今夕蘇儒文（章字）與故人飲者，私恩也，明日冀州刺史案者，公法也。』」懲辦了太守。唐．杜甫《江亭王閬州筵餞蕭遂州》詩：「二天開寵餞，五馬爛生光。」

【二五耦】

二五：指春秋時晉獻公的寵臣梁五和東關嬖五；耦：兩人並耕。指朋比爲奸。《左傳．莊公二十八年》載：「晉獻公妾驪姬勾結獻公寵臣二五，替自己的兒子奚齊奪取太子位，『二五卒與驪姬譖羣公子而立奚齊，晉人謂之二五耦。』」比喻狼狽爲奸。

【二五眼】

比喻能力差，或辦事糊塗。例託這種二五眼辦事，你也不怕辦砸了？

【二仙傳道】

兩位神仙傳授道法。比喻兩人秘密地配合做某件事。《歧路燈》五六回：「貂鼠皮道：『二仙傳道去罷！』珍珠串瞅了一眼，笑的去訖。」

【二心兩意】

兩樣心意。漢．王充《論衡．調時》：「夫天地之神，用心等也，人民無狀，加罪加罰，非有二心兩意，前後相反也。」後形容心志不專一或拿不定主意。也作「**二心三意**」。元．關漢卿《救風塵》一折：「待妝個老實學三從四德，爭奈是匪妓都二心三意。」也作「**二意三心**」。元．楊梓《豫讓吞炭》二折：「我怎肯二意三心，背義忘恩，有始無終。」

【二心三意】

見「二心兩意」。

【二心私學】

二心：有異心；私學：私自仿效。對上懷有異心，不從法令而徇私。《韓非子．詭使》：「凡亂上反世者，常士有二心私學者也。故本言曰：『所以治者法也，所以亂者私也，法立，則莫得爲私矣。』」

【二姓之好】

兩家結成姻親。唐．白行簡《李娃傳》：「明日，命媒氏通二姓之好，備六禮以迎之。」

【二雄不並棲】

兩強之間不能同處共存。《醒世姻緣傳》九一回：「雖說是二雄不並棲，誰知這二雌也是並棲不得的東西。」

【二旬九食】

旬：十天。二十天裏只吃九次飯。形容生活十分貧困。漢．劉向《說苑．立節》：「子思居于衛，縕袍無表，二旬九食。」

【二一添作五】

珠算除法口訣，用二除十位上的一得五，平均分配，一人一半。《九命奇冤》二回：「當下三人定了主意，就招人盤受，不多幾天，交易就算清了，自然都是二一添作五的分了。」也作「**二一添作五平分**」。《濟公全傳》四〇回：「若賺了錢，你們兩個人二一添作五平分，我和尚不要。」

【二一添作五——一半對一半】

比喻雙方對等，彼此一樣多。例昨天

發下的二十元獎金，咱倆二一添作五——一半對一半。也作「**二一添作五——一半**」。

【二意三心】

見「二心兩意」。

【二酉才高】

二酉：指大酉山、小酉山，在今湖南沅陵縣西北。相傳秦人曾在此學習，石穴中遺留千卷藏書。事見《太平御覽》卷四九引《荊州記》。後用「二酉」指藏書多。有二酉山藏書那樣高的才學。清・淮陰百一居士《壺天錄》卷中：「吳生秋蘗順，邑中膠庠士也，五陵年少，二酉才高。」

【二月的韭菜——頭一茬】

韭菜：多年生宿根草本植物，一般農曆二月割頭一茬。比喻從未有過，第一次。例第三學年結束，她獲得了獎學金和獎狀，這可是二月的韭菜——頭一茬，怎麼不高興呢！

【二則二，一則一】

則：是，就是。二就是二，一就是一。比喻說話、做事實事求是、不摻假。元・馬致遠《任風子》三折：「由你死其死活其活，我二則二，一則一。我休了嬌妻摔殺幼子，你便是我親兄弟，跳出俺那七代先靈將我勸不得。」

【二者必居其一】

指兩種情況當中必處於其中的一種。《孟子・公孫丑》：「前日之不受是，則今日之受非也；今日之受是，則前日之不受非也；夫子必居一於此矣」。也作「**二者必取其一**」。

【二者必取其一】

見「二者必居其一」。

【二者不可得兼】

兩樣東西只能得一個，不可同時得到。《孟子・告子上》：「魚我所欲也；熊掌，亦我所欲也；二者不可得兼，捨魚而取熊掌者也。」

【二罪俱罰】

俱：全，都。兩樁罪過，一併處罰，元・無名氏《飛刀對箭》二折：「贏了將功折過，輸了二罪俱罰。」

一

ㄧ

【一鞍一馬】

比喻一女不嫁二夫。明・高明《琵琶記・五娘侍奉公病》：「公公，我一鞍一馬，誓無他志。」也作「**一馬一鞍**」。比喻一夫一妻。清・陳森《品花寶鑑》五〇回：「而且他家裏還有好幾房人在家，將來知道怎樣？那裏及得姐姐一馬一鞍的安穩。」

【一把白糖一把沙——好壞不分】

也作「**一把白糖一把沙——不分好壞**」。見「狗吃豬屎——好壞不分」。

【一把鼻涕一把眼淚】

形容不停地哭。例她一把鼻涕一把眼淚地說著，聽的人也無不唏噓。

【一把汗一把水】

指付出勞力，十分辛苦。例你想想看氣不氣人？這是祖上開出來的田地，又是俺一把汗一把水耕著的，他偏偏說是他的，還拿出一張紙頭來，講那就是證據。

【一把黑豆數著賣——發不了大財】

賺不了大錢。比喻沒有多大出息。例人如果沒有理想，鼠目寸光，就像一把黑豆數著賣——發不了大財。

【一把火煮不熟一鍋飯】

比喻功夫不夠就不會收到應有的效果。例研究工作是一件枯燥的艱苦工作，「一把火煮不熟一鍋飯」啊！

【一把尿一把屎】

形容撫育子女的辛苦。例他把一把尿一把屎拉拔大的兒子，送去國外念書。

【一把手】

①比喻非常能幹的人和有本事的人。例這小媳婦可是裏裏外外一把手，能幹著吶！②比喻主要負責人。例讓我介紹一下，他是我們單位的一把手，有事找他解決吧！

【一把死拿】

比喻固執己見，不肯變通。老舍《駱駝祥子》八：「祥子沒說什麼，等高媽走了，對自己點了點頭，似乎是承認自己的一把死拿值得佩服，心中怪高興的。」

【一把鑰匙開一把鎖】

比喻用不同的方法解決不同的矛盾。例如果不是叫他的好朋友去勸，一定勸不動他的。這叫做「一把鑰匙開一把鎖」。也作「**一把鑰匙不能開二把鎖**」。

【一把芝麻撒上天——星星點點】

比喻人和事物稀疏、細小。例這幾個科技人員派到廣大的農業研究中心去，就像一把芝麻撒上天——星星點點，滿足不了農業生產的需要。

【一把抓了，兩頭弗露】

一把抓住，一點不剩。比喻十分吝嗇。例他發橫財的時候，一把抓了，兩頭弗露，連親朋好友都得不到什麼好處。

【一白遮九醜】

指人長得白淨能遮住許多醜處。比喻長處掩蓋了短處。例我們工廠今年的生產任務是提前完成了，但不能以此沾沾自喜，忽視存在的各種問題，不能像俗話所說的：「一白遮九醜！」

【一百八十度的大轉彎】

物體原地旋轉一百八十度恰好同原來的方向相反。比喻事物的位置或人的態度變得與原來完全相反。例這次開會，有些人的態度，來了個一百八十度的大轉彎，由贊成變成不贊成，弄得他好生納悶。

【一百二十行】

比喻各行各業。《水滸傳》三回：「這市井熱鬧，人煙輳集，車馬軿馳，一百二十行經商買賣行貨都有。」

【一百個蛤，二百個殼】
指肯定如此。例我敢跟你打賭，那事準是他幹的，一百個蛤，二百個殼，準保證沒錯。
【一百個猴兒一百條心】
比喻人心不齊。例老爺子不肯輕易相信人，也許一輩子叫人欺負怕了，每每愛叨唸一百個猴兒一百條心。
【一百一】
形容好到極點。例她對你可是一百一了，你可要珍惜這份情呀！
【一敗如水】
形容慘敗，如同洪水決堤，無法收拾。例敵軍一敗如水，再也無力反攻。
【一敗塗地】
塗地：即肝腦塗地。形容失敗到無法收拾的地步。《史記·高祖本紀》：「劉季曰：『天下方擾，諸侯並起，今置將不善，一敗塗地。』」
【一般見識】
同樣淺薄地看待事物。《紅樓夢》七四回：「媽媽，你也不必和他一般見識，你且細細搜你的，咱們還要到各處走走呢。」
【一般皮肉一般疼】
指人都一樣，應體會到別人的痛苦。例她一邊爲兒子包紮傷口，一邊心裏就和刀割一樣。一般皮肉一般疼，她多想爲兒子分擔痛苦呀！
【一般無二】
完全相同，毫無二致。《二十年目睹之怪現狀》一二回：「果然下午時候，有一家出殯的經過，所有銜牌、職事、孝子、燈籠就同那眼線說的一般無二。」
【一斑半點】
①些微，一點點。例做學問要持之以恆，切忌懂得一斑半點，就自以爲是。②暗指不正當的男女關係。《水滸後傳》二九回：「那巫氏是個潑悍浪婦，挾制老公，又好做一斑半點的事。」
【一斑窺豹】
斑：虎豹的斑紋；窺：從孔中看。由一塊斑紋，約略窺見全豹。比喻由一小部分，可推測全貌。例從處理這件事看，你完全有能力負責全面的工作，一斑窺豹嘛！
【一板三眼】
板眼：民族音樂或戲曲中的節拍，比喻言行有條理，不馬虎。也比喻爲人行事過於死板，不知變通。清·吳趼人《糊塗世界》卷六：「如今的時勢，就是孔聖人活過來，一板三眼的去做，也不過是個書呆子罷了。」
【一板正經】
見「一本正經」。
【一瓣心香】
一瓣：一炷；心香：舊時指心中虔誠，如同焚香。表示崇敬。何其芳《諸葛亮祠》：「一瓣心香來進謁，憐他貶損枉紛紛。」也作「心香一瓣」。
【一半兒推辭一半兒肯】
即半推半就。表面推辭，實際答應。例你別愁，那事情他會幫你幹的，當著許多人的面只好說些含糊的話，實際上是一半兒推辭一半兒肯啦！我熟悉他的個性。
【一棒打著兩個人】
比喻一句話傷了兩個人。例他這句話一棒打著兩個人，從此惹下禍根。
【一棒一條痕】
比喻做事或說話實實在在，明確切要。常與「一摑一掌血」連用。明·王陽明《傳習錄》卷下：「諸公在此，務要立個必爲聖人之心，時時刻刻須是一棒一條痕，一摑一掌血，方能聽吾說話句句得力。」也作「一鞭一條痕」。《兒女英雄傳》三五回：「吾兄這幾句說話，眞是一鞭一條痕的好文章。」
【一飽不能忘百飢】
比喻情況好時，不能忘本。例自己過上好日子不算，別忘了天下還有許多吃不飽穿不暖的人。一飽不能忘百飢。
【一報還一報】
指做了壞事必然得到報應。例他就愛占人便宜，沒想到又被別人算計了，這叫一報還一報。也作「一還一報」。元·關漢卿《哭存孝》四折：「把這廝綁了，五車裂了，可與俺李存孝一還一報。」
【一悲一喜】
悲哀和喜悅交集在一起。《平妖傳》二回：「表公單單一身，不勝淒慘，且喜有了性命，又得了兩件至寶，正所謂一悲一喜。」
【一輩子不出馬，到老是個卒】
一輩子不出去鍛鍊，到老不會有長進，例這孩子跟他出去闖一闖。一輩子不出馬，到老是個卒，出去或許能有長進，你就別猶豫了。
【一輩子不剃頭，也不過是個連毛僧】
指情況不改變，也不會有什麼長進。例別提了！一輩子不剃頭，也不過是個連毛僧。我還不如去當兵哩！
【一輩子當會計——長期打算】
雙關語，比喻安排計算得很長久。例工作、學習像過日子一樣，都得一輩子當會計——長期打算，不能過一天算一天，混日子。
【一本經書讀到老——食古不化】
經書：指《易經》、《書經》、《詩經》、《周禮》、《儀禮》、《禮記》、《春秋》、《論語》、《孝經》等儒家經傳。比喻對所學的文化知識不善於理解和靈活運用。例你應注意改進學習方法。一本經書讀到老——食古不化是沒有用處的，一定要融會貫通，結合實際加以運用。也作「一本通書讀到老——食古不化」。通書：曆書。
【一本萬利】
投入本錢少，獲取利潤大。清·姬文《市聲》二六回：「這回破釜沈舟，遠行一趟，卻指望收它個一本萬利哩。」

【一本萬殊】

本：本源；殊：不同。事物有萬種差異，但卻出於同一本源，比喻萬變不離其宗。《朱子語類・論語》九：「到這裏，只見得一本萬殊，不見其他。」

【一本正經】

形容嚴肅認真。有時含有諷刺或詼諧意味。巴金《春》五：「『其實讓它擺在那兒不去理它，它一點用處也沒有。』沈氏坐下來一本正經地說，她感到一種滿足。」也作「**一板正經**」。姚雪垠《李自成》一卷二六章：「我原是故意鬧彆扭，也知道自己要挨打，可是一板正經地對先生說：『我這個破題做的很恰切，沒有做錯。』」

【一鼻孔出氣】

指言行如出一人，臭味相投。《魯迅書信集，致曹靖華》：「新月博士常發議論，都和官僚一鼻孔出氣，南方已無人信之。」也作「**一個鼻孔出氣**」、「**一個鼻子眼兒出氣兒**」、「**一鼻孔通氣**」。

【一彼一此】

一會兒這樣，一會兒那樣。比喻情況隨時變化不定。《左傳・昭公元年》：「疆埸之邑，一彼一此，何常之有？」

【一筆不苟】

苟：草率。形容寫作或寫字極為認眞。明・張岱《紀年詩序》：「一筆不阿，一筆不苟。」

【一筆勾斷】

見「一筆勾銷」。

【一筆勾銷】

把帳目等一筆抹掉。比喻將舊事完全取消。《野叟曝言》一四回：「駙馬既如此說，便打前事一筆勾銷，責打之說，我亦不忍，快請出房便了。」也作「**一筆勾斷**」。宋・朱熹《答蔡季通》文：「吾人晚年只合愛養精神，做有益身心工夫，如此等事便可一筆勾斷，不須起念。」

【一筆糊塗帳】

指查不清的事。例不該讓他經手辦這件案子，弄一筆糊塗帳，說不清道不明的。

【一筆抹倒】

見「一筆抹殺」。

【一筆抹殺】

比喻輕率地全盤否定或勾銷成績、優點或事實。朱自清《文物・舊書・毛筆》：「歷史和舊文化，我們應該批判的接受，作為創造新文化素材的一部。一筆抹殺是不對的。」也作「**一筆抹倒**」。《兒女英雄傳》二五回：「何況人家為我父母立塋安葬，蓋祠奉祀，是何等恩情，豈可一筆抹倒。」也作「**一筆抹煞**」。魯迅《「連環圖畫」辯護》：「我在《現代》上看見蘇汶先生的文章，他以中立的文藝論者的立場，將「連環圖畫」一筆抹殺了。」

【一筆抹煞】

見「一筆抹殺」。

【一筆寫不出倆主兒來】

當時認為主人的親朋也是主人，奴僕還是奴僕。《兒女英雄傳》二二回：「一筆寫不出倆主兒來，主子的親戚也是主子，『一歲主，百歲奴』，何況還關乎著爺爺、奶奶呢！」

【一筆寫不了兩個王字】

同姓人套近乎的話（姓氏可根據情況更改）。例老弟，你和你大哥一筆寫不了兩個王字，都是一家當戶，你大哥有困難，你還能袖手旁觀？

【一碧萬頃】

形容碧綠的水面非常遼闊。宋・范仲淹《岳陽樓記》：「至若春和景明，波瀾不驚，上下天光，一碧萬頃。」

【一臂之力】

一部分力量，常與「助、借、效」連用。表示從旁協助。《三國演義》四四回：「雖刀斧加頭，不易其志也！望孔明助一臂之力，同破曹賊。」

【一邊倒】

比喻立場、態度傾向某一方。例沒想到這次討論會成了一邊倒的形勢，大家都贊成王教授的觀點。

【一邊築牆兩邊快】

比喻一舉兩得。例他把路修到了家門口，方便了自己，也方便了村里的人。眞是一邊築牆兩邊快。也作「**一面打牆兩面光**」、「**一家打牆，兩家得用**」。

【一鞭一條痕】

見「一棒一條痕」。

【一遍生，再遍熟】

指做事反覆實踐，才能熟練。例一遍生，再遍熟，他反覆看了幾遍，紙上寫的全印在他腦子裏了。

【一表非凡】

形容人的儀表出衆，氣質不凡。《西遊記》八八回：「適才有東土大唐差來拜佛取經的一個和尚，倒換關文，卻一表非凡。」也作「**一表非俗**」。元・秦簡夫《東堂老勸破家子弟》三折：「誰家個年小無徒，他生在無憂愁太平時務，空生得貌堂堂一表非俗。」

【一表非俗】

見「一表非凡」。

【一表人才】

形容人的相貌英俊。《醒世恆言》卷七：「此人飽學詩書，廣知今古，更兼一表人才。」也作「**一表人物**」。元・關漢卿《望江亭》一折：「夫人，放著你這一表人物，怕沒有中意的丈夫嫁一個去，只管說那出家做甚麼。」

【一表人物】

見「一表人才」。

【一表三千里，表到哪裏算哪裏】

形容表親之多。例俗話說：「一表三千里，表到哪裏算哪裏。」表親最多，也最難清算，眞有這個「表少爺」也不是不可能的事。

【一表堂堂】
表：外貌；堂堂：端莊大方的樣子。形容人的儀表莊重不俗。例他那一表堂堂的樣子，不知吸引了公司多少的女同事。

【一別如雨】
比喻分手後再難相見，好像雲散雨住。後漢・王粲《贈蔡子篤》：「風流雲散，一別如雨。」

【一兵不能成將，獨木不能成林】
比喻個人力量有限。例靠你個人反叛舊勢力怎麼成？一兵不能成將，獨木不能成林，必須發動羣衆才能達到目的。

【一秉虔誠】
秉：持著。懷著一顆忠實、恭敬的心。形容態度恭敬、誠實。《兒女英雄傳》一三回：「各各一秉虔誠，焚香膜拜。」

【一秉至公】
秉：掌握，依照；公：公道。按照公認的道理辦事。形容大公無私。《文明小史》六〇回：「然而平中丞卻不以此為輕重，委差委缺，仍舊是一秉至公。」

【一病不起】
得重病後一直沒有起床。例他工作過於勞累，竟一病不起。

【一波三折】
波：書法中的捺；折：轉換筆鋒方向。①指寫字筆畫曲折多姿。《宣和畫譜》卷五：「釋曇林莫名世貫，作小楷下筆有力，一點畫不妄作，……但恨拘窘法度，無飄然自得之態，然其一波三折筆之勢，亦自不苟。」②比喻文章結構曲折跌宕。清・王韜《淞隱漫錄・嚴萼仙》：「詞既淒清，聲亦纏綿跌宕，有一波三折之致。」③也比喻事情的發展遇到很多曲折。例他們的婚事一波三折，過程很不順利，不過最後還是有情人終成眷屬，令人欣慰。

【一波未平，一波又起】
一個波浪還未落下，另一波浪已經湧起。原比喻詩文寫作起伏多姿。宋・姜夔《白石道人詩說》「波瀾開闔，如在江湖中，一波未平，一波已作。」《野叟曝言》五二回：「才子作文，其心固閒，惟極閒乃能作此極忙之筆墨，直有一波未平，一波復起之妙。」後也比喻事情的波折很多，一事未了，又生一事。魯迅《兩地學》五一：「學生又多方給我找事做，找難題給我處理，往往一波未平，一波又起，校務舍務，俱不能脫開。」

【一不積財，二不結怨，睡也安然，走也方便】
指一不積財，二不得罪人，就會平安無事。《濟公全傳》二三〇回：「你等說那是寶物，要我看那是無用之物。只可惹禍招災，不能長生不老。古人常說有幾句：「一不積財，二不結怨，睡也安然，走也方便。」

【一不將，二不帶】
將：攜帶。指不隨便帶領人。《水滸傳》二〇回：「豈不聞古人有言，一不將，二不帶，只因宋江千不合，萬不合，帶這張三來他家裏吃酒，以此看上了他。」

【一不漫山，二不繞嶺】
比喻講話直爽，不拐彎抹角。例大伙兒都愛聽他講話，乾脆、俐落，一不漫山，二不繞嶺。

【一不扭衆】
一個人扭不過大家意見。《兒女英雄傳》二三回：「玉鳳姑娘此時被大家你一句我一句說的心裏亂舞鶯花，笑也顧不及了，細想了想，這事不但無法，而且有理，料是一不扭衆，只得點頭依允。」也作「**一不敵衆**」。

【一不傷弓，二不傷弦】
比喻不會有損失。例你一不傷弓，二不傷弦，就會把事辦了，何樂而不為。

【一不沾親，二不帶故】
一不是親戚，二不是朋友。指沒任何親情往來。例你別胡亂猜疑了，他跟我一不沾親，二不帶故，不過是碰上了，說幾句閒話而已。

【一不做，二不休】
不做則已，既然做了就索性做到底。《金瓶梅詞話》六回：「西門慶道：乾娘此計甚妙，自古道欲求生快活，須下死工夫，罷罷罷！一不做，二不休。」

【一步八個謊】
比喻說話連篇。例他答應的事從來沒兌現過，聽他甜言蜜語的「一步八個謊」，別信他！也作「**一步三個謊**」。《冷眼觀》二六回：「實在他們做官的人，一步三個謊。」

【一步不能登天】
指事物的發展要循序漸進，不可能一下達到很高的目的。例一步不能登天！你剛練了幾天車，就想去參加比賽，奪冠軍，簡直開玩笑！

【一步錯，步步錯】
指關鍵的一步錯了，以後會跟著錯下去，難以挽回。例他急著還債，就去賭博，把祖傳的幾畝地都輸個精光，眞是一步錯，步步錯。連個容身之地都沒有了。也作「**一步走錯，步步走錯**」。例傻孩子你不懂，媽的苦多少是說不出來的，你媽就是年輕的時候沒有人提醒，所以才一步走錯，步步走錯了。

【一步登天】
比喻一下子達到極高的程度。也比喻突然得志，爬上高位。多含貶意。例小李整天只會作白日夢，幻想能一步登天發大財。

【一步跟不上，步步跟不上】
形容一旦落後一步，以後就很難趕上。例他因為換工作影響了調薪幅度，結果一步跟不上，步步跟不上，到現在工資仍比別人少。也作「**一步趕不上，步步趕不上**」。

【一步邁上陽關道】
指情況馬上好轉，例你怕什麼？不

變，你就是死路一條；變了，你就算一步邁上陽關道，好日子全有了。

【一步棋】

①比喻採取的措施、手段、方法。例現在事已至此，不容後退，你把下一步棋想好了嗎？②比喻境地。例誰也沒想到會走到這麼一步棋。

【一步三個謊】

見「一步八個謊」。

【一步一個腳印】

指做事踏實，不弄虛作假。例他從來都是一步一個腳印，立得正。衆人都信服他。也作「**一步兩腳窩**」。

【一步一鬼】

每走一步都疑心有鬼。形容心神不寧，多疑多慮。清・王應奎《柳南隨筆・俗語有本》：「俗語有一步一鬼之語，卻本之《論衡》。

【一步一趨】

緊隨別人的步伐。常用來譏諷模仿或追隨他人。清・百一居士《壺天錄》卷下：「斜睨之，美而艷，一步一趨，相離僅尺咫耳。」清・薛雪《一瓢詩話》二：「學詩須有才思，有學力，尤要有志氣，方能卓然自立，與古人抗衡。若一步一趨，描寫古人，已屬寄人籬下。」也作「**亦步亦趨**」。

【一部二十四史，不知從何說起】

二十四史，指我國古代二十四部史書，即《史記》、《漢書》、《後漢書》、《三國志》、《晉書》、《宋書》、《南齊書》、《梁書》、《陳書》、《魏書》、《北齊書》、《周書》、《隋書》、《南史》、《北史》、《舊唐書》、《新唐書》、《舊五代史》、《新五代史》、《宋史》、《遼史》、《金史》、《元史》、《明史》等。一部二十四史，不知應該從哪裏說起。比喻事物紛繁複雜，沒有頭緒，不知應該從哪裏說起才好。《官場現形記・序》：「覺世間變幻之態，無有過於中國官場者……，嘗苦一部二十四史，不知從何說起。」也作「**一部十七史，從何說起**」。陳孝逸《與陶堯生》：「一部十七史，從何處說起？今日對堯生，正欲道一句不得也」。

【一部十七史，從何說起】

見「一部二十四史，不知從何說起」。

【一跦八頭蹺】

一腳跦下，八頭蹺起。比喻反應非常靈敏。例他正是那種所謂一跦八頭蹺的人。只要有他，任何難題都可以解決。

【一草一木】

一棵草、一棵樹。指尋常的自然景物。宋・邵雍《和君實端明洛陽看花四首（其一）》：「洛陽最得中和氣，一草一木皆入看。」也比喻微不足道的東西。《紅樓夢》四五回：「我是一無所有，吃穿用度，一草一木，皆是和他們家的姑娘一樣，那起小人豈有不多嫌的。」

【一層布做的夾襖——反正都是理（裏）】

夾襖：雙層上衣；反正：反面和正面；理：「裏」的諧音。雙關語。比喻總認爲自己都有理。含有强詞奪理的意思。例他在任何時候任何問題上，一層布做的夾襖——反正都是理，既主觀，又狂妄，聽不進別人的半點意見。也作「**一層布做的夾襖——翻過來正過去全是理（裏）**」。

【一差二錯】

意料不到的差錯。《紅樓夢》一一七回：「孩子也大了，倘或你父親有個一差二錯，又耽擱住了。」也作「**一差二誤**」。《西遊記》七六回：「外公！外公！是我的不是了！一差二誤吞了你，你如今卻反害我。」

【一差二誤】

見「一差二錯」。

【一長半短】

見「一長兩短」。

【一長便形一短】

比喻經過比較才能顯出長短。例主管常愛誇新來的小林辦事俐落，沒想到一長便形一短，小王聽了撅著嘴，私下發牢騷：「他能幹，就讓他負責一切事情好了，我才不想與他爭呢！

【一長兩短】

指意外的不幸。《野叟曝言》一〇六回：「娘娘倘有一長兩短，小尼豈肯獨活。」也作「**一長半短**」。例她小小年紀，就出這麼遠的門，要是有個一長半短，我可怎麼向她父母交代呀！

【一長一短】

形容說話東一句，西一句，不著邊際。《紅樓夢》二六回：「賈芸出了怡紅院，見四顧無人，便慢慢的停著些走，口裏一長一短和墜兒說話。」

【一場春夢】

一場春宵美夢。比喻人生世事變幻無常，轉眼成空。《鏡花緣》一六回：「這才曉得從前各事都是枉費心機，不過做了一場春夢。」

【一場官司一場火，任你好漢沒處躲】

舊時認爲打官司和火災，便再有本事的人也難免傾家蕩產。例俗話說：「一場官司一場火，任你好漢沒處躲。」別看他如今家道殷富，要是碰上這兩種事，也會敗個精光。

【一倡三嘆】

倡：同「唱」。一人唱歌，三個人讚嘆應和。《樂府詩集・周宗廟樂舞辭》：「進旅退旅，皇舞之形。一倡三嘆，朱弦之聲。」也形容詩文宛轉而情味深長。宋・越蕃《寄楊溥子》詩：「十篇琅琅金玉音，一倡三嘆感我心。」

【一倡百和】

倡：提倡。一人首倡，衆人響應。形容附和的人多。清・江藩《漢學師承記・惠周惕》「郢書燕說，一倡百合。也作「**一唱百和**」。清・百一居士《壺天錄》：「有年老者，以爲財神變相，亟以香燭淨茶祝而送之，一唱百和，比戶皆然，喧鬧半時。」也作

「一唱衆和」。朱自清《經典常談・詩經第四》：「碰到節日，……唱歌的機會更多。或一唱衆合，或彼此竟勝。」

【一唱百和】

見「一倡百和」。

【一唱一和】

和：唱和，和答。指以詩詞相和答。《警世通言》卷三四：「自此一唱一和，漸漸情熱，往來不絕。」後也比喻相互配合、呼應。多含貶意。張揚《第二次握手》八：「這位神捕滿面堆笑，幫助蘇鳳麒一唱一和，軟硬兼施地勸告蘇冠蘭結婚。」

【一唱衆和】

見「一倡百和」。

【一朝天子一朝臣】

朝：朝廷，朝代。新皇帝即位後，新的臣僚也隨之替代舊的臣僚。泛指隨領導人上台，就換一批自己的人。含貶義。《歧路燈》五四回：「王中，你各人走了就罷，一朝天子一朝臣，還說那前話做什麼！」

【一車骨頭半車肉】

指自己一身所有。例我和你生則同衾，死則同穴，一車骨頭半車肉，都歸了你們家。

【一塵不染】

塵：佛家稱色、聲、味、觸、法爲六塵。修道的人不沾染六塵，叫做一塵不染。①佛家用以比喻修身養性，不爲塵俗事物所累。《古今小說》卷二九：「他從小出家，眞個是五戒具足，一塵不染，在皐亭山顯孝寺住持。」②比喻潔身自好，沒有染上惡習。清・湯斌《與李襄水書》：「莅任以來，一塵不染，興利革弊，造福百姓。」③形容環境或物體非常乾淨。例每次到他們家，看到每件家具都被擦拭的一塵不染，不由得讓我們小心翼翼起來，深怕弄髒它們。

【一成不變】

一旦形成就固定不變。秦牧《河漢錯綜》：「生活的細節是千變萬化的，決不是一成不變的。」也作「一成不易」。《明史・曆志一》：「夫天之行度多端，而人之智力有限……惟合古今人之心思，踵事增修，庶幾符合。故不能爲一成不易之法也。」

【一成不易】

見「一成不變」。

【一成一旅】

成：古稱十平方里爲一成；旅：古以士卒五百人爲旅。後以「一成一旅」指力量雖弱，仍可以有所作爲。清・錢謙益《棋譜新局序》：「幼清善用敗局，以一成一旅爲能事。」

【一痴一醒】

一會兒痴呆，一會兒清醒。漢・袁康《越絕書・外傳紀策考》：「（范蠡）其爲結僮之時，一痴一醒，時人儘以爲狂。」

【一弛一張】

見「一張一弛」。

【一尺布，尚可縫，兄弟兩人不能相容】

指兄弟之間難以調和的矛盾。例李世民把他大哥除掉，才當了唐太宗，就像民謠說的：「一尺布，尚可縫，兄弟兩人不能相容。」

【一尺水，百丈波】

比喻吹牛，誇大事實。例他就能耍嘴皮子，一尺水翻騰做百丈波。也作「一尺水，十丈波」、「一尺水翻騰做一丈波」。

【一尺水，十丈波】

比喻憑空捏造，添枝加葉。《金瓶梅詞話》八八回：「到底還是媒人嘴，一尺水，十丈波的」。

【一尺天，一尺地】

形容與天地距離很近，有天地爲證，不允許歪曲事實。例這一尺天，一尺地！人是活活打死的，怎說成屋塌壓死的！

【一尺之捶，日取其半，萬世不竭】

捶：短木棍。一尺長的短木棍，每天截去一半，永遠也截不完。謂物質具有無限可分性。《莊子・天下篇》：「一尺之捶，日取其半，萬世不竭」。

【一斥不復】

斥：排斥。一經被排斥，再也不做官。唐・韓愈《祭柳子厚文》：「一斥不復，羣飛刺天。」

【一重山後一重人】

比喻一代代層出不窮。例這個村，過去有不少人在戰場上立過戰功，如今一重山後一重人，他們的子孫又在各自的專業工作上大顯身手了。

【一籌莫展】

籌：計謀。一點計策也拿不出來。形容毫無辦法。明・于謙《覆敎席功臣子孫疏》：「賢智者少，荒怠者多，當有事之際，輒欲委以機務，莫不張惶失措，一籌莫展。」

【一酬一酢】

酬：主人向客人敬酒；酢：ㄗㄨㄛˋ，客人向主人敬酒。指相互敬酒。例他二人你來我往，一酬一酢，從早上喝到太陽偏西。

【一鋤頭想挖出個金娃娃】

比喻希望過高，不切合實際。想馬到成功，出現奇蹟。例就那麼幾個本錢還想發大財！眞是一鋤頭想挖出個金娃娃，太不切實際了。

【一處不到一處迷】

指顧不過來。例隊長不在家，裏裏外外都要我一人，實在顧了頭，丟了尾，一處不到一處迷，一處迷了一處亂。

【一處不通，兩處失功】

指一個地方不開竅，會造成多處失誤。明・焦竑《焦氏筆乘・續集》卷三：「世人不認眞清淨，休以『無爲』爲清淨者，非也。……蓋以止止動，動未可止，更增止心，是迷有而入于有，從空而背於空矣。所謂一處不通，兩處失功也。」

【一觸即發】
稍一觸動，立刻發作。比喻局勢十分緊張，稍有不慎，會產生嚴重後果。例兩國之間的衝突，已到了一觸即發之勢，必須嚴加戒備。

【一觸即潰】
一碰就崩潰。形容不堪一擊。例人生在世，不如意的事十之八九，若是一觸即潰，那往後的日子怎麼過啊？

【一傳十，十傳百】
原指疾病傳染很快，後用於形容消息傳播得快。《官場現形記》三八回：「誰知自從十二姨太這一句話，便是一傳十，十傳百，通衙門都曉得了。」也作「一人傳十，十人傳百」、「一個傳十個，十個傳一百」。

【一串驪珠】
驪珠：傳說驪龍頷下有珍珠。比喻歌聲美妙宛轉，彷彿成串的珍珠。清・洪昇《長生殿・彈詞》：「一串驪珠聲和韻閒，恰便似鶯與燕弄關關。」

【一串錢，兩頭抽】
舊時用的銅錢中間有小孔，可用繩子串在一起。形容開銷太大，經不住花。例他家開銷太大，花錢像流水似的。祖上留下的那點家業，哪經得住一串錢，兩頭抽呀！

【一床被裏不蓋兩樣人】
指夫妻相配，感情深厚密切。例小倆口新婚不久，恩恩愛愛，志趣相投，愛好相同，應了俗話說的：「一床被裏不蓋兩樣人」。

【一床兩好】
謂夫妻二人品貌相稱。宋・曾慥《高齋漫錄》：「毗陵有成郎中，宣和中爲省官，貌不揚而多髭。再娶之夕，岳母陋之，曰：「我女菩薩乃嫁一麻鬍。」命成作詩。成乃操筆大書云：『一床兩好世間無，好女如何得好夫。高捲珠簾明點燭，試教菩薩看麻鬍』。」也作「一雙兩好」。《儒林外史》一一回：「眞個是才子佳人，一雙兩好。」

【一床錦被遮蓋】
舊時尋求別人庇護的套語。《水滸傳》二五回：「只是如今驗武大屍首，凡百事周全，一床錦被遮蓋則個，別無多言。」

【一吹一唱】
一人說話，一人幫腔，互相配合。《平妖傳》一八回：「你兩個一吹一唱，同謀同伙，硬要人的錢鈔，好沒來由。」

【一槌打在點子上】
比喻抓住關鍵。例他把大腿一拍，說：「好哇，你這一招可眞是一槌打在點子上。」

【一錘定意】
比喻做事乾脆，說話算數。例老首長是個辦事果斷，說話算數的人，遇到疑難事總是由他一錘定意。

【一簇牙齒】
簇：ㄘ。指一家人口。宋・范成大《淨慈顯老爲衆行化……就作畫贊》詩：「擔負一簇牙齒債，鐘鳴鼓響幾時休？」宋・張仲文《白獺髓・杭州流俗》：「行都（杭州）人……其語無實，尤可俏。……語家口則曰一簇牙齒。」

【一蹴而得】
見「一蹴而就」。

【一蹴而就】
蹴：踏；就：到達，完成。踏一步就能完成。例學術上的成功絕對不是一蹴而就的，必須要日積月累的努力。也作「一蹴而至」。宋・朱熹《答何叔京（其四）》：「由今觀之，始知其爲切要至當之說，而竟亦未能一蹴而至其域也。」也作「一蹴而得」。茅盾《路》一二：「現在，他們認爲勝利不能一蹴而得，必須用持久戰，他們認爲暫時沒有組織糾察隊的必要。」也作「一蹴可就」。茅盾《漫談文藝創作》：「但是，世界觀的改造決非一蹴可就，恐怕還有人體會不深。」

【一蹴而至】
見「一蹴而就」。

【一蹴可就】
見「一蹴而就」。

【一寸長，一寸强】
舊指作戰時，腿長或武器長則攻擊力也强。例古諺中有「一寸長，一寸强」之說，你腿長，練跳高占了優勢，要好好發揮你的長處。

【一寸赤心】
見「一寸丹心」。

【一寸丹心】
丹心：也作「赤心」，忠貞之心。一顆赤誠忠貞之心。宋・孫復《蠟燭》詩：「一寸丹心如見用，便爲灰燼亦無辭。」也作「一寸赤心」。宋・陸游《江北莊取米到作飯香甚有感》詩：「飛霜掠面寒壓指，一寸赤心惟報國。」

【一寸光陰一寸金】
比喻時間比黃金還寶貴。《三寶太監西洋記》一一回：「可嘆一寸光陰一寸金，寸金難買寸光陰；寸陰傳盡金還在，過去光陰哪裏尋。」例他皺著眉頭，一邊說，一邊看那大鐘。現在眞是「一寸光陰一寸金」的緊急時期！

【一寸山河一寸金】
一寸國家的領土等於等量的黃金。謂應珍惜國家的每一寸領土，不容敵人侵犯。《金史・左企弓傳》：「一寸山河一寸金」。例古人云：「一寸山河一寸金。」國家的領土絕不允許侵略者的鐵蹄肆意踐踏。

【一錯百錯】
在關鍵問題上出了錯，其他一切都要錯。《西岩和尚語錄・慶元府太白名山天童景德禪寺》：「累及後代兒孫，往往從而錯傳；一錯百錯，濫觴不止。」

【一打三分低】
指打人理虧，輸人三分。《西遊記》七

三回：「衆女子謝道：『師兄如若動手，等我們都來相幫打他。』道士道：『不用打！不用打！常言道：「一打三分低。」你們都跟我來。』」

【一代不如一代】

泛指退化。比喻情況越來越壞。《魯迅書信集·致楊霽雲》：「阮大鋮雖奸佞，還能作《燕子箋》之類，而今之叭兒及其主人，則連小才也沒有，「一代不如一代」，蓋不獨人類爲然也。」

【一代鼎臣】

見「一代宗臣」。

【一代風流】

風流：傑出人物。開創新風尚，爲當世所尊崇的人物。唐·杜甫《哭李常侍嶧》詩：「一代風流盡，修文地下深。斯人不重見，將老失知音。」

【一代國色】

國色：原指牡丹花，後指美女。一個時代的絕色美女。元·楊維楨《題二喬觀書圖》詩：「喬家二女雙芙蓉，一代國色江之東。」

【一代楷模】

楷模：模範。一個時代的榜樣人物。《舊唐書·李靖傳》：「朕觀自古已來，身居富貴，能知止足者甚少……公能識達大體，深足可嘉。朕今非直成公雅志，欲以公爲一代楷模。」

【一代媒人三代醜】

舊社會媒人騙人說謊，受人蔑視，連子孫都抬不起頭來。例那婆子搖著頭說一代媒人三代醜，如今社會開放了，誰會再去幹那些說媒騙錢的醜事？

【一代談宗】

談：言論；宗：宗師。這論極富哲理，爲一代人奉爲師表的人。《晉書·潘京傳》：「尚書令樂廠，京州人也，共談累日，深嘆其才，謂京曰：「君天才過人，恨不學耳。若學，必爲一代談宗。」

【一代文豪】

一個時代的傑出的文學大師。宋·歐陽修《歸田錄》：「宋楊大年，作文頃刻數千言，眞一代之文豪。」也作「一代文宗」。《陳書·徐陵傳》卷二六：「自有陳創業，文檄軍書及禪授召書，皆陵所制，而〈九錫〉尤美，爲一代文宗，亦不以此矜物，未嘗詆訶作者。」

【一代文宗】

見「一代文豪」。

【一代冤家三世仇】

一代人結冤，子孫三代都有仇恨。例這兩家爺爺輩結下冤仇後，到了兒子、孫子輩仍然不說話，眞是「一代冤家三世仇」。

【一代宗臣】

一個時代裏爲人景仰的大臣。《宋書·劉穆之、王弘傳論》：「爲一代宗臣，配饗清廟，豈徒然哉！」。也作「一代鼎臣」。《南史·丘靈鞠傳》：「公爲一代鼎臣，不可復爲覆餗。」

【一代宗工】

宗工：宗匠。學問或技藝上爲當代所尊崇的人。《金史·元好問傳》：「兵後，故老皆盡，好問蔚爲一代宗工，四方碑板銘志盡趨其門。」

【一簞一瓢】

簞：古代盛飯的竹器。比喻生活淸苦。《論語·雍也》：「一簞食，一瓢飲，在陋巷，人不堪其憂，回也不改其樂。」回：指顏回，孔子的弟子。

【一旦無常萬事休】

無常：鬼名。人一旦死了，萬事成空。例一旦無常萬事休，可憐他滿腹經綸，一表人材，染上了這病，一切都完了。

【一刀兩斷】

宋·朱熹《朱子語類》卷四四：「觀此可見克己者是從根源上一刀兩斷，便斬絕了，更不復萌。」比喻堅決斷絕關係。《古今小說》卷二：「那窮鬼自知無力，必然情願退親，我就要了他休書，卻不一刀兩斷。」也比喻做事乾脆，有決斷。《歧路燈》七一回：「一個男人家，心裏想做事，便一刀兩斷做出來。」

【一刀兩段】

比喻堅決斷絕關係。《孽海花》三〇回：「不要三兒有了別的花樣吧？要是這樣，還是趁早和他一刀兩斷的好，省得牽腸掛肚不爽快。」也比喻將人斬殺。元·關漢卿《蝴蝶夢》三折：「到來日一刀兩段，尸橫在市廛。」參見「一刀兩斷」。

【一刀切】

比喻不區別具體情況，只按統一的規定整齊劃一地對待。例辦退休也好，加薪水也好，一刀切是最省事的辦法。

【一道河也是過，兩道河也是過】

比喻反正已經做了這種事，多一次少一次都一樣。例「一道河也是過，兩道河也是過」，反正是這麼一回事，就把他們都救出來算了。

【一得兩便】

猶「一舉兩得」。《官場現形記》四九回：「公館裏亦沒有什麼事情，本來也要裁人。如今一得兩便，他們又有了出路，自然再好沒有了。」

【一得之功】

一得：點滴收穫。微小的成績。例眼光短淺之人，往往沾沾自喜於一得之功。

【一得之見】

見「一得之愚」。

【一得之愚】

一得：一點心得；愚：淺薄的見解。一點點淺見。用作謙詞。明·歸有光《論御倭書（代）》：「辱明公惓惓下問，一得之愚，敢不自竭！」也作「一得之見」。例這是我的一得之見，請大家多多指教。

【一德一心】

大家同心協力。《尚書·泰誓中》：「乃一德一心，立定厥功。」也作

「一心一德」。例全國民衆要奮發團結一心一德、共創國家美好的未來。

【一燈如豆】

燈光像豆粒那樣小。形容燈光暗弱。清・沈復《浮生六記・閨房記樂》：「一燈如豆，羅帳低垂，弓影杯蛇，驚神未定。」

【一登龍門】

一：一旦。《後漢書・李膺傳》：「膺獨持風裁，以聲名自高，士有被其容接者，名爲登龍門。」注：「以魚爲喻也。辛氏《三秦記》曰：『河津一名龍門，水險不通，魚鱉之屬莫能上，江海大魚薄集龍門下數千，不得上，上則爲龍也。』」比喻得到有名望者的接待或引薦而提高身價。唐・李白《與韓荊州書》：「一登龍門，則聲譽十倍。」也比喻會試中式，致身榮顯。唐・封演《封氏聞見記・貢舉》：「故當代進士登科爲登龍門，解褐多拜清緊，十數年間，擬跡廟堂。」

【一登龍門，則身價十倍】

比喻一旦得到有聲望人士的賞識和引薦，就會得到器重，身價因之大大提高。魯迅《中國小說的歷史的變遷・六朝時之志怪與志人》：「當時鄉間學者要成名，他們必須去找名士，這在晋朝，就得去訪王導、謝安一流人物，正所謂『一登龍門，則身價十倍』。也作「一登龍門」。

【一滴水也不漏】

猶「滴水不漏」。比喻做事說話周到嚴密。例他覺得，自己考慮得頂周到，安排得挺合適，計謀用得也最高明，可以說嚴絲合縫，一滴水也不漏。

【一滴水，一滴汗】

指辛勤哺育子女。例這孩子是我的命呵，她三歲時就死了娘，我一滴水，一滴汗把她養活大的。

【一滴水一個泡——一報還一報】

報：報應。比喻做了壞事會得到不好的報應，或受到應有的懲罰。例做惡多端的何家三小子被判了十年徒刑，羣衆拍手稱快，說一滴水一個泡——一報還一報。

【一滴雨，一點濕——實實在在】

比喻處事爲人紮實、厚道。有時指事情眞實，沒有虛假。例老劉這個人可眞是一滴雨，一點濕——實實在在，大家都信任、尊重他。

【一遞一句】

言來語去，相互交談、應答。《古今小說》三九篇：「二個一遞一句，說了半夜，吃得有八九分酒了。」

【一點靈犀】

靈犀：傳說中犀牛是神獸，角上有白紋，感應靈敏，故稱靈犀。比喻兩心相通。明・王玉峯《焚香記・盟誓》：「但得皆如意，兩情稱，始信一點靈犀，誠通海神。」也比喻聰明。元・王仲誠《粉蝶兒》曲：「蕙蘭性一點靈犀透，舉止溫柔。」

【一點水一個泡】

比喻說話算數。例我說話從來是一點水一個泡，若不信我願立軍令狀！

【一吊錢放在門坎上——裏外半吊子】

一吊錢：舊時幣制，一千個銅錢；門坎：即門檻，門框下部挨著地面的橫木（也有用石頭的）。比喻不通事理，傻裏傻氣的人。例這個人並不精明，甚至是一吊錢放在門坎上——裏外半吊子，大小事情都幹不了。

【一跌不振】

見「一蹶不振」。

【一迭連聲】

一聲緊接一聲。多指催促、答應或呼喚。《紅樓夢》二九回：「賈蓉聽說，忙跑了出來，一迭連聲的要馬。」

【一丁不識】

一個字不識。《醒世姻緣傳》一回：「那邢生後來做到尙書的人品，你道他眼裏有你這個一丁不識的佳公子。」

【一定不易】

定：確定，正確；易：變更。一經確定，不再變更。後指事理正確，不能改動。元・陶宗儀《輟耕錄・古銅器》：「商器質素無文，周器雕篆細密，此固一定不易之論。」也作「一定不移」。

【一定之法】

見「一定之規」。

【一定之規】

已經確定的規則或規矩。宋・魏了翁《答館職策一道》：「晋之諸君進築以廣地，增募以强兵，儲粟以厚糧，亦知所以用强其國矣。然紀綱不立，初無一定之規，而謀國之臣議論矛盾，亦無同心徇國之意。」也作「一定之法」。《淮南子・氾論訓》：「而欲以一行之禮，一定之法，應時偶變，其不能中權亦明矣。」

【一定之計】

已經擬定的主意或計畫。宋・洪邁《容齋續筆》卷三：「於始見之際，圖事揆策，必有一定之計，據以爲決。」

【一定之論】

不可改變的或確定的診斷。漢・班固《答賓戲》：「聖人有一定之論，烈士有不易之分。」

【一動不如一靜】

活動不如靜處。原指息心定意，後比喻與其做某事不如不做爲好，不必多此一舉。宋・張端義《貴耳集》上：「孝宗幸天竺及靈隱，有輝僧相隨。見飛來峯，問輝曰：『既是飛來，如何不飛去？』對曰：『一動不如一靜。』」《警世通言》卷二二：「那害癆的不見了船，定然轉往別處村坊乞食去了，尋之何益？況且下水順風，相去已百里之遙，一動不如一靜，勸你息了心意！」

【一斗米養個恩人，一石米養個仇人】

一斗米雖少，如幫助得當，人家會感恩；一石米雖多，如幫助不得當，反會結仇。《儒林外史》二二回：「郭先生，自古『一斗米養個恩人，一石米養個仇人』，這是我們養他的不是了！」

【一堵牆難擋八面風】

比喻力量單薄，應付不了。例他邊戰邊退，慢慢陷入重重包圍之中，正是一堵牆難擋八面風。但他想想，不過也是一死，所以就豁出去了。

【一肚子壞水】

形容人心眼兒很壞。例這傢伙一肚子壞水，一天到晚就想著算計別人，令人厭惡。也作「**一肚子膿水**」、「**一肚子花腸子**」。

【一肚子加減乘除——心中有數】

見「吃了算盤珠——心中有數」。

【一肚子苦水】

比喻受盡了痛苦。例她平常總是很樂觀，從沒見她哭過，可誰知道她也是一肚子苦水，受過多少磨難啊。

【一堆亂樹枝——七枝八杈】

見「十五個人睡兩頭——七顛八倒」。

【一堆腦瓜骨——沒臉沒皮】

腦瓜骨：〈方〉頭骨。雙關語。比喻不知羞恥。例中國是禮儀之邦，如果一個人成了一堆腦瓜骨——沒臉沒皮，就不配做中國人了。

【一對鈴鐺——不見空得慌，見面就叮噹】

比喻夫妻、親友之間思想感情有矛盾，不見面又想念，一見面就鬥嘴。例唉，這兩口子似乎患有神經病，常常就像俗語所說，一對鈴鐺——不見空得慌，見面就叮噹。

【一頓臘八粥，燒掉一冬柴】

比喻損失太大，不值得。例你這是何苦！為了討好新來上司，設宴接風，把一個月的薪水全搭上了。眞是一頓臘八粥，燒掉一冬柴。不值得的。

【一朵忽先變，百花皆後香】

宋·陳亮《梅花》詩：「疏枝橫玉瘦，小萼點珠光。一朵忽先變，百花皆後香。」原謂梅花率先開放，迎來百花盛開。後比喻一種新生事物的產生，就會帶動其他新生事物的出現。例自從市區裏第一家便利商店開張之後，一下子又冒出無數家便利商店，眞可謂「一朵忽先變，百花皆後香」。

【一朵鮮花插在牛屎上】

比喻美女嫁給一個醜陋、愚拙不適配的男人。例咱們必須替她想想法子，一朵鮮花插在牛屎上，眞把她糟蹋啦！也作「**一朵鮮花插在狗屎上**」、「**鮮花插到糞堆上**」、「**好花插在牛糞上**」。

【一而二、二而三】

指接二連三，由此及彼。《紅樓夢》一一三回：「由是一而二、二而三，追思起來，想到《莊子》上的話，……不覺大哭起來。」

【一而再，再而三】

一次又一次。接二連三地。朱自清《〈聞一多全集〉編後記》：「本來他老先生的字寫得夠糟的，加上一而再，再而三的添注塗改，一蹋糊塗，勢所必然。」

【一二其詳】

一二：一一，逐一；詳：詳盡。逐一地說清楚。漢·揚雄《長楊賦》：「僕嘗倦談，不能一二其詳，請略舉其凡，而客自覺其切焉。」

【一二三四五六七——亡八】

亡八：「王八」的諧意，指無「八」。罵妻子有外遇的人。《聊齋志異·三朝元老》：「天明，見堂上一匾云：『三朝元老』。一聯云：『一二三四五六七，孝弟忠信禮義廉。』不知何時所懸。怪之，不解其義。或測之云：『首句隱亡八，次句隱無恥也。』」

【一二三五六——沒事(四)】

事：「四」的諧意。雙關語。比喻不會出什麼問題，不用擔心。例現在社會秩序很好，即使單獨出門，也一二三五六——沒事(四)。

【一二五六七——丟三落四】

見「砍柴忘帶刀，刨地不帶鎬——丟三落四」。

【一發破的】

發：射出；的：箭靶中心。一箭就射中靶心。形容箭術高超。《晉書·王濟傳》：「愷亦自恃其能，令濟先射，一發破的。」也比喻一句話就擊中要害。例他的發言簡潔明瞭，一下子就抓住問題的關鍵所在，眞可謂一發破的。

【一法通，萬法通】

精通一個方面，其他的也都觸類旁通。例你們看得爛熟，然後動筆。一法通，萬法通，一法不通，萬法不通了。也作「**一法通，百法通**」。《官場現形記》五七回：「俗語說得好：『一法通，萬法通。』他八股做得精通，自然辦起事來也就面面俱到了。」

【一髮不可牽，牽之動全身】

一根頭髮也不能牽動，若牽動它整個身體都會動起來。比喻事物的局部雖然細小，若觸動它也會影響全局。清·龔自珍《自春徂秋偶有所觸》：「黔首本骨肉，天地本比鄰。一髮不可牽，牽之動全身。」

【一髮千鈞】

鈞：古代重量單位，三十斤為一鈞。以一根毛髮吊著千鈞重量。比喻情況極端危急。魯迅《沈滓的泛起》：「際茲一髮千鈞，全國國民宜各立所志，各盡所能，各抒已見。」

【一帆風順】

掛帆出海，順風航行。比喻事業或生活非常順利，沒有挫折。《官場現形記》五四回：「又凡是做官的人，如在運氣頭上，一帆風順的時候，就是出點小岔子，說無事也就無事。」

【一番江水一番魚】

一種江水有一種魚。比喻不同的地域有不同的風情。例常言道：「百里不同風，千里不同俗，一番江水一番魚」。

【一番手腳兩番做】
手腳：動作。指一次可完成的事情，卻分兩次做。錢鍾書《圍城》七：「他倆訂婚之後馬上就結婚。其實何必一番手腳兩番做呢？。」

【一反常態】
突然改變了平常的觀點、行爲或態度。例自從遭受這個打擊，他一反常態，變得沈默寡言。

【一飯千金】
《史記·淮陰侯傳》載：韓信少年貧困，一漂絮老婦曾給予飯食。後韓信當了楚王，不忘舊恩，以千金報答她。後以「一飯千金」比喻受恩厚報。《二刻拍案驚奇》卷五：「馬周道：『壁上詩句尤在，一飯千金豈可忘也。』」

【一飯之先】
指年齡比別人稍長。章炳麟《致山田飮江書》：「僕於今世有一日之長、一飯之先焉。」

【一方水土養一方人】
①一個地方的資源，養活一個地方的人。例一方水土養一方人，各會蘊育出各種不同型態的人。②指環境不同，人們的生活習慣也不同。清·李光庭《響言解頤·人部》：「入芝蘭之室，久而不聞其香，與之俱化矣；入鮑魚之肆，久而不聞其臭，亦與之俱化矣。故曰：『一方水土養一方人』。」

【一方有難，八方支援】
一處遇到困難，四面八方都來支持。例就說這回地震，各地聞訊都表示慰問，有捐錢的，有送衣物的，眞是一方有難，八方支援啊！

【一方之地，有賢有愚】
每個地方，都有賢明和愚笨的人。例一方之地，有賢有愚。這個地方，歷史上出了不少豪傑，也出過不少梟雄。

【一方之寄】
寄：委託。可以獨自擔任一方面的任務。宋·歐陽修《乞用孫沔札子》：「孫沔年雖七十，聞其心力不衰，可備一方之寄。」也作「一方之任」。漢·班固《漢書·終軍傳》：「不足以抗一方之任，竊不勝憤懣。」

【一方之任】
見「一方之寄」。

【一飛沖天】
鳥兒展翅，直沖雲天。比喻平時沒有什麼特殊的表現，突然之間做出不尋常的驚人之舉。《史記·滑稽列傳》：「此鳥不飛則已，一飛沖天。」

【一分錯，定不了兩分罪】
指錯不大，沒什麼可怕的。例就算他想找我岔兒，也沒什麼了不得。一分錯，定不了兩分罪。

【一分耕耘，一分收穫】
比喻下多大功夫，就有多大成果。例他能取得今天這樣的成就，絕非偶然，是多年潛心鑽研的結果。一分耕耘，一分收穫，不付出艱苦努力，是絕對辦不到的。

【一分行情一分貨】
行情：市場上商品的價格。說明按質論價，質優則價高。也指給多少好處辦多大的事。例凡有所爲而送禮的，無所謂輕重，也和咱們做買賣一般：一分行情一分貨。也作「一分價錢一分貨」。

【一分價錢一分貨——按質論價】
見「什麼貨賣什麼錢——按質論價」。

【一分錢掰成兩瓣兒花】
花錢十分節省，少花錢多辦事。例錢對於那裏的貧雇農，該是多麼困難啊！莊稼人們恨不得一分錢掰成兩半兒花。也作「一個掰著兩個花」、「一個錢當兩個使」等。

【一分錢掰成兩瓣花——會過日子】
見「捏著一分錢能攥出汗來——會過日子」。

【一分錢的份子——少禮】
份子：集體送禮時各人分攤的錢。雙關語。比喻待人接物缺少禮貌。例你上次宴請親朋，我不辭而別，實在是一分錢的份子——少禮了。

【一分錢買一分情】
舊時認爲花多少錢，就能買到多少情份。例雙方都向縣太爺行賄，有送幾十兩銀子的，有送幾百兩的。結果自然是出錢多的打贏了官司，一分錢買一分情，誰讓輸方出錢少呢！

【一分錢，一分貨】
形容按質論價，貨物與價格相當。引申爲認眞，不含糊。例他不再希望隨他們的善心多賞幾個了，一分錢，一分貨，得先講清楚了再拿出力氣來。

【一分權勢，一分造孽】
舊時認爲有多大權勢，就會做多少壞事。例憑著老爺子在京城做官，他家就可奪人妻女，幹這些傷天害理的事兒，眞是一分權勢，一分造孽。

【一分爲二】
指事物一個分爲兩個。也指事物包含對立的兩個方面。宋·邵雍《皇極經世緒言·觀物外篇·先天象數第二》：「太極既分，兩儀立矣。陽上交於陰，陰下交於陽，四象生矣……是故一分爲二，二分爲四。」茅盾《關於長篇小說〈李自成〉的通信·五·關於〈李岩起義〉》：「作者寫湯夫人是一分爲二的。她是名門閨秀，大家夫人，封建思想自極濃重……但她又是比較明於事理、對明王朝抱有不滿情緒的女人。」

【一分醉酒，十分醉德】
指多喝酒，有損人的德行。例你不能再喝了，再喝，就要出醜態了。一分醉酒，十分醉德，切記！

【一風吹】
比喻全部取消。例不少新建的公司，確有坑人騙錢的不良心態，應該加以取締，但不能視所有新公司爲同類。

【一佛出世】

佛教認為世間每經歷一小劫，便有一佛出世。一小劫約一千七百萬年。比喻極為難得。宋・葉廷珪《海錄碎事》卷一一上引《談苑》：「（唐）文宗嘗謂近臣曰：『詞臣之選，古今尤重，朕聞朝廷除一舍人，六親相賀，諺以為一佛出世，豈容易哉！』」

【一佛出世，二佛涅槃】
見「一佛出世，二佛升天」。

【一佛出世，二佛升天】
比喻把人折騰得死去活來。例你看他捶胸頓足，撞頭磕腦，就地打滾。叫一聲妻，怨一聲命。越勸越哭，越哭越悲，直哭得一佛出世，二佛升天。也作「**一佛出世，二佛朝天**」、「**一佛出世，二佛涅槃**」。

【一夫不耕，或受之飢；一女不織，或受之寒】
一個農民不耕作，就會有人挨餓；一個婦女不紡織，就會有人受凍。形容耕織勞作的重要。《漢書・食貨志》上：「民不足而可治者，自古及今，未之嘗聞。古之人曰：『一夫不耕，或受之飢；一女不織，或受之寒。』」也作「**一夫不耕，天下必有受其飢者；一婦不織，天下必有受其寒者**」。

【一夫當關，萬夫莫開】
比喻地勢險要，易守難攻。唐・李白《蜀道難》詩：「劍閣崢嶸而崔嵬，一夫當關，萬夫莫開。」也作「**一夫當關，萬夫莫入**」、「**一將守關，萬夫莫開**」。

【一夫可守】
一夫：一個人。一個人就能把守住。形容易守難攻的險要關口。清嘉慶重修《一統志・江西省・廣昌縣》：「……皆鳥道崎嶇，一夫可守。」

【一夫兩心，拔刺不深】
一個人做事不專心，連拔肉刺這種小事都做不成。比喻做事要用心專一。例做什麼事情，都要專心致志才行。今兒幹這個，明天又幹那個，很難做出成果。俗話說：一夫兩心，拔刺不深，講的也是這個道理。

【一夫之勇】
指沒有智謀而單靠個人逞強。也指有勇無謀的人。《三國志・魏書・荀彧傳》：「顏良、文醜，一夫之勇耳！可一戰而擒也。」

【一夫之用】
一夫：一個人；用：作用。指僅憑個人的力量，作用有限。《三國志・魏書・任城威王彰傳》：「擊劍，此一夫之用，何足貴也。」

【一福能壓百禍】
舊時認為福氣大的人能消災避禍。《金瓶梅詞話》七二回：「你心好，一福能壓百禍，就有小人，一時自然多消散了。」也作「**一福能消百禍，一正能除百邪**」。

【一斧子砍到底】
比喻堅決斷絕關係。例原來哥兒幾個雖然各起各的伙，可家裏的那點財產沒分清，這回，要一斧子砍到底。

【一副急淚】
指為應急驟然迸出來的眼淚。明・沈德符《萬曆野獲編・補遺三・閨鑑圖說跋》：「或曰：『人謂呂[新吾]因敗露難容，乃上憂危一疏，號泣朝門，無乃欲蓋而彌彰』。曰：『憂危一疏，人稱忠肝義膽，況此一副急淚，何可遽得，安得而少諸？』」

【一副碗筷兩人用——不分彼此】
見「肉爛了在鍋裏——不分彼此」。

【一傅眾咻】
傅：教導；咻：ㄒㄧㄡ，喧鬧。《孟子・滕文公下》：「有楚大夫於此，欲其子之齊語也……一齊人傅之，眾楚人咻之，雖日撻而求其齊也，不可得矣。」後以「一傅眾咻」比喻學習環境不好或做事無成效。清・陳確《答張考夫書》：「譬之與釋子非佛教，與婆子言無閻王，一傅眾咻，只自取困耳。」

【一富敗三村】
一家發財致富，往往建築在幾村人的破敗上。形容富人剝削窮人之狠。例一富敗三村，他家的富，是榨乾了幾村農民的脂膏獲得的。

【一富遮百醜】
有了錢，什麼醜事都能遮住。例他家有錢有勢，儘管傳出許多醜聞，誰敢道個不字，表面上，都恭恭敬敬，笑臉相迎。正是一富遮百醜。也作「**一富遮三醜**」。

【一改故轍】
轍：車跡；故轍：老路。比喻改變過去的做法，踏上新的路途。例他現在一改故轍，老老實實做人，再也不偷東摸西鬧事了。

【一概而論】
概：古代量米麥時刮平斗斛的器具。一概：同一標準。對人或事不加區別，籠統地用同一標準去看待或處理。晉・王羲之《自敍草書勢》：「百體千形而呈其巧，豈可一概而論哉！」也作「**一概而言**」。晉・葛洪《抱朴子・釋滯》：「各從其志，不可一概而言也。」

【一概而言】
見「一概而論」。

【一乾二淨】
形容乾淨徹底，一點不剩。《鏡花緣》一〇回：「他是『一毛不拔』，我們是『無毛不拔』，把他拔的一乾二淨，看他如何！」

【一干一方】
即一千一萬。「干」與「千」，「方」與「萬」字形相近，明代官場行賄的黑話。明・陳洪謨《繼世紀聞》卷二：「逆瑾用事，賄賂公行。凡有干謁者，云饋一干，即一千之謂；云一方，即一萬之謂。」

【一竿風月】
風月：清風明月，指美好景色。比喻文人雅士沈溺於水光山色的閒情逸致。宋・陸游《入城至郡圃》詩：「九陌鶯花娛望眼，一竿風月屬閒身。」

【一竿子插到底】
比喻做事情一股作氣做到底，也比喻直接擊中要害。例什麼事情只要讓他想通了，他就熱起來，一竿子插到底，不做好不罷休。也作「**一竿子扎到底**」、「**一竿子捅到底**」。

【一竿子插進龍潭裏，探不出水深淺】
比喻探不到底，摸不清底細。例派了幾個人去了解情況，都沒搞明白，難道眞是一竿子插進龍潭裏，探不出水深淺來了！

【一竿子打棗——全扒拉】
扒拉：拔動，使東西落下。用長桿子打棗，不管樹上紅的青的一齊打下來。比喻不分青紅皂白，一樣對待。例責任有大有小，有的同事情無關，怎麼能一竿子打棗——全扒拉，來個大換班呢？

【一缸苦水】
形容冤屈痛苦之多。例要說她過去當童養媳的日子，她心裏可是一缸苦水，不是一下子說得完的。

【一篙到底】
篙：撐船用的竿子。比喻一直相伴，不相拋棄。多指夫妻。明・金鑾《蕭爽齋樂府・下・沈醉東風・風情嘲戲》之三首：「閃人的寸步難移，便要撐開船頭待怎的，誰和你一篙子到底。」也比喻說話、做事直接、徹底。例這篇文章好就好在一篙到底，直接罵到皇帝頭上。

【一個八寸三帽子，張公戴了李公戴】
八寸三：指帽子的通常尺寸。比喻常見的東西或常用的套語，任何人均可用，沒有新意。例和前任領導一樣，他講話也愛說些不切實際的內容，聽得下邊的人直打瞌睡，眞是一個八寸三帽子，張公戴了李公戴。

【一個巴掌拍不響】
比喻發生糾紛，雙方都有責任。例你說不明白事理是嗎？你可知道一個巴掌拍不響，自然是兩邊動手，而後才衝突得起來。也比喻單靠個人辦不成事。例我來這裏，不是來求你幫助，只是要跟你商議咱們今後應該如何做。一個巴掌拍不響，兩個巴掌就拍得響，也作「**一隻手也拍不響**」。

【一個巴掌拍不響——孤掌難鳴】
比喻一個人力量薄弱，不能成事。例有什麼辦法呢，人家人多勢衆，咱是一個巴掌拍不響——孤掌難鳴，爭不過啊！

【一個半斤，一個八兩】
見「一個半斤，一個八兩——一模一樣」。

【一個半斤，一個八兩——一模一樣】
舊制一斤爲十六兩，故半斤和八兩相同。形容極其相似，沒有什麼兩樣。例你兩人不要互相貶低對方，抬高自己，公道地說，一個半斤，一個八兩——一模一樣。也作「**一個半斤，一個八兩**」。

【一個膀子推不動車子】
形容個人力量單薄，必須合作共事。例地裏的活兒靠你們孤兒寡母哪幹得了！一個膀子推不動車子。明兒個找幾個人來幫幫忙。

【一個包子吃了十八里地，還吃不著餡兒】
比喻講話拐彎抹角，半天都未接觸到問題的實質。例聽他講話眞費勁兒，半天都弄不明白什麼意思。眞是一個包子吃了十八里地，還吃不著餡兒。

【一個鼻孔兩隻眼睛】
比喻相貌或本事平常，沒有特別的地方。例你別把他說得那麼神通廣大，我看他也不過是一個鼻孔兩隻眼睛，沒什麼了不起的。

【一個不摘鞍，一個不下馬】
指兩人爭持，互不相讓。例兩人口舌起來，一個不摘鞍，一個不下馬，衆人勸說不過，只好去搬救星。

【一個槽上，拴不下倆叫驢】
比喻兩股勢力不能共存。例經理很嫉恨姓李的走進咱地盤，他行事又不一般，怕他將來成大氣候。俗話說，一個槽上，拴不下倆叫驢，就是這個道理。

【一個唱紅臉，一個唱白臉】
紅臉、白臉：戲曲中的不同臉譜。紅臉多爲武將，性格强硬，白臉多爲文官，性格奸詐。比喻採取不同手段，軟硬兼施。例他們倆一個唱紅臉、一個唱白臉，好說歹說，最後把鬧事的兄弟壓服下來。也作「**一個紅臉，一個白臉**」。

【一個車鈌養不活魚】
車鈌：車轍，下雨時能積存些雨水。比喻條件太差、難以生存。例就剩下一碗米了，怎麼維持這一班人的伙食。眞是一個車鈌養不活魚。得摸到敵人營房去繳點糧食來。

【一個吹笛，一個按眼——兩不頂一】
比喻人的素質差。有時指人多辦不好事。例不能採取人海戰術，一個吹笛，一個按眼——兩不頂一，仍然搞不好工作，重要的是提高人的能力和工作效率。

【一個吹笛，一個捏眼】
比喻配合默契。例他倆的相聲說得好，一個吹笛，一個捏眼，天衣無縫。

【一個單方吃藥——同樣毛病】
比喻有一樣的缺點或差錯。例這兩個工廠製造的汽車是一個單方吃藥——同樣毛病，耗油量大得不得了。

【一個方凳坐兩人——親密無間】
比喻關係極爲親密，沒有絲毫隔閡。例我們是一個方凳坐兩人——親密無間，在工作上配合得好極了。

【一個富貴心，兩隻體面眼】
一心向著富貴人，兩眼只瞧體面人。比喻待人處事極爲勢利。《紅樓夢》七一回：「我知道咱們的男男女女都是『一個富貴心，兩隻體面眼』，未必把他兩個放在眼裏。有人小看了他們，我聽見可不依。」

【一個姑娘頂半個兒子】

舊指女兒也能給家裏幫上點忙。例他的媳婦生了個女兒，心裏一直悶悶不樂，朋友們勸他想得開一些，用「一個姑娘頂半個兒子」的老話寬慰他。

【一個軲轆的車子——翻兒啦】

軲轆：車輪子。見「馬拉獨輪車——翻了」。

【一個穀穗兒上長的】

指一家人。例咱們本是一個穀穗兒上長的，如今米粒是米粒、糠皮是糠皮，分了家，掰了半兒。

【一個鼓槌打不響】

指沒人配合，辦不成事。例他當了組長後，一心想把工作做好，可是一個鼓槌打不響，沒人聽他的。急得他吃不好，睡不好的。

【一個鍋裏吃飯——不分彼此】

見「肉爛了在鍋裏——不分彼此」。

【一個鍋裏拖馬勺】

馬勺：盛飯用的木製勺。指在一個鍋裏吃飯。比喻共同生活、工作。例都是一個鍋裏拖馬勺，互相擔待點，不就齊了。

【一個跟頭從雲端裏跌下來】

猶「一落千丈」。形容地位、聲譽、景況突然惡化，急劇下降。例他一門心思往上爬，誰想捅了大漏子，一個跟頭從雲端裏跌下來。

【一個虼蚤頂不起臥單】

虼（ㄍㄜˋ）蚤：跳蚤。比喻個人力量有限，難成大事業。例幾年來我一個人領著幾個弟兄，吃了不少虧，做了不少難，才知道一個虼蚤頂不起臥單，所以冒著路途風險來找你，要同你擰成一股繩兒對付敵軍。也作「一個跳蚤頂不起一床被窩」、「一個跳蚤頂不起被子」。

【一個蛤蟆四兩力】

比喻力量雖不大，還能起點作用。例一個蛤蟆四兩力，不能多幹就少幹點，多少幹點總比不幹强。

【一個和尚一份齋，有稀有稠打起來】

比喻好壞不勻，互相爭執。例二愣子瞅著碗裏的清湯刮水，大聲吵吵：「一個和尚一份齋，有稀有稠打起來。憑什麼他吃稠的我喝稀的？憑什麼他可以添，我就不得添？」

【一個和尚挑水吃，兩個和尚抬水吃，三個和尚沒水吃】

指人少還好辦事，人多互相依賴反而辦不成事。比喻人浮於事，互相推諉。《魯迅書信集·致曹聚仁》：「編輯要獨裁。『一個和尚挑水吃，兩個和尚抬水吃，三個和尚沒水吃』，是中國人的老毛病。」

【一個葫蘆鋸的兩把瓢，正好一對】

比喻條件相同，彼此相配。例老闆早就看準他倆是一個葫蘆鋸的兩把瓢，正好一對，故意把他倆分到同一組。

【一個將軍一個令】

比喻各有主張，政出多門。例「什麼一定之規！一個和尚一本經，一個將軍一個令，叫我們下面的人怎麼做。」也作「一個將軍一道令」、「一個將軍一個令，一個勺子一個柄」。

【一個將軍一個令——不知聽誰的】

比喻行動無所適從。例政出多門，就會使下屬感到一個將軍一個令——不知聽誰的，不利於開展工作。也作「一個媳婦幾個婆——不知聽誰的」。

【一隻老鼠壞了一鍋湯】

比喻危害者數量雖少卻危害整體。例他這種害羣之馬，留在團體裏眞是一隻老鼠壞了一鍋湯，讓人討厭。也作「一粒老鼠屎，搞壞一鍋粥」、「一個螺螄打壞一鍋湯」、「一條魚滿鍋腥」。

【一個籬笆要打三個樁，一個好漢要有三個幫】

指人再有本事，也需要別人的幫助。例人是需要有幫助的。荷花雖好，也要綠葉扶持。一個籬笆要打三個樁，一個好漢要有三個幫。也作「一個籬笆三個樁，一個好漢三個幫」、「一個好漢三個幫，一根屋柱三個樁」。

【一個栗子頂一個殼】

比喻一個人擔負一定責任或充當一個角色。例他來冒牌，叫一個栗子頂一個殼，很快就會露餡。

【一個蘿蔔一個坑】

比喻每人都要擔負起自己一定的工作，或每人有每人的崗位。例我們單位人力有限，一個蘿蔔一個坑，沒有一個閒人。也作「一個蘿蔔頂一個窩」、「一個蘿蔔填一個坑坑」。

【一個蘿蔔一個坑——一個頂一個】

比喻個個都是好樣的。有時指一個接替一個。例我們貫徹少而精的原則，人數雖然不多，可是一個蘿蔔一個坑——一個頂一個，工作效率極高。也作「鴨子死了還有鵝——一個頂一個」。

【一個螺螄打十八碗湯】

螺螄：淡水螺。指油水不多，胡弄事兒。例姓陳的那家摳的要命，家裏來人，菜裏都見不到油花兒，恨不得一個螺螄打十八碗湯。

【一個麻錢看的磨盤大】

比喻小氣，斤斤計較。例他才是個小氣鬼呢，一個麻錢看的磨盤大，總想占人便宜。

【一個模子鑄的】

形容極爲相似。《西遊記》七一回：「他的鈴兒怎麼與我的鈴兒就一般無二！縱然是一個模子鑄的，好道打磨不到，也有多個瘢兒，少了蒂兒，卻怎麼這等一毫不差？」也作「一個模子脫出來的」。

【一個牛頭向東，一個馬面向西】

比喻雙方嚴重對立。例生氣有什麼

用？要和他溝通，好好勸他嘛。不要鬧得一個牛頭向東，一個馬面向西。

【一個朋友一條路，一個冤家一堵牆】

指多交朋友有益，多結冤家對頭有害。例你說話直來直往，容易得罪人。往後，你在外的日子很長，要注意一個朋友一條路，一個冤家一堵牆。

【一個霹靂天下響】

比喻發生重大事情必將引起強烈反響。例俄國十月革命好比一個霹靂天下響，在全世界，起碼半個地球，引起強烈反應。

【一個錢在手心裏攥出汗來】

形容極其吝嗇，把錢看得很重。例他是一個錢在手心裏攥出汗來的人，小氣極了，人送外號「老財迷」。也作「一個錢捏出水」、「一個銅板攥出黃水來」。

【一個染缸的布——一色貨】

見「黃杏熬北瓜——一色貨」。

【一個人拜把子——你算老幾】

拜把子：舊時指朋友結為異姓兄弟。反問句。比喻人談不上，不夠格。含有輕視的意思。例這裏有你插嘴的份嗎？一個人拜把子——你算老幾。也作「自個兒拜把子——你算老幾」、「有大哥有二弟，你算老幾？」、「園裏的韭菜——你算哪一苑」。

【一個人吃飽了，全家不餓】

指男子未成家，打光棍。例他只有一身一口，沒有家眷。他常好說兩句開心話，就是「一個人吃飽了，全家不餓」，鎖住門也不怕餓死小板凳。也作「一個人吃飽了，一家不餓」。

【一個人肚皮裏一個主意】

指各有各的打算。例至於要選誰，大家半天不吭聲，恐怕是一個人肚皮裏一個主意，只是不願說出來罷了。

【一個人渾身是鐵，能打幾個釘】

強調個人力量有限。例試驗小組剩下分隊長一個人能做出什麼事業來，一個人渾身是鐵，能打幾個釘？也作「渾身是鐵，打得多少釘兒」。

【一個人兩條心不算多】

指要多個心眼兒。例俗話說：「一個人兩條心不算多。」你小小年紀，孤身在外，千萬別上當受騙。

【一個色子擲七點——出乎意料】

色（ㄕㄞˇ）子：即骰子，遊戲用具或賭具，最多只有六點。比喻沒有意料到的事情。例他平時成績平平，這次考試卻一個色子擲七點——出乎意料，高中榜首。

【一個山頭一隻虎】

指獨霸一方。《隋唐演義》一二回：「一個山頭一隻虎，也虧了順義村的張公謹做了主人。」

【一個師傅一個傳授】

每個師傅的教育方法都不相同。例一個師傅一個傳授。你的師父傳授你的射法，他們不一定聽見過。

【一個世紀才盤點——百年大計】

盤點：清點存貨。雙關語。比喻關係到長遠利益的重要計畫或措施。例你考慮過沒有，我們做的這項工作，對中華民族來說，是一個世紀才盤點——百年大計。

【一個太陽底下的人】

指各人條件相當。例同是一個太陽底下的人，為什麼人家的成績那麼好，我們就不如人家。想想原因在哪裏？

【一個天上，一個地下】

形容差別太大，相距太遠。例他倆是同鄉，又是同學，可是日後的發展卻大不相同，眞可謂一個天上，一個地下。

【一個跳蚤頂不起被蓋——獨力難撐】

見「單手舉磨盤——獨力難撐」。

【一個銅錢開當舖——周轉不開】

銅錢：古代銅質輔幣，圓形，中有方空；當舖：專門收取抵押品放貸的店舖。借款多少，按抵押品的估價而定；到期不贖，抵押品就歸當舖。比喻經濟緊張，支配不開，難以應付。例公司雖然做了很大努力，資金上仍然是一個銅錢開當舖——周轉不開，有倒閉的危險。也作「一分錢開當舖——周轉不開」。

【一個碗內兩張匙，不是湯著就抹著】

比喻兩人常在一起易生摩擦。例自他娶了小老婆回來，家裏沒有安靜過，一個碗內兩張匙，不是湯著就抹著，兩個老婆成天打架，你說他是自作孽不？

【一個媳婦十個婆婆】

比喻管事的人太多，被管的不知如何是好。例到底這活兒怎麼幹？一個說這麼幹就成，一個說不行，讓我返工，一個媳婦十個婆婆，哪個婆婆說了算？

【一個香爐一個磬，一個人一個性】

磬：ㄑㄧㄥˋ，佛教所用的一種銅製的打擊樂器。指每個人的思想性格都不相同。例我倒想勸他回來，他高低不肯，「一個香爐一個磬，一個人一個性」各人有各人的打算，讓他去吧！

【一個心眼，一副腸子】

比喻處境、感情相同。例咱們兄弟，應該是一個心眼，一副腸子，你怎麼倒說見外話了。

【一個虛，百個虛；一個實，百個實】

虛：虛假。實：誠實、實在。指從一個人或一件事的虛與實，可以推斷其他事的虛與假。《三寶太監西洋記》三八回：「自古說得好：『一個虛，百個虛；一個實，百個實。』既曉得我們一個，就曉得我們七十二個。」

【一個要補鍋，一個鍋要補】

比喻雙方正好相投合。例老太太正和老頭兒絮叨，聽見巷子裏喊「搶刀子、磨剪子來！」立即找出鈍刀、鈍剪子，飛也似地追出去了。老頭兒樂道：「敢情好！一個要補鍋、一個鍋要補。」

【一個衣包裏爬出來的】

指同胞兄弟姐妹。例誰能吵過你們，你們是一個衣包裏爬出來的，合夥一起來，我可受不了。

【一個印合脫下來的】

形容兩人容貌極爲相像。例你瞅那孩子眉眼多像他爸爸，簡直是一個印合脫下來的。

【一個雨點落下來，十個雨點跟下來】

指事情既已開始，便會有所發展。例從他偷偷離家跑去找游擊隊後，村子裏不少青年學他的樣，也都紛紛外出加入抗日隊伍去了。好比是一個雨點落下來，十個雨點跟下來。

【一個在天，一個在地】

比喻貧富懸殊。例他們越弄越富，我們越弄越窮，如今已是一個在天，一個在地，我們再也忍不得了。

【一個竹眼釘一條釘】

形容處事極其認眞。例老張的脾氣，我是摸透了。人死板，又愛鑽牛角尖，你何必同他一個竹眼釘一條釘的去鬧騰呢？也作「**一個釘子一個眼**」。

【一根腸子通到底】

比喻爲人爽快，說話不拐彎抹角。例他性格憨直，說話坦率，從不轉彎抹角，是俗語所說的「一根腸子通到底」的人物。也作「**一根肚腸通到底**」。

【一根腸子通到底——直性人】

比喻性情直爽的人。例他是一根腸子通到底——直性人，有啥說啥，絕不隱瞞自已的觀點。也作「**腸子不打彎——直性人**」、「**吃竹竿長大的——直性人**」。

【一根腸子通到底——只會說直話】

見「肚子裏呑擀麵杖——直腸子」。

【一根單絲難成線，千根萬根擰成繩】

比喻團結的重要。例俗話說：「一根單絲難成線，千根萬根擰成繩。」如今我們農會，就是要把千千萬萬的單絲擰成一根力擔千斤的粗繩。只要咱們窮人全齊了心，咱就能夠移山塡海！

【一根燈草沾缸油】

比喻長期占小便宜，能使別人吃大虧。例她今天從你家裏摸點，明天拿點，雖說數量不大，可是一根燈草沾缸油，時間久了，還不把你那點家底掏摸空了！

【一根篙竿壓倒一船人】

篙竿：撐船用的竹竿。比喻一個人壓倒衆人。例咱把話扯明白，今天不是誰跟誰過不去，掃大伙兒臉的是你！你總想一根篙竿壓倒一船人！

【一根喉嚨出氣】

比喻有共同語言，意見一致。例別看他們家裏常起糾紛，遇著外人欺負，全家人可是一根喉嚨出氣，毫不含糊。

【一根筋】

比喻思想觀點簡單、片面，認死理。例眞要命，我儘碰上些一根筋的人，費了我半天口舌，他們還是不同意。

【一根筷，兩半節】

指分爲兩半。例老爺子見兩個兒子長大，該自立門戶了，就把往日的積蓄拿出來，一根筷，兩半節，分得倒也公平合理。

【一根蘿蔔兩頭削】

比喻消耗太快。例兒子結婚了，和他們要了一筆錢；女兒出嫁，也少不了陪送，一根蘿蔔兩頭削，老倆口那點積蓄很快花光了。

【一根麻不亂，十根麻扯成團】

比喻做事要有條不紊，不能鬍子眉毛一把抓。例抗旱就抗旱，怎麼又發癲，想起去查帳了？一根麻不亂，十根麻扯成團，你既是回鄉來搞生產的，那你就要搞好一樣，再來一樣。

【一根木頭劈八開——不大方】

雙關語。多比喻小氣，斤斤計較。例生活好了也得注意節約，不該花的錢就不花，別怕人家說一根木頭劈八開——不大方。

【一根南天門的玉柱——光杆杆】

南天門：神話傳說中的天宮正門。見「毛筆掉了頭——光棍一條」。

【一根繩拴倆螞蚱——誰也跑不了】

倆：兩個；螞蚱：〈方〉蝗蟲。比喻有牽連的雙方，誰也擺脫不了。例他想，反正咱們是一根繩拴倆螞蚱——誰也跑不了，豁出去啦，就一同幹到底。也作「**一根繩上拴倆驢——誰也跑不了**」、「**一條綫拴倆螞蚱——蹦不了你，也跑不了我**」、「**一條繩上拴著的螞蚱——飛不了你，也跑不了他**」、「**一條綫拴兩隻螞蚱——跑不了他，也蹦不了我**」、「**一根綫拴兩螞蚱——跑不了你，蹦不了它**」、「**王八拴在雞身上——飛不了你，也蹦不了他**」、「**一條繩拴了兩個蛤蟆——跑不了我，也蹦不了你**」、「**癩蛤蟆綁在雞腿上——飛不了你，跑不了它**」。

【一根藤上的瓜】

比喻命運相同，利害相關的人。例咱們是一根藤上的瓜，就不要說那些外行話了，也作「**一條藤上的葫蘆**」。

【一根頭髮繫磨盤——千鈞一髮】

繫：聯結，拴吊；磨盤：托著磨的圓形底盤，用石頭做成。見「頭髮絲吊大鐘——千鈞一髮」。

【一根頭髮破八瓣——細得很】

比喻考慮問題周密，做事細心。例小汪做事向來是一根頭髮破八瓣——細得很，很少出現差錯。

【一根竹竿容易彎，三股麻繩難扯斷】

比喻個人勢單力薄，團結起來力量大。例大家要擰成一股繩，和敵人對著幹！俗話說：「一根竹竿容易彎，三股麻繩難扯斷。」個人力量到底有限。

【一根竹子搭橋——難過】

見「獨木橋——難過」。

【一股腦兒】

全部，通通。茅盾《曇》：「我就一股腦兒告訴了父親。」也作「**一古腦兒**」。

【一鼓而擒】

鼓：古代打仗以擊鼓爲號，擊鼓則進。剛擊一遍鼓就把敵人擒獲。形容迅速獲勝。元・陶宗儀《輟耕錄》：「花山賊畢四等縱橫出沒……朝廷募鹺徒，朱陣率其黨羽，一鼓而擒之。」

【一鼓而下】

古代打仗以擊鼓爲號，指揮則進。指利用有利時機或士氣正盛，一舉克敵。明・沈采《千金記・定謀》：「昨日令人明修棧道，暗渡陳倉，徑截趙魏，掩其不備，一鼓而下。」例趁著敵人防備鬆懈，咱們今晚攻城，爭取一鼓而下。

【一鼓作氣】

《左傳・莊公十年》：「夫戰，勇氣也。一鼓作氣，再而衰，三而竭。」原指作戰時，擂第一遍鼓，士氣最盛。後比喻趁幹勁最足時，一舉將事情完成。例他們望著漸漸陰沈的天色，決定一鼓作氣將剩下的垃圾清掃乾淨。

【一顧千金】

顧：看。被伯樂（春秋時人，以善相馬著稱）看一眼，馬的身價便値千金。比喻賢者推薦的可貴。漢・桓譚《新論・因顯》：「名有所因而至，則良馬一顧千金。」也作「**一顧之價**」。《漢書・隗囂傳》：「數蒙伯樂一顧之價。」

【一顧傾城】

《漢書・孝武李夫人傳》：「北方有佳人，絕世而獨立；一顧傾人城，再顧傾人國。」後以「一顧傾城」形容女子容貌極其艷麗動人。《兒女英雄傳》二七回：「那怕丈夫千金買笑，自料斷不及我一顧傾城。」也作「**一顧傾人**」。明・湯顯祖《南柯記・偶見》：「俺淳於棼可是遇仙也？他三回自語，一顧傾人」。也作「**一貌傾城**」。明・鄭若庸《玉玦記・祝壽》：「煙花戶庭，風尖心性。張郎不成，李郎不應，十人見我九人憎，羞殺我一貌傾城。」也作「**一顧傾人城，再顧傾人國**」。漢・李延年《佳人歌》：「北方有佳人，絕世而獨立。一顧傾人城，再顧傾人國」。

【一顧傾人】

見「一顧傾城」。

【一顧傾人城，再顧傾人國】

見「一顧傾城」。

【一顧之價】

見「一顧千金」。

【一官半職】

一定的官職。多指不高的職位。元・王實甫《西廂記》四本四折：「都則爲一官半職，阻隔得千山萬水。」

【一軌同風】

一：統一；軌：古代車子兩輪間的距離，有定制。一致的車軌和風俗。比喻國家和政令統一。《晉書・苻堅載記》上：「一軌九州，同風天下。」

【一貴一賤，交情乃見；一死一生，乃見交情】

比喻在升沈生死之際，最能看出交情的深淺。《史記・汲鄭列傳》：「始翟公爲廷尉，賓客闐門；及廢，門外可設雀羅。翟公復爲廷尉，賓客欲往，翟公乃大署其門曰：『一死一生，乃見交情。一貧一富，乃知交態。一貴一賤，交情乃見。』」《今古奇觀》二二：「黃勝巴不得杜絕馬家，正中其懷。正合著西漢馮公的四句，道是：一貴一賤，交情乃見；一死一生，乃見交情。」也作「**一死一生，乃見交情**」。

【一棍打一船】

比喻不加區別，全盤否定。梁啟超《新中國未來記》三回：「李君道：『哥哥的話雖是不錯，但俗語說的，樹大有枯枝，一國之大，自然是有好的有壞的，何必一棍打一船呢？』

【一棍子打死】

比喻對人對事全盤否定。例有的人動輒就粗暴批評，抓住個別的缺點就氣勢洶洶，一棍子打死。

【一棍子掄到茄子地裏】

指行動冒失。例他性格夠粗魯的，說話也不講究分寸，經常是一棍子掄到茄子地裏，傷了不少人哩。

【一鍋菜有鹹有淡】

比喻條件相同，也仍有差別。例別以爲有幾個人歡迎你去，那裏的人都會笑臉相迎，一鍋菜有鹹有淡，還有人怕你搶他們的位置呢。

【一鍋端】

①比喻全部消失，根除。例昨天，那個賣春集團伙被一鍋端了。②比喻全部說出。例我已經把我知道的情況一鍋端給你了，再沒什麼可說了。

【一鍋滾開水——熱氣騰騰】

見「剛出籠的饅頭——熱氣騰騰」。

【一鍋滾油倒上了涼豆子——噼里啪啦地爆起來】

噼里啪啦：象聲詞，形容豆子連續爆裂的聲音。涼豆子遇到高溫，體積突然膨脹，發出爆炸聲。見「滾油鍋裏添冷水——炸了」。

【一鍋裏的老米飯】

比喻完全相同。例這雖然有兩方面的小小的差異，其實歸根到底還是一鍋裏的老米飯。

【一鍋粥】

比喻混亂不堪，一團糟。例你快去管管吧！他們那兒亂成一鍋粥了。

【一鍋粥打翻在地——收不了場】

也作「**一鍋粥打在地——難收場**」。見「下雨天打麥子——難收場」。

【一鍋煮】

比喻不分情況，將所有的事情一起作處理。例這麼一大堆問題要一個個處理太難了，乾脆來個一鍋煮吧！

【一國不容二主】

指一國之內不能同時有兩個君主，也指一個單位或地方不能同時有兩個權力相同的人。《五代史演義》四八回：「大王血戰三年，始得長沙，一國不容二主，今日不除，他日悔無及了。」也作「一朝不能有二君」、「一境不容二主」。

【一國三公】

一個國家有三個掌權者。比喻政權不統一，各出政令，造成混亂。《左傳·僖公五年》：「［士蔿］退而賦曰：『孤裘龍茸，一國三公，吾誰適從？』」章炳麟《改革意見書·二》：「爲是說者，固不獨鄙人一人，而反對者亦衆，有謂試驗學說者，有謂一國三公，莫適爲主者。」

【一寒如此】

一：乃，竟；寒：貧寒。形容極端貧寒。元·方回《次韻許大初見贈》：「賴是同鄉復同味，一寒如此遽春還。」

【一行服一行，豆腐服米湯】

指事物之間互相制約。義同「一物降一物」。例好傢伙，你敢罵人？我要去告訴老總，叫他替我出氣，一行服一行，豆腐服米湯，我猜他一定能降伏你的。也作「一行服一行，糯米服砂糖」、「一行服一服，泡菜服米湯」。

【一毫不取】

毫：毫毛。連一根毫毛那樣的東西也不拿。形容爲人廉潔。《容齋三筆·賢士隱居者》：「周日章，信州永豐人。操行介潔……非其義一毫不取。」

【一哄而起】

哄：喧鬧。形容一下子行動起來。《官場現形記》五三回：「於是又聽他往下講道：『地方上百姓動了公憤，一哄而起，究竟洋人勢孤，……。』」

【一哄而散】

人羣亂哄哄地一下子散去。《初刻拍案驚奇》卷一：「看的人見沒得買了，一哄而散。」

【一呼百和】

見「一呼百應」。

【一呼百諾】

諾：答應。一人呼喚，百人答應。形容權勢顯赫，侍者衆多。《醒世姻緣傳》九四回：「他如今做了這幾年官，前呼後擁，一呼百諾的，叫人奉承慣了的性兒。」

【一呼百應】

應：響應，呼應。一人召喚，大家響應。形容有威信或羣情一致。例主席對著台下忠貞不二的支持者高喊口號，他們也一呼百應的誓死效忠。也作「一呼百和」。明·張岱《岱志》：「山上進香人上者下者，念阿彌陀佛，一呼百和。」

【一壺難裝兩樣酒】

招待客人用同樣的酒，對人應一視同仁，不要有厚薄。例來，來，來，隨便用點便飯。我這人不論別人地位高低，一律老花雕接待，一壺難裝兩樣酒，只別嫌我怠慢就是了。

【一壺千金】

壺：即瓠瓜，能浮在水面，助人渡水。比喻物雖輕賤，但在關鍵時刻十分珍貴。唐·韓愈《讀〈鶡冠子〉》：「稱賤生於無所用，中流失船，一壺千金者。」

【一狐之腋】

一隻狐狸腋下的皮毛。比喻東西量少而質美，極爲珍貴。《史記·趙世家》：「簡子曰：『吾聞千羊之皮，不如一狐之腋。』」

【一虎可敵千羊】

比喻一個强者能對付許多無能之輩。例說書的道：「那趙子龍驍勇善戰，橫衝直闖，敵人哪裏是他的對手，一個個敗下陣來，狼狽逃竄，眞是一虎可敵千羊。」

【一虎十羊，勢無全羊】

虎入羊羣，羊非死即傷。比喻衆多弱者難戰勝一個强大的對手。例他跳上車後，亮出亮閃閃的匕首，叫道：「留下買命錢！」衆乘客手無寸鐵哪裏是他的對手，只好交出錢財。對稍要反叛的，他上去就是一刀。正是一虎十羊，勢無全羊。

【一花引來百花放】

比喻一個好典型，能帶動一大片。宋·陳亮《梅花》詩：「疏枝橫立瘦，小萼點珠光。一朵忽先變，百花皆後香。」例自他提出競賽的倡議後，各地紛紛響應，生產大幅度上升，眞是一花引來百花放。

【一環離，環環斷】

指一個環節出問題，其他環節相應也要出問題。比喻連鎖反應。例生產部門出了問題，影響其他部門的作業程序，眞是一環離，環環斷。

【一環套一環】

指事物環環相扣，緊密相連。例這三件事兒都是相關的，像是連環套，一環套一環。

【一還一報】

見「一報還一報」。

【一簧兩舌】

簧：樂器簧片。比喻信口胡言。漢·焦延壽《易林·坤之夬》：「一簧兩舌，妄言謬語。」

【一麾出守】

南朝宋·顏延之《五君咏阮始平》詩：「屢薦不入官，一麾乃出守。」麾：ㄏㄨㄟ，揮斥，排擠之意。原意是說阮咸受排擠，才出任始平太守。後人將「麾」誤認爲是「旌麾」之意，故將「一麾出守」用做朝官外任的典故。唐·柳宗元《爲劉同州謝上表》：「豈意天聽忽臨，鴻恩薦及，八命作牧，一麾出守。」

【一揮而成】

見「一揮而就」。

【一揮而就】

揮：運筆；就：完成。一動筆就能很

快完成。形容才思敏捷。《三國演義》七一回：「時邯鄲淳年方十三歲，文不加點，一揮而就，立石墓側，時人奇之。」也作「**一揮而成**」。《宋史・文天祥傳》：「天祥以法天不息爲對，其言萬餘，不爲稿，一揮而成。」

【一回生，二回熟】
頭次見面還生疏，再次見面成了熟人。常用作初次見面的套語。例一回生，二回熟，以後咱們就算老朋友了。也作「**一面生，兩面熟**」、「**一次生，二次熟**」、「**一遭生，二遭熟**」。

【一會兒風，一會兒雨】
指情況變化不定。例你們爺兒倆一會兒風，一會兒雨，把我們弄得五迷轉向，也摸不準你們的脈兒了。

【一會兒鑼，一會兒鼓】
指說法做法老變，讓人無所適從。例在他手下做事兒眞難辦，一會兒鑼，一會兒鼓，沒個準譜兒。

【一會兒捧上天，一會兒踩下地】
指對人的態度變化無常。例你葫蘆裏賣的是什麼藥！怎麼對我一會兒捧上天，一會兒踩下地的。

【一會兒陰，一會兒陽】
指人的性格陰陽怪氣，捉摸不透。例這人眞是難猜透：一會兒陰，一會兒陽，多可怕呀！千萬得小心他一點兒。

【一雞死後一雞鳴】
一隻會啼叫的雞死了，其他的雞才敢叫。比喻占著位置的人死去，別人才能替代。宋・莊季裕《雞肋編》卷上：「人家養雞，雖百數，獨一擅場者乃鳴，余莫敢應，故諺謂一雞死後一雞鳴。」

【一己之私】
個人的利益。宋・程顥《河南程氏遺書》卷一四：「聖人致公，心盡天地萬物之理，各當其分。佛氏總爲一己之私，是安得同乎？」

【一己之見】
個人的見解。宋・周煇《清波雜志》卷八：「近時曾公端伯亦編皇宋百家詩選，去取任一己之見。」

【一計不成，再生一計】
一個計謀不成功，再想出一個來。老舍《四世同堂・惶惑》：「停了一會兒，他才一計不成，再生一計的說：『大哥，你再去看看！萬一能找到一些，我們總都願意幫她們的忙！』」也作「**一計不成，又生一計**」、「**一計不成，又成二計**」。

【一技之長】
某種技能特長。清・鄭燮《淮安舟中寄舍弟墨》：「愚兄平生漫罵無禮，然人有一才一技之長，一行一言之美，未嘗不嘖嘖稱道。」也作「**一技之善**」。清・朱彝尊《贈筆公錢叟序》：「洵夫一技之善有深入人心而不可沒焉者已。」

【一技之善】
見「一技之長」。

【一加一等於二——沒有錯】
見「打酒只問提壺人——沒有錯」。

【一家不知一家，和尚不知道家】
道家：道士。指各家都有自己的難處，不易被外人了解。例她嘆了口氣，說：「唉！一家不知一家，和尚不知道家。家家都有本難念的經哩！」也作「**一家不知一家事**」。

【一家打牆——兩得其便】
見「擺龍門陣抱娃娃——兩得其便。」

【一家眷屬】
一家人。也比喻同屬一個流派。清・康有爲《廣藝舟雙楫・本漢》：「《孔宙》、《曹全》是一家眷屬，皆以風神逸宕勝。」

【一家女子百家求】
指一家有女兒，就會有許多人上門來求親。明・朱權《荊釵記》八出：「[外]你那婆子，曉得什麼？一家女子百家求，求了一家便罷休。[淨]唻了嘴！一家女子百家求，九十九家不罷休。」也作「**一家有女百家求**」。

【一家起高樓，千家拆茅屋】
形容兩極分化和貧富相差懸殊。例他發放高利貸，坑害了多少人家，死的死，逃的逃，他自己倒大興土木，修起亭台樓閣，好不闊氣。正是一家起高樓，千家拆茅屋。

【一家人不說兩家話】
指自家人不應見外。例別講客氣了，一家人不說兩家話，你遇到了麻煩，我當然應該幫助。

【一家人見一家人親】
指自己人關係親密。例我說你們在隊伍上的是一家人，一點沒說錯！一家人見一家人親嘛！

【一家人說兩家人的話】
指見外，即把自家人當外人。例你儘管放心好了，孩子就留在我這兒吃飯，別一家人說兩家人的話。

【一家十五口——七嘴八舌】
見「十五個人當家——七嘴八舌」。

【一家一計】
指一夫一妻的家庭。元・關漢卿《望江亭》二折：「把似你則守著一家一計，誰著你收拾下兩婦三妻，你常好是七八下里不伶俐。」也泛指一家人。《儒林外史》二七回：「將來把你嫂子也從京裏接到南京來，和兄弟一家一計的過日子。」

【一家有事百家忙】
一家有事，周圍鄰居都來幫忙。例那大雜院的鄰里關係非常好。就說小英子她媽一病，這個來問候，那個端湯送藥，有的請來醫生，一家有事百家忙，眞讓人感動。

【一家有事，四鄰不安】
一家出事，鄰居也會表示不安和同情。例張家不幸遭火災，街坊都很關心，七拼八湊，立刻集了一百多元。他們一家磕頭跪拜，感恩不盡。大家連忙止住說：「何必呀！一家有事，四鄰不安。」也作「**一家有事，衆鄰**

分憂」。

【一家有一家主】
指每家都有主事人。例這事兒你跟孩子說有什麼用？一家有一家主，得跟我們當家的說才成。

【一家之論】
見「一家之言」。

【一家之說】
見「一家之言」。

【一家之學】
見「一家之言」。

【一家之言】
有獨立見解、自成體系的學說或論著。漢·司馬遷《報任少卿書》：「亦欲以究天人之際，通古今之變，成一家之言。」也作「一家之說」。《舊唐書·陸贄傳》：「聽一家之說，則例理可徵；考歷代所行，則成敗異效。」也作「一家之學」。《新唐書·禮樂志一》卷一一：「自梁以來，始以其當時所傳於《周官》五禮之名，各立一家之學。」也作「一家之論」。清·顧炎武《與友人論易書》：「排斥衆說，以申一家之論，而通往之狹矣。」

【一見傾倒】
剛見面就十分欽佩或傾慕。《野叟曝言·序》：「先祖五世以官事過禾中，邂逅水次，一見傾倒。」

【一見傾心】
傾心：嚮往，愛慕。剛見面就十分愛慕。老舍《四世同堂》七：「她老想有朝一日，她會突然地遇到一個很漂亮的青年男子，在最靜僻的地方一見傾心，直到結婚的時候才叫家中看他是多麼體面，使他們都大吃一驚。」

【一見如故】
故：舊友。初次見面，就像老朋友一樣。《水滸傳》五八回：「一個是花和尚魯智深，一個是青面獸楊志，他二人一見如故。」也作「一見如舊」。唐·李珏《故丞相太子少師贈太尉牛公神道碑》：「時韋崖州作相，網羅賢雋，知公名，願與交。公袖文往謁，一見如舊。」

【一見鍾情】
鍾情：情感專注。男女剛見面就產生了愛情。《西湖佳話·西泠韻跡》：「乃蒙郎君一見鍾情，故賤妾有感於心。」例他們一見鍾情，很快就結了婚。

【一箭上垜】
垜：ㄉㄨㄛˇ，箭靶。比喻說話做事一次就成功。《金瓶梅詞話》八七回：「他見你會唱南曲，管情一箭就上垜，留下你做個親隨大官兒。」

【一箭雙雕】
比喻一舉兩得。《官場現形記》一二回：「胡統領早存了個得隴望蜀的心思，想慢慢施展他一箭雙雕的手段。」

【一箭之地】
一箭的射程。比喻距離不遠。《隋唐演義》四九回：「大家兜轉馬頭，未遠一箭之地，錢娘又撒轉頭來一望，只見羅成又縱馬前來。」

【一漿十餅】
比喻不值錢的東西或小恩小惠。《新唐書·李正己傳附李師道》：「大將崔承慶獨進曰：『公初不示諸將腹心，而今委以兵，此皆嗜利者，朝廷一漿十餅誘之，去矣！』」

【一將功成萬骨枯】
指將領的赫赫戰功是千千萬萬士兵的生命換來的。唐·曹松《己亥歲》詩：「澤國江山入戰圖，生民何計樂樵蘇。憑君莫話封侯事，一將功成萬骨枯。」也作「一將成名萬骨枯」。

【一將無謀，累死千軍；一帥無謀，挫喪萬師】
指將帥或首領無謀，會使衆多部屬遭受挫折。例你道這山中爲什麼這麼窮呢？有個緣故。常說一將無謀，累死千軍；一帥無謀，挫喪萬師。山中大寨主是個渾人，衆人跟著他受累。

【一椒掠舌，不能立言】
舌頭沾上辣椒，辣得當時說不出話來。比喻小事能導致大失誤。漢·張良《陰符經注》：「太公曰：『三要者，耳目口也……』箋曰：『兩葉掩目，不見泰山。雙豆塞耳，不聞雷霆。一椒掠舌，不能立言。九竅皆邪，不足以察機變。』」

【一腳穿個紙糊襪——登塌底兒】
紙糊的襪子經不起穿，一穿就要登破底。比喻事情徹底垮台。例他在錯誤的道上不思悔改，這次可好，一腳穿個紙糊襪——登塌底兒了。

【一腳門裏，一腳門外】
形容猶豫觀望。例你這個人做事眞不痛快，老是一腳門裏，一腳門外的。你倒給我一個肯定的答覆呀！

【一腳踢出個屁來——巧極了】
也作「一腳踢出個屁來——巧個很」。見「過河碰上擺渡人——巧極了」。

【一階半級】
階：舊時官員的品級。低微的官職。北齊·顏之推《顏氏家訓·勉學》：「或因家世餘緒，得一階半級，便自爲足，全忘修學。」也作「一階半職」。元·馬致遠《西華山陳摶高臥》三折：「便得一階半職，何足算，不堪題！」

【一階半職】
見「一階半級」。

【一節動而百枝搖】
牽動樹的一個枝節，整個樹的枝葉都會搖動。比喻觸動一個極小的部分，就會給全局帶來影響。常用來形容人或事物相互牽連的關係。漢·桓寬《鹽鐵論·申韓》：「一人有罪，州里驚駭，十家奔亡，一節動而百枝搖。」

【一節見而百節知】
看到事物的一部分就能推知到全部。例看見象牙知道它比牛大，看見老虎尾巴知道它大於狐狸，這就叫作一節見而百節知。

【一介不取】
介：同「芥」，小草。引申指微小之物。形容爲人廉潔，不取非分的東西。《醉醒石》一一回：「丈夫心地光明，一介不取。」

【一介儒生】
見「一介書生」。

【一介書生】
一介：一個。指年輕的讀書人。唐·王勃《秋日登洪府滕王閣餞別序》：「勃三尺微命，一介書生。」也作「一介儒生」。《三俠五義》四七回：「生員乃一介儒生，何敢妄干國政。」

【一介之才】
介：通「芥」，草芥。形容微小。一點小小的才能。《後漢書·杜詩傳》：「臣詩……以史吏一介之才，遭陛下創制大業，賢俊在外空乏之間，超受大恩。」

【一斤酒裝進十六兩的瓶子】
舊制一斤爲十六兩。比喻正好合適。例新來的主管知人善任。他讓精打細算的小林當會計，讓能說會道又善交際的小王跑外務，老實本分的老王看家。衆人反映：一斤酒裝進十六兩的瓶子，用上每個人的長處了，眞有眼光哩！

【一斤霉麵做個饃——廢物點心】
見「和尙的梳子——廢物」。

【一斤麵團擀張餅——落後（烙厚）】
落後：「烙厚」的諧音；擀：用棍棒來回碾壓。見「起五更，趕晚集——落後啦」。

【一斤肉包的餃子——好大皮子】
譏諷人派頭大，架子十足。例他不就是個科長嗎，擺什麼譜兒？眞是一斤肉包的餃子——好大皮子。

【一金之俸】
俸：俸祿。形容待遇微薄。南朝梁·任昉《與沈約書》：「一金之俸，必遍親倫，鍾庾之秩，散之故舊。」

【一緊二慢三罷休】
指官場上辦事先緊後鬆，最後不了了之的劣習。例我們要改進工作作風，提高工作效率，就要克服「一緊二慢三罷休」的舊官場習氣。

【一驚非小】
形容對意外發生的情況，感到非常驚恐。《洪秀全演義》九回：「那時廣西巡撫周天爵，得了這條信息，一驚非小。」

【一舉成名】
見「一舉成名天下聞」。

【一舉成名天下聞】
舊時讀書人趕考中的，名揚天下。後形容因某事成功，一下出了名。《紅樓夢》一一九回：「『一舉成名天下聞』，如今二爺走到那裏，那裏就知道的。誰敢不送來！」也作「一舉成名天下知」。金·劉祁《歸潛志》卷七：「古人謂十年窗下無人問，一舉成名天下知。今日一舉成名天下知，十年窗下無人問也。」也作「一舉成名」。例這個早時默默無聞的人，因爲獲獎電影中的出色表演，一舉成名。

【一舉兩便】
見「一舉兩得」。

【一舉兩得】
做一件事情同時得兩方面的好處。《東周列國志》六一回：「一則免楚之患，二則激晉之來，豈非一舉兩得。」也作「一舉兩便」。《鏡花緣》四二回：「好在將來侄女也要上京赴試，莫若明年赴過郡考，早早進京，借赴試之便，就近省親，豈非一舉兩便？」

【一舉兩失】
舉：舉動。一個舉動使兩方面都受損失。《戰國策·燕策》：「本欲以爲明寡人之辱，而君不得厚，揚寡人之辱，而君不得榮，此一舉而兩失也。」

【一舉千里】
一飛就是一千里。比喻前程遠大。三國魏·曹植《與楊德祖書》：「然此數子，猶復不能飛軒絕跡，一舉千里。」

【一舉手之勞】
抬一下手。比喻毫不費力。《魯迅書信集·致黃源》：「他們一不高興，就可以不說理由，只須一舉手之勞，致出版事業的死命。」

【一舉一動】
每一個動作、行爲。比喻一個人的言談舉止。老舍《駱駝祥子》一五：「祥子看了她一眼，她不像新婦，她的一舉一動都像個多年的媳婦，麻利、老到，還帶點自得的勁兒。」

【一句話，百步音】
比喻一句話迴響很大。例「廠長，你說話吧！你怎麼說，我們就怎麼做！」一句話，百步音。頓時喚起一屋子人，大家希望廠長表態，提出下一步的工作意見。

【一聚枯骨】
一聚：一堆。指人已死了很久。宋·陸游《老學庵筆記》卷八：「紹興十六、七年，李庄簡公在藤州，以書寄先君。有曰：『某人汲汲求少艾，求而得之，自謂得計，今成一聚枯骨。』」

【一決雌雄】
雌雄：比喻高低、勝負。比個高低，決定勝敗。《三國演義》三一回：「汝等各回本州，誓與曹賊一決雌雄。」也作「一決勝負」。宋·司馬光《與王介甫書》：「介甫之意，必欲力戰天下之人，與之一決勝負，不復顧義理之是非，生民之憂樂，國家之安危。」

【一決勝負】
見「一決雌雄」。

【一蹶不振】
蹶：跌倒，引申爲挫折；振：振作，奮起。一遇到挫折就再也無法振作起來。例小陳自從經商失敗之後，就像洩了氣的皮球，一蹶不振，再也沒有鬥志可言。也作「一跌不振」。明．宋徵璧《皇明經世文．凡例》：「士人遇合，或富貴自有，才位相符；又或僨轅負乘，一跌不振。」

【一钁頭掏不成個井】
钁（ㄐㄩㄝˊ）頭：刨土的器具。比喻做事不能急於求成。例這工程設計要求高，咱們不能倉促上馬，工作要按部就班，一钁頭掏不成個井。

【一俊遮百醜】
比喻以一個優點掩蓋許多缺點。例村上的人都說他女婿長得普通，配不上他女兒。老爺子可很滿意，因為女婿精明能幹，幫他出不少力，一俊遮百醜，別的也就不在話下了。

【一棵草易凋，一滴水易乾】
比喻個人力量有限，難於持久。例不能光要他一個人，一棵草易凋，一滴水易乾，趕緊補充人上去。

【一棵草有一顆露水珠子】
遇見一件困難的事，總會有解決它的辦法。例別著急，有什麼困難，大家一起來想辦法，一棵草有一顆露水珠子嘛。一定能解決的。

【一棵大樹枯了心——外強中乾】
見「打腫臉充胖子——外強中乾」。

【一棵樹上吊死】
比喻困在一個地方，不另謀出路。例你真傻，在這兒呆不了，可以挪挪窩。俗話說：「人挪活，樹挪死。」何必一棵樹上吊死？

【一顆明星亮不了天，一棵大樹成不了林】
比喻不能依靠一個人，要匯集衆人的力量。例很多事情都不是一個人可以獨力完成的，就像一顆明星亮不了天，一棵大樹成不了林，要團結才能成功。

【一客不煩二主】
一個人成全其事，不再另外求人。老舍《老張的哲學》一〇：「早飯吃了你，晚飯也饒不了你，一客不煩二主。」也作「一客不煩兩家」。《續傳燈錄．堂遠禪師》：「一鶴不棲雙木，一客不煩兩家。」也作「一客不犯二主」。明．徐畛《殺狗記．雪中救兄》：「一客不犯二主，一發是你去。」

【一刻千金】
見「一刻值千金」。

【一刻值千金】
原指春天早晨貪睡。現泛指時間寶貴。宋．蘇軾《春夜》詩：「春宵一刻值千金，花有清香月有陰。」例你是個學生，要抓緊時間學習，別太貪玩了。古人說一刻值千金，別把大好光陰虛擲了。也作「一刻千金」。宋．劉鎮《慶春澤．丙子元夕》詞：「燈光烘春，樓台浸月，良宵一刻千金。」也作「千金一刻」。

【一孔之見】
孔：小洞。由一個小孔看事物。比喻狹隘不全面的見解。老舍《四世同堂》九六：「他對國際事務的知識很欠缺，然而又自有他的一孔之見。」例對這個問題，我想發表一下我的一孔之見。

【一口不能著兩匙】
一張嘴不能同時放入兩把湯匙。比喻貪多嚼不爛。宋．范成大《丙午新正書懷十首》詩：「口不兩匙休足谷，身能幾屐莫言錢。」原注：吳諺云：「一口不能著兩匙。」也作「一口兩匙」。例你書讀得太廣泛了，又想攻天文，又想學地理，一口兩匙，得主攻一門，循序漸進，才能學有專長。

【一口吃不成胖子】
比喻要循序漸進，不能急於求成。《紅樓夢》八四回：「小孩子家慢慢的教導他，可是人家說的，『胖子也不是一口兒吃的』。」例孩子剛生完一場大病，胃口還弱，要慢慢增加食量，別一下餵的太多，一口吃不成胖子，千萬注意。

【一口吃個大胖子——辦不到】
見「趕鴨子上樹——辦不到」。

【一口吃個牛排——貪多嚼不爛】
比喻做事貪大求多，超過自己的負擔能力，反而沒有好結果。例發展建設要量力而行，逐步發展，一口吃個牛排——貪多嚼不爛，結果必然是勞民傷財，造成浪費。

【一口吃個胖子】
比喻急於求成。例什麼事都要一步一步地做，哪能一口吃個胖子！也作「一口吃成胖子」。

【一口吃了二十五隻老鼠——百爪撓心】
見「生吞蜈蚣——百爪撓心」。

【一口釘子一個眼】
比喻算得很精，不留餘地。例你是知道的，我家裏的開支不少，每一分錢，都是一口釘子一個眼，扣打扣的。

【一口鍋裏攪勺子】
比喻在一起吃飯，是自家人。例隊長，我們可是一口鍋裏攪勺子的人呀！得互相照顧著點兒。

【一口兩匙】
見「一口不能著兩匙」。

【一口三舌】
一張嘴彷彿有三個舌頭。形容話多、嘮叨。漢．焦延壽《易林》卷一〇：「一口三舌，相妨無益。」

【一口說出二十四朵蓮花不少一個瓣】
比喻說話細緻周到。例瞧她那張嘴，一口說出二十四朵蓮花不少一個瓣。

【一口同音】
像同一張口發出同一個聲音。形容大家的說法一致。《紅樓夢》一一九回：「邢夫人叫了前後門上的人來罵著，問：『巧姐和平兒，知道那裏去了？』豈知下人一口同音，說是：『大太太不必問我們，問當家的爺們就知道了。』」

【一口吞個星星——想頭不低】
比喻想得很美或計畫很宏大。有時指

不切實際的空想。例你頭一次參加世界大賽，就想拿兩個冠軍，眞是一口吞個星星，想頭不低。也作「**一口吞個星星——想得高**」、「**螞蚱跳龍門——想得高**」、「**夢裏坐飛機——想頭不低**」。

【一口吞個豬頭——口氣不小】
見「吹氣滅火——口氣不小」。

【一口吸盡西江水】
佛教用語，指一口氣能貫通萬法。《景德傳燈錄·居士龐蘊》：「後之西江，參問馬祖云：『不與萬法爲侶者是什麼人？』祖云：『得汝一口吸盡西江水，即向汝道。』居士言下頓領玄要。」後比喻做事太性急。例他讀起書來，如饑似渴，狠吞虎咽，恨不得一口吸盡西江水。

【一口想吃九個饅頭——貪欲太大】
比喻過分貪心。例他第一次去廣東做生意，就想賺個千百萬的，眞是一口想吃九個饅頭——貪欲太大。

【一口咬定】
咬住不鬆口。比喻堅持一個說法，就是不改口。例公司保險櫃的現金不見了，大家硬是一口咬定小偷是犯有竊盜前科的小楊，令他百口莫辯，氣憤不已。

【一口咬定一個血印】
比喻恨之入骨。例哪怕有一天把刀架在我脖子上，我也要一口咬定一個血印，和他沒完。

【一塊臭膏藥】
比喻令人討厭，又讓人擺脫不了。例這人眞是一塊臭膏藥！一上車來，就不三不四的話說個不停，又沒法避開，叫人膩煩透了。

【一塊豆腐不經打】
形容軟弱。例他經歷的那點事，在別人看來不值一提，他卻愁容滿面，頹喪極了，眞是一塊豆腐不經打。

【一塊骨頭哄兩隻狗】
比喻利用壞人的矛盾，各個擊破。例他想的這招兒眞高，好比一塊骨頭哄兩隻狗。敵人內部果然亂了起來，你不相信我，我猜忌你。

【一塊錢買挑菜——兩難（籃）】
難：「籃」的諧音。雙關語。比喻兩下爲難，不好處理。例這項工程上不能上，下不能下，眞是一塊錢買挑菜——兩難（籃）。也作「**一百錢買挑菜——兩難（籃）**」、「**一籃韭菜一籃蔥——兩難（籃）**」。

【一塊石頭掉井裏——不懂（噗通）】
見「蛤蟆跳井——不懂（噗通）」。

【一塊石頭落了地】
形容懸著的心終於於下了。《紅樓夢》一九回：「母子二人心中更明白了，越發一塊石頭落了地。」也作「**一塊石頭落下地**」、「**一個石頭落了地**」、「**心裏落下一塊石頭**」。

【一塊石頭往平處放】
比喻公正地處理問題。例你們兩家，我誰也不認識。我可是一塊石頭往平處放。也作「**一塊石頭往平處端**」。

【一塊磚砌不成牆，一根椽蓋不成房】
比喻個人力量單薄，幹不成大事。例他就知道一個人悶頭幹活兒，不想想當領導的要把大伙兒的積極性調動起來。要知道一塊磚砌不成牆，一根椽蓋不成房。也作「**一塊磚頭難砌牆，一根甘蔗難榨糖**」、「**一粒糧食推不成麵**」、「**一顆菜籽打不得好多油**」、「**一根草搓不成繩**」、「**一根蔑織不成籮**」、「**一口飯吃不飽人**」。

【一匡天下】
匡：匡正。改變混亂分裂的局面，使社會生活進入正軌。《論語·憲問》：「管仲相桓公，霸諸侯，一匡天下，民到於今受其賜。」

【一夔已足】
夔：ㄎㄨㄟˊ，人名，相傳爲堯（一說舜）時的樂正。《呂氏春秋·察傳》：「魯哀公問於孔子曰：『樂正夔一足，信乎？』孔子曰：『……舜曰……若夔者，一而足矣。故曰夔一足，非一足也。』」後比喻只要確有本事，一個就足夠了。《後漢書·曹褒傳》：「會禮之家，名爲聚訟，互生疑異，筆不得下。昔堯作《大章》，一夔足矣。」

【一潰千里】
潰：散亂，潰敗。形容兵敗逃亡，不可收拾。例敵軍一潰千里，我軍乘勝追擊。

【一饋十起】
饋：這裏指吃飯。吃一頓飯，要站起來十次。形容事務繁忙。晉·常璩《華陽國志·公孫述劉二牧志》：「古人一饋十起，輒沐揮洗，良有以也。」

【一來二去】
指經過一段時間。《紅樓夢》八三回：「賈母聽了，自是心煩，因說道：『偏是這兩個「玉」兒多病多災的。林丫頭一來二去的大了，他這個身子也要緊。我看那孩子太是心細』。」

【一來一往】
指動作來去，反覆。《封神演義》五七回：「一來一往勢無休，你生我活誰能已。」

【一來照顧郎中，二來又醫得眼好】
郎中：醫生。比喻一舉兩得。《西遊記》一八回：「……我們不是那不濟的和尚，膿包的道士，其實有些手段，慣會拿妖。這正是一來照顧郎中，二來又醫得眼好。」

【一覽而盡】
見「一覽無餘」。

【一覽無遺】
見「一覽無餘」。

【一覽無餘】
一眼看去，盡收眼裏。形容眼前境界開闊。也形容詩文、繪畫平淡無味。清·陳廷焯《白雨齋詞話》：「後人爲詞，好作盡頭語，令人一覽無餘，有何趣味？」也作「**一覽而盡**」。《西湖二集・宋高宗偏安耽逸豫》：「自南渡以來，建宮殿於鳳凰山，左江右湖，曲盡湖山之美，沿江數十里，風帆沙鳥，煙靄霏微，一覽而盡」。也作「**一覽無遺**」。明・叢蘭《預防邊患事》：「又況此地平漫高亢，賊若據此俯視本關城內虛實强弱，一覽無遺，爲兵家所忌。」

【一勞久逸】

見「一勞永逸」。

【一勞永逸】

勞動一次，可以得到長久安逸。形容費一次力把事情辦好，以後就省事了。北魏・賈思勰《齊民要術・種苜蓿》：「此物長生，種者一勞永逸。」也作「**一勞久逸**」。宋・岳珂《桯史・大散論賞書》：「兵事固有當更張而不更張，則悠久相持，不能力濟。機會一勞久逸，暫費而永寧。」

【一雷天下響——處處皆知】

比喻聲勢大，到處都知道。例他們幹得好極了，第一次演出就一雷天下響——處處皆知。

【一氂一毫】

氂、毫：重量或長度單位。形容數量極少。宋・朱熹《奏巡歷婺衢救荒事件狀》：「常山、開化係災傷極重去處，而常山所放僅及一分六厘有奇；而開化又止一氂一毫而已。」

【一力吹嘘】

一個勁兒地吹捧，說好話。元・秦簡夫《趙禮讓肥》：「我只道保奏的是當朝鄧禹，卻原來是馬武一力吹嘘。」

【一力承當】

見「一力擔當」。

【一力擔當】

獨自盡力承擔責任。清・李漁《鳳求凰》雜劇：「連你娶親的事，我也一力擔當。」也作「**一力承當**」。清・俞萬春《蕩寇志》一七回：「你再去說，如果他肯歸降，但有山高水低，我一力承當。」

【一力降十會】

一個力氣大的人能打敗十個會武藝的人。例他長得臂大腰圓，一二百斤的東西，像逮小雞似的，抓起來扛著就走。一力降十會，連武藝高强的人也拿他沒辦法。

【一連三座廟——妙妙妙（廟廟廟）】

見「三個土地堂———妙妙妙（廟廟廟）」。

【一廉如水】

當官如水一樣清廉。明・朱權《荊釵記・民戴》：「老爺自到任以來，一廉如水：百姓今喜高升，小老人具禮遠送。」

【一兩金子四兩福】

比喻有錢還要有福分來享受。《中國現在記》一〇回：「俗語說的好：『一兩金子四兩福。』白大爺想是只有五錢福，所以折受不住了。」

【一兩絲能得幾時絡】

絡：諧「樂」。一兩生蠶絲長度有限。比喻目光短淺，只追求眼前享樂。例靠著有個舅爺在縣衙門當官，他在鄉里就橫行霸道，見有油水的事情就沾。有人嘲笑他一兩絲能得幾時絡。

【一了百當】

了：了結；當：妥當。一切都處理得妥當、徹底。《醒世恒言》卷一六：「不是老身誇口，憑你天大樣疑難事體，經著老身，一了百當。」

【一了百了】

主要的事情解決了，其餘的也隨之了結。曹禺《王昭君》三幕：「非但扣押，依我之見，立刻把他殺了，一了百了！」

【一了千明，一迷萬惑】

一個道理搞清楚了，許多事情都會明白；一個道理弄不清楚，許多事情都會困惑不解。《五燈會元・天台德韶國師》：「百千諸佛方便，一時洞了，更有甚麼疑情，所以古人道：『一了千明，一迷萬惑』。」

【一林不兩虎】

一片森林容不下兩隻虎。比喻兩雄不能並立。例這兩人不能弄到一塊，一個爭强，一個好勝，常言道：「一林不兩虎。」得把他們分開。

【一鱗半甲】

見「一鱗半爪」。

【一鱗半爪】

比喻事物的點滴、片段。例現在的年輕人對國家過去的歷史大部分是一鱗半爪，一知半解。也作「**一鱗半甲**」。宋・胡仔《苕溪漁隱叢話前集・杜少陵》：「子美稱蘇渙爲靜者，而極美其詩……唐人以爲長於諷刺，得陳拾遺一鱗半甲。」也作「**一鱗片甲**」。清・趙翼《題黃陶庵手書詩册》：「一鱗片甲乃幸存，其字其詩遂不朽。也作「**一爪一鱗**」。清・越執信《談龍錄》載：王士禛與門人洪升論詩：「詩如神龍，見其首不見其尾，或雲中露一爪一鱗而已。」

【一鱗片甲】

見「一鱗半爪」。

【一溜風】

形容飛快。例他是有名的快腿，走起來一溜風。

【一溜煙】

形容跑得極快。《紅樓夢》一〇五回：「那些親友聽見，就一溜煙如飛的出去了。」

【一龍生九種，種種各別】

比喻同宗同族也參差不齊，有好有壞。《紅樓夢》九回：「原來這中學雖都是本族子弟與些親戚家的子侄，俗話說的好：『一龍生九種，種種各別。』未免人多了，就有龍蛇混雜，下流人物在內。」

【一龍一蛇】

比喻行爲時而如龍之騰飛，時而如蛇之蟄伏，隨情況的變化而變化。《莊子・山木》：「無譽無訾，一龍一蛇，與時俱化，而無肯專爲。」

【一龍一豬】

比喻同時的二人，賢愚各不相同。唐・韓愈《符讀書城南》詩：「兩家各生子，提孩巧相如。少則聚嬉戲，不殊與隊魚……三十骨骼成，乃一龍一豬。飛黃騰踏去，不能顧蟾蜍。」

【一路福星】

福星：即歲星（木星），舊時術士認爲歲星高照能降福於民。讚頌官吏造福於百姓。清・楊潮觀《吟風閣雜劇・汲長孺矯詔發食》：「你把一人的命，換了千萬人的命，也不虧負了你，豈不是一路福星千秋盛事。」

【一路貨】

指同一類的人或物。貶義。例誰也別說誰，你們都是一路貨。

【一路平安】

祝福人旅途順利。明・范受益《尋親記・託夢》：「大王爺，保佑弟子一路平安，腳輕手健。」例你就要啟程遠航了，我在心裏默默祝你一路平安。

【一路榮華到白頭】

指一生富貴顯達。例他這一輩子可算一帆風順。家庭出身名門，學業剛一結束，即進重要部門任職，升遷又快，未到四十即已身居要職，功成名就直到退休。眞是一路榮華到白頭。

【一路師傅一路拳——各有各的打法】

比喻每個人都有自己的一套作法。例只要目的相同，方法可以各異，一路師傅一路拳——各有各的打法，不要強求一律。

【一路順風】

一路上都很順利。常用作送行時的套語，祝旅途平安。也比喻一切都很順當。《兒女英雄傳》一九回：「忽然一路順風裏，說道想要告休歸里。」

【一籮雞子打下地——沒有一個是好的】

雞子：雞蛋。見「山崖上滾雞蛋——沒有一個好的」。

【一落千丈】

名聲、地位或境遇急劇下降。《民國通俗演義》一二六回：「所以喜奎一嫁，轉瞬坤伶聲勢，一落千丈，伶界牛耳，又讓男伶奪去。」

【一馬不被兩鞍】

被：覆蓋。舊時比喻女子不能再嫁。例自丈夫死後，大家都勸她改嫁，她就是不肯，說什麼一馬不被兩鞍，老腦筋！也作「一馬不跨雙鞍」、「一馬跨不得雙鞍」、「一馬難將兩鞍鞴」、「一馬不背兩鞍，雙輪豈碾四轍」、「好馬不鞴雙鞍，烈女不更二夫」。

【一馬不行百馬憂】

比喻領頭的不動，其他的也不知該怎麼辦才好。例老兄，「一馬不行百馬憂」，只要你帶個頭，大家就會跟著你去的。

【一馬當先】

躍馬衝在前面。指起領頭作用。《三國演義》七一回：「黃忠一馬當先，馳下山來，猶如天崩地塌之勢。」

【一馬平川】

可讓馬奔馳的平地。形容地勢開闊平坦。例這片草原一眼望去，一馬平川，四際無邊，値得想開闊心胸的人前往一遊。

【一馬一鞍】

見「一鞍一馬」。

【一馬有病百馬憂】

比喻局部影響整體。例一馬有病百馬憂。他們這一走，是會影響全隊情緒的。

【一脈相承】

脈：血脈。引申爲像血管一樣連貫而自成體系的東西。多指學說、思想、流派或行爲之間的承接關係。宋・錢時《兩漢筆記》卷一一：「是故言必稱堯舜，而非堯舜之道則不敢陳於王前，一脈相承，如薪傳火，無他道也。」也作「一脈相傳」。朱自清《論書生的酸氣》：「書生吟誦，聲酸辭苦，正和悲歌一脈相傳。」也作「一脈相通」。魯迅《誰在沒落》：「倘說，中國畫和印象主義有一脈相通，那倒還說得下去的……。」

【一脈相傳】

見「一脈相承」。

【一脈相通】

見「一脈相承」。

【一毛不拔】

毛：毫毛。一根毫毛也不捨得拔。形容爲人非常吝嗇。《儒林外史》四一回：「都像你這一毛不拔，我們喝西北風！」

【一鉚對一竅】

鉚：ㄇㄠˇ，指算計得正好。例那裁縫看看她送去的布料，說剛好做一件上衣、兩條裙子的。一鉚對一竅，做出來果然不差。

【一貌傾城】

見「一顧傾城」。

【一貌堂堂】

堂堂：儀表俊偉。形容相貌魁偉大方。明・王世貞《鳴鳳記・陸姑救易》：「我見他一貌堂堂，必然高貴。」

【一門百笏】

笏：ㄏㄨˋ，朝笏，古代大臣朝見時手中所執的狹長板子，以爲指畫或記事之用。一個家族有百位執朝笏的大臣。形容舊時豪門貴族的興盛氣象。《隋書・李穆傳》：「於是穆子孫雖在襁褓，悉拜儀同，其一門執象笏者百餘人，穆之貴盛，當時無比。」

【一門不到一門黑】

黑：指不明白。比喻不幹這行的，就不懂這行的奧秘。例到電腦排版部參觀，看到那一張張快速排出來的稿樣，卻看不明白那操作的原理，眞是一門不到一門黑。

【一門千指】

門：家，家族；指：手指。形容家族人丁興旺。《宋史・顏詡傳》：「詡少孤，兄弟數人，事繼母以孝聞，一門千指，家法嚴肅，男女異序，少長輯睦。」

【一門同氣】

同氣：聲氣相同。同出一個門下，關係密切。《西遊記》六三回：「他是我一門同氣，我怎麼不爲他出力，辨明冤枉。」

【一面官司——不好打】

見「湖底的魚——不好打」。

【一面牆能擋八面風】

形容一人能抵擋許多人。例這傢伙嘴皮子眞硬，一面牆能擋八面風，等閒人說不過他。

【一面如舊】

一面：一見面。一見面就像相識多年的舊友。《晋書．張華傳》：「初，陸機兄弟志氣高爽，自以吳之名家，初入洛，不推中國人士，見華一面如舊，欽華德範，如師資之禮焉。」

【一面之詞】

單方面所說的話。《二十年目睹之怪現狀》一○回：「營官信了一面之詞，就把那把總的差事撤了。」也作「**一面之辭**」。《紅樓夢》一一九回：「據媒人一面之辭，所以派人相看。」

【一面之辭】

見「一面之詞」。

【一面之交】

只見過一面的交情。形容僅僅相識，沒有深交。《紅旗譜》卷三：「陳旅長的父親和嚴老尚曾有一面之交。」也作「**一面之雅**」。茅盾《喜劇》：「猛然他想起不遠就是××同鄉會，而同鄉會的辦事人趙某卻曾有一面之雅。也作「**一面之識**」。例我和他僅有一面之識，並不熟悉，所以無從談起。

【一面之識】

見「一面之交」。

【一面之雅】

見「一面之交」。

【一面之緣】

只見過一次的緣分。《紅樓夢》一回：「若問此物，倒有一面之緣。」例我和他曾有一面之緣，相隔二十年，想必他也老了。

【一廟一個神，一村一個人】

指各個地方都有各自的主事人和權威。例方圓幾十里，都知道他說話算數，又愛仗義直言。一廟一個神，一村一個人，只要把他說動了，村裏的人就會跟他走的。

【一民同俗】

統一民衆的風俗及道德規範。《晏子春秋．問上十八》：「古者百里而異習，千里而殊俗。故明王修道，一民同俗。」

【一瞑不視】

瞑：閉眼。閉上雙眼，不再睜開。指人死。清．談遷《北遊錄．紀聞上．王戸》：「又不能有犬馬之決，一瞑萬世不視；尚蟻貪幸得滅死。」也指對事物避而不看。例一個人若想成功，就不能對困難的挑戰一瞑不視，這樣才能磨練自己的能力。

【一鳴驚人】

比喻平時默默無聞，突然間做出驚人的事情。《史記．滑稽列傳》：「此鳥不飛則已，一飛沖天；不鳴則已，一鳴驚人。」

【一命歸西】

西：西天。指人死。《三俠五義》一一回：「晝夜侍奉，不想桑榆暮景，竟是一病不起，服藥無效，一命歸西去了。」

【一命塡一命】

指補償人命。例老二一把揪住大嫂的衣襟道：「一命塡一命，你要了我大哥的命，今朝我也饒不過你。」

【一命嗚呼】

嗚呼：嘆詞。指死亡。多含譏貶或詼諧口氣。《三俠五義》一回：「劉后所生之子，竟至得病，一命嗚呼。」

【一模一樣】

形容完全相同，毫無兩樣。《儒林外史》五四回：「聘娘本來是認得的，今日抬頭一看，卻見他黃著臉，禿著頭，就和前日夢裏揪他的師姑一模一樣，不覺就懊惱起來。」也作「**一般無二**」。《二十年目睹之怪現狀》一二回：「果然下午時候，有一家出殯的經過，所有的銜牌、職事、孝子、燈籠，就同那眼線說的一般無二。」

【一畝之地，三蛇九鼠】

一畝大的地方，就有許多蛇鼠。比喻每個地方都會有形形色色的人。例別看那地方出過許多豪傑，也出過痞子、騙子，俗話說：「一畝之地，三蛇九鼠。」正是。

【一木不成林，一花不成春】

比喻個人力量終究有限。例我在連隊，指導員多次講：「一木不成林，一花不成春；打仗靠協力，勝利靠集體。」我們每個戰士都是井水裏的一滴。

【一木難扶】

見「一木難支」。

【一木難支】

獨木難以支撐。比喻一個人的力量無法支撐崩潰的局面。也指任務艱巨，非個人能力所能勝任。清．王城《提督陳忠愍公殉節詩》：「一木難支大廈傾，將軍殉節萬民驚。也作「**一木難扶**」。《封神演義》九四回：「臣聞：『大廈將傾，一木難扶。』目今庫藏空虛，民生日怨，軍心俱離，總有良將，其如人心未順何！」也作「**獨木難支**」。

【一目了然】

了然：明白。一眼就能看清，形容事物清晰易辨。《孽海花》一九回：「卻說這中堂正對著那個圍場，四扇大窗洞開，場上的事，一目了然。」

【一目十行】

形容閱讀速度快。《紅樓夢》二三回：「黛玉笑道：『你說你會過目成誦，難道我就不能一目十行了？』」

【一沐三握髮，一飯三吐哺】

見「握髮吐哺」。

【一拿一個著】

指觀察很準。例他外號叫小諸葛，料事如神，推斷個什麼事，一拿一個著，奇了。衆人都很服他。

【一男半女】

一個兒子或女兒。形容子女很少。元・馬致遠《呂洞賓三醉岳陽樓》二折：「但得個一男半女，也絕不了郭氏門中香火。」

【一年半載】

載：年。一年或半年，比喻時間不長。《儒林外史》二〇回：「若小弟僥倖，這回去就得個肥美地方，到任一年半載，那時帶幾百銀子來幫襯他，倒不值甚麼。」

【一年長工，二年家公，三年太公】

舊時佣工在主人家待得長了，熟悉家裏的情況，逐漸取代了主人的地位。《警世通言》卷三三：「且說小二自三月來家，古人云：『一年長工，二年家公，三年太公。』不想喬俊一去不回，小二在大娘家一年有餘，出入房室，諸事託他，便做家公，欺負洪三。」

【一年大，二年小】

指一年年長大，但還跟小孩一樣。比喻太隨便，不懂規矩。《紅樓夢》五七回：「從此咱們只可說話，別動手動腳的，一年大，二年小的，叫人看著不尊重。」

【一年二年，與佛齊眉，三年四年，佛在一邊】

頭兩年還能和佛親近，三四年後就丟到一邊。比喻立志不能持久。明・李夢陽《答周子書》：「諺有之曰：『一年二年，與佛齊眉；三年四年，佛在一邊』，言志之難久也。」

【一年容易又秋風】

一年容易過去，很快又到了秋風刮起的時候。用以感嘆時光易逝。宋・陸游《宴西樓》詩：「萬里因循成久客，一年容易又秋風。」例「一年容易又秋風」，轉眼又到了深秋時節，屈指算來，在塞北草原已度過了整整十載。

【一年三百六十天，不能天天是晴天大日頭】

比喻人不總是時時事事都好，應在好的時候做些準備，以防不測。老舍《駱駝祥子》：「俗話說的好，常將有日思無日，莫到無時盼有時；年輕輕的，不乘著年輕力壯剩下幾個，一年三百六十天，不能天天是晴天大日頭。」

【一年稀，買頭牛；二年乾，賣頭牛】

比喻省吃儉用的重要。例糧食原本是大小人背拉，鍋頭上節省的事！沒聽常言說得好，「一年稀，買頭牛；二年乾，賣頭牛呀！」

【一年一度】

度：次。一年一次。例一年一度的校慶將於九月十日舉行。

【一年之計，莫如樹穀；十年之計；莫如樹木；終身之計，莫如樹人】

作一年規劃，最好是種植穀物；作十年規劃，不如種樹；如從長遠利益考慮，則培養人材更重要。《管子・修權》：「一年之計，莫如樹穀；十年之計；莫如樹木，終身之計，莫如樹人。一樹一穫者，穀也。一樹十穫者，木也。一樹百獲者，人也。」也作「**一年之計，莫如樹穀；十年之計，莫如樹木**」。

【一年之計在於春】

一年之中要做的事在春季就要著手計畫、考慮。指做任何事情都要早做安排、籌劃。例「俗話說：一年之計在於春，早作安排迎春耕。」也作「**一年之計在於春，一日之計在於晨**」。

【一念通天】

一念：專心致志；通天：達到最高境界。形容只要一心一意去做，必能達到目的。漢・魏伯陽《參同契》注：「精勤不退，一念通天。」

【一念之差】

一個念頭想錯了。指因一時疏忽或考慮不周而引起嚴重後果。《鏡花緣》九回：「世間孽子、孤臣、義夫、節婦，其賢不肖往往只在一念之差。」也作「**一念之誤**」。宋・曾慥《類說》四七引《遁齋閒覽》：「此人前身爲尼，誦《法華經》二十年。一念之誤，乃至於此！」也作「**一念之錯**」。《野叟曝言》四八回：「一念之錯，終身之悔耳。」

【一念之錯】

見「一念之差」。

【一念之私】

一點自私的念頭。《聊齋志異・李伯言》：「吏急進曰：『陰曹不與人世等，一念之私不可容。急消他念，則火自息。』」

【一念之誤】

見「一念之差」。

【一娘生九種】

一個母親生的子女脾性不同。比喻各不相同。例一娘生九種哩！十個指頭不一般齊哩！一個地裏長出來的糧食，就能粒粒都一樣嗎？也作「**一娘生九子，九子連娘十條心**」。

【一鳥入林，百鳥壓音】

比喻一人出現，衆人馬上鴉雀無聲。即比喻威風勢力壓倒衆人。例前門進來的是一個穿皮夾克、著高筒皮靴、戴金絲眼鏡的大高個。眞是一鳥入林，百鳥壓音，衆賭徒慌忙迎上去連連鞠躬不迭。也作「**一鳥進山，百鳥無聲**」、「**一鳥進林，百鳥啞音**」。

【一牛吼地】

牛的吼聲所及的地方。形容距離不遠。宋・釋法雲《翻譯名義集・數量》：「拘盧舍，此云五百弓，亦云一牛吼地，謂大牛鳴聲所極聞，或云一鼓聲。《俱舍》云二里，《雜寶藏》云五里。」也作「**一牛鳴地**」。唐・王維《與蘇盧二員外期游方丈寺而蘇不至因有是作》：「回看雙鳳闕，相去一牛鳴地。」

【一牛九鎖】

比喻難得解脫。漢・焦延壽《易林》卷八：「一牛九鎖，更相牽攣，案明如市，不得東西，請讞得報，日中被刑。」

【一牛鳴地】

見「一牛吼地」。

【一女不吃兩家茶】

舊時訂婚，男家送茶葉給女家，女家收了表示受聘，稱為「吃茶」。指一個女子不能許配兩家。比喻一件事不能同時應允兩家。《醒世恆言》卷五：「爹把孩兒從小許配勤家，一女不吃兩家茶。勤郎在，奴是他家妻；勤郎死，奴也是他家婦。豈可以生死二心！奴斷然不為！」也作「**一女不受二聘**」。

【一諾千金】

諾：答應，允諾。形容說話極講信用。宋・賀鑄《六州歌頭》：「少年俠氣，交結五都雄。肝膽洞。毛髮聳，立談中，死生同，一諾千金重。」

【一拍即合】

一打拍子就合乎樂曲的節奏。比喻人的思想觀點相同，很容易取得一致。《歧路燈》一八回：「古人云：君子之交，定而後求；小人交之，一拍即合。」

【一盤散沙】

比喻沒有組織起來，力量分散。《魯迅書信集・致臺靜農》：「蓋北新已非復昔日之北新，如一盤散沙，無人負責。」也作「**一片散沙**」。孫中山《民族主義第一講》：「外國旁觀的人說中國是一片散沙，這個原因是在什麼地方呢。」

【一盤散沙——捏不攏】

也作「**一盤散沙——難捏合**」。見「穀糠蒸窩頭——難捏合」。

【一噴一醒】

原指用水噴醒鬥雞，使之再鬥。後比喻推動督促。明・張棟《陳邊事》：「又未幾而改命臣等九人，分道而出，一噴一醒，而終不能保其後之不瘻痹也。」

【一盆漿糊】

比喻糊塗之極。例跟他說道理怎麼也說不通，他的腦子是一盆漿糊。

【一屁股兩肋巴】

即一身、全身的意思。《儒林外史》五四回：「長隨又走了，虔婆家又走不進他的門，銀子又用的精光，還剩了一屁股兩肋巴的債。」

【一屁股坐在人腦袋上——明擺的欺負人】

比喻明目張膽地用蠻橫無理的手段侵犯、壓迫或侮辱人。例他這樣一屁股坐在人腦袋上——明擺的欺負人，我們當然要主持公道，好好教訓他一番。

【一偏之見】

偏：偏頗。個人的意見。宋・葉適《廷對》文：「陛下留意天下之大計，而不蔽於一偏之見，不任獨知之明。」

【一片冰心】

見「一片冰心在玉壺」。

【一片冰心在玉壺】

冰心：心像晶瑩的冰一樣，透澈潔白，無一絲雜念；玉壺：玉做的壺。自己的心如同一片冰放在玉壺裏那樣晶瑩、潔淨。後形容人廉潔無私，心地坦蕩無邪。唐・王昌齡《芙蓉樓送辛漸》詩：「寒雨連天夜入吳，平明送客楚山孤。洛陽親友如相問，一片冰心在玉壺。」

【一片赤心】

見「一片丹心」。

【一片丹心】

一片赤誠之心。《蕩寇志》一三回：「可憐那荀邦達一片丹心，匡扶社稷，竟被奸臣陷害，軍民無不流淚。」也作「**一片赤心**」。清・洪昇《長生殿・禊遊》：「一日聖上見了，笑問此中何有？俺就對他說，惟一片赤心。」

【一片宮商】

宮、商：古代五音中的兩個音階。比喻一片優雅動聽的樂聲。也形容文辭如音樂一樣優美。宋・孫光憲《北夢瑣言》卷七：「前進士沈光有《洞庭樂賦》，韋八座岫謂朝賢曰：『此賦乃一片宮商也。』」

【一片散沙】

見「一盤散沙」。

【一片汪洋】

形容遼闊、浩大的水面。例來到岸邊，面對一片汪洋，她的心胸頓時感到豁然開朗。

【一片至誠】

至：極，最。待人接物真心誠意。《兒女英雄傳》一回：「見他正是服官從政的年紀，臉上一團正氣，胸中自然是一片至誠。」也作「**一片志誠**」。元・喬孟符《兩世姻緣》二折：「將一片志誠心寫入了冰綃幀，這一篇相思令，寄與多情，道是人憔悴不似丹青。」

【一片志誠】

見「一片至誠」。

【一瓢倒不出一瓢】

指物品在周轉中總有損耗。例你當是這車貨會原封不動地拉來？俗話說：「一瓢倒不出一瓢。」要沒點損失才怪！

【一貧如洗】

形容貧窮到極點。老舍《老張的哲學》六：「叔父自從丟了官，落得一貧如洗。」

【一顰一笑】

顰：皺眉。因憂喜而產生的表情變化。唐・權德輿《雜興五首（其一）》：「一顰一笑千金重，肯似成都夜失身。」

【一瓶不動半瓶搖】

比喻有本事的人不愛炫耀自己，沒多

大本事的人偏愛賣弄。例這個實驗主要是老王完成的，小張只是助手而已，可總結時只聽小張一人說個沒完，眞是一瓶不動半瓶搖。也作「**一瓶子不搖半瓶晃**」。

【一瓶泉水——碧清】

多形容人的頭腦淸醒。例他的腦袋就像一瓶泉水——碧淸，誰也欺騙不了。

【一瓶一缽】

缽：僧人食器。指和尙雲遊時帶的最簡單的食器。《全唐詩話》卷六載：僧貫休入蜀，以詩投王建，有「一瓶一缽垂垂老，千水千山得得來」之句。也形容生活淸貧簡樸。宋・李淸照《投翰林學士綦崈禮啓》：「再見江山，依舊一瓶一缽。」

【一抔之土】

一抔（ㄆㄡˊ）：一捧。《史記・張釋之馮唐列傳》：「假令愚民取長陵一抔土，陛下何以加其法乎？」後稱墳墓爲「一抔土」。唐・駱賓王《爲徐敬業討武曌檄》：「一抔之土未乾，六尺之孤何托？」也作「**一抔黃土**」。明・吾邱瑞《運甓記・蔣山致奠》：「痛傷情，一抔黃土，高冢臥麒麟。」也作「**一抔土**」。

【一抔黃土】

見「一抔之土」。

【一暴十寒】

《孟子・告子上》：「雖有天下易生之物也，一日暴之，十日寒之，未有能生者也。暴：同「曝」，曬。曬一天，凍十天。比喻努力少，懈怠多。多指工作、學習不能持之以恆。明・王守仁《牌行委官陳逅設敎靈山》：「毋令一曝十寒，虛應文具。」

【一棲兩雄】

棲：禽鳥宿處。兩隻雄鳥同棲一處。比喻兩雄對峙，各不相讓。唐・趙蕤《長短經・是非》：「語曰：『一棲不兩雄，一泉無二蛟。』」

【一齊二整】

形容整齊。例每次出門，她總是穿戴得一齊二整。

【一齊天下】

齊：整齊，整治，引申爲統一。一統天下。漢・荀悅《漢紀・武帝紀三》：「今陛下臨制海內，一齊天下，口雖未言，聲疾雷電；令雖未發，行化如神。」

【一氣呵成】

形容詩文、繪畫等氣勢旺盛，首尾連貫。明・胡應麟《詩藪・內編・五》：「若『風急天高』，則一篇之中句句皆律，一句之中字字皆律，而實一意貫串，一氣呵成。」也形容創作或工作過程緊湊而不間斷。孫中山《三民主義演講》：「本黨在辛亥年革命，能夠推翻滿淸，創造民國，何以十二年以來，不能一氣呵成，建設民國呢！」

【一氣一個死】

形容幾乎氣死。例伯母的病，本來已漸有起色，出了這一件事，她一氣一個死。

【一謙四益】

《周易・謙》：「天道虧盈而益謙，地道變盈而流謙，鬼神害盈而福謙，人道惡盈而好謙。」後用「一謙四益」指爲人謙虛能得益許多。宋・蘇軾《賜皇叔改封徐王顥上表辭免册禮許詔》：「卿深懼盈滿，過形抑畏，一謙四益當克永年。」例古人云：「一謙四益。」你太驕傲了，這對你的學習很不利。

【一錢不落虛空地】

比喻錢不白花。《文明小史》五回：「首具因爲太尊面前不好再說，只得自己暗地裏送了金委員一千兩銀子，好在一錢不落虛空地，將來自有作用。」

【一錢不名】

見「一文不名」。

【一錢不值】

形容毫無價值。《孽海花》三二回：「中國人看得他一錢不值，法國文壇上卻很露驚奇的眼光，料不到中國也有這樣的人物。也作「**不值一錢**」。

【一錢如命】

把錢看得同性命一樣重要。形容極爲吝嗇。淸・錢泳《履園叢話・刻薄》：「其治家也，事事親裁，不經奴僕。而一錢如命，死人侵蝕不利於己也。」也作「**一文如命**」。《儒林外史》五二回：「此人有個毛病，嗇細非常，一文如命。」

【一腔熱血】

滿懷爲正義事業而奮鬥，獻身的激情。明・吾邱瑞《運甓記・問卜決疑》：「胡騎猖狂，中原無主，一腔熱血，無以自效。」例一九三八年，他懷著一腔熱血，奔赴抗日前線。

【一鍬撅了個銀娃娃，還要尋他娘母兒】

比喻貪婪無厭。例這樣的買賣做一次就夠了，不要像俗話所說的：「一鍬撅了個銀娃娃，還要尋他娘母兒。」當心栽跟頭！

【一鍬挖不出井來】

比喻做事要有個過程，不能一蹴而就。例隨便幹什麼，都不是一下就能幹好的。一鍬挖不出井來，得慢慢地挖，不能心急。也作「**一鍬掘不出一口井來**」。

【一鍬挖出個金娃娃——異想天開】

見「雞窩裏飛出金鳳凰——異想天開」。

【一鍬挖了個井——捅在正經的地方上了】

比喻話語打中了要害，或行動抓住了關鍵。例他在大會上的發言，眞是一鍬挖了個井——捅在正經的地方上了，把我們單位存在的主要問題揭露無遺。也作「**一鍬掏出個井來——捅在正經的地方了**」。

【一敲頭頂腳底響——靈通起來了】

見「穿節的竹筒——靈通起來了」。

【一巧破千斤】

用巧勁打敗力氣大的人。例不用二十個回合，他就已氣喘如牛，待他筋疲力盡，亂了步法之時，你再用貼身短打，把你的拿手功夫使出來，想辦法埋住他的腳根，而後拳發他的重心，才能一巧破千斤。

【一竅不通】

竅：孔穴。比喻什麼也不懂。《醒世恆言》卷三五：「這蕭穎士又非黑漆皮燈，泥塞竹管，是那一竅不通的蠢物。」

【一竅通，百竅通】

比喻精通一門，其他即可觸類旁通。《兒女英雄傳》一八回：「先生便把絲弦、竹管、羯鼓、方響各樣樂器，一一的教他。他一竅通，百竅通，會得更覺容易。」也作「**一竅通時萬竅通**」。

【一切衆生】

佛教稱人類和所有生物為一切衆生。元・無名氏《碧桃花》三折：「誓欲剿除天下妖邪鬼怪，救度一切衆生。」

【一琴一鶴】

《宋史・趙抃傳》：「帝曰：『聞卿匹馬入蜀，以一琴一鶴自隨；為政簡單，亦稱是乎！』」原指行李簡單，後比喻為官清廉。元・無名氏《馮玉蘭夜月泣江舟》一折：「你把那行裝整頓，無過是一琴一鶴緊隨身。」

【一芹之微】

芹：芹菜。形容微薄的一點兒禮品。自謙所獻菲薄。清・陸隴其《與鄭堂邑書》：「一芹之微，聊申鄙忱，並祈哂納。」

【一清二白】

形容事情清楚。《歧路燈》四六回：「賈李魁道：『王紫泥、張繩祖他兩個，現在二門外看審官司哩。老爺只叫這二人到案，便一清二白』。」也形容做人清白。例人家是個一清二白的女孩子，你可別胡亂猜疑。也作「**一清二楚**」。例他做事向來一清二楚。

【一清二楚】

見「一清二白」。

【一清如水】

形容為官廉潔。《官場現形記》四八回：「這位大人一向是一清如水的。」也作「**一廉如水**」。《隋唐演義》二五回：「倒是劉刺史先說起自己在齊州一廉如水，只吃得一口水。」

【一窮二白】

窮：貧窮，指物質基礎差；白：空白，指文化科技落後。形容貧窮落後。例此地生活水準經濟條件差，是個一窮二白的國家。

【一丘一壑】

丘：小山；壑：山溝。原指隱士的居處。多用以指歸隱而寄情山水。清・黃宗羲《明州香山寺志序》：「遠遊志愿，何可必遂，不如一丘一壑，光景絕可憐愛耳。」

【一丘之貉】

貉：一種形似狐狸的動物。同一個山上的貉。比喻彼此都是一路貨色。多含貶義。魯迅《辱罵與恐嚇絕不是戰鬥》：「中國歷來的文壇上，常見的是誣陷，造謠、恐嚇、辱罵……我們的作者倘不竭力的拋棄了它，是會和他們成為『一丘之貉』的。」

【一曲千金】

形容歌曲或歌聲優美動聽。宋・蘇軾《古琴吟》：「記得當年，低低唱，淺淺斟，一曲值千金。」

【一曲陽關】

陽關：曲調名；「陽關三疊」的簡稱，為古代送別曲。比喻離別。元・無名氏《端正好》曲：「三杯別酒肝腸斷，一曲陽關離恨添。」

【一去不返】

見「一去不復返」。

【一去不復返】

離去之後，再也沒有回來。唐・崔顥《黃鶴樓》詩：「黃鶴一去不復返，白雲千載空悠悠。」也指事物已成過去，不再重現。朱自清《匆匆》：「你告訴我，我們的日子為什麼一去不復返呢？」也作「**一去不返**」。《官場維新記》四回：「不想過了幾天，金寓做了黃鶴，一去不返。」

【一拳難敵四手】

形容寡不敵衆。例他一人走著，在拐角處，突然竄出兩個人來，搜索他身上的東西。他拼命反抗，但一拳難敵四手。他發現一個空隙，奪路便逃。

【一犬吠虛，千猱啀實】

猱：ㄋㄠˊ，猿猴類；啀：ㄧㄞˊ，欲咬貌。指狗叫是虛張聲勢，猱咬是實際的咬。《五燈會元・風穴延沼禪師》：「問：『西祖傳來，請師端的。』師曰：『一犬吠虛，千猱啀實。』」

【一犬吠影，百犬吠聲】

一隻狗見生人叫，別的狗聽聲也跟著叫。比喻盲目附和。梁啟超《新民說》九：「吾見有為猴戲者，跳焉，則羣猴跳；擲焉，則羣猴擲……諺曰：『一犬吠影，百犬吠聲。』悲哉！」也作「**一犬吠形，羣犬吠聲**」、「**一犬吠影，百人吠聲**」。

【一讓一個肯】

一請就答應。例這日有人送來請帖，邀他去賞花，一讓一個肯，忙不迭的應承了。

【一人不敵二人智】

一個人的智慧賽不過兩人的智慧。說明人多，主意辦法也多。例一人不敵二人智，你說的有理。先商量一番，再決定下一步行動。也作「**一人不過二人智**」、「**一人不敵二人計**」。

【一人不開口，神仙難下手】

一個人下決心不說話，誰拿他也沒辦法。例常言道：「一人不開口，神仙難下手。」只要你沈得住氣，他們也就拿你沒有辦法了。

【一人吃齋，十人念佛】

比喻一人做事，帶動許多人也跟著仿

效。《平妖傳》七回：「常言道：一人吃齋，十人念佛。因這楊巡檢夫妻好道，連這老門公也信心的，見婆子說話有些古怪，便認眞了。」

【一人傳虛，萬人傳實】

原本沒有的事，傳說的人多了，大家就信以為眞。《五燈會元·臨濟玄禪師法嗣》：「僧問：『多子塔前，共談何事？』師曰：『一人傳虛，萬人傳實。』」漢·王符《潛夫論·賢難》：「一犬吠形，百犬吠聲；一人傳虛，萬人傳實。」

【一人得道，雞犬昇天】

晉·葛洪《神仙傳》載：「漢代淮南王劉安修鍊成仙，臨去前將吃剩的丹藥撒在院裏，雞和狗吃了之後，也一起昇入仙界。」後比喻一人當官得勢，他的親朋故友也一同得到好處。含貶義。例「一人得道，雞犬昇天」，在封建社會裏，這是司空見慣的事。也作「一人飛昇，仙及雞犬」。《聊齋志異·促織》：「聞之：『一人飛昇，仙及雞犬。』信夫！」也作「一人得道，九祖昇天」。

【一人動嘴，十人嘴酸】

指產生影響，引起同感。例自從他在街上擺了個攤子，日子漸漸好過起來。街坊鄰里看著眼熱，也都動了做生意的念頭。正是「一人動嘴，十人嘴酸」。

【一人犯法一人當】

一人犯了法，應由他本人承擔責任，不應牽連別人。例一人犯法一人當，東西是自己賣的，錢是自己賺的，怎麼要怪罪到老頭身上？

【一人奮死，可以對十】

奮死：拚死，不怕死。一個人拚死戰鬥，可以對付十個人。《韓非子·初見秦》：「夫一人奮死，可以對十，十可以對百，百可以對千，千可以對萬，萬可以克天下矣。」

【一人毀譽】

毀：誹謗；譽：讚揚。一個人或少數人的誹謗與誇讚。指不足為憑的評價。《史記·季布欒布列傳》：「陛下以一人之譽而召臣，一人之毀而去臣，臣恐天下有識聞之，有以窺陛下也。」

【一人計短，二人計長】

一人的主意有不足之處，多兩個人商量就比較周到全面。例一人計短，二人計長，同在一起有事好商量。打架也多個幫手呀！也作「一人計短，衆人計長」。

【一人看一步，十人看百里】

指個人所見有限，集衆人智慧才能目光遠大。例你們要知道羣衆是聖人，一人看一步，十人看百里，剛才我看得不透，經羣衆一討論就透了！

【一人立志，萬夫莫奪】

形容志向堅定，別人萬難改變。《醒世恆言》卷五：「林公與梁氏見女兒立志甚決，怕他做出短見之事，只得由他。正是：一人立志，萬夫莫奪。」

【一人難趁百人意】

一個人做事難以使許多人都滿意或很難統一大家的思想。例我的心到了，力到了。一人難趁百人意，衆口難調哇！也作「一人難調百人心」。

【一人難說衆口】

一個人說不過衆人。例我再三和他們解釋還是沒用，一人難說衆口，還是請你出面談吧！

【一人難調百味羹】

指一個人做事很難合乎衆人的心願。例一人難調百味羹，你能幹到現在這個樣子，也不容易了，但不能指望每個人都滿意。

【一人拚命，萬夫莫當】

一個人如果肯捨命去幹，一萬個人也難於抵擋。《紅樓夢》一〇三回：「那夏家的母子索性撒起潑來……仍奔薛姨媽拚命。地下的人雖多，那裏擋得住，自古說的：『一人拚命，萬夫莫當。』」也作「一人拚命，萬夫莫敵」、「一人拼命，萬夫難當」、「一人捨命，萬人難當」、「一人拼命，衆人莫敵」。

【一人氣力擔一擔，衆人力量搬倒山】

指個人力量單薄，人多力量大。例一人氣力擔一擔，衆人力量搬倒山。窮人到處有，只要四方八面人們齊上手，就不愁打倒它官府衙門。

【一人善射，百夫決拾】

決拾：射箭用具；決：同「抉」，射箭時鈎弦用的板指；拾：護臂的臂衣。一個人善於射箭，上百個人就會拉開弓弦向他學習，原謂一個人有所專長，衆人都會效仿他。現多謂做事只要有一個很好的帶頭人，一定會有很多人起來響應。《國語·吳語》：「夫一人善射，百夫決拾。」

【一人攤重，十人攤輕】

一件事個人承擔很重，大家分攤負擔就輕。例往外發送報刊的事兒，光靠小王一個人幹不成。一人攤重，十人攤輕，大伙兒全都分點，報紙很快就寄出去了。也省得小王一個人在那兒沒日沒夜地做！

【一人向隅，滿坐不樂】

隅：角落。一個人對著牆角哭，周圍的人都會不快活。謂一人不樂而影響別人的情緒。漢·劉向《說苑·貴德》：「今有滿堂飲酒者，有一人獨索然向隅而泣，則一堂之人皆不樂矣。」《醒世恆言》卷二五：「古語云，一人向隅，滿坐不樂。我與小娘子雖然乍會，也是天緣。如此良辰美景，亦非易得。何苦恁般愁鬱？請放開懷抱，歡飲一杯；並求妙音，以助酒情。」也作「一人向隅，滿坐為之不樂」。

【一人一把號——各吹各的調】

見「你吹喇叭我呼號——各吹各的調」。

【一人有福，帶挈一屋】

舊時認為，一人走好運，周圍的人都

跟著沾光。例一人有福，帶挈一屋。一家子本都是仗著老爺。也作「一人有福，得挈千人」、「一人有福，托帶滿屋」、「一人有福，帶幫一屋」、「一個有福，帶著千人上屋」。

【一人有罪一人當】

指某人犯了罪應由其本人承當，不應誅連別人。例俗語說得好：「一人有罪一人當。」怎麼連我三個都要處置起來？也作「一人作罪一人當」。《紅樓夢》五五回：「姑娘，你是個最明白的人，俗語說：『一人作罪一人當。』我們並不敢欺蔽小姐。如今小姐是嬌客，若認眞惹惱了，死無葬身之地。」

【一人在朝，百人緩帶】

緩帶：放寬衣帶，形容從容自在，指一人在朝任官，親戚朋友都能沾光。《太平廣記》卷二五〇引隋・侯白《啟顏錄》：「唐路勵行初任大理丞，親識並相賀。坐定，一人云：『兄今既在要職，親皆爲樂。諺云：一人在朝，百人緩帶，豈非好事。』答云：『非直唯遣緩帶，並須將卻幞頭。』衆皆大笑。」

【一人造反，九族全誅】

九族：指本身和以上的父、祖、曾祖、高祖及以下的子、孫、曾孫、玄孫。舊時把反叛朝廷視爲頭等大罪，常株連九族。《水滸傳》六二回：「賈氏道：『不是我們要害你，只怕你連累我，常言道：一人造反，九族全誅！』」也作「一人造反，九族全除」、「一人造反，九族遭殃」、「一家有罪，九家連坐」。

【一人之交】

過從甚密，親如一人，形容交情深厚。《儒林外史》五四回：「那時我家先父就和婁氏弟兄是一人之交。」

【一人之下，萬人之上】

舊時形容僅次於皇帝的人，一般多指權勢極大，地位極高的宰相。《金瓶梅詞話》三〇回：「俺老爺當今一人之下，萬人之上，不論三台八位，不論公子王孫，誰敢在老爺府前這等稱呼，趁早靠後！」也作「一人之下，萬萬人之上」。

【一人之智，不如衆人之愚】

指一個人再聰明，也比不上衆人的智慧。漢・任奕《任子》：「一人之智，不如衆人之愚。」

【一人知儉一家富】

一個人知道節儉，全家都會富起來。謂居家過日子應知節儉，尤其做家長的更應以身作則，帶頭節儉。南唐・譚峭《仕書》：「一人知儉一家富，王者知儉則天下富。」

【一人自有一人福】

一人有一人的福氣。例嗳！「一人自有一人福」；我打算帶著你多作幾天活，多混幾頓飽飯吃，你好養贍老、小的。

【一人作官，福及三代】

舊時一人做官，子孫三代都跟著沾光。老舍《新時代的悲劇》七：「新的官是舊官的枝葉，即使平地雲雷，一步登天，還是得找著舊官宦人家求婚結友；一人作官，福及三代。」

【一人作罪一人當】

見「一人有罪一人當」。

【一人做事一人當】

自己做的事自己承擔責任，不連累別人。例我向來是一人做事一人當，絕不連累別人，讓別人跟著遭殃吃苦。也作「一身做事一身當」。《紅樓夢》九二回：「我只恨他爲什麼這麼膽小！『一身做事一身不當』，爲什麼逃了呢？就是他一輩子不來，我也一輩子不嫁人的。」也作「一人行事一人當」、「好漢做事好漢當」、「各人做事各人當」。

【一任重瞳勇，難敵萬刃鋒】

重瞳：傳說楚霸王項羽的眼睛爲重瞳，借指勇士。比喻再勇猛的人，也寡不敵衆。例常言道：「一任重瞳勇，難敵萬刃鋒。」你單槍匹馬，怎能同他大隊人馬相敵，還是暫且避開爲好。

【一任清知府，十萬雪花銀】

知府：明清時期稱一府的長官。形容舊時官僚大肆搜刮民財。例俗話說：「一任清知府，十萬雪花銀。」這番話深刻揭露了舊時官員的貪婪本性。

【一仍舊貫】

《論語・先進》：「一仍舊貫，如之何？」仍：依照；貫：慣例。一切仍照舊辦法或制度辦事。《晋書・殷仲堪傳》：「謂今正可更加梁州文武五百，合前爲一千五百，自此以外，一仍舊貫。」也作「一依舊式」。《隋書・高祖紀上》：「隋國置丞相以下，一依舊式。」

【一日不見，如隔三秋】

見「一日三秋」。

【一日不識羞，三日吃飽飯】

指處在困境中的人爲了生存，只能不顧羞恥。《平妖傳》一八回：「員外道：『近來世情，你可也知道的。今番我出去，見兀誰是得？』媽媽道：『雖然如此，一日不識羞，三日吃飽飯，你不出去，終不成我出去。』」也作「一日不識羞，三日不忍餓」、「一日不識羞，十日不忍餓」。

【一日不書，百事荒蕪】

一天不記錄史事，以後許多事情就很難查找。《北史・李彪傳》：「加以東觀中圮，册勛有闕，美隨日落，因善月稀。故諺曰：『一日不書，百事荒蕪。』」

【一日不作，百日不食】

農忙時節，一天不耕作，就會影響日後的收成，以致許多天缺糧。形容農活緊迫。例當此春耕季節，一日不作，百日不食，各位務必抓住時機，督促檢查各地耕種情況。

【一日不作，一日不食】

指一天不幹活，就一天沒吃的。宋・王楙《野客叢書》卷二九：「今鄙俗語……謂：『一日不作，一日不食』，而

《趙世家》曰：『一日不作，百日不食』。」

【一日但有三抄米，不做人間酬應僧】

三抄米：三匙米。只要有口飯吃，就不在寺裏當應酬的和尚。例現在我在外面化小緣，遨遊四方，無拘無束，到處爲家。常言道：「一日但有三抄米，不做人間酬應僧。」我一想，出家倒比在家好。

【一日動干戈，十年不太平】

一旦打起仗來，天下長期不會太平。例這軍事上的事，出兵不出兵很費思量。古語說：「一日動干戈，十年不太平。」要愼之又愼。

【一日夫妻百日恩】

指做了夫妻就應該恩愛。例人常說，一日夫妻百日恩，百日夫妻一輩子親。你們結婚幾年，怎麼爲點小事就吵著離婚！也作「一日夫妻百夜恩」、「一日夫妻、百日恩情」。

【一日官事十日打】

指打官司費時間。例這件糾紛，能私了就私了。要不然就得寫狀子，請律師，一審二審地來，一日官事十日打，光時間就耽誤不起。

【一日叫娘，終身是母】

一旦認作娘，一輩子都是母親。《紅樓夢》五八回：「晴雯忙先過來，指他乾娘說道：『你老人家太不省事。你不給他洗頭的東西，我們饒給他東西，你不自臊，還有臉打他。他要還在學裏學藝，你也敢打他不成！』那婆子便道：『一日叫娘，終身是母。他排擠我，我就打得！』」

【一日九遷】

遷：升遷。一天之內，提升九次。形容官職提升很快。漢·蔡邕《讓尚書表》：「世宗之時，田千秋有神明感動一言，以悟聖德，昭發上心，故有一日九遷。」

【一日兩，兩日三】

指日積月累。《儒林外史》二〇回：「一日兩，兩日三，鄉裏又沒個好醫生，病了一百天，就不在了。」也作「一日三，三日九」。例一位本家借了我一筆本錢，叫我挑點零米賣，一日三，三日九，總多多少少賺得一點。

【一日賣得三擔假，三日賣不得一擔眞】

比喻眞貨賣不出去，以假充眞的東西倒有市場。《西湖二集》卷二〇：「你只沒道世上都是眞的，不知世上大半多是假的……從來說：『一日賣得三擔假，三日賣不得一擔眞。』」也作「一日賣得三個假，三日賣不得一個眞」、「三日賣不得一擔眞，一日賣了三擔假」。

【一日千里】

形容馬跑得快。《莊子·秋水》：「騏驥驊騮，一日而馳千里。」也形容進步迅速。晉·袁山松《後漢書·王允傳》：「王允，字子師……同郡郭林宗嘗見允而奇之，曰：『王生一日千里，王佐才也。』」現多形容發展迅速。梁啟超《鄙人對於言論界之過去及將來》：「今國中報館之發達，一日千里，即以京師論，已逾百家。」

【一日三秋】

《詩經·王風·采葛》：「一日不見，如三秋兮。」三秋：三年。一天沒見面，彷彿分別了三年。形容思念深切。南朝梁·何遜《爲衡山候與婦書》：「路邇人遐，音塵寂絕，一日三秋，不足爲喻。」也作「一日不見，如隔三秋」。《武松演義》四回：「一日不見，如隔三秋，五日不來，潘金蓮就叫王婆去請。」

【一日三，三日九，燈盞耗盡一缸油】

指長期消耗，費用可觀。例有些人不知道愛惜糧食，香Q的大米飯、饅頭、麵條，吃不了就往垃圾桶裏倒。須知一日三、三日九，燈盞耗盡一缸油。那丟掉的糧食，能養活成百成千的人。

【一日三笑，不用吃藥】

指心情開朗，對身體有益。例一個成天樂呵呵的人，比整天愁眉苦臉的人，得病的機會要少。信不信由你，「一日三笑，不用吃藥」。

【一日萬幾】

幾：也作「機」，機要，關鍵。借指國家機要政務。每日處理千萬件大事。形容政務繁忙。《舊五代史·末帝本紀上》：「一日萬幾，不可以暫曠；九州四海，不可以無歸。」明·楊愼《丹鉛染錄》卷六：「吾觀在昔，文弊於宋，奏疏至萬餘言，人主一日萬機，豈能閱之終乎？」

【一日爲師，終身爲父】

指即使只當過自己一日的師父，也應像長輩一樣永遠受到尊敬。例便算我從今天起才拜的老人家爲師吧！「一日爲師，終身爲父」，我一生也忘不了師父的恩典！

【一日無常萬事休】

無常：迷信稱人死時勾魂的使者，此處指死。一旦死了，一切都完了。《警世通言》卷二五：「一夕五更睡去，就不醒了。雖喚做吉祥而逝，卻不曾有片言遺囑。常言說得好：『三寸氣在千般用，一日無常萬事休』。」

【一日相思十二時】

十二時：指子、丑、寅、卯、辰、巳、午、未、申、酉、戌、亥。每個時辰爲兩小時，比喻日夜都在相思。《初刻拍案驚奇》卷二九：「幸得那人歸，怎便教來也？一日相思十二時，眞是情難捨！」

【一日之長】

長：長處。在某些方面稍強。唐·張彥遠《書法要錄序》：「彥遠自幼至長，習熟知見，竟不能學一字，夙夜自責；然而收藏鑑識，有一日之長。」

【一日之雅】

雅：交往。有過一次交往。相互認識，但無深交。宋・李覯《答陳特書《：「今覯與足下兄弟，無一日之雅……獲此惠貺，私自惟念，莫知所來。」

【一日縱敵，萬世之患】

一旦放走敵人，將留下無窮後患。《三國演義》二一回：「郭嘉曰：『丞相縱不殺備，亦不當使之去。古人云：「一日縱敵，萬世之患。」望丞相察之。』」也作「**一日縱敵、數世之患**」、「**一日縱敵，患在數世**」。

【一日做官，强似爲民萬載】

舊時官貴民賤。指做一天官，也比一輩子當老百姓强。《歧路燈》八〇回：「衙門裏有錢弄，俗話說：一日做官，强似爲民萬載。可見跟一日官，强做管家一輩子哩。」也作「**一日爲官，强似千載爲民**」。

【一如既往】

一切都和從前一樣，沒有改變。例經過了徹夜長談，誤會冰釋之後，他們的關係仍然一如既往，相處融洽。也作「**一如曩昔**」。曩昔：從前。

【一如曩昔】

見「一如既往」。

【一掃而光】

見「一掃而空」。

【一掃而空】

一下子就淸除乾淨。魯迅《祝福》：「從白天以至初夜的疑慮，全給祝福的空氣一掃而空了。」也作「**一掃而光**」。例每次媽媽的拿手好菜一上桌，總是在短短的時間內被大家一掃而空。

【一山不藏二虎】

比喻一個地方不能容納兩個互不相讓的强人。例只有一樁，他太狂妄跟總經理有點一山不藏二虎的味道。如果總經理攏得住他，這人也有用處。也作「**一山不能存二虎**」。

【一山突起丘陵妒】

一座山高高聳起，周圍低矮的丘陵就對它忌恨。比喻一人突出遭衆小人妒嫉。淸・龔自珍《夜坐》詩：「一山突起丘陵妒，萬籟無言帝座靈。」

【一善足以消百惡】

一心行善可以消除許多邪惡。例一善足以消百惡。隨他怎麼架聒，我只是一心孝順，便是泥塑木雕的也化得他轉。

【一觴一咏】

觴：向人敬酒或自飲。喝一杯酒。吟一首詩。形容文人飲酒唱和的情景。淸・黃景仁《和吳二江帆贈詩》：「一觴一咏話綢繆，樂事都忘歲月遒。」：也作「**一咏一觴**」。宋・辛棄疾《賀新郎・和吳明可給事安撫》詞：「一咏一觴成底事，慶康寧，天賦何須藥。」

【一勺燴】

比喻不區別情況，同樣處理。例要分個靑紅皂白，不能一勺燴。

【一蛇二首】

一條蛇長兩個頭。比喻權力分散。《元史・姚天福傳》：「古稱：『一蛇九尾，首動尾隨；一蛇二首，不能寸進。』今台網不張，有一蛇二首之患。」也作「**一蛇兩頭**」。唐・韓愈《永貞行》詩：「一蛇兩頭見未曾，怪鳥鳴喚令人憎。」

【一蛇兩頭】

見「一蛇二首」。

【一蛇吞象】

《山海經・內南經》：「巴蛇食象，三歲而出其骨。」後用比喻貪得無厭。戰國楚・屈原《天問》：「一蛇吞象，厥大如何？」

【一蛇鑽洞，十牛難拉】

形容固執己見，別人很難勸服。例那個執拗勁兒就甭提了。他要認準一個理兒，簡直是一蛇鑽洞，十牛難拉。不信，你試試看。

【一身百爲】

一個人幹百樣事。形容很有能力。《宋史・蘇過傳》：「凡生理晝夜寒暑所須者，一身百爲，不知其難。」

【一身伴影，四海無家】

指孤單一人，無家可歸。例他雖然大仇已報，大事已完，可憐上無父母，中無兄弟，往下就連個自己的僕婦丫鬟也不在跟前；況又獨處空山，飄流異地，舉頭看看，那一塊雲是他的天？低頭看看，那撮土是他的地？這才叫作「一身伴影，四海無家」。

【一身報國有萬死，雙鬢向人無再青】

無再靑：不能再變黑。以身報國，萬死不辭，但是雙鬢已經變白了，就再也不能變黑了。原謂年華雖逝，但壯心不已，後單用「一身報國有萬死」讚揚報效祖國，爲國捐軀的精神。宋・陸游《夜泊水村》詩：「一身報國有萬死，雙鬢向人無再靑。記取江湖泊船處，臥聞新雁落寒汀。」

【一身二任】

一個人同時擔負兩項任務或擔任兩個職務。宋・司馬光《辭知制誥第一狀》文：「竊以二職，文士之高選，儒林之極致，古之英俊，尙或難兼，況於微臣愚陋無比，一身二任，力所不堪。」也作「**一身兩役**」。《梁書・張充傳》：「緖嘗請假還吳，始入西郭，値充出獵，左手臂鷹，右手牽狗，遇緖船至，便放紲脫韝，拜於水次。緖曰：『一身兩役，無乃勞乎？』」

【一身兩頭】

比喻同時有兩個主意，不知如何是好。漢・焦延壽《易林・比・歸妹》：「一身兩頭，莫適其軀，亂不可治。」

【一身兩役】

見「一身二任」。

【一身是膽】

一身：渾身。形容膽量極大，勇敢無比。《三國志・蜀書・趙雲傳》裴松之注引《雲別傳》：「先主明旦自來至云營圍視昨戰處，曰：『子龍一身都是膽也。』」例他一身是膽，一個人炸掉了三座敵碉堡，還俘獲二十名敵兵。

【一身無累】

累：拖累。毫無牽掛。南朝・唐・徐鉉《貶官秦州出城作》詩：「一身無累似虛舟。」

【一身五心】

比喻雜念繁多。漢・焦延壽《易林・軋賁》：「三人異趨，反覆迷惑。一身五心，亂無所得。」

【一生不出門，終究是小人】

指一輩子不出門見世面，終究是個目光短淺，心胸狹窄的人。例以前說什麼「父母在，不遠行」呀，什麼「老死鄉里」、「日隱田園」啦，都反映了封建意識，其實人是應該出去見世面的，俗話不是說：「一生不出門，終究是小人嗎？」

【一生皆是命，半點不由人】

舊指一切都是命中注定，由不得自己。元・張國賓《合汗衫》四折：「一生皆是命，半點不由人。自家張孝友的便是，則從陳虎那廝推我在黃河裏，多虧了打進漁船救了我性命。」

【一生愧辱】

愧：慚愧；辱：恥辱。一輩子都感到羞辱。北齊・顏之推《顏氏家訓・勉學》：「何惜數年勤學，長受一生愧辱哉！」

【一聲而非，駟馬勿追；一言而急，駟馬不及】

駟馬：套四匹馬的車。一句話說錯，駟馬追不回來；一句話不愼，駟馬追不上。指說話應十分愼重。例你此番調往京城，言談舉止要十分謹愼。古人說一聲而非，駟馬勿追；一言而急，駟馬不及。首府的官不好當的。

【一失足成千古恨】

失足：失腳跌倒，喻犯錯誤。一旦犯了大錯，就會成爲終身的恨事。《二十年目睹之怪現狀》八九回：「苟才先說道：『這件事本來是我錯在前頭，此刻悔也來不及了。古人說的：一失足成千古恨，再回頭已百年身。我也明知道對不住人，但是叫我也無法補救。』」

【一石二鳥】

扔一顆石子打到兩隻鳥。比喻做一件事情得到兩樣好處。例長跑既鍛鍊了人的身體，也磨練了人的意志，可以說是一石二鳥。

【一石激起千層浪】

形容一句話或一個行動，引起强烈反響。例本來會場上的意見已趨一致，決議眼看就要通過。誰想小林跳出來慷慨激昂地發表一大篇議論，不同意付諸表決。這一下，好比一石激起千層浪，會場上頓時又沸騰起來。

【一時半刻】

很短的時間。元・吳昌齡《張天師》三折：「吾今用你纛前仗劍等待，休錯吾一時半刻。」

【一時比不得一時】

指不能用現在和過去比。例俗語說：「一時比不得一時。」如今說不得過去了，一大家子人，入不敷出，大家都得節省點。

【一時貓臉，一時狗臉】

貓臉：指和善的表情。狗臉：指兇惡的表情。譏諷人的面部表情因需要而變化。比喻待人反覆無常。例你一時貓臉，一時狗臉的幹什麼？不要裝模作樣了！以後不許罵人。

【一時無兩】

一個時期之內沒有第二個可以相比。清・謝鴻申《與惺齋》文：「至《紅樓夢》筆力心思，一時無兩。人謂其繁處不可及，不知其簡處尤不可及。」

【一時戲言】

偶然信口說的玩笑話。清・袁枚《答蕺園論詩書》：「此亦一時戲言，何足爲典要。」

【一時一刻】

泛指短暫的時間。《二刻拍案驚奇》卷二二：「可憐今日我無錢，一時一刻如長年。」也指一定時期內的所有時間，猶時時刻刻或每時每刻。例他們兩個人好得不得了，一時一刻也離不開。

【一時之標】

標：模範，榜樣。某一時期最出色、人們最敬仰的人物。南朝宋・劉義慶《世說新語・品藻》：「桓玄爲太傅，大會，朝臣畢集。坐裁竟，問王楨之曰：『我何如卿第七叔〈指王獻之〉？』於時賓客爲之咽氣。王徐徐答曰：『亡叔是一時之標，公是千載之英。』一坐歡然。」

【一時之冠】

冠：位居第一。某一時期出類拔萃的人物。《晋書・王獻之傳》：「少有盛名，而高傲不羈，雖閒居終日，容止不怠，風流爲一時之冠。」

【一時之勝在於力，千古之勝在於理】

憑武力只能取勝一時，憑藉眞理才能取得永久和最終的勝利。例世上有這樣一條道理：一時之勝在於力，千古之勝在於理。我們堂堂抗日救國的軍隊，不能因爲眼前之困境而服輸。

【一時之秀】

一個時期裏的優秀人才。《周書・唐瑾傳》：「時六尚書皆一時之秀，周文自謂得人，號爲六俊。也作「一時之選」。《東周列國志》六一回：「趙武有文德……張老篤信有智，祁午臨時鎮定，臣父匄能識大體，皆一時之選。」

【一時之選】

見「一時之秀」。

【一世龍門】

世：一代。南朝宋・劉義慶《世說新語・德行》：「李元禮風格秀整，高自標持，欲以天下名教是非爲己任。後進之士，有升其堂者；，皆以爲登龍門。」後以「一世龍門」比喻爲一代文人所推崇景仰的人物。《晋書・王衍傳》：「衍既有盛才美貌，明悟若神，常自比子貢。兼聲名籍甚，傾動當世……朝野翕然，謂之一世龍門矣。」

【一世破婚三世窮】
舊時認爲破壞別人婚姻會遭到報應，累及子孫受窮。例你這個人眞缺德！人家夫妻好好地，你去挑撥個什麼？古話說：「一世破婚三世窮。」你就等著吧！

【一世爲官三世累】
爲官一世，會累及三代後世。指做官應清廉，以免子孫後代受連累。清·汪輝祖《學治臆說》卷下：「老去、病去、降黜去、升遷去，終有一去。去之日，任內公私代務，必須一一清楚。寧吃虧，毋便宜……諺云：『一世爲官三世累。』不可不深長思也。」

【一世之雄】
一個時代的英雄。宋·蘇軾《赤壁賦》：「方其破荊州，下江陵，順流而東也，舳艫千里，旌旗蔽空，釃酒臨江，橫槊賦詩，固一世之雄也，而今安在哉！」

【一事不勞二駕】
幹一件事不託兩個人。例一事不勞二駕，上次透過他辦成了那件事，使我解決了心頭重擔，這次還是託他吧！

【一事不知】
見「一物不知」。

【一事不知，君子之恥】
君子應知識淵博，一事不懂應感到羞恥。謂人要不斷學習。例人在世上就要不斷學習，要多懂得些知識，一事不知，君子之恥，活到老，學到老！

【一事差，百事錯】
一事做錯了，事事跟著錯。例也是我一事差，百事錯，空惹的大伙兒跟著我受累吃苦。

【一事精百事精，一無成百無成】
指一件事精通了便事事通，一件事沒辦成便事事辦不成。例只要你把數理化的底子打好了，今後考取大學理工科並不難，所謂一事精百事精，一無成百無成。

【一事無成】
什麼事都沒有做成。多指一生中沒有做出任何成就。《五燈會元·翠微學禪師法嗣》：「一事無成，一生空度。」

【一事眞，百事眞】
推論一事眞實，其他也不會假。例俗語說：「一事眞，百事眞。」你犯的事都有眞憑實據，不要再耍花招了，好好交待吧！

【一視同仁】
視：看待；仁：仁愛。不分親疏、厚薄，同樣看待。元·蕭德祥《殺狗功夫》一折：「爲甚麼小的兒多貧困，大的兒有金銀，爹爹奶奶啊，你可怎生來做的個一視同仁！」

【一是一，二是二】
形容說話、做事實實在在。例他這個人一是一，二是二，從不講假話，不騙人。

【一手包辦】
見「一手包攬」。

【一手包攬】
一個人把持，不容別人干預。《歧路燈》四三回：「你一手包攬，我只賺我的頭錢。」也作「**一手包辦**」。魯迅《不是信》：「彷彿『稱帝』『賄選』那類事，我既在教育部，即等於全由我一手包辦似的。」

【一手穿針，一手捻線】
比喻承擔全部工作，也有負責聯繫的意思。例光剩我這沒經過大陣仗的小卒子。一手穿針，一手捻線，帶著雙方的重要人物，請出來，送進去。

【一手獨拍，雖疾無聲】
疾：快。一隻手單獨拍巴掌，動作雖快，但沒有響聲。謂做事應相互配合，單獨行動不易把事辦好。《韓非子·功名》：「人主之患在莫之應，故曰：『一手獨拍，雖疾無聲。』」例「一手獨拍，雖疾無聲」。在排球場上，若沒有其他同伴的配合，主攻手的水準再高，也不可能戰勝對手。

【一手交錢，一手交貨】
指錢貨當場結清，互不拖欠。例他們倆做成了這筆買賣，定好日子，一手交錢，一手交貨。

【一手拿針，一手拿線——望眼欲穿】
雙關語。比喻盼望急切。例兒子外出不歸，母親一手拿針，一手拿線——望眼欲穿。

【一手擎天】
擎：托。比喻一人支撐局面。例在工廠受到市場困擾，產品滯銷，人心渙散之時，廠長一手擎天，硬著頭皮，帶領科研人員研製出了新產品，走出了困境。也作「**隻手擎天**」。

【一手託百家】
一個人做的事牽涉到許多家的利益。例競標這件事是一手託百家，可得謹愼研擬對策。

【一手一足】
一個人的手足。比喻力量單薄。梁啟超《國家思想變遷異同論》：「其得此思想也，非一朝一夕所驟至，非一手一足所幸成，或自外界刺激之，或自內界牖之。」

【一手遮不了天】
比喻一個人倚仗權勢、欺上壓下，終究不能矇蔽所有的人。例他想把這件事壓下去，不讓其曝光，可惜他一手遮不了天，沒這個能耐。

【一手遮天】
比喻專權獨裁，欺上瞞下。明·張岱《馬士英阮大鋮傳》：「弘光好酒喜內，日導以荒淫，毫不省外事，而士英一手遮天，靡所不爲矣。也作「**一手遮天，一手蓋地**」。例事情發展成這個樣子，這可怎麼交待？咱不能一手遮天，一手蓋地啊！也作「**一掌遮天**」。例有許多的紈袴子弟做錯事情，總是希望自己有錢有勢的父母，能夠替他們一掌遮天，解決掉所有的問題。

【一手遮天，一手蓋地】

見「一手遮天」。

【一手遮住臉——獨擋一面】

比喻能夠獨立承擔某一方面的工作。例這個青年學習得很快，來工作才一年，就能一手遮住臉——獨擋一面。

【一手抓泥鰍，一手逗鱔魚——兩頭耍滑】

見「扁擔無扎——兩頭耍滑」。

【一樹百穫】

樹：種植。種植一次可有百次收穫。比喻培育人才，獲益長久。《管子・權修》：「一樹一穫者，穀也；一樹十穫者，木也；一樹百穫者，人也。例有的人不懂得一樹百穫的道理，不重視教育事業，這必然會對社會產生不利的影響。

【一樹棗子，哪能個個紅】

比喻同類事物不可能都一樣好。例他家兄弟姐妹幾個都不錯，就老三差點，功課老跟不上。不過一樹棗子，哪能個個紅。

【一樹之果，有酸有甜；一母之子，有愚有賢】

指同一母親所生，也好壞不一。《封神演義》四回：「古語有言：『一樹之果，有酸有甜；一母之子，有愚有賢。』長兄，你聽我說：蘇護反商，你先領兵征伐，故此損折軍兵。你在朝廷也是一鎮大諸侯，你不與朝廷幹些好事，專誘天子近於佞臣，故此天下人人怨惡你。」

【一雙空手見閻王】

指人死什麼也帶不走。魯迅《無常》：「想到生的樂趣，生固然可以留戀；但想到生的苦趣，無常也不定是惡客。無論貴賤，無論貧富，其實都是『一雙空手見閻王』。」

【一雙兩好】

見「一床兩好」。

【一水之隔】

相隔一條河。指相距不遠。也指因水路交通阻礙而不便往來。宋・蘇軾《與佛印禪師三首（其一）》：「山中苦寒，法體清康。一水之隔，無緣躬詣道場，少聞謦欬。」唐・權德輿《七夕》詩：「東西一水隔，迢遞兩年愁。」

【一瞬千里】

瞬：眨眼。一眨眼就是一千里路。形容速度很快。宋・林景熙《鞍山齋記》：「追飆抹電，一瞬千里。」也比喻事物的發展和進度極快。清・呂留良《答徐遯思書》：「令嗣妙才，淵源家學，固當一瞬千里。」

【一說不休，說過便了】

說起來沒完沒了，過後毫無影響。例他又把些教訓孩子的話，講了好半天，回至內室，大家都不談起，正是一說不休，說過便了的常事。

【一絲半縷】

絲：蠶絲；縷：線。形容極細微。《紅樓夢》二回：「偶因風蕩，或被雲摧，略有搖動感發之意，一絲半縷，誤而逸出者……。」

【一絲不苟】

苟：馬虎，草率。形容做事非常認眞仔細。例他向來做事一絲不苟，頗得領導器重。

【一絲不掛】

①佛教用語，比喻不爲塵俗牽累。宋・張孝祥《請龍牙長老疏》：「一絲不掛，無人無我無衆生；萬境皆融，能縱能奪能殺活。」②泛指裸體。宋・楊萬里《清曉洪澤放閘四絕句》詩：「放閘老兵殊耐冷，一絲不掛下冰灘。」也作「**寸絲不掛**」。

【一絲不紊】

紊：紊亂，紛亂。一點也不亂，形容極有條理。老舍《神拳》二幕：「我服了，萬沒想到你會這麼細心，井井有條，一絲不紊。」

【一絲不線，單木不林】

單絲不成線，獨木形不成林。比喻僅憑個人的微薄之力，辦不成事。《歧路燈》八回：「這福兒一絲不線，單木不林，也覺讀的慢懈。」

【一絲不走】

絲：微小的計算單位名。十絲爲一毫。形容極爲準確，絲毫不走樣。清・梁紹壬《兩般秋雨庵隨筆》卷三：「原版初印，神氣一絲不走，其非翻刻贗本，蓋可知也。」

【一絲兩氣】

絲：細微。形容呼吸極弱，快要斷氣的樣子。元・伯川《呂洞賓度鐵拐李岳》三折：「我才離了你三朝五日，兒也，這其間哭的你一絲兩氣。」

【一絲爲定，千金不易】

一束絲都能成爲訂婚信物，千金都改變不了。例這年頭，不時興跟人家要聘禮，關鍵是看這對年輕人感情好不好。連古人都說一絲爲定，千金不易哩！也作「**寸絲爲定**」。

【一絲一毫】

絲、毫：兩種微小的計量單位。形容數量極少。《官場現形記》二六回：「利錢好容易講到二分半，一絲一毫不能少。」

【一死不顧屍】

指做事不考慮後果。例事情怎麼辦得這麼魯莽！一死不顧屍的，得造成多大損失。

【一死一生】

生與死。多指生死存亡的關鍵時刻。宋・王禹偁《馮氏家集前序》：「瞿公曰：『一死一生，乃見至情，李相之謂乎！』」

【一損俱損，一榮俱榮】

損：衰敗；榮：榮盛。一家衰敗，與其有聯繫的人家都跟著衰敗；一家榮盛，與其有聯繫的人家都跟著榮盛。指彼此關係密切，榮辱與共。《紅樓夢》四回：「四家皆連絡有親，一損俱損，一榮俱榮。」

【一歲九遷】

見「一歲三遷」。

【一歲三遷】

歲：一年。一年之內，三次升遷。比喻升官迅速。《南史・到撝傳》：「上又數游撝家，懷其舊德，至是一歲三遷。也作「一歲九遷」。唐·韓愈《上張僕射書》：「日受千金之賜，一歲九遷其官。」

【一塌刮子】

通通或全部。例不要懷疑，如果你贏了這場比賽，眼前這些獎品就一塌刮子都是你的了。

【一塌糊塗】

形容混亂或糟糕到極點。《魯迅書信集·致曹靖華》：「《鐵流》在北平有翻版了，壞紙錯字，弄得一塌糊塗。」

【一榻橫陳】

榻：床；橫陳：躺著。形容人在床上躺著。清·彭養鷗《黑籍冤魂》一六回：「一日之中，除去幹事遊玩的時候，無非一榻橫陳。」

【一罈子泡蘿蔔——抓不到纓（薑）】

纓：「薑」的諧音，牽牲口的纓繩，比喻控制不了或把握不住。例這項任務太難了，我的確是一罈子泡蘿蔔——抓不到纓（薑）。

【一潭死水】

比喻沈悶、停頓、令人窒息的地方或局面。例這裏的工作氣氛就像一潭死水一樣，毫無生氣活力可言。

【一彈指頃】

彈一下手指的時間。比喻時間極快極短。清·紀昀《閱微草堂筆記·灤陽消夏錄三》：「奮然鼓楫，橫沖白浪而行。一彈指頃，已抵東岸。」頃：也作「間」。

【一套配一套，歪鍋配扁灶】

比喻不好的人總混在一起。例這幾個小鬼，哪兒都不願去。索性把他們編到一個組裏去。一套配一套，歪鍋配扁灶。

【一體知悉】

一體：一律，一樣。舊時公文用語，一律通知照辦。《西遊記》四回：「亦可傳與各洞妖王。一體知悉。」

【一替一句】

替：接替，倒替。一句接替一句。《老殘遊記》四回：「那知這張李二公，又親自到廂房裏來道謝，一替一句，又奉承了半日。」

【一天三刮絡腮鬍——你不叫我露面，我不叫你露頭】

絡腮鬍：連著鬢角的鬍子。比喻互相壓制或排擠牽制，各不相讓。例這兩個人勾心鬥角，一天三刮絡腮鬍——你不叫我露面，我不叫你露頭，都想壓倒對方，爬上高位。也作「一天三刮絡腮鬍——他（它）不叫我露面，我不叫他（它）露頭。」

【一天省一把，十年買匹馬】

比喻積少成多，勤儉可以致富。例這樣日積月累，就是一個很大的數目。俗話說得好：「一天省一把，十年買匹馬。」也作「一天省一口，一年省一斗」。

【一天下了三次雨——少情（晴）】

見「十天九雨——少情（晴）」。

【一天星斗】

①滿天星星。唐·李中《江行夜泊》詩：「半夜風雷過，一天星斗寒。」②形容文章華美或學問淵博。明·馮夢龍《雙雄記·劍授雙雄》：「幼好讀書，腹裏一天星斗；長而學劍，腰懸三尺芙蓉。」元·關漢卿《玉鏡台》一折：「萬里雷霆驅號令，一天星斗煥文章。」③形容繁多，紛亂。《魯迅書信集·致許欽文》：「我其實無病，自這幾天經醫生檢查了一天星斗，從血液以至小便等等，終於決定是喝酒太多，吸煙太多，睡覺太少之故。」《官場現形記》：「撫台一時未及查問明白，鬧得一天星斗，一時不好收篷。」

【一條船上的人】

比喻同舟共濟。例今後，我們是一條船上的人了，彼此都要有個照應，別獨行其事。

【一條道走到黑】

比喻死心眼，不知變通。例你別再一條路走到黑了，那是死胡同，還是和大伙兒一塊幹吧！也作「一條路走到黑」、「一條胡同走到底」。

【一條根蔓菁】

比喻獨生子。例那是她的獨生子，按俗話說，就是「一條根蔓菁」。

【一條河有深有淺】

指事物總有差別。例你新到一個地方去獨當一面，要注意觀察各階層的動向。一條河有深有淺。有什麼新情況，及時彙報。

【一條犁溝走到底——死拽不回頭】

拽：拉。見「耗子鑽進竹筒裏——死不回頭」。

【一條龍】

①比喻長長的行列。例上班的高峯時間，等紅燈的車輛排成了一條長龍。②比喻連續不間斷的活動過程。例這個新產品要快上，必須（生）產、供（應）、銷（售）一條龍。③比喻能人、傑出人物。例這裏是藏龍臥虎之地，個個都稱得是一條龍。

【一條繩拴著倆螞蚱】

比喻互相牽制。例咱們倆的事，一條繩拴著倆螞蚱，誰也跑不了。

【一條藤上結的瓜——苦都苦，甜都甜】

一條藤上結的瓜，要苦的都是苦的，要甜的都是甜的。雙關語。比喻同甘共苦。例咱兩人是一條藤上結的瓜——苦都苦，甜都甜，還分什麼彼此呢？也作「一根藤上結的瓜——苦在一起，甜在一堆」。

【一條跳板上走路】

形容兩人利害相關，合夥共事。例他們雖然也有矛盾，其實是一條跳板上走路，分不出誰好誰壞。

【一條腿的褲子——成了羣（裙）】

羣：「裙」的諧意。比喻人們湊合在一起，數量很多。例公司宣布倒閉之後，要債的人像一條腿的褲子——成了羣（裙）。

【一條線上的人】

指站在同一立場，命運相同的人。例對他們可要提高警覺，那是一條線上的人。

【一條小泥鰍翻不起大浪】

指本事有限，成不了氣候。例這個單位大體還好，就有一個人平時愛搗點亂。不過一條小泥鰍翻不起大浪，也沒什麼了不得的。

【一跳三尺高】

形容發怒或高興的動作。例值得嗎？就爲這點小事，你就一跳三尺高，罵個沒完沒了！也作「**一跳八丈高**」。

【一通百通】

通：明白，貫通。懂得一件事的道理，其餘的也就明白了。《後西遊記》三回：「猴王一通百通，時常習了口訣，自習自練，將七十二般變化俱學成了，只不懂得斛斗之法。」

【一統天下】

指全國統屬於一個政權。《兒女英雄傳》一回：「建都燕京，萬水朝宗，一統天下。」後也指某些人把自己管轄的地區或單位看作自己的獨立王國。例這個公司簡直就是他的一統天下，事無鉅細，都要他點頭批准才行。

【一痛決絕】

痛：悲痛；決絕：斷絕。忍痛一回，讓關係或念頭斷絕。《紅樓夢》九八回：「自己卻深知，寶玉之病實因黛玉而起，失玉次之，故趁勢說明，使其一痛決絕。」

【一頭放火，一頭放水】

比喻要兩面派。例這婆娘就愛撥弄是非，一頭放火，一頭放水，把個大院攪得人仰馬翻。

【一頭抹了，一頭脫了】

指兩頭落空，一無所得。例他爲了後來認識的女孩子放棄了原來的女朋友，沒想到最後是一頭抹了，一頭脫了，兩者皆落空。

【一頭人情兩面光】

指做一次人情使雙方都滿意。例老王要我爲他物色一個年輕助手，剛巧我的一位老朋友的孩子今年研究所畢業，正要我爲他介紹一個工作，我就把他推薦給了老王。正是一頭人情兩面光。

【一頭脫擔——兩頭空】

挑擔時，如果一頭脫了擔，另一頭也會脫。也作「**一頭脫擔——兩落空**」。見「飛了鴨子打了蛋——兩落空」。

【一頭栽到茅坑裏】

指犯了嚴重錯誤。例警告過你多少次，「酒色」二字不可沾，你偏不聽，這下可倒好，一頭栽到茅坑裏了。

【一頭撞倒閻王爺——冒失鬼】

見「城隍丟斗笠——冒（帽）失鬼」。

【一頭撞到南牆上——彎都不拐】

比喻盲目、任性、不知變通。例在朋友之間，有了點矛盾，怎麼能一頭撞到南牆上——彎都不拐？也作「**一頭撞倒南牆上**」。《醒世姻緣傳》九六回：「你是孤身人，娘家沒在這裏，俺兩個又不在跟前，凡事隨機應變，別要一頭撞倒南牆上。」

【一頭撞倒南牆上】

見「一頭撞到南牆上——彎都不拐」。

【一頭鑽到青雲裏——碰上好運（雲）氣】

運：「雲」的諧音。比喻人很幸運，趕上了好機會。例此人才幹平平，但是卻一頭鑽到青雲裏——碰上好運（雲）氣，凌雲直上。

【一團和氣】

①形容待人和藹。《好逑傳》一二回：「忽見公子直出門迎接，十分殷勤，一團和氣，便放下冷臉來。」②指一派溫暖的氣息。宋・馬伯升《水調歌頭》詞：「慶兆三陽開泰，散作一團和氣，無地不春風。」③形容氣氛和睦融洽。魯迅《離婚》：「兩方面各將紅綠帖子收起，大家的腰骨都似乎直得多，原先收緊著的臉相也寬懈下來，全客廳頓然見得一團和氣了。」④比喻不講原則，只求和氣。例對他這種嚴重失職行爲，應該嚴肅處理，絕不能爲維持一團和氣而姑息他。

【一團亂麻】

見「一團亂麻——千頭萬緒」。

【一團亂麻——理不清】

見「頭髮鬍子一把抓——理不清」。

【一團亂麻——千頭萬緒】

頭緒很多。形容心情或事情紛繁複雜。例這裏的工作就像一團亂麻——千頭萬緒，實在令人頭痛。也作「**一團亂麻**」。例他的心裏現在是一團亂麻，怎麼也理不出個頭緒。

【一團漆黑】

形容非常黑暗，沒有光明。也指對事物一無所知。例小王每天只知吃喝玩樂，問他一些工作上的事情總給人一團漆黑的感覺。也作「**黑漆一團**」。

【一退六二五】

原爲珠算斤兩法口訣。即1÷16＝0.0625。退爲「推」的諧音。借喻推卸得乾乾淨淨。例這事原本是他叫這樣做的，現在他一退六二五，把責任都推給我們了。也作「**一推六二五**」。例你還是立個字據吧！別到時候一推六二五，咱們可受不了。

【一碗醬油一碗醋——斤對斤，兩對兩】

比喻針鋒相對。例這兩人在理論和實踐上，都是一碗醬油一碗醋——斤對斤，兩對兩，互不相讓。

【一碗清水看到了底】

指一眼看透。例這次運動，各種矛盾錯綜交織，有些問題並不是一碗清水看到了底。

【一碗清水——一眼看到底】

也作「**一碗清水——瞅到底**」、「**一碗清水——亮到底**」。見「碟子裏盛水——一眼看到底」。

【一碗水端平】
比喻處理事情公平合理，平等對待。例這次公司分紅，眞正做到了一碗水端平，公平照顧員工。
【一碗水潑在地下——收不起來】
比喻事情已無可挽回。例事情已辦到這種程度，一碗水潑在地下——收不起來，再改變也來不及了。也作「**一盆水潑在地——再也收拾不起來**」。
【一網打盡】
比喻全部抓住或消滅。也比喻全部獲取。例這些不法分子被治安單位一網打盡。《官場現形記》一七回：「周老爺道：『他開口就是三十萬，豈不是一百倍。』胡統領道：『他的心比誰還狠！咱們辛苦了一趟，所爲何事，他竟要一網打盡，我們還要吃什麼呢。』」
【一往情深】
一往：一直，始終。形容感情深摯、強烈。清·納蘭性德《蝶戀花·出塞》詞：「鐵馬金戈，青冢黃昏路。一往情深深幾許，深山夕照深秋雨。」也作「**一往深情**」。南朝宋·劉義慶《世說新語·任誕》：「桓子野每聞清歌，輒喚奈何，謝公聞之曰：『子野可謂一往有深情。』」
【一往深情】
見「一往情深」。
【一往無前】
形容無所畏懼，勇往直前。明·孫傳庭《官兵苦戰斬獲疏》：「曹變蛟遵臣指畫，與北兵轉戰衝突，臣之步兵莫不一往無前。也作「**一往直前**」。例在前線的戰士一往直前的奮勇殺敵。
【一望無邊】
見「一望無涯」。
【一望無際】
見「一望無涯」。
【一望無涯】
涯：邊際。一眼望不到邊。形容非常遼闊。例從海邊眺望遠方，一望無涯的海洋讓人心胸開闊。也作「**一望無邊**」。例看著一望無邊銀白色的積雪大地，讓我不由得回憶起身處於北國的點點滴滴。也作「**一望無際**」。《老殘遊記》一回：「朝東觀看，只見海中白浪如山，一望無際。」
【一往直前】
見「一往無前」。
【一望而知】
看一眼就知道，形容事物顯露。茅盾《子夜》一：「他大概有四十歲了，身材魁梧，舉止威嚴，一望而知是頤指氣使慣了的『大亨』。」
【一葦可航】
葦：指用蘆葦紮成的筏子。一個小筏子即可渡過，形容水面不寬，不難渡過。《三國志·吳書·賀邵傳》：「長江之限不可久恃，苟我不守，一葦可航也。」
【一味平安方是福，萬般怪異總非祥】
指平安無事才是幸福，出現各種怪現象總不吉利。《平妖傳》二一回：「嚇得員外肚裏慌張，想道：終久被這作怪的妮子連累。不免略施小計，保我夫妻二人的性命。只因員外動了這念道，有分教：永兒弄得一段奇異姻緣，鬧遍了開封一府。正是一味平安方是福，萬般怪異總非祥。」
【一文不名】
文：古時銅錢一面鑄文字，故稱一枚錢爲一文；名：占有。一個錢也沒有。形容貧困之極。例自從他高中金榜，就從一個一文不名的窮書生變成家喻戶曉的大狀元。也作「**一錢不名**」。清·淮陰百一居士《壺天錄》卷上：「何公鐵生，守揚十六閱月，一錢不名。」也作「**一文莫名**」。例孩子要出遠門，總得爲他買點行裝，可是我一文莫名，眞急人。
【一文不值】
見「一錢不值」。
【一文不值半文】
指貨物賤賣。例這些貨雖說式樣有些舊，但質地很好，但讓他一文不值半文賣掉了，眞可惜。
【一文莫名】
見「一文不名」。
【一文錢難倒英雄漢】
即使是英雄好漢，有時也因爲缺了一點點錢就辦不成事。謂金錢很重要，沒錢辦不成事。也作「**一文錢急死英雄漢**」、「**一文錢急煞英雄漢**」、「**一文逼死英雄漢**」。
【一文如命】
一文：一個錢。把一文錢看得如同性命。比喻十分吝嗇。《儒林外史》五二回：「此人有個毛病，嗇細非常，一文如命。」
【一問搖頭三不知】
指什麼都不知道。《紅樓夢》五五回：「況且一個是美人燈兒，風吹吹就壞了；一個是拿定了主意，『不幹己事不張口，一問搖頭三不知』，也難十分去問他。」也作「**一問三不知**」。
【一窩蜂】
①形容許多人亂哄哄地一起行動。例他們一窩蜂湧進商店，開始搶購。②形容混亂的局面或心情。例他心裏亂成了一窩蜂。也作「**一窩風**」。《孽海花》三三回：「長槍短銃，和著鐵鏢弩箭，一窩風的向日兵聚集處殺去。」
【一窩猴子都姓孫】
比喻都是一路貨色。《西遊記》二回：「悟空道：『我今姓孫，法名悟空。』衆猴聞說：『大王是老孫，我們是二孫、三孫、細孫、小孫——一家孫、一國孫、一窩孫矣！』」例他們家沒一個好貨，一窩猴子都姓孫。
【一窩狐狸不嫌騷】
狐狸有臊臭味。同窩狐狸在一起互不嫌臊氣。比喻同類人混在一起，臭味相投。例表面上看來，他們父子倆好像不能共事，其實是一窩狐狸不嫌騷，只要利害一致了，互相體諒著一點，還是可以合作的。也作「**一窩狐**

子不嫌臊」。

【一窩老鼠不嫌臊——氣味相投】

比喻脾氣性格合得來。貶義。例這兩人就像一窩老鼠不嫌臊——氣味相投，整天在背後嘀嘀咕咕，議論他人長短。也作「魚找魚，蝦找蝦，烏龜愛王八——氣味相投」。

【一窩沒王的蜂——亂飛開了】

見「頭雁中彈——亂了羣」。

【一窩鳥兒也不能老在一起飛】

指總要分別，發生變化。例往年是往年，今年是今年，你當年年都一樣？一窩鳥兒也不能老在一起飛，小家雀子年年待一個窩裏？

【一臥不起】

臥：指病倒。形容病情沉重，醫治無效。例誰想倆口染成疾病，一臥不起。

【一無長物】

長物：多餘之物。一點多餘東西也沒有。形容貧窮或儉樸。《孽海花》二〇回：「吾倒替筱亭做了一句『綠毛龜伏瑪瑙泉。』倒是自己一無長物怎好？」例三年前他家徒四壁，一無長物，如今已是腰纏萬貫的闊佬了。也作「別無長物」、「更無長物」。

【一無忌憚】

憚：害怕。毫無顧忌，任意妄爲。例他父親出差一走就是三五個月，他更是一無忌憚，任意妄爲。

【一無可取】

沒有一點可取之處。指毫無優點或價值。清・沈復《浮生六記・閨房記樂》：「院窄牆高，一無可取。」

【一無是處】

一點對的地方也沒有。朱自清《白種人——上帝的驕子》：「而他的讀物也推波助瀾，將中國編排得一無是處，以長他自己的威風。」也作「全無是處」。

【一無所長】

長：特長，專長。沒有一點專長。例此人一生一無所長，惟每日鬥雞溜鳥而已。

【一無所成】

沒有一點成就或成果。黃遵楷《人境廬詩草・跋》：「讀先兄病篤之書，謂平生懷抱，一無所成，惟近古體詩能自立耳。」

【一無所得】

什麼也沒有得到。毫無收穫。五代・王定保《唐摭言》卷八：「然日勢既暮，壽兒且寄院中止宿，顥亦懷疑，因命搜壽兒懷袖，一無所得，不得已遂躬自操觚。」

【一無所好】

好：愛好。什麼愛好或嗜好都沒有。指人愛好不廣。例這些花都是家父自幼種的。家父一生一無所好，就只喜歡花。

【一無所能】

一點能耐或專長也沒有。清・錢泳《履園叢話・雜記上》：「又蘇州葉某者，性迂拙，一無所能，其父死，既無產業，且有逋負。」

【一無所求】

什麼要求也沒有。《兒女英雄傳》一六回：「問起她的來由，她說，自遠方避難而來……要我給她遮掩個門戶；此外一無所求。」

【一無所取】

對財物一點不取。《周書・唐瑾傳》載：「及軍還，諸將多因虜掠，大獲財物。瑾一無所取，唯得書兩本，載之以歸。」

【一無所失】

什麼也沒有損失。《魯迅書信集・致母親》：「除不見了一柄洋傘之外，其餘一無所失。」

【一無所聞】

什麼也沒有聽到。《魯迅書信集・致章廷謙》：「但此外一無所聞，我看這事情大約已經過去了。」

【一無所有】

什麼也沒有。《儒林外史》八回：「我除了行李被褥之外，一無所有，只有一個枕箱，內有殘書幾本。」

【一無所知】

什麼都不知道或不懂。也指失去記憶或知覺。《警世通言》一五：「小學生望後便倒，扶起，良久方醒。問之，一無所知。」

【一五一十】

①指計數。《醒世姻緣傳》卷三四：「沒等見官，那差人先說你掘了銀錢，捐你一個夠；官說你得的不止這個，招著一五一十的要。」②比喻敍述周詳，無所遺漏。《紅樓夢》一一九回：「那丫頭是求了平兒才挑上的，便抽空趕到平兒那裏，一五一十的都告訴了。」

【一物不成，兩物現在】

指交易沒做成，各人的錢貨俱在。比喻雙方都沒有損失。《水滸全傳》一二回：「和您往日無冤，昔日無仇，一物不成，兩物現在，沒來由殺你做什麼？」也作「一物不成，兩物見在」。

【一物不知】

①對某一事物不知道或不懂。比喻知識尚不完備。漢・崔瑗《間相張平子碑》：「一物不知，實以爲恥；聞一善言，不勝其言。」②對事物毫無所知。宋・釋文瑩《玉壺清話》三三節：「公[呂蒙正]奏曰：『……今臣男從簡始離襁褓，一物不知，膺此寵命，恐罹陰譴。』」也作「一事不知」。《南史・陶弘景傳》：「讀書萬餘卷，一事不知，以爲深恥。」

【一物降一物】

見「一物一制」。

【一物一制】

某種事物專門有另一種事物來制服。《野叟曝言》四六回：「有的道：『法空這等銅筋鐵骨，偏遇著文忠臣，更狠似他，眞個一物一制。』」也作「一物降一物」。例你別擔心，他再搗亂，只要老張一說話，他就服貼，俗話說：「一物降一物」嘛。

【一物一主】

命中注定，器物各自有主。元・無名氏《衣襖車》一折：「將這一副全裝披掛，並軍器等物，於街市貨賣。……這披掛一物一主，看有什麼人來。」也作「一物自有一主」。《封神演義》四七回：「燃燈曰：『貧道無功，焉敢受此？』曹寶曰：『一物自有一主，既老師可以助道，理當受得。弟子收之無用。』」

【一誤再誤】
錯了一次，仍不以爲戒，繼續犯錯。指屢次犯錯誤或一再延誤。《官場現形記》三六回：「我已一誤再誤，目下不能不格外小心。」

【一夕九升】
夕：晚上；九：表示多次。一夜之間多次波動。形容心緒不寧。晉・潘岳《寡婦賦》：「意惚恍以遷越兮，神一夕而九升。」

【一夕九徙】
夕；夜晚；徙：遷移。一晚上遷移好幾個地方。形容不能安居。《後漢書・蘇不韋傳》：「嵩懼，乃布棘於室，以板藉地，一夕九徙，雖家人莫知其處。」

【一息不相知，何況異鄉別】
指人本來不易了解，何況分離兩地。例俗話說：一息不相知，何況異鄉別。」你同她只見過幾次面，彼此又分隔兩地，如要確定戀愛關係，可要愼重一點。

【一息尚存】
一息：一口氣。還有一口氣。多表示只要還活著，仍將繼續某事。例他表示只要一息尚存，就要不斷學習。

【一息奄奄】
見「奄奄一息」。

【一席還一席】
比喻禮尚往來。例自打對方請他作客後，他就時時惦著還禮，一席還一席，不回請，怕人家說他吝嗇。

【一席之地】
席：席子。比喻一小塊地方。《儒林外史》三五回：「不妨，我只須一席之地，將就過一夜，車子叫他在門外罷了。」

【一線生機】
生機：生存的機會。有一點生存的機會。梁啟超《政治之基礎與言論家之指針・五段》：「惟希望打破現狀，以爲國家一線生機。」也作「一線生路」。明・華陽散人《鴛鴦針》卷一・四回：「丁全自知該死，往日過惡，求念鄉情，開他一線生路。」

【一線生路】
見「一線生機」。

【一相情願】
見「一廂情願」。

【一廂情願】
廂：原指正房兩邊的房子，引指爲一方或單方面。「廂」也作「相」。考慮問題只從主觀願望出發，不顧及對方的態度或客觀條件是否允許。《兒女英雄傳》一〇回：「莫若此時趁事在成敗未定之天，自己先留個地步：一則保了這沒過門女婿的性命，二則全了這一廂情願媒人的臉面。」

【一響遮百醜】
演員嗓子洪亮可以彌補其他方面的不足。例那位男高音矮矮胖胖，長相眞不怎麼樣，可是嗓音洪亮、渾厚，一響遮百醜，別的也就不必計較了。

【一笑千金】
比喻美人一笑有如千金之難得。漢・崔駰《七依》：「酒酣樂中，美人進以承宴，調歡欣以解容，回顧百萬，一笑千金。」也作「千金一笑」。

【一笑置之】
置：放。笑一笑把它放在一旁。表示不必認眞對待。《官場現形記》四六回：「漕臺見他如此說法，曉得他牛性發作，也只好一笑置之。」也作「付之一笑」。

【一蟹不如一蟹】
宋・蘇軾《艾子雜說》：「艾子行於海上，見一物圓而褊，且多足，問居人曰：『此何物也？』曰：『蝤蛑也。』既見一物，圓褊多足，問居人曰：『此何物也？」曰：『螃蟹也。』又於後得一物，狀貌皆若前所見而極小，問居人曰：『此何物也？』曰：『彭越也。』艾子喟然嘆曰：『何一蟹不如一蟹也。』」比喻一個比一個差。金・王若虛《文辨二》：「晏殊以爲柳勝韓，李淑又謂劉勝柳，所謂一蟹不如一蟹。」

【一瀉千里】
瀉：水急速下流。①形容水流極快、極遠，奔騰而下。清・黃宗羲《唐烈婦曹氏墓志銘》：「黃河一瀉千里，非積石、龍門、呂梁之險，不足以見其奇。」②比喻文章氣勢流暢、奔放。清・趙翼《甌北詩話・蘇東坡詩》：「坡詩放筆快意，一瀉千里，不甚鍛鍊。」

【一心不能二用】
指做事要專心，注意力不能分散。例你看我哪裏有工夫哩？俗話說得好：「一心不能二用。」

【一心兩用】
形容思路不集中，不專心。宋・朱熹《答或人》之七：「若曰一面充擴，一面體認，則是一心而兩用之，亦不勝其煩且擾矣。」

【一心忙似箭，兩腳走如飛】
形容人有急事，走得飛快。明・許自昌《水滸傳》一四齣：「也罷！趕得著時，是千幸萬幸了；若趕不著時節，只得先去見蔡九知府，叫他行文各處緝獲便了。正是：一心忙似箭，兩腳走如飛。」

【一心無二】
心思專一，沒有別的想法。《舊唐書・張巡傳》：「諸公爲國家戮力守城，一心無二，經年乏食，忠義不衰。」

【一心一德】
見「一德一心」。

【一心一計】

思路、想法一致或意念專一。《紅樓夢》六回：「如今女婿接了養活，豈不願意。遂一心一計，幫著女兒女婿過活。」

【一心一意】

心思、意念專一。魯迅《墳・題記》：「天下不舒服的人們多著，而有些人們卻一心一意在造專給自己舒服的世界。」

【一心以爲有鴻鵠將至】

鴻鵠：天鵝。一心以爲有天鵝就要飛來了。用以形容學習時心不在焉，總想一些與學習無關的事情。《孟子・告子上》：「一人雖聽之，一心以爲有鴻鵠將至，思援弓繳而射之，雖與之俱學，弗若之矣。」

【一新耳目】

聽到的和看到的都很新鮮。嚴復《原强》：「論者謂達（爾文）氏之學，其一新耳目，更革心思，甚於奈端(牛頓)氏之格致天算，殆非虛言。」也作「**耳目一新**」。

【一星半點】

星：細碎的。極少一點兒。老舍《趙子曰》：「趙子曰：『心中有一星半點的感激李順的誠懇。』」

【一行作吏】

一旦做了官。三國魏・嵇康《與山巨源絕交書》：「游山澤，觀魚鳥，心甚樂之。一行作吏，此事便廢。」

【一薰一蕕】

薰：香草；蕕：ㄧㄡˊ，臭草。香草、臭草混雜在一起。比喻好的常被壞的所掩蓋。《左傳・僖公四年》：「一薰一蕕，十年尚猶有臭。」晉・杜預注：「十年有臭，言善易消，惡難除。」

【一言半句】

見「一言半語」。

【一言半語】

一句半句。指很少的幾句話。元・尚仲賢《柳毅傳書》一折：「爲一言半語，受千辛萬苦。」也作「**一言半句**」。宋・張栻《寄周子充尚書》文：「正恐竊聞一言半句，反害事耳。也作「**一言半字**」。《平妖傳》二回：「袁公此時那有心情回答他一言半字……翻身復上天門。」也作「**一言兩語**」。清・荑荻散人《玉嬌梨》：「倒只愁兒子無眞實之才，恐怕一言兩語露出馬腳。」

【一言半字】

見「一言半語」。

【一言蔽之】

見「一言以蔽之」。

【一言不再】

話既出口，不再反悔。漢・趙曄《吳越春秋》：「吾聞君子一言不再，今已行矣，王其勉之。」

【一言不實，百事皆虛】

一句話不誠實，其他許多事也都虛假。例常言道：「一言不實，百事皆虛。」只看他這一副老實相，豈是那盜竊之人？望父台詳察，不可冤枉好人。

【一言抄百總】

一句話總括一切，也即總而言之的意思。例旁人要是慢慢的勸著，就勸轉來了；誰知他早打了個九牛拉不轉的主意，一言抄百總，不管誰說，一概不聽，也作「**一言抄百語**」。

【一言訂交】

見「一言定交」。

【一言定交】

剛一交談，就成了好友。唐・權德輿《唐丞相太保致仕岐國公杜公墓志銘序》：「一言定交，死生以之，趨人之急，唯恐不及。」也作「**一言訂交**」。《兒女英雄傳》一五回：「不想到天緣湊巧，倒在此地相會，又得彼此情同針芥，一言訂交，眞是難得的一樁奇遇。」

【一言而定】

見「一言爲定」。

【一言而盡】

一句話就說出全部意思。宋・陳師道《後山談叢》：「人千言而盡，[寇]準一言而盡。」

【一言而可以興邦，一言可以喪邦】

指位高權重人的一句話，關係到國家的興盛或滅亡。元・高文秀《澠池會》二折：「廉將軍，豈不聞古人云：『一言而可以興邦，一言可以喪邦。論相如之功，不在他人之下也。』」也作「**一言而興邦，一言而喪邦**」、「**一言興邦，一言喪邦**」。

【一言而喻】

喻：明瞭，了解。一句話說明白。明・朱之瑜《元旦賀源光國書八首》之六：「故教者，所以親父子，正君臣，定名分，和上下，安富尊榮，定傾除亂，其效未可一言而喻也。」

【一言僨事】

僨（ㄈㄣˋ）事：敗事。說錯一句話，就會壞事。《禮記・大學》：「一家仁，一國興仁；一家讓，一國興讓；一人貪戾，一國作亂。其機如此。此謂一言僨事，一人定國。」

【一言既出，駟馬難追】

駟：四匹馬拉的車。形容話已出口，無法收回。形容說話一定要算數。巴金《秋》四：「你記住『大丈夫一言既出，駟馬難追』，不要反悔啊！」

【一言驚醒夢中人】

一句話使人頓時醒悟。例這一席話，字字句句說到她心裏去了，眞是一言驚醒夢中人，她感到處境危險，決定離去。

【一言九鼎】

九鼎：古代傳說夏禹鑄九鼎，象徵國家政權。一句話重如九鼎。形容一句話能起決定作用。姚雪垠《李自成》二卷四〇章：「賢妹是他的救命恩人，一言九鼎。」

【一言立信】

信：信譽。一句話樹立了信譽。《後漢書・朱浮傳》：「莊王但爲爭强而發怒，公子以一言而立信。」

【一言兩語】
見「一言半語」。
【一言難盡】
難以用一句話敘述詳盡，多指事情曲折或磨難深重。《儒林外史》三七回：「武書驚道：『郭先生，自江寧一別，又是三年，一向在那裏奔走？』那人道：「一言難盡！」也作「一言難罄」。《歧路燈》三四回：「若再講他們色子場中，如何取巧弄詭之處，眞正一言難罄，抑且掛一漏萬。」
【一言難罄】
見「一言難盡」。
【一言千金】
一句話值千金。形容說的話非常有價值。漢・袁康《越絕書・外傳記策考》：「故無往不復，何德不報？漁者一言千金歸焉。」
【一言喪邦】
邦：國家。一句話可以使國家滅亡。《舊唐書・孫伏伽傳》：「周、隋之季，忠臣結舌，一言喪邦，諒足深誡。」
【一言堂】
舊時商店掛的匾額常寫「一言堂」三字，表示公平買賣，言不二價。現比喻領導不講民主，一個人說了算。茅盾《老兵的希望》：「過去『四人幫』的評論一出來，就是定論了。如有不同意見，就得挨整。文學評論只是『一言堂』。」
【一言為定】
一句話說定了，不再反悔，更改。《水滸全傳》八八回：「兩家如此一言為定，兩邊一齊同收同放。」也作「一言而定」。《歧路燈》六二回：「我走了，諸事一言而定。」
【一言陷人】
陷：陷害。進讒言陷害人。北齊・顏之推《顏氏家訓・後娶》：「自古奸臣佞妾以一言陷人者衆矣。」
【一言興邦】
邦：國家。與「一言喪邦」相對。一句話可以使國家興盛。《論語・子路》：「定公問：『一言可以興邦，有諸？』孔子對曰：『言不可以若是其幾也。人之言曰：為君難，為臣不易。如知為君之難也，不幾乎一言而興邦乎？』」宋・胡仔《苕溪漁隱叢話後集・杜子美一》：「元禮首議誅太眞國忠輩，近乎一言興邦。」
【一言一動】
見「一言一行」。
【一言一行】
每一句話，每一個行動。南朝梁・任昉《為范始作求立太宰碑表》：「若夫一言一行，盛德之風。」也作「一言一動」。朱自清《山野掇拾》：「他們於一言一動之微，一沙一石之細，都不輕輕放過。」
【一言已定，千金不移】
指一句話說定，不能更改。例這話咱們說妥了，一言已定，千金不移。誰都不能食言。
【一言以蔽】
見「一言以蔽之」。
【一言以蔽之】
蔽：概括。《論語・為政》：「詩三百，一言以蔽之，曰：『思無邪。』」指用一句話來概括。《歧路燈》三回：「只是教幼學之法，慢不得，急不得，鬆不得，緊不得，一言以蔽之，曰：『難而已。』」也作「一言蔽之」。清・孫德謙《六朝麗指》：「一言蔽之，不離乎新奇者近是。」也作「一言以蔽」。唐・劉子玄《論史上蕭至忠書》：「凡此不可，其流實多，一言以蔽，三隅自反。」
【一言之信】
信：信用。說話講信用。《孔子家語・好生》：「孔子……喟然嘆曰：『賢哉楚王！輕千乘之國，而重一言之信。』」
【一言值千金】
形容所說的話非常珍貴。吳有恒《山鄉風雲錄》一九章：「大哥『一言值千金』，你這話說得矜貴！這裏白天談話不便，我們約個時間，另找個地方談吧！」
【一言中的】
的：箭靶的中心。一句話就說到點子上。例他每次發言都是經過深思熟慮的，所以常常能夠一言中的。
【一陽復始】
陽：陽氣。古人認為天地有陰陽二氣，循環往復。每年冬至日，陰氣退，陽氣生。指春天又來了。清・李雨堂《萬花樓楊包狄演義》三回：「轉眼又是一陽復始，家家戶戶慶賀新年。」「陽」也作「元」。
【一樣米養百樣人】
吃同樣的飯，人卻各不相同。例唉，什麼笨事都有人做得出，眞是一樣米養百樣人！
【一窰燒得幾百磚，一娘養的不一般】
一個窰裏燒的磚相同，一母生的子女卻不同。例人常說，一窰燒得幾百磚，一娘養的不一般。為甚這哥兒倆一個那麼窩囊，一個就是天不怕，地不怕？
【一噎之故，絕穀不食】
噎：食物塞住咽喉。因為一次讓食物塞住咽喉，就再也不吃飯了。比喻做事偶然遇到挫折，就不敢再繼續做了。漢・劉向《說苑・談叢》：「一噎之故，絕穀不食；一蹶之故，卻足不行。」
【一葉蔽目，不見泰山】
一片樹葉擋住眼睛，連泰山都看不見。比喻為局部或暫時的現象所矇蔽，看不清全面或本質的問題。《鶡冠子・天則》：「一葉蔽目，不見泰山；兩豆塞耳，不聞雷聲。」也作「一葉障目，不見泰山」。姚雪垠《李自成》一卷二六章：「只是我同他略談數語，也看出他正像一般讀書人一樣，看事半明半暗；有時一葉障目，不見泰山。」

【一葉浮萍歸大海，人生何處不相逢】
雖然相隔很遠，人生在世總還有相見的機會。《醒世恆言》卷一八：「婦人也不回言，逕往裏邊去了。頃刻間，同一個後生跑出來。彼此睜眼一認，雖然隔了六年，面貌依然。正是昔年還銀義士。正是：一葉浮萍歸大海，人生何處不相逢。」也作「一葉浮萍歸大海，爲人何處不相逢」。

【一葉落知天下秋】
看見一片落葉，就知道秋天將要來了。比喻從事物的某些細微跡象，可預料到事物的發展趨向。源出漢・劉安《淮南子・說山訓》：「以小明大，見一葉落而知歲之將暮；睹瓶中之冰而知天下之寒。」宋・唐庚《唐子西語錄》：「唐人有詩云：山僧不解數甲子，一葉落知天下秋。」也作「一葉知秋」。宋・趙長卿《品令・秋日感懷》詞：「情難託。離愁重、稍愁沒處安著。那堪更、一葉知秋後，天色兒，漸冷落。」也作「葉落知秋」。《五燈會元・慶元府天童密庵咸杰禪師》：「葉落知秋，舉一明三。」

【一葉障目，不見泰山】
見「一葉蔽目，不見泰山」。

【一葉知秋】
見「一葉落知天下秋」。

【一夜被蛇咬，十日怕麻繩】
見「一朝被蛇咬，三年怕井繩」。

【一衣帶水】
水：指江河，湖海，像一條衣帶那樣窄的水面。《南史・陳本紀》：「我爲百姓父母，豈可限一衣帶水不拯之乎？」比喻僅隔一水，互爲近鄰。魯迅《略談香港》：「香港地方，同中國大陸相離，僅僅隔一衣帶水」例中日兩國是一衣帶水的鄰邦。

【一依舊式】
見「一仍舊貫」。

【一疑無不疑】
起了疑心，便處處覺得可疑。例倉庫裏丟了幾捆繩子，他懷疑是小李拿的。從此一疑無不疑，怎麼看，怎麼像是小李幹的。

【一以當十】
見「以一當百」。

【一以貫之】
一種道理或思想貫穿於事物始終。《晉書・賀循傳》：「苟義之所在，豈得讓勞居逸！想達者亦一以貫之也。」

【一藝頂三工】
有一技在身，頂得三個普通勞力的收入。例俗話說：「一藝頂三工。」咱們不能總這麼賣苦力，扛大活，一定得學門手藝呀！

【一意孤行】
不聽別人的勸告，頑固地按照自己的想法行事。茅盾《子夜》一〇：「說不定他一片好心勸杜竹齋抑制著吳蓀甫的一意孤行那番話，杜竹齋竟也已經告訴了[吳]蓀甫。」

【一陰一陽之謂道】
陰陽：古代哲學家認爲宇宙萬物所具備的正反兩個方面；道：宇宙的精神本原，也指自然界的規律、法則。陰和陽的對立和相互消長，這就是自然界的規律和法則。意謂任何事物都有其正反兩個方面，以及它們之間的對立統一關係。《周易・繫辭上》：「一陰一陽之謂道，繼之者善也，成之者性也。」

【一飲一啄，莫非前定】
比喻人吃什麼都是命裏注定的，泛指一切都由命定。《莊子・養生主》：「澤雉十步一啄，百步一飲。不蘄畜乎樊中。」《西遊記》三一回：「是臣不負前朝，變作妖魔，占了名山，攝他到洞府，與他配了一十三年夫妻。『一飲一啄，莫非前定。』今被孫大聖到此成功。」也作「一飲一啄，事皆前定」、「一斟一酌，莫非前定」、「一飲一啄，各有分定」。

【一應俱全】
一應：一切。所需要的東西全部都有。《女兒英雄傳》九回：「那案子上調和作料一應俱全。」

【一擁而入】
形容衆多的人一下子擠了進去。例餐廳的門一打開，大家一擁而入。

【一擁而上】
擁：擁擠。一下子簇擁上來。例敵人在機槍和重炮的掩護下，一擁而上，妄想一舉奪取三〇八號高地。

【一咏一觴】
見「一觴一咏」。

【一勇之夫】
只有勇氣而無謀略的人。元・無名氏《連環計》四折：「我兩個無過是一勇之夫，但有出力去處，自當效命，生死不辭。」

【一遊一豫】
豫：遊樂。多指帝王的遊樂生活。宋・陳亮《轉對札子》：「人主不敢一遊一豫也，一遊一豫，則宮闈左右望賜矣。」也作「一豫一遊」。明・宋濂《閱江樓記》：「存神穆法，與天同體，雖一豫一遊，亦可爲天下後世法。」

【一隅三反】
《論語・述而》：「舉一隅不以三隅反，則不復也。」隅：一個角落；反：推論。即由已知的事理，推知相類的事理。後以「一隅三反」比喻善於由此及彼地進行類推。清・沈起鳳《諧鐸・垂簾論曲》：「富貴纏綿則用黃鐘，感嘆悲戚則用南呂，一隅三反，諸可類推。」也作「舉一反三」。

【一隅之地】
隅：角落。指狹小的地方。《晉書・劉毅傳》：「所統江州，以一隅之地當逆順之衝。」

【一隅之見】
片面狹隘的見解。清・紀昀《閱微草堂筆記・灤陽消夏錄四》：「儒者或空談心性，與瞿曇、老聃混而爲一，或排擊二氏，如禦寇仇，皆一隅之見也。」

【一羽示風向，一草示水流】
比喻從細微的跡象，能夠看出事物發展的變化和趨向。例這幾天，監獄裏的看守態度忽然和善起來，偶爾也和政治犯們閒聊幾句。一羽示風向，一草示水流，他推測我們的部隊大概正在乘勝前進，敵人正在節節敗退。

【一語不能踐，萬卷徒空虛】
一句話也不能實踐，即使讀了一萬卷書也是沒有什麼意義的。指讀書應與實踐相結合。明・周立《飲酒》詩：「古人既已死，古道存遺書。一語不能踐，萬卷徒空虛。」

【一語道破】
一句話就把事情說穿了。清・袁枚《隨園詩話》卷二：「慈山寄札謝云：『老人平生苦心，被君一語道破。』」

【一語破的】
的：箭靶。一句話就說中了要害或點明主題。例他的話切中要害，一語破的，使對方無詞以對。

【一語爲重】
指說話講信用，說到做到。宋・王安石《商鞅》詩：「自古驅民在信誠，一語爲重百金輕。今人未可非商鞅，商鞅能令政必行。」

【一語中人】
中：傷。說話傷害了別人的感情。宋・李昌令《樂善錄・劉貢父》：「蓋好謔人者，但知取快一時，不知一語中人，其酷甚於毒刃。」

【一豫一遊】
見「一遊一豫」。

【一淵不兩蛟】
一潭深水中，不能同時容納兩條蛟龍。比喻二雄不能併立。《淮南子・說山訓》：「末不可以强於本，指不可大於臂，下輕上重，其復必易。一淵不兩蛟。水定則清正，動則失平。」也作「**一山不藏二虎**」。

【一元復始】
新的一年開始。《關尹子・二柱》：「先想乎一元之氣，具乎一物」。《漢書・董仲舒傳》：「《春秋》謂一元之意，一者，萬物之所從始也；元者，辭之所謂大也。」

【一園蘿蔔——個個是頭】
頭：頭目，首領。形容領導人太多或盡是領導人。例你要找領導人？我們這裏是一園蘿蔔——個個是頭，沒有不帶「長」的，由你選吧！

【一緣一會】
緣：天緣。有緣分，巧相合。《古今小說》卷三：「與官人一緣一會，奴家也是二十四歲。」

【一月穿三十雙鞋——日日新】
比喻每天都有新的發展。例您們工廠在改革舊制方面有了發展，就像一月穿三十雙鞋——日日新，生產提高得很快。

【一在三在，一亡三亡】
一個主要人物的存亡，關係周圍人物的存亡。例你可別幹那危險的事兒！一在三在，一亡三亡，你若有個閃失，拋下我們娘兒倆怎辦？

【一遭情，兩遭例】
頭一次認爲是情分，第二次則認爲是理當如此的慣例。例不能濫發獎金，有些人不該得獎金，你照顧他了，反而不好，免得被誤認爲一遭情，兩遭例。

【一則以喜，一則以懼】
一方面因此而高興，一方面因此而恐懼。用以形容對某一事物既高興，又恐懼的複雜矛盾心情。《論語・里仁》：「子曰：『父母之年，不可不知也。一則以喜，一則以懼。』」

【一張床上說不出兩樣話】
指夫妻情投意合，行動言論均合拍。例俗話說得好：「一張床上說不出兩樣話。」你們聽，他的話不是句句護著愛人嗎？也作「**一床被不蓋兩樣的人**」、「**一家床上不睡兩樣人**」。

【一張口難說兩家話】
指說書人不能同時說兩件事。《七俠五義》二四回：「只顧說他這一邊的辛苦，就落了那一邊的正文。野史有云：『一張口難說兩家話，』眞是果然。」也作「**一張嘴不能言兩宗事**」。

【一張篾篩子——盡是缺點】
見「篩沙的篩子——全是缺點」。

【一張一弛】
張：拉緊；弛：放鬆。一緊一鬆。原指治國施政要寬嚴互補。現多比喻生活、工作要勞逸結合。明・李賢《賜遊西苑記》：「一張一弛，文武之道，賜遊西苑，有弛之意焉。」也比喻作情節緩急得當。也作「**一弛一張**」。茅盾《關於長篇小說〈李自成〉的通信・五・關於〈李自成突圍到鄂西〉》：「筆鋒從義軍轉向沒落王朝的內外交困，這種橫雲斷峯的布局，書中屢見，這構成了全書一弛一張的節奏。」

【一張紙畫個鼻子——好大的臉】
說明臉面很大。諷刺人打腫臉充胖子，臉上並不光彩。例聽閨女說不是大官不嫁，娘聽了不入耳，說一張紙畫個鼻子——好大的臉，這話哪像沒出嫁的大姑娘說的。

【一張嘴說不過衆人】
一個人辯論不過大家。例正想解釋，又怕彼衆我寡，一張嘴說不過衆人；只好暫時忍著，待有機會時再說。也想「**一人難說衆口**」。

【一掌遮天】
見「一手遮天」。

【一丈八的房子，一丈九的菩薩——伸出頭來講天話】
菩薩：這裏指佛和某些神的偶像。比喻說大話，不著邊際或大言不慚。例一丈八的房子，一丈九的菩薩——伸出頭來講天話，虧你說得出來。

【一朝被蛇咬，三年怕井繩】
比喻一旦在某件事上受了挫折，以後遇到類似的事，都會心存疑懼。老舍《小坡的生日・上學》：「南星摸著頭上的大包，頗有點一朝被蛇咬，三年怕井繩的神氣。」也作「**一度著蛇咬，怕見斷井索**」。《五燈會元・龍門遠禪師法嗣》：「問：『狗子還有佛性也無。』趙州道：『無意者如何？』師曰：『一度著蛇咬，怕見斷井索。』」也作「**一年被蛇咬，三年怕草索**」。《初刻拍案驚奇》卷一：「文若虛道：『一年被蛇咬，三年怕草索。說到貨物，我就沒膽氣了。』」也作「**一夜被蛇咬，十日怕麻繩**」。《歧路燈》七三回：「眞眞一夜被蛇咬，十日怕麻繩光景。」

【一朝被蛇咬，三年怕井繩——心有餘悸】

見「驚弓之鳥——心有餘悸」。

【一朝馬死黃金盡】

比喻舊時貴人失勢陷於困境。元・無名氏《凍蘇秦》四折：「想當初風塵落落誰憐憫，到今日衣冠楚楚爭親近。暢道威震諸侯，腰懸六印，也索把世態炎涼心中暗忖。假使一朝馬死黃金盡，可不得依舊蘇秦，做陌路看承被人哂。」

【一朝權在手，便把令來行】

一旦大權在握，就發號施令。唐・朱灣《奉使設宴戲擲籠籌》詩：「今日陪樽俎，良籌復在茲。獻酬君有禮，賞罰我無私。莫怪斜陽向，還將正自持。一朝權入手，看取令行時。」《官場現形記》四七回：「卜知府本來是個喜歡多事的人，一朝權在手，便把令來行，行文各屬，查取拖欠的數目以及各花戶的姓名。」也作「**一朝權在手**」。

【一朝一夕】

一早一晚。形容很短的時間。唐・徐浩《書法論》：「張伯英臨池學書，池水盡黑，永師登樓不下，四十餘年……以此而言，非一朝一夕所能盡美。」

【一朝之忿】

忿：忿恨。一時的氣憤。《史記・魯仲連鄒陽列傳》：「今公行一朝之忿，不顧燕王之無臣，非忠也。」

【一朝之患】

朝：一時；患：患難。一時的患難。《禮記・檀弓上》：「故君子有終身之憂，而無一朝之患。」

【一著不愼，滿盤皆輸】

下棋時關鍵的一步棋走錯，會輸掉全盤棋。比喻關鍵性的問題處理不當，會招致全局失敗。例他雖然想盡各種辦法以求挽回不利局面，但終究是一著不愼，滿盤皆輸，各種辦法改變不了總的趨勢，也作「**只因一著錯，滿盤都是空**」、「**一著不到處，滿盤俱是空**」、「**一著錯，滿盤輸**」、「**一著失敗，全盤皆輸**」、「**一著之差，全盤落索**」。

【一爪一鱗】

見「一鱗半爪」。

【一針對一線】

比喻辦事認眞細致。例他很關心羣衆，一針對一線地做思想工作。正因爲這樣，得到了大家的信任，大伙兒都願找他商量事情，說心裏話。

【一針見血】

比喻話語簡短，切中要害。例他的文學評論大多一針見血，入木三分。

【一針一線】

比喻極細小的東西。《紅樓夢》七四回：「要想搜我的丫頭，這不可能！我原比衆人歹毒，凡丫頭所有的東西，我都知道，都在我這裏間收著，一針一線，他們也沒得收藏。」

【一枕黑甜】

黑甜：睡覺（俗語）。舒服地睡一大覺。明・朱之瑜《高枕亭記》：「於是飲酒樂甚，陶然意醉矣！下莞上簟，乃安斯寢；無營無慮，一枕黑甜，於都樂哉！」

【一枕黃粱】

唐代傳奇《枕中記》載：盧生在邯鄲旅店中遇見道士呂翁，他自嘆窮困。呂翁給他一個枕頭，讓他枕著睡覺。這時店主正煮小米飯。盧生入睡後，夢見自己享盡榮華富貴。一覺醒來，小米飯還沒煮熟。後用以比喻好夢成空，或實現某事的希望破滅。也指虛幻的夢境。元・無名氏《九世同居》二折：「逐朝青鏡容顏瘦，一枕黃粱夢境熟，往事回頭盡參透，吾心已休。」也作「**黃粱美夢**」。

【一陣風】

①形容很快。例聽說姍姍來了，他一陣風捲出門去。②形容短暫。也比喻辦事不徹底，像一陣風一樣，吹過去就完了。例我們這次反對不正之風，可不是一陣風，而是要持久地堅持下去。

【一爭兩醜，一讓兩有】

互相爭奪，都不光彩；互相禮讓，雙方得利。馬國超等《馬本齋》三〇章：「按寶興首飾店打的價，這只鐲子少說也得三十塊大洋。但是，你我也不是外人，常言道：『一爭兩醜，一讓兩有。』老弟你給個數就行了。崔豐久邊說邊用兩個手指和五個手指做了個比勢。」

【一正敵千邪】

正氣能壓倒各種邪氣。例不管那些歪的、邪的，咱們要一正敵千邪。明・康海《王蘭卿》二折：「常言道：『三闞度一米，一正敵千邪。』休只管敎藥淘的他形羸氣怯。」也作「**一正壓百邪**」。《李自成》一卷二四章：「李過說：『按說這些土匪確實該剿，只是，二爹，會不會有人說咱們是大魚吃小魚？』『這不是大魚吃小魚，是一正壓百邪。』」

【一之爲甚】

見「一之謂甚」。

【一之謂甚】

後面多接「其可再乎」。一次已經是過分了，怎麼能再來一次呢？即不可一錯再錯。《左傳・僖公五年》：「晋不可啟，寇不可玩。一之謂甚，其可再乎？」《太平廣記》卷二八二引《纂異記》：「酒至白面年少，復請歌，張妻曰：『一之謂甚，其可再乎！』」也作「一之已甚」。《魏書·成淹傳》：「臣爾日失言，一之已甚，豈宜再說。」也作「一之爲甚」，元·侯克中《歸興》詩：「一之爲甚其能再，二者何由可得兼。」

【一之已甚】
見「一之謂甚」。

【一支針沒有兩頭利】
比喻不能兩頭兼顧。例唉，眞難爲她了，既要親自幹莊稼活，又得照料病在床上的老娘，一支針沒有兩頭利，那身子骨能支撐得住嗎？

【一隻耳朵進，一隻耳朵出】
不注意聽別人的話，聽過就忘。例大家注意聽今天的報告，千萬不要一隻耳朵進，一隻耳朵出，要把重點記在心裏。

【一隻鼓不能敲兩家戲】
一個人不能分身做兩件事。例他正在打字，怎麼又要他去整理資料？俗話說：「一隻鼓不能敲兩家戲」嘛！

【一隻壞蛋，臭了一屋】
比喻一個壞人或一件壞事影響了整個集體。例誰想一隻壞蛋，臭了一屋，這支盛名遠揚的球隊，竟出了個孬種，全隊的人都覺得不光彩，恨得牙癢癢的。

【一隻筷子吃麵——獨挑】
雙關語。比喻能獨立承擔某項工作。例他的工作能力很強，到哪個單位，都是一隻筷子吃麵——獨挑。

【一隻筷子吃藕——專挑眼】
比喻故意找碴，挑毛病。例對同事要與人爲善，講團結，既要看到他們的缺點，又要看到他們的優點，不能一隻筷子吃藕——專挑眼。也作「一支筷子吃藕——專挑眼兒」、「一根筷子吃蓮菜——挑眼」。

【一隻手擎不起天】
指個人力量有限。例一隻手擎不起天，別靠你一人黑燈瞎火地幹，要把道理向大家講明了，大伙兒一塊兒幹，勁就大了。

【一隻碗不響，兩隻碗叮噹】
形容爭吵雙方都有責任。例你不要再把吵架的責任推給對方了，一隻碗不響，兩隻碗叮噹，你自己也應該檢查一下。

【一隻鴨子下水，十隻鴨子下河】
比喻一個帶頭，其餘的跟著來。例河邊盛產柳條，過去都當柴燒。她從報上看到柳編製品有銷路後，跟人學會了用柳條編工藝品的技藝，銷路極好。俗話說：「一隻鴨子下水，十隻鴨子下河。」村裏的柳編業頓時大大興旺起來。

【一枝動，百枝搖】
比喻事物局部的變化引起整體全局的變化。例公司的各個部門運作密切相關，如果其中一個環節發生問題，將會是一枝動，百枝搖，影響整體的狀況。也作「一節動而百枝搖」。

【一枝之棲】
棲：鳥類歇宿，泛指居住。《莊子·逍遙遊》：「鷦鷯巢於深林，不過一枝。」鳥類歇宿，僅需一枝。比喻只求容身，別無奢望。唐·杜甫《宿府》詩：「已忍伶俜十年事，強移棲息一枝安。」也作「一枝自足」。《宋史·李沆傳》：「沆曰：『人生朝暮不可保，又豈能久居，巢林一枝，聊自足耳，安事豐屋哉！』」

【一枝自足】
見「一枝之棲」。

【一知半解】
所知甚少，理解膚淺。宋·張栻《寄周子充尚書》之一：「若學者以想像臆度，或一知半解爲知道，而曰知之則無不能行，是妄而已。」

【一紙空文】
寫在紙上，而無法兌現的條約、規定、計畫等文件。梁啟超《立憲法議》：「故苟無民權，則雖有至良極美之憲法，亦不過一紙空文」。

【一紙文書發配了】
原指封建社會把人判刑發配到邊遠地區。現借指被輕易打發走了。例因爲頂撞了皇帝佬兒，楊愼這個宰輔之子、堂堂狀元就被一紙文書發配了。此一去，竟在雲南瘴疫之地，充軍幾十年，到死都未能翻身。

【一至於此】
一：竟然。竟然到了這種地步。唐·白居易《淮南節度使……趙郡李公家廟碑銘序》：「若非襦袴之惠及其幼，雞豚之養及其老，又推赤心置人腹中者，則安能化暴戾之俗一至於此乎！」也作「一至於斯」。唐·劉知幾《史通·核才》：「向之數子所撰者，蓋不過偏記雜說，小卷短書而已，猶且乖濫踳駁，一至於斯。」

【一至於斯】
見「一至於此」。

【一致百慮】
一致：趨向相同。趨向相同，考慮卻各有不同。《後漢書·郎顗傳》：「易曰：『君子之道，或出或處，同歸殊途，一致百慮。』」

【一治一亂】
治：有秩序，與「亂」相對。指社會發展過程中，太平與亂世交替相間。宋·陳亮《祭周參政文》：「民生之久，一治一亂。」

【一擲百萬】
見「一擲千金」。

【一擲千金】
擲：投，扔。形容賭徒下注極大。泛指任意揮霍，財大氣粗。唐·吳象之《少年行》詩：「一擲千金渾是膽，家無四壁不知貧。」也作「一擲百萬」。《醉醒石》七回：「到那賭，劉毅一擲百萬，是頃刻間可以破家的。」

【一擲乾坤】
乾坤：指天地、世界。以天下爲孤注之一擲。唐·韓愈《過鴻溝》詩：「誰勸君王回馬首，眞成一擲賭乾坤。」

【一州無二例】

比喻在一個地方不能有兩種規矩。例俗話說：「一州無二例。」你們當領導的口徑不一，叫我們怎麼辦事？

【一粥一飯，來之不易】

指糧食得來不易，要珍惜，不能浪費。明．朱柏廬《朱子治家格言》：「一粥一飯，當思來處不易；半絲半縷，恆念物力維艱。宜未雨而綢繆，毋臨渴而掘井，自奉必須儉約，宴客切勿留連。」例大家要注意節約糧食，一粥一飯，來之不易。

【一咒十年旺，神鬼不敢旁】

人家的詛咒倒會激勵自己發憤而興旺起來，即使神鬼也不敢近身。指不要怕人說壞話。《醒世姻緣傳》三回：「這話分明是要激惱晁大舍要與計氏更加心冷的意思。晁大舍說道：『沒帳！叫他咒去！一咒十年旺，神鬼不敢旁！』」

【一株草，也有一滴露水蔭】

指人有生存的權利，應該讓人能過得去。例一株草，也有一滴露水蔭。他雖是私生子吧，也應該和其他孩子一樣，有上學的權利，不該受到歧視。

【一竹竿打到底】

比喻夫妻關係持續到老。《水滸全傳》四五回：「我爹娘當初把我嫁王押司，只指望一竹竿打到底，誰想半路相拋！」也作「**一竹竿到底**」。

【一柱難支】

支：支撐。比喻單獨力量難以支撐局面。唐．白居易《代書》詩：「千鈞勢易壓，一柱力難支。」

【一柱擎天】

擎：舉、撐。比喻獨力擔當治國重任。《唐大詔令集．賜陳敬瑄鐵券文》：「卿五山鎮地，一柱擎天，氣壓乾坤，量含宇宙。」

【一炷心香】

一炷：一束；心香：心中的虔誠。一片虔誠的心情。唐．韓偓《仙山》詩：「一炷心香洞府開，偃松皺澀半莓苔。」也作「**一瓣心香**」、「**心香一瓣**」。

【一錐子扎不出血來】

比喻不愛說話或不肯說話，也指對別人的話沒有反應。例你看你，還是小時候脾氣。一錐子扎不出血來。到底爲什麼？也作「**一錐子扎不出血**」、「**扎一錐子不冒血**」、「**一錐子扎不出黃水**」。

【一字百煉】

形容寫作時在文字上狠下功夫，精益求精。唐．皮日休《劉棗强碑》：「百鍛爲字，千煉成句。」例詩歌的語言更要精煉，更富有音樂性，這就必須一字百煉，在語言上下更大的功夫。

【一字褒貶】

褒：讚揚；貶：貶低。孔子修訂《春秋》時，常用一個字來表示他的好惡態度。現多泛指記事論人，措詞嚴格而有分寸。南朝陳．周弘正《謝梁元帝賚春秋糊屏風啟》：「豈若三體五例，對玩前史，一字褒貶，坐臥箴規。」

【一字不差】

見「一字不爽」。

【一字不苟】

苟：馬虎，隨便。寫字、作文反覆考慮，嚴肅認眞。《朱子語類》卷二一：「因說伊川(程頤)講解，一字不苟。」

【一字不識】

一個字都不認得。《孽海花》一四回：「後來看看那書，裝璜得極爲盛麗，翻出來卻一字不識。」例他沒學過英語，翻開英文報紙，自然一字不識。

【一字不爽】

爽：差，失。一字也不錯。《紅樓夢》七七回：「所責之事，皆係平日私語，一字不爽。」也作「**一字不差**」。《三俠五義》一回：「即將寇珠喚來，剝去衣服，細細拷問，與當初言語一字不差。」

【一字長蛇陣】

指排成長長一溜隊伍。例隊伍向前方開撥，像一字長蛇陣，在山坡谷地裏起伏著。

【一字見心】

從一個字可以看出人的內心。比喻書法可以表現人的個性。唐．張懷瓘《文字論》：「文則數言乃成其意，書則一字已見其心。」

【一字連城】

連城：連成一片的城市。一個字就有連城的價值。用來稱讚詩文的價值極高或文辭極其精煉。北齊．魏收《魏書．彭城王勰傳》：「高祖令崔光讀《暮春羣臣應詔》詩，至勰詩，高祖乃爲其改字……勰曰：『陛下賜刊一字，足以價等連城。』」例杜甫的詩無一不是經過千錘百煉的，可以稱得起是一字連城。

【一字千金】

一個字價值千金。《史記．呂不韋列傳》載：「呂不韋乃使其客人人著所聞，集論以爲八覽，六論，十二紀，二十餘萬言。以爲名天地萬物古今之事，號曰《呂氏春秋》，布咸陽市門，懸千金其上，延諸侯遊士賓客有能增損一字者予千金。」後用「一字千金」形容詩文精妙，價值很高。南朝梁．鍾嶸《詩品》卷上：「文溫以麗，意悲而遠，驚心動魄，可謂幾乎一字千金。」也作「**一字值千金**」。宋．戴復古《望江南．壺山宋謙父寄新刊雅詞》詞：「結屋三間藏萬卷，揮毫一字值千金。」

【一字入公門，九牛拔不出】

舊指只要訴狀或供詞送進了衙門，就再也無法改動了。比喻訴訟應愼重。例我見他說出了眞話，恐怕他後來改了口，所以哄他叫他寫下來，並簽了字，做了憑據，叫他改不得口。一字入公門，九牛拔不出哩！也作「**一紙入公門，九牛拔不出**」、「**一字入公門、九牛曳不出**」、「**一字入公門，九牛拖不出**」。

【一字一板】

板：音樂和戲曲的節拍。形容吐字清晰。也指說話嚴肅認眞。例王老師平日說話做事都屬於一字一板的人，你不要以爲他是裝給你看的。

【一字一淚】

形容文辭沉痛、淒婉。也形容寫作時的感傷情緒。明・李贄《焚書書答・與焦漪園》：「寫至此，一字一淚，不知當向何人道，當與何人讀，想當照舊剃髮歸山去矣。」例這篇小說是作者一字一淚寫出來的，讀罷令人感傷不已。

【一字一珠】

①形容歌聲圓潤宛轉。唐・薛能《贈歌者》詩：「一字新聲一顆珠，囀喉疑是擊珊瑚。」②比喻詩文寫得有如珍珠般精妙。《儒林外史》三回：「這樣文字，連我看一兩遍也不能解，直到三遍之後，才曉得是天地間之至文，眞乃一字一珠。」

【一字之師】

改正一個字或指出某一字用法不妥的老師。宋・陶岳《五代史補》卷三：「鄭谷在袁州府，齊已攜詩詣之。有《早梅》詩云：『前村深雪裏，昨夜數枝開。』谷曰：『「數枝」非早也，未若「一支」。』齊已不覺投拜。自是士林以谷爲一字師。」

【一字值千金】

見「一字千金」。

【一嘴吃個鞋幫——心裏有底】

雙關語。比喻心裏知道底細，因而有把握。例這次高考，小楓是一嘴吃個鞋幫——心裏有底，自以爲必中無疑。

【一嘴呑個豬頭——好大的口】

見「上嘴唇頂天，下嘴唇貼地——好大的口」。

【一醉解千愁】

借酒排除愁悶的心情。老舍《茶館》二幕：「二哥，走！找個地方喝兩盅兒去？一醉解千愁。」也作「**一醉能消萬古愁**」。

【一座皆驚】

指言行不俗或儀容出衆，使在座的人都感到吃驚。宋・孔平仲《續世說・李光顏》：「光顏乃大宴軍士，三軍咸集，命使者進妓。妓至，則容止端麗，殆非人間所有，一座皆驚。」也作「**一座盡驚**」。《三國志・魏書・王粲傳》：「獻帝西遷，粲徙長安，左中郎將蔡邕見而奇之。時邕才學顯著，貴重朝廷，常車騎塡巷，賓客迎門，聞粲在門，倒屣迎之。粲至，年既幼弱，容狀短小，一座盡驚。」

【一座盡驚】

見「一座皆驚」。

【一坐盡傾】

一坐：滿座；傾：傾倒。形容某人才華出衆，使滿座的人都表示欽佩。《漢書・司馬相如傳》：「[臨邛令]身自迎相如，相如爲不得已而强往，一坐盡傾。」

【一坐之間】

一坐：剛一坐下。形容時間短暫。南朝宋・劉義慶《世說新語・文學》：「桓玄嘗登江陵城南樓云：『我今欲爲王孝伯作誄。』因吟嘯良久，隨而下筆，一坐之間，誄以之成。」也作「**一坐之頃**」。頃：短時間。宋・朱熹《朱子語類・大學》五：「且如今一坐之頃，便自許多話語。」

【一坐之頃】

見「一坐之間」。

【伊尹之任】

伊尹：商湯開國元勳。原指伊尹所肩負的重任。後指傑出人物所擔負的治國重任。宋・曾鞏《撫州顏魯公祠堂記》：「伯夷之淸，伊尹之任。」

【伊於胡底】

伊：助詞；於：往；胡：何；底：到，至。到何地步爲止。比喻事情到了無法收拾的程度。《隋唐演義》八九回：「那知這個楊右相，卻一味大言欺君，全無定亂安邦之策，將來國家禍患，不知伊於胡底。」

【衣被羣生】

被：覆蓋；羣生：衆生。比喻廣施恩澤於大衆。宋・歐陽修《夫子罕言利命仁論》：「衣被羣生，贍足萬類。」

【衣弊履穿】

弊：破爛；履：鞋。衣服破舊，鞋子磨穿。形容貧困。《莊子・山木》：「衣弊履穿，貧也。」

【衣缽相承】

見「衣缽相傳」。

【衣缽相傳】

衣、缽：指僧人的袈裟和食器。佛敎禪宗師父以衣缽爲傳法的信物，傳給徒弟，表示師徒間的道法的授受。《舊唐書・神秀傳》：「昔後魏末，有僧達摩者，本天竺王子，以護國出家，入南海，得禪宗妙法，雲自釋迦相傳，有衣缽爲記，世相付授。」後多指師徒間的技術、思想、學術的傳授與繼承。金・王若虛《滹南遺老集》卷四〇：「魯直開口論句法，此便是不及古人處，而門徒親黨以衣缽相傳，號稱法嗣，豈詩之眞理也哉！」也作「**衣缽相承**」。例這派獨門功夫，就在他們師徒之間衣缽相承的傳遞著。

【衣不蔽體】

蔽：遮，擋。衣服破爛，連身體都遮蓋不住。形容生活非常貧困。例看著街角那個乞丐落魄窮酸、衣不蔽體的樣子，我的惻隱之心不禁油然而心。也作「**衣不布體**」。唐・元稹《同州刺史謝上表》：「臣八歲喪父，家貧無業，母兄乞丐以供資養。衣不布體，食無充腸，幼學三年不蒙師訓。」也作「**衣不蓋體**」。唐・杜甫《進鵰賦表》：「唯臣衣不蓋體，常寄食於人。」

【衣不布體】

見「衣不蔽體」。

【衣不重帛】

帛：絲織品。不重穿絲織衣服。形容

衣著儉僕。《初學記》卷一一引《晉中興書》：「劉超理身淸苦，衣不重帛。」

【衣不重采】

采：通「綵」、「彩」。不重穿豔麗的服裝。形容衣著樸素。《史記·越王句踐世家》：「身自耕作，夫人自織，食不加肉，衣不重采，折節下賢人，厚遇賓客，振貧弔死，與百姓同勞。」也作「**衣不兼綵**」。淸·汪琬《敕封徐母劉孺人墓志》：「素無鉛華甘脆之好，衣不兼綵，食不重味。」也作「**衣不重彩**」。《陳書·高祖紀下》：「及立紹泰，子女玉帛，皆班將士，其充閨房者，衣不重彩，飾無金翠。」也作「**衣不二綵**」。《後漢書·安帝紀》：「朝廷躬自菲薄，去絕奢飾，食不兼味，衣不二綵。」

【衣不重彩】

見「衣不重采」。

【衣不大寸，鞋不爭絲】

爭：差。指講究服飾的人，衣服大小長短不能相差一寸；鞋子誤差不能過絲，否則穿著不合適。例出門做客要穿得整齊些，衣不大寸，鞋不爭絲，人也顯得精神。

【衣不二綵】

見「衣不重采」。

【衣不蓋體】

見「衣不蔽體」。

【衣不兼綵】

見「衣不重采」。

【衣不解帶】

帶：束腰帶。不脫衣服睡覺。多形容辛勤勞累。《晉書·殷仲堪傳》：「父病積年，仲堪衣不解帶，躬學醫術，究其精妙，執藥揮淚，遂眇一目」。也作「**衣不解結**」。淸·紀昀《閱微草堂筆記·姑妄聽之一》：「中州有李生者，娶婦旬餘而母病，夫婦更番守侍，衣不解結者七八月。」

【衣不解結】

見「衣不解帶」。

【衣不如新，人不如故】

人：指妻子。衣服舊的不如新的，妻子是新的不如舊的。用以勸誡人應珍惜夫妻感情，不可見異思遷，喜新厭舊。漢·無名氏《古艷歌》：「煢煢白兔，東走西顧。衣不如新，人不如故。」

【衣不完采】

衣著樸素，不追求鮮艷華麗。《史記·遊俠列傳》：「[朱家]家無餘財，衣不完采，食不重味，乘不過軥車。」也作「**衣不擇采**」。《後漢書·和熹鄧後傳》：「宮省宴會，諸貴人競自修飾，極靡麗服飾，而後獨澹然，衣不擇采，不修裝飾。」

【衣不洗則垢不除，刀不磨則鋒不銳】

衣服如果不洗，污垢就不會去掉，刀如果不磨，刀口就不會鋒利。指在對敵鬥爭中，應時刻保持警惕，做好充分的戰鬥準備。淸·洪仁玕《克敵誘惑論》：「衣不洗則垢不除，刀不磨則鋒不銳。」

【衣不曳地】

曳：拖。衣服短小，不拖在地上。形容衣著樸素。漢·荀悅《漢紀·成帝紀》：「母病，公卿列侯遣夫人問疾，莽妻迎之，衣不曳地，著布蔽膝，見者以爲僮僕，使人問乃知其夫人。」

【衣不擇采】

見「衣不完采」。

【衣裳楚楚】

見「衣冠楚楚」。

【衣裳之會】

指春秋時諸侯國之間彼此交好的集會。與「兵車之會」相對而言。《穀梁傳·莊公二十七年》：「衣裳之會十有一，未嘗有歃血之盟也，信厚也。兵車之會有四，未嘗有大戰，愛民也。」淸·黃遵憲《感事三首》：「衣裳之會繼兵車，跂行踙動同一家。」

【衣成人，水成田】

人靠衣服修飾，地靠灌溉取得收成。指事情成功要靠外力援助。例長得挺俊的小伙子偏偏不修邊幅。常言道：「衣成人，水成田。」不澆水，莊稼也長不好哇。穿著整齊，也是對人講禮貌呀。

【衣帶漸寬終不悔，爲伊消得人憔悴】

寬：鬆緩；伊：指愛慕的人。儘管衣帶日漸寬鬆也始終不後悔，爲思念她而消瘦、憔悴是值得的。原表達對愛情的忠貞不渝。後也用以比喻執著追求理想或研究學問所達到的一種忘我的境界。淸·王國維《人間詞話》：「古今之成大事業、大學問者，必經過三種之境界：『昨夜西風凋碧樹。獨上高樓，望盡天涯路。』此第一境也。『衣帶漸寬終不悔，爲伊消得人憔悴。』此第二境也。」

【衣單食薄】

衣服單薄，食物不足。形容生活困苦。例衣單食薄，是災區人民當前最嚴重的問題，必須要立即著手加以解決。

【衣豐食飽】

見「衣豐食足」。

【衣豐食足】

吃穿都很充足。形容生活寬裕。《隋唐演義》一八回：「且說那些長安的婦人，生在富貴之家，衣豐食足，外面景致，也不大動她心裏。」也作「**衣豐食飽**」。明·無名氏《羣仙朝聖》二折：「你看他衣豐食飽無閒事，齊念禾詞大叫呼，端的是壯觀皇都。」也作「**豐衣足食**」。

【衣服破，尚可縫；手足斷，安可續】

指衣服破了還可以縫上；兄弟逝世，無法彌補。例古人說：「兄弟如手足，妻子如衣服。衣服破，尚可縫；手足斷，安可續？」咱們幾個兄弟結義，不求同生，但願同死。

【衣服要自己穿破，不能叫人從背後指點破】
指爲人要正派，不能讓人在背後指指戳戳議論。例我們做人做事應秉著衣服要自己穿破，不能叫人從背後指點破！
【衣冠楚楚】
冠：帽子。楚楚：鮮明整潔。穿戴整潔漂亮。《聊齋志異・王六郎》：「夜，夢少年來，衣冠楚楚，大異平時。」也作「衣裳楚楚」。《聊齋志異・胡四相公》：「推扉一覷，則內有美少年，相視而笑。衣裳楚楚，眉目如畫，轉瞬之間，不復睹矣。」也作「衣冠濟楚」。元・王實甫《西廂記》二本二折：「衣冠濟楚龐兒俊，可知道引動俺鶯鶯。」也作「衣冠齊楚」。《儒林外史》三回：「周學道坐在堂上，見那些童生紛紛進來：也有小的，也有老的，儀表端正的，獐頭鼠目的，衣冠齊楚的，襤褸破爛的。」也作「衣冠濟濟」。明・無名氏《漁樵閒話》一折：「有笙歌聒耳，都道是迎進士上瀛州，端的一個個氣宇昂昂，衣冠濟濟。」
【衣冠輻湊】
衣冠：古代士大夫的穿戴，指貴族士紳；輻湊：車輻湊集于軸心。比喻士紳、顯貴相聚一處。唐・楊炯《唐昭武校尉曹君神道碑》：「金城北峙，玉關西候，山澤駢羅，衣冠輻湊。」
【衣冠赫奕】
赫奕：顯耀盛大，服飾華麗。比喻達官貴人服飾華美，氣勢顯赫。唐・楊炯《司兵參軍隴西李宏贊》：「李宏門胄，衣冠赫奕。氣蘊風霜，心如鐵石。」
【衣冠濟楚】
見「衣冠楚楚」。
【衣冠濟濟】
見「衣冠楚楚」。
【衣冠藍縷】
藍縷：破爛。衣帽服裝破爛。形容生活貧困。宋・洪邁《夷堅丁志・奢侈報》：「隆興甲申冬，黃再入都，因訪親戚陳晟，見信[郭信]在焉，爲晟教幼子，衣冠藍縷，身寒欲顫，月得千錢。」也作「衣衫藍縷」。《西遊記》四四回：「雖是天色和暖，那些人卻也衣衫藍縷。」也作「衣衫襤褸」。
【衣冠禮樂】
衣冠：穿戴服飾；禮樂：各種禮儀規範。指文明禮教。宋・范仲淹《上張右丞書》：「某何人也，可預陶甄之末，其大幸者。生四民中，識書學文爲衣冠禮樂之士，研精覃思，粗聞聖人之道。」
【衣冠沐猴】
沐猴：獼猴。沐猴穿戴衣帽。比喻人儀表齊整而內心鄙陋。元・汪元亨《朝天子・歸隱》曲：「厭襟裾馬牛，笑衣冠沐猴。」也作「沐猴而冠」。
【衣冠齊楚】
見「衣冠楚楚」。
【衣冠禽獸】
比喻品德敗壞，如同禽獸。《鏡花緣》四三回：「既是不孝，所謂衣冠禽獸，要那才女又有何用？」也作「衣冠梟獍」。宋・孫光憲《北夢瑣言》卷一七：「[蘇]楷人才寢陋，兼無德行……河塑士人，目蘇楷爲衣冠梟獍。」
【衣冠掃地】
衣冠：指士大夫。形容有學識、有地位的人，不顧名節，喪失廉恥。《舊唐書・薛廷珪等傳論》：「自唐祚橫流，衣冠掃地，苟無端士，孰恢素風？」
【衣冠甚偉】
形容人的服飾端莊，儀表堂堂。《漢書・張良傳》：「四人者從太子，年皆八十有餘，鬚眉皓白，衣冠甚偉。」
【衣冠梟獍】
見「衣冠禽獸」。
【衣冠緒餘】
衣冠：借指士大夫、官紳；緒餘：殘餘。指名門顯貴的後裔。《周書・薛善傳》：「與兄忝是衣冠緒餘，荷國榮寵。今大軍已臨，而兄尚欲爲高氏盡力。」
【衣冠優孟】
見「優孟衣冠」。
【衣冠雲集】
衣冠：借指士大夫，官紳；雲集：人多，如雲聚集。達官、顯貴聚集在一起。例想當年，他家門前車水馬龍，衣冠雲集，如今卻冷冷清清，門可羅雀。
【衣架飯囊】
比喻無能無用如掛衣的架子，盛飯的袋子。《三國演義》二三回：「其餘皆是衣架、飯囊、酒桶、肉袋耳！」例這些人平日裏耀武揚威，其實都是些衣架飯囊。一旦臨陣便望風而逃。
【衣角掃死人——好大的威風】
死：表示達到極點，並含有厭惡的意思。衣角所帶起的風，竟吹得使人感到很難受、很厭惡。見「八十個人抬轎子——好大的威風」。
【衣寬帶鬆】
衣服寬了，腰帶鬆了。形容人日漸消瘦。元・王實甫《西廂記》二本五折：「一字字更長漏永，一聲聲衣寬帶鬆。別恨離愁，變成一弄。」
【衣來伸手，飯來張口】
形容嬌生慣養，坐享其成。例公子是自幼嬌養，「衣來伸手，飯來張口」的人，何曾吃過這樣的苦。
【衣馬輕肥】
見「衣輕乘肥」。
【衣莫若新，人莫若故】
指衣服新的好，人是舊的好。《晏子春秋・內篇雜上》：「景公與晏子立于曲潢之上。晏子稱曰：『衣莫若新，人莫若故。』公曰：『衣之新也，信善矣；人之故，相知情。』」例在這危急時刻，還是老朋友出來幫了他的大忙。怪不得古人說衣莫若新，人莫若故呢。也作「衣不厭新，人不厭故」、「衣不如新，人不如舊」。

【衣輕乘肥】

穿著輕而暖的衣服，乘著高大的馬。形容官高位顯。《論語・雍也》：「（公西）赤之適齊也，乘肥馬，衣輕裘。」元・無名氏《賺蒯通》二折：「想爲官的前呼後擁衣輕乘肥，有多少榮耀。」也作「衣馬輕肥」。宋・孔平仲《續世說・賢媛》：「兒子從宦者，有人來云貧乏不能存，此是好消息。若聞貲貨充足，衣馬輕肥，此是惡消息。」也作「乘肥衣輕」、「肥馬輕裘」、「輕裘肥馬」。

【衣衫藍縷】

見「衣冠藍縷」。

【衣衫襤褸】

見「衣冠藍縷」。

【衣食不周】

衣食缺乏。形容生活貧困。《古今小說》卷二七：「我今衣食不周，無力婚娶，何不俯就他家，一舉兩得？」

【衣食父母】

賴以爲生的人。元・關漢卿《竇娥冤》二折：「你不知道，但來告狀的，就是我衣食父母。」

【衣食之謀】

維持生活之計。例失業之後，他不得不爲一家老小的衣食之謀而四處奔波。

【衣食足而知榮辱】

衣服食物充足，就會懂得榮譽和恥辱。意謂物質生活有了保障之後，就會自然地遵守道德倫理規範。《史記・管晏列傳》：「故其稱曰：『倉廩實而知禮節，衣食足而知榮辱。上服度，則六親固。四維不張，國乃滅亡。下令如流水之原，令順民心。』」

【衣是人之威，錢是人之膽】

衣著能顯出人的威儀，金錢能增大人的膽量。例衣是人之威，錢是人之膽。今時人享榮華，受富貴，穿錦繡，住蘭堂，乃錢之使然。也作「衣是精神，錢是膽」、「衣是人的臉，錢是人的膽」。

【衣勿重裘，吃勿重肉】

裘：皮襖。人不必穿兩件皮襖，食不必吃兩樣葷菜。勸人儉樸。例古人也都知道衣勿重裘，吃勿重肉。咱們也要注意艱苦樸素。

【衣香鬢影】

衣上的香氣，兩鬢的髮影。形容婦女儀容艷麗，芳澤怡人。清・袁枚《隨園詩話補遺》卷五：「汪比部秀峯詩云：『暖日烘雲景物新，衣香鬢影漾芳津。』」也作「衣香髻影」。清・紀昀《閱微草堂筆記・姑妄聽之二》：「遇少婦甚姸麗，徘徊歧路，若有所待，衣香髻影，楚楚動人。」也作「鬢影衣香」。

【衣香髻影】

見「衣香鬢影」。

【衣紫腰金】

見「腰金拖紫」。

【依本畫葫蘆】

見「依樣畫葫蘆」。

【依草附木】

迷信指鬼怪附於某種物體上興妖作怪。五代・王周《巫廟》詩：「日既恃威福，歲久爲精靈。依草與附木，誣詭殊不經。」宋・釋惟白《續傳燈錄・廣鑑禪師》：「學道須到佛祖處，若不如是，盡是依草附木底精靈，吃野狐涕唾底鬼子。」比喻依附他人；假借別人的權勢或名義。元・康進之《李逵負荊》二折：「想必有那依草附木，冒著俺家姓名，做這等事情的也不可知。」也作「倚草附木」。《水滸全傳》九回：「大官人只因好習槍棒，往往流配軍人都來倚草附木。」

【依阿兩可】

依阿（ㄜ）：依從，迎合；兩可：不置可否。對事情不明確表態，模稜兩可。《資治通鑑・唐憲宗元和四年》：「苟求便身，率爲依阿兩可之言。」也作「依違兩可」。《清史稿・倭仁傳》：「依違兩可，工於趨避者，小人也。」也作「依違兩端」。明・沈德符《萬曆野獲編・改謚》：「大學士石珤論文隱，則以議大禮時，依違兩端。」也作「依回兩可」。清・陳確《答查石丈書》：「而石丈徒爲依回兩可之言，設美言以諛之於前，立危論以懼之於後。」

【依阿取容】

阿：阿諛；依阿：依從阿附；取容：取悅他人。靠阿諛奉承來迎合取悅他人。例他在公司裏就是靠依阿取容來得到大家的注意與認同。

【依葫蘆畫瓢——照樣】

比喻照著樣子模仿。有時指照舊。例工作必須從實際出發，有所創新，有所發展，不能眼睛盯著過去，依葫蘆畫瓢——照樣。也作「依樣畫葫蘆——全盤照搬」、「依樣畫葫蘆——照抄」、「依葫蘆畫瓢——照搬照抄」、「依著葫蘆畫瓢——全盤照搬」。

【依回兩可】

見「依阿兩可」。

【依了媳婦得罪娘——難得兩全】

比喻不能使各方面都滿意。例你們做領導的意見不能取得一致，使下屬依了媳婦得罪娘——難得兩全，不知如何是好。也作「針無兩頭尖——難得兩全」。

【依流平進】

依流：按照等級；平進：循序漸進。按照資歷循序晋升。清・陳康祺《郎潛紀聞・初筆序》：「甲科通籍，自請爲郎，妄意依流平進，樞垣台諫，尚非夢想。」

【依然故我】

故我：舊我。仍然是我從前的老樣子。形容情況和從前一樣，沒有變化。清・陸隴其《三魚堂文集・答曹微之進士》：「至於冷署蕭條之況，依然故我，更難爲知己道也。」也作「**故我依然**」。

【依然如故】

仍舊和從前一樣，沒有變化。茅盾《夜讀偶記》二：「這個（明）皇朝，對外不能禦侮，對內不能養生，可是荒淫暴虐，卻依然如故。」

【依人籬下】

籬：籬笆。比喻門戶。喻依附他人生活，不能自立。《孽海花》六回：「侖樵生性高傲，不願依人籬下。」也作「**寄人籬下**」。

【依人者危，臣人者辱】

依附別國，總有危機，臣服於別國，難免受辱。《東周列國志》一九回：「臣聞『依人者危，臣人者辱』。今立國於齊楚之間，不辱即危，非長計也。」

【依人作嫁】

白白地爲別人辛苦忙碌。章炳麟《東京留學生歡迎會演說辭》：「孔子最是膽小，所以他教弟子，總是依人作嫁。」也作「**爲人作嫁**」。

【依稀猶記】

依稀：模模糊糊。模模糊糊還記得。宋・蘇軾《題靈峯寺壁》：「前世德云今我是，依稀猶記妙高台。」

【依山傍水】

見「依山臨水」。

【依山傍水——有靠】

比喻有可以依賴的對象。例這位公子哥兒認爲父母有錢有勢，自己生活是依山傍水——有靠，不勞動，不工作，成天遊手好閒。

【依山臨水】

建築物背靠山岳、前臨溪流或湖泊。多形容環境幽美。唐・薛用弱《集異記・徐佐卿》：「益州城距郭十五里，有明月觀焉，依山臨水，松桂深寂。」也作「**依山傍水**」。北齊・杜弼《檄梁文》：「彼連營擁衆，依山傍水，舉螳螂之斧，被蛣蜣之甲。」

【依神神跑，依廟廟倒】

指沒有依靠，倒霉透頂。例姜子牙未遇文王時，眞可說是依神神跑，依廟廟倒的人；自從遇到了文王，一下子成了王者之師。也作「**依牆牆崩，依壁壁倒**」、「**靠山山崩，靠水水流**」。

【依頭順腦】

形容循規蹈矩，十分順從的樣子。明・于鱗《清夜鐘》七回：「這崔鑑……依頭順腦，是一個極孝順小廝。」

【依頭順尾】

指按著一定的順序行事。《兒女英雄傳》一三回：「無如他著書的要作這等欲擒故縱的文章，我說書的也只得這等依頭順尾的演說。」

【依違兩端】

見「依阿兩可」。

【依違兩可】

見「依阿兩可」。

【依樣葫蘆】

見「依樣畫葫蘆」。

【依樣畫葫蘆】

照著葫蘆的樣子畫葫蘆。比喻機械地模仿，毫無創見。宋・魏泰《東軒筆錄》卷一：「太祖笑曰：『頗聞翰林草制，皆檢前人舊本，改換詞語，此乃俗所謂依樣畫葫蘆耳，何宣力之有？』」也作「**依本畫葫蘆**」。元・王伯成《貶夜郎》二折：「怕我連眞帶草一劃數黑論黃，寫仿描朱，從頭至尾，依本畫葫蘆。」也作「**依樣葫蘆**」。淸・鄭板橋《范縣署中寄舍弟墨第三書》：「總是讀書要有特識，依樣葫蘆，無有是處。」

【依樣畫葫蘆——差不離】

比喻相差無幾。例放心吧，我指引你的方向準是依樣畫葫蘆——差不離，你會到達目的地的。也作「**照貓畫虎——差不離**」。

【依依不捨】

依依：留戀。形容捨不得分離。淸・袁枚《隨園詩話》：「賢者多情，每離所官之地，動致留連。韓魏公（琦）離黃州，依依不捨。」也作「**依依難捨**」。例火車馬上就要開了，但這對新婚夫婦仍然有許多話要說，看著他們依依難捨的神情，我不忍心催他上車。

【依依難捨】

見「依依不捨」。

【依依惜別】

依依：依戀。形容十分留戀，不忍分離。唐・司空圖《長命縷》詩：「他鄉處處堪悲事，殘照依依惜別天。此去知名長命縷，殷勤爲我唱花前。」

【依著官法打殺，依著佛法餓殺】

指按官法辦就得挨打，按佛法就得挨餓。比喻怎麼都不行，無路可走。《西遊記》八回：「那怪道：『前程！前程！若依你，教我嗑風』！常言道：『依著官法打殺，依著佛法餓殺。』去也！去也！」

【醫得眼前瘡，剜卻心頭肉】

爲了醫治眼前的瘡傷，挖掉心頭的肉。比喻付出極大的代價，以救一時之急。唐・聶夷中《咏田家》詩：「二月賣新絲，五月粜新谷。醫得眼前瘡，剜卻心頭肉。」

【醫生有割股之心】

割股：切下自己的肉來醫治父母的重病。形容醫生對病人有深厚的同情心。《官場現形記》二三回：「古人說：『醫生有割股之心。』你們這些醫生，恨不得把人家的肉割下來送到你嘴裏方好，眞正好良心！」也作「**醫家有割股之心**」。

【醫時救弊】

比喻匡正時政的誤失。宋・邵伯溫《聞見前錄》卷六：「唐玄宗時，宰相姚元崇直奏十事，可以坐銷患害，立致升平，惟慮至尊未能留意。醫時救弊，無出於斯。」

【醫雜症有方術，治相思無藥餌】

一般雜病有辦法治，但相思病無藥可治。元・王實甫《西廂記》五本三折：「他道是醫雜症有方術，治相思無藥餌。鶯鶯你若是知因我害相思，我甘心兒死，死！」

【醫者父母心】

指醫生對患者有父母般心腸。例這眞是醫者父母心，我們做父母的倒沒有想到這一層，眞是費心了。

【猗頓之富】

猗頓：春秋時魯人。家貧困，後向陶朱公范蠡學得致富之術，經營鹽業和畜牧業，十年發了大財。因其富於猗氏，故名猗頓。後以「猗頓之富」比喩擁有巨額錢財。宋·洪咨夔《楚泮榮登義約序》：「吾儒讀書萬卷，可敵猗頓之富，何至預以行橐不充爲憂！」

【猗歟休哉】

猗歟：嘆美詞；休：美好。多麼美好啊！原爲古代讚頌語。現多含嘲諷意味。魯迅《致錢玄同》：「即此一層，已足令敝人刮目相看，而猗歟休哉，尙在其次也。」

【噫嗚流涕】

噫嗚：悲嘆的樣子；涕：眼淚。悲嘆得流下眼淚。《後漢書·袁安傳》：「安以天子幼弱，外戚擅權，每朝會進見，及與公卿言國家事，未嘗不噫嗚流涕。」

ㄧˊ

【儀靜體閒】

形容儀態嫻靜、文雅。三國魏·曹植《洛神賦》：「瑰姿艷逸，儀靜體閒。」

【儀態萬方】

儀態：容貌，姿態；萬方：多種樣式。多形容女子容貌美麗，風度動人。清·王韜《淞濱瑣話·眞吾煉師》：「忽有一女郎詣祠焚香，翩然而入，儀態萬方，容光四映。」也作「**儀態萬千**」。冰心《寄小讀者·通訊七》：「湖上的明月和落日，湖上的濃陰和微雨，我都見過了，眞是儀態萬千。」

【儀態萬千】

見「儀態萬方」。

【夷然不屑】

夷然：傲慢的樣子；不屑：輕視，不在意。形容滿不在乎，不加理睬的傲慢神情。清·梁紹壬《兩般秋雨庵隨筆·程十然》：「勸之仕，且助之資，夷然不屑也。」

【夷險一節】

夷：平安；節：節操。無論身處險境或順境，始終守節如一。宋·歐陽修《相州晝錦堂記》：「故能出入將相，勤勞王家，而夷險一節。」也作「**夷險一致**」。清·侯方域《復倪玉純書》：「竊念士君子夙夜終譽，必有所以自立而後夷險一致。」

【夷險一致】

見「夷險一節」。

【沂水春風】

沂水：源出山東曲阜縣東南的尼丘，流經曲阜、袞州合於泗水。孔子出生地。指孔學的敎益，師長的薰陶。《兒女英雄傳》三九回：「人生在世，既作了個蓋世英雄，焉得不短如春夢！這位霸王果然能照我家子晳公一般，領略些沂水春風樂趣，自然上下與天地同流了哇！又怎得會短如春夢！」

【詒厥孫謀】

詒：通「貽」，遺留；厥：他的。爲子孫後代謀劃打算。《尚書·五子之歌》：「有典有則，貽厥子孫。」《詩經·大雅·文王有聲》：「詒厥孫謀，以燕翼子。」也作「**貽厥孫謀**」。唐·魏徵《十漸不克終疏》：「臣觀自古帝王受圖定鼎，皆欲傳之萬代，貽厥孫謀。」也作「**詒厥之謀**」。《晉書·愍懷太子傳》：「史臣曰：愍懷挺岐嶷之姿，表夙成之質，武皇鍾愛，既深詒厥之謀；天下歸心，頗有後來之望。」

【詒厥之謀】

見「詒厥孫謀」。

【怡情理性】

怡：怡悅；理：陶冶。怡悅心情，使品性得到陶冶。漢·徐幹《中論·治學》：「學也者，所以疏神達思，怡情理性，聖人之上務也。」也作「**怡情悅性**」。《紅樓夢》一七回：「如今上了年紀，且案牘勞煩，於這怡情悅性的文章更生疏了，便擬出來也不免迂腐。」

【怡情悅性】

見「怡情理性」。

【怡然自得】

怡然：和悅的樣子。形容愉悅自得。《官場現形記》二五回：「劉厚守聽了，怡然自得，坐在椅子上，盡興的把身子亂擺，一聲兒也不響。」也作「**怡然自樂**」。晉·陶潛《桃花源記》：「男女衣著，悉如外人，黃髮垂髫，並怡然自樂」。也作「**怡然自娛**」。元·湯式《一枝花·題雲巢》套曲：「怡然自娛，恬然自足，再不從龍化甘雨。」也作「**怡然自足**」。《西湖佳話·孤山隱跡》：「三十餘年，而從無一日不怡然自足，誠甘心於隱，而非假借也。」

【怡然自樂】

見「怡然自得」。

【怡然自娛】

見「怡然自得」。

【怡然自足】

見「怡然自得」。

【怡神養壽】

見「頤神養性」。

【怡神養性】

見「頤神養性」。

【怡聲下氣】

怡聲：語聲和悅。形容說話態度和悅恭順。北齊·顏之推《顏氏家訓·勉學》：「怡聲下氣，不憚劬勞。」

【怡顏悅色】

怡：和悅；顏色：臉色。形容和順可親的樣子。《西遊記》一六回：「看師父的，要怡顏悅色；養白馬的，要水草調勻。」也作「**和顏悅色**」。

【貽範古今】

貽：遺留；範：榜樣。給世世代代的人留下榜樣。唐・孫揆《靈應傳》：「今則公之教可以精通顯晦，貽範古今。」

【貽害無窮】

貽：遺留。留下的禍患對後世影響深遠。清・紀昀《閱微草堂筆記・如是我聞三》：「《參同契》爐鼎鉛汞，皆是寓言，非言燒煉。方士轉向附會，遂貽害無窮。」也作「**遺患無窮**」。《李自成》一卷一一章：「今夜三更，他們必然要突圍出走。萬一堵截不住，豈非功虧一簣，遺患無窮？」也作「**貽患無窮**」。《閱微草堂筆記・槐西雜志三》：「然事事養癰不治，亦貽患無窮。」

【貽患無窮】

見「貽害無窮」。

【貽厥孫謀】

見「詒厥孫謀」。

【貽厥子孫】

見「詒厥孫謀」。

【貽誚多方】

誚：ㄑㄧㄠˋ，責問。招致各方的責難。宋・蘇舜欽《杜公謝官表》：「塵污近輔，貽誚多方，績效不揚，譏議上徹。」例他不得不為他那篇貽誚多方的講話公開向各界道歉。

【貽人口實】

貽：給；口實：話柄。指行事不謹慎，給人抓住話柄。清・李伯元《南亭筆記》二：「世續知其隱，言於光緒帝，謂慶寬為醇賢親王賞識之人，父功之，子罪之，未免貽人口實。帝悟，置諸不問，慶寬遂免於危。」

【貽誤軍機】

貽誤：耽誤。耽誤了重要的作戰大事。例他因為臨陣猶豫，貽誤軍機，被革職流放。

【貽笑大方】

貽笑：見笑；大方：指行家或見多識廣的人。被學者或行家所譏笑。《鏡花緣》五二回：「去歲路過貴邦，就要登堂求教；但愧知識短淺，誠恐貽笑大方，所以不敢冒昧進謁。」

【貽笑千古】

見「貽笑萬世」。

【貽笑千秋】

見「貽笑萬世」。

【貽笑千載】

見「貽笑萬世」。

【貽笑萬世】

貽笑：被人譏笑。為千秋萬代的人所譏笑。宋・劉敞《論溫成立忌》：「何況宗廟大禮，至尊至重，豈可以一時之寵，猶決聖心，義有僭失，貽笑萬世，虧損盛明，悔不可追。」也作「**貽笑千古**」。明・餘繼登《典故紀聞》卷四：「後世以諂諛相歡，如陳後主、江總持，污穢簡策，貽笑千古，此誠可為戒。」也作「**貽笑千載**」。《晉書逸・戴逵傳》：「外眩囂華，內喪道實，以矜尚奪其眞主，以塵垢翳其天正，貽笑千載，可不慎歟！」也作「**貽笑千秋**」。《隋唐演義》四七回：「到底甘盡苦來，一身不保，落得貽笑千秋。」

【貽燕之訓】

燕：同「宴」，安閒。留給後代的謀求安樂的話。唐・白居易《許昌縣令新廳壁記》：「嗚呼吾家世以清簡，垂為貽燕之訓。」

【宜嗔宜喜】

宜：合適；嗔：ㄔㄣ，生氣，發怒。形容女子不論喜怒都很美。元・王實甫《西廂記》一本一折：「呀，誰想著寺裏遇神仙！我見他宜嗔宜喜春風面，偏宜貼翠花鈿。」也作「**宜喜宜嗔**」。清・梁紹壬《兩般秋雨庵隨筆・京師梨園》：「其間粉墨登場，丹青變色……選聲選色，取貌取神，宜喜宜嗔，可歌可泣。」

【宜家宜室】

見「宜室宜家」。

【宜室宜家】

宜：和順。《詩經・周南・桃夭》：「之子于歸，宜其室家。」指夫妻恩愛，家庭和睦。舊時常用以賀人結婚。明・湯顯祖《牡丹亭・閨塾》：「論『六經』，《詩經》最葩，閨門內許多風雅……有風有化，宜室宜家。」也作「**宜家宜室**」。清・秋瑾《精衛石》五：「此生若是結婚姻，自由自主不因親……平日間相親相愛多尊重，自然是宜家宜室兩無嗔。」

【宜未雨而綢繆，毋臨渴而掘井】

綢繆：用繩索纏捆，引申為修補。應在下雨前就把要漏雨的地方修補好，不要到了口渴的時候才去挖井。比喻凡事要預先做好準備，以免事到臨頭措手不及，陷於被動的境地。清・朱柏廬《治家格言》：「宜未雨而綢繆，毋臨渴而掘井。凡事當留餘地，得意不宜再往。」

【宜喜宜嗔】

見「宜嗔宜喜」。

【宜早不宜遲】

儘快爭取時間。例大家快幹吧，宜早不宜遲，趁著熱勁兒，快努力工作呀！也作「**趕早不趕遲**」。例這事，說去就去，趕早不趕遲哩！

【移步換形】

隨腳步移動，景物或身體姿勢也有所變動。多指事物隨時有所變動。宋・李侗《答問下》：「以為春秋一事，各是發明一例，如看風水，移步換形。」

【移船就岸】

將船靠岸。比喻主動湊上去做成某事。《紅樓夢》九一回：「那薛蝌若有悔心，自然移船就岸，不愁不先到手。」

【移東補西】

挪用這部分的錢、物去彌補那部分的欠缺。形容臨時應付。宋・朱熹《乞蠲減漳州上供經總制額等錢狀》：

「向來州郡費出有經縣道，亦有寬餘可以椿辦，以故移東補西，未覺敗缺。」也作「**移東就西**」。唐・陸贄《論裴延齡奸蠹書》：「[延齡]由是蹂躪官屬，傾倒貨財，移東就西，便為課績，取此適彼，遂號羨餘，愚弄朝廷，有同兒戲。」

【移東換西】
比喻做事或生活不踏實，不安定。宋・朱熹《答呂子約》：「若方討得一個頭緒，不曾做得半月十日，又卻計較，以為未有效驗，遂欲別作調度，則恐一生只得如此移東換西，終是不成家計也。」

【移東就西】
見「移東補西」。

【移東籬，掩西障】
拆東牆補西牆的意思。比喻捉襟見肘，臨時湊合。例自打他爹死後，家景漸漸衰敗下來，日子越過越緊。只能移東籬，掩西障，他娘常常是長吁短嘆的。也作「**移東掩西**」。清・無名氏《定情人》五折：「我是個老實人，有一句便說一句，從來不曉得將沒作有，移東掩西，哄騙別人。」

【移東掩西】
見「移東籬，掩西障」。

【移風易俗】
易：更改。改變舊日的風氣和習俗。《史記・李斯列傳》：「孝公用商鞅之法，移風易俗，民以殷盛。」也作「**易俗移風**」。宋・范仲淹《鑄劍戟為農器賦》：「易俗移風，敦天下之大本者也。」

【移宮換羽】
宮、羽：古代五聲音階的兩個音。指變換樂調。宋・周邦彥《意難忘・美咏》詞：「知音見說無雙，解移宮換羽，未怕周郎。」也比喻事物起了變化。元・柯丹丘《荊釵記・團圓》：「移宮換羽雖非巧，仿古依今教爾曹，奉勸諸君行孝道。」也作「**羽換宮移**」。清・袁枚《與胡書巢妹丈》：「僕如天寶梨園，退閒已久，一切驍壺伴侶，都已羽換宮移。」也作「**宮移羽換**」。清・梁紹壬《琴娘》：「漂流卻向明湖側，憑匆匆，宮移羽換，珠狠翠藉。」

【移花接木】
一種帶花的枝條嫁接在另一種樹木上。比喻暗施手段，更換人或事物。《初刻拍案驚奇》卷三五：「豈知暗地移花接木，已自雙手把人家交還他。」

【移山填海】
移走高山，填平大海。比喻神仙法力廣大。明・無名氏《八仙過海》二折：「俺衆仙各施神通，移山填海，水盡枯乾，教你無處潛藏。」現多比喻人類戰勝困難，改造自然的壯舉。也比喻決心極大。梁啟超《保教非所以尊孔論》：「故不復權利害，不復揣力量，而欲出移山填海之精神以保之。」也作「**移山倒海**」。《封神演義》三六回：「善能移山倒海，慣能撒豆成兵。」也作「**倒海移山**」。

【移天換日】
見「移天易日」。

【移天徙日】
見「移天易日」。

【移天易日】
易：更換。比喻竊弄國家權力，欺上瞞下。《晉書・齊王冏傳》：「趙庶人聽任孫秀，移天易日。」也作「**移天徙日**」。《北史・東平王匡傳》：「雖未指鹿化馬，移天徙日，實使蘊藉之士，聳氣坐端；懷道之夫，結舌筵次。」也作「**移天換日**」。《孽海花》二一回：「而近來賄賂彰聞，苞苴不絕，裏頭呢，親近弄臣，移天換日；外頭呢，少年王公，顛波作浪，不曉得要鬧成什麼世界哩！」

【移孝為忠】
將敬孝父母之心轉為對國家、君主的效忠。唐・張說《鄭國夫人神道碑奉敕撰》：「傳云：『去食存信，信而有證。』經云：『移孝為忠，孝則不匱。』」也作「**移孝作忠**」。例移孝作忠是忠臣義士在國家危難之秋應盡的職責。

【移星換斗】
可使星斗位置移換。比喻手段高超。宋・釋惟白《續傳燈錄》卷三二：「設使用移星換斗地手段，施攙旗奪鼓底機關。」

【移有足無】
將有餘補不足。宋・蘇舜欽《諮目・三》：「平準其價，移有足無，然後天下之務舉矣。」

【移樽就教】
樽：ㄗㄨㄣ，酒杯；就教：親自請教。端著酒杯到別人面前，以便請教。比喻主動向別人求教。例他曾多次移樽就教，和他商量下一步的工作。

【遺編絕簡】
編：古時用來串聯竹簡的繩子，泛指書；簡：竹簡。古人留下的文字、簡策。唐・懷素《自敍》：「西遊上國，謁見當代名公，錯綜其事，遺編絕簡，往往遇之。」

【遺臭千年】
見「遺臭萬載」。

【遺臭萬代】
見「遺臭萬載」。

【遺臭萬年】
見「遺臭萬載」。

【遺臭萬載】
載：年。死後惡名流傳，為後人唾罵。南朝宋・劉義慶《世說新語・尤悔》：「[桓溫]既而屈起坐曰：『既不能流芳後世，亦不足復遺臭萬載耶！』」也作「**遺臭萬代**」。唐・權德輿《後漢賊臣董卓廟議》：「母妻屠戮，種族無留，懸首燃臍，遺臭萬代。」也作「**遺臭萬年**」。例漢奸賣國求榮，遺臭萬年，永遠為人民所痛恨。也作「**遺臭千年**」。明・邵璨《香囊記・强婚》：「李氏斷臂，清風滿耳如生；文君夜奔，遺臭千年未泯。」

【遺大投艱】

投：給予。賦予重大艱難的任務。《尚書・大誥》：「予造天役，遺大投艱，於朕身。」清・王夫之《宋論・度宗》：「且夫拔起而登天位，遺大投艱於眇躬，亦甚難矣。」

【遺芳餘烈】

見「遺風餘烈」。

【遺風遺澤】

澤：雨露，引伸爲恩澤。前輩留下的風尚和恩澤。宋・蘇軾《母聶氏溫國太夫人外制》：「某官某故母聶氏……慈和嚴翼以成其子，使朕得名世之士；以濟艱難，其遺風遺澤蓋有存者。」

【遺風餘烈】

遺風：前代留傳下來的風尚；烈：事業，功績。先輩留下的風尚與功業。《漢書・禮樂志》二二：「夫樂本情性，浹肌膚而臧骨髓，雖經乎千載，其遺風餘烈尚猶不絕。」也作「遺芳餘烈」。三國魏・曹植《黃初六年下國中令》：「遺芳餘烈，奮乎百世。」也作「遺風餘韻」。例初唐的詩歌中，還存在著齊梁的遺風餘韻。也作「遺風餘思」。宋・曾鞏《墨池記》：「夫人之有一能，而使後人尚之如此，況仁人莊士之遺風餘思，被於來世者，如何哉。」

【遺風餘思】

見「遺風餘烈」。

【遺風餘韻】

見「遺風餘烈」。

【遺恨千古】

心中的怨恨、遺憾永遠存在。清・徐瑤《太恨生傳》：「且生與女相愛憐若此，而卒不相遇，眞堪遺恨千古。」

【遺患無窮】

見「貽害無窮」。

【遺老遺少】

遺老：前朝舊臣；遺少：留戀前朝，思想保守的年輕人。後多指思想陳腐、守舊的人。魯迅《無常》：「在正面，就是遺老遺少們所戴瓜皮小帽的綴一粒珠子或一塊寶石的地方，直寫著四個字道：『一見有喜。』」

【遺世獨立】

超脫世俗，獨立於人世俗務之外。宋・蘇軾《赤壁賦》：「浩浩乎如馮虛禦風而不知其所止；飄飄乎如遺世獨立羽化而登仙。」也形容超羣而不同凡俗。清・湯漱玉《玉臺畫史・無名氏女子》：「吳門家太僕，示餘以《望遠圖》，乃十四歲女子所作，霧鬢雲鬟，薄施水墨，眞遺世獨立矣。」也作「遺世絕俗」。朱自清《白采》：「他賦性既這樣遺世絕俗，自然是落落寡合了。」

【遺世絕俗】

見「遺世獨立」。

【遺文軼事】

前人留下而又未收入作者文集的詩文和未經正史記載而又流傳在外的事蹟。宋・朱熹《監潭州南岳廟劉君墓志銘》：「搜集先世遺文軼事，纖悉無遺。」也作「遺聞軼事」。張偉《〈履園叢話〉點校說明》：「且內容多關文人學者的學行、經歷、交遊和遺聞軼事，客觀上爲我們保留了不少人物傳記資料。」也作「逸聞軼事」。例歷代筆記記錄了不少名人的逸聞軼事，是我們研究歷史的寶貴資料。

【遺聞軼事】

見「遺文軼事」。

【遺訓可秉】

秉：掌握。前人留下的訓示後人要遵循。南朝梁・沈約《郊居賦》：「雖混成以無跡，實遺訓之可秉。」

【遺簪墮珥】

簪：簪子；珥：ㄦˇ，耳環。簪子和耳環都掉在地上。形容婦女在遊樂場縱情歡樂的情景。唐・虞世南《門有車馬客》詩：「危弦促柱奏巴渝，遺簪墮珥解羅襦。」也作「墮珥遺簪」。

【遺簪墮屨】

見「遺簪墜屨」。

【遺簪墮履】

見「遺簪墜屨」。

【遺簪墜屨】

簪：簪子；屨：鞋。漢・韓嬰《韓詩外傳》卷九：「孔子出遊少原之野，有婦人中澤而哭，其音甚哀，孔子使弟子問焉，曰：『夫人何哭之哀？』婦人曰：『鄉者刈蓍薪，亡吾蓍簪，吾是以哀也。』弟子曰：『刈蓍薪而亡蓍簪，有何悲焉？』婦人曰：『非傷亡簪也，蓋不亡故也。』」漢・賈誼《新書・諭誠》：「楚軍敗。昭王走，屨決，眦而行，失之，行三十步，復旋取屨。及至於隋，左右問曰：『王何惜一踦屨乎？』昭王曰：『楚國雖貧，豈愛一踦屨哉？思與偕反也。』」後合兩事指不忘故舊之情。《北史・韋敻傳》：「昔人不棄遺簪墜屨者，惡與之同出，不與同歸。吾雖不逮前烈，然捨舊錄新，亦非吾志也。」也作「遺簪墮屨」。唐・張說《讓右丞相第二表》：「臣幸沐遺簪墮屨之恩，好生養志之德」。也作「遺簪墮履」。唐・羅隱《得宣州竇尚書書，因投寄二首（其二）》詩：「遺簪墮履應留念，門客如今只下僚。」

【遺珠棄璧】

珠、璧：珍珠，玉器。這裏指美好的作品。比喻失散後僅存的好作品。宋・陸游《曾裘父詩集序》：「然裘父得意可傳之作，蓋不止此，遺珠棄璧，識者興嘆。」

【頤精養神】

見「頤神養性」。

【頤神養氣】

見「頤神養性」。

【頤神養壽】

見「頤神養性」。

【頤神養性】

頤：保養。保養精神和元氣。唐・岑文本《諫太宗勤政改過書》：「頤神養性，省畋遊之娛；去奢從儉，減工役之費。」也作「**頤神養壽**」。《晉書・嵇康傳》：「采薇山阿，散發岩岫，永嘯長吟，頤神養壽。」也作「**頤養神性**」。《北史・崔光傳》：「取樂琴書，頤養神性。」也作「**頤性養壽**」。晉・嵇康《幽憤詩》：「永嘯長吟，頤性養壽。」也作「**怡神養性**」。明・歸有光《上王中丞書》：「所以終日閉門，怡神養性。」也作「**怡神養壽**」。《太平廣記》卷二七一引《紀聞・牛應貞》：「水解凍而繞軒，風扇和而入牖，固可蠲憂釋疾，怡神養壽。」也作「**頤神養氣**」。金・馬鈺《滿庭芳・贈爨公》：「蓬頭垢面，秘奧埋名，頤神養氣忘形。」

【頤性養壽】

見「頤神養性」。

【頤養精神】

保養元氣，使精力旺盛。《後漢書・馬融傳》：「夫樂而不荒，憂而不困，先王所以平和府藏，頤養精神，致之無疆。」也作「**頤精養神**」。《晉書・鄭沖傳》：「公宜頤精養神，保衛太和，以究遐福。」

【頤養神性】

見「頤神養性」。

【頤指進退】

見「頤指氣使」。

【頤指氣使】

頤指：用面部表情示意，來指使人；氣使：用表情指使人。形容權勢人物的驕橫傲慢態度。《舊五代史・李振傳》：「唐自昭宗遷都之後，王室微弱，朝廷班行，備員而已。振皆頤指氣使，旁若無人。」也作「**頤指進退**」。《舊唐書・郭子儀傳》：「麾下老將若李懷光輩數十人，皆王侯重貴，子儀頤指進退，如僕隸焉。」也作「**頤指如意**」。《漢書・賈誼傳》：「今陛下力制天下，頤指如意。」

【頤指如意】

見「頤指氣使」。

【疑貳之見】

疑貳：疑惑不定。指三心二意，猶豫不決。《三國演義》四三回：「孔明又曰：『將軍外託服從之名，內懷疑貳之見，事急而不斷，禍至無日矣。』」

【疑鬼疑神】

見「疑神疑鬼」。

【疑今察古】

察：考察。對現實有所懷疑，可通過研究歷史來求得解決。《管子・形勢》：「疑今者，察之古。」

【疑難雜症】

各種難以診治的病症。比喻難以理解或解決的問題。魯迅《二心集・風馬牛》：「然而那下面的一個名詞，卻不寫尚可，一寫倒成了疑難雜症。」

【疑人勿使，使人勿疑】

懷疑某人就不要用他，使用某人就不要懷疑他。指用人要給予充分信任。例使用幹部應本著疑人勿使，使人勿疑的原則。也作「**疑則勿用，用則勿疑**」。宋・陳亮《論開誠之道》：「臣願陛下虛懷易慮，開心見誠，疑則勿用，用則勿疑。」也作「**用人不疑，疑人不用**」。例你不要今天猜忌這個，明天懷疑那個，用人不疑，疑人不用。

【疑人疑鬼】

見「疑神疑鬼」。

【疑神見鬼】

見「疑神疑鬼」。

【疑神疑鬼】

一會兒懷疑是神，一會兒懷疑是鬼。形容疑慮重重，心神不安。例他對別人總是疑神疑鬼，神經過敏。也作「**疑鬼疑神**」。清・錢泳《履園叢話・考索・海市蜃樓》：「此二君者，皆聰明絕世之人，胡乃爲此捕風捉影疑鬼疑神之事耶？」也作「**疑人疑鬼**」。《紅樓夢》一〇二回：「無奈各房的人都是疑人疑鬼的不安靜，也添了人坐更，於是更加了好些食用。」也作「**疑神見鬼**」。茅盾《霜葉紅似二月花》六：「少見多怪，一點點眉毛大的事兒，就疑神見鬼似的。」

【疑事無功，疑行無名】

疑：懷疑，猶豫。做事猶豫不決就不會有功效，行動猶豫不決就不會有成就。《戰國策・趙策二》：「臣聞之，疑事無功，疑行無名。」也作「**疑行無名，疑事無功**」。《史記・商君列傳》：「衛鞅曰：『疑行無名，疑事無功。』」也作「**疑行無成，疑事無功**」。《商君書・更法》：「臣聞之：疑行無成，疑事無功。君亟定變法之慮，殆無顧天下之議之也。」

【疑似之間】

疑似：又像又不像。心存懷疑，不好確定。唐・陸贄《論敍遷幸之由狀》：「斷速則寡怨於人，而疑似之間不容辯也。」

【疑心生暗鬼】

形容心存疑懼，胡亂猜疑。例你總覺得別人在背後說你，其實別人根本就沒議論你，你這叫疑心生暗鬼。也作「**疑心生鬼**」。

【疑心生鬼】

見「疑心生暗鬼」。

【疑信參半】

參半：各占一半。半信半疑。例大家對他的話疑信參半。

【疑行無成，疑事無功】

見「疑事無功，疑行無名」。

【疑行無名，疑事無功】

見「疑事無功，疑行無名」。

【疑雲滿腹】

疑雲：猶疑團。心中滿是疑團。例對於他的解釋，還是讓我覺得疑雲滿腹，有許多解不開的答案。

【疑則勿用，用則勿疑】

見「疑人勿使，使人勿疑」。

【彝倫攸斁】

彝倫：倫理道德；攸：ㄧㄡ，語助詞，無義；斁：ㄉㄨˋ，敗壞。倫常敗壞。《尚書・洪範》：「帝乃震怒，不畀洪範九疇，彝倫攸斁。」《後漢書・袁紹傳》：「天降災害，禍難殷流，初交殊族，卒成同盟，使王室震蕩，彝倫攸斁。」

ㄧˇ

【已槁之木，逢春不發；既寒之灰，點火不燃】

槁：乾枯。比喻心灰意冷的人，失去活力。例如同古人說的，已槁之木，逢春不發；既寒之灰，點火不燃，接二連三的打擊，使他未老先衰，萎靡、頹唐，一點也振作不起來了。

【以白爲黑】

把白的說成黑的。比喻歪曲事實，顛倒是非。《三國志・魏書・武帝紀》：「昔直不疑無兄，世人謂之盜嫂；第五伯魚三娶孤女，謂之撾婦翁……此皆以白爲黑，欺天罔君者也」。

【以暴易暴】

易：替換。用殘暴代替殘暴。指統治者雖然換了，但殘暴的統治方式沒有變。《史記・伯夷列傳》：「登彼西山兮，采其薇矣。以暴易暴兮，不知其非矣。」章炳麟《致段祺瑞書》：「北都政變，以暴易暴者數矣。」

【以暴易亂】

用暴政來取代戰亂。即以一種暴力來替換另一種暴力。《文選・范曄〈宦者傳論〉》：「雖袁紹龔行，芟夷無餘，然以暴易亂，亦云何及」。

【以備不虞】

見「以備萬一」。

【以備萬一】

萬一：萬分之一。事先做好周密防備。張恨水《八十一夢・第八夢》：「大時代來了，我們必定練習到腳能跑、手能作、肩能扛，以備萬一。」也作「以備不虞」。清・錢泳《履園叢話・水學・浚池》：「旱年蓄水以資灌溉，水年藏水以備不虞。」

【以冰致蠅】

致：招引。用冰引誘蒼蠅。比喻方法不對，事情不會成功。《呂氏春秋・功名》：「以狸致鼠，以冰致蠅，雖工不能。」

【以博一粲】

博：獲取；粲：ㄘㄢˋ，露齒而笑。設法讓人一笑。有時作自謙辭。魯迅《致楊霽雲》：「上月印《故事新編》一本，遊戲之作居多，已託書店寄上一本，以博一粲。」

【以不變應萬變】

指胸有成竹，沈著應付各種變化。例一時謠言四起，說敵人又要打進來了，有藏匿財物的，有投親靠友的，人心惶惶。只有他以不變應萬變，紋絲不動。

【以不貪爲寶】

把不貪心當做寶物。謂人應清廉，不可貪圖便宜。《左傳・襄公十五年》：「十五年，宋人或得玉，獻諸子罕，子罕不受。獻玉者曰：『以示玉人，玉人以爲寶也，故敢獻之。』罕曰：『我以不貪爲寶，爾以玉爲寶，若以與我，皆喪寶也。』」

【以財爲草，以身爲寶】

以立身而不以財富爲重。例有個健康的身體比什麼都好，錢財乃是身外之物。連古人都說以財爲草，以身爲寶。

【以詞害意】

以：因爲；詞：文詞。只注意文字的雕琢而損害了內容的表達。《紅樓夢》四八回：「若意趣眞了，連詞句不用修飾，自是好的，這叫做不以詞害意。」

【以此類推】

根據這個事物推測與之同類的其他事物。《官場現形記》三五回：「別的東西，以此類推，也可想而知了。」

【以德報德】

用恩惠報答恩惠。《禮記・表記》：「以德報德，則民有所勸。」《論語・憲問》：「何以報德？以直報怨，以德報德。」

【以德報怨】

將恩德對待和自己有怨恨的人。《論語・憲問》：「或曰：『以德報怨，何如？』子曰：『何以報德？以直報怨，以德報德。』」例人家以德報怨，咱們不能以怨報德。

【以德服人】

用自己的道德品行使人信服。《孟子・公孫丑上》：「以德服人者，中心悅而誠服也。」

【以毒攻毒】

用毒藥治療毒症。比喻用不良事物來對付不良事物。也比喻用對方使用的手段去制服對方，或用惡人來對付惡人。清・王夫之《讀通鑑論・唐宣宗・七》：「捨外廷而以宦官治宦官，程元振嘗誅李輔國矣……是以毒攻毒之說，前毒去而後毒更烈也。」也作「以毒攻毒，以火攻火」。《紅樓夢》四二回：「鳳姐兒道：『正是生日的日子不好呢，可巧是七月初七日。』劉姥姥忙笑道：這個正好，就叫他是巧哥兒。這叫作『以毒攻毒，以火攻火』的法子。』」

【以毒攻毒，以火攻火】

見「以毒攻毒」。

【以碫投卵】

碫：ㄉㄨㄢˋ，磨刀石。用磨刀石砸蛋。比喻以強擊弱，必勝無疑。《孫子・勢》：「兵之所加，如以碫投卵者，虛實是也。」也作「以石投卵」。《晉書・溫嶠傳》：「今之進討，若以石投卵耳。」

【以訛傳訛】

訛：錯誤。將原本不正確的東西傳開，結果越傳越錯。魯迅《太平歌訣》：「市民以訛傳訛，自相驚擾。」

【以耳代目】

見「以耳爲目」。

【以耳爲目】

把耳朵當眼睛。比喻不親自調查只把聽到的當作親眼所見並深信不疑。

《兒女英雄傳》一七回：「我那老東人以耳為目，便輕信了這話。」也作「以耳代目」。例我們對於一件事情要親自調查了解之後才能作出結論，絕對不能以耳為目就妄下斷語。

【以法為教】
用法令作為教育人們的內容。《韓非子・五蠹》：「故明主之國，無書簡之文，以法為教。」

【以防未然】
未然：沒有成為事實。借以防止某種事情的發生。《三國志・蜀書・姜維傳》：「六年，維表後主，聞鍾會治兵關中，欲規進取，宜並遣張翼、廖化督諸軍分護陽安關口、陰平橋頭，以防未然。」

【以附驥尾】
驥：千里馬。比喻依附他人而成名。常用作自謙辭。《史記・伯夷列傳》：「顏淵雖篤學，附驥尾而行益顯。」司馬貞索隱：「蒼蠅附驥尾而致千里，以喻顏回因孔子而名彰。」《儒林外史》二八回：「諸葛天申道：『這選事，小弟自己也略知一二，因到大邦，必要請一位大名下的先生，以附驥尾。』」

【以戈舂黍】
戈：一種兵器；舂：用杵搗去穀殼；黍：泛指穀物。比喻方式不當，徒勞無功。《荀子・勸學》：「不道禮憲，以《詩》、《書》為之，譬之猶以指測河也，以戈舂黍也，以錐飡壺也，不可以得之矣。」

【以功補過】
用功勞成績來彌補過失。《晉書・王敦傳》：「以導之才，何能無失！當令任不過分，役其所長，以功補過，要之將來。」也作「以功覆過」。《三國志・吳書・朱據傳》：「據以為天下未定，宜以功覆過，棄瑕取用，舉清厲濁，足以沮功，若一時貶黜，懼有後咎。」也作「以功贖罪」。《三國志・吳書・凌統傳》：「[孫]權壯其果毅，使得以功贖罪。」

【以功覆過】
見「以功補過」。

【以功贖罪】
見「以功補過」。

【以攻為守】
以主動出擊作為積極防守的手段。宋・陳亮《酌古論一・先主》：「吾且又聞之，用兵之道，有攻法，有守法，此兵之常也；以攻為守，以守為攻，此兵之變也。」

【以古方今】
方：比擬。用古代的人事與今天的人事相比。宋・洪邁《古人無忌諱》：「聖賢所行，因為盡禮，季孫宿亦能如是。以古方今，相去何直千萬也。」

【以古非今】
非：非難，否定。用古代的人與事來責難否定今日的現實。《史記・秦始皇本紀》：「有敢偶語《詩》、《書》者，棄市；以古非今者，族。」

【以古為鑑】
鑑：鑑戒。將古人的興亡成敗作為鑑戒。《舊唐書・魏徵傳》：「以古為鑑，可以知興替。」

【以古為鏡，可以知興替】
鏡：指借鑑。以歷史為借鑑，可以知道盛衰興替的原因和道理。謂應重視歷史經驗的學習。唐・吳兢《貞觀政要・任賢》：以銅為鏡，可以正衣冠；以古為鏡，可以知興替；以人為鏡，可以明得失。」

【以寡敵眾】
用少數人抵擋眾多的人。《金史・吾扎忽傳》：「吾扎忽性聰敏，有才智，善用軍，常出敵之不意，故能以寡敵眾。」

【以觀後效】
對於犯錯誤的人予以寬恕處理，以觀察其是否有改過的表現。《官場現形記》四八回：「畢竟蔣中丞人尚忠厚，因見兩司代為求情，亦就答應暫時留差，以觀後效。」

【以管窺天】
管：竹管；窺：從小孔觀看。從竹管的小孔看天空。比喻所見極片面狹隘。漢・韓嬰《韓詩外傳》卷一〇：「苟如子之方，譬如以管窺天，以錐刺地，所窺者大，所見者小，所刺者巨，所中者少。」也作「用管窺天」。《莊子・秋水》：「是直用管窺天，用錐指地也，不亦小乎？」

【以規為瑱】
規：規勸；瑱：ㄊㄧㄢˋ，古人冠冕兩側用以塞耳之玉。把別人的規勸當作塞耳之玉。比喻不聽或不重視別人的勸告。《國語・楚語上》：「[楚靈]王病之，曰：『子復語，不穀雖不能用，吾憖寘之于耳。』[白公子張]對曰：『賴君用之也，故言。不然，巴浦之犀犛兕象，其可盡乎！其又以規為瑱也』」。

【以狐白補犬羊，身塗其炭】
把狐皮弄髒弄黑了去補狗皮羊皮。指君子不必降低自己的身份去與小人計較。漢・劉向《說苑・貴德》：「凡鬥者皆自以為是，而以他人為非。己誠是也，人誠非也，則是己君子而彼小人也。夫以君子而與小人相賊害，是人之所謂以狐白補犬羊，身塗其炭，豈不過甚矣哉！」

【以火救火，以水救水】
用火來救火災，用水去救水災。比喻解決問題的方法不當或不加制止，反而使事態更趨惡化。《莊子・人間世》：「是以火救火，以水救水，名之曰益多。」

【以己度人】
度：ㄉㄨㄛˋ，揣測。憑自己的情況或想法去衡量或猜測別人。《三國志・魏書・鍾毓傳》：「毓以為『夫論事料敵，當以己度人』」。

【以己之心，度人之心】
指將心比心。《醒世恆言》卷九：「以己之心，度人之心。我自家晦氣，兒子生了這惡疾，眼見得不能痊可，卻教人家把花枝般女兒伴這癩子做夫妻，眞是罪過。」

【以簡御繁】

御：治理，管理。以簡單易行的辦法管理紛繁複雜的事物。南朝梁・沈約等《宋書・江秉之傳》：「秉之以簡御繁，常得無事。」也作「以簡馭繁」。

【以劍補履】

用劍來補鞋。比喻方法不當，無法成功。唐・李觀《上陸相公書》：「誠用之未當，令驥捕鼠，則何由得也；以劍補履，則無由克也。」

【以訐爲直】

訐：攻擊或揭發別人的短處和隱私。用揭發別人的短處來表明自己的正直。清・紀昀《閱微草堂筆記・姑妄聽之二》：「然則以訐爲直，固非忠厚之道。」

【以解倒懸】

解：解救；倒懸：頭朝下懸掛著，比喻困苦。解除人民的痛苦。《孟子・公孫丑》：「民之悅之，猶解倒懸也。」例老百姓都盼著賑災早一點來，以解倒懸。

【以介眉壽】

介：祈求；眉壽：長壽。古時以長眉爲壽者相。祈求人長壽之意。《詩經・豳風・七月》：「八月剝棗，十月獲稻。爲此春酒，以介眉壽。」

【以近知遠，以一知萬，以微知明】

從近處可以了解遠處，從少可以了解多，從微小處可以了解顯著處。謂人們可以從事物微小、表面的現象，推知各種事物及其道理。《荀子・非相》：「欲觀千歲，則數今日；欲知億萬，則審一二……故曰：『以近知遠，以一知萬，以微知明。』」

【以儆效尤】

儆：ㄐㄧㄥˇ，告誡；尤：過失。通過嚴肅處理某一壞人或壞事來警告那些學做壞事的人。《歧路燈》九三回：「自宜按律究辦，以儆效尤。」

【以絕後患】

藉以杜絕今後的禍患。例對這個病，你可千萬別掉以輕心，一定要徹底治好，以絕後患。

【以寬服民】

寬：寬厚；服：服從，信服。寬厚待人，使百姓順服。《左傳・昭公二十年》：「唯有德者能以寬服民，其次莫如猛。」

【以狼牧羊，何能久長】

用狼放牧羊羣，羊會很快被吃光。比喻任用惡人，必遭禍殃。《遼史・蕭岩壽傳》：「岩壽雖竄逐，恒以社稷爲憂。時人爲之語曰：『以狼牧羊，何能久長！』」

【以淚洗面】

用淚水洗臉。形容終日悲愁萬分，淚流不斷。清・張泓《滇南憶舊錄・轉生異》：「舅氏婉勸之，復曉以生身大義，[姐]始登舟回，然無日不以淚洗面也。」

【以類相從】

將同類事物歸在一起。《荀子・正論》：「凡爵列官職賞慶刑罰，皆報也，以類相從者也。」

【以蠡測海】

蠡：水瓢。用瓢來量海水。比喻見識淺薄。三國魏・曹操《與王修書》：「孤之精誠，足以達君；君之察孤，足以不疑。但恐旁人淺見，以蠡測海，爲蛇畫足，將言前後百選，輒不用之，而使此君沈滯冶官。」

【以狸餌鼠】

狸：貓；餌：引誘。用貓來誘捕老鼠。比喻方式不當，無濟於事。《商君書・農戰》：「我不以貨事上而求遷者，則如以狸餌鼠爾，必不冀矣。」也作「以狸致鼠」。《呂氏春秋・功名》：「以狸致鼠，以冰致蠅，雖工不能。」

【以狸致鼠】

見「以狸餌鼠」。

【以禮相待】

用禮貌來對待。《三俠五義》七三回：「他既是讀書之人，需要以禮相待。」

【以理服人】

用道理使人信服。例凡事要以理服人，不可以力服人。這樣才能讓大家團結起來。

【以力服人】

用武力或强制手段使人服從。與「以理服人」相對。《孟子・公孫丑上》：「以力服人者，非心服也，力不贍也。」

【以利累形】

爲了謀取某種利益而不顧損害自己的名譽和形象。《呂氏春秋・審爲》：「雖貧賤，不以利累形。」

【以利相交者，利盡而疏】

憑利害關係相交的朋友，關係不會長遠。《今古奇觀》卷五：「古人云：『以利相交者，利盡而疏。』那杜十娘與李公子眞情相好，見他手頭愈短，心頭愈熱。媽媽也幾遍叫女兒打發李甲出院，見女兒不統口，又幾遍將言語觸突李公子。」

【以鄰爲壑】

壑：山溝，大水坑。把鄰國作爲排洩洪水的溝壑。比喻把危機轉嫁到別人身上。《孟子・告子下》：「禹之治水，水之道也，是故禹以四海爲壑。今吾子以鄰國爲壑。」清・黃遵憲《乙丑十一月避亂大埔三河虛》詩：「諸公竟以鄰爲壑，一夜喧呼賊渡河。」

【以卵擊石】

見「以卵投石」。

【以卵投石】

用雞蛋碰石頭。比喻力量懸殊或不自量力，自取滅亡。唐・李德裕《處置所弁敕》：「遽忘臣節，仍助凶威，撫弦登陴，曾不興嘆，以卵投石，自取滅亡。」也作「以卵擊石」。《三國演義》四三回：「劉豫州不識天時，強欲與爭，正如以卵擊石，安得不敗乎？」

【以呂易嬴】

《史記·呂不韋傳》載：秦始皇姓嬴名政，其父子楚年輕時質於趙。一次在富商呂不韋家飲宴，見到呂的一個已懷孕的美妾，子楚很喜歡，就要來立爲夫人。後生一子，即始皇。而實際上秦始皇是呂不韋之子，應姓呂。後以「以呂易嬴」指異姓亂宗。清·袁枚《寄慶樹齋少宰》：「若欲以呂易嬴，則吾豈敢！」

【以貌取人】

根據人的外貌來判斷人的品行能力。例以貌取人是選拔人才之大忌。也作「以容取人」。《韓非子·顯學》：「故孔子曰：『以容取人乎，失之子羽；以言取人，失之宰予。』」

【以名取士】

名：名聲。根據名聲來選取人才。《孔叢子·抗志》：「君將以名取士邪？」

【以沫相濡】

沫：唾沫；濡：濕潤。《莊子·大宗師》：「泉涸，魚相與處於陸，相呴以濕，相濡以沫，不如相忘於江湖。」原指魚離開水，互相吐沫沾濕，以求得生存。後比喻在困境中的人以微薄之力相互救助。魯迅《題〈芥子園畫譜〉三集贈廣平》：「十年攜手共艱危，以沫相濡亦可哀。」

【以能問於不能，以多問於寡】

自己有才能卻向沒有才能的人請教，自己知識多卻向知識少的人請教。謂虛心向別人求教。《論語·泰伯》：「曾子曰：『以能問於不能，以多問於寡；有若無，實若虛；犯而不校。昔者吾友嘗從事於斯矣。』」

【以溺自照】

溺：尿。同俗語「撒泡尿自己照照」。讓別人自我檢查一下，看看是否夠格。含諷刺意。宋·程顥、程頤《大全集拾遺》：「王隨亦有德行，仁宗嘗稱王隨德行，李淑文章。至作相，蕭端公欲得作三路運使，及退，隨語堂中人曰：『何不以溺自照面，看做得三路運使無？』」

【以偏概全】

概：片面。以片面去掩蓋全體。例看人要看主流，切忌以偏概全。

【以其昏昏，使人昭昭】

昏昏：糊塗；昭：明白。憑自己糊塗的頭腦，卻要使別人明白事理。《孟子·盡心上》：「賢者以其昭昭，使人昭昭；今以其昏昏，使人昭昭。」

【以其人之道，還治其人之身】

用他對付別人的辦法來對付他。例對不起，他對我不仁，我也對他不義。這叫以其人之道，還治其人之身。

【以強凌弱】

憑恃強力，欺凌弱小。《莊子·盜跖》：「自是之後，以強陵弱，以衆暴寡。」《晉書·王戎傳》：「繆坦可謂小人，疑誤視聽，奪人私地，以強凌弱。」也作「倚強凌弱」。元·無名氏《延安府》一折：「有一等權豪勢要狠無徒，他則待要倚強凌弱胡爲做」。也作「以衆暴寡」。暴：侵犯，損害。康有爲《大同書》甲部：「於是一鄉自爲一國，一姓自爲一羣，以衆暴寡，以強凌弱，牽鄰之牛，割鄰之禾，視爲固然。」

【以勤補拙】

拙：笨拙。用努力勤奮來彌補天資的不足。唐·陳子昂《爲金吾將軍陳令英請免官表》：「臣無田疇鄉導之策，又乏杜預度支之才，空竭疲駑，晝夜不息，以勤補拙。」

【以求一逞】

逞：如願。企圖達到目的。多含貶意。例敵人重兵壓境，以求一逞，我軍嚴陣以待，隨時準備殲滅敢於來犯之敵。

【以屈求伸】

比喻以退爲進。《周易·繫辭下》：「尺蠖之屈，以求信也。」信：通「伸」。

【以荃爲魚】

荃：ㄑㄩㄢˊ，竹或草編的捕魚器具。把魚具當作魚。比喻不進行深入了解，而只滿足於表面的認識。朱自清《經典常談·序》：「可是如果讀者念了這部書，便以爲已經受到了經典訓練，不再想去見識經典，那就是以荃爲魚，未免辜負編撰者的本心了。」

【以人廢言】

因爲某人地位不高或犯過錯誤，就把他正確的話也否定了。例我們必須傾聽來自各方面的意見，絕不能以人廢言。

【以人嚏噴爲人說】

舊時認爲打噴嚏是別人正說到自己。例小劉打了個噴嚏，念叨說：「誰在說我啊！」待在一旁的老王說，古代就有以人嚏噴爲人說的說法，不知有什麼科學根據。

【以人爲鑑】

鑑：銅鏡，引申爲借鑑。用別人的得失作爲自己的借鑑。《新唐書·魏徵傳》：「以銅爲鑑，可正衣冠；以古爲鑑，可知興替；以人爲鑑，可明得失。」

【以人血染紅頂子】

頂子：清朝官員帽頂的裝飾，表示官級。比喻靠殺害別人來升官進爵。魯迅《論「費厄潑賴」應該緩行》：「現在的官僚和土紳士或洋紳士，只要不合自意的，便說是赤化，是共產；民國元年以前稍不同，先是說康黨，後是說革命黨，甚至於到官府裏去告密，一面固然在保全自己的尊榮，但也未始沒有那時所謂『以人血染紅頂子』之意。」

【以日繼夜】

白天接著夜晚。日夜不停。唐·韓愈《爲裴相公讓官表》：「苦心焦思，以日繼夜，苟利於國，知無不爲。」

【以日爲年】

過一日如過一年。形容焦急、盼望的心情。《周書・張軌傳》：「高歡逆謀，已傳行路。人情西望，以日爲年。」也作「以日爲歲」。宋・張孝祥《迎嘉顯孚濟侯求雨文》：「望神之來，以日爲歲，飆與在望，亦既勞止。」

【以日爲歲】
見「以日爲年」。

【以容取人】
見「以貌取人」。

【以柔制剛】
用溫和柔韌的去制服强硬剛勁的。比喻避開或化解其鋒芒，進而以柔韌手段取勝。三國蜀・諸葛亮《將苑・將剛》：「善將者，其剛不可折，其柔不可卷，故以弱制强，以柔制剛。」也作「以柔克剛」。例她用以柔克剛的辦法，把她丈夫制得服服貼貼。

【以肉餧虎】
餧：ㄨㄟˋ，同「餵」。拿肉餵老虎。比喻方式不對，不僅無益反而有損。漢・荀悅《漢紀・文帝紀下》一：「今赴秦軍，如以肉餧虎，當何益也。」例把錢財送給這樣一個貪婪成性的官僚，以求得暫時的安寧，這無異於以肉餧虎。

【以弱斃强】
斃：打倒，滅亡。用弱小的力量去戰勝强敵。《三國演義》一一二回：「故周文養民，以少取多；句踐恤衆，以弱斃强。」

【以弱制强】
用弱小的力量制服强大的力量。形容善用智謀，不畏强手。《晉書・明帝紀》：「帝崎嶇遵養，以弱制强，潛謀獨斷，廓淸大祲。」例古今中外，有無數以弱制强，以少勝多的戰例，值得我們借鑑。

【以色事人】
婦女以自己的美貌來獲得男子的寵愛。漢・劉向《說苑・權謀》：「吾聞之，以財事人者，財盡而交疏；以色事人者，華落而愛衰。」《漢書・外戚傳・孝武李夫人》：「夫以色事人者，色衰而愛弛，愛弛則恩絕。」

【以色事他人，能得幾時好】
指女子以美貌取悅於人，維持不了很久；年老色衰，則易失寵。唐・李白《妾薄命》詩：「漢帝重阿嬌，貯之黃金屋。……昔日芙蓉花，今成斷根草。以色事他人，能得幾時好。」也作「以色事他人，能有幾時好」。例她就憑著自己的幾分姿色，籠絡一羣青年圍著她轉。今兒跟這個好，明兒又跟那個好。結果那些小伙子爭風吃醋，打得你死我活，鬧出了命案，她也連帶吃了官司。眞是以色事他人，能有幾時好。

【以殺去殺】
去：消除。用重刑來禁止人犯法。《商君書・畫策》：「以殺去殺，雖殺可也。」也比喻用其人之道，還治其人之身。也作「以殺止殺」。例面對殘暴之敵，只有以殺止殺，才能將其徹底消滅。

【以殺止殺】
見「以殺去殺」。

【以身報國】
見「以身殉國」。

【以身試法】
身：自身；試：嘗試。明知犯法，還去幹違法的事。《後漢書・馮勤傳》：「[帝]既見[侯]霸奏，疑其有奸，大怒，賜霸璽書曰：『崇山、幽都何可偶，黃鉞一下無處所。欲以身試法邪？將殺身以成仁邪？』」

【以身試禍】
明知是闖禍，還要去幹。《三國志・魏書・袁術傳》引《陳珪答袁術書》：「以爲足下當戮力同心，匡冀漢室，而陰謀不軌，以身試禍，豈不痛哉！」

【以身試險】
嘗試冒險。《歧路燈》九三回：「向來搜檢夾帶，每每從寬。因其急於功名，以身試險，情尚可宥。」

【以身許國】
見「以身殉國」。

【以身殉國】
殉：爲了某種目的而死。獻身國家，盡忠報國。《宋書・沈文秀傳》：「丈夫當死戰場，以身殉國，安能歸死兒女手中乎！」也作「以身許國」。宋・秦觀《任臣下》：「夫骨鯁自信以身許國，不爲利害之所撓屈者，所謂大節也。」也作「以身報國」。《魏書・辛雄傳》：「卿等備位納言，當以身報國」。

【以身殉職】
爲忠於本職工作而獻出生命。例陳大夫爲了拯救戰地受傷軍民的生命，不幸以身殉職。

【以身作則】
則：準則，榜樣。用自身的言行作榜樣，起表率作用。巴金《家》二五：「這其間不顧一切阻礙以身作則做一個開路先鋒的便是許傳如。」

【以升量石】
升、石：容量單位。十升爲一斗，十斗爲一石。比喻以淺陋來揣度高深。《淮南子・繆稱》：「使堯度舜則可，使桀度堯，是猶以升量石也。」

【以石投卵】
見「以碫投卵」。

【以石投水】
比喻相互投合，如同將石頭投於水中，水將石頭包容一樣。《呂氏春秋・精諭》：「白公問于孔子曰：『人可與微言乎？』孔子不應。白公曰：『若以石投水，奚若？』孔子曰：『吳之善沒者能取之。』」三國魏・李康《運命論》：「張良受黃石之符，誦《三略》之說，以游於羣雄，其言也，如以水投石，莫之受也；及其遭漢祖，其言也，如以石投水，莫之逆也。」也作「如石投水」。

【以勢交者，勢盡則疏；以利合者，利盡則散】

指以權勢財利結交的朋友，一旦失去權勢財利，交情就會疏遠淡薄。清・趙士禎《車銃議》：「諺云：『以勢交者，勢盡則疏；以利合者，利盡則散。』同類尚然，況在異域。」

【以手加額】

把手放在額頭上。表示慶幸、景仰、感激或讚賞。《東周列國志》四回：「國人見莊公母子同歸，無不以手加額，稱莊公之孝。」

【以售其伎】

見「以售其奸」。

【以售其奸】

售：推銷；奸：奸計。用來施展他的伎倆。清・青山山農《紅樓夢廣義》：「襲人善事寶玉，寶釵善結襲人，同惡相濟，以售其奸。」也作「以售其伎」。唐・柳宗元《送裴圖南秀才遊淮南將入道序》：「偷一旦之容以售其伎，吾無有也。」

【以鼠為璞】

《戰國策・秦策三》：「鄭人謂玉未理者璞。周人謂鼠未臘者（沒有風乾的）樸。周人懷樸過鄭賈曰：『欲買樸乎？』鄭賈曰：『欲之。』出其樸視之，乃鼠也。因謝不取。」因「璞」、「樸」同音，故鄭人誤將死鼠認為是璞玉。後用「以鼠為璞」比喻以假充真或有名無實。宋・陸游《述懷》詩：「玉非鼠樸何勞辨，魚與熊蹯各自珍。」明・劉基《感時述事詩》：「鼠璞方取貴，和璧非所珍。」

【以水濟水】

濟：接濟，幫助。用水幫助水（試圖增加味道）。比喻雷同附和，毫無用處。《左傳・昭公二十年》：「君所謂可，據亦曰可；君所謂否，據亦曰否。若以水濟水，誰能食之。」宋・蘇軾《奏議集》卷三：「臺諫所擊不過先朝之人，所非不過先朝之法，正是以水濟水，臣竊憂之。」

【以水投石】

表示互不投合毫無效果。宋・張載《經學理窟・學大原上》：「教之而不受，雖強告之無益，譬之以水投石，必不納也。」

【以水投水】

《列子・說符》：「[白公]曰：『若以水投水，何如？』孔子曰：『淄澠之合者，易牙嘗而知之。』」原指把同類事物放在一起，感覺敏銳者仍能鑑別。後多比喻事物類同，難以區分。例讓外行去鑑別各種文物，無異以水投水，更是難上加難。

【以死繼之】

不惜一死也要繼續幹到底。表明意志堅定，不可動搖。《左傳・僖公九年》：「臣竭股肱之力，加之以忠貞。其濟，君之靈也。不濟，則以死繼之。」也作「以死濟之」。章炳麟《電湘救趙》：「炎公受省憲附托之重，更當以死濟之。」也作「繼之以死」。

【以死濟之】

見「以死繼之」。

【以隋侯之珠，彈千仞之雀】

隋侯之珠：傳說隋侯救傷蛇，蛇於江中銜大珠以報之，故名隋侯之珠；仞：古時八尺或七尺為一仞。用隋侯的寶珠，去打飛得極高的小鳥。比喻得不償失。《莊子・讓王》：「今且有人于此，以隋侯之珠，彈千仞之雀，世必笑之。是何也？則其所用者重，而所要者輕也。」

【以湯沃沸】

見「以湯止沸」。

【以湯沃雪】

湯：熱水；沃：澆。用熱水澆雪。比喻事情很容易成功。《淮南子・兵略訓》：「若以水滅火，若以湯沃雪，何往而不遂，何之而不用。」

【以湯止沸】

湯：開水。將開水倒入開水裏去制止水的沸騰。比喻方法不對，不僅無益，反而促其變本加厲。《漢書・董仲舒傳》：「法出而奸生，令下而詐起，如以湯止沸，抱薪救火，愈甚之益也。」也作「以湯沃沸」。《淮南子・原道》：「若以湯沃沸，亂乃逾甚。」也作「揚湯止沸」。唐・陸贄《論兩河及淮西利害狀》：「揚湯止沸，不如絕其薪而沸止之速也。」

【以天下為己任】

把天下安危當作自己的責任。《新五代史・郭崇韜傳》：「崇韜未嘗居戰陣，徒以謀議居佐命第一之功，位兼將相，遂以天下為己任，遇事無所迴避。」

【以莛叩鐘】

見「以莛撞鐘」。

【以莛撞鐘】

莛：草本植物的莖。用草莖敲鐘，毫無聲響。比喻沒有學問的人向才學淵博的人請教。也比喻學識淺陋又不自量力。漢・劉向《說苑・善說》：「異日，襄子見子路，曰：『嘗問先生（孔子）以道，先生不對；知而不對……安得為聖？』子路曰：『建天下之鳴鐘，而撞之以莛，豈能發其聲乎哉？君問先生，無乃猶以莛撞乎！』」漢・東方朔《答客難》：「語曰：『以管窺天，以蠡測海，以莛撞鐘，』豈能通其條貫，考其文理，發其音聲哉！」也作「以莛叩鐘」。《鏡花緣》一六回：「今欲上質高賢，又恐語涉淺陋，未免以莛叩鐘，自覺唐突，何敢冒昧請教。」

【以退為進】

漢・揚雄《法言・君子》：「昔乎顏淵以退為進，天下鮮儷焉。」指顏淵以謙遜退讓取得德行的進步。後來多指表面上的退卻，是為了實際的進攻或進升。清・黃宗羲《子劉子行狀上》：「世道之衰也，士大夫不知禮義為何物，往往知進而不知退，及其變也，或以退為進。」

【以往鑑來】

鑑：借鑑；來：來日，今後。用過去的事作為今後的鑑戒。《三國志・魏書・楊阜傳》：「願陛下動則三思，慮而後行，重慎出入，以往鑑來。」

【以危爲安，以亂爲治】

亂：無秩序，不太平。把危亂當作安治。比喻缺乏政治眼光，看不到危機，只圖苟安。漢・賈誼《治安策》：「夫以天子之位，乘今之時，因天之助，尚憚以危爲安，以亂爲治。」

【以微知著】

著：顯著。從細微的跡象可以預知事物發展的趨勢。三國魏・阮瑀《爲魏武與孫權書》：「子胥知姑蘇之有麋鹿，輔果識智伯之爲趙禽，穆生謝病免楚難，鄒陽北遊，不同吳禍。此四士者，豈聖人哉，徒通變思深，以微知著耳。」

【以爲口實】

口實：可以利用的藉口。指談話的資料。《三國志・蜀書・諸葛亮傳》：「黎庶追思，以爲口實。」也作「引爲口實」。指作爲指責的話柄。許德珩《回憶蔡元培先生》：「蔡元培先生返校後，北洋軍閥政府對他在教育事業上力圖革新，極爲不滿，尤其對於北京大學男女同校一節，以爲口實。」

【以僞謗眞】

見「以僞亂眞」。

【以僞亂眞】

僞：假的。用假的充當眞的。北齊・顏之推《顏氏家訓・勉學》：「《漢書・王莽傳贊》云：『紫色蛙聲，餘分閏位。』謂以僞亂眞耳。」也作「以僞謗眞」。南朝梁・劉勰《滅惑論》：「校以形跡，精粗已懸；核以至理，眞僞豈隱。若以粗笑精，以僞謗眞，是瞽對離朱曰我明也。」

【以文害辭】

對於文字的解釋過於拘謹，而影響了對詞句的理解。《孟子・萬章上》：「故說詩者，不以文害辭，不以辭害志。」宋・呂祖謙《東萊博議》三：「吾恐說經者以文害辭，故力辯之，以告吾黨之士云。」

【以文會友】

通過詩文結交朋友。《論語・顏淵》：「曾子曰：『君子以文會友，以友輔仁。』」宋・柳永《女冠子》詞：「以文會友，沈李浮瓜忍輕諾。」

【以文亂法】

引用儒家的學說，非議國家的法令。《韓非子・五蠹》：「儒以文亂法，俠以武犯禁。」

【以小人之心，度君子之腹】

度：推測。用小人的卑劣想法去推測正派人的心思。南朝宋・劉義慶《世說新語・雅量》：「可謂以小人之慮，度君子之心。」《醒世恆言》卷七：「誰知顏俊以小人之心，度君子之腹。」

【以心傳心】

佛教禪宗用語，指不通過語言文字，而僅憑慧心去領悟佛理。唐・慧能《壇經》九：「五祖夜至三更，喚慧能堂內……便傳頓法及衣：『汝爲六代祖，衣將爲信稟，代代相傳；法以心傳心，當令自悟。』」

【以心度心，間不容針】

指用自己的心計去忖度別人，就不會有什麼過失。《冊府元龜・將帥部・輕敵》：「孫吳之法，奇正相生，詭譎爲道，有示弱以致勝，無輕敵以成功。古語曰：『以心度心，間不容針。』」

【以心問心】

自己問自己。《西遊記》四〇回：「沈吟半響，以心問心的，自家商量道……。」

【以刑去刑】

刑：刑罰；去：消除。用刑罰去消滅刑罰。謂用重刑消除犯罪。《商君書・畫策》：「以刑去刑，雖重刑可也。」

【以血償血】

見「以血洗血」。

【以血洗血】

用仇人的血來洗清血債。例我們要以血洗血，向敵人討還血債。也作「以血償血」。魯迅《華蓋集・忽然想到》十：「倘有敵人，我們早就該抽刃而起，要求『以血償血』了。」

【以言教不如以身教】

用言語教育別人，不如用行動好。例爲人師表，不單要注意智育、德育、體育，還要以自己的行動作出楷模，古語不是說以言教不如以身教麼！

【以言取人】

言：言談。憑一個人的言談來判斷他品行能力或決定取捨。《史記・仲尼弟子列傳》：「吾以言取人，失之宰予；以貌取人，失之子羽。」清・黃宗羲《子劉子行狀上》：「一時之語言，不足盡終身之梗概，往往有論列明而其人傾邪者，有論列庸而其人樸實者。以言取人，失之宰予。」

【以言傷人者，利於刀斧】

用語言傷害人，比用刀斧傷害人還厲害。謂人不可用語言隨意傷人。宋・林逋《省心錄》：「以言傷人者，利於刀斧；以術害人者，毒於虎狼。」

【以眼還眼，以牙還牙】

比喻用對方採取的手段，來還擊對方。例別看她甜嘴蜜舌的，他知道她手上沾了多少青年人的血。不行，不能讓她跑掉。對付她，就得以眼還眼，以牙還牙。也作「以牙還牙，以眼還眼」。

【以羊易牛】

原指用羊代替牛作犧牲品。後多比喻玩弄手法，以假代眞。《醒世恆言》卷七：「高贊相女配夫，乃其常理；顏俊借人飾己，實出奇聞。東床已招佳選，何知以羊易牛；西鄰縱有責言，終難指鹿爲馬。」

【以咽廢飧】

見「因噎廢食」。

【以夜繼日】

見「夜以繼日」。

【以一持萬】

持：控制。形容抓住要害，即可控制全局。《荀子·儒效》：「以淺持博，以古持今，以一持萬，苟仁義之類也，雖在鳥獸之中，若別黑白。」也作「以一馭萬」。朱自清《經典常談·諸子第十》：「君主能夠兼用法、術、勢，就可以一馭萬，以靜制動，無爲而治。」

【以一當百】
當：抵得上。一個抵得上一百個。多形容軍隊勇敢善戰。明·李騰芳《山居雜著上·文字法三十五則》：「大約古人用字，如將用兵，無不以一當百。」也作「以一當十」。例軍事原則應當是：「以一當十，以十當百，勇猛果敢，乘勝直追。」也作「一以當十」。《史記·項羽本紀》：「楚戰士無不一以當十，楚兵呼聲動天。」也作「以一擊十」。例戰略上「以一擊十」，戰術上「以十擊一」，這是我們克敵制勝的根本原則。

【以一當十】
見「以一當百」。

【以一奉百】
奉：供養。用一個人的勞動去供養一百個人。形容生產者少，消費者多。漢·王符《潛夫論·浮侈》：「今察洛陽，資末業者，什於農夫；虛僞游手，什於末業。是則一夫耕，百人食之；一婦桑，百人衣之；以一奉百，孰能供之？」

【以一擊十】
見「以一當百」。

【以一警百】
通過懲罰一個人來警戒衆人。《漢書·尹翁歸傳》：「時其有所取也，以一警百，吏民皆服，恐懼改行自新。」

【以一馭萬】
見「以一持萬」。

【以一知萬】
通過了解一點或一事可以推知許多同類事物。《荀子·非相》：「以近知遠，以一知萬，以微知明，此之謂也。」

【以夷伐夷】
見「以夷治夷」。

【以夷治夷】
夷：指外族或外國。利用外族或外國之間的矛盾去削弱他們的力量，進而制服他們。《明史·張祐傳》：「以夷治夷，可不煩兵而下。」也作「以夷伐夷」。《後漢書·鄧訓傳》：「議者咸以羌、胡相攻，縣官之利，以夷伐夷，不宜禁也。」也作「以夷制夷」。

【以夷制夷】
見「以夷治夷」。

【以義斷恩】
見「以義割恩」。

【以義割恩】
義：道義；恩：恩情。用大義割斷個人間的恩情。比喻不徇私情，秉持公道行事。《漢書·孝成趙皇后傳》：「夫小不忍亂大謀，恩之所不能已者，義之所割也。」顏師古注：「言以義割恩也。」也作「以義斷恩」。《晋書·劉毅傳》：「雖孝悌之行，不施朝廷，故門外之事，以義斷恩。」

【以佚待勞】
佚：通「逸」，安閒；比喻養精蓄銳，待機出擊疲乏的敵人。也指先讓對方行動，待時機有利再行事《孫子·軍爭》：「以近待遠，以佚待勞，以飽待飢，此治力者也。」也作「以逸待勞」。《晋書·溫嶠傳》：「設伏以逸待勞，是制賊之一奇也。」也作「逸以代勞」。宋·陳師道《擬御試武舉策》：「逸以代勞，久以待變，亡費而有病，可謂善矣。」也作「用逸待勞」。《晋書·庾亮傳》：「御以長轡，用逸待勞，比及數年，興復可冀。」

【以逸待勞】
見「以佚待勞」。

【以意逆志】
逆：揣摹；志：本意。用自己的想法去揣度別人的心思或詩文的本意。《孟子·萬章上》：「故說詩者，不以文害辭，不以辭害志。以意逆志，是謂得之。」朱自清《詩言志辨·比興》：「以意逆志，是以己之意迎受詩人之志而加以鈎考。」

【以鎰稱銖】
鎰、銖：古代重量單位，二十四兩爲一鎰，二十四銖爲一兩；稱：稱重。比喻二者實力相差懸殊。《孫子·謀攻篇》：「故勝兵若以鎰稱銖。」

【以蚓投魚】
用蚯蚓作餌，引魚上鈎。比喻投其所好，以小利獲取大利。《隋書·薛道衡傳》：「陳使傅縡聘齊，以道衡兼主客郎接對之。縡贈詩五十韻，道衡和之，南北稱美。魏收曰：『傅縡所謂以蚓投魚耳。』」

【以怨報德】
用怨恨來報答恩德。《國語·周語》：「以怨報德，不仁。」《禮記·表記》：「以怨報德，則刑戮之民也。」

【以樂慆憂】
慆：ㄊㄠ，通「韜」，掩藏。用音樂遮掩憂愁。即以歡樂掩蓋憂愁。《左傳·昭公三年》：「君日不悛，以樂慆憂。」

【以戰去戰】
用戰爭消除或制止戰爭。《商君書·畫策》：「故以戰去戰，雖戰可也。」《後漢書·耿弇傳》：「以戰去戰，盛王之道。」

【以彰報施】
彰：顯示；報施：報應。用以表明必得報應。《鏡花緣》三回：「莫若令一天魔下界，擾亂唐室，任其自興自滅，以彰報施。」

【以正視聽】
正：糾正。用來糾正人們所看到和聽到的不正確的內容。例特將事實公諸於衆，以正視聽。

【以直報怨】
直：正直。用公正的態度來回報怨恨。《論語·憲問》：「子曰：『何以報德？以直報怨，以德報德。』」《兒女英雄傳》三九回：「老爺你平日常講的，以德報德，以直報怨，怎的此時自己又以德報怨起來。」

【以指撓沸】
用手指攪動沸水。比喻不自量力。《荀子·議兵》：「以桀詐堯，譬之若以卵投石，以指撓沸。」明·朱之瑜《滅虜之策》：「彼即不量其力，欲與我抗，譬之以卵投石，以指撓沸，至則糜爛爾已，何能有幸哉！」

【以終天年】
終：終結，終了；天年：人的自然壽命。多指平安地度過一生。《水滸》二回：「師父只在此間過了，小弟奉養你子母二人以終天年。」

【以衆暴寡】
見「以強凌弱」。

【以踵解結】
踵：腳後跟。用腳跟去解繩結。比喻徒勞無益。唐·馬總《意林》：「子信鬼神，何異以踵解結，終無益也。」

【以晝卜夜】
晝夜不停地飲酒取樂。《左傳·莊公二十二年》：「［敬仲］飲桓公酒，樂。公曰：『以火繼之。』辭曰：『臣卜其晝，未卜其夜，不敢。』」明·張岱《公祭張亦寓文》：「傾酒如泉，揮金似土，撥阮彈箏，以晝卜夜。」

【以珠彈雀】
珠：珍珠。用珍珠去彈射麻雀。比喻輕重不分，得不償失。《莊子·讓王》：「今且有人於此，以隋侯之珠，彈千仞之雀，世必笑之。是何也？則其所用者重，而所要者輕也。」梁啟超《中國外交方針私議》：「蓋人當困心衡慮之既極，往往不惜倒行逆施，以珠彈雀。」

【以子之矛，攻子之盾】
矛：刺擊武器；盾：防守刀箭的牌；子：古代對男子的尊稱。《韓非子·難一》：「楚人有鬻楯（盾）與矛者，譽之曰：『吾楯之堅，物莫能陷也。』又譽其矛曰：『吾矛之利，于物無不陷也。』或曰：『以子之矛陷子之楯何如？』其人弗能應也。」後用「以子之矛，攻子之盾」比喻用對方的觀點、論據等來反駁對方。魯迅《古書與白話》：「菲薄古書者，惟讀過古書者最有力，這是的確的。因爲他洞知弊病，能以子之矛，攻子之盾。」

【以壯觀瞻】
使外觀給人留下更深刻的印象。《宋史·樂志》九：「雲車風馬，以衛觀瞻。」例國慶期間，街道面貌煥然一新，到處旗海飄揚，以壯觀瞻。

【迤邐不絕】
蜿蜒不斷。《雲笈七籤》卷一一三：「遂被引去，行十餘裏，忽見幢節幡蓋，迤邐不絕。」例從山頂望下去，只見高舉火把的隊伍迤邐不絕，正慢慢向山頂走來。

【蟻多可以抬象，蝗飛可以蔽天】
比喻羣體的力量不可低估。例只要我們平民百姓一心一德，什麼事情都可做成功。俗話說：「蟻多可以抬象，蝗飛可以蔽天。」正是很深的大道理呢。

【蟻聚蜂屯】
形容像蜂、蟻聚集那樣紛紜雜亂。《歧路燈》七八回：「且說蕭牆街十字口，蟻聚蜂屯，擁擠不堪。」

【蟻可測水，馬能識途】
螞蟻能測水的深淺，老馬能認識路途。比喻有經驗的人可貴。例要注意向有經驗的人學習，古語說：「蟻可測水，馬能識途。」在關鍵時刻，他們有時能幫上大忙。

【倚財仗勢】
憑藉財富和權勢，進行非法活動。《紅樓夢》四回：「無奈薛家原系金陵一霸，倚財仗勢，衆豪奴將我小主人竟打死了。」

【倚草附木】
見「依草附木」。

【倚翠偎紅】
指玩弄妓女。例他是個紈袴子弟，整天只知道倚翠偎紅，喝酒賭博。也作「倚玉偎香」。元·徐琰《青樓十咏·初見》曲：「一笑情通，傍柳隨花，倚玉偎香，弄月摶風。」

【倚官挾勢】
挾：倚仗。倚仗官府權勢。元·關漢卿《玉鏡台》三折：「你說領著省事，掌著軍權，居著高位，又道會親處倚官挾勢」。

【倚姣作媚】
倚：憑藉；姣：美貌；媚：諂媚。形容輕佻女子憑著自己的美貌，撒嬌作態。《紅樓夢》七九回：「先時不過挾制薛蟠，後來倚姣作媚，將及薛姨媽，後將至寶釵。」

【倚酒三分醉】
仗著喝了點酒，裝出幾分醉態來，藉故生事。《紅樓夢》四四回：「賈璉見了，越發倚酒三分醉，逞起威風來，故意要殺鳳姐兒。」

【倚老賣老】
倚：倚仗。仗著年紀大，賣弄老資格，看不起別人。《慈禧太后演義》一一回：「各親王等又勸恭親王卑以自牧，不應倚老賣老。」

【倚閭望切】
見「倚門倚閭」。

【倚閭之思】
見「倚門倚閭」。

【倚閭之望】
見「倚門倚閭」。

【倚廬之望】
見「倚門倚閭」。

【倚馬可待】
南朝宋·劉義慶《世說新語·文學》：「桓宣武北征，袁虎時從，被責免官，會須露布文，喚袁倚馬前令作，手不輟筆，俄得七紙，殊可觀。」後以「倚馬可待」形容文思敏捷。唐·李白《與韓荊州書》:「必若接之以高宴,縱之以清淡,請日試萬言,倚馬可待。」也作「倚馬之才」。明·李開先《純庵趙尹征糧受獎帳文》:「奇資異質,本自天成,發跡賢科,倚馬之才空冀北。」也作「倚馬立成」。唐·席豫《唐故朝請大夫吏部郎中上柱國高都公楊府君碑銘序》:「公為管記,飛書之急,倚馬立成。」也作「倚馬千言」。《初刻拍案驚奇》卷一:「多少英雄豪傑,該富的不得富,該貴的不得貴,能文的倚馬千言,用不著時,幾張紙,蓋不完醬瓶。」

【倚馬立成】

見「倚馬可待」。

【倚馬千言】

見「倚馬可待」。

【倚馬之才】

見「倚馬可待」。

【倚門傍户】

傍:靠。比喻依賴他人,無法自立或一味依附他人,沒有自己的主張。明·黃宗羲《明儒學案·發凡》:「學問之道,以各人自用得著者為眞。凡倚門傍戶,依樣葫蘆者,非流俗之士,則經生之業也。」

【倚門賣俏】

舊指妓女賣弄風騷引誘過路男人。《初刻拍案驚奇》卷二:「看這自由自在的模樣,除非去做娼妓,倚門賣俏,擸哄子弟,方得這樣快活象意。」也作「倚門賣笑」。例十年前,她被拐賣到妓院,過著倚門賣笑的生活,直到現在。

【倚門賣笑】

見「倚門賣俏」。

【倚門倚閭】

閭:裏巷的門。靠在裏巷的門向遠處瞭望。形容父母長輩盼望子女歸來的殷切心情。清·黃遵憲《別賴雲芝同年》詩:「倚門倚閭久相望,不可以留行束裝。」也作「倚閭之望」。《隋書·儒林傳·王孝籍》:「平原王孝籍奏記於吏部尚書牛弘曰:『加以老母在堂,光陰遲暮,倚閭之望,朝夕已勤。』」也作「倚閭望切」。清·無名氏《定情人》一六:「但出使經年,寡母在堂,未免倚閭望切。乞陛下賜臣歸裏。」也作「倚閭之思」。《歧路燈》一〇三回:「住了兩個月,忽動了倚閭之思,遂買了回家的人情物事……也買了奉母物件。」也作「倚廬之望」。唐·駱賓王《上廉使啟》:「雖噬臍思歸,空軫倚廬之望;而嚙臂未仕,非圖高蓋之榮。」

【倚強凌弱】

見「以強凌弱」。

【倚強凌弱非君子】

仗勢欺負弱小者不是正經人。例他若是倚強凌弱非君子,我們就要伸張正義加以打擊。

【倚勢凌人】

仗著權勢,欺壓他人。《三國演義》一回:「其人曰:『吾姓關,名羽,字長生,後改雲長,河東解良人也。因本處勢豪,倚勢凌人,被吾殺了,逃難江湖,五六年矣。』」

【倚勢挾權】

依仗權勢。元·鄭庭玉《後庭花》一折:「你直憑的倚勢挾權無事狠。」

【倚玉偎香】

見「倚翠偎紅」。

【倚玉之榮】

倚:靠、傍;玉:指美人。謂締結美滿婚姻。宋·胡繼宗《書言故事·婚姻類》:「得為新姻,言諧倚玉之榮。」

【椅子斷了背——沒靠頭】

見「瞎子丟了棍——沒靠頭」。

【旖旎風光】

旖旎:柔美。形容景色柔美多姿。例置身於這旖旎風光之中,他頓時將往日的煩惱拋到九霄雲外。

ㄧˋ

【弋不射宿】

弋:將繩繫在箭上射;宿:宿鳥。射箭的不射已歸巢的鳥。比喻不欺侮無力反抗的人或弱小者。元·鄭德輝《㑳梅香》三折:「小生讀聖賢之書,夤夜與女子相期,莫是非禮麼?呸,這的是赴約的風流況,須不是樂道的顏回巷。子釣而不綱,弋不射宿。」

【弋人何篡】

弋人:射鳥人;篡:奪取。射鳥人無法射中。比喻歸隱山林或遠離禍患,使統治者或對手無計可施。《後漢書·逸民傳序》:「揚雄曰:『鴻飛冥冥,弋人何篡焉。』言其違患之遠矣。」也作「弋者何慕」。唐·張九齡《感遇》詩:「今我遊冥冥,弋者何所慕。」

【弋者何慕】

見「弋人何篡」。

【億萬斯年】

斯:文言助詞。形容時間長遠。常用作祝賀之辭。《詩經·大雅·下武》:「受天之祜,四方來賀。於萬斯年,不遐有佐。」宋·歐陽修《聖節五方老人祝壽文·東方老人》:「千八百國,咸歸至治之風;億萬斯年,共禱無疆之壽。」

【億則屢中】

億:通「臆」,預料,揣度。中:恰好對上。預料的總是與事實相符。《論語·先進》:「賜不受命,而貨殖焉,億則屢中。」

【億丈之城】

極高的城牆。比喻堅固的堡壘。漢·賈誼《過秦論》:「據億丈之城,臨不測之溪,以為固。」

【藝不壓身】

見「藝多不壓身」。

【藝多不壓身】

指本領多沒有壞處。例常說,藝多不

壓身。比方你叔叔，本來是個莊稼人，他經心用意學會了做生意，走到哪裏，都能養家糊口。也作「**藝不壓身**」。《歧路燈》四四回：「這孫海仙……不耕而食，不織而衣，遨遊海內，藝不壓身。」

【藝多思，藝不精；專攻一藝可成名】

學技藝貪多不易學精，專攻一技較容易學好成名。例你不能見了什麼樂器都摸摸，都想學，就說提琴吧，還分大、中、小三種呢，古人說：「藝多思，藝不精；專攻一藝可成名。」我看你最好是學小提琴，或者學鋼琴，只攻一種樂器。

【藝高人膽大】

技藝高超的人做起事來膽子就大。例總是藝高人膽大。別人不敢應承的活兒，他敢應，也眞做成了。也作「**藝高膽大**」、「**藝高膽大，氣壯心明**」。

【憶苦思甜】

回憶舊社會的苦，體會新社會的甜。李欣《老生常談．編村史》：「現身說法，生動具體，憶苦思甜，誘人深思。」

【義兵不攻服】

義兵：正義的軍隊；服：降服者。正義的軍隊不攻打已經投降的人。《呂氏春秋．長攻》：「吾聞之，義兵不攻服，……今服而攻之，非義兵也。」

【義不背親】

仁義之人不違背父母的願望。《三國志．魏書．臧洪傳》：「義不背親，忠不違君。」

【義不辭難】

爲了正義，不避危難。《明史．西域志一》：「國家有事，臣子義不辭難。」

【義不得辭】

見「義不容辭」。

【義不反顧】

義：正義；反顧：回頭看。爲正義事業勇往直前，絕不猶豫徘徊。《史記．司馬相如列傳》：「觸白刃，冒流失，義不反顧，計不旋踵。」也作「**義無反顧**」。例他是個重義氣的人，一旦發現朋友有難，一定義無反顧的兩肋插刀。

【義不屈節】

義：正義；屈節：失節。爲了正義，絕不失去節操。《三國演義》七七回：「未及天明，一連數次報說關公夜走臨沮，爲吳將所獲，義不屈節，父子歸神。」

【義不取容】

堅持正義，不去討好他人。《史記．酈生陸賈列傳》：「平原君爲人辯有口，刻廉剛直，家于長安。行不苟合，義不取容。」

【義不容辭】

從道義上講，不能推辭或迴避。宋．崔與之《四川制置乞祠》：「昨自被命入蜀，誰不以上下和衷爲難，臣亦知難，而義不容辭也。」也作「**義不得辭**」。宋．歐陽修《與程文簡公書》之六：「某才識卑近，豈足以鋪列世德之清芬，然蒙顧有年，義不得辭。」也作「**義無所辭**」。宋．王安石《上曾參政書》：「勞有至於病而不敢辭者，義無所辭之也。」

【義不生財】

講義氣的人不能積聚錢財。《醒世姻緣傳》八九回：「薛素姐心裏想道：『義不生財，慈不主兵。』必定要如此如此，這般這般，不怕他遠在萬里，可以報我之仇，洩我之恨。」

【義動君子，利動小人】

君子追求正義的事業，小人追逐的是利欲。例漢代的王充說過這樣的話：「利義相伐，正邪相反。義動君子，利動小人。」我們的事業吸引了一大批有理想的青年，只想謀求私利的人是不來的。也作「**義動君子，利動貪人**」。

【義斷恩絕】

斷絕情義、恩德。《二十年目睹之怪現狀》三四回：「我聽說希銓是個癱廢的人，娶親之後，並未曾圓房，此刻又被景翼那廝賣出來，已是義斷恩絕的了，還有什麼守節的道理？」

【義方之訓】

義方：做人的正道。教人以做人之道的訓言。漢．蔡邕《司徒袁公夫人馬氏碑》：「義方之訓，如川之流。」

【義憤塡胸】

見「義憤塡膺」。

【義憤塡膺】

膺：胸。對不公正的事情所激起的憤怒，充滿胸中。《孽海花》二五回：「玨齋不禁義憤塡膺，自己辦了個長電奏，力請宣戰。」也作「**義憤塡胸**」。《歧路燈》七六回：「國家第一要忠臣，義憤塡胸不顧身。」

【義夫節婦】

守忠義有氣節的夫婦。元．關漢卿《蝴蝶夢》四折：「國家重義夫節婦，更愛那孝子賢孫。」

【義海恩山】

形容情義、恩德如高山大海般深重。元．王實甫《西廂記》三本四折：「將人的義海恩山，都做了遠水遙岑。」也作「**義山恩海**」。例他的義山恩海，我永遠也報答不完。

【義理之勇不可無，血氣之勇不可有】

堅持眞理的勇氣必須有，魯莽蠻幹的勇氣不應有。明．楊柔勝《玉環記》一九齣：「兄弟差矣，豈不聞『義理之勇不可無，血氣之勇不可有』。這等斷然不可！」

【義山恩海】

見「義海恩山」。

【義無反顧】

見「義不反顧」。

【義無所辭】

見「義不容辭」。

【義刑義殺】

義：合理，適宜。指合理和必要的刑

罰與殺戮。《尚書·康誥》：「用其義刑義殺。」

【義形於色】

形：顯現。內心的正義感流露在臉上。《公羊傳·桓公二年》：「孔父正色而立於朝，則人莫敢過而致難於其君者，孔父可謂義形於色矣。」梁啟超《痛定罪言》：「一聞國難，義形於色。」

【義者不絕世】

守正義的人，世代不絕。《孔子家語·屈節》：「智者不失時，義者不絕世。」

【義正詞嚴】

見「義正辭嚴」。

【義正辭嚴】

道理正確，措辭嚴肅有力。例如果老師在課堂上發表偏激的政治理念，台下一定會有學生起立做義正辭嚴的反駁。也作「義正詞嚴」。明·胡應麟《秋胡妻》：「子玄之論，義正詞嚴，聖人復起，弗能易也。」

【義重恩深】

情義重，恩澤深。《兒女英雄傳》二五回：「也是天不絕人，便遇見你這義重恩深的伯父伯母。」

【義重如山】

義氣重如山。形容非常講義氣。《三國演義》五十回：「雲長是個義重如山之人。」

【義重如山，恩深似海】

形容情義極為深重。例父母病逝後，多承先生收留了我，又供我讀了大學，以致今日能小有成就。先生對我，眞是義重如山，恩深似海。此恩此義，不能不報。

【議不反顧】

議：計議，決策；反顧：向後看。決策迅速果斷，毫不猶豫。漢·司馬相如《喻巴蜀檄》：「觸白刃，冒流矢，議不反顧，計不旋踵。」

【議論紛紛】

對某人或某事意見不一，都在議論。《兒女英雄傳》一回：「你們大家且不必議論紛紛，我早有了一個牢不可破的主見在此。」

【議論蜂起】

形容不同意見一下子出現許多。宋·陳亮《又乙巳春（答朱元晦秘書熹）書》之一：「秘書與叔昌子約書，乃言『諸賢死後，議論蜂起』有獨立不能支之意。」也作「異議蜂起」。唐·盧照鄰《南陽公集序》：「近日劉勰《文心》、鍾嶸《詩品》，異議蜂起，高談不息。」

【議論風生】

談論、品評生動而有趣。《官場現形記》一回：「王鄉紳飲至半酣，文思泉湧，議論風生。」

【刈著亡簪】

刈：割；著：ㄕˋ，草名；亡：遺失；簪：首飾。割草時遺失了簪子。比喻珍惜舊物，或追念故人。漢·韓嬰《韓詩外傳》載：孔子出遊少原之野，有婦人中澤而哭，其音甚哀。孔子使弟子問焉。婦人曰：「鄉者刈著薪，亡吾著簪，吾是以哀也。非傷亡簪也，蓋不忘故也。」

【亦步亦趨】

《莊子·田子方》：「夫子步亦步，夫子趨亦趨。」比喻自己沒有主見，處處模仿、追隨別人。例一個做事沒有主見的人，往往亦步亦趨的追隨別人，模仿別人。也作「一步一趨」、「夫子步亦步，夫子趨亦趨」。

【亦復如是】

復：又，再。也就是這樣。《紅樓夢》一〇回：「這先生方伸手按在右手脈上，調息了至數，凝神細診了半刻工夫。換過左手，亦復如是。」也作「亦復如此」。

【亦莊亦諧】

莊：莊重；諧：詼諧。指文章或說話既嚴肅莊重又詼諧幽默。茅盾《為〈大眾電影〉恢復刊名作》：「亦莊亦諧瀟灑，百花齊放爭榮。」

【衣帛食肉】

見「衣錦食肉」。

【衣錦故鄉】

見「衣錦還鄉」。

【衣錦過鄉】

見「衣錦還鄉」。

【衣錦還鄉】

穿著錦緞衣服回鄉。形容顯貴以後榮耀鄉里。《周書·史寧傳》：「觀卿風表，終至富貴，我當使卿衣錦還鄉。」也指回故鄉做官。《梁書·柳慶遠傳》：「高祖餞於新亭，謂曰：『卿衣錦還鄉，朕無西顧之憂矣。』」也作「衣錦榮歸」。明·石君寶《魯大夫秋胡戲妻》三折：「小官訴說離家十年，有老母在堂，久缺侍養，乞賜給假還家……如今衣錦榮歸，見母親走一遭去。」也作「衣錦過鄉」。《新唐書·張行成傳》：「太子駐定州監國，謂曰：『吾乃送公衣錦過鄉邪。』也作「衣錦故鄉」。《新唐書·姜暮傳》：「昔人稱衣錦故鄉，今以本州相授，所以償功。」

【衣錦榮歸】

見「衣錦還鄉」。

【衣錦食肉】

穿錦衣、吃肉食。形容生活優裕。《周書·突厥》：「突厥在京師者，又待以優禮，衣錦食肉者，常以千數。」也作「衣帛食肉」。明·無名氏《孟母三移》四折：「老者衣帛食肉，黎民不飢不寒，然而不王者，未之有也。」

【衣錦夜行】

穿著錦繡衣服在黑夜裏行走。比喻顯貴以後，不能使人知道。《漢書·項籍傳》：「富貴不歸故鄉，如衣錦夜行。」也作「衣繡夜行」。《史記·項羽本紀》：「富貴不歸故鄉，如衣繡夜行，誰知之者！」也作「衣錦夜遊」。《周書·劉雄傳》：「古人云：『富貴不歸故鄉，猶衣錦夜遊。』」

【衣錦夜遊】

見「衣錦夜行」。

【衣錦之榮】

顯貴以後的榮耀。宋·歐陽修《書錦堂記》:「一介之士,得志當時,而意氣之盛,昔人比之衣錦之榮也。」

【衣錦晝遊】

見「衣繡晝行」。

【衣繡夜行】

見「衣錦夜行」。

【衣繡晝行】

晝:白天。白天穿著錦繡官衣在街上行走。比喻顯貴以後,向鄉人顯示榮耀。《三國志·魏書·張既傳》:「[張既]出爲雍州刺史,太祖謂既曰:『還君本州,可謂衣繡晝行矣。』」也作「衣錦晝遊」。宋·孔平仲《續世說·輕詆》:「魏元忠爲中書令,請歸鄉拜掃,中宗賜錦袍一領,銀千兩,手敕曰:『衣錦晝遊,在乎茲日。』」

【衣赭關木】

赭:ㄓㄜˇ,指赭衣,即囚衣;木:加在犯人身上的刑具。「衣赭衣,關三木」的略語。指服刑。章炳麟《哀陸軍學生》:「高爾嘉衣赭關木,雷電擊之。」

【衣紫腰黃】

見「衣紫腰金」。

【衣紫腰金】

身穿紫袍,腰佩金飾。比喻身居高官,地位顯赫。明·無名氏《精忠記·說偈》:「感吾皇,博得個衣紫腰金,朝野爲卿相,方顯男兒當自強。」也作「衣紫腰黃」。明·謝讜《四喜記·帝闕辭榮》:「誰不願衣紫腰黃,還須慮同袍中傷。」

【衣租食稅】

靠百姓繳納的租稅生活。《紅樓夢》九二回:「雖無刁鑽刻薄的,卻沒有德行才情。白白的衣租食稅,那裏當得起?」也作「食租衣稅」。

【異寶奇珍】

非同尋常的奇異珍寶。例他長這麼大,從未見過這麼多的異寶奇珍,頓時起了貪心。也作「奇珍異寶」。

【異草奇花】

不同尋常的花草。例他走進園內,見到處是異草奇花,美不勝收。也作「異卉奇花」。明·無名氏《齊天大聖》一折:「閒遊洞府,賞異卉奇花;悶繞青溪,玩青松檜柏。」也作「奇花異草」。

【異地相逢】

在他鄉相遇。《兒女英雄傳》一二回:「父子異地相逢,也不免落淚。」

【異端邪說】

異端:與正統思想不同的主張;邪說:不符合正統思想的學說。《論語·爲政》:「攻乎異端,斯害也已。」《孟子·滕文公下》:「世道衰微,邪說、暴行有作……我亦欲正人心,息邪說。」宋·蘇軾《擬進士對御試策》:「臣不意異端邪說惑誤陛下至于如此。」宋·趙與時《賓退錄》卷二:「近歲見〈紀孟十詩〉……詩有云:『異端邪說日交馳,聖哲攻之必費辭。』」

【異乎尋常】

異:不同;尋常:平常。不同於平常。多形容事情出人意料。例今天來參觀的人多得異乎尋常。

【異卉奇花】

見「異草奇花」。

【異軍特起】

見「異軍突起」。

【異軍突起】

另一支隊伍突然出現。比喻與衆不同的新生力量或新的派別突然出現。例這支球隊是近兩年來異軍突起的黑馬,實力不可小覷。也作「異軍特起」。《清史稿·傅弘烈傳論》:「弘烈異軍特起,又與莽依圖相失,勢孤,遂困於承蔭。」

【異口同辭】

見「異口同聲」。

【異口同聲】

不同的人說同樣的話。形容想法一樣,意見一致。巴金《家》一三:「衆人異口同聲地叫著:『罰!罰!』」也作「異口同音」。《舊唐書·穆宗貞獻皇后蕭氏傳》:「今自上及下,異口同音,皆言蕭弘是眞,蕭本是僞。」也作「異口同辭」。唐·李翺《答侯高第二書》:「苟異口同辭,皆如足下所說,是僕于天下衆多之人而未有一知己也。」也作「異口同韻」。老舍《趙子曰》:「現在的人們不但不復以窄窄金蓮爲美,反異口同韻的詆爲醜惡。」

【異口同音】

見「異口同聲」。

【異口同韻】

見「異口同聲」。

【異路同歸】

從不同的道路,走到同一個目的地。比喻方法雖不同,但達到的目的是相同的。《淮南子·本經訓》:「五帝三王,殊事而同指,異路而同歸」。也作「異途同歸」。漢·桓寬《鹽鐵論·論儒》:「聖人異途同歸,或行或止,其趣一也。」也作「殊途同歸」。

【異名同實】

名稱不同,實質相同。指某一事可能有多種叫法。《莊子·知北遊》:「異名同實,其指一也。」

【異木奇花】

珍奇的花木。《敦煌變文集·長興四年中興殿應節講經文》:「異木奇花烈幾層,一池常見綠澄澄。」

【異派同源】

派別不同,但都來自同一本源或同一師傳。唐·賈餗《揚州華林寺大悲禪師碑銘》:「慈悲廣大兮妙力無邊,八萬度門兮異派同源。」

【異曲同工】

曲:樂曲;工:精妙。樂曲雖不同,演奏同樣美妙。比喻不同人的藝術作品具有同樣出色的造詣。現多比喻方法不同，收效一樣。明・何景明《與李空同論詩書》：「故曹、劉、阮、陸，下及李、杜，異曲同工，各擅其時，並稱能言。」也作「同工異曲」。

【異苔同岑】
苔：青苔；岑：小而高的山。不同的青苔長在同一座山上。比喻朋友志趣相投。晉・郭璞《贈溫嶠》詩：「人亦有言，松竹有林。及餘臭味，異苔同岑。」

【異途同歸】
見「異路同歸」。

【異聞傳說】
不同尋常的傳言或故事。例他根據聽到的無數異聞傳說，創作了這部傳奇小說。

【異香撲鼻】
不同尋常的香氣撲面而來。例我走進屋裏，只見煙霧繚繞，異香撲鼻。

【異香異氣】
奇異的香氣。《紅樓夢》七回：「他就說了個海上仙方兒，又給了一包末藥作引子，異香異氣的。」例他感到這人身上有股異香異氣，不知抹了什麼。

【異想天開】
異想：奇怪而不切實的想法；天開：天門打開。比喻想法荒誕不經，毫無事實根據。《二十年目睹之怪現狀》四八回：「刑部書吏得了他的賄賂，便異想天開的設出一法來。」

【異姓陌路】
異姓：不同姓，指外人；陌路：素不相識的人。比喻與自己非親非故的人。《紅樓夢》七九回：「古人異姓陌路，尚然肥馬輕裘，敝之無憾，何況咱們？」

【異議蜂起】
見「議論蜂起」。

【異域殊方】
指偏遠的他鄉。明・王守仁《瘞旅文》：「連峯際天兮飛鳥不通，遊子懷鄉兮莫知西東；莫知西東兮維天則同，異域殊方兮環海之中。」

【異政殊俗】
政：政教；俗：風俗。《詩經》大序：「至於王道衰，禮義廢，政教失，國異政，家殊俗，而變風變雅作矣。」因以「異政殊俗」指不合正道的政教和民俗。宋・呂祖謙《東萊博議・成風請封須句》：「平王之東，降於列國，異政殊俗，各私其私。」

【屹立不動】
形容穩固堅定如高山聳立。唐・常袞《故四鎭北庭行營節度使扶風郡王贈司徒馬公神道碑銘序》：「有若犀兕其威，貙豻其勇，屹立而不動。」

【抑暴扶弱】
見「抑强替弱」。

【抑惡揚善】
抑：壓制。抑制壞人壞事，宣揚好人好事。例許多武俠小說中表現出的抑惡揚善，抑强扶弱的思想是值得肯定的。

【抑强扶弱】
抑：抑制。壓制强暴，扶助弱小。《後漢書・耿純傳》：「耿純爲東陽太守，抑强扶弱。」也作「抑暴扶弱」。《漢書・刑法志》：「夫法令者，所以抑暴扶弱，欲其難犯而易避也。」

【抑塞磊落】
抑塞（ㄙㄜˋ）：阻塞，多指受壓抑；磊落：胸懷坦蕩。形容懷才不遇，但爲人卻胸懷坦蕩。唐・杜甫《短歌行》詩：「王郎酒酣拔劍砍地歌莫哀，我能拔爾抑塞磊落之奇才。」

【抑揚頓挫】
抑：降低；揚：抬高；頓：停頓；挫：轉折。形容詩文、音樂或書法或語調起伏轉折、富於變化。《老殘遊記》二回：「只是到後來，全用輪指，那抑揚頓挫，入耳動聽，恍若有幾十根弦，幾百個指頭，在那裏彈似的。」

【抑鬱寡歡】
抑鬱：心中不暢快；寡：少。心中憂悶，難得高興。老舍《吐了一口氣》：「在精神狀態上，我是個抑鬱寡歡的孩子，因爲我剛懂得一點事，便知道了愁吃愁喝。」

【邑犬羣吠】
城鄉裏的狗羣起狂叫。比喻奸佞小人羣起圍攻好人。戰國楚・屈原《九章・懷沙》：「邑犬羣吠兮，吠所怪也。非俊疑傑兮，固庸態也。」

【挹彼注此】
見「挹彼注茲」。

【挹彼注茲】
挹：舀；注：灌。把從那裏舀來的水灌入到這裏。比喻以多補少，進行調劑。清・方苞《請定經制札子》：「漢、唐以後，歲不一熟，民皆狼顧，猶幸海內之一，挹彼注茲，暫救時日。」也作「挹彼注此」。例政府各部門的經費補助大多是挹彼注茲，以有餘補不足，如此才能平衡。

【挹淚揉眵】
挹：通「抑」，遏止；眵：ㄔ，眼屎，這裏指眼睛。形容傷心落淚。元・無名氏《認金梳》四折：「我可便身死後誰與葬埋屍？好著我挹淚揉眵，誰承望卻絕嗣。」

【悒悒不歡】
見「悒悒不樂」。

【悒悒不樂】
悒悒：鬱悶。心中有鬱悶不暢快。漢・班固《漢武帝內傳》：「庸主對坐，悒悒不樂，夫人肯暫來否？若能屈駕，當停相須。」也作「悒悒不歡」。《聊齋志異・嬰寧》：「生恚怒，悒悒不歡。母慮其復病，急爲議姻，略與商榷，輒搖首不願。」

【易道良馬】
易道：平坦的道路；良馬：好馬。比喻沒有阻礙，可以順利前進。《淮南子・說林訓》：「易道良馬，使人欲馳。」

【易地而處】
彼此交換所處的地位或境遇。《孟

子・離婁下》：「禹、稷、顏子易地則皆然。」唐・劉知幾《史通・雜說上》：「若使[司]馬遷易地而處，撰成《漢書》，將恐多言費辭，有逾班氏。」

【易地皆然】
易：更換；皆然：都一樣。即使調換位置，人們的想法和行為也會是一樣的。泛指只要人們的思想信仰一樣，即使環境不同，表現也必相同。《孟子・離婁下》：「禹、稷、顏回同道……禹、稷、顏子易地則皆然。」明・袁宏道《只園寺碑文》：「釋迦、孔子，易地皆然。」

【易放難收】
放出去容易，收回來難。比喻說話、做事要謹慎。宋・朱熹《答鞏仲至》：「所謂修辭立誠以居業者，欲吾之謹夫所發以致其實，而尤先于言語之易放而難收也。」

【易求無價金，難得有心郎】
一個有情有義的男子比無價寶還難得到。唐・魚玄機《贈鄰女》詩：「易求無價金，難得有心郎。枕上潛垂淚，花間暗斷腸。」也作「**易求無價寶，難得有情郎**」。

【易求者田志，難得者兄弟】
田產容易得，手足之情不易得。例自古道：「易求者田志，難得者兄弟。」官人不可執一時之忿，便傷了手足之情。銀子丟了，還有復得之時；兄弟死了，更無再得之理。

【易如反掌】
像翻一下手掌那麼容易。形容做某事極其容易。《官場現形記》一九回：「藩台又叫首府、首縣寫信出去，向外府、縣替他張羅，大約一二千金，易如反掌。」也作「**易於反掌**」。漢・枚乘《上書諫吳王》：「必若所欲為，危於累卵，難於上天；變所欲為，易於反掌，安於泰山。」也作「**易如翻掌**」。《醒世恆言》卷二〇：「倘得僥幸連科及第，那時救父報仇，豈不易如翻掌。」

【易如拾芥】
芥：芥菜。容易得如同揀起芥菜一樣。比喻不用費力就可辦成某事。《兒女英雄傳》一八回：「顧先生道：『要學萬人敵。』卻也易如拾芥，只是沒有第二條路，惟有讀書。」

【易俗移風】
見「移風易俗」。

【易衣而出，並日而食】
易：換；並日：兩天合為一天。一件衣服誰出去就換上，一天的飯分為兩天吃。指生活極窮困。《禮記・儒行》：「篳門圭窬，蓬戶甕牖，易衣而出，並日而食。」

【易於反掌】
見「易如反掌」。

【易於破竹】
比刀劈竹子還容易。形容做事不費力。元・陶宗儀《南村輟耕錄》卷一：「後實先聲，易於破竹。」

【易簀之際】
易：換；簀：竹蓆；際：時刻。《禮記・檀弓上》載：春秋魯國曾參臨終，覺得自己的寢蓆過於華美，不合當時禮制，命子曾元扶他起來換蓆子。剛換完，還沒安穩下來，他就死了。指老人病危臨終的時刻。宋・胡繼宗《書言故事・凶事類》：「言人臨終曰易簀之際。」

【易漲易退山坑水，易反易覆小人心】
比喻品格低下的人反覆無常。例眞是易漲易退山坑水，易反易覆小人心！明明約定一起走，今天他卻不聲不響先離開了。也作「**易漲易退山溪水，易反易覆小人心**」。

【易子而教】
交換子女進行教育。《孟子・離婁上》：「古者易子而教之，父子之間不責善，責善則離。」例易子而教，效果可能好得多。

【易子而食】
易：交換。彼此以對方的孩子充飢。形容舊社會因戰亂或災荒至使糧斷炊絕的悲慘境況。《左傳・哀公八年》：「景伯曰：『楚人圍宋，易子而食，析骸而爨。』」《魏書・程駿傳》：「飢寒切身，易子而食，靜言思之，實懷嘆息。」

【易子析骸】
易：交換。相互交換孩子吃，將人骨劈開當柴燒。形容因天災人禍造成的斷糧慘況。《公羊傳・宣公十五年》：「易子而食之，析骸而炊之」。漢・應劭《風俗通義》卷一：「易子析骸，厥禍亦巨。」也作「**析骸易子**」。

【軼類超羣】
軼：超過。超出同輩或同一專業的人。《隋唐演義》九五回：「就是那一長一技之微，若果能專心致志，亦足以軼類超羣，獨步一時。」也作「**軼羣絕類**」。宋・曾鞏《代人祭李白文》：「意氣飄然，發揚俊偉，飛黃駃騠，軼羣絕類。」

【軼羣絕類】
見「軼類超羣」。

【益國利民】
有益於國家，有利於人民。例這是一項益國利民的措施。

【益謙虧盈】
盈：溢出，引申指自滿。謙虛使人受益，自滿使人受損。《清史稿・柴潮生傳》：「君咨臣儆，治世之休風；益謙虧盈，檢身之至理。」

【益上損下】
使上面得益，卻損害了下面的利益。《清史稿・世祖本紀》：「厚己薄人，益上損下，是朕之罪一也。」

【益壽延年】
見「延年益壽」。

【益無忌憚】
益：更加，越發；忌憚：顧忌，害怕。更加無所顧忌。宋・朱熹《壬午應詔封事》：「適所以使之窺見我之底蘊，知我之無謀，而益無忌憚耳。」也作「肆無忌憚」。

【逸羣絕倫】

逸：通「軼」，超過；倫：同類。超過同輩或世人。形容極爲優異。《隋書・楊素傳》：「處道（楊素字）當逸羣絕倫，非常之器，非汝曹所逮也。」也作「逸羣之才」。漢・徐幹《中論・虛道》：「故君子常虛其心志，恭其容貌，不以逸羣之人才，加夫衆人之上。」也作「逸世超羣」。明・王錂《春蕪記・獻賦》：「昨日唐景二大夫，曾舉秀士一人，名爲宋玉，雄奇博洽，逸世超羣。」

【逸羣之才】

見「逸羣絕倫」。

【逸世超羣】

見「逸羣絕倫」。

【逸態橫生】

飄逸脫俗之態，洋溢而出。清・洪昇《長生殿・舞盤》：「妙哉，舞也！逸態橫生，濃姿百出。」

【逸聞軼事】

見「遺文軼事」。

【逸興遄飛】

逸興：清閒脫俗的興致；遄：ㄔㄨㄢˊ，急速。雅興十足。唐・王勃《滕王閣序》：「遙襟俯暢，逸興遄飛。」

【逸以代勞】

見「以佚待勞」。

【逸以待勞】

見「以佚待勞」。

【逸遊自恣】

逸：閒散；恣：放縱。安閒遊樂，自我放縱。《後漢書・梁統傳》：「翼字伯卓。爲人鳶肩豺目，……少爲貴戚，逸遊自恣。」

【溢惡之言】

溢：過分；惡：惡毒，刻薄。過於刻薄的話。《莊子・人間世》：「夫兩喜必多溢美之言，兩怒必多溢惡之言。」

【溢美之辭】

見「溢美之言」。

【溢美之言】

溢：水滿外流。過分讚美和吹噓的話。《莊子・人間世》：「夫兩喜必多溢美之言，兩怒必多溢惡之言。」也作「溢美之辭」。清・梁章鉅《高雨農序》：「雨農遽爲之序，具有溢美之辭。」

【溢於言表】

指某種內在的意思或強烈的感情，超出表面的言詞之外。形容感情眞摯、熾烈。明・朱之瑜《答安東守約書三十首》之六：「來書十讀，不忍釋手，眞摯之情，溢於言表。」也作「溢於言外」。明・徐師曾《論詩》：「『君向蕭湘我向秦』，不言悵別，而悵別之意溢於言外。」

【溢於言外】

見「溢於言表」。

【意出望外】

出乎意料之外。《紅樓夢》三五回：「寶玉勾著賈母，原爲要贊黛玉，不想反讚起寶釵來，倒也意出望外，便看著寶釵一笑。」

【意存筆先】

見「意在筆前」。

【意到筆隨】

想到哪裏就可以寫到或畫到哪裏。形容寫作或繪畫技巧成熟。清・陶元藻《越畫見聞・毛奇齡》：「工山水，王蓬心稱其意到筆隨，妙有天趣。」

【意得志滿】

願望實現而非常得意、滿足。元・無名氏《氣英布》一折：「今漢王大敗虧輸，項王意得志滿。」也作「意滿志得」。清・黃宗羲《進士心友張君墓志銘》：「一第進士，便意滿志得，以爲讀書之事畢矣。」

【意斷恩絕】

恩德、情義斷絕。元・關漢卿《哭存孝》三折：「做兒的會做兒，做爺的會做爺，子父每無一個差遲，生各札的意斷恩絕。」

【意廣才疏】

意：志向；疏：粗疏。志向遠大而才能淺薄。宋・楊萬里《陳公墓志銘》：「臣素不識浚，亦聞其人意廣才疏，雖有勤王之節，安蜀之功，然其敗事亦不少。」

【意合情投】

情趣、心意相投合。形容相處融洽。《西遊記》四二回：「自老孫當年與他相會，眞個意合情投，交遊甚厚。」也作「情投意合」。

【意急心忙】

內心驚慌，亂了主意。《封神演義》二回：「崇應彪見父親敗走，意急心忙，慌了手腳。」也作「意亂心慌」。《官場現形記》一二回：「[胡華若]胸中既無韜略，平時又無紀律，太平無事，尚可優遊自在；一旦有警，早已嚇得意亂心慌。」

【意懶情疏】

形容無精打采的樣子。《西遊記》六三回：「那呆子意懶情疏，徉徉推托。」

【意懶心灰】

懶：倦怠，消沈；灰：絕望。形容遭遇挫折或不順心之事，意志消沈，內心失望。清・頤瑣《黃繡球》一〇回：「有些少年勇猛的，憑著一時血性，做起事來霹靂火箭，就同一刻都等不得的。及至草草的放了一響，還沒有看見煙焰，倒又退去幾十里路，從此便意懶心灰，不復過問。」也作「心灰意懶」。

【意懶心慵】

懶、慵：倦怠。形容灰心喪氣，意志消沈。元・季子安《粉蝶兒・題情》套曲：「這些時意懶心慵，悶懨懨似痴如夢。」也作「意慵心懶」。明・高明《琵琶記・琴訴荷池》：「相公，非彈不慣，只是你意慵心懶。」

【意亂心慌】

見「意急心忙」。

【意馬心猿】

心思像猿騰馬奔一樣。比喻心神不

定。《唐史演義》一四回：「想到這裏，禁不住意馬心猿，竟把平生的七情六慾，一古腦兒堆集攏來。」也作「心猿意馬」。

【意滿志得】

見「意得志滿」。

【意氣自如】

形容神態鎮定，自然。《史記·李將軍列傳》：「會日暮，吏士皆無人色，而[李]廣意氣自如，益治軍。」也作「意氣自若」。《後漢書·吳漢傳》：「諸將見戰陳不利，或多惶懼，失其常度，[吳]漢意氣自若，方整厲器械，激揚士吏。」

【意氣自若】

見「意氣自如」。

【意氣相合】

見「意氣相傾」。

【意氣相傾】

彼此的志趣、性格相投合。宋·張孝祥《與虞并父書》：「雖聲跡差池，藐不相聞，然意氣相傾，殆若朝夕與遊處者。」也作「意氣相投」。元·宮大用《范張雞黍》三折：「咱意氣相投，你知我心憂。」也作「意氣相合」。元·石君寶《紫雲庭》三折：「我本是個邪祟妖魔，他那俏魂靈倒將咱著末，阿大岡來意氣相合。」也作「意氣相許」。《古今小說》卷四〇：「大丈夫意氣相許，那有貴賤？」

【意氣相投】

見「意氣相傾」。

【意氣相許】

見「意氣相傾」。

【意氣軒昂】

形容神采煥發、氣度昂揚。宋·王十朋《張廷直挽詞》：「意氣軒昂蓋一時，床頭《周易》造深幾。」

【意氣洋洋】

見「意氣揚揚」。

【意氣揚揚】

意氣：神態；揚揚：得意的樣子。形容極為神氣、自得的樣子。《警世通言》卷三：「他見別人懼怕，沒奈何他，意氣揚揚，自以為得計。」也作「意氣洋洋」。漢·劉向《列女傳·齊相御妻》：「擁大蓋，策駟馬，意氣洋洋，甚自得也。」

【意氣用事】

意氣：情緒偏激。缺乏理智，憑著一時衝動去處理問題。清·陳確《寄吳裒仲書》：「所懼傷手足之情者，仍是意氣用事，不能以至誠相感，故有此患耳。」

【意氣自得】

形容驕傲、得意的樣子。宋·曾敏行《獨醒雜志》卷一：「劉偉明弇少以才學自負，擢高第，中詞科，意氣自得，下視同輩。」

【意切辭盡】

見「意切言盡」。

【意切言盡】

切：懇切。意見懇切，說話沒有保留。唐·劉禹錫《唐故相國贈司空令狐公集紀》：「齊終之前一日自修遺表，初述感恩陳力之大義，中及朝廷刑政之或闕，意切言盡，神識不昏。」也作「意切辭盡」。唐·李翺《勸裴相不自出徵書》：「伏望試以狂言，訪於所知之厚者，意切辭盡，不暇文飾，伏惟少賜省察。」

【意攘心勞】

攘：亂；勞：煩。形容心情煩操不安。明·無名氏《三化邯鄲》二折：「盧生也，也是你三生累積功千劫，教我一夜思量計萬條，意攘心勞。」也作「心勞意攘」。

【意擾心煩】

心緒煩亂。《醒世姻緣傳》引起：「遇著個不賢之婦，今日要衣裳，明日要首飾，少柴沒米，稱醬打油，激聒得你眼花撩亂，意擾心煩。」

【意惹情牽】

惹：牽引，纏繞。男女情意纏綿，彼此牽掛。元·王實甫《西廂記》一本一折：「休道是小生，便是鐵石人也意惹情牽。」

【意外之財】

意外：意料之外。出乎意料之外的錢財。《官場現形記》一一回：「且說周老爺憑空得了一千五百塊洋錢，也算意外之財，拿了他便一直前往浙江。」

【意往神馳】

心神嚮往。形容思慕深切。《二十年目睹之怪現狀》：「不住的面紅耳赤，意往神馳，身上不知怎樣才好。」也作「心往神馳」。

【意味深長】

意思含蓄、深刻，耐人尋味。朱自清《經典常談·四書第七》：「書中所述的人生哲理，意味深長，會讀書的細加玩賞，自然能心領神悟，終身受用不盡。」也作「意義深長」。巴金《旅途隨筆·別》：「這些簡單而意義深長的話我還能夠了解。」

【意想不到】

沒有預料到。指出乎意外。清·頤瑣《黃繡球》四回：「況且女人放腳，好像奉過旨，本官也奉文出過告示，就怎麼少見多怪，起了風波，可真意想不到。」

【意興闌珊】

闌珊：衰落，將盡。興致低落。例一聽到那個討厭的傢伙要和我們一起去旅行，我就顯得有些意興闌珊，不太想去了。

【意興索然】

索然：零落，引申為空盡之意。指興致全無。《東周列國志》七一回：「景公意興索然」。例想到孩子還在住院，她頓時感到意興索然。

【意義深長】

見「意味深長」。

【意意思思】

形容說話吞吞吐吐。《紅樓夢》六五回：「我還說：『就是塊肥羊肉，無奈燙的慌；玫瑰花兒可愛，刺多扎手。咱們未必降的住，正經揀個人聘了罷。』他只意意思思的就擺過手了。你叫我有什麼法兒。」也作「意意似似」。《金瓶梅詞話》二五回：「[玉樓道]嗔道賊臭肉，在那裏坐著，見了俺每意意似似的，待起不起的，誰知原來背地有這本帳！」

【意意似似】
見「意意思思」。

【意慵心懶】
見「意懶心慵」。

【意在筆前】
寫字、繪畫或寫作之前，先構思成熟，然後下筆。晉・王羲之《圖節夫人筆陣圖後》：「夫欲書者，先乾研墨，凝神靜思……意在筆前，然後作字。」也作「意在筆先」。宋・徐度《卻掃篇》卷中：「草書之法，當使意在筆先，筆絕意在爲佳耳。」也作「意存筆先」。唐・張彥遠《歷代名畫記・論顧陸張吳用筆》：「顧愷之之跡緊勁聯綿，循環超忽，調格逸易，風趨電疾，意存筆先，畫盡意在，所以全神氣也。」

【意在筆先】
見「意在筆前」。

【意在言外】
眞意在表面的言辭、話語之外。指沒有明說，卻可以體會出來。宋・胡仔《苕溪漁隱叢話後集・杜牧之》：「《宮詞》云：『監宮引出暫開門，隨例雖朝不是恩。銀鑰卻收金鎖合，月明花落又黃昏。』此絕句極佳，意在言外，而幽怨之情自見，不待明言之也。」

【意中人】
原指心中思念的友人。晉・陶潛《示周續之祖企謝景夷三郎》詩：「藥石有時閒，念我意中人。」後多指心中慕戀的異性。宋・晏殊《訴衷情（其一）》詞：「東城南陌花下，逢著意中人。」

【意轉心回】
轉變原先的想法或態度。元・王實甫《西廂記》四本一折：「憑的惡搶白，並不曾記心懷，撥得個意轉心回。」

【薏苡明珠】
薏苡：植物名。《後漢書・馬援傳》：「南方薏苡實大，援欲以爲種，軍還，載之一車……及卒後，有上書譖之者，以爲前所載還，皆明珠文犀。」後以「薏苡明珠」比喻被人誹謗而蒙冤。清・朱彝尊《酬洪昇》詩：「梧桐夜雨詞淒絕，薏苡明珠謗偶然。」也作「薏苡興謗」。《後漢書・吳祐傳》：「昔馬援以薏苡興謗，王陽以衣囊邀名。嫌疑之戒，誠先賢所愼也」。也作「薏苡之謗」。五代・王定保《唐摭言》卷九：「是知瓜李之嫌，薏苡之謗，斯不可忘。」

【薏苡興謗】
見「薏苡明珠」。

【薏苡之謗】
見「薏苡明珠」。

【毅魄歸來日，靈旗天際看】
靈旗：古代出征時用的一種旗。剛毅的魂魄歸來的那一天，出征的靈旗布滿天邊。用以表現志士仁人至死不屈的鬥爭精神。明・夏完淳《別雲間》詩：「已知泉路近，欲別故鄉難。毅魄歸來日，靈旗天際看。」

【毅然決然】
形容決心已定，堅決果斷。魯迅《吶喊・端午節》：「但似乎因爲捨不得皮夾裏僅存的六角錢，所以竟也毅然決然地走了。」

【瘞玉埋香】
瘞：埋葬；玉、香：指美女。比喻美女死亡。明・高啟《聽教坊舊妓郭芳卿弟子陳氏歌》詩：「回頭樂事浮雲改，瘞玉埋香今幾載？」

【翼翼小心】
翼翼：恭敬的樣子。形容非常謹愼，不敢疏忽。《梁書・侯景傳》：「翼翼小心，常懷戰栗。」也作「小心翼翼」。

ㄧㄚ

【丫環帶鑰匙——當家不管事】
①見「丫環女帶鑰匙——當家不作主」。②比喻居其位而不謀其政。例他空掛了一個主管職務，丫環帶鑰匙——當家不管事，什麼事都不願意幹。

【丫環女帶鑰匙——當家不作主】
婢女幫人管理家務，但作不了主。比喻雖然掌管一點事務，但實際上無權。例這件事難辦，俺哥也是摳人家碗底兒，丫環女帶鑰匙——當家不作主。也作「丫環帶鑰匙——有職無權」、「大姑娘掌鑰匙——當家不作主」。

【丫頭做媒——自身難保】
比喻自己未立住腳，無法幫助別人。例你別以爲我能幫你什麼忙。我是奉命辦事，就像俗話說的：「丫頭做媒——自身難保。」也作「稻草人救火——自身難保」。

【壓不住定盤星】
定盤星：秤桿上的第一個星點，爲起算點，秤錘懸在此點時與秤盤平衡。比喻壓不住陣，制服不了別人。例我女兒年紀輕輕，就當了工廠的廠長，我眞擔心她壓不住定盤星，誤了工廠大事。

【壓床板】
比喻躺在床上休息或睡覺。例喲，都快吃中飯了，你還在壓床板呐！也作「壓鋪板」。例問我暑假幹什麼？除了壓鋪板，就是看書啦！

【壓倒一切】
形容氣概或氣勢無比高昂。也形容力量極爲強大或任務無比重要。《續孽海花》三三回：「他身著玄色皺紗時行的棉袍，罩著一件深藍庫緞巴圖魯馬甲，飛揚神俊，有壓倒一切的氣概。」例保證春節期間的行車安全，是目前壓倒一切的首要任務。

【壓倒元白】
元、白：指唐代著名詩人元稹、白居易。五代・王定保《唐摭言》卷三載：一次宰相楊嗣復請客，元稹、白居易和楊汝士都即席賦詩。楊詩最好，元、白二人閱後嘆服。那天楊汝士喝醉了，回去對子弟們說：「我今日壓倒元白。」後用「壓倒元白」比喻著作優異，超過同時的著名作家。元・鍾嗣成《吊宮大用》：「辭章壓倒元白，憑心地，據手策，是無比英才。」

【壓到五行山下】
五行山：《西遊記》故事：「如來佛用五個佛指化作五行山，用以壓倒大鬧天空的孫悟空。比喻完全制服。例你再搗亂，遲早把你壓到五行山下，讓你徹底完蛋！

【壓低秤桿做生意——蕎不啣兒漲錢】
賣東西時，壓低秤桿，造成缺斤少兩，名義上不漲價，實際上是漲了價。也作「燒酒裏兌水——蕎不啣兒漲錢」等。

【壓後陣】
古代作戰隊伍的行列或組合方式叫「陣」。排在最後的叫後陣。比喻走在人羣或隊伍後面或行動落在最後。例你既然來晚了，就乾脆和我一塊壓後陣吧！

【壓肩疊背】
前後的人肩背緊挨著。形容人多擁擠。《水滸傳》一〇二回：「只見一簇人壓肩疊背的圍一個漢子，赤著上身正在那陰涼樹下吆吆喝喝地使棒。」也作「壓肩迭背」。《水滸》四〇回：「江州府看的人，眞乃壓肩迭背，何止一二千人。」

【壓肩迭背】
見「壓肩疊背」。

【壓良爲賤】
良：良好，良家女子；賤：低賤，奴婢。指舊社會强逼良家女子爲奴婢。《資治通鑑・後晋天福八年》：「自烈祖相吳，禁壓良爲賤。」也用以比喻壓制，攻擊他人，將其優點當作缺點。清・賀貽孫《詩筏》：「明代如李獻吉、王元美……乃往往高自標榜，互相屈辱，壓良爲賤，稱娣爲姑，以此囂陵，不及古人。」

【壓馬路】
比喻散步或談情說愛。例他的伙伴們都成雙成對地壓馬路去了，只有他還一個人在宿舍啃書本。

【壓鋪板】
見「壓床板」。

【壓線年年】
壓線：按捺針線，指縫紉。唐・秦韜玉《貧女》詩：「苦恨年年壓金線，爲他人作嫁衣裳。」意謂貧女無錢爲自己買嫁衣，卻年年替別人縫製嫁衣。後以「壓線年年」比喻長期爲他人忙碌。

【壓在心頭上的石頭】
形容心裏難以擺脫的疑慮、恐懼。例手術成功了，壓在他心頭上的一塊石頭落了地，他感到剛才自己的緊張是多餘的。

【壓陣脚】
古代作戰時排的「陣」的最前方叫「陣脚」。比喻控制局面。例這個辯論會，就全靠你這個演說家壓陣脚了。

【壓軸戲】
軸：原名冑子，即武戲，容易吸引觀衆；壓軸：如有唱工特別好的戲，就排在武戲之前，叫「壓冑子」。現多比喻放在最後的精彩節目。魯迅《大觀園的人才》：「早些年，大觀園裏的壓軸戲是劉姥姥罵山門，那是要老旦出場的。」

【厭難折衝】
厭：通「壓」，抑制；折：使受挫折；衝：制敵取勝。克服困難，克敵制勝。西漢・劉向《說苑・尊賢》：「故虞有宮之奇，晋獻公爲之終夜不寐；楚有子玉，得臣，文公爲之側席般而坐。遠乎賢者之厭難折衝也。」

【呀呀學語】
呀呀：象聲詞，摹擬嬰兒學說話的聲音。形容嬰兒學著說話。巴金《還魂草》：「朋友那個新生的男孩就是在這樣的環境裏養育起來的，現在開始呀呀學語了。」也作「啞啞學語」。秋瑾《精衛石》二回：「已生一子方周歲，剛是啞啞學語長。」也作「牙牙學語」。清・梁紹壬《兩般秋雨庵隨筆》卷三：「趙秋舲來書：『丁亥臘月二十七夜，內子舉一男，現才牙牙學語。』」

【啞啞學語】
見「呀呀學語」。

【鴉巢生鳳】
烏鴉的巢穴裏生出個鳳凰。比喻醜陋、平庸的母親生了個聰慧俊秀的女兒。也比喻貧窮地區或人家出了個優秀人才。《續傳燈錄・福州白鹿山顯端禪師》：「[僧]問：『如何是異類？』師曰：『鴉巢生鳳。』」

【鴉飛不過的田土】
烏鴉都飛不到頭。形容田地廣大。例提起老韓來，他家可是有錢人，鄉下有鴉飛不過的田土，城裏有米廠、榨油廠，眞是富有的不得了。

【鴉飛雀亂】
見「鴉飛鵲亂」。

【鴉飛鵲亂】
烏鴉、喜鵲亂飛。形容秩序混亂、四散奔跑。《何典》二：「正在看得高興，忽然戲場上鴉飛鵲亂起來。」也作「鴉飛雀亂」。清・華偉生《開國奇冤・約敍》：「最可笑那些提調、教習以及高等科學員，一個個跑得精光，只剩了些尋常科的學生，在那裏鴉飛雀亂。」

【鴉默雀靜】
形容沒有一點聲息或不聲不響。《兒女英雄傳》二七回：「我兩個同張老大、女婿、大姪兒都在這廂房裏鴉默雀靜兒的把飯吃在肚子裏了。」

【鴉雀剪去尾子——同八哥混陣】
鴉雀與八哥外形相似，剪去長尾後更相似。比喻有意同別人混雜在一起。例他也來湊什麼熱鬧，這不是鴉雀剪去尾子——同八哥混陣嗎？

【鴉雀無聲】
形容非常寂靜。《官場現形記》三三回：「直等到大衆去淨之後，靜悄悄的鴉雀無聲。」也作「**鴉雀無聞**」。《紅樓夢》三六回：「寶釵獨自行來……不想步入院中，鴉鵲無聞，一併連兩隻仙鶴在芭蕉下都睡著了。」也作「**鴉鵲無聲**」。《痛史》二回：「此時只覺得靜悄悄的鴉雀無聲。」

【鴉雀無聞】
見「鴉雀無聲」。

【鴉鵲無聲】
見「鴉雀無聲」。

【鴉窩裏出鳳凰】
比喻貧賤人家或條件差的地方產生了出衆的人才。元・高茂卿《兒女團圓》四折：「敢則是鴉窩裏出鳳凰，糞堆上產靈芝。」也作「**鴉窩裏出鳳雛**」、「**老鴰窩裏出鳳凰**」、「**老鴉窠裏鑽出一個鳳凰來**」。

【鴉啄鐵牛——無下口處】
烏鴉啄鐵牛，沒有下嘴的地方。比喻遇到難處，無計可施。例新來的稅務局長，聽說是個極清廉的人，從不吃請受賄。那些打算行賄的商人，眞好比鴉啄鐵牛——無下口處。

【鴨背澆水——白費力】
見「擔沙塡海——白費勁」。

【鴨背澆水——白費心】
見「燈盞無油——白費心」。

【鴨背上的水——有來有去】
見「木匠拉大鋸——有來有去」。

【鴨背上澆水——沒啥意思】
鴨子喜水，善游泳，在它的背上澆一點水，沒有什麼影響。比喻沒有什麼意義、影響或作用。例這點救濟款，對廣大災民來說，恐怕是鴨背上澆水——沒啥意思，還得靠生產自救。

【鴨背上潑水——不沾（粘）】
比喻不挨邊。有時指不可以。例你說的那件貪占公家財物的事，老王是鴨背上潑水——不沾（粘），他一向是廉潔奉公的。也作「**豆腐渣貼對聯——不沾（粘）**」。

【鴨背上潑水——兩不沾（黏）】
見「豆腐渣糊牆——兩不沾（黏）」。

【鴨步鵝行】
像鴨、鵝那樣行走。形容步履搖晃緩慢。元・秦簡夫《東堂老》二折：「我覷不的你稍寬也那褶下，肚迭胸高，鴨步鵝行。」

【鴨腿上扣銅鈴——響噹噹】
也作「**鴨腿上拴鈴鐺——噹噹響**」。見「飯勺敲鐵鍋——響噹噹」。

【鴨肫難剝，人心難託】
比喻人心難測，輕易不能託付辦事。例你把倉庫的鑰匙交給這麼一個人管，妥當麼？俗話說鴨肫難剝，人心難託呀！

【鴨子不吃癟穀——肚裏有貨】
見「大肚羅漢寫文章——肚裏有貨」。

【鴨子不和雞合伙】
指不是同類，不能成爲朋友。例你我素來志不同、道不合。你是你，我是我，鴨子不和雞合伙。

【鴨子不屎屎——自有去路】
也作「**鴨子不屎屎——自有便道**」。見「雞不撒尿——自然有一便」。

【鴨子吃菠菜——連根兒鏟】
比喻徹底消滅。例敵人不來則已，若來，就給他們一個鴨子吃菠菜——連根兒鏟。

【鴨子吃礱糠——一場空歡喜】
礱（ㄌㄨㄥˊ）糠：稻穀磨過後脫下的外殼。見「狗咬尿脬——一場空」。

【鴨子出水——不溼羽毛】
比喻平安無事。例他身經百餘戰，每次都是鴨子出水——不溼羽毛，眞是一員福將。

【鴨子的腳爪——聯成一片】
比喻聯合起來，成爲一體。例我們應當像鴨子的腳爪——聯成一片，人、財、物力將會成倍的增長，事業發展也就會加快。也作「**鴨子的巴掌——一連手**」、「**鴨子的腳板——一聯**」。

【鴨子凫水——暗中使勁】
凫：ㄈㄨˊ，同「浮」。見「牆裏的柱子——暗裏吃勁」。

【鴨子浮水——上鬆下緊】
鴨子浮在水面，看起來輕鬆，實際上它的腳掌在水中使勁地划動。比喻上面要求不高，下面卻抓得很緊；或領導人不動，羣衆動起來了。有時指表面沒動靜，暗地裏進行活動。例我們這裏的工作就像鴨子浮水——上鬆下緊，羣衆反而比領導人行動力。也作「**鴨子凫水——上面靜，底下動**」。

【鴨子改雞——光磨嘴皮】
鴨子嘴扁而長，若變爲雞，要磨掉它大而突出的嘴巴。此爲假想之說。比喻盡要嘴皮子，說漂亮話。例這個人是鴨子改雞——光磨嘴皮，眞實本領有嘴上說的十分之一就好了。

【鴨子過河——各顧各（咯咕咯）】
見「母雞帶崽——各顧各（咯咕咯）」。

【鴨子過河——隨大流】
見「河裏潑水——隨大溜」。

【鴨子喊伴——呱呱叫】
也作「**鴨子下河灘——呱呱叫**」、「**鴨子下水——呱呱叫**」。見「狗攆鴨子——呱呱叫」。

【鴨子開會——無稽（雞）之談】
稽：「雞」的諧音，考核。比喻沒有根據無從查考的言論。例這純粹是鴨子開會——無稽（雞）之談，可以置之不理。

【鴨子落水——各奔前程】
見「相逢不下鞍——各奔前程」。

【鴨子能逮魚，誰還養魚鷹】
比喻要是能力差的人也能幹好，就不

需要能力强的人了。含譏諷意味。例俗話說：「鴨子能逮魚，誰還養魚鷹。」要是這台精密機床你也能開，又何必要那些技術高的人？我看你還是不必逞這個能了。

【鴨子上鍋台——一躥勁兒】

躥：ㄘㄨㄢ，往上跳。比喻勁兒不能持久。例這個工程浩大、複雜，要打持久戰，鴨子上鍋台——一躥勁兒可不行。也作「**鴨子上牆——一股衝勁兒**」。

【鴨子上架——逼的】

也作「**鴨上架——全靠逼**」。見「好漢上梁山——逼的」。

【鴨子上架——靠猛勁】

比喻靠勇猛的勁頭去完成任務。例在體育競賽中，許多項目就像鴨子上架——靠猛勁，也有許多靠巧勁或耐力。

【鴨子上門檻——裏外亂咄咄】

亂咄咄：形容鴨子亂叫的聲音。比喻人亂嚷嚷。例這羣孩子就像鴨子上門檻——裏外亂咄咄，吵得人心煩意亂。

【鴨子死了還有鵝——一個頂一個】

見「一個蘿蔔一個坑——一個頂一個」。

【鴨子死了——嘴還硬】

見「鹵水煮鴨頭——腦袋軟了嘴還硬」。

【鴨子聽雷——茫然不懂】

茫然：無所知的樣子。比喻完全不懂得是怎麼回事。例這一堂課，許多學生就像鴨子聽雷——茫然不懂。也作「**驢子聽相聲——茫然不懂**」。

【鴨子吞田螺——全不知味】

也作「**鴨子吞田螺——食而不知其味**」。見「水牛吃荸薺——食而不知其味」。

【鴨子下凍田——難插口】

插口：插嘴，加入談話。形容很難加入別人談話，插不上嘴。例「你為什麼不說話？」「你們談的是本行的業務問題，我是鴨子下凍田——難插口」。

【鴨子下水——嘴上前】

比喻還沒有開始做，就先大肆吹噓一通。例我們主張多做事，少宣傳，更反對鴨子下水——嘴上前。也作「**鴨子入水——嘴上前**」。

【鴨子走路——大搖大擺】

見「府官進縣衙——大搖大擺」。

【鴨子走路——左右搖擺】

也作「**鴨子走路——搖擺不定**」。見「風吹楊柳——左右搖擺」。

ㄧㄚˊ

【牙白口清】

形容清楚明確。《兒女英雄傳》一八回：「憑他是什麼糖兒，也得慢慢兒的問個牙白口清再說呀！」

【牙長手短——好吃懶做】

牙長：便於咀嚼，比喻好吃；手短：搭不上手，比喻懶惰。見「屬豬八戒的——好吃懶做」。

【牙齒打掉朝肚裏悶】

比喻受苦受屈能克制不外露或不敢外露。例他無端受到侮辱，本想發作，但為不吃眼前虧，只好牙齒打掉朝肚裏悶。心想，咱們以後再見分曉。也作「**打落牙齒向肚中咽**」。

【牙齒上刮下來的】

比喻從日常飲食上多方節省下來的錢。例這是什麼私房錢！都是媽媽平日從牙齒上刮下來的，她捨不得買零嘴吃，留了給你外出作盤纏。也作「**牙縫裏擠出來的**」。

【牙齒咬舌頭——誤會】

比喻誤解了對方的意思。例咱們第一次見面，來了個牙齒咬舌頭——誤會，眞是梁山泊的兄弟，不打不相識啊！

【牙齒咬嘴唇——自咬自】

見「大拇指頭捲煎餅——自個嚼自個」。

【牙齒也有咬著舌頭的時候】

比喻親密的人有時也會發生矛盾。例咱倆雖然曾鬧過意見，傷過面子，但是牙齒也有咬著舌頭的時候，何況是朋友相處？這是家裏的小事情，不能因小失大。也作「**牙齒也有和舌頭打架的時候**」、「**牙跟舌頭還有不和的時候**」。

【牙齒捉對兒廝打】

形容極度恐懼驚慌。例推開門一看，只見滿地都是鮮血，一個沒頭的人，躺在血泊裏。驚得他牙齒捉對兒廝打，拔腿就逃。也作「**牙齒捉對兒的打交**」。

【牙對牙，眼對眼】

比喻針鋒相對。例他倆結怨已久，一見面就牙對牙，眼對眼的。

【牙縫裏插花——嘴裏漂亮】

見「滿口鑲金牙——嘴裏漂亮」。

【牙縫裏找痔瘡——外行】

見「和尚拜堂——外行」。

【牙角口吻】

牙角：直筆；口吻：曲筆。指雕刻文字的筆勢。宋・沈括《夢溪筆談・器用》：「（古銅黃彝）該畫甚繁，大體似繆篆……視其文，彷彿有牙角口吻之象。」

【牙籤錦軸】

見「牙籤玉軸」。

【牙籤萬軸】

牙籤：象牙做的圖書標籤；軸：書畫卷軸。形容所藏書畫豐富而精美。五代・李煜《題金縷子後》詩：「牙籤萬軸裹紅綃，王粲書同付火燒。」

【牙籤犀軸】

見「牙籤玉軸」。

【牙籤玉軸】

牙籤：象牙做的圖書標籤；軸：書畫卷軸。指書籍字畫。《宣和畫譜・山水三》：「父有方平日性喜書畫，家藏萬卷，牙籤玉軸，率有次第。」也作「**牙籤犀軸**」。元・高則誠《琵琶記・五娘書館題詩》：「細帙縹囊，數起看何止四萬卷；牙籤犀軸，乘將來勾有三千車。」也作「牙籤錦軸」。明・無名氏《贈書記・秘書贈合》：「牙籤錦軸吾良友，明窗淨几共夷猶。」

【牙生輟弦】
牙生：即伯牙，春秋時人，以精於琴藝著名；輟：中止；弦：琴弦，借指彈琴。《呂氏春秋・本味》載：伯牙善鼓琴，只有鍾子期完全理解琴意，子期死後，伯牙覺得世上再也沒有知音者，於是終生不再鼓琴。後用「牙生輟弦」比喻對死去的知己友人的深切悼念。清・王士禎《帶經堂詩話・家學類》：「士禎與西樵先生爲兄弟四十年……先生歿，禮部公泣謂士禎曰：『而與而兄實有牙生輟弦之痛，豈但鴿原之悲也。』」

【牙牙學語】
牙牙：象聲詞，嬰兒學語聲。見「呀呀學語」。

【牙咬秤砣——硬對硬】
見「鋼釬打石頭——硬碰硬」。

【崖縫裏的馬蜂——沒人敢惹】
馬蜂：胡蜂的通稱，尾部有毒刺，能螫人。見「母老虎罵街——沒人敢惹」。

【睚眥必報】
睚眥：ㄗˋ，怒目，瞪眼。即使是極小的怨恨也必定要報復。宋・蘇轍《論呂惠卿》：「蓋其凶悍猜忍如蝮蝎，萬一復用，睚眥必報。」

【睚眥殺人】
睚眥：瞪眼，怒目而視。僅因爲別人瞪了一眼就把人殺了。形容人橫行不法。《史記・遊俠列傳》：「[郭]解布衣爲任俠行權，以睚眥殺人。」

【睚眥之恨】
見「睚眥之怨」。

【睚眥之私】
見「睚眥之怨」。

【睚眥之隙】
見「睚眥之怨」。

【睚眥之嫌】
見「睚眥之怨」。

【睚眥之怨】
睚眥：瞪眼睛。比喻微小的怨恨。《史記・范雎蔡澤列傳》：「一飯之德必償，睚眥之怨必報」。也作「睚眥之嫌」。《舊唐書・刑法志》：「睚眥之嫌，即稱有密，一人被告，百人滿獄。」也作「睚眥之隙」。《三國志・魏書・董卓傳》：「卓性殘忍不仁，遂以嚴刑脅衆，睚眥之隙必報，人不自保。」也作「睚眥之私」。《元史・鐵木迭兒傳》：「恃其權寵，乘間肆毒，睚眥之私，無有不報。」也作「睚眥之恨」。《三國志・魏書・胡質傳》：「今以睚眥之恨，乃成嫌隙。」

【衙官屈宋】
衙官：州鎮的屬官；屈宋：屈原、宋玉。《新唐書・杜審言傳》：「又嘗謂人曰：『吾之文章，合得屈宋作衙官；吾之書跡，合得王羲之北面。』其矜誕如此。」原指杜審言自誇文章高明，屈原、宋玉只能充當屬官。後用來稱讚別人的文才優異。《聊齋志異・羅剎海市》：「先生文學士，必能衙官屈宋。欲煩椽筆賦『海市』，幸無吝珠玉。」

【衙門八字開，有理無錢莫進來】
衙門：舊時官員辦公的地方，門口朝南，門開時像個「八」字。形容舊時官府腐敗，貪污成風。例像許多人所知道的：「衙門八字開，有理無錢莫進來。」今天我花的錢多，我就得勢一陣，明天你花的錢多，你就占了上風。也作「天下衙門朝南開，有理無錢莫進來」、「衙門六扇門，有理無錢莫進來」。

【衙門的錢，下水的船——來得易】
衙門：舊時官員辦公的機關。比喻可以毫不費力地弄到手。例你們別認爲衙門的錢，下水的船——來得易，就大手大腳地浪費人民的血汗，這是一種犯罪的行爲。

【衙門口的獅子——假威風】
見「狸貓披虎皮——假威風」。

【衙門口的獅子——明擺著】
見「禿子頭上的虱子——明擺著」。

【衙門口的獅子——一對兒】
見「廟門前的石頭獅子——一對兒」。

【衙門口的獅子——張牙舞爪】
見「龍王爺亮相——張牙舞爪」。

【衙門裏的狗——仗勢欺人】
比喻倚仗官府勢力，欺壓良民。例這傢伙就像衙門裏的狗——仗勢欺人，無惡不作，罪該萬死。

ㄧㄚˇ

【啞巴挨夾槓——痛死不開腔】
夾槓：夾棍，刑具，用兩根木棍做成，行刑時用力夾犯人的腿。比喻堅強不屈，死不開口。例他是一條好漢，任憑敵人嚴刑拷打，他就像啞巴挨夾槓——痛死不開腔。

【啞巴挨罵——氣不可言】
比喻非常生氣或氣得說不出話來。例他對這件事不公平的處理，就像啞巴挨罵——氣不可言，說要向上級申訴哩！

【啞巴被驢踢——有苦說不出】
見「啞巴吃黃連——有苦難言」。

【啞巴比劃，聾子打岔——說不清，聽不明】
見「聾子打啞巴——說不清，聽不明」。

【啞巴唱戲——莫名其妙】
見「三伏天刮西北風——莫名其妙」。

【啞巴吃黃連——有苦難言】
黃連：多年生草本植物，根莖味苦，可以入藥。比喻有某種苦衷或難處，而不便或不敢說出來。例他由於理虧，受了氣又不敢聲張，眞是啞巴吃黃連——有苦難言。也作「啞巴吃黃連——有苦說不出」、「啞巴吃黃連——有口難訴」、「啞巴吃黃連——有苦沒處訴」、「啞巴吃黃連——苦在心頭」、「啞巴吃黃連——悶在心裏」、「啞巴吃黃連——苦在心裏又說不出」、「啞巴吃苦瓜——有苦難訴」、「啞巴打官司——有口難言」、「啞巴被驢踢——有苦說不出」。

【啞巴吃餃子——心中有數】

也作「啞巴吃餃子——肚裏有數」、「啞巴吃扁食——心中有數」、「啞巴吃元宵——肚裏有數」、「啞巴吃餛飩——心裏有數」、「啞巴吃餃子——嘴裏不說，心裏有數」。見「吃了算盤珠——心中有數」。

【啞巴吃苦瓜——說不出的那個敗火勁兒】

苦瓜：也叫癩瓜，中醫作爲清熱敗火用藥之一；敗火勁兒：因遇到不順心的事而掃興。雙關語。比喻掃興極了。例滿懷必勝的信心前往助陣，結果，我們的球隊以一球之差輸了，眞是啞巴吃苦瓜——說不出的那個敗火勁兒。

【啞巴吃苦瓜——與你說不得】

①比喻有說不盡的苦處或難處。例他的處境之艱難，眞是啞巴吃苦瓜——與你說不得。②參見「啞巴吃黃連——有苦難言」。

【啞巴吃蠍子——痛不可言】

比喻疼痛或難受得無法形容。有時指某種痛苦不便說出。例這次科學競賽失敗，對王教授來說是啞巴吃蠍子——痛不可言，人們非常同情、理解他。也作「啞巴挨打——痛不可言」、「馬蜂叮屁股——痛不可言」。

【啞巴打官司——有理說不清】

見「秀才遇見兵——有理說不清」。

【啞巴打手勢——難理會】

比喻事情難於理解。例你昨天一反常態，對下級採取粗暴的態度，的確是啞巴打手勢——難理會。也作「夜裏說夢話——難理會」。

【啞巴瞪眼睛——說不出的心裏恨】

比喻心中憤恨，難以形容。例對他的那種飛揚跋扈，大家就像啞巴瞪眼睛——說不出的心裏恨。也作「啞巴咬牙——說不出的心裏恨」。

【啞巴肚裏掛算盤——心中自有打算】

比喻嘴上不講，心裏卻有妙計。例如何克服困難，提前完成今年生產任務，王師傅是啞巴肚裏掛算盤——心中自有打算。

【啞巴對話——指手劃腳】

比喻輕率地批評、指點、胡亂發號施令。例領導幹部切忌一開始，就來個啞巴對話——指手劃腳，應先作調查研究，摸淸情況，搞懂問題，然後再提出建議。也作「一羣啞巴在一起——指手劃腳」。

【啞巴對話——裝腔作勢】

見「絲瓜筋打老婆——裝腔作勢」。

【啞巴觀燈——妙不可言】

比喻美妙得難以用語言表達。例這次藝術節可眞是啞巴觀燈——妙不可言，大飽了眼福。

【啞巴喊救火——乾急說不出】

形容著急得沒有辦法。例病情已到如此地步，醫生也是啞巴喊救火——乾急說不出，只好叫家屬做好後事準備。也作「啞巴喊捉賊——乾急說不出」、「啞巴捉賊——急在心頭」、「啞巴看失火——乾急說不成話」。

【啞巴教書——難講】

比喻不好說或不便說。例「你認爲這場球賽我們能贏嗎？」「啞巴教書——難講，要看隊員臨場發揮了。」

【啞巴進廟——多磕頭，少說話】

磕頭：舊時的一種禮節，兩腿跪在地上，兩手扶地，頭低下近地，或著地。比喻多做討好人的事情，少說得罪人的話。例這個人一向圓滑，無論在哪裏，都是啞巴進廟——多磕頭，少說話，人緣頂好。也作「啞巴拜年——多磕頭，少說話」。

【啞巴開會——沒說的】

也作「啞巴見面——沒說的」。見「倆啞巴見面——沒說的」。

【啞巴看見娘——無話可說】

也作「啞巴找到媽——沒說的」。見「倆啞巴見面——沒說的」。

【啞巴看書——毒（讀）在心裏】

毒：「讀」的諧音。比喻內心狠毒，藏而不露。例別看他見人滿面笑容，實際上是啞巴看書——毒（讀）在心裏，許多人都吃過他的大虧。

【啞巴狸貓抓耗子——悶逮】

狸貓：即豹貓，也叫山貓，哺乳動物，形狀跟貓相似，頭部有黑色條紋，軀幹有黑褐色的斑點，尾部有橫紋，性凶猛，食鳥、鼠、蛇、蛙等小動物。比喻人不吭聲地做某件事。例他性情沉靜，平時沈默寡言，幹起活來就像啞巴狸貓抓耗子——悶逮。也作「啞巴捉驢——悶逮」。

【啞巴夢見媽——說不出的苦】

見「滿嘴塞黃連—說不出的苦」。

【啞巴上公堂——有口難辯】

公堂：舊指官吏審理案件的地方。比喻有理難以申辯或有話不敢說。例他以權壓人，不准講理，實在是啞巴上公堂——有口難辯。

【啞巴伸冤——無話可說】

見「倆啞巴見面——沒說的」。

【啞巴拾黃金——喜不可言】

高興得沒法說。比喻快樂極了。例孩子考試得了第一名，簡直是啞巴拾黃金——喜不可言。也作「啞巴拾黃金——說不出的快活」、「啞巴討老婆——喜不可言」。

【啞巴說話聾子聽——兩不懂】

比喻雙方都不明白。例我們之間語言不通，雙方比劃了半天，還是像啞巴說話聾子聽——兩不懂。

【啞巴捉賊——難開口】

①形容光著急而又講不出話來的樣子。例重病中的張大爺，見兒子遭到如此大的不幸，實在是啞巴捉賊——難開口。②見「落雨天的芝麻——難開口」。

【啞婦傾杯反受殃】

民間傳說：舊時有一啞婦，丈夫從遠處回家。小妾與人通奸，恐事敗露，便置毒藥於酒，欲害其夫。啞婦知其陰謀，便把酒杯打碎，救了丈夫，但其夫不解其意，啞婦反被毒打。後用以比喻忠心待人，反遭禍害。元·無名氏《賺蒯通》四折：「想起那韓元帥葫蘆提斬在法場，將功勞簿都做招伏狀，恰便似啞婦傾杯反受殃，枉了這五年間把煙塵蕩。」

【啞口無言】

多指理虧或生氣，以致無話可說。《官場現形記》四四回：「他倆扭進來的時候，各人都覺得自己理長，恨不得見了堂翁，各人把各人苦處訴說一頓，及至被執帖大爺訓斥一番，登時啞口無言，不知不覺，氣焰矮了大半截，坐在那裏，一聲不響。」

【啞然大笑】

見「啞然失笑」。

【啞然而笑】

見「啞然失笑」。

【啞然失笑】

啞：舊讀ㄜˋ，笑聲；失笑：忍不住笑起來。指情不自禁地笑起來。清·章學誠《文史通義·文理》：「反覆審之，不解所謂，詢之（左）艮宇，啞然失笑。」也作「**啞然大笑**」。《列子·周穆王》：「同行者啞然大笑」。也作「**啞然而笑**」。漢·趙曄《吳越春秋·越王無餘外傳》：「禹乃啞然而笑」。也作「**啞然一笑**」。清·葉燮《原詩·內篇下》：「穿窬鄰人之物以爲己有，即使盡竊其連城之璧，終是鄰人之寶，不可爲我家珍，而識者竊見其裏，適供其啞然一笑而已。」也作「**啞然自笑**」。《聊齋志異·五羖大夫》：「質明，視之，恰符五數。啞然自笑神之戲己也。」

【啞然一笑】

見「啞然失笑」。

【啞然自笑】

見「啞然失笑」。

【啞神肚裏掛算盤——自有他的巧打算】

比喻嘴上不說，心裏卻有精明的考慮和安排。例你別看他外表傻裏傻氣，不吭聲，啞神肚裏掛算盤——自有他的巧打算。

【啞子吃苦瓜】

比喻心中的苦楚難以向人訴說。《五燈會元·洞山微禪師》：「僧問：『如何是默默相應底事？』師曰：『啞子吃苦瓜。』」

【啞子吃蜜】

比喻難以用語言形容的歡喜。《五燈會元·慧林懷深慈受禪師》：「問：『知有道不得時如何？』師曰：『啞子吃蜜。』」

【啞子得夢】

啞：也作「瘂」。比喻滿腹心事卻無法傾訴。《五燈會元·石霜圓禪師》：「啞子得夢向誰說，須彌頂上浪滔天。」

【啞子漫嘗黃蘗苦，難將苦口對人言】

黃蘗（ㄅㄛˋ）：即黃柏，味極苦。比喻心中的苦處難對人言。例聽他一說，恍然大悟，原來懷疑的對象正是自己。想說出眞情，又怕連累小姑子，眞是啞子漫嘗黃蘗苦，難將苦口對人言。

【啞子漫嘗黃柏味，自家有苦自家知】

黃柏：落葉喬木，皮可入藥，味很苦。比喻有苦無法訴。《東周列國志》九回：「文姜深閨寂寞，懷念諸兒，病勢愈加，卻是胸口展轉，難以出口。正是『啞子漫嘗黃柏味，自家有苦自家知。』」也作「**啞子漫嘗黃柏味，難將苦口向人言**」、「**啞子吃了黃柏味，難將苦口向人言**」、「**啞子嘗黃柏，苦味自家知**」、「**啞子漫嘗黃蘗苦，難將苦口對人言**」。

【雅量高致】

雅量：寬宏的度量；高致：高尚的品格或意趣。形容爲人寬宏、高尙。《三國志·吳書·周瑜傳》裴松之注引《江表傳》：「[蔣]幹還，稱瑜雅量高致，非言辭所間。」

【雅量豁然】

雅量：寬宏的度量；豁然：開闊，通達。形容爲人通達大度。《晉書·李壽載記》：「敏而好學，雅量豁然。」

【雅人深致】

雅：風雅，高雅；致：意態情趣。高雅的人，情趣深遠。形容高雅的人言談舉止不同於流俗。明·葉紹袁《竊聞·亡室沈安人傳》：「余之傷宛君，非以色也；然秀外慧中，蓋亦雅人深致矣。」

【雅俗共賞】

文化水平高低不同的人都能欣賞。多指文學藝術作品。清·馮鎭巒《讀聊齋雜說》：「以故此書一出，雅俗共賞，即名宿巨公，號稱博雅者，亦不敢輕之。」

ㄧㄚˋ

【掗相知】

掗：〈方〉硬把東西送給或賣給人。指强求友誼，强要與人相好。例人家根本瞧不起你，你何必要掗相知呢？

【揠苗助長】

揠：拔。《孟子·公孫丑上》：「宋人有閔其苗之不長而揠之者，芒芒然歸。謂其人曰：『今日病矣，予助苗長矣。』其子趨而往視之，苗則槁矣。」後以「揠苗助長」比喻只求速成而違背事物發展規律，結果反爲有害。宋・呂本中《紫微雜說》：「學問工夫，全在浹洽涵養蘊蓄之久……非如世人强襲取之，揠苗助長，苦心極力，卒無所得也。」也作「拔苗助長」。

ㄧㄝˊ

【爺飯娘羹】
衣食住行全都依賴父母。元・關漢卿《蝴蝶夢》二折：「他每爺飯娘羹，何曾受這般苦。」也作「爺羹娘飯」。元・無名氏《漁樵閒話》三折：「那個是欺家的潑面東西，見成吃著爺羹娘飯，又要偷家裏財物。」

【爺羹娘飯】
見「爺飯娘羹」。

【爺倆趕集——一大一小】
指一個大的，一個小的。例「你們還需要幾支手電筒？」「爺倆趕集——一大一小。」

【爺倆抓個耗子賣——沒出息】
見「泔水缸裏撈食吃——沒出息」。

【爺爺墳頭哭媽——找錯了地方】
見「喜鵲窩裏掏鳳凰——找錯了地方」。

【爺爺住茅屋，爸爸蓋瓦房——一輩比一輩强】
比喻後來居上。例這個青年人接替總經理職務後，公司業務日益發展，欣欣向榮，職員們高興地說，眞是爺爺住茅屋，爸爸蓋瓦房——一輩比一輩强。

ㄧㄝˇ

【也做巫婆也做鬼】
巫婆假裝有鬼附身。借指當中間人，兩邊弄虛作假，裝好人。例你別兩邊挑唆也做巫婆也做鬼了，自從你來，我們這個家就沒平靜過。也作「又做巫婆又做鬼」。

【冶容誨淫】
冶容：妖媚的打扮；誨：引誘。女子打扮妖艷容易招致淫蕩之事。清・李漁《閒情偶寄・變調第二》：「趙五娘于歸兩月，即別蔡邕，是一桃夭新婦。算至公姑已死，別墓尋夫之日，不及數年，是猶然一冶容誨淫之少婦也。」

【冶葉倡條】
冶：妖艷；倡：輕狂。輕柔艷麗的楊柳枝條。舊時多指妓女。宋・周邦彥《尉遲杯》詞：「冶葉倡條俱相識，仍慣見珠歌翠舞。」也作「倡條冶葉」。

【野草閒花】
野外生長的花草。元・無名氏《馬陵道》楔子：「將軍戰馬今何在？野草閒花滿地愁。」也比喻妓女或與人姘居被玩弄的女子。宋・胡浩然《萬年歡・上元》詞：「休迷戀，野草閒花，鳳簫人在金谷。」也作「閒花野草」。

【野處穴居】
穴：洞。遠古人類在洞穴中居住。清・程允升《幼學故事瓊林・宮室》：「洪荒之世，野處穴居。」也作「野居穴處」。漢・陸賈《新語・道基》：「天下人民，野居穴處，未有家室，則與禽獸同域。」

【野地烤火一面熱】
在野外烤火，前胸暖後背寒。比喻雙方相處，一方熱情，另一方冷淡。例他倆的事兒是野地烤火一面熱，那一方冷得很。別人也沒有法子。也作「野外烤火——一面熱」。

【野調無腔】
形容語言粗俗。老舍《老張的哲學》——七：「野調無腔的山姑娘。」

【野狗跑進狼窩裏——準沒好事兒】
比喻一定不會幹出好事兒來或一定不會是好事。例「這個壞小子到他家幹什麼？」「野狗跑進狼窩裏——準沒好事兒，提防著點。」

【野鬼孤魂】
指無人顧念、祭奠的死者。例百年不遇的洪水氾濫使無數生靈成了野鬼孤魂。

【野鶴孤雲】
比喻淸高灑脫、不受拘束之人。元・劉因《自適》詩：「淸霜烈日從渠畏，野鶴孤雲覺自閒。」

【野狐參禪】
參禪：佛教語，玄思冥想，探究眞理。佛家稱異端外道爲野狐禪。後也用以譏笑人在學問上只學皮毛而不懂眞義。例你講的那套理論根本不著邊際，純粹是「野狐參禪」，邪門歪道。

【野狐禪】
禪家以外講禪爲野狐禪。借喻邪門外道。例他總是自稱爲嫡派傳人，斥別人爲野狐禪。

【野狐精】
比喻非正宗嫡傳之高手。例他練的功夫自成一派，堪稱野狐精。

【野狐外道】
謂欺騙世人的異端邪說。明・袁宏道《敍小修詩》：「蓋詩文至近代而卑極矣，文則必欲準於秦、漢，詩則必欲準於盛唐，剿襲模擬，影響步趨，見人有一語不相肖者，則共指以爲野狐外道。」

【野狐涎】
①喻甜言蜜語。例他用些野狐涎把她哄得喜笑顏開。②比喻迷惑人的邪說。例你要是聽信那些野狐涎，肯定會上當。

【野花不種年年有，煩惱無根日日生】
形容煩惱就像野花似的常年存在，根除不盡。明・沈采《千金記》三齣：「［合］好孤淒，親操井臼，終日苦支持。［小生上］風煙四起，虎鬥龍爭之日。野花不種年年有，煩惱無根日日生。」

【野花上床，家敗人亡】
野花：指作風不好的女人或妓女。指男人搞不正當的兩性關係會使家庭破裂，引起嚴重後果。例他靠投機買賣成了暴發戶，就和一些不三不四的女人胡混，氣得老婆和他離了婚。他也染上了性病，大概活不長了。眞是野花上床，家敗人亡。

【野荒民散】

田野荒蕪，人民離散。形容因自然或人爲原因造成的凋蔽景象。《周禮・夏官・大司馬》：「野荒民散，則削之。」

【野火燒不盡，春風吹又生】

那些野草不論野火怎樣燒都燒不盡，只要春天一到，便又滋生起來。後多用以形容革命力量、新生事物衝破反動、落後勢力的阻礙，得到發展。唐・白居易《賦得古原草送別》：「離離原上草，一歲一枯榮，野火燒不盡，春風吹又生。遠芳侵古道，晴翠接荒城。又送王孫去，萋萋滿別情。」

【野雞戴皮帽兒——充鷹】

形容僞裝冒充。例他成了暴發戶後，一心想擠進上流社會，服飾言談都想學紳士派頭，可又怎麼也學不像。衆人暗暗笑他野雞戴皮帽兒——充鷹。

【野雞生蛋——藏頭丟尾】

見「狗戴籮筐——藏頭露尾」。

【野雞窩裏抱家雀——一輩不如一輩】

抱：孵；家雀：〈方〉麻雀。也作「**野雞窩裏抱家雀——一代不如一代**」。見「近視眼生瞎子——一代不如一代」。

【野雞鑽草窩——顧頭不顧尾】

也作「**野雞鑽草窩——顧頭不顧腚**」。見「黃鱔鑽洞——顧頭不顧尾」。

【野居穴處】

見「野處穴居」。

【野狼養不成家狗】

比喻本性難移。例你不要指望他會安下心來做事，俗話說：「野狼養不成家狗。」他一生飄蕩慣了，就不喜歡老待在一個地方。

【野馬塵埃】

野馬：蒸騰浮游的雲氣。指雲氣游塵。《莊子・逍遙遊》：「野馬也，塵埃也。」成玄英疏：「青春之時，陽氣發動，遙望藪澤之中，猶如奔馬，故謂之野馬也。揚土曰塵，塵之細者曰埃。」後以「野馬塵埃」比喻容易消失的事物。清・黃宗羲《仇公路先生八十壽序》：「唐宋以詩賦取士，其時甲賦律詩，當不減近日時文之汗牛充棟，今已化爲野馬塵埃，不知焉往。」

【野馬鬥獐子——專挑沒角的整】

野馬：哺乳動物，體形像家馬，羣棲於沙漠、草原一帶；獐子：哺乳動物，形似鹿而略小，毛較粗，頭上不長角。比喻專找軟弱的欺侮。例有本事的就別野馬鬥獐子——專挑沒角的整，你敢去和咱村的大力士鬥一鬥麼？

【野馬上了籠頭】

比喻受到約束。《紅樓夢》八二回：「寶玉下學回來，見了賈母。賈母笑道：『好了，如今野馬上了籠頭了。』」

【野馬上籠頭——服服貼貼】

形容非常馴服順從。例這個人異常的懦弱無能，在任何人面前都像野馬上籠頭——服服貼貼。也作「**熨斗燙衣服——服服貼貼**」。

【野馬脫韁——橫衝直撞】

脫韁：牽牲口的繩子脫落，失去控制。見「過了河的卒子——橫衝直撞」。

【野馬脫韁——無法收回頭】

比喻無法控制。例這孩子自從結交一些不三不四的朋友以後，就像野馬脫韁——無法收回頭了。

【野馬無韁】

韁：韁繩。沒有韁繩的野馬。比喻不受拘束，隨意放縱。《好逑傳》四回：「天機有礙尖還鈍，野馬無韁快已遲。」

【野貓借雞公——有借無還】

雞公：〈方〉公雞。見「黃鼠狼借雞——有借無還」。

【野貓子跳到鋼琴上——亂彈琴】

見「貓兒扒琵琶——亂彈琴」。

【野貓嘴饞鑽魚狗——伸手（首）容易縮手（首）難】

魚狗：竹製的捕魚工具，口小肚大，內有竹刺，魚進去後就出不來。也作「**野貓偷吃鑽魚狗——容易入身難出頭**」。見「羊頭插到籬笆內——伸手（首）容易縮手（首）難」。

【野鳥入廟】

廟：廟堂，古代帝王祭祀、議事的地方。野鳥闖入廟堂。舊指國家敗亡的徵兆。《漢書・五行志》：「野鳥入廟，敗亡之異也。」

【野雀搭窩斑鳩住】

比喻侵占別人的地方，取而代之。例他起早貪黑地好不容易開出塊荒地來，就有人來打他的算盤，把他擠兌走了，野雀搭窩斑鳩住，他的汗水算是白流了。

【野雀無糧天地寬】

比喻天地廣闊，總有生路。例父母雙亡，對孩子來說雖然不幸，但倒能促使他獨立奮鬥，增强自信心，就像俗語說的：「野雀無糧天地寬。」

【野人獻曝】

野人：古代稱沒有爵位的人，一般指農夫；曝：曬。《列子・楊朱》：「故野人之所安，野人之所美，謂天下無過者。昔者宋國有田夫，常衣縕黂，僅以過冬。暨春東作，自曝於日，不知天下之有廣夏（廈）隩室、綿纊狐狢，顧謂其妻曰：『負日之暄，人莫知者；以獻吾君，將有重賞。』」後以「野人獻曝」比喻所見雖然淺陋，而貢獻出於眞心。用作提建議時的自謙之詞。

【野獸殫，走犬烹】

見「飛鳥盡，良弓藏，狡兔死，走狗

烹」。

【野獸入家，主人將去】

舊時認爲野獸入家不是好兆頭，房主人必會逃走。《晉書·梁後主李歆傳》：「日者太陽之精，中國之象，赤而無光，中國將爲胡夷所陵滅。諺曰：『野獸入家，主人將去。』今狐上南門，亦災之大也。」

【野蔌山肴】

蔌：ㄙㄨˋ，蔬菜；肴：葷菜。指野味和蔬菜。也形容粗茶淡飯。元·陶宗儀《輟耕錄》卷二〇《眞率會》：「節序騣騣，負芒鞋竹杖；杯盤草草，何慚野蔌山肴。」

【野無遺才】

見「野無遺賢」。

【野無遺賢】

野：民間。民間沒有被遺棄不用的賢能之人。形容人盡其才。《尚書·大禹謨》：「野無遺賢，萬邦咸寧。」也作「**野無遺才**」《魏書·陽尼傳》：「舉賢良，黜不肖，使野無遺才，朝無素餐。」

【野心勃勃】

野心：非分的慾望。形容對領土、權力或名利有著極強烈的非分慾望。例一些野心勃勃的政治家，總是想著要掠奪他國的土地。

【野性難馴】

馴：馴服。性情粗野，難以馴服。例老虎和獅子可以說是生性殘暴、野性難馴，每個人見著牠們都會退避三舍。

【野有餓莩】

見「野有餓殍」。

【野有餓殍】

殍：餓死的人。野外有餓死的人。形容因戰亂或災年造成的悲慘景像。唐·陸贄《祭大禹廟文》：「邦無宿儲，野有俄殍。」也作「**野有餓莩**」。《孟子·梁惠王上》：「民有饑色，野有餓莩。」

【野鴛鴦】

比喻非正式的配偶。例這一對野鴛鴦也不知何時能正式嫁娶？

【野戰羣龍】

羣龍交戰於曠野。比喻羣雄角逐爭鬥。《後漢書·王劉張李彭盧傳贊》：「天地閉革，野戰羣龍。」李賢注：「喻英雄並起也。」

【野豬刨紅薯——全憑一張嘴】

也作「**野豬刨紅薯——全仗嘴**」見「狗掀門帘——全憑一張嘴」。

ㄧㄝˋ

【業罐子滿了】

業：同「孽」。指壞事做盡，死到臨頭。《金瓶梅詞話》二二回：「等爹來家說了，把賊王八攆了去就是了。那裏緊等著供唱撰錢哩也怎的，教王八調戲我這丫頭。我知道賊王八業罐子滿了。」

【業荒於嬉】

荒：荒廢；嬉：嬉戲，玩樂。學業因貪戀玩樂而荒廢。清·百一居士《壺天錄》卷中：「又或有師教不立，業荒於嬉者，則皆足誤後生也。」

【業精於勤】

精：精通；勤：勤奮。學業或專業的精通來源於勤奮努力。例老師常常告訴我們「業精於勤」的道理，讓我們要好好的充實自己，以求進取。

【業精於勤荒於嬉，行成於思毀於隨】

業：學業；嬉：嬉戲，遊玩；行：德行；隨：因循敷衍。學業的精深來自勤奮而荒廢於享樂，德行的養成靠深思熟慮而敗壞於苟且因循，隨波逐流。後多用以勉勵人勤奮學習，培養良好的道德情操。唐·韓愈《進學解》：「國子先生晨入太學，招諸生立館下，誨之曰：『業精於勤荒於嬉，行成於思毀於隨。』」

【業紹箕裘】

紹：承繼；箕裘：簸箕和皮袍，比喻父兄輩的事業。指後輩能夠繼承前輩的事業。元·馬端臨《文獻通考·序》：「竊伏自念，業紹箕裘，家藏墳索，插架之收儲，趨庭之問答，其於文獻蓋庶幾焉。」

【業無高卑志當堅，男兒有求安得閒】

職業沒有高低貴賤之分，男子漢要有所追求，就必須意志堅定，不可貪圖安逸。謂無論從事什麼職業，只要有堅定的意志，勤勤懇懇地工作，都會做出成績來。宋·張耒《示秬秸》詩：「北風吹衣射我餅，不憂衣單憂餅冷。業無高卑志當堅，男兒有求安得閒！」

【業業兢兢】

業業：畏懼的樣子；兢兢：小心謹愼的樣子。原形容恐懼的樣子。後多形容做事勤勉負責。宋·陸游《修史謝丞相啟》：「備述巍巍蕩蕩之功，曲盡業業兢兢之指。」也作「**兢兢業業**」。《詩經·大雅·雲漢》：「兢兢業業，如霆如雷。」

【葉公好龍】

漢·劉向《新序·雜事五》載寓言故事：葉公非常喜好龍。眞龍知道了，來到葉公家裏。葉公一見，嚇得面無人色，拔腿就跑。後用以比喻表面上愛好某種事物，而實際上並不理解或眞正喜好它。梁啟超《敬告國人之誤解憲政者》：「葉公好龍，好其是而非者也。」也比喻專心喜愛，必能實現。唐·薛登《論選舉疏》：「燕昭好馬，則駿馬來庭；葉公好龍，則眞龍入室。由是言之，未有上之所好，而下不從其化者也。」

【葉公好龍——口是心非】

比喻嘴裏表示贊同，心裏卻不以爲然。例你不要葉公好龍——口是心非，你應該拿出行動來讓別人看一看。

【葉落歸根】

比喻人或物總有個歸宿。《官場現形

記》二二回：「樹高千丈，葉落歸根，將來總得有個著落，不能不說說明白。」

【葉落歸秋】

樹葉到秋天就凋零飄落。比喻事物總有一定的歸宿。元・貫雲石《鬥鵪鶉・佳偶》曲：「美眷愛，俏伴侶。葉落歸秋，花生滿路。」例他常說：「葉落歸秋，故鄉才是我的安息之地。」

【葉落知秋】

見「一葉落知天下秋」。

【頁旁加火字——一看就煩】

頁旁加火字：即「煩」字。雙關語。比喻心裏厭煩，看什麼都不順眼。例他對這裏的環境，簡直是頁旁加火字——一看就煩，希望早日調離。

【曳裾王門】

曳：拖；裾：外衣的大襟。舊時指食客、幕賓一類人物依附、奔走於權貴王侯之門。唐・李白《行路難三首》之二：「彈劍作歌奏苦聲，曳裾王門不稱情。」

【曳尾泥途】

烏龜拖著尾巴在泥地爬行。比喻骯髒卑鄙的行為。《二十年目睹之怪現狀》九一回：「葉伯芬的曳尾泥途，大都如此，這回事情，不過略表一二。」

【曳尾塗中】

曳：拖；塗：污泥。《莊子・秋水》：「莊子持竿不顧，曰：『吾聞楚有神龜，死已三千歲矣。王巾笥而藏之廟堂之上。此龜者，寧其死為留骨而貴乎？寧其生而曳尾於塗中乎？」二大夫曰：「寧生而曳尾塗中。』「意指與其顯身於廟堂之上，不如全身遠害，像烏龜在泥路上爬行一樣過自由的隱居生活。後以「曳尾塗中」比喻過隱逸的生活。《三國志・蜀書・郤正傳》：「是以賢人君子，深圖遠慮。畏彼咎戾，超然高舉。寧曳尾於塗中，穢濁世之休譽。」

【夜半三更】

三更：夜間十二時左右。泛指深夜。例這孩子病得不輕，得趕快送醫院，可是這夜半三更的，到哪裏叫車啊？

【夜不閉戶】

夜裏睡覺不必關門。形容政治清明，社會安寧。常與「路不拾遺」連用。《三國演義》八七回：「西川之民，欣樂太平，夜不閉戶，路不拾遺。」

【夜不成寐】

寐：睡眠。形容事多心煩，不能安睡的樣子。宋・洪邁《夷堅乙志・虔州城樓》：「明日而先公言：『汝夜何所往？吾聞抱關老卒云，樓故多怪，每夕必出。』予因道昨所見者。是日……竟夜不成寐。」

【夜不關門窮壯膽】

夜間不關門，或因家窮，或硬充膽大而不怕偷盜。例叫你小心門戶，晚上早點上鎖，你偏夜不關門窮壯膽。真氣死人！

【夜不號，捕鼠貓】

真正抓老鼠的貓夜裏不叫。形容有真本事的人做事不聲張。例那人不言不語的，肚子裏可有主意咧！他要算計一個人，準能如願。真是夜不號，捕鼠貓。

【夜叉懷胎——肚裏有鬼】

夜叉：佛教指一種吃人的惡鬼。比喻心中有不可告人的秘密勾當。例他為什麼不敢來參加今天的會議？夜叉懷胎——肚裏有鬼，無臉同大家見面。也作「鍾馗打飽嗝——肚裏有鬼」。

【夜長夢多】

比喻時間延誤久了，事情可能會發生不利的變化。清・呂留良《家書》：「薦舉事近復紛紜，夜長夢多，恐將來有意外，奈何！」

【夜蛾赴火】

比喻奔赴所嚮往的目標。《魏書・崔浩傳》：「若夜娥之赴火，少加倚仗，便足立功。」

【夜過墳場唱出歌——自壯膽】

也作「夜過墳場吹口哨——壯膽」。見「過墳場吹口哨——給自己壯膽」。

【夜壺擺在床底下——見不得人】

夜壺：便壺。比喻由於害羞無臉見人。例他不願出來，你們就別為難他了，要知道他剛從監獄所出來，夜壺擺在床底下——見不得人。

【夜壺打掉把——光剩嘴】

見「茶壺沒肚兒——光剩嘴」。

【夜壺打酒——滿不在乎(壺)】

乎：「壺」的諧音。雙關語。比喻很不介意，不把事情放在心上。例他犯了錯誤，在經濟上造成重大損失，可他卻像夜壺打酒——滿不在乎（壺）。也作「用醋壺打酒——滿不在乎（壺）」。

【夜壺打了把兒——只好吊起嘴兒來】

舊式夜壺一邊是壺把，一邊是壺嘴。壺把打了就不能拿著了，只好用繩子穿過壺嘴吊起來。比喻人窮得沒有糧食吃，只好把嘴吊起來不吃飯。例今年糧食顆粒不收，夜壺打了把兒——只好吊起嘴兒來。

【夜壺戴草帽——裝人樣】

也作「夜壺戴草帽——混充人」、「夜壺戴草帽——冒充個人」。見「狗戴帽子——裝人樣」。

【夜壺合著油瓶蓋】

油瓶蓋蓋到夜壺上，比喻事出偶然。例俗語道得好：「鑾刀撞著瓢切菜，夜壺合著油瓶蓋；世間棄物不嫌多，酸酒也堪充醋賣。」他偶然辦錯了事兒，不是有意的，別太責怪他。

【夜壺裏洗澡——撲騰不開】

見「洗腳盆裏游泳——撲騰不開」。

【夜壺沒有把——難拿】

比喻不易得到或不好下手。例這個人總是愛假模假勢的，那股勁真可謂是夜壺沒有把——難拿。也作「燒紅的火箸——難拿」。

【夜叫鬼門關——送死】

鬼門關：迷信傳說中陽間和陰間交界

的關口，進了鬼門關，人就死了。也作「夜叫鬼門關——找死」、「夜叫鬼門關——自找死」。見「耗子舔貓算子——找死」。

【夜靜更長】

更：古代夜間計時單位，一夜分五更。形容夜深人靜。元·吳昌齡《東坡夢》四折：「正夜靜更長，對月貌花龐，飲玉液瓊漿。一個個逞歌喉婉轉，一個個垂舞袖郎當。」也作「夜靜更深」。例每當夜靜更深之時，我就會想起遠在異鄉讀書的姊姊，不由得熱淚盈眶。也作「夜靜更闌」。闌：盡。元·無名氏《連環計》四折：「現如今夜靜更闌是阿誰，忙出去問眞實，則見他氣丕丕的斜倚著門兒立。」

【夜靜更闌】

見「夜靜更長」。

【夜靜更深】

見「夜靜更長」。

【夜闌人靜】

闌：盡，晚。已到深夜，非常寂靜。《三俠五義》六一回：「到了晚間，夜闌人靜，悄悄離了店房，來到卞家疃。」也作「夜深人靜」。明·崔時佩《西廂記·乘夜逾垣》：「紅娘，你看月朗風清，夜深人靜，好景致也。」

【夜郎自大】

夜郎：漢代西南一小國，在今貴州西部。《史記·西南夷列傳》：「滇王與漢使者曰：『漢孰與我大？』及夜郎侯亦然。以道不通故，各自以爲一州主，不知漢廣大。」後以「夜郎自大」比喻妄自尊大。清·袁枚《隨園詩話》：「《記》曰：『學然後知不足。』可見知足者，皆不學之人，無怪其夜郎自大也。」』

【夜裏的雨雪——下落不明】

也作「夜裏的雨雪——不知下落」。見「風掃楊花——不知下落」。

【夜裏進城——不知哪頭是門】

也作「夜裏進城——摸不著門道」。見「瞎子上轎——摸不著門道」。

【夜裏說夢話——難理會】

見「啞巴打手勢——難理會」。

【夜貓子報喜——沒好事】

夜貓子：貓頭鷹，常在夜裏發出淒厲的叫聲，迷信的人認爲是一種不吉祥的鳥。也作「夜貓子報喜——不是好事」。見「豺狼請客——不是好事」。

【夜貓子害怕見太陽】

比喻黑暗勢力怕見光明。例當著大伙兒的面，你說說爲什麼造我的謠言！你不敢說了吧。哼！夜貓子害怕見太陽。

【夜貓子進宅——沒安好心】

見「黃鼠狼給雞拜年——沒安好心」。

【夜貓子進宅——無事不來】

夜貓子：貓頭鷹。舊時認爲夜貓子進宅不吉利。比喻壞人闖進門，必有麻煩事。例夜貓子進宅——無事不來。我說老伴兒你趕緊帶閨女出去躲一躲。我看他沒安好心。也作「夜貓子上門——無事不來」、「夜貓子進宅——必無好事」、「夜貓子進屋——沒好事」、「夜貓子進宅——不會有好事」。

【夜貓子拉小雞，有去無回】

多指借東西不還。例他怨這個窮親戚一月來兩次，成了個填不滿的老鼠洞。來一回要一回，夜貓子拉小雞，有去無回。

【夜貓子睡覺——睜隻眼，閉隻眼】

夜貓子睡覺時，常常睜一隻眼，閉一隻眼。也作「夜貓子打坐——睜一隻眼，閉一隻眼」。見「木匠吊線——睜隻眼，閉隻眼」。

【夜貓子抓小雞——有去無回】

見「老虎借豬——有去無回」。

【夜明珠喘氣——活寶】

夜明珠：傳說黑暗中能放光的珍珠。雙關語。多比喻滑稽可笑的人。例他是一個夜明珠喘氣——活寶，一言一行都讓人發笑。

【夜明珠埋在地裏——有寶不露】

雙關語。比喻人有本事，但不顯露出來或做事隱密，不願公開。例你別看外表傻裏傻氣的，其實是夜明珠埋在地裏——有寶不露，本事大著哩！光外語就會好幾國的哩！

【夜明珠埋在糞坑裏——屈才（財）】

見「金子當成黃銅賣——屈才(財)」。

【夜入民宅，非奸即盜】

深更半夜闖到人家，不是行奸就是偷盜。例常言道：「夜入民宅，非奸即盜。」你半夜三更跑到別人家裏去，一定沒安好心！

【夜深人靜】

見「夜闌人靜」。

【夜宿曉行】

夜晚投宿，天亮趕路。形容長途趕路的辛苦。《三俠五義》三回：「一路上少不得饑餐渴飲，夜宿曉行。」也作「夜住曉行」。《古今小說》卷二九：「饑餐渴飲，夜住曉行，不則一日，已到臨安府接官亭。」

【夜行被繡】

被：同「披」。身披繡衣在夜色中行走。比喻雖富貴卻不爲人知。漢·蘇武《報李陵書》：「語曰：『夜行被繡，不足爲榮。』況於家室孤滅，棄在絕域。」

【夜行晝伏】

伏：隱蔽。夜間行走，白天隱藏。《戰國策·秦策三》：「伍子胥橐載而出昭關，夜行而晝伏，至于蔆水。」

【夜夜娶親，天天過年】

形容生活荒淫，沉迷於女色酒肉之中。姚雪垠《李自成》一卷二四章：「張守敬跟本地桿子打交道多年，見過許多大大小小的掌盤子的，熟悉他們的生活，甚至有些羨慕。在桿子中流行的兩句話是『夜夜娶親，天天過年』。」

【夜以繼日】
形容日夜不停。《莊子・至樂》：「夫貴者，夜以繼日，思慮善否。」也作「夜以接日」。《晏子春秋・內篇諫下》：「今齊國丈夫耕，女子織，夜以接日，不足以奉上。」也作「以夜繼日」。《晋書・車胤傳》：「家貧不常得油，夏月則練囊盛數十螢火以照書，以夜繼日焉。」也作「夜以繼晝」。晝：白天。《後漢書・郅惲傳》：「昔文王不敢槃於游田，以萬人惟憂，而陛下遠獵山林，夜以繼晝，其如社稷宗廟何！」

【夜以繼晝】
見「夜以繼日」。

【夜以接日】
見「夜以繼日」。

【夜鶯配鸚鵡——正合適】
夜鶯：文學上指歌鴝一類叫聲清脆婉轉的鳥；鸚鵡：通稱鸚哥，能模仿人說話的聲音。見「籬笆配柵欄——再合適不過了」。

【夜鶯學烏鴉叫——變壞了】
見「三伏天的餿豆腐——變壞了」。

【夜遊神】
傳說中在夜晚巡邏的神。比喻喜歡在晚上活動的人。例這個小鬼是夜遊神，又不知跑到哪兒玩去了。

【夜雨對床】
指兄弟或朋友相聚，同處一室傾心交談。唐・白居易《雨中招張司業宿》詩：「能來同宿否，聽雨對床眠？」也作「對床夜雨」。

【夜月花朝】
比喻男女相處的美好時光。元・無名氏《符金錠》四折：「不負了夜月花朝，當日個彩樓上衆人鬧。」

【夜住曉行】
見「夜宿曉行」。

【腋肘之患】
腋：胳肢窩；肘：上臂與前臂接合部分。比喻迫切需要清除的禍患。清・華偉生《開國奇冤・驚喪》：「縱非虺蜴其心，不免蜂蠆有毒，尙需好好的來防範他，以杜腋肘之患。」也作「肘腋之患」。

ㄧㄠ

【么不么，六不六】
賭博、遊戲用的骰子爲小正立方體，六個面都刻著點兒，從一（么）到六。此處借指不正派。例你看他那身打扮，么不么，六不六的，透著個不正經樣。

【么么小丑】
么么：微小。不足掛齒的卑微小人。《明史・楊漣傳》：「陛下春秋鼎盛，生殺予奪，豈不可以自主？何爲受制么么小丑，令中外大小惴惴莫必其命？」

【夭桃穠李】
夭：草木茂盛；穠：茂密。形容競相開放的桃李之花。宋・梅堯臣《資政王侍郎命賦梅花，用芳字》詩：「許都二月杏初盛，公府後園梅亦芳……夭桃穠李不可比，又況無此清淡香。」也比喻新人年輕俊美。多用作婚嫁頌辭。唐・張說《安樂郡主花燭行》：「星昂殷冬獻吉日，夭桃穠李遙相匹。」

【妖不勝德】
妖：指邪惡；德：正義。邪惡無法戰勝正義。《史記・殷本記》：「伊徒曰：『臣聞妖不勝德，帝之政，其有闕與？帝其修德。』」

【妖怪揍和尚——精打光】
妖精打了光頭和尙。雙關語。比喻一無所有。例這一場火災把他家搞得像妖怪揍和尚——精打光，全靠社會救濟生活。也作「白娘子鬥法海——精打光」。

【妖魔鬼怪】
比喻形形色色的壞人。《西遊記》三七回：「師父，我不是妖魔鬼怪，亦不是魍魎邪神。」

【妖魔遇鬼怪——一對壞】
比喻兩個都是壞東西。例你兩人誰也不用說誰，妖魔遇鬼怪——一對壞。也作「妖魔對丑怪——一對壞」、「黃鼠狼罵狐狸——一對壞」。

【妖形怪狀】
形容服飾或造型怪裏怪氣。巴金《談〈寒夜〉》：「她看不慣媳婦『一天打扮得妖形怪狀』上館子，參加舞會，過那種『花瓶』的生活。」

【妖言惑衆】
以荒謬的邪說迷惑和欺騙羣衆。《紅樓夢》六七回：「世上這些妖言惑衆的人，怎麼沒人治他一下子！」

【妖由人興】
怪異之事是因爲人行事不正才出現的。明・朱國禎《涌幢小品》卷三二：「古云：『妖由人興』。此語到今，其根最遠，其禍最大最烈，若人心上妖孽不除，反使之弄唇舌，逞干戈，而欲禁其末流，必不可得。」也作「妖由人作」、「妖由人興，孽由自作」。

【要寵召禍】
要：求取；召：招致。一味地要求得到寵愛將會招致禍害。《明史・劉吉傳》：「幸門一開，爭言祈禱，要寵召禍，實基於此，祝文不敢奉詔。」

【腰纏騎鶴】
唐・闕名《商芸小說》：「有客相從，各言所志；或願爲揚州刺史，或願多貲財，或願騎鶴上升。其一人曰：『腰纏十萬貫，騎鶴上揚州。』欲兼三者。」後用「腰纏騎鶴」形容既想發財，又想成仙，又想當官。也作「腰金騎鶴」。金・元好問《雪後招鄰舍王贊子襄飲》：「賣刀買犢未厭早，腰金騎鶴非所望。」

【腰纏萬貫】
貫：錢串，泛指錢財。形容家資富有。歐陽山《三家巷》三八：「大官僚還是日進千金，腰纏萬貫，花天酒地，大廈高樓。」

【腰桿子硬】

比喻有人支持、有靠山。例有人民羣衆的支持，我們當然感到腰桿子硬囉！

【腰鼓兄弟】

腰鼓：打擊樂器。古代腰鼓兩頭粗，中間細。比喻兄弟輩裏居中的一個能力、成就與其他兄弟相去甚遠。《南齊書・沈沖傳》：「沖與兄淡、淵，名譽有優劣，世號爲腰鼓兄弟。」

【腰間有貨不愁窮】

比喻身有珍貴的東西，就不怕受窮。例別看那家沒有固定的收入，他們可有不少祖宗留下來的名畫呢，賣一張就夠半生受用的了。腰間有貨不愁窮，別小瞧了他們。

【腰金騎鶴】

見「腰纏騎鶴」。

【腰金拖紫】

金：金印；紫：印綬。比喻身爲高官，地位顯赫。宋・王禹偁《送牛冕序》：「含飴弄孫，盡高堂之樂；腰金拖紫，居百城之長。」也作「腰金衣紫」。元・楊朝英《正宮・叨叨令・嘆世》曲：「想要他腰金衣紫青云路，笑俺燒丹煉藥修行處。」也作「衣紫腰金」、「衣紫腰黃」。

【腰金衣紫】

見「腰金拖紫」。

【腰裏別扁擔——到處橫行】

也作「腰裏掖着個扁擔——橫闖一個點兒」。見「翻了簍的螃蟹——到處橫行」。

【腰裏別鋼筋——腰桿子硬】

比喻做事有靠山，有人支持。例咱們這裏憑本領吃飯，光憑腰裏別鋼筋——腰桿子硬，是行不通的。

【腰裏別鐮刀——走到哪，幹到哪】

見「木匠跑四方——走到哪，幹到哪」。

【腰裏掛個死老鼠——假充打獵的】

比喻冒充內行或裝裝樣子。例不會開車就不要逞能，腰裏掛個死老鼠——假充打獵的，出了車禍可不得了。也作「腰裏別個死耗子——冒充打獵人」、「腰裏來個死老鼠——假充打獵人」、「腰裏掖着隻死耗子——假充打獵的」。

【腰裏掛算盤——光爲自己打算】

比喻只爲自己，不顧他人。例別口頭上喊叫爲人民服務，實際行動上卻腰裏掛算盤——光爲自己打算。也作「腰裏插桿秤——專爲自己打算」。

【腰裏掛鑰匙——管好多的門】

比喻管得寬。參見「和尚訓道士——管得寬」。

【腰中有錢腰不軟，手中無錢手難鬆】

形容有錢氣壯，沒錢困窘的樣子。例看他回到家鄉，遇人就打招呼，大大咧咧，全然不像過去那副畏畏縮縮的熊樣，想必是上哪兒發了財才回來的。正像俗話所說：「腰中有錢腰不軟，手中無錢手難鬆。」

【邀功求賞】

要求得到功名和獎賞。唐・韓愈《黃家賊事宜狀》：「本無遠慮深謀，意在邀功求賞。」

【邀名射利】

邀：希求；射：逐取。追逐名利。《雲笈七籤》卷三二：「世人不終耆壽，咸多夭歿者，皆由不自愛惜，忿爭盡意，邀名射利，聚毒攻神，內傷骨體，外乏筋肉。」

ㄧㄠˊ

【堯長舜短】

堯、舜：中國古代傳說中的賢明君主。堯身量高大，舜身量矮小。比喻不可以貌取人。《荀子・非相》：「蓋帝堯長，帝舜短；文王長，周公短；仲尼長，子弓短。」

【堯鼓舜木】

堯、舜：中國古代傳說中的賢明君主。相傳堯曾設諫鼓，舜設箴木，以便民衆進諫。形容君主聖明，能聽取他人忠告。《舊唐書・褚亮傳》：「堯鼓納諫，舜木求箴」。

【堯年舜日】

見「堯天舜日」。

【堯趨舜步】

堯、舜：傳說中的古代帝王。趨向於堯，仿效於舜。舊時文人頌揚帝王舉止的套語。《宋史・樂志・降坐乾安》：「皇帝降席，流云四開，堯趨舜步，下躡天階。」

【堯舜千鍾】

堯、舜：傳說中的古代聖明帝王；鍾：古代酒器。像堯、舜那樣一次能飲千鍾酒。形容人的酒量很大。《孔叢子・儒服》：「平原君與子高飲，強子高酒曰：『昔有遺諺：堯舜千鍾，孔子百觚；子路嗑嗑，尚飲十榼』。」

【堯天舜日】

堯、舜：傳說中的古代聖明帝王。比喻理想中的太平盛世。多用以稱頌帝王的盛德。《說岳全傳》一回：「堯天舜日慶三多，鼓腹含哺遍地歌。」也作「堯年舜日」。宋・陸游《夜宴即席作》：「堯年舜日樂未央。」也作「舜日堯天」。

【堯雨舜風】

堯、舜：中國古代傳說中的賢明君主。形容堯舜的德政對於百姓有如春風夏雨。舊時用作稱頌帝王之辭。也作「堯風舜雨」。

【淆混是非】

淆混：混淆，使界限模糊。指擾亂是非界限，使人分不淸正確和錯誤的東西。淸・陶曾佑《論文學之勢力及其關係》：「錮蔽見聞，淆混是非。」也作「淆亂是非」。淆亂：擾亂。章炳麟《商鞅》：「不足以廣益，而只以淆亂是非，非禁之將何道哉？」也作「混淆是非」。

【淆惑視聽】

淆惑：混淆迷惑；視聽：看到的和聽到的。指玩弄手段迷惑人，使之思想混亂，難以分辨是非眞僞。例軍隊內部最怕有人作惡，淆惑視聽，擾亂陣容。

【淆亂是非】

見「淆混是非」。

【嶢嶢者易缺，皎皎者易污】

嶢：高峻；皓：潔白。越高越易斷損；越白越易受污。比喻高傲剛直的人易受人詆毀，清白正直的人易被人玷污。《後漢書·黃瓊傳》：「嶢嶢者易缺，皎皎者易污。陽春之曲，和者蓋寡；盛名之下，其實難副。」也比喻剛直的人常不容於世。也作「嶢嶢易缺」、「嶢嶢者易折」。

【姚黃魏紫】

姚黃：千葉黃花牡丹，出於姚氏民家；魏紫：千葉肉紅牡丹，出於魏仁溥家。二者皆爲宋代洛陽名貴的牡丹品種。後用作牡丹佳品的通稱，也泛指名貴花卉。宋·歐陽修《綠竹堂獨飲》詩：「姚黃魏紫開次第，不覺成恨俱零凋。」也作「魏紫姚黃」。

【窰裏的泥磚——越燒越硬】

見「燒紅的生鐵——越打越硬」。

【窰上的瓦盆——一套一套的】

見「賣瓦盆的——一套一套的」。

【搖筆即來】

一動筆就寫出來。形容文筆快捷。魯迅《論人言可畏》：「然而中國的習慣，這些句子是搖筆即來的，不假思索的，這時不但……並且也不會想到自己乃是人民的喉舌。」

【搖筆弄舌】

憑口才和文筆進行煽動。梁啟超《新民說》一一節：「必取數千年腐敗柔媚之學說，廓淸而辭辟之，使數百萬……學子，毋得搖筆弄舌舞文嚼字爲民賊之後援。」

【搖車裏的爺爺，拄拐的孫孫】

指主子再小也是老爺，奴才再老也是下人。《紅樓夢》二四回：「寶玉笑道：『你倒比先越發出挑了，倒像我的兒子。』賈璉笑道：『好不害臊！人家比你大四五歲呢，就替你作兒子了？』……原來這賈芸最伶俐乖覺，聽寶玉這樣說，便笑道：『俗話說的，搖車裏的爺爺，拄拐的孫孫』……如若寶叔不嫌侄兒蠢笨，認作兒子，就是我的造化了。」

【搖船怕風暴，討飯怕狗咬，秀才怕歲考，廚師怕甑灶，裁縫最怕掛皮襖】

歲考：淸代各省學政巡回所屬舉行的考試。甑：ㄗㄥˋ，古代炊具，底部有許多小孔，放在鬲（ㄌㄧˋ）上蒸食物。指各行各業都會碰到棘手的、令人頭痛的事情。例各人都有本難念的經，誰在工作中都會碰到難題，有道是「搖船怕風暴，討飯怕狗咬，秀才怕歲考，廚師怕甑灶，裁縫最怕掛皮襖」。

【搖唇鼓舌】

形容濫發議論或利用口才進行煽動或遊說，搬弄是非。例有些人極盡搖唇鼓舌之能事，在工作場合中挑撥是非，興風作浪。也作「搖吻鼓舌」。宋·陳亮《辯士傳序》：「一時鮮廉寡恥之徒往往來乎其間，搖吻鼓舌，動之以勢，誘之以利。」也作「搖唇鼓吻」。

【搖鵝毛扇】

三國時的著名政治家諸葛亮足智多謀，因平時總手執鵝毛扇，故用以比喻出謀劃策。例他水準不高，哪來這麼多鬼主意？他背後肯定有搖鵝毛扇的。也作「搖羽毛扇」。例你不要抵賴了，誰都知道你是這個集團搖羽毛扇的人物。

【搖鈴打鼓】

比喻到處張揚，人人皆知。《金瓶梅詞話》六二回：「既是你喬親家爹主張，兌三百二十兩，抬了來罷！休要只顧搖鈴打鼓的了。」也作「揚鈴打鼓」。《紅樓夢》六二回：「要是一點子小事便揚鈴打鼓，亂折騰起來，不成道理。」也作「揚鑼搗鼓」。《孽海花》二三回：「料想雯青這回必然要揚鑼搗鼓的大鬧，所以張夫人身雖在這邊，心卻在那邊。」也作「搖旗打鼓」。《醒世姻緣傳》七二回：「想他這娘兒兩個，也羞不著他什麼搖旗打鼓的」。

【搖旗打鼓】

見「搖鈴打鼓」。

【搖旗吶喊】

古代作戰時，士兵搖著旗子，喊殺助威。《水滸全傳》四一回：「見城裏出來的官軍……當先都是頂盔衣甲，全副弓箭，手裏都使長槍。背後步軍簇擁，搖旗吶喊，殺奔前萊。」後多比喻給別人助長聲勢。也作「揚旗吶喊」。《古今小說》卷二一：「鍾明、鍾亮各引一百人左右埋伏，準備策應。餘兵散布山谷，揚旗吶喊，以助兵勢。也作「吶喊搖旗」。

【搖錢樹】

神話傳說中的一種寶樹，只要一搖，金錢就紛紛落地。比喻藉以獲取錢財的人或物。例這姑娘隨著年齡的增長，越發長得漂亮了，養父看著她，心想：「這下我們家有了一棵搖錢樹了。」

【搖錢樹，聚寶盆】

比喻無窮無盡的財源。例府上就是有搖錢樹，聚寶盆，也經不住少爺的開銷，他花錢如流水，吃喝嫖賭，樣樣都來，得早點設法，不要敗了家才好。

【搖山振岳】

岳：大山。連山岳都動搖了。形容氣勢很大。《紅樓夢》一三回：「只見府門大開，兩邊燈火，照如白晝，亂哄哄人來人往，裏面哭得搖山振岳。」

【搖身一變】

古典神怪小說中某些精怪一搖身，就改變形體。現多形容某些人忽然改變了面目或身份。《西遊記》二七回：

「好妖精，停下陰風，在那山凹裏，搖身一變，變做個月貌花容的女兒。」巴金《靜夜悲劇．月夜鬼哭》：「官僚發財，投機家得利，接收人員作威作福，欺壓良民……還有漢奸搖身一變，升了。」

【搖手觸禁】

禁：禁令。搖一下手都會觸犯禁令。形容法令繁苛，動輒獲咎。《漢書．食貨志下》：「民搖手觸禁，不得耕桑，繇役煩劇，而枯旱蝗蟲相因。」

【搖首頓足】

搖著頭，跺著腳。指因極爲懊悔或感嘆而做出的動作。例聽到這個消息，他一整天搖首頓足，唉聲嘆氣。

【搖首吐舌】

見「搖首咋舌」。

【搖首咋舌】

咋：咬住；咋舌：說不出話來。形容極端驚訝或恐懼說不出話來的樣子。《醒世恆言》卷二六：「莫說顧夫人是個女娘家，就險些兒嚇得死了，便是一家人在那裏守屍的，那一個不搖首咋舌。」也作「搖首吐舌」。《古今小說》卷一〇：「良久，乃搖首吐舌道：『長公子太不良了。』」

【搖頭擺腦】

見「搖頭晃腦」。

【搖頭擺尾】

原形容悠然自得的樣子。後也形容得意輕狂。元．孫仲章《勘頭巾》一折：「無過是搖頭擺尾弄精神……這的是惡犬護三村。」

【搖頭晃腦】

形容自得其樂或自以爲是的樣子。清．無名氏《照世杯》二：「（歐滁山）捏著一管筆，只管搖頭晃腦的吟哦。」也作「搖頭擺腦」。例看看他一副搖頭擺腦的樣子，就知道今天一定發生了什麼好事。

【搖尾乞憐】

比喻卑躬屈膝地諂媚，討好。宋．魏了翁《鶴山全集．辭免除權禮部尚書奏狀》：「伏念臣才不適時，學惟事道，徒悾悾而自信，嘗落落而寡俅，不肯搖尾乞憐，以求左右之容。」

【搖尾求食】

比喻不顧人格地討好別人。漢．司馬遷《報任少卿書》：「猛虎處深山，百獸震恐，及其在穽檻之中，搖尾而求食，積威約之漸也。」

【搖吻鼓舌】

見「搖唇鼓舌」。

【搖搖欲墜】

形容地位或政權極不穩固，即將垮台。例自從他貪污的事件經媒體披露之後，他的總統地位就開始搖搖欲墜了。

【搖羽毛扇】

見「搖鵝毛扇」。

【搖著腦袋吃梅子——瞧你那副酸相】

梅子：梅樹的果實，可食，味酸。雙關語。比喻人很迂腐。例搖著腦袋吃梅子——瞧你那副酸相，哪像你自己常標榜的大丈夫氣概。

【搖岑寸碧】

岑：ㄘㄣˊ，小而高的山。眺望遠方，僅有方寸大小的青翠山影映入眼簾。宋．俞德鄰《題葉勸農對山樓》詩之二：「避名莫學韓伯休，生子何必孫仲謀。搖岑寸碧可人意，風月一天閒倚樓。」

【遙相應和】

見「遙相呼應」。

【遙相呼應】

相距雖遠，雙方相互配合，呼應。《興唐傳．鬧花燈》：「這時秦旭得報，羅藝取下了幽燕九郡，便把自己姑娘秦蕊珠，派人送到北平，和南陳遙相呼應。」也作「遙相應和」。《清史稿．許有信傳》：「且鄭成功出沒閩、浙，奉其僞號，遙相應和，聲勢頗張。」

【遙遙華胄】

華胄：顯貴者的後代。指距今年代久遠的名人的後代。嘲諷某些依仗祖輩名聲來求名和利的所謂名人之後。《南史．何昌寓傳》：「昌寓後爲吏部尚書，嘗有一客姓閔求官，昌寓謂曰：『君是誰後？』答曰：『子騫後。』昌寓團扇掩口而笑，謂坐客曰：『遙遙華胄。』」

【遙遙無期】

指距離達到某種目的的時間還很遠。《官場現形記》二七回：「看看前頭存在黃胖姑那裏的銀子漸漸花完，只剩得千把兩銀子，而放缺又遙遙無期。」

【遙遙相對】

兩者遠隔相望或相對。《文明小史》五六回：「兩邊行軍隊伍，已分甲乙二壘，大家占著一塊地面，作遙遙相對之勢。」

【遙遙相望】

遠遠地相對望。例夜空中的點點星光與山腳下的萬家燈火遙遙相望。

【遙指空中雁做羹】

遠看天上的大雁，指望做成羹湯。比喻希望虛妄。例他貌不驚人，才不出衆，卻一心想攀高枝，眞是遙指空中雁做羹，不自量力。

【瑤草琪花】

指仙境中的奇花異草。也形容花草美麗可愛。《歧路燈》三回：「茶館內排列著瑤草琪花，當爐的羽扇常在手中。」

【瑤池閬苑】

瑤池：傳說中崑崙山上的池名，西王母所居的地方；閬（ㄌㄤˇ）苑：傳說中神仙住的宮苑。泛指仙家園林。《宣和畫譜．人物二．阮郜》：「作女仙圖，有瑤池閬苑，風景之趣，而霓旌羽蓋飄飄凌雲，萼綠、雙成可以想象。」

【瑤池玉液】

瑤池：傳說中崑崙山上的池名，西王母的居處；玉液：指美酒。形容極名貴的美酒。明．無名氏《八仙過海》頭折：「仙長，此是俺瑤池玉液，紫府瓊漿。」

【瑤環瑜珥】

瑤、瑜：美玉；珥：耳飾。比喻人的品貌出衆。唐·韓愈《殿中少監馬君墓志》：「幼子娟好靜秀，瑤環瑜珥，蘭茁其牙，稱其家兒也。」

【瑤林瓊樹】

瑤、瓊：美玉。形容璀璨奪目的花木。唐·康駢《劇談錄·玉蘂院眞人降》：「上都安業坊唐昌觀舊有玉蘂花，其花每發，若瑤林瓊樹。」也比喻品格高潔的人。南朝宋·劉義慶《世說新語·賞譽八》：「太尉（王衍）神姿高徹，如瑤林瓊樹，自然是風塵外物。」

【瑤台瓊室】

瑤台：華麗、精巧的樓台。古人想像中的神仙居處。也指帝王或豪富人家的住所。宋·李覯《寄上范參政書》：「則未知瑤台瓊室，孰若茅茨土階之榮也。」

【瑤台銀闕】

瑤台：古人想像中的神仙居處；銀闕：指月宮。泛指華麗的樓台、宮殿。元·高則誠《琵琶記·中秋望月》：「丹桂飄香清思爽，人在瑤台銀闕。」

ㄧㄠˇ

【杳不可得】

杳：不見蹤影。遍訪而無所得。《古今小說》卷二一：「求之市中數日，杳不可得。」

【杳如黃鶴】

南朝梁·任昉《述異記》卷上：「荀瓌憩江夏黃鶴樓上，望西南有物飄然降自霄漢，俄頃已至，乃駕鶴之賓也。賓主歡對，已而辭去，跨鶴騰空，眇然煙滅。」後用以比喻離去之後，再無蹤跡。魯迅《彷徨·兄弟》：「『昨天局長到局了沒有？』『還是杳如黃鶴』。」

【杳無人跡】

杳：幽遠。見不到人的蹤跡。形容荒涼或靜寂。《聊齋志異·西湖主》：「穿過小亭，有秋千一架，上與雲齊；而罥索沉沉，杳無人跡。」

【杳無人煙】

形容幽遠偏僻或荒涼無人跡。《西遊記》六四回：「師兄差疑了，似這杳無人煙之處，又無個怪獸妖禽，怕他怎的。」

【杳無消息】

見「杳無音信」。

【杳無信息】

見「杳無音信」。

【杳無音信】

得不到對方的一點消息。宋·黃孝邁《水龍吟》詞：「驚鴻去後，輕拋素襪，杳無音信。」也作「杳無信息」。《二刻拍案驚奇》卷一四：「自這一去，杳無信息」。也作「杳無消息」。《官場現形記》五七回：「家中妻子連日在外查訪，杳無消息。」也作「杳無音訊」。明·葉憲祖《鸞鎞記·捷賀》：「目今又當大比之年，此時想已放榜，怎麼音信杳然。」也作「音信杳無」。明·吾邱瑞《運甓記·剪發延賓》：「光陰瞬息如駒過，盼前程音信杳無。」

【杳無音訊】

見「杳無音信」。

【杳無蹤跡】

無蹤無影。形容不知去向。清·紀昀《閱微草堂筆記·如是我聞二》：「次日越澗尋訪，杳無蹤跡。」也作「杳無蹤影」。《警世通言》卷三二：「但見云暗江心，波濤滾滾，杳無蹤影。」

【杳無蹤影】

見「杳無蹤跡」。

【咬菜根】

舊指安貧樂道。現指過清苦的生活。《朱子全書·學》四：「某觀今人因不能咬菜根，而至於違其本心者衆矣，可不戒哉！」也作「咬得菜根」。宋·朱熹《小學·善行實敬身》：「汪信民嘗言：『人常咬得菜根，則百事可做。』」

【咬得菜根】

見「咬菜根」。

【咬釘嚼鐵】

比喻意志堅强，或做事毫不含糊。明·張岱《陶庵夢憶·祁止祥癖》：「止祥精音律，咬釘嚼鐵，一字百磨，口口親授，阿寶輩皆能曲通主意。」

【咬定牙關】

形容盡最大努力忍耐堅持。《五燈會元》卷二〇：「鶻勒那咬定牙關，朱頂王呵呵大笑。」也作「咬緊牙關」。巴金《談〈新生〉及其它》：《論理學》的後半部教我傷透了腦筋，我咬緊牙關拼命硬譯，越譯越糊塗，但是總算把它譯完了。」

【咬耳朵】

指說悄悄話。低聲說話不讓人聽見。例你們別咬耳朵了，有話大聲說！

【咬鋼嚼鐵】

指講話乾脆、肯定。例事情有些蹊蹺，可是他說得咬鋼嚼鐵，不由你不信。

【咬薑呷醋】

形容生活節儉或寒酸窘迫。《平妖傳》一二回：「[楊興]只恐使用不來，路上咬薑呷醋，件件省縮。」

【咬緊牙根】

見「咬緊牙關」。

【咬緊牙關】

形容不畏艱難，頑强堅持。魯迅《兩地書·序言》：「回想六七年來，環繞我們的風波也可謂不少了，在不斷的掙扎中，相助的也有，下石的也有，笑罵誣蔑的也有，但我們緊咬了牙關，卻也已經掙扎著生活了六七年。」也作「咬緊牙根」。

【咬口生薑喝口醋——嘗盡辛酸】

雙關語。比喻受盡了艱難困苦。例楊老頭在舊社會生活了數十年，可以說是咬口生薑喝口醋——嘗盡辛酸。所以他特別珍視現在的幸福生活。也作「咬口生薑喝口醋——忍著酸辣」。

【咬破餃子皮——露了餡】

見「餃子破皮——露了餡」。

【咬人的狗不露齒】

比喻陰險毒辣，害人不露形跡。例大家別看他平日裝笑臉，做善事，講話也慢條斯理的，正如俗話說的：「咬人的狗不露齒。」我們不可不提防。也作「咬人的狗暗下口」、「咬人的口不露牙」、「咬人的老虎不露齒」。

【咬人的狗不露齒——暗傷人】

比喻不露聲色地去傷害別人。例常言道：「咬人的狗不露齒——暗傷人。」要特別留心暗藏的壞人搞陰謀詭計。

【咬舌根兒】

比喻到處亂說，搬弄是非。例這人就愛咬舌根兒，可別因為他傷了和氣。

【咬舌子】

指說話吐字不清，咬字不準。例這孩子說話咬舌子，應該想法矯正一下才好。

【咬尾巴】

比喻緊跟在後不放鬆。例只要我們行動迅速，占領制高點，就不怕敵人咬尾巴。

【咬文嚼字】

原指過分地講究字句。朱自清《經典常談・漢書史記第九》：「《史記》雖然竊比《春秋》，卻並不用那咬文嚼字的書法，只據事實錄，使善惡自見。」後多用來譏諷死摳字眼。《歧路燈》七七回：「咬文嚼字，肉麻死人。」

【咬牙切齒】

形容極度痛恨的神情。《西遊記》二七回：「他在那雲端裏，咬牙切齒，暗恨行者道：『幾年只聞得講他手段，今日果然話不虛傳。』」也作「切齒咬牙」。

【咬著石頭才知道牙疼】

比喻碰了壁才知道做錯了事。例你是咬著石頭才知道牙疼。要好好找找原因，改了就好。

【咬指吐舌】

咬著手指，吐出舌頭。形容非常害怕的樣子。《紅樓夢》三三回：「一個個咬指吐舌，連忙退出。」

【咬字眼】

指挑剔別人的講話或文章的字句。例要像你這樣咬字眼，那世上就沒有幾篇好文章了。

【舀米湯洗澡——盡辦糊塗事】

見「魯肅上了孔明船——盡辦糊塗事」。

【窈窕淑女】

窈窕：文靜美好；淑：善，美。形容相貌美好，品行端莊的女子。《隋書・後妃傳》：「窈窕淑女，靡有求於寤寐；鏗鏘環佩，鮮克嗣於徽音。」

【窈窈冥冥】

窈窈：深奧，深遠；冥冥：昏暗。深遠難見。①形容精微奧妙。《莊子・在宥》：「至道之精，窈窈冥冥。」②形容幽遠渺茫。《淮南子・精神訓》：「古未有天地之時，惟象無形，窈窈冥冥。」

ㄧㄠˋ

【樂山樂水】

樂：愛好。《論語・雍也》：「知者樂水，仁者樂山。」比喻各有所好或各有見解。例大家對此問題看法不一致，是很自然的，樂山樂水，合乎自然。

【要財不要命】

貪圖錢財，連命都不要了。例聽說鮑魚能賣好價錢，他不顧海上風浪凶險，竟要跳進深海裏去摸，真是個要財不要命的主兒。

【要吃飯，休要惡了火頭】

火頭：管伙食的人。比喻做什麼事，不要得罪關鍵的人。《金瓶梅詞話》四七回：「怪油嘴兒，要吃飯，休要惡了火頭。事成了，你的事什麼打緊，寧可我們不要，也少不得你的。」

【要吃龍肉親下海】

比喻要想解決問題或取得巨大成果，就得不畏艱難，親自實踐。例別聽他說得天花亂墜的，他自己可做不成這件事。要吃龍肉親下海，還得靠我們腳踏實地地苦幹才成！

【要吃麵，泥裏纏】

要吃白麵，就得在莊稼地裏辛勤耕作。指要想有所得，就要付出艱苦勞力。例俗話說：「要吃麵，泥裏纏。」別瞧不起那些泥腿子莊稼漢。沒他們，咱們吃不上大米白麵。

【要吃羊肉又怕膻氣】

比喻心有顧慮，想做又不敢做。例這件事他說辦，可就是遲遲不動，還不是要吃羊肉又怕膻氣，擔心弄糟了擔風險。

【要打當面鼓，莫敲背後鑼】

有話明說，別背後嘀咕、議論。例你怎麼想，就怎麼說，痛痛快快，把什麼都擺出來，要打當面鼓，莫敲背後鑼，我就是喜歡這樣的人。

【要打看娘面】

要打孩子，得先看其母的情面。比喻懲處某人要顧及與他有關的人的情面。例那徒弟偷懶鑽漏洞，師傅有心懲治他，可是他娘跑來苦苦哀求，要打看娘面，師傅就不好下手啦！

【要打沒好手，廝罵沒好口】

指人打架、吵罵，態度絕不會好。例常言道：「要打沒好手，廝罵沒好口。」你們雙方少說兩句吧，免得傷了和氣。也作「廝打沒好手，廝罵沒好口」、「打起來沒好拳，罵起來沒好言」、「相罵沒好口，相打沒好手」。

【要得富，險上做】

要想發財，就得冒風險。例他租了條

船兒打漁，風急浪高的天氣，別人不出海，他敢出。打回來的魚賣了好價錢，一來二去發了家。眞是要得富，險上做。

【要得窮，弄毛蟲】

指玩蟲弄鳥，不務正業，一定會變窮。例他家的大少爺就知道提籠架鳥的，多貴的鳥兒都要買，又愛賭蟋蟀，別的什麼事也不會幹。慢慢家景敗落下來。應了俗話說的：「要得窮，弄毛蟲。」

【要得人不知，除非己莫爲】

要想別人不知道，除非自己不做。一般指做壞事總會有人知道。例別以爲自己悄悄幹下的缺德事兒沒人知道，要得人不知，除非己莫爲，要想長久隱瞞眞相是不可能的。

【要得小兒安，常帶三分饑和寒】

指不要給小孩吃得太飽穿得太暖，免得他們生病。例天都這麼暖了，你還給孩子穿這麼多衣服，不怕捂出病來？老人們都說要得小兒安，常帶三分饑和寒啊。

【要的般般有，才是買賣】

指貨物一應俱全，才能把買賣做好。例別看那店鋪門面不大，東西倒挺齊全。生意越做越紅火。店老闆明白：要的般般有，才是買賣。

【要而言之】

要：簡要。簡明扼要地說。《魯迅書信集・致宋崇義》：「要而言之，舊狀無以維持，殆無可疑；而其轉變也，既非官吏所希望之現狀，亦非新學家所鼓吹之新式，但有一塌糊塗而已。」

【要飯的借算盤——窮有窮打算】

要飯的：乞丐，俗稱叫花子。比喻條件差的有對付條件差的考慮和安排；窮苦人也有自己的考慮和安排。例這件事就不用你操心了，要飯的借算盤——窮有窮打算，還是自力更生的爲好。也作「叫花子打算盤——窮有窮打算」、「叫花子撥算盤——窮有窮打算」。

【要害之處】

位置重要的地方。多比喻軍事戰略要地。也指人或事物的致命弱點。漢・賈誼《過秦論》上：「良將勁弩而守要害之處。」

【要害之地】

要害：致命的部位或形勢險要的地方。多指軍事上險要的地理位置。《說岳全傳》四五回：「陛下宜安守舊都，選將挑兵，控扼要害之地。」

【要好不能勾，要歹登時就一篇】

要說好話做不到，說壞話馬上就是一大篇。《金瓶梅詞話》七八回：「娘也少聽韓回子老婆說話，他兩個爲孩子好不嚷亂。常言：『要好不能勾，要歹登時就一篇。』」

【要好成歉】

做好事卻被當成壞事，好意成了惡意。《初刻拍案驚奇》卷八：「褚敬橋拍著胸膛道：『眞是冤天屈地，要好成歉。我好意爲你寄信，你妻子自不曾到。今日這話，卻不知禍從天上來。』」也作「爲好成歉」。

【要面子】

指害怕失去自己的體面和尊嚴。例他是死要面子活受罪！其實那是一種病態的虛榮心在作怪。

【要命有命，要錢沒錢】

指反正自己沒錢，隨便怎麼處置。梁斌《紅旗譜》二卷三三：「甭去！哪有那麼宗子事？陳穀子爛芝麻的，又來找後翻帳兒！要命有命，要錢沒錢！」

【要你抓雞，你偏捉鵝——有意搗亂】

見「叫你上坡，你偏下河——有意搗亂」。

【要破東吳兵，還得東吳人】

三國晉武帝司馬炎出兵攻吳，由於吳將張象投降獻城，晉兵得以順利滅吳。後用以比喻要用熟悉情況的人辦事。例總司令果斷地說，要拿下這個橋頭堡，就要設法抓個敵軍來。要破東吳兵，還得東吳人。這任務交給偵察連了。

【要求生活計，難惜臉皮羞】

爲了謀生，顧不上臉面，不得不低聲下氣求人。例從前，他曾是紅極一時的歌唱家，因爲得罪了軍閥，不得不隱姓埋名，四處流浪，有時還靠乞討度日，眞是要求生活計，難惜臉皮羞。

【要人錢財，與人消災】

拿了人家的錢，就得替人辦事，幫助消除災難。例要人錢財，與人消災，如果拿了人家的錢，就得幫人解除危困，不然太不夠朋友了。

【要人知重勤學，怕人知事莫做】

要別人器重自己，就得勤奮學習；怕人知道的壞事，切莫去做。《古今小說》卷三八：「任圭混在人叢中，坐下納悶。你道事有湊巧，物有偶然，正所謂：吃食少添鹽醋，不是去處休去。要人知重勤學，怕人知事莫做。」也作「要人知，重勤學；怕人知，事莫做」。

【要死要活】

形容鬧得很凶。《儒林外史》五四回：「再三勸解，總是不肯依，鬧的要死要活。」

【要甜的拿糖罐，要酸的拿醋罈——得心應手】

心裏怎樣想，手裏就能怎樣做。比喻技藝純熟，做事很順手。例剪裁藝術對她來說，的確是要甜的拿糖罐，要酸的拿醋罈——得心應手。

【要甜先苦，要逸先勞】

要想嘗甜味，先得嘗嘗苦味；要想安逸，先得經受勞苦。明・呂坤《續小兒語》：「要甜先苦，要逸先勞。須屈得下，才跳得高。」

【要想鬥爭巧，全憑智謀高】

靠智謀才能在鬥爭中取勝。例常言道：「要想鬥爭巧，全憑智謀高。」這話很對。請看敵人擺的迷魂陣，眞把人給迷惑住了。强攻肯定無濟於事，必須靠智取才行。

【要想俏，三分孝】

俏：俊俏；孝：指穿孝服，引申爲著素裝。婦女著素裝，更能襯托出臉龐的俏麗。例她長得白晰，眉眼很俊，又愛穿黑衣服，越發顯得楚楚動人。怪不得古人說：「要想俏，三分孝。」

【要星星不給月亮】

形容對孩子的溺愛。例他們家把孩子慣得不像樣，要什麼給什麼，要星星不給月亮。你想這是眞疼孩子嗎？

【要學流水自己走，莫學朽物水上漂】

比喻要自己走路，不要隨波逐流。例路是自己走出來的，靠本事闖出一番事業來才讓人尊敬。單憑有錢的父母，過飯來張口、衣來伸手的生活，和廢物差不多。這就是古人說的：「要學流水自己走，莫學朽物水上漂。」

【要言不煩】

說話、作文簡要明瞭，不囉嗦。魯迅《高老夫子》：「是的，那——《中國國粹義務論》，眞眞要言不煩，百讀不厭。」也作「要言不繁」。

【要言妙道】

切要的言辭，精妙的道理。宋·辛棄疾《六州歌頭》詞：「有要言妙道，往問北山愚，庶有瘳乎！」也作「妙言要道」。魯迅《漢文學史綱要·藩國之文術》：「宜聽妙言要道，以疏神導體。」

【要著沒有打著有】

指請求得不到，而來硬的，强迫才能得到。例你這個人眞混，和你好說不行，非得讓你嘗嘗厲害，你才認可。要著沒有打著有，眞是自討苦吃。

【要知山下路，須問過來人】

山中問路，必須向走過山下路的人打聽。比喻要了解情況，須問熟悉情況的人。例你要了解這個工廠的情況，最好去問問這個廠的工人，俗話不是說：「要知山下路，須問過來人。」嗎？也作「要知山下路，須問去來人」、「要知山下事，須問往來人」、「要知山下路，但問過來人」

【要知山中路，須問採樵人】

採樵人：打柴的人。要知道山中的道路，須問常在山中打柴的人。意爲要了解情況，必須向熟悉情況的人打聽。例俗話說：「要知山中路，須問採樵人。」你有熟識的採購員、售貨員和公司經理嗎？最好問問他們，不過一定要問可靠的人。

【要知天下事，須讀古人書】

比喻借古可以知今。例適當地讀點古書很有益處，了解過去才能知道今天。古人都說要知天下事，須讀古人書哩！

【要知心腹事，但聽口中言】

要知道一個人的心事，得注意聽他說些什麼。例他近來沉悶得很，你多和他聊聊。要知心腹事，但聽口中言，了解淸楚，就可以對症下藥了。

【要找黑心人，吃素路上尋】

指表面上吃素念佛，大慈大悲，實際上心黑手辣。例隔壁的李大娘成天吃齋念佛的，可是兒子在外爲非作歹，她不指責兒子，卻說是別人的錯，眞是要找黑心人，吃素路上尋。

【要做好人，須尋好友】

要做好人，須找好人做朋友。例古人說：「要做好人，須尋好友。引酵若酸，那得甜酒。」所以交朋友一定要愼重。

【要做長命人，莫做短命事】

人要長壽，就不要做壞事。例從前的人講因果報應，說是做了缺德的事，就會短命。他們講積陰德。說什麼要做長命人，莫做短命事，也是鼓勵人行善積德吧。

【藥不執方，病無定症】

指治病要根據病人的具體症狀開出不同藥方。例那老中醫捻捻自己的鬍子，又拾起毛筆，邊開藥方，邊說：「上次劑量重，這次輕些。藥不執方，病無定症。」

【藥店的抹布——苦透了】

比喻貧苦、艱難或勞累到了極點。例農村的生活，對城市的人來說，是藥店的抹布——苦透了。也作「黃蓮水裏泡竹筍——苦透了」。

【藥店龍】

龍：指中藥龍骨。比喻人像藥店中的龍骨那樣瘦骨嶙峋。《樂府詩集·讀曲歌》：「自從別郎後，臥宿頭不舉。飛龍落藥店，骨出只爲汝。」唐·李商隱《垂柳》詩：「舊作琴台鳳，今爲藥店龍。」

【藥方無貴賤，效者是靈丹】

指用藥貴在療效，不在價錢高低。例有些患者迷信貴重藥品，醫生開的藥方越貴，他就越高興。其實呢，藥方無貴賤，效者是靈丹。能治好病，就是好藥。

【藥罐子裏的棗子——虛胖】

比喻某種虛假的繁華景象。有時指裝腔作勢，沒有眞實的本領。例不要被表面現象迷惑，這完全是藥罐子裏的棗子——虛胖，離眞正的興旺發達還早著呢！

【藥好不用緊搖鈴】

比喻用不著吹噓。例咳！你老吆喝什麼？俗話說：「藥好不用緊搖鈴。」有好貨還怕賣不出去！

【藥苦治好病，言甜會誤人】

比喻不中聽的話可能是好話，中聽的話也許會貽誤事情。例你就愛聽好聽的話，別人一提意見，你就火冒三丈。要知道藥苦治好病，言甜會誤人。

【藥了老鼠毒死貓——划不來】

見「豆腐盤成肉價錢——划不來」。

【藥籠中物】

藥籠中儲備的東西。比喻儲備待用的人才。《新唐書·元行沖傳》：「[元行沖]嘗謂仁傑曰：『下之事上，譬富家儲積以自資也。脯腊膎膴以供滋膳，參術芝桂以防疾疢。門下充旨味者多矣，願以小人備一藥石可乎？』仁杰笑曰：『君正吾藥籠中物，不可一日無也。』」

【藥鋪裏的甘草——少不得】
甘草：多年生草本植物，莖有毛，花紫色，莢果褐毛。根有甜味，中醫常用藥，有鎮咳、袪痰、解毒等作用。比喻非常重要，缺少不得。例他對我們工廠來說，就像藥鋪裏的甘草——少不得，技術指導、經營管理、外事工作等都離不了他。也作「藥裏的甘草——少不了的一位（味）」。

【藥鋪裏的甘草——一抓就到】
見「罈子裏捉烏龜——手到擒來」。

【藥鋪裏賣棺材——往最壞處想】
比喻遇事要做最不利的打算。例做事只想到成功是不夠的，藥鋪裏賣棺材——往最壞處想也是必要的，萬一失敗，才不會驚慌失措。

【藥鋪裏賣花圈——死活都要錢】
見「郎中賣棺材——死活都要錢」。

【藥石無功】
藥石：治病的藥物和刺穴的石針。無功：無效果。形容病篤將死。唐・李忱《命皇太子即位册文》：「朕以非薄，獲奉宗祧，十有四年，未臻至理，惟天亦譴，降疾於躬，藥石無功，彌留斯迫。」

【藥石之言】
藥石：治病的藥物和刺穴的石針。指規勸別人改正過失的尖銳、中肯之言。宋・孔平仲《續世說・直諫》：「高季輔嘗諫時政得失，太宗特賜鍾乳一劑曰：『進藥石之言，故以藥石相報。』」

【藥是試出來的，花是繡出來的】
比喻凡事要經過實踐。例道理你都懂了，下一步該親手操作了。要不，你還不算眞懂。須知藥是試出來的，花是繡出來的。六〇六藥，試驗了六〇六次，才取得成功的。

【藥雖好，不如不害病】
有再好的補救方法，也不如不出問題好。例說來說去，這事兒沒有挽回的餘地了。藥雖好，不如不害病啊！

【藥王爺的肚子——苦水多】
藥王爺：指神農，傳說他曾嘗百草，故想像其肚裏有很多苦水。雙關語。比喻有許多苦處。例從表面上看，她很歡樂，實際上是藥王爺的肚子——苦水多。

【藥王爺的嘴——吃盡了苦頭】
雙關語。比喻受盡了痛苦的折磨。例這位地質專家，走遍了天山南北，就像藥王爺的嘴——吃盡了苦頭，爲人民立下了汗馬功勞。

【藥王爺搖頭——沒治了】
見「犯了克山病，又得了虎林熱——沒治」。

【藥醫不死病，佛度有緣人】
藥物只能治療可以治癒的病；佛家只超度那些有緣分的人。清・袁于令《西樓記》一八齣：「藥醫不死病，佛度有緣人。小子被于老先生請醫公子，來到任所調治。又是我幾日前決他不久，不然幾乎弄出話靶。」

【藥醫不死病，死病無藥醫】
藥只能醫治那些不會導致死亡的疾病，反之則無藥可救。例爲了他的病，家裏不知找了多少醫生，弄了多少藥，可仍然不見好。看來就像俗話所言：「藥醫不死病，死病無藥醫。」沒有什麼法子可想了。

【藥醫得倒病，醫不倒命】
形容藥能治病，但不能治命。例醫生檢查了病人的身體含含糊糊地對病人的家屬說：「治不治得好很難說，常言道：『藥醫得倒病，醫不倒命。』你們還是做兩種準備吧。」

【鑰匙掛胸口——開心】
見「燈草剖肚——開心」。

【鑰匙掛在眉梢上——開眼界】
也作「眉毛上掛鑰匙——開眼界」。見「劉姥姥進大觀園——開眼界」。

【鷂子充雞——沒個好心腸】
鷂子：雀鷹的通稱。猛禽的一種，比鷹小，羽毛灰褐色，腹部白色，有赤褐色橫斑，腳黃色，捕食小鳥、小雞。見「爛泥巴捏神像——沒個好心腸」。

【鷂子頭上，爭敢安巢】
在猛禽頭上不敢築窩。意爲不能自討苦吃。《五燈會元・智門迴罕禪師》：「師起揖曰：『僧使近上坐。』使曰：『鷂子頭上，爭敢安巢！』」

【耀武揚威】
見「揚威耀武」。

【耀祖榮宗】
舊時形容人功成名就，爲祖宗增光。例在封建社會裏，許多讀書人把做官看成是耀祖榮宗的事。也作「榮宗耀祖」。

ㄧㄡ

【優劣得所】
對能力高低不同的人使用得當。三國蜀・諸葛亮《前出師表》：「使行陣和睦，優劣得所也。」

【優孟衣冠】
優孟：春秋時期楚國著名宮廷藝人，擅長滑稽諷諫。楚相孫叔敖死後，優孟穿著他的衣冠，模仿他的言談舉止，諷諫楚王。楚王受到感動，給叔敖之子四百戶的土地。泛指善於扮演各種角色，很會作戲。也指過分模仿他人。清・葉燮《原詩》一：「大抵古今作者，卓然自命，必以其才智與古人相衡，不肯稍爲依傍，寄人籬下，以竊其餘唾。竊之而似，則優孟衣冠；竊之而不似，則畫虎不成矣。」也作「衣冠優孟」。清・淮陰百一居士《壺天錄》卷中：「中國戲法，由來已久，衣冠優孟，音曲繞梁。」

【優柔寡斷】
優柔：猶豫不決；寡：少。《韓非子・亡征》：「緩心而無成，柔茹而寡斷，好惡無決，而無所定立者，可亡也。」形容辦事猶豫，不果斷。清・梁章鉅《陳頌南給諫》：「倘見賢而不能舉，舉而不能先；見不善而不能退，退而不能遠，其端不過優柔寡斷，而其後遂貽害於國家，經意深微，不可不察也。也作「**優游少斷**」。《元史・李之紹傳》：「之紹平日自以其性遇事優遊少斷，故號果齋以自勵。」也作「**優柔失斷**」。《舊唐書・高祖紀論》：「然而優柔失斷，浸潤得行。」也作「**優柔無斷**」。宋・魏慶之《詩人玉屑》卷一〇：「……觀此語意，疑若優柔無斷者。」

【優柔失斷】
見「優柔寡斷」。

【優柔無斷】
見「優柔寡斷」。

【優柔饜飫】
優柔：從容自得；饜飫：ㄧㄢˋ ㄩˋ，飽食，引申爲滿足。在從容之中體會其中的涵義，得到滿足。晉・杜預《春秋左氏傳・序》：「優而柔之，使自求之；饜而飫之，使自趨之。」例優柔饜飫乃安寬舒適、飽饒豐裕之意。

【優勝劣敗】
原指在生物演變發展過程中，優良強壯者獲得勝利，繼續生存發展；低劣軟弱者被淘汰。現指人類社會的競爭規律。例在這個競爭激烈的社會裏，優勝劣敗是不變的定律。

【優游不迫】
見「優哉游哉」。

【優游涵泳】
涵泳：沈浸。形容研究學問要從容不迫地沈浸其中，深思熟慮，細心領會。《朱子全書〈論語・學而〉：「七十而從心所欲不逾矩」集解》：「以示學者當優游涵泳，不可躐等而進。」

【優游少斷】
見「優柔寡斷」。

【優游自得】
見「優哉游哉」。

【優游卒歲】
見「優哉游哉」。

【優哉游哉】
《詩經・小雅・采菽》：「優哉游哉，亦是戾矣。」形容從容不迫，悠閒自得。《史記・孔子世家》：「彼婦之口，可以出走；彼婦之謁，可以死敗。蓋優哉游哉，維以卒歲！」也作「**優游卒歲**」。宋・朱熹《答韓尚書書》：「自是以往，其將得以優游卒歲，就其所業還無蹙迫之慮矣。」也作「**優游不迫**」。宋・嚴羽《滄浪詩話》：「曰優游不迫，曰沈著痛快。」也作「**優游自得**」。漢・班固《東都賦》：「百姓……莫不優游而自得，玉潤而金聲。」

【憂讒畏譏】
讒：說人壞話；譏：譏諷，嘲笑。擔心別人說自己的壞話，害怕別人譏諷嘲笑。宋・范仲淹《岳陽樓記》：「登斯樓也，則有去國懷鄉，憂讒畏譏，滿目蕭然，感極而悲者矣。」

【憂憤成疾】
因憂愁氣憤而得病。形容極其憂憤。《新編五代史平話・晋史・卷下》：「契丹因晋主招納吐谷渾，遣使來讓，晋主憂憤成疾。」

【憂公如家】
見「憂國如家」。

【憂公忘私】
見「憂國忘家」。

【憂國哀民】
見「憂國恤民」。

【憂國愛民】
見「憂國恤民」。

【憂國奉公】
憂慮國家的前途，奉行公事。比喻忠心耿耿爲國家操勞效力。《後漢書・祭遵傳》：「帝每嘆曰：『安得憂國奉公之臣如祭征虜者乎！』」

【憂國如家】
憂慮國事如同憂慮家事一樣。形容一心爲公。漢成帝《賜翟方進册》：「君其熟念詳計，塞絕奸原，憂國如家，務便百姓，以輔朕。」也作「**憂公如家**」。《三國志・蜀書・楊洪傳》：「洪少不好學問，而忠清款亮，憂公如家。」

【憂國忘家】
憂慮國家大事，忘卻自己小家。《後漢書・來歙傳》：「中郎將來歙，攻戰連年，平定羌、隴，憂國忘家，忠孝彰著。」也作「**憂國忘私**」。《三國志・魏書・徐邈傳》：「忠清在公，憂國忘私，不營產業，身沒之後家無餘財。」也作「**憂國忘身**」。《晋書・淮南忠壯王允傳》：「故淮南王允忠孝篤誠，憂國忘身，討亂奮發，幾於克捷。」也作「**憂公無私**」。三國魏・桓範《世要論・臣不易》：「陳之於主，行之於身，志於忠上濟事，憂公無私。」也作「**憂公忘私**」。宋・司馬光《遠謀》：「上自公卿，下及斗食，自非憂公忘私之人，大抵多懷苟且之計。」

【憂國忘身】
見「憂國忘家」。

【憂國忘私】
見「憂國忘家」。

【憂國恤民】
恤：憐恤，愛護。憂勞國家大事，憐恤黎民百姓。漢・徐幹《中論・譴交》：「文書委於官曹，繫囚積於囹圄，而不遑省也。詳察其爲也，非欲憂國恤民，謀道講德也。」也作「**憂國愛民**」。例杜甫在安史之亂中寫下了許多不朽的詩篇。這些詩篇處處表露出作者的憂國愛民之情。

【憂國憂民】
爲國家的前途和百姓的疾苦而憂慮。《官場現形記》三三回：「申義甫立刻擺出一副憂國憂民的面孔，道：『利津口子還沒合攏，齊河的大堤又沖開出了……。』」也作「**憂民憂國**」。

明・王世貞《鳴鳳記・幼海議本》：「鏡中華發爲誰斑？憂民憂國減容光。」

【憂患餘生】

指飽經困苦患難的遭遇之後僥倖保全下來的生命。宋・陸佃《海州謝上表》：「竊念臣憂患餘生，孤寒末族。」

【憂民憂國】

見「憂國憂民」。

【憂勞可以興國，逸豫可以亡身】

憂勞：憂思勤勞；逸豫：安逸享樂。憂思勤勞可以使國家興盛，安逸享樂可以丟掉人的性命。原意告誡統治者要兢兢業業地治國，不要貪圖安逸享樂。後用來勸誡人做事要勤奮，不要貪圖安樂。宋・歐陽修《五代史伶官傳序》：「《書》曰：『滿招損，謙得益。』憂勞可以興國，逸豫可以亡身，自然之理也。」

【憂勞足以致疾】

過分憂愁勞累能使人得病。例俗語說得好：「憂勞足以致疾。」他已年近古稀，再加上這個打擊，怎能不病？

【憂能傷人】

憂愁寡歡能傷害人的身體，影響健康。唐・楊炯《大周明威將軍梁公神道碑》：「憂能傷人，竟成沈疾。」

【憂人發跡怕自窮】

擔心別人富貴，自己會變窮。指嫉妒別人富貴。例他見村頭王家又添牲口，又蓋房，自己還住在茅草屋裏，又無求富的門路，恨得牙癢。正是憂人發跡怕自窮。

【憂深思遠】

凡事想得深，思謀得遠。《史記・吳太伯世家》：「不然，何憂之遠也！」南朝宋・裴駰《集解》引杜預：「晋本唐國，故有堯之遺風，憂深思遠，情發於聲也。」

【憂喜交集】

悲傷和喜悅之情交織在心頭。《三國志通俗演義・袁紹孫堅奪玉璽》：「隨後曹仁、李典、樂進各引軍尋到，見了曹操，憂喜交集。」

【憂心忡忡】

忡忡：憂愁焦慮的樣子。《詩經・召南・草蟲》：「未見君子，憂心忡忡。」形容心情焦慮，難以平靜。宋・王禹偁《待漏院記》：「待漏之際，相君其有思乎：其或兆民未安，思所泰之……憂心忡忡，待旦而入。」也作「憂心悄悄」。《詩經・邶風・柏舟》：「憂心悄悄，慍於羣小。」唐・戴叔倫《二靈寺守歲》詩：「已悟化城非樂界，不知今夕是何年；憂心悄悄渾忘寐，坐待扶桑日麗天。」

【憂心悄悄】

見「憂心忡忡」。

【憂心如酲】

酲：ㄔㄥˊ，酒後困憊如病的狀態。《詩經・小雅・節南山》：「憂心如酲，誰秉國成？」形容內心十分愁悶。三國魏・曹植《應詔詩》：「仰瞻城閾，俯惟闕庭。長懷永慕，憂心如酲。」也作「憂心如醉」。《詩經・秦風・晨風》：「未見君子，憂心如醉。」也作「憂心若醉」。《唐太宗入冥記》：「今受罪猶自未了，朕即如何歸得生路？憂心若醉。」

【憂心如搗】

憂傷或憂慮得心中有如被捶擊一樣難受。《孽海花》二六回：「從他受事到今，兩三個月裏，水陸處處失敗，關隘節節陷落，反覺得憂心如搗，寢饋不安。」

【憂心如焚】

見「憂心如惔」。

【憂心如惔】

惔：ㄊㄢˊ，火燒。《詩經・小雅・節南山》：「憂心如惔，不敢戲談。」心中憂慮如同火燒一樣。形容內心憂煩，焦慮不安。也作「憂心如焚」。康有爲《大同書》甲部：「憂心如焚，頭痛若刺。」

【憂心如薰】

心中憂愁，如遭煙薰一樣。形容非常憂愁痛苦。唐・楊炯《爲梓州官屬祭陸郪縣文》：「夫萬里之別，猶使飲淚成血，思德音之斷絕；況百年之分，能不憂心如薰，想公子兮氛氳。」

【憂心如醉】

見「憂心如酲」。

【憂心若醉】

見「憂心如酲」。

【憂形於色】

心中的憂慮在臉上表現出來。形容內心非常焦慮。《舊五代史・唐書・莊宗紀》：「帝以重賄召募能破賊艦者，於是獻技者數十……悉命試之，無驗，帝憂形於色。」

【幽閨弱質】

幽：深；閨：女子的居室。指身居深閨的柔弱女子。《紅樓夢》九〇回：「自己年紀可也不小了，家中又碰見這樣飛災橫禍，不知何日了局。致使幽閨弱質，弄得這般淒涼寂寞。」

【幽明異路】

幽明：陰間與陽間或生與死。像生與死，陰間與陽間那樣，相距甚遠。金・元好問《續夷堅志》卷一：「少頃，女至。嬌啼宛轉，將進復止，謂元老曰：『君已知我，復何言也，幽明異路，亦難久處。』」

【幽明永隔】

幽明：陰間與陽間。死者與生者永遠隔離，無法相見。形容生者對死者的一種懷念之情。明・楊漣《祭趙我白老師》：「師生恩義，邈若河山，遂成幽明永隔矣。」

【幽期密約】

相愛男女的秘密約會。《紅樓夢》一五回：「那秦鍾和智能兒兩個，百般的不忍分離，背地裏設了多少幽期密約，只得含恨而別。」

【幽情雅趣】

深幽而高雅的情調和趣味。《宣和畫

譜・花鳥二・宋士雷》：「故幽情雅趣，落筆便與畫工背馳。」也作「**幽情逸韻**」。清・鄭燮《題破盆蘭花圖》詩：「春雨春風寫妙顏，幽情逸韻落人間。」

【幽囚受辱】
被囚禁受盡恥辱。《列子・力命》：「公子糾死，召忽死之，吾幽囚受辱。」

【幽情逸韻】
見「幽情雅趣」。

【幽人之風】
幽人：隱士；風：風範。舊指超凡脫俗的隱士風範。南朝齊・謝朓《擬風賦》：「眇神巫於丘壑，獨超遠於孤觴，斯則幽人之風也。」

【悠然神往】
神往：心神嚮往。形容心神被吸引，彷彿要飛到某個地方。例讀完了陶淵明的桃花源記，不禁讓我悠然神往之。

【悠然自得】
形容態度或心情悠閒平靜，得意舒適。明・袁宏道《滿井遊記》：「凡曝沙之鳥，呷浪之鱗，悠然自得，毛羽鱗鬣之間，皆有喜色。」也作「**悠然自適**」。宋・陸游《中丞蔣公墓志銘》：「得屋僅庇風雨，頹垣壞甃，悠然自適，讀書旦暮不輟。」也作「**悠閒自在**」。

【悠然自適】
見「悠然自得」。

【悠閒自在】
見「悠然自得」。

【悠悠蕩蕩】
形容在空中飄蕩不定的樣子。《雍熙樂府《卷六》粉蝶兒（秋夜傷情）》：「則見那梧桐葉兒滴溜溜飄，悠悠蕩蕩，紛紛揚揚下溪橋。」也用以形容閒散不勤奮。《朱子語類》卷四十七《論語（飽食終日章）》：「若是悠悠蕩蕩，未有不入於邪僻。」

【悠悠伏枕】
悠悠：憂思的樣子。因思緒牽擾，伏臥枕上，不能入睡。唐・杜甫《清明》詩：「寂寂繫舟雙淚下，悠悠伏枕左書空。」

【悠悠忽忽】
形容心中憂傷，空虛恍惚。戰國楚・宋玉《高唐賦》：「悠悠忽忽，怊悵若失。」也形容放蕩、虛度光陰。南朝宋・劉義慶《世說新語・容止》：「劉伶身長六尺，貌甚醜悴，而悠悠忽忽，土木形骸。」

ㄧㄡˊ

【尤而效之】
尤：罪過，過錯。別人有不良行為，卻照著樣子去做。《左傳・僖公二十四年》：「尤而效之，罪又甚焉。」

【尤雲殢雨】
形容男女合歡，纏綣情濃。宋・柳永《錦堂春》詞：「待伊要尤雲殢雨，纏繡衾，不與同歡。」也作「**殢雲殢雨**」。元・戴善夫《風光好》三折：「安排打鳳牢龍計，引起殢雲殢雨心。」也作「**殢雨尤雲**」、「**殢雲尤雨**」、「**殢雨尤雲**」。

【猶豫不定】
見「猶豫不決」。

【猶豫不決】
下不了決心。《三國演義》四三回：「且說孫權退入內宅，寢食不安，猶豫不決。」也作「**猶豫未決**」。《新五代史・楊師厚傳》：「末帝乃遣馬慎交陰見師厚，布腹心，師厚猶豫未決。」也作「**猶豫不定**」。《烈火金剛》八回：「解文華看破了他的心情，他想趁他在這猶豫不定的時候，說上幾句好話，放他走。」

【猶豫狐疑】
猶豫：拿不定主意；狐疑：狐性多疑。形容疑慮重重，拿不定主意。戰國楚・屈原《離騷》：「心憂豫而狐疑兮，欲自適而不可。」

【猶豫未決】
見「猶豫不決」。

【猶有童心】
猶：還，仍。年紀雖已不小了，可心還像小孩子那樣天真。《左傳・襄公三十一年》：「於是昭公十九年矣，猶有童心。」

【猶魚得水】
像魚得到水一樣。比喻得到與自己心意投合的人或環境。晉・常璩《華陽國志・劉先主志》：「與亮情好日密，自以為猶魚得水也。」也作「**如魚得水**」。

【殢雲殢雨】
見「尤雲殢雨」。

【由表及裏】
指分析問題應從表面現象看到內在本質。例我們必須透過紛繁複雜的現象，由事物的表面及內容分析問題，從而抓住事物的本質。

【由博返約】
做學問從廣博出發，而後走向專精。清・袁枚《隨園詩話》卷五：「老年之詩多簡練者，皆由博返約之功。」

【由此及彼】
從這邊到那邊。比喻工作學習能循序漸進。也形容由一件事類推其他的事。《野叟曝言》六六回：「遇著通曉之人，就虛心請問，由此及彼，銖積寸累，自然日有進益。」

【由竇尚書】
竇：牆洞。《宋史・許及之傳》：「及之諂事侂胄，無所不至。黨值侂胄生日，朝行上壽畢集，及之後至，閽人掩關拒之，及之俯僂以入。為尚書二年不遷，見侂胄流涕，序其知遇之意及衰遲之狀，不覺膝屈，侂胄惻然憐之曰：『尚書才望，簡在上心，行且進拜矣。』居亡何，同知樞密院事。當時有由竇尚書屈膝執政之語，傳以為笑。」後用以比喻無真才實學，而靠拍馬逢迎得官的小人。

【由近及遠】
從近處到遠處。多比喻事物的影響逐漸擴大或思想境界逐漸開闊。《隋書・后妃傳》:「陰陽和則裁成萬物,家道正則化行天下,由近及遠,自家刑國,配天作合,不亦大乎?」
【由你奸似鬼,也吃洗腳水】
比喻再奸滑的人,也會上當受騙。《古今小說》卷三:「吳山除下帽子,正欲拔時,被小婦人一手按住吳山頭髻,一手拔了金簪,就便起身道:『官人,我和你去樓上說句話。』一頭說,逕走上樓去了,吳山隨後跟上樓來討簪子。正是由你奸奸鬼,也吃洗腳水。」也作「由你奸如鬼,吃了洗腳水」。明・許自昌《水滸記》一四齣:「堪憐一飲沈沈,沈沈,空教兩眼睜睜,睜睜。干戈不必縱橫,將杯酒,易車輪,齊拍手,快生平。由你奸如鬼,吃了洗腳水。」也作「由你奸似鬼,吃了老娘洗腳水」。明・無名氏《贈書記》一六齣:「凡有來往客商經過,將此麻汗藥藏在酒內,待他吃了,一時暈倒……正是由你奸似鬼,吃了老娘洗腳水。」也作「饒你奸似鬼,吃了洗腳水」。
【由淺入深】
從淺顯到深奧。指教授或學習知識技能等由易到難,循序漸進。《野叟曝言》六六回:「素臣把經史傳記,有益於日用之事,從粗至精,由淺入深,逐漸開示。」
【由小見大】
由小事看出大的方面或大道理。例看一個人的生活作息,往往可以由小見大,看出他的工作態度。
【由中之言】
見「由衷之言」。
【由衷之言】
衷:內心。出於眞心的話。清・周濟《介存齋論詞雜著》:「感慨所寄,不過盛衰;或綢繆未雨,或太息厝薪,或己溺己飢,或獨清獨醒,隨其人之性情學問境地,莫不有由衷之言。」也作「由中之言」。清・惲敬《辨微論》:「曹操之令,皆由中之言也。」
【油多不香,蜜多不甜】
比喻做事要有限度,否則物極必反。例炒菜、做點心要講究門道,也不是一個勁兒猛放油、加糖就能做好的。俗話說:「油多不香,蜜多不甜。」切記,切記。
【油乾燈草盡】
比喻消耗完了或生命枯竭。例那個大家族傳到第三代,已是油乾燈草盡了。也作「油盡捻子乾」。例他是個意志堅强的人,到了他也喊支持不住的地步,那可眞是油盡捻子乾了!
【油缸裏的西瓜——又圓又滑】
見「西瓜抹油——圓滑」。
【油光可鑑】
鑑:照。形容頭髮或器物非常光亮。魯迅《藤野先生》:「也有解散辮子,盤得平的,除下帽來,油光可鑑。」
【油光水滑】
①形容光亮滑潤。老舍《四世同堂》二:「矮個子,相當的胖,一嘴油光水滑的烏牙,他長得那麼厚厚敦敦的可愛。」②形容爲人圓滑。姚雪垠《李自成》一卷一八章:「你瞧,多會應付!可是只要咱老張幹起來,他就得跟著一起幹,不怕他油光水滑。」
【油鍋裏的錢,還要找出來花】
比喻很難弄到錢了,還要變著法兒花銷。《紅樓夢》一六回:「我們二爺那脾氣,油鍋裏的錢,還要找出來花呢,聽見奶奶有了這個體己,他還不放心的花了呢。」
【油鍋裏滴進一滴水】
比喻一觸即發,使矛盾更加惡化。例本來家裏就不和睦,妯娌之間磕磕碰碰的老鬧糾紛,影響到兄弟之間也互不搭理。自從老三從外邊回來提出分家後,這個大家庭就跟油鍋裏滴進一滴水一樣,頓時又沸沸揚揚吵了起來。
【油鍋裏撒鹽——鬧過不停】
比喻無休止地擾亂,鬧騰。例幾個小子喝得酩酊大醉,就像油鍋裏撒鹽——鬧過不停。
【油鍋內添上一把柴】
比喻使事態更加惡化。例丈夫剛入殮,討債的紛紛上門。有人來告訴她:兒子又在外邊闖了大禍,弄出人命。好比油鍋內添上一把柴,她五內俱焚,恨不得一頭撞死。
【油壺罏不惹醋壺罏】
油醋不能相混,比喻相互不能共處。例這家的婆娘夠潑辣的,對門那家也是個厲害角色,鄰里們只巴望油壺罏不惹醋壺罏,村子裏才能有幾天安寧日子。
【油花嘴】
形容人說話油滑輕佻。例他長著一張油花嘴,死人都能給他說活了。
【油煎火燎】
形容身心遭受極大痛苦。元・劉唐卿《降桑椹蔡順孝母》二折:「好教我便展轉的添焦,俺母親眼睜睜病枕難熬,我可便心似油煎,身如火燎,仰穹蒼痛哭嚎啕。」
【油澆蠟燭——一條心】
見「芭蕉結果——一條心」。
【油裏攙水——兩分離】
油的比重比水小,只能浮在水的上面。比喻不能團聚。例他倆長期在異地工作,一年也難得見一次面,眞是油裏攙水——兩分離。也作「棒打鴛鴦——兩分離」。
【油瓶倒了不扶】
形容極其懶惰,連不費力的小事都不肯幹。例他一向好吃懶做,眼裏沒活兒,是個油瓶倒了不扶的人。
【油漆馬路——沒轍】
見「火車軋進高粱地——沒轍了」。
【油漆馬桶——臭講究】
馬桶:大小便用的帶蓋的桶。比喻人過分講究,惹人討厭。例他做任何事情都要求排場,斤斤計較,實在是油漆馬桶——臭講究，令人厭惡。

【油漆馬桶鑲金邊——圖表面好看】

比喻光圖外表，不注重內容實質。例我們講究實惠，不搞油漆馬桶鑲金邊——圖表面好看的事。

【油漆馬桶鑲金邊——外面光，裏面髒】

也作「油漆馬桶鑲金邊——外頭好看，裏面臭」。見「金漆的馬桶——外面光，裏面髒」。

【油腔滑調】

形容說話油滑輕浮。《二十年目睹之怪現狀》七二回：「這京城裏做買賣的人，未免太油腔滑調了。」也作「油嘴滑舌」。《鏡花緣》二一回：「俺看他油嘴滑舌，南腔北調，到底稱個什麼！」也作「油嘴狗舌」。《金瓶梅詞話》七六回：「你會唱的什麼好成樣的套數兒，左右是幾句東溝窩，西溝灞，油嘴狗舌，不上紙筆的。也作「油嘴油舌」。《西遊記》三六回：「你這遊方的和尚，便是有些油嘴油舌的說話！」

【油然而生】

油然：自然而然地。《禮記·樂記》：「禮樂不可斯須去身，致樂以治心，則易直子諒之心油然生矣。」某種思想或感情，自然而然地產生。例他的事蹟深深感動了在座的每一個人，崇敬之情油然而生。

【油勺子打酒——不是正經東西】

見「墳地裏的夜貓子——不是好鳥」。

【油手攥泥鰍——溜啦】

見「腳底下抹油——溜啦」。

【油縮子發白——短煉】

油縮子：也作油梭子，即油渣，動物油脂提煉後剩下的渣子。煉油時，如果時間短，火候不夠，油水未完全浸出，油縮子就發白。雙關語。比喻缺少鍛鍊或訓練。例這個青年是油縮子發白——短煉，害怕艱苦和困難。

【油條泡湯——軟癱了】

也作「油條泡湯——軟作一堆」、「油條泡湯——渾身軟」。見「爛柿子落地——軟作一堆」。

【油條泡在開水裏——一下子軟了】

見「皮球上扎一刀——軟了下來」。

【油頭粉面】

形容濃妝艷抹，打扮得妖冶輕浮。《儒林外史》一四回：「馬二先生正走著，見茶舖子裏一個油頭粉面的女人招呼他吃茶。」

【油頭滑臉】

見「油頭滑腦」。

【油頭滑腦】

形容狡猾、輕浮。例看他那副油頭滑腦的樣子，實在不想和他談什麼正經事。也作「油頭滑臉」。《醒世恆言》卷二二：「正看之間，有小和尚急忙進報，隨有中年和尚油頭滑臉擺將出來，見了這幾位冠冕客人踱進來，便鞠躬迎進。」

【油甕裏捉鯰魚】

油滑，魚也滑，很難逮住。比喻白費力氣。例嫌犯很狡猾，會好多地方方言。到哪兒把口音一改，混到人羣裏，就是逮不著他。油甕裏捉鯰魚，難！

【油鹽醬醋】

調味佐料。比喻日常生活的瑣事或某項工作的配件。《文明小史》一七回：「他說他那本書，就是做書的佐料，其中油鹽醬醋，色工俱全。」

【油一路，水一路】

油水不能相融。借指君子與小人不是同路人。清·王有光《吳下諺聯》卷三：「油一路，水一路。油喻小人，其性膩，其質濁，其體滑，其用順。其趨炎也，若矢之赴的。投以水，爆而不和。水喻君子，其性涼，其質白，其味淡，其體清。其用能令不潔之物至於潔。滴以油，佛焉若驚，故各自一路。」例別看他倆是同班同學，見了面話都不說。油一路，水一路，一個潔身自好，努力做學問；一個見便宜就沾。

【油炸臭豆腐——聞著臭，吃著香】

比喻人名聲雖不大好，但能幹，勝任工作，受到歡迎。例他這個人是油炸臭豆腐——聞著臭，吃著香，調到你們單位，準能解決大問題。

【油炸麻花——乾脆】

見「快刀切蘿蔔——乾脆」。

【油炸麻花——全身都酥了】

比喻害怕得失魂落魄。例你的膽子太小了，遇上這樣一個小偷小摸，你就嚇得像油炸麻花——全身都酥了。也作「螳螂落油鍋——全身都酥了」、「蟑螂落油鍋——全身都酥了」。

【油嘴狗舌】

見「油腔滑調」。

【油嘴滑舌】

見「油腔滑調」。

【油嘴油舌】

見「油腔滑調」。

【蚰蜒吃螢火蟲——肚裏透亮】

蚰蜒：ㄧㄢˊ，黃褐色，似蜈蚣而略小的節肢動物，生活在陰濕的地方。見「雞吃放光蟲——肚裏明」。

【郵包掉水田——半信半疑(泥)】

疑：「泥」的諧音。雙關語。比喻又相信又不相信。例你昨天告訴我，她生病的消息，我是郵包掉水田——半信半疑（泥），前天我見她還活蹦亂跳哩！

【遊必有方】

遊：出遊；方：方向。《論語，里仁》：「子曰：『父母在，不遠遊，遊必有方。』」如果離家出遊，務必告知父母自己的去向。明·徐宏祖《徐霞客遊記·續編》：「母王夫人勉之曰：『志在四方，男子事也。即語稱：「遊必有方。」不過稽遠處，計歲月，往返如期，豈令兒藩中雉，轅下駒坐困爲？』」

【遊僧攆住持】
住持：主持一個佛寺的和尚，或主持一個道觀的道士。比喻外人趕走主人。例這成什麼話！他原說借住幾天的，現在賴著不走，弄得我都沒地兒住，遊僧攆住持，我得告他去。

【遊山玩景】
見「遊山玩水」。

【遊山玩水】
遊覽、觀賞山水風景。《景德傳燈錄・文偃禪師》：「問：『如何是學人自己？』師曰：『遊山玩水。』」元・張養浩《普天樂》曲：「遊山玩水，吟風弄月，其樂無涯。」也作「遊山玩景」。《三俠五義》三二回：「必須心平氣和，不緊不慢，彷彿遊山玩景的一般。」

【遊手好閒】
遊手：閒著不幹事。遊蕩懶散，好逸惡勞。《紅樓夢》六五回：「便有那游手好閒，專愛打聽小事的人，也都去奉承賈璉，乘機討些便宜。」

【遊戲塵寰】
見「遊戲人間」。

【遊戲人間】
指活在人世間。明・何良俊《世說新語補・排調下》：「蘇長公（蘇軾）在惠州，天下傳其已死。後七年北歸……見南昌太守葉祖洽。葉問曰：『世傳端明（蘇軾）已歸道山，今尚爾遊戲人間邪？』」也指把人生當成遊戲的一種消極的生活態度。清・黃遵憲《歲暮懷人》詩：「老去頭陀深閉關，悔將遊戲到人間。也作「遊戲人生」。例有的年輕人抱著遊戲人生的生活態度，終日沈緬於聲色狗馬，還自以為灑脫不俗。這種消極的人生觀是與我們的時代精神格格不入的。也作「遊戲塵寰」。明・陳汝元《金蓮記・效遇》：「百煉中凡心俱淨，縱然遊戲塵寰，不落腥膻陷阱。」

【遊戲三昧】
原為佛教語。遊戲：自在無礙；三昧：心神正定。借指事物的奧妙訣竅。《景德傳燈錄・普願禪師》：「後扣大寂之室，頓然忘筌，得遊戲三昧。」指自在無礙，不起雜念，不失定意。後也指對某事極有興趣並深得其中訣竅。魯迅《小說舊聞鈔・雜說》：「凡為小說及雜劇戲文，須是虛實相半，方為遊戲三昧之筆。亦要情景造極而止，不必問其有無也。」

【游辭浮說】
游離浮誇的言論。《晉書・范汪傳》：「王何蔑棄典文，不遵禮度，游辭浮說，波蕩後生，飾華言以翳實，騁繁文以惑世。」

【游辭巧飾】
用虛華不實的話巧加掩飾。《三國志・蜀書・諸葛亮傳評》：「服罪輸情者雖重必釋，游辭巧飾者雖輕必戮。」

【游蜂浪蝶】
見「游蜂戲蝶」。

【游蜂戲蝶】
飛舞遊戲的蜜蜂和蝴蝶，常用以比喻放浪子弟。明・康海《王蘭卿》一折：「我把這荊釵布袄甘心受，再不許游蜂戲蝶閒迤逗。」也作「游蜂浪蝶」《清朝野史大觀》卷四：「黃朱氏亦屆破瓜之年，吳俗故多輕薄子，游蜂浪蝶，時萃其門。」

【游騎無歸】
游騎（ㄐㄧˋ）：流動突襲的騎兵。遠出騎兵無法歸隊。比喻遠離根本，找不到歸宿。宋・程顥、程頤《河南程氏遺書》七：「若游騎太遠，則卻歸不得。」「只務歡物理，泛然正如游騎無所歸也。」明・黃宗羲《明儒學案》卷一二引王畿《答吳悟齋》：「文公分致知格物為先知，誠意正心為後行，故有游騎無歸之慮。」

【游居有常】
游：出游；居：居家；有常：保持正常。生活安排得當，很有秩序。《管子・弟子職》：「志無虛邪，行必正直，游居有常，必就有德。」

【游目騁懷】
游目：極目瞭望；騁懷：放開胸懷。戰國楚・屈原《離騷》：「忽反顧以游目兮，將往觀乎四荒。」漢・蔡邕《漢津賦》：「於是游目騁觀，南援三州，北集京都。」比喻縱覽景物，舒展心懷。晉・王羲之《蘭亭集序》：「仰觀宇宙之大，俯察品類之盛，所以游目騁懷，亦足以極視聽之娛，信可樂也。」

【游刃有餘】
游刃：運轉刀鋒。《莊子・養生主》：「彼節者有間，而刀刃者無厚。以無厚入有間，恢恢乎，其於游刃必有餘地矣。」意即骨節之間有空隙，只要刀刃對準空隙運轉，就有迴旋餘地。後用以比喻技藝嫻熟，做事輕而易舉。茅盾《子夜》一五：「現在是應付錢葆生，這比工人不同，屠維岳自覺得『游刃有餘』。」

【游絲飛絮】
絲：蛛絲；絮：柳絮。比喻不由自主、隨風倒的輕浮之人。《羣音類選〈驚鴻記・七夕私盟〉》：「恩情占斷人間麗，莫認做游絲飛絮，看萬歲千秋鸞鳳儀。」

【游談無根】
沒有依據地信口談論。宋・蘇軾《李君山房記》：「近歲市人轉相摹刻，諸子百家之書日傳萬紙……而後生科舉之士，皆束書不觀，游談無根，此又何也？」

【游閒公子】
閒散放蕩，不務正業的富家子弟。《史記・貨殖傳》：「游閒公子，飾冠劍，連車騎，亦為富貴容也。」

【游心騁目】
騁：放任。指心神放縱，極目遠眺。宋・吳潛《哨遍・括蘭亭記》詞：「於宇宙之中，游心騁目，此娛信可樂隻。」

【游心寓目】

游心：注意，留心；寓目：過目，觀看。留心觀看。《晉書・干寶傳》：「羣言百家不可勝覽，耳目所受不可勝載，今粗取足以演八略之旨，成其微說而已。幸將來好事之士祿其根體，有以游心寓目而無尤焉。」

【游移不定】
原指移動不定。漢・劉熙《釋名・釋車》：「游環在服馬背上，驂馬之外轡貫之。遊移前卻，無定處也。」現指內心動搖，拿不定主意。例究竟去不去國外，他一直游移不定。

【游魚出聽】
《荀子・勸學》：「昔者瓠巴鼓瑟，而流魚出聽。」水中游動的魚都出來傾聽。形容樂聲美妙動聽。明・張鼎思《琅玡代醉編》：「伯牙鼓琴，游魚出聽。」

【游魚在鼎】
見「魚游釜中」。

【游雲驚龍】
游雲：飄游的雲；驚龍：受驚的龍。形容書法矯健奔放多變。《晉書・王羲之傳》：「王羲之善草書，論者稱其筆曰：『飄若游雲，矯若驚龍。』」宋・胡繼宗《書言故事・字學類》：「稱字好，曰游雲驚龍之勢。」

【輶軒之使】
輶軒：輕車。古代帝王的使臣多乘坐這種車，後因稱使臣為「輶軒使」。漢・應劭《風俗通義》序：「周、秦常以歲八月，遣輶軒之使，采異代方言。」清・朱彝尊《張君詩序》：「昔之采風者，不遺邶、鄘、曹、檜，而吳、楚大邦，不見錄於輶軒之使。」

ㄧㄡˇ

【友風子雨】
指天空的雲。《荀子・賦篇》：「托地而游宇，友風而子雨。」清・王先謙集解：「風與雲並行，故曰友，雨因雲而生，故曰子。」

【友情濃於酒】
指深厚的友情比酒還能使人陶醉。例人們說：「友情濃於酒。」，經過這次磨難，我才明白它的意義。

【友于兄弟】
原指兄弟間互相敬愛，現亦指像兄弟那樣互相幫助，團結友愛。《論語・為政》：「《書》云：『孝乎惟孝，友于兄弟，施於有政。』」

【有礙觀瞻】
觀瞻：外觀印象。對好的外觀印象有妨礙。例這兒的環境衛生極差，實在是有礙觀瞻。

【有案可稽】
案：案卷，文書；稽：查考。有證據、記載可查。例施工方案是我們幾個部門一起制定的，對於施工中出現的問題我們應該共同負責，這是有案可稽的。

【有把門的，可沒有把嘴的】
比喻不能阻止人說話，嘴是封不住的。例俗話說：「有把門的，可沒有把嘴的。」你來了才幾天，管的事倒挺寬，連人們的嘴都得管著！

【有百害而無一利】
形容某事害處極多，好處一點兒也沒有。例吸煙這事兒，實在是有百害而無一利，許多病都由此而來。我勸你把煙戒了。

【有板眼】
板眼：戲曲音樂中的節拍。比喻有分寸、有條理、有辦法。例他做人行事都很有板眼。也作「有板有眼」。例他做什麼事都有板有眼，令人放心。

【有板有眼】
見「有板眼」。

【有備無患】
《尚書・說命中》：「惟事事乃其有備，有備無患。」事先有準備，就不會出問題。《左傳・襄公十一年》：「居安思危，思則有備，有備無患。」三國蜀・諸葛亮《將苑・戒備》：「無備，雖眾不可恃也。故曰有備無患。故三軍之行，不可無備也。」

【有備則制人，無備則制於人】
有準備就能制服敵人，無準備就被敵人所制。謂事先有準備，才能戰勝敵人。漢・桓寬《鹽鐵論・險固》：「龜蝟有介，狐貉不能擒；蝮蛇有螫，人忌而不輕。故有備則制人，無備則制於人。」

【有奔頭】
即有希望，有前途。例聽你這麼一說，我覺得有奔頭了。

【有鼻子有眼】
比喻說話活靈活現，好像實有其事。例我聽他說得有鼻子有眼的，就相信了。

【有賓不可無主】
有了客人不能沒有主人。例他遲遲疑疑不肯入席。眾人推著他上前，說有賓不可無主，校長不在，你就代表我們大家了。

【有兵刃的氣壯，赤著手的膽虛】
拿著武器的氣壯，赤手的膽怯。《龍圖耳錄》八回：「張龍手無兵刃，全仗步法巧妙，身體靈便，一低頭將刀躲過，順手就是一掌。惡道惟恐是暗器，急待側身時，張龍下面又是個『掃堂腿』，道志連忙跳起躲過。究竟有兵刃的氣壯，赤著手的膽虛，張龍支持了幾個照面，堪堪的有些不敵。」

【有病自家知】
有病自己最清楚。也指自己最知道自己的毛病。例俗話說：「有病自家知。」我這個毛病不用你說，我自己也知道。

【有才無命】
有才幹但命運不濟。指生不逢時，沒有施展才能的機會。《野叟曝言》四〇回：「金羽妹子，絕世聰明，有膽有識，今年也是七歲，可憐有才無命。」

【有財同享，有馬同騎】
比喻同甘苦。例你我弟兄們有財同

享，有馬同騎，你的恩人就是我的恩人。也作「有官同作，有馬同騎」。

【有茶有酒兄弟多，疾難來了不見人】

指酒肉朋友不可靠，緊急時刻幫不上忙。例仗著家裏有些資產，他又愛交際，隔三岔五地請客。一時朋友云集。及至他遭了難，竟沒一個上門相幫的。都道是有茶有酒兄弟多，疾難來了不見人。

【有柴一灶，有米一鍋】

指有柴一次燒完，有米一次用盡。勸誡不要浪費。清·李光庭《鄉言解頤》卷五：「鄉言七事中，有關乎世情者，如『打了一冬柴，煮鍋臘八粥』，與『有柴一灶，有米一鍋』，俱誡浪費者也。」例那人才不會過日子呢。有柴一灶，有米一鍋。手上有幾個錢，就大吃大喝；沒錢了，就到處去借。

【有車就有轍，有樹就有影】

比喻做事總會留下痕跡。例今天他又作下事。有車就有轍，有樹就有影，不管他怎麼狡猾，總有跡可尋。

【有吃刀子的嘴，就有消化刀子的肚子】

比喻能打硬仗，具有消滅頑敵的力量和策略。例別看敵人武裝強大，咱們的部隊有吃刀子的嘴，就有消化刀子的肚子。不怕他們。

【有尺水，行尺船】

指根據水的深淺，決定行船的大小。比喻按實際情況辦事。例這些木料，剛夠給你打桌椅板凳的，要做衣櫃就不成了。有尺水，行尺船，先這麼著吧，等以後有了木料再說。

【有尺水行尺船——量力而行】

見「比著被子伸腿——量力而行」。

【有翅難飛】

形容陷於困境，難於逃脫。明·無名氏《杏林莊》三折：「暗埋伏猛軍四面圍，縱然他有翅難飛。」

【有仇報仇，有冤伸冤】

指冤仇必報。例有仇的報仇，有冤的伸冤，你們大伙別怕。也作「有冤伸冤，有仇報仇」。

【有仇不報非君子，有冤不伸枉爲人】

舊時認爲有仇一定要報，有冤一定要伸，才是英雄好漢。例俗語說：「有仇不報非君子，有冤不伸枉爲人。」你有這樣的膽略，又有這種抱負，一定會馬到成功。

【有愁皆苦海，無病即神仙】

形容憂愁的痛苦如海深，不生病似神仙般快樂。例老爺子病勢十分沈重要去請醫生診斷。他們家一個個愁眉苦臉。正是有愁皆苦海，無病即神仙。也作「無病賽過活神仙」、「無病即神仙」。

【有初鮮終】

初：開始；鮮：ㄒㄧㄢˇ，少。有始少終。形容缺乏毅力的人，做事往往有始無終。《詩經·大雅·蕩》：「靡不有初，鮮克有終。」

【有初一，就有十五】

比喻有第一次，就有第二次、第三次。例別擔心他不會來了。有初一，就有十五。下次，他還會來。

【有膽有識】

有膽量，有見識。例他不僅獲得過管理學碩士學位，而且還是個有膽有識的人。我看，總經理這把交椅非他莫屬。

【有道難行不如醉，有口難言不如睡】

既然有路難行，還不如喝醉了哪兒也不去；既然有口難言，還不如睡著了什麼也不說。原抒發懷才不遇者的寂寞和感慨。後常用以表達在邪惡勢力的壓迫下，沒有行動、議論自由的痛苦心情。宋·蘇軾《醉睡者》詩：「有道難行不如醉，有口難言不如睡。先生醉臥此石間，萬古無人知此意。」

【有的不知無的苦】

指有錢人不知道窮人的苦處。例他們家吃穿不愁，哪知道我們窮人吃了這頓沒那頓，眞是有的不知無的苦。

【有的向燈，有的向火】

比喻在爭執中，各有所向。例這次開會討論張李爭執的事，可熱鬧啦。有的向燈，有的向火，爭了半天也沒爭出個子丑寅卯來。

【有燈掌在暗處，有鋼使在刄上】

比喻把力量使在最需要的地方。例剩下這點材料，就像咱的眼珠子一樣。有燈掌在暗處，有鋼使在刄上，不能隨便糟塌。也作「有鋼使在刀刄上」。

【有底稿】

比喻預先做好準備和計畫。例要開會了，你第一個發言，心裏到底有沒有底稿？

【有地皮沒躲處】

指找不到躲藏的地方。也指無地自容。例大庭廣衆之下，他把小趙數落得有地皮沒躲處。

【有的放矢】

的：ㄉㄧˋ，靶心；矢：箭。有目標地放箭。比喻言論、做事有明確的目的性，針對性。郭紹虞《中國歷代文選·劉知幾〈〈史通·模擬〉說明〉》：「篇中所反覆闡明的，都是針對魏晉以來，史家喜尚形似的擬古之風，有的放矢，有感而發的。」

【有典有則】

典：法典；則：準則。做事有準則可依。唐·劉穆之《盧公淸德頌》：「無偏無黨，有典有則。」

【有定盤星】

定盤星；指秤桿上的第一個刻度。即稱錘懸於此點時正好與稱盤平衡。比喻做事有主張、有準繩。例辦什麼事情自己心裏都要有定盤星，不然容易被人利用而上當受騙。

【有毒的不吃，犯法的不做】

指不做越軌的事，自愛自重。例告訴你，我這個人可是有毒的不吃，犯法的不做，我不跟你們幹這號事兒！

【有肚皮】

比喻有默契，心照不宣。例這一對結義兄弟有肚皮，只是在人前裝作陌不相識。

【有對頭的官事好打】

官事：指官司。比喻要找到冤家對頭才好打官司。《西遊記》三八回：「明日進城，且不管什麼倒換文牒，見了那怪，掣棍子就打。他但有言語，就將骨櫬與他看，說：『你殺的是這個人！』卻教太子上來哭父，皇后出來認夫，文武百官見主，我老孫與兄弟們動手；這才是有對頭的官事好打。」

【有多大本錢，做多大生意】

根據力量和能力的大小，決定做多大事情，即量力而行。例唉！我也就能開個小店舖，再大的生意也做不起。有多大本錢，做多大生意。

【有恩報恩，有仇報仇】

指恩仇要分明，各得所報。例孩子，等你長大了，你可要記著，有恩報恩，有仇報仇。

【有恩報恩，有德報德】

受了別人的恩德應該報答。例他老想著有恩報恩，有德報德，儘管事情過了幾十年，他卻還在尋找那個第一次幫他交學費的婦人。

【有恩不報非君子，有仇不報非丈夫】

舊時認為，對自己有恩的人不報答，稱不上君子；與自己有仇的不報復，不能算大丈夫。例人家對咱們是一百個不錯呀，咱們應當有良心。常言說得好：「有恩不報非君子，有仇不報非丈夫」。也作「**有恩不報非君子，有仇不報是小人**」、「**有仇不報非君子，忘恩負義是小人**」、「**有仇不報非君子**」。

【有兒靠兒，無兒靠婿】

舊時靠兒子養老送終，沒有兒子靠女婿。《金瓶梅詞話》二〇回：「一日在前廳，與他同桌兒吃飯，說道：『姐夫，你在我家這等會做買賣，就是你父親在東京知道，他也心安。我也得托了，常言道：「有兒靠兒，無兒靠婿」。』」

【有犯無隱】

不怕冒犯上方，敢於毫無隱諱地直言進諫。宋·范仲淹《上資政晏侍郎書》：「某又聞：事君有犯無隱，有諫無訕，殺其身有益於君則為之。」

【有飯大家吃，有難大家當】

比喻有福同享，有難同當。例從今以後，你就算是我們的人了，有飯大家吃，有難大家當。也作「**有飯大家吃，無飯大家餓**」。

【有飯送給親人，有話說給知音】

有飯要送給親人吃，話要說給知心人聽。例隊長就是好，能和俺們說知心話。他現在遇到困難，俺們也要對得起他。俗話說有飯送給親人，有話說給知音。

【有分寸】

比喻說話做事適度，不過分。例他說話很有分寸，也有水平。

【有風不可駛盡】

比喻做事要留有餘地。例像這樣的事情，只求個息事寧人，也就罷了。常言道，有風不可駛盡哩。

【有風方起浪，無潮水自平】

有了風，才會起浪；沒有潮汐，水自會平靜。謂事情的發生都有其客觀原因。《西遊記》七五回：「有風方起浪，無潮水自平。你不惹我，我好尋你？只因為你狐羣狗黨，結為一伙，算計吃我師父，所以來此施為。」

【有縫的雞蛋——招惹蒼蠅】

比喻招引或惹人厭惡的東西。例有縫的雞蛋——招惹蒼蠅，如果你沒有貪占便宜的毛病，這羣無賴怎敢黏上你哩！

【有夫從夫，無夫從子】

舊時出嫁後的女子要聽丈夫的，丈夫死了，得聽從兒子。例如今是什麼時代了？你老還拿「有夫從夫，無夫從子」的老話教訓兒媳，她的事得由她自己作主。

【有福同享，有禍同當】

見「有福同享，有難同當」。

【有福同享，有禍同當——同甘共苦】

見「冰糖煮黃蓮——同甘共苦」。

【有福同享，有難同當】

享：分享；當：分擔。指同甘共苦，和衷共濟。《官場現形記》五回：「還有一件：從前老爺有過話，是『有福同享，有難同當』。現在老爺有得升官發財，我們做家人的出了力、賠了錢，只落得一個半途而廢。」也作「**有福同享，有禍同當**」。茅盾《子夜》一八：「我們約他做攻守同盟，本想彼此提攜，有福同享，有禍同當，不料他倒先來沾我們的光了。也作「**有福大家享，有事大家當**」、「**有難同當，有福同享**」等。

【有福之人，不落無福之地】

舊指有福氣的人不會落到無福的地方。例你可眞是個饞貓。人家炒的菜裏有點腥葷，你就趕緊跑了來。這叫有福之人，不落無福之地。

【有福之人不在忙】

舊時認為有福分的人用不著忙碌，也能受益。元·王實甫《破窰記》一折：「豈不聞有福之人不在忙，我這裏參也波詳，心自想，平地一聲雷振響，朝為田舍郎，暮登天子堂，可不道寒門生將相。」也作「**有福不在忙**」。

【有福之人，千方百計莫能害他；無福之人，遇溝壑也喪性命】

舊時認為人若有福氣，別人怎麼也害不了他；沒福氣的人，過個小山溝也會喪了命。《封神演義》八〇回：「大王可記得在紅沙陣內，也是百日，自然無事？古云：『有福之人，千方百計莫能害他；無福之人，遇溝壑也喪性命。』大王不必牽掛。」

【有福之人人伏事，無福之人伏事人】

舊指有福氣的人由人侍候，沒福氣的人侍候人。明・馮夢龍《古今譚概・韓襄毅公令》：「韓襄毅公雍與夏公塤欽，各出酒令，公欲一字內有大人、小人，復以諺語二句證之。曰：『傘字有五人，下列衆小人，上侍一大人。所謂有福之人人伏事，無福之人伏事人。』」也作「有福之人人伏侍，無福之人伏侍人」。

【有斧無柯】

柯：斧柄；斧柯：比喻權柄。只有斧頭而無斧柄。比喻僅有才幹，卻沒有借以施展的權柄。唐・崔致遠《謝就加侍中兼實封狀》：「雖值盤根錯節，其如有斧無柯！」

【有斧子砍得倒樹，有理說得倒人】

有理就能說服人。例咱們評評理：「你家的樹長到我們家的屋頂上，該不該砍去枝子？有斧子砍得倒樹，有理說得倒人。到哪兒告都不怕！」也作「有理講倒人」。老舍《春華秋實》一幕三場：「有理講倒人！我們跟他說說理！」

【有肝膽】

指有膽識而又坦白忠誠，能捨己爲人。例這是一位有肝膽的朋友。

【有個唐僧取經，就有個白馬馱著他】

《西遊記》一五回載：唐僧人玄奘去印度取經，龍王三太子化成白馬馱著他。比喻世上事，總是相輔相成。《紅樓夢》三九回：「我成日家和人說笑，有個唐僧取經，就有個白馬馱著他；劉智遠打天下，就有個瓜精來送盔甲；有個鳳丫頭，就有個你。」

【有個先來後到】

指應照顧到先後次序。《水滸傳》三五回：「也有個先來後到！什麼官人的伴當要換座頭！老爺不換！」

【有功必賞，有罪必罰】

指嚴格執行法紀。例部隊要紀律嚴明，有功必賞，有罪必罰，含糊不得。

【有功同賞，有罪同罰】

指賞罰平等，不厚此薄彼。例起義過來的人，和我們一樣有功同賞，同罪同罰，不應歧視他們。

【有溝填溝，有牆拆牆】

指掃除障礙。例有溝填溝，有牆拆牆，這次開會，就是要解決主管和員工之間的隔閡。

【有骨氣】

指具有堅強意志，不畏強暴的氣概。例做人要有骨氣，才能受人尊重。

【有瓜葛】

指在人事關係上有牽連。例你要是跟這事有瓜葛，趁早說清楚，免得被牽連進去。

【有棍子打得蛇，有贓證打得賊】

只要有證據，就可以懲辦壞人。例怕什麼！我們有人證、物證，就可以懲治他。有棍子打得蛇，有贓證打得賊。

【有國難投】

有國卻歸不得。也指有家難歸。元・無名氏《馬陵道》二折：「我這裏叫盡屈有誰來分剖，送的我眼睜睜有國難投。」元・關漢卿《謝天香》四折：「我則道坐著的是那個俊儒流，我這裏猛窺視細凝眸，原來是三年不肯往杭州，閃的我落後，有國難投。」

【有過之無不及】

《國語・周語》：「是三子也，吾又過於四之無不及。」《論語・先進》：「子曰：『師也過，商也不及。』」比較起來，只有超過，沒有趕不上的。梁啟超《飲冰室詩話》六七：「視子庸原作有過之無不及，實文界革命一驍將也。」

【有害無利】

除了害處，毫無益處。《漢書・吾丘壽王傳》：「以衆吏捕寡賊，其勢必得。盜賊有害無利，則莫犯法，刑錯之道也。」

【有好話留著說給灶王爺聽】

舊時農曆臘月二十三，有送灶的風俗，灶王爺要上天言好事。指跟別人說不值得，不起作用。例跟他說頂什麼用，有好話還不如留著臘月二十三說給灶王爺聽哪。

【有話即長，無話則短】

指講話，寫文章都要根據實際情況，決定詳略，不要囉嗦。例我們寫文章要把握住「有話即長，無話則短」的規則，這樣才能寫出一篇精闢獨到的好作品。也作「有話則長，無話則短」、「有話即長，無話便短」、「有話即長無話短」。

【有禍大家瞞，出事大家擔】

指共同承擔責任。例今後，我們要同心協力和敵人鬥。有禍大家瞞，出事大家擔，誰也別退後。

【有機可趁】

見「有機可乘」。

【有機可乘】

乘：利用。有機會可以利用。例值班的人必須嚴加防範，絕不讓竊賊有機可乘。也作「有機可趁」。例你可要在工作上好好表現，不要讓其他野心份子有機可趁搶了你的位子。也作「有隙可乘」。隙：裂痕，空隙。《三國演義》一一〇回：「今魏有隙可乘，不就此時伐之，更待何時？」

【有雞子叫天明，沒有雞子叫天也明】

比喻不管有沒有某人，事情總會辦得成。例他牛氣什麼？沒有他，我們還不吃飯了？俗話說，有雞子叫天明，沒有雞子叫天也明。

【有加無損】

見「有加無已」。

【有加無已】

已：停止。《左傳・昭公七年》：「寡君寢疾，於今三月矣，並走羣望，有加而無瘳。」不斷增加，不見減少或停止。也指情勢不斷加深發展。孫中山《民族主義第五講》：「試想我們一年中生利之男子，應擔負四十五元之人頭稅與外國，汝說可怕不可怕呢！這種人頭稅，還是有加無已的。也作「**有加無損**」。《三國志・魏書・管宁傳》：「又年疾日侵，有加無損，不任扶輿進路以塞元責。」也作「**有增無已**」。宋・陳造《罪言》：「且不許擅私置庵，有增無已，何爲哉？」也作「**有增無損**」。清・黃百家《書王孝女碑後》：「三吳自明太祖以張士誠之故，特重其賦，相沿至今，有增無損。」也作「**有增無減**」。《初刻拍案驚奇》卷一一：「到床前看女兒時，只是有增無減，挨至三更時分，那女兒只有出的氣，沒有入的氣。」

【有家難奔】

雖然有家，但由於種種原因而無法回去。例如今他孤身一人，漂泊在外，身無分文，貧病交加，望著朝向故鄉去的列車，他感到自己有家難奔。

【有家難奔，有國難投】

比喻無路可走，處境極其困難。例因爲我宰了漢奸，敵人正在通緝我。現在的處境眞是有家難奔，有國難投啊！

【有腳書櫥】

指學識淵博的人。宋・龔明之《中吳紀聞・有腳書櫥》：「［程信民］自幼讀書於南峯山，先都官墓廬，攻苦食淡，手未嘗釋卷，記問精確，經傳子史，無不通貫，鄉人號爲有腳書櫥。」

【有腳陽春】

陽春：溫暖的春天。五代・五仁裕《開元天寶遺事下》：「宋璟愛民恤物，朝野歸美，時人咸謂璟爲有腳陽春，言所至之處，如陽春煦物也。」比喻仁政。用以稱讚施行德政，體恤民情的官吏。宋・李昴英《摸魚兒・送王子文知太平州》詞：「丹山碧水含離恨，有腳陽春難駐。」也作「**陽春有腳**」。宋・王十朋《送何憲行部趣其早還》詩：「九郡飢民望使軺，陽春有腳不辭遙。」

【有教無類】

類：種類、類別。不管對哪一類人都應給予教育。《論語・衛靈公》：「子曰：『有教無類。』」唐・白居易《省試性習相遠近賦》：「原夫性相近者，豈不以有教無類，其歸於一揆？」

【有借有還，再借不難】

借了別人的東西，要及時歸還，再借時，人家也願意借。常用作歸還物品之詞。例有道是：「有借有還，再借不難。」這次借錢，不比往常，你幫我度過了難關，現在我該加倍還你才是。

【有斤兩】

①比喻說話行事有分量。例這篇社論雖短，卻很有斤兩。②比喻人物重要。例此人有斤兩，切不可怠慢。

【有進無退】

只能向前，不能後退。指打仗或做事一直前進不後退。《東周列國志》六一回：「軍中無戲言！吾二人當親冒矢石，晝夜攻之，有進無退。」

【有酒膽，無飯力】

形容表面上有膽量，實際上很怯懦。《紅樓夢》七九回：「薛蟠本是個憐新棄舊的人，且是有酒膽，無飯力的，如今得了這樣一個妻子，正在新鮮興頭上，凡事未免盡讓他些。」也作「**有酒膽，沒飯膽**」。

【有酒有肉多兄弟】

有酒有肉，結交往來的人便多。例俗話說：「有酒有肉多兄弟。」他有錢，又愛結交三教九流，碰到什麼事，總有人幫他出點子。

【有口皆碑】

碑：記功的石碑。形容受到衆人的一致稱頌。《五燈會元・平安禪師》：「勸君不用鐫頑石，路上行人口似碑。」《老殘遊記》三回：「老殘道：『宮保的政聲，有口皆碑，那是沒有得說的了。』」

【有口難辯】

見「有口難分」。

【有口難分】

分：分辯。有嘴卻難以分辯。形容蒙冤受屈，卻不敢或不便申辯。元・蕭德祥《殺狗勸夫》一折：「直著我有口難分，進退無門。」也作「**有口難辯**」。《古今小說》卷二：「孟夫人有口難辯，倒被他纏住身子，不好動身。」

【有口難言】

心中有話卻不敢或不便說出口。元・關漢卿《竇娥冤》三折：「這都是官吏每無心正法，使百姓有口難言。」

【有口無心】

說話不經心，脫口而出。也指心直口快。例小王說話一向是不經大腦、有口無心的，你可千萬別太在意。也作「**有嘴無心**」。《紅樓夢》七八回：「別是寶玉有嘴無心，從來沒個忌諱，高了興，信嘴胡說，也是有的。」

【有口無行】

行：行動。《禮記・雜記下》：「有其言無其行，君子恥之。」空口說大話好話，卻不照著做。指言行不符。例他向來說話有口無行。就說戒煙吧，嘴裏不知發過多少誓，如今卻抽得越來越厲害。

【有來頭】

①指人有來歷、有後台。例你們主任可是有來頭的人，別得罪他。②指有緣故、有來由。例不能小看這工作小組，肯定有來頭。

【有勞有逸】

工作和休息要安排得當。例你不能長年累月只埋頭於工作。不懂得有勞有逸，勞逸結合，對你的健康是不利的。

【有了出的氣，沒有進的氣】

指生命垂危。例接到家信後，知道爺爺病重，他急忙晝夜兼程趕回老家。進得門來，只見爺爺臉像白紙一樣，鼻子裏有了出的氣，沒有進的氣。

【有了老婆不愁孩，有了木匠不愁柴】

比喻只要具備一定的條件，就不愁得到所要的東西。例你愁什麼呢？有了地還怕沒人種嗎？俗話說：「有了老婆不愁孩，有了木匠不愁柴。」大伙兒幫一把，問題就解決了。

【有了張良，不顯韓信】

張良：漢高祖劉邦的謀士。韓信：劉邦手下的大將。比喻强中自有强中手。勇猛過人不如富有韜略。例常聽老人們說，周瑜雖然智勇雙全，可還不是諸葛亮的對手，怎麼也算計不過諸葛亮，眞可謂有了張良，不顯韓信。

【有棱角】

見「有棱有角」。

【有棱有角】

有棱角，不含糊。比喻有性格，堅持原則。老舍《四世同堂·偷生》：「『那是你的事，我沒法管！』冠先生的臉板得有棱有角的說。」也作「有棱角」。例青年人當然應該有棱角，沒有棱角不就成了牆頭草了嗎？

【有理不在聲高】

只要有理就能說服人，不必氣勢洶洶、大聲嚷嚷。例有理不在聲高，你有話慢慢說嘛！大聲嚷嚷幹什麼。也作「有理不在高聲」、「有理不在高言」。

【有理稱君子，無毒不丈夫】

講道理的稱得上是君子，對敵不狠的算不上大丈夫。例對待這些魚肉鄉里的惡霸就得狠。有理稱君子，無毒不丈夫嘛！

【有理沒理三扁擔】

比喻不問青紅皂白，一律加以懲罰。例「你這是什麼淸官！不調查，不研究，不分好人和壞人，有理沒理三扁擔。」也作「有理三扁擔，無理扁擔三」。

【有理言自壯，負屈聲必高】

有理說話自然氣壯，含冤呼聲必然很高。《警世通言》卷一五：「巡捕道：『你偷庫內這四錠元寶，藏於何處？窩在那家？你家主已訪實了，把你交付我等。你快快招了，免吃痛苦。』秀童叫天叫地的哭將起來。自古道：有理言自壯，負屈聲必高。」也作「有理言自正，負屈聲必高」。

【有理走遍天下，無理寸步難行】

有理走到哪裏都不怕，無理走到哪裏也不行。例有理走遍天下，無理寸步難行，咱們全都心平氣和地講理。也作「有理走遍天下，無理寸步難移」、「有理走遍天下」。

【有利可圖】

指從某人身上或某件事裏可爲自己牟取利益。《官場維新記》六回：「等到有利可圖，可否即允照辦。」

【有利無利，莫離行市】

行市：行情。是否有利可圖，要看市場行情。例想經商，就要了解市場行情。哪個行情看好，哪個賣不動，得仔細研究再進貨，有利無利，莫離行市嘛。

【有例不興，無例不滅】

有了慣例，不必再創新的；沒有舊的慣例，也談不上廢除什麼。指按慣例辦事。《官場現形記》四一回：「『有例不興，無例不滅。』這兩句俗語料想師老爺是曉得的……但求師老爺還是按照舊帳移交過去，免得後任挑剔，小的們就感恩不淺！」

【有例可援】

援：援引，引用。引用已有的事例作爲自己行動的依據或藉口。明·張岱《越山五佚記·峨嵋山》：「山果有靈，焉能久困？東武怪山，有例可援。」

【有例則興，無例則止】

有慣例的照辦，沒有的禁止做。例剛走馬上任，對情況還不熟悉，逢下級請示，他總是回答有例則興，無例則止。

【有臉面】

比喻受人尊重，很光彩。例他叔叔是個有臉面的人物，千萬不能怠慢他。也作「有面子」。

【有兩手】

見「有兩下子」。

【有兩下子】

指有點本事。例他在經商方面確實有兩下子。也作「有兩手」。一個人要有兩手才好謀生。

【有路莫登舟】

有旱路就不走水路，因坐船有風險。例常言道：「有路莫登舟」漁翁，你不渡我也罷，我請問你，去京城的路，怎麼走？

【有駱駝不說羊——儘揀大的講】

見「光說西瓜，不說芝麻——儘揀大的講」。

【有眉目】

指事情有了頭緒。例這事已有眉目，你不必著急了。

【有門道】

指有辨法，懂得竅門。例這事找他沒錯，他有門道。

【有門路】

①比喻有辦法，有訣竅。例這項研究如果由張教授領導，我看就有門路。②指善於找到達到個人目的的途徑。例對他自己的事情他是很有門路的，你不必爲他操心。

【有米不愁下不進鍋】

比喻基本條件具備，其他事不難辦。例這事兒，你用不著著急，有米不愁下不進鍋。

【有苗頭】

比喻顯露出一點跡象，或發展的趨勢和情況。例敵人擬向我軍發動大規模進攻，這幾天有苗頭了。

【有名無實】

空有虛名而無實際內容。梁啟超《中國未來記》三回：「多數政治，在將來或有做到的日子，但現在是有名無實的。」

【有目共睹】
指大家都能看到。形容事物顯而易見。元・李翀《日聞錄》：「日月東出而西沒，有目者所共睹。」魯迅《什麼是「諷刺」？》：「倘說，所照的並非眞實，是不行的，因爲這時有目共睹，誰也會覺得確有這等事。」也作「有目共見」。

【有目共見】
見「有目共睹」。

【有目共賞】
凡是看見過的人，無不讚賞。《老殘遊記》一二回：「這人負一時盛名，而《湘軍志》一書做得委實是好，有目共賞，何以這詩選的未愜心意呢？」例他的雕刻作品栩栩如生，有目共賞。

【有目如盲】
見「有眼無珠」。

【有那個肚，吃那個醋】
指具備什麼條件，就幹什麼事。例你不要管他安不安穩，你只問你有沒有那份膽量和本事。俗話說得好：「有那個肚，吃那個醋。」

【有奶便是娘】
比喻貪圖私利，沒有氣節，誰給好處就投靠誰。例這人是個錢串子，只要有錢，賣命他也幹。什麼國家、民族……在他的腦子裏根本就沒想過，也不願去想。「有奶便是娘！」這是他的人生觀。也作「有奶就是娘」、「有奶便是娘親」。

【有能則舉之，無能則下之】
舉：推舉，舉薦；下之：使之降居下位。有才能的就推舉他出來任職，沒有才能的就讓他降職。謂唯才是舉，優勝劣汰。《墨子・尚賢上》：「官無常貴，而民無終賤。有能則舉之，無能則下之，舉公義，辟私怨，此若言之謂也。」

【有鳥將來，張羅待之】
鳥將飛來，先張開羅網等待。比喻學問廣傳才能徹底領悟至道。例靈感總是拜訪勤奮的客人。就像俗語說的：「有鳥將來，張羅待之。」你先佈下羅，才能網到鳥，否則鳥飛來轉瞬飛去。

【有女懷春】
《詩經・召南・野有死麕》：「野有死麕，白茅包之。有女懷春，吉士誘之。」指少女萌發春情，有求偶之意。明・梅鼎祚《玉合記・參成》：「也終須石見水清，今日且休猜有女懷春。」

【有派頭】
指具備某種氣派和風度。例他相貌雖然一般，但待人處事很有派頭。

【有朋自遠方來，不亦樂乎】
有朋友從遠方來，不也是很快樂的事嗎？用以表達對遠方的朋友到來時的歡迎態度和愉快心情。《論語・學而》：「學而時習之，不亦說乎？有朋自遠方來，不亦樂乎？」例亞運盛會即將召開，屆時各國朋友將雲集北京，「有朋自遠方來，不亦樂乎」，我們一定要盡好東道主的職責。

【有憑有據】
說話、做事都有根據。不是憑空捏造的。例大家見他說得有憑有據，也就信以爲眞了。

【有其父必有其子】
有什麼樣的父親，就有什麼樣的兒子《孔叢子・居衛》：「子思在齊，齊尹子生子不類，怒而杖之，告子思曰『此非吾子也。』……子思曰：『有此父斯有此子，人道之常也。』」例我認識這孩子的父親，當年可是一員虎將，不幸陣亡了。有其父必有其子，這孩子要參軍，就應了他吧！

【有其母必有其女】
有什麼樣的母親，必定有什麼樣的女兒。例聽說她母親可是個厲害的角色。有其母必有其女，你討了這門親事，將來日子好過嗎？你再惦量惦量。

【有其主人必有其僕】
有什麼樣的主人，就有什麼樣的僕人。《紅樓夢》七四回：「侍書等聽說，便出去說道：『你果然回老娘家去，倒是我們的造化了。只怕捨不得去。』鳳姐笑道：『好丫頭，眞是有其主人必有其僕。』」也作「有其主必有其奴」。

【有奇淫者，必有大禍】
指荒淫無度的人不會有好下場。例她嫁了個有地位的丈夫，可還不安分，仍不時找她從前的情人糾纏，從前她情人又多，誰知她家要鬧出什麼大亂子來。古人說：「有奇淫者，必有大禍。」估計她不會有好下場。

【有氣沒力】
見「有氣無力」。

【有氣無力】
形容精神倦怠，氣力衰弱的樣子。《初刻拍案驚奇》卷二二：「一句話也未說得，有氣無力地，仍舊走回下處悶坐。」也作「有氣沒力」。《孽海花》一二回：「到了樓上，彩雲有氣沒力的，全身都靠在阿福的身上。」

【有千年產，沒千年主】
有千年不變的產業，沒有千年不變的主人。《醒世恆言》卷三七：「我既窮了，左右沒有面孔在長安，還要這宅子怎麼？常言道：有千年產，沒千年主，不如將來變賣，且作用度，省得靠著米囤卻餓死了。」

【有錢不買半年閒】
有錢不買半年內使用不上的東西。指即使有錢也不置閒物。例現在都在甩賣商品，淸理積貨。有錢不買半年閒，暫時用不著的東西，你不要去撿便宜買。

【有錢常記無錢日】
有錢也應注意節儉，以備不時之需。例我說你們小倆口兒，過日子要有計畫，別月頭鬆月底緊的。有錢常記無錢日，沒有壞處。

【有錢得生，無錢得死】
舊時官吏辦案貪贓枉法，以錢定是非

死活。揚州評話《武松》三回：「把武松辦成死罪，是應得的事情。可是外人不曉得，聽見二生員這句閒話，就信以爲實，以爲老爺受賄二千兩，才把武松辦成死罪啦。這種風聲，傳說到上台耳朵裏，就是有錢得生，無錢得死，豈不與老爺的官聲有礙？」也作「有錢生，無錢死」。

【有錢的是財主，有勢的是官府】
意謂有錢有勢的得罪不起。例自古道：「有錢的是財主，有勢的是官府。」咱們跟他井水不犯河水，犯不著去招惹這種人。

【有錢的王八大三輩】
舊時認爲有錢的人即使被人罵作王八，也比別人大三個輩分。比喻有錢就有身份。例他有什麼了不起？不就多幾個臭錢？老婆偷漢子，兒子也不務正業。憑什麼讓我叫他大爺。有錢的王八大三輩，我就不信這個邪！也作「有錢的王八是大爺」。

【有錢的藥擋，沒錢的命抗】
舊時有錢人生病求醫吃藥，窮人只能硬抗著。例兩個多月了，他的傷勢越來越重。娘心裏沈甸甸的：「有錢的藥擋，沒錢的命抗。」這眞是淚淹心呀！

【有錢買馬，沒錢置鞍】
大花費捨得，卻吝惜小的。比喻花錢不當。例你看這有錢買馬，沒錢買鞍的事嗎！有本事開舖子，倒沒有錢置牌匾。

【有錢難買不賣貨】
有錢難買到別人不願賣的貨物。比喻無法强人所難。例自古有錢難買不賣貨，她不肯嫁那個男人，你就別勉強她了。

【有錢難買回頭看，頭若回看後悔無】
即有錢難買後悔藥的意思。指及時反省檢查過去的行爲，極爲重要。例再後悔也沒用了。俗話說：「有錢難買回頭看，頭若回看後悔無。」要緊的是以後別再犯老毛病了。

【有錢難買靈前弔】
指人臨終時有親友在靈前憑弔非常難得。例人老了，就希望身邊有人爲他養老送終。可話說回來，兒女大了，多半遠走高飛；就算近在眼前，孝順的也不多，所以諺語有「有錢難買靈前弔」的說法。

【有錢難買五更眠】
五更：天快亮的時候。舊時認爲五更是最適宜於睡眠的時辰。例逛完夜市回來，他又和朋友聊了會兒天。睡下不久，聽見雞叫，又聽有人叩門。心想：「有錢難買五更眠，誰這麼不識相，大清早來擾我。」也作「有錢難買黎明覺」。

【有錢難買子孫賢】
即使有錢也難做到讓子孫賢明。例別看他家大業大，兒女可不孝順，老爺子剛一病倒，兒女就爭起家產來了。有錢難買子孫賢，老爺子好不傷心。

【有錢難買自主張】
强調人有自己的主見非常難得。例自古道有錢難買自主張。這件事要你自己拿主意。

【有錢能使鬼推磨】
形容金錢萬能，有錢可辦任何事情。晉．魯褒《錢神論》：「『有錢可使鬼』，而況於人乎？」例自古有錢能使鬼推磨，可王局長辦案，你送多大的禮，想要他放棄原則，那是白搭。也作「有錢使得鬼推磨」、「有錢買得鬼推磨」、「有錢使得鬼推車」、「有錢買得鬼上樹」。

【有錢千里通，無錢隔壁聾】
有錢能買得消息靈通；沒錢連隔壁的人都會裝聾。例搞情報工作，就要捨得花錢，包括找人當耳目，疏通關節，尋找信息來源，等等。連古人都明白這個道理：有錢千里通，無錢隔壁聾。

【有錢錢擋，無錢命擋】
有錢可以花錢買條命，沒錢只好用命來頂。例這樣貴的藥，我們哪裏吃得起。俗話說得好：「有錢錢擋，無錢命擋。」我還是把命擋了他罷。

【有錢人遍遊天下都是家，沒錢人海走天涯無居處】
有錢人到哪裏都通行無阻，沒錢人四處無地棲身。例想當初，娘兒倆擔驚受怕逃下嶺來，可說是能找到一條活路；到如今，還不照樣是兩個肩膀擔著一張嘴回到嶺上。眞是有錢人遍遊天下都是家，沒錢人海走天涯無居處！

【有錢三尺壽，窮命活不夠】
指富人往往命短，窮人卻活得長久。例那家有萬貫的，那活著享福的，越想長壽，就越活不長……。像你有二伯這條窮命，越老越結實。好比個石頭疙瘩似的，哪兒死啦！俗話說得好：「有錢三尺壽，窮命活不夠。」

【有錢四十稱年老，無錢六十逞英雄】
舊指有錢人剛到中年即在家養老，窮人年老體衰還得拼命幹活。例過去的社會「有錢四十稱年老，無錢六十逞英雄」，但是現在已完全改變了。

【有錢萬事足】
只要有錢，什麼事都可滿足。例都說是有錢萬事足，我看也不見得。你看古今中外的豪富人家，有哪家是十全十美，萬事如意的？要嘛是家裏起了衝突的，要嘛是外邊忌恨加以報復的。

【有錢一時辦，無錢空自喊皇天】
有錢事情馬上就能辦，沒錢哭喊皇天也沒用。例常言道：「有錢一時辦，無錢空自喊皇天。」要建設，要辦教育，要擴充兵力，哪個不要用錢。

【有錢有勢】
既有錢財，又有勢力。《水滸傳》四九回：「毛太公那廝，有錢有勢。」

【有錢諸事辦】
只要有錢，什麼事都辦得成。例俗話說：「有錢諸事辦」。不上兩日，把她的房間，收拾得花團錦簇。

【有情哪怕隔年期】

男女間有了濃厚的感情，即使約會隔年見面也不會變心。例古語道：「有情哪怕隔年期。」古人相期，不過一二年，她一約卻就整整約了五年，那後生倒也守約。也作「**有情何怕隔年期**」、「**有情誰怕隔年期**」。

【有情皮肉，無情杖子】

指皮肉經不住官衙的嚴刑拷打。例那昏官受了別人的銀子，判他犯了奸殺罪。活天冤枉。他就是不承認。禁不住皂隸一番嚴刑拷打，皮開肉綻，痛得死去活來。正是有情皮肉，無情杖子，看看不招，苦頭還在後邊。他只好負屈認罪了。

【有情人終成眷屬】

指有眞摯愛情的男女終於結爲夫妻。例他們相愛一場，終於有情人終成眷屬。也作「**有情人終成了眷屬**」、「**有情人成眷屬**」。

【有求必應】

只要有人要求，就一定答應。清・靄園主人《夜譚隨錄・崔秀才》：「往日良朋密友，有求必應。」也作「**有求斯應**」、「**有求輒應**」。清・陶元藻《越畫見聞・林霖》：「其山水於元四家，俱臨摹逼肖，有求輒應，故筆墨流傳日廣。」

【有求斯應】

見「有求必應」。

【有求輒應】

見「有求必應」。

【有屈無伸】

有冤屈卻無法申訴。明・無名氏《漁樵閒話》一折：「本官接受了錢物，聽信了面皮，把平人入上一款重罪，使被告受罪，有屈無伸。」

【有人味】

指作爲一個人應具備的起碼的道德品質。例不指望你光宗耀祖，只要你多做點有人味的事情就行。

【有如大江】

指大江大河爲誓。表示信守不渝。《三國志・吳書・吳主傳》：「若君必效忠節，以解疑議，（孫）登身朝到，夕召兵還，此言之誠，有如大江！」

【有如皦日】

皦日：明亮的太陽。《詩經・王風・大車》：「谷則異室，死則同穴；謂予不信，有如皦日。」指日發誓，表示說到做到，也表示忠誠信實。宋・范成大《賀張魏公》：「明一生忠義之心，有如皦日。」也作「**有如皎日**」。晋・庾闡《檄李勢》：「信誓之明，有如皎日。」

【有色眼鏡】

比喻帶著個人的主觀意識去觀察、看待人或事。例人總是有變化的，這些年小王有出息多了，你可不能戴有色眼鏡看他。

【有色有聲】

見「有聲有色」。

【有山靠山，無山獨立】

能依靠時就依靠，沒依靠時憑自己的力量。例你們有什麼爲難的事，儘管告訴我，俗話說：「有山靠山，無山獨立。」獨立不了還有村長指導咱們，怕什麼？

【有傷風化】

某種言論、作品或行爲有害於風俗教化。魯迅《墳・堅壁淸野主義》：「未有遊戲場和公園以前，閨秀不出門，小家女也逛廟會，看祭賽，誰能說『有傷風化』情事，比高門大族爲多呢？」

【有上不去的天，沒過不去的關】

比喻沒有克服不了的困難。例你別犯愁，有上不去的天，沒過不去的關，兵來將擋，水來土掩，咱們先把莊稼種了，再設法去做點小買賣，準能把債還了。

【有上稍來沒下稍】

稍：梢。比喻事情開頭尚好，結尾卻很糟。《三寶太監西洋記》七〇回：「我如今是這等有上稍來沒下稍，怎麼是好？也作「**有上稍，沒下稍**」、「**有上稍時沒下稍**」。

【有麝自然香，不必迎風揚】

有麝自然散發出香氣，不必借風力張揚。比喻有眞本事的人自會名聲遠揚，用不著自我吹噓。例爸爸的功夫本是練到家了，總是不願意露，老說：「有麝自然香，不必迎風揚。」也作「**有麝自然香，何必當風立**」、「**有麝自然香，何必人前誇**」、「**有麝自然香**」。

【有生以來】

從出生到現在。《文明小史》一四回：「題目是『滕文公爲世子四章』，我有生以來，從沒有做過這樣長的題目。」

【有生者必有死，有始者必有終】

凡是生存的必定會死亡，有開始必定有終結。漢・揚雄《法言・君子》：「有生者必有死，有始者必有終，自然之道也。」

【有生者不諱死】

有生存能力的人不怕說到死。例古人說：「有生者不諱死，有國者不諱亡。」抗擊外敵，要明白我們弱在哪裏，怎麼樣從弱轉强。一味地妄自尊大，不正視敵人，不敢聽「亡國」二字，可就眞正難免亡國了。

【有生之年】

晚年。例他回國定居後，決心在自己的有生之年，爲國家多培養一些人才。

【有聲沒氣】

形容說話聲音微弱。茅盾《林家舖子》：「林先生嘆了一口氣，過一會兒，方才有聲沒氣地說道……。」

【有聲有色】

形容說話或寫文章非常生動。馬烽《劉胡蘭傳》：「他說得有聲有色，聽的人都覺得津津有味。」也作「**有色有聲**」。明・王驥德《論套數》：「意新語俊，字響調圓，增減一調不得，顛倒一調不得，有規有矩，有色有聲，眾美具矣。」

【有識之士】

有遠見卓識的人士。《後漢書・何皇后紀》：「有識之士，心獨怪之。」

【有時做婆婆，有時做媳婦】

指有時指揮別人，有時侍候別人。比喻能屈能伸，能上能下。例同桿子們在一起，沒有幾副面孔和幾個心眼兒能行嗎？有時做婆婆，也有時得做媳婦。

【有始無終】

做事半途而廢，不能貫徹到底。《警世通言》二一回：「你若邪心不息，俺即撒開雙手，不管閒事，怪不得我有始無終了。」

【有始有終】

見「有始有卒」。

【有始有卒】

做事能從頭堅持到底。《論語・子張》：「有始有卒者，其惟聖人乎？」《清史稿・額亦都傳》：「順治十一年，世祖命立碑旌功，親爲制文，詳著其戰閥，以爲：『忠勇忘身，有始有卒，開拓疆土，厥積懋焉。』」也作「有始有終」。《水滸傳》二二回：「他便是眞大丈夫，有頭有尾，有始有終！」

【有事難瞞四鄰】

指對周圍的人難以保密。例「有事難瞞四鄰」，他家聚眾賭博，早被鄰居知道了。

【有事問三老】

三老：指上壽、中壽、下壽之人，即八十歲以上的人。此處泛指老人。例你被小將們尊之爲王老，是他們的智囊，是他們的思想庫。俗話說得好：「有事問三老。」也許只有你能解答這個問題。

【有勢不使不如無】

指有權不使，不如沒有。例趁著你在台上，多爲鄉親們辦點好事，有勢不使不如無，也不枉你作官一場。

【有是君，必有是臣】

有這樣的國君，必定有這樣的臣子。例包公自幼受了多少折磨，經歷了多少艱險，比仁宗的坎坷更加百倍，眞是：有是君，必有是臣。

【有恃不恐】

見「有恃無恐」。

【有恃無恐】

恃：倚仗。《左傳・僖公二十六年》：「室如懸罄，野無青草，何恃而不恐？」倚仗某種勢力，無所顧忌。魯迅《僞自由書・後記》引文：「舊派有封建社會爲背景，有恃無恐。」也作「有恃不恐」。宋・蘇軾《祭歐陽文忠公文》：「君子有所恃而不恐，小人有所畏而不爲。」

【有手腕】

比喻會周旋，有巧法。例這傢伙眞有手腕，剛來沒多久，就讓老奸巨猾的老金對他另眼相看了。

【有首尾】

比喻有關係，有勾結。例我看他倆關係不尋常，配合如此得體，肯定早就有首尾。

【有說有的話，沒說沒的話】

富作富打算，窮作窮安排。指從實際情況出發安排生活。例您也是多慮。有說有的話，沒說沒的話。說沒有，又能把我們怎樣？

【有說有笑】

連說帶笑。形容十分愉快。《儒林外史》二四回：「向知縣托家裏親戚出來陪他，也斷不敢當；落後叫管家出來陪他，才歡喜了，坐在管家房裏，有說有笑。」

【有死無二】

《左傳・僖公十五年》：「必報德，有死無二。」雖死沒有二心。形容意志堅決，至死不變。唐・白居易《淮南節度使李公家廟碑序》：「誘之以厚利，不從；迫之以淫刑，不動。將戮辱者數四，就幽囚者七旬，誠貫神明，有死無二，言名節者以爲准程。」

【有損無益】

損：減少，損害；益：增加，益處。只減少不增多。比喻只有害處而無好處。《水滸全傳》三五回：「賢弟你留在身邊，久後有損無益。」

【有所不爲】

要選擇重要的事情去做。只有不做某些事，才能在其他事情上有所作爲。《孟子・離婁下》：「人有不爲也，而後可以有爲。」宋・陳亮《酌古論・先主》：「當理而後進，審勢而後動，有所不爲，爲無不成，是以英雄之主常無敵於天下。」

【有他不多，沒他不少】

指可有可無，無足輕重。例他不來參加這項工作就算了，不必强求，反正有他不多，沒他不少。

【有天沒日】

見「有天無日」。

【有天無日】

①比喻社會黑暗，沒有公理。清・李玉《清忠譜・鬧詔》：「當今魏太監弄權，有天無日，絕不放周爺去的。」②比喻言行放肆，毫無顧忌。《戚蓼生序本石頭記》三：「他嘴裏一時甜言蜜語，一時有天無日，一時又瘋瘋儍儍。」也作「有天沒日」。《紅樓夢》七回：「眾小廝見說出來的話有天沒日的，唬得魂飛魄喪，把他捆起來，用土和馬糞滿滿的塡了他一嘴。」

【有條不紊】

紊：亂。《尚書・盤庚上》：「若網在綱，有條而不紊。」做事有條理，一絲不亂。唐・王勃《梓州玄武縣福會寺碑》：「有條不紊，施緩政於繁繩；斷頌有神，下高峯於錯節。」也作「有條有理」。清・朱彝尊《宋本輿地廣記跋》：「故其沿革，有條有理，勝於樂史《太平寰宇記》實多。」

【有條有理】

見「有條不紊」。

【有頭腦】
比喻善於獨立思考，有見解、有眼光。例他是個有頭腦的人，絕不會隨波逐流。
【有頭臉】
見「有頭有臉」。
【有頭沒腦】
形容說話做事顛三倒四。《二刻拍案驚奇》卷三八：「如痴如呆，有頭沒腦，說著東邊，認著西邊。」
【有頭沒尾】
見「有頭無尾」。
【有頭無尾】
只有開頭，沒有結尾。指做事不能貫徹始終。《民國通俗演義》一四五回：「倘然不幸而至於有頭無尾，你又有什麼說？」也作「有頭沒尾」。清・黃景仁《兩當軒集・步蟾宮》：「別來難道改心腸，便話也、有頭沒尾。」
【有頭有臉】
指有身分，有名氣的人物。例今天這一場音樂會，前來參加的都是有頭有臉的人物，讓我們這些平凡人都自覺提高了身價。也作「有頭臉」。例正因爲是再婚，更應該找個有頭臉的人物來主婚。
【有頭有尾】
多指故事或文章結構完整。《巴金談〈憩園〉》：「我五叔這個人物，不斷地在我的腦子裏出現，他把那些情節貫串起來，有頭有尾的故事形成了。」也指做事能堅持到底。《水滸傳》二二回：「他便是眞大丈夫，有頭有尾，有始有終！我如今只等病好了，便去投奔他。」
【有腿沒褲子】
沒有衣服穿。形容極其貧困。例他到山裏去，才看見那些貧苦人家窮得叮噹響。孩子是有腿沒褲子，炕上幾口人蓋一床爛棉花套。
【有味道】
比喻有意思，有趣味，耐人尋味。例他講起故事來，總那麼有味道，常引得孩子們哈哈大笑。
【有胃口】
①比喻能吃，食欲旺盛。例他吃東西總是那麼有胃口。②比喻有容納能力。例你可眞有胃口，兼併了那麼多小企業，還想兼併聯合。
【有爲有守】
爲：作爲；守：操守。既有作爲，又有操守。《尚書・洪範》：「凡厥庶民，有猷有爲有守。」《宋史・蘇軾傳論》：「意之所向，言足以達其有猷，行足以遂其有爲，至於禍患之來，節義足以固其有守。」
【有文便不鬥口】
指有文字依據既無須爭論。例常言道：「有文便不鬥口。」既有憑據，你兩人就不必再費唾沫爭吵了。
【有文章】
比喻有暗含的意思。例他聽出她的話裏另有文章，就不再點頭稱是了。
【有聞必錄】
凡是聽到的，都記錄下來。茅盾《從牯嶺到東京》：「小說的功效原來在借部分以暗示全體，既不是新聞紙的有聞必錄，也不同於歷史的不能放過巨奸大憝。」
【有梧桐樹，何愁招不來鳳凰】
傳說鳳凰只棲止於梧桐樹。《詩經・大雅・卷阿》：「鳳凰鳴矣，於彼高崗。梧桐生矣，於彼朝陽。」一般多用於比喻條件好的家庭，一定能娶到好兒媳或招到好女婿。例像他家那樣的條件，找什麼樣的兒媳婦找不到？有梧桐樹，何愁招不來鳳凰。
【有戲看】
比喻有使人意想不到的，不好的熱鬧局面出現。例把這兩個面和心不和的人分在一個辦公室裏，今後可有戲看了。
【有隙可乘】
見「有機可乘」。
【有小負必有大勝】
有過一次小失敗，總結教訓之後，會取得大勝利。例哥哥萬勿介懷。自古道：「有小負必有大勝。」今日雖然稍有挫動銳氣，再與你交戰，包管你大獲全勝的。
【有想頭】
①指有想法，有看法。例聽了介紹人一席話，他心裏又有想頭了。②指有好處，有利可圖。例你讓他做些有想頭的事，他自然積極性高。
【有血氣】
見「有血性」。
【有血性】
指有剛直不阿的氣質。例他是個有血性的漢子，哪能受得了那種屈辱。也作「有血氣」。例面對强暴，一羣有血氣的青年昂首挺胸走上前去。
【有血有肉】
形容文藝作品內容充實，形象豐滿、生動。朱自清《你我・「子夜」》：「他筆下是些有血有肉能說能做的人，不是些扁平的人形，模糊的影子。」李何林《喜讀〈老生常談〉》：「這樣，不但使文章增添了活氣……也使理論文章有血有肉，避免枯燥無味。」
【有心避謗還招謗，無心求名卻得名】
有心躲開誹謗，還招來誹謗；無心取得名聲，卻得到名聲。例俗話說：「有心避謗還招謗，無心求名卻得名。」這是孟子的話。生活中還常常會遇到這樣的事：有心去做的卻事與願違，無心得到的反而得到，你說怪不怪？
【有心不在忙】
指有心計的人不匆忙行事。例他要了幾碟小菜、一壺酒，自斟自酌起來。平明看見，走上前去，拍拍他肩膀道：「老兄是有心不在忙，事情大概脫手了。」也作「有心不怕遲」。《再生緣》六九回：「眼光看得遠，施展計謀，總有脫身之日，俗話說：有心不怕遲。」

【有心打石石成磚，無心打石石原原】
原原：指原狀。下決心做某件事就會成功，沒有決心就會失敗。例俗話說：「有心打石石成磚，無心打石石原原。」……只要你狠下一條心，不出兩年，你定能取得全國冠軍。

【有心沒想】
形容情緒低落，做事心不在焉。《醉醒石》一四回：「這些不快心事，告訴何人？……所以做生意時，都有心沒想，固執了些。」

【有心算無心】
存心害人的算計沒準備的人，對方難以防備。例那書生心安理得地在劉府裏住了下來。誰知小姐有心算無心，正盤算把書生趕走。他還悶在鼓裏，一心想成親呢。

【有心無力】
心中有某種願望，實際卻無能力實現。例我想從經濟上多幫助他一些，可是有心無力。

【有心眼】
比喻善於動腦筋，事事留心，有主意。例這孩子特有心眼，不會輕易上當的。

【有幸不幸】
見「有幸有不幸」。

【有幸有不幸】
人或物的遭遇或者幸運或者不幸運，各不相同。清・劉大櫆《游三遊洞記》：「偕余而來者，學使陳公之子曰伯思、仲思。余非陳公，雖欲至此無由，而陳公以守其官未能至，然則其至也，其又有幸有不幸耶？」也作「有幸不幸」。明・胡應麟《少室山房筆叢》卷三一：「秦・漢名流之作，湮沒何限，是書獨巍然存，又本托子華；乃子華反托以傳，而撰者姓名，邈無從考，書之傳與人之遇，固各有幸不幸哉！」

【有言逆於汝志，必求諸道；有言遜於汝志，必求諸非道】
逆：違反；諸：「之於」的合音；遜：順從。對違反你的意志的話，一定要看到它合乎道義的方面；對順從你的意志的話，一定要看到它不合乎道義的方面。謂不要只愛聽順耳之言，而不愛聽逆耳之言。《尚書・太甲》：「有言逆於汝志，必求諸道；有言遜於汝志，必求諸非道。」

【有言在先】
已經把話說在前頭。表示對某事打過招呼，做過交待。《三俠五義》五六回：「但我有言在先，已向展昭言明，不拘時日。」也作「有言在前」。《醒世恆言》卷七：「人品生得如何？老漢有言在前，定要當面看過，方敢應承。」

【有言者不必有德】
有好聽的言論的人，不一定有高尚的品德。意謂對花言巧語的人，不可輕信。《論語・憲問》：「有德者必有言，有言者不必有德。」

【有鹽同鹹，無鹽同淡】
指大家同甘共苦。例大家信得過你，你跟我們有鹽同鹹，無鹽同淡嘛！

【有眼不識荊山玉，拿著頑石一樣看】
指把眞正的玉石當作頑石。比喻把好人看成壞人，不辨賢愚。《金瓶梅詞話》二一回：「我西門慶一時昏昧，不聽你之良言，辜負你的好意。正是有眼不識荊山玉，拿著頑石一樣看，過後方知君子，千萬饒恕我則個。」

【有眼不識泰山】
泰山：我國五岳之一，在山東省中部，山峯峻拔，雄偉壯麗。比喻見識淺陋，認不出地位高、本領強或有名的人。《官場現形記》二五回：「黃胖姑道：『你這人好不明白！到如今你還拿他當古董舖老板看待，眞正『有眼不識泰山』了！』」也作「有眼不見泰山」。

【有眼光】
指看得遠，看得準。例這莊稼漢有眼光，他一家人承包了那塊荒坡地，全部種上果樹，幾年就成了當地的首富。

【有眼力】
指很強的辨別是非好壞的能力。例他一眼就看出那傢伙不是好人，眞有眼力。

【有眼如盲】
見「有眼無珠」。

【有眼色】
比喻觀察細致，能隨機應變。例這小姑娘眞有眼色，工作進度拿捏得恰到好處。

【有眼無珠】
比喻沒有分析識別事物的能力。《西遊記》二二回：「師父，弟子有眼無珠，不認得師父的尊容，多有衝撞，萬望恕罪。」也作「有眼如盲」。元・范子安《竹葉舟》四折：「師父，弟子有眼如盲，只望師父救度咱。」也作「有目如盲」。《隋唐演義》八二回：「於是李林甫、楊國忠二人，一齊上前取看，只落得有目如盲，也一字看不出來，跼蹐無地。」

【有要沒緊】
形容慢吞吞、不著急的樣子。《醒世姻緣傳》五五回：「我且有要沒緊，慢慢的仔細尋罷了。」

【有一搭沒一搭】
①表示本來無話可說、勉強搜索話題應付。《紅樓夢》一九回：「寶玉有一搭沒一搭的說些鬼話，黛玉總不理。」②表示可有可無，可做可不做。《兒女英雄傳》二〇回：「姑娘道：『我不懂，你們有一搭沒一搭的把我小時候的營生回老爺作嗎？』」③這兒有，那兒又沒有，很不均勻。清・韓邦慶《海上花列傳》：「只見一只野雞，約有十六七歲，臉上拍的粉有一搭沒一搭。」也作「有一搭無一搭」。例那小子就像沒事人一樣，有一搭無一搭，也不管有人聽沒人聽，老是絮絮地講下去。

【有一搭無一搭】
見「有一搭沒一搭」。
【有一頓沒一頓】
形容生活困難或吃飯沒規律。例生活本夠苦的了，卻遇著個惡東家，更是苦上加苦。有一頓沒一頓，擔飢忍餓。也作「有一餐，沒一頓」。
【有一分熱，發一分光】
指有多大力量，就貢獻多大力量。魯迅《熱風・隨感錄四十一》：「能做事的做事，能發聲的發聲。有一分熱，發一分光，就令螢火一般，也可以在黑暗裏發一點光，不必等候炬火。」
【有一句說一句】
指講話實實在在，不浮誇。例您問的事兒我有一句說一句，並無虛假。也作「有一說一，有二話二」、「有一說一，有二說二」。
【有一利必有一弊】
弊：弊病，害處。事情有有利的一面，也必然有不利的一面，即事物有兩重性。魯迅《關於中國的兩三件事》：「自從燧人氏發現，或者發明了火以來，能夠很有味的吃火鍋，點起燈來，夜裏也可以工作了，但是，真如先哲之所謂『有一利必有一弊』，罷，同時也開始了火災……」。也作「有一利即有一弊」、「有利必有弊」。
【有一手】
①指具有某種本領或手段。例小海打乒乓球眞有一手。②指男女之間有某種關係。例你看不出來他跟小芳早有一手了？
【有一無二】
只有這一個，沒有第二個，形容非常獨特、難得。明・姚子翼《遍地錦傳奇・勸主》：「似這等才調也算得有一無二的了。」
【有以教我】
《孟子・梁惠王上》：「願夫子輔吾志，明以教我，我雖不敏，請嘗試之。」表示自己有感到困惑的問題，希望對方能予指點。宋・王令《寄王正叔》：「賢子遠相問，幸有以教我。得報速是宜，翹企不容坐。」
【有以善處】
以：用來。指妥善處理問題。例對待刑滿釋放人員要有以善處，不能歧視、刁難他們。
【有意無意】
形容不刻意雕琢，自然天成。南朝宋・劉義慶《世說新語・文學》：「庾子嵩作《意賦》成，從子文康見問曰：『若有意邪，非賦之所盡；若無意邪，復何所賦？』答曰：『正在有意無意之間。』」也形容像是有意識又像無意識地做某事。例他一邊聽著我的敍述，一邊有意無意地點著頭。
【有意栽花花不活，無心插柳柳成蔭】
有心要把花種活，花卻死了；無意中栽種下的柳條，卻長成了枝繁葉茂的大樹。用以比喻花費很大力氣，一心一意要辦的事情總辦不成，而無意中的行動卻能產生出意想不到的效果。《醒世恆言》卷二〇：「常言道：『有意栽花花不活，無心插柳柳成蔭。』既張木匠兒子恁般聰明俊秀，何不與他說，承繼一個，豈不是無子而有子？」
【有陰德者，必有陽報】
舊時認爲暗中做好事的人，一定會得到報答。例老人一起來，看到屋外地上的雪不知被誰打掃得乾乾淨淨，不禁喃喃地說道：「有陰德者，必有陽報。」
【有影無形】
比喻沒有眞憑實據，只是謠傳或捏造。《官場現形記》三八回：「人家的閒話，有影無形，聽他做甚！」
【有勇無謀】
只有勇力或膽量，沒有智謀。形容只會蠻幹而不會用心計。《三國演義》一一回：「曹操曰：『吾料呂布有勇無謀，不足慮也。』」
【有勇有謀】
既有勇力或膽量，又有智謀。《洪秀全演義》八回：「黃文金見秀全議論不凡，從行的又皆有勇有謀的人物，更自嘆服。」
【有油添不到軸頭上——白糟蹋】
軸頭：軸接觸軸承的部分。見「死人穿緞鞋——白糟蹋」。
【有緣千里來相會，無緣對面不相逢】
有緣分距離再遠也能相會，沒緣分的就是面對面也不會相識。指人的相識、遇合，靠的是緣分。《水滸全傳》三五回：「宋江聽了大喜，向前拖住道：『有緣千里來相會，無緣對面不相逢，只我便是黑三郎宋江。』」也作「有緣千里能相會，無緣對面不相逢」。
【有棗無棗三桿子——亂打一通】
不管棗樹上有沒有棗，先用桿子打了再說。比喻處理問題缺乏原則，隨便整人。例這個人處理問題是有棗無棗三桿子——亂打一通，部屬誰都忍受不了。
【有棗一竿子，沒棗一竿子】
過去認爲棗樹不打不結果，不管有沒有棗都要往樹上打幾竿子。比喻不管情況如何，都一樣去做。例他在會上發言，說他如何發財致富，如何養豬、養雞、做買賣、跑運輸、賺大錢，眞是有棗一竿子，沒棗一竿子，稀里嘩啦，說得頭頭是道。也作「有棗兒也得一竿子，沒棗兒也得一竿子」。
【有約在先】
雙方事先已約定好。例我們倆有約在先，誰也不許偷看答案。
【有則改之】
見「有則改之，無則加勉」。
【有則改之，無則加勉】
對待別人所提意見所應採取的正確態度：有錯誤就改正，沒有錯誤就更加自勉。清・梁紹壬《兩般秋雨庵隨筆》

卷五：「先文莊公在政府，或有以公庇護同鄉言於上。一日，召公謂曰：『臣領皇上無則加勉之訓。』」也作「有則改之」。明・海瑞《規士文》：「此等士風，最壞心術。不知諸士有此習否？有則改之。」

【有增無減】
見「有加無已」。

【有增無損】
見「有加無已」。

【有增無已】
見「有加無已」。

【有長者風】
長者：年高有德的人。有長者風度。形容人品德高尚，待人寬厚。《三國演義》六〇回：「荊州劉皇叔……仁慈寬厚，有長者風。」

【有朝一日】
將來有一天。元・嚴忠慈《越調・天淨沙》：「寧可少活十年，休得一日無權。大丈夫時乖命蹇。有朝一日天隨人願，賽田文養客三千。」

【有這釘釘，才掛瓶瓶】
指具備一定條件，才能辦某件事情。例家裏書越積越多，床上地下都堆得一摞摞的，眞是早該買書架了。可是當時手頭沒錢，現在得了一筆稿費，有這釘釘，才掛瓶瓶，他盤算買個大書櫃。

【有針線】
比喻有計畫、有謀略。例他們若是有針線，也不至於弄到這步田地。

【有征無戰】
征：征討；戰：打仗。出兵征討而不必實戰。指兵威强大，使對方不敢抵抗，可不戰而勝。淸・袁枚《爲黃太保賀平大金川表》：「我聖母覆物仁慈，挽回和氣，故能有征無戰，惟斷乃成。」

【有枝節】
比喻發生麻煩。例今天三頭對案，立下字據，免得日後有枝節。

【有枝添葉】
比喻添加細節，誇大事實。老舍《四世同堂》四四：「長順兒表面上不敢反抗外婆，而暗中更加緊的去探問，並且有枝添葉的作宣傳。」也作「添枝加葉」。

【有枝有葉】
比喻說話有內容或有根有據，令人可信。例老師聽他講的故事有枝有葉，首尾完整，就給他打了五分。

【有志不在年高】
指只要有志氣，不管年紀大小，都能有所作爲。《官場現形記》三八回：「姑奶奶說那裏話來！常言說得好：『有志不在年高。』我那一樁趕得上姑奶奶？」也作「有志不在年高，無志空活百歲」、「有志不在年高，無志空長百歲」、「有志不在年高，無謀空言百歲」。

【有志竟成】
見「有志者事竟成」。

【有志難酬】
雖有遠大志向，卻難以實現。元・無名氏《九世同居》二折：「有一等要讀書的家私薄，更無錢辦束脩，因此上有志難酬。」

【有志無時】
有志向，而無時機施展。《後漢書・趙岐傳》：「岐曰：『吾死後，置一圜石，墓前刻曰：漢有逸人姓趙名岐，有志無時，命也奈何。』」

【有志事竟成】
見「有志者事竟成」。

【有志者事竟成】
竟：終於。《後漢書・耿弇傳》：「將軍前在南陽建此大策，常以爲落落難合，有志者事竟成也。」只要有堅定的意志和決心，努力不懈，事情終究會取得成功。也作「有志竟成」。《慈禧太后演義》六回：「鴻毛遇順，連級上升，要算是有志竟成，天從人願了。」也作「有志事竟成」。宋・陸游《雪夜作》詩：「君勿輕癯儒，有志事竟成。」

【有志之士】
指有抱負、有膽識的人。《洪秀全演義》五回：「秀淸指秀全向李、林二人說道：『此洪君是廣東有志之士，與弟莫逆交，都不用客氣了。」

【有治法，無治人】
有現成的法制，卻沒有善於治理的人。淸・趙懷玉《過關行》詩：「吁嗟乎！司農歲入十之一，余者盡歸若曹室。利之所在弊即因，但有治法，無治人，天下患豈惟關津？」

【有治人，無治法】
《荀子・君道》：「有亂君，無亂國，有治人，無治法……得其人則存，失其人則亡。」有善於治理之人，無固定不變的法制。比喻治理的人決定著法度的實施。淸・林則徐《覆奏訪察碎石工程情形折》：「此又人事之難言者也。總之，有治人，無治法。在工人員，果皆講明利弊，自無枉費之工；果皆激發天良，自無妄開之費。」

【有智不在年高】
有智謀的人，年紀不一定大。《二刻拍案驚奇》卷二八：「老嬤道：『遠方來的人放開大口，或者有些手段也不見得。』老者道：『點點年紀，那裏便有什麼手段？』老嬤道：『有智不在年高。我們女棋師又是有年紀的麼？』」

【有智婦人，賽過男子】
有才智的婦女，比男子還强。《古今小說》卷二八：「常言有智婦人，賽過男子，古來婦人賽男子的也盡多。」也作「有智婦人，勝如男子」。《警世通言》三一卷：「春兒道：『你也曾讀書識字，這裏村前村後少個訓蒙先生，墳堂屋裏又空著，何不聚集幾個村童教學，得些學俸，好盤用。』可成道：『有智婦人，勝如男子。』賢妻說得是。」

【有智婦人，勝如男子】
見「有智婦人，賽過男子」。

【有智贏，無智輸】

指比賽中智慧決定勝負。例打球的事，不單靠體力，也靠靈活，智謀，不是說有智贏，無智輸麼？

【有種有根，無種不生】

指一代傳一代。例看見他克勤克儉，老輩人說：「有種有根，無種不生，他跟他爸爸，眞正是分毫不爽。」

【有狀元徒弟，沒有狀元師傅】

老師教的學生有成爲狀元的，但教書的老師卻不一定是狀元。指學生將來會超過先生。例有狀元徒弟，沒有狀元師傅。老夫子那點學問，很快要被學生掏盡了。有些都被學生超過了。也作「只有狀元學生，沒有狀元先生」。

【有自來矣】

自：所從出。指事情的發展有其來由，並非偶然。《孔子家語·冠頌》：「諸侯之有冠禮也，有自來矣。」也作「其來有自」。

【有蹤就有路】

路是人走出來的。有人走過就是路。例有蹤就有路，我們照他的腳印走，准保走得出去。

【有嘴說不出話來】

指有口難言。例她是有名的常有理，誰要惹上她，管被弄個有嘴說不出話來。

【有嘴說人，無嘴說自己】

光會指責別人，不會批評自己。例他這個人是越聰明越會有嘴說人，無嘴說自己的呢。也作「有嘴說別人，無嘴說自己」。

【有嘴無心】

見「有口無心」。

【牖中窺日】

牖：窗戶。從窗內看窗外之日，較爲顯著。比喻讀書少，成見也少，易於接受新知。南朝宋·劉義慶《世說新語·文學》：「支道林聞之曰：『聖賢固所忘言，自中人以還，北人看書，如顯處視月；南人學問，如牖中窺日。』」

ㄧㄡˋ

【又辦喪事又嫁女——一番歡喜一番愁】

見「失意人逢得意事——一番歡喜一番愁」。

【又吃紂王水土，又說紂王無道】

紂王：商朝最後一個凶殘無道的國君。比喻既要靠人家生活，又說他的壞話。例他在周府做了許多年，底細都淸楚，表面上對老爺十分恭順，私下裏又說老爺不少壞話。是個又吃紂王水土，又說紂王無道的人。

【又當婆子，又當媳婦】

指又作主，又受人氣。例這兩年，我幹的活兒是又當婆子，又當媳婦。下邊管著一班部屬，上邊還得侍候老闆。

【又放羊，又拾柴】

比喻利益雙收。例他是個勤快人，又放羊，又拾柴。土地、家裏，都沒少出勞力。沒幾年，家裏蓋起了幾間大瓦房，日子過得眞興旺。

【又娶媳婦又嫁女——雙喜臨門】

見「過年娶媳婦——雙喜臨門」。

【又弱一個】

弱：喪失，減少。《左傳·昭公三年》：「齊公孫灶卒，司馬灶見晏子曰：『又喪子雅矣！』晏子曰：『惜也，子旗不免，殆哉。姜族弱矣，而嬀將始昌。二惠競爽猶可，又弱一個焉，姜其危哉。』」後用「又弱一個」表示悼念人去世，多用於老一輩人。宋·劉克莊《祭林元晋武博文》：「西山之門，存者幾人；又弱一個，莫贖百身。」

【又生一秦】

秦：戰國七雄之一的秦國，喻指强敵。比喻又樹立了一個强大的敵人。《史記·張耳陳餘列傳》：「秦未亡，而誅武臣等家，此又生一秦也。」宋·胡繼宗《書言故事·古今喻類》：「自增仇敵，曰：『又生一秦。』」

【又是縣官，又是現管】

指頂頭上司。例小陳現在又是縣官，又是現管，我們什麼都得聽他的。

【又想吃大餅，又不願累牙】

比喻只想得利，不願出力。例你這人眞不識相，又想吃大餅，又不願累牙。憑什麼也給你分紅？

【又想吃泥鰍，又怕青泥糊眼】

比喻既想得到好處，又怕自己有損失。例你分析得很透徹。他現在的情況是又想吃泥鰍，又怕青泥糊眼。我們得作好萬全準備。

【又要吃又怕燙】

比喻想得到好處，又怕擔風險。例你是又要吃又怕燙！等我們賺了錢，你可別看著眼饞！

【又想吃魚又怕腥】

比喻既想占便宜，又怕壞了名聲。例告訴你吧，咱們主任是又想吃魚又怕腥，想偷漢子又害羞。也作「又吃魚兒又嫌腥」、「又要吃魚又嫌腥」。

【又要馬兒好，又要馬兒不吃草】

比喻只想取得好的成果，卻又不給創造必要的條件。《魯迅書信集·致黃源》：「作家和出版家的意見不會相合，他們的理想是『又要馬兒好，又要馬兒不吃草』，但經作家的協調，那讓步也不過『少吃草』而已。也作「又要馬兒跑，又要馬兒不吃草」、「既要馬兒跑，又要馬兒不吃草」。

【又抓糍粑又抓麵——脫不了手】

糍粑：糯米蒸熟搗碎做成的食品，黏性極大。見「濕手抓石灰——甩不脫手」。

【又做巫婆又做鬼】

指一面裝作救人，一面又在害人。比喻耍兩面手法，從中獲利。例他們弟兄兩個，給一支潰兵作了內線，引路綁票，講價贖人，又做巫婆又做鬼，兩頭出面裝好人。也作「也做巫婆也做鬼」。

【又做巫婆又做鬼——兩面裝好

人】
巫婆裝神弄鬼時，聲稱鬼附在自己身上，又假裝成鬼，兩面討好。比喻兩面討好。例我知道你背地裏搞了些啥名堂，別又做巫婆又做鬼——兩面裝好人。

【右軍習氣】
右軍：晉代書法家王羲之，曾任右軍將軍，世稱王右軍。比喻書法一味模仿而無創造性。清·宋曹《書法約言》：「既脫腕，仍養於心，方無右軍習氣。」

【幼而學，壯而行】
見「幼學壯行」。

【幼學壯行】
行：施展。《孟子·梁惠王下》：「夫人幼而學之，壯而欲行之。」幼年勤奮學習，壯年施展抱負。明·趙誠《愚莊先生傳》：「行吾之道，不負吾幼學壯行之志矣。」也作「幼而學，壯而行」。明·陸采《懷香記》二齣：「吾想男子生，桑弧蓬矢，以射天地四方。幼而學，壯而行，立身揚名正在今日。」

【誘掖後進】
誘：引導；掖：扶持。引導幫助後輩上進。《元史·張翥傳》：「翥勤於誘掖後進，絕去崖岸，不徒以師道自尊，用是學者樂親炙之。」

【褎然舉首】
褎：禾苗漸長，引指出衆；舉首：推爲第一。形容才德出衆。《漢書·董仲舒傳》：「今子大夫褎然爲舉首。」顏師古注引張晏曰：「褎進也爲舉賢良之首也。」王先謙補注引王念孫曰：「褎然者，出衆之貌，故曰：『褎然爲舉首』。」

【褎如充耳】
充耳：塞耳。《詩經·邶風·旄丘》：「叔兮伯兮，褎如充耳。」朱熹注：「褎：多笑貌；充耳：塞耳也。耳聾之人恆多笑。」後用作充耳不聞的意思。例面對大家的多次批評，他褎如充耳，依舊我行我素。

ㄧㄢ

【奄奄待斃】
奄奄：呼吸微弱。形容氣息微弱，生命垂危。也比喻某種事物臨近滅亡。例看到河岸邊那些因水質污染而奄奄待斃的魚兒，實在替我們的環保問題憂心。

【奄奄一息】
奄奄：呼吸微弱。只剩微弱的一口氣。形容瀕臨死亡。《警世通言》一五：「此時秀童奄奄一息，爬走不動了。」

【咽喉深似海，日月快如梭】
人一生不知要吃多少飯，光陰卻過得很快。指謀生要長遠打算。例這不是上策。咽喉深似海，日月快如梭，無底坑如何塡得起？咱們得另作打算。

【胭脂當粉搽——鬧了個大紅臉】
見「大蝦掉進油鍋裏——鬧了個大紅臉」。

【胭脂蘿蔔——皮紅心不紅】
也作「胭脂蘿蔔——紅皮白心」。見「水蘿蔔——皮紅心不紅」。

【煙波釣徒】
煙波：霧氣瀰漫的水面；釣徒：釣魚人。舊指隱居江湖躲避官場的隱士。《新唐書·張志和傳》：「以親既喪，不復仕，居江湖，自稱煙波釣徒。」

【煙波浩渺】
煙波：如煙霧籠罩的水波；浩渺：遼闊深茫。形容江湖水面霧氣迷濛，遼闊深遠。唐·崔致遠《將歸海東巉山春望》詩：「目極煙波浩渺間，曉烏飛處認鄉關。」

【煙塵鬥亂】
形容灰塵彌漫，烏七八糟。魯迅《藤野先生》：「但到傍晚，有一間的地板便常不免要咚咚咚地響得震天，兼以滿房煙塵鬥亂；問問精通時事的人，答道：『那是在學跳舞。』」

【煙塵千里】
路上的塵煙，綿延千里。形容兵馬衆多。《資治通鑑·唐玄宗天寶十四年》：「步騎精銳，煙塵千里，鼓噪震地。」

【煙囪不通氣——窩火】
比喻有委屈或煩惱而不能發洩。例這場球輸得實在不應該，球迷們好像煙囪不通氣——窩火極了。

【煙囪裏爬老鼠——直來直去】
也作「煙囪裏爬老鼠——直進直出」。見「胡同裏扛竹竿——直來直去」。

【煙大火苗低】
比喻徒有其表，沒有多少眞才實學。例別看他名聲在外，其實是煙大火苗低，肚子裏沒有多少貨色。

【煙袋桿插蓆篾兒——氣兒不順】
蓆篾兒：炕蓆的小篾片；順：順暢。雙關語。比喻心情不舒暢，憋著一肚子氣。例這幾天，他像煙袋桿插蓆篾兒——氣兒不順，不要去煩他。

【煙袋鍋裏炒芝麻——細氣透了】
細氣：〈方〉小氣。比喻吝嗇極了。例這個老財是煙袋鍋裏炒芝麻——細氣透了，怎麼會出資修橋補路呢？還是由窮哥們來想辦法吧。

【煙袋鍋裏炒芝麻鹽兒——逗饞不逗嘴的】
芝麻鹽兒：芝麻加上鹽一塊炒熱再研碎，有香味，可以蘸饅頭當菜吃。煙袋鍋裏炒芝麻鹽兒量太少，只能引起人們的嘴饞而不能滿足需要。比喻不過癮，不滿足。例咱們多生產點這種新產品供應市場，別煙袋鍋裏炒芝麻鹽兒——逗饞不逗嘴的，引起搶購風。

【煙袋鍋子——一頭熱】
見「燒火棍子——一頭熱」。

【煙飛星散】
形容四散分離的樣子。《初刻拍案驚奇》卷八：「有一等做舉人、秀才的，呼朋引類，把持官府，起滅詞訟，每有將良善人家拆得煙飛星散的，難道不是大盜？」

【煙霏露結】

霏：迷蒙。煙霧迷蒙，雨露集結。《晋書·王羲之傳論》：「觀其點曳之工，裁成之妙，煙霏露結，狀若斷而還連；鳳翥龍蟠，勢如斜而反直。」也作「煙霏霧集」。南朝宋·鮑照《清河頌序》：「煙霏霧集，不可勝紀。」

【煙霏霧集】

見「煙霏露結」。

【煙花風月】

煙花：舊指妓女；風月：比喻男女情愛。指男歡女愛之事。例他那個兒子不學好，整天就想著煙花風月的事，好不長進。

【煙花痼疾】

煙花：舊指妓女；痼疾：久治不癒的病。指貪戀女色成癖。《清朝野史大規·尤侗謝饋藥餌啟》：「臣風月膏肓，煙花痼疾。」

【煙火之警】

煙火：古時邊境敵人入侵時點燃的烽火。指發生戰事。《漢書·匈奴傳下》：「北邊自宣帝以來，數世不見煙火之警，人民熾盛，牛馬布野。」

【煙酒不分家】

指人們在交際應酬時，煙和酒可以不分彼此，共同享用。例許多人交際應酬時，煙酒不分家，讓大家一起享用。也作「煙茶不分家」。

【煙嵐雲岫】

嵐：山林中的霧氣；岫：ㄒㄧㄡˋ，峯巒。形容煙雲霧氣瀰漫飄動在峯巒之間。宋·陸游《萬卷樓記》：「煙嵐雲岫，洲渚林薄，更相映發，朝莫(暮)萬態。」

【煙視媚行】

煙視：微微地看；媚行：緩慢行走。形容女子的舉止端莊嫻雅而又略帶羞澀。《呂氏春秋·不屈》：「人有新娶婦者，婦至，宜安矜，煙視媚行。」

【煙蓑雨笠】

在煙雨中披蓑戴笠的人，比喻隱士。宋·蘇軾《書晁說之考牧圖後》：「煙蓑雨笠長林下，老去而今空見畫。」

【煙霧塵天】

煙霧翻滾，塵土飛揚。形容事情鬧得很厲害。《兒女英雄傳》一八回：「正在鬧得煙霧塵天，恰巧紀太傅送客出來聽見；送客走後，連忙進書房來，問起原由，才再三的與先生陪禮，又把兒子著實責了一頓。」

【煙霧裏賞花——模糊不清】

也作「煙霧裏賞花——看不清」。見「看玻璃眼鏡——看不清」。

【煙霞痼疾】

煙霞：煙雲霞光，借指山水風景；痼疾：久治不癒的病，借指癖好。比喻酷愛遊山玩水，已成癖好。多表示歸隱山林之志堅決。《新唐書·田游岩傳》：「帝親至其門，游岩野服出拜，儀止謹樸。帝令左右扶止，謂曰：『先生比佳否？』答曰：『臣所謂泉石膏肓，煙霞痼疾者。』」也作「煙霞痼癖」。元·潘音《反北山嘲》：「煙霞成痼癖，聲價藉巢由。」

【煙霞痼癖】

見「煙霞痼疾」。

【煙霞癖】

指吸鴉片的癖好。清·淮陰百一居士《壺天錄》卷中：「浙西某諸生，故有煙霞癖。無賴子王某，設煙肆於側，望衡對宇，朝夕從過。」

【煙消火滅】

比喻事物消失得乾乾淨淨。魯迅《憶韋素園君》：「曾幾何年，他們就都已煙消火滅，然而未名社的譯作，在文苑裏卻至今沒有枯死的。」

【煙消霧散】

見「煙消雲散」。

【煙消雲散】

像雲煙消散。比喻消失得一乾二淨。元·張養浩《天淨沙》詞：「年時尚覺平安，今年陡恁衰殘。更著十年試看，煙消雲散，一杯誰共歌歡？」也作「煙消霧散」。巴金《海的夢》：「在流了這麼多的眼淚以後，這許多日子來的陰鬱的思想都煙消霧散了。」

【煙雲供養】

煙雲：指山水。以山水陶冶性情，延年益壽。明·陳繼儒《泥古錄》卷三：「黃大痴（公望）九十而貌如童顏，米友仁八十餘神明不衰，無疾而逝，蓋畫中煙雲供養也。」

【煙雲過眼】

像煙和雲從眼前飄逝一樣。比喻事物很容易消失。清·紀昀《閱微草堂筆記·姑妄聽之》：「余於器玩不甚留意，後爲人取去，煙雲過眼矣。」也作「雲煙過眼」。清·紀昀《閱微草堂筆紀·如是我聞一》：「故我書無印記，硯無銘識，政如好花朗月，勝水名山，偶與我逢，便爲我有。迨雲煙過眼，不復問爲誰家物矣。」

【閹了的公雞——提（啼）不得】

見「公雞害嗓——不能提（啼）」。

【閹豬割耳朵——兩頭受罪】

閹豬：將公豬的睪丸割掉。比喻兩方面都感到有難處或受到折磨，不好受。例爲什麼兩家要仇視、對立，你整我，我整你，閹豬割耳朵——兩頭受罪，眞叫人難以理解。也作「騸豬割耳朵——兩頭難受」。

【淹死鬼拽住崖邊草——揪住不放】

也作「淹死鬼拽住崖邊草——抓住不放」。見「螞蟥叮住螺螄腳——揪住不放」。

【淹旬曠月】

淹：逗留；曠：荒廢。歲月延滯、荒廢。比喻拖延時間。宋·蘇舜欽《漣水軍新脩記》：「至者必淹旬曠月，不得遽去。」

【淹淹一息】

淹淹：即「奄奄」，呼吸微弱的樣子。只剩下微弱的氣息。《儒林外史》一回：「他母親淹淹一息，歸天去了。」也作「奄奄一息」、「一息奄奄」。

【湮滅無聞】

見「湮沒無聞」。

【湮沒罕聞】

見「湮沒無聞」。

【湮沒無聞】

湮沒：埋沒。指名聲、事跡被埋沒而不爲人知。元·鍾嗣成《錄鬼簿序》：「高才博識，俱有可錄，歲月彌久，湮沒無聞，遂傳其本末，吊以樂章。」也作「湮滅無聞」。《晉書·羊祜傳》：「自有宇宙，便有此山，由來賢達勝士，登此遠望，如我與卿者多矣，皆湮滅無聞，使人悲傷。」也作「湮沒罕聞」。《文選·陸倕〈石闕銘〉》：「鴻規盛烈，湮沒罕聞。」

【嫣紅姹紫】

嫣、姹：美好，美麗。形容競相開放的各色花朵艷麗多姿。清·錢泳《履園譚詩·以人存詩》一六：「一日同往成南看菜花，鐵琴有詩云：『嫣紅姹紫彌天下，關係蒼生只此花。』，其抱負如此。」也作「姹紫嫣紅」。

【嫣然而笑】

見「嫣然一笑」。

【嫣然含笑】

見「嫣然一笑」。

【嫣然一笑】

嫣然：形容女子笑容美好可愛。《老殘遊記》九回：「那女子嫣然一笑，秋波流媚，向子平睇了一眼。」也作「嫣然而笑」。《聊齋志異·俠女》：「一日，女出門，生注目之，女忽回首，嫣然而笑。」也作「嫣然含笑」。《聊齋志異·花姑子》：「斟酌移時，女頻來行酒，嫣然含笑，殊不羞澀。」

ㄧㄢˊ

【延頸鶴望】

延頸：伸長脖子；鶴望：仰頭盼望。形容殷切盼望。《三國志·蜀書·張飛傳》：「思漢之志，延頸鶴望。」

【延頸舉踵】

伸著脖子，踮起腳跟。形容殷切盼望。《淮南子·主術訓》：「延頸舉踵而望。」也作「延頸企踵」。《漢書·蕭望之傳》：「是以天下之士延頸企踵，爭願自效，以輔高明。」

【延頸企踵】

見「延頸舉踵」。

【延頸脅翼】

延：伸著；脅：收斂。形容鳥兒伸著脖子，夾緊翅膀準備起飛。漢·蔡邕《篆勢文》：「揚波振擊，鷹峙鳥震，延頸脅翼，勢欲凌雲。」

【延年益壽】

延長壽命，增加歲數。多用作祝壽之辭。《太平御覽·四·天部四·月》引《魚龍河圖》：「天有四表，月有三道，聖人知之，可以延年益壽。」也作「益壽延年」。明·無名氏《東籬賞菊》三折：「南陽有菊潭，又有甘谷泉，人飲其水，皆得益壽延年。」

【筵無好筵，會無好會】

指以舉辦酒筵、宴會爲名，對人加以謀害。《說岳全傳》四八回：「待我備一桌好酒筵，請了元帥。勸元帥不要到王佐那邊去吃罷。常言道：『筵無好筵，會無好會。』也。要使小將們擔驚受嚇！」

【筵席上的冷盤——好菜還在後頭】

冷盤：冷菜。酒席上一般先上冷菜後上熱菜。比喻更好的東西還在後面。例這廳裏展出的書畫還不是最好的，筵席上的冷盤——好菜還在後頭哩！

【嚴懲不貸】

貸：寬免。嚴厲懲處，絕不寬容。例凡在大會期間，肆意搗亂破壞，證據確實者，一律嚴懲不貸。

【嚴詞拒絕】

用嚴厲的話加以拒絕。例這名票據犯原本想用金錢賄賂洗刷罪名，結果被公正不阿的執法人員嚴詞拒絕。

【嚴詞厲色】

色：臉色，臉上的表情。說話很嚴厲，表情很嚴肅。例面對父親的嚴詞厲色，她顯得無動於衷。

【嚴冬酷暑】

嚴寒的冬天，酷熱的夏季。形容難熬的日子。例他一年四季堅持鍛鍊，不畏嚴冬酷暑，終於練就一身過硬功夫。」

【嚴父慈母】

對子女管教嚴格的父親與對子女慈祥的母親。用以稱父母雙親。晉·夏侯湛《昆弟誥》：「訥海於嚴父慈母。」

【嚴批妙選】

指對詩文的品評嚴格，選錄精良。清·孔尚任《桃花扇·逮社》：「不但興南販北，積古堆今，而且嚴批妙選，精開善印。」

【嚴婆不打笑面】

嚴婆：嚴厲的婆婆，泛指盛怒的人。再嚴厲的人也不會去打罵笑臉相迎的人。例他見爺爺勃然大怒，氣得手直哆嗦，趕緊賠不是，扶著爺爺坐下，又上茶，又遞煙的，專揀些爺爺愛聽的話說，嚴婆不打笑面，老爺子的氣也漸漸消了下來。

【嚴婆不打啞媳婦】

再厲害的婆婆也不會去打罵聽話而不吭聲的媳婦。例她娘囑咐道：「回到婆家，可要少說話，多幹活。俗話說：『嚴婆不打啞媳婦』你可不能在爹娘跟前一樣。」也比喻少說話，多辦事，就不會受到上司的斥責。例到了一個新單位，你可不要像往常那樣愛發議論，不討主管喜歡，俗話說：「嚴婆不打啞媳婦。」

【嚴氣正性】

氣：脾氣；性：性格。形容爲人剛直不阿。《後漢書·孔融傳論》：「夫嚴氣正性，覆折而已。」

【嚴師出高徒】

嚴格的師傅能教出高明的徒弟。例運

動場上見分曉，隊員們龍騰虎躍，一個比一個强健，那身硬功夫，硬是教練嚴格訓練出來的。嚴師出高徒，他們果然拿下了冠軍。

【嚴師畏友】
對自己要求嚴格，令人敬畏的師長和朋友。宋・陸游《跋王深甫先生書簡》：「此書，朝夕觀之，使人若居嚴師畏友之間，不敢萌一毫不善意。」

【嚴師益友】
嚴格的師長，有益的朋友。例嚴師益友能幫助人在學問和事業上取得成就。

【嚴霜單打獨根苗，大水盡淹獨木橋】
比喻不幸偏落在孤單的人身上。例老天爺沒眼啊，嚴霜單打獨根苗，大水盡淹獨木橋，我就這麼一個閨女，還讓人搶走了。

【嚴霜偏打枯根草】
冷酷的寒霜偏偏要摧殘枯了根的小草。比喻弱者往往更容易遇到不幸。例自從她丈夫去世之後，她家的日子就每況愈下，就像是「嚴霜偏打枯根草」，去年的債務還沒有還清，家裏僅有的兩口就要出欄的肥豬又都得了瘟病，唉！眞不知她今後的日子該怎麼過。

【嚴霜烈日】
比喻嚴酷的環境或經歷了嚴酷考驗的不屈的性格。《新唐書・段秀實等傳贊》：「嗚呼，雖千五百歲，其英烈言言，如嚴霜烈日，可畏而仰哉！」

【嚴霜夏零】
零：凋零。由於寒霜摧殘，使夏季的草木都凋零了。比喻專橫嚴酷，擅作威福。宋・葉廷珪《海錄碎事・帝王・暴虐》：「梁毗上封事，言楊素云，忤意者嚴霜夏零，阿旨者膏雨冬澍，榮枯由其脣吻，廢興候其指麾。」

【嚴絲合縫】
縫：縫隙。縫合嚴密，不露一絲縫隙。形容不露破綻。《兒女英雄傳》七回：「有等慣劫客商的黑店合不守清規的廟宇，多有在那臥床後邊供桌底下沒著地窨子……又多是用木板鋪的，上面嚴絲合縫蓋上，經易看不出來。」

【嚴限追比】
追比：舊時地方官吏嚴逼民衆，限期交稅、交差，逾期受杖責。謂官府對民衆的追逼迫害。《聊齋志異・促織》：「宰嚴限追比，旬餘，杖至百，兩股間濃血流離，並蟲亦不能行捉矣。」

【嚴刑峻法】
峻：嚴酷。嚴厲而殘酷的刑罰。例戰國時代的商鞅，治國採取嚴刑峻法的制度。

【嚴以律己，寬以待人】
律：約束。對自己嚴格要求，對別人寬厚大度。例對自己應該自勉自勵，應該嚴一點，對人家應該寬一點，嚴以律己，寬以待人。也作「嚴於責己，寬以待人」。

【嚴於鐵鉞】
鐵：鍘刀；鉞：古代像大扳斧的兵器。鐵鉞：同「斧鉞」。形容對敵人或不良現象的揭露、抨擊，毫不留情。明・吳廷翰《貞烈門坊記》：「至有若五代之馮道者，厲事數君，靦顏就利，使青史誅之，嚴如鐵鉞，是苟一時之生而不畏千載之名義。」

【嚴於律己】
筆：約束。嚴格地要求、約束自己。清・毛先舒《詩辯坻》三：「在昔有然，今茲彌甚。以爲嚴於律己者，立命之原地；恕於責物者，寬身之仁也。」也作「嚴以律己」。清・汪琬《送張牖如之任南亭序》：「嚴以律己，寬以治人。」

【嚴於責己，寬以待人】
見「嚴以律己，寬以待人」。

【嚴陣以待】
嚴陣：嚴整的陣勢。做好充分準備以迎擊來犯之敵。《東周列國志》一六回：「鮑叔牙聞侯引兵而來，乃嚴陣以待。」

【言必信，行必果】
信：信用；果：果敢，堅決，說話誠實，做事果敢。原指固執己見，盲目相信自己的言行。含貶義。《論語・子路》：「言必信，行必果，硜硜然小人哉！」後指說話講信用，行動很果斷。含褒義。《史記・遊俠列傳》：「今遊俠，其行雖不軌於正義，然其言必信，其行必果，已諾必誠，不愛其軀，赴士之厄困。」也作「言信行果」。梁啟超《近世第一大哲康德之學說》：「母慈而嚴，正直謹嚴，言信行果，故先生幼時即愛眞理，意志常確然不可動，蓋受母之感化爲多云。」

【言必有據】
所講的話一定要有根據。魯迅《故事新編・序言》：「對於歷史小說，則以爲博考文獻，言必有據者，縱使有人譏爲『教授小說』，其實是很難組織之作。」

【言必有中】
中：正著目標。一說話就能說及關鍵的地方。《論語・先進》：「子曰：夫人不言，言必有中。」朱熹注：「言不妄發，發必當理。」《周書・武帝紀上》：「[高祖武皇帝邕]性沈深有遠識，非因顧問，終不輒言。世宗每嘆曰：『夫人不言，言必有中。』」

【言不諳典】
諳：熟悉；典：典故。說話或寫作不熟悉典故。元・王子一《誤入桃園》三折：「則見他一時半刻使盡了千方百計，吃緊的理不服人，言不諳典。」

【言不出語不進】
形容不大講話，不會說話。例老三那孩子言不出語不進的，寫不上算不上，街道上咋派上他這個老實疙瘩？

【言不逮意】

逮：及，到。話語無法把意思表達出來。宋・孫奭《諫幸汾陰》：「陛下不取此，其不可十也，臣言不逮意。」

【言不顧行】

見「言不顧行，行不顧言」。

【言不顧行，行不顧言】

言語和行爲不相符。宋・陸九淵《策問》：「夫言不顧行，行不顧言，誠足病也。」也作「**言不顧行**」。例他這個人常常說一套做一套，給人們言不顧行的感覺。

【言不詭隨】

詭隨：譎詐善變。說話不看風使舵，不詭詐多變。唐・張說《齊黃門侍郎盧公神道碑》：「清明虛受，磊落標奇，言不詭隨，行不苟合，游必英俊，門無塵雜。」

【言不及私】

言語不涉及個人的私事。形容一心爲公。《晉書・王湛傳》：「臨終，與謝安、桓沖書，言不及私，惟憂國家之事，朝野甚痛惜之。」

【言不及義】

義：指正經事。指說話不涉及正經的事。《二十年目睹之怪現狀》一〇四回：「兩個年輕小子，天天在一起，沒有一個老成人在旁邊，他兩個更無話不談，眞所謂『言不及義』，那裏有好事情串出來。」

【言不踐行】

踐：實行。不能履行自己所說的話。《二十年目睹之怪現狀》二〇回：「此刻害我做了個言不踐行的人，我氣的就是這一點。」

【言不盡意】

《周易・繫辭上》：「書不盡言，言不盡意。」指語言沒有或難以表達出全部思想。南朝梁・劉勰《文心雕龍・序志》：「但言不盡意，聖人所難，識在瓶管，何能矩矱。」常用於書信結尾。宋・蘇軾《與范元長》六首之二：「惟昆仲金石乃心，困而不折，庶幾先公之風，沒而不亡也。臨紙哽塞，言不盡意。」

【言不妄發，身不妄動】

形容說話謹愼，舉措得當。例這後生言不妄發，身不妄動，是個本份人，咱就把女兒許給他吧。

【言不由中】

見「言不由衷」。

【言不由衷】

衷：內心：說的話不是出自內心。形容虛辭假意，心口不一。《民國通俗演義》二八回：「旋復下一通令，洋洋灑灑，約一二千言，小子因他言不由衷，不願詳錄。」也作「**言不由中**」。《聊齋志異・賈奉雉》：「賈笑曰：『實相告：此言不由中，轉瞬即去，便受夏楚，不能複憶之也』。」

【言不逾閾】

逾閾（ㄩˋ）：越出門坎。《左傳・襄公二十七年》：「床笫之言不逾閾，況在野乎？」夫婦間的體己話，不能越出大門。後多指知心話不可讓外人知道。

【言差語錯】

說話前言不搭後語，盡說錯話。例他準是又喝醉了，說話言差語錯的。

【言出法隨】

言：命令或政令；法：法律。法令一旦公布，就必須依法行事。例倘有不法之徒，膽敢陰謀搗亂，本府本處言出法隨，勿謂言之不預。

【言出患入】

患：禍患。形容隨便說話容易招來禍患。《雲笈七籤》卷九〇：「言出患入，言失身亡，故聖人當言而懼，發言而憂，常如臨危履冰，以大居小，以富居貧。」

【言出禍從】

見「言出禍隨」。

【言出禍隨】

話剛說出來，禍患就隨之而來。指禍從口出。《明史・鄒智傳》：「［上疏］或以忠義激之，則曰：『吾非不欲言，言出則禍隨，其誰吾聽？』」也作「**言發禍隨**」。清・王夫之《讀通鑑論・唐德宗》十二：「言發禍隨，捷如桴鼓，而事愈敗，德宗之聽之也愈堅。」也作「**言出禍從**」。《後漢書・宦者傳論》：「雖忠良懷憤，時或奮發，而言出禍從，旋見孥戮。」

【言出如山】

比喻說出來的話份量很重，難以更改。《再生緣》二〇回：「大丈夫言出如山，並非兒戲。」

【言傳身教】

用語言傳授、講解，以行爲示範、教育。指悉心傳授或起模範帶頭作用。例父母的言傳身教對子女的健康成長至關重要。也作「**言教身傳**」。例若要使這一代的孩子們品行端正、思想成熟，我們每個人的言教身傳都非常重要。

【言從計納】

見「言聽計從」。

【言從計行】

見「言聽計從」。

【言從字順】

從、順：通順。語言文字通順、流暢。唐・柳宗元《敍說》：「蓋以其落浮夸之氣，得憂患之助，言從字順，遂透眞理耳。」

【言大非誇】

說的話雖然口氣很大，但卻不是虛誇的。宋・蘇軾《六一居士集序》：「言有大而非誇者，達者信之。」

【言顚語倒】

思維不清，說話顚來倒去。《羣音類選〈綉襦記・蝎蛇熾惡〉》：「他是老年人，言顚語倒，不可認爲聞言必旆搖。」

【言多必敗】

見「言多必失」。

【言多必失】

說話多了容易失誤，招致麻煩或禍災。明・朱柏廬《朱子家訓》：「處世戒多言，言多必失。」巴金《作家的勇氣和責任心》：「請允許我講出我的缺點和秘密：我害怕『言多必失』，招來麻煩。」也作「**言多必敗**」。《後孽海花》四五回：「佛勝的人格，我可以擔保。不過言多必敗。凡是秘密的言論，總應當到實行之時再說不遲，事前少一人知道就少操一點心。」

【言多失實】
說的話大多浮誇，不符合實際。《新五代史平話・周史平話卷下》：「宋齊丘不欲唐主割地，謂李德明輕佻，言多失實。」

【言而不信】
說話不講信用。《穀梁傳・僖公二十二年》：「言之所以為言者，信也。言而不信，何以為言？」也作「**言而無信**」。《西遊記》六一回：「老孫若不與你，恐人說我言而無信。」

【言而無文，行之不遠】
見「言之無文，行之不遠」。

【言而無信】
見「言而不信」。

【言而有信】
說話算數，守信用。元・戴善夫《風光好》三折：「學士怎肯似那等窮酸餓醋，得一個及第成名，卻又早負德辜恩；則要你言而有信，休擔擱了少年人。」

【言發禍隨】
見「言出禍隨」。

【言發於邇，不可止於遠；行存於身，不可掩於名】
邇：通「邇」，近。指說話行事都會被人知道。《晏子春秋・外篇》：「仲尼聞之，曰：『語有之：言發於邇，不可止於遠；行存於身，不可掩於名。』」

【言萬行圓】
比喻言行不一致。漢・王符《潛夫論・交際》：「嗚呼哀哉，凡今之人，言萬行圓，口正心邪，行與言謬，心與口違。」

【言高語低】
形容說話不顧分寸，唐突衝撞。元・鄭廷元《金鳳釵》三折：「小人早晚言高語低，擔待些兒。」

【言歸和好】
見「言歸於好」。

【言歸於好】
言：助詞，無義。彼此發生矛盾衝突後，重新和好。《左傳・僖公九年》：「凡我同盟之人，既盟之後，言歸於好。」巴金《談〈秋〉》：「開麟之廢繼並無其事，係屬誤會，經親族會議敦勸，雙方言歸於好。」也作「**言歸和好**」。《清史稿・世祖本紀一》：「昔之疆場用兵，本冀言歸和好，不幸寇凶極禍，明祚永終，用是整旅入關，代明血憤。」

【言歸正傳】
正傳：本題或正題。把話頭帶到或重新回到正題上。《官場現形記》一五回：「莊大老爺方才言歸正傳，問兩個秀才道：『你二位身入黌門，是懂得皇上家法度的。今番來到這裏，一定拿到了真凶實犯，非但替你們鄉鄰伸冤，還可替本縣出出這口氣。』」常見於評書及舊小說中，用作套語。《兒女英雄傳》五回：「如今說書的把這話交代清楚，不再絮煩，言歸正傳。」

【言過其實】
言辭誇張，與實際不符。《三國志・蜀書，馬良傳》：「先主臨薨謂亮曰：『馬謖言過其實，不可大用，君其察之。』」

【言和心順】
言語平和，心情順暢。《西遊記》三七回：「滿朝文武，一個個言和心順；三宮妃嬪，一個個意合情投。」

【言和語不和】
指不中聽的話。例那些言和語不和的話，就只當大風刮跑了，你別放在心上。

【言簡意賅】
賅：完備。形容話語或文章簡潔而意思完備。清・王韜《淞隱漫錄・消夏灣》：「余初來語言文字亦不相通，承其指授，由漸精曉，深嘆古人言簡而意賅，為不可及也。」

【言教身傳】
見「言傳身教」。

【言近旨遠】
旨：意思，意圖。話雖淺近，而含意深遠。《鏡花緣》一八回：「其書闡孔孟大旨，殫盡心力，折衷舊解，言近旨遠，文簡意明，一經誦習，聖賢之道，莫不燦然在目。」也作「**言近指遠**」。清・周濟《宋四家詞選・目錄序論》：「碧山[王沂孫]饜心切理，言近指遠，聲容調度，一一可循。」

【言近指遠】
見「言近旨遠」。

【言可省時休便說，步宜留處莫胡行】
可不說的話不說，該留步的地方不要亂走。指做人要謹言慎行。例你寄居在大伯父家，凡事都要小心。言可省時休便說，步宜留處莫胡行。

【言狂意妄】
指人的言辭、神情狂妄。宋・胡仔《苕溪漁隱叢話・杜少陵六》：「[李歜]述其自序云：『歜上書之明年，言狂意妄，聖天子不賜鑊樵全生，棄逐嶺表。』」

【言來語去】
你一言，我一語。《官場現形記》五回：「不消一刻，一齊來了。當下七嘴八舌，言來語去。」

【言類懸河】
說話像傾瀉而下的河流。形容能說會道。南朝齊・王僧虔《誡子書》：「郭象言類懸河，不自勞苦，何由至此。」也作「**言若懸河**」。《隋書・裴蘊傳》：「蘊亦機辯，所論法理，言若懸河，或重或輕，皆由其口，剖析明敏，時人不能致詰。」

【言訥詞直】
言訥：說話遲鈍；詞直：措詞直率。

形容說話直率，不會拐彎抹角。唐·韓愈《上考工崔虞部書》：「欲爲辭，則患言訥詞直，卒事不成。」

【言輕休勸人，力小休拉架】

要有自知之明，力所不能及的事不要做。例你也該放明白點，以咱們的地位、能力，少管閒事爲妙。常言道：「言輕休勸人，力小休拉架。」

【言清行濁】

言辭漂亮動聽，行爲卻骯髒污濁。形容人表面說好話，背地做壞事。明·李贄《焚書·書答·失言三首》：「余觀世人恆無眞志，要不過落在萎靡渾濁之中，是故口是心非，言清行濁。」

【言人人殊】

不同的人對同一事物的見解各不相同。清·黃鈞宰《金壺七墨·堪輿》：「然此輩執術疏，謀生急，信口欺詐，言人人殊，甚至徒毀其師，子譏其父，各持己見，彼此相非。」

【言若懸河】

見「言類懸河」。

【言三語四】

猶說三道四。指說閒話。元·武漢臣《玉壺春》三折：「小生欲待要不去，懸心掛意，怎生撇得？欲待要去呵，又惹人言三語四，使人惶恐，好兩難也！」也作「語四言三」。《羣音類選〈分釵記·計誘皮氏〉》：「爲何的語四言三，平白的將人譏誚。」

【言十妄九】

妄：不眞實。形容說話不實在，假話連篇。元·無名氏《氣英布》三折：「咱則道舌刺刺言十妄九，村棒棒呼吆喝六。」

【言事若神】

猶料事如神。形容對事物預料判斷準確。唐、皇甫氏《原化記·郗鑑》：「老先生又歸室，閉其門，碧習《易》逾年，而日曉占候布卦，言事若神。」

【言談舉止】

泛指人的日常行爲。明·黃宗羲《陳母沈孺人墓志銘》：「其言談舉止，不問可知爲胡先生弟子也。」例從人們的言談舉止可以看出各自的文化修養如何。

【言談林藪】

林藪（ㄙㄡˇ）：山林水澤之間，比喻聚集的處所。指能言善辯之人。《世說新語·賞譽上》：「裴僕射(頠)，時人謂之言談之林藪。」注：「《惠帝起居注》曰：『頠理甚淵博，贍於論難。』」

【言提其耳】

《詩經·大雅·抑》：「匪面命之，言提其耳。」提著他的耳朵對他講。比喻叮囑再三。北魏·賈思勰《齊民要術序》：「故丁寧周至，言提其耳，每事指斥，不尙浮辭。」

【言聽計從】

說的話，出的主意，都被採用。《魏書·崔浩傳》：「崔浩才藝通博，世祖言聽計從。」也作「言從計納」。後漢·蔡邕《司空臨晋侯楊公碑》：「及其所以匡扶本朝，忠言嘉謀，造膝危辭，當事而行，言從計納。」也作「言聽計用」。明·無名氏《五馬破曹》頭折：「多蒙丞相顧愛，累授遷除，言聽計用。」也作「言聽計行」。《新唐書·魏盧李杜張韓傳贊》：「觀玄宗開元時，厲精求治，元老魁舊，動所尊憚，故姚元崇、宋璟言聽計行，力不難而功已成。」也作「言從計行」。宋·洪邁《容齋五筆·李德裕論命令》：「李德裕相武宗，言從計行。」

【言聽行從】

講話有人聽，行事有人跟從。形容有威信。《鶡冠子·道端》：「聖人之功，定制於冥冥，求至欲得，言聽行從，近親遠附，明達四通。」

【言外之意】

表面言辭之外的沒有明說的另一層意思。清·鄭燮《濰縣署中與舍弟第五書》：「間有一二不盡之言，言外之意，以少少許勝多多許者，是他一枝一節好處。」

【言微旨遠】

微：精微奧妙；旨：含意。言辭精微而內含深遠。唐·白居易《禮部試策王道三》：「聖哲垂訓，言微旨遠。」

【言爲心聲】

語言是人的思想的反映。清·昭槤《嘯亭雜錄·續錄·徐建庵》：「予向言健庵兄弟暗扶明裔，有失君親大義。近見其《咏酴醾》詩云……其詩不覺流露而出，言爲心聲，信非誣也。」

【言爲心聲，字爲記號】

言語是思想的反映，文字是記錄心靈的符號。例「言爲心聲，字爲記號」，這句話是一點不差的。你的詩好雖好，可總帶著牢騷，怪不得屢次投稿，總被退回。

【言文刻深】

刻深：苛刻嚴峻。語言文字，務求苛細。《史記·曹相國世家》：「吏言文刻深，欲務聲名，輒斥去之。」

【言無不盡】

把自己想說的話，毫無保留地說出來。清·王夫之《讀通鑑論·唐太宗》：「太宗制諫官隨宰相入閣議事，故當時言無不盡，而治得其理。」

【言無二價】

指商品買賣時，價錢既定，不能更改。《二十年目睹之怪現狀》七二回：「老者道：『別的東西有個要價還價，這個紙是言無二價的，五分銀子一張。』」

【言無粉飾】

說話直率，毫不虛僞掩飾。明·彭大翼《山堂肆考》：「宋滕甫，東陽人，在帝前論事如家人父子，言無粉飾，洞見肺腑。」

【言笑嘻怡】

怡：喜悅的樣子。形容心情極爲愉

快。唐・劉禹錫《代諸郎中祭王相國文》：「曉下黃閣，車騎威遲；夕歸華堂，言笑嘻怡。」

【言笑晏晏】
晏晏：和悅貌。形容說笑的神情平和、愉悅。唐・任蕃《從夢遊錄・獨孤遐叔》：「復有公子女郎共十數輩，青衣黃頭亦十數人，步月徐來，言笑晏晏。」

【言笑自如】
自如：自然。言談笑語和平常一樣自然。清・方苞《通議大夫江南布政使陳介墓志銘》：「羣夷縱火，牛街鎮去城三十餘里，火光燭天，公言笑自如。」也作「言笑自若」。《新五代史・唐書・王珂傳》：「珙為人慘刻，嘗斬人擲其首於前，言笑自若，其下苦之。」也作「談笑自如（若）」。

【言笑自若】
見「言笑自如」。

【言信行果】
見「言必信，行必果」。

【言行不符】
見「言行相詭」。

【言行不類】
見「言行相詭」。

【言行不一】
見「言行相詭」。

【言行若一】
見「言行相符」。

【言行相符】
說的和做的相一致。形容人表裏如一。《梁書・劉孺傳附劉覽》：「言行相符，始終如一」。也作「言行一致」。宋・趙善璙《自警篇・誠實》：「力行七年而後成，自此言行一致，表裏相應，遇事坦然，常有餘裕。」也作「言行若一」。漢・劉向《列女傳・齊田稷母》：「非義之事不計於心，非理之利不入於家，言行若一，情貌相副。」

【言行相詭】
詭：違背。說的話與做的事相違背。指言行不一致。《呂氏春秋・淫辭》：「言行相詭，不祥莫大焉」。也作「言行不一」。例他這人向來言行不一。也作「言行不符」。魯迅《十四年的「讀經」》：「再進一步，並可以悟出中國人是健忘的，無論怎樣言行不符，名實不副，前後矛盾……經過若干時候，自然被忘得乾乾淨淨。」也作「言行不類」。類：相似。《逸周書・官人》：「言行不類，終始相悖。」

【言行一致】
見「言行相符」。

【言揚行舉】
以言論使名聲遠揚，因行為而受到推舉。謂根據能力品行來選拔人才。《儒林外史》一三回：「就如孔子生在春秋時候，那時用『言揚行舉』做官，故孔子只講得個『言寡尤，行寡悔，祿在其中。』這便是孔子的舉業。」

【言以足志】
足：完成。言語可以用來表達內心意願。《左傳・襄公二十五年》：「言以足志，文以足言。」

【言意相離】
言語和思想相分離。謂心口不一。《呂氏春秋・離謂》：「言意相離，凶也。」

【言猶在耳】
言：話語；猶：仍。形容對別人的話記憶猶新。《左傳・文公七年》：「今君雖終，言猶在耳。」

【言有召禍】
說話招致災禍。《荀子・勸學》：「故言有召禍也，行有召辱也，君子慎其所立乎！」

【言與心違】
說的話與心裏的想法相違背。指心口不一。《吳子・圖國》：「文侯曰：『寡人不好軍旅之事。』[吳]起曰：『臣以見占隱，以往察來，主君何言與心違？』」

【言語傳情不如手】
用手在樂器上彈出的聲音，比說話更能表達感情。例你說司馬相如彈彈琴，就博得了卓文君的愛慕，這可眞是言語傳情不如手。

【言語道斷】
原為佛家用語。指無上妙諦，用言語無法表達。《維摩詰所說經・見阿閦佛品》：「不來不去，不出不入，一切言語道斷。」後指難以用語言表達某種情緒。魯迅《「死地」》：「三月十八日段政府慘殺徒手請願的市民和學生的事，本已言語道斷，只使我們覺得所住的並非人間。」

【言語妙天下】
見「語妙天下」。

【言約旨遠】
約：簡約；旨：意思。言辭簡要而含意深遠。南朝宋・劉義慶《世說新語・文學》：「客主有不通處，張（憑）乃遙於末坐判之，『言約旨遠』，足暢彼我之懷，一坐皆驚。」

【言則我從，斯我之賊】
順從我說話的人，是害我的人。宋・張孝祥《取友銘》：「直諒多聞，我友三益。言則我從，斯我之賊。天高聽卑，好是正直。側僻取容，幽有鬼殛。」

【言者無心，聽者有意】
講話的人無心說出，聽話的人卻從特定角度加以理解。例她開玩笑說的話，沒想到小李竟當了眞，獨自個兒在那兒生悶氣，眞是言者無心，聽者有意。

【言者無罪】
見「言者無罪，聞者足戒」。

【言者無罪，聞者足戒】
批評或意見即使不完全正確，也是無罪的，當事人即便沒有對方指出的缺點，也應當引為戒鑑。唐・白居易《與元九書》：「故聞元首明、股肱良之歌，則知虞道昌矣；聞五子洛汭之歌，則知夏政荒矣。言者無罪，聞者足戒。言者聞者，莫不兩盡其心焉。」也作「言者無罪」。章炳麟《致汪康年書》：「斯誠定哀微辭，言者無罪。」

【言之不盡】
心裏的話，說也說不完。例開完校慶會，同學們久久不願離去，大有言之不盡的感覺。

【言之不文，行之不遠】
見「言之無文，行之不遠」。

【言之不渝】
渝：更改。話既出口，絕不改變。晋・陸機《遂志賦》：「任窮達以逝止，亦進仕而退耕；庶斯言之不渝，抱耿介以成名。」

【言之不預】
預：預先。沒有預先說明。多用作告戒之語。例如果你們不聽勸告，繼續進犯我國邊境，我們將堅決予以回擊，勿謂言之不預。

【言之成理】
所說的話有道理。多與「持之有故」連用。《荀子・非十二子》：「然而其持之有故，其言之成理，足以欺惑愚衆。」魯迅《論「費厄潑賴」應該緩行》：「雖然仁人們未必肯用，但我還可以言之成理。」也作「言之有理」。明・無心子《金雀記・守貞》：「還是左兄言之有理，極是曲體人情。」

【言之非難，行之爲難】
說並不難，做起來就難了。謂辦事貴在務實，少說空話。漢・桓寬《鹽鐵論・非鞅》：「言之非難，行之爲難。故賢者處實而效功，亦非徒陳空文而已。」

【言之過甚】
話說得太過頭了。茅盾《追求》：「新聞是新聞，不是我們憑空揑造的，自然外邊人是言之過甚。」

【言之無文，行而不遠】
見「言之無文，行之不遠」。

【言之無文，行之不遠】
文：文采；行：流傳。言辭、文章如果沒有文采，就無法流傳久遠。胡適《文學改良芻議》：「令人徒知『言之無文，行之不遠』，而不知言之無物，又何用文爲乎？」也作「言之不文，行之不遠」。宋・陸游《嚴州到任謝王丞相啟》：「黼黻聖猷，謂言之不文則行之不遠，甄陶士類，每捨其所短而取其所長。」也作「言而無文，行之不遠」。《樂府詩集・庾信〈周五聲調曲・角調曲〉》：「言而無文，行之不遠；義而無立，勤則無成。」也作「言之無文，行而不遠」。《左傳・襄公二十五年》：「仲尼曰：『……言之無文，行而不遠。』」

【言之無物】
文章或議論空泛而不切實際。例別看這篇文章洋洋數萬言，卻是空話連篇，言之無物。

【言之有理】
見「言之成理」。

【言之有物】
文章或言論有切實的內容。胡適《文學改良芻議》：「一曰，須言之有物。」

【言之鑿鑿】
鑿：確實。說得很眞確，不容懷疑。淸・紀昀《閱微草堂筆記・槐西雜志三》：「言之鑿鑿，亦或有所征耶。」

【言之諄諄，聽之藐藐】
諄諄：教誨不倦；藐藐：疏遠。說的人耐心懇切，聽的人無動於衷。形容白費口舌。明・無名氏《三化邯鄲》二折：「『言之諄諄，聽之藐藐』，良藥苦口，信有之矣。」也作「誨爾諄諄，聽我藐藐」。

【言重九鼎】
九鼎：傳說夏禹鑄九鼎，象徵九州，三代時奉爲國寶。形容說出的話很有分量。例他是開國元勛，言重九鼎，從未有人敢違抗他的意志。

【姸蚩好惡】
姸：美好；蚩：同「媸」，醜惡。美、醜、好、壞。指寫作的得失。晋・陸機《文賦序》：「夫其放言遣辭，良多變矣，姸蚩好惡，可得而言。」

【姸皮不裹痴骨】
姸皮：嬌好的外表；痴：無知。比喻內心和外表一樣秀麗、聰慧。《晋書・慕容超載記》：「超自以諸父在東，恐爲姚氏所錄，乃陽狂行乞。秦人賤之，惟姚紹見而異焉，勸興拘以爵位。召見與語，超深自晦匿，興大鄙之，謂紹曰：『諺云姸皮不裹痴骨，妄語耳。』」

【姸皮痴骨】
姸：美好。外表美好而內心愚笨。宋・陳亮《賀新郎・寄辛幼安和見懷韻》：「行矣置之無足問，誰換姸皮痴骨。」也作「姸皮裹痴骨」。元・王惲《元日示孫阿鞬六十韻》詩：「貌端娟且靜，氣吐淸而圓。姸皮裹痴骨，了不直一錢。」

【姸皮裹痴骨】
見「姸皮痴骨」。

【姸姿艷質】
姸：美好。形容女子容貌艷美。例天生一副姸姿艷質，又善於表演，使她初登銀幕即大獲成功。

【研覈是非】
研核：研究考覈。對事物進行研究審察。漢・張衡《東京賦》：「如之何其以溫故知新，研覈是非，近於此惑。」

【研幾探賾】
幾：細微；賾：ㄗㄜˊ，幽深。深入細致地研究、探討精微奧妙之理。《隋書・經籍志一》：「雖未能研幾探賾，窮極幽隱，庶乎弘道設教可以無遺闕焉。」

【研幾析理】
幾：細微。研究分析事物精微的道理。唐・權德輿《齊成公神道碑銘序》：「凡所論著，皆研幾析理，弘雅夷遠」。

【研京練都】
原指漢張衡寫《兩京賦》，晉左思寫《三都賦》，都經過精心苦思，歷時長久，才得以完成。後形容作文精心推敲，歷久才成。南朝梁・劉勰《文心雕龍・神思》：「人之稟才，遲速異分。……張衡研京以十年，左思練都以一紀。雖有巨文，亦思之緩也。」

【研經鑄史】
指不僅研究而且精通經書史籍。例宋教授不僅是位研經鑄史的學問家，而且還是位桃李滿天下的教育家。

【研精鈎深】
鈎深：探取挖掘內在的東西。精心研究，探求深奧的學問。唐・白居易《禮部試策》：「雖言微旨遠，而學者苟能研精鈎深，優柔而求之，則壺奧指趣，將焉瘦哉！」

【研精極慮】
見「研精覃思」。

【研精靜慮】
精心研究，冷靜思索。南朝宋・謝靈運《山居賦》：「研精靜慮，貞觀厥美。懷秋成章，含笑奏理。」

【研精苦思】
見「研精覃思」。

【研精覃奧】
覃：ㄊㄢˊ，深入；奧：奧妙。研究精微深奧的學問。《梁書・劉顯傳》：「竊痛友人沛國劉顯，韞櫝藝文，研精覃奧，聰明特達，出類拔羣。」

【研精覃思】
思：深思。精心研求，深入思索。形容做學問態度嚴謹。章炳麟《正學報緣起》：「若其研精覃思，則專門之學，斯固未暇。」也作「研精極慮」。宋・司馬光《資治通鑑進書表》：「臣既無他事，得以研精極慮，窮竭所有，日力不足，繼之以夜。」也作「研精苦思」。宋・王令《答劉公著微之書》：「研精苦思，捫隙發罅，以窺求門戶。」

【研桑心計】
研、桑：指古代善於理財的計然和桑弘羊，計然又名計研。形容人善於理財。漢・班固《答賓戲》：「和鵲發精於鍼石，研桑心計於無垠。」

【研深覃精】
潛心深入地研究學問。例潘先生博聞强記，通曉四國文字研深覃精，是大家公認的學問家。

【岩居谷飲】
住在深山幽谷之中，遠離人世。多指隱居生活。《淮南子・人間訓》：「單豹倍世離俗，岩居谷飲，不衣絲麻，不食五穀。」

【岩居穴處】
住在深山洞穴中。指遠離塵世。比喻隱居生活。漢・韓嬰《韓詩外傳》卷五：「雖岩居穴處，而王侯不能與爭名。」

【岩牆之下】
岩牆：有傾倒危險的牆。比喻身處危險境地。漢・揚雄《法言・問明》：「若立岩牆之下，動而征病，行而招死。」

【岩上搭梯子——懸得很】
見「脖子上掛雷管——懸乎」。

【岩穴之士】
岩穴：山洞。比喻隱士。《韓非子・外儲說左上》：「夫好顯岩穴之士而朝之，則戰士怠於行陣。」

【炎附寒棄】
炎：比喻權貴；寒：貧寒之人。趨附權勢，棄離貧寒。唐・柳宗元《宋清傳》：「吾觀今之交乎人者炎而附，寒而棄，鮮有能類清之為者。」

【炎黃子孫】
炎黃：傳說中的上古帝王炎帝和黃帝。常用來代表中華民族的祖先。指源於共同祖先的中華民族的後代。清・丘逢甲《少瀛以詩舲自壽詩索和走筆書此》：「安知海外百萬天朝民，一任封豕作人豕？誰非炎黃之子孫，九天忍令呼無門！」

【炎涼世態】
炎涼：冷暖，親疏；世態：人世間的情態。指人世間對富貴得勢者親近奉承，對貧賤失意者冷淡疏遠。宋・王十朋《湖邊懷劉謙仲》詩：「往事蕭條誰共說，舊游零落我何堪。炎涼世態從他變，生死交情只自諳。」

【炎炎者滅，隆隆者絕】
指名聲顯赫和有權勢的人往往滅絕。例古語說：「炎炎者滅，隆隆者絕。」你看古典小說《紅樓夢》中的賈府不就是個很好的例子嗎？

【沿波討源】
沿著水流尋找源頭。比喻根據線索探尋事物的本源。南朝梁・劉勰《文心雕龍・知音》：「夫綴文者情動而辭發，觀文者披文以入情。沿波討源，雖幽必顯。」也作「沿流討源」。清・錢泳《履園叢話・譚詩・總論》：「性靈者，即性情也。沿流討源，要歸於正，詩之本教也。」也作「沿流溯源」。《清史稿・駱嘉淦傳》：「然則沿流溯源，約言蔽義，惟望我皇上時時事事常守此不敢自是之心，而天德王道舉不外乎此矣。」

【沿流溯源】
見「沿波討源」。

【沿流討源】
見「沿波討源」。

【沿門托鉢】
鉢：僧尼的食具。原指和尚到處化緣。後多用以比喻挨家討飯或到處求援。清・彭養鷗《黑籍冤魂》二〇回：「卻說仲勛窮落魄，流入乞丐道中，終日在街頭沿門托鉢，到了夜間，就在人家屋檐底下歇宿。」

【鹽場的伙計——儘管閒（鹹）事】
伙計：舊時指店員或長工。見「吃的鹹鹽真不少——淨管閒（鹹）事」。

【鹽店的老板——閒（鹹）人】
閒：「鹹」的諧音。也作「鹽店掌櫃的——閒（鹹）人」。見「孔夫子的弟子——閒（賢）」。

【鹽店裏的棉花弓——閒談（鹹彈）】
閒談：「鹹彈」的諧音。比喻沒有目的、沒有中心地隨便談談。例「你們在商討什麼國家大事？」「只不過是鹽店裏的棉花弓——閒談（鹹彈）罷了。」也作「鹽店裏掛弓——閒談（鹹彈）」。

【鹽店裏聊天——閒（鹹）話多】
閒：「鹹」的諧音。比喻流言飛語很多。有時指廢話多或說些與正事無關的話。例這裏就像鹽店裏聊天——閒（鹹）話多，是個是非叢生之地。也作「鹽堆裏爬出來的人——閒（鹹）話不少」。

【鹽店裏賣氣球——閒（鹹）極生非（飛）】
閒：「鹹」的諧音，非：「飛」的諧音。比喻閒得發慌的人容易尋釁惹事。例應當把這些人組織起來訓練、學習，要知道鹽店裏賣氣球——閒（鹹）極生非（飛），容易鬧事。

【鹽缸裏找蛆——操閒（鹹）心】
閒：「鹹」的諧音。比喻多餘的考慮或不必要地費心。例這是上司考慮的問題，你何苦鹽缸裏找蛆——操閒（鹹）心，費力不討好。

【鹽罐裏裝鱉——閒員（鹹圓）】
鱉：甲魚，團魚，俗稱王八；閒員：「鹹圓」的諧音。比喻沒有固定職務的閒散人員。例過去幹什麼事都少不了他，現在卻成了鹽罐裏裝鱉——閒員（鹹圓）。

【鹽罐生蛆——內裏有鬼】
鹽罐裏是生不出蛆來的，如果生蛆，必然有鬼在搗亂。見「閻王爺敲門——內中有鬼」。

【鹽緊好賣，賊緊好偷】
鹽少時好賣，賊少時人們放鬆警惕，易被偷盜。明．周履靖《錦箋記》四齣：「[丑]有理有理。老娘，自古道：『鎖鑰盡固，徑竇可由。』[淨]師伯，又道是：『鹽緊好賣，賊緊好偷。』快走快走。」

【鹽井不出鹵水——出言（鹽）不遜】
言：「鹽」的諧音。遜：謙讓，恭順。雙關語。比喻說話傲慢不客氣。例他是老學者，人人都很尊敬，你怎麼鹽井不出鹵水——出言（鹽）不遜？

【鹽裏生蛆——怪事】
也作「鹽缸裏出蛆——稀奇」。見「六月飛霜——稀奇」。

【鹽墶子冒煙——嫌棄（鹹氣）】
嫌棄：「鹹氣」的諧音。雙關語。比喻對人厭惡而不願接近。例別說客氣話了，你們今後不要鹽墶子冒煙——嫌棄（鹹氣）就行了。

【鹽也是這般鹽，醋也是這般醋】
比喻彼此不相上下。例鹽也是這般鹽，醋也是這般醋，怎麼她能去，我就不能去？你選人太不公道了。

【鹽也只有那麼鹹，醋也只有那麼酸】
比喻就是那麼回事，沒什麼了不起。例大家都在羨慕小王的幸運的時候，他猛抽了一口煙，自言自言地說道：「啥啊！鹽也只有那麼鹹，醋也只有那麼酸。」

【閻羅殿上充好漢】
比喻身處險境，仍然強硬。例敵人氣得暴跳如雷，大吼：「媽的，閻羅殿上充好漢！給我往死裏打，看他招不招！」

【閻羅王開飯店——鬼上門】
閻羅王：佛教稱管地獄的神，也稱閻王、閻王爺。比喻沒有人找上門來或誰都不願交往。有時指沒有人去的地方。例商店開門好半天了，還沒見顧客上門，正是一閻羅王開飯店——鬼上門。

【閻羅王面前，須沒放回的鬼】
閻王絕不會把鬼放回來。比喻貪婪的人，絕不會放棄到手的財物。例這案子犯在他手裏可就慘了。閻羅王面前，須沒放回的鬼。你就是把家產全賣了去疏通，也未必能把人保出來。

【閻羅王請酒——鬼吃】
雙關語。比喻沒有人買帳，或上圈套。例你這一套軟硬兼施的手段，閻羅王請酒——鬼吃！

【閻羅王審案子——全是鬼事】
見「陰曹地府打官司——全是鬼事」。

【閻羅王招駙馬——去做水鬼】
駙馬：漢代設有駙馬都尉的官職，後來皇帝的女婿常做這個官，因此，駙馬便成為皇帝女婿的專稱；水鬼：迷信的人用水飯[粗淡的飯食]送鬼，所以稱水鬼。比喻去做某種犧牲品。有時指接受某種危險的職位。例你想答應他的邀請，擔任他的侍衛？根本是閻羅王招駙馬——去做水鬼。

【閻羅王撞著對面鬼】
小鬼迎面撞上閻王。比喻難以逃脫。例他剛想溜出軍營到外邊過過煙癮，誰想迎面正碰上團長，眞是閻羅王撞著對面鬼，嚇得手足無措。

【閻王扮觀音——神不神，鬼不鬼】
觀音：觀世音，佛教的菩薩之一，佛教徒認為是慈悲的化身、救苦救難之神。形容面目奇特醜陋，怪模怪樣。例眞像閻王扮觀音——神不神，鬼不鬼，看你這模樣，難怪人家說你像個二流子。

【閻王辦事——鬼點子多】
見「城隍老爺出天花——鬼點子多」。

【閻王不嫌鬼瘦】
小鬼再瘦，閻王也要勾魂。比喻只要有點油水，就要榨取。例連我們這小商小販，他們也要來搜刮，眞是閻王不嫌鬼瘦。

【閻王不在家，業鬼由他鬧】
比喻主事的人不在，小人趁機胡鬧。例司令帶著馬營長走後，營裏亂了秩序，有唱戲的，有打麻將的，有喝得爛醉如泥的。眞是閻王不在家，業鬼由他鬧。

【閻王催命不催食】

舊時傳說閻王索命也讓人把飯吃完。指無論如何也得讓人把飯吃了。例你別那麼心急，讓他把飯給吃了，所謂「閻王催命不催食」，這點道理你還不懂嗎？

【閻王殿】

①比喻陰森恐怖的地方。例參觀渣滓洞，就像見了閻王殿。②與「進」或「到」連用，比喻死亡。例人們遲早要進閻王殿，怕也沒用。

【閻王好見，小鬼難當】

比喻幫凶仗勢欺人，比主子還難對付。《官場現形記》一九回：「二掌櫃的道：『閻王好見，小鬼難當。』旁邊若有人幫襯，敲敲邊鼓，用一個錢可得兩錢之益」。也作「**大王好見，小么難當**」。

【閻王好作，小鬼難當】

比喻頭頭好當，具體辦事的人難幹。老舍《我這一輩子》五：「巡警一天到晚在街面上，不論怎樣抹稀泥，多少得能說會道，見機而作，把大事化小，小事化無，既不多給官面上惹麻煩，又讓大家都過得去，眞的吧，假的吧，這總得算點本事。而作警官的呢，就連這點本事似乎也不必有。閻王好作，小鬼難當，誠然！」

【閻王叫你三更死，誰敢留人到五更】

更：舊時一夜分爲五更，每更相當現在兩個小時，三更正是半夜的時候，舊時認爲閻王決定誰什麼時候死，就得什麼時候死，不能稍緩片刻。指上面決定了的事情，不能有絲毫更改。《紅樓夢》一六回：「虧你還是讀過書的人，豈不知俗語說的：『閻王叫你三更死，誰敢留人到五更。』我們陰間上下都是鐵面無私的，不比你們陽間瞻情顧意，有許多的關礙處。」也作「**閻王判你三更到，定不容人到四更**」、「**閻王註定黃昏死，不許留人到五更**」、「**閻王註定三更死，斷不留人到五更**」。

【閻王老子開飯店，鬼都不上門】

鬼見了閻王也怕。比喻服務態度不好，顧客不敢上門。也有惡人當道無人敢惹的意思。例這個商店服務態度不好是出了名的。顧客也越來越少，簡直是閻王老子開飯店，鬼都不上門。也作「**閻羅王做生意，鬼也沒得上門**」、「**閻羅王開飯店——鬼弗來**」。

【閻王奶奶害喜——心懷鬼胎】

見「城隍娘娘懷孩子——心懷鬼胎」。

【閻王無情，休怪小鬼無義】

指上邊的人無情，就別怪下邊不講忠義。例他們做大官兒的，也應該識點時務，殺殺威風，別把咱們百姓逼得苦了。閻王無情，休怪小鬼無義！再這麼著，咱就造反。

【閻王爺辦公——專出鬼點子】

見「狗頭軍師——出不了好主意」。

【閻王爺抽煙——鬼火直冒】

見「城隍奶奶燒柴灶——鬼火直冒」。

【閻王爺的布告——鬼話連篇】

也作「**閻王爺貼告示——鬼話連篇**」、「**閻羅王出告示——淨是鬼話**」。見「城隍講故事——鬼話連篇」。

【閻王爺的扇子——兩面陰】

比喻手段陰險狠毒的兩面派。例他是一個道道地地的閻王爺的扇子——兩面陰，爲人一點也不光明磊落。

【閻王爺的扇子——扇陰風】

也作「**閻王爺拉風箱——扇陰風**」。見「小鬼吹火——扇陰風」。

【閻王爺點生死簿——一筆勾銷】

迷信稱閻王爺掌管陽世人的生死簿，他用筆在某人名上勾之，其人就將死亡，歸陰間地府。比喻把一切完全取消。例過去兩家的恩恩怨怨，閻王爺點生死簿——一筆勾銷，重新建立睦鄰友好關係。

【閻王爺發令箭——要命】

令箭：古代軍隊中發布命令時用做憑據的東西，形狀像箭。見「小鬼敲門——要命」。

【閻王爺好見——小鬼難纏】

比喻刁鑽的小人物不好對付。例此人官氣十足，百般刁難阻擾，不給予工作方便，態度與其上司截然不同。眞是閻王爺好見——小鬼難纏。

【閻王爺繪圖——鬼畫符】

符：道士畫的圖形或線條，迷信者認爲能驅使鬼神、給人帶來祝福。比喻騙人的花招或虛僞的話。例他這一番話完全是閻王爺繪圖——鬼畫符，是江湖騙子慣用的伎倆，別上當。

【閻王爺嫁女——鬼才要】

雙關語。比喻誰也不要或沒有人要。例這個爛攤子，還招什麼標，閻王爺嫁女——鬼才要。

【閻王爺嫁女——抬轎的是鬼，坐轎的也是鬼】

比喻沒有一個好人。例這一幫傢伙是閻王爺嫁女——抬轎的是鬼，坐轎的也是鬼，糾集在一起準做不出好事來。

【閻王爺啃豬頭——饞鬼】

比喻貪嘴的人。例這幫人成天都鬧吃鬧喝，不幹點正經事，眞是閻王爺啃豬頭——饞鬼。

【閻王爺敲門——內中有鬼】

比喻有不可告人的秘密勾當。例昨天，魚池中的魚兒還是活蹦亂跳的，今天怎麼全都死了，閻王爺敲門——內中有鬼，一定有人破壞。也作「**鹽罐生蛆——內裏有鬼**」。

【閻王爺請客——淨是鬼】

比喻都是不三不四的壞人。例眞倒霉，今天碰到的人好像閻王爺請客——淨是鬼。

【閻王爺撒謊——騙鬼】

比喻用謊言或詭計只能欺神騙鬼，不

會有人相信。例你們搞的這套鬼把戲，閻王爺撒謊——騙鬼，我們才不會上當受騙哩！也作「**閻王爺撒謊——哄鬼**」、「**城隍廟裏賣假藥——騙鬼**」、「**紙紮靈屋——哄鬼**」。

【閻王爺燒山——點鬼火】
見「城隍廟裏冒煙——點鬼火」。

【閻王爺談家常——講鬼話】
比喻胡言亂語或說騙人的話。例這純粹是閻王爺談家常——講鬼話，只有幼稚無知的人才會相信。也作「**閻王爺出告示——講鬼話**」。

【閻王爺脫帽——鬼頭鬼腦】
形容鬼鬼崇崇。例你看他那樣兒，就像閻王爺脫帽——鬼頭鬼腦。也作「**閻王爺不戴帽——鬼頭鬼腦**」、「**閻王爺照像——鬼頭鬼腦**」。

【閻王爺玩戲法——鬼花招】
見「城隍廟裏玩魔術——鬼花招」。

【閻王爺吸鴉片——大煙鬼】
比喻煙癮極大的人。例他一天要吸兩包煙，人們送他一個綽號，叫閻王爺吸鴉片——大煙鬼。

【閻王爺下請帖——末日來臨】
也作「**閻王爺下請帖——死到臨頭**」。見「關雲長走麥城——末日來臨」。

【閻王爺演戲——詭（鬼）計多端】
詭：「鬼」的諧音。見「狐狸投胎——詭計多端」。

【閻王爺照鏡子——鬼相】
比喻故意做出來的滑稽表情。例你看他那閻王爺照鏡子——鬼相，就知道他是一個相聲演員。

【閻王爺照像——鬼頭鬼腦】
見「閻王爺脫帽——鬼頭鬼腦」。

【閻王也怕拼命鬼】
比喻有權勢的人也怕別人豁出性命來跟他拼。例你平日積怨太多，還要多加防備才是。俗話不是說：「閻王也怕拼命鬼嗎？」

【閻王債】
可以逼死人的債，即高利貸。例都因為你們結婚講排場，家裏才欠下這閻王債。也作「**閻王賬**」。

【閻王桌上抓供果——自己找死】
閻王桌：陳設敬奉閻王供品的桌子；供果：供奉閻王的水果食品等。迷信傳說閻王掌管人的生死簿，有意得罪閻王那是自己找死。見「耗子舔貓鼻子——找死」。

【顏骨柳筋】
見「顏筋柳骨」。

【顏筋柳骨】
顏、柳：指唐代著名書法家顏眞卿、柳公權；筋、骨：借指他們字體的間架結構，書寫風格。形容書法兼有顏、柳的風格。也泛稱書法極佳。宋·范仲淹《祭石學士文》：「曼卿之筆，顏筋柳骨，散落人間，實為神物。」也作「**顏骨柳筋**」。《二刻拍案驚奇》卷二：「此書顏骨柳筋，無一筆不合法。不可再易，就請寫完罷了。」也作「**柳骨顏筋**」。

【顏料店的抹布——分不清青紅皂白】
見「色盲看圖紙——分不清青紅皂白」。

【檐前水，滴滴同】
比喻個個相似。例她常說「檐前水，滴滴同」。母親愛兒子，在她看來，是理所當然的事，天經地義。

【檐前雨滴從高下——一點也不差】
雨水從檐頭流下來，滴到固定的地方。比喻分毫不差。例他根據多方面的情況判斷，敵人一定走這條路，就事先設下了埋伏。果然檐前雨滴從高下——一點也不差，敵人果眞中了圈套。

ㄧㄢˇ

【奄然而逝】
奄然：突然。突然去世。宋·陸九淵《與朱元晦書》：「比日不知何疾，一夕奄然而逝。」

【掩鼻而過】
捂著鼻子走過去。形容對骯髒的東西的厭惡。《孟子·離婁下》：「西子蒙不潔，則人皆掩鼻而過之。」

【掩鼻偷香】
捂著鼻子去偷已經點著的香。比喻無法欺騙他人，只能欺騙自己。《五燈會元·馬頰本空禪師》：「師曰：『節目上更生節目。』僧無語。師曰：『掩鼻偷香，空招罪犯。』」

【掩惡揚善】
掩蓋他人的壞處，頌揚他人的好處。漢·班固《白虎通·諡》：「天子崩，大臣至南郊，諡之者何？以為人臣之義，莫不欲褒稱其君，掩惡揚善者也。」

【掩惡溢美】
水滿外流，引申為過度。掩蓋缺點，過分讚美。宋·周密《齊東野語·張魏公三戰本末略》：「野史各有私，好惡固難盡信，若志狀，則全是本家子孫、門人掩惡溢美之詞，又可盡信乎？」

【掩耳蹙頞】
蹙：ㄘㄨˋ，皺起；頞：ㄜˋ，鼻梁。捂著耳朵，皺起鼻子。形容對所見所聞極其反感、厭惡。唐·柳宗元《河間婦傳》：「自是雖戚裏為邪行者，聞河間之名，則掩耳蹙頞，皆不欲道之。」

【掩耳盜鈴】
掩：捂。捂著自己的耳朵去偷鈴鐺。比喻自己欺騙自己。例不要看他做得多冠冕堂皇，其實只不過是掩耳盜鈴的作法罷了。也作「**掩耳偷鈴**」。《五燈會元·天衣懷禪師法嗣》：「師曰：『國師恁麼道，大似掩耳偷鈴。』」也作「**掩耳盜鐘**」。唐·劉知幾《史通·書志》：「掩耳盜鐘，自云無覺。」也作「**盜鐘掩耳**」。

【掩耳盜鐘】

見「掩耳盜鈴」。

【掩耳而走】
捂著耳朵逃走。形容對別人的話不能容忍，極厭惡。《東周列國志》六五回：「寧喜以殖之遺命，告於蘧瑗，瑗掩耳而走。」

【掩耳偷鈴】
見「掩耳盜鈴」。

【掩非飾過】
非、過：錯誤。掩飾自己或他人的過錯。明．張岱《徵修明史檄》：「正德編年，楊廷和以掩非飾過。」

【掩胳埋胔】
掩：埋葬；胳：骨；胔：ㄗˋ，腐肉。埋葬屍骨。《禮記．月令》：「（孟春之月）毋聚大衆，毋置城郭。掩胳埋胔。」《三國志．魏書．崔琰傳》：「今道路暴骨，民未見德，宜敕郡縣掩胳埋胔，示憯怛之愛。」

【掩口而笑】
捂著嘴笑，避免失禮。《東周列國志》八九回：「左右掩口而笑曰：『此天下强顏之女子也！』」

【掩口胡盧】
胡盧：喉間的笑聲。捂著嘴不笑出聲來。《聊齋志異．促織》：「視成所蓄，掩口胡盧而笑。」亦作「揜口胡盧」。《品花寶鑑》五一回：「嗣徽失驚，打了一躬，搖擺出來，諸生揜口胡盧，一齊告退了。」

【掩面失色】
以手遮面，臉色大變。形容恐懼驚慌，不敢目睹。《三國演義》七五回：「[華佗]用刀刮骨，悉悉有聲。帳上帳下見者，皆掩面失色。」

【掩目捕雀】
捂著眼睛捉麻雀。比喻採取不正確的方法做事，只能自欺欺人，達不到預期的目的。《三國志．魏書．陳琳傳》：「諺有『掩目捕雀』，夫微物尚不可欺以得志，況國之大事，其可以詐立乎？」

【掩其不備】
掩：偸襲或逮捕；備：防備。乘人不備，進行突襲。《官場維新記》一〇回：「故意到三更時分，掩其不備，一齊闖進彌陀寺，不論僧俗，見一個，拿一個。」也作「掩其無備」。《舊唐書．李密傳》：「若經城勿攻，西入長安，掩其無備，天子雖還，失其襟帶。」

【掩其無備】
見「掩其不備」。

【掩旗息鼓】
見「偃旗息鼓」。

【掩人耳目】
製造假象用以掩蓋事實，欺騙別人。《東周列國志》十二回：「必須假手他人，死於道路，方可掩人耳目。」

【掩瑕藏疾】
瑕：玉的斑點，缺點；疾：毛病。遮掩缺點和過錯。《南齊書．陸厥傳》：「至於掩瑕藏疾，合少謬多，則臨淄所云：『人之著述，不能無病』者也。」

【掩賢妒善】
掩：壓制；賢、善：才德兼備的人。嫉妒和打擊有才能的人。宋．孫光憲《北夢瑣言》卷一：「勿謂衛公掩賢妒善，牛相不罹大禍，亦幸而免。」

【掩掩縮縮】
躲躲藏藏。《二刻拍案驚奇》二八回：「一日，手中持了鋤頭，去圃中掘菜，忽見一個人掩掩縮縮在那瓜地中。」

【掩映生姿】
形容景物交相輝映，更加多姿多彩。《孽海花》二〇回：「進了牌樓，一條五色碎石砌成的長堤，夾堤垂楊漾綠，芙蓉綻紅，還夾雜著無數蜀葵、海棠，秋色繽紛。兩邊碧渠如鏡，掩映生姿。」

【掩罪飾非】
掩蓋罪過和錯誤。《明史．徐學詩傳》：「蓋嵩權力足以假手下石……文詞便給足以掩罪飾非。」

【偃兵息甲】
兵：兵器；甲：鎧甲。放下兵器，收起盔甲。指停息戰事。魏．高允《征士頌》：「於是偃兵息甲，修立文學。」

【偃旗臥鼓】
見「偃旗息鼓」。

【偃旗息鼓】
偃：放倒。放倒戰旗、停止擊鼓。原指軍隊行動隱蔽，悄無聲息。《三國志．蜀書．趙雲傳》：「以雲爲翊軍將軍。」裴松之注引《趙雲別傳》：「雲入營，更大開門，偃旗息鼓，公軍疑雲有伏兵，引去。」後多指停止戰鬥、批評或收斂聲勢。魯迅《兩地書》七三：「但先前利用過我的人，現在見我偃旗息鼓，遁跡海濱，無從再來利用，就開始攻擊了。」也作「偃旗臥鼓」。《梁書．王僧辯傳》：「及賊前鋒次江口，僧辯乃分命衆軍，乘城固守，偃旗臥鼓，安若無人。」也作「掩旗息鼓」。《紅樓夢》六二回；「秦顯家的聽了，轟去了魂魄，垂頭喪氣，登時掩旗息鼓，捲包而去。」

【偃鼠飲河】
偃鼠：即田鼠，也作「鼴鼠」。田鼠到河邊飲水，即使喝滿一肚子，也沒有多少。比喻胃口不大，慾望有限。《莊子．逍遙遊》：「鷦鷯巢於深林，不過一枝；偃鼠飲河，不過滿腹。」也作「鼴腹易盈」。唐．韋莊《又玄集．序》：「自慚乎鼴腹易盈，非嗜其熊蹯獨美。」

【偃武行文】
見「偃武修文」。

【偃武修文】
偃：停息；修：修明。停止戰備，提倡文教。魯迅《知難行難》：「中國向來的老例，做皇帝做牢靠和做倒霉的時候，總要和文人學士扳一下子相好。做牢靠的時候是『偃武修文』，粉飾粉飾。」也作「偃武行文」。《資治通鑑・漢紀・元帝初元二年》：「孝文皇帝偃武行文，當此之時，斷獄數百，賦役輕簡。」也作「修文偃武」。

【眼飽肚中飢】

看見了卻得不到。比喻可望而不可及。例隔著那扇大玻璃窗，他看見裏邊擺著琳琅滿目的食品：蒸雞、烤鴨、炸蝦、醋魚……肚子餓得咕咕叫，可是口袋裏分文沒有，只落得個眼飽肚中飢。

【眼不見為淨】

眼睛沒看見，就以為是乾淨的。多形容不以為然或只好聽任的態度。宋・趙希鵠《調燮類編・蟲魚》：「凡販賣鰕米及甘蔗者，每用人溺灑之，則鮮美可愛，所謂眼不見為淨也。」也作「眼睛不見倒也乾淨」。

【眼不見，心不煩】

只要不看見，心裏也就不煩惱。形容對人或事極厭煩，又無可奈何，只好避開。《紅樓夢》二九回：「幾時我閉了眼，斷了這口氣，任憑你們兩個冤家鬧上天去，我『眼不見，心不煩』，也就罷了。」也作「眼不見心不亂」。例我走以後，你想把家弄成啥樣就啥樣，我眼不見心不亂，反正與我無關。

【眼不見，嘴不饞】

指沒看見，也就不會有所欲求。《濟公全傳》六五回：「老和尚一聞脂粉頭油，異香撲鼻，見荷蘭百般獻媚，俗語說的不錯：『眼不見，嘴不饞。』耳不聽，心不煩，人非草木，誰能無情？」

【眼不識丁】

形容一個字也不認識。宋・文天祥《不睡》詩：「眼不識丁馬前卒，隔床鼾睡正陶然。」也作「目不識丁」。

【眼不瞎也算見這一卦】

算卦的多為瞎子。比喻容易估計。例今年公司的營業額，少得連眼不瞎也算見這一卦，真令人擔憂。

【眼饞肚飽】

形容貪心不足。《紅樓夢》一六回：「往蘇杭走了一趟回來，也該見點世面了，還是這樣眼饞肚飽的。」

【眼穿腸斷】

形容思念、盼望殷切。唐・李商隱《落花》詩：「腸斷未忍掃，眼穿仍欲稀。」

【眼穿心死】

形容盼望、思念落空而瀕於絕望。明・袁宏道《去吳七牘・乞改稿二》：「職無任眼穿心死之至。」

【眼大漏神，刷鍋漏盆】

比喻做事馬虎，時有疏漏。例叫你找點東西吧，你連擺在眼皮下的東西都看不見，眞是眼大漏神，刷鍋漏盆。

【眼高手低】

眼界和標準很高而實際能力低下。巴金《談〈憩園〉》：「這個人自命不凡，眼高手低，自以為比什麼人都清高，卻靠著父親留下的將近一千畝田的遺產過安閒日子。」

【眼高於天】

多形容高傲自大，目中無人。《二十年目睹之怪現狀》六六回：「你們這一班軍裝大買辦，平日眼高於天，何嘗有個朋友在心上！除了呵外國人的卵脬，便是拍大人先生的馬屁。」

【眼觀六路，耳聽八方】

六路：指上、下、左、右、前、後。八方：指東、南、西、北、東南、西南、東北、西北。比喻消息靈通，機敏靈活，遇事善於觀察分析。《兒女英雄傳》六回：「強盜的本領，講得是『眼觀六路，耳聽八方』，慢講白晝對面相持，那怕夜間腦後有人暗算，不必聽出腳步兒來，未從那兵器來到眼前，早覺得出個兆頭來，轉身就要招架個著。」也作「眼觀四處，耳聽八方」。《封神演義》五三回：「為將之道，身臨戰場務要眼觀四處，耳聽八方。」

【眼過千遍不如手過一遍——貴在實踐】

比喻做事最可貴的在於身體力行，在實幹中求得眞知。例眼過千遍不如手過一遍——貴在實踐，搞科研不做試驗，就將一事無成。

【眼花耳熱】

醉眼朦朧，耳根發熱，形容酒醉的感覺。宋・陸游《東山》詩：「眼花耳熱不知夜，但見銀色高花催。」

【眼花撩亂】

撩亂：紛繁雜亂。形容事物紛繁，色彩耀眼，使眼睛感到迷亂。也形容看不清眞象。例看到前面這麼多新奇好玩的東西，眞讓我眼花撩亂，不知從何選起。也作「眼花繚亂」。《儒林外史》二〇回：「匡大被他這一番話說得眼花繚亂，渾身都酥了，一總都依他說。」也作「眼花雀亂」。《西遊記》四一回：「行者急回頭，燒得眼花雀亂，忍不住淚落如雨。」

【眼花繚亂】

見「眼花撩亂」。

【眼花雀亂】

見「眼花撩亂」。

【眼飢肚裏飽】

形容十分貪吃。例我最見不得他那副吃著碗裏，望著鍋裏，眼飢肚裏飽的饞相。

【眼疾手快】

疾：快速。眼快手也快。形容動作敏捷。姚雪垠《李自成》一卷九章：「這次來將不用劍格，卻表現出驚人的眼疾手快，用左手奪住矛，猛力一拉，同時右手中的長劍虛晃一下。」

【眼見為實，耳聽為虛】

親眼見的才可靠，耳朵聽來的未必眞實。例眼見為實，耳聽為虛，你說的再多，我還是不信。也作「眼見方為是，傳言未必眞」、「眼見是實，耳聽是虛」、「眼見為眞」。

【眼見未為眞】

親眼看到的，未必都眞實可靠。例那

種種流言你千萬別當回事，俗話說：「眼見未為真。」何況你還沒看見，也作「眼見之事猶恐不真，背後之事豈可盡信」。例常言說得好：「眼見之事猶恐不真，背後之事豈可盡信。」你別聽風就是雨的。

【眼見稀奇物，壽年一千歲】

能看到罕見的人或物，好像一輩子沒白活。例小時候，聽人說千里眼，順風耳的。活了這麼大歲數才看到電視，幾千里、幾萬里外的事兒都知道了。眼見稀奇物，壽年一千歲，我可沒白活這一輩子。

【眼界無窮世界寬】

眼界放開及於無窮，就會覺得世界也寬闊了。指人們只要站得高，就能看得遠。唐・方干《題報恩寺上方》：「來來先上上方看，眼界無窮世界寬。」例做學問猶如攀高山，只有登上頂峯才會感覺到「眼界無窮世界寬」，因此不可中途輟足。

【眼經不如手經，手經不如常舞弄】

舞弄：弄、做。眼看不如手做，做要經常鍛鍊、反覆實踐。例失敗一次沒關係。有句俗話說：「眼經不如手經，手經不如常舞弄。」鍛鍊鍛鍊，多增加些實際經驗就好啦！

【眼睛瞪著孔方兄——見錢眼開】

孔方兄：錢的別稱。舊時的銅錢有方形的孔，因而得名。見「鈔票洗眼——見錢眼開」。

【眼睛盯著鼻尖——只看一寸遠】

盯：注視。見「耗子的眼睛——只看一寸遠」。

【眼睛睫一睫，機策有一百】

形容人有急智。例他就跟孫猴子似的，眼睛睫一睫，機策有一百，誰都玩不過他。

【眼睛裏插棒槌】

比喻使人無法容忍。例他如此欺侮人，這不是往人眼睛裏插棒槌嗎？誰能容忍！

【眼睛裏的灰塵——容不得半點】

比喻心眼小，容不下任何東西。例你說話得小心謹慎，他這個人就像眼睛裏的灰塵——容不得半點，往往為一句話，就記恨你一輩子。

【眼睛皮上掛掃把——掃臉】

掃把：掃帚。雙關語。比喻丟臉。例他做了一件眼睛皮上掛掃把——掃臉的事，所以今天不好意思來見大家。也作「眉毛上掛掃把——掃臉」。

【眼睛上出芽子——不是好苗頭】

見「菜園子長狗尿苔——不是好苗頭」。

【眼睛上貼膏藥——視而不見】

見「頂著笸籮望天——視而不見」。

【眼睛生在後腦勺——朝後看】

見「拉旱船的瞧活——往後看」。

【眼睛生在腦門上——眼界太高】

腦門：前額；眼界：眼光的範圍。比喻人高傲，看不起人。例別眼睛生在腦門上——眼界太高，恐怕你的本事還不如人家。

【眼睛一眨，老母雞變成鴨】

只是眨一下眼睛的工夫，雞就變成了鴨。比喻變化迅速。例眼睛一眨，老母雞變成鴨了！哼，變化可快哩！

【眼睛長到頭頂上——光看上，不看下】

比喻說話辦事只看領導的臉色和好惡，不顧羣眾的意見和利益。例眼睛長到頭頂上——光看下，不看上，這是他一貫的思想作風，這次得治一治他的這個毛病。

【眼睛生在額角上】

指眼光高，瞧不起人。也形容勢利眼。魯迅《肥皂》：「伙計本來是勢利鬼，眼睛生在額角上的，早就撅著狗嘴的了……。」也作「眼睛長到天上」、「眼睛長到頭頂上」。

【眼睛長在腦背後——不向前看】

比喻故步自封或糾纏過去，沒有看到現在和未來。例一切從現在做起，放眼未來，改變眼睛長在腦背後——不向前看的毛病，你才會有希望。

【眼睛長在頭頂上】

形容目中無人，妄自尊大。例最近他的氣焰可高哪，眼睛就像是長到頭頂上去了，誰也不放在他眼裏。也作「眼睛長在後腦勺上」、「眼睛突出在額角頭」。

【眼睛長在頭頂上——目空一切】

見「頭頂上長眼睛——目空一切」。

【眼睛只看見鼻子尖——目光短淺】

見「井底的蛤蟆——目光短淺」。

【眼鏡蛇打噴嚏——滿嘴放毒】

眼鏡蛇：毒蛇的一種，頸部很粗，上面有一對白邊黑心的環狀斑紋，發怒時頭部昂起，頸部膨大，上面的斑紋像一副眼鏡。毒性很大，吃小動物。雙關語。比喻說的全是惡毒或反動的話。例這個人對周圍的人和社會都含著仇恨，說話就像眼鏡蛇打噴嚏——滿嘴放毒，不是諷刺，就是咒罵。也作「竹葉青打噴嚏——滿嘴噴毒」。

【眼空四海】

形容傲慢自大，目空一切。清・吳趼人《糊塗世界》卷一〇：「話說四川新放的這位制臺，是個少年科第，由翰林外放，不到十年，薦升雲南撫臺，今又升了四川制臺，自然是眼空四海。」

【眼空心大】

形容高傲自大，目中無人。《紅樓夢》二七回：「他素昔眼空心大，是個頭等刁鑽古怪的丫頭。」

【眼孔淺時無大量】

指目光短淺，度量不大。例眼孔淺時無大量，你不要老為點小事和人計較。男子漢要有點大丈夫氣概。

【眼淚泡著心】

比喻心靈遭受極大痛苦。例說起我的前半生，眞是眼淚泡著心。有時間，我和你細細說。

【眼淚太不値錢】

比喻愛哭。例不要哭了，你的眼淚太

不値錢啦！

【眼淚往肚裏流】

形容有苦無處訴。例她不好意思對任何人訴說自己的痛苦，眼淚只好往肚裏流。也作「眼淚往肚子裏流」。魯迅《兩地書》一三五：「這種情形，即使我大膽闊步，小覷此輩，然而也使我不復專於一業，一事無成。而且又使你常常擔心，『眼淚往肚子裏流』。」也作「眼淚流到肚子裏」、「眼淚向肚子裏流」、「眼淚打肚裏流」。

【眼淚往肚裏流——說不出的苦】

見「滿嘴塞黃連——說不出的苦」。

【眼淚洗面】

形容愁苦悲傷，淚流不斷。宋・陸游《避暑漫抄》：「又韓玉汝家，有李國主歸朝後與金陵舊宮人書云：『此中日夕，只以眼淚洗面。』」也作「眼淚洗臉」。例自她丈夫去世，她一直是眼淚洗臉，沈浸在極大的悲痛中。

【眼裏不認得人】

形容不講情面，不通人情。例那小子才不是東西呢！有了個一官半職，就橫行鄉里，眼裏不認得人，眞沒勁。

【眼裏插針——受不了】

也作「眼睛插棒槌——受不了」。見「手掌裏擱火炭——受不了」。

【眼裏揉不下沙子】

比喻不能容忍不順眼的人和事。《紅樓夢》六九回：「奶奶寬宏大量，我卻眼裏揉不下沙子去。讓我和這娼婦做一回，他才知道呢！」也作「眼睛裏容不得沙子」。例你那嫂子到我家來過，我和她聊過天。非常能幹，是一個眼睛裏容不得沙子的人。也作「眼子裏容不下砂子」、「眼睛裏不藏砂子」。

【眼裏識得破，肚裏忍不過】

眼裏看透，但飢餓難忍，還是上了當。《醒世恆言》卷二六：「方才把口就餌上一合，還不曾吞下肚子，早被趙幹一掣，掣將去了。這便叫做眼裏識得破，肚裏忍不過。」

【眼毛漿了米湯】

比喻看不清楚。例你眼毛漿了米湯啦！這麼重要的人物沒認出來。

【眼明手捷】

目光銳利，動作敏捷。元・無名氏《盆兒鬼》三折：「想起俺少時節，眼明手捷，體快身輕。」也作「眼明手快」。《水滸全傳》五五回：「卻被一丈青眼明手快，早起刀只一隔，右手那口刀，望上直飛起來。」

【眼明手快】

見「眼明手捷」。

【眼明心亮】

形容觀察事物敏銳，是非清楚。例政策對不對頭，羣衆是眼明心亮的。

【眼內無珠】

形容辨不清眞僞，分不出是非。《警世通言》卷三二：「妾櫝中有玉，恨郎眼內無珠。」

【眼皮底下】

比喻近在眼前。例這孩子膽子大，又很機靈，有一次竟在敵人的眼皮底下拿走了一支手槍。也指目光短淺。例修這個水庫是得費時費財，但日後的收益卻不小，我們不能只看著眼皮底下過日子，要想得長遠點，早些讓這個水庫動工。

【眼皮高】

比喻眼光高，看不起別人。例她眼皮高，別人介紹了幾個對象，一個也沒看上。

【眼皮上貼着錢幣】

形容財迷，眼睛只看到錢。例這人眼皮上貼著錢幣，私心太重。他不會熱心公益事業的。

【眼皮子淺】

比喻見識短淺。例國家修鐵路，要占用咱村一些地，咱們可不能眼皮子淺，拖國家建設的後腿，一定要積極支持，給工程讓地。

【眼皮子上搽胭脂——眼紅】

也作「眼皮子上搽胭脂——紅了眼」。見「眉毛上失火——紅了眼」。

【眼前瘡】

比喻眼前的痛苦、暫時的困難。例這不過是一點眼前瘡，很快就會過去的。

【眼前歡樂終歸土，誰能替死見閻王】

比喻人總要死，歡樂成空，誰也替代不了。例常言道：「眼前歡樂終歸土，誰能替死見閻王。」像他這樣一輩子做個守財奴，多可笑。

【眼前有夫子，還叫找聖人】

指眼前就有高明的人，何必再到處找。他一把抓住劉老的手高興地說：「眼前有夫子，你還叫我找聖人。我一聽你這出言吐語，就跟別人不同。」

【眼去眉來】

形容男女用眼色傳情。元・關漢卿《雙調新水令》曲：「眼去眉來相思戀。」也作「眉來眼去」。

【眼是觀寶珠，嘴是試金石】

通過觀察和談話，就能把事情眞相弄清楚。例眼是觀寶珠，嘴是試金石，他不好好工作，光講享受，我瞧他也不行。

【眼跳耳熱】

舊時迷信認爲是發生壞事的徵兆。《武王伐紂平話》中：「姬昌眼跳耳熱，心神不安。姬昌憂占一課，占一親人合有大禍臨身。」

【眼望旌節至，專等好消息】

旌節：皇帝賜給節度使的儀仗。指等候成功的喜訊。《水滸全傳》二四回：「西門慶道：『端的虧了乾娘！我到家裏，便取一錠銀送來與你，所許之物，豈敢昧心。』王婆道：『眼望旌節至，專等好消息。不要叫老身棺材出了討挽歌郎錢。』」也作「眼觀旌節旗，耳聽好消息」、「眼觀旌捷旗，耳聽好消息」。

【眼餳骨軟】

眼餳（ㄒㄧㄥˊ）：眼睛半開半閉。形

容倦懶迷朦的樣子。《紅樓夢》五回：「剛至房中，便有一股細細的甜香，寶玉此時便覺眼餳骨軟。」

【眼藥吃到肚裏】
指搞錯了。例有人說咱們服輸了，要打退堂鼓了，這可是把眼藥吃到肚裏啦。我們才不會就此罷休哩！

【眼意心期】
指男女雙方以眉目傳情，兩相期許。《金瓶梅詞話》一三：「兩個眼意心期，已在不言之表。」

【眼張失落】
形容神情慌張，心中茫然。《儒林外史》六回：「嚴貢生轉身走進艙來，眼張失落的，四面看了一遭。」

【眼中拔釘】
比喻去掉最痛恨的人。《新五代史·趙在禮傳》：「在禮在宋州，人尤苦之。已而罷去，宋人喜而相謂曰：『眼中拔釘，豈不樂哉。』」也作「拔眼中釘」。

【眼中釘】
比喻極憎恨的人。魯迅《文藝與政治的歧途》：「文藝既然是政治家的眼中釘，那麼不免被擠出去。」也作「眼中刺」。唐·白居易《母別子》詩：「新人迎來舊人棄，掌上蓮化眼中刺。」也作「眼中疔」。元·蕭德祥《殺狗勸夫》三折：「你還道負屈高聲，你所事無成，見兄弟，心頭刺，眼中疔。」

【眼中疔】
見「眼中釘」。

【眼中疔，肉中刺】
疔：疔瘡。比喻極其厭惡痛恨的人。例李副總在公司一直視工作表現傑出認眞的小王爲眼中疔，肉中刺，想盡辦法要除掉他。也作「眼中釘，肉中刺」、「眼裏釘，肉裏瘡」、「眼中釘，心上刺」、「眼中之盯，舌中之刺」、「肉中刺，眼中釘」、「肉中之刺，眼中之釘」。

【眼中刺】
見「眼中釘」。

【眼中人】
比喻喜愛的人。例你找什麼呢？是不是你的眼中人不見了？

【眼中有鐵】
目光中透出剛强之氣，形容鬥志昂揚，堅强不屈。《資治通鑑·陳世祖天嘉五年》：「周師及突厥逼晋陽。齊主登北城，軍容甚整。突厥咎周人曰：『爾言齊亂，故來伐之，今齊人眼中亦鐵，何鐵可當耶！』」

【眼珠裏沒人】
比喻驕傲自大，看不起人。例當了幾天主管的秘書，就眼珠裏沒人了，實在淺薄。

【揜口胡盧】
見「掩口胡盧」。

【演古勸今】
演說古代的故事，以規勸當今的人。清·鄭燮《城隍廟碑記》：「況金元院本，演古勸今，情神刻肖，令人激昂慷慨，歡喜悲號，其有功於世不少。」

【演古戲打破鑼——陳詞濫調】
指陳舊的言詞和空泛的論調。例這篇文章沒有什麼新思想，新理論，完全是演古戲打破鑼——陳詞濫調。

【演滑稽戲】
比喻拙劣的、使人發笑的言行。例他這哪是作報告，簡直是演滑稽戲！

【演空城計】
《三國演義》故事：司馬懿率魏軍逼近西城，而居於西城的諸葛亮兵力空虛，不能迎戰，便設計大開城門，自己在城樓上焚香彈琴。司馬懿害怕城中有伏兵，連忙退軍。比喻故意掩飾實力的不足，虛張聲勢以欺騙對方。例他只不過是個所謂「皮包公司」的經理，別聽他說自己的公司資金如何雄厚，技術力量多强，那是在演空城計！你可不要上他的當。

【演雙簧的——一唱一和】
見「山頭上對歌——一唱一和」。

【演文明戲】
我國早期稱話劇爲文明戲。比喻做出某種樣子給人看。例這些打手現在又滿臉堆笑演文明戲了，說不定什麼時候又翻臉演全武行。

【演五代史】
五代：唐朝以後的後梁、後唐、後晋、後漢、後周。五代時戰亂頻繁。比喻紛爭不休，吵鬧異常。例回到家裏，只見家裏正在演五代史，吵得人腦袋疼。

【演武修文】
演練軍事，提倡文教。文武並重。明·無名氏《曹彬下江南》一折：「聖皇治世掌山川，演武修文將相全。」

【演啞劇】
比喻不說話，靠動作表情交流思想情感。例你倆有什麼話要說就直說吧，別光在那兒演啞劇。

【演員教徒弟——幕後指點】
比喻暗地裏進行引導或操縱。例這個事件前面活動的是一批小青年，這老頭是演員教徒弟——幕後指點。

【演員謝幕——該下台了】
比喻應該辭職，退出歷史舞台。例我們已年老，到了演員謝幕——該下台了的時候了，你們這些青壯年應該擔當起重任。

【鼴腹易盈】
見「偃鼠飲河」。

【鼴鼠飲河】
見「偃鼠飲河」。

ㄧㄢˋ

【厭故喜新】
厭棄舊的，喜歡新的。多用來指愛情不專一。宋·陳亮《問答上》：「紊亂綱紀，使天地大義有所廢闕，而厭故喜新，敗亡相尋而不悟也。」也作「喜新厭舊」。

【硯以世計，墨以時計，筆以日計】

硯的使用時間以年代來計算；墨以季節計算；筆以天數計算。比喻物品的功用不同，使用的時間也各異。清・張英《聽訓齋語》卷一：「古人謂硯以世計，墨以時計，筆以日計，動靜之分也。」

【咽刀子】

比喻犧牲。例只要能完成這次光榮任務，別說餐風宿露，就是咽刀子也在所不辭。

【豔絕一時】

容貌美豔動人，爲一代之冠。唐・許堯佐《章台柳傳》：「其幸姬曰柳氏，豔絕一時，喜談謔，善謳咏」。

【豔麗奪目】

形容色彩或容貌豔美絕倫，引人注目。巴金《春》：「紅白色的花朵掩映在一簇簇的綠葉叢中，愈顯得豔麗奪目。」

【豔美絕俗】

形容容貌嬌豔美麗，非尋常人可比。《聊齋志異・江城》：「一日，生於隘巷中，見一女郎，豔美絕俗，從以小鬟，僅六七歲。」

【豔美無敵】

容貌豔麗，無與倫比。例中國四大美人的貂嬋、西施、王昭君、楊貴妃，其容貌豔美無敵，彷如仙女下凡。

【豔曲淫詞】

豔麗的樂曲和過於浮誇的文辭。《野叟曝言》一二回：「至樂，則盡放鄭聲，以覆雅樂，琵琶弦索，豔曲淫詞，付之祖龍一炬。」也作「**淫詞豔曲**」。

【豔如桃李】

形容女子容貌如成熟的桃李那樣美好豔麗。清・傷時子《蒼鷹擊・割愛》：「敢道豔如桃李，冷若冰霜，芝蘭其馨，金石其操，故是青樓賤質，紅粉庸姿。」

【豔色絕世】

姿色豔麗，冠絕當代。唐・段成式《酉陽雜俎・雀汾》：「良久，妓女十餘，排大門而入，輕綃翠翹，豔色絕世。」

【豔色耀目】

姿色豔麗，光彩耀眼。宋・孟元老《東京夢華錄》卷七：「……莫非玉羈、金勒、寶韉、花韉，豔色耀目，香風襲人。」

【豔語淫詞】

指豔麗、猥褻的言辭。清・孔尚任《桃花扇・入道》：「豔語淫詞太絮叨。」

【宴安鴆毒】

鴆：ㄓㄣˋ，同「酖」，毒藥，毒酒。貪圖享樂無異於喝毒酒自殺。《左傳・閔公元年》：「宴安鴆毒，不可懷也。」也作「**宴安酖毒**」。宋・蘇軾《驪山》詩：「由來留連多喪國，宴安酖毒因奢惑。」也作「**燕安鴆毒**」。宋・朱熹《魏國公張公行狀下》：「今不幸建康，則宿弊不可革，人心不可回，王業不可成，且秦檜二十年在臨安爲燕安鴆毒之計，豈可不捨去之而新是圖。」

【晏開之警】

晏：晚。指對敵人騷擾入侵的警報。《後漢書・耿國傳》：「[耿國]曰：『臣以爲宜如孝宣故事受之，令東扞鮮卑，北拒匈奴，率厲四夷，完復邊郡，使塞下無晏開之警，萬世有安寧之策也。』」

【晏然自若】

晏然：平靜的樣子；自若：像平常一樣。形容臨事不慌，和平常一樣平靜沈著。《三國志・吳書・孫堅傳》：「南陽太守張咨，聞軍至，晏然自若。」

【晏子使楚——不辱使命】

晏子使楚：春秋時齊國大夫晏子出使楚國，機智地反擊楚王的侮辱而完成使命。比喻能夠肩負重任，圓滿完成任務。例你在這次雙方談判會議上，勝利地完成了任務，眞是晏子使楚——不辱使命啊！

【雁過拔根毛——財迷心竅】

比喻愛財入迷，一心想發財。例他是雁過拔根毛——財迷心竅的人，不宜掌管財經大權。也做「**做夢撿金條——財迷心竅**」、「**坐在錢眼兒裏摸錢邊——財迷心竅**」、「**跳井抱元寶——錢迷心竅**」。

【雁過拔毛】

大雁從頭頂飛過時，也要拔下它的毛來。比喻貪婪勒索，層層盤剝。《兒女英雄傳》三一回：「他既沒有那雁過拔毛的本事，就該悄悄兒走，怎麼好好的，把人家折弄個稀爛？」

【雁過長空】

比喻事物已經消逝，什麼也沒留下。清・紀昀《閱微草堂筆記・灤陽續錄一二》：「文鸞竟鬱鬱發病死。餘不知也。數年後稍稍聞之，亦如雁過長空，影沈秋水矣。」

【雁過留聲，人過留名】

雁從哪裏飛過，哪裏就會留下它們鳴叫的聲音；人在那裏生活或工作過，也會在哪裏留下他的名聲。例雁過留聲，人過留名，所以我們一定要讓自己在人世間留下好的名聲，才不枉此生。也作「**人過留名，雁過留聲**」。

【雁行魚貫】

形容有順序地排列成行。宋・汪元量《燕歌行》詩：「戰車軋軋馳先鋒，甲戈相撥聲摩空，雁行魚貫彎角弓，披霜踏雪度海東。」

【雁來燕去換春秋】

大雁、燕子是隨季節變更而遷徙的候鳥。它們都是秋去春來，一年一次。雁來燕去說明時間又過去了一年。例他跟人做生意走了，娘在家裏眼巴巴地等消息，雁來燕去換春秋，依舊是杳無音訊。他娘的心裏眞是十五個吊桶打水，七上八下的。

【雁去魚來】

雁、魚：相傳可以代人送書信，比喻相互間的書信往來。元・湯式《湘妃引・有所贈》小令：「鶯煎燕聒惹相思，雁去魚來傳恨詞。」

【雁塔題名】

雁塔：指西安大雁塔。宋・胡仔《苕溪漁隱叢話後集・王禹玉》：「唐故事，進士及第，列名於慈恩寺塔，因此謂之雁塔題名。」比喻考取進士。元・王惲《秋澗全集・餘慶堂》：「雁塔題名奕葉香，敎開婉娩亦知方。」

【雁杳魚沈】

杳：ㄧㄠˇ，無蹤影。比喻音信全無。元・高則誠《琵琶記・趙五娘憶夫》：「把歸期暗數，只見雁杳魚沈，鳳隻鸞孤。」

【雁影分飛】

比喻相互離別。《聊齋志異・馬介甫》：「甚而雁影分飛，涕空沾於荊樹；鸞膠再覓，變遂起於蘆花。」

【雁足傳書】

《漢書・蘇武傳》：「匈奴與漢和親，漢求武等，匈奴詭言武死。後漢使復至匈奴，常惠請其守者與俱，得夜見漢使，具自陳道。教使者謂單于，言：天子射上林中，得雁，足有繫帛書，言武等在某澤中。使者大喜，如惠語以讓單于。單于視左右而驚，謝漢使曰：『武等實在。』」後以「雁足傳書」指傳遞書信。也作「**雁足留書**」。

【雁足留書】

見「雁足傳書」。

【燕安鴆毒】

見「宴安鴆毒」。

【燕巢幕上】

燕子在帘幕上做窩。比喻處境危險，隨時有覆滅的可能。《左傳・襄公二十九年》：「夫子之在此也，猶燕之巢於幕上。」《唐史演義》五三回：「譬如燕巢幕上，怎能久安？」也作「**燕巢於幕**」。三國蜀・諸葛亮《將苑・戒備》：「若乃居安而不思危，寇至而不知懼，此謂燕巢於幕，魚游於鼎，亡不俟夕矣。」也作「**燕巢危幕**」。

【燕巢於幕】

見「燕巢幕上」。

【燕儔鶯侶】

見「燕侶鶯儔」。

【燕妒鶯慚】

形容女子貌美，使燕鶯都妒忌羞慚，自愧不如。《紅樓夢》二七回：「滿園裏綉帶飄搖，花枝招展。更兼這些人打扮的桃羞杏讓，燕妒鶯慚，一時也道不盡。」

【燕爾新婚】

燕爾也作「宴爾」，快樂愉悅。《詩經・邶風・谷風》：「宴爾新婚，如兄如弟。」原指棄舊再娶。後形容新婚的歡樂。常用作新婚的祝賀之辭。清・孔尙任《桃花扇・辭院》：「只是燕爾新婚，如何捨得。」也作「**新婚燕爾**」。

【燕頷虎頸】

頷：ㄏㄢˋ，下巴。形容相貌威武。《後漢書・班超傳》：「超問其狀，相者指曰：『生燕頷虎頸，飛而食肉，此萬里侯相也。』」也作「**燕頷虎頭**」。元・許有壬《鵲橋仙・贈相師周可山》詞：「我非燕頷虎頭人，但詩聖、酒狂而已。」也作「**燕頷虎鬚**」。《三國演義》一回：「身長八尺，豹頭環眼，燕頷虎鬚，聲若巨雷，勢如奔馬。」也作「**虎頭燕頷**」。

【燕頷虎頭】

見「燕頷虎頸」。

【燕頷虎鬚】

見「燕頷虎頸」。

【燕口奪泥——無中尋有】

見「雞蛋裏挑骨頭——無中尋有」。

【燕侶鶯儔】

儔：伴侶。形容男女歡愛相諧如燕鶯作伴。元・王實甫《西廂記》三本二折：「只爲這燕侶鶯儔，鎖不住心猿意馬。」也作「**燕儔鶯侶**」。元・胡只遹《點降唇・贈妓》詞：「黃梅雨，燕儔鶯侶，那解芳心苦。」也作「**鶯儔燕侶**」。元・關漢卿《魯齋郎》三折：「你自有鶯儔燕侶，我從今萬事不關心。」也作「**鴛儔鳳侶**」。明・王玉峯《焚香記・離間》：「漫說鴛儔鳳侶，惹起蜂爭蝶忌。」

【燕麥兔葵】

燕麥：植物名，初爲野生，燕雀所食，故名。兔葵：植物名，多年生草本。形容野草叢生的荒蕪景象。清・梁紹壬《兩般秋雨庵隨筆》卷六引善化唐陶山詩：「燕麥兔葵芟剔盡，絳桃依舊占芳春。」

【燕雀安知鴻鵠之志】

鴻鵠：天鵝。燕子和麻雀怎能知道天鵝的志向。比喻平庸之人無法理解有志者的遠大志向。《史記・陳涉世家》：「［陳涉］曰：『苟富貴，無相忘。』傭者笑而應曰：『若爲傭耕，何富貴也？』陳涉太息曰：『嗟呼！燕雀安知鴻鵠之志哉！』」

【燕雀處堂】

處：居住；堂：堂屋。小鳥住在堂屋上。比喻身處安樂之地而喪失警惕，或身處險境而不自知。《平鬼傳》一四回：「倘然奈河關一破，我們是燕雀處堂，死亡立至。」也作「**燕雀處屋**」。《孔叢子・論勢》：「燕雀處屋，子母相哺，煦煦焉其相樂也，自以爲安矣；灶突炎上，棟宇將焚，燕雀顏色不變，不知禍之將及己也。」也作「**處堂燕雀**」。

【燕雀處堂，不知大廈之將焚】

燕雀在人家的堂上築窩居住，卻不知房屋將被燒毀。比喻居安不知思危或處境危險卻不自知。例仗著老爹在省城當官，他夥同一些哥兒們，花天酒地，酗酒鬧事，豈不知有人正告發他爹貪贓枉法，上邊正在查處。正是燕雀處堂，不知大廈之將焚。也作「**燕雀居堂，不知禍到**」、「**燕雀處堂，不知禍之將及**」、「**燕雀處堂**」、「**處堂燕雀**」。

【燕雀處屋】

見「燕雀處堂」。

【燕雀相賀】
燕子和麻雀因有新巢，相互祝賀。多用來對新居落成的祝賀。《淮南子・說林訓》：「湯沐具有蟣虱相吊，大廈成而燕雀相賀，憂樂別也。」

【燕瘦環肥】
燕：漢成帝皇后趙飛燕。環：指唐玄宗貴妃楊玉環。楊體態豐滿、趙體態清瘦，二人各擅其美。比喻體態、風格不同，但各有特色。《文明小史》四〇回：「有的妝台倚鏡，有的翠袖憑欄，說不盡燕瘦環肥。」

【燕婉之歡】
燕婉：和順恩愛。比喻夫婦和睦恩愛。《說岳全傳》五一回：「秦晋同盟，成兩姓綢繆之好；朱陳婣美，締百年燕婉之歡。」

【燕窩掉地——家破人亡】
燕窩：此指燕子的巢。比喻損失慘重。例對自然災害應積極採取防範措施，力求避免燕窩掉地——家破人亡的慘景再現。

【燕舞鶯啼】
形容一派春色宜人的景象。宋・蘇東坡《錦被亭》詞：「煙紅露綠曉風香，燕舞鶯啼春日長。」也作「鶯歌燕舞」。例到處鶯歌燕舞，一派春天景象。

【燕雁代飛】
代：更替。春分時，燕子南來，大雁北去；秋分時，大雁南來，燕子北飛。比喻更替輪換。《淮南子・地形訓》：「磁石上飛，云母來水，土龍致雨，燕雁代飛。」

【燕翼貽謀】
燕：安；翼：敬；貽：也作「詒」，遺留。原指周武王以安定、敬慎之謀貽及子孫。後泛指善於爲子孫打算。《詩經・大雅・文王有聲》：「武王豈不仕，詒厥孫謀，以燕翼子。」也作「燕翼貽孫」。《宋史・樂志九》：「權輿光大，燕翼貽孫。」也作「燕翼之謀」。元・揭傒斯《藝文監賀表》之二：「每念鴻圖之重，獨深燕翼之謀。」

【燕翼之謀】
見「燕翼貽謀」。

【燕語鶯呼】
見「燕語鶯啼」。

【燕語鶯聲】
見「燕語鶯啼」。

【燕語鶯啼】
燕鶯的鳴囀聲。形容美好的春光，也比喻女子的聲音宛轉流利，美妙動聽。宋・辛棄疾《蝶戀花》詞：「燕語鶯啼人乍遠。卻恨西園，依舊鶯和燕。」也作「鶯啼燕語」。唐・孟郊《傷春》詩：「千里無人旋風起，鶯啼燕語荒城裏。」也作「燕語鶯呼」。明・無名氏《浣花溪》三折：「狂蜂浪蝶檐外舞，綠楊堤燕語鶯呼。」亦作「燕語鶯聲」。元・關漢卿《杜蕊娘智賞金線池》楔子：「語若流鶯聲似燕，丹青，燕語鶯聲怎畫成？」

【燕約鶯期】
比喻青年男女相約幽會之期。元・吳昌齡《張天師》二折：「等、等、等，則待要喜孜孜赴燕約鶯期。」

【燕啄皇孫】
燕：指漢成帝后趙飛燕。《漢書・孝成趙皇后傳》：「有童謠曰：『燕燕，尾涎涎，張公子，時相見。木門倉琅根，燕飛來，啄皇孫。皇孫死，燕啄矢。』」原指趙飛燕姐妹陰謀毒害皇孫之事。後以此作爲皇宮后妃爲達到某種目的而謀害皇子的典故。唐・駱賓王《代李敬業以武后臨朝移諸郡縣檄》：「燕啄皇孫，知漢祚之將盡。」

【燕子的尾巴——兩岔】
也作「燕子的尾巴——兩股杈」。見「機關槍伸腳——兩岔」。

【燕子識舊巢】
燕子秋去春來，仍會飛回自己原來的老窩。比喻熟悉過去情況。也比喻人留戀故鄉。例俗話說：「燕子識舊巢。」他雖然離家多年，仍然記得故鄉的一草一木，一山一水。

【燕子下江南——不辭勞苦】
燕子是候鳥，春天飛到北方，秋天飛到南方。比喻再勞累辛苦也心甘情願。例先生年已古稀，仍然是燕子下江南——不辭勞苦，爲培育青年費盡精力和心思。

【燕子銜泥空費力】
空：雙關語，指空中，也指徒然。比喻白費力氣。例這幾日，他無精打彩的。上回因爲父母不同意，他和處了兩年的女朋友吹了，這回，經人介紹，又認識了一個女孩子。不過，聽說有個條件比自己好的男孩子也在追自己的女朋友，莫非又是燕子銜泥空費力，他苦悶極了。

【燕子做窩——空勞碌】
燕子築窩是在空中勞碌。雙關語。比喻白忙活、勞累一陣。例但願我們的辛苦不是燕子做窩——空勞碌，能獲得一點社會或經濟效益。

【燕子做窩——憑嘴勁】
也作「燕子做窩——嘴上功夫」。見「口技表演——嘴上功夫」。

ㄧㄣ

【因材施教】
根據不同對象的具體情況，實行不同的教育。清・鄭觀應《盛世危言・女教》：「教中國諸經、列傳，訓誡女子之書，別類分門，因材施教。」

【因敵取資】
因：從。從敵人那裏取得物資給養。《三國志・魏書・董昭傳》：「［曹休息表］願將銳卒虎步江南，因敵取資，事必克捷。」

【因地制宜】
因：根據；制：制定；宜：適當。根據各地不同的具體情況而制定與之相適應的措施。漢・趙曄《吳越春秋・闔閭內傳》：「夫築城郭、立倉庫，因地制宜，豈有天氣之數以威鄰國者乎？」

【因風吹火】

因：順著。順風吹火。形容利用有利條件行事，很容易就能達到目的。《警世通言》卷三二：「遇春慌忙答禮道：『十娘鍾情所歡，不以貧窶易心，此乃女中豪傑。僕因風吹火，諒區區何足掛齒！』」也作「**因風吹火，用力不多**」。例反正你這船也沒坐滿，就載載她們娘倆吧。因風吹火，用力不多，你還多掙一份錢呢。

【因風吹火，用力不多】

見「因風吹火」。

【因公假私】

以公家的名義謀取私利。《後漢書・李固傳》：「太尉李固，因公假私，依正行邪。」也作「**因公行私**」。《後漢書・陳寵傳》：「斷獄著急於篣格酷烈之痛，執憲者煩於詆欺放濫之文，或因公行私，逞縱威福。」

【因公行私】

見「因公假私」。

【因果報應】

因果：原因和結果。佛教迷信認爲有什麼樣的原因就必然得到什麼樣的結果。指行善必有善報，作惡必得惡報。宋・錢明逸《南部新書・序》：「忠鯁孝義，可以勸臣子；因果報應，可以警愚俗。」

【因禍得福】

因遇到災禍，而得到好處。指壞事變好事。清・姬文《市聲》六回：「伯翁，你說我誤事不誤事，如今不是因禍得福嗎？」也作「**因禍爲福**」。《史記・蘇秦列傳》：「智者舉事，因禍爲福，轉敗爲功。」

【因禍爲福】

見「因禍得福」。

【因利乘便】

因：憑藉：憑有利的形勢，利用方便的機會。漢・賈誼《過秦論上》：「因利乘便，宰割天下，分裂山河。」

【因陋就簡】

因：沿襲：就：將就。憑簡陋條件對付，不求改進。宋・陸九淵《删定官輪對札子》：「自秦而降，言治者稱漢唐。漢唐之治，雖其賢君，亦不過因陋就簡，無卓然志於道者。」亦指根據現有條件辦事。梁啟超《專設憲法案起草機關議》：「因陋就簡，由當時之國會制定之。」

【因陋守舊】

陋：陋規，陋俗。因襲一切不好的陳舊的規章制度和習俗。按老樣子辦事。《宋史・歐陽修傳》：「士因陋守舊，論卑氣弱。」

【因難見巧】

因難度大從而更顯出眞功夫來。宋・歐陽修《六一居士詩話》：「得韻窄，則不復傍出，而因難見巧，愈險愈奇。」

【因人成事】

憑藉別人的力量把事辦成。比喻常常依賴他人，不能獨立擔當重任。唐・劉知幾《史通・補注》：「大抵撰史加注者，或因人成事，或自我作故。」

【因人而施】

見「因人而異」。

【因人而異】

根據對象不同而採取不同的態度或方法。魯迅《准風月談・難得糊塗》：「然而風格和情緒，傾向之類，不但因人而異，而且因事而異，因時而異。」也作「**因人而施**」。《紅樓夢》二四回：「倪二素日雖然是潑皮，卻也因人而施，頗有義俠之名。」

【因人制宜】

因：按照，根據；制：制定，採取；宜：適宜。根據每個人的具體情況採取相應的合適方法。例我們施行制度要採取因人制宜的方法，千萬不能千篇一律的套用在每個人的身上。

【因任授官】

根據能力授予不同的職務，章炳麟《諸子學略說》：「術者，因任而授官，循名而責實，操殺生之柄，課羣臣之能者也，此人主之所執也。」

【因時施宜】

見「因時制宜」。

【因時制宜】

因：按照，根據；制：制定，採取；宜：適宜，應該。按照不同的時機，制定適當的措施。《淮南子・氾論訓》：「器械者，因時變而制宜也。」明・朱國禎《涌幢小品・選法》：「但用人圖治，亦當因時制宜，豈能一一拘定常格。」也作「**因時施宜**」。《漢書・書賢傳》：「漢承亡秦絕學之後，祖宗之制因時施宜。」

【因事制宜】

依據事情的具體情況，制定相適應的措施。《漢書・韋賢傳》：「朕聞明王之御世也，遭時爲法，因事制宜。」

【因勢利導】

順著事物發展的趨勢加以正確引導。例一個開明的政府對於民衆反映的意見是因勢利導的，若想要社會健全，就必須讓民衆有表達意見的空間。

【因樹爲屋】

憑藉大樹架起房屋。指隱居山野以躲避世間的麻煩。《後漢書・申屠蟠傳》：「乃絕跡於梁碭之間，因樹爲屋，自同佣人。」

【因嫌紗帽小，致使鎖枷扛】

紗帽：古代文官戴的一種帽子，後用作官職的代稱。因嫌官職低微，便拼命鑽營向上爬，結果獲罪入獄。後用以嘲諷官場上的那些不擇手段向上爬的投機分子，最終不會有好下場。《紅樓夢》一回：「擇膏粱，誰承望流落在煙花巷！因嫌紗帽小，致使鎖枷扛。」

【因小失大】

爲貪小利而造成重大損失。《兒女英雄傳》二三回：「倘然因小失大，轉爲不妙。」

【因循苟安】

因循：沿襲；苟安：貪圖目前的安

樂。安於現狀，不求變革。老舍《四世同堂》一一：「他覺得北平人並不盡像他自己那麼因循苟安，而是也有英雄。」

【因循苟且】

因循：沿襲；苟且：敷衍了事，馬馬虎虎，沿襲舊習慣，敷衍行事，不求改進。宋・呂祖謙《呂東萊文集・答潘叔度》：「以此等語言自恕，則因循苟且，無一事可爲矣。」

【因循守舊】

總是按照舊規矩辦事，不求改進。康有爲《上清帝第五書》：「如再徘徊遲疑，苟且度日，因循守舊，坐失艮機，則外患內訌，間不容髮。」

【因循坐誤】

因循：沿襲老辦法；坐：導致。指情況起了變化，卻仍照老一套辦事，以致誤了事情。《孽海花》二四回：「威毅伯還在夢裏，要等英、俄公使調停的消息哩！照這樣因循坐誤，無怪有名的御史韓以高約會了全台，在宣武門外松筠庵開會，提議參劾哩！」

【因緣爲市】

因緣：趁機；市：交易。藉機做交易。《後漢書・桓譚馮衍傳》：「又見法令決事，輕重不齊。或一事殊法，同罪異論，奸吏得因緣爲市。」

【因噎廢食】

噎：食物塞住了喉嚨；廢：停止。《呂氏春秋・蕩兵》：「夫有以饐（通「噎」）死者，欲禁天下之食，悖。」吃飯噎了一下，索性連飯也不敢吃了。比喻因爲事情出了小失誤就停止不幹。清・朱奇齡《與陳敬之書》：「然因此而遂謂格物無工夫，並疑《大家》爲刺謬，則未免有因噎廢食之病。」也作「以咽廢飧」。《梁書・賀琛傳》：「今不使外人呈事，於義可否？無人廢職，職可廢乎？職廢則人亂，人亂則國安乎？以咽廢飧，此之謂也。」

【陰曹地府】

舊時迷信的人認爲人死後的去處。《歧路燈》四七回：「我到咱家，不能發送爺爺入土，不能伺候奶奶，倒叫奶奶伺候我，且閃了自己的爹娘。這個不孝，就是陰曹地府下，也自心不安。」

【陰曹地府打官司——全是鬼事】

陰曹地府：陰間，佛教稱人死後靈魂所在的地方。比喻都是虛假或古怪的事。有時指幹的都是不可告人的勾當。例這些小子所作所爲，就像陰曹地府打官司——全是鬼事，眞叫人生氣。也作「閻羅王審案子——全是鬼事」。

【陰曹地府掛日曆——鬼扯】

見「城隍菩薩拉二胡——鬼扯」。

【陰錯陽差】

比喻由於偶然的因素致使事物出現差錯或引起誤會。明・華陽散人《鴛鴦針》一卷二回：「來得打聽了這實落消息，撒身走回道：『我也料事不差，原來是陰錯陽差。幸得不曾見官，還未受辱。』」也作「陰陽交錯」。《封神演義》三五回：「聞太師這一回陰陽交錯，一時失計。」

【陰溝洞裏思量天鵝肉吃】

多指男子想得到年輕貌美的女子而不能。比喻痴心妄想。《初刻拍案驚奇》卷一〇：「陰溝洞裏思量天鵝肉吃！他是個秀才娘子，等閒也不出來，你又非親非族，一面不相干，打從哪裏交關起？」也作「陰溝洞裏想天鵝肉吃」。

【陰溝裏撐船——施展不開】

陰溝：地下的排水溝。見「森林裏跑馬——施展不開」。

【陰溝裏的篾片——總有翻身的一天】

篾片：竹子劈成的薄片。篾片在飄流的過程中定有翻過來的時候。比喻終究會擺脫困境。例別灰心喪氣，只要我們繼續奮鬥，陰溝裏的篾片——總有翻身的一天。

【陰溝裏的蚯蚓——成不了龍】

比喻不會有什麼大的作爲。例此人德才有限，陰溝裏的蚯蚓——成不了龍。也作「天生的黃鱔——成不了龍」。

【陰溝裏的鴨子——顧嘴不顧身】

見「懷娃婆吃老母豬肉——顧嘴不顧身」。

【陰溝裏的磚頭——永世不得翻身】

見「井底下栽花——無出頭之日」。

【陰溝裏過鴨子——咬著尾巴地下】

陰溝很窄，一羣鴨子只能一個跟著一個走下去。比喻人一個一個接連不斷地走動。例這個小鎮，趕集的人很多，從清晨開始，各條小道都像陰溝裏過鴨子——咬著尾巴地下。

【陰溝裏洗手——假乾淨】

比喻骯髒的人裝得很體面。例你別被假像矇蔽，他是陰溝裏洗手——假乾淨。

【陰溝裏行船——翻不了】

比喻不會推翻。有時指雙方關係不會鬧翻。例這個案子證據確鑿，陰溝裏行船——翻不了。

【陰溝裏栽藕——根子不淨】

也作「陰溝裏栽藕——底子臭」。見「糞堆上的靈芝——根子不淨」。

【陰間秀才——陰陽怪氣】

陰間：迷信的人指人死後靈魂所在的地方，也叫陰曹、陰司；秀才：明清兩代生員的通稱，現多泛指讀書人。比喻脾氣古怪，不冷不熱，怪里怪氣的樣子。例他就像個陰間秀才——陰陽怪氣，誰都不喜歡。

【陰靈不散】

陰靈：舊時認爲人死後有靈魂。人死後靈魂不散。比喻壞事物雖已滅亡，其惡劣影響仍存在。《歧路燈》五九回：「想是他們的陰靈不散，你們到前廳燒張紙兒。」也作「陰魂不散」。例他雖已脫離黑道幫派，但幫派份子的陰魂不散，仍處處干擾他的行動。

【陰霾密布】

陰霾：混濁的陰雲。比喻鬱悶的天氣或氣氛。茅盾《霜葉紅似二月花》三：「正如光風霽月的青空，忽然陰霾密布。」也作「陰雲密布」。例天空中陰雲密布，隱約傳來陣陣雷聲，眼看著要下一場大雨。

【陰謀不軌】

不軌：不遵守法律。指暗中策劃叛亂的行為。漢・陳球《答袁術書》：「以為足下當戮力同心，匡翼漢室，而陰謀不軌，以身試禍，豈不痛哉。」

【陰謀詭計】

陰謀：暗中謀劃；詭計：陰險毒辣的計策。暗中策劃的陰險狡詐的計策。《孽海花》三五回：「[笑庵道]大家如能個個像我，坦白地公開了自己的壞處，政治上，用不著陰謀詭計，戰爭上，用不著權謀策略……世界就太平了。」

【陰山背後】

原指陰間得不到超生的鬼魂的所在地。《西遊記》八二回：「[唐僧道]我若把眞陽喪了，我就身墮輪迴，打在那陰山背後，永世不得翻身。」後比喻被人遺忘的偏僻角落。《金瓶梅詞話》七六回：「[那婦人半日方回言說道]苦惱俺每這陰山背後，就死在這屋裏，也沒個人兒來瞅問。」

【陰天不見晴天見，白天不見晚上見】

指遲早讓對方知道自己的厲害。例我是要打草驚蛇，叫那些地頭蛇睜開眼，叫他們知道這麼兩句古諺：「陰天不見晴天見，白天不見晚上見。」也作「晴天不見陰天見」。

【陰天戴草帽——多此一舉】

見「白天點燈——多此一舉」。

【陰天曬褥子——不是時候】

見「大熱天穿棉襖——不是時候」。

【陰陽不可信，信了一肚悶】

陰陽：指占卜算卦等迷信活動。指不要相信占卜算卦的那些騙人的話，信了只會自尋煩惱。例你找了巫婆來家給兒女治病，跳了半天大神也沒把病瞧好。俗話說：「陰陽不可信。」信了一肚悶，還是趕緊送醫院吧。

【陰陽怪氣】

形容人的言談不直率，表情詭譎，態度曖昧。魯迅《僞自由書・後記》引文：「發抒陰陽怪氣的論調後，居然又能吸引羣衆，取得滿意的收穫了。」

【陰陽交錯】

見「陰錯陽差」。

【陰陽臉】

比喻兩面派，當面一套，背後又一套。例他是個陰陽臉，在他面前注意點。

【陰陽人】

原指具有兩性特徵的人。①比喻陰一套、陽一套耍弄手段，變化無常的人。例這傢伙陰一套、陽一套，活是個陰陽人，千萬別接近他。②指以算卦、看風水為業的人，也叫做陰陽先生。例人們都說那塊地風水好，是請陰陽人看過的。

【陰陽先生擺手——就沒那一項（向）】

陰陽先生：舊時指相墓地、看風水的人；向：指相墓地得出的某種特定的合意的方向，如子午向等；項：「向」的諧音。雙關語。比喻剛好沒有某一規定或辦法。例「這家公司實行週休二日制嗎？」「陰陽先生擺手——就沒那一項（向）」。

【陰陽易位】

截然不同或正好相反的兩個方面互相交換了位置。比喻地位或能力完全不同的人互換位置。《楚辭・九章・涉江》：「陰陽易位，時不當兮。」

【陰也有個晴，黑也有個明】

比喻事物總要發生變化。例大夥兒別發愁，俗話說：「陰也有個晴，黑也有個明。」苦日子總會過去的。

【陰一套，陽一套】

指當面一套，背後一套。例我向來做事情光明磊落，最恨的是當面做人，背後做鬼，陰一套，陽一套。

【陰雨晦冥】

晦冥：昏暗。陰雨連綿，天昏地暗。宋・無名氏《宣和遺事・前集》上：「光風霽月之時少，陰雨晦冥之時多。」

【陰雨天拉稻草——越拖越重】

比喻越做下去越吃力。例趕快停止這項我們力所不及的工程吧，不然的話，陰雨天拉稻草——越拖越重。

【陰雨天披蓑衣——越背越重】

見「下雨背蓑衣——越背越重」。

【陰雲密布】

見「陰霾密布」。

【音耗不絕】

音耗：消息。指保持聯繫，消息不斷。唐・張讀《宣室志・計眞》：「生留旬月，乃挈妻孥歸青齊，自是李君音耗不絕。」

【音容淒斷】

形容極其悲痛。唐・戴君孚《廣異記・閻陟》：「後一日，夢女來別。音容淒斷，曰：『己是前長史女，死殯在城東南角。』」

【音容如在】

見「音容宛在」。

【音容宛在】

音容：聲音和容貌。聲音容貌就像在眼前一樣。形容對死者的深深懷念。唐・李翺《祭吏部韓侍郎文》：「遣使奠斝，百酸攪腸。音容宛在，曷日而忘？」也作「音容如在」。《何典》八回：「眞堪愛，如花似玉風流態。風流態，眠思夢想，音容如在。」

【音容笑貌】

人的聲音容貌和動作。常用作懷念之詞。例一別三十年，他的音容笑貌常常在我眼前浮現。

【音聲如鐘】

形容聲音如同洪鐘那樣響亮。《後漢書·盧植傳》:「身長八尺二寸，音聲如鐘。」

【音問兩絕】

書信與消息全部斷絕了。例他和他父親分別多年，音問兩絕，至今不知他老人家是死是活。也作「**音問杳然**」。《楊家將演義》二三回:「是時眞宗在魏府，與衆臣懸望救兵消息，音問杳然。」

【音問相繼】

書信和消息接連不斷。唐·劉禹錫《令狐僕射》詩題:「令狐僕射與予投分素深，縱山川阻峭，然音問相繼。」

【音問杳然】

見「音問兩絕」。

【音稀信杳】

沒有消息，音訊很少。指幾乎中斷了聯繫。元·無名氏《字字錦》曲:「想殺人也天，盼殺人也天，短命冤家，音稀信杳，莫不誤約盟言。」

【音信杳然】

見「杳無音信」。

【音與政通】

音樂與政治是相關的。指音樂是社會生活的反映。《禮記·樂記》:「治世之音安以樂，其政和；亂世之音怨以怒，其政乖；亡國之音哀以思，其民困。聲音之道，與政通矣。」

【姻緣本是前生定，不是姻緣莫强求】

舊時迷信認爲人的婚姻是前世註定，不能强求。《古今小說》卷五:「常何……分付蒼頭，只以買錘爲名，每日到他店中閒話，說發王媼嫁人，欲娶爲妾。王媼只是乾笑，全不統口。正是:姻緣本是前生定，不是姻緣莫强求。」也作「**姻緣本是前生定，不許今人作主張**」、「**姻緣萬子皆前定**」、「**姻緣由天定**」。

【姻緣五百年前定】

舊時認爲男女緣分是五百年前註定的。例我國古代把婚姻看得非常神秘，有所謂姻緣五百年前定的說法，帶有濃厚的宿命論的觀點。也作「**五百年前結下緣**」、「**婚姻五百年前定**」。

【姻緣姻緣，事非偶然】

舊指男女婚配是命中註定，並非偶然。元·無名氏《隔江鬥智》一折:「常言道:『姻緣姻緣，事非偶然。』這樁兒親事，也是天緣註定哩。」

【姻緣有分片時成】

男女之間有緣分，很快就會結成良緣。例世上多的是一見鍾情的事。他倆在某次舞會上，經人介紹認識後，彼此有了好感，感情進展很快，不久就訂了婚。眞是姻緣有分片時成。

【殷鑑不遠】

鑑:鏡子，借鑑。原指殷人滅夏，殷人的後代應該以夏的滅亡作爲鑑戒。現泛指可以引以爲戒的往事。《詩經·大雅·蕩》:「殷鑑不遠，在夏後之世。」清·秋瑾《中國女報發刊詞》:「殷鑑不遠，觀數十年來，我中國學生之現狀，可以知矣。」

【殷浩書空】

南朝宋·劉義慶《世說新語·黜免》載:晉代殷浩，素負盛名，後被桓溫陷害，廢爲遮人。被廢後，終日在空中寫「咄咄怪事」四字。後以「殷浩書空」指事情出乎意料，令人驚異得難以接受。清·李漁《閒情偶寄·居室·廳壁》:「流水不鳴而似鳴，高山是寂而非寂。坐客別去者，皆作殷浩書空，謂咄咄怪事，無有過此者矣。」

【殷民阜財】

殷、阜:富足，盛多。百姓富裕，財物豐足。漢·揚雄《法言·孝至》:「君人者，務在殷民阜財，明道信義。」也作「**殷民阜利**」。漢·徐幹《中論·治引》:「夫明哲之爲用也，乃能殷民阜利，使萬物無不盡其極者也。」

【殷民阜利】

見「殷民阜財」。

【殷殷勤勤】

形容主動而盡心盡力地伺候或巴結別人。《初刻拍案驚奇》卷一八:「又送酒餚內房中去，殷殷勤勤，自不必說。」

【殷殷田田】

殷殷、田田:象聲詞:形容哀怨悲泣之聲。《禮記·問喪》:「婦人不宜袒，故發胸，擊心，爵踊，殷殷田田，如壞牆然，悲哀痛疾之至也。」

【殷殷屯屯】

殷殷:衆多；屯屯:聚集的樣子。形容繁盛豐厚的樣子。漢·桓寬《鹽鐵論·國疾》:「文、景之際，建元之始，民樸而歸本，吏廉而自重，殷殷屯屯，人衍而家富。」

【殷憂啟聖】

殷:深。深切的憂慮，可以啟迪聖明。《新唐書·張廷珪傳》:「古有多難興國，殷憂啟聖，蓋事危則志銳，情苦則慮深，故能轉禍爲福也。」

【氤氳叆叇】

氤氳(ㄩㄣ):氣體(雲煙等)很盛的樣子；叆叇:ㄞˋ ㄉㄞˋ，形容雲彩厚而密的樣子。指雲氣厚密濃郁。明·無名氏《度黃龍》頭折:「看了這樣雲瑞氣，氤氳叆叇罩周圍，白雲隱隱，綠水依依，日暖風和如閬苑。」

【氤氳使者】

氤氳:指天地陰陽之氣的聚合。傳說中的媒妁之神。泛指撮合男女婚姻的媒人。清·王韜《淞隱漫錄·閔玉叔》:「一夕，忽有偉丈夫排闥直入曰:『奉氤氳使者命，送汝二人歸家。』」

ㄧㄣˊ

【吟風弄月】

吟:歌咏，吟咏；弄:玩賞。比喻詩人常以風花雪月爲題材，吟詩寫作，抒發感情。也用於貶義，形容脫離現實，內容空洞的詩文。宋·朱熹《抄二南寄平父》：「析句分章功自少，吟風弄月興何長。」也作「**吟風咏月**」。唐·范傳正《唐左拾遺翰林學士李公新墓碑銘》：「臥必酒甕，行惟酒船，吟風咏月，席地幕天。」

【吟風咏月】

見「吟風弄月」。

【淫詞穢語】

淫：淫蕩；穢：骯髒。輕薄骯髒的下流話。清·李汝珍《鏡花緣》一回：「所敍雖新瑣細，而曲終之奏，要歸於正，淫詞穢語，概所不錄。」也作「**淫言媟語**」。媟：ㄒㄧㄝˋ，不莊重的。唐·杜牧《唐故平盧軍節度巡官隴西李府君墓志銘》：「嘗痛自元和已來有元、白詩者……子父女母，交口教授，淫言媟語，冬寒夏熱，入人肌骨，不可除去。」

【淫言媟語】

見「淫詞穢語」。

【銀杯羽化】

羽化：變化飛升，道教稱成仙爲羽化。銀質的酒杯飛上天成了仙。比喻珍貴物品不翼而飛。《舊唐書·柳公權傳》：「公權志耽書學，不能治生，爲勛戚家碑板，問遺歲時巨萬，多爲主藏豎海鷗、龍安所竊。別貯酒器杯盂一笥，緘縢如故，其器皆亡。訊海鷗，乃曰：『不測其亡。』公權哂曰：『銀杯羽化耳？』不復更言。」

【銀錘打在金鑼上——一聲更比一聲響】

比喻說話的份量一句比一句重。例他在法庭上的辯護詞精彩極了，就像銀錘打在金鑼上——一聲更比一聲響，駁得審判官啞口無言。

【銀鉤鐵畫】

鉤、畫：指漢字的筆畫。形容書法剛勁瀟灑，不同一般。清·沈曾植《題北宋本〈廣韻〉四絕》：「銀鉤鐵畫石經餘，想見先唐字學書。」也作「**鐵畫銀鉤**」。

【銀鉤玉唾】

銀鉤：比喻書法剛勁有力；唾：口液，喻指出言；玉唾：形容文辭華美。對他人書法和詩文的讚美。宋·胡繼宗《書言故事·書翰類》：「謝人惠書云辱銀鉤玉唾。」

【銀海生花】

銀海：道家指眼睛。眼睛經不住強烈的光線照射而昏花。形容眼花繚亂。宋·蘇軾《雪夜書北台壁二首》之二：「城頭初日始翻鴉，陌上晴泥已沒車；凍合玉樓寒起粟，光搖銀海眩生花。」

【銀河倒瀉】

銀河：天河。像天河裏的水倒瀉下來。形容瀑布的壯觀景象和下暴雨的猛烈程度。《警世通言》卷一四：「你道事有湊巧，物有故然，就那嶺上，雲生東北，霧長西南，下一陣大雨。果然是銀河倒瀉，滄海盆傾，好陣大雨。」

【銀河縱隔斷，自有鵲橋通】

指困難險阻，擋不住戀人相會。源出神話故事《牛郎織女》：天孫織女下凡，自嫁於西河牛郎，天帝怒，責令織女與牛郎分離，只准每年七月相會一次。後二人相會時，烏鵲於天河上爲之搭橋。例銀河縱隔斷，自有鵲橋通，他雖離開戀人遠去，但是鴻雁往還，倆人感情日深一日。

【銀壺鍍錫——裝賤】

比喻假裝下賤無恥的樣子。例什麼時候學會了銀壺鍍錫——裝賤，這種惡作劇可不討人喜歡。也作「**玉盤盛豆渣——裝賤**」。

【銀盆打水金盆裝——原諒（圓亮）】

原諒：「圓亮」的諧音。雙關語。比喻請求對方諒解或寬恕。例對你們這次來訪，我們招待不週，還希望銀盆打水金盆裝——原諒（圓亮）。

【銀瓶素綆】

銀瓶：汲水器皿；素綆：井上汲水用的繩子。指井上汲水的用具。宋·張先《減字木蘭花》：「銀瓶素綆，玉泉金甃，眞色浸朝紅。」

【銀樣鑞槍頭】

指槍頭表面像銀質，其實是焊錫做的。比喻中看不中用。《紅樓夢》二三回：「說的黛玉『噗嗤』的一聲笑了，一面揉著眼，一面笑道：一般唬的這麼個樣兒，還只管胡說。——呸！原來也是個『銀樣鑞槍頭』！」也作「**銀樣鑞槍頭——中看不中用**」。

【銀圓當鏡子——認錢不認人】

銀圓：舊時銀質圓形貨幣。見「銅錢當眼鏡——認錢不認人」。

【銀圓當鏡子——向錢看】

見「銅錢當眼鏡——向錢看」。

【寅吃卯糧】

見「寅支卯糧」。

【寅年吃了卯年的租兒】

見「寅年吃了卯年糧」。

【寅年吃了卯年糧】

寅、卯：分別爲地支的第三和第四位。寅年吃了卯年的糧食。形容入不敷出，預先支用了以後的收入。例你別看他家天天大擺筵席，其實早就是寅年吃了卯年糧。也作「**寅年吃了卯年的租兒**」。《紅樓夢》一〇七回：「東省的地畝，早已寅年吃了卯年的租兒了，一時也算不轉來。」

【寅憂夕惕】

寅：十二時辰之一，三時至五時，泛指早晨；惕：擔心。早晚提心吊膽，憂慮不安。多用於統治者。《南齊書·明帝紀》：「仰繄鴻丕，顧臨兆民，永懷先構，若履春冰，寅憂夕惕，罔識攸濟。」

【寅支卯糧】

比喻入不敷出，預先挪用或借支。例現在的年輕人用錢無度，寅支卯糧，實在是一點計畫也沒有。也作「**寅吃卯糧**」。《官場現形記》一五回：「我只吃一份口糧，哪裏會有多少錢？就是我們總爺，也是寅吃卯糧，先缺後空。」

【夤夜入人家，非奸即盜】

深更半夜溜到別人家裏，不是有奸情，就是竊盜。例他怎麼說也說不過。夤夜入人家，非奸即盜，必定是個賊。

【夤緣攀附】

夤緣：攀附上升。比喻巴結權貴，以求升遷。《明史・尹直傳》：「給事中宋琮及御史許斌言直自初爲侍郎以至入閣，夤緣攀附，皆取中旨。」例他不過是個夤緣攀附的市井小人。

ㄧㄣˇ

【尹邢避面】

《史記・外戚世家》載：尹夫人與邢夫人同時並幸，有詔不得相見。後尹夫人欲見邢夫人，而邢避而不見。現用以指因嫉妒而故意迴避，不與見面。清・王韜《淞隱漫錄・紀日本女子阿傳事》：「由是菊、傳兩人，遂如尹邢之避面焉。」

【引船就岸】

比喻誘使或迫使別人做某事，以達到某種目的。《官場現形記》五回：「原來三荷包進來的時候，本想做個反跌文章，先說個不成功，好等他哥來還價，他用的是『引船就岸』的計策。」

【引而不發】

引：拉開弓；發：射箭。教人射箭的人拉開弓，搭好箭卻不把箭射出去。比喻作好準備，待機行事，也比喻不直接說明用意而讓人去體會領悟的啟發方法。《孟子・盡心上》：「君子引而不發，躍如也。中道而立，能者從之。」明・焦竑《玉堂叢語・文學》：「李西涯問康齋以『下學上達之義』，康齋曰：『未論上達之妙，且言下學。』其言引而不發，至言也。」

【引而伸之】

拉過來使之伸展開去。《周易・系辭上》：「引而伸之，觸類而長之，天下之能事畢矣。」

【引風吹火】

利用風力，助長火勢。比喻借外力來擴大事態。《紅樓夢》一六回：「錯一點兒他們就笑話打趣，偏一點兒他們就『指桑罵槐』的抱怨：『坐山看虎鬥』，『借刀殺人』，『引風吹火』，『站乾岸兒』，『推倒了油瓶兒不扶』，都是全掛子的本事。」

【引風吹火——不費力】

也作「**引風吹火——不費勁**」。見「順風划船——不費力」。

【引狗入寨】

比喻把壞人引入內部。明・東魯古狂生《醉醒石》三回：「一說與衆人知道，豈不被人看破了？如何不引人勾騙之心，這分明是錢秀才自己引狗入寨也。」

【引鬼上門】

比喻自己把壞人招到家裏。《初刻拍案驚奇》卷二二：「吾等本好意，卻叫得『引鬼上門』，我而今不便追究，只不理他罷了。」

【引吭高歌】

吭：喉嚨。放開嗓子，高聲歌唱。例在這麼一個熱鬧狂歡的場合中，平日從不輕易開口唱歌的小陳，也忍不住引吭高歌起來。

【引吭一鳴】

禽鳥放開嗓子大聲一叫。比喻敢於爲自己的主張、意見或支持的事物大喊大叫，也指敢於發洩不滿或憤慨。宋・孫覿《鴻慶居士文集・上皇帝書・三》：「獨爲天下無告之窮民，所以不避斧鉞之誅，引吭一鳴，不能自已。」

【引虎自衛】

招來老虎以保護自己。比喻企圖利用惡人或惡勢力來保護自己，結果反受其害。《三國演義》六三回：「嚴顏在巴郡，聞劉璋差法正請玄德入川，拊心而嘆曰：『此所謂獨坐窮山，引虎自衛者也！』」

【引火燒身】

引：招致。引火燒自己。比喻自招災禍。也比喻自己主動暴露缺點，爭取別人的批評。例你說話注意點，別引火燒身，自找麻煩。

【引經據典】

引用經典著作中的語句、義理或故事，作爲自己闡述或論證某個問題的依據。清・沈懋德《蓮坡詩話跋》：「詩話有兩種：一是論作詩之法引經據典，求是去非，開後學之法門，如《一瓢詩話》是也。」也作「**引經據古**」。清・紀昀《閱微草堂筆記・姑妄聽之序》：「緬昔作者，如王仲任、應仲遠，引經據古，博辯宏通。」

【引經據古】

見「引經據典」。

【引頸而望】

見「引領而望」。

【引頸受戮】

戮：殺。伸著脖子等待接受殺戮。形容甘願受死而不作任何抵抗的行爲。《封神演義》三六回：「天兵到日，尚不引頸受戮，乃敢拒敵大兵！」

【引咎責躬】

引咎：主動承擔過失；躬：身體，引申爲自身。主動把失誤或錯誤攬到自己身上，承擔責任。《三國志・吳書・孫權傳》：「權信任校事呂壹。壹性苛慘，用法深刻。太子登數諫，權不納，大臣由是莫敢言。後壹奸罪發露伏誅，權引咎責躬。」也作「**引咎自責**」。沈從文《牛》：「如今的小牛正因爲主人一句話不說，不引咎自責，不辯解，也不假托這事是吃醉了酒以後發生的不幸，明白了主人心情的。」

【引咎自責】

見「引咎責躬」。

【引決自裁】

自己裁決，即自殺。《漢書・司馬遷

傳》：「及罪至罔加，不能引決自裁。」

【引狼入室】

比喻把壞人招引到內部來，給自己帶來災禍。《民國通俗演義》一一三回：「否則引狼入室，爲虎作倀，羣情憤激，鋌而走險，禍變之來，將有不忍言之者。」

【引狼入室——不顧後患】

見「螳螂捕蟬——不顧後患」。

【引狼入室——自招禍患】

比喻自己招惹災難。例你把這種強暴之人待如上賓，結爲知交，無異於引狼入室——自招禍患。也作「引水入牆，開門揖盜——自招禍患」。

【引類呼朋】

引：招引；類、朋：同類。招呼勾引同類的人。多含貶義。宋·歐陽修《憎蒼蠅賦》：「奈何引類呼朋，搖頭鼓翼。」也作「呼朋引類」。

【引領成勞】

引領：伸著脖子。形容爲盼望朝思暮想的人而心神疲勞。南朝梁·何遜《爲衡山侯與婦書》：「掩屏爲疾，引領成勞；鏡想分鸞，琴悲別鶴。」

【引領而望】

引：伸長；領：脖子，頸；望：盼望。伸長脖子盼望。形容殷切盼望。《孟子·梁惠王上》：「如有不嗜殺人者，則天下之民皆引領而望之矣。」也作「引領以望」。《東周列國志》四二回：「君侯不泯衛之社稷，許復故君，舉國臣民，咸引領以望高義。」也作「引首以望」。《新五代史·唐臣傳·郭崇韜》：「況今大號已建，自河以北，人皆引首以望成功而思休息。」也作「引頸而望」。清·袁枚《小倉山房尺牘》七三首：「枚喜躍不已，學閒鷗引頸而望。」

【引領企踵】

踵：腳後跟。伸著脖子，踮起腳後跟。形容盼望之情深切。南朝梁·蕭統《大呂十二月》：「分手未遙，翹心且積，引領企踵，朝夕不忘。」

【引領以望】

見「引領而望」。

【引年求退】

以自己年老爲由，請求引退。《金史·完顏守道傳》：「今引年求退，甚得宰相體，然未得代卿者，以是難從。」

【引人入勝】

勝：美好的境界。引人進入美妙的境界。形容優秀的詩文繪畫等作品或風景具有很吸引人的魅力。清·孔尚任《桃花扇·凡例》：「設科之嬉笑怒罵，如白描人物，鬚眉華現，引人入勝者，全借乎此。」

【引人注目】

引起別人的注意。例在琳琅滿目的展品中，有一件西周青銅器格外引人注目。

【引商刻羽】

商、羽：古代五音（宮、商、角、徵、羽）中的兩個音階。比喻講究音律、造詣極深、曲調高雅的音樂演奏。戰國楚·宋玉《對楚王問》：「引商刻羽，雜以流徵，國中屬而和者，不過數人而已。」《儒林外史》二九回：「眞乃穿雲裂石之聲，引商刻羽之奏。」

【引申觸類】

引申：也作「引伸」；觸類：類推近似相類的事理。根據某一事物的知識或規律，對同類事物加以比照類推。清·江藩《漢學師承記·惠周惕》：「精研三十年，引申觸類，始得貫通其旨。」

【引繩排根】

見「引繩批根」。

【引繩批根】

引：拉；批：通「排」，排斥。兩人相對拉直繩子，相互排斥。比喻互相勾結，排斥異己。《史記·魏其武安侯列傳》：「及魏其侯失勢，亦欲倚灌夫引繩批根生平慕之後棄之者。」《歧路燈》六四回：「若聽任管貽安的攀扯，一一引繩批根，將來便成瓜藤大獄，怎生是妥？」也作「引繩排根」。《漢書·灌夫傳》：「及竇嬰失勢，亦欲倚夫引繩排根生平慕之後棄之者。」

【引繩切墨】

見「引繩削墨」。

【引繩削墨】

木工用浸過墨的細繩拉直打線，按墨跡切削木頭。比喻嚴守陳規。清·趙執信《談龍錄》三七：「昉思（洪昇）在阮翁（王士禛，號阮亭）門，每有異同。其詩引繩削墨，不失尺寸。惜才力窘弱，對其篇幅，都無生氣。」也作「引繩切墨」。清·馮班《鈍吟雜錄·古今樂府論》：「西涯（李東陽）之詞，引繩切墨，議論太重，文無比興，非詩之體也。」

【引首以望】

見「引領而望」。

【引水入牆】

把水引進牆內。比喻把災禍引入家門。《兒女英雄傳》四回：「這不是我自己『引水入牆』，『開門揖盜』嗎？」

【引爲口實】

見「以爲口實」。

【引爲同調】

同調：聲音和調子相同。把某人視爲和自己意見主張或志趣見解相同的人。清·歸莊《蔣路然詩序》：「余素以孤傲得狂名，路然之狂，不減於余，一見知心，引爲同調。」

【引線穿針】

多比喻從中牽線，撮合。《兒女英雄傳》二四回：「舅太太便在那邊密密的引線穿針，也作「穿針引線」。

【引以爲戒】

戒：鑒戒。把以往的錯誤和失敗作爲教訓來記取，避免重蹈覆轍。《官場現形記》一八回：「無奈他太無能耐，不是辦的不好，就是鬧了亂子回來。所以近來七八年，歷任巡撫都引以爲戒，不敢委他事情。」

【引玉拋磚】

拋出去磚，引回來玉。比喻自己先發表粗淺的文字、見解，引出別人的佳作、高見。宋・周必大《聞西省賞酴醾、芍藥，戲成小詩……四首（其四）》：「從來引玉即拋磚，自笑囊空百不堪。」也作「**引玉之磚**」。例我的這篇文章，只當作引玉之磚，千慮之一得，希望大家批評指教。也作「**拋磚引玉**」。

【引玉之磚】

見「引玉拋磚」。

【引錐刺股】

錐：錐子；股：大腿。晚上讀書打瞌睡時，就用錐子刺痛自己的大腿。形容學習刻苦自覺。《戰國策・秦策一》：「〔蘇秦〕讀書欲睡，引錐自刺其股，血流至足。」《歧路燈》九五回：「要知男兒知悔後，引錐刺股並非難。」

【引足救經】

引：拉；經：上吊。救上吊的人，不去解繩而去拉腳。比喻方式不當，越做越糟。《荀子・仲尼》：「志不免乎奸心，行不免乎奸道，而求有君子、聖人之名，辟之是猶伏而咶天，救經而引其足也。」

【飲冰茹檗】

茹：吃；俗稱黃柏，落葉喬木，味苦，樹皮可入藥。喝冷水，吃苦葉。比喻生活貧苦，心境悲涼。元・戴表元《剡源集・二八・送程敬叔諭赴建平》：「飲冰茹檗善自愛，歲晚相期釣滄洲。」也作「**飲冰食檗**」。唐・白居易《三年爲刺史》詩：「三年爲刺史，飲冰復食蘗；唯向天竺山，取得兩片石。」唐・魚亦機《書寄李子安》：「飲冰食檗志無功，晋水壺關在夢中。」

【飲冰食蘗】

見「飲冰食檗」。

【飲醇自醉】

醇：味道濃純的酒。喝純酒，不知不覺就醉了。比喻與寬宏大量的人結交，心悅誠服。《三國志・吳書・周瑜傳》中裴松之注引《江表傳》：「（程）普頗似年長，數陵侮瑜。瑜折節容下，終不與校。普後自敬服而親重之，乃告人曰：『與周公瑾交，若飲醇醪，不覺自醉。』」例和他交往，如飲醇自醉一樣，不知不覺就受到了他的感染。

【飲啖兼人】

啖：吃。喝酒吃飯比一般人都多幾倍。形容人的酒量與飯量很大。也形容性格豪爽。清・昭槤《嘯亭雜錄・續四・周篔鑒》：「予嘗會於侯太史桐所，精神矍鑠，飲啖兼人，誦制藝文，琅琅不休。」

【飲啖醉飽】

啖：吃。酒醉飯飽。北齊・顏之推《顏氏家訓・歸心》：「飲啖醉飽，便臥檐下。」

【飲䭔亦醉】

䭔：同「䭔」，蒸餅。唐・崔令欽《教坊記》：「蘇五奴妻張四娘善歌舞……有邀迓者，五奴輒隨之前。人欲得其速醉，多勸酒。五奴曰：『但多與我錢，吃䭔子亦可醉，不煩酒也。』今呼鬻妻者爲『五奴』，自蘇始。」後以「飲䭔亦醉」形容貪圖錢財，不顧臉面。《聊齋志異・濰水狐》：「君自不知，彼前身爲驢，今雖儼然民上，乃飲䭔而亦醉者也。」

【飲風餐露】

原形容遠離世俗的生活。後也形容艱苦的野外生活。明・無名氏《破天陣》一折：「黃冠鶴氅，息氣養神，導咽還丹，飲風餐露」。例地質工作者一年四季在野外過著飲風餐露的生活，日復一日，年復一年地爲國家探尋寶藏。也作「**飲露餐風**」。明・無名氏《破風詩》三折：「雖然形狀不尋常，飲露餐風易隱藏。因走綠楊堤畔路，惟聞千樹吼斜陽。」

【飲河滿腹】

《莊子・逍遙遊》：「鷦鷯巢於深林，不過一枝；偃鼠飲河，不過滿腹。」後用「飲河滿腹」比喻人應知止而不能貪得無厭。例「飲河滿腹」的典故告訴人們一條爲人的道理：知足者長樂。

【飲恨而死】

見「飲恨而終」。

【飲恨而終】

飲：含忍；終：死亡。含恨死去。《新五代史・唐本紀六》：「至於從榮父子之間，不能慮患爲防，而變起倉卒，卒陷之以大惡，帝亦由此飲恨而終。」也作「**飲恨而死**」。姚雪垠《李自成》一卷二章：「他平日也常以岳少保自期，可是岳少保飲恨而死，並未能挽既倒之狂瀾！」

【飲恨吞聲】

把怨恨嚥到肚子裡，强忍哭聲。形容受到屈辱，只能抱恨含冤，不敢或不願表露，無從發洩。南朝梁・江淹《恨賦》：「自古皆有死，莫不飲恨而吞聲。」宋・陸九淵《與徐子宜書》二：「良民善士，疾首蹙額，飲恨吞聲，而無所控訴。」也作「**飲氣吞聲**」。唐・張鷟《游仙窟》：「飲氣吞聲，天道人情。」也作「**飲泣吞聲**」。

【飲灰洗胃】

灰：草木灰。古人認爲草木灰最乾淨，可以用作藥物或洗滌劑。比喻徹底認罪，悔過自新。《南史・荀伯玉傳》：「高帝有故吏東莞竺景秀嘗以過系作部，高帝謂伯玉：『卿比看景秀不？』答曰：『數往候之，備加責誚，云：若許某自新，必吞刀刮腸，飲灰洗胃。』帝善其答，即釋之，卒爲忠信士。」

【飲酒高會】

顯赫人物的飲酒聚會。《史記・項羽本紀》：「乃遣其子宋襄相齊，身送之至無鹽，飲酒高會。」也作「**置酒**

高會」。

【飲酒席面，講話當面】

指做事要光明正大。例勝要勝的神氣，敗要敗的硬氣，飲酒席面，講話當面，你那窩囊勁兒，叫我都替你害臊。

【飲露餐風】

見「飲風餐露」。

【飲氣吞聲】

見「飲恨吞聲」。

【飲泣吞聲】

見「飲恨吞聲」。

【飲食男女】

指人對食物和異性需求的本能，泛指人的本性。《禮記·禮運》：「飲食男女，人之大欲存焉。」清·袁枚《小倉山房尺牘·答人求取妾》：「鄙意飲食男女之間，最易觀人之眞識見，故即一小事，而敢以逆耳之言進。」

【飲食起居】

指日常生活。例他從小嬌生慣養，飲食起居根本不用自己操心。如今落到這步田地，一切都只好從頭學起。

【飲水啜菽】

啜菽：ㄔㄨㄛˋ ㄕㄨˊ，吃豆類。喝清水，吃豆類。形容清苦的生活。《禮記·檀弓下》：「孔子曰：『啜菽飲水，盡其歡，斯之謂孝。』」宋·蘇轍《答黃庭堅書》：「獨顏氏子飲水啜菽，居於陋巷，無假於外。」也作「飲水食菽」。晋·皇甫謐《高士傳·老萊子》：「老萊子者，楚人也，當時世亂，逃世耕於蒙山之陽。莞葭爲牆，蓬蒿爲室，枝木爲床，蓍艾爲席，飲水食菽，墾山播種。」

【飲水曲肱】

肱：胳膊。《論語·述而》：「飯疏食，飲水，曲肱而枕之，樂亦在其中矣。不義而富且貴，於我如浮雲。」後以「飲水曲肱」形容安貧樂道的生活。宋·邵伯溫《聞見後錄》卷一一：「飲水曲肱，祿在其中，豈非厄窮而不閔乎！」

【飲水食菽】

見「飲水啜菽」。

【飲水思源】

喝水時要想到水的來源。比喻不能忘本。北周·庾信《徵調曲》：「落其實者思其樹，飲其流者懷其源。」《文明小史》七：「於本缺之外，又兼得怎們一個好差使，飲水思源，何非出於老兄所賜。」也作「飲水知源」。明·張居正《答上師相徐存齋》：「凡居正今日之所蒙被，孰匪師翁教育所及，飲水知源，敢忘所自。」

【飲水思源，緣木思本】

喝水要想到水源，攀樹要想到樹根。比喻做人不能忘本。《兒女英雄傳》一三回：「老師這幾個門生現在的立場植品，以至仰事俯蓄，穿衣吃飯，那不是出自師門？誰也該『飲水思源，緣木思本』的。」也作「飲水要思源，爲人難忘本」。

【飲水知源】

見「飲水思源」。

【飲血茹毛】

茹：吃。連毛帶血地生吃鳥獸。指遠古時的蠻荒生活。《禮記·禮運》：「昔者先王未有宮室，冬則居營窟，夏則居橧巢。未有火化，食草木之實，鳥獸之肉，飲其血，茹其毛。」漢·王充《論衡·齊世》：「彼見上世之民，飲血茹毛，無五穀之食。」也作「茹毛飲血」。

【飲鴆止渴】

鴆：傳說中的毒鳥，用它的羽毛泡的酒有劇毒。喝毒酒來止住口渴。比喻用有害的辦法應付暫時的困難，不顧致命的後果。《後漢書·霍諝傳》：「譬猶療饑於附子，止渴於鴆毒，未入腸胃，已絕咽喉。」巴金《談〈憩園〉》：「年紀大一點的轎夫多抽大煙，因爲他們的體力不夠，不得不用這種興奮劑來刺激，明知這是飲鴆止渴，但是也無其他辦法。」

【飲鴆止渴——自取滅亡】

鴆：鴆酒，用鴆的羽毛泡成，有劇毒。見「雞蛋碰石頭——自取滅亡」。

【飲至策勛】

飲至：古時征戰歸來在宗廟飲酒慶功；策勛：把功勞記載在簡策上。古代王侯在宗廟慶賀的一種典禮。《左傳·桓公二年》：「凡公行，告於宗廟。反行飲至、捨爵、策勛焉，禮也。」

【殷天動地】

殷：震動。震天動地。漢·司馬相如《上林賦》：「車騎雷起，殷天動地。」也作「殷天震地」。《明史·王家屏傳》：「今驕陽爍石，小民愁苦之聲殷天震地，而獨未徹九閽。」

【隱惡揚善】

掩蓋他人的壞處，只宣揚他人的好處。《禮記·中庸》：「舜好問而好察邇言，隱惡而揚善。」《醒世恆言》卷三：「難得這好人，又忠厚，又老實，又且知情識趣，隱惡揚善，千百中難遇此一人。」也作「掩惡揚善」。後漢·桓譚《新論·中·譴非》：「賢人之言，有益於德化也。是故君子掩惡揚善，鳥獸尙與之諱，而況於人乎！」

【隱晦曲折】

隱晦：不明顯。談話作文意思含糊，轉彎抹角，令人費解。例他的文章的主要缺點是隱晦曲折，令人費解。

【隱疾難爲醫】

不願向醫生說明的疾病，難以醫治。例隱疾難爲醫。有的人尋花問柳害了性病，不敢找醫生看，愈延誤病情愈加惡化，眞是害人害己。

【隱跡藏名】

見「隱姓埋名」。

【隱跡潛蹤】

潛：潛藏：隱藏潛伏起來。《西遊記》二二四：「急回來，見是行者落下雲來，卻又收了寶杖，一頭淬下水，隱跡潛蹤，渺然不見。」

【隱介藏形】

介：鱗甲。把身體藏起來。《三國演義》二一回：「［曹］操曰：『龍能大能小，能開能隱：大則興雲吐霧，小則隱介藏形。』」

【隱名埋姓】

見「隱姓埋名」。

【隱然敵國】

見「隱若敵國」。

【隱忍不發】

把事情隱藏在心裏，竭力克制，不發洩出來。清・歸莊《與季論葦侍御書》：「僕之受侮而隱忍不發者，以爲將來且有德於我，有不可忘者在也。」也作「**隱忍不言**」。清・歸莊《與季滄葦侍御書》：「且有先集之事相求，即受侮嫚，亦爲親屈，欲終隱忍不言。」

【隱忍不言】

見「隱忍不發」。

【隱若敵國】

隱：威嚴莊重的樣子；敵國：與國家相匹敵。形容威嚴穩重的國家棟梁之才。《後漢書・吳漢傳》：「漢意氣自若……［帝］乃嘆曰：「吳公差强人意，隱若一敵國矣！」唐・呂溫《勛臣贊・尉遲鄂公敬德》：「熊威虎力，隱若敵國。」也作「**隱然敵國**」。宋・陽枋《字溪集・謝交割啟》：「隱然敵國，咸稱細柳之眞：賢若長城，豈類棘門之戰。」

【隱姓埋名】

隱瞞自己的眞實姓名，不讓別人知道自己的底細。元・王子一《誤入桃源》一折：「因此上不事王侯，不求聞達，隱姓埋名，做莊稼學耕稼。」也作「**隱跡埋名**」。元・關漢卿《裴度還帶》二折：「或有山間林下，懷才抱德，隱跡埋名。」也作「**隱跡藏名**」。明・王錂《春蕪記・訪友》：「他因世無知己，隱跡藏名。」也作「**隱名埋姓**」。元・李愛山《壽陽曲・厭紛》：「離京邑，出鳳城，山林中隱名埋姓。」

【隱約其詞】

見「隱約其辭」。

【隱約其辭】

形容說話吞吞吐吐，含含糊糊，有意迴避或推托，不願直言。清・平步青《霞外攟屑》卷四：「使白太夫人，謂欲禮佛行也者，迎抵會城卒歲，無功爲親者諱，故隱約其辭不盡也。」也作「**隱約其詞**」。清・趙翼《廿二史札記・宋史各傳回護處》：「自必揚其善而諱其惡，遇有功處輒遷就以分其美，有罪則隱約其詞以避之。」

【蚓竅蠅鳴】

蚯蚓孔發出像蒼蠅一樣的鳴叫聲。比喻極其微小的聲音，多用作才能微弱的自謙之詞。清・黃宗羲《戒應酬之文》：「文章之事，盡可假人；蚓竅蠅鳴，孰不自吟。」也作「**蠅聲蚓竅**」。清・錢謙益《南遊草敍》：「豈肯寄今人籬落下，效蠅聲蚓竅之音，苟然相慕說也哉！」

ㄧㄣˋ

【印累綬若】

《漢書・石顯傳》：「顯與中書僕射牢梁，少府五鹿充宗結爲黨友，諸附倚者皆得寵位。民歌之曰：『牢邪石邪，五鹿客邪，印何累累，綬若若邪！』言其兼官據勢也。」後以「印累綬若」比喻官吏身兼數職，勢力龐大，地位顯赫。例他當時身兼數職，印累綬若，是一位聲勢顯赫的人物。

【飲馬長江】

在長江邊上給戰馬飲水。表示準備征戰。《南史・檀道濟傳》：「道濟見收……曰『乃壞汝萬里長城！』魏人聞之，皆曰：『道濟已死，吳子輩不足複憚』。自是頻歲南伐，有飲馬長江之志。」

【飲馬投錢】

在河邊或從井裏打水飲馬，也要把水錢放在河邊或井裏。比喻爲人廉潔，一介不取。漢・趙岐《三輔決錄》：「安陵清者有項仲仙飲馬渭水，每投三錢。」《太平御覽》卷四二六引《風俗通》：「潁川黃子廉者，每飲馬，投錢於水中。」

【蔭子封妻】

使子孫得以世襲官爵，使妻子得到封號。形容建功立業，光耀門庭。明・湯顯祖《邯鄲記・東巡》：「我暫把洛陽花繞一遭，專等你捷音來報。那時節呵重疊的蔭子封妻恩不小。」也作「**封妻蔭子**」。

【喑嗚叱咤】

見「喑噁叱咤」。

【喑噁叱咤】

喑噁：（ㄨ）：發怒聲；叱咤：怒斥聲。形容發怒時厲聲喝叫。《史記・淮陰侯傳》：「項王喑噁叱咤，千人皆廢……。」也作「**喑嗚叱咤**」。宋・歐陽修《樊侯廟災記》：「不然，則喑嗚叱咤，使風馳霆擊，則侯之威靈暴矣哉！」

ㄧㄤ

【泱泱大風】

泱泱：宏大；風：風範，風度。氣魄宏大，有大家風範。清・王士禎《帶經堂詩話・八・自述類下・二五》：「伏讀佳集，泱泱大風，青邱、東海吞吐於尺幅之間，良非筆舌所能贊嘆。」

【殃國禍家】

使國家遭受災難，使家庭受到危害。南朝梁・蕭衍《淨業賦》：「前輪折軸，後車覆軌，殃國禍家，亡身絕祀。」

【殃及池魚】

殃：災禍。《太平廣記》卷四六六引漢・應劭《風俗通》：「舊說池仲魚，人姓字也，居宋城門，城門失火，延及其家，仲魚燒死。又云：宋城門失火，人汲取池中水，以沃灌之，池中空竭，魚悉露死。」後用「殃及池魚」比喻無端受牽連而遭災禍。宋·胡繼宗《書言故事·燈火類》：「無故被禍，云殃及池魚。」

ㄧㄤˊ

【羊腸鳥道】
見「羊腸小道」。

【羊腸小道】
形容崎嶇狹險的山路或曲折狹窄的小道。《鏡花緣》四九回：「前面彎彎曲曲，盡是羊腸小道，岔路甚多，甚難分辨。」也作「羊腸鳥道」。《五燈會元·谷隱聰禪師法嗣》：「至四明山心，獨居十餘載，虎豹爲鄰，嘗曰：『羊腸鳥道無人到，寂寞雲中一個人。』」也作「羊腸小徑」。巴金《家》：「進了這門，他們即發現一條羊腸小徑躺在竹林中間。」

【羊腸小徑】
見「羊腸小道」。

【羊觸藩籬】
觸：撞；藩籬：籬笆。羊角撞進籬笆，拔不出來。比喻進退兩難。明·徐霖《繡襦記·鬻賣來興》：「故園羞回轉，生死聽天，羊觸藩籬，進退兩難。」也作「羝羊觸藩」。

【羊闖虎口——送來一口肉】
見「兔子叫門——送肉來了」。

【羊闖狼窩——白犧牲】
比喻白白地送了命。例他不聽從命令，隻身闖入敵陣，結果是羊闖狼窩了。

【羊兒鑽進了虎嘴裏——進得來，出不去】
比喻自投羅網，不得生還。例山上有一個匪窟，誰誤入了，就像羊兒鑽進了虎嘴裏——進得來，出不去了。

【羊糞蛋裏掉個落花生——是個好人（仁）】
落花生：即花生；仁：指花生仁；人：「仁」的諧音。雙關語。比喻是個品德高尚的人。例他既正派，又善良，羊糞蛋裏掉個落花生，是個好人（仁）。

【羊羔吃奶——雙膝跪地】
羊羔：小羊。羊羔吃奶時，前腿跪在地上。比喻卑躬屈膝。例敵人見勢不妙，戰戰兢兢，來了個羊羔吃奶——雙膝跪地，舉槍投降。

【羊羔美酒】
羊羔：酒名。因釀製材料中有羊肉，故名。泛指美酒。元·無名氏《漁樵記》一折：「紅爐暖閣，獸炭銀瓶，飲著羊羔美酒。」

【羊羹雖美，衆口難調】
羹：煮成或蒸成的濃汁。調：調味，配合得合適。羊羹雖然味美，但也難合衆人的口味。比喻東西雖好，很難讓所有的人都滿意。例快過年了，他這個行政組長好不容易弄了點川桔，發給大家，原本以爲大家會挺高興。可是有嫌酸的，有抱怨爲甚麼不買梨的，也有的說應該買蘋果的。眞是羊羹雖美，衆口難調。

【羊公鶴】
南朝宋·劉義慶《世說新語·排調》：「劉遵祖少爲殷中軍所知，稱之於庾公。庾公甚忻然，便取爲佐。既見，坐之獨榻上與語，劉爾日殊不稱。庾小失望，遂名之爲羊公鶴。」後用以比喻名實不符。唐·寒山《詩》：「恰似羊公鶴，可憐生懵懵。」參見「不舞之鶴」。

【羊鶴不舞】
南朝宋·劉義慶《世說新語·排調》載：「昔羊叔子有鶴善舞，嘗向客稱之。客試使驅來，氃氋而不肯舞。」後用以喻名實不符之人或平日訓練有素，臨場卻表現不佳。清·金安清《洋務宜遵祖訓安內攘外自有成效說》：「目前固不必急急速求奇效，徒亂人心，制器則畫虎不成，臨陣則羊鶴不舞。」也作「不舞之鶴」。

【羊狠狼貪】
狠：狠毒。形容人凶殘、貪婪。宋·李覯《周禮致太平論五十一篇·刑禁第一》：「篡殺叛逆之國，紀綱大壞，風俗大惡，强弱相勝，衆寡相暴，從而緩之，則羊狠狼貪，難以制矣！」

【羊懷狗崽——怪胎】
見「哪吒出世——怪胎」。

【羊將狼】
以弱將統領强兵。《漢書·張良傳》：「漢十一年，黥布反。上疾，欲使太子往擊之。四人相謂曰：『凡來者將以存太子，太子將兵，事危矣。』乃說建成侯曰：『太子將兵有功，即位不益。無功則從此受禍，且太子所與俱諸將，皆與上定天下梟將也。今乃使太子將之，無異使羊將狼，皆不肯爲用，其無功必矣。』」

【羊兒叫娘——慢慢慢（咩咩咩）】
慢：「咩」（ㄇㄧㄝ）的諧音。形容速度很慢。例「雙搶」就得快，季節不等人，可你們卻羊兒叫娘——慢慢慢（咩咩咩）。

【羊圈裏的驢糞蛋——數你大】
比喻顯示自己了不起，高人一等。例你又在那裏逞甚麼能耐，羊圈裏的驢糞蛋——數你大！眞是沒有自知之明。也作「羊圈蹦出個驢來——數你大」、「芝麻地裏的爛西瓜——數你大」。

【羊圈裏的駱駝——數它大】
比喻同類中的突出者。例羊圈裏的駱駝——數它大，班裏的同學都非常尊敬他。也作「芝麻地裏的西瓜——數它大」。

【羊毛出在羊身上】
比喻用對方的錢，花在對方或與對方有關的人身上。也指轉嫁各種負擔。《官場現形記》五九回：「如今舅老爺來了，這個錢我們下頭亦情願報效的，但是有一句俗語，叫做『羊毛出在羊身上』，無非還是拿著老爺的錢貼補舅老爺罷了。」

【羊毛搓的繩子，又抽在羊身上】
指自作自受。例他設下陷阱，一心指望把對手活埋進去。沒想到羊毛搓的繩子，又抽在羊身上，對手比他強，倒把他打了個趔趄，掉進自己挖的井裏了。

【羊落虎口】
比喻處境危險。明・單本《蕉帕記・陷差》：「太師爺就教龍驤領兵前去策應，定然送死，這是羊落虎口之計，伏乞太師爺尊裁。」

【羊碰犄角——硬碰硬】
也作「羊碰犄角——硬頂硬」。見「鋼釺打石頭——硬碰硬」。

【羊皮貼不到狼身上】
比喻不是同類，不會變得親密。例別聽了人家幾句好話，就糊塗了，羊皮貼不到狼身上，他們是財主，咱們是窮人，人家不拿你當人看。

【羊裘垂釣】
《後漢書・嚴光傳》載：少年時的嚴光與劉秀一起遊學。後劉秀當了皇帝，嚴光就披羊裘改姓名，隱釣澤中。後用「羊裘垂釣」比喻為躲避麻煩，而過著隱居生活。例在中國歷史上，有不少名人由於厭惡官場，看破紅塵，放棄了高官厚祿悄然踏上了「羊裘垂釣」之路。

【羊羣裏的駱駝——身高氣傲】
見「雞羣裏的仙鶴——身高氣傲」。

【羊羣裏的駱駝——突出】
見「白鶴站在雞羣裏——突出」。

【羊羣裏的駱駝——與衆不同】
見「端午節吃餃子——與衆不同」。

【羊羣裏的象——龐然大物】
形容很強大。例從外表看，他是羊羣裏的象——龐然大物，實際上虛弱得很，沒有多少眞本領。

【羊羣裏丟了，羊羣裏找】
比喻在甚麼地方失去的，還應在甚麼地方找回。例辦法有的是，羊羣裏丟了，羊羣裏找。他給衆人甜頭吃，咱再從衆人身上找回來。

【羊羣裏跑出個駱駝——抖甚麼威風】
反問句。比喻依仗權勢，盛氣凌人。例呸，羊羣裏跑出個駱駝——抖甚麼威風，誰會怕你呢！

【羊羣裏跑出個兔——數它小，數它精】
比喻人年紀雖小，心眼卻很多。例別小看了他，在我們這個單位裏，他可算得上羊羣裏跑出個兔——數它小，數它精。

【羊羣裏跑出個山兔子——野種】
見「牆上的麥子——野種」。

【羊羣裏跑出駱駝來】
比喻在平庸的人羣裏出了個不平凡的人物。《紅樓夢》八〇回：「賈母道：『我不信，不然，就也是你鬧了鬼了。如今還了得，羊羣裏跑出駱駝來了，就只你大。你又會做文章了。』」也作「羊羣裏出駱駝」、「羊羣裏跑出一條驢來」。

【羊羣裏跑進一隻狼來】
借指來了一個可疑的人，或混進壞人。例咱們的隊伍都是灰衣裳，忽然來了個穿黃衣裳的人，好比羊羣裏跑進一隻狼來，一進村就非常顯眼，兒童團就先把他攔住了。

【羊羣裏拾來一隻狼——遭後禍】
比喻以後會遭到禍害或不幸。例除惡務盡，不然，羊羣裏拾來一只狼——遭後禍。

【羊羣裏走路靠頭羊】
比喻做事要有領頭的。例我說你就挺起胸來，帶著大家做，羊羣走路靠頭羊，沒人領頭不行！

【羊肉不曾吃，空惹一身膻】
比喻幹某事好處沒撈著，反惹出許多麻煩。《儒林外史》五回：「若是同人合夥，領了人的本錢，他只要一分八厘行息，我還有幾厘利錢；他若是要二分開外，我就是『羊肉不曾吃，空惹一身膻』。」也作「羊肉饅頭沒得吃，空教惹得一身膻」、「羊肉沒吃成，弄得一身臊」、「羊肉沒吃惹身騷」。

【羊肉好吃怕沾上腥】
比喻想做某事又瞻前顧後，有所顧忌。例你別總是「羊肉好吃怕沾上腥」，要想幹出一番事業，就得拿出點魄力來！也作「要吃羊肉又怕膻氣」。

【羊肉裏的蘿蔔——騷貨】
比喻女人舉止輕佻，作風下流。例這個何仙姑簡直是一個羊肉裏的蘿蔔——騷貨，到處以色相騙人錢財。

【羊入虎羣】
比喻弱者落入強者手中，必遭不幸。《聊齋志異・邵九娘》：「竊意羊入虎羣，狼藉已不堪矣。」

【羊上狼不上，馬跳猴不跳】
比喻行動不協調。例咱們打仗一靠頭頭帶，二靠弟兄們敢拚。要是大家氣不順，羊上狼不上，馬跳猴不跳，這仗永遠也打不勝。

【羊身上取駝毛——沒希望】
比喻辦不到；沒辦法，束手無策。例你們的球隊想進入決賽，恐怕是羊身上取駝毛——沒希望。

【羊屎落地——顆顆都一樣】
比喻個個都相同。例在分配問題上，如果是羊屎落地——顆顆都一樣，就不利於生產的發展，應實行按勞取酬的原則。也作「羊屎落地顆顆一樣大」。

【羊體嵇心】
羊、嵇：羊蓋、嵇元榮，南朝宋時有名的琴師。《南史・柳惲傳》載：柳惲跟羊、嵇學琴，深得其妙。齊・竟陵王子良稱讚他：「卿巧越嵇心，妙臻羊體。」後用「羊體嵇心」形容精通琴藝。清・吳偉業《偶成》：「雅擅潘文樂旨，妙參羊體嵇心。」

【羊頭插到籬笆內——伸手（首）容易縮手（首）難】
籬笆：用竹或樹枝編成的遮擋物；手：「首」的諧音。比喻參與一件事容易，想脫身則很困難。有時指進了圈套，就無法逃脫。例俗話說，羊頭插到籬笆內——伸手（首）容易縮手（首）難，我勸你不要介入到他們的矛盾之中去。也作「**野貓啃饞鑽魚狗——伸手(首)容易縮手(首)難**」。

【羊頭狗肉】
掛的是羊頭，賣的是狗肉。比喻用假招牌騙人，名實不符。例這家公司根本就是從事羊頭狗肉的勾當，經營不法行業，一定要舉發它。也作「**掛羊頭，賣狗肉**」。

【羊續懸魚】
羊續：漢靈帝時任南陽郡太守。《後漢書・羊續傳》：「時權豪之家多尚奢麗，續深疾之，常敝衣薄食，車馬羸敗。府丞嘗獻其生魚，續受而懸於庭，丞後又進之，續乃出所懸者，以杜其意。」後用「羊續懸魚」形容為官廉正，不受賄賂。例他為官數十年，羊續懸魚，深得民心。

【羊眞孔草】
南朝宋・羊欣，善楷書；孔琳之善草書，在當時很有名，人稱「羊眞孔草」。唐・張彥遠《書法要錄》卷二《袁昂古今書評》：「羊眞孔草，蕭行范篆，各一時之妙。」清・李漁《意中緣・畫遇》：「若要古人的，有羊眞孔草，蕭行范篆。」

【羊脂玉掉在青石板上，迸脆兒透酥】
形容乾脆透徹。例她是個爽快人，說話辦事那眞是羊脂玉掉在青石板上，迸脆兒透酥，人稱「女强人」。

【羊質虎皮】
質：本性。羊披上虎皮，怯弱的本性不會改變。比喻外強中乾。元・汪元亨《折桂令・歸隱》曲：「鄙高位羊質虎皮，見非辜兔死狐悲。」也作「**羊質虎形**」。《慈禧太后演義》一三回：「看似新機勃發，政局昌明，其實是徒襲皮毛，未得精髓，羊質虎形，濟甚麼事？」

【羊質虎形】
見「羊質虎皮」。

【羊走人湯，自送其死】
比喻自尋死路。例他擺下鴻門宴沒安甚麼好心，你這一去不是羊走人湯，自送其死麼？

【羊嘴裏沒草——空嚼嚼】
嚼：用牙齒咬碎食物。比喻白說，不過說說而已。有時指說空話，沒有實際行動。例這些意見，我們不過是羊嘴裏沒草——空嚼嚼罷了，人家才不會採納哩！

【羊左之交】
據《後漢書・申屠剛傳》注載：春秋時燕國人羊角哀、左伯桃，聞知楚王招賢，相約投奔，半路為雨雪所阻，凍餓將死。左以所學不如羊，決心留贈衣食，催羊上路，自己則死在樹穴中。羊到楚，為上卿，遂即伐樹，禮葬左的屍體，悲痛地說：「吾友之所以死，惡俱盡無益，而名不顯於天下也！今我寧用生為？」於是自殺身亡。後用「羊左之交」比喻生死之交的朋友。

【佯狂避世】
佯狂：假裝瘋癲；避世：隱居。封建時代某些文人士大夫為躲避現實紛爭而採取的一種消極處世態度。《文明小史》四一回：「少不得借著佯狂避世，放浪形骸，以為遮飾地步。」

【佯羞詐鬼】
佯：假裝；詐鬼：騙人。形容裝模作樣。《紅樓夢》五七回：「幸他是個知書達禮的，雖是女兒，還不是那種佯羞詐鬼，一味輕薄造作之輩。」

【洋人看戲——傻了眼】
洋人：舊俗稱外國人。比喻因不懂或害怕而目瞪口呆。例事情發生得很突然，許多人就像洋人看戲——傻了眼，不知道地震會給人類帶來這樣大的災難。也作「**耗子碰見貓——傻了眼**」。

【洋為中用】
有批判、有分析地吸收外國的東西，為我所用。茅盾《向魯迅學習》：「他主張吸取其精華，化為自己的血肉，主張借鑑，古為今用，洋為中用。」

【洋洋大觀】
洋洋：盛大，衆多；大觀：豐富多彩。形容數量大，種類多，非常可觀。朱自清《經典常談・詩經第四》：「到了《詩經》時代，有了琴瑟鐘鼓，已是洋洋大觀了。」

【洋洋得意】
洋洋：得意的樣子，也作「揚揚」。形容非常得意的樣子。《二十年目睹之怪現狀》五六回：「一席話說得夏作人洋洋得意。」

【洋洋纚纚】
洋洋：豐盛；纚纚：ㄌㄧˊ ㄌㄧˊ，有次序。形容文章議論內容豐富，有條不紊。《韓非子・難言》：「所以難言者，言順比滑澤，洋洋纚纚然，則見以為華而不實。」

【洋洋灑灑】
洋洋：盛大；灑灑：衆多。形容寫作或談話長篇大論，內容豐富。《野叟曝言・凡例》：「……故成此一百五十餘回洋洋灑灑文字。」

【洋洋盈耳】
宏大或優美的聲音充滿兩耳。唐・劉知幾《史通・敘事》：「秩秩德音，洋洋盈耳。」

【洋洋自得】
洋洋：得意的樣子。形容自我陶醉，非常得意的樣子。例他每次考了全班第一名，總是一副洋洋自得的樣子，一點也不懂得謙虛。

【揚鑣分路】
鑣：馬具，與銜合用，銜在口內，鑣在口外。此處借指馬車。比喻政見或觀點不同，各走各的路。唐・顏師古《漢書敍例》：「六藝殘缺，莫睹全文，各自名家，揚鑣分路。是以向、歆、班、馬、仲舒、子雲所引諸經或有殊異，與近代儒者訓義弗同。」也作「分道揚鑣」。

【揚長避短】

發揚長處，迴避短處。例我們應該揚長避短，充分發揮自己的優勢。

【揚長而去】

形容丟下別人，大模大樣地離開。《官場現形記》九回：「新嫂嫂明知留也無益，任其揚長而去。」

【揚幡擂鼓】

比喻大事張揚。《兒女英雄傳》二八回：「如今是揚幡擂鼓，弄得大家都知道了，都看見了。」

【揚幡招魂】

幡：ㄈㄢ，垂直掛著的長條旗子。掛起旗子，招喚亡靈。《三國演義》九一回：「當夜於水岸上，設香案、鋪祭物，列燈四十九盞，揚幡招魂。」現用來比喻企圖恢復已經死亡了的舊事物的宣傳活動。也作「招魂揚幡」。例張勳復辟是爲帝制招魂揚幡。

【揚己露才】

故意顯露才能，炫耀自己。《隋書·劉子翊傳》：「徇飾非於明世，强媒孽於禮經，雖欲揚己露才，不覺言之傷理。」

【揚鈴打鼓】

見「搖鈴打鼓」。

【揚鑼搗鼓】

見「搖鈴打鼓」。

【揚眉奮髯】

髯：兩頰旁的長鬚。眉毛揚起，長鬚振動。形容神情興奮激動。宋·吳曾《能改齋漫錄·辨誤》：「徐禧無學術而口辯，揚眉奮髯，足以動人主意。」

【揚眉吐氣】

揚眉：抬起眉毛；吐氣：吐出心中怨氣。形容被壓抑的怨氣得到發洩而興高采烈。唐·李白《與韓荊州書》：「今天下以君侯爲文章之司命，人物之權衡，一經品題，便作佳士。而君侯何惜階前盈尺之地，不使白揚眉吐氣，激昂青云耶？」

【揚眉抵掌】

抵掌：擊掌。形容非常喜悅興奮。《梁書·任昉傳》：「見一善則盱衡扼腕，遇一才則揚眉抵掌。」

【揚名後世】

使名聲傳揚，爲後代所知。漢·班固《典引》：「司馬遷著書，成一家之言，揚名後世。」

【揚名顯親】

揚名於世，使父母榮耀。《孝經·開宗明義章》：「立身行道，揚名於後世，以顯父母，孝之終也」。《聊齋志異·太醫》：「生不能揚名顯親，何以見老母地下乎！」

【揚名顯姓】

使姓名傳揚、顯耀。元·秦簡夫《東堂老》二折：「你賫發呵與那個薄落的書生，兀的不揚名顯姓，光日月動朝廷。」

【揚葩振藻】

葩：花，引伸爲華美；振：開放；藻：文采。形容詩文寫得華麗多采。《北史·文苑傳序》：「漢自孝武之後，雅尚斯文，揚葩振藻者如林，而二馬、王、揚爲之傑。」

【揚旗吶喊】

見「搖旗吶喊」。

【揚清激濁】

激：沖除。比喻除惡揚善。現多比喻發揚好的，清除壞的。《晋書·武帝紀》：「詔曰：『揚清激濁，舉善彈違。此朕所以垂拱總綱，責成於良二千石也。』」也作「揚清抑濁」。《梁書·武帝紀上》：「公揚淸抑濁，官方有序，多士聿興，《棫樸》流咏，是用錫公納陛以登。」

【揚清抑濁】

見「揚淸激濁」。

【揚砂走石】

走：滾動。沙土飛揚，石塊翻滾。形容風力狂猛。《春秋緯》：「風從箕星，揚砂走石。」也作「飛沙走石」。

【揚湯止沸】

湯：熱水；沸：沸騰。把開水從鍋中舀出再倒回去，想以此止住水的滾沸。比喻方法不當，無法從根本上解決問題。宋·陸九淵《與趙然道》：「立言制行之間，抱薪救火，揚湯止沸者多矣。」

【揚湯止沸，不如釜底抽薪】

湯：開水；釜：古代炊事用具，相當於今天的鍋；薪：柴草。把沸水舀起來再倒回去，使它不再沸騰，不如從鍋底下抽掉柴火。比喻要從根本解決問題。《三國演義》三回：「揚湯止沸，不如去薪；潰癰雖痛，勝於養毒。」也作「若向鍋中添水，不如灶內無柴」。

【揚威耀武】

顯示威風，炫耀武力。《京本通俗小說·馮玉梅團圓》：「及至遇著平民，搶虜財帛子女，一般會揚威耀武。」也作「耀武揚威」。《三國演義》一〇五回：「姜維在南鄭城上，見魏延、馬岱耀武揚威，風擁而來。」

【揚揚得意】

見「洋洋得意」。

【揚揚自得】

揚揚：也作「洋洋」，得意的樣子。形容自我欣賞，非常得意的樣子。宋·王楙《野客叢書·周覬處曖昧召禍》：「夫救人而不使人知，覬蓋示以公道，志非不佳。然密爲申救，不示私恩，足矣。何至告之而不應，出入殿門，有揚揚自得之色！」

【揚一蜀二】

揚州第一，西蜀第二。形容古代揚州的繁盛。宋·洪邁《容齋隨筆·唐揚州之盛》：「唐世鹽鐵轉運使在揚州，盡斡利權，判官多至數十人，商賈如織，故諺稱揚一蜀二，謂天下之盛，揚爲一而蜀次之也。」

【楊二郎的兵器——兩面三刀】

楊二郎：即楊戩，也稱二郎神，神話中的人物。見「泥水匠砌牆——兩面三刀」。

【楊花水性】
楊花隨風飄揚，水任意流。比喻女子作風輕浮，愛情不專一。梁啟超《新羅馬傳奇·黨獄》：「待與你講廉恥，叵耐你是慣倚門的楊花水性；待與你講利害，叵耐你是未鑿竅的頑石無靈。」也作「水性楊花」。

【楊家將上陣——全家出動】
楊家將：指《楊家將》中描述的楊繼業、楊延昭、楊宗保、楊文廣等祖孫父子一家武將。比喻所有的人都動員、行動起來。例任務雖然艱鉅，但是我們來一個楊家將上陣——全家出動，準能完成。

【楊木扁擔，寧折不彎】
比喻寧死不向惡勢力屈服。例連長的脾氣誰不知道，是有名的楊木扁擔，寧折不彎。

【楊梅子加醋——酸得很】
楊梅子：楊梅樹的果實，表面有粒狀突起，紫紅色或白色，味酸甜，可以吃，也可以制酒。也作「楊梅子加醋——酸氣十足」。見「打翻了的醋瓶子——酸氣十足」。

【楊排風的燒火棍——用場大】
《楊家將》中載：「天波府中的燒火丫頭楊排風武藝高强，善使一條燒火棍，衝鋒陷陣，屢建戰功。」比喻用途很廣。例這是一台多功用機器，就像楊排風的燒火棍——用場大，可以幫助你減輕家務的重擔。

【楊樹剝皮——光棍一條】
見「毛筆掉了頭——光棍一條」。

【楊樹開花——無結果】
見「柳樹開花——無結果」。

【楊五郎削髮——半路出家】
《楊家將》中載：楊五郎，名延德，楊繼業的五子。兄弟八人在金沙灘敗陣後，有的陣亡，有的失散，楊五郎逃至山西五台山削髮爲僧。見「魯達當和尚——半路出家」。

【楊志賣刀——忍痛割愛】
楊志：《水滸傳》中人物，三代將門之後，楊令公的孫子。因失陷花石綱，被太尉高俅趕出殿帥府，流落東京，因生活貧困，他不得不把祖傳的寶刀拿到市上去賣。見「秦瓊賣馬——忍痛割愛」。

【楊志賣刀——無人識貨】
比喻有價值的東西不爲人們所發現或認識。例他是一個有學識有才幹的人，可惜楊志賣刀——無人識貨，至今仍不被重用。

【楊宗保和穆桂英——一對】
楊宗保和穆桂英都是楊家將故事中的人物。楊宗保是北宋名將楊繼業的孫子；穆桂英，生長在山東穆柯寨，自招楊宗保爲婿，歸於宋營。兩人智勇雙全，爲抗擊西夏，保衛宋王朝出了力。見「廟門前的石頭獅子——一對兒」。

【陽春白雪】
《陽春》、《白雪》：戰國時楚國的高雅的歌曲。《樂府詩集·淸商曲辭七·陽春曲》：「其爲《陽春》、《白雪》，國中屬而和者數十人而已也。」後泛指高深的、不通俗的文學藝術作品。《隋唐演義》三〇回：「韓家姐姐，唱得這樣精妙，眞個是陽春白雪，叫我們如何開口？」

【陽春有脚】
見「有脚陽春」。

【陽春之曲，和者必寡】
陽春：古代樂曲名。陽春這支曲子，由於曲調高雅，能和唱的人必然很少。現常比喻高雅的文學作品或高深的理論不爲常人所理解。《後漢書·黃瓊傳》：「常聞語曰：『嶢嶢者易缺，皦皦者易污。』陽春之曲，和者必寡，盛名之下，其實難副。」

【陽奉陰違】
表面服從，暗地違背。形容表裏不一。淸·王筠《菉友臆說·上春圃先生書》：「夫子此舉，本是刻書，而從事諸人，遽欲定書，又不敢顯背夫子之言，乃成陽奉陰違之舉。」

【陽溝裏會翻船】
陽溝：露在地面的淺溝。比喻在不該出問題的地方出了問題。例這回，他在最不該出問題的地方，栽了個跟頭，眞眞是陽溝裏會翻船，大家都爲他惋惜。也作「溝裏翻船」。

【陽關大道】
陽關：古代關名，在今甘肅敦煌縣西南。泛指寬廣大道。也比喻通往光明之路。也作「陽關道」。

【陽九百六】
見「陽九之阨」。

【陽九之阨】
陽九：按古代術數家的說法，四千六百一十七歲爲元，初入元一百零六歲，內有旱災九年，謂之「陽九」；阨：ㄜˋ，同「厄」，苦難。泛指災年或不幸遭遇。《漢書·食貨志上》：「予遭陽九之阨，百六之會，枯旱霜蝗，飢饉薦臻。」也作「陽九之會」。《三國志·魏書·司馬朗傳》：「明公以高世之德，遭陽九之會，淸除羣穢，廣舉賢士，此誠虛心垂慮，將興至治也。」也作「陽九百六」。《晉書·孝愍帝紀》：「又詔二王曰：『夫陽九百六之厄，雖在盛世，猶或遘之。』」也作「百六陽九」。

【陽九之會】
見「陽九之阨」。

【陽秋可畏】
陽秋：即「春秋」。晉朝簡文帝母鄭后名春，因避諱改爲「陽秋」。「春秋」爲古代編年體史書，其行文含褒貶，故使有問題的人覺得可怕。後稱「春秋筆法」。明·焦竑《獻徵錄》：「儲瓘爲考功郎中，臧否不曲當，一時人士悚然曰：『陽秋可畏。』」

【陽儒陰釋】
儒：儒家；釋：佛教。表面持儒家觀點，暗地宣揚佛家學說。淸·皮錫瑞《經學歷史·經學復盛時代》：「名爲揚宋抑漢，實則歸心禪學，與其所著

《書林揚觶》，皆陽儒陰釋，不可爲訓。」

【陽臺雲雨】

陽臺：傳說中臺名。戰國楚・宋玉《高唐賦序》：「昔者先王嘗遊高唐，怠而晝寢，夢見一婦人曰：『妾巫山之女……』，王因幸之，去而辭曰：『妾在巫山之陽，高丘之阻，旦爲朝雲，暮爲行雨，朝朝暮暮，陽臺之下。』」後以「陽臺雲雨」指男女合歡之事。

【陽煦山立】

煦：和暖。像陽光那樣溫暖，像高山那樣挺立。比喻人的性情溫和，品格高尚。宋・胡繼宗《書言故事・顏貌美》：「王君陽煦山立，宗廟器也。」

ㄧㄤˇ

【仰不愧天】

面對蒼天，心中無愧。形容沒有做過虧心事。唐・韓愈《與孟尚書書》：「仰不愧天，俯不愧人。」

【仰承鼻息】

見「仰人鼻息」。

【仰觀俯察】

抬頭觀測天文，低頭考察地理。形容對周圍事物觀察仔細，研究深入。清・趙翼《題百體壽字》詩：「昔人造書本物象，仰觀俯察皆師資。」

【仰臉吃炒麵——嗆個滿臉】

炒麵：炒熟的麵粉，通常用開水沖了吃；嗆：由於吃、喝或游泳時不小心，食物或水進入氣管引起咳嗽，又突然噴出。比喻使人難堪，下不了台。例這個橫行霸道的人可遇到了剋星，仰臉吃炒麵——嗆個滿臉。

【仰面朝天】

形容臉朝上平躺或向後摔倒的姿態。《三俠五義》四九回：「江樊往後倒退了幾步，身不由己的也就仰面朝天的躺下了。」

【仰面朝天——眼朝上】

比喻只知道巴結上司和有權勢的人。例他是一個仰面朝天——眼朝上的人，對一般人都不放在眼裏，甚至採取鄙棄的態度。也作「**仰面朝天——眼向上看**」、「**比目魚的眼睛——眼朝上**」、「**駱駝觀天——眼朝上**」。

【仰攀俯取】

仰身攀折，俯身拾取。形容隨意取得。唐・柳宗元《南岳彌陀和尚碑》：「服庇草木蔽穹隆，仰攀俯取食以充。」

【仰人鼻息】

仰：依靠；鼻息：呼吸。比喻完全依附他人，看人家臉色行事。清・康有爲《大同書》己部：「乃至年七八十奔走遠方，或爲人隸，仰人鼻息，歸而哺食其所生息者，蓋比比也。」也作「**仰息他人**」。《聊齋志異・嬰寧》：「轉思三十里非遙，何必仰息他人。」也作「**仰承鼻息**」。《官場現形記》四九回：「回省之後，不特通省印委人員仰承鼻息，就是撫臺……有時還讓他三分。」

【仰事俯畜】

事：侍奉；畜：撫養。對上侍奉父母或其他尊親，對下養活妻子兒女。指維持一家生計。宋・黃乾《與葉雲嫂書》：「雲嫂以只身任仰事俯畜之責，誠不爲易。」

【仰首伸眉】

高抬著頭，舒展眉毛。形容心情暢快，神情昂揚。漢・司馬遷《報任少卿書》：「乃欲仰首伸眉，論列是非，不亦輕朝廷羞當世之士邪！」

【仰天大笑】

臉朝天，大聲笑。形容豪爽灑脫的樣子。唐・李白《南陵別兒童入京》詩：「會稽愚婦輕買臣，余亦辭家西入秦。仰天大笑出門去，我輩豈是蓬蒿人。」

【仰望終身】

仰：依賴。指封建禮教要婦女從一而終，以丈夫爲終生所倚靠的人。《孟子・離婁下》：「良人者，所仰望而終身也。」

【仰屋竊嘆】

竊：私下。仰望屋頂，私下嘆息。形容身處困境，無可奈何。《後漢書・寒朗傳》：「及其歸舍，口雖不言，而仰屋竊嘆，莫不知其多冤，無敢啎陛下者。」

【仰屋著書】

仰望屋梁，專心著述。形容著述的專心刻苦。《梁書・南平元襄王偉傳》：「恭每從容謂人曰：『下官歷觀世人，多有不好歡樂，乃仰眠床上，看屋梁而著書，千秋萬歲，誰傳此者？』」

【仰息他人】

見「仰人鼻息」。

【仰之彌高，鑽之彌堅】

越抬頭看，越覺得高遠；越是深入鑽研，越覺得深邃。用以對偉大人物或某種學說的仰慕和讚美。《論語・子罕》：「顏淵喟然嘆曰：『仰之彌高，鑽之彌堅；瞻之在前，忽焉在後。』」

【養兵千日，用兵一時】

長期供養、訓練軍隊，目的是爲打仗作準備。也指長期供養某人，一旦需要，爲其效力。端木蕻良《曹雪芹》一〇章：「允禎在雍王府早就豢養了大批的喇嘛、和尚、道士、相士、巫醫……『養兵千日，用兵一時』。」也作「**養軍千日，用在一朝**」。明・湯顯祖《邯鄲記・西諜》：「養軍千日，用在一朝。我今日有用你處，你可去得。」也作「**養軍千日，用在一時**」。《三國演義》一〇〇回：「朝廷養軍千日，用在一時。汝安敢出怨言，以慢軍心。」也作「**養兵千日，用在一朝**」。《隋唐演義》八八回：「自古道：養兵千日，用在一朝。那兵是平時養著備用的，如何到變起倉卒，才去募兵？」也作「**養軍千日，用軍一時**」。元・馬致遠《漢宮秋》二折：

「我養軍千日，用軍一時，空有滿朝文武，那一個與我退的番兵，都是些畏刀避箭的。」

【養兵千日，用在一朝】

見「養兵千日，用兵一時」。

【養不教，父之過；教不嚴，師之惰】

撫養而不教育，是做父親的過錯；教育不嚴格，是做教師的懶惰。謂應重視人的早期教育，在家裏對子女不能過於溺愛，在學校對學生不能放縱。《三字經》：「養不教，父之過；教不嚴，師之惰。」

【養痴漢，乘羸馬】

羸：ㄌㄟˊ，瘦弱。養奴僕要不聰明的，騎馬要騎腳力差的。比喻用的人過於精明，反會招來禍害。明・談修《呵凍漫筆》卷三：「《湛氏家訓》曰：『每見富貴之家於僮僕便捷有才幹能營聚財貨者，則以為紀綱之僕而信用之，有忠實馴謹者則以為不稱己意而疏棄之……，故便捷之僕，暫雖得其資助，快我心意，日後恃寵驕恣，生事賈禍，卒致壞家業，玷名節，其害可勝言哉！諺云：「養痴漢，乘羸馬。」此言雖小，可以喻大。』」

【養兒備老】

養育兒女，以備年老有所倚靠。唐・元稹《憶遠曲》詩：「嫁夫恨不早，養兒將備老。」

【養兒不用阿金溺銀，只是見景生情便好】

養兒育女並不指望將來在金錢上得到報答，只要能體貼父母就行了。《西遊記》八一回：「師父說那裏話！常言道：『一日為師，終身為父。』我等與你做徒弟，就是兒子一般。又說道：『養兒不用阿金溺銀，只是見景生情便好。』你既身子不快，說甚麼誤了行程，便寧耐幾日，何妨！」也作「**養兒不要屙金溺銀，只要見景生情**」。

【養兒待老，積穀防飢】

見「養兒防老，積穀防飢」。

【養兒防老，積穀防飢】

養育兒子，防備年老，存積穀物，以防飢荒。宋・陳元靚《事林廣記・治家警悟》：「養兒防老，積穀防飢。」也作「**養小防老，積穀防飢**」。元・關漢卿《裴度還帶》三折：「『哀哀父母，生我劬勞。』養小防老，積穀防飢。」也作「**養子防老，積穀防飢**」。元・無名氏《認金梳》：「兒也，可不道養子防老，積穀防飢，抬舉你成人長大，划的說這等言語那！」也作「**養兒待老，積穀防飢**」。《警世通言》卷二二：「自古道，『養兒待老，積穀防飢』，你我年過四旬，尚無子嗣。光陰似箭，眨眼頭白。百年之事，靠著何人？」也作「**養兒代老，積穀防飢**」。元・高則誠《琵琶記・幾言諫父》：「既道是養兒代老，積穀防飢，何似當初休教他來應舉。」

【養兒跟種，種地跟壠】

指兒子品性與父親相似。例這孩子見義勇為，好打抱不平，就跟他爹在世時一樣。真是養兒跟種，種地跟壠。

【養兒靠兒，無兒靠婿】

年老時靠兒子贍養，沒兒子靠女婿。例佳婿啊，我養兒靠兒，無兒靠婿，你就是我的親兒一般。往後我們全家就靠你扶持了。

【養兒勿論飯，打鐵勿論炭】

養育兒女不必計較供多少飯，打鐵不必計較費多少炭。比喻辦事要捨得下本錢。清・范寅《越諺》卷上：「養兒勿論飯，打鐵勿論炭。」

【養虎留患】

見「養虎遺患」。

【養虎牧羊，還自賊傷】

賊：傷害。養老虎放羊，結果自己受害。例他把大權都交給了管家，自家樂得清閒自在。誰想養虎牧羊，還自賊傷，那管家極有心計，先收買了下人，慢慢地把他的家財全盤算了去。他倒成了債戶，被攆出莊園。

【養虎傷身】

比喻縱容敵人，危害自身。《說岳全傳》五七回：「只見小番進帳報導：『苦人兒同殿下帶了奶母五鼓出營，投宋去了。』兀朮聽了，大叫道：『罷了；罷了！此乃養虎傷身也。』」

【養虎貽患】

見「養虎遺患」。

【養虎遺患】

比喻縱容壞人，留下後患。宋・吳儆《上蔣樞密書》：「利疾戰而緩圖，則必有養虎遺患之悔。」也作「**養虎貽患**」。《野叟曝言》八四回：「寡人久有此意，惟恐反得奸人黨類，養虎貽患，先生所信，更復何疑。」也作「**養虎留患**」。《東周列國志》五六回：「今其子乃欲見逐，豈非養虎留患耶？」

【養虎自齧】

齧：ㄋㄧㄝˋ，咬。養著老虎，卻反被它咬。比喻庇護縱容壞人，結果反受其害。北魏・楊衒之《洛陽伽藍記・建中寺》：「養虎自齧，長虺成蛇。」

【養花的把式——好色之徒】

把式：精通某一技術的人。雙關語。比喻貪愛女色的人。例甚麼風流人物，不過是人們所不齒的養花的把式——好色之徒而已。

【養虺成蛇】

虺：ㄏㄨㄟˇ，毒蛇，毒蟲。比喻縱敵成禍。《魏書・高崇傳》：「且一日縱敵，數世之患，今若還師，令顥重完守具，征兵天下，所謂養虺成蛇，悔無及矣。」

【養家肥己】

取不義之財以利己。《兒女英雄傳》二回：「這豈不是拿著國家有用的帑項錢糧，來供大家的養家肥己，胡作非為嗎，我可弄不來。」

【養家糊口】

見「養家活口」。

【養家活口】

維持一家老小的生活。《紅樓夢》九九回：「那些書吏衙役，都是花了錢買著糧道的衙門，那個不想發財？俱要養家活口。」也作「**養家糊口**」。《李自成》一卷二四章：「父親李守忠是一個莊稼人，爲著養家糊口，每到農閒時候就自己做些瓦盆罐放在土窟中燒熟，挑著走鄉穿村叫賣。」

【養家千百口，作罪一人當】

比喻一人犯罪一人承擔，不能牽連家裏人。《飛龍全傳》三三回：「常言道：『養家千百口，作罪一人當。』彼時陷害令兄者，惟蘇鳳吉一人而已，與他全家無涉。……若把他全家老幼一概殺戮，一則傷了天地好生之心，二則黎民恐懼。」

【養精蓄銳】

養息精神，積蓄力量。《三國演義》三四回：「[曹操]欲南征劉表。荀彧曰：『大軍方北征而回，未可復動。且待半年，養精蓄銳，劉表、孫權可一鼓而下也。』」

【養軍千日，用軍一時】

見「養兵千日，用兵一時」。

【養老送終】

見「養生送死」。

【養稂莠者害嘉穀，赦有罪者賊良民】

稂、莠：兩種害草。養了害草傷了稻穀；放了有罪的人害了百姓。宋·葛洪《涉史隨筆》：「唐太宗謂侍臣曰：『古語有之；赦者小人之幸，君子之不幸。一歲數赦，善人喑啞。夫養稂莠者害嘉穀，赦有罪者賊良民。故朕即位以來，不欲數赦。』」

【養亂助變】

縱容和幫助動亂。宋·蘇洵《張益州畫像記》：「天子曰：『毋養亂，毋助變。』」例那是一伙歹徒，你爲他們幹事，就是養亂助變。

【養貓捕鼠，蓄犬防家】

養貓用來捉鼠，養狗用來看家。指有所用方才蓄養。例常言道：「養貓捕鼠，蓄犬防家。」你好吃懶做，東遊西逛，我養你這個兒子何用？

【養女不教如養豬，養子不教如養驢】

對子女只養不教無法使之成人。例仗著有幾個臭錢，他家的子女嬌慣得不成樣，要星星，不給月亮。結果倒好，兒子長大吃喝嫖賭，無所不爲；女兒嫁出去，弄得人家人仰馬翻，眞是養女不教如養豬，養子不教如養驢。

【養女一門親】

指女兒總要出嫁。例自媽媽病故後，聽說又有人給爸爸介紹老伴兒，幾個女孩都反對，說她們能照顧好爸爸。奶奶聽了說：「孩子們，別說傻話了。人常說養女一門親，你們還能在這家裏待一輩子嗎？早晚一出嫁，你爸留給誰侍候呀！」

【養銳蓄威】

見「養威蓄銳」。

【養身百計，不如隨身一藝】

人活一世謀生的辦法雖多，不如有一技之長。例說實話，你那些朋友給你出的謀生之道並不高明。你還不如鐵下心來，學一門技術，走到哪裏都能有口飯吃。俗話不是說「養身百計，不如隨身一藝」嗎？

【養生不若放生】

與其把一個人供養起來，不如放走讓他自由。例俗話說：「養生不若放生。」你與其把孩子關在家裏，供他們吃穿；還不如放他們到社會上去獨立謀生，興許更能鍛鍊出人材來。

【養生喪死】

見「養生送死」。

【養生送死】

指子女對父母生前的贍養和死後的安葬。《孔子家語·相魯》：「孔子初仕，爲中都宰，制爲養生送死之節。」也作「**養老送終**」。《喻世明言》卷三〇：「淸一指望尋個女婿，要他養老送終。」也作「**養生送終**」。《漢書·貨殖傳》：「五穀六畜及至魚鱉鳥獸雚蒲材干器械之資，所以養生送終之具，靡不皆育。」也作「**養生喪死**」。《孟子·梁惠王上》：「養生喪死無憾，王道之始也。」

【養生送終】

見「養生送死」。

【養威蓄銳】

保養威力，積蓄銳氣。唐·于公異《西平王李晟收西京露布》：「養威蓄銳，直殄元凶；臥鼓偃旗，猶輕小利。」也作「**養銳蓄威**」。《淸史稿·洪承疇傳》：「我軍亦得養銳蓄威，居中制外。」

【養蝦蟆得水蠱兒病】

水蠱兒病：即臌脹病。養蝦蟆得了像蝦蟆那樣的臌脹病。比喻好心不得好報。《金瓶梅詞話》一八回：「那日你便進來了，上房的好不和我合氣，說我在他根前頂嘴來，駡我不識高低的貨。我想起來爲甚麼，養蝦蟆得水蠱兒病，如今倒教人惱我。」

【養賢納士】

招納、供養賢能的人。明·無名氏《孟母三移》一折：「養賢納士，修德治民。」

【養小不養老】

指雇工要找年輕的，不要年老的。例那老傢伙眞歹毒，雇傭人，專找十五六歲的孩子，上了年紀的都辭退了。聽他對人說養小不養老，他可眞會榨人的血汗。

【養小防備老，栽樹要陰涼】

養育兒女爲怕老時無人照顧，種植樹木爲盛夏時得到陰涼。元·無名氏《看錢奴》三折：「則俺這受苦的糟糠，賣兒呵也合將咱攔當，俺可甚麼養小防備老，栽樹要陰涼，想著俺那忤逆的兒郎，便成人也不認的爺娘。」

【養小防老，積穀防飢】

見「養兒防老，積穀防飢」。

【養心莫善於寡欲】

人要想積善存良，減少欲念是最好的辦法。《孟子・盡心下》：「孟子曰：『養心莫善於寡欲，其爲人也寡欲，雖有不存焉者寡矣；其爲人也多欲，雖有存焉者寡矣。』」

【養鷹颺去】

颺：丢下，飛走。飼養蒼鷹，一旦長大，高飛而去。比喻培養有野心的人，一旦得意，無法控制。宋・胡夢昱《象台首末・二・嘉定壬午六月五日輪對第二札子》：「當其歸附之初，國論嘩然，或有養鷹颺去之疑，或有養虎遺患之懼。」

【養癰成患】

癰：ㄩㄥ，毒瘡。長了毒瘡不去治，以致造成禍害。比喻對壞人壞事姑息縱容，就會留下禍根。清・昭槤《嘯亭雜錄・論三逆》：「吳[三桂]、尙[可喜]等蓄彼凶謀已久，今若不及早除之，使其養癰成患，何以善後？」也作「養癰致患」。《野叟曝言》一四五回：「昔人云：『臥榻之旁，豈容他人酣睡，』『養癰致患』，猝然一發。勢若燎原矣。」也作「養癰自患」。《封神演義》八五回：「不意姜尙作難肆横，竟克朕之四關也。今不早治，是養癰自患也。」也作「養癰自禍」。《漢書・馮衍傳》李賢注引馮衍《與婦弟任武達書》：「自恨以華盛時不早自定，至於垂白家貧身賤之日，養癰長疽，自生禍殃。」也作「養癰遺患」。清・紀昀《閱微草堂筆記・槐西雜志一》：「博善化之虛名，潰敗決裂乃至此。養癰遺患，我之謂也夫！」也作「養癰貽害」。《清史稿・楊廷璋傳》：「邊地夷情，當審度事理，因時制宜。若專務持重，養癰貽害，弊不可勝言也。」

【養癰畜疽】

癰、疽（ㄐㄩ）：毒瘡。長了毒瘡不去治療。比喻包庇縱容壞人、壞事。《隋唐演義》八三回：「始而養癰畜疽，後則縱虎放鷹，只顧巧言惑主，利己害人，哪顧國家後患，眞可痛可恨也。」例對壞人壞事要敢於揭露批判，切不可養癰畜疽。

【養癰貽害】

見「養癰成患」。

【養癰遺患】

見「養癰成患」。

【養癰致患】

見「養癰成患」。

【養癰自禍】

見「養癰成患」。

【養癰自患】

見「養癰成患」。

【養由基射箭——百發百中】

養由基：春秋時楚國大夫，善射，能百步穿楊。見「神槍手打靶——百發百中」。

【養在圈裏的豬——少不了挨一刀】

比喻遲早要受到某種懲罰。例他作惡多端，我看是養在圈裏的豬——少不了挨一刀，等著瞧吧。

【養正邪自退】

培植正氣，邪氣自然消除。例讓孩子以後少跟不三不四的人來往，請個家教來家裏給他補習功課，養正邪自退，或許他能從此學好也說不定。也作「養正邪自除」。

【養子弟如養芝蘭，既積學以培植之，又積善以滋潤之】

教養子弟如培養香草，既要增加學識，又要積德行善。謂培養人才要注重德、才兩個方面。例古人說得好：「養子弟如養芝蘭，既積學以培植之，又積善以滋潤之。」自幼律之以嚴，繩之以禮，則長無不肖之悔。

【養子防老，積穀防飢】

見「養兒防老，積穀防飢」。

【養尊處優】

地位尊貴，生活優裕。泛指生活在優裕的環境中。《鏡花緣》五四回：「秉之父親孤身在外，無人侍奉，甥女卻在家中養尊處優，一經想起，更是坐立不寧。」

ㄧㄤˋ

【怏怏不樂】

見「怏怏不悅」。

【怏怏不平】

怏怏：不滿的樣子。因不滿意，心裏不服。宋・王楙《野客叢書・楊惲有外祖風》：「[司馬遷]甥楊惲以口語坐廢。其友人孫會宗與書，戒以大臣廢退，闔門皇懼之意。惲報書，委曲敷敍，其怏怏不平之氣宛然有外祖風致。」

【怏怏不悅】

怏怏：不滿的樣子。因不滿而鬱鬱不樂。宋・司馬光《應詔論體要》：「其當職之人，已怏怏不悅，不肯同心以助其謀，協力以成其事。」也作「怏怏不樂」。《水滸全傳》一一一回：「宋江見折了三將，心中煩惱，怏怏不樂。」

ㄧㄥ

【應有盡有】

該有的全有了。形容很齊全、很完備。《宋書・江智淵傳》：「時咨議參軍謝莊、府主簿沈懷文並與智淵友善。懷文每稱之曰：『人所應有盡有，人所應無盡無者，其江智淵乎。』」例這家商店門面雖小，但日用百貨應有盡有。

【英才蓋世】

形容才華壓倒世人，無可比擬。《三國志・蜀書・諸葛亮傳》：「劉豫州王室之胄，英才蓋世。」也作「蓋世之才」。

【英華發外】

英華：神采，比喻優秀才華；發：表現出來。指表現出美好的才華。《禮記・樂記》：「是故情深而文明，氣盛而化神，和順積中而英華發外。」

【英聲茂實】
英聲：美好的名聲；茂實：盛美的業績。謂業績卓著，名聲顯赫。宋・范仲淹《皇儲資聖頌》：「言思逆耳，道務前膝。玉振金相，英聲茂實。」也作「茂實英聲」。

【英特邁往】
見「英姿邁往」。

【英雄本色】
傑出人物的本來面目和素質。明・祁彪佳《遠山堂劇品・能品・黃花峪》：「鋤強抑暴，自是英雄本色。」

【英雄出少年】
傑出人物多從青年中湧現。《官場現形記》五四回：「我們這一輩子的人都是老朽無能了，『英雄出少年』。倒是彝翁同我們這外孫將來很可以做一番事業。」也作「英雄出於少年」、「英雄出在少年」。

【英雄短氣】
見「英雄氣短」。

【英雄豪傑】
才能出衆或勇武非凡的人。宋・蘇軾《擬孫權答曹操書》：「自古同功一體之人，英雄豪傑之士，世亂則籍以剪伐，承平則理必猜疑。」

【英雄流血不流淚】
英雄人物在危急關頭，寧可犧牲，絕不傷心落淚。例英雄流血不流淚。眼淚只能叫自己人看見，不能叫壞蛋們看見。

【英雄難過美人關】
英雄人物往往因迷戀女色而喪失鬥志，招致失敗。例眞是英雄難過美人關。他驍勇善戰，立過多少戰功，最後卻拜倒在她的石榴裙下，貽誤了戰機。也作「英雄難脫美人手」、「大將難過美人關」。

【英雄氣短】
有才華的人沈溺於愛情或暫受挫折而意志消沈，喪失進取心。《說岳全傳》二三回：「倘若有冒功等事，豈不使英雄氣短，誰肯替國家出力！」也作「英雄短氣」。《聊齋志異・馬介甫》：「只緣兒女深情，遂使英雄短氣。」

【英雄氣短，兒女情長】
比喻傑出人物往往糾纏於愛情，失去了英雄氣概。《施公案》二六二回：「張七見這光景，也不免依依不捨，終究是英雄氣短，兒女情長，只得忍著淚，送至山下。」也作「英雄氣短，兒女情深」、「兒女情長，英雄氣短」、「英雄氣短」。

【英雄入彀】
英雄：勇武過人者；入彀（ㄍㄡˋ）：進入弓箭射程之內，比喻受籠絡，就範。天下的勇士都已就範。五代・王定保《唐摭言》卷一：「[唐太宗]嘗私幸端門，見新進士綴行而出，喜曰：『天下英雄入吾彀中矣！』」清・黃遵憲《雜感詩》：「英雄盡入彀，帝王心始快。」

【英雄生於四野，好漢長在八方】
指四面八方都能出英雄好漢。《小五義》二三回：「智爺說：『依我多用些伶牙俐齒的文人，帶上銀兩，到四鄉八鎮、村莊店道傳揚：這立寨主怎麼的敬賀，怎麼樣的愛士。』常言道：『英雄生於四野，好漢長在八方。』若是依我這個主意，準能夠文人武將，望風歸順君山。」

【英雄受辱等於死】
英雄人物不能忍受侮辱。例俗話說得好：「英雄受辱等於死。」怎麼允許他搶走你的財產，又奪走你的老婆，難道就這樣白白地算了？

【英雄所見略同】
英雄人物的見解大致相同。常用作讚美意見相同的各方之詞。老舍《離婚》一九：「雖然都不敢首先這樣宣傳，及至說出來了，正是英雄所見略同，於是在低聲交換意見中，已像千眞萬確的果有其事，成了政界一段最驚人最有色彩的歷史。」也作「英雄所見，畢竟略同」、「智者所見略同」。

【英雄無所用武】
見「英雄無用武之地」。

【英雄無用武之地】
有才幹的人沒有發揮與施展的地方或機遇。《資治通鑑・漢獻帝建安十三年》：「今[曹]操芟夷大難，略已平矣，遂破荊州，威震四海。英雄無用武之地，故豫州（劉備）遁逃至此。」《古今小說》卷八：「李都督雖然驍勇，奈英雄無用武之地。」也作「英雄無所用武」。《三國志・蜀書・諸葛亮傳》：「英雄無所用武，故豫州遁逃至此。」

【英雄惜英雄】
英雄總是愛惜、賞識英雄。例每次在各種頒獎典禮上，總是會看到各個得獎人彼此恭賀，彼此鼓勵，這般英雄惜英雄的畫面。也作「英雄識英雄」、「英雄敬英雄」。

【英雄遇上好漢】
指遇到賞識的對手。老舍《駱駝祥子》五：「……他們素來是所向無敵的；及至遇到張媽的蠻悍，他們開始感到一種禮尚往來，英雄遇上好漢的意味，所以頗能賞識她，把她收作了親軍。」

【英雄造時勢，時勢造英雄】
英雄能推動時代前進，時代也能造就英雄。例諸位，古語道：「英雄造時勢，時勢造英雄。」這兩句話想來大家都是聽慣的。

【英雄只怕病來磨】
英雄人物也經受不住疾病的折磨。例不管一個人平日再怎麼樣的意氣風發，呼風喚雨，一旦病倒了，必會失去往日的風采，正所謂「英雄只怕病來磨」。

【英姿勃勃】
勃勃：旺盛的樣子。形容英俊而又精力旺盛的樣子。例照片上的他，身著軍裝，英姿勃勃。

【英姿煥發】
英姿：英俊威武的姿態；煥發：光彩

四射的樣子。形容英勇威武、精神抖擻的樣子。例你看那些女兵，英姿煥發，精神抖擻，她們一定會取得勝利的。

【英姿邁往】

邁往：一往無前。英俊威武，一往無前。宋・陸游《鄉士請妙相講主疏》：「某人英姿邁往，雋辯絕倫，早集布金之園，久造笑云之室。」也作「**英特邁往**」。宋・胡仔《苕溪漁隱叢話前集・山谷中》：「至東坡則云：『平生萬事足，所欠惟一死。』英特邁往之氣可畏而仰哉！」

【英姿颯爽】

英姿：英俊威武的姿態；颯爽：豪邁矯健。形容英俊威武，豪邁矯健。現多形容女性。元・王惲《秋澗全集・張九元帥哀辭》：「英姿颯爽戰酣來，夢裏神交一噱開。」

【鶯儔燕侶】

見「燕侶鶯儔」。

【鶯歌蝶舞】

見「鶯歌燕舞」。

【鶯歌燕舞】

鶯：黃鸝。黃鸝唱歌，燕子起舞。形容春意盎然，充滿生機。明・馮惟敏《海浮山堂詞稿・邑齋初度自述》：「天涯間阻，秋光冷淡，夜色蕭疏……空孤負，鶯歌燕舞，檀板繡氍毹。」也作「**鶯啼燕語**」。唐・劉長卿《賦得》詩：「鶯啼燕語報新年，鳥邑龍堆路幾千。」也作「**鶯歌蝶舞**」。宋・宋庠《感光》詩：「鶯歌蝶舞兩矜春，見我長嗟亦飛去。」

【鶯聲燕語】

鶯聲嬌媚，燕語呢喃。形容女子柔和的聲音。《水滸傳》四二回：「宋江聽得鶯聲燕語，不是男子之音，便從神櫃底下鑽將出來，看時，卻是兩個青衣女童侍立在床邊。」

【鶯啼燕語】

見「鶯歌燕舞」。

【嬰城固守】

嬰：纏繞，環繞。憑藉城牆，牢固防守。《資治通鑑・漢獻帝建安八年》：「袁尚自將攻袁譚，大破之，譚奔平原，嬰城固守。」也作「**嬰城自守**」。《宋書・劉粹傳附劉道濟》：「賊衆數萬屯城西及城北，道嬰城自守。」也作「**嬰城自保**」。明・歸有光《備倭事略》：「迄今逾月，其勢益橫，州縣僅僅嬰城自保。」

【嬰城自保】

見「嬰城固守」。

【嬰城自守】

見「嬰城固守」。

【嚶鳴求友】

見「嚶其鳴矣，求其友聲」。

【嚶其鳴矣，求其友聲】

嚶：鳥叫聲。鳥兒聲聲鳴叫，尋求朋友的應聲。比喻尋求志趣相投的朋友。《詩經・小雅・伐木》：「嚶其鳴矣，求其友聲。相彼鳥矣，猶交友聲；矧伊人矣，不求友生。」也作「**嚶鳴求友**」。茅盾《〈新綠叢輯〉旨趣》：「一個寫作者對自己嘔心血的成果的寶愛，本為人人所同，而脫稿後求能與世相見，嚶鳴求友之心，亦人人所共有。」

【纓緌之徒】

纓緌（ㄖㄨㄟˊ）：古代帽子上的結帶和裝飾；徒：同一類的。喻指封建士大夫及高貴的人。漢・蔡邕《郭有道碑文》：「於時纓緌之徒，紳佩之士，望形表而影附，聆嘉聲而響和者，猶百川之歸巨海，鱗介之宗龜龍也。」

【櫻桃好吃樹難栽】

指要得到美好的東西，得先付出辛勤的代價。例我聽老張說，心花都開了。但是，櫻桃好吃樹難栽呀，這樣的好事，沒有人領頭去辦，也是枉然。

【鸚鵡的嘴巴——會說不會做】

比喻能說會道，但不能身體力行。例搞任何工作，都需要實幹精神，不要鸚鵡的嘴巴——會說不會做。

【鸚鵡能言】

鸚鵡能說話。意指謹防走漏消息。宋・柳永《玉樓春》：「鳥龍未睡定驚猜，鸚鵡能言防漏洩。」

【鸚鵡能言，不離飛鳥，猩猩能言，不離禽獸】

鸚鵡、猩猩雖能說話，終究是禽獸。比喻要看事物的本質。《禮記・曲禮上》：「鸚鵡能言，不離飛鳥，猩猩能言，不離禽獸。今人而無禮，雖能言，不亦禽獸之心乎？」也作「**鸚鵡能言，不離於禽；猩猩能言，不離於獸**」。

【鸚鵡舌頭畫眉嘴】

鸚鵡能學舌，畫眉能唱歌。比喻嘴上說的好聽。例他那人啊，嘴巴最甜了，長著鸚鵡舌頭畫眉嘴，把人哄得團團轉。

【鸚鵡學舌】

鸚鵡：俗稱八哥。一種能學人發音的鳥。鸚鵡學人說話。比喻不經自己頭腦思索，毫無主見地人云亦云。明・張岱《烈帝紀論》：「只因先帝用人太驟，殺人太驟……以故侍從之臣，止有唯唯否否，如鸚鵡學舌，隨聲附和而已耳。」

【鸚鵡學舌——人云亦云】

跟著別人說。形容沒主見。例對複雜的社會現象，要學會動腦筋，思考問題，不要鸚鵡學舌——人云亦云。

【鸚鵡遇見百靈鳥——說說唱唱】

鸚鵡會學舌，百靈鳥會唱歌，碰到一起有說的，有唱的。比喻又說又唱，非常高興。例你們好似鸚鵡遇見百靈鳥——說說唱唱，什麼事使你們這樣高興？

【鷹飽不抓兔，兔飽不出窩——懶對懶】

比喻都很懶惰或懶到一塊了。例你兩人這種鷹飽不抓兔，兔飽不出窩——懶對懶的狀況不改變，總有一天，將被社會所淘汰。

【鷹飛藍天，狐走夜路——各走各的道】

也作「**鷹飛藍天，狐走夜路——各走各的路**」。見「兩股道上的車——各走各的道」。

【鷹擊毛摯】

擊：搏擊；摯：同「鷙」，凶狠。老鷹展翅捕食。比喻嚴酷凶殘。《史記・酷吏列傳》：「縱[義縱]遷南陽太守，以鷹擊毛摯為治。」

【鷹立如睡，虎行似病】

鷹站立時如同睡覺，虎行走時慢慢吞吞好像生病。比喻凶狠的人往往不外露。例俗話說：「鷹立如睡，虎行似病。」莫看他目不斜視，口不多言，難鬥哩！

【鷹瞵鶚視】

鷹、鶚（ㄜˋ）：兩種凶狠的猛禽；瞵：眼光閃閃。猛禽目光銳利。形容勇猛的將士機警地搜尋窺視。《宋書・沈攸之傳》：「凡此諸帥，莫不勇力動天，勁志駕日，接沖拔距，鷹瞵鶚視，顧盼則前後風生，喑嗚則左右電起。以此攻城，何城不克；以此赴敵，何陣能堅！」

【鷹犬塞途】

鷹犬：為獵人服務的獵鷹和獵狗，比喻爪牙。壞人的爪牙塞滿道路。形容周圍的壞人很多。魯迅《偽自由書・文章與題目》：「這是後來和現在的話，當時可不然，鷹犬塞途，乾兒當道，魏忠賢不是活著就配享孔子廟麼？」

【鷹犬之才】

鷹犬：追逐獵物的鷹和狗。比喻可供驅使的人。漢・陳琳《為袁紹檄豫州文》：「謂其鷹犬之才，爪牙可任。」

【鷹犬之任】

任：任用。為君主效命。《後漢書・陽球傳》：「臣無清高之行，橫蒙鷹犬之任。」也作「**鷹犬之用**」。《後漢書・陳龜傳》：「馳聘邊垂，雖展鷹犬之用，頓斃胡虜之庭，魂魄不返，薦享狐狸。」

【鷹犬之用】

見「鷹犬之任」。

【鷹視虎步】

視物如鷹，行步似虎。形容凶狠殘暴。《吳越春秋・闔閭內傳》：「吾觀喜之為人鷹視虎步，專功擅殺之性，不可親也。」也作「**鷹視狼步**」。《吳越春秋・句踐伐吳外傳》：「夫越王為人，長頸鳥喙，鷹視狼步，可以共患難，而不可共處樂。」

【鷹視狼步】

見「鷹視虎步」。

【鷹揚虎視】

鷹揚：像雄鷹一樣騰空飛翔；虎視：像猛虎一樣雄視。形容氣勢威武或大展雄才。《詩經・大雅・大明》：「維師尚父，時維鷹揚。」漢・班固《西都賦》：「周以龍興，秦以虎視。」三國魏・應璩《與侍郎曹長思書》：「王肅以宿德顯授，何曾以後進見拔，皆鷹揚虎視，有萬里之望。」也作「**虎視鷹揚**」。

【鷹嘴鴨子爪——能吃不能拿】

鷹捕食物主要靠銳利的爪子，鴨子則主要靠嘴。鷹的嘴、鴨子的爪，正是它們各自的短處。見「草包豎大漢——能吃不能幹」。

ㄧㄥˊ

【迎風吃炒麵——張不得嘴】

也作「**迎風吃炒麵——張不開嘴**」。見「落雨天的芝麻——難開口」。

【迎風待月】

在風清月明之夜等待著相會。指男女幽會。唐・元稹《會真記》：「待月西廂下，迎風戶半開。隔牆花影動，疑是玉人來。」《聊齋志異・黃九郎》：「迎風待月，尚有蕩檢之譏；斷袖分桃，難免掩鼻之醜。」

【迎風兒簸簸箕】

指簸箕內糠秕等雜物隨風簸除。比喻隨聲附和。例他可是個隨風倒的人，哪邊意見占了上風，他就附和哪邊的，正是迎風兒簸簸箕，自己沒個主見。

【迎風冒雪】

迎：衝著，頂著。頂著寒風冒著大雪。形容旅途艱辛。《西遊記》四四回：「真個是迎風冒雪，戴月披星。」

【迎風招展】

招展：迎風飄動的樣子。在風中飄動。例天橋上一片旗海迎風招展，頗有壯觀的氣勢。

【迎奸賣俏】

賣弄姿色迎合奸人。明・康海《王蘭卿》三折：「怎受的小兒曹出乖弄丑，苫眼鋪眉，迎奸賣俏，點醋當醯。」

【迎刃而解】

劈開竹子的口兒，下面順勢裂開。比喻關鍵問題解決了，其他問題也就容易解決。《晉書・杜預傳》：「今兵威已振，譬如破竹，數節之後，皆迎刃而解，無復著手處也。」也作「**應刃而解**」。梁啟超《新民說》一五節：「則小逆之後必有小順，大道之後必有大順，盤根錯節之既破，而遂有應刃而解之一日。」也作「**刃迎縷解**」。

【迎頭趕上】

迎：向著。向著最前頭的人以最快的速度趕上去。例你不要以為自己天資聰明就不努力，小心被後生之輩迎頭趕上，面子就掛不住了。

【迎頭痛擊】

迎頭：迎面，當頭。當頭給以狠狠的打擊。魯迅《華蓋集・並非閒話（三）》：「我只見到對於青年作家的迎頭痛擊，冷笑，抹殺，卻很少見誘掖獎勸的意思的批評。」

【迎新送故】

見「迎新送舊」。

【迎新送舊】

迎接新的，送走舊的。比喻人事的更迭或歲月的交替。《後漢書・左雄傳》：「自是選代交互，令長月易；迎新送舊，勞擾無已。」舊時也用以形容妓女生涯。《古今小說》卷一七：「若嫁得一小民……亦是良人家媳婦。比在此中迎新送舊，勝卻千萬倍矣。」也作「迎新送故」。宋・胡仔《苕溪漁隱叢話・香山居士》：「余觀宋・景文公《守歲詩》云：『迎新送故只如此，且近燈前婪尾杯。』」

【迎意承旨】
迎合別人的意圖，稟承上司的旨意。《新五代史・唐莊宗神閔敬皇後劉氏傳》：「劉氏多智，善迎意承旨，其他嬪御莫得進見。」

【盈把之木】
盈把：滿把，即一手所能握住。形容樹小。漢・韓嬰《韓詩外傳》卷五：「盈把之木，無台拱之枝。」

【盈車之魚】
盈車：裝滿一車。一條魚裝滿一輛車。形容魚非常大。《列子・湯問》：「詹何以獨繭絲爲綸，芒針爲鈎，荊筱爲竿，剖粒爲餌，引盈車之魚於百仞之淵，汩流之中。」

【盈尺之地】
僅有方圓一尺的地方。比喻地方非常小。唐・李白《與韓荊州書》：「而君侯何惜階前盈尺之地，不使白揚眉吐氣，激昂青雲耶！」

【盈科後進】
盈：充滿；科：坑窪。水遇坑窪，要先充滿之後才繼續向前流。比喻學習應步步落實，不圖虛名。《孟子・離婁下》：「徐子曰：『仲尼亟稱於水曰：水哉！水哉！何取於水也？』孟子曰：『原泉混混，不捨晝夜，盈科而後進，放乎四海，有本者如是，是之取爾。苟爲無本，七、八月之間雨集，溝澮皆盈，其沽也，可立而待也。故聲聞過情，君子恥之。』」

【盈滿之咎】
財富多了容易招來禍害。《後漢書・折像傳》：「吾門戶殖財日久，盈滿之咎，道家所忌。」

【盈篇累牘】
盈：滿；累：重疊，積累；牘：古代寫字用的木簡。形容篇幅過長，文辭冗贅。多用於貶意。例如果一篇文章給人盈篇累牘的感覺，就不能算是好作品。也作「連篇累牘」。

【盈千累百】
見「盈千累萬」。

【盈千累萬】
形容數量多得數不勝數。清・張集馨《道咸宦海見聞錄・道光己酉》：「余大喉嚨，重慶劇盜……贓動輒盈千累萬。」也作「盈千累百」。《清史稿・王騭傳》：「就中抽撥五千入山採木，衣糧器具，盈千累百，遣發民夫，遠至千里，近亦數百里，耕作全廢，國賦何徵？」

【盈盈秋水】
秋水：比喻女子的眼睛、眼波。形容女子明亮、動人的眼睛。《三俠五義》一六回：「眼乃心之苗，不由得將二目一睜，那知道云翳早退，瞳子重生，已然黑白分明，依舊的盈盈秋水了。」

【盈盈一水】
盈盈：清淺。《古詩十九道》：「盈盈一水間，脈脈不得語。」指僅隔一水，卻可望而不可即。《聊齋志異・羅剎海市》：「忽忽三年，紅塵永隔；盈盈一水，青鳥難通。」

【盈盈欲笑】
盈盈：充滿。形容滿臉要笑的表情。《聊齋志異・鳳仙》：「見鏡中人忽現正面，盈盈欲笑。」

【盈盈在目】
美麗的形象如在眼前。清・俞樾《右台仙館筆記・楚士呂鳳梧》：「楚士呂鳳梧游於姑蘇，於舟中見一女子，美而豔，來橈去輯，一瞬即過，然思之盈盈在目也。」

【盈則必虧】
太滿就容易導致虧損。例「盈則必虧」的古訓，我們應該牢牢記住。

【盈帙滿笥】
帙：包裝書畫的套子；笥：盛衣物的方形竹器。套子和箱子都裝滿了。形容藏書豐富。南朝梁・徐勉《答客喻》：「[悱]好學不倦，居無塵雜，多所著述，盈帙滿笥，淡然得失之際，不見喜愠之容。」

【營私舞弊】
爲謀求私利，玩弄各種欺騙手段，做出違法亂紀的事情。《二十年目睹之怪現狀》一四回：「南洋兵船雖然不少，叵奈管帶的一味知道營私舞弊，那裏還有公事在他心上。」也作「營私作弊」。《清史稿・世祖本紀二》：「設立內十三衙門，委用任使，與明無異。致營私作弊，更逾往時。」

【營私作弊】
見「營私舞弊」。

【營於利者多患，輕於諾者寡信】
鑽營利祿的人多憂患，隨便答應人家的人難以被人信任。例常言道：「營於利者多患，輕於諾者寡信。」像你這樣貪利薄信，還有誰願同你來往，你又會有什麼好結果？

【螢窗雪案】
見「映雪囊螢」。

【螢火蟲當月亮——大驚小怪】
見「見了蚊子就拔劍——大驚小怪」。

【螢火蟲的屁股——亮通通的】
螢火蟲：一種能發光的昆蟲，黃褐色，尾部有發光器。比喻明明白白或明擺著，不用多說或點出。例這件事的是非、曲直，好比螢火蟲的屁股——亮通通的，還用得著多費口舌嗎？也作「螢火蟲的尾巴——亮通通」。

【螢火蟲的屁股——沒多大亮】
見「落山的太陽——沒多大亮」。

【螢火蟲的屁股——沒多大量（亮）】
量：「亮」的諧音。比喻數量不大。多指能容納或承受的限度不大。例喝酒，他是螢火蟲的屁股——沒多大量（亮），稍多一點就醉了。

【螢火蟲屁股做燈頭——照不了那麼遠】

比喻只管近的，管不了遠的。例「前任遺留下來的問題，你也應當解決。」「咱是螢火蟲屁股做燈頭——照不了那麼遠。」

【螢火之光，照人不亮】

比喻力量有限，幫不了別人的忙。《水滸傳》二回：「小人家下螢火之光，照人不亮，恐後誤了足下。我轉薦足下與小蘇學士處，久後也得個出身。足下意內如何？」

【蠅奔蚋集】

蚋：ㄖㄨㄟˋ，一種吸食人畜血液的傳染疾病的昆蟲。像蒼蠅、蚋那樣向有臭味和腥味的地方聚集。比喻衆人同向一個地方迅速匯集。多含貶義。元・戴表元《題方公刪定家藏諸賢墨跡》：「當秦檜專國時，士大夫嗜進者蠅奔蚋集。」

【蠅糞點玉】

點：斑點。引申爲污染、玷污。蒼蠅的糞便污染了潔白的美玉。比喻完美的事物受到敗壞。宋・陸佃《埤雅・釋蟲》卷一〇：「青蠅糞尤能敗物，雖玉猶不免，所謂蠅糞點玉是也。」

【蠅利蝸名】

像蒼蠅、蝸牛那樣微小的利益和名聲。比喻極其微小的名利。宋・盧炳《念奴嬌》：「回首蠅利蝸名，微官多誤，自笑塵生襪。」也作「**蠅名蝸利**」。明・陳汝元《金蓮記・郊遇》：「縱白鳳璵章多美枝，論世態浮雲可比，看這些蠅名蝸利，心腸熱憑誰淘洗。」

【蠅名蝸利】

見「蠅利蝸名」。

【蠅聲蛃竅】

見「蛃竅蠅鳴」。

【蠅頭微利】

像蒼蠅頭那麼微小的利益。《古今小說》卷一：「只爲蠅頭微利，拋卻鴛被良緣。」

【蠅頭蝸角】

比喻事物像蒼蠅頭、蝸牛角一樣微不足道。宋・趙師俠《水調歌頭・和石林韻》詞：「蠅頭蝸角微利，爭較一毫芒。」

【蠅頭細書】

像蒼蠅頭部那樣細微的小字。金・元好問《題劉威卿小字雜素册後》詩：「陰功厚薄君休問，只就蠅頭細字書。」

【蠅頭小楷】

比喻字體極小的楷體漢字。明・張岱《家傳》：「先子雙瞳既眊，猶以西洋鏡掛鼻端，漆漆作蠅頭小楷，蓋亦樂此不疲也。」

【蠅營狗苟】

營：謀求；苟：苟且。像蒼蠅那樣追求污物，像狗那樣搖尾乞憐。比喻不知廉恥地苟且偷生，不擇手段到處鑽營。唐・韓愈《送窮文》：「朝悔其行，暮已復然；蠅營狗苟，驅去復還。」

【贏得貓兒賣了牛】

比喻因小失大。例何苦做這貼本買賣！爲了蠅頭小利，倒把本錢全賠上了，眞是贏得貓兒賣了牛。

ㄧㄥˇ

【郢匠揮斤】

斤：斧子。《莊子・徐无鬼》：「郢人堊漫其鼻端，若蠅翼，使匠石斫之。匠石運斤成風，聽而斫之，盡堊而鼻不傷，郢人立不失容。」後以「郢匠揮斤」形容技藝熟練高超。唐・崔融《嵩山啟母廟碑序》：「周官置臬，郢匠揮斤，異態神行，全模化造。」

【郢書燕說】

《韓非子・外儲說左上》：「郢人有遺燕相國書者，夜書，火不明，因謂持燭者曰：『舉燭』，而誤書『舉燭』。舉燭非書意也。燕相國受書而說之，曰：『舉燭者，尙明也。尙明也者，舉賢而任之。』燕相白王，王大悅。國以治。治則治矣，非書意也。今世學者，多似此類。」後以「郢書燕說」比喻穿鑿附會，曲解原意。清・汪琬《使琉球錄序》：「間有作者，又多樂道怪奇，承襲訛謬，直等於郢書燕說耳。」

【穎脫而出】

穎：尖端。《史記・平原君虞卿列傳》：「平原君曰：『夫賢士之處世也，譬若錐之處囊中，其末立見。』毛遂曰：『臣乃今日請處囊中耳。使遂蚤得處囊中，乃穎脫而出，非特其末見而已。』後用「穎脫而出」比喻才幹全部顯示出來。唐・李白《與韓荊州書》：「使白得穎脫而出，即其人焉。」也作「**脫穎而出**」。

【穎悟絕倫】

絕倫：超過同輩。形容聰明過人。唐・段安節《張紅紅》：「其父……乃自傳其藝，穎悟絕倫。」也作「**穎悟絕人**」。例這孩子穎悟絕人，小小年紀就取得世界大賽的金牌。

【穎悟絕人】

見「穎悟絕倫」。

【景從雲集】

景：同「影」。像影子一樣跟從，如雲一般聚集。形容聚集了很多追隨者，一呼百應。《封神演義》九八回：「且天下諸侯景從雲集，隨大王以伐無道，其愛戴之心，蓋有自也。」

【影單形隻】

見「影隻形單」。

【影響之談】

影響：不實、無根據。指毫無根據的傳言。《初刻拍案驚奇》卷一〇：「如今韓生吉帖婚書，並無一毫虛謬；那程元卻都是些影響之談，……至於三人所說結姻年月日期，各自一樣。這卻是何緣故？」

【影形不離】

像影子跟隨形體，一刻不分離。形容彼此關係極爲密切。例這兩個孩子好得像一個人一樣，整天影形不離的。

【影影綽綽】
形容模模糊糊，隱約可見。《金瓶梅詞話》一三：「這潘金蓮單單把眼四下觀盼，影影綽綽只見一個白臉在牆頭上探了探，就下去了。」

【影隻形單】
形體和影子都只有一個。形容十分孤獨。元・高則誠《琵琶記・伯喈夫妻分別》：「也不是要埋冤，影只形單，我出去有誰來看管？」也作「影單形隻」。清・沈復《浮生六記・坎坷記愁》：「復至揚州，賣畫度日。因得常哭於芸娘之墓，影單形隻，備極淒涼。」也作「影隻形孤」。元・尚仲賢《柳毅傳書》一折：「謾躊躇影隻形孤，只我這淚點兒多如那落花雨。」也作「形單影隻」、「形隻影單」。

【影隻形孤】
見「影隻形單」。

ㄧㄥˋ

【應變隨機】
隨情況的變化而靈活對付。明・許自昌《水滸傳・謀成》：「小生吳用，多謀足智，應變隨機。」也作「隨機應變」。

【應變無方】
方：方法，準則。隨情況的變化而靈活應付。不墨守成規。《隋書・楊素傳》：「素多權略，乘機赴敵，應變無方。」

【應答如流】
見「應對如流」。

【應答如響】
響：迴響。形容反應很快，應答敏捷，如回聲應和。《梁書・徐摛傳》：「因問『五經』大義，次問歷代史及百家雜說，末論釋教。摛商較縱橫，應答如響。」也作「應接如響」。例我們常常可以從電視中看到，各種智力競賽的選手，人人對答如流，個個應接如響。

【應答如注】
見「應對如流」。

【應對不窮】
應答沒有詞窮的時候。形容博學而敏捷。《隋唐演義》八二回：「玄宗見他應對不窮，十分歡喜，即擢爲翰林學士。」

【應對如流】
如流：像流水一樣。回答問話像流水一樣。形容思維敏捷，回答問題準確迅速。唐・房玄齡等《晉書・張華傳》：「華應對如流，聽者忘倦。」也作「應答如流」。《三國演義》四七回：「統高談闊論，應答如流。」也作「應答如注」。明・焦竑《玉堂叢語・文學》：「文學之臣，苦於考索，求者闐門，而先生應答如注。」也作「對答如流」。

【應付裕如】
裕如：自如，不費力。指待人處事老練成熟。例由於小王很早就踏入社會工作，經歷了很多人情世故，因此，與各種不同的人打交道對他來說，實在應付裕如，毫無障礙可言。也作「應付自如」。茅盾《子夜》五：「外國的企業家果然有高掌遠蹠的氣魄和鐵一樣的手腕，卻也有忠實而能幹的部下，這樣才能應付自如，所向必利。」

【應付自如】
見「應付裕如」。

【應規蹈矩】
應：順應；規、矩：校正圓形和方形的兩種器具，借指規則、禮法；蹈：履行。指嚴格遵循禮法，不越分寸。《隋書・音樂志中》：「齊之以禮，相趨帝庭，應規蹈矩，玉色金聲。」也作「循規蹈矩」。

【應機立斷】
順應時機，及時作出決斷。南朝梁・劉勰《文心雕龍・神思》：「若夫駿發之士，心總要術，敏在慮前，應機立斷。」也作「當機立斷」。

【應機權變】
見「應權通變」。

【應際而生】
際：局勢形成的時候。順應時運而產生。晉・常璩《華陽國志・劉先主志》：「方今大王應際而生，與神合契，願速即洪業，以寧海內。」也作「應時而生」。

【應接不暇】
暇：空閒。指景物繁多，觀賞不過來。南朝宋・劉義慶《世說新語・言語》：「從山陰道上行，山川自相映發，使人應接不暇。」也形容事情太多，應付不過來。《醒世恆言》卷三五：「那邊才叫：『某大叔，有些小事相煩。』還未答應時，這邊又叫：『某大叔，我也有件事兒勞動。』眞個應接不暇，何等興頭。」

【應接如響】
見「應答如響」。

【應籙受圖】
籙：ㄌㄨˋ，符籙；圖：河圖。都是祥瑞的象徵。《易緯乾鑿度》卷下：「二十九年伐崇侯，作靈臺，改正朔，布王號於天下，受籙應河圖。」古代統治者自稱是應河圖、受符命來統治天下的，表示王權是神授的。《晉書・樂志》下：「改《上邪》爲《大晉承運期》，應聖皇應籙受圖，化象神明也。」也作「應圖受籙」。《舊唐書・禮儀志三》：「物極而復，天祚我唐，武、文二后，應圖受籙。」

【應權通變】
權：權宜；變：變通。權衡利弊，根據情況，隨機變通。《三國演義》七三回：「若應權通變，以寧靜聖朝，雖赴水火，所不得辭。」也作「應機權變」。唐・無名氏《仙傳拾遺・張子房》：「子房讀其書，能應機權變，佐漢祖定天下。」

【應刃而解】

見「迎刃而解」。

【應聲蟲】

據宋・范正敏《遁齋閒覽・應聲蟲》記載：有人患奇病，腹中有蟲，人說話，蟲即應之，道士稱其為應聲蟲。後用以比喻隨聲附和的人。例這小張是小王的應聲蟲，小王說煤球是白的，他就說跟元宵一個樣兒。

【應時對景】

適合時宜與情景。《孽海花》八回：「效亭道：『應時對景我們各賀一杯，你再說飛觴吧。』」

【應時而生】

見「應際而生」。

【應時之技】

應時：適應時宜；技：技能。適合社會需要的技能。《紅樓夢》五八回：「其中或大一二個知事的，愁將來無應時之技，亦將本技丟開，便學起針黹紡織女工諸務。」

【應天承運】

順應和承受天命。指帝王都是受命於天來統治天下的，其所為都是符合天意的。例凡是號召革命推翻前朝的羣雄，都是打著應天承運的旗幟來統一天下。

【應天從民】

見「應天從人」。

【應天從人】

順應天命，順從人心。《周易・革》：「湯武革命，順乎天而應乎人。」多用為帝王登基的頌詞。《梁書・顏協傳》：「高祖受禪，見遠乃不食，發憤數日而卒。高祖聞之曰：『我自應天從人，何預天下士大夫事？而顏見遠乃至於此也』」也作「**應天從民**」。《南齊書・謝瀹傳》：「陛下受命，應天從民。」也作「**應天從物**」。《周書・武帝紀下》：「朕應天從物，伐罪吊民，一鼓而蕩平陽，再舉而摧勍敵。」也作「**應天順民**」。漢・應瑒《文質論》：「至乎應天順民，撥亂夷世，摛藻奮權，赫奕丕烈。」也作「**應天順人**」。《三國演義》四七回：「[闞]澤曰：『某等非為爵祿而來，實應天順人耳。』」

【應天從物】

見「應天從人」。

【應天受命】

順應天道，承受天命。多用為帝王登基的阿諛之詞。《晉書・謝混傳》：「陛下應天受命，登壇日恨不得謝益壽奉璽紱。」也作「**應天授命**」。《太平廣記》卷一五〇引唐・韋絢《嘉話錄》：「乃知聖人應天授命，享國年深，豈是徒然！」

【應天授命】

見「應天受命」。

【應天順民】

見「應天從人」。

【應天順人】

見「應天從人」。

【應天順時】

上應天命，下順時勢。多用為帝王登基繼統的頌詞。《晉書・元帝紀》：「爰暨世祖，應天順時，受茲明命。」

【應圖受籙】

見「應籙受圖」。

【應運而出】

見「應運而生」。

【應運而起】

見「應運而生」。

【應運而生】

應：順應；運：舊指天命，時運。原指順應天意而降生。現指適應時代潮流而產生或出現。《紅樓夢》二回：「雨村道：『天地生人，除大仁大惡，餘者皆無大異；若大仁者則應運而生，大惡者則應劫而生，運生世治，劫生世危。』」也作「**應運而起**」。例由於現代人忙於工作，較少時間看顧小孩，因此安親班就如雨後春筍般的應運而起了。也作「**應運而出**」。孫中山《建國方略・知行總論》：「由此觀之，凡為需要所迫，不獨人類能應運而出，創造發明，即物類亦有此良能也。」

【映雪讀書】

見「映雪囊螢」。

【映雪囊螢】

南朝梁・任昉《為蕭揚州薦士表》：「至乃集螢映雪，編蒲緝柳。」李善注：「《晉陽春秋》曰：『車胤……貧不常得油，夏月則練囊盛數十螢火，以夜繼日焉。』《孫氏世錄》曰：『孫康家貧，常映雪讀書。』」後以「映雪囊螢」形容家貧如洗，仍能刻苦讀書。元・施惠《幽閨記・書幃自嘆》：「十年映雪囊螢，苦學干祿，幸首獲州庠鄉舉。」也作「**映雪讀書**」。唐・權德輿《旅館雪晴……》詩：「丈夫富貴自有期，映雪讀書徒白首。」也作「**螢窗雪案**」。元・無名氏《劉弘嫁婢》三折：「小聖在生之日，螢窗雪案，不知受了多少苦楚。」

【硬棒棒彈棉花——越整越亂】

整：〈方〉弄。彈棉花只有用彈性的弓子才能彈得鬆軟，硬棒子只能越彈越亂。比喻處理問題方法不得當，會把事情越弄越壞。例管教小孩不能好採取高壓政策，否則就像硬棒棒彈棉花——越整越亂。

【硬逼公雞下蛋】

比喻逼人幹辦不到的事情。例你這不是難為我嗎？明知我不會，偏要我做，實在是「硬逼公雞下蛋」。

【硬骨頭】

①比喻堅強不屈的人。例江姐是硬骨頭，在嚴刑拷打面前從未低過頭。②比喻堅強不屈的精神。例拚事業就應該有點硬骨頭精神。

【硬骨頭——啃不動】

也作「**硬骨頭——難啃**」、「**硬骨頭——不大好啃**」。見「老牛筋——難啃」。

【硬漢難避枕旁風】

指男人難免不受妻子的影響。例俗話說：「硬漢難避枕旁風。」他二十八、九歲就娶到這麼有才幹的媳婦，本來就高興得不得了，一開始就讓她三分，逐漸就百依百順，唯命是聽。

【硬節柴火——難劈】
也作「硬柴節—難劈」。見「榆木疙瘩——難劈」。

【硬來硬抗，軟來軟磨】
指用各種辦法來對付，針鋒相對。例對這種事兒，就是要硬來硬抗，軟來軟磨，絕不能把胸脯子彎下來。

【硬碰硬】
①比喻實打實的工作。例這可是硬碰硬的活兒，不允許半點馬虎。②比喻以强硬態度對抗强硬態度。例他們兩個可是硬碰硬，誰也不肯服輸。

【硬要麻雀生鵝蛋——蠻不講理】
指蠻橫無理。例這件事根本不可能成功，你要我辦成這件事，是硬要麻雀生鵝蛋——蠻不講理。

【硬語盤空】
硬語：强勁有力的語句；盤：盤旋迴蕩。强勁有力的語句迴蕩在空中。形容詩文的詞語豪邁有力，氣勢磅礴，宋・辛棄疾《賀新郎・同父見和，再用韻答之》詞：「我病君來高歌飲，驚散樓頭飛雪。笑富貴、千鈞如髮。硬語盤空誰來聽？記當時，只有西窗月。」

【硬著頭皮】
①指勉强做不合自己心意的事。例我實在不願再做那個工作了，可是老闆再三懇求，我只好硬著頭皮撐下去了。②形容不怕阻攔和影響，也不管條件限制，仍堅持幹某事。例爲了大伙兒的福利，我硬著頭皮也要向主管力爭一下。

ㄨ

ㄨ

【烏白馬角】
烏：烏鴉；角：犄角。讓烏鴉變白，讓馬長出犄角。比喻願望不可能實現。《史記・刺客列傳贊》：「太史公曰：世言荊軻，其稱太子丹之命，『天雨粟，馬生角』也，太過。」《三國魏・曹植〈精微篇〉》：「子丹西質秦，烏白馬角生。」也作「烏白頭，馬生角」。漢・應劭《風俗通易》卷二：「燕太子丹仰嘆，天爲雨粟，烏白頭，馬生角。」也作「烏頭馬角」。柳應子《爲滇中義師賦》：「烏頭馬角傷心極，我已今生悔有情。」

【烏白頭，馬生角】
見「烏白馬角」。

【烏哺之私】
見「烏鳥私情」。

【烏不三，白不是】
形容不乾不淨。《石點頭》卷三：「可憐這清清白白一個好後生，弄得烏不三，白不是，三分似人，七分像鬼。」

【烏飛兔走】
烏：金烏，古代指太陽；兔：玉兔，古代指月亮。古代傳說太陽中有金色三足烏，月亮中有玉兔。所以稱太陽月亮爲金烏玉兔。比喻時光飛速地流逝。元・關漢卿《魯齋郎》四折：「烏飛兔走急如梭。」《封神演義》一二回：「烏飛兔走，瞬息光陰，暑往寒來，不覺七載。」也作「兔走烏飛」。

【烏狗吃食，白狗當災】
烏狗：黑狗。比喻代人受罪。《二刻拍案驚奇》卷三八：「遂把楊二郎監下，隔幾日就帶出鞫問一番……打得些屈棒，毫無頭緒。楊二郎正是俗語所云：從前作事，沒興齊來。烏狗吃食，白狗當災。」

【烏龜背著地——翻不了身】
見「房梁上睡覺——翻不了身」。

【烏龜變鱔魚——解甲歸田】
甲：古代將士的護身服，用金屬或皮革做成。脫下戰袍，回家種田。比喻退伍還鄉；或卸去公職，過閒適生活。例我已到退休年齡，精力減退，應該烏龜變鱔魚——解甲歸田了。也作「王八變黃鱔——解甲歸田」。

【烏龜不笑鱉，都在泥裏歇】
比喻彼此的地位、處境都一樣，或都有短處，就不要互相譏笑。古華《芙蓉鎮》二章七：「烏龜不笑鱉，都在泥裏歇，都是一樣落難，一樣造孽。」也作「烏龜不笑鱉，一個洞裏歇」。例咱倆都胖得走不動，五十步笑百步，兩個差不多，好比那烏龜不笑鱉，一個洞裏歇。也作「烏龜莫笑鱉，同是縮頭命」。

【烏龜吃秤錘——鐵了比】
見「吃了秤砣——鐵了心」。

【烏龜吃大麥——糟蹋糧食】
比喻浪費物品。例孩子要喝酒，父親說他是烏龜吃大麥——糟蹋糧食。也作「烏龜吃大麥——糟蹋穀米」。

【烏龜吃亮蟲——心裏明】
見「雞吃放光蟲——肚裏明」。

【烏龜吃煤炭——黑心王八】
王八：烏龜和鱉的俗稱。比喻人的品質惡劣，心腸很壞。例舊社會的官吏清廉者少，多半是烏龜吃煤炭——黑心王八，既凶惡，又貪婪。

【烏龜打架——硬碰硬】
見「鋼釺打石頭——硬碰硬」。

【烏龜的腦袋——伸伸縮縮】
也作「烏龜的腦袋——伸一下，縮一下」。見「蚯蚓走路——伸伸縮縮」。

【烏龜墊床腳——死撐】
也作「烏龜墊床腳——硬撐」。見「臘豬頭——死撐」。

【烏龜墊床腳——死頂】
見「撐歪牆的木柱——死頂」。

【烏龜跌下水——正合意】

見「口渴遇甘泉——正合心意」。

【烏龜肚子朝天——動彈不得】

見「吃了蒙汗藥——動彈不得」。

【烏龜過門檻，只聽殼殼響——好閣（殼）】

門檻：門框下部緊挨地面的橫木，有的用磚石砌成；閣：「殼」的諧音。烏龜行動笨拙，爬過門檻困難，時爬時跌，因而只聽見烏龜殼碰撞地面發出的響聲。比喻人生活奢侈，講排場。例這位少爺一日一小宴，三日一大宴，花錢如流水，人家說他是烏龜過門檻，只聽殼殼響——好閣(殼)。

【烏龜進沙鍋——丟盔卸甲】

烏龜有硬甲，放在鍋裏煮熟後，甲易脫落。形容倉皇逃跑的狼狽相。例這一仗，打得敵人就像烏龜進沙鍋——丟盔卸甲，元氣大傷。

【烏龜殼上貼廣告——牌子硬】

見「花崗岩做招牌——牌子硬」。

【烏龜戀王八，蒼蠅戀糞堆】

王八：烏龜或鱉的俗稱。比喻臭味相投。例他們兩人臭味相投，好比那烏龜戀王八，蒼蠅戀糞堆，湊在一起豈有好事？

【烏龜落在秤盤裏——自稱自】

見「蛤蟆跳進秤盤裏——自稱自」。

【烏龜攆兔子——趕不上】

見「騎牛追馬——趕不上」。

【烏龜爬門檻——遲早要栽跟斗】

比喻終究要失敗或出醜。例等著瞧吧，他這樣胡搞下去，烏龜爬門檻——遲早要栽跟斗。

【烏龜爬門檻——就看此一跌】

烏龜要過門檻，爬上去困難，一旦爬上去，關鍵是向另一邊一跌，才能過去。比喻成敗在此一舉。例對方能否接受和談，關鍵就在這次戰役能否消滅其主力部隊。俗話說：「烏龜爬門檻——就看此一跌，咱們必須全力以赴，奮勇拼搏。也作「**烏龜爬門檻——但看此一番（翻）**」。

【烏龜爬沙——慢慢來】

見「螞蟻啃骨頭——慢慢來」。

【烏龜請客——盡是王八】

王八：烏龜和鱉的俗稱。比喻都是些壞人或不三不四的人。例在那個黑暗角落聚會的人，烏龜請客——盡是王八，幹不出一件好事來。

【烏龜賽跑——落後啦】

見「起五更，趕晚集——落後啦」。

【烏龜摔在石板上——碰上硬的了】

比喻碰上不好對付的人。例他一向專揀弱的欺負，這回可是烏龜摔在石板上——碰上硬的了。

【烏龜抬轎子——硬頂】

也作「**烏龜抬轎子——硬扛**」。見「黃牛打架——硬頂」。

【烏龜馱西瓜——滾的滾，爬的爬】

也作「**烏龜馱西瓜——連滾帶爬**」。見「屎殼郎推蛋蛋——滾的滾，爬的爬」。

【烏龜王八】

王八：烏龜或鱉的俗稱。爲罵人的話。舊時指娼家男人或外遇妻子的丈夫。也泛指心地卑鄙、行爲醜惡的人。《官場現形記》一三回：「一個局來了，總有兩三個烏龜王八跟了來。」也作「**烏龜忘八**」。忘八：一說與「王八」諧音，一說指忘卻「孝悌忠信禮義廉恥」八德中的第八字「恥」，義即「無恥」。例那些大貪污犯，侵吞了國家財產，吸了人民的血汗，是一羣烏龜忘八。

【烏龜忘八】

見「烏龜王八」。

【烏龜想騎鳳凰背——白日做夢】

比喻幻想的事根本不能實現。例從我們的條件來看，要趕超對方，並非是烏龜想騎鳳凰背——白日做夢，關鍵在於生產和管理工作要上軌道。

【烏龜有肉——全在肚裏】

比喻有眞才實學，並不顯露自己。例人家是烏龜有肉——全在肚裏，不像你那樣好表現自己。

【烏龜有肉，在殼殼頭】

殼殼頭：甲殼裏。比喻眞有學識者不吹牛。例他這人很謙虛，從不吹牛誇自己。其實，他學識淵博，正如烏龜有肉，在殼殼頭，從不外露。

【烏龜遭牛踩一腳——痛在心裏】

雙關語。比喻內心痛苦，不願向人訴說。例他連續遭到不幸，可都是烏龜遭牛踩一腳——痛在心裏，從不向人吐露。也作「**烏龜著牛踩——肚裏痛**」。

【烏龜找甲魚——一路貨】

甲魚：鱉。見「婊子罵娼——一路貨」。

【烏合之師】

見「烏合之衆」。

【烏合之衆】

像烏鴉一樣暫時聚合的一羣。比喻臨時雜湊起來無組織無紀律的一羣人。唐·馬總《意林》引《管子》：「烏合之衆，初雖有歡，後必相吐，雖善不親也。」也作「**烏合之卒**」。卒：士兵。《梁書·羊侃傳》：「今驅烏合之卒，至王城之下，虜馬飮淮，矢集帝室，豈有人臣而至於此？」也作「**烏合之師**」。師：軍隊。《三國演義》一七回：「［陳］登曰：『［袁］術兵雖衆，皆烏合之師，素不親信；我以正兵守之，出奇兵勝之，無不成功。』」

【烏合之卒】

見「烏合之衆」。

【烏集之交】

烏：烏鴉；集：聚集；交：交往。像烏鴉聚集一樣的交往。形容臨時爲謀利而結交的朋友。《管子·形勢解》：「與人交，多詐僞，無情實，偸取一切，謂之烏集之交。烏集之交，初雖相歡，後必相咄，故曰：『烏集之交。』」

【烏集之衆】

烏：烏鴉；集：聚集；衆：衆多。像烏鴉聚集那樣衆多。形容人很多。

《三國志·吳書·虞翻傳》：「明府用烏集之衆，驅散附之士，皆得其死力，雖漢高祖不及也。」

【烏焦巴弓】

烏：黑色；焦：燒成炭樣。原是《百家姓》中排在一起的四個姓。後借喻燒得焦黑變形。《民國通俗演義》五回：「艮弼正要進門，猛聽得一聲怪響，不禁卻顧，可巧彈落腳旁，把左足轟得烏焦巴弓，呼痛未終，已是暈倒。」也借用爲喪失，不復存在的意思。《三寶太監西洋記》七六回：「若不是貧僧之時，只好過得兩個關，我這第三個關上，卻有些難處，不免做了煨燼之末；就到如今爲個神，也有些烏焦巴弓。」

【烏舅金奴】

烏舅：同「烏桕」；金奴：油燈。烏桕子的油和油燈。形容吝嗇者的作爲。宋·陶谷《清異錄·器具》：「江南烈祖素儉，寢殿不用脂燭，灌以烏舅子油，但呼烏舅。案上捧燭鐵人，高尺五，云是楊氏時馬廄中物。一日黃昏急須燭，喚小黃門：『掇過我金奴來。』左右竊相謂曰：『烏舅金奴正好作對。』」

【烏拉草炒韭菜——亂七八糟】

烏拉草：即靰鞡草，多年生草本植物，莖、葉曬乾，墊在鞋或靴子裏，可以保暖，不能食用，產於我國東北地區。見「豆芽炒韭菜——亂七八糟」。

【烏帽紅裙】

烏帽：古代青年男子的帽子；紅裙：古代年輕女子的裙子。形容才子佳人。清·孔尚任《桃花扇·鬧榭》：「絲竹隱隱，載將來一隊烏帽紅裙。天然風韵，映著柳陌斜曛。」

【烏面鵠形】

鵠：天鵝。臉黑如烏鴉，體瘦若天鵝。形容人饑餓過甚之狀。《南史·侯景傳》：「時江南大饑，江、揚彌甚，旱蝗相繫，年穀不登。百姓流亡，死者塗地……其絕粒久者，烏面鵠形。」

【烏木簪蘸醋——又黑又尖又酸】

比喻人尖酸刻薄，心黑手狠。例那個人是烏木簪蘸醋——又黑又尖又酸，所以我想離開他遠一點爲妙。

【烏鳥私情】

烏鳥：烏鴉；私：親。古人認爲雛烏長大後銜食反哺老烏，故稱烏鴉爲「孝鳥」。比喻奉養長輩的孝敬之心。晉·李密《陳情表》：「祖母劉九十有六，是臣盡節於陛下之日長，報劉之日短也。烏鳥私情，原乞終養。」也作「**烏鳥之情**」。三國魏·杜摯《降吳表》：「欽累世受魏恩，烏鳥之情，竊懷憤踴。」也作「**烏鳥之私**」清·陳康祺《謝御史陳情疏》：「然民社在身，外得竭駑駘之力；母子聚首，內得伸烏鳥之私。」也作「**烏哺之私**」。哺：反哺。清·劉坤一《覆李筱泉》：「而弟微窺其意，似不獨在烏哺之私，當經苦勸再三，渠竟固執已見……故不得已爲之請假。」

【烏鳥之情】

見「烏鳥私情」。

【烏鳥之私】

見「烏鳥私情」。

【烏七八糟】

形容非常雜亂，毫無秩序或條理。老舍《四世同堂》四三：「整個的北平都在烏七八糟中，她所知道的『能人』們都閉著眼睛瞎混。——他們與她們都只顧了嘴與其他的肉體上的享受，她何必獨自往相反的方向走呢。」也作「**亂七八糟**」。

【烏棲一枝】

烏鴉棲宿在同一個樹枝上。比喻一家同住一處。清·孔尚任《桃花扇·移防》：「鄉園繫思，久斷平安字；烏棲一枝，鬱鬱難居此。結伴還鄉，白雲如駛，遂了三年歸志。」

【烏球子樹老來紅，荷葉老來結蓮蓬】

比喻人老貢獻更大。例他人老心不老，正像那「老牛明知夕陽短，不用揚鞭自奮蹄。」他工作上更努力，貢獻也就更大，正是烏球子樹老來紅，荷葉老來結蓮蓬。

【烏鵲成橋】

見「烏鵲填橋」。

【烏鵲填橋】

傳說牽牛、織女分居天河兩岸，每年七月七日地上的喜鵲飛到天河填河成橋，使之相會。比喻男女結合，夫妻相聚。漢·應劭《風俗通義》：「織女七夕當渡河，使鵲爲橋。」宋·羅願《爾雅翼》卷一三：「涉秋七日，鵲首無辜皆禿，相傳以爲是日河鼓（即牽牛）與織女會於漢（天河）東，役烏鵲爲梁以渡，故毛皆脫去。」清·蒲松齡《代王次公與顏山趙啟》：「月老翻書，幸赤繩之繫足；天孫隔渡，賴烏鵲之填橋。」也作「**烏鵲成橋**」。宋·張孝祥《雨中花慢》詞：「猶自待，青鸞傳信，烏鵲成橋。」

【烏鵲通巢】

巢：窩。烏鴉和喜鵲共處一個窩。比喻和睦共處。《隋書·郭雋傳》：「[雋]家門雍睦，七葉共居，犬豕同乳，烏鵲通巢，時人以爲義感之應也。」

【烏鵲爭巢】

烏鴉和喜鵲爭奪同一個窩。比喻異類相爭必有一傷。《晋書·梁武昭王傳》：「士業之未敗也……通街大樹上有烏鵲爭巢，鵲爲烏所殺……至是而亡。」

【烏紗帽】

比喻官位，官職。例我怕啥？我又沒有烏紗帽好丟！不像你們有職位在身，處處要小心謹慎。

【烏天黑地】

烏：黑。黑的天，黑的地。形容政治黑暗。元·陶宗儀《攔駕上書》：「奉使來時驚天動地，奉使去時烏天黑地，官吏都歡天喜地，百姓卻啼天哭地。」

【烏頭馬角】

見「烏白馬角」。

【烏鴉不入鳳凰羣】

比喻壞人不可能與好人同羣。例這人油嘴滑舌、刁鑽狡猾，想跟老實厚道的人作朋友，怎能不被人拒之於千里之外？烏鴉不入鳳凰羣嘛！

【烏鴉的翅膀遮不住太陽】

比喻任何壞人或惡勢力，都掩蓋不了、抹煞不了眞理的光輝。例他這人蠻不講理，硬要指鹿爲馬、顚倒黑白。大家對他不屑一顧，說他那烏鴉的翅膀遮不住太陽。

【烏鴉的叫聲——徵兆不祥】

迷信的人認爲烏鴉叫不是好徵兆。比喻有不吉利的跡象。例什麼烏鴉的叫聲——徵兆不祥，我才不相信這套鬼話，該幹啥還得幹啥。

【烏鴉等不到甚子黑】

甚（ㄕㄣˋ）子：桑葚，成熟時成紫黑色。烏鴉不等桑葚成熟就叼來吃了。比喻性急，不等條件成熟就辦。例炒菜要等火候，起鍋不能太早，也不能太晚。太早菜還是生的，好比那烏鴉等不到甚子黑；太晚，菜的味道也不好吃。

【烏鴉落房頭——開口是禍】

迷信傳說中把烏鴉比作不祥之鳥，烏鴉在房頭上叫預示著災禍臨頭。見「老虎近身——開口是禍」。

【烏鴉落在豬身上——黑對黑】

比喻彼此差不多，都很難看。常用於戲謔。例你別挑剔人家了，自己也不漂亮，說公道點，你們是烏鴉落在豬身上——黑對黑。也作「張飛遇李逵——黑對黑」。

【烏鴉閃蛋】

閃：拋撇。指落空，一無所獲。《醒世姻緣傳》七六回：「［素姐］又走到調羹房裏抄沒他的衣物，又要摔死他的孩兒。幸得調羹所有的東西，所生的孩子，都得空子運到相大舅家內收藏，給了個『烏鴉閃蛋』。」

【烏鴉頭上插雞毛——想裝鳳凰】

比喻不自量力。有時指壞人喬裝打扮，充作好人。例這小子今天在這裏，烏鴉頭上插雞毛——想裝鳳凰，結果當場出醜，逗得大家樂不可支。也作「烏鴉插上雞尾巴——裝鳳凰」。

【烏鴉笑豬黑——彼此彼此】

也作「烏鴉落在豬身上——一樣黑」。見「半斤對八兩——彼此彼此」。

【烏鴉笑豬黑——不知自醜】

比喻不害羞，無自知之明。例你比人家還差勁哩，還說三道四，眞是烏鴉笑豬黑——不知自醜。也作「烏鴉笑豬黑——自醜不覺得」、「瞎子照鏡子——看不到自己的醜處」、「豬八戒戴花——不知自醜」。

【烏鴉笑豬——只見人家黑，不見自己黑】

也作「烏鴉趴在豬身上——只看見別人黑，看不見自個兒」、「烏鴉騎在豬背上——只見別人一身黑」、「烏鴉笑豬黑——自己不覺得」。見「鍋底笑話缸底黑——只見人家黑，不見自己黑」。

【烏鴉一找到玫瑰花，就把自己當夜鶯誇】

比喻心術不正的人一有機會就自我誇耀。例他爲了往上爬，見別人有缺點，就極力貶低別人，抬高自己，正是烏鴉一找到玫瑰花，就把自己當夜鶯誇。

【烏鴉占著鳳凰巢】

比喻品德惡劣的人占據了崇高的位置。多指一個壞女人奪得了另一個女人的丈夫。例作爲第三者，她不爲恥，反以爲榮，成天和那男人廝混。鄰居們罵她是烏鴉占著鳳凰巢，把自己的歡樂建築在另一個女人的痛苦上。

【烏鴉嘴，糯米心】

比喻說話傷人但心腸軟的人。例你別看他說話不好聽，可沒什麼壞心眼，是那種烏鴉嘴，糯米心的人。也作「刀子嘴，豆腐心」。

【烏焉成馬】

「烏」、「焉」、「馬」三個字形體相近似，抄寫時容易把「烏」、「焉」誤寫成「馬」字。指傳抄訛誤。《周禮・天官塚宰・縫人》：「喪縫棺飾焉。」鄭玄注：「故書焉爲馬。」古諺：「書經三寫，烏焉成馬。」

【烏焉亥豕】

見「烏焉魯魚」。

【烏焉魯魚】

在篆文中「馬」與「烏」和「焉」字形相似，「魯」和「魚」、「亥」、「豕」字形相似，抄寫時容易弄錯。指書籍或文章在傳抄中或刊印過程中出現的文字錯誤。古諺：「書經三寫，烏焉成馬。」《呂氏春秋・察傳》：「有讀史者曰：『晋師三豕涉河。』子夏曰：『非也，是己亥也。夫己與三相似，豕與亥相似。』」宋・董逌《除正字謝啟》：「烏焉混淆，魚魯雜糅。」也作「烏焉亥豕」。淸・汪琬《校正東都事略前序》：「敗紙故墨，脫訛甚多，烏焉亥豕，開卷叢雜。」

【烏煙瘴氣】

烏：黑；瘴氣：熱帶山林中的一種熱濕空氣，可使人中毒生病。①比喻環境嘈雜，秩序混亂。老舍《趙子曰》二一：「他的社會是一團烏煙瘴氣，他的國家是個『破鼓萬人捶』的那個大破鼓」。②形容風氣敗壞，社會黑暗。茅盾《淸明前後・後記》：「轉念一想，公然賣國殃民的文字還在大量生產呢，我何必客氣而不在這烏煙瘴氣中喊幾聲？我終於在勝利聲中把五幕寫完了。」③比喻人品壞或不幹事。《兒女英雄傳》二一回：「何況問話的，又正是海馬周三，烏煙瘴氣這班人。他那性格兒怎生別得住。」

【烏眼雞】

黑了眼的雞。形容人因嫉恨而怒目相視的神態。比喻好鬥的人。《紅樓夢》三〇回：「越大越成了孩子了！有這會子拉著手哭的，昨兒爲什麼又成了烏眼雞似的呢？」

【烏衣門第】

烏衣：指烏衣巷，在今南京秦淮河南，古與朱雀橋相近，晋時王導、謝安諸貴族皆居於此。泛指富貴人家。清・納蘭性德《贈梁汾》：「德也狂生耳，偶然間，緇塵京國，烏衣門第。」也作「**烏衣巷口**」。唐・劉禹錫《烏衣巷》詩：「朱雀橋邊野草花，烏衣巷口夕陽斜；舊時王謝堂前燕，飛入尋常百姓家。」也作「**烏衣門巷**」。明・吳廷翰《升平樂》詞：「淒涼秋風，夜月更堪傷！難忘卻主人情況。烏衣門巷，嘆當年王謝，依舊斜陽。」

【烏衣門巷】

見「烏衣門第」。

【烏衣巷口】

見「烏衣門第」。

【烏衣之游】

烏衣：指烏衣巷，在今南京秦淮河南，古與朱雀橋相近，東晋時王導、謝安諸貴族皆居此。游：詩文雅興。指富貴人家子弟的詩文雅興。《宋書・謝弘微傳》：「混……與族子靈運、瞻、曜、弘微，並以文義賞會，嘗共宴處，居在烏衣巷，故謂之烏衣之游。」

【烏衣子弟】

指富貴人家的子弟。清・孔尚任《桃花扇・拒媒》：「水閣含春，便有那烏衣子弟伴紅裙，難道是織女牽牛天漢津。」

【烏有先生】

漢代司馬相如的《子虛賦》中虛擬的人名。意謂無有此人。《史記・司馬相如列傳》：「烏有先生者，烏有此事也。」宋・辛棄疾《卜算子》詞：「誰伴揚雄作《解嘲》，烏有先生也。」

【烏有子虛】

烏有：哪有此事之意；子虛：並非眞實之意。漢・司馬相如《子虛賦》：「楚使子虛使於齊，王悉發車騎，與使者出畋。畋罷，子虛過奼烏有先生，亡是公存焉。」子虛先生、烏有先生和亡是公是三個虛擬的人物。後用以表示沒有的、不眞實的或假託的事情。清・孔尚任《桃花扇・凡例》：「至於兒女鍾情，客賓解嘲，雖稍有點染，亦非烏有子虛之比。」也作「**子虛烏有**」。

【烏魚之瑞】

烏：烏赤；魚：白魚。周武王伐紂有烏赤、白魚之瑞兆。指好的兆頭。《史記・周本紀》：「武王渡河，中流，白魚躍入王舟中，武王俯取以祭。既渡，有火自上復於下，至於王屋，流爲烏，其色赤，其聲魄雲。」《三國志・蜀書・劉備傳》：「瑞命符應，非人力所致；昔周有烏魚之瑞，咸曰休哉。」

【烏雲遮不住太陽，惡狗吠不倒山崗】

比喻惡意的誹謗和誣衊壓不垮意志堅定的人。例少數人的誹謗和誣衊，像一盆盆髒水直向他潑來。但他心裏想：「烏雲遮不住太陽，惡狗吠不倒山崗，只要是爲多數人謀福利的事，我就要繼續做下去！」

【烏雲遮不住太陽，狐狸騙不了獵漢】

比喻眞理的光輝遮掩不住，再狡猾的敵人也騙不了立志消滅敵人的人。例常言道：「烏雲遮不住太陽，狐狸騙不了獵漢。」敵人散布的一套謠言，早被我們識破並用鐵的事實予以戳穿了。

【烏之雌雄】

烏鴉的雌雄不易分辨出來。比喻分不清是非善惡。《詩經・小雅・正月》：「具曰：『予聖。』誰知烏之雌雄。」

【嗚呼哀哉】

嗚呼：感嘆詞；哉：語氣助詞。表示感嘆或悲哀或對死者的哀痛。《史記・屈原賈生列傳》：「遭世罔極兮，乃隕厥身。嗚呼哀哉，逢時不祥！」晋・陶潛《祭程氏妹文》：「死如有知，相見蒿裏，嗚呼哀哉！」也用以指死或事情的完結，含諷刺、詼諧。《水滸傳》五二回：「李逵拿殷天錫提起來，拳頭腳尖一發上，柴進那裏勸得住，看那殷天錫時，嗚呼哀哉，伏惟尙饗。」魯迅《選本》：「而客氣一點的，也就『彼亦一是非，此亦一是非』，而問題於是嗚呼哀哉了。」也作「**於呼哀哉**」。《荀子・樂論》：「亂世惡善，不此聽也。於呼哀哉，不得成也。」

【污吏黠胥】

污吏：貪污的官吏；黠：狡詐；胥：小吏。陰險狡詐、貪贓枉法的官吏。宋・陸九淵《書與趙子直》：「比來道路田畝，皆鼓盛德，污吏黠胥，頗亦斂戢。」

【污泥濁水】

污：髒；濁：渾濁。髒泥和渾水。比喻地位卑微低下。三國魏・曹植《七哀詩》：「君若清路塵，妾若濁水泥；浮沈各異勢，會合何時諧？」唐・韓愈《酒中留上襄陽李相公》詩：「濁水污泥淸路塵，還曾同製掌絲綸。」也比喻落後、腐朽的東西。例奪取政權後，就應適時地把舊社會留下來的污泥濁水清除乾淨，逐步建立起繁榮富强的國家。

【污七八糟】

污：髒；糟：亂糟糟。形容許多東西沒有條理和秩序，亂得一塌糊塗。例這間房子，主人只住從不收拾，到現在污七八糟，不成樣子。

【污言濁語】

污：髒；濁：渾濁；言、語：說話。

比喻下流、粗野的話。例社會上要提倡語言美，把一切的污言濁語從我們的生活中消除掉。

【巫婆神漢跳大神——邪門】

巫婆神漢：裝神弄鬼替人祈禱爲職業的人，女的叫巫婆，男的叫神漢；跳大神：巫婆神漢裝出鬼神附體的樣子，亂說亂舞，迷信的人認爲能給人驅鬼治病；邪門：歪門邪道。比喻反常或不正常。例機器剛檢修完，又沒發現毛病，怎麼開不動，眞是巫婆神漢跳大神——邪門了。

【巫婆跳神——故弄玄虛】

比喻故意玩弄花招，以迷惑、欺騙別人。例別相信她那一套鬼把戲，巫婆跳神——故弄玄虛，企圖矇騙天眞、誠實的人。也作「**諸葛亮焚香操琴——故弄玄虛**」。

【巫婆跳神——裝神弄鬼】

見「道士跳法場——裝神弄鬼」。

【巫山薦枕】

見「巫山雲雨」。

【巫山洛浦】

巫山：指楚懷王與巫山神女夢中相會的典故；洛浦：洛水之濱，傳說有洛水女神，三國魏時曹植渡洛水時，因感宋玉對楚懷王與神女幽歡之事，遂作《洛神賦》。指巫山神女和洛水女神。泛指美女。元・楊景賢《西遊記・女王逼配》：「待誰來掛念，早則是桃腮杏臉，巫山洛浦皆虛艷。」也作「**巫山洛水**」。清・紀昀《閱微草堂筆記・灤陽續錄》：「[女子]自是夜半恆至，妖媚冶蕩，百態橫生，舉子以爲巫山洛水，不是過也。」

【巫山洛水】

見「巫山洛浦」。

【巫山雲雨】

戰國楚・宋玉《高唐賦》序：「昔者先王（楚懷王）嘗遊高唐。怠而晝寢，夢見一婦人，曰：『妾，巫山之女也，爲高唐之客，聞君游高唐，願薦枕席。』王因幸之。去而辭曰：『妾在巫山之陽，高丘之陰。旦爲朝雲，暮爲行雨，朝朝暮暮，陽台之下。』旦朝視之，如言，故爲立廟，號曰：『朝雲。』」後因以「巫山雲雨」比喻男女情愛。唐・李白《江上寄巴東故人》詩：「漢水波浪遠，巫山雲雨飛。」《說岳全傳》三五回：「十二巫山雲雨會，襄王今夜上陽台。」也作「**巫山薦枕**」。南朝梁・劉孝綽《爲人贈美人》詩：「巫山薦枕日，洛浦獻珠時。」也用以指美人。唐・孟浩然《送西歸內人》詩：「秋氣蒼茫結孟津，復送巫山雲雨神。」

【巫師的行當——做人又做鬼】

巫師：以裝神弄鬼替人祈禱爲職業的人，多指男巫；行當：行業。巫師的職業就是裝神弄鬼，替人祈禱。他一會是人，一會又是鬼。比喻表面裝作正人君子，背地裏卻在搞鬼。例你在搞什麼名堂，當面說得好好的，要支持，背後又拆台，簡直是巫師的行當——做人又做鬼。

【巫者不自救，郎中不自醫】

巫者：裝神弄鬼替人祈禱爲職業的人；郎中：南方方言，稱醫生。巫者救不了自己，醫生醫不了自己的病。比喻自顧不暇。例別聽他談的那一套，他連自己的家都沒管好，哪有什麼好經驗？豈不聞「巫者不自救，郎中不自醫」嗎？

【誣告加三等】

誣告：無中生有地控告別人。對於誣告者要罪加三等。《西遊記》八三回：「這猴頭著實無禮！且莫說我是天上元勛，封受先斬後奏之職，就是下界小民，也不可誣告。律云：『誣告加三等。』」

【誣良爲盜】

誣：誣陷；良：好人；盜：盜賊。誣陷好人爲盜賊。指捏造事實，陷害好人。清・孔尚任《桃花扇・歸山》：「據爾所供，一無實際，難道本衙門誣良爲盜不成？」

【於呼哀哉】

見「嗚呼哀哉」。

【屋頂上掀瓦——片片要落地】

比喻件件事情都要落實。例你的計畫很好，但是屋頂上掀瓦——片片要落地，不能放空炮。

【屋寬不如心寬】

住得寬敞但心情不愉快，不如住得窄而心情舒暢。例搬家時，人們勸他換大點的房，他總是說：「我們家人少，住在大房子，空空的，感覺不舒服，所謂『屋寬不如心寬』嘛！」

【屋裏不冒火，屋外不冒煙】

比喻內部不出事，外面就看不出來。例在一次內訌中，他們狗咬狗，互相把對方的底兒兜出來。人們這才知道裏他們幹了不少違法的事。眞是：屋裏不冒火，屋外不冒煙；屋裏一冒火，煙就冒出來。

【屋裏估天】

在屋裏估計天之大小。比喻憑空設想、揣測。例工作中出現了問題，應到實踐中去調查研究，而不應坐在辦公室裏屋裏估天地尋求解決辦法。

【屋裏人】

①指妻子。例他囁嚅著向人介紹他新婚的妻子說：「這是我屋裏人。」②舊時收房的丫環。例鬧了半天我才明白襲人早已是寶玉的屋裏人了。③指妾、姨太太。例舊社會一個小縣官也可以有幾個屋裏人的。

【屋裏無燈望月出，身上無衣望天熱】

比喻盼望處境好轉。例他現在是屋裏無燈望月出，身上無衣望天熱，只盼望掙脫枷鎖，得到自由。

【屋裏築籬笆——一家分兩家】

籬笆：用竹子、葦子、樹枝等編成的遮攔物。比喻分離或分割。例本來是個團結友愛的團體，現在來了個屋裏築籬笆——一家分兩家，都不願在一起工作了。

【屋梁上睡覺——難翻身】

見「房梁上睡覺——翻不了身」。

【屋漏更遭連夜雨，船遲又遇打頭風】

打頭風：逆風。比喻本來已遭不幸，偏又遇到更大的不幸。《醒世恒言》卷一：「遺下女兒和養娘二口，少不得著落牙婆官賣，取價償官。這等苦楚，分明是屋漏更遭連夜雨，船遲又遇打頭風。」也作「屋漏更兼連夜雨，船遲又被打頭風」、「屋漏更遭連夜雨，行船又撞打頂頭風」、「屋漏偏逢連夜雨，船破又遇頂頭風」。

【屋漏鍋破，一時難過】

比喻倒霉事碰在一起，只是暫時的，挺一挺也就過去了。例別看我現在屋漏鍋破，一時難過，花了錢，又受了氣；可想一想，丟財免災星，受氣忍一忍，有什麼大不了的！

【屋漏偏遭連陰雨，船破又遇頂頭風——禍不單行】

見「躲過棒鎚挨榔頭——禍不單行」。

【屋漏在上，知之在下】

屋頂漏水，住在下面的人最容易察覺。比喻上面的人出問題，下面的最容易發現。漢・王充《論衡・答佞》：「屋漏在上，知之在下。漏大，下見之著；漏小，下見之微。」例有些當官的，貪污腐敗，還以為老百姓不知道。老百姓眼睛亮著哩，一直盯著他們，正是屋漏在上，知之在下。

【屋上建瓴】

建：傾倒；瓴：ㄌㄧㄥˊ，大瓶，容水器。從屋頂上往下倒瓶子裏的水。形容居高臨下，不可阻擋的形勢。《史記・高祖本紀》：「[秦中]地勢便利，其以下兵於諸侯，譬猶居高屋之上建瓴水也。」宋・蘇軾《徐州上皇帝書》：「臣觀其地：三面被山，獨其西平川數百里西走梁宋。使楚人開關而延敵，材官騶發，突騎雲縱，真若屋上建瓴水也。」

【屋烏推愛】

見「屋烏之愛」。

【屋烏之愛】

屋：房屋；烏：烏鴉。喜愛某人，就連他房屋上的烏鴉也一併喜愛。比喻喜愛某人，也喜愛與其相關的人或物。《尚書大傳・大戰》：「愛人者，兼其屋上之烏；不愛人者，及其胥余。」也作「屋烏推愛」。推：推及。明・許自昌《水滸記・漁色》：「蒙尊嫂留小生進裏面來坐，這個都是看宋公明的份上，屋烏推愛，一時相繾綣。」

【屋下蓋屋】

見「屋下架屋，床上施床」。

【屋下架屋】

見「屋下架屋，床上施床」。

【屋下架屋，床上施床】

比喻重複累贅。北齊・顏之推《顏氏家訓・序致》：「魏晉以來所著諸子，理重事複，遞相模斆（效），猶屋下架屋，床上施床耳。」也作「屋下架屋」。宋・張戒《歲寒堂詩話》：「人才高下，固有分限，然亦在所習，不可不謹。其始也學之，其終也豈能過之？屋下架屋，愈見其小。」也作「屋下蓋屋」。宋・邵伯溫《聞見前錄》卷一九：「[邵康節]平生不為訓解之學，嘗曰：『經意自明，苦人不知耳。屋下蓋屋，床上安床，滋惑矣，所謂陳言生活者也。』」

【屋簷滴水石板穿，點點滴滴匯成川】

比喻力量雖小，只要堅持下去，就可積小成多或辦成大事。例別看一分錢不起眼，但如平時注意節約一分錢，日積月累，就會是很大一個數目。就像俗話說：「屋簷滴水石板穿，點點滴滴匯成川。」

【屋簷上掛的大葱——葉焦根枯心不死】

也作「屋簷下的大葱——根枯葉爛心不死」。見「吊在房簷上的大葱——葉黃皮乾心不死」。

【屋簷水滴石板——一點不差】

見「房簷滴水——點點不差」。

【屋簷下的麻雀——經不起風雨】

見「溫室裏的花朵——經不起風雨」。

【屋簷下吊石磙——嚴（簷）重】

嚴：「簷」的諧音。雙關語。多比喻情勢危急。例事情的確是屋簷下吊石磙——（簷）重，應當引起大家的重視，不能再置之不理了。也作「房簷下吊磨盤——嚴（簷）重」。

【屋要人支，人要糧撐】

房子要有人住，人要有糧食吃。指人和物相互依存的關係。例古人云：「屋要人支，人要糧撐。」這就是說，房子沒有人住，就會倒塌，人沒有糧食吃就要倒下來。可見人和物是一種相互依存的關係。心要是死了，還要那些東西有什麼用？

ㄨˊ

【亡立錐之地】

見「無置錐之地」。

【無巴鼻】

是「無把柄」的諧音，指無把握之意。《朱子語類・輯略》：「若是如此讀書，如此聽人說話，全不是自做工夫，全無巴鼻。」

【無邊風月】

見「無窮風月」。

【無邊苦海】

無邊：廣大而漫無邊際；苦海：深重的苦難。比喻苦難無窮盡。明・許三際《節俠記・訂訪》：「打破了幾座愁城，跳出那無邊苦海。」

【無邊落木蕭蕭下，不盡長江滾滾來】

蕭蕭：樹木落葉聲。漫無邊際的落葉，蕭蕭落下；茫無盡頭的長江，滾滾而來。原抒發對坎坷命運的哀愁和感傷。後用以比喻舊事物的衰落滅亡，新事物的蓬勃發展。唐・杜甫

《登高》詩：「風急天高猿嘯哀，渚清沙白鳥飛回。無邊落木蕭蕭下，不盡長江滾滾來。」

【無邊無礙】

無邊：廣大而無邊際；礙：阻礙。指無有邊際，無有阻礙。形容自在通達。清．翟灝《通俗編．地理》：《起世經》：「一切諸天，行時來去，無邊無礙，無有遲疾。」

【無邊無際】

邊、際：邊緣。指範圍沒有邊際，極其廣大。《羣音類選〈牧羊記．北海牧羝〉》：「只見浪滔滔無邊無際。」也作「無邊無垠」。垠：邊際。茅盾《豹子頭林沖》：「據他從鄉村父老那裏聽來的傳說，那就是一片無邊無垠的水草肥沃的地方。」也作「無邊無限」。冰心《寄小讀者》：「山前是一層層的大山地，爽闊空曠，無邊無限的滿地朝陽。」

【無邊無限】

見「無邊無際」。

【無邊無垠】

見「無邊無際」。

【無辯無爭】

辯：辯論；爭：爭鬥。對於怨謗不去爭辯。指息事寧人。《文中子．問易》：「賈瓊問：『何以息謗？』子曰：『無辯。』曰：『何以止怨？』曰：『無爭。』」例老張爲人謙和，無論別人怎麼議論，他都無辯無爭。

【無病沈吟】

見「無病呻吟」。

【無病即神仙】

指身體健康就是最大的幸福。例他一家經濟雖不怎麼寬裕，但一家人省吃儉用，和睦相處，身體都很健康，倒也生活得很好，正是無病即神仙，也作「無病賽過活神仙」。

【無病呻吟】

呻吟：病痛時發出的低哼聲。沒有病而發出呻吟聲。宋．辛棄疾《臨江仙》詞：「百年光景百年心，更歡須嘆息，無病也呻吟。」比喻本來無憂慮，卻故意造作地長吁短嘆。魯迅《而已集．略談香港》：「雖然神經過敏，但怕未必是無病呻吟。」也比喻文藝作品缺乏眞情實感，矯揉造作。清．劉熙載《藝概．賦概》：「賦必有關著自己痛癢處，如嵇康《敍琴》，向秀《感笛》豈可與無病呻吟者同語？」也作「無病沈吟」。沈：低沈。《明史．李希孔傳》：「今陛下既安，選侍又未嘗不安，有何冤抑，而汲汲皇皇爲無病之沈吟？」

【無病休嫌瘦，身安莫怨貧】

身體雖瘦可沒病，就不必嫌瘦；身上沒錢可身體平安，就不必抱怨窮。指健康、平安便是福。例妹妹老噘嘴抱怨這個，嫌棄那個。姊姊在一旁勸道：「你別老不知足，你可比我走運多了。我看現在咱家比上不足，比下有餘，咱們也就無病休嫌瘦，身安莫怨貧了。」

【無病一身輕】

沒有病身體很輕鬆。指身體健康，便無煩惱。《初刻拍案驚奇》卷二〇：「常言道無病一身輕，有子萬事足。」

【無病自灸】

灸：中醫的一種治病方法，用艾葉做成柱狀或卷狀點燃，用熱煙薰烤穴位。沒有病卻自己用艾灸。比喻自找麻煩和苦惱。《莊子．盜跖》：「柳下季曰：『跖得無逆汝意若前乎？』孔子曰：『然。丘所謂無病而自灸也，疾走料虎頭，編虎鬚，幾不免虎口哉！』」

【無波古井】

波：波浪；古井：古老的水井。比喻人心境枯寂，沒有欲念。唐．孟郊《烈女操》：「波瀾誓不起，妾心古井水。」唐．白居易《贈元稹》詩：「無波古井水，有節秋竹竿。」

【無補於時】

補：補助；時：時勢。對時勢沒有什麼幫助。宋．蘇舜欽《答杜公書》：「處雖爲難，退亦未易。今雖能幸然引去，無補於時，亦安足以爲嘉事。」也作「無補於世」。世：當世。宋．蘇舜欽《上杜侍郎啟》：「至於諧言短韵，無補於世，不當置於齒牙間，使人傳言。」也作「無補於事」。事：事情。《蕩寇志》八一回：「枉是送了性命，仍舊無補於事。」

【無補於世】

見「無補於時」。

【無補於事】

見「無補於時」。

【無不盡意】

把要說的意思全說盡了。指做文章內容完整，把要說的意思都表達了出來。宋．何薳《春渚記聞》：「東坡曰：『吾生平作文，意之所到，則筆力曲折隨之，無不盡意。』」

【無不如意】

如意：合自己的心意或意願。沒有不合人的意願的地方。指非常滿意。《左傳．僖公十五年》：「慶鄭曰：『古者大事，必乘其產。生其水土，而知其人心；安其敎訓，而服習其道；唯所納之，無不如意。』」例張大媽對女婿無不如意，這下老人家就放心了。

【無財非貧，無業爲貧】

沒有財產而有職業不算眞正的貧窮，沒有職業才是眞正的貧窮。例常言道：「無財非貧，無業爲貧。」只要你學好一門手藝，就可以吃穿不用愁了。

【無腸公子】

螃蟹的別稱。晉．葛洪《抱朴子．登涉》：「山中辰日稱雨師者龍也，稱河伯者魚也，稱無腸公子者蟹也。」唐．唐彥謙《蟹》詩：「無腸公子固稱美，弗使當道禁橫行。」

【無腸可斷】

再沒有腸子可兩斷了。形容悲傷至極。宋．石孝友《愁倚欄》詞：「衰草低襯斜陽。斜陽外，水冷雲黃。借使有腸也須斷，況無腸！」

【無車彈鋏】

彈：用手指敲；鋏：ㄐㄧㄚˊ，劍把。指馮諼自信才華出衆，在孟嘗君門下不甘作下客，因而彈劍把而歌，要魚、要車、要養家。比喻懷才而受冷遇。《戰國策・齊策四》：「[馮諼]居有頃，倚柱彈其劍，歌曰：『長鋏歸來乎，食無魚！』左右以告，孟嘗君曰：『食之，比門下之客。』居有頃，復彈其鋏，歌曰：『長鋏歸來乎，出無車！』左右皆笑之，以告，孟嘗君曰：『爲之駕，比門之車客。』於是乘其車，揭其劍，過其友曰：『孟嘗君客我。』」

【無恥之恥】

恥：羞恥。不知羞恥的那種羞恥。指極爲可恥的行爲。《孟子・盡心上》：「人不可以無恥，無恥之恥，無恥矣。」

【無恥之甚】

甚：極。無恥到了極點。漢・賈誼《新書・諭誠》：「人謂豫讓曰：『子不死中行而反事其仇，何無恥之甚也？』」也作「無恥之尤」。尤：特別突出的。《二十年目睹之怪現狀》九三回：「用了『行止齷齪，無恥之尤』八個字考語，把他參掉了。」

【無恥之徒】

無恥的人。梁啟超《新中國未來記》四回：「若使沒有這些助紂爲虐的無恥之徒，我們也可以清淨得好些。」

【無恥之尤】

見「無恥之甚」。

【無醜不顯俊】

沒有醜惡的就顯不出美好的。指美與醜通過對比顯示出來。例你別誇我了，我要在你們那兒就什麼也顯不出來；我們這兒的人文化水平普遍低，就顯出我高出一截兒來，正是矮子羣中充高人，無醜不顯俊。

【無出其上】

見「無出其右」。

【無出其右】

出：超出；右：古代以右爲上位。沒有能超過他的。形容人才出衆，無人比得上。《史記・田叔列傳》：「上盡召見，與語，漢廷臣毋能出其右者。」唐・白居易《授韓弘許國公實封制》：「是則有大勛於國，有大惠於人，會課義功，無出其右。」也作「無出其上」。宋・葉適《兵權》上：「唐太宗、李靖，近世君臣之言兵者無出其上，其所問對，亦止於[孫]武之意。」

【無從措手】

無從：無有門徑，或難以理出頭緒；措手：著手應付、處理。指事物頭緒多而雜亂，使人無法著手處理。《論語・子路》：「刑罰不中，則民無所措手足。」《魯迅書信集・致許壽裳》：「家叔曠達，自由行動數十年而逝，僕殊羨其福氣，至於善後，則殆無從措手。」也作「無從下手」。下手：著手。《儒林外史》一二回：「這仇人已銜恨十年，無從下手。」

【無從企及】

企及：盼望達到，希望趕上。沒有辦法能夠趕上。例老先生在學術上的成就，晚生眞是無從企及。

【無從說起】

不知道該從哪裏說起。指要說的話很多，又不知先說什麼好。例這項技術革新的成功，多虧大家的努力，讓我談談自己的感受，眞一時無從說起。

【無從下筆】

指要說的話很多，或思緒紛雜，不知從哪裏寫起。茅盾《鍛煉》九：「她心裏的話太多，簡直無從下筆。」

【無從下手】

見「無從措手」。

【無大不大】

指大於任何大的事物，即大中最大者。《兒女英雄傳》一八回：「這仇用不著你報，早有一位天大地大，無大不大的蓋世英雄，替你報了仇去了？」

【無待蓍龜】

待：等待；蓍：蓍草；龜：龜甲。不等用蓍草和龜甲卜筮，吉凶就已經明確。形容事態的發展十分明顯。《周易・繫辭上》：「探賾索隱，鉤深致遠，以定天下之吉凶，成天下之亹亹者，莫大乎蓍龜。」章炳麟《箴新黨論》：「不然，而康氏事成，諸新黨相繼柄政，吾知必無葉向高、高攀龍輩，而人爲[錢]謙益，家效[周]延儒，可無待蓍龜而決矣。」

【無怠之聲】

怠：怠懈。沒有懈怠的聲音。形容自強不息。《莊子・天運》：「吾又奏之以無怠之聲，調之以自然之命。」

【無黨無偏】

見「無偏無黨」。

【無道人之短，無說己之長】

道：說；短：短處，指缺點；長：長處，指優點。不要說別人的短處，也不要說自己的長處。指爲人處事要謹愼謙虛。漢・崔瑗《座右銘》：「無道人之短，無說己之長；施人愼勿念，受施愼勿忘。」

【無道之國】

見「無道之世」。

【無道之世】

道：仁義之道；世：當世，社會。沒有仁德道義的社會。《莊子・讓王》：「非其義者，不受其祿；無道之世，不踐其土。」也作「無道之國」。《淮南子・天文訓》：「受制而出，行列宿司；無道之國，爲亂爲賊，爲疾爲喪，爲饑爲兵。」

【無得無喪】

喪：喪失。既無所得又無所失。明・無名氏《南牢記》三折：「只願的無是無非，無憂無喜，無得無喪。」

【無敵國外患者，國恆亡】

外患：外族侵略；恆：常。指國家外邊沒有相與抗衡的鄰國和外患的憂懼，統治者耽於安樂，必然導致滅亡。《孟子・告子下》：「入則無法家拂士，出則無敵國外患者，國恆亡，然後知生於憂患而死於安樂也。」

【無敵於天下】

無敵：沒有對手；天下：古代指全中國，現在指全世界。天下無敵。形容強大無比，不可戰勝。《孟子・公孫丑上》：「如此，則無敵於天下。無敵於天下者，天吏也。」

【無適無莫】

適：同「嫡」，親的，厚的；莫：薄。沒有親的厚的，沒有遠的薄的。形容對人無親疏，對事無偏向之分。《論語・里仁》：「君子之於天下也，無適也，無莫也，義之與比。」《後漢書・劉梁傳》：「是以君子於事也，無適無莫，必考之以義焉。」

【無底洞】

見「無底之谷」。

【無底壑】

見「無底之谷」。

【無底之倉】

指極深的倉庫。比喻取用不竭。《初刻拍案驚奇》卷一五：「馬氏道：『你當初撒漫時節，只道家中是那無底之倉，長流之水，上千的費用了去。』」

【無底之谷】

無底：指深不見底；谷：兩山之間的谷壑。指深不可測的山谷。《山海經・大荒東經》：「東海之外大壑。」《列子・湯問》：「渤海之東不知幾億萬里，有大壑焉，實惟無底之谷，其下無底，名曰歸墟。」也比喻永遠難以滿足的慾望。例他這個人是無底之谷，你給他多少好處，也不會滿足。也作「**無底洞**」。《官場現形記》三五回：「我說這些人是個無底洞，多給他多要，少給他少要。」也作「**無底壑**」。壑：山溝或大水坑。《聊齋志異・雲夢公主》：「吾弟無行，寸草與之，皆棄也。此後成敗，在於新婦：能令改行，無憂凍餒；不然，兄亦不能塡無底壑也。」

【無的放矢】

的：靶心；矢：箭。沒有目標而亂放箭。比喻說話做事不看對象，沒有明確目的，背離實際。梁啟超《中日交涉彙評・交涉乎命令乎》：「若純屬虛構，吾深望兩國當局者聲明一言以解衆惑，如是，則吾本篇所論純爲無的放矢，直拉雜摧燒之可耳。」

【無地縫兒可鑽】

見「無地自容」。

【無地可處】

見「無地自容」。

【無地自厝】

見「無地自容」。

【無地自容】

容：容身。沒有地方可以讓自己容身。形容處於尷尬或窘迫的境地而羞愧或惶恐到了極點。宋・陳亮《告祖考文》：「上恩深厚，兢懼無地自容。」《聊齋志異・仇大娘》：「大娘搜捉以出。女乃指福唾罵，福慚汗無地自容。」也作「**無地自處**」。處：存，居。《宋書・劉湛傳》：「合門慚懼，無地自處。」也作「**無地自厝**」。厝：安置。《三國志・魏書・管寧傳》：「夙宵戰怖，無地自厝。」也作「**無地縫兒可鑽**」。《紅樓夢》七四回：「王家的只恨無地縫兒可鑽。」也作「**無以自容**」。宋・羅大經《鶴林玉露・韓璜》：「五更酒醒，覺衣衫拘絆，索燭覽鏡，羞愧無以自容。」

【無冬無夏】

沒有冬天和夏天。指一年四季從不間斷。《詩經・陳風・宛丘》：「坎其擊鼓，宛丘之下。無冬無夏，值其鷺羽。」

【無動於心】

見「無動於中」。

【無動於中】

中：內心。內心一點也不受觸動。指意念專注，不受外界影響而動心。宋・歐陽修《送秘書丞宋君歸太學序》：「夫生而不溺其習，此蓋出其天性，其見焉而無動於中者，由性之明，學之而後至也。」也作「**無動於衷**」。衷：內心。老舍《不成問題的問題》：「神聖的抗戰，死了那麼多的人，流了那麼多的血，他都無動於衷。」也作「**無動於心**」。《太平廣記》卷七四：「以吾子困於羈旅，得無動於心耶？」

【無動於衷】

見「無動於中」。

【無毒不丈夫】

毒：凶狠，厲害；丈夫：有志氣有作爲的男子。指對敵要痛恨，打擊要堅決徹底。《說岳全傳》五一回：「[牛皋]提了雙鐧，怒沖沖的殺那王佐。正合著常言道：『恨小非君子，無毒不丈夫。』也指壞人自述心狠手辣。《二十年目睹之怪現狀》五四回：「那侄少爺見如此情形，又羞又怒又怕。回去之後，忽然生了一個無毒不丈夫的主意來。」

【無獨有偶】

獨：一個，單個；偶：兩個，成對。不是只一個，還有一個來配對的。指人或事物不只一個，還有其相類似的。淸・梁紹壬《兩般秋雨庵隨筆・禁宰大豬》：「古今怪事，無獨有偶如此。」

【無度不丈夫】

度：氣量。沒有氣量的人算不了好漢。例常言道：「無度不丈夫。」說明一個人要氣量大、胸懷寬廣，遇事別斤斤計較，才能跟別人好好共事。

【無端生事】

無端：無緣由。無緣無故地生出事。指無故惹事。茅盾《林家舖子》：「自家是規規矩矩的生意人，又沒犯法，只要生意好，不欠人家的錢，難道好無端生事，白詐他不成。」也作「**無事生非**」。非：是非。《鏡花緣》五八回：「有不安本分的強盜，有無事生非的強盜。」

【無對無雙】

對、雙：指第二個、沒有第二，即獨一無二。南朝陳・徐陵《玉臺新咏序》：「眞可謂傾國傾城，無對無雙者也。」

【無惡不爲】

見「無惡不作」。

【無惡不作】

惡：犯罪或極壞的行爲。沒有哪樣壞事不幹的。《醒世姻緣傳》七三回：「程大姐自到周龍皋家，倚嬌作勢，折毒孩子，打罵丫頭，無惡不作。」也作「無惡不爲」。爲：做。《鏡花緣》九六回：「彼時朝中是張易之、張昌宗、張昌期用事，日日殺害忠良，荼毒生靈，無惡不爲。」

【無兒女也貴】

舊時重男輕女，但如無兒子，女兒也就可貴了。例雖然一般人的觀念裏都是重男輕女，但是王老師卻告訴我們他自己是無兒女也貴的想法。

【無而有生】

見「無中生有」。

【無餌之釣，不可以得魚】

餌：誘餌。沒有放上誘餌去垂釣，就不能得到魚。比喻不付出一定代價，就不能有所獲。《淮南子・說林訓》：「一目之羅，不可以得鳥；無餌之釣，不可以得魚；遇士無禮，不可以得賢。」

【無二無三】

沒有第二個，也沒有第三個。佛家語。指成佛之道只有一個。泛指只此一個。《法華經・方便品》：「十方佛土中，唯有一乘法，無二亦無三。」

【無罰佛，無罰和尚】

指不罰佛，也不罰和尚。比喻自我負責，不諉過他人。例這件事故由我負責，無罰佛，無罰和尚，我認眞檢討一下，該受什麼處分就受什麼處分吧！

【無法佛，虐和尚】

指對佛無可奈何，卻虐待和尚。比喻懼强欺弱。例他在外面受了人家的氣不敢吭聲，回家來找妻子出氣。正是無法佛，虐和尚，在外膽小如鼠，在家膽大如虎。

【無法可施】

見「無計可施」。

【無法無天】

法：法紀；天：天理。沒有國法、天理。形容毫無顧忌，胡作非爲。《兒女英雄傳》一八回：「這個當兒，那紀獻堂離開書房，一似溜了繮的野馬，益發淘氣得無法無天。」也作「沒法沒天」。

【無煩復往】

煩：麻煩；復：再；往：到，去。不用煩勞再去了。南朝宋・劉義慶《世說新語・賢媛》：「王家見二謝傾筐倒庋，見汝輩來平平爾，汝可無煩復往。」

【無方之民】

方：指準則。沒有社會道德準則的人。《禮記・經解》：「不隆禮，不由禮，謂之無方之民。」

【無方之事】

方：定型，準則。指沒有定型的或隨時有變更的事。《管子・宙合》：「本乎無妄之治，運乎無方之事，應變不失之謂當。」

【無風不起浪】

沒有風就不會掀起波浪。比喻事情的發生必有原因。例無風不起浪。要是沒人反映，我們怎會知道你倒賣黃金的事？

【無風不起浪——事出有因】

見「風不搖樹不動——事出有因」。

【無風浪起】

沒刮風卻起了波浪。比喻平白無故地生出事端。唐・白居易《初入峽有感》詩：「未夜黑岩昏，無風白浪起。」《景德傳燈錄・廬山柏棲寺道堅禪師》：「揚瀾左蠡，無風浪起。」也作「無風起浪」。明・韋鳳翔《玉環記傳奇》一五：「若是別人說可信，童兒怪會無風起浪，如何信他？」也作「無風生浪」。《東歐女豪傑》二回：「你們無風生浪，白捏良民，也太蹂躪人權，妄行威福了。」也作「無風作浪」。梁啟超《王荊公傳》三章：「而當時所謂士大夫者，以沽名泄憤之故，推波助瀾，無風作浪，不惜撓天下之耳目以集矢於一二任事之人。」也作「無風三尺浪」。例三仙姑來就無風三尺浪，這回聽說小芹與二黑相好，更是氣不打一處來。

【無風起浪】

見「無風浪起」。

【無風三尺浪】

見「無風浪起」。

【無風三尺土，有雨一街泥】

晴天無風積三尺土，雨天積水則泥濘不堪。形容路面坑窪不平，積滿塵泥。例這條公路全都鋪上了柏油，既寬敞又平整，一改過去無風三尺土，有雨一街泥的舊貌。

【無風生浪】

見「無風浪起」。

【無風樹不動，要動就有風】

沒有風，樹的枝葉不會搖動；枝葉搖動，就說明有風。比喻事情的發生必有其因。例發生這事是有點怪，怎麼會呢？一定得找出原因，無風樹不動，要動就有風嘛。

【無風作浪】

見「無風浪起」。

【無縫天衣】

天衣：神仙穿的衣服。沒有縫的仙人衣裳。比喻詩文渾然天成，不留穿鑿痕跡。也比喻事物完美，無任何破綻。五代前蜀・牛嶠《靈怪錄・郭翰》：「徐視其（織女）衣並無縫，翰問之，曰：『天衣本非針線爲也。』」清・梁章鉅《歸田瑣記・南萬柳堂》：「次韻之作，能如無縫天衣，自非老手莫辦。」也作「天衣無縫」。

【無佛處稱尊】
在沒有佛的地方稱起老大。比喻在沒有人才的地方逞能。宋・黃庭堅《跋東坡書寒食詩》:「使蘇子瞻見此,應笑我於無佛處稱尊也。」也作「無佛處作佛」。《五燈會元》卷三○:「師曰:『無佛處作佛。』」
【無佛處作佛】
見「無佛處稱尊」。
【無服之喪】
無服:古代喪制,五服(天子、諸侯、卿、大夫、士之服)外之喪,無衰絰之服。五服之外的喪事。泛指關心人,不限於親友。《禮記・檀弓》:「昔者夫子之喪顏淵,若喪子而無服,喪子路亦然。」《禮記・孔子閒居》:「無聲之樂,無體之禮,無服之喪,凡民有喪,匍匐救之,無服之喪也。」孔穎達疏:「人君見民有死喪,則匍匐往周救之,民皆仿效之,此非有衰絰之服,故云無服之喪也。」
【無服之殤】
殤:夭折。古代兒童夭折,喪禮無服。《儀禮・喪服》:「不滿八歲以下,皆爲無服之殤。無服之殤,以日易月;以日易月之殤,殤而無服。」
【無福跑斷腸,有福不用忙】
舊謂沒福的人爲溫飽而奔波,有福人不用操勞即坐享其成。今常用來諧稱運氣好。例慶祝宴會即將開始,他不請自到,笑著:「我眞有口福,正是無福跑斷腸,有福不用忙。」
【無福消受】
消受:享受。沒有福享受。《古今小說》卷一八:「你說做狀元宰相的人,命運未至,一瓜也無福消受。」
【無福也難消】
消:消受,享受。舊謂命中沒有福分的人享不了福。例他爲了自食其力,寧願在外吃苦闖天下,說自己是無福也難消的人。
【無斧鑿痕】
斧、鑿:木工用的斧頭和鑿子。沒有用斧頭、鑿子削刻的痕跡。比喻藝術品達到渾然天成的地步。《宣和畫譜・花鳥》:「邊鸞,長安人,以丹青馳譽於時,尤長於花鳥……大抵精於設色,如良工之無斧鑿痕耳。」
【無父撾翁】
撾:ㄓㄨㄚ,打;翁:指岳父。妻子的父親已死,可是卻說他打了岳丈。比喻無故受人誹謗中傷。《東觀漢記・第五倫傳》:「嘗見,上曰:『聞卿爲吏,撾婦翁,不過從兄飯,寧有之邪?』對曰:『臣三娶妻,皆無父。』」例東家丢了錢,認爲僕人偷的。僕人說:「你們這是無父撾翁。」
【無婦不成家】
指一個家庭若無主婦便不像個家。《醒世恆言》卷一○:「常言說得好,無婦不成家。你我俱在店中支持了生意時,裏面絕然無人照管。況且交遊漸廣,沒有個客人到來,中饋無人主持,成何體面。」
【無復孑遺】
復:再;孑遺:遺留,餘剩。沒有再遺留下什麼。《雲笈七籤》卷五一:「山林草木,人民屋宅,兵寇鬼炁,盡令消滅,無復孑遺,四道豁然。」
【無縛雞之力】
縛:捆,綁。連捆雞的力量也沒有。形容力氣極小。《三國演義》六六回:「昔戰國時趙人藺相如,無縛雞之力,於澠池會上,覷秦國君臣如無物。」
【無根的浮萍——無依無靠】
見「沒有根的浮萍——無依無靠」。
【無根的浮萍,長不成棟梁之材】
浮萍:一年生草本植物,浮生在水面。比喻浮在表面,不紮紮實實幹的人,不會有大的作爲。例大學生畢業後,應到基層去,到生產的第一線中去,在實踐中增長才幹,不要像「無根的浮萍,長不成棟梁之材」。
【無根的水草——漂浮不定】
見「風吹雲朵——漂浮不定」。
【無根而固】
雖然無根底,卻能牢固。比喻靠感情交融而得到鞏固。《管子・戒》:「管仲復於桓公曰:『無翼而飛者,聲也;無根而固者,情也。』」
【無根沙蓬——沒有個準地方】
沙蓬:一種生於沙漠中的草本植物,常被風刮得四處飛落。見「風吹雲朵——漂浮不定」。
【無根無絆】
見「無根無蒂」。
【無根無蒂】
蒂:花或果實與枝莖相連的部分。比喻沒有依靠或沒有牽掛。《漢書・敍傳》:「徒樂枕經籍書,紆體衡門,上無所蒂,下無所根。」例小伙子孤身一人,無根無蒂,不願再受地主老財的氣,投奔了闖王。也作「無根無絆」。絆:羈絆。《西遊記》一八回:「我老拙見是這般一個無根無絆的人,就招了他。」
【無根之木,無源之水】
沒有根的樹木,沒有源頭的水流。比喻沒有根基的事物。《左傳・昭公九年》:「猶衣服之有冠冕,木水之有本原。」宋・陸九淵《與曾宅之書》:「今終日營營,如無根之木,無源之水,有採摘汲引之勞,而盈涸榮枯無常。」也作「無源之水,無本之木」。本:根本。例這篇論文缺乏必要的、令人信服的資料,因此那些論點雖然很新,卻都成了無源之水,無本之木。
【無功不受祿】
祿:官吏的薪俸。沒有功勞就不能接受俸祿。比喻不能無緣無故接受優待或贈與。例他不好意思地端起酒杯說:「無功不受祿,你敬我酒是爲了什麼?」
【無功而祿】
見「無功受祿」。
【無功受祿】

功：功勞；祿：官吏的俸祿。沒有功勞，卻享受優厚的俸祿。《詩經・魏風・伐檀小序》：「伐檀，刺貪也。在位貪鄙，無功而受祿，君子不得進仕爾。」《古今小說》卷二：「依我看來，這銀子雖非是你設心謀得來的，也不是你辛苦掙來的，只怕無功受祿，反受其殃。」也作「**無功而祿**」。《三國志・魏書・明帝紀三》「朗引軍還」裴松之注引《魏略》：「而佞幸之徒，但姑息人主，至乃無德而榮，無功而祿。」也作「**無功受賞**」。賞：賞賜，獎賞。《韓非子・內儲說上》：「有過不罪，無功受賞，雖亡不亦可乎？」

【無功受賞】
見「無功受祿」。

【無辜受累，因禍得福】
無辜：沒有罪。無罪受牽連，也可能因此得到福氣。例他因人誣陷而受到審查。上級在審查中，發現他作風正派，沒有問題，因而比以前更信任他了，正是無辜受累，因禍得福。

【無古無今】
古：過去；今：現在。沒過去和現在。道家語。認爲一切皆屬虛無。《莊子・知北遊》：「無古無今，無始無終。」

【無掛無礙】
掛、礙：佛教指牽掛、妨礙。沒有牽掛和妨礙。《大般若波羅蜜多經》：「心無掛礙」。也作「**無罣無礙**」。罣：牽制。明・無名氏《拔宅飛升》二折：「想俺這出家兒的，要無罣無礙，無是無非。」

【無罣無礙】
見「無掛無礙」。

【無怪其然】
怪：奇怪；其然：那個樣子。那個樣子不足爲怪。指事物理應如此，不值得令人奇怪。宋・張栻《答曾致虛》：「如左右所言，窘於應事，無舒緩意無怪其然也。」

【無關大局】
關：關係；大局：全局。對整個局勢沒有關係或影響。比喻不重要或沒關係。例今年有些地方遭了災，但無關大局，總的來說還是個豐收年。也作「**無關大體**」。大體：整體。《魯迅書信集・致楊霽雲》：「倘指我們彼此個人間事，無關大體，則何必在刊物上喋喋哉。」

【無關大體】
見「無關大局」。

【無關宏旨】
宏：大；旨：主旨。跟主要的宗旨沒什麼關係。指意義不大，無關緊要。章炳麟《正學報緣起》：「今於彼方國際，不厭詳悉。若簡茲數米，無關宏旨，則亦從刊落云。」

【無關緊要】
緊要：急切的，重要的。與急切、重要的事沒有什麼關係。《鏡花緣》一七回：「可見字音一道，乃讀書人不可忽略的。大賢學問淵博，故視爲無關緊要，我們後學，卻是不可少的。」

【無關痛癢】
痛癢：比喻切身相關的事。與重要的切身利益沒有關係。梁啟超《新中國未來記》三回：「任憑這些民賊把他的祖傳世產怎麼割，怎麼賣，怎麼送，都當作無關痛癢的嗎？」

【無關重輕】
見「無足輕重」。

【無官一身輕】
不做官而感到渾身很輕鬆。常用作丟官、卸職後自我安慰的話。宋・蘇軾《賀子由生第四孫》詩：「無官一身輕，有子萬事足。」也指卸掉責任而輕鬆自在。《官場現形記》三七回：「交卸之後，又在長沙住了些時。常言道，『無官一身輕』，劉蓍台此時卻有此等光景。」

【無貴無賤，無長無少，道之所存，師之所存】
謂不論職位高低，不論年齡大小，誰有專長，就應以人家爲老師。唐・韓愈《師說》：「吾師道也，夫庸知其年之先後生於吾乎？是故無貴無賤，無長無少，道之所存，師之所存也。」

【無害都吏】
對人民無所枉害的官吏。指辦事公道的官吏。《史記・蕭相國世家》：「蕭相國何者，沛豐人也，以文無害，爲沛主吏掾。」南朝宋・裴駰《集解》：「文無害，有文無所枉害也，律有無害都吏，如今言公平吏。」

【無何境】
見「無何有之鄉」。

【無何鄉】
見「無何有之鄉」。

【無何有之鄉】
無何有：沒有；鄉：指地方。指什麼也沒有的地方。《莊子・逍遙遊》：「今子有大樹，患其無用，何不樹之於無何有之鄉，廣莫之野，彷徨無爲其側，逍遙乎寢臥其下。」也指根本不存在的地方。《歧路燈》八八回：「就是幾棵老梅，數竿修竹，也都向無何有之鄉搬家去了。」也作「**無有鄉**」。唐・白居易《睡起晏坐》詩：「本是無有鄉，亦名不用處。」也作「**無何鄉**」。唐・岑參《林臥》詩：「惟愛隱幾時，獨遊無何鄉。」也作「**無何境**」。宋・范成大《次韻朋元、正夫夜飲》詩：「羸驂兀殘夢，乘墜恍難省；曉枕訌更潮，俱墮無何境。」

【無後爲大】
舊時認爲沒有子孫後代是最大的不孝。《孟子・離婁上》：「不孝有三，無後爲大。」元・鄭德輝《傷梅香》四折：「豈不聞無後最爲大。」

【無花的薔薇——渾身是刺】
薔薇：也叫野薔薇，莖細長，蔓生，枝上密生小刺。也作「**無花的薔薇——只有刺兒**」。見「屬豪豬的——渾身是刺」。

【無話不談】

沒有不說的話，什麼話都說。指彼此之間毫無保留。《二十年目睹之怪現狀》七二回：「喜得制臺是自己同鄉世好，可以無話不談的。」

【無話可講】

謂沒有什麼可再說了或無辭以對。《兒女英雄傳》一八回：「那先生往往就被他問得無話可講。」例既然這個方案大局已定，我也就無話可講。

【無懷葛天】

無懷氏和葛天氏。古代傳說中的兩個帝王。指上古的淳樸之世。晉·陶潛《五柳先生傳》：「酣觴賦詩，以樂其志，無懷氏之民歟？葛天氏之民歟。」清·朱仕琇《溪音》序：「至效陶諸什，則無懷葛天之遺風，猶有存者。」

【無患之患】

患：災禍，隱患。還沒有形成災禍的隱患。《淮南子·說山訓》：「良醫者，常治無病之病，故無病。聖人者，常治無患之患，故無患也。」

【無毀無譽】

見「無咎無譽」。

【無火不熱炕，是親三分向】

炕：北方用磚、坯等砌成的床，裏面有洞，連通煙囪，冬天可以燒火取暖；向：偏向，偏袒。指人們遇事往往多多少少偏袒自己的親友。例有人認爲，無火不熱炕，是親三分向，他怎麼也得向著自己親戚一邊。哪知他竟是個鐵面無私、不徇私情的人，硬是督促他親戚向鄰居陪禮道歉。

【無稽讕言】

稽：考查，驗證；讕（ㄌㄢˊ）言：誣賴的話，沒有根據的瞎話。例克拉瑪依的優質石油粉碎了中國貧油的無稽讕言。

【無稽之論】

見「無稽之言」。

【無稽之說】

見「無稽之言」。

【無稽之談】

見「無稽之言」。

【無稽之言】

稽：考查。無法查考的話。指沒有根據的話。《尚書·大禹謨》：「無稽之言勿聽，弗詢之謀勿庸。」《荀子·正名》：「無稽之言，不見之行，不聞之謀，君子愼之。」也作「**無稽之談**」。宋·鄭樵《通志·總序》：「班固不通，旁行邪上，以古今人物强立差等，且謂漢紹堯運，自當繼堯，非遷作《史記》，厠於秦、項，此則無稽之談也。」也作「**無稽之說**」。清·紀昀《閱微草堂筆記·灤陽消夏錄三》：「公信傳聞之詞，據無稽之說，遽興大獄，似非所宜。」也作「**無稽之論**」。宋·朱熹《自熙寧至靖康用人》：「此似今之聚場相撲相戲一般，可謂無稽之論。」

【無疾而終】

疾：疾病；終：命終，指死。指因衰老而死亡。例老爺子年高八十，無疾而終，可謂壽終正寢。

【無計可生】

見「無計可施」。

【無計可施】

計：計畫，計謀；施：施展。沒有什麼計謀可以施展。指拿不出什麼應付的辦法來。《三國演義》八回：「王允曰：『賊臣董卓，將欲篡位，朝中文武，無計可施。』」也作「**無法可施**」。《紅樓夢》一〇六回：「且說賈璉聽得父兄之事不大妥，無法可施，只得回到家中。」也作「**無計可生**」。《歧路燈》四一回：「鄧祥又到門口道：『程爺們說事情甚急，請師爺作速去哩。』惠養民無計可生，遂道：『你就說，我往鄉裏去了。』」也作「**無技可施**」。技：本領。《紅樓夢》九一回：「［寶蟾］及見金桂怔怔的，似乎無技可施，他也只得陪金桂收拾睡了。」

【無計奈何】

計：計謀，方法；奈何：怎樣，如何。實在無法可辦。《禮記·曲禮下》：「國君去其國，止之曰：『奈何去社稷也。』大夫曰：『奈何去宗廟也。』士曰：『奈何去墳墓也。』」《水滸傳》五三回：「無計奈何，只得叫小可與李逵來尋足下。」

【無技可施】

見「無計可施」。

【無跡可求】

跡：痕跡，行跡；求：尋找，尋求。沒有行跡可以尋求。宋·嚴羽《滄浪詩話》：「盛唐諸人，惟有興趣；羚羊掛角，無跡可求。」

【無濟於事】

濟：幫助，補益。對於事情沒有什麼幫助。指解決不了問題。《官場現形記》五二回：「就是我們再幫點忙，至多再湊了幾百銀子，也無濟於事。」也作「**無益於事**」。

【無家可奔】

見「無家可歸」。

【無家可歸】

沒有家可回。指流離失所，無處投奔。《初刻拍案驚奇》卷二二：「寺僧看見他無了根蒂，漸漸怠慢，不肯相留。要回故鄉，已此無家可歸。」也作「**無家可奔**」。《兒女英雄傳》二一回：「卻一時無家可奔，無業可歸。」

【無家無室】

內室：內屋，指妻室。指尚未娶妻。《古今小說》卷二：「只是他無家無室，終是我母子耽誤了他。母親若念孩兒，替爹爹說聲，周全其事，休絕了一脈姻親。」

【無家一身輕，有錢萬事足】

舊謂沒有家庭拖累一身輕鬆，有了金錢則萬事滿足。例雖說是無家一身輕，有錢萬事足，可打一輩子光棍也不是個辦法，還是找個合適的人成家吧！

【無謊不成媒】

舊謂不說謊話就做不成媒。《醒世恒言》卷七：「常言無謊不成媒。你與我包謊，只說十二分人才，或該是我的姻緣，一說便就，不要面看，也不可知。」

【無謊不成狀】

狀：訴訟的呈文。舊謂沒有假話就寫不成狀子。例他竭力爲自己那份內容不實的控告信辯護，還說什麼無謊不成狀。豈知如今誣告是犯法的。唉，眞是胡來！

【無假不成眞】

沒有假的也就沒有眞的。指假與眞只有經過比較才能鑑別出來。例在僞劣品展覽會上，眞貨、假貨擺在一起，一對照就看出哪是眞貨，哪是假貨了，正是無假不成眞。

【無價之寶】

無法估量價格的寶物。指極其稀有珍貴的東西。唐·魚玄機《贈鄰女》詩：「易求無價寶，難得有心郎。」元·王實甫《麗春堂》二折：「我這珠衣是無價之寶哩。」

【無奸不顯忠】

沒有奸僞，就顯不出忠誠。例俗話說：「無奸不顯忠。」沒有秦檜之奸，就顯不出岳飛的忠。

【無堅不摧】

堅：堅固；摧：摧毀。沒有哪種堅固的東西不能被摧毀。形容力量非常強大。《舊唐書·孔巢父傳》：「[田]悅酒酣，自矜其騎射之藝，拳勇之略，因曰：『若蒙見用，無堅不摧。』」也作「無堅不陷」。陷：攻陷，毀陷。三國魏·曹操《表稱樂進、于禁、張遼》：「每臨戰攻，常爲督率，奮強突固，無堅不陷。」也作「無堅不破」。明·李開先《康王王唐四子補傳》：「蓋其天性甚敏，而濟以勤苦，以是無堅不破，於書無所不讀，亦無所不精。」

【無堅不破】

見「無堅不摧」。

【無堅不陷】

見「無堅不摧」。

【無間可入】

見「無隙可乘」。

【無間是非】

間（ㄐㄧㄢˋ）：間隔，隔開。不能辨別是非。例在處理人際關係中，如果無間是非，就會失去羣衆。

【無疆之福】

疆：界限；福：福氣，幸福。有無窮盡的福氣。多用作祝頌之辭。例統治者若開明廉政、體恤下情，百姓就會有無疆之福。

【無疆之壽】

疆：界限。永遠長壽，沒有止境。用作祝頌之辭。宋·歐陽修《聖節五方老人祝壽文》：「千八百國，咸歸至治之風；億萬斯年，共祝無疆之壽。」參見「萬壽無疆」。

【無疆之休】

無疆：無限制，無止境；休：美善，美好。無限的美好。《尚書·太甲中》：「民非後罔克胥匡以生，後非民罔以辟四方，皇天眷佑有商，俾嗣王克終厥德，實萬世無疆之休。」

【無噍類】

噍：ㄐㄧㄠˋ，嚼，指吃東西；噍類：能嚼食物的動物，特指活人。沒有活人。即沒有一個倖存者。《漢書·高帝紀上》：「項羽爲人慓悍禍賊，嘗攻襄城，襄城無噍類，所過無不殘滅。」也作「無遺類」。遺類：孑遺而留下來的人。《史記·高祖本紀》：「襄城無遺類。」

【無盡寶藏】

盡：盡頭，完了。無窮盡的財富。形容極爲富有。北齊·顏之推《顏氏家訓·歸心》：「如妙樂之世，穰佉之國，則有自然稻米，無盡寶藏，安求田蠶之利乎？」

【無盡無窮】

見「無窮無盡」。

【無盡無休】

盡：完；休：停止。沒完沒了（含有厭煩之意）。例這種無盡無休的爭論，是不利於安定團結的。

【無精打采】

精；精神；打：打消；采：興致，神采。沒有精神和興致。形容精神萎靡不振，情緒低落。《紅樓夢》二五回：「小紅待要過去，又不敢過去，只得悄悄向瀟湘館，取了噴壺而回，無精打采，自向房內躺著。」也作「沒精打采」。

【無脛而行】

脛：小腿。沒有腿而能行走。比喻事物還未推行，就迅速傳播出去。漢·孔融《論盛孝章書》：「珠玉無脛而自至者，以人好之也。」北齊·劉晝《劉子·薦賢》：「玉無翼而飛，珠無脛而行。」也作「無脛而走」。走：跑。唐·白居易《元公（稹）墓志銘》：「每一章一句出，無脛而走，疾於珠玉。」

【無脛而走】

見「無脛而行」。

【無咎無譽】

咎：過錯；譽：讚譽。沒有過錯，也沒有讚譽。指表現平常、一般。《後漢書·鄧張徐張胡列傳贊》：「鄧[彪]張[禹]作傅，無咎無譽。」也作「無譽無訾」。訾：詆毀。《莊子·山木》：「無譽無訾，一龍一蛇，與時俱化，而無肯專爲。」也作「無毀無譽」。毀：毀謗。宋·王禹偁《待漏院記》：「復有無毀無譽，旅進旅退，竊位而苟祿，備員而身者，亦無所取焉。」

【無拘無礙】

拘：拘束；礙：妨礙，指牽累。沒有拘束和牽累。形容自由自在，無所約束。宋·朱敦儒《西江月·自樂》詞：「日日深杯酒滿，朝朝小圃花開。自歌自舞自開懷，且喜無拘無礙。」也作「無拘無縛」。縛：束縛，限制。明·袁宏道《敍陳正甫會心集》：「山林之人無拘無縛，得自在度日，故雖不求趣而趣近之。」

【無拘無縛】
見「無拘無礙」。
【無拘無束】
拘：限制；束：約束。沒有限制，沒有約束。指自由自在。《西遊記》二回：「逐日家無拘無束，自在逍遙此一長生之美。」也作「**無束無拘**」。《隋唐演義》一五回：「你看這荒郊野外，走馬射箭，舞劍掄槍，無束無拘，多少快活。」
【無靠無依】
沒有可以依靠的人。形容孤單，沒人關心照顧。元・張國賓《薛仁貴榮歸故里》三折：「也不知他在楚館秦樓貪戀著誰，全不想養育的深恩義，可憐見一雙父母，年高力弱，無靠無依。」也作「**無依無靠**」。《醒世恒言》卷三五：「那裏說起半路上就拋撇了，遺下許多兒女，無依無靠。」
【無可比擬】
見「無可比象」。
【無可比象】
沒有可以與之相比的。含獨一無二的意思。《雲笈七籤》卷七一：「煥徹如寒霜素雪之狀，又似鐘乳垂穗之形，五色備具，無可比象。」也作「**無可比擬**」。擬：相似。例她的美是一般人無可比擬的，除了外型美麗之外，氣質更是出衆。
【無可辯駁】
辯駁：提出理由或根據來否定對方的意見。沒有理由或根據來否定對方的意見。形容事實確鑿，理由充足。例罪犯在無可辯駁的事實面前，不得不認罪伏法。
【無可不可】
形容高興得不得了。《紅樓夢》三七回：「老太太見了，喜的無可不可，見人就說：『到底是寶玉孝順我，連一枝花兒也想的到。』」
【無可非議】
非議：指責，批評。沒有什麼可以指責的。指事情合乎情理，沒有可批評的地方。清・章炳麟《王夫之從祀與楊度參機要》：「觀《明夷待訪錄》所持重人民，輕君主，固無可非議也。」也作「**無可指摘**」。指摘：挑出錯誤，加以批評。梁啟超《新民說》一二節：「彼輩常自立於無可指摘之地，何也？不辦事，故無可指摘；旁觀，故無可指適。」
【無可否認】
否認：不承認。指不得不承認。巴金《雪》：「自然路易・加伯自己也幹了不少的壞事、蠢事，可是他代祖先贖罪的事也是無可否認。」
【無可厚非】
厚：過分；非：責備。不可過分非難。指事情本身也有其一定的道理或原因。茅盾《一九六〇年短篇小說漫評》：「作者的動機無可厚非，但客觀效果不盡符合作者的動機。」
【無可諱言】
見「無庸諱言」。
【無可救藥】
救藥：挽救治療。指疾病沈重，已無法醫治。茅盾《呼蘭河傳》序：「她（蕭紅）的病相當複雜，而大夫也荒唐透頂，等到診斷明白是肺病的時候，就宣告已經無可救藥。」也比喻壞到不可挽救的程度。巴金《愛的十字架》：「朋友，你看我竟然是這樣可惡而又可憐的一個人！我眞如你所說是無可救藥的了。」也作「**不可救藥**」。
【無可奈何】
奈何：如何，怎麼辦。不得已，沒有辦法。《戰國策・燕策三》：「既已無可奈何，乃遂收盛樊於期之首，函封之。」也作「**無可如何**」。《兒女英雄傳》二〇回：「何玉鳳姑娘，此時父母終天之恨，已是無可如何。」
【無可奈何花落去】
奈何：如何，怎麼辦；花落去：指大好春光即將消逝。對於大好春光即將消逝感到無可奈何，想挽留也挽留不住。也形容反動勢力處於必然衰亡的趨勢。宋・晏殊《浣溪沙》詞：「無可奈何花落去，似曾相識燕歸來，小園香徑獨徘徊。」例李自成率農民起義軍殺進北京城，明朝大勢已去，正所謂無可奈何花落去。崇禎皇帝只好在煤山的老槐樹上懸繩自盡。
【無可如何】
見「無可奈何」。
【無可無不可】
《論語・微子》：「我則異於是，無可無不可。」原謂孔子對於進退去留，沒有成見，該怎樣就怎樣。後泛指對事模稜兩可，沒有一定的主見。例都什麼時候了，你還這樣無可無不可的，倒是拿定個主意呀！
【無可爭辯】
見「無可置辯」。
【無可指摘】
見「無可非議」。
【無可置辯】
置辯：辯論，申辯。沒有什麼可以申辯的。表示確定無疑。清・陳澧《東塾讀書記》卷一六：「太社不立於京都，當安所立，尤無可置辯矣。」也作「**無可爭辯**」。爭辯：爭議，辯論。例他所說的，都是親眼所見的事實，無可爭辯。
【無可置疑】
置疑：懷疑。指事實明顯或理由充足，沒有可懷疑的地方。例另有一件事是無可置疑的，我們再也不是東亞病夫，我國已經進入了世界體育強國之列。
【無空不入】
見「無孔不入」。
【無孔不入】
孔：小洞；入：鑽。沒有什麼空子不鑽。比喻有空子就鑽，有機會就進行活動。多用於貶義。《官場現形記》三五回：「況且上海辦捐的人，鑽頭覓縫，無孔不入。」也作「**無孔不鑽**」。例公司新來了一個愛貪小便宜的同事，只要是那裏有好處，那裏有後門可以走，他一定是想盡辦法無孔不鑽的。也作「無空不入」。空：空隙。茅盾《清明前後》四幕：「種種法規，一切措施，馬上又變活了，投機是滿天飛躍，無空不入。」

【無孔不鑽】

見「無孔不入」。

【無愧衾影】

愧：慚愧；衾：ㄑㄧㄣ，被子；影：身影。無愧於被子和身影。指行爲端正，沒有做過虧心的事。北齊・劉晝《新論》卷二：「故身恒居善，則內無憂慮，外無畏懼，獨立不慚影，獨寢不愧衾。」例只要全心全意爲人民服務，對同志光明磊落，自然無愧衾影。

【無愧屋漏】

愧：慚愧；屋漏：古代貴族室內西北角遮以小帳之處。指在黑暗的角落裏也不做虧心事。形容心地光明磊落。《詩經・大雅・抑》：「相在爾室，尚不愧於屋漏。」清・顏光敏《顏氏家族尺牘・勞副都之辨》：「惟存一矢公矢慎之心，無愧屋漏。」

【無賴小人】

賴：依賴。指遊手好閒品行不端的人。《古今小說》卷四〇：「那肅芹原是……一個無賴小人，全無術法，只是狡僞，哄誘你家，搶掠地方，他從中取事。」也作「無賴之徒」。《民國通俗演義》一二四回：「原來王占元本一無賴之徒。」

【無賴之徒】

見「無賴小人」。

【無纜綯船——自流】

纜：繫船用的粗繩子或鐵索；綯：ㄊㄠˊ，〈方〉繫，拴。比喻在缺乏領導或計畫的情況下自由發展，愛怎麼辦就怎麼辦。例這裏的技術學習缺乏領導和計畫。完全是無纜綯船——自流，效果甚微。

【無理取鬧】

鬧：搗亂，湊熱鬧。毫無道理地吵鬧搗亂。唐・韓愈《答柳柳州食蝦蟆》詩：「鳴聲相呼和，無理只取鬧。」《劫余灰》一六回：「只有李氏念子情切，動輒遷怒婉貞，三日五日，便無理取鬧的哭一頓、罵一頓。」

【無立錐之地】

見「無置錐之地」。

【無立足之地】

立足：站腳。沒有站腳的地方。形容因慚愧而無地存身。《紅樓夢》三三回：「賈政聽說，忙叩頭說道：『母親如此說，兒子無立足之地了。』」

【無例不可興，有例不可滅】

舊謂沒有先例的事不能做，已有先例的就不能放棄。《冷眼觀》七回：「久而久之，鬧成個無例不可興，有例不可滅，上代傳下代，不到二十年，竟成了本地特別土風。」

【無梁不成屋】

比喻缺了最關鍵的人或物，事情就辦不成。例常言道：「無梁不成屋。」不選一個懂業務、精明强幹的廠長，這個長期虧損的廠子要想打翻身仗，是不可能的。

【無糧不聚兵】

沒有糧草就不能聚兵打仗。明・無名氏《曹操夜走陳倉路》四折：「今曹操被張郃將此糧草獻與俺，常言道無糧不聚兵，他必然班師而回。」

【無量壽佛】

佛家語。即阿彌陀佛。《無量壽經上》：「無量佛，威神光明，最尊第一。」也用於尊稱年長之人。《紅樓夢》二九回：「那張道士先呵呵笑道：『無量壽佛！老祖宗，一向福壽康寧。衆位小姐奶奶納福，一向沒到府裏請安。』」

【無量無邊】

佛家語。無限而廣大之意。《法華經》：「起塔寺及造僧坊、他經等，或云：『供養衆僧，其德最勝，無量無邊。』」

【無聊之民】

無聊：愁苦不樂；民：百姓。憂愁而苦惱的百姓。三國魏・陳琳《爲袁紹檄豫州文》：「袞豫有無聊之民，帝都有吁嗟之怨。」

【無了無休】

了：完了；休：結束，休止。指沒有完結之時。元・王實甫《西廂記》五本一折：「忘了時依然還又，惡思量無了無休。」

【無路就是路】

指在艱難苦中奮進，沒有路也能走出一條路來。例他想到前面的重重困難，覺得似乎無路可走了。但又想到古話說的「無路就是路」，便振奮精神，努力克服一個又一個困難，終於把事辦成了！

【無路求生】

路：門路，方法。無法活下去。《五代史・唐家人傳》：「[李]環遲疑久之，謂繼岌乳母曰：『吾不忍見王，王若無路求生，當踣面以俟。』繼岌面榻而臥，環縊殺之。」

【無慮無思】

見「無思無慮」。

【無慮無憂】

見「無憂無慮」。

【無論如何】

指不管怎樣的情況。例如果你對自己還有信心，我希望你無論如何都要撐過這次比賽，證明自己的實力。

【無論什麼人，抬不過這個理去】

理：道理。指不論是誰，都離不開一個理字。例巧嘴能辯管什麼用？總得講道理才行。無論什麼人，抬不過這個理去，有理走遍天下，無理寸步難行。

【無鑼無鼓迎關帝】

關帝：三國蜀漢大將關羽，尊爲關公、關帝。比喻悄悄地迎來貴客。例他到鄰家串門，意外地見到在座的竟是他多年未見的老上司，忙說：「貴客從天降。老李沒聲張，差點見不到您了。」鄰居老李笑著說：「我這是無鑼無鼓迎關帝，正想等一會兒去告訴你呢。」

【無馬狗牽犁】

沒有馬，只好用狗來拉犁。比喻沒有合適的，只好以次充好來將就。《何典》一〇回：「老話頭：無馬狗牽犁。狗尚可當馬用，驢子們倒怕不如著狗。」也作「無牛捉了馬耕田」。例你這是怎麼啦？有能耐的人你不去找來幫忙，倒去找了他一個廢物，豈不成了無牛捉了馬耕田嗎？

【無門可報】

門：門徑，門路；報：報答。指受他人之恩而無法報答。《警世通言》卷五：「難得呂玉這般好人，還金之恩，無門可報。」

【無門可入】

門：門路。沒有門路可以進入。比喻無法達到目的。《論語・子張》：「子張曰：『夫子之牆數仞，不得其門而入，不見宗廟之美，百官之富。』」《醒世姻緣》七八回：「素姐說起要往皇姑寺去，正苦不是節令，無門可入。」

【無米不留客】

沒有米就不要留客人吃飯。比喻沒有必要的條件，就不要去辦。例別人是無米不留客。他呢？沒有那能耐，偏要去攬那活兒幹。

【無米之炊】

炊：作飯。比喻不具備基本的條件，因此也不可能辦到的事情。宋・陸游《老學庵筆記》卷三：「僧曰：『巧婦安能做無麵湯餅乎？』」魯迅《兩地書》八三：「無米之炊，是人力所做不到的。能別有較好之地，自以從速走開為宜。」

【無蜜的蜂窩——空空洞洞】

也作「無蜜的蜂窩——空洞」。見「穿山甲過路——空空洞洞」。

【無麪餺飥】

餺飥：ㄅㄛˊ ㄊㄨㄛ，一種湯煮的麵食，也叫「不托」、「湯餅」、「餺托」。沒有麪粉不成湯麪。比喻沒有必要的條件，不可能達到預想的目的。宋・陳亮《壬寅答朱元晦秘書又書》：「富家之積蓄皆盡矣，若今更不雨，恐巧媳婦做不得無麪餺飥。」

【無面江東】

見「無面目見江東父老」。

【無面目見江東父老】

面目：臉面；江東父老：指故鄉的父老鄉親。指極感羞愧，無臉面再見到故鄉之人。《史記・項羽本紀》：「且籍與江東子弟八千人渡江而西，今無一人還，縱江東父兄憐而王我，我何面目見之？縱彼不言，獨不愧於心乎！」《二刻拍案驚奇》卷三七：「程宰弟兄兩人因是做折了本錢，怕歸來受人笑話，羞慚滲沮，無面目見江東父老，不思量還鄉去了。」也作「無面江東」。清・吳趼人《發財秘訣》一〇回：「因聞得人言上海地方易於謀事，所以前年到此，以為比家鄉略勝，誰知大失所望，欲要回去，又無面江東。所以特來求教。」也作「無顏見江東父老」。

【無名不知，有名便曉】

不出名無人知道，一出名盡人皆知。例他一炮打響。一個在小鎮上默默無聞的人，一夜之間竟成了全鎮的新聞人物，正是無名不知，有名便曉。

【無名草兒年年發，不信男兒一世窮】

比喻境遇總會好轉，不會一輩子貧窮。例在台北求學的姊姊和班上的同學熱戀了很長一段時間，可是媽媽總嫌男方經濟不寬裕，遲遲不同意兩人的婚事。鄰居老伯勸媽媽道：「這事你也得看遠些，不能老看眼前，要看到那小伙子人品不錯，將來會有出息。常言說：無名草兒年年發，不信男兒一世窮嘛！」

【無名火】

指無法說明的怒火。例看到那些遊人攀摘花果，老漢只覺無名火心中燒，他們為什麼那麼自私，要破壞屬於大衆的自然美呢？

【無名孽火】

孽：邪。說不出名稱的邪火。指沒有來由的火氣。《兒女英雄傳》一五回：「那時我一把無名孽火，從腳跟下直透頂門，只是礙著衆親友，不好動粗。」也作「無明孽火」。《洪秀全演義》七回：「昌輝不待他說完，已是無明孽火高千丈！」

【無名鼠輩】

無名：沒有名氣；鼠輩：指微不足道的人。罵人語。指不出名極渺小的人物。例此人不過無名鼠輩，您不必介意。也作「無名之輩」。《兒女英雄傳》一五回：「你既知道他是個豪傑，大約也不是什麼無名之輩。」

【無名小卒】

卒：兵。不出名的小兵。比喻沒有名氣，起不了什麼作用的渺小人物。多用於蔑視稱呼。《三國演義》四一回：「只見城內一將飛馬引軍而出，大喝：『魏延無名小卒，安敢造亂！認得我大將文聘麼！』」

【無名英雄】

姓名不被人們知道的英雄人物。亦指在平凡崗位上勤勤懇懇工作的人。梁啟超《新中國未來記・緒言》：「誠以他日救此一方民者，必當賴將來無名之英雄也。」例在工作中，我們應該做無名英雄，為人民的利益貢獻自己的一切力量。

【無名之輩】

見「無名鼠輩」。

【無明火】

見「無明業火」。

【無明火高萬丈】

無明：佛教稱「痴」或「愚昧」為「無明」。由於無明不了解正理，引起一系列煩惱，因而稱動怒為「無明火起」。形容怒氣很大，按捺不住。例一聽弟弟把他辛辛苦苦掙來的錢花光了，他的腦袋「嗡」地一下，無明火高萬丈，把肺都氣炸了。也作「無明業火高千丈」。

【無明孽火】

見「無名孽火」。

【無明業火】

無明：佛典中指「痴」或「愚昧」；業火：佛教指惡業對人的危害如同烈火焚身一樣。後指怒火。《水滸傳》三回：「鄭屠大怒，兩條忿氣從腳底下直衝到頂門；心頭那一把無明業火燄騰騰的按納不住。」也作「無明火」。清・趙翼《戲為俳體遣悶》詩：「心常欲按無明火，事不求全也罷茶。」

【無冥冥之志者，無昭昭之明】

冥冥：昏暗，指暗地裏下決心和努力；昭昭：明辨事理。沒有專一的志向，就不會有明辨事理的才智。謂人學習應刻苦專一，才能獲得成功。《荀子・勸學》：「是故無冥冥之志者，無昭昭之明；無惛惛之事者，無赫赫之功。」

【無奈冬瓜何，捉著瓠子磨】

瓠：瓠瓜，也叫葫蘆。拿冬瓜沒辦法，卻抓住瓠瓜來磨。比喻惹不起甲，卻拿乙來出氣。例妻子在家受了丈夫的氣，一邊哭一邊數落丈夫：「你在外面受氣裝孫子，回家拿我出氣裝老子，你這是無奈冬瓜何，捉著瓠子磨呀。」也作「奈何不得冬瓜，只把茄子來磨」。

【無奈我何】

不能把我怎麼樣。指拿我沒辦法。《鏡花緣》八四回：「我主意拿的老老的，你縱有通天本領，也無奈我何。」

【無能為技】

沒有辦法施展其技能、本領。清・福格《聽雨叢談》卷五：「時京師縉紳之家，已大受番役之累，幸未幾即有禁止訛詐之令，人心藉安，此輩無能為技矣。」

【無能為力】

對某事沒有力量去完成。清・梁紹壬《兩般秋雨庵隨筆》卷八：「使兵餉頓竭，忠臣流涕頓足而嘆，無能為力，惟有一死以報國，不亦大可哀乎？」

【無能為謀】

謀：計謀，計策。沒有能力做出謀劃。清・方苞《奇言》：「目今舍土人所建三策，雖神禹復生，無能為謀。」

【無能為役】

役：事，常指戰事。沒有能力去辦好這事。《左傳・成公二年》：「郤子曰：『此城濮之賦也。有先君之明與先大夫之肅，故捷。克於先大夫，無能為役，請八百乘』。許之。」

【無能者無所求】

無能者：沒本事的人；求：求索。沒有才能的人也就沒有什麼欲求。《莊子・列禦寇》：「無能者無所求，飽食而遨遊，泛若不繫之舟；虛而遨遊者也。」《紅樓夢》二二回：「巧者勞智者憂，無能者無所求。」

【無能之輩】

指庸庸碌碌，沒有本事的人。唐・劉肅《大唐新語・李秀才》：「此蓋無能之輩，亦何怪乎？」

【無牛捉了馬拼田】

見「無馬狗牽犁」。

【無偏無黨】

偏：偏向；黨：偏袒。不偏不倚。形容秉持公正，沒有一點偏袒。《尚書・洪範》：「無偏無黨，王道蕩蕩。」也作「無黨無偏」。宋・范仲淹《王者無外賦》：「令出惟行，寧分乎遠者近者；德廣所及，但見乎無黨無偏。」

【無偏無陂】

偏：偏倚；陂（ㄆㄛ）：不平坦。不偏向任何一方，沒有不平、邪佞。指為人公正。《尚書・洪範》：「無偏無陂，遵王之義。」

【無偏無倚】

不偏不斜，平正持中。《兒女英雄傳》首回：「當中卻有一條無偏無倚的蕩平大路。」

【無平不陂】

見「無平不陂，無往不復」。

【無平不陂，無往不復】

陂：不平坦；往：去也；復：回也。指有平方有偏斜，有前往方有回返。比喻有施有報或物極必反。《周易・泰》：「無平不陂，無往不復，艱貞無咎。」《洪秀全演義》一〇回：「弟已為足下起得一課：乃泰之三爻，無平不陂，無往不復，艱貞無咎，足下盡可無事。」也作「無平不陂」。《兒女英雄傳》三一回：「這一向因我家事機過順，自我不免有些不大經意，或者享用過度，否則存心自滿，才有無平不陂的這番警戒。」

【無欺暗室】

欺：欺騙；暗室：喻暗地裏。即使在無人見的黑暗地方，也不做欺心之事。形容心地光明磊落。《梁書・簡文帝紀》：「弗欺暗室，豈況三光。」《初學記》卷一一引隋・江總《讓尚書僕射表》：「門驚如市，不慚屋漏；心抱如水，無欺暗室。」

【無欺心自安】

不存欺人的壞心，便可心安自得。例我說了這麼多，都是為你好。你若不滿，我也沒辦法。反正我說的都是實話，問心無愧，無欺心自安嘛！

【無奇不有】

奇：離奇，稀奇。各種稀奇的事物都有。《二十年目睹之怪現狀》九回：「上海地方，無奇不有，倘能在那裏多盤桓些日子，新聞還多著呢。」

【無牽無掛】

牽：牽扯；掛：掛念。沒有什麼牽扯和掛念的。指沒有拖累。《三俠五義》六一回：「北俠原是無牽無掛之人，不能推辭，同上茉花村去了。」

【無錢吃酒，妒人面赤】

自己沒錢飲酒，就嫉妒別人臉紅。比喻自己沒有就嫉妒別人有。例看到別人當了先進，他就心裏不舒服，到處散風說人家是假先進，眞是無錢吃酒，妒人面赤。」

【無錢方斷酒，臨老始看經】

沒有錢買酒時才戒酒，年紀大了才開始看經書。比喻最終有了覺悟，改掉了不良習慣，培養起好習慣。例他經過母親的多年勸導，才改掉了胡亂花錢的毛病，如今已懂得節儉過日子了。無錢方斷酒，臨老始看經，這也好嘛！

【無錢買茄子，只把老來推】

推；推託。沒有錢買茄子，卻推託說茄子老了。比喻爲了顧面子而敷衍推託。例你究竟有沒有錢買那件衣服呀？沒有錢，就別說那件衣服不好，眞是俗話說的：「無錢買茄子，只把老來推。」

【無錢買燒糟，假充吃肉户】

燒糟：燒酒留下的渣滓，用作餵豬的飼料。家裏窮得連買酒糟的錢都沒有，還裝成吃肉的人家。形容死要面子，充富擺闊。清・范寅《越諺》卷上：「『無錢買燒糟，假充吃肉戶』，貧家察豚飼以糟，諷其冒富。」例兩個朋友在館子裏吃完飯，都要搶著付帳。甲扯著乙的膀子說：「我知道你這是無錢買燒糟，假充吃肉戶，就別客氣了。我賺得比你多，還是我請你吧！」

【無錢之人脚桿硬，有錢之人骨頭酥】

指窮人有骨氣，人窮志不窮；而富人往往意志脆弱，沒有骨氣。例老話說：「無錢之人腳桿硬，有錢之人骨頭酥。」今天看來，無論窮富，都應該有志氣，貧賤不能移，富貴不能淫。

【無橋過不了河，沒梯上不了樓】

比喻缺乏必要的條件，事情就辦不成。例常言道：「無橋過不了河，沒梯上不了樓。」如果沒這幾個科技人才出謀獻策，我們廠的產品質量怎麼提升的起來？

【無巧不成話】

見「無巧不成書」。

【無巧不成書】

編書人總把書中的情節編成奇妙的巧合，否則便吸引不了人，成不了書。比喻事情的發展純係巧合或很富戲劇性。《醒世恒言》卷二九：「自古道：『無巧不成書。』原來鈕成有個嫡親哥鈕文，正賣與令史譚遵家爲奴。」也作「無巧不成話」。《醒世恒言》卷三：「瑤琴坐於土牆之下，哀哀而哭。自古道：『無巧不成話。』恰好有一人從牆下而過。」也作「沒巧不成話」。

【無情無緒】

情：心情；緒：情緒。沒有精神和情緒。指心情不愉快。元・王實甫《西廂記》二本一折：「姊姊往常不曾如此無情無緒。」

【無情無義】

情：情份；義：義氣，情義。沒有一點情義。形容冷酷無情。《古今小說》卷一：「你眞如此狠毒，也被人笑話，說你無情無義。」

【無情最是黃金物，變盡天下兒女心】

指金錢是禍害，使人們識錢不識人，心眼變壞。張恨水《啼笑姻緣》一三回：「鳳喜道：『唉！眞是膩死我了！我就接過來。』說著不覺嫣然一笑。正是無情最是黃金物，變盡天下兒女心。」

【無窮風月】

窮：窮盡；風月：清風明月。廣大而無邊無際的清風和明月。形容景色極其美好。五代・詹敦仁《寄劉乙處士》詩：「音問相忘十二秋，天教我輩到南州。無窮風月隨宜樂，有分溪山取次收。」也作「無邊風月」。元・白挺《西湖賦》：「春雨爲觀，香月爲鄰，水竹院落，無邊風月，見大地心以志之。」也作「無涯風月」。涯：水邊，泛指邊際。宋・邵雍《別謝產國相公》詩：「無涯風月供才思，清潤何人敢比肩？」

【無窮歲月增中減】

指時間無窮無盡，但隨著歲月的消逝，人的年紀一天天增長，也就意味著活在世上的日子一天天減少。例常言道：「無窮歲月增中減。」不要總覺得有的是時間，什麼事都推到明天去做。豈不知清朝鶴灘在《明日歌》中寫過：「明日復明日，明日何其多！我生待明日，萬事成蹉跎！」

【無窮無盡】

窮、盡：完了，終結。沒有止境。宋・晏殊《踏莎行》詞：「無窮無盡是離愁，天涯地角尋思遍。」

【無窮之規】

規：規範法度。指行之永遠的規範法度。《漢書・蕭望之傳》：「先帝聖德，賢良在位，作憲垂法，爲無窮之規。」

【無求備於一人】

求：苛求，要求；備：完備。不要對一個人苛求完備。《論語・微子》：「周公謂魯公曰：『君子不施其親，不使大臣怨乎不以。故舊無大故，則不棄也。無求備於一人。』」

【無全牛】

《莊子・養生主》：「[庖丁]曰：『始臣之解牛之時，所見無非全牛者。三年之後，未嘗見全牛也。方今之時，臣以神遇，而不以目視，官知止而神欲行，依乎天理，批大郤，導大窾，因其固然，技經肯綮之未嘗，而況大軱乎！』」意思是庖丁對牛全身的關節、筋骨瞭如指掌，眼中已無不可分割、拆卸的整牛。後遂以「無全牛」比喻對事物觀察透徹，解決問題得心應手。宋・黃庭堅《和答莘老見贈》詩：「持節轉七郡，活功無全牛。」

【無拳無勇】

拳：力量；勇：勇氣，勇敢。沒有力量，沒有勇氣。《詩經・小雅・巧言》：「無拳無勇，職爲亂階。」《民國通俗演義》八回：「我等只有數人，無拳無勇，倘他們搗將進來，如何對待？不如就此逃生罷。」

【無人問津】
問：詢問；津：渡口。沒有人來詢問渡口。比喻無人再來過問或嘗試。晉・陶潛《桃花源記》：「南陽劉子驥，高尚士也；聞之，欣然規往，未果，尋病終。後遂無問津者。」也作「問津無人」。清・李漁《閒情偶寄・結構》：「無怪乎覓途不得，問津無人，半途而廢者居多。」

【無人之地】
沒有人的地方。《三國・魏書・鄧艾傳》：「艾自陰平道行無人之地七百里。」也作「無人之境」。清・顧炎武《郡縣論五》：「橫行千里，如入無人之境。」

【無人之境】
見「無人之地」。

【無人之野】
野：荒野，原野。沒有人居住的荒野。《莊子・山木》：「吾願君刳形去皮，灑心去欲，而遊於無人之野。」

【無任之祿】
祿：俸祿。不任職而拿的俸祿。《孔叢子・陳士義》：「子順相魏，改嬖寵之官，以事賢才；奪無任之祿，以賜有功。」

【無日不知午，無鬚不知老】
沒有太陽不能判斷已到中午，沒有鬍鬚不能判斷已到年老。比喻判斷事物都要有個標準。例清人判卷，都要給個標準答案作參考。須知無日不知午，無鬚不知老，沒有標準答案，怎麼判呢？

【無日忘之】
日：天。沒有一天忘記。指牢記在心，念念不忘。《左傳・昭公三十二年》：「余一人無日忘之。」

【無容身之地】
容身：存身。沒有存身的地方。《儒林外史》三七回：「讀書人全要養其廉恥，他沒奈何來謝我，我若再認這話，他就無容身之地了。」

【無容置喙】
無容：無可，無從；置喙：插嘴的地方。沒有可插嘴的地方。指事實已清楚，無須再多說了。清・尹會一《答陳榕門》之二：「及通盤籌劃，以棄爲取，固已洞鑑無疑，無容置喙。」也作「無所容喙」。宋・朱熹《答陳同甫》之八：「來教累紙，縱橫奇偉，神怪百出，不可正視，雖使孟子復生，亦無所容其喙，況于愚昧蹇劣，又老兄所謂賤儒者，復安能措一詞於其間哉？」也作「無庸置喙」、「不容置喙」。

【無如奈何】
見「無如之何」。

【無如之何】
沒有任何辦法。《禮記・大學》：「小人之使爲國家，災害並至；雖有善者，亦無如之何矣！」也作「無如奈何」。《羣音類選〈投筆記・桑園勸夫〉》：「采蕨充飢餓，也是無如奈何。」

【無善可述】
善：好的；述：敍述，述說。沒有什麼好的事可以述說。指沒有什麼特別重要的好事情可以告慰。常用於書信。例信中最後寫道：「家中的事情無善可述，望放心，不必掛念。」

【無傷大體】
見「無傷大雅」。

【無傷大雅】
傷：損害；大雅：《詩經》中的組成部分，這裏指典雅、雅正。指某一事物雖有小疵，但對主要方面沒有損傷。《二十年目睹之怪現狀》二五回：「像這種當個頑意兒，不必問他眞的假的，倒也無傷大雅；至於那一種妄談禍福的，就要不得。」也作「無傷大體」。大體：全局，整體。魯迅《我觀北大》：「而那向上的精神還是始終一貫，不見得弛懈，自然，偶爾也免不了有些很想勒轉馬頭的，可是這也無傷大體。」

【無聲狗，咬死人】
比喻不露聲色的壞人更凶惡，更能致人於死地。例這人陰險的很，經常在暗中搞鬼，整人不露聲色，是那種無聲狗，咬死人的傢伙。

【無聲無息】
聲：聲音；息：氣息。沒有聲音，沒有氣息。指沒有什麼動靜或沒有什麼影響。《魯迅書信集・致胡風》：「一到裏面去，即醬在無聊的糾紛中，無聲無息。」

【無聲無臭】
聲：聲音，聲響；臭：氣味。沒有聲音，沒有氣味。原指天道難以被人感知和認識。《詩經・大雅・文王》：「上天之載，無聲無臭。」後比喻默默無聞，或情況變化，不再發生影響。《孽海花》一七回：「先幾個月風聲很緊，後來慢慢懈怠，竟無聲無臭起來。」

【無師自通】
指沒有老師的傳授指導，自己思考、學習而把某種學問或問題搞通。唐・賈島《送賀蘭上人》詩：「無師禪自解，有格句堪誇。」例小方在企業管理方面，雖沒拜師學習，但現在掌握的知識一點也不比那些本科系的畢業生少，他純屬無師自通。

【無施不可】
施：施展。無論在什麼地方施展都行。形容才力高超。宋・歐陽修《六一詩話》：「退之筆力，無施不可，而嘗以詩爲文章末事。」

【無時無刻】
時、刻：時間。即每時每刻。指總是如此。《初刻拍案驚奇》卷六：「自是行忘止，食忘餐，卻像掉下了一件什麼東西似的，無時無刻不在心上。」

【無食人的家內飯，不知人的家內事】

不吃別人家裏的飯，就不知別人的家中事。比喻外人不知內情。例他不了解內情，就在那裏瞎議論，豈知無食人的家內飯，不知人的家內事。

【無始無邊】

始：開始、起始；邊：邊際。沒有開始，沒有邊際。即形容極其悠久廣大。《南齊書·高逸傳》：「佛法者，理寂乎萬古，迹兆乎中世，淵源浩博，無始無邊，宇宙之所不知，數量之所不盡。」

【無始無終】

始：開始；終：完結。沒有開始，沒有完結。《淮南子·說林訓》：「無古無今，無始無終，未有天地而生天地，至深微廣大矣。」

【無事不登三寶殿】

三寶殿：泛指佛殿。沒有事情就不去佛堂大殿。比喻沒有事情就不找上門。多指有事相求。《警世通言》卷二八：「許仙連忙收拾了，進去對白娘子道：『我去金山寺燒香，你可照管家裏則個。』白娘子道：「『無事不登三寶殿』，去做什麼？」

【無事不惹事，有事不怕事】

無事莫惹事生非，遇事情也不要躲避。例他打架被人告到機關，就在家躲著不上班了。父親勸他道：「你還是去向主管說清楚，給人家賠禮道歉吧！男子漢應該無事不惹事，有事不怕事，這樣躲著不上班太丟臉了。」也作「**無事莫尋事，事來莫怕事**」。

【無事家中坐，禍從天上來】

比喻飛來橫禍。例他素來循規蹈矩，從不幹違法亂紀的事。不料那年卻蒙冤受屈，挨了一頓整，正是無事家中坐，禍從天上來。

【無事嗑瓜子——閒磨牙】

比喻因空虛而空談、爭吵。例沒事就找點事幹吧，別無事嗑瓜子——閒磨牙了。

【無事罵人三分罪】

平白無故罵人是有罪的。例她在鄰居家門口撒潑大罵，她小姑子前去拉她道：「你別這麼破口大罵，有理講理好啦，要知道無事罵人三分罪。」

【無事忙】

形容沒有什麼正經事卻整天忙忙碌碌的人。例別笑我「無事忙」，要是不忙就悶死了。

【無事莫上街，上街小破財】

破財：花錢。指上街閒逛，難免要花一些錢。例年輕人兜裏有錢，愛上街閒逛，花錢買點什麼，吃點什麼。家裏的老人總愛這樣勸導：無事莫上街，上街小破財。也作「**無事出街小退財**」。

【無事生非】

見「無端生事」。

【無事生事有事怕】

指愛惹事生非又不敢承擔責任。例他這人做事不太紮實，愛擺架式，往往沒事找事，等到出了事又往回縮，是那種無事生事有事怕的人。

【無事一身輕】

心裏沒有事牽掛就全身輕鬆。例瞧他那無事一身輕的樣子，好像天塌下來也與他無關！

【無是父，無是子】

是：這樣。沒有這樣的父親，就沒有這樣的兒子。漢·揚雄《法言·孝至》：「石奮、石建，父子之美也。無是父，無是子；無是子，無是父。」

【無是無非】

是：正確，非：不正確。沒有正確，沒有不正確。指超脫於世俗間的是非之外。元·鄭廷玉《忍字記》二則：「你本是貪財好賄劉均佐，我著你做無是無非窗下僧。」

【無束無拘】

見「無拘無束」。

【無雙國士】

無雙：獨一無二；國士：國家傑出人才。指聰敏穎慧，才華出衆的人。《東觀漢記·黃香傳》：「[黃香]年十二博覽傳記，家業虛貧，衣食不贍。舅龍鄉侯爲作衣被，不受。帝賜香《淮南》、《孟子》各一通，詔令詣東觀讀所未嘗見書，謂諸王曰：『此日下無雙江夏黃童也……』京師號曰：『天下無雙國士』。」

【無水興波】

沒有水也要興起波浪來。比喻無事生非。《玉支磯》一一回：「不料卜成仁這狗才，只管無水興波，羅致將來，萬萬不容不去。」

【無絲有線】

絲：與「私」諧音，指「私」；線：線索，指痕跡。比喻儘管沒有那樣事，但仍避不開嫌疑。《醒世恒言》卷三六：「你我是個孤男寡女，往來行走，必惹外人談議，總然彼此清白，誰肯相信？可不是無絲有線？」

【無私有弊】

私：偏私、不公道；弊：欺騙，矇蔽。沒有偏私，卻有弊病。指雖無偏私，因處於被懷疑的地位而擔著嫌疑。例由於他父親是市政府官員，所以他進入該單位擔任要職，總免不了淪爲被人視爲無私有弊。

【無思無慮】

思：憂思；慮：顧慮。沒有什麼可憂思和顧慮的。指無憂無慮。《晉書·劉伶傳》：「先生於是方捧罌承槽，銜杯漱醪，奮髯箕踞，枕麴藉槽，無思無慮，其樂陶陶。」也作「**無慮無思**」。《魏書·李順傳》：「放言肆欲，無慮無思。」

【無死不知臭】

動物死了才出臭味。比喻人身敗名裂猶不知悔悟。例這個人的名聲已很臭，還在外面招搖撞騙，正是無死不知臭，獄門正打開等著他。

【無梭難織布，無針難繡花】

比喻沒有一定必要條件，就辦不成事。例他暗自埋怨道：「這不是存心爲難我嗎？不給我錢，讓我拿什麼去給他買。難道他就不知道無梭難織布，無針難繡花？」

【無所不包】

沒有什麼不包括在內的。形容包含的東西極多。清·無名氏《杜詩言志》卷一：「『蕩胸』句，言其量之無所不包。」也作「無所不容」。容：包含，包容。清·龔自珍《太倉五中堂奏疏書後》：「是故君父之慈臣子，無所不容，教誨委曲，至夫斯極。」

【無所不貫】

貫：貫通。沒有不貫通的。《史記·禮書》：「人道經緯萬端，規矩無所不貫。」

【無所不及】

及：到。指任何地方都能達到或無論誰都比得上。《鶡冠子·環流五》：「終身之命，無時成者也。故命無所不在，無所不施，無所不及，時或後而得之命也。」宋·李淸臣《歐陽文忠公諡議》：「其文卓然自成一家，比司馬遷、揚雄、韓愈，無所不及而有過之。」

【無所不盡其極】

見「無所不用其極」。

【無所不可】

沒有什麼不可以的。老舍《四世同堂》三二：「他甚至於想到拜金三爺爲師。師在五倫之中，那麼那次的喊爸爸也就無所不可了。」

【無所不窺】

窺：看。沒有什麼看不到的。形容見多識廣。例這個學生求知欲極强，天文地理、人文自然，無所不窺。

【無所不能】

沒有什麼不能做的。形容非常能幹。宋·沈括《夢溪筆談》卷二一：「近歲迎紫姑者極多，大率多能文章歌詩，有極工者，予屢見之，自稱蓬萊謫仙，醫卜無所不能，棋與國手爲敵。」

【無所不容】

見「無所不包」。

【無所不善】

善：擅長。沒有不擅長的。形容精通多門技能。《三國志·魏書·衛覬傳》：「好古文、鳥篆、隸草，無所不善。」

【無所不談】

沒有什麼不談論的。指什麼都說毫無保留。例他們這一對好朋友，每次一見面就天南地北，無所不談，眞是讓人羨慕。

【無所不通】

通：通曉。沒有什麼不通曉的。指知道的東西很多。《孝經·感應》：「孝悌之至，通於神明，光於四海，無所不通。」也作「無所不知」。梁啟超《墨學微》一章：「景教之上帝無所不在，無所不知，無所不能。」也作「無所不曉」。朱自淸《「海闊天空」與「古今中外」》：「文的必是琴棋書畫，無所不曉，武的必是十八般武藝件件精通。」

【無所不爲】

爲：幹，做。沒有什麼事不幹。多用於貶義，指什麼壞事都做得出來。《列子·黃帝》：「既而狎侮欺詒，擋拯挨扰，無所不爲。」《水滸傳》六回：「只因是十方常住，被一個雲遊和尙引著一個道人來此住持，把常住有的沒的都毀壞了。他兩個無所不爲，把衆僧趕出去了。」也作「無所不作」。宋·范舜欽《論五事》：「變詐奇邪，無所不作，苟或敗露，立便『逃亡』。」

【無所不曉】

見「無所不通」。

【無所不諧】

諧：和諧自然。沒有不和諧的。指彼此之間相處融洽、自然。《左傳·襄公十一年》：「[晉侯（悼公）曰]八年之中，九合諸侯，如樂之和，無所不諧。」

【無所不用其極】

極：頂點。指無處不用盡心力。《禮記·大學》：「《詩》曰：『周雖舊邦，其命維新。』是故君子無所不用其極。」也用於貶義。形容做壞事時，什麼手段都使得出來。也作「無所不用其至」。至：極。宋·葉紹翁《又臣寮上言》：「凡可以裕民生，厚邦本者，無所不用其至。」也作「無所不盡其極」。盡：竭盡。老舍《四世同堂》三七：「趕到她宴請日本人的時候，她也無所不盡其極的把好東西拿出來，使日本人不住的吸氣。」

【無所不用其至】

見「無所不用其極」。

【無所不有】

什麼都有。指東西樣樣齊全。晉·陸雲《答車茂安書》：「四方奇麗，天下珍玩，無所不有。」

【無所不在】

處處都存在。《雲笈七籤》卷四四：「當存太一在己身中六合宮，或存太一在兆左右，坐臥背向無所不在也。」

【無所不知】

見「無所不通」。

【無所不至】

至：謂沒有達不到的地方或不分好壞，什麼事都幹得出來。《史記·貨殖列傳》：「周人既纖，而師史尤甚，轉轂以百數，賈郡國，無所不至。」《警世通言》卷二五：「那牛公子的父親牛萬戶，久在李平章門下用事，說事過錢，起家百萬。公子倚勢欺人，無所不至。」

【無所不作】

見「無所不爲」。

【無所成名】

不能在某門學問或技藝上成爲名家。《論語·子罕》：「達巷黨人曰：『大哉孔子，博學而無所成名。』」

【無所措手】

見「無所措手足」。

【無所措手足】

措：放置。手腳不知道應該放在那裏。形容不知怎麼辦才好。《論語·

子路》：「禮樂不興，則刑罰不中；刑罰不中，則民無所措手足。」也作「**無所措手**」。明・沈德符《指摘科場》：「向來所居爲奇貨者，一旦喪氣失志，無所措手矣。」

【無所拂悟】

拂：違背；悟：通「忤」，不順從，不和睦。沒有什麼違背和不順從的言行。《韓非子・說難》：「大意無所拂悟，辭言無所繫縻，然後極騁智辯焉。」

【無所告訴】

告：上告；訴：訴訟。沒有什麼地方上告和申訴。指受冤屈或心中的苦楚無處申訴。《後漢書・張讓傳》：「百姓之冤無所告訴。也作「**無所告語**」。語：說。唐・韓愈《上兵部李侍郎書》：「[愈]性本好文學，因困厄悲愁，無所告語，遂得究窮於經傳史記百家之說。」

【無所告語】

見「無所告訴」。

【無所顧憚】

見「無所顧忌」。

【無所顧忌】

顧：顧慮；忌：忌憚。沒有什麼顧慮和畏忌。《魏書・太武五王傳》：「嘉好飲酒，或沉醉，在世宗前言笑自得，無所顧忌。」也作「**無所忌憚**」。《漢書・諸侯王表》：「是故王莽知漢中外殫微，本末俱弱，亡所忌憚，生其奸心。」亡：通「無」。也作「**無所畏忌**」。畏：害怕。《漢書・王尊傳》：「專權擅勢，大作威福，縱恣不制，無所畏忌，爲海內患害。」也作「**無所顧憚**」。《魏書・高崇傳》：「諫諍極言，無所顧憚。」

【無所迴避】

迴避：躲開。沒有什麼可以避忌的。形容爲人直爽而有膽量。《後漢書・蔡茂傳》：「茂輒糾案，無所迴避也。」也形容行爲放肆。例那個搞投機買賣的小張竟滔滔不絕的講起生意經，對外人一點都無所迴避。

【無所忌憚】

見「無所顧忌」。

【無所忌諱】

忌：顧忌；諱：避諱。沒有什麼顧慮和避諱。宋・陸游《老學庵筆記》卷一：「[毛德昭]喜大罵劇談，紹興初，招徠，直諫無所忌諱。」

【無所請事】

請：請求；事：事情。沒有請求做事。指整天無所事事，不憂國憂民。《史記・曹相國世家》：「曰：『君爲相，日飲，無所請事，何以憂天下乎』？」

【無所取信】

取信：取得別人的信任。沒有辦法取得信任。《漢書・劉向傳》：「上內重[周]堪，又患衆口之浸潤，無所取信。」

【無所容喙】

見「無容置喙」。

【無所施其伎】

見「無所用其巧」。

【無所事事】

事事：做事情。沒有什麼可做的事情。形容閒散沒事做。明・歸有光《送同年丁聘之之任平湖序》：「然每晨入部升堂，只揖而退，卒無所事事。」

【無所適從】

適：往、到；從：跟從。指不知跟隨或聽從誰才好。也指不知按哪個辦法或說法做才好。《左傳・僖公五年》：「狐裘尨耳，一國三公，吾誰適從？」《宋史・賈黯傳》：「二人臨事，指蹤不一，則下將無所適從。」《鏡花緣》一六回：「某書應讀某音，敝處未得高明指教，往往讀錯，以致後學無所適從。」

【無所損益】

損：損失，減少；益：利益，增加。既沒有什麼損失，也沒有什麼收益。唐・韓愈《與崔羣書》：「疑者乃解，解不解，於吾崔君無所損益也。」

【無所畏忌】

見「無所顧忌」。

【無所畏懼】

畏懼：害怕。沒有什麼可害怕的。形容非常勇敢，不怕任何困難和危險。《雲笈七籤》卷九四：「又如勇士逢賊，無所畏懼，揮劍當前，羣寇皆潰。」

【無所依歸】

依：依靠；歸：歸屬，歸宿。沒有依靠和歸宿。《儒林外史》四六回：「老叔已去，小侄從今無所依歸矣。」

【無所用其巧】

用：施展；巧：技巧。無處或無辦法施展技巧。《莊子・列禦寇》：「朱泙漫學屠龍於支離益，單（殫）千金之家，三年技成，而無所用其巧。」也作「**無所用其伎**」。伎：伎倆，不正當手段。宋・洪邁《夷堅丁志・紅葉入懷》：「醫巫無所用其伎，了不知何物爲妖也。」

【無所用心】

用心：動腦筋。沒有什麼可動腦筋的。指遇事懶得用心考慮。《論語・陽貨》：「飽食終日，無所用心，難矣哉！」也指心力不用於正事上。宋・黃庭堅《書博弈論後》：「涪翁放逐黔中，既無所用心，頗喜奕棋。」

【無所用之】

沒有用它。指沒有用處。《左傳・哀公十一年》：「得志於齊，猶獲石田也，無所用之。」

【無所作爲】

作爲：做出成績。指因不努力，沒有做出什麼成績。宋・黃乾《復李貫之兵部》：「今之爲政，只是循習，無所作爲，則爲良吏；小有更張，則人以爲駭。」

【無頭案】

指沒有線索可尋的案件或事情。例他今天又碰到一件無頭案，眞夠他傷腦筋的。也作「**無頭公案**」。例歷史上有許多無頭公案，至今仍是個謎。

【無頭蒼蠅——亂闖亂碰】

也作「無頭的蒼蠅——瞎撞」、「無頭的蒼蠅——亂闖」。見「盲人騎瞎馬——亂闖」。

【無頭的螞蚱——蹦達不了幾天】

也作「無頭的螞蚱——沒幾天蹦頭」。見「秋後的螞蚱——蹦達不了幾天」。

【無頭告示】

比喻用意不明的文告或不得要領的官樣文章。例我看你這篇文章有點像無頭告示，讀了半天不知所云。

【無頭無尾】

沒有開頭，沒有結尾。形容零亂而沒有系統。唐・慧能《六祖寶壇經》卷下：「吾有一物，無頭無尾。」例他講給小明聽的故事無頭無尾。

【無砣的秤——翹得高】

見「公雞尾巴——翹得高」。

【無王的蜜蜂——亂了羣】

見「頭雁中彈——亂了羣」。

【無往不復】

往：前往；復：回返。沒有前往，就沒有回返。指有往有返。《周易・泰》：「九三，無平不陂，無往不復。」也比喻有施有報，或物極必反。《越絕書・越絕外傳》：「故無往不復，何德不報，漁者一言，千金歸焉。」明・劉基《司馬季主論卜》：「吾聞之，蓄極則泄，悶極則達，熱極則風，壅極則通。一冬一春，靡屈不伸；一起一伏，無往不復。」

【無往不捷】

見「無往不克」。

【無往不克】

克：攻破，戰勝。指所到之處無不克敵制勝。《三國志・魏書・鄧艾傳》：「以此乘吳，無往而不克矣。」也作「無往不捷」。捷：戰勝。《舊唐書・李靖傳》：「今者暫動偏師，無往不捷。」也作「無往不勝」。例只要實事求是，按照事情發展規律，因勢利導地去做，就能克服前進道路上的一切困難，無往而不勝。

【無往不利】

指所到之處，沒有不順利的。《朱子語類・孟子〈問夫子加齊之卿相章〉》：「所謂推之天地之間，無往而不利。」《鏡花緣》九〇回：「貧道今日幸而把些塵垢全部拭淨，此後是皓月當空，一無渣滓，諸位才女定是無往不利。」也作「無往不遂」。遂：順。《淮南子・精神訓》：「稟不竭之府，學不死之師，無往而不遂，無至而不通。」也作「無往不宜」。宜：適宜。老舍《不成問題的問題》：「再加上一對……顧盼多姿的眼睛，與隨時變化而無往不宜的表情，就不只討人愛，而且令人信任他了。」

【無往不勝】

見「無往不克」。

【無往不遂】

見「無往不利」。

【無往不宜】

見「無往不利」。

【無妄之福】

無妄：意想不到。意想不到的福份。《戰國策・楚策四》：「春申君曰：『何謂無妄之福？』曰：「君相楚二十餘年矣，雖名爲相國，實楚王也。五子皆相諸侯，今王疾甚，旦暮且崩，太子衰弱，疾而不起。而君相少主，因而代立當國，如伊尹周公，王長而反政，不即遂南稱孤，因而有楚國，此所謂無妄之福也。』」

【無妄之禍】

見「無妄之災」。

【無妄之愆】

見「無妄之災」。

【無妄之憂】

見「無妄之災」。

【無妄之災】

意想不到的災禍。《周易・無妄》：「六三，無妄之災。或繫之牛，行人之得，邑人之災。」唐・李商隱《爲賀拔員外上李相公啟》：「三醫畢訪，百藥皆投，意非無妄之災，莫見有瘳之候。也作「無妄之禍」。《戰國策・楚策四》：「世有無妄之福，又有無妄之禍。今君處無妄之世，以事無妄之王，安有無妄之人乎？」也作「無妄之愆」。愆：罪過，過失。元・關漢卿《錢大尹智寵謝天香》四折：「老夫受無妄之愆，與足下了平生之願。」也作「無妄之憂」。憂：厄，災難。唐・韓愈《憶昨行和張十一》詩：「今君縱署天涯吏，投檄北去何難哉！無妄之憂勿藥喜，一善自足禳千災。」

【無微不到】

見「無微不至」。

【無微不至】

微：細微之處；至：到。沒有什麼細微之處不照顧到的。指關懷、照顧得極爲周到。清・采蘅子《蟲鳴慢錄》：「有富室嫁女者，衣飾器具，無一不備極精美，費已巨萬。將婚前數日，女從容白母曰：『父爲我制厚奩，無微不至，感且不朽。』」也作「無微不到」。清・陳確《與吳仲木孝子書》：「自此徐加調節，漸可復元。總之，一敬之功，無微不到。惟仁者善體之耳。」

【無爲而化】

見「無爲而治」。

【無爲而治】

無爲：無所作爲；治：治理。指古代一種順應自然，不求有所作爲，而使天下太平的政治主張。後多指不重刑罰以仁德治民，以達天下安定。《論語・衛靈公》：「無爲而治者，其舜也歟。夫何爲哉，恭己正南面而已矣。」也指沿襲前代的制度，不輕易改變。漢・揚雄《劇秦美新》：「昔帝纘皇，王纘帝，隨前踵古，或無爲而治，或損益而亡。」也作「無爲而化」。化：治。《後漢書・岑彭傳》：「[岑熙]遷魏郡太守，招聘隱逸，與參政事，無爲而化。」

【無爲復樸】

復：恢復；樸：質樸，樸素。指順其自然，恢復質樸天性。《莊子・天地》：「夫明白入素，無爲復樸，體性抱神，以游世俗之間者，汝將固驚邪？」

【無爲牛後，寧做雞前】

不願意跟在牛的後面，寧可走在雞的前面。比喻寧願在小範圍發號施令，也不願在大的範圍內受制於人。例他之所以離開機關，請求當個小廠的廠長，可能是出於無爲牛後，寧做雞前的動機。

【無爲自化】

指萬物順應自然而變化。《老子》三七章：「道常無爲，而無不爲。侯王若能守之，萬物將自化。」《史記・老子韓非列傳》：「李耳無爲自化，清靜自正。」

【無隙可乘】

隙：漏洞，空子；乘：趁，憑藉。指沒有空子可鑽。宋・程顥、程頤《二程全書・河南程氏外書》卷一二：「小人無隙可乘，其害不至如此之甚也。」也作「**無隙可窺**」。宋・尹洙《息戍》：「使虜衆無隙可窺，不戰而懾其兵志。」也作「**無罅可乘**」。罅：隙縫。清・薛福成《代李伯相復劉制軍俊監督書》：「倘我慮周藻密，無罅可乘，彼自覺少得便宜，則又往往以不行了之。」也作「**無釁可乘**」。元・蘇天爵《元朝名臣事略・國信使郝文忠公》：「公建議，大概以爲彼無釁可乘，未見其利。」也作「**無間可入**」。宋・魏了翁《辭免督視軍馬乞以參贊軍事從丞相行奏札》：「不惟臣子體國之至情，亦所以避讒遠謗，庶幾無間可入也。」

【無隙可窺】

見「無隙可乘」。

【無瑕白玉】

瑕：小斑點。潔白的玉上沒有小斑點。比喻人或事物純潔美好。清・孔尚任《桃花扇・寄扇》：「得保住這無瑕白玉身，免不得揉碎如花貌。」也作「**白玉無瑕**」。

【無瑕可擊】

瑕：缺點，過失。沒有一點缺陷可讓人挑剔、攻擊。例劉老師高風亮節，爲人正直，可說是無瑕可擊，值得我們學習。

【無暇顧及】

暇：閒暇，空閒；顧及：照顧到，注意到。沒有空閒去考慮或做。例廠長正忙著控制產品品質，又是調查，又是開會，別的事一時無暇顧及。

【無下筆處】

無法改動一字。形容文筆精妙。例先生文章，結構嚴謹，文字精鍊，數萬言竟「無下筆處」。

【無下箸處】

箸：筷子。指滿桌美味佳餚，還覺沒有下筷子的地方。形容飲食奢侈過度。《晉書・何曾傳》：「［曾］性奢豪，務在華侈。帷帳車服，窮極綺麗，廚膳滋味，過於王者……食日萬錢，猶曰無下箸處。」

【無罅可乘】

見「無隙可乘」。

【無弦的琵琶——一絲不掛】

形容赤身裸體或毫無牽掛。例孩子們在河裏學游泳，個個是無弦的琵琶——一絲不掛，玩得高興極了。

【無弦木】

見「無弦琴」。

【無弦琴】

晉代詩人陶淵明有一張沒有弦的琴，常撫弄寄意。南朝梁・蕭統《陶淵明傳》：「淵明不解音律，而蓄無弦琴一張，每酒適，輒撫弄以寄其意。」後常比喻自尋樂趣，或意趣高雅，不同流俗。唐・白居易《丘中有一士》詩：「行披帶索衣，坐拍無弦琴，不飲濁泉水，不息曲木陰。」也作「**無弦木**」。宋・黃庭堅《次韻高子勉》詩之八：「三尺無弦木，期君發至音。」

【無懈可擊】

懈：鬆懈，指漏洞、破綻。沒有什麼漏洞可以被人攻擊或挑剔。形容十分嚴謹或完美。《孫子・計》：「擊其無備，出其不意。」曹操注：「攻其無備，出其空虛。」《唐史演義》五七回：「安太清係百戰餘生，頗有能耐，拒守至三月有餘，尚是無懈可擊。」也作「**無虛可擊**」。唐・白居易《與劉蘇州書》：「嗟呼！微之先我去矣，詩敵之勍者，非夢得而誰？前後相答，彼此非一，彼雖無虛可擊，此亦非利不行；但止支綏，未嘗失律。」

【無心出岫】

岫：ㄒㄧㄡˋ，山谷。比喻無意出來做官。晉・陶淵明《歸去來辭》：「雲無心以出岫，鳥倦飛而知還。」明・張居正《與楚學憲胡廬山》：「昔也倦翼知還，今也無心出岫。」

【無心人對著有心人】

對著：遇到。一方無意，而另一方有意，這就產生了誤會。《今古奇觀》卷一八：「那媳婦自是個老實勤謹的女娘，只以孝情爲上，小心奉事翁姑，那裏有甚心去捉他破綻？誰知道『無心人對著有心人』。」也作「**無意人對著有心人**」。例我說這些，原是爲你好，你卻說我指桑罵槐，眞屈死我了。算了，就當我沒說，活該今天我這無意人對著有心人了。也作「**言者無意，聽者有心**」。

【無心之過】

無心：不是故意的；過：過失，過錯。不是故意犯的過錯。例孩子不小心打破了茶杯，純係無心之過，父母非但不應責備，相反地要安慰他，消除他的驚恐心理才是。

【無釁可乘】

見「無隙可乘」。

【無形無影】

形：形體；影：影子。沒有形體，沒有影子。指空虛無物。《西遊記》一九回：「說聲去，就無形無影的，跳到他那山上。」也作「無影無形」。《鏡花緣》八一回：「我想這個『偷』字，無非盜竊之意，倒還易猜；第『香』爲無影無形之物，卻令人難想。」

【無休無止】

休：停止。沒完沒了。茅盾《委屈》：「張太太老覺得李二少奶那一對顧盼之間帶著刺兒的眼睛無休無止的在她身上溜來溜去，好像在尋找弱點。」

【無虛可擊】

見「無懈可擊」。

【無需虛胖，但求實壯】

但：只。不圖虛胖，只要身體壯實就好。比喻講求實際，不圖虛名。例常言道：「無需虛胖，但求實壯。」只要努力做好了工作，何苦到外面去吹噓一番呢！

【無涯風月】

見「無窮風月」。

【無言對泣】

泣：小聲哭，嗚咽。相對不語而嗚咽抽泣。指同是傷心人，只以哭泣相慰解。《紅樓夢》二九回：「紫鵑一面收拾了吐的藥，一面拿扇子替黛玉輕輕的扇著，見三個人都鴉雀無聲，各自哭各自的，索性也傷起心來，也拿著絹子拭目。四個人都無言對泣，還是襲人勉强笑。」

【無言可答】

見「無言可對」。

【無言可對】

對：對答，回答。沒有話來回答。《五燈會元》卷四：「師曰：『這老和尚被我一直問得無言可對。」也作「無言可答」。例起初他還很硬，極力狡辯，但在大量人證物證面前，被問得無言可答，只得認罪伏法。

【無鹽不解淡】

沒有鹽，就解決不了淡味。比喻不下本錢，就不成事。《糊塗世界》三回：「但是無鹽不解淡，總還得帶些銀子去。撫台的是墊了，此外也要叫他們解一解慳囊才好。」

【無顏見江東父老】

見「無面見江東父老」。

【無顏落色】

形容因驚嚇或飢寒而無血色。元・無名氏《來生債》三則：「我則聽的霹靂響，驚魂喪魄，唬的我四口兒無顏落色。」

【無驗而言之謂妄】

沒有根據，無可驗證的話，是胡說八道。漢・揚雄《法言・問神》：「幽必有驗乎明，遠必有驗乎近，大必有驗乎小，微必有驗乎著，無驗而言之謂妄。」

【無一不備】

備：完備，具備。沒有一樣不齊備的。形容十分完備。宋・朱熹《大學二》：「蓋聖人之學，本末精粗，無一不備。」

【無一不能】

沒有一樣不能的。形容非常能幹。《兒女英雄傳》一八回：「凡是他問的，那先生無一不知，無一不能。」

【無一不知】

沒有一樣不知道的。形容見多識廣。《兒女英雄傳》一八回：「凡是他問的，那先生無一不知，無一不能。」

【無一毫差】

形容一點差錯也沒有。《新唐書・崔咸傳》：「夜分輒決事，裁剖精明，無一毫差。」

【無一可】

沒有一點可取之處。漢・司馬相如《子虛賦》：「彰君之惡傷私義，二者無一可，而先生行之，必且輕於齊而累於楚也。」

【無一是處】

是：正確。沒有一點兒對的地方。例看一個人，不要因爲人家有一點兒缺點，就把他看得無一是處。也作「一無是處」。

【無依無靠】

見「無靠無依」。

【無以復加】

復：再。沒法再增加了。形容已到極點。《左傳・文公十七年》：「今大國曰：『爾未逞吾志。』敝邑有亡，無以加焉。」《漢書・王莽傳下》：「且令萬世之後無以復加也。」

【無以塞責】

塞：彌補；責：責任，罪責。沒有任何理由可以推卸罪責，也指沒有盡到責任。《漢書・東方朔傳》：「先帝遺德，奉朝請之禮，備臣妾之儀，列爲公主，賞賜邑入，隆天重地，死無以塞責。」

【無以自遣】

遣：排遣。沒有辦法排遣。形容百無聊賴，不知怎樣才能打發時間。例退休後，他覺得閒得慌，無以自遣，於是就跑到一個單位找了個看大門的活幹。

【無以自容】

見「無地自容」。

【無益於事】

見「無濟於事」。

【無益之悲】

悲：悲哀，悲愁。沒有好處的悲愁。指過分悲愁對自己沒有好處。《紅樓夢》六四回：「只是我想妹妹素日本來多病，凡事當合自寬解，不可過作無益之悲。」

【無益之子】

益：好處。沒有好處的兒子。指不肖之子。《墨子・親士》：「雖有慈父，不愛無益之子。」

【無翼而飛】

翼：翅膀。沒有翅膀卻自己飛走了。比喻虛妄的、並不存在的現象。《莊子・人間世》：「聞以有翼飛者矣，未聞以無翼飛者也；聞以有知（智）知者也；未聞以無知(智)知者也。」漢・王充《論衡・雷虛篇》：「飛者皆有翼，物無翼而飛，謂仙人。」也比喻聲音或訊息傳播迅速。《管子·戒》：「無翼而飛者，聲也；無根而固者，情也。」還用作比喻東西突然不見了。北齊·劉晝《劉子·薦賢》：「玉無翼而飛，珠無脛而行。」也作「**毋翼而飛**」。《戰國策·秦策三》：「衆口所移，毋翼而飛。」

【無因至前】

因：因由，緣故。無緣無故出現在眼前。形容突如其來。漢·鄒陽《獄中上梁王書》：「明水之珠，夜光之璧，以暗投人於道路，人無不按劍相眄者，何則？無因而至前也。」

【無影無形】

見「無形無影」。

【無影無蹤】

一點影子、一點蹤跡也沒有。形容完全消失，不知去向。元·吳昌齡《東坡夢》三折：「你那裏挨挨㨶㨶，閃閃藏藏，無影無蹤」也作「**無蹤無影**」。魯迅《且介亭雜文二集·後記》：「一篇是《從幫忙到扯淡》，爲《文學論壇》而作，至今無蹤無影。」

【無庸諱言】

庸：用；諱：忌諱，隱諱。不必忌諱，可以直說。《民國通俗演義》一二二回：「他們決裂原因，雖不專爲此事，要以此事爲原因之最大者，這也是無庸諱言的事情呢。」也作「**無可諱言**」。例這家公司管理員工的態度採取直接溝通的方式，所以你對公司有任何建議不妨無可諱言的和主管表示絕對沒問題。

【無庸爭辯】

見「無庸置辯」。

【無庸置辯】

庸：用；置辯：辯論。用不著爭辯。例日本文化現在已經不知不覺地存在於台灣每個角落，這是件無庸置辯的事情。也作「**無庸爭辯**」。例這個問題早有定論，無庸爭辯。

【無庸置喙】

見「無容置喙」。

【無庸置疑】

無庸：無須，不用；置疑：懷疑。用不著懷疑。例想要把中國建設成現代化强國，無庸置疑，重視教育，努力提高全民族的文化科學水準，是一個必不可少的條件。

【無庸贅述】

見「無庸贅言」。

【無庸贅言】

庸：用；贅言：說不必要的話。用不著再多說了。例你說的意思我已明白，無庸贅言也作「**無庸贅述**」。例你是個聰明人，話一點就通，我就無庸贅述了。

【無用之用】

指一時沒有用處的，實際上還有用場。《莊子·人世間》：「人皆知有用之用，而莫知無用之用也。」

【無憂無慮】

形容心裏沒有任何憂慮。元·鄭廷玉《忍字記》二折：「我做了個草庵中無憂無慮的僧家。」也作「**無慮無憂**」。《西遊記》九〇回：「正是：無慮無憂來佛界，誠心誠意上雷音。」

【無幽不燭】

幽：昏暗，深暗；燭：照耀，引申爲察見。沒有哪一處陰暗的地方不能照到。比喻明察一切。多用來歌頌君主聖明。《晉書·庾羲傳》：「[羲上表]陛下明鑑天挺，無幽不燭，弘濟之道，豈待瞽言。」

【無尤無怨】

尤：怨恨。毫無怨恨。魯迅《魏晋風度及文章與藥及酒之關係》：「代表平和的文章的人有陶潛。他的態度是隨便飲酒，乞食，高興的時候就談論和作文章，無尤無怨。」

【無油難脫鍋】

脫：脫開，離開。炒菜不放油就會沾鍋。比喻沒有一定的條件，擺脫不了困難的境地。例哥哥不幫忙解釋一下，弟弟和朋友之間的誤會就很難消除，正是無油難脫鍋。

【無有二心】

一心一意，並無異志。《左傳·成公三年》：「[知罃對楚子]曰：『雖遇執事，其弗敢違，其竭力致死，無有二心，以盡臣禮，所以報也。』」

【無有金鋼鑽，怎敢攬瓷器】

金鋼鑽：工業用的高級切削和研磨材料。指具備必要條件，就能辦成事。例你別小看他，無有金鋼鑽，怎敢攬瓷器？他有那本事，準能把事辦好！

【無與倫比】

倫比：匹敵。沒有可匹敵的。形容沒有能比得上的。唐·白行簡《李娃傳》：「生，聰敏者也。無何，曲盡其妙，雖長安無與倫比。」

【無有鄉】

見「無何有之鄉」。

【無魚作罟】

罟：ㄍㄨˇ，網；作罟：織網。沒有魚卻要織魚網。比喻毫無目的，白費工夫。《墨子·公孟》：「子墨子曰：『執無鬼而學祭禮，是猶無客而學客禮也，是猶無漁而爲魚罟也。』」

【無與倫比】

見「未有倫比」。

【無與爲比】

沒有可以拿來相比的。宋·張耒《敢言》：「此子妒賢忌能，無與爲比。」

【無欲志則剛】

不爲個人打算，意志就能堅强。姚雪垠《李自成》一卷二六章：「尚炯不在乎地笑著說：『常言道，無欲志則剛。弟在人前一不求官，二不求名，三不求利，何必違背自己良心，說些假話？』」

【無譽無訾】

見「無咎無譽」。

【無緣對面不相會，有緣千里定相逢】

舊謂前世無緣的人走在對面也聚不到一起，而有緣的儘管相隔很遠也定會碰到一塊。例這倆口子，一個家在北京，一個原籍廣東，只因大學同班，喜結良緣，這正應了俗話所說的：「無緣對面不相會，有緣千里定相逢。」也作「無緣對面不相識，有緣千里來相會」、「有緣千里能相會，無緣對面不相逢」。

【無緣千里空奔走，有幸相逢咫尺間】
咫尺間：比喻距離很近。古代稱八寸為咫。舊謂前世無緣的人，奔走千里去找也不能相遇，而有緣的人則不用去找就能在近處相逢。例哥哥聽說弟弟要出門去尋找不久前失蹤的一個朋友，忙勸道：「天氣這麼壞，我看你不要出門受那份辛苦了，有道是，無緣千里空奔走，有幸相逢咫尺間。說不定他過幾天就又回來了」。

【無緣無故】
沒有一點原因或理由。《三俠五義》六七回：「蔣平道：『無緣無故將我抽打一頓，這是哪裏晦氣。』」

【無緣一面】
連見一次面的緣份都沒有。形容對人仰慕之深。清．歸莊《與陳言夏書》：「相知之深，相思之切，而無緣一面，悵惘何如！」

【無源之水，無本之木】
見「無根之木，無源之水」。

【無遠弗屆】
弗：不；屆：至，到達。無論多遠的地方都能到達。《尚書．大禹謨》：「惟德動天，無遠弗屆；滿招損，謙受益。」

【無遠慮者有近憂】
指看得不遠，不考慮後果，必然會很快產生煩心的事。例她居家過日子，不是算著過，總是有柴一灶，有米一鍋，從不想想明日還有沒有柴和米，哪知無遠慮者有近憂，明日就該斷炊了。也作「無遠慮，必然有近災」、「人無遠慮，必有近憂」。

【無怨無德】
怨：怨恨，仇怨；德：恩德。相互沒有怨恨，也沒有恩德。指彼此之間沒有交往，無情感上的聯繫。《左傳．成公三年》：「臣不任受怨，君亦不任受德，無怨無德，不知所報。」

【無債一身輕】
沒有欠債，一身輕鬆。也比喻事辦成後輕鬆愉快的心情。例李大同熬個通宵，總算把文章寫出來了。他打開窗戶，伸了個懶腰，自言自語：「好啊，無債一身輕！」

【無長物】
長物：多餘的東西。沒有多餘的東西。形容生活簡樸。南朝宋．劉義慶《世說新語．德行》：「王恭從會稽還，王大（王忱）看之，見其坐六尺簟，因語恭：『卿東來，故應有此物，可以一領及我。』恭無言，大去後，即舉所坐者送之。既無餘席，便坐薦上。後大聞之甚驚，曰：『吾本謂卿多，故求耳。』對曰：『丈人不悉恭，恭作人無長物。』」

【無著無落】
心裡不踏實。例孩子第一次出家門，就去那麼遠的地方，一想起來，我心裡就無著無落，真不知孩子會怎樣。

【無遮大會】
遮：遮攔。佛教語。毫無遮攔的大會。指所謂廣結善緣，不分貴賤、僧俗、智愚、善惡，都一律平等對待的盛會。後泛指無所限制的公眾集會。《梁書．武帝本紀》：「輿駕幸同泰寺，設四部無遮大會。」

【無針不引線】
沒有針就不能穿線。比喻沒有介紹人或沒有一定條件，事情就辦不成。例從前，多虧他幫忙，才把那事攬了過來。如今他一點忙也不肯幫，那事也就辦不成了，無針不引線哪！也作「無針不引線，無心不渡船」。

【無徵不信】
徵：證明，證據，驗證。沒有證據的事或話不可信。《禮記．中庸》：「上焉者，雖善無徵，無徵不信，不信民弗從；下焉者，雖善不尊，不尊不信，不信民弗從。」

【無知無識】
沒有知識。指什麼都不懂。例你不要再故弄玄虛，欺騙鄉下人，他們雖認不了多少字，但並不是無知無識之民。

【無志愁壓頭，有志能搬山】
沒有志氣的人在困難面前愁眉苦臉，有志氣的人再大的困難也能克服。例我說，這事辦不辦得成，就看你有無決心。有，就辦得成；沒有，就辦不成。無志愁壓頭，有志能搬山嘛！

【無志之人常立志，有志之人立長志】
沒有志氣的人常常空喊「立志」，真正有志氣的人則胸懷大目標，並為之而奮鬥。例常言道：「無志之人常立志，有志之人立長志。」我勸你看準目標去努力，不要再三心二意，也不要只嘴裡嚷嚷了。也作「有志者立長志，無志者常立志」。

【無置錐之地】
置：放置；錐：鑽孔的工具；置錐之地：指極小的地方。沒有插錐子的地方。形容非常貧困。《莊子．盜跖》：「堯舜有天下，子孫無置錐之地。」也作「無立錐之地」。《史記．留侯世家》：「今秦失德棄義，侵伐諸侯，滅六國之後，使無立錐之地。」也作「亡立錐之地」。亡：通「無」。《漢書．食貨志上》：「富者田連阡陌，貧者亡立錐之地。」

【無中生有】
道家認為：「有」是從「無」中產生出來的。《老子》四〇章：「天下萬物生於有，有生於無。」後用「無中生有」指本無其事，憑空捏造。《水滸傳》三四回：「花榮陪著笑道：『總管容復聽稟：量花榮如何肯背反朝廷？實被劉高這廝無中生有，官報私仇，逼迫得花榮有家難奔，有國難投，權且躲避在此。』」

【無蹤無影】
見「無影無蹤」。
【無足掛齒】
足：值得；掛齒：掛在齒間，指談到、提及。不值一提。形容無關緊要。例請不要客氣，區區小事，無足掛齒。
【無足輕重】
無足：不夠；輕重；分量。不夠分量。指事情無關緊要，不值得重視。《兒女英雄傳》一八回：「你切莫絮叨叨的問這些無足輕重的閒事。」也作「無足重輕」。《民國通俗演義》一一四回：「但此尚不過王揖唐一人的心理，無足重輕。」也作「無關重輕」。梁啓超《新民說》一八節：「王猛之輔苻秦，我輩所最鄙者，然鄙其事不能抹煞其人也。尙論者如略心術而以爲無關重輕也。」
【無足重輕】
見「無足輕重」。
【無罪戴枷板——眞冤枉】
枷板：即枷，舊時套在罪犯脖子上的刑具，木製。見「黃狗偸食打黑狗——眞冤枉」。
【無罪無過，犯病的不吃，犯法的不做】
凡是犯病的東西就不吃，凡是犯法的事就不做，這樣就會平平安安。例不義之財貪不得，貪了要惹禍，還是按這句話做人的好。「無罪無過，犯病的不吃，犯法的不做」。
【蕪詞俚曲】
蕪：雜亂；俚：粗俗。雜亂粗俗的詞和曲子。淸·孔尙任《桃花扇·偵戲》：「蕪詞俚曲，見笑大方。」
【蕪音累句】
見「蕪音累氣」。
【蕪音累氣】
蕪：蕪雜；累：累贅。蕪雜累贅的音調和氣韻。形容文章詞句繁雜累贅。《宋書·謝靈運傳》：「雖淸辭麗句，時發乎篇，而蕪音累氣，固亦多矣。」也作「蕪音累句」。唐·劉知幾《史通·敍事》：「作者蕪音累句，不知所裁。」
【毋卜其居，而卜其鄰舍】
毋：不要；卜：選擇。指選擇鄰居比選擇住宅更重要。《晏子春秋·內篇雜下》：「〔景公〕曰：『夫子之鄉惡而居小，故爲夫子爲之，欲夫子居之，以慊寡人也。』晏子對曰：『先人有言曰：毋卜其居，而卜其鄰舍。今得意於君者，慊其居則毋卜。』」
【毋存芥蒂】
毋：不要；芥蒂：梗塞的東西，比喻心裡的嫌隙或不快。指不要存有隔閡。例同事之間有了矛盾是正常現象，只要互相交心諒解，毋存芥蒂，就會促進雙方的團結。
【毋食馬肝】
毋食：不吃。不吃馬肝，以避免中毒。《史記·封禪書》：「文成食馬肝死耳。」司馬貞索隱：「《論衡》云，氣勃而毒盛，故食走馬肝，馬肝殺人。」比喻不應涉及的事，就不要介入。《漢書·轅固傳》：「上曰：『食肉毋食馬肝，未爲不知味也；言學者毋言湯武受命，不爲愚。』」
【毋望之福】
望：沒有預料到的。沒有意料到的喜事。《史記·春申君傳》：「朱應謂春申君曰：『世有毋望之福，又有毋望之禍。』」
【毋望之禍】
沒有預料到的災禍。《史記·春申君列傳》：「朱應謂春申君曰：『世有毋望之福，又有毋望之禍。』」
【毋貽後患】
毋：不要；貽：遺留；後患：將來的禍災。不要留下將來的禍患。例根治淮河、黃河，是爲子孫毋貽後患的百年大計。
【毋囈毋喘】
毋：不；囈：囈語，胡言；喘：細聲說話。不可胡言亂語，不可背人講壞話。指要實事求是，光明磊落，直言不諱。淸·龔自珍《尊史》：「是故欲爲史，若爲史之別子也者，毋囈毋喘，自尊其心。」
【毋翼而飛】
見「無翼而飛」。
【毋庸置議】
毋：不；置議：談論。指事實和道理已很淸楚，不需再討論了。《民國通俗演義》四三回：「其原合同第十二款所載開車之日起，三十六年後，中國政府可給價收回一節，毋庸置議。」
【毋自欺】
毋：不。不要自己欺騙自己。《禮記·大學》：「所謂誠其意，毋自欺也。」例爲人要實事求是，做事毋自欺。
【吾嘗終日而思矣，不如須臾之所學也】
嘗：曾經；須臾：一會兒。我曾經整天地思考，還不如學習一會兒收獲大。謂只思不學，徒勞無益。《荀子·勸學》：「吾嘗終日而思矣，不如須臾之所學也；吾嘗跂而望矣，不如登高之博見也。」
【吾道東矣】
道：學說，道理。我的學說，已經傳向東方。指自己的學術或主張已經有人繼承和推廣。《後漢書·鄭玄傳》：「乃西入關，因涿郡盧植，事扶風馬融……問畢辭歸，[馬]融喟然謂門人曰：『鄭生今去，吾道東矣！』」也作「吾道南矣」。《宋史·楊時傳》：「其歸也，[程]顥目送之曰：『吾道南矣。』」
【吾道南矣】
見「吾道東矣」。
【吾家龍文】
見「吾家千里駒」。
【吾家麒麟】
麒麟：古代傳說中一種罕見而珍貴的動物，形似鹿而大，有角。稱譽自己的俊秀有才能的兒子。《晉書・顧和傳》：「此吾家麒麟，興吾宗者，必此子也。」

【吾家千里駒】

千里駒：千里馬的小駒，指有才能的後輩。《三國志・魏書・曹休傳》：「休，字文烈，太祖族子也，年十餘，太祖舉兵，易姓名，間道歸，太祖謂左右曰：『此吾家千里駒也。』」也作「**吾家龍文**」。龍文：駿馬名。《北齊書・楊愔傳》：「已是吾家龍文，更十歲後，當求之千里外。」

【吾門標秀】

吾門：我家；標秀：傑出人才。我家傑出的後代。《晉書・慕容皝載記》：「此兒非惟吾門之標秀，乃佐時之良器也。」

【吾日三省吾身】

省：反省，檢查。謂每天多次自我反省。《論語・學而》：「曾子曰：『吾日三省吾身：爲人謀而不忠乎？與朋友交而不信乎？傳不習乎？』」

【吾心如秤】

秤：衡量輕重的工具。我的心公平如秤。唐・虞世南《北堂書鈔》卷三七：「吾心如秤，不作輕重。」

【吾誰適從】

我不知聽從誰的好。《左傳・僖公五年》：「詩云：『懷德惟寧，宗子惟城。』君其修德而固宗子，何城如之？三年將尋師焉，焉用愼？退而賦曰：『狐裘尨茸，一國三公，吾誰適從？』」

【吾誰與歸】

我同誰一起相處？指對志同道合者的尋求。宋・范仲淹《岳陽樓記》：「噫！微斯人，吾誰與歸？」

【吾膝如鐵】

我的膝像鐵一樣強硬，不能屈辱下跪。比喻倔強、有骨氣。《元史・李齊傳》：「齊叱曰：『吾膝如鐵，豈肯爲賊屈！』」

【鼯鼠技窮】

見「梧鼠五技」。

【梧桐斷角】

梧桐木柔韌可以截斷牛角。比喻柔能克剛。《淮南子・說山訓》：「兩堅不能相和，兩强不能相服，故梧桐斷角，馬氂截玉。」

【梧桐落葉心不死】

比喻失敗了不灰心。例他這個人呀，梧桐落葉心不死，實驗多次失敗了也不灰心，總結經驗再幹。也比喻壞人或惡勢力不甘心失敗。例殘匪雖逃進了深山，但他們「梧桐落葉心不死」，仍在悄悄活動，企圖捲土重來。

【梧桐一葉落，天下盡知秋】

比喻從事物的某種跡象，可以測知發展的趨向與結果。宋・唐庚《文錄》：「唐人有詩云：山僧不解數甲子，一葉落知天下秋。」例他從來不喝酒，可近來言語少了，也喝起酒來了，定是遇到什麼煩心的事情，梧桐一葉落，天下盡知秋呀！

【梧鼠五技】

梧鼠：即「鼯鼠」，「梧鼠」；五技：鼯鼠具有五種技能：能飛不能過屋，能緣不能窮木，能游不能渡谷，能穴不能掩身，能走不能先人。梧鼠有五種技能但都不專精。比喻技能雖多而不精。《荀子・勸學》：「螣蛇無足而飛，梧鼠五技而窮。」也作「**梧鼠之技**」。章炳麟《駁康有爲論革命書》：「嗚呼哀哉！『南海聖人』，多方善療，而梧鼠之技，不過於五，亦有時而窮矣。」也作「**鼯鼠技窮**」。技窮：技能無濟於事。宋・張擴《代黃侍御除直祕閣謝宰執啟》：「如某者天資樸魯，世事迂疏，鼯鼠之技易窮，犬馬之心徒在。」

【梧鼠之技】

見「梧鼠五技」。

【梧桐葉落——歸根】

梧桐：落葉喬木，葉子掌狀分裂，樹幹很直，木質輕而堅韌。比喻不忘本源。常指遊子最終要回到家鄉。例在外漂泊數十年，現在梧桐葉落——歸根了，有說不出的高興。

【吳牛喘月】

吳牛：江淮一帶的水牛；喘月：吳地炎熱，水牛怕熱，見到月亮升起，以爲是太陽，就喘起氣來。比喻因見到表面相似的事物就疑心害怕。南朝宋・劉義慶《世說新語・言語》：「滿奮畏風，在晉武帝座，北窗作琉璃屛，實密似疏，奮有難色。帝笑之，奮答曰：『臣猶吳牛，見月而喘。』」唐・李白《丁都護歌》：「吳牛喘月時，拖船一何苦！水濁不可飲，壺漿半成土。」

【吳三桂引清兵——吃裏扒外】

吳三桂：明末漢奸。李自成攻克北京後，招他歸降，他堅持反動立場，引清兵入關，受封爲平西王。見「吃曹操的飯幹劉備的事——吃裏扒外」。

【吳市吹簫】

吳：古國名，今江淮一帶。在吳市吹簫。比喻生活無著在街上乞討。《史記・范雎蔡澤列傳》：「伍子胥橐載而出昭關，夜行晝伏，至於陵水，無以糊其口，膝行蒲伏，稽首肉袒，鼓腹吹篪，乞食於吳市。」唐・虞世南《結客少年》詩：「吹簫入吳市，擊筑遊燕肆。」康有爲《泛海至天津入京復還上海》詩：「方朔長安徒索米，子胥吳市又吹簫。」

【吳頭楚尾】

今江西省北部在春秋時爲吳、楚兩國接界之地，像首尾相銜接，所以稱爲吳頭楚尾。後作爲江西的代稱。宋・黃庭堅《山谷琴趣外編・謁金門・戲贈知命》：「山又水，行盡吳頭楚尾。」

【吳下阿蒙】

吳下：指長江下游南岸一帶；阿蒙：指三國時的呂蒙。《三國志・吳書・呂蒙傳》裴松之注引《江表傳》載：呂蒙年輕時不愛學習，聽了孫權的勸告，才努力讀書。魯肅有時到他那裏，同他議論時，魯肅竟辯不過他。因此，魯肅就拍著呂蒙的背說：「吾謂大弟但有武略耳，至於今者，學識英博，非復吳下阿蒙。」比喻學識尚淺的人。明・徐宏祖《徐霞客遊記・續篇》：「馬灣有蠶，德心是崇，先生天游，而人曰佳墉。嗟乎！非吳下阿蒙。」

【吳越同舟】

吳、越：古代春秋時的兩個諸侯國名；舟：船。吳國人和越國人同乘一條船。遇到風浪，相互合作共度難關。比喻同心協力戰勝困難。《孫子・九地》：「夫吳人與越人，相惡也。當其同舟而濟，遇風，其相救也，如左右手。」例在困難的時候，只要我們吳越同舟，並肩戰鬥，就一定能衝破難關。

【蜈蚣不擾地土蛇】

蛇怕蜈蚣，但蜈蚣不害住處的蛇，猶如兔子不吃窩邊草。比喻惡人不應擾亂鄉土。例常言道：「蜈蚣不擾地土蛇，那些黑良心的土匪，竟連鄉鄰也搶。」

【蜈蚣見公雞——命難逃】

蜈蚣：節肢動物，身體長而扁，背部暗綠色，腹部黃褐肥，頭部有鞭狀觸角，軀幹由許多環節構成，每個環節有一對足。第一對足呈鈎狀，有毒腺，能分泌毒液，吃小昆蟲。公雞不但不怕蜈蚣，且能吞食它。見「老鼠碰見貓——命難逃」。

【蜈蚣遇見眼鏡蛇——一個更比一個毒】

眼鏡蛇：毒蛇的一種，頸部很粗，上面有一對白邊黑心的環狀斑紋，發怒時頭部昂起，頸部膨大，上面的斑紋像一副眼鏡。毒性很大，能吃小動物。見「蛇遭蠍子螫——一個更比一個毒」。

【蜈蚣走入螞蟻窩】

蜈蚣走進了螞蟻窩，會被衆多螞蟻咬死。比喻死路一條。例他越幹越覺得此路不通，好比蜈蚣走入螞蟻窩，只好另闢蹊徑從頭幹。

ㄨˇ

【五百年前是一家】

五百年前曾是一家人。指同姓相稱，拉攀關係。有時是表示關係密切的一種詼諧說法。元・馬致遠《還牢末》一折：「你也姓李，我也姓李，道不的『一般樹上兩般花，五百年前是一家？』」例他端起酒盅，一飲而盡，說：「好說好說，就這麼辦，咱們五百年前是一家嘛，還有什麼不好商量的？」也作「**五百年前共一家**」。

【五百文錢兩下分——二百五】

見「半吊子的一半——二百五」。

【五步一崗，十步一哨】

形容戒備森嚴。例雖然敵人在城裏五步一崗，十步一哨，見到可疑的人就抓，但偵察員裝扮成闊商，大模大樣地進入城內，順利地摸清了敵情。

【五步一樓，十步一閣】

形容亭台樓閣之多，極其繁華。《儒林外史》十四回：「出了錢塘門，過聖因寺，上了蘇堤，中間是金沙港，轉過去就望見雷峯塔，到了淨慈寺，有十多里路，眞乃五步一樓，十步一閣。」

【五彩繽紛】

五彩：指各種顏色；繽紛：錯雜繁盛的樣子。形容色彩紛繁艷麗。例每年的雙十國慶，晚上都會施放五彩繽紛的煙火，令人目不暇給，美不勝收。也作「**五色繽紛**」。例耶誕節那天，大街上、公園裏都裝飾得五色繽紛。

【五車書】

形容讀書之多，學問淵博。《莊子・天下》：「惠施多方，其書五車。」唐・杜甫《題柏學士茅屋》詩：「富貴必從勤苦得，男兒須讀五車書。」

【五尺深的渾水坑子——看不透】

比喻不能透徹的了解對手的計畫、用意等。例他來這裏工作幾年了，可是大家對他仍然是五尺深的渾水坑子——看不透。

【五尺豎子】

尺：周制一尺合現在的八寸；豎子：小子。五尺高的小子。指兒童。《呂氏春秋・重己》：「使五尺豎子引其卷。」

【五尺童子】

見「五尺之童」。

【五尺微童】

見「五尺之童」。

【五尺之孤】

尺：古代尺短，一尺合現在的八寸；孤：舊指帝王、君主。五尺高的君主。指幼小的君主。漢・賈誼《新書・階級》：「可以託不御之權，可以寄五尺之孤。」

【五尺之童】

尺：周制一尺爲現在的八寸。五尺高的孩子。指未成年的兒童。《孟子・滕文公上》：「雖使五尺之童適市，莫之或欺。」也作「**五尺童子**」。《南齊書・何昌寓傳》：「閨無執戟之士，門闕衣介之夫，此五尺童子所見，不假闊曲言也。」也作「**五尺微童**」。唐・王勃《上絳州上官司馬書》：「鐘鼎輝其顧盼，冠蓋生其籍甚，豈知夫四海君子攘袂而恥之乎？五尺微童，所以固窮而不爲也」。

【五齒鈎撓癢癢——硬手】

見「鐵耙子搔癢——是把硬手」。

【五寸之鍵，制開闔之門】

鍵：門閂；闔：關閉。五寸長的門閂，可以控制門的開和關。比喻物雖小，但其作用不小。《淮南子・主術訓》：「一圍之木，持千鈞之屋；五寸之鍵，制開闔之門。」

【五大三粗】

形容人高大粗壯，體魄魁梧。例魯智深五大三粗，爲人豪爽仗義。

【五帝三皇】

古代傳說中的帝王。說法不一。通常指五帝爲：黃帝、顓頊、帝嚳、唐堯、虞舜；三皇爲：伏羲、燧人、神農。泛指上古帝王。《周禮・春官・外史》：「掌三皇五帝之書。」唐・釋貫休《少年行》詩：「稼穡艱難總不知，五帝三皇是何物？」也作「**五帝三王**」。三王：指夏禹、商湯、周文王。秦・李斯《諫逐客書》：「是以地無四方，民無異國，四時充美，鬼神降福，此五帝三王之所以無敵也。」

【五帝三王】

見「五帝三皇」。

【五斗低腰】

見「五斗折腰」。

【五斗解酲】

五斗：指五斗酒；酲：ㄔㄥˊ，喝醉了神智不清。用五斗酒來解醉酒。比喻嗜酒，縱酒成性。南朝宋・劉義慶《世說新語・任誕》：「劉伶病酒，渴甚，從婦求酒……曰：『天生劉伶，以酒爲名，一飲一斛，五斗解酲。』……便引酒進肉，隗然已醉矣。」

【五斗涼州】

五斗：即五斛。用五斛葡萄酒換得涼州官職。漢・越岐《三輔決錄》卷二：「靈帝時中常侍張讓專朝政，賓客多苦不得見。孟佗盡以家財賂讓監奴，因得見讓。衆以爲佗與讓善，爭以珍物賂佗，佗得盡以賂讓，讓大喜。後以葡萄酒一斗遺讓，即拜爲涼州刺吏。」後用以形容賄賂得官或酒之美。宋・辛棄疾《雨中花慢・子似見和，再用韻爲別》詞：「笑千篇索價，未抵葡萄，五斗涼州。」

【五斗折腰】

五斗：指五斗米；折腰：彎腰，鞠躬下拜。指爲了微薄的官俸而向人彎腰行禮。南朝梁・蕭統《陶淵明傳》載：陶淵明任彭澤縣令，「歲終，會郡遣督郵至，縣吏請曰：『應束帶見之。』陶淵明嘆曰：『我豈能爲五斗米，折腰向鄉里小兒！』即日解綬去職。」後以「五斗折腰」比喻爲了生活屈辱地擔任低級官員。宋・黃庭堅《次韻寅庵四首》詩：「五斗折腰慚僕妾，幾年合眼夢鄉閭。」也作「**五斗低腰**」。唐・徐夤《鴻門》詩：「猶勝墮力求飧者，五斗低腰走西塵。」

【五毒俱全】

五毒：多指蠍、蛇、蜈蚣、壁虎、蟾蜍等五種動物。泛指各種壞事。形容什麼壞事都做，作惡多端。例現在黑社會頭子，個個都是五毒俱全。

【五短身材】

五短：身軀和四肢短小。指人的體形矮小。用於貶意。例武大郎五短身材，整日挑著擔子賣燒餅。

【五朵雲】

《新唐書・韋陟傳》：「[陟]常以五彩箋爲書記，使侍妾主之，其裁答授意而已，皆有楷法，陟唯署名，自謂所書『陟』字若五朵雲，時人慕之，號『郇公五雲體』。」後以「五朵雲」美稱別人的書札。也作「**五雲字**」。宋・辛棄疾《水調歌頭・嚴子文同傅安道和前韻因再獻之》詞：「寄我五雲字，恰向酒邊開。」也作「**五雲書**」。淸・蒲松齡《頒賜御書表》之二：「則萬歲字成，兆嘉祥於銀甕；五雲書就，卜餘慶於靈台矣！」

【五方雜處】

五方：東、西、南、北、中，泛指各方；雜處：雜居。來自各地方的人雜居在一處。形容城鎮居民來源不一。《鏡花緣》二七回：「唐敖道：『此國人爲何生一張豬嘴？而且語音不同，倒像五方雜處一般，是何緣故？』」也作「**五方雜厝**」。《漢書・地理志》：「是故五方雜厝，風俗不純。」也作「**五方雜遝**」。南朝宋・顏延之《三月三日曲水詩序》：「五方雜遝・四隩來曁。」

【五方雜厝】

見「五方雜處」。

【五方雜遝】

見「五方雜處」。

【五方之民】

五方：東、南、西、北、中，泛指各個地方；民：民族。指中國各個地方的民族。《禮記・王制》：「中國、夷、蠻、戎、狄，皆有安居，五方之民，言語不通，嗜欲不同，達其志，通其欲，東方曰寄，南方曰象，西方曰狄鞮，北方曰澤。」

【五分鐘熱度】

比喻只有很短時間的熱情或積極性。例我們做任何事之前都要先考慮淸楚，以避免五分鐘熱度的情況發生。也作「**五分鐘熱情**」。例辦事要持之以恆才會出成績，如果光憑五分鐘熱情，就會半途而廢，前功盡棄。

【五分鐘熱情】

見「五分鐘熱度」。

【五風十雨】

見「五日一風，十日一雨」。

【五個老倌兩根鬍子——稀少】

老倌：老頭。見「鯰魚的鬍子——稀少」。

【五個指頭兩邊矮——三長二短】

雙關語。比喻意外的災禍或事故。例對孩子放縱，很容易出現五個指頭兩邊矮——三長二短，那時後悔就來不及了。

【五個指頭——一把手】

比喻非常能幹的人。有時指單位的主要負責人。例這個靑年的確是五個指頭——一把手，將來準能挑起千斤重擔。

【五個指頭總有長短】

比喻人或事各不一樣，不能强求一律。例常言道，五個指頭總有長短，他和她雖是一母所生，可是個性不同，不能要求他們都在同樣時間內辦完。也作「**五個指頭有長短**」、「**十個指頭不一般齊**」。

【五更的星星——稀少】

舊時一夜分成五個更次，每更大約兩小時。五更在黎明前後。見「鯰魚的鬍子——稀少」。

【五更侵早起，更有夜行人】

五更：一夜五個更次中的最後一更；侵：接近。自己凌晨就起身，已有比自己還早的行路人。比喻强中更有强中手。《景德傳燈錄》卷八：「丹霞來古寺經宿。明旦粥熟，行者盛一缽與師，又盛一碗自吃，殊不顧丹。丹霞即自盛吃。行者曰：『五更侵早起，更有夜行人。』」也作「五更清早起，更有早行人」、「莫道君行早，還有早行人」、「夜眠清早起，更有不眠人」。

【五更天烤火——棄暗投明】

比喻脫離黑暗反動勢力，投奔進步勢力，歸向光明正道。例你可以而且應該五更天烤火——棄暗投明，到軍隊裏來爲國家貢獻心力。

【五更天下海——趕潮流】

比喻追隨、適應社會發展的趨勢。例別聽他們的風言風語了，五更天下海——趕潮流，有什麼不好，難道逆潮流而動就是光榮的嗎？

【五穀不登】

五穀：指稻、黍（黃米）、稷（小米）、麥、菽（豆），泛指穀物；不登：沒登場。五穀不收。指嚴重的災荒年景。《孟子·滕文公上》：「當堯之時，天下猶未平，洪水橫流，氾濫於天下，草木暢茂，禽獸繁殖，五穀不登，禽獸逼人，獸蹄鳥跡之道交於中國。」也作「五穀不升」。升：指成熟，收成。《穀梁傳·襄公二十四年》：「五穀不升爲大飢。一穀不升，謂之嗛；二穀不升，謂之飢；三穀不升，謂之饉；四穀不升，謂之康；五穀不升，謂之大侵。」

【五穀不分】

分辨不清五穀。形容脫離勞動或實際，缺乏農業常識的人。《論語·微子》：「四體不勤，五穀不分，孰爲夫子！」

【五穀不升】

見「五穀不登」。

【五穀不熟，不如荑稗】

荑：ㄊㄧˊ，稗子一類的草。五穀不成熟，就沒有用，還不如稗子（因稗子果實還可釀酒及作飼料）。比喻富家子弟若不成材，還不如窮人的子弟。《醒世恒言》卷一七：「多有富貴子弟，擔了個讀書的虛名……到知識漸開，戀酒迷花，無所不至。甚者破家蕩產。有上稍時沒下稍。所以古人云：「五穀不熟，不如荑稗。」

【五穀豐登】

豐登：豐收上場。各種農作物都得到豐收。形容年成很好。例由於今年風調雨順，莊稼人迎來了五穀豐登的好年景。也作「五穀豐熟」。《六韜·立將》：「是故風雨時節，五穀豐熟，社稷安寧。」也作「五穀豐稔」。稔：莊稼成熟。唐·韋嗣立《論刑法多濫疏》：「風雨以時，則五穀豐稔。」

【五穀豐稔】

見「五穀豐登」。

【五穀豐熟】

見「五穀豐登」。

【五官八字雖强，無德不能承受】

八字：舊時用天干、地支表示人出生的年、月、日、時，合起來是八個字。迷信的人認爲根據生辰八字可以推算出一個人的命運好壞。舊謂從長相、八字來看雖是命好之人，但品德不好卻不能走好運。姚雪垠《李自成》三卷五二章：「不過遇此年頭，還要發菩薩心腸，多積陰騭。常言道：五官八字雖强，無德不能承受。老兄氣色不壞，能多做幾分好事，氣色定會更佳。」

【五光十色】

五、十：表示多。形容色彩光澤明亮鮮麗，花樣繁多。南朝梁·江淹《麗色賦》：「其少進也，如彩雲出崖，五光徘徊，十色陸離。」也形容色彩豐富的物品。例台北五光十色的夜生活，是最讓外地人好奇和嚮往的。也形容紛亂的社會生活。例他來到日本不久，在那五光十色，紙醉金迷的紛亂生活中，有些事物對他的刺激特別深。

【五行八作】

行：行業；作：作坊。泛指各種行業和手工業工場。《續兒女英雄傳》一九回：「帶兵的是魏永福，帶一百名兵，於次日起身，不准傳揚出去，兵丁陸續而往；扮到五行八作、各項生意，到了寺前。」

【五行並下】

五行：五行文字；並：同時。五行文字同時看下來。形容讀書敏捷神速。《後漢書·應奉傳》：「奉少聰明，自爲童兒及長，凡所經履，莫不暗記。讀書五行並下。」也作「五行俱下」。《三國志·魏書·應瑒傳》：「瑒祖奉，字世叔。才敏，善諷誦，故世稱應世叔讀書，五行俱下。」

【五行俱下】

見「五行並下」。

【五合六聚】

合：聯合；聚：聚集。形容多方聚合。《史記·春申君列傳》：「天下五合六聚而不敢救，王之威亦單矣。」

【五湖范蠡】

五湖：原指太湖，後泛指江湖；范蠡（ㄌㄧˊ）：越國人。太湖的范蠡在越王滅吳之後，乘舟載西施泛五湖而去。形容功成身退而歸隱。《史記·貨殖列傳》：「范蠡既雪會稽之恥，乃喟然而嘆曰：『計然之策七，越用其五而得意。既已施於國，吾欲用之家。』乃乘扁舟，浮於江湖，變名易姓，適齊爲鴟夷子皮，之陶爲朱公。」宋·辛棄疾《洞仙歌·開南溪初成賦》詞：「十里漲春波，一棹歸來，只做個五湖范蠡。是則是，一般弄扁舟，爭知道他家，有個西子。」

【五湖四海】

五湖：我國的幾個大湖，說法不一，

一般指洞庭湖、鄱陽湖、太湖、巢湖、洪澤湖；四海：古時認爲中國四面環海。泛指全國各地。唐・呂岩《絕句》詩：「斗笠爲帆扇作舟，五湖四海任遨遊。」

【五花八門】

五花：五行陣；八門：八門陣。原指古代戰術變化很多的兩種陣勢。後比喻事物花樣繁多，變幻莫測。清・憂患餘生《官場現形記序》：「僕嘗出入卑鄙齷齪之場，往來奔競夤緣之地，耳之所觸，目之所炫，五花八門，光怪萬狀。」

【五花腸子六花心】

比喻拿不定主意。例他那時，也是五花腸子六花心，不知道該怎麼辦才好。

【五花大綁】

捆綁人的一種方法，用繩索套住脖子並繞到背後反剪兩臂，背後形成五朵花。這是舊時對重大案件罪犯的一種刑法。姚雪垠《李自成》卷二：「不容分辯，立刻有幾個武士將刁明忠剝去盔甲，五花大綁，推出白虎堂。」

【五花大肉——肥瘦都有】

雙關語。比喻東西有好有壞或品種、規格齊全。例實話告訴你吧，我們這裏的貨物是五花大肉——肥瘦都有，看你會挑還是不會挑。

【五黃六月】

五黃：五月間麥子成熟變黃。指農曆五六月間。即夏天天氣炎熱的時候。《警世通言》卷二四：「公子說：『我若南京再娶家小，五黃六月，害病死了我。』」

【五飢六受】

難以忍受。例你爸爸剛出獄那年，四處找工作，今天到這個單位被譏諷，明天到那個單位被瞧不起，眞正搞得他五飢六受。

【五積六獸】

「五脊六獸」的諧音。宮殿建築物上五脊六獸的怪狀。形容人手足失措的可笑形態。例這五積六獸的模樣，可是叫人笑話。

【五脊六獸】

指古代宮殿式的建築物，有五條屋脊縱橫銜接，六個脊角上翹，角上各有獸頭一個。常用以形容建築物巍峨壯觀。例在蘇州園林裏，有許多古代建築五脊六獸，遠遠看去巍峨壯觀。

【五脊子六獸的】

形容內心不安。老舍《牛天賜傳》：「王寶齋沒得可說，五脊子六獸的受了禮，頭上出了汗。」

【五季之酷】

五季：我國唐朝和宋朝之間的後梁、後唐、後晉、後漢、後周五代；酷：嚴酷的禍患。五代時期的嚴酷禍患。宋・李格非《洛陽名園記・論》：「及其亂離，繼以五季之酷。」

【五角六張】

角、張：均爲星宿名，是二十八宿的兩個星座；五、六：指五日、六日。舊時迷信認爲五日遇角宿，六日遇張宿，這兩日做事多不吉利。指時機不好，辦事不順遂。唐・鄭棨《開天傳信記》：「天寶初，上遊華淸宮，有劉朝霞者，獻《賀幸溫泉賦》……其自敍云：『別有窮奇蹭蹬，失路倡狂。骨憧雖短，伎藝能長。夢裏幾回富貴，覺來依舊淒惶。今日是千年一遇，叩頭莫五角六張。』」

【五經掃地】

五經：指《易》、《書》、《詩》、《禮》、《春秋》等儒家經典，舊時是文人必讀之書。比喻文人的體面丟盡。《新唐書・祝欽明傳》：「帝與羣臣宴，欽明自言能《八風舞》，帝許之。欽明體肥醜，據地搖頭睆目，左右顧眄，帝大笑。吏部侍郞盧藏用嘆曰：『是舉五經掃地矣。』」

【五經四書】

五經：儒家經典，即《易經》、《禮記》、《書經》、《詩經》、《春秋》的總稱；四書：儒家推崇的著作，即《大學》、《中庸》、《論語》、《孟子》的總稱。指舊時學生的必讀典籍。例父親生在書香門第，自小讀的是五經四書。

【五經無對】

見「五經無雙」。

【五經無雙】

無雙：沒有第二個人。指博通五經。《後漢書・許愼傳》：「[許愼]字叔重……性淳篤，少博學經籍，馬融常推敬之，時人爲之語曰：『五經無雙許叔重。』」也作「**五經無對**」。無對：無雙。《北史・陸印傳》：「五經無對有陸乂。」

【五句話分兩次講——三言兩語】

比喻話語不多。例他的性格沉靜，常常是五句話分兩次講——三言兩語，總不多說話。

【五勞七傷】

五勞：中醫學名詞，指心、肝、脾、肺、腎五臟的勞損；七傷：中醫學名詞，指大飽傷脾，大怒氣逆傷肝，強力舉重，久坐濕地傷腎，形寒飲冷傷肺，憂愁思慮傷心，風雨寒暑傷形，恐懼不節傷志。泛指各種勞傷的疑難病症。宋・蘇軾《東坡志林・論醫和語》：「五勞七傷，皆熱中而蒸，晦淫者不爲蠱則中風，皆熱之所生也。」也作「**五癆七傷**」。癆：癆病，中醫指肺結核病。老舍《二馬》：「兩位馬先生都沒有什麼髒病，也沒有五癆七傷，於是又平安的過了一關。」

【五癆七傷】

見「五勞七傷」。

【五雷轟頂】

有五個雷在頭頂響起。形容意外的打擊使人感到非常震驚。例顧敬仲聽說游擊隊打到他家裏去了，立刻五雷轟頂似地軟癱在椅子上。也指被雷擊死。例老劉在王主任面前起誓說：「這次您挽救了我，以後如果我再去賭博，就天火燒身，五雷轟頂！」

【五里霧中】

《後漢書·張楷傳》：「[張楷]性好道術，能作五里霧。」後用「五里霧中」比喻處於迷糊不清的的境地。例對於他們吵架的原因，到現在爲止我還身處五里霧中，搞不清楚。

【五裂四分】

形容國土被割裂，政權不統一的局面。梁啟超《新羅馬·俠感》：「每念我意大利自羅馬失鹿以後，朝秦暮楚，五裂四分。」也作「**四分五裂**」。

【五鄰四舍】

指許多的街坊鄰居。例張大爺家辦喜事，五鄰四舍都來慶賀。

【五陵豪氣】

五陵：漢代五個皇帝的陵墓，即長陵（高帝）、安陵（惠帝）、陽陵（景帝）、茂陵（武帝）、平陵（昭帝），位於長安（今西安）。當時貴族豪俠少年常聚居五陵附近。後以「五陵豪氣」比喻年少英雄的英武、豪邁氣概。明·羅貫中《風雲會》四折：「論英雄古今無對，笑談間掃清吳越國，端的有三千丈五陵豪氣。」

【五陵年少】

見「五陵豪氣」。指富豪權貴人家的子弟。唐·崔顥《渭城少年行》詩：「貴里豪家白馬驕，五陵年少不相饒。」

【五零四散】

形容物品零星散亂。例父母不在家，小明爲找一件外衣，把衣櫥折騰得五零四散。

【五馬分屍】

把人頭和四肢分別拴在五輛馬車上，讓五馬同時分馳，撕裂肢體。古代的一種殘酷的死刑。後用以比喻把完整的東西分割開來。茅盾《手的故事》：「謝謝二少爺，我不要保；我跟他們去，看他們敢把我五馬分屍？」也作「**五牛分屍**」。《東周列國志》一三回：「俗言『五牛分屍』，此乃極重之刑。」

【五內俱崩】

見「五內如割」。

【五內俱焚】

見「五內如焚」。

【五內如沸】

見「五內如焚」。

【五內如焚】

五內：五臟；焚：燒。五臟像著了火似的。比喻萬分焦急或極度憂傷。《官場現形記》三回：「此時黃道台已急得五內如焚，一句話也回答不出。」《鏡花緣》五七回：「蹉跎日久，良策毫無……每念主上，不覺五內如焚。」也作「**五內如沸**」。沸：沸騰。《紅樓夢》三四回：「如此左思右想，一時五內如沸。」也作「**五內俱焚**」。俱：都。《民國通俗演義》九七回：「偏偏事不從心，謀多未遂，怎得不五內俱焚。」

【五內如割】

五內：五臟，指內心；如割：像刀割一樣難受。形容人受到嚴重打擊，內心極度悲傷。明·袁宏道《去吳七牘·乞歸稿二》：「八十歲之老翁，危若風燈，興言及此，五內如割。」也作「**五內俱崩**」。崩：指破碎。例曹雪芹中年喪妻，這回又老年喪子，他五內俱崩，傷心至極。

【五牛分屍】

見「五馬分屍」。

【五情六欲】

五情：指人的喜、怒、哀、樂、怨；六欲：一說指人的生、死、耳、口、鼻、目，佛家則以色欲、形貌欲、威儀姿態欲、言語音聲欲、細滑欲、人想欲爲六欲。泛指世人皆有的各種情欲。三國魏·曹植《上責躬應詔詩表》：「形影相吊，五情愧赧。」《呂氏春秋·貴生》：「六欲皆得其宜也。」晉·戴安公《釋疑論》：「夫五情六欲，人心所常有。」

【五雀六燕】

《九章算術·方程》：「今有五雀六燕，集稱之衡，雀俱重，燕俱輕；一雀一燕交而處，衡適平，並雀燕重一斤。問：雀燕一枚，各重幾何？」後比喻彼此相當，難分上下。清·李寶嘉《南亭筆記》卷七：「陸[建瀛]以善試帖詩名於時，其所著《紫薇花館集》中有三百餘首之多，五雀六燕，銖兩悉稱，見者咸爲嘆賞。」

【五人共傘——小人全靠大人遮】

一把傘遮不住五個人，小人只能靠大人來遮蓋。比喻無權無勢的人靠有權有勢的人庇護。例老總，俗話說得好：「五人共傘——小人全靠大人遮。」今後還望你多多關照。

【五日打魚，十日曬網】

比喻辦事情時斷時續，缺乏一鼓作氣的勁頭。例你這樣五日打魚，十日曬網，什麼時候毛衣才織得好？也作「**三日打魚，五日曬網**」、「**三天打魚，兩天曬網**」。

【五日京兆】

五日：五天；京兆：京兆尹，漢代京城行政長官。當了五天的京兆尹。比喻任職短暫或即將去職。《漢書·張敞傳》：「敞使賊捕掾絮舜有所案驗。舜以敞劾奏當免，不肯爲敞竟事，私歸其家。人或諫舜，舜曰：『吾爲是公盡力多矣，今五日京兆耳，安能復案事？』敞聞舜語，即部吏收舜繫獄。是時冬月未盡數日，案事吏晝夜驗治舜，竟致其死事。舜當出死，敞使主簿持敎告舜曰：『五日京兆竟何如？冬月已盡，延命乎？』乃棄舜市。」宋·趙鼎臣《竹隱畸士集》卷九：「時可投劾勇去，頃刻不可留，雖子磐亦自謂五日京兆也。」

【五日一風，十日一雨】

五日刮一次風，十日又下一場雨。形容風調雨順。漢·王充《論衡·是應》：「風不鳴條，雨不破塊，五日一風，十日一雨。」也作「**五風十雨**」。宋·王炎《豐年謠》：「五風十雨天時好，又見西郊稻秫肥。」

【五色筆】

形容文才卓邁，筆力不凡。《南史・江淹傳》：「嘗宿於冶亭，夢一丈夫自稱郭璞，謂淹曰：『吾有筆在卿處多年，可以見還。』淹乃探懷中得五色筆一以授之。爾後爲詩絕無美句，時人謂之才盡。」唐・杜甫《寄峽州劉伯華使君四十韻》詩：「雕章五色筆，紫殿九華燈。」也作「**五色毫**」。毫：毛筆。唐・鄭谷《送進士韋序赴舉》詩：「丹霞照上三清路，瑞錦裁成五色毫。」

【五色繽紛】

見「五彩繽紛」。

【五色毫】

見「五色筆」。

【五色亂目】

五色：各種色彩；亂：擾亂。各種色彩使人眼花撩亂。《莊子・天地》：「五色亂目，使目不明。」例節日的公園，使人五色亂目。

【五色無主】

五色：臉上的神色；無主：失去主宰，即失去常態。形容因極度恐懼而神色不安的樣子。《淮南子・精神訓》：「禹南省方，濟於江，黃龍負舟，舟中之人，五色無主。」

【五色相宣】

五色：各種顏色；相宣：互相映襯。各種色彩和諧映襯。形容詩歌辭藻華麗。《宋書・謝靈運傳論》：「夫五色相宣，八音協暢，由乎玄黃律呂，各適物宜。」

【五色之石】

《列子・湯問》：「天地亦物也，物有不足，故昔者女媧氏煉五色石以補其闕，斷鰲之足以立四極。」後用「五色之石」比喻對社會有所匡補的人或物。清・顧炎武《書女媧廟》詩：「五色之石空煸爛，道旁委棄無人取。」

【五十步笑百步】

作戰時逃跑了五十步的人譏笑逃跑了一百步的人。比喻自己跟別人有同樣性質的問題，卻自以爲情節略輕而嘲笑或反對別人。也比喻兩者缺點錯誤雖程度不同，但本質一樣。《孟子・梁惠王上》：「孟子對曰：『王好戰，請以戰喻。塡然鼓之，兵刃即接，棄甲曳兵而走。或百步而後止，或五十步而後止。以五十步笑百步則何如？』曰：『不可。直不百步耳，是亦走也。』」明・朱國禎《持舊制》：「其僚由左布政遷爲都御史，撫滇，遷之日，敕諸司不得乘輿傳呼。公曰：『制，內三品始得輿；外三司輿，非制也。然都御史爲布政時，業已先之……而以禁人不輿，是五十步笑百步走也。』」也作「**五十笑百里**」。宋・陳師道《次韻應物有嘆黃樓》詩：「邇來賢達人，五十笑百里。」也作「**五十笑百**」。清・陳確《與張元岵前輩書》：「今之議者，得無類比……五十笑百，可爲明喻。」

【五十而知天命】

知：知道；天命：天意、上天的意志。舊時指人到了五十歲才知道天意。《論語・爲政》：「子曰：『吾十有五志於學，三十而立，四十而不惑，五十而知天命，六十而耳順。』」

【五十功名】

《漢書・朱買臣傳》：「［朱買臣］家貧，好讀書，不治產業，常艾薪樵，賣以給食，擔束薪，行且誦書。其妻亦負戴相隨，數止買臣毋歌嘔道中。買臣愈益疾歌，妻羞之，求去。買臣笑曰：『我年五十當富貴，今已四十餘矣。女（汝）苦日久，待我富貴報女功。』妻恚怒曰：『如公等，終餓死溝中耳，何能富貴？』買臣不能留，即聽去……上拜買臣會稽太守」。後以「五十功名」比喻大器晚成。清・吳偉業《過朱買臣墓》詩：「行年五十功名晚，何似空山長負薪。」

【五十九年非】

非：不對，不正確。認爲五十九年來所作所爲不正確。意指昨非今是，含有過往不堪回首之意。《莊子・則陽》：「蘧伯玉行年六十而六十化，未嘗不始於是之，而卒詘之以非也。未知今之所謂是之非五十九年非也。」宋・辛棄疾《哨遍・用前韻》詞：「試回頭五十九年非，似夢裏歡娛覺來悲。」

【五十兩銀子下爐——一定（錠）】

見「十兩紋銀——一定（錠）」。

【五十無聞】

無聞：沒聽說過。五十歲了，人們還沒有聽說他的名字。指人不出名，無所作爲。《論語・子罕》：「四十五十而無聞焉，斯亦不足畏也已矣。」清・胡天游《述志賦》：「霜毛颯以垂領兮，懼五十而無聞。」

【五十笑百】

見「五十步笑百步」。

【五十笑百里】

見「五十步笑百步」。

【五世其昌】

昌：昌盛。《左傳・莊公二十二年》載：春秋時陳國公子陳完出奔齊國，齊大夫懿仲想把女兒嫁給他。經過占卜說：「吉，是謂鳳凰于飛，和鳴鏘鏘。有嬀之後，將育於姜。五世其昌，並於正卿；八世之後，莫之與京。」意謂五代以後子孫將要昌盛顯赫。舊時常用以祝頌新婚。宋・王十朋《代送定啟、錢曹》：「念兩家生子之初，爲鳳和鳴，協五世其昌之盛。」

【五雙手拿花——十全（拳）十美】

全：「拳」的諧音。見「才子配佳人——十全十美」。

【五體投地】

五體：頭和四肢；投地：著地。兩手、兩膝和頭一齊著地。原指佛教徒行最虔誠的敬禮。《楞嚴經》卷一：「阿難聞已，重複悲淚，五體投地，長跪合掌，而白佛言。」後用以比喻佩服到了極點。《老殘遊記》六回：「屢聞至論，本極佩服，今日之說，則更五體投地。」

【五味俱全】

五味：指苦、辣、酸、甜、鹹味的合稱；俱：都。五種味都齊全。指食物的味道齊全適宜。《禮記・禮運》：「五味六和，十二食，還相爲質也。」元・關漢卿《竇娥冤》二折：「大人你明如鏡，淸似水，照妾身肝膽虛實，那羹本五味俱全。」

【五心六意】

心、意：心思。指各種各樣的心思。形容心思不定。漢・焦延壽《易林・睽之隨》：「五心六意，歧道多怪。」

【五心不做主】

指心裏失去主意，不知怎樣做才好。例你別吵了，吵得我五心不做主，也不知該怎麼辦了。

【五虛六耗】

虛：弄虛；耗：消耗。指多次地弄虛作假和損耗。《中國現在記》九回：「你也曉得，皇上家的錢都是要功歸實用的，那裏能由你五虛六耗，賺了許多。」

【五言長城】

五言：指五言詩；長城：比喻堅實的力量。謂善作五言詩的人。《新唐書・秦系傳》：「與劉長卿善，以詩相贈答。權德輿曰：『長卿自以爲五言長城，系用偏師攻之，雖老益壯。』」也作「**五言金城**」。《南唐書・儒者傳》：「劉洞長於五言，自號五言金城。」

【五言金城】

見「五言長城」。

【五顏六色】

顏、色：顏料、色彩。形容色彩繁多，光豔奪目。《鏡花緣》一四回：「惟各人所登之雲，五顏六色，其形不一。」

【五音六律】

五音：也稱五聲，古樂五聲音階的五個階名，即宮、商、角、徵、羽，相當現代簡譜中的1、2、3、5、6；六律：古樂調音律共十二律，其中陽律六：即黃鐘、太蔟、姑洗、蕤賓、夷則、無射，稱爲六律。陰律六：即大呂、夾鐘、中呂、林鐘、南呂、應鐘，稱爲六呂。後泛指悅耳的音樂聲。《尚書・益稷》：「予欲聞六律、五聲、八音，在治忽、以出納五言，汝聽。」《五燈會元》卷八：「問：『師唱誰家曲，宗風嗣阿誰？』師曰：『五音六律。』」

【五月的麥子——一天一個樣】

農諺有「麥熟一響」的說法。我國北方五月麥子即將黃熟，一天一個樣。見「春天的樹尖——一天一個樣」。

【五月的山茶——越來越紅火】

比喻人的境況越來越好。例他們是一對幸運兒，生活就像五月的山茶——越來越紅火。

【五月的莧菜——正紅】

莧（ㄒㄧㄢˋ）菜：一年生草本植物，莖葉均可食，五月成熟時，葉子呈深紅色。雙關語。比喻人正處於順利時期，受到上司的賞識或人們的尊重。例他才沒有倒霉呢！五月的莧菜——正紅啊！聽說又要升官了。

【五月端午的黃魚——在盛市上】

端午：農曆五月初五，相傳我國古代愛國詩人屈原在這一天投汨羅江自殺，後人爲了紀念他，把這一天當做節日；盛市：買賣興隆。比喻某物是熱門貨或搶手貨。例不知從什麼時候開始，家用電器就像五月端午的黃魚——在盛市上，儘管生產成倍增加，仍然供不應求。

【五月飛霜】

傳說戰國時的鄒衍忠直，在燕國做官時，被誣陷下獄，鄒衍仰天痛哭，當時正是農曆五月，居然下起霜來。比喻蒙冤極深。唐・李白《古風》詩：「燕臣昔慟哭，五月飛秋霜。」

【五月披裘】

裘：皮襖。漢・王充《論衡・書虛》：「延陵季子出遊，見路有遺金。當夏五月，有披裘而薪者。季子呼薪者曰：『取彼地金來！』薪者投鐮於地，瞋目拂手而言曰：『何子居之高，視之下，儀貌之壯，語言之野也！吾當夏五月，披裘而薪，豈取金者哉？』季子謝之，請問姓字。薪者曰：『子皮相之士也，何足語姓名！』遂去不顧。」後以「五月披裘」比喻淸高廉潔隱居的貧士。晉・皇甫謐《高士傳》卷上：「五月披裘而負薪，豈取金者哉？」

【五岳歸來不看山】

五岳：指東岳泰山、西岳華山、南岳衡山、北岳恒山、中岳嵩山。五岳集天下名山風景之大成，所以遊覽過五岳的人就用不著再去遊覽別的山了。例黃山風景奇美，徐霞客認爲它是衆山之首，故有：「五岳歸來不看山，黃山歸來不看岳」之語。

【五雲書】

見「五朵雲」。

【五雲字】

見「五朵雲」。

【五蘊皆空】

五蘊：佛教語，指色蘊（形相）、受蘊（情欲）、想蘊（意念）、行蘊（行爲活動）、識蘊（認識分析）。佛教謂人身並沒有一個自我實體，只不過是由五蘊所集合而成，五者皆能掩蔽眞性，其實都是空虛的。《聊齋志異・金和尙》：「抑聞之：五蘊皆空，六塵不染，是謂和尙。」

【五臟六腑】

五臟：指脾、肺、腎、肝、心；六腑：指胃、大腸、小腸、三焦、膀胱、膽。泛指人體內的各種器官。宋・陸游《老學庵筆記》卷三：「任元受事母盡孝……自言：『朝暮候之，無毫發不盡，五臟六腑中事皆洞見曲折，不待切脈而後知，故用藥必效，雖名醫不待也。』」

【五臟刀斧】

梨的別名。明・彭大翼《山堂肆考》：「南唐李建勳連食數梨，賓僚有曰：『梨號五臟刀斧，不可多食。』一村叟笑之曰：『離爲五臟刀斧，語出《鶡冠子》，乃別離之離耳。』」比喻事物的內部情況。姚雪垠《李自成》一卷二八章：「闖王笑一笑，說：『牛先生乍到這裏，實際情形還不清楚。住久了，五臟刀斧裏的毛病你就看清啦。』」

【五洲四海】

泛指世界各地。例我們的朋友乃五洲四海遍天下。

【五子不滿隅，一子可滿朝】

隅：ㄩˊ，牆角落；朝：朝廷。五個兒子站不滿一個牆角落，一個兒子卻可以轟動整個朝廷。指不在人多，而在人有賢德和才幹。《晏子春秋・外篇第七》：「[景公]乃使男子袒免，女子髽者以百數，爲開凶門以迎盆成適。適脫衰絰，冠條纓，墨緣，以見乎公。公曰：『吾聞之：五子不滿隅，一子可滿朝。非乃子耶！』」蘇時學注：「按此蓋古語，言多寡不在人數，視其賢愚而已。」

【伍子胥過昭關——更添三分愁】

比喻度日艱難，萬分憂愁。例她心想，本來工資就低微，現在物價還不斷上漲，眞是伍子胥過昭關——更添三分愁。參見「伍子胥過昭關——一夜愁白了頭」。

【伍子胥過昭關——一夜愁白了頭】

伍子胥：春秋時楚國人，名員。父伍奢、兄伍尙爲楚平王所殺，伍子胥奔吳。傳說到昭關時，有令緝拿伍子胥，關門已閉；伍子胥愁得一夜之間白了頭髮，因而第二天逃過守門人的眼睛，過了昭關。昭關：在今安徽含山縣北，春秋時位於楚國東部邊境，是楚吳兩國的交通要衝。形容過度憂愁。例這是一件極爲棘手的事，經理急得一夜，未曾合眼，他向大家訴苦說，自己就像伍子胥過昭關——一夜愁白了頭。

【捂蓋子】

形容掩蓋事情眞相，不使暴露。例問題已經發生了，就不應該捂蓋子，應該徹底暴露出來，羣策羣力予以解決。

【捂屁股過河——小心過度（渡）】

見「扛著救生圈過河——小心過度（渡）」。

【捂著鼻子閉著嘴——憋氣】

比喻有煩惱或受委屈而不能發洩。例「你在這兒工作心情舒暢嗎？」「別提了，實在是捂著鼻子閉著嘴——憋氣得很」。也作「捂著鼻子閉著嘴——憋得難受」、「嘴裏塞棉花——憋氣」。

【捂著耳朵放炮——又想聽響，又怕聽響】

比喻做事膽小，有顧慮；或心情矛盾，兩難。例要開創一番事業，就得豁出去，捂著耳朵放炮——又想聽響，又怕聽響，將一事無成。

【捂著耳朵偷鈴鐺——自己騙自己】

鈴鐺一晃蕩就會發出響聲，把耳朵捂起來去偷鈴鐺，自己聽不見，就以爲別人也聽不見，這是自己欺騙自己。也作「捂著耳朵偷鈴鐺——哄自己」、「捂著耳朵吃炒米——自己哄自己」。見「畫餅充飢——自騙自」。

【捂著腦袋趕耗子——抱頭鼠竄】

捂著腦袋像老鼠似地逃竄。形容逃跑時驚慌、狼狽的樣子。例敗下陣的敵人，好比捂著腦袋趕耗子——抱頭鼠竄，實在可笑又可憐。

【午後看太陽——每況愈下】

比喻情況越來越壞。例這個工廠由於管理不善，生產就像午後看太陽——每況愈下，眼看就難以維持下去了。參見「每況愈下」。

【忤逆不孝】

忤：不順從。對父母不孝順，不尊敬。老舍《二馬》：「沒法，自己的兒子不向著自己，還有什麼法子！誰叫上鬼子國來呢！在鬼子國沒地方去告忤逆不孝！忍著吧！」

【忤逆子講孝經——假做作】

忤逆子：不孝順的人；孝經：儒家經典之一，論述封建孝道，宣傳宗法思想。見「木偶做戲——裝模作樣」。

【武不善作】

指動武總會傷人，或指要出大力的事情不能斯文。《西遊記》六三回：「常言道：『武不善作。』但只怕起手處，不得留情，一時間傷了你的性命，誤了你去取經！」例耕地，不能斯斯文文地做。快脫下衣服。甩開膀子用大力吧，武不善作嘛！

【武昌剩竹】

武昌：地名；剩竹：餘剩的竹子。武昌的竹子頭。比喻尙可備用的材料。《晉書・陶侃傳》：「任荊州刺史，鎭武[昌]時造船，木屑及竹頭悉令舉掌之，咸不解所以……及桓溫伐蜀，又以侃所貯竹頭作丁（釘）裝船。其綜理微密，皆此類也。」《二刻拍案驚奇》小引：「顧逸事新語可佐談資者，乃先是所羅而未及付之於墨，其爲柏梁餘材，武昌剩竹，頗亦不少。」

【武臣不惜死】

見「文臣不愛錢，武臣不惜死」。

【武大郎吃藥——吃也死，不吃也死】

《水滸傳》故事：財主西門慶與武大郎之妻潘金蓮勾搭成姦。武大郎捉姦不成，反被姦夫倒踢一腳，臥病在床。西門慶、潘金蓮和王婆合謀在藥中下砒霜，毒死武大郎。比喻反正是死，逃避也解脫不了。例得了這種絕症，無法醫治，武大郎吃藥——吃也死，不吃也死，悲傷有什麼用，不如振作起來生活。也作「武大郎服毒——吃也死，不吃也死」。

【武大郎打虎——沒長下那拳頭】
武大郎：《水滸傳》中人物，打虎英雄武松的哥哥，個矮貌醜，膽小怕事，但爲人忠厚，是民間傳說中的弱者形象。比喻人企圖做力不能及的事。含有諷刺意思。例如果你要爭取接受這項任務，恐怕是武大郎打虎——沒長下那拳頭。

【武大郎的扁擔——不長不短】
武太郎身材短小，所用的扁擔同一般扁擔相比是不長，同他的身材相比又不短。比喻正合適。例秋天的氣候，就像武大郎的扁擔——不長不短，是旅遊的黃金季節。

【武大郎的身子——不夠尺寸】
比喻不合規格，不成材。例奸商不按合同辦事，偷工減料，這批家具全是武大郎的身子——不夠尺寸。

【武大郎放風箏——出手不高】
也作「武大郎放風箏——起手不高」。見「駝子作揖——出手不高」。

【武大郎含淚出科場——文武都不行】
科場：科舉考試的場所；含淚出科場：指考試成績不好。武大郎個矮力小，加上科場不中，自然是文的武的都不行。泛指人文武都不行。例別誇我了，我其實什麼都不行，恰好比武大郎含淚出科場——文武都不行。

【武大郎賣豆腐——人㞞貨軟】
㞞：ㄙㄨㄥˊ，這裏指軟弱無能。比喻人懦弱無能，工作或事業也不景氣。例他這個人是武大郎賣豆腐——人㞞貨軟，扶植不起來。

【武大郎賣糠——要人沒人，要貨沒貨】
武大郎身材短小，面貌醜陋。形容既無人力，又無錢財，處境十分困難。例這家公司經營不善，直到現在，還是武大郎賣糠——要人沒人，要貨沒貨。

【武大郎賣麵包——人土貨洋】
比喻人不怎麼樣，但東西是好的。例做生意就應認貨不認人，他是武大郎賣麵包——人土貨洋，還是買他的爲好。

【武大郎攀杠子——上下搆不著】
武大郎個子矮，攀杠子時站在地上手夠不著杠子，抓住杠子腳不著地。比喻兩頭爲難。例我這個後勤部長，工作眞不好幹啊！按誰的意見辦事，都要得罪另一些人，常常處於武大郎攀杠子——上下搆不著的狼狽境地。也作「武大郎攀杠子——上不去下不來」。

【武大郎娶妻——凶多吉少】
武大郎身材矮小，面貌醜陋，娶淫亂放蕩的潘金蓮爲妻，後遭凶禍，被潘金蓮及其姦夫害死。見「洞庭湖上踩鋼絲——凶多吉少」。

【武大郎玩鴨子——什麼人玩什麼鳥】
武大郎個子矮小，鴨子也腿短身矮，有相似之處。比喻不同的人有不同的愛好。例不要多管閒事，把自己的愛好加於人，武大郎玩鴨子——什麼人玩什麼鳥，讓人家自由選擇吧。

【武大郎捉姦——反被害了性命】
比喻辦不成事，反受其害。例唉，由於粗心大意，你這次事情沒辦成，反而造成巨大損失。眞是武大郎捉姦——反被害了性命。

【武斷鄉曲】
武斷：只憑主觀臆想作出判斷；鄉曲：鄉里。指在鄉里憑仗勢力胡作非爲。《史記．平准書》：「豪黨之徒，以武斷於鄉曲。」《古今小說》卷三九：「嚴州遂安縣有個富家，姓汪名孚……有財有勢，專一武斷鄉曲，把持官府，爲一鄉之豪霸。」

【武斷專橫】
武斷：只憑主觀臆想作判斷；專橫：強橫霸道。形容獨斷專行，飛揚拔扈。例當領導的遇事要認眞調查研究，採取切合實際的措施，不可違背客觀現實，武斷專橫地蠻幹。

【武蠭精兵】
武：兵器；蠭：ㄈㄥ，同「蜂」，指衆多。比喻武器齊全且多，兵強而精。《漢書．息夫躬傳》：「如使狂夫叫呼於東崖，匈奴飲馬於渭水；京師雖有武蠭精兵，未能窺左足而先應者也。」

【武高武大】
形容身材魁梧。例一抬頭，就見一個武高武大的漢子站在我面前。

【武功要練好，三百六十早】
要練好武功，必須一年到頭堅持每天起早練習。比喻練好本事，必須持之以恆，不能中斷。例她每天都要到樹林裏去練嗓，母親怕她累著了，總勸她歇一歇，她說：「不堅持練怎麼行呢？俗話說得好，武功要練好，三百六十早。」

【武官會殺，文官會刮】
舊時武將靠殺戮老百姓升官，文官靠搜刮老百姓致富。例封建社會裏，老百姓泡在苦水裏；那時節武官會殺，文官會刮，在大大小小官吏的壓迫下，老百姓的生命、財產毫無保障。

【武略文韜】
見「文韜武略」。

【武松打虎——藝高膽大】
武松：《水滸傳》中人物，梁山泊好漢之一，勇武有力，曾在景陽崗上徒手打死猛虎。一般把他當做英雄好漢的典型。比喻本領高，膽量大。例楊子榮是武松打虎——藝高膽大，獨自打入匪穴，歷經艱險，終於裏應外合，全殲匪幫。

【武松景陽崗上遇大蟲——不是虎死，就是人傷】
大蟲：〈方〉虎。比喻與凶猛殘忍的敵人相鬥，你不消滅他，他就消滅你，二者必居其一。例這次作戰的對象是敵人的王牌軍，將有一場殘酷的戰鬥，武松景陽崗上遇大蟲——不是虎死，就是人傷，大家不僅要有必勝的信心，而且還要有不怕犧牲的思想準備。

【武松看鴨子——無用武之地】

比喻不得志，得不到施展才能的機會。例你在我們這裏，就像武松看鴨子——無用武之地，還是另選擇一個地方去工作吧！

【武緯經文】

見「經文武緯」。

【武偃文修】

偃：停止，停息；修：整治，治理。戰亂平息，實行文治。明·湯顯祖《牡丹亭·榜下》：「正此引奏，前日先生看定狀元試卷，蒙聖旨武偃文修，今其時矣！」也作「偃武修文」。

【武藝超羣】

武藝：武術上的本領；超羣：超出一般。形容武藝高強。《三國演義》二五回：「兄武藝超羣，兼通經史，不思共使君匡扶漢室，徒欲赴湯蹈火，以成匹夫之勇，安得爲義？」

【武之善經】

善經：好的方法。用兵的善法。《左傳·宣公十二年》：「兼弱攻昧，武之善經也。」《三國志·魏·陳留王奐傳》：「夫兼弱攻昧，武之善經，致人而不致於人，兵家之上略。」

【碔砆亂玉】

碔砆（ㄈㄨ）：像玉一樣的美石。以碔砆冒充美玉。比喻以假亂眞。《戰國策·魏策一》：「白骨疑象（象牙），武夫（碔砆）亂玉，此皆似之而非者也。」

【侮人還自侮，說人還自說】

侮辱別人等於侮辱自己，責備別人等於責備自己。例要懂得尊重人；尊重別人，也就是尊重自己。常言說得好：「侮人還自侮，說人還自說。」

【舞筆弄文】

見「舞弄文墨」。

【舞詞弄札】

舞、弄：玩弄；詞、札：指語言文字。故意玩弄語言文字。唐·劉知幾《史通·曲筆》：「其有舞詞弄札，飾非文過，若王隱、虞預毀辱相凌，子野、休文釋紛相謝，用舍由乎臆說，威福行於筆端，斯乃作者之醜行，人倫所同疾也。」

【舞刀躍馬】

揮舞刀槍，縱躍戰馬。比喻作戰勇猛。《楊家府演義》一五回：「岳勝怒曰：『好賊奴，敢如此大言！』舞刀躍馬直取天佑。」

【舞鳳飛龍】

鳳凰跳舞，蛟龍騰飛。形容山川氣勢奔放雄偉。宋·張孝祥《鷓鴣天·贈錢橫州子山》詞：「舞鳳飛龍五百年，盡將錦繡裹山川。」也形容書法筆勢遒勁活潑，揮灑自如。例小李的書法，寫得舞鳳飛龍，眞令人拜服。也作「龍飛鳳舞」。

【舞館歌樓】

見「舞榭歌台」。

【舞劍聞雞】

舞劍：指演練武藝；聞：聽。晋代祖逖和劉琨少有壯懷，立志爲國盡力，半夜聽雞叫，便起身練武藝。《晋書·祖逖傳》：「中夜聞荒雞鳴，[逖]蹴琨覺曰：『此非惡聲也。』因起舞。」比喻有志之士的奮發之情。康有爲《明夷閣與梁鐵君飲酒話舊事竟夕》詩：「冷吟狂醉到天明，舞劍聞雞意氣橫。」

【舞鸞歌鳳】

鸞：傳說鳳凰一類的鳥；鳳：指鳳凰，傳說中的鳥王，雄的爲「鳳」，雌爲「凰」。鸞鳳唱歌跳舞。形容歌舞的美妙。《山海經·大荒南經》：「鸞鳥自歌，鳳鳥自舞。」形容男女情愛深切。宋·張先《夜厭厭》詞：「昨夜小筵歡縱，燭房深，舞鸞歌鳳。」也作「鸞歌鳳舞」。

【舞馬之災】

《晋書·索紞傳》：「黃平問紞曰：『我昨夜夢舍中馬舞，數十人向馬拍手，此何祥也？』紞曰：『馬者火也，舞爲火起，向馬拍手，救火人也。』平未歸而火作。」後以「舞馬之災」指火災。

【舞弄文墨】

舞、弄：故意玩弄；文墨：文筆。故意玩弄文筆。指玩弄文字技巧。《隋書·王充傳》：「善敷奏，明習法律，而舞弄文墨，高下其心。」明·沈德符《進詩獻諛得罪》：「給事中陳棐者，將敕諭衍作箴詩十章上之。上大怒，謂棐舞弄文墨，輒欲將此上同天語，風示在外臣工，甚爲狂僭。」也作「舞文弄墨」。魯迅《廈門通信》：「而寫碑的人偏要舞文弄墨，所以反而越舞越糊塗。」也作「舞文弄筆」。清·洪仁玕等《戒浮文巧言喧諭》：「甚至舞文弄筆，一語也而抑揚其詞，則低昂遂判；一事也而參差其說，則曲直難分。」也作「舞筆弄文」。例一些投機鑽營的文人，除了舞筆弄文之外，還能幹些什麼呢！

【舞衫歌扇】

舞蹈者的衣衫，唱歌者的扇子。指歌舞者的服裝。泛指唱歌跳舞或歌舞妓。南朝陳·徐陵《雜曲》詩：「舞衫回袖勝春風，歌扇當窗似秋月。」宋·蘇軾《朝雲》詩：「經卷藥爐新活計，舞衫歌扇舊因緣。」也作「舞裙歌扇」。宋·晁補之《南歌子》詞：「東園撾鼓賞新醅，喚取舞裙歌扇，探春回。」

【舞態生風】

態：姿態。跳舞的姿態像風吹那樣輕盈。比喻舞姿輕盈飄逸。《東周列國志》七九回：「歌聲遏雲，舞態生風，一進一退，光華奪目，如遊天上，睹仙姬，非復人間思想所及。」

【舞文弄筆】

見「舞弄文墨」。

【舞文弄法】

舞、弄：玩弄；文、法：法令條文和法律。玩弄法令條文達到作弊目的。《史記·貨殖列傳》：「吏士舞文弄法，刻章僞書，不避刀鋸之誅者，沒於賂遺也。」也作「**舞文巧法**」。巧：取巧。漢・王充《論衡・程材》：「長大成吏，舞文巧法，循私爲己，勉赴權利。」也作「**舞文玩法**」。玩：玩弄。魯迅《墳・從鬍鬚說到牙齒》：「假使眞糊塗，倒不失爲糊塗人，但他是知道舞文玩法的。」也作「**舞文枉法**」。枉法：歪曲法律。《歧路燈》一〇六回：「稽查書辦，沒有一個不舞文枉法。」

【舞文弄墨】

見「舞弄文墨」。

【舞文巧詆】

舞：玩弄；巧：說話虛浮不實；詆：ㄉㄧˇ，毀謗。玩弄文字，詆毀構陷於人。《史記・酷吏列傳》：「所治即豪，必舞文巧詆。」《隋書・房陵王勇傳》：「楊素舞文巧詆，鍛鍊以成其獄。」

【舞文巧法】

見「舞文弄法」。

【舞文玩法】

見「舞文弄法」。

【舞文枉法】

見「舞文弄法」。

【舞榭歌樓】

見「舞榭歌台」。

【舞榭歌台】

榭：建築在台子上的房子，即樓閣；台：土築的高台。指唱歌跳舞的地方。唐・黃滔《館娃宮賦》：「舞榭歌台，朝爲宮而暮爲沼。」泛指尋歡作樂的地方。宋・辛棄疾《永遇樂・京口北固亭懷古》詞：「舞榭歌台，風流總被雨打風吹去。」特指妓院。《京本通俗小說・西山一窟鬼》：「管弦動處，是誰家舞榭歌台？語笑喧時，斜側傍春樓春閣。」也作「**舞榭歌樓**」。元・喬吉《遊琴川》：「舞榭歌樓，酒令詩籌，官府公勤，人物風流。」也作「**舞榭妝台**」。妝：妝扮。唐・劉禹錫《楊柳詞》：「輕盈裊娜占年華，舞榭妝台處處遮。」也作「**舞館歌樓**」。例陳白露淪落風塵，整天生活於舞館歌樓。也作「**歌台舞榭**」。

【舞榭妝台】

見「舞榭歌台」。

【舞燕歌鶯】

形容舞姿輕盈如燕，歌聲宛轉如黃鶯。明・張鳳翼《灌園記・齊王拒諫》：「計日周秦兼併，烽煙罷警，正好酣柳眠花，舞燕歌鶯。」也作「**歌鶯舞燕**」、「**鶯歌燕舞**」。

【舞雩歸咏】

舞雩（ㄩˊ）：古代求雨祭天，設壇祈禱，女巫爲舞，稱舞雩；歸：歸來；咏：吟咏。觀賞舞雩，咏唱歡樂而歸。形容遊樂的輕鬆愉快。《論語・先進》：「暮春者春服既成，冠者五六人，童子六七人，浴於沂，風乎舞雩，咏而歸。」宋・朱熹《四時讀書樂》詩：「山光照檻水繞廊，舞雩歸咏春花香。」

【舞爪張牙】

形容凶狠猖狂的樣子。明・楊梃《龍膏記・脫難》：「你道他兩個覆地翻天，射影吹沙，舞爪張牙，那恢恢天網，終久還他帶鎖披枷。」也作「**張牙舞爪**」。

ㄨˋ

【兀兀禿禿】

指混濁不清。元・武漢臣《生金閣》三折：「我如今可釀些不冷不熱、兀兀禿禿的酒與他吃。」

【勿怠勿忘】

勿：不要；怠：懈怠；忘：忘記。告誡人不要懈怠，不要忘記。《三國演義》八五回：「卿與丞相從事，事之如父，勿怠勿忘。」

【勿翦之歡】

見「勿翦之惠」。

【勿翦之惠】

勿：不要；翦：同「剪」，除去；惠：恩德，恩惠。不除去的恩惠。泛指感德、懷恩之情。《詩經・召南・甘棠》：「蔽芾甘棠，勿翦勿伐，召伯所茇；蔽芾甘棠，勿翦勿敗，召伯所憩。」《三國志・蜀書・彭羕傳》：「體公劉之德，行勿翦之惠。」也作「**勿翦之歡**」。歡：歡樂，指恩惠。南朝齊・王融《三月三日曲水詩序》：「分陝流勿翦之歡。」

【勿念舊惡】

勿：不要；舊惡：原來的不好之處。不要總是記著過去的不好之處。例有些青年犯了錯誤，只要他們改正，我們就應勿念舊惡，歡迎他們改邪歸正。

【勿輕小事】

勿：不要；輕：輕視。不要輕視小的事情。指對細小的事物不注意，往往會出現意想不到的後果。《關尹子・九藥》：「勿輕小事，小隙沉舟；勿輕小物，小風毒身。」

【勿忘在莒】

勿：不要；忘：忘記；莒：莒國。不要忘記逃亡在莒國的境況。《呂氏春秋・直諫》：「鮑叔奉杯而進，曰：『使公（齊桓公）毋忘出奔在於莒也，使管仲毋忘束縛而在於魯也，使寧戚毋忘其飯牛而居於車下。』桓公避席再拜，曰：『寡人與大夫能皆毋忘夫子之言，則齊國之社稷幸於不殆矣。』」後用以比喻不要忘本。

【勿爲左右袒】

勿：不要；袒：露出，引申爲偏袒。左右袒：指露出左臂或右臂。《史記・呂后本紀》載：大將周勃淸除呂氏，維護劉氏，在軍中對衆人說，擁護呂氏的右袒，擁護劉氏的左袒。軍中都左袒。後用以指辦事要公正，不要對哪一方偏袒。例羣衆中出現了爭執和意見分歧，指揮者應深入實際，調查研究，正確地作出處理，勿爲左右袒。

【勿謂尺五，後且不補】
不要說現在破裂的只是一尺半尺，發展下去將無法彌補。原指衣服破了要及時補，後指在禍患剛冒頭時就要加以制止，不使其發展下去。明・李夢陽《上孝宗皇帝書稿》：「公，天道也。王者不私其天，故罰一人而千萬人懼，諺曰：『勿謂尺五，後且不補。』臣故以王禮之赦，爲弛法令之漸。」

【勿謂言之不預】
勿：不要；謂：說，告訴；預：預先。不要說事先沒有打過招呼。指已經有言在先。《官場現形記》一九回：「有仍蹈故轍，以及有意逢迎，希圖嘗試者，一經察覺，白簡無情，勿謂言之不預也。」

【勿藥有喜】
勿藥：不用藥，指病癒。《周易・無妄》：「無妄之疾，勿藥有喜。」後用以爲預祝人的疾病早日痊癒。例您老人家血壓突然升高，不要著急，休息幾天，就會勿藥有喜。

【勿要問老婆婆的年紀，只要看看她的臉嘴】
指觀看老婆婆臉上、嘴邊的皺紋，不用問就能知道她有多大年紀。比喻看問題要透過現象看本質。例別以爲我不知道你近年做生意發了財！單看你屋裏這一套考究的家具，就知道你大發了。俗話說：「勿要問老婆婆的年紀，只要看看她的臉嘴。」你瞞不過我的！

【勿以惡小而爲之，勿以善小而不爲】
惡小：指小的壞事；善小：指細小的好事。不要以爲是微小的壞事就可以做，不要以爲是細小的好事就不去做。用於勸人爲善之語。《三國志・蜀書・先主傳》南朝梁・裴松之注：「《諸葛亮集》載先主遺詔敕後主曰：『勿以惡小而爲之，勿以善小而不爲，惟賢惟德，能服於人。』」

【物必先腐，而後蟲生之】
腐：腐爛，敗壞。物品總是先自身腐爛，然後蟲子才可以寄生。比喻內部先有弱點，而後才爲外物所侵害。宋・蘇軾《范增論》：「物必先腐也，而後蟲生之；人必先疑也，而後讒入之。」也作「物腐蟲生」。《歧路燈》四七回：「本縣若執『物腐蟲生』之理究治起來，不說你這嫩皮肉受不得這桁楊摧殘，追比賭贓不怕你少了分文。」

【物薄情厚】
薄：輕；厚：重。禮物雖輕，但情義很重。宋・司馬光《訓儉示康文》：「會數而禮勤，物薄而情厚。」

【物不得其平則鳴】
東西擺得不平就會（搖動而）發出聲音。比喻人遇不平就會發出不滿和反抗的呼聲。唐・韓愈《送孟東野序》：「大凡物不得其平則鳴。草木之無聲，風撓之鳴；水之無聲，風蕩之鳴。」例他這樣處理問題就是不公正，「物不得其平則鳴」，我就是要堅決地反對。

【物出主人形】
指處理財物，可見人心性。例俗話說：「物出主人形。」你看他把口袋裏的錢都掏出來救人之急，可見他是一個熱心助人的人。

【物腐蟲生】
見「物必先腐，而後蟲生之」。

【物阜民安】
阜：多，盛；安：安樂。物資豐盛，民衆安樂。《初刻拍案驚奇》卷二〇：「[裴安卿]蒞任半年，治得那一府物阜民安，詞清訟簡。」也作「物阜民熙」。熙：和樂。元・高文秀《澠池會》二折：「我則待罷刀兵，安社稷，則要的物阜民熙，則俺這爲臣子要當竭力。」也作「物阜民康」。康：康樂。《三國演義》四四回：「恩化及乎四海兮，嘉物阜而民康。」

【物阜民康】
見「物阜民安」。

【物阜民熙】
見「物阜民安」。

【物各有偶】
世上萬物都是成雙成對的。《二刻拍案驚奇》卷二：「自古道：『物各有偶。』才子佳人，天生匹配，最是人世上的佳話。」

【物各有主】
東西各有它的主人。宋・蘇軾《前赤壁賦》：「夫天地之間，物各有主，苟非吾之所有，雖一毫而莫取。」《說岳全傳》六回：「自古道：『物各有主。』這馬該岳大爺騎坐的，自然服他的教訓。」也作「一物自有一主」。

【物固莫不有長，莫不有短】
世間萬物都有它們的長處，也都有它們的短處。《呂氏春秋・用衆》：「物固莫不有長，莫不有短，人亦然。」例古人說：「物固莫不有長，莫不有短。」所以我們看一個人，既要看到他的長處，也要看到他的短處，儘可能地揚其長而避其短。

【物歸舊主】
謂物品歸還原來的主人。《初刻拍案驚奇》卷三五：「他不生兒女，就過繼著你家兒子，承領了這家私，物歸舊主，豈非天意？」也作「物歸原主」。老舍《茶館》三幕：「不是沒收了嗎？又物歸原主啦？這可是喜事！」

【物歸原主】
見「物歸舊主」。

【物華天寶】
物華：萬物的精華；天寶：天上的寶物。指種種珍貴稀有的寶物。唐・王勃《滕王閣序》：「物華天寶，龍光射牛斗之墟；人傑地靈，徐孺下陳蕃之榻。」

【物換星移】
物換：景物變換；星移：星辰位置移動。指時序變遷或世事的變化。唐・

王勃《滕王閣》詩：「閒雲潭影日悠悠，物換星移幾度秋。」梁啟超《論專制政體有百害於君主而無一利》：「豈知曾不旋踵，物換星移，如風卷籜，一掃而空矣。」也作「**星移物換**」。

【物極必反】

見「物極則反」。

【物極必返】

見「物極則反」。

【物極則反】

極：極端；反：相反方向。事物發展到極端，就會向相反的方向轉化。《文子・十守・守弱》：「天道極則反，盈則損，日月是也。」《鶡冠子・環流》：「美惡相飾，命曰復周；物極則反，命曰環流。」也作「**物極必返**」。宋・朱熹、呂祖謙《近思錄・道體》：「伊川（程頤：『……如《復卦》言七日來復，其間元不斷續，陽已復生，物極必返，其理須如是。』」也作「**物極必反**」。清・紀昀《閱微草堂筆記・姑妄聽之》：「蓋愚者恒為智者敗，而物極必反，亦往往於所備之外，有智出其上者，突起而勝之。」又作「**物至則反**」。至：至極。漢・劉向《新序・善謀》：「物至則反，冬夏是也；到高則危，累棋是也。」也作「**物至而反**」。《戰國策・秦策四》：［黃歇說昭王］物至而反，冬夏是也。」也作「**物極則衰**」。衰：衰落。《史記・李斯列傳》：「當今人臣之位無居臣上者，可謂富貴極矣。物極則衰，吾未知所稅駕也。」也作「**物盛則衰**」。盛：鼎盛。《戰國策・秦策三》：「語曰：『日中則移，月滿則虧。』物盛則衰，天之常數也。」

【物極則反，人急計生】

極：到達頂點；反：向相反方向轉變。事物發展到頂點就向相反方向轉化，人在緊急關頭會猛然產生好計策。《醒世恒言》卷三四：「趙完又吃這一嚇，恰像打坐的禪和子，急得身色一毫不動。自古道：『物極則反，人急計生。』趙壽忽地轉起一念，便道：『爹莫慌，我自有對付他的計較在此。』」

【物極則衰】

見「物極則反」。

【物見主，必定取】

物品被它的主人發現，必定被取回來。《西遊記》八九回：「噫！這正是『物見主，必定取。』那八戒一生是個魯莽的人，他見了釘鈀，那裏與他敍什麼情節，跑上去，拿下來，輪在手中，現了本相。丟了解數，望妖精劈臉就築。」

【物盡其用】

讓各種物品的效用充分發揮出來。孫中山《上李鴻章書》：「所謂物能盡其用者，在窮理日精，機器日巧，不作無益以害有益也。」例進行改革開放，就應物盡其用，人盡其才。

【物競天擇】

見「物競天擇，適者生存」。

【物競天擇，適者生存】

競：互相競爭；天擇：自然地選擇；適：適應。生物相互競爭，能適應自然者，就被選擇而存留下來。例外國學者達爾文提出「物競天擇，適者生存」的學說。也作「**物競天擇**」。清・嚴復《原強》：「此天演家言所謂物競天擇之道，固如是也；此吾前者所以言四千年文物，依然有不終日之勢者，固以此也。」

【物聚於所好】

指人們因有共同的愛好而聚在一起。《今古奇觀》卷三九：「俗語道：『物聚於所好。』果然有了此方，方士源源而來，零零星星，也弄了好些銀子，受過了好些丹客的哄騙。」

【物類相感】

同類的事物可以互相感應。漢・東方朔《七諫・謬諫》：「音聲之相和兮，物類之相感也。」

【物離鄉貴】

貨物產品離開產地越遠，就越珍貴。元・王惲《番禺杖》詩：「物渺離鄉貴，材稀審實訛。」《紅樓夢》六七回：「這就是俗語說的『物離鄉貴』，其實可算什麼呢！」

【物力維艱】

物：物資；力：財力；艱：艱難。財物得來十分不易。清・朱柏廬《治家格言》：「一粥一飯，當思來處不易；半絲半縷，恆念物力維艱。」

【物論沸騰】

物論：眾人的議論；沸騰：像開水沸騰。形容輿論非常強烈。宋・蘇舜欽《詣匭疏・景祐五年》：「降麻之後，物論沸騰，故疾纏其身，災仍於國。」也作「**物議沸騰**」。宋・蘇軾《再論時政書》：「然猶不免一言其非者，豈非物議沸騰、事勢迫切而不可止歟？」

【物美價廉】

物品好，價錢又便宜。例這種皮鞋物美價廉，顧客們爭相購買。

【物輕意重】

禮物雖小，但寄託著送禮人的深厚情意。例在她生日那天，姊妹們商量好送她一束鮮花，祝願她像花朵一樣美麗，真是物輕意重啊！也作「**物輕情意重**」。例你可別嫌他送你的禮物廉價寒酸，其實物輕情意重才是最重要的。也作「**千里寄鵝毛，物輕人意重**」。

【物色人才】

物色：尋找，詢求。訪求相當的人才。《後漢書・嚴光傳》：「帝思其才，乃令物色訪問之。」例領導者透過深入實際的調查研究，制定出企業改革的方案。但要實現這一方案，有待於物色人才，找到合適的承包人。

【物傷其類】

因同類遭受不幸而感到悲傷。《紅樓夢》七三回：「黛玉、寶釵、探春等見迎春的乳母如此，也是『物傷其類』

的意思，遂都起身笑向賈母討情。」

【物盛則衰】
見「物極則反」。

【物是今非】
見「物是人非」。

【物是人非】
景物依然是過去的樣子，而人已非同往昔。三國魏・曹丕《與吳質書》：「節同時異，物是人非，我勞如何！」也作「物是今非」。今：現在。宋・辛棄疾《新荷葉・和趙德莊韻》詞：「有酒重攜，小園隨意芳菲。往日繁華，而今物是今非。春風半面，記當年，初識崔徽。南雲雁少，錦書無個因依。」

【物隨主便】
物件聽從它的主人使喚。《西遊記》三四回：「行者暗喜道：『……不若拿葫蘆或淨瓶裝他（指那潑怪）去，多少是好。』又想道：『不好！不好！常言道：物隨主便。倘若我叫他不答應，卻又不誤了事業？且使幌金繩扣頭罷。』」

【物聽主裁】
東西是由人作主的。常用以形容主僕關係。《金瓶梅詞話》二六回：「自古道：物聽主裁。那來旺兒那裏敢說甚的，只得應諾下來。」

【物同價異】
價：價格；異：不同。物品相同，而價格卻不一樣。晉・葛洪《抱朴子・擢才》：「時移俗易，物同價異。」

【物望所歸】
物望：衆人的希望。衆人的希望都歸結在一處。形容得到大家的信仰。例先生榮任校長，是物望所歸。

【物微志信】
微：小；志：心志，心意；信：誠實可信。生物雖小，心地誠實。指蟲吟鳥鳴，準確及時。《後漢書・襄楷傳》：「臣聞布谷鳴於孟夏，蟋蟀吟於始秋，物有物微志信，人有賤而言忠。」也比喻身分不高而內心誠實的人。例常言道：「物微志信。」他雖是平民百姓，但所做之事是無愧於人民的。

【物無全美】
凡物都不可能是十全十美的。指對人對物不必苛求。例我覺得這件衣服很不錯了，物無全美嘛！再挑下去，恐怕就買不到衣服了。

【物要防腐，人要防懶】
人要防懶，以免變壞，就像東西要防腐，以免變質一樣。例他常爲自己的懶惰辯護：「懶點怕什麼？我又不偷不搶！」殊不知一懶百邪生，往往就要去偷去搶。所以朋友們就用這句老話去勸他：「物要防腐，人要防懶。」

【物以類聚，人以羣分】
事物按類別聚集在一起，人按品行的不同而形成羣體，因而可以區別出來。《周易・繫辭上》：「方以類聚，物以羣分。」古華《芙蓉鎮》三章七：「物以類聚，人以羣分，黑鬼對黑鬼，又不礙著誰。因之胡玉音、秦書田兩人的臉上也泛起了一點紅光喜氣。」也作「方以類聚，人以羣分」。

【物以稀爲貴】
希：同「稀」。物品越稀少，就越貴重。魯迅《藤野先生》：「大概是物以稀爲貴罷。北京的白菜運到浙江，便用紅頭繩繫住菜根，倒掛在水果店頭，尊爲『膠菜』。」

【物議沸騰】
見「物論沸騰」。

【物有必至，事有固然】
世上萬物必定會有死亡的時候，任何事情也自有它必然的道理。《史記・孟嘗君列傳》：「馮驩曰：『非爲客謝也，爲君之言失。夫物有必至，事有固然，君知之乎？』孟嘗君曰：『愚不知所謂也。』曰：『生者必有死，物之必至也；富貴多士，貧賤寡友，事之固然也。』」

【物有幾等物，人有幾等人】
比喻人心不一樣。例別以爲他跟你一樣，都是忘恩負義的人。俗話說得好：「物有幾等物，人有幾等人。」

【物有生死，理有存亡】
物：指自然界的萬物；理：事物的規律。萬物都是有生也有死，事物的規律也有它的存在與消亡。指事物都是按其規律由發生、發展到滅亡，不會永恆不變。《韓非子・解老》：「故定理有存亡，有生死，有盛衰。夫物之一存一亡，乍死乍生，初盛而後衰者，不可謂常。」例大家都知道物有生死，理有存亡，這件事發展到今天，是毫不奇怪的。

【物有盛衰】
事物有興盛也有衰敗。漢・劉向《說苑・談叢》：「物有盛衰，安得自若。」例俗話說：「人有禍福，物有盛衰。」太陽也不是老在正中午，所以，家中遇到點兒不順，也是正常現象。

【物有死生】
萬物有死也有生。《莊子・秋水》：「道無始終，物有死生，不恃其成。」例衣有新舊，物有死生，人也如此，不能總是年輕不老。

【物有一變，人有千變；若要不變，除非三尺蓋面】
三尺：人死待殮，必以布覆臉。指人是會有變化的，直到死爲止。例他已經不是從前那個傻裏傻氣的他了，現在變得精明哩！俗話說：「物有一變，人有千變。若要不變，除非三尺蓋面嘛。」也作「物有一變，人有千變；人若不變，除非三尺蓋面」。

【物與民胞】
與：朋輩，同類；胞：同胞。世間萬物同類，天下的民衆都是同胞。用以表示仁愛，關心和同情人民。宋・張載《西銘》：「民吾同胞，物吾與也。」

【物在人亡】
東西還在，人已死亡。謂睹物思人，

引起傷感之情。宋・曾會《重登瀟湘樓》詩：「物在人亡空有淚，時殊事變獨傷心。」

【物之不齊，物之情也】

齊：一致。事物不一致，是事物的常情。謂對事物不可強求一律。《孟子・滕文公上》：「夫物之不齊，物之情也；或相倍蓰，或相什佰，或相千萬。」例矛盾的性質不同，解決矛盾的方法也不同，古人說：「物之不齊，物之情也」，因此我們在解決矛盾時切忌使用簡單化、片面化、一刀切的方法。

【物至而反】

見「物極則反」。

【物至則反】

見「物極則反」。

【物衆地大】

物：物產，資源。物產衆多，土地廣大。唐・韓愈《平淮西碑》：「物衆地大，孽牙其間。」

【物壯則老】

壯：壯實；老：老死。事物強壯到了極點就是衰老的開始。指一切事物由盛到衰的必然規律。《老子》五五章：「物壯則老，謂之不道，不道早已。」

【務本力穡】

務：務必；本：指農業勞動；力：努力；穡：收割穀物。務必努力從事農業勞動。宋・蘇軾《商鞅論》：「秦之所以富強者，孝公務本力穡之效，非鞅流血刻骨之功也。」

【務本抑末】

務：務必；本：指農業勞勸；抑：抑制；末：指工商業生產。謂務必重農輕商，不要與民爭利。《漢書・鄭弘傳》：「務本抑末，毋與天下爭利，然後教化可興。」

【務盡地力】

務：務必；盡：竭盡；地力：土地肥沃的程度。指務必充分利用地力。《後漢書・章帝紀》：「詔曰：『務盡地力，勿令遊手。』」

【務去陳言】

務：必須，務必；陳言：陳舊的言詞。務必去掉那些陳舊的言詞。指寫文章時要力戒俗套和陳詞濫調。唐・韓愈《答李翊書》：「惟陳言之務去，戛戛乎其難哉。」清・朱彝尊《魚計莊詞》序：「休寧戴生錡，從余游，其爲詞，務去陳言。」

【務實去華】

務：務必；實：實際；華：浮華。務必講究實際，去掉浮華。宋・范仲淹《蒙以養正賦》：「務實去華，育德之方斯在；反聽收視，養恬之義相應。」

【霧豹成文】

見「霧豹懷文」。

【霧豹懷文】

漢・劉向《陶答子妻》：「答子治陶三年，名譽不與，家富三倍，其妻數諫不用……妻言：『妾聞南山有玄豹，霧雨七日而不下食者何也？欲以澤其毛而成文章（文彩）也，故藏而遠害。』」後以「霧豹懷文」比喻隱退以避禍。宋・黃庭堅《次韻子瞻送李豸》詩：「願爲霧豹懷文隱，莫愛風蟬蛻骨仙。」也作「**霧豹成文**」。宋・黃庭堅《賦八韻寄李師載》詩：「浮雲蔽高秋，此豈心中願。霧重豹成文，水清魚自見。」

【霧鬢風鬟】

見「霧鬢雲鬟」。

【霧鬢煙鬟】

見「霧鬢雲鬟」。

【霧鬢雲鬟】

霧鬢：形容鬢髮烏黑潤澤；雲：形容高而盤曲；鬟：環形髮髻。烏黑潤澤的雙鬢，高而盤曲的髮髻。形容女子鬢髮之美。也用來指美女。元・白樸《牆頭馬上》一折：「你看他霧鬢雲鬟，冰肌玉骨，花開媚臉，星轉雙眸。只疑洞府神仙，非是人間豔冶。」也作「**霧鬢煙鬟**」。煙：像雲煙一樣。清・黃景仁《舟行即目》詩：「霧鬢煙鬟水上頭，蓀橈斜倚蓼花洲；眼波欲逐川流去，眉翠常含風色愁。」也作「**霧鬢風鬟**」。元・張昱《三月三日湖上作》詩：「霧鬢風鬟湖上女，畫輪繡轂道旁車。」也作「**雲鬟霧髻**」、「**煙鬟霧鬢**」、「**風鬟霧鬢**」。

【霧裏看花】

原形容老眼昏花，像隔著一層霧一樣看花。唐・杜甫《小寒食舟中作》詩：「春水船如天上坐，老年花似霧中看。」後用以比喻對事物看不眞切。清・王國維《人間詞話》卷上：「白石（姜夔）寫景之作……雖格韻高絕，然如霧裏看花，終隔一層。」

【霧裏看指紋——看不出道道】

道道：辦法，奧秘。比喻不了解其中的奥秘。例對他們的「先進管理方法」，我參觀、研究了幾天，實在是霧裏看指紋——看不出道道。

【杌隉不安】

杌：方形無倚背的凳子；杌隉：不安定。形容不安的狀態。《尚書・泰誓》：「邦之杌隉，曰由一人。」孫中山《中國國民黨第一次全國代表大會宣言》：「中國舊日之帝國主義死灰不免復燃，於是國內諸民族因以有杌隉不安之象。」

【誤筆作蠅】

因爲錯誤落筆，而就其墨痕畫了個蒼蠅。比喻畫術精湛，能將錯就錯。《三國志・吳書・趙達傳》裴松之注：「吳錄曰：『曹不興善畫，權使畫屏風，誤落筆點素，因就以作蠅，既進御，權以爲生蠅，舉手彈之。』」

【誤國害民】

使國家遭損失，人民受危害。《唐書・韓偓傳》：「渙作宰相，或誤國，朕當先用卿。」《說岳全傳》七四回：「張俊身爲大將，不思報效，專權亂政，誤國害民。」也作「**誤國殃民**」。殃：禍殃。清・薛福成《書沔陽陸師失陷江寧事》：「既返會城，自慚喪敗，不與將軍等會議防務，以致城中無所適從，坐失事機，此其誤國殃民之大者也。」也作「**誤國殄民**」。殄：滅絕。宋・周密《齊東野語・洪君疇》：「貪繆之相，誤國殄民，逐之已晚。」

【誤國欺君】

誤：貽誤；欺：欺瞞。禍害國家，欺騙國君。指奸佞卑劣的臣子。《初刻拍案驚奇》卷八：「假如有一等做官的，誤國欺君，侵剝百姓，雖然官高祿厚，難道不是大盜？」

【誤國殄民】

見「誤國害民」。

【誤國殃民】

見「誤國害民」。

【誤落塵網】

誤：錯誤；塵網：世塵的羅網。形容文人不願做官而又不幸步入仕途。晉・陶潛《歸園田居》詩：「少無適俗韻，性本愛丘山。誤落塵網中，一去三十年。」

【誤落風塵】

誤：貽誤；落：淪落；風塵：舊指娼妓的生活。指婦女不幸淪為娼妓。《警世通言》卷三二：「可憐一片無瑕玉，誤落風塵花柳中。」

【誤人子弟】

誤：耽誤；子弟：年輕後輩。耽誤了人家的子弟。多指拙劣的執教者不稱職而耽誤了學生的學習。《兒女英雄傳》一八回：「倘大人看我可為公子之師，情願附驥，自問也還不至於尸位素餐，誤人子弟。」

【誤認顏標】

見「錯認顏標」。

【誤入迷途】

見「誤入歧途」。

【誤入歧途】

誤：錯誤；歧途：岔道，指邪路。指一時糊塗而走上錯誤的道路。茅盾《子夜》五：「我也很想知道這班人是受人愚弄，誤入歧途。」也作「**誤入迷途**」。迷途：錯誤的道路。茅盾《夜讀偶記》四：「唯理論是一種認識論……，它主張透過理性來認識世界，而認為感性知識是騙人的，只能使我們對事物得到模糊的觀念，因而會引人誤入迷途。」

【誤入險途】

誤：錯誤；險途：危險的道路。指由於判斷錯誤而走上了危險的道路。例幾個中學生來到黃山遊玩，卻誤入險途，在陡峭的山壁上爬行，幾乎送了性命。

【誤石為寶】

誤：錯誤。錯誤地把石頭認為寶貝。比喻不辨真假。《太平御覽》引《闕子》：「宋之愚人，得燕石於梧台之東，歸而藏之，以為天寶……客見之，盧胡而笑曰：『此燕石也，與瓦甓不異。』」例這兒情況複雜，你要慎重從事，多作調查研究，千萬不要誤石為寶。

【惡不去善】

惡：憎恨，討厭；善：優點，好處。不因厭惡其人，而抹殺了他的優點。《左傳・哀公五年》：「私仇不及公，好不廢過，惡不去善，義之經也。」

【惡惡也短】

惡：前著為討厭，憎恨；後者指壞事、醜事或壞人。譴責人的罪過應適可而止。《公羊傳・昭公二十年》：「君子之善善也長，惡惡也短；惡惡止其身，善善及子孫。」

【惡居下流】

惡：討厭，憎恨；居：處於；下流：下游，指處於卑下的地位。有志者不願居於卑下的地位。《論語・子張》：「子貢曰：『紂之不善，不如是之甚也。是以君子惡居下流，天下之惡皆歸焉。』」現也指不甘居下游。

【惡濕居下】

惡：憎恨，討厭；濕：潮濕；居：處於；下：低窪之地。憎惡潮濕，卻又處於低窪之地。比喻願望和實際相違背。《孟子・公孫丑上》：「仁則榮，不仁則辱。今惡辱而居不仁，是猶惡濕而居下也。」

【惡盈好謙】

惡：憎恨，討厭；盈：盈滿，自滿；好：喜歡；謙：謙遜。厭惡自滿而喜歡謙遜。指有才德的人不自滿的謙虛精神。《周易・謙》：「彖曰：『人道惡盈而好謙，謙尊而光。』」

【惡欲其死而愛欲其生】

惡：厭惡；欲：想。厭惡之時想讓他死，喜愛之時又想叫他活著。指缺乏理智，只憑個人的好惡對待人。宋・陳亮《謝葛知院啟》：「內揣甚安，譽不為喜，而毀不為沮；外傳大甚，惡欲其死而愛欲其生。」

【惡直醜正】

惡：憎恨，討厭；醜：醜化。厭惡、醜化正直的人。指壞人對正人君子的憎恨。《左傳・昭公二十八年》：「惡直醜正，實蕃有徒。」《舊唐書・皇甫無逸傳》：「無逸當官執法，無所回避。必是邪佞之徒，惡直醜正，共相構扇也。」

【惡紫奪朱】

紫：紫色，藍紅的合色，比喻異端邪說；朱：大紅色，比喻正統。厭惡紫色取代紅色。原比喻異端邪說亂了正統。《論語・陽貨》：「惡紫之奪朱也，惡鄭聲之亂雅樂也，惡利口之覆邦家者。」後用以比喻奸邪小人顛倒黑白，混淆是非。元・王實甫《西廂記》五本四折：「那廝待數黑論黃，惡紫奪朱。」

【惡醉強酒】

惡：憎恨，討厭；強：勉強。憎惡喝醉酒，卻偏要喝酒。比喻明知不好的事，卻硬要去做。《孟子・離婁上》：「今惡死亡而樂不仁，是由惡醉而強酒。」

【寤寐求之】

寤：醒來；寐：睡著。夜裏做夢都想得到。形容想獲得某事物念念不忘的急迫心情。《詩經・周南・關雎》:「參差荇菜，左右流之；窈窕淑女，寤寐求之。」

ㄨㄚ

【污尊抔飲】
污：同「窪」，下陷；尊：盛酒器；污尊：鑿地爲尊；抔：用手捧；抔飲：手捧而飲。指遠古時禮法簡陋，常挖地爲尊，手捧而飲。《禮記・禮運》:「污尊而抔飲，蕢桴而土鼓。」

【挖病根子】
比喻找出犯錯誤或失敗的原因。例事故已經發生了，大家不要互相埋怨，首要的任務是挖病根子，以便今後不再發生類似問題。

【挖出心來見得天】
比喻心地純潔，襟懷坦白。例我說了這麼多，你還不相信。其實，我這個人呀，挖出心來見得天，不說一句假話，不辦一件虧心事。

【挖地三尺】
比喻下決心花力氣找。例就是挖地三尺，我也要找到它。否則，就誤了大事。

【挖掉了瘡疤就是好肉】
比喻徹底改正了錯誤就好。例常言道：「挖掉了瘡疤就是好肉。」他只要不再幹偷搶拐騙的事，改邪歸正，人家就不會瞧不起他。

【挖耳當招】
挖耳：掏耳朵；當：看作，以爲；招：招手，招呼。見別人抬手掏耳朵，誤以爲是向自己打招呼。比喻正當迫切期待之際，別人無意的舉動卻正合自己心意。《醒世恆言》卷二八：「那吳衙內記掛著賀小姐，一夜臥不安穩。早上賀司戶相邀，正是挖耳當招，巴不能到他船中，希圖再得一覷。」

【挖耳勺炒芝麻——小鼓搗】
挖耳勺：也叫耳挖勺，耳挖子，掏耳垢用的小勺兒。摸索湊合著擺弄東西。比喻小動作。例別在背後挖耳勺炒芝麻——小鼓搗啦，有事大大方方地提出來，共同商量，有異議不要緊，求同存異嘛！

【挖耳勺炒芝麻——小鼓搗油】
比喻想法占點小便宜，得點小利益。例他在市場做點小買賣，不過是挖耳勺炒芝麻——小鼓搗油，弄點零用錢花花。

【挖耳勺舀海水——不顯眼】
見「牛身上爬螞蟻——不顯眼」。

【挖墳墓】
比喻找死。例敵人的種種花招到頭來都是自挖墳墓。

【挖井碰上自流泉——好得很】
自流泉：從地下自動噴出水的泉。比喻好極了。例請楊師傅來擔任爐長，那是挖井碰上自流泉——好得很，他有幾十年的煉鋼經驗。也作「挖井碰上噴泉——好得很」、「丈母娘誇姑爺——好得很」。

【挖刻騰倒】
千方百計（想主意）。例他爲了報復小趙，故意利用衛生檢查的機會找麻煩，雞蛋裏挑骨頭，挖刻騰倒要叫小趙吃不消。

【挖空心思】
形容煞費苦心，辦法想盡，多含貶意。《蕩寇志》一二六回：「今此賊挖空心思，用到如許密計，圖我安如泰山之鄆城。」

【挖老根】
比喻鏟除某事物或思想的起因。例他的錯誤是嚴重的，不挖老根，恐怕難以徹底改正。

【挖了心給人吃，還說苦的】
比喻費力不討好，例趙小姐每天一下班，就要接孩子、做飯、洗衣服，還要照料婆婆，累得夠嗆。可是她婆婆還不順心，嘴裏不時嘮嘮叨叨，眞是挖了心給人吃，還說苦的。

【挖牆腳】
比喻破壞根基的手段。例這哪是在支持我的工作，這不是在挖牆腳嗎？也作「挖牆角」。例這是大伙的事，你不幹可以，可別挖牆角。

【挖牆角】
見「挖牆腳」。

【挖人牆腳補自己缺口——盡做缺德事】
比喻總幹損人利己的壞事。例他挖人牆腳補自己缺口——盡做缺德事，羣衆很不滿意，希望把他調離掌管財經大權的工作崗位。

【挖肉補瘡】
挖自己身上的肉，補自己身上的瘡。比喻只顧眼前，用有害的方法，暫時救急。《民國通俗演義》一二四回：「政府給他逼得無法可施，只得勉勉强强，挖肉補瘡的籌給三百萬元。」

【挖肉補瘡——得不償失】
見「丟了西瓜撿芝麻——得不償失」。

【挖肉補瘡——犯不著】
見「井水管河水——犯不著」。

【挖肉補瘡——顧此失彼】
見「拆東牆補西牆——顧此失彼」。

【挖肉補瘡——好了一個害了一個】
比喻對某方面有好處，卻損害了另一方面；或難得兩全。例評選傑出人員要一視同仁，絕不能挖肉補瘡——好了一個害了一個。

【挖肉補臉蛋——忍痛圖好看】
見「和尚頭上別金簪——忍痛圖好看」。

【挖樹尋根】
比喻探尋事物的根源。例這人辦事絕不馬馬虎虎，凡事都要挖樹尋根，弄個一清二楚。

【挖陷阱】
比喻設圈套暗害他人。例與這人打交道可得小心，他盡給人挖陷阱。

【挖腰包】
比喻出錢。例他這趟差出的可不錯，

食、宿、玩，外加紀念品全不用自己挖腰包，對方公司全都包了。也作「掏腰包」。

【蛙鳴蟬噪】
蛙聲吵鬧，知了亂叫。形容夏日的自然景象。宋・蘇軾《出都來陳所乘船上有題》詩：「蛙鳴青草泊，蟬噪垂楊浦。」也比喻庸俗低劣的文章或議論。清・儲欣《唐宋八大家文評・韓愈〈平淮西碑〉》：「段文昌以駢四儷六，蛙鳴蟬噪之音，易鈞天之奏，眞不知人間有羞恥事。」

【媧皇補天】
媧皇：神話中的女帝王，叫女媧。傳說女媧曾經煉五色石補天。比喻立志高遠，才德超羣的人，對社會有所匡補。《列子・湯問》：「天地亦物也，物有不足，故昔者女禍氏煉五色石以補其闕，斷鰲之足以立四極。」唐・湛賁《日五色賦》：「光浮石璧，謂媧皇之補天；影入詞林，疑江淹之夢筆。」也作「媧皇煉石」。

【媧皇煉石】
見「媧皇補天」。

【娃娃擺積木——不成重來】
比喻做事不怕失敗，堅持下去終會成功。例不要失敗一次就灰心失望了，娃娃擺積木——不成重來嘛！

【娃娃吃泡泡糖——吞吞吐吐】
見「老牛吃草——吞吞吐吐」。

【娃娃當家——小人得志】
比喻卑鄙的人被重用、高升或慾望實現。例看他那洋洋得意的樣子，眞是娃娃當家——小人得志，也作「小鬼升城隍——小人得志」。

【娃娃盪鞦韆——兩邊擺】
見「黃牛的尾巴——兩邊擺」。

【娃娃的臉——一日三變】
比喻變化多端，反覆無常。例工作得有一定之規，如果像娃娃的臉——一日三變，就會使人無所適從。

【娃娃貼對聯——不分上下】
見「腳盆洗臉——沒上沒下」。

【娃子不哭奶不脹】
孩子不哭，當母親的沒有想起奶脹。比喻沒有外界的影響，不會自找麻煩。《儒林外史》四五回：「分明是大爺做的事，他左一回右一回雪片的文書來，姐夫爲甚麼自己纏在身上？不如老老實實具個呈子，說大爺現在南京，叫他行文到南京去關，姐夫落得乾淨無事。我這裏『娃子不哭奶不脹』，爲甚麼把別人家的棺材拉在自己門口哭？」

ㄨㄚˇ

【瓦背上的胡椒子——兩邊滾】
胡椒：常綠灌木，莖蔓生，葉子卵形或長橢圓形，開黃色小花；胡椒子：胡椒的果實，小粒，球形，成熟時呈紅色或白色，有辣味，是調味的香料，又可入藥。見「牆上的冬瓜——兩邊滾」。

【瓦缶雷鳴】
見「瓦釜雷鳴」。

【瓦釜雷鳴】
瓦釜：陶製炊具，即沙鍋；雷鳴：雷聲震天。謂聲音低沈的沙鍋竟發出雷鳴般的響聲。比喻平庸之材身居高位。戰國楚・屈原《卜居》：「黃鐘棄毀，瓦釜雷鳴，讒人高張，賢士無名。」也作「瓦缶雷鳴」。瓦缶：瓦罐。宋・王讜《唐語林・品藻》：「張祜曰：且洪鐘韶擊，瓦缶雷鳴，榮辱糺（糾）纆，復何定分！」也作「瓦釜之鳴」。唐・柳宗元《代人進瓷器狀》：「且無瓦釜之鳴，是稱土鉶之德。」

【瓦釜之鳴】
見「瓦釜雷鳴」。

【瓦棺篆鼎】
瓦棺：古代的陶製葬具；篆鼎：鑄有篆文的鐘鼎。泛指古代遺下的古董、文物。唐・杜牧《〈李賀集〉序》：「風檣陣馬，不足爲其勇也；瓦棺篆鼎，不足爲其古也。」

【瓦罐不離井上破，將軍難免陣中亡】
久經沙場的將軍難免在對陣中死亡，就像汲水的瓦罐難免在井上打破一樣。比喻經常去幹有危險的事，遲早要出事《京本通俗小說・錯斬崔寧》：「自古道：『瓦罐不離井上破，將軍難免陣中亡』。你我兩人，下半世也夠吃用了，只管做這沒天理的勾當，終須不是個好結果。」也作「瓦罐不離井上破，將軍難免陣前亡」、「瓦罐不離井上破，將軍多在陣前亡」、「瓦罐不離井上破，將軍必在陣前亡」。

【瓦罐裏點燈——心裏亮】
也作「瓦罐裏點燈——肚裏明」。見「雞吃放光蟲——肚裏明」。

【瓦罐脫坯——土著（鑄）】
脫坯：用模子把泥製成土坯；著：「鑄」的諧音。比喻世代居住本地的人。例派小陳去那個縣工作吧，他是瓦罐脫坯——土著，情況熟悉，羣衆關係好。

【瓦罐煨雞——露出腳了】
見「半天雲裏跑馬——露了馬腳」。

【瓦合之卒】
瓦合：破瓦拼湊聚合；卒：士兵。像破瓦塊一樣湊合起來的軍隊。形容沒有組織紀律、缺乏戰鬥力的軍隊。《漢書・酈食其傳》：「食其曰：『足下起瓦合之卒，收散亂之兵，不滿萬人，欲以徑入强秦，此所謂探虎口者也。』」

【瓦雞陶犬】
用陶土燒製成的雞和狗。比喻徒有其形而無實用價值。南朝・梁元帝《金樓子・立言上》：「陶犬無守夜之警，瓦雞無司晨之益。」例有的人做工作喜歡做表面文章，看上去轟轟烈烈，實際上無異於瓦雞陶犬，毫無意義。

【瓦匠婆娘——多疑（泥）】

婆娘：〈方〉妻子；疑：「泥」的諧音。雙關語。比喻疑心很重。例跟小王說話要特別注意，他是瓦匠婆娘——多疑，動不動就說你不相信或瞧不起他。

【瓦解冰泮】
見「瓦解冰消」。

【瓦解冰消】
解：分解；消：融化。瓦破碎，冰融化。比喻徹底崩潰或消失。《魏書·出帝平陽王紀》：「世祖太武皇帝……莫不雲徹霧卷，瓦解冰消。」也作「**瓦解冰泮**」。泮：ㄆㄢˋ，溶解。漢·陳琳《檄吳將校部曲文》：「及吳王濞，驕姿屈強，猖猾始亂，自以兵強國富，勢陵京城，太尉帥師，甫下滎陽，則七國之軍，瓦解冰泮。」也作「**瓦解冰銷**」。唐·劉商《姑蘇懷古送秀才下第歸江南》詩：「瓦解冰銷眞可恥，凝豔妖芳安足恃。」

【瓦解冰銷】
見「瓦解冰消」。

【瓦解土崩】
如瓦破碎，似土崩塌。比喻徹底崩潰或失敗。《淮南子·泰族訓》：「紂師起容關，至浦水上，士億有餘萬……武王左操黃鉞，右執白旄以麾之，則瓦解而走，遂土崩而下。」例李自成帶領起義軍，一路殺富濟貧，所到之處明朝軍隊瓦解土崩。也作「**土崩瓦解**」。

【瓦解星飛】
見「瓦解星散」。

【瓦解星散】
瓦解：像瓦片那樣破碎；星散：像流星一樣飛散。比喻衆人向四處逃散。宋·司馬光《義勇第五札子》：「殊不知彼皆隊舞聚戰之類，若聞胡寇之來，則瓦解星散不知所之矣。」也作「**瓦解星飛**」。元·關漢卿《魯齋郎》二折：「平地起風波二千尺，一家兒瓦解星飛。」也作「**瓦解雲散**」。《史記·匈奴列傳》：「故其見亂則逐利，如鳥之集；其困敗，則瓦解雲散矣。」

【瓦解雲散】
見「瓦解星散」。

【瓦片尚有翻身的日子】
比喻境況總會好轉，倒霉人終會有出頭之日。《元史演義》三回：「倘你等叔伯子弟們尚有忠心，不願向我還手，我深是感念你們！你休與脫朵延同一般見識，須知瓦片尚有翻身的日子。」也作「**城河磚頭也有翻身日**」。

【瓦器蚌盤】
用陶土做的食器，用蚌殼製的盤子。指粗俗的器皿。形容生活簡樸。《陳書·高祖紀》：「[武帝]以儉素自率，常膳不過數品，私饗曲宴，皆瓦器蚌盤，肴核庶羞，裁令充足而已。」

【瓦上的窟窿——漏洞】
比喻不周密，有破綻。例做事要認眞仔細，瓦上的窟窿——漏洞一定要避免。也作「**房頂的窟窿——漏洞**」。

【瓦上結霜——不長久】
也作「**瓦上結霜——難長久**」。見「風裏點燈——不長久」。

【瓦屋牢牢空，茅屋出相公】
牢牢：肯定；相公：舊時稱成年男子，指人才。瓦屋裏出不了人才，茅屋裏倒能出人才。比喻環境優越使人怠惰，成爲庸人；環境艱苦使人受到磨練成爲英才。例常言道：「瓦屋牢牢空，茅屋出相公。」他過去在雙親的溺愛下，嬌生慣養，什麼事也不會幹。可是近幾年他到社會闖蕩了一下，卻變成一個能吃苦耐勞的大漢子了。

【瓦屋檐前水，點點不離窩】
比喻說話句句得當，能抓住中心，或辦事件件得體，能恰到好處。例他的發言就是好，中心明確，句句說到題上，正是「瓦屋檐前水，點點不離窩」。

【瓦影龜魚】
池中的龜魚，依賴屋瓦之影以蔽日。比喻求庇於人。唐·韓愈《新亭》詩：「湖上新亭好，公來日出初。水文浮枕簟，瓦影蔭龜魚。」宋·胡繼宗《書言故事·水族類》：「求庇於人，云：『瓦影龜魚。』」

【瓦玉雜糅】
糅：混雜。瓦和玉混雜在一起。比喻好壞不分。漢·王充《論衡·對作》：「今吾不得已也！虛妄顯於眞，實誠亂於僞，世人不悟，是非不定，紫朱雜厠，瓦玉雜糅。以情言之，豈吾心所能忍哉！」

【瓦灶繩床】
瓦灶：用瓦搭灶；繩床：用繩結床。形容生活極其貧困。《紅樓夢》一回：「所以蓬牖茅椽，瓦灶繩床，並不足妨我襟懷。」

ㄨㄚˋ

【襪底扶不到脚面上】
比喻不堪造就。例他這個人是襪底扶不到脚面上，太不爭氣，因此用不著對他抱什麼希望。

【襪線短才】
見「襪線之才」。

【襪線之才】
襪線：拆襪子的線；才：才能。像拆下的襪子線那樣一點材料。比喻才識淺薄的人。宋·孫光憲《北夢瑣言》卷五：「韓昭，官至大學士，琴奕書射皆涉獵，朝士李台瑕曰：『韓八座之藝，如拆襪線，無有寸長。』」《剪燈餘話·泰山御史傳》：「妄矜襪線之才，猥試鉛刀之利。」也作「**襪線短才**」。清·李漁《朱梅溪先生小像題咏序》：「李生以襪線短才，炫弄於先生之前，先生遂謬賞焉。」

【襪子當帽子——臭出頭了】
比喻名聲壞透了。例你還不知道？這個人可是襪子當帽子——臭出頭了，誰也不沾他的邊。

【襪子頭上戴——上下不分】
見「腳盆洗臉——沒上沒下」。

ㄨㄛ

【萵筍炒蒜苗——親（青）上加親（青）】
見「白菜葉子炒大葱——親（青）上加親（青）心伴（拌）心」。
【窩裏的馬蜂——不是好惹的】
馬蜂：即胡蜂，尾部有毒刺，能螫人。見「地頭蛇，母老虎——不是好惹的」。
【窩裏的蛇——不知長短】
雙關語，比喻做事不能掌握分寸和限度。例我看，你有點像窩裏的蛇——不知長短，連長輩也不知道尊重，說話是那樣的粗魯、無理。也作「筒裏拔旗桿——不知長短」。
【窩裏反】
比喻集團內部激烈的鬥爭。例有本事別在窩裏反，上外面眞刀眞槍地幹去！也作「窩裏翻」。例這小子就會窩裏翻，到了外面就軟了。
【窩裏炮】
比喻自家人互相爭吵、攻擊。例這兩人天天打窩裏炮，吵得人不得安寧。
【窩囊廢】
比喻懦弱無能的人。例這個人眞是個窩囊廢，這麼一點小事都不敢去辦。
【窩囊廢坐天下——沒人敢保】
窩囊廢：怯懦無能的人；保：保駕，擔保。雙關語。比喻風險大的事，無人擔保。例哼，他要承包全年的生產利潤，我看是窩囊廢坐天下——沒人敢保。
【窩停主人】
窩：藏匿；停：停留，指窩藏。藏匿贓物或罪犯的主人。即窩主。宋．洪邁《夷堅癸志．李五郎》：「爲盜有求不愜，誣爲窩停主人，訴於郡，不見察，故陷黨中。」
【窩窩頭跺一腳——坐地就不是一塊好餅】
窩窩頭：用玉米麵等做的食物，圓錐形，底下有個窩兒；坐地：本來。比喻本來就不是好東西。例你現在後悔上當了。我早就告訴你，他就像窩窩頭跺一腳——坐地就不是一塊好餅，不要與他合作，但你不相信我的話，怨誰？
【窩窩頭翻個兒——顯大眼】
見「窩窩頭翻個兒——現眼」。
【窩窩頭翻個兒——現眼】
窩窩頭：用玉米麵、高粱麵或其他的雜糧麵做的食品，略呈圓錐形，底下有窩。比喻丟人、出醜。例既然無識無才，就別去出風頭了，窩窩頭翻個兒——現眼，你覺得好受嗎？也作「窩窩頭翻個兒——顯大眼」、「張飛戴口罩——顯大眼」。
【窩窩頭翻筋斗——有多大眼現多大眼】
筋斗：跟頭。比喻丟盡了人，出夠了醜。例他心裏盤算著，這次錢沒撈著，丟了鐵飯碗不算，還坐了班房，眞是窩窩頭翻筋斗——有多大眼現多大眼，實在無臉見人了。
【窩窩頭進貢——窮盡忠】
進貢：指臣民對君主呈獻禮物。多比喻竭盡全力對主子盡忠誠。例向他送東西？窩窩頭進貢——窮盡忠，我才不幹哩！先塡飽肚子要緊。
【窩子裏的狗——專會往裏咬】
比喻人只會在家裏或內部逞威風，傷害自己人。例這批傢伙是外戰外行，內戰內行，就像俗話所說，窩子裏的狗——專會往裏咬。
【喔咿儒兒】
喔咿：感嘆聲；儒兒：同「嚅唲」，強笑的樣子。形容強顏歡笑。戰國楚．屈原《卜居》：「將呢訾栗斯，喔咿儒兒以事婦人乎？」

ㄨㄛˇ

【我輩情鍾】
鍾：積聚；情鍾：感情專注。指自己的感情專注而强烈。形容對人或事不能忘懷。南朝宋．劉義慶《世說新語．傷逝》：「王戎喪兒萬子，山簡往省之。王悲不自勝，簡曰：『孩抱中物，何至於此？』王曰：『聖人忘情，最下不及情；情之所鍾，正在我輩。』」宋．陸游《讀唐人愁詩戲作》詩之四：「我輩情鍾不自由，等閒白卻九分頭。」
【我黼子佩】
黼：ㄈㄨˇ，古代禮服上繡的半黑半白的花紋，指官服；子：對人的尊稱；佩：繫在衣帶上作裝飾用的玉。比喻夫妻共享榮華富貴。漢．揚雄《琴清英》：「祝牧與妻偕隱，作《琴歌》云：『天下有道，我黼子佩；天下無道，我負子戴。』」
【我負子戴】
負：背，用背馱東西；戴：頂，用頭頂東西。我背柴薪，你頂水罐。比喻夫唱婦隨，同甘共苦。漢．揚雄《琴清英》：「祝牧與妻偕隱，作《琴歌》云：『天下有道，我黼子佩；天下無道，我負子戴。』」
【我見猶憐】
猶：還，尚且；憐：憐愛，愛惜。形容女子姿容非常美麗，惹人喜愛。南朝宋．劉義慶《世說新語．賢媛》：「主慚而退」劉孝標注引虞通之《妒記》：「溫平蜀，以李勢女爲妾。郡主兇妒，不即知之；後知，乃拔刃往李所，因欲斫之。見李在窗梳頭，姿貌端麗。徐徐結髮，斂手向主，神色閒正，辭甚淒惋。主於是擲刀前抱之：『阿子，我見汝亦憐，何況老奴！』《聊齋志異．巧娘》：「嫗拜致主命。見三娘，驚曰：『此即吾家小主婦耶？我見猶憐，何怪公子魂思而夢繞之。』」

【我解纜繩你推船——順水人情】

纜繩：拴船用的繩索。不費勁的人情。比喻順便給人的好處。例幫這種忙，僅僅是我解纜繩你推船——順水人情，何必道謝呢！

【我勸天公重抖擻，不拘一格降人材】

抖擻：把附著的東西抖掉，引申爲振作、振奮；拘：束縛，限制。我勸老天爺還是重新振作精神，不受任何資格限制，讓人材在社會上大量湧現。淸·龔自珍《己亥雜詩》：「九州生氣恃風雷，萬馬齊喑究可哀。我勸天公重抖擻，不拘一格降人材。」

【我身猶鑿】

鑿：鑿子，木工挖槽打孔用的工具。我的身體就像鑿子。比喻自身當作先鋒，衝殺在前。《元史·畏答兒傳》：「太祖與克烈王罕對陣，師少不敵。畏答兒奮然曰：『我猶鑿也，諸君斧也，鑿非斧不入，我請先入，諸君繼之。』遂先出陷陣大敗之。」

【我生不辰】

辰：日子，時辰；指時機、世道。我出生後沒遇上好的世道。《詩經·大雅·桑柔》：「我生不辰，逢天僤怒。」

【我似老牛鞭不動】

鞭：鞭打。我像老牛一樣呆笨，用鞭子抽打也難得動了。多用作老人自謙之詞。宋·蘇軾《次韻子由詩相慶》詩：「我似老牛鞭不動，雨滑泥深四蹄重。汝知黃犢卻走來，海闊山高百程送。」

【我爲魚肉】

形容自己成了別人宰割的對象。《史記·項羽本紀》：「樊噲曰：『大行不顧細謹，大禮不辭小讓；如今人方爲刀俎，我爲魚肉，何辭爲？』」

【我武惟揚】

我：指當朝或本國；武：勇猛，勇敢；揚：顯示、顯揚。顯示我威武雄壯。《尚書·泰誓中》：「今朕必往，我武惟揚，侵於之疆，取彼兇殘，我伐用張，於湯有光。」

【我心匪石，不可轉也】

匪：通「非」；轉：轉移。我的心不像石塊，不可以任人轉移。原形容女子感情專一，堅貞不屈的性格。後也用以形容人信念堅定，不願聽人擺布。《詩經·邶風·柏舟》：「我心匪石，不可轉也。我心匪席，不可捲也。威儀棣棣，不可選也。」

【我心如秤】

秤：衡量輕重的器具。我的心像秤一樣。比喻自己待人持正公平。三國蜀·諸葛亮《雜言》：「我心如秤，不能爲人作輕重。」

【我心似你心——心心相印】

比喻彼此感情完全相投。例你問他們之間的關係怎樣嗎？可以說是我心似你心——心心相印。

【我行我素】

行：做、執行；素：向來，一向。不管別人怎麼看，我還是照自己本來的一套去做。《禮記·中庸》：「君子素其位而行，不願乎其外。素富貴行乎富貴，素貧賤行乎貧賤，素夷狄行乎夷狄，素患難行乎患難，君子無入而不自得焉。」《官場現形記》五六回：「幸虧欽差不懂得英文的，雖然使館裏逐日亦有洋報送來，他也懶怠叫翻譯去翻，所以這件事外頭已當著新聞，他夫婦二人還是毫無聞見，依舊是我行我素。」

【我盈彼竭】

盈：充足，旺盛；竭：完，盡。我方士氣高昂，對方士氣喪盡。形容雙方實力對比朝著有利於自己的一方轉化。《左傳·莊公十年》：「夫戰，勇氣也，一鼓作氣，再而衰，三而竭。彼竭我盈，故克之。」例在抗日戰爭中，中國人民經過八年抗戰，我盈彼竭，日本侵略者不得不無條件投降。

【我有黃金千萬兩，不因親者卻來親】

指金錢多了，無親無故的人都會來攀親結故。形容人情勢利。明·徐畛《殺狗記》一七齣：「[貼]官人思之，院君賢會，勸勸無非好意。[旦]官人，常言道：『我有黃金千萬兩，不因親者卻來親。』兄弟到底是眞，結義的到底只是假。」

【我醉欲眠】

我醉了，想睡覺。率直的送客語。後比喻人的眞誠直率。南朝梁·蕭統《陶淵明傳》：「貴賤造之者，有酒輒設。淵明若先醉，便語客：『我醉欲眠，卿可去。』其直率如此。」唐·李白《山中與幽人對酌》詩：「兩人對酌山花開，一杯一杯復一杯。我醉欲眠卿且去，明朝有意抱琴來。」

ㄨㄛˋ

【沃壤千里】

見「沃野千里」。

【沃野千里】

沃野：肥沃的田野；千里：寬廣。形容肥沃的土地十分廣闊。《漢書·張良傳》：「夫關中左崤函，右隴蜀，沃野千里，」也作「沃壤千里」。唐·陸贄《渾瑊京畿金商節度使制》：「王圻之內，沃壤千里。」

【臥冰求鯉】

晋·干寶《搜神記》卷一一：「王祥字休徵，琅玡人，性至孝。早喪親，繼母朱氏不慈，數譖之，由是失愛於父，每使掃除牛下。父母有疾，衣不解帶。母常欲生魚，時天寒冰凍，祥解衣，將剖冰求之，冰忽自解，雙鯉躍出，持之而歸，母又思黃雀炙，復有黃雀數十入其幕，復以供母。鄉里驚嘆，以爲孝感所致。」後用「臥冰求鯉」稱頌子女極盡孝道。魯迅《二十四孝圖》：「但是哭不出筍來，還不過拋臉而已，一到『臥冰求鯉』，可就有性命之虞了。」

【臥不安席】

見「臥不安席，食不甘味」。

【臥不安席，食不甘味】

在蓆子上睡覺都不安穩，吃飯都沒有滋味。指心中有事，焦灼不安。《戰國策．楚策一》：「楚威王對蘇秦曰：『寡人臥不安席，食不甘味，心搖搖如懸旌，而無所終薄。』」也作「臥不安席」。《東周列國志》一〇六回：「此丹之所以臥不安席，臨食而廢箸者也。」也作「臥不安枕」。《東周列國志》六回：「寡人聞之，臥不安枕。」

【臥不安枕】

見「臥不安席，食不甘味」。

【臥床不起】

病臥床上，不能起身。形容病情嚴重。《三國演義》一二〇回：「吳主孫休，聞司馬炎已篡位，知其必將伐吳，憂慮成疾，臥床不起。」

【臥而治之】

臥：躺著；治：治理；之：代指政事。躺著就把政事處理好了。用以稱頌政清事簡。《史記．汲鄭列傳》：「上曰：『君薄淮陽邪？吾今召君矣。顧淮陽吏民不相得，吾徒得君之重，臥而治之。』」也作「臥以治之」。明．歸有光《送熊分司之任滇南序》：「百姓安樂，葉榆、西洱之間，無犬吠之警，直臥以治之而已矣。」

【臥鼓偃旗】

見「臥旗息鼓」。

【臥狼當道】

當：擋住。躺著惡狠，擋住道路，形容前途兇險。清．筱波山人《愛國魂．國優》：「那任他臥狠當道，暴虎逼人，掃盡江河影。」

【臥龍鳳雛】

臥龍：指諸葛亮；鳳雛：指龐統。比喻未見用於世的英雄大才。《資治通鑑．漢獻帝建安十二年》：「孔明爲臥龍，龐士元爲鳳雛。」也作「伏龍鳳雛」。

【臥旗息鼓】

臥：放倒；息：停歇。不打軍旗，停繫戰鼓。形容隱蔽目標，秘密行軍。也指停止戰鬥。《三國志．蜀書．諸葛亮傳》：「[諸葛]亮在城中兵少力弱，將士失色，莫知其計，亮意氣自若，敕軍中皆臥旗息鼓，不得妄出庵幔，又令大開城門，掃地卻灑。」也作「臥鼓偃旗」。《周書．王思政傳》：「東魏太尉高岳、行台慕容紹宗、儀同劉豐生等，率步騎十萬來攻潁川。城內臥鼓偃旗，若無人者」也作「偃旗息鼓」、「掩旗息鼓」。

【臥榻事殊】

見「臥榻之側，豈容他人鼾睡」。

【臥榻之側】

見「臥榻之側，豈容他人鼾睡」。

【臥榻之側，豈容鼾睡】

見「臥榻之側，豈容他人鼾睡」。

【臥榻之側，豈容他人鼾睡】

宋．岳珂《桯史．徐鉉入聘》：「其後王師征包茅於[李]煜，騎省[徐鉉]復將命請緩師，其言累數千言，上（趙匡胤）諭之曰：『不須多言，江南亦何罪？但天下一家，臥榻之側，豈容他人鼾睡耶！』鉉皇恐而退。」後用以比喻不允許別人處在自己的勢力範圍之內。《野叟曝言》一四五回：「細按圖冊，賊已在我掌中，百日之說，猶謙詞耳！昔人云『臥榻之側，豈容他人鼾睡』，『養癰致患』，猝然一發，勢若燎原矣。」也作「臥榻事殊」。清．莫友芝《有感》詩：「臥榻事殊南越遠，可容鱗介溷冠裳。」也作「臥榻之側」。姚雪垠《李自成》一卷二四章：「雖然這個寨位置在『臥榻之側』，相離很近，但闖王決定暫不攻打。」也作「臥榻之側，豈容鼾睡」。清．康有爲《上清帝第五書：「若我爲附杖，則臥榻之側，豈容鼾睡。」

【臥苫枕塊】

苫：ㄕㄢ，居喪時睡的草墊；塊：土塊。睡在草墊上，頭枕著土塊，古代居喪禮節。《宋史．徐積傳》：「母亡，水漿不入口者七日，悲慟嘔血。廬墓三年，臥苫枕塊。」

【臥薪嘗膽】

臥薪：睡在柴草上；嘗膽：品嘗膽的苦味。指春秋時越王句踐戰敗後，爲吳所執。他立志報仇雪恥，夜臥柴草，品嘗苦膽，最後如願以償的故事。《史記．越王句踐世家》：「吳既赦越，越王句踐反國，乃苦身焦思，置膽於坐，坐臥即仰膽，飲食亦嘗膽也。曰：『女(汝)忘會稽之恥耶？』」後多用「臥薪嘗膽」形容刻苦自勵，奮發圖強。明．王世貞《鳴鳳記．南北分別》：「小弟此去，敢不臥薪嘗膽，他日南還，共建大業，豈非志願乎。」

【臥雪眠霜】

躺在雪地上睡在霜面上。比喻四處流浪的艱苦生活。元．馬致遠《漢宮秋》三折：「假若俺高皇差你個梅香，背井離鄉，臥雪眠霜，若是他不戀恁春風畫堂，我便官封你一字王。」也形容艱苦的創業生活。明．無名氏《南牢記》三折：「想俺祖宗櫛風沐雨，臥雪眠霜，帶甲而食，裹創而戰，當原創業，好艱難也。」

【臥雪吞氈】

指漢朝蘇武被匈奴幽禁，睡在雪地裏，吞吃毛毯，卻堅貞不屈的故事。《漢書．蘇武傳》：「單于愈益欲降之，乃幽武，置大窖中，絕不飲食。天雨雪，武臥，嚙雪與旃毛並咽之，數日不死，匈奴以爲神。」後用以比喻堅貞不屈的民族氣節。

【臥以治之】

見「臥而治之」。

【握兵之要】

掌握軍權。《左傳．閔公二年》：「先友曰：『衣身之偏，握兵之要，在此行也，子其勉之！偏躬無慝，兵要遠災，親以無災，水何患焉？』」

【握髮吐哺】

握髮：洗髮時握住頭髮停下來不洗；吐哺：吃飯時吐出咀嚼著的食物不吃。《史記・魯周公世家》：「周公戒伯禽曰：『我文王之子，武王之弟，成王之叔父，我於天下亦不賤矣。然我一沐三捉髮，一飯三吐哺，起以待士，猶恐失天下之賢人。子之魯，慎無以國驕人。』」後以「握髮吐哺」比喻熱情接納賢士。唐・陸贄《興元論解姜公輔狀》：「陛下握髮吐哺之日，宵之旰食之辰，士無賢愚，咸宜錄用；言無大小，皆務招延，固不可復有忤逆之嫌、甘辛之忌也。」也作「握髮吐餐」。南朝宋・何承天《宋鼓吹鐃歌・思悲公篇》：「萬國康，猶弗已。握髮吐餐，下羣士。惟我君，繼殷周。」也作「吐哺握髮」。

【握髮吐餐】

見「握髮吐哺」。

【握風捕影】

比喻白費心思，毫無所獲。唐・杜牧《獻詩啟》：「某苦心為詩……今謹錄一五〇篇，編為一軸，封留獻上。握風捕影。鑄木鏤冰，敢求恩知，但希鐫琢。」

【握綱提領】

綱：魚網的總繩；領：指皮衣服的領子。《韓非子・外儲說右下》：「善張網者引其綱，不一一攝萬目而後得。」《荀子・勸學》：若挈裘領，詘五指而頓之，順者不可勝數也。」後來用「握綱提領」比喻抓住事情的關鍵，或把問題簡明扼要地提示出來。晉・潘尼《答傅咸》詩：「悠悠羣吏，非子不整；嗷嗷衆議，非子不靖。忽荷略紐，握綱提領；矯矯貞臣，惟國之屏。」

【握鉤伸鐵】

伸：舒展，伸直。握住鉤子，把鐵伸直。形容力大無窮。唐・皮日休《鹿門隱書六十篇並序》：「夫桀、紂之君，握鉤伸鐵，撫梁易柱，手格熊羆，走及虎兕，力甚也。」

【握管懷鉛】

管：指筆管；鉛：指鉛條，用於書寫。經常帶著書寫工具，以備隨時記述。清・黃宗羲《天一閣藏書記》：「冀以暇日握管懷鉛，揀卷小書短者抄之。」

【握兩手汗】

攥著兩手出了汗。即捏一把汗。多指擔驚受怕。《元史・趙璧傳》：「憲宗繼位，召璧問曰：『天下如何而治？』對曰：『請先誅近侍之尤不善者。』憲宗不悅。璧退，世祖（忽必烈）曰『秀才汝渾身都是膽耶，吾亦為汝握兩手汗也。』」

【握槧懷鉛】

槧：ㄑㄧㄢˋ，古代用木削成以備書寫用的版片，即木簡；鉛：鉛條筆。拿著木簡，懷揣鉛條筆，即指從事寫作。唐・史承節《後漢大司農鄭公之碑》：「耆舊者惟聞其名，後生者不睹其事，今故尋源討本，握槧懷鉛，兼疏本傳之文。」也作「抱槧懷鉛」。

【握拳裂眥】

見「握拳透爪」。

【握拳沒爪】

見「握拳透爪」。

【握拳透爪】

爪：指甲。緊握拳頭，指甲穿透掌心。《晉書・卞壺傳》：「壺時發背創，猶未合，力疾而戰，率厲散衆及左右吏數百人，攻賊麾下，苦戰，遂死之……其後盜發壺墓，尸僵，鬢髮蒼白，面如生，兩手悉拳，爪甲穿達手背。」後來用「握拳透爪」比喻憤恨已極而死。唐・鄭棨《開天傳信記》：「顏眞卿既死……握拳不開，爪透手背，遠近驚異。」清・錢振倫《文評》：「高虎文如大力爭持，握拳透爪。」也作「握拳透掌」。宋・蘇軾《東坡題跋・偶書》：「張睢陽生猶罵賊，嚼齒穿齦；顏平原（眞卿）死不忘君，握拳透掌。」也作「握拳沒爪」。清・李聿求《魯之春秋・錢栴》：「［徐］石麒之殉節也，城中人跡斷絕，越二十五日，爾谷哭入城，求父屍。僧眞實藏之柜，顏色如生，握拳沒爪，鬚髮盡張。」又作「握拳裂眥」。清・錢謙益《博野王秀才墓志銘》：「吾師之闔門乘城而死，轉戰而死，巾幗襁褓而死，靡不裹創飲血，握拳裂眥。」

【握拳透掌】

見「握拳透爪」。

【握蛇騎虎】

手握毒蛇，身騎虎背。比喻處境極其險惡。《魏書・彭城王傳》：「咸陽王禧疑勰為變，停在魯陽郡外，久之乃入。謂勰曰：『汝非但辛勤，亦危險至極。』勰恨之，對曰：『兄識高年長，故知有夷險，彥和（勰字）握蛇騎虎，不覺艱難。』」

【握手極歡】

親熱地握手談笑，非常歡喜融洽。也形容重新和好。《後漢書・李通傳》：「［光武］往答之。及相見，共語移日，握手極歡。」也作「握手言歡」。《民國通俗演義》二八回：「［孫］文於去年北上，與公握手言歡，聞公諄諄以國家與人民為念，以一日在職為苦。」巴金《生之懺悔・兩個孩子》：「一連打了三天，然後那兩位軍閥因為別人的調解，又握手言歡了。」

【握手言歡】

見「握手極歡」。

【握炭流湯】

炭：指燒紅的木炭；湯：開水。手握熾炭，足探沸水。比喻不畏兇險，極其勇悍。《文選・陸倕〈石闕銘〉》：「於是流湯之黨，握炭之徒，守似藩籬，戰同枯朽。」李善注引《六韜》：「紂之卒，握炭流湯者十八人。」

【握圖臨宇】

圖：地圖；臨：統治；宇：天下。掌握國家版圖，統治天下。比喻掌握國

家政權。《魏書・崔楷傳》：「伏惟皇魏握圖臨宇，總契裁極，道敷九有，德被八荒。」

【握霧拿雲】

握著霧，拿住雲。形容有天大的本領。元・無名氏《連環記》一折：「這其間多虧了張子房說地談天口，韓元帥握霧拿雲手。」也作「**握雲拿霧**」。元・陳以仁《存孝打虎》一折：「你八面威風大，端的是將相才，則你那龍韜虎略人難賽，握雲拿霧施兵策。」

【握瑜懷玉】

瑜：美玉；懷：揣著，懷抱。比喻富有文才。《南史・劉虬傳》：「是以握瑜懷玉之士，瞻鄭邦而知退；章甫翠履之人，望閭鄉而嘆息。」

【握雨攜雲】

比喻男女歡愛之情。元・王實甫《西廂記》四本二折：「只著你夜去明來，倒有個天長地久，不爭你握雨攜雲，常使我提心在口。」也作「**握雲攜雨**」。明・無名氏《蘇九淫奔》二折：「都則爲春心蕩，也只想握雲攜雨，誰承望惹禍遭殃。」

【握雲拿霧】

見「握霧拿雲」。

【握雲攜雨】

見「握雨攜雲」。

ㄨㄞ

【歪擺布】

指以不正當的手段支使捉弄別人。例那種團體裏沒好人，你千萬別聽他們歪擺布，做出違法的事情來。

【歪蚌肚裏剝珍珠】

比喻長相不好或修養很差的父母生了漂亮的或心地善良的兒女。例俗話說：「歪蚌肚裏剝珍珠。」別看他長得一副兇神惡煞相，可有個女兒卻生得乖巧伶俐，如花似玉。

【歪脖騎牛——硬往一面扭】

歪脖：脖子向一邊歪斜的人。比喻鑽牛角尖，固執己見。例應當聽聽大家的意見，不要歪脖騎牛——硬往一面扭，强迫他人都服從自己。

【歪脖子看表——觀點不正】

比喻對事物的看法不正確。例歪脖子看表——觀點不正，就不能得出正確的結論，採取正確的行動。

【歪脖子樹——不成材】

也作「**歪脖子樹——成不了材**」。見「花盆裏栽松樹——成不了材」。

【歪脖子樹——根骨不正】

也作「**歪脖子樹——根子不正**」。見「狗尾巴草長在牆縫裏——打根上就不正」。

【歪脖子樹——難治（直）】

治：「直」的諧音。雙關語。比喻難以挽救，或不易整治。例老人的病已進入膏肓，歪脖子樹——難治（直）了。

【歪脖子樹上結歪梨——不成正果】

正果：佛教稱修行得道爲正果，後多比喻事業上的成就。雙關語。比喻沒有或難以取得滿意的成就。例我雖然工作了幾十年，工作態度不能說不認眞，到頭來卻是歪脖子樹上結歪梨——不成正果。

【歪脖子說話——嘴不對心】

比喻口是心非。例爲人要誠實，表裏如一，不能歪脖子說話——嘴不對心。

【歪脖子榆樹——定型了】

見「百年的歪脖樹——定了型」。

【歪剌骨】

比喻下賤的女人。例你去廣州可得留神那些歪剌骨，別上當。

【歪打官司斜告狀】

舊謂告狀打官司都得有靠山找門道，沒有財勢，光憑正理是打不贏的。例以前是歪打官司斜告狀。如今不同了，告狀打官司要憑證據，還得有證人；胡攪蠻纏，血口噴人可不行。

【歪打正著】

打的不準，卻正好命中。比喻方法本來不對頭，卻意外地得到滿意的結果。《醒世姻緣傳》二回：「將藥煎了，打發晁大舍吃將下去。誰想歪打正著，又是楊太醫運好的時節，吃了藥就安穩睡了一覺。」

【歪戴帽兒斜穿衣，不是好東西】

指對壞人可從衣著、外表和氣質上判斷出來。例你看他那樣子，歪戴帽兒斜穿衣，不是好東西，明眼人一看就看出來了。

【歪戴帽，斜戴花，娶個老婆不歸家】

指不學好的人，娶不到好妻子。例瞧他那德性，好吃懶做，怎能娶到好妻子？歪戴帽，斜戴花，娶個老婆不歸家嘛！

【歪戴帽子斜穿襖——不成體統】

比喻沒有規矩，不成樣子。例你們如此胡作非爲，無法無天，實在是歪戴帽子斜穿襖——不成體統。

【歪道道】

比喻壞主意。例他的歪道道多，眼下雖春風得意，我看日後準得栽跟頭。

【歪風邪氣】

歪：不正；邪：不正當，不正派。不好的作風和習氣。姚雪垠《李自成》一卷二七章：「軍中的大敵是破壞軍紀的各種歪風邪氣，整頓軍紀就是同歪風邪氣作戰。」

【歪瓜裂棗】

指外形不端正的瓜和有裂紋的棗往往更甜。比喻看事物不能光看表面，要看實質。例他認爲，買處理品便宜多了，只要挑選到適用的，跟「歪瓜裂棗」一樣受歡迎。

【歪鍋配扁灶——兩湊合】

也作「**歪鍋配扁灶——兩將就**」。見「老牛套破車——兩湊合」。

【歪鍋配扁灶——一套配一套】

比喻搭配恰當，各得其所；或壞人氣味相投，互相勾結。例「這兩人眞是才貌相當啊！」「可不是，歪鍋配扁灶——一套配一套，命中註定他們要結合在一起。」

【歪門邪道】
歪：不正當；邪：不正派。不正當不正派的門路、方法。例如果一個青年頗有才華，但爲人不正，盡搞歪門邪道，那他在人們心目中的形象就差勁多了。

【歪苗長歪樹——根子不正】
也作「歪苗長歪樹——根骨不正」。見「狗尾巴草長在牆縫裏——打根上就不正」。

【歪批三國】
三國：指古典小說《三國演義》。借指胡亂評論。例把你那套見解收起來吧，你那純粹是歪批三國。

【歪七豎八】
形容擺放不整齊、亂七八糟的樣子。茅盾《上海·我的二房東》：「沿馬路上的電燈柱上，裏門口，都有些紅紙小方塊；爛瘡膏藥似的，歪七豎八貼著。」

【歪牆開旁門——邪（斜）門歪道】
也作「歪牆開旁門——邪（斜）門」。見「牆角開口——邪（斜）門」。

【歪人還有歪人來收拾】
歪人：厲害的人，含鄙夷斥責之意。指惡人自有惡人來降服。例這人太蠻不講理，不容易說服他，但歪人還有歪人來收拾。

【歪廝纏】
比喻無理糾纏。例我跟你講得很清楚了，你再歪廝纏也沒用。

【歪談亂道】
不著邊際地胡說瞎扯。明·無名氏《登瀛洲》二折：「他也學些者也之乎，歪談亂道，失卻卑尊。」

【歪頭看戲怪台斜——無理取鬧】
比喻無理吵鬧、搗亂。例有理就講理嘛，歪頭看戲怪台斜——無理取鬧可不允許。

【歪心邪意】
心術不正，不懷好意。《紅樓夢》二〇回：「你總不聽我的話，倒叫這些人教的你歪心邪意、狐媚魔道的。」

【歪嘴吃鍋巴——邪教（斜嚼）】
邪教：「斜嚼」的諧音。比喻不教人學好。例以身作則是最好的一種教育方法，你的行爲對孩子們只能是歪嘴吃鍋巴——邪教（斜嚼），將他們引入歧途。

【歪嘴吹燈——風氣不正】
比喻社會風氣不良或思想作風不正派。例歪嘴吹燈——風氣不正，是一個嚴重的社會問題，要糾正過來頗不容易，非下大力氣不可。也作「歪嘴婆娘吹火——風氣不正」。

【歪嘴吹燈——一團邪（斜）氣】
邪：「斜」的諧音。比喻不正當的行爲或作風。例我看這傢伙不是個正經人，言行總像歪嘴吹燈——一團邪（斜）氣，與衆人格格不入。也作「歪嘴吹喇叭——滿嘴邪（斜）氣」、「歪嘴和尚吹喇叭——一股邪（斜）氣」、「歪嘴吹喇叭——淨出邪（斜）氣」、「歪嘴吹燈——邪（斜）氣」。

【歪嘴吹螺號——歪對歪】
螺號：用大的海螺殼做成的號角。比喻用不正當的辦法對付不正當的人或不正當的手段。有時也指兩相湊合，正好合適。例我們光明正大，按原則辦事，並不採取歪嘴吹螺號——歪對歪的辦法來對付他們。也作「歪嘴吃螺螄——歪對歪」。

【歪嘴吹牛角號——以歪就歪】
也作「歪嘴吃螺螄——以歪就歪」。見「駝子睡碾槽——以彎就彎」。

【歪嘴和尚——念不了好經】
和尚：出家修行的男佛教徒。比喻辦法雖好，但不能正確地採用。例關鍵在於用好人，如果是歪嘴和尚——念不了好經，事業雖偉大，仍不能造福於人民。

【歪嘴和尚念經】
指由於能力低或居心不良，歪曲了原意。例現在有些人就像歪嘴和尚念經，上級的指示一經過他們的手，就變了樣。也作「歪嘴和尚念歪經」。例你考慮一下，心裏要有自己的主意。別光聽歪嘴和尚念歪經，越念越歪。

【歪嘴和尚念經——音不正】
比喻說話陰陽怪氣，話說不對頭。例此人說話像歪嘴和尚念經——音不正，不是一個正派人。

【歪嘴雞，專食大粒米】
比喻一個人長相難看，卻有好運氣。例別看他相貌醜，可有福氣，兒女都孝順他，這正應了歪嘴雞，專食大粒米的話。也作「歪嘴雞，食好米」。例常言道，歪嘴雞，食好米，他總能找到好活兒幹。也作「歪嘴雞，吃好食」。

【歪嘴爛舌頭——說不出好話來】
見「喉嚨長刺口生瘡——說不出好話來」。

【歪嘴騾賣了驢價錢——吃嘴上虧】
見「豁唇騾子賣了個驢價錢——吃虧就吃在嘴頭子上了」。

【歪嘴婆娘照鏡子——當面丟醜】
比喻當著大家的面露出內情或底細。例這次可好，歪嘴婆娘照鏡子——當面丟醜了，大家終於從你嘴裏了解到事情的內幕。

【歪嘴照鏡子——當面出醜】
也作「歪嘴婆娘照鏡子——當面丟醜」。見「哈哈鏡照人——當面出醜」。

ㄨㄞˋ

【外財不扶人】
外財：指分外的、非正常的收入。比喻靠撈外快不可能過上好日子。例俗話說：「外財不扶人。」要想生活過得更好，應該靠自己的辛勤勞動來獲得，絕不能搞歪門邪道。

【外財不富命窮的人】
舊指貧富由天，命中注定貧窮的人有了外財也富不了。例他就不信外財不富命窮的人那一套，硬是憑經商發了家。

【外場人】
比喻善於交際、見過世面的人。例他是個外場人，見多識廣，這事你就找他辦吧，準能辦好。

【外道話】
比喻見外的客氣話。例誰不會遇到難處，朋友間幫點忙算什麼，可別說這些外道話。

【外剛內柔】
外貌剛強，內心柔弱。《周易・否》：「內柔而外剛。」例老張的性格是外剛內柔。

【外公死了兒——沒救（舅）】
救：「舅」的諧音。雙關語。比喻無法挽救。例由於不相信科學，不預先採取防範措施，結果瘟病盛行，今年的稻子是外公死了兒——沒救（舅）了。也作「外甥戴孝——沒救（舅）」、「外婆死仔——沒救（舅）」。

【外行看熱鬧，內行看門道】
門道：門路，問題的訣竅。對一件事，不懂行的人看了只覺得熱鬧、好看而已，而懂行的人卻能看出其中的門路、招式或奧秘。例同是看時裝表演，有的人看得眼花撩亂，目瞪口呆，而有的人卻能從中悟出今後時裝的流行顏色與款式。這就是所謂「外行看熱鬧，內行看門道」。

【外好裏丫槎】
丫槎（ㄔㄚˊ）：樹枝橫出的樣子。①形容人表面上顯得單純、老實，實際卻很有心計。例你別看他彌勒佛像，不好對付哩，「外好裏丫槎」嘛！②比喻對外人好，對自己人苛求。《西遊記》三三回：「我那師父是個慈悲好善的人，又有些外好裏丫槎。我不馱你，他就怪我。」

【外合裏差】
表面一致，內心裏卻不同。比喻口是心非。《金瓶梅詞話》四六回：「你說你恁行動，兩頭戳舌獻勤，出光兒，外合裏差。」

【外合裏應】
合：合圍；應：接應。外面合圍，內裏接應。指外與內相互配合、呼應。元・無名氏《陳州糶米》一折：「這官吏知情，外合裏應，將窮民併。」也作「裏應外合」。

【外簡內明】
簡：簡慢；明：明達。指對人表面上簡慢，而內心明達。《三國演義》一八回：「公（曹操）外簡內明，用人惟才。」

【外交辭令】
辭令：交際場合應對的話語。外交場合中應對合宜的話語。也泛指人們交往中巧妙周旋、婉轉得體的話語。例他這個人擅長外交辭令，派他去做公關工作是再合適不過了。

【外君子而內小人】
見「外君子而中小人」。

【外君子而中小人】
外表像個君子，內心裏卻是個卑鄙的小人。元・喬孟符《兩世姻緣》三折：「似你這等人，外君子而中小人，貌人形而心禽獸，即當和你絕交矣。」也作「外君子而內小人」。《三國演義》三六回：「沛郡小輩，妄稱『皇叔』，全無信義，所謂外君子而內小人者也。」

【外寬內忌】
外表寬厚大量，卻又心懷猜忌。《三國志・魏書・荀彧傳》：「[袁]紹貌外寬而內忌，任人而疑其心。」《三國志・蜀書・楊戲傳》：「戲素心不服[姜]維，酒後言笑，每有傲弄之辭。維外寬內忌，意不能堪。軍還，有司承旨奏戲，免爲庶人。」也作「外寬內刻」。刻：深。例你別看他一副心胸寬大的樣子，其實他是一個外寬內刻的人。

【外寬內刻】
見「外寬內忌」。

【外寬內明】
外表寬宏大度，內心明達事理。《漢書・黃霸傳》：「黃霸爲潁川太守，外寬內明，得吏民心。」

【外寬內深】
外表顯得寬宏大度，而內心卻深密莫測。《史記・平津侯主父列傳》：「弘爲人意忌，外寬內深。諸嘗與弘有郤者，雖詳與善，陰報其禍。」

【外來的和尚會念經】
比喻看重外地外單位的經驗或人才，輕視本地本單位的經驗或人才。例本單位有人他不用，他只迷信「外來的和尚會念經」，一個勁兒向外伸手要人，以致人心渙散，麻煩事一個接一個。

【外貿商品不合格——難出口】
雙關語。比喻有難言之隱。例在這個問題上，他是外貿商品不合格——難出口，你就不要打破砂鍋問到底了。也作「賊被狗咬——難出口」。

【外貌容易認，內心最難猜】
指了解人的內心世界比認識人的外貌要難得多。例俗話說：「外貌容易認，內心最難猜。」交朋友不可只看外表，還得了解對方的思想內涵。

【外面充胖子，屋裏蓋帳子】
形容經濟窘困、境遇困難的人好面子，愛虛榮，還要裝腔作勢、弄虛作假欺騙人。例某公司虧損嚴重，入不敷出，還聲言實力雄厚，到處和人簽訂合同，用一句俗話說，是「外面充胖子，屋裏蓋帳子」。

【外面講大話，屋裏吃豆渣】
謂經濟窘困，還要在外面裝富擺闊。例你別聽他吹牛，他哪裏拿得出錢來幫助你！他也是窮得叮噹響，是那種外面講大話，屋裏吃豆渣的人。

【外面掛幔子，裏面沒帳子】
帳子外面常有一塊爲遮擋灰土而懸掛

起來的布幔。光掛幔子而無帳子。比喻虛有其表，外實內空。例商店櫃台裏陳列著不少東西，顧客要買卻不賣，說那是樣品，現在缺貨。這豈不成了外面掛幔子，裏面沒帳子嗎！

【外面爭面子，家中攪糨子】

攪糨（ㄐㄧㄤˋ）子：煮粥吃。家道衰敗，還要硬撐門面。比喻沒有實力，卻强要面子。例他的商店虧損嚴重，但他不致力於改善經營之道，卻成天忙著裝飾門面，還逢人就誇他自己會做生意，眞是外面爭面子，家中攪糨子。

【外明不知裏暗】

比喻旁人不知內情。例你是外明不知裏暗，家家都有本難念的經，淸官也難斷家務事。

【外慕徙業】

慕：羨慕；徙：遷移，改變。對分外的事物很羨慕，打算改變職業。例如果你不珍惜自己現有的工作，一再的外慕徙業，可能一輩子也不會有什麼成就的。

【外內無患】

患：災禍，憂患。既無外患，又無內患。《左傳・成公十六年》：「唯聖人能外內無患，自非聖人，外寧必有內憂。」

【外婆抱外孫，累死不一哼】

比喻爲自己心愛的事物或有興趣的事情操勞，不叫苦不叫累。例她簡直迷上了社交舞這一活動，成天練呀練呀，練得腰痠腿疼也不休息，好比那「外婆抱外孫，累死不一哼」。

【外强內溫】

外表剛强，內裏溫柔。《左傳・昭公二十年》：「吾嘗學此矣，忠信之事則可不然，必外强內溫，忠也。」

【外强中乾】

外表雖强，而內裏空虛。①指所乘之馬，貌似强壯，實則虛弱。《左傳・僖公十五年》：「今乘異產，以從戎事，及懼而變，將與人易，亂氣狡憤，陰血周作，張脈僨興，外强中乾，進退不可，周旋不能。君必悔之。」②指人或事物表面强大，其實卻很虛弱。《二十年目睹之怪現狀》八七回：「他一向手筆大，不解理財之法，今番再幹掉了幾萬，雖不至於像從前吃盡當光光景，然而不免有點外强中乾了。」

【外巧內嫉】

外表顯得很乖巧，心裏卻深懷嫉恨。《漢書・翟方進傳》：「莽下詔曰：『義兄宣靜言令色，外巧內嫉。』」

【外怯內勇】

怯：膽小，沒勇氣；勇：勇敢。表面貌似怯懦而內心勇敢。《三國志・魏書・荀攸傳》：「太祖每稱曰：『公達外愚內智，外怯內勇，外弱內强。』」

【外親內疏】

外表親近，內心卻疏遠。元・關漢卿《單刀會》一折：「不料此人外親內疏，挾詐而取益州，遂並漢中，有霸業興隆之志。」

【外攘內安】

攘：抗禦；安：安定。抗禦外來侵略，安定內政。淸・李慈銘《越縵堂詩話》卷下之上：「而[李]裕德前不小用於節使，後不摧折於貶竄，並一生之精神才智，盡效於政府之區畫，將藩鎭盡革，外攘內安，不難復貞觀、開元之盛。」

【外人難管家務事】

指家務事既瑣碎又複雜，外人無法去管。明・馮夢龍《萬事足》二八齣：「高科，你也不該。常言道：『外人難管家務事。』況你僕從之輩，怎許多言。」

【外柔內剛】

外表柔順，內心卻很剛强。《晋書・甘卓傳》：「卓外柔內剛，爲政簡惠。」

【外弱內强】

弱：軟弱，柔弱；强：强大。外表柔弱，內則剛强。《三國志・魏書・荀攸傳》：「太祖每稱曰：『公達外愚內智，外怯內勇，外弱內强。』」

【外甥不在家——有救（舅）】

救：「舅」的諧音。比喻災難或危險可以挽救。例經過專家們多次診治，他的生命是外甥不在家——有救（舅）了，病情已開始好轉。

【外甥打燈籠——照舊（舅）】

舊：「舅」的諧音。雙關語。比喻與原來的一樣，沒有變化；或照老規矩辦事。例我剛上任，情況還不熟悉，廠裏的作息時間，規章制度，還是外甥打燈籠——照舊（舅）。

【外甥戴孝——沒救（舅）】

戴孝：死者的親屬和親戚，在一定時期內穿著孝服，或在袖子上纏黑紗、辮子上紮白繩等，表示哀悼。見「外公死了兒——沒救（舅）」。

【外順內悖】

順：順從；悖：違背，悖逆。表面順從，實則悖逆。唐・韓愈《潮州刺史謝上表》：「蠹居棊處，搖毒自防，外順內悖，父死子代以祖以孫。」

【外孫赴他姥爺的席——別嫌不客氣】

外孫：女兒的兒子；姥爺：〈方〉外祖父，外公。比喻關係密切，不用講客氣；或表示對人不謙虛、不謙讓。有時比喻要採取某種强硬的態度或手段。例既然要請吃飯，咱們就像外孫赴他姥爺的席——別嫌不客氣了。也作「**外孫赴他外公的席——別怪我不客氣**」。

【外孫齏臼】

齏：ㄐㄧ，搗碎的薑、蒜、韭菜等；臼：用石頭製成，樣子像盆。「絕妙好辭」的隱語，即極好的文詞。晋・裴啟《語林》：「曹公（曹操）至江南，讀曹娥碑文，背上別有八字，其辭云：『黃絹幼婦，外孫蒜臼。』曹公見之不解，而謂德祖（楊修）：『卿知之不？』德祖曰：『知之。』曹公曰：『卿且勿言，待我思之。』行卅里，曹公始得，令祖先說。祖曰：『黃絹色絲，「絕」字也；幼婦少女，「妙」字也；外孫女子，「好」字也；蒜臼受辛，「辤」（辭）字也。謂「絕妙好辤」。曹公笑曰：『實如孤意。』俗云：『有智無智隔卅里。』此之謂也。」《語林》：「蒜臼」作「齏臼」。清・黃遵憲《淚華內田九成以所著名人書畫款識作絕句》詩：「外孫齏臼始曹娥，後起辭工數老坡。」

【外頭大排場，屋沒引火柴】
形容裝腔作勢，硬撐門面。例他家經濟並不寬裕，婚事卻要借錢大操大辦。眞是外頭大排場，屋沒引火柴。

【外頭趕兔，屋裏失獐】
外面趕著逮兔子，卻把屋裏的獐子丟了。比喻貪小失大。例你成天忙著揀柴禾，卻荒了地裏的莊稼，豈不成了「外頭趕兔，屋裏失獐」！

【外頭累折膀子，家裏餓斷腸子】
一年到頭在外幹活，累死累活，一家人仍不得溫飽。例他在工廠做工，累死累活，還養不活一家人。眞是「外頭累折膀子，家裏餓斷腸子」。也作「**外頭搖斷脖子，家裏餓斷腸子**」、「**外面搖斷膀子，家中餓斷嗓子**」、「**搖斷了膀子，餓斷了嗓子**」。

【外頭閃電裏頭空】
外表光彩耀眼如閃電的光芒，裏頭卻空空如也。比喻務表不務實，繡花枕頭一個。例別看他長得一表人材，喜歡高談闊論，其實沒什麼眞才實學，純粹是「外頭閃電裏頭空」。

【外屋裏的灶君爺，鬧了個獨座兒】
舊時家中灶頭上供的灶君爺，有單獨設置的神龕。比喻衆人皆站，只有一個人坐著。例一進門，見哥兒幾個都耷拉著腦袋站在那兒，老爺子則坐在椅子上數落他們，儼然「外屋裏的灶君爺，鬧了個獨座兒」。

【外愚內智】
貌似愚蠢，實際很有心機。《三國志・魏書・荀攸傳》：「太祖每稱曰：『公達外愚內智，外怯內勇，外弱內强。』」唐・柳宗元《答周君巢書》：「君子之道，外愚而內益智，外訥而內益辯。」

【外圓內方】
圓：圓滑，隨和；方：有主見。外表很隨和，內心卻極有主見。例小明是一個外圓內方的人，不輕易發表自己的看法。

【外賊易打，內奸難防】
外部的壞人容易對付，暗藏在內部的奸細不易提防。例我們要知道，外賊易打，內奸難防，平時不能只注意外界的壞人，更重要的是得提防內部的小人。也作「**外賊好捉，家賊難防**」。例「外賊好捉，家賊難防」，堡壘最容易從內部攻破。也作「**外患易治，家賊難防**」。例戰爭時期，既要眞刀眞槍跟敵人鬥，還要千方百計提防奸細的破壞，簡直是「外患易治，家賊難防」呀！

ㄨㄟ

【委委佗佗】
委委：行之美；佗佗：ㄊㄨㄛˊ ㄊㄨㄛˊ，長之美；委佗：莊重而又從容自得的樣子。形容儀態端莊美麗。《詩經・鄘風・君子偕老》：「委委佗佗，如山如河。」

【威德相濟】
威：威力，威嚴；德：恩德，恩惠；相濟：相輔相成。威嚴與恩德交互施用，相輔相成。《三國演義》六六回：「［傅］乾聞用武則先威，用文則先德，威德相濟，而後王業成。」

【威恩並行】
同時施以威力與恩德。《三國志・吳書・周魴傳》：「魴在郡十三年卒，賞善罰惡，威恩並行。」

【威而不猛】
雖有威嚴，但不粗暴。《論語・述而》：「子溫而厲，威而不猛，恭而安。」

【威風凜凜】
凜凜：嚴肅，嚴厲，使人敬畏的樣子。很有威風，令人敬而生畏。元・費唐臣《貶黃州》三折：「見如今御史台威風凜凜，怎敢向翰林院文質彬彬？」也作「**威風懍懍**」。沈從文《阿金》：「我們又得承認，許多大人帶兵管將有作爲，有手段，獨斷獨行，威風懍懍，一到女人面前就糟糕。」

【威風懍懍】
見「威風凜凜」。

【威風掃地】
威風：聲勢，氣派；掃地：一掃而光。聲勢和氣派一掃而光。例在鄉里他作威作福，平日無人敢惹他，這次他東窗事發，警方逮捕他時，他的威風掃地。

【威鳳片羽】
見「威鳳一羽」。

【威鳳祥麟】
威：威儀；祥：吉祥。威儀的鳳凰，吉祥的麒麟。古時認爲麟、鳳皆爲吉祥之物，只有天下太平時才會出現。《宋書・符瑞志中》：「元康四年，南郡獲威鳳。」《宋史・樂志一》：「［大平興國］九年，嵐州獻祥麟。」後多用來比喻難得的賢才。《兒女英雄傳》五回：「見個敗類，縱然勢焰薰天，他看著也同泥豬瓦狗；遇見正人，任是貧寒求乞，他愛的也同威鳳祥麟。」也作「**祥麟威鳳**」。

【威鳳一羽】
威鳳：威儀的鳳凰；一羽：一根羽毛。威儀的鳳凰身上的一根羽毛。比喻難得的人才表現出的某一方面，或珍貴的事物的某一片斷。《梁書・劉遵傳》：「益者三友，此實其人。及弘道下邑，未申善政，而能使民結去思，野多馴雉，此亦威鳳一羽，足以驗其五德。」也作「**威鳳片羽**」。清・平步青《霞外捃屑・費鹿峯詩箋》：「泛然酬應之作，猶是七子遺響，集未必存，威鳳片羽，亦可輕棄也。」

【**威福由己**】
見「威福自己」。

【**威福自己**】
指依仗權勢，作威作福，橫行無忌。《周書・尉遲迥傳》：「楊堅以凡庸之才，藉後父之勢，挾幼主而令天下，威福自己，賞罰無章，不臣之蹟，暴於行路。」也作「**威福由己**」。《新唐書・劉禕之傳》，「初：禕之得罪，睿宗以舊屬申理之，姻友冀得釋。禕之曰：『吾死矣。太后威福由己，而帝營救，速吾禍也！』」

【**威假虎狐**】
威：威風；假：憑藉，借助。指狐狸借助老虎的威風嚇走了百獸，使老虎相信狐狸是百獸之王。《戰國策・楚策一》：「虎求百獸而食之，得狐。狐曰：『子無敢食我也。天帝使我長百獸，今子食我，是逆天帝命也。子以我為不信，吾為子先行，子隨我後，觀百獸之見我而敢不走乎？』虎以為然，故遂與之行。獸見之皆走，虎不知獸畏己而走也，以為畏狐也。」後多用以比喻依靠有權者的威勢恐嚇他人，作威作福。清・蒲松齡《詐欺官私取財》：「威假虎狐，肆其上下之手；眠同貓鼠，釀為表裏之奸。」

【**威令重行**】
威令：威嚴的命令；重行：嚴正、莊重地執行。形容辦事嚴肅，令出遵行，不得違拗。《論語・學而》：「子曰：『君子不重則不威，學則不固。』」例國家制定的各種法律條例，我們都應做到威令重行。也作「**威重令行**」。威重：權威很大。《紅樓夢》一四回：「鳳姐自己威重令行，心中十分得意。」

【**威迫利誘**】
見「威脅利誘」。

【**威如破竹**】
威：威力，指兵威；破竹：刀劈開竹節。兵威大振，勢如破竹。形容軍威所向無敵。《晋書・杜預傳》：「今兵威已振，譬如破竹，數節之後，迎刃而解。」

【**威望素著**】
素：向來，一向；著：顯露，昭著。威望一向昭著。《宋史・宗澤傳》：「澤威望素著，既至，首捕誅舍賊者數人。下令曰：『為盜者贓無輕重，並從軍法。』由是盜賊屏息，民賴以安。」

【**威武不能屈，貧賤不能移**】
威武：武力，權勢；屈：屈服；貧賤：貧窮而地位低下；移：改變，變化。不因武力或權勢的威脅而屈服，不因貧窮與地位的低下而變節。《孟子・滕文公下》：「富貴不能淫，貧賤不能移，威武不能屈，此之謂大丈夫。」

【**威武不屈**】
威武：權勢，武力；屈：屈服。武力和權勢不能使之屈服。形容有骨氣，堅貞剛强。明・李開先《李崆峒傳》：「夫二張八黨，勢焰薰天，立能禍福人，朝士無不趨附奉承者，崆峒獨能明擊之，助攻之，可謂威武不屈，卓立不羣者矣。」

【**威脅利誘**】
威脅：用强力逼迫；利誘：用好處引誘。用强力逼迫，用好處引誘。形容軟硬兼施，使人就範。也作「**威迫利誘**」。例任憑敵人如何威迫利誘，他始終不為所動，英勇不屈。

【**威信掃地**】
威信：威望和信譽；掃地：一掃而光。指威信完全喪失。例他今天做出這種監守自盜的行為，使他過去清廉正直的威信掃地，實在可惜。

【**威刑不肅**】
威：權威；刑：刑律，刑法，指法治；肅：整肅。權威和法紀得不到整肅。《三國演義》六五回：「今劉璋暗弱，德政不舉，威刑不肅。」

【**威儀不類**】
不類：似。不像具有威嚴的容貌和莊重的舉止。《詩經・大雅・瞻卬》：「不弔不祥，威儀不類。」

【**威儀不肅**】
威儀：威嚴的容貌和莊重的舉止，這裏泛指容貌和舉止；肅：恭敬、嚴肅。容貌舉止很不嚴肅。《三國志・蜀書・簡雍傳》：「箕踞傾倚，威儀不肅。」

【**威儀孔時**】
威儀：威嚴的儀表；孔：很，甚；孔時：甚合時宜。儀表威嚴莊重，甚合時宜。《詩經・大雅・既醉》：「威儀孔時，君子有孝子。」

【**威振天下**】
見「威震天下」。

【**威震海內**】
見「威震天下」。

【**威震四海**】
見「威震天下」。

【**威震天下**】
威：威勢，威望。威勢或威望震懾天下。《史記・淮陰侯傳》：「名聞海內，威震天下。」也作「**威振天下**」。《史記・魏公子列傳》：「當是時，公子威振天下。」也作「**威震海內**」。《漢書・霍光傳》：「光威震海內。」也作「**威震四海**」。《三國志・蜀書・諸葛亮傳》：「今操芟夷大難，略已平矣，遂破荊州，威震四海。」

【**威重令行**】
見「威令重行」。

【**威尊命賤**】
威尊：指軍令威嚴，不可違抗；命賤：生命無足輕重。指戰場上重軍令而輕生命。唐・李華《弔古戰場》文：「法重心駭，威尊命賤。」

【**偎紅倚翠**】

紅、翠：紅色、綠色衣服，指妓女。指狎妓。元・荊乾臣《醉花陰・閨情》曲：「偎紅倚翠，淺斟低唱，歌金縷韻悠揚，依腔調按宮商。」也作「偎香倚玉」。元・徐琰《青樓十咏・初見》曲：「一笑情通，傍柳隨花，偎香倚玉，弄月摶風。」也作「倚翠偎紅」、「倚玉偎香」。

【偎香倚玉】
見「偎紅倚翠」。

【隈刀避箭】
隈：指隱蔽之處，引申為躲避。躲開刀，避開箭。形容貪生怕死。《五燈會元・婺州智者法銓禪師》：「若是隈刀避箭碌碌之徒，看即有分。」

【煨乾避濕】
見「煨乾就濕」。

【煨乾就濕】
煨：文火慢慢地烤，指用體溫焐。用體溫把濕處焐乾後，自己又挪到別的濕處。形容慈母育兒的辛勤勞苦。元・蕭德祥《殺狗勸夫》三折：「不想共乳同胞一體分，煨乾就濕母艱辛。」也作「煨乾避濕」。元・李潛夫《灰闌記》四折：「生下這孩兒，十月懷胎，三年乳哺，咽苦吐甜，煨乾避濕，不知受了多少辛苦。」也作「推燥居濕」。

【煨灶貓】
比喻樣子萎靡不振的人。例他現在當了公司經理，財大氣粗，再也不是幾年前那煨灶貓的樣子了。

ㄨㄟˊ

【危邦不入】
危：危險，不穩定；邦：古指諸侯的封國。局勢危險、不穩定的地區不要去。《論語・泰伯》：「子曰：『篤信好學，守死善道，危邦不入，亂邦不居。』」

【危而不持】
指國家危亡關頭不加以扶持。《論語・季氏》：「危而不持，顛而不扶，則將焉用彼相矣？」

【危而後濟】
危：危險，危急；濟：接濟，救助。到了危急關頭再給予救助。《三國演義》九六回：「昔太祖武皇帝收張魯時，危而後濟。」

【危機四伏】
伏：隱藏。到處隱藏著危險的禍根。《民國通俗演義》一一三回：「而以目前國勢而論，外交艱難，計政匱虛，民困既甚，危機四伏。」

【危急存亡】
見「危急存亡之秋」。

【危急存亡之秋】
秋：指日子、時期。指情勢危急，關係到國家生存或滅亡的關鍵時期。三國蜀・諸葛亮《前出師表》：「今天下三分，益州疲敝，此誠危急存亡之秋也。」也作「危急存亡之時」。清・紀昀《閱微草堂筆記・槐西雜志三》：「然危急存亡之時，有不得不如是者。」也作「危急存亡」。魯迅《兩地書》二七：「當這個危急存亡，不顧性命的時候，還不振作起精神來，一致對外嗎？！」

【危急存亡之時】
見「危急存亡之秋」。

【危如累卵】
見「危於累卵」。

【危如朝露】
見「危若朝露」。

【危若踏虎尾涉春冰】
危險得如同踩著老虎的尾巴，走過春天的冰。比喻極其危險。《尚書・君牙》：「心之憂危，若踏虎尾涉於春冰。」

【危若朝露】
朝露：早晨的露水。危險得就像早晨的露水一樣，陽光一照就要消失。比喻情勢非常危險。《史記・商君列傳》：「君之危若朝露，尚將欲延年益壽乎？」清・江藩《漢學師承記・余古農先生》：「因乾隆壬午四月，得虛損症，危若朝露，急欲成書，乃取舊稿錄成付梓。」也作「危如朝露」。章炳麟《馬良請速開國會》：「七十歲老禿翁，危如朝露，旦夕將入天宮。」

【危同累卵】
見「危於累卵」。

【危言讜論】
危：正，端正；讜：ㄉㄤˇ，正直。不顧忌諱而直言的正直言論。宋・王安石《答孫元規大資書》：「伏惟閣下危言讜論，流風善政，簡在天子之心，而諷於士大夫之口，名聲之盛，位勢之尊，不宜以細故苟自貶損。」

【危言高論】
見「危言核論」。

【危言駭世】
駭：震驚，害怕。故作驚人之語，使人聽了驚恐不安。宋・呂祖謙《館職策》：「意者危言駭世，姑一快胸中之憤耶！」

【危言核論】
危：正直；核：核實，考核。無所顧忌，深切實際的言論。《後漢書・郭泰傳》：「[郭]林宗雖善人倫，而不為危言核論，故宦官擅政而不能傷也。」也作「危言高論」。《漢書・息夫躬傳》：「初，躬待詔，數危言高論，自恐遭害，著絕命辭……後數年乃死，如其文。」也作「危言深論」。《後漢書・黨錮傳序》：「又渤海公族進階、扶風魏齊卿，並危言深論，不隱豪强。自公卿以下，莫不畏其貶議，屣履到門。」也作「危言激論」。清・歸莊《與季滄葦侍御書》：「其為危言激論，以相劘切，果有益於我否？」

【危言激論】
見「危言核論」。

【危言深論】
見「危言核論」。

【危言悚聽】

見「危言聳聽」。

【危言聳聽】

危言：誇張嚇人的話；聳聽：使聽的人震動和害怕。故意說些嚇人的話，讓人聽了感到害怕。魯迅《文學上的折扣》：「戰國時談士蜂起，不是以危言聳聽，就是美詞動聽，於是誇大、裝腔、撒謊，層出不窮。」也作「危言悚聽」。梁啟超《朱禁危言》：「我國民勿以吾為危言悚聽也。」

【危言危行】

危：正。指不顧忌諱、不畏危難的正直言行。《論語・憲問》：「邦有道，危言危行；邦無道，危行言遜。」

【危言正色】

不顧忌諱的正言正色。唐・陳子昂《諫靈駕入京書》：「故有非常之策者，必待非常之時；有非常之時者，必待非常之主。然後危言正色，抗議直辭，赴湯鑊而不回。」

【危於累卵】

累卵：蛋堆積。比堆起的蛋還要危險。比喻情況非常危險。《戰國策・秦策五》：「王之春秋高，一日山陵崩，太子用事，君危於累卵，而不壽於朝生。」也作「危如累卵」。《梁書・侯景傳》：「復言僕『衆不足以自強，危如累卵』。然紂有億兆夷人，卒降十亂，桀之百克，終自無後。」也作「危同累卵」。《新五代史・晉家人傳・高祖皇后李氏》：「妾伏念先皇帝頃在并、汾，適逢屯難，危同累卵，急若倒懸。」

【危在旦夕】

旦夕：早晚。指危險迫近。《三國演義》二回：「天下危在旦夕，陛下尚自與閹宦共飲耶？」

【危坐而聽】

危坐：端端正正地坐著。形容極恭敬地聽別人教誨。《漢書・東方朔傳》：「於是吳王懼然易容，捐薦去几，危坐而聽。」

【韋編屢絕】

見「韋編三絕」。

【韋編三絕】

韋：加工過的熟牛皮；韋編：指用熟牛皮繩將書寫的竹簡編接起來；三絕：指斷了多次。《史記・孔子世家》：「孔子晚而喜《易》……讀《易》，韋編三絕。」後用「韋編三絕」泛指讀書勤奮，刻苦治學。唐・楊炯《中書令汾陰公薛振行狀》：「在邛都十餘載，沉研《易》象，韋編三絕，賦詩縱酒，以樂當年。」也作「韋編屢絕」。宋・陸游《寒夜讀書》詩之二：「韋編屢絕鐵硯穿，口誦手鈔那計年。」

【韋布匹夫】

韋：皮革；布：粗布；匹夫：泛指平常人。繫皮帶、穿布衣的普通百姓。明・陸采《懷香記・托婢傳情》：「小姐是金屋阿嬌，瑤台仙子；小生乃草萊下士，韋布匹夫。比而論之，眞個天淵殊判，薰獲相遠。」

【韋褲布被】

韋：熟皮子。熟皮作褲，粗布作被。形容生活儉樸。《後漢書・祭遵傳》：「遵為人廉約小心，克己奉公，賞賜輒盡與士卒，家無私財，身衣韋褲布被，夫人裳不加緣，帝以是重焉。」

【韋弦之佩】

韋：柔韌的皮繩；弦：緊繃的弓弦；佩：佩帶，掛。《韓非子・觀行》：「西門豹之性急，故佩韋以自緩；董安于之心緩，故佩弦以自急。」後以「韋弦之佩」形容隨時警戒自己，或比喻有益的規勸。例眞誠的朋友，沒有比韋弦之佩更為寶貴的了。也作「韋弦之益」。《舊唐書・李德裕傳》：「置之坐隅，用比韋弦之益。」

【韋弦之益】

見「韋弦之佩」。

【違恩負義】

違恩：違背恩德；負義：辜負了別人對自己的情義，做出了對不起別人的事。《南齊書・扶南國傳》：「[鳩酬羅]永不恭從，違恩負義，叛主之愆，天不容載。」

【違法亂紀】

違犯法令，破壞紀律。例對於國家工作人員的違法亂紀行為，必須嚴肅處理。

【違害就利】

違：避開；就：接近、靠近。避開禍患，趨向利益。《吳子・圖國》：「謀者，所以違害就利。要者，所以保業守成。」

【違利赴名】

違：避開；利：利益，好處；赴：奔赴，投入；名：名聲，名望。捨棄利益，只求取名聲。指不圖利，只圖名。漢・王充《論衡・答佞》：「上世列傳棄宗養身，違利赴名，竹帛所載，伯成子高委國而耕，於陵子辭位灌園，近世蘭陵王仲子、東郡昔盧君陽，寢位久病，不應上征，可謂養名矣。」

【違強陵弱】

違：避開；陵：侵犯、欺侮。躲開強橫的，欺侮弱小的。《左傳・定公四年》：「違強陵弱，非勇也。」也作「畏強凌弱」。《三國演義》四三回：「蘇秦佩六國相印，張儀兩次相秦，皆有匡扶人國之謀，非比畏強凌弱，懼刀避劍之人也。」

【違時絕俗】

時：時尚；俗：世俗。違背時尚，不合世俗。指與衆不同。《後漢書・獨行傳》：「冉好違時絕俗，為激詭之行。」也作「違世異俗」。《宣和書譜・宣召記》：「[米芾]性好潔，世號水淫；違世異俗，每與物迕，人又名『米顛』。」

【違世異俗】

見「違時絕俗」。

【違天悖理】

見「違天逆理」。

【違天害理】

見「違天逆理」。

【違天逆理】
指做事違反天意，悖逆倫理。《周書・文帝紀上》：「侯莫陳悅違天逆理，酷害良臣，自以專戮罪重，不恭詔命，阻兵水洛，强梁秦隴。」也作「**違天悖理**」。《明史・王直傳》：「今敵肆猖獗，違天悖理，陛下但宜固封疆，申號令，堅壁清野。」也作「**違天害理**」。《南齊書・魏虜傳》：「武帝之胤悉被誅戮，初無報效，而反爲今主盡節，違天害理。」

【違心之論】
見「違心之言」。

【違心之言】
違背本意的言論。《鏡花緣》八八回：「仙凡路隔，尤不應以違心之言，釋當日之恨。」也作「**違心之論**」。《鏡花緣》一一回：「若說過多，不獨太偏，竟是違心之論了。」也作「**違心之議**」。清・方苞《書李雨蒼札後》：「吾不能，未敢爲違心之議也。」

【違心之議】
見「違心之言」。

【違信背約】
違：違反；背：背棄。不守信用，背棄約定。《周書・武帝紀下》：「僞齊違信背約，惡稔禍盈，是以親總六師，問罪汾、晋。」

【圍城打援】
援：指援兵。以部分兵力包圍敵軍重要據點，引誘其他地方的敵軍前來增援，而以事先部署好的主力部隊來殲滅敵人的援兵。例我們這次作戰，是採用圍城打援的方法，引蛇出洞，將敵人全殲。

【圍棋盤内下象棋——不對路數】
圍棋和象棋是兩種棋類游藝，各有自己的棋盤，下棋的路數也不一樣。見「大腿上把脈——不對路數」。

【圍魏救趙】
魏、趙：均爲戰國時的諸侯國。原指戰國時齊軍用圍攻魏國的方法，迫使魏國撤回攻趙軍隊而使趙國解圍得救。《史記・孫子吳起列傳》：「田忌欲引兵之趙，孫子曰：『……今梁趙相攻，輕兵銳卒必竭於外，老弱罷（疲）於內，君不若引兵疾走大梁，據其街路，衝其方虛，彼必釋趙而自救。是我一舉解趙之圍而收弊於魏也。』田忌從之，魏果去邯鄲，與齊戰於桂陵，大破梁軍。」後多用以指圍攻敵人後方，迫使敵人撤回其進攻兵力的作戰方法。《水滸傳》六四回：「倘用圍魏救趙之計，且不來解此處之危，反去取我梁山大寨，如之奈何！」

【圍著鍋台轉】
比喻整天忙著家務活。例直銷事業給婦女們開闢了致富之道，她們用不著成天圍著鍋台轉，許多人成了企業界的女强人。

【圍著火爐吃西瓜——外面熱裏面冷】
比喻人外面看來熱情，其實內裏冷漠。常含有虛僞或表裏不一的意思。例不要被表面現象迷惑，圍著火爐吃西瓜——外面熱裏面冷，他並不歡迎你們來。

【圍著火爐吃西瓜——心上甜絲絲，身上暖烘烘】
形容幸福愉快，十分溫暖。例在我們這個團體裏生活，就像圍著火爐吃西瓜——心上甜絲絲，身上暖烘烘。

【圍著火爐喝白乾——周身火熱】
白乾：燒酒。見「吃了醪糟穿皮襖——周身都熱火了」。

【圍著灶頭轉，是想鍋巴吃】
圍著灶頭轉的人，是想吃那又香又脆的鍋巴。比喻關心某事，一定有所企圖。例老李跟老張並不是要好的朋友，但近日老李常往老張家跑，問東問西，像有什麼目的。俗話說：「圍著灶頭轉，是想鍋巴吃。」也作「**圍著鍋台轉，是想鍋巴吃**」。

【爲臣死忠，爲子死孝】
舊指爲臣的應當不惜生命忠於帝王，爲子的應當不惜生命孝順父母。明・邵璨《香囊記・分歧》：「自古道爲臣死忠，爲子死孝，當初不來赴選，也由得我和你，今日既受朝廷之爵，即當致身報國，不必更以家事爲慮。」

【爲德不終】
見「爲德不卒」。

【爲德不卒】
爲：做；德：恩惠，善事；卒：完結。做好事不能做到底。《史記・淮陰侯傳》：「公，小人也，爲德不卒。」也作「**爲德不終**」。例一個人難得一輩子做好事，不做壞事，爲德不終，晚年失節，應引以爲戒。

【爲惡不悛】
悛：ㄑㄩㄢ，改過、悔改。作惡多端，不思悔改。晋・干寶《搜神記》卷七：「賈后爲惡不悛。」

【爲而不恃】
恃：依靠，依賴。指做什麼事情都不自恃其能。比喻謙虛不逞能。《老子》二章：「聖人處無爲之事；行不言之教，萬物作而不辭，生而不有，爲而不恃，功成不居，夫惟不居，是以不去。」

【爲耳目】
耳目：耳朵、眼睛，替人刺探消息的人。指爲人通風報信的人。《史記・張耳列傳》：「趙人多爲張耳、陳餘耳目者。」例高鐵桿兒在敵人那裏爲耳目，武工隊決心除掉這個漢奸。

【爲法自斃】
自己作法，使自己遭害。《史記・商君列傳》：「商君亡至關下，欲舍客舍。客人不知其是商君也，曰：『商君之法，舍人無驗者坐之。』商君喟然嘆曰：『嗟呼，爲法自敝一至此哉！』」也作「**爲法自弊**」。《資治通鑑・晋安帝義熙八年》：「毅夜投牛牧佛寺……寺僧拒之曰：『昔亡師容桓蔚，爲劉衛軍所殺，今實不敢容異人。』毅嘆曰：『爲法自弊，一至於此！』」也作「作法自斃」。

【爲法自弊】

見「爲法自敝」。

【爲非作歹】

爲非：作壞事；歹：壞。指做各種壞事。元・無名氏《替殺妻》一折：「你看路人又不離地遠，你待爲非作歹，瞞心昧己，終久是不牢堅。」

【爲富不仁】

爲：做，指謀求；不仁：刻薄，心壞。謀求錢財，不講仁義道德。《孟子・滕文公上》：「爲富不仁矣，爲仁不富矣。」後多用以形容唯利是圖，心狠手毒。《聊齋志異・紉針》：「富室黃某亦遣媒來，虞惡其爲富不仁，力卻之。」

【爲富不仁，爲仁不富】

不仁：不仁慈，指有錢人聚斂財富多行不義，心地善良的人卻受窮發不了財。《警世通言》卷一一：「這些伙計一個個羹香飯熟，飽食暖衣，正所謂『爲富不仁，爲仁不富』。」

【爲國砥柱】

形容擔任要職，爲國家做出重大貢獻的人。《稗史》：「唐子方薨，上幸其第，見畫像不類，命取舊藏本以賜其家，上有昭陵御題，直哉若人，爲國砥柱。」也作「**爲國柱石**」。《漢書・霍光傳》：「田延年曰：『將軍爲國柱石。』」

【爲國柱石】

見「爲國砥柱」。

【爲鬼爲魅】

見「爲鬼爲蜮」。

【爲鬼爲蜮】

蜮：ㄩˋ，傳說一種能在水中含沙射人暗中害人的動物。比喻像鬼和蜮一樣陰險狠毒，暗中害人的小人。《詩經・小雅・何人斯》：「爲鬼爲蜮，則不可得。」《二十年目睹之怪現狀》四二回：「他那裏肯依，說什麼皇上家掄才大典，怎容得你們爲鬼爲蜮！照這樣做起來，要屈煞了多少寒畯。」也作「**爲鬼爲魅**」。《新唐書・魏徵傳》：「若人漸澆詭，不復返樸，今當爲鬼爲魅，尚安得而化哉？」

【爲害無窮】

爲害：受禍害；無窮：沒有窮盡、沒有限度。形容禍害極大。元・吳昌齡《東坡夢》一折：「我想這青苗一出，萬民不勝其苦，爲害無窮。」

【爲好成歉】

爲：做；好：指圓滿；歉：不足。想要做圓滿，結果卻不足。多指好心被當成了惡意，好事當成了壞事。《醒世恒言》卷九：「當初定這房親事，都是好情，原不曾費甚大財。千好萬好，總只一好，有心好到底了，休得爲好成歉，從長計較，不如把媳婦庚貼送還他家，任他別締良姻。」也作「**爲好成隙**」。清・無名氏《世無匹》一回：「甚至沾惠到九分九厘，那一厘不到，還要爲好成隙，遂萌嫌怨，把這九分九厘的好處都沒有了。」

【爲好成隙】

見「爲好成歉」。

【爲虺弗摧，爲蛇將若何】

虺：ㄏㄨㄟˇ，毒蟲，即小蛇；摧：毀壞，摧毀；若何：奈何，怎麼辦。小蛇不打死，長成了大蛇怎麼辦？原比喻要趁敵人弱小時，就把它消滅。後也比喻對壞人要及早除掉。《國語・吳語》：「[申胥諫曰]夫越王好信以愛民，四方歸之；年穀時熟，日長炎炎，及吾猶可以戰也。爲虺弗摧，爲蛇將若何？」

【爲老不正，帶壞子孫】

做長輩的品行不正，子孫就會跟著學壞。例常言道：「爲老不正，帶壞子孫。」這大把年紀的人辦事還如此自私，給晚輩留下什麼印象？也作「**爲老不正，教壞子孫**」、「**爲老不尊，教壞子孫**」。

【爲老不尊，惹人看輕】

尊：自尊。當老人的不尊重自己，會叫人看不起。例李老漢教他徒弟弄虛作假，周圍的人對他頗多議論，這就是爲老不尊，惹人看輕。

【爲民表率】

表率：好榜樣。作爲民衆的好榜樣。《雜記・緇衣》：「上好是物，下必有甚者矣！故上之所好惡，不可不愼也。是民之表也。」例作爲一個領導幹部，應該爲民表率，而不應做羣衆的壞榜樣。

【爲民父母】

爲：作爲，充當；民：老百姓；父母：舊指父母官，即縣令。擔任地方行政長官。《孟子・梁惠王上》：「爲民父母行政，不免於率獸而食人，惡在其爲民父母也？」也作「**爲人父母**」。唐・陸贄《賜京畿及同、華等州百姓種子賑濟貧人詔》：「爲人父母，得不省憂？」

【爲民喉舌】

指代表人民利益說話或寫文章。《詩經・大雅・烝民》：「納王命，王之喉舌。」例報紙爲民喉舌，應該如實報導事件眞相，讓人們了解事件原委。

【爲期不遠】

期：期限。指離預定的期限已是不遠了。例老周一想到兒子即將學成歸國，臉上泛起微笑，想著享淸福的日子爲期不遠了。

【爲裘爲箕】

爲：做；裘：皮衣；箕：簸箕。學做皮衣，學做簸箕。《禮記・學記》：「良冶之子必學爲裘，良弓之子，必學爲箕。」孔穎達疏：「善冶之家，子弟見父兄世業鉤（陶）鑄金鐵，使之柔合，以補治破器，皆令全好，故此子弟乃能學做袍裘，補續獸皮，片片相合，以至完全……善爲弓之家，使干角撓屈調和成其弓，故其子弟亦睹其父兄世業，乃學取柳和軟撓之成箕也。」故以「箕裘」比喻祖先的事業，以「爲裘爲箕」比喻子弟克承家業。明·李東陽《董公墓志銘》：「亦有良嗣，爲裘爲箕，公無憾哉！」

【爲人不當頭，爲木不當軸】

謂領頭的人要負責任，擔風險，因而寧願居於人下。例大家一致推他當組長，他卻堅決不幹，還有板有眼地說：「爲人不當頭，爲木不當軸。」

【爲人不見面，見面去一半】

指憑傳聞聽來的對一個人的印象，和親眼見到他的印象往往有很大差別。例你對他的成見頗深，但這都是聽人家說的，不知你有沒有聽過「爲人不見面，見面去一半」這句話？搞不好見了面，才發現完全不像你所想的那樣。

【爲人不可壞良心，壞了良心活不成】

人活著不可去害別人，害了別人自己也活不成。指不可有害人之心，否則，害人終害己。例這個人辦事眞缺德，占了人家的房子還去告人家的狀。法院審理下來，判他退房不說，還定他誣陷罪。這正是：爲人不可壞良心，壞了良心活不成。

【爲人不怕有錯，就怕死不改過】

一個人有錯並不可怕，只怕錯了不改。例犯了錯誤不要緊，要緊的是從錯誤中吸取教訓，以免以後再犯。倘若有錯不改，就會一犯再犯。眞是爲人不怕有錯，就怕死不改過。

【爲人不說自不是】

做人不說自己的不是。指自以爲是，庇護自己。例常言道：「爲人不說自不是。」他哪裏是在譴責自己，是在爲他自己辯解呀！

【爲人不做虧心事，不怕三更鬼叫門】

對別人沒做損人利己的事，三更半夜有鬼來敲門也不害怕。形容心底無私的人無所畏懼。例我們做人做事行得正、坐得端，就不會怕別人中傷我們，這就是所謂的「爲人不做虧心事，不怕三更鬼叫門」。也作「爲人不做虧心事，半夜敲門心不驚」、「爲人不做虧心事，不怕半夜鬼吹燈」、「爲人沒有虧心事，半夜敲門心不驚」、「平生不做虧心事，半夜敲門心不驚」。

【爲人父母】

見「爲民父母」。

【爲人看晚節，行文看結穴】

晚節：晚年的節操；行文：寫文章；結穴：全文的結尾部分。謂人要注意保持晚節。例像寫文章要注意寫好結尾部分一樣，他在晚年更注意嚴格要求自己，不貪不義之財，不說損人的話，寫好人生的最後一章。這正是爲人看晚節，行文看結穴。

【爲人肯學好，羞甚擔柴賣草】

一個人只要肯學好，即使以賣柴草爲生，也沒什麼可羞的。指犯過錯誤的人只要改邪歸正，幹什麼都行，旁人也不會輕視他。例他刑滿釋放回家後，不能再去學校教書，便去工地上當了小工，鄰居已對他另眼看待，家裏日子也過得去，正所謂：爲人肯學好，羞甚擔柴賣草。

【爲人莫當差，當差不自在】

當差：舊指做小官或當僕役。做事不要去做當差的，當了差便身不由己。例自己做了人家的僕役之後，才深深體會到「爲人莫當差，當差不自在」的箇中含意。

【爲人莫生氣，生氣早回去】

指與人相處，當以寬容爲重，否則就會孤立自己。例他對朋友太厲害了，把朋友一個個得罪了，再也不上他家。他媽勸他：「爲人莫生氣，生氣早回去。」

【爲人莫貪財，貪財不自在】

謂不可貪不義之財。例錢是身外之物，生不帶來，死不帶去。貪得無厭地去撈錢，不會有好結果，俗話說得好：「爲人莫貪財，貪財不自在。」

【爲人容易做人難】

爲人：指單爲活在世上；做人：指按一定的道德規範與別人相處。意謂人只圖活在世上容易，而要與人和睦相處，有所作爲卻很難。例常言道：「爲人容易做人難。」你已從學校畢業就要邁入社會，品嚐到世間的酸甜苦辣了。望你和同事們處好關係，做一個正直的、於社會有用的人。

【爲人師表】

爲：作爲、當作；師表：學習的榜樣。指在品德和學問方面成爲別人學習的榜樣。《史記·太史公自序》：「國有賢相良將，民之師表也。」唐·張說《洛州張司馬集序》：「言爲代之軌物，行爲人之師表。」明·焦竑《玉堂叢語·方正》：「公曰：『敬宗忝爲人師表，而求謁中貴，他日無以見諸生。』」

【爲人所噬】

噬：咬。指被人毀滅。《晉書·王敦傳》：「蜂目已露，豺聲未振；若不噬人，亦當爲人所噬。」

【爲人坐得正，不怕影子斜】

比喻做事公正，不怕人說閒話。例只要一心一意爲大伙辦事，就不怕有人說長道短，爲人坐得正，不怕影子斜。

【爲人做壞事，掉到江裏不翻泡】

不翻泡：屍體浮不起來。比喻做壞事的人不得好死，沒有好下場。例坑蒙拐騙的人，終有一天會鋃鐺入獄，應了那句老話：爲人做壞事，掉到江裏不翻泡。

【爲仁不富】

要施仁愛於人便不能發財致富。《孟子·滕文公上》：「陽虎曰：『爲富不仁矣，爲仁不富矣。』」

【爲仁由己】

爲：做，指實行；仁：仁德。實行仁德，完全在乎自己。《論語·顏淵》：「爲仁由己，而由人乎哉！」

【爲山九仞，功虧一簣】

仞：古代長度單位，八尺或七尺爲一仞；虧：欠缺；簣：盛土的筐。原指堆九仞高的土山，由於只差最後一筐土而未能完成。比喻凡事只差最後一點人力或物力，則辦不成功。《尚書・旅獒》：「不矜細行，終累大德，爲山九仞，功虧一簣。」《蕩寇志》一二二回：「吳用的病，正是爲山九仞，功虧一簣。」也作「**九仞之功，虧於一簣**」。《民國演義》一四三回：「至九仞之功，往往虧於一簣，前功盡棄，豈不可惜！」也作「**功虧一簣**」。

【爲善自有善報，作惡定遭惡磨】

做好事定有好報應，做壞事必受報復的折磨。例哥哥辛辛苦苦掙錢養活全家，他卻遊手好閒在外惹事生非，家裏其他人都相信爲善自有善報，作惡定遭惡磨。也作「**善有善報，惡有惡報**」。

【爲善最樂】

做好事最快樂。《後漢書・東平憲王蒼傳》：「日者問東平王，處家何等最樂？王言爲善最樂。」

【爲所欲爲】

爲：做；所欲爲：想要做的事。做自己想要做的事。《資治通鑑・周威烈王二十三年》：「豫讓又漆身爲癩，吞炭爲啞。行乞於市，其妻不認也。行見其友，其友認之，爲之泣曰：『以子之才，臣事趙孟，必得近幸。子乃爲所欲爲，顧不易耶？何乃自苦如此？求以報仇，不亦難乎！』」後多用其貶意，指想做什麼就做什麼。清・紀昀《閱微草堂筆記・如是我聞四》：「吾以爲人生作惡，特畏人知，人不及知之處，即可爲所欲爲耳。」也作「**惟所欲爲**」。清・紀昀《閱微草堂筆記・槐西雜志二》：「冶蕩者惟所欲爲，官弗禁，亦弗能禁。」

【爲他人做嫁衣裳】

替別人製作出嫁的衣裳。後比喻白白地爲別人辛苦忙碌，自己得不到什麼好處。唐・秦韜玉《貧女》詩：「苦恨年年壓金綫，爲他人做嫁衣裳。」

【爲天下僇】

僇：通「戮」，殺戮。被天下萬民所誅討。《禮記・大學》：「有國者，不可以不慎，辟則爲天下僇矣。」

【爲天下先】

先：先導。作爲天下人的先導。《韓非子・解老》：「是以故曰：『不敢爲天下先，故能爲成事長。』」

【爲天下笑】

被天下的人恥笑。《戰國策・趙策》：「知伯身死，國亡地分，爲天下笑。」《戰國策・秦策》：「諸侯見齊之罷露，君臣之不親，舉兵而伐之；主辱，國破，爲天下笑。」

【爲王稱霸】

形容專橫跋扈，蠻不講理。《紅樓夢》五三回：「你手裏又有了錢，離著我們又遠，你就爲王稱霸起來。」

【爲雲爲雨】

戰國楚・宋玉《高唐賦》：「昔者先王嘗遊高唐，怠而晝寢，夢見一婦人，曰：『妾，巫山之女也。爲高唐之客，聞君遊高唐，願薦枕席。』王因幸之。去而辭曰：『妾在巫山之陽，高丘之阻，旦爲朝雲，暮爲行雨，朝朝暮暮，陽台之下。』」後用「爲雲爲雨」比喻男女歡合之情。《二刻拍案驚奇》卷二九：「此時正作陽台夢，還是爲雲爲雨時。」也作「**巫山雲雨**」。

【爲在從衆】

爲：行爲；從：服從，從屬。指個人的行爲從屬於羣體，而不自輕自賤。《莊子・秋水》：「爲在從衆，不賤佞諂。」

【爲者常成，行者常至】

做事持久不懈，終將取得成功；走路不歇腳，總會到達目的地。指做事情要有恆心。《晏子春秋・內篇雜下》：「梁丘據謂晏子曰：『吾至死不及夫子矣！』晏子曰：『嬰聞之：爲者常成，行者常至。嬰非有異於人也，常爲而不置，常行而不休者，故難及也。』」

【爲者如牛毛，獲者如麟角】

牛毛：牛身上的毛，喻極多。麟角：麒麟的角，喻極少。晉・葛洪《抱朴子・極言》：「古之仙人者，皆由學以得之，將特稟其氣耶……若夫睹財色而心不戰，聞俗言而志不沮者，萬夫之中有一人爲多矣。故『爲者如牛毛，獲者如麟角』。」

【爲政以德】

作爲執政者，要以德治理國家，人民才會擁護。《論語・學而》：「子曰：『爲政以德，譬如北辰，居其所，而衆星共之。』」

【爲政猶沐也，雖有棄髮，必爲之】

指處理政務如同洗頭髮一樣，雖然掉一些頭髮，還一定要洗。比喻爲政不付出小的犧牲，就不能得到大的收穫。《韓非子・六反》：「古者有諺曰：『爲政猶沐也，雖有棄髮，必爲之。』愛棄髮之費而忘長髮之利，不知權者也。」例古人云：「爲政猶沐也，雖有棄髮，必爲之。」整頓城市交通秩序，不投入一定的人力、物力怎能行？也作「**爲政若沐也，雖有棄髮之費，而有長髮之利也**」、「**爲政猶沐也，雖有棄髮之廢，而有長髮之利也**」。

【爲政在人】

爲政：處理政務。指政治是否清明，在於掌權的人。《宋史演義》三六回：「古語有言：『爲政在人。』但人才難得，更且難知。今使十人理財，有一二人不肯協力，便足敗事。」

【爲之動容】

心爲所動，臉色也隨之發生變化。《論語・泰伯》：「君子所貴乎道者三：動容貌，斯遠暴慢矣：正顏色，斯近信矣；出辭氣，斯遠鄙倍矣！」例聽了她的一番哭訴，衆人無不爲之動容。

【為之一振】
為：因；振：振奮。因此而振奮起來。例聽到這個好消息，我不覺為之一振。

【桅杆頂上打響鑼——名（鳴）聲在外】
見「隔門縫吹喇叭——名（鳴）聲在外」。

【桅杆頂上的螺螄——靠天吃飯】
桅杆：船上掛帆或懸掛信號等的高杆；螺螄：螺的通稱，一種軟體動物，有硬殼，殼上有旋紋，生活在水裏。比喻靠別人或自然界的恩賜生活。例要改造自然，同自然災害作競爭，不能像桅杆頂上的螺螄——靠天吃飯。也作「**桅杆頂上的海螺——靠天吃飯**」。

【桅杆頂上吊布袋——裝瘋(風)】
見「半天雲中掛口袋——裝瘋」。

【桅杆頂上看人——把人看矮了】
見「隔著門縫瞧人——把人看扁啦」。

【桅杆開花——沒指望】
見「老寡婦死兒——沒指望了」。

【桅杆上插雞毛——好大的膽（撣）子】
桅杆：船上掛帆或信號等的桿子。也作「**桅杆上插雞毛——膽（撣）子不小**」。見「電線杆上綁雞毛——好大的膽（撣）子」。

【桅杆上掛燈籠——有名（明）的光棍兒】
外：「明」的諧音。比喻人所熟知的單身漢。例「你為誰在找對象？」「桅杆上掛燈籠——有名（明）的光棍兒，鄭老大。」

【桅杆上掛剪刀——高才（裁）】
桅杆：船上掛帆或信號等的杆子；才：「裁」的諧音。比喻才能出衆，學識淵博。例學校裏誰都知道他是桅杆上掛剪刀——高才（裁），年年考試第一名。也作「**雲頭上掛剪刀——高才（裁）**」。

【桅杆上面打筋斗——好本事】
筋斗：跟頭。比喻才能、本領出衆。例啊，桅杆上面打筋斗——好本事！實在罕見。

【唯酒可以忘憂】
只有酒可以讓人忘記憂愁。指借酒醉以忘掉憂愁。《晉書・顧榮傳》：「恆縱酒酣暢，謂友人張翰曰：『唯酒可以忘憂』，但無如作病何耳？」

【唯君圖之】
請你加以考慮、打算一番。《左傳・僖公三十年》：「燭之武見秦伯（穆公）曰：『闕秦以利晉，唯君圖之。』」

【唯恐天下不亂】
形容故意挑起事端，製造混亂。例他有空子就鑽，見張三對李四有意見，就到張三面前去添油加火，使得張三和李四大吵了一頓。他這種人唯恐天下不亂，實在討厭！也作「**惟恐天下不亂**」。

【唯力是視】
唯：只。只看自己的力量如何。《左傳・僖公二十四年》：「除君之惡，唯力是視。」也作「**惟力是視**」。晉・常璩《華陽國志・南中志》：「祚舅黎晃為吳將，攻伐祚不下，數遣人解喻降之。祚答曰：『舅自吳將，祚自晉臣，惟力是視矣。』」後用來指依靠自己的力量，盡力而為。清・錢謙益《與翁兆吉》：「茲試期已近，有可提掇，幸仁兄惟力是視。」

【唯利是從】
見「唯利是視」。

【唯利是求】
見「唯利是視」。

【唯利是趨】
見「唯利是視」。

【唯利是視】
眼睛只是盯在私利上，別的什麼也不顧。《左傳・成公十三年》：「余雖與晉出入，余唯利是視。」也作「**惟利是圖**」。晉・葛洪《抱朴子・勤求》：「內抱貪濁，惟利是圖。」也作「**唯利是趨**」。《新五代史・蘇循傳》：「蘇循不知何許人也，為人巧佞，阿諛無廉恥，唯利是趨。」也作「**唯利是求**」。南朝梁・沈約《奏彈王源》：「而托姻結好，唯利是求。」也作「**唯利是圖**」。梁啟超《霍布士學案》：「要之霍布士政術之原，與其性惡之論相表裏……人人唯利是圖，絕無道德。」也作「**唯利是從**」。《魏書・辛雄傳》：「王秉麾閫外，唯利是從，見可而進，何必守道。」也作「**唯利是務**」。務：追求。漢・荀悅《昌邑王論》：「傾險讒害，誣下惑上，專權擅寵，唯利是務，是謂佞臣。」也作「**唯利是嗜**」。嗜：貪求。宋・蘇舜欽《論五事》：「惟此輩凶人，唯利是嗜。」

【唯利是嗜】
見「唯利是視」。

【唯利是圖】
見「唯利是視」。

【唯鄰是卜】
鄰：鄰居；卜：估計、猜測、預料。謂要選擇好鄰居。《左傳・昭公三年》：「諺曰：『非宅是卜，唯鄰是卜，二三子先卜鄰矣。』」

【唯馬首是瞻】
瞻：看。注意看著為首的人所騎的馬的馬頭。比喻聽從某人指揮或樂於追隨某一個人。《左傳・襄公十四年》：「荀偃令曰：『雞鳴而駕，塞井夷灶，唯余馬首是瞻』。」也作「**馬首是瞻**」。

【唯妙唯肖】
見「惟妙惟肖」。

【唯命是從】
見「唯命是聽」。

【唯命是聽】
唯：只有，唯獨；命：命令；聽：聽從。叫幹什麼就幹什麼，絕對聽從命令。《左傳・襄公二十八年》：「小國將君是望，敢不唯命是聽。」也作

「惟命是聽」。《史記・越王句踐世家》：「今君王舉玉趾，而誅孤臣，孤臣惟命是聽。」也作「惟命是從」。《左傳・昭公二十年》：「今周與四國服事君王，將唯命是從，豈其愛鼎！」也作「惟命是從」。《楊家將演義》一回：「衆皆曰：『惟命是從。』」也作「唯唯聽命」。《紅樓夢》三回：「如海又說：『擇了出月初二日小女入都，吾兄即同路而往，豈不兩便？』雨村唯唯聽命。」也作「惟命是遵」。《太平廣記》卷七一引《玄門靈妙記》：「公又求哀甚切……曰：『惟命是遵，願垂拯濟。』」

【唯人所召】
召：同「招」。只有人自己招來。《左傳・襄公二十三年》：「禍福無門，唯人所召。」

【唯上知與下愚不移】
知：同「智」，聰明；移：改變。舊謂只有上等的聰明人和下等的愚笨人是不會改變的。《論語・陽貨》：「子曰：『唯上知與下愚不移。』」例在封建社會，統治階級大力推行愚民政策，鼓吹「唯上知與下愚不移」，目的就是要人民不要起來反抗，心甘情願地受他們的剝削和壓迫。

【唯食忘憂】
唯：只，唯獨。只在吃飯時，暫時忘掉憂愁。比喻憂愁難以排解。《左傳・昭公二十八年》：「諺曰：『唯食忘憂，吾子置食之間，三嘆何也？』」

【唯唯聽命】
見「唯命是聽」。

【唯我獨尊】
原是佛教推崇釋迦牟尼的話。《敦煌變文集・太子成道經》：「天上天下，爲我獨尊。」後來用以稱人自高自大，目空一切。例他總是一副自視甚高，唯我獨尊的樣子，大家都很討厭他。也作「唯吾獨尊」。《五燈會元・佛釋迦牟尼》：「天上天下，唯吾獨尊。」也作「惟我獨尊」。梁啟超《新民說》第七節：「其徇主義也，有天上天下惟我獨尊之觀。」

【唯吾獨尊】
見「唯我獨尊」。

【唯一無二】
只此一個，其他的無可相比。例他的研究近來很有進展，這在目前世界上還是唯一無二的。

【惟大英雄能本色】
只有大英雄能保持自己的本來面目。《紅樓夢》六三回：「因他姓韋，便叫他作韋大英，方合自己的意思，暗有『惟大英雄能本色』之語，何必塗朱抹粉，才是男子。」

【惟家之索，牝雞之晨】
索：盡，完結；牝雞：母雞。家庭敗落，皆因母雞早晨打鳴。舊時比喻婦女篡權亂政。《後漢書・崔琦傳》：「晋國之難，禍起於麗。惟家之索，牝雞之晨。」參見「牝雞司晨」。

【惟精惟一】
精：精通，專誠；一：專一。形容用功精深，專心一意。《尚書・大禹謨》：「人心惟危，道心惟微，惟精惟一，允執厥中。」

【惟口起羞】
口：指言語；起：出現，產生；羞：羞辱，恥辱。因言語不愼而招致羞辱。《尚書・說命中》：「惟口起羞，惟甲冑起戎。」

【惟口興戎】
指君王出言不愼，引發戰爭。《尚書・大禹謨》：「惟口出好興戎，朕言不再。」唐・孔穎達疏：「君出言有賞有刑，出好，謂愛人，出好言故爲賞善；興戎，謂疾人而動甲兵，故謂伐惡。」後多用以指饒口舌易惹出事端。明・陸粲《庚巳編・九尾龜》三五：「從來惟口興戎，此後還是收斂些兒爲是！」

【惟力是視】
見「唯力是視」。

【惟利是圖】
見「唯利是視」。

【惟利是務】
見「唯利是視」。

【惟利是營】
一心求利，四處鑽營。《金史・阿離方傳》：「卿宗室舊人，乃縱肆敗法，惟利是營，朕甚惡之。」也作「惟利是逐」。

【惟利是逐】
見「惟利是營」。

【惟妙惟肖】
妙：巧妙，奇妙；肖：像，似。手法巧妙，描寫、刻畫得非常逼眞、傳神。《尚書・說命上》：「說築傅岩之野，惟肖。」宋・岳珂《英光堂帖贊》：「彼妍我峭，惟妙惟肖。」也作「維妙維肖」。清・馮鎭巒《讀〈聊齋〉雜說》：「《聊齋》中間用字法，不過一二字，偶露句中，遂已絕妙，形容維妙維肖，彷彿《水經注》造語。」也作「唯妙唯肖」。老舍《趙子曰》一四：「這樣從鑼鼓中把古人的一舉一動形容得唯妙唯肖。」

【惟明克允】
惟：只有；明：英明，明智；克：能夠；允：得當，公平。只有謹嚴明察，才能夠做到處理問題公平、得當。《尚書・舜典》：「五宅三居，惟明克允。」明・邱濬《大學衍義補・愼刑憲・總論制刑之義》：「惟明，則情僞畢知；克允，則輕重適當。非明不足以盡人情，不允不足以當人罪。帝舜告臯陶，而戒之以惟明克允。」

【惟命是從】
見「唯命是聽」。

【惟命是聽】
見「唯命是聽」。

【惟命是遵】
見「唯命是聽」。

【惟日不足】
惟：只；日：時日，時間。唯獨感到時間不夠用。《尚書・泰誓中》：「我聞吉人為善，惟日不足；凶人為不善，亦惟日不足。」

【惟適之安】
惟：只，只有；適：適應；安：安逸，安樂。只有適應環境，才能感到安逸。唐・韓愈《送李願歸盤谷序》：「起居無時，惟適之安。」

【惟所欲為】
見「為所欲為」。

【惟我獨尊】
見「唯我獨尊」。

【惟有讀書高】
舊指只有讀書做官，才是高貴的。明・朱權《荊釵記・會講》：「世上萬般皆下品，思量惟有讀書高。」

【惟有圈中人，才知圈中意】
只有一定範圍裏的人才知道其中的事。指局內人了解內情。《鏡花緣》一六回：「他書上盡是圈子，大約前盤古所做的總不能跳出這個圈子，所以篇篇都是這樣。這叫作：『惟有圈中人，才知圈中意。』俺們怎能猜這個啞謎！」

【帷薄不修】
帷：帷帳；薄：簾子；修：整治，治理。障隔居室內外的帷帳和簾子得不到整治。古人用以婉稱家門淫亂。漢・賈誼《陳政事疏（治安策）》：「古者大臣……坐污穢淫亂男女亡（無）別者，不曰污穢，曰：『帷薄不修』。」《聊齋志異・念秧》：「如欲質之公庭耶，帷薄不修，適以取辱。」

【帷牆之制】
帷牆：指妻妾的居處，喻近侍及妻妾；制：牽制。比喻受偏見私情的牽制。漢・鄒陽《獄中上書自明文》：「今人主沈（沉）諂諛之辭，牽帷牆之制。」

【帷天席地】
帷：圍在四周的幕布；席：席子。以天為帷幕，以地為鋪席。形容襟懷曠達，生活放任不拘。唐・王績《答刺史杜之松書》：「帷天席地，友月交風。」

【帷幄運籌】
帷幄：指軍用帳幕；運籌：謀劃、策劃。在軍帳之內作出謀劃。泛指善於籌劃、指揮。明・張岱《獻册吩侯制》：「碧淵明月，佐爾帷幄運籌。」也作「運籌帷幄」。

【維持不敝】
敝：凋敝，衰敗。維持現狀，不使衰敗。例這家工廠在十分激烈的競爭中，能維持不敝已經是很不容易了。

【維妙維肖】
見「惟妙惟肖」。

【維吾爾族姑娘——辮子多】
比喻可供人抓的把柄不少。例他這個人是維吾爾族姑娘——辮子多，你不講良心的話，隨時可抓。

【嵬然不動】
見「巍然屹立」。

【微不足道】
道：說，提到。十分渺小，不值一提。例我做的實在是微不足道，你不必這樣謝我。

【微不足錄】
錄：記載，抄錄。小事不值得一記。《新五代史・唐莊宗紀上》：「蓋沙陀者，大磧也，在金莎山之陽，蒲類海之東，自處月以來居北磧，號沙陀突厥。而夷狄無文字傳記，朱邪又微不足錄，故其後世自失其傳。」

【微服出巡】
微服：官吏等外出時為隱瞞身分而換穿便服；出巡：出外巡察。改穿便服出外巡察，探訪民情。《孟子・萬章上》：「孔子不悅於魯、衛，遭宋桓司馬，將要而殺之，微服而過宋。」例包拯清正廉明，為了解案情，他常微服出巡。也作「微服私行」。私行：私下出行，探訪民情或疑難重案。《韓非子・外儲說右下》：「齊桓公微服以巡民家。」明・王世貞《鳴鳳記・鄢趙爭寵》：「只是此行斂些光彩，不可喝道而去，只得微服私行罷。」

【微服私行】
見「微服出巡」。

【微故細過】
微故：輕微的事故；細過：微小的過失。指輕微的過失。《三國志・魏書・中山恭王袞傳》：「此亦謂大罪惡耳，其微故細過，當掩覆之。」

【微乎其微】
謂微小而又微小。形容非常微小或極少。《爾雅・釋訓》：「式微式微者，微乎微者也。」魯迅《頭髮的故事》：「所以宮刑和幽閉也是一件嚇人的罰；至於髡，那是微乎其微了；然而推想起來，正不知道曾有多少人們因為光著頭皮，便被社會踐踏了一生世。」

【微妙玄通】
精微深奧玄妙靈通的道理。《老子》一五章：「古之善為士者，微妙玄通，深不可識。」

【微軀粗安】
微：舊時指地位低下，謙稱自己；粗：大概、大致。自己的身體安好無恙。例往年一到冬天不是感冒就是咳嗽，今年加強了鍛鍊，沒吃什麼藥，倒也微軀粗安，甚感欣慰。

【微時故劍】
微時：身分低微的時候；故劍：過去用過的劍。珍惜身微時使用過的寶劍。比喻珍惜貧賤時和自己同渡難關的妻子。《漢書・外戚傳》：「宣帝詔求微時故劍，大臣知所指，自立許婕妤為皇后。」

【微文刺譏】
微：隱晦，含蓄；文：文章；刺：斥責，指責；譏：譏諷。指用含蓄的文章指責、譏諷時弊。漢・班固《典引序》：「司馬遷著書，成一家之言，揚名後世。以身陷刑之故，反微文刺譏，貶損當世，非誼士也。」

【微文深詆】

指周密羅織罪名，陷人於罪。《漢書・酷吏傳》：「稍遷至御史及(中)丞，使治主父偃及淮南反獄，所以微文深詆，殺者甚衆。」

【微言大義】
精微的言辭，深奧的意義。多指儒家經書而言。漢・劉歆《移書讓太常博士》：「及孔子歿而微言絕，七十子卒而大義乖。」清・黃宗羲《移史館論不宜立理學傳書》：「其微言大義，苟非工夫積久，能見本體。」也作「微言精義」。清・鄭燮《濰縣署中寄舍弟墨第一書》：「讀《易》至韋編三絕，不知翻閱過幾千百遍來，微言精義，愈探愈出，愈研愈入，愈往而不知其所窮。」也作「微言大指」。清・龔自珍《資政大夫禮部侍郎武進莊公神道碑銘》：「大儒莊君……傳山右閻氏之緒學，求二帝三王之微言大指，閔秦火之鬱䰝，悼孔澤之不完具。」

【微言大指】
見「微言大義」。

【微言精義】
見「微言大義」。

【巍冠博帶】
巍：高；博：寬。頭戴高高的帽子，腰繫寬寬的衣帶。指古代士大夫的裝束。明・李贄《焚書・答劉憲長》：「今巍冠博帶，多少肉身菩薩在於世上，何有棄家去髮，然後成佛事乎？」

【巍然不動】
見「巍然屹立」。

【巍然聳立】
見「巍然屹立」。

【巍然屹立】
巍然：高大的樣子；屹立：像山峯高聳而穩固地立著。比喻像高山一樣聳立，不可動搖。梁啟超《新民說》三節：「吾國夙巍然屹立於大東，環列皆小蠻夷，與他方大國，未一交通，故我民常視其國爲天下。」也作「巍然聳立」。孫世愷《雄偉的人民大會堂》：「在天安門右前方，巍然聳立著一座雄偉壯麗的大廈，這就是人民大會堂。」也作「巍然不動」、「嵬然不動」。《淮南子・詮言》：「至德道者若丘山，嵬然不動，行者以爲期也。」

ㄨㄟˇ

【偉績豐功】
偉大的業績，豐滿的功勛。清・梁紹壬《兩般秋雨庵隨筆》卷六：「謝太傅[安]墓碑無字，偉績豐功，不勝記也。」也作「豐功偉績」。

【葦塘裏掰楂子——摁倒在地】
楂（ㄔㄚˊ）子：即茬子，指蘆葦砍過後留下的莖和根；摁：ㄣˋ，按。比喻很容易就把別人按倒。例這場摔跤比賽雙方實力懸殊，大楊很快就像葦塘裏掰楂子，把對方摁倒在地。

【緯地經天】
經緯：喻規劃治理。指經營管理國家。《左傳・昭公二十八年》：「慈和遍服曰順，擇善而從之曰比，經緯天地曰文。」唐・李翰《鳳閣王侍郎傳論贊・序》：「開物成務，緯地經天，則齊中書監尚書令太尉南昌文獻公。」

【緯武經文】
從文治武功兩方面治理國家。《晉書・齊王攸傳》：「彼美齊獻，卓爾不羣。自家刑國，緯武經文。」

【僞君子，眞小人】
指表裏不一，內心骯髒的人。例別看他嘴巴說得漂亮，辦起事來滿不是那麼回事，純粹是僞君子，眞小人。

【僞遊雲夢】
《史記・漢高祖本紀》：「十二月，人有上變事告楚王信謀反，上問左右，左右爭欲擊之，用陳平計，乃僞遊雲夢，會諸侯於陳，楚王信迎，即因執之。」後以「僞遊雲夢」比喻掩蓋行爲的眞相。

【尾巴翹到天上】
比喻狂妄自大，不可一世。例剛選上模範勞工，就尾巴翹到天上，你還怎麼進步！

【尾巴上綁蘆花——冒充大公鵝】
蘆花：蘆葦花軸上密生的白色細毛穗子。見「黃鼠狼鑽進磨房裏——硬充大尾巴驢」。

【尾大不掉】
掉：擺動。尾巴太大，不易搖動。比喻下屬勢力强大，難於控制；也比喻上弱下强，不服從指揮調度。《左傳・昭公十一年》：「若由是觀之，則害於國，末大必折，尾大不掉，居所知也。」《舊唐書・朱克融等傳論》：「二百餘年，自相崇樹，雖朝廷有時命帥，而世人多務逐君。習若忘非，尾大不掉，非一朝一夕之故也。」也作「尾大難掉」。三國魏・曹冏《六代論》：「所謂末大必折，尾大難掉。尾同於體猶或不從，況乎非體之尾，其可掉哉。」又用以比喻事物因輕重關係倒置，形成難以駕馭的局面。明・郎瑛《七修類稿・八・陳友諒始末略》：「今乘尾大不掉之舟，損兵弊甲，遲遲與吾相持。」也作「末大不掉」。

【尾大難掉】
見「尾大不掉」。

【尾生抱柱】
見「尾生之信」。

【尾生之信】
《莊子・盜跖》：「尾生與女子期於梁下，女子不來，水至不去，抱梁柱而死。」後以「尾生之信」指人堅守信約，寧死不渝。《戰國策・燕策一》：「信如尾生，廉如伯夷，孝如曾參，三者天下之高行。」《三國志・吳書・鍾離牧傳》裴松之注引徐衆《評》：「不取尾生之信，非信所也。」也作「尾生抱柱」。明・湯顯祖《牡丹亭・旅寄》：「尾生般抱柱正題橋，做倒地文星佳兆。」

【尾牙雞——找路走】

尾牙：指最後一次打牙祭（舊時老闆逢農曆每月初一、十五等日給伙計加菜，叫打牙祭）；尾牙雞：老闆要辭退伙計，就在農曆臘月十五或十六尾牙那天夾雞肉給伙計吃，因此又叫無情雞。比喻另找生路或出路。例在這兒尋活計太難了，咱們只能是尾牙雞——找路走了。

【娓娓不怠】

見「亹亹不倦」。

【娓娓不倦】

見「亹亹不倦」。

【娓娓動聽】

娓娓：說話連續不倦的樣子。講話連續不斷，婉轉生動，使人愛聽。《孽海花》三四回：「夢蘭也竭力招呼，知道楊、陸兩人都不大會講上海白，就把英語來對答，倒也說得清脆悠揚，娓娓動聽。」也作「**娓娓可聽**」。清・朱彝尊《曝書亭記・寄禮部韓尚書》：「謹令其叩講席，歸沐之暇，試進而討論，其言頗娓娓可聽。」

【娓娓而談】

娓娓：指講話連續不倦的樣子。委婉而不停地談論著。形容口才便佞很健談。魯迅《〈中國新文學大系〉小說二集序》：「只如熟人相對，娓娓而談。」

【娓娓可聽】

見「娓娓動聽」。

【委國聽令】

委：委託，託付。指交出國家政權，聽命於人。《史記・秦本紀》：「韓王入朝，魏委國聽令。」

【委決不開】

見「委決不下」。

【委決不下】

委：確實；決：決心。下不了決斷。《古今小說》卷二：「孟夫人心上委決不下，教管家婆出去，細細把家事盤問，他答來一字無差。」也作「**委決不開**」。《二刻拍案驚奇》卷二四：「伯皋心下委決不開，歸來與妻子商量。」

【委靡不振】

委靡：頹喪；不振：打不起精神。形容精神頹喪，暮氣沉沉。唐・韓愈《送高閑上人序》：「頹墮委靡，潰敗不可收拾。」宋・馬永卿《元城先生語錄》：「至嘉祐末年，天下之事似乎舒緩，委靡不振，當時士大夫亦自厭之，多有文字論列。」也作「**萎靡不振**」。魯迅《關於中國的兩三件事》：「考完放出的良民，偶然也可以遇見，但彷彿大抵是萎靡不振，恐怕是在反省和畢業論文上，將力氣使盡了吧。」

【委棄泥塗】

委：拋棄，捨棄；塗：道路。棄置在泥濘的道路上。比喻地位卑下。唐・韓愈《與汝州盧郎中論薦侯喜狀》：「比者不將，委棄泥塗，老死草野。」

【委曲保全】

見「委曲求全」。

【委曲成全】

見「委曲求全」。

【委曲從俗】

勉強遷就，隨從世俗。《漢書・嚴彭祖傳》：「彭祖曰：『凡通經術，固當修行先王之道，何可委曲從俗，苟求富貴乎？』」

【委曲存全】

見「委曲求全」。

【委曲求全】

謂曲意遷就順從，以求保全。《老子》二二章：「曲則全，枉則直……古之所謂『曲則全』者，豈虛言哉？」清・劉坤一《復劉蔭渠》：「以時局安危所繫，不敢不委曲求全。」也作「**委曲保全**」。宋・歐陽修《滁州謝上表》：「知臣幸逢主聖而敢危言，憫臣不顧身微而當衆怨，始終愛惜，委曲保全。」也作「**委曲存全**」。宋・魏了翁《再上史丞相》：「以大丞相丁寧告曉，委曲存全，寧敢瀆詞。」也作「**委曲成全**」。明・李贄《續焚書・答駱副使》：「夫自用則不能容物，無用又不能理物，其得爾三載於滇者，皆我公委曲成全之澤也。」也作「**委曲周全**」。《醒世恒言》卷七：「我已辭之再，其奈高老不從！若執意推辭，反起其疑。我只要委曲周全你家主一樁大事，並無欺心。」

【委曲詳盡】

指事情經過非常詳細全面。明・李開先《荊州唐都御史傳》：「有問其為文者……盡洗鉛華，透徹光明，委曲詳盡，雖從筆底寫成，卻自胸中流出。」

【委曲周全】

見「委曲求全」。

【委肉虎口】

見「委肉虎蹊」。

【委肉虎蹊】

委：積，聚積；蹊：小路。把肉堆積在餓虎出沒的小路上。比喻處境危險，災難將臨。《戰國策・燕策三》：「是以委肉當餓虎之蹊，禍必不振矣。」也作「**委肉虎口**」。《後漢書・公孫述傳》：「今以時自詣，則家族完全，若迷惑不喻，委肉虎口，痛哉奈何！」

【委重投艱】

委：委託，託付；投：投贈，授予。委託重任，授予艱難任務。宋・周密《齊東野語・表達用先世語》：「則今茲爰立之命，乃所以委重投艱而已，又何辭乎？」

【諉過於人】

諉：推卸；過：過錯。把過失推給別人。例犯錯誤是難免的，正確的態度應該是勇於承擔責任，堅決改正，不能文過飾非，更不能諉過於人。

【萎靡不振】

見「委靡不振」。

【痿不忘起】
痿：肢體萎弱。謂肢體萎弱癱瘓的人仍總想站立起來行走。比喻某種念頭十分强烈而又難以實現。《史記・韓信傳》：「僕之思歸，如痿人不忘起，盲者不忘視也，勢不可耳。」也作「痿人念起」。唐・劉禹錫《謝竇相公啟》：「望故國而未歸，如痿人之念起。」也作「痿人思步」。《宋書・魯爽傳》：「近係南雲，傾屬東日，蓋猶痿人思步，盲者顧明。」

【痿人念起】
見「痿不忘起」。

【痿人思步】
見「痿不忘起」。

【痿痿羸羸】
痿：肢體痳木；羸：ㄌㄟˊ，瘦弱的樣子。形容身體瘦弱不堪。淸・翟灝《通俗編・性情》：「《傳燈錄》藥山惟儼曰：『我痿痿羸羸，且憑麼過時。』」

【唯唯否否】
唯、否：均爲應答聲。人家說是也說是，人家說否也說否。形容膽小怕事，阿諛順從。《左傳・昭公二十年》：「君所謂可，[梁丘]據亦曰可：君所謂否，據亦曰否。」《史記・太史公自序》：「太史公曰：『唯唯，否否，不然。』」

【唯唯連聲】
謙卑地連聲應答。表示完全服從。《儒林外史》三回：「胡屠戶道：『我自倒運，把個女兒嫁與你這個現世寶窮鬼……』范進唯唯連聲。」

【唯唯諾諾】
唯唯：謙卑恭順的應答；諾諾：連聲答應。楚・宋玉《高唐賦序》：「王曰：『試爲寡人賦之。』玉曰：『唯唯。』」《韓非子・八姦》：「此人主未命而唯唯，未使而諾諾，先意承旨，觀貌察色，以先主心者也。」後用「唯唯諾諾」形容一味順從別人的意見。《醒世恒言》卷二：「他思念父母面上，一體同氣，聽其教誨，唯唯諾諾，並不違拗。」也作「唯唯喏喏」。《三俠五義》一一五回：「柳靑聽了，唯唯喏喏，毫不答言。」

【唯唯喏喏】
見「唯唯諾諾」。

【亹亹不倦】
亹亹：不倦貌，形容人十分勤勉的樣子；倦：疲勞，勞累。形容興趣盎然，毫不感到厭倦。南朝梁・鍾嶸《詩品》：「調彩葱菁，音韻鏗鏘，使人味之，亹亹不倦。」宋・周輝《淸波雜志》卷三：「吳哲字長吉，臨川人。後徙建康，早從王荊公學，談熙寧間舊事，亹亹不倦，與秦丞相有硯席舊。」也作「娓娓不倦」。《警世通言》卷二一：「或與談論古今興廢之事，娓娓不倦。」也作「亹亹不厭」。《後漢書・班固傳論》：「若固之序事，不激詭，不抑抗，贍而不穢，詳而有體，使讀之者亹亹而不厭。」也作「娓娓不怠」。淸・汪琬《朱翁墓志銘》：「與人談論古今成敗得失大略，若繩引珠貫，娓娓不怠。」

【亹亹不厭】
見「亹亹不倦」。

ㄨㄟˋ

【衛國之弦】
《戰國策・楚策四》：「更羸與魏王處京台之下，仰見飛鳥……有間，雁從東方來，更羸以虛發而下之。魏王曰：『然則射可至此乎？』更羸曰：『此孽也。』王曰：『先生何以知之？』對曰：『其飛徐而鳴悲。飛徐者，故瘡痛也；鳴悲者，久失羣也。故瘡未息而驚心未玉也。聞弦音引而高飛，故瘡隕也。』」後用「衛國之弦」比喻對再次打擊的驚恐。唐・溫庭筠《上學士舍人啟二首》詩：「已困雕陵之彈，猶驚衛國之弦。」

【衛生口罩——嘴上一套】
雙關語。比喻光說漂亮話，而無實際行動；或行動與實際相反。例他口頭上叫喊沒有個人打算，實際上手伸得比誰都長。這眞是衛生口罩——嘴上一套。

【爲叢驅雀】
見「爲淵驅魚，爲叢驅爵」。

【爲個虱子燒個襖】
爲了消滅衣服上的一個虱子燒掉了衣服。比喻因小失大。例你爲了多賺這一點小錢而放棄出國唸書的機會，實在是爲個虱子燒個襖，太可惜了。

【爲國不顧家】
爲了國家而不顧自己的家。指公而忘私。明・朱鼎《玉鏡台記》一二齣：「劉大人，自古爲國不顧家。今天子安在，敢言親乎？」

【爲國捐軀】
捐：獻出；軀：身體。爲國獻身。《封神演義》五二回：「太師大叫一聲，跌將下來。雲中子在外面發雷，四處有霹靂之聲，火勢凶猛。可憐成湯首相，爲國捐軀。」

【爲國爲民】
不謀私利，一心爲國家爲人民。明・無名氏《漁樵閒話》一折：「有爲國爲民賢才，因苦諫不聽，反遭誅戮。」

【爲好不見好，反轉惹煩惱】
幫人做好事沒得好效果，反而惹得自己煩惱。例他苦口婆心開導兒子，要兒子改邪歸正，做一個堂堂正正的人。可他兒子一句不聽，照樣去賭去偷。他長吁短嘆：「唉，朽木不可雕矣！」正是：爲好不見好，反轉惹煩惱。

【爲虎傅翼】
傅：附著；翼：翅膀。給虎添上翅膀。比喻做幫兇，助長惡人的勢力。《韓非子・難勢》：「故《周書》曰：『毋爲虎傅翼，將飛入邑，擇人而食之。』夫乘不肖人於勢，是爲虎傅翼也。」也作「爲虎添翼」。例小李今天背叛國家投效敵軍，在我們看來，不外乎是「爲虎添翼」。也作「**與虎添翼**」。

【爲虎添翼】

見「爲虎傅翼」。

【爲虎作倀】

爲：替；倀：ㄔㄤ，迷信傳說被老虎咬死的人變成鬼，又去引導老虎吃人，稱「倀」或「倀鬼」。比喻爲壞人作幫凶。《太平廣記》卷四三〇引《傳奇・馬拯》：「倀鬼，被虎所食之人也，爲虎前呵道耳。」清・筱波山人《愛國魂・罵奴》：「爲虎作倀，無復生人之氣。」

【爲今之計】

依目前處境作打算。指爲現實的利益著想。《鏡花緣》二五回：「爲今之計，何不假充靈柩，混出關去，豈不是好？」

【爲口喪生】

指貪圖口腹之樂而喪失生命。例俗話說：「玩物喪志不足取，爲口喪生不值得。」

【爲了一片篾，劈了一枝竹】

篾：用竹子劈成的薄片。比喻因小失大。例他這人眞不會盤算，那塊木頭本來可以做一個櫃，他卻用來做了一個凳，正是爲了一片篾，劈了一枝竹。

【爲利亡身】

因貪求私利而喪失生命。《西遊記》一〇回：「張稍道：『李兄，我想那爭名的，因名喪體；奪利的，爲利亡身。』」

【爲民除害】

替百姓除掉禍害。三國魏・陳琳《檄吳將校部曲文》：「丞相銜奉國威，爲民除害，元惡大憝，必當梟夷。」也作「**爲民除患**」。南朝・宋明帝《與諸方鎭及諸大臣詔》：「爲民除患，兄弟無復多人，彌應思弔不咸，益相親信。」

【爲民除患】

見「爲民除害」。

【爲民請命】

爲民衆講話，爲百姓請求。本作「爲百姓請命」。《史記・淮陰侯傳》：「蒯通曰：因民之欲，西向爲百姓請命，則天下風走而響應。」章炳麟《致黎元洪書》：「進不能爲民請命，負此國家；退不能闡揚文化，慚於後進。」

【爲朋友兩肋插刀】

指爲了朋友不惜犧牲自己的生命。例我長這麼大從來沒看過一個像你這麼講義氣，甘願爲朋友兩肋插刀的人。

【爲婆婆殺雞，婆婆只吃了雞眼睛】

雞眼睛：在此形容雞身上極小部分。費大勁殺雞給婆婆吃，可是她只吃了一點點。比喻枉費力氣，徒勞無功。例他費大勁才弄來的椰子，沒想到全家都不喜歡吃，豈不成了爲婆婆殺雞，婆婆只吃了雞眼睛。

【爲情顛倒】

顛倒：神魂錯亂，心神不定。爲了情愛而心神不安。晉・孫綽《情人碧玉歌》：「碧玉小家女，不敢攀貴德。感郎千金意，慚無傾城色。碧玉破瓜時，郎爲情顛倒。感君不羞赧，回身就郎抱。」

【爲人解忿息爭，勝造七級浮屠；唆人告狀傾家，定入阿鼻地獄】

浮屠：佛塔；阿鼻地獄：佛教視作痛苦無止境的地獄。指人要積德辦好事，不要作孽幹壞事。明・蕭雍《赤山會約・止訟》：「諺云：『爲人解忿息爭，勝造七級浮屠；唆人告狀傾家，定入阿鼻地獄。』此言雖小，可發深省。」

【爲人謀而不忠乎】

謀：謀劃，計謀。爲人家謀劃，怎能對人家不忠實呢？指爲別人做事就應忠實地盡自己的能力。《論語・學而》：「曾子曰：『吾日三省吾身，爲人謀而不忠乎？與朋友交而不信乎？傳不習乎？』」

【爲人說項】

爲：替；說項：唐代項斯爲楊敬之所器重，敬之贈詩有「平生不解藏人善，到處逢人說項斯」之句。後多指替人說好話或講情。《孽海花》九回：「行轅中又送來幾封京裏書札。雯青一一檢視，也有親友尋常通賀的，也有大人先生爲人說項的。」也作「**逢人說項**」。

【爲人惟在誠心】

指幫助人全憑誠意。例常言道：「爲人惟在誠心。」你這樣認眞地幫助他，也算盡到心意了。

【爲人爲到底，反倒人不喜】

幫人幫到底，反而惹人不喜歡。例他去勸解鄰居家庭糾紛，說得口乾舌燥。沒想到那混小子竟說他「狗拿耗子多管閒事」，他只好苦笑著走開了，一邊走一邊說：「我可眞是爲人爲到底，反倒人不喜。」

【爲人須爲徹，殺人須見血】

爲：幫助。幫人必須幫到底，殺人必須見血。謂助人要徹底。《五燈會元・淨慈彥充禪師》：「［師］點首自謂曰：『臨濟道，黃檗佛法無多子。豈虛語邪？』遂呈頌曰：『爲人須爲徹，殺人須見血。德山與岩頭，萬里一條鐵。』」也作「**救人須救徹，殺人須見血**」、「**殺人須見血，救人須救徹**」。

【爲人爲徹】

爲：幫助。幫人必須幫到底。《西遊記》二四回：「八戒道：『哥啊，爲人爲徹，已經調動我這饞蟲，再去尋幾個來，老豬細細的吃吃。』」

【爲人捉刀】

南朝宋・劉義慶《世說新語・容止》：「魏武（曹操）將見匈奴使，自以形陋不足雄遠國，使崔季珪代，帝自捉刀立床頭。既畢，令間諜問曰：『魏王如何？』匈奴使答曰：『魏王雅望非常，然床頭捉刀人，此乃英雄也。』」後遂用「為人捉刀」表示代人作文或做事。

【為人作嫁】

為：替；嫁：指嫁衣。唐·秦韜玉《貧女》詩：「苦恨年年壓金線，為他人作嫁衣裳。」後以「為人作嫁」比喻為別人辛苦忙碌或在別人手下混生活。《紅樓夢》九五回：「妙玉嘆道：『何必為人作嫁？』」

【為人作嫁——徒勞無益】

見「買鹹魚放生——徒勞無益」。

【為蛇畫足】

給蛇畫上腳。比喻多此一舉，弄巧成拙。三國魏·曹操《手書答朱靈》：「以蠡測海，為蛇畫足，將言前後百選，輒不用之。」也作「為蛇添足」。明·王廷相《答何柏齋造化論》：「此論為蛇添足，又豈自然而然之道哉。」參見「畫蛇添足」。

【為蛇添足】

見「為蛇畫足」。

【為書掣肘】

為：替，給；書：寫；掣：牽引，拽；肘：臂肘。給寫字的人牽動肘臂。比喻在別人做事情的時候，從旁干擾牽制。《呂氏春秋·具備》：「宓子賤治亶父，恐魯君之聽讒人，而令己不得行其術也。將辭而行，請近吏二人於魯君，與之俱至於亶父。邑吏皆朝，宓子賤令吏二人書，吏方將書，宓子賤從旁時掣搖其肘。吏甚患之，辭而請歸……魯君太息而嘆曰：『宓子以此諫寡人之不肖也。』」《舊唐書·陸贄傳》：「若謂志氣足任，方略可施，則當要之于終，不宜掣肘于其間也。」例對於新上任的年輕人，老同志應放手讓他們去幹，不宜這也不放心，那也信不過，更不宜為書掣肘，這樣於年輕人的成長不利。

【為他人作嫁衣裳】

原指貧女無錢置辦嫁妝，卻年年為別人縫製嫁衣。後指為別人白白辛苦忙碌。《紅樓夢》一回：「因嫌紗帽小，致使鎖枷杠；昨憐破襖寒，今嫌紫蟒長。亂烘烘，你方唱罷我登場，反認他鄉是故鄉。甚荒唐，到頭來都是為他人作嫁衣裳。」也作「為人作嫁」。

【為五斗米折腰】

五斗米：指微薄的官俸；折腰：彎腰行禮。為微薄的俸祿而屈身伺候上司。《晉書·陶潛傳》：「吾不能為五斗米折腰。」

【為小妨大】

見「為小失大」。

【為小失大】

為圖小利而造成大損失。《文明小史》二九回：「你若不肯，他就告訴了大老爺，找你點錯處，革掉了你，你能為小失大嗎？」也作「為小妨大」。《醒世恆言》卷七：「不但親事不成，只恐還要成訟。那時連賢弟也有干係。卻不是為小妨大，把一天好事自家弄壞了？」也作「貪小失大」。

【為尋一文錢，照完一枝燭】

一文錢：舊時貨幣的最小單位。比喻得不償失。例本是為了圖便宜，他從廣州買回一些橘子。沒想到拉橘子回家花的車錢，加起來比在當地買還要貴，正是為尋一文錢，照完一枝燭。

【為伊消得人憔悴】

伊：她。為了她弄得身體消瘦，面容憔悴。宋·柳永《鳳棲梧》詞：「衣帶漸寬終不悔，為伊消得人憔悴。」現用以指追求真理或求才若渴。例如果沒有「衆裏尋他千百度」的艱苦工作和「為伊消得人憔悴」的奮鬥精神，即使人才在你眼前，也難認出。

【為淵驅魚】

見「為淵驅魚，為叢驅爵」。

【為淵驅魚，為叢驅爵】

為：替，給；淵：深水潭；叢：叢林；爵：通「雀」。把魚趕到深水潭，把鳥趕進密樹林。比喻為政不仁，使百姓投向敵方。《孟子·離婁上》：「為淵敺（驅）魚者，獺也；為叢敺爵（雀）者，鸇也；為湯武敺民者，桀與紂也。」也比喻不善團結人，把應該而且可以爭取的人推向對立的一方去。《文明小史》一三回：「國家平時患無人才，等到有了人才，又被這些不肖官吏任意凌虐，以致為淵驅魚，為叢驅爵，想起來真正可恨。」也作「為淵驅魚，為叢驅雀」。梁啟超《現政府與革命黨》：「徒使革命黨以外之人，猶不免灑一掬同情之淚於彼輩，而對於政府增惡感焉，為淵驅魚，為叢驅雀，而於政府果何利也！」也作「為淵驅魚」。例搞專制獨裁，實際上是為淵驅魚，把朋友趕到敵人陣營裏去。也作「為叢驅雀」。《聊齋志異·恒娘》：「朝夕而絮聒之，是為叢驅雀，其離滋甚耳！」

【為淵驅魚，為叢驅雀】

見「為淵驅魚，為叢驅爵」。

【為長者折枝】

長者：長輩。為長輩折一根樹枝。指輕而易舉的行為。《孟子·梁惠王上》：「為長者折枝，語人曰：『我不能。』是不為也，非不能也。」

【為之奈何】

對此該怎麼辦呢？《史記·滑稽列傳》：「[優孟曰]『諸侯聞之，皆知大王賤人而貴馬也。』王（楚莊王）曰：『寡人之過一至此乎？為之奈何？』」

【為之執鞭】

執：握，持；鞭：指馬鞭。為人掌鞭駕馭車馬。比喻對人仰慕，願為其效勞。《史記·管晏列傳贊》：「假令晏子而在，余雖為之執鞭，所忻慕焉。」

【未挨打，先喊救】

別人還沒有打他，他就先喊救命。比喻先張大自己方面的聲勢以壓倒對方。例他這人辦錯了事死不認帳，還要把髒水往人家身上潑，是那種「未挨打，先喊救」的人。

【未艾方興】
未艾：還沒停止；方興：正在興起。指事物並未終止，正在蓬勃向前發展或正處於興旺階段。清・陳熾《議院》：「英人創之於前，法國踵之於後，所以威行海表，未艾方興者，非幸也，數也。」也作「方興未艾」。

【未必盡然】
然：如此，這樣。未必都是如此。《史記・太史公自序》：「未必然也。」例他對情況掌握雖多，看似能辦好，但實際辦起來未必盡然。

【未辨東西】
指尚未識別東與西。比喻知識未開化之意。唐・白居易《重傷小女子》詩：「才知恩愛迎三歲，未辨東西過一生。」

【未辨菽麥】
未：尚未；辨：辨別；菽：豆類。還分不清豆子和麥子。形容愚昧無知，或指缺乏實際生產知識。《左傳・成公十八年》：「周子有兄而無慧，不能辨菽麥。」章炳麟《駁康有爲論革命書》：「載湉小丑，未辨菽麥，鋌而走險。」

【未卜生死】
卜：占卜，料定；未卜：不能料定。不能料定是活著還是死了。例在戰火紛飛的年月，他對在前線的哥哥未卜生死，盼望他早日凱旋。

【未卜先知】
卜：占卜，算卦，預測未來吉凶禍福。還沒占卜便知吉凶禍福，形容有先見之明。元・無名氏《桃花女》三折：「賣弄殺《周易》陰陽誰似你，還有個未卜先知意。」《鏡花緣》六九回：「那時榜還未定，倒都曉得？難道閨臣姊姊未卜先知，是位活神仙麼？」

【未測深淺】
指不知其深或淺。指不知底細。三國魏・吳質《與魏太子箋》：「以五日到官，初至承前，未測深淺。」

【未曾燒香，先打斷佛手】
比喻把自己求得著、靠得上的人得罪了。也比喻能力過低，辦不成事。例公司派他去農村採購特產。他到了農村就和當地有關人員吵了一架，結果什麼也沒採購到，正是未曾燒香，先打斷佛手。

【未曾水來先壘壩】
不等到發大水就先壘好壩。比喻事先做好準備。《施公案》一四七回：「萬一他要尋著我的晦氣，那卻怎麼樣呢？雖說我有書字到京……怎奈遠水難救近火。俗語說的好：『未曾水來先壘壩。』無的說咧，你再想個法兒，要保我的臉。」

【未曾行軍，先算敗路】
敗路：打敗仗撤退的路。還沒有出發，就先考慮到萬一失敗後撤退的路。比喻考慮問題全面，有深謀遠慮。例我並非前怕狼後怕虎，而是考慮得遠一些。不怕一萬，就怕萬一。萬一有什麼意外該怎麼辦？未曾行軍，先算敗路，免得到時措手不及呀！

【未曾學爬莫想走】
小孩連爬都沒學過，就別想走。比喻不要急於求成。例做事得一步步去做，如果急於求成，往往要失敗，未曾學爬莫想走嘛！也作「未學爬先學走」。《何典》三回：「只見那活死人已經未學爬先學走，一路撫牆摸壁的行來，巴在活鬼身邊。」

【未嘗不可】
見「未爲不可」。

【未成三尺水，休想划龍舟】
划：撥水前行。沒有三尺深的水，不要想去划龍船。比喻條件沒具備，事情就辦不成。例常言道：「未成三尺水，休想划龍舟。」外語還沒有學，就莫想去外國留學的事。

【未成一簣】
未成：沒能成功；一簣：指一筐土。堆山未成，是因爲還差一筐土。比喻事情還差最後一點而未能完成。《論語・子罕》：「子曰：『譬如爲山，未成一簣，止，吾止也。』」元・方回《勉齋箴》：「井九仞而不及泉兮，山未成一簣而止，浚之深而崇之高兮，亦在乎勖之而已。」

【未出窩的麻雀嘴朝外，挨著了就吃】
比喻就近占便宜。例他這人有個貪占小便宜的毛病，人們說他是「未出窩的麻雀嘴朝外，挨著了就吃」。

【未達一間】
達：通曉；間：間隙，空隙。兩者還沒相通，只差一點點。漢・揚雄《法言・問神》：「昔乎，仲尼潛心於文王矣，達之；顏淵亦潛心於仲尼矣，未達一間耳。」

【未到黃河心不死，到了黃河死了心】
形容原先對某地抱著幻想，結果很失望。例他原來以爲換一個地方會更好一些，沒想到到了新地方仍令他失望。正是未到黃河心不死，到了黃河死了心。也作「不到黃河心不死，到了黃河死不及」、「不到黃河心不死，到了黃河出眼淚」。

【未得乎前，則不敢求乎後；未通乎此，則不敢志乎彼】
志：記住。前面的內容還沒有完全領會，就不要著急去領會後面的；還沒有弄懂這個地方，就不要急著去記另一個地方。謂讀書學習要循序漸進。宋・朱熹《讀書之要》：「未得乎前，則不敢求乎後；未通乎此，則不敢志乎彼。」

【未定之天】
未定：尚未確定；天：天空，佛家認爲天有三十三重。尚未確定是哪一重天。比喻事情還在未決定的時候，或還沒有著落。例在名次尚未揭曉之前，一切都還是未定之天，你不用太緊張。

【未焚徙薪】

焚：燒；徙：遷移；薪：柴草。火患之先，將柴草搬開。比喻防患於未然。《古今小說》卷三九：「這樞密院官都是怕事的，只曉得臨渴掘井，那會得未焚徙薪？」

【未風先雨】

還沒颳風，先下起雨來。比喻事情還未開始，就對其結果作出臆斷。《醒世恒言》卷三五：「那見得我不會做生意，弄壞了事？要你未風先雨。」

【未敢苟同】

苟：草率。不敢草率同意。例你對這個問題提出了新的看法，我實在未敢苟同。

【未觀其心，先聽其言】

如果還沒看清一個人的心思，就先聽聽他說些什麼。《大馬扁》一三回：「譚嗣同一聽，眞覺不知所答，暗忖未觀其心，先聽其言，這樣立心，實是險極。」也作「未知心裏事，但聽口中言」。

【未歸三尺土，難保百年身】

歸土：指死亡。指只要還沒死，就不敢保證一生中平安無事。《石點頭》卷六：「自古道，未歸三尺土，難保百年身。百年之內，飢寒夭折，也不可知。就是百年之內，榮華壽考，也不可定。」

【未笄之女】

笄：ㄐㄧ，古代盤頭髮用的簪子。女子尚未插笄的年齡。指未成年女子。《孟子·滕文公下》：「綏厥士女」宋·孫奭疏：「雖未冠之士，未笄之女，亦且綏之。」

【未講先笑——怕引鬼入廟】

形容一種怕講話惹禍的心理和神態。例「你爲什麼在老闆面前必恭必敬，謹小愼微，滿臉陪笑？」「未講先笑——怕引鬼入廟，爲了求得一碗飯吃呀！」

【未竟之志】

尚未完成的志願。《兒女英雄傳》三五回：「只我自己讀書一場，不曾給國家出得一分力，不曾給祖宗增得一分光，今日之下，退守山林，卻深望這個兒子，完我未竟之志。」

【未繘羸瓶】

繘：ㄐㄩˊ，也讀ㄩˋ，井繩，指用井繩繫水瓶汲井水；羸：ㄌㄟˊ，通「累」，束縛纏繞。指汲水瓶還沒離開井口就被井繩繞住，水瓶翻了個兒，水沒汲上來。比喻功敗垂成，枉費力氣。《周易·井》：「汔至而未繘井，羸其瓶。」孔穎達疏：「汔，幾也。幾，近也。繘，綆也。雖汲水以至井上，然綆出猶未離井，而鈎羸其瓶而覆之也。」

【未看老婆，先看阿舅】

阿舅：妻子的弟兄。指議論婚事時，先看看未婚妻的弟兄，就可以多少猜出未婚妻的品貌。《二刻拍案驚奇》卷七：「撰之道：『這等，必是極美的了。俗語道：「未看老婆，先看阿舅。」小弟尚未有室，吾兄與小弟做個撮合山（媒人）何如？』」

【未看山頭土，先觀屋下人】

舊時爲死者選擇墓地，要看那地方的風水好不好。指先觀察這家爲人怎樣，便知這家爲死者選好的墓地是好是壞了。明·郎瑛《七修類稿·續稿》卷五：「惟天之理可括乎地，地之利不可逆諸天。故諺有曰：『未看山頭土，先觀屋下人。』天生善人，必得吉地；人壞而求諸地，理所無也。」

【未可厚非】

厚：深，重；非：非難，責怪；厚非：過分責難。不可過分地責難或否定。《漢書·王莽傳中》：「莽怒，免[馮]英官。後頗覺寤，曰：『英亦未可厚非』。復以英爲長沙連率。」

【未可同日而語】

同日：同時；語：談論。指事物相異，不可相提並論。宋·蘇軾《放鶴亭記》：「由此觀之，其爲樂未可同日而語也。」

【未窺全豹】

未：還沒有；窺：從小孔、縫隙或隱僻處察看；全豹：豹的全身，喻事物的全部。還沒有觀察到事物的全部。《聊齋志異·司文郎》：「適領一藝，未窺全豹。」

【未老先衰】

年紀不大，人就顯得衰老了。唐·白居易《嘆發落》詩：「多病多愁心自知，行年未老髮先衰。」清·袁枚《隨園詩話》卷七：「有人從都中來，誦其《環溪別墅》詩云：『將官當隱稱畸吏，未老先衰號半翁。』」

【未老先說老，未必好到老】

好：指身體健康；「好到老」之「老」：長久。年紀不大先說自己老了，未必能夠使身體長久健康。指未老未衰。例他年紀輕輕，愛在別人面前擺老資格，一副老氣橫秋的樣子。其實呢，未老先說老，未必好到老。

【未冷先寒】

指天氣還沒冷，身體就先感到寒。比喻事未臨頭，就先著了慌。例作爲一個指揮員，未冷先寒是絕對不行的，必須頭腦冷靜，指揮若定，有個大將風度。

【未量他人，先量自己】

指在說別人之前，要先檢查自己。明·無名氏《金印記》一六齣：「嘴喳喳常誑口，兒，自道：『未量他人，先量自己。』」

【未了公案】

未了：尚未了結；公案：指疑難案件，泛指有糾紛的或離奇的事情。沒有解決的疑案或事端。元·方回《可言集考》：「文成公於『思無邪』自爲一說，前輩謂之未了公案。」

【未了因緣】

未了：尚未了結；因緣：緣分。本爲佛家語，指沒有了結的緣分。例在封建社會，多少有情人未能結爲眷屬，成了未了因緣。

【未明求衣】

明：天亮；求：要求。天不亮就要求

穿衣服。形容勤於政事。《漢書・鄒陽傳》：「始孝文皇帝據關入立，寒心銷志，不明求衣。」《周書・樂運傳》：「天子未明求衣，日旰忘食，猶恐萬機不理，天下擁滯。」

【未能操刀而使割】
指拿刀還沒把握，卻讓他去切割東西。比喻讓無經驗的人做危險的事，實難成功。《左傳・襄公三十一年》：「今吾子愛人則以政，猶未能操刀而使割也，其傷實多。」

【未能免俗】
見「未能免俗，聊復爾耳」。

【未能免俗，聊復爾爾】
見「未能免俗，聊復爾耳」。

【未能免俗，聊復爾耳】
俗：習俗；聊：姑且；爾：如此。沒能擺脫一般習俗，姑且也這樣做罷了。南朝宋・劉義慶《世說新語・任誕》：「北阮富，南阮貧。七月七日，北阮盛曬衣，皆紗羅錦綺。仲容以竿掛大布犢鼻褌於中庭，人或怪之，答曰：『未能免俗，聊復爾耳。』」也作「**未能免俗，聊復爾爾**」。《兒女英雄傳》三九回：「老爺覺得只要有了那壽酒、壽文二色，其餘也不過未能免俗，聊復爾爾而已。」也作「**未能免俗**」。唐・劉知幾《史通・忤時》「況僕未能免俗，能不蔕芥於心者乎？」

【未起大厝，先起護龍】
大厝、護龍：正中前後三座巨廈平列，謂之大厝；左右兩側各有一列傍屋圍繞，謂之護龍。按營造房屋順序，應先起大厝，後起護龍。比喻本末倒置，先後顛倒。例做飯應該先洗米，後點火。可他總是未起大厝，先起護龍，點好火才洗米，搞得手忙腳亂。

【未去朝天子，先來謁相公】
朝：朝拜；謁：進見地位高或輩份高的人；相公：宰相。未朝拜皇帝前，先要謁見宰相。也泛指要求會見地位高的人，先要疏通其手下的人。《醒世姻緣傳》三三回：「『未去朝天子，先來謁相公。』你要結識官府，先要與那衙役貓鼠同眠。」

【未撒屎，先呼狗】
還沒拉出屎來，就喚狗來吃屎。諷刺那種還沒做就嚷嚷開來的虛張聲勢的作法。例有的人做無名英雄，做了不說；有的人有務實精神，做成了才說；而有的人則不然，還沒做就吹噓開了，可謂是「未撒屎，先呼狗」。

【未識一丁】
丁：「個」的訛字。不認識一個字。指沒有文化的人。《舊唐書・張弘靖傳》：「今天下無事，汝輩挽得兩石力弓，不如識一丁字。」《明史・王端傳》：「文職有未識一丁，武階亦未挾一矢。」也作「**目不識丁**」、「**不識一丁**」。

【未始不可】
見「未為不可」。

【未視之狗】
指剛生下來還沒睜開眼的狗。比喻盲無所知的人。漢・劉向《說苑・雜言》：「惠子曰：『子居艘楫之間，則吾不如子；至於安國家，全社稷，子之比我，蒙蒙如未視之狗耳。』」

【未霜見霜，糶米人像霸王】
糶：ㄊㄧㄠˋ，賣出糧食。未到霜降就下霜，來年會鬧飢荒，賣米的就要凶橫地抬高米價了。清・顧祿《清嘉錄》卷八：「諺云：『霜降見霜，米爛糧倉。』若未霜而霜，主來歲飢。諺云：『未霜見霜，糶米人像霸王。』」例老漢總叫媳婦省點米下鍋，積點糧食明年吃。他說：「明年糧食準漲價，你沒聽說『未霜見霜，糶米人像霸王』嗎？」

【未死先驚臭】
驚：害怕，擔心。人還沒死就害怕身體腐爛發臭了。比喻不必要的憂慮和害怕。例事情還沒辦，他就未死先驚臭，害怕人家抓他的小辮子找他的碴。

【未晚先投宿，鷄鳴早看天】
舊時旅店門口常貼這副對聯，提醒旅客天未晚就找好過夜的地方，早晨雄鷄啼鳴要看好天色準備啟程。例他起初只在城外較為偏僻的街上，找那貼著「未晚先投宿，鷄鳴早看天」的對聯的小旅店去住。沒想到，找了許久，也未找到，又只好趕到城裏來找。

【未亡人】
寡婦自稱。《左傳・莊公二十八年》：「夫人聞之，泣曰：『先君以是舞也，習戎備也。今令尹不尋諸仇讎，而於未亡人之側，不亦異乎！』」也作「**未亡之人**」。《初刻拍案驚奇》卷二七：「王氏道：『小尼是未亡之人，長髮改妝何用？只因冤恨未伸，故此上求相公作主。若得強盜殲滅，只此空門靜守，便了終身。』」

【未亡之人】
見「未亡人」。

【未為不可】
不是不可以。《孟子・公孫丑下》：「自此賤丈夫始矣。」宋・朱熹集注引程子曰：「齊王之所以處孟子者，未為不可，孟子亦非不肯為國人矜式者，但齊王實非欲尊孟子，乃欲以利誘之，故孟子拒而不受。」《紅樓夢》一七回：「各舉所長，優則存之，劣則刪之，未為不可。」也作「**未始不可**」。漢・陳登《與謀》書：「然借以避渲靜敉，未始不可。」也作「**未嘗不可**」。魯迅《通訊》：「即使再少一點，也未嘗不可。」

【未形之患】
形：表現、表露；患：隱患、禍害。尚未暴露的隱患。宋・蘇舜欽《咨目》五：「若倉卒之際，得錢何用。不如先取為備，可以建事立功，消未形之患。」

【未學功夫，先學馬步；未學拳頭，先學跌打】

學習武功，必須先從馬步、跌打等基本功練起。比喻凡事都必須先打好基礎，不可能一蹴而就。例我們學習任何事情，都要從根基扎起，俗語說：「未學功夫，先學馬步；未學拳頭，先學跌打。」就是這個道理。

【未飲黃龍】
黃龍：指宋時金國的京都黃龍府。未能在敵都黃龍府飲酒祝捷。形容壯志未酬。《宋史·岳飛傳》：「金將軍韓常欲以五萬衆內附。飛大喜，語其下曰：『直抵黃龍府，與諸君痛飲爾！』」清·趙翼《岳祠銅爵》詩：「壯懷未飲黃龍酒，故物如傳白獸樽。」

【未有不散之筵】
筵：酒席。沒有不散的酒席。指有聚終有散。宋·倪思《經鉏堂雜志》：「筵宴三杯亦散，五杯亦散，十杯亦散，至於百杯亦散。」諺曰：『未有不散之筵。』余於是乎有感。」也作「**沒個不散的筵席**」。

【未有倫比】
未有：沒有、不曾有；倫比：類比、匹敵。沒有能比得上的。唐·韓愈《論佛骨表》：「數千百年以來，未有倫比。」也作「**無與倫比**」。宋·劉詩昌《蘆蒲筆記》卷五：「第一謂學識優長，辭理精純，出衆特異，無與倫比。」

【未雨綢繆】
綢繆：緊密纏縛，引申為修繕。趁著還沒下雨，先修繕房屋門窗。比喻事先做好準備工作。《詩經·豳風·鴟鴞》：「迨天之未陰雨，徹彼桑土，綢繆牖戶。」《官場維新記》四回：「你們中國的兵勇……臨陣脫逃，那是不關我教習的事，在乎你們自己未雨綢繆的。」

【未知鹿死誰手】
鹿：獵取的對象，指政權或最後的勝利。指不知天下為誰所得或最後勝利為誰取得。《晉書·石勒載記下》：「朕若逢高皇（漢高祖劉邦），當北面而事之，與韓彭競鞭而爭先耳；朕遇光武（漢光武帝劉秀），當並驅於中原，未知鹿死誰手！」例比賽場上，難解難分，未知鹿死誰手，桂冠屬誰哩！

【未知生，焉知死】
沒弄懂生的道理，怎麼能知道死的道理呢？謂人活著應關心、弄懂現實生活中的種種道理，不要虛妄地考慮死後的種種事情。《論語·先進》：「季路問事鬼神。子曰：『未能事人，焉能事鬼？』曰：『敢問死。』曰：『未知生，焉知死？』」

【未知數】
原指數學上的術語。比喻尚未經過實踐檢驗，不知正確與否的事物。例這個青年究竟能不能勝任這個工作，還是個未知數。

【未知所措】
措：安置，處理。不知道怎麼辦才好。唐·戴君孚《廣異記·汝陰人》：「鄙夫固陋，蓬室湫隘，不意乃能見顧之深，歡忭交並。未知所措。」也作「**不知所措**」。

【未知萬一】
不懂萬分之一。形容學識過於膚淺。宋·洪邁《夷堅乙志·張銳醫》：「世之庸醫，學方書未知萬一，自以為足，吁！可懼哉。」

【未種瓜，先搭棚】
比喻事先做好相應的準備。例他在籌建學校時，已考慮好教師、教學設備等有關事宜，這正是未種瓜，先搭棚嘛！

【未足輕重】
未：沒有；足：值得，夠得上；輕重：指程度的深淺、事情的主次。謂無關緊要，不值得重視。明·沈德符《萬曆野獲編·京考官被劾》：「王文成後日功名不必言，即楊廉亦至南禮部尚書，謚文恪，則言官白簡，亦未足輕重也。」

【未足為道】
指某種事物或見解不值一提。《五燈會元·長髭曠禪師法嗣》：「若與他作對，即是心境兩法能所雙行，便有種種見解，亦是狂慧，未足為道。」

【未足為奇】
不值得奇怪。《五燈會元·法演禪師》：「主山吞卻案山，尋常言論，拄杖子普該塵剎，未足為奇。」

【未做官兒說千般，做起官兒都一般】
沒做官前對當官的指出了許多不是，以後做了官也跟別的官一樣。指隨著地位的變化，考慮和處理問題的角度也會變。例聽了妹妹一場數落，他耐著性子道：「唉，你是不知當家的苦。你日後當了家，也會像我這樣，未做官兒說千般，做起官兒都一般嘛！」

【未做賊，心不驚；未食魚，口不腥】
比喻心地坦然，不怕別人議論。例他一直勤勤懇懇，克己奉公，儘管遭人議論，仍一如既往，正是未做賊，心不驚；未食魚，口不腥。

【味如雞肋】
味：味道；雞肋：雞的肋骨。指吃著就像雞肋一樣，沒有多大味道，但又捨不得扔掉。比喻對事物沒有多大興趣，但又捨不得丟棄。《三國志·魏書·武帝紀》裴松之注引《九州春秋》曰：「時王欲還，出令曰：『雞肋』，官屬不知所謂。主簿楊修便自嚴裝，人驚問修：『何以知之？』修曰：『夫雞肋，棄之可惜，食之無所得，以比漢中，知王欲還也。』」例前一時期排練的一些劇目真是味如雞肋，實在太枯燥了。

【味如嚼蠟】
味道像嚼蠟一樣。形容語言或文章枯燥乏味。《楞嚴經》卷八：「於橫陳時，味如嚼蠟。」也作「**味同嚼蠟**」。《儒林外史》一回：「世人一見了功名，便捨著性命去求他，及至到手之後，味同嚼蠟。」

【味同嚼蠟】

見「味如嚼蠟」。

【位卑未敢忘憂國】

職位雖然低微，但也不敢忘記要爲國家分憂。宋・陸游《病起書懷》詩：「病骨支離紗帽寬，孤臣萬里客江乾。位卑未敢忘憂國，事定猶須待闔棺。」

【位卑言高】

指地位低下的人議論國家政事。《孟子・萬章下》：「位卑而言高，罪也；立乎人之本朝，而道不行，恥也。」宋・周煇《清波雜志》卷一：「臣本書生……今將告歸，不敢終默，位卑言高，罪當萬死，惟陛下裁赦。」

【位卑足羞】

位：地位；卑：低下；羞：羞恥。地位低下就以爲可恥。唐・韓愈《師說》：「位卑則足羞，官盛則近諛。」

【位不期驕，祿不期侈】

位：官位；期：期望；祿：俸祿；侈：奢侈。指官位高了，不想驕橫也會驕橫；俸祿多了，不想奢侈也會奢侈。例他一再囑咐升遷赴任的兄弟：「切忌古人所說：位不期驕，祿不期侈。一定戒驕戒躁，廉潔奉公！」

【位登台鼎】

位：地位；台鼎：宰相之位，古代以三台及鼎足喻三公。指官居高位。《後漢書・陳球傳》：「公出自宗室，位登台鼎，天下瞻望。」

【位高金多】

位：地位；尊：尊貴。由於地位尊貴，錢也多起來。《史記・蘇秦列傳》：「嫂委蛇蒲服，以面掩地而謝曰：『見季子位高金多也。』」

【位極人臣】

位：官位；極：頂點。在大臣中官位最高的人。三國蜀・諸葛亮《答李嚴書》：「吾本東方下士，誤用於先帝，位極人臣，祿賜百億。」也作「位居極品」。《三國志通俗演義》卷二三：「郤正見姜維欲殺黃皓，急止之曰：『大將軍位居極品，承繼武侯之職，何故造次？』」也作「位尊祿厚」。《兒女英雄傳》三〇回：「那時博得個大纛高牙，位尊祿厚。」

【位極則殘】

指統治者地位越高越殘忍。《三國演義》六五回：「寵之以位，位極則殘；順之以恩，恩竭則慢。」

【位居極品】

見「位極人臣」。

【位尊賤隔】

賤：指地位卑下；隔：分開。官位越高和普通百姓距離越遠。唐・韓愈《與陳給事書》：「閣下位益尊，伺候於門牆者日益進，夫位益尊則賤者日隔。」

【位尊祿厚】

見「位極人臣」。

【位尊勢重】

官位越高，權勢越大。《三國演義》一〇六回：「今君侯位尊勢重，而懷德者鮮，畏威者衆，殆非小心求福之道。」

【畏刀避箭】

形容貪生怕死。元・馬致遠《漢宮秋》二折：「空有滿朝文武……都是些畏刀避箭的，恁不去出力。」

【畏敵如虎】

畏：畏懼、害怕。怕敵人像怕老虎一樣。形容非常害怕。《三國志・蜀書・諸葛亮傳》裴松之注引《漢晋春秋》三五：「賈詡、魏平數請戰，因曰：『公畏蜀如虎，奈天下笑何！』」明・徐光啟《謹申一得以保萬全疏》：「省兵之餉並以厚戰士，以精器甲，自然人人賈勇，何至如今畏敵如虎，視營伍如蹈阱乎？」

【畏而愛之】

雖令人生畏，但又受人愛戴。《禮記・曲禮上》：「賢者狎而敬之，畏而愛之。」

【畏難苟安】

害怕困難，得過且過，只願眼前安逸。《清史稿・食貨志二》：「大學士倭仁疏陳黑地升科，州縣畏難苟安，請申明賞罰。」

【畏強凌弱】

見「違強陵弱」。

【畏首畏尾】

畏：害怕。又怕前又怕後。形容遇事疑慮重重，擔驚受怕。《左傳・文公十七年》：「古人有言曰：『畏首畏尾，身其餘幾？』」杜預注：「言首尾有畏，則身中不畏者少。」明・李清《三垣筆記・崇禎》：「邊臣任事少，畏事多，固是時勢艱難，人多掣肘，亦因功令太嚴，恩威莫測，恐一干聖怒，則無功有罪，是以畏首畏尾，俱不敢做。」

【畏死貪生】

害怕死，貪戀生。明・陸采《明珠記・吐衷》：「古人然諾處，重丘山，我怎肯畏死貪生不向前！」

【畏縮不前】

膽怯、退縮，不敢向前。宋・魏泰《東軒筆錄》：「唐介始彈張堯佐，諫官皆上疏；及彈文彥博，則吳奎畏縮不前。」也作「畏葸不前」。《清史稿・高宗本紀》：「丁卯，以扈從行圍畏葸不前，褫豐安公爵、田國思侯爵，阿里袞罷領侍衛內大臣。」

【畏天愛民】

畏天：敬畏上天；愛民：愛憐下民。敬畏上天，愛憐子民。古代封建統治者的倫理觀念。宋・陸游《上殿札子》：「祖宗畏天愛民，子孫皆當取法。」也作「畏天恤民」。宋・朱熹《辭免進職奏狀》：「既閔然有畏天恤民之誠，而聖訓丁寧又無非惻憺焦勞之實。」

【畏天恤民】

見「畏天愛民」。

【畏天知命】
畏天；敬服天意；知命：知曉天命。指順應天意，按照命運的安排行事。爲封建社會的倫理觀念。漢．馮異《遺李軼書》：「昔微子去殷而入周，項伯畔楚而歸漢，周勃近代王而黜少帝，霍光尊孝宣而廢昌邑，彼皆畏天知命，重祖宗而憂萬民，睹存亡之符效，見廢興之必然，故能成功於一時，垂業於萬世也。」

【畏威懷德】
畏威：敬畏其威嚴；懷德：懷念其恩德。威嚴令人敬畏，恩德使人懷念。《左傳．僖公十五年》：「德莫厚焉，刑莫威焉，服者懷德，貳者畏刑。」《警世通言》卷九：「無非畏威懷德，買靜求安。」

【畏葸不前】
見「畏縮不前」。

【畏影避跡】
見「畏影而走」。

【畏影而走】
畏：害怕；走：跑，逃跑。指害怕自己的影子而疾跑不停。比喻糊塗愚蠢的舉動。《莊子．漁父》：「人有畏影惡跡而去之走者，舉足愈數而跡愈多，走愈疾而影不離身，自以爲尙遲，疾走不休，絕力而死。不知處陰以休影，處靜以息跡，愚亦甚矣。」宋．歐陽修《六一居士傳》：「子欲逃名者乎，而屢易其號。此莊生所誚畏影而走乎，日中者也。」也作「**畏影惡跡**」。例莊周所譏的畏影惡跡之人，當今未必沒有。也作「**畏影避跡**」。《陳書．蕭允傳》：「莊周所謂畏影避跡，吾弗爲也。」

【畏影惡跡】
見「畏影而走」。

【畏之如虎】
像怕老虎那樣畏懼他。形容非常害怕。宋．龔明之《中吳紀聞．朱氏盛衰》：「有在仕途者，稍拂其意，則以違上命文致其罪，浙人畏之如虎。」

【畏罪潛逃】
害怕治罪而偸偸逃走。例我們最好時時監視著小陳，免得他害怕面對刑責而畏罪潛逃。

【餵的鷄多，下的蛋多】
比喻投資多，收益也就多。例辦事業不能太吝嗇，該花錢的地方還得花錢，不花錢怎辦得成事？花錢花到地方，事情也就辦成了。餵的鷄多，下的蛋多！

【餵老鼠，咬破袋】
比喻養奸遺害自己。例這人留不得，留了下來會興風作浪，鬧得大家都不安寧。俗話說：「餵老鼠，咬破袋。」

【餵腦袋】
比喻吃東西。例幹了一天，肚子裏鬧革命了，不管怎麼著，我先得去餐館餵腦袋了。

【餵牛的先得犁，餵馬的先得騎】
比喻花了力氣，自己能首先得益。例你就放心大膽去做吧，做好了給你記大功，不會虧待你，沒聽說「餵牛的先得犁，餵馬的先得騎」嗎？

【餵偏食】
比喻給予特殊照顧。例他自己學習不刻苦，老師再餵偏食成績也上不來。

【餵兔養羊——本小利長】
比喻用小的代價換取大的或長遠的效益。例要站得高看得遠，爲教育事業投資，是餵兔養羊——本小利長的事。

【胃口大】
比喻對事物的需求量很大。例張經理，你有什麼貨物都拿出來吧，我們廠長胃口大著哩！

【謂學不暇者，雖暇亦不能學】
說沒有空閒時間學習的人，即使有了時間，他也不會去學習。謂沒有空暇，只是不學習的一種藉口。《淮南子．說山訓》：「謂學不暇者，雖暇亦不能學。」

【謂予不信】
謂：說，認爲；予：我；信：言語眞實。認爲我的話不眞實。《詩經．王風．大車》：「穀則異室，死則同穴；謂予不信，有如皦日。」《冷眼觀》：「若富貴者，則可權自我操，而無所顧忌也。謂予不信，即以目今上海一隅而論，那晚間四馬路一帶的雉妓……其中實不少舊家顯宦的妻女，都是爲著一個窮字，弄得沿街叫賣。」

【渭濱垂釣】
呂尙隱居，在渭濱磻溪釣魚。形容賢才待用。《史記．齊太公世家》：「呂尙蓋嘗窮困，年老矣，以漁釣奸（千）周西伯（文王）。西伯將出獵……遇太公於渭之陽，與語大說（悅），曰：『自吾先君太公曰：『當有聖人適周，周以興。』子眞是邪？吾太公望子久矣。』故號之曰：『太公望。』載與俱歸，立爲師。」唐．劉禹錫《望賦》詩：「不作渭濱垂釣臣，羞爲洛陽拜塵友。」

【渭陽情】
見「渭陽之情」。

【渭陽之情】
渭陽：地名，渭水的北邊。《詩經．秦風．渭陽》：「我送舅氏，曰至渭陽。」相傳這是秦康送他舅父晉文公回國時所作的詩。後多用「渭陽之情」以表示甥舅之情。唐．陳子昂《爲蘇令本與岑內史書》：「舅又曲垂顧念，恩其庭闈，渭陽之情，實多荷戴。」也作「**渭陽情**」。唐．杜甫《秦送卿二翁統節度鎭軍還江陵》：「寒空巫峽曙，落日渭陽情。」也作「**渭陽之思**」。形容甥舅懷念之情。《晉書．楊駿傳》：「舅氏失道，宗族隕墜，渭陽之思，孔懷感傷。」

【渭陽之思】
見「渭陽之情」。

【渭濁涇清】
渭：渭水；涇：涇水。渭河水渾，涇河水清，在陝西會合，流入黃河，清濁不混。比喻界限清楚，是非分明。例他平常做人處事的態度秉持著涓濁涇清的原則，拿捏一定的分際。

【蝟縮蠖屈】

蝟：同「猬」，刺蝟；蠖：ㄏㄨㄛˋ，尺蠖；屈：彎曲。像刺蝟一樣把身子緊縮，像尺蠖一樣把身體彎曲。形容十分恐懼害怕的樣子。唐・皮日休《吳中苦雨》詩：「如何鄉里輩，見之乃猬縮。」也多用指故作蜷曲，力求達到勇往直前之目的。《周易・繫辭下》：「尺蠖之屈，以求信（伸）也。」宋・蘇舜欽《寒夜答子履見寄》詩：「劍埋猶有氣，蠖屈尚能伸。」例我們在漫長的人生道路上，都會遇到各式各樣的坎坎坷坷，若能像蝟縮蠖屈那樣，能收能彎，也能張能伸，卻也不容易。

【遺子黃金滿籯，不如教子一經】

見「遺子黃金滿籯，不如一經」。

【遺子黃金滿籯，不如一經】

遺：給予；籯：ㄧㄥˊ，竹筐；經：經書，漢代以經書取士。給兒子留下滿滿一筐黃金，還不如教他學會一部經書。指金錢再多也有盡時，有了知識則一生受用不盡。《漢書・韋賢傳》：「賢四子：……少子玄成，復以明經歷位至丞相。故鄒魯諺曰：『遺子黃金滿籯，不如一經。』」例拾荒的李老伯把多年積存的錢，都用來培養子孫們上學，他相信古人說的「遺子黃金滿籯，不如一經」。也作「遺子黃金滿籯，不如教子一經」。例他死後，兒孫們在家裏沒見到存款，只見到一箱箱書，每個書箱裏都有一張字條，上寫「遺子黃金滿籯，不如教子一經」。

【蔚成大觀】

見「蔚爲大觀」。

【蔚成風氣】

見「蔚然成風」。

【蔚然成風】

蔚然：形容茂盛、盛大的樣子；成風：形成風氣，成爲勢頭。逐漸發展、聚集，變得規模盛大，形成風氣。例一時間，健康素食的養生之道蔚然成風。也作「蔚成風氣」。例現在，這個廠的工人利用業餘時間學習文化科學知識，已經蔚成風氣。

【蔚然可觀】

指事物的盛大，規模空前。元・蘇天爵《元朝名臣事略・丞相史忠武王》：「不二三年，國容軍實，蔚然可觀。」

【蔚爲大觀】

蔚：茂盛、聚集；大觀：盛大壯麗的景象。匯聚成盛大壯麗的景象。魯迅《兩地書》五一：「野外花園，殊有情趣，樹木蔚爲大觀。」也作「蔚爲巨觀」。清・梁章鉅《楹聯叢話・廨宇》：「同郡諸君子，合撰楹帖，益蔚爲巨觀。」也作「蔚成大觀」。清・梁章鉅《楹聯叢話・勝跡上》：「余藩吳時，復加修治，增設台榭，蔚成大觀。」也作「蔚爲奇觀」。清・王韜《李珊臣》：「四圍皆山，環青峙碧，蒼翠萬狀，煙雲變態，蔚爲奇觀。」

【蔚爲巨觀】

見「蔚爲大觀」。

【蔚爲奇觀】

見「蔚爲大觀」。

【慰情聊勝於無】

慰：安慰；聊：姑且，暫且；勝：勝過；無：沒有。有，則在感情上是個安慰，總比沒有強。晉・陶潛《和劉柴桑》詩：「弱女雖非男，慰情良勝無。」梁啟超《王荊公傳》七章：「故不居高明之位而勉其責云者，不得已而思其次耳，慰情聊勝於無。」也作「聊勝於無」。

【慰情勝無】

古時男尊女卑，晉柴桑令劉程元有女無男，陶潛和詩以慰之情。意思是雖是女孩已有安慰之情，比沒有還强得多。後泛指自我寬慰。晉・陶潛《和劉柴桑》詩：「弱女雖非男，慰情良勝無。」

【魏顆從治】

魏顆：戰國時期魏國人；從治：擇善而從並治理。《左傳・宣公十五年》：「魏顆敗秦師於輔氏，獲杜回，秦之力人也。初魏武子（魏顆之父）有嬖妾，無子。武子疾，命顆曰：『必嫁是。』疾病，則曰：『必以爲殉！』及卒，顆嫁之，曰：『疾病則亂，吾從其治也。』及輔氏之役，顆見老人結草以亢杜回。杜回躓而顛，故獲之。夜夢之曰：『余，而所嫁婦人之父也。爾用先人之治命，余是以報。』」後以「魏顆從治」讚揚擇善而從，做有利他人之事的行爲。晉・孫綽《喻道論》：「魏顆從治而致結草之報，子都守信而受驄驥之錫。」也作「魏顆之命」。北周・庾信《小園賦》：「鎮宅神以薶石，厭山精而照鏡；屢動莊舄之吟，几行魏顆之命。」

【魏顆結草】

魏顆：戰國時期魏國人；結草：把草結成繩。據《左傳・宣公十五年》記載：魏顆的父親魏武子在生病時吩咐把寵妾嫁人；在病重時又吩咐把寵妾殉葬。魏顆依照父親清醒時的吩咐，而不是病重時的吩咐，把父親的寵妾嫁了人。寵妾的亡父爲報答魏顆救女之恩，在魏顆與秦軍打仗時，結草把秦將杜回絆倒，使秦軍大敗。後以「魏顆結草」形容受恩深重，竭力報效。晉・李瀚《蒙求》：「靈輒扶輪，魏顆結草。」

【魏顆之命】

見「魏顆從治」。

【魏紫姚黃】

宋代洛陽種植的兩種名貴的牡丹花。魏紫爲千葉肉紅花，出於五代時魏仁溥家；姚黃爲千葉黃花，出於姚氏民家。泛指名貴花卉。宋・歐陽修《縣舍不種花……因戲書七言四韻》：「伊川洛浦尋芳遍，魏紫姚黃照眼明。」

ㄨㄢ

【彎扁擔打蛇】
見「飛了鴨子打了蛋——兩落空」。
【彎木要過墨，橫人要過理】
墨：指木匠用的黑線；橫（ㄏㄥˋ）人：蠻不講理的人。彎的木頭要用墨線劃直，然後進行加工才能直；對蠻不講理的人要曉之以理，使之認錯改過。例做思想工作，一定要耐心細緻，堅持做到「動之以情，曉之以理」。對那種蠻不講理的人，更要耐心地給他講淸道理，俗話說：彎木要過墨,橫人要過理嘛。
【彎身大發財】
謂隨時隨地彎下身子收撿浪費的東西或可再利用的廢物，便可以積累一筆財富。例俗話說得好：「彎身大發財。」這老爺子就是靠拾破爛積攢了一筆錢。
【彎樹子，直墨線】
樹子：樹木；墨線：木工用來打直線的裝在墨斗上的線繩。不怕樹木是彎的，只要用墨線一打，就能打出筆直的木材。比喻工作再難，只要講究方法，就能成功。例俗話說：「彎樹子，直墨線。」工作再難，只要我們講究方法，堅持幹下去，就一定能幹成！
【彎彎多】
比喻心眼多，壞主意多。例他彎彎多，你可得小心別上他的圈套。
【彎彎事，曲曲爲】
比喻辦事要按具體情況採取具體措施。例這人辦事的方法總是老一套，不懂得彎彎事，曲曲爲，有些事得那樣辦，有些事得這樣辦。
【彎腰拾稻草——輕而易舉】
形容事情容易做，不費力氣。例這件事交給我吧，彎腰拾稻草——輕而易舉，保證按時按質完成任務。也作「張飛耍杠子——輕而易舉」。
【貫手著棼】
貫：同「彎」；棼：ㄈㄣˊ，重檐屋棟。彎手張弓，直射重檐屋的棟梁。比喻射技極精。《三國志，吳書・太史慈傳》：「慈常從孫策討麻保賊，賊於屯里緣樓上行詈，以手持樓棼，慈引弓射之，矢貫手著棼，圍外萬人莫不稱善。」
【剜草的拾了南瓜——撿著大個的啦】
剜草：割草。比喻得到出乎意料的收穫。例這批電視機是最新產品，質量上乘，你的運氣好，眞是剜草的拾了南瓜——撿著大個的啦，平常在市場上跑斷腿也難買到啊！
【剜了眼的判官——瞎鬼】
剜：用刀子挖；判官：迷信的人稱閻王手下管生死簿的官。斥責人瞎了眼，看不淸事物，或不明事理。例自行車不就在這兒嗎？你半天也沒找到，眞是剜了眼的判官——瞎鬼。也作「沒眼兒的判官——瞎鬼」。
【剜肉補瘡】
剜：用刀挖取；瘡：皮膚上腫爛潰瘍的病，挖了身上的好肉來補身上的瘡。比喻只看眼前，用有害的方法救急。唐・聶夷中《咏田家》詩：「二月賣新絲，五月糶新穀。醫得眼前瘡，剜卻心頭肉。」明・史可法《求助左公子啟》：「路盡途窮，只向朝不保夕之周親，爲剜肉補瘡之義貸。」也作「剜肉爲瘡」。爲：爲了。淸・章學誠《古文十弊》：「妄加雕飾謂之『剜肉爲瘡』，此文人之通弊也。」也作「剜肉醫瘡」。淸・錢琦《東郊勸農》詩之四：「良田既失時，朝舖行乏供。剜肉思醫瘡，毋乃自貽痛。」
【剜肉爲瘡】
見「剜肉補瘡」。
【剜肉醫瘡】
見「剜肉補瘡」。
【剜心裂膽】
像用刀剜似地痛苦，像膽爆裂一樣難受。形容使人異常痛苦。例老王看到隔壁的小養女被父母殘酷地折磨凌虐，心裏像剜心裂膽一樣難受。他挺身而出，保護了小養女。
【蜿蜒如帶】
蜿蜒：蛇爬行的樣子，指彎彎曲曲。形容山脈、河流、道路彎彎曲曲，像帶子一樣。例坐在飛機上往下看，秦嶺上的公路蜿蜒如帶。

ㄨㄢˊ

【丸泥封關】
丸泥：一丸泥；封：封鎖；關：函谷關。一丸泥即可封鎖函谷關。比喻極少的兵力，可以堅守險要的關口。《後漢書・隗囂傳》：「元邃說囂曰：『……今天水完富，士馬最强，北收西河上郡，東收三輔之地，按秦舊蹟，表裏河山，元靖以一丸泥，爲大王東封函谷關，此萬世一時也。』」淸・黃遵憲《櫻花歌》：「仍願丸泥封關再閉一千載，天雨新好花，長是看花時。」
【刓方爲圜】
刓：削；圜：ㄩㄢˊ，同「圓」。把方的削成圓的。比喻使人改變行爲，或適應情勢。戰國楚・屈原《九章・懷沙》：「刓方以爲圜兮，常度未替。」例在封建統治者的高壓下，不少人刓方爲圜，以求生存。也作「刓方就圓」。淸・侯方域《答張天如書》：「刓方就圓，與時消息。」
【紈褲膏粱】
紈褲：細絹做的褲子；膏粱：肥肉和細糧，泛指美味的飯菜。指衣著華麗、吃著美味飯菜的人。指富貴人家的子弟。《兒女英雄傳》八回：「你是個紈褲膏粱，這也無怪你不知。」
【紈絝子弟】
紈：細絹，細白的薄綢；絝：同「褲」。穿著細絹綢褲的貴族子弟。指不勞而食，遊手好閒，衣著華麗的富貴人家的子弟。《漢書・敍傳上》：「出與王、許子弟爲羣，在於綺襦紈絝之間，非其好也。」《宋史・魯宗道傳》：「館閣育天下英才，豈紈絝子弟得以恩澤處邪？」也作「紈褲子弟」。例家中富有的小王，在同事的眼中是一個不折不扣的紈褲子弟，天天遊戲人間。

【紈褲子弟】

見「紈絝子弟」。

【完璧歸趙】

完：完整無缺；璧：平圓形中間有孔的玉器。《史記・廉頗藺相如列傳》載：戰國時秦昭王得知趙國獲和氏之璧，願用十五城換璧。當時秦强趙弱，趙王不敢不允，但又恐秦王有詐，白白失去和氏璧，藺相如表示願出使秦國，曰：「臣願奉璧往使，城入趙而璧留秦；城不入，臣請完璧歸趙。」相如到秦國後，覺察到秦王並無交換的誠意，便用計將和氏之璧完好地送回趙國。後比喻原物完好地歸還，毫無損失。例哥哥嗜書如命，每當朋友向他借書，他總是百般叮嚀，希望他們能將書本準時地「完璧歸趙」。

【完好無缺】

見「完美無缺」。

【完美無疵】

見「完美無瑕」。

【完美無缺】

完善美好，沒有缺點。例世界上完美無缺的人是沒有的，因此不必對人求全責備。也作「完好無缺」。淸・錢泳《履園叢話・收藏・宋》：「小楷，微帶行筆，共一百廿八行，前有十數行破裂者，而後幅完好無闕。」闕：通「缺」。也作「完整無缺」。例我向你借的這套書，現在完整無缺地還給你。

【完美無瑕】

瑕：玉上的斑點，喻缺點或不足。指事物非常完美，無可指責。例在熱戀中，往往會把對方看得完美無瑕，而忽視其缺點或不足。也作「完美無疵」。例事物都有兩面性，從來就沒有什麼完美無疵的事物。

【完門面】

比喻表面敷衍。例他這個人看起來挺熱心，求他什麼事都答應，其實他不過是完門面，光答應不幫忙。

【完事大吉】

完事：事情結束；大吉：非常吉祥如意。指事情完結得順利和美。例張家的媳婦娶到了家，可算是完事大吉。也指東西完蛋，壞事結束。含諷刺之意。例你們這些搞投機買賣的人，整天坑人肥己，這回都進了牢獄，也算是「完事大吉」了。

【完整無缺】

見「完美無缺」。

【玩把戲】

原指江湖藝人的表演。比喻騙人的手段。例你想想這不是在玩把戲嗎？哪裏有一點誠意，不要和他談了。

【玩不轉】

沒有辦法；不受重用，吃不開。例他到這個廠子裏做了好幾年，還是玩不轉，只好調走了事。

【玩法徇私】

玩法：玩忽法律；循：依從，曲從；私：私事，私利。指無視法紀，謀取私利。《警世通言》卷二四：「公子吩咐劉推官道：『聞知你公正廉能，不肯玩法循私……你與我把這事情用心問斷。』」

【玩猴的丢了鑼——耍不起來】

比喻幹不下去。例我沒有你那兩下子，在這裏工作，就像玩猴的丢了鑼——耍不起來。

【玩忽職守】

玩忽：不嚴肅認眞對待；職守：職責。不嚴肅認眞地對待自己的工作。例由於值班人員玩忽職守，造成倉庫物資被盜，損失約萬元。

【玩花舌子】

花言巧語。例你不要再在我面前玩花舌子，我不吃你那一套。

【玩花頭】

比喻耍手段。例你到底有心沒心？怎麼敢跟我玩花頭？！要是玩出事來，你可是甭想推托責任。

【玩花招】

花招：指姿勢好看而沒眞功夫的武術動作。比喻矇騙人。例這人一點不實在，盡玩花招，早晚得倒霉。

【玩火自焚】

玩：玩弄；焚：燒。玩弄火的人反倒把自己燒死。比喻幹冒險或害人的事，最後受害的還是自己。《左傳・隱公四年》：「夫兵，猶火也，弗戢，將自焚也。」例希特勒發動侵略戰爭，玩火自焚，最後落得個自取滅亡的下場。也作「玩火者必自焚」。例別去幹那種損人利己的勾當，以免得到「玩火者必自焚」的報應。

【玩貓兒匿】

比喻暗中偷偷摸摸幹不正當的事。例生意這麼好，分紅卻這麼少，這裏頭肯定有人玩貓兒匿！

【玩人喪德】

玩人：玩弄、戲弄人；喪：失去。玩弄別人，喪失德行。《尚書・旅獒》：「玩人喪德，玩物喪志。」

【玩日廢時】

玩日：指空度時日；廢時：浪費時光。指浪費或延誤時間。《民國通俗演義》一〇〇回：「執事既令所部停戰，本軍政府亦令前敵將士止攻。惟彼此猶未實行接近和平談判，玩日廢時，殊屬無謂。」

【玩世不恭】

玩世：以消極、輕蔑的態度對待世事；不恭：不恭敬，不嚴肅。指對現實不滿而對世事消極且不嚴肅。《漢書・東方朔傳贊》：「依隱玩世，詭時不逢。」明・李開先《雪簑道人傳》：「醉後高歌起舞，更有風韻，只是玩世不恭，人難親近耳。」也作

「玩世不羈」。不羈：不受束縛。明・歸有光《夢雲沈先生六十壽序》：「淞江之上，有隱君子，曰夢雲先生沈氏，其達生適嗜玩世不羈之士乎。」

【玩世不羈】

見「玩世不恭」。

【玩是玩，笑是笑】

指玩笑歸玩笑，正經事歸正經事，不要摻和在一塊。明・無心子《金雀記》一二齣：「今日玩是玩，笑是笑，有這樁公事在身，交我如何區處？」也作「說是說，笑是笑」。

【玩歲愒日】

愒（ㄎㄞˋ）：荒廢。指貪圖安逸，荒廢時光。《左傳・昭公元年》：「後子出而告人曰：『趙孟將死矣！主民，玩歲而愒日，其與幾何？』」宋・朱熹《壬午應詔封事》：「知陛下之志必於復仇啟土，而無玩歲愒日之心。」

【玩物溺志】

見「玩物喪志」。

【玩物喪志】

玩：玩弄，玩賞；喪：失去；志：志向。指一味沉迷於所喜愛的東西，而喪失進取的志向。《尚書・旅獒》：「玩人喪德，玩物喪志。」宋・朱熹《答王欽之》：「玩物喪志之戒，乃為求多聞而不切己者發。」也指讀書一味死記硬背而不知領會精神實質，身體力行。宋・朱熹《近思錄》卷二：「明道先生以記誦博識為玩物喪志。」也作「玩物溺志」。溺：沒。宋・張栻《與曾節夫撫幹》：「今再賦五章奉寄……若求增不已，卻恐亦為玩物溺志，不可不察也。」

【玩於股掌之上】

股：大腿；掌：手掌。玩弄於大腿和手掌的上面。形容勢力大、手段高，能隨意操縱人，決定其命運。《國語・吳語》：「[申胥諫曰]大夫[文]種勇而善謀，將還玩吳國於股掌之上，以得其志。」也作「玩之掌股」。明・朱之瑜《中原陽九述略・虜勢二條》：「先年李寧遠以奴隸兒子畜之，玩之掌股，使其長養內地，知我虛實情形。」

【玩之掌股】

見「玩於股掌之上」。

【頑梗不化】

見「頑固不化」。

【頑固不化】

思想保守而不肯改變。《文明小史》六回：「卑府從前在那府裏，也做過一任知縣，地方上的百姓，極其頑固不化。」也指堅持錯誤，不肯改悔。例你要是繼續拒不交待自己的問題，頑固不化，後果將是非常嚴重的。也作「頑梗不化」。頑梗：非常頑固。例堅持與人民為敵，頑梗不化的人，最後便成為歷史的罪人。

【頑廉懦立】

頑：貪婪；廉：廉潔；懦：膽小軟弱；立：自立、振作。使貪婪者廉潔，使懦弱者自立。形容感化力量之大。《孟子・萬章下》：「故聞伯夷之風者，頑夫廉，懦夫有立志。」清・劉熙載《藝概・文概》：「元次山文，狂狷之言也。至《七不如七篇》，雖若憤世太深，是亦足以使頑廉懦立。」也作「廉頑立懦」。

【頑冥不靈】

頑冥：頑固愚鈍。既頑固又愚蠢，腦子一點也不開竅。明・方孝孺《豫讓論》：「[智]伯雖頑冥不靈，感其至誠，庶幾復悟。」也作「冥頑不靈」。

【頑皮賴骨】

罵人話。①指不講道理、不聽勸導的人。例這個人幾經教育，仍不見悔改的表現，眞是頑皮賴骨。②指人倔強固執，不肯服罪求饒。《醒世恆言》卷三三：「你這等頑皮賴骨，不打，如何肯招？」

【頑強不屈】

頑強：堅強。形容人的意志堅強，不可屈服。例這個連被敵人團團包圍。但他們誓死不降，頑強不屈地同敵人拚，一直堅持到後援部隊到來。

【頑石點頭】

晉・無名氏《蓮社高賢傳・道生法師》載：晉朝和尚道生法師入虎丘山，聚石為徒，講《涅槃經》……羣石皆為點頭。後以「頑石點頭」形容講理透徹，感化極深，使人心悅誠服。明・張岱《祭祁文載文》：「舊歲與岱偶談禪理，闡揚佛法，眞能使頑石點頭。」

【頑耍無益】

一味貪玩沒有好處。《隋唐演義》一七回：「常言道：頑耍無益。我想：人在少小時，玩耍盡得些趣，卻不知是趣。一到大來，或是求名，或是覓利……直到功名遂，那時鬚鬢皤然，要頑耍卻沒了興趣。」

【頑鐵生光】

見「頑鐵生輝」。

【頑鐵生輝】

輝：光輝。鐵塊也能放射出光輝。比喻人一旦碰上好機遇，景況馬上就會好轉。《初刻拍案驚奇》卷一：「運退黃金失色，時來頑鐵生輝。」也作「頑鐵生光」。《隋唐演義》一四回：「運去黃金減價，時來頑鐵生光。」

ㄨㄢˇ

【宛然如生】

宛然：彷彿；如生：像活的一樣。彷彿就像活的似的。《武王伐紂平話》上卷：「姬昌見古墓自摧，佇目視之，見一女子屍形，宛然如生。」

【宛然在目】

宛然：彷彿。逼眞地。彷彿眞地呈現在眼前。清・鄭燮《范縣署中寄舍弟墨第五書》：「以及宗廟丘墟，關山勞戍之苦，宛然在目。」

【宛若游龍】

宛若：好像；游龍：游動起來的龍。形容美人體態輕盈的樣子。三國魏・

曹植《洛神賦》：「翩若驚鴻，宛若游龍。」

【宛轉蛾眉】

蛾眉：形容女子又細又彎的眉毛，也作「娥眉」，指美人輕輕揚起又細又彎的眉毛。①形容美人纏綿悱惻的神態。唐・白居易《長恨歌》詩：「六軍不發無奈何，宛轉蛾眉馬前死！」②形容美人的妖媚神態。唐・劉希夷《代悲白頭翁》詩：「宛轉蛾眉能幾時？須臾鶴髮亂如絲。但看古來歌舞地，惟有黃昏鳥雀悲。」

【宛轉周折】

宛轉：輾轉；周折：往返曲折，不順利。指事情進行得不順利。例經過警方宛轉周折查訪，終於為吳先生找到了失散多年的親人。

【莞爾而笑】

莞爾：微笑的樣子。微微地一笑。《論語・陽貨》：「夫子莞爾而笑曰：『割雞焉用牛刀。』」也作「莞然而笑」。《後漢書・蔡邕傳》：「[蔡]邕莞然而笑曰：『此足以當之矣。』」

【莞然而笑】

見「莞爾而笑」。

【婉婉有儀】

婉婉：溫順的樣子。形容溫和柔順而有禮貌。唐・韓愈《河南緱氏主簿唐充妻盧氏墓志銘》：「夫人本宗世族之後，率其先猷，令德是茂，爰歸得家，九子一田，婉婉有儀，靜以和命。」

【婉言謝絕】

婉言：委婉的話；謝絕：拒絕的婉辭。用委婉的言辭加以拒絕。《孽海花》三二回：「幸虧英相羅士勃雷婉言謝絕，否則……不特破壞垂成的和局，而且喪失大信。」

【婉轉悠揚】

婉轉：聲調抑揚而動聽；悠揚：聲音漫長而和諧。形容歌聲柔媚感人。例遠處傳來了婉轉悠揚的歌聲。

【碗底的豆子——歷歷（粒粒）在目】

歷歷：「粒粒」的諧音。形容清清楚楚地展現在眼前。例過去的痛苦，現在回憶起來，就像碗底的豆子——歷歷（粒粒）在目。

【碗裏拿帶靶兒的蒸餅】

蒸餅：一種用發麵蒸成的餅；靶兒：同「把兒」，指柄。比喻很容易。元・關漢卿《陳母教子》一折：「是掌上觀紋，懷中取物，碗裏拿帶靶兒的蒸餅，則今日辭別了母親，便索長行。」例這事好辦，好比碗裏拿帶靶兒的蒸餅，只消去那裏三五天，就辦成了。

【挽狂瀾】

比喻化險為夷，扭轉惡運。例這場足球，小李要不上場挽狂瀾，非輸不可。

【挽弩自射】

挽：拉；弩：弩弓，一種利用機械力量發射的弓。拉弩弓自己射自己。比喻事情未辦好，自己害了自己。《晉書・崔洪傳》：「薦雍州刺史郤詵代己為左丞。詵後糾洪，洪謂人曰：『我舉郤丞而還奏我，是挽弩自射也。』」

【挽圈圈】

設圈套。例我早知道他沒安好心，一直在挽圈圈，想整垮我。

【晚飯少吃口，活到九十九】

指晚飯少吃一口，能益壽延年。例上了年紀的人，晚上的一餐要少吃，以免增加腸胃心臟的負擔，所謂晚飯少吃口，活到九十九。也作「晚飯不入口，活到九十九」。

【晚節不終】

晚節：晚年的節操。晚年喪失了以前保持的節操。宋・劉克莊《江西詩派序・三洪》：「駒父後居上坡，晚節不終，不特有愧於舅氏，亦有愧於長君也。」

【晚節黃花】

晚節：晚年的節操；黃花：指菊花。人的晚節應像黃花那樣凌霜盛開。指人在晚節要很好地保持節操。明・王世貞《鳴鳳記》三八齣：「須信苦盡甘來，晚節黃花無疑。」也作「寒花晚節」、「黃花晚節」。

【晚節末路】

晚節：晚年時節；末路：人生路途的終點。指人已到了晚年，來日不多了。宋・王安石《第四札子》：「他日若獲寧瘳，顧雖晚節末路，尚知補報，惟所驅策，豈敢辭免？」

【晚娘的拳頭，六月裏的日頭】

晚娘：後娘。晚娘的拳頭對待丈夫前妻所生子女，就像六月裏的太陽那樣毒。《儒林外史》五回：「他爺四十多歲，只得這點骨血，再娶個大娘來，各養的各疼。自古說：『晚娘的拳頭，六月裏的日頭。』這孩子料想不能長大。」也作「晚娘大拳頭，夏天毒日頭」、「夏天毒日頭，晚娘大拳頭」。

【晚親義重】

晚親：因代人撫養或拜認而結成的親屬。指晚親情義往往更深厚。《西遊記》八三回：「若論令郎講起來，雖是恩女，不是親女，卻也晚親義重。」

【晚上要行千里，早上還在這裏】

比喻吹牛說大話，光說不做。例你別聽他說得漂亮，他是「晚上要行千里，早上還在這裏」一類人，只是光說不幹。

【晚生後學】

晚生：後輩對前輩謙稱自己；後學：後起的學習者。指同學一門知識或技術的後生小輩。《宣和書譜・草書三・庾翼》：「庾翼為當日書家名流所推先知此，其自許亦自高，要是，其所得非晚生後學淺淺所能追逐也。」

【晚食當肉】

晚食：指饑餓以後吃東西；當：當作。①指饑餓的人吃什麼都覺得味美如肉。例小伙子爲趕路一天沒吃飯，夜裏到家見到窩頭，他也吃得噴香，弟弟笑話他，他說：「我這是晚食當肉啊！」②指甘於清苦的生活。《戰國策・齊策四》：「晚食以當肉，安步以當車。」

【綰角弟兄】

綰角：丱，形容兒童束髮成兩角的樣子，指幼時。指幼年時結交的好朋友。元・無名氏《氣英布》二折：「隨何也咱是你綰角兒弟兄，怎生來漢王不把咱欽敬。」

ㄨㄢˋ

【萬般皆下品，唯有讀書高】

萬般：指各行各業；品：等級。舊時認爲各行各業都是低賤的，只有讀書做官才是高貴的。宋・汪洙《神童詩》：「天子重英豪，文章教爾曹。萬般皆下品，唯有讀書高。」

【萬般事仗少年爲】

很多事都是靠少年時努力才做出來的。指人們在少年時代就要有所作爲。例萬般事仗少年爲，現在年紀輕輕的不努力，還得等什麼時候？須知，少小不努力，老大徒傷悲。

【萬般無奈】

萬般：極其，非常；無奈：沒有辦法，無法可想。指迫不得已，一點辦法都沒有。《歧路燈》二〇回：「耘軒萬般無奈，只得寫『杯水候敍』帖兒，把婁、程二位請到家中。」

【萬變不離其宗】

宗：宗旨，根本。事物千變萬化，不會脫離它的根本。謂事物不管形式上發生多大變化，其本質始終如一。清・譚獻《明詩》：「求夫辭有體要，萬變而不離其宗。」

【萬別千差】

形容事物之間有多種多樣的差別。《五燈會元》卷二〇：「萬別千差無覓處，得來元在鼻尖頭。」也作「**千差萬別**」。

【萬不得已】

萬：萬萬，絕對。實在是不能不如此，沒有別的辦法。《古今小說》卷一八：「娘子不須掛懷，三載夫妻，恩情不淺，此去也是萬不得已，一年半載，便得相逢也。」

【萬不耐一】

耐：通「能」。一萬個裏頭也找不到一個。形容人才極其難得。漢・王充《論衡・超奇》：「著書表文，論古說今，萬不耐一。」

【萬不失一】

失：差錯，失誤。一萬次之中也不會有一次差錯。形容絕對有把握，不會有失誤。《史記・淮陽侯列傳》：「蒯通曰：『貴賤在於骨法，憂喜在於容色，成敗在於決斷，以此參之，萬不失一。』」也作「**萬不一失**」。漢・枚乘《七發》：「孔[子]、老[子]覽觀，孟子持籌而算之，萬不一失。」也作「**萬無一失**」。《水滸全傳》二回：「不要華陰縣去，只去蒲城縣，萬無一失。」也作「**萬無失一**」。《五燈會元・黃龍心禪師法嗣》：「子誠能如是，心無異緣，六根自靜，默然而究，萬無失一也。」

【萬不一失】

見「萬不失一」。

【萬草千花】

千萬種草和花。形容花草種類繁多。唐・杜甫《白絲行》詩：「象床玉手亂殷紅，萬草千花動凝碧。」

【萬代不易】

萬代：永遠，永久；不易：不變。永遠不會改變。《六韜・龍韜・五音》：「宮、商、角、徵、羽，此眞正聲也，萬代不易。」

【萬代千秋】

指經歷年代極久。晉・無名氏《平西將軍周處碑》：「書方易折，家揭難留。鐫茲幽石，萬代千秋。」也作「**萬古千秋**」。唐・沈佺期《邙山》詩：「北邙山上列墳塋，萬古千秋對洛城。」也作「**萬古千年**」。元・喬孟符《金錢記》四：「供奉翰林名學士，萬古千年姓字香。」也作「**萬載千秋**」。載：年。明・無名氏《賀元宵》三折：「當今聖主存仁孝，萬載千秋享太平。」也作「**千秋萬代**」。

【萬代一時】

萬代：形容久遠；時：時機，機會。經過很長時間才有這麼一個機會。形容機會極其難得。《梁書・陳伯之傳》：「三倉無米，東境饑流，此萬代一時也，機不可失。」也作「**萬世一時**」。《三國演義》九六回：「若擒了曹休，便長驅直進，唾手而得壽春，以窺許、洛，此萬世一時也。」

【萬石穀，粒粒積累；千丈布，根根織成】

石：容量單位，一石等於十斗。指糧食布匹來之不易。也指積少可以成多。例常言道：「萬石穀，粒粒積累；千丈布，根根織成。」人家的花園是經過辛勤勞動建成的，你得愛惜園中的一草一木。

【萬惡皆由私字起，千好都從公字來】

指私心是萬惡之源，公心是千好之本。例坑騙別人使李明走上犯罪之路，幫助他人讓張和備嘗助人之樂，眞是「萬惡皆由私字起，千好都從公字來」。

【萬惡淫爲首，百善孝爲先】

指所有壞事中淫亂是最壞的，衆多美德中孝順居第一位。《鏡花緣》一〇回：「萬惡淫爲首，百善孝爲先。此人既忤逆父母，又有『桑間月下』損人名節之事，乃罪之魁，惡之首。」

【萬惡之源】

萬惡：一切罪惡；源：事物的開始、起源。一切罪惡的根據。例極端個人主義是走上犯罪道路的萬惡之源。

【萬方多難】

萬方：泛指全國，也指廣大人民；多

難：多災多難。指國家、人民飽受災難。唐．杜甫《登樓》詩：「花近高樓傷客心，萬方多難此登臨。」

【萬夫不當】

見「萬夫不當之勇」。

【萬夫不當之勇】

當：抵擋。一萬個人也抵擋不住的勇力。形容勇猛非凡。元．關漢卿《五侯宴》三折：「此人使一條渾鐵槍，有萬夫不當之勇。」也作「萬夫不當」。淸．孔尚任《桃花扇．哭主》：「俺左良玉立功邊塞，萬夫不當，也是天下一個好健兒。如今白髮漸生，殺賊未盡，好不恨也。」也作「萬夫之勇」。《三國演義》七二回：「吾有萬夫之勇，豈懼他人哉！」也作「萬夫莫當」。例劉備手下的張飛勇猛過人，萬夫莫當。

【萬夫莫當】

見「萬夫不當之勇」。

【萬夫之望】

萬夫：萬人；望：名望，聲望。指萬衆所仰望的人。《周易．繫辭下》：「君子知微知彰，知柔知剛，萬夫之望。」

【萬夫之勇】

見「萬夫不當之勇」。

【萬夫之長】

萬夫：萬人；長：首領。萬人中的首領。《尚書．咸有一德》：「萬夫之長，可以觀政。」

【萬古不變】

萬古：萬代，形容經歷的時間極長。永遠不會改變。梁啟超《惟心》：「天地間之物一而萬，萬而一者也……萬古不變，無地不同。」

【萬古不磨】

萬古：永遠；磨：磨滅，消失。謂永遠不會消失。魯迅《古書與白話》：「便是父親，也未必獨有萬古不磨的典則。」

【萬古長春】

長：經常，長久。千秋萬代永遠是春天。比喻美好的事物長存不衰。元．無名氏《謝金吾》四折：「也論功增封食邑，共皇家萬古長春。」也作「萬古常青」。例當我們聆聽先烈們萬古常青的事蹟時，不由得肅然起敬。也作「萬古長青」。例只有在詞彙不斷新陳代謝的情況下，語言的美妙才能萬古長青。也作「萬古常新」。

【萬古長存】

萬古：千年萬代；長存：長久存在。指美好的事物千年萬代，永遠存在。宋．晁補之《次韻蘇門下寄題雪浪石》：「公歸廊廟誰得挽，此石萬古當長存。」

【萬古長青】

見「萬古長春」。

【萬古常青】

見「萬古長春」。

【萬古常新】

見「萬古長春」。

【萬古留芳】

萬古：千年萬代；留芳：留下好名聲。美名傳萬代。元．紀君祥《趙氏孤兒》二折：「老宰輔，你若存的趙氏孤兒，當名標青史，萬古留芳。」也作「萬古流芳」。元．無名氏《延安府》四折：「見如今千載名揚，萬古流芳。」

【萬古流芳】

見「萬古留芳」。

【萬古千年】

見「萬代千秋」。

【萬古千秋】

見「萬代千秋」。

【萬剮千刀】

剮：ㄍㄨㄚˇ，古代一種殘酷的死刑，也叫「凌遲」，即把犯人的皮肉一塊塊地割下來。指處以凌遲之刑。元．無名氏《盆兒鬼》四折：「即日押赴市曹，將他萬剮千刀，凌遲處死。」後用作咒罵人的話，表示痛恨之極。例是哪個萬剮千刀的，把我的錢偷走了！也作「千刀萬剮」。

【萬貫家財】

貫：舊時的銅錢用繩子穿起來，每一千個叫一貫。一萬貫的家財。形容非常富有。《金瓶梅詞話》一回：「張大戶有萬貫家財，百間房屋。」也作「萬貫貲財」。貲：同「資」。元．無名氏《冤家債主》一折：「急巴巴日夜費籌劃，營辦著千般活計，積攢下萬貫貲財。」也作「萬貫家私」。例老爹爹縱然萬貫家私，自有嫡子嫡孫，幹你屁事！

【萬貫家私】

見「萬貫家財」。

【萬貫貲財】

見「萬貫家財」。

【萬壑爭流】

壑：山中深溝，指溪流。萬條溪水，競相奔流。形容自然山水之美。南朝宋．劉義慶《世說新語．言語》：「顧長康從會稽還，人問山川之美，顧云：『千岩競秀，萬壑爭流，草木蒙籠其上，若雲興霞蔚。』」

【萬紅千紫】

見「萬紫千紅」。

【萬斛泉源】

斛：古量器名，也是容量單位，十斗爲一斛，南宋末年改五斗爲一斛；泉源：水源。謂水源豐富，長流不斷。比喻文思敏捷。宋．蘇軾《文說》：「吾文如萬斛泉源，不擇地而出。」

【萬戶千門】

見「萬門千戶」。

【萬花筒】

原指一種玩具。比喻變化多姿，引人入勝的事物。例當你走進北京的石花洞，看到那些千奇百怪的鐘乳石柱，眞有如進入一個萬花筒的世界。

【萬家燈火】

千家萬戶燈火通明。形容城鎮夜晚美景。舊時多指元宵節（農曆正月十五）夜晚觀燈景象。宋．王安石《上元戲呈貢父》詩：「車馬紛紛白晝同，萬家燈火暖東風。」也作「燈火萬家」。

【萬家生佛】

謂萬戶千家供奉的活佛。舊時頌揚體恤民情、救民疾苦的官吏。例受災當地的居民都把前來探視災情的官吏視爲拯救他們的萬家生佛。

【萬箭攢心】

攢：聚集，集中；攢（ㄘㄨㄢˊ）心：一齊射中心臟。一萬枝箭一起射中心臟。比喻內心極其難受，萬分痛楚。多指聽到壞消息。《水滸傳》九八回：「瓊英知道了這個消息，如萬箭攢心，日夜吞聲飮泣，珠淚偸彈，思報父母之仇，時刻不忘。」

【萬劫不復】

劫：梵語「劫波」的簡稱，佛家稱天地的一成一敗叫一劫；萬劫：指時間極長。謂永遠不能恢復。《景德傳燈錄》卷一九：「莫將等閒空過時光，一失人身，萬劫不復，不是小事。」

【萬劫不朽】

謂永遠不會衰敗。南朝梁・蕭綱《唱導文》：「故一善染心，萬劫不朽；百燈曠照，千里通明。」

【萬金不換】

萬金之價也不換。形容珍貴之極。《淵鑒類函》卷二○五引成老相《墨經》：「凡墨日日用之，一歲才減半分，如是者萬金不換。」

【萬金家書】

萬金：値萬兩黃金；家書：家人的來信。形容盼望已久的家人來信，顯得比什麼都珍貴。唐・杜甫《春望》詩：「烽火連三月，家書抵萬金。」例小李出國留學三個月後，今天終於接到父母的第一封回信，這眞是萬金家書啊！

【萬金良藥】

萬金：指價格昂貴；良藥：好藥。價格昂貴的好藥。《漢書・灌夫傳》：「夫身中大創十餘，適有萬金良藥，故得無死。」

【萬金油】

比喻樣樣能幹點，卻無一專長的人。例你說不能培養萬金油式幹部，可是，有時候還眞缺不了這種人。

【萬金之資】

資：資財。擁有萬兩黃金的資財。形容極爲富有。《史記・留侯世家》：「留侯乃稱曰：『家世相韓，及韓滅，不愛萬金之資，爲韓報讎。』」

【萬口一辭】

見「萬口一談」。

【萬口一談】

一萬張嘴同一個聲音。指衆人異口同聲。宋・胡銓《上高宗封事》：「今內而百官，外而軍民，萬口一談，皆食[王]倫之肉。」也作「萬口一辭」。唐・孫樵《武皇遺劍錄》：「羣疑膠牢，萬口一辭。」

【萬苦千辛】

許許多多的困苦與艱辛。《敦煌變文集・父母恩重經講經文》：「十月懷胎諸弟子，萬苦千辛逐日是。」也作「千辛萬苦」。

【萬籟俱寂】

籟：古代一種三孔管樂器，引申爲從孔穴裏發出的聲音，又泛指一般的聲音；萬籟：指自然界萬物發出的各種聲響。謂自然界萬物全都寂靜無聲。形容環境非常安靜。唐・常建《題破山寺後禪院》詩：「山光悅鳥性，潭影空人心；萬籟此都寂，但餘鍾磬音。」《儒林外史》一二回：「當夜萬籟俱寂，月色初上，照著階下革囊裏血淋淋的人頭。」也作「萬籟俱空」。宋・黃庭堅《聽崇德君鼓琴》詩：「罷琴窗外月沉江，萬籟俱空七弦定。」也作「萬籟俱息」。宋・劉斧《青瑣高議・隋煬帝海江記下》：「是時，月初朦朧，晩風輕軟，浮浪無聲，萬籟俱息。」也作「萬籟無聲」。元・王實甫《西廂記》一本三折：「一更之後，萬籟無聲，直至鶯庭。」

【萬籟俱空】

見「萬籟俱寂」。

【萬籟俱息】

見「萬籟俱寂」。

【萬籟無聲】

見「萬籟俱寂」。

【萬類不齊】

萬類：世界上各種各樣的生物，也泛指一切事物；不齊：不整齊，不一致。指世界上的一切事物，都各有自己的特殊性。《兒女英雄傳》三七回：「不然七十二候，縱說萬類不齊，那《禮》家記事者，何以就敢毅然斷爲『爵入大水爲蛤』哉？」也作「萬有不齊」。萬有：指萬物。例世上之物，萬有不齊，況人各有志，豈能强求。

【萬里長城】

原指我國的長城。後比喻國家所依賴的將才。《南史・檀道濟傳》：「道濟立功前朝，威名甚重，左右腹心併經百戰，諸子又有才氣，朝廷疑畏之……道濟見收，憤怒氣盛，目光如炬，俄爾間引飮一斛，乃脫幘投地，曰：『乃壞汝萬里長城！』」唐・賀知章《送人之軍》詩：「隴雲晴半雨，邊草夏先秋。萬里長城寄，無貽漢國憂。」現也用以比喻人民軍隊。

【萬里長城是一磚一磚砌成的，江洋大海是一滴一滴匯成的】

比喻大的東西是由小的積累而成。例常言道：「萬里長城是一磚一磚砌成的，江洋大海是一滴一滴匯成的，豐富的知識是一點一點積累起來的。」

【萬里長征】

萬里：極遠；長征：長途遠行。形容極遠的行程。唐・王昌齡《出塞》詩：「秦時明月漢時關，萬里長征人未還；但使龍城飛將在，不敎胡馬度陰山。」

【萬里封侯】

《東觀漢記・班超傳》：「超行詣相者。曰：『祭酒，布衣諸生爾，而當封方萬里之外。』超問其狀，相者曰：『生燕頷虎頭，飛而食肉，此萬里侯相也。』」後用「萬里封侯」指立功於邊遠之地而得封官。清・黃遵憲《李肅毅侯挽詩四首》詩：「萬里封侯由骨相，中書不死到期頤。」

【萬里赴戎機，關山度若飛】

戎：軍事，戰爭；機：時機，機會；度：渡過，越過。爲把握戰機，不遠萬里，飛越關山。形容趕赴邊境，戍邊報國的豪邁氣概。北朝・無名氏《木蘭詩》：「萬里赴戎機，關山度若飛。朔氣傳金柝，寒光照鐵衣。將軍百戰死，壯士十年歸。」

【萬里河山】

河山：指祖國領土。形容祖國疆土廣大，幅員遼闊。元・白仁甫《梧桐雨》楔子：「守成繼統當兢業，萬里河山拱大唐。」也作「萬里江山」。宋・張元千《賀新郎・送胡邦衡待制赴新州》詞：「萬里江山知何處？回首對床夜語。」

【萬里江山】

見「萬里河山」。

【萬里江山一錠墨】

天大的事情也是由墨寫的文字定下來了。形容條約、契約和合同等的重要性和權威性。例常言道：「萬里江山一錠墨。」你以爲訂合同可以隨隨便便想撕就撕，想毀就毀呀？訂了，就得按合同商定的辦！

【萬里鵬程】

鵬：傳說中的大鳥；程：行程，飛行的路程。《莊子・逍遙遊》：「鵬之徙於南冥也，水擊三千里，搏扶搖而上者九萬里。」後以「萬里鵬程」比喻前程遠大。明・無名氏《下西洋》一折：「全憑著帆槳依存，我則索萬里鵬程雪浪分。」也作「鵬程萬里」。

【萬里同風】

風：風俗，風氣。遼闊疆土，風俗相同。指天下一統。《漢書・終軍傳》：「今天下爲一，萬里同風。」

【萬里未歸人】

萬里：指遠行在外；歸：回。遠行在外的人還沒有回來。唐・馬戴《除夜》詩：「一年將近夜，萬里未歸人。」

【萬里猶比鄰】

萬里：相隔遙遠；猶：如同，好像；比鄰：近鄰。遠隔萬里，如同近鄰，形容對遠方親友的親近感情。三國魏・曹植《贈白馬王彪》詩：「心悲動我神，棄置莫復陳。丈夫志四海，萬里猶比鄰。」也作「天涯若比鄰」。

【萬里雲霄】

形容人的志向遠大，前途無量。宋・楊萬里《答章漢直》詩：「五湖煙水三冬臥，萬里雲霄一日程。」

【萬里之任】

萬里：指地方遙遠；任：職責、責任。在極遠的地方任職。舊多指藩臣之任。三國魏・曹丕《賜關內侯詔》：「授之以萬里之任，任之以一方之事。」

【萬里之望】

飛騰萬里的期望。指顯貴得志的願望。三國魏・應璩《與侍郎曹長思書》：「王肅以宿德顯授，何曾以後進風拔，皆鷹揚虎視，有萬里之望。」

【萬兩黃金容易得，知心一個也難求】

萬兩黃金容易得到，尋求一個知心朋友卻很難。謂結交知心朋友非常不易。《紅樓夢》五七回：「所以說，拿定主意要緊。姑娘是個明白人，沒聽見俗語說的：『萬兩黃金容易得，知心一個也難求。』」

【萬兩黃金容易有，錢財無義應難守】

指不義之財容易得，要守住卻難。例他靠走私發了財，可是沒想到被抓住後不僅錢財充公，人還入了獄，正是萬兩黃金容易有，錢財無義應難守。

【萬兩黃金未爲貴，一家安樂值錢多】

指一家人和睦安樂比萬兩黃金還要可貴。例老太太嫌貧愛富，硬讓女兒拋了相好的，嫁了個有錢的老頭兒，她哪知萬兩黃金未爲貴，一家安樂值錢多，害得女兒三天兩頭哭哭啼啼，弄得婆家、娘家不得安寧。

【萬流景仰】

萬流：指各方面的人；景仰：尊敬，仰慕。天下的人都尊敬仰慕。例孫中山先生德高望重，萬流景仰，他的故居廣東省中山縣翠亨村每天都有很多國際友人前來參觀。

【萬縷千絲】

縷絲：萬根線，千根絲。形容彼此之間的複雜聯繫。宋・辛棄疾《蝶戀花・送祐之弟》詞：「會少離多看兩鬢，萬縷千絲，何況新來病。」也作「千絲萬縷」。

【萬慮皆灰】

見「萬念俱灰」。

【萬慮千愁】

指無窮的焦慮和憂愁。《官場現形記》三三回：「一回又想到自己平時所做所爲，簡直沒有一件妥當的，一霎時萬慮千愁，坐立不定。」

【萬綠叢中一點紅】

一大片綠樹叢中僅有一朵紅花，非常顯眼。形容突出醒目的事物。宋・胡繼宗《書言故事・花木類・紅一點》：「王荊公（王安石）（石榴）詩：『萬綠叢中紅一點，動人春色不需多。』」例在這次畫展中，小王的作品尤其引人注目，眞是萬綠叢中一點紅呀！

【萬落千村】

落：居住的地方。泛指許許多多的村莊。宋・張元幹《賀新郎》詞：「底事昆侖傾砥柱，九地黃流亂注？聚萬落千村狐兔。」也作「千村萬落」。

【萬馬奔騰】

奔騰：跳躍著奔跑。千萬匹馬向前奔跑跳躍。形容聲勢浩大，極爲壯觀。唐・劉商《姑蘇懷古》詩：「會稽勾踐擁長矛，萬馬鳴啼掃空壘。」《初刻拍案驚奇》卷二二：「但見封姨逞勢，巽二施威。空中如萬馬奔騰，樹杪似千軍擁踏。」

【萬馬齊喑】

喑：緘默，不作聲。所有的馬都默不作聲。宋・蘇軾《三馬圖贊引》：「時西域貢馬，首高八尺……出東華門，入天駟監，振鬣長鳴，萬馬皆瘖。」瘖：同「喑」。後世多以「萬馬齊喑」比喻人們都沉默無語，空氣沉悶。清・龔自珍《己亥雜詩》之一二五：「九州生氣恃風雷，萬馬齊喑究可哀。」

【萬馬千軍】

形容兵馬衆多或聲勢浩大。元・無名氏《千里獨行》四折：「他恰才萬馬千軍擺下戰場，則見他忙把門旗放，顯出那棄印封金有智量。」也作「千軍萬馬」。

【萬馬爭先，驊騮落後】

驊騮：ㄏㄨㄚˊ ㄌㄧㄡˊ，赤色的駿馬。在萬馬爭先恐後的奔馳中，偏偏是驊騮落在了後面。比喻封建社會科舉場中有才者反而落榜。明・湯顯祖《牡丹亭・耽試》：「萬馬爭先，偏驊騮落後。」

【萬門千戶】

形容宮苑屋宇規模龐大；也形容人煙稠密，門戶衆多。《北史・李業興傳》：「起部郎中辛術奏：『李業興碩學通儒，博文多認，萬門千戶，所宜詢訪。』」也作「萬戶千門」。唐・劉禹錫《台城》詩：「台城六代競豪華，結綺臨春事最奢。萬戶千門成野草，只緣一曲後庭花。」

【萬民塗炭】

萬民：廣大百姓；塗炭：爛泥和炭火，喻極困苦的境遇。形容廣大人民像陷入泥潭，掉進火坑那樣痛苦。《水滸後傳》二〇回：「其時四野蕭條，萬民塗炭。」

【萬目皆起】

目：網眼；起：提起。指抓住繫網的繩，衆多網眼自然提起。比喻抓住主要矛盾，次要矛盾迎刃而解。《呂氏春秋・用民》：「用民有紀有綱，壹引其紀，萬目皆起。」

【萬目睽睽】

睽睽：睜大眼睛看的樣子。指在衆人的注視之下。唐・韓愈《鄆州溪堂詩序》：「公私掃地赤立，新舊不相保持，萬目睽睽，公於此時能安以治之，其功爲大。」也作「衆目睽睽」。

【萬目睚眦】

萬目：衆人的眼睛；睚眦（ㄗˋ）：瞪眼。衆人怒目而視。《紅樓夢》五回：「汝今獨得此二字，在閨閣中雖可爲良友，卻於世道中未免迂闊怪詭，百口嘲謗，萬目睚眦。」

【萬年遺臭】

遺：遺留；臭：臭味，指罵名。謂壞名聲永遠流傳，爲後人唾罵。宋・高斯得《三麗人行》詩：「腥風霎霎塞宇宙，萬年遺臭何時泯？」也作「遺臭萬年」。

【萬年之後】

萬年：漢高帝葬太上皇於櫟原北原，陵號「萬年」，故指帝王死爲「萬年」。帝王死亡以後。《後漢書・明帝紀》：「萬年之後，掃地而祭，杅水脯糒而已。」也作「萬世之後」。《史記・淮南衡山傳》：「陛下遇我厚，吾能忍之，萬世之後，吾寧能北面臣事豎子乎。」

【萬年之計】

萬年：指長久；計：盤算，謀劃。長遠的打算。唐・許渾《凌歊台》詩：「百年便作萬年計，岩畔古碑空綠苔。」也作「萬世之計」。《宋史・包拯傳》：「臣不才備位，乞豫建太子者，爲宗廟萬世之計也。」

【萬年之日】

萬年：漢高帝葬太上皇於櫟原北原，陵號「萬年」，故指帝王死爲「萬年」。帝王死亡的日子。《後漢書・馬皇后紀》：「太后聞之曰：『萬年之日長恨矣。』」。

【萬念俱灰】

萬念：所有的想法和打算；俱：全，都；灰：消沉，破滅。一切想法和打算都破滅了。形容失意或遭受沉重打擊後，極端灰心失望的心情。例病魔纏身的林黛玉，得知寶玉成親的消息，頓時萬念俱寂，飄飄悠悠的一盞燈熄滅了。也作「萬慮皆灰」。

【萬念俱寂】

萬念：一切念頭和打算；俱：全，都；寂：沒有聲音。一切慾望、打算都消失。《聊齋志異・白於玉》：「且求仙者必斷絕情緣，使萬念俱寂，僕病未能也。」也作「萬念俱消」。例傳說孟姜女千里尋夫，哭塌長城，發現丈夫屍骸，萬念俱消，投海而死。

【萬念俱消】

見「萬念俱寂」。

【萬弩俱發】

弩：古代兵器，利用機械力量射箭的弓；俱：都。千萬張弓一齊射箭。形容射出的箭很多。《史記・孫子吳起列傳》：「龐涓果夜至斫木下，見白書，乃鑽火燭之，讀其書未畢，齊軍萬弩俱發，魏軍大亂相失。」

【萬籤插架】

籤：指象牙制的圖書標籤；架：書架。書架上插著上萬的書籤。形容藏書極多。唐・韓愈《送諸葛覺往隨州讀書》詩：「鄴侯家多書，插架三萬軸。一一懸牙籤，新若手未觸。」宋・陸游《寄題徐載叔秀才東莊》詩：「萬籤插架號東莊，多稼達云亦何有。」

【萬錢無下箸處】

箸：筷子。價值萬錢的宴席，還說沒有下筷子的地方。形容極其奢侈。《晉書・何曾傳》：「日食萬錢，猶曰無下箸處。」

【萬頃碧波】

萬頃：百萬畝，形容面積廣大；碧波：碧綠的波浪。萬頃水面碧波蕩漾。例站在甲板上，展望萬頃碧波，頓覺心曠神怡。也多用來形容麥田。

例春風吹得遊人醉，萬頃碧波聞麥香。也作「一碧萬頃」。

【萬頃地，獨根苗】

苗：秧苗，喻子女。指家境富有，卻只有獨子一個。張孟艮《兒女風塵記》一部二一：「西霸天像被打傷的狼一樣，又害怕，又傷心，一輩子無兒，過繼個侄子，眞是『萬頃地，獨根苗』，而今這根苗又死了。」

【萬頃良田三碗飯，千間大廈一舖床】

有再多艮田，每頓也只能吃三碗飯；有再多的房屋，夜裏也只睡一張床。意謂人要知足，不可貪得無厭。例要我說，每月掙的夠用就行了。俗話說：萬頃艮田三碗飯，千間大廈一舖床。何必去搞邪門歪道多撈錢？

【萬頃平波】

平波：水面平靜，僅有微波。形容遼闊的水面，風平浪靜，僅泛微波。清・查愼行《同人中秋集陳寄齋宅》詩：「去年過酒洞庭湖，萬頃平波舖練雪。」

【萬頃煙波】

煙波：煙霧籠罩的江湖水面。形容煙霧彌漫在碧波蕩漾的遼闊水域。宋・楊萬里《潮陽海岸望海》詩：「客間供給能消底，萬頃煙波一白鷗。」

【萬頃之陂】

陂：ㄆㄧˊ，池塘。廣達萬頃的池塘。比喻人的度量寬廣。南朝宋・劉義慶《世說新語・德行》：「林宗（郭泰）曰：『[黃]叔度汪汪如萬頃之陂，澄之不清，擾之不濁，其器深廣難測量也。』」

【萬全之策】

見「萬全之道」。

【萬全之道】

萬全：絕對安全，極其周到。指周密而可靠的辦法。《韓非子，飾邪》：「而道法萬全，智能多失，夫懸衡而知平，設規而知圓，萬全之道也。」也作「萬全之策」。《三國志・魏書・劉表傳》：「故爲將軍計者，不若舉州以附曹公，曹公必重德將軍；長享福祚，垂之後嗣，此萬全之策也。」也作「萬全之計」。宋・陳亮《酌古論・封常淸》：「凡此者，皆因弱成强而萬全之計也。」

【萬全之計】

見「萬全之道」。

【萬人敵】

敵：抵擋，抵抗。指智勇出衆可領兵抵禦萬人。也指統帥軍隊的將才。《史記・項羽本紀》：「籍曰：『書足以記名姓而已，劍一人敵，不足學，學萬人敵。』」也作「萬人之敵」。《三國志・蜀書・關羽等傳評》：「關羽、張飛，皆稱萬人之敵，百世虎臣。」

【萬人煩】

指使衆多人厭煩的人。例你跟什麼人打交道不行？怎麼與萬人煩交往呢？

【萬人空巷】

萬人：形容人數甚多；空巷：街、巷裏的人都已走空。形容盛大集會或新奇事物把居民全都吸引出來。宋・蘇軾《八月十七復登望海樓》詩：「賴有明朝看潮在，萬人空巷鬥新妝。」

【萬人離心，不如百人同力】

離心：不是一條心，心不齊。萬人的心不齊，不如百人的同心協力。形容團結齊心的重要。漢・桓譚《新論・兵術》：「萬人離心，不如百人同力；千人遞戰，不如十人俱至。」

【萬人萬雙手，拖著泰山走】

比喻人多力量大。例常言道萬人萬雙手，拖著泰山走，只要大家齊心做，這事準辦成！

【萬人一心】

一萬人一條心。形容人多心齊，力量强大。《後漢書・朱儁傳》：「猶不可當，況十萬乎！」也作「萬衆一心」。《孽海花》三二回：「當割台約定，朝命[唐]景崧率軍民離台內渡的時侯，全台震動，萬衆一心，誓不屈服。」也作「萬衆葉心」。葉：和洽。唐・陸贄《授王武俊李抱眞官封並諭朱滔詔》：「仗大義而萬衆葉心，體至公而千里同契。」

【萬人異心】

形容人多心不齊。《淮南子・兵略訓》：「萬人異心，則無一人之用。」

【萬人之敵】

見「萬人敵」。

【萬人之命】

一萬人的生命。形容事關重大。宋・王禹偁《待漏院記》：「萬人之命，懸於宰相。」

【萬乘公相】

乘：ㄕㄥˋ，古時的一車四馬；萬乘：兵車萬輛，周制，王畿方千里，能出兵車萬乘，後以「萬乘」指帝王、天子；公相：公卿宰相。聽命於帝王左右的公卿宰相。唐・韓愈《祭十二郎文》：「雖萬乘之公相，吾不以一日輟汝而就也。」

【萬乘之君】

見「萬乘之尊」。

【萬乘之主】

見「萬乘之尊」。

【萬乘之尊】

指帝王的尊貴。《三國演義》八二回：「陛下乃漢朝叔，今漢帝已被曹丕篡奪，不思剿除，卻爲異姓之親，而屈萬乘之尊，是捨大義而小義也。」也作「萬乘之君」。《孟子・公孫丑上》：「不受於褐寬博，亦不受萬乘之君。」也作「萬乘之主」。《老子》二六章：「奈何萬乘之主，而以身輕天下。」

【萬世不拔】

萬世：指永遠；不拔：不可動搖。永遠不可動搖。宋・胡銓《上高宗封事》：「劉豫臣事醜虜，南面稱王，自以爲子孫帝王萬世不拔之業。」

【萬世不刊】

刊：砍，砍削，古在竹簡上書寫，有誤則用刀削去，引申爲刪改，修訂。

謂永不磨滅。漢・揚雄《酈商銘》：「金紫褒表，萬世不刊。」

【萬世不朽】

萬世：許多世代，指很久；不朽：不會腐爛，磨滅。永遠不會磨滅。多指光輝的業績和高尚的精神。《老殘遊記》一四回：「宮保若能行此上策……功垂竹帛，萬世不朽！」也作「垂世不朽」、「永垂不朽」。

【萬世不易】

易：變更，改變。永遠不改變。《荀子・正論》：「士大夫以爲道，官人以爲守，百姓以爲成俗，萬世不能易也。」漢・班固《白虎通義・諡》：「黃帝始制法度，得道之中，萬世不易。」

【萬世法則】

千秋萬代遵奉的法則。《史記・三王世家》：「皇子或在襁褓而立爲諸侯王，奉承天子，爲萬世法則，不可易。」

【萬世公論】

公論：公正評論。歷代的公正之論。清・張英、王士禎《淵鑑類函》卷五三：「元仁宗論省臣曰：『……御史台任重，朕謂國史院尤重，御史台是一時公論，國史院是萬世公論。』」

【萬世師表】

萬世：世世代代，永遠；師表：榜樣，楷模。永爲人們學習的楷模。儒家用以尊稱孔子、孟子，道家指老子。《三國志・魏書・文帝紀》：「詔曰：『昔仲尼大聖之才，懷帝王之器……可謂命世之大聖，億載之師表也。』」宋・程顥、程頤《二程全書・遺書五》：「孟子有功於道，爲萬世之師。」晋・葛洪《神仙傳・老子》；「其洪源長流所潤，洋洋如此，豈非乾坤所定，萬世之師表哉！」

【萬世一時】

見「萬代一時」。

【萬世之安】

安：安定、安穩。長久的安定穩固。《漢書・陳湯傳》：「立千載之功，建萬世之安。」

【萬世之功】

不朽的功勛。《史記・晋世家》：「奈何以一時之利，而加萬世之功乎。」

【萬世之後】

見「萬年之後」。

【萬世之患】

患：憂患，後患。長久的憂患。《莊子・外物》：「仲尼揖而退，蹙然改容而問曰：業可得進乎？」老萊子曰：『夫不忍一世之傷，而驁萬世之患，抑固寠耶。』」

【萬世之計】

見「萬年之計」。

【萬世之利】

指長久的利益。《淮南子・人間訓》：「雍季之言，萬世之利也。」

【萬世之名】

萬世：指永久；名：名聲。不朽的名聲。《列子・楊朱》：「生無一日之歡，死有萬世之名。」

【萬世之業】

業：事業。永久的大業。漢・賈誼《過秦論》：「天下已定，始皇之心，自以爲關中之固，金城千里，子孫帝王萬世之業也。」

【萬事從寬】

指處理各種事情要留有餘地。《西遊記》八三回：「金星道：古人云：『萬事從寬。』你幹事緊了些兒……你如今教我怎的處！」

【萬事大吉】

萬事：一切事情；吉：吉利，順利。一切事情都極其圓滿順利。《續傳燈錄》卷一一：「拈拄杖曰：『歲朝把筆，萬事大吉，急急如律令。』」

【萬事亨通】

亨通：順利。形容一切事情都很順利、滿意。《歧路燈》六五回：「那孔方兄運出萬事亨通的本領，先治了關格之證。」也作「萬事如意」。《紅樓夢》五三回：「那紅稟上寫著：『門下莊頭烏進孝叩請爺爺奶奶萬福金安，並公子小姐金安。新春大喜大福，榮貴平安，加官進祿，萬事如意。』」

【萬事皆從急中錯】

指臨事過於急躁容易出差錯。羅旋《南國烽煙》一部序篇：「陳尚仁不慌不忙地念道：『大開廟門不燒香，禍到臨頭許豬羊，任憑你把頭磕破，自古人忙神不忙！急有什麼用？萬事皆從急中錯！』」也作「萬事盡從忙裏錯」。例你忙什麼？急有什麼用？可知「萬事盡從忙裏錯」？

【萬事俱備，只欠東風】

萬事：所有事項；俱備：都齊備；欠：缺少，沒有。一切準備就緒，只等東風。比喻諸條件已備，只差一個必要的條件。《三國演義》四九回：「孔明索紙筆，屏退左右，密書十六字曰：『欲破曹公，宜用火攻，萬事俱備，只欠東風。』」

【萬事俱休】

見「萬事全休」。

【萬事留人情，後來好相見】

做什麼事都要給人留點情面，以後好再交往。例交朋友要對己嚴、對友寬，方能以心換心；批評朋友的錯誤要曉之以理，不能聲色俱厲。萬事留人情，後來好相見。

【萬事莫如親下手】

凡事不如親自去幹。指實踐的重要性。例萬事莫如親下手，只有親自幹了，才能取得第一手資料，取得眞正的發言權。

【萬事農爲本】

本：根本。農業發展好了，別的行業也就好辦了。指農業的重要性。例在發展工業的同時，切忌忽視發展農業。常言道：「萬事農爲本。」一定要把農業生產搞好。

【萬事起頭難】

做任何事情，開頭總是難些。例任何事情都是萬事起頭難，你要有毅力克服它。也作「萬事開頭難」。例萬事開頭難，今年是大建設的頭一年，一切都在忙忙亂亂之中摸索，何況又是白手起家。也作「萬般起頭難」。例常言道：「萬般起頭難。你這頭一腳踢響了，以後就好辦了。」也作「凡事起頭難」。

【萬事全休】
萬事：所有的事；休：停止，止息。一切事都了結了。唐・白居易《老熱》詩：「一飽百情足，一酣萬事休。」元・高則誠《琵琶記・義倉賑濟》：「仇人相見，分外眼紅，兀那婦人休走！你快把糧米還了我，萬事全休。」也作「萬事俱休」。元・無名氏《九世同居》二折：「昨日春今日秋，過中年萬事俱休，空枉了堆金北斗。」

【萬事如意】
見「萬事亨通」。

【萬事通】
比喻無事不知曉的人。例這事兒可新鮮，快去問問咱們那個萬事通知道不知道。

【萬室之都】
室：屋，指人家；都：都會。建立一個擁有千家萬戶，衆多人家的都會。《史記・韓世家》：「公何不令楚王築萬室之都雍氏之旁，韓必起兵以救之。」

【萬室之國】
萬室：萬家；國：國家。有萬戶居民的國家。多指古代的小諸侯國。《管子・乘馬》：「上地方八十里，萬室之國一，千室之都四。」

【萬室之邑】
室：家；萬室：萬家；邑：都城、城鎮或古代諸侯貴族的封地。有萬家居民的城鎮。《商君書・兵守》：「四戰之國，不能以萬室之邑，捨巨萬之軍者，國危。」

【萬壽無疆】
萬壽：萬年長壽；疆：極限、盡頭。永遠長壽，祝壽用語。《詩經・小雅・天保》：「君曰卜爾，萬壽無疆。」明・歸有光《少傅陳公六十壽詩序》：「古所謂『壽考不忘』、『萬壽無疆』，其詞悉歸於頌君子德而已。」也用以稱頌其他事物的永存。茅盾《神的滅亡》：「這些『神話』，自然要稱頌『神』治權，『世世勿替，萬壽無疆』。」

【萬殊一轍】
殊：不同；萬殊：千差萬別；轍：車輪壓出的痕跡，比喻歸宿；一轍：同一歸宿。事物雖千差萬別，但歸宿卻只一個。晉・盧諶《贈劉琨》詩：「愛造異論，肝膽楚越。惟同大觀，萬殊一轍。」

【萬水千山】
形容山水非常之多，也比喻道路的遙遠，艱險。唐・賈島《供耿處士》詩：「萬水千山路，孤舟幾月程。」也作「千山萬水」。

【萬死不辭】
死一萬次也不推辭。形容即使有生命危險，也在所不辭。表示願意拼死效力。《三國演義》八回：「貂蟬曰：『適間賤妾曾言，但有使令，萬死不辭。』」也作「萬死不恨」。《三國演義》九一回：「上爲國家效力，下報父仇，臣萬死不恨。」

【萬死不恨】
見「萬死不辭」。

【萬死一生】
指萬死中只有一線生命的希望。形容冒生命的危險。《史記・張耳陳余傳》：「將軍瞋目張膽，出萬死一生之計，爲天下除殘。」

【萬死猶輕】
處死萬次，懲罰也還太輕。形容罪過極大。多用於自責之詞。唐・韓愈《潮州刺史謝上表》：「臣以狂妄戇愚，不認禮度，上表陳佛骨事，言涉不敬，正名定罪，萬死猶輕。」

【萬歲千秋】
表示經歷時間極爲久長。舊時常用於祝頌人長壽，也用於帝王壽終的諱稱。《戰國策・楚策一》：「於是楚王游於雲夢……仰天而笑曰：『樂矣，今日之游也。寡人萬歲千秋之後，誰與樂此矣？』」明・無名氏《獻蟠桃》三折：「俺須是十洲三島大羅仙，齊獻上萬歲千秋太平表。」也作「千秋萬歲」。

【萬歲山呼】
山呼：原稱「嵩呼」，封建時代臣下祝頌皇帝的儀節。臣下對皇帝高呼萬歲。《漢書・武帝紀》：「翌日親登嵩高，御史乘屬在廟旁，吏卒咸聞呼萬歲者三。」唐・張說《大唐封禪頌》：「五色雲起，拂馬以隨人；萬歲山呼，從天而至地。」

【萬歲爺掉到井裏——不敢勞（撈）你的大駕】
萬歲：封建時代臣對皇帝的稱呼；勞：「撈」的諧音；勞駕：對人的敬辭。雙關語。比喻不好麻煩人做某件事。多用於表示客氣或謙虛，有時也表示嘲諷或戲謔。例還是我自己來辦這些事吧，萬歲爺掉到井裏——不敢勞（撈）你的大駕。

【萬歲爺賣包子——御駕親征（蒸）】
萬歲爺：皇帝的俗稱。見「皇帝做饅頭——御駕親征（蒸）」。

【萬歲爺剃頭——不要王法（髮）】
法：「髮」的諧音。比喻無法無天。例胡作非爲，誰的話都不聽，簡直是萬歲爺剃頭——不要王法（髮）。

【萬態千端】
世間衆多的事物千姿百態，形形色色。唐・吳融《無題》詩：「萬態千端一瞬中，沁園蕪沒佇秋風。」

【萬頭攢動】
萬頭：萬人；攢：ㄘㄨㄢˊ，聚攏。形容很多人聚集在一起。多用於爭相探頭觀看的情形。《二十年目睹之怪現狀》四三回：「時候雖早，那看榜的人，卻也萬頭攢動。」

【萬頭千緒】

見「萬緒千頭」。

【萬萬千千】

形容數量極多。漢・王充《論衡・自然》：「春觀萬物之生，秋觀其成，天地爲之乎？物自然也。如謂天地爲之，爲之宜用手，天地安得萬萬千千手，並爲萬萬千千物乎！」

【萬無此理】

絕對沒有這個道理。唐・韓愈《與孟尚書書》：「假如釋氏能與人爲禍崇，非守道君子所懼也，況萬無此理。」

【萬無失一】

見「萬不失一」。

【萬無一失】

見「萬不失一」。

【萬物不能移】

萬物都不能改變其本性。《晉書・阮咸傳》：「山濤舉咸典選，曰：『阮咸貞素寡欲，深識清濁，萬物不能移，若在官人之職，必絕於時。』」

【萬物父母】

各種事物賴以生存的天地。《尚書・泰誓》：「惟天地，萬物父母；惟人，萬物之靈。」

【萬物皆備於我】

萬物：一切；皆：都；備：具備，齊備。世上萬事萬物都爲我所具備。《孟子・盡心上》：「孟子曰：『萬物皆備於我矣。反身而誠，樂莫大焉。強恕而行，求仁莫近焉。』」

【萬物靜觀皆自得】

萬物：各種物類；靜觀：靜心觀看；皆：都。各種物類通過靜心觀察，都可以得到自然的樂趣。宋・程顥《秋日偶成》詩：「閒來無事不從容，睡覺東窗日已紅。萬物靜觀皆自得，四時佳興與人同。」

【萬物逆旅】

萬物：各種事物；逆旅：客舍。指各種事物所居的天地。唐・李白《春夜宴桃李園序》：「夫天地者萬物之逆旅，光陰者百代之過客。」

【萬物生於土，萬物歸於土】

很多東西是從土地中生長出來的，最後又都得回到泥土中去。比喻人對於生養他的故土有著深深的眷戀之情。例臨終之際，他還囑咐兒女們把他送回老家安葬。萬物生於土，萬物歸於土，他也不例外。

【萬物土中生，全靠兩手勤】

謂付出辛勤的勞動，就能奪得莊稼的豐收。例萬物土中生，全靠兩手勤，同樣的自然條件，勤者得豐收，懶漢無所獲。

【萬物無全用】

萬物：各種東西；全用：完備的用處。各種東西都不會有完備的用途。指不能求全責備。《列子・天瑞》：「天地無全功，聖人無全能，萬物無全用。」

【萬物一府】

萬物：各種財物；府：古時國家收藏文書或財物的地方。所有財物收藏在一處。指事物一體，無所分別。《莊子・天地》：「若然者，藏金於山，藏珠於淵，不利貨財，不近貴富，不樂壽，不哀夭，不榮通，不醜窮，不拘一世之利以爲已私分，不以王天下爲已處顯，顯則明，萬物一府，死生同狀。」

【萬物殷富】

萬物：所有財物；殷富：殷實富庶。指國家富庶殷實。《史記・陸賈傳》：「繼五帝三皇之業，統理中國之人，以億計，地方萬里，居天下之膏腴，萬物殷富。」

【萬物之靈】

萬物：天地間一切生物；靈：靈性，聰慧。一切生物中最聰慧最有靈性的。指人。《尚書・泰誓上》：「惟天地萬物父母，惟人萬物之靈。」

【萬象包羅】

萬象：世間各種景象；包羅：包容網羅。形容內容豐富，無所不包。《封神演義》四四回：「萬象包羅爲一處，方知截教有鴻濛。」也作「包羅萬象」。

【萬象澄澈】

萬象：宇宙間的一切景象；澄澈：清徹透明。萬物映入清水，一切都變得清澈透明。形容月夜中的景色。清・邵長蘅《夜遊孤山記》：「湖碧天清，萬象澄澈。」

【萬象更新】

更新：改換新顏。世間的一切事物或景象都變得煥然一新。《民國通俗演義》六二回：「陰曆正月初三日立春，當時有大地回春，萬象更新之義，故諏吉于初四日。」

【萬象回春】

回春：春天回來了。宇宙間的一切景象又呈現出一片春色。例嚴冬過後，大地復甦，萬象回春，一片生機。

【萬象森羅】

森：繁密，衆多；羅：羅列。指宇宙各種事物紛然羅列的萬千氣象。形容極爲龐雜豐富。南朝梁・陶弘景《茅山長沙館碑》：「夫萬象森羅，不離兩儀我育。」

【萬緒千端】

見「萬緒千頭」。

【萬緒千頭】

形容事情紛繁，頭緒很多。元・賈仲明《升仙夢》四折：「桃腮點嫩朱，柳眉愁未足，萬緒千頭，一點情舒。」也作「萬頭千緒」。元・張埜「水龍吟・咏游絲」詞：「惹起閒愁，織成離恨，萬頭千緒。望天涯盡日，柔情不斷，又閒庭暮。」也作「萬緒千端」。宋・劉光祖《鵲橋仙・留別》詞：「如何不寄一行書，有萬緒千端別後。」也作「千頭萬緒」。

【萬選萬中】

每一次都被選中。指文章文辭美妙，立意新奇，每次被選。《新唐書・張薦傳》：「員半千數爲公卿，稱鷟文辭獨青銅錢，萬選萬中，時號鶱青錢學士。」

【萬言萬中，不如一默】

中：對，正確。說一萬句都對，還不如沉默不語。指說話要慎重，不可多言。例大家在一起討論，他在一旁皺起眉頭深思，不輕易發言。他的想法是「萬言萬中，不如一默」。考慮好了，他才明確地提出自己的看法。

【萬應靈丹】

應：適應；萬應：什麼都合適；丹：依成分配製成的藥，通常是顆粒或粉末狀的；靈丹：靈驗的藥。比喻能解決一切的問題的辦法。多用於貶義。例能解決工作中一切困難的萬應靈丹是根本不存在的。

【萬有不齊】

見「萬類不齊」。

【萬語千言】

指言語極多。宋．沈瀛《行香子》詞：「闕鞋會得，萬語千言。得魚兒、了後忘筌。」也作「千言萬語」。

【萬載千秋】

指經歷年代極久。明．無名氏《賀元宵》三折：「當今聖主存仁孝，萬載千秋享太平。」也作「千秋萬載」。

【萬丈高樓平地起】

比喻萬事萬物總是由低到高一步步發展起來的。例萬丈高樓平地起，辦事得一步步來，穩紮穩打，別一口氣想一步登天。也作「萬丈高樓平地起，千年古樹靠根撐」。例沒打好地基就蓋房，那蓋起來的房終究要塌。所以，蓋房先得打好地基，有道是：「萬丈高樓平地起，千年古樹靠根撐。」

【萬丈光芒】

光芒照射到遠方。形容人或業績的偉大、不朽。《魯迅書信集，致章素圓》：「這些人大抵便是所謂「文學家」，如長虹一樣，以我為『絆腳石』，以為將我除去，他們的文章便萬丈光芒了。」

【萬丈山峯，土籃擔平】

比喻只要堅持不懈地苦幹實幹，再艱巨的任務也能完成。例萬丈山峯，土籃擔平，愚公帶領他的子孫，不是把太行、王屋兩座大山搬走了嗎？你學他的精神準能把事辦成！

【萬折必東】

折：彎曲。江河縱使有一萬道彎，最終必然東流入海。比喻事情的必然發展，如江河之東流水一樣。《荀子．宥坐》：「孔有觀於東流之水。子貢問於孔子曰：『君子之所以見大水必觀焉者是何？』孔子曰：『夫水，大遍與諸生而無為也，似德。其流也，埤下裾拘，必循其理，似義。其洸洸乎不淈盡，似道。若有決行之，其應佚若聲響，其赴百仞之谷不懼，似勇。主量必平，似法。盈不求概，似正。淖約微達，似察。以出以入，以就鮮絜，似善化。其萬折也必東，似志。是故君子見大水必觀焉。』」

【萬中有一，一中有萬】

萬是從一積累起來的，一可以發展為萬。指事物是相互聯繫的，多少、大小等等都是相對的。例他這人腦筋不夠靈活，往往強調了這一面而忽略了另一面，不懂得萬中有一，一中有萬的道理。

【萬鍾之藏】

鍾：量器，六石四斗為一鍾；藏：收藏、儲藏。收藏之物達萬鍾之多。形容儲藏財物極其豐富。《漢書．食貨志》：「使萬室之邑，必有萬鍾之藏。」

【萬鍾之祿】

具有萬鍾穀物的俸祿。形容俸祿豐厚。《莊子．讓王》：「萬鍾之祿，吾知其富於屠羊之利也。」

【萬衆睢睢】

睢睢：ㄙㄨㄟ ㄙㄨㄟ，仰視貌。衆人仰著頭觀看。《漢書．五行志中之下》：「萬衆睢睢，驚怪連日。」

【萬衆葉心】

見「萬人一心」。

【萬衆一心】

見「萬人一心」。

【萬紫千紅】

形容春色豔麗，百花盛開。宋．朱熹《春日》詩：「等閒認得東風面，萬紫千紅總是春。」也用來形容繁榮興旺的景象。例整個文壇出現了前所未有的百花齊放，萬紫千紅的局面。也作「萬紅千紫」。金．元好問《鳳凰台上憶吹簫》：「東風萬紅千紫，算只有寒梅，瘦得何郎。」

ㄨㄣ

【溫床扇席】

見「溫席扇枕」。

【溫度計掉冰箱——直線下降】

見「飛機上扔石頭——直線下降」。

【溫恭自虛】

溫：溫和；恭：謙恭；自虛；虛心。溫和恭順，虛心待人。《管子．弟子職》：「溫恭自虛，所受是極。」例諸葛亮溫恭自虛，博聞強記。

【溫故知新】

故：舊的。溫習舊的知識，獲得新的理解和體會。《論語．為政》：「溫故而知新，可以為師矣。」《後漢書．班固傳》：「溫故知新，論議通明。」也指重溫歷史，認識現在。《漢書．成帝紀》：「儒林之官，四海淵原，宜皆明于古今，溫故知新，通達國體，故謂之博士。」

【溫良恭儉】

見「溫良恭儉讓」。

【溫良恭儉讓】

溫：溫和；良：善良；恭：恭敬；儉：節儉；讓：忍讓。指為人要態度謙恭，舉止文雅。《論語．學而》：「子貢曰：『夫子溫良恭儉讓以得之。夫子之求之也，其諸異乎人之求之與？』」三國魏．曹操《悼荀攸下令》：「荀公達真賢人也，所謂溫良恭儉讓以得之。」也作「**溫良恭儉**」。宋・張孝祥《代季父賀湯丞相》：「恭惟僕射相公廣大高明，溫良恭儉。」也作「**溫良儉讓**」。明・無名氏《女姑姑》四折：「張端甫，我見你一貧如洗，教你做門館先生，你則合溫良儉讓。」

【溫良儉讓】
見「溫良恭儉讓」。

【溫其如玉】
溫：溫良；玉：玉石。比喻君子之美德如玉的性質溫良。《詩經・秦風・小戎》：「言念君子，溫其如玉。」

【溫情脈脈】
脈脈：含情欲吐地凝視的樣子。溫柔的感情，很想表露的神態。宋・辛棄疾《摸魚兒》詞：「千金曾買相如賦，脈脈此情誰訴？」例他們默默地互相注視著，溫情脈脈，眞是「此時無聲勝有聲」。

【溫凊定省】
溫：溫暖；凊：ㄐㄧㄥˋ，涼，寒冷；定：安其床衽；省：ㄒㄧㄥˇ，問安。冬天使被子溫暖，夏天讓室內涼爽；晚間服侍父母安睡，早晨及時問安。指古代子女奉養父母應盡的孝道。《禮記・曲禮上》：「凡爲人子之禮，冬溫而夏凊，昏定而晨省。」《太平廣記》卷一六二《孟熙》：「販果實養父母，承顏順旨，溫凊定省，出告反面，不憚苦辛。」

【溫泉裏洗疥瘡——泡病號】
溫泉：溫度在當地年平均氣溫以上的泉水，溫泉水含氟、碱等多種化學元素，常洗浴可治療各種皮膚病；疥瘡：傳染性皮膚病，局部起丘疹而不變顏色，非常刺癢。比喻藉口有病不上班，或小病大養，消磨時間。例小秦又沒來上班，準又是溫泉裏洗疥瘡——泡病號。

【溫柔敦厚】
溫柔：性情溫和；敦厚：寬厚。指性情溫和，心地寬厚。《禮記・經解》：「溫柔敦厚，《詩》敎也。」清・黃宗羲《萬貞一詩序》：「人之喜怒哀樂，必喜樂乃爲溫柔敦厚。」也比喻詩文內容親切、舒緩、樸實和厚重。清・錢泳《履園叢話・譚詩・總論》：「古人以詩觀風化，後人以詩寫性情，性情中有中正和平、奸惡邪散之不同，詩亦有溫柔敦厚、噍殺浮僻之互異。」

【溫柔天下去得，剛強寸步難移】
舊時認爲處世溫和忍讓可以走遍天下，過於倔强剛烈就會處處碰壁。例所謂「溫柔天下去得，剛强寸步難移」，也要具體分析。無原則的忍讓不可取，不講策略的倔强也不可取。我們主張：該忍讓的則忍讓，不該忍讓的則要講究方式方法去鬥爭。

【溫柔鄉】
溫柔：溫和，柔順。舊指女色迷人之所。漢・伶玄《飛燕外傳》：「是夜進合德，帝大悅，以輔屬體，無所不靡，謂爲溫柔鄉。」也指花艷麗迷人。宋・范成大《樂先生闢新堂以待芍藥酴醾》詩：「多情開此花，艷絕溫柔鄉。」

【溫潤而澤】
溫潤：溫和柔潤；澤：光澤。原指玉色。例山伯看著那塊溫潤而澤的玉佩，對英台深深地思念著。也比喻人的態度、言語溫和柔順。《禮記・聘義》：「昔者君子比德於玉焉，溫潤而澤，仁也。」

【溫室的花草禁不起風霜】
比喻沒有經過艱苦磨練的人，禁不起嚴峻的考驗。例她自小在家嬌養慣了，哪吃過這般苦！就這樣成天哭哭啼啼，人也消瘦許多，眞是溫室的花草禁不起風霜。

【溫室裏的花朵——經不起風雨】
比喻軟弱，經受不了風吹雨打。例這孩子是溫室裏的花朵——經不起風雨，應讓他到艱苦的環境中去鍛鍊一段時間。也作「**屋檐下的麻雀——經不起風雨**」。

【溫室裏的莊稼——旱澇保收】
澇：ㄌㄠˋ，水災。比喻在任何情況下都可以得到收益。例這裏的條件優越，投資辦廠，就像溫室裏的莊稼——旱澇保收。

【溫吞水】
比喻不能擊中要害，或不痛不癢的言談、文章。例這篇文章洋洋萬言，看了半天，還是溫吞水，不知作者要向讀者說明什麼。

【溫文爾雅】
溫文：溫和而有禮貌；爾雅：文雅。形容態度溫和禮貌，舉止文雅端莊。《聊齋志異：陳錫九》：「此名士之子，溫文爾雅，烏能作賊？」也指做事慢條斯理，缺少魄力。例你要放開手大膽幹，不要這麼溫文爾雅！也作「**溫文儒雅**」。《兒女英雄傳》三六回：「只他那氣宇軒昂之中，不露一點紈絝；溫文儒雅之內，不粘一點寒酸。」

【溫文儒雅】
見「溫文爾雅」。

【溫席扇枕】
溫席：溫暖床席；扇枕：扇涼床枕。《東觀漢記・黃香傳》：「黃香，字文彊，江夏安陸人也。父況，舉孝廉，爲郡王官掾。貧無奴僕，香躬執勤苦，盡心供養。冬無被袴，而親極滋味，暑即扇床枕，寒即以身溫席。年九歲失母，慕思憔悴，殆不免喪，鄉人稱其至孝。」後用「溫席扇枕」比喻孝養父母，事親至孝。宋・黃庭堅《次韻答和甫廬泉水三首》詩：「舍前簾影竹蒼蒼，事親溫席扇枕涼。」也作「**溫床扇席**」。《魏書・孝感傳序》：「至於溫床扇席，灌樹負土，時或加入，咸爲度俗。」也作「**溫枕扇席**」。《陳書・沈炯傳》：「年將六十，湯火居心，每跪讀家書，前懼後喜，溫枕扇席，無復成童。」

【溫香軟玉】

溫：溫柔；軟：柔和；香、玉：好的代稱。形容女子美麗溫柔之態。明・董憲祖《鸞鎞記・諧娼》：「溫香軟玉親消受，枯魚活水正相投，好把新詩幾唱酬。」也作「溫香豔玉」。豔：嬌豔。明・湯顯祖《牡丹亭・冥誓》：「看他溫香豔玉神清絕，人間迥別。」也作「溫香軟玉」、「軟玉嬌香」。

【溫香豔玉】

見「溫香軟玉」。

【溫枕扇席】

見「溫席扇枕」。

【瘟神下界——百姓遭難】

瘟神：迷信傳說指能傳播瘟疫的惡神；下界：指瘟神下凡來到人間。也作「瘟神下界——四方遭災」。見「官老爺出告示——百姓該死」。

ㄨㄣˊ

【文豹隱霧】

漢・劉向《古列女傳・陶答子妻》：「妾聞南山有玄豹，霧雨七日而不下食者何也？欲以澤其毛而成文章也，故藏而遠害。」後以「文豹隱霧」比喻修身養性，操習功業，以待一鳴。宋・黃庭堅《賦八韻寄李師載》：「浮雲蔽高秋，此豈心中願。霧重豹成文，水清魚自見。」

【文筆滔滔，才是個草包】

指寫的文章好像滔滔的流水那樣流暢，實際上是在賣弄文辭，內容空洞無物，作者並沒有眞才實學。例別看那人寫的文章煞有介事，細一推敲，內容空泛，跟他一樣，外面閃光，裏面暗，十足的「文筆滔滔，才是個草包」。

【文炳雕龍】

見「文擅雕龍」。

【文不對題】

文章的內容同題目不相關。魯迅《華蓋集・十四年的「讀經」》：「以這樣文不對題的話來解釋『儼乎其然』的主張，我自己也知道有不恭之嫌，然而我又自信我的話，因爲我也是從『讀經』得來的。」也指談話答非所問或發言離開了主題。茅盾《霜葉紅似二月花》六：「恂如微笑，卻又文不對題的答道：『世界上好的美滿的事情倒也不少，可惜都跟這彩虹似的，一會兒就消的無影無蹤了。』」

【文不加點】

點：用筆勾畫的點，引申爲刪改塗抹的文字。指文章一氣呵成，無須刪改。形容才思敏捷。漢・禰衡《鸚鵡賦》：「衡因爲賦，筆不停綴，文不加點。」也作「文無加點」。《梁書・蕭介傳》：「高祖招延後進二十餘人，置酒賦詩，介染翰便成，文無加點。」

【文不盡意】

盡：全部用出；意：心意，意圖。文章未能把意思完全表達出來。《雲笈七籤》卷四三：「圓光如日，有炎如煙。周繞我體，如同金剛。文不盡意，猶待訣言。」

【文才武略】

文才：文學才能；武略：軍事才能。既有文學才能，又懂武事韜略。例抗日戰爭時期，「抗大」培育了一大批文才武略的棟梁之材。

【文采炳煥】

文采：彩色豔麗錯雜；炳煥：鮮明。本指豹身花紋，紋彩四溢，後引申爲書法精湛，光彩照人。《後秦記》：「狄伯奇小僧游獵得豹，見其文采炳煥，遂自感嘆，始學書藝。」

【文采風流】

文采：才華；風流：流風遺韻。形容才華出衆而神采瀟灑。唐・杜甫《丹青引贈曹將軍霸》詩：「將軍魏武之子孫，於今爲庶爲淸門。英雄割據雖已矣，文采風流今尙存。」

【文采緣飾】

文采：文筆精采華麗；緣飾：原爲衣物綴的花邊，喻用辭藻修飾文章。指辭采富麗，文筆華美。《漢書・公孫弘傳》：「習文法吏事，緣飾以儒術。」宋・蘇軾《策略》：「非有文采緣飾。」

【文場筆苑】

文場：文學藝術人才聚集的地方；筆苑：書畫墨跡薈萃的場所。指文壇。南朝梁・劉勰《文心雕龍・總術贊》：「文場筆苑，有術有門。」

【文場元帥】

文場：文壇；元帥：領袖，首領。文壇的首領。例先生不愧爲詩人之冠、文場元帥。

【文抄公】

比喻抄襲別人文章的人。例現在時興什麼「編譯」、「編著」，其實很像是文抄公。

【文川武鄉】

川：平地；鄉：家鄉。指文武興盛之地。《南史・胡諧之傳》：「范柏年，本梓潼人，初爲州將。劉亮使見宋明帝，帝言次及廣州貪泉，因問柏年：『卿州復有此水不？』答曰：『梁州唯有文川武鄉、廉泉讓水。』」

【文從字順】

從：妥當；順：通順。文章的用詞造句妥貼通順。唐・韓愈《南陽樊紹述墓志銘》：「文從字順各識職，有欲求之此其躅。」

【文當學遷】

當：應當；遷：司馬遷。文章應當學習司馬遷。宋・祝穆《事文類聚・別集》：「唐庚曰：『六經以後，便有司馬遷；三百五篇之後，便有杜子美。文當學遷，詩當學杜子美。』」

【文德武功】

文德：恩德；武功：用兵。指對內治國和對外用兵功績卓著。舊時用於贊譽帝王或重臣的頌詞。唐・楊炯《原州百泉縣令李君神道碑》：「示之以文德，陳之以武功。所以夜戶不扃，所以重門罷柝。」《太平廣記》卷二四一引《聞見錄》：「陛下千年膺運，一國稱尊，文德武功，經天緯地。」也作「**文治武功**」。《禮記・祭法》：「文王以文治，武王以武功，去民之災，此皆有功烈於民者也。」

【文東武西】

文：文官；武：武將。本指漢初叔孫通所定的朝儀，武將居西，文官位東。《史記・劉敬叔孫通列傳》：「功臣列侯諸將軍軍吏以次陳西方，東鄉；文官丞相以下陳東方，西鄉。」後多指文武官員的排列位次。《南齊書・邱巨源傳》：「仰觀天緯，則右將而左相；俯察人序，則西武而東文。」

【文房四寶】

文房：書房；四寶：指紙墨筆硯。書房的紙墨筆硯。宋・梅堯臣《九月六日登舟再和潘歙州紙硯》詩：「文房四寶出二郡，邇來賞愛君與予。」也作「**文房四友**」。宋・謝翱著《文房四友嘆》詩。也作「**文房四士**」。宋・陸游《閒居無客，所與度日筆硯紙墨而已，戲作長句》詩：「水復山重客到稀，文房四士獨相依。」

【文房四士】

見「文房四寶」。

【文房四友】

見「文房四寶」。

【文風不動】

文風：輕微的風。形容保持原樣，一點兒不動。《紅樓夢》二九回：「偏生那玉堅硬非常，摔了一下，竟文風不動。」也作「**紋絲不動**」。

【文官不要錢，武官不怕死】

當文官的廉潔奉公，作武官的不怕為國犧牲。《宋史・岳飛傳》：「文臣不愛錢，武臣不惜死，天下太平矣。」例發揚正氣，打擊邪氣，一個國家做到「文官不要錢，武官不怕死」，便會發達興旺。

【文貴天成】

天：自然。文章的可貴之處，在於自然而成。宋・錢易《南部新書》丙：「李元賓言文貴天成，强不高也。」

【文過其實】

文章的內容超過了實際情況。例他總結的經驗，有些文過其實，所以，大家對此提出了意見。

【文過飾非】

文：修飾。也唸ㄨㄣˋ，意為掩飾。指用各種口實、理由來掩飾過失、錯誤。《論語・子張》：「小人之過也必文。」《莊子・盜跖》：「辨足以飾非。」唐・劉知幾《史通・惑經》：「斯則聖人設教，其理含弘，或援誓以表心，或稱非以受屈。豈與夫庸儒末學，文過飾非，使夫問者緘辭杜口，懷疑不展，若斯而已哉？」也作「**飾非文過**」、「**護過飾非**」。

【文火燉蹄髈——慢慢來】

文火：燜煮飯菜時所用的較弱的火；蹄髈：〈方〉肘子，豬腿的最上部。用小火慢慢燒才能把蹄髈燉爛。也作「**文火煎魚——慢慢來**」。見「螞蟻啃骨頭——慢慢來」。

【文火蒸糕——悶（燜）起來了】

見「塌鍋乾飯——悶（燜）著」。

【文過遂非】

遂：助長，放任。掩飾過失，就會助長、放任錯誤。宋・蘇軾《再論時政書》：「人皆謂陛下聖明神武，必能徙義修慝以致太平，而近日之事乃有文過遂非之風，此臣之所以憤懣太息而不能已也。」

【文江學海】

形容文學繁榮，有如江海一樣博廣豐富。唐・鄭愔《柏梁體聯句》：「文江學海思濟航。」宋・姚鉉《唐文粹序》：「雖唐漢之盛無以加此，故天下之人始知文有江而學有海，識於人而際於天。」

【文經武略】

見「文經武緯」。

【文經武緯】

指規劃、治理國家的文事武功。唐・顏眞卿《郭子儀家廟碑銘》：「文經武緯，訓徒陟空。」《古今小說》卷四〇：「其人有文經武緯之才，濟世安民之志。」也作「**文經武略**」。《隋書・高祖紀上》：「入掌禁兵，外司藩政，文經武略，久播朝野。」也作「**武緯文經**」。唐・楊炯《唐恒州刺史建昌公王公神道碑》：「出忠兮入孝，武緯兮文經。陳嘉謨兮制千里，摛藻思兮掞天庭。」也作「**緯武經文**」。《晉書・齊王攸傳贊》：「自家刑國，緯武經文。」

【文君司馬】

文君：漢代臨邛（ㄑㄩㄥ）富商卓王孫寡居之女卓文君；司馬：漢代辭賦家司馬相如。《史記・司馬相如列傳》：「是時卓王孫有女文君新寡，好音，故相如繆與令相重，而以琴心挑之。相如之臨邛，從車騎，雍容閒雅甚都；及飲卓氏，弄琴，文君竊從戶窺之，心悅而好之，恐不得當也。既罷，相如乃使人重賜文君侍者通殷勤。文君夜亡奔相如，相如乃與馳歸成都。」後因以「文君司馬」指相親相愛的情侶或夫妻。《羣音類選・清腔類・石竹花》：「常言道愛他反著他，怎學得文君司馬，俏冤家。」

【文君新寡】

《史記・司馬相如列傳》：「是時卓王孫有女文君新寡，好音，故相如繆與令相重，而以琴心挑之。」後用以泛指年輕女子喪夫新寡。明・張岱《陶庵夢憶・煙雨樓》：「柳灣桃塢，癡迷佇想，若遇仙緣，灑然言別，不落姓氏。間有情女離魂，文君新寡，亦效顰為之。」也作「**文君早寡**」。清・洪昇《長生殿・幸恩》：「奴家楊氏，幼適裴門。琴斷朱弦，不幸文君早寡；香含青瑣，肯容韓掾輕偸？」

【文君新醮】

醮：ㄐㄧㄠˋ，舊時稱婦女出嫁；新醮：指再嫁。原指漢代卓文君再嫁司馬相如的故事。後泛指寡婦再嫁。例在我國漫長的封建社會裏，男人可以三妻六妾，而婦女卻受三綱五常的約束，一旦文君新醮，便被誣爲不貞。

【文君早寡】

見「文君新寡」。

【文理不通】

指文章有語法和邏輯方面的錯誤或毛病。楊書案《九月菊》三：「此人僕馬甚豪，考前我見過他的文章，卻是文理不通，粗俗不堪，難以入目。」

【文理俱愜】

文理：文章內容和語言表達；俱愜（ㄑㄧㄝˋ）：都滿意。文章的內容和形式都令人滿意。《舊唐書・陸扆傳》：「扆文思敏速，初無思慮，揮翰如飛，文理俱愜。」

【文憑印信，武憑號令】

印信：舊時官府所用各種圖章的總稱，包括印、關防、鈐記等；號令：傳布命令。文官靠公文辦事，武官靠傳布命令指揮。比喻各人有各自的工作方法。例俗話說：「文憑印信，武憑號令。」我這樣辦，他那樣辦，怎麼能强求一律呢？

【文期酒會】

舊時文人定期舉行的飲酒賦詩的聚會。宋・柳永《玉蝴蝶》詞：「難忘，文期酒會，幾孤風月，屢變星霜。」

【文齊福不齊】

文：指文才；齊：齊備；福：指運氣。文才過人，只是運氣不佳。元・王實甫《西廂記》四本三折：「你休憂『文齊福不齊』，我只怕你『停妻再娶妻』。」

【文情並茂】

文：文采；情：感情；茂：美盛。文章的文采華美，感情豐富。例這篇文章文情並茂，很能引人入勝。

【文窮而後工】

窮：困窘。指人們在困窘的情況下發憤寫作，往往能寫出感情眞切的好文章。宋・歐陽修《梅聖俞詩集序》：「蓋愈窮則愈工，然則非詩文能窮人，殆窮者而後工也。」例他家境貧寒，不願棄文從商，始終堅持寫作，終於成爲著名作家。正是文窮而後工。

【文窮煙背時，話長酒遭殃】

背時：倒霉。指文章寫不出來時一根接一根地抽煙，朋友聚會時邊談邊喝酒。例久別重逢的朋友聚會在一起，一杯接一杯地喝酒，酒逢知己千杯少嘛。其實呢？文窮煙背時，話長酒遭殃。

【文曲星】

迷信指主持文運科名的星宿。借指有文才的人。例張老可是遠近聞名的文曲星，一肚子學問。你跟著他，肯定將來有出息。

【文人無行】

行：品行。謂好舞文弄墨的人，品行往往不端。例「文人無行」，這是對少數卑劣文人的撻伐，多數作家，還是有社會責任感的。

【文人相輕】

輕：輕視。文人之間往往互相輕視。指舊時文人之中存在的一種互不服氣的惡習。三國魏・曹丕《典論・論文》：「文人相輕，自古而然。傅毅之於班固，伯仲之間耳，而固小之。與弟超書曰：『武仲以能屬文，爲蘭台令史，下筆不能自休。』夫人善於自見，而文非一體，鮮能備善，是以各以其所長，相輕所短。」

【文如春華】

華：同「花」。文章如春天花開，絢麗多彩。比喻文章辭采華麗。三國魏・曹植《王仲宣誄》：「文如春華，思若湧泉。」

【文如其人】

文章就好像作者本人一樣。指作品的風格與作者的性格相似。宋・蘇軾《答張文潛書》：「子由之文實勝僕，而世俗不知，乃以爲不如。其爲人深不願人知之，其文如其爲人。」宋・林景熙《顧近仁詩集序》：「蓋詩如其文，文如其人也。」

【文弱可愛】

文：文雅；弱：柔弱。舉止文雅柔弱，招人喜愛。南朝宋・劉義慶《世說新語・賞譽》：「士龍（陸雲）爲人，文弱可愛。」

【文弱書生】

文：文雅；弱：虛弱；書生：讀書人。舉止文雅，身體柔弱的讀書人。例我們的教育制度，不應培養文弱書生，而應使受教育者在德育、智育、體育諸方面得到全面發展。

【文擅雕龍】

擅：擁有，據有；雕龍：雕鏤龍文，指善於撰寫文章。爲文獨據雕鏤龍文之技。指文章寫得極好。《北史・薛憕傳論》：「寘、憕並學稱該博，文擅雕龍，或揮翰鳳池，或著書麟閣，咸居祿位，各逞琳琅。」也作「**文炳雕龍**」。《魏書・高允傳》：「質侔和璧，文炳雕龍。」

【文身斷髮】

文身：在皮膚上繪刺花紋；斷髮：截斷頭髮。我國古代吳越人有截斷頭髮，在皮膚上繪刺花紋的習俗。常用以指不開化地區的民俗。《史記・越王句踐世家》：「越王句踐，其先禹之苗裔，而夏后帝少康之庶子也。封於會稽，以奉守禹之祀。文身斷髮，披草萊而邑焉。」也作「**斷髮文身**」。

【文深網密】

文：指獄詞；網：法網。指行法苛密。唐・陳子昂《諫用刑書》：「夫大獄一起，不能無濫。何者？刀筆之吏，寡識大方，斷獄能者，名在急刻，文深網密，則共稱至公。」

【文思奧府】

奧府：聚藏之所。指爲文思路的來源所在。宋・葉廷珪《海錄碎事・文學・文章》：「山林皐壤，實文思奧府，屈平所以洞風騷之情，抑亦江山之助。」

【文思敏捷】

見「文思敏速」。

【文思敏速】

謂寫文章的思路來得靈敏而又迅速。《舊唐書·陸扆傳》：「扆文思敏速，初無思慮，揮翰如飛，文理俱愜。」也作「**文思敏捷**」。例曹植自幼聰明出衆，讀詩書，過目不忘；長大後文思敏捷，出口成章。

【文思泉湧】

文章的思路像泉水一樣湧出。形容作文才思敏捷順暢。三國魏·曹植《王仲宣誄》：「文如春華，思若泉湧。」例蘇軾文思泉湧，提筆成文。

【文似看山不喜平】

看文章就像觀山景一樣，逶迤曲折的才有看頭。比喻文章忌平鋪直敘，要富於曲折變化。例他喜歡看《西遊記》，認爲它情節迭宕，懸念層出，很有看頭。正是文似看山不喜平。

【文韜武略】

韜：指古兵書《六韜》，內分文韜、武韜、龍韜、虎韜、豹韜、犬韜，共六韜；略：指古兵書《三略》，全書分爲上略、中略、下略三卷。泛指用兵的謀略。元·李文蔚《蔣神靈應》楔子：「威鎭家邦四海淸，文韜武略顯英雄。全憑智勇安天下，統領雄師百萬兵。」也作「**文韜武韜**」。唐·楊炯《原州百泉縣令李君神道碑》：「上略中略，奏山石之奇謀；文韜武韜，奉川璜之秘訣。」也作「**武略文韜**」。元·李文蔚《蔣神靈應》三折：「我如今統禁軍，掌大權，憑著俺武略文韜，播得個名揚顯貴。」

【文韜武韜】

見「文韜武略」。

【文恬武嬉】

文：指文官；恬：安閒，安然；武：指武將；嬉：玩樂。指文武官吏貪圖安樂，不務國事。唐·韓愈《平淮西碑》：「相臣將臣，文恬武嬉，習熟見聞，以爲當然。」也作「**文武恬嬉**」。宋·宗澤《乞回鑾疏》：「太平之久，文武恬嬉，狃於驕淫矜誇，忘戰守之備。」也作「**文恬武熙**」。熙：玩樂。章炳麟《讀日本國志》：「及德川氏衰，文恬武熙，弩不穿縞。」

【文恬武熙】

見「文恬武嬉」。

【文通三略，武解六韜】

通：通曉，精通；三略：書名，分上、中、下三略；解：理解，懂得；六韜：書名，分文、武、龍、虎、豹、犬六韜。論文才通曉三略，論武功懂得六韜。形容文武全才。明·黃元吉《黃廷道夜走流星馬》一折：「說你文通三略，武解六韜。你休避驅馳！你直至沙漠，取索這匹馬來。若回來成功者，自有加官賜賞。」

【文無第一，武無第二】

指喜文者講求謙虛，好武者則要强爭勝。例古諺云：「文無第一，武無第二。」其實，往往眞有武功的人並不敢傲然自負。

【文無加點】

見「文不加點」。

【文武並用】

文：文治；武：武功；並用：同時使用。文武一齊使用。指既重視文治，又重視武功。《史記·酈生陸賈列傳》：「居馬上得之，寧可以馬上治之乎？且[商]湯、[周]武逆取而以順守之，文武並用，長久之術也。」

【文武代爲雌雄】

代：代替；爲：當作，作爲。謂文武可以看做像雌雄一樣的一對。形容有時重文，有時重武，缺一不可。《淮南子·氾論訓》：「一世之間，文武代爲雌雄，有時而用也。今世之爲武者則非文也，爲文者則非武也，文武更相非，而不知時世之用也。」

【文武皇皇】

皇皇：顯赫的樣子。指文武全才，顯赫非常。淸·孔尙任《桃花扇·入道》：「文武皇皇，乘白雲而至止。」

【文武兼備】

文：指文才；武：指武略。指文才武略兼而有之。即文武雙全。漢·荀悅《漢紀·宣帝紀》：「初，田延年爲河東太守，召見故吏五十六人，令有文者東，有武者西，翁歸獨伏不肯起，對曰：『文武兼備，惟所施設。』」也作「**文武兼濟**」。明·無名氏《大劫牢》頭折：「我打聽的灤州有一人是韓伯龍。此人其家巨富，文武兼濟，使一條鐵棒，打天下無對。」也作「**文武兼資**」。南朝梁·沈約《梁武帝集序》：「漢高、宋武雖缺章句，歌大風以還沛，好淸淡於暮年，夫成天德之大功，膺樂推之寶運，未或不文武兼資，能事斯畢者也。」也作「**文武兼全**」。老舍《老張的哲學》一：「因爲哪個聖人能文武兼全，陰陽都曉呢。」也作「**文武雙全**」。元·關漢卿《單鞭奪槊》一折：「憑著你文武雙全將相才，則要你掃蕩塵埃。」也作「**文武全才**」。《舊五代史·周書·和凝傳》：「和公文武全才而有志氣，後必享重位，爾宜謹事之。」也作「**文武兩全**」。《水滸全傳》五二回：「這高知府上馬管軍，下馬管民，文武兩全。」

【文武兼濟】

見「文武兼備」。

【文武兼全】

見「文武兼備」。

【文武兼資】

見「文武兼備」。

【文武兩道】

文：文治；武：武功；道：途徑，方法，措施。指治理國家要文治與武功兩者相輔相成。唐·李商隱《爲濮陽公陳許謝上表》：「正文武之二道，則武可輔文。」

【文武兩全】

見「文武兼備」。

【文武全才】

見「文武兼備」。

【文武如雨】
文：文臣；武：武將。形容文臣武將人才濟濟。《三國志通俗演義》卷二一：「國中文武如雨，豈少一張郃乎？」
【文武殊涂】
文：指文道；武：指武道；殊：不同；涂：同「途」。文道和武道走的是不同的道路。《三國志：魏書・陳留王奐傳：》「文武殊途，勛列同歸。」
【文武雙全】
見「文武兼備」。
【文武恬嬉】
見「文恬武嬉」。
【文武之才】
文武兼有的才能。《舊唐書・李光弼傳》：「光弼器識宏遠，志懷沉毅，蘊孫吳之略，有文武之才。」
【文武之道】
文：周文王；武：周武王。周文王、周武王二位賢君治國的方略。泛指聖人之道。《論語・子張》：「子貢曰：『文武之道，未墜於地，在人。賢者識其大者，不賢者識其小者，莫不有文武之道焉。』」也指治理國家要寬嚴相濟。參見「文武之道，一張一弛」。
【文武之道，一張一弛】
文、武：指周文王和周武王；張：拉緊弓弦；弛：放鬆弓弦。周文王和周武王治理國家的辦法是有嚴有寬、寬嚴結合。指治理國家應該寬嚴相濟，使人民有勞有逸。《禮記・雜記下》：「張而不弛，文、武弗能也；弛而不張，文、武弗爲也；一張一弛，文武之道也。」現也用以比喻生活和工作要勞逸結合，有節奏地進行。例爲了這個課題，你每天熬通宵，可得注意休息，古話說：「文武之道，一張一弛嘛！」
【文武之勛】
文治武事的功績。漢・蔡邕《黃鉞銘序》：「是用鏤石作茲鉦鉞軍鼓，陳之東階，以昭公文武之勛焉。」
【文行出處】
文：學問；行：品行；出：做官；處；隱居。舊指文人的學問、品行和對待出仕、退隱的態度。《周易・繫辭上》：「君子之道，或出或處。」《論語・述而》：「子以四教，文、行、忠、信。」《儒林外史》一回：「王冕指與秦老看，道：『這個法卻定的不好！將來讀書人既有此一條榮身之路，把那文行出處都看得輕了。』」
【文修武備】
指文治和武備都達到了很好的程度。明・無名氏《十樣錦》頭折：「見如今大開學校，文修武備顯英豪。」
【文修武偃】
修：整治、治理；偃：停止、停息。實施文治，停止用兵。形容天下太平。唐・王起《黿鼉爲梁賦》：「我皇仁洽道豐，文修武偃，要荒畢服。」
【文選爛，秀才半】
文選：也稱《昭明文選》，我國最早的詩文總集，由南朝梁代昭明太子蕭統編選；爛：爛熟；半：半個。熟讀了《昭明文選》，就成了半個秀才。指《文選》對讀書人的重大影響。宋・陸游《老學庵筆記》卷八：「國初尚《文選》，當時文人專意此書，故草必稱王孫，梅必稱驛使，月必稱望舒，山水必稱清暉，至慶曆後，惡其陳腐，諸作者始一洗之。方其盛時，士子至爲之語曰：文選爛，秀才半。建炎以來尚蘇軾文章，學者翕然從之；而蜀士尤盛，亦有語曰：蘇文熟，吃羊肉；蘇文生，吃菜羹。」
【文以載道】
文：文字，文章；以：用；載：記載；道：道理，思想，學說。文章是用來記載說明道理或思想的。宋・周敦頤《通書・文辭》：「文所以載道也，輪轅飾而人弗庸，徒飾也，況虛車乎？」清・黃宗羲《李杲堂墓志銘》：「文之美惡，視道合離，文以載道，猶爲二之。」
【文以足言】
文：文章；以：用；足：足夠，充足；言：說話。文章可以用來充分表達作者要說的話。《左傳・襄公二十五年》：「言以足志，文以足言，不言誰知其志。言之無文，行而不遠。」
【文異義同】
文辭有別，意義相同。清・王引之《經傳釋詞》十：「下文其所厚者薄，而其所薄者厚，未之有也，與此文異義同。」
【文友詩敵】
指文中好友，詩之對手。形容詩文之友。唐・白居易《劉白唱和集解》：「僕與足下，二十年來爲文友詩敵，幸也。」
【文園病渴】
文園：司馬相如曾爲孝文園令；病渴：指相如有消渴疾，口渴多飲。《史記・司馬相如列傳》：「相如口吃而善著書。常有消渴疾。與卓氏婚，饒於財。其進仕宦，未嘗肯與公卿國家之事，稱病閒居，不慕官爵。」後用「文園病渴」表示抱病家居，不慕官爵。唐・杜牧《爲人題贈》詩：「文園終病渴，休咏白頭吟！」
【文責自負】
責：責任；負：擔負，負責。指作者對發表的作品所引起的一切問題承擔全部責任。例圖書出版公司堅持文責自負的原則，每個公民都享有出版作品的自由。
【文章本天成，妙手偶得之】
好的文章本來是自然造化而成的，作家的妙手偶然得到了它。謂作文章要師法自然，不要雕琢造作。也可用來稱讚好的詩文。宋・陸游《文章》詩：「文章本天成，妙手偶得之。粹然無疵瑕，豈復須人爲。」例雕琢造作是寫文章的大忌，古人認爲好的文章崇尚自然，如行雲流水，當行於所當行，止於所不可不止，這就是所謂的「文章本天成，妙手偶得之」。

【文章不妨千次磨】

要寫出好的文章，就要下苦功夫，反覆修改。例人家說鐵杵可以磨成針，他則說文章不妨千次磨。因此，他寫文章總是反覆琢磨、推敲，不厭其煩地修改。

【文章蓋世】

蓋：勝過，超過。文章寫得好，舉世無雙。宋·吳曾《能改齋漫錄·蘇瓊善詞》：「姑蘇官奴姓蘇名瓊，行第九，蔡元長道過蘇州，太守召飲，元長聞瓊之能詞，因命即席爲之。乞韻，以九字，詞云：『韓愈文章蓋世，謝安情性風流。良辰美景在西樓，敢勸一巵芳酒。記得南宮高選，弟兄爭占鰲頭。金爐玉殿瑞煙浮，高占甲科第九。』蓋元長奏名第九也。」

【文章合爲時而著，歌詩合爲事而作】

合：應當；時：時代；事：實事，現實。文章應當爲時代而寫，詩歌應當爲現實而作。唐·白居易《與元九書》：「每與人言，多詢時務；每讀書史，多求理道。始知文章合爲時而著，歌詩合爲事而作。」

【文章巨公】

巨：大；公：古代對人的尊稱。寫文章的大師，能手。形容文才出衆。唐·李賀《高軒過》詩：「入門下馬如虹，云是東京才子，文章巨公。」

【文章絕唱】

絕唱：指詩文創作的最高造詣。形容最佳的文章。宋·羅大經《鶴林玉露·伯夷傳·赤壁賦》：「太史公《伯夷傳》、蘇東坡《赤壁賦》，文章絕唱也。」

【文章魁首】

魁：科舉考試中第一名。文章寫得好，名列榜首。形容文才很高。元·王實甫《西廂記》四本二折：「秀才是文章魁首，姊姊是仕女班頭；一個通徹三教九流，一個曉盡描鸞刺繡。」

【文章林府】

林：林木；府：府庫。文章多如林木，富如府庫。晉·陸機《文賦》：「咏世德之駿烈，誦先人之清芬。游文章之林府，嘉麗藻之彬彬。慨投篇而援筆，聊宣之乎斯文。」

【文章千古事，得失寸心知】

寸心：內心。寫文章是流傳千古的大事。文章寫得好不好，是得是失，自己內心全知道。用以表達寫文章的人對自己的才華和作品的自負。也用以表示謙虛。唐·杜甫《偶題》詩：「文章千古事，得失寸心知。作者皆殊列，名聲豈浪垂？」

【文章是自己的好，老婆是別人的好】

對自己的文章只看到優點，總覺得比別人的好；對老婆只看到缺點，總覺得沒有別人的好。例人家胳臂肘往裏拐，他呢？總叨叨自己老婆的不是，不怕家醜外揚，豈不成了「文章是自己的好，老婆是別人的好」？

【文章司命】

司：掌管，主管；命：命脈，命運。指評判文章優劣的權威人士。唐·李白《與韓荊州書》：「今天下以君侯爲文章之司命，人物之權衡。一經品題，便作佳士。」

【文章宿老】

宿：年老的、久於其事的。指文壇上名望極高的老前輩。《新唐書·李嶠傳》：「［李］嶠富才思……然其仕前與王勃、楊盈川接，中與崔融、蘇味道齊名，晚諸人沒，而爲文章宿老，一時學者取法焉。」

【文章星斗】

指文章出衆，寫得極好。元·魏初《滿江紅·爲雙溪丞相壽》詞：「元自有，談天口。初不負，經綸手。更詩書萬卷，文章星斗。」

【文章憎命】

憎：恨，厭惡；命：命運，運氣。章寫得好，只恨命運不濟。指文人磨難。唐·杜甫《天末懷李白》詩「文章憎命達，魑魅喜人過。應共魂語，投詩贈汨羅。」

【文章最忌百家衣】

百家：泛指許多人家。形容寫文章忌諱七拼八湊，模仿他人。宋·陸《次韻和楊伯子主簿見贈》詩：「文最忌百家衣，火龍黼黻世不知。」古人說：「文章最忌百家衣。」以，我們寫文章就要有所創新，不一味模仿他人。

【文陣雄帥】

陣：兩軍交戰時隊伍的行列。文人列中傑出的帥才。指文壇上領頭的物。《新唐書·蘇頲傳》：「張九嘗覽頲文卷，謂同列曰：『蘇生之膽無敵，眞文陣雄帥也。』」

【文之烏獲】

文：指文人；烏獲：戰國時秦國士，武力過人。比喻文壇上的傑出物。漢·王充《論衡·效力》：「世力者，常褒烏獲，然則董仲舒、揚雲，文之烏獲也。秦武王與孟說舉不任，絕脈而死。少文之人，與董舒等湧胸中之思，必將不任，有絕之變。」

【文質彬彬】

文：華美，有文采；質：質樸。形態度端莊，舉止溫文儒雅。《論語雍也》：「質勝文則野，文勝質史。文質彬彬，然後君子。」宋·熹註：「野，野人，言鄙略也，史掌文書，多聞習事，而誠或不也。」唐·王勃《三國論》：「文帝於春秋，光膺禪讓，臨朝恭儉，博墳籍，文質彬彬，庶幾君子者矣。

【文治武功】

見「文德武功」。

【文致太平】

文：作文，文章；致：表達。文章

飾太平。《公羊傳・定公四年》漢・何休註：「春秋定、哀之間，文致太平。」唐・徐彥疏：「春秋定、哀之間，文致太平者，實不太平，但作太平文而已，故曰文致太平也。」

【文字交】

文字：指詩文。以詩文交友。《宋史・陸游傳》：「范成大帥蜀，游爲參議官，以文字交，不拘禮法。」

【文致之罪】

文致：舞文弄法，陷人於罪。指被人誣陷而定成的罪名。《漢書・路溫舒傳》：「成練者衆，文致之罪明也。」

【紋絲不動】

見「文風不動」。

【蚊蟲遭扇打——吃了嘴的虧】

見「蚊蟲遭扇打，只爲嘴傷人」。

【蚊蟲遭扇打，只爲嘴傷人】

比喻遭到禍害，是因爲嘴巴厲害傷了人。《金瓶梅詞話》九一回：「衙內隨令伴當，即時將媒人陶媽媽叫來，把玉簪兒領出來，便變銀子來交，不在話下。正是：蚊蟲遭扇打，只爲嘴傷人。」也作「**蚊蟲遭扇打——吃了嘴的虧**」。

【蚊力負山】

蚊：蚊子；負：背。以蚊蟲的力量來背山。比喻力量微小，卻擔負重任。《莊子・應帝王》：「其於治天下也，猶涉海鑿河而使蚊負山也。」清・陳夢雷《上誠親王匯編啟》：「今何幸大慰所懷，不揣蚊力負山，遂以一人獨肩斯任。」

【蚊睫安知鵬翼】

睫：眼睫毛；鵬：傳說中最大的鳥；翼：翅膀。蚊子睫毛上的小蟲，怎能知道大鵬鳥的翅膀能飛得又高又遠呢？比喻見識短淺，難以理解英雄的遠大志向。隋・楊廣《設齋願疏》：「井蛙不識江海，蚊睫安知鵬翼？」

【蚊睫之蟲】

睫：眼睫毛。蚊子的眼睛毛上的小蟲。比喻極其微小的東西。《列子・湯問》：「江浦之間生么蟲，其名曰焦螟，羣飛而集於蚊睫，弗相觸也，棲宿去來，蚊弗覺也。」《晏子春秋・不合經術者》：「景公曰：『天下有極細者乎？』對曰：『東海有蟲，巢於蚊睫，再乳而飛，蟲不爲驚，名曰焦螟。』」

【蚊虻宵見】

宵：夜。見：ㄒㄧㄢˋ，顯露。蚊蟲和虻蟲在夜裏隱約可見。指看不清楚。《漢書・中山靖王傳》：「明月皎夜，蚊虻宵見。」

【蚊虻之勞】

虻：昆蟲。蚊子和虻蟲的勞力。比喻微小的能力。《莊子・天下》：「由天地之道，觀惠施之能，其猶一蚊一虻之勞。」

【蚊虻走牛羊】

走：跑。蚊蟲和虻蟲能趕跑牛和羊。比喻弱小的東西也可以控制強大的事物。漢・劉向《說苑・談叢》：「蠹蝝剖梁柱，蚊虻走牛羊。」

【蚊有昏市】

市：羣聚喧鬧的地方。原指蚊子一到傍晚日落便紛紛飛出來嗡嗡叫。諷刺夜裏羣聚喧鬧。宋・陸佃《埤雅・釋蟲》：「俗云：『蚊有昏市』。蓋蠅成市於朝，蚊成市于暮。傳云：『聚蚊成雷』，謂其市之時也。」例人們下班回家，吃過晚飯正要休息時，樓上總要邀來一羣年輕人嬉鬧，極像蚊有昏市，吵得人心煩意亂。

【蚊子唱小曲兒——要叮人】

見「癟肚臭蟲——要叮人」。

【蚊子吃菩薩——認錯人了】

菩薩：泥塑或木刻的神像。蚊子把菩薩錯認成人，竟要去叮它。比喻看錯了人。例他在公司中並不居於什麼舉足輕重的地位，你爲了升官刻意巴結他，實在是蚊子吃菩薩——認錯人了。

【蚊子打呵欠——好大的口氣】

見「癩蛤蟆打哈欠——好大的口氣」。

【蚊子叮雞蛋——無孔可入】

雙關語。比喻沒有空子可鑽，或沒有可乘的機會。貶義。例我們採取了嚴密的保密措施，敵人恐怕是蚊子叮雞蛋——無孔可入了。

【蚊子叮木偶——找錯了對象】

比喻認錯了目標。例這次你可是蚊子叮木偶——找錯了對象，錯把芝麻當西瓜，沒撈到什麼油水。也作「**蚊子叮牛角——找錯了對象**」、「**狗咬汽車——找錯對象**」、「**小鬼面前告閻王——找錯了對象**」、「**跟和尚借梳子——找錯了對象**」。

【蚊子叮菩薩——不認得眞人】

雙關語。比喻錯把好人當壞人，或不辨眞假，不分好歹。例你是蚊子叮菩薩——不認得眞人，大周是一個正直公道的人，對誰也沒有偏袒，更沒有害你之心。

【蚊子叮菩薩——找錯了人】

菩薩：泥塑或木刻的佛像或其他神像。見「拉和尚認親家——找錯了人」。

【蚊子叮象鼻頭——碰到大頭】

比喻遇到了枉費錢財的人。有時指遇到了主要的人物或角色。例他怎麼心甘情願地讓人家敲榨勒索，眞是蚊子叮象鼻頭——碰到大頭了。

【蚊子放屁——小氣】

見「筆筒吹火——小氣」。

【蚊子飛過識公母】

蚊子飛過去後能辨認出它的性別來。比喻人精明、過細。例她那張嘴，你還不知道嗎？她是蚊蟲打眼前飛過知道公母的人，村裏有啥事能瞞住她？

【蚊子說成大象——言過其實】

見「馬謖用兵——言過其實」。

【蚊子咬秤砣——好硬的嘴】

也作「**蚊子咬秤砣——嘴硬**」。見「狗咬秤砣——嘴硬」。

【蚊子找蜘珠——自投羅網】

見「飛蛾撲蜘蛛——自投羅網」。

【聞道猶迷】
聞：知道，聽說；猶：還。已經知道了什麼是正道，卻還往迷路上走。指知錯不改。《後漢書・竇融傳》：「失路不反，聞道猶迷。」

【聞道有先後，術業有專功】
領會道理有先後的不同，學術修業各有專長。謂人各有所長，都有值得別人學習的地方。唐・韓愈《師說》：「是故弟子不必不如師，師不必賢於弟子，聞道有先後，術業有專攻，如是而已。」

【聞得雞好賣，連夜磨得鴨嘴尖】
聽說雞好賣，連夜把鴨嘴磨成尖的冒充雞賣。形容人急於圖利，弄虛作假。清・王有光《吳下諺聯》卷三：「聞得雞好賣，連夜磨得鴨嘴尖。古人正是有說，曰：『雞好賣矣，衆人雞而一人鴨，吾計拙矣。』於是磨之。『吾能磨，人亦能磨，吾鴨尖而人鴨亦尖，吾計猶未工也。』於是連夜磨之。」例這人是個「聞得雞好賣，連夜磨得鴨嘴尖」的人，諸如以次充好，以假冒眞，缺斤少兩的事都幹得出來。

【聞而不審，不若無聞矣】
審：審察。聽到別人所說而不加審察，倒不如不聽見的好。謂對傳言應作分析，不要輕信。《呂氏春秋・察傳》：「聞而審，則爲福矣；聞而不審，不若無聞矣。」

【聞風而動】
見「聞風而起」。

【聞風而起】
聞：聽；風：風聲，消息。聽到風聲就立刻奮起響應。宋・文天祥《何晞程名說》：「百世之下居乎此者猶聞風而起，況去之二百年之近乎？」也作「**聞風而興**」。興：興起。宋・陳亮《義士傳序》：「庶乎有聞風而興起者，豈徒補觀覽而已哉！」也作「**聞風興起**」。興起：因感動而奮起。宋・朱熹《跋陳了翁責沈后》：「百世之下，猶當復有聞風而興起者，其志遠矣。」也作「**聞風而動**」。例起義軍轉戰河南、山東一帶，各地災民聞風而動，紛紛投奔。也作「**聞風而至**」。至：趕到。南朝梁・釋慧皎《高僧傳・佛馱跋陀羅》：「四方樂靜者，並聞風而至。」

【聞風而逃】
聞：聽；風：風聲，消息。一聽到風聲就立即逃跑。《官場現形記》一二回：「卻說這班土匪正在桐廬一帶嘯聚，雖是烏合之衆，無奈官兵見了，不要說是打仗，只要望見土匪的影子，早已聞風而逃。」也作「**聞風遠遁**」。遁：逃。《古今小說》卷二二：「賈似道打聽得蒙古有事北歸，鄂州圍解，遂將議和稱臣納幣之事瞞過不提，上表誇張己功。只說蒙古懼己威名，聞風遠遁。」

【聞風而興】
見「聞風而起」。

【聞風而至】
見「聞風而起」。

【聞風破膽】
聞：聽；風：風聲，消息；破膽：嚇破了膽。一聽到風聲，就嚇破了膽。形容非常恐懼。唐・李德裕《授張仲武東面招撫回鶻使制》：「故能望影揣情，已探致虜之術；豈止聞風破膽，益堅慕義之心。」也作「**聞風喪膽**」。喪：喪失。

【聞風喪膽】
見「聞風破膽」。

【聞風響應】
聞：聽；風：風聲，消息。聽到風聲，就起來呼應。《史記・淮陰侯傳》：「蒯通曰：『爲百姓請命，則天下風走而響應矣。』」例陳涉揭竿起義，反對秦二世的暴政，各地農民聞風響應。

【聞風興起】
見「聞風而起」。

【聞風遠遁】
見「聞風遠逃」。

【聞風遠揚】
聞：聽；風：風聲，消息；遠揚：遠走。一聽到風聲就逃得遠遠的。《歧路燈》六五回：「賭博場中鬧出事，只有個聞風遠揚是高著。」也作「**聞風遠颺**」。颺：揚。

【聞風遠颺】
見「聞風遠揚」。

【聞弓雁驚】
聞弓：聽見拉弓；雁驚：大雁驚慌高飛。只拉了一下弓，大雁就驚慌地高飛。比喻箭藝精湛。《戰國策・楚策四》：「有間，雁從東方來，更贏以虛發而下之。」唐・元稹《遣行十首》詩：「射葉楊才破，聞弓雁已驚」。

【聞過則喜】
聞：聽；過：過錯；喜：高興。一聽到別人指出自己的過錯，就感到高興。指接受別人意見非常虛心。《孟子・公孫丑上》：「子路，人告之以有過，則喜。」宋・陸九淵《與傅全美書》：「過在所當改，吾自改之，非爲人而改也。故其聞過則喜，知過不諱，改過不憚。」

【聞呼即至】
聞：聽；呼：招呼；即至：立即來到。聽到招呼，立即趕來。《南史・陳慶之傳》：「梁武帝好棋，每從夜至旦不輟，慶之聞呼即至，甚見親賞。」

【聞雞起舞】
夜裏聽到雞叫聲就起來舞劍。《晉書・祖逖傳》：「逖與司空劉琨俱爲司州主簿，情好綢繆，共被同寢，中夜聞荒雞鳴，蹴琨覺曰：『此非惡聲也。』因起舞。」後以「聞雞起舞」比喻立志爲國效力的人奮發行動。清・孫雨林《皖江血・興學》：「聞雞起舞心還壯，造時勢，先鞭不讓。」也作「**聞雞舞**」。宋・辛棄疾《菩薩蠻・和盧國華提刑》詞：「功名君自許，少日聞雞舞。詩句到梅花，春風十萬家。」

【聞雞舞】

見「聞雞起舞」。

【聞君一席話，勝讀十年書】

聽您講的一番話，受益不淺，勝過讀了十年書。形容與對方交談收穫極大。例我和你雖是初次見面，卻很談得來。你對人生的看法，給我很大的啟發，正是聞君一席話，勝讀十年書。也作「共君一夜話，勝讀十年書」。

【聞雷失箸】

聞：聽；箸：筷子。聽到驚雷而失落筷子。晉・常璩《華陽國志》：「曹公從容謂先主曰：『今天下英雄，唯使君與操耳，本初之徒，不足數也。』先主方食，失匕箸。會雷大震，先主曰：『聖人言，迅雷風烈必變，良有以也。一震之威，乃可致此。』公亦悔失言。」後以「聞雷失箸」比喻故用巧言掩飾內心眞情。

【聞名不如見面】

聽到他的名字，不如見到他本人。指只有親眼目睹才能有深切的了解。《北史・房愛親傳》：「見丘人列子不孝，吏欲案之。景伯爲之悲傷，入白其母。母曰：『吾聞聞名不如見面，小人未見禮教，何足責哉！』但呼其母來，吾與之同居，其子置汝左右，令其見汝事吾，或應自改。」

【聞名不如見面，見面勝似聞名】

只聽到名聲，不曾見過面；見面後比傳聞的印象更好。舊時常用作初次見面時的客氣話。《水滸傳》三回：「『聞名不如見面，見面勝似聞名。』你要尋王教頭，莫不是在東京惡了高太尉的王進？」

【聞名遐邇】

聞名：聽到名聲；遐：遠；邇：近。在遠近都能聽到他的名聲。形容名聲很大。例這個地方物產豐饒，風景優美，聞名遐邇。

【聞聲相思】

聞：聽；聲：名聲；思：思慕。聽到他的名聲，就思慕他。指欽仰有聲望的人。《鬼谷子・內揵》：「君臣上下之事，有遠而親，近而疏，就之不用，去之反求，日進前而不御，遙聞聲而相思」。

【聞所不聞】

聞：聽。聽到以前從沒聽到過的事。多指事物或音訊新奇，第一次聽到或看到。漢・揚雄《法言・淵騫》：「七十子之於仲尼也，日聞所不聞，見所不見，文章亦不足爲矣。」也作「聞所未聞」。未：沒有。唐・穆員《工部尚書鮑防碑》：「公曰：『使吾聞所未聞，聖朝之瑞也。』」

【聞所未聞】

見「聞所不聞」。

【聞太師回朝——臉上貼金】

傳說商朝老臣聞太師爲商朝統一天下立下汗馬功勞。有一次商君對大臣說：「聞太師功高如山，當臉上貼金。」聞太師班師回朝時，商君帝乙率文武百官相迎。帝乙見聞太師威風凜凜、紅光滿面，便對他說：「愛卿赤膽忠心，面如赤金，這才眞是臉上貼金。」比喻有意美化、炫耀自己。例他說什麼功高泰山、技壓羣芳，這不過是聞太師回朝——臉上貼金罷了。

【聞香下馬】

聞：嗅。嗅到酒的香氣，就急忙下馬。形容很想喝酒。淸・元亭主人《照世杯・百和坊將無作有》：「那三太爺頻頻咽涎，像有聞香下馬的光景。」

【聞學而後入政】

指先具有學識，然後才從政。《左傳・襄公三十一年》：「僑聞學而後入政，未聞以政學者也。」

【聞噎廢食】

聞：聽到；噎：食物阻塞喉嚨；廢食：停止吃飯。聽說吃東西噎住喉嚨，就不再吃飯。比喻聽說有人遇到挫折，自己也索性不幹。明・袁宏道《只園寺碑文》：「此何異聞噎廢食，見蹶停驂者哉？」也作「因噎廢食」。

【聞一增十】

聞：聽。聽到一點，誇張十倍。形容不顧事實，蓄意誇大其詞。漢・王充《論衡・藝增》：「譽人不增其美，則聞者不快其意；毀人不益其惡，則聽者不愜於心。聞一增以爲十，見百益以爲千。使夫純樸之事，十剖百判；審然之語，千反萬畔。」例有的人喜歡道聽途說，並且聞一增十地告訴別人。

【聞一知二】

聞：聽。聽到一點就知道許多。形容稟性聰明，善於類推。《論語・公冶長》：「[顏]回也，聞一以知十，賜（子貢）也，聞一以知二。」《醒世恆言》卷一一：「又生個女兒，名曰小妹，其聰明絕世無雙，眞個聞一知二，問十答十。」也作「聞一知十」。宋・朱熹《答胡伯逢書》：「今乃以爲節外生枝，則夫告往知來，舉一反三，聞一知十者皆適，所以重得罪於聖人矣。」

【聞一知十】

見「見一知二」。

【聞義而徙】

聞：聽到；義：正義，道義；徙：遷移。聽到符合道義的事就十分向往，誠心相就。《論語・述而》：「子曰：『德之不修，學之不講，聞義不能徙，不善不能改，是吾憂也。』」

【聞音知鳥，聞言知人】

從說話的聲音能辨認出是誰。也指從言談中可以了解一個人的爲人和思想。例常言道：「聞音知鳥，聞言知人。」聽他說話就知道他想幹什麼，聽話聽音嘛！

【聞者足戒】

聞者：聽到意見的人；戒：警戒。聽到別人的意見，足以作爲警戒。漢・毛亨《〈詩經〉・大序》：「言之者無罪，聞之者足戒。」例對於大家提出的意見，我們應該本著言者無罪，聞者足戒的態度，虛心接受。

ㄨㄣˇ

【刎頸之交】
刎頸：割脖子；交：交情，友誼。生死之交。指友誼極深，可以同生死的朋友。《史記・廉頗藺相如列傳》：「卒相與歡，爲刎頸之交。」也作「刎頸至交」。清・遯廬《童子軍・賣友》：「倘若將他首發，豈不是把那刎頸至交，做成一個負心賊子麼？」

【刎頸至交】
見「刎頸之交」。

【穩操勝券】
見「穩操左券」。

【穩操勝算】
操：握；勝算：能取勝的計策。穩穩地把握住取勝的計策。姚雪垠《李自成》二卷二六章：「以逸待勞，以衆御寡，可以穩操勝算。」

【穩操左券】
操：握；左券：古代契約分爲左右兩聯，左聯即左券，作爲索償的憑證。穩穩地握住索償的憑證。比喻對事情成功很有把握。《史記・田敬仲完世家》：「公常執左券以責（債）於秦韓。」也作「穩操勝券」。例藍隊的積分和淨勝球數遙遙領先，已經穩操勝券。

【穩吃三注】
見「穩坐吃三注」。

【穩口深藏舌】
指不開口說話。《三寶太監西洋記》一二回：「我若是開言，便傷了和氣，卻也又沒個什麼大進益，不如穩口深藏舌，權做個癡呆懵懂人。」

【穩如泰山】
像泰山一樣安穩。形容非常安定穩固，不可動搖。漢・枚乘《上書諫吳王》：「變所欲爲，易於反掌，安於泰山。」《鏡花緣》三回：「武后恃有高關，又仗武氏弟兄驍勇，自謂穩如泰山，十分得意。」也作「穩若泰山」。例在全軍戰鬥最危急的關頭，李自成立馬督陣，沉著異常，穩若泰山。

【穩若泰山】
見「穩如泰山」。

【穩紮穩打】
紮：紮營；打：作戰，打仗。步步爲營，穩當而有把握地攻敵致勝。清・劉坤一《復王雨庵》：「現在鄭軍既已到齊，仍須穩紮穩打，不可輕進求速。」也用於比喻做事紮實，穩妥。

【穩住架】
比喻鎮定，沉著。例你是家裏的主心骨，面對天災人禍、家破人亡的慘劇，可千萬要穩住架，不可有半點驚慌。

【穩坐吃三注】
注：賭注。四人賭博，一人贏三人的注。比喻憑空得到大量收穫。《紅樓夢》五六回：「那不得管地的聽了每年終又無故得分錢，也都喜歡起來，口內說：『他們辛苦收拾，是該剩些錢貼補的，我們怎麼好穩坐吃三注的？』」也作「穩吃三注」。《兒女英雄傳》五回：「那跑堂兒的先說：『這，我們怎麼倒穩吃三注呢？』那女子說：『別累贅。拿了去。我還幹正經的呢。』」

【穩坐釣魚台】
比喻置身事外，不聞不問，或不管發生什麼變化，仍舊照老樣子辦事。現也形容不怕任何風浪。例屋外吵得翻了天，他倒是在屋裏穩坐釣魚台，悠閒自在地吸菸。也作「穩坐釣魚船」。例時代已經變了，他還是穩坐釣魚船，按他那老一套辦，怎能不碰壁！也作「任憑風浪起，穩坐釣魚台」。

ㄨㄣˋ

【問安視膳】
視膳：指子女侍奉父母每餐的飲食。舊時每天的早中晚子女必對父母請安和侍奉飲食，以示孝道。《禮記・文王世子》：「文王之爲世子，朝於王季日三，雞初鳴而衣服，至於寢門外，問內豎之御者曰：『今日安否何如？』內豎曰：『安。』文王乃喜。及日中又至，亦如之。及莫（暮）又至，亦如之……食上，必在視寒暖之節，食下，問所膳。」《資治通鑑・唐文宗開成元年》：「給事中韋溫爲太子侍讀，晨詣東宮，日中乃得見，溫諫曰：『太子當雞鳴而起，問安視膳，不宜專事宴安。』」

【問百人，通百事】
百：言其多。向別人請教的越多，懂得的事情也就越多。例不懂不要裝懂，要虛心向人請教，正是問百人，通百事。

【問遍百家成行家】
形容多向有經驗的人請教某方面的知識，就會成爲精通這方面知識的內行。例他原來不懂行銷業務，只是由於虛心向同事們學習，才逐漸成了行銷能手，正是問遍百家成行家。也作「問遍千家成行家」、「問遍萬家成行家」。

【問病處方，對症下藥】
比喻遇事要調查研究，針對具體情況，制定適當的解決方案。例要解決問題，就要「問病處方，對症下藥」，絕不能盲目從事。

【問長問短】
形容關心地、親熱地問這問那。《紅樓夢》一一五回：「王夫人更不用說，拉著甄寶玉問長問短，覺得比自己家的寶玉老成些。」

【問道於盲】
盲：瞎子。向瞎子問路。比喻向一無

所知的人求救。唐・韓愈《答陳生書》：「足下求速化之術，不於其人，乃以訪愈，是所謂借聽於聾，求道於盲。」清・顧炎武《與友人論學書》：「比往來南北，頗承友朋推一日之長，問道於盲。」

【問鼎輕重】

見「問鼎之心」。

【問鼎之心】

問鼎：打聽九鼎的大小輕重；鼎：相傳禹鑄九鼎，象徵九州，夏商周三代時奉爲傳國之寶。比喻有篡奪政權的野心。《左傳・宣公三年》：「楚子伐陸渾之戎，遂至於雒，觀兵於周疆。定王使王孫滿勞楚子，楚子問鼎之大小輕重焉。」《晉書・王敦傳》：「有問鼎之心，帝畏而惡之。」也作「**問鼎輕重**」。漢・應劭《風俗通義》卷一：「莊王僭號，自下摩上，觀兵京師，問鼎輕重，恃強肆忿，幾亡宋國。」也作「**問鼎中原**」。中原：黃河中下游地區，指中國。《說唐》三九回：「李淵德高望衆，手下兵多將勇，見煬帝幸游未歸，天下大亂，就益發修理甲兵，漸有問鼎中原之志。」

【問鼎中原】

見「問鼎之心」。

【問官答花】

詢問「官」的情況，卻答以關於「花」的問題。指所答非所問，雙方想的不一致。《兒女英雄傳》四〇回：「這老頭兒，這才叫問官答花，驢唇不對馬嘴，這與我的心事什麼相干？」

【問寒問暖】

形容對人生活上非常關心。例王先生爲人就是這麼親切，看到鄰居總是會對他們問寒問暖一番，令人感動。

【問津無人】

見「無人問津」。

【問九子娘娘借米——哪有米借】

問：向；九子娘娘：泛指孩子多的母親。比喻自顧不暇，無法顧及別人。例你希望我給予支援，這是問九子娘娘借米——哪有米借，還是找找周大嬸吧！

【問君能有幾多愁？恰似一江春水向東流】

問您還有多少悲愁呢？就像一江的春水向東湧流。形容極爲悲愁。南唐・李煜《虞美人》詞：「雕欄玉砌應猶在，只是朱顏改。問君能有幾多愁？恰似一江春水向東流。」

【問客殺雞——虛情假意】

也作「**問客殺雞——假仁假義**」。見「木偶流眼淚——虛情假意」。

【問老虎借豬】

比喻向人求助找錯了對象或手段錯誤。例他這人很吝嗇，要他捐錢辦學，好比問老虎借豬，找錯人了！

【問了山神問土地】

土地：神話傳說中管理一個小地方的神。指政出多門，問了這個還要問那個。例爲了申請建屋的事，他跑了營建部門、計畫部門，還要跑管理部門，眞是問了山神問土地，把他跑煩了。

【問理不問人】

誰懂得道理就向誰請教，不管他是什麼人。例要想獲得知識，就必須有不恥下問、問理不問人的精神，虛心向各種人學習。

【問柳尋花】

問：詢問；尋：找。指對春天景色的賞玩。唐・杜甫《嚴中丞枉駕見過》詩：「元戎小隊出郊坰，問柳尋花到野亭。」後多以「花」、「柳」比喻妓女。指狎妓。《孽海花》三一回：「法國夫人只道他丈夫沾染中國名士積習問柳尋花，逢場作戲，不算什麼。」也作「**尋花問柳**」。

【問路斬樵】

樵：舊稱進山打柴的人。向打柴人問了路後就把他殺了。比喻拋棄甚至害死曾爲自己出過力的人。例這人太損，盡幹過河拆橋、問路斬樵的事，終有一天會得到報應，絕沒有好下場！

【問難反覆】

難：疑難；反覆：多次。多次地分析疑難問題。清・江藩《國朝漢學師承記・陳厚耀》：「嘗召入至淵鑑齋，問難反覆，並及天象、樂律、山川形勢，得遍觀御前陳列儀器。」

【問牛及馬】

問了牛的價錢就能知道馬的價錢。比喻從側面推究，可以得到事實的眞相。《漢書・趙廣漢傳》：「鉤距者，設欲知馬賈（價），則先問狗，已問羊，又問牛，然後及馬，參伍其賈（價），以類相准，則知馬之貴賤，不失實矣。」也作「**問羊知馬**」。南朝陳・徐陵《晉陵太守王厲德政碑》：「五雞三彘，勤恤有方，問羊知馬，鉤距兼設。」

【問渠哪得清如許，爲有源頭活水來】

請問那水爲什麼這樣清澈呢？原來是它的源頭有活水不停地流下來。原謂一個人的學問或藝術成就，自有其深厚的淵源。也用以比喻社會生活是文學藝術創作取之不盡、用之不竭的源泉。宋・朱熹《觀書有感》：「半畝方塘一鑑開，天光雲影共徘徊。問渠哪得清如許，爲有源頭活水來。」

【問舍求田】

舍：房舍；田：田地。到處打聽尋求買田置房產。指不問國事，只關心個人私利。《三國志・魏書・陳登傳》：「[劉]備曰：『君[許汜]有國士之名，今天下大亂，帝主失所，望君憂國忘家，有救世之意；而君求田問舍，言無可采。是元龍[陳登]所諱也。』」元・陶宗儀《南村輟耕錄・聶碧窗詩》：「分茅列土將軍志，問舍求田父老心。」

【問俗問禁】

探問風俗和禁忌。《禮記・曲禮上》：「入境而問禁，入國而問俗。」例我們到少數民族地區，要問俗問禁，尊重那裏的習慣。

【問心無愧】
問心：問問自己。捫心自問，沒有什麼可以慚愧的。指沒做對不起人的事，心地光明磊落，毫無慚愧之處。《官場現形記》二二回：「就是將來有點風聲，好在這錢不是老爺自己得的，自可以問心無愧。」

【問心有愧】
愧：慚愧。捫心自問，感到慚愧。《中國現在記》一〇回：「我們賺兩個錢，也要上不負國，下不疚心；想這樣的錢，實在問心有愧。」

【問羊知馬】
見「問牛及馬」。

【問諸水濱】
諸：之於；濱：水邊。你到水邊問去吧。《左傳・僖公四年》：「貢之不入，寡君之罪也，敢不共給。昭王之不復，君其問諸水濱。」意謂昭王南巡溺水而死，不是楚國的責任，您還是到水邊去問吧！後以「問諸水濱」比喻兩個方面互不相干。元・方回《次韻伯田見酬》詩：「世故吾其問水濱，向來不合典班春。」

【問罪之師】
問罪：指出對方的罪狀，作為征伐的理由；師：軍隊。指以問罪為名實施討伐的軍隊。《舊唐書・侯君集傳》：「天子以高昌驕慢無禮，使吾恭行天罰，今襲人於墟墓之間，非問罪之師也。」也比喻前來責問的人。《聊齋志異・葛巾》：「日已向辰，喜無問罪之師。」

ㄨㄤ

【汪洋辟闔】
見「汪洋自肆」。

【汪洋大海】
汪洋：大水寬廣無邊際。大海無邊無際。形容水勢浩大。《野叟曝言》三回：「你看湖光山色，霎時變成汪洋大海。此龍神力，亦不為小。」也比喻聲勢浩大。例全國人民武裝起來後，敵人就陷入了人民戰爭的汪洋大海。

【汪洋浩博】
汪洋：形容大水寬廣而無邊際；浩博：浩翰，博大。像大海一樣寬廣無際浩翰淵博。比喻人的氣度寬廣，文辭豪放，學識淵博。宋・陸游《答劉主簿書》：「德者前輩之學，積小以成大，以所有易所無，以所能問於不能。故其久也，汪洋浩博，該極百家，而不可涯矣。」

【汪洋閎肆】
見「汪洋自肆」。

【汪洋自肆】
汪洋：形容大水寬廣無有邊際；自肆：放縱、無拘束。形容文章或言論的內容深廣，氣勢豪放宏大。唐・柳宗元《宣城縣開國伯柳公行狀》：「凡為文，去藻飾之華靡，汪洋自肆，以適己為用。」也作「汪洋恣肆」。恣肆：放縱，放肆無忌。明・歸有光《與潘子實書》：「而學者固守沈溺而不化，甚者又好高自大，聽其言汪洋恣肆，而實無所折衷。」也作「汪洋自恣」。明・袁中道《李溫陵傳》：「且夫今之言汪洋自恣，莫如《莊子》，然未有因讀《莊子》而汪洋自恣者也，即汪洋自恣之人，又未必讀《莊子》也。」也作「汪洋閎肆」。閎肆：宏大、放肆。宋・陸游《呂居仁集序》：「故其詩文，汪洋閎肆，兼備眾體，間出新意，愈奇而愈渾厚，震耀耳目，而不失高古，一時學士宗焉。」也作「汪洋辟闔」。辟闔：開和關，指議論放得開，收得攏。魯迅《漢文學史綱要》三篇：「莊子……著書十餘萬言，人物土地，皆空言無事實，而其文汪洋辟闔，儀態萬方。」

【汪洋自恣】
見「汪洋自肆」。

【汪洋恣肆】
見「汪洋自肆」。

ㄨㄤˊ

【亡國敗家】
國家滅亡，家庭破敗。明・袁宏道《六陵》：「古者亡國敗家雖多，未有若此之慘酷者也。」也作「亡國破家」。破：破敗。《史記・屈原傳》：「然亡國破家相隨屬。」

【亡國大夫】
大夫：古代官職。亡了國的大夫。比喻不忠不義的官吏。《禮記・射義》：「賁軍之將，亡國之大夫，與為人後者，不入；其餘皆入。」

【亡國富庫】
富：使富足；庫：國庫。指為求國庫富足，採用殘酷壓榨老百姓，橫征暴斂的方法，這樣，國家也就要滅亡。《淮南子・人間訓》：「西門豹曰：『臣聞王主富民，霸主富武，亡國富庫。』」

【亡國滅種】
國家被滅亡，種族被滅絕。例在如此亡國滅種的緊急關頭，大家都應該拋棄彼此的成見，一致對付侵略者。

【亡國奴不如喪家犬】
自己國家被人侵占，比失去主人的狗還可憐、可悲。極言亡國之痛。例亡國奴不如喪家犬，國恨家仇刻在心上，總有一天要像火山爆發，把侵略者徹底消滅。

【亡國破家】
見「亡國敗家」。

【亡國之臣】
指貪贓枉法使國家滅亡的臣子。《史記・蘇秦列傳》：「夫驕君必好利，而亡國之臣必貪財。」也指已經亡國的臣子。漢・劉向《說苑・談叢》：「亡國之臣，不可言智。」

【亡國之道】
道：道路。國家滅亡的道路。指統治

者治國之道違背民意，不得人心。《孔叢子・對魏》：「國內之民將叛，四方之士不至，此乃亡國之道也。」例秦二世橫征暴斂，貪於酒色，任用奸佞，殘殺無辜，這是亡國之道。

【亡國之器】
器：器物。指導致亡國的危險器物，如使人墮落腐化的奢侈品等。《呂氏春秋・貴直》：「亡國之器陳於庭，所以爲戒。」漢・張協《七命》：「服腐腸之藥，御亡國之器。」

【亡國之聲】
見「亡國之音」。

【亡國之事】
使國家滅亡的重大事件。《莊子・至樂》：「子有亡國之事，斧鉞之誅，而爲此乎？」

【亡國之音】
音：音樂之聲。《禮記・樂記》：「桑間濮上之音，亡國之音也。其政散，其民流。」指國家將亡，人民困苦，多表現哀思的音樂。《禮記・樂記》：「亡國之音哀以思，其民困。」也指頹靡的樂曲。《舊唐書・張蘊古傳》：「勿內荒於色，勿外荒於禽，勿貴難得之貨，勿聽亡國之音。」也作「亡國之聲」。《韓非子・十過》：「衛靈公將之晉，至濮水之上，聞鼓新聲者，使師涓撫琴而寫之，去之晉，以所聲示平公，師曠撫止之曰：『此亡國之聲也。』」

【亡國之餘】
餘：餘留。滅亡的國家所餘留下來的後代。《左傳・僖公二十二年》：「寡人雖亡國之餘，不鼓不成列。」

【亡國之語】
語：言論。亡國的言論。《三國志・魏書・蔣濟傳》：「卿所聞見天下風教何如？』濟對曰：『未有他善，但見亡國之語耳。』」

【亡國之主】
主：君主。指國家滅亡時的最後一代君主。《呂氏春秋・謹聽》：「亡國之主反此，乃自賢而少人。」例唐代的李煜、明代的崇禎皇帝，都是亡國之主。

【亡魂喪膽】
亡：丟失；喪：失去。嚇得丟了魂，沒了膽。形容極度恐懼驚慌或心神不定。明・無名氏《破天陣》二折：「殺匈奴亡魂喪膽，保家邦萬載咸寧。」也作「亡魂喪魄」。明・無名氏《打董達》二折：「哥哥你寬肺腑。休間阻，我教他亡魂喪魄，認個賢愚。」也作「亡魂失魄」。《初刻拍案驚奇》卷一八：「這裏富翁見丹客留下了美妾……亦且同住園中，正好鉤搭，機會不可錯過，時時亡魂失魄，只思量下手。」

【亡魂喪魄】
見「亡魂喪膽」。

【亡魂失魄】
見「亡魂喪膽」。

【亡戟得矛】
亡：丟失；戟：古代的一種兵器，長柄，頭上裝有月牙狀的利刃；矛：古代的一種兵器，長柄，頭上裝有槍頭。丟失了戟，卻得到了矛。比喻有失也有得，或失得相當。《呂氏春秋・離俗》：「齊晉相與戰，平阿之餘子，亡戟得矛，卻而去，不自快，謂路之人曰：『亡戟得矛，可以歸乎？』路之人曰：『戟亦兵也，矛亦兵也，亡兵得兵，何爲不可以歸？』去行，心猶不自快，遇高唐之孤叔無孫當其馬前，曰：『今者戰，亡戟得矛，可以歸乎？』叔無孫曰：『矛非戟也，戟非矛也；亡戟得矛，豈亢責也哉？』」

【亡命之徒】
命：指人的名字；亡命：改名換姓，逃亡在外。原指逃亡在外的人。《史記・張耳陳餘列傳》：「張耳嘗亡命，遊外黃。」《周書・郭彥傳》：「亡命之徒，咸從賦役。」比喻不顧性命，犯法作惡的人。《三俠五義》七二回：「『搶幾個婦女什麼要緊！要是這末害起怕來，將來還能幹大事麼？』你老人家自己想想，這一羣人都不成了亡命之徒了麼？」

【亡秦必楚】
滅亡秦國的必然是楚國人。用以表示弱小的被壓迫者向強大的壓迫者復仇的堅強決心。《史記・項羽本紀》：「楚南公曰：『楚雖三戶，亡秦必楚。』」也作「亡秦三戶」。清・無名氏《城溫》：「好好少年，何妨作亡秦三戶！」

【亡秦三戶】
見「亡秦必楚」。

【亡人自存】
亡人：使人亡；存：留存。使別人死，自己生存下來。指毀滅別人，達到保存自己的卑鄙自私的行爲。《三國志・蜀書・秦宓傳》：「殺人自生，亡人自存，經之所疾。」

【亡失匕箸】
亡：丟；匕：ㄅㄧˋ，湯匙；箸：筷子。由於驚嚇，而將湯匙、筷子掉落於地。形容極度驚懼。《三國志・魏書・董卓傳》：「會者皆戰栗亡失匕箸，而卓飲食自若。」

【亡羊博簺】
亡羊：丟失了羊；博簺（ㄙㄞˋ）：一種賭博遊戲的器具。由於進行賭博遊戲而丟失了羊。比喻不專心本業而有所失誤。《莊子・駢拇》：「臧與谷二人，相與牧羊，而俱亡其羊。問臧奚事，則挾筴（鞭子）讀書；問谷奚事，則博簺以遊。二人者事業不同，其於亡羊均也。」唐・溫庭筠《開成五年秋書懷一百韻》詩：「亡羊猶博簺，牧馬倦呼盧。」

【亡羊補牢】
亡：丟失；牢：關牲口的圈。丟了羊再修補羊圈。比喻出了差錯，馬上採取防範措施。《戰國策・楚策四》：「見兔而顧犬，未爲晚也；亡羊而補牢，未爲遲也。」梁啟超《變法通議・論不變法之害》：「及今早圖，示萬國以更新之端，作十年保太平之約，亡羊補牢，未為遲也。」

【亡羊得牛】

丟了羊卻得到牛。比喻得大於失。《淮南子・說山訓》：「亡羊而得牛，則莫不利失也；斷指而免頭，則莫不利為也。」

【亡羊多歧】

見「亡羊歧路」。

【亡羊歧路】

亡羊：走失的羊；歧路：岔道。走失的羊，因不知走入哪條岔道，以至無法找回。《列子・說符》：「楊子之鄰人亡羊，既率其黨，又請楊子之豎追之。楊子曰：『嘻！亡一羊何追者之衆？』鄰人曰：『多歧路。』既返，問：『獲羊乎？』曰：『亡之矣。』曰：『奚亡之？』曰：『歧路之中又有歧焉，吾不知所之，所以返也。』楊子戚然變容，不言者移時，不笑者竟日。」後比喻迷途失路。柳亞子《讀史》詩：「大錯無端鑄六州，亡羊歧路誤淸流。」也作「亡羊多歧」。比喻事理複雜，易犯錯誤。宋・黃庭堅《次韻奉送公定》：「得馬折足禍，亡羊多歧悲。」

【亡羊之嘆】

亡羊：丟失了羊；嘆：嘆息。追趕丟失的羊，遇上了岔道，不知該走哪條而嘆息。常比喻學無所成的遺憾。例有些人今天想學外語，明天想學美術，後天又想學服裝設計，結果只落個亡羊之嘆。參見「亡羊歧路」。

【亡無日矣】

滅亡的日子沒有多少天了。《左傳・昭公五年》：「君若歡焉，好逆使臣，滋敝邑休怠，而忘其死，亡無日矣。」

【王八變黃鱔——解甲歸田】

王八：烏龜或鱉的俗稱；黃鱔：〈方〉鱔魚。見「烏龜變鱔魚——解甲歸田」。

【王八吃秤砣，鐵了心】

形容主意已定，難以改變。例事已至此，眞相大白，他還在那裏狡辯，眞是王八吃秤砣，鐵了心，死不悔改。

【王八吃花椒——麻爪了】

花椒：指帶殼的花椒種子，性熱，味辛辣，用作調味品。比喻舉動慌亂，不知如何應付。例小張見來者不善，一副兇惡的樣子，頓時像王八吃花椒——麻爪了。

【王八吃柳條子——嘴能編】

見「吃柳條，拉筐子——肚子裏編」。

【王八吃西瓜——滾的滾，爬的爬】

也作「王八偷西瓜——滾的滾來爬的爬」、「王八抱西瓜——連滾帶爬」、「王八拉磚碡——滾的滾，爬的爬」。見「屎殼郎推蛋蛋——滾的滾，爬的爬」。

【王八出水——露一鼻子】

比喻顯示或賣弄本事給人看。例他做好了準備，要在這次聯歡晚會上，王八出水——露一鼻子。也作「熊瞎子耍叉——露一手」。

【王八當權大三代】

王八：指壞人。壞人掌權後作威作福，自以為高人一等。例現在政壇上是王八當權大三代，好人反而沒有出頭的機會。

【王八的屁股——規定（龜腚）】

腚：ㄉㄧㄥˋ，〈方〉臀部；規定：「龜腚」的諧音。比喻對某一事物或問題做出的某種決定。例這是王八的屁股——規定（龜腚），誰也不能特殊化，破壞制度。

【王八肚上插雞毛——歸（龜）心似箭】

歸：「龜」的諧音。形容思歸的心情非常急切。例他離開祖國數十年，這次踏上了歸國的途程，就像王八肚上插雞毛——歸（龜）心似箭。也作「王八肚子一根槍——歸（龜）心似箭」。

【王八發了氣，帽子丟下地】

譏人生氣沒東西可摔，丟帽子出氣。例你有意見朝他說，別這樣王八發了氣，帽子丟下地，東一棒子西一錘子的。

【王八翻跟頭——窩脖】

比喻碰了釘子，失了體面；或憋氣煩悶，不舒心。例堂堂的大隊長，被幾個游擊隊鬧了個王八翻跟頭——窩脖，在整個縣城裏威風掃地。也作「王八翻跟頭——大窩脖」、「口袋裏裝王八——窩脖」。

【王八看綠豆——對上眼了】

王八的眼球圓而突出，形似綠豆。比喻彼此心領神會，互相看中或對某一事物彼此的想法、看法一致。有時比喻是一路貨。有時也指雙方有了矛盾，形成對立。例這兩人剛見面，就像王八看綠豆——對上眼了，親熱得要命，有人說他們是臭味相投。

【王八看綠豆——對眼】

①比喻內斜視。例他的相貌很端正，唯一的缺點是王八看綠豆——對眼。②見「王八看綠豆——對上眼了」。

【王八尥蹶子——沒有後勁】

見「兔子尥蹶子——沒後勁」。

【王八碰橋墩——不敢露頭】

雙關語。比喻不敢出頭露面。例大隊長被游擊隊打得膽戰心驚，幾天來好像王八碰橋墩——不敢露頭。

【王八碰橋樁——暗憋氣】

比喻遭到拒絕或斥責，落得沒趣而又不能發洩。例他這次伸手，竟然在下級面前碰了一個軟釘子，心裏有鬼，又不敢發作，眞是有點王八碰橋樁——暗憋氣。

【王八中狀元——規矩（龜舉）】

狀元：科舉時代的一種稱號，常指進士第一名；規矩：「龜舉」的諧音；王八中狀元：即烏龜中舉（泛指科舉時代考試合格）。比喻一定的法則、標準或習慣。有時也比喻行為端正老實，合乎常理或標準。例這裏的條條框框太多，無處不是王八中狀元——規矩（龜舉），使人無法放手工作。

【王八鑽灶坑——憋氣又窩火】

灶坑：即爐膛，爐子裏面燒火的地方。也作「王八掉灶坑——憋氣又窩火」。見「耗子掉灰堆——連憋氣帶窩火」。

【王寶釧愛上叫花子——有遠見】

王寶釧不嫌貧愛富，同貧窮苦寒的薛平貴結爲夫妻。比喻有遠大的眼光。例這位小姐就像王寶釧愛上叫花子——有遠見，把才學作爲自己挑選未婚夫的主要條件。

【王寶釧等薛平貴——忠貞不渝】

相傳薛平貴同王寶釧婚後不久，即應征討伐西涼國，打了敗仗，成爲俘虜，被迫招爲駙馬。王寶釧住在寒窯，一直等了十八年，受盡艱難，忠貞不渝，終於同薛平貴團圓。比喻忠誠堅定，永不變心。例他倆幸福美滿的婚姻，來之不易，是衝破種種阻礙並經受了種種考驗才獲得的。人們讚揚他們相互是王寶釧等薛平貴——忠貞不渝。

【王粲依劉】

王粲投靠劉表希圖施展才能，劉表因他貌醜，又不拘小節，不予接納。《三國志·魏書·王粲傳》：「[粲]年十七，司徒辟，詔除黃門侍郎，以西京擾亂，皆不就。乃之荊州依劉表。表以粲貌寢而體弱通侻，不甚重也。」後以「王粲依劉」比喻懷才去依附有權勢有地位的人而得不到重用。唐·杜甫《奉送郭中丞兼太僕卿充隴右節度使三十韻》詩：「隨肩趨漏刻，短發寄簪纓。徑欲依劉表，還疑厭禰衡。」

【王道不外乎人情】

王道：古代儒家主張君主以仁義治天下，與「霸道」相對。指王道也不超出人性世情。例古語云：「王道不外乎人情。」爲君王者，需時時以此爲施政準則，廣被恩澤於民。

【王道樂土】

王道：指古代儒家主張君主以仁義治天下的政策；樂土：安樂的土地。指施行仁政，使國家富足，人民安樂。例抗日戰爭時期，日本帝國主義在中國占領區實行的所謂「王道樂土」，就是殺光、燒光、搶光的政策。

【王道如砥】

砥：磨刀石。指以仁義治國，就像磨刀石一樣堅實穩固。宋·程顥《論王霸札子》：「明道先生言于神宗曰：『王道如砥，本乎人情，出乎禮儀，若履大路而行，無復回曲。』」

【王道士畫符——自己明白】

道士：道教徒；王道士：泛指道教徒；符：道士畫的迷信的人認爲可以驅邪避鬼的圖形或線條。比喻某種隱秘自己心裏明白，不用別人點破。例別裝糊塗了，王道士畫符——自己明白，讓人家來揭露就不光彩了。

【王二麻子照鏡子——點子多】

見「八月的石榴——滿腦袋的紅點子」。

【王法無親】

見「王法無情」。

【王法無情】

王法：封建時代的國法。國家的法律是不講情面的。元·鄭廷玉《後庭花》四折：「這兩個都不待秋後取決，才見的官府內王法無情。」也作「王法無親」。例他目無王法，居然在法庭上胡攪蠻纏，拒不認罪。豈知王法無親，只落得罪加一等。

【王府的差事——難當】

見「小媳婦——難當」。

【王府的管家——欺上瞞下】

王府：封建社會有王爵封號的人的住宅。比喻欺騙上司，蒙蔽同僚和下屬。例王府的管家——欺上瞞下，這是他慣用的手法，他根本不是一個誠實正派的人。

【王府的丫鬟——低三下四】

見「七個人通陰溝——低三下四」。

【王公大人】

指高官顯貴。唐·李白《與韓荊州書》：「三十成文章，歷抵卿相，雖長不滿七尺而心雄萬夫，王公大人，許與會義。」也作「王公貴人」。《晋書·秦秀傳》：「王公貴人，復何畏哉！」

【王公貴戚】

指朝廷的高官和皇親國戚。《宣和畫譜·山水二·李成》：「其後王公貴戚皆馳書致幣，懇請者不絕於道，而成漫不省也。」

【王公貴人】

見「王公大人」。

【王貢彈冠】

王：指漢代王吉；貢：王吉的好友貢禹；彈冠：撣去帽子上的塵土。王吉升了官，其友貢禹撣去帽上的灰塵相慶，高興自己會被王吉提攜做官。泛指一人得官，同類相慶。《漢書·王吉傳》：「吉與貢禹爲友，世稱『王陽（吉）在位，貢公彈冠』，言其取捨同也。」《漢書·蕭育傳》：「少與陳咸、朱博爲友，著聞當世，往者有王陽、貢公，故長安語曰：『蕭、朱結綬，王、貢彈冠。』言其相薦達也。」

【王顧左右而言他】

王：指戰國時齊宣王；顧：看；他：別的。齊宣王看左右的人而說別的事。指對正面的提問避而不答，卻說些其他的事。《孟子·梁惠王下》：「孟子謂齊宣王曰：『四境之內不治，則如之何？』王顧左右而言他。」淸·李漁《閒情偶寄·賓白第四》：「因詢蒙師，謂：『褐乃貴人之衣，胡云賤者之服？既云賤矣，則當從約……胡不窄小其制而反寬大其形，是何以故？』師默默不答，再問則顧左右而言他。」

【王寡婦當當——又沒人，又沒錢】

當當：ㄉㄤˋ ㄉㄤˋ，拿實物作抵押向

當舖借錢。見「寡婦趕集——沒人也沒錢」。

【王國富民】

王國：以王道治國，即施行仁政。施行仁政要以富民爲目標。《尉繚子·戰威》：「王國富民，霸國富士，僅存之國富大夫，亡國富倉府，所謂上滿下漏，患無所救。」

【王侯將相】

王侯：有顯貴爵位的人；將相：將領和宰相，指武將文臣中的高級官員。泛指高官顯貴。《史記·陳涉世家》：「且壯士不死即已，死即舉大名耳，王侯將相寧有種乎！」清·梁紹壬《兩般秋雨庵隨筆·測字》：「閭巷兒童走卒，往往多王侯將相，天下其多事乎？」

【王後盧前】

王：王勃；盧：盧照鄰。指初唐年輕有爲的詩人楊炯排次在王勃之後，在盧照鄰之前。《舊唐書·楊炯傳》：「炯與王勃、盧照鄰、駱賓王以文詞齊名，海內稱王楊盧駱，亦號爲『四傑』。炯聞之，謂人曰：『吾愧在盧前，恥居王後。』當時議者，亦以爲然。」後以「王後盧前」比喻同爲詩文之友。金·元好問《贈王仙翁道成》詩：「燕南趙北留詩卷，王後盧前盡故人。」

【王家舊物】

晉·裴啟《語林》：「王子敬（王獻之）在齋中臥，偷入齋取物，幞裝，一室之內，略無不盡。子敬臥而不動，偷遂復登廚，欲有所覓。子敬因呼曰：『偷兒，石漆青氈，是我家舊物，可特置不？』於是羣賊始知其不眠，悉置物驚走。」後以「王家舊物」比喻先代遺物。宋·陳師道《古墨行》詩：「了知至鑑無遁形，王家舊物秦家得。」

【王老袍擺的餞行酒——捨不得大老爺】

王老袍：舊時泛指穿長袍的鄉紳；大老爺：做官的人。鄉紳給大老爺擺酒席送行，爲的是結交、討好，想得到好處。比喻人的某種行動是向人獻殷勤，討好。例這還不明白，送你禮物，當然是王老袍擺的餞行酒——捨不得大老爺，希望你多關照他。

【王媽媽賣了磨——推不的了】

推不的：指推不成磨了。比喻責任推卸不了。《金瓶梅詞話》二八回：「尋了一遍兒回來，春梅罵道：『奴才，你媒人婆迷了路兒，沒的說了！王媽媽賣了磨——推不的了！』」也作「王婆子賣了磨，推不的了」。

【王麻子的刀剪——名不虛傳】

北京前門外打磨廠有王麻子剪刀舖，是全國有名的專營刀剪的商店，其刀剪刀口鋒利，貨眞價實，在國內外享有盛名。見「華佗行醫——名不虛傳」。

【王麻子的膏藥——沒病找病】

指王麻子的膏藥不好，貼了反而要生病。比喻自找麻煩。例找他幫忙？他不罵你才怪！快別去找他了，那是王麻子的膏藥——沒病找病。

【王麻子種牛痘——悔之莫及】

王麻子：泛指患過天花的人，這種人再種牛痘沒有什麼用處了。比喻事情已經過去，後悔也晚了。例誰叫你不聽老師的話，現在是王麻子種牛痘——悔之莫及了。也作「王麻子種牛痘——後悔已晚」。

【王母娘娘戴花——老妖艷】

王母娘娘：西王母，我國古代神話中的女神，住在崑崙山的瑤池，她園子裏種有蟠桃，人吃了能長生不老。比喻老來俏，不莊重。例年輕時不講究，現在才來個王母娘娘戴花——老妖艷，眞奇怪！

【王母娘娘開蟠桃會——聚精會神】

《西遊記》故事：王母娘娘每逢蟠桃成熟時，都要興師動衆，舉行蟠桃盛會，大擺壽宴，衆仙都要爲她祝壽。雙關語。比喻注意力非常集中。例讀書要像王母娘娘開蟠桃會——聚精會神，不能東張西望。

【王母娘娘下廚房——親自動手】

比喻自己親手做，不麻煩別人。例光發號施令不行，還得王母娘娘下廚房——親自動手，做出榜樣來。

【王奶奶和汪奶奶比——還差著幾點哪】

「王」字比「汪」字差三點。雙關語。比喻水平或條件不一樣，一個比另一個要強一些。例實行絕對公平怎麼能行得通呢？王奶奶和汪奶奶比——還差著幾點哪，要按勞付酬嘛！

【王婆賣瓜，自賣自誇】

王婆：泛指買賣人。賣瓜的人總是誇自己的瓜甜。比喻自我吹噓。例作廣告總是把自己的產品說得如何如何好，其實那是「王婆賣瓜，自賣自誇」。不可輕信。

【王婆婆賣香瓜——人家不誇自己誇】

比喻人愛表現自己，吹噓自己。例他這個人還能做點工作，毛病是王婆婆賣香瓜——人家不誇自己誇，對此，人們有些討厭。也作「瞎娘抱著禿娃娃——人家不誇自己誇」。

【王室如毀】

王室：指西周王朝；毀：焚燒。《詩經·周南·汝墳》：「魴魚赬尾，王室如毀。」原指西周王朝因犬戎之難而亡，如火焚滅。泛指封建王朝瀕於覆亡。唐·王勃《倬彼我係》：「王室如毀，生人多殪。」

【王司敬民】

司：主管，職責。王者的職責在於敬民。《尚書·高宗肜日》：「王司敬民，罔非天胤。」

【王孫公子】

王孫：舊指受封王位者的子孫。泛指官僚、貴族子弟。《廿載繁華夢》三〇回：「量那些王孫公子，沒有不貪財的，錢神用事，哪有不行？」也作

「公子王孫」。

【王孫貴戚】

貴戚：舊指皇親國戚。泛指達官、貴族的子弟和親戚。《羣音類選〈好事近・遊春〉》：「覷雕鞍駿馬，會王孫貴戚，謾把金尊倒。有時節沉醉花前，把金丸墜落飛鳥。」

【王熙鳳的爲人——兩面三刀】

王熙鳳：《紅樓夢》中人物，賈璉之妻，看起來聰明能幹，實際上陰險毒辣。她「嘴甜心苦，兩面三刀，上頭一臉笑，腳下使絆子；明是一把火，暗是一把刀」。見「泥水匠砌牆——兩面三刀」。

【王羲之的字帖——別具一格】

王羲之：東晉著名書法家，書法造詣很深，有「書聖」之稱。其書法拓本甚多，最著名的有《蘭亭序》、《十七帖》等。比喻風格獨特。例泥人張塑造的人物形象，就像王羲之的字帖——別具一格。

【王羲之看鵝——漸漸消磨】

相傳王羲之爲了寫好「鵝」字，長時間對鵝進行觀察，專心致志地思考，用盡了心血，終於寫出雄健瀟灑、蒼勁有力、傳誦千古的大「鵝」字，人也因此病倒了。比喻做事要有鍥而不捨的精神。例他著書立說就像王羲之看鵝——漸漸消磨，所以才有今日的成就。

【王羲之看鵝——專心致志】

比喻一心一意，聚精會神。例作科學試驗，一定得像王羲之看鵝——專心致志，切不可粗心大意。

【王羲之寫字——橫豎都好】

雙關語。比喻一切都不錯，或怎麼辦都很美妙。例凡是他辦的事，都像王羲之寫字——橫豎都好，沒有可挑剔的。

【王羲之寫字——入木三分】

相傳他在木板上寫的字，工匠刻字時，發現筆跡滲入木板深達三分。比喻見解深刻。例你對時局的看法，眞是王羲之寫字——入木三分，精闢透啦！也作「啄木鳥治樹——入木三分」。

【王瞎子看告示——裝模作樣】

王瞎子：泛指盲人；告示：布告一類的公文或通知。也作「王瞎子看告示——裝樣子」。見「木偶做戲——裝模作樣」。

【王先生和玉先生——差一點】

「王」字比「玉」字少一點。雙關語。比喻差別不大，或有點差距。例這兩件衣服的品質，僅僅是王先生和玉先生——差一點罷了，不明顯。

【王先生，醫腳醫斷筋】

譏諷庸醫誤人。也比喻因能力低而失敗。例憑他那點可憐的本事，辦成了才怪呢！正是王先生，醫腳醫斷筋。

【王祥黃雀】

見「王祥臥冰」。

【王祥臥冰】

《晉書・王祥傳》：「王祥，字休征……性至孝。早喪親，繼母朱氏不慈，數譖之，由是失愛于父。每使掃除牛下，祥愈恭謹。父母有疾，衣不解帶，湯藥必親嘗。母常欲生魚，時天寒冰凍，祥解衣將剖冰求之，冰忽自解，雙鯉躍出，持之而歸。母又思黃雀炙，復有黃雀數十飛入其幕，復以供母。鄉里驚嘆，以爲孝感所致。」後因以「王祥臥冰」比喻子女孝順父母。元・關漢卿《陳母教子》三折：「你孝順似那王祥臥冰。」也作「王祥黃雀」。南朝梁・蕭衍《孝思賦》：「王祥黃雀入帳，隗通橫石特起。」也作「王祥之孝」。北周・庾信《周大將軍崔說神道碑》：「愛親有王祥之孝，同氣有姜肱之睦。」

【王祥之孝】

見「王祥臥冰」。

【王小二過年——一年不如一年】

見「懶漢過年——一年不如一年」。

【王謝風流】

王謝：六朝時金陵（今南京市）的王氏、謝氏世代爲望族，並出現了王導、謝安等有名人物。泛指高門望族中世代都有有影響的人物並有勛績傳世。宋・辛棄疾《八聲甘州・爲建康胡長文留守壽，時方閱折紅梅之舞，且有錫帶之寵》詞：「把江山好處付公來，金陵帝王州。想今年燕子，依然認得，王謝風流。」

【王言如天語】

王言：君主的話；天語：天帝的話。舊謂皇帝的話就像天帝的話一樣神聖不可違抗。例所謂王言如天語，純粹是統治者愚弄被統治者的手法。許多善良的人，往往因爲昏君的昏語而喪命。

【王楊盧駱】

指初唐文學家王勃、楊炯、盧照鄰、駱賓王。由於四人擅長詩文，對唐文學革新有貢獻，被後人譽爲「初唐四傑」。泛指對詩文卓有成就的人。《舊唐書・楊炯傳》：「炯與王勃、盧照鄰、駱賓王以文詞齊名，海內稱爲王楊盧駱，亦號爲四傑。」《兒女英雄傳》三五回：「不信，等他晋謁的時候，把他那刻的詩集要來看看，眞眞是李[白]、杜[甫]復生，再休提什麼王楊盧駱。」

【王陽囊衣】

王陽：名吉，字子陽，西漢人，爲官清廉；囊衣：用布袋裝衣。《漢書・王吉傳》：「好車馬衣服，其自奉養，極爲鮮明，而亡金銀錦繡之物。及遷徙去處，所載不過囊衣，不蓄積餘財。去位家居，亦布衣疏食，天下服其廉。」後以「王陽囊衣」比喻爲官清正廉潔，自奉淡薄。

【王爺的宅院——層層深入】

雙關語。比喻有計畫有步驟地逐步向縱深發展。例這裏的建設，是王爺的宅院——層層深入，幾年功夫，城市面貌徹底改觀。

【王爺屁股也敢摸】

形容一個人膽大無畏。例他連王爺屁

股也敢摸，還怕你不成！

【王者無戲言】

王者：指帝王；戲言：說著玩的話。指帝王說的話都得當眞。例所謂王者無戲言，這要具體分析。他說得對，就可以當眞；他說得不對，豈能當眞？歷史上，一些昏君的昏話，不僅使生靈塗炭，還讓國家遭殃。

【王之喉舌】

爲帝王傳達命令的人。《詩經・大雅・烝民》：「出納王命，王之喉舌。」

【王子不動蜂不動，王子一動亂哄哄】

王子：指蜂王。比喻領導者遇事鎭定自若，則羣衆情緒安定；領導者遇事慌張，則羣衆亂作一團。例俗話說：「王子不動蜂不動，王子一動亂哄哄。」指揮員臨危不亂，指揮若定，就能指到哪裏打到哪裏，使戰局轉危爲安。

【王子犯法，與民同罪】

指不管地位多高，犯了法，也要和老百姓一樣依法治罪。《飛龍全傳》二回：「畜生！還要口硬。這是法度當然，誰敢違拗？你豈不知『王子犯法，與民同罪』。」也作「**王子犯法，與庶民同罪**」。姚雪垠《李自成》一卷二七章：「王子犯法，與庶民同罪，是我兄弟更不可輕饒。殺吧，殺吧！」也作「**王子犯法，一律同罪**」。

【王字加一點——做得了主】

「王」字加一點就是「主」字。比喻對事情可以負責並作出決定。例你去找老李吧，這件事唯有他是王字加一點——做得了主。

【王字少一橫——有點土】

「王」字少一橫，就成了「土」字。比喻有些土氣，不合潮流。例我們剛進城的時候，許多人都是王字少一橫——有點土，人家還笑話我們哩！

【王佐斷臂——留一手】

《說岳全傳》中的故事：宋將陸登幼子陸文龍，被金兵掠去成爲金兀朮義子，陸長大後武藝超羣，勇冠三軍，成爲岳飛破金的障礙。岳飛部將王佐，砍去左臂詐降金兵，藉機向陸文龍說破實情，使他毅然歸宋，爲破金兵做出了貢獻。見「貓教老虎——留一手」。

【王佐斷臂——有一手】

比喻具備某種本領或手段。例吳師傅你眞是王佐斷臂——有一手呀！平時爲什麼總不顯露。

【王佐之才】

佐：輔助、輔佐。指具有輔助帝王創業治國的才能。《漢書・董仲舒傳贊》：「劉向稱董仲舒有王佐之才，雖伊、呂亡（無）以加，管晏之屬，伯者之佐，殆不及也。」唐・楊炯《益州溫江縣令任君神道碑》：「當朝一見，許其王佐之才；行路相逢，知其美人之贈。」

ㄨㄤˇ

【網包兜豬娃——露出了蹄爪】

豬娃：〈方〉小豬。網包眼大，小豬裝進去後，蹄爪從眼裏露出來。見「半天雲裏跑馬——露了馬腳」。

【網開三面】

網：爲捕捉禽獸而設置的羅網。把羅網打開三面，給留下逃生的出路。《史記・殷本紀》：「湯出，見野張網四面，祝曰：『自天下四方皆入吾網。』湯曰：『嘻，盡之矣！』乃去其三面。」原指仁慈寬厚，後比喻對罪犯或敵人寬大處理。唐・劉禹錫《連州賀赦表》：「順陽和以發生，施霈澤於寰海。網開三面，危疑者許以自新。」也作「**網開一面**」。清・林則徐《籌辦永昌哨匪起程日期摺》：「以上各事，如果逐一遵行，或可網開一面，免致盡數殲除。」

【網開一面】

見「網開三面」。

【網裏的魚蝦——一個也溜不掉】

比喻誰也逃脫不了。例民兵已經布下天羅地網，這幫匪徒是網裏的魚蝦——一個也溜不掉。也作「**車乾塘水捉魚——一個也溜不掉**」。

【網漏吞舟】

網：魚網；吞舟：能吞船的大魚。網眼太大，能把吞舟的大魚漏掉了。比喻法令太寬，致使重大罪犯可以鑽空子，逃脫法律的制裁。《史記・酷吏列傳》：「漢興，破觚而爲圜，斫雕而爲樸，網漏於吞舟之魚，而吏治烝烝，不至於奸，黎民艾安。」宋・陸游《賀謝樞密啟》：「網漏吞舟，示太平之寬大；雲興膚寸，澤庶物之焦枯。」

【網目不疏】

網目：網眼兒；疏：稀疏。謂網眼很密。比喻法令條款嚴密。南朝宋・劉義慶《世說新語・言語》：「劉[楨]公幹以失敬罹罪，文帝問曰：『卿何以不謹於文憲？』楨答曰：『臣誠庸短，亦由陛下網目不疏。』」

【網套裏的麂子——嚇破了膽】

麂（ㄐㄧˇ）子：鹿類動物，善跳躍，毛棕色，皮柔軟，可以製革；網套：捉麂子的器具。比喻嚇壞了。例敵人見我大部隊出現，就像網套裏的麂子——嚇破了膽，倉促逃跑了。

【網之一目】

網：捕鳥的羅網；一目：一個網眼兒。捕鳥網上的一網眼兒。比喻有所獲取的因素之一。《淮南子・說山訓》：「有鳥將來，張羅而待之，得鳥者，網之一目也。今爲一目之羅，則無時得鳥矣！」

【網中抓魚——篤定】

比喻有把握，保險。例「你能保證年底前完成任務嗎？」「網中抓魚——篤定。」

【枉尺直尋】

枉：彎曲；直：伸；尋：古代長度單

位，八尺（一說七尺）為一尋。彎曲了一尺，而伸直了的卻有八尺。比喻在小處讓步，卻可以得到更大的利益或進展。《孟子·滕文公下》：「枉尺而直尋，宜若可為也。」宋·朱熹《答呂子約》：「然區區之意，於此猶不能忘言，更況深以門戶道學之傳為念。幸甚，幸甚，枉尺直尋，素未嘗以此奉疑也。」

【枉擔虛名】

枉：白白地；名：名分，名聲。徒有虛假的名分。指名不副實。《野叟曝言》八二回：「現在這兩位姨娘，也是枉擔虛名的。」

【枉道事人】

枉：屈，不正；事：侍奉。原指不用正道侍奉國君。《論語·微子》：「柳下惠為士師，三黜。人曰：『子未可以去乎？』曰：『直道而事人，焉往而不三黜？枉道而事人，何必去父母之邦？』」後以「枉道事人」形容不擇手段去取悅於人。清·顧炎武《日知錄·不動心》：「凡人之動心與否，固在其加卿相行道之時也。枉道事人，曲學阿世，皆從此而始矣。」

【枉法從私】

枉：歪曲；從私：服從私利。曲解法律，以服從私利。《管子·任法》：「枉法而從私，毀令而不全。」也作「**枉法營私**」。營私：謀求私利。《兒女英雄傳》三五回：「誠為枉法營私，原王章所不有。」

【枉法營私】

見「枉法從私」。

【枉費唇舌】

枉：白白地；唇舌：指說話。白白地說了許多話。形容費了口舌之力而毫無收效。《兒女英雄傳》二六回：「姐姐既這等說，大料今日這親事，妹妹在姐姐跟前斷說不進去，我也不必枉費唇舌再求姐姐，磨姐姐，央給姐姐了。」

【枉費工夫】

枉：白白地；工夫：時間，精力。白白地浪費時間和精力。形容勞而無功。《朱子語類》卷一一五：「如今要下工夫，且須端莊存養，獨觀昭曠之原，不須枉費工夫，鑽紙上語。」

【枉費光陰】

見「枉費日月」。

【枉費日月】

枉：白白地；日月：指時間，光陰。白白地浪費光陰。宋·朱熹《管下縣相視約束》：「不惟重擾災傷人戶，亦恐枉費日月，不能了辦。」也作「**枉費時日**」。清·黃宗羲《李杲堂文鈔序》：「今之為時文者，無不望其速成，其肯枉費時日於載籍乎。」也作「**枉費光陰**」。例他本想留在此地尋訪失散多年的哥哥，又恐事體渺茫，枉費光陰。

【枉費時日】

見「枉費日月」。

【枉費思慮】

見「枉費心力」。

【枉費心機】

見「枉費心力」。

【枉費心計】

見「枉費心力」。

【枉費心力】

枉：白白地；心力：心思、精力。白費一番心思與精力。形容徒勞一場，沒有收益。宋·朱熹《答甘道士書》：「所云築室藏書，此亦恐枉費心力。」也作「**枉費心機**」。心機：心思，打算。《好逑傳》一〇回：「侄女雖然是個閨中弱女，這些俚言，斷斷不能鼓動，勸他不要枉費心機！」也作「**枉費心計**」。計：計謀。《紅樓夢》一〇六回：「如今枉費心計，掙了一輩子的強，偏偏兒的落在人後頭了。」也作「**枉用心機**」。元·無名氏《隔江鬥智》二折：「你使著這般科段，敢可也枉用心機。」也作「**枉使心機**」。《古今小說》卷三一：「枉使心機閒計較，兒孫自有兒孫福。」也作「**枉費心神**」。心神：心思，精神。宋·朱熹《滿江紅》詞：「枉費心神空計較，兒孫自有兒孫福。」也作「**枉費思慮**」。思慮：思考，憂慮。宋·朱熹《答呂子約》：「日日依此積累功夫，不要就生疑慮，既要如此，又要如彼，枉費思慮。」

【枉費心神】

見「枉費心力」。

【枉己正人】

枉：曲，不正；正：糾正。自身行為不正，卻想去正人。《孟子·萬章上》：「吾未聞枉己而正人者也，況辱己以正天下者乎！」也作「**枉己直人**」。宋·程顥、程頤《二程全書·遺書四》：「如以為事固有輕重之權，吾方以天下為心，未暇恤人議己也，則枉己者未有能直人者也。」

【枉己直人】

見「枉己正人」。

【枉勘虛招】

枉：歪曲；勘：審查；虛招：無有的罪責卻招認。歪曲事實的審問，屈逼成招。《元典章·刑部·枉勘革前未取到招枉》：「本縣簿辱史彰信，將平人馬法大等，枉勘虛招。」

【枉口拔舌】

見「枉口誑舌」。

【枉口嚼舌】

見「枉口誑舌」。

【枉口誑舌】

枉：彎曲，不正當；誑：ㄎㄨㄤˊ，用言語欺騙。指歪曲事實，造謠生事，惡意中傷或胡言亂語。《西遊記》九七回：「我那些枉口誑舌，害甚麼無辜？」也作「**枉口拔舌**」。《金瓶梅詞話》三四回：「你恁的枉口拔舌罵人，你像孩兒現吃了他藥好了，還恁舒著嘴子罵人。」也作「**枉口嚼舌**」。《醒世姻緣傳》六二回：「這一定是狄家小陳子的枉口嚼舌！」也作「**妄口巴舌**」。《紅樓夢》一二〇回：「薛姨媽見他這樣，便握他的嘴：

『只要自己拿定主意，必定還要妄口巴舌血淋淋的起這樣的惡誓呢？』」

【枉矢哨壺】
枉：彎曲不直；矢：箭；哨：不正；壺：古代宴飲時做投壺遊戲的用具，把箭投入其中。箭不直，壺也不正。比喻器具不精良。常作自謙之詞。《禮記·投壺》：「主人請曰：『某有枉矢哨壺，請以樂賓。』」

【枉使心機】
見「枉費心力」。

【枉突徙薪】
枉：彎曲；突：煙囪；徙：遷移；薪：柴草。改建煙囪成彎的，把柴草搬離灶旁。指預防火災。比喻要防患於未然。《宋書·文五王傳》：「桂蠹必除，人邪必剪，枉突徙薪，何勞多力。」

【枉尋直尺】
枉：彎曲；尋：古代長度單位，八尺（一說七尺）爲一尋；直：伸。屈一尋而伸直了卻只有一尺。比喻在大處讓步，卻只得到很小的利益或進展。《野叟曝言》六九回：「枉尋直尺，既不可爲，兼且得其歡心，亦愈不肯放我了。」

【枉用心機】
見「枉費心力」。

【枉直必過】
枉：彎曲；過：超過。把彎曲的東西拉直，就必然超過了它的限度。比喻糾正某種偏差，往往要過了頭。《後漢書·仲長統傳》：「若乃偏情矯用，則枉直必過。」

【枉直隨形】
枉：彎曲；隨形：隨物賦其形。指影子的彎曲和挺直是隨著物體的形狀而出現的。比喻人的言行決定於人的思想。《列子·說符》：「形枉則影曲，形直則影正，然則枉直隨形，而不在影。」例古人說：「枉直隨形。」他的發言，表現了他全心全意爲人民服務的思想。

【往而不返者年也，不可以再事者親也】
一去不復回的是光陰，想要再侍奉而絕不可能的是去世的雙親。例趁兒女還沒成人的時刻，給他們做個榜樣，好好伺候年老的雙親，所謂往而不返者年也，不可以再事者親也。

【往而不來】
去了而不再來。《孔子家語·致志》：「往而不來者年也，不可再見者親也。」也指拜訪對方後，對方不來回訪。《禮記·曲禮上》：「禮尚往來，往而不來非禮也；來而不往亦非禮也。」

【往返徒勞】
往返：來回；徒勞：白費力氣。來來回回地白跑。例爲了找到王大媽的親人，戶籍員小劉跑了許多地方，結果是往返徒勞，但她不灰心，繼續查詢。也作「徒勞往返」。

【往古來今】
從古到現在。《淮南子·齊俗訓》：「往古來今謂之宙，四方上下謂之宇。」《鶡冠子·世兵》：「往古來今，事孰無郵。」也作「古往今來」。

【往來如梭】
梭：織布時牽引緯線，在經線中來回穿織的工具。來來去去像穿梭一樣。形容來去頻繁。例捷運站附近的人們往來如梭。

【往日無仇，近日無冤】
仇：仇恨；冤：冤屈。過去沒有仇恨，現在也沒有什麼冤屈。《水滸傳》八回：「上下，我與你二位往日無仇，近日無冤，你二人如何救得小人？生死不忘。」也作「往日無冤，近日無仇」。例秦香蓮質問韓琦：「我與你往日無冤，近日無仇，你爲何要殺我母子三人？」也作「往日無冤，昔日無仇」。《水滸傳》一二回：「和你往日無冤，昔日無仇，一物不成，兩物見在。沒來由殺你做什麼？」

【往日無冤，近日無仇】
見「往日無仇，近日無冤」。

【往日無冤，昔日無仇】
見「往日無仇，近日無冤」。

【往事不可追，未來難預卜】
過去的事情已經不可以追回來，將來的事情又很難預料。表達一種懊悔、迷茫的心情。例他心事浩茫，不無感慨地說：「往事不可追，未來難預卜，走一步看一步吧，唉！」

【往者不可諫，來者猶可追】
諫：挽回。過去的已經不能挽回，未來的還來得及做。謂不必追悔既往，而要著眼于未來，爭取有所作爲。《論語·微子》：「鳳兮，鳳兮，何德之衰？往者不可諫，來者猶可追。已而，已而，今之從政者殆而！」

【往高桌上爬】
指用不正當手段謀求個人地位。例你呀，還是認認眞眞做幾件事吧，不要拿別人當台階往高桌上爬。

【往虎口裏探頭兒】
比喻冒險。《紅樓夢》六二回：「香菱方向寶玉道：『裙子的事可別向你哥說才好。』寶玉笑道：『可不我瘋了，往虎口裏探頭兒去呢。』」

【往臉上抹黑】
比喻誹謗、中傷，敗壞人家的形象。例待人要誠懇，講道德，不要看人家失勢了，就往人家臉上抹黑。也作「往臉上抹灰」。

【往臉上貼金】
指有意美化或誇耀。例你呀，別往臉上貼金了，誰不知你臉上有痣，手上有土，並不是一個十全十美的人！

【往瘸子腿上踢腳——不近人情】
比喻不合乎人之常情。多指性情、行爲怪僻，或缺乏人性。例怎能乘人之危，幹此傷天害理之事，眞是往瘸子腿上踢腳——不近人情。

【往水裏扔錢——聽響聲】
舊時用金屬製作錢幣，扔在水中有響聲。比喻胡亂花錢或錢花得不當。例要贊助的人多如牛毛，你這種有求必應的作法，使企業不勝負擔，其效果也只是往水裏扔錢——聽響聲而已。

【罔極之哀】

罔極：無極。指父母死去是極大的悲哀。唐・陳子昂《唐故袁州參軍李府君妻清河張氏墓志銘》：「少遭罔極之哀，未受過庭之訓。」

【罔極之恩】

罔極：無極。《詩經・小雅・蓼莪》：「父兮生我，母兮鞠我。拊我畜我，長我育我；顧我覆我，出入腹我。欲報之德，昊天罔極。」後用「罔極之恩」指父母的恩情如天一樣沒有窮盡，報答不完。唐・陳子昂《唐故朝議大夫梓州長史楊府君碑》：「緬惟罔極之恩，思崇永錫之道。」

【罔上虐下】

罔：矇蔽，隱瞞；虐：欺負、虐待。對上隱瞞，對下欺虐。《元史・耶律楚材傳》：「富人劉忽篤馬、涉獵發丁、劉廷玉等以銀一百四十萬兩扑買天下課稅，楚材曰：『此貪利之徒，罔上虐下，為害甚大。』」

【罔水行舟】

罔：無，沒有；行舟：行船。指在陸地上行船。《尚書・益稷》：「［丹朱］惟漫遊是好……罔水行舟，朋淫於家，用殄厥世。」比喻行為違背常理。宋・周去非《靈渠》：「竊嘆始皇之猜忍，其餘威能罔水行舟。」

【罔所顧忌】

罔：無；顧忌：因有顧慮而不敢說或做。沒有什麼顧慮和忌諱。《宋書・劉湛傳》：「自邇以來，凌縱滋甚，悖言懟容，罔所顧忌。」例為了做好工作，廠長處處按原則辦事，至於人們的議論，他是罔所顧忌的。

【罔有孑遺】

罔：無，沒有；孑遺：餘剩、遺留。沒有遺留下來的。唐・白居易《貘屏贊並序》：「銖銅寸鐵，罔有孑遺。」

【罔有遺漏】

罔：無，沒有。沒有一點遺失漏掉的。《晉書・陶侃傳》：「千緒萬端，罔有遺漏。」

【罔知所厝】

罔：不，沒有；厝：安置，措辦。不知怎樣安置才好。《晉書・王羲之傳》：「對之喪氣，罔知所厝。」也作「罔知所措」。唐・白行簡《李娃傳》：「生惶惑發狂，罔知所措。」

【罔知所措】

見「罔知所厝」。

【惘然如失】

見「惘若有失」。

【惘然若失】

見「惘若有失」。

【惘若有失】

惘：悵惘，失意。心中悵惘、恍惚，像丟掉了什麼東西似的。三國魏・吳質《答東阿王書》：「精散思越，惘若有失，非敢羨寵光之休，慕猗頓之富。」也作「惘然如失」。惘然：失意的樣子。宋・洪邁《夷堅丙志・蔡十九郎》：「第一場出，憶賦中第七韻忘押官韻，顧無尤可取。次日，彷徨於案間，惘然如失。」也作「惘然若失」。《黃繡球》五回：「黃通理惘然若失，無法可施，急忙趕至前。」

ㄨㄤˋ

【妄加雌黃】

見「妄下雌黃」。

【妄口巴舌】

見「枉口誑舌」。

【妄生穿鑿】

妄：胡亂地；穿鑿：非常牽强地解釋。指亂發議論去牽强附會。《雲笈七籤》卷六一：「但世傳不眞，妄生穿鑿，唯按此行之，乃見其驗。」

【妄生異議】

妄：胡亂地；生：發出；異：怪異；議：議論。亂發怪議論。例大家的議論意思差不多，只有小王與衆不同，而且說的也不合理，大家都認為他是妄生異議。

【妄談禍福】

妄談：胡亂地說。指無根據地預言災禍和福事。《二十年目睹之怪現狀》二五回：「像這種當個頑意兒，不必問他眞的假的，倒也無傷大雅；至於那一種妄談禍福的，就要不得。」

【妄下雌黃】

妄：胡亂地；雌黃：礦物名，即雞冠石，古人抄書校對時塗改文字用的顏料。①形容亂加篡改文字。北齊・顏之推《顏氏家訓・勉學》：「校定書籍，亦何容易？自揚雄、劉向方稱此職爾。觀天下書未遍，不得妄下雌黃。」②形容亂發議論《孽海花》三回：「不是弟妄下雌黃，只怕唐兄印行的《不息齋稿》，雖然風行一時，絕不能望《五丁閣稿》的項背哩！」也作「妄加雌黃」。元・陶宗儀《敍畫》：「至於庸人孺子，見畫必看，妄加雌黃品藻，本不識物，亂訂眞僞，令人短氣。」

【妄言輕動】

妄言：胡亂說；輕動：輕率地行動。胡說亂動。指言行不穩重。《紅樓夢》二二回：「寶釵原不妄言輕動，便此時亦是坦然自若。」

【妄言妄聽】

說者信口說出，聽者隨便聽聽。指說話、聽話的人都不認眞。《莊子・齊物論》：「予嘗為女妄言之，女亦以妄聽之。」清・袁枚《新齊諧序》：「妄言妄聽，記而存之，非有所感也。」

【妄言妄語】

虛妄不實的話語。指胡說八道。例這些流氓無賴，竟對小姐妄言妄語，被警察嚴詞痛斥。

【妄言則亂】

妄言：胡亂說。胡說八道就會出亂子。指說話要愼重。《淮南子・主術訓》：「夫目妄視則淫，耳妄聽則惑，口妄言則亂，夫三關者，不可不愼守也。」

【妄自菲薄】

妄：不合理，不實際；菲薄：小看，輕視。過分地小看自己。三國蜀・諸葛亮《出師表》：「誠宜開張聖聽，以光先帝遺德，恢弘志士之氣，不宜妄自菲薄，引喩失義，以塞忠諫之路也。」

【妄自尊大】

妄：狂妄。狂妄自大，自以為了不起。指沒有根據地過高看待自己。《後漢書・馬援傳》：「[馬援]因辭歸，謂囂曰：『子陽井底蛙耳，而妄自尊大，不如專意東方。』」魯迅《買〈小學大全〉記》：「況且以這樣的『名儒』而做官，便不免以『名臣』自居，『妄自尊大』。」

【妄作虛爲】

見「妄做胡爲」。

【妄做胡爲】

胡作非爲。指不遵守法紀，不講道德，毫無顧忌地幹壞事或無理之事。例在我們這種法治國家裏，絕不允許壞人妄做胡爲。也作「妄作虛爲」。《紅樓夢》六三回：「素知賈敬導氣之術，總屬虛誕，更至參星禮斗，守庚申，服靈砂，妄作虛爲，過於勞神費力。」

【忘八的頭目有個色長，强盜的頭目也有個大王】

忘八：即王八；色長：古時教坊中各色的頭目，指頭領。指凡是人羣總有個領頭的人。《醒世姻緣傳》二五回：「他叫程法湯跪下，說道：『那忘八的頭目有個色長，强盜的頭目也有個大王，難道你這秀才們就便沒個頭目？』」

【忘餐廢寢】

廢：中止；寢：睡覺。忘記了吃飯，停止了睡覺。形容專心一意。《聊齋志異・賭符》：「忘餐廢寢，則久入成迷；舌敝唇焦，則相看似鬼。」也作「忘餐失寢」。明・崔時佩《西廂記・北堂負約》：「小生只爲小姐，忘餐失寢，夢斷魂勞，常忽忽如有失。」也作「忘寢廢餐」。例小陳爲了迎接高考，忘寢廢餐地復習功課。也作「廢寢忘餐」。

【忘餐失寢】

見「忘餐廢寢」。

【忘恩背義】

見「忘恩負義」。

【忘恩負義】

負：背棄；義：信義。忘記恩德，背棄信義。指忘記別人對自己的好處，做出對不起別人的事情。元・楊顯之《酷寒亭》楔子：「兄弟去了也。我看此人不是忘恩負義的，日後必得其力。」也作「忘恩失義」。明・無名氏《南牢記》一折：「徐官人，我今日與你相交，休忘恩失義，也不敢負德辜恩也。」也作「忘恩背義」。背：背棄。《水滸傳》一一回：「哥哥若不收留，柴大官人知道時見怪，顯的我們忘恩背義。」也作「背義忘恩」、「辜恩背義」。

【忘恩失義】

見「忘恩負義」。

【忘乎所以】

見「忘其所以」。

【忘懷得失】

忘懷：不放在心上，忘記。不把利害得失放在心上。晋・陶潛《五柳先生傳》：「常著文章自娛，頗示己志，忘懷得失，以此自終。」

【忘機鷗鳥】

忘機：忘掉捕捉機會；鷗鳥：海鷗等海鳥類。對海鳥如無捕捉之意，海鳥就願與其相處。《列子・黃帝》：「海上之人有好漚鳥者，每旦之海上，從漚鳥游，漚鳥之至者百住而不止。」漚：通「鷗」。後以「忘機鷗鳥」比喩只有純樸相待，彼此才能無所猜忌的眞誠相處。金・元好問《寄希顏二首》詩：「悠悠華屋高貲意，兀兀田夫野老身。動色雲山如有喜，忘機鷗鳥亦相親。」也用於形容超脫世俗，忘身物外，傾心山水的田園隱居生活。元、劉秉忠《清平樂》詞：「隨身箬笠蓑衣，斜風細雨休歸。自任飛來飛去，伴他鷗鷺忘機。」也作「忘情魚鳥」。鷗鳥因食魚，又稱「魚鳥」。清・顧炎武《攝山》詩：「忘情魚鳥天機合，適意川岩物象同。」

【忘年交】

見「忘年之交」。

【忘年交好】

見「忘年之交」。

【忘年契】

見「忘年之交」。

【忘年友】

見「忘年之交」。

【忘年之好】

見「忘年之交」。

【忘年之交】

指忘記彼此間輩分、年齡的差異而結成的深厚友誼。《後漢書・禰衡傳》：「唯善魯國孔融及弘農楊修……衡始弱冠，而融年四十，遂與爲交友。」《梁書・張纘傳》：「子野性曠達，自云『年初三十，不復詣人。』初未與纘遇，便虛相推重，因爲忘年之交。」也作「忘年之好」。好：好朋友。南朝宋・顏延之《弔張茂度書》：「言面以來，便申忘年之好。比雖間隔成阻，而情問無睽。」也作「忘年之友」。宋・孔平仲《捷悟》：「孫逖年十五，謁雍州長史崔日用，日用小之，令爲《土火爐賦》。逖握翰即成，詞理典贍。日用覽之駭然，遂爲忘年之友。」也作「忘年之契」。契：情投意合的朋友。清。王士禛《池北偶談・李侍郎》：「予在京師，辱忘年之契，論詩文一字不輕放過。」也作「忘年交好」。交好：互相往來，結成知己。《梁書・何遜傳》：「南鄉范雲見其對策，大相稱賞，因結忘年交好。」也作「**忘年交**」。《南史・何遜傳》：「遜字仲言……南鄉范雲見其對策，大相稱讚，因結忘年交。」也作「**忘年友**」。《陳書・江總傳》「總時年少有名，纘等雅推重，爲忘年友。」也作「**忘年契**」。唐・李商隱《哭遂州蕭侍郎二十四韻》詩：「分以忘年契，情猶錫類敦。」也作「**忘年至好**」。清・遁廬《童子軍》六齣：「自從遇俺舊學生葛天常，意合情投，便做了忘年至好。」

【忘年之契】

見「忘年之交」。

【忘年之友】

見「忘年之交」。

【忘年至好】

見「忘年之交」。

【忘其所以】

所以：由來，依據。指因過度興奮、得意而忘記了一切。《兒女英雄傳》四〇回：「公子此時是樂得忘其所以，聽老爺這等吩咐，答應一聲，就待要走。」也形容因過度驕橫而忘記了應有的認識和態度。《魯迅書信集・致王治秋》：「如徐懋庸，他橫暴到忘其所以，竟用『實際解決』來恐嚇我了。」也作「**忘乎所以**」。例不要心血來潮的時候，就忘乎所以。

【忘寢廢餐】

見「忘餐廢寢」。

【忘情榮辱】

忘情：忘卻感情；榮辱：榮耀和恥辱。對於榮耀與恥辱都不動情。唐・杜甫《寫懷》詩：「全命甘留滯，忘情任榮辱。」

【忘情魚鳥】

見「忘機鷗鳥」。

【忘身忘家】

身：自身，自己。忘了自己，忘了家庭。形容爲了國家而不顧念自己和小家庭。《漢書・賈誼傳》：「爲人臣者，主耳（而）忘身，國耳（而）忘家，公耳（而）忘私。」例大禹爲了治水造福於民，他忘身忘家。

【忘生捨死】

忘記生命，不顧死亡。形容爲了某種事情或事業，而不顧生命危險。元・關漢卿《哭存孝》四折：「呀，可怎生帳前空掛著虎皮袍，枉了你忘生捨死立唐朝。」

【忘味三月】

孔子聽了舜時的《韶》樂，三個月都嘗不出肉味。比喻對某事物的熱愛已到了入迷的境地。《論語・述而》：「子在齊聞《韶》，三月不知肉味，曰：『不圖爲樂之至於斯也。』」宋・辛棄疾《念奴嬌》詞：「繞梁聲在，爲伊忘味三月。」

【忘象得意】

象：物象；得意：得到意象。忘掉了物象，得到了眞意。指悟到了眞諦。南朝齊・劉虯《答竟陵王子良書》：「微文接粗，漸說或允；忘象得意，頓義爲長。聊舉大較，談者擇焉。」

【忘形得意】

忘形：忘掉自己，指失去常態。形容人高興得不能控制自己，失去常態。《晉書・阮籍傳》：「嗜酒能嘯，善彈琴，當其得意，忽忘形骸。」也指藝術創作中得其眞情而捨其表象。宋・歐陽修《盤車圖》詩：「古畫畫意不畫形，梅詩咏物無隱情。忘形得意知者寡，不若見詩如見畫。」

【忘形爾汝】

見「忘形交」。

【忘形交】

忘形：忘掉自己的身分或形跡。指不拘身分、形跡的知心朋友。形容友誼深厚，不分彼此。《新唐書・孟郊傳》：「孟郊者，字東野，湖州武康人。少隱嵩山，性介，少諧合。愈一見，爲忘形交。」也作「**忘形之契**」。契：情意相投的朋友。《全唐詩話・韋丹》：「丹與東林靈澈上人爲忘形之契，丹嘗爲《思歸》絕句以寄澈。」也作「**忘形之交**」。明・楊循吉《魏守改郡治》：「然蒲圻愛彼殷勤，竟遂棄寐告，爲忘形之交。」也作「**忘形友**」。唐・白居易《效陶潛體詩十六首》詩：「我有同心人，邈邈崔與錢；我有忘形友，迢迢李與元。」也作「**忘形爾汝**」。爾汝：彼此親昵相稱，不拘儀態。唐・杜甫《醉時歌》詩：「得錢即相覓，沽酒不復疑；忘形到爾汝，痛飲眞吾師。」

【忘形友】

見「忘形交」。

【忘形之契】

見「忘形交」。

【忘形之友】

見「忘形交」。

【忘言之契】

忘言：不用言語；契：契友，情投意合之友。指情意相投，不用言語，而自能默契相通的朋友。《晉書・山濤傳》：「[濤]與嵇康、呂安善，後遇阮籍，便爲竹林之交，著忘言之契。」

【忘戰必危】

戰：指戰爭。忘記了戰爭，就必然會產生危機。《漢書・主父偃傳》：「國雖大，好戰必亡；天下雖平，忘戰必危。」也作「**忘戰者危**」。三國魏・桓范《兵要》：「故曰好戰者亡，忘戰者危，不好不忘，天下之王也。」

【忘戰者危】

見「忘戰必危」。

【望塵不及】

及：趕上。見前面人馬揚起的塵土卻追趕不上。《莊子・田子方》：「顏淵問於仲尼曰：『……夫子奔逸絕塵，而回瞠若乎其後矣！』」《後漢書・趙咨傳》：「復拜東海相。之官，道經滎陽，令敦煌曹暠，咨之故孝廉也，迎路謁候，咨不爲留。暠送至亭次，望塵不及，謂主簿曰：『趙君名重，今過界不見，必爲天下笑。』即棄印綬，追至東海。」後多用作謙詞，表示自己同對方比相差甚遠。例您的文章顯出才思敏捷，我是望塵不及的。也作「**望塵莫及**」。莫：不。茅盾《歸途雜拾》：「牆上沒有窗已成天經地義，可是大小槍眼之多，層層密布，平常的小城，實望塵莫及。」

【望塵而拜】

拜：叩拜。望見來車揚起的塵土就躬身叩拜。形容逢迎權貴，奴顏婢膝的神態。《晉書．潘岳傳》：「岳性輕躁，趨世利，與石崇等諂事賈謐，每候其出，與崇輒望塵而拜。」也形容畢恭畢敬，崇拜之至的神態。清．錢泳《履園叢話．舊聞．席氏多賢》：「退至鎮，鎮之老弱婦女逃避者已盡歸，咸望塵而拜。」

【望塵莫及】

見「望塵不及」。

【望塵知敵】

望見飛揚起來的塵土，就知道敵軍的實力。形容富有作戰經驗，足智多能。宋．歐陽修《唐臣傳》：「周德威為人勇而知（智），能望塵知敵數。」

【望穿秋水】

秋水：喻指眼睛。把眼睛都望穿了。形容盼望的殷切。元．王實甫《西廂記》三本二折：「你若不去啊，望穿他盈盈秋水，蹙損他淡淡春山。」明．李開先《寶劍記》二三齣：「見疏林葉落，廉卷西風，人在天涯。蹙損春山，望穿秋水，處處催刀尺。」

【望到伸頭，便要伸腳】

伸頭：指取得成就；伸腳：指死去。好容易盼到有了出頭之日，卻很快就要死了。例他白天黑夜連著幹，終於把設計圖做出來了，沒想到卻累得吐血進了醫院，現已生命垂危，眞是「望到伸頭，便要伸腳」呀！

【望帝啼鵑】

望帝：傳說戰國時蜀王杜宇稱帝，號「望帝」。漢．李膺《蜀志》：「望帝稱王於蜀，得荊州人鱉靈，便立以為相……後數歲，望帝以其功高，禪位於鱉靈，號曰開明氏。望帝修道，處西山而隱，化為杜鵑鳥，或云化為杜宇鳥，亦曰子規鳥，至春則啼，聞者淒惻。」後用「望帝啼鵑」比喻冤魂的悲鳴。元．關漢卿《竇娥冤》三折：「等他四下裏皆瞧見，這就是咱萇弘化碧，望帝啼鵑。」

【望而卻步】

卻步：不敢前進，往後退。形容看到危險或困難，就退縮不前。清．李漁《李笠翁曲話．立主腦》：「作者茫然無緒，觀者寂然無聲，無怪乎有識梨園望之而卻步也。」也作「**望之卻步**」。之：指人或事物。明．徐光啟《復周無逸學憲》：「『黨與』二字，耗盡士大夫精神才力，而於國計民生，毫無干涉。且以裕蠱所為，思之痛心，望之卻步。」

【望而生畏】

見「望而畏之」。

【望而畏之】

畏：害怕。看見了就感到害怕。《論語．堯曰》：「君子正其衣冠，尊其瞻視，儼然人望而畏之，斯不亦威而不猛乎？」《左傳．昭公二十年》：「唯有德者，能以寬服民；其次莫如猛，夫火烈，民望而畏之，故鮮死焉。」也作「**望而生畏**」。例他那嚴肅不苟言笑的面孔，讓我望而生畏。

【望風捕影】

看風勢，捉影子。比喻說話辦事沒有根據，無從把握。《三俠五義》一一〇回：「怎麼能夠身臨其境，將水寨內探訪明白，方好行事；似這等望風捕影，實在難以預料。」也作「**望風捕影**」。例這種望風捕影之說，怎麼能讓人信服呢？

【望風承旨】

望風：觀察風向；承旨：順承旨意。指觀察對方的情勢，迎合其旨意行事。形容極力阿諛奉承，討人歡心。《後漢書．竇憲傳》：「憲既平匈奴，威名大盛……由是朝臣震懾，望風承旨。」也作「**望風希旨**」。希旨：迎合上司的意旨。清．李伯元《中國現在記》一二回：「一班州縣官望風希旨，辦的差自然是格外精益求精。」也作「**望風希指**」。指：同「旨」。《三國志．魏書．杜畿傳》：「近司隸校尉孔羨辟大將軍狂悖之弟，而有司嘿爾，望風希指，甚於受屬。」

【望風而遁】

見「望風而逃」。

【望風而潰】

風：風向，勢頭；潰：潰散。遠遠看見敵方的氣勢，就嚇得全軍潰散。形容軍隊士氣差，未與敵交戰，就已潰散而逃。宋．孫光憲《北夢瑣言》卷五：「西川自唐劉辟搆逆後，久無干戈，人不習戰。每歲諸道差兵屯戍大渡河，蠻旗才舉，望風而潰。」

【望風而靡】

風：喻勢頭；靡：（草木）隨風倒伏。①比喻看見對方就服服貼貼。形容極為畏懼。《漢書．杜周傳》：「天下莫不望風而靡，自尚書近臣皆結舌杜口，骨肉親屬莫不股栗。」②比喻看見對方就為之傾倒折服。唐．陳子昂《堂弟孜墓志銘》：「是以鄉里長幼，望風而靡，邦國賢豪，聞名而悅服。」③比喻看見敵人，就瓦解四散。明．邵璨《香囊記．敗兀》：「將士望風而靡，三四十萬軍馬，不剩得一二千。」也作「**望風披靡**」。《元史．張榮傳》：「辛卯，軍至河上，榮率死士宵濟，守者潰。詰旦，敵兵整陣至，榮馳之，望風披靡，奪戰船五十艘，麾抵北岸，濟師，衆軍繼進，乘勝破張、盤二山寨，俘獲萬餘。」

【望風而逃】

遠遠地看到對方的氣勢凶猛，就馬上逃跑。《資治通鑑．梁．武帝天監四年》：「淵藻是蕭衍骨肉至親，必無死理，若克涪城，淵藻安肯城中坐而受困，必將望風逃去。」《三國演義》

六四回：「曹操以百萬之衆，聞吾之名，望風而逃。」也作「**望風而遁**」。遁：逃走。宋·孫光憲《高太尉駢請留蠻宰相事》：「蠻覘知之，望風而遁。」也作「**望風遠遁**」。例李自成帶領的農民起義軍，打得明朝官軍望風遠遁。也作「**望風而走**」。走：跑。《三國演義》七〇回：「次日，二將出兵，黃忠望風而走，連敗數陣，直退在關上。」

【望風而降】

風：比喻氣勢。看見對方的來勢極盛，就不戰投降。元·關漢卿《五侯宴》三折：「自起兵之後，所過城池望風而降。」

【望風而走】

見「望風而逃」。

【望風懷想】

迎風遠看而深切地懷念。漢·李陵《答蘇武書》：「遠托異國，昔人所悲。望風懷想，能不依依。」

【望風披靡】

見「望風而靡」。

【望風破膽】

遠遠地看見對方的凶猛氣勢，就把膽子嚇破了。形容軍隊全無戰鬥力，被對方的威勢所懾服。《三國志·魏書·劉曄傳》：「今舉漢中，蜀人望風破膽失守，推此而前，蜀可傳檄而定。」

【望風撲影】

見「望風捕影」。

【望風撲影——一場空】

見「狗咬尿脬——一場空」。

【望風瓦解】

風：風向、勢頭；瓦解：瓦碎。比喻軍隊潰散。看到對方的來勢極猛，就潰不成軍。《周書·辛昂傳》：「又令其衆皆作中國歌，直取賊壘。賊既不以爲虞，謂有大軍赴救，于是望風瓦解，郡境獲寧。」

【望風希旨】

見「望風承旨」。

【望風希指】

見「望風承旨」。

【望風響應】

謂仰慕對方的聲名或威勢，積極響應其倡議或按其要求去做。三國魏·陳琳《檄吳將校部曲文》：「是以立功之士，莫不翹足引領，望風響應。」

【望風遠遁】

見「望風而逃」。

【望峯息心】

見「望岫息心」。

【望衡對宇】

衡：通「橫」，用衡木作門，引申爲門；宇：屋檐下，引申爲屋。謂門庭相對，彼此相望。《水經注·沔水》：「沔水中有魚梁洲，龐德公所居。士元居漢之陰……司馬德操宅洲之陽，望衡對宇，歡情自接。」清·查愼行《秋懷》詩之一二：「望衡對宇雅相親，南阮才高不諱貧。」

【望見屋，急的哭】

步行趕路，雖看見目的地了，而仍然要走很長時間。指路途尚遠，可望不可及。例遊子歸鄉心切，遠遠地已經看到家門前那棵老槐樹了，恨不得一步就踏進家裏。他急急地加快了腳步，走啊，走啊，正是望見屋，急的哭。

【望開茅塞】

茅塞：茅草堵塞，指疑難問題堵塞於心。希望解開疑難問題。用作求人指導的自謙之詞。《孟子·盡心下》：「孟子謂高子曰：『山徑之蹊間，介然用之而成路；爲間不用，則茅塞之矣，今茅塞子之心矣！』」例我的外語水準很低，有一個問題請教先生，望開茅塞。

【望梅消渴】

見「望梅止渴」。

【望梅止渴】

用望梅子的方法來止口渴。比喻願望無法實現，只能用空想來聊以自慰。常與「畫餅充飢」連用。南朝宋·劉義慶《世說新語·假譎》：「魏武行役，失汲道，軍皆渴，乃令曰：『前有大梅林，饒子，甘酸可以解渴。』士卒聞之，口皆出水，乘此得及前源。」《水滸傳》五一回：「官人今日眼見一文也無，提甚三五兩銀子，正是教俺『望梅止渴，畫餅充飢。』」也作「**望梅消渴**」。消：消除。宋·趙長卿《好事近》詞：「猶勝望梅消渴，對文君眉蹙。」也作「**止渴望梅**」。

【望門大嚼】

謂看見肉鋪的門，就嘴裏空嚼。比喻把空想當現實來聊以自慰。漢·桓譚《新論·琴道》：「人聞長安樂，則出門西向而笑；知肉味美，則對屠門而嚼。」梁啟超《過渡時代論》：「盈盈一水間，脈脈不得語，望門大嚼，我勞如何！」

【望門寡】

舊指女子訂婚之後，未婚夫死了不另嫁他人，在娘家守節。《三國演義》五四回：「汝做六郡八十一州大都督，直恁無條計策去取荊州，卻將我女兒爲名，使美人計！殺了劉備，我女便是望門寡，明日再怎的說親？須誤了我女兒一世！」也作「**望門新寡**」。新寡：指剛剛死了未婚夫。清·胡承譜《杜孝廉妻》：「[族中諸同好]竟勸之曰：『子青年失偶，悠忽至今，已遲之遲矣，豈容再遲？』適某氏望門新寡，從恿委禽。」

【望門投止】

門：門戶，指人家；投止：投奔到人家借宿。看見有人家，就去投宿。形容逃難或窘困中，對存身之處無選擇的餘地。《後漢書·張儉傳》：「儉得亡命，困迫遁走，望門投止，莫不重其名行，破家相容。」

【望門新寡】

見「望門寡」。

【望其肩背】

見「望其項背」。

【望其肩項】

見「望其項背」。

【望其項背】

項：頸的後部；背：背脊。望見別人的頸項和脊背。原意是指趕得上。常用於否定式。表示遠遠趕不上或比不上。清・葉矯然《龍性堂詩話續集》：「唐人排律，初推沈[佺期]、宋[之問]……至杜公[甫]廣大神通，壓古軼今，岑[參]、高[適]諸人無敢望其項背。」也作「望其肩項」。肩：肩膀。清・汪琬《與周處士書》：「議論之超卓雄偉，眞有與詩書六藝相表裏者，非後世能文章家所得望其肩項也。」也作「望其肩背」。清・呂留良《與吳孟舉書》：「德器必能脫去凡近，所造日高，非弟所能望其肩背也。」

【望秋先零】

零：凋零敗落。秋天還未來臨，就先枯萎凋落了。比喻體質弱，未老先衰。南朝宋・劉義慶《世說新語・言語》：「松柏之姿，經霜猶茂，臣蒲柳之質，望秋先零。」

【望然而去】

見「望望然去之」。

【望若雲霓】

雲霓：雲彩和虹。像大旱時盼望雨前的雲和雨後的彩虹一樣。形容盼望殷切。《孟子・梁惠王下》：「孟子曰：『奚爲後我？民望之，若大旱之望雲霓也。』」例掙扎在飢餓死亡線上的人們，對李闖王的開倉濟貧，望若雲霓。

【望山跑死馬】

見「望山走倒馬」。

【望山走倒馬】

雖然看見山了，實際上還很遠，會把馬跑得累倒了。指路尚遠。《西遊記》九八回：「師父，還不到拜處哩。常言道：『望山走倒馬。』離此鎭還有許遠，如何就拜，若拜到頂上，得多少頭磕是？」也作「望山跑死馬」。《小五義》二三回：「常言一句說的好：『望山跑死馬。』自打上船，就看見君山。行了三十餘里路，方到飛雲關下。」也作「看山跑死馬」。

【望天的日子遠，入地的日子近】

遠望天空愛幻想的日子已成遙遠的過去，離死的日子倒是近了。比喻上了年紀的人倒是不作不切實際的幻想，可是活著的日子也不長了。例這些年，他倒是丟掉幻想，做了一番切切實實的努力。誰料到艱苦的生活已摧毀他的健康，使他確確實實是望天的日子遠，入地的日子近的人了。

【望望然去之】

望：從遠處看。形容看了一眼就走開的情態。《孟子・公孫丑上》：「推惡惡之心，思與鄉人立，其冠不正，望望然去之，若將浼焉。」《聊齋志異・小梅》：「至座有良朋，車裘可共；迨宿莽既滋，妻子淩夷，則車中人望望然去之矣。」也作「望然而去」。例張師傅聽說小王來家裏就滿臉不高興，小王走時，望然而去。

【望文生訓】

見「望文生義」。

【望文生義】

文：文字，指字面；義：意義。看到某一字面，就作出牽强附會的解釋。指不深究文字的確切含義。清・張之洞《輶軒語・語學》：「空談臆說，望文生義，即或有理，亦所謂郢書燕說耳」。也作「望文生訓」。訓：解釋。郭沫若《稷下黃老學派的批判》：「漢人因環淵別作關尹，望文生訓，又將關尹作爲關門令尹。」

【望聞問切】

望：看病人氣色；聞：聽聲音；問：詢問症狀；切：摸脈象。中醫診病的四種方法。《難經・六十一難》：「望而知之者，望見其五色以知其病；聞而知之者，聞其五音以別其病；問而知之者，問其所欲五味以知其病所起所在也；切脈而知之者，診其寸口，視其虛實，以知其病，病在何藏府也。」明・湯顯祖《還魂記・診祟》：「小姐，望聞問切，我且問你，病症因何？」

【望屋而食】

屋：指人家。見到人家，就進去搶掠食物。形容軍隊搶掠殘害百姓。《史記・秦始皇本紀》：「不用弓戟之兵，鉏耰白梃，望屋而食，橫行天下。」

【望鄉台】

迷信稱陰世間有陰魂眺望故鄉的高台，名望鄉台。比喻葬身之地。例昔日敵人的炮樓子，今日成了他們的望鄉台。

【望鄉台上吹胡哨——不知死的鬼】

望鄉台：迷信傳說陰間有望鄉台，鬼登上去可望見陽世的家鄉和親人；胡哨：用手指放在嘴裏吹出的高而尖的聲音。在望鄉台上還要吹胡哨，不知自己已經是死了的鬼。比喻人不知死在眼前。貶義。例來吧，望鄉台上吹胡哨——不知死的鬼，我們將立刻送你們上西天。也作「望鄉台上打轉游——不知死的鬼」、「望鄉台上打滴溜——不知死的鬼」、「望鄉台上打蓮花落——不知死的鬼」。

【望鄉台上打跟頭——不覺孽的鬼】

孽：罪惡。比喻至死也不悔悟的人。例這個壞蛋臨刑前還叫喊什麼：「腦袋掉了碗大疤拉，二十年後又是一條好漢。」眞是望鄉台上打跟頭——不覺孽的鬼。

【望鄉台上看牡丹——做鬼也風流】

比喻臨死還不改變放蕩行爲。例「唐伯虎點秋香」一劇中，飾演唐伯虎的男主角，將劇中人物「望鄉台上看牡丹——做鬼也風流」的習性，演得入木三分，彷如其人。

【望杏瞻蒲】

瞻：看；蒲：香蒲，多年生草本植

物。看見杏花開就耕種；看見香蒲黃了就收割莊稼。指按時令勸勉耕種、收穫。南朝陳・徐陵《徐州刺史侯安都德政碑》：「望杏敦耕，瞻蒲勸穡。」也作「**望杏瞻榆**」。榆：榆樹。《隋書・音樂志下》：「瞻榆束耒，望杏開田。」

【望杏瞻榆】

見「望杏瞻蒲」。

【望岫息心】

岫：山；息：停息。看到高大的山峯，就停息了競進之心。比喻見人或事物難於企及，便打消了念頭。《南史・何點傳》：「豫章王嶷命駕造點，點從後門遁去。司徒竟陵王子良聞之曰：『豫章王尚望塵不及，吾當望岫息心。』」也作「**望峯息心**」。峯：山的突出的頂部。南朝梁・吳均《與朱元思書》：「鳶飛戾天者，望峯息心；經綸世務者，窺谷忘反。」

【望眼穿】

見「望眼欲穿」。

【望眼將穿】

見「望眼欲穿」。

【望眼應穿】

見「望眼欲穿」。

【望眼欲穿】

眼：眼睛；欲：將要。把眼睛都要望穿了。形容盼望殷切。唐・杜甫《寄岳州賈司馬六丈巴州嚴八使君兩閣老五十韻》詩：「舊好腸堪斷，新愁眼欲穿。」朱自清《回來雜記》：「就是在排班等著罷，眼看著一輛輛來車片刻間上滿了客開了走，也覺痛快，比望眼欲穿的看不到來車的影子總好受些。」也作「**望眼將穿**」。將：將要。《初刻拍案驚奇》卷八：「陳大郎道：『妻父母望眼將穿，既蒙壯士厚恩完聚，得早還家爲幸！』」也作「**望眼應穿**」。應：料度之辭。唐・張鷟《遊仙窟》：「積愁腸已斷，懸望眼應穿。」也作「**望眼穿**」。金・元好問《壬辰十二月車駕東狩後即事》詩之三：「西南三月音書絕，落日孤雲望眼穿。」

【望洋而嘆】

見「望洋興嘆」。

【望洋驚嘆】

見「望洋興嘆」。

【望洋興嗟】

見「望洋興嘆」。

【望洋興嘆】

望洋：舉目遠視的樣子。仰望海洋而生出感嘆。①原指看到人家廣博偉大，才感到自己渺小。《莊子・秋水》：「［河伯］順流而東行，至於北海，東面而視，不見水端。於是焉，河伯始旋其面目，望洋向若而嘆曰：『野語有之，曰：聞道百以爲莫己若者，我之謂也。』」②比喻自己力量不足或缺少條件，而感到無可奈何。清・劉坤一《致胡筱蘧侍郎》：「若復畏繁難，愼譏笑，勢必中止，將來逾遠逾湮，雖有班、馬復生，亦徒望洋興嘆。」也作「**望洋驚嘆**」。清・杭世駿《李太白全集序》：「書來質余，方望洋驚嘆，五體投地，而敢以一言半句相益乎！」也作「**望洋而嘆**」。宋・陳善《捫風新話・少遊文字自成一家》：「［少遊］所進論策辭句，頗若刻漏，不甚含蓄，若以比坡（蘇軾），當不覺望洋而嘆也。然亦自成一家。」也作「**望洋興嗟**」。嗟：嗟嘆，嘆息。明・高進《跋〈田間四時行樂詩〉》：「而詩非積久之功，超悟之妙，不能得其門牆，入其堂奧。望洋興嗟，徒穿千里之目；閉門苦思，費破一生之心。終無一得，不但十年而已。」

【望雲之情】

望雲：仰望天空的白雲。指望見天上的雲而引起思親之情。《新唐書・狄仁傑傳》：「親在河陽，仁傑登太行山，反顧，見白雲孤飛，謂左右曰：『吾親舍其下。』瞻悵久之，雲移乃得去。」

【望之卻步】

見「望而卻步」。

【望子成龍】

見「望子成名」。

【望子成名】

子：指兒子，也泛指後輩。盼望兒子成爲出類拔萃的人。《兒女英雄傳》三六回：「卻說安老爺到了公子引見這日，分明曉得兒子已就取在前十名，大可放心了；無如望子成名，比自己功名念切，還加幾倍。」也作「**望子成龍**」。龍：封建社會帝王的象徵，引申爲高貴的人。例天下做父母的都望子成龍，可是，從我們做起的話，我們應當怎樣教育下一代呢？

ㄨㄥˋ

【甕邊吏部】

見「翁間吏部」。

【甕底魚蝦】

見「翁中之鱉」。

【甕間畢卓】

見「甕間吏部」。

【甕間吏部】

甕間：酒罈子中間；吏部：古時官名，即吏部侍郎。指晉吏部侍郎畢卓醉臥在酒壇子中間的故事。南朝宋・劉義慶《世說新語・任誕》：「［畢卓］太興末爲吏部郎，嘗飲酒廢職。比舍郎釀酒熟，卓因醉，夜至其甕間取飲之。主者謂是盜，執而縛之。知爲吏部也，釋之。卓遂引主人宴甕側，醉而去。」後以「甕間吏部」形容嗜酒成癖的人。唐・白居易《家園三絕》詩：「籬下先生時得醉，甕間吏部暫偷閒。」也作「**甕間畢卓**」。宋・蘇軾《白鶴峯新居欲成》詩：「甕間畢卓防偷酒，壁後匡衡不點燈。」也作「**甕邊吏部**」。宋・黃庭堅《送酒與畢大夫》時：「甕邊吏部應歡喜，殊勝平原老督郵。」

【甕盡杯乾】

甕：大罎子；杯：酒杯。酒壇子全空，酒杯也乾了。指酒全喝光。比喻錢財用盡，一貧如洗。《初刻拍案驚奇》卷一五：「陳秀才那時已弄得甕盡杯乾，只得收了心，在家讀書。」

【甕裏醯雞】
甕：大罎子；醯（ㄒㄧ）雞：一種小蟲，即蠛蠓。酒罎子中生的一種小蟲。《列子・天瑞》：「厥昭生乎濕，醯雞生乎酒。」後以「甕裏醯雞」比喻見識短淺。《幼學瓊林・鳥獸》：「怡堂燕雀，不知後災，甕裏醯雞，安有廣見。」也作「**醯雞甕裏**」。

【甕裏走了鱉】
比喻不見了的東西丟不了。也比喻出乎意外。《金瓶梅詞話》四三回：「一錠金子，至少重十來兩，也值個五六十兩銀子，平白就罷了？甕裏走了鱉，左右是他家一窩子，再有誰進他屋裏去！」

【甕聲甕氣】
甕：大罎子。說話像罎子發出的聲音。形容聲音粗重。《兒女英雄傳》一四回：「早聽見門裏看家的狗甕聲甕氣如惡豹一般頓著那鎖鏈子咬起來。」

【甕天蠡海】
甕：大罎子；蠡：用貝殼做的瓢。從甕裏看天，以瓢測海。比喻見識狹隘短淺。明・胡應麟《少室山房筆叢・丹鉛新錄引》：「輒于占畢之暇，稍爲是正，甕天蠡海，亡當大方。」

【甕天之見】
甕：大罎子；見：見識。坐在甕裏看天，所見不大。比喻見識不廣。宋・黃庭堅《再次韻奉答子由》詩：「似逢海若淡秋水，始覺醯雞守甕天。」例這個人一貫保守，又不善學習。所以這一番議論，不過是甕天之見。

【甕牖桑樞】
見「甕牖繩樞」。

【甕牖繩樞】
甕：大罎子；牖：窗戶；樞：門上的轉軸。用破罎子當窗戶，用繩子當門軸。形容貧苦人家的房子極簡陋。漢・賈誼《過秦論上》：「然陳涉甕牖繩樞之子，氓隸之人，而遷徙之徒也。」也作「**甕牖桑樞**」。桑：桑木。元・馬致遠《薦福碑》一折：「既有這上天梯，可怎生不著我這青霄步？我可便望蘭堂畫閣，剗地著我甕牖桑樞。」

【甕中鱉，盤中魚——跑不了】
甕：一種盛東西的陶器，一般塗以黑色或褐色的釉；鱉：甲魚，也叫團魚，俗稱王八。也作「**甕裏的王八——跑不了**」。見「斷了腿的青蛙——跑不了」。

【甕中的烏龜——到處碰壁】
見「井底行船——到處碰壁」。

【甕中之鱉】
甕：大罎子；鱉：甲魚。大罎子裏的甲魚。比喻已在掌握之中，脫逃不了。清・袁于令《西樓記・情死》：「如今他母親受我財禮，嫁我爲妾。已是甕中之鱉，走往那裏去？」也作「**甕中魚蝦**」。清・玩花主人《翡翠園・盜牌》：「笑人中麟鳳，今做了甕中魚蝦。」

【甕中之鱉——無處可逃】
比喻出路斷絕，逃脫不了。例如果強占了這座碉堡，敵人就成了甕中之鱉——無處可逃。也作「**甕中之鱉——無路可逃**」。

【甕中之鱉——走投無路】
見「熱鍋上的螞蟻——走投無路」。

【甕中捉鱉】
甕：大罎子；鱉：甲魚。在大罎子裏捉甲魚。比喻捕捉對象已在掌握之中，捉拿很有把握。元・康進之《李逵負荊》四折：「這是揉著我山兒的癢處，管教他甕中捉鱉，手到拿來。」也作「**甕中捉鼠**」。明・無名氏《捉彭寵》三折：「衆將擒拿他，如掌上觀紋，甕中捉鼠，有何罕哉也！」

【甕中捉鱉——十拿九穩】
也作「**甕中捉王八——十拿九穩**」、「**甕裏捉王八——穩抓穩拿**」。見「箅子上取窩窩頭——十拿九穩」。

【甕中捉鱉——手到擒來】
見「罎子裏捉烏龜——手到擒來」。

【甕中捉鼠】
見「甕中捉鱉」。

【蕹菜當吹火筒——半通不通】
蕹菜：空心菜，一年生草本植物，莖蔓生，中空，有節。見「傷寒鼻塞——半通不通」。

ㄩ

ㄩ

【迂夫子】
指思想保守，性格執拗的讀書人。例他家老頭是位迂夫子，最見不得穿著新潮的人。

【迂腐騰騰】
迂腐：言談思想過於保守，過於循規蹈矩，不切實際；騰騰：氣體上升。形容墨守陳規、固執己見、不諳世故的書呆子氣。《二十年目睹之怪現狀》九八回：「依晚生看去，莫某人還不至於如此，不過頭巾氣太重，有點迂腐騰騰的罷了。」

【迂怪不經】
迂闊荒誕，不合常理。例他的這部書裏收集了許多迂怪不經的故事。

【迂談闊論】
迂腐而不切實際的談論。例這些人終日迂談闊論，根本提不出一個切實可行的方案。

【紆佩金紫】
見「紆青拖紫」。

【紆青拖紫】
紆：繫結；青、紫：古代公卿所佩青、紫印綬；拖：佩。比喻成了高官顯貴。宋・毛滂《上蘇內翰書》：「當時曆金門，上玉堂，紆青拖紫，朱丹其轂者，一出王氏之學而已。」也作「紆朱拖紫」。明・袁宏道《瓶花齋集・家報》：「要知子孫滿前，紆朱拖紫，未足爲難。」也作「紆佩金紫」。《後漢書・馬援傳》：「猥先諸君紆佩金紫，且喜且慚。」也作「紆朱懷金」。宋・張孝祥《樂齋記》：「彼紆朱懷金，駕高車，從卒吏，號稱大官。」

【紆朱懷金】
見「紆青拖紫」。

【紆朱拖紫】
見「紆青拖紫」。

【紆鬱難釋】
紆鬱：苦悶憂愁縈繞在心頭；釋：消散。縈繞心頭的憂苦難以消釋。漢・劉向《九嘆・憂苦》：「願假簧以舒憂兮，志紆鬱其難釋。」

【紆尊降貴】
紆：屈抑。南朝梁・蕭綱《昭明太子集序》：「紆尊降貴，躬刊手掇。」地位高的人自動降低身分，放下架子。也作「降貴紆尊」。

ㄩˊ

【于飛之樂】
于飛：相偕而飛。《詩經・大雅・卷阿》：「鳳凰于飛，翽翽其羽。」比喻夫妻和諧恩愛。《封神演義》二回：「不知彼可能將女進貢深宮，以遂朕于飛之樂？」

【于思于思】
鬍子多的樣子。《二十年目睹之怪現狀》七〇回：「只怕人家有好好的女兒，未必肯嫁給于思于思的老翁了。」

【於安思危，危則慮安】
在安定的時候要考慮危難的出現，在危難的時候要考慮怎樣實現安定。謂安定時不可放鬆警惕，麻痹大意；危難時不可鬆懈鬥志，放棄努力。《戰國策・楚策四》：「虞卿謂春申君曰：臣聞之《春秋》，於安思危，危則慮安。」

【於安思危，於治憂亂】
太平之時，要考慮還會有災難或危險發生；在安定之時，要擔憂還會有動亂出現。謂安定太平之時，不可沉溺於享樂，要時刻警惕，防患於未然。清・魏源《默觚・學篇七》：「不亂離不知太平之難，不疾痛不知無病之福。故君子於安思危，於治憂亂。」

【於不疑處有疑，方是進矣】
疑：疑問。在沒有疑問的地方發現疑問，這才是進步啊！謂學習貴在質疑，這樣才能有所收穫。宋・張載《經學理窟・義理篇》：「所以觀書者釋己之疑，明己之未達。每見每知所益，則學進矣。於不疑處有疑，方是進矣。」

【於官不貧，賴債不富】
當官的不會窮，欠錢不還的不會富。《金瓶梅詞話》一九回：「『我不知閣下姓甚名誰，素不相識，如何來問我要銀子？』那人道：『蔣二哥，你就差了！自古於官不貧，賴債不富。想著你當初不得地時，串鈴兒賣膏藥，也虧了這位魯大哥扶持，你今日就到了這步田地來！』」

【於家爲國】
爲了人民和國家。明・無名氏《四馬投唐》二折：「據元帥濟世才施寬厚『於家爲國』端的是分破聖人憂。」也作「爲民爲國」。

【於今爲烈】
於：到；烈：厲害。《孟子・萬章下》：「殷受夏，周受殷，所不辭也；於今爲烈，如之何其受之？」指過去的某種情形到現在發展得更爲厲害。明・沈寵綏《度曲須知・序言》：「嗣乃短長其體，號爲詩餘，亦稱塡詞；有宋最盛，沿及勝國，遂以制科取士，格律惟嚴，情才咸集，用以笙簧一代，鼓吹千載，安得不於今爲烈哉！」

【於民潤國】
潤：益。有益於人民和國家。元・關漢卿《陳母教子》二折：「蜘蛛有絲，損人利己，蠶腹有絲，於民潤國。」

【於事無補】
補：補救，好處。對事情沒有什麼補救或好處。例明天就是期末考了，你平時不看書，現在臨時抱佛腳，於事無補嘛！

【於心不忍】
見「於心何忍」。

【於心何忍】
何忍：怎能忍心。從心裏不忍。清・無名氏《定情人》：「若置之不問，看他懨懨就死，又於心何忍，卻爲之奈何？」也作「於心不忍」。例看見對街沿路乞討的叫化子，若是不救助他一點，對我而言，實在是於心不忍。

【於心無愧】
心中沒有慚愧。謂沒有做什麼虧心事。宋・王令《謝劉成父》詩：「塵埃隔眼逢何晚，氣類相期久愈堅；以義求人今遂得，於心無愧果爲賢。」

【杅穿皮蠹】
杅；古代飲水器；穿：破損；皮：皮袍；蠹：被蟲蛀壞。《公羊傳・宣公十二年》：「古者杅不穿，皮不蠹，則不出於四方。」古代出外朝聘或征戰，損耗、死傷在所難免，須估計在內。意謂行動之前要做好充分準備。

【餘杯冷炙】
餘：殘剩；杯：指酒；炙：烤肉。吃剩的酒食。明・湯顯祖《還魂記・尋夢》：「受用餘杯冷炙，勝如剩粉殘膏。」也作「殘杯冷炙」。

【餘膏剩馥】
膏：油脂；馥：香氣。剩餘的油脂和香氣。比喻前人對後人的影響。《宣和畫譜・人物三・景道》：「景道喜丹青，而無貴公子氣，蓋亦餘膏剩馥所沾丐而然。」也作「殘膏剩馥」。

【餘燼復燃】
燼：火燒東西的剩餘，灰燼。殘餘的

灰燼重又燃燒起來。比喻失勢的人或事物又重新活動起來。《野叟曝言》五回：「素臣看尚有火光，則火之歇腳。素臣可惜火小，劉大更欲燒盡普天下僧寺，復從火後創出奇論，幾使餘燼復燃，燒天灼地。」也作「**死灰復燃**」。

【餘妙繞梁】
見「餘音繞梁」。

【餘食贅行】
贅行：醜惡的行爲。吃剩的食物，醜惡的行爲。比喻令人討厭的東西。《老子》二四章：「自伐者無功，自矜者不長。其在道也，曰餘食贅行，物或惡之，故有道者不處。」

【餘桃啖君】
啖：給人吃。《韓非子・說難》：「昔者彌子瑕有寵於衛君。衛國之法，竊駕君車者罪刖。彌子瑕母病，人間往夜告彌子，彌子矯駕君車以出，君聞而賢之曰：『孝哉，爲母之故，忘其刖罪。』異日，與君遊於果園，食桃而甘，不盡，以其半啖君，君曰：『愛我哉，忘其口味，以啖寡人。』及彌子色衰愛弛，得罪於君，君曰：『是固嘗矯駕君車，又嘗啖我以餘桃。』故彌子之行未變於初也，而以前之所以見賢，而後獲罪者，愛憎之變也，」後以「餘桃啖君」比喻愛憎無常。

【餘味無窮】
餘味：吃過好食物後留下的味道，引指從回憶中體會到的意味；窮：盡。比喻令人越回想思索，越覺得意味深長。例優秀的作品，應當是餘味無窮的。

【餘霞成綺】
綺：有花紋的絲織品。形容晚霞絢麗如錦緞一樣。例傍晚我們終於登上山頂，極目遠眺，只見西天餘霞成綺，腳下雲海翻騰。」也作「**餘霞散綺**」。清・洪昇《長生殿・定情》：「堪賞，圓月搖金，餘霞散綺，五雲多處易昏黃。」

【餘響繞梁】
見「餘音繞梁」。

【餘業遺烈】
烈：功業，功績。先人留下的功業。《戰國策・劉向書錄》：「及春秋時，已四五百載矣，然其餘業遺烈，流而未滅。」例繼承先輩的餘業遺烈，開創未來的美好前程。

【餘音裊裊】
裊裊：舊時作「嫋嫋」，婉轉悠揚。形容聲音綿延婉轉，不絕於耳。宋・蘇軾《前赤壁賦》：「客有吹洞蕭者，倚歌而和之。其聲嗚嗚然，如怨如慕，如泣如訴；餘音裊裊，不絕如縷。」也比喻詩文韻味深長。清・田雯《論七言絕句》：「義山[李商隱]佳處不可思議，實爲唐人之冠。一唱三弄，餘音嫋嫋，絕句之神境也。」也作「**裊裊餘音**」。

【餘音繞梁】
《列子・湯問》：「昔韓娥東之齊，匱糧，過雍門，鬻歌假食。既而去餘音繞梁欐，三日不絕，左右以其人弗去。」歌唱或演奏停止後，餘音仍在屋梁上迴旋。形容歌聲或樂聲美妙動聽，韻味深長，令人難忘。例她那美妙動聽的歌聲，眞可以說是餘音繞梁，三日不絕。也比喻詩文意味深長，令人回味。清・賀裳《載酒園詩話・宋・歐陽修》：「所惜意隨言盡，無復餘音繞梁之意。」也作「**餘韻繞梁**」。茅盾《關於長篇歷史小說《李自成》的通信・五・關於〈商洛壯歌〉》：「行文如曼歌緩舞，餘韻繞梁，耐人尋味。」也作「**餘響繞梁**」。晉・張華《博物志》卷五：「過雍門，鬻歌假食而去，餘響繞梁，三日不絕。」也作「**餘妙繞梁**」。梁・蕭統《七契》：「初音魚踴，餘妙繞梁，何止田文慨慷，劉靖心傷而已哉？」也作「**三日繞梁**」。

【餘勇可賈】
餘勇：剩餘的勇氣；賈：ㄍㄨˇ，賣。《左傳・成公二年》：「齊高固入晉師，桀石以投人，禽（擒）之，而乘其車，係桑本焉，以徇齊壘，曰：『欲勇者賈余餘勇。』」還有剩餘的力氣可賣，比喻鬥志不懈。梁啟超《過渡時代論》：「其在過渡以後，達於彼岸，躊躇滿志，其有餘勇可賈與否，亦難料也。」

【餘韻流風】
流傳下來的韻致和風範。《羣音類選〈龍泉記・壽祝椿堂〉》：「家傳舊淸白，餘韻流風正洋溢，願壽考彌高，華峯難敵。」

【餘韻繞梁】
見「餘音繞梁」。

【餘子碌碌】
餘子：其餘的人；碌碌：平庸無能。《後漢書・禰衡傳》：「衡唯善魯國孔融及弘農楊修。常稱曰：『大兒孔文舉，小兒楊德祖。餘子碌碌，莫足數也。』」表示對別人都看不上。明・袁宏道《瓶花齋集・與李龍湖》：「僕嘗謂六朝無詩，陶公（潛）有詩趣，謝公（靈運）有詩料，餘子碌碌，無足觀者。」

【盂方水方】
盂：盛液體的器皿。《荀子・君道》：「君者盂也，盂方而水方。」《韓非子・外儲說上》：「爲人君者猶盂也，民猶水也・盂方水方，盂圜水圜。」水盂方，水也方。水隨容器的不同而不同。比喻上行下效。例古人用盂方水方比喻上行下效的道理，不僅生動而且貼切。

【予末小子】
古時帝王對「先生」指稱自己。《尚書・顧命》：「王再拜，興，答曰：『眇眇予末小子，其能而亂四方，以敬忌天威。』」《後漢書・明帝紀》：「詔曰：『予末小子』，奉承聖業，夙夜震畏，不敢荒寧。』」也用作常人的自謙之詞。明・章袞《書〈臨川文集〉後》：「公之純疵得失，猶方員（圓）之囿於規矩也。予末小子安敢復有所贅。」

【予取予奪】

見「予取予求」。

【予取予求】

予：我。任意從我這裏求取。也指隨意索取。《左傳・僖公七年》：「唯我知女，女專利而不厭，予取予求，不女疵瑕也。」也作「予取予奪」。秦牧《拳頭海岸》：「許多被目爲可以予取予奪地得到財富的海岸，一處處都伸出了拳頭來，變成了「拳頭海岸」。

【予違汝弼】

予：我；違：犯錯誤；汝：你；弼：糾正。《尚書・益稷》：「予違汝弼，汝無面從，退有後言。」我有錯失，你要糾正。古時帝王勉勵臣屬幫助自己改正錯誤的話。《隋書・高熲等傳贊》：「君邪而不能正言，國亡而情均衆庶。予違汝弼，徒聞其語；疾風勁草，未見其人。」

【魚幫水，水幫魚】

比喻人們互相幫助。例他和羣衆的關係，像魚幫水，水幫魚。眞正從羣衆裏頭鍛鍊出來的，是經過羣衆推舉的。

【魚不可離了水，虎不可離了崗】

崗：山崗。比喻失去了賴以生存的條件，就無法生活，更無法施展才能。例魚不可離了水，虎不可離了崗，他這一次離開家人，一個人去異國，還眞難說會怎麼樣呢！

【魚不偶龍，犬難偕虎】

指魚和龍不能相配，狗和虎難以搭伴，比喻地位不同的人不能結親，《玉支磯》五回：「竊聞婚姻匹配也，從來魚不偶龍，犬難偕虎。老先生階近三台，位居八座。晚上韋布匹夫，草茅一介，引作蔦夢，情乎不情乎，還求檢點。」

【魚腸雁足】

古樂府《飲馬長城窟行》：「呼兒烹鯉魚，中有尺素書。」《漢書・蘇武傳》：「敎使者謂單于，言天子射上林中，得雁，足有繫帛書。」後以「魚腸雁足」比喻書信的傳遞者，後轉指書信。唐・李紳《逾嶺嶠止荒陬抵高要》詩：「魚腸雁足望緘封，地遠三江嶺萬重，魚躍豈通淸遠峽，雁飛難渡漳江東。」

【魚沉雁落】

《莊子・齊物論》：「毛嬙、麗姬，人之所美也；魚見之深入，鳥見之高飛。」後以「魚沉雁落」形容女子容顏嬌美。元・施惠《幽閨記・少不知愁》：「芳容魚沉雁落，美貌月閉花羞，肌骨天然自好，不搽脂粉風流。」也作「沉魚落雁」。

【魚沉雁渺】

見「魚沉雁杳」。

【魚沉雁杳】

比喻音信斷絕。唐・戴叔倫《相思曲》詩：「魚沉雁杳天涯路，始信人間別離苦。」也作「雁杳魚沉」元・鄭庭玉《商調・失牌名》：「本眞心思慮轉猜疑，不覺的長吁嘆息，可知道雁杳魚沉。」也作「魚沉雁渺」。《花月痕》四二回：「兼之寶山僻在海隅，文報不通，迢遞並云，魚沉雁渺，十分懊惱！」

【魚吃魚，蝦吃蝦，烏龜吃王八——六親不認】

見「甲魚吃甲蟲——六親不認」。

【魚傳尺素】

尺素：古代寫信的絹帛，長一尺。後用作書信的代稱，指傳遞書信。宋・秦觀《踏莎行》詞：「驛寄梅花，魚傳尺素，砌成此恨無重數。」

【魚大吃蝦——弱肉强食】

見「大魚吃小魚，小魚吃蝦米」。

【魚大籠子小——難裝】

雙關語。比喻難於裝腔作勢，喬裝打扮。例休想改頭換面，矇混過關，大家的眼睛明亮得很，魚大籠子小——難裝。

【魚兒掛臭，貓兒叫瘦】

魚掛在高處發臭了，貓兒瘦得乾叫也吃不上。比喻想要的東西近在眼前，卻無法得到。《蕩寇志》七三回：「正是吃殺點心當不得飯，魚兒掛臭，貓兒叫瘦。」

【魚兒幸脫金鈎禍，鼠子權偷土窟安】

比喻僥倖脫離險境。明・陳玉陽《義犬》四齣：「魚兒幸脫金鈎禍，鼠子權偸土窟安。狄靈慶得命回家，十分僥倖，只是心魂恍惚，坐臥針氈。」

【魚貫而出】

像游魚一樣一個接一個出來。淸・楊復吉《夢闌瑣筆・潮陽某令》：「隨著怪風起於庭戶，後門大啟，男女十數輩，魚貫而出。」

【魚貫而進】

像游魚頭尾相接，一個挨一個地行進。《三國志・魏書・鄧艾傳》：「艾自陰平通行無人之處七百餘里，鑿山通道，造作橋閣。山高谷深，至爲艱險……，將士皆攀木緣崖，魚貫而進。」也作「魚貫而行」。《南齊書・蠻傳》：「汶陽本臨沮西界，二百里中，水陸迂狹，魚貫而行，有數處不通騎。」也作「魚貫而前」。《宋史・折德扆傳附繼閔》：「賊緣崖腹微徑魚貫而前，城中矢石亂下，也作「魚貫而入」。《鏡花緣》六七回：「衆才女除卞、孟兩家姐妹在後，其餘都按名魚貫而入。」

【魚貫而前】

見「魚貫而進」。

【魚貫而入】

見「魚貫而進」。

【魚貫而行】

見「魚貫而進」。

【魚過千層網，網後還有魚】

比喻搜查再嚴，也總會有疏漏的。例魚過千層網，網後還有魚。你再查查肯定還有漏網的。也作「魚過千層網，網網還有魚」。

【魚交魚，蝦結蝦，蛤蟆找的蛙親家】

指同類相交，什麼樣的人和什麼樣的人交往。例男女論及婚嫁，往往是魚交魚，蝦結蝦，蛤蟆找的蛙親家，講求門當戶對。

【魚驚鳥潰】

見「魚驚鳥散」。

【魚驚鳥散】

比喻受驚擾打擊後像魚鳥那樣紛亂潰散。南朝陳・徐陵《陳公九錫文》：「公以國盜邊警，知無不爲，恤是同盟，誅其丑類，莫不魚驚鳥散，面縛頭懸。」也作「魚驚鳥潰」。《隋書・楊玄感傳論》：「民力凋盡，徭戍無期，率土之心，魚驚鳥潰。」也作「魚潰鳥散」。《隋書・楊素傳》：「兵刃暫交，魚潰鳥散，僵屍蔽野，積甲若山。」

【魚卷裝魚——有進無出】

魚卷：一種竹製的捕魚工具，口內倒扎篾片，魚游入後不得出。見「大船漏水——有進無出」。

【魚潰鳥散】

見「魚驚鳥散」。

【魚籃子打水——無處不是漏洞】

魚籃子：裝魚的竹籃子。比喻說話、做事、辦法等很不周密，破綻很多。例這裏的規章制度不嚴，魚籃子打水——無處不是漏洞，老讓壞人有機可乘，貪污、盜竊時有發生。也作「竹篩子盛水——漏洞百出」。

【魚爛而亡】

見「魚爛土崩」。

【魚爛土崩】

像魚的腐爛、土的分崩。比喻因內亂而導致滅亡。漢・荀悅《漢紀・惠帝紀》：「百姓一亂，則魚爛土崩，莫之匡救。」也作「魚爛而亡」。《公羊傳・僖公十九年》：「梁亡，此未有伐者。其言梁亡何？自亡也。其自亡奈何？魚爛而亡也。」也作「土崩魚爛」。

【魚龍變化】

指古代一種由魚變化爲龍的雜戲。多比喻人事的升遷變化。明・朱權《荊釵記・春科》：「天降皇恩，詔我衆書生，魚龍變化，直上九霄雲。」

【魚龍混雜】

比喻好人和壞人混在一起。《官場現形記》五六回：「且彼時捐例大開，各省候補人員十分擁擠，其中，魚龍混雜，良莠不齊。」

【魚龍曼衍】

見「魚龍漫衍」。

【魚龍漫衍】

魚龍：魚變爲龍，古代魔術之一；漫衍：古代雜戲之一。《漢書・西域傳贊》：「作《巴俞》都盧、海中《碭極》漫衍魚龍、角抵之戲以觀視之。」原指古代雜技魔術。後用以比喻各種雜戲節目交錯登台，也用以比喻事物變幻離奇，令人難以捉摸。《隋書・音樂志中》：「魚龍漫衍之使，常陳殿前，累日繼夜，不知休息。」也作「魚龍曼衍」。《孽海花》三五回：「縱然氣象萬千，然辭語太沒範圍，不免魚龍曼衍。」

【魚米之地】

見「魚米之鄉」。

【魚米之鄉】

盛產魚和稻米的富庶之地。《水滸傳》三八回：「兄長，你不見滿江都是魚船，此間正是魚米之鄉，如何沒有鮮魚？」也作「魚米之地」。清・翟灝《通俗編・禽魚》：「按俗以土沃爲魚米之地」。

【魚苗放大海——各散四方】

見「沒王的蜜蜂——各散四方」。

【魚目混珠】

漢・魏伯陽《參同契》卷上：「魚目豈爲珠，蓬蒿不成檟，把魚眼珠混入珍珠之中」。比喻以假亂眞。例現在的不肖商人愈來愈多，販賣健康食品甚至還摻雜豬飼料想要魚目混珠。

【魚目似珠不成珠，碔石似玉非爲玉】

碔：ㄨˇ，像玉的石塊。比喻假的畢竟不能變成眞的。元・無名氏《劉弘嫁婢》一折：「你道要女兒著錢贖個婢，要廝兒著鈔買一個軀，待著他抽胎換骨可便爲兒女，待著他當家主計爲門戶，你又待著他拖麻拽布臨墳墓。豈不聞魚目似珠不成珠，碔石似玉非爲玉。」

【魚餒肉敗】

餒：腐爛；敗：壞。魚腐肉壞。泛指變質的食物。《論語・鄉黨》：「食不厭精，膾不厭細。食饐而餲，魚餒而肉敗，不食。」例兩千多年以前的孔子就懂得魚餒肉敗不食的道理，我們絕不能銷售腐爛變質的食品。

【魚盆內捻蒼蠅】

捻：用手指搓。比喻極易辦到。《西遊記》八五回：「捻著三個小妖，調開他弟兄三個，大王卻在半空伸下拿雲手去捉這唐僧，就如『探囊取物』，就如『魚盆內捻蒼蠅』有何難哉！」

【魚肉百姓】

把百姓當作魚肉，隨意宰割。比喻欺凌、殘害良民。《後漢書・仲長統傳》：「於是驕逸自恣，志意無厭，魚肉百姓，以盈其欲。」《清朝野史大觀・鄭源璹之案》：「由此觀之，倚仗權門，魚肉百姓，正不獨一鄭源璹也。」

【魚肉鄉里】

把本鄉本土作爲自己剝削欺凌百姓的地方，形容在家鄉稱王稱霸欺壓剝削百姓。《李自成》一卷二一章：「事前高夫人就從嚮導的嘴裏弄清楚這個村子裏有一個勾結官府、魚肉鄉里的土豪劣紳。」

【魚兒上岸——翻白眼】

形容生命垂危、奄奄一息時的樣子。也指心中爲難、失望或不滿時眼睛的表情。例「他的病情怎樣？」「魚兒上岸——翻白眼了，恐難挽救」。也作「老鼠掉進麵缸裏——翻白眼」。

【魚上金鈎難入水，雀投羅網怎騰空】
魚兒上了鈎不能再入水，雀兒進了羅網就無法再騰飛。比喻陷入困境，走投無路。例他轉彎抹角，走到後門，後門早已鎖了，園內又無別處躲避。他走投無路，嚇得手腳都軟了，正是：魚上金鈎難入水，雀投羅網怎騰空？

【魚水情深】
見「魚水之情」。

【魚水之歡】
像魚入水中那樣歡樂。比喻夫妻關係融洽或男女間的歡愛。《聊齋志異・羅刹海市》：「妾亦不忍以魚水之歡奪膝下之歡。」元・王實甫《西廂記》二本二折：「小生到得臥房內，和姐姐解帶脫衣顛鸞倒鳳，同諧魚水之歡，共效于飛之願。」

【魚水之情】
比喻關係親密、感情極深，如同魚兒離不開水一樣。明・趙弼《蓬萊先生傳》：「魚水之情，極其娛樂。」也作「魚水情深」。例軍隊和老百姓魚水情深，就像一家人一樣。

【魚跳出來吃貓——咄咄怪事】
咄咄：嘆詞，表示驚詫。見「六月飛霜——怪事」。

【魚吞香餌——不知有鈎】
香餌：釣魚用的有香味的魚食。比喻看不出問題所在。例他被對方欺騙，原因在於魚吞香餌——不知有鈎。

【魚網鴻離】
鴻：大雁；離：通「罹」，遭遇。《詩經・邶風・新台》：「魚網之設，鴻則離之。」大雁陷入爲捕魚而設置的魚網，比喻無端遭殃。《聊齋志異・胭脂》：「越壁入人家，止期張有冠而李借；奪兵遺繡履，遂教魚脫網而鴻離。」也作「鴻離魚網」。

【魚網裝豌豆——一個不留】
見「三下五去二——一個不留」。

【魚網裝豌豆——張口就漏完】
魚網一撒開，網眼就張大，裝在裏面的豌豆就漏完了。比喻說話、做事不拖拉，乾淨俐落。例今天的會議只開了十分鐘，主持人就像魚網裝豌豆——張口就漏完，大家非常滿意。

【魚，我所欲也；熊掌，亦我所欲也】
魚是我想要得到的，熊掌也是我想要得到的。用以比喻兩種事物都是自己所需要的。《孟子・告子上》：「魚，我所欲也；熊掌，亦我所欲也；二者不可得兼，捨魚而取熊掌者也。」

【魚眼識水，人眼識人】
指有認識別人的眼力。例你挑選的這個接班人眞不錯，魚眼識水，人眼識人，佩服佩服！

【魚鷹下洞庭——大有作爲】
魚鷹：一種擅長捕魚的水禽；洞庭：洞庭湖。比喻可以發揮大的作用。例在這裏工作，就像魚鷹下洞庭——大有作爲，好好幹吧！

【魚鷹嘴裏的魚——離吃還遠】
魚鷹捉到魚不能吃要交給主人。比喻事情距離成功還很遠。例行百里者半九十，何況我們的工程剛開始不久，魚鷹嘴裏的魚——離吃還遠哩，怎麼能鬆勁？

【魚游沸鼎】
見「魚游釜中」。

【魚游沸釜】
見「魚游釜中」。

【魚游釜底】
見「魚游釜中」。

【魚游釜中】
釜：鍋。魚在鍋中游。比喻身處絕境，危在旦夕。《封神演義》九一回：「姜尚進山，似魚游釜中，肉在几上。」也作「魚游釜底」。明・徐復祚《投梭記・卻說》：「而今江左勢孤危，兵屯江上，魚游釜底。」也作「魚游於鼎」。三國魏・諸葛亮《將苑・戒備》：「若乃居安而不思危，寇至不知懼，此謂燕巢於幕，魚游於鼎，亡不俟夕矣！」也作「游魚在鼎」。金・馬珏《滿庭芳》詞：「萬般憂愁思慮，爲兒孫惱斷肝腸。不知苦，似游魚在鼎，尚自游揚。」也作「魚游沸鼎」。唐・李商隱《行次昭應縣道上送戶部李郎中充昭義攻討》：「魚游沸鼎知無日，鳥覆危巢豈待風？」也作「魚游沸釜」。《晚清文學叢鈔，南荃外史〈嘆老〉》：「傀儡兒一場熱鬧，依舊的魚游沸釜，燕處危巢。」

【魚游淺水遭蝦戲，虎落平陽被犬欺】
比喻英雄落魄被小人欺負。例眞沒有想到，短短一年，他竟落到魚游淺水遭蝦戲，虎落平陽被犬欺的地步，心裏越想越氣悶。

【魚游於鼎】
見「魚游釜中」。

【魚游於沸鼎之中，燕巢於飛幕之上】
飛幕：飄動的帳幕。魚在沸騰的鼎裏游動，燕子在飄動著的帳幕上作巢。謂雖尚能苟安一時，實際上處境十分危險。南朝梁・丘遲《與陳伯之書》：「而將軍魚游於沸鼎之中，燕巢於飛幕之上不亦惑乎？」

【魚魚雅雅】
雅：同「鴉」。如魚貫成行，鴉飛成陣。形容威儀整肅的樣子。唐・韓愈《元和聖德詩》：「天兵四羅，旂常婀娜，駕龍十二，魚魚雅雅。」宋・陳仁玉《趙公生祠記》：「與弟子講道誼於斯，養志氣於斯，魚魚雅雅，弦誦清亮。」

【魚躍龍門】
見「魚躍龍門，過而爲龍」。

【魚躍龍門，過而爲龍】
舊時傳說鯉魚跳過龍門，會變成龍。舊指考取功名。比喻人升遷高位。宋・陸佃《埤雅・釋魚》：「俗說魚躍龍門，過而爲龍，唯鯉或然，亦其壽有至千歲者，故詹何之釣千歲之鯉不能避也。鱗，鄰也；鯉，里也。鯉進於魚矣，殆亦龍類。」也作「**魚跳龍門**」。例小林皇天不負苦心人，終於在多年苦讀之後，魚跳龍門，一躍成爲達官貴人。也作「**魚躍龍門**」。元·鄭德輝《倩女離魂》二折：「那時節似魚躍龍門播海涯，飲御酒插宮花。」

【魚躍鳶飛】

見「鳶飛魚躍」。

【魚找魚，蝦找蝦】

比喻物以類聚，人以羣分。例照這樣講，魚找魚，蝦找蝦，那她該回海邊去找婆家，因爲她是漁民的女兒。也作「**魚找魚，蝦找蝦，烏龜王八結親家**」、「**魚交魚，蝦結蝦，蛤蟆找的蛙親家**」。

【魚找魚，蝦找蝦，烏龜愛王八——氣味相投】

見「一窩老鼠不嫌臊——氣味相投」。

【魚質龍文】

外表爲龍，內質爲魚。比喻徒有其表或表裏不一。晉·葛洪《抱朴子·吳失》：「魚質龍文，似是而非，遭水而喜，見獺即悲。」

【魚走罾邊過——險些要死】

罾：ㄗㄥ，一種用木棍或竹竿做支架的魚網；險些：差點兒。形容非常危險，差點兒沒命。例他開快車出了車禍，魚走罾邊過——險些要死。

【漁場失火——枉然（罔然）】

枉然：「罔然」的諧音。雙關語。比喻得不到任何收穫或達不到任何目的。例他們投資很大，希望得到較多利潤，由於產品不對路，結果是漁場失火——枉然（罔然）。

【漁奪侵牟】

漁奪：掠奪，剝削；侵牟：盤剝，巧取豪奪。形容用各種手段掠奪財物。《漢書·景帝記》：「吏以貨賂爲市，漁奪百姓，侵牟萬民。」

【漁經獵史】

漁獵：涉獵。博覽經籍史册。比喻知識廣博。《雲笈七籤》卷一一二：「進士王叡，漁經獵史之士也。」

【漁人得利】

見「漁人之利」。

【漁人觀水勢，獵人望鳥飛】

比喻幹哪行工作就研究哪行的問題。例常言道：漁人觀水勢，獵人望鳥飛。你這個炮兵班長畫了這麼些狠牙石的圖，怕是要炮轟這個目標吧！

【漁人之利】

《戰國策·燕策二》：「蚌方出曝，而鷸啄其肉，蚌合而拑其喙。鷸曰：『今日不雨，明日不雨，即有死蚌。』蚌亦謂鷸曰：『今日不出，明日不出，即有死鷸。』兩者不肯相捨，漁者得而並禽之。」後以「漁人之利」比喻雙方爭鬥之下，第三者趁機下手，坐享其利。《清史稿·諸王傳》：「茲乃乘逆寇稽誅，王師暫息，遂欲雄據江南，坐享漁人之利。」也作「**漁翁得利**」。清·傷時子《蒼鷹擊》二〇齣：「李和張同室戈操，卻讓漁翁得利驕，把明室江山送了！」也作「**漁翁之利**」。《唐史演義》三回：『俟關中平定，據險養威，看他鷸蚌相爭，坐收漁翁之利，也不爲遲呢。」也作「**漁人得利**」。《醒世恆言》卷八：「李都管本欲唆孫寡婦，裴九老兩家與劉秉義講嘴，鷸蚌相持，自己漁人得利。」

【漁網擋太陽——難遮蓋】

也作「**漁網擋太陽——掩蓋不住**」。見「額頭生瘡——掩蓋不住」。

【漁翁得利】

見「漁人之利」。

【漁翁之利】

見「漁人之利」。

【漁陽鼙鼓】

漁陽：地名，今河北薊縣；鼙鼓：古代軍隊所擊的小鼓。原指唐代安祿山自漁陽舉兵叛亂。後指兵災禍亂。唐·白居易《長恨歌》：「漁陽鼙鼓動地來，驚破霓裳羽衣曲。」

【俞伯牙摔琴——不談（彈）了】

《警世通言》故事：俞伯牙，楚國人，任晉國上大夫，善操琴。中秋之夜在回故里的船上遇知音鍾子期，並相約次年重逢。第二年伯牙如期赴約，不料鍾子期因積勞成疾已病逝，俞伯牙悲痛已極，在祭台上把琴摔碎。見「棉花店關門——不彈了」。

【逾淮爲枳】

逾：越過；枳：通稱枸橘，味酸苦。《晏子春秋·內篇雜下》：「嬰聞之橘生淮南則爲橘，生於淮北則爲枳，葉徒相似，其實味不同。所以然者何，水土異也」。比喻事物的性質往往隨客觀環境的改變而變化。

【逾牆越舍】

逾：越過；舍：房屋。翻越牆屋。例那賊偷了東西之後竟飛快地逾牆越舍而去，結果我們追了半天也沒抓到他。

【逾牆鑽隙】

見「逾牆鑽穴」。

【逾牆鑽穴】

逾：越過；穴：洞。《孟子·滕文公下》：「不待父母之命，媒妁之言，鑽穴相窺，逾牆相從，則父母國人皆賤之。」後以「逾牆鑽穴」比喻男女偷情。元·鄭德輝《㑇梅香》二折：「背慈母以寄簡傳書，期少年而逾牆鑽穴。以身許人，以物爲信。」也作「**逾牆鑽隙**」。《聊齋志異·胭脂》：「彼逾牆鑽隙，固有玷夫儒冠；而僵李代桃，誠難消其冤氣。」

【逾閑蕩檢】

逾：超越；閑：原意爲栅欄，引申爲法度；蕩：毀壞；檢：法制。《論語·子張》：「大德不逾閑。」《晉書·戴逵傳》：「道家去名者，欲以篤實也，苟失其本，又有越檢之行。」指行爲放蕩，不遵守法律或道德規範。梁啟超《論宗教家與哲學家之長短得失》：「耳洛克康德意欲自由之論，則相率於逾閑蕩檢。」

【瑜不掩瑕】

瑜：美玉；瑕：玉上的斑點。《禮記・聘義》：「瑕不掩瑜，瑜不掩瑕。」比喻優點掩蓋不了缺點。五代・王定保《唐摭言》卷一：「然古人云：『瑜不掩瑕，忠也，其有詞或不典，將與衆評之若何？』」

【榆瞑豆重】

瞑：ㄇㄧㄥˊ，通「眠」；重：指發胖。三國魏・嵇康《養生論》：「且豆令人重，榆令人瞑。」原指多吃榆使人嗜睡，多吃豆使人發胖。後形容本性難移。唐・李商隱《爲柳珪謝京兆公啟》之一：「木朽石頑，雕鐫莫就，榆瞑豆重，性分難移。」

【榆木腦袋】

榆木木質堅硬、緻密，不易變形，是做家具的好材料。比喻頑固、保守、不靈活。例跟他只怕沒有商量的餘地，他是個榆木腦袋。

【榆木疙瘩——不開竅】

見「上鏽的鐵鎖——不開竅」。

【榆木疙瘩——難劈】

比喻思想頑固保守，不易開竅。例他是出名的榆木疙瘩——難劈，管理上要實行大的改革，搞單一責任制，恐怕不會接受。也作「榆木疙瘩——老劈不開」、「榆木圪墶——劈不開」、「硬節柴火——難劈」。

【榆皮青石包餃子——又光又頑】

榆樹皮的纖維柔韌，貼樹的一面很光滑；青石子很硬。比喻人又狡猾又頑固。例這個老頭兒是榆皮青石包餃子——又光又頑，你去做說服工作可不易啊！

【榆樹扁擔——寧斷不彎】

見「生鐵犁頭——寧折不彎」。

【娛心悅耳】

見「娛心悅目」。

【娛心悅目】

秦・李斯《上書秦始皇》：「所以飾後宮充下陳、娛心意說（悅）耳目者，必出於秦然後可。」美好的事物使人耳目身心愉快。清・吳璇《飛龍全傳》三回：「有的歌唱，有的舞蹈，眞是娛心悅目，好看不過的。」也作「娛心悅耳」。北齊・顏之推《顏氏家訓・勉學》：「直取其清談雅論，剖玄析微，賓主往復，娛心悅耳，非濟世成俗之要也。」

【愚不可及】

《論語・公冶長》：「寧武子邦有道則知（智），邦無道則愚。其知（智）可及也，其愚不可及也。」原指善於裝傻，免招禍患。《三國志・魏書・荀攸傳》：「公達外愚內智，外怯內勇，外弱內強，不伐善，無施勞，智可及，愚不可及，雖顏子、寧武不能過也。」現多指愚蠢透頂。魯迅《范愛農》：「我們醉後常談些愚不可及的瘋話，連母親偶然聽到了也發笑。」

【愚夫俗子】

愚昧凡俗的人。《西遊記》九三回：「只見街坊上，士農工商，文人墨客，愚夫俗子，齊咳咳都道：『看拋繡球去也？』」

【愚夫愚婦】

《尚書・五子之歌》：「予視天下，愚夫愚婦，一能勝予。」泛指平民百姓。明・方孝孺《豫讓論》：「雖愚夫愚婦莫不知其爲忠臣義士也。」

【愚公移山】

《列子・湯問》：載：北山愚公年近九十，下決心要移走攔在他家門前的太行、王屋兩座大山。他率子孫每天挖山不止，並準備世世代代挖下去。最後感動了天帝，幫他將大山移走。後用以比喻做事不畏艱難，堅韌不拔的精神。宋・張耒《柯山集・山海》：「愚公移山寧不智，精衛塡海未必痴。」

【愚公之居——開門見山】

愚公：古代傳說中的一位老人，他的家門南面有兩座大山擋住他家的出路。一座叫做太行山，一座叫做王屋山。他決心把它們移走。比喻說話、寫文章不拐彎抹角，一開頭就談本題。例有話就直說，愚公之居——開門見山，別繞彎子了。

【愚眉肉眼】

形容愚昧無知，沒有眼力。明・無名氏《度黃龍》三折：「仙長，仙長，貧僧愚眉肉眼，不識好人，多有簡慢也。」

【愚昧無知】

愚蠢糊塗，沒有知識，不通事理。《李自成》一卷一六章：「獻忠趕快站起來，躬身回答：『獻忠愚昧無知，一切聽大人訓示。』也作「愚妄無知」。例他這種爲追求名利，不惜犧牲一切的愚妄無知行爲，眞令人替其憂心。

【愚迷不悟】

愚昧昏亂，沒有悟性。《西遊記》九八回：「白本者，乃無字眞經，倒也是好的。你那東土衆僧，愚迷不悟，只可以此傳耳。」

【愚妄無知】

見「愚昧無知」。

【愚者暗於成事，智者見於未萌】

愚昧的人對已經發生的事還弄不清楚，聰明的人在事情還沒發生時即看出苗頭。例你早就根據一些蛛絲馬跡，推斷某某要出問題，勸我少和他來往。我是到他出事，還悶在葫蘆裏，眞是愚者暗於成事，智者見於未萌。也作「愚者暗成事，智者見未萌」。

【愚者千慮，必有一得】

《晏子春秋・內篇雜下》：「聖人千慮，必有一失；愚者千慮，必有一得。」愚拙的人經過多次考慮，總會有一點可取之處。《史記・淮陰侯列傳》：「臣聞智者千慮，必有一失；愚者千慮，亦有一得。」也作「愚者千慮，亦有一得」。《漢書・韓信傳》：「智者千慮，必有一失；愚者千慮，亦有一得。」也作「**愚者千慮，或有一得**」。唐・林藴《上宰相元衡弘靖書》：「苟有妖孽，某安敢不隳裂肝膽爲相公之腹心乎！愚者千慮，或有一得，伏願相公少賜採擇焉。」

【愚者千慮，或有一得】
見「愚者千慮，必有一得」。

【愚者千慮，亦有一得】
見「愚者千慮，必有一得」。

【褕衣甘食】
褕：美；甘：美味。穿錦衣，吃美食。《史記・淮陰侯列傳》：「農夫莫不輟耕釋耒，褕衣甘食，傾耳以待命者。」

【虞褚歐顏】
虞：虞世南；褚：褚遂良；歐：歐陽詢；顏：顏眞卿。四人均係唐代書法家。用以泛指楷書的各種流派。《續孽海花》三九回：「北海（李邕）的字，與虞褚歐顏同出（王）羲（之）、（王）獻（之）之門，惟各各變化，獨立一格。」也作「**歐虞顏柳**」。

ㄩˇ

【與草木俱腐】
見「與草木俱朽」。

【與草木俱灰】
見「與草木俱朽」。

【與草木俱朽】
俱：同；朽：爛；和草木一同腐爛。形容人生前不得志或碌碌無爲，死後默默無聞。漢・王充《論衡・自紀篇》：「身與草木俱朽，聲與日月並彰。」也作「**與草木俱腐**」。《新唐書・高儉竇威傳贊》：「古來賢豪，不遭興運，埋光鏟采，與草木俱腐者，可勝咤哉！」也作「**草木俱灰**」。明・陳繼儒《晚香堂・附贊・有序》：「既爲男子，忍與草木俱灰。」也作「**與草木同腐**」。宋・蘇軾《太息送秦少章》：「雖然，自今觀之，孫北海、盛孝章猶在世，而向之譏評者，與草木同腐久矣。」也作「**與草木同朽**」。《警世通言》卷一：「似先生這等抱負，何不求取功名，立身於廊廟，垂名於竹帛，卻乃賫志林泉，混跡樵牧，與草木同朽。」

【與草木同腐】
見「與草木俱朽」。

【與草木同朽】
見「與草木俱朽」。

【與鬼爲鄰】
跟鬼做鄰居。形容死期將近。宋・文瑩《湘山野錄》卷上：「人生七十鬼爲鄰，已覺風光屬別人。」

【與狐謀皮】
《太平御覽》卷二〇八引《苻子》：「周人……欲爲千金之裘，而與狐謀其皮。」和狐狸商量，想要它的皮。比喻事必不成。清・魏源《上江蘇巡撫陸公論海漕書》：「如此時即奏籌散遣漕船水手之議，是爲千金之裘而與狐謀皮，不惟無益而反有礙也。」也作「**與虎謀皮**」。孫中山《解決時局之演講，大亞細亞主義》：「要請在亞洲的歐洲人，都是和平的退回我們的權利，那就像與虎謀皮，一定是做不到的。」

【與虎謀皮】
見「與狐謀皮」。

【與虎添翼】
《逸周書・寤儆篇》：「毋爲虎傅翼，將飛入邑，擇人而食。」《淮南子・兵略訓》：「今乘萬民之力而反爲殘賊，是爲虎傅翼，曷爲弗除。」給老虎添上翅膀。比喻助長強者或惡人的勢力。《三國演義》二七回：「程昱曰：『若縱之使歸袁紹，是與虎添翼也。』」

【與民除害】
與：爲，給。替百姓除掉禍害。《三俠五義》六〇回：「不但與民除害，而且也算與國除害，豈不是件美事。」

【與民更始】
更始：除舊立新。《莊子・盜跖》：「將軍有意聽臣，臣請……與天下更始，罷兵休卒。」和百姓一起除舊立新。《漢書・武帝紀》：「詔曰：『朕嘉唐虞而樂殷周，據舊以鑑新。其赦天下，與民更始。』」

【與民共其樂者，人必憂其憂】
和人民一起同享歡樂的人，人民必然爲你分擔憂愁。謂當政者若能與人民同甘共苦，必然會得到人民的擁護。《三國志・魏書・武文世王公傳》注引《魏氏春秋》：「夫與民共其樂者，人必憂其憂，與民共其安者，人必拯其危。」

【與民同樂】
《孟子・梁惠王上》：「此無他，與民同樂。今王與百姓同樂，則王矣。」和廣大百姓共同歡樂。明・洪楩《清平山堂話本・戒指兒記》：「人人都到五鳳樓前，端門之下，插金花，賞御酒，國家與民同樂。」也作「**與民偕樂**」。《封神演義》二回：「古堯舜與民偕樂，以仁德化天下。」

【與民偕樂】
見「與民同樂」。

【與民休息】
休息：休養生息。《漢書・景帝紀贊》：「漢興，掃除煩苛，與民休息。」幫助百姓克服戰亂帶來的災難，恢復生產，得以休養生息。《漢書・昭帝紀》：「海內虛耗，戶口減半，光知時務之要，輕徭薄賦，與民休息。」

【與年俱進】
見「與日俱增」。

【與朋友交，言而有信】
和朋友交往，說話要守信用。謂交友應以誠相待。《論語・學而》：「事父母，能竭其力；事君，能致其身；與朋友交，言而有信。」

【與其欠錢，不如賣田】

指寧可賣掉產業也不借債。清·譚嗣同《報貝元徵書》:「積累既久,雖割地割海關猶不能償,統籌全局者,所以必首先從事於此。若無內國債可舉,而擇禍莫如輕,莫如俗諺『與其欠錢,不如賣田』,是猶有辦法者也。」

【與人方便,自己方便】

給別人提供方便,自己也能得到方便。例你辦事要靈活點,與人方便,自己方便。

【與人爲善】

和他人一起做好事。《孟子·公孫丑上》:「取諸人以爲善,是與人爲善者也,故君子莫大乎與人爲善。」也指樂於幫助他人做好事,和別人友善相處或用善意的態度對待別人。宋·劉攽《彭城集·皋陶戒舜在知人賦》:「然則一心之所謀,其智也淺;一力之所濟,其功也鮮。故道莫貴於因衆以寧,德莫大乎與人爲善。」

【與日俱積】

見「與日俱增」。

【與日俱進】

見「與日俱增」。

【與日俱增】

隨時間的增長而增長。形容不斷地增長或增長速度很快。姚雪垠《李自成》一卷一九章:「自崇禎七年滎陽大會後,李自成的聲望與日俱增。」也作「**與日俱積**」。宋·陳亮《與章德茂侍郎書》之二:「惟是山斗崇仰之心,與日俱積而不自禁。」也作「**與日俱進**」。《太平廣記》卷五八引《集仙錄》:「修眞之益,與日俱進。」也作「**與年俱進**」。清初·歸莊《題墨竹卷子》:「人之學問,與年俱進,雜技亦然。」

【與日月齊光】

見「與日月爭光」。

【與日月爭光】

戰國楚·屈原《九章·涉江》:「登昆侖兮食玉英,與天地兮同壽,與日月兮同光。」和日月比光輝。比喻人的業績、精神偉大。《史記·屈原賈生列傳》:「推此志也,雖與日月爭光可也。」也作「**與日月齊光**」。唐·陳子昂《冥寞窅冥君占墳記銘》:「獨立物表,超世長存,與日月齊光,天地比壽。」

【與時浮沉】

見「與世消息」。

【與時俯仰】

見「與世偃仰」。

【與時消息】

消:消滅;息:滋生。《周易·豐》:「日中則昃,月盈則食,天地盈虛,與時消息。」指事物隨時間的變化而生滅、盛衰。也指人根據時勢,決定進退。《隋書·楊約傳》:「自古賢人君子,莫不與時消息以避禍患。」

【與世長辭】

辭:告別。漢·張衡《歸田賦》:「追漁父以同嬉,超埃塵以遐逝,與世事乎長辭。」和人世間永遠告別。宋·朱熹《行宮便殿奏札二》:「伏惟聖明深賜省覽,試以其說驗之於身……則臣雖退伏田野,與世長辭,與有榮矣!」現多指逝世,用於悼詞。

【與世沉浮】

沉浮:起落。《史記·遊俠列傳》:「豈若卑倫儕俗,與世沉浮而取榮名哉!」和人世間的潮流一同起落。形容不辨是非、隨波逐流。南朝梁·張纘《讓吏部尚書表》:「山巨源(濤)意存賞拔,不免與世沉浮。」也作「**與世浮沉**」。清·黃九煙《七律》詩:「因風去住憐黃蝶,與世浮沉笑白鷗。」也作「**與時浮沉**」。《晉書·王戎傳》:「自經典選,未嘗進寒素,退虛名,但與時浮沉,戶調門選而已。」

【與世浮沉】

見「與世沉浮」。

【與世俯仰】

見「與世偃仰」。

【與世靡爭】

見「與世無爭」。

【與世推移】

隨時代或情勢的變化而隨機應變。《楚辭·漁父》:「聖人不凝滯於物,而能與世推移。林語堂《插論(語絲)的文體》:「最可怕的就是這種穩健派的議論,他們自身既無貫徹誠意的主張,又能觀望形勢與世推移。」

【與世無爭】

不同世人爭執。指不慕名利,超凡脫俗的處世態度。《戰國策·楚策四》:「自以爲無患,與人無爭也。」清·陳確《祭許元五文》:「老夫與妻,饑自煎烹。與人無求,與世無爭。悠哉悠哉,以終餘齡。」也作「**與世靡爭**」。晉·潘岳《許由頌》:「川渟岳峙,淡泊無營;栖遲高山,與世靡爭。」

【與世偃仰】

偃仰:俯仰。形容沒有主見地隨波逐流。《荀子·非相》:「與時遷徙,與世偃仰。」也作「**與世俯仰**」。《宋史·米芾傳》:「芾爲文奇險,不蹈襲前人軌轍,特妙於翰墨……又不能與世俯仰,故從仕數困。」也作「**與時俯仰**」。漢·司馬遷《報任少卿書》:故且從俗浮沉,與時俯仰,以通其狂惑。」

【與天地同壽】

壽:壽命。壽命與天地一樣長。形容壽命長久。戰國楚·屈原《九章·涉江》:「登昆侖兮食玉英,與天地兮同壽,與日月兮同光。」

【與衆不同】

和大家不一樣。指人的性格、行爲或作品的風格等等獨具特色。《兒女英雄傳》三〇回:「一樣的給人做兒子,他這人做兒子可與衆不同。」

【與子同袍】

子:舊時對男人的尊稱。《詩經·秦風·無衣》:「豈曰無衣,與子同袍。王於興師，修我戈矛，與子同仇。」與您穿一件衣袍。形容朋友親如手足，感情融洽。例「與子同袍」這句古語，恰到好處地說明了你我之間親如手足的關係。

【與事風生】
形容處理事情迅速果斷。宋·陳亮《謝黃正言啟》：「與事風生，輩流退縮，責難山立，左右驚嗟。」也作「見事風生」。

【雨打風吹】
指遭受風雨的吹打。也比喻歷經艱難或摧殘。宋·辛棄疾《永遇樂·京口北固亭懷古》詞：「舞榭歌台，風流總被雨打風吹去。」例這座古廟歷經數百年的雨打風吹變得破舊不堪。

【雨打霜摧】
形容受到惡劣環境或惡勢力的摧殘。《鏡花緣》一回：「雨打霜摧，登時零落。」例嬌嫩的花朵是禁不住雨打霜摧的。

【雨過地皮濕】
比喻做事不深入，只是做表面功夫。例你這樣馬虎，將來還不是雨過地皮濕，做個形式而已，幹不好一個像樣的工作。

【雨過送蓑衣】
指下過雨後才給人送雨具。比喻幫人不及時。例生病時，他不來；病好了，他倒來問寒問暖，雨過送蓑衣，假惺惺！也作「雨後送傘」。

【雨過送傘——虛情假意】
也作「雨後送傘——假仁假義」、「雨過送傘——空頭人情」。見「木偶流眼淚——虛情假意」。

【雨過天青】
雨後碧青的天色。清·朱琰《陶說·古窰考》：「（五代後周）世宗批其狀曰：『雨過天青』雲破處，者般顏色作將來。」①指一種藍青色。《紅樓夢》四〇回：「那個軟煙羅只有四樣顏色：一樣雨過天青，一樣秋香色，一樣松綠的，一樣就是銀紅的。」②比喻情況由壞變好。聞一多《唐詩雜論·宮體詩的自贖》：「從來沒有暴風雨能夠持久的。……因為，它究竟只是一種手段，也只是一個過程，達到雨過天青的過程。」③比喻心地明朗。清·劉坤一《覆黎簡堂書》：「程道來牘，稱公光明磊落，雨過天青。」

【雨過天晴】
雨後天氣轉晴；也比喻形勢由壞變好。吳晗《朱元璋傳》一章：「約夠一頓飯時，雨過天晴，到山坡下一看，大吃一驚，屍首不見了。」例戰爭結束了，飽受戰亂之苦的百姓終於盼到了雨過天晴的這一天，大家心裏都感到無比舒暢。

【雨橫風狂】
橫：兇暴。急遽而猛烈的大風雨。宋·歐陽修《蝶戀花》：「雨橫風狂三月暮，門掩黃昏，無計留春住。」

【雨後春筍】
宋·趙蕃《過易簡彥從》：「雨後筍怒長，春雨陰暗成。」春天雨後，竹筍大量生長。比喻新事物大量湧現，迅速發展。例從前大家流行吃葡式蛋撻，於是蛋撻專賣店就如雨後春筍般地在此地開張。

【雨後的彩虹——五光十色】
形容色彩鮮艷。例忠孝東路上的夜晚，就像雨後的彩虹——五光十色，非常繁榮、熱鬧。

【雨後的高粱拔節——見風長】
拔節：水稻、小麥、高粱、玉米等農作物發育到一定階段時，主莖的各節長得很快。比喻很快生長或成長。有時指做某種事情，需用的財物越來越多。例孩子上中學後，像雨後的高粱拔節——見風長，眼看就要成人了。

【雨後的竹筍節節高】
也作「雨後的竹筍——節節上升」。見「出土筍子逢春雨——節節高」。

【雨後送傘——不及時】
比喻沒趕上時機或延誤了時間。例人已到家了才準備去車站迎接，眞是雨後送傘——不及時。

【雨後送傘——過時】
比喻行動晚了或東西陳舊了。例你現在才趕到，雨後送傘——過時了，他們已另請人了。

【雨後天晴——漸漸明白】
見「東方欲曉——漸漸明白」。

【雨跡雲蹤】
雨和雲的蹤跡。比喻往事。明·湯顯祖《牡丹亭·尋夢》：「怎賺騙，依稀想像人兒見。那來時荏苒，去也遷延。非遠，那雨跡雲蹤才一轉，敢依花旁柳還重現。」

【雨井煙垣】
垣：牆。形容淒涼的庭院景象。清·孔尚任《桃花扇·題畫》：「望咫尺青天，那有個瑤池女使，偷遞情箋。明放著花樓酒榭，丟做個雨井煙垣。」

【雨窟雲巢】
雲、雨：指男女合歡。指男女合歡的場所。清·洪昇《長生殿·絮閣》：「外人不知啊，都只說殢君王，是我這庸姿劣貌，那知道戀歡娛，別有個雨窟雲巢。」

【雨淋菩薩兩行淚——假慈悲】
菩薩：這裏指佛和某些神的偶像。見「貓哭老鼠——假慈悲」。

【雨淋日炙】
炙：烤。形容野外的艱苦環境。唐·韓愈《石鼓歌》詩：「雨淋日炙野火燎，鬼物守護煩撝呵。」

【雨露之恩】
比喻恩澤如滋潤萬物的雨露。唐·劉禹錫《蘇州謝上》：「江海遠地，孤危小臣。雖雨露之恩，幽遐必被。」

【雨傘抽了柄——沒有主心骨】
雨傘的骨架由傘骨和柄組成，抽去柄，雨傘失去主心骨就會散架。比喻做事沒有依靠，心裏發虛；有時指缺乏主見。例自從丈夫去世後，她獨自帶著幼小的兒子生活，就像雨傘抽了柄——沒有主心骨了。

【雨散雲飛】
比喻分離失散。《太平廣記》卷二七一引《愼氏》：「［愼氏詩曰］當時心事已相關，雨散雲飛一餉間，便是孤帆從此去，不堪重過望夫山。」也作「雲雨分飛」。唐・張又新《贈廣陵妓》詩：「雲雨分飛二十年，當時求夢不曾眠。」

【雨散雲收】
原指雨後天晴。《說岳全傳》一七回：「不多時候，忽然雨散雲收，推出一輪紅日，頃刻黃河解凍。」也比喻親朋離散。元・高則誠《秋懷》曲：「記待月西廂和你攜素手，爭奈話別匆匆，雨散雲收。」

【雨水滴在罎子裏——樂（落）在其中】
見「蘋果掉在籮筐裏——樂（落）在其中」。

【雨順風調】
形容風雨調和的好年景。也比喻天下太平。明・瞿佑《剪燈新話》卷一：「雨順風調，鎭南溟八千餘里。」也作「風調雨順」。

【雨絲風片】
細雨如絲，風吹飄零。形容微風細雨。明・湯顯祖《牡丹亭・驚夢》：「良辰美景奈何天，賞心樂事誰家院！朝飛暮卷，雲霞翠軒；雨絲風片，煙波畫船。」

【雨天共傘——同黨（擋）】
同擋：共同擋雨；黨：「擋」的諧音。比喻同一個黨派，或同伙。例這幾個小伙子是雨天共傘——同黨（擋），常在一起幹一些不正經的事。

【雨天澆地——多此一舉】
見「白天點燈——多此一舉」。

【雨暘時若】
暘：ㄧㄤˊ，晴天。下雨晴天都合時宜。指氣候順調。清・李伯元《中國現在記》一二回：「因爲這運漕是安徽第一個有名的卡子，額定比較是七萬二千兩銀子，只要雨暘時若，那是萬萬不得短的。」

【羽蹈烈火】
羽：羽毛；蹈：踩上、投入。比喻不自量力而自取災禍。漢・劉向《新序・雜事三》：「若以桀詐堯，譬之若以卵投石，若以指繞沸，若羽蹈烈火，入則焦沒耳。」例對方力量如此強大，我們與之競爭，豈不是羽蹈烈火之舉嗎！

【羽翮飛肉】
翮：ㄏㄜˊ，羽根，引申爲鳥翼的代稱。鳥扇動羽翼使身體飛行。比喻集輕微之力可撼舉重物。《漢書・景十三王傳》：「叢輕摺軸，羽翮飛肉。」顏師古注：「言積載輕物，物多至令車軸毀折。而鳥之所以能飛翔者，以羽翮扇揚之故也。」

【羽翮已就】
羽翮：ㄏㄜˊ，鳥的羽翼。比喻輔佐的力量已備，勢力已充實壯大。《史記・留侯世家》歌曰：「鴻鵠高飛，一舉千里。羽翮已就，橫絕四海。」也作「羽翼已成」。《史記・留侯世家》：「我欲易之，彼四人輔之，羽翼已成，難動矣。」

【羽化登仙】
見「羽化飛天」。

【羽化飛天】
迷信指成仙升天。也比喻飄逸脫俗。《魏書・釋老志》：「至於化金銷玉，行符敕水，奇方妙術，萬等千條，上雲羽化飛天，次稱消災滅禍。」也作「羽化登仙」。蘇軾《赤壁賦》：「飄飄乎如遺世獨立，羽化而登仙。」

【羽換宮移】
見「移宮換羽」。

【羽毛豐滿】
比喻力量已充實壯大。《李自成》一卷三二章：「對於李自成的依然活著，他非常恨孫傳庭的不中用，認爲他是『虛飾戰功，縱虎貽患』。倘使再過不久李自成的羽毛豐滿，如何是好？」也作「羽翼豐滿」。例如今他羽翼豐滿，獨往獨來，再也不受別人的控制了。

【羽毛未豐】
比喻力量還小或尙未成熟。明・張景《飛丸記・賞春話別》：「我羽毛未豐，恐網羅之易及。」

【羽扇綸巾】
綸（ㄍㄨㄢ）巾：絲帶做的頭巾。《類說》卷四九引《殷蕓小說》：「武侯（諸葛亮）與宣王（司馬懿）治兵，將戰，宣王戎服莅事，使人密覘武侯，乃乘素輿，葛巾，持白羽扇指麾，三軍隨其進止。宣王嘆曰：『眞名士也』」。手拿羽毛扇，頭戴絲帶巾。古代名士的服飾。形容名士、謀臣的風度儒雅，瀟灑。宋・蘇軾《念奴嬌・赤壁懷古》詞：「遙想公瑾當年，小喬初嫁了，雄姿英發。羽扇綸巾，談笑間，强虜灰飛煙滅。」

【羽檄飛馳】
見「羽檄交馳」。

【羽檄交馳】
羽檄（ㄒㄧˊ）：故時徵調軍隊的文書，插上羽毛，表示緊急。羽書急速往來傳遞。比喻軍情緊急。宋・張孝祥《衡州新學記》：「於羽檄交馳之際，不敢忘學，學成而兵有功，治有績，則余安得不爲立言，以勸夫爲政而不知學者耶！」也作「羽檄飛馳」。清・黃遵憲《再述》詩羽：「羽檄飛馳四百州，先防猨角後髦頭。」

【羽翼豐滿】
見「羽毛豐滿」。

【羽翼已成】
見「羽翮已就」。

【禹行舜趨】
舜、禹：傳說中的賢明帝王。比喻一味追隨前人，沒有什麼創新。《荀子・非十二子》：「禹行而舜趨，是子張氏之賤儒也。」

【語不驚人】
語句平常，沒有什麼引人注目的地

方。明·劉基《蘇平仲文集序》：「語不驚人，而意自至，由其理明而氣足以攄人。」

【語不驚人死不休】

不創作出驚人的佳句死不罷休。謂寫作時反覆推敲，精益求精。唐·杜甫《江上值水如海勢聊短述》詩：「爲人性僻耽佳句，語不驚人死不休。」

【語不投機】

投機：意見相合。話說不到一起。指意見不合。《五燈會元·大愚芝禪師法嗣》：「所以道言無展事，語不投機，承言者喪，滯句者迷。」也作「話不投機」。

【語不擇人】

說話不顧對象。例他說話過於隨便。常因語不擇人，得罪了不少同事。

【語妙絕倫】

絕倫：特異，超過同輩。形容文辭精妙無比。清·梁紹壬《兩般秋雨庵隨筆·科場對》：「因對云：『蔣經荒蕪，大戛含冤呼大卞；姚墟榛莽，秋農一笑對秋吟。』語妙絕倫。」

【語妙天下】

形容文筆極精彩。宋·陳馬癸《文則序》：「或曰：『方今宗工臣儒，濟濟盈廷，下筆語妙天下，雖與日月爭光可也，奚以吾子《文則》爲？』」也作「言語妙天下」。《漢書·賈捐之傳》：「君房下筆，言語妙天下。」清·汪琬《雄雉齋選集序》：「顧子年雖少，所交多名公巨儒，下筆言語妙天下。」

【語四言三】

見「言三語四」。

【語無倫次】

倫、次：條理。說話或作文顛三倒四，毫無條理。明·夏完淳《獄中上母書》：「語無倫次，將死言善，痛哉痛哉。」

【語笑喧呼】

見「語笑喧嘩」。

【語笑喧嘩】

大聲說笑、吵鬧。例到了閱覽室，不許語笑喧嘩。也作「語笑喧呼」。明·無名氏《陳倉路》四折：「則要你悄語低言，不要你語笑喧呼。」也作「語笑喧闐」。《紅樓夢》五三回：「一夜人聲雜沓，語笑喧闐，爆竹煙火，絡繹不絕。」

【語笑喧闐】

見「語笑喧嘩」。

【語焉不詳】

焉：文言助詞。說得不詳細。唐·韓愈《原道》：「荀與揚也，擇焉而不精，語焉而不詳。」清·梁章鉅《歸田瑣記·循吏》：「吾鄉，省府志所論列亦寥寥，未免語焉不詳。」

【語言無味】

詞句平淡、枯燥，令人感到乏味。唐·韓愈《送窮文》：「凡所以使吾面目可憎，語言無味者，皆子之志也。」明·東魯古狂生《醉醒石》七回：「士人三日不讀書，則面目可憎，語言無味。」

【語重心長】

言辭懇切，情意深長。《李自成》一卷一一章：「洪承疇把孫傳庭送到帳外，拍拍他的肩膀，語重心長地說……。」

ㄩˋ

【玉不琢，不成器】

見「玉不琢，不成器；人不學，不知道」。

【玉不琢，不成器；人不學，不知道】

琢：雕刻；道：道理，規律。玉石不經過琢磨不會成爲有用的器物；人若不學習，就不懂得道理。謂人要努力學習，才能成才。《禮記·學記》：「玉不琢，不成器；人不學，不知道」。也作「玉不琢，不成器」。例小小年紀就能寫出這樣好的文章來，將來必成大器。但無一個名師指點，這叫做「玉不琢，不成器」，豈不可惜？

【玉成其美】

見「玉成其事」。

【玉成其事】

玉成：成全。成全那件好事。《東周列國志》八回：「寡君慕世子英雄，願結姻好……大夫能玉成其事，請以白璧二雙、黃金百鎰爲獻。」也作「玉成其美」。《警世通言》卷二五：「施齊又提起親事，李梅軒自請爲媒，衆人都玉成其美。」

【玉尺量才】

玉尺：玉制的尺。指用嚴格、公正的標準來衡量人才。唐·李白《上清寶鼎》詩：「仙人持玉尺，度君多少才。玉尺不可盡，君才無時休。」《鏡花緣》四二回：「從此珊瑚在網，文博士本出宮中；玉尺量才，女相如豈遺苑外？」

【玉帝討河神——盡是天兵天將】

玉帝：也叫玉皇大帝，道教稱天上最高的神；河神：主管某河流的神。比喻都是本領高強，神通廣大的人。例這家建築公司，玉帝討河神——盡是天兵天將，所承擔的工程，品質好，速度快。

【玉帝下請帖——天大的好事】

見「財神爺叫門——天大的好事」。

【玉骨冰肌】

比喻女子肌膚的瑩潔光潤。元·夏庭芝《青樓集·賽天香》：「善歌舞，美風度。性嗜潔，玉骨冰肌，纖塵不染。」也形容花卉的清麗高潔。宋·姚述堯《行香子·抹利花》詞：「天賦仙姿，玉骨冰肌。向炎威、獨逞芳菲。」也作「冰肌玉骨」。

【玉皇大帝拜財神——有錢大三輩】

財神：迷信傳說中能使人發財的神仙，借指有錢或掌管錢財的人。比喻崇拜錢財，把有錢的人看得很高。例鄉長又向那位倒爺拜年去了。」「這叫做玉皇大帝拜財神——有錢大三輩。」

【玉皇大帝吃稀飯——裝窮】

見「端著金碗討飯——裝窮」。

【玉減香消】

玉、香：舊詩文中美女的代稱；消、減：消瘦，憔悴。比喻美女消瘦憔悴。明・洪楩《清平山堂話本・風月相思》：「不覺黃昏又到，誰知玉減香消。」

【玉潔冰清】

像冰一樣清明，像玉一樣潔淨。比喻人的操行高尚清白。《好逑傳》一八回：「鐵中玉與水冰心這番心跡表明，眞如玉潔冰清，毫無愧怍。」也作「**冰清玉潔**」。

【玉潔松貞】

形容人的品格有如玉石般高潔，松樹那樣堅貞。唐・皇甫牧《飛煙傳》：「今日相遇，乃前生姻緣耳。勿謂妾無玉潔松貞之志，放蕩如斯。」

【玉昆金友】

玉、金：喻才德俱佳；昆：兄。稱讚一門兄弟才德並美。《南史・王銓傳》：「銓雖學業不及弟錫，而孝行齊焉。時人以爲銓、錫二王，可謂玉昆金友。」也作「**玉友金昆**」。宋・劉子翬《觀二劉》題壁詩：「我來經覽渾如昨，玉友金昆念離索。」

【玉立亭亭】

亭亭：高聳挺立的樣子。形容少女身材修長或花木挺拔美麗。元・薩都剌《蘭皋曲》：「美人日暮采蘭去，風吹露濕芙蓉裳。芙蓉爲裳蘭結佩，玉立亭亭臨水際。」宋・趙希蓬《南歌子》詞：「玉立亭亭樹，水澌小小池。園林遍地幻珍奇。」

【玉粒桂薪】

米粒價如玉石，柴火貴似桂木。形容生活費用高昂。宋・王禹偁《陳情表》：「望雲就日，非無戀闕之心，玉粒桂薪，未有住京之計。」

【玉樓赴召】

玉樓：傳說中仙人居住的樓宇。唐・李商隱《李賀小傳》：「長吉將死時，忽晝見一緋衣人駕赤虯，持一版……笑曰：『帝成白玉樓，立召君爲記……。』少之，長吉氣絕。」後用「玉樓赴召」指文人早死。《孽海花》二四回：「忽聽見裏面一片哭聲沸騰起來，卻把個文園病渴的司馬相如，竟做了玉樓赴召的李長吉了。」

【玉樓金殿】

唐・李白《宮中行樂詞》：「玉樓巢翡翠，金殿鎖鴛鴦。」形容樓閣殿堂精緻華美或指仙人居處。明・無名氏《慶千秋》四折：「你看這玉樓金殿，巍巍錦秀簇雕檐。」也作「**玉樓金閣**」。明・無名氏《陰山破虜》三折：「玉樓金閣號天庭，日月光輝顯大明。」也作「**玉樓金闕**」。元・無名氏《曹杉下江南》頭折：「玉樓金闕號天庭，日月光輝顯大明。」

【玉樓金閣】

見「玉樓金殿」。

【玉樓金闕】

見「玉樓金殿」。

【玉律金科】

漢・揚雄《劇秦美新》：「懿律嘉量，金科玉條。」原形容法律條文的完美。後多比喻不可變更的信條。《官場現形記》四三回：「老伯大人的議論，眞是我們佐班中的玉律金科。」也作「**金科玉律**」。

【玉貌花容】

形容女子容貌美好。《醒世恆言》卷三：「聞得哭聲，上前看時；雖然蓬頭垢面，那玉貌花容，從來無兩，如何不認得。」

【玉米稭裏的蟲——鑽心】

比喻壞人打入內部。有時指心裏難過。例玉米稭裏的蟲——鑽心，這是敵人慣用的手法，切不可麻痺大意。

【玉米粥裏煮土豆——糊塗蛋】

雙關語。見「判官錯點生死簿——糊塗鬼」。

【玉盤盛豆渣——裝賤】

見「銀壺鍍錫——裝賤」。

【玉佩瓊璩】

玉佩：玉制佩飾；瓊璩（ㄐㄩ）：精美的玉佩。《詩經・秦風・渭陽》：「我送舅氏，悠悠我思；何以贈之，瓊瑰玉佩。」比喻美好的詩文。唐・韓愈《祭柳子厚文》：「玉佩瓊璩大放厥辭。」宋・胡繼宗《書言故事・書翰類》：「稱人文字，玉佩瓊璩之辭。」

【玉砌雕闌】

闌：柵欄。玉石砌牆，雕木爲欄。形容華麗的建築。南唐・李煜《虞美人》詞：「雕闌玉砌應猶在，只是朱顏改。」元・馬致遠《岳陽樓》二折：「愁什麼楚王宮、陶令宅、隋堤岸，我已安排下玉砌雕闌，則要你早回頭靜坐把功程辦。」

【玉泉山的稻田——得天獨厚】

玉泉山：位於北京西北郊，此處稻田引泉水灌溉，因泉水中含有豐富的磷、鉀等物質，故所產稻米清香可口。比喻所處環境或所具備的條件特別優越。例你們這裏的工作條件就像玉泉山的稻田——得天獨厚，只要努力，是大有作爲的。」

【玉汝於成】

汝：也作「女」，你。使你有所成就。《詩經・大雅・民勞》：「王欲玉女，是用大諫。」宋・張載《西銘》：「富貴福澤，將厚吾之生也；貧賤憂戚，庸玉汝於成也。」

【玉軟花柔】

形容女子嬌嫩柔弱。清・洪昇《長生殿・驚變》：「我那妃子啊，愁殺爾玉軟花柔，要將途路趕。」

【玉山將崩】

玉山：指儀容美好之人。形容酒後的醉態。南朝宋・劉義慶《世說新語・容止》：「嵇叔夜之爲人也，岩岩若孤松之獨立；其醉也，傀俄若玉山之將崩。」也作「**玉山傾倒**」。元・王惲《感皇恩・與周宰遊王氏祠堂》詞：「三杯兩盞，不致玉山傾倒。與君何處去，乾罔好。」也作「**玉山傾頹**」。《聊齋志異・陸判》：「朱因竟日飲，遂不覺玉山傾頹，伏幾醺睡。比醒，則殘燭黃昏，鬼客已去。」也作「**玉山自倒**」。唐・李白《襄陽歌》：「清風明月不用一錢買，玉山自倒非人推。」

【玉山傾倒】

見「玉山將崩」。

【玉山傾頹】

見「玉山將崩」。

【玉山自倒】

見「玉山將崩」。

【玉石不分】

玉和石混在一起，辨認不清。比喻好壞不分。五代・王定保《唐摭言・進士歸禮部》：「洎乎近代，厥道寖微，玉石不分，熏蕕錯雜。」也作「**玉石難分**」。唐・陸贄《招諭淮西將吏詔》：「兵戈既接，玉石難分。」

【玉石俱催】

見「玉石俱焚」。

【玉石俱焚】

《尚書・胤征》：「火炎昆岡，玉石俱焚。」比喻不分好壞、善惡，一同毀掉。《李自成》一卷一二章：「如若爾等執迷不悟，膽敢抗命不降，一聲令下，四面大軍殺上山來，玉石俱焚，老弱不留，爾等就悔之晚矣。」也作「**玉石俱燼**」。北齊・邢子才《廣平王碑文》：「羣心在辰，橫流具及，山崩川斗，星霣日銷，昆岳既毀，玉石俱燼。」也作「**玉石同焚**」。《梁書・武帝紀上》：「時運艱難，宗社危殆，崑崗已燎，玉石同焚。」也作「**玉石同燼**」。梁啟超《新羅馬》：「逆著你來便玉石同燼，順著你來又雞犬不寧。」也作「**玉石俱碎**」。漢・陳琳《檄吳將校部曲文》：「大兵一放，玉石俱碎，雖欲救之，亦無及已。」也作「**玉石同沉**」。《梁書・元帝記》：「孟諸焚燎，芝艾俱盡；宣房河決，玉石同沉。也作「**玉石同碎**」。晉・袁宏《三國名臣序贊》：「滄海橫流，玉石同碎。」也作「**玉石俱催**」。晉・慕容鍾《傳檄青州諸郡討辟閭渾》：「有能斬送渾首者，賞同佐命。脫履機不發，必玉石俱催。」

【玉石俱燼】

見「玉石俱焚」。

【玉石俱碎】

見「玉石俱焚」。

【玉石難分】

見「玉石不分」。

【玉石同沉】

見「玉石俱焚」。

【玉石同焚】

見「玉石俱焚」。

【玉石同燼】

見「玉石俱焚」。

【玉石同碎】

見「玉石俱焚」。

【玉石娃娃——寶貝蛋】

見「老壽星的腦袋——寶貝疙瘩」。

【玉石雜糅】

糅：混雜。美玉和石頭混雜。比喻好壞、眞假混雜在一起。漢・王充《論衡・累害》：「公侯已下，玉石雜糅；賢士之行，善惡相苞。」宋・王柏《魯齋集・淳化帖記》：「而著之識鑑不明，眞僞莫察，玉石雜糅，遂爲全帖之累。」

【玉食錦衣】

精美的食物，華麗的衣服。形容生活奢華。明・謝讜《四喜記・禍禳左道》：「天福神皇神后，桓桓羣將多籌。等閒握璽御龍樓，玉食錦衣消受。」也作「**錦衣玉食**」。

【玉樹臨風】

玉樹：比喻才貌俱佳之人。形容人的風度瀟洒多姿。唐・杜甫《飲中八仙歌》：「宗之瀟灑美少年，舉觴白眼望青天，皎如玉樹臨風前。」金・元好問《壽張復從道》：「先生弦歌教胄子，子亦詩禮沾余芳；齒如編貝發抹漆，玉樹臨風未二十。」

【玉樹盈階】

比喻優秀的子弟很多。明・張岱《孫忠烈公世乘序》：「五世後且玉樹盈階，方興未艾。」

【玉樹芝蘭】

《晉書・謝安傳》：「[謝玄]少穎悟，與從兄朗俱爲叔父安所器重。安嘗戒約子侄，因曰：『子弟亦何豫人事，而正欲使其佳？』諸人莫有言者。玄答曰：『譬如芝蘭玉樹，欲使其生於庭階耳。』」後用此比喻優秀子弟或譽稱別人的子弟。宋・樓鑰《王侍御壽詩》：「佳兒恂恂授衣鉢，玉樹芝蘭俱秀發。」也作「**芝蘭玉樹**」。

【玉碎不改白，竹焚不改節】

比喻一個人即使遇到磨難，也不改其高尚的情操。《三國演義》七六回：「關公正色而言曰：『吾乃解良一武夫，蒙我主以手足相待，安肯背義投敵國乎？城若破，有死而已。玉可碎而不可改其白，竹可焚而不可毀其節，身雖殞，名可垂於竹帛也。』見「寧爲玉碎，勿爲瓦全。」

【玉碎花銷】

見「玉碎香消」。

【玉碎香殘】

見「玉碎香消」。

【玉碎香消】

玉、香：比喻美女。指美女夭亡。明・范受益《尋親記・就教》：「玉碎香消鏡台荒，綠雲繚亂懶梳妝。」也作「**玉碎香殘**」。清・洪昇《長生殿・冥追》：「艷冶風前謝，繁花夢裏過。風流誰識當初我？玉碎香殘荒郊臥，雲拋雨斷重泉墮。」也作「**玉碎花銷**」。明・陸采《明珠記・回生》：「金樽玉酒催人老，我只道當時玉碎花銷。重臨陽世眞難料，敢則是仙方相療。」

【玉碎珠沉】
比喻美女死去。清・許豫《白門新柳記・附記》：「遍訪當年姐妹，率皆玉碎珠沉。」

【玉堂金馬】
漢・揚雄《解嘲》：「今子幸得遭明盛之世，處不諱之朝，與羣賢同行，歷金門上玉堂有日矣。」原指漢代的玉堂署和未央宮的金馬門，二者爲有才華的人或學士的待詔之處。後比喻富貴顯達。宋・辛棄疾《水調歌頭・和信守鄭舜舉蔗庵韻》：「玉堂金馬，自有佳處著詩翁。」也作「**玉堂金門**」。漢・荀悅《漢紀・成帝紀一》：「玉堂金門至尊之居，陰盛而滅陽，竊有宮室之象，王氏之應。」

【玉堂金門】
見「玉堂金馬」。

【玉燕投懷】
玉燕：白燕。夢見白燕飛入懷裏。預兆身懷貴胎。五代・王仁裕《開元天寶遺事》：「張說母夢玉燕投懷，已而有孕，生說，爲唐名相。」

【玉葉金柯】
柯：草木的枝莖。美好嬌嫩的枝葉。比喻出身高貴的人。唐・張景毓《大唐朝散大夫行潤州句容縣令岑君德政碑》：「主簿崔子佺，相門卿族，玉葉金柯，光彩可以射人。」也作「**玉葉金枝**」。元・徐世隆《廣寒殿上梁文》：「玉葉金枝，綿綿不絕。」也作「**玉枝金葉**」。明・無名氏《霞箋記・父子傷情》：「別選個侯門貴戚，玉枝金葉。」

【玉葉金枝】
見「玉葉金柯」。

【玉液瓊漿】
楚・宋玉《招魂》：「華酌既陳，有瓊漿些。」後漢・王逸《九思・疾世》：「吮玉液兮止渴，齧芝華兮療饑。」指美酒、仙水等。《西遊記》一回：「香桃爛杏，美甘甘似玉液瓊漿。」也作「**瓊漿玉液**」。

【玉友金昆】
見「玉昆金友」。

【玉宇瓊樓】
宇：居處；瓊：美玉。晉・王嘉《拾遺記》：「翟乾祐於江岸玩月，或問：『此中何有？』翟笑曰：『可隨我觀之。』俄見玉宇瓊樓爛然。」指仙家樓閣或月中宮殿。也形容建築物華麗堂皇。清・秦子忱《續紅樓夢》一回：「走出宮門，但見：一片青苔白石，毫無半點飛塵，四面玉宇瓊樓，高插九霄雲漢。」也作「**瓊樓玉宇**」。

【玉殞香消】
玉殞：美玉落地破碎，香消：香花凋謝。比喻青年女子夭亡。例尤三姐把寶劍橫在頸上，待來救時，早已玉殞香消。也作「**香消玉殞**」。

【玉葬香埋】
玉、香：比喻美女。《太平廣記》卷三九二引《玉溪編事》：「銘曰：車道之北，邽山之陽。深深葬玉，鬱鬱埋香。刻斯貞石，煥乎遺芳。」後用以指美女死亡。《聊齋志異・封三娘》：「察知佳人有主，忿火中燒，萬慮俱斷矣。未幾，聞玉葬香埋，悵然悲喪，恨不從麗人俱死。」

【玉振金聲】
見「金聲玉振」。

【玉卮無當】
卮（ㄓ）：盛酒器；當：ㄉㄤ，底。《韓非子・外儲說右上》：「堂谿公謂昭侯曰：『今有千金之玉卮，通而無當。可以盛水乎？』昭侯曰：『不可。』……[堂谿公]對曰：「夫瓦器至賤，不漏，可以盛酒；雖有乎千金之玉卮，至貴而無當，漏不可盛水，則人孰注漿哉？今爲人主而漏其羣臣之語，是猶無當之玉卮也，雖有聖智，莫盡其術，爲其漏也。」玉製酒杯沒有底。原比喻人主口不緊，洩漏羣臣的話。後用「玉卮無當」比喻華麗而不切實用。唐・劉知幾《史通・論贊》：「若袁彥伯之務飾玄言，謝靈運之虛張高論，玉卮無當，曾何足云！」也作「**玉卮無當，雖寶非用**」。晉・左思《三都賦》：「且夫玉卮無當，雖寶非用；侈言無驗，雖麗非經。」

【玉卮無當，雖寶非用】
見「玉卮無當」。

【玉枝金葉】
見「玉葉金柯」。

【玉質金相】
質：內質；相：外貌。《詩經・大雅・棫樸》：「追琢其章，金玉其相。」形容人或物內外俱佳。南朝梁・劉峻《辨命論》：「昔之玉質金相，英髦秀達，皆擯斥於當年。」也作「**金相玉質**」。

【芋苗葉上的水——裝也不多】
芋苗：芋頭苗。芋頭：多年生草本植物，葉子略呈戟形，地下莖（即芋頭）可以吃。比喻容量有限。有時指人的學識淺薄。例「你們可以容納多少災民？」「芋苗葉上的水——裝也不多。」

【芋葉上的水珠——不久長】
見「風裏點燈——不長久」。

【飫甘饜肥】
飫饜（ㄧㄢˋ）：飽食。飽食甘美的食物。形容生活優裕。《紅樓夢》一回：「錦衣紈絝之時，飫甘饜肥之日。」

【飫聞厭見】
飫：飽；厭：滿足。見聞太多，不感新奇。唐・韓愈《燕喜亭記》：「次其道途所經，自藍田入商洛，極幽遐瑰詭之觀，宜其於山水飫聞而厭見也。」

【鬱鬱不樂】
鬱鬱：內心苦悶的樣子。形容心事重重，悶悶不樂的樣子。《剪燈新話》卷一：「因具言其所見而慰撫之，且以錢米少許周其急，然而自實終鬱鬱不樂。」

【鬱鬱蔥蔥】
形容草木繁盛蒼翠。例身處在這一片

鬱鬱葱葱的森林之中，眞是讓人心曠神怡。

【鬱鬱寡歡】

寡：少。戰國楚・屈原《九章・抽思》：「心鬱鬱之憂思兮，獨咏嘆乎增傷。」形容悶悶不樂的樣子。例最近轉到班上的這位新同學，獨處的時候總是一副鬱鬱寡歡的樣子，讓我不禁想多親近他一點。

【獄貨非寶】

獄：訴訟；貨：賄賂，收買。指在斷案的時收受賄賂，難逃法網。《書・呂刑》：「獄貨非寶，惟府辜功，報以庶尤。」

【浴不必江海，要之去垢；馬不必騏驥，要之善走】

要：求；騏驥：千里馬。洗澡不一定要到江海裏，所要求的只是去掉身上的泥垢；騎馬不一定騎千里馬，所要求的只是善於奔跑。謂做事情要切合實際，不可空圖虛名。《史記・外戚世家》：「浴不必江海，要之去垢；馬不必騏驥，要之善走，士不必賢也，要之知道；女不必貴種，要之貞好。」

【浴血奮戰】

浴：浸染。渾身被血浸透仍奮力戰鬥。形容頑強地戰鬥。例經過八年的浴血奮戰，中國人民終於打敗了日本侵略者。」

【欲罷不能】

罷：停止。想停止卻止不住。指強烈愛好而不肯中止。《論語・子罕》：「夫子循循然善誘人，博我以文，約我以禮，欲罷不能。」《魏書・李琰之傳》：「吾所以好讀書，不求身後之名，但異見異聞，心之所願，是以孜孜搜討，欲罷不能。」也指情勢所迫而無法中止。清・孔尚任《桃花扇・截磯》：「事已至此，欲罷不能。」

【欲成家，置兩犁；欲破家，置兩妻】

要想成家，就得多置張犁辛勤耕作；要破家，討兩個老婆。比喻治家既靠勤勞也要夫妻同心。例你瞅村子裏這兩家大戶，一個原來不起眼，靠夫妻倆在地裏勤下功夫，家道越來越興旺；一個娶了老婆，還在外邊找個相好的，家裏入不敷出，地裏的莊稼也不成樣子。應了老人說的「欲成家，置兩犁；欲破家，置兩妻。」

【欲赤須近朱，欲黑須近墨】

赤：紅色；朱：朱砂，紅色顏料。即「近朱者赤，近墨者黑」。要學好，就要與好人結交；要學壞，就結交狐朋狗友。指人因環境或周圍人的影響會改變習性。《後西遊記》一回：「欲赤須近朱，欲黑須近墨。若要步伍老大聖的芳規，必須親炙老大聖的風範。老大聖既成仙成佛、自在天地間，敢求老祖指示一個居止，待愚好去尋訪。」

【欲得官，殺人放火受招安；欲得富，趕著行在賣酒醋】

招安：招降；行在：舊時帝王行幸所到之處。要想做官，先當强盜，後受招安；要想發財，跟著行在作買賣。宋・莊季裕《雞肋編》卷中：「建炎後俚語，有見當時之事者。如『仕途捷徑無過賊，上將奇謀只是招』，又云『欲得官，殺人放火受招安；欲得富，趕著行在賣酒醋。」

【欲蓋而彰】

見「欲蓋彌彰」。

【欲蓋彌彰】

彌：更加；彰：明顯。《左傳・昭公三十一年》：「是故君子動則思禮，行則思義，不爲利回，不爲義疚。或求名而不得，或欲蓋而彌章（同「彰」），懲不義也。後用「欲蓋彌彰」指企圖掩蓋眞相，反而暴露得更爲明顯。清・林則徐《附審辦回民丁燦庭京控案片》：「而以雞回誤罪四字，巧自掩飾，實不知其欲蓋彌彰也。」也作「欲蓋而彰」。《隋書・宇文化及等傳序》：「昔孔子修《春秋》，而亂臣賊子知懼，抑使之求名不得，欲蓋而彰者也。」也作「欲蓋彌著」。《明史・蔡時鼎傳》：「私僞萌生，欲蓋彌著。」

【欲蓋彌着】

見「欲蓋彌彰」。

【欲高門第須爲善，要好兒孫在讀書】

舊指提高家庭地位要多做好事；要培養出好的子孫須讓他們讀書。《西遊記》九六回：「員外上前扯住道：『這是我兩個小兒，喚名寇梁、寇棟，在書房裏讀書方回，來吃午飯。知老師下降，故來拜也。』三藏喜道：『賢哉！賢哉！正是欲高門第須爲善，要好兒孫在讀書。』」

【欲壑難塡】

欲：欲望；壑：深谷。《國語・晋語八》：「溪壑可盈，是不可饜也，必以賄死。」欲望像深谷一樣，難以塡滿。形容貪欲極大，難以滿足。《文明小史》一二：「我們的銀錢有限，他們的欲壑難塡。」

【欲加之罪】

見「欲加之罪，何患無辭」。

【欲加之罪，何患無辭】

《左傳・僖公十年》：「不有廢也，君何以興，欲加之罪，其無辭乎。」想加罪於人，不愁找不到藉口。例他們給他加了許多罪名，都是莫須有的事。其實呢，欲加之罪，何患無辭。不過要除掉他就是了。也作「欲加之罪」。宋・陳亮《又丙年秋書》：「世以相附和爲黨而欲加之罪者，非也。」

【欲哭無淚】

想哭卻沒有眼淚。形容悲痛、傷心已極。冰心《最後的安息》：「翠兒的眼睛，慢慢地睜開了，猛然看是惠姑，眉眼動了幾動，只顯出欲言無聲欲哭無淚的樣子。」

【欲令智昏】

欲：貪欲。利欲使人神智發昏。《紅樓夢》六四回：「自古道：『欲令智昏。』賈璉只顧貪圖二姐美色，聽了賈蓉一篇話，遂爲計出萬全，將現今身上有服，並停妻再娶，嚴父妒妻，種種不妥之處，皆置之度外了。」

【欲擒故縱】

縱：放開，放縱。爲了捉住而故意放鬆。比喻爲了更進一步控制，先有意放鬆。《官場現形記》五一回：「列位看官看到此處，以爲刁邁彭拿著筆據交還與張太太，一定又是從前騙蓋道運札子的手段來；豈知並不如此，他用的乃是『欲擒故縱』之意。」

【欲窮千里目，更上一層樓】

窮：窮盡。如想看盡千里外的景物，須得再爬上更高的一層樓。現多用以比喻站得越高，看得越遠。唐・王之渙《登鸛鵲樓》：「白日依山盡，黃河入海流，欲窮千里目，更上一層樓。」

【欲求生富貴，須下死工夫】

要想生時榮華富貴，就得艱苦奮鬥。元・施惠《幽閨記》一二齣：「逢人買路要金珠，認得山中好漢無？日後欲求生富貴，眼前須下死功夫。」也作「**欲求生富貴，先下死工夫**」、「**欲求生快活，須下死工夫**」、「**欲求生受用，須下死工夫。**」

【欲取姑與】

姑：暫且。《老子》三六章：「將欲弱之，必固強之，將欲廢之，必固興之，將欲奪之，必固與之。」要想取得對方的東西，就要先給對方一些東西。《戰國策・魏策一》：「《周書》曰：『將欲敗之，必姑輔之；將欲取之，必姑與之。』」《歧路燈》六回：「若具呈一辭，自然加上些恬淡謙光的批語，一發不準，倒惹那不知者，說些欲取姑與，以退爲進的話頭。」也作「**欲取之，必先予之**」。例古語云：「欲取之，必先予之」。比如釣魚，得先在魚鉤上放餌，用餌去誘魚上鉤，否則是釣不到魚的。

【欲取之，必先予之】

見「欲取姑與」。

【欲人勿聞，莫若勿言；欲人勿知，莫若勿爲】

要想別人聽不到，不如自己不說話；要想別人不知道，不如自己不去做。謂人不要說壞話，做壞事，否則是無法掩蓋的。漢・枚乘《上書諫吳王》：「欲人勿聞，莫若勿言，欲人勿知，莫若勿爲。」也作「**欲人勿聞，莫若勿言**」、「**欲人勿知，莫若勿爲**」。

【欲速不達】

見「欲速則不達」。

【欲速富，畜五牸】

五牸（ㄗˋ）：指牛、馬、羊、豬、驢五畜的雌畜。指要盡快致富，多養母畜。《太平御覽・人事部・富下》：「猗頓，魯之窮士也，耕則常饑，桑則常寒。聞朱公富，往問術焉。朱公告之：『子欲速富，當畜五牸。』於是乃商西河，大畜牛羊於猗氏之南，十年之間，其孳息不可計，資擬王公，名馳天下。」例古人說：「欲速富，畜五牸。」有它的道理。你多養點母豬、母雞的，很快就能發財致富。

【欲速則不達】

《論語・子路》：「無欲速，無見小利。欲速則不達，見小利則大事不成。」越想快，反而越達不到目的。例告訴你，做學問只有循序漸進，持之以恆，才能出成果。著急、圖快都沒用。古人不是說「欲速則不達」嗎？正是這個道理。也作「**欲速不達**」。《宋史・魏仁浦傳》：「欲速不達，惟陛下愼之。」

【欲說還休】

見「欲吐輒止」。

【欲粟者務時，欲治者因世】

務時：抓住時機；因世：憑藉當世的情況。要種好穀物的人必須抓住農時，要治理國家的人必須藉助於當世的情況。謂做事應根據客觀條件和具體情況，抓住時機，因勢利導。漢・桓寬《鹽鐵論・遵道》：「夫欲粟者務時，欲治者因世。故商君昭然獨見存亡不可與世俗同者，爲其沮功而多近也。」

【欲吐輒止】

吐：講出來；輒：就。想要把話說出來，又止住了。多指感覺不便，把話又嚥回去。宋・陳亮《與章德茂侍郎四首（其二）》：「心之耿耿，每欲與侍郎劇談一番，而坐有他客，欲吐輒止。」也作「**欲說還休**」。宋・辛棄疾《醜奴兒》詞；「而今識盡愁滋味，欲說還休。欲說還休，卻道天涼好個秋。」也作「**欲言又止**」。例他今天的態度有點反常，面對我的時候一副欲言又止的樣子，好像有什麼話要對我說。

【欲行千里，一步爲初】

要走千里路，總得邁出頭一步。指做一件事首先應該打基礎。例練武功，開頭要打好基礎。古人不是說「欲行千里，一步爲初」嗎！根底打好了，往後學就不難。

【欲言無聲】

想說又沒有說出來或說不出來。冰心《最後的安息》：「翠兒的眼睛，慢慢地睜開了，猛然看是惠姑，眉眼動了幾動，只顯出欲言無聲欲哭無淚的樣子。」

【欲言又止】

見「欲吐輒止」。

【欲要好，大做小】

指爲人要謙虛，不爭先拿大，才能把事情辦好。例你如今有了個一官半職，待人處事一定要謹慎。欲要好，大做小，千萬別拿大，別倚勢凌人。

【欲要做佛事，須有敬佛心】

比喻做事要有誠意。例你既然想和他搞好關係，就必須以誠待人，俗話說：「欲要做佛事，須有敬佛心。」可不能當面一套，背後一套，那樣又會把事情弄糟的。

【欲益反損】
益：補益；損：損失。漢·司馬遷《報任少卿書》：「顧自以為身殘處穢，動而見尤，欲益反損。」想得益，結果反而受到損失。唐·劉知幾《史通·雜說中》：「所謂欲益反損，求妍更媸者矣。」

【欲知平直，則必準繩；欲知方圓，則必規矩】
準：測水平的器具；繩：墨斗線；規：圓規；矩：曲尺。要想測出平與直，就一定要用準繩；要想測出方與圓，就一定要用圓規和矩尺。謂做事應有一定的法度和方法。《呂氏春秋·自知》：「欲知平直，則必準繩；欲知方圓，則必規矩；人主欲自知，則必直士。」

【欲知其人，觀其所使】
要知道他的為人，先看其使用的人怎樣。唐·陳子昂《上軍官利害事》：「今陛下方開中興文化，建萬代之功，天下瞻望，冀見聖化，此之一使，是陛下為政之端也。諺曰：『欲知其人，觀其所使。』不可不慎也。」也作「欲知其人，先觀其聽使」。

【欲知其人，視其朋友】
要想了解一個人，看他交的朋友就清楚了。例欲知其人，視其朋友！你看他交的朋友。沒個正派人。難怪他一步步走上邪路。也作「欲知其人，當觀其偶」。

【欲致魚者先通水，欲致鳥者先樹木】
要想招來魚兒，必須預先疏通水流；要想招來鳥兒，必須預先栽種樹木。比喻要辦一件事，必須從根本上抓起。《淮南子·說山訓》：「欲致魚者先通水，欲致鳥者先樹木。水積而魚聚，木茂而鳥集。」

【預搔待癢】
預先搔撓，防備刺癢。比喻不著邊際的防範措施。《景德傳燈錄·洪忍禪師》：「僧曰：『忽遇恁麼人時如何？』師曰：『不可預搔而待癢。』」

【御溝紅葉】
御溝：皇城的護城河。宋·孫光憲《北夢瑣言》卷九：「《廣記》三百五十四引《瑣言》云：進士李茵，襄州人，嘗遊苑中，見紅葉自御溝流出。上題詩云：『流水何太急，深宮盡日閒。殷勤謝紅葉，好去到人間。』後僖宗幸蜀，茵奔竄南山民家，見一宮娥，自云宮中侍書家云芳子，有才思，茵與之款接，因見紅葉，嘆曰：『此妾所題也。』同行詣蜀，具述宮中之事。」後用「御溝紅葉」比喻男女奇緣。元·無名氏《四德記，見色不淫》：「看他嚴聲厲色，言出鬼神愁。正氣漫漫沖鬥牛，教我赧顏厚頰自含羞。休休，辜負御溝紅葉空流。」也作「御溝流葉」。元·無名氏《四喜記·瓊英閨悶》：「黃花初錠，碧梧漸凋，御溝流葉空難到，最難到。」也作「紅葉之題」。

【御溝流葉】
見「御溝紅葉」。

【御駕親征】
御駕：皇帝的車駕，也作皇帝的代稱。皇帝親率軍隊出征。《三國演義》八一回：「今劉玄德即了帝位，統精兵七十餘萬，御駕親征，其勢甚大。」

【禦寒莫如重裘，止謗莫如自修】
抵禦嚴寒，不如多穿皮襖；制止別人的誹謗，不如加強自我修養。例自己立得正，不怕影子斜。你只管走自己的路，那些謠言不會流傳長久的。古人不是說「禦寒莫如重裘，止謗莫如自修」嗎？

【禦下蔽上】
禦：驅使，管制。猶欺下瞞上。例在封建官僚政治制度下，各級官員為了謀取自己的功名利祿，不擇手段地禦下蔽上，使廣大百姓怨聲載道。

【喻之以理】
喻；曉喻，開導。用道理來開導說服。宋·洪邁《夷堅丙志》卷十四：「世謂虎為靈物，不妄傷人，然此婦見鷙獸不怖悸，乃能喻之以理，亦難能也。」也作「曉之以理」。

【遇到攔路虎】
指碰到困難和障礙。例讀著，讀著，一個個生字出現眼前。她想，又遇到攔路虎了，趕緊查字典。

【遇方便時行方便，得饒人處且饒人】
對別人的困難多給予幫助，對別人的錯誤多原諒。《西遊記》八一回：「行者道：『你好滅人威風！老孫到處降妖，你見我弱與誰的？只是不動手，動手就要贏。』三藏扯住道：『徒弟，常言說得好，遇方便時行方便，得饒人處且饒人。操心怎似存心好，爭氣何如忍氣高！』」

【遇風隨風，遇水隨水】
比喻沒有主見，隨波逐流。例情況這麼復雜，形勢變化這麼快，在這樣的時刻，你一定要獨立思考，自己拿主意，絕不可遇風隨風，遇水隨水。

【遇貴人吃飽飯】
貴人：尊貴的人。遇到尊貴的人，能有好處。例這眞是難得的好機會。古話說得好：「遇貴人吃飽飯。」你在他手下做事，肯定會有大出息的。

【遇見王母娘娘叫大姑——想高攀】
王母娘娘：西王母，我國古代神話中的女神。也作「遇見王母娘娘叫大姑——高攀」。見「舌頭舔鼻尖——想高攀」。

【遇難成祥】
遇到危難而能轉化為吉祥。《紅樓夢》四二回：「日後大了，各人成家立業，或一時有不遂心的事，必然遇難成祥，逢兇化吉，都從這『巧』字兒來。」

【遇人不淑】
淑：美好，善良。《詩經·王風·中

谷有蓷》：「有女仳離，條其嘯矣；條其嘯矣，遇人之不淑矣。」遇到不善良的人。比喻女子嫁了個不好的丈夫。清・陳春曉《賣花婆》詩：「誰知彩鳳隨鴉度，遇人不淑遭摧挫。」

【遇事掣肘】

肘：從旁牽制、阻撓。一遇到事情就加以牽制、阻撓。《官場現形記》二四回：「後來被賈總辦曉得了，反說他有意霸持，遇事掣肘。」

【遇事風生】

《漢書・趙廣漢傳》：「見事風生，無所迴避。」做事如同刮風，疾不可當。形容處理事情敏捷果斷。宋・陳亮《送吳允成運干序》：「三山吳允成，少以氣自豪，出手取科目，隨輒得之。來尉永康，遇事風生。」

【遇事慢開口，煩惱皆因强出頭】

遇事不要急於發表意見，煩惱都從愛出風頭而來。比喻講話要慎重。例我勸你多少回，別在事情還未弄清楚的時候，就急於發表意見。現在可倒好，捅出漏子來了。古人說：「『遇事慢開口，煩惱皆因强出頭。』你可得記住呀！」

【遇事生波】

見「遇事生風」。

【遇事生風】

比喻遇到機會就挑起事端。《慈禧太后演義》二三回：「於是立上彈章，劾他遇事生風，廣集同類，妄議朝政，並有與太監文海結爲兄弟情事。」也作「**遇事生波**」。清・張集馨《道咸宦海見聞錄》：「門包小費，一概齊全，不敢稍有疏略，畏其兇焰，又恐遇事生波也。」

【遇事詳情，方算明人】

遇到事情能詳細去了解情況的人，才算明白人。例俗話講得好：「遇事詳情，方算明人。」不管解決什麼問題，首先得弄清情況。

【遇文王，施禮樂；遇桀紂，動干戈】

文王：周王朝創始人，史稱明君。桀、紂：分別爲夏、商兩朝末代暴君。比喻對好人以禮相待，對壞人絕不客氣。例我們是禮儀之邦。對待友好國家，則遇文王，施禮樂；對於那些侵略成性想占我們便宜的國家，就得採取遇桀紂，動干戈的辦法。

【遇物持平】

不論對何人何事都能持公正態度。指秉公辦事。宋・蘇舜欽《開國男食邑三百戶上護軍賜紫金魚袋》：「苟遇物持平，輕重判然於中矣。」

【遇飲酒時須飲酒，得高歌處且高歌】

碰到喝酒時就應喝酒，能放聲歌唱的地方就高歌。指歡樂的時候，就該盡情歡樂。元・高則誠《琵琶記》二二齣：歡樂休問夜如何，此景良宵能幾何？遇飲酒時須飲酒，得高歌處且高歌。」也作「**遇飲酒時須飲酒，不風流處也風流**」、「**遇飲酒時須飲酒**」。

【寓兵於農】

寓：寄寓，包含。將士兵與農民合爲一體，使其平時務農，戰時參戰。清・侯方域《代司徒公屯田奏議》：「皇帝初定制，每衛所軍士，以三分守城，七分屯種……蓋即先王寓兵於農之意，無事爲農，有事即軍也。」

【寓言十九】

寓言：有所寄託的話。十九：十分之九。《莊子・寓言》：「寓言十九，重言十七。」原意是說採用寓言的形式表達意思，容易使人信服。現多指虛構的情節。清・紀昀《閱微草堂筆記・如是我聞二》：「白岩託跡微官，滑稽玩世，故作此以寄詼嘲，寓言十九，是或然歟？」

【譽過其實】

譽：聲譽。名聲超過了眞實本領或實際品質。指名實不相副。例他笑著說：「大家對敝人拙著的誇獎實在是譽過其實了。」

【譽滿寰中】

見「譽滿天下」。

【譽滿天下】

美名傳遍天下。唐・李華《唐揚州功曹蕭穎士文集序》：「十歲以文章知名；十五譽滿天下。」也作「**譽滿寰中**」。唐・楊炯《後周明威將軍梁公神道碑》：「窮金壇之秘訣，百戰不孤。譽滿寰中，聲蓋天下。」也作「**譽塞天下**」。五代・王定保《唐摭言・知己》：「當此時，梁君譽塞天下，屬詞求進之士，奉文章走梁君門下者，蓋無虛日。」

【譽塞天下】

見「譽滿天下」

【毓子孕孫】

毓：同「育」，生養，繁衍子孫後代。漢・蔡邕《劉鎭南碑》：「況乎將軍，牧二州，歷二紀，功載王府，賜命優備，賴而生者，毓子孕孫，能不歌嘆！」

【鷸蚌相持】

見「鷸蚌相持，漁人得利」。

【鷸蚌相持，漁人得利】

鷸：ㄩˋ，一種細長嘴的水鳥；蚌：河蚌，軟體動物，有兩扇堅硬的石灰質的殼，肉可食。《戰國策・燕策二》：「蚌方出曝，而鷸啄其肉，蚌合而鉗其喙，鷸曰：『今日不雨，明日不雨，即有死蚌。』蚌亦謂鷸曰：『今日不出，明日不出，即有死鷸。』兩者不肯相捨，漁者得而並擒之。」比喻雙方爭持不下，第三者鑽了空子，從中得利。《古今小說》一〇回：「這正叫做鷸蚌相持，漁人得利。」也作「**鷸蚌相爭，漁人獲利**」。梁啟超《新中國未來記》三回：「那各省人的感情的利益，總是不能一致的，少不免自己爭競起來，這越發鷸蚌相持，漁人獲利，外國乘劫誘脅，那瓜分政策更是行所無事。」也作「**鷸蚌相持**」。梁啟超《新民說》一三節：「知小我而不知大我，用對外之手段以對內，所以鷸蚌相持，而使漁人竊笑其後也。」也作「**鷸蚌相爭**」。清．蕭山湘靈子《軒亭冤．哭墓》：「波翻血海全球憫，問誰敢野蠻法律罵强秦？笑他鷸蚌相爭演出風雲陣。」也作「**鷸蚌相鬥**」。清．淮陰百一居士《壺天錄》卷下：「鷸蚌相鬥，要自互有損傷。」

【鷸蚌相鬥】
見「鷸蚌相持，漁人得利」。

【鷸蚌相爭】
見「鷸蚌相持，漁人得利」。

【鷸蚌相爭，漁人獲利】
見「鷸蚌相持，漁人得利」。

【鬻兒賣女】
鬻：賣。為生活所迫，賣兒賣女。《官場現形記》三五回：「走到路上，遇見那些被災的人鬻兒賣女的……那些人都餓昏了，只要還價就肯賣人。」

【鬻官賣爵】
鬻：賣。執政者出賣官職爵位，以聚斂錢財。《宋史．吳喜傳》：「朝廷乃至鬻官賣爵，以救災困。」也作「**賣官鬻爵**」。

【鬻棺者欲歲之疫】
鬻：賣；疫：瘟疫。賣棺材的人盼著瘟疫流行、死人很多，以便趁機發財。比喻把自己的利益，寄於別人的災難痛苦之上。《漢書．刑法志》：「今之獄史，上下相驅，以刻為明，深者獲功名，平者多後患。諺曰：『鬻棺者欲歲之疫。』非憎人欲殺之，利在於人死也。今治獄吏欲陷害人，亦猶此矣。」

ㄩㄝ

【約定俗成】
指某種名稱或作法為社會民眾所習用和遵守，從而被承認和固定下來。《荀子．正名》：「名無固宜，約之以命，約定俗成謂之宜，異於約則謂之不宜。」魯迅《名人和名言》：「然而自從提倡白話以來，主張者卻沒有一個以為寫白話的主旨，是在從『小學』裏尋出本字來的，我們就用約定俗成的借字。」

【約法三章】
約：共同議定；章：條款。《史記．高祖本記》：「[沛公曰]與父老約法三章耳，殺人者死，傷人及盜抵罪。」指約定三條法律。後泛指規定好的條款，相約遵守。《兒女英雄傳》二二回：「因姑娘當日在青雲山莊有『一路不見外人』的約法三章，早吩咐過公子沿路無事，不必到姑娘船上去。」

【約己愛民】
約束自己，愛護民眾。《三國演義》一〇四回：「伏願陛下清心寡欲，約己愛民。」

ㄩㄝˋ

【月白風清】
見「月朗風清」。

【月閉花羞】
使月亮躲避，使花兒羞愧。形容女子貌美。《醒世恆言》卷三一：「魚沉雁落，月閉花羞。似楊妃初浴理新妝，如西子心疼欹玉枕。」也作「**閉月羞花**」。

【月初吃月中的糧——先吃後虧空】
比喻沒有計畫，顧前不顧後。例豐收了，還得計畫用糧，歉收，更應當避免月初吃月中的糧——先吃後虧空。

【月旦評】
《後漢書．許劭傳》：「劭與靖俱有高名，好共核論鄉黨人物，每月輒更其品題，故汝南俗有『月旦評』焉。」後稱品評人物為「月旦評」。金．元好問《國醫王澤民詩卷》：「一篇華袞中書筆，滿紙清風月旦評。」

【月到中秋分外明】
中秋節的月亮特別明亮。《醒世恆言》卷一八：「人逢喜事精神爽，月到中秋分外明。」

【月地雲階】
月地：以月為地；雲階：以雲為台階。指天上，也喻指美好的境界。唐．牛僧孺《周秦行紀》：「香風引到大羅天，月地雲階拜洞仙。共道人間惆悵事，不知今夕是何年。」宋．蘇軾《次韻楊公濟奉議梅花》詩之四：「月地雲階漫一樽，玉奴終不負東昏。」

【月鍛季煉】
鍛、煉：加工錘煉。形容經過長時間的加工錘煉，使之達到更精美的程度。宋．胡仔《苕溪漁隱叢話前集．杜荀鶴》：「如周樸者，杼思尤艱，每有所得，必極雕琢，故詩人稱樸詩月鍛季煉，未及成篇，已播人口。」

【月光如水】
月光像緩緩流動的清水一樣溫柔、明亮、靜謐。形容月色冷清的靜謐夜晚。《隋唐演義》九五回：「但見月光如水，水光映月，放舟中流，如游空際，正合著蘇東坡《赤壁賦》中兩句，道是：桂棹兮蘭槳，擊明兮溯流光。」也作「**月明如水**」。清．洪昇《長生殿．偷曲》：「你看月明如水，正好演奏。」

【月過十五光明少，人到中年萬事休】
農曆十五以後，月亮由圓變缺；人到中年精力漸差，許多事做不成。元．無名氏《朱砂擔》楔子：「急急光陰似水流，等閒白了少年頭。月過十五光明少，人到中年萬事休。」也作「**月過十五光明少，人過中年萬事休**。」、「**人到中年萬事休**」。

【月過十五還依舊】
指人過中年精神不減當年。明．黃元吉《流星馬》一折：「則他這人年過半百精神驟。常言道：「月過十五還依舊。憑著你經綸般濟世才，補完的天地手。你可便逞英雄施勇猛，將敵軍鬥，博一個青史把名留。」

【月過中秋】

中秋：指中秋節，這時的月亮最圓、最亮也最美。過了中秋節的月亮就不那麼美好了。比喻錯過了最好的時機。明・朱權《沖漠子》二折：「若遇那鉛逢發處須當採，若是那月過中秋下手遲。」

【月黑風高】

月色暗淡，風又很大的夜晚，例在一個月黑風高的夜晚，他獨自一人離開故鄉，踏上了漫漫的旅程。

【月朗風清】

月夜晴朗，月光皎潔，和風清爽。形容美好恬靜的夜晚。唐・無名氏《洛神傳》：「太和中，處士蕭曠，自洛東遊至孝義館，夜憩於雙美亭。時月朗風清，曠善琴，遂取琴彈之。」也作「**月明風清**」。例在一個月明風清的夜晚裏，我們全家人坐在河邊吹風看星星。也作「**月白風清**」。元・楊維楨《鐵崖樂府・逸編・相思》：「深情長是暗相隨，月白風清苦相思。」

【月裏嫦娥】

嫦娥：也作「姮娥」，月亮中的女神。《淮南子・覽冥訓》：「羿請不死之藥於西王母，姮娥（嫦娥）竊之奔月宮。」後以「月裏嫦娥」比喻風姿綽約的美女。元・曾瑞卿《王月英元夜留鞋記》四折：「有口難言，月裏嫦娥愛少年；恩多成怨，你莫是酒中得道遇神仙……空教我恨綿綿，當初悔不休相見。」也作「**月裏姮娥**」。元・王實甫《西廂記》一本三折：「似湘陵妃子斜偎舜廟朱扉，如月裏姮娥微現蟾宮玉門。」

【月裏嫦娥愛少年】

嫦娥：神話中由人間飛到月亮上的仙女。比喻少女愛青年男子。例她因唱戲而走紅，捧她的人不少，追她的人也多，不少人還是達官顯貴，可是她只喜歡唱小生的戲子，也算是月裏嫦娥愛少年。也作「**自古嫦娥愛少年**」。

【月裏姮娥】

見「月裏嫦娥」。

【月亮底下看影子——夜郎自大】

比喻見識少，眼光淺，而又妄自尊大。例世界上能人多得很，不要月亮底下看影子——夜郎自大。也作「**月亮底下看影子——自看自大**」、「**月亮底下照影子——自以爲大**」。見「夜郎自大」。

【月亮底下耍大刀——明砍】

比喻明說明講，有事擺在明處。例有事可以月亮底下耍大刀——明砍嘛！何苦搞這種小動作。

【月亮跟著太陽轉——借光】

也作「**月亮跟太陽——借光**」。見「禿子跟著月亮走——借光」。

【月亮跟著太陽轉——沾光】

也作「**月亮下打牌——沾光**」。見「星星跟著月亮走——沾光」。

【月亮裏的桂樹——高不可攀】

見「參天的大樹——高不可攀」。

【月亮曬穀——將就天】

靠月亮的光線曬穀，只能是將就著辦，實際上是曬不乾的。比喻條件不行，只好勉強適應。例我們這裏的工作環境和條件太差，月亮曬穀——將就天，只好委屈你了。

【月亮下點油燈——多事】

見「賣了餛飩買麵吃——多事」。

【月落參横】

參：ㄕㄣ，參宿，二十八宿之一。月亮落下，參星横移。形容天色將明。宋・吳曾《能改齋漫錄・梅詩用月落參横事》：「秦少游和黃法曹《梅花》詩：『月落參横畫角哀，暗香銷盡令人老。』」

【月落烏啼】

形容天色將明時。唐・張繼《楓橋夜泊》詩：「月落烏啼霜滿天，江楓漁火對愁眠。」明・無名氏《桃符記》三折：「咱兩個歡歡喜喜飲數杯，安安穩穩錦帳底，直睡到月落烏啼。」

【月落星沉】

形容天色將明的時候。五代・韋莊《酒泉子》詞：「月落星沉。樓上美人睡，綠雲傾，金枕膩，畫屏深。」

【月滿花香】

月亮正圓，花香四溢。形容良辰美景。《兒女英雄傳》二九回：「如今從網眼裏拔出來，好容易遇著這等月滿花香的時光，她如何肯輕易放過！」

【月滿則虧】

見「月盈則食」。

【月滿則虧，水滿則溢】

比喻物極必反。《紅樓夢》一三回：「常言：『月滿則虧，水滿則溢。』又道是『登高必跌重』。如今我們家赫赫揚揚，已將百載，一日倘或樂極生悲，若應了那句『樹倒猢猻散』的俗語，豈不虛稱了一世的詩書舊族了！」

【月貌花龐】

龐：臉龐。如月似花般的容貌。多形容漂亮的女子。清・洪昇《長生殿・哭象》：「掩面悲傷，救不得月貌花龐。」也作「**月貌花容**」。《兒女英雄傳》二七回：「自己本生得一副月貌花容，一團靈心慧性。」

【月貌花容】

見「月貌花龐」。

【月眉星眼】

眉毛像彎彎的月亮，眼睛似閃亮的明星。形容女子面容姣好，美麗動人。明・無名氏《女眞觀》一折：「你說咱雪肌花貌常清淨，桃腮杏臉行端正，月眉星眼天然性。」

【月明風清】

見「月朗風淸」。

【月明千里】

南朝宋・謝莊《月賦》：「美人邁兮音塵闕，隔千里兮共明月。」後以「月明千里」指月夜靜謐，月光皎潔的美景良宵。元・無名氏《碧桃花》四折：「今日個月明千里故人來，鏡鸞重整向妝台，這的是換人肌骨奪人胎。」

【月明如水】

見「月光如水」。

【月明如晝】

形容月光明亮，如同白天一樣。清・洪昇《長生殿・偷曲》：「不免袖了鐵笛，來到驪山，趁此月明如晝，竊聽一回。」

【月明星稀】

月光明亮，星星稀疏。三國魏・曹操《短歌行》：「月明星稀，烏鵲南飛。繞樹三匝，何枝可依？」

【月缺花殘】

比喻美女早逝。也比喻美好事物受到挫折，遭到摧殘。唐・溫庭筠《和友人傷歌姬》詩：「月缺花殘莫愴然，花須終發月終圓。」清・無名氏《定情人》一五：「不料別來遭變，月缺花殘；只道今生已矣，不意又蒙小姐苦心，巧借賢卿以續前盟。」

【月缺難圓】

比喻關係破裂，難以恢復。例他們夫妻倆長年不和，終於鬧到法院要離婚，這回怕是月缺難圓了。

【月是故鄉明】

月亮是家鄉的好，又圓又明。表達遊子思鄉之情。唐・杜甫《月夜憶舍弟》詩：「戍鼓斷人行，邊秋一雁聲。露從今夜白，月是故鄉明。有弟皆分散，無家問死生。寄書長不達，況乃未休兵。」

【月書赤繩】

月書：月下老人所持的婚姻簿；赤繩：月下老人牽繫未婚男女，使其成為夫婦的紅繩。指已定的婚約。《羣音類選〈四喜記・大宋華姻〉》：「幸藍橋玉杵先投，信月書赤繩難換。」

【月夕花朝】

月色皎潔的夜晚，花朵盛開的清晨。指良辰美景。宋・歐陽修《夜行船》：「月夕花朝，不成虛過。」也作「**月夜花朝**」。元・周文質《賞花時・風情》曲：「不是我膀粗豪，強霸著月夜花朝。」

【月下風前】

南朝梁・蕭統《昭明太子集》卷三：「傾玉醑於風前，弄瓊駒於月下。」原指景色幽雅的環境。後多指男女談情說愛的場所。宋・邵雍《答李希淳屯田三首》詩之二：「竹間水際情懷好，月下風前意思多。」元・丘處機《無俗念・樂道》詞：「月下風前，天長地久，自在乘鸞鶴。」也作「**月下星前**」。清・查慎行《百字令》詞：「月下星前花底醉，偶逐春風良夜。」也作「**風前月下**」。

【月下花前】

唐・白居易《老病》詩：「晝聽笙歌夜醉眠，若非月下即花前。」原指景色幽美的環境，後多指男女談情幽會漫步的地方。元・喬吉《兩世姻緣》二折：「想著他錦心秀腹那才能，怎叫我月下花前不動情。」也作「**花前月下**」。

【月下老】

見「月下老人」。

【月下老兒】

見「月下老人」。

【月下老人】

唐・李復言《續玄怪錄・定婚店》記載：韋固夜經宋城，見一老者月下倚囊而坐，向月翻檢書本。固問所檢何書，答曰：「天下婚姻簿子。」又問囊中何物，答曰：「赤繩，專繫夫妻之足。」後因以稱主管婚姻的神為「月下老人」，同時也用作媒人的代稱。《水滸後傳》一二回：「正是一對佳人才子。雖在海外，也是一國駙馬，富貴無窮，況天緣是月下老人赤繩繫定的，不必多疑。」也作「**月下老兒**」。《紅樓夢》五七回：「管姻緣的有一位月下老兒。」也作「**月下老**」。明・無名氏《女真觀》三折：「你權做個撮合山主親的月下老。」

【月下老人繡鴛鴦——穿針引線】

月下老人：傳說唐朝韋固月夜裏經過宋城，遇見一個老人坐著翻檢書本。韋固往前窺視，一個字也不認得，向老人詢問後，才知道老人是專管人間婚姻的神仙，翻檢的書是婚姻簿子，後來因此稱媒人為月下老人；鴛鴦：比喻夫妻、情侶。比喻從中撮合、聯繫。例雙方都有合作的願望，還希望你月下老人繡鴛鴦——穿針引線，促成此事。也作「**大姑娘繡嫁衣——穿針引線**」。

【月下提燈籠——空掛名（明）】

比喻空有其名，無實際用處。例這種稱號是花架子，月下提燈籠——空掛名（明），沒有什麼實際意義。

【月下星前】

見「月下風前」。

【月夜花朝】

見「月夕花朝」。

【月盈則食】

盈：圓滿。指月圓；食：通「蝕」，指月虧。《周易・豐》：「日中則昃，月盈則食。」月亮到了最圓的時候，就要開始走向月虧。比喻盛極必衰。例月盈則食是指月滿則盈，過盈則食的自然常理。也作「**月滿則虧**」。元・無名氏《來生債》二折：「你但看日中則昃，月滿則虧，這都是無往不復。」

【月有圓和缺，人有聚和別】

人總是有聚有散，不要為離別感傷。宋・蘇軾《水調歌頭》詞：「人有悲歡離合，月有陰晴圓缺，此事古難全，但願人長久，千里共嬋娟。」

【月圓花好】

形容美好的月夜景色。比喻愛情美好圓滿。也比喻親友歡聚。劉復《西湖水》：「月圓花好春江夜，春宵一刻值千金。」也作「**花好月圓**」。

【月約星期】

月、星：指月光和星光。多指男女在夜晚的幽會。元・喬吉《行香子・題情》：「海誓山盟，白玉邊環。月約星期，泥金小簡。」

【月暈而風，礎潤而雨】

暈：指月亮周圍出現的光環；礎：柱

子底下的石墩。月暈出現就預示著要刮風，礎石潮濕就會下雨。比喻事情發生都會有徵兆。清．淮陰百一居士《壺天錄》卷上：「燥濕爲天地自然之氣，月暈而風，礎潤而雨，人以此測於幾先者，固古今一致也。」也作「月暈知風」。宋．梅堯臣《宛陵文集．月暈》：「月暈已知風，燈花先作喜；明日掛帆歸，春湖能幾里？」

【月暈知風】

見「月暈而風，礎潤而雨」。

【月照雪山——光明潔白】

比喻光明磊落，一塵不染。例他的品德就像月照雪山——光明潔白，人們無不敬仰。

【月值年災】

一個月內遇到相當於一年所發生的災禍。形容災難無窮。元．吳昌齡《張天師》四折：「呀，我待鬧鬧怎鬧鬧，也是我運拙時衰，月值年災，鬼使也那神差。」

【月中折桂】

傳說月中有桂樹，後用「月中折桂」比喻科舉及第。宋．無名氏《張協狀元》五齣：「但願此去，名標金榜，折取月中桂。」

【月墜花折】

如月墜落，似花被摧折。比喻年輕美女早逝。清．洪昇《長生殿．補恨》：「誓世世生生休抛撇，不提防慘慘淒淒月墜花折，悄冥冥雲收雨歇，恨茫茫只落得死斷生絕。」

【月子彎彎照九州，幾家歡樂幾家愁】

九州：泛指全中國。彎彎的月亮照著整個中國，有多少人家歡樂，又有多少人家哀愁呢？謂月光普照無私，但人世間貧富不均，苦樂也不同。宋．楊萬里《竹枝歌》：「月子彎彎照九州，幾家歡樂幾家愁？愁殺人來關月事？得休休處且休休！」

【刖趾適屨】

刖：砍掉；屨：ㄐㄩˋ，麻、葛製成的鞋。把腳削小，以適合鞋的大小。比喻生搬硬套。《三國志．魏書．明帝紀》裴松之注引《魏略》：「而[諸葛]亮反裘負薪，裏盡毛殫，刖趾適屨，刻肌傷骨，反更稱說，自以爲能。」也作「削足適履」。

【岳王爺出陣——馬到成功】

岳王爺：指岳飛，南宋抗金將領，著名的民族英雄。見「佘太君掛帥——馬到成功」。

【岳鎮淵渟】

見「淵渟岳峙」。

【悅近來遠】

近：境內；遠：境外。使近者喜悅，使遠者歸附，形容政治清明。《魏書．楊椿傳》：「是以先朝居之於荒服之間者。正欲悅近來遠，招附殊俗，亦以爲華戎、異內外也。」也作「近悅遠來」。

【悅目娛心】

使人的感官愉悅，心情愉快。宋．張舜民《與石司理書》：「大凡人見悅目娛心之物固所喜。」也作「娛心悅目」。

【悅人耳目】

悅：愉悅。使人的感官產生愉快的感覺。形容風景或藝術作品優美動人。例美妙的音樂再配上變幻的燈光，使整個場景悅人耳目。

【閱人多矣】

唐．杜光庭《虬髯客傳》：「妾侍楊司空久，閱天下人多矣，未有如公者。」見識過的人太多了。形容閱歷很深。宋．汪藻《鎮江府月觀記》：「然自有天地，則有山川，其閱人多矣，而山川勝處，非人不傳。」

【躍馬揚鞭】

跨上馬背、揮動鞭子。形容疾速前進或鬥志昂揚。元．王實甫《麗春堂》一折：「一個個躍馬揚鞭，插箭彎弓。」

【躍然紙上】

好像能從紙上騰躍而出。形容文藝作品中的形象描寫得非常生動逼眞。也形容作者的思想感情表露得淋漓盡致。茅盾《關於長篇小說〈李自成〉的通信》：「高夫人的作用及其性格，本來是比較難以寫得有聲有色，然而作者指揮如意，使這一個女英雄躍然紙上。」也作「躍躍紙上」。《清朝野史大觀》卷一〇：「讀之覺公之精神意氣猶躍躍紙上也。」

【躍躍欲試】

形容急切地要試試。《官場現形記》三五回：「一席話說得唐二亂子心癢難抓，躍躍欲試，但是帶來的銀子，看看所剩無幾，辦不了這樁正經。」

【躍躍紙上】

見「躍然紙上」。

【越次超倫】

次、倫：次序。超越等級次序。唐．白居易《爲宰相〈讓官表〉》：「臣有何功德？有何才能？越次超倫，忽承此命。」也作「越次躐等」。宋．蘇軾《御試制科第一道》：「今陛下之所震怒而賜譴者何人也……越次躐等召而問訊之者何人也？」

【越次躐等】

見「超次超倫」。

【越分妄爲】

越分：超越本分。指人超越了職責範圍或違反了規定而胡亂行事。《鏡花緣》四回：「且洞主向來謹慎，從不越分妄爲，豈有違旨之理。」

【越鳧楚乙】

鳧：ㄈㄨˊ，野鴨；乙：通「鳦」，燕子。《南史．顧歡傳》：「昔有鴻飛天首，積遠難亮，越人以爲鳧，楚人以爲乙。人自楚、越，鴻常一耳。」後用「越鳧楚乙」比喻對同一事物，由於人的主觀認識的差異，會發生名異而實同的誤會。

【越扶越醉】

對喝醉酒的人，越是攙扶他，越是發酒瘋，比喻對任性的人，越是好言勸解，他越發不知好歹。《醒世姻緣傳》八三回：「童奶奶添到五十兩，四匹紅尺頭，自己出來央他，他一發越扶越醉起來。」

【越古超今】

超越古今。明・無名氏《單刀劈四寇》五折：「多虧了二將軍關雲長，一口刀越古超今，將四寇一刀一個都劈了。」也作「超今冠古」。

【越鳥南棲】

越鳥：孔雀的別名，產於南方。《文選・古詩十九首》：「胡馬依北風，越鳥巢南枝。」比喻不忘故里。《醒世恆言》卷一九：「但聞越鳥南棲，狐死首丘，萬里親戚墳墓，俱在南朝，早暮思想，食不甘味。」

【越怕越有鬼】

比喻越是怕事，越會出事。例這次比賽非同小可，你必須去，不要害怕，越怕越有鬼，只要沉著冷靜，你會成功的。

【越庖代俎】

見「越俎代庖」。

【越阡度陌，互為主客】

阡陌：田間小道。指互相往來，彼此盡心款待。清・林伯桐《古諺箋》卷六：「『越阡度陌，互為主客』，勸施也。可以及人者，盡心竭力而為之。」

【越窮越沒有，越有越方便】

指富者愈富，窮者愈窮。例俗言道：「越窮越沒有，越有越方便。」她們母女在這沒有米下鍋的情形中，自己也覺得窮到了極點，不會有再比自己窮的人了。也作「越有越有，越沒有越沒有。」

【越俎代庖】

俎：古代祭祀時陳列牛羊祭品的器具；庖：廚師。《莊子・逍遙遊》：「庖人雖不治庖，尸祝不越樽俎而代之矣。」後用「越俎代庖」比喻超越職權範圍去管別人所管的事。也指包辦代替。宋・曹彥約《上宰執台諫札子》：「經畫當有正官，越俎代庖，其名不正。」也作「越庖代俎」。唐・崔致遠《謝就加侍中表》：「況乃權有他門，刃無餘地，動見越庖代俎。」

【粵犬吠雪】

粵：廣東的簡稱。唐・柳宗元《答韋中立論師道書》：「前六七年，僕來南。二年冬，幸大雪逾嶺被南越中數州。數州之犬皆蒼黃吠噬狂走者累日，至無雪乃已。」粵地難得下雪，狗一看見就叫。比喻少見多怪。宋・楊萬里《荔枝歌》：「粵犬吠雪非差事，粵人語冰夏蟲似。」

ㄩㄢ

【淵渟嶽立】

見「淵渟嶽峙」。

【淵渟嶽峙】

渟：ㄊㄧㄥˊ，積水不流；峙：聳立。如深淵一樣沉穩，像高山一樣聳立。比喻堅定穩重，人品高尚。晉・石崇《楚妃嘆》詩：「矯矯莊王，淵渟嶽峙。」也作「淵渟嶽立」。晉・葛洪《抱朴子・名實》：「執經衡門，淵渟嶽立。」也作「嶽峙淵渟」、「嶽鎮淵渟」。《文選・王融〈三月三日曲水詩序〉》：「回輿駐罕，嶽鎮淵渟。」

【鳶飛魚躍】

鳶：老鷹。《詩經・大雅・旱麓》：「鳶飛戾天，魚躍於淵。」鷹翔天空，魚躍水面。比喻萬物各得其所，自得其樂。宋・樓鑰《南山廣莫軒》詩：「一千里外在吾目，三十年來無此游。地下天高俱歷歷，鳶飛魚躍兩悠悠。」也作「魚躍鳶飛」。宋・陸游《除寶謨閣待制謝表》：「風行雷動，號令靡隔於幽遐；魚躍鳶飛，人材不遺於疏賤。」

【鳶肩豺目】

鳶：老鷹。像老鷹那樣聳肩弓背，像豺狼的目光那樣兇狠。形容醜陋、兇狠、陰險可怕。《後漢書・梁冀傳》：「為人鳶肩豺目」。

【鳶肩火色】

鳶：老鷹。雙肩聳立像老鷹，面色如火顯紅光。舊時相術指飛黃騰達的大吉面相。《舊唐書・馬周傳》：「吾見馬君論事多矣……然鳶肩火色，騰上必速，恐不能久矣。」

【冤沉海底】

蒙受的冤屈像沉入海底一樣，永遠無法昭雪。《醒世恆言》卷三六：「我指望忍辱偷生，還圖個報仇雪恥，不道這賊原放我不過；我死也罷了，但是冤沉海底，安能瞑目？」

【冤仇宜解不宜結】

指有了冤仇，要設法消除，不要加深。例你們兩家為父母遺產鬧得夠了，況且事情已經過了兩年多了。冤仇宜解不宜結，不要再鬧下去了，這對孩子會有不好的影響。也作「冤家宜解不宜結」、「冤仇可解不可結」、「冤則解，不可結」、「仇可解，不可結」。

【冤大頭】

①比喻枉費錢財的人。例要我做冤大頭，我才不幹哩！②比喻無辜受到凌辱、欺騙的人。例她太老實，又沒心眼，跟那幫傢伙在一起，總免不了做冤大頭。也作「冤桶」。例他真是個大冤桶，為了擺闊，錢都給人家騙走了。

【冤各有頭，債各有主】

見「冤有頭，債有主」。

【冤家不可結，結了無休歇】

指不可結仇，結了仇雙方就沒完沒了。《警世通言》卷九：「今日恃了天子一時寵幸，就來還話，報復前仇。出於無奈，不敢違背聖旨，正是敢怒而不敢言。常言道：「冤家不可結，結了無休歇；侮人還自侮，說人還自說。」

【冤家對頭】

冤家：仇家。相互仇恨的死對頭。《紅樓夢》一〇〇回：「不是我說，哥哥的這樣行為，不是兒子，竟是個冤家對頭。」

【冤家路狹】

見「冤家路窄」。

【冤家路窄】

指仇人狹路相逢，無可迴避。常比喻不願見面的人偏偏相見。《初刻拍案驚奇》卷三〇：「眞是冤家路窄，今日一命討了一命，那心上事只有李參軍知道。」也作「冤家路兒狹」。《紅樓夢》一〇〇回：「眞正俗語說的，冤家路兒狹，不多幾天，就鬧出人命來了。」

【冤家碰着對頭】

指兩個仇人或對手相逢。例眞倒霉，冤家碰著對頭，他大兒子當了警察，我小兒子犯案又碰在他手裏，後果不堪設想。

【冤家少結，方便多行】

指不要和人結仇，多給人些方便。例別和他過不去，省得他將來報復。冤家少結，方便多行，這話要記住。

【冤家狹路相逢——分外眼紅】

見「仇人相見——分外眼紅」。

【冤家債，還不徹】

冤家：稱相愛的人。指欠了冤家的相思債，永遠還不完。明·劉效祖《鎖南枝》曲：「冤家債，還他不徹，一節不了又添上一節。」

【冤殺旁人笑殺賊】

冤枉了好人，倒讓眞正的壞人發笑。例這事兒不是我幹的，姐姐怎麼栽到我頭上來了。這不正是冤殺旁人笑殺賊。

【冤天屈地】

形容冤枉委屈到了極點。《初刻拍案驚奇》卷八：「眞是冤天屈地，要好成歉。吾好意爲你寄信，你妻子自不曾到，今日這話，卻不知禍從天降！」

【冤有頭，債有主】

報冤要找作惡者，討債要找欠債人。指報仇要找準對象，不累及他人。《五燈會元·法雲本禪師法嗣》：「上堂，衆集定，喝一喝曰：『冤有頭，債有主。』」《花月痕》一回：「冤有頭，債有主，願大衆莫結惡緣。」也作「冤各有頭，債各有主」。《京本通俗小說·錯斬崔寧》：「我雖是個剪徑的出身，卻也曉得冤各有頭，債各有主。」也作「冤有冤家，債有債主」、「冤有頭，户有主」。

【冤冤相報】

《敦煌變文集·廬山遠公話》：「若不今生猛斷卻，冤家相報幾時休？」佛家認爲冤仇報仇循環往返。元·陶宗儀《南村輟耕錄·張道人》：「我實欲毀其室，以快所憤；因念冤冤相報，無有了時，遂棄火歸。」

【鴛儔鳳侶】

鴛：鴛鴦的省稱，雌雄偶居不離；儔：ㄔㄡˊ，伴侶；鳳：鳳凰，一種傳說中的鳥。形容男女歡愛相諧如鴛鴦、鳳凰作伴。明·王玉峯《焚香妃·離間》：「謾說鴛儔鳳侶，惹起蜂爭蝶忌。」

【鴛鴦戲水——成雙成對】

鴛鴦：鳥，像野鴨，形體較小，多成對生活在水中。文學上多用來比喻夫妻。見「鹿子飲水——成雙成對」。

【箢篼抬狗——不受人尊敬】

箢篼（ㄉㄡ）：也叫箢箕，竹篾等編成的盛東西的器具。比喻被人瞧不起。例你死呆在那兒有什麼好，箢篼抬狗——不受人尊敬，還不如另換個地方。

ㄩㄢˊ

【元惡大憝】

元惡：首惡；憝：ㄉㄨㄟˋ，奸惡。指罪魁禍首。《尚書·康誥》：「封，元惡大憝，矧惟不孝不友」。宋·陳亮《與石天民書》：「兄其愈思所以自廣，自非元惡大憝，豈無欲善之心乎！」也作「元惡大奸」。《明史·楊愼傳》：「聖人設贖刑，乃施於小過，俾民自新。若元惡大奸，無可贖之理。」也作「元凶巨惡」。《李自成》一卷一二章：「他（孫傳庭）向跟在身邊的中軍參將劉仁達說：「火速通令三軍，闖賊等元兇巨惡不死即傷，務須認眞於死尸中及林間草叢逐處搜查，不得有誤。」

【元惡大奸】

見「元惡大憝」。

【元方季方】

南朝宋·劉義慶《世說新語·德行》載：東漢陳寔有兩個兒子，一名陳紀，字元方；一名陳諶，字季方。二人都以才德兼優著稱。一次兩人的兒子在談論各自父親的功德時，爭執不下，同去問祖父陳寔。陳寔說：「元方難爲兄，季方難爲弟。」比喻兩兄弟才德難分高下。後用「元方季方」稱頌兄弟的才德不相上下。宋·劉克莊《祭林寒齋文》：「退而就館，接君雁行，有禮有法，元方季方。」

【元亨利貞】

原爲《周易》乾卦卦辭。多指吉利的象徵。《周易·乾》：「元者善之長也，亨者嘉之合也，利者義之和也，貞者事之干也。君子行此四德者。故曰：『乾元亨利貞。』」後用以贊美人的德行。《魏書·尉元傳》：「前司徒尉元，前大鴻臚卿游明根并元亨利貞，明允誠素。」

【元龍高臥】

《三國志·魏書·陳登傳》載：陳登，字元龍，在廣陵有盛名。一次許汜和劉表、劉備共論天下人。……汜曰：「昔遭亂過下邳，見元龍。元龍無客主之意，久不相與語，自上大床臥，使客臥下床。」後用「元龍高臥」比喻怠慢客人。《聊齋志異·巧娘》：「室惟一榻，命婢展兩被其上。生自慚形穢，願在下床。女笑曰：『佳客相逢，女元龍何敢高臥？』」

【元輕白俗】

元、白：指唐代詩人元稹、白居易。

唐・李肇《唐國史補》卷下：「元和以後，爲文筆則學奇詭於韓愈，學苦澀於樊宗師……學淺切於白居易，學淫靡於元稹。俱名爲元和體。」後用「元輕白俗」指仿作的人拋棄元、白樂府詩的精華，文筆粗俗、輕浮。宋・張擴《次韻徐端明師川清明見訪小集》詩：「更著新聲定場屋，元輕白俗浪爭先。」

【元帥的帳篷——不前不後】

舊時軍隊元帥爲了便於指揮和安全，其指揮部多位於軍隊的中央。雙關語，指不突出、不落後，位於中間狀態。比喻平庸。例他說自己並不想出鋒頭，只希望能在工作和學習上像元帥的帳篷——不前不後。

【元帥升帳——威風凜凜】

升帳：元帥在帳篷中召集將士議事或發令。見「穆桂英出征——威風凜凜」。

【元宵掉進肉鍋裏——說他混蛋，他還心裏甜】

比喻人不知好歹，不明事理。例這個人眞不知羞恥，元宵掉進肉鍋裏——說他混蛋，他還心裏甜哩！

【元兇巨惡】

見「元惡大憝」。

【元元本本】

事物的由來與根本。唐・張悅《四門助敎尹先生墓志》：「故每外和內厲，元元本本，學者如斯，不舍晝夜。」後多指從頭到尾地詳述事情的全部經過。也作「**原原本本**」。例經過了徹夜長談，林同學把偷竊的過程原原本本的都告訴老師了。也作「**源源本本**」。隋・薛道衡《老氏碑》：「於是儒墨爭騖忍，名法並馳，禮經三百不能檢其隋性，刑典三千未足息其奸宄。故知潔其流者澄其源，直其末者正其本，源源本本，其唯大道乎！」

【園裏的韭菜——你算哪一蔸】

蔸：ㄉㄡ，量詞，叢，棵。見「一個人拜把子——你算老幾」。

【園裏的葵花——永遠向陽】

比喻目標明確，永不改變。例希望你們在未來的道路上，像園裏的葵花——永遠向陽。

【園藝師的手藝——移花接木】

比喻暗中施計，更換人或事物。例「這並不是我們選用的人員，怎麼搞的？」「園藝師的手藝——移花接木，有人在搞鬼。」

【園中的韭菜——割了一茬又一茬】

比喻事物在連續不斷地發展。有時指壞人壞事不斷出現。例應當不斷創造，不斷收穫，就像園中的韭菜——割了一茬又一茬，接連不斷。

【圓頂帳子——沒門】

也作「**圓頂帳子——無門**」。見「進屋跳窗戶——沒門」。

【圓冠方領】

指古代儒者的服飾。因用以代稱儒者。唐・王勃《益州夫子廟碑》：「圓冠方領，再行鄒魯之風。」

【圓顱方趾】

見「圓首方足」。

【圓木警枕】

《資治通鑑・後梁均王貞明五年》：「[錢]鏐自少在軍中，夜未嘗寐，倦極則就圓木小枕或枕大鈴，寐熟輒欹而寤，名曰：『警枕』。」用圓木爲枕，睡時容易驚醒。後以「圓木警枕」形容發憤不懈。明・趙弼《疥鬼對》：「且夫古人之勤學者，必昕夕无怠，是故蘇秦刺股，孫敬閉門，范希文斷虀畫粥，司馬光圓木警枕，皆欲屏其宴安之氣，而勉其儆戒之志也。」

【圓首方足】

《淮南子・精神訓》：「頭之圓也像天，足之方也像地。」泛指人類。南朝宋・何承天《答顏永嘉書》：「圓首方足，容貌匪殊，惻隱恥惡，悠悠皆是。也作「**圓顱方趾**」。

【圓鑿方枘】

鑿：榫孔；枘：榫頭。方榫頭插不進圓榫孔。比喻彼此不相投合。戰國楚・宋玉《九辯》：「圓鑿而方枘兮，吾固知其鉏鋙而難入。」唐・陸長源《上宰相書》：「諫臣須蹇蹇匪躬之士，憲臣須孜孜嫉惡之人，今悉求溫潤美秀，沈默弘寬者爲之，蓋北轅適楚、圓鑿方枘，欲求扶傾愈疾，其可得乎？」也作「**方枘圓鑿**」。

【原地踏步走】

指毫無進步，保持原樣。例他練了半年字，怎麼一點長進也沒有，還是原地踏步走。

【原封不動】

原來的封口沒有動過。形容沒有一點變動。元・王仲文《救孝子》四折：「（賽盧醫云）是你的老婆，這等呵，我可也原封不動，送還你罷。」

【原情比跡】

原：探究。探究情由，比較各種跡象。《後漢書・任光等傳論》：「凡言成事者，以功著易顯；謀幾初者，以理隱難昭。斯固原情比跡，所宜推察者也。」

【原情定過】

見「原情定罪」。

【原情定罪】

原：探究。漢・桓寬《鹽鐵論・刑德》：「故《春秋》之治獄，論心定罪，志善而違於法者免，志惡而合於法者誅。」究察其本心意圖從而確定其是否有罪或罪之輕重。宋・陳亮《酌古論四・桑維翰》：「復割盧龍以遺之，使夷狄有輕中國之心，長驅徑入，習以爲常。原情定罪，維翰可勝誅哉！」也作「**原心定罪**」。《漢書・薛宣傳》：「《春秋》之義，原心定罪。原[薛]況以父見謗發忿怒，無它大惡……況竟減罪一等，徙敦煌。」也作「**原情定過**」。漢・霍諝《奏記大將軍梁高》：「[霍]諝聞《春秋》之義，原情定過，赦事誅意，故許止雖弒君而不罪，趙盾以縱賊而見書。」

【原始察終】

見「原始要終」。

【原始反終】

見「原始要終」。

【原始見終】

見「原始要終」。

【原始要末】

見「原始要終」。

【原始要終】

要：求，察。探求事物發展的本源和結果。《周易・繫辭下》：「《易》之爲書也，原始要終，以爲質也。」也作「**原始反終**」。《周易・繫辭上》：「原始反終，故知死生之說。」也作「**原始見終**」。漢・王充《論衡・實知》：「亦揆端類推，原始見終。」也作「**原始察終**」。《史記・太史公自序》：「網羅天下放失舊聞，王跡所興，原始察終，見盛觀衰。」也作「**原始要末**」。《後漢書・荀彧傳論》：「常以爲中賢以下，道無求備，智算者有所研疏，原始未必要末，斯理之不可全詰者也。」

【原心定罪】

見「原情定罪」。

【原形畢露】

畢：完全。本相完全暴露出來。例在警方的嚴密監視下，該嫌犯終於原形畢露，現出邪惡的眞面目。

【原原本本】

見「元元本本」。

【源長流深】

見「源遠流長」。

【源長流遠】

見「源遠流長」。

【源浚流長】

見「源遠流長」。

【源清流潔】

見「源淸流淸」。

【源清流淨】

見「源淸流淸」。

【源淸流淸】

源頭水淸，下游的水也就乾淨。比喻身居高位的人賢明，其下屬也就廉潔。也比喻事物的開頭好，其發展和結果也好。《荀子・君道》：「原(源)淸則流淸，原（源）濁則流濁。」漢・韓嬰《韓詩外傳》卷五：「君者，民之源也。源淸則流淸，源濁則流濁。也作「**源淸流潔**」。漢・班固《高祖沛泗水亭碑銘》：「源淸流潔，本盛末榮。」也作「**源淸流淨**」。明・無名氏《怒斬關平》頭折：「你是花根本豔，源淸流淨，端的是不虛名。」

【源深流長】

見「源遠流長」。

【源殊派異】

源頭不同，支流各異。指各種學派、學說皆各有自己的體系和流派，互不相同。例學術界雖然源殊派異，但學者們都把尊重科學作爲自己的準則。

【源頭活水】

源頭流水永不枯竭。比喻學習的知識越多，能力越强。也比喻事物發展的動力和源泉。明・海瑞《樂耕堂》詩：「源頭活水溢平川，桃色花香總自然。」

【源源本本】

見「元元本本」。

【源源不絕】

見「源源而來」。

【源源而來】

連續不斷地到來。《孟子・萬章上》：「欲常常而見之，故源源而來。」淸・李伯元《南亭筆記・錢東平》：「居者設局，行者設卡，同會其數，以濟軍需。所取甚廉，故商賈不病；所入甚巨，故軍餉有資，源源而來，取不盡而用不竭。」也作「**源源不絕**」。例藥品和食物正源源不絕地運往災區。

【源遠流長】

河流源頭深遠，水流很長。比喻歷史悠久或根基深厚。唐・白居易《海州刺史裴君夫人李氏墓志銘》：「夫源遠流長，根深者枝茂。」也作「**源深流長**」。《宣和書譜單書六・千文》：「人謂其機會與造化爭衡，非人工可到。蓋胸中所養不凡，源深流長，自然之道。」也作「**源浚流長**」。南朝梁・沈約《贈沈錄事、江水曹二大使詩五章》之一：「伊我洪族，源浚流長。」也作「**源長流深**」。唐・顏眞卿《東莞臧氏糺宗碑銘》：「源長流深，德盛祀遠。」也作「**源長流遠**」。元・黃溍《陳生詩》：「源長流自遠，根大枝乃蕃。」

【爰親作親】

由於平日兩家關係密切而聯姻。《儒林外史》二一回：「你若不棄嫌，就把與你做個孫媳婦。你我爰親作親，我不爭你的財禮，你也不爭我的裝奩，只要做幾件布草衣服」。

【黿鳴鱉應】

黿：亦稱「綠團魚」，俗稱「癩頭黿」；鱉：俗稱「甲魚」、「團魚」。二者皆生活於河湖中。意爲黿一叫，鱉就回應。比喻一倡一隨，彼此呼應。《舊唐書・李密傳》：「黿鳴鱉應，見機而作，宜各鳩率子弟，共建功名。」

【援筆成章】

援筆：拿起筆來。一提筆就寫出文章。比喻文思敏捷。唐・蔣防《霍小玉傳》：「生素多才思，援筆成章，引喻山河，指誠日月，句句懇切，聞之動人。」也作「**援筆而就**」。淸・李漁《意中緣・名逋》：「須要逐筆圖寫出來，不是可以倚馬而成，援筆而就的」。也作「**援筆立成**」。《南史・蔡景歷傳》：「召令草檄，景歷援筆立成，辭義感激，事皆稱旨。」

【援筆而就】

見「援筆成章」。

【援筆立成】

見「援筆成章」。

【援古證今】
援：引。引用古人古事來論證現實。宋・周必大《題張右丞如瑩奏疏》：「公上疏五六千言，援古證今，事事皆有規劃。」也作「引古證今」。《元史・李孟傳》：「孟宇量閎廓，材略過人，三入中書，民間利害，知無不言，引古證今，務歸至當。」

【援溺振渴】
援：救助；溺：落水者；振：救助。援救落水者和乾渴者。比喻援救身處困境的人。宋・邵伯溫《聞見後錄》卷一五：「曾未期月，援溺振渴，事無巨細，悉究本末。」

【援疑質理】
援：引證；質：通「詰」，詢問，探問。提出問題，探詢事理。明・宋濂《送東陽馬生序》：「余立侍左右，援疑質理，俯身傾耳以請。」

【猿悲鶴怨】
見「猿驚鶴怨」。

【猿鶴蟲沙】
《藝文美聚》卷九〇引晉・葛洪《抱朴子》：「周穆王南征，一軍盡化，君子爲猿爲鶴，小人爲蟲爲沙。」後比喻死於戰場的將士或死於戰亂的百姓。清・楊潮觀《吟風閣雜劇・下江南曹彬誓衆》：「你看山川圖畫，人物衣冠，生聚年時久，忍下得咸陽一炬里變焦丘，猿鶴蟲沙滿地愁。」

【猿驚鶴怨】
形容哀怨淒慘的氣氛。清・袁枚《小倉山房尺牘・與姚小坡刺史》：「自笑去官廿年，正如開元天寶，久矣人不知兵，而一旦有范陽之事，能勿猿驚鶴怨乎！」也作「猿悲鶴怨」。宋・朱熹《送籍溪胡丈赴館供職二首》詩之二：「猿悲鶴怨因何事？只恐先生袖手歸。」

【猿穴壞山】
猿猴的巢穴可以使山受到毀壞。比喻小毛病不注意將會鑄成大錯或疏忽小事而釀成大禍。漢・孔融《臨終》詩：「河潰蟻孔端，山壞由猿穴。」

【轅馬拉套——不受重用】
轅馬：兩匹馬拉車時，一匹馬駕轅，一匹馬拉套，轅馬即駕轅的馬。比喻沒有被安排在重要的工作崗位上。例這樣一個有才幹的人，卻在此跑龍套，眞是轅馬拉套——不受重用。

【轅馬套在車後頭——拉倒車】
比喻倒退或退步。例轅馬套在車後頭——拉倒車，是沒有出路的，你應該清醒。

【緣薄分淺】
見「緣慳分淺」。

【緣名失實】
有其名，無其實。宋・蘇軾《宸奎閣碑》：「漢明以察爲明，而梁武以弱爲仁，皆緣名失實，去佛甚遠。」

【緣木求魚】
緣：攀援。《孟子・梁惠王上》：「以若所爲求若所欲，猶緣木而求魚也……緣木求魚，雖不得魚，無後災；以若所爲求若所欲，盡心力而爲之，後必有災。」爬到樹上去找魚。比喻方向或方法不對，無法達到目的。《後漢書・劉玄傳》：「今以所重加非其人，望其毗益萬分，興化致理，譬猶緣木求魚，升山採珠。」也作「緣木希魚」。《後漢書・周舉傳》：「陛下所行，但務其華，不尋其實，猶緣木希魚，卻行求前。」

【緣木希魚】
見「緣木求魚」。

【緣慳分淺】
緣、分：迷信者指命中註定的機遇；慳：ㄑㄧㄢ，欠缺。緣分淺，遇不到知己。《儒林外史》三〇回：「只爲緣慳分淺，遇不著一個知己，所以對月傷懷，臨風灑淚。」也作「緣慳命蹇」。《羣音類選〈餘慶記・深閨幽思〉》：「何時得見郎，恨緣慳命蹇。」也作「緣薄分淺」。《羣音類選・無名氏〈點絳唇・相思〉》：「想的人心似刀割，肉似錘剜，也是我緣薄分淺，不能夠永久團圓。」

【緣慳命蹇】
見「緣慳分淺」。

【緣情體物】
緣：循、因；體：描寫。晉・陸機《文賦》：「詩緣情而綺靡，賦體物而瀏亮。」後用「緣情體物」比喻抒發感情，描寫事物。唐・王勃《平台秘略論十首・文藝三》：「故文章經國之大業，不朽之能事，而君子所役心勞神，宜於大者遠者，非緣情體物，雕蟲小技而已。」也作「緣情肖物」。清・周亮工《賴古堂名賢尺牘新抄》卷一引宋鈺《與邦衡書》：「大抵詩以言志，情貴副境，緣情肖物，各極其致，乃爲佳也。」

【緣情肖物】
見「緣情體物」。

【緣文生義】
緣：因；文：文字，指字面。指讀書不求甚解，僅從字面意思上牽强附會。宋・朱熹《答呂子約》：「讀書窮理，須認正意，切忌如此緣文生義，附會穿穴。」也作「望文生義」。

ㄩㄢˇ

【遠不間親】
間：ㄐㄧㄢˋ，參與。關係疏遠者不介入關係親近者之間的事。《管子・五輔》：「夫然則下不倍上，臣不殺君，賤不逾貴，少不陵長，遠不間親，新不間舊，小不加大，淫不破義。凡此八者，禮之經也。」也作「疏不間親」。

【遠愁近慮】
考慮眼前和將來的事。形容考慮周到。《紅樓夢》五六回：「他這遠愁近慮，不亢不卑，他們奶奶就不是和咱們好，聽他這一番話，也必要自愧的變好了。」

【遠處稱誇，近方賣弄】
指向遠近各處宣揚稱道。《水滸傳》三

六回：「小人遠方來的人，投貴地特來就事，雖無驚人的本事，全靠恩官作成，遠處稱誇，近方賣弄。如要筋重膏藥，當下取贖，如不用膏藥，可煩賜些銀兩銅錢賫發，休教空過了盤子。」

【遠道行兵，以食爲重】

遠距離作戰，糧草供應十分重要。例遠道行兵，以食爲重，這次我們要打迂迴戰，負責後勤工作的同志要多準備乾糧。

【遠方涉水，深淺不辨；異鄉投宿，禍福不知】

指對異鄉情況不了解，福禍難測。《施公案》一一五回：「賀天保下鐙離鞍，下了坐騎，前來攙扶大人下馬，轉身上前叫門，說是行路人前來投宿。可惜施公忠正，天保義氣，此一叫門，禍災不小。……正是：遠方涉水，深淺不辨；異鄉投宿，禍福不知。」

【遠隔重洋】

重洋：一重重的海洋。遠在海外。《鏡花緣》五二回：「無如遠隔重洋，何能前去看來。」

【遠觀不如近睹】

遠看不清楚，近看很分明。《孽海花》七回：「雯靑倒嚇了一跳。山芝道：『遠觀不如近睹。』就拿了一張薛濤箋寫起局票來，吩咐船等一等開，立刻去叫彩雲。」也作「**遠看不如近睹**」、「**遠看未實，近看分明**」。

【遠害全身】

遠：遠離。遠離禍患，保全自身。《詩經・王風・君子陽陽序》：「君子遭亂，相招爲祿仕，遠害全身而已。」元・無名氏《賺蒯通》二折：「元帥，我勸你不如學那范蠡、張良，早棄官而去，倒落的個遠害全身也。」也作「**全身遠害**」。

【遠見卓識】

遠大的目光，卓越的見識。明・焦竑《玉堂叢語・調護》：「解縉之才，有類東方朔，然遠見卓識，朔不及也。」

【遠交近攻】

《戰國策・秦策三》：「[范雎曰]王不如遠交而近攻，得寸則王之寸，得尺亦王之尺也。今捨此而遠攻，不亦謬乎？」結交遠方的國家，進攻鄰近的國家。原爲戰國時范雎爲秦國制定的一種外交策略。後也指一種待人處世的手段。明・張岱《募修岳鄂王祠墓疏》：「止須學范雎遠交近攻之法。」

【遠舉高飛】

舉：起飛。比喻走避遠方。多指擺脫困境，到遠方尋求新的出路。戰國楚・屈原《九章・惜誦》：「欲高飛而遠集兮，君罔謂女何之？」宋・吳潛《八聲甘州・和魏鶴山韻》詞：「矯首看鴻鵠，遠舉高飛。」也作「**遠走高飛**」。《老殘遊記》一八回：「如查不出，我自遠走高飛，不在此地獻醜了。」

【遠客生地兩眼黑】

遠方客人到生地方來，對當地情況一點也不了解。例這些錯誤，我想也不能完全怪你。我早說過：「遠客生地兩眼黑嘛！」他本領再大，不熟悉情況，又有什麼用？

【遠來的和尚會念經】

遠方來的和尚比本地和尚更受人尊敬。指尊重外地人而輕視本地人。老舍《中天賜傳》二：「老者向老胡一努嘴；遠來的和尚會念經，老胡把寶物發現的經過說了一番。」也作「**遠來和尚好念經**」、「**遠來的和尚好看經**」。

【遠路沒輕擔】

路途遠，即使輕擔也會感到越來越沉重。《西遊記》八〇回：「三藏道：『教八戒馱他走罷。』行人笑道：『呆子造化到了！』八戒道：『遠路沒輕擔。』教我馱人，有甚造化？」也作「**遠路無輕擔**」、「**百步無輕擔**」。

【遠路人蹚水——不知深淺】

蹚水：涉水。見「黑夜過河——不知深淺」。

【遠慮深計】

見「遠慮深思」。

【遠慮深思】

謀劃、考慮得深遠、周到。漢・崔寔《政論》：「昔聖王遠慮深思，患民情之難防，憂奢淫之害政。」也作「**遠慮深計**」。《晉書・文六王傳》：「太后自往勉喻曰：『若萬一加以他疾，將復如何！宜遠慮深計，不可專守一志。』」

【遠親不如近鄰】

親戚住得遠，幫不上忙；鄰居挨得近，倒可及時協助。明・邵璨《香囊記》五齣：「秀才，自古道遠親不如近鄰。老娘忝爲鄰居，衣食稍爲贏餘，日後倘有欠缺，都是老娘應當。」也作「**遠親不似近鄰**」。

【遠親近鄰，不如對門】

住在對門的人，比遠親近鄰更能及時照應。例我對門那家鄰居可好哩！家裏老人生病，上門問候；來了客人，他們幫助接應，簡直替我當半個家。眞應了俗話說的，遠親近鄰，不如對門。

【遠親近友】

泛指所有親戚朋友。《紅樓夢》二九回：「凡一應遠親近友，世家相與，都來送禮。」

【遠求騏驥】

驥：良馬。到遠方找良馬。比喻尋求人才。《晉書・馮跋載記》：「吾遠求騏驥，不知近在東鄰，何識子之晚也！」

【遠人無目】

站在遠處的人，他的眼睛是看不淸的。形容距離太遠只能看到模糊的輪廓。唐・王維《山水論》：「凡畫山水，意在筆先，丈山尺樹，寸馬分人，遠人無目，遠樹無枝，遠山無石。」

【遠水不解近渴】

見「遠水不救近火」。

【遠水不救近火】

遠處的水救不了近處的火。比喻緩不濟急。《韓非子・說林上》：「失火而取水於海，海雖多，火必不滅矣，遠水不救近火也。」清・吳趼人《痛史》三回：「爲今之計，到臨安取救，是遠水不救近火。」也作「**遠水難救近火**」。《隋唐演義》九一回：「但潼關既陷，長安危甚，賊勢方張，漸逼京師，外兵未能遽集，所謂遠水難救近火。」也作「**遠水救不得近火**」。《二刻拍案驚奇》卷三：「只是遠水救不得近火，小兄弟其實等不得那從容的事了。」也作「**遠水不解近渴**」。《歧路燈》八回：「春宇是生意人性情，也覺著遠水不解近渴，也就沒叫上學。」也作「**遠水救不得近渴**」。《紅樓夢》一五回：「秦鍾道：『這也容易，只是遠水救不得近渴。』」

【遠水救不得近火】

見「遠水不救近火」。

【遠水救不得近渴】

見「遠水不救近火」。

【遠水救近火——來不及】

見「臨渴挖井——來不及」。

【遠水難救近火】

見「遠水不救近火」。

【遠送當三杯】

親朋遠出，多送幾步路抵得上三杯酒。例爲兄餞行，兄執意不肯，且讓我送兄一程，權作遠送當三杯。

【遠圖長慮】

長遠的謀劃和考慮。漢・蔡邕《漢交阯都尉胡府君夫人黃氏神誥》：「心耽其榮，體安其玄，遠圖長慮，用遺舊居。」

【遠行無急步】

走遠路時步子不能邁得太快。例遠行無急步，此去路程遙遠，先生忙也不在一時，既蒙降臨，待我略備薄酒餞行。

【遠洋輪出海——外行（航）】

見「國際商船——外行（航）」。

【遠引曲喻】

從遠處引證，作曲折比方。形容說話不直率。《清史稿・太宗本紀一》：「諸臣有艱苦之情，亦據實奏聞。苟不務直言，遠引曲喻，剿襲紛然，何益於事？」例大家都是多年的老朋友，有話直說無妨，何必遠引曲喻。

【遠引深潛】

引：避開。像鳥兒高飛，魚兒深潛。比喻逃避困境。宋・蘇舜欽《答范資政書》：「某昨得罪后，都下沸騰未已，其謗皆出人情之外，而往往信而傳之，自念非遠引深潛，則不能快仇者之意。」

【遠在天邊，近在眼前】

指不必到遠處尋，就在眼前找。《鏡花緣》四六回：「『請問仙姑，此去小蓬萊，還有若干路程？』道姑道：『遠在天邊，近在眼前，女菩薩自去問心，休來問我。』」也作「**遠在千里，近在目前**」、「**遠在天涯，近在咫尺**」、「**遠在千里，近在眼前**」、「**遠不遠千里，近只在眼前**」、「**遠便十萬八千里，近便在面前**」。

【遠走高飛】

見「遠舉高飛」。

ㄩㄢˋ

【院子裏搭戲台——有戲啦】

比喻有事可做或有話可說。有時指有笑話可看。例經過幾個月的奮鬥，我們的科學試驗，終於院子裏搭戲台——有戲啦，看來這次準能成功。

【怨廢親，怒廢禮】

人怨恨惱怒時，會不顧親戚面子，不顧禮節。例平時他很注重禮節的，這次不知爲什麼勃然大怒，當著衆人的面斥責內弟，全然不顧夫人的面子，應了古人說的：「怨廢親，怒廢禮。」

【怨府禍梯】

府：收藏地、匯集處；梯：階梯，引指由來。怨恨的集中點，禍害的來由。《史記・趙世家》：「毋爲怨府，毋爲禍梯。」

【怨家債主】

怨家：冤家、仇人。泛指與自己結仇的人。唐・孔思義《造象記》：「業道受苦及怨家債主，悉願布施歡喜。」也作「**冤家債主**」。

【怨離惜別】

形容依戀難捨，不忍分手。《古今小說》卷一：「兩下裏怨離惜別，分外恩情，一言難盡。」

【怨女曠夫】

怨女：年長未嫁的女子；曠夫：年長無妻的男子。《孟子・梁惠王下》：「當是時也，內無怨女，外無曠夫。」泛指因貧困等原因而未能及時婚嫁的男女。元・王實甫《西廂記》五本四折：「則因月底聯詩句，成就了怨女曠夫。」

【怨氣衝天】

怨氣：怨憤的情緒。形容怨憤的情緒非常強烈。《東周列國志》七六回：「（伍）員一見其尸，怨氣衝天，手持九節銅鞭，鞭之三百，肉爛骨折。」也作「**怨氣滿腹**」。《後漢書・祭祀志上》：「即位三十年，百姓怨氣滿腹。」

【怨氣滿腹】

見「怨氣衝天」。

【怨親不怨疏】

出了問題，責怪親近的人，不能責怪平時疏遠的人。例你怎麼對陌生的人也發起脾氣來！有什麼火發在我頭上呀，好歹我們相處已久，彼此了解，怨親不怨疏嘛！

【怨入骨髓】

《史記・秦本紀》：「[晋]虜秦三將以歸。文公夫人，秦女也，爲秦三囚將請曰：『繆公之怨此三人入於骨髓，願令此三人歸，令我君得自快烹之。』」形容怨恨到極點。《史記・吳王濞列傳》：「楚元王子、淮南三王或不沐洗十餘年，怨入骨髓，欲一有所出之久矣。」也作「恨入骨髓」。

【怨聲滿道】

見「怨聲載道」。

【怨聲盈路】

見「怨聲載道」。

【怨聲載道】

載：充滿。《詩經・大雅・生民》：「實覃實訏，厥聲載路。」怨恨之聲充滿道路。形容人民的不滿情緒普遍而強烈。《文明小史》九回：「不料是日正值本府設局開捐，弄得民不聊生，怨聲載道。」也作「怨聲滿道」。《後漢書・李固傳》：「開門受賂，署用非次，天下紛然，怨聲滿道。」也作「怨聲盈路」。《魏書・高肇傳》：「肇既當衡軸，每事任己，本無學識，動違禮度，好改先朝舊制，出情妄作，減削封秩，抑黜勛人，由是怨聲盈路矣。」也作「怨聲載路」。《舊唐書・張廷珪傳》：「州縣征輸，星火相逼，或謀計靡所，或鬻賣以充，怨聲載路，和氣未洽。」也作「載道怨聲」。

【怨聲載路】

見「怨聲載道」。

【怨天尤人】

既怨天，又責人。指對不如意的事一味責怪客觀原因或他人。《論語・憲問》：「不怨天，不尤人，下學而上達。」《醉醒石》六回：「便是那憤懣不平之氣，放誕無忌憚之言，心中口中，怨天尤人個不了。」

【怨天怨地】

埋怨天地。指對不如意的事一味責怪客觀原因。元・高文秀《遇上皇》三折：「到今日，悔，悔，悔。也是我前世前緣，自作自受，怨天怨地。」例這次事故本是你不小心造成的，可你還怨天怨地的，眞不像話！

【願得一心人，白頭不相離】

希望能得到一個眞心愛自己的人，和自己白頭偕老，永不分離。謂渴望得到眞正的愛情。宋・郭茂倩《樂府詩集》卷四一載《古辭・白頭吟》：「淒淒復淒淒，嫁娶亦不啼。願得一心人，白頭不相離。」

【願普天下有情的都成了眷屬】

希望天下所有有情的人都能結成美好姻緣。用以表達對男女美好愛情的祝願。元・王實甫《西廂記》五本四折：「永老無別離，萬古常完聚，願普天下有情的都成了眷屬。」也作「願有情人終成眷屬」。

【願作鴛鴦不羨仙】

寧願結爲夫妻，不羨慕神仙生活。例他們倆相戀已久，雖當中遭父母的反對，最後還是喜結良緣。就像唐朝詩人盧照鄰詩句描寫的：「得成比目何辭死，願作鴛鴦不羨仙。」

【願作貞松千歲古，誰論芳槿一朝新】

槿：ㄐㄧㄣˇ，指木槿花。願意作堅貞的松樹，萬古長青，誰管它芬芳的木槿花，只是新鮮於一時。原表達男女同生共死，堅貞不渝的決心，後也用以比喻人要流芳百世，不能爭榮於一時。唐・劉希夌《公子行》詩：「與君相向轉相親，與君雙栖共一身。願作貞松千歲古，誰論芳槿一朝新。百年同謝西山日，千秋萬古北邙塵。」

ㄩㄣ

【暈頭轉向】

暈：頭腦發昏；轉向：辨不清方向。頭腦昏亂，不辨方向。多指對事情和環境生疏或因驚慌而不知所措。例他整天照顧這幾個活蹦亂跳的小孩就已經忙得暈頭轉向了，那還有什麼閒工夫去逛街看電影呢？

ㄩㄣˊ

【雲奔潮湧】

雲在奔騰，潮水上湧。形容聲勢浩大。宋・周密《武林舊事》卷一：「樂作，諸軍隊伍亦次第鼓吹振作，千乘萬騎，如雲奔潮湧，四方百姓，如鱗次蟻聚，迤邐入麗正門。」

【雲奔雨驟】

奔：飛跑；驟：急速。雲在空中奔馳，大雨急速而來。形容聚集迅速。《敦煌變文集・廬山遠公話》：「須臾之間，見聽衆雲奔雨驟，皆至寺內。」

【雲布雨施】

見「雲行雨施」。

【雲彩裏擺手——高招】

雙關語。比喻好辦法，好主意。例你這個點子眞是雲彩裏擺手——高招，使我們擺脫了困境。也作「珠穆朗瑪峯上點燈——高招（照）」。

【雲程發軔】

軔：阻礙車輪轉動的木頭，車啟行時須抽去。故稱啟程爲「發軔」。比喻剛剛踏上錦繡前程。舊時祝人前程遠大的頌辭。清・程允升、鄒聖脈《幼學瓊林・人事》：「賀入學，曰：『雲程發軔。』」

【雲程萬里】

泛指前程遠大。明・胡文煥《南西廂記、鶯鶯探病》：「料雲程萬里終奮，姻緣必諧連理，登榮就親還有日，何須苦苦相縈繫。」

【雲愁霧慘】

形容思緒極愁苦，景象極淒慘。《景德傳燈錄》卷二二：「衆作禮問曰：『雲愁霧慘，大衆嗚呼，請師一言，未在告別。』」也作「愁雲慘霧」。

【雲從龍，風從虎】

龍起生雲，虎嘯生風。指同類事物相互感應。比喻傑出人物應運而出。《周易・乾・文言》：「雲從龍，風從虎，聖人體面萬物睹。」也作「雲生從龍，風生從虎」。

【雲淡風輕】

流雲淡薄、和風輕拂。形容天氣晴好。宋・程顥《春日偶成》詩：「雲淡風輕近午天，傍花隨柳過前川」。也作「**風輕雲淡**」。

【雲端看廝殺】

比喻置身局外，袖手旁觀。例天下事最妙的是雲端看廝殺，你我且置身局外，袖手旁觀，看他們各自如何動作。

【雲過天空】

比喻消失得一乾二淨，不留痕跡。《兒女英雄傳》一一回：「把一樁驚風駭浪的大案，辦得來雲過天空！」也作「**雲淨天空**」。《兒女英雄傳》一七回：「一切了當，覺得這事作得海枯石爛，雲淨天空，何等乾淨解脫，胸中十分痛快。」

【雲海裏觀山景——不識眞面目】

比喻不了解眞相。例這個人神出鬼沒，我們對他就像雲海裏觀山景——不識眞面目。

【雲合霧集】

雲霧從各處湧來並聚集在一起。形容量大且密集。《史記·淮陰侯列傳》：「天下之士雲合霧集。」《舊唐書·魏徵傳》：「奮臂大呼，四方響應，萬里風馳，雲合霧集，衆數十萬。」也作「**雲湧霧集**」。梁啟超《少年中國說》：「舉國志士，雲湧霧集以應之。」也作「**雲屯霧集**」。《水滸傳》六六回：「這北京大名府是河北頭一個大郡，衝要去處，卻有諸路買賣，雲屯霧集，只聽放燈，都來趕趁。」

【雲鬟霧鬢】

雲鬟：婦女髮髻濃密卷曲如雲；鬢：鬢角。形容婦女髮髻高盤，式樣美觀。元·無名氏《碧桃花》一折：「花陰下好一個女子也，看他那雲鬟霧鬢，杏臉桃腮，柳眉星眼。」

【雲集霧散】

比喻人生聚散無常，盛衰莫測，有如雲霧的聚集與消散。漢·班固《西都賦》：「朝發河海，夕宿江漢，沈浮往來，雲集霧散。」

【雲階月地】

見「月地雲階」。

【雲淨天空】

見「雲過天空」。

【雲譎波詭】

譎、詭：怪異，變幻。像雲彩和波浪一樣千變萬化。形容房屋構造或文筆的變化多端，也比喻世事無常。漢·揚雄《甘泉賦》：「於是大夏雲譎波詭，摧嗺而成觀。」《孽海花》一二回：「崇樓傑閣、曲廊洞房，錦簇花團，雲譎波詭。」

【雲開見日】

撥開烏雲，重見天日。比喻黑暗過去，光明到來。《五燈會元·羅漢琛禪師法嗣》：「問；『雲開見日時如何？』師曰：『謾語。』」《水滸傳》七一回：「有日雲開見日，知我等替天行道，不擾良民，赦罪招安，同心報國，青史留名，有何不美！」

【雲裏跑馬——露出馬腳】

見「半天雲裏跑馬——露了馬腳」。

【雲裏千條路，雲外路千條】

比喻到處都有門路。例俗語說得好：「雲裏千條路，雲外路千條。」這裏呆不了，還有別的地方可去，絕對不會走投無路。

【雲龍風虎】

《周易·乾》：「同聲相應，同氣相求，水流失，火就燥，雲從龍，風從虎，聖人作而萬物睹。」指同類事相互感應。後用以比喻聖主賢臣相遇或傑出人物順應時代潮流而出現。《說岳全傳》三回：「英雄自合調羹鼎，雲龍風虎自相投。」清·魏源《治篇》三：「南陽、洛陽、晋陽、鳳陽，今日寥寥之區，昔日雲龍風虎之地。」

【雲迷霧罩】

濃雲密布，迷霧籠罩。形容氣氛陰森。明·李開先《寶劍記》三七齣：「忽然間昏慘慘雲迷霧罩，疏剌剌風吹葉落，振山林聲聲虎嘯，繞溪澗哀哀猿叫。」

【雲南的老虎，蒙古的駱駝——誰也不認誰】

比喻互不相識，彼此沒有關係。例別誤會了，我們不是朋友，雲南的老虎，蒙古的駱駝——誰也不認誰。

【雲泥殊路】

見「雲泥異路」。

【雲泥異路】

比喻地位境遇懸殊得像天上的雲和地上的泥。宋·陳亮《與辛幼安殿撰》：「亮空閒沒可做時，每念臨安相聚之適，而一別遽如許，雲泥異路又如許。」也作「**雲泥殊路**」。南朝梁·荀濟《贈陰梁州》詩：「雲泥已殊路，暄涼詎同節。」

【雲霓之望】

雲霓：指雲和虹。《孟子·梁惠王下》：「民望之，若大旱之望雲霓也。」久旱盼下雨。比喻盼望殷切。明·丘濬《故事成語考·天文》：「望切者若雲霓之望。」

【雲起龍驤】

驤：也作「襄」，騰躍。比喻英雄豪傑趁亂世舉事，建功立業。《漢書·敘傳下》：「信惟餓隸，布實黥徒，越亦狗盜，芮尹江湖，雲起龍驤，化爲侯王。」

【雲起水湧】

見「雲蒸泉湧」。

【雲散風流】

風吹雲散。比喻親友離散。清·龔萼《答姜雲標》：「乃雲散風流，各爲飢寒所迫，斂眉就食，俯首覓衣，竟至以此終老，豈不重可嘆乎。」也作「**風流雲散**」。

【雲樹遙隔】

指親友遠隔兩地。《歧路燈》八六回：「只以雲樹遙隔，山川相阻，未得再親慈誨，企慕之懷，日久愈深。」也作「**雲樹之思**」。《李自成》一卷二六章：「數載闊別，常懷雲樹之思。」也作「**暮雲春樹**」。

【雲樹之思】

見「雲樹遙隔」。

【雲天高誼】
形容情誼高入雲天。《好逑傳》一回：「兄長自是貴人，小弟貧賤，素不識荊，今又正在患難之中，怎知賤姓，過蒙寬慰，自是兄長雲天高誼，但小弟的冤苦已難申訴。」

【雲頭上打靶——放空炮】
比喻光說不做或只許諾不兌現。例要說到做到，別雲頭上打靶——放空炮。

【雲頭上掛剪刀——高才（裁）】
才：「裁」的諧音。見「雲頭上掛剪刀——高才（裁）」。

【雲屯霧集】
見「雲合霧集」。

【雲霞滿紙】
形容文筆精采。明・袁宏道《董思白》：「《金瓶梅》從何得來？伏枕略觀，雲霞滿紙，勝於枚生《七發》多矣。」

【雲消霧散】
比喻一切都成爲過去或怨恨疑慮終於消除。宋・朱熹《經筵留身面陳四事札子》：「而太上皇后，宗戚貴臣，左右環擁，更進譬喩解釋之詞，則太上皇帝雖有忿怒之情，亦且霍然雲消霧散而歡意浹洽矣。」也作「**雲消雨散**」。《警世通言》卷十：「昔日張公淸歌對酒，妙舞邀賓，百歲既終，雲消雨散，此事自古皆然，不足感嘆。」

【雲消雨散】
見「雲消霧散」。

【雲心月性】
像浮雲那樣淡泊，像明月那樣澄淨。形容爲人恬淡，與世無爭。唐・孟浩然《憶周秀才、素上人》詩：「野客雲作心，高僧月爲性。」

【雲興霞蔚】
蔚：聚集。彩雲升騰，霞光聚集。形容絢麗多姿的氣象。南朝宋・劉義慶《世說新語・言語》：「顧長康從會稽還，人問山川之美，顧雲：『千岩競秀，萬壑爭流，草木蒙籠其上，若雲興霞蔚。』」也作「**雲蒸霞蔚**」。淸・侯方域《新遷顏魯公碑記》：「獨斯碑者，雲蒸霞蔚，筆既斷而還連。」

【雲行雨施】
《周易・乾》：「雲行雨施，品物流行。」雲從天上飄過，帶來滋潤萬物的雨。比喩給人間帶來恩澤。唐・楊炯《遂州長江縣先聖孔子廟堂碑》：「雲行雨施，品物流行，天尊地卑，乾坤定矣。」也作「**雲布雨施**」。漢・司馬相如《上林賦》：「浧浧畜畜，緣陵流澤，雲布雨施。」

【雲煙過眼】
見「煙雲過眼」。

【雲湧霧集】
見「雲合霧集」。

【雲遊天下】
到處漫遊，行蹤飄忽，有如行雲。指僧道漫遊四方。《三國演義》七七回：「山上有一老僧，法名普靜，原是汜水關鎭國寺中長老，後因雲遊天下，來到此處。」也作「**雲遊四海**」。

【雲雨分飛】
見「雨散雲飛」。

【雲雨高唐】
戰國楚・宋玉《高唐賦》：「昔者先王嘗遊高唐，怠而晝寢。夢見一婦人，曰：『妾爲高唐客，聞君遊高唐，願薦枕席。』王因幸之。去而辭曰：『妾在巫山之陽，高丘之陰。旦爲朝雲，暮爲行雨。朝朝暮暮，陽台之下。』」後用以指男女合歡。明・張景《飛丸記・堅持雅操》：「雲雨高唐無心夢，良緣自挫甘磨弄。」也作「**雲雨巫山**」。唐・李白《淸平調》詞：「一枝紅艷露凝香，雲雨巫山枉斷腸。」也作「**巫山雲雨**」。

【雲雨巫山】
見「雲雨高唐」。

【雲蒸泉湧】
雲霧蒸騰，泉水湧來。形容大量出現或聲勢浩大。唐・劉知幾《史通・敘事》號：「自茲以降，史道陵夷，作者蕪音累句，雲蒸泉湧。」也作「**雲起水湧**」。梁啟超《意大利建國三傑傳》四：「灑熱血於筆端，伸大義於天壤，舉國之士，應之者雲起水湧。」

【雲蒸霞蔚】
見「雲興霞蔚」。

【雲中白鶴】
比喩品行高潔，超凡脫俗。《南史・劉訏傳》：「訏超超越俗，如半天朱霞；歊矯矯出塵，如雲中白鶴。」

【芸芸衆生】
芸芸：衆多。《老子》一六章：「夫物芸芸，各復歸其根。」《禮記・祭義》：「衆生必死，死必歸土。」佛教用語，指世間一切生靈。比喩塵世凡人。魯迅《文藝與革命》：「這些話，是告訴我們芸芸衆生，到底有一大部分感覺不敏的。」

ㄩㄣˇ

【允文允武】
文事武功兼備，能文能武。《詩經・魯頌・泮水》：「允文允武，昭假烈祖。」明・張岱《孫忠烈公世乘序》：「傳忠傳孝，允文允武。」

【允執厥中】
允：誠信；執：持；厥：代詞，他的，那個。不偏不倚。眞誠地堅持中庸之道，不犯錯誤。《尚書・大禹謨》：「人心惟危，道心惟微，惟精惟一，允執厥中。」《論語・堯曰》：「天之歷數在爾躬，允執厥中。」老舍《老張的哲學》三：「乍看使人覺著有些光線不調，看慣了更顯得『新舊咸宜』，『允執厥中』。」也作「**允執其中**」。唐・玄奘《大唐西域記・僧伽羅國》：「僧伽羅辭不獲免，允執其中，恭揖羣官，遂即王位。」

【允執其中】
見「允執厥中」。

【殞身碎首】

殞：死亡。即粉身碎骨。唐・顏眞卿《讓憲部尚書表》：「在臣一門，叨幸斯極，殞身碎首，無以上報。」

ㄩㄣˋ

【運籌畫策】

運：進行；籌：謀劃；畫策：制定策略。進行謀劃，制定策略。唐・劉知幾《史通・言語》：「運籌畫策，自具於章表。」明・姚夔《贈王都憲公度》：「剛明果斷罔逡巡，運籌畫策如轉輪。」也作「運籌決策」。元・無名氏《隔江鬥智》四折：「貧道本壟上遺民，遇明主三顧殷勤。在軍中運籌決策，長則是羽扇綸巾。」

【運籌決策】

見「運籌畫策」。

【運籌決勝】

見「運籌帷幄」。

【運籌千里】

見「運籌帷幄」。

【運籌帷幄】

運：進行；籌：謀劃；帷幄：軍用帳幕。《史記・高祖本紀》：「夫運籌帷幄之中，決勝千里之外，吾不如子房。」在後方軍帳內謀劃作戰策略。泛指善於籌劃、指揮。元・李庭《送徐子方郎中》：「劍外方屯十萬師，運籌帷幄要英奇。」

【運籌帷幄之中，決勝千里之外】

指在軍營中擬訂出作戰計畫，在千里之外的戰場上取得勝利。形容足智多謀，善作決斷。《史記・留侯世家》：「漢六年正月，封功臣。良未嘗有戰鬥功，高帝曰：『運籌帷幄中，決勝千里外，子房功也。』」也作「運籌決勝」。宋・王楙《野客叢書・張良有後》：「高帝亦曰：『吾所以有天下者三傑，而運籌決勝，得子房之力」。也作「運籌千里」。《舊唐書・李密傳》：「上柱國、總管、齊國公孟讓……大將軍、左長史邴元眞等，並運籌千里，勇冠三軍。」

【運到時來，鐵樹花開】

舊指人交好運什麼事都能辦到。《廿載繁華夢》六回：「自古道：『運到時來，鐵樹花開。』那年正値大比之年，朝廷舉行了鄉試。」

【運掉自如】

掉：回轉。運用和迴旋都極熟練、自然。例畫筆在他手中運掉自如，頃刻間，一隻栩栩如生的波斯貓便展現在大家面前。也作「運用自如」。例這位遠近馳名的雕刻藝術家，將那一把把的雕刻運用自如，創造出無數件完美的作品。

【運乖時蹇】

見「運拙時乖」。

【運計鋪謀】

鋪：鋪設，布置。運用計謀。元・鄭庭玉《後庭花》二折：「這壁廂，爺受苦，那壁廂，兒啼哭，哥也你可憐見同衙共府，你休要運計鋪謀。」也作「運智鋪謀」。明・無名氏《臨潼鬥寶》頭折：「未知那小將軍，怎生排兵布陣，運智鋪謀，有何計策，保某赴會去也。」

【運蹇時乖】

見「運拙時乖」。

【運斤成風】

運：揮動；斤：斧子。《莊子・徐无鬼》：「郢人堊漫其鼻端若蠅翼，使匠石斫之。匠石運斤成風，聽而斫之，盡堊而鼻不傷，郢人立不失容。」斧頭砍下去就是一陣風。比喻技藝純熟。金・元好問《王黃華墨竹》：「豈知遼江一派最後出，運斤成風刄發硎。」

【運氣來到，拿門板也擋不住】

舊指運氣好壞由天定，人抗拒不了。姚雪垠《李自成》二卷二章：「俗話說：運氣來到，拿門板也擋不住。朝廷硬把印把子塞到你手裏，你能堅決不要，得罪朝廷麼？」

【運窮君子拙，家富小兒嬌】

人的運氣盡了，君子也會變得拙笨起來，家裏富裕了，兒女也會變得嬌氣。元・秦簡夫《東堂老》一折：「大古來前生註定，誰許你今世貪饕。那一個積攢的運窮呵君子拙，那一個享用的家富也小兒驕。」

【運去黃金失色，時來鐵也生光】

人倒霉時，黃金也減低成色；運氣好時，頑鐵也生出光輝。《醒世恆言》卷三：「後來鄭元和中了狀元，李亞仙封爲汴國夫人。蓮花落打出萬年策，卑田院只做了白玉堂。一床錦被遮蓋，風月場中反爲美談。正是：運去黃金失色，時來鐵也生光。」也作「運去黃金減價，時來頑鐵生光」、「運乖金失色」、「運去金成鐵，時來鐵是金」。

【運去奴欺主，時乖鬼弄人】

時運不好時，奴僕會來欺侮，鬼也會來捉弄。《三寶太監西洋記》二四回：「運去奴欺主，時乖鬼弄人。我今日遭此大難，誰想一伙猴子也來戲弄我哩！」

【運退金失色，時衰鬼來欺】

舊時認爲運氣盡了，黃金會失掉光彩，魔鬼也會上門欺負。《元史演義》四八回：「運退金失色，時衰鬼來欺，燕帖木兒從未信鬼，至此也膽小如鼷，日夜令人環侍，尚覺鬼物滿前。」

【運用之妙，存乎一心】

乎：在於。運用得巧妙，全在於用心思考。指根據形勢，靈活地運用戰略戰術。《宋史・岳飛傳》：「〔宗〕澤大奇之，曰：「爾勇才藝，古良將不能過，然好野戰，非萬全計。因授以陣圖。飛曰：『陣而後戰，兵法之常；運用之妙，存乎一心。』〔宗〕澤是其言。」也作「運用之妙，在於一心」。《儒林外史》四三回：「湯鎮台道：『且不要管他，運用之妙，在於一心。』」

【運用之妙，在於一心】
見「運用之妙，存乎一心」。
【運用自如】
見「運掉自如」。
【運之掌上】
運：運轉，操縱；掌：手心。如同控制在手心上一樣。形容極其容易。《孟子·公孫丑上》：「以不忍人之心，行不忍人之政，治天下可運之掌上。」例他的實際經驗很豐富，主管這樣一個小小的單位可以說是運之掌上，不用費多大力氣的。
【運智鋪謀】
見「運計鋪謀」。
【運拙時乖】
乖：不和諧，不順。時運不佳。元·關漢卿《五侯宴》五折：「也是我運拙時乖，捨死的盡心兒奈。」也作「**運蹇時乖**」。清·吳璇《飛龍全傳》六回：「小婿過蒙雅愛，結配絲羅；不道運蹇時乖，命途多舛，致使令愛青年遭變，唱隨不終。」也作「**運乖時蹇**」。《封神演義》一三回：「這是弟子運乖時蹇，異事非常。」也作「**運拙時艱**」。元·陳以仁《存孝打虎》二折：「便似班定遠在玉門關，空學的兵書戰策，爭奈運拙時艱，淹留在此去住無門，便似蘇武般陷番。」
【運拙時艱】
見「運拙時乖」。
【韞櫝藏珠】
見「韞櫝而藏」。
【韞櫝而藏】
韞：藏；櫝：ㄉㄨˊ，櫃子，木匣。《論語·子罕》：「有美玉於斯，韞櫝而藏諸？求善賈而沽諸？」比喻懷才待用或懷才隱退。《東周列國志》五八回：「兩位將軍有此神箭，當奏聞吾王，美玉不可韞櫝而藏。」也作「**韞櫝藏珠**」。元·施惠《幽閨記·英雄應辟》：「韞櫝藏珠隱塵跡，萬里前程在咫尺。」也作「**韞櫝待價**」。《後漢書·張衡傳》：「且韞櫝以待價，踵顏氏以行止。」也作「**韞櫝未酤**」。三國魏·劉楨《處士國文甫碑》：「知我者希，韞櫝未酤。」也作「**韞玉待價**」。《三俠五義》八九回：「那明是韞玉待價之意。」
【韞櫝待價】
見「韞櫝而藏」。
【韞櫝未酤】
見「韞櫝而藏」。
【韞玉待價】
見「韞櫝而藏」。
【蘊藉風流】
蘊藉：寬和，含蓄。形容人風度瀟灑，寬和含蓄。清·王韜《陶蘭石》：「及長，為人蘊藉風流，能文章，工詩詞，尤精金石之學。」也指詩文、繪畫的意趣飄逸、含蓄而耐人尋味。清·張謙宜《葛邏祿易之》：「[易之]《賦鸚鵡送偰世南廉使之海南》，贈人處語短而味長，蘊藉風流。」
【蘊奇待價】
蘊：藏蓄。藏著奇珍異寶，等待識貨的人來買。比喻身懷奇才，等待施展的機會。《梁書·武帝紀中》：「若懷寶迷邦，蘊奇待價，蓄響藏眞，不求聞達，並依名騰奏，罔或遺隱。」
【熨斗燙衣服——服服帖帖】
見「野馬上籠頭——服服貼貼」。

ㄩㄥ

【擁鼻微吟】
用手捂著鼻子輕聲吟咏。後指用純正音調拉長聲音吟咏。宋·張公庠《途中》詩：「一年春事又成空，擁鼻微吟半醉中。」也作「**擁鼻吟**」。唐·唐彥謙《春陰》詩：「天涯已有銷魂別，樓上寧無擁鼻吟。」
【擁鼻吟】
見「擁鼻微吟」。
【擁兵玩寇】
擁有軍隊卻不能克敵制勝。《清史稿·策楞等傳論》：「承平久，富貴宴安，恒不足任使，出任軍旅，兵未接，將已內怯，幾何不僨事耶？策楞輩擁兵玩寇，其病正坐此。」
【擁兵自固】
占有軍隊以鞏固自己的地位。《北齊書·神武紀下》：「世子為神武書召景。景先與神武約，得書，書背微點，乃來。書至，無點，景不至，又聞神武疾，遂擁兵自固。」也作「**擁兵自重**」。例清末民初，不少地方軍閥擁兵自重，獨霸一方。
【擁兵自重】
見「擁兵自固」。
【擁彗掃門】
見「擁彗迎門」。
【擁彗先驅】
擁：持；彗：掃帚。手持掃帚在前邊為貴賓清掃道路。形容對客人極其尊敬，待為上賓。《史記·孟子荀卿列傳》：「[騶子]如燕，昭王擁彗先驅，請列弟子之座而受業。」
【擁彗清道】
拿著掃帚清掃道路。比喻開拓性工作，為後來人鋪平道路。晉·郭璞《爾雅序》：「事有隱滯，援據徵之；其所易了，闕而不論。別為音圖，用祛未寤；輒復擁彗清道，企望塵躅者，以將來君子為亦有涉乎此也。」
【擁彗迎門】
手拿掃帚打掃門前道路，在門前恭候佳賓。表示對來客極其敬誠。漢·荀悅《漢紀·高祖紀》：「後上[劉邦]朝太公，太公擁彗迎門，卻行欲拜。」也作「**擁彗掃門**」。明·邱濬《成語故事考·朋友賓主》：「擁彗掃門，迎迓之敬。」
【擁霧翻波】
形容故意製造事端，掀起風波。明·楊慎《洞天玄記》三折：「他若是早早投降，便罷，若還現形發惡，擁霧翻波，就承此計擒捉來遲。」
【庸夫俗子】
碌碌無為、見識淺薄、趣味低下的

人。宋・王應麟《慶元路建醫學記》：「雖國公高手勿能究，豈庸夫俗子可與知！」明・袁宏道《蘭亭記》：「獨庸夫俗子，耽心勢利。」

【庸懦無能】

平庸懦弱，沒有本領。清・李汝珍《鏡花緣》六八回：「武後道：『此事雖易，但朕跟前能事宮娥不過數人，皆朕隨身伺候不可缺的；若使庸懦無能之輩跟隨前去，不獨敎他們笑我天朝無人，反與爾事有礙。』」

【庸人多厚福】

指沒有作爲的人偏偏很有福氣。例他這幾年可交了好運，又是提薪，又是分房，前幾天買獎券還中了個頭彩，不服氣的人都說他是「庸人多厚福」。

【庸人自擾】

自擾：自找麻煩。平庸、沒有作爲的人無事生非，自找麻煩。華而實《漢衣冠》三：「他在房裏踱了半圈，在門口停下，背對著鄭成功，警告似地說：『不要庸人自擾！』」

【庸言庸行】

日常的言語和行爲。《周易・乾》：「庸言之信，庸行之謹。」

【庸醫不信藥，俗僧不信佛】

醫術不高的醫生不相信藥物的效用，平庸的和尚不相信佛的法力。清・吳喬《圍爐詩話》卷四：「庚戌，賤齒六十，友人欲以詩壽。余曰：『若果如此，必踵門而詬之。』友曰：『何至於此！』余曰：『吾是老代筆，專以此侮人者也，君輩乃欲侮我耶！』聞者大笑。庚申，遂無言及之者。『庸醫不信藥，俗僧不信佛』，皆此意也。」

【庸醫殺人】

庸醫：醫術低劣的醫生。醫術低劣的醫生因誤診而使病人喪命。明・張岱《昌谷集解序》：「夫藥亦有數等，庸醫殺人，著手即死者無問矣。」

【庸醫殺人不用刀】

指醫術低劣的醫生用藥不當，貽誤病情，就像殺人一樣。例過去有句老話：「庸醫殺人不用刀。」這就是說，要是遇上醫道不高明、又糊里糊塗的大夫，他要殺人用不著刀子，只要胡亂下藥，這人就玩完啦！

【庸庸碌碌】

形容人沒有志向，無所作爲。明・余繼登《典故紀聞》三：「卿等居持衡秉鑑之任，宜在公平以辨別賢否，毋但庸庸碌碌充位而已。」

【庸中佼佼】

佼佼：高出一籌的樣子。在一般人當中比較突出的。宋・黃庭堅《豫章先生遺文・書雙林十偈》：「成都僧法燈，年少骨鯁，隨緣能立事，他日必不爲庸中佼佼者。」也作「庸中皎皎」。《水經注・洛水》：「上嘆曰：『卿庸中皎皎，鐵中錚錚也。』」

【庸中皎皎】

見「庸中佼佼」。

【雍容不迫】

雍容：態度大方；形容溫和大方，從容不迫。《元史・劉敏中傳》：「敏中平生，身不懷幣，口不論錢，義不苟進，進必有所匡救，援據今古，雍容不迫。」

【雍容典雅】

典雅：優美。形容詩文優美，平正雅麗。宋・陳亮《書歐陽文粹後》：「公之文雍容典雅，紆余寬平，反覆以達其意，無復毫發之遺。」

【雍容爾雅】

見「雍容閒雅」。

【雍容華貴】

體態豐腴，舉止文雅，服飾高貴華麗。多形容貴族婦女姿容和服飾。例林經理那股雍容華貴的氣質使她成爲今晚宴會最受矚目的人。

【雍容文雅】

見「雍容閒雅」。

【雍容閒雅】

雍容：從容大方；閒雅：悠閒文雅。形容態度從容溫和，舉止文雅大方。有時也指詩文婉約典雅。《史記・司馬相如列傳》：「相如之臨邛；從車騎，雍容閒雅甚都。」也作「雍容爾雅」。清・汪琬《拾瑤錄序》：「議論之卓犖，詞采之壯麗，五七言小詩之雍容爾雅，至今讀其片言只句，猶莫不想見其風采。」也作「雍容文雅」。唐・張銳《龍門西龕蘇合宮等身觀世音菩薩像頌》：「今吏部尚書懷遠公之元子，相門華列，儒庭善訓，雍容文雅，當代知名，通才博藝於何不可。」

【雍容雅步】

形容從容不迫，瀟灑大方。《魏書・世祖紀》：「古之君子，養志衡門，德成業就，才爲世使。或雍容雅步，三命而後至；或栖栖遑遑，負鼎而自達。」

【饔飧不飽】

見「饔飧不繼」。

【饔飧不給】

見「饔飧不繼」。

【饔飧不濟】

見「饔飧不繼」。

【饔飧不繼】

饔：早飯；飧：ㄙㄨㄣ，晚飯。吃了上頓沒下頓。形容生活非常貧困，經常斷炊。清・無名氏《杜詩言志》卷七：「於是，衡門之下，環堵蕭然，饔飧不繼，過日恒飢耳。」也作「饔飧不濟」。《三俠五義》一一回：「[展爺]便道：『……今既饔飧不濟，我這裏有白銀十兩，暫且拿去使用。』」也作「饔飧不給」。明・朱國楨《天下第一》：「[鄔尚達]以潔廉無害，除得任丘尉，執法不撓……錙銖無所取，至饔飧不給。」也作「饔飧不飽」。《京本通俗小說拗相公》：「況且民窮財盡，百姓饔飧不飽，沒閒錢去養馬騾。」

ㄩㄥˇ

【永傳不朽】

見「永垂不朽」。

【永垂不朽】

垂：流傳後世；朽：磨滅。永遠流傳後世而不磨滅。指人的名聲、業蹟、精神長久流傳，永不磨滅。《三俠五義》一九回：「就叫范宗華爲廟官，春秋兩祭，永垂不朽。」也作「**永存不朽**」。《三國志・魏書・公孫度傳》裴松之註引《魏書》云：「遺風餘愛，永存不朽。」也作「**永傳不朽**」。南朝梁・簡文帝《吳興楚王神廟牌》：「太守元景仲稽諸古典，於茲往烈，永傳不朽，式樹高碑。」

【永垂竹帛】

竹：竹簡；帛：絹。古時用來寫字，借指書籍。指功名、事跡記錄在書裏，永遠流傳。《隨書・史祥傳》：「驃騎高才壯志，是朕所知，善爲經略，以取大賞，使富貴功名永垂竹帛也。」

【永錫不匱】

錫：同賜；匱：缺乏。《詩經・大雅・既醉》：「孝子不匱，永錫其類。」原指孝道，後泛指永遠供給，使不缺乏。唐・楊炯《唐贈荊州刺史成公神道碑》：「余聞舊說，天降孔明。誰謂靈誕，喪落淑貞。永錫不匱，克揚其名。」

【永存不朽】

見「永垂不朽」。

【永矢弗諼】

矢：發誓，決心；弗：不；諼：ㄒㄩㄢ，忘記。永遠不會忘記。《詩經・叢風・考槃》：「考槃在澗，碩人之寬。獨寐寤言，永矢弗諼。」也作「**永志不忘**」。例老師的話，我們將永志不忘。

【永世其芳】

芳：美好的名聲或德行。比喻美好的東西，永遠流傳。《剪燈餘話・胡媚娘傳》：「長春不老，永世其芳。」

【永世無窮】

永遠沒有窮盡。《尚書・微子之命》：「作賓於王家，與國咸休，永世無窮。」也作「**永永無窮**」。《漢書・景帝紀》：「然後祖宗之功德，施於萬世，永永無窮，朕甚嘉之。」

【永無止境】

永遠不能走到盡頭。形容廣闊無邊。茅盾《秦嶺之夜》：「秦嶺上還有積雪，秦嶺的層嵐屏嶂永無止境似的。」例做學問永無止境，我們必須活到老，學到老。

【永永無窮】

見「永世無窮」。

【永志不忘】

見「永矢弗諼」。

【咏雪之慧】

《晉書・王凝傳》：「王凝之妻謝氏，字道韞，安西將軍奕之女也。聰明有才辯……又嘗內集，俄而雪驟下，安曰：『何所似也？』安兄子朗曰：『散鹽空中差可擬。』道韞曰：『未若柳絮因風起。』安大悅。」後因以「咏雪之慧」來讚美能賦詩作文的才女。明・汪廷訥《獅吼記・敍別》：「只是我娘子雖多咏雪之慧，卻少剉荐之風。」

【咏月嘲風】

吟風弄月。唐・白居易《將歸渭村先寄舍弟》詩：「咏月嘲風先要減，登山臨水亦宜稀。」

【勇動多怨】

勇猛好動往往容易招來怨恨。《莊子・列禦寇》：「勇動多怨，仁義多責。」

【勇而無謀】

謀：謀略，計謀。勇猛過人，卻沒有謀略。《三國演義》一六回：「陳登密諫操曰：『呂布，豺狼也。勇而無謀，輕於去就，宜早圖之。』」

【勇夫悍卒】

勇猛而兇悍的武夫與士兵。《新五代史・周書・王進傳》：「五代之君，皆武人崛起，其所與俱勇夫悍卒，各裂土地封侯王，何異豺狼之牧斯人也！」

【勇冠三軍】

冠：居第一位。三軍：古有中軍、上軍、下軍，泛指軍隊。勇猛爲全軍第一。形容勇猛超羣，天下無敵。北魏・楊衒之《洛陽伽藍記・法雲寺》：「延伯單馬入陣，旁若無人，勇冠三軍。」也作「**勇貫三軍**」。《封神演義》三回：「吾想黑虎身有異術，勇貫三軍，吾非敵手」。

【勇貫三軍】

見「勇冠三軍」

【勇劍敵一人，智劍敵萬人】

謂僅憑勇氣不夠，更要靠智謀取勝。例擊劍不光憑力氣和勇氣，還要靠智謀取勝。古人說：「勇劍敵一人，智劍敵萬人。」差別就這麼大。

【勇將不怯死以苟免，壯士不毀節而求生】

勇猛的將領不會爲了偷生而怕死，壯士不會爲了求生而毀掉氣節。比喻人應有浩然正氣。《三國演義》七四回：「吾聞『勇將不怯死以苟免，壯士不毀節而求生』。今日乃我死日也。汝可努力死戰。」

【勇猛精進】

原爲佛教語，指刻苦修行，向著超凡脫俗的境界邁進，求得佛教眞諦。《無量壽經》上：「勇猛精進，志願無惓。」後泛指刻苦學習，努力上進，使達到更高的造詣。

【勇猛直前】

見「勇往直前」。

【勇略震主者身危，功蓋天下者不賞】

智勇過高使君主都感到震驚的人，會遭到猜忌，處境很危險；功勞太大，蓋過天下的人，反而受不到獎賞。《史記・淮陰侯傳》：「……夫勢在人臣之位而有震主之威，名高天下，竊爲足下危之！」元・無名氏《賺蒯通》二折：「記當日亡秦之後，楚漢爭鋒，專爲雌雄未定，元帥威名無敵，滅楚興劉，立起漢朝社稷，加元帥三齊王之職，見今軍權在手。古人有：『勇略震主者身危，功蓋天下者不賞。』正此之謂也。元帥這一去，必受其禍，願元帥思之。」

【勇男蠢婦】

粗魯蠢笨的男女。《紅樓夢》三五回：「寶玉素昔最厭勇男蠢婦的，今日卻如何又命這兩個婆子進來？其中原來有個緣故。」

【勇士喪元無害】

元：人頭。指勇猛的人對捨棄生命並不在乎。明·葉憲祖《易水寒》二折：「你傷情不用啼，便捐生何足駭。常言道勇士喪元無害。」

【勇退激流】

果斷地從激流中抽身退出。多比喻在官場得意時及時引退，以保全自身。宋·陸游《福州請仁王堅老疏》：「勇退激流，雖具衲子參尋之眼；旁觀袖手，要非邦人向慕之誠。」也作「**勇退急流**」。宋·樓鑰《送衛清叔著作提舉淮東五首》之三：「雖知勇退急流去，壯歲功名會及時。」也作「**急流勇退**」。

【勇退急流】

見「勇退激流」。

【勇往直前】

勇敢地一直向前。形容不怕任何艱難險阻，為達到目的勇敢地奮鬥到底。宋·朱熹《答周南仲》之二：「後來之秀，未見有能勇往直前，探討負荷，以續傳道之脈，茲為可嘆耳。」也作「**勇猛直前**」。朱自清《論氣節》：「知識階級開頭憑著集團的力量勇猛直前，打倒種種傳統，那時候是敢作敢為一股氣。」

【勇者不懼】

懼：害怕。《論語·子罕》：「子曰：『知者不惑，仁者不憂，勇者不懼』。」勇敢的人無所畏懼。魯迅《古小說鉤沉·小說》：「孔子出觀，嘆曰：『勇者不懼，知者不惑，仁者有勇，勇者不必有仁。』」

【踊貴屨賤】

踊：古代為受過刖刑（斬斷腳趾）者製作的鞋；屨：古代用麻、革等製作的鞋。《左傳·昭公三年》：「[齊景公]笑曰：『子近市，識貴賤乎？』[晏子]對曰：『既利之，敢不識乎？』公曰：『何貴何賤？』於是景公繁於刑，有鬻踊者，故對曰：『踊貴屨賤。』……景公為是省於刑。」原是譏諷齊景公濫用刑罰，後用以比喻世態失常。

【踴躍輸將】

踴躍：爭先恐後；輸將：捐獻，資助。例全國人民踴躍輸將，積極支援亞運會。

ㄩㄥˋ

【用兵如神】

形容指揮才能卓越。《慈禧太后演義》一回：「那裏曉得努爾哈赤用兵如神，聲東擊西，避實攻虛，又把明軍殺敗。」

【用出吃奶的力氣】

形容使出最大的力氣。例他用出吃奶的力氣，也沒能把陷進泥裏的車推出來。

【用醋壺打酒——滿不在乎(壺)】

見「夜壺打酒——滿不在乎(壺)」。

【用得著，敵人休；用不得，自家羞】

指用詭術詐謀成功的話，就會戰敗敵人；如果不成功，自己就會遭到別人的恥笑。宋·沈括《夢溪筆談·權智》：「李允則守雄州……大都軍中詐謀，未必皆奇策，但當時偶能欺敵而成奇功。時人有語曰：『用得著，敵人休；用不得，自家羞。』」

【用得著菩薩求菩薩，用不著菩薩罵菩薩】

指要人幫忙的時候，就去求人；用不著人幫忙的時候，就把人一腳踢開。比喻勢利小人忘恩負義的行為。例那人才是勢利眼呢，用得著菩薩求菩薩，用不著菩薩罵菩薩。和這種人沒法交朋友。

【用斗量糠——不出聲】

雙關語。比喻人不吭聲，不說話。例在昨晚的聯誼會上，唯獨他用斗量糠——不出聲，不知有什麼心事？

【用房梁砍鋤把——大材小用】

見「大炮打麻雀——大材小用」。

【用放大鏡看書——顯而易見】

雙關語。比喻非常明顯，很容易看清。例這是個騙子，用放大鏡看書——顯而易見，怎麼會上他的當。也作「**放大鏡下的細菌——顯而易見**」。

【用非其人】

沒有按照某人的特點或特長去使用。指用人不當。例用非其人，不僅是對人才的浪費，而且也會影響工作。

【用非所長】

見「用違其長」。

【用非所學】

工作上所需要的與自身所學的不一致。例任何單位如果發現用非所學的現象，都必須予以糾正。

【用管窺天】

用竹管來觀測天空。比喻眼光短淺，見識狹隘。《莊子·秋水》：「是直用管窺天，用錐指地也，不亦小乎！」

【用計鋪謀】

使用計策，施展謀略。明·黃元吉《流星馬》二折：「俺行兵處盡按管樂用計鋪謀，相持時盡按孫吳安營下寨。」也作「**用智鋪謀**」。明·無名氏《暗度陳倉》二折：「韓元帥率領軍卒，驅將校用智鋪謀，今日個明修棧道，放心楚霸王決納降書。」

【用盡心機】

心機：心思。用盡了全部心思。魯迅《答徐懋庸並關於抗日統一戰線問題》：「這是縱使徐懋庸之流用盡心機，也無法抹殺的。」

【用酒打猩猩】

指用酒來獵捕猩猩。比喻投人所好。例知道那幕府的師爺貪杯，他就用酒打猩猩，常常設酒宴招待，一來二去官府的事情打探得一清二楚。

【用筷子穿針眼——難】

比喻做起來費事，不容易；或阻礙多，棘手。例要克服不正之風，眞是用筷子穿針眼——難啊！

【用來一把抓，不用一腳踢】

指需要時就加以利用，不需要了就棄置不顧。例他對於朋友的態度就是用來一把抓，不用一腳踢，非常的功利取向。

【用尿盆炒出來的雞蛋——味道不對】

雙關語。常比喩氣氛異常。例他從大家憤怒的目光中感覺到，就像用尿盆炒出來的雞蛋——味道不對，連忙溜之大吉。

【用其所長】

其：他（們）的。用人的專長。明・余繼登《典故紀聞》卷二：「在廷之臣各令言朝廷得失，庶上有所據而用其所長。」

【用錢如水】

花錢如流水。形容揮霍無度，毫無節制。例他自幼錦衣玉食，用錢如水，根本不懂得生活的艱辛。

【用錢如用水】

指大手大腳花錢。吳趼人《情變》：「那些鹽商，一個個都是用錢如用水一般的。」

【用人不疑，疑人不用】

見「疑人勿使，使人勿疑」。

【用人家的火做自家的飯——愛便宜】

見「寄槽養馬——愛便宜」。

【用人朝前，不用朝後】

見「用人靠前，不用人靠後」。

【用人靠前，不用人靠後】

用得著人時一副臉孔，用不著人時又一付面孔。比喻用功利主義態度待人處事。《醒世姻緣傳》一五回：「這樣『用人靠前，不用人靠後』的事，孩兒，你聽我說，再休做他。」也作「**用人朝前，不用朝後**」。

【用人容易識人難】

指識別一個人的好壞很難。《後漢演義》一四回：「用人容易識人難，誤把忠奸一例看。」

【用人如器，各取所長】

器：器物。任用人才就如同使用器物一樣，要選取他們各自的長處。謂要善於發現人才的長處和不足，揚長避短，量才使用。《資治通鑑・唐太宗貞觀元年》：「君子用人如器，各取所長。古人致治者，豈借才於異代乎？」

【用人惟才】

惟：只。根據才能用人。《三國演義》一八回：「［袁］紹外寬內忌，所任多親戚，公（曹操）外簡內明，用人惟才，此度勝也。」

【用人者，取人之長，辟人之短】

辟：通「避」，避開。使用人，應能取他的長處，避開他的短處。謂知人善任，淸・魏源《默觚・治篇七》：「用人者，取人之長，辟人之短；教人者，成人之長，去人之短也。」

【用人之知去其詐，用人之勇去其怒，用人之仁去其貪】

知：智慧；去：捨棄。利用別人的智慧而捨棄他的奸詐；利用別人的勇敢而捨棄他的惱怒；利用別人的仁愛而捨棄他的貪婪。謂用人要充分發揮其優點，捨棄其缺點。《禮記・禮運》：「用人之知去其詐，用人之勇去其怒，用人之仁去其貪。」

【用三眼槍打兔子——光有想（響）頭，沒有準頭】

三眼槍：一種舊式火槍，命中率低，很難擊中目標；想：「響」的諧音。比喩光憑主觀想像，沒有從實際出發抓準問題。例辦事情不能像用三眼槍打兔子——光有想（響）頭，沒有準頭，計畫一定要從實際出發，抓住關鍵，一幹到底。

【用舍行藏】

見「用行舍藏」。

【用時不當，當時不用】

需要時沒有本領；有了本領又不用。指要先學好本領以備急用。例你應該練習練習，用時不當，當時不用，多學一樁本領，總是有利於自己的。

【用天因地】

利用天時，憑借地利。指根據客觀條件辦事。《東觀漢記・公孫述載記》：「蜀地沃野千里，土壤膏腴……所謂用天因地，成功之資也。」

【用違其長】

違：違背。用人沒有發揮他的專長。《宋史・郭逵傳論》：「逵料葛懷敏之敗，如燭照龜卜，一時最爲知兵。雖南征無功，用違其長，又何尤焉。」也作「**用非所長**」。例如果用非所長，就是對人才的浪費。

【用武之地】

①適合用兵打仗的地方。宋・歐陽修《豐樂亭記》：「滁於五代干戈之際，用武之地也。」②能施展才能的場所。例他回國以後，國家立刻爲他建立一個實驗室，並分配了幾名助手，他感到平生所學，有了用武之地。

【用夏變夷】

夏：諸夏，古代中原地區周王朝所分封的各諸侯國；夷：指中原以外的各族。用中原文化來影響偏遠的部族。也泛指用中國文化去影響外國。《孟子・滕文公上》：「吾聞用夏變夷者，未聞變於夷者也。」

【用賢任能】

任用有道德有才能的人。宋・邵伯溫《聞見前錄》卷四：「陛下益養民愛力，用賢任能，疏遠奸諛，進用忠鯁，天下悅服，邊備日充。」

【用小蝦釣鯉魚——吃小虧占大便宜】

見「丟了一隻羊，撿到一頭牛——吃小虧占大便宜」。

【用心竭力】
用盡全部的心思和力量。例答應人家的事情，就應該用心竭力地去辦，這才夠朋友。

【用心良苦】
良：很。認眞思索，頗費辛苦。清・李漁《閒情偶寄・結構第一》：「嘗讀時髦所撰，惜其慘淡經營，用心良苦，而不得被管弦、副優孟者，非審音協律之難，而結構全部規模之未善也。」

【用行舍藏】
用：任用；行：做；舍：（ㄕㄜˇ）不任用；藏：隱退。《論語・述而》：「子謂顏淵曰：『用之則行，舍之則藏，唯我與爾有是夫！』」古代儒家的一種處世態度。被任用時就出仕幹一番事業，不被任用時就隱退，與世無爭。漢・蔡邕《陳太丘碑文序》：「其爲道也，用行舍藏，進退可度。」也作「**用舍行藏**」。宋・蘇軾《賀歐陽少師致仕啟》：「是以用舍行藏，仲尼獨許於顏子。」也作「**行藏用舍**」。

【用藥如用兵】
指醫生看病要對症下藥，十分愼重。例所謂：「用藥如用兵」，全在用藥得當，不在藥多。

【用一當十】
見「一以當十」。

【用一個錢要掂掂厚薄】
指花錢非常仔細；也比喻愛財如命。例他向來用一個錢要掂掂厚薄，是個道地的守財奴。要想和他借錢，眞比登天還難。我勸你打消這個念頭。

【用逸待勞】
見「以逸待勞」。

【用之不竭】
竭：枯竭。永遠也取用不盡。例大海是人類取之不盡，用之不竭的資源。

【用之則爲虎，不用則爲鼠】
有才能的人被起用如同猛虎，不被起用則形同老鼠。比喻用人得當，會發揮很大的作用。例世上有才能的人不少，就看有沒有像伯樂那樣的人。用之則爲虎，不用則爲鼠。被埋沒的人材也不少呢。

【用志不分】
志：心思。指一心不能二用，做事要精力集中。《莊子・達生》：「用志不分，乃凝於神，其痀僂丈人之謂呼！」

【用智鋪謀】
見「用計鋪謀」。

總筆畫索引

二 畫

三　畫

四畫

五畫

六畫

七畫

八畫

九畫

十畫

十一畫

十二畫

十三畫

十四畫

十五畫

十六畫

十七畫

十八畫

十九畫

二十畫

二十一畫

二十二畫

二十三畫

二十四畫

二十五畫

二十六畫

二十七畫

二十八畫

二十九畫

三十畫

注音索引

ㄋ

ㄌ

ㄍ

ㄎ

成語熟語辭海

審　　訂／賴 明 德
主　　編／唐　　樞
責任編輯／蘇 美 嬌　方 佩 佩　黃 文 瓊
封面設計／仲 雅 筠

原出版者／學苑出版社
台灣版印行者／五南圖書出版公司

登 記 號：局版台業字第 0598 號
地　　址：台北市大安區 106 和平東路二段 339 號 4 樓
電　　話：(02)27055066（代表號）
傳　　真：(02)27066100
劃　　撥：0106895-3
網　　址：www.wunan.com.tw
電子郵件：wunan @ wunan.com.tw

發 行 人／楊 榮 川

排　　版／龍虎電腦排版股份有限公司
製　　版／宏冠照相製版有限公司
印　　刷／元東印刷事業有限公司
裝　　訂／怡秦裝訂廠

西元 2000 年 2 月初版一刷
西元 2001 年 6 月初版二刷

ISBN　957-11-1997-0

定價　新台幣 1000 元整

國家圖書館出版品預行編目資料

成語熟語辭海 / 唐樞主編. --初版. --臺北市 : 五
南, 民89
面 ; 公分.

含索引

ISBN 957-11-1997-0(精裝)

1. 中國語言 - 成語, 熟語 - 字典, 辭典

802.35 88018307